Koyama's Dictionary of
Anglo-American Legal Terminology

英米法律語辞典

小山貞夫

［編著］

KENKYUSHA

KOYAMA'S DICTIONARY OF
ANGLO-AMERICAN LEGAL TERMINOLOGY

© Sadao Koyama, 2011

序

　私の専門はイギリス法制史それも中世から近代初期までを中心にしている．そんな専門の私が近現代を中心にせざるを得ない英米の法律語辞典を編むことになったのには，それなりの理由がある．

　法学が言葉に極めて強い関連性を有していることは言うまでもないであろう(法言語 legal language という表現すらある)．そのこともあり法と法制度の歴史学ともいうべき法制史学も術語および(同一語の内実の変化を含めて)その変遷に強い興味を示してきている．このことは，古ゲルマン民話採録で有名なかのグリム兄弟が言語学者として大きな業績を残していることはあまりにもよく知られているが，それとともに兄ヤーコプがドイツ法制史学上もきわめて重要な貢献をしているという比較的一般には知られていない事実からも推測できよう．私も研究者になってから間もなく，法学で用いられる言葉，私の場合は日本語のほかには英語の法律語に強い関心を持った．法制史とは，その時々の言語で表現された法思想史であるとさえ思えるからである．

　しかも，この関心は私特有の事情からなお一層強かった．イギリス法制史を専攻することを早い時期に決めながら，実は，私は日本で多分初めてのコモンロー法制史専攻者であることもあり，イギリス法制史はもちろん，イギリス史も英米法も学生時代に授業を一度も聴講していないのである．英米の概説書を中心にほとんど独学で最も初歩的な知識をも獲得せざるを得なかったし，その過程ではわが国のイギリス史研究の成果はもちろんであるが，英米法学の成果とりわけ英米法辞典(当時信頼に値したものは，高柳・末延編『英米法辞典』(1952年，有斐閣刊)が唯一のものであった)が大きな助けとなった．それだけに辞書の有難味は誰よりも強く感じただけでなく，同じ苦労を後に続く人々にさせぬことが開拓者の使命の一つとさえ信ずるに至った．

　この使命感，具体的には英米法律語の邦訳作業，とりわけ術語の定訳作成作業への思いつき・関心が具体化したのは，1975年公刊のベイカー著『イングランド法制史概説』，1981年のメイトランド著『イングランド憲法史』，1985年のクライムズ著『中世イングランド行政史概説』(いずれも創文社刊)のイギリス法制史の標準的概説書三部の拙訳の仕事であった．この3冊の巻末索引を異例なほど大きくし，原語と邦語双方から引けるようにし，本文の説明と相俟って，イギリス法制史辞典としての役割をも果たしうるようかなりの努力を注いだからである(このことにつき，ベイカーの拙訳の「あとがき」および「索引凡例」を参照)．

　さらに，この間に1981年公刊の岩波『新英和辞典』の法律・歴史関係の専門用語・百科項目の校閲を編集途中から依頼されたことも，大きな刺激になった．この作業は，正直言って若干の不満を残し，それが逆に本辞典編集への願望を生み出すことにもなった(このことについては不十分ながら『ジュリスト』926号(1989年，有斐閣)掲載の拙文「随想・英和辞典」参照)．

　しかし本辞典に結実する英米法律語辞典を一人で編集・執筆するという野望を強く抱くきっかけになったのは，田中英夫編『英米法辞典』(1991年，東京大学出版会刊)への執筆・校閲(執筆578項目，校閲139項目)参加であったし，またその過程での田中先生との直接の接触からであった．この機会を通じ，私の英米法律語に対する元々の関心は急激にまた大きく高まっただけでなく，従来一般的であった多くの方々の参加協力する編集・執筆体制によってではなく，一人でこれを行なわんという野望を強く搔き立てられたのであった(ちなみに田中先生も同辞典編集の少なくとも途中からはこのことを強く感じられたご様子で，私にも幾度か述べられていた)．しかしこれがどれほどの難事業になるかは，ある程度は予想しながらも，当初は実感できなかった．

　私が，この辞典編集のことをいつ初めて依頼されたのかは，情けないことながら，確実な記憶が

ない．研究社が私に初めて接触されたのは多分1994年の末ごろではなかったであろうか．はっきりしていることは1995年2月15日付で多分最初の編集・執筆規約案が残っているということであり，最初のテスト用の草稿ゲラの印刷日付が1995年7月27日になっていることである．当初は，1997年の研究社創立90周年事業の一つとして同年に公刊を考えられていたので，まさかこんな難事業になるとは研究社側も考えていなかったのであろう．それから実に15年余も経ってしまった．この間私には東北大学の管理職就任，法制史学会の代表理事選任，停年退官，私立大学への再就職・退職など，この編集作業を妨げ遅らせることになった変化が身辺に次々と起こりはしたが，しかし仕事はその間もこつこつと努力はしてきたつもりである．

夢は叶うものであるという喜びと，これで公刊して大丈夫だろうかという不安とが，実質的な著者校正をほぼ終えようとしている今の正直な感想である．ともかくも一応私の手を離れようとしている．ここまで行き着けたのは，なんといっても研究社辞書編集部の，前半期については池上勝之氏(氏は，本辞典の完成を待つことなく退社され，その後逝去されてしまった)，後半期については鈴木康之氏を中心にした方々のお力添えのお陰であった．皆さんが法学の素養は全くないとのことであるが，長年英語の辞書編集作業に携わって来られた方々の献身的ご援助だけでなく，素人といわれる方の忌憚のない学問的ご進言がどれほどこの辞典をまともなものにしたかは，私が一番よく実感していると信じている．その意味では，本辞典は編集部との協同作業の成果であったとさえいえる．お二方をはじめとする編集部の方々にはこの機会を借り改めて深甚なる謝意を表したい．

なお，綴り・発音・アクセント・語源(これについてはごく僅かながら手伝いに近いことはした)については，私自身に英語学・言語学の知識が全くないこともあり，研究社辞書編集部のご協力に全面的に負っている．ご援助につき御礼を述べたい．ただし，主としてラテン語の法格言・法諺の邦訳はもちろん英訳も編著者の責任である．以上のこととも関連して，表記・記号の用法・ラテン語の発音表記もおおむね研究社の方針に従っている．したがって，例えば法学上は「手続」と表記するのが一般的であるところを「手続き」としたり，centre, licence, offence などの英式綴りを center, license, offense などと原則米式綴りにすること，参照項目を示す cf. や ⇨ の用法，ラテン語の英語読み(これは英米での慣用であるので，本辞典の性格上当然のことではある)などは，私の研究上通常用いているものと違っている点がある．私ひとりの著作ではあるが，研究社の他の辞書との関連もあり，私自身若干問題を感じながらも社の方針に従った．この点も含んでおいていただきたい．

ほかにも本辞典完成までには，一々お名前を明記する余裕はないが，先人の多くの業績はもちろん，実に多くの方々のご教授を得ている．本辞典では法律専門語のみならず一般語・日常語・俗語も適宜採録した旨は凡例にも述べておいたが，「一般語」の記述に関しては，一般の英和辞典，特に研究社の『リーダーズ英和辞典』に多く依拠しまたそれを参考にさせていただいた．『リーダーズ英和辞典』の編集者・執筆者その他の同辞典関係者に厚い感謝の意を表したい．同様に法律専門語に関しては，特に田中英夫先生編の『英米法辞典』に，項目選定・訳語・説明のすべてにわたって多くを負っている．とりわけ訳語選定と説明については，時には著作権を侵すのではないかとさえ危惧しつつも出典を記すことなく多く参考にさせていただいた．これはひとつには，私自身が上述したごとく同辞典に大きく関与していたこととも関連しているが，なお基本的には適切な訳語を敢えて変えること自体，田中先生の定訳語を作らんとするご努力に反するものであると判断したことと，説明については主に共通の英米の辞典(それらもまた多くはブラックストンの『イングランド法釈義』(W. Blackstone, *Commentaries on the Laws of England*, 4 vols., 1st ed., 1765–1769)をはじめとする標準的概説書・先行辞典類を基礎にしている)を参考にしてそれをわかりやすく日本語化しようとしたこと，さらには技術的に辞典の性質上一々出典を明記することが困難であった故である．しかし逆に，本辞典作成中に初めて気づいたことであるが，田中辞典には，多分私と同じ著作権との兼ね合いの危惧からと憶測しているが，旧来の訳語に微妙な変化を与えているものがか

なり多数見られたが，それがかえって訳語を統一するという観点からも，また訳語の選定の適切さという点からも，必ずしも成功しているとは思えない箇所が見受けられた．いずれにしても，たとえ同じ訳語，同じような説明になっていたとしても，すべて私自身改めて検討し納得の上での採用であるので，造語の名誉は別であるが，誤りを含め責任は私にあることはもちろんである．田中先生がご存命であったならば，多分私の気持を十分に理解して下さり，私の上記方針をお許し下さるものと信じている．それはともかく，この場を借りて，きわめて多くの参照，いな依拠があったことを記し，本来技術的に許されるならば一箇所ごとに記すべき謝意とともにご許可のお願いをこの場を借りて包括的にしておきたい．

参考にしたものは，上述したすべての書物・辞典の他にも，John Cowell, *The Interpreter: or Booke containing the Signification of Words*, 1607 をはじめとして内外のものとともに実に多くのものがあるが，あまりにも煩となるので省略したい．しかし英国法については，

1) *Jowitt's Dictionary of English Law*, Earl Jowitt and Clifford Walsh, 1959; 2nd ed. by John Burke, 2 vols., 1977; 3rd ed. by Daniel Greenberg, 2 vols, 2010.（ただし，最後の第3版は時間の関係で参照の余裕がほとんどなかった．）
2) *The Oxford Companion to Law*, ed. by David M. Walker, 1980; *The New Oxford Companion to Law*, ed. by Peter Cane and Joanne Conaghan, 2008.
3) *Dictionary of Law*, 2nd ed. by P. H. Collin, 1993.
4) *Mozley and Whiteley's Law Dictionary*, 12th ed. by J. E. Penner, 2001.
5) *Osborn's Concise Law Dictionary*, 9th ed. by Sheila Bone, 2001; 10th ed. and 11th ed. by Mick Woodley, 2005 and 2009.
6) *Oxford Dictionary of Law*, 5th ed. by Elizabeth A. Martin, 2002; 6th ed. by Elizabeth A. Martin and Jonathan Law, 2006; and 7th ed. by Jonathan Law and Elizabeth A. Martin, 2009.
7) *Dictionary of Law*, 6th ed. by L. B. Curzon, 2002; and 7th ed. by L. B. Curzon and P. H. Richards, 2007.

などを，また米国法については，

1) *Ballentine's Law Dictionary*, 3rd ed. by William S. Anderson, 1969.
2) *Merriam-Webster's Dictionary of Law*, 1996.
3) *Black's Law Dictionary*, 7th, 8th and 9th eds. by Bryan A. Garner, 1999, 2004 and 2009.
4) *Black's Law Dictionary*, Abridged 7th, 8th and 9th eds. by Bryan A. Garner, 2000, 2005 and 2010.
5) *Black's Law Dictionary*, Pocket ed., 1st, 2nd and 3rd eds. by Bryan A. Garner, 1996, 2001 and 2006.
6) *Random House Webster's Dictionary of the Law*, ed. by James E. Clapp, 2000.
7) *The Oxford Companion to American Law*, ed. by Kermit L. Hall, 2002.
8) *Encyclopedia of American Law*, ed. by David Schulz, 2002.

などを主として参考にして，項目を選び，説明をなした．また全般にわたり，*A Dictionary of Modern Legal Usage*, 2nd ed. by Bryan A. Garner, 1995 も大いに参照した．

なお，術語に当たる訳語の前後に（　）を付してなした説明は，法学的厳密さや留保を若干犠牲にしても，非専門家である読者がその語の意味を一応理解し，その語を含む文・節をほぼ誤解することなく読み進められる程度を念頭に置いてできる限りわかりやすく書いてみた．より一層の知識・正確さを求めて，田中辞典などの参照，訳語からの日本の法学辞典，日本語での英米法の専門書，さらには英米の上述の法学辞典や専門書での確認へと進まれることをぜひお願いしたい．

今一つ付け加えたいことがある．それはこの15年余にわたる努力の間私はまともな研究成果を

ほとんど残していないということである．このこと自体少しも自慢になることではなく，むしろ自らの能力・努力の不足を改めてしみじみと感じている．しかしにもかかわらず多としたいと思っていることは，昨今短期間に成果の公表を要求し，その数の多さで研究者を評価する大学・学界内の雰囲気の中で，このような私に対して当初所属していた東北大学法学部とその後に勤務した関東学園大学法学部とがこの作業中に示して下さった好意的対応であった．両大学・学部が私に与えて下さった自由で研究生活をも重視してくれる雰囲気・ご理解は，私にとっては何よりもうれしかったし，この私にとっての難事業がとにもかくにもこのような時期にこのような形で完成できたことの多くはこれに負っていると信じている．この間の私のわがままをお詫びするとともに謝意を述べたい．

自分自身にとっては直接それほど大きな喜び・楽しみを与えてくれず，むしろ苦しみの連続であったこの長年の作業・努力を支えてくれたものは，一種の召命感であった．それは，亡父母および姉妹に囲まれて育った家庭と，中学・高等学校の6年間の故グスタフ・フォス校長を筆頭とする栄光学園での教育との賜であった．また，妻と長女夫妻および次女との温かな支えがなければ，到底完成できなかったであろう．これらすべての人に改めて心からの感謝を述べるとともに，本辞典を捧げたい．

最後に，本辞典は私の最大限の努力と細心の注意の成果ではあるが，私自身にとってもとても完璧なものとは思えない．それどころか見直すたびに多くの誤りを見つけ，幾度となく計画断念まで思いをはせたほどである．不注意に基づく誤りを含め，思わぬ誤り・不備も多くあろう．訳語・説明の誤りはもちろん見出し語の不足等についても利用者各位がお気づきになった点をぜひご教示いただき，修正・改善を加えて，より優れた辞典にして行きたいと思っている．実は，煩を恐れずかなりの数の見出し語の語義末に，その語を含む関連用語(群)を「例語」として，▶を付して列挙し(これは小項目主義の本辞典に大項目主義の利点をも加味させるのが主目的である)(「例語」については凡例 VI 参照)，また訳語に付随する説明中に出てくる専門語に(　)を用い出来るだけ多く原語を添えた目的の一つは，私の誤り・不適訳，訳語の不統一などを容易に見出すことが出来るようにと願ったことでもある．必ずしも満足な形では発展していないようにも思えるわが国の英米法学，さらには生まれてまもないわが国の英米法制史学のためにも，ご教示・ご協力を心からお願いしたい．

2010 年 10 月 20 日

小山　貞夫

目次

序 …………………… iii
凡例 ………………… viii
　略語・略形 ………… xiv
　発音記号表 ………… xv

英米法律語辞典 ……… 1
　（イギリス国王在位年表　941）

和英対照表 …………… 1225

英米法律語辞典凡例

　本辞典では，英米の法律語を中心に約 3 万 5 千項目の見出し語を収録している．用語のほかには略語，成句 (idioms)，法格言 (legal maxims)，固有名 (法令名・判例名・人名等を含む) などを収録し，また法律専門語のみならず，法律関係の文献や報道記事を読むうえで有用と判断した一般語・日常語・俗語も適宜採録した．法学は日常生活をも対象にした法に関する学問で，特に素人からなる陪審を用いる英米法では日常語，とくに刑事では被告人や証人たちが多用する俗語までが頻繁に法廷で用いられ重要であるため，法学上のいわゆる「専門」語でないものも必要になると考えたゆえである．

I. 見出し語

1.1 a 配列: 見出し語は原則としてアルファベット順に配列したが，見出し語の異つづり語・派生語などで比較的近くに配列される場合は，必ずしもこの原則によらず一箇所にまとめて示すことがあるので注意されたい．また複合語や法格言の場合，語 (word) 単位ではなく，見出し全体を続けて綴った場合のアルファベット順とした．例えば，**act of indemnity** という見出し語は，**action** や **active** より後に配列される．なお，成句は特定のキーワードのもとに収録した．

b 配列に際し，ハイフン (-) やコンマ (,) などの非アルファベット要素は無視した．また，& 記号は 'and' とみなして配列した．例えば，**E & OE** は E and OE と綴られたものとして配列した．

c 見出し語に数字が含まれる場合，その数字の読みは無視して，数字の若い順に並べた．ローマ数字を含む場合も同様である．
　例: **section**
　　　section 8 orders
　　　section 30 order
　　　section 37 investigation

d 見出し語が数字で始まる場合は，その数字を読んだ場合のつづりの位置に配列した (★ 本辞典中の数字で始まる見出し語は，そのわきに空見出して列挙してある)．
　例: **419 fraud**《four one nine fraud の位置に配列》

1.2 中黒 (・) により見出し語の分節 (音節の切れ目を示すこと) を行なった．
　例: **gov・ern・men・tal**

　★ ちなみに，発音 (アクセント) の異形を示す場合に，1 音節を /−/ で対応させて表記している (⇨ 2. 3c)．

1.3 a 見出し語のつづりに異形 (variant) がある場合は，コンマ (,) で区切って併記した．その場合，共通部分はハイフン (-) を用いて適宜省略した．
　例: **de・mesne, de・meine, de・main**《3 種の異形を併記》

b つづりの異形が《米》または《英》のどちらかである場合は，以下のように示した．
　例: **dem・a・gogue,**《米》**-gog**《米英共通に demagogue とつづるが，米では demagog ともつづる (dema- の部分は共通なので省略)》

1.4 つづりが英米で異なる場合は米式を主，英式を従として次の形式で示した．
　例: **hon・or | hon・our**《米では概して honor, 英では概して honour とつづる》

★ (1) 本辞典では，語のつづりが英米で異なる場合でも，検索の便宜上，固有名の場合を除き用語のつづりは米式に統一して表記してあるので注意されたい．例えば，**insolvency offence** (支払い不能・倒産関連犯罪) は英国の犯罪であり，英国では offence とつづられるのが普通であるが，本辞典では **insolvency offense** としている．
(2) 派生語・複合語についてはいちいち英式つづりは示さず，また -ize と -ise は -ize のほうだけを示した．

1.5 同じつづりの語でも語源が異なるときは別見出しとし，見出しの右肩に肩番号を付けて区別した．
例：**arm**¹ 腕
　　arm² 武器

1.6 2つ(以上)の同義の見出しを，括弧の使用により適宜一つにまとめた．その場合，( ) 括弧は省略可能な部分を，[ ] 括弧は交替可能な部分を示す．
例：**breach of (the) peace** 《breach of peace または breach of the peace》
　　equity of shareholder [stockholder] 《equity of shareholder または equity of stockholder》

II. 発音

2.1 発音は，国際音声記号を用い / / に入れて示した．音声記号の音価については，「発音記号表」(p. xv) を参照．

★ 特に読み誤るおそれのない語あるいは初級の辞典にも載っているような一般的な語の場合は，発音表記を示していないことがある．

2.2 母音(記号)の上にアクセント符 / ´ / を付けて第1アクセントを示し，/ ` / を付けて第2アクセントを示した．
例：**ex·hi·bi·tion** /ɛ̀ksəbíʃ(ə)n/
　　éxigent círcumstances // expérience ràte
　　H-block /éɪtʃ —́ / 《/—/ は語 (word) の代用．この例の場合，/éɪtʃ blʌ̀k/ と書くのと同じ》

2.3 a 発音の異形 (variant) はコンマ (,) で区切って併記した．その場合，共通部分はハイフンを用いて省略した．
例：**car·tel** /kɑːrtél, káːrtl/
　　or·ga·ni·za·tion /ɔ̀ːrg(ə)nəzéɪʃ(ə)n, -nàɪ-/

★ HUD /, hʌ́d/ のような発音表記は，H-U-D の字母をそれぞれ普通に発音する読み方(これは省略してある)のほかに，/hʌ́d/ という異発音もある，という意味である．

b 米音と英音が異なる場合は次の形式で示した．
例：**de·rog·a·to·ry** /dɪrɑ́gətɔ̀ːri, -t(ə)ri-/ 《米では /dɪrɑ́gətɔ̀ːri/，英では /dɪrɑ́gət(ə)ri/》
　　ju·ve·nile /dʒúːvənàɪl, *-nl/ 《米英ともに /dʒúːvənàɪl/，さらに米では /dʒúːvənl/ とも発音》

c 発音は同じでアクセントが異なる場合は次のように示した．
例：**im·port** v /ɪmpɔ́ːrt/ — n /—́ —̀/ 《名詞の場合は /ímpɔ̀ːrt/》
　　ré·sàle /, —́ —̀/ 《/ríːsèɪl/ と /rɪséɪl/ の2通りのアクセント型があるが，re- も sale も見出し語として発音が示されているので，それぞれの発音表記は省略してアクセントのみ示した》

d 見出し項目内に追い込まれた派生語などの場合，発音を適宜省略的に示した．例えば **abuse** の項で vt /əbjúːz/ — n /əbjúːs/ とし，派生語を **abus·able** /-zə-/ a としている場合，見出しと共通である abu- の部分の発音は省略し，また一般的な接尾辞である -able の発音も省略してある．

2.4 人によって，あるいは場合によって発音されない音は（ ）内に入れて示した．
例: **at·tempt** /ətém(p)t/ 《/ətémpt/ あるいは /ətémt/》

2.5 見出し語の一部に年号が含まれる場合，その年号が 2 桁ずつに区切る一般的な読み方をする場合は発音表記を省略した．
例: **Constitútion Àct 1982** 《年号は nineteen eighty-two と読むが，発音表記は省略》
● 読み方に注意を要する年号の例（《 》内はその読み）: **1900**《nineteen hundred》/ **1904**《① nineteen oh-four ② nineteen hundred and four ③ nineteen naught [nought] four》/ **2000**《two thousand》/ **2001**《two thousand (and) one》/ **2010**《① two thousand (and) ten ② twenty ten》/ **2199**《twenty-one ninety-nine》/ **800**《eight hundred》/ **476**《four seventy-six》

2.6 ラテン語の法格言に付した発音表記は，英語読みする場合の一応の目安（発音例）である．例えば **jus**（法; 権利）という語を英語読みする場合，子音と母音双方に異なった読み方があり，したがって /ʤʌ́s, ʤúːs, júːs, jús/ のように複数の異発音がありうる．単語レベルでこうした事情なので，文レベルの読みは決して一定でないが，あえて参考例として発音を示した．

III. 語義・説明・用例・語法

3.1 法学上重要な語義（訳語）を，太字で表記した（⇨ 巻末「和英対照表」参照）．
例: **lunacy** 心神喪失, 精神障害
subpoena 罰金[罰則]付き召喚令状 《「罰金付き召喚令状」とも「罰則付き召喚令状」ともいうが，前者の訳が重要》

3.2 語義区分は，小さな区分の場合はセミコロン（;）で示した．大きな区分は **1, 2, 3**, …, その下位区分は **a, b, c**, … で示した．同じ意味範囲に属する語義（訳語）はコンマで区切って並べた．

3.3 語義（訳語）に対する説明・限定を《 》内に入れた．また，説明中に出てくる専門語には，それがどういう原語に対応するのかがすぐ分かるように，原語を（ ）に入れて添えた．

3.4 **a** 語義に対応する用例・連語を適宜提示した．用例中では，見出し語はスワングダッシュ（~）で代用し，見出し語と結びつきの強い前置詞・副詞は斜字体とした．
例: (**accommodation** の項で) **2** 調整措置(を講ずること); 妥協, 合意: reach an ~ *with*…と合意[妥協]に達する．
● 簡単な用法例示は，訳語の直後の〈 〉内で行なった．例えば **stop** (*vt*) の項で '〈…するのを〉やめる，終える〈*doing*〉' とある場合，これは 'John *stopped* smoking.' のような使われ方をすることを示す．

b 適例となる連語がそのまま本辞典の見出し語である場合は，その連語を小型頭文字（SMALL CAPITALS）でつづって，見出しとなっていることを示した．
例: (**absolute** の項で) **2**〈判決などが〉最終的な, 確定的な: DECREE ABSOLUTE.
(**natural** の項で) **4** 自然の過程による: NATURAL DEATH.
● 本辞典において，見出し語（特に名詞）を最終要素として含む連語の用語は，例語として重点的に扱った．例語については ⇨ VI.

3.5 **a** [ ] 括弧を用いて，文法・語法上の指示・説明を添えた．
例: [the ~]《定冠詞 the を付けて用いられる》
[de ~]《(ラテン語句の見出しなどで) de を付けて用いられる》
[*pl*]《複数形で用いられる》
[C-] [c-]《大文字または小文字で表記されることを示す》

b [ ] 内に用いられた [ᵘ, ᵒ, ˢ] は，それぞれ *usually* (通例), *often* (しばしば), *sometimes* (時に) を記号化したもので，次のように用いた．

例：[ᵁthe ~] 《通例定冠詞を付けて用いられる》
　　[ᵒpl] 《しばしば複数形で用いられる》
　　[ˢP-] 《時に大文字 P- で表記される》
　　[ᵁ~s, ⟨sg⟩] 《通例 -s 付きの複数形で, 構文上は単数扱い》

IV. 語源

語義理解のヒントとなる程度の簡略な語源を選択的に付けた. ラテン語の法格言・フレーズの場合は, 英語での対訳を付した. 語源欄で用いられる言語名の略形については ⇨ VIII.

V. クロスレファレンス（他所参照）

参照すべき本辞典中の他項目に対し, 適宜クロスレファレンスを行なった. 参照すべき見出し語は小型頭文字 (SMALL CAPITALS) で表示した.

5.1 等号 (=) によるもの: 参照先と同義・同一概念であることを示す
　　例：**evidentiary hearing** 1 証拠審理. 2 行政手続き (=ADMINISTRATIVE PROCEEDING).
　　　administrative proceeding 行政手続き (=evidentiary hearing, full hearing)《行政機関の面前における通例は裁決のための, 時に準立法的性質の聴聞 (hearing), 審問 (inquiry), 調査 (investigation), 審理 (trial); 裁判所での手続きと対比的に用いられる》.
　　● 上記の例では, evidentiary hearing に「証拠審理」と「行政手続き」の2つの意味があり, 「行政手続き」のほうは administrative proceeding と同義であることを示している. また, administrative proceeding のほうで (=evidentiary hearing, full hearing) としているのは, 'evidentiary hearing, full hearing ともいう' という意味である.

　　★ 上記のように同一概念を表わすのに複数の用語が存在する場合は, 小型頭文字で示された見出し語を便宜上主たる見出し語 (主見出し) とし, その項目に記述を集約させるようにした.

5.2 矢印 (⇨) によるもの: **a** 直接的な関連記述への参照 (参照先で, 参照元に関連するより詳しいあるいは包括的な記述がある場合など)
　　例：**alternate valuation**《遺産の》代替評価 (⇨ ALTERNATE VALUATION DATE).
　　alternate valuation date〖米〗代替評価日《相続税に関して, 死亡時点の市価で課税する原則に代えて, 遺言執行者 (executor) の選択により, 相続より6か月以内の処分時ないしは6か月時点での遺産の評価を行なう日》.

　　b 主見出しへの参照
　　例 ①（同義語の場合）：
　　　　evidence aliunde 当該書証外の証拠, 外在証拠 (⇨ EXTRINSIC EVIDENCE).
　　　　extrinsic evidence 外部証拠, 外在証拠《**1**) 当該文書以外からの証拠; evidence aliunde, extraneous evidence ともいう **2**) 適法な形で法廷に持ち出されたのではない証拠; …》.
　　● ここでは参照元 (evidence aliunde) と参照先 (extrinsic evidence) で同じ訳語 ('外在証拠') が使われているが, 参照元は参照先全体と同等なのではなく, 参照先の意味内容の一部 (**1**) の概念) と同等である.

　　例 ②（異つづり語の場合）：
　　　　seizin ⇨ SEISIN.
　　　　sei·sin, -zin *n* 《封建法上の》占有, シーズン.
　　● 主見出しのほうで異つづり語を併記する. この場合, つづりの共通部分はハイフン (-) を用いて省略することがある.

5.3 cf. によるもの: （比較・区別すべき）関連語または類義語への参照

例: **aggregate theory of partnership** 組合組合員集合体説《組合 (partnership) は法人 (corporation) と違って一つの別個の法的実在ではなく、それを構成する組合員 (partner) の集合体にすぎないという理論; cf. ENTITY THEORY OF PARTNERSHIP》.

★ 特定の見出し語のもとで扱われるイディオムやフレーズを参照する場合、その見出し語部分を小型頭文字で表記した. 例えば **equitable presumption** (エクイティー上の推定) の項で cf. EQUALITY *is equity*. とあるのは、「**equality** の項にあるフレーズ **Equality is equity** を比較参照せよ」という指示である.

5.4 同一の他所参照を複数の語義に関連して共通して行なう場合は、» 記号を参照の頭に付けた.
　　例: **lex communis** コモンロー; 共通法; 普通法, 一般法 (» ⇨ JUS COMMUNE).
　　《この場合, ⇨ JUS COMMUNE はセミコロンによる語義区分を超えて「コモンロー」「共通法」「普通法, 一般法」すべてにかかる》

VI. 例語

例語とは、本辞典において、当該見出し語を(原則的に)最終要素として含む関連用語のことをいう. 当該見出し語を用いた一種の用例であるが、用語 (term) であり本辞典の見出し語である (⇨ 3. 4b).

6.1 例語は、キーワードとなる見出し項目の末尾、あるいは多義語の場合は語義のまとまり(原則として語義番号 **1**, **2**, **3** … ごと)の末尾に、► 記号を付して示した.
　　例: **instrument 1 a** 道具, …器具; …. **b** きっかけ[動機]となるもの[人]. ► CRIMINAL INSTRUMENT (犯罪の道具) / DANGEROUS INSTRUMENT (危険な道具). **2** (法律)文書 (= legal instrument)《契約書・証書・協定書・遺言書・委任状など》. ► ALTERATION OF INSTRUMENT (文書変造) / CHARGING INSTRUMENT (起訴状) … / WRITTEN INSTRUMENT (文書). **3** 証券, 手形; 金銭債務証書. ► BEARER INSTRUMENT (持参人払い(式)証券) / DEBT INSTRUMENT (金銭債務証書) ….

● 番号による語義区分は行なうが、例語は複数の語義に関連している場合は、「► 《1 と 2 に関連》」のように表示して例語を並べた.
● 成句 (idiom) を最終要素とする例語は、その成句の箇所に示した. 例えば LOAN FOR USE (使用貸借) という例語は、**use** の項の成句 **for use** のところで出してある.

★ (1) 本辞典は小項目主義であるが、キーワードのもとに列挙された例語とその主たる訳語を一覧し、さらに、当該見出し語に続いて配列された、その語を冒頭語(第一要素)とする見出し語群を併せ参考にすることにより、関連用語群を概観する大項目主義的な利点が加味される. また例語は、当該見出し語が多義語の場合は、上記のごとく、その意味のまとまりごとに提示してあるので、詳細なキーワード索引としての機能も兼ね備えている. ぜひ活用していただきたい.
(2) 書名類を除く固有名詞、固有名詞としての法令名 (… Act, Amendment, Code, Regulation, Rule, Statute など), 条約類 (… Convention, Protocol, Treaty など), 判例名 (… Case), さらには法理・準則類 (… doctrine, principle, rule など), 基準・テスト類 (… standard, test) などは例語として拾っていない.

6.2 例語は定義上複合語であるが、法律用語では、複合語の構成要素がさらに複合語であるものも稀ではない. そうした場合, 例語の提示法も階層的になっているので、注意されたい. 例えば **motion for judgment notwithstanding the verdict** (評決無視判決の申し立て) という長い用語の場合, **verdict** (評決) の例語として JUDGMENT NOTWITHSTANDING THE VERDICT (評決無視判決) を挙げ, さらに **judgment notwithstanding the verdict** の例語として MOTION FOR JUDGMENT NOTWITHSTANDING THE VERDICT (評決無視判決の申し立て) を挙げている.

6.3 **copyright** (著作権), **reorganization** (会社組織変更; 会社更生) のような1語で表記される複合語も例語(この場合は right, organization の) として扱った.

VII. 諸記号の用法
7.1 括弧

a ( )　① 各種の補足的な記述を示す．また，用語・訳語の補足(日本語の用語に対応する英語，英語の用語に対応する日本語，など)を示す．
例：組合 (partnership) は法人 (corporation) と違って一つの別個の法的実在ではなく….
② 省略可能，あるいは ( ) 内を入れた場合と入れない場合との両方があることを示す．
例：**breach of (the) peace**　《これは，'breach of the peace' と 'breach of peace' の両形を一つにまとめた表記》
例：前払い(金) / 土地利用(権)の　《これは，「前払い」と「前払い金」/「土地利用の」と「土地利用権の」をまとめた表記》

b [ ]　交替可能を示す．
例：職業倫理[道徳] / 一括払い離婚[別居]扶助料　《これは，「職業倫理，職業道徳」/「一括払い離婚扶助料，一括払い別居扶助料」と同じ》

c [ ]　文法・語法・表記上の指示・説明を示す (⇨ 3.5).

d 〖 〗　分野・領域表示．
例：〖米〗〖英〗〖スコットランド〗〖米史〗〖英史〗〖大陸法〗〖ローマ法〗〖教会法〗〖国際法〗〖税制〗〖会計〗〖証券〗

★ 本辞典での〖史〗(例えば〖米史〗〖スコットランド史〗〖英税制史〗等を含む) の表示は，つい最近の制度変更で廃止になったものを含めて付してあり，いわゆる歴史(学)上の用語を示す一般的用法と異なってより広く用いている面がある点は留意されたい．例えば「**Lord Speaker 2** 〖英史〗(貴族院議長としての) 大法官 (Lord Chancellor). 《 》 ⇨ CHANCELLOR OF ENGLAND》」の意味は，⇨ の先の項 (Chancellor of England) を参照すれば明示されているが，2005年法での改革により大法官はその議長の職務を失っていることを示している．

e 《 》　使用域表示．
例：《米》《英》《俗》《古》《廃》《まれ》

★ 本辞典では，スペースの節約のため《米》の代わりに * 記号を，《英》の代わりに " 記号を随所で用いている．《米》または * はアメリカ英語，《英》または " はイギリス英語の用法を示すので，例えば **freight** の項目で「**4** *貨物列車」とあるのは，「貨物列車」という語義はアメリカ英語の語義であることを示す．また，**freight car*** 貨車 (goods wagon") の場合は，freight car という用語自体がアメリカ英語で，これに対応するイギリス英語は goods wagon である，という意味である．
　これに対し，例えば「**civil rights act** 〖米〗**市民権法**」「**Civil Procedure Rules** 〖英〗**民事訴訟手続き規則**」とあるのは，これらが米国あるいは英国の制度名としての用語であることを示している．しかしながら，制度とそれに関係する名称・言語表現は密接に結びついている一面があり，ある用語がアメリカ英語特有の表現であるのかアメリカの制度名であるのかの区別をつけがたい場合があるので，そのような場合は単純に，* は「アメリカの」，" は「イギリスの」と読み替えていただいて差し支えない．

f 〈 〉　統語情報(主語，目的語，共起する前置詞など)を示す．

7.2 諸記号
= 　(等号)　同義・同一概念 (⇨ 5.1)
⇨ 　(矢印)　参照先を見よ (⇨ 5.2)
cf. 　参照先と比較せよ (⇨ 5.3)
★ 　各種の注記
▶ 　以下，例語 (⇨ 6.1)

：　（コロン）　以下用例．
；　（セミコロン）　① 語義区分 (⇨ 3.2)　②《　》内での説明文の区切り
～　（スワングダッシュ）　見出し語の代用．
*　① 米用法，アメリカ英語，《米》(⇨ 7.1e)　② 語源欄で，理論上の再建語形を示す．
"　英用法，イギリス英語，《英》(⇨ 7.1e)
»　他所参照や説明が，語義区分を超えて複数の語義に関連することを示す (⇨ 5.4)．
°　略語において，そのフルフォームが見出しになっていることを示す．
［↑］［↓］　語源欄で，直前[直後]の見出しを参照，の意．
［　］内に使われる [ᵘ, °, ˢ] については⇨ 3.5．

7.3　小型頭文字 (SMALL CAPITALS) は，参照すべき見出し語を示す (⇨ 3.4b, V., VI.)

VIII. 略語・略形

略　語　表

abl	ablative	*fig*	figurative	*pref*	prefix
acc	accusative	gen	genitive	*prep*	preposition
a	adjective	*impv*	imperative	*prep p*	present participle
adv	adverb	*int*	interjection	*pron*	pronoun
attrib	attributive	*masc*	masculine	*rflx*	reflexive
comb form	combining form	*n*	noun	sb	somebody
compar	comparative	*neg*	negative	*sg*	singular
compd	compound	nom	nominative	sth	something
conj	conjunction	opp.	opposite	*suf*	suffix
dat	dative	*p*	past	*v auxil*	axiliary verb
derog	derogatory	*pass*	passive	*vi*	intransitive verb
dim	diminutive	*pl*	plural	voc	vocative
euph	euphemism	*pp*	past participle	*vt*	transitive verb
fem	feminine	*pred*	predicative		
《古》	archaic	《まれ》	rare	《豪》	Australian
《廃》	obsolete	《方》	dialectal	《インド》	Anglo-Indian
《口》	colloquial, informal	《米》, *	Americanism	《カナダ》	Canadian
《俗》	slang	《英》, "	Briticism		

言語名の略形

AF	Anglo-French	Gael	Gaelic	O...	Old
Afrik	Afrikaans	Gk	Greek	OE	Old English
AL	Anglo-Latin	Gmc	Germanic	OF	Old French
AmInd	American Indian	Goth	Gothic	OHG	Old High German
AmSp	American Spanish	Heb	Hebrew	ON	Old Norse
AN	Anglo-Norman	Hind	Hindustani	OS	Old Saxon
Arab	Arabic	Ir	Irish	Russ	Russian
Celt	Celtic	It	Italian	Sc	Scottish
Du	Dutch	L	Latin	Scand	Scandinavian
E	English	law F	law French	Sem	Semitic
F	French	LG	Low German	Skt	Sanskrit
Flem	Flemish	M...	Middle/Medieval	Sp	Spanish
Frank	Frankish	ME	Middle English	Swed	Swedish
Fris	Frisian	MexSP	Mexican Spanish	Turk	Turkish
G	German	NL	Neo-Latin	Yid	Yiddish

IX. 発音記号表

/記号/	例	/記号/	例	/記号/	例
/aɪ/	ice, mine, sky	/f/	fox, offer, if	/ʃ/	ship, station, fish
/aʊ/	out, bound, cow	/g/	gum, beggar, big	/t/	top, better, tent
/ɑ; ɔ/	ox, cotton	/h/	house, behind	/tʃ/	chair, pitcher, match
/ɑ:/	alms, father, ah	/ɪ/	ink, sit, city	/θ/	think, pithy, both
/ɑ:r/	art, card, star	/i/	easy, curious	/ʊ/	good
/æ/	attic, hat	/i:/	eat, seat, see	/u/	mutual, sensuous
/æ; ɑ:/	ask, branch	/ɪər/	ear, beard, hear	/u:/	ooze, food, too
/b/	bed, rubber, cab	/j/	yes	/ʊər/	poor, tour
/d/	desk, rudder, good	/k/	call, lucky, desk	/v/	vine, cover, love
/dʒ/	gem, adjective, judge	/l/	leg, melon, call	/ʌ/	up, blood
/ð/	this, other, bathe	/m/	man, summer, aim	/w/	way
/ɛ/	end, bell	/n/	note, dinner, moon	/z/	zoo, busy, lose
/eɪ/	aim, name, may	/ŋ/	ink, sing	/ʒ/	measure, rouge
/ɛər/	air, care, heir, prayer, there	/oʊ; əʊ/	open, most, show	/ˊ/	第1アクセント
/ə/	ability, silent, lemon, upon, banana	/ɔ(:), ɒ/	dog, orange, soft	/ˋ/	第2アクセント
		/ɔ:/	all, fall, saw		
/ər/	butter, actor	/ɔ:r/	order, cord, more		
/ə:r/	earn, bird, stir	/ɔɪ/	oil, coin, boy		
/ə:, ʌ/	courage, hurry, nourish	/p/	pay, upper, cup		
		/r/	rain, sorry		
		/s/	cent, fussy, kiss		

★ (1) 丸括弧: 略しうる音: /stéɪʃ(ə)n/＝/stéɪʃən, stéɪʃn/ ∥ /(h)wén/＝/hwén, wén/
(2) /æ; ɑ:/ などのセミコロン (;) の左は米音, 右は英音を表わす: ask /ǽsk; ɑ́:sk/ は米音 /ǽsk/, 英音 /ɑ́:sk/ の意. wélfare stàte / ⎯ ⎯ / は英では wélfare státe の意.
(3) /(:)/ は一般に長母音と短母音の両方の発音があることを表わすが, /ɔ(:)/ は, 米音 /ɔ:/, 英音 /ɒ/ の意.
(4) /ɑ:r/ /ɛər/ /ɔ:r/ /ər/ /ɪər/ /ɔ:r/ /ʊər/ の /r/ は, 英音では切れ目なしに母音が続く場合にのみ発音される /r/ を表わす. すなわち子音の前と語末であとに母音がすぐ続かないときは発音されない. 米音では先行する /ə/ に影響を与えてそれとともに /ə/ と表わされる「r音色のついた母音 (r-colored vowel)」になる. また米音では, /ɑ:r/ は /ɑə/, /ɔ:r/ は /ɔə/ と発音される. /ə/ は英音でのみ発音され, 米音では発音されない /ə/ を表わす.
(5) /,*.../ /,"..../ の...はそれぞれ「米音[英音]としては...の発音もある」の意 (⇨「凡例」2. 3b).

非英語音およびその他の記号

/y/	Nürnberg (唇をまるめて /ɪ/ を発音する)	/œ̃/	chacun à son goût (鼻音化した /œ/)
/y/	Debussy (唇をまるめて /i/ を発音する)	/ç/	Brecht, icht dien (中舌面を硬口蓋に近づけて出す無声摩擦音)
/ø/	jeu de mots (唇をまるめて /e/ を発音する)	/x/	Bach, loch (後舌面を硬口蓋に近づけて出す無声摩擦音)
/œ/	jeunesse dorée (唇をまるめて /ɛ/ を発音する)	/ɥ/	ennui, nuit blanche (/y/ に対応する半母音)
/ã/	pensée, sans (鼻音化した /ɑ/)	/ɲ/	Bourgogne, Montaigne (口蓋化した /n/)
/ɛ̃/	Maintenon, vin (鼻音化した /ɛ/)		
/ɔ̃/	bonsoir, garçon (鼻音化した /ɔ/)		

A

A /éɪ/ *n* (*pl* **A's, As** /éɪz/) エイ《英語アルファベットの第1字》. ► SCHEDULE A (A 表) / TABLE A (付表 A).

A《英》《映画》adult 子供 (14 歳未満) 向きでない《1982 年以降は 'PG'》.

A.《米》°Atlantic Reporter『アトランティック・リポーター』(第 1 次シリーズ).

A.2d《米》ATLANTIC REPORTER Second Series『アトランティック・リポーター』第 2 次シリーズ.

AAA /éɪèɪéɪ, tríp(ə)l éɪ/《米》Agricultural Adjustment Act 農業調整法 ◆《米》Agricultural Adjustment Administration 農業調整局 ◆°American Arbitration Association アメリカ仲裁協会.

AALL °American Association of Law Libraries アメリカ法律図書館協会.

AALS °Association of American Law Schools アメリカ法科大学院協会.

A and B Lists /éɪ ənd bí:—/ *pl*《英》**A·B** リスト, 責任社員名簿《会社法上の清算 (winding-up) において会社財産が不足する場合に, 弁済・求償の責任を負う社員の名簿; A List は主たる責任を負う清算時の社員の名簿, B List は補充的責任を負う清算開始 1 年以内の社員であった者の名簿》.

a.a.r., AAR《保険》°against ALL RISKS 全危険担保.

ABA °American Bar Association アメリカ法曹協会.

ab·àlien·átion *n*《ローマ法・大陸法》《物に対する権利・権原の》**移転**.

aban·don /əbǽndən/ *vt* **1 a** 見捨てる,〈地位を〉なげうつ,〈計画・習慣を〉やめる,〈勝負などを〉あきらめる, 断念する (give up);〈希望・主義などを〉捨てる: ~ (a) ship《火災・浸水などのため》船を(見)捨てる. **b**〈契約(の締結)を〉断念する, あきらめる. **c**〈犯罪遂行意思を〉放棄する. **d**〈権利・財産を〉放棄する. **2**〈配偶者・子を〉遺棄する. **3**〈訴えなどを〉ゆだねる, 任せる〈*to*〉: ~ one's family. **3**〈訴えなどを〉取り下げる: ~ an action. **4**〈船・貨物など保険物を〉《全損 (total loss) として》委付する. **~·er** *n* [OF *à bandon* under (another's) BAN].

abán·doned *a* 放棄された; 遺棄された: ~ bank account 睡眠口座, 放棄口座.

abándoned próperty 遺棄物《所有者の意思に基づいて遺棄されたもの; cf. LOST PROPERTY, MISLAID PROPERTY》.

aban·don·ee /əbæ̀ndəní:/ *n* **1**《財産(権)・権利を》放棄した相手方. **2**《保険》委付を受ける者, **被委付者**.

abándon·ment *n* **1** 放棄 (=nonuse)《特許権・著作権・商標権などを含む財産権・権利の放棄》. **2**《家族法》《配偶者・子の》**遺棄**《英国では特に子供についていう; cf. DESERTION》. ► MALICIOUS ABANDONMENT (悪意の遺棄). **3**《契約締結の》断念. **4**《犯罪遂行意思の》放棄. **5**《訴えの》取り下げ: ~ of action. **6**《保険》委付《被保険物の全損 (total loss) として保険者への被保険者による被保険物の委付; cf. SALVAGE》. ► NOTICE OF ABANDONMENT (委付の通知).

aban·dum /əbǽndəm/, **aban·dun** /-dən/, **aban·do·num**《史》*n* 放棄された物, **放棄物**; 委付された物, **委付物**; 接収物, 没収物; 差押え物.

ab an·te /æb ǽnti/ *adv* 事前に, あらかじめ. [L=in advance]

ab an·ti·quo /æb æntáɪkwoʊ/ *adv* 古くから, 昔から. [L=from antiquity]

Ab as·su·e·tis non fit in·ju·ria. /æb æ̀suí:tɪs nɑn fɪt ɪndʒú:riə/ 慣れ親しまれたことからは権利侵害は生じない. [L=No injury arises from things to which we are accustomed.]

abátable núisance 自力除去可能不法妨害《例えば樹の枝が境界を越えて張り出しているような容易に除去しうる不法妨害 (nuisance) で, 被害者側が加害者側に通知することなく妨害を合法的に自力除去することのできるもの; cf. ABATEMENT OF NUISANCE》.

abate /əbéɪt/ *vt* **1** 減ずる, 減額する, 軽減[削減]する. **2 a**〈不法妨害を〉自力で除去する. **b**〈訴訟を〉中断[却下], 停止, 解消]する[させる]. **c**〈令状を〉無効にする, 失効させる. **3**《廃》〈建物・町を〉取りこわす, 破壊する. **4**《古》〈相続不動産を〉不法に先占する. ― *vi* 減ずる, 軽減[削減]される;〈不法妨害がやむ,〈令状・訴因などが〉無効になる. **abát·able** *a* **abát·er, abá·tor** *n* ⇨ ABATOR. [OF *abatre* (L *battuo* to beat)]

abáte·ment *n* **1 a** 減額《債務超過しているための債権の比例減額支払い, 遺産が不十分のための遺贈の減額ないし取消し, 賃貸家屋の破壊に伴う賃料の免除・減額など》. **b** 軽減, 削減: tax ~ 租税削減. **2 a**《自力》除去. **b**《訴訟の》中断. **c**《史》《令状の》失効. ► NOISE ABATEMENT (騒音除去). **3** 相続不動産不法先占.

abatement clause

in ~ 〈訴えが〉却下される(べき). ▶ PLEA IN [OF] ABATEMENT (訴え却下答弁).

abátement clàuse 賃料免除条項《不動産賃貸借 (lease) 契約中の, 天災により賃借物を占有できなくなった場合の賃料支払い義務免除を定める条項》.

abátement of áction 《原告の訴えの実体とは関係のない手続き上の瑕疵(か)を理由にした》**訴訟の中断**[却下, 解消] (= abatement of suit).

abátement of fréehold 《古》《被相続人・遺言者の死亡と相続人・受遺者の立入りの間の, 無権原者による》**自由土地保有権の不法先占**.

abátement of légacies **遺贈減額**《遺産から被相続人の債務を支払うと, 受遺者全員への遺贈額に不足を生じる場合に残余動産遺贈 (residuary legacy), 不特定動産遺贈 (general legacy), 特定動産遺贈 (specific legacy), 指示的動産遺贈 (demonstrative legacy) の順に減額され, 同一部類の遺贈間では按分で減額される》.

abátement of núisance **不法妨害**[ニューサンス]**の(自力)除去** (cf. ABATABLE NUISANCE).

abátement of súit = ABATEMENT OF ACTION.

aba·tor /əbéɪtər/ n **1**《史》《不動産の》**不法先占者**. **2**《不法妨害の》(自力)**除去者**.

ab·ba·cy /ǽbəsi/ n 大修道院長の職[権限, 任期].

ab·bess /ǽbəs; ǽbès, -ɪs/ n 女子修道院長.

ab·bey /ǽbi/ n 大修道院. [L abbatia]

ábbey lànd [ᵁpl]《史》大修道院領地《大修道院 (abbey) が死手 (mortmain) の形で保有していた物的財産 (real property); 十分の一税課税の対象外であった》.

ab·bot /ǽbət/ n 大修道院長.

ab·bre·vi·ate /əbríːvièɪt/ vt 〈語・句を〉《略語を用いて》略書きする, 縮約する. ─ vi 略書きする; 省略する.
─ n /-, -viət/《スコットランド》摘要, 要録,《特に》**破産者仮差押申立書要録**.

ab·bre·vi·a·tion /əbrìːviéɪʃ(ə)n/ n 省略; 省略形; 略語.

Ab·bre·vi·a·ti·o·num il·le nu·me·rus et sen·sus ac·ci·pi·en·dus est ut con·ces·sio non sit in·a·nis. /æbrèviéɪʃiòunəm íllə númərəs ɛt sénsəs æksɪpiéndəs ɛst ət kansɛ́ʃiou nan sɪt ɪnéɪnɪs/ 省略形における数と意味は譲与が無効にならないように解釈されるべきである. [L=The number and sense of abbreviations are to be so interpreted that the grant may not be void.]

ab·bre·vi·a·tio pla·ci·to·rum /əbrìːviéɪʃiou plæsɪtóːrəm/ [ᴼA- P-]《史》**訴訟摘要集**《Richard 1 世から Edward 2 世までの時代 (12-14 世紀) のクリア・レギス (curia regis), 国王評議会 (King's Council), 議会, コモンロー裁判所での訴訟の摘要集で, 17 世紀に Arthur Agarde 他により編纂されたものといわれているもの; 1811 年に印刷》. [L=summary of the pleas]

ab·di·cant /ǽbdɪkənt/ a, n 《権利・責任などを》放棄する(人).

ab·di·cate /ǽbdɪkèɪt/ vt, vi 〈王位・権利・責任などを〉正式に放棄する, 棄てる, 退位[辞任]する: ~ (from) the crown [throne]〈王が〉退位する / the ~d queen 退位した女王. **áb·di·cà·tive** /, æbdíkətɪv/ a **áb·di·cà·tor** n

àb·di·cá·tion n **1** 辞職, 辞任,《特に 国王の》**退位**. **2**《権限・責任の》放棄.

ab·duct /æbdʌ́kt/ vt 拉致する, 略取する, 拉致(ら)する: ~ a bank manager at gunpoint. [L (duco to draw)]

ab·duct·ee /æbdʌktíː/ n 被誘拐者, 拉致(ら)被害者.

ab·duc·tion /æbdʌ́kʃ(ə)n/ n 誘拐, 略取, 拉致(ら),《特に》《強制結婚・強制売春などを目的とする》**婦女誘拐** (cf. KIDNAPPING). ▶ CHILD ABDUCTION (児童誘拐, 子の誘拐).

ab·dúc·tor n 誘拐者, 誘拐犯(人).

ab·er·rance /æbér(ə)ns/ n《古》ふるまい, 品行, 行状, 行為.

ab·ér·rant behávior **思慮を欠いた行動**《犯罪になる行為ではあるが, 計画的になされたのではない 1 回限りの思慮を欠いた行動で, 多くの裁判所では量刑基準よりも軽く量刑してきている》.

abet /əbét/ vt (-tt-) **教唆**(きょう)**する**; **幇助する** (cf. AID AND ABET, INCITE, PRINCIPAL IN THE SECOND DEGREE). ~·ment, abét·tal n abét·tor, abét·ter n [OF (à to, beter to BAIT)]

abey·ance /əbéɪəns/ n **1** 一時的停止, 休止: be in ~ 〈権利・法律などが〉停止中である / fall [go] into ~ 〈法律・規則・制度などが〉一時停止になる / hold [leave] …in ~ …を未決[棚上げ]にしておく. **2**《自由保有地の》**現有者不存在**,《一般に》**(権利)帰属者未確定**. **abéy·ant** a [OF (à to, beer to gape)]

abéyance of séisin **占有の現有者不存在**.

ABF ᴼ**American Bar Foundation** アメリカ法曹財団.

ABH《英》ᴼ**actual bodily harm** 身体傷害.

abide /əbáɪd/ v (**abode** /əbóʊd/, **abíd·ed**) vi **1** とどまる, 残る, 待つ;《古》住む, 滞留する《in, at》. **2**《あいかわらず》…のままである. ─ vt **1** 覚悟して待つ;〈運命・判決を〉甘んじて受ける; [ᵁneg] 我慢する. **2** **履行する**, **執行する**. ~ **by**… [p, pp はᵁ~d]〈判決などに〉**服する**;〈法令・契約などを〉**守る**: ~ by the decision of the court / ~ by the terms of the agreement.

abíding convíction 《すべての証拠の細心の検討・比較考量に基づく》**確実な有罪決定**.

abil·i·ty /əbíləti/ n《体力的・知的・法的に》できること, 能力, 法的資格, 才能. [ᵁpl] 手腕, 才能. ▶ DISABILITY (能力欠缺(けん)) [欠失]; 障害, 廃疾; 能力の欠缺, 行為無能力, 能力喪失)/ NONABILITY (無能力).

ab in·con·ve·ni·en·ti /æb ɪnkɑnvìːniénti, -tàɪ, àːb ɪnkɔnwèɪniénti/ adv 不都合なことから; 不都合を避けるために (⇨ ARGUMENTUM AB INCONVENIENTI PLURIMUM VALET IN LEGE). [L=from incovenience]

ab in·i·ti·o /æb ɪníʃiòu, àːb ɪníːtiòu/ adv 最初から

《略 **ab init**.; cf. IN INITIO). ► TRESPASS AB INITIO (最初の立入りに戻っての侵害) / WARRANTY AB INITIO (当初からの担保). VOID ～. [L＝from the beginning]

ab in·tes·ta·to /ˌæb ɪntɛstéɪtoʊ, ὰːb ɪntɛstάːtoʊ/ adv 無遺言の死者から. ► HEIR AB INTESTATO (無遺言法定相続人). [L＝from an intestate]

ab in·vi·to /ˌæb ɪnváɪtoʊ/ adv 意に反して. [L＝against one's will]

ab ira·to /ˌæb aɪréɪtoʊ/ adv 怒って, 憤怒の状態で《法定推定相続人 (heir apparent) への怒りから第三者へ遺贈した遺言の取消しを求める訴訟などで用いられる語》. [L＝in anger]

ab·judge /æbdʒʌ́dʒ/ vt 《古》《判決により》奪う, 除く.

ab·ju·ra·tion /ˌæbdʒəréɪʃən/ n 誓って放棄すること, 誓絶;《故国[国籍]または忠誠の》**放棄(宣誓), 退国宣誓**. ► OATH OF ABJURATION (放棄宣誓).

abjuration of allégiance 忠誠の放棄, 国籍放棄(宣誓).

abjuration of the réalm 退国宣誓, 永久離国宣誓《元来は聖域 (sanctuary) に逃れた者が行なうことができたものであるが, その廃止後は一般的な意味でも用いられる; cf. RELEGATION》.

ab·jure /əbdʒúər, æb-/ vt **1** 誓ってやめる;*《主義・信仰・忠誠・国などを》宣誓のうえ正式に放棄する[棄てる];〈故国を〉永久に去ることを誓う: ～ the REALM. **2** 控える, 慎む, 避ける.

ab·la·tive fáct /æbléɪtɪv-/ 権利喪失事実 (＝DIVESTITIVE FACT).

able /éɪb(ə)l/ a (**ábl·er**; -**est**) **1** …しうる, …ができる〈to do〉. **2** 有能な, 能力[資格]がある. [OF＜L habilis handy (habeo to hold)]

áble(-bòdied) séaman 有資格船員《船員 (seaman) としてのすべての義務に資格を有しかつその資格を公的に認定された者》.

ab·ne·gate /æbnɪgeɪt/ vt **1** 〈快楽などを〉絶つ. **2** 〈所信・権利を〉棄てる. **áb·ne·gà·tor** n [L (nego to deny)]

àb·ne·gá·tion n **1** 《権利などの》放棄, 棄権; 拒絶. **2** 自制, 克己.

ab·nor·mal /æbnɔ́ːrm(ə)l, əb-/ a 異常な, 変則の, 不規則な, 正常でない, 変態の, 病的な. — n 異常な人. **～·ly** adv [F; ⇒ ANOMALOUS; 語形は L abnormis (norma form) との混同]

abnórmally dángerous actívity 異常に危険な活動[行為] (＝ultrahazardous activity)《ダイナマイトの爆破作業のように, それに従事する場合に相当の注意 (reasonable care) を用いてもなお安全にはなしえない行為で, 他人に損害が生じた場合には厳格責任 (strict liability) を負う; ⇒ STRICT LIABILITY》.

abode /əbóʊd/ n **1 a** 住所, 居住地, **所在地** (cf. DOMICILE, RESIDENCE). **b** 住居. **c** 居住, 在住. ► PERMANENT ABODE (永久的所在地) / PLACE OF ABODE (住所) / RIGHT OF ABODE (居住権). **2**《廃》遅滞: without ～ 遅滞なく. **make** one's ～ 居住する, 住居を定める, 滞在する〈at, in〉. **of**[**with**] **no fixed ～** 住所不定の. [ABIDE; cf. ride: road]

abol·ish /əbɑ́lɪʃ/ vt 《制度・法・慣例などを》廃止する. **～·able** a **～·er** n **～·ment** n [F＜L aboleo to destroy]

ab·o·li·tion /ˌæbəlíʃ(ə)n/ n **1** 《制度・法などの》**廃止, 廃棄**;[ᴼA-]《米史》奴隷制度廃止; 死刑廃止: the ～ of death penalty. **2**《史》刑事訴追放棄許可. **～·àry** /; -(ə)ri/ a [F or L (↑)]

abolítion·ìsm n 廃止論; 奴隷制度廃止論; 死刑廃止論. **-ist** n, a

abóminable críme《史》禁忌罪《具体的には男色 (buggery), 獣姦 (bestiality) を指し, 英国の1861年法では重罪 (felony) とされた》.

a bon droit /F a bɔ̃ drwa/ 十分な理由をもって, 正当に, 正しく, 適法に. [F＝with good reason]

ab·o·rig·i·nal /ˌæbərídʒ(ə)n(ə)l/ a 原生の, 土着の, とからの; 先住民の, 原住民の, 土着民の;[ᴼA-] オーストラリア先住民の. — n 先住民 (aborigine);[ᴼA-] オーストラリア先住民, アボリジニー (＝native).

aborígi̇nal títle《米》先住民の権原 (＝INDIAN TITLE).

ab·o·rig·i·ne /ˌæbərídʒ(ə)nìː/ n 先住民, 原住民;[ᴼA-] アボリジニー《オーストラリア先住民》.

abor·tion /əbɔ́ːrʃ(ə)n/ n **1 a** (人工)**妊娠中絶, 堕胎**; 流産《人間では, 特に 妊娠12週 (時に) 28週) 以内の; cf. MISCARRIAGE, ILLEGAL ABORTION, CHILD DESTRUCTION. **b** 妊娠中絶罪《胎児が母体を離れて生存できるようになる前に人工的に流産させる犯罪; 英国では1967年法までは原則として犯罪; それ以後は正当な理由があってしかも登録医による場合は犯罪とならない; 米国については ROE v. WADE (1973) を見よ; ⇨ CHILD DESTRUCTION》. ► FORCED ABORTION (強制妊娠中絶) / ILLEGAL ABORTION (堕胎(罪)) / INDUCED ABORTION (誘発流産) / THERAPEUTIC ABORTION (治療的流産). **2** 流産された胎児, 流産児 (abortus). **abort** /əbɔ́ːrt/ vi, vt

abórtion·ìsm n 妊婦が妊娠中絶する権利の擁護.

abórtion·ist n **1** 妊娠中絶医,《特に》違法な堕胎施術者. **2** 妊婦妊娠中絶権擁護者.

abor·tus /əbɔ́ːrtəs/ n (pl ～·**es**) 流産児.

above /əbʌ́v/ adv (cf. BELOW) **1** 上で, 上の方へ;前の方で,《ページの》上の方で. **2** 上位に(ある), 高位に(ある); 上位裁判所で (higher court) で.

abóve-the-líne《米税制》a 基礎より上の, アバヴ・ザ・ラインの《課税額計算の際の控除について用いられる語で, 総所得額 (gross income) を計算したのちに調整総所得額 (adjusted gross income) を計算する前に控除される意; 個人退職積立て勘定 (individual retirement account) への納付金や引っ越し費用などがこれに含まれる; cf. BELOW-THE-LINE》.

abridge

abridge /əbrídʒ/ vt **1**〈規模などを〉縮小[短縮]する;〈書籍・文などを〉縮約[簡略化]する, 要約する. **2**〈権利などを〉削減[減殺(ﾞﾞﾞ)], 縮小]する.

abridg·ment, abridge- /əbrídʒmənt/ n **1** 要約. **2**〖史〗法要録《イングランド判例法についての簡潔包括的な要約》; アルファベット順・事項別に年書(Year Books) などから判例の大要を摘記するのが一般的であった; 法類纂 (Digest) という語と区別せずに用いられた; 18世紀に体系的概説書が出現するまで, 印刷に付され, 多くのものが流布し, 法発展・法学教育上重要な役割を演じた; ⇨ COMMONPLACE BOOK》. **3**〈権利などの〉削減, 減殺(ﾞﾞﾞ), 縮小.

ab·ro·gate /ǽbrəgèit/ vt〈法・慣習・文書などを〉廃止[廃棄]する, 無効にする (cf. OBROGATE). **ab·ro·ga·ble** /ǽbrəgəb(ə)l/ a　**áb·ro·gà·tive** a　**àb·ro·gá·tion** n　**áb·ro·gà·tor** n　[L (rogo to propose law)]

ABS °asset-backed security 資産担保証券.

ab·scond /æbskánd/ vi 逃亡する, 失踪する《特に, 法的手続き適用を免れるため, 裁判管轄のある地域から他国・他法域へひそかに移ること, あるいは隠れ住むこと》. ~-er n　**ab·scónd·ence** n　[L abs-(condo to stow)= to hide away]

abscónding by pérson reléased on báil 保釈被告人の不出頭.

abscónding débtor《債権者の請求を免れるという詐害(ﾞ)の意思をもった》**失踪債務者**《かつては破産行為(act of bankruptcy) とされた》.

ab·sence /ǽbs(ə)ns/ n **1** 不在, 失踪; 欠席, 欠勤; 不出頭. ▶ LEAVE OF ABSENCE (休暇). **2** 欠乏;《証拠などの》欠如. **in the ~ of** ...がない[いない]ときは; ...がない[いない]から.

ábsence withòut léave〖軍〗無許可離隊[外出].

ab·sent /ǽbs(ə)nt/ a **1** 不在の, 留守である, 欠席の, 欠勤の (opp. present). **2** 欠けている, ない (lacking).

ab·sen·tee /ǽbs(ə)ntíː/ n **1 a** 不在者; 不在地主[家主]. **b** 不在投票者; *州外者. **c** 欠席者, 不参加者;《特に 長期の, あるいは労働争議の手段としての》欠勤者. **2**〖adv〗不在者として: vote ~.

ábsentee bállot* 不在(者)投票 (= ABSENTEE VOTING).

ábsentee corporátion〖米〗**不在会社**《設立州以外で州外法人 (foreign corporation) として事業を行ないながらも, その州での訴訟手続き上の代理人を選任していない会社》.

absentée·ism n **1** 常習的欠勤[欠席]; ずる休み;《労働争議の手段としての》欠勤. **2**《地主・家主の》長期[常時]不在; 不在地主制.

ábsentee lándlord 不在地主, 不在家主.

ábsentee ówner 不在所有主[地主, 家主, 社主].

ábsentee vóter 不在投票者 (absent voter).

ábsentee vóting 不在(者)投票 (= absentee ballot) (⇨ EARLY VOTING).

ab·sen·te reo /æbsénti ríːou/ adv 被告欠席のため[場合に]《略 abs. re.》.　[L= the defendant being absent]

ábsent·mínd·ed·ness n 放心状態, 注意散漫.

ábsent párent〖英史〗**不在親** (⇨ NONRESIDENT PARENT).

ábsent vóter 不在投票者 (= absentee voter).

ábsent withòut léave〖軍〗無許可離隊[外出]の《略 AWOL》.

ab·soil(e), ab·soyle /əsóil, æ-/ vt《古》ASSOIL.

Ab·so·lu·ta sen·ten·tia ex·po·si·to·re non in·di·get. /æbsəljúːtə sənténʃiə ɛkspəzítóːre nan índidʒet/ 完全無欠の陳述は解釈者を要しない.　[L= An absolute statement needs no expositor.]

ab·so·lute /ǽbs(ə)lùːt, ＿－／ a **1** 絶対の, 絶対的な (opp. relative). **2** 無制限の, 無条件の;〈判決などが〉最終的な, 確定的な: DECREE ABSOLUTE. **3** 完全な, 完全無欠の. **4**〈証拠が〉確かな,〈事実が〉実際の. **~·ly** adv　[L (pp)＜ABSOLVE; 語形は OF absolut の影響]

ábsolute assígnment 1 絶対的譲渡《譲渡者に譲渡目的物・権利に対する一切の権利を残さぬ形の完全な権利移転》. **2**〖英〗無条件債権譲渡, 絶対的権利譲渡《債権その他の契約上の権利の譲渡が有効であるための一要件として, その譲渡が無条件の完全なものであることが必要であるが, その絶対的譲渡; ただし, 譲渡抵当 (mortgage) はこれに含まれるとされている》.

ábsolute bíll of sále 絶対的動産売買証書《売買された動産の所有権を完全に買主に移転することを証する書類; cf. CONDITIONAL BILL OF SALE》.

ábsolute cóntraband〖国際法〗絶対的戦時禁制品《戦時禁制品 (contraband of war) のうち 武器・弾薬・戦艦などのほか軍事的装備・衣服類を含め, 主として戦争遂行の用に供されるもの; ⇨ CONTRABAND OF WAR; cf. CONDITIONAL CONTRABAND》.

ábsolute cóvenant 無条件約款 (cf. CONDITIONAL COVENANT).

ábsolute déed《権原 (title) の》無条件譲渡捺印証書 (= deed absolute).

ábsolute defénse 1 絶対的抗弁 (= REAL DEFENSE). **2** 無制限防御 (= COMPLETE DEFENSE).

ábsolute delívery 絶対的引渡し《譲与者が証書の占有を現実に移転することにより完結する引渡し》.

ábsolute díscharge〖英〗《有罪と決定された被告人に対する》**無条件釈放** (cf. CONDITIONAL DISCHARGE).

ábsolute dispárity 絶対的不均衡割合《人口一般におけるあるグループの割合とそのグループの陪審員候補者の中での割合との間の不均衡割合; ある裁判管轄区域での黒人種の人口一般に占める割合が 15% とし, 陪審員候補者の中で占める割合が 10% であるとすると, 15 マイナス 10 の 5% がこれに当たる; cf. COMPARATIVE DISPARITY, DUREN TEST, FAIR-CROSS-SECTION REQUIRE-

MENT, STATISTICAL DECISION THEORY］.

ábsolute divórce 絶対的離婚《既存の有効な婚姻関係の将来に向かっての完全な解消；婚姻の無効・別居とは異なる；しかし特に離婚が認められておらず無効のみが存した過去において，時に無効をも含めて用いられたこともある；cf. DIVORCE A VINCULO MATRIMONII, SEPARATION》．

ábsolute dúty 絶対的義務《(1) 対応する権利のない義務 2) 約束義務者の即時履行のためにはただ時が経過することだけが必要な義務》．

ábsolute estáte 絶対的不動産権《条件が全く付いておらずしたがって他のいかなる者にも対抗しうる完全無欠の不動産権》．

ábsolute fée 絶対的封土権（＝FEE SIMPLE ABSOLUTE）．

ábsolute gíft 絶対的贈与，無条件贈与．

ábsolute guáranty 無条件保証．

ábsolute immúnity 絶対的免責《例えば，立法府の議員が立法中あるいは裁判官が裁判中のように，公務員が特に重要な職務を果たしている際の行為についての民事責任からの完全な免責；cf. QUALIFIED IMMUNITY》．

ábsolute impédiment 絶対的婚姻障害．

ábsolute ínterest 絶対的権利《物に対する排他的完全な所有権；cf. LIMITED INTEREST》．

ábsolute láw 絶対法《理念上の法で，原理的には不変で，状況によりその適用において変化しうると考えられている法；cf. NATURAL LAW》．

ábsolute léasehold títle《英》絶対的不動産賃借権《有効性確認済み不動産賃借権 (good leasehold title) と異なり，貸主の賃借権設定権原をも含めて登録官が保証している不動産賃借権；cf. LAND REGISTRATION》．

ábsolute liability 絶対責任，厳格責任（＝STRICT LIABILITY）．

ábsolutely prívileged communicátion 絶対的免責特権によって免責された情報［発言］（⇨ ABSOLUTE PRIVILEGE）(cf. CONDITIONALLY PRIVILEGED COMMUNICATION）．

ábsolute mónarchy 絶対王政，絶対君主制，絶対君主国 (opp. limited monarchy) (cf. ABSOLUTISM）．

ábsolute monópoly 《ただ一人［一社］による》絶対独占（権），絶対専売（権）．

ábsolute núisance 絶対的不法妨害［ニューサンス］《1) 例えば河岸所有者の水流利用権など裁判所が確定不変のものと考えている財産権の不法妨害 2) NUISANCE PER SE 3) いかに注意深く行動しようとも，合理的に判断して適当でない場所での不法妨害 4) 例えば環境汚染などのごとく，結果として生じた被害に対して厳格責任 (strict liability) を負うべき不法妨害；≫ cf. QUALIFIED NUISANCE》．

ábsolute núllity《大陸法》絶対無効 (cf. RELATIVE NULLITY）．

ábsolute obligátion 絶対的義務《約束条件に従って変更することなく完全に履行することが要求されている義務》．

ábsolute ówner 1 絶対的所有（権）者．**2**《英》自己のために所有する者（＝BENEFICIAL OWNER）．

ábsolute ównership 絶対的所有権《しばしばローマ法・大陸法の意味における所有権 (dominium) を示す語としても使われる；cf. FEE SIMPLE ABSOLUTE》．

ábsolute párdon 無条件恩赦，絶対的恩赦 (cf. CONDITIONAL PARDON）．

ábsolute presúmption 絶対的推定，みなし（＝CONCLUSIVE PRESUMPTION）．

ábsolute priórity rùle 絶対的優先性の準則《後順位債権者 (junior creditor) に対して支払いがなされる前に先順位債権者 (senior creditor) の債権が完全に弁済されねばならないという破産法上の原則》．

ábsolute prívilege 絶対的免責（特権）《行為がどんなに悪いものであり，しかもそれが不適正な動機をもってなされたものであっても，免責されること；特に名誉毀損 (defamation) に関して，議院で発言中の議会議員や裁判中の裁判官の言説に与えられる訴えられることのない絶対的特権；cf. QUALIFIED PRIVILEGE, WAIVER OF PRIVILEGE》．

ábsolute ríght 絶対的権利《自由権のように，すべての人間に認められている権利；cf. QUALIFIED RIGHT, RELATIVE RIGHT》．

ábsolute sále 絶対的売却《売買契約の完了・代金支払いと同時に無条件で売買対象財産の占有と権原が買主に移される売買；cf. CONDITIONAL SALE》．

ábsolute théory of sóvereign immúnity 絶対的主権免除論《主権免除 (sovereign immunity) の認められる範囲につき，国家の行なうすべての行為に関して認められるとするもので，国家の主権的行為についてのみ認められ，その商業行為などの業務管理の行為には及ばないとする制限的主権免除論 (restrictive theory of sovereign immunity) と対比；19世紀までの経済自由主義時代は国家が管理執行する経済活動の分野は明確に限定され主権に内在する公共事務に限られていたが，その後このような前提は崩れ，国家の活動領域が私人の領分にも及ぶようになっている；そのため当初の絶対的主権免除論では，外国国家と取引関係に入る私人に不公正をもたらすことになるとの反省から，現在の大勢は制限的主権免除論に傾きつつあり，英米共にそれを基調としている；cf. SOVEREIGN IMMUNITY》．

ábsolute títle 1《土地に対する排他的な》絶対的権原 (cf. FEE SIMPLE ABSOLUTE). **2**《英》完全権原《登録されている土地に対するコモンロー上の不動産権 (legal estate) について，より良い権原を有する者がいないことを政府が保証している権原；cf. QUALIFIED TITLE》．

ábsolute véto 絶対的拒否権《乗り越えることのできない無制限の拒否権》．

ab·so·lu·tion /ӕbsəlúːʃ(ə)n/ *n* **1** 免除，赦免，放免，釈放（の宣告），無罪宣告．**2**《義務・約束の》免除，解除．**3**《教会》赦罪 ⟨*from, of*⟩；赦罪式；赦罪文．**4**《苦行・破

門などの)免除, 解除. [ABSOLVE]

ab·so·lut·ism /ǽbsəlù:tìz(ə)m/ *n* **1** 絶対主義 (cf. ABSOLUTE MONARCHY, DESPOTISM). **2** 絶対性, 確実性. -ist *n, a*

ab·so·lu·to·ry /æbsáljətɔ̀:ri, -t(ə)ri/ *a* 赦免の, 放免の.

ab·solve /əbzɔ́(:)lv, -sɔ́(:)lv, -sálv/ *vt* **1**《義務・債務・責任などから》解放する, 免除する;…に無罪を申し渡す, 責任[咎め]なしとする, 放免する: ~ sb *of* any negligence 過失責任をなしとする. **2**《赦罪 (absolution) により》〈人 (の罪)を〉赦す, 赦免する: ~ (sb *of*) a sin 〈人の〉罪を赦す, 〈人に〉罪障消滅を申し渡す. **3**〈破門などを〉解除する, 赦免する. **ab·sólv·er** *n*

ab·sol·vi·tor /əbzálvətər, -sál-, *-zɔ́:l-, *-sɔ́:l-/ *n* 《スコットランド》無罪判決, 被告に有利な判決.

ab·sorb /əbsɔ́:rb, -zɔ́:rb/ *vt* **1 a** 吸収する, 吸い取る. **b**〈小国・都市・企業などを〉吸収する, 合併する〈*into, by*〉. **2**〈市場が, 商品などを〉消化する, 引き受ける. **3** [*fig*] 〈注意などを〉奪う, 〈人を〉夢中にする. **4**〈収入・体力などを〉消耗する;〈時間を〉奪う. **5 a**〈費用を〉負担する. **b**〈課税負担責任を〉減ずる. **6**《米》〈合衆国憲法上の権利を〉州にも適用可能にする.

ab·sorp·tion /əbsɔ́:rpʃ(ə)n, -zɔ́:rp-/ *n* **1**《米》合衆国憲法上の権利の州の行為への適用《合衆国憲法で保障されている権利を州の行為にも適用可能とすること, ないし適用すること). **2**《国際法》《他国民の》併合. **3**《企業合併後の労働協約 (collective bargaining agreement) における》組合員優先雇用 (条項). **4**《不動産市場で賃貸借・売買される際の》査定額. **5** 運送料込み (= freight absorption)《製造業者が運送費を負担しそれを製品の取引価格に含める販売方法).

abs·que hoc /ǽbskwi hák, ǽbz-/ *adv* これがなければ. — *n*《史》(訴答の)否認部分《特別否認訴答 (special traverse) で, 相手方主張の事実を否認する部分の冒頭に置かれた語, またそこからその否認部分を指す; ⇒ SPECIAL TRAVERSE). [L=without this]

ábsque im·pe·ti·ti·ó·ne vá·sti /-ìmpətìʃióuni vǽstàɪ/《史》(不動産) 毀損の責に問われることなく (=WITHOUT IMPEACHMENT OF WASTE). [L]

ábsque tá·li cáu·sa /-téɪlaɪ kɔ́:zə/《史》その[主張された]ような事由なして (⇒ DE INJURIA SUA PROPRIA ABSQUE TALI CAUSA). [L=without such cause]

abs. re. °absente reo 被告欠席のため[場合].

ab·stain /əbstéɪn/ *vi* 慎む, (差し)控える, 棄権する;《特に》裁判権行使を回避する.

ab·sten·tion /əbsténʃ(ə)n/ *n* **1**(権利行使の)回避, 棄権. **2**《米》裁判権行使回避《連邦裁判所が裁判権を行使できる場合であっても, 州法に照らして未解決の問題がある場合, 連邦裁判所に判断させず, 連邦裁判所が判断を回避すること; cf. COMITY). ▶ BURFORD ABSTENTION (バーフォード事件型の裁判権行使回避) / COLORADO RIVER ABSTENTION (コロラド河事件型の裁判権行使回避) / PULLMAN ABSTENTION (プルマン事件型の裁判権行使回避) / THIBODAUX ABSTENTION (ティボドー事件型の裁判権行使回避) / YOUNGER ABSTENTION (ヤンガー事件型の裁判権行使回避).

absténtion dòctrine《米》裁判権行使回避の法理 (⇒ ABSTENTION).

ab·stract /ǽbstrækt/ *n* 要約(書), 抄録, 摘要. — *vt* /—́—̀, —̀—́/ **1** 分離する, 取り去る;抽出する. **2** 抜き取る, 盗む. **3**〈注意などを〉そらす. **4**〈性質・属性を〉抽象する. **5** 要約する.

ab·stráct·er, ab·strác·tor *n* 要約者;《特に》権原要約書 (abstract of title) 作成者.

abstrácting electrícity 電気窃盗(罪).

ab·strac·tion /æbstrǽkʃ(ə)n/ *n* **1** 抽象(作用), 捨象. **2** 抽象概念. **3** 要約, 抄録. **4** 不法取得, 窃取, 抜き取り.

abstráction of wáter《川などからの》取水《普通は当局の許可が必要であるが, 少量であれば家庭使用, 農業用, あるいは防火・土地排水用であれば認められる).

ábstract of júdgment 判決要旨, 判決の写し《適正な公的機関に提出した場合には, 判決債務者 (judgment debtor) の差押え許容財産に対する判決債権者 (judgment creditor) の判決先取特権 (judgment lien) を生ることになる).

ábstract of títle 権原要約書 (=brief)《特定不動産の譲渡, 土地に対する負担 (encumbrance) 等その権原 (title) にかかわる歴史を要約した書類;その土地の売買・譲渡抵当 (mortgage) 設定の場合などに用いられる; cf. EPITOME OF TITLE). ▶ GOOD MERCHANTABLE ABSTRACT OF TITLE (有効かつ商品性のある権原についての要約書).

abstractor ⇨ ABSTRACTER.

Abun·dans cau·te·la non no·cet. /əbǽndəns kɔ́:tɛlə nán nóusɛt/ 過度の注意は害を加えず. [L=Abundant caution does not harm.]

abuse *vt* /əbjú:z/ **1**〈才能・権利・地位・人の好意などを〉濫用[悪用]する, 誤用する. **2 a** 虐待する, 酷使する. **b** 口ぎたなくののしる, 罵倒する. **3**〈物に損害を与える, 〈物を〉傷つける (damage). — *n* /əbjú:s/ **1 a** 濫用, 悪用, 誤用: an ~ of power 権力の濫用. **b** 悪幣, 悪習: election ~s 選挙にまつわる悪幣《買収など). ▶ DISCOVERY ABUSE (開示手続濫用;開示不十分) / DRUG ABUSE (薬物濫用) / MARKET ABUSE (市場濫用) / SOLVENT ABUSE (溶剤濫用). **2 a** 虐待, 酷使;性的虐待, 凌辱 (cf. CRUELTY). **b** 悪口, 暴言: personal ~ 人身攻撃 / a term of ~《a son of a bitch のような) ののしり用語. ▶ CARNAL ABUSE (違法な性行為) / CHILD ABUSE (児童虐待) / DOMESTIC ABUSE (家庭内虐待) / HOMICIDE BY ABUSE (虐待による殺人) / RACIST ABUSE (人種上の攻撃) / SEXUAL ABUSE (性的虐待;強姦) / SPOUSAL ABUSE (配偶者虐待) / VERBAL ABUSE (暴言). **abús·able** /-zə-/ *a* **abús·er** /-zər/ *n* [OF<L; ⇒ USE]

abúse excúse 虐待ゆえの免責《肉体的・精神的に児童虐待を受けてきたので善悪の弁別能力が欠けていると

いう刑事被告人の防御)．

abúse of a dóminant posítion 〘英〙支配的
地位の濫用《通常は欧州連合 (European Union) の少
なくとも一国で最低 40% 以上の市場を支配している大企
業が, 例えば既存の消費者に供給を拒否したり, 略奪的
価格設定 (predatory pricing) をして, 違法活動を行な
うこと》．

abúse of (a) posítion of trúst 〘英〙信頼される
地位の濫用《罪》《保護施設などで世話をしている 18 歳未
満の者に対して信頼される地位にある 18 歳を超える者よ
る性行為を含む種々の性犯罪; 2003 年法で新設》．

abúse of chíldren 児童虐待 (=CHILD ABUSE)．

abúse of discrétion 裁量権の濫用 (cf. *clearly* ERRONEOUS)．

abúse of distréss 1 差押動産濫用《合法的に差
押え留置している家畜・動産を勝手に利用することで, 横
領 (conversion) になる》．**2**《自救的》動産差押濫用．

abúse of fémale child 女児性的傷害．

abúse of próces《合法的に発行された》訴訟手続
き上の令状の濫用, 訴訟手続き濫用 (=**abúse of légal próces**, malicious abuse of (legal) process) (cf. MALICIOUS PROSECUTION)．► MALICIOUS ABUSE OF (LEGAL) PROCESS (訴訟手続き濫用)．

abúse of the élderly《介護者による》老年者虐
待．

abúse-of-the-writ dòctrine 身柄提出令状
濫用の法理《刑事訴訟上の原則で, 身柄提出令状 (habeas corpus) の申し立てをする場合, それ以前に行なった
申し立てで行なうべきであったが行なわなかった主張を提起す
ることはできないというもの; cf. SUCCESSIVE WRIT DOCTRINE》．

abu·sive /əbjúːsɪv; -zɪv/ *a* **1**〈人が〉口ぎたない, 人を罵
倒する; ののしりの. **2** 腐敗した, 不正な. **3** 酷使する, 虐
待的な. **~·ly** *adv*

abúsive behávior 罵倒行為《英国では, 態様に
よっては脅迫行為 (threatening behavior) として処罰の
対象となる》．

abúsive lánguage 悪態, 罵詈雑言(ぞうごん)．

abut /əbʌ́t/ *v* (**-tt-**) *vi*〈国・土地などが〉境を接する,
隣接する〈*on* a place〉;〈建物の一部が〉接触する, 沿う
〈*against* the building, *on* the river〉. — *vt* …と境
を接する．

abút·ment *n* 隣接, 隣接点[部], 隣接物; 橋台,《支
えるものと支えられるものとの》接合部[点]．

abut·tal /əbʌ́tl/ *n* [*pl*]《隣接地との》境界．

abut·ter /əbʌ́tər/ *n* **1** 隣接するもの, 隣接地. **2** 隣接
地《隣接財産》所有者．

abút·ting *a* 隣接する[している]．

ABWOR 〘英〙代理による助言《advice by way of representation の略; 2000 年に地域法律扶助提供 (Community Legal Service) 導入により廃止され, 代わって裁
判所における援助 (help at court) になるまでの法律扶助
(legal aid) の一種; グリーンフォーム (green form) で申し

込みをなし, 法律扶助基金からの援助を得て裁判所などで
の手続き等を代わりに行なった援助》．

AC Appeal Case 上訴事件 ♦〘英〙°Appeal Court 控訴
院．

a/c, A/C account ♦°account current 途中勘定．

ACA 〘米〙°Assimilative Crimes Act 同化犯罪法．

académic fréedom 学問の自由．

académic quéstion 1《事件の解決に関係のない》
抽象的問題. **2** 学術上の問題．

ACAS, Acas /éɪkəs/ 〘英〙°Advisory Conciliation and Arbitration Service 調停・仲裁機関．

ÁCAS Arbitrátion Schème 〘英〙調停・仲裁機
関制《雇用者・被用者間の紛争を雇用審判所 (employment tribunal) でよりも両者の仲裁 (arbitration) で解
決するよう助長するため 1998 年法で制定されたやり方;
ACAS (調停・仲裁機関) が仲裁人を指名する; 利用は任
意》．

ACC 〘英〙Assistant Chief Constable 警察次長 (⇨ POLICE)．

ac·ce·das ad cu·ri·am /ækséːdəs æd kjúː-riəm/ 〘史〙国王裁判所移送令状《ハンドレッド裁判所
(hundred court) あるいは自由不動産保有者裁判所
(court baron) において誤審を受けた者がその修正を求め
て, また訴訟遅延となっている場合に, そこから国王裁判所
に事件を移すために用いられた令状》．[L=you are to go to the court]

ac·cede /æksíːd, ɪk-/ *v* **1**〈申し出・要求などに〉同意
を表する, 応ずる (consent)〈*to* an offer〉. **2**〈任務に〉就
く, 就任する〈*to* an office〉; 跡を継ぐ〈*to* an estate〉;〈王
位に〉つく, 即位する, 継承する〈*to* the throne〉. **3**〈党に〉
加入する〈*to* a party〉;〈条約に〉加入[加盟, 参加]する, 条
約加盟国になる〈*to* a treaty〉. **4**〈増大・改良・労働などに
より〉財産価値が増す, 付合する (⇨ ACCESSION)．

ac·cel·er·ate /ɪksélərèɪt, æk-/ *vt* 速める, 加速する;
促進する;〈事の〉時期を早める. — *vi* 加速する; 弁済
期日繰上げ条項 (acceleration clause) を実施する[実行
に移す]．

Accélerated Cóst Recóvery Sỳstem
[the ~] 〘米史〙加速度原価回収制度《1981 年から 1986
年の間に使用に供された有形減価償却資産資本原価回
収のための一種の減価償却制度で, 従来よりも短い回収
期間を定めることにより早期の原価回収をはかったもの;
1986 年に修正加速度原価回収制度 (Modified Accelerated Cost Recovery System) に代わった; 略 ACRS》．

accelerated depreciátion 〘会計〙《減価償却
資産の》加速減価償却 (⇨ ACCELERATED DEPRECIATION METHOD)．

accelerated depreciátion mèthod
〘会計〙加速減価償却法, 加速償却法《減価償却資産
の減価償却方法の一つで, 原則的な定額減価償却法
(straight-line method) と異なり, 償却期間初期に多額
の引当金を充て, 後になるにつれ減額していくやり方; ⇨

A

accélerated reláinder 早期実現残余権《例えば、先行する部分不動産権 (particular estate) の贈与が失効したような場合の残余権 (remainder)》.

ac·cel·er·a·tion /ɪksèləréɪʃ(ə)n/ n 1 加速, 促進. 2 将来権の早期実現. 3 弁済期日繰上げ.

acceleration clause 弁済期日繰上げ条項《金銭債務契約で割賦金や利息の支払いを怠るなどをした場合に全債務の支払いを直ちに請求できる旨を定める条項; cf. DEMAND CLAUSE, INSECURITY CLAUSE》.

ac·cept /ɪksépt, æk-/ vt 1 〈贈物・招待などを〉快く受け入れる[受け取る], 承諾する;《議会》〈委員会の答申を〉受理する;〈申し込みなどを〉承諾する, 引き受ける (opp. *refuse*); 承認[容認]する; 受領するː ~ bribes 収賄する / He ~ed the offer of a job in Taiwan. / ~ an offer unconditionally. 2〈弁明を〉信用する,〈言い分・主張を〉認める;〈ことばを〉解釈する, 了解する〈*as*〉: ~ the explanation *as true [as a fact]* 説明を本当[事実]だとして受け入れる / the generally ~ed idea 一般に認められている考え / an ~ed meaning 通義. 3〈責任などを〉引き受ける, 是認する (⇨ ACCEPTANCE OF RESPONSIBILITY). 4〈手形を〉引き受ける (opp. *dishonor*). — *vi*〈招待・提案などを〉受諾する,〈贈り物などを〉受け取る〈*of*〉.
~·er *n* ACCEPTOR. [OF or L *ac-(cept- cipio=capio* to take)]

accépt·able *a* 承諾[受諾, 受理, 容認]できる, 受け入れられる; 耐えられる, 許容できる〈損害〉; 条件[基準]に合った; 満足な, 良好な.

accépt·ance *n* 1 受諾; 引き受け; 承認, 容認, 受理 (opp. *refusal*); 受領;《申し込みの》承諾 (cf. OFFER). ► ACCOMMODATION ACCEPTANCE (好意としての承諾) / CONDITIONAL ACCEPTANCE (条件付き承諾) / NONACCEPTANCE (不承諾) / POWER OF ACCEPTANCE (承諾権) / QUALIFIED ACCEPTANCE (制限付き承諾). 2《手形の》引受け; 引受手形 ► ACCOMMODATION ACCEPTANCE (融通手形の引受け) / BANKER'S [BANK] ACCEPTANCE (銀行引受手形) / BLANK ACCEPTANCE (白地引受け) / CONDITIONAL ACCEPTANCE (条件付き手形引受け) / GENERAL ACCEPTANCE (単純引受け) / NONACCEPTANCE (受領拒否; 引受け拒否) / PARTIAL ACCEPTANCE (一部引受け) / PRESENTMENT FOR ACCEPTANCE (引受けのための呈示) / QUALIFIED ACCEPTANCE (不単純引受け) / SPECIAL ACCEPTANCE (特別引受け) / TRADE ACCEPTANCE (買主引受手形). **ac·cépt·an·cy** *n*

accéptance for hónor 引受け拒絶証書作成後の参加引受け (=acceptance supra protest)《手形の名宛人が引受け拒絶し, 拒絶証書 (protest) が作成された後, 第三者が振出人・裏書人の信用のために満期時の債務支払いに合意すること; この参加引受人が債務を支払った場合, 被参加人およびその前者に対して遡求することができる》.

accéptance of a bíll (為替)手形の引受け (=**accéptance of a bíll of exchánge**)《為替手形 (bill of exchange) の支払人が手形に記載されている金額の支払い債務を負担することに合意すること》. ► SPECIAL ACCEPTANCE (OF A BILL OF EXCHANGE) ((為替手形の)特別引受け).

accéptance of góods 物品の受領.

accéptance of óffer 申し込みの承諾.

accéptance of responsibílity 責任の是認《刑事裁判で有罪決定された被告人がみずからの罪を認めそれについての自責の念を示すこと; それにより, 裁判官がその罪の程度を減じより軽い刑の宣告をなす裁量権をもつことになる》.

accéptance of sérvice《令状などの》送達の受理《英国では事務弁護士 (solicitor) が当事者に代わって受理する権限を授権されうる》.

accéptance-of-the-bénefits rùle 利益享受の準則《当事者が判決後にその判決で認められた救済をみずからの意思で受けたあとでは, その判決について上訴をすることは許されないという法理》.

accéptance sùpra prótest =ACCEPTANCE FOR HONOR.

ac·cep·ti·la·tion /æksèptəléɪʃ(ə)n/ *n*《ローマ法》(弁済)受領問答契約《問答契約 (stipulatio) による債務の免除をするため弁済を受け取った旨の別個の問答契約; これにより債権は履行などの債権者の満足を伴わない形で消滅することになり, 債権免除の目的に利用された》.

ac·cép·tor *n* 1 承諾者, 承認者. 2 (手形)引受人.

ac·cess /ǽksès, *ɪksés/ *n* 1 **a** 接近, 出入り, 接触; 到来; 接近[出入り, 入手, 利用]する方法[手段, 権利, 自由], アクセス; 通行; 通行権 (=access right);《別のところで保護・養育されている子供に対する親・祖父母の, あるいは子の親・祖父母に対する》面会(権)《英国では 1989 年法により接触 (contact) の語が代わって用いられている; ⇨ CONTACT ORDER》; 訪問(権): easy [hard, difficult] of ~ 近づき[面会し]やすい[にくい], 利用しやすい[しにくい] / gain [obtain] ~ *to*...に接近[出入り, 面会]する / The burglar gained ~ through the window. / give ~ *to* ...に接近[出入り, 面会]を許す / have ~ *to*...に接近[出入り, 面会]できる, ...を入手できる. **b** 進入路, 通路, 入口, 道筋, アクセス〈*to*〉(opp. *exit*). ► EASEMENT OF ACCESS (通行地役権) / RIGHT OF ACCESS (アクセス権; 私的公道利用権; 面会権; 訪問権; 裁判を受ける権利) / RIGHT OF ACCESS (TO COURTS) (裁判を受ける権利). 2《光線・空気などの》享受. 3《夫婦間などの》性交《父子関係確定訴訟などで用いられる語》. ► MULTIPLE ACCESS (複数男性関係の抗弁) / NONACCESS (無交接). 4《電算》呼出し, アクセス. 5《感情の》激発,《病気の》発作: an ~ of anger [fever]. 6《廃》《特に 英国議会の》開催, 会合; 就任,《国王の》即位.
— *vt* 1 ...に近づく, はいる. 2《電算》呼び出す, アクセスする. [OF or L; ⇨ ACCEDE]

accessary ⇨ ACCESSORY.

áccess èasement 通行地役権 (=easement of access, right of way)《例えば袋地から道路に出るまでの,

他人の土地を通る権利).

ac·ces·sio /ækséʃiou/ *n* 附合《(1)所有者を異にする複数の動産が結合し、こわすか過分の費用を費やすかしなければ分離することができなくなること；この結合物の所有権は主たる動産の所有者のものとなる；⇨ ACCESSIO CEDIT PRINCIPALI 2)より広く、動産・不動産いずれであってもその所有者あるいは占有者が、いかなる理由からであれ、その物の増大・生成あるいはその他の理由でその物に付着した物の所有権を得ることをも指す；例えば、買取り選択権付き賃貸借合意 (hire purchase (agreement)) の下で占有している雌羊が産んだ子羊が借主のものになるなど》.

accéssio cé·dit prin·ci·pá·li /-síːdɪt prínsɪpéɪlɪ/ 従物は主物に従う. ［L=an addition yields to the principal］

ac·ces·sion /ɪkséʃ(ə)n, æk-/ *n* 1 a《高い地位への》就任, 即位〈*to* the throne〉. b《権利・財産などの》取得〈*to* an estate〉. 2《財産価値の》増加, 附合；財産の増加価値に対する当該財産所有者の権利 (⇨ ACCESSIO) (cf. ADJUNCTION, ANNEXATION). 3 応諾, 同意；《国際法》《多くは他の国の間ですでに成立している》国際条約[協定など]の正式受諾, 加入《伝統的には条約締結交渉に加わらなかった第三国が条約に参加するための手続きを指していたが、最近では署名期間内に署名しなかった交渉国が条約に参加する場合も含んで用いられる》；《党派・団体・協定などへの》参加, 加盟. ▶ TREATY OF ACCESSION (加盟条約). ― *vt* [ᵘpass]《蔵書・収蔵品などの》追加を《受入れ台帳に》記録する. ～·al 追加の.

accéssion agréement《国際法》条約加入合意(書), 条約加入書.

áccess lànd《英》開放野外レクリエーション指定地《一定条件を備えた野外レクリエーション用の土地で一般に開放されているもの；山・荒地・高原地などで, 2000 年法で指定され, また その内での猟・釣り・餌やりなど各種の規制もされている》.

ac·ces·so·ri·al /æksəsɔ́ːrɪəl/ *a* 1 補助的な：an ～ pledge 補助的保証. 2 共犯の.

Ac·ces·so·ri·um non du·cit, sed se·qui·tur su·um prin·ci·pa·le. /ækse-sóuriəm nɑn d(j)úːsɪt sɛd sékwɪtər súːəm prínsɪpéɪlɪ/ 従たるものはその主たるものを導くのではなくそれに従う. ［L=An accessory does not lead, but follows its principal.］

Accessorium non tra·hit prin·ci·pa·le. /― ― tréhɪt prínsɪpéɪlɪ/ 従たるものは主たるものを引き寄せず. ［L=An accessory does not bring the principal.］

Ac·ces·so·ri·us se·qui·tur na·tu·ram sui prin·ci·pa·lis. /æksɛsóuriəs sékwɪtər neɪt(j)úːrəm súːaɪ prínsɪpéɪlɪs/ 従たるものはその主たるものの性質に従う. ［L=An accessory follows the nature of its principal.］

ac·ces·so·ry, -sa·ry /ɪksésəri, æk-/ *n* 1 付随物, 付属物, 付帯物. 2 共犯(者), 幇助者〈*to* a

crime〉；共犯(罪) (cf. PRINCIPAL, ACCOMPLICE, SUBSTANTIVE OFFENSE). ― *a* 1 補助的な, 付随[付属, 付従]する. 2 共犯の, 幇助の〈*to* a crime〉. ～·**ship** *n* ［L；⇨ ACCEDE］

accéssory àfter the fáct 事後共犯《犯罪, 特に重罪 (felony) 実行後に犯人隠避等で犯人援助をする共犯者；⇨ACCOMPLICE》.

accéssory at the fáct 犯罪時共犯《第二級正犯 (principal in the second degree) のこと》.

accéssory befòre the fáct 事前共犯《犯罪, 特に重罪 (felony) 実行前に犯人に教唆・幇助する共犯者》.

accéssory búilding《別棟となっている》付属建築物.

accéssory cóntract 付随的契約《既存の主たる契約 (principal contract) の履行を保証するために結ばれる別個の契約；例えば抵当権設定契約；cf. PRINCIPAL CONTRACT》.

accéssory liabílity (in bréach of trúst)《信託(義務)違反》幇助責任《第三者が受託者 (trustee) による信託(義務)違反 (breach of trust) を故意にかつ不正に幇助した場合に《この幇助を不正幇助 (dishonest assistance) という》, その第三者は幇助者とされ, その行為から生じた損害につき信託に対して個人的責任を負うことになる；cf. KNOWING RECEIPT, LIABILITY FOR RECEIPT》.

accéssory obligátion 付従[付随]債務, 付随義務《主債務[主たる義務] (primary obligation) に付従している債務[義務]；例えば主たる債務を保証する担保債務；cf. PRIMARY OBLIGATION, SECONDARY OBLIGATION》.

accéssory úse 従たる用途《地域地区規制 (zoning) における主たる用途に従属・付随しているものとして許可される土地利用の用途》.

áccess rìght 通行権 (access).

accéss to cóunsel 弁護士依頼権《米国では合衆国憲法第 6 修正で保障されている》.

ac·ci·dent /æksəd(ə)nt, -dènt/ *n* 偶然のできごと；不慮の災難, 事故, 災害；《(作為・過失によらない)偶発事故[事件]. ▶ FATAL ACCIDENT (死亡事故) / INDUSTRIAL ACCIDENT (労働災害) / INEVITABLE ACCIDENT (不可避的偶発事故) / OCCUPATIONAL ACCIDENT (業務上の事故) / PURE ACCIDENT (全くの事故) / ROAD TRAFFIC ACCIDENT (自動車道路交通事故) / UNAVOIDABLE ACCIDENT (不可避的偶発事故). **by ～ of**…という幸運によって. **by (a mere) ～** ほんの偶然に, ふとしたことで (opp. *by design*, *on purpose*). ［OF<L *cado* to fall)］

ac·ci·den·tal /æksədéntl/ *a* 偶然の, 偶発(性)の, 偶発的な；不測の, 不慮の；意図的ではない；非本質的な, 付随的な〈*to*〉：an ～ fire 失火 / an ～ war 偶発戦争. ― *n* 偶有的な性質[事態]. ～·**ness** *n*

accidéntal cáuse 偶発的原因《相当な注意・予見によっては不可避の原因》.

accidéntal déath 不慮の死, 偶発事故による死.

accidéntal déath bènefit《保険》災害死亡給付金 (略 ADB).

accidéntal ínjury 偶発的権利侵害, 《特に》肉体への偶発的権利侵害 (cf. OCCUPATIONAL HAZARD).

accidéntal kílling 偶発事故による殺害, 偶発的致死 (=homicide by misadventure, homicide per infortunium, misadventure)《合理的に考えて危害が生ずるはずはないと信じて合法的になした合法的行為の結果人を死に至らしめること; cf. INVOLUNTARY MANSLAUGHTER, JUSTIFIABLE HOMICIDE》.

accidéntal·ly *adv* 偶発的に, 偶然に, ふと, はからずも. ～ **on purpose**《口》(1) 偶然を装って. (2) わざと, ずるく.

accidéntal stránding 事故による坐礁《船舶が事故で坐礁 (stranding) すること; cf. VOLUNTARY STRANDING》.

áccident insúrance 傷害保険 (cf. CASUALTY INSURANCE).

áccident of navigátion 航行事故.

áccident pòlicy 傷害保険(証券).

áccident-pròne *a* 事故にあいやすい, 事故を起こしがちな; 災害[事故]頻発性素質をもった.

áccident rècord bòok《英》事故記録簿《警察が調査した事故の詳細が記録されている記録簿で, 警察により保管されている》.

áccident tòut /-tàʊt/《俗》AMBULANCE CHASER.

ac·co·men·da /ækəméndə/ *n*《史・海法》アコメンダ《積荷所有者と船長との契約で, 船長に積荷売却処分権を与えそこからの利益を両者で分配することを約するもの》.

ac·com·mo·date /əkάmədèɪt/ *vt* 1 …のために便宜をはかる, …に金[宿など]を融通[提供]する;〈人の〉債務返済を猶予する; …に配慮する, 斟酌する;〈…人分の収容能力をもつ〉: ～ sb with sth = ～ sth to sb 人に物を用立てる. 2 適応させる, 合わせる; 和解させる, 調停する: ～ one thing to another あるものを他に適応させる.

accómmodated párty 被融通者《その者のために融通署名者 (accommodation party) が署名をし信用供与した者; ⇨ ACCOMMODATION PAPER》.

ac·com·mo·da·tion /əkὰmədéɪʃ(ə)n/ *n* 1 a《公衆のための》便宜《交通機関とか公園のベンチなど》; [*pl*, *sg*](旅館・客船・旅客機・病院などの)宿泊[収容]設備(および食事[サービス]). b 好都合な事, ありがたい事, 親切心, 好意;《業務上の》恩恵, 《特に》手数料の割引. ▶ ALTERNATIVE ACCOMMODATION (代替居住家屋) / FURNISHED HOLIDAY ACCOMMODATION (家具付き休暇用宿泊施設) / LOW COST HOME OWNERSHIP ACCOMMODATION (低費用住宅所有居住施設) / LOW COST RENTAL ACCOMMODATION (低費用賃貸居住施設) / PUBLIC ACCOMMODATION (公共施設) / VOLUNTARY ACCOMMODATION (子供任意収容施設) / YOUTH DETENTION ACCOMMODATION (青少年拘置収容施設). 2 便宜をはかること; 調整措置(を講ずること); 妥協, 合意: reach an ～ with... と合意[妥協]に達する. ▶ REASONABLE ACCOMMODATION (相当な措置). 3 貸付金; 融通証券 (accommodation paper), 融通手形; 融通手形の発行[裏書], 《手形における》融通, 融資. 4 適応, 順応〈*to*〉;《社会》応化, アコモデーション. ～**·al** *a*

accommodátion accéptance 1 融通手形の引受け《信用のある者が自己の信用を利用させる目的で手形を引き受けること》. 2 好意としての承認《契約に適合しない物品の出荷ではあるが好意のつもりである旨を買主に通知した後に, その物品を出荷することにより, その物品購入契約の申し込みを承諾すること; 承諾 (acceptance) とはいいながらもこの承諾は正確な意味での契約の承諾ではなく, 買主が正しく通知を受けていたとすれば, 反対申し込みとなる》.

accommodátion address 便宜的な宛先《住所不定者・住所を知られたくない人が郵便物を受け取るためのもの》.

accommodátion bìll 融通(為替)手形 (=ACCOMMODATION PAPER).

accommodátion endòrsement 融通裏書 (⇨ ACCOMMODATION PAPER).

accommodátion endòrser 融通裏書人, 他人のための保証人としての裏書人 (⇨ ACCOMMODATION ENDORSEMENT).

accommodátion lànd 1 住宅建築による改良目的で購入された土地《建築業者あるいは投機家がそこに借家を建て, より高い賃貸料で貸し出そうと購入した土地》. 2 便宜のための土地《他の土地との関係で便宜のために占有あるいは利用されている土地》.

accommodátion lòan 《貸主がその見返りとして一切受け取っていない》好意による貸借[融資].

accommodátion màker 融通手形振出人 (⇨ ACCOMMODATION PAPER).

accommodátion nòte 融通(約束)手形 (=ACCOMMODATION PAPER).

accommodátion pàper 融通証券, 融通手形《融通手形 (accommodation, accommodation bill, accommodation note) 類の総称; したがって融通手形と訳しても問題は少ない; 融通署名者 (accommodation party) が自己の信用を他人に利用させる目的で対価を受けとることなく振出人・引受人・裏書人として署名裏書きした証券》.

accommodátion pàrty 融通署名者 (⇨ ACCOMMODATION PAPER) (cf. ACCOMMODATED PARTY).

accommodátion ròad 1 特設道路, 私道. 2《鉄道の》分岐線.

accommodátion wòrks *pl* 便宜のための工作物《鉄道線路あるいは運河に隣接する土地所有者・占有者の便宜のために作り維持することを要求されている橋・道路・柵・門など》.

ac·com·plice /əkάmpləs, əkʌ́m-/ *n* 1《広義の》共犯者〈*in* [*of*] a crime〉《犯罪に複数の者が関与した場合その全員を指し, 従って正犯 (PRINCIPAL) も共犯 (ACCESsory) も含む; ただし時に事後共犯 (accessory after the fact) は含まないという説もある). **2**《正犯》(principal) を除いた狭義の〕共犯者. ▶ FEIGNED ACCOMPLICE (仮装共犯者). [F＜L *complic- complex* confederate); cf. COMPLEX, COMPLICATE]

accómplice liabìlity 共犯者の責任《共犯者 (accessory) の刑事責任; ただし, 事後共犯 (accessory after the fact) は含めない法域もある》.

accómplice wìtness 《被告人が訴えられている犯罪での》共犯者である証人《この証人が共同被告人 (co-defendant) である場合にはこの者の証言のみでは有罪とされえない》.

accómplished fáct 既成事実 (fait accompli).

ac·cord /əkɔ́ːrd/ *n* **1**《意見などの》一致, 同調, 調和; 合意. ▶ EXECUTORY UNILATERAL ACCORD (未履行の一方的意思表示). **2**《古》同意, 認容. **3** 和解;《国家間の》合意, 協定: peace ～*s*. **4** 代物弁済の合意 (⇒ ACCORD AND SATISFACTION (cf. COMPROMISE, NOVATION). ▶ EXECUTORY ACCORD (代物弁済の合意). **in total [perfect]** ～ 完全に一致[合意]して. **of one's [its] own** ～ 自発的に, ひとりでに. ── *vt* **1** 一致させる, 調和させる; 与える, 認容する. **2**《以下も》同意見[一致]《法文献上, ある命題を直接的に示した引用判例ないは典拠をさらに明白に支持していると思われる別の判例・典拠を挙げて主張を強化する際に用いる一種の引用法(上の用語); 例えば Accord A.B v. X.Y 496 U.S. 226 (1990) のように用いる》. ── *vi* 一致する, 調和する, 見解を同じくする〈*with*〉. [OF ⟨L *cord- cor* heart)]

accórd·ance /-əns/ *n* 一致, 調和; 認可, 授与. **in** ～ **with**...に従って, ...と一致して.

accórd and satisfáction 代物弁済《本来の給付に代えて他の給付を現実に履行することにより契約を解消させる契約で, 弁済と同じ効果を生ずる; その契約が accord で, その履行が satisfaction になる; cf. BILATERAL DISCHARGE, COMPROMISE, NOVATION, SETTLEMENT, UNILATERAL DISCHARGE》.

accórd·ant /-ənt/ *a* 一致した, 調和した, 同意した〈*with*, *to*〉.

accórd exécutory 代物弁済 (accord and satisfaction)の合意, 未履行の合意 (= executory accord).

ac·cord·ing /əkɔ́ːrdɪŋ/ *a* **1** 一致した, 調和のとれた. **2**《口》...しだい: ACCORDING TO / It's all ～ how you set about it. すべて最初の取りかかり方しだいだ.
── *adv* ACCORDINGLY; ACCORDING AS. [ACCORD]

accórding às *conj* 〈...する〉に従って[応じて, 準じて], ...しだいで: We see things differently ～ we are rich or poor. 人は貧富に従って物の見方が変わる.

accórding·ly *adv* **1** よって, それゆえに, 結果的に (consequently). **2** それに応じて, それに合うように, しかるべく. ～ **as** = ACCORDING AS.

accórding tò *prep* **1**...に従って, ...によって, ...しだいで: arrangement ～ authors 著者別の配列 / ～ plan 計画どおりに / I'll go or stay ～ circumstances.

行くか残るか情勢しだいである. **2**...(の言うところ)によれば: ～ the Bible [today's paper] 聖書[今日の新聞]によれば.

ac·count /əkáʊnt/ *n* **1 a** 計算, (交互)計算書, 勘定(書), 請求書: quick at ～*s* 計算の速い / balance ～*s* 清算する〈*with*〉 / cast ～*s* 計算する / send (in) an ～《未払金の》清算書[請求書]を送付する. **b** 計算[清算]請求(訴訟); 債務(履行)の請求[訴求] (cf. ACCOUNTING, ACCOUNTING FOR PROFITS, ACCOUNT RENDERED); 計算訴訟 (= ACTION OF ACCOUNT). **c** 勘定《略 a/c, A/C》; 銀行預金口座, 銀行預金勘定 (bank account); 売り掛け勘定, 掛け売り勘定 (charge account); 信用取引; 売り掛け債権 (account receivable). **d** [*pl*]《英》計算書類《会社の財務書類で, 具体的には貸借対照表 (balance sheet), 損益計算書 (profit-and-loss account) などを指す》. ▶ ACTION OF ACCOUNT (計算訴訟) / AGING OF ACCOUNTS (勘定の年齢調べ) / ANNUAL ACCOUNTS (年次計算書類) / ASSIGNED ACCOUNT (担保勘定) / BANK [BANKING] ACCOUNT (銀行預金口座; 銀行預金勘定) / BLOCKED ACCOUNT (封鎖勘定) / BOOK ACCOUNT (当座勘定; 交互勘定(勘定)) / BOOK OF ACCOUNT (会計帳簿) / CHARGE ACCOUNT (売り掛け勘定, 掛け売り勘定) / CHECK(ING) ACCOUNT (小切手勘定) / CLIENT TRUST ACCOUNT (訴訟依頼人信託勘定) / CONTRA ACCOUNT (相対(ﾀ)勘定) / CREDIT ACCOUNT (掛け売り勘定) / CURRENT ACCOUNT (当座預金; 途中勘定; 交互計算; 経常収支) / DEPOSIT ACCOUNT (通知[定期]預金) / DRAWING ACCOUNT (引出金勘定) / ESCROW ACCOUNT ((条件付き)第三者預託金口座) / EXCHANGE EQUALIZATION ACCOUNT (為替平衡勘定) / FALSIFICATION OF ACCOUNTS (会計書類変造(罪)) / FINAL ACCOUNT (最終勘定) / FROZEN ACCOUNT (凍結勘定) / GROUP ACCOUNTS (企業グループ財務諸表) / INDEPENDENT RETIRE ACCOUNT (独立退職積立て勘定) / INDIVIDUAL RETIREMENT ACCOUNT (個人退職積立て勘定) / INDIVIDUAL SAVINGS ACCOUNT (個人貯蓄口座) / JOINT ACCOUNT (共同計算(特約); 共同預金口座) / JOINT BANK ACCOUNT (共同銀行預金口座) / JOURNEYS [JOURNEY'S] ACCOUNT (令状再交付期間) / LIQUIDATED ACCOUNT (確定済み勘定) / LONG ACCOUNT (複雑な勘定) / MARGIN ACCOUNT (証拠金勘定) / MONEY OF ACCOUNT (決済通貨; 計算貨幣) / MUTUAL ACCOUNT (相互計算) / NOMINEE ACCOUNT (名義人勘定) / NOW [NOW] ACCOUNT (ナウ口座) / OPEN ACCOUNT (オープン勘定; 未決済勘定; 与信売買勘定) / PARTIAL ACCOUNT (予備的会計報告) / PAY-ON-DEATH [POD] ACCOUNT (死亡時払い口座) / PROFIT-AND-LOSS ACCOUNT (損益計算書) / REVOLVING CHARGE ACCOUNT (リヴォルヴィング売り掛け勘定) / RUNNING ACCOUNT (継続勘定) / SAVINGS ACCOUNT (貯蓄預金) / SEQUESTERED ACCOUNT (分離・凍結・差押えされた口座) / SETTLED ACCOUNT (清算済み勘定(書)) / SHARE ACCOUNT (出資金勘定) / SHARE DRAFT AC-

accountable

COUNT (出資金払い戻し指図書勘定) / SHARE PREMIUM ACCOUNT (株式プレミアム勘定) / STATED ACCOUNT (確定勘定) / STATEMENT OF ACCOUNT (取引勘定書; 銀行預金口座報告) / STATING AN ACCOUNT ((取引)勘定書の開示) / SUITORS' DEPOSIT ACCOUNT (訴訟当事者供託金勘定) / TAX EXEMPT SPECIAL SAVINGS ACCOUNT (非課税特別貯蓄預金, テッサ) / THRIFT ACCOUNT (預貯金勘定) / TRUST ACCOUNT (信託勘定; 訴訟依頼人信託勘定) / WRIT OF ACCOUNT (計算令状). **2** 顧客, 常得意. **3**《広告代理店への》委託業務. **4 a**《金銭・責任の処理に関する》報告, 始末書; 答弁, 弁明, 説明. **b** 根拠, 理由. **5 a** 考慮, 勘案; 評価, 判断: take 〜 of the age of the accused 被告人の年齢を考慮する. **b** 価値, 重要性; 利益, ため.

ask [demand] an 〜 勘定を請求する; 答弁を求める. charge it to sb's 〜 人の勘定につける. close an 〜 with ...との取引をやめる, 〈銀行の〉口座を閉じる. for 〜 of... (1)... のために(売却すべき). (2)... の勘定で《手形や小切手の裏書の語法; 手形金などを受け取る権利を有する者を示し, この語が用いられると制限的裏書 (restrictive endorsement) となる》. give an 〜 of... ...を説明する, ...について答弁する. on 〜 一部払いとして, 分割払いとして. on 〜 of whom it may CONCERN. on all 〜s=on every 〜 ぜひとも, どうみても, on any 〜 なんとしても, 必ず. on no 〜=not...on any 〜 決して... (し)ない. on one's own 〜 独立して, 自前で, 自分の責任で, 自分の(利益の)ために. on that [this] 〜 その[この]ため, それ[これ]ゆえ. open [start] an 〜 with ...と取引を始める, 〈銀行に〉口座を開く. pay [send in] an 〜 勘定を済ます. put sth (down) to sb's 〜 人の勘定につける. render an 〜 (1) 決算報告をする (cf. ACCOUNT RENDERED). (2)〈...の〉申し開き[答弁]をする. settle [square, balance] 〜s [an 〜, one's 〜] 勘定を清算する. state an 〜 (取引)勘定書を開示する, (交互)計算書を開示する. take...into 〜 ...を考慮に入れる, 斟酌する. to 〜 内金として (on account).

— *vi* **1 a**《委託された金などの〉使途[処置]を明細に説明[報告]する〈*to* sb *for* sth〉. **b**《行為などの》申し開き[理由の説明]をする〈*to* sb *for* sth〉. **2**《罪》に対して十分な償いをする〈*for*〉. **3** 説明する, 〈事実が...の〉説明となる (explain)〈*for*〉;〈...の〉原因[源泉]である〈*for*〉.

accóunt·able *pred a* **1**《人が人・事に対して説明[弁明]する〉責任がある〈*to* sb *for* sth〉: be held 〜 *for*... に対して(説明)責任があるとされる. **2** 説明[弁明]できる. accóunt·ably *adv* 〜·ness *n* accóunt·abílity *n* 責任があること, 説明責任[義務], アカウンタビリティー.

accountable recéipt《金銭または動産を受領し, その全部ないしは一部を第三者に引き渡す義務を負っている場合, それについての》計算[清算]約束付き受領証.

accóunt·ancy *n* 会計士の職; 会計事務, 会計学.

accóunt·ant *n* **1** 会計係, 主計(官); 会計士. ▶ CERTIFIED ACCOUNTANT (公認会計士) / CERTIFIED PUBLIC ACCOUNTANT (公認会計士) / CHARTERED ACCOUNTANT (勅認会計士) / PUBLIC ACCOUNTANT (公認会計士). **2** 計算訴訟 (action of account) の被告. 〜·ship *n*

accóuntant-clíent prívilege 会計士依頼者間の秘匿特権 (=accountant privilege)《会計士に提出した, あるいは会計士によって準備された資料を会計士が無断で開示することから依頼者を保護するための特権》.

Accóuntant-Géneral *n*《英》司法会計官《最高法院 (Supreme Court) の役人で, 司法部の会計責任者; 略 AG, A-G》.

accóuntant prívilege《依頼者保護のための》会計士秘匿特権 (=ACCOUNTANT-CLIENT PRIVILEGE).

Accóuntant to the Crówn《英》国王[女王]収入官《国王[女王]のために金銭を受領し, それについて会計報告の義務を負っている人を広く指す》.

accóunt bòok 会計帳簿, 会計簿, 営業原簿 (= SHOP BOOK).

accóunt cúrrent (*pl* accóunts cúrrent) 途中勘定, 未確定勘定 (=current account) (opp. *account stated*) (略 a/c, A/C).

accóunt dày 1 決済日, 勘定日. **2**《証券の》受渡日.

accóunt dèbtor 売り掛け債権担保債務者《売り掛け債権・動産抵当証券 (chattel paper) などを担保とする債務者》.

accóunt·ing *n* **1** 会計学; 会計 (cf. BOOK KEEPING); 会計報告. ▶ FALSE ACCOUNTING (会計書類変造(罪)) / FINANCIAL ACCOUNTING (財務会計). **2** 計算(法). ▶ COST ACCOUNTING (原価計算) / CURRENT COST ACCOUNTING (現在原価計算) / HISTORICAL [HISTORIC] COST ACCOUNTING (歴史的原価計算) / REPLACEMENT-COST ACCOUNTING (取替原価計算). **3** 決算, 清算. **4** 計算[清算]請求, 計算[清算]訴訟; 債務(履行)の請求[訴求] (cf. ACCOUNT, ACCOUNTING FOR PROFITS, ACCOUNT RENDER).

accóunting for prófits 利得返還計算請求訴訟《信認関係 (fiduciary relationship) にある人がその関係に違反する形で利得した場合に, その不当な利得を取り戻すためのエクイティー上の救済を求める訴訟; cf. ACCOUNT RENDER》.

accóunting mèthod《税の》会計方法, 計算方法《課税目的での所得・経費等の計算方法》. ▶ ACCRUAL ACCOUNTING METHOD (発生主義的会計方法) / CASH-BASIS ACCOUNTING METHOD (現金主義的会計方法) / INSTALLMENT ACCOUNTING METHOD (割賦基準会計方法).

accóunting pèriod 1 会計期間. **2**《納税のための》課税年度. ▶ ANNUAL ACCOUNTING PERIOD (事業年度).

accóunting pràctice 会計実務. ▶ GENERALLY ACCEPTED ACCOUNTING PRACTICE (一般に認められた会計実務) / STATEMENTS OF STANDARD ACCOUNTING

accounting record 会計記録, 会計帳簿 (= SHOP BOOK).

Accounting Standards Board 〖英会計〗会計基準審議会《会計基準制定機関で, 財務報告基準 (Financial Reporting Standards) を発行している; 1990年にそれまでの会計基準委員会 (Accounting Standards Committee) に代わって設立》.

Accounting Standards Committee 〖英会計史〗会計基準委員会《会計基準審議会 (Accounting Standards Board) の前身で, 1971年から1990年まで会計実務基準(書) (Statements of Standard Accounting Practice) を制定していた》.

account monitoring order 〖英〗《銀行預金》口座追跡命令《金融機関に対する裁判所命令で, 調査のためその保有する顧客の一定情報を提供するよう要求するもの; cf. CUSTOMER INFORMATION ORDER》.

account of profits 利得計算請求《例えば, 著作権 (copyright) 違反をめぐる訴訟など一定状況の下で, 損害賠償に代わるものとして請求できる救済手段; 勝訴した原告は, 被告が権利侵害を通して得た金銭上の利益に等しい額に対する権利を取得することになる》.

account payable (*pl* **accounts payable**) 買い掛け債務, 買い掛け金, 未払い金; 支払い勘定, 債務勘定, 買い掛け金勘定, 未払い勘定. ★ 単に payable ともいう.

account receivable (*pl* **accounts receivable**) 売り掛け債権, 売り掛け金; 受取勘定, 未収金勘定.

account render 計算提出請求訴訟《原告に負っていてしかも未払いの金銭について計算の上支払うよう被告に要求するコモンロー上の訴訟; cf. ACCOUNT, ACCOUNTING, ACCOUNTING FOR PROFITS》.

account rendered (*pl* **accounts rendered**) 《債権者から債務者への》提出勘定(計算)書, 支払い請求書 (= bill rendered).

account sales 1 《委託販売における》売上計算書, 売上勘定書, 仕切精算書《略 A/S, A/s》. 2 掛け売り.

accounts manager 会計部長.

account stated (*pl* **accounts stated**) 1 《当事者間の合意による》確定勘定, 承認済み交互計算書 (= stated account) (opp. *account current*). 2 確定勘定を求める原告の主張. 3 確定勘定の抗弁《勘定は原告との合意で確定されており, 被告は債務を負っていない旨の答弁》.

ac·cred·it /əkrédət/ *vt* 1 〈ある事を…の〉功績[しわざ]とする 〈*to*〉, 〈人・ものなどに…の〉功績[美質]があるとする 〈*with*〉. 2 信用する; 信任する. 3 〖国際法〗信任状を与えて〈大使を〉派遣する 〈*to, at* the Court of St. James's〉. 4 合格と認定する: the 〜ing system 《大学の》単位制度. **ac·cred·it·a·ble** *a* 〖F; ⇨ CREDIT〗

ac·cred·i·ta·tion *n* 1 《学校・病院などの》認可, 認定. 2 〖国際法〗信任状(付与).

accredited *a* 〈人・団体など〉公認の, 正式認定[認可]された; 〈外交官が〉信任状を与えられた.

accredited investor 〖米〗認定投資家《1933年証券法 (Securities Act of 1933) の下で認定された投資家》.

accredited law school 〖米〗認定法科大学院 (=approved law school)《各州とアメリカ法科大学院協会 (Association of American Law Schools) あるいはアメリカ法曹協会 (American Bar Association) とにより認定された法科大学院; California州を除き全州でこの卒業生のみが法曹資格試験 (bar examination) の受験資格を有する》.

accredited representative 公認代表者, 公認代理人.

ac·crete /əkríːt/ *vi* ひとつに固まる, 融合する, 一体となる, 付着する, 添加する. — *vt* 〈自分[それ]自身と〉融合[合体]させる, 付着させる, 添加させる.

ac·cre·tion /əkríːʃ(ə)n/ *n* 1 財産の増加. 2 《土地の》自然増加, 添加《流水の堆積作用・土地隆起などの自然力による土地の増加; cf. ALLUVION, AVULSION, DELICTION, EROSION, RELICTION; ⇨ RULE OF THE THALWEG》. 3 相続[遺贈]分の増加《共同相続人[受遺者]の放棄などによる》. **〜·ary** /; -(ə)ri/, **ac·cre·tive** *a*

ac·croach /əkróʊtʃ/ *vt* 〈権力・地位を〉不当に奪う, 強奪する, 簒奪する. **〜·ment** *n*

ac·cru·al /əkrúːəl/ *n* ACCRUE すること[もの]; 定期的に累増する金額《利子・延滞料など》. ▶ CLAUSE OF ACCRUAL (帰属条項). — *a* 〖会計〗発生主義の.

accrual accounting method 〖税制〗《税の》発生主義的会計方法《課税目的的所得・経費計算方法の一つで, 所得を受領したり経費を支出したりした時点ではなく責任が発生した時点で借方・貸方を記録していく方法; ⇨ ACCOUNTING METHOD》.

accrual basis 〖会計〗発生主義 (=accrual method)《会計方法の一つで, cash basis [method] (現金主義) と対比され, 現金収入や支出の有無にかかわらず, 収益や費用の発生した時点で計上する》.

accrual bond 〖米〗利息累積債券 (=Z-bond)《それ以前に発行された債券が完全に償還されるまで元本償還も利息支払いも全くない債券; 通例 償還期限最長期単位の譲渡抵当担保債券 (collateralized mortgage obligation) を指す》.

accrual method 〖会計〗発生主義 (=ACCRUAL BASIS).

accrual of cause of action 訴訟原因の発生《出訴期間[期限] (limitation of action) の起算点となる》.

ac·crue /əkrúː/ *vi* 1 自然増加として生ずる, 〈利益・結果が〉(自然に)生じる, 発生する, 〈利息が〉つく, たまる: Interest on the loan will 〜 at the rate of 5% per annum. 融資の利息は年5分の割合でかかってくる. 2 権利として確立する. — *vt* 1 集める, 蓄積する; 得る, 引

き出す. **2**《増加物として》《利息などを》記入する. ~・**able** *a* ~・**ment** *n* ACCRUAL. 〔AF (pp)＜*acreistre* to increase; ⇨ ACCRETE〕

accrúed ásset 見越し資産《未収家賃など発生はしているが期限の到来していない資産》.

accrúed compensátion 未払い報酬.

accrúed depreciátion ＝ACCUMULATED DEPRECIATION.

accrúed dívidend 未払い配当 (＝ACCUMULATED DIVIDEND).

accrúed expénse 未払い経費, 発生経費.

accrúed íncome 未収収益, 未受領所得.

accrúed ínterest 未払い利息, 経過利子.

accrúed liability 未払い債務, 既発生債務, 見越し債務.

accrúed táx 未払いの税金.

ac·crú·er *n* 共同受遺者・受贈者・共有者の死亡に伴う遺贈分・受贈分・持分の増加(条項). ▶ CLAUSE OF ACCRUER (帰属条項).

acct. account 計算, 計算訴訟, 勘定, 銀行預金口座, 計算書類 ◆ accountant 会計士 ◆ accounting 会計(報告), 計算請求.

ac·cu·mu·late /əkjúːmjəlèɪt/ *vt* **1** 《少しずつ》ためる, 〈財産などを〉蓄積する: ~ a fortune 身代を築く. **2** 〈悪意などを〉つのらせる. — *vi* たまる, 積もる; 累積[集積]する, 増大する. **ac·cú·mu·làt·ed** *a*

accúmulated depreciátion 減価償却累計額 (＝accrued depreciation).

accúmulated dívidend 累積配当金, 累積未払い配当 (＝accrued dividend).

accúmulated éarnings crèdit 《米税制》留保利益控除(額), 内部留保控除額.

accúmulated éarnings tàx 《米税制》内部留保税, 不当留保税 (＝excess profits tax, undistributed earnings tax)《個人株主の受取配当への高い税率による課税を回避するため配当を避け過度に社内留保した法人に対する通常の法人税に加えて課される連邦税》.

accúmulated légacy 未履行動産遺贈.

accúmulated súrplus 積立て剰余金 (＝UNDIVIDED PROFIT).

ac·cù·mu·lá·tion *n* 蓄積[累積, 集積](したもの) 〈*of* property〉; 利殖; 利息[果実]の積立て[累積], [*pl*] 収益積立て, 累積利殖《元本に利息その他の収益を組み入れること》. ▶ RULE AGAINST ACCUMULATIONS (永久収益積立て禁止の準則 / STATUTE OF ACCUMULATIONS (永久収益積立て禁止法).

accumulátion and máintenance sèttlement 《英史》蓄積・扶養継承財産設定 **(1)** 25 歳を超えない定められた年齢に達した時に受益者(beneficiary)が信託財産に対する現に享有しうる権利(interest in possession)を得ること; **2)** その年齢に達するまでは受益者は現に享有しうる権利を得ず, 信託からの収益が蓄積されること; **3)** 信託設定時から現に享有しうる権利の発生までの期間は 25 年を下回るか, あるいは受益者全員が共通の祖父[母]の子供であるかのいずれかであること; この 3 条件を満たした形での継承財産設定(settlement)で, これによりこの設定は潜在的相続税非課税移転(potentially exempt transfer)となり, 相続税 (inheritance tax) の即時賦課対象とならなかったが, 2006 年法で特別の場合を除きこの優遇措置はなくなり, 2008 年法でこの残存継承財産設定すべてが課税上再分類されている》.

accumulátion trùst 蓄積信託《受託者(trustee)が, 信託終了時の最終処分のために信託財産から得る収入の蓄積を義務づけられている信託; 米国の多くの州ではこの信託に非好意的で, 期間など種々の制限が課されている》.

ac·cú·mu·la·tive júdgment /əkjúːm(j)əlèɪtɪv-, -lə-; -lə-/ 累積判決《すでに有罪決定された人に対する第二の, あるいはさらに付加的な判決で, その執行は前の宣告が完了するまで延期される》.

accúmulative séntences *pl* 累積的刑の宣告 (＝CONSECUTIVE SENTENCES).

ac·cus·a·ble /əkjúːzəb(ə)l/ *a* 告訴[告発]さるべき, 責められるべき.

ac·cus·al /əkjúːz(ə)l/ *n* ACCUSATION.

Ac·cu·sa·re ne·mo se de·bet, ni·si co·ram De·o. /æk(j)uzéɪre níːmou si débət náɪsaɪ kóurəm déɪou/ 神の面前以外では誰もみずからを告発する義務はない. 〔L＝No one is bound to accuse himself/herself unless before God.〕

ac·cu·sa·tion /ækjəzéɪʃ(ə)n/ *n* **1** 起訴(状); 告訴(状), 告発 (cf. ALLEGATION, COMPLAINT, INDICTMENT, INFORMATION): false ~ 誣告(ぶこく) / bring [lay] an ~ (of theft) *against*...を〈窃盗罪で〉起訴[告訴, 告発]する. **2** 罪, 起訴事実, 罪名, とが (charge). **under an ~** 起訴[告訴, 告発]されて.

ac·cus·a·to·ri·al /əkjùːzətɔ́ːriəl/ *a* **1** 告訴[告発]人の(ような). **2** 〈刑事訴訟手続きが〉弾劾主義的な (⇨ ACCUSATORIAL PROCEDURE) (cf. ADVERSARY, INQUISITORIAL). ~・**ly** *adv*

accusatórial procédure 弾劾(主義)手続き 《審判者と訴追者が分離し, 訴追者[原告, 弾劾者]の訴追[弾劾]を待って開始する刑事訴訟手続き; ⇨ ADVERSARY SYSTEM; cf. INQUISITORIAL PROCEDURE》.

accusatórial sýstem 弾劾主義 (⇨ ACCUSATORIAL PROCEDURE, ADVERSARY SYSTEM).

Ac·cu·sa·tor post ra·ti·o·na·bi·le tem·pus non est au·di·en·dus, ni·si se be·ne de o·mis·si·o·ne ex·cu·sa·ve·rit. /ækjuzéɪtər pəst ræʃiounéɪbɪlɪ tɛ́mpəs nɑn ɛst ɔːdiéndəs náɪsaɪ si béɪne di əmɪ́ʃiouniː ɛkskjuzéɪvɛrɪt/ 訴追者は, 合理的期間後には, その放置につき十分に弁明することができた場合を除き, 審理されるべきではない. 〔L＝An accuser is not to be heard after a reasonable time has passed, unless he/she shall have well excused his/her omission.〕

ac·cus·a·to·ry /əkjúːzətɔ̀ːri; -t(ə)ri, ækjuzéi-/ *a* **1** 告発的な, 非難めいた. **2** 起訴[告訴, 告発]の[を含む]. **3** ACCUSATORIAL.

accúsatory bódy《大陪審 (grand jury) を含む》起訴決定機関.

accúsatory párt《起訴状中の》罪名明示部分.

accúsatory pléading 起訴(状)《政府が刑事訴追を開始するに至る正式起訴(状) (indictment), 略式起訴(状) (information), 訴追請求(状) (complaint) の総称》.

accúsatory stáge 起訴段階《刑事訴追手続きで被疑者の弁護士の援助を受ける権利 (right to counsel) が生じる時点で, 通例 逮捕後 取調べ (interrogation) の開始時を指す; cf. CRITICAL STAGE》.

ac·cuse /əkjúːz/ *vt* 起訴[告訴, 告発]する: ~ sb *of* theft [*as a thief*] 人を窃盗罪で訴える. — *vi* 起訴[告訴, 告発]する (cf. ARRAIGN, CHARGE, INDICT). [OF <L (*ad*- to, CAUSE=lawsuit)]

ac·cúsed *n* (*pl* ~) [the ~] 被疑者, 被告訴[被告発]人, (刑事)被告人 (opp. *accuser*) (cf. DEFENDANT). ▶ RIGHTS OF THE ACCUSED (被疑者[被告人]の権利).

ac·cús·er *n* 起訴者, 訴追者[人], 告訴人, 告発人 (opp. *accused*).

ac·cús·ing *a* 訴える, 起訴する, 告訴[告発]する, 非難する(ような). **~·ly** *adv*

ac etiam /æk íːtiəm, -éʃ-/《史》真実訴因文言《かつてコモンロー訴訟事件で, ある裁判所の管轄権を得るためにその裁判所が管轄する訴因を擬制的に申し立て, この句のあとに真の訴因を示したことから》. [L=and also]

ácid tést rátio《会計》酸性(試験)比率《当座資産 (quick asset) と流動負債 (current liability) の比率; quick ratio, quick asset ratio (当座比率) ともいう; 試金のための硝酸テストから》.

ac·knowl·edge /ɪknɑ́lɪdʒ, æk-/ *vt* **1**(真実[事実]であると)認める[白状する]: ~ the truth of it=~ it as true=~ it to be true=~ that it is true それを真実だと認める. **2**〈人(の権威[地位, 権利]など)を〉承認する; (正式に)承認する, 認知する (cf. FILIATE, LEGITIMATE): Do you ~ this signature? この署名は確かにあなたの署名ですか / He ~d the child as his. その子供を認知した / ~ one's fault 自分が悪かったと認める. **3**〈手紙・支払いなどについて受け取ったことを知らせる[述べる]: ~d and agreed 読んで同意した《協定書・契約書などに記載される文言》/ ~ service 令状などの受領を確認する. **4**〈親切・贈り物などに対する〉謝意を表明する. **~d to me** わたしの面前で認めた. **~·able** *a* [*ac*-, KNOWLEDGE]

ac·knowl·edg·ment, -edge- *n* **1 a** 承認, 認容; 自認, 白状. **b**〈債務の承認,〈責任〉の引受け. **c** 認知, (非嫡出子の)任意認知 (cf. AFFILIATION) (⇒ FILIATION). **d**〈証書, 特にその真正性の〉確認 (cf. AFFIDAVIT OF VERIFICATION, PROOF OF ACKNOWLEDGMENT). ▶ PROOF OF ACKNOWLEDGEMENT (署名の真正性証明(書)). **2 a** 承認書, 確認書. **b** 受取りの通知[証明], 領収書, 礼状. ▶ LETTER OF ACKNOWLEDGMENT (受取確認通知書).

acknówledgment and undertáking《英》承認と引受け《不動産の権原証書 (title deed) の中での, みずからは所持していない関連証書の写しを見ることおよび保持しうることを承認し (acknowledge), 同時にその証書原本の保有者からそれを確実に保管する旨の約束を得た (⇒ UNDERTAKING (引受け)) との確認文言; これによりみずからの権原が問題になった場合にその写しから権原を証明でき, また 必要であれば原本の提出を求めることができることになる》.

acknówledgment of sérvice 1《被告による令状等》受領の確認(書). **2**《英》《原告の訴状 (claim) への》被告の回答.

ACLU° American Civil Liberties Union アメリカ自由人権協会.

a coe·lo us·que ad cen·trum /eɪ síːlou áskwi æd séntrəm/ 天空から地球の中心まで《土地所有権の及ぶ範囲を示す文言》. [L=from heaven to the center (of the earth)]

A com·mu·ni ob·ser·van·tia non est re·ce·den·dum. /eɪ kəmjúːnaɪ ɑ̀bzərvǽnʃiə nɑn ɛst rìsidéndəm/ 一般の慣行からは外れるべきでない. [L=From common observance there should be no departure.]

ACP states /éɪsìːpíː —/ *pl* [the ~] アフリカ・カリブ・太平洋諸国《African, Caribbean and Pacific states の略で, 1975 年にロメ協定 (Lomé Convention) で欧州連合 (European Union) との連合協定 (association agreement) を結んでいる諸国 (71 か国); ほとんどが欧州連合加盟国の旧海外領土》.

acquáintance ràpe 知人強姦《知人による強姦; cf. DATE RAPE, RELATIONSHIP RAPE》.

ac·quet /ækéɪ, əkwét/, **ac·quest** /əkwést, æ-/ *n*《大陸法》**1** 取得(物) (acquisition). **2**《相続でなく得た》取得財産. **3** [*pl*] 後得財産 (=conquests, conquets) (=acquéts and cónquets)《夫婦またはそれぞれが婚姻期間中に相続以外の方法で取得した財産》. [F *acquêt*]

ac·qui·esce /ækwiés/ *vi* 黙認する, 黙従する〈in, to〉.

ac·qui·es·cence /ækwiés(ə)ns/ *n* 黙認; 権利不行使〈in, to〉. ▶ NONACQUIESCENCE (不服従).

àc·qui·és·cent *a* 黙認[黙従]する.

ac·quire /əkwáɪər/ *vt*〈財産・権利などを〉取得する, 獲得する. **ac·quír·er, ac·quí·ror** *n*

ac·quired /əkwáɪərd/ *a* 取得した, 既得の〈権利など〉. ▶ AFTER-ACQUIRED PROPERTY (事後取得財産(権)) / AFTER-ACQUIRED TITLE (譲渡後取得権原(の法理)).

acquired ríght《自然に享有していたのではなく》取得した権利《ただし, 時に相続により取得した権利をも含む》.

acquired sérvitude 特別取得役権《自然的役権 (natural servitude) とは逆に, 役権が成立するために特別の取得行為を必要とする役権》.

acquíred súrplus《(他の会社の)》**取得剰余金**, 合併差益, 合併剰余金.

acquis com·mu·nau·taire /F aki kɔmynotɛːr/ 共同体法の集大成《欧州共同体 (European Community) の法および慣行の総体で, 欧州連合 (European Union) 全構成国に適用される》. [F]

ac·qui·si·tion /ækwəzíʃ(ə)n/ n **1 a** 取得,《(特に権利の)》取得《財産権 (property) の取得は原始取得 (original acquisition) と派生取得 (derivative acquisition) に分けられるが, その双方を含む》. **b** 会社支配権の取得, 企業買収 (＝corporate acquisition) (cf. MERGER). ▶ AURAL ACQUISITION (盗聴・傍受による情報取得) / CORPORATE ACQUISITION (会社支配権の取得) / DERIVATIVE ACQUISITION (派生取得) / MERGERS AND ACQUISITIONS (合併と買収) / ORIGINAL ACQUISITION (原始取得). **2** 取得したもの, 取得物.

acquisítion còst 取得原価, 取得価格 (＝historical cost, original cost)《購入など資産を調達するために実際に支出した価額》.

acquisítion fráud《英》取得詐欺 (⇨ MISSING TRADER INTRA-COMMUNITY FRAUD).

acquísitive offénse 領得罪《財産罪の一類型で, 自己または第三者のものとする目的で他人の財産の支配を不法に獲得する犯罪; 窃盗 (larceny) など》.

acquísitive prescríption 取得時効 (＝POSITIVE PRESCRIPTION) (⇨ PRESCRIPTION).

ac·quis·i·tor /əkwízətər/ n ACQUIRE する人 (⇨ ACQUISITION).

ac·quit /əkwít/ vt (-tt-) **1** 無罪にする, 放免する, 釈放する (cf. CONVICT, EXCULPATE, EXONERATE);〈人を責任[任務, 義務]から〉解放する〈of〉: be *acquitted of* a charge 無罪放免になる /〜 *oneself of*…〈義務・責任を〉果たす,〈嫌疑などを〉晴らす /〜 *sb of* his duty 人の任務を解く. **2**〈債務を〉免除する,〈負債を〉支払う. **ac·quitter** n [OF＜L＝to pay debt; ⇨ QUIT]

ac·quit·tal n **1** 無罪(放免), 釈放 (cf. CONVICTION); 責任解除. ▶ DIRECTED VERDICT OF ACQUITTAL (無罪評決指示) / IMPLIED ACQUITTAL (黙示の無罪(評決)) / JUDGMENT OF ACQUITTAL (無罪(放免)判決). **2** 債務免除 (acquittance),《負債の》返済. **3**《史》《中間領主による》保有者の責任解除義務《中間領主 (mesne lord) がその上級封主 (lord paramount) に対する封建法上の義務を怠ったことを理由に, 上級封主が中間領主からの保有者に対してなんらかの権利主張, その保有地への立入りなどを行なう場合に, 中間領主がみずからの保有者を保護すべき義務》.

acquíttal in fáct 事実における無罪《陪審の評決 (verdict) により起訴事実につき無実であったとする無罪》.

acquíttal in láw 法の作用による無罪《例えば共犯 (accessory) として訴えられていた者が, 主犯 (principal) が無罪放免になった場合のように, 法の作用に基づく無罪》.

ac·quít·tance n **1** 債務免除; 債務消滅. **2**《(債務などの)》免除証書, 債務消滅(確認)証書, 領収書 (＝quittance).

ac·quit·tee /əkwɪtíː/ n ACQUIT された人,《(特に)》無罪放免者.

acre /éɪkər/ n **1** エーカー《≒4046.8m², 歴史的には8連畜の犂で1日に耕せる基準耕地であったといわれる; cf. CARUCATE, HIDE》. **2** [*pl*] 地所 (cf. BLACKACRE, WHITEACRE).

ácre·age n **1** エーカー数. **2** 地所 (acres).

ACRS《米》°Accelerated Cost Recovery System 加速度原価回収制度.

act /ækt/ n **1** 行為, しわざ: an 〜 of kindness 親切な行ない / He was caught *in the (very)* 〜 *of* stealing. 窃盗の現場を押えられた. ▶ ADMINISTRATIVE ACT (行政行為; 管理上の行為) / BABY ACT (未成年だという理由での弁解) / BILATERAL ACT (双方行為) / DECEPTIVE ACT (欺瞞的行為) / DISCRETIONARY ACT (裁量行為) / EXTERNAL ACT (外面的行為) / GENERAL AVERAGE ACT (共同海損行為) / GOVERNMENTAL ACT (統治行為; 政府行為) / INTENTIONAL ACT (意図的行為) / INTERNAL ACT (内面的行為) / INTERVENING ACT (独立参入行為) / JUDICIAL ACT (司法行為) / JURAL ACT (法行為) / JURISTIC ACT (法律行為) / LEGAL ACT (法律行為) / MALICIOUS ACT (不当行為) / MINISTERIAL ACT (羈束(きそく)行為) / NEGATIVE ACT (不作為) / NOTARIAL ACT (公証(行為)) / OVERT ACT (明白な行為; 犯罪行為) / PREDICATE ACT (犯罪構成行為; 被包含犯罪行為) / PROPRIETARY ACT (私経済的行為) / QUASI-JUDICIAL ACT (準司法的行為) / REASONABLE ACT (合理的な行為) / ULTRA VIRES ACT (権限踰越行為) / UNILATERAL ACT (単独行為) / UNINTENTIONAL ACT (非意図的行為) / UNLAWFUL ACT (法が認めていない行為) / VERBAL ACT (言語行為) / WILLFUL AND WANTON ACT (故意ないし未必の故意の行為) / WRONGFUL ACT (不法な行為). **2** [°A-] 行為の証拠として残す正式記録; 会議の記録, 議事録; [*pl*] 会報; 証書. ▶ AUTHENTIC ACT (認証謄本) / FINAL ACT (最終議定書) / PRELIMINARY ACT (衝突顛末書). **3** [°A-]《(立法府による)》制定法, 議会制定法, 法律. ★具体的な議会制定法 (Act of Congress, Act of Parliament) を指示するときは前置詞 under を用いる; 例えば under the Act of Supremacy 1534 あるいは under section 8 of the Children Act 1989 のごとし. ▶ ADOPTIVE ACT (任意採択法) / ANTIDUMPING ACT (反ダンピング法) / ANTITRUST ACT (反トラスト法) / ARBITRATION ACT (仲裁法) / ARMY ACT (陸軍法) / BETTERMENT ACT (不動産改良費償還法) / CIVIL DAMAGE ACT (賠償責任法) / CIVIL LIABILITY ACT (民事責任法) / CIVIL RIGHTS ACT (市民権法) / CODIFYING ACT (法典化議会制定法) / CONSOLIDATING [CONSOLIDATION] ACT (統合的議会制定法) / CONTROLLED SUBSTANCE ACT (規制薬物法) / CORRUPT PRACTICES ACT (腐敗行為法) / DEAD MAN [MAN'S] ACT (死者法) / DECLARATORY JUDGMENT ACT (宣言的判決法) / DRAM SHOP ACT (酒場法) / EMPLOYERS' LIABILITY ACT (雇用者責任

法) / ENABLING ACT (授権制定法) / FACTOR'S ACT (ファクター法) / FACTORY ACT (工場法) / FAIR CREDIT REPORTING ACT (公正信用報告法) / FEDERAL ACT (連邦議会制定法) / FINANCIAL RESPONSIBILITY ACT (賠償資力責任制定法) / GENERAL ACT (一般議会制定法) / HIGHWAY ACT (公道法) / HODGEPODGE ACT (ごたまぜ制定法) / HOVERING ACT (領海外船舶取調べ法) / INDEMNITY ACT (免責法) / INTERNAL SECURITY ACT (国内安全保障法) / LABOR RELATIONS ACT (労働関係法) / LEGISLATIVE ACT (議会制定法) / LIMITATION-OF-LIABILITY ACT (損害賠償責任制限法) / LOBBYING ACT (ロビー活動規制法) / LOCAL ACT (地域的私法律) / MARKETABLE TITLE ACT (取引適合権原法) / MARRIED WOMEN'S PROPERTY ACTS (妻財産法) / MINI WAGNER ACT (州版ワグナー法) / MODEL ACT (模範法律) / MOIETY ACT (情報提供報奨法) / MORTMAIN ACT (死手法) / MUTINY ACT (共同抗命法) / NATURAL DEATH ACT (自然死法) / OCCUPYING CLAIMANT ACT (不動産改良費償還法) / OPEN-(PUBLIC-) RECORDS ACT (公的記録公開法) / ORGANIC ACT (統治組織に関する議会制定法) / PERSONAL ACT (人的特別議会制定法) / PRACTICE ACT (訴訟手続き議会制定法) / PRIVACY ACT (プライバシー法) / PRIVATE ACT (私法律) / PUBLIC ACT (公法律; 一般議会制定法) / PUBLIC GENERAL ACT (一般公法律) / PURE FOOD AND DRUG ACTS (純正食品・薬品法) / RECORDING ACT (不動産取引証書登録法) / RIGHT-TO-KNOW ACT (知る権利法) / SECURITIES ACTS (証券法) / SIMULTANEOUS DEATH ACT (同時死亡法) / SMALL LOAN ACT (小口貸付け法) / SPECIAL ACT (特別議会制定法) / STAMP ACT (印紙税法) / SURVIVAL ACT (訴権存続法) / TRADE ACT (通商法) / UNIFORM ACT (統一法律(案)) / UNIT-OWNERSHIP ACT (区分所有権法) / WHISTLEBLOWER ACT (内部告発者保護法) / WORKMEN'S COMPENSATION ACT (労働者災害補償法). **4**《裁判所・評議会などの》決定, 裁決. one's [the] ~ and deed 後日の証拠とする記録, 証文, 証書.
— *vi* **1 a** 行動する, 行なう, 《意図[決定]を》実行[実施]する: We are judged by how we ~. 人は行動のいかんによって判断される / ~ against...に反する; ...に不利な事をする. **b** 《...のように》ふるまう. **c** 《...としての》職務[機能]を果たす《*for*》; 代理者[代弁者]の役をする, 代理する《*for, on behalf of*》: ~ *for* sb 人の代理をする / ~ *as* an agent *for* an American company 米国の会社の代理をする. **2 a** 力[影響]を及ぼす, 作用する《*on*》; 本来の機能[効能]を発揮する, 《薬・ブレーキなどが》きく. **b** 《立法府などが》議決する, 《裁判所などが》裁決する, 決定する《*on*》. ~ *on*... 《主義・忠告などに》基づいて行動する (follow): The lawyers are *acting on* our instruction. 弁護団はわれわれの指示に基づいて行動[実行]している.
[F and L (*act- ago* to do)]

ACT [英] °advance corporation tax 前払い法人税.

ac·ta /ǽktə, -tɑ:/ *n pl* **1** 訴訟手続き記録. **2** 議事録, 公報, 会報; 言行録. [L]

Ac·ta ex·te·ri·o·ra in·di·cant in·te·ri·o·ra se·cre·ta. /ǽktə ɪkstèrióurə índɪkənt ɪntèrióurə sɪkríːtə/ 外に現われた行為は内なる秘密を示す. [L=External acts indicate the internal secrets.]

acte clair /F akt klɛːr/ 《法的論議を要しないほど》明白な行為[証書] 《特に, EU 法上の問題が国内裁判所で生じても, それが欧州司法裁判所 (European Court of Justice) に付託するまでもなく明白で問題がないものであることを示すのに用いる》. [F=a clear act]

áct·ing *a* 臨時の, 代理の, 代行の, 事務取扱いの.

ácting execútor 臨時遺言執行者 《法的に選任されたのではない執行者》.

áct in páis 裁判所外行為; 正式書面外事実 《法廷の記録または捺印証書 (deed) に示されていない事実を指す; ⇨ IN PAIS》.

áct in the láw 法律行為 《=juristic act, legal act》 《法的権利の変更などを目的とする私人の行為》.

ac·tio /ǽkʃiou, áːktiou/ *n* (*pl* **ac·ti·o·nes** /ǽkʃióunìːz, àːktióunèɪs/) **1** 《ローマ法》訴権, 訴訟. **2** 訴訟. [L=action]

áctio bó·nae fi·dei /-bóuni fáɪdiàɪ/ (*pl* **actiones bonae fidei**) 《ローマ法》誠意訴権 《審判人が信義誠実に従って多大な裁量権を有する; cf. ACTIO STRICTI JURIS》. [L=action of good faith]

áctio de in rém vér·so /-di ɪn rém váːrsou/ 《ローマ法・大陸法》利益転用物訴権 《不当利得返還訴訟に当たるもの》. [L=action over something converted to the benefit (of the defendant)]

áctio èx con·trác·tu /-èks kəntrǽktu, -tju, -kɔːntrǽːktu/ 契約上の訴権 《=ACTION EX CONTRACTU》.

áctio èx de·líc·to /-dɪlíktou, -deɪlíːktou/ 不法行為上の訴権 《=ACTION EX DELICTO》.

áctio in per·só·nam /-ɪn pərsóunəm/ 対人訴権[訴訟] 《=PERSONAL ACTION》.

áctio in rém /-ɪn rém/ 対物訴権[訴訟] 《=REAL ACTION》.

áctio míx·ta /-míkstə/ 混合訴権[訴訟] 《=MIXED ACTION》.

ac·tion /ǽkʃ(ə)n/ *n* **1 a** 行動, 活動; 実行; 行為; 作為. **b** 動き, 動作; 作用, 働き. ► CONCERTED ACTION (提携行為) / CONCERT OF ACTION (行為提携) / COVERT ACTION (秘密工作) / GOOD SAMARITAN ACTION (よきサマリア人(㌽)的行為) / GROUP ACTION (集団行動) / INDUSTRIAL ACTION (争議行為) / INFORMAL AGENCY ACTION (非形式的機関活動) / JOB ACTION (抗議(運動)) / MAJOR FEDERAL ACTION (連邦大事業) / MISLEADING ACTION (人を誤らせるような行為) / RETROACTION (遡及) / SECONDARY ACTION (二次的争議行為) / STATE ACTION (州の行為, 国の行為).

2 a 訴え, 訴訟 《特に EQUITY と区別されるコモンロー上の

actionable 18

訴訟を指す; エクイティー上の訴訟は SUIT という; より厳密には action at law, suit in equity として区別する; しかし区別なく用いられることも多い). **b** 訴権, 訴訟原因. ▶ ABATEMENT OF ACTION (訴訟の中断) / ADMINISTRATION ACTION (遺産管理訴訟) / AMICABLE ACTION (友誼的訴訟) / ANCILLARY ACTION (付随的訴訟) / BAIL TO THE ACTION (訴訟保証人) / BIVENS ACTION (ビヴァンズ訴訟) / CAUSE OF ACTION (訴訟原因) / CHOSE IN ACTION (無体動産) / CIRCUITY OF ACTION (訴訟循環) / CIVIL ACTION (民事訴訟; 民事上の訴え) / CLASS ACTION (集団訴訟) / COLLUSIVE ACTION (馴合い訴訟) / COMMON-LAW ACTION (コモンロー上の訴訟) / CONSOLIDATION OF ACTIONS (訴訟の併合) / COURT ACTION (訴訟(事件)) / CRIMINAL ACTION (刑事訴訟) / CROSS-ACTION (反対訴訟) / DAMAGE ACTION (損害賠償請求訴訟) / DEFAULT ACTION (債務不履行訴訟) / DERIVATIVE ACTION (派生訴訟) / DIRECT ACTION (直接請求訴訟; 直接訴訟) / DISCONTINUANCE OF ACTION (訴えの取下げ) / DISMISSAL OF ACTION (訴訟却下, 棄却, 取下げ) / EQUITABLE ACTION (エクイティー上の訴訟) / FALSE ACTION (虚偽訴訟; 仮装訴訟) / FEIGNED [FAINT] ACTION (無力訴訟; 仮装訴訟) / FEUDAL ACTION (封土権訴訟) / FICTITIOUS ACTION (仮装訴訟) / FORM OF ACTION (訴訟方式) / FRIVOLOUS ACTION (ふまじめな訴訟) / FURTHER MAINTENANCE OF THE ACTION (最初の答弁手続き終了前の新防御事実発生の答弁) / GIST OF (AN) ACTION (訴訟の基礎) / GOOD SAMARITAN ACTION (よきサマリア人(ぢん)的訴訟) / GROUND OF ACTION (訴訟根拠) / HUSBAND WIFE TORT ACTION (夫婦間における不法行為訴訟) / HYBRID ACTION (両面訴訟) / INDIVIDUAL ACTION (個別訴訟) / JOINDER OF ACTIONS (訴訟の併合) / JOINT ACTION (共同訴訟) / LETTER BEFORE ACTION (提訴前最終請求書状) / LIBEL ACTION (文書誹毀(ひき)訴訟) / LIMITATION OF ACTION (出訴期間) / LOCAL ACTION (属地的訴訟) / MATRIMONIAL ACTION (婚姻事件) / MIXED ACTION (混合訴訟) / MORTGAGE ACTION (譲渡抵当権訴訟) / MULTIPLICITY OF ACTIONS (訴訟の重複; 多重訴追) / PATERNITY ACTION (父子関係確定訴訟) / PCR ACTION (有罪決定に対する非常救済訴訟) / PENAL ACTION (刑事訴訟; 制裁金訴訟; 制裁金請求民事訴訟) / PENDING ACTION (係争中の訴訟) / PERSONAL ACTION (人的訴訟) / PETITORY ACTION (本権訴訟) / PLENARY ACTION (本訴訟) / POPULAR ACTION (一般人(による制裁金請求)訴訟; 民衆訴訟) / POSSESSIVE ACTION (占有回復訴訟) / POSSESSORY ACTION (占有訴訟) / PROBATE ACTION (遺言検認訴訟) / PROPRIETARY ACTION (所有権訴訟) / QUIA TIMET ACTION (予防的訴訟) / QUIET-TITLE ACTION (権原確認訴訟) / QUI TAM ACTION (公私混合訴訟) / REAL ACTION (物的訴訟) / REMEDIAL ACTION (救済的訴訟; 環境保全を求める訴訟) / REMOVAL ACTION (汚染除去を求める訴訟) / REMOVAL OF (AN) ACTION (事件の移送) / REPRESENTATIVE ACTION (代表訴訟) / RIGHT OF ACTION (訴権; 訴訟による実現可能財産) / SEPARATE [SEVERAL] ACTION (個別訴訟) / SETTLEMENT OF ACTION (訴訟の和解) / SEVERANCE OF ACTIONS (訴訟の分離) / SHAM ACTION (偽装訴訟) / SURVIVAL ACTION (死後存続訴訟) / TAXPAYER'S ACTION (納税者訴訟) / TENDER BEFORE ACTION (訴えの前の履行提供) / TEST ACTION (テスト訴訟) / THING IN ACTION (訴訟による実現可能財産) / THIRD-PARTY ACTION (第三者への訴訟) / TRACING ACTION (信託財産取戻し訴訟) / TRANSFER OF (AN) ACTION (事件の移送) / TRANSITORY ACTION (非属地的訴訟) / VEXATIOUS ACTION (濫訴) / WRONGFUL BIRTH ACTION (不法行為出生訴訟) / WRONGFUL CONCEPTION [PREGNANCY] ACTION (不法行為妊娠訴訟) / WRONGFUL DEATH ACTION (不法行為死亡訴訟) / WRONGFUL DISCHARGE ACTION (不当解雇訴訟) / WRONGFUL LIFE ACTION (不法行為生命訴訟).

3《政府・警察・裁判所・議会・審議委員会などの》処分, 決定, 判決, 議決; 措置, 処置, 方策. ▶ AFFIRMATIVE ACTION (積極行動, 差別解消積極措置) / ENFORCEMENT ACTION (強制措置).

bring (an) ~ 訴えを提起する《against》. **in ~** 訴訟により実現可能な: CHOSE IN ACTION / THING IN ACTION. **take ~** 行動を起こす; 処置をとる; 訴えを提起する: *take* legal ~.
— *vt*《英》《米古》《人を》訴える (sue) 〈sb *for* an offense〉. [OF < L; ⇨ ACT]

áction·able *a* 訴えうる, 訴訟を基礎づけるに足る, 請求を成り立たせるに十分な. **áction·ably** *adv*

áctionable per quód /-pər kwád, -pèr kwóud/ *a*《特に 口頭誹毀 (slander) のうち》特定損害の立証を要件として賠償請求しうる (⇨ SLANDER PER QUOD) (cf. ACTIONABLE PER SE).

áctionable per sé /-pər séi, -pèr-; -pər síː/ *a*《特に 口頭誹毀 (slander) のうち》他の要件なしに賠償請求しうる (⇨ SLANDER PER SE) (cf. ACTIONABLE PER QUOD).

áctionable wórd《それ自体が》名誉毀損となる言説.

áction càlendar〖議会〗票決のための議事日程 (⇨ CALENDAR).

actiones ACTIO の複数形.

actiónes no·mi·ná·tae /-nàmənéiti/ *pl*〖史〗有名訴訟, 有名令状《訴訟開始令状 (original writ) の発給局である大法官府 (Chancery) ですでに十分先例があり, 確立した書式のある訴訟方式 (form of action) ないし訴訟開始令状; cf. CASU CONSIMILI, TRESPASS ON THE CASE》. [L=named actions]

áction estóppel 訴訟の禁反言 (=RES JUDICATA).

áction ex contráctu 契約訴訟 (=actio ex contractu).

áction ex delícto 不法行為訴訟 (=actio ex delicto).

áction for dámages 損害賠償請求訴訟.

áction for líbel 文書誹毀(き)訴訟, 文書による名誉毀損訴訟 (libel action).

áction in équity エクイティー上の訴訟 (=equitable action).

áction in persónam 対人訴訟[訴権] (=actio in personam) (=PERSONAL ACTION) (⇨ IN PERSONAM).

áction in rém 対物訴訟 (=actio in rem) (=REAL ACTION) (⇨ IN REM).

áction in tórt 不法行為訴訟.

áction of accóunt 〖史〗計算訴訟《財産保全管理人 (receiver), 受任者 (bailiff), 代理人など信認関係 (fiduciary relationship) にある者が, 正当な計算をなすべき義務を有するにもかかわらずそれを怠っている場合に, 受理した収益の計算をするよう求めて提起されたかつての訴訟方式 (form of action) の一つ; 単に account ともいう》.

áction of cóvenant 〖史〗捺印契約訴訟《捺印契約 (covenant) 違反に対して損害賠償を請求する訴訟; 英国では 1873, 75 年法での訴訟方式 (form of action) 廃止とともに廃止; 単に covenant ともいう》.

áction of débt 金銭債務訴訟 (⇨ DEBT).

áction of détinue 動産返還請求訴訟 (⇨ DETINUE).

áction of entícement 〖史〗誘惑訴訟《一方の配偶者(もとは妻)を説得により誘惑し他方配偶者のもとから離れさせあるいはその状態を存続させていることに対する不法行為訴訟; 性的あやまちの証明は不要; 英国では 1970 年法で廃止; 単に enticement ともいう》.

áction of fórmedon 〖史〗贈与捺印証書不動産回復訴訟《限嗣封土権 (fee tail) の贈与の際の贈与捺印証書で明示された贈与者の意思に基づき, 不法占有されている不動産を回復するための訴訟; 限嗣封土権者 (tenant in tail) が利用できる最高の救済手段であったが, 権利者の法的立場に従っていくつかの種類があった; 英国では 1833 年廃止; 単に formedon ともいう; ⇨ WRIT OF FORMEDON》.

áction of fórthcoming 〖スコットランド〗第三者占有財産差押訴訟《債務者が債務を支払えぬ場合に, 第三者が占有している債務者の財産あるいは債務者を債権者とする債権の差押えを求める訴訟; 単に forthcoming ともいう》.

áction of tróver 拾得動産横領訴訟 (⇨ TROVER).

áctio non /-nɑn/ (pl **ac·ti·ó·nem non** /ˈækʃíounɛm-/) 〖史〗棄却答弁文言《「原告はこの訴えを起こすべきではなかった」という趣旨の被告答弁の最初の文言》. [L=no action]

áctio non ac·cré·vit ìn·fra séx án·nos /-əkríːvɪt ɪ̀nfrə séks ǽnous/ 〖史〗6 年間の出訴期間経過の答弁. [L= the action did not accrue within six years]

Actio non da·tur non dam·ni·fi·ca·to. /— dǽtər nɑn dæ̀mnɪfɪkéɪtou/ 訴権はこうむっていない者には与えられない. [L=An action is not given to a person who is not injured.]

áction on the cáse 特殊主張訴訟 (=TRESPASS ON THE CASE).

áction plàn òrder 〖英〗行動計画命令《少年社会刑罰命令 (youth community order) の一つで, 当該少年の行動・所在についての 3 か月計画と担当役人の指示に従うことを要求する命令》.

áction quási in rém 準対物訴訟《裁判所管轄内にある特定財産に対する権利によって生ずる裁判権に基づき被告自身を訴える訴訟; cf. JUDGMENT QUASI IN REM, QUASI IN REM, QUASI IN REM JURISDICTION》.

áction to quíet títle 《矛盾する権原を主張する者との間での》(不動産)権原確認訴訟, 権原確認手続き (=quiet-title action, suit to quiet title).

Actio per·so·na·lis mo·ri·tur cum per·so·na. /— pɜːrsounéɪlɪs mɔ́ːrɪtər kəm pɜːrsóunə/ 人的訴権は人と共に死す《cf. SURVIVAL OF CAUSE OF ACTION (ON DEATH)》. [L=A personal action dies with the person.]

áctio quán·ti mi·nó·ris /-kwɑ́ntaɪ mɪnɔ́ːrɪs/ 減額訴権《元来はローマ法上の訴権の一つで, しかしより一般的に, 欠陥ある商品を得た買主がその商品を保持しなお その欠陥による価値の低さに見合った代価の減額を売主に請求する訴訟の意で用いられる》. [L=action of how much less]

áctio stríc·ti jú·ris /-stríktaɪ ʤúːrɪs, -tìː júərəs/ (pl **actiónes strícti júris**) 《ローマ法》厳正訴権《審判人は, 特定事実ありと判断する時は特定の金額を支払う責めが被告にあることを判決し, 請求の基礎・額についても裁量の余地を与えられない; cf. ACTIO BONAE FIDEI》. [L=action of strict law]

ac·tive /ǽktɪv/ a 活動的な, 活発な; 積極的な, 能動的な, 意欲的な, 自発的な; 活気のある.

áctive bónd 利息付き捺印金銭債務証書, 利息付き債券 (opp. *passive bond*).

áctive cáse 未決事件.

áctive concéalment 積極的秘匿《明らかにせねばならぬ義務を負っている人が言説や行為で隠すこと; cf. PASSIVE CONCEALMENT》.

áctive débt 1 〖大陸法〗債権. 2 利息付き(金銭)債務 (opp. *passive debt*).

áctive dúty 1 積極的義務 (=POSITIVE DUTY) (cf. PASSIVE DUTY). 2 〖米〗《軍の》現役(勤務).

áctive íncome 1 賃金 (wages), 給与 (salary). 2 営業収入.

áctive négligence 積極的過失, 《不作為でなく》積極的行為に基づく過失 (cf. PASSIVE NEGLIGENCE).

áctive pártner 業務担当組合員[社員].

áctive trúst 能動信託 (=special trust, living trust)《(受託者 (trustee) が単に信託財産の権原を保有し受益者 (beneficiary) にそれを移転するにとどまらず, その管理・運用・処分など積極的な行為義務を負う信

託; opp. *passive trust*).

áctive úse《史》能動ユース《コモンロー上の権原保有者である受託者すなわちユース付き封譲受人 (feoffee to uses) に, ユースが設定されている不動産の管理・運用・処分について積極的義務を負わせるユース; 職務付きユース (official use) ともいう; ユース法 (Statutes of Uses) (1535) の適用対象外であった; opp. *passive use*)》.

ac·tiv·ism /ǽktivìz(ə)m/ *n*《司法》積極主義 (⇨ JUDICIAL ACTIVISM). ▶ JUDICIAL ACTIVISM (司法積極主義).

ác·tiv·ist *n*《政治的・社会的な》活動家; 行動主義者, 積極的行動主義者.

actívity requírement《英》行動要求《社会刑罰命令 (community order) あるいは刑の執行猶予宣告 (suspended sentence) に伴う命令の一部として課される特定行動の要求で, 被害者への償いとか再犯の可能性を減ずるための教育を受けることなどを要求すること》.

áct of adjóurnal [the ～]《スコットランド》《スコットランド刑事高等法院 (High Court of Justiciary) により制定された》刑事訴訟手続き規則.

áct of attáinder《古》私権剝奪法 (⇨ BILL OF ATTAINDER).

áct of bánkruptcy《史》破産行為《破産手続きを開始させる原因となる債務者の行為》.

áct of Cóngress [ºA-]《米》連邦議会制定法.

áct of Gód 神業, 不可抗力, 《予知・予防できない》(激しい) 自然現象, 天災 (＝act of providence) (cf. FORCE MAJEURE, UNAVOIDABLE ACCIDENT).

áct of gráce 1 [ºA- of G-] 恩赦法;《議会[国会]制定法による》恩赦, 大赦. 2《一般に》恩典, 特典.

áct of hónor 引受け拒絶証書作成後の参加引受け (宣言); 支払い拒絶証書作成後の参加支払い (宣言).

áct of indémnity 免責法 (＝indemnity act)《違法行為を合法[正当]化または違法行為者の責任を免除する法律; 特に歴史的には英国で, 必要な宣誓をなさなかった官職保有者を免責するため 1868 年法で不必要とされるまで毎年制定された議会制定法を指した》.

áct of insólvency《米》1 倒産行為《倒産原因となる債務者の一定の行為》. 2《銀行》支払い不能行為《預金の払い戻しの拒否など》.

act of law ⇨ ACT OF THE LAW.

áct of oblívion《英史》大赦法《特に the Act of Law (and Indemnity) の形で, 1645–60 年の間反逆行為を行なった者のうち, 特定の者を除き大赦する旨を規定した 1660 年制定の法律を指す》.

áct of omíssion 不作為 (＝NEGATIVE ACT).

áct of páins and pénalties《史》特定個人処罰法 (⇨ BILL OF PAINS AND PENALTIES).

Áct of Párliament [the ～]《英》議会制定法, 法律《国王・貴族院・庶民院の 3 者 (場合によっては貴族院を除く 2 者) の協力による最高の法形式; 議会制定法は, 1) 公法律案 (public bill) として提案され制定法となったもののうち, 暫定的命令 (provisional order) 確認のためのものを除くすべての議会制定法である一般公法律 (public general act) と, 2) 一地域のみに適用されるもので私法律案 (private bill) として提案されるものと上述の暫定的命令確認法とからなる地域的私法律 (local act) と, 3) 特別個人に関するもので私法律案として提案される人的特別議会制定法 (personal act) に分類される; また, 別に議会制定法の裁判所での扱われ方の観点から, 裁判所がその存在を職権で調査すべき公法律 (public act) と, その必要がなく私人がその存在を援用すべき私法律 (private act) とにも分類される》. ▶ DIVORCE BY ACT OF PARLIAMENT (議会制定法による離婚) / INROLLMENTS OF ACTS OF PARLIAMENT (議会制定法登録書) / PRIVATE ACT OF PARLIAMENT (議会私制定法).

áct of posséssion 占有行為《ある財産が自分のものであるとの権利主張の意思を示す行為; 特に 取得時効を基礎づけるのに必要な敵対的占有 (adverse possession) の権利主張の意思を示す行為》.

áct of próvidence 不可抗力, 天災, 神業, 自然現象 (act of God).

áct of sále 売買公記録《財産権の売買についての公的記録, 特に 公証人 (notary) により作成され, 当事者が署名し, 証人により認証されたもの》.

áct of sedérunt [ᵁ*pl*]《スコットランド控訴院 (Court of Session) の裁判官が制定する》手続き規則.

Áct of Séttlement [the ～]《英史》王位承継法《1701 年制定; 王位につく者は Hanover 家の Princess Sophia およびそのプロテスタントの子孫に限ることを定めている; また 裁判官身分の終身制を樹立した点も重要》.

Áct of Síx Árticles [the ～]《英史》六箇条法《Henry 8 世が宗教改革の一層の進展を阻止すべく制定した制定法; 1539 年制定, その後 1547 および 58 年法で廃止》.

áct of státe 1 主権的行為, 主権の対外行為《他国との関係でなされた政策遂行としての行政部による行為で, 一時的にも忠誠義務を負っている者を除き国内にいるその他国国民との関係においての行為も含む; 国内裁判所は, 特定行為がこれに当たるか否かの決定権は有するが, この行為に当たると判断した場合は, 行為は国内裁判所が干渉しえない主権行使とされ, その当否は法の問題ではない》. 2 統治行為《一般には国家権力によって国民の意思・行為を統制・支配する行為であるが, 特に違憲立法審査権との関連では高度に政治性を伴った国家行為で裁判所の合法性の審査から除外される行為》.

áct of státe dòctrine 外国の主権的行為の法理, 国家行為理論《国内裁判所は国内でなされたものであっても外国の主権的行為の有効性について裁判権をもたないという原則; これには主権者本人のみならず主権者の代理の行為をも含む》.

Áct of Suprémacy [the ～]《英史》国王至上法《1534 年および 59 年の制定法; 英国の宗教改革上最重要な議会制定法 (Act of Parliament) の一つ; 特に 君主をイングランド教会 (Church of England) の最高権威と定めた条項が重要; 1559 年法は Mary 1 世治下による

1534年の法律が廃止され教皇の至上権が復活されていたことにより、Elizabeth 1世があらためて君主の至上権を確立したもの)).

act of (the) law《当事者の意思とは無関係に生ずる》法の作用 (=legal act).

Act of Uniformity [the ~]《英史》礼拝形式統一法 (=Uniformity Act)《1549, 52, 59, 1662年制定の礼拝・祈禱方式を定めた諸法を指す》.

Act of Union [the ~]《英》連合法《1707年スコットランドとの間に、1800年アイルランドとの間に、制定；ウェールズについても1536年法を指すことがある》.

act of war 戦争行為.

act on petition《英史》海事裁判所略式訴訟手続き.

ac·tor /ǽktər/ n 1 行為者. ▶ CAVEAT ACTOR (行為者が警戒[注意]せよ). 2《古》《ローマ法》原告 (opp. *reus*). 3《史》《ローマ法・大陸法》代理人；訴訟代理人；《法人の》理事.

Ac·to·re non pro·ban·te, re·us ab·sol·vi·tur. /æktóure nan prabǽnte ríːəs æbsǽlvitər/ 原告が立証しない場合には被告は解放される. [L=If the plaintiff does not prove his/her case, the defendant is exonerated.]

Ac·to·ri in·cum·bit onus pro·ban·di. /æktóurai inkámbit óunəs prabǽndai/ 原告に立証責任は帰する. [L=Upon the plaintiff or prosecution the burden of proof rests.]

Ac·tor se·qui·tur fo·rum rei. /ǽktɔːr sékwitər fóurəm ríːai/ 原告は被告の法廷地に従う. [L=The plaintiff follows the forum of the defendant.]

ac·tu·al /ǽktʃu(ə)l/ a 1 現実の、実際の、事実上の、真の (cf. CONSTRUCTIVE). 2 現時点の、その時点の. [OF<L; ⇨ ACT]

áctual ágency 現実代理《代理人 (agent) が本人 (principal) に実際に使われている現実の代理；cf. EXPRESS AGENCY, IMPLIED AGENCY》.

áctual allégiance 現下の忠誠《義務》(=local allegiance)《外国に居住する間その居住国に対して負う忠誠義務；首長・外交使節・軍人などは除かれる；cf. NATURAL ALLEGIANCE》.

áctual authórity 現実の代理権《本人 (principal) が明示もしくは黙示に与えた代理権；前者を actual express authority (現実の明示代理権)、後者を actual implied authority (現実の黙示代理権) という》.

áctual báilment 現実寄託《受寄者 (bailee) に実際に引き渡されたあるいは擬制引渡し (constructive delivery) された寄託》.

áctual bódily hárm《英》身体傷害《略 ABH》.

áctual cásh vàlue 1 適正現金価格 (=FAIR MARKET VALUE). 2《損害保険》実際現金価格, 時価《損害額算定基準にするための、損害を受けた目的物の実際の価格；単に cash value ともいう；略 ACV》.

áctual cáuse 実際の原因 (=CAUSE IN FACT).

áctual contróversy 現実の争訟.

áctual cóst 実費.

áctual dámages *pl* 現実的損害賠償(金)(= compensatory damages)《現実に生じた損害塡補のための賠償(金)》.

áctual delívery《現実即時の》現実的引渡し.

áctual éntry《不動産への》現実の立入り.

áctual evíction《不動産の》現実の占有剝奪.

áctual expréss authórity 現実の明示代理権 (⇨ ACTUAL AUTHORITY).

áctual fórce 実力, 実際の力 (=physical force).

áctual fráud 現実の詐欺 (=fraud in fact, moral fraud, positive fraud)《言説・行為による隠蔽あるいは不実表示 (misrepresentation) を通して故意に人を欺罔(ぎもう)し錯誤に陥れる違法な行為; cf. CONSTRUCTIVE FRAUD》.

áctual implíed authórity 現実の黙示代理権 (⇨ ACTUAL AUTHORITY).

áctual ínnocence 事実面からの無罪, 無実《法律面からの無罪 (legal innocence) とは異なり事実の点で有罪決定あるいは刑の宣告の前提となる事実がないこと；なお死刑判決の出た事件で被告人がこの事実面からの無罪を証明する場合は、理由と不利益の準則 (cause and prejudice rule) の要求するきびしい要件は不要とされ、事実審での憲法上の誤りが生じなかったならば合理的裁判官あるいは陪審員は被告人を死刑に値するとの認定をしなかったはずであることを明白かつ説得力ある証拠でもって立証すれば足る；cf. CAUSE AND PREJUDICE RULE》.

áctual knówledge 現実的認識, 実際の認識《1) 現実に認識していること 2) 通常人であるならばさらに詳しく知りたいと思うような情報を与えられているがゆえに、その不知についてはその人の責めに帰すべき事実の認識；前者と区別して特に implied actual knowledge (推定現実的認識) ともいう；cf. CONSTRUCTIVE KNOWLEDGE, IMPUTED KNOWLEDGE》.

áctual lóss《保険》現実損害《保険目的に現実に生じた損害》.

áctual málice 1 現実の犯意 (=express malice, malice in fact)《外的情況から証明される、他人の権利を侵害しようとする計画的意図》. 2《名誉毀損における》現実の害意 (=constitutional malice)《名誉毀損となる言説の発表者が、その言説が虚偽であることを知っているか、あるいはその真実性について無思慮にも全く無関心であること；⇨ NEW YORK TIMES v. SULLIVAN (1964)》.《》cf. IMPLIED MALICE》.

áctual málice rùle 現実の害意の準則 (=NEW YORK TIMES RULE).

áctual márket vàlue 現実の市場価格 (=FAIR MARKET VALUE).

áctual mílitary sérvice《軍隊の》現役, 常時兵役.

áctual nótice 現実の通知, 現実の認識 (=express

notice)《**1**》推論や義務などから生ずるのではなく，直接に相手方に与える現実の通知あるいはそれに基づく現実の認識 **2**》不動産の公然たる占有によって相手方に与える通知あるいはそれに基づく認識; » cf. CONSTRUCTIVE NOTICE, IMPLIED NOTICE, IMPUTED NOTICE).

áctual phýsical contról 現実の肉体的統御《物，特に自動車などの直接肉体的統御[運転]; 酩酊運転 (driving while intoxicated) の要件として法域により用いられる語》.

áctual posséssion 《動産・不動産の》現実の占有 (cf. CONSTRUCTIVE POSSESSION).

áctual redúction to práctice 現実の実施化 (⇨ REDUCTION TO PRACTICE).

áctual táking 現実の収用 (= PHYSICAL TAKING).

áctual tótal lóss 《保険》現実全損, 絶対全損《保険目的が本来の種類のものでなくなる程度にまで損傷を受けた場合を含めての全面的潰滅による被保険者の利益の全消滅; 略 ATL; cf. CONSTRUCTIVE TOTAL LOSS》.

áctual úse 現実の使用.

áctual válue 現実価格, 実際の価格 (= FAIR MARKET VALUE).

ac·tu·ar·i·al /æktʃuéəriəl/ a **1** 保険計理人(の業務)の; 保険計理人の算定した. **2** 保険統計の. **~·ly** adv

actuárial táble 平均余命表, 生命表 (= MORTALITY TABLE).

ac·tu·ary /ǽktʃuèri, -tʃuəri/ n **1** 保険計理人, アクチュアリー. **2**《廃》《教会》書記, 記録係. [L acturius bookkeeper; ⇨ ACTUAL]

ac·tum /ǽktəm/ n 行為. [L]

ac·tus /ǽktəs/ (pl ~) n **1** 行為. **2**《英史》議会制定法, 《特に》国王未裁可の両院通過法案. **3**《ローマ法》駄獣荷車通行権《地役権の一》. [L]

Actus cu·ri·ae ne·mi·nem gra·va·bit. /— kjúːriː némɪnɛm grævéɪbɪt/ 裁判所の行為は何びとにも負担をかけない. [L = The act of the court will burden no one.]

Actus Dei ne·mi·ni fa·cit in·ju·ri·am. /— díːaɪ némɪnaɪ féɪsɪt ɪndʒúːriæm/ 神の行為は何びとに対しても権利侵害をなさない. [L = The act of God does wrong to no one.]

Actus le·gis ne·mi·ni fa·cit in·ju·ri·am. /— líːdʒɪs némɪnaɪ féɪsɪt ɪndʒúːriæm/ 法の行為は何ぴとに対しても権利侵害をなさない. [L = The act of the law does no one wrong.]

Actus le·gi·ti·mi non re·ci·pi·unt mo·dum. /— lidʒítɪmaɪ nɑn rɛsípiənt mádəm/ 法定の行為は制限を受け容れない. [L = Legal acts admit of no qualification.]

Actus me in·vi·to fac·tus non est me·us ac·tus. /— mi ɪnváɪtou fǽktəs nɑn ɛst mɛəs ǽktəs/ 私の意に反してなされた(私の)行為は私の行為ではない. [L = An act done (by me) against my will is not my act.]

Actus non fa·cit re·um, ni·si mens sit rea. /— nɑn féɪsɪt ríːəm náɪsaɪ mɛnz sɪt ríːə/ 悪しき意思がなければ, 行為は(人を)有責としない (cf. ACTUS REUS, MENS REA). [L = An act does not make one guilty, unless the mind is guilty.]

ac·tus re·us /ǽktəs ríːəs, áːktus réɪus/ (pl **actus rei**) 《刑法上の》悪しき行為, 犯罪行為《犯罪を成立させる客観的要素として, 主観的要素である犯意 (mens rea) に対する; cf. CORPUS DELICTI》. ▶ NO ACTUS REUS (悪しき行為不存在主張). [L = guilty act]

Acúte Trúst《英》病院トラスト (⇨ NATIONAL HEALTH SERVICE TRUST).

ACV °actual cash value 実際現金価格.

A.D. 紀元[西暦]…年. ★ Anno Domini [L = in the year of the Lord] の略で, 年代の前に置く. ただし世紀を示す時は後置. B.C. (紀元前) に対応.

ADA °Americans with Disabilities Act 障害米国人法.

ad·ap·ta·tion /ædəptéɪʃ(ə)n/ n **1** 適合, 適応, 順応; 《特許法上の》新用途への適合. **2**《著作権法上の》翻案, 翻訳, 脚色, 編曲.

adaptátion rìght 翻案権《著作権 (copyright) により保護されている著作物に基づく二次的著作物 (derivative work) に対する著作権者の排他的権利》.

ADB °accidental death benefit 災害死亡給付金.

ADC《米》Aid to Dependent Children 扶養児童援助.

ad col·li·gen·dum [col·li·gen·da] bo·na (de·func·ti) /æd kɑlɪdʒéndəm [kɑlɪdʒéndə] bóunə (dɪfʌ́ŋktàɪ)/ 限定遺産管理(状), 臨時遺産管理(状)《遺産の中に腐敗しやすいとか短期間で価値を減ずる不安定な物が含まれている場合に, 遺産管理手続き遅延による弊害を避けるためその物を処理するための特別の遺産管理人 (administrator) の裁判所による選任(状); 限定的なもので, 全体の遺産を管理する正規の人格代表者 (personal representative) が就任すれば任務は終了する》. [L = to collect the goods (of the descendent)]

ad com·mu·nem le·gem /æd kəm(j)úːnəm líːdʒəm/ adv コモンローによる. ▶ DOWER AD COMMUNEM LEGEM (コモンロー寡婦産(権)) / ENTRY AD COMMUNEM LEGEM (復帰権者不動産占有回復令状[訴訟]). — n《史》復帰権者不動産占有回復令状《訴訟》《生涯不動産権者 (life tenant) により移転された土地に対する復帰権者 (reversioner) がみずからの権利を回復するために生涯不動産権者の死後に利用可能となる不動産占有回復令状[訴訟] (writ of entry); entry ad communem legem ともいう》. [L = at common law]

ad dam·num /æd dǽmnəm, aːd dáːmnum/ adv 損害について. — n 損害賠償請求(文言) (= AD DAMNUM CLAUSE). [L = to the damage]

ad dámnum clàuse 損害賠償請求文言《訴答 (pleading) において損害賠償とその特定額を請求する箇

所; 単に ad damnum ともいう; cf. PRAYER FOR RELIEF, lay DAMAGES).

ad·den·dum /ədéndəm/ *n* (*pl* **-den·da** /-də/) 補遺, 付録 (supplement). [L (gerundive)＜add]

ad·dict *vt* /ədíkt/ [ᵛ*pass*/*rflx*] ふけらせる, 耽溺させる 〈*to*〉;〈人〉に嗜癖(⌂)を生じさせる, 麻薬中毒にする: He is ~ed to drinking. 彼は酒に耽れている / ~ oneself to vice 悪習にふける. — *n* /ǽdikt/ ある悪癖に耽溺する人,《特に》(麻薬)常用者, 中毒者[患者], 常習者; 熱狂的愛好者[支持者]: an opium ~ アヘン常用者. ▶ DRUG ADDICT (麻薬中毒者). ~·ed *a* 常習的な, 中毒になっている, 耽溺している; 熱狂的な〈愛好者〉. [L *ad-*(*dict dico* to say)＝to assign]

ad·dic·tion /ədíkʃ(ə)n/ *n* **1**〈ある悪習への〉耽溺, 嗜癖(⌂),《特に》麻薬常用癖, 麻薬中毒. **2** 熱狂的傾倒〈*to*〉.

ad·dic·tive /ədíktɪv/ *a* 常用癖をもたらす.

addíctive drúg 習慣性薬物.

ad di·em /ǽd dáɪəm/ *adv* その日に, 指定日に, …の日に. [L=at the [a] day]

ad·di·tion /ədíʃ(ə)n/ *n* **1 a** 追加(物), 付加(物), 添加(物); 追加条項. **b** 足し算, 加算. **c**《建物の》増築部分, 定着物;《所有地の》拡張部分,《都市の》拡張予定地域. **2**《氏名のあとに添えて身分・職業・住所などを示す》肩書, 付加部分. ~·al *a* [F or L]

additional exténded cóverage《保険》追加拡張担保(特約)《火災保険の特約として風水害, 爆発, 住宅の配管等からの漏水などの危険からの損害を填補するもの》.

additional instrúction《米》追加説示 (=further instruction)《一度説示がなされたのちに陪審からの質問に答えるなどの形で追加的になされる陪審への説示》.

additional insúred《保険》追加的被保険者, 従たる被保険者《被保険者以外に追加的に被保険者とされる者; 氏名を記して特定されていない場合も含む; 特に自動車責任保険では被保険者の許諾を得て運転する者を指す; ⇨ INSURED》.

additional légacy 追加的動産遺贈 (=CUMULATIVE LEGACY).

additional prémium 付加保険料.

additional sérvitude 付加的役権《既存の別種の役権のある土地に道路を造る場合などの役権》.

additional stándard dedúction《米税制》追加標準控除額《納税者がその課税年度内に 65 歳を超えたり盲目になった場合に追加的に控除してもらえる標準控除額 (standard deduction)》.

additional térm 追加開廷期《前の開廷期と別で, それに追加される開廷期; cf. ADJOURNED TERM》.

additional vóluntary contribútion《英》任意追加納付金《退職の際に年金基金からもらえる給付金を増やす目的で被用者が年金機構に払い込む追加の支払い; 一定限度まで課税対象外とされる; 略 AVC》.

additional wórk 1 追加工事《通例は建築契約 (construction contract) にかかわる用語で, 工事計画変更に伴う工事》. **2** 契約外工事 (=EXTRA WORK).

ad·di·tur /ǽdɪtər, á:dɪtʊr/ *n*《米》《陪審が認定した額に対する被告の同意に基づく裁判所による》賠償額増額(決定) (cf. REMITTITUR). [L=it is added to]

ádd-òn *a* 付属[付加]の, 追加できる, 追加方式の.

ádd-òn cláuse 1《割賦返済型金銭消費貸借契約における毎回の返済額の》元利均等払い条項, アド・オン条項. **2** 累積担保化条項《割賦購入契約において完済前に追加購入を認め, 代金払い込み済みの物品を未払い分の代金請求権の担保とする条項》.

ádd-òn ínterest 当初元本利息継続金利, アド・オン金利《特に割賦返済型の金銭消費貸借において貸付金の当初元本で最終返済まで計算される利息; したがって割賦返済により元本が減ったとしても利息は変更しないことになる; cf. ADD-ON LOAN》.

ádd-òn lóan 当初元本利息継続金利方式貸付け, アド・オン方式貸付け[ローン, 融資]《特に割賦返済型の金銭消費貸借で, 貸付金の当初元本に対する一定率の利息を全貸借期間中支払うことを約するもの; したがって割賦金計算前にこの全期間分の利息が元本に上乗せされ, その総額を割賦回数で割ることにより毎回の割賦金額が決まる; 消費者ローン (consumer loan) は多くがこの方式; cf. ADD-ON INTEREST》.

ad·dress *n* /ədrés/ **1** /,*ǽdrès/ **a** 宛先, 宛名, 宛所, 所番地, 住所: What is your ~? ご住所は? / one's name and ~ 住所氏名 / one's business [home, private] ~ 営業所[自宅]の所番地 / (a person) of no ~ 住所不明の(人). **b**《エクイティー上の訴状上の》訴状提出裁判所の記載(箇所) (cf. DIRECTION). ▶ ACCOMMODATION ADDRESS (便宜的な宛先) / ENDORSEMENT OF ADDRESS (住所記述) / RETURN ADDRESS (差出人住所). **2**《式典の》挨拶, 式辞, 演説, 講演 (speech); [the A-]《米》《大統領の》教書; [the A-]《英議会》勅語奉答: ~ of thanks お礼の演説《落成記念式典での貴賓の挨拶や議会の開会[閉会]の際の勅語に対する正式なお礼》/ debate on the ~《英》開会の勅語後の討論《議会開会の勅語のすぐあとになされる, 勅語の中で言及された政府の政策についての討議》. ▶ MODE OF ADDRESS (敬称). **3** 請願, 建白;《特に立法府から行政府に対しての, 例えば裁判官解任の》建議: an ~ to the throne 上奏文.
— *vt* /ədrés/ **1** 宛名を書く, …に宛てて手紙(など)を出す;《仲介者・代理人などに》〈船・船荷を〉委託する, 託送する: ~ a letter *to* sb 手紙を人に宛てて出す. **2** …に話す[演説する], …に正式な敬称で話しかける. **3**《問題》と取り組む, 扱う. **4**《立法部からの建議により》〈行政府が裁判官その他の役人を〉解任する.

addréss for sérvice 送達のための宛先《訴訟当事者が裁判所および相手方に対して届ける訴訟関連書類の送付先; ここに送達されたものは当該当事者に送達したことになる》.

ad·duce /əd(j)úːs/ *vt*〈証拠・理由などを〉提出する, 提示する, 引証する, 例証として挙げる. **ad·dúc·ible**,

~·able *a* ad·dúc·er *n* ad·dúc·tion /ədʌ́k-/ *n* 《証拠などの》提示, 引証. [L (*duco* to lead)]

ADEA 《米》°Age Discrimination in Employment Act 年齢差別雇用禁止法.

Ad ea quae fre·quen·ti·us ac·ci·dunt ju·ra adap·tan·tur. /ǽd éə kwi frɛkwénʃiəs ǽksɪdənt dʒúːrə ǽdæptǽntər/ より頻繁に起こるものに法は適合されている. [L=The laws are adapted to those cases that occur more frequently.]

adeem /ədíːm/ *vt* …の遺贈を撤回する[取り消す], 遺贈撤回にする. [逆成〈*ademption*; redeem: *redemption* の類推]

ademp·tion /ədémpʃ(ə)n/ *n* 遺贈撤回 (**1**) 遺言者死亡時に遺贈目的物が売却などで遺産の一部でなくなっていること, あるいは遺言者がその処分権を喪失していることなどが理由となっての遺贈撤回; これを消滅に伴う遺贈撤回 (ademption by extinction) という **2**) 遺贈者から特にその子である受遺者に対して遺贈目的物ないしはその相当物が遺贈者死亡前に贈与されたことに伴い推定される全部または一部の遺贈撤回; これを弁済に伴う遺贈撤回 (ademption by satisfaction) という; » cf. ABATEMENT, ADVANCEMENT, LAPSE, LEGACY).

adémption by extínction 消滅に伴う遺贈撤回 (⇨ ADEMPTION).

adémption by satisfáction 弁済に伴う遺贈撤回 (⇨ ADEMPTION).

ad·e·quate /ǽdɪkwət/ *a* 〈ある目的に〉十分な, 適切な, 妥当な, 適任の, 十分能力がある〈*to, for*〉; かろうじて必要条件を満たす, まあまあの; 法的に十分な, 相当の根拠ﾅど): ～ *to* the post 職責に堪える. ~·ly *adv* ~·ness *n* ad·e·qua·cy /ǽdɪkwəsi/ *n* [L=made equal]

ádequate cáre 十分な注意 (=REASONABLE CARE).

ádequate cáuse 十分な理由 (=ADEQUATE PROVOCATION).

ádequate considerátion 適切な約因 《法的に見て十分なだけでなく公正かつ合理的である約因; cf. SUFFICIENT CONSIDERATION).

ádequate nótice 十分な通知 (=DUE NOTICE).

ádequate protéction* 《破産者の担保債権者に対する》十分な保護.

ádequate provocátion 《通常人の自制心を失わせるに足る》十分な挑発 (=adequate cause) (cf. HEAT OF PASSION, SELF-DEFENSE).

ádequate rémedy at láw コモンロー上の十分な救済手段《これが与えられていればエクイティー上の救済は認められない; cf. INADEQUATE REMEDY AT LAW, IRREPARABLE INJURY RULE).

ádequate representátion 十分に緊密な連帯関係《特に 集団訴訟 (class action) のような訴訟において実際に当事者になっている人と潜在的当事者との間にある, 潜在的当事者の利害が実際の当事者により十分守られているような緊密な連帯関係).

ádequate-státe-gróunds dòctrine 《米》十分な州法上の根拠を有する判決の法理《合衆国最高裁判所は, 州裁判所が部分的には州法に基づいてなされた判決, もし連邦にかかわる争点の決定が原審と異なっていても州裁判所の判決結果を変えることにはならないと判断した場合には, 再審査 (review) すべきでないという判例法上の原則).

ádequate wárning 十分な警告《製造物責任 (products liability) との関連での, 製品を使用する際に生じうる潜在的危険についての警告.

ad fa·ci·en·dum /ǽd feɪʃiéndəm/ *adv* 執行するために. [L=to make]

ad fi·lum aquae /ǽd fáɪləm ǽkwi/ 川の中央まで (=AD MEDIUM FILUM AQUAE). [L=to the thread of the water]

ad fílum ví·ae /-váɪi/ 道の中央まで (=AD MEDIUM FILUM VIAE). [L=to the thread of the road]

ADHAC 《英》°agricultural dwelling house advisory committee 農業用住居助言委員会.

ad·hé·sion còntract /ædhíːʒ(ə)n-, əd-/ 附従契約, 附合契約 (=contract of adhesion, contrat d'adhésion) 《契約内容を当事者間で協議することなく一方当事者が決定し, 他方当事者はそのまま認めるか契約をしないかの選択しかなしえない契約; 電気・ガス供給, 運送などの集団的取引で一般的; ⇨ STANDARD-FORM CONTRACT).

ad hoc /ǽd hák, áːd hóuk/ *adv, a* 特にこの問題[目的](のみ)について(の), その場限りの(の), 特別の[に]: an ～ committee [election] 特別[臨時]委員会[選挙]. [L =for this]

ád hóc arbitrátion 特定問題仲裁《一つの争点についてのみの仲裁).

ad ho·mi·nem /ǽd hámənèm, -nəm/ *a, adv* 人の理性よりも感情や偏見に訴える[訴えて]; 《相手の議論への反論ではなくて》人身攻撃の[として]. [L=to the person]

ad hostium ecclesiae ⇨ AD OSTIUM ECCLESIAE.

ad idem /ǽd áɪdəm, áːd íːdəm/ *adv, a* **1** 一致して, 同一で. ▶ CONSENSUS AD IDEM (意思の合致). **2** 同じ点について(の). [L=to the same (thing)]

ad in·te·rim /ǽd íntərəm, áːd íntərìm/ *adv, a* 一時的に[な], しばらくの間(の), さしあたり(の): an ～ committee.

ADIZ 《軍事》°air defense identification zone 防空識別圏.

ad·ja·cent /ədʒéɪs(ə)nt/ *a* **1** 互いに接近している, 近接する, 付近の, 近隣の〈*to*〉(cf. ADJOINING). **2** 直前[直後]の.

ad·jec·tive /ǽdʒɪktɪv/ *a* **1** 付随的な, 従属的な. **2** 訴訟手続きの. [OF<L *ad-*(*ject- jacio* to throw)= to add to]

ádjective láw 形式法, 手続き法《権利の実現ないし救済を得るための手続きを定める法; SUBSTANTIVE LAW に対する語; cf. PROCEDURAL LAW》.

ad·join /ədʒɔ́ɪn/ *vt* …に隣接[接続, 接合]する. — *vi* 相接する, 隣り合う. [OF<L; ⇨ JOIN]

adjóin·ing *a* 隣り合わせで接触している, 隣接する (contiguous) (cf. ADJACENT): ~ properties.

adjóining ówner 隣接地所有者.

ad·journ /ədʒə́ːrn/ *vt* 《会議などを》延期する, 延会[休会]にする, 別の会場に移す; 《審議などを》次回に持ち越す, 継続審議にする; 一時中止[凍結]する: The court will be ~*ed* for an hour. 1時間の休廷とする. — *vi* (一時[無期の])休会[休廷]に入る; 会議場を移す〈*to*〉: ~ *till* [*to*] Monday / ~ *without day* [*sine die*] 次回を指定しないで延会する, 無期の休会に入る / The meeting ~*ed* at midday. [OF<L (*ad-*, *diurnum* day)=to an (appointed) day]

ad·journ·al /ədʒə́ːrnl/ *n* 1 ADJOURNMENT, POSTPONEMENT. 2《スコットランド刑事法院 (High Court of Justiciary) での》訴訟手続き. ▶ ACT OF ADJOURNAL (刑事訴訟手続き規則).

adjóurned súmmons *pl*《英》持ち越し召喚状《高等法院 (High Court of Justice) 大法官府部 (Chancery Division) 裁判官室 (Chamber) 発給の召喚状 (summons) で, 大法官府部主事 (Chancery Master) から裁判官室での裁判官による審理, 時には公開法廷における審理に移されるもの》.

adjóurned térm 延長開廷期《前の開廷期が継続し一つ開廷期とみなされる開廷期; cf. ADDITIONAL TERM》.

adjóurn·ment *n*《議事などの》持ち越し, 継続審議[審]; 《会議などの》延期, 延会, 休会, 停会, 散会; 休廷, 閉廷; 休廷[休会]期間: motion for ~ of the debate 継続審議動議 / motion for the ~ of the House《議院の》延会動議 / ~ debate=debate on the ~《特に英国議会庶民院での》延会動議についての審議 / ~ *to a day certain* 指定日時までの休廷[延会].

adjóurnment dày《会議・法廷などの》追加期日, 延期期日《特にかつて巡回陪審裁判 (nisi prius) で当初指定日に準備が整っていない事件の審理のために指定された後の期日》.

adjóurnment dày in érror《史》誤審令状審理のための追加期日《当該開廷期 (term) 中の下位裁判所の判決を見直すための期日に終了することができなかった事項を完結するために, 特別に予定追加された期日》.

adjóurnment síne díe《米》次回日時を指定しない休廷[延会], 無期延期.

ad·judge /ədʒʌ́dʒ/ *vt* 1 …に司法判断を下す, 判決する, 裁判[裁決, 裁定]する, 〈事件などを〉裁く, 〈人などを〉(である)と宣告する〈~ sb (*to be*) guilty=~ *that* sb is guilty 人を有罪と判決する. 2《財産を》法によって…に帰属すると裁定する;〈賞などを〉審査の上で与える〈*to*〉. 3《古》〈被告に…の〉刑を宣告する〈*to*〉. [OF<L; ⇨ AD-JUDICATE]

ad·júdg(e)·ment *n* 1 判決, 裁判, 裁決, 裁定; 宣告. 2《審査のうえの》授与.

ad·ju·di·cate /ədʒúːdɪkèɪt/ *vt* 終局的な司法判断により法的紛争を解決する, …に判決[決定, 裁決, 裁定]を下す: ~ a case 事件を裁く / ~ sb *to be* bankrupt 人に破産の宣告をする / ~ a claim 請求[訴え]につき裁判する. — *vi* 裁く, 審判する: ~ *on* [*in*] a question 問題に判決を下す. **ad·jú·di·cà·tive** /, -kə-/ *a* 判決の. **ad·jú·di·cà·tor** *n* [L (*judico* to judge)]

ad·ju·di·ca·tion /ədʒùːdɪkéɪʃ(ə)n/ *n* 1 司法判断, 裁判; 判決, 決定, 裁決, 裁定; 宣告,《特に》破産の宣告. ▶ ADMINISTRATIVE ADJUDICATION (行政裁決) / DEFERRED ADJUDICATION (保護観察処分判決) / FORMER ADJUDICATION (前訴判決). 2《英》《ある書類が印紙税 (stamp duty) 対象である旨の内国税収入委員会 (Commissioners of Inland Revenue) の》裁決. **ad·ju·di·ca·to·ry** /ədʒúːdɪkətɔ̀ːri; -kət(ə)ri/ *a*

adjúdicative héaring《米》1《行政機関による》裁決のための聴聞[審理], PROCEDURAL DUE PROCESS》. 2 少年非行事件の審理《少年裁判所 (juvenile court) による少年の非行についての審理; cf. DETENTION HEARING, DISPOSITION HEARING, JUVENILE DELINQUENCY, JUVENILE PETITION》. 3 子供のための州介入権審理《児童虐待 (child abuse), 子供の遺棄・放任 (child neglect) 問題で, 州が子供のために介入する権利があるか否かを決定するための審理》. ★ 1-3 共に adjudicatory hearing ともいう.

adjudicátion in [of] bánkruptcy 破産宣告.

adjudicátion òrder《英史》《裁判所の下す》破産宣告 (=adjudication in [of] bankruptcy) (cf. BANKRUPTCY ORDER).

adjúdicative cláims arbitràtion 判決手続きで解決されている請求についての仲裁《通例 仲裁 (arbitration) で解決されている労働問題・国際取引などをめぐる紛争とは異なり, 不法行為紛争など通例は裁判所の判決手続きで処理されている紛争解決のための仲裁》.

adjúdicative fáct 司法事実《裁判や行政裁決手続きで裁判所・行政機関が法を具体的に適用する場合に前提となるその事件に固有の事実; 司法手続きで認定されるべき事実; cf. LEGISLATIVE FACT》.

Adjúdicator to HM Lánd Règistry《英》土地登録庁裁決官《土地登録申請をめぐる紛争を裁決し, 必要に応じ裁判所の決定を求めて裁判手続き開始を指示する, 大法官 (Lord Chancellor) 指名の土地登録庁の役人》.

adjúdicatory héaring =ADJUDICATION HEARING.

adjúdicatory prócess《一般には裁判所による場合も含むが, 特に 行政機関による》裁決過程.

ad·ju·di·ca·ture /ədʒúːdɪkətʃər/ *n* ADJUDICATION.

ad·junct /ǽdʒʌ̀ŋ(k)t/ *n* **1** 添加物, 付加物, 附合物, 付属物. **2**《臨時の》補佐, 助手, 非常勤教授. **3**《英史》追加任命国王代理官《国王代理官裁判所 (Court of Delegates) で必要に応じて増員された裁判官》. — *a* **1** 付加する, 附合する, 付属する. **2** 補佐の, 臨時の, 非常勤の.

ad·junc·tion /ədʒʌ́ŋ(k)ʃ(ə)n/ *n* 添付, 付加;《大陸法》《動産の》附合 (cf. ACCESSION).

ad ju·ra re·gis /æd dʒúːrə ríːdʒɪs/《英史》国王聖職禄保護令状《国王から聖職禄 (benefice) を得ている者ないしはそれへと推薦された者が王権を侵す形でそれを侵奪しようとしている者に対して提起する令状 (writ)》. [L = for the rights of the king]

ad·ju·ra·tion /ædʒəréɪʃ(ə)n/ *n* **1** 厳命, 強い勧説. **2** 誓約, 確言. **ad·jur·a·to·ry** /ədʒúərətɔ̀ːri; -t(ə)ri/ *a*

ad·jure /ədʒúər/ *vt* …に懇願する, 強く勧める;〈人に〉宣誓させる, 宣誓の上履行するよう要求する. **ad·júr·er, -jú·ror** *n* [L *adjuro* to put to oath; ⇨ JURY]

ad·just /ədʒʌ́st/ *vt* **1** 調整する〈to〉; 適合させる, 合わせる〈to〉,〈争いを〉調停する, (譲り合って) 解決する,〈債務の〉支払いにつき債権者と新たな取決めをする; 清算する. **2**《保険》〈損害 (賠償要求) に〉対する支払い額を査定する. ～·**able** *a* ～·**a·bil·i·ty** *n* **ad·jús·tive** *a* [OF＜L (*juxta* near)]

adjústable ràte mórtgage* 利率変動[調整]型譲渡抵当.

adjústable-ràte preférred stóck《米》変動配当率優先株《例えば財務省短期証券 (Treasury bill) などの基準利率の変動に連動する形で定期的に配当率が変わる優先株》.

adjúst·ed básis《米税制》調整取得価額《ある財産の取得後の改良・減価による価額変動を反映・調整した価額; ⇨ BASIS》.

adjústed cóst bàsis《米税制》調整取得原価《取得原価 (cost basis) に, 取得後の改良・減価による価額変動を反映・調整した価額; ⇨ BASIS》.

adjústed gróss estáte《米》《遺産管理費用・葬儀費用・債務などを差引いた後の》調整総遺産額《これが連邦の遺産税 (estate tax) の課税計算基準となる; ⇨ GROSS ESTATE; cf. NET ESTATE》.

adjústed gróss íncome《米税制》調整総所得額《個人の所得税計算において総所得金額 (gross income) から法定の控除額を差し引いた残額; 略 AGI》.

ad·júst·er, ad·jús·tor *n* 調整者, 調停者;《保険》損害査定人, (海損) 清算人. ▶ AVERAGE ADJUSTER (海損清算人) / INDEPENDENT ADJUSTER (独立損害査定人) / INSURANCE ADJUSTER (保険金調整者) / LOSS ADJUSTER (損害査定人) / PUBLIC ADJUSTER (公共損害査定人).

adjúst·ment *n* 調整, 調節, 修正, 補正, 調停; 清算;《保険》損害査定, 海損清算. ▶ AVERAGE ADJUSTMENT (海損清算) / DEBT ADJUSTMENT (債務整理; 債務一括調整) / READJUSTMENT (自主整理).

adjústment bònd《通例 会社更生の際に既発行債券に代えて発行される》調整債券, 整理社債.

adjústment cènter《米》矯正独房《刑務所内の, 手に負えない者や精神障害者のための独房》.

adjústment secùrity《会社更生の際に既発行証券に代えて発行される》調整証券.

ad li·tem /æd láɪtəm, ɑːd líːtɛm/ *adv, a* 当該訴訟に関して(の), 訴訟係属中の. ▶ ADMINISTRATOR AD LITEM (訴訟のための遺産管理人) / GUARDIAN AD LITEM (訴訟のための後見人) / TRUSTEE AD LITEM (訴訟のための受託者). [L = for the suit]

ad·mea·sure /ædméʒər, -méɪ-/ *vt* **1**《正しく》割り当てる, 配分する. **2**《賞罰などを》裁量する. **3** 測定する.

adméasure·ment *n* **1 a** 割当て, 配分. **b** 適正配分令状 (⇨ ADMEASUREMENT OF DOWER, ADMEASUREMENT OF PASTURE). **2** 査定.

adméasurement of dówer《史》**1** 寡婦産更正 (＝dotis administratio)《法定相続人 (heir) が未成年中に寡婦産 (dower) を権利以上に取り過ぎた被相続人の寡婦からその分を取り戻すこと》. **2** 寡婦産更正令状[訴訟] (＝de admensuratione dotis)《寡婦産更正のため法定相続人が利用しうる令状またはそれによる訴訟》.

adméasurement of pásture《史》放牧入会権頭数査定令状[手続き]《放牧入会権を超えた頭数の家畜を放牧している入会権者に対して他の入会権者が訴え, それに基づき頭数査定を命ずる令状またはそれによる手続き》.

ad me·di·um fi·lum aquae /æd míːdiəm fáɪləm ǽkwiː/ *adv* 川の中央まで (＝ad filum aquae)《川の沿岸の土地所有者の権利は水流の中央まで及ぶと推定》. [L = to the central thread of the water]

ad médium filum ví·ae /-váɪː/ *adv* 道の中央まで (＝ad filum viae)《道を隔てて隣り合っている土地所有者の権利は, その道の中央まで及ぶと推定》. [L = to the central thread of the road]

ad me·li·us in·qui·ren·dum /æd míːliəs ɪnkwɪréndəm/《史》《コロナー (coroner) に対する》再審問令状. [L = for making the better inquiry]

ad·min·i·cle /ædmɪ́nɪk(ə)l/ *n* **1** 補助する人[もの]. **2** 補助的証拠, 補強証拠 (adminicular evidence). **ad·mi·nic·u·lar** /ædmənɪ́kjələr/ *a*

adminícular évidence 補助的証拠, 補強証拠 (＝adminicle).

ad·mi·nic·u·late /ædmənɪ́kjəlèɪt/ *vt* **1** 援助する, 支持する. **2**《スコットランド》補助的証拠によって支持する.

ad·min·is·ter /ədmínəstər/ *vt* **1**《経営的に》管理する, 運営する;《行政的に》処理する, 治める;〈遺産を〉管理する (⇨ FULLY ADMINISTERED). **2**《法・判決など》適用する, 施行する, 執行する, 実現する;〈聖餐式などを〉執行する,〈秘跡を〉施す: ～ justice *to* sb 裁判する. **3**〈宣誓などを〉させる, 執り行なう: ～ an oath *to* sb 文句を

読んでそのとおりに人に宣誓させる. **4**〈薬などを〉投与する. ― *vi* 管理者[行政官, 管財人, 遺産管理人]としての職務を行なう. **ad·min·is·tra·ble** /ədmínəstrəb(ə)l/ *a* [OF<L; ⇨ MINISTER]

ad·min·is·trate /ədmínəstrèit/ *vt, vi* ADMINISTER.

ad·min·is·tra·tion /ədmìnəstréiʃ(ə)n, æd-/ *n* **1 a**《事務などの》管理, 処理, 運営;《裁判・宣誓などの》執行;《法の》適用, 施行;《判決などの》執行, 実現. **b** 財産管理《破産者・精神障害者・不在者などの》,《特に》遺産管理. **c**《会社・大学などの》管理責任者たち, 執行部, 経営陣, 管理運営機構. ▶ ANCILLARY ADMINISTRATION (副次的遺産管理(手続き)) / CAETERORUM ADMINISTRATION (残余遺産管理(手続き)) / DEBT ADMINISTRATION (債権管理) / DOMICILIARY ADMINISTRATION (住所のある地での遺産管理(手続き)) / ESTATE ADMINISTRATION (遺産[財産]管理(手続き)) / EXPENSES OF ADMINISTRATION (遺産管理費用) / FOREIGN ADMINISTRATION (州外遺産管理(手続き)) / GENERAL ADMINISTRATION (総遺産管理(手続き)) / GRANT OF (LETTERS OF) ADMINISTRATION (遺産管理の発給) / LETTERS OF ADMINISTRATION (遺産管理状) / LIMITED ADMINISTRATION (限定的遺産管理(手続き)) / PUBLIC ADMINISTRATION (公的遺産管理(手続き)) / SPECIAL ADMINISTRATION (特別遺産管理(手続き); 訴訟係属中の遺産管理(手続き); 限定的遺産管理(手続き)) / TEMPORARY ADMINISTRATION (暫定的遺産管理(手続き)). **2 a** 行政;《司法・立法を含めた》統治: mandatory ～ 委任統治 / military ～ 軍政. **b** 行政[経営]の基本方針[理念]. **c** *[*A-] 行政部[府], 政府 (government); *行政機関《庁・局など》: the Reagan A～ レーガン政権 / ～ senators [witnesses] 政府側の上院議員[証人]. **d** 行政官, 役人《集合的》. **e** 行政官(たち)の任期, *大統領の政権担当期間. ▶ AGRICULTURAL ADJUSTMENT ADMINISTRATION (農業調整局) / COMMISSION FOR LOCAL ADMINISTRATION (地方行政苦情委員会) / COMMUNITY SERVICE ADMINISTRATION (地域サービス局) / DRUG ENFORCEMENT ADMINISTRATION (麻薬取締局) / FARMERS' HOME ADMINISTRATION (農業経営者住宅局) / FEDERAL AVIATION ADMINISTRATION (連邦航空局) / FEDERAL EMERGENCY RELIEF ADMINISTRATION (連邦緊急救済局) / FEDERAL HOUSING ADMINISTRATION (連邦住宅局) / FOOD AND DRUG ADMINISTRATION (連邦食品薬品局) / GENERAL SERVICES ADMINISTRATION (共通役務庁) / LAW ENFORCEMENT ASSISTANCE ADMINISTRATION (法執行援助局) / MALADMINISTRATION (失政) / NATIONAL RECOVERY ADMINISTRATION (全国復興庁) / OCCUPATIONAL SAFETY AND HEALTH ADMINISTRATION (職業安全衛生局) / PARLIAMENTARY COMMISSIONER FOR ADMINISTRATION (議会行政監察官) / PUBLIC ADMINISTRATION (行政) / SMALL BUSINESS ADMINISTRATION (小規模企業庁) / SOCIAL SECURITY ADMINISTRATION (社会保障庁) / VETERANS ADMINISTRATION (退役軍人省). **3**《薬の》投与,《治療・援助などの》施与. ～**·al** *a* ～**·ist** *n*

administrátion àction《英》遺産管理訴訟.

administrátion bònd 遺産管理保証(証書)《遺産管理人 (administrator) が法に従って管理することを第三者 (しばしば 保険会社) が保証する証書》.

administrátion cum testaménto annéxo 遺言付き遺産管理(手続き)《遺言に遺言執行者 (executor) 指名がなかったり, 指名された遺言執行者が無能力・病気であったり, あるいは就任拒否をした場合に認められる遺産管理(手続き); ⇨ CUM TESTAMENTO ANNEXO》.

administrátion de bónis nón 後任遺産管理(手続き)《前任の遺言執行者 (executor) や遺産管理人 (administrator) がなんらかの理由で管理し残した残余遺産を処理するために認められる遺産管理人; 本来は **administrátion de bónis nón ad·mi·nis·trá·tis** /-ædmìnistréitis/ の省略形. [E+L=administration of the goods not (administered)]

administrátion de bónis nón cum testaménto annéxo 後任遺言付き遺産管理(手続き)《前任の遺言執行者 (executor) あるいは遺言付き遺産管理人 (administrator cum testamento annexo) を引き継いでの遺産管理(手続き); 略 d.b.n.c.t.a.). [E+L=administration of the goods not (administered) with the will annexed]

administrátion duránte abséntia (遺言執行者・優先遺産管理人)不在の間の遺産管理(手続き)《遺言執行者 (executor) の不在あるいは遺産管理人 (administrator) として優先権を有する人が不在の間の遺産管理(手続き)》. [E+L=administration during the absence]

administrátion duránte minóre aetáte (遺言執行者・優先遺産管理人)未成年の間の遺産管理(手続き)《遺言執行者 (executor) あるいは遺産管理人 (administrator) として優先権を有する人が未成年の間の遺産管理(手続き)》. [E+L=administration during the minority]

administrátion expénse《税制》遺産管理費用.

administrátion of estáte 1 遺産管理(手続き). **2**《一般に受託者 (trustee) による未成年者などの》財産管理(手続き).

administrátion of jústice [the ～] **1** 司法, 裁判. **2** 司法の運営.

administrátion of póison 毒物投与.

administrátion òrder《英》財産管理命令《**1**) 判決債務者 (judgment debtor) で多重債務を有するが破産は免れそうな者にその財産管理につき指示を出し, 通例は債務の割賦返済等を命ずる州裁判所 (county court) の命令 **2**) 倒産法(1986 年) (Insolvency Act (1986)) の下で会社存続のために一定期間会社の事業・財

産などが裁判所選任の財産管理人 (administrator) により管理さるべきことを命ずるもの》.

administrátion pendénte líte《(遺言の有効性についての)》訴訟係属中の遺産管理(手続き)(=special administration)(⇨ PENDENTE LITE).〔E+L=administration while the action is pending〕

administrátion pénding súit 訴訟係属中の遺産管理(手続き)(=ADMINISTRATION PENDENT LITE).

administrátion pèriod 遺産管理期間《被相続人の死亡時より人格代表者 (personal representative) による全遺産・負債の確認までの期間》.

administrátion sùit《英》遺産管理訴訟《遺産管理を始めるための訴訟; 遺言執行者 (executor), 遺産管理人 (administrator), 遺産に利害関係を有する債権者, 受遺者 (legatee), 近親者などから提起できる》.

ad·mín·is·trà·tive /, -strə-/ *a* 事務的な; 管理[経営]上の; 行政(上)の (cf. LEGISLATIVE, JUDICIAL): ~ ability 行政の手腕, 管理[経営]能力 / an ~ district 行政区画. **~·ly** *adv*

administrative áct 1 行政行為. **2**《通常業務外の, したがってより大きな責任を負うこともある》管理上の[事務的な]行為《例えば, 裁判官の, 裁判所やその構成員に関する管理行為》.

administrative adjudicátion 行政裁決《行政機関が争訟手続きを経て判断を下すこと, またはその手続き; cf. RULEMAKING》.

administrative ágency 行政機関《単に agency ともいう; cf. GOVERNMENTAL BODY》.

administrative bóard 行政委員会《きわめて広い漠然とした概念であるが, 多くは一般行政機構から相対的に独立して行政上の権限を行使する合議制機関》.

administrative búsiness 非訟(ひしょう)事件事務《完全な裁量権を有する者や裁判所により決定される事務で, 訴訟手続きに従ってなされる訴訟事件事務 (judicial business) と区別される》.

Administrative Cónference of the United Státes [the ~] アメリカ合衆国行政会議《連邦行政府の行政手続きを改善するために政府に助言をすべく 1964 年法で設立された独立機関》.

administrative cóunty《英史》行政州, 行政カウンティー《1972 年法で 1974 年に廃止されるまでの英国の地方行政単位で, 立法・行政機関である州参事会 (county council) を選出していた》.

Administrative Cóurt [the ~]《英》行政裁判所《高等法院 (High Court of Justice) の一部で, 公法・行政法関係の司法審査手続き (judicial review) を管轄する; 2000 年に設立》.

Administrative Cóurt Òffice《英》行政裁判所局《2000 年の行政裁判所 (Administrative Court) 設立に伴ない, かつて刑事部 (Crown Office) であったものが名称変更され, こう呼ばれるようになっている》.

administrative críme 行政犯《行政法規の維持を目的としてその違反が刑罰でもって処罰される行為》.

admínistrative discrétion 行政裁量《行政機関がその行政上の義務を果たす際に行使する自由な判断》.

admínistrative expénse 1《(企業会計上の)》一般管理費 (=GENERAL ADMINISTRATIVE EXPENSE). **2**《(遺産[財産]管理上の)》管理費用 (cf. EXPENSES OF ADMINISTRATION).

admínistrative héaring《米》行政聴聞, 行政審理《行政機関の行為についての討議または審理のために証拠が提出される, 例えば行政委員会 (administrative board) や行政法審判官 (administrative law judge) などによる聴聞・審理》.

admínistrative inspéction 行政上の検査 (=ADMINISTRATIVE SEARCH).

admínistrative interpretátion 行政解釈《法規の行政機関による解釈》.

admínistrative júdge《米》行政審判官 (=ADMINISTRATIVE LAW JUDGE)《略 AJ》.

Admínistrative Jústice and Tribúnals Còuncil《英》行政裁判・行政審判所審議会《2007 年法で, それまでの行政審判所審議会 (Council on Tribunals) に代わるべく創設された審議会; 行政裁判制度を評価し, 近づきやすさ・公正性・効率性の実現方途をさぐる機関》.

admínistrative láw 行政法.

admínistrative láw jùdge《米》行政法審判官 (=administrative judge, hearing examiner, hearing officer, trial examiner)《行政審判を主宰し準司法的機能を有する行政官; 略 ALJ; cf. ADMINISTRATIVE TRIBUNAL》.

admínistrative létter 行政書簡 (=COMFORT LETTER).

admínistrative ófficer《(司法官・司法職員と区別される)》行政官, 行政職員《通例 政策決定に直接かかわらぬ比較的下位の者を指す》.

admínistrative órder 行政命令《**1**》裁決のための聴聞 (adjudication hearing) を経てなされる行政機関の決定 **2**》制定法の解釈・適用に関する行政機関の命令》.

admínistrative pówer 行政権限, 行政権能《土地の強制収用・認可など法の執行に関して政府・地方自治体などに与えられる自由裁量権》.

admínistrative procédure 行政手続き.

Admínistrative Procédure Àct [the ~]《米》行政手続き法《**1**》行政機関の行政処分・行政立法手続きを整備し, 市民に法の適正手続き (due process of law) 上の保護を与えんとしている 1946 年制定の連邦法 **2**》同趣旨の州法; 略 APA》.

admínistrative procéeding 行政手続き (=evidentiary hearing, full hearing)《行政機関の面前における通例は裁決のための, 時に 準立法的性質の聴聞 (hearing), 審問 (inquiry), 調査 (investigation), 審

(trial); 裁判所での手続きと対比的に用いられる)).

admínistrative prócess 1 行政過程. **2** 行政手続き; 行政審査手続き.

admínistrative recéiver〚英〛浮動担保管理人《倒産法 (1986年) (Insolvency Act (1986)) 上の倒産士 (insolvency practitioner) の一種で浮動担保 (floating charge) 権の管理人; ⇨ INSOLVENCY PRACTITIONER》.

admínistrative rémedy《裁判所による司法上の救済に対して行政機関による》行政上の救済(手段), 行政救済《行政上の救済が認められている場合には, 通例 裁判所が審理する前に行政上の救済(手段)を尽くすことが必要である; cf. EXHAUSTION OF REMEDIES》. ▶ EXHAUSTION OF ADMINISTRATIVE REMEDIES (行政上の救済(手段)を尽くすこと).

admínistrative review 1 行政(不服)審査《行政決定を上級または独立の行政機関が審査すること》. **2** 行政決定に対する司法審査.

admínistrative rúle 行政規則.

admínistrative rúlemaking《行政機関による》行政規則制定 (⇨ RULEMAKING).

admínistrative séarch 行政上の捜索 (=administrative inspection, regulatory search)《保健・安全・警備上の規制遵守のために行政機関が行なう公共ないしは商業用の建物・構内の捜索; 刑事事件にかかわる捜索に対して要求される理由よりは厳格さが若干弱い》.

admínistrative subpóena《行政機関の欲する情報を提供するよう個人に強制するための》行政上の罰金[罰則]付き召喚令状.

admínistrative tribúnal〚英〛行政審判所《純粋な執行的行政機関・裁判機関とは区別される行政機関による準司法手続きを経て行なう紛争処理機関; 労働・福祉・社会・経済問題などで多く見られる; cf. ADMINISTRATIVE LAW JUDGE, DOMESTIC TRIBUNAL》.

admínistrative wárrant 行政関係令状《行政上の捜索 (administrative search) を行なう場合などに行政官庁の求めに応じ裁判所から発行される; cf. ADMINISTRATIVE SEARCH》.

ad·mín·is·trà·tor *n* **1** 行政官; 管理者, 理事; 執行者. ▶ CIRCUIT ADMINISTRATOR (巡回裁判区管理官). **2** 財産管理人, 管財人 (cf. ADMINISTRATION ORDER); 《特に》遺産管理人《無遺言相続または遺言があっても遺言執行者 (executor) の指定がないときなど遺言執行者が欠けている場合に裁判所が選任する; cf. EXECUTOR》/ ANCILLARY ADMINISTRATOR (副次的管理人) / FOREIGN ADMINISTRATOR (州外遺産管理人) / GENERAL ADMINISTRATOR (総遺産管理人) / INDEPENDENT ADMINISTRATOR (独立的遺産管理人) / PUBLIC ADMINISTRATOR (公的遺産管理人) / SPECIAL ADMINISTRATOR (特別遺産管理人). **3**《名称に administration とつく行政官庁の》長. **~·ship** *n* administrator の職. **ad·mín·is·tra·trix** /ædmìnəstréitriks/ *n fem* (*pl* **-tri·ces** /-trəsìːz/)

admínistrator ad lítem 訴訟のための遺産管理人《遺言執行人がいないか何らかの理由で職務を果たせない時に, 遺産を代表しなければならない訴訟で遺産を代表するために任命される特別な遺産管理人; ⇨ AD LITEM》.

admínistrator ad pro·se·quén·dum /-æd pròsəkwéndəm/ 訴訟追行のための遺産管理人《当該遺産に関する訴訟を追行したり防御したりするために選任される遺産管理人》. [E+L=administrator to prosecute]

admínistrator cum testaménto annéxo 遺言付き遺産管理人 (=administrator with the will annexed)《略 administrator c.t.a. /─ síːtìːéi/; ⇨ ADMINISTRATION CUM TESTAMENTO ANNEXO》.

admínistrator de bónis nón 後任遺産管理人《略 administrator d.b.n. /─ díːbìːén/; **admínistrator de bónis nón ad·mi·ni·strá·tis** /-ædmìnəstréitis/ ともいう; ⇨ ADMINISTRATION DE BONIS NON》.

admínistrator de bónis nón cum testa·ménto anné·xo 後任遺言付き遺産管理人《略 administrator d.b.n.c.t.a /─ díːbìːènsìːtìːéi/; ⇨ ADMINISTRATION DE BONIS NON CUM TESTAMENTO ANNEXO》.

admínistrator pendénte líte 訴訟係属中の遺産管理人 (cf. SPECIAL ADMINISTRATOR) (⇨ PENDENTE LITE). [E+L=administrator while the action is pending]

admínistrator pénding súit 訴訟係属中の遺産管理人 (administrator pendente lite).

admínistrator with the wíll annéxed 遺言付き遺産管理人 (=ADMINISTRATOR CUM TESTAMENTO ANNEXO).

administratrix ⇨ ADMINISTRATOR.

ad·mi·ral /ǽdm(ə)rəl/ *n* **1** 海軍大将;《海軍の》将官, 提督, 艦隊司令官. **2**《一国の》海軍総司令官; [A-]〚英〛海軍司令長官 (Lord High Admiral). ▶ COURT OF THE (LORD HIGH) ADMIRAL (海軍司令長官裁判所).

ad·mi·ral·ty /ǽdm(ə)rəlti/ *n* **1** [the A-] **a**〚英史〛海軍委員会 (Board of Admiralty). **b**〚英〛海軍本部, 海軍本部委員会 (=ADMIRALTY BOARD)《1964年 国防省 (Ministry of Defence) に吸収された》. ▶ BOARD OF ADMIRALTY (海軍委員会) / FIRST LORD OF THE ADMIRALTY (海軍委員会第一委員) / LORD (COMMISSIONER) OF THE ADMIRALTY (海軍委員会委員) / LORDS COMMISSIONERS OF THE ADMIRALTY (海軍委員会(委員)). **2** ADMIRAL の職[地位, 権能]. ▶ COURT OF ADMIRALTY (海事裁判所) / DROITS OF ADMIRALTY (海事収益権) / HIGH COURT OF ADMIRALTY (海事高等裁判所). **3** 海法 (=MARITIME LAW). **4** 海事裁判所 (=ADMIRALTY COURT). ▶ MARSHAL OF THE ADMIRALTY (海事法廷[裁判所]執行官) / WARD OF

ADMIRALTY (海事裁判所の被後見人). **5**《文》制海権.

ádmiralty and máritime jurisdíction
海事裁判権 (=admiralty jurisdiction, maritime jurisdiction).

Ádmiralty Bòard [the ~]《英》海軍本部委員会
《国防省内の国防会議 (Defence Council) の一部局で, 海軍行政の最高機関; 1964年新設の国防省 (Ministry of Defence) の一部となるにあたって海軍委員会 (Board of Admiralty) を改称; 単に Admiralty ともいう》.

ádmiralty cóurt [the ~] **1** 海事裁判所 (=maritime court)《総称; 単に admiralty ともいう》. **2** [A-C-] **a**《英史》海事(高等)裁判所 (Court of Admiralty). **b** 海事法廷《1970年法以後高等法院女王座部 (Queen's Bench Division (of the High Court)) の一部をなし, 海事事件を専門に扱う法廷; cf. COURT OF ADMIRALTY. ▶ MARSHAL OF THE ADMIRALTY COURT (海事法廷[裁判所]執行官).

Ádmiralty Instrúctions pl [the ~]《英史》
海軍訓令《海軍軍務法 (naval law) の補足規定の名称であったが, 現在は陸・空軍と同様女王規則 (Queen's Regulations) の一つになっている; ⇨ QUEEN'S REGULATIONS》.

ádmiralty jurisdíction 海事裁判権 (=ADMIRALTY AND MARITIME JURISDICTION).

ádmiralty làw 海法 (maritime law).

ad·mis·si·bil·i·ty /ədmìsəbíləti/ n **1** 認容されること, 許容(性). **2**《証拠の》許容(性), 証拠能力. ▶ CONDITIONAL ADMISSIBILITY (条件付き証拠の許容(性)) / CURATIVE ADMISSIBILITY (治癒的証拠の許容(性)) / LIMITED ADMISSIBILITY (証拠の限定的許容(性)) / MULTIPLE ADMISSIBILITY (多元的証拠の許容(性)).

admissibílity of évidence 証拠の許容性《証拠としての適格性を有すること》.

admissibílity of récords 記録の許容性《その記録に述べられている事実の証拠として文書が許容しうること; 伝聞証拠 (hearsay evidence) 排除則との関連で問題となりうる》.

ad·mis·si·ble /ədmísəb(ə)l/ a (法的に)受け入れられる, 許容[認容]できる; 証拠として認められる: The documents were considered relevant to the case and were therefore ~. [F or L; ⇨ ADMIT]

admíssible évidence 許容性のある証拠, 証拠能力のある証拠 (=competent evidence, proper evidence).

ad·mis·sion /ədmíʃ(ə)n/ n **1 a** 承認, 容認, 認可, 《証拠などの》許容; 保釈許可決定 (=~ to báil); 告白, 自白《民事・刑事双方で用いられる; 刑事では個々の不利益な事実の承認を指し, それに対して CONFESSION は刑事被告人が有罪を全面的に認める場合に用いる》: make an ~ of the fact to sb そのことにつき人に自白する. **b** 承認[容認, 告白]された事柄. ▶ ADOPTIVE ADMISSION (証拠採用自白) / EXTRAJUDICIAL ADMISSION (裁判外の自白) / IMPLIED ADMISSION (黙示の自白) / JUDICIAL ADMISSION (法廷での自白) / NONADMISSION (不承認; 不許可) / QUASI ADMISSION (準自白) / REQUEST FOR ADMISSION(s) (自白要求(書)) / TACIT ADMISSION (暗黙の自白). **2** 入場(許可), 入会[入国, 入学](許可), 入院; 任用, 任命;《法書などの》**資格付与**,《教会職位への》認許; 入場料, 入会金. ▶ BAR ADMISSION (弁護士資格付与) / LAWFUL ADMISSION (合法的入国). **by [on]** sb's **own** ~ 本人の認めるところにより. **ad·mís·sive** a 容認的な.

admíssion agàinst ínterest 利益に反する自白《訴訟当事者ないしは当事者と同じ立場にある人による, 訴訟当事者としての立場に不利となる事実の承認; 利益に反する供述 (declaration against interest) が訴訟当事者でない者によるみずからに不利となる発言であるのとは異なる; 共に伝聞証拠排除則 (hearsay rule) の例外として許容されるが, 後者はその発言者が証人として利用されえない場合に限る; cf. DECLARATION AGAINST INTEREST》.

admíssion by párty oppónent 相手当事者による自白《訴訟の相手当事者によるみずからの利益に反する事実の承認で, その人自身あるいは当事者にその発言を授権された者による陳述; 共謀者 (coconspirator) の陳述などの一定の場合には伝聞証拠排除則 (hearsay rule) に含まれないとされる》.

admíssion by sílence 沈黙による自白.

admíssion òrder《英》入院命令《被告人が訴答不適の認定あるいは法的無能力ゆえに訴えられている行為・不作為を犯したことにはならないとの認定がなされた場合に, 刑事法院 (Crown Court) が裁量で出すことのできる入院命令; また被告人が精神障害 (insanity) のため無罪との特別評決 (special verdict) が出された場合には, 同裁判所だけでなく治安判事裁判所 (magistrates' court) もまたこの裁量権を有する; cf. SUPERVISION AND TREATMENT ORDER》.

admíssion pro hác více 特定事件限定の弁護士の資格付与《本来は弁護士として活動できない法域外の弁護士などが特定事件に限って実務をとることの資格付与; ⇨ PRO HAC VICE》.

ad·mit /ədmít/ v (-tt-) vt **1** 入れる,《人の》入場[入会, 入国, 入学]を許す;《人に》身分[特権]の取得を認める《to》: be admitted to the bar 弁護士としての資格を付与される. **2**《真実であると》認める, 白状する, 自白する;《主張を》有効[正当]と認める,《証拠を》許容する;《譲歩して》認める: I ~ the truth of the story [it to be true, that it is true]. その話は本当だと認める / This, I ~, is true. なるほどこれは真実だ(が…) / The photographs as evidence / ~ one's mistake [liability]. **3**《事実・事情が》…の余地を残す, 許す: This case ~s no other explanation. 本件は他に説明のしようがない. — vi 認める, 自白する《to》: ~ to the allegation 申し立てを認める. (**While**) **admitting** (**that**)…とはいうものの. **ad·mít·ta·ble, -ti·ble** a [L (miss- mitto to send)]

ad·mít·tance n **1** 入場(許可), 立ち入り(許可), 入会

(許可). **2**〖史〗〈謄本保有権 (copyhold) の〉**権利付与.** ▶ SURRENDER AND ADMITTANCE (権利放棄と権利付与).

admítted ásset〖米〗計上承認資産《保険会社の財務状態を評価する場合に計上を法的に認められている資産; cf. NONADMITTED ASSET》.

admítted corporátion〖米〗《州内での一定事業の認許を受けた》**事業認可会社**.

ad·mit·ten·do cle·ri·co /ædmɪténdou klérɪkou/ 聖職者任命令状 (= DE ADMITTENDO CLERICO).

ad·mon·ish /ædmɑ́nɪʃ, əd-/ vt 譴責[訓戒, 説諭]する, …に勧告する, 説き勧める; …に注意[警告]する. — vi 注意[訓戒, 譴責, 警告]する.

ad·mo·ni·tion /ædmənɪ́ʃ(ə)n/ n **1** 説諭, 訓戒, 勧告. **2 a**《陪審に対する》**注意**《陪審の義務および証拠の許容性などについての注意》. **b**《裁判所が弁護士に与える》**警告**《これを無視すれば裁判所侮辱 (contempt of court) の制裁が科される》. **c**〖英〗《軽い犯罪の被告人をそれ以上訴追しないで, その代わりに裁判官が行なう被告人に対する》**譴責,** 訓戒.

ad·mon·i·to·ry /ædmɑ́nətɔ̀ːri; -t(ə)ri/ a 譴責[説諭]の, 勧告的な; 注意[警告]の.

ad·mor·ti·za·tion /ædmɔ̀ːrtəzéɪʃ(ə)n; -tàɪ-/ n AMORTIZATION.

ad·nich·eled /ɑːdníkəld/ a 無効にされた, 破棄された. [< L *nihil*]

ad·o·les·cence /æd(ə)lésns/ n 思春期《男 14 歳, 女 12 歳ごろから成年に達するまで》.

adoléscent wórker 弱年労働者 (= YOUNG WORKER).

adopt /ədɑ́pt/ vt **1**〈意見・方針・特定のことばづかいなどを〉採用する,〈外国語などを〉借用する. **2** 養子縁組する, 養子[養女]にする: my ~*ed* son [daughter] わたしの養子[養女] / his ~*ed* parents 彼を養子にした両親. **3 a**《契約などを追認して有効なものとして》認める: ~ a contract. **b**《判決を》受け入れる, 承認する《上訴しない》. **4**《議会》〈憲法修正条項・委員会報告などを〉採択する, 可決する; "〈政党が候補者として〉公認する, 指名する"; "〈地方自治体が道路などの〉管理の責任を負う": ~ a resolution. **5**《国際法・外国法を国内法に》受容する, 国内法的効力を与える;〈外国[米外]法人に〉国内[州内]法人資格を付与する. ~ out*〈子を〉養子に出す. ~·able a ~·ability n ~·er n
[F or L (*opto* to choose)]

adópted chíld 養子.

adopt·ee /ədɑptíː/ n 養子.

adop·tio /ədɑ́pʃioʊ/ n 〖ローマ法〗《戸主の権利に服している者である》他権者養子縁組 (adoption) (cf. ADROGATIO). [L]

adop·tion /ədɑ́pʃ(ə)n/ n **1 養子縁組.** ▶ BLACK-MARKET ADOPTION (闇市養子縁組) / DE FACTO ADOPTION (事実上の養子縁組) / EQUITABLE ADOPTION (エクイティー上の養子縁組) / FREEING FOR ADOPTION (不特定養親との養子縁組同意) / HEIR BY ADOPTION (養子縁組による(法定)相続人) / PRIVATE ADOPTION (私的養子縁組) / PRIVATE-PLACEMENT ADOPTION (私的養子縁組). **2 a**《契約などの》追認. **b**《判決の》受け入れ: ~ of judgment 判決の受け入れ《すなわち, 上訴権の放棄》. **3** 採用; 採択, 可決; 選定; "〈候補者〉公認, 指名. **4**《国際法・外国法の》国内法化, 受容;《外国[州外]法人の》国内[州内]法人資格付与: ~ of a foreign corporation.

adóption àgency 養子縁組幹旋機関《地方当局ないしは公認の養子縁組協会 (adoption society) で, 英国では通例は唯一の養子縁組機関》.

adóption by estóppel 禁反言による**養子縁組**[養親子関係]《(1) 明示・黙示の養子縁組契約と事実上養親子関係が存したことの証拠はあるが, なおその養子縁組に法的実効力をもたせるだけの手続きを完了していない場合における, 相続・保険・公的給付金など特定の関連で認められ, 否認することが許されないエクイティー上の養子縁組または養親子関係 **2)** かつてはエクイティー裁判所 (court of equity) が, 現在はそれと同じ権能を有する裁判所が, なされるべきであった養子縁組をなされたものとして扱うことを命ずる養子決定命令》.

adóption by réference 参照による組込み (= INCORPORATION BY REFERENCE).

Adóption Cóntact Règister [the ~]〖英〗**養子接触登録簿**《出生・婚姻・死亡登録本署長官 (Registrar-General) が保管する登録簿で, 18 歳を超えた養子で出生証明書 (birth certificate) を有しかつある親族との接触を求めるすべての養子の氏名・住所, および養子となった人と接触を欲する親族についての詳細記録を含む》.

adóption lèave《あらたに養子を迎え入れる養親が, 英国では通常は 26 週間まで, 付加的にさらに 26 週間まで利用できる》**養子縁組休暇** (cf. PARENTAL LEAVE, STATUTORY ADOPTION PAY).

adóption òrder [decrèe] 養子決定命令《裁判所による養親子関係の決定》.

adóption procèedings pl《裁判所による》**養子決定手続き**.

adóption sèrvice〖英〗《地方行政当局の》**養子縁組幹旋(部門).**

adóption socìety〖英〗養子縁組協会.

adóption suppórt sèrvices pl〖英〗《地方行政当局による》**養子縁組支援.**

adop·tive /ədɑ́ptɪv/ a **1** 養子縁組の[による], 養子縁組をした, 養子関係の. **2** 採用の[される]; 採択の[される]. **3** 追認の.

adóptive áct〖英〗任意採択法《その法の適用が地方自治体または特定集団による選択に任されている議会制定法》.

adóptive admíssion 証拠採用自白《他方当事者の陳述を是認し, その真実性を承認する行為》.

adóptive admíssions rùle 証拠採用自白の

準則《被告人に不利な陳述で、被告人がそれを理解しかつその陳述の真実性につき言説もしくは行為で承認したものであるならば、伝聞証拠排除則 (hearsay rule) で排除される伝聞証拠には当たらないという原則》.

adóptive chíld 養子 (cf. FOSTER CHILD).
adóptive fáther 養父 (cf. FOSTER FATHER).
adóptive móther 養母 (cf. FOSTER MOTHER).
adóptive párent 養親(た) (cf. FOSTER PARENT).
adóptive prégnancy 養子妊娠《他人の受精卵を移植した妊娠》.
adóptive relátionship 養子縁組関係.
adóptive rélative 養子縁組による親族.
ad opus /æd óupəs/ *prep* …のために《ユース (use) 設定の時に用いられた；use の名称はここから派生した；⇒ USE》. [L=to the use of=on behalf of]
ad os·ti·um ec·cle·si·ae /æd óustiəm εklí:siì:/ *adv* 教会の門戸で (=**ad hós·ti·um ecclé·siae** /-hóustiəm-/)《婚姻当日に贈与された寡婦産 (dower) であることを示す場合に用いられる》. ▶ DOWER AD OSTIUM ECCLESIAE (教会の門戸で与えられた寡婦産). [L=at the door of the church]
Ad pro·xi·mum an·te·ce·dens fi·at re·la·tio, ni·si im·pe·di·a·tur sen·ten·tia. /æd práksɪməm æntεsí:dεnz fíæt rεlǽʃiou náɪsàɪ ɪmpèdiéɪtər sεntέnʃiə/ 意味が妨げられない限りは、先行最直近のものに関連づけがなされるように. [L=Reference is to be made to the nearest antecedent, unless the meaning is impaired.]
Ad quaes·ti·o·nes fac·ti non res·pon·dent ju·di·ces; ad quaes·ti·o·nes le·gis non res·pon·dent ju·ra·to·res. /æd kwɪstʃióunεz fǽktaɪ nan rɪspándεnt ʤú:dɪsɪz æd kwɪstʃióunεz lí:ʤɪz nan rɪspándεnt ʤurεɪtóurɪz/ 裁判官は事実問題に答えず、陪審員は法律問題に答えず. [L=Judges do not answer questions of fact; jurors do not answer questions of law.]
ad quod dam·num /æd kwád dǽmnəm/ *adv*, *n*《史》損害調査のため(の令状). [L=to what damage]
ad quod non fu·it re·spon·sum /æd kwad nán fjú:ɪt rɪspánsəm/ これについては回答なし《判例集で相手方・裁判官が回答しなかった旨を示す文言》. [L=to which there was no answer]
ADR °alternative dispute resolution 代替的紛争解決策 ◆°American depositary [depository] receipt アメリカ預託証券 ◆°asset depreciating range 資産減価償却範囲.
ad ref·er·en·dum /æd rèfərέndəm/ *a*, *adv* さらに検討のうえ[を要する]，暫定的な[に]，仮の《契約》《契約などが細部でまだ決定していない点は残るが、暫定的には受諾することを示すのに多く用いられる句》. **take ~** 〈提案・協定を〉暫定的に受諾する. [L=to be further considered]

ad rem /æd rém/ *adv*, *a* **1** 物に対して[対する]. **2** 適切に[な]. [L=to the thing]
ad re·spon·den·dum /æd rɪspəndέndəm, -rès-/ *adv* 応訴のために. ▶ CAPIAS AD RESPONDENDUM (応訴のための勾引令状) / HABEAS CORPUS AD RESPONDENDUM (応訴のための身柄提出令状) / VENIRE FACIAS AD RESPONDENDUM (被告人出廷令状). [L=to make answer]
ad·ro·ga·tio /ædrougéɪʃiou/ *n*《ローマ法》自権者養子縁組 (=**àd·ro·gá·tion**)《一家の戸主である者を養子にすること；cf. ADOPTIO》.
ads. °ad sectam …の訴えにより.
a.d.s. autograph document signed 署名入り自筆文書.
ad sa·tis·fa·ci·en·dum /æd sætɪsfèɪʃiέndəm, -fæʃ-/ *adv* 弁済のために. ▶ CAPIAS AD SATISFACIENDUM (弁済のための勾引令状) / HABEAS CORPUS AD SATISFACIENDUM (弁済のための身柄提出令状). [L=to satisfy]
ad·scrip·ti gle·bae /ædskríptaɪ glí:bi/ *pl* GLEBAE ASCRIPTITII. [L]
ad sec·tam /æd sέktəm/ *adv* …の訴えにより (at the suit of)《略 ads.》. [L=at the suit of]
ad ter·mi·num qui pr(a)e·ter·i·it /æd tá:rmənəm kwaɪ prɪtέrɪɪt/ 賃貸不動産占有回復令状《不動産賃貸借 (lease) の期限後に賃貸人がその土地を取り戻すための不動産占有回復令状 (writ of entry)；英国では 1833 年法で廃止》. [L=for the term which has passed]
adult /ədΛlt, ǽdΛlt/ *a* 成人(用)の. — *n* 成人，成年者《コモンロー上は 21 歳以上であったが、現在英国および米国の多くの州で 18 歳以上；ただし米国では刑事に関しては 17 歳以上が典型；cf. (AGE OF) MAJORITY, CHILD, INFANT, JUVENILE, MINOR, YOUNG PERSON》. **~·hòod** *n* 成人[成年] であること[時期]，成人期. **~·like** *a* **~·ly** *adv* **~·ness** *n* [L *adult-adolesco* to grow up]
adúlt corréctional institútion* 成人矯正施設 (⇨ PRISON).
adul·ter·ate *vt* /ədΛltərèɪt/ まぜ物で…の品質[純度]を落とす：**~** milk *with* water 牛乳を水で薄める. — *a* /-rət, -rèɪt/ **1** まぜ物で品質を落とした、にせの. **2** 姦通[密通]の、不義を犯した、姦淫の. [L=to corrupt, commit ADULTERY]
adùl·ter·á·tion *n* **1** まぜ物で粗悪[有害, 不純]にする[される]こと，粗悪化. **2** 粗悪にされたもの，粗悪品.
adúl·ter·à·tor *n* **1** 粗悪品製造者. **2** 通貨偽造者 (counterfeiter). **3**《古》姦通者 (adulterer).
adul·ter·er /ədΛlt(ə)rər/ *n* 姦通者，(特に) 姦夫.
adul·ter·ess /ədΛlt(ə)rəs/ *n* 女の姦通者，姦婦.
adul·ter·ine /ədΛltəràɪn, -rì:n, -rən/ *a* **1** 姦通の；不義によって生まれた〈子〉. **2** 不法の (illegal)；無許可の (unlicenced)：ADULTERINE GUILD. — *n* 姦生子.

adúlterine guíld《史》無許可ギルド《特許状を得ずに法人 (corporation) 類似の活動をしている商人団体で,その活動を許してもらうために毎年許可料を支払っていた》.

adul·ter·ous /ədʌ́lt(ə)rəs/ *a* **1** 姦通の, 不義を犯す [重ねる]: have an ~ relationship with sb. **2**《古》にせの, 不純な. **~·ly** *adv*

adul·tery /ədʌ́lt(ə)ri/ *n* 姦通(罪)《既婚者がその意思に基づいて配偶者以外の者と性的関係をもつこと; cf. BIGAMY, FORNICATION, INFIDELITY》, 姦淫, 不義, 密通: commit ~ 〈with sb〉. ▶ DOUBLE ADULTERY (双方姦通) / INCESTUOUS ADULTERY (近親相姦的姦通の) / LIVING IN ADULTERY (姦通同棲) / OPEN AND NOTORIOUS ADULTERY (公然姦通罪) / SINGLE ADULTERY (一方姦通). [OF < L *adulter* adulterer]

adúlt offénder 成人犯罪者《**1**》成人の犯罪者 **2**) 未成年期に犯罪を犯したが, 成人後に有罪決定された者 **3**) 未成年犯罪者であるが成人として審理される者》.

ad va·lo·rem /æd vəlɔ́ːrəm/ *a, adv* 価格に準じた[て], 従価方式の[で]《略 **ad val.**, **a.v.**》. [L = according to the value]

ad valórem dùty 従価税《数量ではなく価値を課税標準とする税, 特に輸入関税; cf. SPECIFIC DUTY》.

ad valórem tàx 従価税《数量ではなく価値を課税標準とする税; cf. SPECIFIC TAX》.

ad·vance /ədvǽns; -váːns/ *vt* **1** 進める, 前進[進歩]させる; 〈事を〉進捗させる, 助長する, 促進する. **2** 昇進[進級]させる〈to〉; 〈料金・価格などの〉値上げをする. **3**〈予定・日程などを〉早める, 繰り上げる; 〈過去の事実に関する年月日を〉遅らせる. **4 a**〈…を当てにして〉〈人に金を〉前払い[前渡し]する〈on〉; 〈…を担保に〉〈金を〉貸し付ける, 融通する〈on, against〉: ~ sb money *on* his wages 賃金を前払いする / ~ money to sb 金を融通する. **b** 生前贈与 (advancement) として与える. **5**〈意見を〉提出する, 提案する. — *vi* **1** 進む, 前進する. **2 a** 進歩[発展, 進展, 進捗, 成長]する. **b** 昇進する, 出世する: ~ *in* life [*in* the world] 立身[出世]する. **3**〈値が〉上がる, 〈物が〉値上がりする: Prices are *advancing* quite remarkably nowadays. 物価の上昇は最近特に著しい. — *n* **1 a** 前進. **b** [*pl*]《好意・知己・合意を得るための》接近, 申し出, 口説き. **2 a** 進歩, 進捗, 増進. **b** 上昇, 昇進, 昇級. **3** 値上げ, 値上がり, 騰貴;《量の》増大: on the ~ 値上がりして(いる). **4** 前払い, 前金, 前渡し, 前貸し; 貸付(金): an ~ *on* royalties 印税の前払い. ▶ FURTHER ADVANCE (追加的担保貸付け) / FUTURE ADVANCE (将来貸付け). **in** ~ 先に立って; あらかじめ; 前金で. — *a* **1** 先発の; 前方に設けた; 前進した: an ~ party 先発隊. **2** 事前の, 前払いの: ~ booking 切符の予約 / ~ freight 前払い運賃 / ~ premium 前払い保険料 / ~ sale 前売り / an ~ ticket 前売り券.

advánce corporátion tàx《英税制史》前払い法人税, 予納法人税《株式会社が配当金支払いに当たって一定割合を法人税として国家に予納したもの; 1999 年に廃止; 略 ACT; cf. FRANKED INVESTMENT INCOME》.

advánce decísion (to refúse tréatment)《治療拒否の》事前決定《18 歳を超えかつ行為能力を有する者が, 後日生ずるみずから明示する事態においてみずからに医療を施す人が特定治療を行なうないし継続しようと申し出, しかもその時点ではみずからがそれに対する同意能力を欠く場合において, 当該治療が行なわれないないし継続されないようにとの事前になされる治療拒否の決定; cf. ADVANCE DIRECTIVE, DURABLE [ENDURING, LASTING] POWER OF ATTORNEY, LIVING WILL, NATURAL DEATH ACT, RIGHT TO DIE》.

advánce diréctive 事前指示, アドヴァンス・ディレクティブ《**1**》みずからが無能力に陥った時点で発効する持続的な委任状 (power of attorney) で, 健康管理に関する代理意思決定を委ねるもの **2**) 特に判断能力がある人が末期状態になった場合の医療について事前に意思表示 (生命維持の中止や臓器提供など) をするために署名をした法的文書; LIVING WILL (尊厳死遺言) など; cf. ADVANCE DECISION (TO REFUSE TREATMENT), DURABLE [ENDURING, LASTING] POWER OF ATTORNEY, LIVING WILL, NATURAL DEATH ACT, RIGHT TO DIE》.

advánce fèe fràud 前払い手数料詐欺《大きな利が得られるからと嘘をつきそのための手数料などとの名目で前払いで金銭を支払わせ, その金銭をだまし取る詐欺; ナイジェリアで最初に編み出された詐欺方法とされ, それを罰することを定めたナイジェリア刑法 419 条から, 419 fraud (419 条詐欺) ともいう》.

advánce informátion《英》事前情報《刑事訴訟において, 訴追側から被告人側に提供される, 審理前の開示義務 (disclosure of information) の一部としての事件情報》.

advánce·ment *n* **1** 前進, 昇進, 昇級. **2 a** 前払い(金), 先渡し(金), 前貸し(金). **b** 信託財産の前渡し (⇨ POWER OF ADVANCEMENT). **c**《相続分》生前贈与《法定相続人に対して無遺言相続の場合の相続分を消滅させる目的で相続財産の一部または全部を生前に前渡し贈与すること, またはその財産; 相続の際にはその分を相続分などから差し引かれる; cf. ADEMPTION》. ▶ POWER OF ADVANCEMENT (信託財産の前渡し権) / PRESUMPTION OF ADVANCEMENT (生前贈与の推定).

advánce páyment 前払い.

advánce prémium 前払い保険料.

advánce shèets *pl* **1** 見本刷. **2** アドヴァンスシート, (判例)速報版《最新判例を収録した仮綴じの冊子; のちに正規の判例集にそのまま収録される; cf. REPORT, SLIP OPINION》.

ad·van·tage /ədvǽntɪʤ; -váːn-/ *n* **1** 有利な立場, 優位〈*of, over*〉; 有利な[好都合な]要因[条件, 事情], 利点, 強み, 長所, 歩(ぶ): learn sth *to* one's ~《遺産をもらうなど》自分に都合のよい知らせを聞く. **2** 好結果, 利益, 利得, 得, プラス. ▶ COLLATERAL ADVANTAGE (付随的利益) / PECUNIARY ADVANTAGE (金銭上の利益) / TORTIOUS INTERFERENCE WITH PROSPECTIVE ADVAN-

ad·ven·ti·tious /ædvəntíʃəs, -vèn-/ *a* **1** 付随的な、二次的な、外来的な、偶有的な、偶然に得た、偶然の. **2** 直接相続したものでない. ~**·ly** *adv* ~**·ness** *n*

ad ven·trem in·spi·ci·en·dum /æd véntrəm ɪnspìʃiéndəm, ɑːd wéntrèm ɪnspɪkiéndʊm/ 受胎審査令状 (=DE VENTRE INSPICIENDO). [L=to inspect the womb]

ad·ven·ture /ədvéntʃər, æd-/ *n* **1** 冒険的事業, 投機, ベンチャー (venture) (cf. JOINT VENTURE). ▶ JOINT ADVENTURE (合併事業). **2**《海上保険》危険 (peril). ▶ BILL OF ADVENTURE (航行危険負担証書) / GROSS ADVENTURE (冒険貸借) / MARINE ADVENTURE (海上冒険).

ad·ver·sar·i·al /ædvərséəriəl/ *a* **1** 反対者の;《訴訟での》相手方の. **2** ADVERSARY,《特に》当事者対抗手続き (adversary procedure) の.

ad·ver·sary /ædvərsèri, -s(ə)ri/ *n* 反対者, 敵対者, 敵;《訴訟での》相手方(当事者),《特に》相手方弁護士. — *a* **1** 反対する, 敵の;《訴訟での》相手方の. **2** 利害の対立(する当事者)が関与する, 当事者が対抗し合う, 弾劾主義の (cf. ACCUSATORIAL, INQUISITORIAL). **ád·ver·sàr·i·ness** /; -s(ə)rɪnəs/ *n*

ádversary procédure 当事者対抗(主義)手続き (⇨ ADVERSARY SYSTEM).

ádversary procéeding [próocess] 当事者対抗手続き, 対審手続き (cf. EX PARTE HEARING).

ádversary sýstem 当事者対抗主義, 論争主義, 対審構造 (=adversary procedure)《独立した審判者の面前で対立する両当事者がみずからの主張・証拠を出し合い, 判断を仰ぐやり方; 民刑事・行政訴訟などでも広く用いられるが, 刑事では ACCUSATORIAL SYSTEM (弾劾主義), ACCUSATORIAL PROCEDURE (弾劾(主義)手続き) とも呼ぶ; cf. INQUISITORIAL SYSTEM》.

ad·verse /ædvə́ːrs, ⊥⊥/ *a* **1** 敵対的な; 反対の, 敵意ある;《訴訟での》相手方の. **2** 不利な, 不都合な, 有害な ⟨to⟩. ~**·ly** *adv* ~**·ness** *n* [OF<L ⟨vers- verto to turn⟩]

advérse authórity 敵対的法源《当該訴訟事件で弁護している弁護士の立場にとって不利となる法源; たとえ相手方がそれを援用しなくてもそれを示すことが通例は弁護士倫理上要求されている》.

advérse enjóyment 敵対的行使《土地所有者の権利主張に反してみずから権利を有すると主張して地役権 (easement) を行使すること》.

advérse ínference《刑事事件で被告人にとって》不利となる推論[推断].

advérse ínterest 相反利益; 対立利益.

advérse-ínterest rùle 不利な証人の準則 (=empty-chair doctrine)《当事者が提出することができ, かつ提出すべきであった証人を提出しなかった場合, 裁判官は陪審に対してその証人の証言がその当事者にとって不利なものであると推論しうると説示 (instruction) することができるという原則》.

advérse occupátion 敵対的占拠《所有者・合法的占有者を排除する形で侵害者 (trespasser) が家屋敷を占拠すること; 特に 現に居住している住居の場合に法的に重大な問題となる; cf. FORCIBLE ENTRY》.

advérse párty 相手方当事者, 対立当事者.

advérse posséssion 1 敵対的占有, 無権原占有《権原に基づく真の占有者の権利と両立しない不動産の占有》. ▶ CONSTRUCTIVE ADVERSE POSSESSION (擬制的敵対的占有). **2**《不動産に対する権原 (title) の》(敵対的占有に基づく)取得時効.《》 cf. HOSTILE POSSESSION, PEACEABLE POSSESSION, POSSESSORY TITLE, PRESCRIPTION, SQUATTER'S TITLE》

advérse títle 敵対的権原, 敵対的占有による取得権原, 取得時効権原 (⇨ ADVERSE POSSESSION).

advérse wítness 1 敵性証人 (=HOSTILE WITNESS). **2**《広くその証人の召喚を申請した当事者に》不利な証言を行なう証人 (=UNFAVORABLE WITNESS).

ad·vert /ædvə́ːrt/ *vi* 注意を向ける; 軽く言及する, ちょっと触れる (refer) ⟨to⟩.

advértent négligence 自覚的過失 (=willful negligence)《行為者がみずから生み出している非合理的な危険を行為者自身が自覚している場合の過失; cf. INADVERTENT NEGLIGENCE》.

ad·vice /ədváɪs, æd-/ *n* **1** 助言, 忠告, 勧告, 意見;《医師・弁護士など専門家の》意見, 助言: act on sb's ~ 人の助言に基づいて行動する / give sb a piece [a bit, a word] of ~ 一言助言を与える / take sb's ~ 助言をいれる / on the ~ of the solicitor 事務弁護士の助言で / seek legal ~ (弁護士の)法的助言[意見]を求める, 弁護士に相談する. ▶ CITIZENS ADVICE (市民助言局) / COMMUNITY LEGAL ADVICE (地域法的助言) / INDEPENDENT ADVICE (独立的助言). **2** 通知, 案内状;[*pl*] 報告, 情報: shipping ~s 発送通知 / an ~ slip 通知伝票 / as per ~ 通知のとおり. ▶ LETTER OF ADVICE (通知書) / REMITTANCE ADVICE (送金通知). [OF *avis* ⟨*a vis* according to one's view (L *ad-*, *vis- video* to see)⟩]

advíce and consént《国王あるいは大統領に対する》助言と承認.

advíce nòte 1《運送人による荷受人に対する》物品到達通知書. **2** 発送通知書.

advíce of cóunsel 弁護士の助言.

advíce of crédit 信用状開設通知《信用状 (letter of credit) の発行銀行がその発行について通知銀行 (advising bank) を通して行なう名宛人 (beneficiary) への通知; この通知で名宛人が信用状に基づく発行銀行への権利を取得することになる》.

advíce on évidence《弁護士により提出すべき》証拠についての助言.

ad·vise /ədváɪz, æd-/ *vt* **1**〈人〉に助言[勧告]する; 勧める ⟨sb *to do*, *what to do*⟩: ~ sb *against*...しないよう助言する. **2**〈人〉に知らせる, 通知する. — *vi* **1** 助言を

与える〈on〉. **2** 相談する〈with sb〉.

advíse・ment *n* **1** 熟考, 熟慮, 審議. **2** 助言, 勧告; 相談に乗ること. **take...under ~** ...を熟考する; 〈弁護士が事件を〉引き受ける.

ad・vís・er, ad・ví・sor *n* 助言者, 忠告者, 勧告者, 相談相手, 顧問〈to〉: a financial ~ 財政[財務]顧問. ▶ INVESTMENT ADVISER [ADVISOR] (投資顧問) / LEGAL ADVISER (法的助言者) / TAX ADVISER (税務顧問).

advísing bànk 通知銀行《他行発行の信用状 (letter of credit) を名宛人 (beneficiary) に通知する銀行》.

ad・vis・o・ry /ədváɪz(ə)ri, æd-/ *a* 助言の, 勧告の; 助言する権限を与えられた, 顧問の: She is acting in an ~ capacity. 彼女は顧問としてふるまっている / an ~ board 顧問委員会.

Advísory, Conciliátion and Arbitrátion Sèrvice [the ~]《英》《労使紛争についての》調停・仲裁機関《簡略に the Conciliation Service ともいう; 1975年創設; 略 ACAS, Acas /éɪkəs/》.

advísory jurisdíction《国際法》《国際司法裁判所の》勧告的管轄権《国際司法裁判所 (International Court of Justice) は国家間の紛争解決手続きである訴訟に関する管轄権とは別に, 国連およびその専門機関の要請にこたえていかなる法律問題についても勧告的意見 (advisory opinion) を与えることができるが, この権限を指す; この意見は法的拘束力はもたないが, 一般に高い権威を有している》.

advísory júry《陪審裁判を受ける権利のない訴訟事件で事実審裁判官 (trial judge) の裁量で召集される》助言的陪審《その評決は拘束力をもたない》.

advísory opínion 1 勧告的意見《(1)立法府・行政府などから出された法律問題に対して司法府が下す見解; 判決とは異なり先例としての拘束力はない; なお, 米国連邦裁判所はこの意見を出すことを憲法により禁じられている; cf. CASE-OR-CONTROVERSY REQUIREMENT **2**》特に, 国際司法裁判所 (International Court of Justice) が勧告的管轄権 (⇨ ADVISORY JURISDICTION) に基づいて与える意見; 法的拘束力こそないが一般には高い権威を有している》. **2**《米》ERISA についての勧告的意見《被用者退職所得保障法 (Employee Retirement Income Security Act) を解釈し, これを特定情況に適用するために, 被用者福利制度 (employee benefit plan) の事務担当者のみによって発せられる書面陳述》.

ad vitam aut culpam /æd váɪtəm ɔːt kʌ́lpəm/《官職保有期間が》生涯の間あるいは罪過あるまで《quamdiu se bene gesserit (罪過なきかぎり) と同じ意味になる》. [L=for life or until misbehavior]

ad・vo・ca・cy /ǽdvəkəsi/ *n* **1** 弁論, 弁護, 支持; 唱道, 主張. **2** ADVOCATE の職[仕事, 弁護, 手腕]. **3**《a》(私的な)見解を主張[擁護]する, 弁護的な.

ádvocacy qualificàtion《英》弁護人資格《1990年法で定められた, 裁判所での訴訟手続きで依頼人のために弁論権 (right of audience) を行使できる弁護人 (advocate) となる資格; 法廷弁護士 (barrister) はもちろん事務弁護士 (solicitor) も一定条件の下で刑事法院 (Crown Court), 高等法院 (High Court of Justice), 最高法院 (Supreme Court of Judicature) での弁論権を行使できるようになっているし, 多くの審判所 (tribunal) では規定はないが, 素人も弁護人になりうる; cf. SOLICITOR ADVOCATE》.

ad・vo・cate[1] *n* /ǽdvəkət, -keɪt/ **1** 代言者, 擁護者, 弁護者, 支持者, 主張者: an ~ of peace 平和論者. ▶ INDEPENDENT MENTAL CAPACITY ADVOCATE (独立精神能力擁護者) / PUBLIC ADVOCATE (公共的活動家). **2 a** 弁護士. **b**《英》弁護人《裁判所での訴訟手続きで依頼人のために弁論権 (right of audience) を行使する人; 法廷弁護士 (barrister) は当然有資格者であるが, 1990年法で一定条件の下で事務弁護士 (solicitor) も最高法院 (Supreme Court of Judicature) に至るまでこの資格を与えられるし, 審判所 (tribunal) では素人も適格性をもちうる; ⇨ ADVOCACY QUALIFICATION; cf. SOLICITOR ADVOCATE》. **c**《スコットランド》《イングランドの法廷弁護士 (barrister) に当たる》弁護人 (cf. FACULTY OF ADVOCATES). **d**《史》《教会法・海事法関係の》弁護人 (⇨ COLLEGE OF ADVOCATES). ▶ COLLEGE OF ADVOCATES (弁護人協会) / CROWN ADVOCATE (国王弁護人) / FACULTY OF ADVOCATES (弁護人会) / JUDGE ADVOCATE (軍法務官) / KING'S [QUEEN'S] ADVOCATE (国王法律顧問; スコットランド勅選弁護人) / LORD ADVOCATE (《スコットランド》法務長官) / SOLICITOR ADVOCATE (事務弁護士弁護人). — *vt* /-keɪt/ 弁護する; 擁護する, 唱道する (support). **ád・vo・cà・tive** /, -kət-/ *a* **ád・vo・cà・tor** *n* 擁護者. **~・ship** *n* [OF<L (*voco* to call)]

advocate[2] *vt*《主にスコットランド》ADVOKE.

Ádvocate Députe《スコットランド》法務長官代理.

ádvocate géneral 1 [ˢA- G-] 法務官《欧州連合司法裁判所 (Court of Justice of the European Union) 裁判官の補助官ではあるが, 係属事件につき意見を提出する独立の助言者》. **2** [A- G-]《英》ローマ法系国王法律顧問《正式には His [Her] Majesty's Advocate-General, 略して KING'S [QUEEN'S] ADVOCATE (国王法律顧問) ともいい, 弁護人協会 (College of Advocates) のメンバーの中で国王の主たる法律顧問の役割を負った者; 1872年以来任命されていない; cf. CROWN ADVOCATE》. **3** [A- G-] スコットランド担当法務長官《正式名は Advocate General for Scotland; ⇨ LAW OFFICERS OF THE CROWN, LORD ADVOCATE》.

ad・vo・ca・tion /ædvəkéɪʃ(ə)n/ *n* **1**《スコットランド・教会法》《下級裁判所で審理中の訴訟を上級裁判所がみずから審理するための》移送手続き. ▶ BILL OF ADVOCATION (移送申立書). **2** ADVOCACY.

ad・voc・a・to・ry /ædvákətɔːri; ædvəkéɪt(ə)ri/ *a* **1** ADVOCATE の. **2** ADVOCACY の.

ad・vo・ca・tus /ædvoukéɪtəs/ *n* **1 a**《ローマ法》弁護人 (patron). **b**《史》訴答人 (pleader). **2**《史》聖職推

挙権者 (=advowee, avowee, patron). **3** 《史》権原担保人《権原 (title) を担保すべく求められた人》. [L=advocate]

advocátus di·á·bo·li /-daɪǽbəlàɪ/ 《カトリック》悪魔の弁護人《列聖・列福手続きでその調査が完全になされ、資格に反対の証拠があればそれをも考慮させる職責をもった役人の俗称; 正式には全く逆の意味の promotor fidei (信仰の助長者)》. [L=devil's advocate]

ad·voke /ædvóuk/ vt 《廃》《主にスコットランド》〈訴訟(事件)を〉下級裁判所から上級裁判所に移送させる.

ad·vow·ee /ædvauí-, əd-/ n 聖職推挙権者 (=ADVOCATUS).

ad·vow·son /ədváuz(ə)n/ n 聖職推挙権 (=jus patronatus, patronage) (cf. QUARE IMPEDIT). ▶ USURPATION OF ADVOWSON (聖職推挙権簒奪).

advówson appéndant 付随的聖職推挙権《荘園ないしは土地のような有体法定相続産 (corporeal hereditament) に付着しその権利と共に移転する聖職推挙権; 英国では 1989 年以後原則として個人に所属する人的聖職推挙権 (advowson in gross) に転換された; cf. ADVOWSON IN GROSS》.

advówson in gróss 人的聖職推挙権 (⇨ ADVOWSON APPENDANT).

Ae·di·fi·ca·re in tuo pro·prio so·lo non li·cet quod al·te·ri no·ce·at. /idìfɪkéɪrɛ ɪn túːou próupriou sóulou nɑn láɪsɛt kwɑd ǽltɛrɑɪ nóusɛæt/ 汝自身の土地に他人を害するようなものを建てることは許されない. [L=It is not permitted to build on your own land what may be injurious to another.]

aedilis curulis 《ローマ法》高等按察官《共和制時代のローマの政務官の一つで、ローマ市の警察・公共建築物・市場・度量衡などの管理、公共競技の監督などに当たった》.

AELR °All England Law Reports 『オール・イングランド・ロー・リポーツ』.

ae·qui·tas /íːkwətæs, ék-/ n 衡平, エクイティー. [L=equity]

Aequitas agit in per·so·nam. /—— éɪdʒɪt ɪn pərsóunəm/ エクイティーは人に対して作用する. [L=Equity acts upon the person.]

Aequi·tas est qua·si (a)e·qua·li·tas. /—— ɛst kwéɪsaɪ ikwǽlɪtæs/ エクイティーは平等のようなものである. [L=Equity is as it were equality.]

Aequitas non fa·cit jus, sed ju·ri au·xi·li·a·tur. /—— nɑn féɪsɪt dʒʌs sɛd dʒúːraɪ ɔːgzìliéɪtər/ エクイティーは法を作るのではなく法を助けるものである. [L=Equity does not make a law, but assists the law.]

Aequitas se·qui·tur le·gem. /—— sékwɪtər líːdʒɛm/ エクイティーは法に従う. [L=Equity follows the law.]

Ae·qu·um et bo·num est lex le·gum. /íːkwəm ɛt bóunəm ɛst lɛks líːgəm/ 衡平かつ善であることは法の中の法である. [L=That which is equitable and good is the law of laws.]

AER °All England Law Reports 『オール・イングランド・ロー・リポーツ』.

aes·ne·cia /isníːʃiə/ n 《史》長姉権 (=ESNECY). [L]

AFDC 《米》°Aid to Families with Dependent Children 児童扶養家族援助.

af·fair /əfέər/ n **1** 仕事, 用事; [pl] 用務, 職務, 事務, 業務. ▶ BUREAU OF INDIAN AFFAIRS (インディアン局) / FOREIGN AFFAIRS (外務) / MUNICIPAL AFFAIRS (市の内部事項) / STATEMENT OF (FINANCIAL) AFFAIRS (財産状態陳述書). **2** 情事 (love affair): have an ∼ with …と関係をもつ. **3** 事, 事柄, できごと, **事件**. ▶ WATERGATE AFFAIR (ウォーターゲイト事件).

aff'd affirmed.

af·fect[1] /əfékt, æ-/ vt **1** …に影響を及ぼす, 作用する; 〈病気・痛みなどが〉襲う. **2** 感動させる, 動揺させる.

af·fect[2] vt **1** 気取る, ふりをする, …ぶる. **2** 好んで用いる, …に愛着を感ずる. **3 a** 〈場所〉にいつもいる, しばしば行く [来る]. **b** 〈動植物が土地に〉住む, 生育する.

affectátion dòctrine 《誤用》AFFECTS DOCTRINE.

af·fec·tion /əfékʃ(ə)n/ n **1** [ˢpl] 穏やかな[優しい]気持, 親愛の情, 好意, 愛情 〈for, toward〉. ▶ ALIENATION OF AFFECTION(S) (愛情移転) / LOVE AND AFFECTION (愛情) / NATURAL AFFECTION (自然の愛情). **2** 疾患, 異常. **3** 影響, 作用. ▶ INJURIOUS AFFECTION (侵害的影響). **4** 《史》質入れ, 譲渡抵当に入れること.

afféct dòctrine 《米》影響の法理《合衆国議会が州際通商に実質的に影響を及ぼす州内活動を規制しうるという原則; この法理の名称は、特定活動が州際通商に「影響を及ぼす ('affects')」か否かがこの判定基準となることにちなむ; effects doctrine ともいうし、また誤用で affectation doctrine ともいう; ⇨ EFFECTS DOCTRINE》.

Af·fec·tus pu·ni·tur li·cet non se·qua·tur ef·fec·tus. /æféktəs pənátər láɪsɛt nɑn sɛkwéɪtər ɛféktəs/ たとえ結果が生じなくとも意思は罰せられる. [L=The intention is punished even if the result does not follow.]

af·feer /əfíər/ vt 《史》〈科罰 (amercement)〉の額を決定する.　**afféer·er, afféer·or** n (科罰)決定人.

aff'g affirming.

af·fi·ance /əfáɪəns/ n **1** 信頼, 信用. **2** 誓約; 婚約. — vt 〈自分・人〉の結婚について誓約する.

af·fi·ant /əfáɪənt/ n **1** 宣誓供述者 (cf. AFFIDAVIT). **2** 告発人, 告訴人 (complainant).

af·fi·da·tio /æfədéɪʃiou/ n 宣誓; 誠実の誓い. [L=oath]

affidátio do·mi·nó·rum /-dùmənóurəm/ 《英史》貴族院議員宣誓. [L=the oath of the lords]

af·fi·da·vit /ӕfədéɪvət/ n 宣誓供述書《任意になされた事実についての供述を書面にしたもので、宣誓受理権を有する役人の面前での宣誓によりその真実性が認証されているもの；裁判手続き、特に 事実審理前の証拠は多くこれにより提出されている；略 afft; cf. AFFIANT, DECLARATION, DEPOSITION, EXAMINATION, SWORN STATEMENT》: swear an 〜〈証人が〉供述書に偽りのないことを宣誓する《★俗用ではこの意味で make [take] an 〜 ともいう》/ take an 〜〈裁判官が〉宣誓供述書を取る. ▶ ARGUMENTATIVE AFFIDAVIT (議論を交えた宣誓供述書) / COLLECTION BY AFFIDAVIT (宣誓供述書による遺産受取り) / COUNTERAFFIDAVIT (対抗宣誓供述書) / IN FORMA PAUPERIS AFFIDAVIT (貧者の資格に関する宣誓供述書) / PAUPER'S AFFIDAVIT (貧者の宣誓供述書) / POVERTY AFFIDAVIT (貧困の宣誓供述書) / SEARCH WARRANT AFFIDAVIT (捜索(差押)令状宣誓供述書) / SELF-PROVING AFFIDAVIT (自己証明宣誓供述書) / VOLUNTARY AFFIDAVIT (自発の宣誓供述書). [L= he/she has stated on oath (affido)]

affidávit of defénse 実体上の防御宣誓供述書 (=AFFIDAVIT OF MERITS).

affidávit of dócuments 開示文書宣誓供述書《開示手続き (discovery) で、文書の開示を命じられた当事者が、所持するまたは所持しうるすべての関係文書を詳述する宣誓供述書を提出するよう求められたが、その供述書；英国では 1998 年の民事訴訟手続き規則 (Civil Procedure Rules) で文書の開示と閲覧 (discovery and inspection of documents) 手続きは DISCLOSURE AND INSPECTION OF DOCUMENTS (文書の開示[ディスクロージャー]と閲覧) に代わった》.

affidávit of inquiry《米》調査宣誓供述書《不在の被告に対する令状の代替送達 (substituted service) をなす前に州によっては要求される宣誓供述書で、原告弁護士あるいは事情を知っている者が被告に州内では送達できない旨を示すもの》.

affidávit of mérits 本案防御の宣誓供述書 (=affidavit of defense)《原告に対して有効な実体上の防御方法を有している旨を述べる被告の宣誓供述書》.

affidávit of sérvice《送達証明の》送達宣誓供述書.

affidávit of verificátion 真実確言供述書《訴えや申し立てなどに付ける、同一文書内での主張が真実であることを宣誓のうえ明言する短い宣誓供述書；単に verification ともいう；cf. ACKNOWLEDGMENT》.

affidávit to hóld to báil《史》《被告に対する》保証金要求宣誓供述書《民事訴訟で被告を拘禁できた当時被告の一定額以上の債務負担の有無、逃亡のおそれなどについて提出させた宣誓供述書；それに基づいて被告が保証金を供しない時には拘禁する旨の決定がなされた；英国では 1869 年法で廃止》.

af·fil·i·ate vt /əfílièɪt/ **1** 会員として加入[加盟]させる、併合する；密接に関連させる. **2** 認知する、〈非嫡出子〉の父を決定する〈a child to [on] sb〉；《まれ》養子にする.

— n /əfíliət, -èɪt/ **1** 加入者、会員. **2** 関係[外部]団体、支部、系列会社、関連会社 (cf. PARENT, SUBSIDIARY).

af·fil·i·àt·ed corporátion 系列会社、関連会社 (cf. PARENT CORPORATION, SUBSIDIARY CORPORATION).

affiliated gróup《米税制》関連グループ《税制上連結納税申告ができる関連会社グループ；グループ内の各法人の全株式の最低 80% 以上が同一グループ内の一つまたは複数の法人によって直接保有されていることなどが要件》.

af·fil·i·á·tion /əfìliéɪʃ(ə)n/ n **1** 入会、加入、併合、提携. **2 a**《非嫡出子の》父の決定、強制認知 (cf. ACKNOWLEDGMENT; ⇨ FILIATION). **b** 養子縁組.

affiliátion òrder《英史》《父親に対して出す》非嫡出子認知・扶養料支払い命令 (=bastardy order)《1987 年法で廃止され、嫡出子・非嫡出子の区別なく扶助料支払い命令 (maintenance order) の中に統合されている》.

affiliátion procèeding《英史》非嫡出子認知・扶養料支払い手続き《非嫡出子の父に子の扶養料の支払いを求めるための手続き；1987 年法で廃止；⇨ AFFILIATION ORDER》.

af·fi·nal /əfáɪnl, *ӕ-/ a, n 姻族関係にある(人).

af·fine /əfáɪn, *ӕ-/ n 姻族、姻戚の人、姻族の者 (cf. BLOOD RELATIVE).

af·fined /əfáɪnd, *ӕ-/ a 姻族関係で結ばれた.

af·fin·i·tas af·fin·i·ta·tis /əfínɪtӕs əfìnɪtéɪtɪs, ӕfáɪnɪtèɪs ӕfàɪnɪtéɪtəs/《血族でも姻族でもないため婚姻障害に当たらない》姻族の姻族. [L=affinity of affinity]

af·fin·i·ty /əfínəti/ n 姻戚(関係)、姻族 (cf. CONSANGUINITY, DEGREE). ▶ RELATIVE BY AFFINITY (姻族). [OF<L (affinis bordering on, related < FINIS=border)]

affinity fràud 類縁者詐欺《共通する特性あるいは利害で結ばれ内在的信頼関係にある特定グループ成員に対してしばしばその成員ないし成員と称する者がはたらく詐欺；ポンジー式詐欺 (Ponzi scheme) やピラミッド式詐欺 (pyramid scheme) がその典型；宗教グループが標的の場合は通例宗教的類縁者詐欺 (religious affinity fraud) という》.

af·firm /əfə́:rm/ vt **1 a** 断言[確言, 主張]する、肯定する、確認する、支持する、追認する. **b** …について確約する《宗教上の理由などで宣誓できない人がそれに代わるものとして行なう》. **2**〈上訴に対し原判決などを〉維持する、上訴を棄却する (cf. REMAND, REVERSE). — vi **1** 断言する；《宣誓をせずにその代わりに》確約する. **2** 下級審の判決を維持する、上訴を棄却する. 〜·able a 〜·er n [OF<L; ⇨ FIRM]

af·firm·ance n **1 a** 断言、確言. **b**《宗教上の理由などで宣誓できない証人・当事者の、宣誓に代わる》確約. ▶ DISAFFIRMANCE (取消、否認). **2 a** 確認、追認. **b**《下級審の判決に対する上級裁判所の》判決維持、上訴棄

却.

affirm·ant *a, n* 《宣誓せずにその代わりに》確約をする[した]《人》.

Af·fir·man·ti, non ne·gan·ti, in·cum·bit pro·ba·tio. /ˌæfərmǽntaɪ nɑn nɛgǽnti ɪnkʌ́mbɪt proʊbéɪʃioʊ/ 挙証責任は主張する者にあるのであって、否認する者にあるのではない. ［L＝The proof is incumbent upon the one who affirms, not upon the one who denies.］

af·fir·ma·tion /ˌæfərméɪʃ(ə)n/ *n* **1** 断言; 確認, 肯定. ▶ DISAFFIRMATION (取消, 否認) / REAFFIRMATION (再確認; 破産申し立て前金銭債務返済合意). **2**《宗教上の理由などで宣誓できない証人・当事者の宣誓に代わる》確約 (cf. OATH).

af·firm·a·tive /əfə́ːrmətɪv/ *a* **1** 肯定の, 賛成の; 確言的な, 断定的な. **2** 積極的な: an 〜 duty 《行動すべき》積極的義務. — *n* [the 〜] 肯定の立場をとる側[人びと], 賛成票. in the 〜 肯定[同意, 賛成]して[する]. 〜·ly *adv*

affirmative áction 積極的行動, 差別解消積極措置《差別されてきた少数民族や女性の雇用・高等教育などを積極的に推進する措置・政策; cf. EQUAL OPPORTUNITY, REVERSE DISCRIMINATION》.

affirmative chárge 無罪説示 (＝AFFIRMATIVE INSTRUCTION).

affirmative cónverse instrúction《米》言い方を逆にしての無罪説示《もしあることが事実であったならば被告人に有利な評決になるはずの仮定を示しながら行なう裁判官の陪審への無罪説示; 例えば,「もしもあなた方が以下のことが事実であったと信じるのであれば, 被告人無罪の評決を出すべきです」と言うような説示》.

affirmative defénse 積極的防御, 《積極的》抗弁《原告・訴追側の主張事実が正しいとしてもなお被告が責任を負うことにはならない新事実の提起・弁論を行なうこと; 例えば, 被告人が心神喪失していたとか, 出訴期間 (statute of limitations) を過ぎているなどを主張する防御; cf. COUNTERCLAIM》.

affirmative éasement《通行地役権 (easement of access) など要役地 (dominant estate) 占有者に承役地 (servient estate) の作為的利用を認める》積極的地役権 (＝positive easement) (opp. *negative easement*).

affirmative injúnction 積極的差止め命令 (＝MANDATORY INJUNCTION).

affirmative instrúction《米》無罪説示 (＝affirmative charge)《裁判官が陪審に対して行なう, 証拠のいかんにかかわらず訴因では有罪にできない旨の説示》.

affirmative miscónduct 積極的義務違反行為《重要事実を積極的に不実表示 (misrepresentation) ないしは隠蔽すること; 故意による義務違反行為; 特に, 政府に対して禁反言 (estoppel) を主張する場合に公務員がなした重要事実の積極的不実表示ないしは隠蔽に用いる》.

affirmative prégnant 否定の意を含む肯定《訴答においてあいまいな形で否定の意を含むような肯定的主張; 相手方の主張を明示的に否定することはせず, 代わりに直接問われていない問題に答え, それによって有責性を暗示するもの; 例えば盗みの主張に対して「昨日返しておいた」と言うようなもの; cf. NEGATIVE PREGNANT》.

affirmative próof 肯定的証明《争いとなっている事実の存在を証拠によって証明すること》.

affirmative relíef 被告に与えられる救済《みずからに対する訴えの中で, その訴えの当否にかかわらず被告の反訴 (counterclaim) ないしは交差請求 (cross-claim) に対して与えられる救済》.

affirmative representátion 肯定的表示《一定事実の存在を主張する表示》.

affirmative resolútion《英》肯定的決議《委任立法 (delegated legislation) が両院の決議によって承認があるまでは発効しないかあるいは一定期間内に承認されない限り失効する旨が定められている場合の議会の院の承認決議; opp. *negative resolution*》.

affirmative státute 命令的制定法《一定の作為を命ずる制定法; opp. *negative statute*》.

affirmative téstimony 確言的証言 (＝positive testimony)《当該証人が問題となっている時・場所で直接見たり聞いたりしたことに基づいて, ある事実が生じたのか生じなかったかについて行なう証言; cf. DIRECT EVIDENCE》.

affirmative wárranty 確認担保《保険契約成立時にある事実・条件の存在を保証する担保; cf. PROMISSORY WARRANTY》.

af·firm·a·to·ry /əfə́ːrmətɔ̀ːri; -t(ə)ri/ *a* 肯定の, 断言の; 確約 (affirmation) の.

af·fix /əfíks, æ-/ *vt* 添付する,《署名などを》添える,《印を》おす; 固着[定着]させる;《罪・責任》を負わせる: 〜 blame to *sb* 罪を人にかぶせる. **af·fix·a·tion** /ˌæfɪkséɪʃ(ə)n/ *n* 添付; 固着, 定着 (⇨ FIXTURE).

af·force /əfɔ́ːrs/ *vt*《陪審員を追加して》陪審を強化する.

af·for·est /əfɔ́(ː)rəst, əfɑ́r-, æ-/ *vt* **1**《土地を》森林にする, …に造林[植林]する. **2**《英》御料林化する, 森林法の下に組み入れる (opp. *deforest*) (⇨ FOREST).

af·for·es·tá·tion *n* **1** 森林化; 植林. **2**《英》御料林化, 森林法下への組入れ (⇨ FOREST).

af·fran·chise /əfrǽnʧaɪz/ *vt*《古》《隷属・義務から》解放する, 自由にする.

af·fray /əfréɪ/ *n* 闘争; 闘争罪《コモンロー上は 2 人以上の者が公共の場でことばだけでなく違法な暴力を用いて闘争を行ない公共の静穏を乱す罪; 一方的違法行為でかつ被害者のみに対する犯罪である暴行 (assault) と異なり, 双方が闘争し合い, かつ公共に対する犯罪である; 英国では 1986 年法で公共の場という要件を欠いてもその場に人がいる場合にその者が身の安全に危惧をもつようなものであれば成立することになっている; cf. CIVIL COMMOTION, REBELLION, RIOT, ROUT, UNLAWFUL ASSEMBLY, VIO-

LENT DISORDER)). [AF (ex-, Gmc=peace)]

affráy･er *n* 闘争者 (⇨ AFFRAY).

af･freight･ment /əfréitmənt/ *n* 海上物品運送(契約), 傭船(契約).

afft affidavit.

AFL〖米史〗°American Federation of Labor アメリカ労働総同盟.

AFL-CIO °American Federation of Labor and Congress of Industrial Organizations アメリカ労働総同盟･産業別労働組合会議.

afloat /əflóut/ *adv*, *pred a* **1**〈水上に〉浮かんで; 海上に, 船上に. **2 a** 自立して, 借金しないで, 破産せずに. **b**〈事業などが〉(正式に)発足してフル回転[活動]して. **3 a**〈手形が〉流通して;〈うわさなどが〉広まって. **b** 漂って, 定まらないで. always ~ 常時浮揚(可能)状態(で)(傭船契約上の用語で指定停泊港が積荷のまま常時浮揚できる状態にあることを示す句).

afóre･méntioned /əfɔ́:r-/ *a* 前述の, 前記の: the ~ corporation.

afóre･sáid *a* AFOREMENTIONED.

afóre･thóught *a* [後置] 前もって考えたうえで, 予謀の (premeditated), 計画的な, 計画的犯意をもった, 故意の (deliberate). ▶ MALICE AFORETHOUGHT (計画的犯意).

a for･ti･o･ri /ei fɔ:rʃióːrai/ *adv* いっそう有力な理由をもって, より強い理由で, なおさら, まして (cf. A MULTO FORTIORI). — *a* いっそう有力な証拠となる. [L=by the stronger (reason)]

áfter-acquíred *a* 事後取得の.

áfter-acquíred dómicile《争点に関わる事実発生後に定めた》事後取得住所《裁判管轄の準拠法の基準とはなしえない》.

áfter-acquíred próperty 事後取得財産(権)《ある特定時点後に取得された財産(権)一般; 特に, **1**》担保法で, 担保決定時に担保に供した財産に加えその後取得する財産の一部または全部にも担保権が及ぶことを約するとき(「担保設定後取得財産(権)」)(この場合は FUTURE ACQUIRED PROPERTY (担保設定後取得財産(権))ともいう), **2**) 破産手続き開始後に取得する財産(「破産手続開始後取得財産」), **3**) 遺言者が遺言作成後に取得する財産を指すとき(「遺言作成後取得財産」)などに用いる).

áfter-acquíred títle 譲渡後取得権原(の法理) (⇨ AFTER-ACQUIRED-TITLE DOCTRINE).

áfter-acquíred-títle dòctrine 譲渡後取得権原の法理《権原 (title) を有しないまま不動産を譲受人に譲渡しようとした譲渡人がその後になって初めてその権原を取得した場合には, その権原は自動的に譲受人に帰属することになるという原則; cf. ESTOPPEL BY DEED, TENANCY BY ESTOPPEL, TITLE BY ESTOPPEL》.

áfter-bórn *a* **1** 事後に生まれた, 父親の死後に生まれた, 遺言書の作成後に出生した. **2** あとに生まれた, 年下の.

áfter-bórn chíld《父の死亡･遺言書作成･証書作成交付などの》後に生まれた子, 後出生子(ごしゅっしょうし).

áfter-bórn héir 被相続人死亡後に生まれた法定相続人, 後出生相続人.

áfter･càre *n* **1** 後(こう)療法, 後療護, アフターケア. **2 a**《仮釈放中または釈放後などの》補導,《特に 少年犯罪者の仮釈放 (juvenile parole) 中の》補導. **b** 少年犯罪者の仮釈放 (=juvenile parole).

AG, A-G〖英〗Accountant-General 司法会計官 ♦ °Attorney General〖米〗司法長官,〖英〗法務長官.

AGA〖英〗°authorized guarantee agreement 授権保証合意.

age /éidʒ/ *n* **1 a** 年齢. **b** 成年, 丁年 (majority) (=full ~). **c** 老齢. ▶ COMING-OF-AGE (成人) / FULL AGE (成年) / LAWFUL AGE (法定年齢) / LEGAL AGE (法定年齢) / MEINDRE AGE (未成年) / NONAGE (未成年) / OLD AGE (老年(期)) / PENSIONABLE AGE (年金受給年齢) / PROOF OF AGE (年齢の証明) / RETIRING [RETIREMENT] AGE (退職年齢) / VOTING AGE (選挙権取得年齢). **2** 世代. **3** ある時代の人びと. of ~ 成年の, 成年に達した.

áge discriminàtion《特に 雇用における》年齢(による)差別.

Áge Discriminàtion in Emplóyment Act [the ~]〖米〗年齢差別雇用禁止法, 雇用者年齢差別禁止法《雇主は年齢だけを理由に 40 歳以上の中高年者の雇用を拒んではならないとした 1967, 78, 86 年制定の連邦法; 67 年法では 65 歳以上, 78 年法では 70 歳以上の定年制を設けることを認めていたが, 86 年法では 70 歳の枠もはずした; 略 ADEA》.

agen･cy /éidʒ(ə)nsi/ *n* **1 a** 代理, 代理権, 代理行為. **b** 代理法. ▶ ACTUAL AGENCY (現実代理) / APPARENT AGENCY (表見代理) / EXPRESS AGENCY (明示の代理(権)) / GENERAL AGENCY (包括代理) / IMPLIED AGENCY (黙示の代理(権)) / IRREVOCABLE AGENCY (撤回不能の代理権) / OSTENSIBLE AGENCY (表見代理) / REVOCATION OF AGENCY (代理権の撤回) / SPECIAL AGENCY (特定代理) / UNDISCLOSED AGENCY (隠された代理) / UNIVERSAL AGENCY (総代理(権)). **2** 代理業, 代理店, 取次店, 取扱店, 斡旋所, 特約店; 代理店の営業所[営業区域]: an advertising ~ 広告代理店 / news ~ 通信社; 新聞雑誌販売所. ▶ CLEARING AGENCY (証券取引代理店) / COLLECTION AGENCY (債権取立て業者) / COMMON SELLING AGENCY (共同販売機関) / CREDIT AGENCY (信用機関; 信用調査所) / CREDIT REFERENCE AGENCY (信用照会業) / DETECTIVE AGENCY (秘密探偵社) / ESTATE AGENCY (不動産業) / EXCLUSIVE AGENCY (一手販売代理店) / FINANCING AGENCY (金融機関) / LITERARY AGENCY (著作権代理業) / MERCANTILE AGENCY (商事信用調査機関) / SKIPTRACING AGENCY (探索請負い業). **3**《特定の任務を担当する政府･国連などの》機関, **行政機関** (administrative agency), 部局, 庁;《政府派遣官吏の》事務所, 本部, 管轄区域. ▶ ADMINISTRATIVE AGENCY (行政機

関) / ADOPTION AGENCY (養子縁組斡旋機関) / CENTRAL INTELLIGENCE AGENCY (中央情報局) / CHILD SUPPORT AGENCY (子の扶養監督庁) / EMPLOYMENT AGENCY (職業紹介機関) / ENVIRONMENT AGENCY (環境機関) / ENVIRONMENTAL PROTECTION AGENCY (連邦環境保護庁) / EXECUTIVE AGENCY (行政機関) / FEDERAL AGENCY (連邦政府行政機関) / FEDERAL AVIATION AGENCY (連邦航空機関) / GOVERNMENT [GOVERNMENTAL] AGENCY (政府機関) / HEALTH PROTECTION AGENCY (健康保護機関) / HOMES AND COMMUNITIES AGENCY (住宅・地域社会機関) / INDEPENDENT AGENCY (独立行政機関) / LONDON DEVELOPMENT AGENCY (ロンドン開発機関) / MEDICINES AND HEALTHCARE PRODUCTS REGULATORY AGENCY (薬剤・健康管理製品規制機関) / PUBLIC AGENCY (行政機関) / REGIONAL DEVELOPMENT AGENCY (地域開発機関) / REGULATORY AGENCY (行政機関; 監督機関) / SERIOUS ORGANISED CRIME AGENCY (重大組織犯罪機関) / SPECIALIZED AGENCY (専門機関). **4** はたらきかけ, 作用, 作因, 力; 活動; 媒介, 仲介; 媒体, 媒介者. ▶ INTERVENING AGENCY (独立参入主体). [L; ⇨ ACT]

ágency by estóppel 禁反言による代理, 代理についての禁反言《無権代理ではあるが, 善意無過失の相手方が代理権を有していると信じ取引しかつそのことにつき本人の責めに帰すべき事由がある場合; この場合本人は無権代理であることを理由に責任を免れることは許されない; 表見代理 (apparent agency) と同義に用いられることも多い; cf. AGENCY BY OPERATION OF LAW, APPARENT AGENCY》.

ágency by necéssity = AGENCY OF NECESSITY.

ágency by operátion of láw 法の作用による代理, 擬制代理《当事者の意思による代理ではなく, 法の作用により自動的に認められる代理; 広義では禁反言による代理 (agency by estoppel) や必要的代理 (agency of necessity) をも含む概念であるが, 狭義では禁反言による代理と同義に用いる》.

ágency cóupled with an ínterest 権利対象物に関する代理, 利害関係のある代理《代理行為の目的物に対して代理人も権利を有している場合の代理; cf. POWER COUPLED WITH AN INTEREST》.

ágency in fáct 任意代理《本人と代理人との間の合意に基づく代理関係》.

ágency of necéssity 必要的代理, 事務管理による代理 (= agency by necessity)《本人からの授権がない場合でも一定の緊急事態において代理関係があると法的に擬制される場合; 運送人・船長が事故に際し腐敗性の積荷を荷主の許可を得ず処分すること, 遺棄された妻が自己および子のための生活必需品を夫名義で購入することなど; cf. AGENCY BY OPERATION OF LAW》.

ágency shòp エイジェンシーショップ, 交渉代理協定事業所《労働組合員でなくとも団体交渉の利益を受けるすべての被用者が交渉機関である組合に組合費相当額の費用支弁を雇用維持のための条件とする労働協約上の定めのある事業所; cf. CLOSED SHOP, OPEN SHOP, UNION SHOP》.

ágency wòrker 代理業派遣労働者《代理業を介して通例は一時的に雇用者に供給される労働者》.

agen·da /ədʒéndə/ n (pl ~s) (取り組むべき) 一連の課題, 行動計画; 予定表, 計画表;《会議用の》議事日程, 会議事項, 協議事項. [L=things to be done (pl)〈↓]

agen·dum /ədʒéndəm/ n (pl ~s, agen·da /-də/) 議事日程 (の案件の一つ), 予定表 (の一項目). [L (gerundive)〈ago to do; ⇨ ACT]

agent /éidʒənt/ n **1** 代理人, 代行者 (cf. PRINCIPAL, EMPLOYEE); 代理業者, 代理店, 仲介業者, 斡旋業者; 販売外交員, 保険外交員. ▶ APPARENT AGENT (表見代理人) / BARGAINING AGENT (交渉代表) / BUSINESS AGENT (支配人; 団体交渉担当者) / CLEARING AGENT (証券取引代理人) / COLLECTIVE BARGAINING AGENT (団体交渉代表) / COMMERCIAL AGENT (商取引代理人) / COMMISSION AGENT (委託売買人) / CONSULAR AGENT (領事代理) / CORPORATE AGENT (法人[会社]の代理人) / CROWN AGENT (英国機関委員) / DEL CREDERE AGENT (支払い保証代理人) / DIPLOMATIC AGENT (外交官) / ESCROW AGENT (《条件付き》第三者預託証書[物]受託人) / ESTATE AGENT (不動産業者) / FISCAL AGENT (財務代理人) / FORWARDING AGENT (運送[貨物]取扱人) / FREIGHT AGENT (運送取扱人) / GENERAL AGENT (包括代理人, 総代理店) / HOUSE AGENT (家屋周旋人) / INDEPENDENT AGENT (独立的代理人) / INNOCENT AGENT (責任のない道具) / INSURANCE AGENT (保険代理人) / LAND AGENT (土地周旋業者; 土地管理人; 採掘契約代理人) / LAW AGENT (事務弁護士) / LEGISLATIVE AGENT (立法代理人) / LISTING AGENT (不動産仲介業者) / LITERARY AGENT (著作権代理人) / LOCAL AGENT (地区代理店; 保険勧誘員) / MANAGING AGENT (支配人) / MERCANTILE AGENT (商事代理人) / OSTENSIBLE AGENT (表見代理人) / PARLIAMENTARY AGENT (私法律案助言者) / PATENT AGENT (弁理士) / PROCESS AGENT (送達受領代理人) / PUBLIC AGENT (公務員) / REGISTERED AGENT (登録代理人) / RESIDENT AGENT (居住代理人) / SELLING AGENT (不動産販売代理業者) / SPECIAL AGENT (特定代理人; 保険勧誘員) / STATUTORY AGENT (制定法で定められた代理人) / SUBAGENT (復代理人) / SUPERIOR AGENT (上位代理人) / TRADE MARK AGENT (商標登録代理人) / TRANSFER AGENT (証券事務代行人) / UNDERAGENT (復代理人) / UNDERCOVER AGENT (みずからが代理人であることを明らかにしていない代理人) / UNIVERSAL AGENT (総代理人). **2** *政府職員 (government agent), 係員, 係官, 担当員; 諜報員, スパイ. ▶ GOVERNMENT AGENT (政府職員; 法執行官; 在監情報提供者) / GOVERNMENTAL AGENT (政府職員) / JURAL AGENT (法行為者) / SECRET AGENT (諜報部員) / SPECIAL AGENT (特別捜

査官) / UNDERCOVER AGENT (秘密捜査官). **3**《英》選挙運動主宰者, 選挙対策責任者 (election agent). **4** (主体的)行為者, 動因, 主因, 要因. **5** 薬剤: *A~* Orange 《ヴェトナム戦争でアメリカが用いた枯れ葉剤》.

Agen·tes et con·sen·ti·en·tes pa·ri poe·na plec·ten·tur. /ǽdʒéntɛz ɛt kɑnsɛnʃíɛntɛz pǽri píːnə plɛkténtər/ 行為者と同意者は同等の罰を受けるように. [L=Acting and consenting parties are to bo liable to the same punishment.]

ágent-géneral *n* (*pl* **ágents-**)《英》《イギリス連邦内におけるカナダ・オーストラリアの》州代表: the *Agent-General* for British Columbia in London.

ágent pro·vo·ca·téur /-prouvàkatáːr; *F* aʒã prɔvɔkatœːr/ *n* (*pl* **ágents pro·vo·ca·téurs** /-s-; *F* ―/) **1**《労組などに潜入して違法行為をそそのかす》工作員,《権力側の》まわし者. **2** おとり, おとり捜査官, 密偵 (cf. ENTRAPMENT).

áge of capácity [the ~] 行為能力年齢 (=age of majority, lawful age, legal age)《単独で法的に完全に契約締結・遺言・訴訟などを行なうことのできる年齢; 通例は 18 歳以上》.

áge of consént [the ~] 同意年齢, 同意能力を有する年齢《結婚・性交への(女子の)同意が法的に有効とされる年齢; 通例 16 歳》; cf. AGE OF PUBERTY, EMANCIPATE, LEGAL AGE, STATUTORY RAPE).

áge of críminal responsibílity (刑事)責任年齢 (⇨ CRIMINAL RESPONSIBILITY).

áge of discrétion [the ~] 弁別年齢, 弁識年齢 (=years of discretion)《是非善悪を弁別できるとされる年齢; 英米法では 14 歳; cf. AGE OF REASON, CRIMINAL RESPONSIBILITY》.

áge of majórity [the ~] 成人年齢, 成年 (**1**) 法的に成人 (adult) とみなされる年齢; コモンロー上は 21 歳だが, 英米とも現在は通例 18 歳, full age, legal age, majority ともいう; ⇨ ADULT; cf. EMANCIPATE **2**) 行為能力年齢 (AGE OF CAPACITY) に同じ.

áge of púberty [the ~]《史》婚姻適齢《法的に結婚できる年齢; コモンロー上は男子 14 歳, 女子 12 歳であったが, 1929 年法以来英国では男女とも 16 歳の同意年齢 (age of consent) がこれに代わっている; cf. AGE OF CONSENT》.

áge of réason [the ~] 責任能力年齢《コモンロー上は 7 歳以上; 14 歳未満は是非善悪の弁別能力がないと推定されるが証拠で覆されうる; 14 歳を超える者は弁別能力があるとされる; 犯罪能力については英国では 1963 年に 10 歳に引き上げられた; cf. AGE OF DISCRETION, CRIMINAL RESPONSIBILITY》.

ag·gra·vate /ǽɡrəvèit/ *vt*《病気などを》さらに悪化させる,《負担・罪などを》いっそう重くする (cf. MITIGATE).

ág·gra·vàt·ed *a* **1**《犯罪・不法行為の》責任がいっそう重くなった (cf. SIMPLE). **2**《傷害が》さらに悪化させられた.

ággravated assáult 加重暴行(未遂)(罪) (=felonious assault)《特に凶器の使用により重傷を負わせようとする意思をもったあるいは警官に対する暴行など, 普通の暴行より刑を加重される; cf. COMMON ASSAULT, SIMPLE ASSAULT》.

ággravated báttery 加重暴行(罪), 加重傷害《凶器の使用を伴うあるいは重傷に至らしめた暴行 (battery); cf. SIMPLE BATTERY》.

ággravated búrglary 加重不法目的侵入(罪), 加重押込み, **加重夜盗**(罪)《銃などを携帯しての不法目的侵入[夜盗]》.

ággravated dámages *pl* 加重的損害賠償(金)《特に悪質な不法行為により感情や誇りを大きく傷つけられたような場合に, 被害者の精神的損害をも斟酌する名目で課される多額の賠償(金); 時に 懲罰的損害賠償(金) (punitive damages) と同義にも用いられる》.

ággravated kídnapping 加重誘拐(罪)《身代金要求や被害者傷害を伴う誘拐(罪); cf. SIMPLE KIDNAPPING》.

ággravated lárceny 加重窃盗(罪) (=compound larceny)《例えば, 人の身体からの窃盗のような加重要因が加わった窃盗(罪); ⇨ LARCENY; cf. MIXED LARCENY, SIMPLE LARCENY》.

ággravated róbbery 加重強盗(罪)《特に 持凶器強盗 (armed robbery) と強盗傷害などの加重要因の加わった強盗(罪); cf. SIMPLE ROBBERY》.

ággravated sódomy《暴力を伴う重大な傷害をもたらした》加重反自然的性交罪.

ággravated tréspass《英》加重侵害《土地に対して不法侵害 (trespass) をはたらいた者が, さらに戸外でその土地ないしは隣地において略式起訴で訴追される犯罪 (summary offense) の一つ, 例えば 狩猟などの合法行動をなしている者に対し脅し・妨害などを行なおうとすること》.

ággravated véhicle táking《英》加重自動車無断使用(罪)《1968 年の制定法で新設された犯罪で, 自動車を違法に無断使用し, 公道を危険運転し事故を起こし他人ないしは他人の財産に損害を与える犯罪; 車所有者の承諾なしで車が無断使用されていることを知っていた同乗者も同じ罪となる; cf. JOYRIDING》.

ággravating círcumstance 1 責任加重事由《犯罪責任の程度を増す事実・情況》. **2** 責任加重すべき情状《刑罰 特に死刑を科す際に改悛の情が見られないなどの裁判所が考量すべき犯罪ないし被告人に関する事実・情況》.(» cf. MITIGATING CIRCUMSTANCE)

ag·gra·vá·tion /ǽɡrəvéi(ə)n/ *n* **1**《犯罪責任・不法行為責任を》いっそう重くすること, 加重事由. ▶ RACIAL AGGRAVATION (人種的加重事由). **2**《被害・損害・事態の》悪化,《事態の》深刻化.

ág·gra·và·tor *n*《犯罪責任・不法行為責任を》いっそう重くするもの,《特に》責任加重事由 (aggravating circumstance).

ag·gre·gate /ǽɡriɡèit/ *vt* **1** 集合[併合]させる; 一つに集める[まとめる], 統合する: ~ the claims. **2** 総計…となる. ― *vi* **1** 集合する. **2** 総計(…に)なる ⟨*to*⟩. ―

a /-gət, -gèɪt/ 一つに集められた, 併合された, 集計された, 総計としての. — *n* /-gət, -gèɪt/ **1** 集合(体), 集団. **2** 総計, 総量.

ággregate corporátion 集合法人, 社団法人 (corporation aggregate).

ággregate íncome (《所得税の算出基準としての》)《夫と妻の》合算所得.

ággregate séntence 併合的刑の宣告《一つの起訴状上の複数の訴因に対して有罪決定がなされ, その結果として言い渡される一つの刑の宣告》.

ággregates lévy 《英税制》岩石・砂利採取税《岩石・砂利・砂の商業的採取に対して課す税金》.

ággregate théory of pártnership 組合組合員集合体説《組合 (partnership) は法人 (corporation) と違って一つの別個の法的実在ではなく, それを構成する組合員 (partner) の集合体にすぎないという理論; cf. ENTITY THEORY OF PARTNERSHIP》.

ag·gre·ga·tio men·ti·um /ˈægrɪgéɪʃioʊ ménʃiəm/ 意思の合致 (meeting of the minds). [L]

ag·gre·ga·tion /ˌægrɪgéɪʃ(ə)n/ *n* **1** 集合, 併合; 集合体, 総体, 集団. **2** 寄せ集め (=juxtaposition)《特許法上, 特許性のない複数の公知の発明を一つに集めたにすぎず, そのそれぞれが一緒になって一つの新結果を生み出していないもの; 特許対象にはならない; cf. COMBINATION, EQUIVALENT, INVENTION》. **3**《相続税算定のための全相続財産の》合算.

aggregátion dòctrine 《米》請求集合の法理《管轄権行使の要件としての最低の訴額 (amount in controversy) に関連して, 州籍相違に基づく連邦裁判所の裁判権 (diversity jurisdiction) に適する最低額に達すべくすべての請求を合わせ条件を満たそうとすることを禁止する原則; cf. DIVERSITY JURISDICTION, AMOUNT IN CONTROVERSY》.

ag·gres·sion /əgréʃ(ə)n/ *n* **1** 正当な理由のない攻撃. **2**《国際法》侵略, 国権侵害, 領土権侵害. ▶ NON-AGGRESSION (不可侵) / WAR OF AGGRESSION (侵略戦争).

aggréssive commércial práctice 《英》攻撃的商業行為《消費者保護のため2008年法で導入された不公正商業行為概念で, 典型的消費者の製造物の選択あるいはそれに関する行為の自由にいやがらせ・強制・不当威圧 (undue influence) を用いて影響を与え妨げる行為》.

ag·gres·sor /əgrésər/ *n* **1**《最初に暴行などを加えた》攻撃者, 挑発者; 侵略者. **2**《国際法》侵略国.

aggréssor dòctrine 《大陸法》攻撃者の法理《合理的な人をしてみずからの防衛のために物理的な力を行使するであろうような形で最初に行動した者には, 相手方が過剰な力を行使したのでない限り, 不法行為法上の救済を与えないという大陸法上の原則》.

ag·grieve /əgríːv/ *vt* 悩ます, 苦しめる, 悲しませる;《…の感情を》傷つける; 不当に扱う, …の権利を侵害する,《判決や処分などで》正当な権利を無視[侵害]する.

ag·grieved *a* 権利を侵害された, 法的利益を侵害された, 不当に扱われた. ▶ PERSON AGGRIEVED (利益を侵害された者). **ag·griev·ed·ly** /-vəd-/ *adv*

aggríeved párty 1 被害者. **2**《判決・処分などに対する》不服当事者. ★ 1, 2 共に aggrieved person, party aggrieved, person aggrieved ともいう.

aggríeved pérson 利益を侵害された者 (=AGGRIEVED PARTY).

AGI《米税制》°adjusted gross income 調整総所得額.

ág·ing of accóunts /éɪdʒɪŋ-/ 勘定の年齢調べ《回収可能性を評価するため主として売り掛け債権 (account receivable) の勘定を経過時間順に従って分類すること》.

agio /ǽdʒioʊ, ǽdʒou, éɪdʒioʊ/ *n* (*pl* ǽg·i·òs) **1** 打歩 (⅔⁄₅)《貨幣と紙幣, 2 つの通貨間の価値の差》; 両替差額. **2** 両替(業). [It]

ag·io·tage /ǽdʒ(i)ətɪdʒ/ *n* **1** 両替業. **2**《証券の》投機, 投機売買[行為].

agist /ədʒíst/ *vt* **1**〈家畜を〉有償で預かって飼育する. **2**〈土地またはその所有主に〉課税する. — *vi* 他人の家畜を一定期間一定料金で飼育する.

agíst·er, agís·tor *n* 家畜を有償で預かって飼育する人, 家畜を有償で預かって飼育するのを監督する人.

agíst·ment *n* **1** 家畜を有償で預かっての飼育, (家畜) 有償飼育(契約). **2** 他人の家畜を有償で預かって飼育することによって得られた利益[課される課税査定額]. **3** 牧草地の所有者[占有者]に対して課した課税査定額. **4** 森林の放牧権. ★ 1-4 共に egistment ともいう.

agístment of séabanks 《史》防潮壁維持持金《海水の侵入を防ぐ堤防維持費用負担のため土地に課された税金》.

agístor ⇨ AGISTER.

AGM °annual general meeting 年次総会.

ag·nate /ǽgnèɪt/ *a* 父方の, 父系の; 父系親の (cf. COGNATE). — *n* [*pl*] 父方の血族, 父系血族; 父系親. **ag·nat·ic** /ægnǽtɪk/ *a* 父系の, 男系の. [L (*ad-*, *nascor* to be born)]

a grátia /eɪ gréɪʃiə/ *adv*《権利としてではなく》恩恵的に (ex gratia). [L=by favor]

ag·ré·a·tion /F agreasjɔ̃/ *n*《国際法》《外交使節の》同意手続き, アグレアシオン, アグレマン手続《外交使節派遣に際しては派遣国がその任命に先立ち接受国に任命予定者の氏名・経歴などを内々に通報し事前の同意であるアグレマン (agrément) を得る慣行があるが, 双方の国にこの通報およびアグレマンを与え合う行為》. [F]

agree /əgríː/ *vi* 応諾する〈*to*〉; 合意[同意, 賛同]する〈*to, with, in*〉; 合意に達する〈*about, on*〉; 一致[符号]する〈*with*〉; 適合する〈*with*〉: The witness's statement does not ~ *with* that of the accused. — *vt* 《本当であると》認める;《〈提案などを〉是認[承認]する;《協議して決める,〈不和などを〉収める, 解決する. **unless otherwise** ~**d** 別段の合意がないかぎり. [OF<L=to make agreeable (*ag-*, *gratus* pleasing)]

agréed *a* 合意を得た, 合意によって定められた; [*pred*]

意見が一致して, 同意して: on ~ terms＝on terms which have been ~ upon 合意した条件で.

agréed-amóunt cláuse《保険》約定保険金額条項《保険契約で保険金が支払われる額について定めた条項》.

agréed-bóundary dòctrine 合意した境界の法理《隣接する土地の境界についての原則で, (1) 実際の境界が不確かである, (2) 境界について双方の所有者間で合意がある, (3) 出訴期間 (statute of limitations) を超える期間双方合意した境界線に黙従している, (4) 合意した境界が地上で確認できる, 以上の条件がすべて整っているかぎり双方の所有者は境界につき合意することができるというもの》.

agréed cáse 合意事実記載書 (⇨ CASE¹ 5).

agréed júdgment 合意判決 (＝consent judgment, judgment by consent)《裁判上の和解; 裁判所が両当事者の合意による和解を承認し, それを記録に登載することにより裁判所の判決とするもの; cf. CONSENT DECREE》.

agréed órder《事実審理によってではなく当事者の合意に基づいて裁判所がなす》合意命令.

agréed príce 合意価格《売主・買主間で合意した価格》.

agréed státement of fácts 合意事実陳述書《訴訟当事者双方が合意してある事実が真実であることを承認し, 裁判所に提出する陳述書; この限りでは争いがないとみなされる; cf. AGREED STATEMENT ON APPEAL》.

agréed státement on appéal 原審確定事実合意陳述書《合意事実陳述書 (agreed statement of facts) が, 上訴の際に原審の手続きについての報告書に代えて提出されるもの; cf AGREED STATEMENT OF FACTS》.

agréed válue 合意価額; 協定保険価額《特に保険の目的物の価額などの対象財産について関係当事者間であらかじめ合意の上定められた価額》.

agree·ment /əgríːmənt/ n **1 a** 合意, 同意, 了解; 意見[心情, 意図]の一致: by (mutual) ~ 合意で. **b**《複数の当事者間の》取決め, 合意(書), 契約, 協定, 協約《一般的には契約(書)と同義に用いられることもあるが, 正式には契約の成立要件を必要としない点で contract と異なる; なお国際間の合意・協定類も含む》: an ~ for a lease リース[賃貸借]合意(書) / ~ in principle / reach [arrive at, come to] an ~ 合意に達する / draw up [draft] an ~ / break an ~ / sign an ~ / witness an ~ 合意書に証人として署名する / make an ~ with...と合意する. ▶ ACCESSION AGREEMENT (条約加入合意(書)) / AIR SERVICES [TRANSPORT] AGREEMENT (航空協定) / ANTENUPTIAL AGREEMENT (婚姻前夫婦財産合意) / ARBITRATION AGREEMENT (仲裁合意) / ARTICLES OF AGREEMENT (合意覚書) / ASSOCIATION AGREEMENT (連合協定) / AUTHORIZED GUARANTEE AGREEMENT (授権保証合意) / BILATERAL AGREEMENT (双務の合意) / BINDING AGREEMENT (拘束力のある合意) / BLANKET AGREEMENT (包括的合意; 包括的労働協約) / BUILDING LOAN AGREEMENT (建築費ローン契約) / BUY-SELL [BUY AND SELL] AGREEMENT (持株買取り取決め) / CLOSED SHOP AGREEMENT (クローズドショップ協定) / COHABITATION AGREEMENT (同棲合意) / COLLATERAL AGREEMENT (付帯的[付随的]合意) / COLLECTIVE AGREEMENT (労働協約) / COLLECTIVE BARGAINING AGREEMENT (労働協約) / COLLECTIVE LABOR AGREEMENT (労働協約) / CONDITIONAL AGREEMENT (条件付き合意) / CONDITIONAL FEE AGREEMENT (成功報酬取決め) / CONDITIONAL SALE AGREEMENT (条件付き売買合意) / CONFIDENTIAL DISCLOSURE AGREEMENT (信頼に基づく開示合意) / CONFIDENTIALITY AGREEMENT (守秘義務合意) / CONSUMER CREDIT AGREEMENT (消費者信用合意[契約]) / CONSUMER HIRE AGREEMENT (消費者賃貸借合意[契約]) / CONTINUATION AGREEMENT (継続合意) / CREDIT AGREEMENT (融資取決め) / CREDIT SALE AGREEMENT (信用販売合意) / DEBTOR-CREDITOR AGREEMENT (債務者・債権者間信用供与合意) / DEBTOR-CREDITOR-SUPPLIER AGREEMENT (債務者・債権者・供給者間信用供与合意) / DISAGREEMENT (不同意) / DISMISSAL PROCEDURES AGREEMENT (解雇手続き協定) / DOMESTIC AGREEMENT (家庭内取決め) / DOUBLE TAXATION AGREEMENT (国際的二重課税防止協定) / EARNOUT AGREEMENT (アーンアウト合意) / EDI AGREEMENT (電子データ交換合意) / EXCHANGE AGREEMENT (交換合意) / EXCLUSIVE AGREEMENT (独占契約) / EXCLUSIVE DEALING AGREEMENT (排他条件付き取引合意) / EXECUTIVE AGREEMENT (行政協定) / EXTENSION AGREEMENT (履行猶予の合意) / FAIR-TRADE AGREEMENT (公正取引協定) / FARMOUT AGREEMENT (鉱業権転貸契約) / FIXED-PRICE AGREEMENT (固定価格契約) / FOREIGN AGREEMENT (外国法準拠契約) / FORMAL AGREEMENT (要式合意) / FORWARD AGREEMENT (先渡し合意) / FORWARD EXCHANGE AGREEMENT (先物為替合意) / FORWARD RATE AGREEMENT (金利先渡し合意) / FRANCHISE AGREEMENT (フランチャイズ契約) / GALLAGHER AGREEMENT (ギャラガー式(示談)合意) / GENTLEMAN'S AGREEMENT (紳士協定) / HANDS-OFF AGREEMENT (不介入合意(書)) / HIGH-LOW AGREEMENT (上限下限の合意) / HIRE PURCHASE AGREEMENT (買取り選択権付き賃貸借合意; 賃貸借付き売買合意) / HOLD-HARMLESS AGREEMENT (賠償責任免除特約) / HORIZONTAL AGREEMENT (水平的協定) / HOT CARGO AGREEMENT (ホットカーゴ協定) / INSURING AGREEMENT (保険引受け合意) / INTERIM OCCUPANCY AGREEMENT (一時占有の合意) / INTERNATIONAL AGREEMENT (国際的合意) / INTERSTATE AGREEMENT (州際合意) / JOBSEEKER'S AGREEMENT (求職者協定) / KNOCK FOR KNOCK AGREEMENT (ノックフォアノック協定) / KNOCK-OUT AGREEMENT (談合協定) / LABOR AGREEMENT (労使合意) / LAND CONSERVATION AGREEMENT (土地自然状態保存合意) / LEASE-PURCHASE AGREEMENT

agreement for lease

(賃貸借付き売買合意) / LICENSING AGREEMENT (ライセンス契約) / LISTING AGREEMENT (不動産仲介契約) / LIVING-TOGETHER AGREEMENT (共棲合意) / LOAN-RECEIPT AGREEMENT (貸付金受領合意) / LOCKOUT AGREEMENT (締め出し合意) / MAINTENANCE AGREEMENT (扶養取決め) / MARITAL AGREEMENT (夫婦間合意) / MARKET SHARING AGREEMENT (市場分割協定) / MARY CARTER AGREEMENT (メアリ・カーター式(示談)合意) / MULTIPLE AGREEMENT (複合的合意) / NAKED AGREEMENT (裸の合意) / NONCOMMERCIAL AGREEMENT (非商事契約) / NONCOMPETITION AGREEMENT (競業禁止合意) / NONDISCLOSURE AGREEMENT (情報不開示合意) / NONWAIVER AGREEMENT (不放棄合意(書)) / ORAL AGREEMENT (口頭での合意) / PARENTAL RESPONSIBILITY AGREEMENT (親の責任についての合意) / PAROL AGREEMENT (口頭合意) / PARTNERSHIP AGREEMENT (組合契約) / PERSONAL CREDIT AGREEMENT (個人信用合意[契約]) / PLEA AGREEMENT (答弁についての合意) / POINT-AND-CLICK AGREEMENT (ポイント・クリックによる使用許諾合意) / POOLING AGREEMENT (議決権協定) / POST-ENTRY AGREEMENT (採用後加入協定) / POSTNUPTIAL AGREEMENT (婚姻後夫婦財産合意; 婚姻後継承財産設定(証書)) / PRE-ENTRY AGREEMENT (採用前加入協定) / PREMARITAL [PRENUPTIAL] AGREEMENT (婚姻前夫婦財産合意) / PRICE MAINTENANCE AGREEMENT (再販売価格維持協定) / PURCHASE AGREEMENT (売買契約) / RECIPROCAL TRADE AGREEMENT (互恵貿易協定) / REFERRAL SALES AGREEMENT (紹介販売契約) / REGULATED AGREEMENT (規制合意) / REPURCHASE AGREEMENT (買戻し条件付き証券売却) / RESTRICTED-USE CREDIT AGREEMENT (規制消費者信用合意) / SALES AGREEMENT (売却[売買]の合意) / SALVAGE AGREEMENT (海難救助合意) / SAVE-HARMLESS AGREEMENT (賠償責任免除特約) / SECRECY AGREEMENT (情報秘匿合意) / SECURITY AGREEMENT (担保に関する合意(書)) / SEPARATION AGREEMENT (別居合意) / SETTLEMENT AGREEMENT (和解契約) / SHAREHOLDER CONTROL AGREEMENT (株主会社支配協定) / SIMPLE AGREEMENT (単純合意) / SINGLE-UNION AGREEMENT (単一組合協約) / SMALL AGREEMENT (少額合意) / SOLEMN AND BINDING AGREEMENT (まじめで拘束力のある合意) / SOLUS AGREEMENT (単独仕入れ合意) / STANDSTILL AGREEMENT (自粛協定) / SUBORDINATION AGREEMENT (後順位化の合意) / SURROGATE-PARENTING AGREEMENT (代理母合意) / SWEETHEART AGREEMENT (馴合い協約) / TOLLING AGREEMENT (出訴期間進行停止合意) / TRADE AGREEMENT (貿易協定; 労働協約) / TRUST AGREEMENT (信託合意書) / UNCONSCIONABLE AGREEMENT (証券引受元引受合意) / UNDERWRITING AGREEMENT (証券引受合意) / UNION AGREEMENT (労働協約) / UNION MEMBERSHIP AGREEMENT (労働組合資格協定) / VERTICAL AGREEMENT (垂直的協定) / VOTING AGREEMENT (議決協定).

2《(事物間の)》合致, 符合, 調和: in 〜 with...に一致して[従って].

agréement for léase 不動産賃貸借契約締結合意《不動産賃貸借契約 (lease) を結ぶという合意; 賃貸借契約そのものでなく, 将来賃貸借契約を結ぶという約束; したがって賃貸される対象物に対して賃借人に何らの権利も与えないし, また 当然賃料の支払い義務も生じない》.

agréement of sále 売却の合意《売却義務を一方当事者に負わせ, 通例は同時に他方当事者にそれに対応して購入義務を負わせることになる合意; 売買契約そのものではない》.

Agréement on Tráde Reláted Áspects of Intelléctual Próperty Rights [the 〜] 《国際法》知的所有権の貿易関連の側面に関する協定《1994年の国際協定; 広範囲の知的所有権[財産権]を対象にし, 既存の国際協定を基礎としてそれを補完・強化し, この問題にかかわる紛争を世界貿易機関紛争処理手続きを用いて解決することを目指している; 略 TRIPs, TRIPS》.

agréement to séll 《売買契約そのものでなく将来》売却するという合意 (⇒ AGREEMENT OF SALE).

agré·ment /àːgreɪmáːnt, əgréɪmɑːŋ, F əgremɑ̃/ n 《国際法》アグレマン《外交使節団の長の派遣について接受国が派遣国に与える事前同意の意思表示; cf. AGRÉATION, PERSONA GRATA, PERSONA NON GRATA》.

Agricúltural Adjústment Àct [the 〜]《米》農業調整法《ニューディール政策の一つとして1933年制定; 農作物価格暴落を防ぐため生産調整を行ない生産削減に対しては補助金を支払うことを定めたが, 同法は36年に合衆国最高裁判所で違憲とされ, 38年により限定的な同名法が制定された; 略 AAA》.

Agricúltural Adjústment Administràtion [the 〜]《米》農業調整局《1933年の農業調整法 (Agricultural Adjustment Act) でその実施のため新設された連邦農務省の一局; 略 AAA》.

agricúltural dwélling hòuse advísory committee《英》農業用住居助言委員会《雇人用貸家 (tied cottage) に対する農業上の必要についてその地域の地方当局に助言を与える委員会; 雇人用貸家所有者は貸家占有中の前労働者により良い住居を与えることを当局に申請することができ, もし委員会が効率的農業のためにはそれが必要と助言すると, 当局は新住居を与えねばならなくなる; ⇒ ASSURED AGRICULTURAL OCCUPANCY; 略 ADHAC》.

agricúltural hólding《英》農業用土地保有《地主の下でなんらかの雇用関係に基づきその継続期間貸与された土地についての契約によるものを除く農業用土地賃貸契約による土地保有; 通例 解約には期間終了予定日12か月前の賃貸借終了予告 (notice to quit) 期間が必要とされるなど保護がなされている; cf. FARM BUSINESS TENANCY》.

agricúltural lánd 農地.

agricúltural lánd tribùnal《英》農地審判所《農業用土地保有 (agricultural holding) に関わる制定法上の審判; 土地所有者・農家双方の代表を含む》.

agricúltural líen 農業リーエン, 農業先取特権《生育中の収穫物や飼育中の家畜を農機具の代金・地代などの債務弁済の担保とする制定法上のあるいは特約に基づくリーエン》.

agricúltural próperty relíef《英税制》農業用財産相続税軽減《農地・農業用建築物の移転は一定条件の下相続税 (inheritance tax) の軽減措置の対象となる》.

ag·ri·cul·ture /ǽgrɪkʌ̀ltʃər/ *n* 農業; 農芸; 農学. ▶ DEPARTMENT OF AGRICULTURE (農務省).

AI °Amnesty International 国際アムネスティ.

AIA °Anti-Injunction Act 反差止め命令法.

AICPA American Institute of Certified Public Accountants アメリカ公認会計士協会.

aid /éɪd/ *vt* 手助けする, 援助する; 幇助(ﾎｳｼﾞｮ)する. — *vi* 手伝う《*in*》. ★ ⇨ AID AND ABET. — *n* **1**《財政的な》助力, 援助, 救援, 扶助;《史》《物の訴訟において被告が求める》援助 (⇨ AID PRAYER). ▶ APPROPRIATIONS IN AID (経費充当収入) / FOREIGN AID (対外援助) / GIFT AID (寄付援助) / GRANT-AID (公費助成) / GRANT IN AID (助成金; 地方交付税; 臨時税) / LEGAL AID (法律扶助) / STATE AID (政府補助〈金〉). **2** 助力者, 補助者, 助手. **3**《英史》《封建法上の》上納金《異常な財政的困難に陥った領主 (lord) を援助すべくその保有者 (tenant) が支払うことを義務づけられた金銭的援助; ⇨ FEUDAL INCIDENT; 後に議会が国王に認めた課税一般をも指した》. ～**·er** *n* 〔OF<L〕

áid and abét *vt*《犯行を》教唆・幇助する. (cf. AID, ABET). **áider and abéttor** 教唆・幇助者.

áid and cómfort《米》《反逆罪の要件としての》援助と助力.

áider by pléading óver 看過訴答による治癒《訴答の不備を相手方が看過したまま訴答したため, その不備が治癒されること》.

áider [áid] by vérdict 評決による治癒 (=cure by verdict)《評決に必要な事実は全て証明されたとする評決後の仮定により, 訴答上の不備が治癒され異議の主張が許されなくなること》.

áiding and abétting 教唆・幇助〈罪〉.

áid of the kíng《史》国王の援助《国王から直接に封を得ている者が他の者からの封について地代を請求された場合に国王の援助を要請すること》.

áid pràyer《史》《物の訴訟》援助懇請, 援助請願《物的訴訟で係争中の土地などを保有する被告が, 自分の権原に関連する権利を有する者の援助を求めて裁判所に懇請する手続き; 英国では1832年に廃止》.

AIDS /éɪdz/ *n* エイズ, 後天性免疫不全症候群 (acquired immune deficiency [immunodeficiency] syndrome).

Áid to Fámilies with Depéndent Chíldren《米史》児童扶養家族援助《連邦政府が財源を負担し被扶養児童のいる困窮家族に財政的援助を行なう州政府の福祉プログラム; 現在は困窮家族一時的補助 (Temporary Assistance to Needy Families) に代わっている; 略 AFDC》.

ai·el, aile, ayle /éɪ(ə)l/ *n*《史》**1** 祖父 (grandfather). **2** 祖父不動産回復訴訟[令状]《=writ of aiel》《祖父死亡に際してその保有する不動産の占有を第三者に侵奪された法定相続人である孫が侵奪者からその不動産を回復するための訴訟[令状]; cf. BESAIL, COSINAGE》. [ME grandfather<MF]

AIM《英》°Alternative Investment Market 代替投資市場.

AIPLA °American Intellectual Property Law Association アメリカ知的財産権法協会 (cf. APLA).

air /ɛ́ər/ *n* **1** 空気; 大気, 空, 空中. ▶ RIGHT OF AIR (空気流通権). **2** 航空交通[輸送]; 空軍. ▶ CARRIAGE OF GOODS BY AIR (航空物品運送). **3** そよ風. **4 a** 電話送信媒体, ラジオ〈放送〉, テレビ〈放送〉. **b**《意見などの》発表, 公表. **5**《人柄・感情などの表われとしての》態度, そぶり, 風采, 気配, 様子. **in the ～**(**1**)空中に;《風説が》広まって, みんなの関心事で; …しそうな気配で. (**2**)《人が》どうしていいか不確かで, 迷って;《計画などが》まだ固まっていない, 構想中で, 検討[審議]中で. **on the ～** 放送中で.

áir·bìll *n* 航空運送状《航空貨物受取証 (consignment note) と航空貨物運送状 (air waybill) 双方を含む概念; cf. AIR WAYBILL, CONSIGNMENT NOTE》.

áir consígnment nòte 航空貨物運送状 (air waybill).

áircraft pìracy 航空機海賊行為 (air piracy).

áir defènse identificátion zòne《軍事》防空識別圏《略 ADIZ》.

áir fòrce《一国の》空軍. ★ (**1**) 米空軍の階級は上から順に次のとおり: General of the Air Force (元帥), General (大将), Lieutenant General (中将), Major General (少将), Brigadier General (准将), Colonel (大佐), Lieutenant Colonel (中佐), Major (少佐), Captain (大尉), First Lieutenant (中尉), Second Lieutenant (少尉), Chief Warrant Officer (上級准尉), Warrant Officer (准尉), Chief Master Sergeant (上級曹長), Senior Master Sergeant (曹長), Master Sergeant (一等軍曹), Technical Sergeant (二等軍曹), Staff Sergeant (三等軍曹), Airman First Class (上等兵), Airman Second Class (一等兵), Airman Third Class (二等兵), Airman Basic (三等兵). ★ (**2**) 英空軍の階級は: Marshal of the Royal Air Force (元帥), Air Chief Marshal (大将), Air Marshal (中将), Air Vice-Marshal (少将), Air Commodore (准将), Group Captain (大佐), Wing Commander (中佐), Squadron Leader (少佐), Flight Lieutenant (大尉), Flying Officer (中尉), Pilot Officer (少尉), Warrant Officer (准尉), Flight Sergeant (上級曹長), Chief air-force law ... Technician (曹長), Sergeant (軍曹), Corporal (伍長), Junior Technician (兵長), Senior Aircraftman (一等兵), Leading Aircraftman (二等兵), Aircraftman (三等兵).

áir-fòrce láw《英史》空軍軍務法《空軍を対象にした軍務法 (service law); ⇨ SERVICE LAW》.

áir làw 航空法, 空法《航空機による空間利用に関する法; 特に 民間航空に関する国際法および航空の安全や航空事業の適切な運営のためなどの国内法の総称》.

áirle-pènny /ɛ́ərl-/ n《主にスコットランドで》手付金, 内金, 証拠金 (earnest money).

áir navigàtion 航空, 航空機航行.

áir pìracy 航空機海賊行為 (=aircraft piracy) (⇨ PIRACY).

áir pollùtion 大気汚染, 空気汚染 (=atmospheric pollution).

áir quàlity 大気清浄度.

áir quàlity mánagement àrea《英》《地方当局による》大気保全取締り地域.

áir quàlity objéctives pl 大気保全目標.

áir quàlity stándards pl 大気保全基準.

áir ríght 空中権, 上空権《所有権・賃借権の対象となる土地・建物などの上空の財産権・利用権》.

áir sèrvices agrèement¹¹ 航空協定 (air transport agreement).

áir·spàce n 上空《土地の所有権は原則としてその上の空中まで及ぶ; cf. CUJUS EST SOLUM, EJUS EST USQUE AD COELUM》.

áir tràffic 航空交通; 航空交通量; 航空輸送量.

áir tránsport agrèement* 航空協定 (air services agreement¹¹).

áir wáybill 航空貨物運送状 (=air consignment note) (cf. AIRBILL).

AJ《米》°Administrative Judge 行政審判官◆《米》°associate judge 陪席裁判官.

a.k.a., aka, AKA also known as 別名, 通称.

al·ba fír·ma /ǽlbə fáːrmə/《史》白地代 (=WHITE RENT). [ML=white rent]

al·bus lí·ber /ǽlbəs láɪbər/《英史》白書 (=White Book)《古いロンドン市法集》. [L=white book]

álcohol tréatment requírement《英》アルコール依存症治療要求《刑を宣告する裁判所が社会刑罰命令 (community order) あるいは刑の執行猶予宣告 (suspended sentence) の中で命ずることが認められている, アルコール依存症を軽減するための治療を受けることの要求; 2003 年法で導入》.

al·der·man /ɔ́ːldərmən/ n (pl -men /-mən/) 1《米国・カナダ・オーストラリアなどの》市会議員. 2《イングランドなどの》長老参事会員《英国では 1972 年法での廃止まで州 (county) または自治都市 (borough) の議会の長老議員; London 市のみに現存, 他では名誉称号として残存》. 3《英史》エアルドルマン (=EALDORMAN). [OE (OLD, -or (n suf), MAN)]

álder·wòman n (pl -wòmen)《米国・カナダ・オーストラリアなどの》女性市会議員.

ale·a·to·ry /éɪliətɔ̀ːri; -t(ə)ri/ a 偶然に依存する, 射倖(とう)的な. [L (aleator dice player)]

áleatory cóntract 射倖(とう)契約 (=hazardous contract)《少なくとも一方当事者のなすべき給付が契約成立後の偶然によって確定される契約; 保険契約・賭博契約が代表; cf. CERTAIN CONTRACT》.

áleatory prómise 射倖(とう)的約束, 条件付き約束《偶然事あるいは当事者が偶然事と信じている事柄の発生を条件にしている約束》.

ále·cònner, ále·fòund·er, ále·kènner, ále·tàster /éɪl-/ n《史》エール検査官《エールの品質検査官》.

alé·gal /eɪ-, æ-, ə-/ a 法外的な.　**à·le·gál·i·ty** n [Gk a - = non-, without]

ále·hòuse n 居酒屋.

Ál·ford pléa /ǽlfərd-/《米》アルフォードの答弁《答弁取引 (plea bargaining) との関連で, 実際には有罪であると認めていないのにもかかわらず被告人自身によりなされる有罪の答弁; 1970 年の North Carolina v. Alford 事件の被告人名から》: enter into an ~.

ALI °American Law Institute アメリカ法律協会.

alia enor·mi·a /éɪliə ɪnɔ́ːrmiə, ǽliə-/《史》《特定したもの以外の》その他の無法なこと《侵害訴訟 (trespass) での原告第一訴答 (declaration) で, 特定の侵害行為を列挙の後に付した文言》. [L=other enormities]

ali·as /éɪliəs, -ljəs/ adv 一名…, 別名は: Barbara Vine, ~ Ruth Rendell. — a 第二の, 第二… (cf. PLURIES). — n 1 別名, 偽名. 2《史》第二令状 (=ALIAS WRIT). ▶ SICUT ALIAS (再発行令状). [L=at another time]

álias execútion《判決の強制執行令状 (execution) で十分に執行されなかった場合の》第二強制執行令状 (cf. ALIAS WRIT).

álias subpóena 第二罰金[罰則]付き召喚令状《最初の罰金[罰則]付き召喚令状 (subpoena) で出頭しなかった場合の, 2 度目の召喚令状》.

álias súmmons 第二召喚令状《最初の召喚状 (summons) で出頭しなかった場合に出される, 2 度目の召喚状》.

álias wrít 第二令状《最初の令状がなんらかの理由で完全に執行されずに復命された場合などに発される, 同種の 2 度目の令状; 単に alias ともいう; cf. ALIAS EXECUTION, PLURIES WRIT》.

al·i·bi /ǽləbàɪ/ n 現場不在(証明), アリバイ: establish [set up, prove] an ~ 現場不在を証明する. — vi, vt《口》〈人〉のアリバイを証明する. [L=elsewhere]

álibi wítness アリバイ証人, 被告人の現場不在を証明する証人《被告人のアリバイを支持する証人》.

alien /éɪliən, -ljən/ a 外国の, 異国の; 外国人の, 異邦人の: ~ subjects 外国人の臣民. — n 外国人《英国では連合王国・イギリス連邦・アイルランド共和国の国民や旧

英国保護領民・信託統治地域民以外を指す); 在留外国人 (cf. CITIZEN). ▶ ENEMY ALIEN (敵性外国人) / EXCLUDABLE ALIEN (入国資格のない外国人) / ILLEGAL ALIEN (違法入国者) / NONRESIDENT ALIEN (非居住外国人) / REGISTRATION OF ALIEN (外国人登録) / RESIDENT ALIEN (居住外国人) / TRANSIENT ALIEN (短期滞在外国人) / UNDESIRABLE ALIEN (好ましからざる外国人) / UNDOCUMENTED ALIEN (不法入国者). — vt 1 〈財産・権原などを〉移転する, 譲渡する (alienate). 2 心情的に遠ざける. ～・ly adv ～・ness n 〔OF<L=belonging to another (alius other)〕

álien・able a 移転[譲渡]できる. **àlien・ability** n

álien・age n (在留)外国人であること, (在留)外国人の法的地位[身分].

álien ámi [ámy] 友好国国民 (=ALIEN FRIEND).

Álien and Sedítion Àcts [Làws] pl 〔the ～〕《米史》外国人・煽動防止法 (John Adams 政権下の 1798 年にフランス革命思想の伝播を恐れて与党連邦党 (Federalist party) が成立させた外国人取締りを強化, 合衆国政府に対する陰謀・批判言論の規制を定めた 4 つの時限的連邦法の総称; 言論弾圧の批判を招き, 1801 年の Jefferson 政権成立の一因となった).

Ali・e・na ne・go・tia exac・to of・fi・cio ge・run・tur. /ɛɪliíːnə nɛgóʊʃɪə ɛgsǽktou əfíʃiou ʤɛrántər/ 他人の仕事は厳密な注意をもってなされる(べきである). 〔L=The business of another is carried out with scrupulous attention.〕

álien・àte vt 1 〈友人・家族などを〉疎遠にする, 離反させる; 〈自分を〉疎外させる; 〈愛情などを〉よそに向ける. 2 〈財産・権原などを〉移転する, 譲渡する (=alien). **ál・ien・à・tor** n

àlien・átion n 1 心情的疎遠, 離反, 愛情移転; (自己)疎外; 精神錯乱. 2 a 《財産・権原などの》移転, 譲渡. b 所有物処分権, 《財産・権原などの》移転権 (power of alienation). ▶ ABALIENATION (移転) / DIRECT ORDER OF ALIENATION (譲渡抵当付き債務弁済義務則) / FINE FOR [ON] ALIENATION (移転許可料) / FRAUDULENT ALIENATION (詐害的譲渡; 遺産不当譲渡) / INVOLUNTARY ALIENATION (強制移転) / POWER OF ALIENATION (移転権) / RESTRAINT ON ALIENATION (移転禁止(条項)). **álien・à・tive** /-nèɪtɪv/ a

alienátion clàuse 移転条項(1) 不動産譲渡証書 (deed) 中の, その不動産の将来の譲渡の許可・禁止について定めている条項 2) 保険証券 (insurance policy) 上の, 保険契約者が被保険物を他人に移転した場合には担保しない旨を定めた条項).

alienátion of afféction(s) 愛情移転, 第三者による夫婦の離間 (配偶者の一方の愛情を第三者に向ける, 配偶者権 (consortium) に対する侵害で, 不法行為となったが, 米国の大部分の州で不法行為とすることを廃止; cf. CRIMINAL CONVERSATION).

Ali・e・na・tio rei prae・fer・tur ju・ri ac・cres・cen・di. /ɛɪlɪnéɪʃioʊ ríːaɪ prifértər ʤúːraɪ

ǽkrɛsɛ́ndaɪ/ 物の譲渡は(財産の)蓄積権より優先される 《この法格言は元来は合有不動産権 (joint tenancy) において権利者の一人の死亡前の譲渡が生残者 (survivor) への権利帰属権よりも優先することについて述べられたものであるが, より一般的意味でも用いられる). 〔L=Alienation of property is preferred to the right to accumulate.〕

álien cárrier 《米》外国保険会社 (cf. DOMESTIC CARRIER, FOREIGN CARRIER).

álien corporátion 外国法人, 外国会社; 《米》州外法人, 州外会社. ★ FOREIGN CORPORATION と同義.

àlien・ée n 《財産の》被移転者, 譲受人 (opp. alienor).

álien énemy 敵性外国人, (在留)敵国人 (=enemy alien)《交戦国の国民; cf. UNDESIRABLE ALIEN, ALIEN FRIEND〕.

álien fríend 友好国国民 (=alien ami) (cf. ALIEN ENEMY, UNDESIRABLE ALIEN).

ali・e・ni ju・ris /ɛɪliíːnaɪ ʤúːrəs, àːliérni júrəs/ a 《ローマ法》他人の権力に服する, 他人の監督下にいる (opp. sui juris). — n 《ローマ法》他権者 (自権者 (SUI JURIS) 以外の者). 〔L=of another's right〕

álien・ist n 《古》1 精神科医. 2《米》《刑事被告人の》精神鑑定医.

alien・or /éɪliənər, èɪliənɔ́ːr, -ljə-/ n 《財産の》移転者, 譲渡人 (opp. alienee).

Álien Registrátion Àct 〔the ～〕《米》外国人登録法《1940 年の連邦法; ⇒ SMITH ACT〕.

Álien Tórt Clàims Àct 《米》外国人不法行為請求法《合衆国が加わっている条約等の国際法違反を外国人が主張する不法行為 (tort) 上の請求審理権を連邦裁判所に与えている 1789 年制定の裁判所法 (Judiciary Act (of 1789)) の 1 条項; 1980 年代までは長くほとんど用いられなかったが, 外国において米国人でない人によって犯された拷問・失踪・殺害事件で数回用いられ始め, その後外国人が原告となって大企業や合衆国政府そのものないしは政府の指示で活動している者を訴える根拠規定として使われている; **Alien Tort Statute** (外国人不法行為法) ともいう).

al・i・ment /ǽləmənt/ n 1 滋養物, 食事. 2《スコットランド・大陸法》扶養, 扶養料; (妻の)扶助料 (alimony). — vt /-mènt/ 扶養する; …に扶助料を支払う. 〔F or L (alo to nourish)〕

al・i・men・ta・ry /ǽləmént(ə)ri/ a 1 a 食事の, 栄養の; 消化の. b 扶養する, 扶養すべき. 2《スコットランド・大陸法》扶助料に関する, 扶助料の《債権者の請求対象にならないという意味で用いられることが多い).

aliméntary-canál smúggling 消化管内隠匿密輸 (麻薬その他の禁制品を小袋などに入れ飲み込んで胃腸に留め, 検査を逃れ国内に持ち込む密輸).

aliméntary trúst 《英》扶助料信託 (=PROTECTIVE TRUST).

al・i・mo・nize /ǽləmənàɪz/ vt …に扶助料 (alimo-

al·i·mo·ny /ǽləmòuni; -məni/ *n* **1** 離婚[別居]扶助料, (妻の)扶助料, 離婚扶養料, 別居[離婚]手当, アリモニー (=aliment)《通例 夫から離婚または別居した妻に支払う; 英国ではこの語を廃し financial provision (資金給付) という語を用いている; cf. CHILD SUPPORT》. ▶ LUMP SUM ALIMONY (一括払い離婚[別居]扶助料) / PERIODIC ALIMONY (定期払い離婚[別居]扶助料) / PERMANENT ALIMONY (永久的離婚[別居]扶助料) / REHABILITATIVE ALIMONY (社会復帰援助離婚[別居]扶助料) / REIMBURSEMENT ALIMONY (弁償的離婚[別居]扶助料) / TEMPORARY ALIMONY (一時的扶助料). **2** 生活のてだて, 扶養. [L=nutriment; ⇨ ALIMENT]

álimony in gróss 一括払い離婚[別居]扶助料, 一括払い扶養料《別居または離婚に際して扶養を必要とする相手方に対して一括払いでなされる扶助料; 後日変更されることはない; lump sum alimony ともいう; alimony の語を廃した英国では lump sum provision という》.

álimony pendénte líte (妻の)訴訟中扶助料 (=TEMPORARY ALIMONY).

álimony pénding súit (妻の)訴訟中扶助料 (=TEMPORARY ALIMONY).

álimony shírker* (別居・離婚した妻に)扶助料を払わない男, 離婚[別居]扶助料不払い者.

álimony trùst 離婚[別居]扶助料信託《通例 別居・離婚の際の合意に従って, 受益者 (beneficiary) としての別居・離婚後の配偶者がそこから扶助を得るように他方配偶者が受託者 (trustee) に財産の移転・設定をする信託》.

alio in·tu·i·tu /éɪliou ɪnt(j)úːət(j)u, ǽl-/ *adv* 別の観点から; 表面的[本来の]動機とは別の動機でもって. [L=under a different aspect]

Ali·quis non de·bet es·se ju·dex in pro·pria cau·sa. /ǽlɪkwɪs nɑn débət ésɛ ʤúːdɛks ɪn próupriə kɔ́ːzə/ 人はみずからの事件においては裁判官であるべきではない. [L=One cannot be a judge in his/her own cause.]

al·i·quot /ǽləkwɑ̀t, -kwət/ *a* 《約数として》割り切ることのできる, 整除できる; 等分した.

áliquot párt rùle 部分取得意思の準則《裁判所がある人のための復帰信託 (resulting trust) を宣言する前に, その人はその財産の一部分の所有権取得意思を示さねばならないという原則》.

A List /éɪ ー/ 《英》A リスト (⇨ A AND B LISTS).

al·i·ter /ǽlətər/ *adv* 他に; 他で, 他の方法で, 異なって (otherwise). [L<*alius* other]

ALI test /éɪèlάɪ ー/ 《米》アメリカ法律協会テスト (American Law Institute test).

Ali·ud est ce·la·re, ali·ud ta·ce·re. /ǽliəd ɛst sɪléɪrɛ ǽliəd tæsíːrɛ, éɪliəd-/ 隠すことと沈黙することは別である. [L=To conceal is one thing, to be silent another.]

ali·un·de /èɪliʌ́ndi/ *adv, a, prep* よそから(の), 当該文書以外の[から]. ▶ EVIDENCE ALIUNDE (当該証拠以外の証拠). [L]

aliúnde rúle 他証拠の準則《陪審評決を弾劾するためには, 陪審評議の過程についての陪審員の証言・証拠を用いる前に, 他の証拠によって基礎事実が示されなければならないという証拠法上の法理》.

ALJ 《米》°administrative law judge 行政法審判官 ♦ Australian Law Journal.

ALJR Australian Law Journal Reports.

all /ɔːl/ *a, adv* すべて(の), 全部(の). **~ and singular** 例外なしにすべて, 一切《特に 不動産譲渡証書や遺言書の中で用いられる表現》.

Al·le·gans con·tra·ria non est au·di·en·dus. /ǽlɛgənz kɑntréɪriə nɑn ɛst ɔ̀ːdiéndəs/ 矛盾することを主張する者は聴かれるべきではない. [L=A person who makes contradictory allegations is not to be heard.]

Al·le·gans su·am tur·pi·tu·di·em non est au·di·en·dus. /ǽlɛgənz súːəm tɔ̀ːrpɪt(j)úːdiɛm nɑn ɛst ɔ̀ːdiéndəs/ みずからの恥辱を主張する人は聴かれるべきでない. [L=A person alleging his/her own infamy is not to be heard.]

Al·le·ga·ri non de·bu·it quod pro·ba·tum non re·le·vat. /ǽlɛgéɪraɪ nɑn débjuɪt kwɑd proubéɪtəm nɑn rélɛvæt/ 立証されたとしても関連性のないものは主張されるべきではなかった. [L=That which is not relevant if proved ought not to have been alleged.]

allegata ALLEGATUM の複数形.

al·le·ga·tion /ǽlɪgéɪʃ(ə)n/ *n* **1 a** (十分な証拠のない)申し立て, 主張; (事実(上)の)主張, 陳述 (cf. ACCUSATION, INDICTMENT, INFORMATION, PROOF). **b** 主張事実. ▶ BURDEN OF ALLEGATION (主張責任) / DEFENSIVE ALLEGATION (防御事実の主張) / DISJUNCTIVE ALLEGATION (択一的主張) / MATERIAL ALLEGATION (重要な主張) / PRIMARY ALLEGATION (主たる主張). **2** 《教会法》(特に 2 回目以後の)訴答《最初の訴答に当たるものは申立書 (libel), あるいは時に第一訴答 (primary allegation) ということもある》. [F or L; ↓]

al·le·ga·tum /ǽlɪgéɪtəm, ɑ̀ːləgɑ́ː-/ *n* (*pl* **-ga·ta** /-tə/) (訴答 (pleading) で)主張された事実, 主張事実 (cf. PROBATUM). [L]

al·lege /əléʤ/ *vt* 《特に 証拠なしで, あるいは証明する前に》〈...が事実であると〉主張する. [OF<L (*lit- lis* lawsuit)=to clear at law; cf. LITIGATE]

al·leged /-ʤəd/ *a* 事実であると主張された; まだ証明はなされていないが訴えられた: trial of the ~ murderer.

al·leg·ed·ly *adv* 主張により, 申し立てによると; (真偽はともかく)伝えられるところでは.

al·le·giance /əlíːʤəns/ *n* (国王・国家などに対する)忠誠(の義務). ▶ ABJURATION OF ALLEGIANCE (忠誠の放棄) / ACTUAL ALLEGIANCE (現下の忠誠(義務)) / LOCAL ALLEGIANCE (属地的忠誠(義務)) / NATURAL

ALLEGIANCE (出生による忠誠(義務)) / OATH OF ALLEGIANCE (忠誠宣誓). [OF; ⇨ LIEGE; alliance の類推]

al·lég·ing diminútion 《上訴審でなされる下級審の》記録不備の主張.

Állen chàrge 《米》アレン説示 (=dynamite charge, dynamite instruction) 《どうしても陪審の意見が一致せず評決もできないような場合に, 裁判官が陪審に対して, 虚心坦懐に疑問を調べ相互の意見を尊重し合い評決に達するよう重ねて説示すること; 1896 年の合衆国最高裁判所の判例 Allen v. United States の原告名から》.

Áll Éngland Láw Repòrts *pl* 『英国総合判例集』 『オール・イングランド・ロー・リポーツ』 《Butterworths 社刊の私的判例集; 1936 年創刊; 略 AELR, AER, All E.R.》.

All E.R. °All England Law Reports 『オール・イングランド・ロー・リポーツ』.

al·ler sans jour /F ale sã ʒu:r/ 即日放免; 請求棄却 (⇨ GO *hence without day*). [F=to go without day]

áll evénts tèst 《米》全事実の基準 《連邦所得税制の下で課税年度を決定するための基準; 発生主義 (accrual basis) で所得を計算する場合に, 収入・経費を確定するすべての事実がそれらの項目について申告する前に発生していなければならないという基準》.

áll fáults *pl* すべての瑕疵(ݨ) **with ~** 瑕疵を問わない条件で, そのままの状態で(の) (=AS is). ▶ SALE WITH ALL FAULTS (瑕疵引受け売買).

áll fóurs *pl* 《獣の》四足, 《人の》両手両足. **on ~** 〈先例・事件が〉《法律問題・事実問題共に》ぴったり合って, 完全に符合[合致, 一致]して, 同等[対等]で 〈*with*〉 (cf. WHITEHORSE CASE): This case is *on ~ with* Ewell v. Boswell.

al·li·ance /əláɪəns/ *n* **1** 同盟 (cf. ENTENTE); 同盟国. **2** 提携, 協力. ▶ STRATEGIC ALLIANCE (戦略的提携). **3** 縁組み, 姻戚関係.

allíed líne 関連保険 《例えば地震保険・漏水保険など火災保険とは別の保険契約で付保した保険》.

allíed offénse 類似犯罪 《他の犯罪ときわめて類似した構成要件を有している犯罪でその犯罪を犯せば自動的に他方の犯罪をも犯すことになるもの》.

áll-in ráte 全費用込み料金.

al·li·sion /əlíʒən, æ-/ *n* 《船舶》衝突 《厳密には停船中の船舶や埠頭などの静止物への衝突; 双方航行中の場合は COLLISION という》. [L (*allido* to strike upon)]

al·lo·ca·ble /ǽləkəb(ə)l/ *a* 割当可[配分, 配置]できる.

al·lo·cate /ǽləkèɪt/ *vt* **1** 〈役割・金額を〉割り当てる, 配分する. **2** 〈人を〉配置する. **ál·lo·cà·tor** *n*

àl·lo·cá·tion *n* **1** 割当て, 配分, 配給, 配賦; 配置; 割り当てられたもの[数量, 額], 配分金. **2** 《英》《民事訴訟手続きにおける》手順配分 (⇨ TRACK ALLOCATION). ▶ TRACK ALLOCATION (手順配分).

allocátion questionnáire 《英》《両当事者への》手順配分用質問表 (⇨ TRACK ALLOCATION).

allocátion to trácks 《英》《民事訴訟の》手順配分 (⇨ TRACK ALLOCATION).

al·lo·ca·tur /ǽloʊkéɪtər, ɑ̀:loʊkɑ́:tʊər/ *n* **1** 《史》《令状・訴状・訴答の》許可. **2** 《米》上訴許可. **3** 《英》訴訟費用査定書. [L=it is allowed]

al·lo·cute /ǽləkjù:t/ *vi* 〈被告人が〉最終陳述をする.

al·lo·cu·tion /ǽləkjú:ʃ(ə)n/ *n* **1** *最終陳述聴取の申し出 (=allocutus'') 《有罪決定後刑の宣告前に, 裁判官から被告人に与えられる自己弁護の機会の申し出》. **2** 最終陳述 《有罪決定後被告人が裁判官あるいは陪審に対して行なう情状酌量による減刑などを求める宣誓なしの最終的自己弁護》. **al·loc·u·to·ry** /əlákjətɔ̀:ri; -t(ə)ri/ *a* [L (*alloquor* to exhort)]

al·lo·cu·tus'' /ǽlək(j)ú:təs/ *n* 最終陳述聴取の申し出 (=ALLOCUTION). [L]

al·lod, al·od /ǽləd/ *n* ALLODIUM.

allodia ALLODIUM の複数形.

al·lo·di·al, alo- /əlóʊdiəl/ *a* 自由所有地として所有している; 自由所有地の (》 ALLODIUM) cf. FEUDAL). **~·ly** *adv*

al·lo·di·um, alo- /əlóʊdiəm/ *n* (*pl* **-dia** /-diə/, **~s**) 《封建的枠組に組み込まれていない》自由所有地, 完全私有地 (cf. FEE, FEUD[2], FIEF, UDAL) (⇨ TENURE). [Frank (ALL *ōd* estate)]

al·lo·gràph /ǽlə-/ *n* **1** 非自署, 代筆の署名 (opp. *autograph*). **2** 非自筆の文書, 代筆の文書.

al·longe /əlɑ́ndʒ; F alɔ̃ʒ/ *n* 補箋(ݨ) 《余白がなくなった場合などに手形などの流通証券 (negotiable instrument) に接紙し一体化させ裏書き用に用いる》. [F=lengthening]

áll-or-nóthing rùle 全か無かの準則, 悉無(ݨ)則 《永久拘束禁止の準則 (rule against perpetuities) と一体的に考えられている原則の一つで, グループ贈与 (class gift) の一部が無効になった場合にはその贈与全体が無効になるというもの》.

al·lot /əlát/ *vt* (-tt-) 割り当てる, 分配する;《目的・用途に》当てる.

allót·ment *n* **1** 割当て, 配分, 分配; 割当分, 割当額: ~ of shares 株式の割当て. ▶ LETTER OF ALLOTMENT ((株式)割当証(書)) / RETURN OF ALLOTMENT ((株式)割当報告書). **2** 割当地;《米》インディアン割当地.

allótment certíficate* 《株式》割当証(書) (=allotment letter'', letter of allotment'') 《株式申込人に対する会社からの割当通知書; 割当株式の種類・数・払い込み金額・払い込み期日が記載されている》.

allótment lètter'' 《株式》割当証(書) (=ALLOTMENT CERTIFICATE*).

allótment nòte 《英》船員給料受取先指図書.

allótment sỳstem 1 《英》割当地制度, 土地配分制度 《特に, 公有地を個人に貸与する菜園用の小割当地

制や, 農業労働者などに対するその耕作などの目的での割当地制). **2**《米》インディアン割当地制度.

allótment wàrden 割当地管理人.

al·low /əláu/ *vt* **1** 許す, 許可する, 許容する, …させておく; 可能にする, 可能ならしめる. **2 a**《金・時間・権利など》を与える, 割り当てる: He was ~ed thirty days to pay the fine. **b**〈いくら〉値引きする; 見込む, …の余裕をみておく〈*for*〉. **3**〈主張・議論の妥当性などを〉認める: ~ a claim [an appeal]. [ME=to praise＜OF (*ad-*, L *laudo* to praise and *loco* to place)]

allów·able *a* 許しうる, 許容できる, 不当でない.
— *n* 許可事項. **allòw·abíl·i·ty** *n*

allówable expénse [ʰ*pl*]《課税対象からの》控除経費, 許容経費.

allów·ance *n* **1**《一定の》手当, 報酬, 支給額[量, 数], 割当て[分[額, 量]], *こづかい (pocket money)*.
▶ ATTENDANCE ALLOWANCE (付添い手当) / CARER'S ALLOWANCE (介護者手当) / COST-OF-LIVING ALLOWANCE (生計費調整手当) / DISABILITY LIVING ALLOWANCE (障害者生活手当) / DISABILITY WORKING ALLOWANCE (障害者勤労手当) / EMPLOYMENT AND SUPPORT ALLOWANCE (雇用・所得援助手当) / FAMILY ALLOWANCE (家族[扶養]手当; 扶養割当て分; 養育費; 家族給付) / INVALID CARE ALLOWANCE (肢体不自由者介護手当) / JOBSEEKER'S ALLOWANCE (求職者手当) / MATERNITY ALLOWANCE (政府産休手当) / MOBILITY ALLOWANCE (歩行困難者手当) / RENT ALLOWANCE (家賃補助) / RETIREMENT ALLOWANCE (退職金) / SEVERE DISABLEMENT ALLOWANCE (重度廃疾手当) / SPOUSAL ALLOWANCE (配偶者割当て分) / STATE MATERNITY ALLOWANCE (政府産休手当) / WIDOWER'S ALLOWANCE (鰥夫割当て分) / WIDOW'S ALLOWANCE (寡婦割当て分). **2** 許容, 許可; 値引き, 控除(額); 余裕, 手加減; 斟酌, 酌量; 許容量, 許容度. ▶ CAPITAL ALLOWANCE (資本的支出控除) / DISALLOWANCE (不認可) / INDEXATION ALLOWANCE (物価指数控除) / NOTE OF ALLOWANCE (不服申し立て許可状) / PERSONAL ALLOWANCES (個人課税所得控除(額)) / TAX ALLOWANCES (所得控除(額)) / WIFE'S EARNED INCOME ALLOWANCE (妻の勤労所得控除(額)).

allówance pendénte líte 訴訟中扶養手当 (=TEMPORARY ALIMONY).

allówances agàinst táx *pl* 所得控除(額) (=tax allowances).

áll-pórts wárning sỳstem《英》全港警戒体制《児童誘拐 (child abduction) における警戒体制で, その子供が国外に離れることを阻止するためにすべての港・空港の出入国管理官に対して子供についての詳細情報を警察の全国コンピューター連絡網を使って伝える体制; この全港警報 (port alert) が出される前には訴えの真実性及び移動の危険の現実性・切迫性とについての警察の確信が必要であり, また 16 歳あるいは 17 歳の子供の場合には裁判所命令が必要となる》.

áll-púrpose cláuse《会社定款中の》全目的条項《会社の目的として適法ないかなる活動をも営むことであると包括的に記載する条項》.

áll-rísk insùrance 全危険担保保険 (=áll-rísks insùrance [pòlicy]).

áll rísks *pl*《保険》《特記したものを除く》全危険担保, オールリスクス《略 a.r., a/r, A/r; **against all risks** (略 a.a.r., AAR) ともいう》.

áll the estáte clàuse《英》全不動産権条項《不動産譲渡の際の証書中の, 譲渡不動産に関するすべての権利を移転する旨の条項》.

al·lure·ment /əlúərmənt/ *n* **1** 誘惑; 誘惑[魅惑]するもの. **2**《特に子供にとって危険である》強く興味をそそるもの (⇒ ATTRACTIVE NUISANCE DOCTRINE).

allúvial míning 砂鉱床採鉱(法).

al·lu·vio /əlú:vìòu/ *n* ALLUVION.

al·lu·vi·on /əlú:vìən/ *n* **1** 波の打寄せ; 洪水, 氾濫; 沖積層, 沖積地. **2** 堆積増地 (cf. ACCRETION, AVULSION, DELICTION, EROSION, RELICTION).

Áll Wríts Àct [the ~]《米》全令状法《合衆国最高裁判所と連邦議会創設の全裁判所に対してその裁判権行使の助けとなりかつ法慣行・法原則に合致するすべての令状 (writ) の発行権能を付与する連邦制定法》.

al·ly *n* /ǽlai, əlái; *pl* ʰǽl-/ **1** 同盟国. **2** 同盟国国民. — *v* /əlái, ǽlai/ *vt* 同盟[連合]させる: ~ oneself with [to] …と同盟する. — *vi* 同盟[連合]関係に入る.

al·moign, al·moin /ǽlmɔ́in/ *n* 施し, 寄進 (cf. FRANKALMOIGN). [ME=alms]

al·mo·ner /ǽlmənər, ɑ́:m-/ *n* 施物係, 施物官. [OF; ⇒ ALMS]

alms /ɑ́:mz/ *n* (*pl* ~)〖*pl*〗施し, 義捐(ぎえん). ▶ FREE ALMS (自由寄進(保有)). [OE ælmysse, ælmesse＜Gmc (G *Almosen*)＜L＜Gk *eleēmosunē* compassion]

álms·hòuse *n*《古》貧民救恤(きゅうじゅつ)宿泊施設.

al·nage /ǽlneidʒ/, **aul·nage** /ɔ́:l-/ *n*《英史》**1** 布地の長さの公的検査. **2** 毛織布地の長さ検査税.

al·nag·er /ǽlnidʒər/, **aul·nag·er** /ɔ́:l-/ *n*《英史》毛織物検査官.

alod, alodial, alodium ⇨ ALLOD, ALLODIAL, ALLODIUM.

ALR° American Law Reports, Annotated 『アメリカ注釈付き判例集』.

al·ter·a·tion /ɔ̀:ltəréiʃ(ə)n/ *n* **1** 変更: ALTERATION OF SHARE CAPITAL. ▶ COLORABLE ALTERATION (外見上の変更) / MEMORANDUM OF ALTERATION (特許に関する一部放棄書). **2**《建造物の, 特に構造の》変更. ▶ STRUCTURAL ALTERATION (構造変更). **3** 変造《契約書や手形などの記載を一方の当事者が相手方の同意を得ずに変更すること; cf. MUTILATION, SPOLIATION》. ▶ MATERIAL ALTERATION (実質的な変造).

alterátion of ínstrument 文書変造.

alterátion of sháre càpital[1] 株式資本(金)の変更.

al·ter ego /ɔ́:ltər í:gou, ǽl-, -égou/ 第二の自我, 分身. [L=second I]

álter égo dòctrine 《米》分身の法理 (=alter ego rule)《会社が特定の会社または個人によって完全に支配され、その分身 (alter ego) のようになっている場合に、両者の異別性を否定する原則; cf. INSTRUMENTALITY RULE, PIERCING THE CORPORATE VEIL》.

álter égo rùle 分身の準則 (1) =ALTER EGO DOCTRINE 2》本人であるならば正当自己防衛 (self-defense) のために行使することが認められる程度の実力までは、他の者もその人を防衛するために使用することが許されるというコモンロー上の法理》.

al·ter·nate /ɔ́:ltərnət, ǽl-; ɔ:ltə́:-/ a 1 交互の, 交替の. 2 代わりの, 代理の. ― n 1《選択できるように用意された》2つ以上のもの[方法]の一つ, 代替物. 2 *《前もって決められた》交替者, 代理人, 代わり, 補欠, 補充要員.

álternate diréctor 《英》予備取締役《取締役がみずからが出席することのできない取締役会などにみずからに代わって行為するよう取締役会の承認を得て任命した者》.

álternate légacy 選択的動産遺贈《遺贈者 (legator) が受遺者 (legatee) に複数の物から一つを選ぶことを認めている動産遺贈 (legacy)》.

álternate valuátion 《遺産の》代替評価 (⇒ ALTERNATE VALUATION DATE).

álternate valuátion dàte 《米税制》代替評価日《相続税に関して、死亡時点の市価で課税する原則に代えて、遺言執行者 (executor) の選択により、相続より6か月以内の処分時ないしは6か月時点の遺産の評価を行なう日》.

al·ter·na·tive /ɔ:ltə́:rnətiv, *ǽl-/ a 1 選択[択一]的な, 代替の, 代わりの, 別の. 2 交互の, 交替の (alternate). 3 体制的な文化[社会, 経済]の外部の, 非体制的な, 既存のものに代わる. ― n 1《複数のものから一つを選ぶ》選択, 択一. 2 選択肢; 代わりのもの, 代替物, 代案. in the ~ 代わりに, 選択肢として. ▶ LEAST [LESS] RESTRICTIVE ALTERNATIVE(s) (最も[より]制限の少ない他の手段) / PLEADING IN THE ALTERNATIVE (選択的訴答).

altérnative accommodátion 《英》《立退き請求を行なう賃貸人が提供すべき》代替居住家屋.

altérnative cóntract 《債務者が複数の債務のうち一つを選択履行できる旨の条項を含む》選択債務契約, 択一債務契約.

altérnative cóunt 択一的訴因《同一事実あるいは同一性質の一連の事実に基づき一つ起訴状中に複数の訴因が選択的に挙げられていること》.

altérnative dispúte resolùtion 《仲裁・調停など訴訟以外での》代替的紛争解決策 (=dispute resolution)《略 ADR》.

Altérnative Invéstment Màrket [the ~]《英》代替投資市場《1995年にロンドン証券取引所 (London Stock Exchange) が小規模成長企業の株式市場として開設したもので, 取引公認証券一覧 (official list) 上の会社に対するよりも条件は厳しくない; 略 AIM》.

altérnative liability 選択的責任《いくつかの製造業者の手を経た製品の欠陥による被害などの複数当事者による不法行為 (tort) 上の責任; この場合原告は、被告たちの誰か一人が損害の原因を作ったことを立証することができれば、なおその中の誰であるかが特定できなかった場合でも、立証責任は被告それぞれに移ることになる; cf. CONCERT OF ACTION》.

altérnative mandámus 選択的職務執行令状《被告に対してそこで要求されている行為をなすかさもなければ不履行の理由を示すべく一定の時に裁判所に出頭することを命ずる令状; cf. PEREMPTORY MANDAMUS》.

altérnative méans dòctrine 選択的方法の法理《ある犯罪が複数の方法で犯されうる場合に、被告人を有罪とするには陪審全員が有罪と認定すること自体は必要とされるが、その犯行の方法については、それぞれの可能性が実質的証拠 (substantial evidence) により支えられてさえいれば、可能な方法について全員一致は必ずしも必要ないという原則》.

altérnative mínimum táx《米税制》選択的最低額税《特別優遇措置・控除などを利用して所得税支払い義務を完全に回避しないようにし、最低限度の租税納付は確実にするために、法人あるいは高額収入のある個人に課しておく連邦の定率税 (flat tax); 略 AMT; cf. TAX PREFERENCE ITEM》.

altérnative obligátion 選択債務《当事者(多くは債務者)が複数の債務のうち一つを選択し、債務者がそれを履行すれば債務の履行と認められる債務》.

altérnative órder 択一的注文《証券業者に対して注文実行について択一的方法が指示されている注文; 例えば、一定金額までならば買い付け、そうでなければ買わないというような指図》.

altérnative pléading * 選択的訴答 (=pleading in the alternative[1])《民事訴訟で、互いに必ずしも整合的でない複数の独立した主張をなし、裁判所が根拠ありと判断する方の主張を援用するよう求めること; 攻撃・防御双方に用いる; cf. DUPLICITY, DOUBLE PLEA, DOUBLE PLEADING》.

altérnative prómise 選択的約束《複数の行為のうち一つを選択して果たせば約束履行となる約束》.

altérnative relíef 1 択一的救済(手段)《相互に排他的関係に立つ複数の救済(手段); 例えば損害賠償金請求と特定履行 (specific performance) の請求を択一的に行なわなければならないような救済; cf. ELECTION OF REMEDIES》. **2** 選択的救済(手段)《複数の救済手段を列挙して訴えを提起する場合の救済》. ★ 1, 2 共に alternative remedy ともいう.

altérnative remáinder 代替残余権《ある残余権 (remainder) が無効に帰した場合を停止条件としてあ

altérnative rémedy 択一的救済(手段); 選択的救済(手段). ★ ALTERNATIVE RELIEF と同義.

altérnative séntence 1 代替刑の宣告《拘禁以外の刑, 例えば一定の社会奉仕あるいは被害者への弁償などをなすことを宣告すること》. **2** 選択的刑の宣告《交通事故を起こした被告人に, 自動車保険に加入するか運転免許停止のいずれかの択一を命ずるように, 被告人に刑の選択権を与えるもの; 不確実性を理由に無効とされる》.

altérnative táx《米》選択分離課税《通常の税額計算方法の代わりに特定の所得について分離して税額を計算する方法が特例的に認められている場合の税; 米国連邦所得税法上資本利得(capital gain)への課税について認められていたが, 1986 年法で廃止》.

altérnative vérdict 代替評決《告発された件では無罪であるが, より軽い罪で有罪とする評決》.

altérnative vóte 選択投票法《過半数を得票する候補者がない場合を想定して, 再投票や決選投票(second ballot)によるのではなく過半数に達する候補者が出るようにするため採られる方式; 候補者 1 人だけを選定するのではなく, 第 2, 第 3 …と当選希望順位を記し, 過半数に達する候補者がいない場合は, 最下位候補者の票をその第 2 選択候補者に再配分することを繰り返して過半数候補者を決める投票方式; オーストラリアで採用されている; 略 AV; cf. SECOND BALLOT》.

altérnative wrít 予備的理由開示命令を含む令状, 選択的令状《特定の行為をせよと命じ, もしそれに従わぬ場合はその理由を示せと命じる令状; cf. OPTIONAL WRIT, PEREMPTORY WRIT》.

al·te·rum non lae·de·re /ǽltərəm nán líːdəri, ɔ́ːl-, -rùm-/ 他人を害さぬこと (cf. HONESTE VIVERE, SUUM CUIQUE TRIBUERE). 〔L=not to injure another〕

al·ti·us non tol·len·di /ǽlʃiəs nɑn təléndai, -tiəs-/《ローマ法・大陸法》高層建築制限役権《他人がある限度以上に高い建物を建てるのを制限する役権(servitude)》. 〔L=of not raising higher〕

alum·nus /əlʌ́mnəs/ n (pl alum·ni /-nàɪ/) **1**《古》《男の》里子. **2**《男子の》卒業生, 同窓生. 〔L=nursling〕

al·ve·us /ǽlviəs/ n (pl al·vei /-viàɪ, -viːɪ/) **1** 空洞, 槽; 舟. **2** 水路, 河渠(カキョ); 河床, 流床.

al·ways /ɔ́ːlweɪz, -wɪz, -wəz/ adv 常に, いつでも, 始終. ~ AFLOAT. ~ excepting ただし次の場合を除き, …はこの限りにあらず. ~ granting ただし…. ~ provided ただし…はこの限りにあらず.

ALWD Citation Manual /éɪèlɔ̀bljudíː-/〔米〕ALWD 引用手引《法的文書の専門家たちによる米国法文献引用法の手引き; ブルーブック(Bluebook)に代わるものとして 2000 年に初めて公刊; ALWD Citation Manual: A Professional System of Citation が正式名》. 〔ALWD: Association of Legal Writing Directors〕

AMA American Medical Association アメリカ医学会.

amal·ga·mate /əmǽlgəmèɪt/ vt, vi《会社など》合併する《with》;《異種族・思想などを》融合する《with》. **amál·ga·mà·tor** n

amal·ga·ma·tion /əmæ̀lgəméɪʃ(ə)n/ n 合同, 合併; 融合;《会社などの》合併 (cf. MERGER); 混合物, 合同体, 合併体. **amál·ga·mà·tive** a 混和[融合, 合同]しやすい.

Amál·phi·tan Códe [Táble] /əmǽlfɪtən-/ [the ~]〔史〕アマルフィ法典 (=Laws of Amalfi, Tabula Amalfitana)《イタリアのナポリ南東の海港 Amalfi で 11 世紀末に編纂された海法典》.

am·bas·sa·dor /æmbǽsədər, əm-/ n 大使; 使節, 特使: the American A~ to Japan 駐日アメリカ大使 / the Japanese A~ in London [to the Court of St. James's] 駐英日本大使 / an ~ extraordinary 特命大使 / an ~ plenipotentiary 全権大使 / an ~ extraordinary and plenipotentiary 特命全権大使. **am·bas·sa·do·ri·al** /æmbæ̀sədɔ́ːriəl/ a 大使の; 使節の. 〔F<It<Rom<L<Gmc (L ambactus servant)〕

am·bás·sa·dress n 女性大使[使節]; 大使夫人.

Ám·ber Alért /ǽmbər-/《米》アンバー警報《行方不明になっているあるいは危険にさらされている子供についての報道を警察がラジオ・テレビを通じて一般の人々に速報できる仕組み; 1996 年に何者かに誘拐殺害された Texas 州の 9 歳の少女 Amber Hagerman の名にちなむが, 米国・カナダの各地でこの制度は採用され, 地域により名称も異なっている; cf. AMBER'S LAW, CODE ADAM》.

Ámber's làw《米》アンバー法《子供に対する性犯罪を 2 度犯した者を仮釈放(parole)なしで 2 年間監監することと, 刑の宣告が連邦の量刑基準(sentencing guidelines)以下の裁判官につき議会に報告することを要求している連邦法; **Amber Hagerman Act**《アンバー・ヘイガーマン法》ともいう; Amber Hagerman という Texas 州の 9 歳の少女の誘拐殺害事件(1996 年)の被害者名から; cf. AMBER ALERT》.

am·bi·gu·i·ty /æ̀mbəɡjúːəti/ n **1**《意味・意図などの》両義性, あいまいさ, 不明確 (cf. VAGUENESS). ► EXTRINSIC AMBIGUITY (外在的意味不明確) / LATENT AMBIGUITY (潜在的意味不明確) / PATENT AMBIGUITY (明白な意味不明確). **2** 両義にとれる[あいまいな]表現[語句].

am·big·u·ous /æmbíɡjuəs/ a 両義にとれる, あいまいな, 不明確な. ~·ly adv ~·ness n 〔L=doubtful (ambi-, ago to drive)〕

am·bit /ǽmbət/ n **1 a** 境界(線); 限界. **b** 領域, 範囲. **2**《家・都市などの》周辺地域. 〔L=circuit〕

am·bi·tus /ǽmbətəs/ n (pl ~)〔史〕**1** 買官; 売官. **2** 売官制. 〔L〕

ám·bu·lance chàser* /ǽmbjələns-/ [derog] 救急車追いかけ屋 (=accident tout〔英〕)《事故現場や救急病院で事件をあさる弁護士やその雇われ人; 時に底意ありげな

俗語的用法で、弁護士を指す). **ámbulance chàs・ing** 救急車追いかけ.

Ámbulance Trùst《英》傷病者運搬車トラスト(⇨ NATIONAL HEALTH SERVICE TRUST).

Am・bu・la・to・ria est vo・lun・tas de・func・ti us・que ad vi・tae su・pre・mum exi・tum. /æmb(j)ʊlətóυriə ɛst vɑlʌ́ntəs dəfʌ́ŋktaɪ ʌ́skwɛ æd vɑ́ɪti s(j)uprí:məm ɛksítəm/ 死者の意思は臨終まで変更可能である. [L＝The will of a decedent is ambulatory until the last moment of life.]

am・bu・la・to・ry /ǽmbjələtɔ̀:ri; -t(ə)ri/ a **1** 歩行(用)の, 歩ける; 移動性の, 巡回の. **2**〈遺言などが〉変更[撤回]できる. [L; ambulo to walk]

ámbulatory wíll《遺言者生存中の》変更[撤回]可能遺言.

am・bush /ǽmbʊʃ/ n 待伏せ. — vi, vt 待伏せする.

am. cur. °amicus curiae 裁判所の友.

ame・lio・rate /əmí:ljərèɪt, -liə-/ vt 改良する, 改善する. — vi よくなる. **amé・lio・rà・tive** /; -rə-/ a 改良[改善]に役立つ.

amé・lio・ràt・ing wáste 改良的現状変更(＝ameliorative waste)《賃借人(lessee)や生涯不動産権者(life tenant)が無許可でその不動産の価値を増加させるような変更を加えること; 形式的には毀損(waste)に当たるが, 免責される》.

amè・lio・rá・tion n 改良, 改善.

améliorative wáste 改良的現状変更(＝AMELIORATING WASTE).

ame・na・ble /əmí:nəb(ə)l, *əmén-/ a **1 a** 従順な, 扱いやすい⟨to⟩. **b** ...に従う, 従う義務のある⟨to⟩. **c** 影響を受けやすい, 敏感に反応する, 〈批判などを〉受けやすい⟨to⟩. **2** 有責の, 責めを負うべき. **ame・na・bil・i・ty** /əmì:nəbíləti, əmèn-/ n

amend /əménd/ vt **1** 改める, 直す, 改善する, 修正する. **2**〈法などを〉改正する, 〈憲法議案などを〉修正する: propose to ～ the statute 同制定法の改正を提案する. **～・able** a

amend. amendment.

amend・a・to・ry /əméndətɔ̀:ri; -t(ə)ri/ a 改正[修正]させる(ための).

aménded compláint 修正された訴え《当初の訴えを修正しそれに代える訴え》.

aménded pléading 修正された訴答《初めの訴答に代わる訴答で, 初めの訴答から省いたり当時知られていなかった新事実を加えたもの》.

aménded retúrn 修正納税申告(書).

aménd・ment n《略 amend.》**1**《憲法・法律・議案・動議さらには訴え・起訴状・訴答の訴訟手続き上の行為などの》改正, 修正; 改正案, 修正案; 改正事項, 修正条項⟨to a rule⟩: make ～s to a contract. ▶ ARTICLES OF AMENDMENT (修正条項) / CONSTITUTIONAL AMENDMENT (憲法改正) / EXON-FLORIO AMENDMENT (エクソン-フロリオ修正). **2** [the A-s]《米国憲法の》修正条項.

amendment of indíctment《米・英史》《大陪審(grand jury)決定後の》正式起訴(状)の修正.

amends /əméndz/ n (pl ～) 償い, 賠償(金). ▶ OFFER OF AMENDS (修正・謝罪文公表の申し出) / TENDER OF AMENDS (賠償金の提供). **make ～** 償い[埋合わせ]をする⟨to sb for an injury⟩.

amen・i・ty /əméniti, əmí:-/ n **1**《場所・建物などの》ここちよさ, 環境の快適さ, アメニティー. ▶ LOSS OF AMENITY (生活の快適さの喪失). **2** [pl] 生活を楽しく[快適に, 円滑に]するもの[設備, 施設, 場所], 生活の便益. [OF or L (amoenus pleasant)]

a men・sa et tho・ro /eɪ ménsə ɛt θɔ́:roυ, -tɔ́:-/, **a men・sa et to・ro** /-tɔ́:-/ adv 食卓と寝床を別に, 〈夫婦〉別居して. — a 食卓と寝床からの, 夫婦別居の (cf. DIVORCE A MENSA ET THORO, A VINCULO MATRIMONII). ▶ DIVORCE A MENSA ET THORO (卓床離婚) / SEPARATION A MENSA ET THORO (卓床離婚). [L＝from table and bed]

amerce /əmə́:rs/ vt《自由裁量により》〈裁判所が〉...に罰金[憐憫罰]を科する; 〈人を〉罰する: ～ sb (in) the sum of $100 100ドルの罰金を科する. **amer・ci・a・ble, -cea-** /əmə́:rsiəb(ə)l, -ʃə-/ a

amérce・ment n《古》《裁判所・裁判権者の自由裁量による》憐憫罰(を科すること)(＝amerciament, merciament, misericordia)《定額の罰金(fine)に対し, 裁判権者の慈悲のまま(at the mercy [law French à merci])科された罰金; 特に役人の過怠に対して長く用いられた; ⇨ MERCY].

amer・ci・a・ment /əmə́:rsiəmənt/ n《古》AMERCEMENT.

Américan Arbitrátion Associàtion [the ～] アメリカ仲裁協会《労使紛争・商事紛争を審理仲裁する仲裁人候補者名簿の維持・管理をし, 仲裁・調停等による紛争解決に資している全国的非営利組織; 略 AAA》.

Américan Associátion of Láw Libraries [the ～] アメリカ法律図書館協会《略 AALL》.

Américan Bár Associàtion [the ～] アメリカ法曹協会, アメリカ法律家協会《1878年創設の全米の任意加入の法曹団体で, 法改革, 法学教育の改善・進歩, 司法運営の向上などに資している; 弁護士・裁判官などの法実務家だけでなく, 法学の教授なども会員資格を有する; 略 ABA》.

Américan Bár Cènter [the ～] アメリカ法曹センター《アメリカ法曹協会(American Bar Association), アメリカ法曹財団(American Bar Foundation)などの本部の建物; Chicago在》.

Américan Bár Foundàtion [the ～] アメリカ法曹財団《法学研究・教育推進のため1952年にアメリカ法曹協会(American Bar Association)から派生した財団; 略 ABF》.

American Civil Liberties

Américan Cívil Líberties Ùnion [the ~] アメリカ自由人権協会《1920年設立の市民権擁護団体; 略 ACLU》.

Américan cláuse《(海上保険の重複保険における)》優先主義約款, アメリカン・クローズ《先行保険契約者は後行の保険契約者に対して分担の請求することなく負担全額につき塡補すべきことを定めた条項》.

Américan depósitary [depóository] recèipt アメリカ預託証券《外国会社の株式を米国内で流通させるために米国の銀行が受託者 (depositary) となってその株式に代わるものとして発行する流通証券; 外国会社が米国で株主を獲得するための最も一般的な方法である; 略 ADR》.

Américan Dígest Sỳstem [the ~]『アメリカン・ダイジェスト・システム』《『アメリカ合衆国判例体系』(National Reporter System) に収録されたすべての判例に含まれる論点の要旨をキーナンバーごとに分類した検索システム; cf. GENERAL DIGEST》.

Américan Federátion of Lábor [the ~] 『米史』アメリカ労働総同盟《1886年発足, 1955年 AFL-CIO として発展的解消; 略 AFL》.

Américan Federátion of Lábor and Cóngress of Indústrial Organizátions [the ~] アメリカ労働総同盟・産業別労働組合会議《1955年にアメリカ労働総同盟 (American Federation of Labor) と産業別労働組合会議 (Congress of Industrial Organizations) とが合同して発足; 略 AFL-CIO》.

Américan Intelléctual Próperty Láw Associàtion [the ~] アメリカ知的財産権法協会《略 AIPLA》.

Américan Júdicature Socìety [the ~] アメリカ司法協会《効率的裁判達成を目的に1913年設立; 機関誌 *Judicature* を発行》.

Américan Jurisprúdence『アメリカン・ジュリスプルーデンス』《米国の法律百科全書; 略 Am. Jur.》.

Américan Láw Enfórcement Òfficers Associàtion [the ~] アメリカ法執行官協会《1976年設立》.

Américan Láw Ínstitute [the ~] アメリカ法律協会《法の再述 (restatement), 模範法典 (model code), 法学教育推進などを通して米国法の簡明性・整合性を推進することを目的としている弁護士・裁判官・法学教授たちによる組織体; 1923年設立; 略 ALI》.

Américan Láw Ínstitute tèst アメリカ法律協会テスト《=SUBSTANTIAL CAPACITY TEST》《略 ALI test》.

Américan Láw Repòrts, Ánnotated [the ~]『アメリカ注釈付き判例集』『アメリカン・ロー・リポーツ・アノテイテッド』《1969年からは主に州の上訴審判決の重要なものに注釈を付けて刊行; 1919年創刊; 略 ALR》.

Américan Presidéntial Wár Pòwers Àct [the ~] アメリカ大統領戦争権限法《1973年に可決された連邦法; これにより, 大統領は議会の承認なしでは戦争のための支出ができないことになり, 南ヴェトナムへの援助が打ち切られた; cf. WAR-POWERS RESOLUTION》.

Américan rúle アメリカ準則《**1**》訴訟当事者は, たとえ勝訴したにしても, みずからの弁護士報酬を支払わねばならないという原則; cf. ENGLISH RULE **2**》証人は, 主尋問 (direct examination) で持ち出された事柄に関連していない事実・情況については, 反対尋問 (cross-examination) で質問されることは認められないという法〔理〕.

Américan sháre アメリカ株式《外国会社の株式で証券業務代行人 (transfer agent) を介して米国の投資家に直接発行された株式》.

Américan Stóck Exchànge [the ~] アメリカン証券取引所《New York 市にある全米第2の株式取引所; 略 AMEX, Amex, ASE》.

Américans with Disabílities Àct [the ~] 障害アメリカ人法《1990年の連邦法で, 障害をもった個人に市民権 (civil right) 上の保護を与え, 公共施設・雇用・交通機関, 州および地方行政上のサービス, 電気通信の上での機会均等を保障する法律; 略 ADA》.

Américan Tríal Làwyers Associàtion [the ~] アメリカ事実審弁護士協会 (Association of Trial Lawyers of America)《略 ATLA》.

AMEX, Amex /ǽmèks/ °American Stock Exchange アメリカン証券取引所, アメックス.

AMHP〖英〗°approved mental health professional 精神健康認可専門家.

ami /əmíː; F ami/ *n* (*pl* ~s /-/) **1** 友. ▶ALIEN AMI (友好同国民). **2**《未成年者や既婚婦人のために, 起訴や弁護を行なう》近友 (friend)《通例 PROCHEIN AMI (= the NEXT FRIEND) と呼ばれる》.

ám·i·ca·ble áction /ǽmɪkəb(ə)l-/ 友誼的訴訟 (=AMICABLE SUIT).

ámicable compóunder《国際法・大陸法》《仲裁契約に基づく》仲裁人.

ámicable súit 友誼的訴訟 (=amicable action, friendly suit, test case)《事実については争いがなくもっぱらその法的意義に関して争いがあるので, 法律問題についてのみ判断を求める訴訟; 重要な法原則ないし権利を確認するために提起される場合が多い》.

ami·cus /əmíːkəs, əmáɪ-/ *n*, *a* (*pl* **ami·ci** /əmíːkàɪ, əmáɪ-/) 裁判所の友 (amicus curiae) (の[を代表する]) (⇒ AMICUS CURIAE). [L=friend]

amícus cú·ri·ae /-kjʊ́ərìː, -rìàɪ/ (*pl* **amíci cúriae**) 裁判所の友, 法廷助言者 (=friend of the court)《事件について裁判所に情報または意見を提出する第三者; 略 am. cur.》: an ~ brief《裁判所の許可に基づき裁判所の友が準備または提出する》裁判所の友書面《しばしば amicus brief と省略される》. [L=friend of the court]

Am. Jur. °American Jurisprudence『アメリカン・ジュリスプルーデンス』.

am·ne·sia /əmníːʒə, -ziə/ n **1** 記憶消失[喪失]. **2** 健忘症, 記憶障害, 記憶力喪失. [L<Gk].

am·nes·ty /ǽmnəsti/ n 大赦 (=general pardon) 《恩赦 (pardon) の一種で, 通例 政治的犯罪に対して罪の種類を決め該当者一律に過去の犯罪を法的記憶から除き不問に付すこと; 有罪決定された者に限らず特に 有罪の言い渡しを受けていない者や訴追されていない者にまでも及ぶ; cf. CLEMENCY, COMMUTATION, PARDON》. ― vt …に大赦を与える: be *amnestied* by the president. [F or L<Gk *amnēstia* oblivion]

Ámnesty Internátional 国際アムネスティ, アムネスティ・インターナショナル《思想信条などによる投獄者の釈放運動などを行っている国際的人権擁護組織; 1961年設立; 略 AI》.

amort. amortization.

am·or·ti·za·tion, 《英》 -sa- /ӕmərtəzéiʃ(ə)n, əmɔ̀ːr-, -tàɪ-/ n **1** (無形(固定)資産の)なしくずし償却《著作権・特許権などの無形(固定)資産 (intangible asset) の, その存続期間を通しての減価償却; cf. DEPRECIATION》. **2** (減債基金 (sinking fund) などによる社債・債務の)定時償還(金), 割賦償還(金). ▶ NEGATIVE AMORTIZATION (逆定時償還). **3** 《史》(法人, 特に 修道院への)不動産譲渡, 死手譲渡[帰属] (⇨ MORTMAIN).

am·or·tize, 《英》 -tise /ǽmərtàɪz, əmɔ́ːr-/ vt **1** 〈無形(固定)資産を〉なしくずし償却する (cf. CAPITALIZE, DEDUCT); 〈社債などを〉定時償還する, 割賦償還する. **2** 《史》《死手法 (mortmain statute) 上》〈不動産を法人[(特に) 修道院]に〉譲渡する, 死手譲渡する. **~·ment** /əmɔ́ːrtəzmənt, ǽmərtáɪz-/ n AMORTIZATION. **ám·or·tìz·able,** 《英》 -tìs- *a* [OF<L (*ad mortem* to death)]

ámortized lóan 定時償還貸付け[融資, ローン].

amo·tion /əmóʊʃ(ə)n/ n **1** (役職の)解任《特に 会社の)役員解任. **2** (占有の)剝奪.

amount /əmáʊnt/ vi 総計〈…〉に達する〈*to, up to*〉; 帰するところ〈…〉になる〈*to*〉. ― n **1** [the ~] 総額; 元利合計. ▶ FACE AMOUNT (額面価格; 額面保険金額) / JURISDICTIONAL AMOUNT (訴訟(物)の価額) / LIQUIDATED AMOUNT (あらかじめ約定された額) / ZERO BRACKET AMOUNT (課税最低控除額). **2** 量.

amóunt cóvered 保険金額.

amóunt in cóntroversy 訴額, 請求金額, (cf. AGGREGATION DOCTRINE, DIVERSITY OF CITIZENSHIP, JURISDICTIONAL AMOUNT, MATTER IN CONTROVERSY].

amóunt of lóss 損害額.

amóunt réalized* 《税制》実現額《財産処分により受領した金額および金銭以外の財産の総額で, 取得金額との差額が課税対象となる》. 「**amóv·al** n

amove /əmúːv/ vt **1** 解任する (remove). **2** 剝奪する.

amo·ve·as ma·nus /eɪmóʊviəs mǽnəs/ 《史》《国王占有を奪われたもとの帰属者に返還するよ
うに命ずる》財産返還令状, 財産返還判決《英国では1947年法で廃止》. [L=that you remove your hands]

Ámsterdam Tréaty [the ~] アムステルダム条約 (=TREATY OF AMSTERDAM).

AMT 《米税制》°alternative minimum tax 選択的最低額税.

a mul·to for·ti·o·ri /eɪ máltoʊ fɔːrʃiɔ́ːraɪ/ *adv* なお一層強い理由で (cf. A FORTIORI). [L=by far the stronger (reason)]

amúsement tàx 遊興税, 娯楽施設利用税, 娯楽税《音楽会・スポーツ観覧などのための入場券に課される税》.

AMW average monthly wage (平均)月例賃金.

amy /əmí/ n AMI.

ána·gràph /ǽnə-/ n 記録, 目録.

anal·o·gy /ənǽləʤi/ n 類似; 類比; 類推.

analýtical jurisprúdence 分析法学《法の論理構造, 法概念の意味・用法などを分析・研究する理論法学の一分野; Jeremy BENTHAM, John AUSTIN が祖とされる》.

an·ar·chic /ənɑ́ːrkɪk, ə-/, **-chi·cal** *a* 無政府状態の; 無政府主義の; 無秩序な.

an·ar·chism /ǽnərkìz(ə)m, -ɑːr-/ n 無政府主義, アナキズム. **án·ar·chist** n, a

an·ar·chy /ǽnərki, -ɑːr-/ n **1** 無政府状態, 無秩序, 無法状態. **2** 無政府主義 (anarchism). ▶ CRIMINAL ANARCHY (犯罪となる無政府主義).

anath·e·ma /ənǽθəmə/ n 《カトリック》アナテマ; 異端排斥, 破門; 阻斥, 呪い. [L<Gk=devoted or accursed thing]

anatómical gíft 《臓器移植や研究・教育用解剖のための》遺体提供, 死体提供.

an·ces·tor /ǽnsèstər/ n **1** 先祖, 祖先 (opp. *descendant*). ▶ COMMON ANCESTOR (共通の祖先). **2** 尊属である血族; 直系尊属 (=ASCENDANT). ▶ COLLATERAL ANCESTOR (傍系尊属). **3** 被相続人 (cf. HEIR). **án·cès·tress** /-trəs/ n fem **an·ces·tral** /ænséstrəl/ a [OF<L *ante-* prior (*cess- cedo* to go)]

ancéstral estáte 無遺言不動産相続不動産権《その権原 (title) が無遺言不動産相続 (descent) によるかあるいは血統以外の他のいかなる理由にもよらずに法の作用により取得された不動産権》.

an·ces·try /ǽnsəstri/ n **1** 先祖, 祖先《集合的; opp. *posterity*》. **2** 家系 (lineage).

an·chor·age /ǽŋkərɪʤ/ n **1** 投錨料, 錨泊(ばしょ)料. **2** 錨地, 停泊地.

an·cient /éɪnʃ(ə)nt/ a **1** 往古の, 古代の. **2** 古来の, 20年ないし30年は経た: an ~ and honorable custom 古来の慣習. ― n [*pl*] 《インズ・オヴ・コート (Inns of Court) あるいはインズ・オヴ・チャンセリー (Inns of Chancery) の一つでそこに所属の》古参メンバー, 古参弁護士.

áncient déed 古捺印証書《20年(場所により30年)

以前に作成された捺印証書で, 一定条件の下で真正性の証明がなくとも真正な証書としての証拠能力を認められる; cf. ANCIENT DOCUMENT》.

áncient de·mésne /-dɪméɪn, -míːn/ 《英史》固有王領《1066 年のノルマン人の征服 (Norman Conquest) 直前から直後にかけて王領であった土地; そこの土地保有権は他と異なる扱いをされた; 1922 年法で廃止》. ▶ COURT OF ANCIENT DEMESNE (固有王領裁判所).

áncient dócument 《史》古文書 (= ancient writing)《20 年 (場所により 30 年) 以上前に作成された, 一定条件の下で真正に成立したものと推定される文書; cf. ANCIENT DEED》.

áncient hóuse 《英史》古家屋《隣接の土地建物に対して支持(地役)権 (support) が認められる古くからある家屋》.

áncient líghts pl 1 [ˢ⟨sg⟩] 取得時効採光(地役)権 (= easement of light)《20 年以上妨げられなかった明かり採り窓には採光権を認められる; cf. LIGHT, RIGHT OF LIGHT》. 2 取得時効採光権付きの窓.

áncient méssuages pl 古家屋敷《記憶が及ぶ以前から存した家屋敷は, 立証されない限りは法的記憶 (legal memory) 前から存在したと推定され, 隣接地に対して取得時効採光権 (ancient lights) や 支持(地役)権 (support) をもつ》.

áncient mónument 《英》遺跡記念物.

áncient sérjeant 《英史》最年長国王奉公人 (cf. SERGEANT).

áncient wátercourse 昔ながらの流水路 (cf. WATERCOURSE).

áncient wríting 古文書 (= ANCIENT DOCUMENT).

an·cil·lary /ǽnsəlèri; ænsíləri/ a 補助的な, 付随的な, 副次的な, 副の ⟨to⟩. ― n 従属[補助]的なもの[人, 組織], 子会社. **an·cil·lar·i·ty** /ænsəlǽrəti/ n ［L ⟨ancilla handmaid⟩］

áncillary áction 付随的訴訟 (= ANCILLARY SUIT).

áncillary administrátion 《米》副次的遺産管理(手続き) (= foreign administration)《死者が住所 (domicile) を有している法域の主たる遺産管理手続きとは別に, 死者の例えば他州の住所においてそこでの資産・債務の処理をするための副次的なものを指す; 遺産管理は各州の裁判所の管轄になっていて州裁判所任命の遺産管理人の権限も州内に限られることからその必要が生ずる; cf. DOMICILIARY ADMINISTRATION》.

áncillary admínistrator 副次的遺産管理人 (⇨ ANCILLARY ADMINISTRATION).

áncillary attáchment 付随的仮差押え《原告の請求について判決が出される前の仮差押え》.

áncillary bíll 付随的訴状 (= ANCILLARY SUIT).

áncillary cláim 付帯的請求《例えば, 連邦裁判所 (federal court) 管轄の請求に密接に関連している州法上の請求など, 別の請求に付随・依存しているないしはその補助となる請求; 上例では連邦裁判所が管轄しうる; ⇨ ANCILLARY JURISDICTION, SUPPLEMENTAL JURISDICTION》.

áncillary crédit bùsiness 付随的信用事業《種々の信用事業を含むないしは関連して営む事業》.

áncillary gránt《英》副次的遺言検認状の発給 (⇨ ANCILLARY PROBATE).

áncillary jurisdíction 付帯的管轄権[裁判権]《当該裁判所に適正に係属している事項から生じてきた事項については, 本来は管轄権を有しないが, 管轄しうる権限; cf. PENDENT JURISDICTION, SUPPLEMENTAL JURISDICTION》. 「法.

áncillary legislátion《主たる立法の》補助的立

áncillary próbate《英》副次的遺言検認状《外国の裁判権の下で選任された遺言執行者 (executor) に対して英国内で死亡した人の遺産処理を可能にする遺言検認状の発給 (grant of probate); cf. ANCILLARY GRANT》.

áncillary procéeding 付随的訴訟手続き (= ANCILLARY SUIT).

áncillary prócess 付随的訴訟手続き (= ANCILLARY SUIT).

áncillary recéiver 副財産保全管理人《他の管轄区域内の財産保全管理人 (receiver) を特定区域内で補助すべく選任される保全管理人で, 支払い不能法人などの引当て財産を収集・管理する者》.

áncillary relíef 付随的[補助的]救済《本来の救済に付随して与えられる救済; 例えば, 離婚・別居の手続き中に出される資金給付命令 (financial provision order) など》.

áncillary restráint《主たる取引行為に付随してそれに制限を付している》付随的制限.

áncillary súit 付随的訴訟 (= ancillary action, ancillary bill, ancillary proceeding, ancillary process)《前に出された判決を実施するためあるいはそれに疑問を投ずるためなど, 他の訴訟に起因し, その補助として提起される訴訟》.

Án·ders bríef /áːndərz-, ǽn-/《米》アンダーズ書面 (= no-merit brief)《刑事訴訟の上訴審で裁判所指名の防御側弁護士が, その上訴が意味をもたないものであると信じ弁護を辞退したいと望む場合に提出される書面; 当該弁護士はここに訴訟記録上 上訴を支持しうる可能性のあるすべての事項を示さねばならない; 裁判所はこの書面に基づきその上訴が意味を有さずしたがって辞退を認めるべきか否かを決定することになる》. ［*Anders* v. California (1967)］

and his héirs《史》単純封土権表示文言《文字通りでは「およびその法定相続人」という意味であるが, かつて単純封土権 (fee simple) 譲与のための定式化された文言; 法定相続人にも当該権利を与えるという意味ではなく, to A and his/her heirs とあれば, A が法定相続されうる単純封土権を譲与されることを示すと解釈され, また単純封土権が譲渡されるためには譲受人 (A) の名のあとにこの

an·ec·do·tal /ǽnɪkdóʊtl/ *a* **1** 逸話(風)の. **2** 裏付けに乏しい, 不確かな<証拠>: ~ evidence.

an·gar·ia /æŋgéərɪə/ *n* **1** 《ローマ法》徴用;《車や船の》徴発. **2**《史》《農奴や保有者に対して領主が強要する》過重奉仕. **3**《国際法》ANGARY. [L<Gk]

an·ga·ry /ǽŋɡəri/ *n* 《国際法》戦時徴用権 (=angaria)《交戦国が中立国の財産を収用または破壊する権利; 補償の義務を負う; cf. EMBARGO》. [F<L *angaria* forced service]

an·gel /éɪnʤəl/ *n* 天使,(資金)援助者, お助け天使《特に, 資金面での援助者; 会社の合併と買収 (mergers and acquisitions) に関連しては特に, 取引成立に十分な資金を投入したり, 成立しそうもない取引を最終段階で登場成立させる投資家をいう》. ▶ BUSINESS ANGEL (企業の天使).

ángel invéstor 天使の投資家 (=business angel) 《見込みのある新企業にしばしば助言などと共に操業開始ないしは成長のための資金を援助する通例は経験豊かで成功している企業家》.

Án·gli·ae ju·ra in om·ni ca·su li·ber·ta·ti dant fa·vo·rem. /ǽŋglìː ʤúːrə ɪn ámni kéɪsu lìbərtéɪti dænt fævóʊrɛm/ イングランドの法はあらゆる場合に自由に対して好意を示す. [L=The laws of England are favorable in every case to liberty.]

an·gling /ǽŋɡ(ə)lɪŋ/ *n* 釣り, 魚釣り(術), 釣魚(ちょうぎょ)(法).

Ánglo-Américan Jóint Declarátion [the ~]《史》英米共同宣言 (⇨ ATLANTIC CHARTER).

Ánglo-Américan láw 英米法《法系としての概念; COMMON LAW 1 (4) (英米法, コモンロー) とほぼ同義で, CONTINENTAL LAW ((ヨーロッパ) 大陸法), CIVIL LAW 5 ((ヨーロッパ) 大陸法) と対比される》.

Ánglo-Sáxon láw アングロサクソン法《5世紀半ばごろから1066年の Norman Conquest までのイングランド法》.

an·guish /ǽŋɡwɪʃ/ *n*《心身の》激痛, 苦悶, 苦悩. ▶ MENTAL ANGUISH (精神的苦悶). [L]

an·i·mal /ǽnəm(ə)l/ *n* 動物 (⇨ CLASSIFICATION OF ANIMALS). ▶ CRUELTY TO ANIMALS (動物虐待) / DANGEROUS ANIMALS (危険動物) / DOMESTIC ANIMAL (家畜) / DOMESTICATED ANIMAL (飼いならされた野性動物; 家畜) / WILD ANIMAL (野生動物).

ánimal dó·mi·tae /-dáməta̠ɪ/ 飼い馴らされた動物, 家畜.

ánimal fé·rae ná·tu·rae /-féra̠ɪ nǽʧəra̠ɪ/ 野生動物 (⇨ CLASSIFICATION OF ANIMALS). [L]

ánimal mán·sue·tae ná·tu·rae /-mǽnswəta̠ɪ nǽʧəra̠ɪ/ 飼い馴らされた動物 (⇨ CLASSIFICATION OF ANIMALS). [L]

ánimal of a báse náture 財産価値の低い動物.

ani·mo /ǽnəmòu/ *adv* 意図的に;(…の)意思をもって. [L]

ánimo re·vo·cán·di /-rèvəkǽndaɪ/ *adv*《遺言などを》撤回する意思をもって. [L=with intent to revoke]

an·i·mus /ǽnəməs/ *n* **1** 意思, 意図, 目的, 心素. **2** 犯意, 悪意, 憎意, 敵意 (cf. MENS REA). [L=spirit, mind, will]

ánimus can·cel·lán·di /-kǽnsəlǽndaɪ/ 解除 [取消し, 破棄]の意思《主に遺言についていう》. [L=the intention to cancel]

ánimus de·di·cán·di /-dèdəkǽndaɪ/ 贈与[寄進, 供与]の意思. [L=the intention to dedicate]

ánimus de·se·rén·di /-dèsərɛ́ndaɪ/《配偶者・子供などを》遺棄する意思. [L=the intention to desert]

ánimus do·nán·di /-dounǽndaɪ/ 贈与の意思. [L=the intention to make a gift]

ánimus et fác·tum /-ɛt fǽktəm/ 意思と行為. [L=mind and deed]

ánimus fu·rán·di /-fjurǽndaɪ/ 窃取の意思 (= furandi animus). [L=the intention to steal]

ánimus ma·nén·di /-mənɛ́ndaɪ/ 留まる意思. [L=the intention to remain]

ánimus mo·rán·di /-mərǽndaɪ/ 留まる意思. ★ animus manendi (留まる意思) とほぼ同義であるが, やや程度が劣り, 永久居住の意思が若干劣る場合を多く指す. [L=the intention to tarry]

ánimus re·ci·pi·én·di /-rɪsɪpiɛ́ndaɪ/ 受け取る意思. [L=the intention to receive]

ánimus re·cu·pe·rán·di /-rɪk(j)ùːpərǽndaɪ/ 取戻し[回復]の意思. [L=the intention to recover]

ánimus re·pu·bli·cán·di /-rɪpʌ̀bləkǽndaɪ/《撤回遺言書の》復活[再発行]の意思. [L=the intention to republish]

ánimus re·sti·tu·én·di /-rəstɪtjuɛ́ndaɪ/ 再作成の意思, 復旧[修復, 修復]の意思. [L=the intention to restore]

ánimus re·ver·tén·di /-rìːvərtɛ́ndaɪ/《家所有者や飼育動物の》戻る意思, 帰還の意思. [L=the intention to return]

ánimus re·vo·cán·di /-rèvəkǽndaɪ/《遺言などを》撤回する意思. [L=the intention to revoke]

ánimus sig·nán·di /-sɪɡnǽndaɪ/ 署名の意思. [L=the intention to sign]

ánimus tes·tán·di /-tɛstǽndaɪ/ 遺言の意思 (= TESTAMENTARY INTENT). [L=the intention to make a testament or will]

an, jour, et waste /ɑ̃ ʒúər eɪ wéɪst/《史》一年収益大権 (=YEAR, DAY, AND WASTE). [F]

ann /ǽn/, **an·nat** /ǽnət/ *n*《スコットランド史》聖職者遺族特別給《通常の聖職禄以外に死亡した聖職者の配偶者・子・近親者に法的に支払われるべき半年分(もとは1年分)の聖職給》.

Ann. (Queen) Anne.

annat ⇨ ANN.

an·nates /ǽneɪts, -nəts/ *n* 《史》《特に 聖職禄からの》初年度収益《イングランドでは Henry 8 世の宗教革命時の聖職禄の初年度収益はもともと教皇に支払われていたが、1532 年法で国王に、1703 年からは女王アン下賜金 (Queen Anne's Bounty) として同下賜金委員会に支払われるようになり、さらに 1926 年法で大部分消滅; ⇨ FIRST FRUITS》.

an·nex /ənéks, ǽnèks, -ɪks/ *n* **1** 付加物, 付属書類. **2** 建増し部分, 別館. — *vt* /ənéks, æ-, ǽnèks/ 付加する, 添付する (attach) 〈*to*〉;〈領土などを〉併合する: ~ the island その島を併合する / a dispute over the ~*ing* of a strip of land 一条の土地の併合をめぐる紛争. [OF<L (*nex- necto* to bind)]

an·nex·a·tion /æ̀nekséɪʃ(ə)n/ *n* **1 a** 《特に 他国の領土の》併合. **b** 併合地. **2** 合併, 編入. **3 a** 定着, 付着, 付属 (cf. ACCESSION). **b** 付加物; 定着物, 付着物.

an·ni nu·bi·les /ǽnaɪ n(j)úːbɪliːz/ 《女性の婚姻適齢《コモンロー上は 12 歳; 英国では 1949 年法で 16 歳, ただし 18 歳 未満の場合は親の同意または拒否の場合にはそれに代わる裁判所の同意が必要》. [L=marriageable years]

an·no reg·ni /ǽnoʊ régnaɪ/《英》治世第…年に《略 a.r.》: ~ Regis Edwardi nunc tertio decimo 現国王エドワード治世第 13 年に. [L=in the year of the reign]

Annot. annotation.

an·no·tate /ǽnəteɪt/ *vt, vi* (…に)注[注釈]を付ける (cf. NOTE): UNITED STATES CODE ANNOTATED. **án·no·tà·tive** *a* 注釈的な. **án·no·tà·tor** *n* 注釈者.

ánnotated láw repòrts *pl* 注釈付き判例集.

ánnotated státutes *pl* 注釈付き法律集.

an·no·ta·tion /æ̀nətéɪʃ(ə)n/ *n* **1** 注釈, 注 (1)ある事件の事実と判決についての要約で, 特に制定法の解釈を含むもの 2) 法源, 通常は判例についての解説・批評; またこれを集成したもの 3) 通例 頭文字で表記し, テーマを一つの判例や法的問題に限定した分量も少なく, 論文には満たない学術的論稿; cf. NOTE》. **2**《ローマ法》追放場所指定. **3**《ローマ法》不在者呼出し. **4**《ローマ法》《法律上の疑義についての》皇帝の回答.

an·noy·ance /ənóɪəns/ *n* うるさがらせること; **不快感**; 不快な思いをさせるもの[人]《NUISANCE よりは一般に広い語義》.

an·nu·al /ǽnjuəl/ *a* 一年の; 例年の; 年一回の; 一年分の: on an ~ basis 毎年. **~·ly** *adv* 毎年; 年一回: The figures are revised ~*ly*. [OF<L (*annus* year)]

ánnual accóunting pèriod《米》《課税のための》事業年度, 課税年度.

ánnual accóunts *pl* 年次計算書類, 年次会計報告書《各会計年度に作成することが義務づけられている計算書類; cf. SUMMARY FINANCIAL STATEMENT》.

ánnual depreciátion 年次減価《資産の通常の損耗による毎年の減価》.

ánnual exclúsion 贈与税年間基礎控除額 (= annual gift-tax exclusion)《年間の贈与総額のうち課税対象にならない枠の金額》.

ánnual géneral méeting 年次総会, 年次社員総会, 年次株主総会《略 AGM》.

ánnual gíft-tàx exclúsion 贈与税年間基礎控除額 (=ANNUAL EXCLUSION).

ánnual méeting 年次会, 年次総会, 《特に》年次株主総会 (=regular meeting, stated meeting)《毎年一定時期に開催される会員総会; 会社の場合, 英国では ANNUAL GENERAL MEETING, 米国の場合は annual meeting of shareholders, shareholders' annual meeting または単に annual meeting という場合が多い; cf. SPECIAL MEETING》.

ánnual percéntage ràte《金利の》《実質》年率.

ánnual repórt 年次報告書,《特に 米国で会社の》年次営業報告書 (=annual statement).

ánnual retúrn《英》《会社の》年次報告書.

ánnual státement 年次報告書 (annual report).

ánnual válue 1《特定財産からの》年間実質年収. **2**《諸経費を差し引いた特定財産からの》年間賃貸収入. **3**《特定財産の》年度評価額.

ánnual válue of lánd 土地の年度評価額; 土地の年価値.

an·nu·i·tant /ən(j)úːət(ə)nt/ *n* 年金受給(権)者, 年金受取人, 年金受給資格者. [*annuity*+-*ant*; *accountant* などの類推]

an·nu·i·ty /ən(j)úːəti/ *n* **1** 年金《★ 遺言・継承財産設定 (settlement) などで設定され, 毎年権利者に一定額が支払われる年金のほか, 現在では(特に米国では)主として生命保険会社との契約に基づく年金を annuity といい, これに対して過去の勤務・功労などに報いるため国・私企業から支給される年金や(特に現在では)労使共同拠出基金からの退職者・遺族への年金を PENSION という》: buy [take out] an ~ / a terminable ~ 有期年金. ▶ CONSOLIDATED (BANK) ANNUITIES (統合(銀行)年金) / CONTINGENT ANNUITY (未確定年金) / CONVENTIONAL ANNUITY (最低額協定年金) / DEFERRED ANNUITY (据置き年金) / GOVERNMENT ANNUITY (政府年金) / GROUP ANNUITY (団体年金) / IMMEDIATE ANNUITY (即時開始年金) / JOINT AND LAST SURVIVOR ANNUITY (共同生残者年金) / JOINT AND SURVIVOR ANNUITY (共同生残者年金) / JOINT ANNUITY (共同生残者年金; 共生年金) / JOINT LIFE AND SURVIVORSHIP ANNUITY (共同生残者年金) / LAST-SURVIVOR ANNUITY (最終生残者年金) / LIFE ANNUITY (終身年金; 期限付き生存年金) / LIFE-INCOME PERIOD-CERTAIN ANNUITY (生涯受給額・確定期間保証年金) / NONREFUND ANNUITY (無償還年金) / ORDINARY ANNUITY (通常年金) / PERPETUAL ANNUITY (永続年金) / PURE ANNUITY (純粋年金) / REFUND ANNUITY (死亡時払い戻し金

付き年金) / RETIREMENT ANNUITY (退職年金) / REVERSIONARY ANNUITY (生残(者)年金) / STRAIGHT ANNUITY (定額年金) / VARIABLE ANNUITY (変額年金). **2**年間配当金. **3**年金受給権[受給資格] (cf. PENSION). **4**年金支払い契約; 年金支払い義務. 〔F<L *annuus* yearly; ⇨ ANNUAL〕

annúity bònd 年金債券 (=irredeemable, irredeemable bond)《満期がなく, したがって永久的に利息を支払い続ける債券》.

annúity cértain (*pl* annúities cértain) 確定年金, 期間保証年金《年金受給権者の生死に関係なく一定期間年金が支払われる》.

annúity dúe (*pl* annúities dúe) 期間当初支給年金《年金支払時期が通常年金 (ordinary annuity) と異なり年金支払期間の初めである年金》.

annúity pòlicy 年金保険証券.

annúity trùst《受益者 (beneficiary) に年金支給をなす》年金式信託. ▶ CHARITABLE REMAINDER ANNUITY TRUST (年金式公益残余権信託).

an·nul /ənʌ́l/ *vt* (**-ll-**) **1** 無効にする,〈命令・決議・契約〉を取り消す, 破棄する. **2**〈婚姻の無効を宣告する〉: Their marriage has been *annulled*. **an·núl·la·ble** *a* 取り消しうる, 破棄しうる. 〔F<L〕

annul. annulment.

an·nul·ment /ənʌ́lmənt/ *n* **1** 無効, 取消し, 破棄, 廃止: ~ of adjudication 破産宣告の取消し. **2** 婚姻無効(の宣告) (=**~ of márriage**) (cf. DIVORCE, DECREE OF NULLITY, NULLITY OF MARRIAGE).

an·nun·ci·a·tion /ənʌ̀nsiéiʃ(ə)n, -ʃi-/ *n* **1** 告知, 布告, 予告. **2** [the A-] お告げ, 受胎告知《天使ガブリエルが聖母マリアにキリストの受胎を告げたこと; *Luke* 1: 31》. **3** [the A-] お告げの祝日 (=**A´ Dày**) (=LADY DAY).

an·nus, di·es, et vas·tum /ǽnəs dáiːz et vǽstəm/《史》一年収益大権 (=YEAR, DAY, AND WASTE). 〔L〕

ánnus et dí·es /-ɛt dáiːz/ 1年と1日《丸1年間の意; ⇨ YEAR, DAY, AND WASTE》.

anom·a·lous /ənámələs/ *a* 変則の, 異常の.

anómalous endórsement 変則的裏書 (=IRREGULAR ENDORSEMENT).

anómalous jurisdíction 変則的裁判権 **(1)** 例えば, 違法に押収された物を排除すべしと起訴前に命令する権限など, 制定法により裁判所に授与されたものではないが, 弁護士や裁判所職員を統制する裁判所の権限の中に内在している権限 **2** 事件に訴訟参加しようとする申し立ての否認を再審査する上訴裁判所の暫定的裁判権; 上訴裁判所がこの否認を認めると認めれば, これについてのこの上訴裁判所の裁判管轄権は消滅し, 上訴があっても管轄権欠如を理由に上訴を却下せねばならなくなる》.

anómalous jurisdíction rùle《米》変則的裁判権の準則《上訴裁判所が有する訴訟参加申し立ての否認に関する暫定的裁判権《⇨ ANOMALOUS JURISDICTION)》についての原則; この準則は裁判所および学者により批判されており, 多くの上訴裁判所は, 事実審裁判所が申し立てを適正に否認したと判断した場合には, 裁判管轄権の欠如ゆえの上訴の却下ではなく, 原審のその否認を確認する形をとっている》.

anómalous pléa 変則答弁《エクイティー上の答弁の一種で, 肯定と否定の双方を含む, すなわち一部は承認と異議 (confession and avoidance), 一部は否認 (traverse) の訴答をすること; ⇨ PLEA IN EQUITY》.

anómalous pléading 変則訴答《一部肯定一部否定の双方の主張を含む訴答》.

anon·y·mous /ənánəməs/ *a* 無名の; 匿名の; 作者[発行人, 送り主, 産地など]のわからない;《判例などで》訴訟当事者名が省かれている. **an·o·nym·i·ty** /æ̀nəníməti/ *n* 無名(性); 匿名(性); 無名の人[もの].

anóther pláce [the ~]《英》他院, 上院 (⇨ PLACE).

An·son /ǽns(ə)n/ アンソン Sir **William Reynell** ~ (1843-1914)《英国の法学者; オックスフォード大学の Reader (1874-81), 同 All Souls College の Warden (1881-1914); 標準的概説書とされる *Principles of the English Law of Contract* (1884), *The Law and Custom of the Constitution* (1886-92) などを書いた; 1884年創刊で現在も続く英国の代表的法学雑誌 *Law Quarterly Review* の発刊も彼に多くを負っている》.

an·swer /ǽnsər, áːn-/ *n* **1** 答, 回答, 返事, 応答 (opp. *question*); 解答, 解決策. ▶ QUESTION-AND-ANSWER (質疑応答) / UNRESPONSIVE ANSWER (筋違いの返答). **2** 答弁; 答弁書. ▶ EVASIVE ANSWER (回避的答弁) / FALSE ANSWER (虚偽答弁). — *vt* **1**〈人・質問〉に答える,〈議論・攻撃〉に答弁する, 申し開きをする, やり返す, 応酬する; …に対して答弁書を提出する: ~ charges 訴えに対して答弁をする. **2**〈債務などを〉支払う: ~ a debt [damages]. — *vi* **1** 答える, 申し開きをする; 答弁書を提出する. **2** 責任を負う, 保証する〈*to sb for* sth〉; 償いをする〈*to sb for* sth〉; 罰をうける. 〔OE *andswarian* swear against (charge)〕

ánswer·able *a* 答えられる, 反駁可能な; 責任のある〈*to sb for* sth; *for* sb〉.

ánswer dày [dàte] 答弁期限日 (=appearance day)《被告が答弁をなすべき最終期限日; 米国連邦民事訴訟手続き規則 (Federal Rules of Civil Procedure) 上では通常 訴状送達後20日, 送達手続請求権放棄の場合には放棄通知発送から60日 (外国に所在する被告の場合は90日)》.

an·te /ǽnti/ *adv*《opp. *post*》**1**《空間的に》前の方へ, 前で. **2**《時間的に》前に, 以前に. 〔L〕

an·te- /ǽnti/ *pref*「前」の意 (opp. *post*-).

an·te·céd·ence /æ̀ntəsíːd(ə)ns/ *n*《時間的・空間的・順位的な》先行, 優先.

àn·te·céd·ent *a* 先立つ, 先行する, 従前の, 既存の. — *n* [*pl*] 前歴, 経歴, 身元 (cf. ANTECEDENTS REPORT).

antecédent cláim 既存の請求《流通証券法上既存の債権の支払いまたは担保として証券が振り出されたり譲渡された場合、その証券は有償取得されたものとされ、契約成立に必要な約因 (consideration) を備えたものとみなされる》.

antecédent débt 既存の金銭債務 (=past debt)《1》一般に、その債務につきなんらかの後続する行為がなされる場合の既存の債務；債務発生後になって担保が供される場合の当該債務など 2) 出訴期間 (statute of limitations) が過ぎてしまった古い金銭債務；しかしこれは新しい約束のための約因 (consideration) になりうる 3) 破産法上、破産申し立て前に存在した債務者の債務；債務者がそのために資産を譲渡すると偏頗的移転 (preferential transfer) の問題が生じる；cf. PREFERENCE》.

antecédents repòrt《英》《有罪決定者の》身元報告書《有罪決定 (conviction) 後、刑の宣告 (sentence) を行なうための資料として裁判所に渡される被告人の年齢・学歴・職歴・家庭環境・犯罪歴などについての報告書；2003年法で、一定条件の下でのみ許容されることになっている》.

an·te·date /ǽntɪdèɪt, ーーーー/ vt 《証券など》に実際より前 (過去) の日付を付ける (=backdate) (cf. POST-DATE). — n 《小切手・証書などの》後(ご)日付.

án·te·dàt·ed /, ーーーー/ a 後(ご)日付の.

an·te li·tem mo·tam /ǽnti láitəm móutəm/ 訴訟が起こされる前に《訴訟提起前の当該時点では原告はうそをついたり真実をゆがめたりする動機を有していないことを示す成句として用いられる；cf. POST LITEM MOTAM》. [L=before the lawsuit was put in motion]

an·te·na·tus /æntinéɪtəs/ n (pl **ante·na·ti** /-néɪtài/)《ある時点より》以前に出生した者 (cf. POSTNATUS)《特に 1) 英国では1603年のイングランドとスコットランドの同君連合、米国では1776年の独立宣言以前に出生した者 2) 両親の婚姻前に出生した子に用いることがある》. [L=born before]

an·te·nup·tial /æntɪnʌ́pʃ(ə)l, -tʃ(ə)l/ a 婚姻前の (premarital, prenuptial).

antenúptial agréement 婚姻前夫婦財産合意［契約］(=PRENUPTIAL AGREEMENT).

antenúptial cóntract 婚姻前夫婦財産契約 (=PRENUPTIAL AGREEMENT).

antenúptial gíft 婚姻前贈与 (=PRENUPTIAL GIFT).

antenúptial séttlement 1 婚姻前継承財産設定(証書)、婚姻前継承の不動産処分(証書) (⇨ MARRIAGE SETTLEMENT). 2 婚姻前夫婦財産契約．★ 1, 2 共に prenuptial settlement ともいう；cf. POSTNUPTIAL SETTLEMENT.

antenúptial wíll 婚姻前遺言 (=PRENUPTIAL WILL).

an·ti- /ǽntɪ, *ǽntaɪ/ pref「反対」「敵対」「対抗」「防止」「排除」「排斥」の意 (opp. pro-)：the anti-terrorist squad. [Gk=against]

ànti-avóidance provísions pl《制定法上の》租税回避行為阻止規定.

an·ti·chre·sis /æntɪkríːsɪs, -taɪ-/ n《ローマ法・大陸法》《占有質における》果実と利息を相殺する特約、用益質《質権者は質物を占有ししかもそこからの収益を取得するが、利息はない；利息が支払われる場合は元本に充当；cf. PAWN》. [L<Gk (anti- opposite, chrēsis use<chrēsthai to use)]

an·tic·i·pate /æntísəpèɪt/ vt 1 予想する、予期する；期待する．2 前もって処理する、先取りする；《債務を》期限前に履行する．3 …に先んずる、先行する．4《幸福・破滅などを》早める．5《特許法》《出願された発明を》予見性があったものであるゆえに特許しない、…の新規性を否認する.

an·tic·i·pa·tion /æntìsəpéɪʃ(ə)n/ n 1 予想、予期、期待、将来を見越すこと、《財産権などの》期限前処分；《損害発生の》予期．2《特許法上の》予見性、予測性《出願された発明が先行する特許で既知の発明と実質的に同じ場合、その発明は予見性があったとされ、新規性を欠くゆえに特許とされない》.

an·tic·i·pa·to·ry /æntísəpətɔ̀ːri; -pèɪt(ə)ri/ a 1 予期[期待]される、先行の．2 時期尚早の；履行期[期限]前の.

antícipatory bréach 履行期[期限]前の契約違反 (=antícipatory bréach of cóntract)《履行期[期限]前の契約履行拒絶による契約違反；cf. ANTICIPATORY REPUDIATION》.

antícipatory núisance 予期される不法妨害［ニューサンス］.

antícipatory repudiátion 履行期[期限]前の履行拒絶《相手方はみずからの未履行分の履行義務を免除されるだけでなく、期限前に契約違反に対する損害賠償請求権を有することになる；cf. ANTICIPATORY BREACH》.

antícipatory séarch wàrrant 予期捜索(差押)令状 (=antícipatory wárrant)《例えば麻薬のような犯罪の証拠物件が将来特定の場所に置かれるとの合理的理由を示した宣誓供述に基づいて発せられる捜索(差押)令状》.

antícipatory self-deénse《国際法》《外国からの武力攻撃が現実に行なわれたのでなくその脅威がある場合の》先制的自衛《国連憲章 (United Nations Charter) 上の合法性は疑わしい》.

ànti·compétitive a 反競争的な、《企業間の》競争阻害[抑止]的な (opp. procompetitive).

anticompétitive práctice《企業の》反競争的行為 (cf. MONOPOLY, RESTRICTIVE TRADE PRACTICES).

ànti·constitútion·al a 憲法に違反する、違憲の.

ànti·contracéptive a 避妊を禁じた：~ laws.

ànti·destructibílity stàtute 《未確定残余権》反消滅可能性法 (⇨ DESTRUCTIBILITY OF CONTINGENT REMAINDERS).

ànti·dúmp·ing àct 反ダンピング法 (antidumping law).

antidúmping dúty 反ダンピング関税, 不当廉売関税 (=antidumping tariff)《同一製品の輸出国での売り値と輸入国での輸入業者の売り値とが均等になるようにするための関税; cf. COUNTERVAILING DUTY》.

antidúmping làw 反ダンピング法 (=antidumping act)《外国商品の公正な市場価格以下の安売りにより自国産業が被害を蒙ることを防止するために制定される法》.

antidúmping táriff 反ダンピング関税 (=ANTIDUMPING DUTY).

ànti-Féderalist n 1 反連邦主義者. 2 [A-]《米史》反連邦党[アンチフェデラリスト党]党員《合衆国憲法の批准に反対した党派の一員; cf. FEDERALIST》.

Ànti-Féderal párty《米史》反連邦党, アンチフェデラリスト党 (⇨ ANTI-FEDERALIST; cf. FEDERALIST PARTY).

ànti·haróssment òrder いやがらせ防止命令《ストーキング (stalking) や各種のいやがらせ (harassment) の被害者が利用できる一種の禁止命令 (restraining order) で, 通例は特定の人に対するなんらかの接触・監視・近づきなどを禁止すること》.

Ànti-Injúnction Àct [the ~]《米》差止め命令法《米国では労働争議が多く差止め命令で阻止されていたが, それを禁止した制定法; 略 AIA; ⇨ NORRIS-LA GUARDIA ACT》.

ànti-jóhn làw《売春婦の客を処罰する》買春(ばいしゅん)処罰法.

ànti·lápse státute《遺贈の》反失効法《受遺予定者が遺言者より先に死亡した場合にもその遺贈が失効 (lapse) することなく, 受遺予定者の法定相続人 (heir) の間で分配されるべきことを規定した制定法》.

an·tin·o·my /ænt́ɪnəmi/ n 二律背反;《法・判例間あるいは論理の》矛盾. **an·ti·nom·ic** /ænt́ɪnámɪk/ a [L<Gk=conflict of laws (nomos)]

an·ti·qua sta·tu·ta /ænt́áɪkwə stət(j)úːtə/ pl [°A- S-]《英》古制定法 (=vetera statuta)《Edward 3 世即位 (1327) に至るまでの制定法; cf. NOVA STATUTA》. [L=antique statutes]

ànti-sócial behávior òrder《英》反社会的行為禁止命令《同一世帯に属していない人に対して反社会的行為をなした者に対して関係者を保護するために将来に向ってその種の行為を禁止する裁判所命令; 1998 年法で導入, 略 ASBO》.

ànti·súit 訴え排除の《係属中であれ決着済みであれある訴訟での当事者に対して裁判所が, 別の管轄裁判所に同一人を相手に別の類似の訴訟を提起することを禁じる命令について用いる; この命令の目的は通例法廷(地)あさり (forum shopping) を阻止するためである; cf. COLLATERAL ESTOPPEL, RES JUDICATA》: an ~ injunction 訴え排除差止め命令.

ànti·trúst a 反トラストの, トラストを規制する.

ántitrust àct《米》反トラスト法, 独占禁止法 (=antitrust law)《競争制限行為の禁止, 自由競争の確保のための一連の連邦制定法; 主要なものとしては SHERMAN ANTITRUST ACT, 1890, CLAYTON ANTITRUST ACT, 1914, ROBINSON-PATMAN ACT, 1936, CELLER-KEFAUVER ACT, 1950 などがある》.

Ántitrust Division [the ~]《米》(司法省)反トラスト部.

ànti·trúst·er* n《口》1 反トラスト論者. 2 反トラスト法執行者.

ántitrust làw《米》反トラスト法 (⇨ ANTITRUST ACT) (cf. COMPETITION LAW).

Án·ton Píl·ler órder /ǽntən pílər-/《英史》アントン・ピラー命令《民事訴訟で原告側が被告の家に入り被告の証拠物を捜索し持ち出すことの裁判所による許可命令; 証拠隠滅のおそれがあるときなどに認められる; Anton Piller K. G. v. Manufacturing Processes LTD (1976) 事件において初めて認められた; ⇨ SEARCH ORDER》.

a.o.b., AOB any other BUSINESS.

APA《米》°Administrative Procedure Act 行政手続き法.

apex /éɪpɛks/ n (pl ~·es, api·ces /éɪpəsìːz, ǽp-/) 頂点, 頂; 極致, 絶頂. [L=peak, tip]

ápex depositìon 会社トップの証言録取(書)《会社の頂点に立つ人の証言録取(書); 裁判所は特別の事情がない限り許可しない場合も多い》.

ápex júris /-dʒúərəs/ (pl ápices júris) 法の極致 (⇨ APICES JURIS NON SUNT JURA). [L=peak of law]

ápex rùle 鉱脈頂点準則《鉱業権の空間的範囲を定めるための原則で, 鉱業権者が鉱脈の頂がある土地の境界を越えてその底まで採鉱できるということ; cf. EXTRALATERAL RIGHT, INTRALIMINAL RIGHT》.

apices APEX の複数形.

Api·ces ju·ris non sunt ju·ra. /ǽpɪsìːz dʒúːrɪs nɑn sənt dʒúːrə/ 法の極致は法にあらず. [L=Legal extremities are not law.]

APLA《史》American Patent Law Association アメリカ特許法協会 (AIPLA の前身).

apol·o·gy /əpɑ́lədʒi/ n 1 謝罪, 陳謝. 2 弁解, 釈明, 弁明, 弁護.

apos·ta·sy, -cy /əpɑ́stəsi/ n《史》(一度受洗した者の)棄教.

a pos·te·ri·o·ri /àː poustɪərióːri, -tèr-, éɪ pɑstɪəriːɔraɪ/ adv, a (opp. a priori) 後天的に[な]; 経験[観察]に基づいて[た]; 結果から原因にさかのぼる(と), 帰納的に[な]: ~ argument. [L=from what is after]

app. appeal ♦ appellant ♦ appellate ♦ appendix.

App. Appeals.

ap·pa·ra·tor /ǽpəréɪtər/ n APPARITOR.

ap·par·en·cy /əpǽr(ə)nsi, əpέər-/ n《まれ》法定推定相続人 (heir apparent) の地位[資格].

ap·par·ent /əpǽr(ə)nt, əpέər-/ a 1 目に明らかな, 明白な. 2 真偽はともかく真実らしい, 外見[外観]上の, 表見上の: ~ defects. **-ly** adv [OF<L; ⇨ AP-

PEAR]

appárent ágency 表見代理 (=ostensible agency)《無権代理ではあるが, 代理人が代理権を有しているような外観を有しかつそのことにつき本人が代理権を与えた旨を表示するなど責任を有している代理; この場合は善意無過失の相手方を保護するために有権代理の場合と同様にその人の行為の効果を本人に帰属させる; 禁反言による代理 (agency by estoppel) と同義に用いられる場合も多い; cf. AGENCY BY ESTOPPEL》.

appárent ágent 表見代理人 (=ostensible agent) (⇨ APPARENT AGENCY).

appárent assént 表面的には明白な同意《言語または行為で示された同意で, 必ずしも本当は同意をいとわないと思っているわけでなくとも, 通常の人ならばそう思って同意していると理解されても不自然でないような形でなされたもの》.

appárent authórity 表面上の権限, 表見的権限 (=ostensible authority)《実際には存在しない権限を他人にあるかのように示した場合の権限; しばしば authority by estoppel (禁反言による権限) と同義に用いられる》.

appárent dánger 明白な危険《特に正当自己防衛 (self-defense) の要件として重要となる》.

appárent défect 明白な瑕疵(かし) (=PATENT DEFECT).

appárent éasement 明白な地役権《その存在が外見上一般的に容易に知りうる地役権》.

appárent héir 法定推定相続人 (=HEIR APPARENT).

appárent insólvency《スコットランド》破産《かつては notorious insolvency あるいは notour bankruptcy と呼ばれていたものの新呼称》.

appárent sérvitude 明白な役権《外見上その存在が容易に知りうる土地に対する役権; 大陸法上の用語; cf. NONAPPARENT SERVITUDE》.

appárent títle 表見的権原 (=COLOR OF TITLE).

ap·par·i·tor /əpǽrətər, -tɔ̀:r/ *n* 1《ローマ法》《書記・執行吏など, 政務官の》補助吏 (=viator). 2《教会法・大陸法》執行吏, 伝達吏.

ap·peal /əpíːl/ *n* 1 懇請, 懇願. ▶ CHARITABLE APPEAL (慈善的寄付の懇請). 2 **a** 上訴《控訴・上告・抗告を含む概念》; 上訴請求; 上訴権; 上訴事件: lodge [enter, take] an ~ 上訴する / ~ against conviction 有罪決定に対する上訴 / ~ against sentence 刑の宣告に対する上訴. **b**《米》権利上訴 (=APPEAL BY RIGHT). ▶ AGREED STATEMENT ON APPEAL (原審確定事実合意陳述書) / BOARD OF IMMIGRATION APPEALS (入国管理不服審判所) / BOARD OF TAX APPEALS (租税不服審判所) / CASE ON APPEAL (上訴係属中の事件) / CONSOLIDATED APPEAL (統合上訴) / COUNTERAPPEAL (反対上訴) / COURT OF APPEAL (上訴裁判所; 控訴裁判所) / COURT OF APPEAL (控訴院) / COURT OF APPEALS (控訴裁判所; 最高法院裁判所) / CRIMINAL APPEAL (刑事訴訟上の上訴) / CROSS-APPEAL (交差上訴) / DIRECT APPEAL (直接上訴; 直接的攻撃による上訴) / DUPLICITOUS APPEAL (二重上訴) / FEDERAL APPEAL (連邦上訴裁判所への上訴) / FRIVOLOUS APPEAL (ふまじめな上訴) / INSTRUMENT OF APPEAL (離婚事件上訴申立書) / INTERIM APPEAL (中間上訴) / INTERLOCUTORY APPEAL (中間上訴) / LEAPFROG APPEAL (跳び越し上訴) / LIMITED APPEAL (限定的上訴) / LORD OF APPEAL (IN ORDINARY) (常任上訴裁判官) / NOTICE OF APPEAL (上訴通知) / PATENT APPEAL (特許審判) / PLANNING APPEAL (開発不服審査請求) / RECORD ON APPEAL (上訴用記録) / RIGHT OF APPEAL (上訴権) / STATE APPEAL (州上訴裁判所への上訴). 3《史》私訴《刑事事件における私人訴追; 英国では 1819 年に廃止》. ▶ APPEAL OF FELONY. ▶ BILL OF APPEAL (私訴状).
make an ~ to ...に訴える. ― *vi*〈法律・武力などに〉訴える〈*to*〉; 上訴する〈*to* a higher court, *against* the judge's decision〉;《史》私訴を提起する: ~ *to* the COUNTRY / ~ *to* the Supreme Court. ― *vt*〈事件, 下級審の判決を〉上訴する;《史》〈人を〉私訴する. **~·able** *a* 上訴できる;《史》私訴できる. **~·ability** *n* [OF<L]

appéalable decísion 上訴の対象となりうる判決[決定]《上訴審による再審査 (appellate review) を受けることができる程度にまで達している判決・決定・命令, あるいは制定法により直ちに上訴できる中間判決・命令; ⇨ COLLATERAL ORDER DOCTRINE; cf. INTERLOCUTORY ORDER》.

appéalable órder (上級審に不服申し立てが許される) 上訴の対象となりうる命令.

appéal as of ríght《米》権利上訴 (=APPEAL BY RIGHT).

appéal bònd (上訴不成功の場合, 被上訴人の訴訟費用を担保する) 上訴保証金証書《上訴の条件あるいは原判決の執行停止の条件として民事訴訟での上訴人に要求される; cf. SUPERSEDEAS BOND》.

appéal brìef =APPELLATE BRIEF.

appéal by ríght《米》権利上訴 (=appeal as of right)《上訴理由に該当すれば当然に上訴が認められる場合の上訴を指し, 上訴を認めるか否かが上訴を受ける裁判所の裁量にかかる CERTIORARI (裁量上訴(受理令状)) と対比される; 単に appeal ともいう》.

appéal còurt 1 上訴裁判所 (=APPELLATE COURT). 2 [the A- C-]《英》控訴院 (=COURT OF APPEAL)《略 AC》.

appéal in fórma páuperis 貧者の資格での[訴訟救助による]上訴 (⇨ IN FORMA PAUPERIS).

appéal of déath《史》殺人罪私訴 (⇨ APPEAL OF FELONY).

appéal of félony《史》重罪私訴《被害者側などの私人を含む個人による重罪 (felony) の刑事訴追; 被私訴人からの決闘審判 (trial by battle) を求める権利が付着していた; 英国では 1819 年法で廃止》.

appéals còuncil《米》《社会保障給付にかかわる》再

審査評議会[委員会].

appéals còurt 上訴裁判所 (＝APPELLATE COURT).

Appéal Tribúnal《英》上訴審判所《かつては社会保障上訴審判所 (Social Security Appeal Tribunal) と呼ばれていたもので, 社会保障給付(金) (social security benefits) 請求に関する決定についての上訴を審理する審判所; ここからの法律問題に関する上訴はそれまでと同様社会保障委員 (Social Security Commissioner) の一人に提起されうる》.

ap·pear /əpíər/ vi **1 a** 見えてくる, 現われる. **b** 出頭する; 出廷する; 出願する; 応訴する; 《証拠として》提出される: 〜 before the judge 裁判を受ける, 出廷する / 〜 for...の弁護人[代理人]として出廷する / 〜 in the court 出廷する. **2** ...と思われる; 明白である. ［OF＜L apparit- appareo to come in sight］

ap·pear·ance /əpíərəns/ n **1**《当事者・裁判官・弁護士・関係者などの》**出頭, 出廷; 応訴**: enter an 〜《被告から》出廷する, 出廷を示す. ▶ COMPULSORY APPEARANCE (強制的出頭) / ENTRY OF APPEARANCE (出廷(明示)) / GENERAL APPEARANCE (異議を留めぬ出廷) / INITIAL APPEARANCE (最初の出廷) / NONAPPEARANCE (不出廷) / NOTICE OF APPEARANCE (応訴通知; 弁護士受け訴答) / PERSONAL APPEARANCE (本人出頭) / SPECIAL APPEARANCE (限定的出廷; 限定的出廷答) / VOLUNTARY APPEARANCE (任意的出廷). **2 a**[°〜s] 外観, 外見, 様子, 体裁, 《人の》風采; [pl] 外面的形勢[状況, 情勢] **b**《ものの》感覚的印象, 感じ(方).

appéarance bònd 出廷[保釈]保証証書 (＝BAIL BOND).

appéarance by attórney 代理人による出頭[出廷] (cf. APPEARANCE BY COUNSEL).

appéarance by cóunsel 弁護士による出廷[出頭] (cf. APPEARANCE BY ATTORNEY).

appéarance dày 応訴日 (＝ANSWER DAY).

appéarance dòcket 出廷要録《出廷記録などが記録されている裁判所書記による訴訟の全手続きの要録》.

appéarance dòctrine 正当防衛意思の法理《正当自己防衛 (self-defense) に関して, 被告人がみずからの暴力行使を正当化されうるものと合理的に信じていたものであれば, 正当化されるという準則》.

appéarance ùnder prótest《英》異議留保付き出廷《民事訴訟で当該裁判所に管轄権がないなどを理由として, 出廷を求める権限を争うために出廷すること; cf. GENERAL APPEARANCE, SPECIAL APPEARANCE》.

ap·pel·lant /əpélənt/ a 上訴の. ─ n **1** 上訴人 (opp. appellee). ▶ CROSS-APPELLANT (交差上訴人). **2**《古》私訴人 (appellor). ［F; ⇨ APPEAL］

ap·pel·late /əpélət/ a 上訴の, 上訴を審理する権限のある(略 app.). ［L; ⇨ APPEAL］

appéllate brief 上訴趣意書 (＝appeal brief)《上訴裁判所 (appellate court) に提出する訴訟事件摘要書 (brief); 特に上訴裁判所に現に係属している上訴当事者によって提出されるもの》.

Appéllate Commíttee《英史》《英国最高裁判所としての貴族院の》上訴委員会.

appéllate cóunsel《米》上訴審弁護士 (cf. TRIAL COUNSEL).

appéllate cóurt 上訴裁判所 (＝appeal(s) court, court of appeal, court of review)《控訴裁判所・上告裁判所・抗告裁判所; cf. TRIAL COURT》. ▶ INTERMEDIATE APPELLATE COURT (中間上訴裁判所).

appéllate divísion《米》上訴部《New York 州, New Jersey 州などの中間上訴裁判所; 上位裁判所 (superior court) の上訴を管轄する部門》.

appéllate jurisdíction 上訴管轄権 (cf. ORIGINAL JURISDICTION).

Appéllate Jurisdíction Àct, 1876 [the 〜]《英》1876 年の上訴管轄(権)法《貴族院が中世以来行使していた上訴管轄権を初めて制定法で定め, かつ少なくとも 3 名の常任上訴裁判官 (Lord of Appeal) が出席しなければならないと定めたもの; 1876 年制定》.

appéllate revíew 上訴審による再審査.

appéllate rúles pl [上訴を規制する] 上訴規則.

appellátion of órigin 生産地呼称 (⇨ ORIGIN SYSTEM).

ap·pel·lee /æpəlí:/ n **1** 被上訴人 (opp. appellant) (cf. DEFENDANT IN ERROR). **2**《史》被私訴人 (opp. appellor).

ap·pel·lor /əpélə:r, æpəló:r, ─ ─ ─/ n **1** 上訴人 (appellant). **2 a**《史》私訴人 (＝appellant) (opp. appellee). **b** 共犯者私訴人 (approver). **c** 陪審員忌避者.

ap·pend /əpénd/ vt 《札などを》付ける; (書き)添える, 加える, 追加する.

appénd·age n 付加物, 付属物.

ap·pend·ant, -ent /əpéndənt/ a 付随する, 付随的な, 付帯的な 〈to〉. ▶ ADVOWSON APPENDANT (付随的聖職推挙権) / COMMON APPENDANT (荘園内入会権) / POWER APPENDANT (付随的指名権). ─ n 付随する権利(物); APPENDAGE.

appéndant pówer 付随的指名権 (＝POWER APPENDANT).

ap·pen·dix /əpéndiks/ n (pl 〜·es, ap·pen·di·ces /-dəsì:z/) **1**《文書巻末の》付録, 補遺; 添付書類; 付属物, 付加物 (appendage). **2**《英》付属書類《貴族院 (House of Lords) および枢密院 (Privy Council) へ上訴事件において下級審へ提出された証拠を含む印刷された付属文書》.

ap·per·tain /æpərtéin/ vi《当然付随すべき機能・属性・権利・所有物・部分などとして》所属する, 関連する 〈to〉.

ap·per·ti·nent /əpə́:rt(ə)nənt/ a, n APPURTENANT.

appl appeal ◆ applicable ◆ applied.

áp·pli·ca·ble láw /ǽplɪkəb(ə)l-, əplík-/ 準拠法 (=governing law) (cf. CONFLICT OF LAWS).

ap·pli·cant /ǽplɪkənt/ n 申込者, 出願者, 志願者, 申立人, 申請者, 応募者, 候補者: an ~ for a job=a job ~.

Ap·pli·ca·tio est vi·ta re·gu·lae. /ǽpləkéɪʃiou ɛst váɪtə régjəli:/ 適用は準則の命である. [L=The application is the life of a rule.]

ap·pli·ca·tion /ǽpləkéɪʃ(ə)n/ n **1 a**《(保険契約など への)》申し込み, 出願, 志願, 申請(motion), 請求;《(裁判所などへの)》申し立て: an ~ form 申込用紙. **b**《(保険契約などの)》申込書, 申請書. ▶ LETTER OF APPLICATION (求職申込書; 株式申込書) / ORIGINATING APPLICATION (訴訟開始申立状) / PATENT APPLICATION (特許の出願) / WITHOUT NOTICE APPLICATION (通知書なしの申し立て). **2** 適用;《(特定目的への)》充当,《(複数債務を負っている債務者からの弁済の特定債務への)》充当;《(信託財産を売却して得た金銭の)》処理. ▶ MISAPPLICATION (不正使用).

applicátion for léave to appéal〔米〕上訴許可申請《権利上訴(appeal by right)の権利を有していない, ないしはその権利を有していたがその期限を過ぎてしまった当事者から, 上訴裁判所による上訴許可を申請すること; cf. CERTIORARI》.

applicátion nòtice〔英〕申し立て通知書《申立人(applicant)が裁判所命令(court order)を求め申し立てる意図を述べている文書》.

applicátion withòut nótice 通知書なしの申し立て(=WITHOUT NOTICE APPLICATION).

ap·ply /əpláɪ/ vt **1**《法・規則・原理などを》適用する, 当てはめる,《技術などを》応用する〈to〉. **2**《資金などを特定目的に》当てる, 振り向ける, 充当する. — vi **1** 申し込む, 出願[申請]する, 申し立てる〈to sb, for a post〉; 問い合わせる, 照会する〈to sb for sth〉: ~ for a loan / ~ for judicial review [for compensation, for an adjournment]. **2**《規則・評言・用語などが》当てはまる, 適用される〈to〉. ~ **to the Court** 裁判所に申し立てる[訴える], 裁判所に…を求める: ~ to the Court for an injunction.

ap·point /əpóɪnt/ vt **1** 選任[指名, 任命]する〈as〉; 命令[指示]する〈that〉;《権利帰属者(取得者)指名権(power of appointment)によって》〈人を〉指名する,〈他人の財産〉の処分を決める: ~ sb (as [to the office of]) governor 人を知事に選任する / He was ~ed governor. 知事に選任された / ~ a chairman 議長の選任[指名]を行なう. **2**《日時・場所を》定める, 指定する. — vi 選任, 指名, 任命権を行使する, 選任[指名, 任命]する. ~·**able** a **ap·point·ive** /əpóɪntɪv/ a

appóint·ed dáy 1 指定日. **2**〔英〕《議会制定法などの》施行日.

ap·poin·tee /əpɔɪntí:, æp-/ n **1** 被選任[任命]者, 被指名者 (cf. APPOINTER). **2**《権利帰属者(取得者)指名権(power of appointment)に基づく》被指名者 (cf. APPOINTOR). ▶ PERMISSIBLE APPOINTEE (指名対象者).

appóint·er n 選任(権)者, 指名(権)者, 任命(権)者 (cf. APPOINTEE, APPOINTOR).

ap·point·ive /əpóɪntɪv/ a 指名[任命]の; 指名[任命]による (cf. ELECTIVE).

appóintive ásset 権利帰属者(取得者)指名権(power of appointment)により配分される資産.

appóint·ment n **1 a** 指定, 指示, 命令; 選任, 指名, 任命;《権利帰属者(取得者)指名権(power of appointment)による》指名. **b** 選任[指名, 任命]された人; 選任[指名, 任命]される[された]役職[官職, 地位, 任務]. ▶ AT-PLEASURE APPOINTMENT (随意任用) / DEFAULT OF APPOINTMENT (権利取得者指名権の不行使) / ILLUSORY APPOINTMENT (偽装指名) / LETTER OF APPOINTMENT (選任通知(書)) / PLEASURE APPOINTMENT (随意任用) / POWER OF APPOINTMENT (権利帰属者指名権) / RECESS APPOINTMENT (上院休会中の任命). **2** 会見の日時と場所の約束, 予約, アポイントメント; 面会: ~s book 予約[面会]帳.

appóintment of mánager〔英〕管財人の選任《倒産管財制(receivership)の下で営業の継続の責任を負う管財人の裁判所による選任》.

Appóintments Clàuse [the ~]〔米〕大統領の官吏選任権条項《大統領に外交使節・合衆国最高裁判所裁判官その他合衆国官吏の選任権を付与している合衆国憲法第2編第2節》.

ap·póin·tor /, əpɔɪntɔ́:r/ n《権利帰属者(取得者)指名権(power of appointment)に基づく》指名権者 (cf. APPOINTEE, APPOINTER).

ap·por·tion /əpɔ́:rʃ(ə)n/ vt 配分する, 割り当てる: ~ costs according to planned revenue. ~·**able** a

appórtion·ment n **1** 分配, 配分, 割当て. **2**《契約の》分割, 可分部分の履行 (=APPORTIONMENT OF CONTRACT). **3**〔米〕議員定数の配分, 選挙区割り(の画定) (=legislative apportionment) (cf. GERRYMANDERING, LEGISLATIVE DISTRICTING, MALAPPORTIONMENT, REAPPORTIONMENT). ▶ LEGISLATIVE APPORTIONMENT (立法府議員定数の配分) / MALAPPORTIONMENT (不当な選挙区割り) / REAPPORTIONMENT (議員定数是正[変更]). **4** 遺産税(estate tax)などの支払い責任の割当て.

appórtionment of cóntract 契約の分割, 契約の可分部分の履行《分割して履行可能な契約で可分部分を履行した場合には, 相手方にそれに応じた約因(consideration)の一部を請求できる; 単に apportionment ともいう》.

appórtionment of liabílity 責任の配分《複数の者が関与した不法行為(tort)の責任の配分; この中には被害者も含められうる》.

ap·po·site /ǽpəzət/ a きわめて適切な.

App. P.〔米〕°Federal Rules of Appellate Procedure 連邦上訴手続き規則.

ap·prais·al /əpréɪz(ə)l/ *n* **1** 評価, 査定, 鑑定 (= appraisement) (cf. ASSESMENT). **2** 評価報告. **3** 評価額.

appráisal clàuse 査定条項, 鑑定条項《損害保険契約の, 損害額について当事者間で合意できない場合の決定手続き条項》.

appráisal rèmedy《会社合併など会社の特別な行動に反対した株主の》**株式査定・買取り請求による救済**.

ap·praise /əpréɪz/ *vt* 見積もる, 評価する, 値踏みする, 鑑定する, (公式に)査定する.

appráise·ment *n* **1** APPRAISAL. **2** 鑑定《契約に基づく責任の有無については争いがなく, その範囲・額のみが問題になっている場合に用いられる代替的紛争解決策 (alternative dispute resolution) の一つ; 仲裁 (arbitration) とは異なり準司法的手続きでなく, 契約に基づき負っている額の非公式的決定である》.

ap·práis·er *n* 評価人, 鑑定人;《税関・税務署の》査定官;*不動産鑑定人.

ap·pre·ci·ate /əprí:ʃièɪt/ *vt* **1** (高く)評価する;〈好意などを〉ありがたいと思う, 感謝する. **2** …の真価[性質, 差異]を認める, 正しく認識[識別, 弁別]する. **3** …の相場[価格]を上げる, …の価値を増す (opp. *depreciate*). — *vi* 価値的[数量的]に増大する,〈土地・商品など〉相場が上がる, (市価が)騰貴する. **ap·pre·cia·ble** /əprí:ʃ(i)əb(ə)l/ *a*

ap·pre·ci·a·tion /əprì:ʃiéɪʃ(ə)n/ *n* **1** 感謝の表明. **2** 真価を認めること, 正しい認識[評価], 弁別, 識別. ▶ MARGIN OF APPRECIATION (弁別余地). **3**《価格の》騰貴, 増価 (cf. DEPRECIATION): ~ of yen 円高.

appreciátion tèst 弁別のテスト《刑事訴訟で精神障害の防御 (insanity defense) をなした場合には, 犯行時に被告人は重い精神病を患っていたないしは精神上の重大欠陥を有し犯行の違法性を正しく認識することができなかったということを, 明白かつ確信をいだかすに足る証拠によって立証することを要するという基準》.

ap·pre·hend /æprɪhénd/ *vt* **1** 捕える, 逮捕する (arrest): The suspect was ~ed by police in Osaka. **2** 感づく, 感知[察知]する; 理解する; 懸念する, 危ぶむ. [F or L (*prehens- prehendo* to grasp)]

ap·pre·hen·sion /æprɪhénʃ(ə)n/ *n* **1** 逮捕 (arrest). **2** 理解(力); 見解, 考え. **3** 憂慮, 懸念, 危惧. [F or L; ⇨ APPREHEND]

ap·pren·tice /əpréntəs/ *n* **1** 徒弟, 技能習得者. **2**《史》**a** 法研修生 (apprentice at law),《法律家になるための》実務修習中の者, 弁護士見習い. **b** 下級法廷弁護士 (utter barrister).

appréntice at [of the] láw《史》**1** 法研修生. **2** 下級法廷弁護士 (utter barrister).

appréntice en la léy /-ɔ:n lɑ: léɪ/《史》法研修生, 下級法廷弁護士 (apprentice at law). [law F *en la ley* at law]

ap·pren·ti·ci·us ad le·gem /æprəntíʃiəs æd lí:dʒəm/《史》法研修生, 下級法廷弁護士 (apprentice at law). [L=apprentice at law]

ap·pro·bate /ǽprəbèɪt/ *vt* **1**《まれ》是認[賛成, 認可]する. **2**《特にスコットランド》〈証書などを〉容認[是認]する (cf. REPROBATE). **~ and reprobate**《特にスコットランド》〈証書などを〉一部是認し一部否認する. **áp·pro·bà·tor** *n*

ap·pro·pri·ate /əpróʊpriət/ *a* 適当な, 適切な, 適正な, ふさわしい〈*to, for*〉: an ~ punishment. — *vt* /-èɪt/ **1**〈金・建物などを特定の人・目的に〉当てる, 充当する, 割り当てる〈*for*〉. **2** 自己のものとする, 専有する, 不当に[許可なしに, 正当な権利なしに]私用に供する, 着服する. **ap·pro·pri·a·ble** /əpróʊpriəb(ə)l/ *a* 充当[流用]できる, 専有できる. **ap·pró·pri·à·tor** *n* 充当者; 私用に供する人,《不当な》専有者; 盗用者.

ap·pro·pri·a·tion /əpròʊpriéɪʃ(ə)n/ *n* **1** 充当, 割り当て; 弁済の充当; 契約目的物の特定;《特定債務への》担保の提供, 遺産の分配; **特定目的支出上**,《議会の議決を経た》**歳出[支出]予算(額)**; 割り当てられたもの[金額], …費〈*for*〉: make an ~ of $1,000,000 *for*…のため100万ドルの支出を決める / the A~s Committee 特定目的支出計上委員会, 歳出委員会. ▶ SUPPLEMENTARY APPROPRIATIONS (補充的特定目的追加支出計上) **2 a** 専有, 領有; 横領, **盗用** (cf. MISAPPROPRIATION). **b** 商業上の利得のために他人の名前などを用いてのプライバシーの侵害. ▶ MISAPPROPRIATION (不正目的使用; 背任). **3**《米》公用徴収 (cf. EXPROPRIATION). **4**《米》《流水の》私的利用 (⇨ PRIOR APPROPRIATION DOCTRINE): ~ of water. **5**《教会法》《宗教団体や俗人による》聖職禄創設 (cf. IMPROPRIATION). **ap·pro·pri·a·tive** /əpróʊprièɪtɪv/ *a* 専有の; 盗用の; 充当[割り当て]の. **ap·pró·pri·à·tive·ness** *n*

appropriátion of páyments 弁済の充当《同一人に複数の債務を負っている人が金銭の支払いをした場合に, 支払い時に債務者がどの債務に充当するかを指定でき, それがない場合には債権者がいつでもその指定ができる》.

appropriátions bìll [°appropriation b-] 特定目的支出計上法案, 歳出予算案.

appropriátions in áid《英》《各省庁の》経費充当収入《政府各省庁が日々受領する収入で, 統合基金 (Consolidated Fund) に払い込むことなく同省庁の経費支出に当てるべく保有しているもの》.

ap·prov·al /əprú:vəl/ *n* 是認, 賛成, 承認, 認可. ▶ CERTIFICATE OF APPROVAL (許可証). **on ~**《買主が引渡しを受けた物品を試したうえで任意に返品することが契約上の条件となっている》承認権付き売買 ▶ DISAPPROVAL (不承認) / SALE ON APPROVAL (承認権付き売買).

appróval sàle 承認権付き売買 (=SALE ON APPROVAL).

ap·prove /əprú:v/ *vt* **1** 是認[賛成]する; 認可[承認, 認定]する (ratify). **2**《未開墾地・荒蕪(ぶ)地などを》囲い地にして専有[耕作, 改良]する. **3**《史》〈共犯者を〉私訴する. — *vi* よいと考える, 是認を表明する〈*of*〉. **ap·próv·able** *a* 是認できる. **ap·próv·ably** *adv* **ap-**

próv·ing·ly *adv* 是認[賛意]を表わして, 満足げに.

appróved clinícian〘英〙認可臨床医療従事者《精神障害 (mental disorder) 患者の特定症状あるいは特定治療を担当する臨床医療従事者として国から認可された人; cf. RESPONSIBLE CLINICIAN》.

appróved endórsed nóte（振出人以外の者の）保証裏書付き約束手形.

appróved láw schòol 認可法科大学院 (＝ACCREDITED LAW SCHOOL).

appróved líst 認可投資銘柄（リスト）(＝LEGAL LIST).

appróved méntal héalth proféssional〘英〙精神健康認可専門家《2007 年の精神健康法 (Mental Health Act 2007) の下で, 精神障害者患者の拘禁 (detention) に一定の役割を果たすため地方の社会福祉事業当局により認可された専門家; 略 AMHP》.

appróved schóol〘英史〙内務省認可学校《非行少年を補導する; 今は COMMUNITY HOME (保護児童収容施設) という》.

appróved vóluntary arrángement〘英〙承認済み和議《支払い不能に陥った債務者（法人を含む）と債権者の間での債務支払いについて債務者が全債権者が召集される債権者会議に提出しそこで承認された場合の和議 (voluntary arrangement) で, 同会議に現実に出席していたか否かにかかわらず全債権者に対して拘束力を有する; なお, 会社が債務者の場合には会社構成員 (company member) の会議での同意を得る必要がある》.

appróve·ment *n* **1** 荒蕪地を囲い地とすること, 囲い込み, 改良. **2**〘史〙共犯者私訴.

ap·próv·er *n* **1** 承認者. **2**〘史〙共犯者私訴人 (＝appellor). **3**〘史〙執事, 荘司, 差配（ﾞ）(bailiff, steward).

ap·prox·i·ma·tion /əprὰksəméɪʃ(ə)n/ *n* **1**《数量・位置・関係などの》近づく[近づける]こと, 近似, 接近, 類似. **2** 推量, 推定, 概算, 見積もり. ▶ DOCTRINE OF APPROXIMATION (設定意思推量の法理).

appróximation of láws 法の平準化, 国内法の接近《EU 加盟国の国内法を変更して連合が機能しやすくすること; cf. HARMONIZATION OF LAWS》.

ap·pur·te·nance /əpə́ːrt(ə)nəns/ *n* 従物, 従たる権利〈*to*〉《主物たる財産に付属している物・権利》.

ap·púr·te·nant *a* 付属の, 従属[付随]して(いる), 従たる〈*to*〉. ▶ COMMON APPURTENANT (土地付随入会権) / COVENANT APPURTENANT (土地付随約款) / EASEMENT APPURTENANT (土地付随地役権) / POWER APPURTENANT (付随的指名権). [OF; ⇨ PERTAIN]

appúrtenant éasement 付属地役権 (＝EASEMENT APPURTENANT).

appurts appurtenances.

à pren·dre /F a prãːdr/ *v* 取る, 手に入れる, 採取する. ▶ PROFIT À PRENDRE (土地収益権). [F＝to take]

a pri·o·ri /àː prióːri, æ̀pri-, èɪ praɪóːraɪ/ *adv, a* 《opp. *a posteriori*》演繹的に[な]; 先験的に, 先天的に[な], 論理に基づいて[た]; 分析未了で[の], 仮定で[の]: ~ argument. [L＝from what is before]

ap·ta vi·ro /ǽptə víːrou, áː·p-/ *a*《女性が》婚姻年齢に達した,《肉体的に》婚姻可能な. — *n* 婚姻年齢に達した女性. [L＝ready for a man]

aqua /ǽkwə, *áː·k-/ *n* (*pl* **aquae** /-wi, -waɪ/)《ローマ法》**1** 水 (water). **2** 水路 (watercourse). [L＝water]

Aqua ce·dit so·lo. /ǽkwə síːdɪt sóulou/ 水は土地と共に移る《「土地の譲与はそこの水をも含む」の意》. [L＝Water passes with the land.]

Aqua cur·rit et de·be·re cur·re·re ut cur·re·re so·le·bat. /ǽkwə kə́ːrɪt ɛt dɪbíːrɪ kə́ːrɛrɛ ʊt kə́ːrɛrɛ sóulɪːbæt/ 水はそれが流れていたように流れまた流れなければならない. [L＝Water runs and ought to run as it used to run.]

aquát·ic ríght /əkwǽtɪk-, -wɑ́t-/ 水利用権, 水関連の権利 (＝WATER RIGHT).

a.r.〘英〙°*anno regni* 治世第…年に.

a.r., a/r, A/r〘保険〙°all risks 全危険担保.

ár·a·ble lánd /ǽrəb(ə)l-/《沼沢地などに対して》耕作適地, 耕地.

arb. arbitration ♦ arbitrator.

ar·bi·ter /áːrbətər/ *n* **1**《一般に》争いを解決する権限を有する人, 審判(人). **2**《特に》仲裁人 (＝ARBITRATOR). **ar·bi·tress** /áːrbətrəs/ *n fem* [L＝judge, witness]

ar·bi·tra·ble /áːrbətrəb(ə)l, aːrbít-/ *a* 仲裁に付しうる, 仲裁可能な.

ar·bi·trage /áːrbətrὰːʒ, -trɪʤ/ *n* 裁定取引, 鞘取り取引《市場間の相場の差を利用して利益を得るため異なる市場で売却と購入を同時に行なうこと; cf. ARBITRATION OF EXCHANGE》. ▶ EXCHANGE ARBITRAGE (為替裁定取引) / RISK ARBITRAGE (危険裁定取引).

ar·bi·trag·er /áːrbətrὰːʒər/, **ar·bi·tra·geur** /ὰːrbətrὰːʒə́ːr/ *n* 裁定取引を行なう人.

ar·bi·tral /áːrbətrəl/ *a* 仲裁(人)の: an ~ tribunal 仲裁裁判所.

ar·bi·tra·ment,《古》-**re-** /ɑːrbítrəmənt/ *n* **1** 仲裁判断[裁定](の内容) (＝arbitrator's award). **2** 仲裁(権).

arbítrament and awárd《損害賠償請求訴訟 (action for damages) で同一問題について, すでに仲裁判断が出されているとの》仲裁判断の抗弁.

Ar·bi·tra·men·tum ae·qu·um tri·bu·it cui·que su·um. /ɑːrbítrəmɛntəm íːkwəm tríbjʊɪt káɪkwi súːəm/ 衡平な仲裁判断は各人に各人のものを与える. [L＝A just arbitration awards to each his/her own.]

ar·bi·trar·i·ly /áːrbətrὲrəli, ─ ─ ─ ─; áːbɪtrɑ́ːrɪli/ *adv* 自由裁量によって; 任意に, 恣意的に, 勝手(気まま)に; 専断的に.

ar·bi·trary /áːrbətrèri; -tr(ə)ri/ a 自由裁量による, 任意の, 恣意(しい)的な; 専断[専制]的な, 独裁的な. ~ **and capricious** 根拠を欠き専断的である《判決・判断などが事実・論理に基づくことなく偏見に基づいていることを示す語; cf. CAPRICIOUS》. **ár·bi·tràr·i·ness** /ˌ-trərɪnəs/ n

árbitrary márk 恣意的標章 (=ARBITRARY TRADEMARK).

árbitrary pówer 1 裁量権. 2 専断的[恣意的]権力.

árbitrary púnishment 1 裁量刑. 2《法に基づかない》恣意的な刑罰.

árbitrary trádemark 恣意的商標 (=arbitrary mark)《その製品の特徴を全く示していないような一般的用語が用いられている商標・サービスマーク》.

ar·bi·trate /áːrbətrèɪt/ vi 仲裁する: ~ **between two parties** in a dispute 両者間の紛争を仲裁する. — vt〈紛争〉を仲裁する,〈紛争〉を仲裁に委ねる, 仲裁に付する. **ár·bi·trà·tive** a ［L arbitror to judge; ⇨ ARBITER］

ar·bi·tra·tion /àːrbətréɪʃ(ə)n/ n《通例 紛争当事者が合意した上での中立の第三者による》仲裁, 仲裁手続き (cf. MEDIATION); 仲裁裁判: a court of ~ 仲裁裁判所 / refer [submit] a dispute to ~ 紛争[争議]を仲裁に付する / go to ~ 〈紛争当事者が〉仲裁を依頼する;〈紛争・争議が〉仲裁に付される. ▶ AD HOC ARBITRATION (特定問題仲裁) / ADJUDICATIVE CLAIMS ARBITRATION (判決手続きで解決されている請求についての仲裁) / COMPULSORY ARBITRATION (強制仲裁) / COURT-ORDERED ARBITRATION (裁判所命令による仲裁) / FINAL OFFER ARBITRATION (最終的申し出択一仲裁) / GRIEVANCE ARBITRATION (苦情処理仲裁) / INTEREST ARBITRATION (契約[協定]規定紛争仲裁) / JUDICIAL ARBITRATION (裁判所付託仲裁) / PERMANENT COURT OF ARBITRATION (常設仲裁裁判所) / RIGHTS ARBITRATION (権利問題処理仲裁) / VOLUNTARY ARBITRATION (任意仲裁). ~**·al** a

arbitrátion àct 仲裁法.

arbitrátion agrèement 仲裁合意《現在のないしは将来生じうる紛争を仲裁によって解決する旨の合意》.

arbitrátion and awárd 仲裁判断[裁定]済みの抗弁《訴えの対象となっている問題についてはすでに仲裁によって解決済みであるという積極的防御 (affirmative defense)》.

arbitrátion awárd 仲裁による判断[裁定].

arbitrátion bòard 仲裁人団 (=arbitration tribunal).

arbitrátion clàuse 仲裁条項《当該契約についての紛争は訴訟ではなく仲裁で解決する旨の条項》.

arbitrátion of exchánge 為替裁定取引 (= exchange arbitrage) (cf. ARBITRAGE).

arbitrátion tribùnal 仲裁人団 (=ARBITRATION BOARD).

ár·bi·trà·tor n 仲裁人 (=arbiter, impartial chair)《仲裁 (arbitration) により紛争を解決する中立の第三者; cf. MEDIATOR》: accept [reject] the ~'s ruling. ▶ QUASI ARBITRATOR (準仲裁人). ~**·ship** n

árbitrator's awárd 仲裁人の判断[裁定], 仲裁判断[裁定] (=ARBITRAMENT).

arbitrement ⇨ ARBITRAMENT.

ar·bi·tri·um /aːrbítriəm/ n 仲裁判断, 仲裁裁定. ［L=award or decision of an arbitrator］

Arbitrium est ju·di·ci·um /―́ ɛst dʒudíʃiəm/ 仲裁判断は判決である. ［L=An award (of an arbitrator) is a judgment.］

arch·bíshop /aːrtʃ-/ n《英国教》大主教,《カトリック》大司教.

arch·déacon n《英国教》大執事,《カトリック》司教座聖堂助祭. ▶ COURT OF ARCHDEACON (大執事裁判所).

arch·déacon·ry n《英国教》大執事管区, 大執事の職[権限, 任期].

archdéacon's cóurt《英史》大執事裁判所 (= COURT OF ARCHDEACON).

Árches Cóurt (of Cánterbury)《英》《カンタベリー》アーチ裁判所 (⇨ COURT OF ARCHES).

archi·diáconal cóurt /àːrkɪ-/ [the ~]《英史》大執事裁判所 (=COURT OF ARCHDEACON).

archipelágic státe《国際法》群島国, 群島国家《全体が 1 または 2 以上の群島からなる国家; インドネシア・フィリピンなどがその例》.

ar·chi·pel·a·go /àːrkəpéləgòu, *-tʃə-/ n (pl ~es, ~s) 1 多島海. 2 群島. **-pe·lag·ic** /-pəlǽdʒɪk/ a

ar·chive /áːrkaɪv/ n 1 [pl] 文書館,《特に》公文書館, 公記録[公文書]保管所. 2 [pl] 公記録, 公文書.

ar·chon /áːrkɑn, -kən/ n (pl ~s, **ar·chon·tes** /aːrkɑ́ntìːz/)《古ギリシア》アルコン《アテナイ以下多数のポリスの最高官; アテナイでは初め 3 名, のち 9 名》.

área bàrgaining /ɛəriə-/ 地域交渉, 複数雇用者単位交渉《特定地域内の複数雇用者と労働組合(連合)の労働協約締結のための交渉》.

Área Chíld Protéction Commìttee [the ~]《英史》地域児童保護委員会《地方当局の保護を必要としている子供に関連する地方諸機関の協力・養成について助言・検討を行なう委員会; 2004 年法で Local Safeguarding Children Board (地方児童保護委員会) に代わっている》.

área of outstánding nátural béauty《英》自然美顕著地域《国立公園 (national park) 以外で, 顕著な自然美を有する地域として指定された場所; その美しさを保護し増すことが目的》.

A reorganization /éɪ ―́/《米》A 型会社組織変更《会社組織変更 (reorganization) のうち, 特定州法上の合併 (merger) ないしは新設合併 (consolidation) を含むもの; ⇨ REORGANIZATION》.

arg. arguendo.

ar·gue /áːrgjuː/ *vt, vi* **1** 論ずる, 論議する《*with*》; 弁論をする; 主張する《*that*》; 論争する. **2** 立証する. **3** 裁判所に提出する. **ár·gu·able** *a*

ar·gu·en·do /àːrgjuéndou/ *adv* 余論において[として], 議論の過程で, 議論のうえで, 仮に…とすれば《ある訴訟事件に関連した議論において用いられる; 略 arg.》. [L = in arguing]

ar·gu·ment /áːrgjəmənt/ *n* **1** 論争, 意見の衝突, 言い争い. **2** 議論, 主張, 弁論, 論証 (cf. EVIDENCE, PROOF). ▶ CLOSING [FINAL] ARGUMENT (最終弁論) / GOLDEN RULE ARGUMENT (黄金律的弁論) / OPENING ARGUMENT (冒頭陳述) / ORAL ARGUMENT (口頭弁論) / REARGUMENT (再弁論) / SKELETON ARGUMENT (弁論骨子) / STRAW-MAN ARGUMENT (わら人形の議論).

ar·gu·men·ta·tive /àːrgjəméntətɪv/ *a* **1** 論争的な, 議論を交えた. **2** 弁論(上)の, 論争上の. **3** 事実だけでなく事実から導き出せる推論・結論をも述べている, 推論的な.

arguméntative affidávit《事実の主張だけでなくその事実と争点の関連についての》議論を交えた宣誓供述書.

arguméntative deníal 推論的否認《直接的・積極的否認ではなく相手方の主張と矛盾するような事実を主張すること》.

arguméntative instrúction〖米〗推論的説示《裁判所が陪審に対して, 一定の結論を導き出すような事実に注目するよう説示 (instruction) すること》.

Ar·gu·men·tum ab in·con·ve·ni·en·ti plu·ri·mum va·let in le·ge. /àːrguméntəm æb ɪnkànvɛniéntaɪ plúːrɪməm vǽlet ɪn líːdʒɛ/ 不都合なことからの推論は法において最も強力である《例えば, ある契約書の文言の解釈をする場合にある解釈をとると必然的に大きな不都合が生ずるというような場合にあてはまる格言で, ある事柄の不都合さを根拠にした推論・議論がきわめて重要であるとの趣旨》. [L = An argument drawn from what is inconvenient has the greatest validity in law.]

arise /əráɪz/ *vi* (arose /əróuz/; aris·en /ərízz(ə)n/) **1** 現われる, 〈問題・困難・疑問などが〉起こる, 発生する, (結果として)生まれる《*from, out of*》. **2** 意識に上る, 注意をひく. **3** 休延する.

ar·is·toc·ra·cy /ærəstákrəsi/ *n* **1** 貴族政治(の国). **2** [the ~] 貴族, 貴族社会.

ar·is·to·crat /ǽrəstəkræt, *ərís-/ *n* 貴族. [F < Gk (*aristos* best)]

arm[1] /áːrm/ *n* **1** 腕. **2** 力, 権力. **3** 入江 (arm of the sea). **4** 部門, 機関, 支部. **at** ARM'S LENGTH.

arm[2] *n* **1 a**[*pl*] 兵器, 武器. **b** [*pl*] 戦闘. **c** 軍務; 兵種. ▶ EQUALITY OF ARMS (武器の平等) / FIREARM (小火器) / GENTLEMAN-AT-ARMS (衛士) / RIGHT TO BEAR ARMS (武器保持権) / SERGEANT AT ARMS (守衛官). **2** [*pl*] 紋章. ▶ COLLEGE OF ARMS (紋章院) / KING OF [AT] ARMS (紋章院長).

Ar·ma in ar·ma·tos su·me·re ju·ra si·nunt. /áːrmə ɪn ɑːrméɪtəs súːmɛrɛ dʒúːrə sáɪnənt/ 法は武装した者に対して武器をとることを許す. [L = The laws permit to take up arms against the armed.]

árm·chàir prínciple アームチェア原則《遺言作成時の遺言者の立場に身をおいて遺言を解釈すべきであるという準則》.

armed /áːrmd/ *a* 武装した, 武器を用いた.

ármed fórces *pl*〖陸・海・空を含む〗軍, 軍隊, 全軍 (= armed services). ▶ UNITED STATES COURT OF APPEALS FOR THE ARMED FORCES (合衆国軍法上訴裁判所).

Ármed Fórces Àct 2006 [the ~]〖英〗2006 年の軍法 (⇨ SERVICE LAW).

ármed róbbery 持凶器強盗(罪) (⇨ AGGRAVATED ROBBERY) (cf. HOLDUP, STICKUP).

ármed sérvices *pl* 軍 (armed forces).

ar·mi·ger /áːrmɪdʒər/ *n* **1** 騎士の鎧持ち. **2**《紋章をつける権利をもった》イスクワイアー (esquire).

árm-in-árm *a* **1** 腕を組み合った, 密接[親密]な関係をもっている. **2**〖取引や交渉で〗それぞれの利害が関係し合っている者同士の間での (cf. *at* ARM'S LENGTH).

ar·mi·stice /áːrməstəs/ *n* 休戦 (= TRUCE). [F or L (*arma* arms, *-stitium* stoppage)]

árm of the séa 入江《単に arm ともいう》.

árm of the státe〖米〗州の機関.

Ar·gu·men·tum ab in·con·ve·ni·en·ti plu·ri·mum va·let in le·ge.

ármor and árms *pl* **1** 甲冑, 武具. **2** 凶器.

ar·mor·er /áːrmərər/ *n*《俗》《犯罪者への》武器提供者.

ar·mó·ri·al béarings /ɑːrmɔ́ːriəl-/ *pl* 紋章.

árm's léngth 腕を伸ばしただけの距離, 肉体的に接触しない距離. **at ~** 腕を伸ばした距離に; 少し離れて, 敬遠して;〖取引や交渉で〗当事者がそれぞれ独立を保って (cf. ARM-IN-ARM): deal with sb *at ~*.

árm's-léngth *a* **1** 距離を置いた, 密接[親密]でない〈関係〉. **2**〈取引などが〉対等な; 公正な (cf. ARM-IN-ARM).

árm's-léngth príce 独立当事者間の価格.

árm's-léngth transáction 独立当事者間取引, 対等取引.

ar·my /áːrmi/ *n* **1** 軍, 陸軍, 軍隊. **2** [the ~; ゜C]《一国の》陸軍. ★ (1) 米陸軍の階級は上から順に次のとおり: General of the Army (元帥), General (大将), Lieutenant General (中将), Major General (少将), Brigadier General (准将), Colonel (大佐), Lieutenant Colonel (中佐), Major (少佐), Captain (大尉), First Lieutenant (中尉), Second Lieutenant (少尉), Chief Warrant Officer (上級准尉), Warrant Officer (准尉), Sergeant Major (上級曹長), Master Sergeant or First Sergeant (曹長), Platoon Sergeant (小隊軍曹) or Sergeant First Class (一等軍曹), Staff

Sergeant (二等軍曹), Sergeant (三等軍曹), Corporal (伍長), Private First Class (上等兵), Private (一等兵), Recruit (二等兵). ★ (**2**) 英陸軍の階級: Field Marshal (元帥), General (大将), Lieutenant General (中将), Major General (少将), Brigadier (准将), Colonel (大佐), Lieutenant Colonel (中佐), Major (少佐), Captain (大尉), Lieutenant (中尉), Second Lieutenant (少尉), Warrant Officer (准尉), Staff Sergeant (曹長), Sergeant (軍曹), Corporal (伍長), Lance Corporal (兵長), Private (兵卒, 二等兵).

ármy àct 〖英史〗陸軍法 (⇨ MUTINY ACT, SERVICE LAW).

ar·raign /əréin/ vt 〈被告人を〉法廷に出頭させて被疑事実についての答弁を求める, 罪状認否手続に付す (cf. ACCUSE, CHARGE, INDICT). ― n 罪状認否手続き (arraignment). ▶ CLERK OF ARRAIGNS (罪状認否書記). ［AF<L RATIO; cf. REASON］

arráign·ment n 《被告人に対する》罪状認否手続き (cf. INITIAL APPEARANCE, PRELIMINARY HEARING).

ar·range /əréindʒ/ vt **1** 整える, 整理する, 配列［配置］する. **2** …の手配［準備, 計画］をする. **3** …について合意する, 取り決める; 〈紛争を〉調停する.

arránge·ment n **1** 整理; 配列, 配置. **2**〖ᵘpl〗準備, 用意, 計画, 手配. **3** 協定, 打合わせ, 取決め; 妥協, 示談, 和議: come to an ~ with…と妥協［和議］に達する / ~ between debtors and creditors 債務者・債権者間の和議. ▶ DEED OF ARRANGEMENT (和議証書) / EXCLUSIVE DEALING ARRANGEMENT (排他的取引協定) / FAMILY ARRANGEMENT (家族取決め) / SCHEME OF ARRANGEMENT (債務整理計画) / SPECIAL EXTRADITION ARRANGEMENTS (特別犯罪人引渡し協定) / STATEMENT OF ARRANGEMENT FOR CHILDREN (子供のための協定書) / TYING [TIE-IN] ARRANGEMENT (抱合わせ取決め) / VOLUNTARY ARRANGEMENT (和議).

ar·ras /ǽːrəs/ n 〖スペイン法〗婚姻贈与品《婚姻時に夫が妻に与える》. ［Sp=earnest］

ar·ray /əréi/ vt **1** 整列させる. **2**〈陪審を〉召集する, 選任する (cf. IMPANEL); 陪審員候補者として一人一人呼び上げる. ― n **1** 陪審員の召集［選任］;《召集［選任］された》陪審員 (全員); 陪審員候補者名簿 (=JURY PANEL). ▶ CHALLENGE TO (THE) ARRAY (陪審員候補者全員に対する忌避). **2**《軍隊の》陣立て; 民兵;〖英史〗民兵召集(権). ▶ COMMISSION OF ARRAY (民兵召集官任命書) / COMMISSIONER OF ARRAY (民兵召集官). **3** 整列, 配列. ~·er n ［AF<OF<Gmc; ⇨ AD-, READY］

ar·rear /əríər/ n **1**〖ᵘpl〗滞り, 遅れ. **2**〖ᵘpl〗《支払い期限を過ぎた》未払い金. **3**〖ᵘpl〗滞った仕事. **in ~s** 《債務》未払いで: The payments are three months in ~s. / allow the payments to fall into ~s / He is three weeks in ~s with the rent. ［OF<L (ad-, retro backwards)］

arréar·age n **1** 滞り. **2** 滞ったもの, 未払い金.

ar·rest /ərést/ vt **1** 逮捕する, 勾引する, 拘束する, …の身柄を拘束する. **2** 差押えする: an ~ed vessel 差押船舶. **3** 阻止する, 抑える. ― **~ judgment** 判決を阻止［抑止］する (⇨ ARREST OF JUDGMENT). ― n **1** 逮捕, 勾引, 身柄(の)拘束 (cf. MIRANDA WARNINGS, PROBABLE CAUSE, STOP, WARRANT): make an ~ 逮捕する / A warrant is out for his ~ 彼の逮捕に対して令状が発給されている. ▶ CITIZEN'S ARREST (市民逮捕) / CIVIL ARREST (民事訴訟被告の逮捕) / CUSTODIAL ARREST (拘禁するための逮捕) / DRAGNET ARREST (底引き網逮捕) / FALSE ARREST (違法逮捕) / HOUSE ARREST (自宅監禁) / LAWFUL ARREST (合法的逮捕) / MALICIOUS ARREST (不当逮捕) / PAROL ARREST (口頭命令による逮捕) / POWER OF ARREST (逮捕権能) / PRETEXTUAL [PRETEXT] ARREST (別件逮捕) / PRIVILEGE FROM ARREST (不逮捕特権) / REARREST (再逮捕) / RESISTING (LAWFUL) ARREST (逮捕抵抗(罪)) / RESISTING UNLAWFUL ARREST (不法逮捕抵抗) / SUBTERFUGE ARREST (別件口実逮捕) / SUMMARY ARREST (略式逮捕) / UNLAWFUL ARREST (不法逮捕) / WARRANTED ARREST (令状による逮捕) / WARRANTLESS ARREST (令状なしの逮捕) / WARRANT OF ARREST (逮捕状) / WHOLESALE ARREST (十把一絡げ逮捕). **2**《船舶などの》差押え. **3** 抑止, 阻止. **under ~** 逮捕されて, 身柄を拘束されて: place [put] sb under ~ 人の身柄を拘束する. ［OF (L resto to remain)］

arrést·able offénse 〖英史〗《現行犯の場合は》逮捕状がなくても逮捕できる犯罪《通例 5 年以上の自由刑の対象となる犯罪; 2005 年法で区別廃止; cf. CITIZEN'S ARREST, NONARRESTABLE OFFENSE》.

arrést·ed devélopment 精神的発育不全［停止］ (=**arrésted devélopment of mínd**) (⇨ MENTAL IMPAIRMENT).

ar·res·tee /ərestíː/ n **1** 逮捕されている人, 被逮捕者. **2**〖スコットランド〗《ARRESTMENT による》差押え財産保有者.

arrést·er, ar·rés·tor n **1** 逮捕する人. **2**〖スコットランド〗《ARRESTMENT による》第三者占有財産差押え債権者.

arrést·ment n **1** 逮捕, 身柄拘束. **2**〖スコットランド〗第三者占有財産差押え.

arrést of ínquest n〖史〗審問阻止(の申し立て).

arrést of júdgment 判決阻止［抑止］(の申し立て)《陪審の評決あるいは刑事訴訟では有罪決定と刑の宣告の間に, 記録上明白な誤りがありしかもそれが判決を無効にするほど重大であることを理由に, 判決しないことないしはその申し立て; 現在, 民事では一般に廃止されている; cf. ARREST judgment》. ▶ MOTION IN ARREST OF JUDGMENT (判決阻止申し立て).

arrést of shíp 船舶の差押え.

arrést récord 1 逮捕記録(簿) (=blotter, log, police blotter)《逮捕時に警官が作成する》. **2**《累犯者の》逮捕歴記録 (=bench blotter, blotter, log, police

arrést wàrrant 逮捕状（=warrant of arrest）《令状上の人物を逮捕し裁判所にあるいは裁判官の下に連行するよう法執行官に命ずる令状》. ▶ EUROPEAN ARREST WARRANT (欧州逮捕状).

ar·rêt /ǽréɪ, ɑːrét, ə-/ *n*《裁判所・国王などの》**判決**, 決定, 命令. [F]

ar·ret·ted /ərétəd/ *a* 起訴された, 〈被疑者が〉裁判所に引致され起訴された. [law F=arraigned, accused]

ar·ri·ère fee [fief] /ǽriər —/《封建法》再下封（土）.

arrière vassal /— —/《封建法》陪臣《家臣の家臣》.

ar·riv·al /əráɪv(ə)l/ *n* 到着, 着船, 着荷. ▶ PAYMENT ON ARRIVAL (到着払い).

arríved shíp 着船《船積み・陸揚げのための指定された停泊地に船が着くことで, 停泊期間 (lay days) の起算時に関連して用いる》.

ar·ro·gate /ǽrəgèɪt/ *vt* **1**《称号などを》詐称する. **2**〈権利を〉横領する, 不法に自分のものとする〈sth *to* oneself〉, 不当請求する.

ar·ro·ga·tion /ærəgéɪʃ(ə)n/ *n* **1**《権利に基づかない》不当な主張, **不当請求**, 不当取得. **2**《ローマ法・大陸法》成年養子（縁組）, 自権者養子（縁組）.

ar·son /ɑ́ːrs(ə)n/ *n* **放火(罪)** (cf. CRIMINAL DAMAGE, CRIMINAL DAMAGE TO PROPERTY, HOUSEBURNING).
~ **attack on a house** 家屋放火. **árson·ous** *a* [OF<L (ars- ardeo to burn)]

árson·able *a*〈建物などが〉放火罪 (arson) の対象となりうる.

árson clàuse 放火免責条項《火災保険で保険契約者自身による放火による損害を賠償しないことを定めた条項》.

árson·ist *n* 放火犯(人) (incendiary).

art /ɑ́ːrt/ *n* **1** 芸術, 美術. **2 a 技術**. **b** 技術を要する仕事. ▶ PRIOR ART (先行技術) / STATE OF THE ART (到達水準) / TERM OF ART (専門用語) / WORD OF ART (専門用語). **3** 人工 (opp. *nature*); 技巧, 作為, 熟練, わざ; [*pl*] 術策. **4** [*pl*] 学問の科目,《大学の》教養科目, 一般教育科目.

art(.) article.

árt and párt《スコットランド》教唆・幇助(罪). — *a, adv*《英・スコットランド》犯行を幇助して, 共犯で, 加担して: be ~ in...に加担する.

ártful pléading《米》狡猾訴答《被告が事件を州裁判所から連邦裁判所に移すことを阻止すべく, 原告が連邦裁判所への訴訟上の請求に関して偽って単なる州裁判所への請求であるかのごとき表現をすること》.

ar·ti·cle /ɑ́ːrtɪk(ə)l/ *n* **1** 条文, **箇条**, 編, 章, 条項, 条款, 項目《略 art(.), *pl* arts(.); cf. SECTION》: ~ 3 第 3 条[編, 章]. ▶ ACT OF SIX ARTICLES (六箇条法) / THIRTY-NINE ARTICLES (三十九箇条). **2 a**《特に逐条形式の》**法律的文書**, 定款, 規約, 約定書. **b** [*pl*]《米》基本定款 (articles of incorporation). ▶ CONFEDERATE ARTICLES (連合規約) / MARRIAGE ARTICLES (婚姻前約定) / SHIPPING ARTICLES (海員雇用契約書). **3 a** [*pl*] 年季奉公, 年季契約: be in [under] ~s 年季奉公している. **b** [*pl*]《法律家になるための》**実務修習(期間)**; [*pl*] 実務修習契約(書). **4**《エクイティー上の手続きで, 証言録取書 (deposition) につき証人の信用性を争う》異議申立書. **5**《教会法》**申立書**. **6** 論文, 記事. **7** 物品, 品物, 商品. ▶ MEMORANDUM ARTICLES (メモランダム貨物).
— *vt* **1**〈徒弟〉契約で拘束する, 年季契約で雇う: be ~d to a carpenter 年季契約で大工に雇われる. **2** 箇条書きにする, 列挙する; 起訴状に〈訴因を〉箇条書きする; 起訴する. — *vi* **1**《カナダ》年季契約で働く[研修する]〈*in, with, for*〉. **2** 訴因を箇条書きにして起訴する. **3**《古》逐条的な協定[取決め]をする, 規定する.

Article I court /— wán —/《米》合衆国憲法第 1 編規定裁判所 (=LEGISLATIVE COURT).

Article II judge /— túː —/《米》合衆国憲法第 2 編規定裁判官《合衆国憲法第 2 編により規定されている, 連邦議会 (Congress) の授権に基づく任期制の連邦破産裁判官 (bankruptcy judge) あるいは治安判事 (magistrate judge)》.

Article III court /— θríː —/《米》合衆国憲法第 3 編規定裁判所 (=CONSTITUTIONAL COURT).

Article III judge /— θríː —/《米》合衆国憲法第 3 編規定裁判官《合衆国憲法第 3 編により規定されている身分保障・歳費保障のある裁判官で, 具体的には同編に基づき終身で選任された合衆国最高裁判所 (Supreme Court of the United States), 控訴裁判所 (Court of Appeals), 地方裁判所 (district court) の裁判官がこれに含まれる》.

Árticle Níne secúrity ìnterest《米》《統一商事法典の》**第 9 編の担保権**《支払い・債務履行を保証する担保に関する合意により設定された動産または不動産定着物 (fixture) に対する担保権 (security interest) で, 統一商事法典 (Uniform Commercial Code) 第 9 編に規定されている》.

Article 81 /— éɪtiwán/《ローマ条約》81 条《EU 内の競争の妨害・制限または歪曲を目的または効果として有する企業間の反競争的協定を禁じているローマ条約 (Treaty of Rome) の条項で, 旧 85 条; cf. DISTORTION OF COMPETITION》.

Article 82 /— éɪtitúː/《ローマ条約》82 条《EU 内での企業による支配的地位の濫用を禁止しているローマ条約 (Treaty of Rome) の条項で, 旧 86 条》.

Article 234 Reference /— túːhʌ́ndrədθɑ́ːrtifɔ́ːr —/《ローマ条約》234 条付託《国内裁判所で係争中の事件で EU 法上の問題が生じた場合, 欧州司法裁判所 (European Court of Justice) に対して適用すべき法についての有権的裁定を得るべく国内裁判所から欧州司法裁判所に付託 (reference) をなし, 欧州司法裁判所の先決裁定の回送を受けて, 国内裁判所が最終的判断を

与えるが, この付託を指す; なお欧州司法裁判所の先決裁定は拘束力を有する; ローマ条約 (Treaty of Rome) 234 条 (旧 177 条) が定めている手続き》.

ar·ti·cled clérk《英史》事務弁護士 (solicitor) 実務修習生《現在は事務弁護士実務訓練生 (trainee solicitor) という》.

árticles of agréement pl [the ~]《不動産権移転あるいは組合 (partnership)・企業の創設などの際にしばしば契約書の付属文書として作られる》合意覚書, 契約覚書; 合意書.

árticles of amendment pl [the ~]《米》《基本定款 (articles of incorporation) の》修正条項.

árticles of associátion pl [the ~] **1**《英》通常定款 (=bylaw*)《会社の基本定款 (memorandum of association) に定める以外の事項を記載した定款》. **2**《米》基本定款 (=ARTICLES OF INCORPORATION). **3** 団体規約 (=articles of organization)《非株式法人・非営利団体の基本定款類似の規約》.

Árticles of Confederátion pl [the ~]《米史》連合規約 (=Confederate Articles)《アメリカ合衆国を結成した 13 州の最初の憲法; 1777 年可決, 81 年発効, 88 年合衆国憲法成立に伴い失効》.

árticles of dissolútion pl [the ~]《米》《会社の》解散届出書.

Árticles of Fáith pl [the ~]《史》信仰箇条 (=Articles of Religion)《英国で宗教改革後イングランド教会の教義・儀式を定めた綱領; 1536, 1539, 1553, 1563 年の計 4 あるが, 一般にはその中の最後の三十九箇条 (Thirty-nine Articles) を指す》.

árticles of impéachment pl [the ~] 弾劾告発書《大統領・首相・政府高官などに対する弾劾理由を記した, 審判機関［上院］への下院からの申立書; Watergate 事件に関する Nixon 大統領に対する 3 か条の弾劾告発書は有名; 英国では弾劾手続きは 1806 年の後に用いられていない》.

árticles of incorporátion pl [the ~]《米》基本定款 (=articles of association, articles of organization, corporate charter, certificate of incorporation)《会社の基本的事項を定める定款; 英国の MEMORANDUM OF ASSOCIATION (基本定款) に当たる; cf. BYLAW, CHARTER》.

árticles of indénture pl [the ~] 年季契約書, 年季証文 (=indentures).

árticles of organizátion pl [the ~]《米》**1** 基本定款 (=ARTICLES OF INCORPORATION). **2** 団体規約 (=ARTICLES OF ASSOCIATION).

árticles of pártnership pl [the ~] 組合定款, パートナーシップ定款, 組合［パートナーシップ］契約 (=PARTNERSHIP AGREEMENT).

Árticles of Relígion pl [the ~]《史》信仰箇条 (=ARTICLES OF FAITH).

Árticles of the Bárons pl [the ~]《史》バロンの要求条項《1215 年の MAGNA CARTA の草案と考えられている制定日不詳の文書》.

Árticles of the Clérgy pl [the ~]《史》**1** 聖職者法《1316 年制定の教権と俗権の調整法》. **2** 聖職者の要求条項《1605 年の, Canterbury 大主教 Richard Bancroft (1544-1610) からの請願》. ★ 1, 2 共に Articuli Cleri ともいう.

árticles of the éyre pl [the ~]《史》《大》巡察 (eyre) 審問条項 (⇨ GENERAL EYRE).

árticles of the návy pl [the ~]《古》海軍軍律, 海軍規則.

árticles of the péace pl [the ~]《英》平和保証申立書《宣誓に基づいて他人が本人・子・配偶者に身体的危害, あるいは自宅に放火するおそれがある旨を合理的理由を示して申し立て, 裁判所が理由ありと判断した場合には, その他人から平和保証 (surety of the peace) を要求したが, その申立書; cf. SURETY OF THE PEACE》.

Árticles of Únion pl [the ~]《史》連合箇条《1707 年イングランドとスコットランドが連合した時の 25 箇条からなる合意書》.

árticles of wár pl [the ~] 軍律, 軍法《現在は, 英国では 1955 年の Army Act, 米国では 1951 年の Uniform Code of Military Justice が制定されている》.

ar·tic·u·la·ble /ɑːrtíkjələb(ə)l/ a 明確に表現[説明, 正当化]できる.

ar·tíc·u·lat·ed pléading /ɑːrtíkjəlèɪtəd-/ 箇条書き訴答《段落に分け, 箇条番号をふって行なう訴答》.

ar·tíc·u·late·ly /ɑːrtíkjələtli/ adv **1** 明確に. **2** 逐条的に, 部分に分けて.

Ar·tíc·u·li Clé·ri /ɑːrtíkjəlàɪ klérɑɪ, -klíː-/ pl [the ~]《史》**1** 聖職者法. **2** 聖職者の要求条項. ★ 1, 2 共に ARTICLES OF THE CLERGY と同義. [L=Articles of the Clergy]

Articuli su·per C(h)ar·tas /— sùːpər kɑ́ːrtəs/ pl《史》二憲章に関する条項《1225 年の Magna Carta (マグナカルタ) および Carta de Foresta (森林憲章) を確認・補足した 1300 年の制定法; cf. CONFIRMATIO C(H)ARTARUM》. [L=Articles upon the Charters]

ar·ti·fice /ɑ́ːrtəfəs/ n 技術, 技巧; 工夫, 考案;《特に欺くための》手管, 策, 術策, 策略.

ar·tif·i·cer /ɑːrtífəsər, ɑ́ːrtə-/ n **1**《腕のいい》職人, 熟練工. **2** 考案者, 発明者.

ar·ti·fi·cial /ɑ̀ːrtəfíʃ(ə)l/ a **1** 人工の, 人造の, 人為的な (opp. natural). **2** 法による, 法律上の. **3** 不自然な; 偽りの. **~·ly** adv

artificial dáy 昼間 (=civil day)《日の出から日没までの間》.

artificial frúit 法定果実 (⇨ FRUCTUS CIVILES).

artificial inseminátion 人工授精.

artificial nutrition and hydrátion 人工的栄養物・水分摂取《患者の生命維持のため胃瘻(ろう)や点滴注射などにより人工的に食事代わりの栄養物や水分を供与すること; 時に延命治療との関連で問題が生じうる》.

artificial pérson 法人 (=fictitious person, juridical person, juristic person, legal person, moral person)《例えば会社のように、自然人 (natural person) 以外に法によって法人格を与えられた人; cf. LEGAL ENTITY, NATURAL PERSON》．

artificial presúmption 法律上の推定 (=PRESUMPTION OF LAW).

ár·ti·san's líen /áːrtəzənz-, -sənz-; áːrtɪzǽnz-/ 職人のリーエン、職人の留置権 (=MECHANIC'S LIEN).

artístic wórk 芸術作品《絵画・写真・彫刻・建築など》．

arts(.) articles.

as /əz, æz, éz/ adv [前置詞・分詞の意味を制限]: **as against**…=**as between**…との関係では、…に対しては、…に比べて、…の間では． **as from**…《法律・契約などが》何日[何時]より、…以後: This agreement starts *as from* April 1. 本協定は4月1日より発効する． **as is** そのままの状態で(の)、現状のままで(の)《売買契約に使われるときは、売主が特定種類の商品を買主に引き渡す義務を負うが、品質については買主が危険負担する意となる; with ALL FAULTS ともいう》: AS IS CLAUSE / AS IS WARRANTY. ▶ SALE AS IS (現状のまま売却). **as of**… (1) 何年[何日、何時]現在の[で] (on, at). (2) =AS from. **as of** RIGHT. **as per**…により、…に従って: *As per* instructions contained in your letter, I have shipped goods.

A/S, A/s °account sales 売上計算書 ♦ °after SIGHT 一覧後 ♦ °at SIGHT 一覧払い．

às-applied chállenge《米》適用段階での違憲の主張《法あるいは政策が表面的には合憲であるが、適用段階になると差別的になるなどの理由で、憲法違反になるとの主張》．

ASBO《英》°antisocial behavior order 反社会的行為禁止命令．

as·cend·ant, -ent /əséndənt, æ-/ n 直系尊属 (=lineal ascendant) (cf. DESCENDANT). ▶ COLLATERAL ASCENDANT (傍系尊属) / LINEAL ASCENDANT (直系尊属).

as·cent /əsént/ n 尊属法定相続 (cf. DESCENT).

as·cer·táined góods /æsərtéɪnd-/ pl 確認物《動産の売買契約ののち目的物を確認し同意した物品; cf. SPECIFIC GOODS, UNASCERTAINED GOODS》．

ASE °American Stock Exchange アメリカン証券取引所．

'A' shares /éɪ—/ pl《英》A 株式《制限投票権を有している普通株式》．

Ásh·wan·der rúles /ǽʃwàndər-/ pl《米》アシュワンダー準則《合衆国最高裁判所が憲法問題を判断する際の方針についての一連の原則で、必要な場合にのみ判断をなし、事件が別の争点で判断されうる根拠があれば、憲法判断を回避するというもの; Ashwander v. Tennessee Valley Authority (1936) で Louis BRANDEIS 裁判官が補足意見 (concurring opinion) の形で述べたことから》．

aside /əsáɪd/ adv かたわらに置いて、保留して． PUT ~. SET ~.

as ís cláuse 現状のまま条項《売買契約の一条項で、買主は目的物を現状のままで受け取る、すなわち売主はその品質について責任を負わない旨を約するもの; ⇒ AS *is*, AS IS WARRANTY, SALE AS IS》．

as ís wárranty 現状のまま担保、無担保《売買において現状のまま売買することを約束し、したがって売主が品質の担保責任を負わないこと; ⇒ AS *is*, AS IS CLAUSE, SALE AS IS》．

ask /æsk; áːsk/ vt 1《人》に尋ねる、《物事》について尋ねる、《質問を》発する、問う． 2《人》に頼む、《物事を》頼む、要求[要請]する． ~ **for**…《もの》を請う、請求する; …を要する: ~ *for* bail to be granted.

ásked príce《証券》売り呼び値《ある時点において証券の売手が売却する用意のある最低価格; cf. BID PRICE》．

ásk·ing príce 言い値;《証券》《売手の》提示値段、提示価格 (=offering price*, offer price").

as per cóntra《簿記》対照として、見返りとして (=PER CONTRA).

as·por·ta·tion /æspərtéɪʃ(ə)n/ n《物の》移動、収去 (=carrying away)《窃盗 (larceny) の成立要件である財物の収去[移動]》． **as·port** /æspɔ́ːrt/ vt **as·por·ta·tive** a

as·por·ta·vit /æspərtéɪvət/ 収去した、移動した、移転した． [L=He/She has carried away.]

as·sail /əséɪl/ vt 襲う、襲撃する、…に暴行を加える、ASSAULT をなす[犯す]．

assáil·ant n《物理的な、または言辞による》攻撃者、襲撃者、暴行者、ASSAULT をなす者．

as·sart /əsáːrt/《史》vt《樹木を》掘り出す、掘り起こす;《林地を》開拓する． — n 1 林地開拓． 2《林地の》開拓地． 3 掘り起こした樹木． [OF<L (*ex-*, *sario* to hoe)]

as·sas·sin /əsǽs(ə)n/ n 暗殺者、刺客 (=assassinator).

as·sas·si·nate /əsǽs(ə)nèɪt/ vt 暗殺する． **as·sás·si·nà·tor** n ASSASSIN. **as·sàs·si·ná·tion** n 暗殺． [F or L< Arab=*hashish* eater]

as·sault /əsɔ́ːlt/ n 暴行(罪)、暴行の着手、暴行の脅迫《被害者が急迫した身体の危害の脅威を感じるのに合理的理由があるような形で、故意にかつ不法に暴力を用いるいしはその恐怖をかき立てること; 刑事法上の犯罪および民事法上の不法行為 (tort) が成立しうる; 被害者の身体に接触・殴打・傷害を加えることなく成立する; BATTERY (暴行) との違いは身体に対する接触の有無にあるが、実際には多く一つ行為で双方が成立するため、ASSAULT AND BATTERY と双方を結びつける表現が多く用いられる》;《広く》攻撃、暴行、殴打． ▶ AGGRAVATED ASSAULT (加重暴行(未遂)) / ATTEMPTED ASSAULT (暴行未遂) / CIVIL ASSAULT (民事上の暴行) / COMMON ASSAULT (一般暴行) / CONDITIONAL ASSAULT (条件付き暴行) / CRIMINAL

ASSAULT (刑事上の暴行) / EXCUSABLE ASSAULT (免責される暴行) / FELONIOUS ASSAULT (重罪たる暴行) / INDECENT ASSAULT (強制猥褻(罪)) / INTOXICATION ASSAULT (酩酊状態での暴行) / ORDINARY ASSAULT (普通暴行) / SEXUAL ASSAULT (性的暴行; 強姦) / SIMPLE ASSAULT (単純暴行). — vt 襲う;…に暴行する;…に性的暴行を加える, 強姦する. ～able a ～er n as·sául·tive a 攻撃的な, 襲撃しそうな. assáultive·ly adv assáultive·ness n ［OF＜L;⇨ASSAIL］

assáult and báttery 暴行(罪), 不法な身体的接触 (⇨ ASSAULT). ▶ ATROCIOUS ASSAULT AND BATTERY (凶悪暴行; 加重暴行).

assáult by cóntact 《他人の身体への不法な》接触による暴行.

assáult by penetrátion 《英》挿入による暴行 《2003年法で導入された性犯罪で, 他人の膣または肛門に身体の一部または物を相手方の同意なくして性的行為として故意に挿入すること; 強姦 (rape) と違い, 女性も主犯となりうる; なお13歳未満の子供に対する同一行為は同意の有無にかかわらず犯罪として成立するが, これを **assault of a child under 13 by penetration** (13歳未満の子供に対する挿入による暴行)という》.

assáult with a déadly [dángerous] wéapon 死をもたらしうる[危険な]凶器を用いての暴行.

assáult with intént 別罪犯意暴行《別の特定犯罪を犯そうという意図をもっての暴行 (assault)》: ～ to kill 殺意をもっての暴行 / ～ to rape 強姦の犯意をもっての暴行.

as·say /æséi, ´ ` , əséi/ vt **1**〈鉱石などを〉分析する, 試金する, 検定する. **2** 評価する, 検討する. — n **1** 検査; 試金, 分析評価. **2** 定量.

assáy·er n **1** 試金(分析)者. **2**《史》貨幣検質官. **3**《英史》王室毒味役.

assáy màrk《金銀製品に刻す》純分認証極印.

assd assessed ◆ assigned ◆ assured.

as·sec·u·ra·tor /æsékjuərèitər/ n《海上保険の》保険者 (insurer).

as·sem·ble /əsémb(ə)l/ vt 集める, 集合させる, 召集する;《集めて》整理する: ～ all the evidence. — vi 集合[結集]する, 会合する. ［OF (L *ad-* to, *simul* together)]

as·sem·bly /əsémbli/ n **1** 会合, 集会; 人[もの]の集まり. ▶ FREEDOM OF ASSEMBLY (集会の自由) / GENERAL ASSEMBLY (総会) / PEACEFUL ASSEMBLY (平和的集会) / PUBLIC ASSEMBLY (公開集会) / RIGHT OF ASSEMBLY (集会の権利) / RIOTOUS ASSEMBLY (騒擾的集会) / TRESPASSORY ASSEMBLY (侵害的集会) / UNLAWFUL ASSEMBLY (不法集会(罪)). **2** [°A-] 議会,《米国の一部の州の州議会の》下院. ▶ GENERAL ASSEMBLY (州議会) / HOUSE OF ASSEMBLY (立法府) / LEGISLATIVE ASSEMBLY (立法会議, 立法府) / LONDON ASSEMBLY (ロンドン参事会議) / NORTHERN IRELAND ASSEMBLY (北アイルランド議会) / WELSH ASSEMBLY (ウェールズ議会).

assém·bly·man /-mən/ n **1** ASSEMBLY の成員; 議員. **2** [A-]《米国の一部の州の》下院議員.

Assémbly of the Européan Commúnities [the ～] 欧州共同体総会 (EUROPEAN PARLIAMENT (欧州議会) の旧称).

as·sent /əsént/ n **1** 同意, 賛同. ▶ APPARENT ASSENT (表面的には明白な同意) / CONSTRUCTIVE ASSENT (擬制された同意) / EXPRESS ASSENT (明示の同意) / IMPLIED ASSENT (黙示の同意) / MUTUAL ASSENT (相互的合意). **2**《英》遺産分配についての人格代表者 (personal representative) の》承認書. ▶ VESTING ASSENT (継承財産移転承認書). **3**《議会の》承認;"《国王の》裁可 (= ROYAL ASSENT). ▶ ROYAL ASSENT (国王の裁可). — vi 同意[賛同, 承認]する《*to*》.

assént·ed stóck 交換同意預託株《株式所有者が会社の株式の変更を受け入れるとの合意に従って第三者に預託した株式》.

assént·ing sílence dòctrine 認諾の上での沈黙の法理《沈黙が公正にみて認諾と言いうるような状況で非難がなされた場合には, 非難された本人が沈黙しているにもかかわらず, その非難内容は真実であるとみなされるという原則; ただし, この法理は刑事被告人の有責性の基準としては実効性をもたないと通例考えられている》.

assént procédure 同意手続き《欧州連合 (European Union) の立法手続きの一つで, 欧州委員会 (European Commission) が欧州連合理事会 (Council of the European Union) に対して法案を提出し, 後者が欧州議会 (European Parliament) にその提案を送付し, 議会はそれに対して絶対多数で承認をするか否決する[廃案にする]かの権限を有し(すなわち拒否権は有するが, 修正権はない), 承認の場合には理事会が決定する場合の手続きを指す; cf. CODECISION PROCEDURE, COOPERATION PROCEDURE》.

as·sert /əsə́:rt/ vt **1** 確言する, 断言する. **2**〈権利など〉を主張[擁護]する. **assért·er, as·sér·tor** n

as·ser·tion /əsə́:rʃ(ə)n/ n 確言, 断言, 断定; 主張.

as·ser·tive /əsə́:rtiv/, **as·ser·to·ry** /əsə́:rtəri/ a 確言的な, 断言的な, 断定的な.

assértive cónduct 確言的行為《証拠法上の用語で, 例えば lineup (面通しのための列) で被疑者を指すなど一定のことを表現しようとする非言語行動; cf. NONASSERTIVE CONDUCT》.

assértory cóvenant《一定事実の存在の》確言的約款, 確認的約款.

assértory óath《一定事実についての》確言的誓言.

as·sess /əsés/ vt **1** 評価する, 査定する;〈税・罰金・損害賠償金などの〉額を定める: ～ damages at 20,000 dollars / ～ a property for the purposes of insurance. **2**…に税を課す, 罰金を科す. ～**able** a ［F＜L *assess- assidēo* to sit by］

asséssable stóck 追徴可能株式, 追加払込み請求可能株式《会社が倒産したり支払い不能になった場合に株主が追加払込みを請求されうる株式; cf. NONASSESSABLE STOCK》.

as·séssed valuátion 《税制》公定評価額.

asséss·ment n **1**《人物・物などの》評価. ▶ DETENTION FOR ASSESSMENT (評価のための拘禁) / ENVIRONMENTAL IMPACT ASSESSMENT (環境影響評価) / SELF-ASSESSMENT (自己評価). **2**《税金・損害賠償金・訴訟費用などの》査定(額), 評価(額), 決定(額)《特に 公的な査定をいう; cf. APPRAISAL》: ~ of damages 損害賠償金査定 / ~ of property 財産評価. ▶ DETAILED ASSESSMENT (OF COSTS) (《訴訟費用の》詳細査定(手続き)) / FRONTAGE ASSESSMENT (間口基準負担金) / JEOPARDY ASSESSMENT (危急追徴課税額査定) / LOCAL ASSESSMENT (地域的負担金) / PREHEARING ASSESSMENT (審理前訴訟費用負担決定) / SELF-ASSESSMENT (自主申告) / SPECIAL ASSESSMENT (特別負担金) / SUMMARY ASSESSMENT (OF COSTS) (《訴訟費用の》略式査定(手続き)) / TAX ASSESSMENT (課税財産評価(額)). **3** *《証券・株式などの》払い込み催告[請求] (call"). **4**《保険の》賦課金, 払い込み追徴.

asséssment còmpany 賦課式保険会社《相互保険会社 (mutual insurance company) などのうち確定された保険料の定めがなく賦課式保険 (assessment insurance) を採用しているもの; ⇨ ASSESSMENT INSURANCE》.

asséssment còntract 賦課式契約《契約からの利益が同種契約の当事者に課せられた賦課金の実際の徴収額に依存する契約; 賦課保険 (assessment insurance) が代表例》.

asséssment dìstrict《課税のための不動産評価がなされる》課税単位地区.

asséssment insúrance 賦課式保険, 保険料追徴保険《確定された保険料の定めがなく, 一定期間経過後に事後的に保険料支払い義務を課す方式, または保険契約者が事後的に追加保険料支払い責任を負う方式の保険; 相互保険 (mutual insurance) で採用される一方式》.

asséssment lìen 土地改良利益評価税リーエン《地方自治体による土地改良行為により利益を得た財産に対して, その改良行為の対価として評価された税の支払いを確保するための物的担保》.

asséssment of cósts〘英〙訴訟費用査定(手続き)《一方当事者から他方当事者へ, または依頼人からその事務弁護士 (solicitor) に支払われるべき訴訟費用額が裁判所役人によって決定される方法; 1999年実施の民事訴訟手続規則 (Civil Procedure Rules) 前までは訴訟費用算定 (taxation of costs) と呼ばれていたもの; 略式査定(手続き) (summary assessment) と詳細査定(手続き) (detailed assessment) の2種類があって, 前者は審理直後に支払うべき金額を裁判所が決定するもので, 迅速手順 (fast track) の審理で好んで用いられる; 後者は訴訟費用の計算を訴訟費用査定官 (costs officer) に提出し, 査定官が審理後に額を審査・査定するもの; ⇨ STANDARD BASIS; cf. PARTY AND PARTY BASIS OF TAXATION, SOLICITOR AND OWN CLIENT BASIS OF COSTS》. ▶ DETAILED ASSESSMENT (OF COSTS) (《訴訟費用の》詳細査定(手続き)) / SUMMARY ASSESSMENT (OF COSTS) (《訴訟費用の》略式査定(手続き)).

asséssment rátio 課税(評価)率《財産税 (property tax) に関して公正な市場価格 (fair market value) に対する評価額の割合》.

as·ses·sor /əsésər/ n **1** 査定者,《特に》課税額査定者[官],《保険》損害鑑定人. ▶ INSURANCE ASSESSOR (保険査定人). **2** 裁判所補佐人《特定分野の専門家として裁判官を補佐する者; cf. MASTER》. ▶ LAY ASSESSOR (法律家でない裁判所補佐人). **as·ses·so·ri·al** /æsəsɔ́:riəl/ a ~·**ship** n [OF<L=assistant judge; ⇨ ASSESS]

as·set /ǽsèt/ n [pl]《負債の償却または遺贈に当てる故人の》遺産; [pl]《負債の償却に当てるべき個人・法人のすべての》資産, 財産; [pl]《会計》《貸借対照表の》資産 (opp. *debts*, *liability*); 交換価値のある所有物: ~s and liabilities 資産と負債. ▶ ACCRUED ASSET (見越し資産) / ADMITTED ASSET (計上承認資産) / APPOINTIVE ASSET (権利帰属者指名権により配分される資産) / BUSINESS ASSET (営業資産) / CAPITAL ASSET (資本資産) / COMMUNITY OF ASSETS (資産の共有) / CONCEALMENT OF ASSETS (資産の秘匿) / CURRENT ASSET (流動資産) / DEAD ASSET (無価値資産) / EQUITABLE ASSET (エクイティー上の引当て資産[遺産]) / FAMILY ASSETS (家族の財産) / FICTITIOUS ASSET (擬制資産) / FIXED ASSET (固定資産) / FROZEN ASSET (凍結資産) / HIDDEN ASSET (秘匿資産) / INTANGIBLE ASSET (無形資産) / JUNK ASSET (くず物資産) / LEGAL ASSET (コモンロー上の引当て資産[遺産]) / LIQUID ASSET (当座[流動]資産) / MARITAL ASSET (婚姻中に取得した資産) / MARSHALING (OF) ASSETS (財産衡平配分(則)) / NET ASSETS (純資産) / NONADMITTED ASSET (計上非承認資産) / NONPROBATE ASSET (遺産とは別の遺産処分方法で処分された資産) / PARTNERSHIP ASSETS (組合資産) / PERSONAL ASSET (動産的資産) / QUICK ASSET (当座資産; 流動資産) / REAL ASSET (不動産資産; 有形資産) / RULE OF MARSHALING ASSETS (財産衡平配分の準則) / TANGIBLE ASSET (有形資産) / TOXIC ASSET (有毒資産) / TROUBLED ASSET (不良債権資産) / WASTING ASSET (減耗資産). [OF *asez* (L *ad satis* to enough); *-ts* (<AF *asetz*)を複数語尾と誤ったもの]

ásset-bácked secúrity 資産担保証券, アセットバック証券《自動車ローン・リース・クレジットカードなどの各種債権などをプールして担保化したものや商業用資産を担保として発行される証券; 略 ABS》.

ásset depréciating rànge〘米〙資産減価償却範囲《1970-80年の間に供用に付された償却資産および1986年法の修正加速度原価回収制度 (Modified Accelerated Cost Recovery System) の下で減価償却される資産に対して内国歳入庁 (Internal Revenue Service) が認める耐用年数の上限と下限；略 ADR).

ásset protéction trùst 《みずからの資産を債権者から守るために設定される》**資産防護信託** (⇨ SELF-SETTLED TRUST).

ássets by descént 《米・英史》**捺印債務証書に基づく債務の責任を負うべき無遺言不動産相続遺産**《法定相続人 (heir) が相続する不動産遺産のうち、被相続人の捺印債務証書に基づく債務 (specialty debt) につき責任を負うべき遺産部分；相続人は相続した遺産の限度で責任を負わねばならない》.

ásset vàlue 《1 株当たりの》**資産価値** (=NET ASSET VALUE).

as·sev·er·ate /əsévərèɪt/ *vt* 厳然と言明する、厳粛に確言する.

as·sev·er·a·tion /əsèvəréɪʃ(ə)n/ *n* 《宗教上の理由で宣誓を拒否する場合などの》**厳粛な確言** (cf. AVERMENT).

as·sign /əsáɪn/ *vt* **1** 《資産・権利などを》譲渡する《*to*》: ~ patent rights *to* sb | ~ shares *to* sb | ~ a debt *to* sb. **2 a** 《課題などを》与える、割り当てる. **b** 《人を任務などに》割り当てる、任命[選任]する；配属する: He was ~*ed* to represent the defendant. / They have been ~*ed* to the case. **c** 指定する、定める. **3** 帰する、《起源などを》《…に》帰属させる《*to*》. **4** 《理由・説明などとして》持ち出す、挙げる、申し立てる；指摘する、述べる: no party may ~ as error the giving or the failure to give an instruction unless that party objects thereto 当該当事者がそれに異議を申し立てないかぎり、当事者は説示することあるいは説示しないことを誤りであると申し立てることはできない (Fed. R. Civ. P. 51). — *n* [ᵁ*pl*] **譲受人** (assignee). ▶ HEIRS AND ASSIGNS (法定相続人およびその承継者). **~·er** *n* 〔OF < L *assigno* to mark out to; ⇨ SIGN〕

assign·able *a* 譲渡可能な (cf. NEGOTIABLE). **assìgn·abíl·ity** *n*

assígnable léase **譲渡可能不動産賃借権** (ASSIGNMENT OF LEASE, SUBLEASE).

as·sig·na·tion /æsɪgnéɪʃ(ə)n/ *n* **1** 《スコットランド》**譲渡** (assignment). **2** 《フランス法》**召喚；召喚状**. **3** 会合の約束、密会. ▶ HOUSE OF ASSIGNATION (売春宿).

As·sig·na·tus uti·tur ju·re auc·to·ris /æsɪgnéɪtəs (j)úːtɪtər dʒúːrɛ ɔːktóʊrɪs/ **譲受人は本人[譲渡人]の権利を享受する**. 〔L=An assignee is clothed with the right of the principal.〕

as·sígned accóunt **担保に差し入れられた売掛金勘定、担保勘定**.

assígned cóunsel* **国選[州選]弁護人**《刑事訴訟で、裁判所が《貧しい》被告人のため公費で選任する民間 (private) 弁護士；cf. PUBLIC DEFENDER》.

assígned rísk **強制割当危険** (ASSIGNED RISK PLAN の対象となる危険).

assígned rísk plàn **強制割当危険プラン、強制割当危険保険方式**《自動車保険で事故歴などから保険契約締結を拒絶される者に対して保険者が特別保険料率による保険契約を締結することを義務づける制度》.

as·sign·ee /æsəníː, æsàɪ-, əsàɪ-/ *n* **1** 任命[指名]された人；代理人. **2** 《財産などの》**譲受人** (=assign); 《史》《破産債権者のための》**譲受人**《かつて破産管財人類似の地位にあった》.

assignée cláuse 《米史》《**州籍相違要件充足のための》讓渡条項**《州籍相違 (diversity of citizenship) を有さずしたがって連邦裁判所の裁判権の及ばない場合に、必要な州籍相違要件を満たす別人にみずからの主張する権利を譲渡し、連邦裁判所管轄権を取得することを禁じた 1789 年法の条項；1948 年に、より一般的な形での規定が定められ、この条項は廃止とされた》.

assignée estóppel **譲受人の禁反言**《特許権に関する禁反言で、特許権を譲り受けた者は後になって一定の場合にその特許権の効力を争うことができないという法理；例えば譲受人が特許権使用料 (royalty) 支払いを免れようとしている場合とか、特許権譲渡契約を取り消そうとしている場合などがこれに当たる》.

assígn·ment *n* **1** **譲渡**《すべての財産・財産権に用いられるが、通常は物的財産 (real property) には用いず、人的財産 (personal property) の譲渡を指し、無体動産 (chose in action), 不動産賃借権 (lease) などの譲渡に多く用いる》；譲渡された権利；譲渡証書 (deed of assignment). ▶ ABSOLUTE ASSIGNMENT (絶対的譲渡；無条件債権譲渡) / DEED OF ASSIGNMENT (譲渡証書) / EFFECTIVE ASSIGNMENT (実効的譲渡) / EQUITABLE ASSIGNMENT (エクイティー上の《債権》譲渡) / GENERAL ASSIGNMENT (債権者全員への譲渡) / LEGAL ASSIGNMENT (コモンロー上の譲渡) / MESNE ASSIGNMENT (中間譲渡) / PREFERENTIAL ASSIGNMENT (偏頗的譲渡) / PRIORITY OF ASSIGNMENT (譲渡の順位[先順位(性)]) / STATUTORY ASSIGNMENT (制定法方式による債権譲渡) / VOLUNTARY ASSIGNMENT (自発的譲渡) / WAGE ASSIGNMENT (賃金債権譲渡) / WARRANTY OF ASSIGNMENT (譲渡についての保証). **2** 割当て、指定；割当て仕事(の量): They have put ten members on that particular ~. **3** 選任、任命；選任[任命]された地位[職]. **4** 《訴訟手続上の》**指摘、指示、陳述**. ▶ NEW [NOVEL] ASSIGNMENT (請求原因の再陳述).

assígnment for the bénefit of créditors **債権者のための譲渡**《債権者への債務返済のため債務者の全資産を集計し債務を決済すべく別人に信託 (trust) として譲渡すること；譲受人は債権を取り立て、財産を処分し、債権者に配分し、残余が出た場合には債務者に返還することになる》.

assígnment of chóses in áction **債権譲渡**.

assígnment of cóntract **契約の譲渡**《一般に契約上の義務は譲渡できないが、契約の他方当事者の同意の下でならば契約の一方当事者によるその義務は譲渡可能となる；ただし、例えば特定の人による声楽公演契約など

assígnment of dówer 寡婦産の指定《寡婦が夫の不動産の一部を寡婦産(dower)として保有する前に、寡婦産の対象となる不動産が寡婦・法定相続人間の合意ないしは裁判所の判決により指定されること; 英国では寡婦産自体が廃止され、米国でも多くの州で廃止されている》.

assígnment of érror (*pl* assignments of érror) 誤審申し立て理由の特定《誤審(error)をめぐる手続きで、申立人の主張する下位裁判所の誤審事実の特定; cf. WRIT OF ERROR》.

assígnment of íncome 所得の譲渡《(1) ASSIGNMENT OF WAGES 2) 課税回避のため納税者がその所得を別人に移転すること; ⇨ ASSIGNMENT OF INCOME DOCTRINE》.

assígnment of íncome dòctrine 所得譲渡の法理《勤労所得(earned income)のある人は、その所得からの利益を誰が享受しようとも、課税対象者になるというコモンロー上の原則; ここから別の人に譲渡したその将来の所得についても本人が課税されることになる》.

assígnment of léase 不動産賃借権の譲渡《賃借人(lessee)が期限の来ていないみずからの不動産賃借権(lease)をその残余期間のすべてにわたって他人に譲渡すること; 不動産転貸借(sublease)が残余期間の一部についての転貸であるのに対して、残余期間全体に及ぶ譲渡である点で異なる; cf. SUBLEASE》.

assígnment of ríghts 《特に契約上の》権利の譲渡.

assígnment of wáges 賃金の譲渡《=assignment of income》《賃金の支払いを受ける権利を賃金労働者から債権者に移転すること》.

as·sign·or /ǽsənɔ́ːr, ǽsài-, əsài-/ *n* 《財産・権利の》譲渡人.

assignór estòppel 譲渡人の禁反言《特許権に関する禁反言で、特許権を譲渡した者が後になってその特許権の効力を争うことはできないという法理》.

Assímilative Crímes Àct [the ~]《米》同化犯罪法《犯罪が軍事施設・特別保留地(reservation)のような州内の連邦管轄区域内で発生した場合には、連邦法で処罰されない限り州法が適用される旨を定めている連邦法; 略 ACA》.

as·si·sa /əsáɪzə, ə-, -sə/ *n* ASSIZE. [L]

assísa cá·de·re /-kǽdəri, -kéɪ-/ *vi*《史》アサイズ裁判で敗訴する、訴えを却下される. [L=fail in the assize]

assísa de mór·te an·te·ces·só·ris /-də mɔ́ːrtə æntɪsəsɔ́ʊrɪs/ ASSIZE OF MORT D'ANCESTOR. [L]

assísa mór·tis d'an·ces·tó·ris /-mɔ́ːrtɪs dænsəstɔ́ʊrɪs/ ASSIZE OF MORT D'ANCESTOR. [L]

assísa nó·vae dis·séy·si·nae /-nóʊvi dɪsséɪsɪnì:/ ASSIZE OF NOVEL DISSEISIN. [L]

as·sise /əsáɪz/ *n* ASSIZE.

as·sís·er /əsáɪzər/ *n* ASSIZER.

assíse rènts =RENTS OF ASSISE.

as·sist /əsíst/ *vt* 手伝う、援助する、助力する、扶助する、補助する、補佐する、幇助する: ~ sb *with* money 金を援助する / ~ sb *in* his work [*in* doing sth, *to* do sth] / ~ an offender 犯罪者を幇助する, "犯罪者の逮捕・訴追を妨げる. ── *vi* 1 手伝う、援助する、助力者[支持者]として参加する〈*in*〉: ~ *in* a campaign 運動に加わる. 2 [フランス語法] 第三者として出席する〈*at*〉: ~ *at* an interview 会見に立ち会う. ── *n* *援助、助力、幇助. ~·er, as·sís·tor *n* as·síst·ive *a* [F<L *assisto* to stand by]

as·sist·ance /əsístəns/ *n* 手伝い、援助、扶助、補助、補佐、幇助: receive ~ under the legal aid scheme. ▶ DISHONEST ASSISTANCE (不正幇助) / FINANCIAL ASSISTANCE (財政援助) / NATIONAL ASSISTANCE (国民扶助金) / WRIT OF ASSISTANCE (援助令状).

assístance dòg《盲導犬などの》介助犬.

assístance of cóunsel《特に刑事事件での》弁護士の援助 (cf. RIGHT TO COUNSEL). ▶ EFFECTIVE ASSISTANCE OF COUNSEL (弁護士の効果的な援助) / INADEQUATE ASSISTANCE OF COUNSEL (弁護士の不相当な援助) / INEFFECTIVE ASSISTANCE OF COUNSEL (弁護士の非効果的な援助) / RIGHT TO ASSISTANCE OF COUNSEL (弁護士の援助を受ける権利).

assíst·ed pérson 法律扶助(legal aid)を受けている人.

assísted súicide 自殺関与(罪)《自殺教唆・自殺幇助を含む概念; cf. EUTHANASIA》: physician-assisted suicide 医師による自殺関与(罪).

as·size /əsáɪz/ *n* 1《史》アサイズ(会議)《語源的には sit (すわる) という意味の Norman French から出たという語で、12世紀ごろには各種立法を生み出した国王主宰の会議に用いられた》. 2《史》《アサイズ(会議)で制定された》アサイズ(法). 3《史》アサイズ(訴訟[令状])《一種の陪審を用いる訴訟方式、またはその陪審; ⇨ GRAND ASSIZE, PETTY ASSIZE. ▶ GRAND ASSIZE (大アサイズ) / PETTY [PETIT] ASSIZE (小アサイズ) / POSSESSORY ASSIZE (占有訴訟)》. 4《史》**a** [*pl*]《《イングランド・ウェールズの各州で行なわれた民事・刑事の》アサイズ(裁判), 巡回裁判《1971年法により民事は High Court of Justice (高等法院), 刑事は Crown Court (刑事法院) がこれに代わった; cf. JUSTICE OF ASSIZE》. **b** アサイズ裁判[巡回裁判]開廷期[開廷地], アサイズ. ▶ BLOODY ASSIZES (血のアサイズ(裁判)) / CLERK OF ASSIZE (アサイズ裁判書記) / COMMISSION OF ASSIZE (アサイズ裁判官任命書) / COURT OF ASSIZE (アサイズ裁判所) / JUSTICE OF ASSIZE (アサイズ裁判官) / MAIDEN ASSIZE (処女アサイズ(裁判)). 5《スコットランド》陪審(審理). 6《英史》**a** ASSIZE OF BREAD AND ALE. **b** ASSIZE OF MEASURES. [OF; ⇨ ASSESS]

assize de utrum ⇨ ASSIZE UTRUM.

Assíze of Árms [the ~]《英史》武装法《全自由人

に身分に応じた武器保有を命じた法; 1181年制定).

Assíze of Bréad and Ále [the ~]《英史》パン・ビール法《1266年制定のパン・ビール販売規制法》.

Assíze of Clárendon [the ~]《英史》クラレンドン法《1166年制定; 大陪審 (grand jury) の起源とされる法》.

assíze of darréin preséntment〚史〛聖職推薦権回復訴訟[令状]《= darrein presentment》(⇨ PETTY ASSIZE).

assíze of frésh fórce〚史〛都市所在土地新侵奪占有回復訴訟[令状]《都市内で他人の土地の占有を侵奪した者に対して侵奪行為から40日以内にのみ提起できた訴訟ないしはその訴訟のための令状; 40日以内という条件があるので fresh の語がついている》.

Assíze of Méasures [the ~]《英史》度量衡法《1198年制定》.

assíze of mórt d'áncestor [d'áuncester]〚史〛相続不動産占有回復訴訟[令状]《= assisa de morte antecessoris, assisa mortis d'ancestoris》(⇨ PETTY ASSIZE). [AF mort d'ancestor the death of an ancestor]

Assíze of North·ámp·ton /-nɔːrθ(h)ǽm(p)tən/ [the ~]《英史》ノーサムプトン法《ASSIZE OF CLARENDON の補充法; 1176年制定》.

assíze of nóvel disséisin〚史〛新侵奪不動産占有回復訴訟[令状]《= assiza novae disseysinae》(⇨ PETTY ASSIZE).

assíze of núisance〚史〛《自由土地保有権 (freehold) に対する》不法妨害[ニューサンス]排除令状《勝訴原告は同時に損害賠償も認められた》.

assíze of utrum ⇨ ASSIZE UTRUM.

as·síz·er /əsáɪzər/ n〚史〛**1** 大アサイズ (grand assize) の陪審員. **2**《スコットランド》陪審員 (juror). **3** 度量衡監視官. **4** パン・ビール法 (Assize of Bread and Ale) 制定者.

assíze rènts pl〚史〛定額地代《= RENTS OF ASSISE [ASSIZE]》.

Assízes de Jerúsalem /-də-/ pl〚史〛エルサレム法《= Assizes of Jerusalem》《十字軍が1099年にエルサレムを征服した後に十字軍占領地の法として用いるために制定した封建法典》.

Assízes of Jerúsalem pl〚史〛エルサレム法《= ASSIZES DE JERUSALEM》.

assíze út·rum /-átrəm/〚史〛世俗保有地・自由寄進保有地確定訴訟[令状]《俗に assíze of [de /də/] útrum ともいう》. [L utrum = whether]

as·so·ci·ate /əsóuʃiət, -ʃièɪt, -si-/ a **1** 仲間の, 同僚の. **2** 正式会員に次ぐ資格の, 准…: an ~ member 准会員, 賛助会員 / ASSOCIATE JUDGE [JUSTICE]. — n **1 a** 仕事仲間, 提携者, 同僚; 友人. **b** 共犯者, 共謀者: name one's ~s. **c** 准会員. **2**《法律事務所の》平弁護士 (cf. PARTNER). **3**《英史》コモンロー裁判所補助官《記録作成保管などを職務とした》. — v /əsóuʃièɪt,

-si-/ vt 結合する, 連合させる. — vi 仲間[友人など]として交際する《with》: ~ with criminals. [L (pp)《associo to unite (socius allied)》]

assóciate cómpany 関連会社.

as·só·ci·àt·ed a 連合した, 提携した, 関連した, 結合した, 組合の, 合同…: Thompson Ltd and its ~ company, Smith Brothers.

assóciated emplóyers pl 提携雇用者《関連会社の全部ないしはそのうちの複数の会社》.

assóciated operátions pl《英税制》連結操作《相続税 (inheritance tax) 対象の価値の移転 (transfer of value) を計算する場合に, 総体として考慮に入れられるべき複数の遺産操作・処分; cf. TRANSFER OF VALUE》.

assóciated pérson 1《証券》関係者《**(1)** (a) 証券のブローカー・ディーラー, その類似機能・地位を有する人の同僚組合員 (partner) や役員・取締役・支店支配人, および (b) 直接であるか間接であるかを問わずブローカー・ディーラーを支配している人かそれらの人に支配されている人かあるいはそれらの人と同じ支配下にある人, さらに (c) ブローカー・ディーラーの被用者《ただし書記・事務員的機能しか有していない者, および証券発行者あるいは発行者の関係者という理由だけでブローカー・ディーラーとして登録することを要する者を除く》を含む概念 **(2)** (a) 証券発行者, (b) 有限責任組合 (limited partnership) である発行者の無限責任組合員 (general partner), (c) 発行者を支配しているか, 発行者により支配されているかあるいは発行者と同じ支配下にある会社・組合, 組合員・役員・取締役・被用者である自然人》. **2**《英》関係者《1996年の家族法 (Family Law Act) の家庭内暴力 (domestic violence) に関連して用いられる概念で, 婚姻関係にあるないしはあった者, 同棲者ないし同棲者だった者, 同一家庭に居住ないしは居住した者《ただし間借人を除く》, 親族を含む語》.

assóciate júdge《米》《首席裁判官 (chief judge) や裁判長 (presiding judge) でない》陪席裁判官《= puisne judge》《略 AJ》.

assóciate jústice《米》陪席裁判官《合議体を構成する裁判官で, 裁判長以外の者》.

assóciate of the Crówn Óffice《英史》《最高法院 (Supreme Court of Judicature) の》刑事部裁判所補助官.

as·so·ci·a·tion /əsòusiéɪʃ(ə)n, -ʃi-/ n **1 a** 連合, 結合, 合同, 関連, 交際, 提携. **b** 共犯, 共謀. ▶ GUILT BY ASSOCIATION (連坐). **2** 団体結成, 結社; 社団, 団体; 協会, 組合; 法人格なき社団《= UNINCORPORATED ASSOCIATION》(cf. CORPORATION). ▶ ARTICLES OF ASSOCIATION (通常定款; 基本定款; 団体規約) / BAR ASSOCIATION (法曹協会) / BENEFICIAL ASSOCIATION (互助団体) / BENEVOLENT ASSOCIATION (相互扶助団体) / BUILDING AND LOAN ASSOCIATION (住宅資金貸付組合) / COMMONHOLD ASSOCIATION (共同保有社団) / DECLARATION OF ASSOCIATION (会社設立宣言) / EMPLOYERS' ASSOCIATION (雇用者協会) / EXPORT

association agreement

TRADE ASSOCIATION (輸出組合) / FRATERNAL BENEFIT ASSOCIATION (友愛共済会) / FREEDOM OF ASSOCIATION (結社の自由) / HOMEOWNERS' ASSOCIATION (住民団体, 住宅所有者団体) / HOUSING ASSOCIATION (住宅供給協会) / INDEPENDENT PRACTICE ASSOCIATION (独立診療所協会) / JOINT-STOCK ASSOCIATION (ジョイント・ストック・アソシエイション) / LOAN ASSOCIATION (相互貸付け組合) / MEMORANDUM OF ASSOCIATION (基本定款) / MUTUAL BENEFIT ASSOCIATION (相互共済組合) / NONPROFIT ASSOCIATION (非営利団体) / OWNERS' ASSOCIATION (所有者協会) / PARTNERSHIP ASSOCIATION (パートナーシップ・アソシエイション) / PROFESSIONAL ASSOCIATION (専門的職業人の職能団体; 専門職業人協同事業(所)) / PROTECTION AND INDEMNITY ASSOCIATION (船主責任相互保険組合, ピー・アイ・クラブ) / SAVINGS AND LOAN ASSOCIATION (貯蓄貸付け組合) / TENANTS ASSOCIATION (借地借家人協会) / TRADE ASSOCIATION (事業者団体) / UNINCORPORATED ASSOCIATION (法人格のない社団) / VOLUNTARY ASSOCIATION (任意団体). **3**《刑務所で》受刑者が動きまわったり他の受刑者と会うことができる時間. **4** 連想.

associátion agrèement 連合協定《欧州連合 (European Union) 構成国と非加盟国あるいは国際的機構との間の協定》.

associátion nót for prófit 非営利団体 (nonprofit association).

Associátion of Américan Láw Schòols [the ~]《米》アメリカ法科大学院協会《略 AALS》.

Associátion of Dóctors of Láws and Ádvocates of the Chúrch of Chríst at Cánterbury [the ~]《英史》カンタベリーのキリスト教会弁護人と法学博士との協会《1511 年設立の教会裁判所実務家の非公式協会》.

Associátion of Tríal Làwyers of América [the ~]《米》アメリカ事実審弁護士協会 (= American Trial Lawyers Association)《略 ATLA》.

as·soil /əsɔ́ɪl, æ-/, **-soile** /əsɔ́ɪl, æ-/ vt《史》《特に破門 (excommunication) を》赦免する (absolve, acquit). ★ **assoyle, as·soilyie** ともつづる.

as·sume /əsúːm; əsjúːm/ vt **1** 仮定[想定]する, 当然のこと[事実, 真実]と決め込む (cf. PRESUME): I ~ that you know. むろんご存知と思います / You must not ~ that he is guilty [~ him to be guilty, ~ his guilt]. 彼が有罪だと決めてかかってはいけません / Assuming that it is true.... = Assuming it to be true.... それが本当だと仮定して[とすれば].... **2 a**《役目・任務・責任などを》引き受ける, 引き継ぐ;《人の債務を》肩代わりする: ~ the chair 議長席に着く / ~ a responsibility 責任を負う. **b**《権力などを》わが物にする, 強奪[横領]する (: ~ credit to oneself);《人の氏名を》かたる. **3 a**《形態をとる,《様相・外観を》呈する,《性質を》帯びる; ...のふりをする, 装う: ~ the offensive 攻勢をとる / an air of cheerfulness 快活らしく装う. **b**《衣服を》まとう. **as·súm·able**

a **as·súm·ably** adv たぶん(...てあろう) (presumably). **as·sùm·a·bíl·i·ty** n **as·súm·er** n [L (ad-, sumpt- sumo to take)]

assúmed náme 1 別名, 偽名 (alias). **2** 企業の別名《企業が営業のため, あるいは社会関係でみずからが通例用いている正式名以外の通称; cf. D/B/A》.

as·sump·sit /əsʌ́m(p)sət/ n **1** 引受け契約 (covenant) によらない口頭契約などの単純契約 (simple contract); 明示・黙示の契約で, その違反は訴訟の対象となるもの》. **2** 引受け訴訟《捺印契約によらない単純契約の違反に対して損害賠償を請求する訴訟; 英国では 1873, 75 年法で廃止; ⇒ SLADE's CASE (1602); cf. COVENANT》. ▶ COMMON ASSUMPSIT (一般引受け訴訟) / GENERAL ASSUMPSIT (一般引受け訴訟) / INDEBITATUS ASSUMPSIT (債務負担支払い引受け訴訟) / NON ASSUMPSIT (非引受け答弁) / SPECIAL ASSUMPSIT (特別引受け訴訟). [L=he/she undertook]

as·sump·tion /əsʌ́m(p)ʃ(ə)n/ n **1** 引受け, 承認;《他人の債務の》肩代わり,《権利・義務の》任意的承認. ▶ IMPLIED ASSUMPTION (黙示の引受け). **2** 仮定《条件》, 仮設, 前提, 推定. ▶ ENTITY ASSUMPTION (別の法主体推定).

assúmption clàuse 1 譲渡抵当権設定者の地位の引受け禁止条項《譲渡抵当 (mortgage) 設定契約の条項で, 譲渡抵当権者 (mortgagee) の許可なしで譲渡抵当権設定者 (mortgagor) の地位の引受けを禁止するもの》. **2** 債務引受け条項《譲渡証書の条項で, 被移転者が移転者の債務を引き受けることに合意する条項》.

assúmption of mórtgage 譲渡抵当権設定者の地位の引受け.

assúmption of (the) rísk 1 危険の引受け《被害の危険を任意に引き受けること; 特に 雇用契約上被用者がその職務上通例付随する危険により被害を受けても雇用者に賠償請求をしないことを承諾すること》. **2** 危険の引受けの抗弁《**1** の危険の引受けをなした者は, 相手側の過失に基づくみずからの被害について損害賠償を請求できないという法理 (⇒ VOLENTI NON FIT INJURIA) に基づく抗弁; 雇用契約で就労中の傷害に対しては被用者は多くの場合危険の引受けがあったとして使用者は免責されていたが, 現在ではこれは米国の多くの州で廃止されている》.

as·sur·ance /əʃúərəns/ n **1** 保証すること; 保証 (pledge, guarantee). ▶ FURTHER ASSURANCE (担保責任拡張). **2**《英》保険 (=INSURANCE). ★ INSURANCE と同義であるが, 一般的には死亡のように発生が確実なものとの関連で用いられる. ▶ ENDOWMENT ASSURANCE (養老保険) / INDUSTRIAL ASSURANCE (産業簡易生命保険) / LIFE ASSURANCE (生命保険) / REASSURANCE (再保険). **3** 不動産譲渡; 不動産譲渡証書. ▶ COMMON ASSURANCE (普通譲渡証書).

as·sure /əʃúər/ vt **1** 保証する. **2**《英》...に保険をかける.

as·súred[1] n (pl ~, ~s) [the ~] **1**《保険の》被保険者. **2** 保険契約者. **3** 保険金受取人.

assúred agricúltural óccupancy《英》農

業労働者保証居住(権)》《保証借家(権) (assured tenancy) の一形態で, 雇人用貸家 (tied cottage) に居住している農業労働者が保有権者であるもの; 1989年からは保護居住(権) (protected occupancy) に取って代わっている; cf. PROTECTED TENANCY》.

assúred shórthold ténancy〖英〗短期保証借家(権)》《保証借家(権) (assured tenancy) の一種; 6か月以上の固定期間のもので, 家主が契約期間終了時に保証借家権では要求されている正当な明渡し事由を示すことなく明渡し請求できるもの; 1988年の住宅法 (Housing Act) で, 短期保護借家(権) (protected shorthold tenancy) に取って代わった; cf. STATUTORY PERIODIC TENANCY》.

assúred ténancy〖英〗保証借家(権)》《1988年の住宅法 (Housing Act) 下の借家権で, 家賃は市場価格に任せるが, 借家権そのものは制定法の保証の下にあるもの; 住宅法前から存在しているものを除き保護借家権 (protected tenancy) に取って代わった; cf. FURNISHED TENANCY, PROTECTED TENANCY》.

as·súr·er, -or *n* 1 保証者. 2 保険者 (= INSURER).

asy·lum /əsáɪləm/ *n* 1 保護所, 庇護所, 聖域 (cf. SANCTUARY). 2《保護所[庇護所]入りによって得られる》庇護, 不可侵性. 3《国際法》《外国大使館などによる》《外国政治犯などの》庇護 (⇨ RIGHT OF ASYLUM): give ~ to...を庇護する. ▶ CLAIM FOR ASYLUM (庇護の許与請求) / DIPLOMATIC ASYLUM (外交的庇護) / POLITICAL ASYLUM (政治的庇護) / RIGHT OF ASYLUM (庇護権) / TERRITORIAL ASYLUM (領土的庇護). 4《身障者・老人・生活困窮者などの》収容所, 《特に》精神病院. [L < Gk = refuge (*a*- not, without, *sulon* right of seizure)]

Asýlum and Immigrátion Tribùnal〖英〗庇護・移民審判所》《2004年法で創設された(2005年4月4日に活動し出した)庇護 (asylum)・移民 (immigration)・国籍にかかわる内務省 (Home Office) の決定についての上級審判所; それまでの移民上訴審判所 (Immigration Appeal Tribunal) を引き継いだ》.

asýlum sèeker 庇護許与請求者, 亡命者 (cf. POLITICAL ASYLUM).

asýlum stàte 庇護国》《亡命者を受け入れている国》.

ATF〖米史〗Bureau of Alcohol, Tobacco, and Firearms《2002年法で Bureau of Alcohol, Tobacco, Firearms, and Explosives となり, 所属も変更した》.

atia /éɪʃiə/ *n* 悪意 (malice) (⇨ DE ODIO ET ATIA). [L]

át-íssue wáiver 争点ゆえの権利放棄》《秘匿特権によって守られる情報の分析なしでは効果的に争われえないような論拠を取ったことにより秘匿特権を放棄したとみなされる場合の弁護士依頼者間の秘匿特権 (attorney-client privilege) の放棄; cf. OFFENSIVE-USE WAIVER》.

Atl.〖米〗°Atlantic Reporter『アトランティック・リポーター』(第1次シリーズ).

ATL〖保険〗°actual total loss 現実全損.

ATLA〖米〗°American Trial Lawyers Association =〖米〗°Association of Trial Lawyers of America アメリカ事実審弁護士協会.

Atlántic Chárter [the ~]〖史〗大西洋憲章《1941年, ドイツと戦っていた英国首相 Churchill と参戦前の米国大統領 Roosevelt が大西洋上で会談し公表した宣言で, 第二次大戦および戦後世界における民族自決や両国の領土不拡大などの指導原則を明らかにしたもの; Anglo-American Joint Declaration (英米共同宣言) ともいう》.

Atlántic Repórter [the ~]〖米〗『大西洋側諸州判例集』『アトランティック・リポーター』《『アメリカ合衆国判例体系』(National Reporter System) の一つで, 大西洋側諸州の最高裁判所の判決のほとんどすべてと, 重要な中間上訴裁判所判決, 少数の一審判決を収める; 1835-1938年の第1次シリーズ, その後の第2次シリーズがある; 略語は, 第1次シリーズが A. または Atl., 第2次シリーズが A.2d.》.

atmosphéric pollútion 大気汚染, 空気汚染 (air pollution).

at-pléasure appóintment 随意任用 (= PLEASURE APPOINTMENT).

at-rísk rúle〖米税制〗負担損失の準則《納税者が所得を隠蔽することを防ぐために, 控除申請することのできる損失を納税者が実際にこうむりえた損失に限定するという制定法上の準則; 数種の準則がある》.

atro·cious /ətróʊʃəs/ *a* 極悪な, 凶悪な, 残虐な.

atrócious assáult and báttery 1 凶悪暴行《他人に身体傷害を負わせた暴行》. 2 加重暴行 (aggravated assault).

atrócious félony 凶悪重罪《身体への暴力行為を含む重大・凶悪な重罪》.

a.t.s., ats., ATS at the suit of...の訴えにより.

att(.) attorney.

at·tach /ətǽtʃ/ *vt* 1 a 付ける, 取り付ける, 貼付する, 結びつける;《署名・付属書類などを》添える, 添付する: ~ one thing *to* another / ~ a copy of the previous letter. b《重要性などを》付与する,《罪・責任などを》帰する《*to*》. 2 出延保証の手続に付す;《財産を》差し押える;《人を》逮捕する. 3 ...に担保権を設定する. ─ *vi* 1 付着[付帯, 付随]する; 所属[付属]する《*to*》: No guilt ~*es to* him *for*...について彼に罪はない. 2 効力を生ずる, 有効となる, 法的に成立する. [OF = to fasten]

attách·able *a* 1 取り付けられる. 2 差押えのできる; 逮捕できる.

at·ta·ché /ætəʃéɪ, ǽtə-, ətæ-; ətæʃéɪ; *F* ataʃe/ *n*《大使・公使の》随行員,《専門分野を代表する》大使[公使]館員, アタッシェ: a military ~ 軍事アタッシェ, 駐在武官 / the commercial ~ 通商アタッシェ. [F (pp) <*attacher* to ATTACH]

at·ta·chi·a·men·ta bo·no·rum /ətætʃiəméntə bənɔ́ːrəm, -bounóʊrəm/〖史〗動産差押え《金

attachment

銭債務を回復するための担保としての動産の差押え）．[L =attachment of goods]

attách·ment *n* **1** 出廷保証手続き[令状]《出廷など裁判所の命令に従わせるために財産を差し押えたり身柄を拘束したりして強制する手続き，またはそれを命ずる令状》．▶ WRIT [WARRANT] OF ATTACHMENT（出廷保証令状）．**2**（仮）差押え，（仮）差押令状（cf. GARNISHMENT, SEQUESTRATION）．▶ ANCILLARY ATTACHMENT（付随的仮差押え）/ EQUITABLE ATTACHMENT（エクイティー上の差押え）/ FOREIGN ATTACHMENT（第三者占有財産仮差押え，債権（仮）差押え；在外者に対する差押え）/ LEVY OF ATTACHMENT（財産差押え）/ LIEN OF ATTACHMENT（仮差押物へのリーエン）．**3** 逮捕（令状）；収監（令状）．**4**《成立要件を満たした》約定担保権の成立[設定]（cf. PERFECTION）．**5** 取付け，付着；付着物，付属物；添付ファイル．

attáchment bònd 1《差押申立者に要求される》差押保証証書．**2** 仮差押免除のための保証証書．

attáchment execùtion《米》判決執行のための債権差押え．

attáchment lìen 仮差押物へのリーエン（=lien of attachment）．

attáchment of éarnings 給与差押え（令状）（=ATTACHMENT OF WAGES）．

attáchment of prívilege《英史》**1**（みずからが）特権を有している特定裁判所への特権による召喚手続き《例えば人民訴訟裁判所（Court of Common Pleas）の弁護士は同裁判所でのみ訴えられる特権を有した》．**2** 特権を認められた場所での収監手続き．

attáchment of rísk《売買契約で売主・買主のいずれが危険負担（risk of loss）をするかを決定する場合の》危険移転（の時期）（⇨ RISK OF LOSS）．

attáchment of wáges 賃金差押え（令状）（=attachment of earnings）《雇用者に対して被用者の賃金から一定額を控除し債務の支払いに充当することないしはそれを指示する裁判所命令；cf. GARNISHMENT, INCOME-WITHHOLDING ORDER, WAGE ASSIGNMENT》．

at·tack /ətǽk/ *vt* **1** 襲う，攻撃する（opp. *defend*）．**2** 非難する．— *n* **1** 攻撃（opp. *defense*）；非難：an increase in terrorist ~s on planes. ▶ COLLATERAL ATTACK（間接的攻撃）/ DENIAL OF SERVICE [DoS] ATTACK（サービス拒絶攻撃）/ DIRECT ATTACK（直接的攻撃）/ FACIAL ATTACK（文面上の攻撃）/ INDIRECT ATTACK（間接的攻撃）．**2** 発病，発作．**~·er** *n* 襲撃者．[F<It=to ATTACH, join (battle)]

at·tain·der /ətéɪndər/ *n*《史》《反逆罪・重罪などによる》私権剥奪（=attainment）（⇨ CORRUPTION OF BLOOD）．▶ ACT OF ATTAINDER（私権剥奪法）/ BILL OF ATTAINDER（私権剥奪法(案)，特定人特別処罰法(案)）．

at·taint /ətéɪnt/ *vt* **1**《史》《人》から私権を剥奪する．**2**《史》陪審審問の手続きに付す；陪審審問の手続きで《陪審》を有罪と決定する．**3**《名誉・名声などを》汚す．**4** 起訴する，有罪と決定する．— *n* **1**《史》被私権剥奪者．**2**《史》**a** 陪審審問《陪審の評決（verdict）の不当性に関する容疑の審問[有罪評決]；かつて24名からなる別の陪審が行なった；英国では1925年法で廃止；⇨ FALSE VERDICT》．**b** 陪審審問令状（writ of attaint）．▶ WRIT OF ATTAINT（陪審審問令状）．**3**《古》ATTAINDER．— *a* 名誉を汚された，汚名をきせられた；私権を剥奪された，有罪決定された．[OF]

attáint·ment *n*《史》私権剥奪（=ATTAINDER）．

at·tempt /ətém(p)t/ *vt* 試みる，企てる《通例 未遂の場合に用いる》：~ to do [doing, an act]…しようとして未遂に終わる / ~ the life of…《古》…を殺そうと企てる．— *n* **1** 試み，企図：at the first ~ 最初の試みで，一回目に．**2** 未遂（罪）（=criminal attempt）（cf. CONSPIRACY, PREPARATION, SOLICITATION, SUBSTANTIAL STEP TEST）（⇨ DANGEROUS PROXIMITY TEST, INDISPENSABLE ELEMENT TEST, LAST PROXIMATE ACT TEST, PHYSICAL PROXIMITY TEST, RES IPSA LOQUITUR TEST）．▶ CRIMINAL ATTEMPT（未遂）．**3**《古》攻撃，襲撃〈on〉：make an ~ on sb's life〈有名人・大物の暗殺を企てる〉．**~·able** *a* [OF<L; ⇨ TEMPT]

atémpt·ed *a* 未遂の，未遂に終わった：an ~ coup 未遂に終わったクーデター．

attémpted assáult 暴行未遂《他人に対して暴行（battery）を犯そうとしたが，相手方を捜している時に逮捕されたような場合で，battery はもちろん ASSAULT（暴行）にまで達しないもの；犯罪として処罰しうるというのが多数説》．

attémpted múrder 謀殺未遂（= attémpt at múrder [to múrder]）．

attémpted súicide 自殺未遂《法域によっては犯罪とされる》．

attémpt to attémpt《犯罪の》未遂行為の未遂，予備《例えば犯行に加わるようけしかける手紙を書き郵送しようとしたがなんらかの理由で郵送が行なわれなかった場合など，犯行の企ての第一歩；特別にその行為を犯罪と定める場合を除き，原則として処罰対象にならない》．

at·tend /əténd/ *vt* **1** …に出席する：The witnesses ~ed the trial. **2** 付き添う，仕える．

atténd·ance *n* **1** 出席；出席者《集合的》．**2** 付添い；供奉（ぐぶ）．

atténdance allówance《英》付添い手当《精神的・身体的に障害を有し常時付添いを要する人に対して給付される拠出制でない社会保障手当》．

atténdance cènter《英》アテンダンスセンター《裁判所の決定に基づき未成年犯罪者の心身の健全化を目指し，収容することなく通う形で，スポーツや作業に従事させるための施設》．

atténdance òfficer 生徒出席担当（=TRUANCY OFFICER）．

at·tend·ant /əténdənt/ *a* **1 a** お供の，付添いの，随行の．**b** 伴う，付随の，付帯の．**2** 列席の，参会の．— *n* **1** 付添い人，随行員；顧客員，《公共施設などの》案内係，係員；列席者，参会者，参列者．**2** 付随[付帯]するもの．

atténdant círcumstance 付帯状況.
atténdant térm 残余定期不動産権《例えば、長期の金銭債務の担保、分与産 (portion) 給付など特別目的のために土地に設定された定期不動産権 (tenancy for a term) が、その期間満了前にその債務の支払いなどの目的が達成された場合に、後に設定された土地に対する負担 (encumbrance) を免れる目的で、その土地の権原を返還せずに設定者およびその相続人のためにその者を受益者として信託を設定し、残存期間を存続させた定期不動産権；英国では 1845 年法、1925 年法で目的達成した土地に対するこの不動産権は混同 (merger) により消滅することになっており、米国でも大部分廃止されている；cf. OUTSTANDING TERM, SATISFIED TERM, TENANCY ATTENDANT ON THE INHERITANCE》.

at·ten·u·ate /əténjuèɪt/ vt 細くする、薄める、希薄にする、弱める、減ずる. — vi 細く［薄く、弱く、少なく］なる.

at·ten·u·a·tion /ətènjuéɪʃ(ə)n/ n 細くなる［する］こと、希薄化 (⇨ ATTENUATION DOCTRINE).

attenuátion dòctrine 希薄関係の法理《違法手段で得た証拠は、その証拠と違法手段との関係が十分に薄いものであれば許容されることもあるという準則；毒樹の果実の法理 (fruit of the poisonous tree doctrine) の例外；cf. FRUIT OF THE POISONOUS TREE DOCTRINE》.

at·test /ətést/ vt **1** 証明する、立証する、証言する；…の真正を認証する；…の証拠となる: These facts all ~ his innocence [*that* he is innocent]. / ~ a signature《証人立会いの下で》署名が真正であることを認証する. **2**〈人〉に誓わせる、誓言させる. — vi 証拠となる；立証する〈*to*〉. —〈古〉n 証拠、証言；認証，《認証のための》署名. ~·er, at·tés·tor n, *·tɔ̀:r/ n《証書作成の》立会い人、認証者. **at·tést·ant** 認証者、証人. [F<L (*testis* witness)]

at·tes·ta·tion /ætèstéɪʃ(ə)n/ n《遺言書・捺印証書などの真正性の》認証. **at·tes·ta·tive** /ətéstətɪv/ a

attestátion clàuse《遺言書などの文書の真正性の》認証文言 (=witnessing part)《通例 "signed, sealed and delivered by...in the presence of..." などと記される；cf. TESTIMONIUM CLAUSE》.

attést·ed cópy 認証謄本 (=CERTIFIED COPY).
attést·ing witness《文書の真正性の》認証証人.
Att. Gen. °Attorney General《米》司法長官；《英》法務長官.

at·torn /ətɔ́:rn/ vi **1** 新権利者に対しても引き続き保有者 (tenant) となることを認める. **2**《史》旧領主との臣従関係を新領主に移す. — vt《まれ》〈現金・物品などを〉他人に移転する (transfer)》.

at·tor·ney /ətɔ́:rni/ n (*pl* ~s)《略 att(.), att'y》**1** 代理人 (cf. POWER OF ATTORNEY). ★ **2**, **3** の用例と区別する要のあるときは、ATTORNEY-IN-FACT, PRIVATE ATTORNEY を用いる. ▶ APPEARANCE BY ATTORNEY (代理人による出頭) / LETTER OF ATTORNEY ((代理)委任状) / PANEL ATTORNEY (貧困被告代理人) / POWER OF ATTORNEY (委任状) / PRIVATE ATTORNEY (代理人) / WARRANT OF ATTORNEY (委任状；認諾委任状). **2**《史》代訴人, 事務弁護士 (cf. RESPONSALIS). ▶ KING'S ATTORNEY (勅撰代訴人). **3** *法律家, 法曹有資格者, 弁護士 (cf. COUNSEL, LAWYER). ★ 1 の用法と区別する要のあるときは、ATTORNEY-AT-LAW あるいは PUBLIC ATTORNEY を用いる. ▶ CITY ATTORNEY (市弁護士) / DEFENSE ATTORNEY (被告(人)側弁護士) / PUBLIC ATTORNEY (弁護士) / STAFF ATTORNEY (裁判所補佐弁護士；社内弁護士). **4** *(政府の)法務官；*検察官. ▶ COUNTY ATTORNEY (郡法務官) / DISTRICT ATTORNEY (地区検察官) / PROSECUTING ATTORNEY (検察官) / STATE('S) ATTORNEY (州検察官) / UNITED STATES ATTORNEY (連邦検察官). **by** — 代理人で (opp. *in person*). ~·ship *n* attorney の職[身分], 代理権. [OF (pp)〈*atorner* to assign]

attórney-at-láw *n* (*pl* attórneys-at-láw) **1**《史》代訴人, 事務弁護士《英国では現在 SOLICITOR という》. **2** 法律家, 法曹有資格者, 弁護士 (⇨ ATTORNEY) (cf. ATTORNEY-IN-FACT, COUNSELOR-AT-LAW, LAWYER).

attórney-clíent prívilege 弁護士依頼者間の秘匿特権《両者の間で交わされたことは、証拠提出や開示手続きでの開示を拒否できる依頼者の特権；現在では必ずしも広範囲に認められているわけではない》.

attórney géneral (*pl* attórneys géneral, attórney génerals)《略 AG, A-G, Att. Gen., Atty [Att'y] Gen.》**1** [°A-G-]《米》《連邦政府および各州の》司法長官, 法務総裁. ▶ Deputy Attorney General (司法次官) / Private Attorney General (私的司法長官). **2** [A-G-]《英》法務長官《スコットランドでは Lord Advocate, 1999 年以後は Advocate General for Scotland (スコットランド担当法務長官)》；⇨ King's Attorney, Law Officers of the Crown, Lord Advocate》.

Attórney Géneral's dévil《英》法務長官の下請け弁護士《大蔵省付き弁護士 (Treasury Counsel) のうちの、下位の弁護士 (junior counsel) の別名》；⇨ Treasury Counsel, devil》.

Attórney Géneral's opínion《米》司法長官の意見《連邦および州の Attorney General が大統領・州知事など行政部からの法律問題についての質問に答えた書面による意見；法的拘束力はないが、重視され、連邦については *Opinions of the Attorney General of the United States* という刊行物も出されている》.

attórney-in-fáct *n* (*pl* attórneys-in-fáct) 代理人《特に attorney の用法中「弁護士」などの意味でないことを明示したいときに用いる；⇨ ATTORNEY; cf. ATTORNEY-AT-LAW》.

attórney nót of récord《米》**1** 記録上の弁護人とみなされない弁護人. **2** 委任状に記載されていない代理人. ★ ⇨ ATTORNEY OF RECORD.

attórney of récord《米》**1** 記録上の弁護人《訴訟

attorney's fees 当事者に代わり出頭・訴答や裁判所および相手方からの正式文書の受取などを行なう権限を与えられている弁護士). **2** 委任状記載代理人《特許・商標登録に関して申請者の委任状 (power of attorney) に名前が記載されている代理人. 》 cf. ATTORNEY NOT OF RECORD》

attórney's fèes pl 弁護士報酬 (cf. RETAINER).

at·torn·ment /ətɔ́ːrnmənt/ n **1** 《保有者 (tenant) による》新権利者の承認. **2** 新権利者の承認による擬制的引渡し《例えば, A が B の倉庫内に預けてある商品を C に売った場合, B が C との間でその商品を以後 A ではなく C のために保有することに合意した瞬間に, A は B にその商品を引き渡したことになるが, 特に受寄者 (bailee) が寄託者 (bailor) 以外の第三者のために動産を占有することを認める場合などで, 観念的にはその動産は占有を移すことになるが, 新権利者の承認を通しての中間の引渡しが擬制され省略されること》.

attráctive núisance 誘引的不法妨害[ニューサンス], 誘惑的危険(物)《柵のないプールなどのように子供の興味をそそり子供に危険なものなど》(についての法理); ⇨ ATTRACTIVE NUISANCE DOCTRINE》.

attráctive núisance dòctrine [the 〜] 誘引的不法妨害[誘惑的危険物]の法理《柵のないプールなど子供の興味をそそり子供にとって危険なものなどを敷地内に有している者は子供をその危険から守る義務を負うという原則; いたずらをしてすぐ爆発し大事をもたらしうるかんしゃく玉 (torpedo) や鉄道操車場内にある子供にとって危険な転車台 (turntable) を代表として名称に付しており, かんしゃく玉の法理 (torpedo doctrine), 転車台の法理 (turntable doctrine) とも同じ内容の原則; cf. ALLUREMENT, DANGEROUS INSTRUMENT》.

at·trib·ute /ətríbjuːt/ vt 《結果を…に》帰する《to》; 《性質・特徴が…に》あるとする《to》. **at·tríb·ut·able** a

at·tri·bu·tion /ˌætrəbjúːʃ(ə)n/ n **1** 帰すること, 帰因. **2** 帰属《所得と納税義務者との結びつき》; 《特に》《納税のための》株式帰属《手続き》 (=stock attribution). ▶ STOCK ATTRIBUTION (株式帰属《手続き》). **at·trib·u·tive** /ətríbjətɪv/ a

att'y, atty attorney.

Atty Gen., Att'y Gen. °Attorney General《米》司法長官;《英》法務長官.

au·baine /oʊbéɪn; F obɛn/ n よそ者, 外国人; 未帰化外国人. ▶ DROIT D'AUBAINE (死亡在留外国人所有財産没収権).

au be·soin /oʊ bəzwɛ́ːn; F o bəzwɛ̃/ 予備支払人記載(欄)《手形引受けまたは支払い拒絶にあった際参加引受けまたは参加支払いをなす者を手形にあらかじめ記載しておくと, ないしはその欄; 英語では in case of need, apply to Messrs. A and B at... と書くが, フランス語では au besoin, chez Messieurs...à... と書くことから生じている》. [F=in case of need]

Áu·burn sỳstem /ɔ́ːbərn-/ オーバーン方式《New York 州 Auburn の州立刑務所で 1920 年代に採用された制度; 昼間は集団的労働に従事, 夜間は単独での監禁, しかも会話は全面的に禁止, 厳格な規律などが特徴; cf. ELMIRA SYSTEM, PENNSYLVANIA SYSTEM》.

auc·tion /ɔ́ːkʃ(ə)n/ n 競売(せり)(きょうばい), 競り売り, 競り売り取引 (=auction sale, public sale): put sth up for 〜 競売にかける. ▶ DUTCH AUCTION (オランダ式競売) / MOCK AUCTION (詐欺的競売) / SALE BY AUCTION (競売による売買). ― vt 競売で売る, 競売にかける. [L (auct- augeo to increase)]

àuction·éer n 競売人. ― vt 競売で売る.

áuction·er n 競売人, 競売業者.

áuction rìng 競売同盟《市場価額よりも低い値で購入する目的で互いに競り合わないことを申し合わせた買い手集団; それで得た利益は分け合うか, あとで再び仲間だけで競売をし, 得た利益を分配することになる; 英国では犯罪となる; 単に ring ともいう》.

áuction sàle 競売 (=AUCTION).

áuction withòut resérve《最初の付け値がある限り競売をやめることができない》無留保競売.

auc·to·ri·tas /ɔːktóʊrɪtɛs/ n **1** 権威 (authority). **2**《ローマ法》《未成熟者の行為能力を完成するのに必要な》後見人の助成 (auctoritas tutoris).

Au·di al·te·ram par·tem. /ɔ́ːdaɪ æltɛrəm páːrtɛm/ 相手方の言い分を聴け (⇨ NATURAL JUSTICE). [L=Hear the other party.]

Au·di·a·tur et al·te·ra pars. /ɔ́ːdiéɪtər ɛt æltɛrə páːrz/ 相手方の言い分も聴かれるように (⇨ NATURAL JUSTICE). [L=Let the other party be also heard.]

au·di·ence /ɔ́ːdiəns/ n **1** 聴衆, 観客, 視聴者, 読者《集合的に》. ▶ CAPTIVE AUDIENCE (囚われの聴衆). **2** 聞くこと, 傾聴; 聴取, 審理. ▶ COURT OF AUDIENCE (聴聞裁判所). **3**《国王・大統領などの》謁見. **4** 聞いてもらえる機会, 発言[弁論]の機会, 弁論権 (right of audience). ▶ PREAUDIENCE (先弁権) / RIGHT OF AUDIENCE (弁論権).

Áudience Còurt [the 〜]《英史》聴聞裁判所 (=COURT OF AUDIENCE).

au·dit /ɔ́ːdət/ n **1** 会計監査, 会計検査 (cf. GENERALLY ACCEPTED AUDITING PRINCIPLE [STANDARDS]): carry out an annual 〜. ▶ CORRESPONDENCE AUDIT (通信による税務調査) / GENERAL AUDIT (一般監査) / INDEPENDENT AUDIT (独立の会計監査) / INTERNAL AUDIT (内部監査). **2** 会計監査[検査]報告書, 監査報告書. ― vt《会計を》監査する, 検査する: 〜 the accounts.

au·di·ta que·re·la /ɔːdáɪtə kwɛríːlə/ 事後救済令状, 事後申立令状《敗訴した当事者に判決後生じた抗争事由を理由に判決の効力を失わせるため再審理手続きの開始を許す令状》. [L=the complaint having been heard]

Áudit Commìssion [the 〜]《英》《中央機関である》地方自治体の会計検査委員会 (cf. DISTRICT AUDITOR).

áudit commìttee《会社などの》会計監査委員会.

áudit exèmption〖英〗会計監査報告義務免除《総売上高および貸借対照表の総額が一定額以下の小規模会社にその要求によって認められている監査済み会計報告提出義務の免除》.

au·di·tor /ɔ́ːdətər/ n **1** 会計監査人, 会計検査官; 監査役. ▶ COURT OF AUDITORS (会計監査院) / DISTRICT AUDITOR (地方会計監査官) / STATE AUDITOR (州会計監査長). **2**《民事訴訟で特に会計上の問題につき裁判所を補助すべく裁判所により選任される》審判人 (cf. MASTER). **3***《大学での》聴講生.

Auditor General ⇨ COMPTROLLER AND AUDITOR GENERAL.

áuditor's repórt" 会計監査人の監査報告書《英国では株主総会で選任された会計監査人 (auditor) による監査の結果である報告書が年次計算書類 (annual accounts) と共に株主総会に提出され, 会社登記官 (registrar of companies) にも提出されることが義務づけられている》. ▶ QUALIFIED AUDITOR'S REPORT (限定意見付き監査報告書).

áudit repòrt 会計監査報告書《外部の会計監査人 (auditor) が, 通例は会社の財務報告書と共に提出する書類で, 会社の財政状況が正確に財務報告書に示されているとおりである旨の意見を表明しているもの》. ▶ QUALIFIED AUDIT REPORT (限定意見付き監査報告書).

áudit tràil 監査証跡 **(1)** 勘定の差引残額を元となる取引およびその計算と関連づける証拠の連鎖 **2)** コンピューターのデータシステムの各段階を原記録から出力まで追跡できる記録》.

aug·men·ta·tion /ɔ̀ːgmənteɪʃ(ə)n, -mèn-/ n **1** 増加, 増大, 増強; 増加物[量]; 添加物. **2**〖史〗《修道院解散に伴う》国王収入の増加. **3**〖英史〗収益増加裁判所 (=~ còurt) (⇨ COURT OF AUGMENTATIONS). **4**《スコットランド》教区牧師俸給増加訴訟 (= PROCESS OF AUGMENTATION).

aug·mént·ed estáte /ɔːgméntəd-/ 増加遺産《制定法の規定により増加した死者の人格代表者管理遺産 (probate estate); 特に 死者が死亡前の一定期間内に譲渡した財産や合有不動産権 (joint tenancy) などで増加したもの》.

au·la re·gis /ɔ́ːlə ríːdʒɪs/, **áula ré·gia** /-ríːdʒɪə/ 国王の宮廷 (=CURIA REGIS). 〔L=the king's court〕

aulnage ⇨ ALNAGE.
aulnager ⇨ ALNAGER.
auncester ⇨ ASSIZE OF MORT D'ANCESTER.

áural acquisítion《電話などの電気通信の》盗聴・傍受による情報取得.

Aus·tin /ɔ́ːstən, ɑ́s-/ オースティン **John** ~ (1790-1859)《英国の法理学者; 新設のロンドン大学教授就任 (1826); しかしその学問は当時は認められず, 1835 年に辞任した; 英米での分析法学 (analytical jurisprudence) の祖として影響も大きな影響を残している; 主著 *Province of Jurisprudence Determined* (1832), *Lectures on Jurisprudence* (1861-63)》.

Aus·trá·lia Àct /ɔːstréɪljə, ɑ-, ə-/ [the ~] オーストラリア法《オーストラリアが連邦だけでなく州レベルでも, 政治的のみならず法律上も, 完全に英国の支配から独立することを定めた 1986 年の法律; ただし英国女王がオーストラリアの女王であり, Commonwealth の首長であることに変わりはない; 連合王国・オーストラリア双方の議会でほぼ同一内容で成立》.

Aus·trá·lian bállot オーストラリア式投票制[投票用紙]《秘密投票の一種で, 全候補者の氏名を印刷し, 支持候補者に印をつけさせる投票方法, また その用紙》.

Austrálian Cóurts Àct〖英〗オーストラリア裁判所法《1828 年 7 月 25 日に英国本国で効力を有した法すべてを, 適用可能なかぎり, New South Wales および Van Diemen's Land の植民地の法とすることを定めた 1828 年の法律; オーストラリアのイギリス法継受の画期となった》.

au·tar·chy /ɔ́ːtɑːrki/ n **1** 独裁権, 専制政治《の国》. **2** AUTARKY. 〔NL (aut-, Gk arkhō to rule)〕

au·tar·ky /ɔ́ːtɑːrki/ n **1** 自給自足, 自立; 自給自足経済, アウタルキー《国家・地方レベルの経済的自給自足》. **2** 経済自立国家[地方]. 〔Gk (aut-, arkeō to suffice)〕

au·then·tic /ɔːθéntɪk, ə-/ a 真正の, 認証された. **au·thén·ti·cal·ly** adv **au·then·tic·i·ty** /ɔ̀ːθəntísəti, -θən-/ n 〔OF<L<Gk=genuine〕

authéntic áct 1《大陸法》公正証書, 公署証書《公証人や権限を有している役人の面前で署名しその者も署名した文書》. **2**《文書の》認証謄本.

au·then·ti·cate /ɔːθéntɪkèɪt/ vt **1**《物の》真正性を証明する, 本物であることを証する. **2**《署名などの認証行為その他の法的形式を整えて》認証する. **au·thén·ti·cà·tor** n

au·thèn·ti·cá·tion n **1** 証明, 認証. ▶ SELF-AUTHENTICATION (自己認証). **2**〖国際法〗《条約文の》確定, 認証《採択された条約文が真正で最終的なものと認められるための形式的行為; 作成参加国代表の署名など》.

authéntic interpretátion《法律・法的文書の》真正解釈《その作成者・作成機関にその意図を尋ねることにより得られる解釈》.

au·thor /ɔ́ːθər/ n **1** 著作者, 著者, 作者. **2** 創造者, 創始者. 〔OF<L *auctor* (*auct-* *augeo* to increase, originate)〕

au·thor·i·tar·i·an /ɔːθɔ̀ːrətéəriən, ɑ-, -θɑ̀(ː)r-/ a 権威主義の; 独裁主義の: ~ regime 独裁体制. — n 権威主義者; 独裁主義者. **~·ism** n 権威主義; 独裁主義.

authóritative précedent 権威的な先例 (= BINDING PRECEDENT).

au·thor·i·ty /ɔːθɔ́ːrəti, ɑ-, -θɔ́(ː)-/ n **1** 権威, 権力, 威信; 権限, 権能, 職権; 代理権. ▶ ACTUAL AUTHORITY (現実の代理権) / ACTUAL EXPRESS AUTHORITY (現

実の明示代理権)／ACTUAL IMPLIED AUTHORITY (現実の黙示代理権)／APPARENT AUTHORITY (表見上の権限)／CERTIFICATE OF AUTHORITY (権限認定証書；州内営業許可書)／COLOR OF AUTHORITY (権限の外観)／CONSTRUCTIVE AUTHORITY (擬制的権限)／CORPORATE AUTHORITY (法人[会社]役員の権限；地方自治体の役人)／DOMESTIC AUTHORITY (家庭内権限；家庭防御権)／EXPRESS [EXPRESSED] AUTHORITY (明示の代理権)／GENERAL AUTHORITY (包括代理権)／IMPLIED AUTHORITY (黙示の代理権)／INCIDENTAL AUTHORITY (付随的権限)／INHERENT AUTHORITY (固有代理権)／NAKED AUTHORITY (裸の代理権)／OFFENSE AGAINST PUBLIC JUSTICE AND AUTHORITY (司法に対する犯罪)／OSTENSIBLE AUTHORITY (表見的権限)／PERSON IN AUTHORITY (権限を有する人)／PUBLIC AUTHORITY (公的権限)／SCOPE OF AUTHORITY (権限の範囲)／SOVEREIGN AUTHORITY (主権)／SPECIAL AUTHORITY (特定的代理権)／STIPULATED AUTHORITY (約定代理権). **2 a**《問題解決の》権威, 説得力, 信頼性. **b** 権威者, 大家. **c** 典拠〈*of*〉；権限となる文書, 典籍〈*on*〉；判例例, 先例, 法源 (binding authority): on good ～ 確かな筋から〈聞いた〉；on the ～ of ...をよりどころ[典拠]として. ► ADVERSE AUTHORITY (敵対的法源)／BINDING AUTHORITY (法源；拘束力をもつ先例)／BOOKS OF AUTHORITY (権威的典籍)／CONFLICT OF AUTHORITY (典拠の対立)／INDEX OF AUTHORITIES (典拠索引)／PERSUASIVE AUTHORITY (説得的法源)／PRIMARY AUTHORITY (一次的法源)／SECONDARY AUTHORITY (二次的法源). **3** [*pl*] 官憲, 当局, その筋；公共事業機関. ► CIVIL AVIATION AUTHORITY (民間航空局)／CONSTITUTED AUTHORITY (適法に任命された政府職員)／DISTRICT HEALTH AUTHORITY (地区公共医療実施機関)／EDUCATION AUTHORITY (教育関係当局)／FAMILY HEALTH SERVICES AUTHORITY (家庭医療機関)／FEDERAL LABOR RELATIONS AUTHORITY (連邦労働関係機関)／FINANCIAL SERVICES AUTHORITY (金融サービス機関)／GREATER LONDON AUTHORITY (大ロンドン政府)／HEALTH AUTHORITY (公共医療実施機関)／HOUSING AUTHORITY (住宅当局)／HUMAN FERTILIZATION AND EMBRYOLOGY AUTHORITY (人受精胎生監視機関)／HUMAN TISSUE AUTHORITY (人体組織機関)／INTERNATIONAL SEABED AUTHORITY (国際海底機構)／LAWFUL AUTHORITIES (合法的官憲)／LICENSING AUTHORITY (許可機関)／LOCAL AUTHORITY (地方当局；地方自治体参会, 地方自治体)／LOCAL PLANNING AUTHORITY (地方計画当局)／MINERAL PLANNING AUTHORITY (鉱業計画当局)／NHS LITIGATION AUTHORITY (国民医療制度訴訟機関)／POLICE AUTHORITY (地方警察当局)／POLICE COMPLAINTS AUTHORITY (警察不服審査機関)／PORT AUTHORITY (港湾当局)／PRECEPTING AUTHORITY (地方税徴収命令当局)／PUBLIC AUTHORITY (公的機関)／REGIONAL HEALTH AUTHORITIES (地域公共医療実施機関)／SERVICE PROSECUTING AUTHORITY (軍務関係者訴追機関)／SOLICITORS REGULATION AUTHORITY (事務弁護士規制機関)／SPECIAL HEALTH AUTHORITY (国民医療制度特別機関)／STRATEGIC HEALTH AUTHORITY (戦略的医療実施機関)／TENANT SERVICES AUTHORITY (賃借人へのサービス実施機関)／TENNESSEE VALLEY AUTHORITY (テネシー川流域開発公社)／UNITARY AUTHORITY (一元的自治体). [OF<L; ⇨ AUTHOR]

authority by estóppel 禁反言による権限《第三者がその者が本人の代理人として有しているものと信じ込んだ権限で, しかもその第三者が, 本人が責任を有する状況から合理的に判断して本人が授権した者であると信じて不自然でない場合の権限；実際に授権はないが, 善意無過失の相手方を保護すべく法的に授権があったものとされ, その行為の効果は本人に帰属することになる; cf. APPARENT AUTHORITY》.

authórity cóupled with an ínterest 利益を伴う代理権《代理人に対して対価を代償にして与えられた代理権；本人は一方的に撤回することはできない；cf. NAKED AUTHORITY》.

au·tho·ri·za·tion /ɔ̀ːθərəzéɪʃ(ə)n; -raɪ-/ *n* **1** 授権, 権限付与；公認, 認可, 許可. **2**《法的な》権限.

au·tho·rize /ɔ́ːθəràɪz/ *vt* **1** …に権限をもたせる, 権限を授与する〈*to do*〉. **2** 公認[認可, 許可]する；正当と認める.

áu·tho·rized *a* 権威のある；認可された, 公認された, 許可された, 権利を授与された.

áuthorized cápital 授権資本《会社が定款によって認められている発行可能株式の総数または資本総額；NOMINAL CAPITAL (名目資本) ともいう》.

áuthorized clérk《証券取引所 (Stock Exchange) における株式仲買人の》正規株式取引員.

áuthorized déaler 公認外貨取扱人[取扱商].

áuthorized guarantée agreèment《英》授権保証合意《第三者に対する不動産賃借権の譲渡 (assignment of lease) がなされた場合における不動産貸主と賃借人との間の合意で, 賃借人が譲受人 (assignee) による賃貸借契約条件の履行を保証するもの；明示の定めがないかぎり賃借人はこの保証をする義務を負っていない；略 AGA》.

áuthorized invéstment《英史》授権投資 (= trustee investment)《受託者 (trustee) が信託財産を投資することを認められていた投資；1961年法では信託基金の半分を超えなければ一定会社の株式に投資することが認められ, 残りの半分は授権投資証券 (authorized securities) に投資しなければならなかった；しかし2000年法でこの制限はなくなった; ⇨ GENERAL POWER OF INVESTMENT》.

áuthorized repórts *pl* 公認判例集.

áuthorized secúrities *pl*《英史》授権投資証券《1961年法の授権投資 (authorized investment) の下で受託者が信託基金の半分を投資せねばならなかった証

券で、一定の社債・地方債など；2000年法で授権投資の制度自体がなくなった； ⇨ GENERAL POWER OF INVESTMENT》．

authorized stóck [sháres](*pl*) 授権株式 (= authorized stock issue, capital stock)《定款によって認められている発行可能株式総数》．

authorized stóck ìssue 授権株式 (authorized stock).

áuthor·shìp *n* 1《特に著作権 (copyright) の保護対象になるような》著作物を生み出すこと, 著作, 著述； 著作者であること, 著作物を生み出した人. 2 著述業. 3《うわさなどの》出所, 根源.

au·toc·ra·cy /ɔːtákrəsi/ *n* 1 独裁政治； 独裁権. 2 独裁国家； 独裁政府； 独裁的な社会. **au·to·crat·ic** /ɔ̀ːtəkrǽtɪk/ *a*

au·to·crat /ɔ́ːtəkræt/ *n* 独裁[専制]君主； 独裁者.

au·to·graph /ɔ́ːtəgræf, -gràːf/ *n* 自筆, 自署 (opp. *allograph*). — *a* 自筆の, 自署の. — *vt* 自筆で書く；…に自署する.

áutomated transáction 自動化取引《電子機器を全面的あるいは部分的に用いて締結されるないしは履行される契約・取引》．

au·to·mat·ic /ɔ̀ːtəmǽtɪk/ *a* 1 自動の, 自動的な；自動(制御)機構を備えた、オートマチックの；自動機器による. 2 **a** 無意識に[惰性的に]行なわれる, 自発運動の, 自然の成り行きの；不随意の, 反射的な. **b** 法の作用により当然に生じる[存在する]. **-i·cal·ly** *adv*

automátic reservátion《国際法》自動的留保《国際司法裁判所 (International Court of Justice) の強制的管轄権について国際司法裁判所規定 (Statute of the International Court of Justice) の選択条項 (optional clause) の下で認められている特定国による受諾の留保 (reservation)》．

automátic stáy 自動的停止《破産申し立て (bankruptcy petition) により申し立て前に生じた債権の取立て行為は裁判手続きによるものを含むその一切が停止させられること； cf. MOTION TO LIFT THE STAY》．

au·tom·a·tism /ɔːtámətìz(ə)m/ *n* 1 自動性, 自動作用, 自動的活動, 機械的行為. 2《心理》自動症, 無意識行動《夢遊病者による夢中歩行のような, みずから意識せずにある行為をなすこと； cf. SOMNAMBULISM》． ▶ INSANE AUTOMATISM (精神障害自動症) / NON-INSANE AUTOMATISM (非精神障害性自動症).

au·tom·a·ton /ɔːtámətàn, -tən/ *n* 1 自動機械； 自動人形, ロボット. 2 機械的に行動する人, 自動症で無意識行動をしている人.

áutomobile excéption 自動車についての例外《令状に基づかない捜索・差押えの禁止に対する例外で, 警察官が相当の根拠 (probable cause) をもって自動車内に犯罪の証拠物があると信じ, かつ令状を得るためにそこから離れた場合には令状なしでその自動車の捜索ができるという原則； EXIGENT CIRCUMSTANCES》．

áutomobile guést stàtute《米》好意的同乗者法 (= GUEST STATUTE).

áutomobile insúrance 自動車保険.

au·to·nóm·ic láw /ɔ̀ːtənámɪk-/ 自主法, 自治法(規)《国家以外の団体すなわち地方公共団体・会社・大学などがみずから定める法規》．

au·ton·o·mous /ɔːtánəməs/ *a* 自治の, 自律の； 自治権を有する； 自治体の： an ~ republic 自治共和国. **~·ly** *adv*

au·ton·o·my /ɔːtánəmi/ *n* 1 自治, 自律, 自主性； 自治権： demand full ~ 完全自治を要求する / grant the district a limited ~ その地域に限定的自治権を与える. 2 自治国家； 自治体.

au·top·sy /ɔ́ːtàpsi, -təp-, ɔ̀ːtáp-/ *n* 1 死体解剖, 検屍(解剖), 剖検 (= postmortem (examination)). 2 検視, 実地検証[視察]. — *vt* …に検屍(解剖)を行なう. **au·top·ti·cal** /ɔːtáptɪk(ə)l/, **-tóp·tic** *a*

autóptic évidence 展示証拠 (= DEMONSTRATIVE EVIDENCE).

autóptic pro·fér·ence /-proufə́ːrəns/《法廷での証拠物の》展示； 展示証拠 (》 ⇨ DEMONSTRATIVE EVIDENCE).

aut punire aut dedere 処罰か引渡しか(の法理)《犯罪人引渡し (extradition) に関する法理で, 犯罪人は逃亡先の国で処罰されるか, 処罰権を有しかつ処罰の意思を有する国に引き渡されるかのいずれかでなければならないという原則》． [L=either punish or surrender]

au·tre ac·tion pen·dant /*F* oːtr aksjɔ̃ pɑ̃dɑ̃/《史》《同一訴訟原因による訴訟がすでに係属している旨の》訴訟係属の抗弁. [F=another action pending]

au·tre droit /*F* oːtr drwa/ 他者の権利《受託者 (trustee), 遺言執行者 (executor), 遺産管理人 (administrator) などが行使する権利》． in ~ 他者の権利において, 他者に代わって, 他者のために. [F=right of another]

au·tre·fois ac·quit /*F* otrəfwa aki/ 無罪の確定判決を根拠とする一事不再理の申し立て《同一の犯罪事実で, すでに無罪判決を受けていること, またはそれに基づく起訴棄却の申し立て； cf. NEMO DEBET BIS VEXARI》． [F=previously acquitted]

autrefois at·taint /— ətéɪnt/《史》被私権剝奪者であることを根拠とする起訴棄却の申し立て《被告人はすでに別の重罪 (felony) 事件で有罪とされ私権を剝奪されていること, またはそれゆえ別件で訴追されえず起訴棄却されるべきこと； 英国では1827年法で廃止》． [F=previously attainted]

autrefois con·vict /*F* -kɔ̃vikt/ 有罪の確定判決を根拠とする一事不再理の申し立て《同一の犯罪ですでに前に起訴され, 有罪の判決を受けていること, またはそれに基づく起訴棄却の申し立て； cf. NEMO DEBET BIS VEXARI》． [F=previously convicted]

au·tre vie /ɔ́ːtrə víː； *F* oːtr vi/ 他人の生涯 (⇨ ESTATE PUR AUTRE VIE, PUR AUTRE VIE). [F=life of

A

another]

Áutumn Státement 《英》秋期報告書《大蔵大臣 (Chancellor of the Exchequer) が秋に議会に提出する、歳出提案を伴った国の財政状況報告》.

aux·íl·ia·ry jurisdíction /ɔːgzíljəri-, -zíl(ə)ri-/《史》補助的な裁判権《=**auxíliary jurisdíction of équity**》《エクイティー裁判所がコモンロー裁判所での審理の補助的役割を演じた場合の裁判権》.

aux·il·i·um /ɔːgzíliəm/ n (pl ~s)《史》**1** 援助. **2** 上納金 (=AID). [L=aid]

a.v. °ad valorem 価格に準じた[て], 従価方式の[で].

AV °alternative vote 選択投票法.

avail /əvéɪl/ n **1** 用, 利, 益, 利益. **2** [pl] 利益, 利潤, もうけ. — vi [ᵛneg]〈…の〉役に立つ〈against〉. — vt [ᵛneg]…に役立つ.

aváil·able a **1** 利用できる; 有効な. **2**《面会[仕事]に応ずる》暇がある. **3** 換金しやすい: ~ means. ~ **for work**〈人が〉雇用される意思・能力を有している. **aváil·ably** adv **avàil·abíl·i·ty** n ~**·ness** n

aváilable márket《同種の物が購入できる》利用しうる市場.

aval /əvǽl/ n 手形保証. [F]

AVC《英》°additional voluntary contribution 任意追加納付金.

aven·ture /əvéntʃər/ n《史》**1** ADVENTURE. **2** 偶発死亡事故.

aver /əvə́ːr/ vt (-rr-) 断言する, 積極的に主張する; …であると《事実の》主張をする: ~ that it is true. [OF (ad-, L verus true)]

av·er·age /ǽv(ə)rɪdʒ/ n **1** 平均, 平均値. ► DOW-JONES AVERAGE (ダウジョーンズ平均株価). **2**《海上保険》海損; 海損分担(額). ► EXTRAORDINARY AVERAGE (共同海損分担) / GENERAL AVERAGE (共同海損) / GROSS AVERAGE (大海損) / PARTICULAR [PARTIAL, SIMPLE] AVERAGE (単独海損) / PETTY AVERAGE (小海損). **3** 航海付帯雑費 (⇨ PETTY AVERAGE). **4**《英史》《領主への、特に馬車による》運搬労仕. **free from** ~《海上保険契約で》海損不担保で[の]: free from ~ unless general 共同海損分以外不担保で[の] (=free from particular average 単独海損不担保で[の]). **on an** ~ 平均して, 概して. **with** ~ 分損担保で(略 WA). — a 平均の; 並の, 普通の. — vt 平均する, …の平均を求める; 平均して…になる: Price increases have ~d 4% per annum. [F avarie<It<Arab=damaged goods; -age は damage より]

áverage accústomed《古》航海付帯雑費 (⇨ PETTY AVERAGE).

áverage adjúster《海上保険》海損精算人.

áverage adjústment《海上保険》《共同海損分担の》海損精算.

áverage bónd《海上保険》共同海損分担金支払い保証証書.

áverage cláuse 1《海上保険》分損約款. **2**《陸上保険の》比例填補条項《付保金額が目的物の時価を下まわる場合, 付保金額の目的物時価に対する割合で支払う旨の条項》. **3**《火災保険の》割合担保条項《単一契約で複数の類似物件が付保されている場合, 各物件はその価額の全体価額に対する割合で付保されているものとする旨の条項》.

áverage dáily bálance 利息対象平均一日残高《利息計算の基準となる一定期間の一日平均残高》.

áverage táx ràte 平均税率《納税額を課税所得額で除した税率》.

áv·er·ag·ing n 平均化;《証券の追加売買による》《損失の》平準化, 難平(⅘). ► INCOME AVERAGING (所得平均法).

A ver·bis le·gis non est re·ce·den·dum. /eɪ vɑ́ːrbɪs líːdʒɪs nɑn ɛst rɛsɪdéndəm/ 法の文言からは離れるべきではない. [L=From the words of the law there should be no departure.]

avér·ment n 言明, 断言, 主張;《特に 訴答 (pleading) における》事実の《積極的》主張 (cf. ASSEVERATION). ► DIVISIBLE AVERMENT (《事実の》主張中の可分的部分) / IMMATERIAL AVERMENT (重要でない主張) / NEGATIVE AVERMENT (否定事実の主張). [AVER]

aviátion insùrance 航空保険《航空事故を対象とする保険》.

a vín·cu·lo ma·tri·mó·nii /eɪ víŋkʊlou màtrɪmóuniàɪ, -iː/ a 婚姻の絆からの (⇨ DIVORCE A VINCULO MATRIMONII) (cf. A MENSA ET THORO). ► DIVORCE A VINCULO MATRIMONII (婚姻の絆からの離婚). [L=from the bond of marriage]

avi·zan·dum /ævɪzǽndəm/ n《スコットランド》裁判官の裁判外での私的判断. [L (gerund)<adviso to consider]

avoid /əvɔ́ɪd/ vt **1** 避ける, 回避する; …の発生[実現]を防止する;《時に》《合法的に》《責任などを》回避する (cf. EVADE). **2** 取り消す, 無効にする, 撤回する. ~**·able** a ~**·ably** adv ~**·ability** n ~**·er** n [AF=to clear out (es out, VOID)]

avóidable cónsequences dòctrine 抑止可能損害の法理 (=MITIGATION-OF-DAMAGES DOCTRINE).

avóid·ance n **1** 回避. ► CONSCIOUS AVOIDANCE (意識的回避) / TAX AVOIDANCE (租税回避行為). **2** 取消, 無効の主張, 解除 (=voidance). **3**《法的効果に対する》異議 (⇨ CONFESSION AND AVOIDANCE). ► CONFESSION AND AVOIDANCE (承認と異議). **4** 聖職禄空位. **avóid·ant** a

avóidance of dispositíon òrder《英》処分取消し命令《夫婦の一方が相手方の資金給付 (financial provision) の権利主張を無効にするために行なった贈与などの法律行為を阻止ないしは取り消すことを命ずる高等法院 (High Court of Justice) の命令; その対象となる法律行為は申し立ての3年以内のもので、また善意の譲受人への売却は含まれない》.

avóid·ing pówer《破産管財人(bankruptcy trustee)(米国では管理処分権保持倒産債務者(debtor in possession)を含む)・清算人の有する》**倒産法上の否認権**.

avouch·er /əváutʃər/ n 1《史》権原担保者の訴訟参加請求 (cf. VOUCHER). 2 断言者, 確証[確認]者, 保証者, 承認[告白]者.

avow /əváu/ vt 公言する, 明言する; 公然と[率直に]認める; 〈ある行為を〉なしたことを認めかつその正当性を主張する: ～ oneself [be ～ed] (to be) the culprit 自分が犯人だと公言[告白]する. ～**·able** a ～**ed** a みずから公然と認めた[言明した], 公然の. ～**·ed·ly** /-ədli/ adv 公然と, 明白に. ～**·er** n ［OF=to acknowledge］

avów·al n 1 公言, 言明; 公然たる是認. 2《米》記録のための証拠提出 (=OFFER OF PROOF).

avow·ee /əvauíː/ n《史》聖職推挙権者 (=ADVOCATUS).

avow·ry /əváuəri/ n 正当な占有回復の抗弁, 正当占有の申し立て《賃料不払いなどに基づいて行なった自救の動産差押え (distraint) の効力を争われている被告[貸主]が, その動産を占有している事実と差押えを正当ならしめる事由とを述べること; cf. COGNIZANCE》.

avow·ter /əváutər/, **avow·ter·er** /əváutərər/ n《史》姦通者 (adulterer).

avow·try /əváutri/ n《史》姦通 (adultery).

avulse /əváls/ vt 1 引き裂く, 引き放つ, 引きはがす. 2《医》捻除する, 裂離する.

avul·sion /əválʃ(ə)n/ n 1 引き裂く[引き離す]こと. 2 (土地の)自然分離, 土地急変, 急変地《河川の流路変更や大水で土地が分離し他人の土地に付加すること; 分離した部分の土地の所有権に変化はない; cf. ALLUVION, ACCRETION, DELICTION, EROSION, RELICTION》. 3《医》《事故などによる, 身体組織の》剝離, 裂離.

award /əwɔ́ːrd/ n 1 仲裁判断, 仲裁裁定, 裁定判決; 裁定, 認定, 付与; 仲裁判断書, 仲裁裁定書. ▶ ARBITRAMENT AND AWARD (仲裁判断の抗弁) / ARBITRATION AND AWARD (仲裁判断済みの抗弁) / ARBITRATION AWARD (仲裁による判断) / ARBITRATOR'S AWARD (仲裁人の判断) / BACKPAY AWARD (遡及賃金(支払い)裁定) / INDUSTRIAL AWARD (労働条件仲裁裁定) / NO AWARD (仲裁判断不存在の答弁) / PROTECTIVE AWARD (保護裁定). 2 裁定額, 認定額;《豪》AWARD WAGE. ▶ BASIC AWARD (基本補償(額)) / COMPENSATORY AWARD (損失補償(額)) / LUMP SUM AWARD (一時払い損害賠償額). — vt《仲裁判断などで》認める, 与える.

awárd wàge《豪》法定最低賃金《単に award ともいう》.

awáy-gò·ing cróp, wáy-gò·ing cróp 借地期間終了後の収穫農作物, 期間後収穫農作物《収穫期が借地期間消滅後となる作物で, 反対の合意がない限りはもとの借地農が権利を有する; cf. EMBLEMENTS》.

AWOL /éiwɔːl, éidʌb(ə)ljuəvél/ a, n《軍》無許可離隊[外出]の; **無許可離隊者**[外出者]. [absent [absentee] without leave]

ax·i·om /æksiəm/ n 原理, 原則, 自明の理; **公理**; 格言. **ax·i·o·mat·ic** /æksiəmǽtik/ a 自明の; 格言的な. [F or L<Gk (axios worthy)]

aye, ay /ái/ adv はい, しかり, 賛成! (opp. nay)《票決のときの返事》. — n (pl **áyes**) [ᵖpl] 肯定の答え, 賛成票 (opp. no); 賛成投票(者): The ayes have it. 可とする者[賛成者]多数.

Áyes lóbby [the ～]《英議会庶民院》《賛成投票議員が移動する》賛成投票者ロビー (⇨ LOBBY) (cf. NOES LOBBY).

ayle /áil/ n《廃》祖父 (⇨ AIEL).

ayre /ɛ́ər/ n《廃・スコットランド》《裁判官の》巡回 (⇨ EYRE).

B

B /bíː/ *n* (*pl* **B's, Bs** /bíːz/) ビー《英語アルファベットの第2字》. ▶ Schedule B (B表) / Table B (付表 B).

B. Bachelor ♦ bar ♦ Baron ♦《英史》°Baron of (the) Exchequer 財務府裁判所[財務府部]裁判官 ♦《英史》(Common) Bench 人民訴訟裁判所 ♦ bishop 主教, 司教 ♦ British ♦ budget.

báby àct《口》**1** 幼児[子供]の行為. **2** 未成年[子供]だという理由での弁解[抗弁, 責任免除], 未成年の抗弁. ★ **pleading the baby act** ともいう.

báby bònd* 小額債券《通例 額面 1000 ドル以下の債券》.

Báby Dóe* ベビー・ドウ《訴訟での新生児, 特に 新生障害児の仮名; Jane Doe および John Doe のもじり; 近年では Baby Boy Doe, Baby Girl Doe と性別を加えても用いる; cf. Baby Jane Doe》.

Baby FTC Act /─ èftiːsíː ─/ [the ~]《米》小型連邦取引委員会法《連邦取引委員会 (Federal Trade Commission, 略 FTC) 法のような, 詐害的不公正取引を禁止するための州の制定法》.

Báby Jáne Dóe /─ ─ ─/ ベビー・ジェーン・ドウ《Baby Doe に当たる女児を特に指す仮名; cf. Jane Doe》.

Baby M /─ ém/ ベビー M《代理母 (surrogate mother) が出産の契約に異議を申し立てている場合の生まれた子の呼称; William Stern との契約で Mary Beth Whitehead が産んだ赤ん坊《父親が Melissa と呼ばれた》をめぐって米国 New Jersey 州で行なわれた裁判 (In re Baby M (N.J. 1988)) で親権が確定するまでの呼称から; この事件は代理母問題での最初に注目された裁判; ここでは代理母合意 (surrogate-parenting agreement) を無効としたが, 依頼者夫婦のみに監護権 (custody) を認めるとともに代理母の親権 (parental rights) を消滅させなかった》.

báby sèlling 子売り (= black-market adoption).

Báby Wágner Àct [the ~]《米》州版ワグナー法 (= mini Wagner Act).

BAC °blood alcohol content 血中アルコール濃度.

bach·e·lor /bǽtʃ(ə)lər/ *n* **1** 未婚男子, 独身男子 (cf. spinster). **2** 学士; 学士号 (⇨ master). **3**《英》下級勲爵士 (= knight bachelor).

báchelor of láws [°B- of L-] 法学士《米国では現在この称号が用いられず, 代わって Juris Doctor (法務博士) が用いられている; 略 JB, LL.B.; cf. doctor of law(s), doctor of juridical science, juris doctor, master of laws》.

back /bǽk/ *n* **1** 背. **2 a** 後ろ, 背後, 後部. **b** 裏, 裏側, 裏面. — *attrib a* **1** 背後の, 後方の. **2** 遠い, 奥の, へんぴな, 未開の, 遅れた. **3** 既往の, 前の, 過去の; あと戻りの, 逆の, さかのぼっての; 滞った, 未納の. — *adv* **1** 後方へ. **2** 元へ, 逆戻りして; 滞って; さかのぼって, 遡及して; 今から…前に (ago). — *vt* **1** 後退させる. **2** 後援する; 支持する; 経済的に助ける [援助する]: ~ a bill (議会が)法案を支持する. **3**《手形など》に裏書きする (endorse): ~ a bill 手形に裏書きする. **~ed for bail** 保釈命令裏書付きの《逮捕状》(⇨ warrant backed for bail).

back·a·da·tion /bǽkədéɪʃ(ə)n/ *n* backwardation.

báck bénch [the ~]《英国・オーストラリアなどの下院の》後方席, バックベンチ《閣僚級幹部でない与野党平議員の席; cf. front bench》.

báck-bénch·er, back-bench MP /─ ─ ─ émpiː/ *n*《英》《与野党の》平議員.

back·ber·end, -ber·and /bǽkbèrənd/ *a*《史》背中に負った《特に 盗人が盗品を背中あるいは身の回りに所持していることを指す》.

báck bònd 1《本人が保証人に差し出す》損失補償証書. **2**《スコットランド史》信託証書《deed of trust に当たる》. ★ **1, 2** 共に **back letter** ともいう.

báck·dàte *vt* **1**《文書など》に実際より前[過去]の日付を入れる, 後(`ら)日付にする (= antedate) (cf. postdate): ~ the invoice to May 1st. **2** 遡及して適用する: The pay increase is ~d to October 1st.

báck·er *n* 裏書人, 支持者, 保証人, 後援者: ~ of a bill.

báck fréight《海上運送において荷受人が受け取らなかった場合などの》返送運送費.

báck·gròund *n* **1**《事件発生の》背景, 遠因. **2**《人の》背景, 経歴, 素性《家柄・学歴・交友など》; 素養.

báck·ing *n* **1** 後退, 逆行. **2** 後援, 支援, 支持; 保証, 裏書.

bácking a wárrant《英》《治安判事 (justice of the peace) による》令状の裏書.

báck ínterest 未払い利息.
báck·lànd, báck lánd n [°pl] 奥地, 僻地; 後背地.
báck létter =BACK BOND.
báck·pày, báck páy n 未払い賃金;《特に》遡及賃金《裁定》, バックペイ (=back wages) (cf. FRONTPAY) (⇨ BACKPAY AWARD).
báckpay awàrd 遡及賃金(支払い)裁定 (=back pay, backpay order)《被用者あるいはかつての被用者の既発生・未受領賃金の裁判所・準司法機関による決定》.
báckpay òrder 遡及賃金(支払い)命令 (=BACKPAY AWARD).
báck rént 滞納賃料, 滞納賃貸, 滞納地代.
báck·shèet n《法律文書などの》最終葉《二つ折りにするとこれが表紙のようになり, しかもここにその文書の要旨が記載されている形になる》.
báck táx [°pl] 滞納税金, 未納税金.
báck wáges pl BACK PAY.
back·ward·ation /bæ̀kwərdéɪ(ə)n/ n 受渡し延期金《株式などの引渡しを延期してもらうため売主が支払う金銭》.
Ba·con /béɪkən/ ベーコン **Francis ~**, 1st Baron Verulam, Viscount St. Albans (1561-1626)《イングランドの哲学者・エッセイストとして知られているが, もともとはコモンロー法律家・政治家; James 1 世の下で大法官 (Chancellor) (1618-21) まで累進したが, 収賄のかどで, 宿敵 Edward COKE をリーダーとする議会で弾劾されて政治生命を断たれ (1621), 隠棲; Essays (1597), 経験主義の立場から近代の科学的方法の基礎を定めた Novum Organum (新機関, 1620), The Elements of the Common Laws of England (1630) などの著作がある》.
bad /bæd/ a (**worse; worst**)(opp. good) **1 a** 悪い, 不良な, 粗悪な. **b** 回収不能の: BAD DEBT. **2**《人格的・道徳的に》悪い, 邪悪な, 不正の; 不名誉な, 恥ずべき. **3** ひどい, 激しい; 悪性の, 有害な; 不快な, いやな. **4** 不適切な, 不適法な; 不十分な; 役に立たない, 無効な.
bád cháracter 悪しき性格(の人物), 信頼できない性格《証拠法上その証言の信頼性を弱めるために主張されることがある; cf. CHARACTER EVIDENCE》.
bád chéck 不渡り小切手 (=bogus check, bounced check, cold check, dry check, false check, hot check, rubber check, worthless check).
bád débt 不良債権, 貸倒れ(金), 不良貸付け (opp. good debt).
bád débt resèrve 貸倒れ引当金, 貸倒れ準備金, 不良債権積立金.
bád fáith 誠意がないこと, 不誠実, 悪意, 害意 (=mala fides) (opp. good faith). **in ~** 不誠実で[に], 悪意で, 害意をもって: act in ~ 不誠実なことをする. **bád-fáith** a
bádge of fráud 詐害行為の徴憑(ちょうひょう)《相手方を害したりだまそうとする行為の証拠になるような事実》.
bádge of slávery 奴隷制の痕跡《厳密には奴隷が負わされていた法的無能力で, 投票・財産所有能力などの否定; 広義では人種差別行為; 合衆国憲法第13修正の下で禁止されている》.
badg·er /bǽdʒər/ n **1** 呼売り商人,《特に食料品の》行商人. **2** 強引なセールスマン, 押売り. — vt しつこく苦しめる[いじめる], しつこくせがむ.
bádger gàme 美人局(つつもたせ); ゆすり.
bádges of tráde pl《英税制》取引の徴憑(ちょうひょう)《取引所得 (trading income) に課される所得税の対象となる取引 (trade) の判定基準》.
bád-mán thèory 悪人法正確把握説 (=prediction theory)《悪人は倫理・道徳などに縛られず, ある法が何を許しているか限界はどこかを正確に注意深く計算するはずだから, 悪人の法に対する考えがその法が実際にいかなるものであるかの最良のテストであるという考え方; Oliver Wendell Holmes が最初に唱えた; cf. LEGAL REALISM, PREDICTIVE THEORY OF LAW》.
bád móral cháracter 悪しき性格 (opp. good moral character).
bád mótive 悪しき動機, 悪意.
bád stánding 資格に瑕疵(かし)のあること, 適格を欠くこと.
bád títle 不良権原 (DEFECTIVE TITLE または UNMARKETABLE TITLE).
bág·man /-mən/ n **1** [derog] 外交員, 出張販売人; *郵袋(ゆうたい)係員; *《俗》ゆすり屋などの手先として違法な金を集めたり分けたりしてまわる男,《特に》役人のための賄賂を集めてまわる媒介者, 取立て屋,《金の》運び屋. **2** *《俗》麻薬密売人, 売人. **3**《カナダ俗》政治資金調達運用の責任者.
bail /béɪl/ n **1** 保釈; 保釈金, 保釈保証書,《出廷などの》保証書, 保証金 (cf. RECOGNIZANCE): give [offer] ~〈被告が〉保釈金を納める, 保釈保証人を立てる / accept [allow] ~ 保釈を許す / be (out [freed]) on ~ 保釈出獄中で / set ~〈裁判官が〉保釈金額を決定する / be held in ~ 保釈金未納で拘置されて. ▶ AFFIDAVIT TO HOLD TO BAIL (保証金要求宣誓供述書) / CASH BAIL (保釈金) / CIVIL BAIL (民事上の保釈金[保釈保証書]) / CONTINUOUS BAIL (継続的保釈) / EXCESSIVE BAIL (過大な額の保釈金) / REMAND ON BAIL (再拘留保釈) / WARRANT BACKED [ENDORSED] FOR BAIL (保釈命令裏書付き逮捕状). **2** 保釈保証人;《出廷などの》担保人: be ~ 保釈保証人となる〈for〉. ▶ COMMON BAIL (擬制出廷保証人) / PERFECTING BAIL (保釈保証人適格証明) / SPECIAL BAIL (訴訟保証人) / STRAW BAIL (擬制出廷保証人) / SURRENDER BY BAIL (保釈保証人による《被告人》引渡し). ★ bail の手続きは, かつて保証人の訴訟上も重要な役割を演じた. 民事手続き上の保証人の主な種類に4つあった: (1) bail above, bail to the action, special bail=訴訟保証人《被告敗訴の場合に債務・訴訟費用を保証し, それができない場合には被告の身柄を引き渡すことを保証する保証人》. (2) bail below, bail to the sheriff=出廷保証人《債務不履行で逮捕された被

bailable

告の出廷を保証する保証人). (3) **bail common, common bail, straw bail**＝擬制[名目]出廷保証人《民事の通例被告出廷の記録に名目上将来の出廷を保証する保証人として記される架空の保証人；通常 John Doe と Richard Roe という決まった名前が記入された). (4) **bail in error**＝誤審審理申し立て保証人《誤審 (error) 審理で, 申立人敗訴の場合に誤審審理ゆえの遅延費用をも上乗せして支払うことの保証人；cf. APPEAL BOND, SUPERSEDEAS BOND). **3**《海事事件における, 船舶などの》仮差押解除(金). **admit** sb **to ～** 人に保釈を許す. **fix ～**〈裁判官が〉保釈条件[保釈金]を定める. **forfeit one's ～**〈保釈中の被告人が〉出廷しない, 出廷しないため保釈を取り消される[保釈金を没収される]. **go** [**stand**] **～ for** …の保釈保証人となる；…を請け合う：*stand ～ of $3,000 for* sb. **grant** sb **～** 人に保釈を認める. **hold to ～** 保釈(金[人])によって義務づける；保釈を認める. **jump** [**skip**] **one's ～** 保釈中に(管轄区域外に)逃亡する, 保釈後定められた時に裁判所に出頭しない (cf. BAIL-JUMPING). **justify ～** 十分な資力があるなどと宣誓して保釈保証人としての適格性を得る. **make ～** 保釈される. **post** [**put up**] **～** (…のために)保釈金を支払う〈*for* sb〉. **refuse** sb **～** 人に保釈を認めない. **save one's ～**〈保釈中の被告人が〉出廷する. **surrender to one's ～**〈保釈中の人が〉出廷する.
—— vt **1**〈裁判官が〉勾留中の被告人を保釈する；《保釈金を納めあるいは保釈保証人を立てて》〈被告人を〉保釈してもらう〈*out*〉：They paid $4,000 to ～ him *out*. **2**〈動産を〉寄託する.
[OF＝custody (*bailler* to take charge of <L *bajulo* to bear a burden)]

báil·able *a* 保釈可能な, 保釈できる〈犯罪・被疑者など〉, 保釈(買)の対象となる.

bailable offense (被疑者が)保釈されうる犯罪.

báil abóve《史》訴訟保証人 (⇨ BAIL).

báil ábsolute 絶対的保証書《受認者保証証書 (fiduciary bond) の一種で, 遺産管理人 (administrator)・遺言執行者 (executor) などが遺産管理の責任を適正に果たさなかった場合の保証人の責任を定めるもの).

báil belów 出廷保証人 (⇨ BAIL).

báil bònd《刑事被告人自身による, または刑事被告人の保釈保証人による》**保釈保証書**, 出廷保証書 (＝appearance bond, undertaking)《略 BB；cf. PERSONAL BOND).

báil-bònd·ing *n* 保釈保証人補償合意《保釈を受ける被告人が保釈保証人によって生じる損害を保証人に対して補償することに合意すること；犯罪となる).

báil bòndsman《米》保釈保証人 (＝BAILER).

báil cómmon《史》擬制[名目]出廷保証人 (⇨ BAIL).

Báil Cóurt [ᵇb-c-]《英史》**訴訟保証人法廷**《王座裁判所 (Court of King's Bench) の付属法廷として訴訟保証人 (special bail) の適格性などの訴訟手続き上の諸問題を扱った法廷；時に特別保証人法廷 (Practice Court) とも呼ばれた；1830 年法で創設され, 1854 年廃止；略 BC).

báil·ee /béılíː/ *n* 受寄者 (opp. *bailor*) (⇨ BAILMENT).

bailée's lìen 受寄者のリーエン, 受寄者の留置権.

báil·er *n* **1**《刑事被告人の》保釈保証人 (＝bail bondsman, bailor). **2** 寄託者 (＝BAILOR).

Bailey ⇨ OLD BAILEY.

báil hòstel《英》保釈出獄者宿泊施設, ベイルホステル《保釈出獄者に当座の宿と保護を与える宿泊施設；cf. PROBATION HOSTEL).

bai·lie, bail·lie /béıli/ *n*《スコットランド史》**1** ベイリー 《**1**》イングランドの ALDERMAN に当たる市参事会員 **2**》イングランドの SHERIFF に当たる在地役人). **2**《廃》BAILIFF.

bai·liff /béıləf/ *n* **1**《史》ベイリフ, 代官, 荘司, 代理人《ハンドレッド・荘園・特権領などの管理・行政などあるいは一定の職務の代行を任された公的・私的な役人》：a ～ of a manor 荘園のベイリフ, 荘司. ▶ BOUND BAILIFF (保証ベイリフ) / BUMBAILIFF (けつベイリフ) / HIGH BAILIFF (州裁判所ベイリフ) / HUNDRED BAILIFF (ハンドレッド・ベイリフ). **2** シェリフ (sheriff) 代理, シェリフ補佐人. **3** 廷吏 (cf. CRIER). **4** 受任者；管理者, ベイリフ. ▶ WATER BAILIFF (船舶捜索官；密漁見張人).

báiliff érrant《史》移動ベイリフ《county 内を移動し令状送達などを主任務とするシェリフの下僚》.

báil in érror 誤審審理申し立て保証人 (⇨ BAIL).

báil in óne's ówn recógnizance 自己誓約書による保釈《他人を保釈保証人として立てることなく, 審理前の被疑者や上訴中の被告人みずからが一定金額を保証金にして身柄の拘束を解いてもらうこと；cf. PERSONAL RECOGNIZANCE, RELEASE ON RECOGNIZANCE).

bai·li·wick /béılıwìk/ *n* BAILIFF の管轄区[職] (cf. CONSTABLEWICK).

báil-jùmp·ing *n* 保釈中逃亡(罪) (cf. *jump* BAIL). **báil-jùmp·er** *n* 保釈中逃亡者.

báil·ment *n* **1 a** 寄託《一方当事者 (寄託者 (bailor)) が他方当事者 (受寄者 (bailee)) に明示・黙示の契約の下である目的のためあるいは一定期間その物を保管してもらう目的で動産を引き渡すこと；またはその契約；占有の移転は伴うが権原 (title) の移転は含まない点で, 売買・贈与と異なる；cf. DEPOSIT, LOAN FOR CONSUMPTION, LOAN FOR USE, PAWN) **b** 寄託物. ▶ ACTUAL BAILMENT (現実寄託) / COMPENSATED BAILMENT (報酬付き寄託) / CONSTRUCTIVE BAILMENT (擬制寄託) / GRATUITOUS BAILMENT (無償寄託) / INVOLUNTARY BAILMENT (非任意寄託) / LUCRATIVE BAILMENT (利益付き寄託). **2**《刑事被告人の》保釈；保釈証書.

báilment for híre 賃借寄託 (＝compensated bailment, lucrative bailment)《両当事者かあるいは受寄者 (bailee) に利する寄託；特に受寄者が報酬を受け取る寄託；cf. BAILMENT FOR MUTUAL BENEFIT).

báilment for mútual bénefit 相互利益寄

託《寄託者 (bailor) と受寄者 (bailee) の両当事者にとって利益となる寄託; cf. BAILMENT FOR HIRE》.

báilment for rewárd 有償寄託 (cf. GRATUITOUS BAILMENT).

báil·or /, beɪlɔ́:r/ n **1** 寄託者 (=bailer) (opp. bailee) (⇨ BAILMENT). **2** 保釈保証人 (=BAILER).

báil·òut n **1**《飛行機からの落下傘による》緊急脱出. **2**《企業・自治体・個人への財政援助による》緊急救済措置. **3** ベイルアウト《会社の利益分配の際にとられる節税措置; 節税目的で行なわれる企業取得を指すこともある》.

báilout stòck ベイルアウト株式《会社が株主に利益を分配する方法として発行する非課税の優先株》.

báil·pìece, báil pìece n **1**《史》《民事訴訟で保釈された事実を記す》保釈書. **2** 保釈保証人被告逮捕状《保釈保証人に対して保釈中の被告を逮捕する権限を与える令状》.

báil-pòint scále 保釈可能点数表《刑事被告人が保釈の対象になりうるか, なるとしたらどのような条件でなりうるかについての決定基準; 被告人の前歴等の背景や態度などによる点数の総計で決定される》.

báil revocàtion《裁判所による》保釈の取消し.

báil to the áction《史》訴訟保証人 (⇨ BAIL).

báil to the shériff 出廷保証人 (⇨ BAIL).

báit and swítch /béɪt-/ おとりとすり替え, おとり商法, おとり販売 (=báit àdvertising)《安値の広告で客を寄せ, 高値の商品を売りつける販売方法など; cf. LOSS LEADER》.

Báker v. Cárr /-vɑ̀:rsəs-/《米》ベーカー対カー事件《Tennessee 州で提起された議員定数不均衡訴訟 (1962); 合衆国最高裁判所は従来, この種の訴えは司法審査になじまない政治問題とみなして扱ってこなかったが, この事件でこのような問題も裁判所が審理しうる憲法問題であるとの判断を示し, 以後議席再配分を求める訴訟が続々と提起された》.

Bák·ke Càse /békə-/ [the 〜] バッキ事件《1974 年に Allan Bakke が University of California を相手に起こした訴訟事件; 大学側が差別解消積極措置 (affirmative-action) 計画を盾に, 彼の医学部入学を拒否し, 彼よりも成績の悪い黒人を入学させたのは, 白人に対する逆差別 (reverse discrimination) だとするもの; 1978 年 6 月 28 日合衆国最高裁判所は一定の人種的バランスを実現するために人種を考慮要素とすることは認めながらも, Bakke の訴えを認め, 大学入試での人種割当て (racial quota) を厳格に適用するのは違憲であるとの判決を下した; Regents of the Universety of California v. Bakke (1978) とも呼ぶ》.

bal·ance /bǽləns/ n **1 a** 天秤, はかり. **b** 釣合い, 平衡, 均衡, 安定; 〜 of mind 精神の安定; disturbed 〜 of mind《病気・憂鬱などによる》精神不安. ▶ CHECKS AND BALANCES《抑制と均衡》. **2** 残高, 差引残高;《会計》《貸借の》差引勘定, 差額;《貸借勘定の》一致, 帳尻が合うこと ▶ BANK BALANCE《銀行預金残高》/ CREDIT BALANCE《貸方残高》/ DAILY BALANCE《利息対象一日

残高》/ DEBIT BALANCE《借方残高》/ TRIAL BALANCE《試算表》. **3** 決定権; 優勢, 優位. — vt **1 a** はかりにかける;《問題》を衡量する. **b** …に平衡[釣合い]を保たせる; 釣り合わせる. **2**《会計》《勘定》の貸借対照を行なう;《帳簿》の帳尻を合わせる; 決算[精算]する;《予算》の収支を合うようにする.

bálanced búdget 均衡予算.

bálance of probabílity 蓋然性の衡量,《特に》蓋然性の優越 (= PREPONDERANCE OF (THE) EVIDENCE).

bálance of séntence suspénded 残余刑期執行猶予(の宣告)《刑事被告人が自由刑を言い渡され, 同時に審理前に未決囚としてすでに収監されていた期間を刑期に算入しそこから減じられ, その結果残りの刑期も執行猶予のうえ釈放されること, またはその宣告; cf. SENTENCED TO TIME SERVED》.

bálance òrder《英》株金払い込み命令《清算人 (liquidator) の求めに応じ裁判所が株式の払い込み催告 (call) に応じない株主に出す命令》.

bálance shèet《会計》貸借対照表, バランスシート (=statement of condition)《略 b.s.; cf. INCOME STATEMENT》. ▶ CONSOLIDATED BALANCE SHEET《連結貸借対照表》.

bálancing of équities =BALANCING THE EQUITIES.

bálancing of ínterests 利益衡量《法的判断を行なう場合に両当事者の対立する利益状況を比較衡量すること》.

bálancing tèst《米》衡量テスト《特に 憲法問題について判断をする場合に用いられる法理で, 裁判所は(例えば個人の権利と政府の権能との間の)対立する利益を衡量し, いずれが優位かを決定すべきであるとするもの》.

bálancing the équities 衡平の比較, 不利益の比較衡量 (=balancing of equities)《エクイティー上の救済の認否を判断する際に救済を認めた場合の被告の不利益とそれを否認した場合の原告の不利益の衡量; cf. BETTER EQUITY》.

bal·last /bǽləst/ n バラスト, 底荷.

bállast·àge n バラスト料金《港内の海底からバラスト用の土石を採取する権利のための料金》.

bal·lis·tics /bəlístɪks/ n **1** 弾道学《銃砲弾・ロケットなど飛翔体の運動および動態を扱う》. **2** [pl] 《銃・薬筒などの》射撃特性.

bal·loon /bəlú:n/ n 風船. — a 風船式の《割賦払いなどの定期的な支払いにおいて最後の支払い分が途中の支払いにくらべ極端に多い形; ⇨ BALLOON PAYMENT》.

ballóon lòan 風船式貸付け《風船式の (balloon) 割賦返済方式の金銭貸付け契約》.

ballóon mòrtgage 風船式支払い譲渡抵当 (= BALLOON PAYMENT MORTGAGE).

ballóon nòte 風船式支払い約束手形 (⇨ BALLOON PAYMENT).

ballóon pàyment 風船式支払い《金銭貸付け契約

balloon payment mortgage

の一種で, 債務者からの定期的支払いの全部もしくは大部分を利息の支払いに当て, 通例 期間終了時もしくは中間でまとめて元本返済をなすもの)).

ballóon pàyment mórtgage 風船式支払い譲渡抵当 (＝balloon mortgage) (⇨ BALLOON PAYMENT).

bal·lot /bǽlət/ n **1** 《全候補者名が印刷されている》無記名投票用紙; 投票用紙, 投票札《もとは球を使用した》; 投票総数. **2 a** 無記名投票, 秘密投票;《一般に》投票. **b** [the ～] 投票権, 選挙権. ▶ ABSENTEE BALLOT (不在(者)投票) / AUSTRALIAN BALLOT (オーストラリア式投票制) / SECOND BALLOT (決選投票) / SECRET BALLOT (秘密投票). **3** くじ引き. — vi **1** (無記名で)投票する 〈for, against〉. **2** くじを引く〈for precedence〉. [It (dim)〈 *balla* ball]

Bállot Àct (1872) [the ～]《英》投票法(1872年)《公職選挙に秘密無記名投票制を導入した法律; 正式名は the Parliamentary and Municipal Elections Act》.

bállot bòx 投票箱.

bállot pàper 投票用紙《特に全候補者名を記したもの》. ▶ SPOILT BALLOT PAPER (無効投票紙).

bállot-rìgging n 投票不正操作, 不正投票.

ban /bǽn/ n **1 a**《史》布告, 公告. **b** [pl] 婚姻予告 (⇨ BANNS OF MATRIMONY). **2 a** 禁止, 禁止令, 罰令; 罰令権: a government ～ *on* the sale of narcotics / lift [remove] the ～ *on* smoking. **b** 禁制区域, 特権的地域. ▶ EXPORT BANS (輸出禁止行為) / TEST BAN (核実験禁止(条約)). **3 a** 非難, 呪詛, 譴責. **b**《教会》破門. **4**《封建法》家臣召集(令), 召集された家臣団. **beat a ～** 禁止を出し抜く《将来禁止されることになっていることを禁止の実施前に急いでやる》. — vt (-nn-) **1** (法的に)禁止する: ～ the sale of alcohol. **2**《古》呪う;《古》破門する. [OE *bannan* to summon by a public proclamation]

banc /bǽŋk/ n **1** 裁判官席, 裁判所 (bench). ▶ DAY IN BANC (令状復命日). **2** 全裁判官 (cf. COURT IN BANC).

Banc. Sup.《英史》°Bancus Superior 上座裁判所.

ban·cus /bǽŋkəs/ n **1**《史》裁判官席, 裁判所 (bench). **2** [the B-]《英史》人民訴訟裁判所 (Court of Common Pleas) (＝the Bench). [L＝bench]

Báncus Re·gí·nae /-rɪdʒáɪni/ [ºb- r-] (略 B.R., BR》 **1**《英》女王座部. **2**《英史》女王座裁判所 (＝QUEEN'S BENCH). [L]

Báncus Ré·gis /-ríːdʒəs/ [ºb- r-]《略 B.R., BR》 **1**《英》王座部. **2**《英史》王座裁判所 (＝KING'S BENCH). [L]

Báncus Supérior [ºb- s-]《英史》上座裁判所 (＝UPPER BENCH)《略 BS, B.S., Banc. Sup.》. [L＝upper bench]

band /bǽnd/ n **1** 帯, 帯状のひも, バンド. **2** [pl] たれ襟《英国で弁護士が法廷で着用する白の布地の2本の幅広のたれ襟; 大学教授・聖職者も式服で用いる》.

B and E °breaking and entering [entry] 不法(目的)侵入.

ban·dit /bǽndət/ n **1** 法喪失者 (outlaw). **2** 山賊, 強盗, 賊; 悪党.

ban·ish /bǽnɪʃ/ vt《正規の処罰として》(…から)追放 [放逐]する (exile): He was ～*ed* for seven years.
  bánish·ment n 追放, 放逐; 国外追放, 流刑. [OF; ⇨ BAN]

bank /bǽŋk/ n **1** 銀行. ▶ ADVISING BANK (通知銀行) / BRANCH BANK (銀行支店) / BRIDGE BANK (つなぎ銀行) / CENTRAL BANK (中央銀行) / CLEARING BANK (ロンドン手形交換所加盟銀行) / COLLECTING BANK (取立て銀行) / COMMERCIAL BANK (商業銀行) / CONFIRMING BANK (確認銀行) / COOPERATIVE BANK (協同組合銀行) / CUSTODIAN BANK (保管銀行) / DATA BANK (データバンク) / DEPOSITARY BANK (取立て受任銀行) / DRAWEE BANK (支払い銀行) / EUROBANK (ユーロ銀行) / EUROPEAN CENTRAL BANK (欧州中央銀行) / EXPORT-IMPORT BANK (OF THE UNITED STATES) ((合衆国)輸出入銀行) / FEDERAL FARM CREDIT BANK (連邦農業信用銀行) / FEDERAL HOME LOAN BANK (連邦住宅貸付け銀行) / FEDERAL INTERMEDIATE CREDIT BANK (連邦中期信用銀行) / FEDERAL LAND BANK (連邦土地銀行) / FEDERAL RESERVE BANK (連邦準備銀行) / INTERMEDIARY BANK (中間銀行) / INVESTMENT BANK (投資銀行) / ISSUING BANK (信用状発行銀行; 発行受託銀行) / JOINT-STOCK BANK (株式銀行) / LAND BANK (土地銀行; 土地保全銀行; 不動産銀行; 農地銀行) / MEMBER BANK (連邦準備制度加盟銀行) / MERCHANT BANK (マーチャント・バンク) / MULTILATERAL DEVELOPMENT BANK (多国間開発銀行) / MUTUAL SAVINGS BANK (相互貯蓄銀行) / NATIONAL BANK (国立銀行; 国法銀行) / NATIONAL SAVINGS BANK (国民貯蓄銀行) / NEGOTIATING BANK (手形買取り銀行) / NONBANK BANK (ノンバンク・バンク) / PAYOR BANK (支払い銀行) / PENNY BANK (1ペニー貯蓄銀行) / PRESENTING BANK (呈示銀行) / PRIVATE BANK (個人銀行) / REMITTING BANK (送金銀行) / RESERVE BANK (準備銀行) / SAVINGS AND LOAN BANK (貯蓄貸付け銀行) / SAVINGS BANK (貯蓄銀行) / SOIL BANK (土壌銀行) / STATE BANK (国立銀行; 州法銀行) / WORLD BANK (世界銀行). **2** [the B-]《英》BANK OF ENGLAND. — vt, vi **1** 銀行に預ける; 銀行と取引する. **2** 銀行業を営む. **3**《俗》〈取引などに〉資金を貸す, 融資する. [F *banque* or It *banco*]

bánk·able a 銀行に担保にできる; 銀行で引き受けられる; 銀行で兌換できる.

bánkable páper 銀行受入れ証券, 銀行引受け証券.

bánk accéptance 銀行引受手形 (＝BANKER'S ACCEPTANCE).

bánk accóunt 1 銀行預金口座. **2** 銀行預金勘定.

bánk accòunt trùst 銀行預金口座信託 (＝TOT-

TEN TRUST).

bánk bàlance 銀行預金残高.

bánk·bòok *n* 銀行預金通帳, 銀行通帳 (passbook).

bánk càrd **1** バンクカード《銀行発行のキャッシュカードやクレジットカード》. **2** チェックカード (= CHECK CARD).

bánk chàrter 銀行設立免許状.

bánk chèck 銀行小切手.

bánk crèdit 銀行信用, 銀行信用枠《銀行により与えられる信用(枠)》.

bánk depòsit 銀行預金.

bánk dìscount 銀行割引料《銀行が手形を買い取る際に控除する履行期までの利息相当分》.

bánk dràft 銀行為替手形《振出人・名宛人共に銀行となっている為替手形》.

bánk·er *n* **1** 銀行家, 銀行経営者; 銀行;《個人の》銀行業者 (⇒ PRIVATE BANKER). ▶ INDIVIDUAL BANKER (銀行業を営む個人) / INVESTMENT BANKER (投資銀行) / MORTGAGE BANKER (譲渡抵当金融銀行) / PRIVATE BANKER (銀行業類似の業務を営む個人). **2** 銀行員.

bánker's accèptance 銀行引受手形 (=bank acceptance).

bánker's bòoks *pl* 銀行帳簿.

bánker's dràft《英》自己宛銀行振出手形《銀行がみずからの, すなわち自行本支店を名宛人にして振り出した手形; 厳密には為替手形 (bill of exchange) でも小切手 (check) でもないが, 線引きされることがあり, 各種制定法の保護対象になる》.

bánker's lìen 銀行のリーエン《弁済期限の過ぎた顧客の債務を, 銀行が占有するその顧客の金銭・財産を留置することにより, 返済させる銀行の権利》.

bánk hólding còmpany 銀行持株会社《略 BHC》.

Bánk Hólding Còmpany Àct of 1956 [the ~]《米》1956 年の連邦銀行持株会社法.

bánk hóliday **1**《英》一般公休日 (=legal holiday, public holiday, statutory holiday)《土曜・日曜以外の公休日》. ★ イングランド・ウェールズでは次の 8 日: New Year's Day (1 月 1 日, この日が土・日にあたれば次の月曜日), Good Friday (イースター直前の金曜日), Easter Monday (イースターの翌日), May Holiday (5 月の第 1 月曜日), Spring Bank Holiday (5 月最後の月曜日), Summer Bank Holiday (8 月最後の月曜日), Christmas Day (12 月 25 日, 土・日にあたれば次の月曜日または火曜日), Boxing Day (12 月 26 日). このうち, Good Friday, Christmas Day の 2 日は common law holiday と呼ぶことがある. スコットランドでは Good Friday, Spring Bank Holiday, Christmas Day, Boxing Day のほかに, 新年の 2 日 (いずれかが日曜なら 3 日, 両日が土・日曜なら 4 日), 5 月の第 1 月曜日, 8 月の第 1 月曜日. 米国の法定休日については⇨ LEGAL HOLIDAY. **2 a**《米》銀行休日《土曜・日曜日以外の休業日》. **b**《米》《政府の指令による》銀行業務休止期間《歴史的には 1933 年 3 月 6 日-13 日を指す》.

bánk·ing *n* 銀行業; 銀行業務. ▶ ELECTRONIC BANKING (電子銀行取引).

bánking accòunt = BANK ACCOUNT.

Bánking Àct of 1933 [the ~]《米》1933 年の銀行法《大恐慌への反省から生まれた連邦の銀行改革法; 特に銀行業務と証券業務の分離を規定し, 商業銀行 (commercial bank) の証券業務を制限し銀行預金者を保護しようとしたもの; グラス-スティーガル法 (Glass-Steagall Act) の通称で知られる》.

bánking corporàtion 銀行業務を営む会社.

bánking dày **1** 銀行取引日. **2** 銀行取引[営業]時間 (=banking hours).

bánking hòurs *pl* 銀行取引[営業]時間 (banking day).

bánking pòwers *pl* 銀行業務を営む権能.

bánk lòan《企業・個人に対する》銀行ローン, 銀行貸付金.

bánk nòte, bánk·nòte *n* 銀行券, イングランド銀行券.

Bánk of Éngland [the ~] イングランド銀行《連合王国の中央銀行; 本店は London; 1694 年設立; 略 B of E》.

Bánk of the Uníted Státes [the ~]《米史》合衆国銀行《建国後に初めて設立された 2 つの中央銀行の名称: First Bank of the US は 1791 年に設立され 1811 年まで存続, Second Bank of the US は 1812 年に設立され 1836 年まで存続した》.

bánk ràte 公定歩合.

bánk resérve 銀行準備金, 支払い準備金.

Bankr. Rep.《米》° Bankruptcy Reporter『破産判例集』.

bank·rupt /bǽŋkrəpt/ *n* 破産者, 支払い不能者, 倒産者, 倒産債務者 (debtor)《略 bkpt, bkrpt; ⇨ UNDISCHARGED BANKRUPT; cf. DISCHARGE IN BANKRUPTCY》: discharged ~ 弁済義務を免責された破産者 / file a petition in ~ 破産申告をする. ▶ CERTIFICATED BANKRUPT (破産からの復権者) / UNDISCHARGED BANKRUPT (未復権破産者). ★ 米国では, 破産法典 (Bankruptcy Code) 上 bankrupt の語は用いず, 代わりに debtor を用いている. 英国では支払い不能に陥った自然人のみを指す. Cf. WINDING-UP. — *a* 破産した, 倒産した,《特に》破産宣告された; 破産の[に関する]; 破産[倒産]者の: go [become] ~ 破産[破綻]する / be adjudicated [declared] ~ 破産宣告を受ける. — *vt* 破産させる. [It *banca rotta* broken bench; ⇨ BANK]

bank·rupt·cy /bǽŋkrəp(t)si/ *n* **1 a** 破産, 倒産《略 bkcy; 英国では bankruptcy は支払い不能に陥った自然人についてのみいい, 会社などの法人あるいは組合 (partnership) については WINDING-UP (清算) という; cf. INSOLVENCY, RECEIVERSHIP》. **b** 破産手続き, 倒産手続き. ▶ ACT OF BANKRUPTCY (破産行為) / ADJUDICATION IN [OF] BANKRUPTCY (破産宣告) / COMP-

Bankruptcy Act

TROLLER IN BANKRUPTCY (破産監査官) / CONSUMER BANKRUPTCY (消費者破産) / CONTEMPLATION OF BANKRUPTCY (破産予期) / COURT OF BANKRUPTCY (破産裁判所) / CRIMINAL BANKRUPTCY (犯罪者破産; 破産関連犯罪) / DATE OF BANKRUPTCY (破産宣告日) / DECLARATION OF BANKRUPTCY (破産宣言) / DISCHARGE IN BANKRUPTCY (破産免責) / INVOLUNTARY BANKRUPTCY (強制破産(手続き)) / PETITION IN BANKRUPTCY (破産申し立て) / PRE-PACKAGED BANKRUPTCY (事前協議破産) / REFEREE IN BANKRUPTCY (破産審理人) / SMALL BANKRUPTCY (小破産) / SUGGESTION OF BANKRUPTCY (破産申し立て中の訴答) / TRUSTEE IN BANKRUPTCY (破産管財人) / VOLUNTARY BANKRUPTCY (自己破産(手続き)) / WARRANT IN BANKRUPTCY (破産者財産差押令状). **2** 破産法, 倒産法.

Bánkruptcy Àct [the ~]《米史》破産法《1898年の連邦制定法; 1978年制定の改正破産法(Bankruptcy Reform Act)(⇨ BANKRUPTCY CODE)まで現行法であった》.

bánkruptcy clàuse 破産条項 (=IPSO FACTO CLAUSE).

Bánkruptcy Còde [the ~]《米》破産法典《1978年の改正破産法(Bankruptcy Reform Act)の一般的呼称で, 1979年10月以来の現行法》.

bánkruptcy còurt 1 破産裁判所 (=COURT OF BANKRUPTCY)《略 BC》. **2** [B- C-]《米》合衆国破産裁判所《合衆国地方裁判所(United States district court)の一部》.

bánkruptcy crìme 破産犯罪《破産に関連しての犯罪; 例えば, 破産財団から破産管財人(bankruptcy trustee)が着服することなど; 実質的には bankruptcy fraud と同義となる》.

bánkruptcy estàte 破産財団 (=debtor's estate) 《破産した者の全財産; ⇨ BANKRUPTCY TRUSTEE》.

bánkruptcy fràud 破産詐欺 (=bankruptcy crime, criminal bankruptcy)《故意かつ詐欺的に破産法上の規定を破って, 例えば資産を隠したり書類を破棄したりすること》.

bánkruptcy jùdge《米》破産裁判官《1978年の破産法典(Bankruptcy Code)でそれまでの破産審理人(referee in bankruptcy)の権限を強化して代わって創設された破産手続きの監督とそれに関する裁判を担当する裁判官; cf. REFEREE IN BANKRUPTCY》.

bánkruptcy làw 破産法, 倒産法.

bánkruptcy nòtice《英史》破産告知《執行力を有する終局判決を得た債権者がこの告知を送達し, 債務者が10日以内にそれに従わない場合には, 破産行為(act of bankruptcy)を犯したことになり破産手続き開始原因となった; 1986年の倒産法(Insolvency Act)は破産行為概念をなくした》.

bánkruptcy òrder《英》破産命令《自然人である債務者を破産者であると宣告する裁判所の決定; cf. ADJUDICATION ORDER, RECEIVING ORDER》.

bánkruptcy petìtion 破産(の)申し立て[申立書]《英国では債務者自身からの申し立てを含め一般的に用いられるが, 米国では債務者自身からの自己破産申し立てに用いられ, その点で voluntary petition と同義となる; cf. PETITION IN BANKRUPTCY》.

bánkruptcy plàn 破産行動計画《債務整理および債務者の更生・再建などについての債務者あるいは債権者により作成される詳細な行動計画; 実行に移す前に裁判所の承認が必要; 単に plan ともいう》.

bánkruptcy procèeding 破産手続き, 倒産手続き《英国では自然人の破産手続きのみを指す》.

Bánkruptcy Refòrm Àct [the ~]《米》改正破産法 (⇨ BANKRUPTCY CODE).

Bánkruptcy Repòrter《米》『破産判例集』《略 B.R., Bankr. Rep.》.

bánkruptcy restríction òrder《英》破産に伴う行為制限命令《破産命令(bankruptcy order)の前後の破産者の一定行為を2ないし15年間制限する裁判所命令; 例えば会社役員になるには裁判所の許可を要するとか, 一定額以上の融資を受ける前に本命令を受けている旨の開示が必要であるなど; 略 BRO》.

bánkruptcy trustèe 破産管財人 (=trustee in bankruptcy)《破産手続きで破産者の財産の管理・処分権を有する破産財団(bankruptcy estate)の代表; 単に trustee ともいう》.

Bánk Sécrecy Àct [the ~]《米》銀行秘密法《銀行などの金融機関に顧客との取引記録の保管と一定の国内・国外取引の報告とを義務づけた連邦制定法; 合衆国政府による犯罪・課税その他の調査に資する目的で1970年に制定》.

bánk stàtement 銀行預金口座報告 (=statement of account)《銀行が顧客に対して定期的に(通例毎月)顧客の口座の取引明細を報告するもの》.

bánk-stàtement rùle 銀行預金口座報告の準則《もし銀行の顧客がみずからに届けられた銀行預金口座報告(bank statement)およびそれと一緒に送られたものを調べずに, 文書の実質的変造や偽造によって授権していない支払いがその口座からなされたことにつき合理的期間内に銀行に知らせていなかった場合には, 顧客はその変造・偽造について訴えることができなくなるという原則》.

bánk trànsfer 他国銀行口座振替.

ban·leu·ca /bǽnl(j)úːkə/ *n*《史》BANLIEU. [L]

ban·lieu(e) /*F* bɑ̃ljø/ *n* (*pl* ban·lieues, -lieux /—/)《史》バンリュ (=banleuca)《都市・荘園・修道院などの特権の及ぶ領域; ⇨ BAN》. [F]

bann /bǽn/ *n, v*《廃》BAN.

ban·ner·et, ban·er·et /bǽnərət, bæ̀nərét/ *n* [*ºB-*]《英史》旗幟()勲爵士, 上級爵士, 幟()騎士, バネレット勲位《BARON の下 BARONET の上に位した騎士の称号; KNIGHT BANNERET とも呼ばれた》.

ban·ni /bǽnài/, **ban·ni·tus** /bǽnətəs/ *n* 法喪失者 (outlaw) (⇨ BAN).

bánning òrder〖英〗サッカーフーリガン禁足令《サッカーフーリガン行為 (football hooliganism) を禁止処罰する一連の法に違反した者がイングランドおよびウェールズ内でのサッカーの試合に行くことを禁じ, またそれらの者から旅券の引渡しを求め海外での試合に行くことを阻止することを命ずる, 1989 年法下の命令》.

ban·ni nup·ti·a·rum /bǽnaɪ nʌ̀pʃíɛɪrəm/ BANNS OF MATRIMONY. [L]

banns, bans /bǽnz/ *n pl* 婚姻予告 (banns of matrimony). ▶ MARRIAGE BANNS (婚姻予告). [(pl)⟨BAN]

bánns of mátrimony [márriage] [the ~] 婚姻予告, (予定される)婚姻の公告 (=banni nuptiarum, marriage banns)《教会での挙式前連続 3 回日曜日に教会で行ない異議の有無を問う; 単に banns, bans ともいう》: publish the ~ between Mae Smith and John Adams.

bar /báːr/ *n* **1**《法廷・議場内の》手すり, 仕切り (⇨ BAR OF THE HOUSE). **2 a** 被告人席 (cf. BENCH, DOCK, JURY BOX, SIDEBAR, STAND); 法廷, 裁きの場所: the ~ of conscience [public opinion] 良心[世論]の裁き. **b**《単独裁判官でなく裁判所の全裁判官から構成される》合議制法廷. ▶ SIDEBAR (サイドバー〈協議〉). **3** [the ~, °the B~] 法曹〔界〕, [the ~] 弁護士界, 弁護士業《特に, 特定裁判所管轄区域内で実務資格を有するすべての弁護士》,《特に》法廷弁護士 (barrister) 業[界], (cf. *the* BENCH); 法曹協会, 法律家協会 (bar association): go to *the* ~《法廷》弁護士 (barrister) になる / practice at *the* ~《法廷》弁護士を開業する / read [study] for *the* ~《法廷》弁護士の勉強をする. ▶ CALL [CALLING] TO THE BAR (《法廷》弁護士資格付与) / CHANCERY BAR (大法官府部専門法廷弁護士) / COUNCIL OF THE BAR (法廷弁護士総評議会) / DEFENSE BAR (防御弁護団) / DIVISIONAL BAR (弁護士二分主義) / GENERAL COUNCIL OF THE BAR (OF ENGLAND AND WALES) (《イングランドおよびウェールズ》法廷弁護士総評議会) / GOING THROUGH THE BAR (裁判所の申し立て受理) / INNER BAR (柵内法廷弁護士) / INTEGRATED BAR (統合法曹協会) / OUTER BAR (柵外法廷弁護士) / SENATE OF THE INNS OF COURT AND THE BAR (インズ・オヴ・コート連合評議会) / SPECIALTY BAR (特別法曹協会) / UNIFIED BAR (統一法曹協会) / UTTER BAR (柵外加入制法廷弁護士) / VOLUNTARY BAR (任意加入制法曹協会) **4** BAR EXAMINATION. **5 a** 障害(物), 障壁. **b** (法的)効力を生じない[生じさせない]こと, 無効取消し原因, 阻却事由; 訴え棄却答弁 (plea in bar). **c**《特許・商標出願の》制定法上の拒絶(規定). ▶ BLANK BAR (侵害地明示要求抗弁) / COMMON BAR (侵害地明示要求抗弁) / MOTION IN BAR (訴訟阻止の申し立て) / PLEA IN BAR (訴え棄却答弁) / TIME-BAR (権利主張に対する時間的障害). **at** ~ (=at bench) (**1**) 裁判所に係属している, 法廷で[審理されている]. ▶ CASE AT BAR (本件). (**2**)《その裁判所の》裁判官の全員で, 合議制で. ▶ TRIAL AT BAR (合議制事実審). **at** *the* ~ 審理中の, at BAR. ▶ PRISONER AT THE BAR (公判中の被告人). **be admitted to the** ~ *弁護士の資格を得る. **be called to the** ~ [the B~] 《法廷弁護士 (barrister) の資格を得る, *弁護士資格を得る. **be called within the** ~《勅選弁護士 (King's [Queen's] Counsel) に任ぜられる. **a call to the** ~ 法廷弁護士資格免許. **in** ~ **of**...を阻止[予防]するために.

— *vt* (-rr-) **1** 阻止する: ~ sb from attending a meeting / ~ the use of firearms. **2**《訴え棄却答弁などにより》異議を申し立てて《訴訟手続きなどを》阻止する. **3**《限嗣封土権 (entail) を》廃除する: BARRING OF [THE] ENTAIL. **bár·ra·ble** *a*《OF⟨?》

bar. barrister.

Bar. Barrister.

bár admìssion 弁護士資格付与.

bár associàtion 法曹協会, 法律家協会. ▶ AMERICAN BAR ASSOCIATION (アメリカ法曹協会) / INTER-AMERICAN BAR ASSOCIATION (アメリカ大陸法曹協会) / INTERNATIONAL BAR ASSOCIATION (国際法曹協会) / NATIONAL BAR ASSOCIATION (全国法曹協会) / STATE BAR ASSOCIATION (州法曹協会).

bár at lárge〖史〗侵害地明示要求抗弁 (=COMMON BAR).

Bár Commìttee [the ~]〖英史〗法廷弁護士委員会 (BAR COUNCIL の前身).

Bár Còuncil [the ~]〖英〗法廷弁護士 (barrister) 評議会《GENERAL COUNCIL OF THE BAR OF ENGLAND AND WALES の通称; 1894 年創設》.

báre·bòat chàrter 裸〘ぉか〙傭船(契約), 船舶賃貸借 (=DEMISE CHARTER)《船長・海員なしの船舶だけの賃貸借契約》; ⇨ SIMPLE CHARTER).

báre·bones indíctment /béərbòunz-/ やせぎす起訴状《事実の記載が全くなく, 違反したと主張される制定法の文言のみを引用している起訴状; 引用制定法の文言に犯罪の要件すべてが明示されていれば, 有効となりうる》.

bárebones legislátion 骨格立法 (=SKELETAL LEGISLATION).

Bárebone's Párliament〖英史〗《共和制期の 1653 年の》ベアボーン議会《Cromwell の下 軍指導者が選んだ 140 名の議員からなる議会の通称; 指名議会 (Nominated Parliament) あるいは小議会 (Little Parliament) ともいわれる; 有力議員の一人 Praise-God Barbon [Barebone] (1596?-1679) の名にちなんだ名》.

báre lícense 1《誘引を受けたのでない単なる》立入り許可 (⇨ BARE LICENSE; cf. CONTRACTUAL LICENSE). **2**《排他的使用権でない》著作権保護物使用許可.

báre licensée 1 立入り被許可者 (=mere licensee, naked licensee)《所有者から立入りの誘引を受けたのではなく, 明示・黙示の承諾によって立入りを許されたもの》. **2** 著作権保護物使用被許可者 (⇨ BARE LICENSE).

báre pátent lìcense 非独占的特許実施許諾《実

施権者は許諾地域での特許製品の製造・使用・販売権を非独占的に許諾され，特許権者が特許侵害訴訟をみずから行なう権利を留保する).

báre possibílity 裸の可能性 (=NAKED POSSIBILITY).

báre pówer 権利帰属者[取得者]指名権 (=POWER OF APPOINTMENT).

báre trúst 受動信託, 裸信託 (=PASSIVE TRUST).

báre trustée 受動受託者 (passive trust (受動信託)の受託者).

bár examinàtion 法曹資格試験, 司法試験 (単に bar ともいう). ▶ MULTISTATE BAR EXAMINATION (各州共通法曹資格試験).

bár exàminer 《米》《州に選任される》法曹資格試験官. ▶ BOARD OF BAR EXAMINERS (法曹資格試験委員会) / NATIONAL CONFERENCE OF BAR EXAMINERS (法曹資格試験委員会全国協議会).

bár fèe 《英史》放免金《被告人釈放の際に裁判所書記などに支払った金銭; 1815年および1845年法で廃止され, 強要は犯罪となり免職事由とされた》.

bar・gain /báːrgən/ n **1 a** 合意, 契約, 協約. ★厳密には BARGAIN は CONTRACT と同一ではない. 約因 (consideration) が不十分な合意, 違法な合意も BARGAIN と呼びうるからである. **b** 交換取引, 売買契約《対価関係に立つ約束と約束, 約束と履行あるいは履行と履行を交換し合う合意; 特に不動産の売買契約; 対価関係に立つもの交換を含まない単なる合意や捺印証書での贈与は, これに含まれない). **c** 交渉, 協議, 取引; 好条件の売買[取引]. **d** 司法上の取引,《特に》答弁取引 (⇨ PLEA BARGAINING). ▶ BENEFIT OF THE [ONE'S] BARGAIN (合意の利益) / CATCHING BARGAIN (期待権不当取引; 非良心的取引) / CHANCE BARGAIN (運任せの取引) / CHARGE BARGAIN (起訴内容取引) / EXTORTIONATE CREDIT BARGAIN (強要的信用取引) / LOSS OF BARGAIN (合意の損害) / PLEA BARGAIN (答弁取引による合意(事項)) / SENTENCE BARGAIN (刑の取引) / TIME BARGAIN (定期取引) / UNCONSCIONABLE BARGAIN (非良心的取引). **2** 取引で取得したもの,《特に》安い買物[売物], 買い得品, 掘出し物, 特価品. **beat a ~** 値切る. **drive a ~** 骨折って商談を進める. **make the best of a bad ~** 逆境に善処する. **strike [make] a ~** 売買契約をする, 協定する, 合意する. — vi **1** 取引[契約]の交渉をする, 駆け引きをする, 協議する. **2** (売買)契約を締結する, 取引条件で合意する, 協約する 〈with sb about the price〉.

bárgain・able a 取引[交渉, 協議]の対象となりうる,《特に》団体交渉 (collective bargaining) の対象となりうる: a ~ issue.

bárgain and sále 売買契約と売却, 代金債務の履行を伴う売買契約, 売買契約および代金支払い《特に不動産について用いられる).

bárgain-and-sále dèed 1《権原 (title) 担保を欠いている》(不動産)取引譲渡(捺印)証書. **2**《史》不

産売買契約代金支払い捺印証書《不動産の売主と買主が売買契約を結び買主がその代金の支払いを済ませると, 占有 (seisin) の引渡しがなくてもその土地に買主を受益者とするユース (use) が設定されることになった; しかもこのユースをユース法 (1535年) (Statute of Uses (1535)) が直ちにコモンロー上の権利に転換することとしたため, これ以後は買主がコモンロー上の権原 (title) を有することになった; この契約・代金支払いを証する証書を指す; なお定期不動産賃借権 (leasehold) などを除く一定の不動産権についてのこの証書は登録をしないと無効となった; 英国では1925年法で廃止).

bárgained-for exchánge《交換取引 (bargain) において両当事者が合意した》交換利益[不利益].

bar・gain・ee /bàːrgəníː/ n **1** 交換取引 (bargain) における買主. **2** 売買契約と売却 (bargain and sale) における買主 (opp. bargainor).

bárgain・er n **1**《売買・取引の》交渉者. **2** BARGAINOR.

bárgain hùnter 1 特売品をあさる人. **2** 割安[底値]株ねらいの投資家.

bárgain・ing n 取引, 交渉,《特に》団体交渉 (collective bargaining). ▶ AREA BARGAINING (地域交渉) / COLLECTIVE BARGAINING (団体交渉) / PLEA BARGAINING (答弁取引).

bárgaining àgent 交渉代表 (=bargaining representative, collective bargaining agent)《団体交渉における労働者側を代表する労働組合). ▶ COLLECTIVE BARGAINING AGENT (団体交渉代表).

bárgaining for pléa 答弁取引 (=PLEA BARGAINING).

bárgaining posìtion《一方当事者の》交渉での立場.

bárgaining pòwer《価格決定・賃金交渉などでの, 個人・団体の》交渉力.

bárgaining represèntative 交渉代表 (=BARGAINING AGENT).

bárgaining ùnit 交渉単位 (=collective bargaining unit)《団体交渉においてみずからが選出した交渉代表 (bargaining agent) によって代表される労働者側の単位・労働者集団). ▶ COLLECTIVE BARGAINING UNIT (交渉単位).

bar・gain・or /báːrgənər, bàːrgənɔ́ːr/ n **1** 交換取引 (bargain) における売主. **2** 売買契約と売却 (bargain and sale) における売主 (opp. bargainee).

bárgain pléa《俗》答弁取引のための有罪答弁 (⇨ PLEA BARGAINING).

bárgain sàle 格安売却《公正な市場価格 (fair market value) よりも安価に財産を売ること; 課税との関係でその差額が問題となりうるし, 家族間でのそれは贈与の対象となりうる).

bárgains dóne pl《証券》《一日の》出来高.

bárgain thèory of considerátion 交換取引約因論《約束と対価関係に立って交換し合うことに合

意した約束あるいは履行がその約束の約因 (consideration) であるという契約理論; cf. BILATERAL CONTRACT)．

Bár·mote còurts /báːrmout-/ pl [°b- c-]《英》バーモート裁判所《Derbyshire の High Peak ハンドレッド (hundred) の地域内でイングランド国王がランカスター公としての権利で有している鉱業上の特権に関連して古くから存在している大小 (Great and Small) の 2 つの裁判所名; 制定法で規制され, その裁判官は執事 (steward) と呼ばれ, 執行官は barmaster とか berghmaster と呼ばれている》．

Bárnard's Ínn《英史》バーナーズ・イン《INNS OF CHANCERY の一つ》．

Bár of the Hóuse [the ~]《英》院内仕切り, バー・オヴ・ザ・ハウス《議会両院のそれぞれにあって構成員以外の人がそこから内側には入れぬことを示す; また議院の特権を犯した者はここで判決を受ける》: appear in person at the ~.

bar·on /bǽr(ə)n/ n **1 a**《史》《国王からの》直属受封者, 直臣, バロン,《広く》貴族 (cf. TENANT IN CHIEF). **b** 男爵, 男(だん) (⇨ PEER). **c**《ロンドンや五港 (cinque ports) などの》自由市民. ▶ ARTICLES OF THE BARONS (バロンの要求条項) / COURT BARON (自由不動産保有者裁判所). **2**《史》夫 (husband): BARON AND FEME. ▶ COVERT-BARON (有夫の婦). **3**《英史》財務府裁判所裁判官,《高等法院 (High Court of Justice) の》財務府部裁判官 (⇨ BARON OF (THE) EXCHEQUER). ▶ CHIEF BARON (財務府裁判所首席裁判官, 財務府部首席裁判官) / CURSITOR BARON (《財務府裁判所》財務府裁判官). **4 a** 豪商, 大実業家, 大物. **b**《俗》牢名主. [OF<L baron- baro man<?].

báron·age n 男爵位; 男爵《集合的》; 貴族団.

báron and féme《史》夫婦 (=VIR ET UXOR) (= **báron et féme** /-EI-/).

bar·on·et /bǽrənət, -nèt/ n 準男爵.

báronet·cy n 準男爵位.

Báron of (the) Exchéquer《英史》財務府裁判所裁判官,《高等法院 (High Court of Justice) の》財務府部裁判官《単に Baron ともいう; ⇨ COURT OF EXCHEQUER》. ▶ CHIEF BARON OF THE EXCHEQUER (財務府裁判所首席裁判官, 財務府部首席裁判官) / CURSITOR BARON OF THE EXCHEQUER (財務府裁判所財務府裁判官).

Bárons' Wár [the ~]《英史》バロン[貴族]戦争《Henry 3 世と, Simon de Montfort を指導者とする貴族たちとの戦争 (1263-67); 王の度重なる失政と財政援助要求に耐えかねた貴族たちがオックスフォード条例 (Provisions of Oxford) を突きつけ, 王は一旦これを認めたが後に承認を取り消したことなどから戦端が開かれた; 一時は王も捕らえられるなどしたが, 結局は貴族側の内部対立もあって貴族側の敗北で終わった; なおこの過程で, 議会史上有名な庶民院 (House of Commons) の起源といわれる 1265 年の議会が開かれている; ⇨ PROVISIONS OF OXFORD》.

Bar Standards Board

bar·ony /bǽrəni/ n **1** 男爵位. **2 a** 男爵領; バロン領《直臣による大領地で, 裁判権などの特権を有した》. **b**《古》貴族, 直属受封者, 直臣《総称》. **3**《アイルランド》郡, バロニー《地方行政区域で county (州) の下位区分》.

barr /báːr/ n《古》BAR.

Barr. Barrister.

bar·ra·tor, -ter, bar·re·tor /bǽrətər/ n BARRATRY を犯す[犯した]人. [AF (barat deceit, <Gk prattō to manage)]

bar·ra·trous, -re- /bǽrətrəs/ a **1** BARRATRY を犯した[犯す]. **2** barratry の[に関する]. **~·ly** adv

bar·ra·try, -re- /bǽrətri/ n **1** 争訟教唆罪《英国では 1967 年法で廃止》. **2**《船長・船員による船舶・船荷への》違法行為. **3** 聖職売買, 官職売買. **4**《スコットランド》裁判官収賄.

barretor ⇨ BARRATOR.

barretry, barretrous ⇨ BARRATRY, BARRATROUS.

bar·ri·er /bǽriər/ n 通過を妨げるもの, 遮断物, 障壁, 柵, 障害, 妨げ; 検問所, 税関,《駅の》改札口: tariff [customs] ~ 関税障壁 / impose trade ~s on…に貿易障壁を設ける / lift the trade ~s from imports 輸入の貿易障壁を撤廃する. ▶ NONTARIFF BARRIERS (非関税障壁).

bárring of entáiled ínterest 限嗣権の廃除 (cf. ENTAIL).

bárring of (the) entáil 限嗣封土権廃除 (= breaking of entail) (⇨ ENTAIL).

bar·ris·ter /bǽrəstər/ n **1**《英》法廷弁護士, バリスター (**bárrister-at-láw** の略); 訴訟手続きの中の主として法廷弁論を担当する弁護士で, 上位裁判所における弁論権 (right of audience) を独占していたが, この独占権は 1990 年法で否定され, 事務弁護士 (solicitor) にも道は開かれている; cf. SOLICITOR; 略 bar., Bar, Barr.). ★ イングランド・ウェールズでは barrister はいずれかのインズ・オヴ・コート (Inns of Court) に属し, 試験に合格後 1 年間の勉学を経て所属のインにより資格授与される. barrister は, 例外はあるが原則として訴訟依頼人からの直接依頼ではなく事務弁護士の依頼を通してのみ活動する. その報酬も依頼事務弁護士が責任を負うがその報酬はコモン・ロー上 謝礼(金) (honorarium) であって訴求は認められない. 英国で counsel の語は solicitor でなく, barrister のみを指す (⇨ COUNSEL). ▶ INNER BARRISTER (法廷弁護士見習い; 柵内法廷弁護士) / JUNIOR BARRISTER (下級法廷弁護士, 非勅選弁護士; 主任でない法廷弁護士) / OUTER BARRISTER (柵外法廷弁護士) / UTTER BARRISTER (下級法廷弁護士; 柵外法廷弁護士). **2***《口》《一般に》弁護士 (lawyer). [BAR; 語形は minister などの影響か]

bárrister's fées pl 法廷弁護士報酬 (⇨ BARRISTER).

Bár Stándards Bòard《英》法廷弁護士基準委員会《法廷弁護士 (barrister) となるための教育・養成条

件やその倫理基準の設定, 法廷弁護士に対する苦情処理などを目的として, 法廷弁護士総評議会 (General Council of the Bar) 内に 2006 年に創設された独立統制委員会).

bar·ter /báːrtər/ *vi* 《金銭を対価とせずに物資・役務などの》交換をする, 物々交換する〈*for*〉. — *vt* 《金銭でなく物資・役務などの対価として》〈物資・役務などを〉渡す, 提供する, 交換する〈one thing *for* another〉. — *n* 物々交換(契約), バーター, 交換貿易. **~·er** *n* [BARRATOR]

bas che·va·liers /F ba ʃavalje/ *pl* 《英史》下級騎士団, 平騎士 (BANNERET に達しない下級の騎士の総称). [F = low knights]

base[1] /béɪs/ *n* **1** 基底, 底, 基礎; 基準; 基点, 出発点, 基線: ~ year [period] 《変化をはかる基準となる》基準年[期間]. ▶ DATABASE (データベース) / RATE BASE (公益事業全財産相当額) / TAX BASE (課税ベース; 税収源; 課税標準). **2** 基地, 本拠地. — *vt* **1** ...を〈...に〉基づかせる〈*on*〉: ~ the calculations *on* last year's turnover. **2** 常駐[駐在]させる, ...の本拠をおく〈*at, in, on*〉: a Tokyo-*based* publishing house 東京に本拠のある出版社. — *vi* 〈...に〉基地をおく, 準拠する〈*on*〉. **~d on** ...を基に; ...から算定して.

base[2] *a* **1** 卑しい, 下劣な; 劣位の, 低品位の; (生まれの)卑しい, (身分の)低い; 庶出の. **2** 〈土地保有条件が〉不自由な, 隷属的な.

báse cóurt《古》非記録裁判所, 下級裁判所《記録裁判所 (court of record) ではない裁判所》.

báse estáte《史》不自由不動産権 (⇨ BASE TENURE).

báse fée 制限封土権 (= fee-base)《もともとは不自由な条件で領主の認める間だけ保有しうる封土権; 広義では以下の 1) を, 狭義では 2) を, 特定的には 3) を意味する: **1)** 不確実な事実の発生により消滅する封土権 (= QUALIFIED FEE) **2)** 解除条件付き単純封土権 (fee simple determinable) を指し, 特定された事実が発生した場合には自動的に消滅し譲与者 (grantor) に復帰する単純封土権 (fee simple) を指す **3)**《英》限嗣封土権 (estate tail) の廃除の際に直系卑属は廃除したが残余権 (remainder) などを有する者を廃除しなかった場合の単純封土権を指す; これにより直系卑属が存続する限りは存続するが, それがいなくなった時点で終了する制限封土権が生ずることになる).

báse·line, báse lìne *n* **1**《国際法》基線《領海・接続水域・排他的経済水域・大陸棚の外側の限界を測定するための線》. **2**《米》基本緯線《政府土地測量制度 (government survey system) で用いられる測量基準となる東西に走る線; これに対して南北の基本線は主要経線 (principal meridian) という》.

básement cóurt《俗》地階裁判所《制限的管轄権 (limited jurisdiction) しか有さない低位の裁判所; 例えば少額事件裁判所 (small claims court), 警察裁判所 (police court), 交通裁判所 (traffic court) など》.

báse ráte《英》基準利率 (= báse ráte of ínterest)《イングランド銀行 (Bank of England) が定める利率で, 商業銀行の貸出し金利の基礎として用いられる》.

báse ténant《史》不自由不動産保有者 (⇨ BASE TENURE).

báse ténure《史》不自由不動産保有(権), 不自由不動産保有条件 (= unfree tenure)《free tenure (自由不動産保有(権)) の対語で, 隷農[農奴]的奉仕義務を条件に不動産を保有すること, またその権利・条件; cf. FREE TENURE》.

ba·sic /béɪsɪk/ *a* 基本の; 基礎の; 根本的な, 重要な; 初歩の. — *n* **1** [ᵘ*pl*] 基本, 原則, 原理: Get back to (the) ~s. 基本に帰れ. **2** 基本的なもの, 必需品. **bá·si·cal·ly** *adv* 根本的に, 元来, 本質的に.

BASIC, Ba·sic /béɪsɪk/ *n*《電算》ベーシック《簡単な言語による会話型プログラム言語の一つ》. [*B*eginners *A*ll-Purpose *S*ymbolic *I*nstruction *C*ode]

básic awárd《英》《雇用審判所 (employment tribunal) が不当解雇を理由にして雇用者に支払いを命ずる補償金のうちの》基本補償(額) (cf. COMPENSATORY AWARD).

básic commódities *pl* 基本農産物, 基本作物.

básic cróp 基本農作物《小麦・トウモロコシなど経済的政治的に重要な農作物で, 政府の価格支持 (price support) の対象となるもの》.

básic-fòrm pòlicy 基本型保険(証券) (= limited policy)《基本となる保険事故を限定的に保険の対象としている損害保険(証券); 一般には火災・暴風・爆発もしくは飛行機や自動車による損害, または盗難・破壊行為による損害を担保する; cf. BROAD-FORM POLICY》.

básic intént 基本的意思 (= GENERAL INTENT).

básic pátent 基本的特許 (= PIONEER PATENT).

básic páy 基本給 (basic wage).

básic ráte[||]《所得税の》基本税率, 最低基準税率.

básic ráte tàx《所得税の》基礎税.

básic sálary 基本給 (basic wage).

básic wáge 基本給 (= basic pay, basic salary)《諸手当を含まない給料》.

Ba·sil·i·ca /bəsílɪkə, -zíl-/ *n*《史》**1 a** バシリカ《古代ローマの裁判所や集会所に用いた長方形の建物》. **b** バシリカ《長方形の平面をもつキリスト教の聖堂》. **2** バシリカ法典《ビザンツ皇帝バシレイオス (Basil) 1 世 (c. 812-886) の命で紀元 900 年ごろに編纂された法典 60 巻; ユスティニアヌスのローマ法大全 (Corpus Juris Civilis) 以後の最重要なローマ法編纂物》.

ba·sis /béɪsɪs/ *n* (*pl* **ba·ses** /-sìːz/) **1** 基礎, 根拠, 論拠, 基準; 基本原理, 基本理論;《交渉などの》共通基盤. ▶ ACCRUAL BASIS (発生主義) / CASH BASIS (現金主義) / COMMON FUND BASIS (訴訟費用共通基金負担方式) / INDEMNITY BASIS (損害填補基準) / PARTY AND PARTY BASIS (訴訟費用当事者負担方式) / RATIONAL BASIS (合理的根拠) / STANDARD BASIS (標準的査定基

準）．**2**《米税制》取得価額《所得税のため財産の移転に伴う損益を計算する場合に，その基準として用いられる納税者によるその財産の取得価額; cf. COST BASIS, TAX BASE》．▶ ADJUSTED BASIS（調整取得価額）/ ADJUSTED COST BASIS（調整取得原価）/ CARRYOVER BASIS（繰越し取得価額）/ COST BASIS（取得原価）/ STEPPED-UP BASIS（増額取得価額）/ SUBSTITUTED BASIS（代替取得価額; 繰越し取得価額）．

básis of táx 税務上の取得価額（⇨ BASIS）．

bas·tard /bǽstərd, bɑ́ːs-/ *n* 非嫡出子，庶子，私生子．▶ SPECIAL BASTARD（特別非嫡出子）．★法律・法学上この語は現在ほとんど用いられない．—— *a* 非嫡出の，庶子の．［OF<L=packsaddle child］

bástard éigné [éisne] 《史》非嫡出の長男《コモンロー上は婚姻前に非嫡出子として生まれた子，その後父母が婚姻しても嫡出の身分が認められなかった; そこで婚姻後の嫡出の次男に対して両親が婚姻前に生まれた嫡出でない長男を指す語; 前者は MULIER PUISNE》．

bástard·ize *vt* **1** 非嫡出（子）[庶出，庶子，私生子］と認定する．**2** 非嫡出（子）であると主張する．

bás·tardy *n* 非嫡出（=ILLEGITIMACY）．

bástardy órder 《英》非嫡出子扶養料支払い命令（=AFFILIATION ORDER）．

bástardy procéeding 非嫡出子扶養手続き（=PATERNITY SUIT）．

bástardy prócess 非嫡出子扶養手続き（=PATERNITY SUIT）．

bát·able gróund /béɪtəb(ə)l-/ 係争地《権原所有者不確定の土地; 元来は 1706 年のイングランドとスコットランドとの連合前にその国境付近にあり，双方が権利主張をした一定の土地のことを指した》．

Báte's cáse /béɪts-/ 《史》ベイト事件《議会の承認なしで国王大権に基づく輸入関税賦課が許されるか否かが争われ，大権が認められた 1606 年の事件; 別名 Case of Impositions（賦課金事件）とも呼ばれる; 1688 年の権利章典（Bill of Rights）で否定された; Bate は被告の商人の名》．

bath·ing /béɪðɪŋ/ *n* 水浴権，海水浴権．

báthtub conspíracy 浴槽共謀（=INTRAENTERPRISE CONSPIRACY）．

Bát·son chállenge /bǽts(ə)n-/ 《米》バトソン事件の忌避違憲の主張《人種・民性・性を根拠に陪審員になることを妨げるべく理由のない忌避（peremptory challenge）をなしたことは合衆国憲法の平等保護の保障に反するという異議申し立て; 合衆国最高裁判所がこの異議を認めた 1986 年の刑事事件の判例の原告名から; 現在は民事事件にも拡張されている; cf. THIRD-PARTY STANDING》．［*Batson* v. *Kentucky*］

Bátson objéction 《米》バトソン事件の異議（=BATSON CHALLENGE）．

bat·tel /bǽtl/ *n* 《古》BATTLE．

bat·ter /bǽtər/ *vt, vi* 乱打する: be ~*ed* to death with a truncheon．

báttered chíld 《父[母，身近な人]から》度重なる暴行[性的虐待]をうけた子．

báttered chíld sỳndrome 被虐待児症候群（cf. DOMESTIC VIOLENCE）．

báttered spóuse [cohábitant] 被虐待配偶者[同棲者]《配偶者あるいは同棲者から度重なる暴行をうけた他方配偶者あるいは同棲者; 攻撃側の配偶者[同棲者]を被害者が殺害した場合には虐待事実に基づく限定責任能力（diminished capacity）を主張することが可能となり，減刑されることもある; cf. DOMESTIC VIOLENCE》．

báttered wífe 《夫から》度重なる暴力行為をうけた妻．

báttered wóman('s) sỳndrome 被虐待妻症候群（=báttered wífe sỳndrome）（cf. BATTERED SPOUSE [COHABITANT], DOMESTIC VIOLENCE, SPOUSAL ABUSE）．

bat·tery /bǽt(ə)ri/ *n* **1** 暴行（⇨ ASSAULT）．▶ AGGRAVATED BATTERY（加重暴行）/ ASSAULT AND BATTERY（暴行）/ SEXUAL BATTERY（性的暴行，強姦）/ SIMPLE BATTERY（単純暴行）．**2** 不法な身体接触《犯罪・不法行為となる; cf. OFFENSIVE CONTACT [TOUCHING]》．

bat·tle /bǽtl/ *n* **1** 戦い，闘争．**2** 《史》決闘，決闘審判（=TRIAL BY BATTLE）．▶ TRIAL BY BATTLE（決闘審判）/ (TRIAL BY) WAGER OF BATTLE（決闘審判）．WAGE ~．

báttle of the fórms [the ~]《定型的大量取引における買主と売主間の）書式間の抵触，書式間の争い《買主・売主共に例えば印刷された定型文書で契約を結び取引が成立したと考えていたが，後に双方で争いが生じ確認してみると，双方の定型文書中の条項が一致していないこと; この場合そもそも契約が有効に成立したのか否か，成立したとすれば契約内容はどうなるかが問題となる; 伝統的には鏡像準則（mirror image rule）で契約無効とされていたが，米国の統一商事法典（Uniform Commercial Code）は契約を有効としることとその内容確定の指針を定めている; cf. MIRROR IMAGE RULE》．

bawd /bɔ́ːd/ *n* 《古》女郎屋のおかみ[マダム]; 《まれ》売春婦．

báwdy hòuse 売春宿（brothel）．

bay /béɪ/ *n* 湾．▶ HISTORIC [HISTORICAL] BAY（歴史的湾）．

BB °bail bond 保釈保証証書．

BC 《英》°Bail Court 訴訟保証人法廷 ♦ °bankruptcy court 破産裁判所．

B.C. （西暦）紀元前...年．★ before Christ の略で，年代の後に置く（⇨ A.D.）．

BCL Bachelor of Canon Law ♦ Bachelor of Civil Law．

bea·dle /bíːdl/ *n* **1** 《史》教区小吏《教区役人（parish officer）の中で地位の低い役人の一人》．**2** 《史》《裁判所や役所などの》小吏（伝令役・執行吏，門衛・廷吏など）．**3** 《大学・ギルドなどの》権標捧持者（mace-bearer）《Oxford 大学では bedel, Cambridge 大学や London 大学では bedell とつづる》．★ bedel(l) ともつづる．

beak /bíːk/ *n* 《俗》治安判事 (magistrate, justice of the peace).

bear[1] /béər/ *v* (**bore** /bóːr/,《古》**bare** /béər/; **borne, born** /bóːrn/) *vt* **1**〈費用を〉払う, 負担する; 〈義務・責任などを〉負う: ~ legal responsibility / ~ the legal costs. **2** 運ぶ, 持って[連れて]行く;〈証言などを〉提出する; 身につける, 持つ, 携帯[携行]する: ~ witness / RIGHT TO BEAR ARMS. **3**〈検査・比較・苦痛・不幸などに〉耐える, 許容する. **4**〈利息を〉生む,〈実を〉結ぶ;〈作物を〉産出する;〈子を〉もうける. — *vi* 関係する, 影響がある[をあたえる]〈*on*〉.

bear[2] *n*《証券》(弱気の)売方, 弱気筋 (opp. *bull*).

béar·er *n*〈小切手・手形の〉持参人, 所持人: The check is payable to ~. ▶ SHARE WARRANT TO BEARER (無記名株券). — *a* 持参人払い(式)の.

béarer bònd 持参人払い(式)債券, 無記名債券[社債]《債券の交付が全権利の移転を意味する; cf. REGISTERED BOND》.

béarer chèck 持参人払い(式)小切手.

béarer debènture 無記名債券.

béarer dòcument 持参人払い(式)証券 (bearer paper).

béarer fòrm 持参人[所持人]払い式, 無記名式.

béarer ìnstrument 持参人払い(式)証券 (bearer paper).

béarer pàper 持参人払い(式)証券 (=bearer document, bearer instrument).

béarer secùrity 未登録持参人払い(式)証券《持参人払い(式)債券 (bearer bond) など》.

béarer shàre 無記名株式.

béar·ing dàte 書面に付された日付, 日付. ★ Bearing date May 20, 1997 のように用い, dated と同じに用いる.

béar márket《証券》下向き相場の市場, 弱気市場.

béast gàte《英》**1** ビーストゲート (=CATTLE GATE)《放牧地の単位》. **2** 割当て放牧権 (=CATTLE GATE).

beat /bíːt/ *n* **1** 打つこと, 一打. **2**〈巡査などの〉受持区域, 巡査区域, 持ち場: the constable on the ~. **3** *(Alabama 州などの)町《county の下位区分》*. — *v* (**beat; beat·en** /bíːtn/) *vt* **1** 打つ, たたく. **2**〈道を〉踏み固める; 踏査する: ~ the bounds 教区 (parish) の境界を踏査する. **3**〈相手・敵を〉負かす;《口》出し抜く, 先んずる; ごまかす, だます: ~ a BAN.

béauty còntest《口》美人コンテスト (**1**) 人気投票, 特に米国大統領の予備選挙のさらにその予備段階で, 党候補者の中から人気投票の形で候補者を選び出すこと; 拘束力はない **2**) 法律事務所 (law firm) を選ぶ場合に大企業などが用いるやり方で, 複数の事務所と接触・面接する集会の俗称 **3**) 単一組合協約 (single-union agreement) を結ぼうとしている雇用者側がその単一組合を選ぶために用いる方式で, 複数の組合から労働協約 (collective bargaining agreement) のための提案を出させ, その審査後に団体交渉 (collective bargaining) 組合を決定するやり方》.

Beck·et /békət/ ((聖)トマス)ベケット **Thomas** (à /ə, aː/) ~ (1118?-70)《イングランドの大法官 (Chancellor), カンタベリー大司教; 初め Henry 2 世の片腕であったが, 大司教叙任 (1162) 以後 教皇側に立ち Henry と対立, のちに暗殺された; 1173 年に列聖: カトリック時代イングランド最大の聖人》.

béd and bóard 寝台と食卓, 夫婦が寝食を共にすること[義務], 夫婦同居(の義務): She separated from ~. 彼女は夫と別居した (⇒ A MENSA ET THORO, DIVORCE A MENSA ET THORO). ▶ SEPARATION FROM BED AND BOARD (別居, 卓床離婚).

béd and bréakfasting *n, a* 一夜貸り(の)《節税対策として特に株式を売り翌日買い戻すこと》.

Béd·doe òrder /bédou-/《英》ベドウ命令《受託者 (trustee) に訴訟の原告あるいは被告になることを許可する裁判所命令; これにより受益者 (beneficiary) から敗訴を理由にしての訴訟費用負担要求などがなされなくなる; 1892 年のベドウ事件 (Case re Beddoe) の名からこう呼ばれる》.

be·del, be·dell /bíːdl, bidél/ *n*《特に英国の大学で》BEADLE.

béer·hòuse *n*《英》ビール店, ビヤホール《ビールだけを店内外での飲用に販売している店; 強い酒は売れない; cf. BEERSHOP》.

béer·shòp *n*《英》《店外飲用の》ビール販売店 (cf. BEERHOUSE).

befóre·hànd *adv* 前もって, 事前に, あらかじめ.

bég·gar /bégər/ *n* 乞食.

be·half /bɪhǽf; -háːf/ *n* **1** [主に以下の成句で] 支持, 利益. **in ~ of**... = **in sb's ~** (**1**)〔支持・利益〕…のために. (**2**)=**on** BEHALF of. **on ~ of**... (**1**)…に代わって, …を代表して, …の代理として: solicitors acting *on* ~ *of* the company. (**2**)=**in** BEHALF of. **2**《古》〔次の成句で〕面, 点 (respect): in [on] this ~ この点で, これについて.

be·hav·ior | **-iour** /bɪhéɪvjər/ *n* ふるまい, 態度; 行動, 行為. ▶ ABERRANT BEHAVIOR (思慮を欠いた行動) / ABUSIVE BEHAVIOR (罵倒行為) / DEVIANT SEXUAL BEHAVIOR (逸脱性行為) / GOOD BEHAVIOR (良きふるまい, 罪過のないこと, 善行) / INSULTING BEHAVIOR (侮辱的言動) / LASCIVIOUS CARRIAGE AND BEHAVIOR (猥褻行為) / MISBEHAVIOR (不正行為) / THREATENING BEHAVIOR (脅迫行為) / UNREASONABLE BEHAVIOR (あるまじき行為). **~·al** *a* **~·al·ly** *adv*

be·hoof /bɪhúːf/ *n*《古》〔主に次の成句で〕利益 (advantage). **to [for, in, on] sb's (own) ~** …のために: *to* sb's *use* and ~ 人のために《不動産譲渡証書上の文言》.

be·ing /bíːɪŋ/ *n* **1** 生存; 人生. **2** 生き物; 人間. **in ~** 生存している, 出生している; 現存の, 存在している (⇒ LIFE IN BEING). ▶ LIFE IN BEING (生きている人).

be·lief /bɪlíːf/ *n* **1** 信じること, 確信 (cf. KNOWLEDGE,

SUSPICION); 信念; 信用, 信頼. ▶ INFORMATION AND BELIEF (知りかつ信ずるところ) / REASONABLE BELIEF (合理的確信). **2** 信条, 信仰.

be·lief-ác·tion distínction 《米》信条と行為の区別《憲法上信条の自由は保障されているが, その信条を行為に具現したときには規制されうるという憲法理論》.

be·lieve /bəlíːv/ *vt* (真実・正直であると)信じる; …だと考える, 思う. **reasonably ~** 合理的に確信する《通常人 (reasonable person) であればそのように信じたであろう状況下で一定の事実を確信する》.

bel·lig·er·en·cy /bəlídʒ(ə)rənsi/ *n* **1** 交戦状態, 交戦国であること; 交戦資格 (⇨ FACULTAS BELLANDI). **2** 交戦団体《交戦資格を認められた insurgents (反政府運動者) の団体; ⇨ RECOGNITION OF BELLIGERENCY》. ▶ RECOGNITION OF BELLIGERENCY (交戦団体の承認). **3** 好戦性.

bel·lig·er·ent *a* **1** 交戦中の, 交戦国の, 交戦団体の, 交戦者の: ~ powers 交戦国. **2** 好戦的な. ― *n* 交戦国, 交戦団体, 交戦者 (⇨ FACULTAS BELLANDI).

bellígerent commúnities *pl* 交戦地域住民集団《一国の中央政府とその領域内において内乱 (civil war) 状態にある地域住民集団; ▶ RECOGNITION OF BELLIGERENT COMMUNITIES (交戦団体の承認).

bellígerent occupátion 軍事占領《戦時に交戦の過程で行なわれる占領; cf. PEACEFUL OCCUPATION》.

bellígerent ríght 交戦権《**1**》国家が戦争を行なう権利 **2**》国際法上交戦国が有する権利》.

bell·man /bélmən/ *n* **1** 鐘を鳴らす人. **2** 《街の》触れ役; 夜警. **3** 《俗》警報機[装置]を止めるのを専門とする犯罪者.

be·low /bɪlóu/ *adv, a* 《cf. ABOVE》 **1** 下で, 下の方へ; 後ろの方で, 《ページの》下の方で. **2** 下位に(ある), 低位に(ある); 下位裁判所 (lower court) で.

belów-the-líne *a* 《米税制》基線より下の, ビロー・ザ・ラインの《課税額計算の際の控除について用いられる語で, 調整総所得額 (adjusted gross income) を計算したあとで課税所得額 (taxable income) を計算する前に控除されるの意; 医療費・地方税控除がこれに当たる; cf. ABOVE-THE-LINE》.

bench /béntʃ/ *n* **1** ベンチ, 長椅子, 座席. **2** [the ~] **a** 裁判官席 (cf. BAR, DOCK, JURY BOX, SIDEBAR, STAND); 裁判官の地位[職]; 法廷, 裁判所《裁判官 (治安判事 (magistrate) を含め集合的にも, 特定裁判所の全裁判官を指す場合にも用いられる; cf. *the* BAR): ~ and bar 裁判官と弁護士 / be on *the* ~ 裁判官[治安判事(全員)]を務めている / ~ of magistrates ある地域の治安判事(全員) / be appointed [elevated, raised] to *the* ~ 《弁護士から》裁判官に任命される / go to *the* ~ 裁判官に任命される. **b** [the (Common) Bench] 人民訴訟裁判所《＝COURT OF COMMON PLEAS》. ▶ CASE AT BENCH (本件) / CHAIRMAN OF THE BENCH (治安判事裁判所首席判事) / COMMON BENCH (人民訴訟裁判所) /

FULL BENCH (大法廷) / KING's [QUEEN's] BENCH (王座[女王座]部; 王座[女王座]裁判所) / UPPER BENCH (上座裁判所). **3 a**《議会》議席. **b** [the ~]《英》《インズ・オヴ・コート (Inns of Court) の一つの》評議員席, 評議会. ▶ BACK BENCH (後方席) / CROSSBENCH (無所属議員席) / FRONT BENCH (最前列の席) / MASTER OF THE BENCH (インズ・オヴ・コート評議員) / TREASURY BENCH (大臣席). **4**《イングランド教会 (Church of England) の》主教《総称》. **at ~ = at** BAR.

bénch blòtter 《累犯者の》逮捕歴記録《＝ARREST RECORD》.

bénch cònference 裁判官席での協議《＝SIDE-BAR CONFERENCE》.

bénch·er *n* **1** 特定の座席を占める人. ▶ BACK-BENCHER (平議員) / FRONT-BENCHER (最前列議席の議員). **2** 裁判官, 治安判事. **3**《英》インズ・オヴ・コート (Inns of Court) の《うちの一つの》評議員 (Master of the Bench).

bénch làw 先例に反する法《元来は嘲笑・非難の語; ⇨ BENCH LEGISLATION》.

bénch legislátion 裁判官立法《元来は法に明白に反する判決に対してこれを非難する語; cf. JUDICIAL LEGISLATION》.

bénch·màrk *n* 基準点, 《特に 高低測量の標高基準である》水準点.

bénch mèmo 裁判官用メモ《**1**》事実審裁判官に対して弁護士から, しばしば裁判官の要請で提出される短い訴訟事件摘要 **2**》上訴審の裁判官付き調査官 (law clerk) により作成され, その裁判官が弁論を主宰するために意見を書くために役立たせる目的の法的な内部文書 **3**》通例は裁判官付き調査官が裁判官用に作成する事件の事実および争点についての要約》.

bénch probátion 裁判官による保護観察《犯罪者が一定の条件ないしは制限に同意した場合の保護観察処分 (probation) で, 保護観察官 (probation officer) ではなく刑を宣告した裁判官自身が報告を受け観察責任を負う》.

bénch rùling 裁判官席上の口頭決定《裁判官が裁判官席からなした口頭での決定》.

bénch trìal 非陪審審理《＝trial before the court》《事実問題も法律問題同様陪審を用いずに裁判官のみが決定する審理; cf. JURY TRIAL》.

bénch wàrrant 裁判所発行勾引状, 裁判所発行逮捕状《治安判事 (justice of the peace) ではなく, 裁判所みずからが発する勾引状[逮捕状]; cf. JUSTICE's WARRANT》.

ben·e·fac·tor /bénəfæktər/ *n* 恩恵を施す人, 恩人;《学校などの》後援者, 基金寄贈者; 寄贈者《特に》遺贈者. **bén·e·fàc·tress** *n fem*

ben·e·fac·to·ry /bènəfǽkt(ə)ri/ *a* BENEFICIAL.

ben·e·fice /bénəfəs/ *n*《史》**1 a** 恩給地, 恩貸地, ベネフィキウム《＝BENEFICIUM》. **b** 封, 封土(権) (⇨ BENEFICIUM). **2** 聖職禄, 聖職給《＝beneficium》. ▶ COL-

LATION TO A BENEFICE《委嘱権者兼推挙権者聖職任命》. [OF<L=favor]

ben·e·fi·cial /bènəfíʃ(ə)l/ *a* **1** 有益な, 利益をもたらす《*to*》; 利益をうける; 自己の(利益の)ための, 受益者(としての). **2** 必要な場合に扶助する[すべき]. **〜·ly** *adv* **〜·ness** *n* [F or L; ⇨ BENEFICE]

beneficial association 互助団体 (=BENEVOLENT ASSOCIATION).

beneficial enjóyment 自己のための享受《時にコモンロー上の権原 (title) をもたない場合も含め, ある財産を占有しその利益をみずから享受すること》.

beneficial estáte 受益的不動産権《例えば, 将来不動産権 (estate in expectancy) を有する者が同時にみずからそこからの収益を得ている場合のように, その権原 (title) は現時点ではないが, その不動産からの収益をもっぱら享受している不動産権》.

beneficial ínterest 受益的権利, 受益的利益;《信託の》受益権《》単なる名目的権利・利益とは区別される利益の実質的享受権; 文脈により種々の用法がありうるが, 例えば信託 (trust) の場合は, 受託者 (trustee) が信託の付された土地などのコモンロー上の権原 (title) を有するのに対して, 受益者 (beneficiary) が有するエクイティー上の権利・利益を指す; しかしコモンロー上の権原を有する者が信託を付すことなく自分自身のためにその土地を保有していれば, この者はコモンロー上の受益的権利をも有することになる; 通例 前の例のエクイティー上の受益権を指す場合が多い》: a 〜 in the trust.

beneficial óccupier 受益的占有者《借地人・借家人などの物の所有権をもつことなく占有のみしている者》.

beneficial ówner 1 受益権者, 受益的所有者《1》受益的権利 (beneficial interest) 保有者, エクイティー上の所有者, 特に 信託 (trust) の受益者; equitable owner ともいう 2》会社の株式を売買する権能などは有しているが, 株主として登録していない株式保有者; 株式の実質上の所有者 3》特許権・商標権・著作権のコモンロー上の権原 (title) は別人にあるが, その権利・利益を享受する権利を有する者》. **2**《英》自己のために所有する者 (=absolute owner)《不動産譲渡 (conveyance) において譲渡人についてこの語が用いられた場合には, 権原 (title) の担保が黙示的になされた上で譲渡がなされたことを示している》.

beneficial ównership 受益的所有権《1》信託財産 (trust property) に対する受益者 (beneficiary) が有する権利; equitable ownership ともいう 2》会社の株式を売買する権能などは有しているが, 株主として登録していない株式保有者の権能》.

beneficial pówer 自益的指名権《権利帰属者指名権 (power of appointment) の一つで, 指名権者が自己の指名することを含め自己の利益のため指名権を行使しうるもの; 自己以外の第三者すなわち信託受益者の利益のための指名権を POWER IN THE NATURE OF A TRUST または TRUST POWER という》.

beneficial térm 受益期間.

beneficial úse 1 受益者としての利用(権);《ユース (use) の》受益権. **2**《特に水利用の合理性の判断基準としての》有益な利用.

ben·e·fi·ci·ary /bènəfíʃièri, -fíʃ(ə)ri; -fíʃəri/ *n* **a** 受益者. **b**《信託の》受益者. ★ 信託においては, trustee (受託者) は財産のコモンロー上の所有者を指し, beneficiary は信託の実際の利益を受けるエクイティー上の所有者をいう. **c**《年金・保険金などの》受取人, 受給者. **d**《信用状 (letter of credit) の》名宛人. ▶ CONTINGENT BENEFICIARY (第二順位受益者; 第二順位保険金受取人) / CREDITOR BENEFICIARY (債権者受益者) / DIRECT BENEFICIARY (直接受益者) / DONEE BENEFICIARY (受贈者受益者) / FAVORED BENEFICIARY (遺言で特に有利に扱われた受益者) / HEIR BENEFICIARY (限定承認相続人) / INCIDENTAL BENEFICIARY (付随的受益者) / INCOME BENEFICIARY (収益受益者) / INSURANCE BENEFICIARY (保険金受取人) / INTENDED BENEFICIARY (意図された受益者) / LIFE BENEFICIARY (終身受益者) / PRIMARY BENEFICIARY (第一順位保険金受取人) / SECONDARY BENEFICIARY (第二順位保険金受取人) / THIRD-PARTY BENEFICIARY (第三受益者) / VULNERABLE BENEFICIARY (脆弱受益者). **2**《史》恩給地[ベネフィキウム]受領者; 聖職禄受領者. ― *a* 受益者の.

beneficiary héir《大陸法》限定承認相続人 (= heir beneficiary)《相続によって得た財産の限度でのみ被相続人の債務・遺贈の弁済を留保して相続の承認を行なった相続人》.

beneficiary príncíple 受益者の原則《信託 (trust) が有効であるためには, その信託を強制できる人間である受益者が必要であるという原則; 公益信託 (charitable trust) と若干の目的信託 (purpose trust) はこの原則の例外とされる》.

ben·e·fi·ci·um /bènəfíʃiəm/ *n*《史》**1**《ローマ法》利益, 権利. **2** ベネフィキウム, 恩給地, 恩貸地; 恩給制, 恩貸地制《西欧の封建制の根源にある構成要素の一つで, その人的要素である家士制 (vassalage) とともにその物的要素をなす; もともとはフランク帝国の下で受贈者の誠実を条件に一代限りで譲渡不能の形での土地の贈与・貸与を意味したが, 後には封臣の忠誠・奉仕義務とひきかえに封主から与えられる土地を意味するようになり, 封・封土 (fee, feud, fief) へと変化発展して行く; ⇨ VASSALAGE》. **3** 封, 封土; 封土権 (=benefice). **4** 聖職禄 (=BENEFICE). **5** 聖職. **6** 恩恵, 恩典, 特権《例えば, 聖職者の特権 (benefit of clergy)》. [L=benefit]

beneficium ab·sti·nén·di /-æbstinéndàɪ/《ローマ法》相続拒否の利益, 相続拒否権. [L=benefit of abstaining]

beneficium ce·den·dá·rum ac·ti·ó·num /-sì:dɛndéɪrəm ækʃióunəm/《ローマ法・スコットランド法》訴権譲渡の利益《保証人が主たる債務者あるいは共同保証人に対する債権者の訴権をみずからに与えるよう債権者に請求しうる権利》. [L=benefit of cession of actions]

beneficium com·pe·tén·ti·ae /-kàmpə-ténʃiì/:『ローマ法・スコットランド法』生活資保留の利益《債務者が生活維持に必要なものを保持することを要求しうる権利》．[L=benefit of competency]

beneficium in·ven·tá·rii /-ɔ̀invɛntéiriài, -téɔri-/『ローマ法』《相続人による》**財産目録の利益**, 限定承認(=BENEFIT OF INVENTORY)．[L]

beneficium ór·di·nis /-ɔ́ːrdənɪs/『ローマ法・スコットランド法』順位の利益《債権者はまず主たる債務者を訴え執行を試み, 保証人はその後に初めて不足分について第二次的責任を負うという保証人の権利; cf. BENEFIT OF DISCUSSION》．[L=benefit of order]

ben·e·fit /bénəfit/ *n* **1** 利益; 得得． ▶ BAILMENT FOR MUTUAL BENEFIT (相互利益寄託) / GENERAL BENEFIT (一般的開発利益) / PECULIAR BENEFIT (特別利益) / PECUNIARY BENEFIT (金銭上の利益) / PUBLIC BENEFIT (公共の利益) / SPECIAL BENEFIT (特別利益). **2** 《社会保険・生命保険などの》給付(金), 手当． ▶ BEREAVEMENT BENEFIT (生存配偶者給付(金)) / CHILD BENEFIT (児童手当) / COLLATERAL BENEFITS (副次的給付金) / COORDINATION OF BENEFITS (給付金調整) / DEATH BENEFIT (死亡給付金) / DISABLEMENT BENEFIT (就業不能給付(金)) / EARNINGS-RELATED BENEFIT (所得比例給付) / FRINGE BENEFIT (付加給付) / HOUSING BENEFIT (住宅給付(金)) / INCAPACITY BENEFIT (就労不能給付(金)) / INDUSTRIAL INJURIES BENEFIT (労災保険給付(金)) / INDUSTRIAL INJURIES DISABLEMENT BENEFIT (労災就業不能給付(金)) / INJURY BENEFIT (労災保険給付(金)) / INVALIDITY BENEFIT (傷病給付(金)) / MATERNITY BENEFIT (出産給付(金)) / SICKNESS BENEFIT (疾病給付(金)) / SOCIAL SECURITY BENEFITS (社会保障給付(金)) / STRIKE BENEFIT (スト手当) / SUPPLEMENTARY BENEFITS (補足給付(金)) / UNEMPLOYMENT BENEFIT (失業給付(金)) / WIDOW'S BENEFIT (寡婦給付(金)). **3** 特権 (privilege): BENEFIT OF CLERGY. — *v* (-t- | -tt-) *vt* …のためになる． — *vi* 利益を得る, 得をする 〈*by, from*〉．**～·er** *n*

bénefit certíficate 《約定条件の下で約定金額を証書記載者に支払う旨の》**給付金証書**《相互扶助団体 (benevolent association) などが多く用いる》．

bénefit of clérgy 1 [the ~]『史』**聖職者の特権** (=privilegium clericale)《聖職者は原則として世俗裁判権の対象外とされ教会裁判所で審理され, その結果死刑を科されうる犯罪でも死刑を免れたこと; その後この特権は俗人にも拡げられ, 刑法の峻厳さを初犯の際に緩和する効果をもたらした; この特権を用いた犯罪は時代により異なるが, 反逆罪 (treason) と軽罪 (misdemeanor) は一度も含まれていない; 英国では一般には1827年法で, 米国では1790年に連邦法で廃止; ⇨ NECK VERSE》. **2** 教会の祝福(儀式): be married without ~．

bénefit of discússion 《大陸法》**検索の抗弁の利益**《請求を受けた保証人が債権者に対してまず先に債務者の財産が検索されることを求めうる権利; cf. BENEFICIUM ORDINIS》．

bénefit of divísion 《大陸法》**分割の利益**《共同保証の場合に, 特約がない限り, 債務全体の請求を受けた保証人が債権者に対して, 請求は支払い能力のあるすべての保証人間で分割され, みずからの負担部分の請求を減らすことを求めうる権利》．

bénefit offénse 社会保障給付にかかわる犯罪．

bénefit of ínventory 《大陸法》**財産目録の利益**, 相続財産目録限度負担の利益, **限定承認** (=beneficium inventarii)《法律の定める期間内に相続財産の目録を作成し, それによって被相続人の債務負担を相続財産の範囲に限定しうる相続人の特権》．

bénefit of the bárgain 合意の利益 (=loss of bargain) (=**bénefit of one's bárgain**)《仮に合意どおりに履行されていたならば得たはずの利益; 特に, 不実表示 (misrepresentation) の場合では表示された財産価値と実際の価値との差額を指す》．

bénefit of the bárgain dámages *pl* **合意利益損害賠償(金)** (=loss of bargain damages)《契約違反をなした当事者が被害を受けた相手当事者に対して支払わねばならない損害賠償(金)で, その額は, その契約が完全に履行されていたとすれば, その相手当事者が受け取ったはずの利益を含む金額と同じ額になる》．

bénefit of (the) bárgain rùle 合意の利益準則 (**1**) 契約違反をなした当事者は, 被害を受けた相手当事者に対して, 仮にその契約が完全に履行されていたとすれば生じたのと同一財政情況に被害者を置くだけの金額を, 損害賠償すべきであるという原則 **2**) 詐欺にかけられた買主は売主から損害賠償として, 不実表示 (misrepresent) された財産価値と実際に受け取った物の価値との差額を取り戻せるという原則; cf. OUT-OF-POCKET RULE》．

bénefit of the dóubt [the ~]**疑わしさの利益**《有責性・過誤の可能性・証拠価値について疑問のある場合に被告人に与えられる利益; 証拠不十分のため有罪とせず無罪とみなすこと》: give sb the ~ 疑わしさの利益を《被告人に》与える, 疑わしい点を《被告人に》有利に解釈してやる / have the ~．

bénefits in kínd 《被用者が雇用者から得る》**現物利益**《一般に所得税の課税対象になる》．

bénefit socìety 互助協会 (=BENEVOLENT ASSOCIATION). ▶ FRATERNAL BENEFIT SOCIETY (友愛共済会).

be·nerth /bɪnɔ́ːrθ/ *n*《封建法》《保有者 (tenant) が領主に対して負っていた》**農耕奉仕(義務)**, 農役．

be·nev·o·lence /bənév(ə)ləns/ *n* **1** 善意, 慈悲心, 博愛; 慈善, 喜捨． **2**《英史》《強要に基づく自発的》**献上金**《権利請願 (Petition of Right) で禁止》．

be·név·o·lent *a* 善意の, 慈悲深い, 慈善的な, 博愛の, 好意的な: ~ neutrality 好意的中立．

benévolent associátion 相互扶助団体, 互助会, 共済会, 友愛会 (=beneficial association, benefit society, benevolent society, fraternal society,

benevolent corporation

friendly society)《構成員相互の助け合いのために組織された非営利の法人格なき社団; cf. FRATERNAL BENEFIT ASSOCIATION [SOCIETY]》.

benévolent corporátion 公益法人.

be·ne·vo·len·tia re·gis ha·ben·da /bènəvəlénʃiə ríːdʒɪs həbéndə/《史》恩赦請願。[L=the King's benevolence to be had]

benévolent púrpose 公益目的《類義語に charitable purpose と philanthropic purpose があるが, 前者より後者のほうが意味が広く, benevolent purpose が一番広義; cf. CHARITABLE TRUST》.

benévolent socíety 相互扶助協会（=BENEVOLENT ASSOCIATION）.

be·nign /bɪnáɪn/ a 恵み深い, 親切な, 優しい; 寛容な, 寛大な (opp. *malign*).

Be·nig·nae fa·ci·en·dae sunt in·ter·pre·ta·ti·o·nes et ver·ba in·ten·ti·o·ni de·bent in·ser·vi·re. /bɛnígni fæʃiéndi sənt ɪntərprɪtèɪʃióunɪz ɛt vérbə ɪntɛnʃióuni dɛbént ɪnsérvɪrɛ/ 寛大な解釈がなされるべきであり、また文言は意図に従属すべきである。[L=Liberal interpretations are to be made and words must be subservient to the intention.]

Be·nig·ni·or sen·ten·tia in ver·bis ge·ne·ra·li·bus seu du·bi·is est prae·fe·ren·da. /bɛnígniər sɛntɛnʃiə ɪn vérbɪs dʒɛnərélɪbəs su djúːbiːɪs ɛst prɪférəndə/ 一般的あるいは疑わしい文言においてより寛大な判断が優先されるべきである。[L=The more favorable judgment is to be preferred in general or doubtful expressions.]

Bén·ja·min òrder /béndʒəmən-/《英》ベンジャミン命令《受益者 (beneficiary) の生存が不明の場合に、その死亡を仮定してその遺産分配を許可する裁判所命令; 1902年のベンジャミン事件 (Case re Benjamin) からこう呼ばれる》.

bent /bént/ a《俗》腐敗した, 不正の, 不法な, 違法な, 盗まれた: a ~ cop(per) 賄賂のきく(不正な)警官 / ~ job やばい仕事.

Ben·tham /bénθəm, -təm/ ベンサム、ベンタム **Jeremy** ~ (1748-1832)《英国の哲学者・法改革論者; 法律学を学び、弁護士資格をもつものの実務にはほとんど従事しなかった;「最大多数の最大幸福」のスローガンを掲げ、功利主義 (utilitarianism) の立場から当時の政治と法の改革を提唱した; 選挙制度改革・判例法主義批判・法典編纂の主張などが自由主義的法改革の指導原理となった; 著作に *A Fragment on Government* (1776), *An Introduction to the Principles of Morals and Legislation* (1789), *Rationale of Judicial Evidence* (1827) などがある》.

Bén·tham·ism n ベンタム主義（=HEDONISTIC UTILITARIANISM）. **Bén·tham·ite** n, a ベンタム主義者; ベンタム主義(者)の.

beq. bequeathed.

beqd bequeathed.
beqt bequest.

be·queath /bɪkwíːθ, -ð/ vt 1〈人的財産[動産]を〉遺言で譲る, 遺贈する (=legate)〈to〉(cf. LEGACY, LEGATEE, DEVISE). 2《史》方式に則って譲渡する《人的・物的財産を問わず, また生存者間 (inter vivos) か死後であるかも問わず, 方式に則った宣言により移転・譲渡すること》. GIVE, devise, and ~. [OE (be-, cwethan to say]

be·quest /bɪkwést/ n 1 遺贈, 人的財産遺贈《財産, 厳密には人的財産[動産]の, それも通常は金銭を除く遺贈をいう; cf. DEVISE, LEGACY》. ► CHARITABLE BEQUEST (公益団体への(人的財産)遺贈) / CONDITIONAL BEQUEST (条件付き(人的財産)遺贈) / DEMONSTRATIVE BEQUEST (指示的(人的財産)遺贈) / EXECUTORY BEQUEST ((人的財産)将来権遺贈) / GENERAL BEQUEST (不特定(人的財産)遺贈) / PECUNIARY BEQUEST (金銭遺贈) / RESIDUARY BEQUEST (残余(人的財産)遺贈) / SPECIFIC BEQUEST (特定(人的財産)遺贈). ★不動産[物的財産]の遺贈を DEVISE, 動産 特に金銭遺贈を LEGACY という. 2 遺贈, 遺贈(人的)財産《遺言により贈与された, 厳密には金銭以外の人的財産》.

be·reave·ment /bɪríːvmənt/ n《英》近親者喪失《死亡者に代わって, 一定の条件の場合 近親者が損害賠償請求を認められる》. ► DAMAGES FOR BEREAVEMENT (近親者喪失損害賠償(金)).

beréavement bènefit《英》生存配偶者給付(金)（=**beréavement pàyment**）《1999年法により配偶者を亡くした生存配偶者に対して一定条件の下でなされる給付(金); cf. WIDOW'S BENEFIT》.

Bérne Convéntion /báːrn-, béərn-/ [the ~] ベルヌ条約《1886年9月5日スイスの Bern(e) で結ばれた文学的および美術的著作物に関する万国著作権保護同盟条約; ⇨ COPYRIGHT》.

Bér·ry rùle /béri-/《米》ベリー事件の準則《刑事被告人が新たに発見された証拠に基づき再審 (new trial) を請求する場合に、被告人側が示さねばならない条件についての準則; その条件とはその証拠が, (1) 事実審理当時は被告人に知られていなかった新証拠であること (2) 実体に関わるものであること (3) 採用されれば無罪放免になる蓋然性が高いこと (4) その存在を知らなかったことが被告人の責めに帰しえないことである》. [*Berry* v. *State* (1851)]

BES《英史》°Business Expansion Scheme 新企業育成計画.

be·sail, be·saile, be·sayle /bɪséɪ(ə)l/ n《史》1 曾祖父. 2 曾祖父不動産占有回復訴訟[令状]《曾祖父死亡の際保有していた不動産で第三者に侵奪されたものを法定相続人が回復するための訴訟[令状]; writ of besail ともいう; cf. AIEL, COSINAGE》.

bést éfforts《契約履行のための》最善の努力（GOOD FAITH (誠実) よりは程度が高い; cf. DUE DILIGENCE）.

bést évidence《利用しうる》最良証拠（=original evidence）《文書では原本; PRIMARY EVIDENCE (一次的証拠) ともいう; cf. SECONDARY EVIDENCE; ⇨ BEST EVI-

DENCE RULE).

bést évidence rùle 最良証拠の準則 (=documentary originals rule, original document [writing] rule)《その事物の性質上最良の証拠を提出すべきで、それが提出できないことが示されないかぎり二次的証拠 (secondary evidence) は排除されるという原則; 現代法では, 具体的証拠法則としては正確さを欠くと批判され, より限定的に, 文書内容の証明のためには書証原本の提出が要求されることを指している》.

bes·ti·al·i·ty /bèstʃiǽləti, bìːs-, bìːʃ-; bèsti-/ *n* 獣姦 (cf. SODOMY) (⇒ CRIME AGAINST NATURE).

bést ínterests 最善の利益《**1**》医事法関係で, 成人が能力を欠いている場合にその医療に関する決定がなされる際の最重要な考慮事項である患者にとっての最善の利益; cf. SUBSTITUTED JUDGMENT **2**》家族法関係については ⇒ BEST INTERESTS OF THE CHILD).

bést ínterests of the child *pl* 子供の最善の利益《親の離婚・虐待・放任などを原因とする子供の監護権 (custody), 訪問権 (visitation) あるいは養子縁組, 後見 (guardianship) などについて決定がなされる場合の最重要な考慮事項; 略 BIC; cf. WELFARE PRINCIPLE》.

be·stow /bɪstóu/ *vt* 授ける, 贈与する.

bestów·al *n* 授与, 贈与.

bést válue《英》ベスト・ヴァリュー, 最良価値《1999年の地方統治法 (Local Government Law) で, 地方自治体がその機能行使の際に経済性・効率性・実効性について有しかつ常に改善して行かなければならないと定める政策目標》.

bet /bét/ *n* **1** 賭け, 賭博契約. **2** 賭け金, 賭けたもの.
— *v* (**bet, bét·ted**) *vt, vi* 賭ける, 賭け(事)をする〈*with* sb〉.

beth din, bet din /béɪθ dín, béɪt-, béɪs-, -díːn/ 裁きの家, ベトディーン《**1**》3-4 人の裁判官による古代ユダヤの裁判所 **2**》近代においてラビ (rabbi) の下で地域により異なる管轄をもつ同名の裁判所がある》. [Heb=house of judgment]

be·tray /bɪtréɪ/ *vt* **1**〈自分の国・味方などを〉敵に売る; 裏切る, …に背く: ~ one's country [a friend]. **2** 裏切って〈秘密を〉漏らす, 密告する: ~ the secret to…に秘密を漏らす. **betráy·al** *n* 裏切り(行為), 背信(行為), 利敵行為; 密告, 内通: ~ of trust 背信(行為).

be·troth /bɪtróʊ(ː)θ, -tróʊð, -tráθ; -tráʊð-, -θ/ *vt*《古・文》〈自分・他人〉の結婚について誓約する.

betróth·al, betróth·ment *n* **1** 婚姻契約, 婚約《将来婚姻する約束; その違反は損害賠償請求権を発生させるが, 英国では 1970 年法でその訴権が廃止され, 米国でもほとんどの州で廃止されている》. **2**《俗》《会社の》吸収合併合意.

bétter équity エクイティー上優越的な権利[地位] (cf. BALANCING THE EQUITIES).

bétter·ment *n* **1** 改良, 改善,《特に不動産の》改良《家屋新築など通常の修繕程度以上に手を加えたもの; cf. IMPROVEMENT》. **2**《改良による不動産の》値上がり, 増価. **3** 改良費.

bétterment àct 不動産改良費償還法, 不動産有益費償還法 (=occupying claimant act)《善意の無権原占有者に対して真の権利者が明渡し請求をした際, 無権原占有者がなした家屋新築などの改良 (betterment) の市場価値相当の改良費の償還を認める法律; cf. OCCUPYING CLAIMANT》.

bét·ting *n* 賭博行為, 賭け: ~ duty [tax] 賭博税《競馬・ドッグレースなどの賭け事に課する税金》.

be·yond /bi(j)ánd, -ɔ́(ː)- *prep* **1** [場所] …の向こうに[で], …を越えて. **2** [程度・到達など] …の範囲を超えて; …以上に: It is ~ question that…については疑問の余地はない. ~ (a) REASONABLE DOUBT. ~ (the) SEAS.

BFOQ °bona fide occupational qualification 真正な職業要件(の抗弁).

BFP °bona fide purchaser 善意譲受人.

BGB /G bèːgèːbéː/《ドイツ》Bürgerliches Gesetzbuch 民法典.

BGL Bachelor of General Laws.

B/H, BH °bill of health 健康証明書.

BHC °bank holding company 銀行持株会社.

bi- /báɪ/ *pref*「二」「双」「複」「重」の意: *bi*monthly 月に 2 度; 2 か月ごとに / *bi*annually 年に 2 度.

BIA《米》°Board of Immigration Appeals 入国管理不服審判所 ◆《米》°Bureau of Indian Affairs インディアン局.

bi·as /báɪəs/ *n* 偏り, 傾き, 傾向, 性向; 偏向, 偏見, 予断, 先入観 (⇒ NATURAL JUSTICE). ▶ IMPLIED BIAS (黙示の偏向) / JUDICIAL BIAS (裁判官の偏向) / LIKELIHOOD OF BIAS (予断の蓋然性) / PERSONAL BIAS (個人的偏向) / PRESUMED BIAS (推定される偏向) / RULE AGAINST BIAS (偏向禁止の準則). — *vt* 一方に偏らせる, 偏向させる;〈人〉に偏見をもたせる〈*against, toward, in favor of*〉.

bí·ased *a*〈裁判官・陪審員が〉偏見をもって, 先入観をもって.

BIC °best interests of the child 子供の最善の利益.

bi·cam·e·ral /baɪkǽm(ə)rəl/ *a*《議会》(上下)二院制の (cf. UNICAMERAL): a ~ legislative assembly, composed of the House of Representatives and the Senate. ~·ism *n* 二院制.

BICC Berne International Copyright Convention ベルヌ国際著作権条約 (⇒ BERNE CONVENTION).

bid /bíd/ *n* **1 a**《特に競売での》付け値, 入札, 入札価格; 入札の機会[順番]; 競売に付されるもの; 競り高: make a ~ for sth / put in a ~ for sth=enter a ~ for sth / make the lowest ~ for the job. **b**《証券》買い呼び値 (=BID PRICE). ▶ COMPETITIVE BID (競争入札) / FIRM BID (確定的入札) / OPEN BID (競売) / SEALED BID (密封入札) / TAKEOVER BID (株式公開買付け). **2**《何かを得よう[勝ち取ろう, 達成しよう]とする》努力, 試み〈*for* sth, *to* do〉. **3**°勧誘, 誘い. — *vt, vi*

(bid; bíd·ding) 1 a《特に 競売で》値を付ける, 入札する, 競る: ~ *for* [*on*] sth / ~ $55,000 *for* the plane. **b** 獲得しようと努力する. **2 a** 命ずる. **b** 告知する, 宣言する. **3**《入会・加入を》勧誘する; 招く. ~ *in*《所有者, 担保・用益権者, 利害関係者が》落札する. ~ *off*《一般の人が》落札する.

bíd and ásked《証券》買い呼び値と売り呼び値 (⇨ ASKED PRICE, BID PRICE).

bíd bònd 入札保証証書《建設工事入札参加者が落札した場合には契約を締結することを約する保証証書》.

bíd·der *n* 競り人, 入札者: The factory was sold to the highest [best] ~. ▶ BY-BIDDER (空入札者) / LOWEST RESPONSIBLE BIDDER (最低価格適格入札者).

bíd·ding úp 競り上げ (cf. BY-BIDDING).

bíd prìce《証券》買い呼び値《ある時点において証券に対して買手が支払う用意のある最高価格; 単に bid ともいう; cf. ASKED PRICE》.

bíd rìgging 入札談合.

bíd-shòpping *n* 低価入札探し《成約後の総建築請負業者 (general contractor) が, みずから計算した総費用の算出基準よりも低い入札価格を申し出る下請け人を探し出すことにより原価を下げようとする努力》.

bi·en·ni·al /baɪéniəl/ *a* **1** 2年ごとの, 隔年の. **2** 2年間継続の.

biénnial séssion 隔年会期.

bi·en·ni·um /baɪéniəm/ *n* (*pl* ~**s, bi·en·nia** /-niə/) **1** 2年間. **2**《米》特定目的支出計上対象期間《多くの州の議会はその議決を経た特定目的支出計上 (appropriation) の対象期間を2年間にしているので, その期間を指す》.

biens /F bjɛ̃/ *n pl*《史》**1** 財産. **2** 動産《コモンロー上は動産のみだが, 大陸法上は動産・不動産を含む概念; cf. BONA》. [F=goods]

bí·fur·cat·ed trìal /báɪfərkèɪtəd-, *baɪfə́:r-/ 二段階審理 (=two stage trial)《責任の有無と損害額・量刑とを分けて審理すること; cf. SEVERANCE, TRIFURCATED TRIAL》.

big·a·mist /bígəmɪst/ *n* 重婚者.

big·a·mous /bígəməs/ *a* 重婚の: a ~ spouse / a ~ marriage 重婚.

big·a·my /bígəmi/ *n* 重婚 (罪)《法的に婚姻中の者が他の者と重ねて法的に婚姻すること; 古くは, 教会法上は現在も, 再婚をも含む; cf. ADULTERY, DIGAMY, MONOGAMY, POLYGAMY》. [OF<L (Gk *gamos* marriage)]

bíg pót [the ~; °B-P-]《米税制》大きな壺 (=MAIN POT).

bi·la·gi·nes /baɪléɪdʒənìːs/ *n pl*《史》《自治体の》条例 (bylaw), 規則. [L]

bi·lát·er·al *a* 双方的な, 双務的な (cf. UNILATERAL, RECIPROCAL). ~**·ly** *adv* ~**·ness** *n*

biláteral áct 双方行為《対立する複数当事者の意思表示の合致によって成立する法律行為》; 契約など; cf. UNILATERAL ACT》.

biláteral agréement 双務的合意, 双務協定 (=BILATERAL CONTRACT): sign a *bilateral* trade *agreement*.

biláteral cóntract 1 双務契約 (=bilateral agreement, mutual contract, reciprocal contract, synallagmatic contract)《契約当事者双方が相互に対価となるような債務を負う契約》. **2** 双方的な契約《相互に約束 (promise) を交換する契約》.《 》cf. BARGAIN THEORY OF CONSIDERATION, UNILATERAL CONTRACT; ⇨ COUNTERPROMISE》

biláteral díscharge 双務的契約解消 [消滅] (cf. ACCORD AND SATISFACTION, UNILATERAL DISCHARGE).

biláteral divórce 当事者双方出廷の離婚 (opp. *ex parte divorce*).

bi·lin·guis /baɪlíŋgwɪs/《史》*n* 二国語を話す [に通じた] 人; 二国語陪審, 外国人陪審 (=JURY DE MEDIETATE LINGUAE).

bilk /bílk/ *vt*《貸主を》だます,《人》から詐取する,《勘定・借金を》踏み倒す: ~ one's bill.

bill /bíl/ *n* **1** 勘定書, 請求書, つけ. **2** 正式の文書, 証券, 証書: **a** 為替手形 (bill of exchange). **b** 船荷証券, *運送証券 (bill of lading). **c** 動産売買証書 (bill of sale). **d** 約束手形 (promissory note). ▶ ACCEPTANCE OF A BILL (《為替》手形の引受け) / ACCOMMODATION BILL (融通手形) / AIRBILL (航空運送状) / AIR WAYBILL (航空貨物運送状) / CROSS BILL (戻り手形) / DEMAND BILL (要求払い手形) / DESTINATION BILL (到達地発行船荷 [運送] 証券) / DOCUMENTARY BILL (荷為替 (手形)) / DOMESTIC BILL (内国 (為替) 手形; 州内手形) / DUE BILL (金銭債務承認書) / EXCHEQUER BILL (財務府証券) / FICTITIOUS BILL (空手形) / FINANCE BILL (金融手形) / FOREIGN BILL (外国 (為替) 手形; 州外 (為替) 手形) / INLAND BILL (内国 (為替) 手形; 州内 (為替) 手形) / INVESTMENT BILL (投資手形) / LONG BILL (長期手形) / LONG-DATED BILL (長期手形) / NEGOTIATION OF A BILL (為替手形の譲渡) / NOTING A BILL (手形拒絶覚書作成) / PENAL BILL (違約金付き債務証書) / RECEIVED BILL (受取り船荷証券) / RECEIVED FOR SHIPMENT BILL (受取り船荷証券) / SET OF BILLS (一括船荷証券 [運送証券]; 組為替手形) / SHIPPED BILL (船積み船荷証券) / SHORT BILL (短期手形) / SIGHT BILL (一覧払い為替手形) / SINGLE BILL (単純債務証書) / SKELETON BILL (白地手形) / T-BILL (財務省短期証券) / THROUGH BILL (通し船荷 [運送] 証券) / TIME BILL (確定期払い為替手形) / TRADE BILL (商業手形) / TREASURY BILL (大蔵省短期証券) / TREASURY BILL (財務省短期証券) / WAYBILL (貨物運送状). **3** 紙幣, 札. **4 a** 法案, 法律案, 議案: introduce a ~ 法案を提出する / lay a ~ before Congress [Parliament, the Diet] 議会に法案を上程する / pass [reject] a ~ 法案を可決 [否決] する《可決され国王ないし

は大統領の承認を得ると bill が act となる)。**b** 《(制定手続きを完了した)》制定法。★英国では，議会における法案は次のような手続きで法律となる：第一読会 (First Reading)，第二読会 (Second Reading)，委員会審議 (Committee Stage)，委員会報告の審議 (Report Stage)，第三読会 (Third Reading)。以上の各手続きが，庶民院，貴族院の順で行なわれすべてが済むと国王[女王]の裁可が与えられ議会制定法 (Act of Parliament) となる。米国では，上院・下院のいずれかに提出された法案は，公聴会を含む委員会審議 (Committee Stage) を経て議院全体の討議に付され，その後 第二読会 (Second Reading) で条文ごとに審議され，下院・上院を経て正式に法文化され，両院合同決議 (joint resolution) として大統領に送られ，署名(または拒否)を受ける。▶ APPROPRIATION(S) BILL (特定目的支出計上法案) / BUDGET BILL (予算案) / CLEAN BILL (修正法案) / DEFICIENCY BILL (追加歳出予算案) / ENGROSSED BILL (正式法文化法案) / ENROLLED BILL (登録法案) / FINANCE BILL (財政法案) / GOVERNMENT BILL (政府提出法案) / HOUSE BILL (下院審議中法案) / HUMAN LIFE BILL (生命保護法案) / HYBRID BILL (公私混合法律案) / MONEY BILL (財政法案) / OMNIBUS BILL (抱合わせ法案; 包括法案) / PRIVATE BILL (私法律案) / PRIVATE DIVORCE BILL (離婚私法律案) / PRIVATE MEMBER'S BILL (議員提出法案) / PUBLIC BILL (公法律案; 一般議会制定法案) / READINGS OF A BILL (読会) / REVENUE BILL (歳入法案) / SENATE BILL (上院審議中法案) / SUPREME COURT PACKING BILL (最高裁判所抱き込み法案)。**5 a** 起訴状案 (⇨ BILL OF INDICTMENT)。**b** 《(特にエクイティー上の)》訴状 (= BILL IN EQUITY); 申立書。▶ ANCILLARY BILL (付随的訴状) / CREDITOR'S BILL (債権者のための補充執行訴状; 債権者訴訟) / CROSS BILL (反対訴状) / EJECTMENT BILL (不動産占有回復訴状) / NO BILL (原案否決, 不起訴) / NON-ORIGINAL BILL (非初審訴状) / OMNIBUS BILL (乗合い訴状) / ORIGINAL BILL (初審訴状) / SUPPLEMENTAL BILL (補充訴状) / TESTATUM BILL (裁判地外執行令状) / TRUE BILL (原案適正; 正式起訴状)。**6** 《(税関の)》申告書。**7** 貼り札, 広告, ビラ, ポスター; 目録, 表, メニュー。 **ignore the ～** 《(大陪審が起訴状案を認めない)》《(不起訴とする)》; ⇨ IGNORAMUS, IGNORE)。
— vt …に勘定書[請求書]を送る。
[AF<L *bulla* seal, sealed document]

bil·la /bílə/ *n* BILL. [L]

bíll·able *a* 《(弁護士などの)》報酬請求対象の (cf. NONBILLABLE)。

bíllable hóur 報酬請求対象時間単位《(弁護士あるいはその補助職員が仕事に従事して依頼者に報酬を請求しうる時間単位; 通常は 15 分ないしは 10 分単位)》; ⇨ BILLABLE TIME, TIME SHEET)。

bíllable tíme 報酬請求対象時間《(弁護士あるいはその補助職員が仕事に従事して依頼者に報酬を請求しうる時間数; cf. NONBILLABLE TIME)》。

bílla vé·ra /-víːrə/ 《(米·英史)》原案適正, 《(大陪審による)》起訴相当(の決定); 正式起訴状 (= TRUE BILL) (cf. IGNORAMUS)。 [L=true bill]

bíll bòok 手形勘定帳簿。

Bíll Chàmber [the ～]《(史)》スコットランド控訴院訴状部《(1532–1933 年間に存在したスコットランド控訴院 (Court of Session) の下位裁判所で, 現在はスコットランド控訴院に統合されている)》。

bil·le·ta /bílətə/ *n* 《(史)》法案, 請願。[L=bill]

bíllet·ing *n* 舎営, 《(兵士への)》民家宿舎割当て, 兵舎。

bíll for a néw tríal 再審申立書 (⇨ NEW TRIAL)。

bíll for foreclósure 受戻し権喪失訴訟, 担保権者の訴状 (⇨ FORECLOSURE)。

bíll in chàncery 大法官府裁判所訴状 (= BILL IN EQUITY)。

bíll in équity エクイティー上の訴状 (= bill in chancery, bill of complaint)《(エクイティー裁判所で訴訟開始するための最初の訴状; 単に bill ともいう)》。

bíll in Párliament (議会の)法案。

bíll in the náture of a bíll of revíew 第三者再審査訴状《(前判決の訴訟当事者ないしはそれに拘束される者でない者からの再審査訴状; cf. BILL OF REVIEW)》。

bíll in the náture of a bíll of revívor 準訴訟復活訴状《(一方の訴訟当事者が係争中の財産権について判決が出される前に死亡あるいは能力を失った場合に, 誰がその訴訟を復活·継続する権利を有しているかを決定するために提起される訴状; cf. BILL OF REVIVOR)》。

bíll in the náture of an oríginal bíll 《(史)》初審訴状類似訴状 (⇨ ORIGINAL BILL)。

bíll in the náture of a suppleméntal bíll 補充訴状類似訴状《(初審訴状 (original bill) 提起後生じた事柄から発生し必要となった新当事者·権利問題を法廷に持ち出すための訴状; 補充訴状 (supplemental bill) がすでに法廷に出ている当事者·権利に関する補充であるのに対して, 新しいものである点が異なる)》。

bíll in the náture of interpléader 競合権利者確定訴状類似訴状《(競合権利者確定訴状 (bill of interpleader) の一種ではあるが, 原告自身もその訴訟対象物に対する権利を主張しているため, 競合権利者確定訴状そのものを提起することができない場合に許されるその類似の訴状; cf. BILL OF INTERPLEADER)》。

bíll nót oríginal 《(史)》《(エクイティー上の)》非初審訴状 (= NONORIGINAL BILL)。

bíll nùmber 《(米)》法案番号《(提出されている議院の略語である S (上院), HR (下院) の後に付される)》。

bíll oblígatory 金銭債務捺印証書 (= single bond) (cf. BILL SINGLE)。

bíll of advénture 航行危険負担証書《(積荷の所有者を明示し, 航海中の危険はその者が負担することを記載した証書)》。

bíll of advocátion 《(スコットランド)》《(下級裁判所で審理中の訴訟を上級裁判所みずからに審理してもらうため

の)移送申立書 (cf. ADVOCATION).

bill of appéal〘史〙私訴状.

bill of attáinder 1〘史〙私権剥奪法(案)《特に反逆者に対して, 通常の裁判手続きによらずに死刑・私権剥奪を科するかつての法律(案); 法律になった後は act of attainder ともいう; cf. BILL OF PAINS AND PENALTIES》. 2〘米〙特定人特別処罰法(案)《通常の裁判手続きなしで特定個人あるいは特定集団の処罰を規定する特別立法またはその法案; 合衆国憲法第1編第9節3項および第10節1項で禁止されている》.

bill of certiorári(エクイティー上の)移送訴状 (⇨ CERTIORARI).

bill of compláint(エクイティー上の)訴状 (= BILL IN EQUITY).

bill of conformity 遺産管理調整申し立て[訴状]《通例は遺産管理をめぐる債権者間の権利主張調整のために, 遺言執行者 (executor), 遺産管理人 (administrator) から裁判所の指導を求めて提起される申し立てない し訴状》.

bill of cósts 1〘米〙訴訟費用書《訴訟費用を項目別に記載した書類; 勝訴当事者が相手方当事者から訴訟費用を請求するために作成される》. 2〘英〙事務弁護士費用明細書《事務弁護士 (solicitor) が依頼人のために行なった仕事とその費用の明細書》.

bill of crédit 1〘米史〙《紙幣のように用いられる》信用証券《合衆国憲法第1編第10節1項で州政府がこれを発行することを禁じている》. 2 信用状 (= LETTER OF CREDIT).

bill of débt 金銭債務証書.

bill of discóvery(エクイティー上の)開示請求訴状.

bill of éntry *《税関に提出する》輸入貨物明細申告書; "輸出入貨物明細申告書.

bill of évidence 証言録.

bill of excéptions 異議趣意書《事実審の裁判官が法律問題について下した判断に対して当事者が申し立てた異議をその事情とともに記し, これに裁判官が署名・捺印した書類で, 誤審 (error) 審理の対象となる; 英国では1852年に廃止; 米国でもこの場合は即時に上訴しうるようになったので, 一部州を除きほとんど廃止》. ▶ SKELETON BILL OF EXCEPTIONS (略式異議趣意書).

bill of exchánge 為替手形 (= DRAFT). ▶ DOMESTIC BILL OF EXCHANGE (内国為替手形, 州内為替手形) / FOREIGN BILL OF EXCHANGE (外国為替手形, 州外為替手形) / INLAND BILL OF EXCHANGE (内国為替手形, 州内為替手形) / SPECIAL ACCEPTANCE OF A BILL OF EXCHANGE (為替手形の特別引受け) / TIME BILL OF EXCHANGE (確定期払い為替手形).

bill of health《船員・船客・貨物の》健康証明書《出港地の流行病感染に関する証明書で, clean (健全), suspected [touched] (罹患嫌疑), foul (罹患) の3種がある; 略 B/H, BH》. ▶ CLEAN BILL OF HEALTH (健全健康証明書) / FOUL BILL OF HEALTH (罹患証明書) / SUSPECTED [TOUCHED] BILL OF HEALTH (罹患嫌疑証

明書).

bill of indémnity 1 免責法(案) (⇨ ACT OF INDEMNITY). 2 免責訴答《原告が第三者 (しばしば保険会社) に対して, 原告の第三者に対する責任を免除するよう求める冒頭の訴答》.

bill of indíctment 正式起訴状案, 起訴状案《米国および1933年までの英国では大陪審に提出される起訴状の案; 大陪審廃止後の英国でも正式起訴状 (indictment) の基になる書類として用いられている; 単に indictment ともいう; cf. NO BILL, TRUE BILL》.

bill of informátion 1 略式起訴状 (= INFORMATION). 2〘史〙国王関係人訴状《かつて大法官府裁判所 (Court of Chancery) において財務府裁判所 (Court of Exchequer) のエクイティー上の裁判管轄権に関連して国王ないしは例えば慈善団体 (charity) のような国王の特別保護下にある者のために開始された民事訴訟の訴状で, 法務長官 (Attorney General) その他の役人により事実が述べられたもの; 国王の権利に直接関係せず利害関係人 (relator) と呼ばれた関係人の申し立てに基づく場合は, その名を付してなされた; 単に information ともいう》.

bill of interpléader 競合権利者確定訴状 (= strict bill of interpleader)《原告に対して同一債務・義務につき権利を主張している複数の者を相手に提起されるエクイティー上の初審訴状 (original bill) で, そのいずれが真の権利者かを相互に確定することを求めるもの; cf. BILL IN THE NATURE OF INTERPLEADER; ⇨ INTERPLEADER¹》. ▶ STRICT BILL OF INTERPLEADER (厳密な意味での競合権利者確定訴状).

bill of láding 船荷証券, 運送証券《物品運送人が作成し荷送人に交付する証書で, 荷積みした運送物品を列挙しその運送条件を明記するもの; 運送物品の受取証・運送契約書としての意味のほかに運送物品の権原証券 (document of title) としての意味をももつので, 証券占有者はその物品の権原を有することになる;《英》では船荷,《米》では船荷に限らず陸運・空運についても用いられる; 略 B/L, b.l., *pl* Bs/L; cf. WAYBILL》. ▶ CLEAN BILL OF LADING (無故障船荷[運送]証券) / DESTINATION BILL OF LADING (到達地発行船荷[運送]証券) / DIRTY BILL OF LADING (故障付き船荷[運送]証券) / FOUL BILL OF LADING (故障付き船荷[運送]証券) / NEGOTIABLE BILL OF LADING (流通性のある船荷[運送]証券) / NONNEGOTIABLE BILL OF LADING (流通性のない船荷[運送]証券) / OCEAN BILL OF LADING (海上船荷証券) / ORDER BILL OF LADING (指図式船荷[運送]証券) / OVERSEAS BILL OF LADING (海外発送船荷証券) / RECEIVED BILL OF LADING (受取り船荷証券) / RECEIVED FOR SHIPMENT BILL OF LADING (受取り船荷証券) / SHIPPED BILL OF LADING (船積船荷証券) / STRAIGHT BILL OF LADING (直接引渡し船荷[運送]証券) / THROUGH BILL OF LADING (通し船荷[運送]証券) / UNCLEAN BILL OF LADING (故障付き船荷[運送]証券).

bill of Míddlesex〘英史〙ミドルセックス訴状《王座裁判所 (Court of King's Bench) がその所在地である

Middlesex のシェリフ (sheriff) に対して, 侵害訴訟 (trespass) の被告であるその住人を逮捕し身柄を提出させる命令状; かつ侵害訴訟を除く純粋な民事裁判権を原則として有していなかった王座裁判所がそれを獲得するために, この訴状を介する逃亡者逮捕令状 (latitat) と共に, 擬制的に用いられた; 1832 年に廃止; ⇨ LATITAT》.

bíll of mortálity《史》**1**《ある地域の週間の》死亡記録《London では 1592 年のペスト流行後に始められ, 1603 年のペスト流行後定期化した; 1842 年に廃止》. **2** 死亡記録対象地区, ロンドン (the Metropolis): within the ～.

bíll of páins and pénalties 特定個人処罰法(案)《通常の裁判手続によらずに特定個人を処罰するための法律(案); 法律になった後は act of pains and penalties ともいう; BILL OF ATTAINDER (私権剥奪法) は死刑を科すのに対し, これは死刑より軽い罰を科した》.

bíll of párcels 1 売渡し品目録. **2** 送り状, 仕切状 (invoice).

bíll of particulars 1《訴訟上の》請求明細書《米国では連邦での民事訴訟上は, motion for more definite statement (明確陳述を求める申し立て) 手続きとなり, この語は用いられていないが, 若干州ではまだ用いられている; 英国でも particulars of claim (原告請求内容明細書) に代わっている》. **2** 犯罪事実明細書.

bíll of péace 濫訴防止訴状《多数の人が同じ権利主張をして別個の訴えを起こしたり, 同一人が同一問題で次々と別個の訴えを起こしたような場合に, 被告側からこれを禁じ, 裁判所がこれらの訴えを一まとめて扱うよう求めるエクイティー上の訴状; 現在は事実上 当事者の併合 (joinder of parties) や代表訴訟 (representative action) のための手続きで処理されている》.

bíll of revíew 再審査訴状《前判決の取消しを求めるエクイティー上の訴状》; cf. BILL IN THE NATURE OF A BILL OF REVIEW. ▶ BILL IN THE NATURE OF A BILL OF REVIEW (第三者再審査訴状).

bíll of revívor 訴訟復活訴状《最終決着される前に一方当事者の死亡などで訴訟が中断してしまった場合にその訴訟の復活・継続を求めるエクイティー上の訴状》; cf. BILL IN THE NATURE OF A BILL OF REVIVOR, ORIGINAL BILL》. ▶ BILL IN THE NATURE OF A BILL OF REVIVOR (準訴訟復活訴状).

bíll of revívor and súpplement 訴訟復活・補充訴状《訴訟復活訴状 (bill of revivor) と補充訴状 (supplemental bill) を便宜上結合させたエクイティー上の訴状; それぞれの該当部分は別個独立に作成され, また手続きがなされねばならない》.

bíll of ríghts 人権宣言, 基本的人権に関する宣言; [the B- of R-] **権利章典**《略 B/R: 1》《英》1689 年制定の法律 **2**》《米》1791 年の合衆国憲法第 1–10 修正》. ▶ CANADIAN BILL OF RIGHTS (カナダ権利章典) / PATIENT'S BILL OF RIGHTS (患者の権利章典) / TAXPAYERS' BILL OF RIGHTS (納税者の権利章典).

bíll of sále 動産売買証書《動産の権原移転を証する書類; 多くは譲渡抵当 (mortgage) 設定の際に用いられる譲渡抵当権付き動産売買証書の形で用いられる; 略 B/S, b.s.; cf. DEED》. ▶ ABSOLUTE BILL OF SALE (絶対的動産売買証書) / CONDITIONAL BILL OF SALE (条件付き動産売買証書) / GRAND BILL OF SALE (航海中船舶売買証書; 建造船舶売買証書).

bíll of síght 輸入品点検申請書《輸入品目・量を正確に知らない輸入者がそれを調べた上で関税を支払うための点検申請書》.

bíll of stóre《英史》《無税での》船舶用品積込み許可書.

bíll of súfferance《英史》《無税での》沿岸回漕許可書.

bíll páyable 1 買い掛け債務, 未払い金 (account payable); 支払い勘定, 債務勘定 (account payable). **2** 支払い手形《略 b.p., B/P》.

bíll pénal 違約金付き債務証書 (＝PENAL BILL).

bíll quía tímet 予防的訴訟訴状, 損害防止訴状《みずからの財産上の権利が他人から損害を受ける可能性があることを恐れて, 保護を求めるエクイティー上の訴状》; ⇨ QUIA TIMET》.

bíll recéivable 受取手形《略 b.r., B.R., B/R》.

bíll réndered 提出計算書 (＝ACCOUNT RENDERED).

bílls and nótes 1 書類, 文書 (＝papers). **2** 手形《為替手形 (bill) と約束手形 (note) を含む概念》; 手形, 小切手, 商業証券 (＝papers)《集合的》.

bílls in a sét 1 一括船荷証券[運送証券], 数通発行の船荷証券[運送証券]《一連のそれぞれが独立した部分から成る一組で一通の船荷証券[運送証券]で, それぞれの部分には番号が付され, 他の部分と引換えに荷物が引き渡された場合には, 他のすべての部分が無効になる旨規定されているもの》. **2** 組為替手形, 複本手形の組《為替手形 (bill of exchange), 特に 外国為替手形で, 同じものが 2 通, 3 通と複数作られ, 番号が付され, その中のどれか 1 通に支払いがなされれば他のものにも支払いがなされたことになるもの; 別便で送られ, 送付の遅れ・紛失などを回避するために用いられる》. ★ 1, 2 共に set of bills, set of exchange ともいう.

bíll síngle 単純債務証書 (＝single bill)《違約罰などの条件もなくまた捺印もない債務証書; cf. BILL OBLIGATORY, PENAL BILL, SINGLE BOND》.

bíll to cárry a decrée into execútion 判決執行訴状《なんらかの理由で勝訴判決が執行されない場合にその執行を求めるエクイティー上の訴状》.

bíll to perpétuate téstimony 証言の証拠保全訴状《例えば重要証人で訴訟開始前に死亡ないしは裁判所管轄地域を離れる可能性のある人の証言の証拠保全, あるいは将来の訴訟を阻止・回避するためにみずからの証言録取書 (deposition) を取っておくことなどを求めるエクイティー上の初審訴状 (original bill)》; ⇨ PERPETUATION OF TESTIMONY》.

bíll to quíet posséssion and títle 権原確認

訴状 (=bill to remove a cloud on title) (⇨ ACTION TO QUIET TITLE).

bill to remóve a clóud on títle 権原の曇り除去訴状 (bill to quiet possession and title) (⇨ ACTION TO QUIET TITLE, CLOUD ON TITLE).

bill to suspénd a decrée 判決停止訴状《いったん出された判決の破棄あるいは停止を求めるエクイティ上の訴状》.

bill to táke téstimony de béne ésse 条件付き証言聴取訴状《事実審理の時には利用できなくなる可能性のある証人から係属中の訴訟にとって直接関係のある証言を取っておくよう求めるエクイティ上の訴状》; ⇨ TESTIMONY DE BENE ESSE).

bind /báind/ *v* (**bound** /báund/) *vt* **1** [ᵁ*pass*] 束縛する, 拘束する, 義務づける, …に義務を負わせる; [ᵁ*pass*] 契約で縛る〈*to* sth, *to do*〉: Everybody is *bound to* obey the laws. だれでも法を守らねばならぬ / He *was bound to* secrecy. 彼は秘密を誓わせられた / ~ oneself *to* (do)… (すること)を約束する[誓う]. **2**《同盟・契約などを》結ぶ. **3** 年季奉公に入れる. ~ **out** 徒弟とする, 年季奉公に出す. ~ …**over** *to*…[*to do*] **(1)** 人に誓わせる, 法的に義務づける (⇨ BINDING OVER): He was *bound over to* good behavior [*to* appear in court]. 良きふるまい[出廷すること]を誓わせられた. **(2)***《予備審問 (preliminary hearing) で公判に付すに足る証拠ありとされた場合に》〈事件・被疑者〉に対して大陪審 (grand jury) に付したりあるいは略式起訴 (information) するための手続きを行なう;〈被疑者〉を審理のために勾留する (⇨ BINDING OVER). ~ **over to come up for judgment** 判決のための出廷を誓わせる《有罪とされた被告人に刑の宣告に代えて一定期間一定条件を守ることに同意させること; 違反は裁判所に戻され刑の宣告を受けることになる》. ~ **over to keep the peace** 平和を維持する旨を誓わせる《軽い犯罪の場合は被告人はこれで釈放されるが, 一定期間内に条件に反した場合は定められた金額を支払わねばならなくなる》. [OE *bindan*; cf. G *binden*]

bínd·er *n* **1**《書類を綴じる》バインダー. **2**《不動産取引での》内金(受領証), 内入金(受領証) (cf. DOWN PAYMENT, EARNEST MONEY);《不動産取引での, 時に手付金付きの》取引覚書, 仮契約書. **3** 保険会社仮保険証書, 保険会社保険契約覚書 (=binding receipt [slip])《保険代理人 (insurance agent) による仮保険証書は cover note というが, それと異なり保険会社 (insurance company) によるもの; cf. COVER NOTE).

bínd·ing *a*〈合意・協定・命令・先例などが〉拘束力がある, 義務的な (cf. NONBINDING): a legally ~ document / The agreement is ~ on both parties.
~·**ness** *n*

bínding agréement 拘束力のある合意.

bínding authórity 法源; 拘束力をもつ先例 (binding precedent).

bínding instrúction《米》拘束的説示 (=MANDATORY INSTRUCTION).

bínding óver 1 保証命令,《特に》出廷保証命令, 善行保証命令. **2***刑事訴追進行《予備審問 (preliminary hearing) で公判に付すに足る証拠ありとされた場合, 事件・被疑者に対して大陪審 (grand jury) に付したりあるいは略式起訴 (information) するための手続きが行なわれること》;《被疑者の》勾留.

bínding précedent 法源; 拘束力をもつ先例 (=authoritative precedent, binding authority) (cf. PERSUASIVE PRECEDENT).

bínding recéipt [slìp] 保険会社仮保険証書 (=BINDER).

bínd·òver òrder《裁判所による》保証命令,《特に》出廷保証命令, 善行保証命令.

bio·chémical wéapons *pl*《国際法》生物化学兵器.

biológical chíld 生物学上の子, 実子 (=NATURAL CHILD).

biológical fáther 生物学上の父, 実父 (=genetic father, natural father).

biológical móther 生物学上の母, 実母 (=genetic mother, natural mother)《その人の卵子からその子が成長した人; 現在では必ずしも生母, 生みの母 (birth mother) と同一人ではない; cf. BIRTH MOTHER》.

biológical térrorism =BIOTERRORISM.

bio·métric informátion 生体認証情報《英国では 2007 年法で入国管理を受ける人につき必要とされることとなっている指紋・眼の虹彩などを含む身体の外的特徴についての情報》.

bìo·térrorism *n* 生物テロ, バイオテロ (=biological terrorism)《細菌・ウイルスなどを用いてのテロ行為》.

bi·par·tite /baipá:rtàit/ *a*〈文書が〉二部からなる,〈契約書などが〉二通作成の.

BIR《英》°Board of Inland Revenue 内国税収入委員会.

BIRPI《史》知的工業所有権保護国際事務局 (⇨ INTERNATIONAL BUREAU FOR THE PROTECTION OF INTELLECTUAL PROPERTY). [F *Bureaux Internationaux Réunis pour la Protection de la Propriété Intellectuelle*]

bir·re·tum /bərétəm, bai-/, **bir·re·tus** /-təs/ *n*《英史》ビレトゥム《裁判官・上級法廷弁護士 (serjeant-at-law) がかぶった職帽》. [L]

birth /bá:rθ/ *n* 出生, 誕生: He is French by ~. / date and place of ~ 出生日および出生地. ▶ CHILDBIRTH (出産) / CONCEALMENT OF BIRTH (出生の秘匿) / NOTIFICATION OF BIRTH (出生届け出) / PROOF OF BIRTH (出生の証明) / REGISTRATION OF BIRTH (出生登録) / WRONGFUL BIRTH (不法行為出生).

birth certíficate 出生証明書.

birth mòther 生母, 生みの母《その子を実際に出産した母; 現在では必ずしも生物学上の母と同一人ではない; cf. BIOLOGICAL MOTHER》.

bírth·ràte *n* 出生率, 出産率.

birth records pl 出生資料《出生日・出生地・親について官庁が有する統計資料》.

birth·right n 生まれながらにしてもつ権利, 生得権.

bish·op /bíʃəp/ n 〖英国教〗主教,〖カトリック〗司教《Church of England の主教は主教区内の一定の裁判権を有し, かつ 2 名の大主教 (archbishop) を含めてその内 26 名は貴族院議員で, 聖職貴族 (lord spiritual) と呼ばれる》. ▶ ARCHBISHOP (大主教, 大司教) / CHANCELLOR OF A BISHOP (主教[司教][区]尚書) / HOUSE OF BISHOPS (主教院).

bish·op·ric /bíʃəprɪk/ n 1 主教職, 司教職. 2 主教区, 司教区 (diocese).

bishop's chancellor 主教[司教][区]尚書 (⇨ BISHOP'S COURT).

bishop's court 主教[司教]裁判所《各主教[司教]区 (diocese) にある主教[司教]裁判所 (consistory court) で主教[司教]の権威の下, 主教[司教]尚書 (bishop's chancellor) が主宰する》.

bis·sex·tile /bɪsékstəl, baɪ-, -tàɪl; bɪsékstàɪl/ n, a 閏年(ｳﾙｳﾄﾞｼ)(の): the ~ day 閏日《2 月 29 日》.

Bivens action ビヴァンズ訴訟《連邦政府の職員により憲法上の基本的人権を侵害された場合に, 憲法に基づいて損害賠償の請求をする訴訟; 州段階では認められていなかったこの種の損害賠償責任を初めて連邦段階でも認めた合衆国最高裁判所の 1971 年の判例の原告名から》. [Bivens v. Six Unknown Named Agents of the Federal Bureau of Narcotics (1971)]

bkcy bankruptcy.

bkpt, bkrpt bankrupt.

B/L, b.l. °bill of lading 船荷証券, 運送証券.

black /blæk/ a 1 黒い; 暗黒の; 黒人の;*〖商売などが〗黒字の. 2 a 暗い, 希望のない. b 険悪な; 腹黒い; 不名誉な, 非難さるべき; 闇値の. 3″スト破りによって取り扱われる, 闇取引の;〖スト中に〗行なってはならない[禁じられている],〈仕事・商品が〉ボイコットの対象である (⇨ BLACK-LEG). — n 黒, 黒いもの; 黒人 (negro). — vt 1 黒くする. 2″ボイコットする,〈貨物・商品を〉取扱い[取引]禁止とする,〈特定取引相手〉との取引を禁止する.: Two companies were ~ed by the government.

Black·acre /-ə̀́/ n 甲地《ある仮定の土地; Whiteacre (乙地) と対で用いられる》.

black cap 黒帽《英国の高等法院 (High Court of Justice) の裁判官が儀式などの際にかぶるビロードの帽子; かつては死刑宣告の際にも着用した》.

black code [ᵁB- C-]〖米史〗黒人法, 奴隷法 (1) 南部の奴隷州で奴隷の法的地位を規制していた南北戦争前の州法, 奴隷法 (slave code) ともいう 2) 南北戦争直後に旧アメリカ (南部) 連合国 (Confederate States of America) の州で新たに解放された奴隷の自由を制限し, 安い農業労働力供給を確保し白人優位を維持することを目的とした立法 3) 一般に, 公的な場所での人種差別を規定している法》.

black economy 闇の経済 (= SHADOW ECONOMY).

black·leg n 1″《トランプ・競馬・賭博などでの》いかさま師. 2 スト破り (= scab, strikebreaker)《労働者》. 3 〖獣医〗黒脚症, 気腫疽《ウシ・ヒツジの伝染病》. — vt, vi スト破りをする; ボイコットする.

black·letter law 〖米〗基礎的法原則, ブラックレター・ロー《法律百科事典や基本書の中で強調のためブラック体[ゴシック活字]で印刷されていることから》.

black·list n ブラックリスト, 要注意人物[企業, 組織] (一覧)表 (= bláck lìst). — vt ブラックリストに載せる: Their group was ~ed by the government.

black·mail n 1 a 恐喝(罪), ゆすり (cf. DEMANDING WITH MENACES, GRAYMAIL, GREENMAIL, FEEMAIL): He was charged with ~. / He was arrested [sent to prison] for ~. b ゆすり取った金. 2〖史〗黒地代 (= BLACK RENT). 3〖史〗略奪宥恕(ﾕｳｼﾞｮ)金《イングランドとスコットランド国境付近で山賊が略奪を免れんとする者から徴収した; 1601 年法で重罪 (felony) とされた》. — vt 恐喝する;〈人〉からゆすり取る; 恐喝して...させる〈into〉: ~ sb for money. ~·er n 恐喝犯, ゆすりをはたらく者.

blackmail suit いやがらせ訴訟《真に主張すべき権利をもってはいないにもかかわらず, 訴訟の費用負担や煩わしさなどを回避したがっている被告から高額の示談金を引き出そうとして提起される訴訟》.

Black María [ᵇb- m-]〖口〗囚人護送車.

black market 1 闇市場, 闇市, 私設市場 (cf. GRAY MARKET): black-market goods. 2 地下市場 (= SHADOW ECONOMY).

black-market adoption 闇市養子縁組 (1) 仲介者が報酬を得て行なう違法な養子縁組 2) 子売り (= BABY SELLING)》.

black marketeer [márketer] 闇商人, 闇屋.

black rent〖史〗黒地代《労役・穀物や white money とも呼ばれた銀貨より劣る貨幣で支払われた地代; blackmail とも, またラテン語で reditus nigeri とも呼ばれた; cf. WHITE RENT》.

Black Rod [ᵇb- r-]〖英〗黒杖(ｺｸｼﾞｮｳ)(門衛)官 (= Gentleman Usher of the Black Rod)《下院の守衛官 (SERGEANT AT ARMS) に当たる, 主として上院の役人; 黒い職杖を持つことから; cf. YEOMAN USHER OF THE BLACK ROD》. ▶ GENTLEMAN USHER OF THE BLACK ROD (黒杖門衛官) / YEOMAN USHER OF THE BLACK ROD (黒杖(門衛)官補佐).

Black·stone /blǽkstòun, -stən/ ブラックストン Sir William ~ (1723-80)《英国の法律家; それまではローマ法・教会法の講義しかなかった英国の大学で初めて英国法の講義を行なった (1753-66); のちにこの講義案を Commentaries on the Laws of England (4 vols, 1765-69) として公刊; 本書は英国法の基本的体系書として英米, 特に米国に大きな影響を与えた; のちに庶民院議員 (1761-70); 王座裁判所 (Court of King's Bench) (1770), 人民訴訟裁判所 (Court of Common Pleas) 裁判官 (1770, 1770-80)》.

blag /blǽg/ n《俗》強盗.

blame /bléɪm/ n **1** 非難, とがめ. **2** 責任. —— vt とがめる, 非難する.

bláme·wòrthy a 非難に値する.

blanche firme /F blɑ̃ʃ fiɾm/, **blanch-farm** /F blɑ̃ʃ faɾm/, **blanch-firme**〖史〗白地代 (= WHITE RENT). [F = white rent]

blank /blǽŋk/ a **1** 白紙の, 空白の. **2**〖商〗白地式の, 無記名の. —— n **1** 空白; 空白部. **2**《申込用紙などの》記入欄. **in** ~《証券が》白地で[の],《裏書が》白地(式)で[の] (⇨ BLANK ENDORSEMENT). **endorse in** ~ 白地(式)の裏書きにする, 白地(式)裏書きで譲渡する.

blánk accéptance 白地引受け《手形要件が欠けたまま支払人・引受人があらかじめ行なう為替手形の引受け; 後日欠けた所が補充され, それに従った責任を負う》.

blánk bár〖史〗侵害地明示要求抗弁 (=COMMON BAR).

blánk chéck 白地式小切手《振出人の署名はあるが, 受取人・金額の一方ないし双方が未記入の小切手》.

blánk endórsement 白地(式)裏書 (=endorsement in blank, general endorsement)《証券の支払いを受けるべき者もしくは証券記載の物品を受け取るべき者の名, またはその者の指図した者が支払いを受けるべきもしくは物品を受け取るべきその指図人の名が裏書きされておらずしたがってその証券が持参人払いで, 引渡しのみにより流通しうることを意味している裏書; opp. *special endorsement*》.

blan·ket /blǽŋkət/ a 総括的な, 包括的な, 全体に通ずる, 一律の.

blánket agréement《多くの事項についての》包括的合意;《特に》包括的労働協約《組織・産業・地域全体の労働者に適用される労働協約 (collective bargaining agreement)》.

blánket bónd 1 包括損害填補保証(証書)《雇用者に対して被用者の不正行為による損害を填補する身元保証(証書) (fidelity bond) のうち, 対象被用者全部を包括しているもの; cf. INDEMNITY BOND, SCHEDULE BOND; ⇨ FIDELITY BOND》. **2** 填補的保証(証書) (= FIDELITY BOND).

blánket insúrance 包括保険(契約)《ひとりずつ固有名詞で指定されていないが特定グループ全体の人, あるいは複数タイプ・複数地にある財産の保険; 特に前者については, cf. GROUP INSURANCE》.

blánket insúrance pòlicy 包括保険契約, 包括保険証券 (=blanket policy).

blánket mórtgage 一括譲渡抵当《特定債権の担保として複数の財産を対象として設定された譲渡抵当 (mortgage)》.

blánket órder 1《広範囲な事項あるいはある種の部類全体を包括的対象とする》包括的裁判所命令 (=umbrella order). **2** 包括的困惑防止命令《広範囲な事項あるいはある種の部類全体にかかわる不当な困惑保護のための困惑防止命令 (protective order)》. **3** 包括注文 (= blanket purchase agreement, blanket purchase order)《特定商品を個別的に繰り返し注文購入するのではなく, 一定期間にわたり包括的に大量購入する注文》.

blánket pólicy 包括保険(証券) (=BLANKET INSURANCE POLICY).

blánket púrchase agrèement 包括売買契約 (⇨ BLANKET ORDER).

blánket púrchase òrder 包括仕入れ注文 (⇨ BLANKET ORDER).

blánket refúsal 包括的拒否《複数項目についての受諾拒否》.

blánket séarch wàrrant 1 包括捜索(差押)令状《一通の令状で複数の場所の捜索を一括して許可する捜索(差押)令状》. **2** 白地捜索(差押)令状《差押物の特定のない, 捜索場所で発見されたすべての物の押収を許可する捜索(差押)令状; 合衆国最高裁判所での違憲判決がある; ⇨ SEARCH WARRANT》.

blánk sháre〖証券〗白地株式 (=BLANK STOCK).

blánk stóck〖証券〗白地株式 (=blank share)《定款上, 同じ種類の株式の中で配当率・議決権などの権利が異なる条件の株式が発行でき, しかもその内容を取締役会が株式発行後に定められるよう委ねられている場合の株式》.

blánk tránsfer″〖証券〗《株式の》白地譲渡証書, 白地式名義書換え請求書《譲受人の氏名を記載しないで作成される株式譲渡証書 (share transfer); 株式を融資の担保とする場合などに, 株券とともに交付され, 担保権者は必要な場合に自己の氏名を白地部分に補充し, 株式名義の書換えを請求することができるようになっている》.

blas·pheme /blæsfíːm, ＊￣￪￣/ vt《神や神聖なもの》に不敬[ばちあたり]なことを言う, 冒瀆する: ~ God. —— vi 不敬なことを言う. **blas·phém·er** /, ＊￣￪￣/.

blas·phe·mous /blǽsfəməs/ a 瀆神(とくしん)的な, 不敬な, 冒瀆的な, ばちあたりな.

blas·phe·my /blǽsfəmi/ n 瀆神(とくしん), 神への不敬, 冒瀆《コモンロー上は軽罪 (misdemeanor) となる》.

blénd·ed fámily 混合家族《再婚により夫婦とその子の他, 前の婚姻での子[連れ子]などを含む家族》.

blénded fúnd 1 混合基金《種々の源泉から集められた基金; 特に 2 の意味で用いられる》. **2** 遺産換価金《不動産・動産を含めて全遺産を換金したもの; その上で分配する》.

blénd·ing clàuse 混合指示条項《遺言の中の条項で, 遺言者自身の財産と遺言者が有している権利帰属者指名権 (power of appointment) 対象の財産の双方をまとめ一つとして扱い, 処分するもの》.

blíght nòtice 強制収用予定地買上げ要求通知.

blínd·ing /bláɪndɪŋ/ n《古》盲目刑.

blínd pléa 盲目的有罪答弁《裁判官・訴追側のいずれからも譲歩の約束を得ることなしに行なう被告人の有罪答弁; cf. NEGOTIATED PLEA》.

blínd sélling 無点検売り《買主に点検の機会を与えないで売ること》.

blínd trúst 盲目信託《通例は生じうる利害の衝突を

防ぐ目的で, 設定者が投資を独立的な受託者 (trustee) の管理に委ねること; 例えば, 公務員の資産を受益者であるその公務員に一切投資先を知らせることなく運用することを委託する信託).

B List /bí: ─/ B リスト (⇨ A AND B LISTS).

bloc /blák/ n **1** 圏, ブロック《政治・経済上の共通目的のため提携した数か国・数団体》: the Western ~ / the Communist ~ / ~ economy ブロック経済. **2** *《特定問題での超党派的な》議員連合.

block /blák/ n **1** 一つのまとまり[単位]をなすもの: buy a ~ of 10,000 shares. **2** 一街区, ブロック《都市で四辺を道路で囲まれた一区画; cf. LOT》: **3** 建物(群)の中の特定部分, 1棟のビル; 刑務所内の建物: a ~ of offices / hospital ~《刑務所などの》病棟. ▶ H-BLOCK (H型棟). **4** 障害(物); 閉塞(物). ▶ ROADBLOCK (道路封鎖(物)). ─ vt 塞ぐ, 妨げる, 阻止する: ~ the plan to build a new factory.

block·ade /blɑkéɪd/ n 《国際法》封鎖, 戦時封鎖《交戦国の海軍力により港または海岸の船による交通を遮断すること; 平時封鎖 (pacific blockade) に対して戦時封鎖をもいう》; 閉塞;《交通などの》妨害: lifted the ~ of the port for three months. ▶ EFFECTIVE BLOCKADE (実効的封鎖) / PACIFIC BLOCKADE (平時封鎖) / PAPER BLOCKADE (紙上封鎖). ─ vt 〈港湾などを〉封鎖する; さえぎる, 妨害する.

blóckade rùle 《税制》大量取引障害準則《相続税・贈与税の算定上 大量の株式を市場価格より低く評価することを認める準則; 株式をその市場価格で大量に市場に出すことの困難さが根拠》.

block·age /blákɪdʒ/ n 《税制》大量取引障害 (⇨ BLOCKADE RULE).

blóck bòoking 1 映画の一括配給方式, ブロックブッキング《映画の会社系統別による一括配給契約で, 他の配給業者からの配給を禁止ないし制限し, あるいは自社配給についても個別選択を許さぬもの; 米国では反トラスト法 (antitrust act) 違反とされる》. **2**《席・部屋などの》まとめ予約, ブロック予約: We have a ~ for twelve rooms at the hotel.

blóck·bùst·ing* n ブロック破壊商法,《詐欺的》住民追い出し, 人種差別的地上げ行為《ある街区の不動産所有者を標的に, 黒人などの少数民族の流入を理由にして地価下落の不安をあおり, 安値で売却させて転売する地上げ行為》.

blóck càpital ブロック体 (block letter) の大文字, 続け字体でない大文字.

blócked accóunt 封鎖勘定 (=frozen account)《預金の引出しや振替が停止されている勘定; その理由は種々あるが, 特に二国間の敵対関係が発生し為替管理によってそれぞれの勘定が封鎖されたり, 名義人の死亡・相続に関連してその手続き完了まで支払いが停止されている勘定》.

blócked cúrrency 封鎖通貨《政府による制限により, その国内でしか使うことができない通貨ないしは銀行預金》.

blóck exémption 一括適用除外《欧州連合 (European Union) はローマ条約 (Treaty of Rome) の第81条で競争の妨害・制限・歪曲を目的または効果として有する企業間のすべての協定, 企業団体によるすべての決定・共同行為を禁止しているが, 同時に一定の厳格な要件の下競争制限的協定の禁止規定適用除外も認めている; その除外にも個別協定だけでなく, 一定種類の協定に対する適用除外権限が欧州委員会 (European Commission) に与えられているが, 後者の一括適用除外を指す; 具体的には例えば自動車流通・サービス協定, 技術移転協定など多数の領域に及んでいる》.

blóck grànt《中央政府から地方政府に支給される》定額交付金.

blóck lètter ブロック体《**1**》線の太さが一定でひげ飾りのない字体[活字] **2**》特にその大文字(体), 続け字体でない大文字; block capital ともいう》: Write your name in ~s.

blóck vòte ブロック投票《代議員にその代表する人数分の票数値を与える投票方式; その1票》.

blodwyte ⇨ BLOODWITE.

blood /blád/ n **1** 血, 血液. ▶ COLD BLOOD (冷血) / COOL BLOOD (冷静) / COOL STATE OF BLOOD (冷静状態) / HOT BLOOD (興奮状態) / JUDGMENT OF BLOOD (死刑判決) / SPECIMEN OF BLOOD (血液試料). **2** 血統, 血縁, 血族関係. ▶ CORRUPTION OF BLOOD (血統汚損) / FULL BLOOD (全血(血族関係)) / HALF BLOOD (半血(血族関係)) / HEIR OF THE BLOOD (血縁(法定)相続人) / HERITABLE BLOOD (相続可能血族関係) / INHERITABLE BLOOD (相続可能血族関係) / MIXED BLOOD (混血) / NEAREST OF BLOOD (最近親) / PRIVITY OF BLOOD (血縁関係) / STRANGER IN BLOOD (血族でない人; 血縁的愛情対象外の人) / WHOLE BLOOD (全血(血族関係)).

blóod álcohol còntent 血中アルコール濃度《略 BAC; cf. BREATHALYZER, DRIVING UNDER THE INFLUENCE, DRIVING WHILE INTOXICATED, DRUNKOMETER, FIELD SOBRIETY TEST, SOBRIETY TEST》.

blóod fèud《史》血讐(けっしゅう), 血讐関係 (=vendetta)《国家権力未確立期における違法な殺害・傷害などの被害者血族に認められた加害者やその血族への復讐, またはそのような両血族間の強い対立関係》.

blóod gróuping tèst《父子関係確定のためなどに用いられる》血液型検査 (cf. PATERNITY TEST).

blóod mòney 1《史》人命金 (=wergild)《殺人に対する血讐 (blood feud) 関係に陥る代わりに被害者側に支払われる贖罪金; ⇨ WITE》. **2** 殺人犯[犯人]逮捕報奨金.

blóod relátionship 血族関係, 血縁関係 (=CONSANGUINITY).

blóod rèlative 血族 (cf. AFFINE).

blóod sàmple《血液検査用の》血液試料[サンプル] (=SPECIMEN OF BLOOD).

blóod spècimen《血液検査用の》**血液試料**, 血液検体 (＝SPECIMEN OF BLOOD).

blóod tèst 血液検査《血族関係の認定, 飲酒運転の検査, 婚姻前の性病罹患の有無の検査など; cf. SEROLOGICAL TEST》.

blood·wite /bládwàɪt/ *n* **1**《史》殺人罰金《人命金 (wergild＝blood money) が被害者側に支払われる賠償金であるのに対し, 殺人罰金は生成しつつある国家権力に支払われる罰金の性格をもった; ⇨ WITE》. **2** 殺人罰金徴収権. **3** 殺人罰金免除特権. **4** 流血. **5**《スコットランド》流血暴動に対する罰》. ★ **blodwyte, bloodwit, bloodveit** ともつづる.

Blóody Assízes *pl*《英史》血のアサイズ《裁判》《James 2 世即位直後の 1685 年の Monmouth 公の王位要求の反乱失敗後イングランド西部で行われた苛烈な巡回裁判; 数値には争いがあるが, 300 名前後を死刑, その数倍の人が流刑を宣告され, 1688 年の名誉革命後に強く非難された》.

blot·ter /blátər/ *n*《米》**1 a**《警察の》**逮捕記録(簿)** (＝ARREST RECORD). **b**《累犯者の》**逮捕歴記録** (＝ARREST RECORD). ▶ BENCH BLOTTER (逮捕歴記録) / POLICE BLOTTER (逮捕記録(簿); 逮捕歴記録). **2**《企業の》取引記録帳《仕訳帳 (journal) に整理記帳する前の記録簿》.

bloudveit ⇨ BLOODWITE.

blúe bág《英》青袋《法廷弁護士 (barrister) が法服を入れる布袋; cf. RED BAG》.

blúe-blúe-rìbbon júry《米》えり抜き陪審 (⇨ BLUE-RIBBON JURY).

blúe bóok 青表紙本, ブルーブック《**1**》BLUE BOOK **2**》《米》公務員名簿; 紳士録 **3**》中古自動車の価格表》.

Blúe·book *n* [The ~] ブルーブック《*The Bluebook: A Uniform System of Citation*『統一引用方法』の通称; ⇨ UNIFORM SYSTEM OF CITATION》. — *v* [b-] (…の) 引用方法をブルーブック (Bluebook) の統一引用方法に一致させる, ブルーブックによって引用方法を統一する.

Blúe Bòok ブルーブック, 青表紙本, 青書《**1**》《米》会期別法律集 (＝SESSION LAWS). **2**》《英》王立委員会 (Royal Commission) など政府関係の公式報告書 **3**》《米》かつて発行されていた『アメリカ合衆国判例体系』(National Reporter System) の併記引用 (parallel citation) 表》.

blúe chíp 優良株 (＝blue-chip stock).

blúe-chíp *a* 優良株の, 確実優良な《証券》.

blúe-chìp invéstment 優良証券投資, 優良投資証券.

blúe-chìp stóck 優良株 (blue chip).

blúe flú《病気を口実に組織的に休暇をとる》警察官の非合法ストライキ, 青服の病欠スト.

blúe làw 1《米史》厳格法, 厳法《18 世紀ニューイングランドに存在したといわれているきわめて厳格な清教徒的な法》. **2**《米》日曜休業法 (＝Sabbath law, Sunday closing law)《日曜日・娯楽・商売などを禁ずる法》. [*blue* puritanical]

blúe péncil rùle 青鉛筆の準則《裁判所は契約全体を合理的なものにするために耐ええない契約の文言や一部を青鉛筆で消し, 契約を有効にすることができるという法理; ⇨ BLUE PENCIL TEST》.

blúe péncil tèst 青鉛筆テスト《契約全体を無効にするか契約中の違法な文言のみを無効にして契約は有効とするかの判断基準; この基準に従えば, もしその違法文言を変更したり, 配置転換したり, それに追加をしたりする必要なく, 青鉛筆で消すだけで済むのであれば, その違法文言の無効で契約は有効とされることになる; ⇨ BLUE PENCIL RULE》.

blúe-rìbbon júry [pánel]《米》資質者陪審《通常の資格要件のほかに一定の資質・社会的地位・職業などの特別要件に合する者から選ばれる特別陪審 (special jury); 資質者陪審より狭い範囲の専門家集団から選ばれる場合は, えり抜き陪審 (blue-blue-ribbon jury) と呼ぶ; ⇨ SPECIAL JURY》.

blúe-ský *vt*《米》青空法 (blue-sky law) にのっとって認可[承認]する. — *a*《口》(ほとんど)無価値な《証券》.

blúe-ský làw《米》青空法《各州の証券関係法の総称; 青空さえ投機対象にしかねない詐欺的行為から投資家を守るという趣旨から命名されたともいわれる, 不正証券取引禁止法》.

blush /bláʃ/ *n* 一見, 一瞥(ﾍﾞﾂ) (⇨ FIRST BLUSH).

board /bɔ́ːrd/ *n* **1** 板, 掲示板. ▶ NOTICE BOARD (掲示板). **2** 食卓; 食事: BED AND BOARD. **3 a** 会議用テーブル; 会議. **b** 委員(会), 審議会, 役員(会), 評議員(会), 理事(会), 重役(会), 取締役(会)《★ 会の付かない場合は集合的》. **c**《官庁の》庁, 院, 局, 部. **d** 証券[商品]取引所(の立会場). ▶ ACCOUNTING STANDARDS BOARD (会計基準審議会) / ADMINISTRATIVE BOARD (行政委員会) / ADMIRALTY BOARD (海軍本部委員会) / ARBITRATION BOARD (仲裁公人団) / BAR STANDARDS BOARD (法廷弁護士基準委員会) / CIVIL AERONAUTICS BOARD (民間航空委員会) / COMMUNITY ZONING BOARD (地域ゾーニング委員会) / COUNCIL BOARD (枢密院会議) / COUNTY BOARD (郡委員会) / CRIMINAL INJURIES COMPENSATION BOARD (犯罪被害補償査定委員会) / DEPOSIT PROTECTION BOARD (預金保護委員会) / ELECTION BOARD (選挙管理委員会) / EQUALIZATION BOARD (課税平準化委員会) / EXAMINING BOARD (試験管理委員会) / FAIR EMPLOYMENT BOARD (公正雇用委員会) / FEDERAL HOME LOAN BANK BOARD (連邦住宅貸付け銀行委員会) / FEDERAL HOUSING FINANCE BOARD (連邦住宅金融委員会) / FEDERAL RESERVE BOARD (連邦準備制度理事会) / FINANCIAL ACCOUNTING STANDARDS BOARD (財務会計基準委員会) / IMMIGRATION APPEALS BOARD (入国管理不服審判所) / JOINT BOARD (労使合同委員会) / LEGAL AID BOARD (法律扶助委員会) / LEGAL SERVICES BOARD (法務委員会) / LOCAL GOVERNMENT BOARD (地方統治委員会) / LOCAL SAFE-

GUARDING CHILDREN BOARD (地方児童保護委員会) / MERIT SYSTEMS PROTECTION BOARD (能力主義任用制保護委員会) / MILITARY BOARD (軍事調査委員会) / MURDER BOARD (過酷審査委員会) / NATIONAL LABOR RELATIONS BOARD (全国労働関係委員会) / NATIONAL MEDIATION BOARD (全国調停委員会) / NATIONAL TRANSPORTATION SAFETY BOARD (国家運輸安全委員会) / PAROLE BOARD (仮釈放審査委員会) / POOR LAW BOARD (救貧法委員会) / RACE RELATIONS BOARD (人種関係委員会) / SCHOOL BOARD (学校委員会; 初等学校委員会) / SECURITIES AND INVESTMENTS BOARD (証券投資委員会) / SENTENCING BOARD (量刑委員会) / SURFACE TRANSPORTATION BOARD (地表運輸委員会) / YOUTH JUSTICE BOARD (青少年裁判制度委員会).

bóard-cèrtified *a* (専門弁護士)委員会認定の (⇨ BOARD OF LEGAL SPECIALIZATION).

bóard mèeting 役員会, 重役会, 取締役会, 委員会, 理事会.

Bóard of Ádmiralty [the ~]《英史》海軍委員会, 海軍司令長官職務執行委員会 (1964年に廃止, Admiralty Board (海軍本部委員会) となる).

Bóard of Ágriculture and Físheries [the ~]《英史》農漁業委員会.

bóard of bár exàminers [the ~]《米》法曹資格試験委員会, 司法試験委員会.

bóard of diréctors [°B- of D-] 取締役会, 役員会, 理事会, 評議会. ▶ CLASSIFIED BOARD OF DIRECTORS (組み分け取締役会) / STAGGERED BOARD OF DIRECTORS (時差選任取締役会).

bóard of educátion 1《米》(州あるいは地区の) 教育委員会 (cf. SCHOOL BOARD). 2 [the B- of E-]《英史》教育委員会 (1899-1944年に存在; 略 B of E).

bóard of eléction《米》選挙管理委員会 (= election board).

Bóard of Héalth 1 [the ~]《英史》公衆衛生委員会. 2 [b- of h-]《米》(州・市の) 公衆衛生委員会.

Bóard of Immigrátion Appéals [the ~]《米》入国管理不服審判所 (= Immigration Appeals Board)《略 BIA》.

Bóard of Ínland Révenue [the ~]《英史》内国税収入委員会, 内国歳入委員会 (= Commissioners of Inland Revenue)《略 BIR; ⇨ REVENUE AND CUSTOMS》.

bóard of inquíry《英》調査委員会《陸・海・空軍により, 特に懲戒手続きを開始すべきか否かを決定する目的で軍の財産の損失・破壊などについて調査・報告すべく設置される事実調査委員会》.

bóard of légal specializátion《米》専門弁護士委員会 (通例は州の法曹協会 (bar association) の一部門で, 一定分野の専門で一定の経験がありかつ試験に合格するなどした有資格者の, その分野の専門弁護士として認定した団体).

Bóard of Órdnance [the ~]《英史》軍需品委員会 (= Ordnance Office).

bóard of párdons《米》《州の》恩赦委員会.

Bóard of Pátent Appéals and Interférences《米》(特許局 (Patent Office) の) 特許審判・抵触部.

bóard of régents《米》学校理事会,《特に》州立大学評議会.

bóard of súpervisors《米》郡政執行委員会《郡 (county) の統治会議体》.

Bóard of Táx Appéals [the ~]《米史》租税不服審判所《略 BTA; ⇨ TAX COURT》.

bóard of tráde 1 [the B- of T-]《英》商務委員会. 2《米》商工会議所. 3《米》商品取引所. ▶ CHICAGO BOARD OF TRADE (シカゴ商品取引所).

bóard of vísitors《英》(内務大臣 (Home Secretary) が任命する) 刑務所査察委員会.

bob·by /bábi/ *n*《口》警官.

bockland, boc-land ⇨ BOOKLAND.

bódi·ly *a* 身体の, 肉体上の.

bódily hárm (身体)傷害, 人身損害, 身体の損害. ▶ ACTUAL BODILY HARM (身体傷害) / GREAT [GRIEVOUS, SERIOUS] BODILY HARM (重大な身体傷害).

bódily héir《古》直系卑属たる法定相続人 (= HEIR OF THE BODY).

bódily ínjury 肉体への権利侵害 (= physical injury) (cf. EMOTIONAL DISTRESS): inflict ~ 肉体への権利侵害をなす. ▶ GREAT [SERIOUS] BODILY INJURY (肉体への重大な権利侵害).

body /bádi/ *n* 1 身体; 死体;《犯人などの》身柄. ▶ HEIR OF THE BODY (直系卑属たる法定相続人). 2 a 主要部分; 胴体. b《法律・書類などの》中心部分, 本文, 主文. 3 統一体, 組織体, 機関; 団体, 集合(体), 法人; 審議機関. ▶ ACCUSATORY BODY (起訴決定機関) / CORPORATE BODY (法人) / DIPLOMATIC BODY (外交団) / GOVERNMENTAL BODY (政府機関) / LEGISLATIVE BODY (立法機関) / PRECEPTING BODY (地方税徴収命令執行機関) / PUBLIC BODY (公共組織) / REGIONAL PLANNING BODY (地域計画機関) / RESIDUARY BODY (残務機関) / UNINCORPORATED BODY (法人格のない団体) / WATCHDOG BODY (番犬機関). 4 集まり, かたまり; (大)多数, 多量 *of*: a ~ of evidence 一群の証拠 / a ~ of laws 法典 / a considerable ~ of opinion. **the other ~** *《俗》*他院《上院議員にとっての下院, 下院議員にとっての上院》.

bódy córporate 法人 (= CORPORATION).

bódy execùtion 1 a《被疑者・被告などの》身柄拘束(令状), 逮捕 (= CAPIAS). b《史》債務者拘禁(令状). 2 死刑, 処刑.

bódy·guàrd *n* 護衛, ボディーガード.

bódy of an ínstrument [the ~] 文書の中心部分[本体, 本文].

Bódy of Líberties [the ~]《米史》自由法典《1641

年に Massachusetts の植民地議会 (General Court) で採択され、のちに同州の法典 LAWS OF LIBERTIES OF MASSACHUSETTS (マサチューセッツ法典) の基礎となった100箇条からなる権利章典).

bódy pólitic (*pl* bódies pólitics) [the ~] 政治体, 政治的統一体, 統治体, 法人, 《特に一国の》国民, 国家 (state).

B of E °Bank of England イングランド銀行 ◆ 《英史》°Board of Education 教育委員会.

bo·gus /bóuɡəs/ *a* 偽りの, にせの, 偽造の: ~ money 偽造通貨.

bógus chéck 不良小切手 (=BAD CHECK).

bóiler·pláte *n* 《附合契約・標準約款などの》定型的文言; ひな型. — *a* 定型的文言[による].

bóiler ròom [shòp] 《俗》ボイラールーム, 無差別電話勧誘(事務所)《証券売りつけ・商品販売などのため多くは詐欺的で強引な電話攻勢をかける活動, またはそれを行なう場所》.

bóiler-ròom transáction 《俗》ボイラールーム[無差別電話勧誘]取引 (⇒ BOILER ROOM).

Bó·lam tèst /bóuləm/ 《英》ボウラム事件のテスト《医療過誤をめぐる事件で医師の患者に対する注意義務の基準を決めるテストで, 医師が責任ある医学上の意見に添って治療をした以上は注意義務違反にはならないとするもの; 1957年の判例に基づくが, その後の判例でこのテストは反対され, 医学上の意見にかかわらず医師は合理的ないし論理的に行動することが求められている》. [*Bolam* v. *Friern Hospital Management Committee* (1957)]

bol·ster /bóulstər/ *vt* 〈弱い自信・árgument などを〉支持[後援]する, 梃(てこ)入れする; 《特に弾劾されてもいない証人の証言などの》証拠をさらに別の証拠で補強する《しばしば不要なだけでなく不適正なこととされる》.

bómb hòax 模造爆発物放置・いたずら爆破予告(罪)《模造爆弾を公共の場に仕掛けたり爆弾があるとの虚偽の電話をしたりすること》.

bo·na /bóunə/ *a* 良い, 善意の, 善良な (good). — *n pl* 動産, 財産《コモンロー上は動産の意味; 》ローマ法・大陸法では不動産を含む; cf. BIENS》. ▶ NULLA BONA (財産不存在の復命) / VACANTIA BONA (無主財産). [L=goods]

bo·na fi·de /bóunə fáidi, -fáid, bánə-/ *adv, a* 善意で[の], 信義誠実に従って[従った]; 真実に[の], 真正[な]: They acted ~. / a ~ offer 欺罔(ぎもう)の意思のない善意の[真正な]申し込み. [L=in good faith]

bóna fide commércial réason 《英税制》善意の商業上の理由《真正な商業上の理由 (genuine commercial reason) とほとんど同義だが, 非財政的理由をも含みうる点などやや広義とされている; ⇒ GENUINE COMMERCIAL REASON》.

bóna fide hólder 《流通証券などの》善意所持人 (=HOLDER IN GOOD FAITH).

bóna fide hólder for válue 《流通証券の》善意有償の所持人 (=HOLDER FOR VALUE).

bóna fíde hólder for válue withòut nótice 《流通証券の》正当所持人 (=HOLDER IN DUE COURSE).

bóna fíde occupátional qualificátion 《人種・宗教・性別・年齢などを理由にした雇用上の差別を正当化する》真正な職業要件(の抗弁), 真の職業資格(の抗弁)《略 BFOQ; cf. DISPARATE IMPACT, DISPARATE TREATMENT, REVERSE DISCRIMINATION, SUSPECT CLASSIFICATION》.

bóna fíde posséssion 《当該財産の所有権について争いのあることを知らない》善意の占有.

bóna fíde púrchaser 善意譲受人, 善意有償の譲受人[第三者, 取得者] (=bóna fíde púrchaser for válue) (=good-faith [innocent] purchaser, purchaser for value without notice) 《略 BFP》.

bóna fí·des /-fáidiːz/ **1** 善意, 誠実 (=GOOD FAITH) (opp. *mala fides*) 《時に次例のように本来奪格形の bona fide (=in good faith) を用いるところを主格 bona fides (=good faith) をそのまま用いる場合もある》: The respondent was not acting ~. 被告は誠実に行動していなかった. **2** [°⟨*pl*⟩]《真正性・正当性・合法性を証明する》証明書; 信用証明. [L=good faith]

bóna gés·tu·ra /-ɡést(j)uərə/ 善行 (=GOOD BEHAVIOR). [L]

bóna no·ta·bí·lia /-nòutəbíliə/ *pl* 《史》《遺産管理手続きを必要とするに足る》相当額遺産. [L=notable goods]

bóna pe·ri·tú·ra /-pèrətúərə/ 腐敗性物品 (=PERISHABLE GOODS). [L]

bóna va·cán·tia /-vəkǽnʃiə/ *pl* 無主財産, 無主物 (=vacantia bona) 《所有者のない動産, 時に不動産を含む財産》. [L=vacant goods]

bóna wa·vi·á·ta /-wèivieítə/ *pl* 遺棄盗品 (=WAIF). [L=waived goods]

bond /bánd/ *n* **1** 結びつき, きずな; 結束: ~ of matrimony 婚姻のきずな. **2** 契約, 約定: enter into a ~ with... と契約を結ぶ. **3 a** 捺印金銭債務証書, 債務証書; 保証証書. **b** 捺印金銭債務証書契約, 保証契約. ▶ ADMINISTRATION BOND (遺産管理保証(証書)) / APPEAL BOND (上訴保証金証書) / APPEARANCE BOND (出廷保証金証書) / ATTACHMENT BOND (差押保証証書; 仮差押免除のための保証証書) / AVERAGE BOND (共同海損分担金支払い保証証書) / BACK BOND (損失補償証書) / BAIL BOND (保釈保証証書) / BID BOND (入札保証証書) / BLANKET BOND (包括損害填補保証(証書); 填補的保証(証書)) / BOTTOMRY BOND (船舶担保冒険貸借証書) / COMMON MONEY BOND (一般金銭保証債務証書) / COMPLETION BOND (工事完成保証証書) / CONDITIONAL BOND (条件付き捺印金銭債務証書) / CONTRACT BOND (契約履行保証証書) / COST BOND (裁判所費用支払い保証証書) / COUNTERBOND (逆保証証書) / DELIVERY BOND (差押物引渡し保証証書) / DEPOSITORY BOND (預金保証証書) / DISCHARG-

ING BOND (差押解除判決履行保証証書) / DISSOLUTION BOND (差押解除判決履行保証証書) / DOUBLE BOND (条件付き捺印金銭債務証書) / FIDELITY BOND (身元保証(証書)) / FIDUCIARY BOND (受認者(義務)保証証書) / FORTHCOMING BOND (提出保証証書; 差押物保管保証証書) / GENERAL AVERAGE BOND (共同海損分担金支払い保証証書) / GENERAL BOND (一般保証書) / GUARANTY BOND (保証証書) / HERITABLE BOND (法定相続不動産譲渡捺印金銭債務証書) / HYPOTHECATION BOND (冒険貸借証書) / INDEMNITY BOND (損害填補保証(証書)) / INJUNCTION BOND (差止め命令保証証書) / JUDICIAL BOND (訴訟手続き上の損害補償保証証書) / LICENSE BOND (許可保証証書) / MAINTENANCE BOND (瑕疵(か)保証証書) / NEGOTIABLE BOND (流通性のある金銭債務証書) / OFFICIAL BOND (公職用保証証書; 受認義務保証証書) / PAYMENT BOND (総建築請負業者債務支払い保証証書) / PEACE BOND (平和保証証書) / PENAL BOND (懲罰的(捺印)金銭債務証書) / PERFORMANCE BOND (履行保証証書) / PERMIT BOND (許可保証証書) / PERSONAL BOND (刑事被告人自身による無担保保釈保証書; 債務証書) / POST-OBIT BOND (死後支払い捺印金銭債務証書) / REDELIVERY BOND (差押え物再引渡し保証証書) / REFUNDING BOND (返還保証証書) / REGISTERED BOND (登録金銭債務証書) / REPLEVIN [REPLEVY] BOND (占有回復保証証書; 差押え物再引渡し保証証書) / RESPONDENTIA BOND (積荷冒険貸借証書) / SCHEDULE BOND (特定的身元保証(証書)) / SIMPLE BOND (無条件捺印金銭債務証書) / SINGLE BOND (単純捺印金銭債務証書) / SPECIAL BOND (特別保証書) / STATUTORY BOND (制定法上の債務証書) / STRAW BOND (わら人形の保証書) / SUPERSEDEAS BOND (執行停止保証証書) / SURETY BOND (債務保証証書). **4** 公債証書, **債券**, 社債, 証券: call a ~ 公債償還の通告をする. ▶ ACCRUAL BOND (利息累積債券) / ACTIVE BOND (利息付き捺印金銭債務証書) / ADJUSTMENT BOND (調整債券) / ANNUITY BOND (年金債券) / BABY BOND (小額債券) / BEARER BOND (持参人払い(式)債券) / BOOK-ENTRY BOND (登録債券) / CALLABLE BOND (任意繰上げ償還可能社債) / CONSOLIDATED BOND (統合債券; 統合鉄道抵当債券) / CONVERTIBLE BOND (転換債券) / CORPORATE BOND (社債) / COUPON BOND (利付き債, 利札付き債) / DEBENTURE BOND (無担保社債) / DEFERRED INTEREST BOND (利払い延期債券) / DISCOUNT BOND (割引債) / EUROBOND (ユーロ債) / EX COUPON BOND (利札なし債券) / FLOWER BOND (フラワー・ボンド) / FULL FAITH AND CREDIT BOND (一般財源債) / GENERAL OBLIGATION BOND (一般財源債) / GOLD BOND (金貨債券; 金価格連動債) / GOVERNMENT BOND (政府債) / GUARANTEED BOND (保証社債) / IMPROVEMENT BOND (整備債) / INCOME BOND (収益債) / IRREDEEMABLE BOND (無償還債券) / JOINT BOND (共同債券) / JUNIOR BOND (劣後債券) / JUNK BOND (ジャンク債) / LETTER BOND (投資目的確認書付き社債) / LLOYD'S BOND (債務承認証書) / LONG-TERM BOND (長期債券) / MORTGAGE BOND (譲渡抵当付き債券[社債]) / MUNICIPAL BOND (地方債) / OBLIGATION BOND (一般財源債) / PASSIVE BOND (無利息捺印金銭債務証書) / PREMIUM BOND (プレミアム付き債券) / PUBLIC BOND (公債) / REDEEMABLE BOND (任意繰上げ償還可能社債) / REFUNDING BOND (借換え債) / REGISTERED BOND (登録(式)債券) / REVENUE BOND (特定財源債) / SAVINGS BOND (合衆国貯蓄債券) / SECURED BOND (担保付き債券) / SERIAL BOND (連続償還債券) / SERIES BOND (分割発行債券) / STATUTORY BOND (制定法にのっとった債券) / SUBORDINATED BOND (劣後債(券)) / T-BOND (財務省長期証券) / TIPS BOND (財務省インフレ防衛長期債券) / TREASURY BOND (財務省長期証券) / Z-BOND (Z債券) / ZERO-COUPON BOND (割引債). **5** 違約(罰)金, 保証金, 保釈金; 保証人: go sb's ~ 人の保証人に立つ. ▶ FORFEITURE OF BOND (違約(罰)金没収). **6** 保税倉庫留置: bottled in ~〈ウイスキーが〉《保税倉庫で貯蔵されたのち》保税倉庫で瓶詰めにされた / take goods out of ~《関税を支払って》商品を保税倉庫から出す / goods (held) in ~《関税が支払われるまでの》保税倉庫留置商品, 保税貨物. **in ~s** 拘束されて.
— vt **1 a** 保税倉庫に預ける. **b** 担保に入れる, 抵当に置く. **c**〈借入金を〉債券に振り替える. **2**〈被用者などに〉保証契約をする; …の保証人になる. **~·able** a

bónd·age /bάndidʒ/ n 奴隷(農奴, 隷農)の身分[境遇]; 奴隷的拘束, 苦役.

bónd còupon《利札付き債券 (coupon bond) の》利札.

bónd crèditor《捺印金銭債務証書契約の》債権者, 債券[社債]保証付き債権者.

bónd·ed a **1** 保証が付いている, 保証契約付きの; 担保付きの. **2** 保税倉庫留置の; 保税品の.

bónded débt 債券発行金銭債務, 社債発行借入金.

bónded góods pl 保税貨物.

bónded lábor《債務不履行の代償としての》債務保証契約に基づく労働.

bónded wárehouse 保税倉庫.

bónd for déed* **1**《破産法上 不動産・動産・金銭債権を区別することなくすべての財産の》譲渡 (=CONVEYANCE). **2** 不動産譲渡捺印証書保持契約《特に不動産割賦購入契約において, 買主が代金を完済するまで売主が権原 (title) を保持し続ける旨の契約; 権原保持契約 (bond for title) ともいう; cf. CONTRACT FOR DEED》.

bónd for títle 権原保持契約 (=BOND FOR DEED).

bónd·hòld·er n 債券保持者《政府債券・社債の保持者; cf. SHAREHOLDER, STOCKHOLDER》.

bónd indènture 1 債券発行契約歯型捺印証書《債券の発行者保有者間での額面・利率・償還日などについての契約》. **2** 社債担保譲渡抵当証書《社債を担保する特定の会社財産上の譲渡抵当(権)証書 (mortgage)》.

bónd ìssue 債券発行, 社債発行.

bónd·man /-mən/ *n* 〖史〗奴隷, 農奴, 隷農, 隷属民 (=bondsman).

bónd retírement 債券[社債]の償還.

bónds·man /-mən/ *n* **1**《捺印金銭債務証書に基づく》保証人. ▶ BAIL BONDSMAN (保釈保証人). **2** BONDMAN.

bónds·wòman *n* (*pl* -wòmen) **1** 女保証人 (⇨ BONDSMAN). **2** 女奴隷, 女農奴, 女隷.

bónd·wàsh·ing *n* 証券偽装売買, 証券買換え《課税回避を目的として証券を売却・再購入すること》.

bónd·wòman *n* (*pl* -wòmen) 女奴隷, 女農奴, 女隷属民.

Bón·ham's Cáse /bánəmz-/ ボナム博士[医師]事件《王立医師会が同会未加入医師 Bonham の医療行為の有無の判定をなしうるとすれば, 同会は科せられる罰金の一部を会の収入とすることができるので, 裁判官・当事者・執行官の 3 つの地位を同時に兼ね備えることを意味するゆえに, その権能を認めえないとした 1610 年の判決; Dr. Bonham's Case ともいう; この判決での Edward COKE の意見が米国での違憲立法審査権の先駆であったと主張されてきたが, 異論もある》.

Bo·ni ju·di·cis est am·pli·a·re ju·ris·dic·ti·o·nem. /bóunai dʒú:disis est æmplíɛrɛ dʒùrisdìkʃíounɛm/ 其の裁判権を拡充することは良い裁判官の義務である. [L=It is the duty of a good judge to enlarge the jurisdiction.]

bo·nis non amo·ven·dis /bóunɪs nɑn èimouvéndis/ [de~]〖史〗動産移動禁止令状《敗訴した被告が誤審令状 (writ of error) を提起しているので, その未決の間係争物の移動を禁ずるよう命じたシェリフ宛ての令状》. [L=of goods not to be moved]

bo·no·rum pos·ses·sio /bounóurəm pəzéʃiou/《ローマ法》〖法務官法上の相続である〗遺産占有. [L=the possession of goods]

bo·nus /bóunəs/ *n* **1**《各種の》**特別配当金**; 割戻し金;《保険契約上の》契約者配当. ▶ NO-CLAIM(S) BONUS (無事戻し). **2** ボーナス, 賞与, 慰労金.

bónus ìssue《英》《利益配当に代えての株式・社債の》無償交付,《特に》株式配当 (scrip issue) (cf. CAPITALIZATION ISSUE, SCRIP ISSUE, STOCK DIVIDEND).

bónus shàre 1 無償株 (=BONUS STOCK). **2**《米》景品株 (=BONUS STOCK).

bónus stòck 1 無償株 (=bonus share)《米国では適正な対価なしで発行される株式; 英国では配当可能利益または準備金の資本組入れにより現実の払い込みなしに株主に発行される株式》. **2**《米》景品株 (=bonus share)《社債などの発行の際その引受け促進のための景品として添付または低い価格で発行される株式》.

book /búk/ *n* **1** 本, 書物;《本の中に》綴じ込まれたもの; [the ~, °the B-] 聖書. ▶ BLUE BOOK, BLUEBOOK, Blue Book (ブルーブック) / CASEBOOK (教材判例集) / COMMONPLACE BOOK (法備忘録) / DOME BOOK (ドームブック) / Domesday [Doomsday] Book (ドームズデイ・ブック) / DOOMBOOK (ドーム書) / FORMBOOK (書式集) / GREEN BOOK (グリーンブック) / HORNBOOK (基礎学習教科書) / LAWBOOK (法書) / PRACTICE BOOK (訴訟手続き書) / REGISTRATION BOOK (登録証) / RULEBOOK ((就業)規則書; 規則集) / SEARCH BOOK (法律資料検索書) / STATUTE BOOK (制定法全書) / TEXTBOOK (概説書) / WHITE BOOK (ホワイトブック) / YELLOW BOOK (イエローブック). **2**《警察の》業務日誌, 逮捕記録. ▶ ACCIDENT RECORD BOOK (事故記載簿) / MUG BOOK (顔写真集). **3 a** 帳面, …帳; 小切手帳. **b** [*pl*] 会計簿, 帳簿: a company's ~s / The ~s show a profit. **c** 賭け帳; 賭け業, 賭元(もと). ▶ ACCOUNT BOOK (会計帳簿) / BANKBOOK (銀行預金通帳) / BANKER'S BOOKS (銀行帳簿) / BILL BOOK (手形勘定帳簿) / CAUSE BOOK (事件録) / CORPORATE BOOKS (会社[法人]記録) / DAY-BOOK (取引日記帳) / DEMURRER BOOK (《訴答不十分の抗弁[法律効果不発生訴答]》争点記録) / DEPOSIT BOOK (預金通帳) / INVOICE BOOK (送り状綴り) / LOG-BOOK (航海日誌) / MINUTE BOOK (覚書簿; 議事録; 訴訟手続き記録) / ORDER BOOK (議事予定表) / PASS-BOOK (銀行(預金)通帳) / RENT BOOK (賃貸料帳; 家賃支払い帳) / SHOP BOOK (営業原簿) / STATUTORY BOOKS (法定帳簿) / WAREHOUSE BOOK (倉庫台帳). **4** 名簿; 電話簿. ▶ POLLBOOK (選挙人名簿). **bring sb to ~** 責める, 人に弁明[説明]を求める; 人を《…のかどで》訴える《*for*》; 人を調べる. **keep sb's name on the ~s** 人を大学[クラブなど]の一員として認めている. **take [strike] sb's name off the ~s** 人を除名する [退学させる]. —— *vt* **1**《名前・注文などを》記入[記帳]する;《座席を》予約する, 《乗車券・航空券などを》買う: ~ five rooms in a hotel / ~ed a ticket through to Chicago. **2**《警察などの》記録に《逮捕者などを》記載する;《口》《人を》訴える. **3**《人》に約束させる; …の出演[雇用] 契約をする, 予定する.

bóok accóunt 1 当座勘定. **2** 交互計算(勘定). **3** 帳簿上の勘定.

bóok dèbt [°*pl*] 売掛金, 借方記入額.

booked /búkt/ *a* **1** 記帳した, 予約済みの; 契約済みの. **2** 逮捕記録手続き済みの (⇨ BOOKING).

bóok èntry 1 帳簿への登録, 記帳. **2**《証券の》登録, 記帳式《証券の現物を発行せず代わりに登録機関に登録する形で証券の所有関係を示すやり方》.

bóok-èntry bònd 登録債券, 記帳式債券《所有を化体する現物債券そのものは発行せず登録機関に登録する形で発行される債券》.

bóok·ie *n*《口》《競馬などの》BOOKMAKER.

book·ing *n* **1** 帳簿付け. **2**《席・搭乗券などの》予約; 出演契約. ▶ BLOCK BOOKING (映画の一括配給方式). **2**《口》《まとめ予約》. **3**《警察の記録簿に記載される》容疑者逮捕記録[手続き]《通例 記録時に写真と指紋を取る》.

bóok·kèep·ing *n* 簿記 (cf. ACCOUNTING). ▶ DOUBLE-ENTRY BOOKKEEPING (複式簿記) / SINGLE-ENTRY BOOKKEEPING (単式簿記).

bóok·lànd, bóck·lànd /bák-/, **bóc-lànd** /bák-/ 《英史》ブックランド, 特許状私有地 (=charter-land)《アングロサクソン期のイングランドの土地保有形態の一つで, book (=charter 特許状) により与えられた自由度の高い保有権に基づく私有地; cf. FOLKLAND, LOANLAND》.

bóok·màker *n* 賭元(かけ)《特に競馬などのスポーツについていう》, 私設馬券業者, 呑み屋 (=bookie),《呑み行為・賭博の》胴元.

bóok·màking *n* 賭元(かけ)業, 私設馬券業, 呑み行為.

bóok of accóunt 会計帳簿 (=SHOP BOOK).

bóoks of authórity [°the B- of A-] 権威的典籍《そこに書かれていることが, 他に反対の資料がないかぎり, その当時の法とされる権威をもった法書: GRANVILLE, BRACTON, LITTLETON, COKE, BLACKSTONE などの著作》.

bóok vàlue 1《会計》帳簿価格, 簿価 (=carrying value). **2** 所有者の持分 (=OWNER'S EQUITY). ▶《1, 2 に関連》NET BOOK VALUE (正味帳簿価格; 所有者の持分).

bóon dày [°pl]《史》奉仕日 (=due day)《謄本保有者 (copyholder) が領主のために無償で刈入れなどの隷属的な作業に従事する義務を負った日; 年に数日存した》.

boot /búːt/ *n* **1** 付加金, 付加物《不等価交換の際等価にするため付け加える金ないし物》. **2**《米》課税対象付加物[付加金]《税法上無税となる資産交換などにおいて, 一方が付け加えた金銭ないしは財産権で課税対象となるもの; cf. RECOGNIZED GAIN》. **3**《米》《会社の組織変更などの場合の, 税法上の》不適格資産. **4**《史》必要物, 必要な木材 (=ESTOVERS). **5**《史》贖罪(金) (=BOTE).

bóot càmp《口》**1**《米海軍・海兵隊の》基礎訓練キャンプ, 新兵訓練所. **2**《米》《青年犯罪者に対する》軍隊的矯正施設《17歳以上25歳未満の非暴力的男性が対象; cf. SHOCK INCARCERATION》.

booth /búːθ; -ð, -θ/ *n* 小室, ブース, 売店, 模擬店; 電話ボックス;《投票場の》記入用仕切り, ボックス, 仕切り席. ▶ POLLING [VOTING] BOOTH (投票用紙記入所).

bóot·lèg *a* 密造[密売, 密輸]された《酒類など》; 海賊版の《レコード・テープなど》. ― *n* 密造[密売, 密輸]酒;《レコード・テープなどの》海賊版. ― *vt* 密造[密売, 密輸]する;《レコード・テープなどの》海賊版を作製[販売, 輸入]する (cf. PIRATE).

bóot·lègger *n* 酒類密造[密売, 密輸]者;《レコード・テープなどの》海賊版作製[販売, 輸入]者.

bóot·lègging *n* 酒類密造[密売, 密輸];《レコード・テープなどの》海賊版作製[販売, 輸入].

bóot·stràp *vi* **1**《貧弱な資力にもかかわらず》独立で成し遂げる. **2**《怪しげな前提から》立証されていない結論に達する.

bóotstrap dòctrine つまみ革の法理《判決をすでに出している他州裁判所の裁判管轄権について事後的に攻撃することを禁ずる法理; ただしこの法理は, もともと事物管轄権を有していない裁判所による判決には適用されえない》.

boo·ty /búːti/ *n* **1**《国際法》《地上部隊による》《陸上》戦利品 (=~ **of wár**, spoils of war) (cf. PRIZE). **2**《強盗・海賊行為などによる》略奪品.

bord /bɔ́ːrd/《古》*n* 小屋.

bórd·age *n*《史》僕婢(ぼくひ)保有《領主に対する僕婢としての奉仕を対価に小屋と小さな土地を保有すること; その保有者を bordar という》.

bor·dar /bɔ́ːdər/ *n*《史》僕婢保有者 (⇨ BORDAGE).

bórder sèarch 国境での捜索《一般的に国境における捜索, 特に国境の検問所における不法入国や密輸防止のための捜索》.

bórd·lànd *n*《史》**1** 僕婢保有地 (⇨ BORDAGE). **2**《領主の》自家用直営地.

bork /bɔ́ːrk/ *vt* *《俗》[°B-]《公人・候補者などを》《特にメディアを通じて》批判にさらす, 攻撃する;《特に上院議員に圧力をかけ》《大統領の被指名者》の承認を拒否させる,《上院が特に連邦最高裁判所裁判官被指名者》の承認を拒否する.《合衆国最高裁判所裁判官 R. H. Bork (1927-2012) が 1987 年上院で承認を拒否されたことから》.

bor·ough /bɔ́ːrou, bʌ́r-; bʌ́rə/ *n* **1**《英》《特許状により各種特権・法人格を与えられた》自治都市, 都市, バラ, 自治区《1972 年法により地方行政区分としては, Greater London 以外のものはすべて廃止された; cf. CITY》. ▶ COUNTY BOROUGH (特別市) / FREEDOM OF A BOROUGH (都市の自由, 都市自治権; 名誉市自由市民権, 都市市民権; 名誉市民権) / LONDON BOROUGH (ロンドン自治区) / MUNICIPAL BOROUGH (都市法人たる自治都市). **2**《英史》選挙区(自治)都市《議会議員選出特権を与えられた自治都市》. ▶ POCKET BOROUGH (ポケット自治都市) / ROTTEN BOROUGH (腐敗選挙区(自治都市)). **3 a**《米》自治区, 自治町村. **b**《Alaska の》郡《他州の county に相当》.

bórough cóuncil《BOROUGH 住民に選出された》参事会.

bórough cóurt《英史》都市裁判所《1972 年法により 1974 年廃止された, 都市により特別の名称をもつ下位の民事裁判所》.

bórough Énglish《英史》**1** 末男相続(制) (=ULTIMOGENITURE). **2** 末男相続保有.

bórough fúnd《英史》都市財政基金.

bórough-hèad *n*《英史》十人組長 (=BORSHOLDER).

bórough·hòld·er *n*《英史》**1** 十人組長 (=BORSHOLDER). **2** 都市土地保有権者《都市土地保有権 (burgage) 保有者》.

bórough séssions *pl*《英史》都市四季裁判所 (=**bórough quárter sèssions**)《1971 年法で廃止》.

bórough tréasurer《英》(自治)都市収入役.

bor·row /bɔ́(ː)rou, bʌ́r-/ *vt, vi* 借りる, 借用する 〈*from, of*〉(opp. *lend*);《俗》寸借する, 盗む (steal).

[OE *borgian* to give a pledge (*borg* pledge)]

bórrowed cápital 借入資本.

bórrowed emplóyee 派遣被用者, 借入れ被用者, 派遣労働者 (=loaned employee [servant], special employee).

bórrowed státute 〘米〙借用法律 《州際私法における準拠法選択にあたって, ある州が他の州の法律を使う場合のその法律; ⇨ BORROWING STATUTE》.

bórrowed státutes dòctrine 〘米〙借用法律の法理 《ある州が他州の法律と同じものを採用制定した場合には, その他州の裁判所による同法律についての確立された解釈は, 後に制定した方の州の裁判所に対しても拘束力を有するという原則》.

bórrow·er n 借手, 借用者: ~s from the bank.

bórrow·hèad n 〘英史〙十人組長 (=BORSHOLDER).

bórrow·ing n 借りること, 借用; [*pl*] 借入金, 借金: ~ power 借入能力 / bank ~s 銀行(からの)借入金.

bórrowing státute 〘米〙法律借用法 《法廷地の州は自州の出訴期間法 (statute of limitations) を適用しなければならないという州際私法における準拠法選択準則に対する例外を定める法律; いかなる場合にも他州の法に準拠するかは, この法律で特定されることになる; cf. BORROWED STATUTE》.

bórs·hòld·er /bɔ́:rs-/ 〘英史〙十人組長 (=borough-head, boroughholder, borrowhead, headborough, tithingman) (⇨ FRANKPLEDGE).

bor·stal /bɔ́:rstl/ n 〘°B-〙〘英史〙少年院 (=~ institùtion) 《15-20 歳の犯罪者 (offender) を収容; 現在は青少年犯罪者拘置所 (YOUNG OFFENDER INSTITUTION) に代わっている》.

boss /bɔ́(:)s, bás/ n 《マフィアや暴力団などの》ボス, 親分; 上役, 上司; あるじ, ぬし, 大立て者.

Bóston ínterest ボストン式利息 (=New York interest) 《1 か月の正確な日数に基づくのではなく, 1 か月を 30 日として利息を計算する方式》.

bot /bát/ n BOTE.

bote /bóut/ n (*pl* ~) 〘史〙 **1 a** 必要物, 必要物採取権 (estovers). **b** 修繕(権). ▶FIREBOTE [薪採取権] / HAYBOTE [HEDGEBOTE] [垣根修繕用材採取権] / HOUSEBOTE [家屋修理材・薪採取(入会)権] / PLOUGHBOTE [PLOWBOTE] [犁用採木権]. **2 a** 補償, 贖罪(金) (compensation). **b** 修繕[維持]費負担金. ▶BRIGBOTE [BRIDGEBOTE] [橋梁・城壁・城塞維持負担金] / DOLG-BOTE [傷害に対する贖罪(金)] / FEUDBOTE [フェード代償金] / GOD BOTE [GODBOTE] [神への贖罪(金)] / KINBOTE [血族殺害贖罪金] / MANBOTE [人命贖罪金] / THEFT-BOTE [窃盗宥恕].

bóte·less, bót·less a 〘史〙 **1** 贖罪不能の《犯罪》, 贖罪全支払いで免責されえない《犯罪者は死刑か自由身分を失うことになる》. **2** 救済手段のない.

bóth-to-blámé n 双方過失衝突(の法理) 《船舶が双方の過失により衝突すること; 特にその場合の, その過失割合に関係なく損害を平等負担する原則; cf. BOTH-TO-BLAME (COLLISION) CLAUSE》.

bóth-to-blámé (collísion) clàuse 〘米〙双方過失衝突条項 《船荷証券や傭船契約上の条文で, 双方過失衝突の場合の損害を平等負担とする条項; ⇨ BOTH-TO-BLAME》.

bóttom·lànd* n 《川沿いの, 特に増水時に流水でおおわれる》《沖積層》低地.

bot·tom·ry /bátəmri/ n 〘海事〙《船舶のみあるいは船舶・積荷双方を担保とする》船舶担保冒険貸借 (=gross adventure) (⇨ RESPONDENTIA) (cf. HYPOTHECATION). ── vt 船舶担保冒険貸借契約をする.

bóttomry bònd 《船舶のみあるいは船舶・積荷双方を担保とする》船舶担保冒険貸借証書[証券] (cf. HYPOTHECATION BOND, RESPONDENTIA BOND).

bóught and sóld nótes *pl* 仲立人作成結約覚書, 仕切書, 契約証《売主に渡すのが sold note (売渡覚書), 買主に渡すのが bought note (買入覚書); cf. CONTRACT NOTE, SALE NOTE》.

bóught as séen 見た上で購入した (⇨ BUY).

bóught nóte 買入れ覚書 (⇨BOUGHT AND SOLD NOTES).

bounce /báuns/ *vi*, *vt* **1** はね上がる. **2** 〘口〙《小切手が》不渡りとして戻ってくる.

bóunced chéck 不渡り小切手 (=BAD CHECK).

bound¹ /báund/ n [ʷ*pl*] **1** 境界, 限界 (boundary); 境界線, 境界領域, 境界線内の土地[領土], 国境地. ▶METES AND BOUNDS=BUTTS AND BOUNDS 《境界標と境界線による土地表示》. **2** [ʷ*pl*] 範囲, 限度. ── *vt* …の境界となる, …に境界を示す, …に境界線を引く.

bound² *a* 《契約・先例などに》束縛された, 拘束された, 制約をうけた, 義務を負わされた (cf. BINDING).

bound·a·ry /báund(ə)ri/ n **1** 境界; 境界線 (=~ line), 境界標 (⇨ METES AND BOUNDS): ~ dispute 境界争い. ▶LAND BOUNDARY (土地境界(線)) / NATURAL BOUNDARY (自然的境界). **2** 〘国際法〙国境 (⇨ RULE OF THE THALWEG).

Bóundary Commìssion [the ~] 〘英〙《人口移動を考慮して定期的に選挙区割を見直す》選挙区画定委員会 《1986 年法で創設された独立的な助言機関; イングランド・ウェールズ・スコットランド・北アイルランドそれぞれに個別の選挙区画定委員会があったが, イングランドに関しては 2000 年に新設の選挙委員会 (Electoral Commission) にその機能を移した; cf. ELECTORAL COMMISSION, LOCAL GOVERNMENTAL BOUNDARY COMMISSION》.

bóund báiliff 〘英〙保証ベイリフ (=bumbailiff) 《シェリフ (sheriff) はみずから選任する下僚のベイリフ (bailiff) の行為について法的に責任を負うために, ベイリフから毎年その職務執行について保証証書を提出させている; ここからこのようなベイリフをこう呼ぶ》.

boun·ty /báunti/ n **1** 恵み深さ, 気前のよさ; 《特に遺言による》《惜しみない》贈与, 惜しみなさ. **2** 賜物, 下賜金. ▶PRIZE BOUNTY (戦時捕獲報奨金) / QUEEN ANNE'S BOUNTY (女王アン下賜金). **3** 《特に政府の》産業助成

金,《公益のためになされた行為に対して政府が支給する》報償金, 奨励金.

bóunty hùnter 報奨金目当てに被疑者・保釈保証違反被告人狩りをする者.

bour·geois /búərʒwàː, ⁻ˈ⁻/ a 1《貴族・聖職者・肉体労働者・給与生活者・軍人などに対して》中産階級の, 有産階級の, 商工業者の, ブルジョアの. 2 [derog] 凡俗で物質主義的な, ブルジョア根性の, 資本主義の, 資本主義的な.

bour·geoi·sie /bùərʒwàːzíː/ n (pl ~) [the ~] 中産階級, 商工業階級, 資本家[有産]階級, ブルジョアジー, 市民階層: petit [petty] ~ 小市民(階級), プチブル.

bou·tique /butíːk/ n 小規模専門店, ブティック; 小規模専門特化法律事務所.

Bó·vill's Áct /bóuvɪlz-/《英史》ボウヴィル法《1》1860年の Petition of Right Act(権利請願法) 2》1865年の Partnership Law Amendment Act(組合法改正法)のこと; 法廷弁護士で当時下院議員として法改革に熱心であった Sir William Bovill (1814–73) の名にちなむ通称》; 2》共にすでに廃止されている; Bovill はその後法務司 (Solicitor General) を経て人民訴訟裁判所首席裁判官 (Chief Justice of the Common Pleas) になった人物》.

box /báks/ n 箱;《法廷などの》席. ▶ BALLOT BOX (投票箱) / JURY BOX (陪審員席; 陪審員抽選器) / RED BOX (レッドボックス) / SAFE-DEPOSIT BOX (貸金庫) / SCHUMER BOX (シューマー表) / STRONGBOX (金庫) / WITNESS BOX (証人席).　**against the ~** 空(ⓚ)売りで《現物保有者が行なう場合の表現》; ⇨ SHORT SALE AGAINST THE BOX. ▶ (SHORT) SALE AGAINST THE BOX [SELLING AGAINST THE BOX] (同種の証券の空売り).

bóx nùmber《郵便》私書箱番号;《広告主に対するアンケートなどを新聞社気付で送る際に宛名の代わりに用いる》新聞広告番号: Please reply to Box No. 123.

bóx-tòp lícense 商品箱上面[ボックストップ]による使用許諾(書) (⇨ SHRINK-WRAP LICENSE).

boy·cott /bɔ́ɪkɑ̀t/ n ボイコット; 不買運動, 不買同盟;《独占法上の》取引拒絶; 共同絶交, 共同排斥 (▶ cf. LOCKOUT, PICKETING, STRIKE): organize a ~ against [of] imported cars. ▶ CONSUMER BOYCOTT (消費者によるボイコット) / GROUP BOYCOTT (共同行為による取引拒絶) / PRIMARY BOYCOTT (一次的ボイコット) / SECONDARY BOYCOTT (二次的ボイコット). — vt 1 ボイコットする, 不買同盟で苦しめる, 排斥する. 2《委員会などへの》参加を拒否する. **~ing** n

b.p., B/P °bill(s) payable 支払い手形.

B.R., BR °Bancus Regis [Reginae] 王座部[女王座];《英》王座[女王座]裁判所 ♦《米》Bankruptcy Reporter『破産裁判例集』.

b.r., B.R., B/R °bill(s) receivable 受取手形.

B/R °Bill of Rights 権利章典.

bráce·let n [pl]《口》手錠 (handcuffs).

brack·et /brǽkət/ n 1 [ᵁpl] 角型括弧, ブラケット

《[ ]》. 2《年齢・収入など》共通項で一括されるグループ. ▶ INCOME BRACKET (課税所得等級) / TAX BRACKET (税率等級). — vt ひとまとめに扱う, 一括する 〈together〉.

brácket crèep 税率等級漸進《インフレや所得の増加によってより高い段階の税率等級 (tax bracket) に押し上げられて行くこと》.

Brac·ton /brǽktən/ ブラクトン Henry de ~ (d. 1268)《**Brat·ton** /brǽtn/ とも呼ばれる; イングランドの聖職者・法律家; 中世イングランド法の最初の体系的著述で最大の法書といわれている De Legibus et Consuetudinibus Angliae《イングランドの法と慣習法について》を残した; しばしばこの著書そのものを指す》.

Brá·dy Áct /bréɪdi-/ [the ~]《米》ブレイディー法《拳銃の購入予定者の身元を迅速に事前調査することを定めた連邦法; 1994年発効; 正式名 Brady Handgun Violence Prevention Act (ブレイディー拳銃暴力among予防法) の略称; Ronald Reagan 大統領の報道補佐官で, 1981年のレーガン大統領暗殺未遂事件で重傷を負った James Brady の名から》.

Brády matèrial《米》ブレイディー事件資料《刑事被告人に有利な証拠ないしは情報で, 訴追側が開示することを義務づけられているもの; 不開示の場合は, 被告人の法の適正手続きにより保障されている権利 (due process rights) を犯すことになる; 1963年の判例 Brady v. Maryland 事件の原告名から; cf. JENCKS MATERIAL》.

Brády mòtion《米》ブレイディー事件の申し立て《刑事被告人が裁判所に対してみずからのブレイディー事件資料 (Brady material) を訴追側に開示することを命ずるようにと申し立てること, またその申し立て; ⇨ BRADY MATERIAL》.

bráin dèath 脳死 (⇨ LEGAL DEATH).　**bráin-dèad** a 脳死(状態)の.

branch /brǽntʃ; brɑ́ːntʃ/ n 1 枝, 分枝; 部門: ~es of law 法の諸部門. ▶ EXECUTIVE BRANCH (行政部) / JUDICIAL BRANCH (司法部) / LEGISLATIVE BRANCH (立法部). 2 支部, 支社, 支店, 支局 (branch office). 3《共通の祖先をもつ》分家. 4 水先案内人免許 (⇨ BRANCH PILOT).

bránch bànk 銀行支店.

bránch mànager《会社などの》支店長, 支局長.

bránch òffice 支部, 支社, 支店, 支局《単に branch ともいう; cf. HEAD OFFICE, HOME OFFICE》.

bránch pìlot 河川水先案内人.

brand /brǽnd/ n 1 商標 (trademark), 銘柄, ブランド;《特定の》銘柄品. ▶ GENERIC BRAND (ノーブランド). 2 焼印, 烙印; 焼きごて. — vt 1 …に商標をつける: ~ed goods ブランド品. 2 烙印[焼印]を押す. [OE brand fire, torch < Gmc (*bran- to burn)]

Bran·deis /brǽndaɪs/ ブランダイス Louis (Dembitz) ~ (1856–1941)《米国の法律家; 弁護士として若干の州における最低賃金法, 独占禁止法の合憲性を主張; 種々の社会問題で大企業相手に市民グループを代弁して活躍し, '人民の弁護士' (people's advocate) と呼ば

れた; 多くの社会学的データを記した趣意書 BRANDEIS BRIEF の方式を導入; ユダヤ人として初の合衆国最高裁判所裁判官 (1916-39) となり, 'GREAT DISSENTER' (偉大なる反対者) と呼ばれ, リベラルな立場から New Deal の主な立法を合憲とした).

Brándeis brief ブランダイス式上告趣意書《伝統的な法律論よりも立法論の根拠にある社会学的データを記し強調した新方式の上告趣意書; のちに合衆国最高裁判所裁判官となったブランダイス (Brandeis) 弁護士が初めて用いた方式》.

bránd·ing *n* **1**《史》烙印, 烙印刑. **2**《家畜の所有者を示すための》焼印. ▶ MISBRANDING (ブランド不正表示).

bránd nàme 1 商標 (brand). **2** 商号 (= TRADE NAME). **3** ブランド品, 有名商品.

bránd-nàme *a* 商標付きの: a ~ item 商標付き商品, ブランド品.

Bratton ⇨ BRACTON.

brawl /brɔ́:l/ *n* 争論, 静謐(せいひつ)攪乱.

bráwl·ing *n* 教会域内静謐攪乱罪.

breach /brí:tʃ/ *n*《法・約束・義務などの》違反(行為), 不履行, 侵害: ~ of loyalty 忠誠義務違反. ▶ ANTICIPATORY BREACH (履行期前の契約違反) / CONTINUING BREACH (継続的契約違反) / EFFICIENT BREACH (効率的契約違反) / FRITHBREACH (平和破壊) / FUNDAMENTAL BREACH (基本的違反) / IMMEDIATE BREACH (損害賠償即時訴求可能契約違反) / MATERIAL BREACH (重大な契約違反) / PARTIAL BREACH (部分的契約違反) / POUND-BREACH (《動物》収容所破り) / PRISON BREACH (脱獄) / TOTAL BREACH (全面的契約違反). — *vt*《法・約束・義務などを》破る. **~·er** *n*

bréach of clóse 土地不法侵害 (= breaking a close).

bréach of cónfidence 守秘義務違反 (cf. CONFIDENTIAL DISCLOSURE, CONFIDENTIAL INFORMATION, DISCLOSURE OF INFORMATION).

bréach of confidentiálity 守秘義務関係破壊.

bréach of cóntract 契約違反 (cf. EFFICIENT BREACH THEORY): The company is in ~. ▶ ANTICIPATORY BREACH OF CONTRACT (履行期前の契約違反) / PROCURING [INDUCEMENT OF, INDUCING, PROCUREMENT OF] BREACH OF CONTRACT (契約違反勧誘) / TOTAL BREACH OF CONTRACT (全面的契約違反).

bréach of cóvenant 約定違反《通例 契約中の明示・黙示の約束に対する違反》.

bréach of dúty 義務違反 (cf. NEGLIGENCE).

bréach of fáith 信義違反.

bréach of márriage prómise 婚姻約束違反.

breach of peace ⇨ BREACH OF THE PEACE.

bréach of póund 《動物》収容所破り (= POUND-BREACH).

bréach of príson《特に 暴力を用いての》脱獄(罪) (= PRISON BREACH).

bréach of prívilege《英》議会特権侵害《議会・議院あるいは議員の議会の特権 (parliamentary privilege) の侵害》.

bréach of prómise 約束違反, 約束不履行,《特に》婚姻約束違反 (breach of marriage promise) (= **bréach of prómise of márriage**).

bréach of státutory dúty 制定法上の義務の違反.

bréach of (the) péace 平和破壊(罪), 治安紊乱(びんらん)(罪) (= disturbance of the peace) (**1**) 英国では, 暴行 (assault), 闘争 (affray), 騒擾 (riot), 不法集会 (unlawful assembly) その他の静穏妨害行為を通して人に対し, あるいはその面前でその財産に対し損傷を与えたり与えそうになったり, あるいはそうした損傷が与えられるのではないかという恐怖を人に与える犯罪行為 **2**) 一般的には, より広く, 特に不必要な騒音を立てて公共の静穏を乱したりその他の治安紊乱行為をなすことを含む, 不法集会・争議, さらには名誉毀損など公共の平和を乱す行為一般を指す; cf. DISORDERLY CONDUCT).

bréach of trúst 1《受託者 (trustee) による》信託(義務)違反. ▶ ACCESSORY LIABILITY IN BREACH OF TRUST (信託(義務)違反幇助責任). **2** 失政,《公務上の》不手際, 腐敗. **3**《口》背任.

bréach of wárranty 1《売主による》担保(約束)違反, 保証義務違反 (⇨ WARRANTY). **2**《保険》《被保険者による契約事項の》真実性の保証違反 (⇨ WARRANTY).

bréadth of the territórial séas《国際法》領海の幅《領海の範囲》; ⇨ TERRITORIAL SEAS; cf. CANNON SHOT RULE, THREE-MILE LIMIT, TWELVE-MILE LIMIT.

break /bréɪk/ *vt* (**broke** /bróuk/; **bro·ken** /bróuk(ə)n/) **1 a** こわす, 破壊する; あける, 切り開く, 脱ぐ; 脱獄する. **b** 中絶[遮断]する, 終わらせる: ~ a strike ストライキをやめさせる. **c** 押し入る,《不法》侵入する. **2 a**《界・限界などを》破る, 犯す. **b**《法・規則・契約・約束・遺言などに》違反する. **c**《契約などを》解除[破棄]する. **d**《遺言などを》無効とする. **e**《暗号などを》解く,《事件などを》解決する. **~ down** (*vi*)《機械などが》壊れる, 故障する;《秩序・抵抗などが》くずれる,《会談・計画などが》失敗に終わる,《交渉が》決裂する. (*vt*) こわす, 圧倒する;《結果などを》《細かに》分析[分類]する. **~ in** 押し入る, 侵入[乱入]する. **~ into...** 押し入る, 侵入[乱入]する. **~ off**《話・議論などを》急にやめる;《交渉を》打ち切る. **~ up** (*vt*) (**1**) ばらばらにする, 粉砕する; 解体する. (**2**) 終了させる, 解散させる. (*vi*)《会議などが》終わる, 解散する. — *n* **1** 破壊, 破損; 断絶. ▶ CLEAN BREAK (後腐れのない破談) / JAILBREAK (脱獄). **2**《仕事の間の》小憩, 小休止, 休み時間: The meeting adjourned for a ten-minute ~. **3** 脱走, 脱獄. **4** 変化, 急変.

bréak·age *n* **1** 破損; [*pl*] 破損物. **2**《輸送・保管

中の)**破損高**; 破損高見越し高(割引). **3**《競馬で配当金計算の際の)端数切捨て(金)(による主催者の利益).

bréak and éntry 不法(目的)侵入(＝BREAKING AND ENTERING).

bréak cláuse 契約解除条項《固定期間 (fixed term) の定期不動産賃貸借契約に盛り込まれる条項》.

bréak・dòwn *n* **1** 故障; 破損: the ~ of the radio link 無線結合の故障. **2 a**《交渉などの》中絶, 頓挫; 挫折; 崩壊: a ~ in tariff-reduction negotiations. **b**《肉体・精神の》衰弱. ▶ IRREMEDIABLE BREAKDOWN (回復しがたい婚姻破綻) / IRRETRIEVABLE BREAKDOWN (修復しがたい婚姻破綻) / MARITAL BREAKDOWN (婚姻の破綻). **3** 分析; 分類 (classification); 内訳. **4** 分裂.

bréakdown of márriage 婚姻の破綻(＝MARITAL BREAKDOWN). ▶ IRREMEDIABLE BREAKDOWN OF THE MARRIAGE (回復しがたい婚姻破綻) / IRRETRIEVABLE BREAKDOWN OF THE MARRIAGE (修復しがたい婚姻破綻).

bréak-in *n*《口》《家・部屋に》押し入ること, 家宅侵入, 押込み.

bréak・ing *n* **1** 破壊. ▶ JAIL BREAKING (脱獄) / PRISON BREAKING (脱獄) / Sabbathbreaking (日曜安息法違反) / STRIKEBREAKING (スト破り). **2**《建物への》(不法)侵入, 押込み. ▶ HOUSEBREAKING (住居侵入).

bréaking a cáse 1《判決についての》試論的意見《合議制裁判において, 審理中の事件について正式な判決に達する前に, 裁判官同士でその事件につきどう判決するかについて試論的に意見を述べること, あるいはその意見》. **2** 一件落着, 一件決着《警察その他法執行者が担当している事件の犯人を割り出すところまで到達すること》.

bréaking a clóse 土地不法侵害(＝BREACH OF CLOSE).

bréaking and éntering [éntry] 住居[建物]を不法に破壊し侵入すること, 不法(目的)侵入(＝break and entry), 住居侵入 (housebreaking)《略 B and E; cf. BURGLARY》.

bréaking báil [béle] 1 開被《梱包・封書などの封を開くこと》. **2** 開被窃盗, 受寄者窃盗《運送人などの受寄者 (bailee) が預かった物の梱包を解き中の物を領得する行為》.

bréaking búlk 1《梱包を解いたうえでの》内容物分離. **2** 開被窃盗(＝BREAKING BAIL)(cf. *break* BULK).

bréaking of entáil 限嗣封土権廃除(＝BARRING OF (THE) ENTAIL).

breatha・lyze｜-alyse /bréθəlàɪz/ *vt* ブレサライザー (Breathalyzer) で検査する.

Bréath・alỳz・er《商品名》酒気[飲酒]検知器, ブレサライザー(＝DRUNKOMETER). [*breath*＋an*alyzer*].

bréath・ing ròom /bríːðɪŋ-/《俗》息継ぎ場所, 息つくひま《破産手続きで, 債務者が債権者からの干渉に煩わされることなく債務返済計画を作ることのできる期間》.

bréath spècimen 呼気試料, 呼気検体(＝SPECIMEN OF BREATH).

bréath tèst《運転者などに対する》酒気検査(法).

bre・hon /bríːhən, -hən/ *n*《アイルランド史》裁判官 (judge)《世襲であったと推定される》. [IrGael *breitheamh* judge].

bréhon làw [the ~]《史》ブリーハン法《アイルランド古法で, 法的には1366年に正式廃止され, イングランド法に取って代わられたが, Pale(アイルランド東部の地方)以外では17世紀初期まで用いられた; ⇨ BREHON》.

B reorganization /bíː ー/《米》B型会社組織変更《会社組織変更 (reorganization) のうち, 一方の会社の議決権株式 (voting stock) を他方会社のものと交換する形をとるもの; ⇨ REORGANIZATION》.

breve /bríːv, bríːvi, brév/ *n* (*pl* **bre・via** /bríːviə/)《史》令状(＝WRIT). [ML *bref*, *breve* short; ⇨ BRIEF]

bréve de cúr・su /-də kə́ːrsju/ 当然令状(＝WRIT OF COURSE). [L＝writ of course]

bréve de réc・to /-də réktou/ **1**《史》権利令状(＝WRIT OF RIGHT). **2** 当然令状 (writ of course).

bréve for・má・tum /-fɔːrméɪtəm/ (*pl* **brévia for・má・ta** /-tə/)《史》定型令状 (cf. BREVE MAGISTRALE). [L＝writ of established form]

Bre・ve ita di・ci・tur, quia rem de qua ag・i・tur, et in・ten・ti・o・nem pe・ten・tis, pau・cis ver・bis bre・vi・ter enar・rat. /bríːvɛ íːtə dísɪtər kwíə rɛm di kwə éɪʤɪtər ɛt ɪntɛnʃióunɛm pɛtɛ́ntɪs póːsɪs vɛ́rbɪs brévɪtər ináːræt/ 令状 (breve) が breve (小文書) と呼ばれるのは, 争われている事項と訴求者の意図を短くわずかな語で述べているからである. [L＝A writ is called a "breve" because it briefly states in few words, the matter in dispute, and the intention of the party seeking relief.]

bréve ju・di・ci・á・le /-ʤuːdɪʃiéɪli/《史》裁判所令状(＝JUDICIAL WRIT) (cf. BREVE MAGISTRALE). [L]

Breve judiciale non ca・dit pro de・fec・tu for・mae. /ー ー nɑn kǽdɪt próu difɛ́ktju fɔ́ːrmiː/ 裁判所令状は形式の欠陥のゆえには失効しない. [L＝A judicial writ does not fail through defect of form.]

bréve ma・gis・trá・le /-mæʤɪstréɪli/《史》大法官府主事作成令状《古来の定型令状 (breve formatum) が適用されない特定事件の事情に応じて大法官府主事 (Master in Chancery) ないしは書記により作成された訴訟開始令状 (original writ); 最も有名な例は, 特殊主張令状 (action on the case) での令状; cf. BREVE FORMATUM, BREVE JUDICIALE》. [L＝master's writ]

bréve ori・gi・ná・le /-ərìʤɪnéɪli/《史》訴訟開始令状(＝ORIGINAL WRIT). [L]

bréve tes・tá・tum /-tɛstéɪtəm/《史》証人付き譲渡書《土地の譲渡あるいは占有付与 (investiture) に際して作成された文書; 譲渡・付与の証人 (witness) はこの文書

brevia

に署名をしていないが、その名前が文書に記されていた）．[L=witnessed writ]

brevia /bríːviə/ BREVE の複数形．

Brévia Pla·ci·tá·ta /-pleɪʃɪtéɪtə/ pl《史》『訴答方式集』(13世紀半ばの訴答 (pleading) の方式を中心にした法書)．

bre·vi·ate /bríːviət/ n《史》要約文書,（特に）**法案要約**《文書の要約；特に議会提出法案に付したその法案内容の要約文書》．[L]

bréwster sèssions pl《英史》酒類販売免許会議《酒類販売免許の許可・更新・譲渡を審議する年1回の治安判事 (justice of the peace) の会議；2003年法で酒類販売免許の権限は別個の，通例は関連地方当局に移された》．

brf brief.

bribe /braɪb/ n 賄賂 (cf. KICKBACK): take ~s. — vt, vi 賄賂で誘惑する[抱き込む，…させる]，買収する；贈賄する：~ a police officer.

brib·ery /bráɪb(ə)ri/ n 贈賄，収賄，**贈収賄**，賄賂罪 (cf. GRAFT, KICKBACK). ▶ COMMERCIAL BRIBERY (商事贈収賄).

bríbery and corrúption 賄賂瀆職(とくしょく)(罪)《責任ある地位にある人に対して利をもって誘い，適正な職務遂行をゆがめるような犯罪一般についての包括的な語》．

bride·well¹¹ /bráɪdwèl, -wəl/《古》《俗》n 感化院，矯正院，留置場．[Bridewell London の St. Bride's Well の近くにあった House of Correction]

bridge bànk《米》つなぎ銀行《売却されるまで一定期間支払い能力のなくなった銀行を経営する国法銀行 (national bank)》．

bridgebote ⇨ BRIGBOTE.

brídge finàncing つなぎ融資 (=BRIDGE LOAN).

brídge lòan《家を買い替えたりする際の，資金入手までの期間の》つなぎ融資[貸付金，借入金] (=**brídging lòan**) (=bridge financing, swing loan).

brídle·wày, brídle pàth [ròad, tràil] 乗馬道《公道にかかる乗馬・歩行者用で，馬車・荷車などは通行できない公道》．

brief /briːf/ n **1 a** 摘要(書)，概要(書)，要約(書)，ブリーフ．**b** 訴訟事件摘要書《特に英国では，この語は事務弁護士 (solicitor) が法廷の弁論を依頼した法廷弁護士 (barrister) に渡す事件内容の説明書類を指す》；準備書面，上訴趣意書．**c** 訴訟事件: take a ~ 訴訟事件を引き受ける / have plenty of ~s《弁護士が》事件の依頼が多い．**d** 権原要約書 (=ABSTRACT OF TITLE). **e** 判例要約 (=CASE NOTE). ▶ ANDERS BRIEF (アンダーズ書面) / APPELLATE [APPEAL] BRIEF (上訴趣意書) / Brandeis brief (ブランダイス式上告趣意書) / DOCK BRIEF (即席弁護(依頼)) / MERITS BRIEF (請求実体摘要書) / NO-MERIT BRIEF (上訴無意味書面) / OPENING BRIEF (訴訟事件冒頭摘要書) / POINTS AND AUTHORITIES BRIEF (問題点と典拠摘要書) / PROOF BRIEF (上訴準備書面) / REPLY BRIEF (上訴(人)回答摘要書) / TRIAL BRIEF (審理摘要書). **2**《権限・任務などを規定する》指示(事項)，《fig》任務，権限．▶ WATCHING BRIEF (訴訟注視依頼(書)). **3** 書簡；《カトリック》教皇書簡，小勅書；《古》令状(writ). **4**《口》《法廷》弁護士．**hold a [no] ~ for** sb 人のために訴訟事件の依頼を受けている[受けていない]，《人》を弁護する[しない]．**on the ~** 訴訟事件摘要書[準備書面，上訴趣意書]上に: the names of all the lawyers *on the ~*. — vt "…の訴訟事件摘要書を作成する，《法廷弁護士 (barrister)》に訴訟事件摘要書による説明をする；《人》に訴訟事件を依頼する；詳細に説明する: ~ a barrister 法廷弁護士に事件の詳細を説明する．**~·er** n [OF<L brevis short]

brief·bàg n 折りかばん (briefcase);《法廷弁護士 (barrister)》が訴訟事件摘要書を入れる赤色または青色の》折りかばん．

brief·càse n《主に革製の》書類かばん，折りかばん，ブリーフケース (=briefbag).

brief·ing n **1** 簡潔な状況説明[指令]，要約した報告，要点の説明．**2**《行動を起こす前の》最終打合わせ，説明会．

brief-making ⇨ BRIEF-WRITING.

brief on the mérits 請求実体摘要書 (=merits brief, points and authorities brief).

brief-wrìting, brìef-màking n 訴訟事件摘要書[準備書面，上訴趣意書]作成．

brig·bote /brígbòut/, **brìdge·bòte** n《英史》《アングロサクソン期の》橋梁・城壁・城塞維持負担金．

bríght líne《当面する問題を解決するための》単純明白な区分線 (⇨ BRIGHT LINE RULE). **bright line a**

bríght líne rùle 単純明白な区分線の準則《法的判断をする際の決定の仕方で，単純明白で，当面する問題の多義性・複雑さ・困難性を回避・無視する，時には法的確実性のために衡平性を犠牲にするようなやり方》．

bring /brɪŋ/ vt (**brought** /brɔːt/) 持ってくる；もたらす；《訴訟などを》提起する，起こす；《議論を》持ち出す；《証拠などを》提出する: ~ an action [an accusation, a charge, a suit] *against*…を訴える，に対する訴えを提起する / ~ an action *before* a court 裁判所に訴えを提起する．**~ about** ひき起こす，なし遂げる (accomplish). **~ forward (1)**《証拠などを》挙げる，提出する: ~ *forward* evidence to show that…を示す証拠を挙げる．**(2)** 繰り上げる，《簿記》次ページへ繰り越す: ~ *forward* the date of payment. **~ in (1)**《法案などを》提出する；《陪審が評決を》答申する: The jury brought *in* a verdict of not guilty. **(2)** 警察へ連れて行く．**~ sb in guilty [not guilty]** 人に有罪[無罪]の評決を下す．**~ up (1)** 上げる，連れて行く．**(2)**《証拠・議案などを》持ち出す，提起[提出]する；《人》を出廷させる．

Brís·tol Tól·zey Còurt /brístl túlzi-/《英史》ブリストル・トルジー裁判所《民事裁判権をもった英国 Bristol 市の古来の都市裁判所；1971年廃止；単に Tolzey Court ともいう》．

Brítish cítizen 連合王国国民 (⇨ BRITISH CITI-

ZENSHIP).

Brítish cítizenship 連合王国国籍, 連合王国市民権《連合国籍法 (1981)(1983年施行)により制定された3つの新国籍・市民権形態の一; 出生・養子縁組・血統・登録・帰化のいずれかによりこの国籍・市民権を取得できる; 他の2つは連合王国属領国籍 (British Dependent Territories citizenship) と連合王国海外領国籍 (British Overseas citizenship); なお, このうち前者は2002年法で連合王国海外領国籍 (British Overseas Territories citizenship) と名称変更された; cf. NATURAL-BORN CITIZEN》.

Brítish Cómmonwealth (of Nátions) [the ~] イギリス連邦, 英連邦, コモンウェルス《現在, 特に1950年インドが共和制になってからは British を付さず, また一般に単に the Commonwealth と呼んでいる; ⇨ COMMONWEALTH》.

Brítish Depéndent Térritories cìtizen 〖英史〗連合王国属領国民《⇨ BRITISH DEPENDENT TERRITORIES CITIZENSHIP》.

Brítish Depéndent Térritories cìtizenship 〖英史〗連合王国属領国籍[市民権]《Bermuda, Gibraltar や英領時代の香港などに住む者に適用された; ⇨ BRITISH CITIZENSHIP》.

Brítish Líbrary [the ~] 英国図書館, ブリティッシュ・ライブラリー.

Brítish nationálity 連合王国国籍.

Brítish Nátional (Óverseas) 連合王国海外国民《香港で連合王国属領国籍 (British Dependent Territories citizenship) を有していた人が登録で取得した連合王国国籍; 1997年に香港は連合王国の属領でなくなった》.

Brítish Nòrth América Àcts *pl* [the ~] 〖史〗英領北アメリカ法《アメリカ合衆国独立後北アメリカに残された植民地の統治についての, 1982年のカナダ法 (Canada Act) を含む一連の連合王国議会制定法を指す》.

Brítish Óverseas cítizen 連合王国海外国民《⇨ BRITISH OVERSEAS CITIZENSHIP》.

Brítish Óverseas cítizenship 連合王国海外国籍[市民権]《1981年法で定められた3つの新国籍・市民権形態の一つで, 同法施行日の1983年1月1日に連合王国かその植民地の市民権を得ていた者で他の2つの型の新国籍すなわち連合王国国籍 (British citizenship), 連合王国属領国籍 (British Dependent Territories citizenship) のいずれにも該当しない者に, 登録のみにより与えられたもの; この国籍保有者は連合王国に住所をもつと登録によって連合王国国籍をもつことができる; ⇨ BRITISH CITIZENSHIP》.

Brítish Óverseas Térritories 連合王国海外領《Bermuda, Cayman Islands, Falkland Islands, Gibraltar, Virgin Islands を含む》.

Brítish Óverseas Térritories cìtizen 連合王国海外領国民《旧連合王国属領国民 (British Dependent Territories citizen) の新呼称》.

Brítish Óverseas Térritories cìtizenship 連合王国海外領国籍[市民権]《旧連合王国属領国籍[市民権] (British Dependent Territories citizenship) の新呼称; ⇨ BRITISH CITIZENSHIP》.

Brítish protécted pérson 連合王国保護民《旧保護領・信託統治地域などの住民; 連合王国内に住所をもつことにより連合王国国籍 (British citizenship) を登録できる》.

Brítish protéctorate 連合王国保護領.

Brítish Stándards Institùtion [the ~] 英国規格協会《1901年設立; 略 BSI; cf. KITEMARK》.

Brítish súbject イギリス連邦[英連邦]臣民《1948年法ではイギリス連邦[英連邦]の臣民で, 第一次的にはそれぞれ連邦成員国の国籍を有し, 第二次的に連邦の市民権をも認められていた; しかし1981年法 (1983年施行) からは, この意味の語はイギリス連邦[英連邦]市民 (commonwealth citizen) という語に代わり, British subject の語は, 1948年法で第一次的な国籍・市民権をもたず British subject の身分だけを有した者に極端に限定して用いられるようになっている; ⇨ COMMONWEALTH CITIZEN; cf. NATURAL-BORN SUBJECT》.

Brit·ton /brítn/ 『ブリトン』《1290年ころ BRACTON および FLETA に基づいてローフレンチ (law French) で書かれた英法書; John de Breton という人物の作といわれている》.

BRO 〖英〗°bankruptcy restriction order 破産に伴う行為制限命令.

bróad·càst·ing *n* 放送.

bróad constrúction 《憲法・法律・契約などの解釈での》拡張解釈, 広義解釈 (= LIBERAL CONSTRUCTION).

bróad-fòrm insùrance 広範囲型保険 (⇨ BROAD-FORM POLICY).

bróad-fòrm pòlicy 広範囲型保険(証券)《基本型保険(証券) (basic-form policy) よりも広い範囲を担保しているが, 包括的財産保険(証券) (open-peril policy) よりは限定的な損害保険(証券)》.

bróad interpretátion 拡張解釈, 広義解釈 (= LIBERAL CONSTRUCTION).

Bróad·moor (institútion) /brɔ́:dmùər(-)/ 〖英〗ブロードムア施設《Berkshire 在のかつては精神に障害のある犯罪者 (criminal lunatic) と呼ばれた危険で暴力的な犯罪者を収容する病院施設》.

Bróadmoor pátient ブロードムア施設患者《かつては精神に障害のある犯罪者 (criminal lunatic) と呼ばれていた者; ⇨ BROADMOOR》.

Bróad Séal [the ~] 〖英史〗国璽 (⇨ GREAT SEAL). ▶ KEEPER OF THE BROAD SEAL (国璽尚書).

bro·cage, -kage /bróukeɪdʒ, -kɪdʒ/ *n* BROKERAGE.

bro·card /bróukɑ̀ːrd, brɔ́kərd/ *n* 《特にローマ法からの》法格言, 法諺.

bro·ker /bróukər/ *n* **1** 仲立(なかだち)人, ブローカー, 株式仲

買人 (cf. DEALER; ⇨ JOBBER); 仲介人, 仲介業者, 周旋人 (cf. FACTOR, FINDER). ▶ CREDIT BROKER (信用仲立人) / DISCOUNT BROKER (手形割引業者; ディスカウント・ブローカー) / EXCHANGE BROKER (為替仲立人) / INSURANCE BROKER (保険仲立人, 保険ブローカー) / LOAN BROKER (金貸し業者) / MATCHING BROKER (相手捜し仲立人) / MONEY BROKER (資金ブローカー) / NOTE BROKER (商業証券仲立人) / PAWNBROKER (質屋) / SECURITIES BROKER (証券ブローカー) / SHIP BROKER (船舶仲立人) / STOCK BROKER (株式仲立人). **2** *《政財界の》大物調停役, 黒幕. ▶ HONEST BROKER (中立公平な調停者). **3** 《差押え家具の》認可評価販売人. — *vt* **1** *仲立[仲介, 周旋]する. **2** *黒幕[実力者]として調停する. [AF *brocour* broacher (cf. cask), one who sells <?].

brókerage *n* **1** 仲立(なかだち), 仲立営業, 仲立業. ▶ CREDIT BROKERAGE (信用仲立) / MARRIAGE BROKERAGE [BROKAGE] (婚姻仲介契約[業]) / STOCK BROKERAGE (株式仲立(業)). **2** 仲立(手数)料.

bróker-déaler *n* ブローカー・ディーラー《手数料を取って証券の受託販売をする仲立業務と自己勘定での売買を共にする証券業者; ⇨ SECURITIES BROKER》.

broth·el /bró(:)əl, bráθ-/ *n* 売春宿.

Brówn decísion [the ~]《米》ブラウン判決《公立学校における人種差別は違憲であるとする, 1954年の合衆国最高裁判所判決; ⇨ BROWN V. BOARD OF EDUCATION (OF TOPEKA) (1954)》.

Brówn v. Bóard of Educátion (of Topé·ka) (1954) /-və̀:rsəs… (əv təpíːkə)/ ブラウン対(トピーカ)教育委員会事件 (1954年)《学校教育における黒人差別をめぐって, 1954年合衆国最高裁判所は公立学校における白人と黒人の人種別学を定めた州法は合衆国憲法第14修正の平等保護条項に違反するとの判決を下した; これにより, 黒人を分離すれども平等な (separate but equal) 施設を提供することを合憲としたプレッシー対ファーガソン事件 (1896年) (Plessy v. Ferguson (1896)) における最高裁判決は覆されたことになり, 翌年の同名の判決と共に一連の黒人差別撤廃の法改正の契機となった; cf. BROWN DECISION》.

Brús·sels Convéntion /brʌ́s(ə)lz-/ [the ~]《国際法》ブリュッセル条約《正式には民事および商事に関する裁判管轄ならびに判決の執行に関する条約 (Convention on Jurisdiction and the Enforcement of Judgments in Civil and Commercial Matters) といい, 1968年ベルギーの首都 Brussels で採択され, 73年に発効した条約, 署名地にちなんで「ブリュッセル条約」の通称をもつ; 判決の相互承認執行に関する手続きを簡素化するという EC 条約に基づくもので; 民商事の国際的紛争についての裁判管轄を定め, 契約で特定国の裁判所を定めた場合のその尊重を規定するとともに, 締約国で下された民商事判決は他の承認国でも承認執行され, 特に判決国の裁判管轄は原則として審査されないことなどを定めている》.

Brú·ton èrror /brúːtn-/《米》ブルートン誤審の準則

《共同被告人がいる刑事訴訟において, 共同被告人が証人としてではなく自白によって, 無実を主張している被告人を巻き添えにするように陳述した場合, その自白を証拠として許容することは合衆国憲法第6修正で保障している被告人の証人との対面の権利を侵害するものであると判決したBruton v. United States (1968) 判例からの原則》.

bru·tum ful·men /brúːtəm fʌ́lmɛn, -fúl-, -mən/ **1** みかけだけの脅し. **2** 文面上明らかな無効判決, 法的意味では全く判決になっていない判決. [L=inert thunder]

Brý·an Tréaties /bráiən-/ *pl* [the ~]《国際法》ブライアン条約《= **Brian Arbitrátion Trèaties** ブライアン仲裁条約》《1914年に米国が各国と個別に結んだ一連の平和促進のための条約で, それぞれは完全に同一ではないが, 外交手段で解決できなかったすべての紛争を常設の国際調査委員会 (international commission of inquiry) に付託し, そこからの報告がなされるまでは敵対行為を行なわないという点では共通していた; 客観性の高い国際審査制度の創設は国際調停制度の発展にとって大きな一歩となった》. [William Jennings *Bryan* (1860-1925) 当時の米国国務長官 (1913-15)]

Bryce /bráis/ ブライス **James ~** (1838-1922)《アイルランド生まれの英国の法律家・政治家・歴史家; 母校 Oxford 大学教授 (1870-93) としてローマ法研究を復活した》.

b.s.《会計》°balance sheet 貸借対照表.

B.S., BS《英史》Bancus Superior 上訴裁判所.

B/S, b.s. °bill of sale 動産売買証書.

'B' shares /bíː-/《英》B 株式《特別投票権を有している普通株式》.

BSI °British Standards Institution 英国規格協会.

Bs/L BILLS OF LADING.

BTA《米史》°Board of Tax Appeals 租税不服審判所.

bub·ble /bʌ́b(ə)l/ *n* **1** 泡, あぶく. **2** 実体のないもの; 夢のような計画;《過熱投機により資産価値が実体から異常に遊離した》あぶく事業, バブル (通俗語); 見せかけ, 詐欺. ▶ SOUTH SEA BUBBLE (南海泡沫会社事件).

Búbble Àct [the ~]《英史》泡沫法《1720年に生じた South Sea Bubble (南海泡沫会社事件) をきっかけに同年に成立した法律の通称; 同法はジョイント・ストック・カンパニー (joint-stock company) の設立と活動を厳しく規制した; 1825年廃止》.

búcket shòp《株・商品などの》空(から)取引(店).

buck·ram /bʌ́krəm/ *n* バックラム《糊・にかわなどで固くした亜麻布; 学術書・法書などの装幀に用いる; ⇨ LAW BINDING》.

bud·get /bʌ́dʒət/ *n* 予算; 予算案[額]; [the B-]《英》大蔵大臣が議会に提出する予算案: draw up a ~ / the ~s for next year / balance the ~ 収支が見合うようにする. ▶ BALANCED BUDGET (均衡予算) / COMMON BUDGET (共通予算) / OPERATING BUDGET (業務予算). [ME=pouch < OF (dim) < *bouge* < L *bulga* bag]

búdget・àry /; -(ə)ri/ *a* 予算の: ～ requirements.
búdget bìll《立法府に提出される》**予算案**.
búdget・ing *n* 予算作成, 予算編成.
búffer zòne《都市計画》**緩衝地帯**《例えば産業指定地区と住宅指定地区との間にある帯状の土地のように, 二つの異なった指定地区を分離している地帯あるいは二つがうまく混じり合うよう工夫されている地帯》.
bug /bʌg/ *n* **1**《コンピュータープログラムの》誤り, バグ. **2** *《印刷俗》*甲虫(*)*;《小さく刷り込む》ユニオンショップマーク, 著作権[商標]記号, シンボルマーク. **3**《口》盗聴器, 隠しマイク: plant a ～ under the lawyer's desk. ─ *vt*《口》盗聴器[隠しマイク]を仕掛ける; 盗聴器[隠しマイク]で盗聴する: ～ the manager's office.
búg・ger /bʌ́gər/ *vt* …と BUGGERY を行なう. ─ *n* buggery を行なう者.
búg・gery /bʌ́gəri, búg-/ *n* **1** 男色(罪), 肛門性交(罪) (sodomy). **2** 獣姦(罪) (bestiality).
búg・ging *n* 電子機器による盗聴 (cf. EAVESDROPPING, ELECTRONIC SURVEILLANCE, PEN REGISTER, WIRETAPPING).
búgging devìce 盗聴器[装置], 隠しマイク (bug).
búilding and lóan associàtion《米》住宅資金貸付組合《組合員から資金を集め組合員の住宅資金を貸与する準公的な法人; cf. SAVINGS AND LOAN ASSOCIATION》.
búilding còde 建築基準法規《建築基準を定めた法規; 住宅については housing code (住宅基準法規)ともいう》.
búilding còntract 建築契約 (= CONSTRUCTION CONTRACT).
búilding lèase 建物用土地[不動産]賃貸借.
búilding lìen 建築費用リーエン《建築工事に関して資材・労働力提供者に対して優先弁済を認めるリーエン (lien); その建物だけでなく敷地にも及ぶ; cf. MECHANIC'S LIEN》.
búilding lìne 建築線《街路に面して家並をそろえたり, 空間を確保したりするための建築規制上の線で, SETBACK LINE など》.
búilding lòan agrèement 建築費ローン契約.
búilding pèrmit 建築許可(証); 建築確認.
búilding preservátion nòtice《英》建物保存通知(書)《地方の都市田園計画当局が文化財として保存相当でしかも取り壊し・改築の危険ありとみなした建物を, 最終的指定決定までの間一時的に指定建造物 (listed building) として統制下におく旨の通知(書); cf. HERITAGE PROPERTY, HISTORIC BUILDING, LISTED BUILDING》.
búilding schème《英》建築制限《単一の売主による一定範囲の土地の売出しに関連して, 各区画の売買契約が全体の利益のために一定営業や過度の騒音の禁止など共通の制限・条件を付すこと》. ▶ GENERAL BUILDING SCHEME (一団地総合建築制限).
búilding socìety《英》住宅金融組合《元来は組合員からの投資を原資にして, 組合員の住宅資金をその住宅への譲渡抵当 (mortgage) を担保にして貸与する法人; しかし 1986 年法によって現在では他の銀行業務をも行なうことを認められている; 米国の貯蓄貸付け組合 (savings and loan association) にほぼ同じ》.
BUJ baccalaureus utriusque juris 法学士 (bachelor of laws). [L=bachelor of both laws]
bulk /bʌlk/ *n* **1** 大きさ, 容積, かさ; **大量**; [the ～] 大部分, 大半. **2** 船倉; ばら荷, 積荷 (cargo). **break ～** (**1**) 積荷を降ろす[降ろし始める]. (**2**)〈受寄者 (bailee) が〉受寄物を開披し内容物を分離する (⇒ BREAKING BULK). **in ～** (**1**) ばらで, ばら荷で. (**2**) 大量に, まとめて, 全部で.
búlk dìscount 大口[数量]割引 (= VOLUME DISCOUNT).
búlk sàle 一括売買, 一括譲渡,《特に》事業用資産一括譲渡 (= bulk transfer).
búlk trànsfer 一括譲渡 (= BULK SALE).
bull[1] /bul/ *n*《教皇などの》勅印 (bulla);《教皇勅印で認証された》**大勅書** (bulla).
bull[2] *n*《証券》〈強気の〉買方, 強気筋 (opp. *bear*).
bul・la /búlə, bálə/ *n*《教皇などの》勅印 (= bull);《教皇勅印で認証された》**大勅書** (= bull). [L=seal]
bul・lion /búljən/ *n* 金塊, 銀塊, 金地金, 銀地金. [AF=mint (OF *bouillon* の変形)]
búll márket《証券》強気市場, 上げ相場の市場.
Búl・lock órder /búlək-/《英》ブロック命令《複数の被告に対する民事訴訟において一人[一部の人]のみが有責, 他方は無責とされた事件で, 原告が後者の訴訟費用を負担すべきこと, しかし原告はその費用を, 敗訴した一方当事者からみずからに支払われるべきみずからの訴訟費用の中に含めうることを命ずる命令; 1907 年の Bullock v. London General Omnibus Co. 事件での原告名から; 敗訴した一方の被告に対して直接勝訴被告への訴訟費用の支払いを命じるサンダーソン命令 (Sanderson order) と対比される; cf. SANDERSON ORDER》.
búll pèn, búll・pèn*《口》**1** 留置場, 拘置所. **2**《刑務所内の》混雑房.
bùm・báiliff *n*《俗》けつベイリフ (**1**) BOUND BAILIFF **2**) 債務者の逮捕・令状送達など最も卑賤な仕事を任務とする最下層のベイリフ》.
búmp・ing /bʌ́mpiŋ/ *n* **1 a**《昇格, 降等;*《口》《先任権のある者による》**押しのけ, 解職, 解任. **b**《口》**昇進, 昇給. **2**《予約取り過ぎのための飛行機便の予約の》**解約.
bun・co, bun・ko /bʌ́ŋkou/《俗》*n* (*pl* ～) 詐欺, ペテン, いかさまの賭け勝負《特にトランプ》. ─ *vt* ペテンにかける.
bun・dle /bʌ́ndl/ *n* **1** 束, 包み. **2** 審理用訴訟記録《英国の新しい民事訴訟手続き規則 (Civil Procedure Rules) の下で, 迅速手順 (fast track) と多重手順 (multi-track) において, 当事者が提出証拠・証人陳述書や専門家の意見などを綴じ込み, ページを付し索引を付した記録で, 標準的迅速コースの場合は審理 1 週間遅くとも 3

bundle of rights

日前までに当事者・裁判官用を含め必要部数提出しなくてはならないが、その書類を指す）. — vt〈製品・サービスを〉抱合わせにする, 一括[パッケージ]販売する.

búndle of ríghts 諸権利の束《伝統的に単一の権利とされていた, 例えば財産権 (property right) を使用・売却・賃貸・抵当などの諸権利の集合体としてとらえる概念; 市民権 (citizenship) などにも用いられる》.

bunko ⇨ BUNCO.

bur·den /bə́ːrdn/ n **1** 荷, 積荷,《特に》重荷. **2** 荷物の運搬;《船の》積載力, 積載量. **3 a** 負担, 義務, 責任, 重責: impose undue ~. **b** 証明責任 (=BURDEN OF PROOF). ▶ EVIDENTIAL BURDEN (証拠提出責任) / LEGAL BURDEN (説得責任) / PERSUASION [PERSUASIVE] BURDEN (説得責任) / PRODUCTION BURDEN (証拠提出責任). — vt …に荷を負わせる, 負担させる.

búrden of addúcing évidence 証拠提出責任 (=BURDEN OF PRODUCTION).

búrden of allegátion 主張責任 (=burden of pleading)《訴訟当事者が訴訟で審理してもらいたい事項を訴答しなくてはならない義務》.

búrden of cóming fórward with (the) évidence 証拠提出責任 (=BURDEN OF PRODUCTION).

búrden of évidence 証拠提出責任 (=BURDEN OF PRODUCTION).

búrden of góing fórward 証拠提出責任 (=BURDEN OF PRODUCTION) (=**búrden of góing fórward with (the) évidence**).

búrden of persuásion 説得責任 (=legal burden (of proof), persuasion burden, persuasive burden)《当事者がみずからの主張事実について事実認定者を納得させる責任; ⇨ BURDEN OF PROOF, BURDEN OF PRODUCTION; cf. REASONABLE DOUBT, STANDARD OF PROOF》.

búrden of pléading 訴答責任 (=BURDEN OF ALLEGATION).

búrden of prodúcing évidence 証拠提出責任 (=BURDEN OF PRODUCTION).

búrden of prodúction 証拠提出責任 (=burden of adducing evidence, burden of coming forward with (the) evidence, burden of evidence, burden of going forward (with (the) evidence), burden of producing evidence, evidential burden, production burden)《争点について事実認定者に決定してもらうのに十分な証拠を提出しなければならない訴訟当事者の責任; これを果たさないと指示評決 (directed verdict) などで不利になりうる; ⇨ BURDEN OF PROOF; cf. DEGREE OF PROOF》.

búrden of próof [the ~] **1** 立証責任, 挙証責任, 証明責任 (=onus, onus of proof, onus probandi)《説得責任 (burden of persuasion) と証拠提出責任 (burden of production) とを含む; この責任を果たさないとその当事者の不利に判断され, 最終的には敗訴となる; 単に burden ともいう; ⇨ BURDEN OF PERSUASION, BURDEN OF PRODUCTION; cf. PRESUMPTION OF INNOCENCE, STANDARD OF PROOF》: discharge a ~ 立証責任を果たす / The ~ is on the prosecution. 立証責任は訴追側にある. ▶ LEGAL BURDEN OF PROOF (説得責任) / REVERSE BURDEN OF PROOF (逆立証責任) / SHIFTING THE BURDEN OF PROOF (立証責任の転換). **2**《不正確に》説得責任 (burden of persuasion).

búrden·some /-səm/ a (大きな)負担となる, 重荷になる, 煩わしい, 厄介な.

bu·reau /bjúərou/ n (pl ~, -reaux /-z/) 部局,《行政組織の》局; 事務局, 事務所[室];《通例複合語で》案内所; 編集局. ▶ CITIZENS ADVICE BUREAU (市民助言局) / CREDIT BUREAU (信用調査機関) / CREDIT-REPORTING BUREAU (興信局) / CRIMINAL RECORDS BUREAU (犯罪歴局) / EMPLOYMENT BUREAU (職業紹介機関) / MOTOR INSURERS' BUREAU (自動車保険事務所) / SOLICITORS' COMPLAINTS BUREAU (事務弁護士苦情処理部).

bu·reau·cra·cy /bjuərákrəsi/ n **1** 官僚制, 官僚機構, 官僚組織, 官僚政治. **2** 官僚主義,《手続きなどの》硬直性, 煩雑性, お役所仕事. **3** 官僚《集合的》.

Búreau of Índian Affáirs《米》《内務省 (Department of the Interior) 内の》インディアンおよびアラスカ先住民のための》インディアン局《略 BIA》.

Búreau of Prísons [the ~]《米》《司法省の》刑務所局 (cf. NATIONAL INSTITUTE OF CORRECTIONS).

Búr·ford absténtion /bə́ːrfərd-, -fɔ́ːrd-/《米》バーフォード事件型の裁判権行使回避《複雑な規制体系や州が関心を有している微妙な領域を含んでいる事件において, 連邦裁判所が裁判権行使を控え, 州裁判所判決の再審査 (review) を拒否すること; 1943年の判例の原告名から》. [Burford v. Sun Oil Co. (1943)]

burg. burgess.

bur·gage(-hold·ing) /bə́ːrgɪdʒ (—)/ n《スコットランド史》国王直轄都市土地保有, 国王直轄都市土地保有権[条件, 態様]《監視 (watch and ward) 参加義務のみがその保有条件であった》.

búrgage (tènure) 1《英史》都市土地保有, 都市土地保有権[条件, 態様]《鋤奉仕保有 (socage) の一種で, 都市内の土地を貨幣地代の支払を条件に領主から受封した比較的自由な保有形態ないしはその条件[権利]; 例えば末男相続制 (borough English) のような特殊な慣習法が適用された》. **2** BURGAGE-HOLDING.

bur·ga·tor /bə́rgéɪtər/ n《史》BURGLAR.

bur·gess /bə́ːrdʒəs/ n **1** 市民, 自治都市市民《borough の市民権を有する者; cf. CITIZEN》; 都市選挙権者, 都市住民. **2** 市の統治者. **3**《英》都市選出庶民議員,《英》自治都市代表 (cf. KNIGHT OF THE SHIRE). **4**《米史》《Virginia などの》植民地議会下院 (House of Burgesses) 議員.

burgh /bə́ːrou, -rə, bə́ːrg; bʌ́rə/ n《スコットランド》自治都市.

bur·glar /bə́ːrglər/ n 不法目的侵入者, 押込み強盗, 夜盗 (=burgator) (⇨ BURGLARY).

búrglar alàrm《建物の》(不法)侵入警報機.

bur·glar·i·ous /bəːrgléəriəs/ a 不法目的侵入(罪)の, 夜盗(罪)の. **~·ly** adv 不法侵入の意図をもって.

búrglar·ìze* vt, vi 〈建物〉に不法目的で侵入する, …に押し入って盗みをはたらく; (…に対して)不法目的侵入[夜盗](罪) (burglary) を犯す. ★《英》では通例 burgle という.

bur·gla·ry /bə́ːrgləri/ n 不法目的侵入(罪), 押込み, 夜盗(罪)《コモンロー上もともとは夜間に重罪 (felony) を犯す目的で他人の住居に不法に侵入する犯罪であったが, その後夜間の要素が除かれ, 他人の住居概念も拡張され, さらには法域により重罪のみならず特定の軽罪 (misdemeanor) をも含ませることになっているし, 最初は単純に侵入し, その後に特定犯罪を犯す場合も含まれるよう変わってきている; cf. ROBBERY, ULTERIOR INTENT》. ▶ AGGRAVATED BURGLARY (加重不法目的侵入, 加重夜盗).

búrglary tòol [*pl*] 不法目的侵入[夜盗]用の道具.

búrglary with intént《英》意図をもっての不法目的侵入(罪)《窃盗 (theft), 重大な身体傷害 (grievous bodily harm), 財産損壊 (criminal damage), 強姦 (rape) のうち一つを犯す意図をもっての不法目的侵入(罪); 1968 年法で新設》.

búrglary withòut intént《英》意図をもたずの不法目的侵入(罪)《初めは単に不法侵入をした侵害者 (trespasser) であったが, その後盗みまたは重大な身体傷害 (grievous bodily harm) のいずれかを犯したないしは犯そうとした不法目的侵入(罪); 1968 年法で新設》.

bur·gleǁ /bə́ːrg(ə)l/ v BURGLARIZE.《逆成く*burglar*》

bur·i·al /bériəl/ n 埋葬; 埋葬権《コモンロー上は宗教上の禁止理由がないかぎり, 死亡した教区の教会墓地に埋葬される権利を有している》: prevention of ~ 埋葬妨害(罪).

Burke /bə́ːrk/ バーク Edmund ~ (1729–97)《英国の政治家・政治思想家・弁論家; Whig に属し, アメリカ植民地の自由主義的取扱いや, George 3 世の親政反対などで活躍したほか, 特にフランス革命の危険性を早くから指摘した保守主義者として知られている; 主著 *Reflections on the French Revolution* (1790)》.

burk·ing /bə́ːrkiŋ/, **burk·ism** /bə́ːrkiz(ə)m/ n 死体を解剖用に売るための殺人《このような殺人を繰り返して処刑されたアイルランド出身の猟奇殺人者 William Burke (1792–1829) の名から》.

burn /bə́ːrn/ vt (**burnt** /bə́ːrnt/, **~ed** /-d/) 燃やす, 焼く; 焼却する; 焚刑に処する; *《俗》電気椅子で処刑する. **~ down** 全焼する; 焼け落ちる; 焼き尽くす, 焼き払う.

búrn·ing n **1** 焼損, 焼燬(しょうき). ▶ HOUSEBURNING (自宅放火). **2**《史》**a** 烙印. **b** 焚刑(ふんけい) (=**búrning to déath**).

búrning in the hánd《史》《聖職者の特権 (bene-

fit of clergy) を認められた俗人に対してそれを示すための》左手親指への烙印.

búrst·ing-búbble thèory シャボン玉破裂の理論《推定事実が信用に値する証拠によって覆されたならば, その推定は直ちに消滅するという原則》.

Búsh·el's càse (1670) /búʃ(ə)lz-/ ブッシェル事件 (1670 年)《陪審が事実問題の唯一の裁判官であり, 裁判官の説示に従うよう強制されないということ, ひいては陪審の無答責・独立性の確立に大きく寄与した判決とされている; Edward Bushel は, 陪審員として裁判官の説示に反して評決をしたとして罰金を科され, その支払いを拒絶し拘置されたが, 身柄提出令状 (habeas corpus) を得て, 釈放を勝ち取った事件の原告名》.

busi·ness /bíznəs,*-z/ n **1** やるべき仕事, 職務, つとめ; 用務, 用事, 用件. **2 a** 商売, 商業, 事業, 企業, 実業; 取引, 売買, 営業. **b** 店, 会社, 商社. ▶ ANCILLARY CREDIT BUSINESS (付随的信用事業) / CONSUMER CREDIT BUSINESS (消費者信用業[企業]) / CONSUMER HIRE BUSINESS (消費者賃貸借業[企業]) / COURSE OF BUSINESS (通常業務) / DOING BUSINESS (営業活動を行なうこと) / FUND-RAISING BUSINESS (資金集め事業) / INTERFERING WITH BUSINESS (営業妨害) / INVESTMENT BUSINESS (投資業) / PLACE OF BUSINESS (営業地) / SECULAR BUSINESS (世俗的活動) / SMALL BUSINESS (小規模企業) / TRADE OR BUSINESS (事業) / TRANSACTING BUSINESS (営業活動を行なうこと) / UNITARY BUSINESS (統合企業). **3** 事務, 業務. ▶ ADMINISTRATIVE BUSINESS (非訟事件事務) / CHAMBER BUSINESS (裁判官室での職務) / CONTENTIOUS BUSINESS (争訟事務) / CONTENTIOUS PROBATE BUSINESS ((遺言)検認争訟事務) / JUDICIAL BUSINESS (訴訟事件事務) / NONCONTENTIOUS BUSINESS (非争訟事務) / OFFICIAL REFEREES' BUSINESS (審理官の職務) / PORTABLE BUSINESS (移動可能業務). **4** 議事; 議事日程: the main ~ of the meeting 本会議の主たる議事(日程) / move the ~ forward 議事を進める, 次の議題に移る / the ~ of the House [day]《英》《下院の》議事日程. ▶ EXEMPTED BUSINESS (除外議事日程) / LETTERS OF BUSINESS (審議依頼状) / SPECIAL BUSINESS (特別議事). **any other ~** その他の議題 (略 a.o.b., AOB). **do ~** 営業活動を行なう (⇨ DOING BUSINESS). **on ~** 商用で, 仕事で, 所用で.

búsiness afféctd with a públic ínterest《米》公益関連企業, 公共的企業, 公共の事業.

búsiness àgent 1 支配人, 管理者 (=MANAGING AGENT). **2**《労働組合の》団体交渉担当者, 団体交渉委員.

búsiness àngel 企業の天使 (=ANGEL INVESTOR).

búsiness àsset 営業資産.

búsiness còllege 実業(専門)学校, ビジネスカレッジ.

búsiness commìttee《英》《下院における審議時間の割当などを行なう》議事日程委員会.

business compulsion

búsiness compúlsion 営業上の強制 (=ECONOMIC DURESS).

búsiness corporàtion 《利益を求めて事業を営む》営業法人, 会社 (cf. NONPROFIT CORPORATION).

búsiness còurt 商事裁判所 (=commercial court)《商事紛争事件解決のための特別な専門裁判所の総称》.

búsiness dedúction《税制》営業控除(額)《営業活動・利潤追求活動に帰すことのできる損失・経費を総所得額から控除すること, またはその控除額》.

búsiness dispáragement 営業上の中傷 (⇨ DISPARAGEMENT).

búsiness énterprises pl 企業組織法《法人 (corporation), 有限責任会社 (limited-liability company), 組合 (partnership) などの各種企業組織形態について扱う法分野》.

búsiness éntry 業務上の記載 (⇨ BUSINESS ENTRY RULE).

búsiness éntry rùle 業務上の記載の準則 (= BUSINESS-RECORDS EXCEPTION).

Búsiness Expánsion Schème [the ~]《英史》新企業育成計画《1994年から若干手直しされた同趣旨の ENTERPRIZE INVESTMENT SCHEME (新企業投資促進計画) に引き継がれた; 略 BES》.

búsiness expènse 業務上の必要経費, 営業費, 事業費 (cf. PERSONAL EXPENSE). ▶ ORDINARY AND NECESSARY BUSINESS EXPENSE (通常の必要経費).

búsiness gùest 顧客 (=BUSINESS VISITOR).

búsiness hómestead 事業所兼用家産.

búsiness hòurs pl 執務時間, 営業時間 (=office hours). ▶ USUAL BUSINESS HOURS (通常の営業時間).

búsiness invitèe 1 顧客 (=BUSINESS VISITOR). 2 被誘引者 (=INVITEE).

búsiness jùdgment 経営判断 (⇨ BUSINESS JUDGMENT RULE).

búsiness jùdgment rùle 経営判断不介入の準則《不正動機によらず十分な情報に基づき誠実に行動している限りは, 取締役の経営判断に裁判所が事後的に介入しないとする会社法上の原則; cf. CORPORATE IMMUNITY》.

búsiness làw 企業法, 商事法.

búsiness liabìlity 事業上の責任, 企業責任.

búsiness lòss 営業損失 (=ORDINARY LOSS).

búsiness nàme" 商号 (trade name).

búsiness opportúnity 商機, 事業機会.

búsiness plàn 事業計画.

búsiness prémises pl 事業所.

búsiness próperty relìef《英制》《相続税 (inheritance tax) にかかわる》営業用財産税額軽減.

búsiness-pùrpose dòctrine《税制》営業目的の法理《その取引が企業目的の優遇課税措置の対象となるためには, 課税逃れの目的のためだけでなく真正な営業目的のものでなければならないという原則》.

búsiness ràte《英》《地方税の一つである》事業税 (cf. UNIFORM BUSINESS RATE).

búsiness rècord 事業記録 (⇨ BUSINESS-RECORDS EXCEPTION).

búsiness rècords excéption 事業記録の例外 (=business entry rule)《伝聞証拠排除則 (hearsay rule) の例外で, 業務の通常過程での帳簿などの記載事項[事業記録]については, それ自体当然に証拠としうるという法理》.

búsiness tènancy《英》事業所用不動産権《制定法上特別の保護対象となる》.

búsiness tòrt《財産・身体への不法行為ではなく》営業への不法行為.

búsiness trùst 事業信託, ビジネストラスト (=common-law trust, Massachusetts trust)《信託の受託者 (trustee) が営業用財産を所有して事業を行ない, 受益権は証券化されて流通する形態の信託》.

búsiness vìsitor 1 顧客, 利用客 (=business guest, business invitee) (⇨ INVITEE). 2《米》商用訪問者, 業務のための訪問者《米国滞在中雇用の認められる入国査証保持の非米国国民; B-1 ビザ (B-1 visa) 保持者》.

bus·ing, bus·sing /bÁsiŋ/ n バス輸送;《米史》バス通学《学校内の生徒の人種的均衡をはかるために学童を居住区域外の学校にバス通学させること》.

bút-fór a なかりせば, なければ《「…がなかったならば」という意味の but for を形容詞として用いている語》.

bút-fór cáuse なかりせば不発生の原因 (=CAUSE IN FACT).

bút-fór tèst なかりせばテスト, 行為なければの基準《不法行為法および刑法において, ある行為が結果の事実上の原因かどうかを判定するための基準で, もしその行為がなかったならば結果が生じただろうかを問うことにより, 原因であったか否かを判定すること; ⇨ BUT-FOR CAUSE; cf. SUBSTANTIAL FACTOR TEST》.

but·tals /bÁtlz/ n pl《古》《隣接地との》境界 (abuttals).

bútts and bóunds pl 境界標と境界線による土地表示, 土地境界 (=METES AND BOUNDS).

buy /bÁi/ vt (**bought** /bɔ́:t/) 買う, 購入する, あがなう; 買収する. **bought as seen** 見たうえで購入した《買主が実物を見たうえで購入したことを示す句; 売買の対象物を記述することなしに売買がなされた場合にこの句が用いられた時は, 買主はその物を現実に見たことだけを確認しているのであって, 外見上発見できない欠陥から生ずる品質・適合性についての黙示の保証条件までを放棄していないと解されている》. ~ **back**〈一度売ったものを〉買い戻す. ~ **down**《住宅資金融資の利率を》金利買い下げ (buy-down) により割り引く. ~ **forward**〈外貨・金・商品などの〉先物買いをする. ~ **in** (1) 買い込む, 仕入れる;〈オプションの権利を〉買い取る. (2)《競売手続きで》〈もとの所有者・その利害関係人が〉買い戻す, 自己落札する. (3) (vi) 会社の株を買う, 株主になる. (4)《証券を》買い埋

る. **～ out** 買い占める, 買い取る, 〈企業などを〉買収する, 〈人〉の株[権利]を買い占める (cf. BUYOUT). ━ *n* 買うこと, 購買;《口》買物: a good ～ (安い)買物, 買い得品, 格安品 / a bad ～ つまらない買物.

Búy Américan Àcts *pl* [the ~]《米》アメリカ製品優先法, 国内製品優先購入法.

búy and séll agrèement 持株買取り取決め (＝BUY-SELL AGREEMENT).

búy·bàck *n* 買戻し.

búy·dòwn *n* 金利買い下げ《家屋の買主が資金融資用の譲渡抵当 (mortgage) の利息を減らすために一定のまとまった額の金銭を前払いすること》.

búy·er *n* 買主, 買い手, 買い方 (opp. *seller*) (⇨ PURCHASER); 消費者; バイヤー, 仕入係: a head ～ 仕入れ担当主任, 購入部長.

búyer in órdinary cóurse of búsiness 営業の通常業務における買主《その種の物品の売却を営業する者からの営業の通常業務における善意の買主; 質営業者は除かれる; 買主はその物品に対する第三者の権利いかんにかかわらずその物品の権利を取得できる》.

búyer's màrket 買手市場《供給が需要を上回り買方有利な市場; cf. SELLER'S MARKET》.

búying and sélling dórmant títle 帰属者未確定権原の売買 (＝buying title)《訴訟幇助 (maintenance) の一形態で, 他人に代わって訴訟を起こすためにその者から土地の権原 (title) を買い取ること; 英国では1541年に制定法で禁止; 米国では制定法あるいはコモンロー上禁止されている》.

búying fórward 先物買付け, 先物仕入れ (forward buying).

búying ín 《競売手続きでの》買戻し, 自己落札 (⇨ BUY *in*).

búying lóng 買い待ち(買い) 《相場の上昇を予測して強気の読みで有価証券を買うこと》.

búying on márgin 証拠金取引で《証券[商品]を》買うこと (＝MARGIN TRANSACTION).

búying títle《訴訟幇助 (maintenance) のための》権原購入 (＝BUYING AND SELLING DORMANT TITLE).

búy·òut *n* **1** 買占め. **2** 買い取り,《企業の》買収 (⇨ BUY *out*) (cf. MERGER). ▶ LEVERAGED BUYOUT (借入金による企業買収) / MANAGEMENT BUYOUT (マネジメント・バイアウト).

búy-séll agrèement 持株買取り取決め (＝buy and sell agreement)《**1**) 会社・組合のメンバーが死亡などで脱退する場合には, 他のメンバーがその株式・持分を優先的に買い取ることができるという趣旨の契約; cf. CONTINUATION AGREEMENT **2**) 株式譲渡制限の一つで, 一定の事柄が発生した場合には一定価額で会社あるいは会社の他の株主に持株を売るという合意》.

bý-bidder *n* 空(から)入札者, 空競り人, サクラ入札者 (＝puffer).

bý-bìdding *n*《競り値を上昇させる目的の》空(から)入札, サクラ入札 (＝puffery, puffing) (cf. BIDDING UP).

bý-elèction, býe- *n*《英国議会議員などの》補欠選挙《米国では special election (特別選挙) と呼ばれることが多い; opp. *general election*》.

bý·làw, bý-làw, býe·làw *n* **1**《一般に》内規, 会則, 社則; 付則, 細則. **2**《米》《会社の》通常定款, 付属定款 (articles of association")《会社の基本定款 (articles of incorporation) に定めた事項以外の自治規則》. **3**《地方公共団体の》条例《米国では ORDINANCE が多く用いられる》. ▶ MUNICIPAL BYLAW (条例).

bý·pàss trùst《米》迂回路信託 (＝credit shelter trust, shelter trust) (＝**býpass shélter trùst**)《被相続人死亡の場合に相続人が財産そのものを得るのではなく, その遺産が信託され その信託に対する生涯の間の受益権を得るように設定される信託; 相続人の課税対象財産を減らす節税対策の一つ》.

bý·stànd·er *n* 居合わせた者, 傍観者, 見物人, 第三者.

bý·wày *n* 脇道, 横道; 小道, 抜け道.

C

C, c /síː/ *n* (*pl* C's, Cs, c's, cs /-z/) **1** シー《英語アルファベットの第3字》. ▶ SCHEDULE C (C 表) / TABLE C (付表 C). **2**《ローマ数字》100.

c. canceled ◆ [L *capite*] chapter 章, 号 ◆ case(s) ◆ [L *circa*] about ◆ civil ◆ condemnation ◆ confidential ◆ copyright 著作権.

C, C. century ◆ Chancellor ◆ Chancery ◆ chapter ◆ Circuit ◆ college ◆《英》Command Papers《その1870–99年のシリーズ番号の前に付す略号》◆ constitutional ◆ court.

ⓒ copyright (著作権) の記号 (⇨ COPYRIGHT).

ca case(s).

ca. circa.

CA °Court of Appeal 上訴裁判所, 控訴裁判所,《英》°控訴院 ◆《米》°Court of Appeals 控訴裁判所 ◆ °Crown Agents 英国機関.

C/A, CA °current account 当座預金; 途中勘定; 交互計算; 経常収支.

CAA《英》Capital Allowance Act 資本の支出控除法 (2001年) ◆《英》°Civil Aviation Authority 民間航空局 ◆《米》°Clean Air Act 大気清浄法.

CAB《英》°Citizens Advice Bureau 市民助言局 ◆《米史》°Civil Aeronautics Board 民間航空委員会.

ca·bal /kəbǽl, -báː/ *n* **1** 陰謀. **2** 秘密結社, 徒党;《英史》カバル《Charles 2世下の1667–73年の間, 助言者団として実権をもった5名の枢密顧問官 Clifford, Arlington, Buckingham, Ashley, および Lauderdale の頭文字から》; 陰謀団, 政治的陰謀団. — *vi* (-ll-) 陰謀を企てる[たくらむ]; 徒党を組む〈*against*〉. [F < L]

cab·a·list /kǽbəlɪst/ *n*《英》《フランス商事法上の, そこから特にフランスとの商取引に従事している》問屋(ᡐんや), ブローカー.

ca·bal·le·ria /kæbəl(j)éɪriə/ *n* **1**《史》軍役奉仕保有《スペインで軍役奉仕を対価に保有していた封建的の土地保有》. **2** カバリェーリア《メキシコなどかつてスペインが支配していた地域での面積の単位; = 105.75エーカー》. [L *caballus* a horse]

cab·i·net /kǽb(ə)nət/ *n* **1** 飾りだんす; 収納家具, 陳列用ガラス戸棚. **2** 会議室, 官房, 閣議室. **3** 会議,《英》閣議 (cabinet council); [°C-]《米》大統領最高顧問会議, 閣議: The Prime Minister held a (meeting of the) *C*~ yesterday. / The decision was taken at Tuesday's *C*~. ▶ INNER CABINET (閣内内閣) / KITCHEN CABINET (私設閣問団) / SECRETARY TO THE CABINET (内閣官房長官) / SHADOW CABINET (影の内閣) / WAR CABINET (戦時内閣). [(dim) < *cabin*; F *cabinet* の影響]

Cábinet Commìttees *pl*《英》内閣委員会《閣僚その他の大臣・行政官などで構成され内閣・首相の諮問に応ずる》.

cábinet cóuncil 1 閣議 (= cabinet meeting)《単に cabinet ともいう》. **2**《英史》内閣評議会《内閣の前身である18世紀初頭の枢密院から内閣に移行する過程の会議体》.

cábinet gòvernment [°C- g-] **1** 議院内閣制. **2** 内閣による統治. ★ 1, 2 共に cabinet system ともいう.

cábinet méeting 閣議 (cabinet council).

cábinet mèmber 閣僚 (cf. CABINET MINISTER).

cábinet mínister《英》閣僚《英国では大臣の数は多く, そのうちで内閣の構成員となる大臣は首相の判断によるが, 通常20名くらい》.

Cábinet Óffice《英》**1** [the ~] 内閣官房. **2** [c-o-] 閣僚職《大臣職でかつ内閣を構成するポスト》.

cábinet quèstion 閣議事項.

Cábinet Sécretary [the ~]《英史》内閣官房長官 (= Secretary to the Cabinet).

cábinet sỳstem = CABINET GOVERNMENT.

ca·ble /kéɪb(ə)l/ *n* ケーブル (**1**) 太い大綱または電線 **2**) 海事での長さの単位; 国により異なる; 金連(ᡐん)という訳語が当てられる). **2** 海底電線; 海底電信, 海外電信: ~ message 外電 / by ~ (海底)電信で.

Cáble Àct [the ~]《米》ケーブル法《外国人女性が米国人男性との婚姻によりアメリカ国籍を取得する制度を廃止した1922年の連邦法》.

cáble·gràm *n* **1** 海底電信. **2** 海外電報.

cáble télevision 有線テレビ, ケーブルテレビ.

cab·o·tage /kǽbətɑːdʒ/ *n* **1** 沿岸貿易. **2**《船舶および航空機の》国内運行(権),《外国船[機]の》近海[国内]運航(権), カボタージュ. **3** 国内運航を自国船[機]に限定する運航権制限. [F *caboter* to sail along the coast)]

CAC〖英〗°Central Arbitration Committee 中央仲裁委員会.

ca・dav・er /kədǽvər, -déɪ-/ *n* *(特に 解剖用の)) 死体 (corpse). [L (*cado* to fall)]

ca・det /kədét/ *n* **1 a** 次男以下の息子; 末男; 弟. **b** 分家. **2**《軍・警察の》士官候補生, 幹部候補生: join the police force as a ～. [F ((dim)<L *caput* head)]

cadi ⇨ QADI.

ca・dre /kǽdri, ká:drə, ká:dər/ *n*《(集団の)》幹部, 中核(となる人びと) (特に 共産党などの). [F<It<L *quadrus* square]

ca・du・ca・ry /kəd(j)ú:kəri/ *a* **1**《財産権の》消滅[失効](lapse) [不動産復帰(escheat), 没収(forfeiture)などに関する[によって移転すべき]; 《財産権が》復帰[失効]すべき[による]. **2** 権利消滅の, 失権している. [L (L *caducus* falling)]

ca・du・ci・ary /kəd(j)ú:siəri, -ʃi-/ *a* CADUCARY.

cae・te・ris pa・ri・bus, ce- /séteris pǽrəbəs, síː-/ 他のこと[事情]が同じであるならば. [L=other things being equal]

cae・te・ro・rum /sètərɔ́:rəm, sìːtərɔ́u-/ *n* 残余についての《(不動産権の残余について用いられる語)》. [L=of the rest]

caeterórum administrátion 残余遺産管理(手続き)《(遺産管理人(administrator)に既に与えていた限定的権限では残余遺産(residuary estate)処理に不十分である場合に改めて認められる遺産管理))》.

CAF, c.a.f. °cost and freight 運賃込み値段.

Cafcass, CAFCASS〖英〗°Children and Family Court Advisory and Support Service 子供および家族に関する裁判所助言・援助庁.

Cáirns'(s) Áct /kéərnz(əz)-/ [the ～]〖英史〗**1** ケアンズ法《大法官裁判所改正法 (Chancery Amendment Act 1858) の俗称; 同法は, それまでコモンロー裁判所のみが与えた損害賠償を, 大法官裁判所でも認めうることを初めて規定した制定法で, 1873, 75 年の裁判所法 (Judicature Acts) によるエクイティー(裁判所)とコモンロー(裁判所)の融合の基礎となった; なお不動産分割法 (Partition Act 1868) を俗に称することもある; Hugh McCalmont Cairns, 1st Earl of Cairns (1819-85) は当時の法務次官兼庶民院議員で, 両法の提案者). **2** [the Lord Cairns' Act] ケアンズ卿法《土地移転法 (Land Transfer Act 1875) の俗称; 男爵位受爵後の Cairns により提案された制定法).

ca・lam・i・ty /kəlǽməti/ *n* 災禍, 不幸, 災難, 災害, 惨状; 悲惨なできごと, 惨禍: the ～ of war. [F<L]

ca・lan・gi・um /kəlǽndʒiəm/, **ca・len・gi・um** /kəléndʒiəm/, **ca・lan・gia** /kəlǽndʒiə/ *n* 異議申し立て (challenge), 権利主張, 要求 (claim); 争い (dispute). [L=challenge]

Cál・der・bank létter [óffer] /kɔ́:ldərbæŋk-/〖英史〗コールダーバンク書状[申し出]《金銭債務・損害賠

calendar year

償請求以外の民事訴訟において一方当事者が他方当事者に対して送付する書状ないしは申し出て, 訴訟費用以外の問題では当該書状の内容につき審理段階で言及しないという条件の下, 提示条件による和解を申し出ること; 1976 年の同名の者が当事者となった判例から; 1999 年の民事訴訟手続き規則 (Civil Procedure Rules) により, 民事訴訟手続き規則第 36 部の申し出 (Part 36 offers) と呼ばれるようになっている; ⇨ PART 36 OFFERS AND PAYMENT).

ca・le・fa・gi・um /kæ̀ləféɪdʒiəm/ *n*〖史〗薪炭採取権. [L]

cal・en・dar /kǽləndər/ *n* **1** カレンダー, 暦《英国では 1752 年にユリウス暦 (3 月 25 日に新年となる)から, 1 月 1 日に新年となるグレゴリウス暦に変えた; ヨーロッパ大陸のカトリック系の国では 1582 年に変更). **2**《(議会の)》議事日程, 議案目録. ► ACTION CALENDAR (票決のための議事日程) / CONSENT CALENDAR (異論なき法案のための議事日程) / DEBATE CALENDAR (討議のための議事日程) / DISCHARGE CALENDAR (委員会の任務を解く動議のための議事日程) / HOUSE CALENDAR (非財政法案のための議事日程) / PARLIAMENTARY CALENDAR (議会日程表) / REPORT CALENDAR (報告のための議事日程) / SPECIAL-ORDER CALENDAR (特別順位議事日程) / UNION CALENDAR (財政法案のための議事日程). **3**〖米〗訴訟事件表,《(特に事実審理にまで熟している)》事件表《(訴答 (pleading) などが終わり 審理 (trial) を待っている事件の一覧表; cf. DOCKET). ► CONSENT CALENDAR (同意に基づく非公式審理事件表) / COURT CALENDAR (訴訟事件表) / SHORT CAUSE CALENDAR (短期間審理事件表) / SPECIAL CALENDAR (特別審理事件表) / TRIAL CALENDAR (審理事件表). **4**〖史〗被告人事件表, 囚人名簿 (=CALENDAR OF PRISONERS). ― *vt* **1**《記憶しておくべき事項を》カレンダー[日程表]に記入する. **2**《訴訟事件などを》カレンダーに書き入れる. [OF<L; ⇨ CALENDS]

cálendar cáll 訴訟事件審理日程決定 (=call of the list)《裁判官が法廷を開き, 審理を待っている訴訟事件を一つずつその名で呼び, 準備ができていると判断する場合には審理日程を決定する手続き).

cálendar mónth 1 暦月《暦に従った 1 か月)》. **2** 1 か月《ある月のある日から翌月の同じ日; 同じ日がない場合はその月末まで).

cálendar mótion《(出廷の)》日程についての申し立て.

cálendar of prísoners〖史〗被告人事件表, 囚人名簿 (=calendar)《(未決囚収監者が作成する審理 (trial) を待つ被告人の一覧表; 欄外に判決などについてのメモが記入される).

cálendar Wédnesday〖米〗議事日程上の水曜日《米国下院で水曜日はどの委員会も議事日程にない法案を本会議に上程し短時間討議してもらうことができるという決まりがある).

cálendar yéar 1 暦年《1 月 1 日から 12 月 31 日まで; cf. LEGAL YEAR). **2** 1 年間.

cal·ends /kǽləndz, kéɪ-/ *n* 《ローマ史》(ローマ古暦の)朔日, ついたち. [OF<L *calendae* (*kal-* to proclaim); 月々の日時を触れまわったことから]

Cal·i·fór·nia Repórter /kæ̀ləfɔ́ːrnjə-/ 《米》『カリフォルニア州判例集』『カリフォルニア・リポーター』《『アメリカ合衆国判例体系』(National Reporter System)の一つで, California 州の最高裁判所判決および下級裁判所の上訴裁判決を収める; 略 Cal. Rptr》.

call /kɔ́ːl/ *n* **1** 呼ぶこと, 叫び; 電話をかけること, 通話: a local ~ 市内通話 / a trunk [long-distance] ~ 長距離電話 / an overseas [international] ~ 海外[国際]電話 / a person-to-person ~ 指名通話. ▶COLLECT CALL (受信人払い通話) / REVERSE CHARGE CALL (受信人払い通話). **2** 点呼, 呼び出し (cf. ROLL CALL); 招き, 召集, 招集; (議会などの)召集(通知), (株主総会などの)招集(通知); 就任要請, 招聘. ▶CALENDAR CALL (訴訟事件審理期日程決定) / DOCKET CALL (未決訴訟事件現状報告実施) / ROLL CALL (点呼投票). **3** 《英》(法廷弁護士 (barrister) としての)資格付与. **4** (法廷弁護士としての)経験年数: He is twelve years' ~. 12 年間の法廷弁護士経験を有する. **5** 要求, 要請, 請求; 必要, 義務; 需要. **6** 《借金の》返済要求, 支払い催告(状); 《証券・株式などの》払い込み催告[請求](assessment*): money at [on] ~ =CALL MONEY. **7** 《証券》買付け選択権, コール(=call option)《一定期間内に証券・商品を所定額で買い取る権利; cf. PUT》. **8** 訪問: make a ~ 訪問する / business ~. **9** 土地表示. ▶DIRECTORY CALL (指示的土地表示) / LOCATIVE CALLS (位置表示). **on ~** 請求(あり)次第, 一覧払い (on DEMAND). — *vt* **1** 呼ぶ, 知らせる, 命ずる; 招く, 召集[招集]する. **2** 要求する, 請求する. **3** …に電話する (ring up). **4** 《人》に法廷弁護士 (barrister) 資格を付与する: Jim was ~*ed* (to the bar) last year. **5** 《株式・社債の応募者に》…の払い込みを催告[請求]する. **6** 《債券の》繰上げ償還をする; 償還のため《債券など》の提出を求める. **~ in** (**1**) …を呼ぶ, …の助けを求める: ~ *in* the CID (警視庁)刑事部の助けを求める. (**2**) 審査するため《計画など》の提出を求める: ~ *in* plans for eliminating unnecessary expenses. (**3**) 《支払いなどを》催告[要求]する; 回収する. **~ the** QUESTION. **~ up** 《議案などを》提案する, 審議にかける, 上程する.

cáll·able *a* 《証券などが》期日前に償還しうる; 請求次第支払われる.

cállable bónd 任意[随時]繰上げ償還可能社債 (=REDEEMABLE BOND).

cállable preférred stóck 《証券》償還優先株式 (=redeemable preference share) 《償還株式 (redeemable stock) である優先株》.

cállable stóck [sháre] 《広義で》償還株式 (=REDEEMABLE STOCK); 《狭義で》強制償還株式.

cálling the júry 《陪審員候補者名簿の中から選定手続きを経て決定された》陪審員名の呼出し.

cálling the pláintiff 《史》原告呼上げ, 訴え却下《評決時に原告側が法廷に不在の場合, 原告を呼び, 不出廷のときには訴えが却下された》.

cálling to the bár (法廷)弁護士資格付与 (call to the bar).

cálling upon a prísoner 《有罪決定された被告人に対する裁判所からの》最終弁明の要請.

cáll lòan 短期融資, 短資, 当座貸し, コールローン (=demand loan)《貸主がいつでも, 通常は 24 時間の事前通知で, 返済を請求できる貸付債権; 金融機関間で短期で行なわれる; 貸し手側からの呼称; cf. CALL MONEY, TERM LOAN》.

cáll mòney 短期借入金, コールマネー (=money at [on] call)《主として銀行間の要求払い短期借入金; 借り手側からの呼称; cf. CALL LOAN》.

cáll of the Hóuse 《英》(議員)点呼《庶民院 (House of Commons) で議員全体の審議の要がある場合の緊急呼出し; 呼び出され点呼時に不在の議員は欠席者とみなされ, 再呼出しなどの手続きに付された; 1836 年以降は例がない》.

cáll of the líst 訴訟事件審理日程決定 (=CALENDAR CALL).

cáll òption 買付け選択権, コールオプション (=CALL) (cf. DOUBLE OPTION, PUT OPTION).

cáll pàtent 《米》境界標土地表示公有地譲渡証書《私人公有地譲渡[下付]証書 (land patent) の一種で, 譲与時点では土地表示上の角の杭打ちは終えているが境界線は引き終えていない土地の譲渡証書》.

cáll to the bár (法廷)弁護士資格付与 (=calling to the bar).

CALR computer-assisted legal research 電子法学文献検索.

Cal. Rptr 《米》°California Reporter 『カリフォルニア・リポーター』.

ca·lum·ni·ate /kəlʌ́mnièɪt/ *vt* そしる, 誹謗[中傷]する. [L *calmnior* to accuse falsely]

ca·lúm·ni·à·tor *n* 誹謗[中傷, 讒言]者.

ca·lum·ni·ous /kəlʌ́mniəs/ *a* 中傷的な.

cal·um·ny /kǽləmni/ *n* 《古》誹謗, 中傷, 讒言(ざん). ▶OATH OF CALUMNY (真実権利主張宣誓). [L trickery, cunning]

Cál·vin's Càse /kǽlvənz-/ カルヴィン事件《スコットランド国王 James 6 世が 1603 年にイングランド国王を兼ね James 1 世として即位したのち, 王はその後に生まれた者 (postnatus) は双方の国にとり外国人ではなく, また それ以前に生まれた者 (antenatus) は議会制定法で同じ扱いができるように願ったが, イングランド議会の抵抗にあった; この関連で, postnatus のスコットランド人 Calvin がイングランドに保有している土地の権利をめぐって提起した仮想の訴訟事件; 1608 年に財務府会議室裁判所 (Court of Exchequer Chamber) が, 原告はスコットランド国王 James には忠誠義務を負っていることは確かだが, イングランド国王としての James との関係では忠誠関係はなく外国人であるので, 土地保有・相続に関して無能力であるとの被

告の主張を斥け, 国王に対する義務は自然人としての James 個人に負っているゆえに, James がイングランド国王就任後にスコットランドで生まれた人もイングランド人と同等の国王への恭順義務を負い土地保有・相続に関しても制約を受けないと判決した; この判決は Sir Edward COKE の反対を受け政治的反発を招いた; また この判決は 18 世紀イギリス本国との争いの過程でアメリカ植民地側により, 植民地人は国王に対して忠誠義務は負うが, 本国議会の権威まで認める必要はないと主張する根拠判例として利用された). [*Calvin* v. Smith (1608)]

Cál·vo clàuse /káːlvou-/ 〘国際法〙 カルヴォ条項《国家が外国人(企業)と結ぶ契約に挿入する条項で, 外国人の本国による外交保護の行使を封ずることを目的とした; その効力・効力範囲について争いがある》. [Carlos *Calvo* (1824–1906) アルゼンチンの法律家]

cam·bist /kǽmbɪst/ *n* 1 手形ディーラー, 為替業者, 為替売買人, 両替商. 2 各国通貨度量衡比較表. [F < L *cambium*]

cam·bi·um /kǽmbiəm/ *n* 〘史〙 1 交換. 2 為替; 為替手形 (bill of exchange). [L=exchange]

cam·era /kǽm(ə)rə/ *n* (*pl* ~s, **cam·er·ae** /kǽməriː, -raɪ/) 1 裁判官室, 裁判官の私室 (⇨ IN CAMERA); 法廷外の場所. 2 金庫. **in ~** ⇨ IN CAMERA. [L; ⇨ CHAMBER]

Cámera Stel·lá·ta /-stəlάːtə/ 〘°c- s-〙 〘史〙 星の間, 星室, 星室における国王評議会, 星室裁判所 (= STAR CHAMBER). [L=Star Chamber]

cam·paign /kæmpéɪn/ *n* 1 軍事行動, 従軍. 2 〘社会的〙運動, キャンペーン, 勧誘, 遊説; 選挙戦. — *vi* 1 出征する. 2 運動をする: ~ *for* the abolition of the death penalty [*against* the death penalty]. **~·er** *n* 《党・候補者・主義などへの》運動家.

Cámp·bell's Áct /kǽmb(ə)lz-, kǽməlz-/ [Lord ~]〘英史〙キャンベル(卿)法 (= FATAL ACCIDENTS ACT 1846). [Baron である John Campbell (1779–1861) が制定に貢献]

Cámpbell's Líbel Ácts *pl* [Lord ~]〘英〙キャンベル(卿)文書誹毀法《文書誹毀法 (Libel Acts 1843 & 1845) の通称; John Campbell (↑) が制定に貢献》.

Cánada Àct [the ~] カナダ法《1982 年 英国議会が成立させた法律で, Constitution Act 1982 (統治基本法, 1982 年 4 月 17 日公布) をカナダに対して施行し, その施行後は自主憲法制定権をカナダ連邦政府に移譲し, カナダが連合王国議会から法的に独立することを定めた》.

Canádian Bíll of Ríghts [the ~] カナダ権利章典《1960 年カナダ連邦議会が制定した通常の制定法で, それまで憲法上基本的人権保障のなかったカナダに政治的平等主義的法的権利を保障した; 1982 年に権利と自由のカナダ憲章 (Canadian Charter of Rights and Freedoms) が成立し, その重要性の大半は失われた》.

Canádian Chárter of Ríghts and Frée·doms [the ~] 権利と自由のカナダ憲章《1982 年のカナダ法 (Canada Act) の一部として制定された人権保障規定; 1960 年のカナダ権利章典 (Canadian Bill of Rights) に取って代わった; 各種自由権の保障のほか違憲立法審査権を裁判所に与え, また 1960 年のカナダ権利章典と異なり連邦と州双方の機関に適用される; 単に Charter of Rights ともいう》.

can·cel /kǽns(ə)l/ *vt, vi* (**-l-** | **-ll-**) 1 取り消す, 〈契約を特に相手方の違反により〉解除する, 解約する, 無効にする, キャンセルする (cf. RESCIND, TERMINATE); 〈文書を〉破棄する; 中止する: ~ an appointment [a meeting] / ~ a contract. 2 …に支払い済みの印をつける: ~ a check. 3 帳消しにする, 抹殺する. **cán·cel·(l)able** *a*

cánceled chéck 支払い済み小切手, 使用済み小切手.

cancellandi ⇨ ANIMUS CANCELLANDI.

can·cel·la·ria /kæ̀nsəléəriə/ *n* 1 大法官府 (Chancery). 2 大法官府裁判所 (Court of Chancery). [L]

can·cel·la·ri·us /kæ̀nsəléəriəs/ *n* 大法官 (Chancellor). [L]

can·cel·la·tion, -ce·la- /kæ̀ns(ə)léɪʃ(ə)n/ *n* 1 取消し, 《特に相手方違反に基づく契約の》解除, 解約; 《文書の》破棄, 抹消: ~ of an appointment / ~ of an agreement. 2 文書の破棄命令《裁判所が下すエクイティー上の命令で, その文書がすでに目的を終えているにもかかわらず存続させると不適正な結果を招くおそれがある場合に出される》.

cancellátion clàuse 契約解除条項《特定の事態発生の場合には当事者が契約を解除できることを規定した条項》.

cancellátion of stóck [sháres] 発行済み株式の消却; 授権株式数の消去.

C & E〘英〙°Customs and Excise 関税消費税委員会.

c. & f., C. & F. °cost and freight 運賃込み値段.

c. & i. cost and insurance 保険料込み値段.

can·di·da·cy /kǽndədəsi/ *n* 〘米〙立候補, 候補者資格 (=candidature〘英〙) 〈*for*〉: ~ *for* the Presidential election.

can·di·date /kǽndədèɪt, -dət/ *n* 候補者; 志願者, 志望者: eight ~s for the post. [F or L=white-robed; 古代ローマでは公職候補者は白衣を着た]

cándidate spècies 絶滅危惧候補種 (=listed species)《絶滅危惧種 (endangered species) ないしは絶滅危惧種 (threatened species) になる可能性のある動植物の種; cf. ENDANGERED SPECIES, THREATENED SPECIES》.

can·di·da·ture /kǽndədətʃər, -tʃùər/ *n* 〘英〙 CANDIDACY.

Cán·dle·mas (Dày) /kǽndlməs(-), -mæ̀s(-)/ 聖燭節, 聖母マリアのお浄めの被献日《2 月 2 日; スコットランドの四季支払い日の一つ》.

can·na·bis /kǽnəbəs/ *n* カンナビス《大麻の葉や花から得られる規制薬物》.

cánnon shòt rùle《国際法》カノン砲射程の準則《領海の幅 (breadth of the territorial seas) を基線 (baseline) から測ってカノン砲の射程距離にするという準則；18世紀後半にその距離として3海里説が有力となったが，19世紀半ば以降大砲の着弾距離が飛躍的に長くなると射程と関係なく3海里に固定するようになったが，現在ではこの説は一般的に受け容れられてはいない；1982年の国連海洋法条約では沿岸12海里までの範囲で領海の幅を設定できると定めている；cf. TERRITORIAL SEAS》.

can·on¹ /kǽnən/ n **1 a**《神学》教理典範, カノン《キリスト教的信仰および行為の基準》. **b** 規範, 基準 (criterion); 規範[基準]集; 行為準則;《まれ》法規; 指導原則, 指導原理. **c** 教会の法規, 教会法, カノン法, カノン法準則; 法準則. ▶ TERM-OF-ART CANON (専門用語則). **2 a**《外典に対して》《聖書》正典, 正典目録;《偽作に対して》真作品(目録); 容認された作品群, キャノン: the Books of the C~《聖書の》正典. **b**《カトリック教会公認の》聖人表. **c**《カトリック》《ミサの》典文. **3**《教会への, 定期の》献納金. **ca·non·i·cal** /kənǽnɪk(ə)l/ a ~·**ist** n ［L<Gk kanōn rule］

canon² n 主教座[司教座]聖堂参事会員; CANON REGULAR; 立誓共住司祭. ［OF<L=one living under rule (↑)］

canónical compurgátion =CANONICAL PURGATION.

canónical disabílity カノン法上の婚姻能力の欠缺《特に性的不能 (impotence); その存在は婚姻を無効にしうる; cf. CIVIL DISABILITY》.

canónical impédiment カノン法上の婚姻障害《カノン法上婚姻を無効とする障害, すなわち先約・血族関係・姻族関係や婚姻時の性的不能》.

canónical purgátion カノン法上の雪冤(せつえん)宣誓 (=canonical compurgation) (⇨ VULGAR PURGATION, COMPURGATION).

cánon láw [the ~] 教会法, カノン法 (=jus canonicum) (cf. ECCLESIASTICAL LAW).

cánon láwyer カノン法法律家.

cánon régular (pl cánons régular)《カトリック》律修司祭, 立誓共住司祭; 修道参事会員.

cánons of constrúction pl《制定法・契約書の文言を解釈するときに準拠する》解釈準則.

cánons of descént pl 無遺言不動産相続順位則 (=canons of inheritance, rules of descent).

cánons of inhéritance pl 不動産法定相続順位則 (canons of descent).

Cánons of Judícial Éthics pl [the ~]《米史》裁判官倫理典範《1924年にアメリカ法曹協会 (American Bar Association) が作成した勧告の規程; 1972年に裁判官行動準則規程 (Code of Judicial Conduct) ができ, 役割を終えた》.

Cánons of Proféssional Éthics pl [the ~]《米史》弁護士倫理典範《1908年にアメリカ法曹協会 (American Bar Association) が定めた弁護士倫理の模範規範; 1969年の弁護士責任模範法典 (Model Code of Professional Responsibility) の前身》.

cant /kǽnt/ n《大陸法》共有物共有者間競売 (=licitation)《共有物をその共有者間で競売に付し, 最高入札者が各共有者の持分権を買い取りすべての権利を取得すること》.

Can·ter·bury /kǽntərbèri; -b(ə)ri/ カンタベリー《英国南東部 Kent 州の古都市; イングランド教会は Canterbury と York の2管区 (province) に分けられ, それぞれ大主教 (archbishop) が統轄; イングランド教会および聖公会系諸教会の中心》. ▶ COURT OF CANTERBURY (カンタベリー裁判所).

Ca·nute, Cnut, Knut /kən(j)úːt/ カヌート (~ the Great) (c. 994-1035)《イングランド王 (1016-35), デンマーク王 (1018-35), ノルウェー王 (1028-35)》. **the Laws of ~** カヌートの法《カヌート王がイングランド国王として Winchester で賢人会議 (witenagemot) の助言の下 編纂発布した法典》.

can·vas, -vass /kǽnvəs/ vt **1**《投票を依頼したり, 意図を説明したりするために》〈人〉に会う, 面会する;〈選挙区〉を遊説してまわる, 選挙運動をする, 票集めをする, 投票を依頼する; 戸別に勧誘する: They are ~ing voters. / ~ support 支援を頼む / ~ support for one's Bill among the members 議員に法案支持を求める. **2** 詳細に調べる;〈問題を〉討議する; …で世論調査をする; *〈選挙得票〉の点検をする. — n **1** 勧誘; 選挙運動, 遊説, 戸別訪問. **2** 調査, 討議; *投票の点検; 世論調査. ~·**ing** n ［OF<L］

cánvass·er n **1** 選挙運動員, 遊説者; 勧誘員, 外交員. **2**《米》投票点検員.

cap /kǽp/ n **1** 帽子. **2** 上限; 最高. — vt〈歳出など〉の上限を課す.

CAP °Common Agricultural Policy《EU の》共通農業政策.

ca·pac·i·tate /kəpǽsətèɪt/ vt …に能力[資格, 権限]を与える; 法的に適格にする. **ca·pàc·i·tá·tion** n 能力[資格](付与).

ca·pac·i·ty /kəpǽsəti/ n **1** 収容力, 収容能力; 容積, 容量; 許容能力; 最高出力. ▶ DEADWEIGHT CAPACITY (載貨重量). **2** 法定資格, 資格; 能力, 行為能力, 責任能力, 意思能力; 適性, 適格性: ~ to action 訴訟能力 / a person full of age and ...《英米の大半での成年である18歳以上で健全な精神を有する》取引行為能力《特に》契約能力》のある人. ▶ AGE OF CAPACITY (行為能力年齢) / CONTRACTUAL CAPACITY (契約能力) / CRIMINAL CAPACITY (犯罪能力; 刑事の責任能力) / DIMINISHED CAPACITY (限定責任能力) / DISPOSING CAPACITY (財産処分能力; 遺贈能力) / EARNING CAPACITY (稼得能力) / FIDUCIARY CAPACITY (受認者としての資格) / INCAPACITY (無能力; 就労不能) / PATIENT LACKING CAPACITY (同意能力を欠く患者) / PATIENT WITH CAPACITY (同意能力のある患者) / PROPRIETARY CAPACITY (私経済的資格) / REPRESENTA-

TIVE CAPACITY (代理人[代表者]としての資格) / SUB-STANTIAL CAPACITY (実質的能力) / TESTAMENTARY CAPACITY ((動産)遺言能力). **3** 受容力; 才能, 能力. **in** ～ 法的能力をもった. [F<L]

capácity defènse 能力についての防御《被告は違法行為に対する責任能力を欠いているという防御, あるいは原告は訴訟追行能力を欠いているという防御》.

capácity of a chíld in críminal láw 刑事法上の子供の責任能力 (⇨ DOLI CAPAX).

capácity to consént to médical tréatment (みずからの) 医療に対する同意能力 (cf. COMPETENT PATIENT, INCOMPETENT PATIENT).

capácity to contráct 《有効な契約をみずから締結できる》契約能力 (＝contractual capacity).

capax doli ⇨ DOLI CAPAX.

ca·pe /kéɪpi/ n 《史》 係争不動産差押付き召喚令状《物的訴訟 (real action) で被告が期日に欠席した場合に係争不動産を差し押えたうえで召喚を命ずる令状; 初めから欠席している被告に対する係争不動産差押付き召喚大令状 (**cápe mág·num** /-mǽgnəm/, grand cape) と, 途中から欠席した被告に対する係争不動産差押付き召喚小令状 (**cápe pár·vum** /-pá:rvəm/, little cape) の 2 種がある》. [L=take]

ca·pi·as /kéɪpiəs, kǽp-; -æs/ n 勾引令状 (＝body execution, writ of capias); 応訴のための勾引令状 (capias ad respondendum). ▶ WRIT OF CAPIAS (勾引令状). [L=that you take]

cápias ad au·di·én·dum ju·dí·ci·um /-æd ɔ:diéndəm ʤudíʃiəm/ 判決言い渡しのための勾引令状. [L=that you take to hear judgment]

cápias ad com·pu·tán·dum /-kàmpjuténdəm/ 《史》計算強制勾引令状 《計算訴訟 (action of account) で敗訴した債務者が出廷せず計算をしない場合に, それを強制する令状》. [L=that you take to account]

cápias ad res·pon·dén·dum /-rì:spəndéndəm/ 応訴のための勾引令状《単に capias ともいう; cf. CIVIL ARREST》. [L=that you take to answer]

cápias ad sa·tis·fa·ci·én·dum /-sætɪsfeɪʃiéndəm/ 《史》弁済のための勾引令状《英国では 1981 年法で廃止; 略 ca. sa., Ca. Sa.》. [L=that you take to satisfy]

cápias ex·tén·di fá·ci·as /-ɪksténdaɪ féɪʃiəs/ 《史》国王債務者勾引令状《国王の債務者を逮捕しその財産の差押えを命じた; 英国では 1947 年法で廃止》. [L=that you take and cause to be extended]

cápias in wíthernam 不法差押え報復留置令状《債務強制のため自救的に差押がなされ, 次いでその差押動産の返還を求める動産占有回復訴訟 (replevin) が提起されたが, 被告がその動産を隠したり, 被告が仮に返還した動産を勝訴判決後取り戻そうとしたとき原告がそれを隠したりした場合に, シェリフ (sheriff) 宛てに, その動産と同価値の動産を差し押え相手方に引き渡し留置させるとを命じた令状; 英国では現在用いられていない》. [L=that you take by way of reprisals]

cápias pro fí·ne /-prou fáɪni/ 罰金未納者勾引令状. [L=that you take for the fine]

cápias ut·la·gá·tum /-àtləɡéɪtəm/ 法喪失者勾引令状. [L=that you take the outlaw]

capita n CAPUT の複数形. ▶ PER CAPITA (一人当たり(の)).

cap·i·tal /kǽp(ə)t(ə)l/ n **1 a** 資本(金), 資金, 元金, 元手: make political ～ out of…を政治的に利用する. **b** 資本家階級: ～ and labor 資本と労働. ▶ AUTHORIZED CAPITAL (授権資本) / BORROWED CAPTIAL (借入資本) / CIRCULATING CAPITAL (流動資本; 流動資金) / DEBT CAPITAL (借入資本) / EQUITY CAPITAL (払い込み資本) / FIXED CAPITAL (固定資本; 固定資産) / FLOATING CAPITAL (流動資本; 流動資金) / ISSUED CAPITAL (発行済み資本) / LEGAL CAPITAL (法定資本) / LOAN CAPITAL (借入資本) / MONEYED CAPITAL (貨幣資本) / NOMINAL CAPITAL (名目資本) / PAID-IN CAPITAL (払い込み資本) / PROPRIETARY CAPITAL (個人企業出資金) / REDUCTION OF CAPITAL (資本減少) / RESERVE CAPITAL (留保資本) / RETURN ON CAPITAL (EMPLOYED) (資本利益率) / RISK CAPITAL (冒険資本, 危険資本) / SHARE CAPITAL (株式資本) / STATED CAPITAL (表示資本) / UNCALLED CAPITAL (払い込み未催告資本) / VENTURE CAPITAL (冒険資本, ベンチャーキャピタル) / WORKING CAPITAL (運転資本). **2** 首都, 首府; 中心地. **3** かしら文字, 大文字 (capital letter). ▶ BLOCK CAPITAL (ブロック体の大文字). ― a **1** 首位の; 主要な; 《口》第一級の, すばらしい, みごとな. **2**〈罪が〉死に値する, 死刑を科しうる. **3** 資本[資金]の[に関する]. **4** 大文字の. [OF<L; ⇨ CAPUT]

cápital allówance《英税制》資本の支出控除, 資本控除, 設備投資所得控除《資本の支出 (capital expenditure) の一定割合を年度利益金から控除することを認める企業投資減税》.

cápital ásset 資本資産《わが国の固定資産にほぼ対応; 長期間継続的に使用する目的で取得された資産で, 土地・減価償却資産の有形固定資産のほか営業権・有価証券などの無形固定資産を含む; cf. FIXED ASSET》.

cápital contribútion 資本拠出.

cápital críme 死刑を科しうる犯罪, 死刑対象犯罪 (＝CAPITAL OFFENSE).

cápital déficit 資本の欠損《純資産額が表示資本を下回ること, またその額》.

cápital expénditure 資本的支出 (＝capital expense, capital outlay) 《会計年度を越えて利益をもたらす支出; 具体的には固定資産の取得・改良費; 収益的支出 (revenue expenditure) の対概念》.

cápital expénse 資本的支出 (＝CAPITAL EXPENDITURE).

cápital félony 死刑を科しうる重罪.

cápital gáin 資本利得, キャピタルゲイン《有価証券・

有形固定資産など資本資産 (capital asset) を売却して得た利得; cf. ORDINARY GAIN, CAPITAL LOSS). ▶ LONG-TERM CAPITAL GAIN (長期資本利得) / SHORT-TERM CAPITAL GAIN (短期資本利得).

cápital gáins tàx 《税制》資本利得税《略 CGT》.
cápital góods pl 資本財.
cápital-inténsive a 資本集約的な, 大きな資本を要する (cf. LABOR-INTENSIVE).
ca·pi·ta·lis ba·ro /kǽpətéiləs bǽrou/《史》財務府裁判所首席裁判官 (Chief Baron). [L=chief baron]
capitális jus·ti·ci·á·ri·us /-dʒùːstiʃiériəs/ 1《英史》最高法官 (chief justiciar). 2 首席裁判官 (chief justice). [L=chief justiciary]
cápital·ìsm n 資本主義.
cápital·ist n 1 資本家. 2 [ˢderog] 大金持. 2 資本主義者. — a 1 資本を保有する, 資本の. 2 資本主義の, 資本主義的な, 資本主義者の: a ~ country 資本主義国 / the ~ system 資本主義体制.
cap·i·tal·iz·a·tion /kæ̀p(ə)t(ə)ləzéiʃ(ə)n; -laɪ-/ n 1 資本化; 資本還元; 《剰余金の》資本組入れ. 2《資本・投資の》現在価値化. 3 資本, 資本構成; 資本総額; 負債総額; 自己資本総額, 出資総額. ▶ MARKET CAPITALIZATION (株式の時価総額) / RECAPITALIZATION (資本再構成) / THIN CAPITALIZATION (低額資本構成). 4《会社の授権株式 (authorized stock) あるいは社外株式 (outstanding stock) の》株式額面額・表記価額資本総額 (cf. CAPITAL STOCK). 5《会社の》授権株式数, 認定社債額, 株式発行高. 6《収入・年金の》資本見積もり, 現価計上. 7《会社・事業への》投資.
capitalizátion issue 資本組入れ株式配当, 新株無償発行 (cf. BONUS ISSUE, SCRIP ISSUE, STOCK DIVIDEND).
capitalizátion of íncome 収益の資本還元, 収益に基づく資産評価.
capitalizátion of prófit 利益の資本組入れ.
cápital·ìze vt 1〈準備金などを〉《使える》資本に換える, 資本化する. 2〈会社・事業に〉投資する. 3〈収益・財産の〉資本還元を行なう, 現在価値を算出する. 4《支出を》資本の支出として計上する (cf. AMORTIZE).
cápital lèverage 借入れ資本利用《企業が利息よりも大きな利益を得る目的で借入れ資金を利用すること; cf. LEVERAGE》.
cápital lèvy 《税制》資本課税, 資本税.
cápital lóss 資本損失, キャピタルロス《資本資産 (capital asset), 特に固定資産の売却価額が帳簿価額より低い場合に生ずる損失; cf. CAPITAL GAIN). ▶ LONG-TERM CAPITAL LOSS (長期資本損失).
cápital márket 《金融》資本市場《金融市場のうち, 株式や公社債の取引によって長期資金の需給が行なわれる市場; 長期金融市場ともいい, 1 年までの短期資金の貸借が行なわれる money market (短期金融市場) と対比される》.

cápital móney 《英》継承財産設定地収益金《継承財産設定地 (settled land) からの, 例えば売却費・譲渡抵当 (mortgage) からの収益などの各種収益で, 一般に受益者でなく受託者によって受け取られる金銭》.
cápital offénse 死刑を科しうる犯罪, 死刑対象犯罪 (=capital crime).
cápital óutlay 1 資本的支出 (capital expenditure). 2 資本的出費《企業の取得・設備・促進に費やされる金銭》.
cápital púnishment 死刑 (=death penalty)《英国では 1998 年の人権法 (Human Rights Act) の結果現在では死刑は完全廃止されている; cf. CAPITAL OFFENSE, CRUEL AND UNUSUAL PUNISHMENT, EXECUTION》.
cápital recóvery 資本回収《一旦は不良債権として帳簿から消込し損失として差し引いた貸倒れ金を取り立てること》.
cápital redémption resérve 《英》資本償還準備金《償還株式 (redeemable stock [share]) の償還や自社株購入などに際し, 債権者保護のため分配可能利益から振り替え積み立てることが義務づけられている準備金; 配当金として分配はできない》.
cápital retúrn 《税制》資本償還収益《費用ないしは資本の償還分に当たる収益で, 利益として課税されないもの》.
cápital stóck* 1 授権株式 (=AUTHORIZED STOCK [SHARES]). 2《授権株式の》株式額面額・表記価額資本総額 (cf. CAPITALIZATION). 3 普通株 (=COMMON STOCK). 4 社外株(式) (=OUTSTANDING STOCK).
cápital strúcture 資本構成《自己資本と負債を合わせた企業の使用総資本の構成》.
cápital súrplus 1*資本剰余金《株式払込金が額面を超過する金額である株式のプレミアム (share premium) など企業収益以外のものから生ずる剰余金》. 2 払い込み剰余金 (=PAID-IN SURPLUS).
cápital tránsfer tàx 《英税制史》資産譲渡税, 資本承継税《1975 年にそれまでの遺産税 (estate duty) に代えて導入された租税で, 生存中遺産価値を減少させることとなった財産処分の価額と死亡により承継された財産の価額に課税; 1986 年法で相続税 (inheritance tax) となった; 略 CTT》.
cap·i·ta·tion /kæ̀pətéiʃ(ə)n/ n 1《支払いの》頭割り. 2 人頭税 (=POLL TAX). [F or L=poll tax; ⇒ CAPUT]
capitátion gránt 《各人均一の》頭割り譲与《1》人頭補助金; 2) 頭割り土地譲与》.
capitátion tàx 人頭税 (=POLL TAX).
ca·pi·tis de·mi·nu·tio /kǽpitis dèmin(j)úːʃiou/《ローマ法》頭格減少《自由人の社会的結合関係における構成員としての地位の喪失; 市民権・自由そのものの喪失である大減少 (deminutio maxima), 市民権のみの喪失である中減少 (deminutio minor), 家庭内の一定の地位からの排除である小減少 (deminutio

Cap·i·tol /kǽpətl/ *n* **1**〖古代ローマ〗カピトリウム《ローマの Campidoglio の丘にあった古代ローマの Jupiter の神殿》. **2**〖米〗[the ~] 連邦議会議事堂. **3**〖米〗[the ~, °the c-] 州議会議事堂 (statehouse): State ~ 州議会議事堂.

Cápitol Híll キャピトルヒル《Washington, D.C. の連邦議会議事堂のある丘》; [*fig*] 米国連邦議会.

ca·pit·u·la /kəpítʃələ/ *n pl* **1**〖史〗《特にフランク帝国の》勅令. **2**〖史〗外国人特権的裁判権合意[制度] (⇨ CAPITULATION). **3**〖教会〗参事会 (=chapters). [L =chapters]

ca·pit·u·la·ry /kəpítʃəlèri; -ləri/ *a* 参事会 (chapter) の. — *n* **1** 参事会員. **2** [*pl*]《特にフランク帝国の》勅令.

ca·pit·u·late /kəpítʃəleɪt/ *vi* **1**《古》合意条項を作成する; 交渉する, 協議する; 合意する. **2**《条件付きで》降伏する; 争う[抵抗する]ことをやめる. [L=to draw up under headings]

ca·pit·u·la·tion /kəpìtʃəléɪʃ(ə)n/ *n*〖国際法〗**1** 降伏《一部の軍隊・艦隊・航空機が, その指揮官の権限において, その指揮官の権限の下に結ばれる条件の下で, 戦闘行為をやめて敵の権力内に支配地・兵員・武器を置くこと; cf. UNCONDITIONAL SURRENDER》. **2**〖史〗外国人特権的裁判権合意[制度]《治外法権など外国人居住者に関わる事件を本国の領事裁判所などで裁判をする条約あるいは慣習法, またはそれに基づく裁判制度; ヨーロッパ各国がトルコ・中国・エジプトなどで得ていた特権であったが, 現在では廃れている》. **ca·pit·u·la·to·ry** /kəpítʃələtɔ̀:ri; -lèɪt(ə)ri/ *a*

ca·price /kəprí:s/ *n* 気まぐれ, むら気; 気まま.

ca·pri·cious /kəpríʃəs, -prí:-/ *a* **1**〈人が〉気まぐれな, 移り気の, 当てにならない. **2**〈判決・判断が〉証拠や法に反している, 根拠を欠いている (cf. ARBITRARY). ARBITRARY and ~. **·ly** *adv* **~·ness** *n*

cap·ta·tor /kǽpteɪtər/ *n*〖大陸法〗《贈与・遺贈の》詐取者.

cap·tion /kǽpʃ(ə)n/ *n* **1**〖法律文書の〗頭書 (cf. STYLE). **2** 逮捕, 拘束 (arrest, seizure). **~·less** *a* [L⇨ CAPTIVE]

cap·tive /kǽptɪv/ *a* **1 a** 捕虜の, 捕らえられた, 捕われの (opp. *free*); 閉じ込められた: lead sb ~ 人を捕虜にして引き立てる / take [hold] sb ~ 人を捕虜にする[しておく]. **b**《独立を装っているものの》他の支配下に置かれた; 自由な選択[離脱]がしにくい状況に陥った. **2** 親会社専用の, 専属の. — *n* **1** 不法に逮捕, 拘束されている人. **2** 捕虜 (prisoner of war). **3** 捕われの動物. [L (*capt- capio* to take)]

cáptive áudience 囚われの聴衆《列車内での宣伝放送などのように他人から伝達される意見を強制的に聴かされる者; 回避の自由が保障されていないので表現の自由にもかかわらず制限の対象となりうる》.

cáptive-áudience dòctrine 囚われの聴衆の法理 (**1**) 囚われの聴衆 (captive audience) への強制的意見表明については, 表現の自由が制限されうるという原則 **2**) 労働組合の交渉代表の選出に際して, 選挙開始直前の 24 時間は, 使用者・組合側共に勤務時間中に被用者を集めて強制的に選挙演説を聞かせることは許されないという原則; 非強制的集会での演説やビラ・会話などは対象外》.

cap·ture /kǽptʃər/ *vt* **1 a** 捕える, 捕虜にする, 逮捕する; 攻め落とす. **b**《注意・関心などを》とらえる. **c**〖電算〗《データを》コンピューターに取り込む,《取り込むデータを》捕捉する. **2** ぶんどる,《賞品・票を》獲得する. — *n* **1**《⇨ RULE OF CAPTURE》**a** 捕獲, 生け捕り;〖国際法〗《戦時における敵国の船舶・動産の》捕獲; 取得, 所有権取得;《野生動物の》捕獲《による所有権取得》; 逮捕. **b** 捕獲物, ぶんどり品. ▶ RULE OF CAPTURE (一般指名権者財産権取得の準則; 野生動物捕獲者所有の準則; 土地所有者地下水取得権の準則; 石油・天然ガス自由採取の準則). **2**〖電算〗《データの》捕捉. **3**〖地理〗《河川の》争奪《隣り合う 2 河川の一方が他方の上流の河流を奪うこと》. [F<L; ⇨ CAPTIVE]

ca·put /kéɪpət, kǽpət/ *n* (*pl* **ca·pi·ta** /kǽpətə/) **1** 頭 (head);《骨・筋の》頭, 骨頭, 筋頭. **2** [*pl*] 頭, 人. **3**《ローマ法》頭, 頭格《人の法的地位・身分; cf. CAPITIS DEMINUTIO》. **4** 元本. [L *capit- caput* head]

Car. [L *Carolus*] (King) Charles.

car·at, kar·at /kǽrət/ *n* カラット (**1**) 宝石の衡量単位: =200mg **2**) 純金含有度を示す単位; 純金が 24 カラットとしてその$_{/24}$が 1 カラット》.

car·a·van /kǽrəvæn/ *n* 隊商, キャラバン, 車馬隊;"自動車で引く移動住宅, トレーラーハウス (trailer*) (cf. UNAUTHORIZED CAMPING). [F<Pers]

cárbon cópy カーボンコピー (**1**) カーボン紙によるコピー **2**) 電子メールで, 本来の宛先以外の宛先に送信される写し; 略 cc, CC, c.c.》.

Cár·cer ad ho·mi·nes cus·to·di·en·dos, non ad pu·ni·en·dos, da·ri de·bet. /ká:rsɛr æd hámɪnì:z kʌstoudiéndas nan æd pəniéndas dǽraɪ débət/ 刑務所は人々を拘禁するためであって, 処罰するために用いられるべきではない. [L=A prison should be devoted to the custody, not to the punishment of persons.]

card /ká:rd/ *n* **1** 厚紙 (pasteboard); カード; 名刺; はがき; 招待状, 案内状;《祝賀用の》カード; クレジットカード (credit card); 入場券: party ~《政党の》党員証明書. ▶ BANK CARD (バンクカード; チェックカード) / CHECK CARD (チェックカード) / CREDIT CARD (クレジットカード) / DEBIT CARD (デビットカード) / GREEN CARD (グリーンカード) / ID [IDENTIFICATION, IDENTITY] CARD (身分証明書) / LANDING CARD (上陸証明書) / MIRANDA CARD (ミランダカード) / SIGNATURE CARD (署名カード) / WARRANT CARD (身分証明書). **2** [*pl*]《口》《雇用者がもつ》被雇用者に関する書類: ask for one's ~s《口》辞職を

申し出る.

Car·do·zo /kɑːrdóuzou/ カードーゾー **Benjamin Nathan ~** (1870-1938)《米国の法学者・裁判官; New York 州の最高上訴裁判所裁判官, 同首席裁判官を経て合衆国最高裁判所裁判官 (1932-38);「法は社会の変化に適応すべし」とするプラグマティズムの法思想の代表者; 著作は, *The Nature of the Judicial Process* (1921), *The Growth of the Law* (1924), *The Paradoxes of Legal Science* (1928) など》.

cárd vòte [vòting] カード投票《労働組合などの会議で代議員がカードに示されたその代表する人数に応じた票数をもって投票する投票方式》.

care /kéər/ *n* **1** 心配, 苦労; 関心, 配慮, 注意, 用心, 留意 (cf. NEGLIGENCE, STANDARD OF CARE): driving without due ~ and attention 不注意運転. ▶ ADEQUATE CARE (十分な注意) / DEGREE OF CARE (注意の程度) / DUE CARE (当然払うべき[相当の]注意) / DUTY OF CARE (注意義務) / DUTY TO TAKE CARE (注意義務) / EXTRAORDINARY CARE (特別の注意) / GREAT CARE (高度の注意) / HIGH DEGREE OF CARE (高度の注意) / HIGHEST DEGREE OF CARE (最高度の注意) / ORDINARY CARE (通常の注意) / PROPER CARE (適切な注意) / REASONABLE CARE (相当の注意) / SLIGHT CARE (軽度の注意) / STANDARD OF CARE (注意の標準) / UTMOST CARE (最高度の注意). **2** 世話, 保護, 介護, 救護, 監督: CARE AND CONTROL. ▶ AFTERCARE (補導, 少年犯罪者の仮釈放) / CHILD IN CARE (保護児童) / FOSTER CARE (養い子[里子]の養育; 養い子[里子]養育制度) / Medicare (メディケア) / PARENT WITH CARE (監護親). **3** (一時的に) 預かること, 保管; 保管義務. **4** 関心事, 責任, 用事. take ~ of... (1) ...の世話をする, 大事にする. (2) ...を(引き受けて)処理する, 始末する; 〈債務を〉支払う. (3) ...に留意[注意]する, ...に気をつける[用心する].

cáre and contról〚英史〛未成年の子の監護(権)《未成年の子と共に生活しその日常活動を監護する権能と責任; ⇨ PARENTAL RESPONSIBILITY, SECTION 8 ORDERS》.

cáre cóntact òrder〚英〛保護接触制限命令《子供の保護命令 (care order) に基づき子供を保護している地方自治体にその保護下の子供と一定の人が接触することの制限を許容する裁判所命令; 1989 年法の下では保護命令の下で保護されている子供は両親その他監護権を有していた者と合理的範囲内で接触する権利を有しているので, それを制限するためには裁判所命令が必要とされることに基づく; ⇨ CARE ORDER》.

caréer offènder [crìminal] 常習犯, 累犯 (= RECIDIVIST).

cáre·less *a* 〈行為・ふるまいが〉不注意な, 軽率な (negligent) (cf. RECKLESS).

cáreless dríving〚英〛不注意運転.
cáre·less·ness *n* 不注意.
cáreless or inconsíderate dríving〚英〛《自動車の》不注意あるいは自己中心的運転《略式起訴に よる犯罪となる; cf. CAUSING DEATH BY CARELESS OR INCONSIDERATE DRIVING》. ▶ CAUSING DEATH BY CARELESS OR INCONSIDERATE DRIVING (不注意あるいは自己中心的運転致死(罪)).

cáreless státement 不注意発言 (= NEGLIGENT MISREPRESENTATION).

cáre or contról〚英〛未成年の子の監護(の必要ある いは不能)《未成年の子を地方自治体の保護に移すために必要な要件で, その子の保護の必要性あるいはその子が両親に扱いきれぬこと; ⇨ CARE ORDER》.

cáre òrder〚英〛《裁判所が地方自治体に命じる》子供の保護命令 (⇨ CARE OR CONTROL, SECTION 47 ENQUIRY, THRESHOLD CRITERIA).

cáre plàn〚英〛子供の保護計画《地方自治体が保護をしている未成年の子供に関して, 1989 年法の下でその義務に沿って子供の福祉を守り増進する目的で作成される計画; 子供の居場所, そこにいる期間, 家族との接触, 子供が必要としているものとその充足方法などを, 裁判所が子供の保護命令 (care order) や子供の保護管理命令 (supervision order) を発するか否かを決定する際に決定的に重要となる》.

cáre procèedings *pl*〚英〛子供の保護を地方自治体に委ねるための裁判手続き.

Cáre Quàlity Commíssion for Éngland〚英〛イングランド保健ケアの質委員会《2008 年法で創設された独立機関で, それまで存した健康管理委員会 (Healthcare Commission)・精神健康法監視委員会 (Mental Health Act Commission) ほかの機能を引き継いだ》.

cárer's allówance〚英〛介護者手当《重症の障害者を週 35 時間を超えて介護している 16 歳以上の人に給付される手当; 2003 年までの肢体不自由者介護手当 (invalid care allowance) に取って代わったもの》.

Cáre Stándard Appéals Tribúnal〚英〛児童養護上訴審判所《児童養護に携わる人・機関に関する種々の問題に対する訴え, 例えば, 児童養護不適者名簿 (PoCA list) 記載についてとか, 児童預かり人 (childminder) としての登録拒否についての訴えを審理するために, 1999 年法で創設された審判所》.

cáre·tàker *n* **1**《公共施設・家屋などの》管理人, 差配人. **2** 世話人, 後見人. ── *a*〈政体・経営など〉暫定的な: a ~ Prime Minister [chairman] 暫定首相[議長].

car·go /káːrgou/ *n* (*pl* ~**es**, ~**s**) 船荷, 積荷, 貨物; 大荷物: ship [discharge] the ~ 船荷を積む[降ろす].
▶ HOT CARGO (ホットカーゴ) / SUPERCARGO (上乗り).

Carill v. Carbolic Smoke Ball Co. (1893) /kǽrəl vɑ̀ːrsəs ―― ―― kàmpəni/ カリル対カーボリック・スモーク・ボール会社事件 (1893 年) (= Smoke Ball Case)《契約の申し込みに当たるか否かの判断基準を示した《英国》控訴院 (Court of Appeal) の指導的判例; 被告であるインフルエンザ予防薬製造会社が, その薬服用後にインフルエンザにかかった人に 100 ポンドを支

払うことを約束し, 誠意を示すためにある銀行に 1,000 ポンド預金した旨を広告した; 指示どおり服用しなおインフルエンザにかかった原告が訴えを起こし, 裁判所はこの広告を世間一般への申し込みに当たるとし, 原告の請求を認めた》.

cár insùrance 自動車保険.

cár·jàck·ing n 自動車乗っ取り, カージャック《運転手あるいは乗客のいる自動車の乗っ取り》.

cárnal abúse 《特に未成年者に対する》違法な性行為 (sexual abuse).

cárnal knówledge 《古》《特に違法な》性交《単に knowledge ともいう》: have ~ of...と性交する.

ca·rou·sél fraúd /kæ̀rəsél-, -zél-/《英》旋回式コンベヤー詐欺 (=MISSING TRADER INTRA-COMMUNITY FRAUD).

car·riage /kǽrɪdʒ/ n **1** 馬車, 乗物. **2** 運搬, 輸送《of goods, by sea》: ~ charges 運賃 / ~ by air 空輸. ► INTERNATIONAL CARRIAGE (国際輸送) / SUCCESSIVE CARRIAGE (相次運送). **3** 運賃, 送料: ~ forward 運賃着地払い[受取人払い, 先払い]で. **4** 身のこなし, 姿勢, 態度. ► LASCIVIOUS CARRIAGE (猥褻行為).

cárriage of góods by áir 航空物品運送.

cárriage of góods by séa 海上物品運送.

cárriage·wày n **1** 車道, 馬車道 (roadway). **2**《英》《歩行·乗馬·家畜用通路兼用の》自動車道. ► MADE-UP CARRIAGEWAY (舗装自動車道路).

car·ri·er /kǽriər/ n **1** 運送人, 運搬人; *郵便配達人; 運送業者, 運輸会社《鉄道·船舶·航空会社などを含む》. ► COMMON CARRIER (公共運送人) / CONTRACT CARRIER (契約運送人) / DESIGNATED AIR CARRIER (指定航空企業) / EXEMPT CARRIER (免除運送人) / PRIVATE CARRIER (私的運送人) / PUBLIC CARRIER (公共運送人) / TERMINAL CARRIER (最終運送人). **2** 保険者, 保険業者, 保険会社 (insurer). ► ALIEN CARRIER (外国保険会社) / DOMESTIC CARRIER (州内保険会社) / FOREIGN CARRIER (州外保険会社) / INSURANCE CARRIER (保険者). **3** 遠距離通信業者. **4**《医》《病原体[菌]·遺伝子などの》キャリアー, 保菌者. **5**《俗》麻薬の運び屋[売人].

cárrier's líen 運送人のリーエン[留置権]《運賃の支払いがあるまで運送人が運送品を留置する権利》.

carrucate ⇨ CARUCATE.

car·ry /kǽri/ vt **1** 運ぶ, 搬送する (transport): ~ goods / ~ a consignment of cars. **2** 携える, 帯びる, 所有[所持]する: ~ing offensive weapons 攻撃用武器所持[携帯]《瓶などを含め武器となりうるものの所持·携帯》. **3**《罰などを》伴う, 招来する;《利息を》生む: Robbery *carries* a maximum sentence of life imprisonment. **4** 支える;《判例が別の事件·判例を》支持する;《資金的に》維持する, 支援する;《家畜を》養う. **5**《道路などを》延長する;《戦争を》拡大する;《仕事·議論などを》ある方向にまたはある点まで》進める. **6**《主張を》通す,《動議を》通過させる,《候補者を》当選させる. **7** 奪う; 勝ち取る,《選挙区·議会を》制する. **~ away**

持ち去る, 運び去る, 取り去る, 収去する, さらって行く, 押し流す; ...の心を奪う.

cárry·bàck n 《米税制》欠損金の繰戻し, 損失の繰戻しによる還付 (=loss carryback, tax-loss carryback)《ある年度の純営業損失 (net operating loss) を過年度の課税所得と相殺して納付税の還付を受けること; cf. CARRYOVER). ► LOSS CARRYBACK (欠損金の繰戻し) / TAX-LOSS CARRYBACK (損失の繰戻しによる納付税還付).

cárry·fòrward n 欠損金の繰越し (=CARRYOVER).

cárrying awáy 《物の》収去, 移動, 窃取 (=ASPORTATION).

cárrying concéaled wéapon 武器隠匿所持.

cárrying còst 保管費用, 在庫維持費, 持越し費用.

cárrying vàlue《会計》帳簿価格 (=BOOK VALUE).

cárry·òver n **1**《次ページ[欄]への》繰越し. **2**《証券》繰越し取引. **3**《米税制》欠損金の繰越し, 損失の繰越し控除 (=carryforward, loss carryforward [carryover])《ある年度の純営業損失 (net operating loss) を次年度の課税所得と相殺して税負担を軽減すること; cf. CARRYBACK).

cárryover básis《米税制》繰越し取得価額 (=substituted basis)《贈与, 信託 (trust), 相続, 遺贈による財産移転の場合に用いられるもので, 移転者の手中にあった時の価額と同じとみなされる; ⇨ BASIS).

car·ta /ká:rtə/《史》捺印証書, 不動産譲渡捺印証書; 特許状, 勅許状, 権利付与状; 憲章 (charter). ► ARTICULI SUPER CARTAS (二憲章に関する条項) / CONFIRMATIO CARTARUM (二憲章の確認) / MAGNA CARTA (マグナカルタ, 大憲章). [L=charter]

Cárta de Fo·rés·ta /-də fərésta/《英史》森林憲章 (=CHARTER OF THE FOREST).

Car·tae Li·ber·ta·tum /ká:rti: lìbərtéitəm/ pl 《史》二憲章 (=CHARTERS OF LIBERTIES).

Cárta Mer·ca·tó·ria /-mə̀:rkətóuriə/《英史》外国商人特許状《一定の外国商人に通商·免税特権を与えた 1303 年の特許状》. [L=Charter of the Merchants]

carte blanche /ká:rt blá:nʃ; F kartə blã:ʃ/ (pl **cartes blanches** /ká:rts-; F —/) 白地文書, 白紙委任状; 白紙委任, 全権: give ~ to...に白紙委任する, 無条件で行動する権限を与える. [F=blank card]

car·tel /ka:rtél, ká:rtl/ n **1** 企業連合, カルテル. **2**《共通目的のための》政治団体連合 (bloc). **3**《国際法》カーテル《協定》《交戦国間の合意に基づく戦時における準平和的関係の協定で, 捕虜交換, 公文書または軍使の輸送に従事する船舶《これをカーテル船 (cartel ship) という》の保護規則などが含まれる》《特に》捕虜交換協定(書). **4** 決闘状. **cártel·ize** /, —⸺/ vt ［G<F<It (dim)<CARD］

cártel shìp 捕虜交換船, カーテル船 (⇨ CARTEL).

cár trùst 《米》車両信託《鉄道会社に鉄道車両を賃貸しするために車両を購入・売却・賃貸する目的で多数の投資者により設立されるパートナーシップ・アソシエイション (partnership association); 投資者には **car trust certificate** [**securities**] (車両信託証書[証券]) が発行され, 鉄道会社からの年賦金が配当される》.

car·u·cage /kǽrəkɪdʒ/ *n*《英史》カルケージ《イングランドですべての耕地にカルケート (carucate) 当たりで課された税金; ⇨ CARUCATE》. [L]

car·u·cate, car·ru- /kǽrəkèit, -kət/ *n*《英史》カルケート (=plowland)《8 連畜の犂で 1 年間に耕せる基準耕地; イングランドでの土地および地租査定の単位; 地域によって異なるが約 40–120 エーカー, ほぼ 100 エーカー; cf. ACRE, HIDE》. [ML (*carruca* plow)]

carve /kάːrv/ *vt* 刻む, 彫る, 切り分ける. ～ **out** (1) 切り取る, 切り分ける. (2)《一般的な準則に対して》《例外などを》設ける. (3)《税制》《財産権から》〈その財産権からの収益〉を分ける.

cárve·òut *n* **1**《一般的な準則に対する》明確な例外. **2**《税制》財産権とそこからの収益の分離.

ca. sa., Ca. Sa. /keɪ seɪ/《史》°capias ad satisfaciendum 弁済のための勾引令状.

case¹ /keɪs/ *n* **1 a** 場合, 事例; 事件, 問題;《刑事上の》事件: in such ～*s* そんな場合に / in either ～ いずれにせよ / a common ～ よくある例 / a ～ of not knowing what else to do ほかに何をしたらよいのかわからない状況 / a ～ of having to やむをえない状況 / a ～ *between* them 彼らの間の問題 / a ～ in point 適例 / a ～ *of conscience* 良心にかかわる問題 / treat the ～ as murder 本件を謀殺として扱う / Like ～*s* are to be treated alike. 同様の事例[事件]は同様に扱うべきである. **b**《刑事事件での》被疑者, 犯人. **c** 症例; 患者. ▶ COLLISION STATEMENT OF CASE (衝突顛末陳述書). **2** 訴訟, 訴訟事件 (suit) (cf. CONTROVERSY); 判例: The ～ is being heard next month. 事件は翌月に審理されることになっている. ▶ ACTIVE CASE (未決事件) / BREAKING A CASE (試論的意見; 一件落着) / CIVIL CASE (民事事件) / COMPANION CASE (連添い事件) / COURT CASE (訴訟(事件)) / CRIMINAL CASE (刑事事件) / CROWN CASE (刑事事件) / CROWN CASES RESERVED (刑事留保事件) / DEATH CASE (死刑事件; 不法行為死亡訴訟) / DECIDED CASE (既決事件) / DIVERSITY CASE (州籍相違事件) / FEDERAL CASE (連邦問題) / FEDERAL CASES (連邦下級裁判所判例集) / HARD CASE (困難な事件) / INACTIVE CASE (進行のない事件) / INSTANT CASE (本件) / LANDMARK CASE (画期的判例) / LAW OF THE CASE (その事件における法) / LEADING CASE (指導的判例) / MERITS OF (THE) CASE (本案) / MOOT CASE (争訟性を喪失している訴訟) / PRESENT CASE (本件) / PRIMA FACIE CASE (一応の証明がある事件) / RED-COW CASE (赤牛先例) / REMOVAL OF (A) CASE (事件の移送) / REOPENING A CASE (事件審理再開) / REPORTED CASE (登録された判例) / RESCUE CASE (救助事件) / RULING CASE (典拠判例) / SLIP-AND-FALL CASE (転倒事故による損害賠償請求訴訟; 少額不法行為損害賠償請求訴訟) / STATEMENT OF THE CASE (訴訟事件陳述) / STATE OF THE CASE (訴訟の状態) / TABLE OF CASES (アルファベット順判例索引; 典拠索引) / TEST CASE (試験訴訟; テストケース; 友誼的訴訟) / THEORY OF (THE) CASE (事件についての法理論的整序) / TRANSFER OF (A) CASE (事件の移送) / UNREPORTED CASE (未登録判決例) / WHITEHORSE CASE (白馬先例). **3**(訴うべき)問題; 言い分, 論拠;《訴訟当事者の》**主張, 主張事実**, 主張の根拠; 弁論: a strong ～ *against* the accused 被告人にとってきわめて不利な主張[事実] / the ～ *for* the defendant 被告側の主張, 被告にとって有利な主張[事実] / state one's ～ 自己の言い分[立場]を陳述する / the ～ rests 一方訴訟当事者側のすべての主張が提出し終える[弁論が終わる] / That is our ～. それがわれわれの言い分だ / the ～ *for* conservatism 保守主義弁護論. ▶ ACTION ON THE CASE (特殊主張訴訟) / PRIMA FACIE CASE (一応の証明がある主張) / STATEMENT OF CASE (主張書) / TRESPASS ON THE CASE (特殊主張侵害訴訟). **4**《英》《貴族院・枢密院で当事者により提出される, 通常の訴訟の準備書面に当たる》**上訴趣意書**;《英》**事実要約書**《法廷弁護士 (barrister) に意見を求めるために事務弁護士 (solicitor) がまとめた事件の事実の要約書》. **5**《米》**合意事実記載書** (=agreed case, case agreed (on), case stated, stated case)《事実問題については争いがなく, その法的効果についてのみ争いがあるとき, 合意に基づき法律問題についてのみ裁判を求める書面》. ▶ AGREED CASE (合意事実記載書) / SPECIAL CASE (判断留保事実記載書) / STATED CASE (合意事実記載書). **6**《英》**事実記載書** (=case stated)《仲裁人 (arbiter) が裁判所に, 裁判所が他の裁判所に, 特に下位の裁判所が上位の裁判所に, 法律問題の裁定を求めるために, その内容を記述した書面》. ▶ SPECIAL CASE (特別事実記載書). **7 特殊主張侵害訴訟** (=TRESPASS ON THE CASE). **8** 事実, 実情; 事情, 立場. **come** [**get**] **down to ～***s*《口》問題の核心に入る; 審理する. **DISTINGUISH a ～. drop a ～** 訴えを取り下げる. **lay the ～** 主張する, 陳述する. **make out a ～** 証拠を挙げて主張[弁論, 弁護, 反対]する〈*that*; *for, in favor of*; *against*〉. **no ～ to answer** 責任を負うべき事実[論拠]がない(ので訴えを却下すべし)との申し立て. REST¹ **a ～.** I REST¹ **my ～.**

case² *vt* **1** 箱[ケース]に入れる, 包む. **2**《俗》調べる, 下見する: ～ the joint《侵入目的で》建物を綿密に下見する.

cáse agréed (**òn**) 合意事実記載書 (=CASE¹ 5).

cáse and cóntroversy 事件および争訟 (=CASE OR CONTROVERSY).

cáse at bár [**bénch**] 本件 (=instant case, present case)《現在法廷で審理中の訴訟事件》.

cáse·bòok *n* 教材判例集, ケースブック《研究・教育・参考の資料として集めた具体的事例記録集; cf. HORN-

BOOK)).

cásebook méthod* 判例教育(法)、ケースメソッド (=case method, case system)《講義形式ではなく、教材判例集(casebook)を用い、判例などを学生と討議する形で法の原則を理解させる教育法; cf. HORNBOOK METHOD, QUESTION-AND-ANSWER METHOD, SOCRATIC METHOD》.

cáse·flòw n 訴訟の流れ《訴えの提起から上訴の判決に至るまでの訴訟の過程およびその分析》.

cáse for the Crówn 〖英〗刑事(訴追)事件 (=CROWN CASE).

cáse in chíef 1 主証拠《事実審理の過程で一方の訴訟当事者が最初の証人を呼んだ時からその当事者側の弁論終了までに提出された証拠; cf. EVIDENCE IN CHIEF》. 2 主証拠提出《事実審理の過程で一方の訴訟当事者がみずからの主張ないしは防御を支持する証拠を提出すること; 反証の提出 (rebuttal) は含まない》.

cáse làw, cáse·làw n 判例法 (=decisional law, jurisprudence, organic law) (⇨ DOCTRINE OF PRECEDENT) (cf. STATUTORY LAW).

cáse·lòad n 担当事件数《特定の裁判所・裁判官・法律事務所・弁護士などが、しばしば一定期間内に担当する事件数》.

cáse máde 確定事実記載書 (=CASE RESERVED).

cáse mànagement 〖英〗(民事)事件処理手続き《1998年の民事訴訟手続き規則 (Civil Procedure Rules) で導入された民事訴訟処理手続き; 裁判官が処理の中心になり、当該事件を3つの手順 (track) の一つに配分し、それにのっとって当事者間の協力、争点の早期確定、和解促進を目指し、裁判所が定める予定表に従い、訴訟が円滑に進展するよう大きな裁量権を行使する; ⇨ TRACK ALLOCATION》.

cáse mànagement cònference 〖英〗(民事)事件処理手続き協議《1998年の民事訴訟手続き規則 (Civil Procedure Rules) の下での(民事)事件処理手続き (case management) の中心をなしている手続きで、双方の弁護士出席の下で訴訟準備の進行を裁判官が審理・指示する協議; 略 CMC; ⇨ MULTI-TRACK》.

cáse méthod 1 *判例教育(法)、ケースメソッド (=CASEBOOK METHOD). 2〖教育〗事例[実例]研究による教授法.

cáse nòte 判例要約 (=brief, case statement)《特に学生が作成する判決例の要約で、関連事実・争点、裁判所の推論・判示事項 (holding) の要約小文》.

cáse of fírst impréssion 初判例事件、先例のない事件 (⇨ RES NOVA).

Cáse of Impositìons [the ~]〖史〗賦課金事件 (=BATE'S CASE).

Cáse of Prohibitìons [the ~]〖英史〗禁止令状事件 (⇨ PROHIBITIONS DEL ROY (1607)).

cáse on appéal 上訴係属中の事件.

cáse or cóntroversy 事件あるいは争訟 (=case and controversy) (⇨ CASE-OR-CONTROVERSY RE-

QUIREMENT).

cáse-or-cóntroversy requírement 〖米〗事件あるいは争訟の要件《連邦裁判所が事件を取り上げ審理するためには、その事件が現実の紛争を含んでいるものでなくてはならないという憲法上の要件; 合衆国憲法第3編第2節1項の用語から; cf. CASE, CONTROVERSY》.

cáse resérved 1 判断留保事実記載書 (=case made, special case)《事実審理で立証・確定された事実を両当事者が明記し、そこに含まれる法律問題を上級審級の裁判所に決定してもらうべく提出する事実記載書》. 2〖史〗裁判官付託合意《事件を陪審にではなく裁判官に付託するという両当事者による合意》.

cáse státed 1 〖米〗合意事実記載書 (⇨ CASE¹ 5). 2〖英〗事実記載書 (⇨ CASE¹ 6): appeal by way of ~ 事実記載書を用いての上訴.

cáse stàtement 判例要約報告書 (=CASE NOTE).

cáse sỳstem* 判例教授法、ケースメソッド (=CASEBOOK METHOD).

cas for·tuit /kɑ́ː fɔːrtwíː/〖保険〗偶発事故 (=FORTUITOUS EVENT). [F=fortuitous case]

cash /kǽʃ/ n 1 現金. ▶ HARD CASH (硬貨; 現金) / PETTY CASH (小口現金). 2 即金《現金のほか小切手・銀行預金の差引勘定を含む》. ― a 現金主義の. ― vt〈手形などを〉現金に換える. ～ out (1)〈証券・株式〉を期限前に償還する《しばしば会社の吸収合併に際して行なう》. (2)(しばしば意に反して)〈証券・株式〉の支払いを受ける. (3)〈商品・資産〉を売却する. (cf. CASHOUT)

cásh agàinst dócuments sàle 権原証券引換え即金払い売買 (=DOCUMENTARY SALE).

cásh bàil 〖刑事被告人保釈のための〗保釈金.

cásh bàsis 現金主義 (=cash method)《会計方法の一つ; ACCRUAL BASIS》.

cásh-bàsis accóunting mèthod〖税制〗《税の)現金主義的会計方法《課税目的での所得・経費計算方法の一つで、実際に受領したまたは支払った現金のみを所得・経費として計算する方法; ⇨ ACCOUNTING METHOD》.

cásh colláteral 現金からなる担保財産《現金および流通証券・権原証券 (document of title) など現金と同等のものからなる担保財産》.

cásh díscount 現金割引.

cásh equívalent《短期証券などの》現金同等物.

cásh flòw, cásh·flòw n 1 現金収支、キャッシュフロー. 2《営業・取引から生じた》現金収入.

cásh flòw státement《企業における》現金収支計算書、資金運用表、キャッシュフロー計算書.

cash·ier /kæʃíər, kə-/ n 1 出納係. 2《商店などの》会計係、レジ係り. 3〖米〗《銀行の》支配人. ― vt 罷免[免職、解雇]する.

cashíer's chèck《銀行の》自己宛小切手.

cásh mérger 現金交付合併、交付金合併 (=cash-out merger)《存続会社が消滅会社の株主に対して、存続会社の株式ではなく現金を交付して行なう会社の

吸収合併).

cásh mèthod 現金主義 (=CASH BASIS).

cásh on delívery 代金引換え渡し《略 c.o.d., COD》.

cásh-òption transáction《米》現金払い選択権取引《会社の合併 (merger) 合意書の規定で, 買収対象会社 (target company) の株主に非課税の株式交換をしてもらうか課税対象となる買い取りをしてもらうかの選択権を与えるもの》.

cásh-òut n《株式などの》現金償還 (cf. CASH out).

cásh-òut mérger =CASH MERGER.

cásh sàle 1 現金売買, 現金売り. **2**《証券》当日決済取引.

cásh surrénder vàlue《保険》解約返戻(ﾍﾝﾚｲ)金, 解約返還金額, 解約払い戻し金《例えば生命保険契約が保険期間中に解約または保険料滞納により失効した場合の払い戻し金のように, 保険契約が解約価額を有する場合の返戻金; 単に cash value, surrender value ともいう; 略 CSV》.

cásh válue 1《税制》市場価格 (=FULL CASH VALUE). ► FULL CASH VALUE (市場価格). **2** 市場価値, 市場価格 (=FAIR MARKET VALUE). ► ACTUAL CASH VALUE (適正現価格) / FAIR CASH VALUE (公正な現金価格) / TRUE CASH VALUE (現金実価). **3**《生命保険の》解約価額 (=CASH SURRENDER VALUE). **4**《損害保険》時価, 実際価格 (=ACTUAL CASH VALUE). ► ACTUAL CASH VALUE (実際現金価格).

cas·sa·tion /kæséɪʃ(ə)n/ n 破棄, 廃棄.《F casser to quash》

cas·se·tur bil·la /kæsíːtər bílə/《史》**1** 訴状破棄《訴状 (bill) で始まった訴訟で原告が思い違いのため, 改めて新訴状を提起すべく訴えを取り下げた場合に登録される文言》. **2** 訴え却下答弁却下判決《被告による訴え却下答弁 (plea in abatement) を却下する裁判所の判断》. [L=that the bill be quashed]

cassétur bré·ve /-bríːvi/《史》令状破棄判決《被告が訴え却下答弁 (plea in abatement) を提出し, 原告がそれを争わなかったり, それに従ってみずからの訴えを修正しようとしなかった場合に, 訴訟開始令状を破棄する旨の判決が登録され, 原告は改めて訴えを提起することが許された; 現在では訴えの取下げ (discontinuance) 通知を原告が被告に出す》. [L=that the writ be quashed]

cast /kǽst; kάːst/ vt《~》**1** 投げる;《票を》投ずる: ~ a vote 投票する. **2** 解雇《解職》する; 敗訴させる, 有罪と決定する. **3**《史》主張する, 申し出る: ~ an essoin 不出頭理由を申し立てる.

cas·ti·ga·to·ry /kǽstɪɡətɔ̀ːri; -ɡèɪt(ə)ri/ n《史》水責め折檻具 (=cucking stool, ducking stool, trebucket)《アングロサクソン時代のがみがみ女 (scold) の処罰方法で, 水中に繰り返し沈めるための道具; パン屋・醸造業者に対しても同様の処罰方法があった》.

cásting vóte [vóice] 決定票, 決定投票, キャスティングボート《賛否同数の時または同数にするた

めに議長が投ずる一票》: The chairman has the ~. 議長はキャスティングボートを有している / use one's ~ to do ...するためにキャスティングボートを行使する.

cas·tle /kǽs(ə)l; kάːs(ə)l/ n 城, 城郭, 城塞. [AF < L castellum (dim)<castrum fort]

cástle dòctrine 城塞の法理《正当防衛による殺人に関する退避の準則 (retreat rule) の例外の一つで, 住居は城であり, したがって住居および居住者を守るためには凶器を含むあらゆる力の行使が許されるという原則; cf. DEFENSE OF HABITATION, DWELLING DEFENSE, RETREAT RULE》.

cástle-guàrd, cástle-wàrd n《史》**1** 城塞守備. **2** 城塞勤務保有《城塞勤務を奉仕義務とする騎士奉仕保有 (knight service) の一種; のちに金納化され, castle-guard rent (城塞勤務代納金) となった》.

ca·su·al /kǽʒuəl/ a **1** でたらめな, 行き当たりばったりの; うわべだけの; 不用意な; 無頓着な. **2** 偶然の, 思いがけない. **3** その時々の, 臨時の: ~ labor [work] 臨時仕事 / ~ laborers [workers].

cásual ejéctor 仮装の占有侵害者《不動産回復訴訟 (ejectment) において, 真の原告が係争不動産の自由土地保有権者であれば有するはずの不動産賃借権の譲与権原を証明するために仮装的に置かれる被告; その土地に偶然立ち入り占有者を追い出したとされる; 通例 Richard Roe という名で呼ばれる; 英国ではこの種の訴訟は1852 年法で廃止》.

cásual emplóyment 臨時雇用.

cásual páuper《浮浪者・旅人など住所外で救済対象となっている》臨時被救済者.

cásual·ty n **1 a** 不慮の災難, 災害, 事故. **b**《災害・戦争による》死傷者, 人的損害,《事故の》被害者; 物的損害. ► UNAVOIDABLE CASUALTY (不可避的災害). **2**《スコットランド史》《保有者が領主に支払う》臨時費.

cásualty gàin《保険》偶発利益《損害保険において被保険者が被保険物の査定額よりも多額の保険給付金を得た場合の差額利益》.

cásualty insúrance 災害保険《火災保険・海上保険を除いた各種の損害保険の総称; cf. ACCIDENT INSURANCE》.

cásualty lòss《税制》偶発損失《火災・自動車事故・自然災害などの不慮の災難による財産の損害; 税法上所得控除対象となりうる》.

cásualty pòt [the ~; C- P-]《米税制》偶発損益の壺《負担税額 (tax liability) を決定するための一段階で, 純利益・純損失のいずれになっているかを決定するために, すべての該当偶発利益 (casualty gain), 偶発損失 (casualty loss) をひとまとめにして対照すること; cf. MAIN POT》.

ca·su con·sim·i·li /kéɪs(j)u kənsíməlàɪ/《史》類似事件《令状》 (=consimili casu)《1285 年の Statute of Westminster the Second《ウェストミンスター第二法》が既存の訴訟方式 (form of action) に類似している事件において救済手段が欠けている場合に大法官府書記

に新令状作成権を与えたが、その権能を用いたほとんど唯一の大きな例が writ of entry in consimili casu (不動産占有回復類似事件令状) であったので、この令状を指す; これは生涯不動産権 (life estate) しか有さぬ者がそれを越える単純封土権 (fee simple) あるいは限嗣封土権 (fee tail) などを譲与した場合に、復帰権 (reversion) を有する者が被譲与者に提起する不動産占有回復令状 (writ of entry) である; 英国では1833年廃止; なお この1285年法が特殊主張侵害訴訟 (trespass on the case) の起源であったというかつての定説は、否定されている; cf. ACTIONES NOMINATAE. [L=in a like case]

cásu pro·ví·so /-prəváɪzou/《史》寡婦産復帰権保護令状 (=in casu proviso)《寡婦産権者がその権利を越えて単純不動産権 (fee simple) などを譲与したような場合に、寡婦産 (dower) の復帰権者 (reversioner) に与えられ、その権利の保全のための当該土地に対する不動産占有回復令状 (writ of entry); 1278年のグロスター法 (Statute of Gloucester) で新設; 英国では1833年廃止]. [L=in the case provided for]

ca·sus /kéɪsəs, káːsəs/ n **1** 事項,《特に 立法府が制定法制定の際に実際に想定した》**適用対象事項** (opp. *casus omissus*). **2** 不慮のできごと、災害、災難; 事件. **3** 原因、事由. [L=case, happening]

casus bel·li /kéɪsəs béləɪ, káːsəs béliː/ (*pl* **~**) 戦争の原因、戦争開始(正当化)事由、**開戦事由**. [L=occasion of war]

casus foe·de·ris /kéɪsəs fédərɪs, -fíː-, -fɔ́ɪdərɪs/ (*pl* **~**) **1**《国際法》同盟国の一つが他の同盟国に対して条約に基づき援助を求めうるような事態、**条約該当事由**《条約に規定されている事由[場合]》; 一定事態の場合に他の同盟国に援助を求めることを定めている条約の条項. **2** 契約該当事由. [NL=case of the treaty [agreement]]

Casus for·tu·i·tus non est spe·ran·dus, et ne·mo te·ne·tur di·vi·na·re. /— fɔːrtjúːɪtəs nɑn ɛst spɛrǽndəs ɛt níːmou tɛníːtər dɪvaɪnéɪri/ 偶発事は期待されるべきではないし、誰も予見する義務を負っていない. [L=A fortuitous event is not to be expected, and no one is bound to foresee it.]

cásus má·jor /-méɪʤər/ 甚大災害. [L=extraordinary casualty]

casus omis·sus /kéɪsəs əmísəs, káːsəs oumísus/ (*pl* **cásus omís·si** /kéɪsəs oumísàɪ, káːsəs oumísiː/) 遺漏事項《制定法や証書などに規定がない事項》; cf. CASUS. [NL=case omitted]

Casus omissus et ob·li·vi·o·ni da·tus dis·po·si·ti·o·ni com·mu·nis ju·ris re·lin·qui·tur. /— ɛt əblìvióunàɪ déɪtəs dìspouzɪʃióunàɪ kəmjúːnɪs ʤúːrɪs rɛlínkwɪtər/《制定法の》遺漏・忘却事項はコモンローの処理にまかされる. [L=A case omitted and forgotten is left to the disposal of the common law.]

ca·tal·lum /kətǽləm/ *n* (*pl* **ca·tal·la** /kətǽlə/)《史》動産 (chattel). [L]

Cát and Móuse Àct [the ~]《英》猫とねずみ法、なぶりもの法《Prisoners' Temporary Discharge for Ill Health Act (疾病囚仮出獄法) と呼ばれる法の俗称; 過激な婦人参政権運動家たちのハンガーストライキに対処するために1913年英国議会で可決された; この法の下で該当する囚人は釈放されると再度逮捕されえた》.

catch /kætʃ/ *vt* (**caught** /kɔːt/) **1** 捕える;《わなで》捕え、わなにかける、する. **2**《人の注意を引く》: ~ the Speaker's eye 起立して議長に発言の許可を請う.

cátch·ing bàrgain 1 期待権不当取引《推定相続人や復帰権 (reversion) などの期待権 (expectancy) を有する者に、その権利が確定した時点で返済することを約させて、不当に高い利率で金を貸したり、将来の権利を不当に安く入手したりすること》. **2** 非良心的取引 (=UNCONSCIONABLE AGREEMENT).

categórical quéstion 1 誘導尋問 (=LEADING QUESTION). **2** [°*pl*] 範疇的質問《特定問題について行なわれる、論理一貫した系統的な一連の質問のうちの一つ》.

cat·e·go·ry /kǽtəgɔ̀ːri, -gəri/ *n* **1** 範疇、カテゴリー、種類、部類、部門. **2**《英》カテゴリー《囚人 (prisoner) の危険度と逃亡の可能性に伴う刑務所内での処遇の種類; A–D の4級に分けられる》. [F or L < Gk=statement]

category 'A' prisoner /— éɪ —/《英》**A 級囚人**《危険で、刑務所より逃亡した場合は一般の人びとに危害が及ぶ危険がある囚人》.

category 'B' prisoner /— bíː —/《英》**B 級囚人**《危険度は少ないが、なお脱走しないように注意深く監視されるべき囚人》.

category 'C' prisoner /— síː —/《英》**C 級囚人**《逃亡するおそれはないが、なお開放施設に収容できるほど安全ではない囚人》.

category 'D' prisoner /— díː —/《英》**D 級囚人**《信用でき、従って開放施設に収容できる囚人》.

ca·the·dral /kəθíːdrəl/ *n*《英国国教会・カトリック》**主教座**[司教座]**聖堂**《主教[司教] (bishop) の座 (cathedra) のある聖堂》;《一般に》大聖堂.

cathédral chápter 主教座[司教座]聖堂参事会.

Cátholic Emancipátion Àct of 1829 [the ~]《英史》1829年のカトリック教徒解放法《宗教改革以来政治的・社会的権利を制限されていたカトリック教徒が形式的忠誠宣誓のみで、ごく一部の高級官職を除き、公職に就任することを可能にした法律》.

cat·tle /kǽtl/ *n pl* 畜牛、家畜. [AF *catel*; ⇨ CAPITAL, CHATTEL]

cáttle gàte 1《英》キャトルゲート《放牧地の単位で、北部諸州での用語; その他の地方では beast gate と呼ぶ; one cattle gate は牝牛1頭あるいは羊5頭用の放牧地》. **2**《共同の放牧地に一定数の家畜を放牧できる》割当て放牧権 (=cattle stint).

cáttle lifting 家畜泥棒、牛泥棒.

cáttle rùstling 家畜泥棒, 牛泥棒.
cáttle stìnt 割当て放牧権 (=CATTLE GATE).
cáttle tréspass 《史》家畜による侵害《損害の立証なしで訴えることができた》.
Cau·ca·sian /kɔːkéɪʒən, -ʃən; -zɪən, -ʒən/ *a* 白色人種の, 白人種の[に属する]. — *n* 白色人種, 白人.
cau·cus /kɔ́ːkəs/ *n* (*pl* ~·es) **1**《米》**a**《政党などの, 政策作成・候補指名などを討議する》幹部会議,《政党の》実力者会議. **b**(地区)党員集会(=primary). **c**(党)議員総会. **d**《史》(大統領候補選出)議員集会. **2** 政党支部幹部グループ[幹部会(制度)]. — *vi* caucus に集まる; caucus を開く. [C18 <？Algonquian=adviser]
cau·sa /kɔ́ːzə, káusə, káuzɔː, káuzə/ *n* (*pl* -sae /kɔ́ːziː, káusài, káuzài/) **1** 原因, 理由, 根拠 (cause); 動機, 対価. **2** 訴訟(事件) (cause). [L=cause]
cáusa cáu·sans /-kɔ́ːzænz/ 直接原因, 直近原因 (cf. CAUSA SINE QUA NON). [L=causing cause]
cáusa de·bén·di /-dɪbéndaɪ/《史》金銭債務の原因, 債務負担の原因, 債務負担を生ぜしめた法律行為[契約]. [L=cause of debt]
Cau·sae do·tis, vi·tae, li·ber·ta·tis, fis·ci sunt in·ter fa·vo·ra·bi·lia in le·ge. /kɔ́ːzi dóutɪs vɑ́ːɪti lɪbərtéɪtɪs fískàːs sənt ìntər fævòurəbíliə ɪn líːdʒi/ 寡婦産・生命・自由・歳入の訴訟は, 法においてとりわけ有利な扱いをされるものである. [L=Causes of dower, life, liberty, revenue are among the things favored in law.]
cáusa fál·sa /-fǽlsə, -fɔ́ːl-/《ローマ法》虚偽の原因. [L=false cause]
cáusa jús·ta /-dʒʌ́stə/《ローマ法》正当な原因. [L=just cause]
caus·al /kɔ́ːz(ə)l/ *a* **1** 原因の, 原因に関する. **2** 原因となる; 因果関係の(ある).
cau·sal·i·ty /kɔːzǽləti/ *n* **1** 因果関係; 因果律. **2** 作因.
cáusa lu·cra·tí·va /-lùːkrətáɪvə/《ローマ法》《有価約因なしの取得など》純粋に利得となる原因. [L=lucrative cause]
cáusa ma·tri·mó·nii prae·lo·cú·ti /-mætrəmóuniaɪ prìːləkjúːtaɪ/《史》婚約不履行を原因とする不動産占有回復令状[訴訟]《婚姻実行を前提に土地に対する封土権(fee)・生涯不動産権(life estate)を授与し, その後その男が婚姻を拒否した場合の女性のその土地の取戻しのための不動産占有回復令状[訴訟] (writ of entry)》. [L=cause of prearranged marriage]
cáusa mór·tis /-mɔ́ːrtɪs/ *a* (自分の)死を予期しての (=mortis causa) (cf. INTER VIVOS). ▶ GIFT CAUSA MORTIS (死亡予期贈与). [L=because of death]
cáusa mórtis do·ná·tio /-dənéɪʃiou/ 死亡予期贈与 (=GIFT CAUSA MORTIS). [L=donation mortis causa]
cáusa pró·xi·ma /-prɔ́ksəmə/ 近因, 主原因 (=PROXIMATE CAUSE). [L=proximate cause]
Cáusa próxima non re·mó·ta spec·tá·tur. /— — nɑn rɪmóutə spɛktéɪtər/ 遠因ではなく近因が考慮される. [L=The proximate and not the remote cause is considered.]
cáusa re·mó·ta /-rɪmóutə/ 遠因, 間接原因 (=REMOTE CAUSE). [L=remote cause]
cáusa sí·ne qua nón /-sáɪni kweɪ nɑ́n, -síneɪ kwɑː nóun/ 不可欠な原因《それがなければ結果が生じなかった原因; cf. CAUSA CAUSANS, CAUSE IN FACT》. [L=the cause without which the thing cannot be]
cau·sa·tion /kɔːzéɪʃ(ə)n/ *n* **1 a** 因果関係 (cf. CHAIN OF CAUSATION). **b** 因果論. ▶ CHAIN OF CAUSATION (因果関係の連鎖) / MULTIPLE CAUSATION (複合的因果関係). **2** 原因, ひき起こすこと.
causátion in fáct 事実上の因果関係.
caus·a·tive /kɔ́ːzətɪv/ *a* 原因となる[として作用する];《結果・犯罪などを》ひき起こす《*of*》; 原因を示す.
cause /kɔːz/ *n* **1 a** 原因; 理由; 根拠; 動機; ~ and effect 原因と結果, 因果. **b**《訴えなど法的な行為の》根拠, 原因. ▶ ACCIDENTAL CAUSE (偶発的原因) / ACTUAL CAUSE (実際の原因) / ADEQUATE CAUSE (十分な理由) / BUT-FOR CAUSE (なかりせば不発生の原因) / CHALLENGE WITHOUT CAUSE (理由なしての(陪審員)忌避) / CONCURRENT [CONCURRING] CAUSE (併存原因) / CONTRIBUTORY CAUSE (寄与原因) / DIRECT CAUSE (直接原因) / EFFICIENT CAUSE (主因) / GOOD CAUSE (適切な根拠) / IMMEDIATE CAUSE (直近原因) / INTERVENING CAUSE (独立参入原因) / JUST CAUSE (正当な根拠) / LAWFUL CAUSE (適法な根拠) / LEGAL CAUSE (法的原因) / PROBABLE CAUSE (相当の根拠) / PROCURING CAUSE (招来因) / PRODUCING CAUSE (直接因) / PROXIMATE CAUSE (近因) / REASONABLE AND PROBABLE CAUSE (合理的かつ相当な根拠) / REASONABLE CAUSE (合理的根拠) / REMOTE CAUSE (遠因) / SOLE CAUSE (唯一の原因) / SUFFICIENT CAUSE (十分な根拠) / SUPERSEDING CAUSE (中断原因) / SUPERVENING CAUSE (続発原因) / UNAVOIDABLE CAUSE (不可避的原因). **2** 大義, 大目的, 目標, 主義, …運動. **3 a** 訴訟(事件). **b** 言い分, 申し立て; [*fig*] 決定を要すること, 論争. ▶ MATRIMONIAL CAUSE (婚姻事件) / REMOVAL OF (A) CAUSE (事件の移送) / SHORT CAUSE (短時間審理事件) / TRANSFER OF (A) CAUSE (事件の移送) / UNDEFENDED CAUSE (防御のない訴訟; 争わない申し立て). **for** ~ 理由があって(の), 理由付きの[で]. ▶ CHALLENGE FOR CAUSE (理由付き(陪審員)忌避) / DISMISSAL FOR CAUSE (正当事由解雇). **show** ~ 正当な理由[十分な根拠]を示す (cf. SHOW-CAUSE ORDER). ▶ DAY TO SHOW CAUSE (判決に対する成年到達時の異議申し立ての機会) / ORDER TO SHOW CAUSE (理由開示命令) / RULE TO SHOW CAUSE (理由開示決定(手続き)). — *vt* **1** …の原因となる; ひき起こす: The recession ~*d* some three

hundreds of bankruptcy. **2**〈人〉に〈心配などを〉与える，もたらす；〈人〉に……させる． ［OF＜L causa］

cáuse and préjudice rùle 《米》理由と不利益の準則《憲法違反であるとの異議申し立て（constitutional challenge）に基づき連邦に身柄提出令状（habeas corpus）を求め，みずからの有罪決定に異議を申し立てる囚人は，まずみずからの主張が，州裁判所の審理段階ではいまだ利用できなかった憲法上の新準則に基づいているか，あるいはしかるべき努力をして探したが発見することができなかった新事実に基づいているかのいずれかを示さねばならず，次いでさらに万が一憲法上の誤りが生じなかったならばみずからが有罪決定を受けなかったはずであることを明白かつ説得力ある証拠でもって立証しなければならないという法理； cf. ACTUAL INNOCENCE).

Cáuse Bòok 《英》事件簿《最高法院主事中央局（Central Office of the Supreme Court）に保管される訴状［令状，召喚状］発給ならびにその後の裁判の推移を記録した帳簿》．

cause cé·lè·bre /kɔ́:z səléb, -seɪlébrə/ 有名な裁判事件，大きな議論を呼び起こした訴訟(事件)． ［F＝ celebrated case］

cáuse in fáct 事実上の原因（＝actual cause, but-for cause)《それがなければ事態発生がありえなかったはずの原因；cf. SUBSTANTIAL FACTOR》．

cáuse lìst [ºC- L-] 審理予定事件リスト（＝DOCKET）(cf. DAILY CAUSE LIST). ▶ DAILY CAUSE LIST (審理予定事件日報) / SHORT CAUSE LIST (短時間審理事件リスト).

cáuse of áction **1** 訴訟原因，訴因（＝ground of action)《訴えを実体法的に基礎づける事実；cf. THEORY OF THE CASE》． ▶ ACCRUAL OF CAUSE OF ACTION (訴訟原因の発生) / JOINDER OF CAUSES OF ACTION (訴訟原因の併合) / MERITORIOUS CAUSE OF ACTION (実質的訴訟原因) / NEW CAUSE OF ACTION (新訴訟原因) / SPLITTING A CAUSE OF ACTION (訴訟原因の分割)． **2** 請求権；訴権． ▶ SURVIVAL OF CAUSE OF ACTION (ON DEATH) (訴権の死後存続)． **3** （一般的に）訴訟．

cau·sid·i·cal /kɔːzídɪk(ə)l/ a 訴答の［に関する］；訴答人（pleader)［弁護士］の［に関する］． ［L *causidicus* pleader］

cáusing déath by cáreless dríving when ùnder the ínfluence of drínk or drúgs 《英》飲酒あるいは薬物を用いたうえでの不注意運転致死(罪)．

cáusing déath by cáreless or incon·síderate dríving 《英》不注意あるいは自己中心的運転致死(罪)（cf. CAUSING DEATH BY DANGEROUS DRIVING）．

cáusing déath by dángerous dríving 《英》危険運転致死(罪)（cf. CAUSING DEATH BY CARELESS OR INCONSIDERATE DRIVING）．

cáusing déath by réckless dríving 《英》史》無謀運転致死(罪)《1991年法では causing death by dangerous driving）となっている》．

cáusing lóss by unláwful méans 《英》不法手段を用いての損害惹起《原告(claimant)が経済的利益を有している第三者の訴訟に，原告に損害を生じさせる意図をもって不法に介入すること；不法行為（tort）となりうる；かなり広い類型で，脅迫（intimidation），契約関係妨害（interfering with contractual relations）もこの不法行為に入る》．

cau·tion /kɔ́:ʃ(ə)n/ n **1** 用心，慎重． **2** /《スコ》kéɪʃ(ə)n/ **a** 《ローマ法・大陸法・スコットランド法》担保，保証． **b** 《ローマ法》担保問答契約． **c** 《ローマ法・大陸法・スコットランド法》保証人，保証書． **3 a** 警告，注意（warning）． **b** 《不起訴釈放時の》訓戒《逮捕された被疑者を訴追することなく釈放する時，警察官がその者に今後別の犯罪の容疑が生じた際にこの事件の事情が斟酌される旨を警告すること；法的根拠，それがなされなかった場合の法的効果はないが，一般的慣行である》： be let off [be dismissed] with a 〜 訓戒をうけて釈放される． **4** 《英》《刑事事件の被疑者・被告人に対する，犯罪嫌疑に関する陳述の必要のないことまた任意の陳述は公判で証拠として用いうることを告げる》警告． **5** 《英》予告登録，利害関係者登録《利害関係者が土地もしくは土地上の負担の取引に際しては事前通知を受けるべきことを土地登録所に申し出て記載してもらっておくこと；土地登録庁（Land Registry）へ予告登録することを to lodge caution という；⇨ CAUTION AGAINST FIRST REGISTRATION》．—— *vt* **1** ……に警戒［注意］させる，警告する： He was 〜ed against speeding [not *to* drive too fast]. スピードを出しすぎないよう警告された． **2** 《被疑者・被告人》に警告をする（⇨ n 4): The accused was arrested by the detective and 〜ed. —— *vi* 警告［忠告，勧告］をする． 〜·er *n* 予告登録者． ［OF＜L (*caut- caveo* to take heed)］

cáution agàinst fírst registrátion 《英》《未登録の土地に対する権利を主張する者による土地の》最初の登録に対する予告登録《予告登録をなした者に対しては最初の登録申請につき登録官は登録者に通告する義務がある》．

cáu·tion·àry /, -(ə)ri/ *a* **1** 警告的な． **2** 担保の；保証の．

cáutionary instrúction 警告的説示《**(1)** 裁判官が陪審に対して，特定の証拠を無視するよう，あるいは特別の目的のためだけに考慮するよう警告する説示 **(2)** 裁判官が陪審に対して，外的要因に左右されないよう，また審理中は事件について誰にも話をしないように警告する説示》．

cáution mòney 手付け(金)（earnest money）．

cau·tion·ry /kɔ́:ʃ(ə)nri, keɪ-/《スコットランド》n 保証(関係)；保証人の地位［責任］（suretyship）．

cáutions règister 《英》予告登録簿（⇨ CAUTION AGAINST FIRST REGISTRATION）．

cav. caveat.

c.a.v., CAV ºcuria advisari vult 非即時[後日]言い渡し判決．

cav·a·lier /kævəlíər,*ー━━/ *n* 《英史》**1** 騎士，ナイ

ト. **2** [C-s] 騎士派《Charles 1 世時代の王党派; 1642-51 年の内乱で議会派である円頂派 (Roundheads) と対立した》.

ca・ve・at /kéɪviæt, kǽv-, -ət; ká:vià:t, -ət/ *n* **予告記載**, 利害関係者通告《利害関係者が自分に通告されることなく手続きが進まぬようあらかじめ申し出ておくこと, ないしその旨の記載書面; 略 cav.; cf. WARNING OF CAVEAT》; 注意, 警告: enter [file, put in] a ～ against…に対して予告記載をする [申請する]. ► WARNING OF CAVEAT (予告記載に基づく通告). — *vi* 予告記載 [利害関係者通告] を申請する. [L=let him/her beware]

cáveat áctor /-ǽktɔ:r/ 行為者が警戒[注意]せよ, 行為者をして注意せしめよ《行為者は自己の危険で行為すべしという原則》. [L=let the doer beware]

ca・ve・a・tee /kèɪviætí:, kæ̀via:tí:, -ætí:, kà:via:tí:/ *n* 予告記載 [利害関係者通告] 対象者, 被警告者 (⇨ CAVEAT).

cáveat émptor 買主が注意せよ, 買主をして注意せしめよ, 買主の危険負担《売主の担保があるか売主に詐欺がない限り, 売買目的物の瑕疵に対する責任は買主が負うという原則》; 略 c.e.; cf. PRODUCTS LIABILITY, WARRANTY》. [L=let the buyer beware]

Caveat emptor; qui ig・no・ra・re non de・bu・it quod jus ali・e・num emit. /── ── kwaɪ ɪgnəréɪre nɔn débjʊɪt kwɑd ʤú:s èɪlíí:nəm émɪt/ 買主が注意するように. 他人の権利を購入することを無知であるべきではなかったのであるから. [L=Let the buyer beware; for he/she should not have ignored the fact that he/she buys the right of another.]

cáveat lessée 賃借人が注意せよ, 賃借人をして注意せしめよ. [L=let the lessee beware]

ca・ve・a・tor /kéɪviètər, kæ̀viá:tər, -æ̀-, -èɪ-, ká:viá:tər, kæ̀via:tó:r/ *n* 予告記載者, 利害関係者通告者, 警告者 (⇨ CAVEAT).

cáveat súbscriptor (契約などに際して) 署名者が注意せよ, 署名者をして注意せしめよ. [L=let the person signing (e.g. a contract) beware]

cáveat vén・di・tor /-véndɪtɔ:r/ 売主が注意せよ, 売主をして注意せしめよ, 売主の品質保証《別段の合意がないかぎり売主が品質を保証したと法的に認められる原則》. [L=let the seller beware]

cáveat vi・á・tor /-vaɪétɔ:r/ 通行人が注意せよ, 通行人をして注意せしめよ《公道の通行人はその路上の危険について自己の責任において通行せよという原則》. [L=let the traveler beware]

CB, C.B. °Chief Baron (of the Exchequer) 財務府裁判所首席裁判官, 《高等法院の》財務府部首席裁判官◆Common Bench 人民訴訟裁判所.

CBI °Confederation of British Industry 英国産業連合.

CBOE °Chicago Board Options Exchange シカゴ・(ボード・)オプション取引所.

CBOT, CBT °Chicago Board of Trade シカゴ商品取引所.

cc, CC, c.c. °carbon copy カーボンコピー.

CC, C.C. chancery cases 大法官府部事件◆chief commissioner 首席委員◆《英》°chief constable 警察本部長◆circuit court 巡回裁判所; 巡回裁判区裁判所◆city court 市裁判所◆°civil case 民事事件◆°Civil Code フランス民法典◆civil commotion 騒乱◆civil court 民事裁判所; 一般の裁判所◆county council 州参事会◆°county court 州裁判所; 郡裁判所◆credit card クレジットカード◆criminal case 刑事事件◆《英》°Crown case 刑事事件.

CCA 《米史》°circuit court of appeals 連邦巡回控訴裁判所.

CCC 《英》°Central Criminal Court 中央刑事裁判所.

C. Cls 《米》°Court of Claims 請求裁判所.

C corporation /sí: ──/ 《米》C 節会社 (=subchapter C corporation) 《内国歳入法典 (Internal Revenue Code) の第 1 章 C 節 (subchapter C) に関連規定があるための名称; S 節会社 (S corporation) とは異なり, その純利益が株主にではなく会社自体に課税される通常の会社; cf. S CORPORATION》.

CCP 《英史》°Court of Common Pleas 人民訴訟裁判所◆《米》一般訴訟裁判所.

CCPA 《米》°Consumer Credit Protection Act 消費者信用保護法◆《米史》°Court of Customs and Patent Appeals 関税・特許上訴裁判所.

CCRC 《英》°Criminal Cases Review Commission 刑事事件再審査委員会.

CCS 《英》°Commonhold Community Statement 共同保有団体規則◆《英史》Consumer Complaints Service 消費者苦情処理部門.

CCT °Common Customs Tariff 共通関税.

c.d. 《証券》°cum dividend 配当付きで [の].

Cd 《英》°Command Papers (1900-18 年のシリーズ番号の前に付す略字).

CD °certificate of deposit 預金証書; 譲渡可能定期預金証書◆《英》°Chancery Division 大法官府部◆civil disobedience 市民的不服従.

c. div. 《証券》°cum dividend 配当付きで [の].

c.e. °caveat emptor 買主が注意せよ.

CE [F *Communauté européenne*] 欧州共同体 (European Community).

ceap・gild /ʧí:pgìld/ *n* 《史》家畜支払い《税・上納金を金銭でなく家畜で支払ったもの》. [OS (*ceap* cattle, *gild* payment)]

cease /sí:s/ *vi, vt* やむ, 終わる; やめる, 終わらせる, 停止する. [OF<L *cesso* (freq) <*cedo* to yield]

céase-and-desíst òrder 排除命令, 停止命令《特に 不公正取引・不当労働行為・知的財産権侵害行為などの違法行為の停止・原状回復などを命ずるもの; cf. INJUNCTION, MANDAMUS, PROTECTION ORDER, STAY》.

cede /sí:d/ *vt* **1** 〈土地などを〉譲り渡す, 《条約などで正式

に)《権利を》譲る,《領土を》割譲する, 引き渡す《*to*》(⇨ CESSION). **2** 委ねる; 放棄する; 転嫁する. **céd·er** *n* [F or L *cess- cedo* to yield; cf. CEASE]

ce·dent /síːdənt/ *n* **1** 再被保険者, 元受け保険者 (= reinsured)《みずからが引き受けた保険契約による保険金支払い責任の全部または一部を他の保険者が填補することを内容とする再保険 (reinsurance) の被保険者). **2**『大陸法・スコットランド法』財産譲渡人. [L (pres p)《*cedo* to yield]

céiling rènt《規則上の》最高限度額家賃[地代].

CELEX /séleks/ [L *Communitatis Europae Lex*＝ European Community Law] 欧州共同体法データベース, セレックス《欧州連合 (EU) の制定法関係データベース》.

cell /sél/ *n* **1**《刑務所の》監房, 独房; 個室. ▶ CONDEMNED CELL (死刑囚監房) / HOLDING CELL (監獄). ★ しばしば複数形で用いて警察署の留置場の意味で使われる: He spent the night in the ~s. **2**《大修道院》付属小修道院.

Cél·ler-Ké·fau·ver Àct, 1950 /sélərkíːfɔː-vər-/ [the ~]《米》1950 年のセラー-キーフォーヴァー法《1914 年の Clayton Antitrust Act《クレイトン反トラスト法》を補完するために 1950 年に制定された連邦法; 企業による他社株式・資産の買収が競争制限や独占傾向増大につながる場合にはそれを禁止するという内容; 共同提案者の Emanuel Celler 民主党下院議員 (1888-1981) と Estes Kefauver 民主党上院議員 (1903-63) に由来; **Celler-Kefauver Antimerger Act**《セラー-キーフォーヴァー合併規制法》とも呼ばれる].

céll·màte *n*《刑務所での》同房者.

ce·ne·gild /kéɪnəɡìld/ *n*《史》《殺人者が被害者の血族に支払った》殺害賠償金. [OE (*cinne* relation, *gild* payment)]

cen·sor /sénsər/ *n* **1**《出版物・映画・テレビ番組などの》検閲官,《軍隊・刑務所などの信書の》検閲係. **2**『ローマ史』戸口総監, 戸口調査官. — *vt* 検閲する,《文書・報告・報道などを》検閲して修正する[一部削除する, 発禁処分に付す]《*out*》. **cen·so·ri·al** /sensɔ́ːriəl/, **-ri·ous** /-riəs/ *a* [L (*censeo* to assess)]

cénsor·shìp *n* **1** 検閲官の職[職権, 任期]; 検閲《の方針[計画, 制度])》(cf. FREEDOM OF SPEECH, PRIOR RESTRAINT): government ~ 政府による検閲 / impose strict press ~ [~ of the press] 報道に対してきびしい検閲を加える. **2**『ローマ史』戸口総監[戸口調査官]の職[職権, 任期].

cen·sure /sénʃər/ *n* **1** 非難, とがめ, 譴責⟨けんせき⟩《処分);《カノン法に基づく》懲戒罰: a motion of ~=a ~ motion 非難決議の動議. ▶ VOTE OF CENSURE (譴責決議). **2**《古》見解, 判断. **3** 検閲; 検閲官[戸口総監]の職[職権, 地位] (censorship);《古》検閲官. — *vt* 非難する, とがめる, 譴責する: ~ sb for committing a fault 誤りを犯したことをとがめる / put forward a motion to ~ the Government 政府非難決議の動議を提

出する. **cén·sur·er** *n* [OF<L; ⇨ CENSOR]

cen·sus /sénsəs/ *n* (*pl* ~**·es**) **1** 人口調査, 国勢[市勢]調査, センサス: take a ~ (of the population) 人口[国勢]調査をする. **2**『ローマ史』戸口調査. — *vt* …の人口を調査する. [L; ⇨ CENSOR]

cent /sént/ *n* セント《米国その他多くの国の通貨単位: ＝1/100 ドル (dollar)》.

cen·ter | **-tre** /séntər/ *n*《★ 検索の便宜上, 本辞典では英米を問わず center の綴りに統一した》**1** 中心; 中央, 中枢, 核心; 中心人物, 指導者; 中心地. **2** 総合施設, (…)センター: a business ~ ビジネスセンター. ▶ ADJUSTMENT CENTER (矯正独房) / ATTENDANCE CENTER (アテンダンスセンター) / COMMUNITY CORRECTIONAL CENTER (地域矯正センター) / DAY TRAINING CENTER (社会復帰訓練センター) / DETENTION CENTER (青少年拘置所) / JOBCENTER (公共職業紹介所) / LAW CENTER (無料法律相談所) / LEGAL AID CENTRE (法律扶助センター) / RELOCATION CENTER (強制収容所) / REMAND CENTER (未成年者拘置所) / REMOVAL CENTER (移送センター) / RESIDENTIAL COMMUNITY TREATMENT CENTER (地域援護収容センター) / SECURE TRAINING CENTER (拘禁訓練所). **3**《英》『刑事法院 (Crown Court) の地方にある』センター (⇨ THREE-TIER SYSTEM (OF CROWN COURT)). **4** [°the C-] 中道派, 穏健派 (cf. *the* LEFT, *the* RIGHT). **left of ~** 左派の, 社会主義的な. **right of ~** 右派の, 保守派の.

cénter of grávity《米・国際私法》《法律関係の》重心 (＝(most) significant relationship [contact])《契約や不法行為などの準拠法を決定する際に考慮される; ⇨ CENTER-OF-GRAVITY DOCTRINE).

cénter-of-grávity dòctrine《米・国際私法》重心の法理 (＝grouping-of-contacts theory, (most) significant relationship [contact] theory)《特に契約・不法行為などの準拠法を決定する際にその法律関係の重心が当該法域のいずれにあるかによるという原則; cf. MOST SIGNIFICANT RELATIONSHIP [CONTACT] TEST).

cen·tral /séntr(ə)l/ *a* **1** 中心の, 中央の, 中部の; 中枢の, 主要な: the ~ office 本店, 本部. **2** 中道の, 穏健な.

Céntral Arbitrátion Commìttee [the ~]《英》中央仲裁委員会《雇用問題をめぐる労使間の紛争仲裁機関; 略 CAC).

céntral bánk [°C- B-] 中央銀行《一国の金融組織の中核として, 通貨政策・財政政策を確立し, 通貨供給量・公定歩合を統制する国有銀行; 連邦準備銀行 (FRB)・イングランド銀行 (Bank of England) など).

Céntral Críminal Cóurt [the ~]《英》中央刑事裁判所《もとは Greater London の巡回刑事裁判所; それ自体は 1971 年法で廃止; しかしロンドンで開かれる刑事法院 (Crown Court) は現在もこの名称で呼ばれている; その所在地から 'the Old Bailey' と通称; 略 CCC).

Céntral Intélligence Àgency [the ~]《米》中央情報局《諜報活動を行なう国家安全保障会議 (National Security Council) の一部局; 1947 年国家

安全保障法 (National Security Act) により設立; 略 CIA)．

Céntral Lóndon Próperty Trúst, Ltd. v. Hígh Trées Hóuse, Ltd. 〖英〗セントラル・ロンドン・プロパティー・トラスト会社対ハイ・トゥリーズ・ハウス会社事件《英国で部分的ながら初めて約束的禁反言 (promissory estoppel) の法理を認めた 1947 年の判例; ハイ・トゥリーズ事件 (High Trees Case) ともいう).

Céntral Óffice (of the Supréme Cóurt) [the ～] 〖英〗(最高法院)主事中央局《最高法院 (Supreme Court of Judicature) の事務局; ここから訴状 [令状, 召喚状] が発行される; 1879 年に統合・設立; cf. CAUSE BOOK).

cen·trist /séntrɪst/ n, a [°C-] 中道[中間]政党の(党員); 中道主義者の.

Céntury Dígest 〖米〗『センチュリー・ダイジェスト』(『アメリカン・ダイジェスト・システム』(American Digest System) のうちの, 1658–1896 年の判決要旨の総集資料; cf. DECENNIAL DIGEST).

CEO /síːiːóʊ/ n 最高経営責任者 (chief executive officer).

ce·orl /tʃéɪərl/; tʃéəl/ n 〖英史〗チェオルル《アングロサクソンの最下層自由民で, 軍事・民会出席・橋梁維持義務を負った). [OE]

ce·pi cor·pus /síːpaɪ kɔ́ːrpəs/ 勾引済みの(復命)《勾引令状 (capias) への復命にしばしば用いられた語). [L=I have taken the body]

ce·pit /síːpət/ v 侵奪した; 窃取した. ▶ REPLEVIN IN CEPIT (侵奪動産占有回復訴訟). [L=he/she took]

CERCLA /sə́ːrklə/ 〖米〗°Comprehensive Environmental Response, Compensation, and Liability Act 包括的環境対策・補償・責任法 (⇒ SUPERFUND).

cer·e·mo·ni·al /sèrəmóʊniəl/ a 1 儀式上[用]の, 儀式ばった. 2 正式の, 公式の (formal). — n 1 儀式, 典礼; 礼儀. 2〖カトリック〗儀式典書.

ceremónial márriage 正式婚《制定法上の要件を満たした上で, 宗教婚または民事婚 (civil marriage) として必要な方式を整えた婚姻).

cer·e·mo·ny /sérəmòʊni; -məni/ n 儀式, 式典, 式; 結婚式. ▶ MARRIAGE CEREMONY (婚姻方式); 婚姻の儀式).

cert. certiorari.

Cer·ta de·bet es·se in·ten·tio et nar·ra·tio et cer·tum fun·da·men·tum et cer·ta res quae de·du·ci·tur in ju·di·ci·um. /sə́rtə débət ésə ɪnténʃioʊ ɛt nəréɪʃioʊ ɛt sə́rtəm fʌndəméntəm ɛt sə́rtə ríːz kwi dɛdəsáɪtər ɪn dʒudíʃiəm/ (訴えの)意図, 原告第一答弁および(訴えの)根拠は明確であるべきであり, また裁判に付される事柄も明確でなければならない. [L=The intention and declaration ought to be certain, the foundation certain, and the matter certain that is brought to judgment.]

cértain cóntract 実定契約《射倖契約 (aleatory contract) に対する語で, 契約成立時に給付義務およびその内容が確定している契約).

cer·tain·ty /sə́ːrtnti/ n 明確性; 確実性, 安定性. ▶ LEGAL CERTAINTY (法的確実性) / MORAL CERTAINTY (高度の主観的確実性) / REASONABLE CERTAINTY (相当の確実性) / THREE CERTAINTIES (三つの確実性) / UNCERTAINTY (不確実性).

cértainty of láw 法的確実性, 法的安定性 (= legal certainty).

cer·tif·i·cate /sərtífɪkət/ n **1 a** 証明書; 証明 (certification). **b**《特に裁判所が他の裁判所宛に, 当該裁判所で一定行為がなされたことを通知する)証明書. ▶ ALLOTMENT CERTIFICATE ((株式)割当証(書)) / BENEFIT CERTIFICATE (給付金証書) / BIRTH CERTIFICATE (出生証明書) / CHARGE CERTIFICATE (譲渡抵当権登録証明書) / CLEARANCE CERTIFICATE (通関証明書) / CRIMINAL CONVICTION CERTIFICATE (有罪決定証明書) / DEATH CERTIFICATE (死亡証明書; 死亡登録証明書) / EMPLOYEE'S WITHHOLDING ALLOWANCE CERTIFICATE (被用者源泉徴収控除票) / ESTOPPEL CERTIFICATE (禁反言証明書; 譲渡抵当に関する禁反言証明書) / FIRE CERTIFICATE (防火対策設備建築物証明書) / GENDER RECOGNITION CERTIFICATE (性転換証) / HEALTH CERTIFICATE (健康証明書) / INSURANCE CERTIFICATE (保険引受証) / LAND CERTIFICATE (土地登録証明書; 公有地譲受権証明書) / MARRIAGE BY CERTIFICATE (証明書による婚姻) / MARRIAGE CERTIFICATE (婚姻証明書) / MEDICAL CERTIFICATE (診断書) / MORTGAGE CERTIFICATE (譲渡抵当権部分所有証書) / RECEIVER'S CERTIFICATE (財産保全管理人証書) / REGISTRATION CERTIFICATE (登録[登記]証明書) / TAX (SALE) CERTIFICATE (滞納処分地条件付き売却決定書) / TORRENS CERTIFICATE (トレンズ式土地権利証書) / TRADING CERTIFICATE (営業証明書) / TRIAL BY CERTIFICATE (証明による審理) / VOTING TRUST CERTIFICATE (議決権信託証書). **2** 免(許)状, 許可証; 卒業証書, 修了証書: teacher's ～ 教員免許状. ▶ FIREARM CERTIFICATE (銃砲所持許可証) / PRACTISING CERTIFICATE (事務弁護士免許証). **3** 証券, (権利)証書. ▶ GOLD CERTIFICATE (金証券) / HEADRIGHT CERTIFICATE (頭割権証書) / PASS-THROUGH CERTIFICATE (パススルー証券) / RECEIVER'S CERTIFICATE (破産管財人証書) / SCRIP CERTIFICATE (仮証券, 端株証券) / SILVER CERTIFICATE (銀証券) / STOCK [SHARE] CERTIFICATE (株券) / TREASURY CERTIFICATE (財務省債務証書). — /-kèɪt/ vt 証明書で認定する, …に免許状を交付する. **cer·tif·i·ca·to·ry** /sərtífɪkətɔ̀ːri; -t(ə)ri/ a 証明となる; 証明書の.

certíficated bánkrupt《過誤の責任なしとの証明付きの)破産からの復権者.

certíficated secúrity 証券のある証券《証券化されていない株式などの証券化されていない証券 (uncertificated security)の対語).

certificate of appróval 認可証.

certificate of authórity《米》**1** 権限認定証書 (=verification)《公証人 (notary public) が認証した証書が他法域に送付される際に, その真正性を認証する証書》. **2** 州内営業許可書 (=certificate of qualification)《州外の会社に州内での営業権を認める州政府, 通例は州務長官 (secretary of state) の証明書》.

certificate of cónference 事前協議証明書《裁判所に提出する訴答 (pleading) あるいは申し立て (motion) の, 通例は最後の方のページに独立した形で添えられる一節で, 当該訴答・申し立て提出当事者が, 両当事者が事態解決のため努力したこと, にもかかわらず合意に至らぬため裁判所による解決が必要である旨を裁判所に証明するもの》.

certificate of convénience and necéssity 公益事業免許証《運送・電気・水道などの公益事業を営む会社に行政当局から与えられる免許証》.

certificate of depósit《略 CD》**1**《銀行の》預金証書. **2** 譲渡可能定期預金証書.

certificate of incorporátion 1 法人設立証明書, 会社設立証書 (=corporate charter). **2**《米》基本定款 (=ARTICLES OF INCORPORATION).

certificate of insúrance 保険証明書, 保険引受証《略 CI》.

certificate of júdgment 判決証明書.

certificate of óccupancy 建物使用許可証, 居住適格証明書, 賃貸アパート居住適合証明書《建物が建築規制に適合している旨の地方行政当局の証明書》.

certificate of órigin 生産地証明書.

certificate of próof 署名の真正性証明(書) (=PROOF OF ACKNOWLEDGMENT).

certificate of prótest 1《特に 手形・小切手の》拒絶証書 (=NOTICE OF DISHONOR). **2** 海難通知 (cf. NOTICE OF PROTEST, MARINE PROTEST).

certificate of púrchase 譲り受け証書 (=CERTIFICATE OF SALE).

certificate of qualificátion《米》州内営業資格付与書 (=CERTIFICATE OF AUTHORITY).

certificate of registrátion 登録[登記]証明書, 登録[登記]証 (=registration certificate).

certificate of régistry 船舶登録証書 (⇨ REGISTRY).

certificate of sále《司法上の売却 (judicial sale) で購入した人に与えられる》売却証明書 (=certificate of purchase).

certificate of sérvice 送達証明書 (=proof of service)《裁判所に提出する訴答 (pleading) あるいは申し立て (motion) の, 通例は最後のページに独立した形で添えられる一節で, 当該訴答・申し立て提出当事者が, 他のすべての当事者宛にその写しを郵送その他の方法で送達済みである旨を裁判所に証明するもの》.

certificate of stóck＊ [**sháre**¹¹] 記名株券 (= STOCK CERTIFICATE).

certificate of títle 1a《公的機関が発行する》権原登録証書. **b** 自動車登録証《単に title ともいう》. **2**《権原調査 (title search) の結果作成される》権原証明書 (cf. DEED).

cer・ti・fi・ca・tion /sə̀ːrtəfəkéɪʃ(ə)n/ *n* **1** 証明, 検定, 保証; 確認, 認証; 証明書. ►UNION CERTIFICATION (交渉代表の認証). **2**《米》《連邦の上訴裁判所から合衆国最高裁判所または州の最高裁判所に対する法律問題についての》意見確認 (cf. CERTIFIED QUESTION).

certificátion màrk 証明標章, 証明商標 (=CERTIFICATION TRADEMARK).

Certificátion Òfficer《英》労働組合認定官《1992 年の Trade Union and Labour Relations (Consolidation) Act (労働組合・労働関係(統合)法)で新設され, 労働組合連合・雇用者協会の会計の監督, 独立労働組合 (independent trade union) の認定などを主たる任務としていたが, 1999 年の Employment Relations Act (雇用関係法)で労働組合員権利保護官 (Commissioner for the Rights of Trade Union Members) および違法争議行為救済官 (Commissioner for the Protection Against Unlawful Industrial Action) が廃止されその任務を引き継ぎ, 労働法上重要な役割を担当している; 略 CO》.

certificátion procèeding《米》《全国労働関係委員会 (National Labor Relations Board) による労使交渉の労働者側の》交渉代表認証手続き.

certificátion tràdemark 証明商標, 証明標章 (=certification mark)《商品・サービスの産地・材料・製造方法・品質などを検査機関が証明するマーク; cf. COLLECTIVE TRADEMARK》.

cértified accóuntant《英》公認[勅認]会計士 (=CHARTERED ACCOUNTANT).

cértified chéck《銀行による》支払保証小切手.

cértified cópy 認証謄本 (=attested copy, exemplified copy, verified copy).

cértified finàncial plánner 公認資産運用プランナー.

cértified júvenile 成人認定少年《成人として審理されることが認定された少年》.

cértified máil《米》配達証明郵便 (cf. REGISTERED MAIL).

cértified públic accóuntant《米》公認会計士《略 CPA》.

cértified quéstion《米》意見確認問題《連邦の上訴裁判所から合衆国最高裁判所または州の最高裁判所に意見確認 (certification) の手続きによりその意見を確認している法律問題》.

cer・ti・fy /sə́ːrtəfàɪ/ *vt* **1**《文書で》証明する,《事実・任命などを》認証する;《意見などを》確認する (⇨ CERTIFICATION); 認定する, 免許する: I ~ that this is a true copy. 原本と相違のない謄本であることを認証する. **2**〈人〉に〈…を〉保証する〈*of*〉;《米》〈銀行が小切手〉の支払い

certiorari

を保証する. **3 a**《医師が人を》《法的に》精神障害ありと認定する. **b**《ある労働組合を労使交渉の》排他的交渉団体と認定する (≫cf. DECERTIFY). [OF < L]

cer·ti·o·ra·ri /sə̀ːrʃ(i)ərάːri, *-ræri, "-réərài, *-tiə-/ n 《略 cert.》[°a writ of ~]《上位裁判所が下位裁判所に命ずる》**移送令状**, 記録提出令状;《米》**裁量上訴（受理令状）**. ★ 英国では 1938 年法で移送命令 (ORDER OF CERTIORARI) と, 1999 年に破棄命令 (QUASHING ORDER) と改称; 米国では APPEAL BY RIGHT (権利上訴) と対比して, 上訴受理か否かが上訴を受ける裁判所の完全な裁量にかかる場合である裁量上訴（受理令状）の意味で用いられる; cf. APPEAL, APPEAL BY RIGHT, APPLICATION FOR LEAVE TO APPEAL. ▶ BILL OF CERTIORARI (移送訴状) / ORDER OF CERTIORARI (移送命令) / WRIT OF CERTIORARI (移送令状). [L=to be informed of]

Cer·tum est quod cer·tum red·di po·test. /sέrtəm ɛst kwɑd sέrtəm rédi pátɛst/ 確定的になりうるものは確定している. [L=That is certain which is able to be rendered certain.]

cert·worthy /sə́ːrtwə̀ːrði/ a *《俗》裁量上訴により再審査されるに値する (⇨ CERTIORARI). **cért·wòr·thi·ness** n

Ces·san·te cau·sa, ces·sat ef·fec·tus. /sɛsǽnti kɔ́ːzə sέsət ɪfέktəs/ 原因が止めば, 結果も止む. [L=When the cause ceases, the effect ceases.]

Cessante ra·ti·o·ne le·gis ces·sat et ip·sa lex. /— rèɪʃióuni líːdʒɪs sέsət ɛt ípsə léks/ 法律の理由が止めば, 法律自体も止む. [L=When the reason of the law ceases, the law itself ceases.]

Cessante sta·tu pri·mi·ti·vo, ces·sat de·ri·va·ti·vus. /— stǽt(j)u prɑ̀ɪmɑɪtάɪvou sέsət dɪrìvətάɪvəs/ 原初的地位が消滅すれば, 派生的なものも消滅する. [L=When the original estate ceases, that which is derived from it ceases.]

cés·sate gránt /sέsɛɪt-/ **1 更新譲与**《消滅する不動産賃借権などの更新》. **2**《遺言執行者 (executor) の執行不能による》**特別遺言執行状の授与** (cf. GRANT FOR THE USE AND BENEFIT).

ces·sa·vit (per bi·en·ni·um) /sɛsέɪvɪt (pər baɪéniəm)/《史》《2 年間の》懈怠(けたい)(けたい)を原因とする土地明渡し令状. [L=he/she has ceased (for two years)]

ces·ser /sέsər/ n **1**《期間的権利の》終了. **2**《史》懈怠(けたい)(けたい)(cf. CESSAVIT). [AF or OF; ⇨ CEASE]

césser clàuse /傭船契約 (charterparty) の下での傭船者の船主に対する》**責任終了条項** (=**césser of híre clàuse**).

ces·set ex·e·cu·tio /sέsət ɛksəkjúːʃ(i)ou/ 執行停止命令. [L=let the execution stay]

ces·sio bo·no·rum /sέʃiou bənɔ́ːrəm/《ローマ法》《債務者から債権者への》**財産委付**. [L=cession of goods]

céssio in júːre /-ɪn dʒúːri/《ローマ法》**法廷譲与**《譲受人が法廷で目的物に対する権利を主張し譲渡人が反対しない形で行なわれる仮装訴訟》. [L=transfer in law]

ces·sion /séʃ(ə)n/ n **1**《国際法》《領土の》**割譲** (cf. OCCUPATION, STATE SUCCESSION). **2**《権利・債権の》譲渡,《土地などの》**譲与**; 財産の委付, 財産引渡し; 契約の譲渡,《再保険会社への》保険契約の移転. ▶ RETROCESSION (返還; 再々保険). **3 譲られたもの**[権利, 領土, 財産など]; 割譲地. **4**《史》聖職禄保有者不存在《聖職禄兼有 (plurality) の結果としてもともと有していた聖職禄が剥奪されるが, そのため聖職禄保有者がいなくなること》. [OF or L; ⇨ CEDE]

céssion·àry /; -(ə)ri/ n 譲受人 (assignee).

ces·tui, ces·tuy /séstwi, séti/ n **1 受益者** (beneficiary)《cestui que trust または cestui que use の略》. **2**《古》彼;《古》その者. [OF (dat) < *cist* that one]

céstui que trúst /-ki-, -kə-/ (pl **céstuis que trúst**, (誤って) **céstuis que trús·tent** /-trʌ́stənt/)《古》信託受益者 (beneficiary). [AF+E *cestui à que trust*=he/she for whom (the) trust (is held)]

céstui que úse (pl **céstuis que úse**, (誤って) **céstuis que úsent** /-júːsənt/)《古》ユース受益者 (⇨ USE). [AF+E *cestui à que use*=he/she to whose use]

céstui que víe 生命期間者《ある者の生存期間中他の者に不動産権などが認められる場合の前者を指す語; ⇨ ESTATE PUR AUTRE VIE). [AF *cestui à qui vie*=he/she for whose life]

CET °Common External Tariff 共通対外輸入関税.

CETA《米》°Comprehensive Employment and Training Act 職業訓練包括法.

ceteris paribus ⇨ CAETERIS PARIBUS.

cf., cf [L *confer*] compare 比較せよ.

c.f., C.F., CF °cost and freight 運賃込み値段.

CFA《英》°conditional fee agreement 成功報酬取決め.

c.f.i., CFI, c.f. & i. °cost, freight, and insurance 運賃保険料込み値段.

CFI °Court of First Instance 第一審裁判所.

CFP °Common Fisheries Policy 共通漁業政策.

CFR《米》°Code of Federal Regulations『連邦行政命令集』.

CFSP °common foreign and security policy 共通外交安全保障政策.

CFTC《米》°Commodity Futures Trading Commission 商品先物取引委員会.

CGT《税制》°capital gains tax 資本利得税.

ch. chancellor ♦ chancery ♦ chapter ♦ chief.

c.h. courthouse ♦ custom(s)house.

cháin-certíficate mèthod《米》連鎖真正性証明方法《外国の公的記録 (official record) を事実審で証拠として許容してもらおうとしている当事者が, その記録の真正性を証明するための手続き》.

cháin conspíracy 連鎖型共同謀議《例えば数人の者がそれぞれ麻薬の製造・輸入・販売を分担する取決めをするなど,全体として単一の共同謀議(conspiracy)を構成するが,関与個人は全体計画の中でそれぞれ別個の役割を担うことにしているもの》.

cháin gàng 《特に刑務所外での作業中に》一つ鎖につながれた囚人たち.

cháin of causátion 1 因果関係. 2 因果関係の連鎖 (cf. CAUSATION, NEXUS).

cháin of cústody 1 《押収から証拠提出までの》物証保管の継続性. 2 《動産》占有の系譜 (=chain of possession).

cháin of exécutorship 遺言執行者の連鎖 (= CHAIN OF REPRESENTATION).

cháin of posséssion 《動産》占有の連鎖 (chain of custody).

cháin of representátion 《英》人格代表者の連鎖 (=chain of executorship)《遺言執行者が遺言執行終了前に死亡し共同遺言執行者がいないか生存していないときに,その死亡遺言執行者の遺言執行者が代わって最初の遺言者の遺言執行人となること;また,このような関係が絶えることなく継続すること; cf. DE BONIS NON (ADMINISTRATIS)》.

cháin of títle 1 権原連鎖《現所有者に至るまでの不動産保有権の権原 (title) ないしはその証書が切れ目なく続いていること; cf. MUNIMENT OF TITLE, ROOT OF TITLE, TITLE SEARCH, WILD DEED》. 2 《商業証券の》裏書の連鎖《証券の裏書を通じて証券の所持者が切れ目なく続いていること》.

cháin refèrral schème 連鎖式紹介販売,連鎖式販売 (=PYRAMID SCHEME) (⇨ REFERRAL SALES CONTRACT).

chair /tʃéər/ n 1 椅子; [the ~]*《口》電気椅子 (electric chair): get the ~ 電気椅子で死刑になる[の判決を受ける]. ► ELECTRIC CHAIR (電気椅子) / WITNESS CHAIR (証人用椅子). 2 《大学の》講座, 教授の職. 3 [the ~] 議長席[職], 会長席[職], 《英》市長の職, 《米》知事[大統領]の職; 議長 (chairperson), 会長, 《大学の》学科長: C~! C~! 議長! 議長!《議場整理の要求》/ in the ~ 議長席に着いて, 議長をつとめて / He was voted into the ~. 議長に選出された / Mr Smith took the ~. スミス氏が議長をつとめた[司会した] / address [support] the ~ 議長に呼びかける[を支持する]. ► IMPARTIAL CHAIR (公平な第三者) / SECOND CHAIR (副主任弁護士). — vt 《口》…の議長をつとめる, 司会する.

cháir·man /-mən/ n (pl -men /-mən/) 議長, 司会者, 会長, 委員長, 《大学の》学科長: ~ of the board =the company ~ 取締役会長. ► IMPARTIAL CHAIRMAN (公平な第三者(である議長)). ★ 女性にも用いられるが (cf. CHAIRWOMAN), 男女の区別を避けるため, chairperson あるいは chair を用いることが多くなっている. 呼びかけは, 男性には Mr. Chairman, 女性には Madam Chair(man).

cháirman of the bénch [jústices, mágistrates] 《英》治安判事[下級判事]裁判所首席判事.

Cháirman of Wáys and Méans [the ~] 収入調達方法[歳入]委員会委員長《英国ではこの委員長が全院委員会議長[庶民院副議長]をつとめる》.

cháirman·shìp n CHAIRMAN の職; chairman をつとめるための力量.

cháir·pèrson n 議長, 司会者, 会長, 委員長, 《大学の》学科長[男女共通語; cf. CHAIRMAN].

cháir·wòman n 女性議員[司会者, 会長, 委員長] (⇨ CHAIRMAN).

chal·lenge /tʃǽlənʤ/ n 1 挑戦; 挑戦状. 2 異議申し立て; 《人・行為・物の》適法性[資格]に対する異議申立て. ► AS-APPLIED CHALLENGE (適用段階での違憲の主張) / BATSON CHALLENGE (バトソン事件の忌避違憲の主張) / CONSTITUTIONAL CHALLENGE (憲法違反であるとの異議申し立て) / FACIAL CHALLENGE (文面上違憲の主張). 3 《陪審員や裁判官に対する》忌避 (cf. RECUSAL, STRIKE). ► PEREMPTORY CHALLENGE (理由不要の(陪審員)忌避) / PRINCIPAL CHALLENGE (絶対的理由付き(陪審員)忌避). — vt 1 挑戦する. 2 《陳述》に異議を申し立てる; …の適法性[資格など]に異議を申し立てる: ~ the sentence by appeal 上訴によって判決に対する異議を申し立てる. 3 《陪審員・裁判官》を忌避する, 〈証拠など〉を拒否する. — vi 異議申し立てをする. ~ the vote. **~·able** a [OF<L; ⇨ CALUMNY]

chállenge for cáuse 理由付き(陪審員)忌避 (cf. PEREMPTORY CHALLENGE).

chállenge of júror 陪審員忌避.

chállenge própter afféctum 偏見ゆえの陪審員忌避《一方当事者との血縁などのゆえに片寄った判断をする可能性があるために陪審員として不適格であることを理由にしての陪審員忌避》. [E+L=challenge because of partiality]

chállenge própter deféctum 欠陥資格ゆえの陪審員忌避《未成年・在留外国人・非居住者などのゆえに陪審員として不適格であることを理由にしての陪審員忌避》. [E+L=challenge because of a defect]

chállenge própter ho·nó·ris re·spéc·tum /-́ -́ ɑnɔ́:rɪs rɛspéktəm/ 《英》名誉を考慮しての異議《貴族院議員である貴族が陪審員候補者名簿 (panel) に載っている場合, その貴族自身が忌避 (challenge) しうる, ないしは特権令状によりその任務を回避することができること; 当事者がこれを理由に忌避できるか否かは疑問》. [E+L=challenge on account of the respect of the honor]

chál·leng·er n 忌避者.

chállenge to fíght 決闘の挑戦.

chállenge to júror 陪審員忌避.

chállenge to júry 陪審員忌避.

chállenge to (the) arráy [(the) pánel] 《選任手続き不備などを理由にしての》陪審員候補者全員

challenge to the poll に対する忌避, 陪審員全員忌避 (cf. CHALLENGE TO THE POLL).

chállenge to the póll 特定陪審員忌避 (cf. CHALLENGE TO THE ARRAY [THE PANEL]).

chállenge withòut cáuse 理由なしでの(陪審員)忌避 (=PEREMPTORY CHALLENGE).

cham·ber /tʃéɪmbər/ *n* **1** 部屋,《特に》寝室. ▶ GAS CHAMBER (ガス室) / KING'S CHAMBERS (国王の内海) / KNIGHT OF THE CHAMBER (室内勲爵士) / QUEEN'S CHAMBERS (女王の内海). **2** 特別に用いる大きな部屋, 間; [*pl*] 裁判官室,《特に 英国 INNS OF COURT》内の(弁護士)事務所,《法廷弁護士 (barrister) の》事務所. ▶ BILL CHAMBER (スコットランド控訴院訴状部) / EXCHEQUER CHAMBER (財務府会議室, 財務府会議室裁判所) / JUDGE IN CHAMBERS (裁判官室裁判官) / JUDGE'S CHAMBER (裁判官室). **3** 会館 (hall); 会議所; 議場; 議会, 議院: The Congress of the United States is consisted of two ~s, the Senate and the House of Representatives. ▶ LOWER CHAMBER (下院) / SINGLE CHAMBER (一院制) / STAR CHAMBER (星室, 星室における国王評議会; 星室裁判所) / UPPER CHAMBER (上院). **in ~** =IN CAMERA. — *vi*《俗》《裁判官が》裁判官室で職務を執る. [OF<L *camera*<Gk *kamara* vault]

chámber bùsiness 裁判官室での職務《法廷外での裁判官の公的な職務》.

chámber cóunselor 事務所業務弁護士 (=OFFICE PRACTITIONER).

cham·ber·lain /tʃéɪmbərlɪn/ *n* 寝室係, 侍従, 宮内官;《王家・貴族家の》家令: the (Lord) (Great) C~ (of England)《英》(イングランド)(大)侍従卿 / (Lord) (High) C~ of the Household《英》宮廷侍従卿 / C~ of the Exchequer 財務府侍従 / C~ of the Treasury 大蔵省侍従. ▶ LORD CHAMBERLAIN (侍従卿). [OF<L (*chamber*, *-ling*)]

chámber of cómmerce [tráde] [ᵃC- of C-[T-]]《地域の》商業会議所. ▶ INTERNATIONAL CHAMBER OF COMMERCE (国際商業会議所).

chámber of députies 代議院《フランス・イタリアなどの議会の下院》.

champarty ⇨ CHAMPERTY.

cham·per·tor /tʃǽmpərtər/ *n* 利益分配特約付きの訴訟援助者, 利益分配約束付きで訴訟を肩代わりする者. [OF]

cham·per·tous /tʃǽmpərtəs/ *a* 利益分配特約付きの訴訟援助の, 利益分配約束付き訴訟肩代わりの: a ~ agreement 利益分配特約付きの訴訟援助合意 / a ~ contract 利益分配特約付きの訴訟援助契約.

cham·per·ty, -par- /tʃǽmpərti/ *n* **1** 利益分配特約付きの訴訟援助, 利益分配約束付き訴訟肩代わり (⇨ MAINTENANCE AND CHAMPERTY) (cf. MAINTENANCE). ▶ MAINTENANCE AND CHAMPERTY (訴訟幇助と利益分配付き訴訟援助). **2**《史》利益分配特約付きの訴訟援助令状《利益分配特約付き訴訟援助により追行されている訴訟の相手方が, その訴訟援助者に対して利用しうる対抗手段である令状》. [AF<OF=share of profit]

cham·pi·on /tʃǽmpiən/ *n*《史》《決闘裁判 (trial by battle) の際, 本人に代わって決闘をした》(代)闘士. ▶ KING'S CHAMPION (国王の闘士) / QUEEN'S CHAMPION (女王の闘士).

Chan Chancellor ♦ Chancery.

chance /tʃæns; tʃɑːns/ *n* **1** 偶然; できごと, 不慮のできごと[災難]. **2** 勝ち目, 成算, 可能性; [*pl*] 見込み. **3** 機会, 好機. ▶ LOSS OF A CHANCE (機会喪失). **4** 危険 (risk), 冒険, 賭け.

chánce bàrgain 運任せの取引, 見込み取引.

chan·cel·lor /tʃǽns(ə)lər; tʃɑːn-/ *n* **1 a** [C-]《英》大法官 (=CHANCELLOR OF ENGLAND). **b**《スコットランド》陪審長. ▶ LORD (HIGH) CHANCELLOR (大法官) / VICE-CHANCELLOR (副大法官). **2**《米》《エクイティー裁判所 (chancery) の》裁判官. **3 a** 尚書, 秘書, 書記. **b** 主教[司教](区)尚書 (=bishop's chancellor)《**chancellor of a bishop [diocese]** ともいう》. ▶ BISHOP'S CHANCELLOR (主教[司教](区)尚書). **4** 大学総長. **5**《ドイツ・オーストリアの》首相《C~ Kohl のように名前といっしょにして肩書としても用いられる》. **~·ship** *n* chancellor の職[任期]. [OE *canceler*<AF<L *cancellarius* porter, secretary]

Cháncellor of Éngland [the ~]《英》大法官《連合王国の閣僚の一人, 司法部の頂点, 議会開期中は貴族院議長 (Lord Speaker) でもあった; the Lord (High) Chancellor ともいう(略 LHC, LC); 起源的には国王の国璽保管者で秘書的機能を果たしていた; 2005年法により, その職自体は残存しているが, その司法部の長としての職務はイングランド首席裁判官 (Lord Chief Justice of England) に移され, 貴族院議長としての職も失っている; ⇨ CHANCERY 1》.

Cháncellor of Scótland [the ~]《史》スコットランド大法官《イングランドとの議会合同 (1707) 以前のスコットランドで, イングランドの Lord Chancellor に相当した官職》.

Cháncellor of (the Cóunty Pálatine of) Dúrham [the ~] ダラム(・パラティニット州)大法官 (⇨ CHANCERY COURT OF THE COUNTY PALATINE OF DURHAM).

Cháncellor of the Dúchy of Láncaster [the ~]《英》ランカスター公領大法官《ランカスター公としての国王を代表し, 時に事実上無任所の閣僚となる; 同公領の大法官府裁判所の名目的裁判官であった》.

Cháncellor of the Exchéquer [the ~]《英》大蔵大臣《かつては大蔵卿 (Lord High Treasurer) へのチェックとして, またエクイティー裁判所としての財務府裁判所 (Court of Exchequer) の裁判官であったが, 現代では財務担当大臣; ⇨ LORD HIGH TREASURER OF ENGLAND》.

Cháncellor of the High Cóurt [the ~]〖英〗高等法院大法官《2005 年法施行以後高等法院 (High Court of Justice) 大法官府部の部長裁判官》.

Cháncellor of (the Órder of) the Gárter ガーター勲位尚書《ガーター勲爵士会の各種書類への押印, 議事録作成など書記的役割を任とする役人》.

chánce-médley *n* 偶発的争闘; 偶発的争闘における殺人, 防衛殺人 (=chaud-medley). [AN *chance medlee* chance scuffle]

chánce-of-survíval dòctrine 助かる機会の法理《ある者が被告の権利侵害行為により死亡したと訴えている場合には, 原告は被告の行為さえなければ被害者は生存していた可能性がある, すなわち被告の行為が実質的死因であることさえ立証すればよいという原則》.

chan·cer·y /tʃǽns(ə)ri; tʃάːn-/ *n* **1** [C]〖英〗大法官府, 大法官府裁判所, 大法官府部《もともとは国璽保管者としての大法官 (Chancellor of England) が主宰した国王の書記局; 国璽を押捺したすべての文書を管轄し, その中にはコモンロー裁判所で裁判を開始するのに必要な訴訟開始令状 (original writ) も含まれていた; 中世末ごろからコモンロー裁判所で救済されない法的紛争を大法官がコモンローによらずに救済する慣行が生まれ, これがのちに大法官府裁判所 (Court of Chancery) と呼ばれ, また そこでの判例法体系がエクイティー (equity) と呼ばれる法体系に発展した; 大法官府裁判所は 1875 年以降他の中央裁判所と統合し, 高等法院 (High Court of Justice) となるが, その中の Chancery Division (大法官府部) として現在も生き続けている》. ▶ BILL IN CHANCERY (大法官府裁判所訴状) / COURT OF APPEAL IN CHANCERY (大法官府控訴裁判所) / COURT OF CHANCERY (大法官府裁判所) / CROWN OFFICE IN CHANCERY (大法官府国璽部) / MASTER IN [OF THE] CHANCERY (大法官府主事) / SWORN CLERKS IN CHANCERY (大法官府宣誓書記) / WARD IN [OF] CHANCERY (大法官府の被後見人). **2**〖米〗エクイティー裁判所 (=court of equity). ▶ MASTER IN CHANCERY (エクイティー裁判所主事). **3** エクイティー (equity). **4** 公文書発給・保管庁. **5** 主教[司教](区)尚書; ローマ聖庁尚書院. **6**〖国際法〗大使館事務局《大使の住居である大使公邸 (embassy) とは区別して外交使節団の長およびその職員が執務を行なう事務部》. **in ~** エクイティー裁判所に訴訟中の, 大法官の支配下の.

Cháncery Améndment Àct 1858 [the ~]〖英〗1858 年の**大法官府裁判所改正法** (⇨ CAIRNS' ACT).

Cháncery Bàr [the ~]〖英〗大法官府部専門法廷弁護士《集合的》.

Cháncery Còurt [the ~]〖英史〗大法官府裁判所 (=COURT OF CHANCERY).

Cháncery Còurt of the Cóunty Pálatine of Dúrham [the ~]〖英史〗ダラム・パラティニット大法官府裁判所《ダラム大法官 (Chancellor of Durham) を裁判官として, ダラム・パラティニット州内で高等法院大法官府部 (Chancery Division) の裁判管轄権を有した裁判所; 1971 年に高等法院に吸収された》.

Cháncery Còurt of (the Cóunty Pálatine of) Láncaster [the ~]〖英史〗ランカスター(・パラティニット州)**大法官府裁判所**《ランカスター・パラティニット州内でランカスター公領副大法官 (Vice-Chancellor of the Duchy of Lancaster) を裁判官として高等法院大法官府部 (Chancery Division) の裁判管轄権を有した; 1971 年に高等法院に吸収された; cf. DUCHY COURT OF LANCASTER》.

Cháncery Còurt of Yórk [the ~]〖英〗ヨーク尚書裁判所《ヨーク大主教[大司教]管区 (Province) の教会裁判所で大主教管区内の主教区裁判所 (diocesan court) からの上訴を管轄; カンタベリー大主教管区のアーチ裁判所 (Court of Arches) に対応》.

Cháncery Divísion [the ~]〖英〗《高等法院 (High Court of Justice) の》**大法官府部**《略 CD, Ch. D., Chy Div.; ⇨ CHANCERY, COURT OF CHANCERY》. ▶ MASTER OF THE CHANCERY DIVISION (大法官府部主事).

Cháncery Màster〖英〗大法官府部主事 (= Master of the Chancery Division)《最高法院主事 (Master of the Supreme Court) のうち, 大法官府部 (Chancery Division) に所属している者; 通例 事務弁護士 (solicitor) の中から選ばれる; 同部裁判官の裁判官室 (chamber) に属し, 中間訴訟手続き (interim proceedings) の指揮・訴訟費用算定など裁判官室での裁判官のほぼ全権限にわたる職務に関わる補助的裁判官; ⇨ CHIEF CLERK, MASTER OF THE SUPREME COURT; cf. QUEEN'S BENCH MASTER》.

chánce vèrdict 運任せの評決《陪審が, 熟慮することなく, 例えばくじや硬貨投げで結論を出すような評決で, 違法である》.

change *n* **1** 変化, 変更. ▶ SEX CHANGE (性転換). **2** 取替え, 交換; 乗換え; 〚°C-, 'C-〛取引所 (exchange). **3** 両替銭; 釣銭, 小銭.

chánge in círcumstances〖米〗情況の変化《例えば離婚判決当時仮に失業していたとしたら裁判所は別の決定をしたであろうというような, 親の不本意な事態がその後に発生したような場合で, 先に出した子供の監護 (custody) についての命令あるいは扶養料支払い命令 (support order) を変えざるをえないような肉体・感情・財政上の条件が一方あるいは双方の親に生じること》.

chánge of náme 姓名の変更; 法人名の変更.

chánge of posítion 状勢の変化, 立場の変更.

chánge of vénue 裁判地の変更 (=transfer of venue)《事件を他の地域管轄に移すこと; 公正な審理が期待できない場合あるいは当事者・証人の便宜などの理由で裁判所の裁量で許される; cf. *change the* VENUE, FORUM NON CONVENIENS》.

chan·nel /tʃǽnl/ *n* **1** 水路, 河道《河川・港湾・海峡の

深水部), **流水路**, 河渠(ポ); 河床; **海峡**(strait より大); [the (English) Channel] 英仏海峡. **2**《報道·通信などの》経路, 道筋, ルート; 表現手段, 伝達手段, 伝達経路; [*pl*] 正式の伝達ルート: go through (the) proper ～s 正規の手続きを経る[踏む] / the ～s of communication 通信の経路. **3**《放送》チャンネル.

Chánnel Íslands *pl* [the ～]《英仏海峡にある》チャンネル諸島, チャンネルアイランズ, 海峡諸島《法的には今日でも連合王国の一部ではない》.

chap·lain /tʃǽplən/ *n* **1**《大邸宅·陸海軍·学校·病院などの》礼拝堂付き牧師[司祭], チャップレン. **2** 軍隊付き牧師[司祭];《刑務所の》教誨師: a prison ～. **3**《公共機関·クラブなどの》宗教行事を行なうために任命された人;《参事会司祭の》補助司祭: the Speaker's ～《英》庶民院議長付き司祭《会期冒頭に祈禱を捧げる》. [OF<L *cappellanus*]

chap·ter /tʃǽptər/ *n* **1 a**《書籍·論文の》章. **b**《法律の》号《一つの会期で制定された法律を一まとめのものとみなし, その一つ一つを法律何号と呼ぶときの表現; 略 英 c. ..., 米 ch.》. **c**《米》《法令の》章. ▶ SOCIAL CHAPTER (社会政策の章) / SUBCHAPTER (節). **2**《教会》聖堂参事会. ▶ CATHEDRAL CHAPTER (主教座聖堂参事会). **3**《組合·協会などの》支部, 分会. [OF<L; ⇨ CAPITAL]

chapter 7 /─ sév(ə)n/ **1**《米》**a**《破産法典 (Bankruptcy Code) の》第 7 章《清算型破産手続きについて定めている》. **b**《破産法典》第 7 章該当事例. **2**《国際法》国際連合憲章第 7 章《平和に対する脅威等に関する行動などを規定》.

chapter 9 /─ náin/ **1**《米》《破産法典 (Bankruptcy Code) の》第 9 章《地方自治体 (municipality) の債務清算について規定》. **2**《破産法典》第 9 章該当事例.

chapter 11 /─ ɪlév(ə)n/ 《米》**1**《破産法典 (Bankruptcy Code) の》第 **11 章**《更生手続き》《自発的破産申請による会社更生を規定する; 日本の会社更生法に相当》: file ～ 破産法典第 11 章の適用を申請する / ～ bankruptcy 破産法典第 11 章による破産. **2**《破産法典》第 11 章該当会社更生.

chapter 12 /─ twélv/ 《米》**1**《破産法典 (Bankruptcy Code) の》第 **12 章**《定収入 (regular income) のある家族農業経営者に対する更生計画で, 第 13 章の賃金取得者更生計画 (wage-earner's plan) に似た制度》. **2**《破産法典》第 12 章該当事例.

chapter 13 /─ θɜ́ːrtíːn/ 《米》**1**《破産法典 (Bankruptcy Code) の》第 **13 章** (⇨ WAGE-EARNER'S PLAN). **2**《破産法典》第 13 章該当事例.

chápter súrfing *《俗》破産法典章サーフィン《破産法典 (Bankruptcy Code) のある章から別の章に移して倒産債務者 (debtor) が破産申請すること》.

char·ac·ter /kǽrɪktər/ *n* **1** 特徴, 特色. **2 a**《個人·国民の》**性格** (cf. DISPOSITION); 品性, 人格, 人柄, 気骨. **b** 人物, 人. ▶ BAD CHARACTER (悪しき性格) / EVIDENCE OF CHARACTER (性格についての証拠) / GOOD CHARACTER (良い性格) / MORAL CHARACTER (品性) / PUBLIC CHARACTER (公的人物) / SUSPICIOUS CHARACTER (不審者). **3** 評判, 名声; 人物証明書, 推薦状: give sb a ～ reference 人に人物証明書を与える.

cháracter èvidence 性格証拠 (=evidence of character)《人の性格についての証拠; cf. BAD CHARACTER, CHARACTER WITNESS, REPUTATION EVIDENCE》: introduce ～ 性格証拠を提出する.

chàracter·izátion *n* **1**《国際私法》**法律関係の性質決定** (=CLASSIFICATION). **2 夫婦取得財産の性質決定**《夫婦による取得財産を特有財産 (separate property) か夫婦財産 (marital property)(または夫婦共有財産 (community property)) のいずれであるかを決定すること》.

cháracter wítness 性格証人《人の評判·素行·徳性などの性格について証言する人; cf. CHARACTER EVIDENCE》.

charge /tʃɑ́ːrdʒ/ *vt* **1**〈裁判官·主教などが〉**説示[論示, 勧告]する**. **2** 訴える, 告訴する, 起訴する, 告発する (cf. ACCUSE, ARRAIGN, INDICT, INFORM): He was ～d with murder. **3**〈支払いを〉(...に) **負担させる**,〈代価·料金·手数料を〉請求する; ...に担保を負わせる, 義務[責任] を負わせる: ～ 5 dollars for delivery. **4** ...に詰める, 満たす. **～ off** (1) 損失として差し引く. (2)*...のせいにする,〈...に〉帰する〈*to*〉. ── *n* **1** 論示, 勧告;《特に》《裁判官の陪審に対する》**説示** (=JURY INSTRUCTION). ▶ AFFIRMATIVE CHARGE (無罪説示) / ALLEN CHARGE (アレン説示) / DYNAMITE CHARGE (爆弾の説示) / JURY CHARGE (《陪審に対する》説示) / MISCHARGE (誤った説示) / SPECIAL CHARGE (特別説示). **2** 訴え, 告訴, 起訴, 告発 (cf. ACCUSATION, COMPLAINT, INDICTMENT, INFORMATION); 起訴内容: The ～s against us were withdrawn [dropped]. / press ～s against ... を告訴[告発]する. ▶ HOLDING CHARGE (別件) / JOINDER OF CHARGES (起訴(内容)の併合) / WITHDRAWAL OF CHARGES (訴えの取下げ, 起訴の取下げ). **3** 義務, 任務; 責任; 委託, 保護, 管理. **4** 負担, **物上負担**《土地の所有権を制限する各種の用益物権·担保物権, 課税等の公的負担など土地に付着した負担》: 要登録土地負担 (⇨ LAND CHARGE); **担保**, 担保権; 課税, 費用賦課: ～ on land [over property] 土地[財産]に対する担保(権), 物上負担. ▶ CLASS F CHARGE (F 類物上負担) / COMMUNITY CHARGE (地方行政費用負担金) / DEVELOPMENT CHARGE (開発負担金) / EQUITABLE CHARGE (エクィティー上の担保(権)) / FIXED CHARGE (固定担保) / FLOATING CHARGE (浮動担保) / FURTHER CHARGE (追加的担保貸付け) / LAND CHARGE (物上負担, 要登録土地負担) / LEGAL CHARGE (コモンロー上の譲渡抵当による担保権) / LIMITED OWNER'S CHARGE (制限付き権限保有者の物上負担) / RENTCHARGE (地代負担). **5** 請求金額, 代価 (price), **料金**, 手数料, 課徴金, 税金, 費用, (諸)経費: free of ～ 無料 / solicitor's ～" 事務弁護士費用 / scale of ～s 料金表. ▶ DEFERRED CHARGE (繰

延べ勘定; 繰延べ費用) / DELINQUENCY CHARGE (遅延損害金) / FINANCE CHARGE (金融料) / 割賦手数料) / FIXED CHARGE (固定費) / FREIGHT CHARGES (運送料) / LANDING CHARGE (荷揚げ費用) / LEGAL CHARGES (訴訟費用) / NONCASH CHARGE (現金支出を伴わぬ費用) / SALVAGE CHARGES ((海難)救助料) / SERVICE CHARGE (手数料; (信用)手数料). **answer ～s** 訴えに対して答弁する, 出廷して罪状認否をする, 罪状認否のために出廷する. **face a ～** (出廷し)起訴される, 訴えを受ける. **lay a ～** 非難する; 訴える; 告発する.

chárge·able *a* 〈人が〉〈罪で〉責めを負うべき〈*for* [*with*] theft〉; 〈費用が〉〈特定の人[勘定]に〉請求できる[すべき]〈*on sb; to* an account〉; 〈税が〉〈物品に〉課せられるべき〈*on* goods〉; 〈人が〉〈教区などの〉保護を受けるべき〈*to* a parish〉. **chárge·ably** *adv* **～·ness** *n*

chárgeable gáin 〖英〗課税対象となる資産処分益.

chárge accòunt ＊売り掛け勘定, 掛け売り勘定 (credit account").

chárge-bàck *n* (通例 取立て手形の不渡しなどによる取立て銀行の) 入金取消し.

chárge bàrgain 起訴内容取引《答弁取引 (plea bargaining) により, 訴追側が訴因の一部をはずすかより軽い罪で訴え, 被告人側はそれにつき争うことなく有罪の答弁をすることに合意すること; 刑を軽減することに合意する刑の取引 (sentence bargain) と対比; ⇨ PLEA BARGAINING》.

chárge by wày of légal mórtgage 〖英〗コモンロー上の譲渡抵当による担保権〔物上負担〕 (= legal charge) (⇨ LEGAL MORTGAGE).

chárge certíficate 〖英式〗譲渡抵当権登録証明書《2003 年以後新証明書は発行されず, 電子化されている》.

chárge cònference 説示についての協議《事実審裁判官と当事者側弁護士との間での陪審への説示 (charge) をなすための協議》.

char·gé d'af·faires /F ʃaʒe dafɛːr/ (*pl* **char·gés d'affaires** /—/) 代理公使〔大使〕. [F (one) in charge of affairs]

char·gee /tʃɑːrdʒíː/ *n* **1** 担保権者. **2**《犯罪について》訴えられた者.

chárges hàving equívalent efféct《関税と》同等の効果を有する課徴金《欧州共同体条約 (European Community Treaty) の第 25 条上の文言で, 同条は加盟国間で輸入または輸出に対する関税ならびにこれと同等の効果を有する課徴金の徴収を禁じている》.

chárge shèet 1《警察の》留置録. **2**《軍法会議での》起訴状.

chárges règister 〖英〗《土地登録証明書 (land certificate) 上に記載される, 譲渡抵当権・地役権などの》負担の表示.

chárging clàuse 〖英〗《信託 (trust) における》受託者手当条項.

chárging ìnstrument 起訴状《ある犯罪の起訴を記述する正式書類; 通例は正式起訴状 (indictment) か略式起訴状 (information) のいずれか》.

chárging lìen 1《債務者占有の特定物に対する》先取特権[リーエン]. **2**《米》《依頼人が勝訴判決で得た財物などに対する弁護士の》報酬請求権のためのリーエン[先取特権] (= special lien).

chárging òrder 1 〖英〗《判決債権者のための債務者の財産に対する》担保設定命令, 負担賦課命令. **2** 〖米〗組合財産持分負担賦課命令《組合 (partnership) において, 一組合員に対する債権者がその組合員の組合に対して有する権利から債務弁済を受けうる制定法上の手続き》.

char·i·ta·ble /tʃǽrətəb(ə)l/ *a* 慈悲深い; 物惜しみしない; 慈善の, 公益のための; 寛容な, 思いやりのある.

cháritable appéal "《公衆への》慈善的寄付の懇請. ▶ PUBLIC CHARITABLE APPEAL (公衆への慈善的寄付の懇請).

cháritable bequést 公益団体への(人的財産)遺贈.

cháritable contribútion 公益団体への寄付.

cháritable corporátion 公益法人 (= eleemosynary corporation) (cf. CHARITABLE ORGANIZATION).

cháritable dedúction 〖税制〗公益団体寄付金控除《免税資格を有する公益団体への寄付金の税制上の控除》.

cháritable immúnity 公益団体免責特権《公益団体の民事 特に不法行為 (tort) 責任からの免責特権; 米国の大部分の州で廃止ないし制限されている》.

cháritable incórporated organizátion 〖英〗公益機関法人《法人化を認められた公益機関 (charitable organization); 略 CIO》.

cháritable institútion 公益機関.

cháritable léad trùst /-líːd-/ 〖米〗公益先行信託《信託収益を一定期間公益団体に与え, 残余権を私人たる受益者に与える信託; ⇨ SPLIT INTEREST TRUST》.

cháritable organizátion 公益団体, 慈善団体 (cf. CHARITABLE CORPORATION).

cháritable púrpose 慈善目的 (⇨ BENEVOLENT PURPOSE, PHILANTHROPIC PURPOSE).

cháritable remáinder 公益残余権《一定期間, 特に生涯の間私人に不動産権 (estate) を与え, その後の残余権 (remainder) を公益団体に与えるもの》.

cháritable remáinder annúity trùst 〖米〗年金式公益残余権信託《指名された受益者 (beneficiary) が, 一定期間当初の信託財産の本体 (principal) の公正な市場価格 (fair market value) の 5 % 以上の固定額を毎年受け取り, その期間終了後残余の信託財産本体が公益団体に与えられる公益残余権信託 (charitable remainder trust)》.

cháritable remáinder trùst 〖米〗公益残余権信託《一定期間または生涯の間私人たる受益者

(beneficiary) に信託収益を与え, 残余権 (remainder) を公益団体に与える信託; ⇨ SPLIT INTEREST TRUST》.
▶ QUALIFIED CHARITABLE REMAINDER TRUST (条件付き公益残余権信託).

chári·ta·ble remáin·der úni·trust〘米〙単一式公益残余権信託《指名された受益者 (beneficiary) が一定期間毎年決定される信託資産価値の5％以上の固定割合の支払いを受け取り、その期間終了後は残余権 (remainder) が公益団体に与えられる公益残余権信託 (charitable remainder trust)》.

chári·ta·ble trúst 公益信託, 慈善信託 (=public trust)《救貧・宗教・教育その他公共の利益のための信託; cf. PRIVATE TRUST》.

chári·ta·ble úse 公益ユース《慈善・教育・宗教などを目的としたユース (use)》.

char·i·ty /tʃǽrəti/ *n* **1 a** 博愛, 慈悲心; 慈善(行為). **b** 慈善事業, 救済事業, 博愛事業, 社会事業. ▶ OFFICIAL CUSTODIAN FOR CHARITIES (慈善事業財産公的保管受託者) / PUBLIC CHARITY (公共のための慈善事業). **2** 義捐(ぎえん)金, 救恤(きゅうじゅつ)品, 施し物. **3** 公益団体, 慈善団体, 救恤組織, 博愛団体, 社会事業団体 (cf. PRIVATE FOUNDATION). ▶ RECREATIONAL CHARITY (余暇活動振興公益信託) / REGISTER OF CHARITIES (公益団体登録簿).

Chárity Commìssion 公益団体委員会《公益団体 (charity) の管理運営全般につき責任を有する委員会で, 1993年法で, 慈善事業監督委員会 (Charity Commissioners) に代わって権限を強化して, 創設された; 2006年法で一部改正》.

Chárity Commìssioners *pl* [the ~]〘英史〙慈善事業監督委員会《管理改善の促進, 情報提供・助言および濫用の調査・抑制を通して慈善資源の有効利用促進をはかる目的で慈善事業監督のために, 初めは1853–60年の制定法により設立された委員会; 現行については ⇨ CHARITY COMMISSION》.

Chárity Tribùnal〘英〙公益団体審判所《2006年法で新設された審判所; 公益団体委員会 (Charity Commission) の一定の決定についての上訴や法律問題についての法務長官 (Attorney General) や同委員会からの付託 (reference) 事項を管轄; 2008年3月18日以後になされた公益団体委員会の決定についてはこの審判所のみが管轄権を有している》.

char·la·tan /ʃɑ́ːrlət(ə)n/ *n* 専門家を詐称する者, にせ者, 食わせ者,《特に》にせ医者. **～·ism** *n* **～·ry** *n* [F<It=babbler].

char·ta /kɑ́ːrtə/ *n*〘史〙CARTA, CHARTER. ▶ ARTICULI SUPER CHARTAS (二憲章に関する条項) / CONFIRMATIO CHARTARUM (二憲章の確認) / MAGNA CHARTA (マグナカルタ, 大憲章). [L]

Chárta de Fo·rés·ta /-də fɔ(ː)réstə, -fɑ-/〘英史〙森林憲章 (=CHARTER OF THE FOREST).

C(h)ar·ta de non en·te non va·let. /kɑ́ːrtə di nɑn ɛ́nte nɑn vǽlɛt/ 存在しない物についての捺印証書は効力をもたない. [L=A charter concerning a thing not in existence is not valid.]

Char·tae Li·ber·ta·tum /kɑ́ːrti lìbərtéitəm/ *pl*〘史〙二憲章 (=CHARTERS OF LIBERTIES).

C(h)ar·ta·rum su·per fi·dem, mor·tu·is tes·ti·bus, ad pa·tri·am de ne·ces·si·tu·di·ne re·cur·ren·dum est. /kɑːrtéirəm súːpər fáidɛm mɔ́ːrtʃuis téstibəs æd pǽtriæm di nɛsèsitjúːdinɛ rèkəréndəm ɛ́st/ 証人たちが死亡した場合捺印証書の真正性についてはやむをえず陪審に頼られるべきである. [L=(A dispute) regarding the veracity of charters, with the witnesses dead, must necessarily be referred to the country.]

char·ter /tʃɑ́ːrtər/ *n* **1 a** 捺印証書 (deed), 譲渡証書; 証書; 不動産譲渡捺印証書. **b** 特許状, 勅許状, 権利付与状. **c** 特権, 特別免除. **d**《自治都市・学校・会社などへの法人格付与の》特許状, 勅許状, 免許状.《親組織からの》支部設立免許状. **f**〘米〙《州政府による》会社設立証書, 株式会社設立特許状 (certificate of incorporation). **g**〘米〙自治体設立特許状, 自治体設立法. ▶ BANK CHARTER (銀行設立免許状) / CORPORATE CHARTER (会社設立証書; 会社設立申請書, 基本定款) / FORFEITURE OF CHARTER (特許状失効) / MUNICIPAL CHARTER (市設立特許状) / SURRENDER OF CHARTER (特許状の返還). **2 a** 憲章 (cf. CONSTITUTION). **b** [the C-] 国際連合憲章 (=CHARTER OF THE UNITED NATIONS). **c**《自治都市・学校・会社などの機能・特権などを創設し定める》組織基本規則 (cf. ARTICLES OF INCORPORATION). ▶ ATLANTIC CHARTER (大西洋憲章) / CITIZENS' CHARTER (市民憲章) / EUROPEAN SOCIAL CHARTER (欧州社会憲章) / GREAT CHARTER (大憲章) / HOME RULE CHARTER (自治憲章) / PEOPLE'S CHARTER (人民憲章) / SOCIAL CHARTER (社会憲章) / TENANTS' CHARTER (借地借家人憲章) / UNITED NATIONS CHARTER (国際連合憲章). **3**《船・バス・航空機などの》貸借契約(書), 傭船契約(書), チャーター (=charterparty) (⇨ SIMPLE CHARTER): a boat on ~ to Mr Jones ジョーンズ氏の傭船. ▶ BAREBOAT CHARTER (裸(はだか)傭船(契約)) / DEMISE CHARTER (船舶賃貸借) / SIMPLE CHARTER (単純傭船(契約)) / TIME CHARTER (定期使用契約) / VOYAGE CHARTER (航海傭船(契約)). ― *vt* **1** …に特許状[勅許状]を与える, 特許[勅許]状により設立[譲渡]する, 免許[許可]する: ~ a bank. **2**《船》を傭船契約で雇う;《航空機・船舶などを》借り上げる, チャーターする: ~ a plane [boat, bus]. **～·able** *a* **～·ing** *n* [OF<L *chartula* (dim) <*charta*]

chárter by demíse 賃貸借による傭船 (=bareboat charter, demise charter).

chár·tered *a* **1** 特許[勅許]を受けた, 公認の;〘英〙勅許状を受けた団体に所属する: ~ librarian [surveyor, etc.] / ~ rights 特権. **2** 傭船契約をした; 貸切りの《バス・飛行機》.

chártered accóuntant〖英〗勅認会計士, 公認会計士 (=certified accountant)《Institute of Chartered Accountants (勅認会計士協会) の会員》.

chártered cíty〖米〗自治憲章市 (⇨ GENERAL LAW CITY) (cf. HOME RULE CHARTER).

chártered cólony〖史〗特許植民地《国王から個人または法人に授与された特許状 (charter) に基づく植民地; cf. ROYAL COLONY》.

chártered cómpany〖英〗特許会社《もと貿易・植民地経営のため国王の特許状によって設立された会社;今日では特許状は特殊な組織に限られる傾向がある》.

chárter·er *n* **1** 傭船者, 傭船契約者, 傭船主. ▶ DEMISE CHARTERER (傭船契約者). **2**〖英史〗(イングランドの Cheshire における)特許私有地 (charter-land) 保有者《すなわち自由土地保有権者 (freeholder)》.

chárter flíght《飛行機の》チャーター便.

chárter-lánd *n*〖英史〗特許私有地, ブックランド (⇨ BOOKLAND).

Chárter of Fundaméntal Ríghts of the Européan Únion [the ~] 欧州連合基本権憲章《2000年公布, しかし加盟国への法的拘束力はない;04年に欧州連合憲法条約 (Constitutional Treaty of the European Union) に統合され, 法的拘束力を有するはずであったが, 後者が批准されないままになっている》.

Chárter of Ríghts [the ~]〖カナダ〗CANADIAN CHARTER OF RIGHTS AND FREEDOMS.

Chárter of the Fórest [the ~]〖英史〗森林憲章 (=C(h)arta de Foresta)《1217年および1225年に発布;違法な指定により御料林 ((royal) forest) とされた地域の指定解除や森林法の厳格さを緩和;のちにマグナカルタ [大憲章] と共に二憲章 (Charters of Liberties) と呼ばれた》.

Chárter of the Uníted Nátions [the ~]〖国際法〗国際連合憲章, 国連憲章 (=United Nations Charter)《国際連合の法的基礎をなす設立条約; 1945年6月26日署名, 10月24日発効; 前文および11章からなる; 単に Charter ともいう》.

chárter·párty *n* **1** 傭船契約(書)《単に charter ともいう, 略 c/p; ⇨ TIME CHARTER, VOYAGE CHARTER》. ▶ TIME CHARTERPARTY (定期傭船契約) / VOYAGE CHARTERPARTY (航海傭船契約). **2** 傭船者.

chárter pláne チャーター機.

Chárters of Líberties *pl* [the ~]〖史〗二憲章 (=C(h)artae Libertatum)《マグナカルタ (Magna Carta) と森林憲章 (Charter of the Forest) を合わせた呼称》.

Chár·tism /tʃɑ́ːrtìz(ə)m/ *n*〖英史〗チャーティスト運動《1837年から58年にかけての労働者階級による議会改革運動; 1838年に公表された議会改革提案を含む6つの人民憲章 (People's Charter) からこの運動およびその参加者の名称 Chartism, Chartist が生じた; ⇨ PEOPLE'S CHARTER》. **Chár·tist** *n*

chase /tʃéis/ *n* **1** 家畜を導くこと. **2**〖史〗**a** 猟場 (FOR-EST より小さく, また PARK よりは大きくかつ囲いがなく管理が行き届いているもの). **b** 養獣権. **3**〖史〗**a**《猟場 (2a) での排他的》狩猟権. **b** 猟獣.

chas·tise·ment /tʃæstáizmənt, tʃǽstəz-/ *n*《むち打ちなどの》懲罰《コモンロー上は親などの監護権者や教師が有している権利》.

chat·tel /tʃǽtl/ *n* 人的財産《personal action（人的訴訟）の目的物となる財産; chattel personal（純粋動産）と chattel real（不動産的動産）に分けられる》, 動産, 不動産に関係しない人的財産;所持品, [*pl*] 家財. ▶ CORPOREAL CHATTEL (有体人的財産) / DANGEROUS CHATTELS (危険物) / GOODS AND CHATTELS (動産, 人的財産) / INCORPOREAL CHATTEL (無体人的財産) / LOCAL CHATTEL (土地付着人的財産) / MORTGAGEABLE CHATTELS (譲渡抵当となりうる動産) / PARTITION OF CHATTELS (共同所有動産分割) / PERSONAL CHATTEL (純粋動産) / REAL CHATTEL (不動産的動産) / TRESPASS TO CHATTELS (動産占有侵害). [OF; ⇨ CATTLE]

cháttel corpóreal (*pl* **cháttels corpóreal**) 有体人的財産, 有体動産 (=corporeal chattel)《有体物である純粋動産 (chattel personal); opp. *chattel incorporeal*; ⇨ CHATTEL, CHATTEL PERSONAL》.

cháttel incorpóreal (*pl* **cháttels incorpóreal**) 無体人的財産, 無体動産 (=incorporeal chattel)《無体物である純粋動産 (chattel personal); opp. *chattel corporeal*; ⇨ CHATTEL, CHATTEL PERSONAL》.

cháttel ìnterest《自由土地保有権 (freehold) より劣る》人的土地財産権,《特に》定期不動産権.

cháttel mòrtgage〖米〗動産譲渡抵当《動産を目的物とする担保権; 特に割賦販売で購入した物に対する担保権で, この場合権原は買主に移るが売主は未払い代金に対するリーエン (lien) を有すること; 現在ではこの語は一般に担保に関する合意 (security agreement) により設定される担保権 (security interest) に代わっている; cf. MORTGAGEABLE CHATTELS, PLEDGE, SECURITY INTEREST》.

cháttel pàper 動産抵当証券《金銭債務と, 特定物上の担保権またはその特定物の賃借権との双方を証する書面; 一般には消費者が商品をクレジットで購入した時に用いられる》. ▶ ELECTRONIC CHATTEL PAPER (電子媒体による動産抵当証券) / TANGIBLE CHATTEL PAPER (有形の媒体による動産抵当証券).

cháttel pérsonal (*pl* **cháttels pérsonal**) 純粋動産, 動産, 不動産に関係しない人的財産 (=personal chattel)《人的財産 (chattel) のうち不動産的動産 (chattel real) を除いたもの; 特に狭義の有体物としての動産をいうことが多い; ⇨ CHATTEL, CHATTEL CORPOREAL》.

cháttel réal (*pl* **cháttels réal**) 不動産的動産, 不動産に関する人的財産 (=real chattel)《定期不動産賃借権 (leasehold) などで, 不動産に関する財産権のうち

chattel vegetable

自由土地保有権より劣る不動産権 (estate less than freehold); ⇨ CHATTEL).

cháttel végetable 植物性人的財産《樹木・野菜・果物・下草など土地から分離するまでは土地の一部とされる植物》.

cháud-mèdley /ʃóud-/ n 激情殺人 (＝CHANCE-MEDLEY).

Ch. D.〖英〗°Chancery Division 大法官府部.

chéapest cóst avòider 最安価事故回避者《『法と経済学』派の用語で、最も少ない費用で事故を回避できる者》.

chéap móney〖金融〗低利資金, チープマネー.

chéap stóck 割引株《発行会社の取締役・被用者・コンサルタント等に公募 (public offering) の前 1 年以内に公募価額よりも安価に発行される株式あるいは株式買受権 (stock option)》.

cheat /tʃí:t/ vt, vi だます, 偽る, 詐欺をする, 不正行為をする. — n 1 詐取 (cheating); 詐欺, 不正行為. 2 詐欺師. 3 カンニング, いかさまトランプ. [escheat]

chéat·ing n 詐取 (cf. FRAUD).

chéating by fálse preténses 虚偽表示による詐取《意図的に虚偽の不実表示により他人の財物の占有・所有権共に詐取すること; cf. LARCENY BY TRICK》.

check /tʃék/ n 1 突然の妨害, 阻止, 抑制, 急止; 頓挫: put a ～ on…を阻止[妨害]する. 2 照合, 調査; 照合の基準, 照合のしるし, 検査, チェック; 合札: a baggage ～《爆発物持込み阻止などのための》手荷物検査, 荷物の合札. ▶ CLAIM CHECK (預かり証). 3 *小切手 (cheque") (cf. DRAFT, NEGOTIABLE INSTRUMENT): dishonor a ～ 小切手の引受けを拒絶する / draw a ～ 小切手を振り出す / endorse a ～ 小切手に裏書きする / pay by ～ 小切手で支払う / sign a ～ 小切手に署名する / stop a ～ 小切手の支払を停止する, 銀行に支払い停止通知をする. ▶ BAD CHECK (不渡り小切手) / BANK CHECK (銀行小切手) / BEARER CHECK (持参人払い(式)小切手) / BLANK CHECK (白地式小切手) / BOGUS CHECK (不良小切手) / BOUNCED CHECK (不渡り小切手) / CANCELED CHECK (支払い済み小切手) / CASHIER'S CHECK (自己宛小切手) / CERTIFIED CHECK (支払い保証小切手) / COLD CHECK (不渡り小切手) / CROSSED CHECK (線引き小切手) / DEPOSITORY-TRANSFER CHECK (預金移動小切手) / DRY CHECK (不渡り小切手) / E-CHECK (電子小切手) / ELECTRONIC CHECK (電子小切手) / FALSE CHECK (まがい小切手) / FLASH CHECK (まがい小切手) / HOT CHECK (不渡り小切手) / MEMORANDUM CHECK (不呈示特約小切手) / KITING CHECKS (入金あてこみ小切手振出し) / NEGOTIABLE CHECK (持参人払い小切手) / NSF CHECK (預金残高不足小切手) / OPEN CHECK (記名持参人払い式小切手) / PAY CHECK (給料支払い小切手) / PERSONAL CHECK (個人小切手) / POSTDATED CHECK (先日付小切手) / RAISED CHECK (券面額変造小切手) / REGISTERED [REGISTER] CHECK (レジスター小切手) / RUBBER CHECK (不渡り小切手) / STALE CHECK (時機を失した小切手) / TELLER'S CHECK (銀行出納係小切手) / THIRD-PARTY CHECK (第三者への裏書小切手) / TRAVELER('S) CHECK (旅行(者)小切手) / UNCROSSED CHECK (無線(引)小切手) / WORTHLESS CHECK (無価値小切手). 4 受取り総額;《商店・食堂などの》(会計)伝票, 勘定書, 請求書 (bill). ▶ SALES CHECK (売上げ伝票). 5 市松模様, チェック(柄の一目), チェックの織物. — vt 1 食い止める, はばむ, 抑止する: ～ the entry of contraband into the country 国内に禁輸品が入るのを阻止する. 2 a 照合する, 調査する; 確認する, チェックする: ～ that an invoice is correct 送り状に間違いのないことを確認する. b …に照合のしるしをつける (tick"). 3 預ける. ～ off《賃金から》《労働組合費を》控除する.

chéck accòunt 小切手勘定, 当座勘定, 当座預金(口座) (checking account).

chéck càrd チェックカード (＝bank card)《指定額までの小切手を支払うことを保証する銀行発行のカード》.

chécking accòunt* 小切手勘定, 当座勘定, 当座預金(口座) (＝check account, current account).

chéck-kìting n 入金あてこみ小切手振出し, 小切手の過振り (＝kiting checks)《単に kiting ともいう》.

chéck-òff n 1《労働者の賃金からの》労働組合費の控除. 2 *所得税還付金の一部を《政治運動資金など》特定基金に寄付すること.

chéck·pòint n《通行者・車の》検問所;《工程・手順などにおける》チェックポイント. ▶ SOBRIETY CHECKPOINT (飲酒運転検問所).

chéckpoint séarch 検問所での捜索 (1) 軍事施設の検問所での捜索 2) 警察官が道路封鎖をして自動車を止め, 酒酔い運転などを確認すること》.

chécks and bálances pl 抑制と均衡《国家権力を機能的に分離し各部門を独立対等にし, 相互に牽制し合うこと; 三権分立の原則がその例; ⇨ SEPARATION OF POWERS》.

cheque" /tʃék/ n 小切手 (check*).

Chicágo Bóard of Tráde [the ～]〖米〗シカゴ商品取引所《穀物の現物と先物, 金融の先物を扱う; 略 CBT, CBOT》.

Chicágo Bóard Óptions Exchànge [the ～]〖米〗シカゴ・(ボード・)オプション取引所《1973 年に開設された米国初の株式オプション取引所; 略 CBOE》.

chi·ca·nery /ʃɪkéɪn(ə)ri/ n ずるい言い抜け, 詭弁, ごまかし, ペテン. **chi·ca·ner·ous** /ʃɪkéɪnərəs/ a

Chi·ca·no /tʃɪká:nou, ʃɪ-/ n (pl ～s) チカノ《メキシコ系米国人; 現在では, この表現は不適当とされ, 代わって Spanish American, Mexican American と呼ばれる》.

chief /tʃí:f/ attrib a 第一位の, 最高の; 主要な. — n かしら, 支配者; 上官, 上役, 局長, 部長, 課長, 所長. in ～ (1) 最高位の, 長官の. ▶ COMMANDER IN CHIEF (最高司令官) / EXAMINERS-IN-CHIEF (特許審判室). (2) 主たる, 直接の, 直接取得の, 直属の (＝in capite)《証拠や封関係について用いられる》. ▶ CASE IN CHIEF (主

証拠; 主証拠提出) / EVIDENCE IN CHIEF (主証拠) / EXAMINATION IN CHIEF (主尋問) / QUESTION IN CHIEF (主尋問質問) / TENANT IN CHIEF (直属受封者). [OF<L *caput* head]

Chíef Báron (of the Exchéquer) [the ~]〖英史〗財務府裁判所首席裁判官 (=capitalis baro),〖高等法院 (High Court of Justice) の〗財務府部首席裁判官《略 CB; ⇨ COURT OF EXCHEQUER; cf. BARONS OF THE EXCHEQUER》.

Chíef Clérk 1〖英史〗主任書記官《大法官府主事 (Master in Chancery) を廃止したことに伴い 1852 年に創設された大法官府裁判所の役人; 1873 年の裁判所法で新設の最高法院 (Supreme Court of Judicature) に移管, 1897 年に Master of the Supreme Court (最高法院主事) の称号が与えられたが, かつての大法官府主事あるいは女王座部主事 (Queen's Bench Master) とは異なり独立裁判権は有していない; ⇨ CHANCERY MASTER, MASTER OF THE SUPREME COURT》. 2 [c-c-]〖米〗裁判所主任事務官.

chíef cónstable 1〖英〗(county, borough の) 警察本部長《略 CC》: assistant [deputy] ~ 警察副本部長《略 ACC, DCC》. 2〖英史〗ハンドレッド治安官 (=HIGH CONSTABLE).

Chíef Crówn Prósecutor [the ~]〖英〗首席公訴官 (⇨ CROWN PROSECUTION SERVICE).

chíef exécutive 1 行政府の長, 最高行政官. 2 [the C- E-]〖米〗大統領 (the President). 3 [the ~]〖米〗《各州の》州知事. 4〖英〗《都市・州の》地方首席行政官. ▶ JUSTICES' CHIEF EXECUTIVE (治安判事主任管理官). 5 CHIEF EXECUTIVE OFFICER.

chíef exécutive ófficer 《会社などの》最高経営責任者 (=chief executive)《略 CEO》.

chíef inspéctor 〖英〗警部 (inspector の上, superintendent の下; ⇨ POLICE).

chíef júdge 首席裁判官《略 Ch.J., CJ》.

chíef jústice [the ~] 1 首席裁判官 (=capitalis justiciarius)《略 Ch.J, CJ》 2 [the C- J-]〖米〗合衆国最高裁判所首席裁判官 (Chief Justice of the United States). **chíef jústice・ship** *n*

Chíef Jústice of the Cómmon Pléas [the (Lord) ~]〖英史〗人民訴訟裁判所首席裁判官,《高等法院 (High Court of Justice) の》人民訴訟部首席裁判官《略 CJCP; ⇨ COURT OF COMMON PLEAS》.

Chíef Jústice of the Kíng's [Quéen's] Bénch [the ~]〖英史〗王座 [女王座] 裁判所首席裁判官;《高等法院 (High Court of Justice) の》王座部 [女王座部] 首席裁判官《略 CJKB [CJQB]; ⇨ LORD CHIEF JUSTICE OF ENGLAND》.

Chíef Jústice of the Únited Státes [the ~] 合衆国最高裁判所首席裁判官.

Chíef Justíciar [the ~]〖英史〗最高法官 (=capitalis justiciarius, justiciar, justiciary) (=**Chíef Justíciary**)《11-12 世紀の国王代理職ないしは最高の大臣》.

chíef mágistrate 国家元首;《地方自治体の》首長.

chíef mínister 主務大臣《インド藩王国などの政府の長で, 他国の首相に相当する》.

chíef ófficer 〖英〗《地方自治体の》局長. ★ 地方自治体の局長には次のようなものがある: Chief Education [Housing, Planning, etc.] Officer. 局長は地方首席行政官 (Chief Executive) の下で働く. なお, 自治体によっては Director の呼称を用いるところもある: Director of Education [Finance, etc.].

chíef rént 〖史〗少額固定地代 (=reditus capitalis)《荘園 (manor) の自由土地保有権者 (freeholder) が毎年領主に支払った少額の固定地代; これにより他の奉仕義務を免除されていたので quit rent (免役地代) とも呼ばれたが, 厳密には quit rent のうち, 自由土地保有権者のもののみをこの語で指した; ⇨ QUIT RENT; cf. RENT-CHARGE》.

Chíef Sécretary to the Tréasury [the ~]〖英〗大蔵省首席政務次官.

chíef superinténdent 〖英〗警視正 (⇨ POLICE).

child /tʃaɪld/ *n* (*pl* **chil・dren** /tʃɪldrən/) 子, 子供 (cf. ISSUE); 小児, 児童, 少年, 未成年者 (infant, juvenile, minor, young person) (cf. ADULT). ▶ ABUSE OF CHILDREN (児童虐待) / ABUSE OF FEMALE CHILD (女児性的傷害) / ADOPTED CHILD (養子) / ADOPTIVE CHILD (養子) / AFTER-BORN CHILD (後出生子) / AID TO FAMILIES WITH DEPENDENT CHILDREN (児童扶養家族援助) / BATTERED CHILD (度重なる暴行をうけた子) / BEST INTERESTS OF THE CHILD (子供の最善の利益) / BIOLOGICAL CHILD (実子) / CRUELTY TO (A) CHILD [CHILDREN] (児童虐待) / CUSTODY OF CHILD [CHILDREN] (子の監護) / DELINQUENT CHILD (非行少年) / DEPRIVED CHILD (正常な家庭環境に恵まれていない子) / ENGAGING IN SEXUAL ACTIVITY IN THE PRESENCE OF A CHILD (子供の前で行なう性行為) / ENTICEMENT OF (A) CHILD (子供の誘惑) / FOSTER CHILD (里子, 養い子) / HANDICAPPED CHILD (障害児) / ILLEGITIMATE CHILD (非嫡出子) / INCORRIGIBLE CHILD (手に負いきれない子供) / LEGITIMATE CHILD (嫡出子) / LIST OF THOSE UNSUITABLE TO WORK WITH CHILDREN (児童養護職不適者名簿) / NATURAL CHILD (非嫡出子, 認知非嫡出子; 実子) / NEGLECTED CHILD (遺棄・放任された子供) / PARENTAL RESPONSIBILITY FOR CHILD (親の責任) POLICE PROTECTION OF CHILDREN (子供に対する警察の保護) / POSTHUMOUS CHILD (《父》親の死後に生まれた子) / PRIVATELY FOSTERED CHILD (私的養育子) / PROTECTED CHILD (要保護の子) / QUALIFYING CHILD (非同居親の子の扶養費分担対象子) / SEXUAL ACTIVITY WITH A CHILD (子供との性行為) / SEXUAL ASSAULT OF A CHILD UNDER 13 (13 歳未満の子供に対

する性的暴行) / STATEMENT OF ARRANGEMENT FOR CHILDREN (子供のための協定書) / STEP CHILD (継子) / STILLBORN CHILD (死産児) / SUITABILITY FOR WORK WITH CHILDREN (児童養護職適格性) / UNBORN CHILD (胎児; 未生子) / WELFARE OF THE CHILD (児童福祉). ★英国では一般に 18 歳未満の者は完全な法的能力を有しない. したがって, 契約・土地所有・遺言能力・参政権を有しない. ただし, 運転免許年齢は 17 歳以上, 婚姻能力は 16 歳以上 (18 歳未満は親権者の書面による許可が必要), 刑事責任年齢としては, 10 歳未満の者はこれを罰しず, 10 歳以上 14 歳未満の者は状況に応じ責任を問うている. 刑法上 child ということばは 10 歳から 14 歳未満の児童に適用され, 14 歳から 18 歳未満の子供には 'young person' が, 少年・未成年者全般を指すことばとしては 'juvenile' が用いられる.

child abdùction 児童誘拐, 子の誘拐, 子の奪取《特に英国では, 16 歳未満の子供を親・後見人のようなその子供と関係を有する者が適切な承諾なしに連合王国外に連れ出すないしは送り出すことは特別の犯罪とされている》.

child abùse 児童虐待 (=abuse of children, cruelty to (a) child)《(1) 特に 親ないしは子供の世話をしている者が, 子供に対して故意ないしは過失に基づき, 性的なのを含む物理的・感情的危害を及ぼすこと 2) 子供に対する重大な危害の差し迫った危険をもたらす作為ないし不作為; 》cf. CHILD NEGLECT, BATTERED CHILD SYNDROME》.

child- and depéndent-cáre táx crèdit 子・障害被扶養者税額控除《常勤被用者でかつ子供および心身障害のある被扶養者のための家計を維持している人に対して認められている税額控除》.

child asséssment òrder〖英〗児童生活環境査定命令《緊急保護命令 (emergency protection order) を出すには証拠が十分でない場合に, 児童の福祉目的で親の同意を得ずに児童の置かれた状況を調査すべく裁判所が出す命令; ⇨ SECTION 47 ENQUIRY》.

child being lóoked áfter by a lócal authòrity〖英〗地方自治体保護児童《保護命令 (care order) の対象である子供あるいは任意の形で地方自治体により保護収容されている子供; ⇨ CARE ORDER, CHILD IN CARE, VOLUNTARY ACCOMMODATION》.

child bénefit〖英〗《国家が子供の養育責任者に給付する》児童手当, 児童給付《16 歳に達するまで, 全日制就学者の場合は 19 歳未満の子が対象; cf. FAMILY ALLOWANCE》.

child·bìrth n 出産《live birth (生産) と still birth (死産) の両者を含む》.

child bórn out of wédlock 婚姻外で生まれた子, 非嫡出子, 婚外子.

child cústody 子の監護(権) (=legal custody)《狭義には未成年で未婚の子の身体の保護監督権; 広義では上述の子の教育・懲戒・財産管理・訴訟代理など広範な権利義務; 特に 離婚や別居の際に表面化する; 単に custody ともいう; 英国では 1989 年法よりこの語の代わりに PARENTAL RESPONSIBILITY (親の責任) が用いられている》.

child destrúction 1 a 胎児殺し, 堕胎 (feticide). **b**〖英〗胎児殺害(罪)《母胎を離れて生存できるようになった胎児の殺害; それ以前は abortion (妊娠中絶) と呼ぶが, 重複する部分もある; cf. ABORTION》. **2** 嬰児[新生児]殺し (infanticide).

child employée 年少被用者《英国では 5 歳から 16 歳までの義務教育期間中の有給被用者を指し, 特に 13 歳未満の児童の雇用の原則完全禁止, あるいは義務教育の修学時間中ならびに夜間・早朝の雇用禁止など年少者の雇用には多くの制限がある; cf. YOUNG WORKER》.

child endángerment 児童を危険にさらすこと《生命・健康を危険にさらすような場所・立場に子供を置くこと》.

child in cáre (*pl* **children in cáre**)〖英〗保護児童《子供の保護命令 (care order) の対象となっている未成年者; ⇨ CARE ORDER, CHILD BEING LOOKED AFTER BY A LOCAL AUTHORITY, VOLUNTARY ACCOMMODATION》.

child in néed (*pl* **children in néed**)〖英〗養護児童《障害者および一定水準以下の健康発育児で, 地方自治体の特別保護を必要としている未成年者》.

child kídnapping 未成年者誘拐(罪) (=child stealing).

child lábor 年少者労働, 年少者雇用.

child lábor làw〖米〗年少者労働規制法.

Child Máintenance and Enfórcement Commìssion〖英〗子の扶養・強制委員会《2008 年法で創設された, 省に属さぬ公的機関で, 子の扶養監督庁 (Child Support Agency) の職責を 2008 年末から徐々に引き継いでいる》.

child·mìnd·er n〖英〗児童預かり人, チャイルドマインダー《8 歳未満の子供を報酬を得て一日 2 時間以上世話する人; 登録の必要がある》.

child molestátion 児童暴行《通例は 14 歳未満の児童に対する, あるいは児童を巻き添えにした性的な行為》.

child neglèct 子供の遺棄・放任《親など未成年者に対して監護義務を負っている者が, その未成年者の感情的・物理的要求に対する配慮・保護を怠ること; cf. CHILD ABUSE》.

child of the fámily〖英〗家族の子《夫婦間に生まれた子ないし養子の他に, 必ずしも夫婦間に生まれた子ないしは養子ではないが, 夫婦がみずからの子として扱っているゆえに制定法上その夫婦の子とみなされる子》.

child of unmárried párents 未婚両親の子, 婚外子《現在の英国では非嫡出子 (illegitimate child) の語に代わってこの語が一般に用いられている》.

child pornógraphy 児童ポルノ(グラフィー)《18 歳未満の未成年者のポルノグラフィー; 犯罪となる》.

Child Protéction Cònference [the ~]〖英〗児童保護会議《危害を受ける危険にあると信じられている

児童について地方自治体が執るべき措置を決定するための，その児童の福祉に関係する諸機関の代表による協議機関；両親は常に出席権を有するわけではないが，通例は例外的な場合を除き排除されない）．

child protéction in divórce 離婚時の子の保護(法)．

Children and Fámily Còurt Advísory and Suppórt Sèrvice [the ~]《英》子供および家族に関する裁判所助言・援助庁《家事裁判で子供の福祉とその家族の世話のために2000年法で創設された大法官 (Lord Chancellor) 直属の機関で，それまでの Guardian ad Litem Service, Family Court Welfare Service および Official Solicitor's children's department を統合したもの；裁判所に対して子供についての情報提供を行なう；略 Cafcass, CAFCASS》．

children in care ⇨ CHILD IN CARE.

children in need ⇨ CHILD IN NEED.

Children's Commissioner《英》子供委員《子供の考え・関心についての意識向上のために制定法で設置された独立委員；個々の子供につき調査権は一般には有していないが広い見地からの政策に関連する場合には認められている》．

children's guárdian《英》子供の後見人《養子縁組・後見・子供の保護を地方自治体に委ねる場合など，未成年者の利害に関わる訴訟手続きでその利益を保護するために裁判所により指名される者；かつては guardian ad litem (訴訟のための後見人) と呼ばれていた；⇨ GUARDIAN AD LITEM》．

children's hòme《英》子供たちの家《一度に3人以上の18歳未満の未成年者を全面的ないしはそこが主になって収容・保護する家で，もちろん親の責任でそうしている家は除かれるし，また学校・公共医療施設なども除かれる；登録の必要があり，種々の規制を受ける》．

children's pànel《スコットランド》少年事件委員会《イングランドの youth court panel (少年法廷裁判官候補者名簿) に類似し，16歳未満の刑事事件・家庭内紛争などを処理する関係機関代表団で，ここから事件ごとに3名の担当委員が選ばれる》．

children's táx crèdit《英税制史》《所得税 (income tax) の》子供控除．

child sáfety òrder 児童安全対策命令《刑事訴追対象にならない10歳未満の子供が反社会的ないしは破壊行動に出た場合で，1998年法に基づき，地方自治体の申請で治安判事裁判所 (magistrates' court) が出し，地方自治体や裁判所の干渉を可能にする命令；⇨ PARENTING ORDER》．

child's íncome tàx *《俗》子供所得税 (=kiddie tax)．

child stéaling 未成年者誘拐(罪) (child kidnapping)．

child suppórt《米》《離婚・別居後の未成年の》子の扶養, 子供の養育費 (cf. ALIMONY)．

Child Suppórt Àgency [the ~]《英》子の扶養監督庁《非同居親の子の扶養費分担額 (child support maintenance) の査定・見直し・徴収, 扶養強制を監督するため1991年法で労働・年金省 (Department of Work and Pensions) に設置された行政機関；しかし2008年法で創設された子の扶養・強制委員会 (Child Maintenance and Enforcement Commission) にその職務は徐々に引き継がれている；略 CSA；⇨ CHILD MAINTENANCE AND ENFORCEMENT COMMISSION, CHILD SUPPORT MAINTENANCE》．

Child Suppórt Appéal Tribùnal《英》子の扶養不服審判所《子の扶養監督官 (child support officer) の決定に対する不服を審理する審判所》．

child suppórt commìssioner《英》子の扶養上訴担当官《子の扶養不服審判所 (Child Support Appeal Tribunal) の上訴機関で，そこでの法律問題 (question of law) に関する上訴を扱い，ここからさらに控訴院 (Court of Appeal) に上訴できることになっている》．

child suppórt màintenance《英》非同居親の子の扶養費分担(額)《同居親に対して非同居親 (non-resident parent) が二人の間の未成年の子の扶養費の分担として定期的に支払うこと, また その金額》．

child suppórt òfficer《英》子の扶養監督官《1991年法で創設され, 子の扶養費分担額の査定, その定期的見直しなどを任務とする大臣任命の行政官》．

child's wélfare 児童福祉 (welfare of the child)．

child táx crèdit《英》児童税額控除《児童を扶養している者に対して就職しているか否かを問わずしかし資産調査の上認められる》．

child wítness 未成年者証人《一般に未成年者の証人能力は成人のとは異なる；英国では, 民事事件では宣誓の意味を理解できない子供は証人能力を欠くが, 刑事訴訟手続き上14歳未満の子供は宣誓の上での証言は提出できないが, 証人能力はある (⇨ UNSWORN EVIDENCE)；また特にビデオによる証拠 (video evidence) に関わる場合には種々の特別規則がある》．

chill /tʃíl/ *vt* **1** 冷やす. **2**《熱意を》をくじく,《興を》冷ます；抑える, 制する, 妨げる.

chíll·ing a sále《入札の際などでみずからが安く買うために行なう共謀による》売買妨害．

chilling effèct 萎縮効果, 抑止効果, 冷却効果《法学上は憲法上の権利の行使を事実上抑制する効果；特に合衆国憲法第一修正の言論の自由・集会の自由などに用いられる》．

Chíl·tern Húndreds /tʃíltərn-/ [the ~]《英》チルターンハンドレッズ《London の北西方にある丘陵地帯で, Chiltern Hills を含む英国王直轄地；下院議員が合法的辞職の手続きとしてこの地の執事職 (**Stewardship of the Chiltern Hundreds**) (現在は名目上の官職) を申し出る伝統がある》. **apply for [accept] the (Stewardship of)~** 下院議員辞任を申し出る[を受任する]. ★下院議員は辞職を認められていないので, 唯一の辞職手段として, 国王から報酬付きの役職であるこの地の執事職や Yorkshire の Scarborough にある Manor of

Northstead (ノースステッド荘園) の執事職 (ただし実際には長い間名目上の官職で無報酬) を与えられ, それに就任し辞職する形をとった.

chímney mòney《英史》暖炉税 (hearth money).

Chínese wáll [the ~] 1 万里の長城 2 機関内情報交換の障壁, チャイニーズ・ウォール (=ETHICAL WALL).

chi·ro·graph /káɪrəɡræf; -ɡrɑːf/ n 1《ローマ法》手書. 2 証人署名付き証書. 3《史》割印証書 (=syngraph)《一枚の紙に二部同一文言を書き, その中央に文字で Chirographum と記入し, その語を割って二分し, 両当事者に一方を渡す形式の証書; これにより文書の真正性が認証される; 切り方を歯型にしたものが歯型捺印証書 (indenture) と呼ばれる》. 4《史》和解讓渡終結証書 (=FOOT OF THE FINE). **chi·ro·gráph·ic** a

Chi·ro·gra·phum apud de·bi·to·rem re·per·tum prae·su·mi·tur so·lu·tum. /kàɪrəɡræfəm æpəd dèbɪtóurəm rəpáːrtəm prɪs(j)úːmɪtər sal(j)úːtəm/ 債務者の下で発見された証書は弁済されたものと推定される. [L=A deed found with the debtor is presumed to be paid.]

Chirographum non ex·tans prae·su·mi·tur so·lu·tum. /— nɑn ékstəns prɪs(j)úːmɪtər sal(j)úːtəm/ 存在しない証書は弁済されたものと推定される. [L=A deed which does not exist is presumed to be paid.]

chit /tʃít/ n 1 覚書, メモ. 2《通例 飲食物など少額の》(署名付き)請求伝票, 領収書.

chiv·al·ry /ʃív(ə)lri/ n 1 騎士; 騎士身分. 2 騎士制度; 騎士道. ▶(HIGH) COURT OF CHIVALRY (騎士道(高等)裁判所). 3 騎士奉仕保有.

Ch.J. °chief judge 首席裁判官 ♦ °chief justice 首席裁判官.

cho·ate /kóʊət, kóʊèɪt/ a 完全な;《権利実現の》要件を具備した, 確定した, 確立した (cf. INCHOATE). **~·ness** n [逆成＜inchoate]

chóate líen 実行の要件を具備したリーエン.

chóice of évils 二悪択一, 緊急避難 (=NECESSITY).

chóice-of-évils defénse 二悪択一の防御, 緊急避難の防御 (=LESSER EVILS DEFENSE).

chóice of láw《特定事件での》準拠法の選択 (cf. CONFLICT OF LAWS).

chóice of láw clàuse 準拠法選択条項《契約上の条項で, 当該契約上の両当事者間の紛争の準拠法を決めておくもの; cf. FORUM SELECTION CLAUSE》.

chóp-shòp n (盗難車)解体屋.

chose /ʃóʊz/ n 物, 財産,《特に》純粋動産. [F=thing]

chóse in áction 1 (訴訟により金銭支払いの形で実現さうる)無体動産, 訴訟による実現可能財産, 債権(的財産)(=right of action, thing in action)《金銭債権・損害賠償請求権など; cf. CHOSE IN POSSESSION》. ▶ ASSIGNMENT OF CHOSES IN ACTION (債権譲渡). 2《債権・金銭・物の回復のための》訴権. 3 無体動産表象証書《小切手・株券など》.

chóse in posséssion《占有の対象となりうる》有体動産, 動産 (cf. CHOSE IN ACTION).

Chrístmas Dáy キリスト降誕日《12月25日; 四季支払い日 (quarter days) の一》.

church /tʃɜːrtʃ/ n 教会. ▶ COLLEGIATE CHURCH (大聖堂) / ENGLISH CHURCH (イングランド教会) / ESTABLISHED CHURCH (英国国教会) / HIGH CHURCH (高教会派) / LOW CHURCH (低教会) / PARISH [PAROCHIAL] CHURCH (教(会)区教会) / SEPARATION OF CHURCH AND STATE (教会と国家の分離).

Chúrch Commíssioners (for Éngland) pl [the ~]《イングランド教会の》国教会委員会《教会委員会 (Ecclesiastical Commissioners) が 1947年法によって女王アン下賜金 (Queen Anne's Bounty) と合体してできたもので, イングランド教会の財産管理を監視し, それにかかわる紛争処理に当たっている》.

chúrch còurt 教会裁判所 (=ECCLESIASTICAL COURT).

Chúrch of Éngland [the ~]《英》イングランド教会, 英国国教会, (英国)聖公会 (=English Church, Established Church)《Henry 8世が教会をローマ教皇の支配から切り離し国王に従属させたことに始まる; 国王がその首長》.

Chúrch of Éngland màrriage イングランド教会婚《婚姻予告 (banns of matrimony) の発表, 教会の婚姻許可 (marriage licence) の取得, 登録監督吏 (superintendent registrar) の証明のいずれかののちに, 複数の証人の立会いの下聖職者により司式されるイングランド教会の宗教婚》.

chúrch ràte 教会税《教(会)区教会 (parish church) の必要経費を賄うため教会区民に課せられた; 1868年法以後原則任意》.

chúrch·wàrden n《英》教(会)区委員《教(会)区教会管理者兼教(会)区 (parish) の住民代表である平信徒》.

churn /tʃɜːrn/ vt《証券》《手数料稼ぎのために》〈顧客勘定〉で売買を頻繁にする.

chúrn·ing n 過当取引(の勧誘), チャーニング《証券業者が手数料稼ぎのため過当な数量・回数の売買を行なうこと; 米国では証券法上違法》.

Chy Div.《英》°Chancery Division 大法官府部.

CI °certification of insurance 保険証明書 ♦ cost and insurance.

CIA《米》°Central Intelligence Agency 中央情報局.

CIC °commander in chief 最高司令官 ♦《英》°community interest company 地域利益会社.

CICB《英》°Criminal Injuries Compensation Board 犯罪被害補償査定委員会.

CID《米》°civil investigative demand 民事調査請求 ♦《英》°Criminal Investigation Department 刑事

部.

c.i.f., CIF °cost, insurance, and freight 運賃保険料込み値段.

c.i.f. [CIF] contract /síːàiéf ⌣/ 運賃保険料込み契約, シー・アイ・エフ契約 (=cost, insurance, freight contract)《売主が物品を買主に提供する契約だけでなく, それを送付するために海上運送人と運送契約を締結し, かつ運送中の危険にそなえての積荷保険契約を締結する国際物品売買契約; 運送費・保険料支払いは売主負担; 売主は船積関係書類すべてを整え買主に渡し, 引換えに買主は物品代価・運送費・保険料込みの金額を支払う義務を負う; 買主が物品船積み時以後の危険を負担する》.

C in C °commander in chief 最高司令官.

cínque pórts /síŋk-/ *pl* [°C- P-; the ~]《イングランド南東部沿岸の》五港 (=quinque portus)《特権的港湾都市として種々の特権を有した Hastings, Romney, Hythe, Dover, Sandwich の 5 港; 後に Winchelsea, Rye の 2 港が加えられたが, その後も五港と呼ばれている; 1685 年に特許状を返還, 1855 年法により特権裁判権もなくなったが, 現在も一定の海事裁判権を有している》; ⇨ COURT OF SHEPWAY, COURTS OF THE CINQUE PORTS). ▶ COURTS OF THE CINQUE PORTS (五港個別裁判所) / (LORD) WARDEN OF THE CINQUE PORTS (五港長官). [OF<L=five ports]

CIO〖英〗°charitable incorporated organization 公益機関法人 ◆〖米史〗°Congress of Industrial Organizations 産業別労働組合会議.

cip·pi /sípai/ *n pl* さらし台 (=STOCKS). [L]

cir·ca /sə́ːrkə, ⌣/ *prep* およそ (about)《略 ca., c.》. [L]

cir·cuit /sə́ːrkət/ *n* **1** 巡回, 巡回裁判, 巡回裁判区;〖集合的に〗巡回裁判官. **2**〖史〗巡回裁判《英国では 1971 年までイングランドとウェールズを, 1873 年法では 7 つの巡回裁判区に分けて巡回して裁判をしていた》. **3**〖英〗《1846 年の州裁判所法上の》州裁判所管轄区[巡回区];〖英史〗《1971 年の裁判所法 (Courts Act 1971) 上の》巡回裁判区, 司法行政区. ★ イングランドとウェールズの巡回裁判区は次の 6 つ: Midland and Oxford, North-Eastern, Northern, South-Eastern, Wales and Chester, Western. ▶ HOME CIRCUIT (ロンドン中心の巡回裁判区). **4**〖米〗《合衆国控訴裁判所の》巡回区, 連邦控訴裁判所裁判区《合衆国全体を 12 の circuits に分け, これに全国を管轄する特別の circuit である Federal Circuit (連邦巡回区) を加え, 計 13 の区からなる》.〖米〗《circuit court の名称をもつ 通例 第一審の州裁判所の》裁判区; 巡回: go on ~ 巡回裁判をする / ride the ~〈裁判官・牧師が〉巡回する. ▶ JUDICIAL COUNCIL OF THE CIRCUIT (連邦控訴裁判所裁判官会議) / LAW OF THE CIRCUIT (連邦控訴裁判所の法).

circuit admìnistrator〖英〗巡回裁判区[司法行政区]管理官.

circuit cóurt《略 CC》**1** 巡回裁判所. **2**〖英〗巡回裁判区裁判所《1971 年の裁判所法 (Courts Act 1971) で全国に設置されたセンター (center) にある各種裁判所の俗称》. **3**〖米史〗連邦巡回裁判所《1789 年の裁判所法で創設され 1911 年廃止された連邦巡回裁判所; 合衆国地方裁判所裁判官と巡回してきた最高裁判所裁判官により構成され, 合衆国地方裁判所からの上訴と広範な第一審管轄権を有した》. **4**〖米俗〗**a** CIRCUIT COURT OF APPEALS. **b** 合衆国控訴裁判所 (=UNITED STATES COURT OF APPEALS). **5**〖スコットランド〗刑事巡回裁判所《スコットランド刑事法院 (High Court of Justiciary) の裁判官により Edinburgh からスコットランド北・西・南部に巡回して開かれる刑事裁判所》.

círcuit cóurt of appéals [°C- C- of A-]〖米史〗連邦巡回控訴裁判所《1891 年に創設された合衆国の中間上訴裁判所; 1948 年に現在の United States Court of Appeals (合衆国控訴裁判所) と名称変更; 1911 年までは中間上訴裁判所としての機能をもった連邦巡回裁判所 (circuit court) と併存していた; 略 CCA》.

círcuit·er *n* 巡回(裁判)区 (circuit) を巡回する人.

círcuit jùdge 巡回裁判官《略 CJ》**(1)** 巡回裁判が行なわれた時代の巡回裁判官; ⇨ CIRCUIT 2 **2)**〖米〗circuit court の名称をもつ州裁判所の裁判官; ⇨ CIRCUIT 4 **3)**〖米〗連邦の控訴裁判所 (Court of Appeals) の裁判官; ⇨ CIRCUIT COURT 3; circuit court は 1911 年に名称変更し Court of Appeals になっているが, その裁判官の職名は依然 circuit judge と呼ばれている **4)**〖英〗1971 年の裁判所法で創設された裁判官職; 州裁判所 (county court) において民事事件を裁判し, 高等法院 (High Court of Justice) の裁判官および非常勤裁判官 (recorder) と共に刑事裁判所である刑事法院 (Crown Court) を構成し, 時には高等法院の裁判官にもなりうる》.

círcuit jùstice 1 巡回裁判官《CIRCUIT COURT の裁判官》. **2**〖米〗巡回区担当最高裁判所裁判官《連邦最高裁判所裁判官は, それぞれ 1 つまたは 1 つ以上の控訴裁判所の巡回区 (circuit 4) の担当裁判官として割り当てられるが, その資格での呼称》.

círcuit sỳstem 1 巡回裁判制度; 巡回(裁判)区制度. **2**〖英〗巡回裁判区制度, 司法行政区制度.

Cir·cu·i·tus est evi·tan·dus. /sərkjúːətəs ɛst ìːvitǽndəs/ 迂回は回避さるべきである. [L=Circuity is to be avoided.]

cir·cú·i·ty of áction /sərkjúːəti-/ 訴訟循環, 迂回的訴訟《一回の訴訟で全関係者の権利の調整をする方途があるにもかかわらず間接的かつ不必要な複数の訴訟を行なうこと》.

círcular létter of crédit 循還信用状 (=LETTER OF CREDIT).

círcular nóte 循環信用状 (=LETTER OF CREDIT).

círculating cápital 流動資本; 流動資金. ★ FLOATING CAPITAL と同義.

cir·cu·la·tion /səːrkjəléɪ(ə)n/ *n* **1** 循環; 流通; 流布, 伝達: be in ~〈貨幣など〉流通[流布]している / put money into ~ 新通貨を発行する / ~ of capital 資本循環 / free ~ of goods 商品の自由な流通. **2** 普及高,

《特に 新聞の》発行部数, 売れ行き: The paper has a large [small, limited] ~. その新聞は発行部数が多い [少ない] / a ~ battle 発行部数競争. **3** 通貨, 流通手形《集合的》.

cir·cum·ci·sion /sə̀ːrkəmsíʒ(ə)n/ *n* **1** 割礼《特にユダヤ教・イスラム教の儀式》;《医》包皮切除; 女子割礼, 女性外性器切除 (=FEMALE CIRCUMCISION). ▶ FEMALE CIRCUMCISION (女性外性器切除). **2** [the C-] キリスト割礼の祝日《1月1日》. **3** [the ~] 《聖書》神に選ばれた人たち; ユダヤ人 (=the **people of the ~**).

Cir·cum·spec·te aga·tis /sə̀ːrkəmspékti əgéɪtɪs/ 《英史》教会事項不可侵法《のちに制定法として扱われた 1285 年の文書で, 一定事項における聖俗裁判権の境界を確定するのに重きをなした》. [L=that you act cautiously]

cir·cum·stance /sə́ːrkəmstæns, -stəns/ *n* [ᵁ*pl*] 《周囲の》事情, 事由, 情況, 事態, 環境. ▶ AGGRAVATING CIRCUMSTANCE (責任加重事由; 責任加重すべき情状) / ATTENDANT CIRCUMSTANCE (付帯状況) / CHANGE IN CIRCUMSTANCES (情況の変化) / DURESS OF CIRCUMSTANCES (緊急避難) / EXIGENT [EMERGENCY] CIRCUMSTANCES (緊急事態; 緊急事態の準則) / EXTENUATING CIRCUMSTANCE (軽減事由) / EXTRAORDINARY CIRCUMSTANCES (異常事態) / FAILING CIRCUMSTANCES (倒産状態) / INCRIMINATING CIRCUMSTANCE (犯行を示す情況) / MITIGATING CIRCUMSTANCE (責任軽減事由; 履行義務軽減事由) / NECESSITOUS CIRCUMSTANCES (窮乏情況) / SPECIAL CIRCUMSTANCES (特別事態; 特別事態の準則) / SURROUNDING CIRCUMSTANCES (四囲の情況).

cir·cum·stan·tial /sə̀ːrk(ə)mstǽnʃ(ə)l/ *a*《証拠などが》《その時の》場合[事情]による, 事情に関する, 情況的な. **~·ly** *adv*

circumstántial évidence 情況証拠 (=indirect evidence, oblique evidence, presumptive evidence)《間接の推定的証拠; opp. *direct evidence*》.

cir·cum·ven·tion /sə̀ːrk(ə)mvénʃ(ə)n/ *n*《著作権法で保護されている技術を》出し抜くこと.

CIT 《米》°Court of International Trade 国際通商裁判所.

ci·ta·tion /saɪtéɪʃ(ə)n/ *n* **1**《判例などの》援用, 引用, 引証; 引用文; 出典, 出所, 典拠. ▶ PARALLEL CITATION (併記引用) / PINPOINT CITATION (引用文掲載ページ精確引用(ページ)) / SHEPARD'S CITATIONS (シェパーズ・サイテーションズ) / UNIFORM SYSTEM OF CITATION (統一引用方法). **2**《軍人・部隊などに与える》感状, 表彰状. **3 a** 召喚, 召喚状《主に スコットランドと米国で用いられる》. **b** 出廷命令, 訴訟引受命令《特に 婚姻・遺言検認・教会裁判所関係で訴訟当事者以外の人に対して当事者として出廷するよう命ずること》. **~·al** *a*

citátion cláuse《議会制定法の》略称規定条項.

Ci·ta·ti·o·nes non con·ce·dan·tur pri·us·quam ex·pri·ma·tur su·per qua re

fi·e·ri de·bet ci·ta·tio. /sàɪteɪʃióʊnɪz nɑn kùnsədǽntər priʌ́skwəm èksprɪméɪtər s(j)úːpər kwɑː rí fáɪərὰɪ débət saɪtéɪʃioʊ/ 召喚は, それがいかなる事柄に関してなされるべきかが明示されるまでは, 許されるべきではない. [L=Citations should not be granted before it is stated about what matter the citation ought to be made.]

citátion òrder《種々の法的典拠間の》引用の格付け.

ci·ta·tor /saɪtéɪtər/ *n* 判例・法令引用一覧, サイテイター《判決・制定法などがその後の判例でどう扱われているかを記号などにより表示してある書物ないしはデータベース; cf. SHEPARDIZE》.

cite /sáɪt/ *vt* **1** 援用する, 引用[引証]する (quote): The judge ~*d* many previous cases in his summing-up. **2** 召喚する. **3** 顕彰する. ― *n* 援用, 引用 (citation). [F<L *cieo* to set in motion)]

cit·i·zen /sítəz(ə)n, *-sən/ *n* **1**《出生または帰化により市民権をもち, 国に対する忠誠の義務を有する》市民, 国民, 公民, 人民 (cf. ALIEN, DOMICILIARY, RESIDENT). ▶ BRITISH CITIZEN (連合王国国民) / BRITISH DEPENDENT TERRITORIES CITIZEN (連合王国属領国民) / BRITISH OVERSEAS CITIZEN (連合王国海外国民) / BRITISH OVERSEAS TERRITORIES CITIZEN (連合王国海外領国民) / COMMONWEALTH CITIZEN (イギリス連邦市民) / FEDERAL CITIZEN (連邦市民) / NATURAL-BORN CITIZEN (出生により国籍を得た市民) / NATURALIZED CITIZEN (帰化により国籍を得た市民) / NONCITIZEN (非市民) / REGISTRATION AS CITIZEN (市民としての登録) / SECOND-CLASS CITIZEN (二級市民). **2**《特に 都市の市民権をもつ》市民; 市民 (city の市民権をもつ者; cf. BURGESS); 《英》主教座[司教座]都市市民; 市の住民, 都会人. **3**《軍人や警官に対して》一般市民, 文民, 民間人 (civilian). [AF (⇨ CITY); cf. DENIZEN]

cítizen-frìend·ly *a*〈法律用語などが〉国民[市民]になじみやすい.

cítizen infórmant 市民情報提供者 (=**cítizen infórmer**)《みずからの利得を目的にするのではなくもっぱら公共のために警察などに情報を提供する者》.

cítizen of the Európean Únion 欧州連合市民《1992 年のマーストリヒト条約 (Maastricht Treaty) により認められている市民権; 加盟国の市民権を有するすべての者は自動的に欧州連合市民となるが, それぞれの加盟国の市民権に代わるものではない; cf. EUROPEAN CITIZENSHIP》.

Cítizens Advíce [the ~]《英》市民助言局《市民の権利, 法律・行政上の諸問題などについて市民に無料で情報提供と助言を行なう公的機関; 2003 年に **Citizens Advice Bureau** (略 CAB) が改称》.

cítizen's arrést 市民逮捕《一定の犯罪《コモンロー上は現実に行なわれた重罪 (felony) および平和破壊罪 (breach of the peace) の現行犯, 英国では逮捕状がなくても逮捕できる犯罪 (arrestable offense)》の現行犯を,

逮捕状なしで市民の権限において私人が逮捕すること)).

Citizens' Charter [the ~]《英》市民憲章《1991年 Major 保守党政権が発表した, 市民が政府省庁からうける権利を有するサービスの基準》.

citizen·ship n **1** 市民権, 公民権;《英》主教座[司教座]都市市民権; 市民[公民, 国民]の身分[資格]; 国籍; 州籍. ▶ BRITISH CITIZENSHIP (連合王国国籍) / BRITISH DEPENDENT TERRITORIES CITIZENSHIP (連合王国属領国籍) / BRITISH OVERSEAS CITIZENSHIP (連合王国海外国籍) / BRITISH OVERSEAS TERRITORIES CITIZENSHIP (連合王国海外領国籍) / COMMONWEALTH CITIZENSHIP (イギリス連邦市民権) / CORPORATE CITIZENSHIP (法人としての市民権) / DIVERSITY OF CITIZENSHIP (州籍相違) / DUAL CITIZENSHIP (二重市民権) / EU CITIZENSHIP (欧州連合市民権) / EUROPEAN CITIZENSHIP (欧州連合市民権) / FEDERAL CITIZENSHIP (連邦市民権) / LOSS OF CITIZENSHIP (市民権の喪失) / NATIONAL CITIZENSHIP (連邦市民権) / STATE CITIZENSHIP (州の市民権; 加盟国の市民権). **2**《個人の》市民性, 市民的行動; 共同社会性.

Citizenship Clause [the ~]《米》市民権条項《合衆国内で出生しまたは合衆国に帰化した者はすべて合衆国の国民であり居住する州の州民である旨を規定する合衆国憲法第 14 修正第 1 節 (1868 年)》.

citizenship of the UK and Colonies《英史》連合王国ならびに旧大英帝国領国籍[市民権]《1981年法により 1983 年以後 BRITISH CITIZENSHIP (連合王国国籍), BRITISH DEPENDENT TERRITORIES CITIZENSHIP (連合王国属領国籍), それに BRITISH OVERSEAS CITIZENSHIP (連合王国海外国籍) に変更された》.

citizen suit 市民訴訟《特に環境保護関係の法の違反者を一般の市民が訴え, 差止めによる救済および時にはその処罰を求めることを認める制定法上の訴訟》.

city /síti/ n **1 a** 都市, 都会: capital ~ 首都. **b** 市,《英》主教座[司教座]都市 (=civitas)《英国では勅許状により自治権を認められかつ通例は主教座[司教座]および cathedral をもつ town; cf. BOROUGH; 米国では州庁の認可により定められた権限をもつ重要都市; カナダでは最上級の地方自治体》. ▶ CHARTERED CITY (自治憲章市) / FREEDOM OF A CITY (都市の自由, 都市自治権; 自治都市自由民権, 都市市民権; 名誉市民権) / GENERAL LAW CITY (一般法市) / OPEN CITY (開放都市) / UNDEFENDED CITY (無防守都市). **2** [the C-] (London の) シティー (=CITY OF LONDON). **3** [the ~] 全市民. [OF<L *civitas*; ⇒ CIVIL]

city attorney《米》市弁護士 (=city counsel [counselor], city solicitor, corporation counsel, director of law)《弁護士 (attorney) 資格をもつ市の役人で, 法律問題で助言をなすとともに市を代表する職務を有する; town (タウン) の場合は town counsel (タウン弁護士) という》.

city clerk《米》市書記.

city code 1 都市名コード《航空会社などで用いる 3 文字の都市名コード; 例えば London は LON, New York は NYC, Tokyo は TYO》. **2** [the C- C-]《英証券》シティーコード《**City Code on Takeovers and Mergers** (企業買収・合併に関するシティーコード) の略; 1968 年に作成された, 公開会社 (public company) の企業買収および合併に関する業界内の取決め; PANEL ON TAKEOVERS AND MERGERS (買収・合併規制委員会) がその実施主体である》.

city council《米》市議会, 市参事会.

city counsel [**counselor**]《米》市弁護士 (=CITY ATTORNEY).

city court《米》市裁判所 (=MUNICIPAL COURT)《略 CC》.

City of London [the ~] **1**《London の》シティー (=the City)《市長 (Lord Mayor) を長とするロンドン市自治体 (the **City of London Corporation**) のこと; 英国の金融・商業の中心地で, Thames 川北岸の約 1 マイル平方》. ▶ REMEMBRANCER OF THE CITY OF LONDON (ロンドン市備忘官). **2**《広く》ロンドン市.

City of London Court [the ~]《英史》ロンドン市裁判所《1867 年法の前まではロンドン市シェリフ裁判所 (Sheriff's Court in London) と呼ばれていた裁判所で, ロンドン市内の海事事件につき排他的裁判管轄権を有した; 1888 年法で他の州裁判所 (county court) と同じになり, 1920 年法によりロンドン市長裁判所 (Lord Mayor's Court in London) と統合し, ロンドン市長・市裁判所 (Mayor's and City of London Court) となった》.

City Remembrancer [the ~]《英》ロンドン市備忘官 (=REMEMBRANCER OF THE CITY OF LONDON).

city solicitor《米》市法務官 (=CITY ATTORNEY).

city treasurer《米》市収入役.

Civ. Ct °civil court 民事裁判所.

civ·ic /sívik/ a **1** 市民の, 公民の: ~ duties 市民の義務 / ~ rights 市民の権利. **2** 市の, 都市の: ~ dignitaries (市長など) 市高官. [F or L (*civis* citizen)]

civic center 1 市民会館 [センター, ホール]. **2**《都市の》中央地区, 官庁地区, 中心部; 市当局.

civ·il /sív(ə)l/ a **1** 市民 [公民] の, 公民的な, 公民としての; 公衆の, 民間の: ~ life 社会 [市民, 公民] 生活 / 民間人 [一般市民] 生活 / CIVIL RIGHT. **2** 民事の (cf. CRIMINAL), 私法の, 民法の, 私権に関する. **3** ローマ市民法の; ローマの, ヨーロッパ大陸の. **4** 国政に関する, 公務に関する. **5** 世俗の;《武に対して》文の, 文民の, 文官の; 内政の, 国内の: CIVIL WAR. **6** 文明化された, 礼儀正しい. ~·ly adv [OF<L; ⇒ CIVIC]

civil action 民事訴訟, 民事上の訴え.

Civil Aeronautics Board [the ~]《米史》民間航空委員会《1938 年に設立され, 85 年に廃止されたアメリカの民間航空の規制独立委員会; 略 CAB》.

civil arrest《史》民事訴訟被告の逮捕《民事訴訟での被告を保釈ないしは判決債務が弁済されるまで逮捕・拘禁すること; cf. CAPIAS AD RESPONDENDUM》.

cívil assáult 民事上の暴行《犯罪としての暴行に対して, 民事上の不法行為責任を問われる不法行為 (tort) の一つとしての暴行; cf. CRIMINAL ASSAULT》.

Cívil Aviátion Authórity [the ~]《英》民間航空局《民間航空・空港の規制・監督をする独立機関; 略 CAA》.

cívil báil 民事上の保釈金, 民事上の保釈保証書《裁判所が決定した民事上の債務の支払いをせず逮捕された者を保釈するための保証書ないし保釈金》.

cívil bíll còurt《北アイルランド》少額裁判所.

cívil cáse 民事事件《略 CC》.

cívil códe 1《大陸法》民法典. **2** [the C- C-] (1804年成立の) フランス民法典《ナポレオン法典とも呼ばれる; 略 CC》. **3** 非刑事制定法典.

cívil commítment 1《精神病患者・無能力者・麻薬常用者・アルコール中毒者などの》収容. **2** 公的相互約束《結婚式における婚姻の公的誓約など, それ自体は法的なものではないが, 二人の者が婚姻のような緊密な関係に入り, 相互に義務を負う旨の公的な約束; cf. CIVIL UNION》.

cívil commótion 騒乱, 暴動《一般には, 騒擾 (riot) と反乱 (rebellion) との間に位置する; 略 cc; cf. AFFRAY, REBELLION, RIOT, ROUT, UNLAWFUL ASSEMBLY, VIOLENT DISORDER》.

cívil conspíracy 民事上の共同謀議《他人あるいはその財産に損害を及ぼすような詐欺その他の違法な行為を行なわんとする複数人の合意で, 不法行為の一種》.

cívil contémpt 民事的(裁判所)侮辱 (=cívil contémpt of cóurt)《差止め命令など裁判所の命じたことに故意に従わぬこと; 命令に従わせるための間接強制として, 通例命令に従うまでの間の拘禁またはそれに代わる制裁金が科される; ⇒ CONTEMPT OF COURT; cf. CRIMINAL CONTEMPT (OF COURT)》.

cívil cóurt 1 民事裁判所《略 CC, Civ. Ct》. **2**《軍事法廷などに対して》一般の裁判所, 通常裁判所《略 CC》.

cívil dámage àct《米》賠償責任法 (=DRAM SHOP ACT).

cívil dáy 1 暦日《真夜中から起算して 24 時間》. **2** 昼間 (=ARTIFICIAL DAY).

cívil déath 1《古》法律上の死亡《法喪失宣告 (outlawry) を受けたり, 重大な犯罪で有罪とされたり, 修道院に入ったりした者などはコモンロー上死亡したものと扱われ, 投票権や契約締結・相続・訴訟能力などを喪失した》. **2**《米》(一定の) 法的能力剥奪 (=legal death)《米国の若干州で, 死刑宣告を受け服役中の者が投票権・公職就任権など一定の権利を失うこと》. **3** 民事死 (=legal death)《法人が正式に解散ないしは倒産したがなお株主や債権者のために処理すべき財産が残っている段階での状態》. ★ 1-3 とも, mort civile ともいう.

cívil defénse 民間防護, 民間防護組織《敵襲・災害などから民間人を護り, 万が一被害を受けた場合には緊急援助活動を行なうための対策・組織》.

cívil disabílity 1 世俗法上の婚姻能力の欠缺(けんけつ)《例えば近親婚・婚姻不適格など婚姻を無効とするような能力の欠缺; cf. CANONICAL DISABILITY》. **2** 法的能力の欠缺, 行為無能力 (=legal disability) (cf. PHYSICAL DISABILITY). **3** 市民としての能力の欠缺, 資格制限, 欠格.

cívil disobédience 市民的不服従《納税拒否など非暴力手段・非協力によって通例は集団的に政府の方針に反抗したり, 正統性・道徳性が疑わしい法に違反すること; 略 CD》.

cívil disórder 騒動《3 名以上の者が暴力行為をなし, 一般の人びとあるいは財産に直接の危険あるいは損害を生ぜしめる治安攪乱行為; cf. RIOT》.

Cívil Divísion [the ~]《英》(控訴院 (Court of Appeal) の) 民事部《記録長官 (Master of the Rolls) が主宰; ⇒ COURT OF APPEAL》.

cívil fórfeiture 民事没収《犯罪供用物あるいは犯罪の結果得た財物を没収するために政府がなす対物手続き; cf. CRIMINAL FORFEITURE》.

cívil fórm of márriage 民事婚方式 (opp. ecclesiastical form of marriage).

cívil fráud 民事詐欺《不法行為, 契約法上の民事責任を生ずる一般の詐欺のほか, 租税潜脱行為をも含む; 後者は tax fraud (脱税) ともいう; cf. CRIMINAL FRAUD, TAX EVASION》.

cívil frúit 法定果実 (⇒ FRUCTUS CIVILES).

ci‧vil‧ian /səvíljən/ *n* **1 a** 一般国民, 公民;《軍人や警官などに対して》一般市民, 文民, 民間人 (=citizen); 文官. **b** 非戦闘員; 軍属. **2** 大陸法系法律家, ローマ法法律家, ローマ法学者, 大陸法学者; 民法学者; 大陸法系諸国の法律家. — *a* 一般人の, 民間の;《武官に対し》文官の;《軍人に対し》軍属の.

civílian cóurt 1 ローマ法裁判所, ローマ法系(諸国)の裁判所. **2**《軍事法廷などに対して》一般の裁判所, 通常裁判所.

civílian jurisdíction 1 ローマ法裁判所. **2** ローマ法による裁判管轄権.

civílian repórts *pl* ローマ法判例集.

cívil ínjury 民事上の権利侵害.

cívil invéstigative demánd《米》民事調査請求《米国の反トラスト法であるクレイトン反トラスト法 (Clayton Antitrust Act) および連邦取引委員会法第 5 条違反の存在を疑わせる事実がある場合に連邦の司法長官 (Attorney General) による関連文書および情報の提出要求; 米国の裁判所管轄外にいる者にも送達できる; また州も類似の制度を有している; 略 CID》.

ci‧vi‧li‧ter mor‧tu‧us /səvílətər mɔ́ːrtʃuəs/ 法律上は死亡した (⇒ CIVIL DEATH). [L=civilly dead]

ci‧vi‧li‧za‧tion,《英》**-sa-** /sìv(ə)ləzéiʃ(ə)n; -làɪ-/ *n* **1** 文明; 文明人[国]《集合的》. **2** 文明化. **3** 民事化《刑事上の事柄が法・判決によって民事上の事柄に変わる

こと; cf. CRIMINALIZATION).

cívil jurisdíction 1 民事裁判権 (cf. CRIMINAL JURISDICTION). 2 世俗裁判権 (cf. ECCLESIASTICAL JURISDICTION).

cívil jústice 民事裁判 (cf. CRIMINAL JUSTICE). ▶ HEAD OF CIVIL JUSTICE (民事裁判長官).

cívil láw [ºC- L-]《略 CL》1 民事法 (cf. CRIMINAL LAW). 2 民法. 3 (ローマ)市民法 (=JUS CIVILE), ローマ法 (Roman law). ▶ REGIUS PROFESSOR OF CIVIL LAW (ローマ(市民)法欽定講座教授). 4 各主権国家・政治体の法, 国内法 (municipal law) (cf. NATURAL LAW, MORAL LAW, INTERNATIONAL LAW). 5《ローマ法系の諸国における》私法体系, (ヨーロッパ)**大陸法** (cf. ANGLO-AMERICAN LAW, COMMON LAW). 6《軍法 (military law) に対して》**通常法, 一般法**;《教会法 (ecclesiastical law) に対して》**世俗法**.

cívil láw sỳstem [the ~] ローマ法系, (ヨーロッパ)大陸法系.

cívil láwyer 1 ローマ法法律家, (ヨーロッパ)大陸法法律家. 2 民事法法律家.

cívil liabílity 民事責任 (=civil responsibility)《1》刑事法でなく民事法により課される責任 2) 民事上の損害に対して法的義務を負っている状態》.

cívil liabílity àct《米》民事責任法 (=DRAM SHOP ACT).

cívil liabílity contribùtion《英》共同民事賠償責任者間求償(権)《共同民事賠償責任者のうち被害者からその全損害賠償を請求された者が, 他の共同民事賠償責任者に対してその責任に応じて求償できること, またはその権利》.

cívil líberty [ᵁpl] 市民的自由 (=civil right)《特に行政権力の恣意的な干渉からの自由; 思想・言論・信条・出版・集会などの自由》.

Cívil List [ˢc- l-]《英》王室費《統合基金 (Consolidated Fund) の中から議会が定める; もとは外交官・行政官・裁判官の俸給なども含まれていたが, 現在は純粋に王室経費に限られている》.

cívil litigátion 民事訴訟.

cívil lórd (of the Ádmiralty)《英史》海軍委員会文官委員.

cívil mágistrate 文官.

cívil márriage 民事婚《聖職者ではなく裁判官などの役人により民事婚方式 (civil form of marriage) にのっとって挙式され成立する婚姻》.

cívil mátter 民事事件.

cívil offénse 民事的違反, 法定犯 (=PUBLIC TORT).

cívil óffice 文官(職).

cívil ófficer 文官《武官に対する語》.

cívil párish《英》教区, 地方行政区,《英史》救貧区 (⇨ PARISH).

cívil pártner《英》法的共同生活者 (⇨ CIVIL PARTNERSHIP).

cívil pártnership《英》法的共同生活, シヴィル・パートナーシップ《一組の同性愛者でその関係を登録した二人に, 婚姻関係にある夫婦類似の諸権利を付与した 2004 年法上の用語; この関係にある人を civil partner (法的共同生活者) と呼ぶ》.

cívil pénalty 民事罰, 制裁金, 過料《規制法規違反に対する制裁金で, 刑罰的意味を有さぬもの》.

cívil pólity 1 国家組織. 2 民政.

cívil posséssion《ローマ法・大陸法》(ローマ)市民法上の占有, 市民的占有, 占有《1) ローマ法上は, 物に対する事実上の支配とは別の, その占有の正当な取得権原を有する占有; したがって占有訴権の保護のある占有で, 単なる所持と区別される 2) 大陸法, 特に米国 Louisiana においては, 物に対する事実上の支配を失ってもなおその物を有しているという意思のゆえに認められる占有》.

cívil procédure 民事訴訟手続き; 民事訴訟手続き法, 民事訴訟法. ▶ RULES OF CIVIL PROCEDURE (民事訴訟手続き規則).

Cívil Procédure Àct 1997 [the ~]《英》1997 年の民事訴訟手続き法《裁判官の監督的介入を通し, 審理の迅速化・効率化, 訴訟費用の低廉化などを目指した民事訴訟手続き法の諸改革を具現化した制定法; この制定法の下の民事訴訟手続き規則 (Civil Procedure Rules) が現在英国の民事訴訟手続きの基礎手続きになっている》.

Cívil Procédure Rùles pl [the ~]《英》民事訴訟手続き規則《1998 年制定, 1999 年 4 月 26 日から実施されたイングランド・ウェールズの民事裁判所で州裁判所 (county court) および最高法院 (Supreme Court of Judicature) に共通して用いられる民事訴訟手続き規則; それまでの最高法院規則 (Rules of the Supreme Court) および州裁判所規則 (County Court Rules) に取って代わった; 略 CPR; cf. GREEN BOOK, WHITE BOOK》.

cívil procéeding 民事訴訟手続き, 民事裁判手続き; 民事訴訟. ▶ COMMITTAL IN CIVIL PROCEEDINGS (民事訴訟手続きにおける拘禁).

cívil protéction 市民保護(対策)《一般市民を敵対的行為あるいは災害の危険から守り, 市民がそれらによる直接的被害から回復することを助けるために所管官庁により組織・授権された種々の対策; その緊急事態には外国からの敵対的攻撃, テロリストの攻撃, 福利・環境の重大危機をもたらす事件などが含まれる》.

cívil rémedy 民事上の救済手段.

cívil responsibílity 民事責任 (=CIVIL LIABILITY).

cívil ríght [ᵁpl] 1 市民権, 公民権, 市民的権利, 人権《米国では特に合衆国憲法の権利章典 (Bill of Rights), 第 13, 14, 15, 19 修正などで, 保障された権利を指す》. 2 市民的自由 (civil liberty).

cívil ríghts àct [the ~]《米》市民権法, 公民権法, 市民的権利に関する法律, 人権法, 民権法《人種・皮膚の色・宗教・出身国・性・年齢に関係なく市民としての個人

の基本的権利を平等に保護・実現するための法律；いくつかの連邦法があるが，代表的なのは次の法律である：**1)** 人種・皮膚の色，または奴隷の地位にあったことを理由にして civil rights について差別することを禁止した (1866) **2)** 食堂・ホテル・列車その他，公的施設・場における人種隔離 (segregation) を禁止した (1875) **3)** これは最も広範かつ包括的な法律で，一般公開施設の利用，連邦援助プログラム，雇用などの分野についての人種・宗教・性別・出身国などによる差別を禁止し，実行のための機関である雇用機会均等委員会 (Equal Employment Opportunity Commission) および実行のための手続きを定めるとともに，違反者への刑罰，被害者への損害賠償請求権を定めた (1964) **4)** 土地・家屋の取得，賃借，住宅金融における人種・皮膚の色・宗教・出身国・性による差別を禁止した (1968)》．

Cívil Ríghts Càses (1883) [the ~]《米》市民権[公民権]事件《1883 年)，市民的権利事件《1875 年の連邦法 CIVIL RIGHTS ACT (市民権法) が公共利用施設利用者の人種を理由にしての差別を禁じたが，合衆国最高裁判所は，連邦議会が州公権力の関与しない私有の公共利用施設を規制することは合衆国憲法第 14 修正の連邦権限の範囲を越え，違憲であると判決した事件；この違憲判決をきっかけに以後 75 年近く市民権 (civil right) をめぐる連邦立法は途絶えることになる》．

cívil ríghts remóval《米》市民権事件の移送《州裁判所で市民権 (civil right) を否認されないしは強制してもらえなかった等の理由で，市民権事件を州裁判所から連邦裁判所に移送すること》．

cívil sérvant 文官，公務員．

cívil sérvice 1 文官勤務，行政事務；公務．★ 軍人・治安判事・裁判官・大臣などの政治的官職などは一般に civil service に含まれない．**2** [the C- S-] 文官，《一般職の》公務員《集合的》．

Cívil Sérvice Commìssion [the ~]《米史》《公務員》人事委員会《1883 年法で創設，1978 年法で廃止され，その職務は能力主義任用制保護委員会 (Merit Systems Protection Board) と人事庁 (Office of Personnel Management) に引き継がれた連邦の人事担当行政委員会；略 CSC》．

cívil sérvice examinàtion 公務員試験．

cívil síde 1《裁判所の》民事部門，民事関係，民事裁判権．**2** 民事事件，民事裁判．★ 1, 2 共に plea side ともいう．opp. *Crown side*.

cívil strífe 内紛．

cívil súit 民事訴訟，民事上の訴え．

cívil únion 公認結合関係《公的に認められた，しばしば同性間の婚姻類似の関係；米国では 2000 年に Vermont 州がこれを制定法により初めて合法と認めた；cf. CIVIL COMMITMENT》．

cívil wár 1 内乱，内戦．**2** [the C- W-] **a**《英国の 1642-46, 1648 年の》内乱．**b**《米国の 1861-65 年の》南北戦争．

Cívil Wár Amèndments *pl* [the ~]《米》南北戦争(憲法)修正条項《南北戦争の結果として作られた合衆国憲法第 13 修正 1865 年，第 14 修正 1868 年，第 15 修正 1870 年の 3 修正を合わせての名称》．

cívil wróng 民事上の権利侵害 (cf. CRIME, TORT).

civ·ism /sívɪz(ə)m/ *n* 公共心，公民精神；善良な国民[公民]としての資格 (cf. INCIVISM). ▶ INCIVISM《公共心欠如》．

civ·i·tas /sívɪtæ̀s, kíːwɪtɑ̀ːs/ *n* (*pl* **civ·i·ta·tes** /sìvɪtéɪtiz, kìːwɪtɑ́ːteɪs/) **1** 市民権，市民身分，《全体としての》市民．**2** 共同体，国家，《特に》都市国家．**3** 都市，《特に》主教座[司教座]都市 (=CITY). [L]

CJ °chief judge 首席裁判官 ◆ °chief justice 首席裁判官 ◆ °circuit judge 巡回裁判官 ◆ °corpus juris 法大全, コーパス・ジューリス． **CJC**《米》°Code of Judicial Conduct 裁判官行動準則規産．

CJCP《英》°Chief Justice of the Common Pleas 人民訴訟裁判所首席裁判官；人民訴訟部首席裁判官．

CJE °continuing judicial education 裁判官のための継続的法学教育．

CJEC °Court of Justice of the European Communities 欧州共同体司法裁判所．

CJKB《英》°Chief Justice of the King's Bench 王座裁判所首席裁判官；王座部首席裁判官．

CJQB《英》°Chief Justice of the Queen's Bench 女王座裁判所首席裁判官；女王座部首席裁判官．

CJS °Corpus Juris Secundum 『コーパス・ジューリス・セカンダム』． **CL** CIVIL LAW ◆ COMMON LAW.

Cláf·lin trùst /klǽflən-/《米》クラフリン信託《期限前終了不能信託 (indestructible trust) ともいう；この名称は1889 年の判例名 Claflin v. Claflin に由来》．

Cláflin trùst prìnciple《米》クラフリン信託の原則《たとえ全受益者が信託の終了を求めたとしても，その終了が設定者の設定意思の重要部分に反するものである場合には，定められた期日または一定事実の発生前の終了が認められないとする法理；1889 年のマサチューセッツ州の判例 Claflin v. Claflin で確立された原則》．

claim /kléɪm/ *vt* **1**《当然の権利として》要求[請求]する，自分のものだと言う．**2**《権利・事実を》主張する，…の承認を求める，…であると主張する，公言する，自称する《*to be*; *that*》．**3**《警察俗》逮捕する，しょっぴく．— *vi* 要求する，権利を主張する《*for*》．**~ back**《自分のものとして》…の返還を求める，取り戻す《*from*》．

— *n* **1 a** 権利主張，《権利としての》要求，請求；請求権《*for damages* etc.》: legal ~ to the property / wage ~ 賃上げ要求．**b** 訴訟上の請求．▶ ANCILLARY CLAIM (付帯的請求) / ANTECEDENT CLAIM (既存の請求) / COMMERCIAL TORT CLAIM (商業上の不法行為責任請求) / CONTINGENT CLAIM (不確定権利主張) / CONTINUAL CLAIM (継続的権利主張) / COUNTERCLAIM (反対請求，反訴) / COURT OF CLAIMS (請求裁判所) / CROSS-CLAIM (交差請求) / DEFERRED CLAIM (繰延べ請求) / DEMOTION CLAIM (格下げ請求) / DORMANT CLAIM (眠れる請求権) / ENDORSEMENT OF

CLAIM（請求の記載）/ ESPOUSAL OF CLAIM（請求権の擁護）/ FEAR-OF-CANCER CLAIM（癌の恐怖に基づく権利主張）/ FRIVOLOUS CLAIM（ふまじめな請求）/ INFORMAL PROOF OF CLAIM（請求権の略式証明〔書〕）/ LEGAL CLAIM（法的な[コモンロー上の]権利主張）/ LIQUIDATED CLAIM（確定金額支払い請求）/ LOST VOLUME CLAIM（売上高減少請求）/ MINING CLAIM（鉱業権利地）/ MONEY CLAIM（金銭〔による〕請求）/ NO-CLAIM（権利主張がないこと）/ NONCLAIM（権利主張懈怠）/ PARTICULARS OF CLAIM（原告請求内容明示）/ PAY CLAIM（賃上げ要求）/ PLACER CLAIM（砂鉱床採鉱権）/ POSSESSORY CLAIM（払い下げ公有地占有権）/ PROOF OF CLAIM（請求権の証明）/ QUITCLAIM（権利放棄）/ SMALL CLAIM（少額請求）/ STALE CLAIM（失効請求権）/ STATEMENT OF CLAIM（請求原因の陳述；原告請求内容明示訴答書）/ SUPPLEMENTAL CLAIM（補充的請求）/ TERRITORIAL CLAIM（領有権の主張）/ THIRD-PARTY CLAIM（第三者被告に対する請求；第三者による請求）/ UNLIQUIDATED CLAIM（未確定額請求）. **2**《英》裁判所へ訴える権利,《民事上の》訴権, 訴え；訴状（claim form）. ▶ DERIVATIVE CLAIM（派生訴え）/ MERCANTILE CLAIM（商事訴権）/ MORTGAGE CLAIM（譲渡抵当訴権）/ PART 20 CLAIM（民事訴訟手続き規則第20部の訴権）/ REPRESENTATIVE CLAIM（代表訴え）/ SERVICE OF CLAIM（訴状の送達）/ TENDER BEFORE CLAIM（訴えの前の履行の提供）. **3** 特許請求項（＝PATENT CLAIM）. ▶ PATENT CLAIM（特許請求項）. **4**《保険》支払い請求, クレーム: insurance 〜 保険金請求 / no 〜s bonus 無事故し, 無事故戻し / put in a 〜（保険会社に正式に）保険金を請求する / settle a 〜 保険金請求に応じる. **5**《事実の》主張〈to be, that〉. ［OF＜L clamo to call out］

cláim and delívery《米》動産回復訴訟《違法に奪取または留置されている特定動産の返還およびそのために生じた損害賠償を請求する制定法上の訴訟》.

cláim·ant, cláim·er n **1** 主張者, 要求者；権利主張者: a rightful 〜 正当な権利主張者. **2**《不動産占有回復訴訟（ejectment）などの》原告；《英》《1999年以前に PLAINTIFF と呼ばれていた民事訴訟上の》原告 (cf. DEFENDANT): a rightful 〜 適法な[正当な]原告. ▶ COUNTERCLAIMANT（反対請求者, 反訴提起者）/ CROSS-CLAIMANT（交差請求者）/ OCCUPYING CLAIMANT（占有不動産改良費償還請求者）/ PREEMPTION CLAIMANT（公有地先買権を得るための占有者）.

cláim chèck 預かり証.

cláim for asýlum《国際法》庇護の許与請求.

cláim fòrm 1《英》訴状, 訴訟書式《1999年以来, 召喚令状（writ of summons）, 訴訟開始召喚状（originating summons）は用いられなくなり, これが通常の民事上の訴訟を開始する方法となった》. ▶ PART 8 CLAIM FORM（民事訴訟手続き規則第8部の訴状書式）. **2** 保険金請求用紙.

cláim for relíef《米》救済の申し立て《連邦民事訴訟手続きで, 訴状の中で求める救済を述べている部分》.

cláim of cógnizance《史》特権的専属管轄権の主張（＝**cláim of cón·u·sance** /-kánjəzəns/）《ある裁判所などが当該事件についての専属管轄権を主張すること》

cláim of líberty《英史》特権確認訴訟《財務府裁判所 (Court of Exchequer) に対して法務官 (Attorney General) が特権確認をするよう求めた訴えないしは訴訟》

cláim of ównership 所有権の主張（＝claim of right, claim of title）**(1)** ある財産の真の所有者に敵対する形でその権利を主張する意思の下でその財産を占有すること **2)** 権原 (title) ないしは所有権を無視して土地を占拠せんとする明白な意思）.

cláim of pátent 特許請求項（＝PATENT CLAIM）.

cláim of prívilege 特権（行使）の主張.

cláim of ríght 権利の主張**(1)**《史》通例は盗 (とう)（theft）に対する答弁で, その財物について被告人よりすぐれた権利を有していると誤っていしかし善意で信じて奪ったものであると主張すること **2)**《史》不正に奪われた単純封土権 (fee simple) に基づく土地を所有者が当然令状 (writ of course) を用いて取り戻すこと **3)** 所有権の主張（＝CLAIM OF OWNERSHIP）.

cláim of ríght dòctrine《米税制》請求権に基づく現実受領の法理《連邦所得税法上の法理で, ある請求権に基づき受領した金額はその受領年度の所得となるということ；その請求権が存在しなかった場合には後日調整されるにすぎず, 受領年度の所得計算には関係しない》.

cláim of títle 権原の主張（＝CLAIM OF OWNERSHIP）.

cláim preclúsion 請求遮断効《判決で判断された請求が最終的拘束力を同一当事者間でもち, 再請求が封じられること；既判力 (res judicata) と同義》.

Cláim Prodúction Cèntre《英》訴状作成センター《略 CPC；⇨ SUMMONS PRODUCTION CENTRE》.

Cláims Còurt [the 〜]《米》請求裁判所（＝COURT OF CLAIMS）《略 Cl. Ct.》.

cláims-máde pólicy 期間内請求保険（約款）（＝discovery policy）《事件発生の時期にかかわらず特定期間内になされたすべての請求ないしはその請求のみに対して保障することを約した保険（約款）; cf. OCCURRENCY POLICY》.

Clam de·lin·quens ma·gis pu·ni·tur quam pa·lam. /klǽm dɛlíŋkwɛnz méidʒis pjúːnitər kwæm pǽləm/ 密かに罪を犯す者は公然とす者よりもより厳しく罰せられる. ［L＝A person who offends secretly is punished more severely than one who offends openly.］

clam·or /klǽmər/ n **1**《史》申し立て, 訴え, 請求 (claim). **2**《史》叫び, 叫喚追跡（＝HUE AND CRY）. **3**《大陸法》権利主張者. **4**《大陸法》他人が権利主張しているもの, 債権.

clan·des·tine /klændéstən/ a 内々の, 秘密の；正

式でない, 無式の.

clandéstine márriage 無式婚姻, 正式でない婚姻.

Cla·ren·don /klǽr(ə)ndən/ クラレンドン《イングランド南部 Wiltshire の, Salisbury 近くの村》. ▶ ASSIZE OF CLARENDON (クラレンドン法) / CONSTITUTIONS OF CLARENDON (クラレンドン制定法).

class /klǽs; klάːs/ n **1 a** 種, 類, 部類, 種類. **b** 等級, 品等. ▶ FIRST CLASS (第一級) / USE CLASS (用途区分). **2** [°pl] 社会的階層; 階級制度: social ~ 社会階層[階級] / the upper [upper middle, middle, lower middle, lower, working] ~(es) 上流[上位中流, 中流, 下位中流, 下層, 労働]階層[階級, 社会] / the educated ~ 知識階層. ▶ PROTECTED CLASS (保護階層). ★英国では人口統計上次の 6 つの階層分類を行なう: Class A A 級《高級管理者·行政官·知的専門職業人》, Class B B 級《中間管理者·行政官·知的専門職業人》, Class C1 C1 級《管理者·事務職·下級管理者》, Class C2 C2 級《熟練肉体労働者》, Class D D 級《半熟練あるいは未熟練肉体労働者》, Class E E 級《年金受給者·臨時労働者·長期失業者》. **3** クラス, 学級, 組;《クラスの》学習時間, 授業, 講習. **4** 共通の法的地位を有する人々, 集団, クラス. ▶ GIFT TO A CLASS (グループに属する者への贈与) / SETTLEMENT CLASS (集団訴訟で和解をした集団) / TESTAMENTARY CLASS (未確定遺言受益者).

— vt **1** 分類する (classify); …の等級[品等]を定める. **2** …の組分けをする;〈生徒などを〉…の級[部類]に入れる〈with, among〉.

cláss áction《米》集団訴訟, クラス·アクション, 《集合》代表訴訟 (=class suit, representative action) (= **cláss áction sùit**)《1 人または少数者が集団の利益を代表して原告または被告となって行なう訴訟; cf. SETTLEMENT CLASS》. ▶ HYBRID CLASS ACTION (混合集団訴訟) / SPURIOUS CLASS ACTION (不真正集団訴訟).

Class F charge /—́ éf —́/《英》F 類物上負担《所有者の配偶者でそこに居住している権利を主張している者が登録している物上負担 (charge)》.

cláss gíft グループ(に属する者への)贈与 (=gift to a class)《通例 遺贈に用いられる贈与形式で, 特定個人ではなくて特定の性格を共通する者に対する贈与; 将来受贈者数·受贈比率が変わる可能性がある; 例えば to my daughters A and B ではなくて, to my daughters という形式の贈与》.

clas·si·fi·ca·tion /klæsəfəkéɪʃ(ə)n/ n **1** 分類, 区分; 分類法. ▶ INTERNATIONAL PATENT CLASSIFICATION (国際特許分類) / QUASI-SUSPECT CLASSIFICATION (準疑わしい区分) / SUSPECT CLASSIFICATION (疑わしい区分). **2**《国際私法》法律関係の性質決定 (= characterization, interpretation, qualification)《準拠法を決定するにあたり, どの国際私法規定を適用するか, すなわち その問題が離婚とか親子間の法律関係などといった単位法律関係のどれに含まれるかを決定すること》. **3**《米》政府·軍》《公文書の》機密種別 (restricted, confidential, secret, top secret など》.

classificátion of ánimals 動物分類《**1**》コモンロー上, 野生の (ferae naturae) 動物と飼い馴らされた (domitae naturae, mansuetae naturae) 動物に分け, その動物がもたらした損害の責任を論じた; 野生動物の所有者は厳格責任を負い, 飼い馴らされた動物に関しては, 所有者がその動物がその種としては異常に癖の悪いことを知っていた場合には責任を負けた (これを認識則 (scienter rule) という) **2**》現在 英国では動物は危険種 (dangerous species) と非危険種 (nondangerous species) に分け, 前者の保管者に厳格責任を課している》.

classificátion of diréctors《期差選任による》取締役の組分け (⇨ STAGGER SYSTEM).

classificátion tèst《米》疑わしい区分テスト (⇨ SUSPECT CLASSIFICATION).

clássified bóard of diréctors《期差選任制をとる》組分け取締役会 (=STAGGERED BOARD OF DIRECTORS) (⇨ STAGGER SYSTEM).

clas·si·fy /klǽsəfàɪ/ vt **1** 分類[類別]する〈into〉, 等級に分ける: classified directory 職業別氏名録. **2** 機密度に応じた区分をする; 機密扱いにする: classified information《特定の人にのみ明かされる》機密情報.

cláss-óne insúred《保険》第一種被保険者《自動車責任保険で, 記名被保険者 (named insured) およびその同居親族; cf. CLASS-TWO INSURED》.

cláss representàtive 集団代表 (=named representative)《集団訴訟 (class action) における原告集団を代表して訴訟手続きを行なう代表》.

cláss ríghts pl 株式の種類に従ってそれに付属する権利《例えば 議決権·優先的利益配当権など》.

cláss súit《米》集団訴訟 (=CLASS ACTION).

cláss-twó insúred《保険》第二種被保険者《自動車責任保険で, 事故時に自動車を合法的に占有している人; cf. CLASS-ONE INSURED》.

cláss vòting 種類別議決《複数種類の株式が, 特定事項に関して, それぞれ別個の単位として議決する旨定められている場合の, 種類株式別議決》.

clau·sa re·bus sic stan·ti·bus /klɔ́ːzə ríːbəs sɪk stǽntəbəs/ =CLAUSULA REBUS SIC STANTIBUS. [ML=a clause of the things standing so]

clause /klɔ́ːz/ n《制定法·契約などの》条項, 箇条 (⇨ SECTION 3★);《保険証券などの》約款; [the C-]《英》例の条項 (CLAUSE 28 のこと》. ▶ ABATEMENT CLAUSE (賃料免除条項) / ACCELERATION CLAUSE (弁済期日繰上げ条項) / AD DAMNUM CLAUSE (損害賠償請求文言) / ADD-ON CLAUSE (アド·オン条項; 累積担保化条項) / AGREED-AMOUNT CLAUSE (約定保険金額条項) / ALIENATION CLAUSE (移転条項) / ALL-PURPOSE CLAUSE (全目的条項) / ALL THE ESTATE CLAUSE (全不動産条項) / AMERICAN CLAUSE (優先主義約款) / APPRAISAL CLAUSE (査定条項) / ARBITRATION CLAUSE (仲裁条項) / ARSON CLAUSE (放火免責条項) / AS IS

clause

CLAUSE (現状のまま条項) / ASSIGNEE CLAUSE (譲渡条項) / ASSUMPTION CLAUSE (譲渡抵当権設定者の地位の引受け禁止条項; 債務引受け条項) / ATTESTATION CLAUSE (認証文言) / AVERAGE CLAUSE (分損約款; 比例填補条項; 割合担保条項) / BANKRUPTCY CLAUSE (破産条項) / BLENDING CLAUSE (混合指示条項) / BOTH-TO-BLAME (COLLISION) CLAUSE (双方過失衝突条項) / BREAK CLAUSE (契約解除条項) / CALVO CLAUSE (カルヴォ条項) / CANCELLATION CLAUSE (契約解除条項) / CESSER (OF HIRE) CLAUSE ((傭船契約)責任終了条項) / CHARGING CLAUSE (受託者手当条項) / CHOICE OF LAW CLAUSE (準拠法選択条項) / CITATION CLAUSE (略称規定条項) / COGNOVIT CLAUSE (裁判上の債務認諾条項) / COINSURANCE CLAUSE (比例填補(保険)条項) / COLLISION CLAUSE (衝突条項) / COMMON DISASTER CLAUSE (共通災難条項) / CONFIDENTIALITY CLAUSE (守秘義務条項) / CONSCIENCE CLAUSE (良心条項) / CONTINUATION CLAUSE (継続約款) / CONTRIBUTION CLAUSE (分担条項) / COOPERATION CLAUSE (協力条項) / COST-OF-LIVING CLAUSE (生計費調整手当条項) / CROSS-COLLATERAL CLAUSE (追い打ち担保条項) / CROSS-DEFAULT CLAUSE (交差不履行条項) / CURTAIN CLAUSE (カーテン条項) / DEDUCTIBLE CLAUSE (保険金減額条項) / DEFEASANCE CLAUSE (権利消滅条項; 担保物復帰条項) / DEMAND CLAUSE (全債務繰上げ支払要求条項) / DEROGATORY CLAUSE (留保条項; 変更制限条項) / DISABILITY CLAUSE (就業不能条項) / DISTRIBUTIVE CLAUSE (配分条項) / DRAGNET CLAUSE (底引き網条項) / DRIVE OTHER CARS CLAUSE (他車運転条項) / DRY-HOLE CLAUSE (無出油井条項) / DUE-ON-ENCUMBRANCE CLAUSE (負担による期限到来条項) / DUE-ON-SALE CLAUSE (売却による期限到来条項) / ENABLING CLAUSE (授権条項) / ENACTING CLAUSE (制定文言) / ENTIRE-AGREEMENT[-CONTRACT] CLAUSE (完全合意条項; 全合意事項包含条項) / ENTRENCHED CLAUSE (硬性条項) / EQUALITY CLAUSE (平等条項) / ESCALATOR [ESCALATION] CLAUSE (伸縮条項) / ESCAPE CLAUSE (免責条項) / EXCEPTION CLAUSE (免除条項) / EXCLUSION CLAUSE (除外条項, 免責条項) / EXCULPATORY CLAUSE (免責条項) / EXECUTION CLAUSE (作成認証条項) / EXEMPTION CLAUSE (免責条項) / EXON-FLORIO CLAUSE (エクソン・フロリオ条項) / FACILITY OF PAYMENT CLAUSE (保険金便宜支払条項) / FAVORED NATION CLAUSE (最恵国条項) / F. C. & S. CLAUSE (捕獲・拿捕不担保約款) / FIDUCIARY-OUT CLAUSE (受認者脱落条項) / FINALITY CLAUSE (終局性条項) / FINANCIAL RESPONSIBILITY CLAUSE (賠償資力責任条項) / FLUCTUATING CLAUSE (変動条項) / FORCE MAJEURE CLAUSE (不可抗力条項) / FORFEITURE [FORFEIT] CLAUSE (没収条項) / FORUM SELECTION CLAUSE (法廷地条項) / FRANCHISE CLAUSE (免責金額[歩合]条項) / FULL REPORTING CLAUSE (完全通知条項) / FUTURE ADVANCE CLAUSE (将来貸付け条項) / GARDEN LEAVE CLAUSE (庭園休暇条項) / GENERAL PARTICIPATION CLAUSE (総加入条項) / GOLD CLAUSE (金約款) / GOOD-GUY CLAUSE (善玉条項) / GRANDFATHER CLAUSE (祖父条項) / GRANTING CLAUSE (譲与条項) / GUARANTEE CLAUSE (保証条項) / HABENDUM CLAUSE (保有財産条項) / HELD COVERED CLAUSE (担保継続条項) / HELL OR HIGH WATER CLAUSE (全障害条項) / HOLD-HARMLESS CLAUSE (賠償責任免除条項) / HONESTY CLAUSE (誠実条項) / HONOR CLAUSE (徳義条項) / INCHMAREE CLAUSE (インチマリー約款) / INCONTESTABILITY CLAUSE (不可争条項) / INDEMNITY CLAUSE (損害填補保証条項) / INSECURITY CLAUSE (期限利益喪失条項) / INSURING CLAUSE (保険引受け約款) / INTEGRATION CLAUSE (完結的契約書条項) / INTERPRETATION CLAUSE (解釈条項) / IN TERROREM CLAUSE (強迫の条項) / INTERSTATE COMMERCE CLAUSE (州際通商条項) / INTRODUCTORY CLAUSE (冒頭文節) / IPSO FACTO (BANKRUPTCY) CLAUSE (破産結果条項) / IRON-SAFE CLAUSE (金庫条項) / JASON CLAUSE (ジェーソン約款) / JOINT ACCOUNT CLAUSE (共同計算特約条項) / JURISDICTION CLAUSE (管轄権条項) / KICKOUT CLAUSE (一蹴条項) / LET-OUT CLAUSE (除外条項) / LIABILITY CLAUSE ((有限)責任条項) / LIBERTY CLAUSE (離路自由条項) / LIMITATION-OF-DAMAGES CLAUSE (損害賠償額限定条項) / LIMITATION-OF-REMEDIES CLAUSE (救済手段限定条項) / LIQUIDATED-DAMAGES CLAUSE (あらかじめ約定された損害賠償(金)条項) / LOSS PAYABLE CLAUSE (保険金受取人条項) / MARKETOUT CLAUSE (引受け解除条項) / MARKET VALUE CLAUSE (市場価格条項) / MARTENS CLAUSE (マルテンス条項) / MEMORANDUM CLAUSE (メモランダム条項) / MERGER CLAUSE (吸収転換条項) / MINORITY CLAUSES (少数民族条項) / MORTGAGE CLAUSE (譲渡抵当権条項) / MORTGAGE CONTINGENCY CLAUSE (譲渡抵当条件条項) / MORTGAGEE CLAUSE (譲渡抵当権者特約条項) / MOST FAVORED NATION CLAUSE (最恵国条項) / MOST FAVORED TENANT CLAUSE (最恵借人条項) / MOTHER HUBBARD CLAUSE (マザーハバード条項) / NAME AND ARMS CLAUSE (家名・紋章に関する条項) / NEGATIVE-PLEDGE CLAUSE (担保提供制限条項) / NO-ACTION CLAUSE (不訴訟条項) / NO-BONUS CLAUSE (割増金拒否条項) / NO CONTEST CLAUSE (不抗争条項) / NO-FURTHER-REPRESENTATION CLAUSE (将来の弁護禁止条項) / NONCONTESTABILITY CLAUSE (不可争条項) / NONDISPARAGEMENT CLAUSE (中傷禁止条項) / NO-ORAL-MODIFICATION [NOM] CLAUSE (口頭変更禁止条項) / NO-STRIKE CLAUSE (ストライキ禁止条項) / OBJECTS CLAUSE (目的条項) / OMNIBUS CLAUSE (被保険者追加条項; 乗合い条項) / OPTIONAL CLAUSE (選択条項) / OTHER INSURANCE CLAUSE (他保険条項) / OUSTER CLAUSE (裁判権剥奪条項) / OVERREACHING CLAUSE (処分権留保条項) / PAIR-OR-SET CLAUSE (ひとそろい条項) / P & I CLAUSE (ピー・アイ条項) / PARA-

MOUNT CLAUSE (至上約款) / PAYBACK CLAUSE (返却期間条項) / PAY-IF-PAID CLAUSE (代金受領条件支払い条項) / PAY-WHEN-PAID CLAUSE (代金受領後支払い条項) / PENALTY CLAUSE (違約罰条項; 制裁条項) / PERFECT ATTESTATION CLAUSE (完全履行確証条項) / POWER-OF-SALE CLAUSE (売買による譲渡抵当権実行権条項) / PREPAYMENT CLAUSE (期限前弁済条項) / PRO RATA CLAUSE (比例填補条項) / PRO RATA LIABILITY [DISTRIBUTION] CLAUSE (比例填補条項) / PROTECTION AND INDEMNITY CLAUSE (賠償責任保障条項) / RECAPTURE CLAUSE (条件付き商品回収条項; 解除権付き賃料スライド条項) / REOPENING CLAUSE (再交渉条項) / REPEALING CLAUSE (廃止条項) / RESCUE CLAUSE (損害防止約款) / RESERVE CLAUSE (選手保有条項) / RESIDUARY CLAUSE (残余遺産遺贈条項) / ROMALPA CLAUSE (ロマルパ条項) / RUNNING-DOWN CLAUSE (衝突約款) / SAVE-HARMLESS CLAUSE (賠償責任免除条項) / SAVING(S) CLAUSE (除外規定; 留保条項) / SAVING-TO-SUITORS CLAUSE (海事裁判権除外条項) / SEPARABILITY CLAUSE (可分条項) / SEVERABILITY CLAUSE (可分条項) / SHARP CLAUSE (懈怠条項) / SHIFTING CLAUSE ((継承財産設定)移転条項) / SIMPLE LOSS PAYABLE CLAUSE (単純保険金受取人条項) / SIMULTANEOUS-DEATH CLAUSE (同時死亡条項) / STRONG-ARM CLAUSE (強力権能付与条項) / SUB-CLAUSE (項) / SUE-AND-LABOR [SUING AND LABORING] CLAUSE (損害防止約款) / SUICIDE CLAUSE (自殺条項) / SURVIVORSHIP CLAUSE (生残者条項) / TENENDUM CLAUSE (保有条件条項) / TERMINATION CLAUSE (契約終了条項) / TESTIMONIUM CLAUSE (証明文言) / TITLE-OBJECT CLAUSE (表題および目的条項) / TO-HAVE-AND-TO-HOLD CLAUSE (保有財産条項) / UNION SECURITY CLAUSE (組合保障条項) / WAIVER-OF-PREMIUM CLAUSE (保険料払い込み免除約款) / ZIPPER CLAUSE (ジッパー条項).

cláus·al *a*

Clause 28 /— twèntiéɪt/ 〖英〗第28条 (地方自治体法(1988年)第28条のこと; 地方自治体に対し、同性愛を助長する行為を禁止し、助長するとみられる出版物・教材・美術作品などを規制することを定めたもの; 単に the Clause とも呼ばれる)).

cláuse of accrúal [accrúer] 帰属条項 (遺贈・贈与・共有のための文書中、受遺者・受贈者・共有者の死亡後の当該財産の帰属について定めた条項; 特に共同受遺者・受贈者、あるいは共有者の死亡後に生存者への帰属を定めるもの).

cláuse ròlls *pl* 〖史〗封緘勅許状録 (=close rolls) (〖封緘令状 (close writ) 等を記録・保管したもの〗. [L *rotuli clausi*].

Clau·su·lae in·con·su·e·tae sem·per in·du·cunt sus·pi·ci·o·nem. /klɔ́:zjulì: ɪnkʌ̀nsuí:ti sémpər ɪnd(j)úːkənt səspìʃíóunɛm/ 異例の条項は常に疑惑を招く。[L=Unusual clauses always excite suspicion.]

Clau·su·la ge·ne·ra·lis non re·fer·tur ad ex·pres·sa. /klɔ́:zjulə ʤènəréɪlɪs nɑn rɛfértər æd ɛksprésə/ 一般的条項は(特に)明示されたものには適用されない。[L=A general clause does not refer to things expressly mentioned.]

cláusula rébus sic stántibus 事態がこのような状態であるならばとの条項, 事情不変更原則, 事情変更の原則 (=clausa rebus sic stantibus) (《もとは条約が、のちに契約一般に拡張されて、締結時の事情がそのまま存続する限りで有効であるとする原則; 逆に締結時に予見しえなかった重大な事情の変化が後に生じた場合は条約(契約)を終了させることができることをも意味するので、「事情変更の原則」の意にもなる; 通常は後者の意に用いられる; ⇒ principle of REBUS SIC STANTIBUS). [L=a clause of the things standing so]

Clausula vel dis·po·si·tio in·u·ti·lis per prae·sump·ti·o·nem re·mo·tam vel cau·sam ex post fac·to non ful·ci·tur. /— vɛl dɪspəsíʃiou ɪnɔ́:tɪlɪs pər prɪsʌ̀mpʃíounɛm rɛmóutæm vɛl kɔ́:zæm ɛks pòust fǽktou nɑn fʌ́lsɪtər/ 無用の条項ないしは措置は遠い推定や事後の原因によって支持されない。[L=A useless clause or disposition is not supported by a remote presumption or by a cause arising afterwards.]

clau·sum fre·git /klɔ́:zəm frí:ʤɪt/ 不動産不法侵害 (⇒ TRESPASS QUARE CLAUSUM FREGIT). [L=he/she broke the close]

claw /klɔ́:/ *vt* 1 かぎつめでひっかく; つめでつかむ. 2 《金などを》かき集める. — *vi* かぎつめでつかむ[ひっかく]. ~ **back** 《cf. CLAWBACK》徐々に[苦労して]取り戻す; 〈支払われた給付金などの不適切なものを〉税金の形で回収する, 一旦認めた課税控除分を取り戻す.

cláw·bàck *n* 1 回収金 (cf. CLAW *back*). 2 政府の(不適正)給付支出の税金による回収; (不適正)課税控除分の税金の形での取り戻し.

Cláy·ton Àct /kéɪtn-/ [the ~] 〖米〗クレイトン法 (⇒ CLAYTON ANTITRUST ACT).

Cláyton Antitrúst Àct, 1914 [the ~] 〖米〗1914年のクレイトン反トラスト法 (=Clayton Act) ((1890年のシャーマン反トラスト法 (Sherman Antitrust Act 1890) を補完するために1914年に制定された連邦法; シャーマン反トラスト法で禁止されている独占的行為の規制を強化することのほか、価格差別の禁止、排他条件付き取引ならびに抱合わせ契約の規制、および合併・株式取得などの企業取得の規制が主要点である)). [Henry De Lamar *Clayton* (1857-1929) 連邦下院議員]

CLB Bachelor of Civil Law.

Cl. Ct. 〖米〗°Claims Court 請求裁判所・°United States Claims Court 合衆国請求裁判所・°United States Court of Federal Claims 合衆国連邦請求裁判所.

CLD Doctor of Civil Law.

CLE 〖米〗°continuing legal education 弁護士生涯教

育計画.

clean /klíːn/ *a* **1** 公正な, 非難の余地のない, 瑕疵(か)のない, 《道徳的に》汚れのない, *《俗》前科のない. **2** 留保のない, 無条件の, 修正されていない. **3** 障害のない, 安全な. **4** 潔白な; 無傷の.

Cléan Áir Àct [the ~]《米》**大気清浄法**, 大気浄化法《1963 年初めて米国議会を通過し, その後も更新されている法律 (特に 1970 年成立のものを Muskie Act と呼ぶことがある). 同法は連邦政府に対して, 大気汚染を防止するのに必要な補助金の提供, 調査研究の実施, 種々の規制法の制定・施行といった権限を与えている; 中でも自動車の排気ガス中に含まれる汚染物質や大気汚染地域にある工場の煙・排気ガスを規制するための基準を設定したことが重要である; 略 CAA》.

cléan bíll 1《米議会》**修正法案**, クリーンビル《委員会での審議の結果修正・加除された語句などを原案に書き込み, 個々の修正部分ごとの審議を避けるため再度一括して新法案として提出されたもの》. **2** CLEAN BILL OF HEALTH.

cléan bíll of héalth《悪疫流行地の港で出す, 伝染性・感染性の疾病が当該港には存在しないことを理由にしての船員・旅客・貨物の》**健全健康証明書** (opp. *foul bill of health*) (⇒ BILL OF HEALTH).

cléan bíll of láding **無故障船荷[運送]証券** (opp. *dirty bill of lading, foul bill of lading, unclean bill of lading*) (⇒ FOUL BILL OF LADING).

cléan bréak《英》**後腐れのない破綻**《離婚に際し夫婦間の財政問題を継続的支払い命令によるよりむしろ一括払い命令によりきちんと処理しておくべきであるという原則; cf. CHILD SUPPORT MAINTENANCE》.

cléan bréak prìnciple 後腐れのない破綻の原則 (⇒ CLEAN BREAK).

cléan hánds *pl* **1**《特に金銭問題や選挙における》潔白: have ~ 潔白である / with ~ 潔白で. **2** 汚れのない手(の法理), クリーン・ハンズ (= CLEAN HANDS DOCTRINE) (cf. UNCLEAN HANDS).

cléan hánds dòctrine **汚れのない手の法理** (= unclean hands doctrine)《エクイティー上の救済を求めるための条件; 'He who comes to EQUITY must come with clean hands.' という格言からきた表現で, 良心裁判所としてのエクイティー裁判所に救済を求める者は, その事案に関連して良心に反する行為など衡平の原理にもとる行為がある場合には, たとえこのような行為がなければ勝訴できる場合であっても, 救済を拒否されるという原則; 単に clean hands ともいう》.

cléan-ùp [cléan-ùp] dòctrine 争点一掃の法理《裁判管轄に関する原則で, エクイティー裁判所がいったんある事件の管轄権を得た場合には, その裁判所はコモン・ロー上の争点についても, その争点がエクイティー上の争点に付随しているものである限りが許されるというもの》.

clear /klíər/ *a* **1** 明確な, はっきりした, 明瞭な, 確信している 〈*on, about, that*〉; 明らかな, 明晰な. **2** 開けた, 《妨げ・支障などの》全くない; 空の; 裸の; 潔白な, 罪のない. **3** 純粋な (pure), 正味の (net), 全くの: ~ profit 純益 / three ~ days まる三日.
— *vt* **1** きれいにする, 明らかにする, 明確にする; 《疑いを》晴らす, 《身》のあかしを立てる: ~ oneself of [from] charges みずからの嫌疑を晴らす. **2** 清掃[一掃]する, 《じゃま物を》取り除く, 片付ける 〈*of*〉; 《船が積荷を》降ろす. **3** 《いくら》純益を上げる: ~ 8% on the sale 8% の純益を上げる. **4**《商業》…の蔵払いをする. **5**《税関などで荷物などの》承認を得る, 《船舶・船荷の》出港[入港]手続きを済ませる: ~ goods through the customs 通関手続きを済ませる. **6**《借金・関税を》支払う, 《勘定を》清算する; 《手形を》交換清算する: ~ a check 小切手を交換清算する. **7** 認可する, …に《出入港・離着陸などの》承認[許可]を与える. **8**《法案が議会を》通過する, 《税関の検査を通る. ~ up (1)** きれいにする; 整頓する, 決済する. **(2)**《問題・疑問などを》解く; 《問題などが》解決する, 見通しが立つようになる. **(3)** 犯人を割り出して逮捕する, 検挙する.

clear·ance /klíərəns/ *n* **1** 取り片付け, 除去, 一掃; 取りこわし. ▶ NEGATIVE CLEARANCE (競争妨害協定禁止規定無違反宣言) / SLUM CLEARANCE (スラム街撤去(政策). **2** 森林伐採; 空地, 《森林などを伐り開いた》開拓地. **3** 手形交換; 決済. **4** 通関, 通関手続き; 出港許可; 出港権; 出港手続き; 出港; 出港[入港]認可書 (= ~ pàpers); 離着陸許可: customs ~ 通関. **5** 機密情報の使用許可; 《機密などを委ねうるとの》人物証明 (security clearance). **6** ゆとり, 余裕; 遊び, 空き, 隙間, 間隔. **7** 利益.

cléarance àrea《英史》**除去[取りこわし]地区**《危険・健康に悪いなど, 人の居住に適さない地区として地方当局から指定され代替地が用意されたうえ取りこわされる地区; 1974 年に廃止された; cf. HOUSING ACTION AREA, REHABILITATION ORDER》.

cléarance certìficate 通関証明書.

cléar and convíncing *a* **明白かつ確信をいだかせるに足る** (cf. REASONABLE DOUBT, PREPONDERANCE OF THE EVIDENCE).

cléar and convíncing évidence 明白かつ確信をいだかせるに足る証拠《民事訴訟で, 事実の証明は一般に証拠の優越 (preponderance of (the) evidence) の程度で必要かつ十分とされるが, それより高度の証明が必要とされる場合の表現; cf. CLEAR AND CONVINCING PROOF, CONVINCING EVIDENCE, CONVINCING PROOF, MORAL CERTAINTY, REASONABLE DOUBT》.

cléar and convíncing próof 明白かつ確信をいだかせるに足る証明 (⇒ CLEAR AND CONVINCING EVIDENCE).

cléar and présent dánger 明白かつ現在の危険《合衆国最高裁判所裁判官 Oliver Wendell HOLMES, Jr. が 1919 年に示した, 言論・出版の自由 (freedom of speech and press) に対する規制の基準; この基準は, Dennis v. United States (1951) でいったん修正されたが, しかしなお Brandenberg v. Ohio (1969) では

cléar and présent dánger tèst 明白かつ現在の危険テスト (⇨ CLEAR AND PRESENT DANGER).

cléar and unmistákable érror 明白かつ間違えようのない誤り (＝CLEAR ERROR).

cléar dáys *pl* 正味の日数.

cléar érror 明白な誤り (＝clear and unmistakable error)《特に再審査 (review) している裁判所から見ての事実審裁判官 (trial judge) の判決・判断についていう》.

Cléar·field Trúst dòctrine [the ～]《米》クリアフィールド信託の法理《連邦裁判所は、連邦共通法を作る連邦法上の権限を有しなくても全国統一の法規範に対する連邦の強い利益が存する場合には、連邦共通法を作り出す権限を有するという原則; 1943 年の判例 Clearfield Trust Co. v. United States の原告名から; cf. ERIE DOCTRINE》.

cléar·ing *n* **1** 清算, 手形交換; [*pl*] 手形交換高: ～ of a debt. ▶ STOCK CLEARING (株式の清算). **2** 通関: ～ of goods through customs 荷物の通関[税関通過].

cléaring àgency 証券取引代理店 (＝CLEARING AGENT).

cléaring àgent 証券取引代理人 (＝clearing agency)《証券取引の仲介人 (intermediary) として行動する、または証券取引のための比較資料の便宜を提供する個人または会社》.

cléaring bànk《英》ロンドン手形交換所加盟銀行, 手形交換所の一員である銀行《通常の預金業を主として行なう都市銀行; cf. MERCHANT BANK, PRIVATE BANK》.

cléaring corporátion《米》手形交換会社《その株式が全国的な証券取引所ないしは 1934 年証券取引法 (Securities Exchange Act of 1934) のような連邦法の下で登録された団体によりあるいはそれらのために保有されている手形交換機関である法人》.

cléar·ing·hòuse, cléaring hòuse *n* **1** 手形交換所. **2** 証券・商品取引所の清算・決済機構. **3** [*fig*] 情報交換所, 情報交換センター. **for ～ purposes only** 手形交換のための《銀行が所持している小切手を手形交換所を通して取り立てるために裏書きされる制限裏書 (restrictive endorsement)》.

cléarly erróneous stándard 明白な誤りの基準《上訴裁判所が事実審裁判所での事実上の争点の扱いを判断する際に通例適用する再審査基準で、この基準で明白に誤りがあったと上位裁判所が確信した場合には判決は覆される; ⇨ *clearly* ERRONEOUS; cf. TRIAL DE NOVO》.

cléar refléction of íncome stàndard《米税制》所得明白反映基準《納税者が用いた所得計算方法がその所得を反映していないことが明白である場合には、内国歳入庁 (Internal Revenue Service) が納税者に強要しうる所得計算方法》.

cléar títle 1 曇りのない権原, 疑う余地のない権原, 明白な権原《有効性について法律の上でも事実の上でも疑いをいだかせるような負担・障害・制限などのない権原》. **2**《広義で》取引適合権原 (＝MARKETABLE TITLE).

cléar-úp *n*《警察俗》犯人の割り出しおよび逮捕, 一件落着: ～ rate 検挙率, 犯罪解決率. ★ clear-up は primary clear-up と secondary clear-up の 2 つの範疇に分けられ、前者は容疑者が逮捕されて犯罪が解決されること、後者はある件で検挙された者が前に起こった未解決事件について自白する場合.

cléar víew dòctrine《米》明視の法理 (＝PLAIN VIEW DOCTRINE).

clem·en·cy /klémənsi/ *n* **1** 温順; 仁慈, 寛容, 温情の処置. **2** *恩赦,《恩赦としての》減刑 (cf. AMNESTY, COMMUTATION, MERCY, PARDON, REPRIEVE). ▶ EXECUTIVE CLEMENCY (行政官恩赦). **clém·ent** *a*

Clem·en·tines /klémənti:nz, -tàinz, -tì:nz/ *n pl*《教会法》クレメンス集《教皇 Clemens (在位 1305-14 年) 自身の勅令その他を含み、1317 年に後継者 Joannes 22 世により公布; 教会法大全 (Corpus Juris Canonici) の一部として編纂されている》.

Clém·ent's Ínn /kléməts-/《英史》クレメンツ・イン《インズ・オヴ・チャンセリ (Inns of Chancery) の一つ》.

clergiable ⇨ CLERGYABLE.

cler·gy /klɔ́:rdʒi/ *n* **1** 聖職者. ▶ ARTICLES OF THE CLERGY (聖職者法; 聖職者の要求条項) / BENEFIT OF CLERGY (聖職者の特権) / HOUSE OF CLERGY (聖職者院). **2**《史》聖職者の特権 (＝BENEFIT OF CLERGY).

clérgy·able, clérg·i·able *a*《古》聖職者の特権 (benefit of clergy) 適用可能な, 聖職者の特権が認められる.

clérgy·man /-mən/ *n* 聖職者.

cler·ic /klérik/ *n* 聖職者. — *a* CLERICAL. [L < Gk (*klēros* lot, heritage)]

cler·i·cal *a* **1** 聖職者 (clergyman) の, 聖職の; 聖職主義の. **2** 書記 (clerk) の: the ～ staff 事務職員 / ～ work 書記の仕事, 事務.

clérical érror《判断内容の誤りではない》書き誤り, 誤記, 写し誤り (＝scrivener's error)《判決の書き誤りは登録後であっても、裁判所が訂正できる; cf. DOCTRINE OF SCRIVENER'S ERROR》.

clérical estáte 聖職者身分.

clérical misprísion《裁判所》書記の誤記《記録上明白な特に裁判所書記による誤記で, 善意過失によるものも悪意によるものも含む》.

clérical súbsidy《英史》聖職者臨時税《Henry 8 世時代から聖職者への課税は聖職者会議 (convocation) で議決されていたが, この課税を指した; 1662 年には議会が直接課税することになった》.

clerk /klɔ́:rk; klɑ́:k/ *n* **1 a** 事務職員: an accounts ～ 会計職員, 会計係 / a chief [head] ～ 主任事務員. **b**《米》店員, 売子: a sales ～ 販売員. ▶ AUTHORIZED CLERK (正規株式取引員) / FILE [FILING] CLERK (文書

整理係) / MANAGING CLERK (法律事務所書記). **2 a** 《米》法修習生 (⇨ CLERKSHIP) (cf. INTERN², PARALEGAL). **b** 調査官, ロー・クラーク (=LAW CLERK). ▶ ARTICLED CLERK (事務弁護士実務修習生) / ELBOW CLERK (側近調査官) / LAW CLERK (ロー・クラーク, 裁判官付き調査官) / POOL CLERK (共同利用調査官). **3** 《官庁・法廷の》書記, 書記官; 事務官;《英》治安判事書記 (clerk to the justices). ▶ CHIEF CLERK (主任書記官) / CHIEF CLERK (裁判所主任事務官) / CITY CLERK (市書記) / JUDGE'S CLERK (裁判官付き書記官) / JUSTICES' CLERK (治安判事書記; 治安判事) / (LORD) JUSTICE CLERK (スコットランド《刑事法院》次席裁判官) / MAGISTRATES' CLERK (治安判事書記) / SHIRE CLERK (州書記) / SIX CLERKS (六書記) / SIXTY CLERKS (六十書記) / SWORN CLERKS IN CHANCERY (大法官府宣誓書記) / TOWN CLERK (市書記; タウン書記). **4** 《英国》庶民院事務総長 (Clerk of the House of Commons). **5** 聖職者 (=~ in hóly órders). — *vi* clerk としてつとめる. **~·dom** *n* clerk の職[地位]. [OE and F < L; ⇨ CLERIC]

clérk·ess *n* 《スコットランド》女性の書記, 女性事務員.

clérk of arráigns 《英史》罪状認否書記官《アサイズ裁判書記 (clerk of assize) の補佐的書記; 1946 年法で廃止》.

clérk of assíze 《史》アサイズ裁判書記《英国では 1971 年法でアサイズ (assize) と共に廃止; ⇨ ASSIZE》.

clérk of cóurt 裁判所書記《単に clerk ともいう》.

Clérk of Récords and Wríts 《英史》大法官府裁判所書記官《大法官府裁判所 (Court of Chancery) の 3 名からなる役人で, その訴状・執行令状への押印, 訴訟記録の管理などを担当したが, その仕事は 1879 年法で最高法院主事中央局 (Central Office (of the Supreme Court)) に移管され, 最高法院主事 (Master of the Supreme Court) が担当することになり, 廃止》.

Clérk of the Cóuncil (in Òrdinary) [the ~] 枢密院書記官.

Clérk of the Hóuse [the ~] **1** 米国下院事務総長 (cf. SECRETARY OF THE SENATE). **2** 《英》CLERK OF THE HOUSE OF COMMONS.

Clérk of the Hóuse of Cómmons [the ~] 《英国》庶民院事務総長 (=Clerk of the House)《終身職の下院事務官の長で, 庶民院議長 (Speaker of the House of Commons) の補佐役として, 庶民院の議事手続きを取り仕切る》.

Clérk of the Párliaments [the ~] 《英国》貴族院事務総長《貴族院事務官の長》.

clérk of the péace 《史》治安書記, 治安裁判所書記官《英国では 1972 年廃止》.

Clérk of the Pétty Bág 《英史》小袋局書記, 大法官府書記所録官 (⇨ PETTY BAG (OFFICE)).

clérk·ship *n* **1** 書記職, 調査官職; 聖職. **2** 《米》法修習生の職《多くの法域では, 法学部学生・卒業生が弁護士資格を得る前に実習を兼ねて法実務家の補助仕事を果たさなければならないが, その職・身分》.

clérk to the jústices 《英》治安判事書記, 下級判事書記, 下位裁判所裁判官書記 (=justices' clerk, magistrates' clerk)《治安判事裁判所 (magistrates' court) で判事に法・訴訟手続きなどについて助言を与える》.

clíck fráud クリック詐欺《クリックごとに広告主に課金される方式のウェブサイトの商業広告を人ないしロボットがウェブサイト閲覧や商品購入以外の目的で繰り返しクリックする不正行為; cf. COMPETITOR CLICK FRAUD》. ▶ COMPETITOR CLICK FRAUD (競争者クリック詐欺).

cli·ent /kláɪənt/ *n* **1** 《弁護士・公認会計士などへの》依頼人[者], 訴訟依頼人. ~ control《弁護士の》依頼人に対する影響力. **2** 福祉施設利用者, 福祉受給者. **3** 受療者, 患者. **4** 《銀行・美容院・商店などの》顧客, 得意《客》. **~·ship** *n*

cli·en·tal /klaɪéntl/ *a* 依頼人の; 顧客関係の.

cli·en·tele /klàɪəntél, klìː-; klìːɑːn-/ *n* 訴訟依頼人, 顧客, 患者《集合的》. [L=clientship]

clíent secúrity fùnd 《米》訴訟依頼人保証基金《通例は州あるいは州の法曹協会 (bar association) 設立の基金で, 資金を弁護士により不正に使用された依頼人の損害を補償するもの》.

clíent trúst accòunt 訴訟依頼人信託勘定《例えば訴訟依頼人の債務者から受領した返済金などの訴訟依頼人に属する金銭を弁護士が銀行に預けておく通例は利息付き勘定; 単に trust account ともいう》.

Clíf·ford's Ínn /klífərdz-/ 《史》クリフォーズ・イン《インズ・オブ・チャンセリ (Inns of Chancery) の一つ》.

Clífford trùst 《米》クリフォード型信託《生前信託の一つで, 設定者がその信託につきなんらかの権限を保有している譲与者信託 (grantor trust) の一つで, 少なくとも 10 年の間 収入は信託受益者に行き, その後は元金が授与者に戻される; 所得税の対象が, 通常 設定者よりも所得の低い受益者 (通例は設定者の子供) になるので節税対策となるが, 1986 年法により 10 年を超えるものは通常の譲与者信託とみなされるようになり, また徴税対象にもなった; この型の信託が合衆国最高裁判所で問題になった判例 Helvering v. Clifford (1940) の被告名から; cf. INCOME SHIFTING》.

clímate chànge lèvy 《英税制》気候変化税《電気・ガス・石炭・コークス供給にかかる税; 2000 年法で導入》.

clínical légal stúdies *pl* 臨床的法学学習《法科大学院 (law school) の教育方法の一つで, 学生が法実務家や教授の指導の下で実際の事件に関わることを通じて訓練を受けること》.

CLJ 《英》Cambridge Law Journal.

clóg on (the) équity of redémption エクイティー上の受戻し権の妨害 (=clógging equity of redemption, clog or fetter on the equitable right to redeem)《譲渡抵当設定契約で, 債務が履行されても equity of redemption (エクイティー上の受戻し

clon·ing /klóunɪŋ/ *n* クローン化, クローニング《未受精卵の核を体細胞の核と入れ換え遺伝的に同一個体を得ること, またはその技術; 法学的には特にその技術の人間への応用が問題となりうる; 子供を作る目的の reproductive cloning (生殖クローニング) と治療目的の therapeutic cloning (治療クローニング) に分けられ, 前者は現時点では違法, 後者は許可制となっている》.

close[1] /klóuz/ *vt* **1** 閉じる, 閉める; 閉鎖する, 閉店する, 休業する; 閉会する: All the banks are ~d on the National Day. **2** 終える, 終結する; 完了する; 打ち切る; 締め切る; 結審する; 最終的に決定する: ~ an account 信用取引をやめる; 銀行取引をやめる. **3**〈契約を〉結ぶ,〈取引を〉まとめる[完了する]. —— *vi* **1** 閉まる, 閉じる; 終わる, 済む, 閉会する; 終業する, 閉店する. **2** (…と) 契約を結ぶ〈*with*〉, (…に関して)契約を締結する〈*on*〉: ~ on a house 家の譲渡契約を結ぶ. **3**〈株式・通貨が〉引ける〈*at*〉: The dollar ~d in Tokyo at ¥115. 東京ではドルの終わり値が 115 円であった / The stocks ~d at $15. **4** 接近する; 集合する. ~ **down**《長期間または永久に》〈店・工場などを〉閉める, 閉鎖する. —— *n* **1** 終結, 終わり; 結審; 訴答の終結 (close of pleadings). **2**《証券》終値, 引け値 (closing price).

close[2] /klóus/ *a* **1**《距離が》近い, 接近した〈*to*〉; 伯仲した;《関係が》近い, 親しい, 近しい (intimate): The company was ~ to bankruptcy. 会社は破産寸前だ. **2** 周到な, 緻密な; 綿密な, 忠実な; 徹底的な. **3** 閉じた, 密閉した, 秘密の, 非公開の. **4** 入手困難な,〈金融が〉逼迫(ひっぱく)している: Money is ~. 金詰まりだ. —— *n* **1** 囲い地 (enclosure); 一筆の土地, 一区画の土地. ▶ BREACH OF CLOSE (土地不法侵害) / BREAKING A CLOSE (土地不法侵害). **2**"構内, 境内, 校庭. **3**"袋小路;《スコットランド》通りから共同階段または中庭に通ずる入口.

clóse cómpany〖英〗閉鎖会社, 非公開会社《役員だけ, あるいは 5 人以下の構成員 (participator) の管理下にある会社; cf. PARTICIPATOR》.

clóse corporátion〖米〗閉鎖会社, 非公開会社, 同族的会社 (＝closed corporation*, closely held corporation)《株式が一般に公開されず, 1 人または家族などの少数の者によって所有されている会社; cf. OPEN CORPORATION》.

closed /klóuzd/ *a* **1**〈階級・組織など〉閉ざされた, 囲われた, 閉鎖的な. **2** 打切りになった. **3**〈手続き・集会など〉非公開の; 排他的な: a ~ hearing 非公開審理[聴聞].

clósed corporátion〖米〗CLOSE CORPORATION.

closed-end *a* **1**〈投資信託が〉資本額固定の, 閉鎖式の, クローズドエンド型の (opp. *open-end*). **2**〈担保が〉貸付金額を固定した.

clósed-ènd crédit〖米〗クローズドエンド信用, 特定目的の信用《信用供与・金銭貸付けの際, 利用目的が特定されるもの; cf. OPEN-END CREDIT》.

clósed-ènd indénture 閉鎖式担保付き社債信託証書《閉鎖式譲渡抵当付き社債 (closed-end mortgage bond) 発行の際, 発行会社と受託会社間で作成される信託証書; cf. OPEN-END INDENTURE》.

clósed-ènd invéstment còmpany〖米〗クローズドエンド型[閉鎖式]投資会社《米国の投資会社 (investment company) の一つで, 管理型投資会社 (management company) の一類型; cf. OPEN-END INVESTMENT COMPANY》.

clósed-ènd mórtgage 閉鎖式譲渡抵当, クローズドエンド・モーゲージ, 閉鎖式モーゲージ《譲渡抵当で同一担保物件につき期限前弁済もまた追加借入れもできないもの; cf. OPEN-END MORTGAGE》.

clósed-ènd mórtgage bònd 閉鎖式譲渡抵当付き社債 (cf. CLOSED-END MORTGAGE, OPEN-END MORTGAGE BOND).

clósed márket 閉鎖市場.

clósed pólicy 固定的保険(約款).

clósed rúle 討論終結規則《法案の討議に時間制限を設ける規則; cf. CLOSURE》.

clósed séa [the ~]《国際法》**1** 閉鎖海(論) (＝MARE CLAUSUM) (cf. MARE LIBERUM). **2** 海洋閉鎖, 海洋領有 (＝mare clausum) (cf. FREEDOM OF THE SEAS). **3** 領海 (＝mare clausum) (cf. HIGH SEAS).

clósed séason* 禁止期間, 禁猟期, 禁漁期 (close season").

clósed séssion 非公開会議[集会], 秘密会 (cf. OPEN SESSION): be in ~ to discuss staff problems.

clósed shóp クローズドショップ《米国では特定労働組合員だけを, 英国ではその他に一定期間内に組合員になることを条件に雇うことを労働協約により義務づけている事業所; この協約は米国では違法, 英国では 1992 年法で制度そのものは違法でないが, 強制力を有しない; ⇒ UNION MEMBERSHIP AGREEMENT; cf. AGENCY SHOP, OPEN SHOP, UNION SHOP》.

clósed shóp agrèement クローズドショップ協定 (⇒ CLOSED SHOP).

clósed transáction〖税制〗完了取引《売買で得た金額が損得計算目的上確定しうる取引》.

clósed únion 閉鎖組合《高額の入会費などで組合加入を著しく困難にしている組合; cf. OPEN UNION》.

clóse invéstment hólding còmpany〖英〗閉鎖投資持株会社《全くないしは主としては商業ベースでの取引を行なっていないかあるいは縁故のない人に貸す土地を保有していない閉鎖会社 (close company); その利益に関しては法人税を割引なしで課せられる》.

clósely héld *a*《少数の株主が大部分の株式ないしは議決権を有していて》閉鎖的な, 非公開の.

clósely héld corporátion (株式)非公開会社 (＝CLOSE CORPORATION) (cf. PUBLICLY HELD CORPORATION).

clóse of pléadings《英史》訴答の終結《かつて高等法院 (High Court of Justice) における訴答手続きの一段階で, 原告第二訴答 (reply)・反訴 (counterclaim)への答弁・答弁の送達後 14 日経た時点で、この間に相手方から手続きがなされない場合には、これで訴答は終了争点は最終送達訴答で決定されたものとされた; 現在この段階は民事事件処理手続き (case management) と手順配分 (track allocation) によって引き継がれ処理されている).

clóse ròlls *pl*〖史〗封緘勅許状録 (=CLAUSE ROLLS).

clóse séason〟禁止期間, 禁猟期, 禁漁期 (closed season*).

clóse writ〖史〗封緘(ふう)令状 (1) 国王から国璽 (Great Seal) で認証発行される令状ではあるが, 特定の人宛てで特定目的のためのであるため公けにする理由のないもの; LETTERS CLOSE (封緘勅許状) ともいう 2) 領主 (lord) ではなく, シェリフ (sheriff) 宛ての令状; cf. PATENT WRIT).

clos·ing /klóuziŋ/ *n* 1 閉じること, 閉鎖; 終結, 締切り, 決算;《演説・手紙の》結び; 休会: EARLY ~ day / ~ of an account 信用取引の停止. 2 *原所移転完了《不動産売買の手続き完了》;*不動産売買最終手続き (=settlement); 契約調印. ― *a* 1 終わりの; 閉会の: ~ time 終業[閉店, 閉館, 閉庁]時間. 2 決算期の.

clósing àrgument 最終弁論 (=closing speech〟, closing statement, final argument*, final speech〟, summation, summing-up)《証拠調べ終了後両当事者側が裁判所・陪審に対して行なう弁論で, 証拠の概要とそれにより証明されたと信じる事実を述べ, みずからに有利に事実を判断し法を適用することを要請するもの).

clósing lìne〖国際法〗《湾口の》閉鎖線《領海などの範囲決定の場合の湾の基線として用いられる湾入口の閉鎖線》.

clósing of estàte 遺産管理終了.

clósing òrder〖英〗閉鎖命令《人が住むに適さない家の使用を禁止する地方当局からの命令》.

clósing prìce〖証券〗終値, 引け値 (=close).

clósing spèech〟最終弁論 (=CLOSING ARGUMENT).

clósing stàtement 1 最終弁論 (=CLOSING ARGUMENT). 2 不動産取引最終経費内訳書《不動産取引において通例は貸主や《条件付き》第三者預託証書[預託物]受託人 (escrow agent) が用意するもので, その取引に要した経費の内訳書》.

clo·sure /klóuʒər/ *n* 1 閉鎖; 締切り, 閉店, 休業; 終止, 終結. 2〖英議会〗討論終結 (cf. CLOSED RULE, CLOTURE, GUILLOTINE): a ~ motion 討論終結動議. ▶ KANGAROO CLOSURE (一足跳び討論終結). ★ 英国で特に庶民院議員が討論終結動議を提出する際の決まり文句は 'I move that the question be now put.' で, これに対して議長は即座に動議を投票にかけ, 100 名以上の賛成で打ち切られる.

clósure òrder〖英〗《無許可酒類販売の店の即時》閉店命令.

clo·ture /klóutʃər/〖米議会〗*n* 討論終結 (cf. CLOSURE). ★ 米国上院では 6 分の 1 の議員が発案し, 3 分の 2 の議員が賛成すれば 1 時間以内に発言を中止しなくてはならない. ― *vt*《投票に付すべく》…の論議を終結する.

clóud on títle 権原の曇り, 権原の瑕疵(か)《の可能性》《もしそれが有効なら不動産の価値をそこなうような, 例えば担保権・地役権 (easement) など当該不動産に対する第三者の権原・請求権や負担の存在の可能性; cf. ACTION TO QUIET TITLE, GOOD MERCHANTABLE ABSTRACT OF TITLE, QUIET》. **remove a** ~ 権原の曇りを除去する. ♦ BILL TO REMOVE A CLOUD ON TITLE《権原の曇り除去訴状》.

CLPA〖英〗°Common Law Procedure Acts コモンロー上の手続きに関する法律.

CLS〖英〗°Community Legal Service 地域法律扶助提供 ♦ °critical legal studies 批判的法学.

CLSer /síːɛlésər/ *n* 批判的法学支持者 (=CRIT). [*CLS+-er*]

club /klʌ́b/ *n* 1 棍棒, 棒;《ゴルフ・ホッケーなどの》クラブ. 2 **a** クラブ, 会, 同好会《社会的目的その他の目的のための任意団体 (voluntary association); その会員は一定金額を共通の基金あるいは特定個人に支払う; 前者は members' club, 後者が proprietary club と呼ばれる; いずれも会員は拠出金の範囲内の責任しか負わない》 **b**〝《口》相互扶助団体 (benevolent association). ▶ KANGAROO CLUB (えせ法廷) / MEMBERS' CLUB (会員制クラブ) / P & I CLUB (ピー・アイ・クラブ) / PROPRIETARY CLUB (私営クラブ) / PROTECTION AND INDEMNITY CLUB (船主責任相互保険組合, ピー・アイ・クラブ). 3 クラブ室, クラブ会館.

clue /klúː/ *n*《なぞを解く》手掛かり,《調査・研究などの》いとくち;《俗》情報, 個人的な意見: search the room for ~s / three ~s to the identity of the murdered.

clúster zòning〖米〗《土地利用計画の》房(ふさ)状ゾーニング《地域の一体的開発において, 伝統的規制をはずし, 制限範囲内で自由な街づくりのデザインを認める手法; cf. PLANNED-UNIT DEVELOPMENT, RESIDENTIAL CLUSTER》.

Cm〖英〗°Command Papers《その 1986 年以後のシリーズ番号の前に付す略字》.

CMA〖米〗°Court of Military Appeals 軍法上訴裁判所. **CMC**〖英〗°case management conference《民事》事件処理手続き協議.

Cmd〖英〗°Command Papers《その 1919-56 年のシリーズ番号の前に付す略字》.

Cmnd〖英〗°Command Papers《その 1957-86 年のシリーズ番号の前に付す略字》.

CMO〖米〗°collateralized mortgage obligation 譲渡抵当担保債券[社債].

CMR〖米〗°Court-Martial Reports 軍法会議判例集 ♦〖米〗°Court of Military Review 軍法再審査裁判所. **CN** °Code Napoléon ナポレオン法典.

Cncl Council.

Cnut ⇨ CANUTE.
cnvt convict.
co- /kou/ *pref* 「共同」「共通」「相互」「同等」の意: *co*conspirator 共謀者 / *co*-creditor 共同債権者 / *co*-defendant 共同被告(人) / *co*habitation 同棲 / *co*heir 共同(法定)相続人 / *co*-insurance 比例塡補保険; 共同保険 / *co*operation 協力 / *co*-owner 共同所有(権)者 / *co*parcenary 相続財産共有(権) / *co*signer 連署人 / *co*trustee 共同受託者.
Co. Company ◆ County.
CO 《英》°Certification Officer 労働組合認定官 ◆ °commissioner for oaths 宣誓供述管理官 ◆ °conscientious objector 良心的兵役忌避者 ◆ CRIMINAL offense 刑事犯 ◆《英》°Crown Office 王座裁判所刑事部.
co·ad·ju·tor /kouǽʤətər, kòuədʒúː-/ *n* 協働者, 助手, 補佐 (assistant); 《特に》主教[司教]代行, 補佐主教[司教].
co·a·li·tion /kòuəlíʃ(ə)n/ *n* 一体化, 合体; 連合, 合同 (union); 提携, 連立: the ~ cabinet [ministry] 連立内閣 / ~ forces 連合軍. [L *co-(alit- alesco* to grow ⟨ *alo* to nourish)]
Cóase thèorem /kóus-/ [the ~] コースの定理《経済学者 Ronald Harry Coase (1910–) が提唱し「法と経済学」研究の出発点・基礎となっている考え方; 内容は, 取引費用 (例えば工場煤煙で付近住民に損害を与えている場合工場と住民間の取引交渉費用) がゼロのときには外部費用の負担に関する権利義務 (上例での住民側の工場に対する損害賠償請求権) の存在と独立に, 取引によって常にパレート最適の (Pareto optimal) 資源配分 (上例で煤煙防止装置の設置) が達成される, というもの》.
coast /kóust/ *n* 沿岸, 海岸.
cóastal wáters *pl* 沿岸海域 (⇨ EXCLUSIVE ECONOMIC ZONE, FISHERY LIMITS, HIGH SEAS, TERRITORIAL WATERS).
cóastal zóning 《米》海浜開発規制《五大湖湖岸線を含む海岸線の環境保護規制》.
cóast guàrd 沿岸警備隊《英国ではかつては沿岸防衛に当たっていたが, 現在では密貿易・密入国取締り・海難救助などに当たり, 米国では海難救助・関税取立て・入国管理法執行に当たる》.
COBRA /kóubrə/ 《米》°Consolidated Omnibus Budget Reconciliation Act of 1985 統合包括予算調整法.
cò·conspírator, co- *n* 共謀者, 謀議仲間. ► UNINDICTED COCONSPIRATOR (非起訴共謀者).
coconspírator's excéption 共謀者に関する例外 (= coconspirator's rule)《共同謀議 (conspiracy) 罪参与者の共同謀議中ないしはその推進中の行為・発言は, たとえ当該被告人不在中のものであっても, 全員の不利益証拠として許容されるという例外; cf. HEARSAY, JAMES HEARING》.
coconspírator's rúle 共謀者に関する準則 (= COCONSPIRATOR'S EXCEPTION).
cò-cóunsel *n*《複数弁護士がついている場合の》共同弁護士.
cod. codex ◆ °Codex Justinianus ユスティニアヌスの勅法彙纂 ◆ codicil ◆ codification.
c.o.d., COD °cash on delivery =°collect on delivery* 代金引換え渡し ◆ cash on demand ◆ costs on delivery.
codd. codices (⇨ CODEX).
code /kóud/ *n* **1 a** 法典; 法規集, 《特に》(主題別)法律集, 命令集 (cf. CASE LAW, DIGEST, STATUTORY LAW). **b** *模範法典 (model code). **c** 《ある階級・同業者などの》規約, 慣例, 《社会の》おきて. ► BLACK CODE (黒人法) / BUILDING CODE (建築基準法規) / CIVIL CODE (民法典) / COMMERCIAL CODE (商事法典) / CRIMINAL CODE (刑事法典) / EVIDENCE CODE (証拠典) / HIGHWAY CODE (道路交通法範集) / HOUSING CODE (住宅基準法規) / MODEL CODE (模範法典) / PENAL CODE (刑事法典) / PROBATE CODE (検認法典) / SANITARY CODE (衛生法規) / SLAVE CODE (奴隷法). **2**《ローマ法》勅法彙纂 (= JUSTINIAN CODE). **3** 信号法, 符号, 暗号, 略号, コード: send one's message in ~ area = 《電話》市外局番 / machine-readable ~s 機械可読コード. ► CITY CODE (シティコード) / POSTCODE (郵便番号) / TAX CODE (租税コード) / ZIP CODE (郵便番号). — *vt*《電文を》暗号にする: receive ~d instructions. [OF < L *codex*]
Códe Ádam《米》アダムの手順《官庁・店舗その他の建物内で子供が親ないしは付き添いから離れ行方不明になっている場合に従われることにしている手続き; 典型的にはその子の特徴が放送され, 人々に捜してくれるよう警告が出され, すべての出入口が閉され監視され, 一定時間内に見つからない場合は警察が呼ばれる; 1981年にデパートから誘拐殺害された6歳の少年の名前 Adam Walsh からの命名; cf. AMBER ALERT》.
cò·débtor *n* 共同債務者.
cò·decísion procédure 共同決定手続き《欧州連合 (European Union) において欧州議会 (European Parliament) に一定の立法案に対する拒否権 (veto) を与えている手続き; マーストリヒト条約 (Maastricht Treaty) によって導入されたもの; 欧州委員会 (European Commission) が提案した法案につき欧州連合理事会 (Council of the European Union) と欧州議会の両者の意見が一致をみない場合には, 双方からなる調停委員会 (conciliation committee) が招集され, 対立の調整をはかり, それにもかかわらず妥協が成立しない場合には, 欧州議会は絶対多数で当該法案を否決できる拒否権を有するとするもの; cf. ASSENT PROCEDURE, COOPERATION PROCEDURE》.
Code Ci·vil /F kɔd sivil/ [the ~] 民法典《ナポレオン法典 (Code Napoléon) のこと》. [F = civil code]
cò·deféndant *n* 共同被告(人) (cf. COPLAINTIFF).

Códe for Crówn Prósecutors〚英〛公訴官服務規程《1985 年法に基づき公訴局（Crown Prosecution Service）に対して公訴(局)長官（Director of Public Prosecutions）によって発せられた、訴追を決定する際に適用される一般原則についてのガイダンス》.

Code Na·po·lé·on /F kɔd napɔleɔ̃/ [the [le] ~] ナポレオン法典（＝Code Civil, Napoleonic Code）《厳密にはナポレオン治下のフランスで制定された法典は計 5 つあり、それらを複数形で Codes Napoléon と呼ぶが、そのうち特に 1804 年に公布された民法典を一般にはナポレオン法典といい、単数形で示す；略 CN》.

códe of cónduct《特定集団の》**行動準則**, 実践規範. ► SOLICITORS' CODE OF CONDUCT（事務弁護士行動準則）.

Code of Féderal Regulátions [the ~]〚米〛『(主題別)連邦行政命令集』《行政命令を項目別に毎年編集したもの；略 CFR》.

Code of Ham·mu·rá·bi /-hǽmərɑ́:bi/ [the ~] ハンムラビ法典《バビロニア王 Hammurabi (d. 1750 B.C.) が制定した現存する最古の成文法典の一つ》.

Code of Judícial Cónduct [the ~]〚米〛裁判官行動準則規程《1972 年アメリカ法曹協会（American Bar Association）が裁判官の行動基準の規程のモデルとして定めたもの；略 CJC》.

Code of Justínian [the ~] ユスティニアヌスの勅法彙纂；ユスティニアヌス法典（⇨ JUSTINIAN CODE）.

Code of Mánu /-mǽnu/ [the ~] マヌ法典（＝Laws of Manu）《ヒンドゥー教の最も重要な法典；現存のものは紀元前後に成ったもの》.

Code of Mílitary Jústice [the ~]〚米〛軍事裁判法典（⇨ UNIFORM CODE OF MILITARY JUSTICE）.

code of práctice **1** 実施規程, 実施ガイダンス. **2** 服務規程, 業務ガイダンス《特に英国では 1984 年法で規定され、内務大臣（Home Secretary）により発せられ議会の承認を得て 2006 年から施行されている、警察官の服務規程が重要；先に逮捕することなく人もしくは自動車の捜索をすることについての規定 A から逮捕権を扱っている規定 G まである》.

Code of Proféssional Responsibílity [the ~]〚米〛弁護士責任模範法典（＝MODEL CODE OF PROFESSIONAL RESPONSIBILITY）.

códe pléading〚米〛**1** フィールド法典の訴答手続き, 法典訴答《1848 年 New York 州で制定されたフィールド法典（Field Code）が採用した手続きを基盤として発展した訴答手続き；⇨ FIELD CODE; cf. ISSUE PLEADING》. **2** FACT PLEADING.

code státe〚米史〛法典訴訟州《フィールド法典（Field Code）を範として作られ、特にコモンローとエクイティーとが手続き上融合している民事訴訟法典をもつ州；20 世紀初頭から中ごろに用いられた；⇨ FIELD CODE; cf. COMMON-LAW STATE, NONCODE STATE》.

co·dex /kóudèks/ n (pl **co·di·ces** /kóudəsì:z, kád-/) **1** CODE. **2** [C-] CODEX JUSTINIANUS. [L＝wood block, (writing) table, book]

Códex Jú·ris Ca·nón·i·ci /-dʒúərəs kənánəsài/ **1** カトリック旧『教会法典』《1917 年公布》. **2** カトリック新『教会法典』《1983 年公布》.

Códex Jus·ti·ni·á·nus /-dʒəstìniéinəs/ ユスティニアヌスの勅法彙纂《534 年の東ローマ皇帝ユスティニアヌス（Justinianus）によるハドリアヌス（Hadrianus）帝以来のすべての勅法の集録で、旧勅法彙纂（Codex Vetus）を改訂した改訂勅法彙纂（Codex Repetitae Praelectionis）；ローマ法大全の一部；略 cod.；⇨ JUSTINIAN CODE》. [L＝Justinian Code]

Códex Re·pe·tí·tae Prae·lec·ti·ó·nis /-rèpətáiti prilèkʃióunɪs/ [the ~]〚ローマ法〛改訂勅法彙纂（⇨ CODEX JUSTINIANUS）. [L＝code of the resumed reading]

Códex Theo·do·si·á·nus /-θiədòuʃiéinəs/ テオドシウス法典《438 年東ローマ皇帝テオドシウス（Theodosianus）2 世により編纂されたコンスタンティヌス（Constantinus）1 世（在位 312-337）以来の勅法集大成》. [L＝Theodosian Code]

Códex Vé·tus /-ví:təs/ [the ~] 旧勅法彙纂（⇨ CODEX JUSTINIANUS）. [L＝old code]

cod·i·cil /kádəsəl, -sìl/ n **1** 遺言補足書《現存の遺言書の一部追加・撤回・修正・補足のために作成される遺言書；全面撤回とは異なる；遺言と同一手続きが必要》. **2** 追加条項, 付録. **cod·i·cil·la·ry** /kàdəsíləri/ a [L (dim)〈CODEX]

cod·i·fi·ca·tion /kàdəfəkéɪʃ(ə)n, kòu-/ n **1** 法典編纂, 法典化. **2** 法典.

cod·i·fy /kádəfài, kóu-/ vt 法典に編む, 法典化する；体系化する；分類する. **còd·i·fi·abíl·i·ty** n **códi·fi·er** n 法典編纂者. [CODE]

códify·ing àct 法典化議会制定法（＝CODIFYING STATUTE）.

códifying státute 法典化制定法（＝codifying act）《ある分野についての従来の制定法・判例法をまとめて一つの制定法としたもの；cf. CONSOLIDATED LAW》.

cod·ing /kóudɪŋ/ n **1** 法典化. **2**〚電文の〛暗号化；符号化：the ~ of invoices. **3**〚電算〛コーディング《計算機の命令を書くこと》.

codl codicil.

co·emp·tion /kouém(p)ʃ(ə)n/ n 買占め. **~·al** a **co·émp·tive** a

co·erce /kouə́:rs/ vt 力で抑える, 威圧する；強制する, 強要する（cf. IMPORTUNE, SOLICIT）. **co·érc·er** n

coérced-complíant conféssion 強制的応諾自白（＝coerced-compliant false confession）《無実の被疑者が疲労あるいは尋問官の策略、その他なんらかの潜在的利益のために行なった自白》.

coérced-complíant fálse conféssion 強制的応諾に基づく虚偽自白（＝COERCED-COMPLIANT CONFESSION）.

co·érced conféssion 強制による自白.

co·er·cion /kouɚ́ːrʒ(ə)n, -ʃ(ə)n/ *n* **1** 強制《物理的・心理的・経済的力に基づくものを含む; cf. DURESS, UNDUE INFLUENCE》. ▶ MARITAL COERCION (夫による強制(の推定)). **2** 威圧, 抑圧; 弾圧政治.

co·er·cive /kouɚ́ːrsɪv/ *a* 強制的な, 威圧的な, 高圧的な.

coércive relíef 《裁判所による》強制的救済.

cò·exíst *vi* **1** 同時に[同一場所に]存在する, 共存する〈with〉. **2** 平和共存する.

cò·exístence *n* **1** 共存, 共在, 共生. **2**《国際法》平和共存 (peaceful coexistence). ▶ PEACEFUL COEXISTENCE (平和共存).

cò·félon *n* 共同重罪犯(人).

co·gent /kóudʒənt/ *a* 強制力をもつ, 人を承服[納得]させる, 説得力のある. **co·gén·cy** *n*

Co·gi·ta·ti·o·nis poe·nam ne·mo me·re·tur. /kàdʒəteɪʃíounɪs píːnəm níːmou mérɛtər/ 何ぴとも考えについては罰を受けるに足らない. [L=No one deserves punishment for a thought.]

Cogitationis poenam nemo pa·ti·tur. /— — — péɪtɪtər/ 何ぴとも考えについては罰を受けない. [L=No one is punished for a thought.]

cog·nate /kágneɪt/ *a* **1** 祖先を同じくする, 同血族の. **2** 母系親の (cf. AGNATE). — *n* 血族; 親族 (relative); 母方の血族, 母系血族, 母系親, 外戚. **∼·ly** *adv* **∼·ness** *n* [L *co-(gnatus* born)]

cógnate offénse 同種犯罪《例えば万引き (shoplifting) と窃盗 (larceny) との関係のように, 一方のより狭い犯罪が他方のより広い犯罪と同一範疇・種類に属しかつそのいくつかの要素を共有している場合の, より狭い方の犯罪を指す; cf. LESSER INCLUDED OFFENSE》.

cognati COGNATUS の複数形.

cog·na·tion /kagnéɪʃ(ə)n/ *n* 血族, 同族; 親族; 母系血族, 母系親. **cog·nat·ic** /kagnǽtɪk/ *a*

cog·na·tus /kagnéɪtəs/ *n* (*pl* **cog·na·ti** /-tàɪ, -tiː/)《ローマ法》血族. [L]

cog·ni·tion /kagníʃ(ə)n/ *n* **1** 認識, 認知; 認識力; 知識. ▶ PRECOGNITION (事前認知). **2**《スコットランド》COGNIZANCE 3. **3**《スコットランド史》精神障害判定(手続き). **∼·al** *a* [L *cognitio*; ⇨ COGNIZANCE]

cógnitive tést 認識テスト《被告人が一定のことを認識できるか否か, 特に みずからの行為の性質, その是非善悪を弁別できるか否かのテスト》.

cog·ni·tor /kágnətər/ *n*《ローマ法》代訟人《民事訴訟において他人を代理すべく正式に選任された代理人; cf. PROCURATOR》.

cog·ni·za·ble /kágnəzəb(ə)l, kán-, kágnàɪ-, kagnáɪ-/ *a* **1** 認識できる; 識別できる. **2**〈事物が〉裁判所の管轄内にある, 審理できる: ∼ claims.

cog·ni·zance, -sance /kágnəz(ə)ns, kán-/ *n* **1** 認識,《事実の》認知, 知覚. **2**《裁判にとって顕著な事実についての》裁判所の認知; 裁判所による顕著な事実の確認. ▶ JUDICIAL COGNIZANCE (裁判所の認知). **3** 裁判管轄権; 裁判権, 管轄権 (jurisdiction). ▶ CLAIM OF COGNIZANCE (特権的専属管轄権の主張). **4** 被告の自白, 認諾, 承認. **5** 寄託による保有の抗弁《動産占有回復訴訟 (replevin) の被告が, その動産は他人のための寄託 (bailment) により保有している旨の訴答; cf. AVOWRY》. **take ∼ of...**...を(受理して)審理する. [OF < L *cognit- cognosco* to get to know]

cóg·ni·zant *a* 裁判管轄権のある, 裁判権のある.

cog·nosce /kagnás/ *vt*《スコットランド》**1** ...の裁判をする, 審理する; ...に判決を下す. **2** ...の身分[状態]を審理し宣告する,《特に》精神障害者と宣告する. [L *cognosco* to recognize]

cog·no·vit (ac·ti·o·nem) /kagnóuvət (æktióunəm)/ 被告による原告請求の認諾(書), 裁判上の債務認諾(書), 民事裁判における被告の自白(書) (cf. WARRANT OF ATTORNEY). [L=he/she has acknowledged (the action)]

cognóvit cláuse 裁判上の債務認諾条項《債務者が, 債務についての訴訟が一定の裁判所の管轄に属すること, 通知の不要, 債務不履行・不出廷の場合の敗訴判決の登録にあらかじめ同意する旨の契約条項; 米国では大部分の州で制限ないしは禁止されている》.

cognóvit jùdgment 被告による原告請求の認諾に基づく判決《被告による原告請求の認諾 (cognovit) に従って登録される判決; cf. COGNOVIT, COGNOVIT CLAUSE》.

cognóvit nòte 認諾文言記載約束手形, 請求認諾権委任文言付約束手形 (=judgment note)《裁判上の債務認諾条項 (cognovit clause) が付されている, すなわち債務不払いの場合は振出人は抗弁せず手形所持人またはその代理人に請求を認諾する権限を委ねる旨を付記した約束手形》.

coh. coheir.

co·hab·it /kouhǽbɪt/ *vi*〈男女が〉同棲する. [L (*habito* to dwell)]

co·hab·i·tant /kouhǽbətənt/ *n* 同棲者. ▶ BATTERED COHABITANT (被虐待同棲者).

co·hab·i·ta·tion /kouhæbətéɪʃ(ə)n/ *n* 同棲, 同居, 共棲. ▶ ILLICIT COHABITATION (同棲(罪)) / LASCIVIOUS COHABITATION (不純同棲(罪)) / NOTORIOUS COHABITATION (公然たる同棲). **co·háb·i·tà·tive** *a*

cohabitátion agrèement 同棲合意《同棲者間でその財産・資金について概略を定める合意; living-together agreement ともいう cf. PRENUPTIAL AGREEMENT》.

cohabitátion làw《英》同棲法《婚姻外の同棲期間中の取得資産に関する法》.

cohabitátion rùle《英》同棲者の準則《社会保険給付請求のためには, 婚姻外の同棲者の資産・要件は夫婦と同様一体として扱われる》.

co·hab·it·ee /kouhæbətíː/, **co·hab·i·tor, -it·er** /kouhǽbətər/ *n* 同棲者.

Co·hae·re·des una per·so·na cen·sen-

tur, prop·ter uni·ta·tem ju·ris quod ha·bent. /kouhíːrɛdìːz úːnə pərsóunə sɛnséntər práptər jùːnɪtéɪtəm ʤúːrɪs kwad héɪbənt/ 共同(法定)相続人は、その有する権利の単一性ゆえに、一人の人とみなされる．〔L＝Coheirs are regarded as one person, on account of the unity of right that they possess.〕

co·héir n 共同(法定)相続人．　**co·héir·ess** n fem
co·héir·ship n 共同(法定)相続人たること．
có·hort anàlysis /kóuhɔ̀ːrt-/ コーホート分析《職場における差別(discrimination)を調べる方法の一つで、統計因子を共有する種々の集団 (この集団のことを統計上コーホートと呼ぶ) に属する被用者の時間・給与・昇進に関して若干項目にわたり比較を行ない差別の有無を調べるもの)．
coif /kɔɪf/ n **1** コイフ, 上級法廷弁護士 (serjeant-at-law) 用頭巾．**2** 上級法廷弁護士の身分[地位] (＝ORDER OF THE COIF)．▶ ORDER OF THE COIF (上級法廷弁護士の身分；上級法廷弁護士組合)．
cò·impérium n《国際法》共同支配, コインペリウム《1945 年以後のドイツが戦勝 4 か国に占領・支配されたような複数国による一国の共同支配；cf. CONDOMINIUM)．
coin·age /kɔ́ɪnɪʤ/ n **1** 硬貨鋳造, 貨幣鋳造；鋳造硬貨《集合的)．▶ FREE COINAGE (自由貨幣鋳造, 自由鋳造貨幣)．**2** 貨幣鋳造権．**3** 貨幣制度．
Cóinage Clàuse [the ～]《米》貨幣鋳造権条項《合衆国憲法第 1 編第 8 節 5 項のことで、貨幣鋳造権が連邦議会の権限に属することが定められている)．
cò·insúrance n **1** 比例填補保険《保険金額の保険価額に対する割合において損害の填補を行なうこととした保険; cf. DOUBLE INSURANCE)．**2** 共同保険《同一の目的について複数保険者が分担割合を約定のうえ共同で引き受ける保険)．
coinsúrance clàuse 比例填補(保険)条項《＝contribution clause)(⇨ COINSURANCE 1)．
cò·insúre vt **1**《財産)に共同保険をかける．**2** 比例填補(保険)条項付きで…に保険をかける．
cò·insúrer n 共同保険者．
Coke /kúk, kóuk/ クック Sir Edward ～ (1552–1634)《英国の法律家・政治家；法務次官 (Solicitor-General), 法務長官 (Attorney-General) を経て、1606 年人民訴訟裁判所首席裁判官 (Chief Justice of the Common Pleas) に任じられたころから (–1613)、コモンローの至上性の強い主張者となり、時の国王 James 1 世、大法官 ELLESMERE 卿, Francis BACON と争い、1613 年王座裁判所首席裁判官 (Chief Justice of the King's Bench) (1616 年免官)；その後最初の 1621 年議会で庶民院議員として宿敵 Bacon を弾劾 (impeachment) し、また 1628 年には近代憲法の柱の一つである権利請願 (PETITION OF RIGHT) を起草・推進した；*The Reports* (13 vols; 11 vols (1600–15) のみが彼自身の編；⇨ REPORTS), °*Institutes of the Laws of England*《イングランド法提要)(4 vols, 1628–44；その第 1 巻は特に Coke upon Littleton として著名) など重要著作も多い)．
COLA /kóulə/《米》cost of living adjustment 生計費調整(制度)◆°cost of living allowance 生計費調整手当．
cóld blóod 冷血, 冷酷《殺人を犯す際の殺害者の精神状態を示すのに用いられる語で、故意かつ予謀・意図的であること；cf. COOL BLOOD, HEAT OF PASSION)．　**cóldblóod·ed** a
cóld chéck 不渡り小切手 (＝BAD CHECK)．
cóld-wàter ordéal《史》冷水神判 (⇨ ORDEAL BY COLD WATER, ORDEAL)．
cò·legatée n 共同受遺者 (＝collegatary)．
col·làb·o·ráte /kəlǽbərèɪt/ vi 共同で働く⟨with⟩．
colláborative divórce 協調離婚《通例 当事者間で当事者対抗手続き (adversary proceeding) の形でなく話し合って決める離婚；弁護士の助けの有無は問わない；必要に応じ法律家・精神科医などの専門家が援助することはある)．
colláborative láw 協調法《当事者およびその弁護士 (英国では事務弁護士 (solicitor)) が当事者対抗手続き (adversary proceeding) によることなく話合いによって拘束力ある合意に達することを目的とする紛争解決方法；もし当事者が合意に達せず訴訟に訴えることになれば、話合い段階での弁護士は代理資格を失う；家族法関係の紛争解決手段として多用されつつある；cf. COOPERATIVE LAW, MEDIATION)．
collápsible corporàtion《米》折りたたみ会社, 解散予定法人《法人税回避のため事業利益が生じる直前に解散することを当初から予定している法人；cf. COLLAPSIBLE PARTNERSHIP)．
collápsible pártnership 折りたたみ組合, 解散予定組合《課税回避のため事業利益が生じる直前に解散することを当初から予定している組合 (partnership)；cf. COLLAPSIBLE CORPORATION)．
col·lar /kálər/ 襟, カラー《取引の上限額と下限額、あるいは上限率と下限率)．
col·late /kəléɪt, kou-, *kʌ́leɪt/ vt **1** 校合[照合]する, 対照する (⇨ COLLATION)．**2**《ローマ法・大陸法》〈生前贈与されていたものを)《遺産の一部として》持ち戻す．— vi《ローマ法・大陸法》生前贈与されていたものを遺産に持ち戻す．　**col·lá·tor** n ［L; ⇨ CONFER］
col·lat·er·al /kəlǽt(ə)rəl, kəl-/ a **1 a** 相並んだ；横にある；横からの；並びあった；並行的な．**b** 従たる, 付帯的な, 付随的な；副次的な；間接的な, 第二次的な；補足的な．**2** 傍系の (opp. *lineal*)；本筋からそれた．**3**《商業》見返りの；担保付きの．— n **1** 傍系親, 縁者；傍系親族．**2** 付帯事実[事情]；付随事項．**3**《副》担保, 見返り物件；担保財産；担保の対象物．▶ CASH COLLATERAL (現金からなる担保財産) / CROSS-COLLATERAL (交差担保；追い打ち担保)．　～**·ly** adv　**col·lat·er·al·i·ty** /kəlæ̀tərǽləti/ n
colláteral advántage 付随的利益《契約の一方当事者がその優位な交渉立場を利用して契約本体の利益

collátéral agréement 付帯的[付随的]合意《主たる合意に付随しているがなお独立している合意》.

collátéral áncestor 傍系尊属 (= COLLATERAL ASCENDANT).

collátéral ascéndant 傍系尊属 (= collateral ancestor) (cf. ASCENDANT).

collátéral attáck 間接的攻撃, 事後的攻撃 (= indirect attack)《特に米国で, 郡裁判所 (county court) の確定判決に対して連邦裁判所に身柄提出令状 (habeas corpus) に基づいて救済を求めるなど, 上訴など原判決そのものの攻撃を目的とする手続きではなく, 間接的にその判決を攻撃すること; cf. DIRECT ATTACK》.

collátéral bénefits pl 副次的給付金《不法行為の被害者が保険や社会保障など第三者から得る給付金》.

collátéral consanguínity 傍系血族(関係).

collátéral cóntract 従たる契約, 付随契約 (= collateral promise, collateral undertaking)《ある契約に関連する別個の合意で, 主たる契約と一体とされていない場合にそれを証拠として補充することがありうるもの; 同時になされたものでも先になされたものでもよいが別個になされねばならない; ⇨ COLLATERAL CONTRACT DOCTRINE》.

collátéral cóntract dòctrine 従たる契約の法理《口頭証拠準則 (parol evidence rule) の例外で, 文書による契約についての争いで, その文書契約両当事者間の別個独立の従たる通例は口頭の合意で文書契約と矛盾せずしかもその従たる合意中の情報が文書契約の中に含まれていると通常は期待されないものである限りは, その従たる合意の証拠は排除されないという原則; cf. PAROL EVIDENCE RULE》.

collátéral descént 傍系血族による無遺言不動産[物的財産]相続, 傍系血族による(財産)法定相続 (cf. LINEAL DESCENT).

collátéral estóppel《米》争点効, 付随的禁反言 (= direct estoppel, estoppel by judgment, estoppel by [of] record, estoppel by verdict, estoppel per rem judicatam, issue estoppel, issue preclusion)《争点に関する民事判決の拘束力; 別の事件で訴訟原因判断の前提として現実に争われた争点についての裁判所の判断に反する主張をのちの訴訟でなすことを許さないこと; 原則として前訴の当事者間でのみ作用する; 英国ではこの語は用いず ESTOPPEL BY [OF] RECORD (記録による禁反言), ESTOPPEL PER REM JUDICATAM (既判事項による禁反言) とか ISSUE ESTOPPEL (争点についての禁反言) と呼ぶ; 米国でも近年はこの語よりも ISSUE PRECLUSION (争点遮断効) の語を多く用いる; cf. FORMER ADJUDICATION, RES JUDICATA》. ▶ DEFENSIVE COLLATERAL ESTOPPEL (被告による争点効の主張) / OFFENSIVE COLLATERAL ESTOPPEL (原告による争点効の主張).

collátéral fáct 付随的事実 (cf. MATERIAL FACT).

collátéral fráud 付随的詐欺 (⇨ EXTRINSIC FRAUD).

collátéral héir 傍系血族である法定相続人 (= heir collateral) (cf. LINEAL HEIR).

collátéral íssue 傍系争点《要証事実に直接・間接に関連性のない争点》.

collátéral·ize vt 担保により保証する; 担保として使う. **collàtéral·izátion** n

collátéralized mórtgage obligàtion《米》譲渡抵当担保債券[社債], モーゲージ担保証券[債券]《貸付債権流動化の一手法として, 不動産譲渡抵当をプールしてそれを担保として発行される担保付債券; 不動産譲渡抵当の期限前弁済の危険を回避するために通例償還期限の異なる複数のトランシュ (tranche) に分けて発行される; 略 CMO; cf. PASS-THROUGH SECURITY, TRANCHE》.

collátéral líne 傍系(血族関係) (cf. DIRECT LINE).

collátéral mátter《争われている事実に関連性のない》付随的事項《それに関しては証拠を提出することができない》.

collátéral mórtgage《大陸法・ルイジアナ法》付随的譲渡抵当《主たる債務の副担保 (collateral security) としての約束手形 (promissory note) を担保する譲渡抵当; cf. COLLATERAL NOTE》.

collátéral négligence 副次的過失《請負人 (independent contractor) の過失のうちその特定の仕事に通常伴う労働態様や危険と関連していないものなどで, これに対して請負人の依頼人が一般に責任を負わないもの; ⇨ COLLATERAL NEGLIGENCE DOCTRINE》.

collátéral négligence dòctrine 副次的過失の法理《請負人 (independent contractor) を雇った依頼人は, 請負人が生ぜしめた物理的損害に対して, (1) 請負人の過失がその仕事の不適当なやり方にのみ原因がある場合 (2) 生じた損害はその仕事から通例生ずるものではない場合 (3) 契約締結時に請負人の過失を予期すべき理由がなかった場合には, 責任を負わないという準則》.

collátéral nóte 担保付き約束手形 (secured note) (cf. COLLATERAL MORTGAGE).

collátéral órder dòctrine 副次的命令の法理《上訴の対象は終局判決に限るという終局判決準則 (final judgment rule) に対する例外で, 当該問題が再審査 (review) の目的上事件の他の部分から独立して分離可能であり, しかも他の部分の判決が示されるまで再審査を留保するには重要すぎるあるいはそれまで待っていては効果的に再審査されえないと判断される場合には, その争点についてだけの最終的結論を出すために中間命令 (interlocutory order) の上訴を認めることができるという法理; ⇨ APPEALABLE DECISION, FINAL JUDGMENT RULE》.

collátéral pówer 単独的指名権, 他人の物に対する権利帰属[取得]者指名権 (⇨ POWER OF APPOINTMENT) (cf. POWER APPENDANT, POWER IN GROSS).

collátéral procéeding 付帯的手続き《他の審

理などの手続きに関連して派生したあるいは求められた命令・申し立て・令状などに関する手続き; 特に 判決への間接的攻撃 (collateral attack) がなされた場合の手続き).

colláteral prómise 従たる約束, 付随約束 (= COLLATERAL CONTRACT).

colláteral rélative 傍系親族《従兄弟など》.

colláteral secúrity **1** 副担保, 付随担保. **2** 担保権の目的物.

colláteral sóurce rùle 副次的給付非控除準則《不法行為による損害賠償において, 被害者が加害者とは別個の形で受領した保険金・見舞金・社会保障給付などは賠償額から控除しないという法理; したがって, 被害者が自分で掛けた傷害保険から支払いを受けても賠償額は影響されない》.

colláteral undertáking 従たる引受け, 付随的引受け (= COLLATERAL CONTRACT).

colláteral wárranty 付随的権原担保(責任)《土地の権原 (title) にとって第三者である人によってなされた権原担保であり, したがってその土地にではなく約束相手方に対してのみ効力を有するもの》.

col·la·tio bo·no·rum /kəléɪʃiou bənóurəm/ (*pl* **col·la·ti·ó·nes bonórum** /kəlèɪʃióuniz-/)《ローマ法・大陸法》財産の持戻し《平等相続分を持つ共同相続人のうち過去に生前贈与を受けた人がいる場合にその受益分を, 相続人の間で平等配分の算定をするために, いったん相続財産に戻した形をとること; cf. HOTCHPOT》. [L= collation of goods]

col·la·tion /kəléɪʃ(ə)n, ka-, kou-/ *n* **1** 照合,《権利の》査照; 原本照合. **2** 生前贈与持戻し《生前贈与 (advancement) を遺産の一部として扱うこと; cf. HOTCHPOT》. **3** 委嘱権者兼推挙権者聖職任命 (= COLLATION TO A BENEFICE). [OF<L; ⇨ COLLATE]

collátion of séals《史》印影の照合.

collátion to a bénefice 委嘱権者兼推挙権者聖職任命《聖職委嘱権者である主教(司教)が聖職推挙権者 (patron) でもある場合 推挙と委嘱が同一行為でなされるが, その任命を指す; 単に collation ともいう》.

collátio sig·nó·rum /-sɪgnóːrəm/《史》印影の照合. [L= collation of seals]

col·lá·tive fáct /kəléɪtɪv, ka-/ 権利授与事実 (= INVESTITIVE FACT).

col·lect /kəlékt/ *vt* **1** 集める,《税金・家賃など》徴収する, 取り立てる; 収集する, 回集する: ~ a debt / ~*ing* agency《債権の》取立て業者. **2**《口》《手荷物など》取りに行く, 取って来る,《人を》呼びに[迎えに]行く. — *a, adv*《米》料金[運賃]先方払いの[で].

collèct cáll《料金》受信人払い通話, コレクトコール (reverse charge call[1]): make a ~.

colléctïng bànk 取立て銀行《手形・小切手などの取立て手続きで, 支払い銀行 (payor bank) を除いて, その取立てを行なう銀行》.

col·lec·tion /kəlékʃ(ə)n/ *n* 集めること, 収集, 採集;《投函された郵便物の》回集; 取立て, 集金, 徴税; 寄付金募集, 募金; 収集物, 集まったもの[金銭, 寄付金]: ~ charges [rates] 取立て[収集]手数料. ► COSTS OF COLLECTION (取立て費用) / DEBT COLLECTION (債権取立て) / GUARANTY OF COLLECTION (取立て保証). **for** ~ 取立てのために《流通証券の取立て委任の裏書で, 制限の裏書 (restrictive endorsement) の一つ》.

colléction àgency《他人の債権の回収を代行する》債権取立て業者, 取立て代行会社.

colléction by affidávit《米》宣誓供述書による遺産受取り《米国の若干州において小規模遺産に関して利用できる裁判所による遺産管理に代わる手続きで, 遺言で指名された者が待機期間後にみずからが受ける権利を有することを主張する宣誓供述書 (affidavit) を提出し, 遺産を受け取ること; cf. SUMMARY DISTRIBUTION》.

col·lec·tive /kəléktɪv/ *a* 集合的な; 集合性の; 集団的, 共同の (common); 集産主義の: sign a ~ wage agreement. ~**·ly** *adv*

colléctive agréement 労働協約, 団体協約 (= COLLECTIVE BARGAINING AGREEMENT).

colléctive bárgaining《労使間の》団体交渉《賃金・労働時間などの労働条件を定めるための, 労働者集団または労働組合と使用者側との交渉; ⇨ BARGAINING AGENT, BARGAINING UNIT》. ► FREE COLLECTIVE BARGAINING (自由な団体交渉).

colléctive bárgaining àgent 団体交渉代表 (= BARGAINING AGENT).

colléctive bárgaining agrèement 労働協約, 団体協約 (= collective (labor) agreement, labor agreement, labor contract, trade agreement, union agreement, union contract)《労使間で団体交渉 (collective bargaining) によって結ばれる, 労働条件を規制する協定》.

colléctive bárgaining ùnit《団体交渉の》交渉単位 (= BARGAINING UNIT).

colléctive enfránchisement《英》集団的自由土地保有権化《2002年法は, 一定の土地の有資格保有者にその不動産賃借権 (lease) の期間を延長するか自由土地保有権 (freehold) に変える権利を付与している》.

colléctive knówledge rùle《米》共同知識の準則 (= FELLOW-OFFICER RULE).

colléctive lábor agrèement 労働協約, 団体協約 (= COLLECTIVE BARGAINING AGREEMENT).

colléctive márk 団体標章, 団体商標 (= COLLECTIVE TRADEMARK).

colléctive ównership《集団成員[国民]の利益のための土地・生産手段などの》集団[国家]所有,《特に 企業がその従業員によって集団所有されている》従業員集団企業所有.

colléctive púnishment《国際法》集団的の処罰《個人の責任を顧慮することなく集団を処罰すること; 1949年のジュネーヴ条約 (Geneva Conventions) で禁止された》.

colléctive redúndancy《英》集団的人員整理

《一度に20名以上の被用者が余剰人員 (redundancy) であるとして人員整理されること; 雇用者は制定法上事前に一定手続きを踏むことが要求される》.

colléctive responsibílity 共同責任, 集団責任《特に英国で憲法上の慣習 (constitutional convention) 上 内閣が議会に対して負っている責任についていう》.

colléctive secúrity《国際法》集団(的)安全保障《安全保障体制参加国のいずれかが行なう他の参加国への侵略などに対して他の参加国が協力対抗することを約し, 安全を相互に集団的に保障し合う方式; 現在では国際連合憲章 (Charter of the United Nations) で具体化されている.》.

colléctive trádemark 団体商標, 団体標章 (=collective mark)《組合・協会などの団体・組織の成員がその成員であることあるいはその製品・サービスであることを示すために用いる標章・商標・サービスマーク (service mark); cf. CERTIFICATION TRADEMARK》.

colléctive tréspass《英》集団侵害(罪)《複数の人が他人の土地に居住する目的で侵害 (trespass) をすること; 1994年法で, 不法侵害者が土地占有者に損害を与えたり脅迫的言辞・悪態を吐いたりその土地に6台以上の車を持ち込んだりした場合には, 警察官は退去命令を出す権限を有し, 命令不服従は犯罪となる》.

colléctive wórk《著作権法上の》集合著作物 (1) 定期刊行物・百科事典のように, 複数のそれ自体別個・独立の著作が一つの著作権対象になる出版物 (2) 別の映画やテレビ番組から部分的に抜粋して一つの著作権対象になるもの;》 cf. COMPILATION》.

col·léc·tiv·ism *n* 集産主義《土地や重要な生産手段などを国家ないしは団体が管理する社会体制; 個人主義に対して用いられる》.

colléct on delívery＊代金引換え渡し《略 c.o.d., COD》.

col·lec·tor /kəléktər/ *n* **1** 収集家. **2** 集金人; 収税吏,《米》関税の)徴収官; 徴集人: a ~ of tax=TAX COLLECTOR 収税吏. **3** "(公衆への慈善的寄付の)懇請者《公衆への慈善的寄付の懇請 (public charitable appeal) を行なう人》. **4** 遺産管理者《遺言執行者 (executor)・遺産管理人 (administrator) が選任されるまで死者の遺産を集め保持するため裁判所が選ぶ特別の管理者》.

col·légatary /kə-/ *n* 共同受遺者 (colegatee).

col·lege /kálɪdʒ/ *n* **1** (cf. UNIVERSITY) **a**《米》カレッジ, 単科[分科]大学, 大学, (総合大学の)学部. **b**《英》《Oxford, Cambridge のように集まって University をなす自治組織で伝統的特色をもつ)学寮. **2**《英》[℧C-]カレッジ, 私立中等学校《Eton College, Winchester College など, 特定の public school の名称》. **3** 特殊[専門]学校: naval ~ 海軍兵学校 / secretarial ~ 秘書養成学校. ▶ BUSINESS COLLEGE (実業(専門)学校) / COMMERCIAL COLLEGE (商科大学) / CORRESPONDENCE COLLEGE (通信教育カレッジ) / MEDICAL COLLEGE (医科大学). **4** 協会, 団体;《教会法の》法人. **5** 選挙人会議 (⇨ ELECTORAL COLLEGE). ▶ ELECTORAL COLLEGE (選挙人会議) / HERALDS' COLLEGE (紋章院).

Cóllege of Ádvocates [the ~]《英史》弁護人協会, アドヴォケート協会《ローマ法・教会法・海事法の訴訟代理人となった ADVOCATE (弁護人)が16世紀に設立した団体に発するもの; 1857年廃止; ⇨ DOCTORS' COMMONS》.

Cóllege of Árms [the ~]《英》紋章院 (=HERALDS' COLLEGE).

Cóllege of Jústice [the ~] スコットランド民事最高法院《スコットランドの COURT OF SESSION (スコットランド控訴院)の正式名, およびそこでの裁判に参与している人びとの総称で, 裁判官だけでなく, 弁護士・事務官も含む》. ▶ SENATOR OF THE COLLEGE OF JUSTICE (スコットランド民事最高法院裁判官).

cóllege of láw 1 [C- of L-]《英》事務弁護士法学院, ロー・ソサイエティ法学院《事務弁護士協会 (Law Society) 経営の事務弁護士志望者のための教育機関》. **2**《米》法科大学.

collégiate chúrch 大聖堂, 大教会《イングランド教会・カトリックで主教[司教]座聖堂 (cathedral) と異なり首席司祭 (dean) が管理する; 英国の Westminster, Windsor などがその例》.

Col·le·gi·um est so·ci·e·tas plu·ri·um cor·po·rum si·mul ha·bi·tan·ti·um. /kəlí:dʒiəm ɛst sousíetèɪs plú:riəm kɔ́:rpourəm símə hæbɪtænʃiəm/ 学寮は同時に共住する多数の人びとの協会である. [L=A college is a society of several people dwelling together.]

colligenda bona ⇨ AD COLLIGENDUM BONA.

col·li·sion /kəlíʒ(ə)n/ *n*《船舶・航空機・自動車など, 特に船舶の, それも厳密には双方航行中の船舶の》衝突 (cf. ALLISION). [L (*collis- collido* to clash)]

collísion cláuse《海上保険》衝突条項 (=RUNNING-DOWN CLAUSE).

collísion insúrance 衝突保険《自動車保険の一種で自動車を含む他の物体との衝突による被保険者の自動車の損害を填補することを内容とするもの; 身体傷害その他の財産に対する損害は担保しない》.

collísion státement of cáse《英》衝突顛末陳述書 (⇨ PRELIMINARY ACT).

col·lo·qui·um /kəlóukwiəm/ *n* (*pl* ~s, **col·lo·quia** /-kwiə/) **1** 談話; 協議, 共同討議, グループ討議, 討論会; シンポジウム; セミナー. **2** 名誉毀損の主張 (cf. INNUENDO). [L *col-(loquium ＜ loquor* to speak)]

col·lo·quy /káləkwi/ *n* 対話; 討論, 討議.

col·lude /kəlú:d/ *vi* 通謀[共謀]する 〈*with*〉. **col·lúd·er** *n* [L *lus- ludo* to play]

col·lu·sion /kəlú:ʒ(ə)n/ *n* 通謀, 共謀, 通謀詐害, 馴合い《特に離婚について有責主義が採られていた時代に, 実質的に協議離婚を実現するために行なわれた》: in ~ 通謀して, 馴合いで 〈*with*〉. **col·lu·sive** /kəlú:sɪv/ *a*

[OF or L; ⇨ COLLUDE]

collúsive áction 馴合い訴訟《真実の法的紛争に陥っていない両当事者が、もっぱら法的問題についての判断を得るために、あるいは関連訴訟で有利になると思われる判決例を得る目的でのみ馴合いで起こす訴訟》.

collúsive jóinder 《米》《連邦裁判所へ事件を移送するための》馴合いの当事者の併合 (cf. MANUFACTURED DIVERSITY).

Cóll·yer dóctrine /káljər-/《米》コルヤー事件の法理《労働法上の法理で、まだ仲裁が行なわれていない段階で全国労働関係委員会 (National Labor Relations Board) に申し立てられた紛争が、団体協約 (collective bargaining agreement) に定める仲裁で解決可能と認める場合には仲裁に譲るべきであるという原則; cf. SPIELBERG DOCTRINE》.　[*Collyer* Insulated Wire (1971)]

co·lo·ni·al /kəlóuniəl, -njəl/ *a* 植民(地)の、植民地時代の: a hundred years of ~ rule / the ~ government.　— *n* 植民地住民.

Colónial Cónference [the ~]《英史》植民地会議 (⇨ IMPERIAL CONFERENCE)

colónial·ìsm *n* 植民地主義, 植民地政策, 植民地化(政策).　**-ist** *n*

col·o·nize /kálənàɪz/ *vt* …に植民地をつくる[移住する], 入植する, 植民地化する.　**col·o·ni·za·tion** /kàlənəzéɪʃ(ə)n, -naɪ-/ *n* 植民地化; 植民地建設.

col·o·ny /káləni/ *n* 植民地;《出身国・職業などを同じくする人の》集団居住区; [集合的に] 植民, 入植者; 居留地, 租界; 居留民; 隔離地区, コロニー; 隔離集団: a group of British *colonies* 一群の英国植民地 / establish *colonies* in North Africa. ▶ CHARTERED COLONY (特許植民地) / PROPRIETARY COLONY (領主植民地) / ROYAL COLONY (直轄植民地; 王領植民地).　[L *colere* to cultivate]

col·or | col·our /kálər/ *n* **1** 色. **2** 外見;《実体がないにあるように装う》外観, 表見; 表見上の権利. **3** [*pl*] 国旗.　**give ~** 承認[容認, 諾認]する《承認と異議 (confession and avoidance) のうち一応承認する旨の陳述のことを指す》.　**under ~ of** …の外観[外見, 口実]の下に.

cólor·able *a* **1** 着色できる. **2** 見かけばかりの, もっともらしい, 偽りの, 表見的な: a ~ claim.

cólorable alterátion《知的財産 (intellectual property) の》外見上の変更.

cólorable transáction《外観は真の取引を装った》偽りの取引.

Colorádo Ríver absténtion《米》コロラド河事件型の裁判権行使回避《関連して並行している州裁判所での訴訟が進行中である間, 連邦裁判所が裁判権行使を回避すること; 1976 年の判例 Colorado River Water Conservation Dist. v. United States から》.

co·lo·re of·fi·cii /kəlóːri əfíʃiàɪ/ 職務の外観の下に (⇨ COLOR OF OFFICE).　[L＝by color of office]

cólor of authórity《特に公務員の行動を正当化する》権限の外観.

cólor of láw 法の外観《実体がないにもかかわらず法に基づく行為であるかのような外観の下でなされる行為; 米国では州の公務員が権限なしで, あるいは権限を超えて法に基づくかのように行動した場合に, これも州の行為 (state action) の中に含め, それが合衆国憲法に違反している場合には, 救済・処罰対象となる; cf. STATE ACTION, SUB COLORE JURIS》.

cólor of óffice 職務の外観《職務上の権限なしに, あるいはそれを超えていながら権限があるかのように行動すること》.　**by ~** 職務の外観の下に (＝colore officii).

cólor of títle 権原の外観, 表見的権原 (＝apparent title)《実際には権原を授与していないが授与したかに見える書面などの証拠・外観, またはそれに基づく権原》.

col·umn /káləm/ *n*《数表などの》縦列 (opp. *row*); 縦行; 欄, コラム: debit [credit] ~ 借方[貸方]欄.

Com. Company ♦ Commonwealth.

có·màker, có·màker *n*《約束手形の》共同振出人 (＝cosigner)《各自連帯して振出人としての義務を負う》.

cómbat immùnity 戦闘行動免責《軍隊による一定の戦闘行動に伴う人・物に対する故意・過失による損害の民事責任はこれを免除するというコモンロー上の法理》.

com·bi·na·tion /kàmbənéɪʃ(ə)n/ *n* **1 a** 組合わせ, 連結, 結合. **b** 共同; 共謀 (conspiracy). **c** 徒党; 共同動作. ▶ UNLAWFUL COMBINATION (違法な結合). **2**《特許》《特許対象となりうる》結合, 結合特許《特許法上の複数の既存発明あるいは新たに特許になりうるものを結合して新たな特許対象となるものを作り出すこと, またはそのもの》; cf. AGGREGATION, COMBINATION PATENT, EQUIVALENT, INVENTION》.

combinátion in restráint of tráde 取引制限の結合《複数の者または企業が明示・黙示の協定によって取引制限の取決めを行なうこと》.

combinátion òrder《英史》結合命令《犯罪者を一定期間観察下に置きかつ無報酬の社会奉仕の服務を命ずるもの; 2000 年法で社会処罰・復帰命令 (community punishment and rehabilitation order) という名称に代わった》.

combinátion pàtent 結合特許, 組合わせ特許《既存の発明を組み合わせ新たに発明したものに与えられる特許; ⇨ COMBINATION》.

come /kám/ *vi* 来る; 出廷[入廷]する.　**~ down**《判決などが》下される, 宣告される.　**~ forward**《裁判所などに》〈…〉をもたらす, 提出する〈with〉.　**~ on**《法廷に》持ち出される; 上程される.　**~(s) and defend(s)**《古》出廷し防御する《伝統的に, 被告が出廷しみずからに対する訴えを防御する意思があることを示す定型的文言; ⇨ COME(S) NOW》.　**~(s) now＝now ~(s)**《古》出廷する, 訴答する《伝統的に, 定型化された訴答の冒頭に置かれる定型的な語; 主語が複数の時は come now となる; また 時に短縮され comes のみともなる; 例えば *Now ~s* the plaintiff, Jane Smith by and through

comes

her attorneys of record, and would show unto the court the following (原告 Jane Smith は記録上の弁護人を通して出廷し次のことを裁判所に提示いたします) / *C~s now* the defendant, and answering the complaint of the plaintiff, states as follows (被告は出廷し原告の訴えに答えて次のように陳述します); cf. COME(s) and defend(s)).

co·mes /kóumìːz/ *n* (*pl* **com·i·tes** /kámətìːz/)〚史〛**1** 仲間, 従士. **2** 伯 (count, earl). 〔L〕

com·fort /kámfərt/ *n* 慰め; 安楽; 援助 (assistance). ▶ AID AND COMFORT (援助と助力) / LETTER OF COMFORT (第三者の念書).

cómfort lètter 1 コンフォート・レター, 第三者の念書 (=administrative letter, letter of comfort)《例えば相手方の公認会計士が, 最新の会社財務監査はしていないが前回監査から大きな変化が生じたという事実を知らない旨などを記した, 取引に際して一方当事者から他方当事者に要求する念書; 通例 保証とはならないが, 故意または過失による念書の誤りは訴えの対象になりうる》. **2**〚史〛コンフォート・レター (=administrative letter)《欧州共同体 (European Community) の競争に関する法の関連で, 届け出のあった協定が競争規定に抵触しない, または抵触しても適用除外を受けるとの見解を示す欧州共同体委員会 (Commission of European Communities) からの書簡; 国内裁判所あるいは欧州共同体委員会を拘束するものではなかった》.

Com. in Chf °commander in chief 最高司令官.

cóming-of-áge *n* 成人《英国では18歳で成人となる; 選挙権, 陪審員になる資格, パブで飲酒する資格, 両親の同意なしで結婚する資格 (スコットランドは16歳), 成人映画 ('18') を見る資格などが生じる; 米国では18歳か21歳で成人, 18歳で選挙権・結婚する資格をもつが, 多くの州では21歳になるまで飲酒は禁じられている》.

co·mi·tas /kámətəs/ *n* 礼譲 (comity); 礼儀, 丁重, 親切 (courtesy). 〔L〕

cómitas gén·ti·um /-dʒéntiəm/ 国家間の礼譲, 国際礼譲 (=INTERNATIONAL COMITY). 〔L=comity of nations〕

com·i·ta·tus /kàmətáːtəs/ *n*〚史〛**1** 従士団, 従士制. **2**〚英史〛州, 州共同体 (county). **3** 伯 (earl) の管轄領域[領地]. **4**〚英〛州裁判所 (county court). 〔L〕

com·i·tol·o·gy /kàmɪtálədʒi/ *n* 実施助言委員会方式, コミトロジー《欧州委員会 (European Commission) が欧州連合法を実施する際に種々の連合加盟国からの専門家からなる特別助言委員会に諮問しなければならないが, その手続きを指す; 各加盟国の状況をできる限り反映させる目的で設けられたものである》.

com·i·ty /kámət̬i, kóu-/ *n* **1a** 礼譲《権利の問題としてではなく好意や敬意に基づいて行為がなされ措置がとられること; 例えば, 他国の判決の承認の根拠としての礼譲のようなもの; cf. ABSTENTION》. **b** 国際礼譲 (=INTERNATIONAL COMITY). **c** 国際法 (international law)《この用法は誤用と考えられている》. ▶ INTERNATIONAL COMITY (国際礼譲) / JUDICIAL COMITY (司法承認). **2** 司法承認 (=JUDICIAL COMITY). 〔L (*comis* courteous)〕

Cómity Clàuse [the ~]〚米〛礼譲条項 (=Privileges and Immunities Clause)《各州市民が他州においてもその州民と同一のすべての特権および免除を享受することを定める合衆国憲法第4編第2節1項のこと》.

cómity of nátions 1 国際礼譲, 国家間の礼譲 (=INTERNATIONAL COMITY). **2** 国際礼譲を認め合っている国々.

comm. commonwealth.

com·mand /kəmǽnd; -máːnd/ *n* 命令; 指揮: by Royal ~ 国王[女王]の命令により. — *vt* **1** 命令する (order), 命ずる. **2** 指揮する, …の支配権を握る. — *vi* 命令する; 支配する; 指揮する. 〔F<L *com-*(*mendo*)=*mando*; ⇨ MANDATE〕

com·mand·er *n* **1 a** 命令者; 指揮者, 指導者. **b** 司令官, 指揮官. **2**〚英〛警視長《ロンドン警視庁で deputy assistant commissioner の下, chief superintendent の上; ⇨ POLICE》. **3** 海軍中佐.

commánder in chíef (*pl* **commánders in chíef**)《略 CIC, C in C, Com. in Chf》《全軍の》最高司令官《米国では大統領》;〚陸軍〛総[軍]司令官;〚海軍〛司令長官.

Commánder in Chíef Clàuse [the ~]〚米〛最高司令官条項《大統領が合衆国陸海軍および各州民兵の最高司令官であることを定める合衆国憲法第2編第2節1項》.

Commánd Pàpers *pl*〚英〛《議会に国王の命令 (Command) により政府から提出される》『議会討議資料』, 『コマンド・ペーパー』 (=parliamentary papers)《その年代別シリーズによる略: C (1870-99), Cd (1900-18), Cmd (1919-56), Cmnd (1957-86), Cm (1986-); cf. GREEN PAPER, WHITE PAPER》.

commánd ràpe 上官強姦《軍隊の上官が下位の者に対して行なう強制的ないしは暴力的な性的接触》.

commánd responsibílity〚英〛指揮責任《2001年法で創設された犯罪類型; 同法は, 軍の指揮官による実効的命令・統制の下で軍隊が犯した犯罪行為に対しては, その軍隊がその犯罪を犯していることを指揮官が知りあるいは知るべきでありながらそれを阻止するために必要かつ合理的なあらゆる手段を講じなかった場合には, 指揮官がその責任を負う旨が定められている》.

commánd théory of láw 法命令説 (=IMPERATIVE THEORY OF LAW).

com·mence·ment /kəménsmənt/ *n* **1** 開始, 初め. ▶ DATE OF COMMENCEMENT (施行日). **2**《契約書などの》冒頭文節 (=INTRODUCTORY CLAUSE). **3** 学位授与式.

comméncement of a declarátion 原告第一訴答の冒頭部《訴訟当事者名などが述べられる》.

com·men·dam /kəméndæm, -dəm/ *n*〚史・教会

法》聖職禄委託保有; 委託保有聖職禄.　［L］

com·men·da·tion /kàməndéɪʃ(ə)n/ *n* **1** 推賞, 推薦. **2**《史》托身《末期ローマに発した臣従の儀式で, のちにはゲルマンの従士制と結合し, 封建契約の人的側面を形成; 主君の保護・権利に身を托し, 代償として生涯の服従・奉仕を誓うこと》.

com·ment /kάment/ *n* **1** 批評, 評言, 論評; 所見, 意見; 小論 (note). ▶ FAIR COMMENT (公正批評) / LETTER OF COMMENT (不備指摘文書) / OPPORTUNITY FOR [TO] COMMENT (所見陳述の機会) / SIDEBAR COMMENT (側面的評言). **2** 注釈, 評釈; 解説, 説明.
— *vi* 批評[論評]する; 注釈[評釈]する 〈*on*〉: ~ *on* the lack of evidence.

com·men·tary /kάməntèri; -t(ə)ri/ *n* 法律注釈書; 判例評釈.

com·men·tate /kάməntèɪt/ *vt* **1** …に注釈を付ける, 解説する. **2** 批評する, 論評する.

cóm·men·tà·tor /kάməntèɪtər/ *n* **1** 注解者, 注釈者;《特に》後期注釈学派[注解学派] (Commentators) に属する学者. **2** [C-s] *pl* 《史》《中世のローマ法の》後期注釈学派, 注解学派 (= Postglossators) (cf. GLOSSATORS).

cómment on the évidence 証拠についての論評《裁判官あるいは弁護士による証拠の証拠価値 (probative value) に対する意見陳述》.

com·merce /kάmərs/ *n* **1** 商業, 交易, 通商. ▶ CHAMBER OF COMMERCE (商業会議所) / DEPARTMENT OF COMMERCE (商務省) / E-COMMERCE (電子商取引) / INTERNAL COMMERCE (州内通商) / INTERSTATE COMMERCE (州際通商) / INTRASTATE COMMERCE (州内通商) / TRADE AND COMMERCE (商売, 商取引). **2** 交渉, 交流, 交際.

Cómmerce Clàuse [the ~]《米》通商条項《合衆国憲法第 1 編第 8 節 3 項のこと; 連邦議会が外国との通商, 州間の通商, インディアンの部族との通商を規制することを排他的になすことができることを定めたもの; 州間の通商規制のみならず, 州間にまたがる人と物資の交流にかかわる諸問題 (労働・犯罪・人種差別など) も規制の対象としている; cf. INTERSTATE COMMERCE CLAUSE). ▶ DORMANT COMMERCE CLAUSE (眠れる(州際)通商条項).

Cómmerce Còurt [the ~]《米史》州際通商裁判所《1910–13 年の間存した連邦裁判所で, 州際通商委員会 (Interstate Commerce Commission) の決定を審査・執行する権限を有した》.

cómmerce pòwer [°C- P-]《米》通商規制権限《合衆国憲法第 1 編第 8 節 3 項により連邦議会に付与されている通商, 特に 州際通商規制権限》; ⇒ COMMERCE CLAUSE).

com·mer·cia bel·li /kəmɚːrʃiə bélaɪ/ 対戦国間交渉《対戦国間ないし対戦国民間の非敵対的交渉・通交》.　［L=commerce of war］

com·mer·cial /kəmɚːrʃ(ə)l/ *a* 商業(上)の, 通商の, 貿易の; 商業を主眼とした, 商業[取引]に見合う, 営利

189　　　　　　　　　　　　　**commercial general liability**

本位の; 市販用の; 並の, 徳用の: ~ regulations 商業[通商, 取引]上の規制 / a ~ proposition もうかりそうな提案. **~·ly** *adv*

commércial actívity 商業的活動.

commércial actívity excéption 《国際法》商業的活動の例外《主権免除 (sovereign immunity) 原則の例外で, 外国の国家による公的な行為ではなく私的な行為すなわち商業的活動 (commercial activity) から生じた権利主張に関しては, 外国国家を相手取って別の国の裁判所で裁判されることを認めるという準則; ただし, この例外を認めない国も存在する; cf. JURE GESTIONIS, JURE IMPERII》.

commércial àgent 商取引代理人《他人のために物品の売買取引を代わってなす継続的代理権限を有する自営の仲介人 (intermediary)》.

commércial bánk 商業銀行《短期の預金を集め商品流通にかかわる融資や短期融資を基本業務にする銀行; 近年は業務が多様化し, 信託 (trust), 信用状 (letter of credit) の発行, 外国為替, 長期の各種融資などを行なうものも多い》.

commércial bríbery 商事贈収賄《民間の個人あるいは会社のために職務を行なう者に賄賂を贈りその公正な職務執行を歪めようとする行為, またはそのような賄賂を受ける行為》.

commércial còde 1 コマーシャルコード《3–5 字のアルファベットの組合わせで, 特定の意味をコード化したもの; 事務の能率化や電報料軽減のため》. **2**《米》商事法典 (1) 統一商事法典 (Uniform Commercial Code) **2**) これに基づく州の商事法典. **3**《大陸法》商法典.

commércial còllege 商科大学, 商業専門学校.

commércial còurse 商業科, 商業コース.

Commércial Còurt 1 [the ~]《英》商事法廷《高等法院 (High Court of Justice) の女王座部 (Queen's Bench Division) の中に設置されている商事事件を簡略迅速に処理する法廷》. **2** [c- c-] 商事裁判所 (= BUSINESS COURT).

commércial críme 商業犯罪《特に 企業に対する強盗, 横領, 文書・通貨偽造, 財物強要など商業主体の財産・収入に対する犯罪》.

commércial diréctory 商工人名録.

commércial dispáragement 商業上の中傷 (⇒ DISPARAGEMENT).

commércial dómicile 商業上の住所 (**1**) 米国で, 課税州外の財産・活動に対する課税を認めるに十分な程度の活動を行なっている非居住法人により取得される住所 **2**) 敵国領あるいは敵国占領区域で自由に居住あるいは営業する人ないし会社が有する住所》.

commércial frustrátion 契約の商事目的達成不能, 契約の商事目的の不達成《契約目的の達成不能 (frustration) の一種で, 契約目的が商事であるもの》.

commércial géneral liability pòlicy 商業総合責任保険《ほとんどの商業上の危険・責任・損

害原因を担保している総合保険；第三者に対して企業が負うべき人的・物的損害の双方を担保；米国では1986年に登場し，現在では企業総合責任保険 (comprehensive general liability policy) に大部分取って代わっている)．

commércial impracticabílity 商業上の実行困難性 (=excuse by failure of presupposed conditions)《発生しないことが契約の前提になっていた不測事態が発生した結果，契約の一方当事者の契約履行が困難になること》．

commércialized obscénity 営利化された猥褻．

commércial láw 商事法，商法 (=mercantile law)．

commércial léase 商業[営業]目的賃貸借．

commércial létter of crédit 商業信用状《信用状のうち，証券などと引換めのうえ信用状の条件を満たすならば，銀行などがみずから為替手形の支払い買い取りまたはその他の支払い要求に応じるという約束を表示したもの；特に国際取引での売買代金支払い手段として，買主が銀行などに依頼して売主を名宛人にして発行する形で用いられる》．

commércial lóan 商業貸出し《企業の運転資金として金融機関が貸し出す，通例30日から90日までの融資》．

commércial páper 商業証券，コマーシャルペーパー (=mercantile paper)《為替手形・約束手形・小切手など，金銭支払いを目的とする流通証券》．

commércial pártnership 商業組合 (=TRADING PARTNERSHIP)．

commércial práctice 商業行為: unfair ~ 不公正商業行為．▶AGGRESSIVE COMMERCIAL PRACTICE (攻撃的商業行為)．

commércial spéech 商事的言論，営利的広告《広告などもっぱら営利活動遂行のための言論で，言論の自由の保護の程度が劣る；cf. PURE SPEECH, SYMBOLIC SPEECH》．

commércial tórt cláim 商業上の不法行為責任請求《不法行為 (tort) に対する責任請求で，請求者が組織体であるかあるいは個人の場合はその営業・職業遂行過程で請求権が生じたもので，しかもその請求権主張には人的な傷害・死亡から生じた損害賠償請求が含まれていないもの》．

commércial transáction 1 商事取引，商取引．2 [~s] 商取引法，商事法．

commércial tréaty 通商条約《二国間に限らず多数国間の条約も含む》．

commércial únit 取引単位《それ以上に分割すると価値を減ずることになるために商慣行上売買などの際に1個の単一体として扱われる単位》．

Com·mer·ci·um ju·re gen·ti·um com·mu·ne es·se de·bet et non in mo·no·po·li·um et pri·va·tum pau·co·rum quaes·tum con·ver·ten·dum. /kamér-

ʃiəm ʤúːrɛ ʤɛnʃiəm kamjúːnɛ ɛsɛ débɛt ɛt nan ɪn mànoupóuliəm ɛt privéɪtəm paukóurəm kwíːstəm kànvɛrténdəm/ 通商は諸国民の法により共通のものであるべきであり，独占や少数者の私的利益に転じられるべきではない． [L=Commerce, by the law of nations, ought to be common and not converted into a monopoly and the private gain of a few.]

com·min·gle /kamíŋg(ə)l, kə-/ vt 《資金・資産など》を一つにする． — vi 《資金・資産などが》一体化する，一つになる． **com·mín·gling** n

com·mis·sary /káməsèri/, -s(ə)ri/ n 1 代理人．2 《英国国教会》主教代理．3 《駐屯地などの》売店．

cómmissary còurt 1 《スコットランド史》主教代理裁判所《宗教改革後の1563年にEdinburghと各主教区 (diocese) に創設され，19世紀まで婚姻・相続に関する事物管轄権を事実上独占；1823年に各主教区の方の裁判所はシェリフ (sheriff) の裁判所へ移され (Edinburghのもののみは1836年まで存続)，Edinburghの裁判所の上訴管轄権も1830年法で廃止され，その権限はスコットランド控訴院 (Court of Session) に移された；1876年に全廃》．2 カンタベリー大主教[大司教]裁判所《他の主教[司教]区 (diocese) の主教[司教]裁判所 (consistory court) に当たるもののカンタベリー大主教[大司教]区の名称；カンタベリー大主教[大司教]がその資格で裁判権を行使するアーチ裁判所 (Court of Arches) とは別》．

com·mis·sion /kəmíʃ(ə)n/ n 1 a 《職権・任務の》委任，委嘱，授権，任命，委託；命令，指令．b 《委任された》任務，職権；委任事項，頼まれごと，頼みごと．c 委任状，授権状，任命書；代理権などの授与(状)；《軍》将校任命辞令 (cf. WARRANT, WARRANT OFFICER): have a ~ in the armed forces 将校である．2 手数料，歩合，口銭，コミッション；報酬: an agent's ~ of 12% of sales. ▶DEL CREDERE COMMISSION (支払い保証付き委託(料)) / OVERRIDE COMMISSION (手数料) / OVERRIDING COMMISSION (特別歩合)．3 委員会《集合的》，理事会；欧州連合委員会 (=COMMISSION OF THE EUROPEAN UNION)，欧州共同体委員会 (=COMMISSION OF THE EUROPEAN COMMUNITIES). ▶AUDIT COMMISSION (地方自治体の会計検査委員会) / BOUNDARY COMMISSION (選挙区画定委員会) / CARE QUALITY COMMISSION FOR ENGLAND (イングランド保健ケアの質委員会) / CHARITY COMMISSION (公益団体委員会) / CHILD MAINTENANCE AND ENFORCEMENT COMMISSION (子の扶養・強制委員会) / CIVIL SERVICE COMMISSION ((公務員)人事委員会) / COMMODITY FUTURES TRADING COMMISSION (商品先物取引委員会) / COMPETITION COMMISSION (競争委員会) / CONSUMER PRODUCT SAFETY COMMISSION (消費者製品安全委員会) / COUNTY COMMISSION (郡政委員会) / CRIMINAL CASES REVIEW COMMISSION (刑事事件再審査委員会) / DISABILITY RIGHTS COMMISSION (障害者権利委員会) / ELECTORAL COMMISSION (選挙委員会) / EQUAL EMPLOYMENT OPPORTUNITY

Commission (雇用機会均等委員会) / Equality and Human Rights Commission (平等・人権委員会) / Equal Opportunities Commission (機会均等委員会) / European Commission (欧州委員会) / Federal Communications Commission (連邦通信委員会) / Federal Election Commission (連邦選挙委員会) / Federal Energy Regulatory Commission (連邦エネルギー規制委員会) / Federal Maritime Commission (連邦海事委員会) / Federal Power Commission (連邦動力委員会) / Federal Trade Commission (連邦取引委員会) / Gambling Commission (賭博委員会) / Health and Safety Commission (健康安全委員会) / Healthcare Commission (健康管理委員会) / High Commission (高等宗務官, 高等宗務官裁判所; 高等弁務官; 高等弁務官事務所) / House of Commons Commission (庶民院職員監督委員会) / House of Lords Appointments Commission (貴族院指名委員会) / Immigration Services Commission (移民業務監督委員会) / Independent Police Complaints Commission (警察不服独立委員会) / independent regulatory commission (独立規制委員会) / International Law Commission (国際法委員会) / Interstate Commerce Commission (州際通商委員会) / Judicial Appointments Commission (裁判官選任委員会) / jury commission (陪審員候補者指名委員会) / law commission (法改革委員会) / Law Commission (法律委員会) / Legal Services Commission (法律扶助提供委員会) / local government boundary commissions (地方行政境界委員会) / Low Pay Commission (低報酬委員会) / Mental Health (Act) Commission (精神健康法実施監視委員会) / military commission (軍事審問委員会) / Monopolies and Mergers Commission (独占・合併委員会) / Nuclear Regulatory Commission (原子力規制委員会) / Pilotage Commission (水先委員会) / Press Complaints Commission (新聞苦情(調査)委員会) / public service commission (公益事業委員会) / royal commission (王立委員会) / Securities and Exchange Commission (証券取引委員会) / United Nations Human Rights Commission (国連人権委員会) / United Nations International Law Commission (国連国際法委員会) / United States International Trade Commission (合衆国国際通商委員会) / United States Sentencing Commission (合衆国量刑基準委員会). **4** 遂行; (犯罪の)実行. — *vt* 任命する, …に権限を委任する, 授権する, 委嘱する; 依頼する.

commíssion àgent **1** 《委託を受け手数料 (commission) を得て売買する》**委託売買人**. **2** 《馬券などの》賭元, 私設馬券屋.

commíssion àrea 《英》治安判事任命地域《治安判事任命書 (commission of the peace) により任命され る治安判事の管轄区域》.

commíssion dày 《英史》アサイズ裁判 (assize) 開廷日《commission (任命書) が読み上げられたことから》.

commíssion del crédere 《売主の代理人が買主の債務支払いを保証する》**支払い保証付き委託(料)** (=del credere commission) 《一般に保証分だけ委託料は高くなる; cf. DEL CREDERE》.

commíssion·er *n* **1** 《政府などが任命した》**委員, 受任者, 理事; 委員長;** 《税務・警察などの》**監督官, 長官; 地方行政官**: ~ of police=POLICE COMMISSIONER. ▶ Charity Commissioners (慈善事業監督委員会) / child support commissioner (子の扶養上訴担当官) / Church Commissioners (for England) (国教委員会) / county commissioner (郡政委員) / Ecclesiastical Commissioners (教会委員会) / election commissioner (不正選挙調査委員) / Health Service Commissioner (国民医療制度監察官) / high commissioner (高等弁務官; 高等宗務官) / Income Tax Commissioner (所得税審判官) / Information Commissioner (情報公開委員) / insurance commissioner (保険監督委員) / jury commissioner (陪審員候補者指名委員) / Local Government Commissioner (地方行政苦情委員) / Metropolitan Police Commissioner (ロンドン警視庁総監) / Parliamentary Commissioner (議会行政監察官) / police commissioner (公安委員会委員; 警察部長; 警視総監, 警察本部長) / Poor Law Commissioner (救貧法委員) / Service Complaints Commissioner (軍務関係不服申し立て処理委員) / Social Fund Commissioner (社会基金委員) / Social Security Commissioner (社会保障委員) / wreck commissioner (難破調査委員). **2 受命裁判官, 受託裁判官, 補助裁判官**. ▶ United States Commissioner (合衆国司法委員). **3 欧州共同体委員会委員**. **4** 《プロ野球などの》コミッショナー《品位・秩序維持のための最高責任者》.

commíssioner for óaths" 宣誓供述管理官, 宣誓管理官《宣誓供述書 (affidavit) を作成する人が偽りでない旨の宣誓を取ることを職務とする; 略 CO》.

Commissioner for the Protéction Agàinst Unláwful Indústrial Áction [the ~]《英史》違法争議行為救済官《組合による違法な争議行為から損害を受けた人を救済するための独立委員; 1993 年法で創設; 1999 年法で廃止され, その任務は労働組合認定官 (Certification Officer) に移されている》.

Commissioner for the Ríghts of Tráde Únion Mémbers《英史》労働組合員権利保護官《労働組合から組合員としての権利を侵害された組合員に助言・援助を与える委員; 1992 年法で創設; 1999 年法で廃止され, その任務は労働組合認定官 (Certification Officer) に移されている》.

commíssioner of arráy《英史》民兵召集官.

commíssioner of déeds《米》《州の》他州証書

認証官 (cf. NOTARY PUBLIC).

Commissioner of the Tréasury 〖英〗大蔵委員会委員. ▶ LORD (COMMISSIONER) OF THE TREASURY (大蔵委員会委員) / LORDS COMMISSIONERS OF THE TREASURY (大蔵委員会, 大蔵委員会委員).

Commíssioners of Ínland Révenue *pl* [the ~]〖英史〗内国税収入委員会, 内国歳入委員会 (= BOARD OF INLAND REVENUE).

Commíssion for Héalth Impróvement [the ~]〖英史〗健康増進委員会《1999年法で創設;健康管理の質を監視・改善する目的で一次医療トラスト (Primary Care Trust) あるいは国民医療制度トラスト (National Health Service Trust) に助言をする権限などを有する機関; 2004年に健康管理委員会 (Healthcare Commission) に代わった》.

Commíssion for Lócal Administrátion in Éngland [the ~]〖英〗イングランド地方行政苦情委員会《1974年法により設立; 当初はイングランドとウェールズにそれぞれ1つずつあったが, 後者は2005年法で廃止され, 別組織となっている》.

Commíssion for Rácial Equálity [the ~] 〖英史〗人種平等委員会《1976年の人種関係法 (Race Relations Act) によって設立された人種差別の解消を目指す機関; 2007年10月よりその機能は新設の平等・人権委員会 (Equality and Human Rights Commission) に統合; 略 CRE》.

commíssion gòvernment 〖米〗委員会行政《市の立法権を少数名からなる委員会に集中させるやり方》.

commíssion mèrchant 問屋(とんや) (= FACTOR).

commíssion of arráy 〖英史〗民兵召集官任命書.

commíssion of assíze 〖史〗アサイズ裁判官任命書 (⇨ ASSIZE 4).

commíssion of délegates 〖英史〗国王代理官任命書 (⇨ COURT OF DELEGATES).

commíssion of jáil [gáol] delìvery 〖史〗未決監釈放裁判官任命書 (⇨ JAIL DELIVERY).

commíssion of lúnacy 〖史〗精神鑑定授権状.

commíssion of mártial láw 〖英史〗軍法に関する授権書.

commíssion for nísi príus 〖史〗巡回陪審裁判官任命書 (⇨ NISI PRIUS).

commíssion of óyer and términer 〖史〗刑事巡回裁判官任命書 (⇨ OYER AND TERMINER).

commíssion of rebéllion 〖史〗謀反人逮捕状《大法官府裁判所 (Court of Chancery) や星室裁判所 (Court of Star Chamber) が罰金付き召喚令状 (subpoena) 等を出したにもかかわらずその命令に従わぬ場合の最終手段として, 私人宛に発行し被告を逮捕し服従させる強制手続き; 1841年に廃止》.

Commíssion of the Európean Commúnities [the ~] 欧州共同体委員会, 欧州委員会, 欧州連合委員会《欧州共同体の最高執行機関; 加盟各国からの委員で構成される; ⇨ EUROPEAN COMMISSION》.

Commíssion of the Európean Únion [the ~] 欧州連合委員会, EU 委員会 (⇨ EUROPEAN COMMISSION).

commíssion of the péace 治安判事任命書;《集合的に》治安判事 (⇨ JUSTICE OF THE PEACE); 治安判事の権限.

Commíssion on Húman Ríghts [the ~] 〖史〗(国連)人権委員会 (⇨ UNITED NATIONS COMMISSION ON HUMAN RIGHTS). ★ HUMAN RIGHTS COMMITTEE (自由権規約人権委員会) とは別組織.

commíssion plàn 〖米〗委員会方式《市の立法・行政権が選挙で選ばれた少数の一群の役人の手中に置かれる方式; 現在では少数》.

commíssion to examine wítnesses 《土地管轄外の証人に対する》証人尋問嘱託(書) (cf. LETTER OF REQUEST).

com·mís·sive wáste /kəmísɪv-/ 《保有者 (tenant) の作為による》積極的(不動産)毀損 (= voluntary waste) (cf. PERMISSIVE WASTE).

com·mit /kəmít/ *vt* (-tt-) **1 a** 委託する, 引き渡す, 付託する, 付す;〈議案などを〉委員会に付託する. **b**《施設に》収容する, 拘禁[収監]する (cf. INSTITUTIONALIZE): ~ ...to prison ... を収監[投獄, 拘禁]する / ~ sb for trial ... を審理のために勾留する. **2**《再帰的にまたは受身で》**a** 言質を与える, 確約[明言]する 〈to (doing) sth, on sth〉. **b** 取り組む, 掛かり合う, 〈のっぴきならないはめに〉身を置く 〈to〉. **3**〈記録・記憶・忘却などに〉ゆだねる, 付す. **4**〈罪・過失など〉犯す: ~ murder [adultery]. **fully committed for trial**〖英〗《人が》正式起訴・罪状認否手続き・審理を受けるための手続きを完了している. [L *com-*(*miss- mitto* to send)= to join, entrust]

commít·ment *n* **1 a** 付託, 委員会付託, 委託, 委任. **b** 施設収容, 施設収容命令[令状, 手続き]; 拘禁, 拘禁命令[令状, 手続き]; 収監, 収監命令[令状, 手続き], 投獄. ▶ CIVIL COMMITMENT (収容) / DIAGNOSTIC COMMITMENT (診断のための拘禁) / MANDATORY COMMITMENT (強制的拘禁) / RECOMMITMENT (再付託) / WARRANT OF COMMITMENT (拘禁令状). **2 a** 言質[公約]《に由来する拘束》, 約束, 公約; 傾倒: make a ~ to do ... すると約束する / honor one's ~s 約束を履行する. **b** 財政的負担を負う約束, 融資予約,《証券の》売買約定. ▶ CIVIL COMMITMENT (公的相互約束) / LOAN COMMITMENT (貸付け約束) / MORTGAGE COMMITMENT (譲渡抵当付き貸付け合意書). **3**《犯罪などを》犯すこと, 犯行.

commítment wàrrant 拘禁[施設収容, 収監]令状 (= WARRANT OF COMMITMENT).

com·mít·tal *n* **1** COMMITMENT. ▶ INSTANT COMMITTAL (刑事法院への即時拘審審理付託) / ORDER OF

COMMITTAL (拘禁命令) / RECOMMITTAL (再付託) / SHORT COMMITTAL (刑事法院への簡略陪審審理付託). **2** 埋葬.

committal for séntence〖英〗刑の宣告のための事件付託《治安判事裁判所 (magistrates' court) でみずからが科しうる刑よりも重い罪で有罪決定された者を刑の宣告のために刑事法院 (Crown Court) へ送付すること》.

committal for tríal〖英〗《治安判事裁判所 (magistrates' court) での陪審審理付託決定手続きに続く》刑事法院 (Crown Court) への陪審審理付託 (cf. INSTANT COMMITTAL, SENDING FOR TRIAL).

committal in cívil procèedings〖英〗《裁判所侮辱者や未履行の判決債務者などに対する》民事訴訟手続きにおける拘禁.

committal òrder〖英〗《法廷侮辱罪による》拘禁命令 (= order of committal).

committal procèedings *pl*〖英〗《正式起訴で訴追される犯罪 (indictable offense) の訴追手続きで、治安判事裁判所 (magistrates' court) での》陪審審理付託決定手続き.

committal wàrrant〖英〗収監令状.

com·mit·tee /kəmíti/ *n* **1** 委員会 (会議); 委員《集合的》: in ~ 委員会で審議中で / on the ~ 委員会の一員で / The House goes into C~.《英国で》庶民院が全院委員会に入る / Senate C~ on Foreign Relation《米》上院外交委員会 / the ~ of one [*joc*] 一人委員会 / chair the ~ 委員会の議長をつとめる / C~ of the Parliamentary Commission 議会行政監察官報告検討委員会. ▶ ACCOUNTING STANDARDS COMMITTEE (会計基準委員会) / AGRICULTURAL DWELLING HOUSE ADVISORY COMMITTEE (農業用住居助言委員会) / APPELLATE COMMITTEE (上訴委員会) / AREA CHILD PROTECTION COMMITTEE (地域児童保護委員会) / AUDIT COMMITTEE (会計監査委員会) / BAR COMMITTEE (法廷弁護士委員会) / BUSINESS COMMITTEE (議事日程委員会) / CABINET COMMITTEES (内閣委員会) / CENTRAL ARBITRATION COMMITTEE (中央仲裁委員会) / COMMITTEE ON COMMITTEES (委員会設立委員会) / CONCILIATION COMMITTEE (調停委員会) / CONFERENCE COMMITTEE (両院協議会) / CONSUMER PROTECTION ADVISORY COMMITTEE (消費者保護助言委員会) / CREDITORS' COMMITTEE (債権者代表委員会) / CRIMINAL LAW REVISION COMMITTEE (刑事法改正委員会) / CRIMINAL PROCEDURE RULES COMMITTEE (刑事訴訟手続き規則委員会) / EUROPEAN ECONOMIC AND SOCIAL COMMITTEE (欧州経済社会委員会) / EXECUTIVE COMMITTEE (執行委員会; 経営委員会) / FOREIGN RELATIONS COMMITTEE ((上院)外交委員会) / GENERAL PURPOSES COMMITTEE (庶務委員会) / GRIEVANCE COMMITTEE (苦情処理委員会) / HOUSE UN-AMERICAN ACTIVITIES COMMITTEE (下院非米活動委員会) / HUMAN RIGHTS COMMITTEE (自由権規約人権委員会) / INTERNAL SECURITY COMMITTEE (国内安全保障委員会) / INTERNATIONAL ACCOUNTING STANDARDS COMMITTEE (国際会計基準委員会) / JOINT COMMITTEE (両院委員会) / JOINT SCRUTINY COMMITTEE (委任立法精査両院委員会) / LAW REFORM COMMITTEE (法改正委員会) / LAW REVISION COMMITTEE (法改定委員会) / LIQUIDATION COMMITTEE (清算委員会) / MAGISTRATES' COURTS COMMITTEE (治安判事裁判所委員会) / MILITARY STAFF COMMITTEE (軍事参謀委員会) / MONETARY POLICY COMMITTEE (金融政策委員会) / NEGOTIATING COMMITTEE (労使交渉委員会) / 1922 COMMITTEE (1922年委員会) / PARLIAMENTARY COMMITTEE (議会の委員会) / PERMANENT COMMITTEE (常任委員会) / POLITICAL ACTION COMMITTEE (政治活動委員会) / PUBLIC ACCOUNTS COMMITTEE (公費調査委員会) / RENT ASSESSMENT COMMITTEE (家賃査定委員会) / RULES COMMITTEE (議事運営規則委員会; 裁判所規則制定委員会) / SAFETY COMMITTEE (被用者安全委員会) / SCHOOL ATTENDANCE COMMITTEE (就学委員会) / SELECT COMMITTEE (選抜委員会; 特別委員会) / SHOP COMMITTEE (事業所委員会) / SPECIAL COMMITTEE (特別委員会) / STANDING COMMITTEE (常置委員会) / STATUTE LAW COMMITTEE (制定法委員会) / STEERING COMMITTEE (議院[議事]運営委員会) / SUBCOMMITTEE (小委員会) / SUNSHINE COMMITTEE (サンシャイン委員会) / SUPREME COURT RULE COMMITTEE (最高法院規則制定委員会) / UN-AMERICAN ACTIVITIES COMMITTEE (非米活動委員会) / WATCH COMMITTEE (公安委員会) / WAYS AND MEANS COMMITTEE (収入調達方法委員会). **2** /ˌkʌmətíː/ : **a** 義務遂行受任者, 受託者, 管財人; 心神喪失者補佐人. **b** *《通例この語で精神病院などへの》収容者. [COMMIT, -ee]

committee for prívileges〖英貴族院〗(貴族院)特権審査委員会 (= committee of privileges)《貴族身分・席次など議員特権にかかわる委員会》.

committee·man /-mən, -mæ̀n/ *n* (*pl* -men /-mən, -mèn/) COMMITTEEPERSON.

committee of inspéction〖英史〗《企業閉鎖や破産の際の》監察委員会《現在は債権者代表委員会 (creditors' committee) となった》.

Committee of Pérmanent Represéntatives [the ~]《欧州連合 (European Union) の理事会の下にある》常駐代表委員会《略 COREPER》.

committee of prívileges 1〖英貴族院〗(貴族院)特権審査委員会 (= COMMITTEE FOR PRIVILEGES). **2** [the C~ of P-]《議会の特権 (parliamentary privilege) にかかわる英国庶民院の》特権審査委員会.

committee of seléction〖英庶民院〗委員会設立[選出]委員会 (= committee on committees)《諸委員会の委員を選出するための委員会》.

Committee of Supplý [the ~]〖英〗議会譲与金委員会《1967年からは庶民院の全院委員会 (Committee of the Whole House) としての形式は取っておら

ず, 庶民院そのものとして行動している)).

Committee of the Regions 地域委員会 《1994年発足の欧州連合 (European Union) の助言機関で, 地域・地方当局の代表からなる; 地域・地方の同質性を尊重するだけでなく, 諸政策の中に地域・地方の意見をも反映させる趣旨で, 地域政策, 環境問題, 輸送・通信などにつき欧州連合が決定をなす前にここの諮問を求めねばならぬことになっている; 略 CoR)).

Committee of the Whole* [**Whole House**⁽¹⁾] [the ~] 《議会》《米国連邦議会・英国庶民院などの》 全院委員会.

Committee of [on] Ways and Means [the ~] 《議会の》 収入調達方法委員会, 歳入委員会 (=ways and means committee) 《単に ways and means ともいう》. 英国では1967年から庶民院の全院委員会 (Committee of the Whole House) としての形式は取っておらず, 庶民院そのものとして行動している)).

committee on committees =COMMITTEE OF SELECTION.

committee・person n 《委員会の》委員; 《党の》選挙区選挙対策委員長.

committee stage 《議会》委員会審議(段階) (1) 英国議会では, 法案が第二読会から第三読会に移される途中で, 委員会で細部にわたって審議される段階 2) 米国連邦議会で上院・下院いずれかの院に提出された法案が公聴会を含む委員会で審議される段階).

committee・woman n 《女性の》COMMITTEE- PERSON.

committing magistrate 予備審問官.

com・mit・ti・tur /kəmítətər/ n 《古》収監《記載されている者がシェリフ (sheriff) に収監されることを示す語》. ▶INTERIM COMMITTITUR (暫定的拘置命令). [L=he/she is committed]

committitur piece 《史》拘禁債務者強制執行書.

com・mit・tor /kəmítɔːr/ n 《英》心神喪失者を補佐人に委託する権限をもつ裁判官 《通例 大法官 (Lord Chancellor)》. [commit]

com・mix・tio /kəmíkstioʊ/ n 《ローマ法》《別の所有者に属するものの》 混和《原物の割合に応じて共有するか分けることになる》. [L=mixture]

com・mo・da・tum /kəmədéitəm, kòumoudá:- tum/ n (pl -da・ta /-tə/) 《ローマ法・大陸法》使用貸借 (⇒ LOAN FOR USE). [L commodare to lend の p.p. commodatus の中性名詞化]

com・mod・i・ty /kəmádəti/ n 1 有用品, もの; [ᵁpl] 必需品, 物資, 日用品: primary [basic] commodities 一次産品. 2 [ᵒpl] 商品, 《特に》商品取引所の取引対象商品; [pl] 商品先物 (commodity futures). ▶BASIC COMMODITIES (基本農産物).

commodity exchange 商品取引所 (=commodity market).

commodity futures pl 商品先物(取引), 先物商品.

Commodity Futures Trading Commission [the ~] 《米》商品先物取引委員会 《1974年法で設立された商品先物取引の規制を行なう連邦政府の独立機関; 略 CFTC)).

commodity market 商品取引所 (commodity exchange).

commodity trader 商品取引業者.

Com・mo・dum ex in・ju・ria sua ne・mo ha・be・re de・bet. /kəmóudəm eks ɪndʒúːriːə suə níːmou heɪbíːrə débət/ 何人たりとも自身の不法から利益を有するべきではない. [L=No person should have any benefit from his/her own wrong.]

com・mon /kámən/ n **1 a** 入会権 (=right of common) 《他人の土地に放牧する権利など, 他人の土地の収益をその他人と共に享有しうる権利; cf. PROFIT À PRENDRE). **b** [the ~] 入会地 (=common land) 《入会権 (common) の対象の土地》. ▶DISTURBANCE OF COMMON (入会権侵害) / INBOUND COMMON (無柵の入会地) / REGISTRATION OF COMMONS (入会地登録) / RIGHT OF COMMON (入会権). **2** 共有. **3** 公園; 共有地; 公有地. **4** *普通株 (common stock). **5** [~s] ⇒ COMMONS. **in ~** (1) 共有して, 共有の. ▶ESTATE IN COMMON (共有不動産権) / OWNERSHIP IN COMMON (共同所有(権)) / TENANCY IN COMMON (共有不動産権) / TENANT IN COMMON (共有不動産権者). (2) 共同に, 共通に, 普通に[の]. — a **1** 普通の, よくある, 一般の: a ~ mistake. **2** 共通の, 共同の, 共有の, 共有的な; 公有の, 公共の. **3** 習慣的な, 常習的な, 反復的な. [OF<L communis (munis serviceable)]

Common Agricultural Policy [the ~] 《ローマ条約 (Treaty of Rome) に規定されている欧州連合 (European Union) の》共通農業政策 《略 CAP).

com・mon・al・i・ty test /kàmənǽləti-/ 共通性のテスト《集団訴訟 (class action) で集団として承認されるものの成員は, その決定が当該集団成員の全員ないしは大多数の者に影響を及ぼす事実上あるいは法律上の争点の少なくとも一つを共有していなければならないという要件; cf. COMMON CHARACTER REQUIREMENT)).

com・mon・al・ty /kámən(ə)lti/ n **1** 庶民, 平民; 《一般》構成員, 一般の人びと: ~ of the realm 王国の庶民. **2** 団体, 法人; 共同体, 社会; 集団: ~ of the kingdom 王国共同体. [OF<L; ⇒ COMMON]

common ancestor 共通の祖先.

common appendant 《史》荘園内入会権.

common appurtenant 《史》土地付随入会権.

common area 共有部分 (=common property) (1) 家主が所有し責任を有しているが, その全賃借人が利用権を有している部分 2) 分譲アパートなどの区分所有物件で個別所有者全員が共有し利用している部分》.

common assault 一般暴行(罪) (=ordinary assault) 《ASSAULT のうち現実に傷害を生ぜしめたり, 公務執行妨害の意図によるなどの加重暴行(未遂) (aggravated assault) に至らぬもの]).

cómmon assúmpsit 一般引受け訴訟 (=GENERAL ASSUMPSIT).

cómmon assúrance 普通譲渡確証証書 (= MUNIMENT OF TITLE).

cómmon at lárge 〔史〕人的入会権 (=COMMON IN GROSS).

cómmon-authórity rùle 共同権限の準則《官憲による捜索に際して二人の人がある財産を共同で支配・利用などをなしている場合には, 捜索対象物の所有者でない方の人がその他の人の物に対する捜索に同意することが許されるという原則; cf. THIRD-PARTY CONSENT).

cómmon báil〔史〕擬制[名目]出廷保証人 (⇒ BAIL).

cómmon bár〔史〕侵害地明示要求抗弁 (=bar at large, blank bar)《不動産不法侵害訴訟 (trespass quare clausum fregit)で, 原告が被侵害地を十分に特定しない場合, 被告が立ち入った土地は原告主張の土地ではなく自分の保有する別の土地であると答弁すること; これにより原告は被侵害地をより厳密に特定せねばならなくなる).

cómmon becàuse of vícinage 隣接地入会権 (=common causa vicinagii, common pur cause de vicinage) (=**cómmon by vícinage**).

Cómmon Bénch [the ~]〔英史〕人民訴訟裁判所 (=Court of Common Pleas)《略 CB).

Cómmon Búdget [the ~]《欧州連合 (European Union) の》共通予算.

cómmon cálling 一般公共のための職業《公共運送人 (common carrier) や旅館主 (innkeeper) がその例).

cómmon cárrier《特定顧客に限定しない》公共運送人, 一般輸送業者 (=public carrier)《鉄道・船舶・航空・バス・パイプラインの会社など; opp. *private carrier*; cf. CONTRACT CARRIER).

cómmon cáusa vícinagii 隣接地入会権 (= COMMON BECAUSE OF VICINAGE). [L *causa vicinagii* because of vicinage]

cómmon cháracter requirement 共通性質の要件《集団訴訟 (class action) で集団としての資格を有するためには, 共通の法律問題・事実問題を有することのほか, 集団の指定が時間・努力・費用の節約となり, かつ同様の状況下にある人びとのために判決の統一性を推進するものでなければならないという準則; cf. COMMONALITY TEST).

cómmon cóuncil《米》1《一部の都市の》市議会. 2《一部の都市の市議会の》下院 (cf. SELECT COUNCIL).

cómmon cóunt〔史〕一般訴因, 定型的訴訟原因項目《債務負担支払い引受け訴訟 (indebitatus assumpsit) においては, 売買契約を結び売却された動産 (goods bargained and sold), 売却され引渡済みの動産 (goods sold and delivered), 履行済みの仕事 (work done) のためなどのいくつかの一般訴因を, 真の訴訟原因が立証された結果認められなかった場合の敗訴を避けるために, 定型的文言で原告第一訴答に入れなければならなかったが, その訴訟原因項目をいう; 英国では 1875 年に廃止).

Cómmon Cústoms Tàriff 共通関税《欧州共同体条約 (European Community Treaty) 上欧州連合 (European Union) 内に第三国から物が輸入される際には統一的評価と手続きがなされ, その後はその物は域内自由移動 (free movement) の準則に従う; したがって加盟国は独自の関税を課す権限を失っている; 略 CCT).

cómmon design 1《複数の人によるひとつ違法行為を実行することの》共謀. **2**《複数の犯罪を実行する意思. **3**《特定の土地区画周辺の》全般的設計構想.

cómmon disáster 共通の災難《例えば 被保険者および保険金受取人のような複数の財産上の利害関係者がほとんど同時に死亡し, いずれの死が先後かを決定する方法がないような災厄; cf. UNIFORM SIMULTANEOUS DEATH ACT, COMMORIENTES).

cómmon disáster clàuse 共通災難条項《保険証書・遺言書などで, 権利移転者と被移転者が共通の災難 (common disaster) で死亡した場合についての対処条項).

cómmon dúty of cáre《土地・家屋などの占有者が合法的来訪者の安全のために行なうべき》土地・家屋への一般的注意義務 (cf. OCCUPIER'S LIABILITY).

cómmon éasement 共同地役権 (=nonexclusive easement)《要役地の所有者だけでなく, 承役地の所有者に対しても地役権 (easement) の享受を認める地役権; cf. EXCLUSIVE EASEMENT).

cómmon emplóyment dòctrine 共同雇用の法理 (=FELLOW SERVANT RULE).

cómmon énemy dòctrine 共通の敵の法理《土地所有者は水の氾濫などの場合には, 他の土地所有者への影響を顧慮することなくみずからの土地表面の水を排除することが許されるという準則; 洪水は土地所有者全員の共通の敵ということからの命名).

cómmon・er n **1**《庶民;〔史〕平民;《古》庶民院 (House of Commons) 議員. ▶ FIRST COMMONER (第一庶民). **2**《古》入会権者. **3**《古》コモンロー法律家. **4** 共有権者.

cómmon érror 1 共通の誤り《著作権法上の用語で, 著作権を有する著作物と著作権を侵したと主張されている著作物との間で共通している誤りのこと; この誤りは, 後者が前者をコピーしたことを説得的に証明していることになる). **2** 一般的誤り. **Common error makes law.** 一般的誤りは法を作る《★ 法格言としてはかなり危険なもので, 注意が必要; 特に 制定法を廃するために用いるべきではなかろう).

Cómmon Extérnal Táriff [the ~] 共通対外輸入関税《欧州連合 (European Union) 非加盟国から加盟国のいずれかに輸入される一定商品に課される輸入関税; 略 CET).

Cómmon Físheries Pòlicy [the ~] 共通漁

業政策《初め1983年に欧州共同体（European Community）構成国間で合意された漁業政策；種類ごとの各国の漁獲量，各国12海里の排他的漁業水域などを定めている；CFP》．

cómmon físhery 公共漁場《すべての人が漁業のできる漁場；cf. COMMON OF PISCARY》．

Cómmon Fóreign and Secúrity Pòlicy 《欧州連合（European Union）の》共通外交安全保障政策《略 CFSP》．

cómmon fórm 《特に遺言検認の》通常方式（cf. SOLEMN FORM）． ► PROBATE IN COMMON FORM（通常方式による遺言検認）．

cómmon frée sócage 一般自由鋤奉仕保有（＝FREE SOCAGE）．

cómmon fúnd bàsis 《英史》訴訟費用共通基金負担方式《かつての訴訟費用算定基準の一つ；合理的範囲内での全費用が認められた；共通の基金から支払われる場合の基準で，法律扶助の場合はこの方式が用いられた；その後この方式は，標準訴訟費用算定方式（standard basis of taxation）に代わり，さらに現在については ⇨ ASSESSMENT OF COSTS；cf. STANDARD BASIS OF TAXATION》．

cómmon héritage of mánkind prìnciple [the 〜]《国際法》人類の共同の遺産原則《南極地域は1つないしは一群の国家の利益のためにのみ独占されるべきでなく，全人類の利益のために利用されるよう取り扱われねばならないという原則》．

cómmon·hòld n《英》共同保有(権)《(1 棟の建物でありながらその中に独立の保有権の対象である複数の区分された部分があり，しかも階段・通路などの共有部分もあるものの権利・義務関係を規制するために，自由土地保有(権)（freehold），定期不動産賃借権（leasehold）に加えて第三の不動産保有形態として考案されたもの；かつてにはこれらは長期間の不動産賃借権（lease）として処理されていたが，多くの問題が生じていた；各区分財産権が unit あるいは共同保有区分財産権（commonhold unit），その保有者が区分財産権保有者（unit-holder）とされ，共有部分の保有者が全員成員となりしかもこの保有者のみが共同保有社団（commonhold association）という一種の保証有限責任私会社（private company limited by guarantee）をつくり，これが共有部分を保有する；この共同保有社団は当該社団の規則を定めねばならず，それを共同保有団体規則（Commonhold Community Statement）と呼ぶ》．

commonhold associàtion 《英》共同保有社団（⇨ COMMONHOLD）．

Cómmonhold Commúnity Stàtement 《英》共同保有団体規則（⇨ COMMONHOLD）《略 CCS》．

cómmonhold lànd 《英》《共同保有権（commonhold）で保有されている》共同保有地（⇨ COMMONHOLD）．

cómmonhold ùnit 《英》共同保有区分財産権（⇨ COMMONHOLD）．

cómmon infórmer 刑罰制定法上の略式起訴をする一般人，一般人たる略式起訴者，一般人で制裁金訴訟を提起する者《英国では廃止；cf. INFORMER, PENAL ACTION, PENAL STATUTE, QUI TAM ACTION》．

cómmon in gróss 《史》人的入会権（＝common at large）《土地保有ないし占有と関係なく人に付着している入会権》．

cómmon injúnction 《史》コモンロー上の手続きに対する差止め命令《コモンロー裁判所への訴えの提起・継続がエクイティに反する場合に大法官府裁判所（Court of Chancery）がそれを差し止めた命令；1875年以降両者が融合し意義を失っている》．

cómmon ínterest dòctrine 共通利害関係の法理（＝JOINT DEFENSE PRIVILEGE）．

cómmon ínterest excéption 共通利害関係の異議（＝JOINT DEFENSE PRIVILEGE）．

cómmon ínterest prìvilege 共通利害関係の秘匿特権（＝JOINT DEFENSE PRIVILEGE）．

cómmon in the sóil 《史》採鉱・採石入会権．

cómmon júry 1 普通陪審《一般の人からなる陪審；cf. SPECIAL JURY》．**2** 小陪審（＝PETIT JURY）．

cómmon knówledge *《裁判所が証明なしで受け容れうる》周知のこと，常識（cf. JUDICIAL NOTICE, NOTORIOUS FACT）: It is a matter of 〜. それは一般に知られていることだ．

cómmon knówledge excéption 周知のことについての例外《医療過誤（medical malpractice）訴訟において過失を立証するためには，日常業務的ないしは単純な医療手順についての素人の証言が許容されるという原則》．

cómmon lánd 1 入会地（＝COMMON）．**2** 囲いのない荒蕪地（こうぶ）．

cómmon láw 1 コモンロー《略 CL；以下の意味の一つないしは複数の複合を含意して用いられる：(1) 王国共通法；opp. *local law* (2) コモンロー；opp. *equity* (3) 判例法，不文法；opp. *statute* (*law*), *statutory law*, *written law* (4) 英米法；opp. *civil law*（大陸法）；cf. ANGLO-AMERICAN LAW (5) 世俗法；opp. *ecclesiastical law*》． ► DOWER BY THE COMMON LAW（コモンロー寡婦産（権））／ FEDERAL COMMON LAW（連邦コモンロー）／ GENERAL FEDERAL COMMON LAW（連邦一般コモンロー）／ MASTER AT COMMON LAW（コモンロー裁判所主事）／ MASTERS OF THE COURTS OF COMMON LAW（コモンロー裁判所主事）／ TRADEMARK AT COMMON LAW（コモンロー上の商標）．**2** 普通法，一般法《特にドイツ全域に共通に適用されたローマ法継受以降のローマ法を基礎にした補充法；ラテン語で jus commune，ドイツ語で Gemeines Recht ともいう》．**3**《教会法上の》普通法，一般法（＝jus commune）《カトリック教会全般に適用される法》． **cómmon-láw** *a* [L *lex communis*]

cómmon-láw áction コモンロー上の訴訟《制定法・エクイティー・大陸法に基づく訴訟に対比して，コモン

ローにより規制される訴訟》.

cómmon-làw cópyright コモンロー上の著作権 (⇨ COPYRIGHT ACT, COPYRIGHT, DESIGNS AND PATENT ACT).

cómmon-làw cóurt コモンロー裁判所 (＝COURT OF LAW) (cf. EQUITY COURT).

cómmon-làw críme コモンロー上の犯罪《制定法により規定・処罰される犯罪である制定法上の犯罪 (statutory crime) に対する語》.

cómmon-làw dedicátion 《制定法に基づくのではない》コモンロー上の公用地供与 (cf. DEDICATION, STATUTORY DEDICATION).

cómmon-làw dówer コモンロー寡婦産(権) (＝DOWER BY THE COMMON LAW).

cómmon-làw hóliday 《英》コモンロー上の祝祭日《一般公休日 (bank holiday) のうち, Good Friday (Easter 直前の金曜日) と Christmas Day (12月25日) を特に指す》.

cómmon-làw húsband 1 コモンロー婚姻の夫 (⇨ COMMON-LAW MARRIAGE). 2 《俗》内縁の夫.

cómmon-làw jurisdíction 1 コモンロー〔英米法〕法域. 2 コモンロー裁判権, コモンロー裁判管轄(権).

cómmon-làw láwyer 1 コモンロー法律家. 2 英米法法律家. ★ 1, 2 共に COMMON LAWYER と同義.

cómmon-làw líen コモンロー上のリーエン〔留置権〕《(1) エクイティー・海法・制定法あるいは合意に基づいて認められる lien に対する語 2) 例えば 受寄者 (bailee) のように他人の財産を占有している者がみずからの一定の要求が満たされるまでその占有を続けうる権利; エクイティー上のリーエン (equitable lien) と異なり占有が不可欠》.

cómmon-làw málice 《名誉毀損における》コモンロー上の害意.

cómmon-làw márriage 1 コモンロー婚姻, 非方式婚《一切の儀式を排し男女の合意だけに基づいて同棲する婚姻で, イングランドでは1753年法以後無効, 米国では一部の州で認められている; cf. LORD HARDWICK'S ACT, MARRIAGE ACT, SCOTCH MARRIAGE》. 2 《俗》内縁.

cómmon-làw mórtgage コモンロー上の譲渡抵当 (1) 《英》 LEGAL MORTGAGE 2) 《米》 DEED OF TRUST》.

cómmon-làw pléading コモンロー訴答(手続き)《エクイティー上の訴答(手続き) (equity pleading) に対する語で, 歴史的にはコモンロー裁判所 (common-law court) で用いられていた手続き》.

Cómmon Láw Procédure Àcts *pl* [the ~] 《英》コモンロー上の手続きに関する法律《1852, 54, 60年に議会を通過した, 上位裁判所での従来の訴訟手続きを簡素化するための3つの法律; 略 CLPA》.

cómmon-làw rúle コモンロー準則 (＝legal rule) 《(1) 制定法 (statute) 上の準則, (2) エクイティー (equity) 上の準則, (3) 特別法 (special law) 上の準則に対して用いられる語; cf. RULE OF LAW》.

cómmon-làw státe 《米》コモンロー州 (1) 夫婦共有財産制不採用州; cf. COMMUNITY-PROPERTY STATE 2) 手続き上コモンローとエクイティーの双方の統合がなされておらず, 双方が別個に処理されている州; 現在は史的用語化; 非法典訴訟州 (noncode state) ともいう; ⇨ CODE STATE》.

cómmon-làw trúst コモンロー・トラスト (＝BUSINESS TRUST).

cómmon-làw wífe 1 コモンロー婚姻の妻 (⇨ COMMON-LAW MARRIAGE). 2 《俗》内縁の妻 (cf. MISTRESS).

cómmon láwyer 1 コモンロー法律家《エクイティー (equity) ではなくコモンロー (common law) に精通したあるいはコモンロー関係事件を主として扱う弁護士〔法律家〕》. 2 英米法法律家. ★ 1, 2 共に common-law lawyer ともいう.

cómmon lícense 《英》一般婚姻許可(状) (＝**cómmon lícense for márriage**) (⇨ MARRIAGE LICENSE).

cómmon márket 1 共同市場《経済統合の一形態で, 複数国が経済的国境を取り払い, 貿易・労働力・資本の移動を自由にし, さらに経済政策を共通にするもの》. 2 [the C- M-] 欧州〔ヨーロッパ〕共同市場《公式名 EUROPEAN ECONOMIC COMMUNITY; ⇨ INTERNAL MARKET》.

cómmon mistáke 共通の錯誤 (＝mutual mistake) 《契約両当事者が契約の前提である特にその基本的事項について同じ錯誤に陥ること》.

cómmon móney bònd 一般金銭保証債務証書《債務不履行の場合には違約罰として金銭を支払う旨約束をする保証証書》.

common nightwalker ⇨ NIGHTWALKER.

cómmon-núcleus-of-óperative-fáct tèst 《米》法的に重要な事実共通核テスト《連邦裁判所は, 連邦上の請求が事物管轄権の基礎を提供しているのと同一事実から生じている州法上の請求に対して付随的管轄権 (pendent jurisdiction) を有するという法理(に基づき, その管轄権の有無を確かめること)》.

cómmon núisance 公的不法妨害 (＝PUBLIC NUISANCE).

cómmon of estóvers 《史》採木入会権《領主の土地で, 必需品, 特に木材を採る借地人の権利; 単に estovers ともいう》.

cómmon of físhery 《史》漁労入会権 (＝COMMON OF PISCARY).

cómmon of pásture 《史》放牧入会権《他人の土地にみずからの家畜を放牧する権利; cf. PASTURE》.

cómmon of píscary 《史》漁労入会権 (＝common of fishery) 《他人の土地・漁区内での漁労権; 単に piscary ともいう》.

cómmon of sháck 《史》切り株畑放牧入会権《収穫後の畑に家畜を放牧できる入会権》.

cómmon of túrbary 《英史》泥炭採掘入会権

《他人の所有地での泥炭採掘権; 単に turbary ともいう》.

cómmon ównership 《会社・財産などの》共同所有(権), 共有 (ownership in common).

cómmonplace bòok 《史》法備忘録《18世紀に体系的概説書が出現するまで, 法実務家が日常的に出会った法律上の論点を予め定めた表題の箇所に記入し将来の参考に付したメモ帳; これがより体系的包括的になると abridgment (法要録) と呼ばれた》.

cómmon pléa 1 人民訴訟《コモンロー上はローマ法・大陸法と違って刑事訴訟・民事訴訟という区別は厳密にはなく, 訴訟は plea of the Crown と common plea に分けられた; 前者は, 国王が訴訟当事者になっているか, そうではなく人民同士の訴訟であるがなんらかの形で国王が特別に関心を有している訴訟 (例えば国王の平和 (King's peace) 破壊にかかわる事件など) で, 後者はそれ以外の人民同士の訴訟である; この後者が common plea であり,「人民訴訟」と訳され, おおむねローマ法系の民事訴訟と重なり, 前者は「国王の訴訟」と訳され, 刑事訴訟や財政に関わる訴訟に当たる; なお, 裁判所の管轄もこの分類により, Court of Common Pleas (人民訴訟裁判所) は common plea を管轄した》. 2 [the C- Pleas; 〈sg〉] COURT OF COMMON PLEAS《略 CP》, COMMON PLEAS DIVISION. ▶ (LORD) CHIEF JUSTICE OF THE COMMON PLEAS (人民訴訟部首席裁判官, 人民訴訟裁判所首席裁判官) / COURT OF COMMON PLEAS (人民訴訟裁判所) / COURT OF COMMON PLEAS (一般訴訟裁判所).

Cómmon Pléas Divìsion [the ~] 《英史》《高等法院 (High Court of Justice) の》人民訴訟部《人民訴訟裁判所 (Court of Common Pleas) の後身として 1875 年に始まり, 1880 年の枢密院令 (Order in Council) で女王座部 (Queen's Bench Division) に統合された高等法院の部》.

cómmon prícing 《同業者による, 違法な》同一価格決定.

Cómmon Proféssional Examinátion 《英》共同司法試験《英国では法廷弁護士 (barrister) と事務弁護士 (solicitor) の資格付与は別個に行われているが, 1979 年以来一部試験が共通に行われるようになった, この試験のこと》.

cómmon próperty 1 共有(物的)財産権《複数の人により生残者への権利帰属権 (right of survivorship) なしで保有されている物的財産権 (real property)》. 2 共有部分 (=COMMON AREA).

cómmon pur cáuse de vícinage 隣接地入会権 (=COMMON BECAUSE OF VICINAGE). [F; ⇨ PUR CAUSE DE VICINAGE]

cómmon recóvery 《史》馴合い不動産回復訴訟, 限嗣設定廃除馴合い訴訟 (=feigned recovery)《限嗣封土権 (fee tail) を廃除し, 単純封土権 (fee simple) に転換するために用いられた擬制的訴訟; 英国では 1833 年法で廃止; 単に recovery ともいう; cf. PRAECIPE QUOD REDDAT》.

cómmon retúrn dàys pl 《史》《被告の》出廷定例日.

com·mons /kámənz/ n pl 1 a 庶民, 平民; [°C-; 〈sg/pl〉] 庶民階級,《英議会》庶民院[下院]議員《集合的》. b [the C-]《英議会》庶民院, 下院 (=HOUSE OF COMMONS): The C~ voted against the Bill. ▶ HOUSE OF COMMONS (庶民院). 2 [〈sg〉] a 共同食卓,《共同食卓のある》食堂,《Inns of Court などの》大食堂; 控室; 談話室. b [〈sg/pl〉]《大学などで多数に配られる》普通の食事, 定食. ▶ DOCTORS' COMMONS (ドクターズ・コモンズ).

cómmon scóld 《史》喧嘩口論常習者, がみがみ女《公共の平穏を乱すとしてコモンロー上処罰の対象となった》.

cómmons cóuncil 《英》入会権評議会《入会地上の農業活動・植生・入会権を管理するため 2006 年法で創設された法人; 入会権の賃貸・許可についての規則作成, 放牧登録簿の維持, 境界維持などを行なう》.

cómmon séal 会社印, 社印, 法人印《法人などの》公印, 団体印.

cómmon sélling àgency 共同販売機関.

Cómmon Sérjeant (of Lóndon) 《英》ロンドン市法務官《市の法律顧問; 現在では中央刑事裁判所 (Central Criminal Court) の巡回裁判官 (circuit judges) の一人がこの肩書きをもつ》.

Cómmons(') Hóuse [the ~] 《英議会》庶民院, 下院 (House of Commons).

cómmon-sítus pícketing 共通の場所ピケ(ティング)《一請負業者との紛争に対してその建設現場の全組合員が参加する違法のピケティング》.

cómmon sócage 一般鋤奉仕保有 (⇨ FREE SOCAGE, SOCAGE).

cómmon sóurce dòctrine 共通淵源(%)の法理《権原確定のための侵害訴訟 (trespass to try title) で原告と共通の淵源の下で権利主張をしている被告は, その共通の淵源に優越する第三の淵源を証拠としてはならないという原則; そうすることはみずからの主張の淵源をも攻撃することになる故である》.

cómmon stóck* 1 普通株 (=capital stock, ordinary share")《優先株 (preferred stock*, preference share") , 劣後株 (deferred stock*, deferred share") などでない株; 単に common ともいう》. 2 共通家系.

cómmon thíef 窃盗常習犯.

cómmon tráverse 通常否認訴答 (=specific traverse)《相手方の訴答中で述べられている特定事実の主張を明示的に否認し, 同時にこの否認した点を審理してくれるよう正式に申し立てること》.

cómmon trúst fùnd* 共同信託基金《多数の少額信託財産を合同して運用するために一つにまとめて設定する基金》.

cómmon vouchée 《史》常習権原担保者《馴合い不動産回復訴訟 (common recovery) で, 擬制的に参加を求められ, 係争地に関する権原 (title) を問われる名目的存在; 通常は廷吏 (crier) がこの役を務めた; ⇨

COMMON RECOVERY, DOUBLE VOUCHER, RECOMPENSE OF RECOVERY IN VALUE).

cómmon wáll 共用障壁 (=PARTY WALL).

com·mon·wealth /kάmənwèlθ/ *n* (略 comm., Commw.) **1** (州や国家群からなる) 連邦. **a** [the C-] イギリス連邦, 英連邦, コモンウェルス (=the British Commonwealth of Nations)(英国(女)王を結合の象徴として連合王国と, かつて英帝国に属し, その後独立したカナダ・オーストラリア・ニュージーランド・インド・スリランカなど多数の独立国で構成するゆるい結合体; 近時は, 'British', 'of Nations' の語がとられる傾向が強く (1950 年インドが共和制になってからは特に 'British' は用いない), 単に 'the Commonwealth' と呼ぶのが普通): the New C~ 新イギリス連邦(第二次大戦後に独立してイギリス連邦に加わった国々の総称) / the Old C~ 旧イギリス連邦(New Commonwealth に対し, 第二次大戦前に独立した国々). **b** [the C-] オーストラリア連邦 (the Commonwealth of Australia). **2** 国家; (特に) 共和国 (republic), 民主主義国家 (democracy); [C- (of England)]《英史》《英国の》共和制, 共和国 **(1)** 1649 年 Charles 1 世の死刑後 1660 年の王政復古まで **(2)** 狭義では終期が Oliver CROMWELL が保護者卿 (Lord Protector) になった 1653 年まで). **3** [the C- of...]《米》州, 準州(公式名として Massachusetts, Pennsylvania, Virginia, Kentucky, Maryland の各州と Puerto Rico, Northern Mariana Islands に用いる; cf. DEPENDENCY, TERRITORY). **4**《古》一般の福祉, 社会の福利, 公共の福祉. [COMMON, WEALTH]

Cómmonwealth cìtizen〖英〗イギリス連邦[英連邦]市民(1981 年法上の語で, 1948 年法上のイギリス連邦臣民 (British subject) に当たる; 第一次的にはそれぞれイギリス連邦成員の国の国籍を有しているイギリス連邦の市民; ⇨ BRITISH SUBJECT; cf. NATURAL-BORN SUBJECT).

Cómmonwealth cìtizenship〖英〗イギリス連邦[英連邦]市民権, イギリス連邦[英連邦]国籍 (⇨ COMMONWEALTH CITIZEN).

Cómmonwealth Cónference [the ~] イギリス連邦会議 (⇨ IMPERIAL CONFERENCE).

cómmonwealth còurt [°C- C-]《米》コモンウェルス裁判所 **(1)** 若干州での一般的管轄権 (general jurisdiction) を有する裁判所 **(2)** Pennsylvania 州で, 州を相手取った訴訟を審理し, 州機関・役人の決定を再審査する裁判所).

Cómmonwealth Ínstitute [the ~] イギリス連邦[英連邦]協会(1958 年法で創設された London 在の教育文化施設; 前身は IMPERIAL INSTITUTE).

Cómmonwealth of Austrália Constitútion Àct [the ~] オーストラリア連邦憲法法(植民地オーストラリアが連邦を形成し自治領となることを認めた 1900 年の英国議会立法).

Cómmonwealth Príme Mínisters' méeting イギリス連邦[英連邦]首相会議 (⇨ IMPERIAL CONFERENCE).

Cómmonwealth Secretáriat [the ~] イギリス連邦[英連邦]事務局(London にある).

com·mo·ran·cy /kάmərənsi/ *n* **1**《英》《恒常的な》居住, 住居. **2**《米》仮住所.

com·mo·ri·en·tes /kəmòuriéntiːz/ *n pl* 同時死亡者(同一事故などで同時に死亡した複数の者; この場合相続をめぐって複雑な問題が生じうるが, 英国では 1925 年法が一般には年齢の高い者が若い者より早く死亡したと推定したが, この原則は 1952 年法が定める無遺言で同時死亡の夫婦のように他方なお死亡していたとみなすなどの例外もある; 米国では, 1940 年の統一法律 (uniform act) の統一同時死亡法 (Uniform Simultaneous Death Act) で, 同時死亡に伴う紛争を避けるためには相続人および受遺者は被相続人・遺言者より 120 時間以上生存していなければならないが, 120 時間の生存期間が欠けている場合はそれぞれの財産はそれぞれが生存していたとみなされて処理されるのが原則とされた; この統一法律はその後 1993 年に改正され, なんらかの形でほとんどの州でこれが採用されている; cf. SIMULTANEOUS DEATH). [L *commorior* to die together]

com·mú·nal cóurt /kəmjúːnl-, kámjə-; kɔ́mjuː-/《英史》共同体裁判所(中世イングランドは州 (county, shire), ハンドレッド・ワペンテイク (hundred, wapentake), 村・村落共同体 (vill, township) の地域共同体 (community) に細分され, そのうち最下位の村・村落共同体以外には裁判権をもった地域住民からなる人民集会があり, これらの民会の総称; ⇨ COUNTY COURT, HUNDRED COURT).

commúnal jurisdíction 共同体の裁判権 (⇨ COMMUNAL COURT).

com·mune /kάmjuːn, kəmjúːn, kɑ-/ *n* **1** 生活共同体, 共同体, コミューン; 地方自治体, 地域社会. **2** コミューン(欧州大陸諸国の最小行政区);《史》中世自治都市などの)自治体;《史》パリ・コミューン. **3**《史》平民. [F; 'common life をもつ集団' の意]

com·mu·ne con·ci·li·um reg·ni /kəmúːnə kənsíliəm régni/《英史》王国の一般評議会, 王国大評議会 (=magnum concilium (regni))(国王の直臣会議だったものが徐々に小人数からなる国王への助言・諸機関で日常的統治機関である concilium regis (国王会議)と, 多数の直臣が参加した大事を決める magnum concilium (大評議会) とに分化し, さらに後者が議会へと発展していった; この後者の会議体を指す, 例えば 1215 年の Magna Carta などの用語). [L=common council of the realm]

com·mu·ni·cate /kəmjúːnəkèɪt/ *vt* **1**〈情報・知識などを〉伝達する, 伝える〈*to*〉. **2**〈病気などを〉うつす, 伝染させる. **3**《古》分かち合う (share)〈*with*〉. — *vi* **1** 情報交換[伝達]を行なう, 連絡をとる, 意思疎通[コミュニケーション]をはかる〈*with*〉: The members of the jury must not ~ *with* the witness. 陪審構成員は証人と連絡をしてはならない. **2** 聖餐を受ける, 聖体を拝領する.

com·mu·ni·ca·tion /kəmjùːnəkéɪʃ(ə)n/ *n* **1 a** 情報伝達[交換], 意思疎通, 連絡(をとること), 交渉, コミュニケーション. **b** 《伝達された》情報, 連絡, 通信, 通知, 手紙, メール, 便り, 消息. ▶ CONFIDENTIAL COMMUNICATION(開示を強制されない情報)／EX PARTE COMMUNICATION(一方的連絡)／MALICIOUS COMMUNICATION(悪意ある通信)／PRIVILEGED COMMUNICATION(秘匿特権付き情報；免責特権情報). **2** [*°pl*] **a** 通信(手段). **b** 交通, 輸送, 連絡(路). ▶ INTERCEPTION OF COMMUNICATIONS(通信傍受).

com·mu·ni·ca·tive /kəmjúːnɪkətɪv, *-*nəkéɪ-/ *a* **1**《考え・感情などを》伝える, 伝達する. **2** 通信[コミュニケーション]の[に関する].

commúnicative évidence 伝達証拠 (= TESTIMONIAL EVIDENCE).

Com·mu·nis er·ror fa·cit jus. /kəm(j)úːnɪs érɔːr féɪsɪt ʤúːs/ 一般的な誤りは法を作る (= COMMON ERROR makes law). [L = A common error makes law.]

commúnis opí·nio /-əpíniou/《史》共通の意見《法律上の論点についての学識法律家の一致した意見; 法の力を有した》. [L = common opinion]

commúnis pá·ri·es /-pǽriːz/《大陸法》界壁 (= PARTY WALL). [L = common wall]

commúnis scrip·tú·ra /-skrɪpt(j)úːrə/《史》共通証書《双方共通の証書, すなわち割印証書 (chirograph)のこと》. [L = common writing]

commúnis stír·pes /-stɑ́ːrpiːz/《史》共通家系《共通の祖先をもつ人びと》. [L = common stock]

com·mu·ni·tas /kəmjúːnɪteɪs/ *n* COMMUNITY. [L]

com·mu·ni·ty /kəmjúːnəti/ *n* **1 a** 共同体, コミュニティー；《国家・都市・町村・学校・同宗・同業などの》共同生活体; 地域共同体, 地域社会；《地方自治体法によるウェールズの》自治区. **b** [the ~] 公衆, 庶民, 一般社会, 社会. **c** [C-] EUROPEAN (ECONOMIC) COMMUNITY: *C~ ministers* EC 諸国の閣僚[大臣]. ▶ BELLIGERENT COMMUNITIES(交戦地域住民集団)／EUROPEAN ATOMIC ENERGY COMMUNITY(欧州原子力共同体)／EUROPEAN COAL AND STEEL COMMUNITY(欧州石炭鉄鋼共同体)／EUROPEAN COMMUNITIES(欧州共同体)／EUROPEAN COMMUNITY(欧州共同体)／EUROPEAN ECONOMIC COMMUNITY(欧州経済共同体)／INTERNATIONAL LEGAL COMMUNITY(国際的法共同体). **2**《利害などを共にする》団体；…界: *the local business ~* 地域実業界. **3**《財産などの》共有, 共用 (⇨ COMMUNITY PROPERTY); 共通性, 一致; 親交. ▶ FRAUD ON THE COMMUNITY(夫婦共有財産に対する詐欺). [OF < L; ⇨ COMMON]

commúnity chàrge [the ~]《英史》地方行政費用負担金, コミュニティー税 (= community tax)《特に 1988 年法で制定, スコットランドでは 1989 年, イングランドとウェールズでは 1990 年に施行された住民税; 地方自治体が成人の住民すべてに一律に課するもので, 人頭税 (poll tax)と呼ばれて評判が悪く徴収が困難となり, 93 年に家屋の評価額に応じた地方自治体参事会税 (council tax)に変更された; charge for community services の意》.

Commúnity Chárter of Fundaméntal Sócial Ríghts of Wórkers 労働者の基本的社会権に関する共同体憲章 (⇨ SOCIAL CHARTER).

commúnity contròl 地域社会による監督《例えば 移動・活動制限, 電子媒体による行動監視などを行ない, 違反に対しては厳しい制裁を科すなどの地域社会による犯罪者の強度・厳格な監視を条件としている刑罰の宣告》.

commúnity corréctional cénter《米》地域矯正センター (= JAIL).

commúnity dèbt《夫婦》共有財産負担(金銭)債務.

commúnity diménsion 共同体規模《欧州連合 (European Union)の会社の合併 (merger)に関する法の中での用語; EU 法上は, 合併参加企業の売上高合計が共同体全体および世界全体で一定最低額(現在のところ前者は最低 2 億 5 千万ユーロ, 後者は 5 億ユーロを超えること)以上の合併は, 各合併企業の共同体内の売上げの 3 分の 2 を超える部分が単一の加盟国から得られている場合を例外として, 事前に届け出をし, 欧州委員会 (European Commission)の承認を必要としている, この合併手続きを要する規模のこと》.

commúnity hòme《英》保護児童収容施設《1969 年法で創設(1989 年法で改正)された, 保護児童(child in care)などを収容・扶養する施設; 地方行政府が単独で行なうもの, 任意組織が施設を提供し維持管理を地方行政府が行なうもの, すべてを任意団体が担当するものを含む; cf. APPROVED SCHOOL, REMAND HOME》.

commúnity ínterest còmpany《英》社会利益会社《2004 年法で新設された有限責任会社で, その活動が社会の利益を目的としていることが通常人 (reasonable person)に理解できるもの, 政治目的で設立されていないこと, 配当金額に制限があることなどが要件; 略 CIC》.

commúnity lànd《英史》公共用地 (= DEVELOPMENT LAND).

Commúnity láw（欧州）共同体法, EC 法 (= EC law, European Community law)《共同体構成国の法に対して欧州共同体 (European Community, EC)の法を指す; 具体的には, EC 創設およびその後各加盟国合意に基づく条約, 共同体立法 (Community legislation), 欧州共同体司法裁判所 (Court of Justice of the European Communities) の判例である; cf. EU LAW》.

commúnity lèase 共同不動産賃貸借契約《別々の地片に権利を有している複数の賃貸人 (lessor)が単一の賃借人のために締結する一つの不動産賃貸借契約 (lease)》.

Commúnity Légal Advíce《英》地域法的助言《法律扶助提供委員会 (Legal Services Commission) の資金提供による無料法的助言制度).

Community Légal Sérvice [the ~]《英》地域法律扶助提供《1999 年法で全面的に法律扶助制度 (legal aid scheme) が統合・改正されたが (2000 年施行), 新制度下で法律扶助提供委員会 (Legal Services Commission) の下で行なわれる法律扶助; 略 CLS》.

Community legislátion 《欧州》共同体立法《欧州共同体各加盟国の合意に基礎を置く条約により設立された機関, 特に 委員会 (Commission), 閣僚理事会 (Council of Ministers) により定立される規則 (regulation), 命令 (directive), 決定 (decision) などの第二次立法 [二次法規]; ⇨ COMMUNITY LAW》.

community of ássets 《婚姻の自動的結果として夫婦による家・家具などの》資産の共有 (= community of property)《英国はこの法制度ではない》.

community of ínterest 共通の利害《1》合弁事業 (joint venture) へ責任分担・利益配分を条件に参加する場合の利害の共有 **2)** 集団訴訟 (class action) を維持するために必要な集団全員共有の苦情・不満 **3)** 労働法関係で一群の被用者が交渉単位 (bargaining unit) として認められるための基準としての共通の利害》.

community of próperty 財産の共有 (= COMMUNITY OF ASSETS).

community órder 《英》社会刑罰命令《16 歳以上の者が犯罪のかどで有罪とされた場合, 有罪宣告をした裁判所が無報酬労働, 一定の行動参加, 一定の行動禁止, 居住, 精神健康のための治療, 麻薬更生, アルコール依存症治療, アテンダンスセンター (attendance center) 通い等の要求のいずれか一つまたは複数を科す命令; cf. COMMUNITY PUNISHMENT ORDER, COMMUNITY REHABILITATION ORDER》.

community pátient 《英》社会治療命令患者 (⇨ COMMUNITY TREATMENT ORDER).

community polícing 地域防犯 (体制)《特定地域に警察官を配置し, そこの住民との連携を密にし, 防犯を強化しようとするやり方》.

community próperty 《米》《夫と妻の》共有財産, 夫婦共有財産 (制)《夫婦が婚姻中に取得した財産は, それぞれの特有財産 (separate property) とされるものを除き夫婦の共有財産とされるという制度; cf. MARITAL PROPERTY, SEPARATE PROPERTY》.

community-próperty stàte 《米》夫婦共有財産制採用州 (cf. COMMON-LAW STATE).

community púnishment and rehabilitátion òrder 《英史》社会処罰・復帰命令《かつて結合命令 (combination order) と呼ばれていたもので, 社会処罰命令 (community punishment order) と社会復帰命令 (community rehabilitation order) が結合したもの; より重大な犯罪, 特に累犯者に対してなされる; 2003 年法で, 社会刑罰命令 (community order) に統合》.

community púnishment òrder 《英史》社会処罰命令《16 歳以上で同意した犯罪者に 40 時間から

commutation

240 時間保護観察官 (probation officer) の観察の下で無報酬の仕事の服務を命ずるもの; かつて社会奉仕命令 (community service order) と呼ばれていたものに相当し, 2000 年法で改称; 2003 年法で, 社会刑罰命令 (community order) に統合》.

community rehabilitátion òrder 《英史》社会復帰命令《かつて保護観察命令 (probation order) と呼んでいたもので, 16 歳以上の者に同意のうえで科されるが, 初犯者, 若年犯罪者, 援助を必要とする成人犯罪者, 軽度の犯罪者, 精神病患者などを禁固の代わりに 6 か月から 3 年の間 保護観察官 (probation officer) の観察下に置くこと; 2003 年法で, 社会刑罰命令 (community order) に統合》.

community séntence 《英》社会刑罰の宣告《犯罪者を施設に収容せずにその自由を制限する命令; 社会刑罰命令 (community order) および少年社会刑罰命令 (youth community order) など》.

community sérvice 社会奉仕, 地域奉仕 (⇨ COMMUNITY SERVICE ORDER).

Community Sérvice Administràtion [the ~]《米史》地域サービス局, 要保護者補助行政局《低所得者自立支援のための連邦行政機関; 1981 年廃止》.

community sérvice òrder 《英史》《裁判所が有罪と認めた被告人などに発する》社会奉仕命令, 地域奉仕命令《2000 年法で社会処罰命令 (community punishment order) と改称》.

community tàx 《英史》コミュニティー税 (= COMMUNITY CHARGE).

Community Tráde Màrk 《欧州》共同体商標《欧州連合 (European Union) 全体に対して登録した商標 (trade mark); 略 CTM》.

Community Tréatment Òrder 《英》社会治療命令《1983 年および 2007 年の精神健康法 (Mental Health Act) で導入・修正された命令で, 治療のために拘禁されている患者を, 治療を受けることの保証, 患者自身の健康と安全を損う危険の阻止, 他人の保護を条件として解放するもの; この患者は社会治療命令患者 (community patient) と呼ばれ, 医学検査を受けるよう求められ, 書面通知で直ちに病院に戻されうる; 略 CTO》.

community trùst 《米》地域社会信託, コミュニティー・トラスト《運用益を地域の教育などの永続的公益目的の振興に役立てるための公益信託またはその組織》.

community zóning bòard 地域ゾーニング委員会《地方自治体の最小単位区域の住民によって構成される行政委員会で, 土地利用規制の運用に当たる》.

com·mút·able *a* **1** 減刑できる. **2** 転換 [交換] できる. **com·mùt·abíl·i·ty** *n*

com·mu·ta·tion /kəmjətéɪʃ(ə)n/ *n* **1** 減刑 (cf. AMNESTY, PARDON, REPRIEVE): the ~ of the death sentence to life imprisonment 死刑宣告の終身刑への減刑. **2 a** 交換, 取換え, 転換. **b** 支払い方法の振替え, 金納化. **c**《権利または責任の》変更; 更改, 権利内容の

変更. **com·mú·ta·tive** *a*

commútative cóntract 1 〖大陸法〗 交換的契約, 等価交換契約《売買契約のように, 契約両当事者が同価物を提供・受領する契約》; opp. *independent contract*》. 2 交換契約 (=CONTRACT OF EXCHANGE).

commútative jústice 交換的正義《当事者それぞれの価値を捨象して, 当事者間の利得と損失の均等性, 特に財と契約上の義務の実行との交換における等価性を意味する正義; cf. DISTRIBUTIVE JUSTICE》.

com·mute /kəmjúːt/ *vt* 1 取り換える, 交換する;〈支払い方法などを〉切り替える, 金納化する. 2 減刑する〈*into, to, for*〉(cf. PARDON): ~ death sentence to life imprisonment. —— *vi* 1 償う, 代わりになる;〈分割払いを〉一括払いする. 2 通勤[通学, 往復]する: ~ from the suburbs to the office in the center of city. [L *com-*(*mutat- muto* to change)]

Commw. commonwealth.

com·pact[1] /kámpækt, kəm-, *kámpækt/ *a* 1 密度の高い, ぎっしり詰った, 密集した. 2 簡潔な. 3 小型の. [L (*pango* to fasten)]

com·pact[2] /kámpækt/ *n* 取決め, 契約, 盟約; 協定, 協約; 条約. ▶ INTERSTATE COMPACT (州際協定) / MAYFLOWER COMPACT (メイフラワー・コンパクト). [L; ⇨ PACT]

Cómpact Cláuse [the ~] 〖米〗 協定条項《連邦議会の同意なしで他州ないしは他国と協定を結ぶことを禁じた合衆国憲法第1編第10節3項》.

Cómpanies Ácts *pl* [the ~] 〖英〗 会社法《制定法である会社法で, 1948年, 1985年および2006年に制定された法律を基本に多数ある》.

Cómpanies Cóurt [the ~] 〖英〗 会社裁判所《会社法, 特に有限責任会社の設立・経営・清算などを扱う高等法院大法官府部 (Chancery Division) の一部の裁判官の集合名》.

Cómpanies Hóuse 〖英〗 会社登記[登録]所 (=Companies Registry)《会社の登記 (registration of a company) を行なう官署; 会社登録簿 (Register of Companies) を保管している》.

cómpanies règister 〖英〗 会社登記[登録]簿 (=Register of Companies).

Cómpanies Règistry 〖英〗 会社登記[登録]所 (=COMPANIES HOUSE).

compánion cáse 連添い事件《類似ないしは関連している法律問題が含まれているゆえに, 別の事件と一緒に審理される訴訟事件》.

com·pa·ny /kámp(ə)ni/ *n* 1 交際, つきあい; 交友; 仲間. 2 会社, 商会; 組合; 〖史〗ギルド (guild);《会社名に名の出ない》社員(たち) (partner(s))《略 Co., Com.》: a ~ director 会社の取締役, 重役, 経営者. ▶ ASSESSMENT COMPANY (賦課式保険会社) / ASSOCIATE COMPANY (関連会社) / CHARTERED COMPANY (特許会社) / CLOSE COMPANY (閉鎖会社) / COMMUNITY INTEREST COMPANY (社会利益会社) / CONTROLLED COMPANY (被支配会社) / COST BOOK MINING COMPANY (費用帳簿鉱業会社) / DEFUNCT COMPANY (消滅会社) / DORMANT COMPANY (休眠会社) / EAST INDIA COMPANY (東インド会社) / EUROPEAN COMPANY (欧州会社) / EXPORT TRADING COMPANY (輸出商社) / EXPRESS COMPANY (至急便[急行便]運送会社) / FACE AMOUNT CERTIFICATE COMPANY (額面証書会社) / FAMILY COMPANY (同族会社) / FINANCE COMPANY (金融会社) / FOREIGN COMPANY (外国会社) / GROWTH COMPANY (成長会社) / GUARANTEE COMPANY (保証有限責任会社) / GUARANTY COMPANY (保証会社) / HOLDING COMPANY (持株会社) / INSPECTION AND INVESTIGATION OF A COMPANY (会社運営に対する検査および調査) / INSURANCE COMPANY (保険会社) / INVESTIGATION OF A COMPANY (会社運営に対する調査) / INVESTMENT COMPANY (投資会社) / JOINT-STOCK COMPANY (ジョイント・ストック・カンパニー) / LIMITED COMPANY (有限責任会社) / LIMITED LIABILITY COMPANY (有限責任会社) / LISTED COMPANY (上場会社) / LIVERY COMPANY (制服特権組合) / MANAGED SERVICE COMPANY (管理サービス会社) / MANAGEMENT COMPANY (管理型投資会社) / MEMBER OF A COMPANY (会社の構成員) / MONEY-LENDING COMPANY (融資会社) / MORTGAGE COMPANY (譲渡抵当金融会社) / MUTUAL COMPANY (相互会社) / ONE-MAN COMPANY (一人会社) / OVERSEA COMPANY (海外会社) / PARENT COMPANY (親会社) / PRIVATE COMPANY (私会社) / PROPRIETARY COMPANY (管理会社; 土地(興業)会社) / PUBLIC COMPANY (公開会社) / PUBLIC LIMITED COMPANY (公開有限責任会社) / QUOTED COMPANY (株式上場会社) / RECONSTRUCTION OF (A) COMPANY (会社改造) / REGISTERED COMPANY (登記会社) / REGISTER OF COMPANIES (会社登記簿) / REGISTRAR OF COMPANIES (会社登記官) / REGISTRATION OF (A) COMPANY (会社の登記) / RELATED COMPANY (系列会社) / RTM COMPANY (管理権会社) / SALES FINANCE COMPANY (販売金融会社) / SHELF COMPANY (棚上げ会社) / SHELL COMPANY (ペーパーカンパニー) / SHIPPING COMPANY (海運会社) / SINGLE-MEMBER COMPANY (一人会社) / SMALL COMPANY (小規模会社) / STATIONERS' COMPANY (印刷出版業組合) / STATUTORY COMPANY (制定法設立会社) / SUBSIDIARY COMPANY (従属会社) / SURETY COMPANY (保証会社) / TARGET COMPANY (買収対象会社) / TITLE COMPANY (不動産権原調査保険会社) / TITLE GUARANTY COMPANY (権原保証会社) / TRUST COMPANY (信託会社) / UNLIMITED COMPANY (無限責任会社) / UNREGISTERED COMPANY (非登記会社) / WELSH COMPANY (ウェールズ会社). 3 カンパニー《同業組合から発達した London 市の主に慈善活動を行なう団体》: the Grocers' *C*~.

cómpany hóusing 社宅.

cómpany láw 会社法.

cómpany límited by guarantée 〖英〗 保証

有限責任会社 (＝guarantee company)《会社責任が，基本定款 (memorandum of association) により会社清算の場合には各社員が一定額までの支払いをなすという保証によって制限されている登記会社; 非営利事業に適し，会費・寄付などによりその資金を募る; ⇨ PUBLIC COMPANY; cf. TABLE C》. ▶ PRIVATE COMPANY LIMITED BY GUARANTEE (保証有限責任私会社) / PUBLIC COMPANY LIMITED BY GUARANTEE (保証有限責任公開会社).

cómpany límited by sháres〚英〛株式会社 (⇨ PUBLIC COMPANY; cf. TABLE A). ▶ PRIVATE COMPANY LIMITED BY SHARES (株式有限責任私会社) / PUBLIC COMPANY LIMITED BY SHARES (株式有限責任公開会社).

cómpany mànager 会社経営幹部《必ずしも取締役会 (board of directors) の成員である要はない》.

cómpany mèeting "株主総会 (＝GENERAL MEETING).

cómpany mèmber〚英〛会社構成員 (＝member of a company)《株主・基本定款 (memorandum of association) 署名者など》.

cómpany nàme〚英〛《基本定款 (memorandum of association) に記され登記[登録]された》会社名, 登記会社名 (＝REGISTERED NAME).

Cómpany Nàmes Adjúdicators pl〚英〛会社名裁定者《会社名登録に関する紛争の裁定者; ⇨ COMPANY NAMES TRIBUNAL》.

Cómpany Nàmes Tribúnal〚英〛会社名審判所《2006 年法で新設された審判所で, のれん (goodwill) を有している者がその会社名を登録されるのを妨げられたり, あるいは金銭を得る意図で会社名が既に登録されてしまっている場合などにその訴えを受け入れるもの; 訴えはここでの審理を介して会社名裁定者 (Company Names Adjudicators) になされる》.

cómpany sècretary〚英〛《会社の》総務担当重役, 総務部長.

cómpany's régistered óffice 会社の登記上の事務所 (⇨ REGISTERED OFFICE).

cómpany tòwn 会社町(1)雇用・住宅など都市機能をほぼ全面的に一つの会社に依存している都市(2)町全体が会社所有の土地につくられた都市》.

cómpany ùnion 1 会社組合, 企業別組合. 2 御用組合.

com・pa・ra・ble /kámp(ə)rəb(ə)l/ a 1〈…と〉比較できる〈with〉; 〈…に〉匹敵する〈to〉. 2 似た, 類似の. ── n 〚pl〛比較基準物《類似の財産の価値を決定するために比較するものとして利用される財産》.

cómparable wórth 1 同等価値《複数の被用者がそれぞれの労働を通して企業にもたらす同程度の価値》. 2 同等価値の法理《被用者は, 性別にかかわらず, 同等価値の労働であるならば同一の報酬を得るべきであるという考え; 男女同一賃金を求める法理》.

com・par・a・tive /kəmpǽrətɪv/ a 比較的な, 相対的な; 比較の手法による. ～・ly adv

comparátive dispárity 比較的不均衡割合《人口全般におけるあるグループの割合と比較したときにそのグループが陪審員候補者中に占める割合の不均衡の度合い; 絶対的不均衡割合 (absolute disparity) を全人口の中でそのグループが占める割合で除した割合; 例えば, ある裁判管轄区域の黒人種の全人口の中で占める割合が 15% として, 陪審員候補者中黒人種が占める割合が 10% とすると, 絶対的不均衡割合は 15−10 で 5% となり, 比較的不均衡割合は 5÷15 で 33% ということになる; cf. ABSOLUTE DISPARITY, DUREN TEST, FAIR-CROSS-SECTION REQUIREMENT, STATISTICAL DECISION THEORY》.

comparátive fáult 比較過誤 (⇨ COMPARATIVE NEGLIGENCE).

comparátive impáirment tèst 比較損傷のテスト《抵触法 (conflict of laws) 上のテストで, 複数の裁判所のうちどの裁判所が, 当該事件でみずからの法を適用してもらえなかったとすればその方針を最も傷つけられるかを問うもの》.

comparátive interpretátion 比較解釈《制定法その他の文書の解釈の一方法で, その制定法・文書自体の各部分を相互に比較し, またその制定法・文書の全体を類似主題に関する同一法一源の他の文書と比較することを通じて解釈すること》.

comparátive jurisprúdence 比較法学 (comparative law).

comparátive láw 比較法(学) (＝comparative jurisprudence).

comparátive négligence 1 比較過失(1)一つの損害に多数の加害者が関わった場合に, 各加害者の過失の程度を損害への寄与度に応じて決めること(2)不法行為責任を加害者・被害者の過失の程度に応じて相対的に認めること; 原告の比較過失; comparative fault ともいう; ▶ cf. CONTRIBUTORY NEGLIGENCE》. **2** 比較過失の抗弁.

comparátive négligence dòctrine 比較過失の法理《不法行為責任を問う事件で被害者側にも損害発生に寄与する過失がある場合に, 全面的に賠償を否認せずにその過失の程度に応じて賠償額を減じるやり方; 現在 英国および米国の大多数の州はこの原則にのっとっている; cf. CONTRIBUTORY NEGLIGENCE DOCTRINE, 50-PERCENT RULE, MODIFIED-COMPARATIVE NEGLIGENCE DOCTRINE, PURE-COMPARATIVE-NEGLIGENCE DOCTRINE》.

comparátive réctitude《古》相対的方正《離婚における破綻主義すなわち無責離婚 (no-fault divorce) が採用される前には重要であったものながら, 婚姻を破綻に導いた点で他方配偶者よりもわずかに責任の少ない方の配偶者の責任; 双方が有責であってもより軽い責任の方のみが別居や離婚を申し立てることができたが, 破綻主義の普及と有責主義の廃止で事実上意味を失っている》.

com・pass・ing /kámpəsɪŋ/ n《特に 悪事を犯さんとす

る》企て, たくらみ《英国では国王[女王], その配偶者, その法定相続人の殺害ないし重大な傷害の企てはそれだけで反逆罪 (treason) として処罰される》.

com·pel /kəmpél/ *vt* (**-ll-**) **1** 強いて[無理に]...させる; 無理に従わせる, 強要する. **2**《立法上の命令や判例が》...に承服を強いる, ...せざるを得なくさせる. ★ ⇨ COMPULSION *n*

com·pél·la·ble *a* 強制できる. **com·pèl·la·bíl·i·ty** *n*

compéllable wítness 証言を強制できる証人《原則として証人能力のある人はすべて該当するが, 配偶者は証人能力があっても一般には強制はできない》.

compélling státe ínterest《どうしても必要だという》不可欠な政府利益, きわめて強い公けの[州の]利益, やむにやまれぬ公けの[州の]利益 (⇨ COMPELLING STATE INTEREST TEST).

compélling státe ínterest tèst〖米〗不可欠な政府利益のテスト《法の合憲性判断基準の一つ; これにより政府の立法上の利益と個人の憲法上の権利とが考量されるもので, この結果政府の利益が十分強いものであると判断される場合にのみ合憲とされる; 憲法の法の平等保護条項に関連して厳格審査 (strict scrutiny) が要求される場合に, 最も一般的に用いられる; cf. STRICT SCRUTINY》.

Com·pen·dia sunt dis·pen·dia. /kɑmpéndiə sənt dɪspéndiə/ 省略は害である.〔L = Abridgments are detriments.〕

com·pen·sa·ble /kəmpénsəb(ə)l/ *a* 補償されうる, 補償される権利のある, 補償対象となる.

compénsable déath《就業中の死亡ゆえ》労働者災害補償対象死.

compénsable ínjury《就業中の事故による傷害ゆえ》労働者災害補償対象傷害.

com·pen·sate /kámpənsèit, -pèn-/ *vt* **1** 償う, 補償する; 埋合わせをする,《大陸法》相殺する. **2** *...*に報酬を払う.

cómpensated báilment 報酬付き寄託 (= BAILMENT FOR HIRE).

cómpensated súrety 報酬付き保証人,《特に》《保証を業務とする》保証会社.

com·pen·sa·tio /kàmpɛnséɪʃioʊ/ *n*〖ローマ法〗相殺.〔L = balancing〕

compensátio crí·mi·nis [crí·mi·num] /-krímənɪs [krímɪnəm]/〖教会法〗罪の相殺, 責任相殺《離婚訴訟において被告が原告もまた被告が訴えられているのと同じ行為, 特に姦通 (adultery) で有責である旨を主張する抗弁; cf. RECRIMINATION》.〔L = compensation of the crime [crimes]〕

com·pen·sa·tion /kàmpənséɪʃ(ə)n, -pèn-/ *n* **1 a** 償い, 賠償, 補償; 埋合わせ, 補償金, 賠償金, 金銭賠償; 刑事補償; (労働災害)補償. **b**《米》報酬, 給与, 代価. ► ACCRUED COMPENSATION (未払い報酬) / DEFERRED COMPENSATION (支払い繰延べ報酬) / DISABILITY COMPENSATION (就業不能への補償) / DISMISSAL COMPENSATION (解雇手当) / DUE COMPENSATION (相当な補償) / JUST COMPENSATION (正当な補償) / NO-FAULT COMPENSATION (無過失事故障害補償) / PECUNIARY COMPENSATION (金銭補償[賠償]) / UNEMPLOYMENT COMPENSATION (失業手当) / UNREASONABLE COMPENSATION (不当な高額報酬) / WORKERS' [WORKMEN'S, WORKMAN'S] COMPENSATION (労働者災害補償, 労災補償). **2**《大陸法》相殺. **~·al** *a*

compensátion cùlture 補償文化《みずからに降りかかった災いの責任は誰か他人にあり, したがって損害賠償という形でその補償がなされるべきであると多くの人が信じるようになっている比較的最近の文化現象; このような態度は保険産業と密接に関係しているとされている》.

compensátion for dámage 損害賠償(金).

compensátion for lóss of éarnings 失業補償(金).

compensátion for lóss of óffice 取締役早期退任補償(金).

compensátion fùnd〖英〗事務弁護士協会損失補償基金《事務弁護士 (solicitor) の行為による依頼人の損失を補償するための事務弁護士協会 (Law Society) の基金》.

compensátion òrder〖英〗補償金支払い命令《刑事裁判で被告人に被害者へ賠償を命ずる付加的ないしは代替的命令》.

compensátion pàckage 全給与《給料・年金・手当など勤務に対する報酬の総体》.

compensátion plàn 損失補償方式[制度]《ある種の災害の被害者に対してその損害を保険・基金などから補償するやり方》.

com·pen·sa·to·ry /kəmpénsətɔ̀:ri, -t(ə)ri/ *a* 償いの, 補いの, 代償的な. — *n* [*pl*] 損害填補賠償(金) (⇨ COMPENSATORY DAMAGES).

compénsatory awárd〖英〗損失補償(額)《不当解雇された被用者に対して雇用者が支払うよう雇用審判所 (employment tribunal) によって命じられる補償金のうち, 解雇により被用者が被った損失に当たるもの; cf. BASIC AWARD》.

compénsatory dámages *pl* 損害填補賠償(金), 補償的損害賠償(金) (**1** 現実に生じた損害額相当の賠償(金) (actual damages) **2**) 被害者への損害の填補・補償として十分な額の損害賠償(金); 2) の場合には単に compensatories ともいう》 » cf. NOMINAL DAMAGES, PUNITIVE DAMAGES.

com·pete /kəmpí:t/ *vi* **1** 競争する〈*with* [*against*] sb *for* a prize; *in* quality [price]; *in* doing〉. **2** 匹敵する〈*with* sth *in* a quality〉.〔L (*petit- peto* to seek)〕

com·pe·tence /kámpət(ə)ns/ *n* **1 a** 能力, 権能, 権限; 適格. **b**《証人または証拠の》能力あること,《証人・証拠の》適格性: challenge the ~ of the evidence その証拠の証拠能力に異議を申し立てる. ► GILLICK COMPETENCE (ギリック事件の能力). **2** 管轄権, 裁判権,

The case does not fall within the ~ of the court. この事件はその裁判所の管轄外である.

cóm·pe·ten·cy *n* **1** 《証人または証拠などの》能力あること, 《証人または証拠の》適格性. **2** 行為能力; 意思能力; 責任能力: ~ to stand trial 《刑事被告人の》審理を受けうる能力, 《刑事訴訟法上の》訴訟能力 (cf. CAPACITY, INCOMPETENCE, INSANITY).

cómpetency procèeding 能力判定手続き 《精神的能力を判定する手続き; 刑事関係では被告人が審理を受けうる能力があるか否か, 民事関係では精神医療関係施設に送るか否かなどの決定をするための手続き》.

cóm·pe·tent *a* **1** 有能な, 能力のある; ...できる; 適切な: a ~ secretary [manager]. **2 a** 《法定の》資格のある《裁判官・裁判所・証人など》; 証言能力のある, 証人能力[適格]のある, 証拠能力のある, 〈証拠が〉許容しうる, 〈裁判官・裁判所・官庁などが〉管轄権を有する, 管轄権のある, 権限のある: the ~ minister 主務大臣 / the ~ authorities 所管官庁 / ~ to give evidence / The court is not ~ to deal with this case. **b** 〈行為が〉合法的な, 許容される 〈*to*〉: It is ~ *to* me to refuse it. それを拒絶することは許される. **~·ly** *adv* ［OF or L; ⇒ COMPETE］

cómpetent évidence **1** 証拠能力のある証拠 (＝ADMISSIBLE EVIDENCE). **2** 関連性のある証拠 (＝RELEVANT EVIDENCE).

cómpetent pátient 同意能力のある患者 (＝patient with capacity)《みずからの医療に同意する精神的能力を有する患者; cf. CAPACITY TO CONSENT TO MEDICAL TREATMENT, INCOMPETENT PATIENT》.

cómpetent wítness 証言能力のある証人.

com·pe·ti·tion /kàmpətíʃ(ə)n/ *n* 競争, 張り合うこと. ▶ DISTORTION OF COMPETITION (競争の歪曲) / FAIR COMPETITION (公正競争) / FREE COMPETITION (自由競争) / HORIZONTAL COMPETITION (水平的競争) / UNFAIR COMPETITION (不正競争, 不正競争防止法) / UNFAIR METHOD OF COMPETITION (不公正な競争方法) / VERTICAL COMPETITION (垂直的競争). ［L ＝ rivalry; ⇨ COMPETE］

Competítion Commìssion [the ~]《英》競争委員会《1998年法で, それまでの独占・合併委員会 (Monopolies and Mergers Commission) に代わり, その機能をも引き継いだ委員会; 公正取引庁[所] (Office of Fair Trading) などの決定に対する上訴審査権をもつ》.

competítion làw∥ 競争法《独占・会社合併・取引制限・再販売価格維持など反競争的慣行規制に関する法分野; cf. ANTITRUST LAW》.

competítion pòlicy 《英/欧州連合の》競争政策《欧州連合 (European Union) 内の共同市場において自由な競争が歪められないことを確保する制度を創設するための法体制》.

com·pet·i·tive /kəmpétətɪv/ *a* 競争の, 競争による; 競争好きの: a ~ price 競争値段. **~·ly** *adv* **~-ness** *n*

compétitive bíd 競争入札; 競争入札価額.
compétitive bídding 競争入札《方式》.
compétitive ínjury 競争阻害, 競争上の損害.
compétitive ténder(ing) 競争入札.

com·pet·i·tor /kəmpétətər/ *n* (*fem* -tress /-trəs/) 競争者, 競争相手, 商売がたき, ライバル会社.

compétitor clíck fráud 競争者クリック詐欺《営業上の競争者がウェブサイトに商業広告を載せている者の支払う広告代金を増すために行なうクリック詐欺 (click fraud)》.

com·pi·la·tion /kàmpəléɪʃ(ə)n/ *n* **1 a** 編集, 編纂. **b** 《著作権法上の》編集著作物 (cf. COLLECTIVE WORK, DERIVATIVE WORK). **2** 編纂制定法集《既存制定法を改正部分の加除・修正, 参照の便を考えての配列替えなどをしたうえで集成したもの; **compiled statutes** ともいう》.

com·pile /kəmpáɪl/ *vt* **1** 編集する. **2** 《一定目的のために》〈資料などを〉集める.

com·plain /kəmpléɪn/ *vi* 不平[泣きごと]を言う, ぼやく 〈*about, at, that*〉; 嘆く 〈*of*〉; 不平を訴える, 苦情を申し出る 〈*to sb about* sth〉, 訴える 〈*to* an authority *of* offender [offense]〉. — *vt* ...と訴える［嘆く］. ［OF ＜ L *com-*(*plango* to lament)＝bewail］

compláin·ant *n* 原告 (plaintiff); 訴人, 告発人 (＝affiant); 私的訴追人.

com·plaint /kəmpléɪnt/ *n* **1** 不平, 苦情; 不服[苦情]申し立て; 不平不満. ▶ LETTER OF COMPLAINT (不服申立書) / Office for Legal Complaints (法的苦情処理所). **2 a** 訴え, 告訴: make [lodge] a ~ *against*...を告訴する. **b** 《民事訴訟上の》原告の最初の訴答. **c** 《英》《治安判事裁判所 (magistrates' court) への》民事訴訟上の訴え, 訴状 (cf. INFORMATION). **d** 《米》訴追請求(状), 告発(状), 告訴(状)《英国ではこれに当たるものは INFORMATION と呼ばれる; cf. ACCUSATION, INDICTMENT, INFORMATION》. ▶ AMENDED COMPLAINT (修正された訴え) / BILL OF COMPLAINT (訴状) / COUNTER-COMPLAINT (反訴) / CROSS-COMPLAINT (交差訴え) / DOUBLE COMPLAINT (二重の訴え) / FRESH COMPLAINT (被害直後の訴え) / FRIVOLOUS COMPLAINT (ふまじめな告訴[告発]) / PRELIMINARY COMPLAINT (予備的訴追請求(状)) / SUPPLEMENTAL COMPLAINT (補充的訴え) / THIRD-PARTY COMPLAINT (第三者被告引込みの訴え) / WELL-PLEADED COMPLAINT (法的に十分な形で訴答された訴え). ［OF (pp) ＜ COMPLAIN］

compláints procèdure 《労働条件の不満を労働者が定められた手続きに従って経営者に伝える》不服申し立て《手続き》.

com·plete /kəmplíːt/ *a* 全部の; 完全な, 完備した 〈*with*〉; 完結した, 完成した; 全面的な, 徹底的の. ~ **in itself** 〈制定法が〉ある主題全体を完全に包摂している. — *vt* **1** 完了する, 終える, 仕上げる; 完成する. **2** 〈契約

compléte defénse《被告がみずからに責任は全くないとする》全面的防御(=absolute defense)(cf. PARTIAL DEFENSE).

compléted gíft 完結した贈与《贈与が完了し,贈与者側に一切の権利・支配権がない状態の贈与》.

compléte divérsity『米』完全な州籍相違《連邦裁判所に裁判権が認められる要件の一つで,当事者が多数いる場合にすべての原告がすべての被告と州籍を異にすること; cf. MINIMAL DIVERSITY; ⇨ DIVERSITY OF CITIZENSHIP, DIVERSITY JURISDICTION》.

compléte integrátion《契約書面の》完全なる完結性《したがって口頭証拠(parol evidence)は許容されない; cf. INTEGRATION, PAROL EVIDENCE RULE, PARTIAL INTEGRATION》.

compléte interdíction『大陸法』禁治産宣告(手続き)(=FULL INTERDICTION).

compléte jurisdíction《当該事案に対して審理・決定し執行できる》完全な裁判管轄権.

complétely cónstituted trúst 完成信託(= EXECUTED TRUST).

complétely íntegrated cóntract 完全に完結した契約書(cf. PARTIALLY INTEGRATED CONTRACT, INTEGRATED CONTRACT, COMPLETE INTEGRATION).

compléte preémption dòctrine『米』完全な専占の法理《連邦の法律の専占(preemption)の効力はきわめて特別かつ包括的であるので,通常の州コモンロー上の訴えをも,法的に十分な形で訴答された訴えの準則(well-pleaded complaint rule)の目的のためには,連邦法上の権利主張を述べているものであると転換してしまうという準則》.

com·ple·tion /kəmplíːʃ(ə)n/ n 完成, 完了; 満了, 満期;《土地に対する権利の》移転完了. ▶ COST OF COMPLETION (完成費用分).

complétion bònd 工事完成保証書 (⇨ PERFORMANCE BOND).

complétion dàte 完成日, 完了日, 満期日.

complétion of a convéyance 不動産譲渡(手続き)の完了.

complétion stàtement『英』最終計算書《依頼された売買などの手続き終了時に事務弁護士(solicitor)から依頼人に渡される経費の計算書[勘定書]》.

com·plex /kámplèks/ n 複合(体), 合成物; 複合建築, 工場結合, コンビナート; 共同ビル; 団地: a large industrial ～ 巨大コンビナート. — a /kámplèks, kəm-, kámplèks; kómplèks, kəmplèks/ 複合(体)の; 入り組んだ, 複雑な. [F or L (pp)〈*complector* to embrace, clasp〉]

cómplex trúst 複合信託 (1) 複雑・詳細な規定に基づく信託 2) 収益の全部または一部の配分の義務はなく信託財産の本体(principal)からの配分が認められている信託 3) 収益および信託財産の本体の受益者への配分時期・配分方法について受託者に完全あるいは限定的な裁量権を与えている裁量信託(discretionary trust)のこと; cf. SIMPLE TRUST》.

com·pli·ance /kəmpláiəns/ n《要求・命令などへの》応諾, 追従; 遵守, 準拠; 承諾. ▶ DECLARATION OF COMPLIANCE (要件完備宣言) / SUBSTANTIAL COMPLIANCE (実質的遵守).

complíance òfficer 法令遵守責任者, コンプライアンスオフィサー《企業およびその従業員が関係法令・規制を遵守するよう監督する責任者で,通例は弁護士が当たる》.

com·plí·ant a 従順な, 人の言いなりになる.

com·plice /kámpləs, kám-/ n 《古》《広義の》共犯者, 悪事仲間.

com·plic·i·ty /kəmplísəti/ n 共犯(関係)(cf. ACCOMPLICE, INNOCENT AGENT). **com·plic·i·tous** /kəmplísətəs/ a〈…と〉共犯の〈*with*〉.

com·ply /kəmplái/ vi 応ずる, 従う〈*with*〉: ～ with the court order 裁判所命令に従う / refuse to ～ with the injunction 差止め命令に従うことを拒否する.

compónent párt《その物ないしはその物が付着している不動産に大きな損害を与えぬ限り取り除くことのできない》構成部分.

com·pose /kəmpóuz/ vt 1 組み立てる, 構成する; 組織する. 2《顔色を》和らげる; 心を落ちつかせる. 3〈争いなどを〉収める, 和解させる.

compósite wórk『著作権』複合著作物《百科事典のように多様・多数の主題に関連し,しかも多くの著者の個別的著作権の対象となりうる分離可能な部分を含む編集著作物で,それ自体著作権の対象となるもの》.

com·po·si·tion /kàmpəzíʃ(ə)n/ n 1 a 構成(物), 合成(物), 組成(物); 配合, 配置, 構図. b 作文. c 気質, 性格. ▶ DRAMATIC COMPOSITION (演劇的著作物). 2 妥協, 和解, 示談, 債務免除; 示談金;『英』和議, 債権一部免除《債務者・債権者間の和議の一種; cf. ACCORD, COMPROMISE, SCHEME OF ARRANGEMENT, VOLUNTARY ARRANGEMENT》: ～ in bankruptcy 破産上の債務一部免除[和議].

com·pos men·tis /kámpəs méntəs/ pred a 精神が健常[健全]で, 正気で, 健常[健全]な精神状態の(competent) (opp. *noncompos mentis*). [L=having mastery of one's mind]

com·pound[1] a /kámpàund, ＊⏑−⏑, kəmpáund/ 1 合成の, 複合の, 複雑な; 複式の. 2 複利の. 3 集合の. — vt /kəmpáund, kam-, ＊⏑−⏑/ 1 混ぜ合わせる, 合成する, 構成する. 2 a〈利息を〉複利で支払う. b 増す, 倍化させる;〈犯罪責任などを〉加重する, より悪質にする, 悪化させる. 3〈事を〉示談にする, 内済にする;〈債務の一部免除または更改により〉和解する, 和議にする;〈負債を〉一部だけ支払う; (金を取って)〈犯罪を〉宥恕(ﾕｳｼﾞｮ)する, 私和(ﾜ)する.

com·pound[2] /kámpàund/ n《囲いをした》構内, 屋敷;《労働者などの》居住地域.

compóund·er *n* **1** 示談による紛争解決者, 示談者. ▶AMICABLE COMPOUNDER (仲裁人). **2** 犯罪私和者 (⇨ COMPOUNDING A CRIME [AN OFFENSE]).

compóunding a críme* 犯罪私和(ざい)(＝COMPOUNDING A FELONY, COMPOUNDING AN OFFENSE).

compóunding a félony 《米》《英史》重罪私和(ざい)(＝compounding a crime)《重罪犯人を訴追・告発せず対価として金銭的利益を得る犯罪》.

compóunding an offénse 犯罪私和(ざい)《もとは compounding a felony といった; 米国では今もその表現が用いられる; 犯罪となりうる; ⇨ COMPOUNDING A FELONY》.

cómpound ínterest 複利 (cf. SIMPLE INTEREST).

cómpound lárceny 複合窃盗(罪)《**(1)** 加重窃盗(罪)(＝AGGRAVATED LARCENY) **2)** 混合窃盗(罪)(＝MIXED LARCENY)》.

cómpound séttlement" 複合継承財産設定(証書)《同一不動産につき一連の別々の証書により継承財産設定 (settlement) がなされること, または全証書が一つの処分証書として扱われ, この語で呼ばれる》.

com·pre·hen·sive /kàmprɪhénsɪv/ *a* **1** 理解力のある. **2** 包括的な, 幅広い, 総合的な.

Comprehénsive Emplóyment and Tráining Àct [the ~]《米》職業訓練包括法《1973年に制定された失業者の職業訓練のための連邦法; 略 CETA》.

Comprehénsive Environméntal Respónse, Compensátion, and Liabílity Àct [the ~]《米》包括的環境対策・補償・責任法《有害物質に汚染されたあるいはその恐れのある地域を浄化し, 健康と環境の保護を目的とした1980年制定の連邦法; 略 CERCLA; cf. SUPERFUND》.

comprehénsive géneral liabílity insùrance 総合責任保険《契約上の責任・製造物責任 (product liability) などを含め被保険者が他人に対して責任を負うべき事態を広く担保している責任保険》.

comprehénsive géneral liabílity pòlicy 企業総合責任保険《企業が責任を負うべき第三者に対する人的・物的損害をすべて包括的に担保している保険; 1940年に登場したが, 米国では現在商業総合責任保険 (commercial general liability policy) がこれに代わって広く用いられている》.

comprehénsive insúrance 総合保険《別個に保険の対象となりうるさまざまな危険を一括して補償する保険の総称; 衝突以外の物的損害および被保険車の盗難に対して補償する自動車保険や, 住宅または家財の総合保険がその典型》.

comprehénsive zóning plàn 包括的地域地区規制計画《広域の利用・開発を調整し指導する総体的計画; cf. ZONING》.

com·pris·ing /kəmpráɪzɪŋ/ *a* …を含む, 〈部分〉からなる《特に特許請求の場合に, その書類の前文と本体または

compulsory arbitration

る特許請求項 (claim of patent) とをつなぐ連結語で, including, containing などの語も用いられる》.

com·pro·mis /kámprəmì:; *F* kɔ̃prəmi/ *n* (*pl* -mises /-mì:z/)《国際法》付託合意《国際裁判の管轄権を認め国際紛争を裁判所に付託することを約した紛争当事国間の合意》. [F＝compromise]

com·pro·mis d'ar·bi·trage /*F* kɔ̃prəmi darbitra:ʒ/《国際法》仲裁(付託)契約[合意]《紛争を国際仲裁裁判に付託することの合意; ここで裁判所の構成や裁判官の特定についても規定される》. [F＝compromise of arbitration]

com·pro·mise /kámprəmàɪz/ *n* **1** 妥協, 和解, 示談, 歩み寄り; 折衷案; 折衷物, 中間物. ▶MISSOURI COMPROMISE (ミズーリ妥協) / OFFER OF COMPROMISE (和解の申し出). **2**《債務一部免除約束を伴った》債務一部支払い (cf. ACCORD, ACCORD AND SATISFACTION). ― *vt* **1** 妥協して処理する. **2**〈名声・信用などを〉傷つける, 汚す; 危険にさらす: Two ministers were ~*d* in the bribery case. 2名の大臣がその贈収賄事件で信用を損った. ― *vi* 妥協する, 示談にする, 歩み寄る〈with sb over [on] conditions〉; 恥辱的[不名誉]な譲歩を行なう〈with〉.

cómpromise of táxes《米税制》《税務上の紛争についての》税務上の和解, 示談課税.

cómpromise vèrdict《陪審員間での》妥協による評決.

compt·er /káʊntər, kám(p)tər/ *n*《英史》《都市の裁判所付属の》債務者用監獄 (＝counter). [変形〈 counter¹; 語形は F *compter* to count に同化]

comp·trol·ler /kəntróʊlər, *kám(p)tròʊ-, *━━━/ *n*《会計》検査官, 会計検査担当者, 監査官 (⇨ CONTROLLER).

Comptróller and Áuditor Géneral [the ~]《英》会計検査長官.

Comptróller Géneral《米》連邦会計検査院長.

comptróller in bánkruptcy《英》破産監査官.

Comptróller of the Cúrrency [the ~]《米》連邦通貨監督官《国法銀行 (national bank) の認可・規制等を任務とする合衆国財務省 (Department of the Treasury) の部局の長》.

com·pul·sion /kəmpʌ́lʃ(ə)n/ *n* (cf. COMPEL *v*) 強制, 強要; 強制力; 強制された状態; 抑えがたい傾向[性癖], 強迫的欲求; 客観的必要, 必然. ▶BUSINESS COMPULSION (営業上の強制) / LEGAL COMPULSION (法律上推定された強制).

com·pul·so·ry /kəmpʌ́ls(ə)ri/ *a* 強制的な, 義務的な;《特に》《法的手続き・制定法により命じられて》強制的な. ― *n*《教会法》証人出頭強制命令. **com·púl·so·ri·ly** *adv*

compúlsory appéarance《出頭命令に従っての》強制的出頭 (cf. VOLUNTARY APPEARANCE).

compúlsory arbitrátion 強制仲裁《当事者双

compulsory condition

方の同意に基づかず一方または双方が同意しないにもかかわらず職権的に開始される仲裁; cf. VOLUNTARY ARBITRATION》.

compulsory condition 強制的条件《一定期日に賃料を支払うなどの、ある行為がなされることを明示的に要求している条件》.

compulsory cóntract 強制契約, 締結強制契約《例えば公共運送人 (common carrier) のような一般公共のための職業 (common calling) を行なう者や、強制保険に関して自動車所有者は契約の締結を強制されるが、その種の締結が法により強制されている契約; この場合契約成立には合意を要するという原則は排除される》.

compulsory cóunterclaim 強制的反訴《反訴提起が法的に強制され, 提起しないと失権し, 後には別の訴訟でも原則として主張できなくなるもの; cf. ENTIRE-CONTROVERSY DOCTRINE, PERMISSIVE COUNTERCLAIM, TRANSACTION-OR-OCCURRENCE TEST》.

compulsory insurance 強制保険《自動車責任保険など法律により付保が強制されている保険》.

compulsory jóinder 当事者の強制的併合 (cf. PERMISSIVE JOINDER, JOINDER OF PARTIES).

compulsory jurisdíction《国際法》《国際裁判における》強制管轄(権)《国際司法裁判所 (International Court of Justice) については, ⇨ OPTIONAL CLAUSE》.

compulsory license (of cópyright) 著作権の強制許諾《定められた使用料支払いを条件に著作権者の明示の許諾なしで著作権対象物の使用を一定の人に許容する法律上の許諾方式》.

compulsory license (of pátent)《英》特許権の強制実施許諾《特許権者が抑圧行為に及んでいるとき, 一定条件のもと一定の人に, 特許権者の許諾なしで使用料支払いのうえ特許権の使用を許容する法律上の許諾方式; 米国はこれを認めていない》.

compulsory liquidátion 強制清算 (=COMPULSORY WINDING-UP) (cf. VOLUNTARY LIQUIDATION).

compulsory nónsuit 訴えの強制的却下 (=involuntary nonsuit)《原告が証拠を提出しなかったり審理手続きを進めなかったことに基づく裁判所による訴えの却下; ⇨ NONSUIT》.

compulsory prócess 証人出頭強制手続き.

Compulsory Prócess Cláuse [the ~]《米》証人出頭強制手続き条項《刑事被告人に強制手続きにより自己に有利な証人を得る権利を保障している合衆国憲法第 6 修正》.

compulsory púrchase《英》《土地の》公用収用 (=EXPROPRIATION*).

compulsory púrchase òrder《英》《土地の》公用収用命令.

compulsory retírement 強制退職《労働協約 (collective bargaining agreement) で定めた退職年齢・会社の方針・制定法などに基づく強制的な退職》.

compúlsory sále 1 強制売却, (司法的)競売, 公売. 2《英史》《リーエン [先取留置権] (lien) に基づく》海上運送品の競売.

compúlsory wínding-úp《裁判所の命令による, 会社の》強制清算 (=compulsory liquidation) (⇨ WINDING-UP).

compúlsory wínding-úp by the cóurt《会社の》裁判所による強制清算 (=COMPULSORY WINDING-UP).

compúlsory wínding-úp òrder《会社の》強制清算命令.

com·pur·ga·tion /kàmpərɡéɪʃ(ə)n/ n《史》雪冤(ﾂﾐ)[免責]宣誓 (=wager of law)《一方当事者の無罪・誠実などに対する血族や隣人などからなる宣誓補助者 (oath helper)《雪冤宣誓者 (compurgator)》と共に当該当事者が行なう宣誓による雪冤; ⇨ COMPURGATOR; cf. ORDEAL, PURGATION, TRIAL BY BATTLE》. ▶ CANONICAL COMPURGATION (カノン法上の雪冤宣誓).

cóm·pur·gà·tor n《史》雪冤(ﾂﾐ)[免責]宣誓者 (=manus)《雪冤宣誓 (compurgation) において, 一方当事者がみずからの主張の真正さについて行なう宣誓に次いで, その主たる宣誓者の人格を保証してその宣誓が真正であると信じる旨の補助的な宣誓をする人; そのため宣誓補助者 (oath helper) ともいった; 裁判所により一定数の血族・隣人などの提供が要求された》.

com·pút·er n 電子計算機, コンピューター (electronic computer); 計算器; 計算者.

compúter críme コンピューター犯罪 (=cybercrime).

compúter críminal コンピューター犯罪者.

compúter dócuments pl《証拠法において証拠として認められる》コンピューター書類.

compúter érror コンピューターエラー.

compúter file コンピューターファイル《コンピューター上の情報単位; 住所録・顧客管理記録など》.

compúter fráud コンピューター(を使った)詐欺.

compúter·ìze vt, vi **1** コンピューターで処理(できる)ようにする; 〈情報を〉コンピューターに記憶させる. **2**《...に》コンピューターを導入する, 電算化する.

compúter làanguage コンピューター言語.

compúter láw コンピューター(関連)法《コンピューター犯罪・ソフトウェア著作権などコンピューター使用に関連する特有の条件から生じる諸法》.

compúter-màde wórk コンピューター作成著作物, コンピューター創作物《コンピューターソフトウェア, コンピューター作曲, コンピューターグラフィックスなど著作権法上の著作物》.

compúter misùse コンピューター不正使用.

compúter prógram コンピュータープログラム.

compúter sóftware コンピューターソフトウェア.

Compúter Sóftware Protéction Àct [the ~]《米》コンピューターソフトウェア保護法《1980 年および 84 年制定; コンピューターソフトウェアに著作権を認めたも

Compúter Sóftware Réntal Améndment Àct 《米》コンピューターソフトウェア賃貸業務修正法《コンピュータープログラム購入者が商業利益のためにそのソフトウェアを賃貸することを禁ずる1990年の連邦制定法》.

Cóm·stock láw [Áct] /kámstùk-, kám-/ 《米史》カムストック法《1873年制定の連邦法；猥褻文書および受胎調節・妊娠中絶のための情報・物品類の郵送に対する法を厳格にしたもの；ポルノグラフィー販売規制の最初の連邦法として知られる》. [Anthony *Comstock* (1844–1915) 米国の社会改革運動家；40年以上にわたって猥褻文書追放キャンペーンを展開した]

con[1] /kán/ 《俗》*n* 《金の》詐取, ぺてん, 背信詐欺 (confidence game*, confidence trick"). — *vt* (-nn-) だます (swindle), 甘言で釣る (cajole). [*confidence*]

con[2] *n* 《俗》 **1** 有罪と決定された者, 有罪決定囚 (convict), ムショ帰り. **2** 有罪決定, 有罪判決 (conviction).

con. confidence ♦ contra ♦ convict.

Con. [[c-] Constitutional.

con·ceal /kənsí:l/ *vt* 隠す, 隠匿する, 秘密にする, 知らせないでおく ⟨sth *from* sb⟩. [OF < L (*celo* to hide)]

conceáled fráud 隠された詐欺《他人の土地の権原証書 (title deed) を意図的に破棄するなど, 権利が誰に属しているかを知りながらそれを隠す行為をなし, みずからその土地に立ち入り保有すること；訴訟のための期間の起点が問題となりうるが, 被害者が事実を知った時から計算されることになる；cf. CONCEALMENT RULE》.

conceáled wéapon 隠し持っている武器. ► CARRYING CONCEALED WEAPON (武器隠匿所持).

concéal·ment *n* **1** 隠蔽, 隠匿；潜伏. **2** 秘匿；黙秘, (事実の)不告知, 告知義務違反《特に契約, とりわけ被保険者または被保険者の財産などに関する重要事実を, 契約時に意識的に秘匿すること》. ► ACTIVE CONCEALMENT (積極的秘匿) / FRAUDULENT CONCEALMENT (悪意の秘匿) / PASSIVE CONCEALMENT (消極的秘匿).

conceálment of ássets 資産の秘匿.

conceálment of bírth " 出生の秘匿(罪)《子の死骸を秘密裡に処分し出生を秘匿すること；出産の前後を問わない；英国では軽罪 (misdemeanor)》.

conceálment of secúrities 有価証券秘匿(罪)《有価証券・遺言などの秘匿・破壊・抹消などを行なう犯罪》.

conceálment rùle 秘匿の準則《原告がみずからに権利主張しうる根拠があると知るのを被告の行為によって妨げられていた場合には, 原告がそれに気づくまでないしは気づくべきであった時まで出訴期間 (statute of limitations) を停止するという原則；cf. CONCEALED FRAUD》.

con·cede /kənsí:d/ *vt* **1** 《譲歩して》容認する, 承認する, 認める ⟨*that*...⟩；《自分の敗北・相手の勝利を》認める, 《正式決定前に》《選挙などでの》勝利を《相手に》認める ⟨*to*⟩；~ defeat 敗北を認める. **2** 《権利・特権を与える》⟨*to*⟩.

con·cen·tra·tion /kàns(ə)ntréɪʃ(ə)n/ *n* 集中, 《特に》企業集中《EU法上は, 共同体規模 (community dimension) を有する集中は欧州委員会 (European Commission) への事前届出とその承認を必要としている》.

con·cept /kánsèpt/ *n* 概念, 考え；構想, コンセプト. ► CONDUIT CONCEPT (導管概念).

con·cep·tion /kənsépʃ(ə)n/ *n* **1** 概念, 考え, 構想, 着想, 考案. ► JURISPRUDENCE OF CONCEPTIONS (概念法学). **2** 妊娠, 懐胎. ► WRONGFUL CONCEPTION (不法行為妊娠). **3** 始まり, 初め.

concéption of invéntion 《特許法》発明の構想 [着想].

con·cern /kənsə́:rn/ *n* **1** 関心, 懸念, 心配. **2** [°*pl*] 関心事, 事柄, 事件, 用事. **3 a** 関係⟨*with*⟩, 利害関係. **b** 重要性. **4** 営業, 事業；企業, 会社. ► GOING CONCERN (継続企業) / LOCAL CONCERN (地方公企業) / SMALL BUSINESS CONCERN (小規模企業). — *vt* ...に関係する, ...にかかわる, ...の利害に関係する (affect)：PARTY CONCERNED. **for whom it may ~** 不特定(の)人のため, 不特定の他人のために. **on account of whom it may ~** 関係者各位のために, 不特定人のためにする. **To whom it may ~** 関係各位《推薦状・証明書などでの一般的宛名に用いる》.

concért·ed *a* 申し合わせた, 一致した；協力した, 提携した, 協働した.

concérted áction 提携行為 (= CONCERT OF ACTION).

concérted actívity 一致した行動；《特に》《労働法上の》団体行動.

concérted práctice 《EU法上の》《競争制限的》協力行為《意識的に競争の危険を避けて事実上の協力行動をとること》.

cóncert of áction 行為提携 (= concerted action)《(1) 不法行為法上, 被害者の被害発生に寄与する不法行為を行なった者はすべて, たとえそのうちのただ一人だけが実際の被害を生ぜしめた場合であっても, 不法行為責任を負うという法理；cf. ALTERNATIVE LIABILITY **2**) 刑法上, 教唆・幇助者 (aider and abettor) は主犯による犯罪実行に対して責任を負うという法理；cf. WHARTON'S RULE》.

cóncert-of-áction rùle 共謀行為の準則 (= WHARTON'S RULE).

cóncert pàrty "《ロ》隠密株式買い占め(団) (= consortium)《複数の者または会社が標的の会社にさとられないようにしめし合わせて株式を買い集め, 十分集まった段階でまとめて会社を乗っ取るやり方, またはそのグループ；⇨ SARs；cf. DAWN RAID, TAKEOVER》.

con·ces·sion /kənséʃ(ə)n/ *n* **1** 譲歩, 譲与⟨*to*⟩；許容, 容認；割引, 控除. ► TAX CONCESSION (税の特別控除). **2 a** 譲与されたもの. **b** 《政府などから得る》権益, 利権, 特権, 免許, 特許；*(公園・劇場などでの)* 営業許可;

土地使用許可, 使用許可を得た土地: mining ～ 採掘権. **c** 専売権, 独占販売権. **d**《米》特典付与《公共運送人 (common carrier) が特定人に違法の特典を与えること》. **e** 租借地, 租界. **3**《国際法》コンセッション《企業が他国で天然資源開発などの目的で現地政府と結ぶ契約》. **4**《選挙後の》敗北宣言: make a ～ speech.

con·cés·sive *a*

con·ces·sion·aire /kənsèʃənéər/ *n*《権益の》譲受人; 特許［権益］保有者;《米》《劇場・公園などでの》営業権所有者, 場内売店業者. [F]

concéssion·àry /; -(ə)ri/ *a* 譲歩の; 譲与されたもの［権利］の; 割引の: ～ fare《輸送会社などが従業員に与える》特典料金.

Con·ces·sio ver·sus con·ce·den·tem la·tam in·ter·pre·ta·ti·o·nem ha·be·re de·bet. /kənséʃiou vèrsəs kùnsidéntɛm lǽtəm ɪntərprɪtéɪʃíounɛm heɪbíːrɛ débɛt/ 譲与は譲与者に対して寛大な解釈がなされるべきである. [L=A grant ought to have a broad interpretation against the grantor.]

con·cíl·i·ar cóurt /kənsíliər-/《英史》国王評議会の裁判所 (⇨ PREROGATIVE COURT).

con·cil·i·ate /kənsílièɪt/ *vt* **1** なだめる,《反対者を》懐柔［慰撫］する. **2** 調停する. **con·cíl·i·à·tor** *n*

con·cil·i·a·tion /kənsìliéɪʃ(ə)n/ *n* **1** なだめ, 慰め; 懐柔, 慰撫. **2** 調停 (=faciliation),《特に》労働争議の調停 (cf. GOOD OFFICES, MEDIATION): the court of ～ = ～ court 調停裁判所. **con·cíl·i·à·tive** /; -ətɪv/ *a*

conciliátion commìttee 調停委員会《欧州連合 (European Union) における立法手続きで, 欧州連合理事会 (Council of the European Union) と欧州議会 (European Parliament) とが意見が一致しない場合の共同決定手続き (codecision procedure) において招集される委員会; 理事会代表と 15 名の議会議員で構成され, 両機関の見解の対立解消をはかる; ⇨ CODECISION PROCEDURE]).

conciliátion òfficer 《英》調停員《調停・仲裁機関 (Advisory, Conciliation and Arbitration Service) での労働紛争の調停面において, 紛争当事者に助言し雇用審判所 (employment tribunal) へ申請し和解に達するような任務をもつ者; その参与は和解の拘束力にとって義務的ではない》.

Conciliátion Sèrvice [the ～] 調停・仲裁機関 (=ADVISORY, CONCILIATION AND ARBITRATION SERVICE).

con·cil·i·a·to·ry /kənsíliətɔ̀ːri; -ət(ə)ri/ *a* **1** なだめる(ような), 慰撫する, 懐柔的な. **2** 調停の.

con·cil·i·um /kənsíliəm/ *n* (*pl* -cil·ia /-iə/) **1**《史》**a** 会議, 評議会. **b** 裁判所. **c**《裁判所の》弁論審理のための期日. **d** 弁論のための期日申し立て. ▶ MAGNUM CONCILIUM (大評議会) / RULE FOR CONCILIUM (誤審審理開始命令). **2**《ローマ史》平民会 (=～ plé·bis /-plíːbɪs/). [L=council]

concílium mág·num (rég·ni) /-mǽgnəm (régni)/《英史》《王国》大評議会 (=MAGNUM CONCILIUM (REGNI)). [L=great council (of the King [the Realm])]

concílium ré·gis /-ríːʤɪs/《英史》国王評議会 (⇨ COMMUNE CONCILIUM REGNI). [L=assembly of the king]

con·clude /kənklúːd/ *vt* **1 a** 終える,《訴答・弁論などを》締めくくる,《条約・契約などを》結ぶ, 締結する: ～ an agreement with sb. **b**《スコットランド》《不動産売却で》《契約書など》に署名する. **2 a** …と結論を下す, 推断する. **b**《史》論駁する;《史》証明する. **3** 拘束する, …に義務を負わせる (bind). **4** 妨げる, 禁反言 (estoppel) で禁ずる.

con·clúd·ed *a* 禁反言で禁じられた (⇨ ESTOPPEL).

conclúding spéech 最終弁論.

con·clu·sion /kənklúːʒ(ə)n/ *n* **1** 終わり, 結論, 結果; 訴答末尾 (cf. CONCLUSION TO THE COUNTRY);《米》結論《裁判に付されている事件についての最終結論; CONCLUSION OF FACT (事実問題に関する結論) と CONCLUSION OF LAW (法律問題に関する結論) とに分けられる》;《史》《海事裁判所 (admiralty court) の手続き上の》訴答終結訴答: come to a ～ 結論を出す / come to [reach] the ～ that…という結論に達する / draw a ～ from evidence 証拠から推断する. ▶ LEGAL CONCLUSION (法的な結論). **2**《条約・契約などの》締結 《of》. **3** みなすこと, 確定的推定, みなし (conclusive presumption). **4** 禁反言 (estoppel). **5**《スコットランド》《被告召喚状中の》請求の趣旨. in ～ 終わりに臨んで, 結論として (finally). **～·al** *a* [OF or L]

conclúsion·àry /; -(ə)ri/ *a* CONCLUSORY.

conclúsion of fáct《米》事実問題に関する結論 (⇨ CONCLUSION) (cf. FINDING OF FACT).

conclúsion of láw《米》法律問題に関する結論 (=finding of law) (⇨ CONCLUSION) (cf. FINDING OF FACT, LEGAL CONCLUSION).

conclúsion to the cóuntry《史》陪審懇請訴答末尾《コモンロー上の訴訟手続きで, 事実問題に関する争点が決定された時に当事者からその争点が陪審審理に付されるよう懇請して訴答を終了すること; 動詞形では conclude to the COUNTRY という; cf. GOING TO THE COUNTRY]).

con·clu·sive /kənklúːsɪv/ *a* 決定的な, 断固たる, 争う余地のない, 確定的な, 終局の (final) (cf. CONCLUSORY). ～ **and final** 確定的かつ終局的な. **～·ly** *adv* 決定的に. **～·ness** *n*

conclúsive évidence 確定的証拠, 確証 (=conclusive proof, proof positive).

conclúsive presúmption《反証を許さない》確定的推定, みなし (=absolute presumption, irrebuttable presumption, mandatory presumption, presumption juris et jure) (opp. *rebuttable presumption*) (⇨ PRESUMPTION OF LAW) (cf. PERMISSIVE PRESUMPTION).

conclúsive próof 確定的証拠 (=CONCLUSIVE EVIDENCE).

con·clu·so·ry /kənklúːs(ə)ri, -z(ə)-/ *a* 推断的な, 十分な事実[証拠]に基づかない (cf. CONCLUSIVE): The plaintiff's allegations were merely ~. 原告の主張は十分な証拠に基づかない単なる推断だ.

con·com·i·tant /kənkάmət(ə)nt, kɑn-/ *a* 相伴う, 付随する, 同時に生ずる, 両立[共存]する ⟨with⟩: ~ actions 付随訴訟. — *n* 付き物, 付随するもの; [[ᵇ*pl*] 付随事情.

concómitant évidence 現場共在証拠《行為発生時に実行者とされている者がその場にいてその行為を実際に行なったという証拠》.

con·cord /kάnkɔːrd, kάŋ-/ *n* **1** 和解《国際・民族間の》協定. **2**《和解譲渡 (fine) 手続きでの両当事者の》合意, 和解. ▶ FINAL CONCORD (最後の和解).

con·cor·dat /kɑnkɔ́ːrdæt, kən-/ *n* **1** 協定, 協約. **2**《史》《ローマ教皇と各国国王[政府]との》政教協約, 教政条約, コンコルダート. **3**《教会史》《聖職禄 (benefice) に関する聖職者間の》合意. [OF or L concordat- -cordo to agree]

con·cu·bi·nage /kɑŋkjúːbənɪdʒ/ *n* **1** 内縁, 同棲, 内縁関係. **2** 内妻[妾]の身分[状態]. **3**《史》妾の抗弁《寡婦産 (dower) は正式婚姻の妻に与えられるものであったが, 寡婦産請求者は妻でなく妾だったとの異議申し立て》.

con·cu·bi·na·tus /kɑŋkjùːbənéɪtəs/ *n*《ローマ法》内縁, 同棲《男女の永続的関係でしかも相互に夫婦となる意思を欠く関係》. [L=concubinage]

con·cu·bine /kάŋkjubàɪn/ *n*《古》内妻, 妾. [OF < L *cubo* to lie)]

con·cur /kənkə́ːr, kɑn-/ *vi* (**-rr-**) **1** 一致する, 同意する ⟨with⟩; 賛成する; 是認する ⟨in⟩ (▶ cf. DISSENT). **2** 共同する, 協力する. **3** 同時に起こる; 競合する.

con·cur·rence /kənkə́ːr(ə)ns, kɑn-; -kʌ́r-/ *n* **1 a**《意見などの》一致, 同意 ⟨in opinion⟩. **b**《特に 結論には同意の上での》補足意見 (=CONCURRING OPINION). **c**《二院制議会で一方の議院が修正・通過した案に対する他方議院の》同意. **2 a** 同時に起こること, 競合, 併存; 共働, 協力. **b** 同一権利の競合[併存]《数人が同じ事項に同じ権利を有すること》.

con·cur·rent /kənkə́ːr(ə)nt, kɑn-; -kʌ́r-/ *a* 同時《発生》の; 競合する, 併存する, 伴う ⟨with⟩; 共同に作用する, 協力の; 兼務の.

concúrrent cáuse 併存原因 (=concurring cause)《同一結果を生ぜしめるのに併存併合的に作用している原因》; cf. INTERVENING CAUSE, SUPERSEDING CAUSE).

concúrrent condítion 同時条件 (=condition concurrent)《契約の全当事者がそれぞれ残りの当事者と同時に履行するならば履行するという停止条件; わが国の同時履行の抗弁がある場合に当たる》.

concúrrent considerátion 同時的約因.

concúrrent cóvenant 同時履行条件の《捺印》契約, 同時履行条件の約束.

concúrrent estáte 共同的不動産権, 共同保有《財産》 (=concurrent interest)《合有不動産権 (joint tenancy), 共有不動産権 (tenancy in common) などの総称》.

concúrrent insúrance 同位保険 (=concurrent policy)《同一の目的物および同一の被保険利益について共通して担保している複数の保険契約の一つ》.

concúrrent ínterest《土地に対する》共同的権利, 土地の共同保有 (=CONCURRENT ESTATE).

concúrrent jurisdíction 競合管轄権 (cf. EXCLUSIVE JURISDICTION).

concúrrent léase 併存的不動産賃貸借[賃借権], 併存の定期不動産賃借《不動産賃貸借[賃借権] (leasehold) の期間満了前に他の者へ別の不動産賃貸借[賃借権]を設定した場合の後の不動産賃貸借[賃借権]; この場合, 前の不動産賃貸借[賃借権]の存続期間中は, 地代収取権などの賃貸人の権利が後の不動産賃借権保有者に移り, 併存期間終了後にこの者の権利は通常の不動産賃借権になる》.

concúrrent líen 競合的リーエン, 同順位のリーエン.

concúrrent·ly *adv* ⟨…と⟩同時に, 競合的に, 併存して, 共に, 共同して, 兼任して ⟨with⟩.

concúrrent négligence 競合過失《単一損害に複数の者の独立した過失が競合すること; cf. JOINT NEGLIGENCE》.

concúrrent ównership 共同所有.

concúrrent plánning《英》二方面計画 (=twin-track planning)《地方自治体が保護している子供を, 里親になり将来は養子縁組をもすることを認められた保護者の下に置く計画; この計画の下では, 保護者は初めの子供を両親の所に戻すよう積極的な努力をせねばならないが, 合理的期間内にこれが無理と判明した場合には, 保護者が世話を続け, 養子縁組の申請をすることになる》.

concúrrent pólicy 同位保険 (=CONCURRENT INSURANCE).

concúrrent pówer *競合的権限《複数の主体が同時競合的に行使しうる権限; 特に 連邦政府と州政府の双方が同一の分野で独立競合的に行使できる政治的権限》.

concúrrent prómises *pl* 同時履行の約束《契約当事者双方の約束が同時に履行されるべき場合の約束[債務]》.

concúrrent rémedy 競合的救済手段《利用可能な複数の救済手段の一つ》.

concúrrent resolútion《議会》両院共同決議《二院制議会の一方の議院が行なった決議への他の議院の賛成により成立する決議; 米連邦議会では, 両院合同決議 (joint resolution) と異なり, 大統領の署名を必要としない代わり, 法的拘束力を有しない》.

concúrrent séntence dòctrine 別訴因での刑の宣告の法理《原審での有罪決定および刑の宣告を支

concúrrent séntences *pl* 同時執行の刑の宣告《複数の刑の宣告が同時に執行される旨の言い渡し；通例 自由刑であるが，この場合は事実上は最長期の方の自由刑に服する；cf. CONSECUTIVE SENTENCES》: be given 〜 of six months and one year 6 月と1年の同時執行の刑の宣告をされる．

concúrrent tórtfeasors *pl* 同時的不法行為者《複数の人が同一人に対して同時的になした行為によりその人に損害を与えた場合の不法行為者；連帯して賠償責任を負う；cf. CONSECUTIVE TORTFEASORS, JOINT TORTFEASORS, SUCCESSIVE TORTFEASORS》．

concúrrent úse 《商標などの》併存使用，同時使用．

concúrrent wrít 重複令状《被告の所在が明確でなかったり共同被告が存する場合の同一内容の令状，特に訴訟開始令状 (original writ) の複本》．

concúrring cáuse 併存原因 (=CONCURRENT CAUSE)．

concúrring opínion 補足意見，同意意見 (=concurrence)《判決に当たって，他の裁判官の下した結論に同意するが，推論過程が異なる裁判官の意見》．

con·demn /kəndém/ *vt* **1** 非難する，とがめる；…に有罪の宣告をする，有罪と決定する： 〜 sb to death [*to be beheaded*] 人に死刑[斬首(ｻﾞﾝｼｭ)]の宣告をする．**2**《建物・船舶・飲食物などを》使用不適と宣告する．**3** …の公用収用を申し渡す，《政府の収用権に基づいて》〈私有財産〉の公用収用を宣告する〈*for* military use〉．**con·dem·na·ble** /kəndém(n)əb(ə)l/ *a* **-bly** *adv* 〜**·er** *n* CON- DEMNOR．[OF<L]

con·dem·na·tion /kàndəmnéɪʃ(ə)n/ *n* **1** 非難，とがめ．**2** 有罪宣告，有罪決定 (=CONVICTION)．**3**《建物・船舶・飲食物などの》使用不適の宣告．**4**《特に 土地の》公用収用の申し渡し，公用収用宣告 (cf. EMINENT DOMAIN, TAKING)；公用収用(手続き)．▶ EXCESS CONDEMNATION (過剰公用収用) / INVERSE CONDEMNATION (逆収用(訴訟)) / QUICK CONDEMNATION (速決公用収用手続き)．**5** 捕獲等確認判決．**6** 宣告の根拠[理由]．**7**《ローマ法》《方式書訴訟での方式書中の》判決(権限付与)．

condemnátion mòney **1**《敗訴者が支払うべき》損害賠償金．**2**《公用収用された土地所有者に支払われる》収用補償金．

con·dém·na·tò·ry /; -t(ə)ri, kəndémnèɪ-/ *a* **1** 断罪的な，有罪宣告の；非難の．**2** 公用収用の．

condémned céll 死刑囚監房．

con·dem·nee /-dèmní:, kàndèmní:/ *n* (有罪)被宣告者；公用収用を申し渡される人，**被公用収用者**．

con·dém·nor /-démər, -dèmnó:r, kàndèmnó:r/ (有罪)宣告者；公用収用者．

con·de·scend·ence /kàndɪsénd(ə)ns/ *n*《スコットランド》《民事訴訟で原告側による訴答書面中の，根拠となる》事実の列挙．

con·dic·tio /kəndíkʃɪoʊ/ *n* (*pl* **con·dic·ti·o·nes** /kəndɪkʃióʊniz/)《ローマ法・大陸法》不当利得返還請求訴訟．[L<*condicere* to demand back]

Con·di·tio be·ne·fi·ci·a·lis, quae sta·tum con·stru·it, be·nig·ne se·cun·dum ver·bo·rum in·ten·ti·o·nem est in·ter·pre·tan·da; odi·o·sa au·tem quae sta·tum de·stru·it stric·te, se·cun·dum ver·bo·rum pro·pri·e·tem, ac·ci·pi·en·da. /kəndíʃɪoʊ bènəfɪ- ʃíɪəlɪs kwi stéɪtəm kənstrú:ɪt bɪnígnə sɛkándəm vɛrbóʊrəm ɪntɛnʃíóʊnəm ɛst ɪntɛrprɪtǽndə òu- dióʊsə ɔ́:təm kwi stéɪtəm dɛstrú:ɪt stríktə sɛkán- dəm vɛrbóʊrəm proʊprɪətéɪtəm æksɪpiéndə/ 不動産権を創設する恩恵的条件は文言の意図に従って好意的に解釈されるべきである．しかし不動産権を消滅させるいまわしい条件は文言の真の意味に従って厳密に受け取られねばならない．[L=A beneficial condition that creates an estate ought to be interpreted favorably, according to the intention of the words; but an odious condition that destroys an estate ought to be accepted strictly according to the proper meaning of the words.]

Conditio di·ci·tur cum quid in ca·sum in·cer·tum qui po·test ten·de·re ad es·se aut non es·se con·fer·tur. /- dísɪtər kəm kwɪd ɪn kéɪsəm ɪnsɜ́rtəm kwaɪ pátəst téndɛrɛ æd ɛ́sɛ ɔ:t nɑn ɛ́sɛ kənfɜ́rtər/ 事が発生しうるか発生しえないかが不確かな出来事に委ねられる場合に，条件と言われる．[L=It is called a condition when something is given on an uncertain event that may or may not come into existence.]

con·di·tion /kəndíʃ(ə)n/ *n* **1 a** 条件，必要条件；規定 (stipulation)，制約 (restriction)；前提(条件) (prerequisite): the 〜s of peace 講和条件 / necessary and sufficient 〜 必要十分条件 / on [under] (the) 〜 that… という条件で，もし…ならば (if) / on this [that, what] 〜 この[その，どんな]条件で / make it a 〜 that… を(一つの)条件とする / make 〜s 条件を設ける．**b**《英》契約条項たる条件《契約の根底・主目的に関わる合意で，その部分の違反は相手方に解除権を発生させるもの；⇨ WARRANTY》．▶ COMPULSORY CONDITION (強制的条件) / CONCURRENT CONDITION (同時条件) / CONSTRUCTIVE CONDITION (擬制条件) / DEPENDENT CONDITION (相互条件) / DISJUNCTIVE CONDITION (択一的条件) / ESTATE ON [UPON] CONDITION (条件付き不動産権) / EXPRESS CONDITION (明示条件) / IMPLIED CONDITION (黙示条件) / INDEPENDENT CONDITION (独立的条件) / MUTUAL CONDITIONS (相互条件) / NEGATIVE CONDITION (消極的条件) / POSITIVE CONDITION (積極的条件) / POTESTATIVE CONDITION (随

意条件) / PRECEDENT CONDITION (停止条件) / PRE-CONDITION (前提条件) / RESOLUTORY [RESOLUTIVE] CONDITION (解除条件) / SUBSEQUENT CONDITION (解除条件) / SUSPENSIVE CONDITION (停止条件). **2** 状態; [°*pl*] 状況, 事情; 身分, 社会的地位, 境遇. ▶ DANGEROUS CONDITION (危険な状態) / DEFECTIVE CONDITION (欠陥状態) / NECESSITOUS CONDITION (窮乏状態) / STATEMENT OF CONDITION (貸借対照表).
— *vt* **1** …に条件を設ける, 条件付きとする ⟨*on, upon*⟩. **2** ⟨事情が⟩規定[左右]する, 条件づける; …に条件づけを行なう, ならす. **3** ⟨古⟩ (…と)規定して合意する, (…を)条件とする ⟨*to do, that*⟩. ~·able *a* ~·er *n* 調節する人 [もの, 装置]. [OF<L *con-(dict- dico* to say)=to agree]

condítion·al *a* 条件付きの, 暫定的な, 仮定的な: make a ~ offer 条件付きで申し込みをする. **~·ly** *adv* 条件付きで: accept an offer ~*ly* 条件付きで承諾する.

conditional accéptance 1 ⟪契約における⟫ 条件付き承諾⟪申し込み内容に変更を加えての承諾. 反対申し込みとなり, 最初の申込者の承諾が必要となる⟫: give a ~ 条件付きで承諾する. **2** 条件付き手形引受け.

conditional admissibílity 条件付き証拠の許容(性)⟪それ自体としては証拠としての許容性を欠き, 関連性がいまだ証明されていない他の事実の存在に依存している証拠の許容⟫.

conditional agréement 条件付き合意.

conditional assáult 条件付き暴行⟪「金を出すかそれとも殺されたいか」というような形で, 条件をつけて脅迫する暴行 (assault)⟫.

conditional bequést 条件付き(人的財産)遺贈.

conditional bíll of sále 条件付き動産売買証書. ⟪特に⟫ 譲渡抵当付き動産売買証書⟪買受された動産の所有権を条件付きで, 多くは債務の担保として, 移転することを証する書類; 譲渡抵当 (mortgage) 設定の際に用いられる; cf ABSOLUTE BILL OF SALE⟫.

conditional bónd 条件付き捺印金銭債務証書 (=DOUBLE BOND).

conditional cóntraband ⟪国際法⟫ 条件付き[相対的]戦時禁制品⟪戦時禁制品 (contraband of war) のうち, 平和的利用方法のあるものではあるが戦闘にも役立つもの; 例えば石油・食料など; ⇨ CONTRABAND OF WAR; cf. ABSOLUTE CONTRABAND⟫.

conditional cóvenant 条件付き約款 (cf. ABSOLUTE COVENANT).

conditional delívery 条件付き引渡し⟪引渡しはなされるが, その権原 (title) は一定の条件の成就に依存している場合の引渡し; cf. GIFT CAUSA MORTIS⟫.

conditional devíse 条件付き(不動産)遺贈.

conditional dischárge ⟪英⟫⟪有罪被告人に対する⟫ 条件付き釈放⟪例えば3年間他の犯罪で有罪宣告を受けないことを条件に被告人を処罰することなく釈放すること; cf. ABSOLUTE DISCHARGE⟫.

conditional endórsement 条件付き裏書⟪例えば, その証書の占有は引き渡すが権原 (title) は裏書にある条件成就まで保持し続けるなどの支払い方法・譲渡方法などにつき, その証書・証券をなんらかの形で制限する裏書; cf. RESTRICTIVE ENDORSEMENT, SPECIAL ENDORSEMENT, UNRESTRICTIVE ENDORSEMENT⟫.

conditional fée 1 条件付き封土権[不動産権] (=fee conditional, fee simple conditional). **2** 成功報酬 (=CONTINGENT FEE).

conditional fée agrèement ⟪英⟫ 成功報酬取決め⟪弁護士と依頼人との間の, 裁判が勝訴の場合のみ報酬を支払うという取決め; 略 CFA; 俗に no WIN, no fee agreement ともいう; cf. CONTINGENCY FEE, MAINTENANCE AND CHAMPERTY, no WIN, no fee, UPLIFT⟫.

conditional guáranty 条件付き保証⟪債権者によるなんらかの条件の履行を保証人 (guarantor) の責任発生の条件としている保証⟫.

conditional ínterest 条件付き権利⟪例えば地代負担 (rentcharge) を条件に単純封土権 (fee simple) を譲渡し, 地代不払いの場合は没収権を留保するという契約で, 譲渡された土地の権利など⟫.

conditional júdgment 条件付き判決⟪将来における一方当事者の行為の履行・不履行を条件にして効力を有することになる判決⟫.

conditional légacy 条件付き動産遺贈.

conditional limitátion 条件付き限定 (1) 不動産権が特定の事柄が発生した場合に自動的に終了し第三者に移ることを定めること (=executory limitation) 2) 特に 賃借権など土地に対する権利が, その設定時に明示的に定められている一定の事柄の発生により終了する旨の規定⟫.

conditionally prívileged communicátion 条件付き免責特権情報⟪例えば 前の雇用者が次の雇用者となるかもしれぬ人にかつての自分の被用者について正確ではあるが否定的なその勤務状態を知らせる書面など, 同一主題について関心をもつ人に対して善意でなされる名誉毀損的陳述; 悪意の場合は名誉毀損の免責はない; 単に privileged communication ともいう; cf. ABSOLUTELY PRIVILEGED COMMUNICATION⟫.

conditional obligátion 条件付き債務.

conditional párdon 条件付き恩赦 (cf. ABSOLUTE PARDON).

conditional páyment ⟪債務の⟫ 条件付き支払い.

conditional presúmption 条件付き推定 (=REBUTTABLE PRESUMPTION).

conditional prívilege 条件付き免責(特権) (=QUALIFIED PRIVILEGE).

conditional prómise 条件付き約束.

conditional próof ⟪反証がないかぎり証拠となる⟫ 条件付き証明.

conditional púrpose 条件付き意図, ⟪特に⟫ 条件付き故意⟪条件が許せば何かを行なおうとする意図; 特に刑事法上, 例えば 金があれば盗もうとしたというような場合

conditional reléase 1 条件付き釈放 (cf. UN-CONDITIONAL RELEASE). ▶ INDETERMINATE CONDITIONAL RELEASE (不確定的条件付き釈放). **2** 条件付き義務[債務]免除.

condítional sále 条件付き売買《**1**》売買代金の支払いがすべて終わるまで売主が目的物の権原を留保する割賦販売契約が典型であるが, 買主は目的物の占有は得るが条件を満たすまで売主が権原 (title) を保持する方式の売買; ⇨ HIRE PURCHASE; cf. CREDIT SALE AGREEMENT **2**》特定条件の下で売主が再び同一物を売ることができる旨の合意のある売買契約; 》cf. ABSOLUTE SALE》.

condítional sále agrèement 《英》条件付き売買合意 (⇨ CONDITIONAL SALE) (cf. CREDIT SALE AGREEMENT).

condítional séntence 条件付き刑の宣告《保護観察処分 (probation) の条件を満たさない場合には拘禁刑に処すとの宣告》.

condítional úse 条件付き土地利用 (= SPECIAL EXCEPTION)

condítional wíll 条件付き遺言《遺言が効力を得るためには一定の不確定事実の発生が条件となっているもの; ほとんどの法域で遺言者の死亡が遺言中の条件と合致しなくても遺言の効力を認めている》.

condítional zóning 《米》条件付きゾーニング《一般には同種のものに課されない当該土地利用に固有の条件に従うことを条件にゾーニング (zoning) の変更を認めること; またその zoning 変更》.

condítion concúrrent 同時条件 (⇨ CONCURRENT CONDITION).

Con·di·ti·o·nes quae·li·bet odi·o·sae; ma·xi·me au·tem con·tra ma·tri·mo·ni·um et com·mer·ci·um. /kɑndìʃíóuniz kwíːlɪbɛt òudióusi mǽksɪmɛ ɔ́ːtɛm kántrə mǽtrɪmóuniəm ɛt kəmə́rʃiəm/ いかなる条件もいまわしいものであるが, とりわけ婚姻と商業に不利となるものはそうである. [L=Any conditions are odious, but especially those against matrimony and commerce.]

condítion impléd by [in] láw 法定条件 (=CONSTRUCTIVE CONDITION).

condítion precédent 停止条件 (=precedent condition)《条件が成就すると法律行為の効力が発生する条件; opp. *condition subsequent*》.

condítions of emplóyment [sérvice] *pl* 雇用条件, 労働条件.

condítions of sále 1 売買条件; 売却条件. ▶ NATIONAL CONDITIONS OF SALE (全国標準土地売却条件) / STANDARD CONDITIONS OF SALE (標準土地売却条件) / STATUTORY FORM OF CONDITIONS OF SALE (土地売却条件についての制定法上の標準方式). **2** 競売条件.

condítion súbsequent 解除条件 (=subsequent condition)《条件が成就すると法律行為がその効力を失う条件; opp. *condition precedent*》. ▶ ESTATE ON [SUBJECT TO] CONDITION SUBSEQUENT (解除条件の定めのある不動産権) / FEE SIMPLE SUBJECT TO [ON] (A) CONDITION SUBSEQUENT (解除条件の定めのある単純封土権).

Con·di·tio prae·ce·dens ad·im·ple·ri de·bet pri·us quam se·qua·tur effec·tus. /kəndíʃiou prisíːdɛns ǽdɪmplíːraɪ débɛt príəs kwæm sɛkwéɪtər ɛféktəs/ 停止条件は効果が生ずる前に成就されるべきである. [L=A condition precedent ought to be fulfilled before the effect can follow.]

con·do·min·i·um /kɑ̀ndəmíniəm/ *n* (*pl* (1, 2 の場合) ~s, (3, 4 の場合) **con·do·min·ia** /-niə/) **1** *区分所有共同住宅, 分譲アパート[マンション]; 区分所有共同住宅の一戸[一室] (cf. COOPERATIVE). **2** 区分所有権, コンドミニアム, 区分所有. ▶ DECLARATION OF CONDOMINIUM (区分所有権設定文書). **3 a** 共同主権 (joint sovereignty). **b** 《国際法》コンドミニウム, 共同統治[領有] (cf. CO-IMPERIUM); 共同統治地[国], 共同領有地[国]. **4** 《ローマ法》共有. **còn·do·mín·i·al** *a* [L *dominium* lordship; cf. DOMINION]

con·do·na·tion /kɑ̀ndounéɪ(ə)n, -də-/ *n*《特に被害者による罪の》見のがし, 容赦;《特に姦通や虐待などの離婚原因となる婚姻義務違反行為の》宥恕(ゆうじょ) (cf. CONNIVANCE).

con·done /kəndóun/ *vt* 大目に見る, 容赦する, ゆるす;《姦通や虐待などの離婚原因となる婚姻義務違反行為を》宥恕(ゆうじょ)する;《ある行為が罪をゆるす, 償う: The court cannot ~ your cruel behaviors. **con·dón·able** *a* **con·dón·er** *n* [L (*dono* to give)]

con·du·cive /kənd(j)úːsɪv/ *a* 助けとなる, 資する 〈*to*〉: be not ~ *to* a solution to the dispute 紛争の解決に役立たない.

con·duct *n* /kɑ́ndʌkt, -dəkt/ 行為《作為・不作為を含む》, 品行, 行状, ふるまい; 悪い行ない, 素行不良. ▶ ASSERTIVE CONDUCT (確言的行為) / CODE OF CONDUCT (行動準則) / CRIMINAL CONDUCT (犯罪行為) / DISORDERLY CONDUCT (治安[風紀]紊乱行為) / DISRUPTIVE CONDUCT (妨害的行為) / ESTOPPEL BY CONDUCT (行為による禁反言) / FIRST-DEGREE SEXUAL CONDUCT (第一級性的行為) / HOMOSEXUAL CONDUCT (同性愛行為) / INFAMOUS CONDUCT (不名誉な行為) / INVOLUNTARY CONDUCT (意思に基づかない行為) / MALCONDUCT (失当行為) / MISCONDUCT (違法行為, 義務違反行為) / NONASSERTIVE CONDUCT (非確言的行為) / OUTRAGEOUS CONDUCT (非道な行為) / PROFESSIONAL CONDUCT (専門的職業人倫理適合行為; 法曹倫理適合行為) / SAFE CONDUCT (安全通行権; 安導券) / TORTIOUS CONDUCT (不法行為となる作為・不作為) / UNETHICAL CONDUCT (法曹倫理違反行為) / UNLAWFUL CONDUCT (違法な行為) / UNPROFESSIONAL CON-

DUCT (専門的職業人倫理違反行為; 法曹倫理違反行為) / UNREASONABLE CONDUCT (常軌を逸した行動; あるまじき行為) / WRONGFUL CONDUCT (不法な行為). ― v /kəndʌ́kt/ vt 導く;〈業務などを〉行なう, 処理する, 経営[管理]する: ～ an inquiry 審問をする, 取り調べる. [L (duct- duco to lead)]

con·duc·tio /kəndʌ́kʃiou/ n (pl **con·duc·ti·o·nes** /kəndʌ̀kʃióuniz/)『ローマ法』借りること, 賃借, 賃貸借 (=hiring). [L=a hiring]

cónduct mòney 証人の旅費 (=witness fee*).

con·duit /kánd(j)ùːət, -duət, -dət/ n 導管; 水道, 溝, 暗渠(あんきょ). ▶ REAL ESTATE MORTAGE INVESTMENT CONDUIT (不動産譲渡抵当投資導管).

cónduit còncept『米税制』導管概念, 単なる名義人の原則(収益の帰属するとみられる者が単なる名義人にすぎず, 別に実質所得者がいる場合, その収益は後者に帰属するという連邦所得税法上の原則).

con·fed·er·a·cy /kənféd(ə)rəsi/ n **1 a** 連合 (league), 連盟,《一時的な》同盟. **b** 連合体, 連盟国, 同盟国. **c** [the (Southern) C-]『米史』アメリカ連合国 (Confederate States of America). **2** 共同謀議 (conspiracy). [OF; ⇨ CONFEDERATE]

con·fed·er·al /kənféd(ə)rəl/ a **1** 連合[連盟]の[に関する]. **2** [ᴜC-]『米史』《南北戦争時代の, 南部側の》アメリカ連合国の, 連合国側[支持]の (cf. FEDERAL).

con·féd·er·al·ist n, a **1** 連合[連盟]主義(者)(の). **2** [C-]『米史』《南北戦争時代の, 南部の》アメリカ連合国側(の) (cf. FEDERALIST).

con·fed·er·ate /kənféd(ə)rət/ a **1** 同盟した, 連合した (allied). **2** [C-]『米史』《南北戦争時代の南部側の》アメリカ連合国(側[支持])の (cf. FEDERAL). **3** 共同謀議の, 共謀した. ― n **1** 同類, 共謀者〈in〉. **2** 同盟国, 連合国. **3** [C-]『米史』《南北戦争当時の, 南部の》アメリカ連合支持者, 南部派の人, 南軍兵 (opp. Federal). ― vt, vi /-dəreit/ 同盟[連合]させる; 同盟[連合]する〈with〉: ～ oneself [be ～d] with...と同盟[連合]する, ...と共謀する[徒党を組む]. [L; ⇨ FEDERATE]

Conféderate Árticles pl [the ～]『米史』連合規約 (⇨ ARTICLES OF CONFEDERATION).

Conféderate Státes of América [the ～]『米史』アメリカ連合国, アメリカ南部連合国 (1861–65) (=(Southern) Confederacy)《南北戦争直前に南部 11 州によって編成》; 大統領は Jefferson Davis; 略 CSA》.

con·fed·er·a·tion /kənfèdəréiʃ(ə)n/ n **1** 連合, 同盟〈of nations, between states〉(cf. FEDERATION); CONFEDERATION OF STATES. ▶ ARTICLES OF CONFEDERATION (連合規約). **2 a** 連邦, 連合国. **b** [the C-]『米史』《南北戦争時に連合規約 (Articles of Confederation) により組織された》アメリカ 13 州連合. **c** [the C-]『カナダ史』《Quebec, Ontario など 4 州からなる》カナダ連邦 (1867).

Confederátion Hel·ve·tíque /-hɛlvətíːk/ [the ～] スイス連邦(共和国)《スイスの正式国名》.

Confederátion of Brítish Índustry [the ～] 英国産業連合《Federation of British Industries, British Employers' Confederation, National Association of British Manufacturers の 3 団体の合併により 1965 年に創設された経営者団体; 略 CBI》.

confederátion of státes 国家連合《各構成国は国際法上の主体性をもつ; cf. FEDERAL STATE; ⇨ FEDERATION》.

con·fer /kənfə́ːr/ v (-rr-) vt 〈称号・学位など〉授与する, 贈る;〈性質を〉与える, 付与する〈on〉. ― vi 打ち合わせる, 協議する, 相談する (consult)〈together, with〉.

con·fer·ence /kánf(ə)rəns/ n **1** 相談, 協議, 会談. ▶ BENCH CONFERENCE (裁判官席での協議) / CASE MANAGEMENT CONFERENCE ((民事)事件処理手続き協議) / CERTIFICATE OF CONFERENCE (事前協議証明書) / CHARGE CONFERENCE (説示についての協議) / DISCOVERY CONFERENCE (開示のための協議) / PREHEARING CONFERENCE (審理前協議) / PRETRIAL CONFERENCE (事実審理前協議) / SIDEBAR CONFERENCE (サイドバー協議). **2** 会議, 協議会;《二院制議会での》両院協議会 (⇨ CONFERENCE COMMITTEE); 幹部会議 (caucus): ～ agenda 協議事項; 議事日程 / ～ papers 《会議での》講演会 / ～ proceedings 会議録, 議事録. ▶ CHILD PROTECTION CONFERENCE (児童保護会議) / COLONIAL CONFERENCE (植民地会議) / COMMONWEALTH CONFERENCE (イギリス連邦会議) / HAGUE PEACE CONFERENCE (ハーグ平和会議) / IMPERIAL CONFERENCE (帝国会議) / JUDICIAL CONFERENCE (司法会議) / JUDICIAL CONFERENCE OF THE UNITED STATES (合衆国司法会議) / PREMIERS' CONFERENCE (イギリス連邦首相会議) / PRESS [NEWS] CONFERENCE ((共同)記者会見). ★英国労働党など一部の政党では定冠詞 the を付けないことで単なる会議ではなく決定機関であることを示す: decisions of C~.

cónference commìttee『米』両院協議会《二院制立法府で各院の委員会の合同会議; 通例 両院で別の形で通過した法案についての相違点を調整することを目的とする; 単に conference ともいう; cf. JOINT COMMITTEE》.

con·fess /kənfés/ vt **1**〈あやまち・罪を〉自白[白状]する, 告白する; 認める, 承認[自認, 認諾]する,《...である[...をした]》と言う (admit). **2**〈信仰を〉告白する;《懺悔[告解]する. ― **con·fés·sor** n 自白者; 告解者.

Con·fes·sio fac·ta in ju·di·cio om·ni pro·ba·ti·o·ne ma·jor est. /kənféʃiou fǽktə ɪn dʒudíʃiou ámnài proubèɪʃióunε méidʒɔːr ɛst/ 法廷でなされた自白はあらゆる証明よりも優る. [L=A confession made in court is of greater force than all proof.]

con·fes·sion /kənféʃ(ə)n/ n **1 a** 自白, 白状 (cf. ADMISSION, DECLARATION AGAINST INTEREST, INCRIMINATING STATEMENT, SELF-INCRIMINATION,

STATEMENT): a ~ of guilt 罪の自白 / make (a) ~ 自白する. **b** 自認, 認諾, 承認. **c** 告解, 懺悔. ▶ COERCED-COMPLIANT CONFESSION (強制的応訴自白) / COERCED-COMPLIANT FALSE CONFESSION (強制の応訴に基づく虚偽自白) / COERCED CONFESSION (強制による自白) / DIRECT CONFESSION (直接的自白) / EXTRA-JUDICIAL CONFESSION (裁判外の自白) / IMPLIED CONFESSION (黙示の自白) / INDIRECT CONFESSION (間接的自白) / INTERLOCKING CONFESSIONS (整合性のある自白) / INVOLUNTARY CONFESSION (不任意の自白) / JUDGMENT BY CONFESSION (承認に基づく判決) / JUDICIAL CONFESSION (裁判上の自白) / NAKED CONFESSION (裸の自白) / ORAL CONFESSION (口頭自白) / PERSUADED CONFESSION (説得されてなした自白) / PLENARY CONFESSION (完全な自白) / RELATIVE CONFESSION (関連自白) / THRESHOLD CONFESSION (入口での自白) / VOLUNTARY CONFESSION (任意性のある自白). **2** 自白書; 認諾書: sign one's ~ 自白書に署名する. ▶ STATEMENT OF CONFESSION (請求認諾書). **3** 信仰告白. **~·ist** *n*

conféssion and avóidance 承認と異議《相手方の主張事実を一応承認するとともにその事実から生ずる法的効果を回避するために他の事実を主張すること; cf. DEMURRER》.

conféssion of défense《英》防御の承認《訴訟開始後に発生した防御事実を被告が主張した場合に, 原告がそれを認めその答弁までの訴訟費用の負担に同意すること; ただし, 訴訟費用については裁判所が別段の決定をすること》.

conféssion of júdgment **1** 請求の認諾に基づく判決登録. **2** 判決の事前自認(書)(に基づく判決)《債務者が書面で債務を自認し, 支払いを怠った場合には自己に対する判決が登録されることに同意すること, またはそれに基づく判決》. 《» cf. STATEMENT OF CONFESSION》

Con·fes·sus in ju·di·cio pro ju·di·ca·to ha·be·tur et quo·dam·mo·do sua sen·ten·tia dam·na·tur. /kanfésəs ɪn dʒudíʃiou prou dʒuːdɪkéɪtou heɪbɪːtər ɛt kwòu-dæmóudou súːə sɛnténʃɪə dæmnéɪtər/ 法廷で自白した者は審理を受けた者とみなされ, ある意味ではみずからの宣告で有罪決定されるようなものである. [L=A person who has confessed in court is deemed to have been tried and in a manner is condemned by his/her own sentence.]

con·fide /kənfáɪd/ *vi* **1** 信任する, 信頼する 〈*in*〉. **2** 〈人〉に秘密を打ち明けて相談する〈*in*〉. — *vt* **1**〈秘密を〉打ち明ける, 明かす 〈*to*〉. **2** 信託する, 託する〈*to*〉.

con·fi·dence /kánfəd(ə)ns, -dèns/ *n* **1** 信任, 信頼 〈*in, to*〉; 信認; 《議会における》信任: ~ vote 信任投票. ▶ VOTE OF CONFIDENCE (信任投票) / VOTE OF NO CONFIDENCE (不信任投票). **2** 自信, 確信. **3**《内密事などを》打ち明けること; 秘密, 内緒事 (secret) 《特に》秘匿特権 (privilege) 保護情報. ▶ BREACH OF CONFI-DENCE (守秘義務違反). **in ~** 内緒で, 秘密に.

cónfidence gàme*《(人の信用につけこむ) 背信詐欺, 信用詐欺 (=confidence trick", con, con game*, con trick").

cónfidence màn* 背信詐欺(師) (=confidence trickster", con man).

cónfidence trìck" 背信詐欺 (=CONFIDENCE GAME*).

cónfidence trìckster" 背信詐欺(師) (=CONFI-DENCE MAN*).

con·fi·den·tial /kànfədénʃ(ə)l/ *a* **1** 秘密の, 内密の, 内々の;《米政府・軍》「秘」の, マル秘の (⇒ CLASSIFI-CATION): Strictly ~ 極秘《封書の上書き》. **2** 信任のあつい, 腹心の. **~·ly** *adv*

confidéntial communicátion《弁護士と依頼人, 聖職者と改悛者, 夫婦間などの》開示を強制されない情報, 秘密情報, 内密情報 (= PRIVILEGED COMMU-NICATION).

confidéntial disclósure 信頼に基づく開示 (cf. BREACH OF CONFIDENCE).

confidéntial disclósure agrèement 信頼に基づく開示合意 (=NONDISCLOSURE AGREEMENT).

confidéntial informátion 秘密情報 (cf. BREACH OF CONFIDENCE): disclosure of ~ 秘密情報開示.

con·fi·den·ti·al·i·ty /kànfədènʃiǽləti/ *n* **1** 秘密性, 内密であること. **2** 秘密を守らねばならない関係, 守秘義務関係, 信頼関係. ▶ BREACH OF CONFIDENTIALI-TY (守秘義務関係破壊).

confidentiálity agrèement 守秘義務合意 (=NONDISCLOSURE AGREEMENT).

confidentiálity clàuse 守秘義務条項《合意当事者に非当事者に対して合意内容, しばしば合意自体についても開示を禁止する条項》.

confidéntial relátionship 信頼関係 (⇨ FI-DUCIARY RELATIONSHIP) (=**confidéntial relá-tion**).

confidéntial sóurce 秘密情報源《警察やジャーナリストに対して出所を明かさない旨の保証の下で情報を提供する人》.

con·fine /kənfáɪn/ *vt* **1** 限る, 制限する. **2** 閉じ込める; 監禁する (imprison) 〈*within, in*〉: ~d to barracks〈兵士が〉禁足処分になった, 外出禁止, 禁足.

confíne·ment *n* **1** 制限. **2** 監禁, 拘禁, 抑留, 禁固; 引きこもり, 幽閉, 蟄居(ちっきょ). ▶ SOLITARY CONFINE-MENT (独居拘禁).

con·firm /kənfə́ːrm/ *vt* **1**〈陳述・証拠・風説などを〉確かめる, 確認する. **2**《裁可・批准などを》確認する, 批准する (ratify);《所有・権利・契約・仮決定などを》追認する, 正式に認める〈possession [title, right] *to sb*〉; 確かにする, 確立する: ~ sb in a job 正式に雇用する. **~·able** *a* 確かめうる, 確認できる. **confirm·ability** *n* [OF <L; ⇨ FIRM¹]

Con·fir·ma·re est id quod pri·us in·fir·mum fu·it fir·ma·re. /kànfɪrméɪrɛ ɛst ɪd kwɑd práɪəs ɪnfírməm fjúːɪt fɪrméɪrɛ/ 確認するとは、以前に不確かであったことを確かにすることである。［L＝To confirm is to make firm what before was infirm.］

Confirmare ne·mo po·test pri·us·quam jus ei ac·ci·de·rit. /—— níːmoʊ pátɛst príəskwæm ʤúːs íːàɪ æksɪdérɪt/ 何びとも、権利がみずからに帰属するまでは、確認することができない。［L＝No one can confirm before the right comes to him/her.］

Con·fir·ma·tio C(h)ar·ta·rum /kànfərméɪʃioʊ kɑːrtéərəm/《英史》二憲章の確認《Magna Carta（マグナカルタ), Carta de Foresta（森林憲章）の 2 憲章を確認した文書全般を指すが、特に 1297 年に 2 憲章を確認し、同時に国王が王国全体の共通の同意なしには課税をしないことなどを定めた憲法史上の重大法を指す; cf. ARTICULI SUPER C(H)ARTAS.［L＝Confirmation of the Charters］

con·fir·ma·tion /kànfərméɪʃ(ə)n/ n **1 a** 確認; 承認; 確証, 確定, 確立. **b** 追認《未完成または不確定なことを完成または確定すること; 特に 未完成・不確定・取消し可能である契約を確定的・有効なものにすること; cf. RATIFICATION). **c**《大陸法》《相対無効行為の》追認. **2**《不動産に対する》権利確定行為《取消し可能な不動産権を取消し不可能なものとして確定したり、生涯不動産権 (life estate) のような部分不動産権 (particular estate) を拡大させ、当初の期限が到来しても消滅しないようにすること). **3** 債務確認 (cf. CONFIRMING BANK). **4 a**《商》納品引受書, 受注確約書. **b**《証券》取引確認通知, 売買報告書. **c**《会計》確認(書)《被監査法人の売り掛け金・買い掛け金などの財務項目につき関連取引先にその金額などを問い合わせること; また その書面; **5**《教会》堅信礼, 堅信式. **con·fir·ma·to·ry** /kənfɔ́ːrmətòːri; -t(ə)ri/ a

confirmátion hèaring 1《米》承認のための審理《大統領に指名された裁判官を連邦議会上院が承認するための審理). **2** 破産行動計画承認審理《破産 (bankruptcy) 事件で、破産行動計画 (bankruptcy plan) の承認をなす前に行なう審理).

Con·fir·ma·tio om·nes sup·plet de·fec·tus, li·cet id quod ac·tum est ab ini·tio non va·lu·it. /kɑnfɪrméɪʃioʊ ámniz sáplɛt dɛféktəs láɪsɛt ɪd kwɑd æktəm ɛst æb ɪníʃioʊ nɑn vǽljuɪt/ 確認はすべての瑕疵を補う。たとえなされたことが当初から効力を有さぬものであっても。［L＝Confirmation supplies all defects, even if what has been done was not valid from the beginning.］

confirmed létter of crédit 確認信用状《確認銀行 (confirming bank) により確認を受けた信用状).

con·fir·mee /kànfərmíː/ n 追認を受ける人,《特に》《史》権利確定行為をしてもらった人 (⇒ CONFIRMA-TION).

confírming bánk 確認銀行《商業信用状発行銀行の確約に重ねて信用状に基づく債務を確認した銀行; それによりみずからも独立した債務を受益者に対して負う).

con·fis·cate /kάnfəskèɪt/ vt 没収する; 押収する. **con·fis·ca·ble** /kənfískəb(ə)l/ a **cón·fis·cà·tor** n ［L; ⇨ FISCAL］

con·fis·ca·tion /kànfəskéɪʃ(ə)n/ n 没収, 押収. **con·fis·ca·to·ry** /kənfískətɔ̀ːri; -t(ə)ri/ a

confiscátion òrder《英》《付加刑としての》没収命令.

con·flict n /kάnflɪkt/ **1** 闘争, 戦い, 戦闘 (fight): ～ of arms 交戦. **2**《主義上の》争い, 軋轢(あつれき), 摩擦;《心の中の》葛藤;《思想・感情・利害などの》衝突, 矛盾, 対立: be in [come into] ～ with…と矛盾［衝突］している［する］. ► THRUST-UPON CONFLICT《急浮上利害抵触). **3 a** 法律の抵触 (＝CONFLICT OF LAWS). **b** [～s] 抵触法 (＝CONFLICT OF LAWS). **4**《物体の》衝突. — vi /kənflíkt, *kάnflɪkt/ **1** 衝突する, 相容れない, 矛盾する《with》. **2** 争う, 戦う《with》. ～ **out**《裁判官・弁護士》から《利害抵触を根拠に》《事件担当の》適格性を奪う. ～**ful** a ～**less** a **con·flíc·tion** n 争い, 衝突. **con·flíc·tive** a CONFLICTING. **con·flíc·tu·al** a ［L (flict- fligo to strike)］

cónflict·ing a 相争う, 矛盾する, 相反する. ～**·ly** adv

cónflicting évidence 矛盾する証拠《複数の証拠の示すものが一致しないこと).

cónflicting presúmption 矛盾する推定.

cónflict of authórity 典拠の対立, 法源の対立 **(1)** 法律上の論点について、裁判所間で《それも多くは同格の裁判所間で》判断・判例が一致していないこと **2)** 学者間の意見の不一致; 一般的に用いられるが、特に 国際法・国際私法のような学説が重要な法源になる分野では重要となりうる).

cónflict of ínterest 利害抵触, 利益相反,《公務員・裁判官などの》公益と私利の衝突.

cónflict of láw and équity コモンローとエクイティーとの抵触《抵触のある場合はエクイティー準則が優先される; cf. FUSION OF LAW AND EQUITY).

cónflict of láws 1 法律の抵触［衝突］《州・国家によって法が異なるため、一個の法律関係に複数の法秩序が同時に適用されるような外観を呈すること; 単に conflict ともいう). ► FALSE CONFLICT OF LAWS《偽りの《法の》抵触). **2** 法律の抵触を解決する法, 抵触法;《州際私法, 国際私法 (＝international private law, private international law)《適用すべき法や裁判管轄権などの問題を扱う; 単に conflicts ともいう; cf. APPLICABLE LAW, CHOICE OF LAW].

con·form /kənfɔ́ːrm/ vt 同じ形にする, 同じにする, …に合わせる《to》; 適合［一致］させる. — vi **1** …と同じになる, 一致する《to, with》. **2**《規則・基準に》従う, 適合する《to, with》. **3**《大勢に》順応する; 国教に従う

con·for·mance /kənfɔ́ːrməns/ *n* 一致, 適合, 順応 〈to, with〉: in ~ with the directives of the Commission 欧州連合委員会の指令に従って.

confórmed cópy 同一証明付き写し《署名など写しになじまぬ原本を転記し, 原本どおりである旨の付記のある写し》.

confórm·ing *a* 契約債務に適合した.

confórming to cóntract 〈契約債務の履行や, 履行として引き渡された物品や提供された行為が〉契約に適合している.

con·form·i·ty /kənfɔ́ːrməti/ *n* **1** 一致, 合致, 適合 〈to, with〉. ▶ BILL OF CONFORMITY (遺産管理調整申し立て). **2** 順応, 服従 〈with, to〉; 国教遵奉 (cf. NON-CONFORMITY). in ~ with [to] …に従って, …を遵奉して; …に合わせて, …と一致して: act *in* ~ *with* the regulations.

Confórmity Àct [Stàtute] [the ~] 《米史》民事訴訟手続きの一致に関する法律《連邦地方裁判所のエクイティー・海事事件を除く民事事件手続きは, 所在した州の州裁判所の同種事件の手続きにできるだけ合わせるという 1872 年の連邦制定法; 現在は廃止》.

confórmity hèaring 《米》合致審理 **(1)** 勝訴者側の準備した判決が裁判所の判断と一致しているか否かを決定するために裁判所が命ずる審理 **2)** 州提出の計画が連邦法の条件に合致しているか否かを決定するために連邦の機関で行なわれる審理》.

con·front /kənfrʌ́nt/ *vt* …に直面させる, 立ち向かわせる; 法廷で対決させる 〈with〉.

con·fron·ta·tion /kɑ̀nfrʌntéɪʃ(ə)n/ *n* 対面, 対審《刑事訴訟手続きにおいて, 被告人が検察側証人と法廷で対面し反対尋問の機会を与えられること, または証人が被告人と対面して犯人との同一性を確認すること》.

Confrontátion Clàuse [the ~] 《米》対面条項《被告人がみずからに不利な証人との対面 (confrontation) を求める権利を保障した合衆国憲法第 6 修正のこと》.

con·fu·sio /kənfjúːʃioʊ/ *n* 《ローマ法》混和; 混同 (⇒ CONFUSION). [L (< *confundere* to pour together)]

con·fu·sion /kənfjúːʒ(ə)n/ *n* **1 a** 混乱. **b** 困惑. **c** 混同. ▶ CONSUMER CONFUSION (消費者の混同). **2** 物品の混和 (=CONFUSION OF GOODS). **3** 混同 (⇒ MERGER).

confúsion of débts 債務の混同《債権債務が同一人に帰し, 消滅すること》.

confúsion of góods 物品の混和《複数の人の所有する米・酒などの動産が混じり合い, 識別できなくなること; もともとの割合に応じた持分をもつ共有となる; 単に confusion ともいう》.

cong(.) congress ♦ congressional.

cón gàme 《口》CONFIDENCE GAME.

con·gé d'élire [d'és·lire] /F kɔ̃ʒe deliːr/ 《英》主教[司教]選出許可《国王から主教[司教]選出母体である主教[司教]座聖堂参事会長および参事会宛に出される主教[司教]選出許可状; これには国王が推薦する被選出者名を記した書面も添えられる》. [F=permission to elect]

congénital disabílity 先天的能力の欠缺(ʰ)《出生あるいは妊娠前に両親のうちの一方になされた不法行為の結果, なんらかの能力欠缺(ʰ) (disability) をもって生まれた子供は, 訴訟原因 (cause of action) を有しうるということ; 母親が妊娠中に自動車を運転していてこのような不法行為に遭った場合には, 責任は母親にも及びうる; 英国では 1976 年法で定められた》.

con·ge·ries /kɑ́ndʒəriːz, kɑndʒíəriːz/ *n* (*pl* ~) 集積, 集成: a ~ of rights 権利の集積[塊り]. [L]

con·glom·er·ate /kənɡlɑ́m(ə)rət/ *a* 集まってきた, 複合した, 複合的な. — *n* **1** 集塊, 集団, 集合. **2** (巨大)複合企業, コングロマリット. — *vt, vi* /kənɡlɑ́məreɪt/ 固める[固まる], 塊りになる; コングロマリット化する.

conglómerate corporátion (巨大)複合会社 (conglomerate).

conglómerate mèrger コングロマリット合併, 複合合併《多角的な巨大複合企業を作り出すために, 競争関係や顧客・供給者関係に立っていない異なった産業・業種会社の間で行なわれる合併》.

con·gress /kɑ́ŋɡrəs, -ɡres/ *n* **1** [°C-] 《米国または中南米の共和国の》議会, 国会; 《議会の》会期. **2** [C-] **a** 連邦議会, 合衆国議会《★特に下院 (House of Representatives) を指す場合も多い》. **b** 《補欠選挙で選ばれた議員を除き同一議員で構成される, 2 年間存続するある特定期の》連邦議会. ▶ ACT OF CONGRESS (連邦議会制定法) / CONTEMPT OF CONGRESS (連邦議会侮辱) / MEMBER OF CONGRESS (議会議員, 下院議員). **3** [C-] 《米史》連合会議《1781 年連合規約 (Articles of Confederation) の下における立法機関で, 国家連合としてのアメリカ合衆国の唯一の機関であった》. **4** 会議; 集合, 会合; 代議員会, 大会: the C~ Party 《インドの》国民会議派. ▶ CONTINENTAL CONGRESS (大陸会議) / INDIAN NATIONAL CONGRESS (インド国民会議派) / TRADES UNION CONGRESS (労働組合会議). ★特定の立法府についていう場合を除き congress はしばしば the を付けずに用いる.

con·gres·sio·nal /kəŋɡréʃənl, kɑn-/ *a* **1** 会議[集会]の. **2** 立法府の; [°C-] 《米》連邦議会の: a C~ subcommittee 連邦議会の小委員会. ~**·ly** *adv*

congréssional dístrict 《米》(連邦議会)下院議員選挙区.

congréssional exécutive agréement 《米》議会承認行政協定《協定署名の前後を問わず, 連邦議会 (Congress) が承認した行政協定 (executive agreement); cf. EXECUTIVE AGREEMENT》.

congréssional immúnity 《米》議会議員免除特権《具体的には合衆国憲法第 1 編第 6 節 1 項で定めている, 反逆罪 (treason), 重罪 (felony), 平和破壊罪 (breach of the peace) による以外の罪での会期中の議院

に出席中の両院議員不逮捕特権と, 議院における発言と討議についての免責特権; cf. SPEECH OR DEBATE CLAUSE).

Congréssional Récord [the ~]〖米〗連邦議会議事録.

cóngress·man /-mən/ n (pl -men /-mən/) [°C-]〖米〗連邦議会議員, (特に)下院議員 (cf. REPRESENTATIVE, SENATOR). ★名前に付けるときは C~ Wilson のように言い, 下院議員を指す.

Cóngress of Indústrial Organizátions [the ~]〖米史〗産業別労働組合会議 (1938年発足; 略 CIO; 1955年にアメリカ労働総同盟 (American Federation of Labor) と合併し, アメリカ労働総同盟・産業別労働組合会議 (American Federation of Labor and Congress of Industrial Organizations) となる).

cóngress·pèrson n (pl cóngress·pèople)〖米〗連邦議会議員, (特に)下院議員 (congressman または congresswoman).

cóngress·wòman n (pl -wòmen)〖米〗女性[婦人]連邦議会議員, (特に)女性[婦人]下院議員.

conjectural choice ⇨ RULE OF CONJECTURAL CHOICE.

con·jec·ture /kəndʒéktʃər/ n 推測, 推量, 臆測. — vt, vi 推測[推量]する. **con·jéc·tur·al** a 推測的な, 確定的でない.

con·joint /kəndʒóint, kɑn-/ a 結合した, 連合の, 合同の, 共同の, 共同名義の, 複数人に帰属する; 連帯[連繋]した. — n 配偶者; 共同名義人. **~·ly** adv

conjóint légacy〖ルイジアナ〗複数人(への)動産遺贈.

conjóint róbbery 多人数(による)強盗(罪).

conjóint wíll 合同遺言(書) (=JOINT WILL).

con·ju·gal /kándʒəg(ə)l, *kəndʒú:-/ a 1 夫婦の, 婚姻上の(しばしば夫婦間の性的関係を暗に強調して用いる). 2 一夫婦とその子供のみを家族単位とする: a ~ family.

cónjugal ríghts pl 夫婦の権利《夫婦の同居権・性交権・扶助権など, 夫婦の一方が他方に対して有する権利の総称; cf. CONSORTIUM》. ▶ RESTITUTION OF CONJUGAL RIGHTS (同居請求訴訟).

cónjugal vísit 配偶者の訪問《囚人とその配偶者に認められる, 通例刑務所内で宿泊し肉体的接触をもつ機会; 若干の法域では未婚の場合も許可される》.

conjúnctive deníal 結合的否認《訴えで主張されている重要事実 (material fact) すべてを否定する回答》.

con·ju·ra·tion /kàndʒəréiʃ(ə)n/ n〖史〗1 共謀. 2 魔法(罪).

con·jur·a·tor /kándʒərèitər/ n〖史〗共謀者 (conspirator).

cón màn《口》詐欺師 (confidence man).

connécted pérsons pl 関係者, 利害関係人, 《特に》企業の重役と(事業面で)関係の深い人たち.

connécting fàctor〖米〗関連要因《例えば 原告がある州に住所 (domicile) を有しているという事実のように, 訴訟あるいは個人をある州あるいはある裁判管轄権と結びつけ, それによって準拠法の選択 (choice of law) に役立つことになる事実上あるいは法律上の状況》.

connécting-úp dòctrine 関連づけの法理《証拠法上の原則で, それ自体として関連性 (relevancy) を有さぬ一定の証拠は, 提出者側が他の証拠によりその関連性を証明するとの約束を条件として許容されるということ》.

con·nec·tion,《英》**-nex·ion** /kənékʃ(ə)n/ n 1 結合, 連絡, 接続. 2 関係, 関連, 結びつき; 一貫性, 連続性: in ~ with…と関連して; …に関して(の). ▶ CRIMINAL CONNECTION (姦通). 3 取引関係; 勤め口. 4 党派; 宗派. 5《俗》麻薬の売人.

con·niv·ance /kənáiv(ə)ns/ n 1 黙過, 見て見ぬふり〈at, in〉;《違法行為の》黙認: the ~ of the customs officers. 2《配偶者の》不貞行為の慫慂(しょうよう),《姦通に対する明示・黙示の》同意(の抗弁)《離婚の有責主義の下では, この同意は離婚阻却事由となる; ⇨ NO-FAULT DIVORCE; cf. COLLUSION, CONDONATION, RECRIMINATION》.

con·nive /kənáiv/ vi 1 見て見ぬふりをする, 黙認する, 大目に見る. 2《配偶者の》不貞行為を慫慂(しょうよう)する, 姦通に同意する. [F or L conniveo to shut the eyes]

connubium ⇨ CONUBIUM.

con·quest /kánkwèst/ n 1 a〖史・スコットランド〗《不動産》取得《土地の相続以外の方法, 特に 譲り受け (purchase) による取得》. b 取得不動産. c [pl]《婚姻中の》後得財産 (conquests). 2《国際法上の》征服; 被征服国, 占領地. 3 [C-] ノルマン人の征服 (Norman Conquest). [OF<Romanic]

con·quets /kɔnkwéts/ n pl《大陸法》《婚姻中の》後得財産 (=ACQUETS).

con·san·guin·i·ty /kànsæŋgwínəti, -sən-/ n 血族(関係) (=blood relationship) (cf. AFFINITY, DEGREE, PROHIBITED DEGREE): degrees of ~ 親等 / ~ of the second degree 二親等(の血族). ▶ COLLATERAL CONSANGUINITY (傍系血族) / LINEAL CONSANGUINITY (直系血族). **con·san·guin·e·ous** /kànsæŋgwíniəs, -sæŋ-/, **con·san·guine** /kɑnsǽŋgwən/ a 血族の. **consanguíneous·ly** adv [L consanguineus related by the same blood]

con·science /kánʃ(ə)ns/ n 良心, 道義心, 善悪の観念. ▶ COURT OF CONSCIENCE (少額債権裁判所; 良心裁判所) / FREEDOM OF CONSCIENCE (良心の自由) / KEEPER OF THE KING's CONSCIENCE (国王の良心の保持者) / LIBERTY OF CONSCIENCE (良心の自由) / PRISONER OF CONSCIENCE (良心の囚人). shock the ~ 良心をゆるがす《衡平・公正・正義感にきわめて強く反するものに対して用いられる句で, 例えば被告人に対する罰金・刑期が極端に重いとか, 損害賠償の査定額が高すぎるとか, 州の行為 (state action) が個人に対する法の適正手続きを大きく侵害しているといったものの判断基準として用いられる; cf. CONSCIENCE OF THE COURT》. [OF<L con-

(science)=to be privy to]

cónscience cláuse 良心条項《宗教上の理由などで、例えば裁判などにかかわる宣誓を拒否することを認める制定法ないしは契約上の規定》.

cónscience of the cóurt 裁判所の良心《(1) 争点を公正観・正義観に基づいて裁判する裁判所の衡平上の権能 (2) 当事者・陪審員などが公正・正義の観点から見て許容できる限界内にあるか否かを判断する裁判所の基準; cf. shock the CONSCIENCE》.

con·sci·en·tious /kɑ̀nʃiénʃəs/ a 良心的な.

consciéntious objéction 良心的忌避, 《特に》良心的兵役忌避.

consciéntious objéctor 《宗教的・道徳的信念からの》良心的兵役忌避者《略 CO; cf. PACIFIST》.

con·scio·na·ble /kɑ́nʃ(ə)nəb(ə)l/ a 良心的な, 公正な (conscientious) (cf. UNCONSCIONABLE). ~-ness n **con·scio·na·bil·i·ty** /kɑ̀nʃ(ə)nəbíləti/ n

cónscious avóidance 意識的回避 (=DELIBERATE INDIFFERENCE).

cónscious-avóidance instrúction 意識的回避の説示 (=WILLFUL-BLINDNESS INSTRUCTION).

cónscious párallelism 意識的並行行為《競争関係にある複数企業が互いに他社の行動を意識しながらも何ら協定などを結ぶことなく独立して同一の行為, 例えば製品価格値上げなどを行なうこと; 独占禁止法との関係でそれ自体は違法ではないが, 違法の情況証拠にはなる》.

con·scrip·tion /kənskríp(ə)n/ n 徴兵 (draft); 徴用, 徴発.

con·se·cra·tion /kɑ̀nsəkréiʃ(ə)n/ n 《教会》聖別; 献堂(式); 主教祝別(式), 司教叙階(式).

con·sec·u·tive /kənsék(j)ətiv/ a 連続的な, 引き続く, 前後につながりのある. ~**·ly** adv 連続して. [F<L (secut- sequor to follow)]

consécutive séntences pl 逐次執行の刑の宣告 (=accumulative sentences, cumulative sentences)《複数の訴因について有罪決定があり, 共に自由刑が科される場合, 各訴因ごとに刑期を定め, 逐次的に執行するものとして刑期の総和を言い渡すこと; 複数の刑期の中最長のものに服することになる同時執行の刑の宣告 (concurrent sentences) との違いに注意》.

consécutive tórtfeasors pl 逐次的不法行為者《複数の人が同一人に対して異なった時期になした行為により単一の損害を及ぼした場合の不法行為者; 連帯責任を負うことになる; cf. CONCURRENT TORTFEASORS, JOINT TORTFEASORS, SUCCESSIVE TORTFEASORS》.

con·sen·su·al /kənsénʃuəl/ a 合意(の上)の: ~ acts 合意による性交. [<CONSENSUS]

consénsual cóntract 《ローマ法・大陸法・史》諾成契約《当事者の単なる合意で成立する契約; cf. REAL CONTRACT》.

con·sen·sus /kənsénsəs/ n 《意見・証言などの》一致, 同意, コンセンサス 〈of opinion〉; 合意; 大多数の意見, 総意, 世論: a ~ between all parties 全当事者間での合意 / In the absence of a ~, no decisions could be reached. 合意がなければいかなる決定も達せられない. [L=agreement, consent]

consénsus ad ídem /-æd áidəm, -əd ídəm, -ɑːd íːdɛm/ 意思の合致. [L=agreement to the same thing]

Consensus fa·cit le·gem. /— féisit líːdʒɛm/ 同意は法律を作る. [L=Consent makes law.]

Consensus, non con·cu·bi·tus, fa·cit ma·tri·mo·ni·um. /— nɑn kɑnkúːbitəs féisit mætrimóuniəm/ 同衾(どうきん)ではなく同意が婚姻を作る. [L=Consent, and not sharing a bed, constitutes a marriage.]

Consensus, non concubitus, facit (nup·ti·as vel) ma·tri·mo·ni·um, et con·sen·ti·re non pos·sunt an·te an·nos nu·bi·les. /— — — — — (nápʃiɛis vɛl) mætrimóuniəm ɛt kɑnsɛntáire nɑn pásənt ántɛ ǽnous njúːbiliːz/ 同衾(どうきん)ではなく同意が婚姻を作る. しかも婚姻適齢期前には同意する能力がない. [L=Consent, and not sharing a bed, constitutes (nuptials or) marriage, and persons connot consent before marriageable years.]

consénsus pòlitics 合意政治《主要政党が政策の大綱において合意することによって国を治める統治方式》.

Consensus tol·lit er·ro·rem. /— tálit ɛróurɛm/ 合意は誤謬を除去する. [L=Consent takes away error.]

con·sent /kənsént/ n 同意, 承諾; 承認; 合意, 意見の一致. ▶ ADVICE AND CONSENT (助言と承認) / AGE OF CONSENT (同意年齢) / COUNSEL AND CONSENT (助言と承認) / DIVORCE BY CONSENT (合意離婚) / DIVORCE BY MUTUAL CONSENT (相互合意離婚) / EXPRESS CONSENT (明示の同意) / IMPLIED CONSENT (黙示の同意; 黙示的同意) / INFORMED CONSENT (説明に基づく承認) / JUDGMENT BY CONSENT (同意(に基づく)判決) / NONCONSENT (拒絶) / PARENTAL CONSENT (親の同意) / THIRD-PARTY CONSENT (第三者の同意) / WATER DISCHARGE CONSENT (排水承諾). — vi 同意する, 承諾する 〈to, to do, that...〉. ~**·er** n

consént càlendar **1**《議会, 特に米下院の》異論なき法案のための議事日程 (cf. DEBATE CALENDAR). **2**《米》同意に基づく非公式審理事件表《家事裁判関係で, 子供の利益が非公式な審理の方が良く守られると判断される場合に全関係者同意の下で行なわれる子供を含めての非公式審理のための事件表》.

consént decrèe 同意判決 (=consent order)《特にエクイティー裁判所 (court of equity) などの非コモンロー裁判所が, 訴訟の全当事者の同意の下で出す判決 (decree); 被告はみずからを有責 (guilty) とは認めないが訴えられた行為をやめ合意された行為基準に従うことに同意し, その合意を裁判所が承認し判決録に登録する場合などに特に用いられる; cf. AGREED JUDGMENT》.

Con·sen·ti·en·tes et agen·tes pa·ri poe·na plec·ten·tur. /kɑnsènʃiéntiz ɛt eɪdʒéntiz pǽraɪ píːnə plɛkténtər/ 同意者も実行者も同一の罰を受ける。[L=Those consenting and those perpetrating will receive the same punishment.]

consént jùdgment 同意判決 (=AGREED JUDGMENT).

consént jurisdìction 合意に基づく管轄権[裁判権]《両当事者の合意による管轄権》; 米国では連邦裁判所の事物管轄に属さぬものを同裁判所の管轄にすることは許されない》.

consént òrder 同意命令 (=CONSENT DECREE).

consént-rùle n《史》擬制事項同意証書《不動産回復訴訟 (ejectment) の種々の擬制について, 真の被告がすべての擬制を真実であると認め, 自己の抗弁がその土地に対するみずからの権原のみに基づいて行なうものであることを約する文書》.

consént sèarch 同意に基づく捜索《強制によらず任意の同意に基づいてなされる捜索; 捜査当局は任意であったことの立証責任を負う》. cf. VOLUNTARY SEARCH).

consént to be súed 管轄裁判所合意《当該問題については特定裁判所に訴えがなされるべきことをあらかじめ合意しておくこと; ⇨ COGNOVIT CLAUSE》.

consént to nótice 通知の承諾《文書により要求されている通知 (notice) が事前にあるいは指名者宛になされる旨を述べている規定》.

con·sent·u·al /kənséntʃuəl/ a 同意による, 同意のうえの: ~ **divorce** 同意に基づく離婚.

con·se·quence /kάnsɪkwəns/ n **1** 結果, 成り行き; 帰結, 因果関係; [pl] 自然的結果. ▶ NATURAL AND PROBABLE CONSEQUENCE (自然の蓋然的結果) / NATURAL CONSEQUENCE (自然的結果) / PROBABLE CONSEQUENCE (蓋然的結果) / PROXIMATE CONSEQUENCE (直接的結果). **2**《影響の》重大性, 重要性, 意義. **in** ~ (直接の)結果として.

con·se·quen·tial /kὰnsəkwénʃ(ə)l/ a **1** 結果として起こる; 間接的な, 派生的な; 当然の, 必然の. **2** 重大な.

consequéntial dámages pl 間接損害賠償 (=SPECIAL DAMAGES).

consequéntial lóss 間接損害 (=indirect loss)《出来事から直接生ずるのではなくその結果から派生的に生ずる損害; cf. DIRECT LOSS》.

con·ser·va·tion /kὰnsərvéɪʃ(ə)n/ n **1** 保存;《野生生物・自然・資源・史跡などの》保護, 保全, 保護管理. **2** 保護管理地区, 自然[鳥獣]保護地区, 保護林, 保護河川.

conservátion àrea《特殊建造物・史跡保護などの》保護地区 (cf. HERITAGE PROPERTY, HISTORIC BUILDING, HISTORIC SITE, LISTED BUILDING).

conservátion èasement 環境保存地役権.

Consérvative Pàrty [the ~] 保守党《**(1)**《英》Labour Party と二大政党をなす政党; トーリー党

(Tories) を前身として, 1830 年代初めからこの名称で呼ばれるが, 現在も俗には Tories と呼ばれている; 公式名 **Conservative and Unionist Party** (保守・統一党). **2**《カナダ》PROGRESSIVE CONSERVATIVE PARTY》.

con·ser·va·tor /kənsə́ːrvətər, -tɔ̀ːr, kάnsərvèɪtər/ n《無能力者に代わるあるいは公共の利益のための》財産管理者, 後見人. ▶ MANAGING CONSERVATOR (後見人; 監護権を有する後見人) / POSSESSORY CONSERVATOR (監護権を有しない後見人). **~·ship** n

consérvator of the péace 1 治安維持担当官 (peace officer). **2**《英史》治安維持官 (=keeper of the peace)《治安判事 (justice of the peace) の歴史的前身で, 裁判権を与えられていた段階の者》.

con·sid·er /kənsídər/ vt, vi よく考える, 熟考する, 考究する; [目的補語を伴って]〈…を…と〉みなす, 考える; 考慮に入れる, 斟酌する; 重んずる, 尊重する.

con·sid·er·a·tion /kənsìdəréɪʃ(ə)n/ n **1 a** よく考えること, 熟慮, 考慮; 配慮, 敬意, 尊重, 重要性: give a problem one's careful ~ 問題に十分な考慮を払う. **b** 考慮すべき事がら[問題]; 理由 (motive): the first ~ 第一要件, 一番重要な事柄 / That's a ~. それは考えもの[問題]だ / Money is no ~. 金は問題でない. ▶ ETHICAL CONSIDERATION (倫理上の配慮) / INFIRMATIVE CONSIDERATION (弱める理由) / RECONSIDERATION (再考). **2** 報酬, チップ; 対価: for a ~ 報酬を受けて; 報酬があれば, 報酬目当てに. **3**《契約上の》約因《契約を構成する約束 (promise) に拘束力を与える根拠で, 約束者 (promisor) が得る権利もしくは利益, または受約者 (promisee) が負う不作為, 損失もしくは責任; これを欠くと要式契約 (formal contract) でない単純契約 (simple contract) は成立しない;「対価」とも訳すことがある; cf. QUID PRO QUO》. ▶ ADEQUATE CONSIDERATION (適切な約因) / CONCURRENT CONSIDERATION (同時的約因) / DUE CONSIDERATION (十分な約因) / EXECUTED CONSIDERATION (既履行約因) / EXECUTORY CONSIDERATION (未履行約因) / FAILURE OF CONSIDERATION (約因の滅失) / FAIR CONSIDERATION (公正な約因) / FUTURE CONSIDERATION (将来の約因) / GOOD CONSIDERATION (善意の約因; 有効な約因) / GRATUITOUS CONSIDERATION (無償の約因) / ILLEGAL CONSIDERATION (不法な約因) / IMMORAL CONSIDERATION (不道徳約因) / IMPLIED CONSIDERATION (黙示的約因) / INADEQUACY OF CONSIDERATION (約因の不相当性) / INADEQUATE CONSIDERATION (不相当な約因) / INVENTED CONSIDERATION (創案された約因) / LEGAL CONSIDERATION (適法な約因) / MARRIAGE CONSIDERATION (婚姻の約因) / MERITORIOUS CONSIDERATION (道義的約因) / MORAL CONSIDERATION (道徳的約因) / NEW CONSIDERATION (新しい約因) / NOMINAL CONSIDERATION (名目的約因) / OTHER CONSIDERATION (その他の約因) / PAST CONSIDERATION (過去の約因) / PECUNIARY CONSIDERATION (金銭約因) / SUFFICIENT CONSIDERATION (十分な約因) / VALUABLE CONSIDERATION (有価

約因)／WANT OF CONSIDERATION (約因の欠如). **in ～ of**…の報酬として；…を考慮して，…に免じて. **leave …out of ～** …を度外視する. **on [under] no ～** 決して…ない (never). **take…into ～** …を考慮する；…を斟酌する: *taking* everything *into* ～ 万事[すべて]を考慮して. **under ～** 考慮中で[の].

con·si·de·ra·tum est per cu·ri·um /kənsìdəréɪtəm ɛst pər kjúːriəm/《史》以下は裁判所により熟考されたところのものである《かつてコモン・ロー裁判所の判決の冒頭の文言》. [L＝it is considered by the court]

con·sign /kənsáɪn/ vt 引き渡す；委ねる，託する，任せる，委託する，寄託する: ～ goods to…に品物を委託する.

con·sig·na·tion /kɑ̀nsaɪnéɪʃ(ə)n, *-sɪɡ-/ n **1**《商品の》委託，託送；引渡し，交付. **2** 供託.

con·sign·ee /kɑ̀nsaɪníː, -sə-, kənsàɪ-/ n《委託販売品の》受託者, 受託販売者；荷受人.

consígn·ment n **1 a** 委託, 委託販売《契約》: goods on ～ 委託販売品. **b** 委託販売品 (＝～ gòods). **2 a** 託送,《運送人への》物品運送の委託. **b** 委託貨物, 積送品, 運送品: a ～ of goods 託送品.

consígnment nòte《航空・鉄道便の》委託貨物運送状, 送り状 (waybill)；《特に》航空貨物運送状 (air waybill)；貨物受取証,《特に》航空貨物受取証；貨物出荷通知書, 貨物受取書. ▶ AIR CONSIGNMENT NOTE (航空貨物運送状).

con·sign·or /kənsáɪnər, kɑ̀nsaɪnɔ́ːr/, **-er** /-nər/ n **1**《委託販売の》委託者. ★商品の所有権は受託者が商品を販売するまでは委託者にある. **2** 荷送り人, 荷主,《運送品の》送り主.

con·sil·i·um /kənsíliəm/ n **1**《ローマ法》《法学者から成る》顧問会. **2** 弁論期日. [L]

con·sim·i·li ca·su /kənsíməlàɪ kéɪs(j)uː/《史》類似事件(令状) (＝CASU CONSIMILI).

con·sist /kənsíst/ vi **1**《部分・要素》からなる 〈*of*〉. **2**《本来》…に存する 〈*in*〉. **3** …と一致する, 両立する 〈*with*〉.

con·sist·ent /kənsístənt/ a《言行・思想など》首尾一貫した, 整合性のある, 矛盾がない 〈*with*〉.

con·sis·tor /kənsístər/ n《まれ》《史》治安判事.

con·sis·tó·ri·al áction [cáuse] /kɑ̀nsɪstɔ́ːriəl-/《スコットランド》《婚姻・嫡出など家族関係の》身分関係訴訟.

con·sís·to·ry cóurt /kənsístəri-/ [ˢC- C-]《英》主教[司教]裁判所 (＝**consistórial cóurt**) (cf. BISHOP'S COURT).

Con·so·la·to del Ma·re /kɔ̀ːnsouláːtou dɛl máːreɪ/ [the ～]《史》『コンソラート・デル・マーレ』《14世紀に編纂され, スペインの Barcelona で初めて公刊されたといわれている地中海沿岸地域の海商法の法典；近代の欧米の海商法はこの法典に負うところが大きい》. [It＝consulate of the sea]

con·sol·i·date /kənsálədèɪt/ vt **1** 固める,《権力など》を強化する. **2**《土地・会社などを》整理統合する, 合併する (cf. MERGE). **3**《制定法・訴訟などを》統合する (cf. CLASS ACTION, JOIN): The judge ordered the actions to be ～*d*.

con·sól·i·dàt·ed annúities pl《英》統合年金《consols の正式名；⇨ CONSOLS, CONSOLIDATED FUND》.

consólidated appéal 統合上訴《利害が共通しているために併合可能な複数訴訟当事者が単一の上訴人として手続きを進める上訴》.

consólidated bálance shèet 連結貸借対照表《連結グループに属する各企業の資産・負債・資本を合体して, 各企業間の債権・債務, 投資と資本を相殺・消去して作成する；連結財務諸表 (consolidated (financial) statements) の一つ》.

consólidated bánk annúities pl《英》統合銀行年金 (＝CONSOLIDATED ANNUITIES).

consólidated bónd 1 統合債券, 統合社債《発行時期の異なる複数の債券を償還する資金調達のために発行する債券》. **2** 統合鉄道抵当債券《複数の鉄道全体に対する譲渡抵当 (mortgage) により担保された鉄道債券》.

Consólidated Críminal Práctice Diréction《英》統合刑事法廷実務指示《控訴院 (Court of Appeal), 刑事法院 (Crown Court), 治安判事裁判所 (magistrates' court) における刑事訴訟に関する既存の法廷実務指示 (Practice Directions), 実務声明 (practice statement) などを統合したもの》.

consólidated (finàncial) státements pl 連結財務諸表《連結グループに属する企業を一体としてその財産状態を表わす財務諸表》.

Consólidated Fúnd [the ～]《英》統合基金《1787年創設；租税収入・手数料収入など英国の国庫収入のほとんどすべてが繰り入れられ, ここからすべての公的支出がなされる基金；もとは王室費と国債の利子支払いの基金から始まり, 現在でも国債である統合年金 (consolidated annuities, consols) の利子支払い基金となっている》.

consólidated íncome tàx retùrn《米税制》連結所得税申告書 (＝CONSOLIDATED RETURN).

consólidated láws pl 統合的法律 (＝consolidated statutes, consolidating act [statute], consolidation act)《特定事項に関する法律の規定が多くの制定法に散在している不便を解消するために一つにまとめ整理した法律；判例法などまで取り込んだ法典化制定法 (codifying statute) との違いに注意》.

Consólidated Ómnibus Búdget Reconciliátion Àct of 1985 [the ～]《米》1985年の統合包括予算調整法《本人による重大な非行による解雇を除く被用者の退職後一定期間 (通例 18-36 か月間) 一定要件の下で団体健康保険の継続適用を雇用者に義務づけた 1985年の連邦法；略 COBRA /kóʊbrə/》.

consólidated retúrn〖米税制〗連結納税申告（書）（=consolidated income tax return)《連結グループに属する企業全体が連結して合同で提出する納税申告（書）》.

consólidated secúrity 統合証券《複数の既発行証券を償還するために発行される証券》.

consólidated státutes *pl* 統合的制定法 (= CONSOLIDATED LAWS).

consólidating áct〖英〗統合的議会制定法 (= CONSOLIDATED LAWS).

consólidating státute 統合的制定法 (= CONSOLIDATED LAWS).

con·sol·i·da·tion /kənsùlədéɪʃ(ə)n/ *n* **1 a** 合同, 合併; 併合, 整理統合. **b**《会社の》新設合併 (consolidation of corporations) (cf. MERGER). **c** 法律の統合化 (⇨ CONSOLIDATED LAWS). **d** 訴訟の併合 (consolidation of actions). ▶ DEBT CONSOLIDATION（債務一括調整; 債務統合）. **2** 混載〖輸送〗. **3** 強化; 強固.

con·sol·i·da·to·ry /kənsálədèɪtəri/ *a*

consolidátion áct〖英〗統合的議会制定法 (= CONSOLIDATED LAWS).

consolidátion lòan《そこからの収益が別の個別融資の返済に用いられる》統合融資.

consolidátion of áctions 訴訟の併合《同一当事者による同一争点を含む複数の訴訟を裁判所の命令により一つに併合すること》.

consolidátion of corporátions 会社の新設合併 (cf. MERGER OF CORPORATIONS).

consolidátion of mórtgages〖史〗譲渡抵当併合（の原則）《同一債務者が同一債権者に対して複数の債権を担保するため各別に、または同一債権を担保するため順次に、数筆の不動産に譲渡抵当 (mortgage) を設定し、弁済期が過ぎたときは、各別に債務を弁済して各個不動産の譲渡抵当を抹消することはできず、すべての債務について弁済してすべての譲渡抵当を抹消すべきであるということ; 英国では1881年法で原則的に廃止され、個別的弁済・個別的抹消が認められるようになった; cf. TACKING》.

con·sols /kənsálz, kánsəlz/ *n pl*〖英〗統合年金, コンソル公債《統合基金 (Consolidated Fund) から利息分を年金として支払われる国債》.

cónsonant státement 過去の関連供述《証人が過去に行なっていた供述; 原則として伝聞証拠 (hearsay) に含まれるが、その証人が事実審理で例えばその証言が捏造であるという弾劾を受けたときのみは、証拠として用いることが許される; cf. PRIOR CONSISTENT STATEMENT》.

con·sort /kánsɔːrt/ *n* **1**《特に 国王・女王などの》配偶者 (spouse): QUEEN [PRINCE] CONSORT. **2** 僚船, 僚艦.

con·sor·ti·um /kənsɔ́ːrtiəm, -ʃiəm/ *n* (*pl* **-tia** /-tiə, -ʃ(i)ə/, **~s**) **1 a** 協会, 組合. **b**〖ローマ法〗《家長死亡後の》兄弟共産制. **2** 配偶者権, 親子権《配偶者あるいは親子の一方が他方の同居・協力・愛情・援助・《夫婦の場合は》性関係を求める権利の総称; cf. CONJUGAL RIGHTS, SERVICES OF WIFE, SOCIETY）. ▶ LOSS OF CONSORTIUM (配偶者権の喪失; 親子権の喪失) / (TRESPASS) PER QUOD CONSORTIUM (ET SERVITIUM) AMISIT (配偶者権侵害(訴訟)). **3** 共同企業体, 共同事業体, コンソーシアム. **4**《発展途上国に対する》債権国会議. **5**〖英〗隠密株式買い占め(団)（= CONCERT PARTY).
[L = partnership; ⇨ CONSORT]

cónsort·shìp *n*〖海事法〗救難協定.

con·spic·u·ous /kənspíkjuəs/ *a*〈条項 (term, clause)〉がはっきり見える[わかる], 顕著な《それによって不利益をこうむる通常人が気づくように書かれている条項などについていう》.

conspícuous pláce《告知のための掲示を行なうための》顕著な場所.

con·spir·a·cy /kənspírəsi/ *n* **1** 陰謀, 謀議, 共謀, 共同謀議(罪) (= confederacy, criminal conspiracy)〈against〉(★ 犯罪を犯そうと共謀すること自体が, 共謀の内容・目的をなす行為とは別の犯罪である; cf. ATTEMPT, SOLICITATION, SUBSTANTIVE OFFENSE, TARGET OFFENSE): in ～ 共謀して, 徒党を組んで. ▶ BATHTUB CONSPIRACY (浴槽共謀) / CHAIN CONSPIRACY (連鎖型共同謀議) / CIVIL CONSPIRACY (民事上の共同謀議) / CRIMINAL CONSPIRACY (共同謀議(罪)) / INTRACORPORATE CONSPIRACY (会社内共謀) / INTRAENTERPRISE CONSPIRACY (企業内共謀) / SEDITIOUS CONSPIRACY (煽動共同謀議(罪)) / WHEEL CONSPIRACY (車輪状共同謀議). **2** 共同謀議の一団[グループ, 一味].
[AF < OF *conspiration* < L; ⇨ CONSPIRE]

conspíracy in restráint of tráde〖米〗取引制限の共謀.

con·spir·a·tor /kənspírətər/ *n* (*fem* **-tress** /-trəs/) 共謀者, 陰謀者. ▶ COCONSPIRATOR (共謀者) / UNINDICTED CONSPIRATOR (非起訴共謀者).

con·spir·a·to·ri·al /kənspìrətɔ́ːriəl/ *a* 共謀の, 陰謀の; 陰謀好きな. **～·ly** *adv*

con·spire /kənspáɪər/ *vi* 共謀する, 陰謀を企てる (cf. SOLICIT). — *vt*《悪事を》たくらむ. [OF < L *con-(spiro)* to breathe = to agree, plot]

const constitution ✦ constitutional ✦ construction.

con·sta·ble /kánstəb(ə)l, kán-/ *n*〖英〗巡査, 警官《警察職制の最下級; ⇨ POLICE》;〖米〗治安官, 執行官;〖英史〗治安官;〖英史〗城守;〖英〗侍従武官長 (Lord High Constable). ▶ CHIEF CONSTABLE (警察本部長; ハンドレッド治安官) / HIGH CONSTABLE (侍従武官長; ハンドレッド治安官) / LORD HIGH CONSTABLE (侍従武官長) / PARISH CONSTABLE (教区治安官) / PETTY CONSTABLE (小治安官) / POLICE CONSTABLE (巡査) / SPECIAL CONSTABLE (特別警察官). ★ constable は警官への呼びかけとして使われ, また 名前につけ C~ Smith のように用いられる. 通常 PC (Police Constable) または WPC (Woman Police Constable) と略記される.
[OF *conestable* military commander < LL *comes stabuli* officer of the stable]

cónsta·ble·wick *n* CONSTABLE の管轄区[職]; 《特に》《英史》治安官管轄区域 (cf. BAILIWICK).

con·stab·u·lary /kənstǽbjələ̀ri, -bjuləri/ *n* **1 a** 警察隊. **b**《一地区の》警察官《集合的》. **2** 警察管区. ── *a* 警察官の; 警察(隊)の.

con·stat /kǽnstæt/ *n* 《史》記録記載事項証明《特に開封勅許状 (letters patent) の登録の国璽 (Great Seal) で認証された謄本 (exemplification)》. [L=it is established]

con·stit·u·en·cy /kənstítʃuənsi/ *n* **1** 選挙区, 地盤. ▶ EUROCONSTITUENCY《欧州議会議員選挙区》. **2** 選挙人団,《一地区の》選挙権者, 選挙民, 有権者 (voters); 後援者, 支援者, 顧客: a good ~ MP《英》選挙区民の面倒見のよい下院議員.

Constituency Mèmbers *pl*《英》ロンドン参事会議構成地域代表 (⇨ LONDON ASSEMBLY).

con·stít·u·ent *a* **1** 組成[構成]の, 成分[要素]である: ~ elements 構成要素. **2 a** 憲法制定[改正]権能をもつ: ~ power 憲法制定[改正]権能 / a ~ assembly 憲法制定[改正]会議. **b** 議員選出の, 《代表者の》選挙[指名]権をもつ: a ~ body 選挙母体《有権者の団体》. ── *n* **1** 選挙権者, 選挙人, 選挙区民, 有権者. **2**《代理人に対する》代理権授与者, 本人 (principal). **3** 成分, 《構成》要素.

constítuent corporátion 合併当事会社.

con·sti·tute /kǽnstət(j)ùːt/ *vt* **1** 構成する, …の構成要素[要件]となる: Dependent on the abuse and situation, verbal abuse may ~ a crime. 暴言(の内容)と状況によっては暴言が犯罪を構成することがある. **2** 指名する, 選任する. **3** 設定する (establish), 設立する (found); 制定する. **4** …に法的な形式を与える, 法的な手順で扱う: ~ a special committee.

cónstituted authórity [*pl*] 適法に任命された政府職員.

con·sti·tu·tio /kɑ̀nstət(j)úːʃiou/ *n* (*pl* **-ti·o·nes** /-t(j)ùːʃióuniːz/)《史》**1**《ローマ皇帝の》勅法. **2**《大陸法》勅法, 勅令, 法典: C~ Criminalis Carolina カロリナ刑事法典《神聖ローマ帝国カルル5世により1532年発布》. **3**《カトリック》憲章, 使徒憲章, 教皇令, 教勅;《修道会の》会憲: *Constitutiones* Apostolicae 使徒教憲. **4**《英国中世の》制定法 (cf. CONSTITUTIONS OF CLARENDON). [L=a decree, constitution]

con·sti·tu·tion /kɑ̀nstət(j)úːʃ(ə)n/ *n* **1** 制定, 設立, 設置. **2** 憲法, 憲法典 (cf. CHARTER, DECLARATION); [the C-] CONSTITUTION OF THE UNITED STATES. ▶ CONVENTION OF THE CONSTITUTION《憲法上の習律》/ CUSTOMARY CONSTITUTION《不文憲法》/ CUSTOM OF THE CONSTITUTION《憲法上の慣習》/ ENTRENCHED CONSTITUTION《硬性憲法》/ FEDERAL CONSTITUTION《合衆国憲法》/ LECOMPTON CONSTITUTION《ルコンプトン憲法》/ STATE CONSTITUTION《州憲法》/ UNWRITTEN CONSTITUTION《不文憲法》. ★ アメリカ合衆国憲法は1787年作成, 翌88年成立. その後多くの修正《最初の10修正は権利章典 (the Bill of Rights) といわれる》が加えられている. 連合王国では, 議会主権 (sovereignty of Parliament) が確立し, また成文憲法典がなく先例に依存している面が強いので, 議会制定法に優位する憲法の概念はなく, constitution の語は統治の基本構造, 政体の組織原理に関する法と通常は理解されている. しかし実質的意味での憲法である統治体制と人権保障の基本原理を規定しているいくつかの議会制定法はある《例えば1689年の権利章典 (Bill of Rights)》. **3** 基本的な法; 基本法; 組織法; 重要な法;《史》《ローマ法・大陸法の》勅法;《カトリックの》使徒憲章, 教皇令, 教勅;《修道会の》会憲;《英国中世の》制定法 (constitutio). **4**《統治団体・組織体などの》構造, 構成, 体制, 制度, 政体. **5**《協会・組合・クラブなどの》規約, 規則. [L *constitutio* ‹ *constituere* establish]

Constitution Àct 1982 [the ~] 1982年の統治基本法《1867年の英領北アメリカ法 (British North America Act) に代わる, カナダ史上初の自主憲法; 1982年4月17日 Ottawa において, Elizabeth 2世により公布; ⇨ CANADA ACT》.

constitútion·al *a* **1** 組織[構成]上の; 国制上の; 体質上の. **2** 憲法(上)の; 立憲的な, 憲政の: a ~ lawyer 憲法学者. **3** 合憲的な. **~·ly** *adv*

constitútional améndment 憲法改正.

constitútional chállenge 憲法違反であるとの異議申し立て《法あるいは政府の行為が違憲であるとの主張》.

constitútional convéntion 1 憲法上の習律, 憲法上の慣例 (=convention of the constitution, custom of the constitution)《憲法の運用上成立した習律・慣習・慣例; 実際はよく守られているが, 破られても制定法・判例法と違い裁判所で強制できない; 憲法典のない英国では特に重要で, 例えば国王[女王]が国事上の行為を行なうには内閣の助言が必要であるということ, 下院の過半数を制している政党党首が首相になること, 国王は首相が選んだ者を大臣に任命すること, 国王は両院を通過した法案を裁可することなどがこれに属する》. **2** 憲法会議, 憲法制定会議, 憲法改正会議 (=CONVENTION). **3** [the C-]《米史》合衆国憲法制定会議《1787年 Philadelphia で, 当初は連合規約 (Articles of Confederation) 改正を目的として12州が参加して開かれた会議; 当初の目的を超えて結果的には新たに合衆国憲法を起草し, 各州の承認を得て, 翌88年6月21日に合衆国憲法として発効した》.

constitútional cóurt 1《米》憲法上の裁判所 (= Article III court)《合衆国憲法第3編の規定に基づく裁判所; 法律によって創設された裁判所 (legislative court) に対比される; 裁判官の身分保障などの合衆国憲法規定はこの裁判所にのみ適用される》. **2** 憲法裁判所《ドイツなどにみられる, 法令などの合憲性そのものを対象とする特別裁判所》.

constitútional fáct《米》憲法にかかわる事実, 憲法事実《憲法上の争点にかかわる事実》.

constitútional fáct dòctrine 《米》憲法にかかわる事実の法理(1) 連邦裁判所は, 特に 個人の権利に関する憲法上の制限の行政機関による踰越(ゆ)についての問題を含む当該行政機関の事実認定には拘束されず, 改めてこれを再審査すべきであるという準則; この準則は現在全面的に否定されてはいないが, 消極的に受け止められている; cf. JURISDICTIONAL FACT DOCTRINE 2) 連邦上訴裁判所は, 特に 国籍決定・合衆国憲法第1修正に関連する憲法上の権利が問題になっている場合には, 事実審裁判所の事実認定に拘束されないという準則).

constitútional fréedom 憲法上の自由 (= constitutional liberty)《憲法・権利章典 (Bill of Rights) で保障されている自由(権)》.

constitútional hómestead 《米》憲法上の強制執行免除家産《州憲法上 差押えなどの強制執行を免除される家長の家産》.

constitútional immúnity 憲法上の免除[免責]特権.

con·sti·tu·tion·al·i·ty /kànstət(j)ùːʃənǽləti/ n 合憲性.

constitútion·al·ize vt 1 …に憲法を定める, 立憲制度化する. 2 合憲化する. 3 …を憲法問題にする, …を憲法問題化する.

constitútional láw 1《憲法典と区別される, 実質的意味における》憲法. 2 憲法学. 3 合憲の法 (cf. COMMON LAW, STATUTORY LAW).

constitútional líberty 憲法上の自由 (=CONSTITUTIONAL FREEDOM).

constitútional limitátion 憲法上の制約; 憲法上の制限規定《政府の権限を制限する憲法規定》.

constitútional málice 《米》《名誉毀損における》憲法上の害意 (⇨ ACTUAL MALICE, NEW YORK TIMES v. SULLIVAN (1964)).

constitútional mónarchy 立憲君主制, 立憲君主政体, 立憲君主国 (=LIMITED MONARCHY).

constitútional óffice 《米》《法律で設けられたのではない》憲法上の官職.

constitútional quéstion 憲法問題《法律の解釈の問題ではなく憲法の解釈の問題》.

constitútional revíew 違憲審査《法律・行政府の行為が憲法に適合しているか否かを審査すること; この権利を裁判所が行使する場合と, 特別な政治機関が行使する場合とがありうる; cf. JUDICIAL REVIEW》.

constitútional ríght 憲法上の権利, 憲法で保障された権利.

constitútional tórt 《米》憲法的不法行為《個人の憲法上の権利の公務員による侵害》.

Constitútional Tréaty of the European Únion [the ~] 欧州連合憲法条約《2004年署名; 当初06年発効予定であったが, いまだ批准されず, 法的拘束力を有していない》.

Con·sti·tu·ti·o·nes tem·po·re pos·te·ri·o·res po·ti·o·res sunt his quae ip·sas prae·ces·se·runt. /kὰnstɪtjuːʃíouniːz témpɔrɛ pastɛríouriːz pɔʃíouriːz sənt haɪs kwiː ípsəs priːsɛsíːrənt/ 後の勅法[後法]は前の勅法[前法]に優る. [L=Later constitutions prevail over those that preceded them.]

Constitútion of the Uníted Státes of América [the ~] アメリカ合衆国憲法《1787年に制定され, 88年に成立した; 7編と27修正からなる》.

Constitútions of Clárendon pl [the ~]《英史》クラレンドン制定法《1164年の制定法で, 教会裁判権を含む教権の王権による制限を含んでいた》.

cónstitutive théory 《国際法》《国家承認の》創設的効果説 (⇨ RECOGNITION OF STATE) (cf. DECLARATORY THEORY).

constl constitutional.

con·struct /kənstrʌ́kt/ vt 1 組み立てる; 建設する. 2 《論理などを》構成[構築]する. — n /kάnstrʌ̀kt/ 構築物.

Con·struc·tio le·gis non fa·cit in·ju·ri·am. /kənstrʌ́kʃiou líːdʒɪs nan féɪsɪt ɪndʒúːriæm/ 法の解釈は権利侵害をなさない. [L=The construction of the law does not work an injury.]

con·struc·tion /kənstrʌ́kʃ(ə)n/ n 1《対応する動詞は CONSTRUCT》建設, 建造, 建築, 建設工事[作業]; 構造; 建物, 造営物: a ~ company 建設会社 / under ~ 建設中, 工事中. ▶ DECONSTRUCTION (解体批判) / RECONSTRUCTION (再建; 改造; 再現). 2《対応する動詞は CONSTRUE》《法律・契約書・語句などの》解釈; 意味を持ち込んだ解釈, 目的論的解釈 (⇨ INTERPRETATION): put a good [bad] ~ on words ことばを善意[悪意]に解釈する. ▶ BROAD CONSTRUCTION (拡張解釈) / CANONS OF CONSTRUCTION (解釈準則) / CONTEMPORANEOUS CONSTRUCTION (成立時解釈) / LIBERAL CONSTRUCTION (自由な解釈) / LITERAL CONSTRUCTION (文理解釈) / LOOSE CONSTRUCTION (自由な解釈) / NARROW CONSTRUCTION (狭義解釈) / PRACTICAL CONSTRUCTION (実際的解釈) / STATUTORY CONSTRUCTION (制定法の解釈) / STRICT CONSTRUCTION (厳格解釈).

constrúction còntract 建築契約 (=building contract).

constrúction·ism 《法文・法的文書の》解釈方法, 法の解釈方法《種々の立場・主義がありうる; ⇨ CONSTRUCTION》.

constrúction mórtgage 《建設に伴う債務を担保する》建設譲渡抵当.

constrúction wàrranty 《住宅》建築保証《新築住宅の売主あるいは建築請負業者からの住宅が構造・電気工事・配管工事等に欠陥がなく目的に合っている旨の保証》.

con·strúc·tive a 1 建設的な; 建設にかかわる; 構造(上)の: ~ criticism 建設的[積極的]批評. 2 解釈に基づく, 法定の, 推定の, 擬制の, 準… (cf. ACTUAL, LEGAL

constrúctive ádverse posséssion 擬制的敵対的占有《その土地の現実の占有ではなくその土地を有しているという名目でその税金を支払っていることから生ずる敵対的占有 (adverse possession)》.

constrúctive assént 《(行為などに基づいて)》擬制された同意.

constrúctive authórity 擬制的権限《権限が以前に与えられた事実から推論される権限》.

constrúctive báilment 擬制寄託, 法定寄託《非任意寄託 (involuntary bailment) の場合のように, 動産の占有を有する者がその正当権利者にその返還義務を法的に負わされている寄託》.

constrúctive condítion 擬制条件 (=condition implied by [in] law)《契約の本質的部分に関わる条件で, 合意の際に当事者は省いてしまっているが, 状況上含まれていたものとして裁判所が加えるもの; すなわち, 法の作用 (operation of law) により認められる条件; cf. EXPRESS CONDITION, IMPLIED CONDITION》.

constrúctive contémpt 擬制的裁判所侮辱 (=INDIRECT CONTEMPT).

constrúctive cóntract 擬制契約 (=IMPLIED IN LAW CONTRACT).

constrúctive convérsion 1 擬制横領, 法定横領《法的には他人の動産を領得したものとみなされること》. 2《財産権の》擬制形態転換《財産権の形態転換が現実にはまだ行なわれていないが, 法的にはすでに行なわれたものとみなされること; ⇨ CONVERSION, EQUITABLE CONVERSION》.

constrúctive críme 擬制犯罪, 準犯罪《本来の犯罪概念を裁判所の解釈により拡張して作り上げられた犯罪; 例えば CONSTRUCTIVE MURDER, CONSTRUCTIVE TREASON を参照》.

constrúctive cústody 擬制拘束《例えば仮釈放 (parole) された者や保護観察処分 (probation) に付された者が, 法的にはその自由を制限されているが, 現実には身体的自由の直接的制限を受けていない場合を指す》.

constrúctive delívery 擬制引渡し《商品などの現実の引渡しがなくとも法的には引渡しがあったとみなされる場合をいう; 貿易貨物の場合の船荷証券の引渡し, 金庫に入れた金の場合の金庫の鍵の引渡しなど》.

constrúctive desértion 擬制遺棄《配偶者の一方が, 他方の非行などで夫婦の住居を立ち去らざるをえないような場合に, 立ち去った方を遺棄されたものとして扱うこと》.

constrúctive díscharge* 擬制解雇 (=CONSTRUCTIVE DISMISSAL¹¹).

constrúctive dismíssal¹¹ 擬制解雇 (=constructive discharge*)《表面的には自発的退職だが, 真の原因は雇い主の不当な扱いや苛酷な労働条件にある場合, 不公正解雇 (unfair dismissal) の問題が生じうる》.

constrúctive dívidend《税制》擬制配当, みなし配当《正規の配当とはされていないが, 税法上は会社から株主への利益配当とみなされるもの》.

constrúctive evíction 擬制占有剥奪《1)不動産の賃貸人の作為・不作為により不動産の利用が侵害され賃借人が立ち退いた場合, 賃貸人による占有剥奪があったものと法構成すること 2)土地購入者がその土地に対する上位の権原 (title) の存在のゆえにその占有を獲得できない状態を指す》.

constrúctive fórce 擬制暴力《物理的な実力は用いないが, 言説・身振りなどで相手方を脅し抵抗させぬようにする脅威》.

constrúctive fráud 1 擬制詐欺, 法定詐欺 (=legal fraud)《欺罔の意思はないが, 相手の弱みにつけ込むなど不公正なことが行なわれたときに法により擬制された詐欺; cf. ACTUAL FRAUD, EQUITABLE FRAUD》. 2 認定詐欺 (=FRAUD IN LAW).

constrúctive inténtion《なされた行為から》擬制された意思.

constrúctive knówledge 擬制認識《現実には認識していなくとも, 合理的注意を払えば認識したであろう事実について, 認識があったとすること; cf. ACTUAL KNOWLEDGE, IMPUTED KNOWLEDGE》.

constrúctive lárceny 擬制窃盗(罪)《財物の収去[移動]の前には犯意はなかったが, 収去時点の行動からその財物を自分のものにしようとしていたという意思を推定された窃盗》.

constrúctive lóss《保険》みなし損害 (=CONSTRUCTIVE TOTAL LOSS).

constrúctive málice 擬制犯意 (=IMPLIED MALICE).

constrúctive mánslaughter 擬制故殺 (=unlawful act manslaughter)《非故意殺 (involuntary manslaughter) の一種でなんらかの犯罪行為の結果として人の死をもたらすこと》.

constrúctive múrder《英史》擬制謀殺 (=FELONY MURDER*).

constrúctive nótice 擬制認識, 擬制悪意, 法定悪意 (=legal notice)《ある事実の存在を知っているものと法によってみなされること; 例えば, 適切な登録[登記]を経た証書や係属中の訴訟などについていう; cf. ACTUAL NOTICE, IMPLIED NOTICE, IMPUTED NOTICE》.

constrúctive páyment 擬制支払い《例えば, 小切手を用い郵送で支払人は支払いをなしたが受取人はそれをまだ口座に入れていないような場合の支払い》.

constrúctive posséssion 擬制占有《1) 例えば, 荒地について権利者として租税を支払っている場合など, 現実に占有はしていないが, 法が占有があったものとみなすこと; possession in law (みなし占有) は類義語; cf. POSSESSION IN FACT 2) 例えば 麻薬など隠匿されているものをみずからないしは他人を通して支配しうる状況にあること; » cf. ACTUAL POSSESSION》.

constrúctive recéipt《税制》《課税対象所得の》擬制受領 (⇨ CONSTRUCTIVE RECEIPT DOCTRINE).

constrúctive recéipt dòctrine 〖税法〗擬制受領の法理《例えば、引き出されず預けられている累積利息収入のように現実には未受領ではあるが納税者のものである所得は、現実の受領が極端に制約されている場合を除き、課税対象総所得額に算入しなければならないという準則》.

constrúctive redúction to práctice 擬制的実施化 (⇒ REDUCTION TO PRACTICE).

constrúctive sérvice みなし送達 (＝SUBSTITUTED SERVICE).

constrúctive táking 擬制横領行為《例えば、委託された動産を所有者の指示とは異なって用い出すように、現実の領得行為には至らないが、自分のものにしようとする意思を示すこと》.

constrúctive tótal lóss 〖保険〗みなし全損, 解釈全損, 推定全損 (＝constructive loss)《〖保険の目的〗〖財産〗に損害が生じた場合、それを救助しまたは修繕する費用がその財産価値を超える場合をいう; 米国の海上保険では、修繕費が修繕後の価額の50%を超える場合がみなし全損であるとされている; 略 CTL; cf. ACTUAL TOTAL LOSS》.

constrúctive tránsfer みなし移転《特に 麻薬などの規制品を所有者以外の者が所有者の指示に基づいてなす引渡しを指す》.

constrúctive tréason 〖英〗擬制反逆罪, 準反逆罪《1351 年の反逆罪法に明示されていないが、その解釈を通して拡大創出された反逆罪; そのいくつかは 1795 年に制定法上の権威を与えられた》.

constrúctive trúst 擬制信託, 法定信託《当事者間に信託設定の意思表示がなくても法によって設定されたと擬制される信託; 概念は弾力的に用いられいくつかの場合が含まれうるが、米国では、他人をだまして得た金銭を運用し大きな利益を得た場合、だました者を受託者、だまされた者を受益者、だまして得た金銭を信託財産として、利益を吐き出させる手段として、これを利用している; cf. IMPLIED TRUST, INVOLUNTARY TRUST, PRESUMPTIVE TRUST, RESULTING TRUST, TRUST DE SON TORT, TRUST EX DELICTO, TRUST EX MALEFICIO》. ▶ INSTITUTIONAL CONSTRUCTIVE TRUST (制度化された擬制信託) / REMEDIAL CONSTRUCTIVE TRUST (救済手段としての擬制信託).

con·strue /kənstrúː/ *vt* 〈ことば・文や行為を〉解釈する, …の意にとる (cf. CONSTRUCTION); 逐語的に訳する, 口頭で訳する.

con·stu·prate /kánstjəprèɪt/ *vi*, *vt*, *n* 《古》強姦(する), 陵辱(する).

con·sue·tude /kánswɪt(j)uːd/ *n* 〖史〗**1** 慣習法. **2** 慣例.

con·sue·tu·di·nary /ˌkànswɪt(j)úːd(ə)nèri, kənsúː-; ˌkànswɪt(j)úːdɪn(ə)ri/ *a* 慣習の; 慣習法の. — *n* 慣例書; 《修道院などの》式集例.

consuetúdinary láw 〖史〗慣習法 (＝CUSTOMARY LAW).

con·sue·tu·do /ˌkànswət(j)úːdoʊ/ *n* (*pl* -tu·di·nes /-dniːz/) 〖史〗**1** 慣習法. **2** 慣習. **3** 《慣習法上の》負担, 負担金, 税. ［L＝custom］

Consuetudo de·bet es·se cer·ta, nam in·cer·ta pro nul·lis ha·ben·tur. /— débət ésə sértə næm ɪnsértə prou nálɪs heɪbéntər/ 慣習法は明確でなければならない。なんとなれば不明確なものは何もないものと考えられるからである。［L＝A custom should be certain, for uncertain things are held as nothing.］

Consuetudo est al·te·ra lex. /— ɛst ǽltɛrə lɛks/ 慣習《法》はもう一つの法律である。［L＝Custom is another law.］

Consuetudo est op·ti·mus in·ter·pres le·gum. /— ɛst ɑ́ptɪməs ɪntérprɪz líːgəm/ 慣習《法》は法律の最高の解釈者である。［L＝Custom is the best expounder of the law.］

Consuetudo et com·mu·nis as·su·e·tu·do vin·cit le·gem non scrip·tam, si sit spe·ci·a·lis; et in·ter·pre·ta·tur le·gem scrip·tam, si lex sit ge·ne·ra·lis. /— ɛt kəm(j)úːnɪs æswɪt(j)úːdou vínsɪt líːdʒɛm nán skríptəm saɪ sɪt spíːʃiéɪlɪs ɛt ɪntɛrprɪtéɪtər líːdʒɛm skríptəm saɪ léks sɪt dʒɛnəréɪlɪs/ 慣習《法》および共通の慣行は、不文の法が特別な場合にはこれに勝ち、またもし法が一般的な場合には成文法を解釈する。［L＝Custom and common usage overcome the unwritten law if it is special; and interpret the written law if the law is general.］

Consuetudo ex cer·ta cau·sa ra·ti·o·na·bi·li usi·ta·ta pri·vat com·mu·nem le·gem. /— ɛks sértə kɔ́ːzə rèɪʃiounéɪbɪlàɪ jùːsɪtéɪtə prívæt kəmjúːnəm líːdʒɛm/ 明確で合理的理由に基づき用いられている慣習法はコモンローの地位を奪う。［L＝Custom observed by reason of a certain and reasonable cause supersedes the common law.］

Consuetudo, li·cet sit mag·nae auc·to·ri·ta·tis, nun·quam ta·men prae·ju·di·cat ma·ni·fes·tae ve·ri·ta·ti. /— lísɛt sɪt mǽgni ɔːktòurɪtéɪtɪs nʌ́ŋkwæm tǽmɛn priːdʒúːdɪkæt mænɪfésti vèrɪtéɪtaɪ/ 慣習法は、たとえ大きな権威のあるものであっても、やはり決して明白な真実を阻害しない。［L＝A custom, even if it be of great authority, however, is never prejudicial to plain truth.］

Consuetudo lo·ci ob·ser·van·da est. /— lóusaɪ àbzərvǽndə ɛst/ その土地の慣習法は守られるべきである。［L＝The custom of the place is to be observed.］

consuetúdo mer·ca·tó·rum /— mə̀ːrkətóːrəm/ 〖史〗商慣習法 (＝LAW MERCHANT). ［L＝the custom of merchants］

Consuetudo reg·ni An·gli·ae est lex An·gli·ae. /— régni ǽŋgliː ɛst léks ǽŋgliː/ イングランド王国の慣習法はイングランド法である。［L＝The

Consuetudo semel reprobata non potest amplius induci. /― sέmεl rèproubéɪtə nɑn pάtεst ǽmpliəs ɪndjúːsàɪ/ ひとたび認められなかった慣習法は2度と採用されることはできない。[L＝A custom once disallowed cannot be again brought in.]

Consuetudo vincit communem legem. /― vínsɪt kɑmjúːnεm líːdʒεm/ 慣習法はコモンローを破る。[L＝A custom overrides the common law.]

con·sul /kάns(ə)l/ *n* **1** 領事: CONSUL GENERAL / the French ~ in Manchester / an acting ~ 代理領事. ▶ HONORARY CONSUL (名誉領事) / VICE-CONSUL (副領事). **2 a**《ローマ史》執政官, コンスル《共和制期の最高行政官; 定員2名》. **b**《フランス史》執政, 統領: First Consul 第一執政[統領]《ナポレオンが皇帝になる前に1799年から1804年まで占めていた地位》. ~·**ship** *n* [L; cf. *consulo* to take counsel]

con·sul·ar /kάns(ə)lər; -sjulər/ *a* **1** 領事の, 領事館の: ~ duties. **2**《ローマ史》執政官[コンスル]の. **3**《フランス史》執政[統領]の.

cónsular ágent 領事代理.

cónsular cóurt《史》領事裁判所《条約に基づき他国領域内で領事が自国法に従って裁判を行なう裁判所》.

cónsular márriage 領事婚《外国にある当事者が, 現地所在の本国の領事館において, 本国の法律の定める方式で婚姻すること; 大使館において行なうときは外交婚 (diplomatic marriage) という》.

con·sul·ate /kάns(ə)lət; -sju-/ *n* **1** 領事の職[任期, 管区]; 領事館[官舎]: a party at the ~. **2**《ローマ史》執政官[コンスル]政治; 執政官[コンスル]の職. **3**《フランス史》執政[統領]政府; 執政[統領]の職. [L; ⇨ CONSUL]

cónsul géneral (*pl* cónsuls géneral) 総領事.

con·sult /kənsΛlt/ *vt*〈専門家〉に意見を聞く, 相談する: ~ one's solicitor about the contract.

con·sul·tan·cy /kənsΛltənsi/ *n* コンサルタント業; コンサルタント会社; 相談, 諮問: a ~ firm.

con·sul·tant /kənsΛltənt/ *n*《専門的意見を与える》相談相手, 顧問, コンサルタント. ▶ TAX CONSULTANT (税務コンサルタント).

con·sul·ta·tion /kὰnsəltéɪʃ(ə)n/ *n* **1 a** 相談, 協議, 諮問. **b** 専門家の会議, 協議会;《弁護士間の》訴訟協議. **2**《史》回付令状《国王裁判所が教会裁判所に対して禁止令状 (prohibition) を発行しみずからの下に移送させた事件を, 誤りであったとして教会裁判所へ再送付すること》. **3**《文献などの》参照.

con·sul·ta·tive /kənsΛltətɪv/, **-ta·to·ry** /-tɔ̀ːri/; -t(ə)ri/ *a* 相談[評議, 協議]の; 諮問の: a ~ body 諮問機関 / a ~ document《政府の各省庁が改善のため国民の意見を求める》諮問書.

con·sult·ing *a* 専門的助言を与える, 諮問の, 顧問の 《資格の》: a ~ engineer 顧問技師 / a ~ room 協議室, 相談室; 診察室.

consulting éxpert 専門的助言者《訴訟当事者に依頼されている専門家ではあるが, 証人となることは期待されていない人; その意見は一般に開示対象からはずされる》.

con·sum·able /kənsúːməb(ə)l; -sjúː-/ *n* 消費財, 消耗品 (cf. NONCONSUMABLE).

con·súm·er *n* 消費者, 需要家, 消費する人[もの]: deal as ~ 消費者として取引する. ▶ ULTIMATE CONSUMER (最終消費者). ★ 特に商業・企業目的ではなくみずからあるいは家族のために商品やサービスを購入する自然人を指す場合が多い.

consúmer bánkruptcy 消費者破産《事業者でない消費者が支払い不能となること; 特別の更生制度がある》.

consúmer bóycott《特定(者)の》製品・商品・サービスに対する》消費者によるボイコット.

Consúmer Compláints Sèrvice《英史》消費者苦情処理部門《略 CCS; ⇨ SOLICITORS' COMPLAINTS BUREAU》.

consúmer confúsion 消費者の混同《製品・サービスの製造者・原産地についての消費者の混同》.

consúmer contemplátion tèst 消費者予想テスト《製造物責任 (products liability) を製造者に課すか否かの基準の一つで, 製造物の危険が合理的な消費者の予想以上に大きなものであったということが証明されれば, 製造者の責任を問うというもの; cf. RISK UTILITY TEST》.

consúmer còuncil《英》消費者協議会《消費者の利益を代表する多様な団体》.

consúmer crédit 消費者信用《個人・家庭・世帯の用にあてるために受ける信用; ただし英国の場合には, 法人化されていない個人事業(主) (sole trader), 組合 (partnership) の受ける信用も含まれる; 販売信用と貸付け信用, 返済が賦払いか否かにより分けられる; cf. CONSUMER DEBT, PERSONAL CREDIT AGREEMENT》.

Consúmer Crédit Àct [the ~]《英》消費者信用法《1974年に制定された法律で, 消費者信用合意[契約] (consumer credit agreement) および消費者信用業[企業] (consumer credit business) を規制対象にし, 消費者信用を利用する消費者を保護するもの》.

consúmer crédit agrèement《英》《消費者信用法 (Consumer Credit Act) の規制を受ける》消費者信用合意[契約] (cf. PERSONAL CREDIT AGREEMENT).

Consúmer Crédit Appéals Tribúnal《英》消費者信用上訴審判所《2006年法で創設; それまで公正取引庁[所] (Office of Fair Trading) の決定に対する上訴は国務大臣になされていたが, 代わってそれを管轄することになっている》.

consúmer crédit bùsiness《英》《消費者信用法 (Consumer Credit Act) の規制を受ける》消費者信

用業[企業].

Consúmer Crédit Protéction Àct [the ~]『米』消費者信用保護法《1968年に制定された消費者信用利用者保護のための連邦法; 略 CCPA; cf. UNIFORM CONSUMER CREDIT CODE》.

consúmer crédit règister 『英』《消費者信用法 (Consumer Credit Act) に基づく》消費者信用業[企業]登録.

consúmer crédit transàction 消費者信用取引.

consúmer débt 消費者(金銭)債務《個人の債務者が主としてみずからまたは家計のために負担した債務; cf. CONSUMER CREDIT》.

consúmer gòods pl **1** 消費財, 消費者物資 (= consumer items). **2** 消費者物品《主として個人・家庭・世帯で使うために購入された物品》.

consúmer gòods transàction 消費者物品取引.

consúmer hìre agrèement 『英』消費者賃貸借合意[契約]《非法人による3か月を超える25,000ポンド以下の賃貸借契約で, 消費者信用法 (Consumer Credit Act) の規制を受ける》.

consúmer hìre bùsiness 『英』消費者賃貸借業[企業] (⇨ CONSUMER HIRE AGREEMENT).

consúmer ìtems pl 消費財 (= CONSUMER GOODS).

consúmer làw 消費者法《主として個人・家庭・世帯のため信用・動産・不動産・サービスを得るための取引に関わる法》.

consúmer lèase 消費者賃貸借, 消費者リース《**1**) 主として個人・家庭・世帯の使用のために賃貸借する人に製品を売却したり賃貸しすることを業としている人による動産の賃貸借 (lease) **2**) 商業目的でなく住居用の不動産賃貸借》.

consúmer legislàtion 消費者保護立法[法].

consúmer lòan 消費者ローン.

Consúmer Pànel 『英』消費者委員会《2007年法で創設された消費者の利益代表委員会; 法務委員会 (Legal Services Board) が設置義務を負い, 消費者委員会は調査をし, 法務委員会に対して助言することができる》.

consúmer prìce ìndex 消費者物価指数 (= cost-of-living index)《略 CPI; cf. PRODUCER PRICE INDEX》.

consúmer pròduct 消費者製品.

Consúmer Próduct Sáfety Àct [the ~] 『米』消費者製品安全法《1972年制定の連邦法; 製造者に製品の信頼性の事前テスト実施の文書による立証, 欠陥製品回収の方法確立, 消費者からの苦情への誠意ある対応の義務づけ, 安全基準違反に罰則を設け, さらにその施行・運用のため消費者製品安全委員会 (Consumer Product Safety Commission) を創設した; 略 CPSA》.

Consúmer Próduct Sáfety Commìssion [the ~]『米』消費者製品安全委員会《消費者製品安全法 (Consumer Product Safety Act) の施行・運用のための独立の連邦行政機関; 消費者製品の安全基準の確立, 製品に基づく人身事故の原因とその予防に関する研究推進などを行なう; 略 CPSC》.

consúmer protéction 消費者保護.

Consúmer Protéction Àct [the ~]『英』《1987年制定の》消費者保護法《欠陥製品による損害に対する責任, 消費者の安全, 紛らわしい価額表示などにつき規定している》.

Consúmer Protéction Advísory Commìttee [the ~]『英』消費者保護助言委員会《1973年制定の公正取引法 (Fair Trading Act) に基づいて設置された委員会; 特定の消費者物品供給・サービス提供 (consumer trade practice) が消費者の経済的利益に反しているか否かにつき判定などを行なう; 略 CPAC》.

consúmer protéction làw 消費者保護法.

Consúmer Sáfety Àct [the ~]『英』消費者安全法《1978年制定の法律で, 製品による消費者の危害を防ぐために国務大臣に製品の規制権限を付与したもの》.

consumer tráde pràctice 『英』消費者物品供給・サービス提供《1973年制定の公正取引法 (Fair Trading Act) でその種々の面が規制対象となっている》.

con·sum·mate a /kənsʌ́mət, kʌ́nsə-/ 完成した, 完全な. — v /kʌ́nsəmeɪt/ vt 完成[完了]する,《特に》床入りによって〈婚姻を〉完成[完行]する. — vi 完成になる,《特に 床入りによって》〈婚姻が〉完成される.

consúmmate ténant by the cúrtesy 完成鰥夫(やもめ)産不動産権者 (⇨ CONSUMMATION OF TENANCY BY THE CURTESY).

con·sum·ma·tion /kʌ̀nsəmeɪʃ(ə)n/ n **1** 仕上げ, 成就, 完成, 完了, 完結; 履行の完了. **2** 婚姻の完行[完成] (= CONSUMMATION OF MARRIAGE).

consummátion of márriage 婚姻の完行[完成]《性関係の成立, 肉の結合; 単に consummation ともいう; cf. NONCONSUMMATION OF MARRIAGE》.

consummátion of (ténancy by) the cúrtesy 鰥夫(やもめ)産(不動産)権の完成《妻の死亡に伴い妻の有した不動産に対して, その間に子が生まれたことを条件に, 夫が優先的に取得する生涯権である鰥夫産権 (curtesy) が現実化すること; cf. CURTESY》.

con·sump·tion /kənsʌ́m(p)ʃ(ə)n/ n 消費; 消尽, 消耗, 滅失. ▶LOAN FOR CONSUMPTION (消費貸借).

consumption tàx 消費税.

cont. contract(s).

con·tact /kʌ́ntækt/ n **1**〈人・物との〉接触, 触れ合い〈with〉. ▶ASSAULT BY CONTACT (接触による暴行) / OFFENSIVE CONTACT (許しがたい身体接触). **2 a** [*pl*] *人との触れ合い[接触], 近づき, 交際 (associations)〈with〉; 連絡(をとること), 渡り, 関係, 縁故 (connection). **b**《業務上の目的で》渡りをつけてある人; 橋渡しの

できる人, 仲介者: He had many ~s. 彼にはつてがたくさんあった. **c**《英》《離婚などで別の所で保護・養育されている子の親・祖父母に対する》接触(権) (⇨ CARE CONTACT ORDER, CONTACT ORDER). ▶ MINIMUM [MINIMAL] CONTACTS (最小限の接触) / MOST SIGNIFICANT CONTACT (最も有意義な関係) / SIGNIFICANT CONTACT (有意義な関係). — *vt* /ˌkəntǽkt/ 接触させる; …と連絡をとる, …に渡りをつける. [L *con-(tingo = tact-tango* to touch)]

cóntact òrder《英》接触許可命令《第8条命令 (section 8 orders) の一つで, 離婚などで別の所で保護・養育されている子が, その命令で明示されている人[親]を訪問し滞在したりあるいは電話で連絡をとるなどのことを行なえるよう許可すべきであると, 子と同居している者[親]に命ずる裁判所命令; cf. CARE CONTACT ORDER). ▶ CARE CONTACT ORDER (保護接触制限命令).

contáin·er *n* 容器; 包装《一つの商品として包み込む包み紙・帯紙を含むすべての包装》. ▶ NONRETURNABLE CONTAINER (使い捨て容器) / RETURNABLE CONTAINER (返却可能容器).

contáminated lánd《英》《環境》汚染地《環境に重大な危害をもたらしているあるいは危害をもたらす恐れのある汚染地として地方自治体が指定した土地; cf. REMEDIATION NOTICE, SPECIAL SITE).

con·tan·go /kəntǽŋgou/ *n* **1** 株式取引決済繰延べ取引. **2** 株式取引決済繰延べ金利.

contbd contraband.

cont. bon. mor. °contra bonos mores 善良の道徳[風俗]に反して.

con·temn /kəntém/ *vt* 侮辱する. [OF or L (*tempt- temno* to despise)]

con·temn·er, -tem·nor /kəntém(n)ər/ *n*《特に裁判所・議会[議院]に対する》侮辱罪を犯した者.

contemplátion of bánkruptcy 《債務者自身の》破産予期 (= contemplation of insolvency).

contemplátion of déath 死の予期[予見]. **in ~** 死を予期[予見]して. ▶ GIFT IN CONTEMPLATION OF DEATH (死亡予期贈与).

contemplátion of insólvency 支払い不能予期 (= CONTEMPLATION OF BANKRUPTCY).

con·tem·po·ra·nea ex·po·si·tio /kəntèmpəréiniə ɛ̀kspəzíʃiou/ 成立時解釈《制定法ないし文書の解釈は, それが成立した当時の理解によるべしという法理, またはそれに基づく解釈》. [L = contemporaneous exposition]

Contemporanea expositio est op·ti·ma et for·tis·si·ma in le·ge. /— — ɛst ǽptəmə ɛt fɔːrtísəmə in líːdʒɛ/《成立と》同時期の説明[解釈]が法において最も良くかつ最も強力である. [L = A contemporaneous exposition is the best and most powerful in the law.]

contemporáneous constrúction 成立時解釈 (= practical construction)《契約・制定法についてのその作成時期の, 特に作成関係者による解釈》.

contemporáneous constrúction dòctrine 成立時解釈の法理《多義的な制定法の行政機関ないしは下級審による最初の解釈は, その解釈が長期間従われているものである以上, 尊重されるべきであるという準則》.

contemporáneous objéction rùle 同時的異議申し立て準則《証拠の許容性に対する時機を失しないかつ適正な形での異議申し立てが事実審段階でなされていなければ, その許容性の問題は上訴段階では取り上げ審理されないという法理》.

contémporary commúnity stàndards *pl* 同時期社会の基準《猥褻か否かの事実認定をする場合の基準で, 問題となっている当時の時点のその地方での歴然とした不快感・猥褻感を基礎にして判断するというもの; cf. OBSCENITY).

con·tempt /kəntém(p)t/ *n* **1** 侮辱: bring upon one*self* the ~ of… …の侮辱を招く / have a ~ for… …を侮辱する / hold sb in ~ 人を軽蔑している / in ~ of… …を侮辱して / show ~ 侮辱する. **2**《特に 裁判所・議会などの公的機関の命令の故意の無視による》侮辱 (cf. CONTUMACY); 侮辱罪: purge one's ~ 侮辱をあがなう. ▶ CIVIL CONTEMPT (民事的(裁判所)侮辱) / CONSTRUCTIVE CONTEMPT (擬制的(裁判所)侮辱) / CRIMINAL CONTEMPT (刑事的(裁判所)侮辱) / DIRECT CONTEMPT (直接的(裁判所)侮辱) / INDIRECT CONTEMPT (間接的(裁判所)侮辱) / STRICT LIABILITY CONTEMPT (厳格責任(裁判所)侮辱). **in ~** 裁判所侮辱であると認定されて; 裁判所を侮辱して: He refused to testify and was held *in* ~. 彼は証言を拒否し裁判所侮辱であると認定された. **con·temp·tu·ous** /kəntém(p)tʃ(u)əs/ *a* [L; ⇨ CONTEMN]

contémpt in the fáce of the cóurt 裁判所の面前での裁判所侮辱《刑事的裁判所侮辱 (criminal contempt) の一種で, 法廷内で脅迫的な言辞を用いたり騒動を起こしたりすることがその例》.

contémpt of Cóngress《米》連邦議会侮辱《一種の犯罪を構成する》.

contémpt of cóurt 裁判所侮辱, 裁判所[法廷]侮辱罪《裁判所の権威を無視し, 傷つけ, 司法の運営を妨げること; 過去の行為に対して制裁をする刑事的侮辱と裁判所の命令に従わせるために間接強制をする民事的侮辱に分けられる; ⇨ COURT OF RECORD). ▶ CIVIL CONTEMPT OF COURT (民事上の裁判所侮辱) / CRIMINAL CONTEMPT OF COURT (刑事的裁判所侮辱).

contémpt of législature 立法府侮辱《議会各院は侮辱制裁権を有している》.

contémpt of Párliament [the Hóuse]《英》議会[議院]侮辱 (contempt of legislature).

contémpt pòwer 侮辱制裁権《裁判所・議会などが有している, その命令無視などのみずからの権威への侮辱に対する制裁権能》.

contémpt procèeding 侮辱審理手続き《侮辱

があったか否かを決定するための司法ないしは準司法的審理手続き).

contémptuous dámages *pl* 侮蔑的損害賠償金《原告勝訴ではあるが，裁判所が原告は本来訴え出るべきでなかったと判断する場合に，裁定したきわめて少額の損害賠償金; cf. NOMINAL DAMAGES》．

con·ten·e·ment /kəntènəmənt/ *n* 《英史》自由土地保有権者の土地[体面]《1215 年の Magna Carta などで用いられた contenementum の英語として封建的土地保有者，特に自由土地保有権者（freeholder）の土地，さらには自由土地保有権者がみずからおよび家族を支えるにふさわしい資産；のちにはその自由土地保有権にふさわしい体面・態度を指すようになった．［L *contenenement* with tenement］

con·tent[1] /kántènt/ *n* **1**《形式に対して》内容 (opp. *form*); 趣旨，要旨，真意; ［*pl*］《書類・文書などの》内容 〈*of*〉; ［電算］コンテンツ《ウェブサイト・CD などに含まれた情報》: the ~ of the letter 手紙の内容[真意] / the ~s of the letter 手紙の文面. **2**［*pl*］《容器の》中身, 内容: the ~s of the box.

con·tent[2] /kəntént/ *a* 満足して; 《英》《議会貴族院で》賛成で《庶民院では ay という；反対は not content》．
—— *n* 満足; 《英》《議会貴族院で》賛成投票(者) (opp. *not-content*).

cóntent-bàsed restríction《言論の自由の制約に関しての》内容に基づく規制．

con·ten·tious /kənténʃəs/ *a* **1**《問題など》議論[異論]のある，係争中の，争いのある，対立する; 争いを好む: a ~ case 係争[訴訟]事件. **2** 争訟に関する．**~·ly** *adv* **~·ness** *n*

conténtious búsiness《英》争訟事務《事務弁護士（solicitor）の仕事のうち訴訟にかかわるもの; それ以外のものを非争訟事務（noncontentious business）といい，手数料が異なるので重要な区分となる》．

conténtious jurisdíction 争訟に関する管轄権 (cf. VOLUNTARY JURISDICTION)．

conténtious próbate bùsiness《英》《遺言》検認争訟事務．

cóntents unknówn 内容未知《運送人が責任を限定する目的で船荷[運送]証券（bill of lading）に記載する文言で，容器内に何が入っているかを知らない旨を示す語》．

con·test *n* /kántèst/ 競争，争い，《特に》選挙; WILL CONTEST (cf. NO CONTEST CLAUSE)．▶ BEAUTY CONTEST（美人コンテスト）/ ELECTION CONTEST（選挙争訟）/ NO CONTEST（不抗争の答弁）/ PROXY CONTEST（委任状合戦）/ SWEARING CONTEST（宣誓証言間の対決）/ WILL CONTEST（遺言書の有効性について争う訴訟）．
—— *v* /kəntést, kántèst/ *vt* **1**《勝利・賞・議席などを》争う: ~*ed* takeover 企業買収[株式公開買付け]争い; 争われている企業買収. **2** 論議する. **3**《選挙などに》異議を唱える: ~ the statement made by the witness. **4**《遺言の有効性》について争う: ~ a will.

con·tes·tant /kəntéstənt/ *n*《米》《選挙結果・遺言などに対する》異議申立人．

contestatio litis ⇨ LITIS CONTESTATIO．

Con·tes·ta·tio li·tis eget ter·mi·nos con·tra·dic·ta·ri·os. /kàntəstéɪʃioʊ láɪtɪs íːdʒɛt tɜ́ːrmɪnoʊs kàntrədɪktéɪrioʊs/ 争点決定は矛盾対立する帰結を必要とする．［L＝The joinder of issue requires contradictory conclusions.］

contésted divórce《法廷で》争っている離婚《(1) 一方配偶者が法廷で離婚に反対している離婚 (2) 両当事者とも離婚そのものには反対していないが，離婚判決の内容で双方に争いがある離婚》．» cf. UNCONTESTED DIVORCE)．

contésted eléction 1《定員以上の候補者による》競争選挙. **2**《当該選挙自体の》合憲・合法性が争われている選挙．

con·text /kántèkst/ *n* **1** 文脈，《文章の》前後関係．**2** 情況, 事情．**con·tex·tu·al** /kəntékstʃuəl/ *a* 文脈上の．

cóntext rùle 文脈の準則《契約書を解釈する場合に，たとえその文言が明白であったとしても，裁判所はその意図された内容を決定するために外部証拠 (extrinsic evidence) に留意することが許されるという原則》．

con·tig·u·ous /kəntígjuəs/ *a* **1** 接触する，隣接する (adjoining, touching)〈*to*〉．**2** つながった，連続的な; 次の，間もない．**con·ti·gu·i·ty** /kàntəgjúːəti/ *n* 接近, 接触; 隣接; 連続．［L; ⇨ CONTACT］

contíguous zóne《国際法》接続水域《沿岸国が特定行政規制を行なうために設置する，領海 (territorial seas) に接続する一定範囲（24 海里まで拡張可能）の水域》．

Continéntal Cóngress ［the ~］《米》大陸会議《独立戦争前後 Philadelphia で開かれた諸植民地代表の 2 つの会議 (1774, 75-81); 後者は一種の臨時政府として独立戦争の指揮を執っただけでなく，独立宣言 (Declaration of Independence), 連合規約 (Articles of Confederation) もここで採択された; 1781 年成立の Congress（連合会議）はその後身》．

continéntal láw（ヨーロッパ）大陸法《法系としての概念; CIVIL LAW 5 とほぼ同義で，英米法 (Anglo-American law), コモンロー (common law) と対比される》．

continéntal shélf《国際法》大陸棚《沿岸国の領海 (territorial seas) を越えてその領土の自然の延長の及ぶ大陸縁辺部の外側の限界までの海底およびその地下（ただし領海の幅を測る基線から 350 海里または 2500m 等深線から 100 海里を越えることはできない），またはその外側の限界線が 200 海里以内で終わっている場合には 200 海里までの海底区域》．

con·tin·gen·cy /kəntíndʒ(ə)nsi/ *n* **1** 偶発性, 偶然性; 可能性; 未確定性, 不確定性. **2** 偶発事件, 不測事態, 偶発事故;《ある事件に伴う》付随的事態[事態]. **3** 成功報酬 (＝CONTINGENT FEE)．

contíngency fèe 成功報酬 (＝CONTINGENT

FEE).

contingency fúnd 不測出費準備金 (=CONTINGENT FUND).

contingency insúrance 未確定保険《未確定あるいは偶発的な事柄の発生を条件にして一定保険金額の支払いを約する保険；例えば生命保険》.

contingency plán 不測事態対応計画, 緊急時対策.

contingency resérve 不測出費準備金 (=CONTINGENT FUND).

contingency with a dóuble áspect 非両立的未確定残余権 (=remainders on a contingency with a double aspect)《第一順位の残余権 (remainder) が成立しなかった場合にのみ代わりの二次的残余権が効力を有するに至る択一的残余権; cf. CONTINGENT REMAINDER》. ▶ REMAINDERS ON A CONTINGENCY WITH A DOUBLE ASPECT (非両立的未確定残余権).

con·tin·gent /kəntíndʒ(ə)nt/ a **1** …しだいの, …を条件としての (conditional) 〈on〉; (…に) 付随する 〈to〉: a fee [remuneration] ~ on success 成功報酬[謝金]. **2** 偶発的な, 偶然の, 不慮の. **3** あるかもしれない (possible); (ありそうではあるが) 不確定の (cf. EXECUTORY). ~·ly adv 偶然に, 思いがけず; 依存して. ［L; con-(tingo=tango to touch)=to be in CONTACT］

contingent annúity 未確定年金《**1**) 年金 (annuity) の支給開始あるいは支給終了時が受給権者の死亡などの未確定の事柄の生起に依存している年金 **2**) 将来生起する事柄の結果に依存して何回支払いをなすか未確定の年金》.

contingent benefíciary 1 第二順位受益者《第一順位の受益者が受領を拒否または死亡などで受領しなくなったことにより代わりに受益者となる人；信託 (trust) や遺贈 (devise, legacy) の場合などにあらかじめ指定されることがある》. **2** 〘保険〙 第二順位保険金受取人 (=secondary beneficiary)《第一順位保険金受取人 (primary beneficiary) が死亡などで受け取ることができなくなった場合の保険金受取人》.

contingent cláim 不確定権利主張《いまだ権利として確定していない, ないしは発生しそうもない事実に依存している権利の主張》.

contingent estáte 未確定不動産権《権利の発生が起こるかどうか未確定の条件に依存している不動産権; cf. ESTATE ON CONDITION》.

contingent expénses *pl* 不確定経費, 臨時費.

contingent fée 〘米〙 全面成功報酬(制), 成功報酬, 評価額依存報酬 (=conditional fee, contingency, contingency fee)《損害賠償請求訴訟などで勝訴した場合に弁護士に支払われるもので, 勝訴で得られた金額のある一定の割合という形をとる》.

contingent fúnd《地方自治体・企業などの》不測出費準備金 (=contingency fund, contingency reserve).

contingent guáranty 不確定保証《特定の事柄が発生しないかぎり保証人 (guarantor) の責任が生じない保証》.

contingent ínterest 未確定権利《不動産または動産に対する権利の発生が将来の不確定な事柄の生起に依存するもの; cf. DETERMINABLE INTEREST, FUTURE INTEREST, VESTED INTEREST》.

contingent légacy 未確定動産遺贈《例えば 3 年以内に結婚するならばというような場合の遺贈》.

contingent liabílity 不確定責任《発生するかどうか不確実なことに依存している責任；停止条件付き責任；債務保証など主たる債務者の債務不履行により二次的に保証人にかかる責任がその一つの形》.

contingent ównership 不確定所有権《権原 (title) が不完全であるが, 条件が成就した場合には完全になりうる所有権；条件付き所有権》.

contingent pólicy 未確定条件付き保険(約款)《例えば, 受取人より先に特定指名者が死亡した場合に限って保険金を支払うというように, 発生するかどうか不確かな事柄の発生に依存している保険》.

contingent remáinder 未確定残余権 (=executory remainder)《権利者が特定されていないか, あるいは特定されているが停止条件が付されている残余権》. ▶ DESTRUCTIBILITY OF CONTINGENT REMAINDERS (未確定残余権の消滅可能性).

contingent trúst 未確定信託《受益権発生が起こるか否か不確定の将来の事実の発生を条件としている明示信託 (express trust)》.

contingent úse 未確定ユース (=dead use)《受益権発生が起こるか否か不確定の将来の事実の発生を条件としているユース (use)》.

contingent wíll 未確定遺言《特定の事柄が生じた場合にのみ効力を有する遺言》.

contínual cláim〘史〙継続的権利主張《土地の権利者が占有を排除されている場合, みずからの権利を確保するには, 1 年間に 1 回立ち入るか, それができないときは, できるだけ近づき, みずからが正当な権利者である旨を主張しなければならなかったが, その主張をいう; 英国では 1833 年廃止》.

con·tin·u·ance /kəntínjuəns/ *n* **1** 存続, 継続, 持続, 続行; 滞留 〈in a place〉. ▶ RECONTINUANCE (無体法定相続産回復). **2** 継続期間: (a disease) of long [short, some] ~ 久しく[しばらく, かなり]続く[続いた](病気). **3 a** 〘訴訟手続きの〙延期, 〘裁判の〙続行. **b** 〘史〙訴訟手続き延期続行(記録)《訴訟で争点決定などがされた後あるいはその前段階で, 手続きが延期継続される場合に, その手続きの延期続行する旨のその理由などと共に記録に記され, かつ所定日時に再出頭するようにとの当事者への指示も記入されるが, その延期続行およびその記録をいう; cf. RECESS》. ▶ MISCONTINUANCE (誤って命じられた訴訟手続き延期) / PLEA PUIS DARREIN CONTINUANCE (最初の訴答手続き終了後の新防御事実発生の答弁).

con·ti·nu·an·do /kəntìnjuǽndou/ *n* 〘史〙継続的

侵害主張《例えば、他人の家畜が牧草を数日間食い続けるような不法行為が継続的な場合、原告は一つの訴えで一定期間侵害がなされた旨主張できたが、その主張をいう；英国では1873, 75年法で廃止》．[L=by continuing]

continuátion agrèement 継続合意《組合(partnership)解散の場合には組合業務は清算(liquidation)の要なく継続されるとの組合員間の合意；cf. BUY-SELL AGREEMENT》．

continuátion clàuse 継続約款《船舶保険でその期間満了時に船が航海中のような場合に目的港に着くまでの間の期間延長を認める旨の約款》．

con·tin·ue /kəntínju/ vt 続ける, 持続する；継続する；延期する；延長する． **con·tin·u·able** a **con·tin·u·er** n

con·tin·u·ing a 1 連続的な, 断続することのない． 2 更新の必要のない, 持続する, 継続的な．

contínuing bréach 継続的契約違反《かなりの期間継続しているないしは短い間隔で繰り返される契約違反》．

contínuing gúaranty 継続的保証《=open guaranty》《期間を限らずに一連の取引を, あるいは主たる債務者へ連続的に供与される信用を保証すること》．

contínuing ínjury《工場の騒音などによる》継続している権利侵害．

contínuing judícial educátion 裁判官のための継続的法学教育《略 CJE》．

contínuing jurisdíction 継続的管轄権（**1**）ある訴訟の開始から終結に至るまでの裁判所の管轄権（**2**）最終的に判決を登録した後でもその裁判所はみずからの判決・判断を修正することが許されるが、その際の救済のための管轄権（**3**）裁判地(venue)変更の申し立てにより事件が移送された裁判所の管轄権》．

contínuing jurisdíction dòctrine 継続的管轄権の法理（**1**）訴訟当事者が、たとえ新しい訴訟に関係していない場合であっても、裁判所はその当事者に対する判決を登録し執行する機能を保持しているという準則（**2**）子の監護(child custody)あるいは扶養の問題でひとたび裁判管轄権を得た裁判所は、その子あるいは親が別の管轄区域に移ったとしても、その問題についての命令を修正するための管轄権をもち続けるという準則》．

contínuing légal educátion《米》弁護士生涯教育計画《弁護士に対して、司法試験合格後も定期的に研修を受けさせる制度；略 CLE》．

contínuing núisance 継続的不法妨害《連続しているないしは頻繁に繰り返し起こる不法妨害(nuisance)》．

contínuing objéction 存続的異議《一連のすべての尋問についての単一の異議；上訴のために記録に異議をとどめておく場合に許可されることがある》．

contínuing offénse 継続的犯罪《例えば 共同謀議(conspiracy)など、一定期間をかけてなされる犯罪；出訴期間(statute of limitations)はその犯罪の最後の行為から数えられる；cf. CONTINUOUS CRIME》．

contínuing óffer《契約の》継続的申し込み, 申し込みの継続．

contínuing tréspass 持続的侵害《他人の物を盗む意思なく取り上げ持ち続けたり、他人の土地に違法に物を置き続けることなど》．

contínuing wárranty《保険》継続担保（= PROMISSORY WARRANTY）．

contínuing wróng 継続中の権利侵害．

continúity of búsiness énterprise《米》企業の継続《法理》《買収による会社組織変更(reorganization)に関する法理の一つで、この買収が課税繰延べ(tax-deferred)取引として認められるためには、買収する側の会社が買収対象会社のそれまでの営業を継続するか、新会社内の買収対象会社のかなりの資産を使用せねばならないというもの》．

continúity of ínterest《米》権利の継続（**1**）買収による会社組織変更(reorganization)に関する法理の一つで、この買収が課税繰延べ(tax-deferred)取引として認められるためには、買収対象会社の株主が買収する側の会社の株式を保持し続けねばならないというもの（**2**）会社分割による会社組織変更が課税繰延べ取引として認められるための裁判所による要件の一つで、対象会社の株主は双方の会社に権利を保持し続けねばならないというもの》．

continúity of lífe dòctrine 存続の法理《特に会社のような法的実在(legal entity)の所有者の死亡・破産・無能力・離脱はその法的実在の存在を終わらせないという原則》．

contínuous advérse úse prìnciple 継続的敵対的使用の原則《土地のとぎれない利用は、敵対的占有による取得時効(adverse possession)を結果としてもたらしうるという準則；cf. ADVERSE POSSESSION》．

contínuous báil《英》継続的保釈《被告人を再勾留することなく、延期期日も出廷すべく命じたうえで、継続的に保釈すること》．

contínuous críme 継続行為犯罪（**1**）麻薬を不法に国内に持ち込みかつ目的地まで運ばれて完了する犯罪など、一つの違法行為が終了した《上例では持込み》後もなお継続されることが要件となっている犯罪（**2**）盗まれた自転車を運転し続けるなど、一定期間違法行為を続けている犯罪；» cf. CONTINUING OFFENSE, INSTANTANEOUS CRIME》．

contínuous éasement 継続地役権《権利を主張する人がその現実の意図的行為なしで享有できる地役権；水平支持権(lateral support), 採光地役権(easement of light)など；cf. DISCONTINUOUS EASEMENT》．

contínuous emplóyment 継続的雇用．

contínuous tréatment dòctrine 継続治療の法理《過失による作為・不作為に関連した治療を患者に対して継続している間は、医療過誤(medical malpractice)訴訟のための出訴期間(statute of limitations)は進行を停止するという原則》．

contínuous vóyage《国際法》連続航海《国際法上広義では、戦時禁制品(contraband of war)が輸送の

船舶により中立港に輸送され, その後さらに輸送される一切の場合を, 狭義では中立港から別の船舶により輸送される場合を指す; これが一つの連続した航海とみなされる場合は, 最初の中立港向けの航海段階で, 戦時禁制品とみなされる》.

con·tort /kántɔːrt/ **1** [ᵁpl] 契約法・不法行為法重複領域《契約 (contract) 法と不法行為 (tort) 法との重複領域》. **2** 契約法・不法行為法重複領域上の権利侵害. **3** 《口》憲法的不法行為 (＝ CONSTITUTIONAL TORT). [1 および 2 は contract＋tort の, 3 は constitutional tort からの合成]

contr. contract(s) ◆ contracted ◆ contractor.

con·tra /kántrə/ prep **1** …に対して, …に反対して. **2** 貸方[借方]に対して. ― n **1** 反対意見, 反対投票. **2** 《簿記》反対の側. (as) per ~ ⇨ PER CONTRA. [L＝against]

cóntra accóunt 《会計》相対(ﾀｲ)勘定, 対照勘定, 相殺勘定, 評価勘定《主勘定に対する控除額を示す勘定で, 主勘定の元の金額を示すと同時にその現在の評価額を示すのが目的; 減価償却累計額 (accumulated depreciation) などがその例》.

con·tra·band /kántrəbænd/ n **1** 密売買, 密輸 (cf. SMUGGLING). **2 a** 密売買品, 密輸品, 輸出入禁止品, 禁制品 (cf. SMUGGLING). **b** 《国際法》戦時禁制品 (＝ CONTRABAND OF WAR). ▶ ABSOLUTE CONTRABAND (絶対的戦時禁制品) / CONDITIONAL CONTRABAND (条件付き戦時禁制品) / DERIVATIVE CONTRABAND (派生的禁制品). ― a (輸出入[密売買])禁止[禁制]の: ~ weapons (輸出入)禁止武器 / a ~ trader 密輸商, 禁制品取扱い業者. ~·**ist** n 密輸者, 禁制品売買者. [Sp＜It (bando proclamation)]

cóntraband of wár 《国際法》戦時禁制品《交戦中の国に中立国の国民が供給する戦争遂行の用に供されうる物品で, 交戦相手国が海上で捕獲・没収する権利を有するもの; 単に contraband ともいう》.

cóntraband per sé 本質的禁制品《所持・生産・輸送すること自体も違法とされる禁制品; cf. DERIVATIVE CONTRABAND》.

con·tra bo·nos mo·res /kántrə bóunous móuriz/ 善良の道徳[風俗]に反して《略 cont. bon. mor.》. [L＝against good morals]

con·tra·cep·tive /kàntrəséptɪv/ a 避妊用の; 避妊のための. ― n 避妊薬; 避妊器具.

con·tract n /kántrækt/ **1 a** 契約, 約定; 請負い; 契約書: by private ~ 私的契約による / conditions of ~ ＝ ~ conditions 契約条件 / ~ work 契約(書)に基づく仕事, 請負い仕事 / draw up a ~ 契約書を作成する / draft a ~ 契約書案を作成する / sign a ~ 契約書に署名する / award a ~ to a company ＝ place a ~ with a company 会社と契約する, 会社に請け負わせる / tender for a ~ 入札する / void a ~ 契約を取り消す[無効にする]. **b** 契約法. **c** 労働協約 (collective bargaining agreement). **d** 保険契約, 保険証券. **e** 婚姻, 婚約. ▶

234

ACCESSORY CONTRACT (付随的契約) / ADHESION CONTRACT (附従[附合]契約) / ALEATORY CONTRACT (射倖契約) / ALTERNATIVE CONTRACT (選択債務契約) / ANTENUPTIAL CONTRACT (婚姻前夫婦財産契約) / APPORTIONMENT OF CONTRACT (契約の分割) / ASSESSMENT CONTRACT (賦課金契約) / ASSIGNMENT OF CONTRACT (契約の譲渡) / BILATERAL CONTRACT (双務契約; 双方的契約) / BREACH OF CONTRACT (契約違反) / BUILDING CONTRACT (建築契約) / CERTAIN CONTRACT (実定契約) / C.I.F. [CIF] CONTRACT (運賃保険料込み契約) / COLLATERAL CONTRACT (従たる契約) / COMMUTATIVE CONTRACT (交換の契約; 交換的契約) / COMPULSORY CONTRACT (強制契約) / CONSENSUAL CONTRACT (諾成契約) / CONSTRUCTION CONTRACT (建築契約) / CONSTRUCTIVE CONTRACT (擬制契約) / COST, INSURANCE, FREIGHT CONTRACT (運賃保険料込み契約) / COST-PLUS CONTRACT (経費プラス一定利益価額契約) / DEPENDENT CONTRACT (依存契約) / DESTINATION CONTRACT (到着地渡し契約) / DISCHARGE OF CONTRACT (契約の解消[消滅]) / DISSOLUTION OF CONTRACT (契約の解除) / DISTANCE CONTRACT (隔地者間契約) / DIVISIBLE CONTRACT (可分契約) / DUAL CONTRACT (二重契約) / EMPLOYMENT CONTRACT (雇用契約) / ENTIRE CONTRACT (不可分契約) / ENTIRETY OF CONTRACT (契約の不可分性) / ESCROW CONTRACT ((条件付き)第三者預託契約) / ESSENCE OF A [THE] CONTRACT (契約の本質的要素) / ESTATE CONTRACT (不動産権契約) / ESTOPPEL BY CONTRACT (契約による禁反言) / EVERGREEN CONTRACT (自動更新契約) / EXCHANGE OF CONTRACTS (署名契約書の取交わし) / EXCLUSIVE CONTRACT (排他的取引契約) / EXECUTED CONTRACT (既履行契約; 署名がなされた契約(書)) / EXECUTORY CONTRACT (未履行契約) / EXPRESS CONTRACT (明示契約) / FIDUCIARY CONTRACT (信認契約) / FINDER'S FEE CONTRACT (仲介契約) / FIXED-PRICE CONTRACT (固定価格契約) / F.O.B. CONTRACT (本船[荷積み]渡し契約) / FORMAL CONTRACT (要式契約) / FORWARD CONTRACT (先渡し契約) / FREEDOM OF CONTRACT (契約の自由) / FREE ON BOARD CONTRACT (本船渡し契約) / FRUSTRATION OF CONTRACT (契約目的の達成不能) / FUTURE(S) CONTRACT (先物契約) / GAMBLING [GAMING] CONTRACT (賭博契約) / GOVERNMENT CONTRACT (政府契約) / GRATUITOUS CONTRACT (無償契約) / GRUBSTAKE CONTRACT (探鉱契約) / GUARANTEED INVESTMENT CONTRACT (保証付き投資契約) / HAZARDOUS CONTRACT (冒険契約) / HORIZONTAL PRICE-FIXING CONTRACT (水平的価格協定) / ICE CONTRACT (土木工事標準約款書式) / ILLEGAL CONTRACT (違法な契約) / ILLUSORY CONTRACT (擬似契約) / IMMORAL CONTRACT (不道徳契約) / IMPLIED CONTRACT (黙示契約; 法定契約) / IMPLIED IN FACT CONTRACT (黙示契約) / IMPLIED IN LAW CONTRACT (法定契約) / IMPOSSIBLE CONTRACT (履行不能契約) /

INCHOATE CONTRACT (履行未完了契約) / INDEMNITY CONTRACT (損害填補保証契約) / INDEPENDENT CONTRACT (独立的契約) / INDIVISIBLE CONTRACT (不可分契約) / INDUCEMENT TO BREAK CONTRACT (契約違反の勧誘) / INFORMAL CONTRACT (不要式契約) / INNOMINATE CONTRACT (無名契約) / INSTALLMENT CONTRACT (分割給付契約) / INSTALLMENT LAND CONTRACT (不動産割賦購入契約) / INTEGRATED CONTRACT (完結した契約書) / INTERFERING WITH SUBSISTING CONTRACT (既存契約妨害) / INTERNATIONAL SUPPLY CONTRACT (国際供給契約) / INVESTMENT CONTRACT (投資契約) / JOINT CONTRACT (合同契約) / LABOR CONTRACT (労働契約) / LAND CONTRACT (土地売買契約; 不動産割賦購入契約) / LAND INSTALLMENT CONTRACT (不動産割賦購入契約) / LAND SALES CONTRACT (不動産割賦購入契約) / LAW OF CONTRACT (契約法) / LEASE CONTRACT ((不動産)賃貸借契約) / LETTER CONTRACT (文書契約) / LETTING CONTRACT (請負い契約の締結) / LEVERAGE CONTRACT (レバレッジ売買契約) / LIBERTY OF CONTRACT (契約の自由) / LIFE-CARE CONTRACT (終身養護契約) / LUMP SUM CONTRACT (履行代金一括支払い契約) / MARINE INSURANCE CONTRACT (海上保険契約) / MARITIME [MARINE] CONTRACT (海事契約) / MARKETING CONTRACT (市場取引契約) / MARRIAGE BROKERAGE [BROKAGE] CONTRACT (婚姻仲介契約) / MARRIAGE CONTRACT (婚姻; 婚姻前夫婦財産契約) / MINORS' CONTRACTS (未成年者の締結契約) / MIXED CONTRACT (混合契約) / MUTUAL CONTRACT (双務契約) / NAKED CONTRACT (裸の契約) / NET SALE CONTRACT (手数料正味差額此の仲介契約) / NOMINATE CONTRACT (有名契約) / NONPRIVITY OF CONTRACT (直接的契約関係の欠如) / NUDE CONTRACT (裸の契約) / OBJECTIVE THEORY OF CONTRACT (契約客観説) / ONEROUS CONTRACT (有償契約) / OPEN CONTRACT (特約のない契約) / OPEN-END CONTRACT (未定数量契約) / OPTION CONTRACT (オプション付与契約) / ORAL CONTRACT (口頭契約) / OUTPUT CONTRACT (生産物一括売買契約) / PAROL CONTRACT (口頭契約; 捺印証書によらない契約) / PERFORMANCE OF CONTRACT (契約の履行) / PERSONAL CONTRACT (人的財産契約; 一身専属契約; 個人契約) / PRECONTRACT (先約) / PRE-INCORPORATION CONTRACT (会社設立前の契約) / PREMARITAL CONTRACT (婚姻前夫婦財産契約) / PRINCIPAL CONTRACT (主たる契約) / PRIVITY OF CONTRACT (直接的契約関係) / PROCUREMENT CONTRACT (調達契約) / PROPER LAW OF A CONTRACT (契約についてのプロパー・ロー) / PUBLIC CONTRACT (公的契約) / QUASI CONTRACT (準契約) / REAL CONTRACT (要物契約) / RECIPROCAL CONTRACT (双務契約) / REFERRAL CONTRACT (紹介販売契約) / REQUIREMENTS CONTRACT (必要量全量購入契約) / RESCISSION OF CONTRACT (契約解除) / RESTRICTED CONTRACT (限定契約) / SALES CONTRACT (売買契約) / SANCTITY OF CONTRACT (契約の尊厳) / SATISFACTION CONTRACT (満足感条件付き契約) / SEALED CONTRACT (押印契約) / SEPARABLE CONTRACT (可分契約) / SERVICE CONTRACT (役務提供契約; サービス契約) / SEVERABILITY OF CONTRACT (契約の可分性) / SEVERABLE [SEVERAL] CONTRACT (可分契約) / SHIPMENT CONTRACT (船積地渡し契約) / SIMPLE CONTRACT (単純契約) / SOCIAL CONTRACT (社会契約) / SOLEMNITY OF CONTRACT (契約方式の充足) / SPECIAL CONTRACT (特別契約) / SPECIALTY CONTRACT (捺印(証書)契約) / SPOT CONTRACT (現金取引契約) / STANDARD FORM CONTRACT (標準書式契約) / SUBCONTRACT (下請け契約) / SUBJECTIVE THEORY OF CONTRACT (契約主観説) / SUBSCRIPTION CONTRACT (引受け[購入]契約) / SUBSTITUTED CONTRACT (更改による新契約) / SWEETHEART CONTRACT (馴合い協約) / SYNALLAGMATIC CONTRACT (双務契約) / TASK ORDER CONTRACT (任務注文契約) / THIRD-PARTY BENEFICIARY CONTRACT (第三受益者のための契約) / TIME PROVISION IN (A) CONTRACT (契約における履行時についての規定) / TURNKEY CONTRACT (完成品引渡し契約) / UNCONSCIONABLE CONTRACT (非良心的契約) / UNDERWRITING CONTRACT (証券引受契約) / UNENFORCEABLE CONTRACT (強行しえない契約) / UNILATERAL CONTRACT (片務契約; 一方的契約) / UNION CONTRACT (労働協約) / VERBAL CONTRACT (口頭契約) / VERTICAL PRICE-FIXING CONTRACT (垂直的価格協定) / VOIDABLE CONTRACT (取り消しうる契約) / VOID CONTRACT (無効な契約) / WAGERING CONTRACT (賭け事契約; 賭け契約) / WRITTEN CONTRACT (書面契約) / YELLOW-DOG CONTRACT (黄犬契約).

2 《俗》危険な[殺しの]請負い仕事, 殺人請負い[契約]. EXCHANGE ~s. **put**...**out to** ~ 請負い[下請け]に出す. **subject to** ~" 契約を条件にして, 契約をなすことを条件にして. **under** ~〈…と〉契約して〈*with*〉.

— *v* /kəntrǽkt/ *vt* **1** 契約する, 請け負う. **2** 婚姻する, 婚姻する. **3** 契約して雇う. — *vi* 契約をする, 請け負う〈*to do, with* a party, *for* work, etc〉: ~ *to* supply spare parts = ~ *for* the supply of spare parts / ~*ing* party 契約当事者. ▶CAPACITY TO CONTRACT (契約能力) / FREEDOM TO CONTRACT (契約の自由) / PLACE OF CONTRACTING (契約締結地). ~ **out** 外部に請け負わす, 下請けに出す, 外注する〈*to*〉. ~ (one**self**) **out** (**of**)" 契約を破棄する, 〈…からの〉脱退を契約する; 適用免除の契約をする.

[*contract* (a) contracted＜OF (*contractor* to agree upon)＜L (*con*-, TRACT)]

contráct·ant *n* 契約者, 契約当事者.
cóntract bònd 契約履行保証証書《主契約の種類による多くの種類があるが, 特に工事請負い契約保証書が重要である; cf. PERFORMANCE BOND》.
cóntract càrrier 契約運送人《＝PRIVATE CARRIER》.

Cóntract Clàuse 〖米〗契約上の債権債務関係条項 (=CONTRACTS CLAUSE).

cóntract for déed 不動産割賦購入契約 (=installment land contract, land contract, land installment contract, land sales contract) (cf. BOND FOR DEED).

cóntract for nécessaries 1 必需品契約《契約能力を欠く者(例えば未成年者)に必需品を供給する契約; 被供給者は無能力を理由に契約取消しはできず代金支払い義務を負う》. 2 必需品契約《未成年者の自活あるいは将来の生活の資を得るのに必要な教育を受けるために未成年者が締結する雇用契約または徒弟契約; または未成年者にとって必要な医療・法的助言を受けるために未成年者が結ぶ契約; 未成年者の利益のためになるものであれば、契約能力がない未成年であってもこの者を拘束する》.

cóntract for sále 売買契約(1)《物品の即時売買, すなわち契約締結時に代価引換えに物品引渡しを行なう売買; contract of sale ともいう 2) 1) の物品の即時売買および将来の時期に物品を売買する約定を含む概念》.

cóntract for sále of lánd 土地売買契約《英国では両当事者の署名付きの書面によらねばならない》.

cóntract for the bénefit of a thírd pérson 第三者のためにする契約 (cf. THIRD-PARTY BENEFICIARY CONTRACT).

cóntract for wórk (dóne) and matérials (supplíed) 材料込みの労務契約《例えば画家に肖像画を描いてもらったり、総入歯を作ってもらうような契約は, 一般製品の売買契約とは違って技術と労力が主な対象となるが、この種の契約では予期されたように適正になされることと, その仕事に必要な材料も合理的に見て目的に適うものであることが黙示の条件になっているが, この種の契約を指す》.

cóntract implíed in fáct 黙示契約 (=IMPLIED IN FACT CONTRACT).

cóntract implíed in láw 法定契約, 準契約 (=IMPLIED IN LAW CONTRACT).

cóntracting óut 1 制定法適用除外の特約, 契約による制定法適用の排除《法律で禁止している場合もある》. 2《個人の組合員による》労働組合の政治基金への不拠出の選択.

cóntract in restráint of tráde 取引制限の特約 (⇨ RESTRAINT OF TRADE).

cóntract láw 契約法 (=law of contract)《契約に関する法》.

cóntract nòte 契約覚書《特に仲立人(broker), 代理人(agent)から本人に株式等の証券の売買につき助言すべく送付される書面; cf. BOUGHT AND SOLD NOTES》.

cóntract nòt to súe 訴訟不提起契約 (=COVENANT NOT TO SUE).

cóntract of adhésion 附従契約, 附合契約 (=ADHESION CONTRACT).

cóntract of emplóyment 雇用(契約) (=contract of service).

cóntract of exchánge 交換契約 (=commutative contract)《売買契約と違い金銭を媒介せず, 物と物との物々交換》.

cóntract of récord 記録契約, 判決による給付義務《裁判所により確定され記録裁判所 (court of record) の記録に記入された債務; 合意によってではなく法的に生ずる債務であるので, 真の意味での契約ではない》.

cóntract of sále 売買契約《広く売買契約一般にも用いられるが, 特に CONTRACT FOR SALE の 1) の意味で用いられる》. ▶ DE FACTO CONTRACT OF SALE (事実上の売買契約).

cóntract of sérvice 雇用(契約) (contract of employment).

con·trac·tor /kάntræktər, —́—́—/ n 契約当事者, 契約者, 契約人; 請負人, 請負業者; 工事請負人[業者]. ▶ GENERAL CONTRACTOR (総建築請負業者) / GOVERNMENT CONTRACTOR (政府契約対象者) / INDEPENDENT CONTRACTOR (請負人) / ORIGINAL CONTRACTOR (元請け業者) / PRIME CONTRACTOR (第一請負業者) / SUBCONTRACTOR (下請け(契約)人).

cóntract ràte 契約利率《契約上の, 特に証書上の利率》.

cóntract ré /-ríː/〖ローマ法〗要物契約《合意だけでなく物の引渡しが成立要件になっている契約》.

Cóntracts Clàuse 〖米〗契約上の債権債務関係条項 (=Contract Clause, Obligation of Contracts Clause)《合衆国憲法第 1 編第 10 節 1 項のことで, 州が契約上の債権債務関係をそこなう法律を制定してはならないとする》.

cóntract to satisfáction 満足感[確認]条件付き契約 (=SATISFACTION CONTRACT).

con·trac·tu·al /kəntrǽktʃuəl/ a 契約上の, 契約的な. **~·ly** adv 契約で[によって].

contráctual capácity 契約能力 (=CAPACITY TO CONTRACT).

contráctual indémnity《契約で明示的に定めてある》契約(に基づく)補償. ▶ IMPLIED CONTRACTUAL INDEMNITY (黙示的契約補償).

contráctual liabílity 契約責任, 契約上の責任. ▶ EXCLUSION AND RESTRICTION OF CONTRACTUAL LIABILITY (契約責任の免責と限定).

contráctual lícense《他人の土地への》契約に基づく立入り許可 (cf. BARE LICENSE).

contráctual obligátion 契約上の義務, 契約上の債務: fulfill one's ~s / be under no ~ to do.

contráctual ténancy 〖英〗契約上の不動産権《賃料支払いを条件とした一定期間不動産に対して排他的占有を付与する不動産賃借権 (lease) ないしは不動産権 (tenancy) ではあるが, 絶対定期不動産権 (term of years absolute) になっていないもの; 貸主がなんらかの理由でその設定能力を欠くゆえである》.

cóntract ubér·ri·mae fi·dei /-juːbérəmi fáidiài/ 最高信義契約《保険契約のように, 重要事実の

すべてを明らかにする義務が一方当事者に生じ、その不履行により他方当事者が取り消しうるような、最高信義を負う契約》. [L *uberrimae fidei* of the utmost good faith]

cóntract ùnder séal 押印契約 (=sealed contract, special contract, specialty, specialty contract) (cf. FORMAL CONTRACT).

con·trac·tus /kəntrǽktəs/ *n* 《ローマ法》契約 (contract). [L]

Contractus ex tur·pi cau·sa vel con·tra bo·nos mo·res nul·lus est. /— ɛks tɔ́ːrpaɪ kɔ́ːzə vɛl kʌ́ntrə bóunous móuriz nʌ́ləs ɛst/ 卑しい約因からのあるいは善良な道徳に反する契約は無効である。[L=A contract arising out of a base consideration or against good morals is null.]

cóntract zòning 契約ゾーニング《1) ゾーニング変更希望者が、規制緩和による周囲への悪影響を最小限にすることを約束し、変更しうること 2) 土地所有者がゾーニング上より有利な扱いを受けることの代償として一定の制限・条件に従うことを合意することによるゾーニング; 公的権限の制限との関連で法的には問題がある》.

con·tra·dict /kàntrədíkt/ *vt* 〈言説を〉否定[否認]する、反駁する;〈人の〉言説に反することを言う;…に矛盾する;…に反する行ないをする。 ~ oneself 矛盾したことを言う: The witness ~ed him*self*.

con·tra·dic·tion /kàntrədíkʃ(ə)n/ *n* 否定, 否認; 反駁, 反対; 矛盾.

con·tra·dic·to·ry /kàntrədíkt(ə)ri/ *a* 矛盾した、両立しない、自家撞着の〈to each other〉: ~ evidence.

cóntra éntry 〈簿記〉相対(ホッ)記入, 対照項目記入, 見返り項目記入《貸方・借方双方に同一金額が記入される;⇒ PER CONTRA》.

con·tra for·mam sta·tu·ti /kántrə fɔ́ːrməm stətjúːtaɪ/ 制定法の規定に反して。[L=against the form of the statute]

contra non valentem ⇨ DOCTRINE OF CONTRA NON VALENTEM.

Contra non va·len·tem a·ge·re nul·la cur·rit prae·scrip·tio. /— nan vəlɛ́ntəm éɪdʒərɛ nʌ́lə kə́ːrɪt prɪskrípʃiou/ 訴えを起こしえぬ者に対しては時効は進行しない (⇨ DOCTRINE OF CONTRA NON VALENTEM). [L=No prescription runs against a person unable to bring an action.]

cóntra pá·cem /-péɪsəm, -páːkɛm/ 平和に反して、平和[公安]を阻害して。[L=against the peace]

cóntra pácem dó·mi·ni ré·gis /-dáːmɪnaɪ ríːdʒəs/ 主君たる国王の平和に反して。▶ TRESPASS CONTRA PACEM (DOMINI) REGIS ((主君たる)国王の平和違反侵害(訴訟)). [L=against the peace of our lord the king]

cóntra pro·fe·rén·tem /-pràfərɛ́ntəm/ 提出者の不利に《書面に疑義が生じた場合はその書面の起草者またはそれを証拠として提出した者に不利に解釈すべしという

原則》. [L=against the party putting forward]

con·trary /kántrèri; -trəri/ *a* 反対の;…に反対する、…と相容れない〈to〉. ~ to LAW. ~ to the EVIDENCE. — *n* [the ~] 正反対; [*pl*] 相反するもの. on the ~ それどころか; これに反して、一方. to the ~ それと反対に[の], そうでないと(の): failing instructions *to* the ~ 反対の指示がない限り[ないので].

con·trat d'ad·hé·sion /F kɔ̃tra dadɛzjɔ̃/ 附従[附合]契約 (=ADHESION CONTRACT). [F=contract of adhesion]

con·tra·vene /kàntrəvíːn/ *vt* 1 〈法律などに〉違反[違背]する、無視する, 犯す: ~ the employment regulations. 2 …と矛盾する. [L (*vent- venio* to come)]

còn·tra·vén·ing équity 矛盾するエクイティー上の権利《執行を求めているエクイティー上の権利と矛盾するないしはそれに反するエクイティー上の権利・利益》.

con·tra·ven·tion /kàntrəvénʃ(ə)n/ *n* 1 違反, 違背; 背馳(はい); 違反行為. 2 反対. 3 《フランス法》違警罪. in ~ of …に違反して: The hotel is *in* ~ *of* the safety [fire] regulations.

contr. bon. mor. °contra bonos mores 善良の道徳[風俗]に反して.

Con·trec·ta·tio rei ali·e·nae ani·mo fu·ran·di est fur·tum. /kàntrɛktéɪʃiou ríːaɪ èɪlíːni ǽnɪmou fərǽndaɪ ɛst fə́ːrtəm/ 盗む意思でもって他人の物を窃取することは窃盗である。[L=The taking of another's property with an intention to steal is theft.]

con·trib·u·ta·ry /kəntríbjətèri, -t(ə)ri/ *a, n* CONTRIBUTORY.

con·trib·ute /kəntríbjət, -bjùːt/ *vt, vi* 1 a〈金品などを〉寄付[寄贈]する、拠出する, 出資する. b〈助言などを〉与える; 寄稿する. 2 寄与[貢献]する;〈…の〉一助[一因]となる〈to, toward〉.

contríbuting to the delínquency of a mínor《米》未成年者非行寄与(罪) (=**contributing to delinquency**)《未成年者に例えば万引をそそのかしたり、金銭を与えて性行為を求めたり、飲酒をさせるなど、成人が未成年者を非行に走らせるような行為をなすこと; cf. IMPAIRING THE MORALS OF A MINOR, JUVENILE DELINQUENCY》.

con·tri·bu·tion /kàntrəbjúːʃ(ə)n/ *n* 1 寄付, 寄贈, 拠出, 出資; 貢献, 寄与. ▶ CAPITAL CONTRIBUTION (資本拠出) / CHARITABLE CONTRIBUTION (公益団体への寄付) / PLANNING CONTRIBUTION (開発拠出). 2 a《特に共同債務者・共同不法行為者の各人が負担すべき》負担部分, 分担金 (cf. INDEMNITY). b《共同債務者・共同不法行為者で他人の負担すべき部分を支払った者がその他人に請求できる》求償(権). ▶ CIVIL LIABILITY CONTRIBUTION (共同民事賠償責任者間求償(権)) / GENERAL AVERAGE CONTRIBUTION (共同海損分担額). 3《重複保険の場合の》保険者間の分担金. 4《社会保険の》保険料, 分担金, 納付金. ▶ ADDITIONAL VOL-

UNTARY CONTRIBUTION (任意追加納付金) / EMPLOYER'S CONTRIBUTION (被用者年金雇用者負担金) / NATIONAL INSURANCE CONTRIBUTIONS (国民保険分担金) / PENSION CONTRIBUTIONS (年金基金分担金) / SOCIAL SECURITY CONTRIBUTIONS (社会保障分担金). **5 a**《国際法》《占領地住民に課する》軍税. **b**《史》軍用賦課金. **lay...under ~** ...に寄付[軍税]を課する. **~·al** *a*

contribútion clàuse《重複保険の保険者間の》分担条項(=COINSURANCE CLAUSE).

contribútion nòtice《共同債務者または共同不法行為者で他人の負担すべき部分まで債務額・損害賠償額を支払った者がその他人に対して行なう》求償通知.

con·trib·u·tor /kəntríbjətər/ *n* 寄贈者; 出資者, 拠出者; 貢献者; 寄稿者: *~s* of capital.

con·trib·u·to·ry /kəntríbjətɔ̀:ri, -t(ə)ri/ *a* **1** 寄与する; 結果に影響する, ...の一助[一因]となる: a ~ factor 一因. **2** 出資金[税など]を分担する; 〈年金が〉拠出[分担]制の. ─ *n* **1** 出資(義務)者;《英・米史》清算出資者[社員]《会社清算時に財産を拠出すべき会社の現在または過去の構成員》. **2** 誘因.

contríbutory cáuse 寄与原因, 一助, 一因, 誘因.

contríbutory fáult 寄与責任《特に 約束者がみずから約束の履行を不可能にした責任》.

contríbutory infríngement 寄与侵害《特に他人の特許権・著作権・商標権侵害を故意に助ける行為》.

contríbutory négligence 1 寄与[近因, 助長]過失(1)被害発生には被害者[原告]自身の過失が寄与すること, またその過失; かつてはこの場合損害賠償を受けられないとしていたが, 現在では大部分の法域で賠償金減額の効果のみをもつ; cf. COMPARATIVE NEGLIGENCE, CONTRIBUTORY NEGLIGENCE DOCTRINE, DISTRACTION DOCTRINE **2**)《まれ》原告[被害者]・被告以外の第三者の過失が被害発生に寄与すること, また その過失). **2** 寄与過失の抗弁.

contríbutory négligence dòctrine 寄与過失の法理《被害発生に被害者自身の過失も寄与している場合には, それを理由にして全面的に損害賠償を否認するという原則; 現在では英国および米国の大多数の州で損害発生に対する被害者の寄与の割合を顧慮して正当かつ衡平に減額されるべきであるとする比較過失の法理 (comparative negligence doctrine) が採用されている》.

contríbutory pénsion 拠出年金《被保険者の保険料負担を伴う年金》.

contríbutory pénsion plàn [schème"] 拠出年金制度《雇用者・被用者が共に年金基金に積み立てる方式の年金制度; cf. NONCONTRIBUTORY PENSION PLAN [SCHEME"]》.

cón trìck《口》CONFIDENCE TRICK.

con·trol /kəntróul/ *n* 支配, 取締まり, 管理, 監督(権)〈*on, over, of*〉; 統制; 抑制, 規制; 制御: gain ~ *of* a business 経営権を握る / lose ~ *of* a business 経営権を失う / be under ~ of...の管理[支配]下にある / be [get] out of ~ 制しきれない. ▶ CARE AND CONTROL (未成年の子の監護(権)) / CARE OR CONTROL (未成年の子の監護(の必要あるいは不能)) / COMMUNITY CONTROL (地域社会による監督) / DEADHAND CONTROL (死手の支配) / DECONTROL (管理撤廃) / Eurocontrol (欧州航空管制機構) / EXCHANGE CONTROL (為替管理) / EXCLUSIVE CONTROL (排他的管理) / IMMEDIATE CONTROL (直接支配区域; 直接制御) / INTEGRATED POLLUTION CONTROL (汚染統合規制) / INTEGRATED POLLUTION PREVENTION CONTROL (汚染予防統合規制) / PRICE CONTROL (価格統制) / RENT CONTROL (家賃統制) / STOCK CONTROL (在庫管理) / SUPERVISORY CONTROL (監督統制). ─ *vt* (-ll-) **1** 支配する, 統制[管制]する, 監督する. **2**〈物価・賃金などを〉調整[調節]する; 抑制[規制, 制御]する: fight to ~ inflation / ~ one*self* 自制する.

contról gròup 支配グループ《会社において決定権限を有する役員など》.

contról gròup tèst 支配グループのテスト《弁護士依頼者間の秘匿特権 (attorney-client privilege) が会社被用者による情報を保護するか否かを決定するための基準で, 被用者が, その情報の結果として会社の行動を決定しうる権限を有する支配グループ (control group) の成員であった場合にのみ, 保護されるとするもの; 米国の合衆国最高裁判所はこの基準をとっていない; cf. SUBJECT MATTER TEST》.

con·trólled *a* **1** 抑制された, 控えめな. **2** 制御された, 規制された: government-~ 政府支配の, 政府によって管理[統制]された.

contrólled cómpany 被支配会社《その会社の議決権のある株式の大半を有する個人・集団・会社の支配下にある会社》.

contrólled drúg" 規制薬物 (=CONTROLLED SUBSTANCE*) (cf. UNLAWFUL POSSESSION OF DRUGS).

contrólled ecónomy 統制経済.

contrólled fóreign cómpany《英》被支配外国会社《少なくとも40％の株式は一つの英国会社によって保有されている外国会社; その収益は原則として英国の法人税 (corporation tax) に服する》.

contrólled gróup《米税制》被支配会社グループ《その株式が5名以下の人により実質的に保有されている複数の会社》.

contrólled súbstance* 規制薬物 (=controlled drug") (amphetamine, anabolic steroid, barbiturate, hallucinogen, heroin, marihuana, morphine など, その所持および使用が規制される薬物; cf. DRUG》.

contrólled súbstance àct《米》規制薬物法. ▶ UNIFORM CONTROLLED SUBSTANCES ACT (統一規制薬物法).

contrólled ténancy《英史》統制借家権《保護借家権 (protected tenancy) の一つ; 1957年7月以前に

設定された場合に生じることがあった; 1980 年に規制借家権 (regulated tenancy) に転換》.

contrólled trúst 〚英〛規制信託《一人ないしは複数の事務弁護士 (solicitor) あるいはその被用者のみが受託者になっている信託; Solicitors Act 1974 (1974 年の事務弁護士法) に規制される特別の会計報告規則に服する》.

contrólled wáste 〚英〛規制廃棄物《1990 年の環境保護法 (Environmental Protection Act) で規制対象になっている家庭・産業・商業廃棄物》.

con·tról·ler *n* **1** 《会計などの》監督官, 監査官, 監査役; 会計検査担当者, 会計検査官; 経理部長; 管理官. ★官名としては COMPTROLLER が普通. **2** 管理者, 取締人.

con·tról·ling ínterest 支配(的)持分《会社の経営を握るのに十分な株式保有など》.

contrólling sháreholder [stóckholder] 支配株主《会社を支配する株主》.

contról òrder 〚英〛規制命令《2005 年法で導入され, 同条項そのものは同年中に廃されはしたが, 命令 (statutory instrument) により存している命令で, 一般の人々をテロ行為 (terrorism) の危険から守る目的で, 大臣の申し立てに基づき特定個人に種々の行動制限を含む義務を課す裁判所命令; 人権法 (Human Rights Act) および欧州人権条約 (European Convention on Human Rights) との関係が問題となりうる》.

contról stòck [shàres] (*pl*) 支配株式《会社を支配するのに必要な株式数または割合》.

contról sỳstem 1 《コンピューターの》命令処理制御システム, 制御系. **2** 《核兵器の》制御システム. **3** 《航空機の》(姿勢)制御装置.

contról tèst 1 《税金の査定のためあるいは不法行為責任決定のため, 被用者であるか自営業者であるかを調べる》自立度テスト. **2** 自制度テスト (= IRRESISTIBLE IMPULSE TEST).

contról thèory (犯罪)社会統制力欠如論《人が犯罪行為に従事するのは, 例えば 犯罪は道徳的な悪であるという信念などの, 人格的に支えられている一定の社会統制力が犯行を阻止すべく用意されていない場合になされるという理論》; cf. RATIONAL CHOICE THEORY, ROUTINE ACTIVITIES THEORY, STRAIN THEORY》.

con·tro·ver·sy /kάntrəvə̀:rsi, Ⅱkəntrάvəsi/ *n* 論争, 論議; 口論; 争訟 (⇨ CASE-OR-CONTROVERSY REQUIREMENT) (cf. CASE). ▶ ACTUAL CONTROVERSY (現実の争訟) / AMOUNT IN CONTROVERSY (訴額) / CASE AND CONTROVERSY (事件および争訟) / CASE OR CONTROVERSY (事件あるいは争訟) / MATTER IN CONTROVERSY (係争事項; 訴額) / PUBLIC CONTROVERSY (公的論争) / SEPARABLE CONTROVERSY (分離できる法的紛争) / SUBMISSION OF CONTROVERSY (紛争事実具申争訟). **con·tro·ver·sial** /kὰntrəvə́:rʃəl, -siəl/ *a* 〔L (↓)〕

con·tro·vert /kάntrəvə̀:rt, ーーー́/ *vt* **1**《問題を》争う, 論争する. **2** …に反論する, 論駁する, 否定する. — *vi* 論争する. 〔F < L (*vers- verto* to turn)〕

con·tu·ma·cy /kάnt(j)əməsi, -tʃə-, *kəntjú:məsi/ *n* 《官命, 特に 裁判所の命令に対する》命令不服従 (cf. CONTEMPT). **con·tu·ma·cious** /kὰnt(j)əméɪʃəs, -tʃə-/ *a* 官命抗拒の, 《特に 裁判所の命令に》服従しない. 〔L *contumax* (? *tumeo* to swell)〕

co·nu·bi·um, con·nu- /kən(j)ú:biəm/ *n* 〚ローマ法〛婚姻権, 通婚権 **1**) 婚姻締結権, 婚姻能力 **2**) 婚姻 [通婚]権を有する人同士の婚姻に付随する権利の集合》. 〔L *con-* together, *nubere* to marry〕

con·u·sance /kάnjəzəns/ *n* 〚史〛**1** 裁判権, 管轄権 (cognizance). ▶ CLAIM OF CONUSANCE (特権的専属管轄権の主張). **2** 裁判所による《顕著な事実の》確知 (= JUDICIAL NOTICE). **3** 《被告の》認諾, 自白.

cón·u·sant *a* 〈人が〉認識して, 知って. 〔F *connaissant*〕

con·vene /kənví:n/ *vt* 《会・会議》を召集する;《法廷などに》召喚する: ~ *sb* before a tribunal. — *vi* **1** 会合する. **2** 〚大陸法〛訴えを提起する. 〔L *con-(vent-venio* to come)=to assemble, agree, fit〕

con·ven·er, -ve·nor /kənví:nər/ *n* **1**《委員会などの》召集者,《会議》主催者. **2** 古参労働組合役員.

con·ve·nience /kənví:njəns/ *n* 便利さ, 重宝さ, 都合, 好都合, 便宜, 便益; 安楽: as a matter of ~ 便宜上 / at your earliest ~ ご都合のつき次第 / for ~ (') sake 便宜上. ▶ FLAG OF CONVENIENCE (便宜置籍国の国旗, 便宜置籍) / MARRIAGE OF CONVENIENCE (地位・財産などが目当ての婚姻) / RULE OF CONVENIENCE (便宜の準則).

con·vé·nient *a* 都合[勝手]のよい; 便利な, 重宝な 〈*to*, *for*〉.

con·ven·ti·cle /kənvéntɪk(ə)l/ *n* 秘密礼拝集会. 〔< L *conventiculum* small assembly〕

con·ven·tio /kənvénʃioʊ/ *n* **1** 〚史〛合意, 協定; 契約. **2** 〚教会法〛召喚. 〔L=convention〕

con·ven·tion /kənvénʃ(ə)n/ *n* **1 a**《政治・宗教・教育・労組などの》代表者大会[会議], 年次総会; 集会, 《政党の》大会; 〚米〛党大会: the Democratic Party C~ to select the presidential candidate. **b** 大会[集会]参加者(集合的). **c** 〚英史〛協議会, 協議議会, 仮議会《1660 年と89 年に国王の召集なく開いた; ⇨ CONVENTION PARLIAMENT》. **d** 憲法会議 (constitutional convention). **2** 合意, 申し合わせ, 約定, 協定, 協約 (agreement). **3** 〚国際法〛条約, 協約, 国際協定, 協商, 仮条約. **3 a** 慣経,《世間の》しきたり, 慣行, 慣習, 因襲 (⇨ USAGE). **b**《憲法上の》習律, 慣例, 慣行 (⇨ CONSTITUTIONAL CONVENTION). ▶ CONSTITUTIONAL CONVENTION (憲法上の習律). ~·**al** *a* 〔OF < L; ⇨ CONVENE〕

convéntional annúity 最低額協定年金《受給権者が各支払い期日に特定の最低金額の年金を受け取る年金; cf. VARIABLE ANNUITY》.

convéntional cústom 約定上の慣習法《慣習法ではあるが、当事者間の合意に基づき間接的に、したがって合意当事者間にのみ個別的に適用されるもの》.

convéntional estáte 合意不動産権 (=conventionary)《法の適用の結果生まれるのでなく、当事者の明示的合意に基づいて設定される生涯不動産権 (life estate)》.

convéntional ínterest 約定利息 (cf. INTEREST AS DAMAGES).

convéntion·al·ìsm *n* 慣例主義《過去との連続性を重視し、先例の遵守こそが法的実践の核心をなすとし、予測可能性の保証・期待保護の理念を目指す慣例尊重的法理解;ここから裁判官はその社会で確立している慣例を尊重せねばならない、したがって裁判官は制定法と判例で確立された法的基準を遵守すべきでそれに代わる新法を作成すべきでないことなどが派生してくる; 米国の法哲学者ロナルド・ドゥオーキン (Ronald Dworkin) (1931-) の裁判官による法解釈のありようについての考え方の一つの柱》.

conventionálity thèsis 慣習説《法的有効性を生み出している社会的事実は社会慣習により権威あるものとなっているという法実証主義 (legal positivism) が通例採っている考え方; cf. SOCIAL FACT THESIS》.

convéntional láw 約定法《当事者が互いに対する行為を規制するものとして合意の上で作った法; すなわち一般法を補完ないしは代替することにより当事者間で特別法としての効力を有するものとして合意により作成された法; 例えばクラブ・労働組合・会社の規則類; 一般法はこの種の法の作成を認めており、有効に作られかつ一般法に違反しない限りこれを認めかつ裁判所も強制しうる》.

convéntional lóan 普通貸付け (=CONVENTIONAL MORTGAGE).

convéntional mórtgage《米》**1**《政府機関による保険が付されていない》普通譲渡抵当 (=conventional loan). **2**《Louisianaにおいて法定譲渡抵当でない》契約による譲渡抵当.

convéntional obligátion《当事者間の合意に基づく》約定義務 (cf. OBEDIENTIAL OBLIGATION).

convéntion·ary /; -(ə)ri/ *a*《不動産権が》明示の合意に基づく、合意による. — *n* **1** 合意不動産権 (conventional estate). **2** 合意不動産権者.

Convéntion for the Pacífic Séttlement of Internátional Dispútes《国際法》国際紛争平和的処理条約 (1899年の第1回ハーグ平和会議 (Hague Peace Conference) で採択された条約; 1907年の第2回ハーグ平和会議で修正され、今日に及んでいる; 特に常設仲裁裁判所 (Permanent Court of Arbitration) の新設 (1901年) はその大きな成果とされている).

Convéntion for the Suppréssion of Unláwful Séizure of Áircraft [the ~]《国際法》航空機不法奪取防止条約、《正式名》航空機の不法な奪取の防止に関する条約《1971年に発効したハイジャック防止条約》.

convéntion of the constitútion 憲法上の習律 (=CONSTITUTIONAL CONVENTION).

Convéntion Pàrliament《英史》協議議会《国王の召集なく開いた議会; 特にCharles 2世の復位を決議した1660年の議会と、James 2世の退位を宣言し、WilliamとMaryに権利宣言 (Declaration of Rights) の受諾を条件に王位を提供し、両名はこれを受け王位に就いた1689年の議会》.

Convéntion rìght《英》《欧州》人権条約上の権利《欧州人権条約 (European Convention on Human Rights) およびそれを国内法化した英国の人権法 (Human Rights Act) により保護される基本的自由》.

Con·vén·tio pri·va·to·rum non po·test pub·li·co ju·ri de·ro·ga·re. /kɑnvɛ́nʃiou pràivəɪtóurəm nɑn pátɛst pʌ́blɪkou dʒú:rài dì:rougéɪrɛ/ 私人間の合意は公権をそこなえず. [L=An agreement of private persons cannot derogate from public right.]

Convéntio vin·cit le·gem. /— vínsɪt lí:dʒɛm/ 合意は法に勝る. [L=The agreement overrides the law.]

con·vér·sion /kənvə́:rʃ(ə)n, -ʒ(ə)n/ *n* **1** 変換、転換; 転向、変節、改宗. **2**《金融》借替え、切替え;《通貨の》交換、兌換;《会計》《複利計算で》利息の元金繰入れ. **3 a**《財産権の》形態転換《動産を不動産に、不動産を動産に転換すること; 遺言・裁判所命令などで行なわれる; ⇒ EQUITABLE CONVERSION. **b**《債務・社債・株式などの種類の》転換. ▶ CONSTRUCTIVE CONVERSION (擬制形態転換) / DOWNSTREAM CONVERSION (下向転換) / EQUITABLE CONVERSION (エクイティー上の財産権の形態転換) / INVOLUNTARY CONVERSION (非任意転換) / RECONVERSION (エクイティー上の転換の取消し) / UPSTREAM CONVERSION (上向転換). **4**《動産の》横領 (cf. TROVER). ▶ CONSTRUCTIVE CONVERSION (擬制横領) / FRAUDULENT CONVERSION (悪意の横領) / TROVER AND CONVERSION (拾得動産横領訴訟). ~·al *a* ~·àry /; -(ə)ri/ *a* [OF<L; ⇒ CONVERT]

convérsion divórce 転換離婚 (=convertible divorce)《裁判上の別居 (judicial separation) が認められるかあるいは当事者間での別居合意 (separation agreement) が成立したのち、または法定期間別居していたのちに、認められる離婚》.

con·vért /kənvə́:rt/ *vt* **1** 変える; 改造[改装]する; 転向[改宗]させる. **2**《通貨を》交換する; 兌換する; 換算する ⟨*into*⟩: ~ 1 euro into yen. **3**《財産権・債務など》《の形態・種類》を転換[変更]する ⟨*into*⟩. **4**《動産を》横領する ⟨*to* one's own use⟩: ~ funds *to* one's own use. **5**《金融》借り替える ⟨*into*⟩;《利息を》元金に繰り入れる. ~·er *n* [OF<L con-(vers- verto to turn)=to turn about]

convért·ed ténancy《英史》転換借家権《統制借家権 (controlled tenancy) は1980年に規制借家権 (regulated tenancy) に転換されたので、その転換された借

家権)).

convért·ible *a* 変えられる, 改造[改装]できる⟨*to, into*⟩; 転用できる; 改宗[転向]させうる; 《金融》借替えできる, 転換できる⟨社債・株式⟩; 交換可能の⟨通貨⟩; 換算できる⟨*at a certain rate*⟩.

convértible bónd 転換社債(=convertible debenture, convertible loan stock")《社債権者に他の証券(通例は株式)への転換権を与えている社債》.

convértible debénture 転換社債(=CONVERTIBLE BOND).

convértible divórce 転換離婚(=CONVERSION DIVORCE).

convértible insúrance 転換可能保険, 可変保険《定期保険を診察なしで長期生命保険に切り換えるなど, 別形態の保険にその可能性についての新たな証明なしで転換することの可能な保険》.

convértible lóan stòck" 転換社債(=CONVERTIBLE BOND).

convértible mórtgage 転換譲渡抵当《一定期間後(通例は弁済期)に担保目的物を約定価格で買い取る選択権付きで設定される譲渡抵当》.

convértible secúrity 転換証券《所持人に他の証券への転換権を与えている証券》.

convértible stóck 転換株式《株主に他の証券へ(通例は優先株から普通株へ)の転換権を与えている株式》.

convértible subórdinated debénture 転換劣後債(券)《劣後債(券)(subordinated debenture)ではあるが, 株式など他の証券に転換可能な債券》.

con·vey /kənvéi/ *vt* **1** 運ぶ, 運搬する. **2** 伝達する. **3 a** 《証書によって》《財産(権), 特に 不動産権》を譲渡する(transfer)⟨*to*⟩: The farm was ~*ed to* his son. **b** ...を付与する. **~·able** *a* [OF<L (*via* way)].

convéy·ance /-/ *n* **1** 運搬, 運輸, 輸送; 伝達; 輸送機関, 乗物: a public ~ 公共輸送機関(バスなど). **2 a** 不動産譲渡, 不動産(権)譲渡(手続き) (cf. DEED); 財産(権)移転; 《不動産に対する》権原の設定・移転《一定の方式行為, 特に 捺印証書の作成・交付によって不動産に対する権原(title)が設定・移転されること》. **b** 不動産譲渡証書; 財産移転証書. ▶ COMPLETION OF A CONVEYANCE (不動産譲渡の完了) / DERIVATIVE CONVEYANCE (派生的不動産譲渡) / FRAUDULENT CONVEYANCE (詐害的財産譲渡) / INNOCENT CONVEYANCE (無害的不動産譲渡) / MESNE CONVEYANCE (中間不動産譲渡) / ORIGINAL CONVEYANCE (原不動産譲渡) / PRIMARY CONVEYANCE (一次的不動産譲渡) / RECONVEYANCE (再譲渡) / SECONDARY CONVEYANCE (二次的不動産譲渡) / TORTIOUS CONVEYANCE (加害的不動産譲渡) / VOLUNTARY CONVEYANCE (有価約因なしの(不動産)譲渡). **3**《特に 破産法上 不動産・動産・金銭・債権を含む財産全般の》譲渡(=bond for deed).

con·véy·anc·er *n* 不動産譲渡専門弁護士, 不動産譲渡弁護士. ▶ LICENSED CONVEYANCER (不動産譲渡取扱い免許業者).

con·véy·anc·ing *n* 不動産譲渡証書作成(業), 不動産譲渡手続き: do-it-yourself ~ 一人でできる不動産譲渡手続き. ▶ ELECTRONIC [E-]CONVEYANCING (電子不動産譲渡).

convéyancing cóunsel [°C- C-]《英》不動産譲渡顧問弁護士《高等法院(High Court of Justice)が不動産権原・不動産譲渡についてその意見を参考にして不動産権原を調査するのを援助すべく大法官(Lord Chancellor)により選任される 3–6 名の不動産譲渡専門弁護士; 最低 10 年の実務経験が資格要件》.

convéyancing trùst《米》不動産譲渡信託(=SUBDIVISION TRUST).

con·vey·ee /kənveíː/ *n* 不動産被譲渡人.

con·véy·er, -or *n* **1** 運搬人. **2** 不動産譲渡人.

con·vict *vt* /kənvíkt/ 有罪と決定する (cf. ACQUIT): ~ sb of a crime / a ~*ed* criminal. ― *n* /kánvìkt/ 有罪と決定された者, 有罪もしくは判決を受けた者《英国では古くは反逆罪(treason), 重罪(felony)で有罪と決定された者で判決が言い渡される前の者を指したが, 一般的な語法ではそれに基づいて死刑または自由刑の言い渡しを受けた者をも指した; 現在では有罪と決定された者一般を指す》: a ~ settlement 有罪決定囚収容所.

con·vic·tion /kənvíkʃ(ə)n/ *n* **1** 説得; 確信: in the full [half] ~ that...だと完全に[なかば]確信して / hold a strong ~ 強い確信をいだく / It is his ~ that the plaintiff has brought the case maliciously. **2** 有罪決定(=condemnation) (cf. ACQUITTAL, SENTENCE). ▶ ABIDING CONVICTION (確実な有罪決定) / JUDGMENT OF CONVICTION (有罪判決) / PREVIOUS CONVICTIONS (過去の有罪決定) / RE-CONVICTION (有罪の再決定) / RECORD OF CONVICTION (有罪決定録) / SPENT CONVICTION (有罪決定の消滅) / SUMMARY CONVICTION (略式手続きによる有罪決定). carry ~ 説得力がある. **~·al** *a*

convíction ràte 有罪決定率《一定地域ないし一定期間内における訴追に対する有罪決定の比率》.

con·vínc·ing évidence /kənvínsɪŋ-/ 確信をいだかせるに足る証拠(⇒ CLEAR AND CONVINCING EVIDENCE).

convíncing próof 確信をいだかせるに足る証明, 確信的立証(⇒ CLEAR AND CONVINCING EVIDENCE).

con·vi·vi·um /kənvíviəm/ *n*《史》饗応(きょうおう)保有《少なくとも年 1 回領主に対して肉・酒類で饗応するという奉仕義務で不動産を保有する世俗的不動産保有(lay tenure)》. [L=banquet].

con·vo·ca·tion /kànvəkéɪʃ(ə)n/ *n* **1**《英》聖職者会議《国教会制をとる英国の特殊な制度で, 大主教のいる Canterbury と York の各管区内のイングランド教会の全聖職者の代表者会議で, 大主教により主宰される; Upper House と Lower House の二院制》. ▶ COURT OF CONVOCATION (聖職者会議裁判所). **2**《教会》首都大司教区会議, 《大主教の》管区会議.

con·voy /kánvɔi/ *n* 護送船(団), 護送車隊. [OF; ⇨ CONVEY]

cool /kúːl/ *vt* 冷やす, 冷ます ⟨*down, off*⟩; ⟨怒り・熱情などを⟩鎮める, 落ちつかせる. — *vi* 冷える, 冷める ⟨*down, off*⟩.

cóol blóod 冷静 (=cool state of blood)《殺人を犯す際の殺害者の精神状態を示すのに用いられる語で, その感情が理性を失わせるほどの興奮状態にないこと; cf. COLD BLOOD, HEAT OF PASSION》.

Cóo·ley dòctrine /kúːli-/ [the ~]《米》クーリーの法理《連邦議会は全国的な統一規制を必要とする州際通商の規制については排他的権限を有し, 地方ごとに異なった取扱いを要するほど局地的な性質の州際通商については州も競合的に規制できると判示した 1851 年の合衆国最高裁判所判例 Cooley v. Board of Wardens (クーリー対(フィラデルフィア港)管理委員会事件) から導き出された準則; 現在合衆国最高裁判所はこの法理を採っておらず, 比較衡量による審査に変わってきている》.

cóol·ing-òff pèriod 1⟨労働争議などの際ストライキもロックアウトもできない⟩冷却期間. **2** クーリングオフ期間《**(1)** 消費者保護法の下で訪問販売・信用取引等で消費者が契約を無条件解約できる期間 **2)**《米》証券発行で証券取引委員会 (SEC) への登録から公募までの期間; SEC の定めて 20 日間 **3)**《英》生命保険で新規加入を解約できる期間 **4)** 離婚訴訟で訴え提起後第 1 回審理まで最低これだけの間隔をおくべきとされている期間》.

cóoling tìme 1 =COOLING-OFF PERIOD. **2** 冷却時間《他人の挑発により激情にかられて行なった犯罪は減刑対象となることがあるが (特に 殺人は voluntary manslaughter (故意故殺) となる), 激情から平静に戻るまでの時間経過後は, これは認められない; この時間を指す; cf. COOL BLOOD》.

cóol státe of blóod 冷静状態 (=COOL BLOOD).

co·op·er·a·tion /kouàpəréiʃ(ə)n/ *n* **1**《2人以上の》協力, 協同, 協働. **2**《国際法》《複数の国家による任意の》国際協力.

cooperátion clàuse《保険》協力条項《保険約款中の条項で, 保険金請求に関連して, 例えば 審理への出頭, 証拠の確保・提出, 証人の出廷などで, 被保険者が保険者の要請に基づき保険者に協力すべきことを定めているもの》.

cooperátion procèdure 協力手続き《欧州連合 (European Union) の立法手続きの一つで, 欧州委員会 (European Commission) の提案を受けた欧州連合理事会 (Council of the European Union) はそれを欧州議会 (European Parliament) に送付し, 議会が承認するか 3 か月以内に何も行なわない場合は, 理事会はその提案を法として成立させることができる; 議会が絶対多数で否決した場合は, 理事会は全会一致での決定を覆すことができるとするもの; cf. ASSENT PROCEDURE, CODECISION PROCEDURE》.

co·op·er·a·tive, co-op- /kouάp(ə)rətiv, *-pərèi-/ *n* **1** 協同組合; 協同組合の小売店: a consumers' [consumptive] ~ 消費者協同組合, 生活協同組合 / a producers' [productive] ~ 生産者協同組合. **2** 協同組合方式による集合住宅《住民が組織する協同組合による集合住宅の共同所有形態; cf. CONDOMINIUM, PROPRIETARY LEASE》. — *a* **1** 協力的な, 協同の. **2** 協同組合の, 協同組合方式の.

coóperative bánk《米》協同組合銀行,《特に》貯蓄貸付銀行 (savings and loan bank).

coóperative féderalism 協調的連邦主義《連邦政府と州政府とが一定の統治行為に協同して従事している間は, 双方が相手方の権能を認める形で権能を配分しようとする連邦主義》.

coóperative láw 協同法《当事者およびその弁護士がまずは当事者対抗手続き (adversary proceeding) を用いずに拘束力を有する合意に達する努力をするが, 和解に達しない場合には, 典型的には同一弁護士による訴訟の可能性も残しておくという紛争解決手段; cf. COLLABORATIVE LAW, MEDIATION》.

co-opt /kouápt/ *vt* **1**⟨委員会などが人を選挙なしで⟩新会員[同僚]として選任する; 略式で任命する: ~ sb onto a committee. **2** 取り込む, 吸収する.

coordinátion of bénefits《複数の保険の》給付金調整.

cò-ówn·er, còówn·er *n* 共同所有(権)者, 共有者: ~s of real property. **còówn** *vt*

cò-ówner·ship *n* 共同所有(権) (cf. JOINT TENANCY, TENANCY IN COMMON).

cop[1] /káp/ *n*《口》おまわり, 警官 (policeman).

cop[2] *vt* (-pp-)《俗》逮捕する, つかまえる. — ~ a PLEA. — *n*《俗》逮捕. [? *cap* (obs) to arrest<OF *caper* to seize]

co·párcenary *n* 相続財産共有(権) (=parcenary)《コモンロー上は長男子単独相続制で, 男子相続人不存在の場合は, 女子相続人の共同相続になった; 英国では 1925 年廃止され, エクイティー上も限定された; cf. ESTATE IN COPARCENARY》. ▶ ESTATE IN COPARCENARY (共有相続不動産(権)). — *a* 相続財産共有(権)の.

co·párcener *n* 相続財産共有者 (=parcener).

co·pártner *n* **1** 組合員. **2**《史》相続財産共有者 (coparcener).

co·pártner·ship *n* 組合 (partnership).

cò·párty *n* 共同(訴訟)当事者 (⇨ CODEFENDANT, COPLAINTIFF).

cò-petítion·er *n* 共同原告; 共同上訴人.

cò·pláintiff *n*《米・英史》共同原告 (cf. CODEFENDANT).

cóp·per *n*《俗》おまわり, 警官 (cop). [COP[2]]

cópper-bóttomed *a* **1** 底が銅板張りの《船》. **2**《財政的に》健全な, 健全経営の;⟨保証などが⟩確実な, 安全な. **3** 本物の, 信頼できる.

co·príncipal *n* **1** 共同正犯. **2**《共同で代理人 (agent) を選任した》共同の本人.

co·próperty *n* 共同財産権, 共同所有, 共有.

co·prí·e·tor *n* 共同所有権者, 共同所有者, 共有者.

co·prós·e·cu·tor *n* 共同訴追者.

cop·u·la /kápjələ/ *n* 性交, 交接.　**cóp·u·lar** *a*　[L =bond, connection]

Co·pu·la·tio ver·bo·rum in·di·cat ac·cep·ta·ti·o·nem in eo·dem sen·su. /kɑ̀pjəléɪʃiou vɚbóurəm índɪkæ̀t æksèpteɪʃíounɛm ɪn éoudɛm sénsju/ 文言が連結していることは同じ意味に解されるべきであることを示している. [L=The coupling of words shows that they are to be taken in the same sense.]

copy /kápi/ *n* **1 a** 写し, 複写, コピー; 謄本, 抄本 (cf. BEST EVIDENCE RULE, SCRIPT): the original and the ~ 原本と写し / file ~ ファイルしたコピー / make [take] a ~ 複写する / keep a ~ of...の写しを取っておく. **b**『謄本法』コピー, 複製物. **c** (...) 部, 冊, 通, 複本: Please send us 200 *copies* of the book. 同書 200 部をお送りください. ▶ CARBON COPY (カーボンコピー) / CERTIFIED [ATTESTED, EXEMPLIFIED, VERIFIED] COPY (認証謄本) / CONFORMED COPY (同一証明付き写し) / DEPOSIT OF COPY (著作物の複製物の納入) / EXAMINED [MARKED] COPY (原本対照謄本) / FACSIMILE COPY (複写物) / HARD COPY (ハードコピー) / OFFICE [OFFICIAL] COPY (正式謄本) / TOP COPY (原本) / TRUE COPY (正確な写し). **2**『印刷へまわす』原稿; 広告文案, コピー: a clean ~ 清書 (=FAIR COPY) / final ~ 《修正・変更の必要ない》最終コピー / a foul [rough] ~ 下書き, 草稿. ▶ FAIR COPY (訂正済みコピー) / MANDATORY COPY (強制記載文言).　— *vt, vi* 複写する, 写しを取る. [OF<L *copia* transcript]

cópy·hold *n*『史』《不動産の》謄本保有(権), 謄本土地保有; 謄本保有不動産《もともとは荘園領主の直領地を耕作するという隷属的かつ不確定の農耕的奉仕義務を対価に土地を保有する隷農 (villein) の土地保有形態であり, この権利は領主が許容する限りにおいて存続する任意不動産権 (tenancy at will) で, 専ら荘園裁判所 (manorial court) で荘園慣習法に従って保護され, 荘園裁判所の記録の謄本 (copy) によりその権利が証明された; 1922 年法により廃止され, 自由土地保有権 (freehold) か定期不動産賃借権 (leasehold) に転換された》: in ~ 謄本保有権によって. ▶ ENFRANCHISEMENT OF COPYHOLD (謄本保有権の自由土地保有権化) / EXTINGUISHMENT OF COPYHOLD (謄本保有権の消滅) / PRIVILEGED COPYHOLD (特権的謄本保有権).

cópy·hòld·er *n*『史』謄本(土地)保有権者.

cópy·right *n* 著作権, 版権 (cf. HACKING, INTELLECTUAL PROPERTY, LITERARY PROPERTY, PIRACY): ~ reserved 著作権所有 / infringe a ~ 著作権を侵害する / work which is out of ~ 著作権の切れた著作物 / work still in ~ まだ著作権が存する著作物. ▶ COMMON-LAW COPYRIGHT (コモンロー上の著作権) / COMPULSORY LICENSE OF COPYRIGHT (著作権の強制許

諾) / CROWN COPYRIGHT (政府刊行物著作権) / DIVISIBILITY OF COPYRIGHT (著作権の可分性) / DRAMATIC COPYRIGHT (演劇的著作権) / INFRINGEMENT OF COPYRIGHT (著作権侵害) / INTERNATIONAL COPYRIGHT (国際著作権) / NOTICE OF COPYRIGHT (著作権表示). ★(1)「版権」という日本語は一般に慣用されているが, 法学上は廃語. (2) 著作権の存続期間は, ベルヌ条約 (Bern(e) Convention) に従えば著作者の死後 50 年, 万国著作権条約に従えば 25 年である. 米国は原則として著作者の生存中と死後 50 年, 英国は死後 70 年としている. 著作権表示 (copyright notice) には ©の記号, 著作権者の名前, それに著作権の日付 (通例 出版年) を入れなくてはならない. 表示は本に印刷し, 通例はタイトルページの裏面に表示する. 著作権表示はポスターなど他の印刷物の場合にも印刷されていなければならない. ★ ⇨ COPYRIGHT ACT.

—*a* 著作権のある, 著作権所有の, 著作権で保護された (copyrighted).

—*vt*〈著作物を〉著作権で保護する, 《著作権表示 (copyright notice) を付して公刊して》〈著作物の著作権を保護する, 〈著作物の著作権を取得する. **~ed** *a*

còpyright·abíl·i·ty *n*《著作権 (copyright) 保護の対象となりうる》著作物性.

cópy·right·able *a* 著作物性を有する.

Cópyright Àct [the ~] 著作権法(1)『米』著作権の保護を著作権者の生存期間および死後 50 年とした; 1976 年成立, 78 年発効; それ以前のコモンロー上の著作権 (common-law copyright) を原則的に廃し, 代わって成文法での一元的保護になった. **2**『英史』1911 年, 1956 年の同名の制定法; ⇨ COPYRIGHT, DESIGNS AND PATENTS ACT, HOGARTH'S ACTS).

Cópyright Clàuse [the ~] 『米』著作権条項《連邦議会が著作権 (copyright) についての権限を有すると定める合衆国憲法第 1 編第 8 節 8 項のこと》.

cópyright depósit 納本《公刊した著作物の納本図書館 (copyright (deposit) library) への納本で, 著作権取得手続きの一部となっている》.

cópyright (depósit) library 納本図書館《国内で出版されたすべての本 1 部の寄贈を受ける権利を有する図書館; British Library など》.

Cópyright, Desígns and Pátents Àct [the ~]『英』著作権・意匠・特許法《1988 年成立; 既存の知的財産権保護の諸法を統合したもの; 著作権を原則著作者の生存中と死後 50 年と定めていたが, しかしその後 1995 年に 50 年という期間は 70 年に拡張された; cf. COPYRIGHT ACT.

cópyright hòlder 著作権保有者 (copyright owner).

cópyright infrìngement 著作権侵害 (=infringement of copyright).

cópyright láw 著作権法.

cópyright nòtice《著作権取得・保護のために書籍のタイトルページの裏などに記す》著作権表示 (=notice of

cópyright òwner 著作権所有者.
Cópyright Tribúnal [the ~]《英》著作権審判所《著作権保護対象の著作・実演の許可やデータベースに関する権利に関わる諸手続につき審理決定する権限を有する審判所として、1988年の著作権・意匠・特許法 (Copyright, Designs and Patents Act) で、それまでの実演権審判所 (Performing Right Tribunal) に取って代わった》.
cor. coram [L=before, in the place [presence] of] ◆ coroner ◆ corpus ◆ correction ◆ corrective.
CoR °Committee of the Regions 地域委員会.
co·ram ju·di·ce /kɔ́:rəm dʒú:dəsì:/ adv (, a) **1** 裁判官の面前で(の). **2** 管轄権を有する裁判官の面前で(の). [L=before a judge]
córam nó·bis /-nóubəs/ 自己誤審令状, 同一裁判所に対する誤審審理の申し立て(手続き)《同一裁判所に事実の誤りを理由に事件の再審理を申し立て, 判決を取り消し審理再開を求めるための令状またはその手続き; writ of error coram nobis が正式名; もともとは王座裁判所 (Court of King's Bench) が判決後自己の手続きの誤りを発見したときの手続きであるため, coram nobis (朕の面前で) の語が用いられた; 英国では廃止, 米国でも多くは廃止; cf. CORAM VOBIS》. [L=before us [the king]]
córam non jú·di·ce /-nɑn dʒú:dəsì:/ adv (, a) **1** 裁判官の面前ではなく[ない]. **2** 管轄権のない裁判官の面前で(の). [L=not before a judge; before one who is not the judge]
córam pá·ri·bus /-pǽrəbəs/ adv (, a)《史》同輩の面前で《捺印証書 (deed) の認証部分に用いられた文言》. [L=before his peers]
córam ré·ge /-rí:dʒe/ a (, adv)《英史》国王の面前における[おいて]. [L=before the king]
Córam Rége ròll《英史》王座裁判所録.
córam vó·bis /-vóubis/ 他裁判所宛誤審令状, 他裁判所に対する誤審審理の申し立て(手続き)《writ of error coram vobis が正式名, もともとは王座裁判所 (Court of King's Bench) から人民訴訟裁判所 (Court of Common Pleas) に宛てて発給されたがほとんどの所で廃止; cf. CORAM NOBIS》. [L=before you]
cor·don /kɔ́:rdn, -dàn/ n **1**《軍》哨兵線; 非常線, 警戒線: a police ~ 警察が立入りを阻止するためにめぐらす柵あるいは警官が並んで作る非常線 / post [place, draw] a ~ 非常線を張る / pass [break through] a ~ 非常線を突破する. **2** 防疫線, 交通遮断線. — vt …に非常線を張る, …を遮断する: ~ off《地域の周囲に非常線を張る, ある場所》への交通を遮断する.
COREPER °Committee of Permanent Representatives 常駐代表委員会.
córe procèeding《米》中核手続き, 固有手続き《(1) 例えば倒産債務者 (debtor) からある債権者を相手取って起こされた訴訟など破産財団 (bankruptcy estate) の管理と一体となっている手続きで, 破産裁判所 (bankruptcy court) の管轄に属するもの; そうでないものは非中核手続き (noncore proceeding) あるいは関連手続き (related proceeding) と呼び, 裁量で破産裁判所に付託される **2** 連邦の破産法 (bankruptcy law) および破産財団管理の範囲内にあることが明白な事物についての訴訟》.
co·re·spon·dent, co- /kɔ̀(:)rəspándənt, kàr-/ n **1** 共同被告. **2** 共同被上訴人. **3** 姦通を理由とする離婚訴訟の被告配偶者の姦通相手 (cf. RESPONDENT).
cor·o·dy, cor·ro·dy /kɔ́(:)rədi, kár-/ n《英史》《修道院などから国王の役人や一定の権利者が受ける金銭・衣食などの》支給物(受領権).
cor·ol·lary /kɔ́(:)rəlèri, -ləri; kərɔ́ləri/ n 系; 推論; 当然[自然]の結果, 当然に引き出せる結論; 付随物.
co·ro·na /kəróunə/ n (pl ~s, -nae /-ni:/)《史》王冠, 王位 (the Crown). [L=crown]
cor·o·na·tion /kɔ̀(:)rənéiʃ(ə)n, kàr-/ n《英》戴冠式.
Coronátion Càses pl《英史》戴冠式事件《1902年 Edward 7 世の戴冠式が延期されたため, 行列見物のための沿道建物の部屋などの賃貸借契約をめぐって生じた多くの訴訟; 契約目的の達成不能 (frustration) の法理についての重要判例が含まれている》.
coronátion òath《英》戴冠式宣誓.
cor·o·ner /kɔ́(:)rənər, kár-/ n《陪審への審問による変死人・在監死亡者の検屍(けんし)などを職務とする》検屍官, コロナー《略 cor.; cf. MEDICAL EXAMINER》. [AF (crown); L custos placitorum coronae keeper of the pleas of the crown]
córoner's cóurt《英》検屍(けんし)官裁判所, コロナー裁判所《コロナー (coroner) による変死人・在監死亡者・埋蔵物 (treasure trove) などについての審問を行なうコモンロー裁判所》.
córoner's ínquest 検屍(けんし)官審問, コロナー審問 (=INQUEST).
córoner's júry 検屍(けんし)陪審, コロナー陪審.
corp. corporate ◆ corporation 法人; 会社.
corpora n CORPUS の複数形.
córporal óath《神聖なもの, 特に》聖書に手を置いたうえでの宣誓.
córporal púnishment 1 身体刑, 体刑《笞刑(ちけい)・烙印など; 懲役など自由刑は含むときがあるが, 死刑は含まない; 略 CP; ⇨ CRUEL AND UNUSUAL PUNISHMENT》. **2** 体罰.
cor·po·rate /kɔ́:rp(ə)rət/ a **1** 法人の, 《特に》会社の: BODY CORPORATE / in one's ~ capacity 法人の資格において / ~ planning 《法人[会社]の》事業計画 / ~ profits 企業利潤 / ~ property 法人財産 / ~ right(s) 法人権. **2** 団体の; 団体的な, 集合的な. — n 社債, 法人債券 (corporate bond).
córporate acquisítion 会社支配権の取得, 企業買収 (acquisition) (cf. MERGER).
córporate ágent 法人[会社]の代理人.

córporate authórity 1 法人[会社]役員の権限. 2 地方自治体の役人.

córporate bénefit rùle 会社利益の準則《会社の利益に寄与する場合には、会社は寄付をする黙示の権能が与えられているという判例法上の準則; ただし近時は制定法で目的を限定して明示的に与える場合も少なくない》.

córporate bódy 法人 (= CORPORATION).

córporate bónd 社債, 法人債券《単に corporate ともいう》.

córporate bóoks pl 会社[法人]記録《会社[法人]の営業活動記録》.

córporate chárter 〖米〗1 法人設立特許[許可]状,《特に》会社設立証書 (certificate of incorporation). 2 会社設立申請書, 基本定款 (articles of incorporation).

córporate cítizenship 〖米〗法人としての市民権《米国の場合は設立許可州の市民権を得る》.

córporate críme 法人[会社]犯罪《法人[会社]の代表者が法人[会社]のために行なう犯罪》.

córporate dómicile 会社住所 (cf. DIVERSITY OF CITIZENSHIP).

córporate éntity* 法人格. ▶ DISREGARDING (THE) CORPORATE ENTITY (法人格否認の法理)).

córporate fránchise 会社特権, 法人特権 (= general franchise)《法人として存在し活動を行なう特権; 単に franchise ともいう》: primary ～ 一次的会社特権《法人として存在すること自体の特権》/ secondary ～ 二次的会社特権《法人としての存在を認めた primary corporate franchise 上でのその他の特権を付与するもの》.

córporate immúnity 法人[会社]役員の免責《法人[会社]役員 (corporate officer) がその法人[会社]義務の遂行過程で善意で犯した不法行為に対しては、その役員個人の責任は免除されること; cf. BUSINESS JUDGMENT RULE, PIERCING THE CORPORATE VEIL》.

córporate liabílity 法人[会社]責任《法人[会社]自体に科される制裁で強制される法人[会社]自体の責任; 犯意 (guilty mind) が要件となっている場合には、理事[取締役] (director) または経営幹部に犯意があれば法人[会社]自体が有責とされる》.

córporate mánslaughter" 法人[会社]による故殺《非故意殺 (involuntary manslaughter) の一つで、法人[会社]側に故殺 (manslaughter) についての主観的・客観的要素の双方が立証された場合に成立する犯罪》.

córporate mérger 《会社などの》吸収合併《単に merger ともいう; ⇨ MERGER》.

córporate náme 法人名, 会社の商号《法人格付与特許状などで定められ登録されている法人名》.

córporate ófficer 法人[会社]役員.

córporate opportúnity dòctrine [the ～] 会社の機会の法理《会社に対して忠実義務を負う会社の取締役・役員・被用者は会社に属すべき営業の機会を自己の利益のために奪ってはならないという準則; 組合 (partnership) の場合には、(商事)組合の機会の法理 (firm opportunity doctrine) という》.

córporate personálity" 法人格.

córporate púrpose 会社の目的《会社の目的である事業》.

córporate ráider 企業乗っ取り屋《単に raider ともいう; cf. WHITE KNIGHT》.

córporate reorganizátion 会社組織変更; 会社更正《》reorganization of corporation とも、単に reorganization ともいう; ⇨ REORGANIZATION》.

córporate sèal 法人印, 会社印.

córporate spéech 法人の言論《法人から出された言論; 言論の自由の保護対象となる》.

córporate státe 協調組合国家, 組合国家 (= corporative state)《産業経済の全部門にわたり資本・労働の協調組合が組織され、その全組合が国家統制下に組織され、社会は個人ではなくその組合が中心にして成り統治される国家; イタリアのファシズムが労働の資本に対する隷属を確保するために唱えた主張が代表的なもの; cf. CORPORATISM》.

córporate stóck《(会社の)》株式 (stock).

córporate trustée 法人受託者《法人で受託者になることを定款などで認めた者で、信託会社・銀行など》.

córporate véil 〖米〗会社のヴェール《会社と株主とは法的には別人格となり、したがって株主は会社の行為に対する責任を免除されるという原則; 特定の場合にこのヴェールを上げることが問題となる; ⇨ LIFTING THE (CORPORATE) VEIL, PIERCING THE CORPORATE VEIL》. ▶ LIFTING THE (CORPORATE) VEIL (会社ヴェールのめくり) / PIERCING THE CORPORATE VEIL (会社ヴェールの穴あけ).

córporate vénturing schème 〖英〗事業会社による冒険資本投下[ベンチャービジネス投資]計画《既存の会社が、新企業投資促進計画 (Enterprise Investment Scheme) の下での適格会社に類似する会社の普通株へ投資することを促進するため特に税制上の優遇措置を定めた計画; 略 CVS》.

córporate wélfare 〖米〗《(に対する)》福祉援助《大会社に対して、通例 助成金の形で与えられる政府からの財政援助》.

cor·po·ra·tion /kɔ́ːrpəreɪʃ(ə)n/ n 1 a 法人 (= body corporate, corporate body) (cf. INCORPORATE (v), UNINCORPORATED ASSOCIATION). b 営業法人 (business corporation), 会社《★英国では特に大会社・複合企業をいい、一般には company ということが多い》, 有限責任会社 (limited (liability) company)" (cf. ASSOCIATION, PARTNERSHIP, SOLE PROPRIETORSHIP); a finance ～ 金融会社. c [C-] 地方公共団体, 自治体 (municipal corporation). d《自治》団体. ▶ ABSENTEE CORPORATION (不在会社) / ADMITTED CORPORATION (事業認可会社) / AFFILIATED CORPORATION (系列会社) / AGGREGATE CORPORATION (集合法人) / ALIEN

CORPORATION (外国法人; 州外法人) / BANKING CORPORATION (銀行業を営む会社) / BENEVOLENT CORPORATION (公益法人) / BUSINESS CORPORATION (営業法人) / C CORPORATION (C節会社) / CHARITABLE CORPORATION (公益法人) / CLEARING CORPORATION (手形交換会社) / CLOSE [CLOSED] CORPORATION (閉鎖会社) / CLOSELY HELD CORPORATION ((株式)非公開会社) / COLLAPSIBLE CORPORATION (折りたたみ会社) / CONGLOMERATE CORPORATION ((巨大)複合会社) / CONSOLIDATION OF CORPORATIONS (会社の新設合併) / CONSTITUENT CORPORATION (合併当事会社) / DE FACTO CORPORATION (事実上の会社) / DEFUNCT CORPORATION (消滅会社) / DE JURE CORPORATION (法律上の会社) / DISSOLUTION OF CORPORATION (法人の解散, 会社の解散) / DOMESTIC CORPORATION (内国法人; 州内法人) / DUMMY CORPORATION (ダミー会社) / ECCLESIASTICAL CORPORATION (教会法人) / EDGE (ACT) CORPORATION (エッジ法会社) / ELEEMOSYNARY CORPORATION (慈善法人) / FAMILY CORPORATION (同族会社) / FEDERAL CORPORATION (連邦法人) / FEDERAL DEPOSIT INSURANCE CORPORATION (連邦預金保険公社) / FEDERAL HOME LOAN MORTGAGE CORPORATION (連邦住宅貸付け譲渡抵当公社) / FEDERAL SAVINGS AND LOAN INSURANCE CORPORATION (連邦貯蓄貸付保険公社) / FOREIGN CORPORATION (外国法人; 州外法人) / GOVERNMENT-CONTROLLED CORPORATION (政府統制法人) / GOVERNMENT CORPORATION (政府関係法人) / HOUSING CORPORATION (住宅公社) / LAY CORPORATION (世俗法人) / LEGAL SERVICES CORPORATION (法律扶助提供機構) / LIMITED LIABILITY CORPORATION (有限責任会社) / MEMBER CORPORATION (会員会社) / MEMBERSHIP CORPORATION (加入者法人) / MERGER OF CORPORATIONS (会社の吸収合併) / MONEYED CORPORATION (金融会社; 営利法人) / MORTGAGE CORPORATION (譲渡抵当金融会社) / MULTINATIONAL CORPORATION (多国籍企業) / MULTISTATE CORPORATION (多州企業) / MUNICIPAL CORPORATION (地方公共団体; 都市法人) / NONPROFIT [NOT-FOR-PROFIT] CORPORATION (非営利法人) / NONSTOCK CORPORATION (非株式法人) / NUL TIEL CORPORATION (法人不存在の答弁) / ONE-MAN CORPORATION (一人会社) / OPEN CORPORATION (公開会社) / ORGANIZATION OF CORPORATION (会社の設立) / PARENT CORPORATION (親会社) / PENSION BENEFIT GUARANTY CORPORATION (退職年金保証公社) / POLITICAL CORPORATION (公法人, (地方)公共団体) / PRIVATE CORPORATION (私会社) / PROFESSIONAL CORPORATION (専門的職業法人) / PSEUDO-FOREIGN CORPORATION (擬似州外法人) / PUBLIC CORPORATION (公法人, (地方)公共団体; 公共企業体; 公開会社) / PUBLICLY HELD CORPORATION (株式公開会社) / PUBLIC SERVICE CORPORATION (公益法人) / QUASI CORPORATION (準法人) / REGISTERED CORPORATION (登録会社) / RELIGIOUS CORPORATION (宗教法人) / REORGANIZATION OF CORPORATION (会社組織の変更, 会社更生) / S CORPORATION (S節会社) / SHELF CORPORATION (棚上げ会社) / SHELL CORPORATION (ペーパーカンパニー) / SISTER CORPORATION (姉妹会社) / SMALL BUSINESS CORPORATION (小規模会社) / SOLE CORPORATION (単独法人) / SPIRITUAL CORPORATION (聖職者法人) / STATUTORY CORPORATION (制定法設立法人) / STOCK CORPORATION (株式会社) / SUBSIDIARY CORPORATION (従属会社) / SURVIVING CORPORATION (存続会社) / TAX OPTION CORPORATION (課税対象選択会社) / THIN CORPORATION (低額資本会社) / TRADING CORPORATION (商事会社) / TRAMP CORPORATION (放浪会社) / TRANSNATIONAL CORPORATION (多国籍企業) / TRUST CORPORATION (信託会社; 信託法人). **2 a**《協調組合主義国家の》組合. **b**《史》同業組合. 〜**al** *a*

Corporátion Àct [the 〜]《英史》法人法《都市法人の官職保有者から非国教徒一掃をはかった1661年法; 1828年に事実上廃止され, 71年に形式的にも廃止; cf. TEST ACT》.

corporátion ággregate 集合法人, 社団法人 (=aggregate corporation) (opp. *corporation sole*).

corporátion by estóppel 禁反言による会社《法人性に対する攻撃が禁反言 (estoppel) の理論によって妨げられるときの用語; 例えば, 会社としての外観を呈して取引がなされ, 相手方はその表示を信頼して行動している場合に, 原則としてその者に対して会社でないと主張することができないし, 逆に相手方も会社が真の法人でなかったといって責任をのがれることができないこと》.

corporátion cóunsel《米》自治体弁護士 (= CITY ATTORNEY).

corporátion sóle 単独法人, 一人法人 (=sole corporation)《Crown, bishop など単独の構成員からなる法人; opp. *corporation aggregate*》.

corporátion tàx《英税制》法人税. ▶ ADVANCE CORPORATION TAX (前払い法人税).

cor·po·rat·ism /kɔ́ːrp(ə)rətìz(ə)m/, **-ra·tiv·ism** /kɔ́ːrp(ə)rèɪtəvɪz(ə)m, -p(ə)rə-; -pərə-/ *n* 協調組合主義, コーポラティズム (⇨ CORPORATE STATE).

cór·po·rat·ist *a, n* 協調組合主義者(の), コーポラティズム信奉者(の).

córporative státe =CORPORATE STATE.

cor·po·ra·tor /kɔ́ːrpərèɪtər/ *n* **1** 法人[会社]構成員《株式会社の株主を含む》. **2** 法人[会社]設立者 (= incorporator).

cor·po·re·al /kɔːrpɔ́ːriəl/ *a* (opp. *incorporeal*) **1** 身体上の, 肉体的の; 物質的な. **2** 有形の, 有体の. **cor·po·re·al·i·ty** /kɔːrpɔ̀ːriǽləti/ *n* 有形, 有体; 肉体. 〜**ly** *adv* 〜**ness** *n* 〜**ist** *n* 唯物論者, 実利主義者. [L; ⇨ CORPUS].

corpóreal cháttel 有体人的財産, 有体動産 (= CHATTEL CORPOREAL).

corpóreal heredítament 有体法定相続産 (opp. *incorporeal hereditament*) (⇨ HEREDITAMENT).

corpóreal ównership 有体物の現実所有(権) (cf. INCORPOREAL OWNERSHIP).

corpóreal posséssion 有体物の占有 (=NATURAL POSSESSION) (cf. INCORPOREAL POSSESSION).

corpóreal próperty (opp. *incorporeal property*) **1** 有体財産《地役権などに対し土地や現金など》. **2** 有体財産権.

corpóreal thíng 有体物 (cf. INCORPOREAL THING).

corpse⁽¹⁾ /kɔ́ːrps/ n 《特に 人の》死体 (cadaver*).

cor·pus /kɔ́ːrpəs/ n (pl **cor·po·ra** /-p(ə)rə/, ~·**es**) **1**《文書・法典などの》集成, 全文献, 大全; 集積. **2** 体, 人身, 身柄. ▶ HABEAS CORPUS 《身柄提出令状》. **3** 元金; 信託元本, 信託財産 (=trust estate, trust fund, trust property, trust res). **4** 遺産. [L=body].

córpus cum cáu·sa /-kəm kɔ́ːzə/《史》訴訟記録付き身柄提出《大法官府裁判所》令状 (HABEAS CORPUS CUM CAUSA の略). [L=the body with the cause]

córpus de·líc·ti /-dəlíktàɪ, -ti/ (pl **córpora delícti**) **1** 罪体, 犯罪の体素, 犯罪構成事実《犯罪の基礎となる実質的事実; cf. ACTUS REUS》. **2**《口》犯罪の有形の証拠,《特に》他殺死体. [L=the body of the crime]

córpus delícti rùle 罪体の準則《訴追側は被告人の法廷外の陳述のみで犯罪構成事実を立証してはならないという法理》.

Corpus hu·ma·num non re·ci·pit aes·ti·ma·ti·o·nem. /— hjuméɪnəm nɑn résɪpɪt èstɪmèɪʃíoʊnɛm/ 人の身体は評価されえない. [L= The human body is not susceptible of appraisement.]

córpus jú·ris /-dʒúərəs/《略 CJ》**1**《ローマ法大全や教会法大全のような》法大全. **2** [C- J-]『アメリカ法大全』『コーパス・ジューリス』《アメリカの法律百科全書》. [L=the body of law]

Córpus Júris Ca·nó·ni·ci /-kənɑ́nəsàɪ, -nóʊ-/《史》教会法大全《グラティアヌス (Gratian) の編纂になるグラティアヌス教令集 (Decretum Gratiani) (c. 1140) およびその後 16 世紀までの公的私的編纂の 5 つの編纂物の総称; 1917 年公布の旧『教会法典』 (Codex Juris Canonici) までカトリック教会の主要な法源であった》. [L=the body of canon law]

Córpus Júris Cí·vi·lis /-sívəlɪs/ ローマ法大全《東ローマ皇帝ユスティニアヌス (Justinian) (在位 527-565) が法学者トリボニアヌス (Tribonian) を長として編纂させたもので, 学説彙纂 (Digests), 法学提要 (Institutes of Justinian), 勅法彙纂 (Codex Justinianus, Justinian Code), 新勅法 (Novels) の 4 つが写本により伝えられ, ヨーロッパ法, 特に大陸法に大きな影響を与えた; 16 世紀末にこれら 4 つが一体として刊行され, 教会法大全 (Cor-

pus Juris Canonici) に対してローマ法大全という名称を与えられた; ⇨ JUSTINIAN CODE》. [L=the body of the civil law]

Córpus Júris Se·cún·dum /-sɪkʌ́ndəm/『アメリカ法大全第 2 シリーズ』『コーパス・ジューリス・セカンダム』 (⇨ CORPUS JURIS)《略 CJS》. [L=the body of second law]

cor·re·al·i·ty /kɔ̀(ː)riǽləti, kàːr-/ n《ローマ法》共同連帯《単一の債務を複数の債務者が負担する共同連帯債務》. **cor·re·al** /kɔ́(ː)riəl, kɑ́ːr-, kəríːəl/ a 共同連帯の. [L *correus* codebtor]

cor·rect /kərékt/ a 事実に合った, 正確な, 正しい. TRUE and ~. — vt **1** 修正する, 補正する; 調整する. **2** 矯正する.

cor·rec·tion /kərékʃ(ə)n/ n **1** 修正, 補正, 訂正, 更正; 調整. **2** 矯正, 更生. ▶ HOUSE OF CORRECTION 《感化院》 / NATIONAL INSTITUTE OF CORRECTIONS 《全国矯正研究所》. ~·**al** a

corréctional institútion 矯正施設;《米》刑務所, 監獄 (prison). ▶ ADULT CORRECTIONAL INSTITUTION 《成人矯正施設》.

corréctional jurisdíction 懲戒的裁判権.

cor·rec·tive /kəréktɪv/ a **1** 矯正的な. **2** 調整的な.

corréctive tráining《英史》矯正教育処分《1948-67 年の間行なわれた刑事処分; 2 年以上の自由刑に当たる犯罪で 17 歳以後 3 度以上有罪決定された 21 歳以上の者に, 2 年以上 4 年以下の矯正教育を授けた》.

cor·rel·a·tive /kəréləʌtɪv/ a **1** 相関的な, 相補的な 〈with, to〉. **2** 相関関係を有する.

corrélative ríght 1 相関的権利《関係》, 相互依存的権利《関係》《流水利用権のように, 一方の権利行使が他方の権利行使に影響を及ぼすような, または相互依存的に成立しているような権利関係》. **2** [pl]《米》《地下水の》合理的配分利用権《地下水不足のときは, 地表の土地所有者間で合理的に配分されねばならないという判例法理; correlative rights doctrine とも呼ばれる》.

corrélative ríghts dòctrine《米》**1** 地下水合理的配分利用権の法理 (⇨ CORRELATIVE RIGHT). **2** 石油・天然ガス採取権濫用禁止の法理《石油・天然ガス採取権者はその権利をむだや過失なく行使する義務があるという準則; cf. RULE OF CAPTURE》.

cor·re·spond /kɔ̀(ː)rəspɑ́nd, kàːr-/ vi 通信する 〈with〉. [F<L; RESPOND]

còr·re·spón·dence n 通信.

correspóndence àudit《米》《郵便・電話を通しての》通信による税務調査.

correspóndence còllege 通信教育カレッジ, 通信制カレッジ.

còr·re·spón·dent n **1** 通信者; 通信員, 記者;《新聞の読者通信欄の》寄稿者: a court ~ 王室担当記者 / a good [bad, negligent] ~ 筆まめな[筆不精な]人 / a special ~ 特派員 / a political ~ 政治(部)記者. ▶ LOBBY CORRESPONDENT 《議会詰め記者》. **2**《特に 遠隔

cor·ri·gen·dum /kɔ̀(ː)rədʒéndəm, kàr-/ *n* (*pl* **cor·ri·gen·da** /-də/) **1** 訂正すべきもの, 誤記, 誤植. **2** [ˢ-da, ⟨*sg*⟩] 正誤表. [L=correction]

cor·rob·o·rate /kərábəreit/ *vt, vi* ⟨所信・陳述など⟩を強める, 確証する, 確証となる; ⟨法律などを⟩正式に確認する; 補強する, 裏付ける: The witness ~*d* the accused's alibi. **strongly ~d** ⟨証拠・証言が⟩裏付けのある, 確認のある. — ⟨古⟩ *a* /-rət/ 確証[確認]された; 確認[補強]に資する. **cor·rób·o·rà·tor** *n* **cor·rób·o·ra·tò·ry** /; -t(ə)ri/ *a* CORROBORATIVE. [L=to strengthen (*robor-* *robur* strength)]

corróborating évidence 補強証拠 (=corroborative evidence)⟨他の証拠を補強・確証する証拠⟩. cf. CUMULATIVE EVIDENCE⟩.

corróborating wítness ⟨他人の証言の⟩補強証人.

cor·ròb·o·rá·tion *n* 確実にすること, 確証; 補強証拠(の提出): in ~ of…を確証するために, の裏付けとして, 補強証拠として / provide ~ of…の補強証拠[確証]を提出する.

cor·rób·o·rà·tive /, -ráb(ə)rə-/ *a* 確証する; 補強する.

corróborative évidence 補強証拠 (=CORROBORATING EVIDENCE).

corrody ⇨ CORODY.

cor·rupt /kərápt/ *a* **1** 堕落した, 不正な; ぐれた, 汚染された; 賄賂のきく; 腐敗した, 瀆職⟨ˢ〜〜⟩の, 汚職の: a ~ judge 収賄判事. **2** ⟨古⟩⟨血統を⟩汚損された. — *vt* **1** 汚す, 堕落させる; ⟨賄賂で⟩買収する: ~ sb's morals モラルを低下させる, 道徳的に堕落させる, 犯罪に走りやすくさせる. **2** ⟨古⟩⟨血統を⟩汚す, 汚損する (⇨ CORRUPTION OF BLOOD). **3** 腐敗させる, だめにする; ⟨電算ファイルなどを⟩改変する, そこなう. — *vi* 腐敗する, 堕落する, 瀆職[汚職]する. **~·ly** *adv* 堕落して; 金銭など不正な利得を欲して; 賄賂を使って. **~·ness** *n* **cor·rúp·ti·ble** *a* **cor·rúp·ti·bly** *adv*

corrúpt and illégal práctices *pl* ⟨英⟩選挙不正行為⟨買収・脅迫・規定選挙運動資金超過など⟩.

corrúpt·ing *n* 未成年者堕落(罪) (=IMPAIRING THE MORALS OF A MINOR).

cor·rup·tion /kərápʃ(ə)n/ *n* 堕落, 弊風; 違反[腐敗]行為; 買収, 汚職, 瀆職⟨ˢ〜〜⟩, 職務上の不正.
▶ BRIBERY AND CORRUPTION (賄賂瀆職(罪)).

corrúption of a mínor ⟨米⟩未成年者堕落(罪) (=IMPAIRING THE MORALS OF A MINOR).

corrúption of blóod ⟨史⟩血統汚損⟨反逆罪 (treason), 重罪 (felony) を犯した者は私権剥奪 (attainder) となり, その血は上方にも下方にも汚損されたとみなされ, 本人が土地の相続をできないだけでなく, その保有している土地も相続されることなく領主に不動産復帰 (escheat) した; 英国では 1870 年法で廃止⟩.

corrúption of públic mórals ⟨英⟩公共道徳違反(罪).

corrúpt mótive dòctrine 不正動機の法理 ⟨共同謀議(罪) (conspiracy) 成立のためには, 単に違法行為をなす意思だけでなく悪しき目的をもって合意に至らねばならないという準則⟩.

corrúpt práctices *pl* ⟨特に 選挙における買収などの⟩腐敗行為.

corrúpt práctices àct ⟨米⟩腐敗行為法, 選挙不正行為法⟨連邦・州の選挙運動資金規制法⟩.

corrúpt vérdict 瀆職⟨ˢ〜〜⟩評決⟨陪審員が評決する際に瀆職すること, またはその評決⟩.

cors·ned, -naed /kɔ́ːrsnəd/ *n* ⟨英史⟩呪食(神判) (⇨ ORDEAL OF THE (CURSED) MORSEL). [OE (*cor* choice, trial +*snǣd* bit, piece)]

Co·sa Nos·tra /kóuzə nóustrə; kɔ́sə nɔ́strə/ コーザ・ノストラ⟨マフィア型の米国の秘密犯罪組織⟩. [It=our thing]

cosenage ⇨ COSINAGE.

co·sìgn *vt, vi* ⟨約束手形などに⟩連署する, 連帯保証人として署名する. **co·sìgn·er** *n* 連署人 (comaker). **co·sígnature** *n* 連署.

co·sígnatory *n* 連署人 (=cosigner).

cos·i·nage, cos·e·nage, cous·i·nage /kázənìdʒ/ *n* **1** 血縁, 血族 (consanguinity, cousinhood). **2** ⟨史⟩高祖不動産回復訴訟[令状] (=writ of cosinage)⟨曽祖父 (besail) の父 (高祖) (tresail) が保有していた封を死亡時に侵奪された場合の法定相続人の封取戻の訴訟[令状]; 英国では 1833 年法で廃止; cf. AIEL, BESAIL⟩.

co·spónsor *n* 共同スポンサー; ⟨法案の⟩共同提出者: the four ~*s* of the bill.

cost /kɔ́(ː)st, kást/ *n* **1** (cf. EXPENSE) 代価, 値段; 原価, 費用, 出費, コスト; 手数料: at ~ 原価で, 仕入れ価格で / at a [the] ~ of $20,000 **2** 万ドルの(費用)で / free of ~ 無料で / cover ~ コストに見合う売上げを上げる.
▶ ACQUISITION COST (取得原価) / ACTUAL COST (実費) / CARRYING COST (保管費用) / CURRENT COST (現在原価) / DIRECT COST (直接費) / FIRST COST (主要費用) / FIXED COST (固定費) / FULL COSTS (全部原価) / HISTORICAL COST (歴史的原価) / INDIRECT COST (間接費) / MARGINAL COST (限界費用) / NOTE OF COSTS (請求書) / OPERATING COST (営業費) / OPPORTUNITY COST (機会原価; 機会費用) / ORIGINAL COST (原初原価) / PRIME COST (主要費用; 仕入れ原価) / REPLACEMENT COST (取替原価; 再建築費) / REPRODUCTION COST (再建設費用; 再建設費用による資産評価) / SOCIAL COST (社会的費用) / SUNK COST (埋没費用; 埋没原価) / TRANSACTION COST (取引費用) / VARIABLE COST (可変費用). **2** [*pl*] 訴訟費用: award ~*s* to…に訴訟費用負担を認める / pay ~*s* 訴訟費用を支払う. ▶ ASSESSMENT OF COSTS (訴訟費用査定(手続き)) / BILL OF COSTS (訴訟費用書; 事務弁護士費用明細書) / DIVES COSTS (通常の訴訟費用) / FIXED COSTS (固定訴

訟費用) / LEGAL COSTS (訴訟費用) / PAUPER COSTS (貧者の訴訟費用) / RECOVERY OF COSTS (事務弁護士費用回収) / SECURITY FOR COSTS (訴訟費用の担保) / SOLICITOR AND OWN CLIENT BASIS OF COSTS (事務弁護士と依頼人間の訴訟費用査定基礎) / TAXATION OF COSTS (訴訟費用算定) / TAXED COSTS (算定訴訟費用).
3 失費; 損害; 《時間・労力などの》犠牲. **~s follow the event** 訴訟費用は判決結果に従う, 訴訟費用敗訴者負担の原則《英国では, 民事訴訟の訴訟費用の査定・負担は裁判所の自由裁量に任せられているが, 敗訴者が勝訴者の費用を負担したのが原則; この原則を表わすことば; 現在もこの原則自体は通常の民事訴訟の場合に残り, 標準的査定基準 (standard basis) と呼ばれるようになっているが, 裁判所がすべて裁量で決定するので, 考え方の基本が変わったというべきであろう).
— v (~) vt **1**《受動態には用いない》**a**〈ある金額が〉かかる, 要する;〈人にいくら〉費やさせる: It ~ me 100 dollars. 100ドルかかった. **b**〈時間・労力などが〉かかる, 要する;〈貴重なものを〉犠牲にさせる, 失わせる;〈苦痛を〉与える: It ~ me lots of labor. たいへん骨が折れた / The work ~ him his health [life]. その仕事で彼は健康をそこなった[命をなくした]. **2**(~, ·ed) …の総コストを見積もる〈out〉: ~ a product. — vi **1** 原価を算定[計算]する. **2**《口》費用がかかる, 高くつく. **~·less** a. **~·less·ly** adv [OF<L con-(sto to stand)=to stand at a price]

cóst accóunting 原価計算, 原価会計.
cóst and fréight 運賃込み値段《略 CAF, c.a.f., c. & f., C. & F., c.f., C.F., CF》.
cóst appróach 費用基準法《不動産評価方法の一つで, 同じような設備を有した構造物を建築した場合の費用を基準にし, 償却分を差し引くなどの調整・決定をするもの; cf. INCOME APPROACH, MARKET APPROACH》.
cóst básis《米税制》取得原価《ある財産の取得に支払った対価と取得手数料・税金などの経費の合計額; ⇨ BASIS》.
cóst bénefit anàlysis 費用便益分析《ある政策目的達成のため, それがもたらすプラスとマイナスを市場価格で計れないものも含めて評価し, 複数の代替案中いずれが少ない費用で大きな便益が得られるかを分析すること; 公共投資プロジェクトなどの政策決定の手段の一つ》.
cóst bónd《裁判所に支払う》裁判所費用支払い保証証書.
cóst bòok míning còmpany 費用帳簿鉱業会社《もとはイングランドの鉱業地帯で地方慣習法に基づき設立された鉱業のための組合 (partnership) 組織の特殊な会社; 組合員により選任された purser (事務長) と呼ばれる代理人がその収支・組合員名・持分等を cost book (費用帳簿) と呼ぶ帳簿に記入すべきことからこの名がある》.
cóst, insúrance, and fréight 運賃保険料込み値段 (=cóst, fréight, and insúrance)《略 c.i.f., CIF または c.f.i., CFI, c.f. & i.》.
cóst, insúrance, fréight còntract 運賃保険料込み契約 (=C.I.F. CONTRACT).

cóst justificàtion《米》原価による正当化《ロビンソン-パットマン法 (Robinson-Patman Act) の下で, 価格差別に対する訴えに対して, 売主が安価購入者へは低い原価しか負っていないことを立証する積極的防御 (affirmative defense)》.
cóst of complétion 完成費用分《契約に違反して履行を完成させなかったために相手方がそれを完成させるのに必要となる費用分の損害賠償金》.
cóst of líving 生計費《標準的レベルの生活を営むために必要な財・サービスの価額》.
cóst-of-líving allòwance 生計費調整手当《略 COLA》.
cóst-of-líving clàuse 生計費調整手当条項《生計費増加に応じて自動的に賃金・賃料・給付金の増額をなす旨の労働協約 (collective bargaining agreement), 不動産賃貸借 (lease) 契約などでの条項》.
cóst-of-líving íncrease 生計費増加調整手当.
cóst-of-líving ìndex 生計費指数 (=CONSUMER PRICE INDEX).
cóst-plús còntract 経費プラス一定利益価額契約, コスト・プラス契約《価額を, 経費に一定額ないしは一定比率の利益を加えて定めるとの契約; あらかじめ経費が定めにくい場合などに用いられる》.
cóst príce《経済》費用価格;《一般に》元値, 原価.
cóst recóvery 原価回収 (cf. DEPRECIATION).
costs de in·cre·mén·to /-dì ìnkriméntou/ pl《米・英史》特別増額訴訟費用《民事訴訟で陪審が査定した損害賠償額には含まれていない特別の訴訟費用を勝訴側の特別申し立てに基づき査定損害賠償額に加えて裁判所が認めるもの; 英語化して **costs of increase** ともいう》.
cósts dráftsman 訴訟費用見積もり人.
costs in ány évent pl《英》中間手続き訴訟費用分離支払い《命令》《中間手続き中になされる訴訟費用支払い命令で, 中間判決勝訴者が, 終局判決いかんにかかわらず当該中間手続きの訴訟費用の支払いを受けるべきことを命ずるもの; cf. COSTS IN THE CASE》.
costs in the cáse pl《英》中間手続き訴訟費用併合支払い《命令》《中間手続きの訴訟費用も全体の審理そのものの訴訟費用と共に支払いがなされるべきとの中間手続きの際の命令; 通常は当該訴訟の敗訴者の負担になることを意味する; cf. COSTS IN ANY EVENT》.
costs júdge《英》訴訟費用査定裁判官《最高法院 (Supreme Court of Judicature) の役人で訴訟費用の詳細査定手続き (detailed assessment of costs) で支払われる訴訟費用額を決定する者; かつては訴訟費用算定主事 (taxing master) が担当していた; ⇨ COSTS OFFICER》.
cósts of colléction pl 取立て費用, 取立て手数料《約束手形 (note) の支払いを受けるのに必要な費用, 特に弁護士によるその取立て手数料》.
cósts òfficer《英》訴訟費用査定官《訴訟費用の詳

costs order

細査定手続き(detailed assessment of costs)で、支払われる訴訟費用額を決定する裁判官あるいは裁判所役人；⇨ ASSESSMENT OF COSTS, COSTS JUDGE》.

cósts òrder 《裁判所による》訴訟費用支払い命令.
▶ WASTED COSTS ORDER (浪費された訴訟費用支払い命令).

cósts resérved *pl*《英》中間手続き訴訟費用留保(命令)《中間手続きの訴訟費用について、その手続き中に負担決定がなされず、審理を主宰する裁判官の決定に委ねるという中間手続き中の訴訟費用に関する命令》.

cósts thrówn awáy *pl*《英》浪費訴訟費用《相手方当事者の犯した手続き上の誤りの結果不必要に招いた訴訟費用、あるいは相手方当事者の行為(例えば訴答の修正など)の結果 むだになってしまった訴訟費用》.

co·súrety *n* 共同保証人. **~·ship** *n*

co·ténancy *n* (不動産)共同保有(権), 共同所有, 共同借地[借家](権)(=cotenure)《この概念は広く, 合有不動産権(joint tenancy)も共有不動産権(tenancy in common)をも含む》.

co·ténant *n* (不動産)共同保有(権)者.

co·ténure *n* COTENANCY.

co·ter·mi·nous /kouˈtɚːrmənəs/ *a* **1** 共通境界の, 境を接する. **2**《時間・空間・意味などにおいて》同一限界の, 同一延長の, 完全に重なり合う, (2つのものが)同時に終了する: The terms of our leases are ~.

còtrustée *n* 共同受託者(=joint trustee).

cou·chant /ˈkaʊtʃ(ə)nt; *F* kuʃɑ̃/ *a* **1**《家紋などで》うずくまって頭をもたげた姿勢の. **2** 家畜がうずくまる: LEVANT ET [AND] COUCHANT.

cóuchant and lévant = LEVANT ET COUCHANT.

coun. council ◆ counsel.

coun·cil /ˈkaʊnsəl/ *n* 会議, 評議; 評議会, 協議会, 審議会 (cf. COUNSEL); [the C-]《英》枢密院 (Privy Council); 都市参事会, 《town, city などの》議会, 市会;《英》(地方自治体)参事会《その地方の住民に選挙で選ばれ, 立法・行政に当たる》;《米》参議会, 参事会;《米》市議会, 市参事会; 教会会議, 公会議,《大学などの》評議員会. ▶ ADMINISTRATIVE JUSTICE AND TRIBUNALS COUNCIL (行政裁判・行政審判所評議会) / APPEALS COUNCIL (再審査評議会) / BAR COUNCIL (法廷弁護士評議会) / BOROUGH COUNCIL (参事会) / CABINET COUNCIL (閣議) / CITY COUNCIL (市議会) / CLERK OF THE COUNCIL (IN ORDINARY) (枢密院書記官) / COMMON COUNCIL (市議会; 下院) / COMMONS COUNCIL (入会権評議会) / CONSUMER COUNCIL (消費者協議会) / COUNTY COUNCIL (州参事会) / DEFENCE COUNCIL (国防会議) / DISTRICT COUNCIL (地区参事会) / ECCLESIASTICAL COUNCIL (教会会議) / ECONOMIC AND SOCIAL COUNCIL (経済社会理事会) / ECUMENICAL COUNCIL (《万国》公会議) / EUROPEAN COUNCIL (欧州理事会) / EUROPEAN WORKS COUNCIL (欧州労使協議会) / FAMILY JUSTICE COUNCIL (家事裁判評議会) / GENERAL COUNCIL (総評議会; 公会議) / GENERAL COUNCIL OF THE BAR (法廷弁護士総評議会) / GENERAL MEDICAL COUNCIL (全国医学協議会) / GREAT COUNCIL (OF THE REALM) ((王国)大評議会) / GREATER LONDON COUNCIL (大ロンドン参事会) / JUDICIAL COUNCIL (裁判官会議) / KING [QUEEN, CROWN] IN COUNCIL (枢密院における国王[女王]) / KING'S COUNCIL (国王評議会) / LEGISLATIVE COUNCIL (立法審議会) / LONDON BOROUGH COUNCIL (ロンドン自治区参事会) / LORD OF THE (PRIVY) COUNCIL (枢密顧問官) / LORD PRESIDENT OF THE COUNCIL (枢密院議長) / METROPOLITAN COUNCIL (大都市圏参事会) / METROPOLITAN DISTRICT COUNCIL (大都市圏地区参事会) / MUNICIPAL COUNCIL (都市参事会) / NATIONAL CONSUMER COUNCIL (全国消費者協議会) / NATIONAL SECURITY COUNCIL (国家安全保障会議) / ORDER IN COUNCIL (枢密院令) / ORDER OF COUNCIL (枢密院による命令) / PARISH COUNCIL (教区参事会) / PAROCHIAL CHURCH COUNCIL (教(会)区教会協議会) / PRIVY COUNCIL (枢密院) / SECURITY COUNCIL (安全保障理事会) / SELECT COUNCIL (上院) / SENTENCING COUNCIL (量刑協議会) / SENTENCING GUIDELINES COUNCIL (量刑基準評議会) / TOWN COUNCIL (市議会) / UNITED NATIONS HUMAN RIGHTS COUNCIL (国連人権理事会) / WAGES COUNCIL (賃金評議会).

cóuncil bòard《英》枢密院会議.

cóuncil hòusing《地方自治体が提供する》公営住宅.

Cóuncil in the Márches of Wáles [the ~]《英史》ウェールズ辺境地方評議会 (⇨ COUNCIL OF WALES).

coun·cil·lor, -cil·or /ˈkaʊns(ə)lər/ *n* **1** COUNCIL 構成員, 評議会員;(都)市参事会員,《市会・町会などの》議員,《英》(地方自治体)参事会員. **2** 顧問官, 参議. ▶ PRIVY COUNCILLOR (枢密顧問官). **~·shìp** *n* councillor の職[地位].

cóuncil·man /-mən/ *n* COUNCIL 構成員(= COUNCILLOR) (cf. COUNCILWOMAN).

Cóuncil of Éurope [the ~] 欧州審議会, 欧州理事会, 欧州評議会《1949 年ヨーロッパに設立された地域的な協議機構; 国防を除く経済・社会・文化・法律・行政問題について協議し加盟国の一体性を高めることが目的; 欧州人権条約・欧州人権委員会・欧州人権裁判所などがその成果; 欧州連合 (European Union) とは緊密な連絡関係があるが, 異なる別の国際組織である点に注意》.

cóuncil of júdges [the ~]《英》《最高法院 (Supreme Court of Judicature) の》裁判官会議.

Cóuncil of Légal Educátion [the ~]《英史》法学教育評議会《インズ・オヴ・コート (Inns of Court) により設立され, 法廷弁護士 (barrister) の教育および資格試験を監督する機関であったが, 1997 年に新設のインズ・オヴ・コートおよび法廷弁護士教育信託 (Inns of

Council of Ministers of the European Communities [the ~]〖史〗欧州共同体閣僚理事会《欧州連合 (European Union) 条約発効後は欧州連合閣僚理事会 (Council of Ministers (of the European Union)) という名称が一般に用いられている》.

Council of Ministers (of the European Union) [the ~]欧州連合閣僚理事会, 欧州閣僚理事会 (=Council of the European Union) (cf. QUALIFIED MAJORITY VOTING). ★閣僚理事会は取り上げられるテーマによって出席者が異なる. 例えば農業問題ならば各国の農業相が集まって会議を行なう. 議長は各国の代表者が半年交替で務める.

council of state **1** [the ~] 国務会議《特に 英国の Oliver Cromwell の下で創設された 1649-60 年の間の行政府》. **2** [the C- of S-]《フランスの》最高行政裁判所, コンセーユ・デタ.

Council of States [the ~]《インド国会の》上院 (Rajya Sabha).

Council of the Bar [the ~]〖英〗法廷弁護士総評議会 (⇨ GENERAL COUNCIL OF THE BAR OF ENGLAND AND WALES).

Council of the European Union [the ~] 欧州連合理事会 (Council of Ministers (of the European Union)).

Council of the Inns of Court [the ~]〖英〗インズ・オヴ・コート評議会《4 つのインズ・オヴ・コート (Inns of Court), 法廷弁護士評議会 (Bar Council), インズ・オヴ・コートおよび法廷弁護士教育信託 (Inns of Court and Bar Educational Trust)(前身は法学教育評議会 (Council of Legal Education)) の代表からなる評議会で, 3 機構の協調がその目的》.

Council of the Law Society [the ~]〖英〗事務弁護士協会評議会《事務弁護士協会 (Law Society) の下での常設機関で, 協会の執行権および会務処理権をもち, 法改革への提言, 事務弁護士の職務についての意見を述べる》.

Council of the Marches [the ~]〖英史〗ウェールズ辺境地方評議会 (⇨ COUNCIL OF WALES).

Council of the North [the ~]〖英史〗北部地方評議会《中世末に端を発し, Henry 8 世下で再編された, 広範な民刑事裁判権をも有した北部地方の統治機関; 枢密院 (Privy Council) の下にあり, 大権裁判所 (prerogative court) の一つ; 1641 年に廃止》.

Council of the West [the ~]〖英史〗西部地方評議会《1540 年より前に Henry 8 世により, 北部地方評議会 (Council of the North) をモデルに創設, Cornwall, Devonshire, Somersetshire, Dorsetshire の南西 4 州を管轄した; 1540 年代中に消滅》.

Council of Wales [the ~]〖英史〗ウェールズ地方評議会《正しくは Council in the Marches of Wales (ウェールズ辺境地方評議会), 略して Council of the Marches という; 中世末に端を発しているが, 1525 年および 1530 年代に再編; 広範な裁判権をもったウェールズおよび辺境地域の統治機関で, 枢密院 (Privy Council) の統治下にあり, 大権裁判所 (prerogative court) の一つ; 内乱期・保護者卿 (Protector) 時代は活動しなかったが, 王政復古と共に再生し, 1689 年まで存続した》.

Council on Tribunals [the ~]〖英史〗行政審判所審議会《比較的重要な行政審判所 (administrative tribunal) の活動を評価し, その手続について勧告する機関; 1958 年法で設立; 2007 年法で行政裁判・行政審判所審議会 (Administrative Justice and Tribunals Concil) に代わった》.

councilor ⇨ COUNCILLOR.

council tax〖英〗地方自治体参事会税《1993 年地方行政費用負担金 (community charge)(いわゆる人頭税 (poll tax)) に代わって導入された地方行政費用を負担させるための地方税; 成人住民に一律に課せられた人頭税に代わり, 家屋住民に家屋の評価額に応じて課せられている; 各地方自治体の参事会 (council) が額を決めるので, この名がある; cf. UNIFORM BUSINESS TAX》.

council·woman *n* COUNCIL の女性構成員 (= councillor) (cf. COUNCILMAN).

coun·sel /káuns(ə)l/ *n* **1** 相談, 協議, 評議 (cf. COUNCIL); 勧告, 助言 (advice); 法律相談. ▶ RIGHT TO COUNSEL (弁護士の援助を受ける権利)／WAIVER OF COUNSEL (弁護人依頼権の放棄). **2** [単数形で集合的にも用いる] **a** 弁護士;〖英〗法廷弁護士, バリスター (barrister): appear in court with one's solicitor and two ~. **b** 弁護人, 弁護人団,《民事訴訟の》訴訟代理人.《》cf. ATTORNEY, LAWYER.▶ ACCESS TO COUNSEL (弁護士依頼権)／ADVICE OF COUNSEL (弁護士の助言)／APPEARANCE BY COUNSEL (弁護士による出廷)／APPELLATE COUNSEL (上訴審弁護士)／ASSIGNED COUNSEL (国選[州選]弁護人)／ASSISTANCE OF COUNSEL (弁護士の援助)／CITY COUNSEL (市弁護士)／CO-COUNSEL (共同弁護士)／CONVEYANCING COUNSEL (不動産譲渡顧問弁護士)／CORPORATION COUNSEL (自治体弁護士)／DEFENSE COUNSEL (被告(人)側弁護士)／GENERAL COUNSEL (全般的弁護士, 全般的法律事務所; 弁護士資格を有する法務部長[室長])／HOUSE COUNSEL (社内弁護士)／INDEPENDENT COUNSEL (独立弁護士)／IN-HOUSE COUNSEL (社内弁護士)／JUNIOR COUNSEL (主任でない弁護士, 下位の弁護士; 下級法廷弁護士, 非勅選法廷弁護士)／KING'S COUNSEL (勅選弁護士)／LEAD [LEADING] COUNSEL (主任弁護士; 勅選弁護士)／PARLIAMENTARY COUNSEL (政府提出法案起草弁護士)／PROSECUTION COUNSEL (訴追側弁護士)／QUEEN'S COUNSEL (勅選弁護士)／SENIOR COUNSEL (主任弁護士; 勅選弁護士)／SPECIAL COUNSEL (特別法務官; 特別検察官)／TOWN COUNSEL (タウン弁護士)／TREASURY COUNSEL (大蔵省付き弁護士)／TRIAL COUNSEL (事実審弁護士; 訴追人)／WITHDRAWAL OF COUNSEL (弁護人の撤回). **3** 顧問, コンサ

ルタント. ▶LEGISLATIVE COUNSEL (議員法律顧問).
of ～《米》(1) 顧問弁護士などが特定問題について特に依頼した(弁護士). (2)《特定ローファーム (law firm) と》提携している(弁護士). ★時に文中でも Of Counsel と大文字で表記する. また of なしで Counsel あるいは counsel をこの意味で用いることもある. ［OF<L *consilium* consultation, advice］

cóunsel and consént 助言と承認.

cóunsel for the Crówn《英》国王側弁護士[弁護人], 訴追側弁護士[弁護人].

cóunsel for the defénse 被告(人)側弁護士[弁護人], 防御側弁護士[弁護人] (defense attorney).

cóunsel for the prosecútion 訴追側弁護士[弁護人] (prosecution counsel).

counsel·ing, -sel·ling *n* カウンセリング, 助言.
▶DEBT COUNSELING (債務返済についてのカウンセリング).

Cóunsellors of State *pl* [the ～]《英》《国王不在もしくは病気期間中の》臨時摂政 (cf. REGENT).

cóunsel·or, -sel·lor *n* 1 顧問, 相談役, 相談相手, 助言者, カウンセラー (adviser) (cf. COUNSELING). 2《米・アイルランド》弁護士, 訴訟代理人. ▶CHAMBER COUNSELOR (事務所業務弁護士) / CITY COUNSELOR (市弁護士). 3《大使[公使]館の》参事官 (cf. COUNCILLOR).

cóunselor-at-láw *n* (*pl* cóunselors-at-láw) 弁護士 (counsel) (cf. ATTORNEY-AT-LAW).

cóunsel's opínion 《特定問題についての》法廷弁護士 (barrister) の意見.

count[1] /káunt/ *vt* 1 数える, 計算する; …まで数える; 数[勘定]に入れる⟨*in*⟩: ～ over 数えなおす; 数え上げる / ～ the house 入場者数を調べる / C～ me in. わたしも加えて / ～ noses [heads]《出席者[賛成者]の》数を数える, 頭数で事を決める. 2 棚卸しする. 3 ⟨…を…と⟩思う, みなす. 4 訴える, 申し立てる. — *vi* 1 数を数える, 計算する; 数[勘定]に入る. 2 …とみなされる⟨*as*⟩. 3《史》《口答で》訴答する⟨*upon*⟩. ～ **on** …による, …をあてにする, 期待する: I ～ *on* you to help. 手助けしてくださることを期待しております. ～ **out**《英議会庶民院》《出席者数が定足数を満たしているか否か数え, 不足する時は》《議長が討議を中止させ, 散会を宣する》: ～ *out* a measure [member] 定足数不足の理由で討議[演説]を中止する / ～ *the House out* 定足数不足の理由で散会を宣する. — *n* 1 数えること, 計算, 勘定; 顧慮, 考慮. 2 数, 総数, 総計;《俗》点呼. 3 訴因; 訴訟原因(記載)項目;《訴状の》項目, 条項: He was sentenced to one year's imprisonment on two ～s. 2 つの訴因で 1 年の禁固に処せられた. ▶ALTERNATIVE COUNT (択一的訴因) / COMMON COUNT (一般訴因) / GENERAL COUNT (訴因一般的陳述) / MONEY COUNT (金銭請求訴因) / MULTIPLE COUNTS (複合訴因) / OMNIBUS COUNT (包括訴因) / SEPARATE COUNT (個別訴因) / SPECIAL COUNT (訴因特別陳述). 4《英議会庶民院》定足不足による散会(宣言) (⇨ COUNT *out*). ［OF *co(u)nter*］

count[2] *n*《欧州大陸の》伯爵, 伯. ★ comte (F), conte (It), Graf (G) などの訳語で英国の EARL に当たる. 女性形はすべて countess. **～·ship** *n* count の地位[権限, 領地]. ［OF<L *comit- comes* companion］

count·er[1] /káuntər/ *n* 1《銀行・商店・図書館・レストランなどの》カウンター: pay over the ～ 帳場に払う / serve [sit] behind the ～ 店で働く; 小売店を営む. 2《英史》債務者用監獄 (=COMPTER). 3《史》代弁人 (=NARRATOR). ★ contor, counteur, countor とも綴る.
over the ～《取引所でなく証券業者の》店頭(市場)で《株売買にいう; 略 OTC》;《卸売業者でなく》小売業者を通じて: OVER-THE-COUNTER MARKET. **under the ～**《不法に》こっそり, 闇[闇値]で.

count·er[2] *adv* 反対の方向に: run [go] ～ to ⟨教訓・法則など⟩に背く, 反する.

coun·ter- /káuntər/ *pref*「敵対」「報復」「反」「逆」「対(応)」「副」の意. ★自由に動詞・名詞・形容詞・副詞に付ける.

còunter·affidávit *n* 対抗宣誓供述書《宣誓供述書 (affidavit) に対抗して相手方から提出される, 反駁する内容の宣誓供述書》.

còunter·appèal *n*《相手側の上訴に対する》反対上訴 (=CROSS-APPEAL).

còunter·bònd *n* 逆保証証書《保証人の支払う保償債務の弁済額の求償権を保証するために被保証人が保証人に差し入れる捺印金銭債務証書 (bond)》.

còunter·chàrge *n* 反撃, 逆襲; 反訴. — *vt* /ˌ-ˈ-ˈ/ …に逆襲する, 報復する, 反撃する; 反訴する.

còunter·clàim *n* 反対請求,《特に》《原告の請求に対して同一手続き内で被告が原告に対して行なう》反訴 (=countersuit) (cf. AFFIRMATIVE DEFENSE, CROSS-ACTION, CROSS-APPEAL, CROSS-CLAIM, CROSS-DEMAND, IMPLEADER, INTERPLEADER, THIRD-PARTY CLAIM). ▶COMPULSORY COUNTERCLAIM (強制的反訴) / PERMISSIVE COUNTERCLAIM (任意的反訴). — *v* /ˌ-ˈ-ˈ/ *vi* 反対請求[反訴]をする⟨*for*, *against*⟩. — *vt* …に対して反対請求[反訴]を提起する.

còunter·clàimant *n* 反対請求者, 反訴提起者.

còunter-complàint *n* 反訴《被告から原告に対して原告が違反を犯しているので被告に対して損害賠償支払い責任があると主張する訴え》.

coun·ter·feit /káuntərfìt/ *a* 偽造の, にせの (forged); 模造の, まがいの: charge sb with passing ～ notes in shops. — *n*《特に 貨幣・有価証券の》偽造, 偽造物. — *vt*, *vi*《貨幣・文書などを》偽造する (forge); 模造する, まねる, 似せる. ［OF (*contrefaire* to copy); ⇨ FACT］

Cóunterfeit Áccess Devìce and Compúter Fráud and Abúse Àct of 1984
[the ～]《米》1984 年の偽造アクセス装置, コンピューター詐欺・濫用法《金融機関・官庁などのコンピューター・システ

ムへの不正アクセス, そのデータの不正使用などのコンピューター関連の違法活動を犯罪と定めている連邦法》.

cóunterfeit·er *n*《貨幣・有価証券・文書・署名などの》偽造者.

cóunterfeit·ing *n*《貨幣・有価証券などの》偽造, 模造, 捏造.

cóunter·fòil /-fɔɪl/ *n*《小切手帳などの》控え, 半券.

còunter·intélligence *n* 対敵諜報活動[機関], 対情報活動.

cóunter·lètter *n*《大陸法》反対証書《表面上の合意を変更することを目的としてなされた, 当事者間の真の意思を表わす秘密合意書; 善意の第三者に対しては効力をもちえない》.

coun·ter·mand /kàʊntərmǽnd, ´-- ˋ-; -máːnd/ *vt*〈命令・注文を〉撤回する, 取り消す; 反対の命令によって…に対する命令[要求]を撤回する[取り消す];〈軍隊など〉に撤退を命ずる, 呼び戻す: ~ an order. ── *n* /´- ˋ-/ 撤回, 注文[命令]の取消し; 撤回[反対, 取消し]命令.

cóunter·mèasure *n* 対策, 対応; 対抗手段, 報復手段.

cóunter·òffer *n* **1** 代案, 対案, 二次提案. **2** 反対申し込み, カウンターオファー《契約の申し込みに対する被申込者の意思表示だが, 内容が一致せず, 通例は申し込みの拒絶, 被申込者からの新しい申し込みと認められるもの; 初めの申し込みはこれで失効し, これを改めて承諾することはできなくなる; ⇨ MIRROR IMAGE RULE》. **cóunter-òfferor** *n*

cóunter·pàrt *n* **1**《正副2通のうちの》一通,《特に》副本, 写し. **2** よく似た人, 片われ, 別の会社で同種の仕事をする人: He is my ~ in Johnston's. [17世紀 OF *contrepartie* にならったもの]

cóunterpart wrìt 令状の写し《訴訟開始令状 (original writ) の写しで被告が別の州[郡*] (county) に住んでいるかそこで見出された時にその別の州[郡]の裁判所に送付されるもの》.

cóunter·plèa *n*《付随的》反対答弁[抗弁]《訴訟の主たる目的に付随する事項に関して原告がなす答弁[抗弁]》.

cóunter·pròmise *n* 反対約束, 返約《一方当事者の約束 (promise) に対する相手方の約束; 一方的契約 (unilateral contract) では約因 (consideration) は約束以外のものであるが, 他方 売買などの双方的契約 (bilateral contract) では例えば物の引渡しと代金支払いという約束が相互に約因をなす》. ── *vt* /ˋ- -´--/ …に反対約束をする, 返約する.

còunter-róll *n*《史》監察用記録集, 副本記録集,《シェリフ (sheriff) の保管したコロナー (coroner) 録の》副本《他の役人の記録をチェックする目的で別の役人が保管した記録集; 特に 往時シェリフとコロナーが互いに保持することを義務づけられた》.

còunter-secúrity *n* 逆担保《保証人などがもつ求償権を保証するための担保》.

còunter-sígn *vt* …に副署する; 確認[承認]する: The payment was ~*ed* by the mortgagor.

cóunter·sìgnature *n* 副署.

còunter·súe *vt*, *vi*〈原告を〉逆に訴える.

cóunter·sùit *n* 反訴 (counterclaim).

cóunter·tràde *n* 見返り貿易, カウンタートレード《バーター取引・見返り輸入などの総称; 略 CT》.

cóunter·vàil·ing dúty 相殺関税《生産または輸出につき外国政府により補助金を得た貨物の輸入により自国の産業が被害をこうむることを防止するために, その補助金を相殺する形で課される関税; cf. ANTIDUMPING DUTY》.

cóuntervailing équity《同時に考慮すべき》拮抗(きっ)的エクイティー(上の権利).

cóunter wíll 対(つい)遺言(書) (＝MUTUAL WILL).

counteur《史》代弁人 (＝NARRATOR).

countor《史》代弁人 (＝NARRATOR).

cóunt-òut *n*《英議会庶民院》定足数点検, 定足数不足のための散会.

coun·try /kʌ́ntri/ *n* **1** 国土, 国, 国家; 法域; 本国, 祖国, 故国: So many *countries*, so many customs.《諺》国が変われば風俗も変わる,「所変われば品変わる」/ Happy is the ~ that has no history.《諺》歴史なき国は幸いなり / love of one's ~ 祖国愛, 愛国心 / leave the ~ 故国を出る (go abroad). **2** [the ~] 国民, 選挙民. **3** 地域, 地方; **地方住民**; **陪審** (jury): trial by God and the ~ 神と地方住民による審判《すなわち陪審》/ put [throw] one*self* upon one's ~ みずからを陪審審理に委ねる, 陪審審理を求める. ▶ CONCLUSION TO THE COUNTRY (陪審請請訴答末尾) / GOING TO THE COUNTRY (陪審審理要請) / TRIAL BY THE COUNTRY (地方住民による審理). **4** 裁判外: settlement in the ~ [in pais] 裁判外の和解. **conclude to the ~**《争点に》地方住民に[陪審審理に]付されるように懇請して訴答を終了する (⇨ CONCLUSION TO THE COUNTRY). **go [appeal] to the ~**《政府が》内閣不信任を決議した議会を解散して総選挙を行なう, 国民の信を問う. [OF < L *contrata* (*terra*) (land) lying opposite]

cóuntry of órigin 1《国際著作権法上の著作物の》本国. **2**《商品などの》生産地.

coun·ty /káʊnti/ *n* **1 a**《米》郡, 県, カウンティー《Louisiana と Alaska を除く各州の最大行政区画; Louisiana では parish, Alaska では borough がこれに相当する》. **b**《イギリス連邦の一部で》郡《州の最大行政区》. **2**《英》州, カウンティー《イングランド・ウェールズおよび旧スコットランドの行政上の最大区画で shire ともいう; イングランドは1972年法により大ロンドン (Greater London), 6つの大都市圏州 (metropolitan county), 39の非大都市圏州に分けられていたが, 前2者は1985年法で廃止され, その機能はそれぞれ一般に32のロンドン自治区参事会 (London Borough Council), 6つの大都市圏地区参事会 (metropolitan district council) に移されている; ウェールズは8州に分けられていたが, 1994年法でそれらは廃止され, 22の一元的自治体 (unitary authority) に改

編されている), 《アイルランド》州 (cf. BARONY): the C~ of York ヨーク州《Yorkshire のこと》. ▶ ADMINISTRATIVE COUNTY (行政州) / HOME COUNTIES (ロンドン周辺州) / METROPOLITAN COUNTY (大都市圏州) / POWER OF THE COUNTY (州[郡]民兵). **3** [the ~]《英》州民, 《米》郡民; [ºthe ~]《英》州の素封家たち[社交界]. **4**《英史》**a** 州, 州共同体 (=comitatus). **b**《SHERIFF が主宰した》州裁判所 (=comitatus, county court). ★ 英国・ニュージーランドなど多くの国の地方やカナダの州・米国の州などの連邦州の地方は county に分けられる. 英国における多くの county は shire とも呼ばれる (例: Berkshire, Staffordshire). それ以外の場合は呼称として, 英国では the County of Durham のように前に, 米国では Marlboro County のように後ろに付けて用いられる. [OF < L *comitatus*; ⇨ COUNT²]

cóunty attórney《米》郡法務官, 郡検事《民事事件で郡 (county) を代表し, また法域によっては刑事訴追を行なう法律家》.

cóunty bóard《米》郡委員会《郡の, 特に特定の行政目的のために設置される委員会》.

cóunty bórough《英》特別市 **(1)**《史》1888 年法で創設された制度で, それ自体 州 (county) の地位が与えられた独立自治市 (county corporate) と人口 5 万人以上の自治都市で, 州 (county) と別個の地方行政単位を構成した; 1972 年法で廃止 **2)** 1994 年法でウェールズにあった 8 つの州 (county) とその下の地区 (district) の二層制が廃され, 22 の一元的自治体 (unitary authority) に再編されたが (1996 年 4 月施行), そのうちの半分の 11 がこれ (county borough) に該当し, 他の 11 は州 (county) と呼ばれている》.

cóunty commíssion《米》**1** 郡政委員会. **2** 郡検認裁判所《West Virginia の裁判所で, 一定の遺言検認などを管轄する》.

cóunty commíssioner《米》郡政委員《郡委員会 (county board) の委員で, 郡の財政・警察などを管轄する役人》.

cóunty córporate《英史》独立自治市《都市でありながら国王の特許状によりそれ自体 州 (county) の地位を与えられていたもの; 地方行政組織の改編で現在存在していない》.

cóunty cóuncil《英》州参事会《略 CC》.

cóunty cóurt [ºC- C-]《略 CC》**1**《英》州裁判所 (=comitatus). ▶ PATENTS COUNTY COURT (特許権州裁判所). ★ 現在の州裁判所は 1846 年法制定のもので, 契約 (contract) および不法行為 (tort) に関する無制約の民事事件裁判管轄権を有する. アングロサクソン時代に起源をもつ州住民の民会である同名の集会・裁判所は中世末までにかつての重要性を失ったが, 議会選挙・法廃失宣告手続きなどの場として近代まで生き続けた. **2**《米》郡[県]裁判所《通例 民事・刑事を扱う制限的管轄権 (limited jurisdiction) を有する州の裁判所》.

cóunty cóurt at láw [ºC- C- at L-]《米》《Texas 州の比較的人口の多い郡の》郡裁判所.

Cóunty Cóurt Práctice《英史》州裁判所訴訟手続き《《グリーンブック (Green Book) の正式名; ⇨ GREEN BOOK》.

Cóunty Cóurt Rùles *pl* [the ~]《英史》州裁判所規則《⇨ CIVIL PROCEDURE RULES, GREEN BOOK》.

cóunty júdge《米》郡裁判官《郡 (county) 内の民事・刑事の裁判官》.

cóunty pálatine《英史》王権州, パラティニット州《イングランド北部やウェールズ辺境のかつての防衛上の重要地域で, 国王個人に属する権利以外の無制限の国王権を与えられた州; Chester, Lancaster, Durham が三大パラティニット州であるが, 1836 年までにすべて国王のものとなっている; しかし以後も独自の裁判所をもつなど独自性を有したが, 1971 年法で高等法院 (High Court) にその裁判権は移譲された》.

cóunty ráte《英》州税;《米》郡税.

cóunty recórder's cóurt [ºC- R- C-]《米》裁判官裁判所《Georgia 州のいくつかの郡 (county) にある制限的管轄権 (limited jurisdiction) の裁判所》.

cóunty sèat [sìte]《米》郡庁所在地 (=county town).

cóunty séssions *pl*《英史》州四季裁判所《各州で毎年 4 回開廷される刑事裁判所; 1971 年廃止; ⇨ QUARTER SESSIONS》.

cóunty tówn《英》州庁所在地;《米》郡庁所在地 (county seat).

coup (d'é·tat) /kùː(deɪtáː); kúː(-); *F* ku (deta)/ (*pl* **coups (d'état)** /kùːz(-); kúːz(-); *F* —/) 武力変, クーデター. ★ クーデターはふつう少数のすでにある程度勢力をもつ者 (例えば軍人) によって起こされるのに対して, 革命 (revolution) は多数の一般人の蜂起という形をとる. クーデターによって変わるのは政府構成員であるが, 革命は社会体制全体を変える. [F=stroke of state]

cou·pon /kúːpɒn, *kjúː-/ *n* **1** 切取り切符, 回数券の一片;《購入》割引券, クーポン, 優待券, 景品券. **2** 利札, クーポン. ▶ BOND COUPON (利札) / NEGOTIABLE COUPON (流通性のある利札). [OF piece cut off (*couper* to cut)]

cóupon bònd 利付き債, 利札付き債券, クーポン債券 (cf. BOND COUPON).

cóupon secùrity 利札付き証券.

Cour de Cassation ⇨ COURT OF CASSATION.

course /kóːrs/ *n* **1** 進行, 推移 (process); 過程, 経過, 順序; 経歴. ▶ DUE COURSE (適正な手続き) / FREE COURSE (順風航行) / ORDINARY [REGULAR] COURSE (通常業務). **2** 進路, 針路; 方針, 方向. ▶ STEADY COURSE (定常針路) / WATERCOURSE (水流; 水路; 流水権). **3** 行動, ふるまい. in DUE COURSE. **of ~** 当然の成り行きとして; 権利としての, 裁量に基づかない; 当然, もちろん; 当然の事項として. ▶ MATTER OF COURSE (当然のこと) / ORDER OF COURSE (当然命令) / WRIT OF COURSE (当然令状).

cóurse of búsiness《商業・ビジネスなどの》通常業

務 (=ordinary course (of business), regular course (of business)). ▶ ORDINARY [REGULAR] COURSE OF BUSINESS (通常業務).

cóurse of déaling 取引過程, 取引の経過, 交渉経過, 商談経過 (cf. COURSE OF PERFORMANCE, TRADE USAGE).

cóurse of emplóyment 業務の執行《労働者災害補償や不法行為の使用責任が問われる場合の基本概念; cf. SCOPE OF EMPLOYMENT, ZONE OF EMPLOYMENT》. **in ～** 〈事故など〉業務の執行中に[の].

cóurse of perfórmance 履行過程, 履行の経過 (cf. COURSE OF DEALING, TRADE USAGE).

cóurse of tráde 取引の傾向 (=TRADE USAGE).

court /kɔ́ːrt/ *n* **1 a** 中庭; 袋小路. **b** 邸, 大邸宅. ▶ SUIT OF COURT (出仕義務). **2** 裁判所, 法廷 (=court of justice, court of law, lawcourt); 裁判官《集合的》; 裁判所の建物: bring a prisoner to ～ for trial 被告人[囚人]を審理のため出廷させる / order the ～ to be cleared 傍聴人の退去を命ずる / take sb to ～ 人を訴える; 人に対して民事訴訟を提起する / take a case to [into] ～ 事件を裁判ざたにする. ▶ ADMINISTRATIVE COURT (行政裁判所), ADMIRALTY COURT (海事裁判所; 海事法廷) / APPEAL(S) COURT (上訴裁判所) / APPEAL COURT (控訴院) / APPELLATE COURT (上訴裁判所) / ARCHDEACON'S [ARCHIDIACONAL] COURT (大執事裁判所) / ARCHES COURT (OF CANTERBURY) ((カンタベリー)アーチ裁判所) / ARTICLE I COURT (合衆国憲法第1編規定裁判所) / ARTICLE III COURT (合衆国憲法第3編規定裁判所) / AUDIENCE COURT (聴聞裁判所) / BAIL COURT (訴訟保証人法廷) / BANKRUPTCY COURT (破産裁判所) / BARMOTE COURTS (バーモウト裁判所) / BASE COURT (非記録裁判所) / BASEMENT COURT (地階裁判所) / BISHOP'S COURT (主教[司教]裁判所) / BOROUGH COURT (都市裁判所) / BRISTOL TOLZEY COURT (ブリストル・トルジー裁判所) / BUSINESS COURT (商事裁判所) / CENTRAL CRIMINAL COURT (中央刑事裁判所) / CHANCERY COURT (大法官府裁判所) / CHURCH COURT (教会裁判所) / CIRCUIT COURT (巡回裁判所; 巡回裁判区裁判所; 連邦巡回裁判所; 合衆国控訴裁判所; 刑事巡回裁判所) / CIRCUIT COURT OF APPEALS (連邦巡回控訴裁判所) / CITY COURT (市裁判所) / CITY OF LONDON COURT (ロンドン市裁判所) / CIVIL BILL COURT (少額裁判所) / CIVIL COURT (民事裁判所) / CIVILIAN COURT (ローマ法裁判所) / CLAIMS COURT (請求裁判所) / CLERK OF COURT (裁判所書記) / COMMERCE COURT (州際通商裁判所) / COMMERCIAL COURT (商事裁判所) / COMMERCIAL COURT (商事法廷) / COMMISSARY COURT (主教代理裁判所; カンタベリー大主教[大司教]裁判所) / COMMON-LAW COURT (コモンロー裁判所) / COMMONWEALTH COURT (コモンウェルス裁判所) / COMMUNAL COURT (共同体裁判所) / COMPANIES COURT (会社裁判所) / CONCILIAR COURT (国王評議会の裁判所) / CON-

SCIENCE OF THE COURT (裁判所の良心) / CONSISTORY [CONSISTORIAL] COURT (主教[司教]裁判所) / CONSTITUTIONAL COURT (憲法上の裁判所) / CONSULAR COURT (領事裁判所) / CONTEMPT IN THE FACE OF THE COURT (裁判所の面前での裁判所侮辱) / CONTEMPT OF COURT (裁判所侮辱) / CORONER'S COURT (コロナー裁判所) / COUNTY COURT (州裁判所; 郡裁判所) / CRIMINAL COURT (刑事裁判所) / CROWN COURT (刑事法院) / CUSTOMARY COURT (BARON) (荘園法裁判所) / CUSTOMS COURT (関税裁判所) / DAY IN COURT (法廷での(適正な)審理の機会; 裁判所での審理の日(の通知を受ける権利)) / DEPARTURE IN DESPITE OF COURT (裁判所侮辱の離廷) / DEPOSIT IN COURT (裁判所への供託) / DIOCESAN COURT (主教区裁判所) / DISTRICT COURT (地方裁判所) / DIVIDED COURT (意見の分かれた法廷) / DIVISIONAL COURT (合議法廷) / DIVORCE COURT (離婚裁判所) / DIVORCE COURT (離婚・婚姻訴訟裁判所) / DOMESTIC COURT (家事事件治安事裁判所; 住所地裁判所) / DOMESTIC RELATIONS COURT (家庭裁判所) / EARL MARSHAL'S COURT (軍務伯裁判所) / ECCLESIASTICAL COURT (教会裁判所) / ELECTION (PETITION) COURT (選挙異議申立審判所) / EQUITY COURT (エクイティー裁判所) / EUROPEAN COURT (欧州(司法)裁判所) / EXAMINING COURT (予備審問裁判所) / EXCHEQUER COURT (財務府裁判所) / FAMILY COURT (家庭裁判所; 裁判所家庭部) / FEDERAL COURT (連邦裁判所) / FEDERAL DISTRICT COURT (連邦地方裁判所) / FEUDAL COURT (封建裁判所) / FLOOR OF THE COURT (法廷内の発言席) / FOREIGN COURT (外国の裁判所; 他州の裁判所) / FOREST COURT (森林裁判所) / FRANCHISE COURT (特権裁判所) / FRAUD ON THE COURT (裁判所での詐欺) / FRIEND OF THE COURT (裁判所の友) / FULL COURT (大法廷; 合議体の法廷) / HAGUE COURT (ハーグ裁判所) / HATS IN COURT (法廷内での帽子着用(権)) / HELP AT COURT (裁判所における援助) / HIGH COURT (最高裁判所; 高等法院; 刑事法院) / HIGHER COURT (上訴裁判所) / HIGHEST COURT (最上級審裁判所) / HONOR COURT (所領裁判所) / HOT COURT (情報熟知裁判所) / HOUSING COURT (住宅裁判所) / HUNDRED COURT (ハンドレッド裁判所) / IMPEACHMENT COURT (弾劾裁判所) / INFERIOR COURT (下位裁判所; 下級の裁判所) / INSTANCE COURT (一般海事事件裁判所; 第一審裁判所) / INSULAR COURT (島嶼(とうしょ)裁判所) / INTERMEDIATE COURT (中間裁判所) / INTERNATIONAL TRADE COURT (国際通商裁判所) / J.P. COURT (単独治安判事裁判所) / JUSTICE [JUSTICE'S] COURT (単独治安判事裁判所) / JUSTICE OF THE PEACE COURT (単独治安判事裁判所) / JUVENILE COURT (少年裁判所; 少年事件法廷) / KANGAROO COURT (えせ法廷) / KING'S COURT (国王裁判所) / LADY COURT (女荘園領主主宰の荘園裁判所) / LAND COURT (土地裁判所) / LAWCOURT, LAW COURT (コモンロー裁判所; 裁判所) / LAW COURT(s) (王立裁判所) /

LAY COURT (世俗裁判所; 素人裁判所) / LEAVE OF (THE) COURT (裁判所の許可) / LEGISLATIVE COURT (法律によって創設された裁判所) / LIMITED COURT (限定管轄裁判所) / LIQUIDATION COURT (清算裁判所) / LOCAL COURT (地方の裁判所) / LOCAL VALUATION COURT (地域的土地評価裁判所) / LORD MAYOR'S COURT (IN LONDON) (ロンドン市長裁判所) / LOWER COURT (原審裁判所; 下位裁判所; 下級の裁判所) / MAGISTRATE'S [MAGISTRATE, MAGISTRATES'] COURT (治安判事裁判所) / MANORIAL [MANOR] COURT (荘園裁判所) / MARITIME COURT (海事裁判所) / MARSHALL COURT (マーシャル裁判所) / MARTIAL COURT (軍法会議) / MAYOR'S AND CITY OF LONDON COURT (ロンドン市長裁判所) / MAYOR'S COURT (市長裁判所) / MERCHANT COURT (商人裁判所) / MILITARY COURT (軍事裁判所) / MOOT COURT (模擬法廷) / MUNICIPAL COURT (都市裁判所) / NAVAL COURT (海事審判所) / NOMINATED COURT (指定裁判所) / OFFICER OF THE COURT (裁判所成員) / OPEN COURT (公開法廷; 開廷) / ORDINARY COURT (通常の裁判所; 特別授権に基づかない正規の教会裁判所) / ORDINARY'S COURT (遺言検認裁判所) / ORPHAN'S COURT (孤児裁判所) / PALACE COURT (宮殿裁判所) / PALATINE COURT (パラティニット裁判所) / PARISH COURT (教区裁判所) / PATENTS COURT (特許権裁判所) / PAYMENT INTO COURT (裁判所への供託; 和解申し出供託) / PAYMENT OUT OF COURT (供託金払い戻し) / PEOPLE'S COURT (小事件裁判所; 人民裁判) / PETTY SESSIONAL COURT (小治安裁判所) / PIEPOUDRE [PIEPOWDER] COURT (埃足(ほこり)裁判所) / POLICE COURT (警察裁判所) / POPULAR COURT (人民裁判所) / PRACTICE COURT (訴訟手続き法廷) / PRACTICE COURT (模擬法廷) / PREROGATIVE COURT (大権裁判所; 検認裁判所) / PRESENCE OF THE COURT (裁判所の面前) / PRIVATE COURT (私的裁判所) / PRIZE COURT (捕獲審検所) / PROBATE COURT ((遺言)検認裁判所) / PROBLEM-SOLVING COURT (問題解決裁判所) / PROVINCIAL COURT (大主教裁判所) / PROVISIONAL COURT (臨時裁判所) / PROVOST COURT (占領地軍事裁判所) / REGISTER'S COURT ((遺言)検認裁判所) / REGULAR COURT (通常裁判所) / RESTRICTIVE PRACTICES COURT (取引制限裁判所) / RIGHT OF ACCESS TO COURTS (裁判を受ける権利) / RISING OF COURT (閉廷; 休廷) / ROLLS COURT (記録長官法廷) / RULE(S) OF COURT (裁判所規則) / SENIOR COURT (上級法院) / SERVICE CIVILIAN COURT (軍務関係民間人裁判所) / SERVICE COURT (軍事裁判所) / SHERIFF'S COURT (シェリフ裁判所) / SHERIFF'S COURT (IN LONDON) ((ロンドン市)シェリフ裁判所) / SITTING OF COURT (開廷(期間)) / SMALL CLAIMS COURT (少額事件法廷) / SMALL DEBTS COURT (少額事件法廷) / SPIRITUAL COURT (宗教裁判所) / STANDING CIVILIAN COURT (常設在外民間人裁判所) / STANNARY COURT (錫鉱裁判所) / STAPLE COURT (ステイブル裁判所) / STATE COURT (州裁判所) / SUIT OF COURT (出仕義務) / Summary Appeal Court (略式上訴裁判所) / SUPERIOR COURT (上位裁判所) / SUPREME COURT (最終審裁判所) / SUPREME COURT (最高裁判所, 最高法院) / SUPREME COURT OF JUDICATURE (最高法院) / SUPREME COURT OF THE UNITED KINGDOM (連合王国最高裁判所) / SUPREME COURT OF THE UNITED STATES (合衆国最高裁判所) / SUPREME JUDICIAL COURT (州最高裁判所) / SURROGATE('S) COURT ((遺言)検認裁判所) / TAX COURT (租税裁判所) / TECHNOLOGY AND CONSTRUCTION COURT (科学技術・建築裁判所) / TEMPORAL COURT (世俗裁判所) / TERM OF COURT (裁判所開廷期) / TERRITORIAL COURT (準州裁判所) / THREE-JUDGE COURT (三名合議法廷) / TOLZEY COURT (トルジー裁判所) / TRAFFIC COURT (交通裁判所) / TRIAL BEFORE THE COURT (非陪審審理) / TRIAL COURT (事実審裁判所) / TRIBAL COURT (部族裁判所) / UNITED STATES CLAIMS COURT (合衆国請求裁判所) / UNITED STATES COURT (合衆国裁判所) / UNITED STATES COURT OF FEDERAL CLAIMS (合衆国連邦請求裁判所) / UNITED STATES COURT OF INTERNATIONAL TRADE (合衆国国際通商裁判所) / UNITED STATES COURT OF MILITARY APPEALS (合衆国軍事上訴裁判所) / UNITED STATES COURT OF VETERANS APPEALS (合衆国退役軍人上訴裁判所) / UNITED STATES CUSTOMS COURT (合衆国関税裁判所) / UNITED STATES DISTRICT COURT (合衆国地方裁判所) / UNITED STATES SUPREME COURT (合衆国最高裁判所) / UNITED STATES TAX COURT (合衆国租税裁判所) / UNIVERSITY COURT (大学裁判所) / UPPER COURT (上訴裁判所) / VERDICT SUBJECT TO OPINION OF COURT (裁判所の意見に従う評決) / VICE-ADMIRALTY COURT (植民地海事裁判所) / WARD OF COURT (裁判所の被後見人) / WARREN COURT (ウォレン・コート) / WATER COURT (水利権裁判所) / WINDING-UP BY THE COURT (裁判所による清算) / WORLD COURT (国際司法裁判所) / YOUTH COURT (少年法廷). **3** 会議, 会議場; 《特に 州の》議会, 立法府. ▶ GENERAL COURT (州議会; 植民地議会). **4** [°C-] 宮廷, 宮中, 王室; 廷臣《集合的》; 謁見(式), 御前会議: at ~ [C~] 宮廷で / present at ~ 《特に 社交界の子女などに》拝謁の介添えをつとめる / be presented at C~ 〈新任の大使・公使や社交界の子女などが〉宮中で拝謁を賜る / go to C~ 参内する. ▶ KING'S COURT (国王の宮廷). **by the ~** 裁判所により[よる], 全裁判官(一致)により(よる) (=per curiam). **go to ~** 出廷する; 裁判ざたにする. **in ~** 法廷で, 出廷して. **May it please the ~.** 恐れながら申し上げます《弁護士が裁判所, 特に上訴裁判所 (appellate court) に対して, 口頭で発言する際に最初に述べる定型的な前置きの常套句》. **out of ~** 法廷外で[の], 裁判外で[の], 非公式に (cf. OUT-OF-COURT): settle a case *out of* ~ 事件を裁判外の和解で解決する. [OF<L *cohort- cohors* yard, retinue]

cóurt abóve《上訴が行なわれた時の》上訴裁判所 (= higher court, upper court) (opp. *court below*).

cóurt àction 訴訟《事件》(=court case).

cóurt báron (*pl* cóurts báron, ~s)《英史》自由不動産保有者裁判所《かつて荘園 (manor) において領主 (lord) に対する保有者 (tenant) の義務, 保有地をめぐる争い, 保有者間の争いなど荘園内の事柄を裁判するために荘園裁判所 (manorial court) が存したが, そのうち自由不動産保有者 (free tenant) が当事者の場合は, 領主ないしその執事 (steward) を司会者に, 荘園内の自由不動産保有者を判決発見人 (domesman) として開かれた裁判所; 1867 年に事実上廃止, 隷農保有者 (villein tenant) ないし謄本保有権者 (copyholder) を当事者とした荘園法裁判所 (court customary) の対語; cf. SEIGNORIAL JURISDICTION》. ▶ CUSTOMARY COURT BARON (荘園法裁判所).

cóurt belów《上訴が行なわれた時の》原審裁判所 (= lower court) (opp. *court above*).

cóurt càlendar《米》訴訟事件表 (=DOCKET).

cóurt càse 訴訟《事件》(court action).

cóurt chrístian [°C- C-] 教会裁判所 (=ECCLESIASTICAL COURT).

cóurt clínic 裁判所クリニック《裁判官が被告人, 特に少年 (juvenile) 事件の被告人を犯行原因や対処方法などを探るために精神医学的評価をしてもらう目的で送ることのできる医学的施設》.

cóurt crìer 廷吏 (crier).

cóurt cústomary《英史》荘園法裁判所 (=customary court (baron))《荘園裁判所 (manorial court) のうち, 隷農保有者 (villein tenant) ないし謄本保有権者 (copyholder) が当事者の場合, 領主 (lord) ないしその執事 (steward) が裁判官となって行なった裁判所; 自由不動産保有者裁判所 (court baron) の対語; cf. SEIGNORIAL JURISDICTION》.

court en bank [en banc] ⇨ COURT IN BANC.

cour・te・sy /kə́ːrtəsi, ‖kɔ́ː-/ *n* **1** 丁重さ, 礼儀, 優遇措置. ▶ SENATORIAL COURTESY (上院儀礼) / VOLUNTARY COURTESY (任意の親切行為). **2** CURTESY. [OF]

cóurtesy supervìsion 優遇監察《仮釈放者 (parolee) が刑の宣告を受けた法域とは別の所に住む監察担当者により監察されること; 犯罪が比較的軽く, 別の所での監察が社会復帰により適していると思われる場合などに用いられる》.

cóurt éxpert《英》裁判所指名専門家証人《陪審抜きの事件で, 当事者の申立に基づき事実・法律上の問題につき調査・報告をすべく裁判所に指名される独立的な専門家証人 (expert witness)》.

Cóurt for (Considerátion of) Crówn Càses Resérved [the ~]《英史》刑事留保事件裁判所, 刑事留保問題付託裁判所《一審で有罪決定されたが, その法律問題については疑問が残る場合に, その最終判断を留保し, 上位裁判所裁判官の判断に委ねること

が, 18 世紀までに確立していた; 1848 年に制定法でこの慣行を定め, 創設された裁判所; 1907 年刑事控訴院 (Court of Criminal Appeal) がこれに代わり, 廃止》.

Cóurt for Divórce and Matrimónial Cáuses [the ~]《英史》離婚・婚姻訴訟裁判所 (= Divorce Court)《1857 年制定法で創設された裁判所で, それまで教会裁判所が行使してきた婚姻をめぐる事件の裁判権と離婚を認める権限を行使した; この権限は 1873, 75 年の裁判所法 (Judicature Acts) で高等法院 (High Court of Justice) の検認・離婚・海事部 (Probate, Divorce and Admiralty Division) に移り, 廃止》.

cóurt (for the tríal) of impéachments 弾劾裁判所 (=impeachment court)《弾劾事件の裁判所; 英国でも米国でも上院》.

cóurt hànd《英》裁判所書体《裁判所で用いた, 略記法を含む独特の書体》.

cóurt・hòuse *n*《米》《略 c.h.》**1**《建物としての》裁判所, 裁判所の建物《英国では law court(s) という》. ▶ RACE TO THE COURTHOUSE (裁判所への先駆け競争). **2**《Virginia など一部州の》郡 (county) 庁舎.

cóurt in bánc [in bánk, en bánc, en bánk, in bánco] **1** 大法廷, 所属裁判官全員による法廷, 全員法廷 (=FULL COURT). **2** 合議体法廷. 《》 cf. IN BANC.

cóurt lànds *pl*《英史》《荘園領主の》直営地.

cóurt lèet《英史》リート裁判所《もとはシェリフ巡回裁判 (sheriff's tourn) の裁判権を特権として得た個人や都市において年 2 回《のちに 1 回》領主の執事 (steward) が開き, 十人組検査 (view of frankpledge)《これは年 1 回》, 陪審を用いての犯罪の告発, 軽微な事件の裁判をした裁判所で, 記録裁判所 (court of record) の一つ; 荘園領主が本来有していた荘園裁判所 (manorial court) や他の特権裁判権との区別がしにくいほど一般的なものとなったが, 治安判事 (justice of peace) の興隆とともに衰退; しかし英国では 19-20 世紀になっても法律上言及がなされていたが, 1977 年法で形式的にも廃止; 単に leet ともいう》.

cóurt-màrtial /ˌ ＿＿＿ / *n* (*pl* cóurts-màrtial, ~s) 軍法会議 (=martial court); 軍法会議による裁判《》特に軍人による軍法違反事件を裁くための裁判所, またはそこでの裁判》. ▶ DISTRICT COURT-MARTIAL (地区軍法会議) / DRUMHEAD COURT-MARTIAL (戦場軍法会議) / FIELD GENERAL COURT-MARTIAL (戦場将官軍法会議) / GENERAL COURT-MARTIAL (一般軍法会議) / NAVAL COURT-MARTIAL (海軍軍法会議) / SPECIAL COURT-MARTIAL (特別軍法会議) / SUMMARY COURT-MARTIAL (略式軍法会議). — *vt* 軍法会議にかける.

Cóurt-Màrtial Repórts《米》軍法会議判例集《合衆国軍事上訴裁判所 (United States Court of Military Appeals) の意見と軍法再審査裁判所 (Court of Military Review) の判決抜粋とを含む出版物で, 1951-75 年まで公刊; 略 CMR》.

Cóurt of Ádmiralty [the ~]《英史》海事裁判所 (= Court of the (Lord High) Admiral)《海事事件に

ついて管轄権を有する裁判所で、ローマ法系の裁判所の一つ; 海軍司令長官 (Admiral) は、陸上におけるその対応物である騎士道裁判所 (Court of Chivalry) と同様にまた同じころ (後期中世) に、公海上で発生した海事事件や海賊行為について裁判権を得た; 制度化後は、裁判官は一人の通常ローマ法学博士で、ローマ法に従って裁判をした; 英国が海運国として重要になるにつれその意義は高まり、コモンロー裁判所とも一時対立した; 海事高等裁判所 (High Court of Admiralty) ともいう; 1873, 75年法による裁判所の統合整理により高等法院 (High Court of Justice) の検認・離婚・海事部 (Probate, Divorce and Admiralty Division) に統合され、廃止; 1970年法以後現在その機能は高等法院の女王座部 (Queen's Bench Division) の一部をなす; cf. ADMIRALTY COURT.

córt of áncient demésne [ᶜC- of A- D-]【英史】固有王領裁判所《固有王領 (ancient demesne) で国王から直接保有している保有者 (tenant) からなる自由不動産保有者裁判所 (court baron)》

cóurt of appéal 1 上訴裁判所 (appellate court) 《略 CA》. ▶ INTERMEDIATE COURT OF APPEAL (中間上訴裁判所). **2**〖米〗控訴裁判所《California 州など若干の州の SUPREME COURT の次に位する中間上訴裁判所; 連邦および多数の州では court of appeals と複数形になる; ⇨ COURT OF APPEALS; 略 CA》. **3** [the C- of A-]【英】控訴院 (=Appeal Court)《最高法院 (Supreme Court of Judicature) の一部門で、イングランドおよびウェールズにおける民事・刑事の第二審裁判所; 民事部 (Civil Division) と刑事部 (Criminal Division) に分かれる; 略 CA》. **4** [the C- of A-]〖カナダ〗最高上訴裁判所、最高裁判所《カナダの若干の州の最高位の裁判所》.

Cóurt of Appéal in Cháncery [the ~]【英史】大法官府控訴裁判所《主として大法官府裁判所 (Court of Chancery) が第一審として裁判した事件などの上訴を扱う裁判所として1851年新設, 75年控訴院 (Court of Appeal) 新設に伴い解消》.

cóurt of appéals [ᵁthe C- of A-]〖米〗控訴裁判所《連邦および多数の州の中間上訴裁判所; 略 CA》;〖米〗最高上訴裁判所、最高裁判所《New York, Maryland 州などにおける最高位の裁判所》. ▶ CIRCUIT COURT OF APPEALS (連邦巡回控訴裁判所) / EMERGENCY COURT OF APPEALS (臨時上訴裁判所) / TEMPORARY EMERGENCY COURT OF APPEALS (暫定臨時控訴裁判所) / UNITED STATES COURT OF APPEALS (合衆国控訴裁判所) / UNITED STATES COURT OF APPEALS FOR THE ARMED FORCES (合衆国軍法上訴裁判所) / UNITED STATES COURT OF APPEALS FOR THE FEDERAL CIRCUIT (合衆国連邦巡回区控訴裁判所) / UNITED STATES COURT OF APPEALS FOR VETERANS CLAIMS (合衆国退役軍人請求上訴裁判所).

cóurt of archdéacon【英史】大執事裁判所 (= archdeacon's court, archidiaconal court)《大執事 (archdeacon) 選任の大執事裁判所裁判官 (official) と呼ばれる裁判官の下で開かれる最下位の教会裁判所で、大執事管区 (archdeaconry) 内の教会裁判権管轄事項全般を扱い、そこからの上訴は一般に主教 [司教] になされうる; 1963年に廃止》.

Cóurt of Árches [the ~]【英】アーチ裁判所《Canterbury 大主教 [大司教] 管区の裁判所; 当初は、その尖塔がアーチ状のものの上に載っている St. Mary-le-Bow (Sancta Maria de Arcubus=Saint Mary of the Arches) 教会で開廷されたことからこの名が由来したといわれている; アーチ裁判所裁判官 (Dean of the Arches) と呼ばれる裁判官が主宰; Arches Court (of Canterbury), Court of Canterbury ともいう; cf. CHANCERY COURT OF YORK, COMMISSORY COURT》.

cóurt of assíze【史】アサイズ裁判所 (⇨ ASSIZE 4a).

Cóurt of Áudience [the ~]【英】聴聞裁判所 (=Audience Court)《Canterbury 大主教 [大司教] および York 大主教 [大司教] それぞれのもとにあった教会裁判所; Canterbury の方のその権限はアーチ裁判所 (Court of Arches) と同様であるがそれより格は下で, 1963年法により廃止》.

Cóurt of Áuditors [the ~]《欧州連合の》会計検査院《欧州連合理事会 (Council of the European Union) 任命の15名からなる欧州連合 (European Union) の会計検査機構; 1975年創設; その任務は欧州「共同体の収入および支出全体の計算書を検査」し、「すべての収入および支出が合法かつ正規に行なわれたかどうか、財務の運営が健全であったか否かを検査すること」》.

Cóurt of Augmentátions [the ~]【英史】収益増加裁判所 (=augmentation (court))《Henry 8世は1536年法により修道院解散に着手したが、その議会の制定法で、それに伴って修道院から国王へ所領・収益が入ってくることを見越し、その増加収益を処理するために新設された裁判所; 1554年財務府裁判所 (Court of Exchequer) に統合、廃止; cf. AUGMENTATION》.

cóurt of bánkruptcy 破産裁判所 (=bankruptcy court)《破産手続きを管轄する裁判所》.

Cóurt of Cánterbury [the ~] カンタベリー裁判所 (=COURT OF ARCHES).

Cóurt of Cassátion [the ~; ᶜc- of c-] 破棄院《フランス・ベルギーなどの最高裁判所; フランス語では Cour de Cas·sa·tion /F kuːr də kasasjɔ̃/ という》.

cóurt of cháncery 1 [the C- of C-]【史】大法官府裁判所 (=Chancery Court)《中世末から生じてきた大法官 (Chancellor) のエクイティー (equity) 上の裁判権を行使した裁判所; コモンローに対比される英米法の二大法体系の一つであるエクイティーは主としてこの裁判所の判例から生じた; 1873, 75年の裁判所法 (Judicature Acts) により高等法院 (High Court of Justice) の大法官府部 (Chancery Division) になり、廃止; ⇨ CHANCERY, EQUITY》. **2** [ᶜC- of C-]〖米〗エクイティー裁判所 (=COURT OF EQUITY).

Cóurt of Chívalry [the ~]【英史】騎士道裁判所《騎士道高等裁判所 (High Court of Chivalry) ともい

う；中世においては，侍従武官長（Lord High Constable）と軍務伯（Earl Marshal）の共同主宰の裁判所で，捕虜・身代金・紋章・席次・武勲・戦争や海外で犯した重罪に対する私訴，さらには軍需品供給契約といった軍事上の事件の裁判権を有した裁判所；16世紀に用いられなくなったが，軍務伯一人が主宰した裁判所で，紋章院（College of Arms）および栄典・紋章にかかわる軍務伯裁判所（Earl Marshal's Court）と混同され，誹毀（slander）をも審理した（これは1703年に否定された）；現在も残っていることになっているが，紋章をめぐる争いのみが管轄事項であろう；ローマ法系の裁判所の一つ；⇨ COURT OF HONOUR)．

Cóurt of Cívil Appéals [the ~]《米》民事上訴裁判所《Alabama など若干州における中間上訴裁判所》．

cóurt of cláims 1 裁判所．2 [the C- of C-]《米》請求裁判所（＝Claims Court）《連邦または州もしくは郡政府に対する請求および契約違反を管轄する連邦または州の第一審裁判所；連邦のそれは1855年創設，1952年に廃止され，合衆国請求裁判所（United States Claims Court）に引き継がれ，1992年以後は，合衆国連邦請求裁判所（United States Court of Federal Claims）となっている；略 C. Cls, Ct. Cl., CTCLS)．

Cóurt of Cómmon Pléas [the ~]《略 CP, CCP》1《英史》人民訴訟裁判所（＝the (Common) Bench)《人民間の訴訟で国王が特別の関心をもっていない訴訟，すなわち人民訴訟（common plea）について一般的第一審管轄権をもっていたコモンロー裁判所で，12世紀末にその起源が遡れるといわれているコモンロー裁判所の中心的裁判所の一つ；1873, 75年の裁判所法（Judicature Acts）により高等法院（High Court of Justice）に統合され廃止；現在では高等法院の女王座部（Queen's Bench Division）に吸収されている；⇨ COMMON PLEA)．2 [Uc- of c- p-]《米》一般訴訟裁判所《Ohioなど一部の州で，民事および刑事の第一審事件を扱う一般的管轄裁判所（court of general jurisdiction)).

cóurt of cónscience 1《英》少額債権裁判所，良心裁判所（＝COURT OF REQUESTS)．2 a 良心．b 良心裁判所，良心を基礎とする裁判所《エクイティー裁判所（court of equity）の別称).

Cóurt of Convocátion [the ~]《英》聖職者会議裁判所《異端など純粋に教会法上の犯罪に対する聖職者会議（convocation）が有する裁判権を行使する裁判所).

Cóurt of Críminal Appéal [the ~]《英史》刑事控訴院《刑事事件の第一審判決の上訴裁判所；1907年法で創設され，それまでの刑事留保事件裁判所（Court for (Consideration of) Crown Cases Reserved）に代わってその管轄権を行使した；1966年法により控訴院（Court of Appeal）の刑事部（Criminal Division）へ権限を移した).

cóurt of críminal appéals 1《米》刑事上訴裁判所《Alabama, Texas, Oklahoma などの若干の州での刑事の最終審裁判所).2 [the C- of C- A-]《米》軍法刑事上訴裁判所《1968年法で創設された，各軍でその軍法会議（court martial）の判決を再審査（review）する中間上訴裁判所；1994年までは軍法再審査裁判所（Court of Military Review）と呼ばれた).

Cóurt of Cústoms and Pátent Appéals [the ~]《米史》関税・特許上訴裁判所《1929年創設，82年廃止の連邦裁判所；その管轄権は合衆国連邦巡回控訴裁判所（United States Court of Appeals for the Federal Circuit）に移された；略 CCPA).

Cóurt of Délegates [the ~]《英史》国王代理官裁判所《国王代理官高等裁判所（High Court of Delegates）ともいう；大主教に代わってもしくは大主教からの上訴を裁判するため，または海事裁判所（Court of Admiralty）からの上訴を裁判するため，国王に特別委任された裁判官により構成された裁判所；宗教改革の結果ローマ教皇への上訴が禁止され，教会の首長としての国王が処理しなければならなくなった；そのために上訴があるごとに特別の国王代理官（delegates）が任命され，それを裁判した；1534年法により創設；1832年法によりその権限は枢密院司法委員会（Judicial Committee of the Privy Council）に移った).

cóurt of doméstic relátions* [⁰C- of D- R-] 家庭裁判所（＝FAMILY COURT).

Cóurt of Ecclesiástical Cáuses Resérved [the ~]《英》教会留保事件裁判所《聖職者の教会法違反事件の第一審裁判権と教理・式典・儀式事項にかかわる主教裁判所（consistory court）からの上訴とを管轄する1963年法で創設された裁判所).

cóurt of équity [⁰C- of E-] エクイティー裁判所（＝chancery, court of chancery, equity court)《エクイティー（equity）上の手続き・実体法に基づく裁判所；cf. COURT OF LAW).

cóurt of érror 誤審裁判所, 誤審審理裁判所《一般的には，下位裁判所の判決を上訴（appeal）や誤審令状（writ of error）の手続きで再審理する権限をもった上位裁判所；より厳密には，誤審令状により訴答その他判決に至るまでの手続き上の瑕疵で正式記録上明らかな誤りを修正する権限をもつ裁判所；事実に関する誤りは判決を下した裁判所自体が当たることもあった；誤審令状そのものは，英国で民事については1875年法で，刑事については1907年法で廃止).

Cóurt of Exchéquer [the ~]《英史》財務府裁判所（＝Exchequer, Exchequer Court)《国王の財政担当官庁としての財務府（Exchequer）は，早くから国王に債務を負っている者の裁判権を有していたが，のちに擬制を通して物的訴訟（real action）を除く一般の民事裁判権をもつようになり，王座裁判所（Court of King's Bench）および人民訴訟裁判所（Court of Common Pleas）と並んで中央における三大コモンロー裁判所の一つにまでなった；1875年に高等法院（High Court of Justice）に統合・廃止され，財務府部（Exchequer Division）となり，1880年以後は女王座部（Queen's Bench

Court of Exchequer Chamber

Division)に統合された；ここの裁判官はその起源とも関連してBaronと呼ばれた；⇨ EXCHEQUER, BARON OF (THE) EXCHEQUER).

Cóurt of Exchéquer Chámber [the ~]《英史》財務府会議室裁判所(=Exchequer Chamber)《この名の裁判所には次の5つがあり、当初はこれはいずれも正式名というより財務府(Exchequer)内の会議室で開かれた裁判(所)というくらいの意味だったのであろう：**1**)1357年創設の、財務府裁判所(Court of Exchequer)の判決に対する誤審令状(writ of error)に基づく誤審裁判所 **2**)財務府に関するエクイティー裁判所(court of equity) **3**)15世紀にコモンロー裁判所裁判官と上級法廷弁護士(serjeant-at-law)が集まり重要問題を討議した非公式会議 **4**)1585年創設の、王座裁判所(Court of King's Bench)の判決に対する誤審令状に基づく誤審裁判所 **5**)3つのコモンロー上位裁判所(superior court)(すなわち王座裁判所, 人民訴訟裁判所(Court of Common Pleas), 財務府裁判所)の判決に対する誤審令状に基づく誤審裁判所；1830年創設, 75年廃止》.

Cóurt of Fáculties [the ~]《英》特別許可裁判所《カンタベリー大主教に属する特別裁判所で、訴えを裁くのではなく、例えば特別の埋葬方法の許可, 婚姻予告(banns of matrimony)なしの婚姻許可など本来法が認めていない行為をなす許可を特別に与える》.

cóurt of fírst ínstance 1 第一審裁判所(=TRIAL COURT). **2** [C- of F- I-]《欧州連合(European Union)の》第一審裁判所《1989年より活動開始した欧州連合の裁判所で、15名の裁判官からなる；欧州委員会(European Commission)の決定に対する不服の第一審裁判所；法律問題に関しては、ここから欧州共同体司法裁判所(Court of Justice of the European Communities)に上訴できる；正式名は **Court of First Instance of the European Communities**(欧州共同体第一審裁判所)；略 CFI》.

cóurt of géneral jurisdíction《米》《管轄権について事物または訴額などに制限のない》**一般的管轄(権をもつ)裁判所**《英国では上位裁判所(superior court)がこれに当たる；cf. COURT OF LIMITED JURISDICTION》.

Cóurt of Géneral Séssions《米》《一部地方の》一般刑事裁判所.

Cóurt of Gréat Séssions (in Wáles) [the ~]《英史》ウェールズ大裁判所《1543年法で創設され、ウェールズ12州が3つのグループに分けられ、年2回開廷されたコモンロー裁判所；イングランドのアサイズ裁判(assize)に相当；1830年法で廃止》.

Cóurt of Hígh Commíssion [the ~]《英史》高等宗務官裁判所《英国では宗教改革により教会裁判権すべてが教会の首長でもある国王に帰属したため、上訴事件を除き(⇨ COURT OF DELEGATES), これを高等宗務官(High Commission)に委任したが(1559年の国王至上法(Act of Supremacy)で確認), のちにこれが制度化・創設された裁判所(特に1583年法)；実体法・手続法とも教会法に基づいた；大権裁判所(prerogative court)の一つ；1641年廃止後王政復古で一時復活するが、1689年最終的に違法宣言》.

cóurt of hónor 1《英史》所領裁判所《中世の大領主の散在する所領(honor)全体を管轄した裁判所》. **2** [the C- of Honour]《英史》名誉裁判所《軍務伯(Earl Marshal)が唯一の裁判官になった後の騎士道裁判所(Court of Chivalry)で, **Court of Honour of the Earl Marshal of England**(イングランド軍務伯の名誉裁判所)の略；⇨ COURT OF CHIVALRY》. **3** 名誉法廷《個人の名誉に関する問題を審理する軍事法廷》.

Cóurt of Húman Ríghts [the ~]《欧州》人権裁判所(⇨ EUROPEAN COURT OF HUMAN RIGHTS).

Cóurt of Hús·tings /-hástɪŋz/ [the ~]《英》ハスティングズ裁判所《ロンドンにノルマン人の征服以前から存した最古・最高の裁判所；当初はすべてを管轄した；13世紀ごろにシェリフ(sheriff)や市長(Lord Mayor)の裁判所に管轄を移し, 土地訴訟と混合訴訟(mixed action)等のみを管轄；その後さらに **Court of Hustings for Pleas of Land**(土地訴訟に関するハスティングズ裁判所)と **Court of Hustings of Common Pleas**(人民訴訟に関するハスティングズ裁判所)に分化した；市長・前市長・シェリフが名目的裁判官で, ロンドンの市裁判官(recorder)が事実上唯一の裁判官である；人民訴訟に関する裁判所は事実上廃れた；なお, 同名の都市裁判所は Winchester, York など古い自治都市にも存した》.

cóurt of inquíry 1 軍人予審裁判所, 予審軍法会議(1)《英史》軍事裁判所で審理をうけている者が極刑に値するかどうかを審査した **2**)《米史・英》軍人に対する審理の予審を行なう》. **2**《米》予備審問手続き《若干の州で, 治安判事が犯罪があったらしいと判断したときにそれに関して証人を尋問することができるが、その手続き》. **3**《英》事故[災害]原因調査委員会.

Cóurt of Internátional Tráde [the ~]《米》国際通商裁判所(=UNITED STATES COURT OF INTERNATIONAL TRADE)《略 CIT》.

cóurt of jústice 裁判所, 司法裁判所(court). ▶ EUROPEAN COURT OF JUSTICE(欧州(司法)裁判所) / HIGH COURT OF JUSTICE(高等法院) / INTERNATIONAL COURT OF JUSTICE(国際司法裁判所) / PERMANENT COURT OF INTERNATIONAL JUSTICE(常設国際司法裁判所) / ROYAL COURTS OF JUSTICE(王立裁判所).

Cóurt of Jústice of the Européan Commúnities [the ~] 欧州共同体司法裁判所《欧州(司法)裁判所(European Court (of Justice)), あるいは欧州連合(European Union)成立後は欧州連合司法裁判所(Court of Justice of the European Union)と通称されている；Luxembourgにある欧州連合の裁判所で、各構成国から1名の裁判官と計9名の法務官(advocate general)から構成される；その主たる職務は **1**)欧州共同体(European Community)を設立している諸条約の解釈 **2**)欧州共同体立法の有効性・解釈について

の決定. **3)** 欧州共同体・欧州連合理事会 (Council of the European Union) や構成国の作為および不作為が欧州共同体法 (Community law) 違反に当たるか否かの判定であり、第一審裁判所 (Court of First Instance) からの上訴も審理する；その判決は拘束力を有し、上訴は認められない；略 CJEC。

Court of Justice of the European Union [the ～] 欧州連合司法裁判所 (⇨ Court of Justice of the European Communities).

Court of Justiciary [the ～] スコットランド刑事法院,《スコットランドの》刑事上級裁判所 (＝High Court of Justiciary).

Court of King's [Queen's] Bench [the ～] 《英史》王座[女王座]裁判所《人民訴訟裁判所 (Court of Common Pleas) および財務府裁判所 (Court of Exchequer) と共に中央における三大コモンロー裁判所の一つで、その最上位にあった；もともとは理論上国王臨席の下で開かれることになっていたので、この名が起こる；人民訴訟 (common pleas) ではない国王の訴訟 (pleas of the Crown) を主として管轄していたが、のちに擬制を通して契約・不法行為事件を多く管轄するに至った；1875 年に他裁判所と共に統合整理され、高等法院 (High Court of Justice) の一部門即ち女王座[王座]部 (Queen's [King's] Bench Division) になり廃止；その前後を問わず、その長はイングランド首席裁判官 (Lord Chief Justice of England) と呼ばれ、法律家としては大法官 (Lord Chancellor) に次ぐ地位にあった；しかし 2005 年法により司法部の長としての職務は大法官からこの首席裁判官に移されている》.

court of last resort 最終審裁判所《アメリカ合衆国最高裁判所 (Supreme Court of the United States) や英国の貴族院 (House of Lords) などがその例》.

court of law 1 裁判所 (court). **2** コモンロー裁判所 (＝common-law court, lawcourt)《コモンロー (common law) に基づく裁判所；cf. court of equity》.

court of limited jurisdiction 《米》制限的管轄《権のみをもつ》裁判所《一般的管轄裁判所 (court of general jurisdiction) でない裁判所；英国では下位裁判所 (inferior court) がこれに当たる》.

Court of Military Appeals [the ～] 《米史》軍事上訴裁判所《United States Court of Appeals for the Armed Forces の旧称；略 CMA》.

Court of Military Review [the ～] 《米史》軍法再審査裁判所《略 CMR；⇨ Court of Criminal Appeals》.

court of nisi prius 《米》民事事実審裁判所 (＝nisi prius).

court of ordinary 1 《英》特別授権に基づかない正規の教会裁判所《大主教[大司教] (archbishop) がその大主教[大司教]管区 (province) に対して、あるいは主教[司教] (bishop) がその主教[司教]区 (diocese) に対して有する固有の裁判権に基づく裁判所；cf. Court of Pe-

culiars》. **2** 《米》《一部の州での》《遺言》検認裁判所 (＝probate court).

court of original jurisdiction 第一審管轄権裁判所 (cf. original jurisdiction).

court of oyer and terminer 1 《史》刑事巡回裁判所 (⇨ oyer and terminer). **2** 《米》《一部州の上位の》刑事裁判所 (＝oyer and terminer).

Court of Passage [the ～] 《英史》リヴァプール市通過商品裁判所《Liverpool 市内で生じた事件に対して同市に古くから存した下位の記録裁判所 (court of record) で、同市を通過しての輸出入品関係事件について管轄した；1835 年に至るまでは Borough Court of Liverpool (リヴァプール都市裁判所) とも呼ばれていた；1971 年法で廃止》.

Court of Peculiars [the ～] 《英史》特別教区裁判所《アーチ裁判所 (Court of Arches) の一部門ないしは一機能で、Canterbury 大主教[大司教]区の主教[司教]の裁治権にるばぬ特別教区 (peculiar) の裁判権を有する。しかしこの裁判権は 19 世紀中にいくつかの制定法で事実上廃されている》.

court of petty sessions 《英史》小治安裁判所, 治安判事小法廷 (⇨ petty sessions).

court of pie·pou·dre /-paɪpáʊdər/ 《英史》埃足(ほこあし)裁判, 土足裁判所 (＝piepoudre [piepowder] court) (＝**court of pe·des pul·ve·ro·si** /-píːdiz pʌ̀lvəróʊsàɪ, -péd-/, **court of pie·powder**)《かつて裁判権が市場開設権 (market and fair) に付着していて、その裁判所に埃足の商人が頻繁に出入りしていたことからこの名が出たともいわれる；市場開設権をもった領主の執事、あるいは自治都市の市長ないしはその代官のものであったが、裁判そのものは商人によってなされ、市場で生じた紛争・犯罪を略式で迅速に処理した；15 世紀から重要性を失したが, Bristol では 1971 年まで存した；1977 年法で形式的にも廃止》. [L *curia pedis pulverizati*; ⇨ piepoudre]

Court of Policies of Insurance [Assurance] [the ～] 《英史》保険裁判所《1601 年法により創設された商人間の保険契約に関する略式裁判所；上訴は大法官府裁判所 (Court of Chancery) になされた；1863 年法により廃止》.

Court of Probate 1 [the ～] 《英史》検認裁判所《1857 年に、それまで教会裁判所の管轄に属した遺言・無遺言の場合の遺産管理関係の権限を行使するために新設された裁判所；1873, 75 年法により高等法院 (High Court of Justice) の検認・離婚・海事部 (Probate, Divorce and Admiralty Division) に統合され、廃止；略 CP》. **2** [c- of p-] 検認裁判所《遺言検認をする裁判所一般の呼び名；cf. probate court》.

Court of Protection [the ～] 《英》《精神障害者の財産管理を管轄する》保護法廷《最高法院 (Supreme Court of Judicature) に所属》. ▶ Master of the Court of Protection (保護法廷主事).

court of quarter sessions 四季裁判所《略

CQS: **1)**〘英史〙中世後期より1971年法で廃止されるまで存続し, 州の複数の全治安判事 (justice of the peace) によって, 自治都市はその市裁判官 (recorder) 一人によって年4回開かれた記録裁判所 (court of record); 刑事管轄は法律に特別の定めがない限りすべての正式起訴犯罪 (indictable offense) を第一審として審理し, 治安判事裁判所 (magistrates' court) で有罪決定された者への刑の宣告をした; また, 治安判事裁判所からの上訴をも管轄した; 民事第一審裁判所としては制定法上のわずかな権限しかなかったが, 非嫡出問題などで上訴管轄権を有した; quarter sessions ともいう; cf. GENERAL SESSIONS, PETTY SESSIONS, QUARTER SESSIONS, SPECIAL SESSIONS **2)**〘米〙若干の州での, 重罪 (felony) 以外の事件の裁判と道路・橋梁などの管理を管轄する裁判所; **Court of (General) Quarter Sessions of the Peace, Quarter Sessions Court** ともいう.

Cóurt of Quéen's Bénch [the ~]〘英史〙女王座裁判所 (⇨ COURT OF KING'S BENCH).

cóurt of récord 記録裁判所《それ自体証明力をもった正式の訴訟記録を作って保管しておく裁判所で, 裁判所侮辱 (contempt of court) を理由にみずから処罰する権能を有する; cf. BASE COURT, of RECORD》. ▶ SALFORD HUNDRED COURT OF RECORD (ソルフォード・ハンドレッド記録裁判所).

Cóurt of Requéests [the ~]〘英史〙**1** 請願裁判所《15-17世紀の英国で, 通常の裁判所を利用できない貧困者・弱者および国王の宮廷役人のための特別の民事裁判所; 当時数多く用いられた国王評議会の裁判所 (conciliar court) の一つ; コモンロー手続きによらないその手続きが安価・迅速であったため本来の訴訟当事者適格者以外の者も引きつけ, そのために16世紀末ごろからコモンロー裁判所によって攻撃され, 1643年消滅; cf. PREROGATIVE COURT》. **2** [c- of r-] 少額債権裁判所《court of conscience (良心裁判所) とも呼ばれた; 1846年に廃止され, 州裁判所 (county court) がこれに代わった》.

cóurt of revíew 再審査裁判所 (=APPELLATE COURT).

Cóurt of Séssion 1 [the ~] スコットランド控訴院,《スコットランド》民事上級裁判所《スコットランドでの最高の民事裁判所; 正式名は College of Justice《スコットランド民事最高法院》という; ここから貴族院に上訴できる; 略 CS; cf. INNER HOUSE, OUTER HOUSE》. **2** [c- of s-]〘米〙《若干の州における》軽罪裁判所《権限などは州により異なる》.

Cóurt of Shép·way /-ʃépwèɪ/ [the ~]〘英史〙五港裁判所《1855年法による廃止まで五港 (cinque ports) にあった特権裁判所で, 五港全体の長である五港長官 ((Lord) Warden of the Cinque Ports) が主宰し, 五港それぞれが個別に有した五港個別裁判所 (courts of the cinque ports) の上位裁判所である》.

Cóurt of Spécial Appéals [the ~]〘米〙特別上訴裁判所《Maryland における中間上訴裁判所》.

cóurt of spécial jurisdíction 特別管轄裁判所 (=limited court)《軍法会議 (court-martial), 教会裁判所 (ecclesiastical court), 少年裁判所 (juvenile court),《遺言》検認裁判所 (probate court) など特定領域内に事物管轄権が限定されている裁判所》.

cóurt of spécial séssion 特別裁判所《特定の事件を裁判する目的で特別に設置される裁判所》.

Cóurt of Stánnaries of Córn·wall and Dévon /-kɔ́ːrnwɔ̀ːl-, -w(ə)l-/ [the ~]〘英史〙コーンウォール・デヴォンの錫()鉱裁判所 (⇨ STANNARY COURT).

Cóurt of Stár Chámber [the ~] 星室裁判所 (⇨ STAR CHAMBER).

cóurt of súmmary jurisdíction 略式裁判所《略式手続きで, 特に陪審を用いずに, 審理する裁判所を指す; 英国では特に陪審によらずに刑事事件裁判を行なう治安判事裁判所 (magistrates' court) を指す》.

cóurt of súrvey〘英〙船舶検査裁判所《海運法 (Merchant Shipping Acts) に基づき危険な船舶として停船されたときに, 船主がそれを争う事件を裁く裁判所》.

Cóurt of the Ádmiral [the ~]〘英史〙海軍司令長官裁判所, 海事裁判所 (=COURT OF ADMIRALTY).

Cóurt of the Dúchy Chámber of Láncaster [the ~]〘英〙ランカスター公領裁判所 (= DUCHY COURT OF LANCASTER).

Cóurt of the Lórd Hígh Ádmiral [the ~]〘英史〙海軍司令長官裁判所, 海事裁判所 (=COURT OF ADMIRALTY).

Cóurt of the Lórd Hígh Stéward of Éngland [the ~]〘英史〙イングランド執事卿裁判所 (⇨ HIGH STEWARD OF ENGLAND).

Cóurt of the Márshalsea [the ~]〘英史〙宮廷裁判所《宮廷使用人間の訴訟および一方当事者が宮廷使用人で宮廷12マイル以内 (王室裁判管区 (verge) と呼ばれていた) で犯された不法侵害 (trespass) を裁くために, もとは王室の宮廷執事卿 (Lord Steward of the (King's [Queen's]) Household) と宮廷事務卿 (Marshal of the (King's [Queen's]) Household) の面前で開かれた裁判所; 宮廷使用人が他の裁判所に行きそのサービスを受けられなくなるのを防ぐためといわれる; 1849年法で廃止; 単に Marshalsea ともいう》.

cóurt of the stáple [the ~]〘英史〙ステイブル[指定市場]裁判所 (=staple court)《Westminster, Newcastle, Bristol などの港湾都市が14世紀以来ステイブル (staple) と総称された羊毛・皮革・錫・鉛などの主要輸出品の独占的取引をする指定都市にされたが (1390年法に初出), これらのステイブル都市 (staple town) で, 市長を含む役人により開設された staple に関する裁判所; ここではコモンローでなく商慣習法 (law merchant) が適用された; 現在は事実上廃止された》.

Cóurt of Wárds (and Líveries) [the ~]〘英史〙後見裁判所《騎士奉仕保有 (tenure by knight service) の封建的付随条件 (feudal incident) である後見権 (wardship), 相続料 (relief) などからの国王収入

を確保することを目的にして1540年法で創設された裁判所；評判が悪く，革命中に廃止され，1660年廃止を確認）．

cour·toi·sie in·ter·na·tio·nale /F kurtwazi ɛtɛrnasjɔnal/ 国際礼譲（＝INTERNATIONAL COMITY）．

cóurt òrder 裁判所命令，裁判所決定．

cóurt-òrdered arbitrátion 裁判所命令による仲裁（＝JUDICIAL ARBITRATION）．

cóurt pàcking《米》《大統領による自派の裁判官を選任しての》裁判所抱き込み．

cóurt pàpers pl 裁判所提出書類（＝suit papers）《答・申立てなど一方の訴訟当事者が裁判所に提出した全書類；単に papers ともいう》．

cóurt recòrder 訴訟手続記録係，法廷速記録係（cf. COURT REPORTER）．

cóurt repòrter 1 証言記録者（cf. COURT RECORDER）．2 判決[判例]報告者（＝REPORTER OF DECISIONS）．

cóurt ròll 1 裁判所記録集．2《英史》荘園裁判所記録集《荘園裁判所（manorial court）で行なわれた裁判その他の記録集で，荘園執事が管理した；謄本保有権（copyhold）の権原の唯一の証拠がここへの登録であったので，1922年法でのその廃止まで重要であった》．

cóurt·ròom n 法廷《裁判が行なわれる部屋》．

cóurt rùles pl 裁判所規則（＝rules of court）《裁判所が定める訴訟手続上の規則；例えば連邦民事訴訟手続き規則（Federal Rules of Civil Procedure）など》．

Cóurts Áct 1971 [the ~]《英》1971年の裁判所法《アサイズ（assize），四季裁判所（quarter sessions）などを廃止し，刑事法院（Crown Court）を新設するなど，裁判組織を近代化した法律》．

cóurts of the cínque pórts pl [the ~] 五港個別裁判所（⇨ CINQUE PORTS, COURT OF SHEPWAY）．

cous·in /kʌz(ə)n/ n 1 いとこ．2 2世代以上離れた同一祖先からの血縁者．3 遠戚．4 卿《国王が他国の王や自国の貴族に対して呼びかけることば》．

cousinage ⇨ COSINAGE．

cóusin·hood n いとこ関係，遠戚関係．

cov·e·nant /kʌv(ə)nənt/ n 1 a 契約（contract）；盟約，誓約；約款(ｶﾝ)，約定，特約．b 捺印(ﾅﾂ)契約，(捺印)契約条項；捺印証書．c《史》捺印契約訴訟（＝ACTION OF COVENANT）．▶ ABSOLUTE COVENANT（無条件約款）／ ACTION OF COVENANT（捺印契約訴訟）／ ASSERTORY COVENANT（確言的約款）／ BREACH OF COVENANT（約定違反）／ CONCURRENT COVENANT（同時履行条件の(捺印)契約）／ CONDITIONAL COVENANT（条件付き約款）／ DEED OF COVENANT（個別約款捺印証書；作為約款捺印証書）／ DEPENDENT COVENANT（先履行的(捺印)契約[約款]）／ EXPRESS COVENANT（明示の約款）／ IMPLIED COVENANT（黙示の約定）／ INDEPENDENCE OF COVENANTS（各種約款の相互独立性）／ INDEPENDENT COVENANT（独立した約款）／ JOINT COVENANT（合同約定）／ LIEN OF A COVENANT（捺印証書文頭文言）／ MUTUAL COVENANTS（相互の約定）／ NEGATIVE COVENANT（不作為特約）／ NONCOMPETITION COVENANT（競業禁止約款）／ PERSONAL COVENANT（人的約款）／ REAL COVENANT（物的約款）／ RESTRICTIVE COVENANT（不作為約款；制限的不動産約款；競争制限約款）／ SEPARATE COVENANT（個別約定）／ SEVERAL COVENANT（個別約定）／ TITLE COVENANT（権原担保約款）／ USUAL COVENANTS（通常約款）／ WRIT OF COVENANT（捺印契約令状）．2《国際法》規約： Covenant of the League of Nations. — vi, vt], -nænt/ 契約[約定，特約，誓約，盟約]する《with sb for sth to do, that...》: ~ to pay $200 per annum to a charity.

còv·e·nán·tal /-nǽntl/ a（OF（pres p）《CONVENE》

cóvenant agàinst encúmbrances [incúmbrances]* 負担不存在保証約款《英国では covenant for freedom from encumbrances という；譲渡不動産に明示された以外の負担（例えば不動産賃貸借権・地役権など）がないことを担保する約款； COVENANT FOR TITLE の一つ； special covenant against encumbrances（負担不存在特別保証約款）に対して general covenant against encumbrances（負担不存在一般保証約款）ともいう》．▶ GENERAL COVENANT AGAINST ENCUMBRANCES（負担不存在一般保証約款）／ SPECIAL COVENANT AGAINST ENCUMBRANCES（負担不存在特別保証約款）．

cóvenant appúrtenant 土地付随約款《譲与者の土地に結びついている約款；従って土地と共に移ることになる； cf. COVENANT IN GROSS》．

cov·e·nan·tee /kʌ̀vənæntí:, -nən-/ n《その者のために契約が締結されている》被契約者．

covenanter ⇨ COVENANTOR．

cóvenant for fréedom from encúmbrances" 負担不存在保証約款（⇨ COVENANT AGAINST ENCUMBRANCES）．

cóvenant for fúrther assúrance 担保責任拡張約款《譲渡不動産権を完全に移転するために必要な行為を請求されればいつでも行なう旨の譲渡人の保証約款》．

cóvenant for posséssion 占有引渡し約款《譲受人ないしは賃借人に土地の占有を引き渡す旨の約款》．

cóvenant for [of] quíet enjóyment 平穏享有担保約款《1）不動産の権原の瑕疵ないしは権原についての他の権利主張から生ずる結果に対して保証する約款 2）不動産の譲受人が将来譲渡人ないし第三者から権利の享有を妨げられることはないと保証する約款； cf. COVENANT OF WARRANTY》．

cóvenant for [of] títle 権原担保約款，権原保証条項（＝covenant of (good) right to convey, title covenant）《不動産譲渡契約書に記載される，明記されたものを除いて瑕疵がない旨の保証約款；種々のものがありうる》．

cóvenant in gróss 人的約款《土地と共に移転することのない約款; cf. COVENANT APPURTENANT》.

cóvenant màrriage 特約付き婚姻《通常の婚姻に対して法が課しているものよりもより厳格な結婚・離婚条件に両当事者が合意している特殊形態の婚姻; 米国では1997年のLouisiana州法に始まり90年代末に数州がこれについての州法を定めた》.

cóvenant nòt to compéte 競業禁止特約(＝NONCOMPETITION COVENANT).

cóvenant nòt to súe 訴訟不提起契約, 不起訴の合意(＝contract not to sue)《訴権を有する者がその行使をしない旨の合意》.

cóvenant of (góod) ríght to convéy 譲渡権担保約款(＝COVENANT OF TITLE).

cóvenant of habitabílity 居住適性保証約款(＝IMPLIED WARRANTY OF HABITABILITY).

cóvenant of noncláim 権利主張禁止約款《譲渡した土地の権原(title)に対して譲渡人ないしはその相続人が権利主張することを禁ずる旨の約款》.

cóvenant of quiet enjoyment ⇨ COVENANT FOR QUIET ENJOYMENT.

cóvenant of séisin 不動産権保有担保約款《譲渡不動産権を譲渡人が保有していることの保証約款; covenant of good right to convey とほぼ同じ》.

Cóvenant of the Léague of Nátions [the ~]《史》国際連盟規約《1919年のヴェルサイユ条約その他第一次大戦の講和条約の第1編を構成; 1920年1月発効; 最初の国際平和機構である国際連盟設立の基礎となった》.

cóvenant of title ⇨ COVENANT FOR TITLE.

cóvenant of wárranty 〔権原〕担保約款[条項]《譲渡不動産の権原について保証し, 他者から当該不動産について権利主張がなされた場合には, 譲受人の権利を防御し, もし損害が生ずれば補償するという保証; cf. COVENANT FOR QUIET ENJOYMENT》.

cov·e·nan·tor /kʌ́vənæntər, ˌkʌ̀vənæntɔ́ːr, -nən-/, **cóvenant·er** n 契約者, 契約当事者.

cóvenant rúnning with the lánd 土地とともに移転する約款(＝real covenant)《約款の効力が及ぶのは契約当事者間に限られるのが原則であるが, 土地利用に関する制限など当該不動産に対して設定された権利・義務のうち契約当事者間に限らず不動産に付着しこれと共に移転し, 一定要件の下 当該不動産権の継承者にも及ぶ場合の約款; cf. PERSONAL COVENANT》.

cóvenant to repáir 修繕約款《賃借不動産物件の修繕義務についての取決め》.

cóvenant to stánd séised (to úses)《古》ユース付き占有継続捺印契約(証書), 信託保有(捺印)契約《不動産権保有者が血縁・婚姻関係を約因(consideration)として妻子や近親者のためにみずからが受託者になって保有する旨を約束した捺印契約(証書); もとは, この結果エクイティー上の一種の信託が発生するだけであったが, ユース法(Statute of Uses (1535))ができ, 権利はこ

の法律の効果としてコモンロー上の権利に自動的に転換されることになった; このため近親者間の簡便なコモンロー上の権利移転方法として用いられた; 英国ではユース法を廃止した1925年法により, すでに事実上用いられなくなっていたこの制度は信託宣言(declaration of trust)として扱うことになった》.

co·vénturer n 合弁事業参加者(＝venturer)(⇨ JOINT VENTURE).

cov·er /kʌ́vər/ n **1 a** おおい, カバー; 包む物; ふた; 屋根; 表紙〈for a book〉, 表装; 包み紙. **b** 封筒;《郵便》封筒もの, カバー《消印済みの切手その郵便で運ばれた印のついた封筒・包み紙・簡易書簡》[に入れる]: send sth under separate [plain] ~ 別封(会社名などの印刷されていない)無地の封筒]で送る. ▶ DIVIDEND COVER (配当倍率) / MAIL COVER (郵便物封筒表示事項提供). **2**《軍事》掩護(ぬ)(物). **3** 担保, 填補, 保証金, 敷金, 証拠金: full ~ / ~ against theft / without adequate ~ / ask for additional [sufficient] ~. **4**《米》代品入手《売主の債務不履行のゆえに入手できないものの代わりを別途入手すること; 買主はその価額ともともとの売買代金の差額とを売主に請求できる》. **5** 隠れ場所, 潜伏所.
— vt **1 a** おおう, …にふたをする; おおい隠す〈with〉; 包む, まとう, かぶせる; 〈不正行為などを〉隠す, 隠蔽する〈up, over〉. **b** …に表をつける, …に表紙をつける. **2 a** かばう, 守る, 保護する(protect);《軍事》掩護(ぬ)する, 防衛する; 護衛する;《軍事》…の直前[直後]に一列に並ぶ; 〈通りなどを〉巡視する. **b** 〈費用・損失を〉償う(に足る); 担保する; (担保で)補償する; …に保険をかける: Does your salary ~ your expenses? 給料で費用が賄えますか / I am ~ed against fire and accidents. 火災と事故の保険をかけている / ~ a risk / be fully ~ed. **c**《商業》買い戻す, 買い埋める: ~ shorts [short sales]《証券》空(気)売り[おもく売り]した株を買い戻す[埋める]. **d**《米》《売主が債務不履行のために》代品を入手する(⇨ n 4). **3 a** 〈販売員などが〉〈ある地域を〉担当する, 受け持つ;《ジャーナリズム》〈事件・会合などを〉取扱い[報道]範囲に入れる, ニュースとして報道する, 取材する: The reporter ~ed the accident. **b** …にわたる[及ぶ] (extend over); 含む, 包含する(include), 扱う: The rule ~s all cases. この準則はあらゆる場合にあてはまる. [OF<L co-(opert- operio to cover) to cover completely]

cóver·age n **1** 適用[通用, 保証]範囲; 担保, 担保範囲;《財政》正貨準備(金): have ~ against fire damage. ▶ ADDITIONAL EXTENDED COVERAGE (追加拡張担保(特約)) / FULL COVERAGE (全部担保) / PRIMARY INSURANCE COVERAGE (第一次保険担保範囲) / UNDERINSURED MOTORIST COVERAGE (一部保険自動車運転者保険) / UNINSURED MOTORIST COVERAGE (無保険自動車運転者保険). **2** 報道[取材](の範囲);《広告の》到達範囲,《ラジオ・テレビの》受信可能範囲, サービスエリア, カバレッジ. ▶ NEWS COVERAGE (報道[取材](範囲)) / PRESS COVERAGE (報道[取材]範囲).

cóverage rátio 資金調達率.

cover-baron ⇨ COVERT-BARON.
cóvered óption カバーのあるオプション, カバードオプション《オプション付与者がオプション対象の証券などを所持している場合のオプション》; cf. NAKED OPTION).
cóvering lètter [nòte] [書類・包みなどに添付する]添え状(＝TRANSMITTAL LETTER);《同封物・購買注文書に付けた》説明書.
cóver lètter 添え状(＝TRANSMITTAL LETTER).
cóver nòte 保険代理人仮保険証書[保険契約覚書], 保険引受証, カバー(リング)ノート《保険代理人(insurance agent) からのものであって, 保険会社 (insurance company) からの保険会社仮保険証書 (binder) とは異なる》; cf. BINDER).
cov・ert /kʌ́vərt, *kóu-/ a 1 隠された;〈脅威など〉ひそかな, 隠れた (opp. *overt*). 2《古》夫の庇護の下にある (⇨ FEME COVERT); 庇護される. ～・ly *adv* ～・ness *n* [OF (pp)〈COVER]
cóvert áction《警察・政府情報部による》秘密工作 (＝covert operation).
cóvert-báron〖史〗*n* 有夫の婦. ★ cover-baron, covert baron とも書く. ── *a* 夫の庇護の下にある (covert). 〔F〕
cóvert operátion 秘密工作 (covert action).
cov・er・ture /kʌ́vərtʃər, -tʃʊər/ *n* 1 おおい, 被覆物; 掩蔽物; 隠れ場, 避難所. 2《古》(夫の庇護下にある, すなわち婚姻中の)妻の身分[地位] (cf. UNITY OF PERSONALITY): under ～ 妻の身分で.
cov・in /kʌ́vən/ *n*〖史〗詐害密約《他人を侵害ないしは欺罔しようとする複数の人の密かな共謀》. 〔OF (L *covenant*)〕
cov・i・nous /kʌ́vənəs, kóu-/ *a*〖史〗詐害密約 (covin) による, 共謀の, 詐欺の.
CP °corporal punishment 身体刑◆〖英史〗°(Court of) Common Pleas 人民訴訟裁判所; 一般訴訟裁判所◆〖英史〗°Court of Probate 検認裁判所.
c/p charterparty 傭船契約.
CPA《米》°certified public accountant 公認会計士.
CPAC《英》°Consumer Protection Advisory Committee 消費者保護助言委員会.
CPC《英》°Claim Production Centre 訴状作成センター.
CPI °consumer price index 消費者物価指数.
CPR《英》°Civil Procedure Rules 民事訴訟手続き規則. **CPS**《英》°Crown Prosecution Service 公訴局. **CPSA**《米》°Consumer Product Safety Act 消費者製品安全法.
CPSC《米》°Consumer Product Safety Commission 消費者製品安全委員会.
CQS °court of quarter sessions 四季裁判所.
cr. civil rights◆credit◆creditor◆criminal.
Cr Crown. **CR** Chancery Reports◆°civil right 市民権; 市民的自由◆°credit rating 信用格付け[等級]◆°curia regis クーリア・レーギス.

c.r.〖証券〗°cum rights 権利付きで[の].
C.R.〖史〗°custos rotulorum 治安判事記録保管者.
crácked tríal《俗》いかれた裁判《被告人が最後まで有罪の答弁をせず, そのため訴追側・証人・裁判所等の時間を浪費させる審理》.
crack・ing /krǽkɪŋ/ *n* 選挙区分割区割り《選挙区区割りを自党に有利にする技術の一つで, ある地区の支配勢力になるのに十分な大きさの地理的に集中した政治ないし人種グループがある場合に, そのグループを複数の地区に分散するように線引きすること》; cf. PACKING, STACKING).
cracks・man /krǽksmən/ *n*《俗》夜盗, 押込み, 金庫破り.
cráft únion 職種別労働組合(＝horizontal union)《職種を同じくする労働者が所属する産業・雇用者を超えて組織する横断的労働組合》; cf. INDUSTRIAL UNION).
cram /krǽm/ *v* ～ **down**〈食物などを〉無理に押し込[呑み込ませる].
crám・dòwn *n*《米》〖破産行動計画〗の呑み込ませ《破産 (bankruptcy) の場合には破産行動計画 (bankruptcy plan) が作成され裁判所の承認が必要になるが, 破産法典 (Bankruptcy Code) 第11章 (chapter 11) の会社更生手続きでは, 一部債権者の反対がある場合でも公正かつ衡平であるという要件 (fair and equitable requirement) を満たした計画であるなどの一定要件が整えば裁判所はその承認をすることができることになっている; この場合の承認を指す》.
crásh・wòrthiness dòctrine 衝突に耐えうる性能の法理《自動車の製造物責任 (products liability) に関する法理で, 衝突により損害が生じた場合に, その衝突が独立の別原因から生じたものであっても, 製品の欠陥がその損害の原因になり衝突自体から生じた損害を上まわるものを発生させた場合には, その限りでその損害に対して厳格責任を負うという原則》.
CRE〖英史〗°Commission for Racial Equality 人種平等委員会.
creátion of trúst 信託の設定.
créature of státute 制定法の創造物《制度・法理などが制定法により作り出されたものであることを示す語》.
cre・den・tial /krɪdénʃ(ə)l/ *n* [*ᵘpl*] 信用を保証するもの, (信用のもととなる)実績[経歴]; 信用証明書;《卒業する大学生に渡す》人物学業証明書; 証書, 免状; [*ᵘpl*]《大使・公使など外国使節に授ける》信任状 (＝LETTER OF CREDENCE): present one's ～s〈大使などが信任状を〉提出する.
credere ⇨ DEL CREDERE.
cred・i・bil・i・ty /krèdəbíləti/ *n*《証人・証言などの》信用性.
cred・i・ble /krédəb(ə)l/ *a*《証人・証言などが》信ずるに足る, 信用できる.
crédible évidence 信用性のある証拠.
crédible wítness 信用性を有する証人.
cred・it /krédət/ *n* 1 信用 (trust); 信望;《信望から生まれる》勢力, 影響力; 名声, 評判;《証人などの》信用性.

▶FULL FAITH AND CREDIT（十分な信頼と信用）. **2 a** 『商業』信用；掛け, 信用貸し, 与信, 掛け売り, 信用販売；支払い猶予期間： long [short] ～ 長期[短期]信用貸し. **b** 信用状 (=LETTER OF CREDIT). **c** 商業信用状に基づく債権. **d** 税額控除 (=TAX CREDIT). **e** 『簿記』貸方, 貸方への記載, 貸方項目[合計], 貸方記帳欄 (opp. *debit*)《略 cr.》；貸越し勘定；預金残高；《口座への》振り込み(額), 入金. ▶ACCUMULATED EARNINGS CREDIT（留保利益控除(額)）/ ADVICE OF CREDIT（信用状開設通知）/ BANK CREDIT（銀行信用）/ BILL OF CREDIT（信用証券；信用状）/ CLOSED-END CREDIT（クローズドエンド信用）/ CONSUMER CREDIT（消費者信用）/ DEFERRED CREDIT（繰延べ貸方項目）/ DOCUMENTARY CREDIT（荷為替信用状）/ EARNED-INCOME CREDIT（勤労所得税額控除）/ FAMILY CREDIT（低所得世帯給付金）/ FIXED-SUM CREDIT（固定額信用）/ INSTALLMENT CREDIT（割賦信用；割賦払い）/ INTEREST-FREE CREDIT（無利息の信用貸し）/ INVESTMENT CREDIT（投資控除制度）/ JAIL CREDIT（未決勾留期間）/ LETTER OF CREDIT（信用状）/ LINE OF CREDIT（与信限度(額)）/ MUTUAL CREDITS（相互貸借）/ NOTATION CREDIT（要覚書信用状）/ OBTAINING CREDIT（破産者債務負担(罪)）/ OPEN CREDIT（掛け売り勘定）/ OPEN-END CREDIT（オープンエンド信用）/ REVOLVING CREDIT（リヴォルヴィング貸付け；リヴォルヴィング信用状）/ RUNNING ACCOUNT CREDIT（継続勘定クレジット）/ SETTLEMENT CREDIT（和解勘酌）/ TAX CREDIT（税額控除）/ UNIFIED CREDIT（統一不動産贈与税額控除）. **give** sb ～ 人に信用で貸す. **give** sb ～ **for**〈ある金額〉を人の貸方に記入する. **have** ～ (1) 信用がある. (2) 預金がある〈*at* a bank〉. **No** ～ 掛け売りお断わり. **on** ～ 掛けで, 信用貸しで, クレジットで〈品物を買う[売る]〉: deal *on* ～ 信用取引する. ▶PURCHASE ON CREDIT（クレジットによる購入）/ SALE ON CREDIT（クレジット売買）. ── *vt* **1 a**〈人の話などを〉信じる, 信用する. **b** …が〈…の性質などを〉もっていると信ずる〈*with*〉. **2**『簿記』〈金額を人の〉貸方に記入する；…に〈ある額の〉掛け売りをする〈*with*〉: ～ him [his account] *with* the sum [the unsold goods]＝～ the sum [the unsold goods] to him [his account] その金額[売れ残り品の相当額]を彼の貸方に記入する[口座に振り込む].

crédit accòunt¹¹ 売り掛け勘定, 掛け売り勘定 (charge account*).

crédit àgency《信用販売のための》信用機関, 信用調査所 (=CREDIT BUREAU).

crédit agrèement 融資取決め.

crédit bàlance『会計』貸方残高, 黒字 (cf. DEBIT BALANCE).

crédit bròker¹¹ 信用仲立人 (⇨ CREDIT BROKERAGE).

crédit bròkerage¹¹ 信用仲立 (与信 (credit) を受けたいと思っている個人を消費者信用業 (consumer credit business) 者に紹介・仲立などをすること).

crédit bùreau* 信用調査機関[調査所], 商業興信所 (=credit agency)《主として消費者が信用貸しに値するか否かについての情報を蒐集し報告をする》; cf. CREDIT-REPORTING BUREAU).

crédit càrd クレジットカード《単にカードともいう；略 CC; cf. DEBIT CARD》.

crédit-càrd cràmming クレジットカード押し込み《(1) 例えばクレジットカード発行者が一定期間無料のサービスを提供し, その期間終了後はそのサービス提供をことわらないかぎりは自動的に有料で継続することを明示しない場合のように, 消費者が同意ないしは了解しなかった随意選択商品・サービスの料金を請求すること (2) 消費者が同意ないしは受領していない商品・サービスなどの代金を, クレジットカードで請求すること》.

crédit-càrd críme クレジットカード犯罪.

crédit frèeze 信用凍結(期間), 信用規制(期間)《政府が銀行融資を制限すること, またその期間》.

crédit institùtion 信用機関《銀行など, 一般から預金を受け与信行為を業とする事業》.

crédit insùrance 信用保険, 貸倒れ保険《被保険者が取引上の相手方債務者の死亡・破産・支払い不能などで損害を被った時に一定限度の金額を担保することを内容とする保険》.

crédit lìmit 与信[信用, 貸付け, 掛け売り]限度(額) (=LINE OF CREDIT).

crédit lìne 与信限度(額) (=LINE OF CREDIT).

crédit nòte 貸方票.

créd·i·tor *n* 債権者 (=debtee)(opp. *debtor*)；融資者, 貸主；『簿記』貸方《略 cr.》《》cf. OBLIGEE): a ～'s ledger 買掛金[仕入先]元帳. ▶ASSIGNMENT FOR THE BENEFIT OF CREDITORS（債権者のための譲渡）/ BOND CREDITOR（捺印金銭債務証書契約の債権者）/ DEFERRED CREDITOR（劣後的破産債権者）/ DOUBLE CREDITOR（二重引当て財産債権者）/ EXECUTION CREDITOR（執行債権者）/ GENERAL CREDITOR（一般債権者）/ JOINT CREDITOR（合同債権者）/ JUDGMENT CREDITOR（判決(に基づく)債権者）/ JUNIOR CREDITOR（後順位債権者）/ KNOWN CREDITOR（既知の債権者）/ LIEN CREDITOR（リーエン債権者）/ LIST OF CREDITORS（債権者名簿）/ LOAN CREDITOR（借入れ資本提供者）/ MEETING OF CREDITORS（債権者会議）/ PETITIONING CREDITOR（破産申立債権者）/ PREFERRED [PREFERENTIAL] CREDITOR（優先債権者）/ SECURED CREDITOR（担保債権者）/ SENIOR CREDITOR（先順位債権者）/ SINGLE CREDITOR（単一引当て財産債権者）/ SUBSEQUENT CREDITOR（事後債権者）/ TRANSFER IN FRAUD OF CREDITORS（債権者を欺くための移転）/ UNSECURED CREDITOR（無担保債権者）.

créditor benefíciary 債権者受益者《契約の他方当事者の履行の利益によって満足されることになっている契約の一方当事者に対する債権を有している第三者受益者 (third-party beneficiary)；cf. DONEE BENEFICIARY》.

créditor's bíll [súit] 1 債権者のための補充執行訴状《コモンロー上の判決を得たが, 満足を得られない場合に, 無体財産やエクイティー上の財産に対してエクイティー上の救済を求める手続き》. 2 債権者訴訟《1 よりも広く, 死者の債権者の一人がみずからを含む債権者全員のため遺産整理を求めそこからの弁済を得るための訴えや, 債務者が詐欺的に責任財産を譲渡した場合のその譲渡取消を求める訴えなど, 債権者の訴訟のうち一定のものを指すこともある》.

créditors' commíttee《破産の場合の》債権者代表委員会 (cf. LIQUIDATION COMMITTEE).

créditors' méeting《破産・支払い不能などの場合の》債権者会議 (＝meeting of creditors).

creditor's suit ⇨ CREDITOR'S BILL.

créditor's vóluntary wínding-úp《英》債権者任意清算 (⇨ WINDING-UP).

crédit plàn クレジット返済計画《借手と貸手が利息を含めての債務返済について合意した申し合わせ》.

crédit ràting《個人・法人の》信用格付け[等級]《略 CR》.

crédit réference àgency 信用照会業《個人特に消費者の財政状態についての情報提供を業としている企業》.

crédit repòrt 1 信用調査機関 (credit bureau) 報告. 2 興信所 (credit-reporting bureau) 報告.

crédit-repórt·ing bùreau 興信所 (cf. CREDIT BUREAU).

crédit sále agrèement《英》信用販売合意[契約], 掛け売り契約《条件付き売買合意 (conditional sale agreement) と違って, 目的物の権原が契約時に移る方式での割賦販売契約》; ⇨ HIRE PURCHASE (AGREEMENT).

crédit shélter trùst《米》税額控除信託 (＝BY-PASS TRUST).

crédit trànsfer 銀行口座振替 (＝transfer of fund).

crédit ùnion 消費者信用組合, クレジットユニオン《居住地・職場などを共通にする人びとが出資して作る消費者金融組合で, 組合員に対して低利での少額貸付けなどの銀行業務を行なう》.

crédit·wòrthy *a* 信用貸しに値する, 信用貸しの価値のある, 与信適格の. **crédit·wòrthiness** *n*

cre·ma·tion /krɪméɪʃ(ə)n/ *n* 火葬.

C reorganization /síː—/《米》C 型会社組織変更《会社組織変更 (reorganization) のうち, 一方の会社の議決権株式 (voting stock) を代償に他方会社の全資産を取得する形をとるもの》; ⇨ REORGANIZATION.

Cres·cén·te ma·li·tia cres·ce·re de·bet et poe·na. /kresénte məlíːʃiə kréseri débet ɛt píːnə/ 犯意の強さと共に刑罰もまた加重されるべきである. [L＝With increase of malice, punishment ought also to increase.]

cri de pais [pays] ⇨ CRY DE PAIS.

cri·er, cry·er /kráɪər/ *n* 1 廷吏 (＝court crier) (cf. BAILIFF). ▶ COURT CRIER (廷吏). 2 競売人.

crim. criminal.

crim. con. °criminal conspiracy 共同謀議 ♦ °criminal conversation [connection] 姦通.

crime /kráɪm/ *n*《法律上の》犯罪 (cf. DELICT, OFFENSE, TORT);《一般に》罪悪, 反道徳[犯罪]的行為: ~ rate 犯罪発生率 / ~ wave《一般的な》犯罪の急増 / ~s against the State 国事犯. ▶ ABOMINABLE CRIME (禁忌犯) / ADMINISTRATIVE CRIME (行政犯) / BANKRUPTCY CRIME (破産犯罪) / CAPITAL CRIME (死刑を科しうる犯罪) / COMMERCIAL CRIME (商業犯罪) / COMMON-LAW CRIME (コモンロー上の犯罪) / COMPOUNDING A CRIME (犯罪私和) / COMPUTER CRIME (コンピューター犯罪) / CONSTRUCTIVE CRIME (擬制犯罪) / CONTINUOUS CRIME (継続行為犯罪) / CORPORATE CRIME (法人[会社]犯罪) / CREDIT-CARD CRIME (クレジットカード犯罪) / CYBERCRIME (サイバー犯罪) / DEGREE OF CRIME (犯罪の等級) / ELEMENTS OF CRIME (犯罪の要素) / ENVIRONMENTAL CRIME (環境破壊罪) / FEDERAL CRIME (連邦法上の犯罪) / FRUIT OF (A) CRIME (犯罪取得物) / HATE CRIME (憎悪犯罪) / HIGH CRIME (重大犯罪) / HONOR CRIME (名誉犯罪) / INCHOATE CRIME (未完成犯罪) / INDEX CRIMES (指標犯罪) / INFAMOUS CRIME (破廉恥罪; 反自然的破廉恥犯罪) / INSTANTANEOUS CRIME (単一行為犯罪) / INTERNATIONAL CRIME (国際犯罪) / MERGER OF CRIMES (犯罪の吸収) / NONCAPITAL CRIME (非死刑対象犯罪) / NONINFAMOUS CRIME (非破廉恥犯罪) / ORGANIZED CRIME (組織犯罪(者団)) / POLITICAL CRIME (政治犯罪) / QUASI CRIME (準犯罪) / REGULATORY CRIME (規制犯) / SIGNATURE CRIME (固有特徴犯罪) / STATUS CRIME (状態犯罪) / STATUTORY CRIME (制定法上の犯罪) / STREET CRIME (路上犯罪) / SUBSTANTIVE CRIME (独立犯罪) / VICE CRIME (風俗犯罪) / VICTIMLESS CRIME (被害者なき犯罪) / VIOLENT CRIME (粗暴犯罪) / VISIBLE CRIME (目につきやすい犯罪) / WAR CRIME (戦争犯罪) / WHITE-COLLAR CRIME (ホワイトカラーの犯罪).

críme agàinst humánity《国際法》人道に対する罪 (⇨ WAR CRIME).

críme agàinst náture 反自然的犯罪[性交罪] (＝sodomy, unnatural offense)《同性間・異性間の, また獣に対する反自然的性交行為; コモンロー上は重罪》. ▶ INFAMOUS CRIME AGAINST NATURE (反自然的破廉恥犯罪).

críme agàinst péace《国際法》平和に対する罪《侵略戦争または国際条約・協定もしくは誓約に違反する戦争の計画・準備・開始もしくは実行, またはこれらの行為のいずれかを達成するための計画もしくは共同謀議への参加》.

críme-fráud excéption 犯罪・詐欺の例外《現在のないしは計画中の犯罪あるいは詐欺を推進するために弁護士・依頼者間で交わされたことは, 弁護士依頼者間の秘

匿特権 (attorney-client privilege) でもまた職務活動成果の準則 (work product rule) によっても保護対象にならないという法理》.

cri·men /kráimən/ *n* (*pl* **cri·mi·na** /krímɪnə/) 犯罪; 犯罪の起訴[告発]. [L＝crime].

crímen fál·si /-fǽlsài, -fɔ́:l-/ **1** 偽誓罪. **2** 虚偽罪 《文書・通貨偽造罪など虚偽を用いた犯罪の総称》. ★ **falsi crimen** ともいう. [L＝crime of falsifying]

crímen (láe·sae) ma·jes·tá·tis /-(líːsi) mæʤəstéɪtəs/ 《史》王権を傷つける犯罪《treason, 特に大逆罪 (high treason) を指す》. [L＝crime against [of injuring] majesty]

Crimen laesae majestatis om·nia alia cri·mi·na ex·ce·dit quo·ad poe·nam. /‒ ‒ ‒ ‒ ámnɪə ǽlɪə krímɪnə ɛksíːdɪt kwóʊæd píːnæm/ 王権を傷つける犯罪はその処罰において他のすべての犯罪を上回る. [L＝The crime of injuring majesty exceeds all other crimes in its punishment.]

crime of nonconfórmity 《英史》非国教徒罪.

crime of omíssion 不作為犯《期待された行為を行なわないことを内容とした犯罪》.

crime of pássion 激情犯(罪) (cf. HEAT OF PASSION).

crime of víolence 粗暴犯罪 (＝VIOLENT CRIME).

crímes agàinst pérsons *pl* 人に対する罪 (＝**crímes agàinst the pérson**)《殺人・強姦・強盗など暴力を用いたり用いると脅す犯罪類型; cf. OFFENSE AGAINST THE PERSON》.

crímes agàinst próperty *pl* 財産に対する罪《暴力を用いたり用いると脅すことなく、他人の財産から違法な利益を得るないしは他人の財産に損害を及ぼす犯罪類型; cf. OFFENSE AGAINST PROPERTY》.

críme scòre 犯罪評点《被害の質や被害額に基礎を置いた犯罪の相対的重大性を示す数値で、統一的な扱いを目的に訴追側が有している評点表に照らした評点; cf. DEFENDANT SCORE》.

crimina CRIMEN の複数形.

crim·i·nal /krímənl, *krímnəl/ *n* 犯罪者, 犯罪人, 罪人, 犯人《略 crim.》. ▶ CAREER CRIMINAL (常習犯) / COMPUTER CRIMINAL (コンピューター犯罪者) / DANGEROUS CRIMINAL (危険な犯罪者) / EPISODIC CRIMINAL (散発的犯行犯罪者; 症状発現の犯罪者) / FUGITIVE CRIMINAL (逃亡犯(人) / 英国内逃亡犯(人)) / HABITUAL CRIMINAL (常習犯) / QUASI CRIMINAL (準犯罪者) / STATE CRIMINAL (国事犯; 州法犯罪者) / WAR CRIMINAL (戦争犯罪人). — *a* 犯罪(性)の; 刑事(上)の (cf. CIVIL); 犯罪的な, 罪のある: a ~ case [cause, matter] 刑事事件 / a ~ offense 刑事犯罪《略 CO》 / a ~ operation 堕胎 / the ~ population (総犯罪)《犯罪者, 犯罪人口. ~**·ly** *adv* 刑法上; 犯罪的に, 犯罪となるような形で.

críminal áction 刑事訴訟, 刑事手続き, 刑事訴追; 公訴; 刑事事件.

críminal ánarchy 犯罪となる無政府主義《実力・暴力・その他の違法行為によって政府転覆を唱道する主義; その単なる抽象的哲学的表明はもちろん言論の自由により保障される》.

críminal appéal 刑事訴訟上の上訴. ▶ COURT OF CRIMINAL APPEAL (刑事控訴院) / COURT OF CRIMINAL APPEALS (刑事上訴裁判所) / COURT OF CRIMINAL APPEALS (軍法刑事上訴裁判所).

críminal assáult 刑事上の[犯罪となる]暴行, 暴行罪《特に性犯罪に用いられる語; cf. CIVIL ASSAULT》.

críminal attémpt 未遂 (＝ATTEMPT).

críminal bánkruptcy 1 《英史》犯罪者破産《有罪決定を受けた犯罪の結果としての破産; ⇒ CRIMINAL BANKRUPTCY ORDER》. **2** 《米》破産関連犯罪 (＝BANKRUPTCY FRAUD).

críminal bánkruptcy òrder 《英史》犯罪者破産命令《他人に対し一定額以上の高額の損失を生じしめた者に対しての破産決定; これによりその者は破産者とみなされた; 1988年法で廃止》.

críminal capácity 1 犯罪能力《犯罪の主体となりうる能力》. **2** 刑事の責任能力, 有責行為能力《犯罪に該当する自己の違法な行為の是非を弁別し, その弁別に従って行動できる能力; cf. CAPACITY OF A CHILD IN CRIMINAL LAW, DOLI CAPAX, INFANCY, INSANITY》.

críminal cáse 刑事事件《略 CC》.

Críminal Cáses Revìew Commìssion [the ~] 《英》刑事事件再審査委員会《1995年法で創設された上訴段階後の再審査に関わる委員会; 有罪決定 (conviction) および[あるいは]刑の宣告 (sentence) に関して誤りがあったとして上訴したが, 上訴の許可を得られなかったか上訴で敗訴した事件につき救済を与えうる委員会で, 同委員会が誤りがありうると判断した場合には同事件を, 原審が刑事法院 (Crown Court) の場合には控訴院 (Court of Appeal) に, 治安判事裁判所 (magistrates' court) の場合には刑事法院に差し戻す権限を有する; 略 CCRC》.

críminal códe 刑事法典, 刑法典 (＝PENAL CODE).

críminal cónduct (犯罪となる)犯罪行為.

críminal conspíracy 共同謀議(罪) (＝CONSPIRACY)《略 crim. con.》.

críminal contémpt 刑事的(裁判所)侮辱, 裁判所[法廷]侮辱罪 (＝**críminal contémpt of cóurt**)《命令への服従強制にとどまらず, 侮辱行為を罰することを目的とする刑罰をも科される(裁判所)侮辱; ⇒ CONTEMPT OF COURT; cf. CIVIL CONTEMPT (OF COURT)》.

críminal conversátion [connéction] 姦通《犯罪ではなく, 不法行為の一つ; コモンロー上は妻の姦通相手に夫が損害賠償請求権を有した; 英国では1857年法を経て実質的にも1970年に廃止; 米国では多くの州で夫婦共に訴権を有していたが, 現在は双方に認めない州がほとんど; 略 crim. con.; cf. ALIENATION OF AFFEC-

TION(S)》).

críminal convíction certíficate 〖英〗有罪決定証明書《犯罪歴局 (Criminal Records Bureau) が犯罪歴 (criminal record) についての詳細情報を本人の要請に基づき提供する証明書》.

críminal còurt 刑事裁判所. ▶ INTERNATIONAL CRIMINAL COURT (国際刑事裁判所).

críminal dámage 〖英〗財産損壊(罪) (=MALICIOUS MISCHIEF) (cf. ARSON).

críminal dámage to próperty 〖米〗《放火 (arson), 爆発以外の方法での》財産損壊罪 (cf. ARSON).

Críminal Defénse Sèrvice [the ~] 〖英〗刑事事件弁護提供機関《刑事事件で逮捕・取調べなどを受けることになった個人への助言・弁護などの便宜提供機関; 1999年法で法律扶助提供委員会 (Legal Service Commission) の下に創設された》.

críminal desértion 犯罪的遺棄《配偶者が病気あるいは困窮している他方配偶者の世話・保護・扶養の提供を正当な理由なく故意に怠ること; cf. MALICIOUS ABANDONMENT》.

Críminal Divísion 〖英〗《控訴院 (Court of Appeal) の》刑事部《イングランド首席裁判官 (Lord Chief Justice) が主宰; ⇨ COURT OF APPEAL》.

críminal fórfeiture 刑事没収《犯人所有の犯罪組成物, 犯罪供用物および犯罪の結果得た財産を取り上げて国家の所有に移す財産刑; 付加刑である; 広義では公権・資格の停止・剥奪をも含む; cf. CIVIL FORFEITURE》.

críminal fráud 詐欺罪 (cf. CIVIL FRAUD, LARCENY BY TRICK).

críminal hómicide 犯罪となる殺人 (⇨ HOMICIDE).

críminal informátion 略式起訴状《もとは大陪審 (grand jury) を経ない起訴を指したが, 大陪審そのものが廃止された所が少なくない; 大陪審を廃止した英国では, かつて認められていた私人のみならず法務長官 (Attorney General) が提起した略式起訴状 (information) も廃止ないしは事実上用いられておらず, 現在では治安判事裁判所 (magistrates' court) における略式公判手続きを開始させるために治安判事 (magistrate) に提出される訴追請求(状)のみがこれに該当し, これが刑事訴訟手続きを開始する通常の方法である; cf. LAYING (AN) INFORMATION》.

Críminal Ínjuries Compensátion Bòard [the ~] 〖英〗犯罪被害補償査定委員会《略 CICB; ⇨ CRIMINAL INJURIES COMPENSATION SCHEME》.

Críminal Ínjuries Compensátion Schème [the ~] 〖英〗犯罪被害補償制度《犯罪により被害を蒙った被害者に, 民事の損害賠償と同様の方法で国家が補償する制度; 人身に対する暴力による犯罪の被害が対象で, 財産の被害は生命への危険が含まれない限り救済対象にならない; 犯罪被害補償査定委員会 (Criminal Injuries Compensation Board) が管轄; ⇨ CRIMINAL INJURY》.

críminal ínjury 〖英〗犯罪被害《犯罪被害補償制度 (Criminal Injuries Compensation Scheme) で救済対象となる人身に対する暴力による犯罪の被害; 交通犯罪は故意の人身事故以外は含まれない; ⇨ CRIMINAL INJURIES COMPENSATION SCHEME》.

críminal insánity 刑事責任能力にかかわる精神障害[異常], 心身喪失《犯行当時被告人が精神錯乱状態にあり自分の行為およびその善悪についての判断能力が欠如していること》.

críminal ínstrument 犯罪の道具《1) 犯罪に用いようとして作られたり適合させたりしたもの 2) 犯罪目的に通例使用され違法目的を示す状況下で所持されているもの》.

críminal instrumentálity rùle 犯罪行為道具性の準則《犯罪行為がなされた時に, その犯罪を可能にした被害者の過失ではなくて, その行為こそが犯罪の近因 (proximate cause) であるとする原則》.

críminal intént 犯意 (cf. FELONIOUS INTENT, MENS REA).

Críminal Investigátion Depártment [the ~] 〖英〗《ロンドン警視庁などの》刑事部《略 CID》.

críminal investigátion in Révenue màtters 〖英〗歳入事項にかかわる犯罪調査《2007年法により歳入・関税委員会 (Revenue and Customs) のすべての役人の職務には関連した犯罪行為があったか否かの調査権限・責任も含まれることになっているが, その調査を指す》.

críminal・ist n 1 犯罪科学捜査学の専門家 (cf. CRIMINALISTICS). 2 犯罪学者 (=criminologist). 3 《古》刑事法学者. 4 《古》犯罪者精神科医. 5 《古》常習犯.

crim・i・nal・is・tics /krìmənəlístiks/ n 犯罪科学捜査学 (cf. CRIMINOLOGY). **crìm・i・nal・ís・tic** a

crim・i・nal・i・ty /krìmənǽləti/ n 犯罪性; 犯罪行為. ▶ DOUBLE CRIMINALITY (双方可罰の原則).

críminal・izátion n 1 犯罪化, 犯罪とすること《かつては合法的行為であったものを制定法を新たに作って犯罪とすること; cf. DECRIMINALIZATION, CIVILIZATION》. ▶ DECRIMINALIZATION (非犯罪化). 2 犯罪者化《人が犯罪者となっていくこと》.

críminal・ize vt 1 〈人を〉犯罪者(扱い)にする. 2 犯罪とする, 犯罪行為[活動]とする, 違法とする (cf. ILLEGALIZE).

críminal jurisdíction 刑事裁判権, 刑事管轄(権) (cf. CIVIL JURISDICTION).

críminal jústice 1 刑事裁判 (cf. CIVIL JUSTICE). ▶ HEAD OF CRIMINAL JUSTICE (刑事裁判長官). 2 刑事法執行学, 警察学 (=law enforcement).

críminal jústice sỳstem [the ~] 刑事裁判制度《警察・裁判・行刑の全体を含む語》.

críminal láw 刑法; 刑法 (cf. CIVIL LAW). ▶ CAPACITY OF A CHILD IN CRIMINAL LAW (刑事法上の

子供の責任能力) / INTERNATIONAL CRIMINAL LAW (国際刑事法).

Críminal Láw Revísion Commìttee
[the ~]〖英〗刑事法改正委員会《1959年設立》.

críminal láwyer 刑事弁護士, 刑事法律家.

críminal liabílity 刑事責任.

críminal líbel 1 犯罪的誹毀(き)行為《きわめて悪質な中傷文書を出すこと；米国では文書誹毀は訴追されることはないが, 不法行為として扱うことはできる》. 2〖英〗文書(による)誹毀罪.

críminal lúnatic〖英史〗精神に障害のある犯罪者《現在ではブロードムア施設患者 (Broadmoor patient) と呼ばれる；⇨ BROADMOOR》.

críminal míschief 財産危害罪 (= MALICIOUS MISCHIEF).

críminal négligence 刑事過失 (= culpable negligence)《犯罪となるような, 結果の発生を回避するのに必要な通常人の注意を怠ること；時に gross negligence と同義となる；cf. NEGLIGENT HOMICIDE》.

críminal nonsuppórt〖米〗扶養義務不履行罪 (⇨ NONSUPPORT).

críminal pólicy 刑事政策.

críminal posséssion 不法所持《麻薬・武器・盗品など一定の禁止物を違法に所持すること》.

críminal procédure 刑事手続き, 刑事訴訟(手続き). ▶ RULES OF CRIMINAL PROCEDURE (刑事訴訟手続き規則).

Críminal Procédure Àct 1865〖英史〗1865年の刑事訴訟手続き法 (= (Mr.) Denman's Act).

Críminal Procédure Rùles 2005〖英〗2005年の刑事訴訟手続き規則《統合刑事法典創出の第一歩として位置づけられ, 治安判事裁判所 (magistrates' court) から控訴院 (Court of Appeal) まで, 2005年制定のこの規則がすべての刑事事件に適用される》.

Críminal Procédure Rúles Commìttee〖英〗刑事訴訟手続き規則委員会《2003年法に基づき, すべての刑事裁判所で適用される訴訟手続き規則を発展させ訴訟実務を決定するための委員会》.

críminal procéeding 刑事訴訟(手続き).

críminal prócess 1 刑事出廷令状. 2 刑事(手続き)過程, 刑事訴訟(手続き).

críminal prosecútion 刑事訴追, 刑事上の訴追.

críminal protéctor 犯人庇護者《犯人蔵匿など重罪 (felony) 犯を犯行後に封助する共犯者 (accessory)》.

críminal récord 犯罪歴：The accused had no ~.

Críminal Récords Bùreau [the ~]〖英〗犯罪局《個人のその者の犯罪歴情報を有罪決定証明書 (criminal conviction certificate) の形で提供する内務省 (Home Office) の機関；1997年法で創設》.

críminal responsibílity 刑事責任(能力). ▶ AGE OF CRIMINAL RESPONSIBILITY ((刑事)責任年齢). ★ 英国では現在10歳未満の子供は犯罪責任を問われない. 10歳から14歳までは状況に応じて責任を問うている. 米国では伝統的に7歳未満は刑事責任能力がなく, 14歳未満は状況に応じて責任を問い得, 14歳以上は刑事責任能力を有するとされているが, 18歳未満の未成年者に対する少年裁判所 (juvenile court) による少年非行についての裁判権により, 上記伝統的な区分は意味を失いつつある. Cf. AGE OF REASON.

críminal sánction 刑事制裁(手段[措置]), 刑罰.

críminal scíence 刑事学《一般には刑法学・犯罪学・刑事政策学すべてを含む》.

críminal státute 刑事制定法 (cf. PENAL CODE).

críminal sýndicalism〖米〗犯罪的サンディカリスム《暴力・テロなどで生産手段・過程の支配, さらには社会変革を目指す, 多くの州での制定法上の犯罪；cf. SABOTAGE, SEDITION》.

críminal tréspass 犯罪としての侵害《財産権を侵すことを内容とする制定法上の犯罪で, 損害賠償の対象となる不法行為上の侵害 (trespass) と区別される；例えば看板などで侵入禁止と明示されている場所への侵入, 権利者による退去命令に反して侵害行為を続けることなど》.

crim·i·no·gen·ic /krìmənoʊdʒénɪk/ a 犯罪を生むような, 犯罪者的性向の.

criminol. criminology.

crim·i·nol·o·gy /krìmənálədʒi/ n 犯罪学 (cf. CRIMINALISTICS, CRIMINAL SCIENCE, PENOLOGY),《広く》刑事学. **crim·i·nól·o·gist** n 犯罪学者. **crim·i·no·lóg·i·cal** a   **-i·cal·ly** adv

crit /krít/ n 批判的法学支持者 (= CLSer) (⇨ CRITICAL LEGAL STUDIES).

cri·te·ri·on /kraɪtíəriən/ n (pl -ria /-riə/, ~s)《批判・判断の》基準, 標準, 尺度《of》；特徴. ▶ STANDARD INVESTMENT CRITERIA (標準的投資基準) / THRESHOLD CRITERIA (限界基準). [Gk = means of judging]

crítical évidence 決定的証拠.

crítical légal stúdies pl 批判的法学(研究)《1970年代にアメリカの若手研究者を中心に盛んになった法学研究方法；法の中立性を否定し, 法はその背後で現存の社会経済体制を永続させるという真の機能を果たしていると批判する学派, ないしはその研究成果；略 CLS；cf. CLSer, CRIT》.

crítical ráce thèory 批判的人種論 (= outsider jurisprudence)《法制度は少数民族の法的権能を奪ってきていると考える法書, 特に 法学者内の法改革運動およびその著作物；略 CRT》.

crítical stáge 重大段階《刑事訴追手続きで, 弁護人不在のために被疑者・被告人の権利ないしは防御が影響される可能性のある段階；被疑者・被告人の弁護士の援助を受ける権利 (right to counsel) との関連で問題となりうる；例えば 予備審問 (preliminary hearing), 陪審選

定, 審理段階がこれに含まれる; cf. ACCUSATORY STAGE).

Crom·well /krámwèl, krám-, -w(ə)l/ クロムウェル (**1**) Oliver ~ (1599-1658)《イングランドの軍人・政治家で, イギリス革命の中心人物; 保護卿 (Lord Protector) (1653-58)》(**2**) Richard ~ (1626-1712)《Oliver の子; 政治家; 保護卿 (1658-59)》(**3**) Thomas ~ (c. 1485-1540)《ヘンリー8世下の政治家, Essex 伯; 宗教改革, 修道院解散, 各種行政改革を実行; 1540年反逆罪 (treason) に問われ斬首》.

crook /krúk/ n **1** 曲がったもの, 鉤(ぎ). **2**《口》悪党, 詐欺師, ペテン師, いかさま師, 泥棒.

crop /kráp/ n [ᵁpl] 農作物, 収穫物. ▶AWAY-GOING [WAY-GOING] CROP (借地期間終了後の収穫農作物) / BASIC CROP (基本農作物) / GROWING CROP (未分離の農作物).

cróp insúrance《雹(ひょう)などの自然災害に対する》農作物保険.

cróp rènt 収穫物による農地使用料[小作料] (cf. GRAIN RENT).

cross /kró(:)s, krás/ vt **1** 交差させる, 組み合わせる; …を通る横線を引く; …に横線を入れる; "小切手を"線引きにする; (×じるしを書いて[線を引いて])消す, 抹消する《out, off》: ~ a check 小切手を線引きする, 小切手を線引小切手にする (⇨ CROSSED CHECK). **2** 横切る, 越す: ~ the floor《議場で》反対党[派]に賛成する; 反対党に転ずる. **3** …の邪魔をする, 妨げる. ~ out [off] 棒引きにする, 抹消する, 帳消しにする (cancel): ~ sb's name off the list. — n **1** 十字(型[記号]); ×[十字]じるし《投票などでみずからの選択を示すためや署名の代用として用いる》. **2** 反対尋問, 交互尋問 (cross-examination). **3**《証券》両建て, クロス売買《証券市場で同一証券業者が同一銘柄の売手と買手となって売買を成立させること》.

cross-áction n **1** 反対訴訟, 反訴《訴訟係属中に被告が原告に対して同一取引・請求から生じた訴訟原因に基づいて提訴する別の訴訟; cf. COUNTERCLAIM, CROSS-APPEAL, CROSS BILL, CROSS-CLAIM, THIRD-PARTY CLAIM》. **2** CROSS-CLAIM.

cross-appéal n《相手方の上訴に対する被上訴人による》交差上訴 (=counterappeal) (cf. COUNTERCLAIM, CROSS-ACTION, CROSS-CLAIM). — vi 交差上訴する.

cross-appéllant n 交差上訴人 (⇨ CROSS-APPEAL).

cróss·bènch n《英国上下両院の》無所属[中立]議員席《他の議席と直角に置かれる》: have the ~ mind 一党一派に偏しない. **~·er** n 無所属[中立]議員.

cross bìll 1《元来はエクイティ上の》反対訴状 (cf. CROSS-ACTION). **2**《ある手形の対価としての》戻り手形, 逆手形.

cross-cláim n 交差請求, 共同訴訟人間請求 (=cross-action)《もとの訴訟において共同訴訟人の立場にある者の一人から同じ立場の他の共同訴訟人に対してなされる請求; cf. COUNTERCLAIM, CROSS-ACTION, CROSS-APPEAL, CROSS-DEMAND, IMPLEADER, THIRD-PARTY CLAIM》. — vt, vi 交差請求する. **cróss-clàimant** n 交差請求者.

cróss-colláteral n **1** 交差担保《一つの契約の全当事者により提供される担保》. **2** 追い打ち担保 (1) 新しい債務の見返りに既存の無担保の債権に対して与えられる担保 **2**) 破産法上, 破産申し立て後に申し立て前の無担保債権を保護する担保を設定する契約; この担保設定の結果当該債権者は他債権者の申し立て前の無担保債権に対する優先権を得ることになる》.

cróss-colláteral clàuse 追い打ち担保条項 (=dragnet clause)《割賦販売契約で, もし買主が割賦金支払いを怠った場合には, 売主が当該商品だけでなく, その最後の買入れがなされた時点で買主が支払い債務を負っているその売主からの他のすべての買入れ商品をも取り戻すことを認める条項》.

cróss-colláteral·izátion n 追い打ち担保(で保証すること).

cróss-colláteral·ìze vt …に追い打ち担保を付す, 追い打ち担保で保証する.

cróss-compláint n《米》交差訴え《被告が原告ないしは共同被告人に対して, あるいは訴訟当事者ではないが当該訴訟との関連事項で第三者に対して行なう権利主張》.

cróss-defáult clàuse 交差不履行条項《契約条項の一つで, 一つの債務の不履行が別の債務の不履行をもたらす旨を定めるもの》.

cróss-deféndant n 交差請求被告《交差請求 (cross-claim) の被告, すなわちもとの訴訟において共同訴訟人の立場にある者から請求された同じ立場の被告; cf. CROSS-PLAINTIFF》.

cróss-demánd n 反対請求《請求された者が請求した者に対して別の請求をすること; 相殺がその例; cf. COUNTERCLAIM, CROSS-CLAIM》.

cróssed chéck [chéque]《英》線引き小切手, 横線小切手《小切手表面に2本の平行線を引いたもの; この2本の線のみあるいはその中に and company またはその略語 (例えば & Co.) を記載したものは一般線引き (crossed generally, general crossing) と呼び, いずれかの銀行経由でのみ支払われ, 平行線内に特定銀行名が記載されたものは特定線引き (crossed specially, special crossing) と呼ばれ, その特定銀行経由でのみ支払われる; cf. UNCROSSED CHECK [CHEQUE]》.

cróssed génerally 一般線引き (=GENERAL CROSSING) (⇨ CROSSED CHECK).

cróssed spécially 特定線引き (=SPECIAL CROSSING) (⇨ CROSSED CHECK).

cross-elastícity of demánd《米》需要の交差弾力性《二つの商品間で一方の価格の変化が他方の需要に与える影響の尺度; 反トラスト法の適用において一定の取引分野を確定する場合の概念》.

cróss-érror n 反対誤審申し立て《誤審令状 (writ of error) による手続きの被告によって提出される誤審の

cróss-examinátion *n* 反対尋問, 交互尋問《相手方証人に対する尋問; 単に cross ともいう; cf. DIRECT EXAMINATION, RECROSS-EXAMINATION, REDIRECT EXAMINATION》.

cróss-exámine *vt* 〈相手方証人に〉反対尋問を行なう. **cróss-exáminer** *n* 反対尋問者.

cróss-interrógatory *n*《質問(書) (interrogatory) を受けた側からの》反対質問(書).

cross license 交互実施許諾《特許など無体財産権をもつ者が相互に使用を認め合うこと》.

cróss-license *vt* 〈特許などの〉交互実施を許諾する.

cróss-mótion *n*《他方当事者からの》反対の申し立て.

cróss-óffer *n* 反対申し込み《契約に際して被申込者が申込者に対して (1) その申し込みと同じものをそれと知らずに申し込むこと, もしくはその申し込み (2) 最初の申し込みとは実質的に異なることを変更した上で申し込むこと, もしくはその申し込み》. — *vt* …に反対申し込みをする. **cróss-ófferor** *n*

cróss-pláintiff *n* 交差請求原告《交差請求 (cross-claim) の原告, すなわちもとの訴訟において共同訴訟人の立場にある者で同じ立場にある者を相手に請求をしている原告; cf. CROSS-DEFENDANT》.

cróss-quéstion *n* 反対質問《反対尋問 (cross-examination) における相手方証人に対する質問; cf. DIRECT QUESTION》.

cróss remáinder 交互残余権《複数の者に部分不動産権 (particular estate) を与え, しかも互いにその残余権 (remainder) を持ち合うようにする場合の残余権; 例えば A, B に生涯不動産権 (life estate) を, 一方死亡の場合は, 他方に残余権, 双方死亡後は C に残余権, という形で譲与された場合の, A B が保有する残余権を指す; なお, この場合の C を隠された残余権者 (ulterior remainderman) と呼ぶことがある》.

cróss rúles *pl* 対立仮決定《一つ手続きで原告・被告双方に与えられた仮決定 (rule nisi); ⇨ DECREE NISI》.

cróss-stréam guáranty 交差保証《同一親会社あるいは個人が所有している 2 会社の一つが他方の会社の債務に対して行なう保証; cf. DOWNSTREAM GUARANTY, UPSTREAM GUARANTY》.

crown /kráun/ *n* **1** 王冠; 冠; 栄冠. **2** [the ~ or the C-] **a** 帝王, 国王, 女王, 君主 (cf. QUEEN); 王位: an officer of *the* ~ "公務員. **b**《君主国の》主権, 国王の支配[統治]. **c** 立憲君主国の政府, (特に) 英国政府; 国王の領土. ▶ ACCOUNTANT TO THE CROWN (国王収入官) / CASE FOR THE CROWN (刑事事件) / COUNSEL FOR THE CROWN (国王側弁護士) / DEMESNE LAND OF THE CROWN (国王の直領地) / DEMISE OF THE CROWN (国王の崩御; 王位継承) / DROITS OF THE CROWN (戦時捕獲報奨金) / LAW OFFICERS OF THE CROWN (国王の法務官) / MINISTER OF THE CROWN (大臣) / PLEA OF THE CROWN (国王の訴訟). **3 a** 王冠章, 王冠印; 王冠印付きのもの. **b** クラウン《英国の 25 ペンス硬貨, 旧 5 シリング銀貨》. [OF *couronne* < L *corona* crown]

Crówn Ádvocate《英史》国王弁護人《海事裁判所 (Court of Admiralty) における国王の第二順位の役人(第一位はローマ法系国王法律顧問 (Advocate General)); 常に弁護人協会 (College of Advocates) の成員》.

crówn ágent 1 [the C- A-s]《英》英国機関《かつては英国政府により, 当初は英国植民地に, しかし後には外国政府・国際機構に, 通商・財政・専門職養成上のサービスを提供するために任命された公的機関《その構成員は単数形で示す》; しかし 1997 年に民営化されている; 略 CA》. **2**《スコットランド》《法務長官 (Advocate General) の下での》刑事部長.

Crówn cáse [the ~]《英》刑事(訴追)事件《=case for the Crown》《略 CC》. ★ 判例集上は王位は, 王が統治するときは Rex, 女王が統治するときは Regina (ともに R. と省略) で表わされる. 例: the case of *R.* v. Millis (1844).

Crówn cáses resérved《英》刑事留保事件《⇨ COURT FOR (CONSIDERATION OF) CROWN CASES RESERVED》. ▶ COURT FOR (CONSIDERATION OF) CROWN CASES RESERVED (刑事留保事件裁判所).

Crówn cópyright《英》政府刊行物著作権.

Crówn Cóurt [the ~]《英》刑事法院《1971 年法によりアサイズ (assize) および四季裁判所 (court of quarter sessions) を廃止し, 治安判事裁判所 (magistrates' court) より上位の裁判所を統合整理し, 最高法院 (Supreme Court of Judicature) の一部として新設された刑事上位裁判所; 組織上は全国に一つだけ存し London にあるが, イングランド・ウェールズに多数あるセンター (center) で開くことができる; 無制約の刑事第一審裁判権と治安判事裁判所からの上訴の管轄権を有する; ⇨ THREE-TIER SYSTEM (OF CROWN COURT)》. ▶ SEARCH BEFORE CROWN COURT (刑事法院の捜索) / THREE-TIER SYSTEM (OF CROWN COURT) (刑事法院の三層構造).

Crówn Cóurt rúles *pl* [the ~]《英》刑事法院規則《⇨ CROWN COURT》.

Crówn débts *pl*《英》国王の金銭債権《国王に対して負っている債務》.

Crówn immúnity《英》国王の免除[免責]特権《法格言 'The KING can do no wrong.' を参照; cf. GOVERNMENT IMMUNITY, SOVEREIGN IMMUNITY, STATE IMMUNITY》.

Crówn in Cóuncil [the ~]《英》KING IN COUNCIL.

Crówn Lánds *pl*《英》《機関としての》国王の土地, 王領地《L *terrae dominicales regis*》《=Crown property》.

Crówn láw《英》刑事法.

Crówn Óffice [the ~]《英史》《略 CO》**1** 王座裁判所刑事部《元来は同裁判所刑事関係などの事務部であったが, 1879年法で2に編成変えした》. **2**《最高法院 (Supreme Court of Judicature) の主事中央局 (Central Office) の一部である》刑事部《2000年から行政裁判所局 (Administrative Court Office) に変更; cf. ADMINISTRATIVE COURT》. ► ASSOCIATE OF THE CROWN OFFICE (刑事部裁判所補助官) / MASTER OF THE CROWN OFFICE (刑事訴追主家).

Crówn Óffice in Cháncery [the ~]《英史》大法官府国璽部《かつては大法官府裁判所 (Court of Chancery) の, 主として国璽押印文書の認証事務を扱う一部局; 現在は編成変えされ, 最高法院 (Supreme Court of Judicature) の主事中央局 (Central Office) に属する一部となっている》.

Crówn Páper《英史》刑事事件表《1875年の裁判所廃止まで王座裁判所 (Court of King's Bench) に係属する刑事事件の一覧表》.

Crówn Páper dàys *pl*《英史》刑事事件期日《刑事事件表 (Crown Paper) 上で刑事事件審理のために予定されている期日; ⇨ PAPER DAYS》.

Crówn prívilege《英》証拠文書不開示国王特権《訴訟手続中, その開示が公の利益を害するという理由で証拠となりうる文書の開示を拒否する, 国王訴訟手続法 (Crown Proceedings Act) で留保されている国王[国]の特権; しかし現在では一定の場合には裁判所が調査を求め, この特権要求を拒否してきており, この概念に代わって公益に基づく免責特権 (public interest immunity) の語が用いられてきている》.

Crówn procéedings *pl*《英》国王訴訟手続き《国王すなわち国を相手にした訴訟; もともと国王は, 個人 (King or Queen) としてもまた機関 (Crown) としても (すなわち国も), The KING can do no wrong. (国王はいかなる権利侵害もなしえず) という法格言が示すように人民から訴えられない免除特権を有していた; しかし時代と共に徐々に契約違反・財産権の回復のために国王を訴える手続きが請願, すなわち権利請願 (petition of right) という形で生み出されてきた; しかし1947年に国王訴訟手続法 (Crown Proceedings Act) がこの権利請願の形での実質的訴訟を正規の訴訟の枠内に入れ, 同時に公務員の職務中に犯した不法行為などに対しても国王[国]が責任を負うことなどを定めた》.

Crówn Procéedings Àct 1947 [the ~]《英》1947年の国王訴訟手続き法 (⇨ CROWN PROCEEDINGS).

Crówn próperty《英》国王の土地, 王領地 (Crown Lands).

Crówn Prosecútion Sèrvice [the ~]《英》公訴局《1985年法に基づき翌年設置》; イングランド・ウェールズにおいて, それ以前の警察に代わって通常の刑事事件の訴追を担当する政府機関; 公訴(局)長官 (Director of Public Prosecutions) を長とし, 全42地区に各1名の首席公訴官 (Chief Crown Prosecutor), そのもとに事務弁護士 (solicitor) および法廷弁護士 (barrister) からなるきわめて多数の公訴官 (Crown prosecutor) がいる; 略 CPS).

Crówn prósecutor《英》公訴官 (⇨ CROWN PROSECUTION SERVICE). ► CHIEF CROWN PROSECUTOR (首席公訴官) / CODE FOR CROWN PROSECUTORS (公訴官服務規程).

Crówn sérvant《英》国家公務員《公務員のうち警察官・地方公務員は含まない》.

Crówn side (opp. *civil side, plea side*) **1**《裁判所の》刑事部門, 刑事関係, 刑事裁判権. **2** 刑事事件, 刑事裁判.

Crówn solícitor《英》法務官, 公訴担当弁護士《政府の公務員としての地位をもち, 法的任務に当たる法廷弁護士 (barrister) または事務弁護士 (solicitor); 特に現在公訴(局)長官 (Director of Public Prosecutions) が行なっている公訴の訴追手続きを担当していた大蔵省付き事務弁護士 (Treasury Solicitor) を指した》.

crówn wítness《英》《刑事訴追の》訴追[原告]側証人.

CRP [L *Calendarium Rotulorum Patentium*] Calendar of the Patent Rolls.

Crt Court.

CRT °critical race theory 批判的人種論.

crúel and inhumáne tréatment 残酷かつ非人間的扱い (=EXTREME CRUELTY).

crúel and unúsual púnishment 残酷かつ異常な刑罰《1689年の権利章典 (Bill of Rights) および合衆国憲法第8修正で禁止されている; cf. CORPORAL PUNISHMENT, DEATH PENALTY》.

crúel, inhúman or degráding tréatment《国際法》残虐な, 非人道的な又は品位を傷つける取扱い《1984年国連総会採択, 87年発効の条約の正称上の文言》.

cru·el·ty /krúːəlti/ *n* 虐待《かつて別居判決・離婚原因の一つ; 現在英国では婚姻破綻を立証する不相当な行動としてしか意味をもたないし, 米国でも無責離婚の採用で重要性をなくしている; cf. ABUSE, INDIGNITY, INHUMAN TREATMENT》. ► EXTREME CRUELTY (極度の虐待) / INTOLERABLE CRUELTY (耐えがたい虐待) / LEGAL CRUELTY (法的虐待) / MENTAL CRUELTY (精神的虐待) / PERSISTENT CRUELTY (持続的虐待) / PHYSICAL CRUELTY (身体的虐待). [OF]

crúelty to (a) child 児童虐待 (=CHILD ABUSE) (=crúelty to chíldren).

crúelty to ánimals 動物虐待.

crúise càr* /krúːz-/ パトロールカー (=SQUAD CAR).

cry de pais, cry de pays, cri de pais /F kri də pei/《史》共同体の叫喚追跡《叫喚追跡 (hue and cry) のうち, 治安官 (constable) のではなく地域共同体がなしたもの》. [F]

cryer ⇨ CRIER.

crys·tal·li·za·tion /krìstəlaɪzéɪʃ(ə)n/ *n* 《浮動担

保)結晶化《《浮動担保(floating charge)の担保物が特定すること》.

crystallizátion of équity エクイティーの結晶化 《コモンロー(common law)と対比されるエクイティー(equity)は，もとは大法官(chancellor)の個人の正義感・良心に従って裁かれていた判例が漸次判例法として固まってきたものであるが，この過程を指す語》.

CS 《スコットランド》°Court of Session スコットランド控訴院.

CSA 《英》°Child Support Agency 子の扶養監督庁◆°Confederate States of America アメリカ連合国.

CSC 《米》°Civil Service Commission (公務員)人事委員会.

CSV 《保険》°cash surrender value 解約返戻金.

Ct °Court.

CT countertrade.

c.t.a. °cum testamento annexo 遺言付きの.

Ct. Cl. 《米》°Court of Claims 請求裁判所.

CTCLS 《米》°Court of Claims 請求裁判所.

CTL 《海上保険》°constructive total loss みなし全損.

CTM °Community Trade Mark (欧州)共同体商標.

CTO 《英》°Community Treatment Order 社会治療命令.

CTT 《英税制史》°capital transfer tax 資産譲渡税.

cúbic méasure 体積度量法《単位または単位系》.

cúck·ing stòol /kákɪŋ-/ 《史》便器水責め具(=CASTIGATORY).

cui an·te di·vor·ti·um /káɪ ænti dəvɔ́:rʃiəm, kwáɪ-, kwí:-/ 《史》離婚女性無承諾譲渡不動産取戻し訴訟[令状]《離婚した女性が，単純封土権として保有する(hold in FEE)不動産を婚姻中に夫が妻の承諾なしで夫婦一体の原則(unity of personality)に基づき譲渡してしまったものを取り戻すための訴訟[令状]；ラテン語は，cui ante divortium ipsa contradicere non potuit(L=whom she could not gainsay before the divorce 離婚前には否認することができなかった者に)というこの訴訟令状(writ)上の文言の一部から；英国では1833年法で廃止》．[L=to whom before divorce]

Cui·cun·que ali·quis quid con·ce·dit con·ce·de·re vi·de·tur et id si·ne quo res ip·sa es·se non po·tu·it. /kaɪkánkwi élɪlkwɪs kwɪd kansí:dɪt kansí:dɛrɛ vɪdí:tər ɛt ɪd sàɪni kwou rí:z ípsə ɛ́sɛ nan patjú:ɪt/ 誰であれ人に物を譲与する場合には，それなしではその物自体が存在しえない物もまたその人に譲与するものとみなされる．[L=One who grants something to another is held to grant also that without which the thing granted could not exist.]

cúi in ví·ta /-ɪn váɪtə/ 《史》寡婦無承諾譲渡不動産取戻し訴訟[令状]《妻が単純封土権として保有する(hold in FEE)不動産を亡夫が生存中に妻の承諾なしで譲渡してしまった場合に，寡婦がそれを取り戻すために用いえた訴訟[令状]；ラテン語は，令状中の cui ipsa in vita

sua contradicere non potuit(L=whom she, in his lifetime, could not gainsay; 夫生存中は否認しえなかった者に)という文言の一部から；英国では1833年法で廃止》．[L=to whom in the life]

Cui·li·bet in ar·te sua pe·ri·to est cre·den·dum. /káɪlɪbɛt ɪn á:rtɛ sú:ə pɛráɪtou ɛst krɪdɛ́ndəm/ 誰であれその技能にすぐれている人は信頼されるべきである．[L=Whosoever is skilled in his/her art is to be believed]

Cui li·cet quod ma·jus non de·bet quod mi·nus est non li·ce·re. /kaɪ láɪsɛt kwad méɪʤas nan débət kwad máɪnəs ɛst nan laɪsɛ́rɛ/ より大きなことを許されている者がより小さなことを許されないということはあるべきでない．[L=A person who has authority to do the more important act ought not to be debarred from doing that of less importance.]

Cu·jus est da·re, ejus est dis·po·ne·re. /kú:ʤas ɛst dɛ́ɛrɛ í:ʤas ɛst dɪspóunɛrɛ/ 与える権能を有する者に処分する権能が属する．[L=Whose is to give, his/hers to dispose.]

Cujus est in·sti·tu·e·re, ejus est ab·ro·ga·re. /— — ɪnstɪtú:ɛrɛ í:ʤas ɛst æbrougéɪrɛ/ 設定[制定]する権能を有する者に廃止する権能が属する．[L=Whose is to institute, his/hers to abrogate.]

Cujus est so·lum, ejus est us·que ad coe·lum (et ad in·fe·ros). /— — sóuləm í:ʤas ɛst áskwi æd sí:ləm (ɛt æd ínfɛròus)/ 土地を有する者に天空まで(と地下まで)が属す．[L=Whose is the soil, his/hers it is up to the sky (and down to the depths).]

cul·pa /kálpə/ n (pl -pae /-paɪ, -pì:/) 過失. ▶ LATA CULPA (重過失) / LEVIS CULPA (軽過失) / LEVISSIMA CULPA (最軽度の過失) / MAGNA CULPA (重過失). [L=fault]

cul·pa·bil·i·ty /kàlpəbíləti/ n 有責性；非難されるべきこと．

cul·pa·ble /kálpəb(ə)l/ a 過失のある；《法的に，もしくは道徳的に》非難されるべき，責められるべき，とがむべき；有責の，有罪の(criminal). **cúl·pa·bly** adv ～**ness** n [OF<L (culpo to blame)<CULPA]

cúlpable hómicide 1 犯罪となる殺人，有責殺人 (⇒ HOMICIDE). 2 《スコットランド》故殺《イングランドの MANSLAUGHTER に当たる》．

cúlpable intoxicátion 有責酩酊(=VOLUNTARY INTOXICATION).

cúlpable neglect 責められるべき不注意《重大な不注意まで至らないが，通常の注意義務は果たしていないこと》．

cúlpable négligence 1 重い過失. 2 刑事過失 (=CRIMINAL NEGLIGENCE)

Cul·pa ca·ret qui scit sed pro·hi·be·re non po·test. /kálpə kǽrɛt kwaɪ sít sɛd proʊhibí:rɛ nan pátɛst/ 知ってはいるがしかしふせぐことのできない人は責めを負わない. 〔L＝A person is free from blame who knows but cannot prevent.〕

Culpa est im·mis·ce·re se rei ad se non per·ti·nen·ti. /── ɛst ɪmísɛrɛ si rí:àɪ æd si nán pɛrtɪnéntàɪ/ みずからに関係のないことにかかわることはあやまちである. 〔L＝It is a fault for anyone to meddle in a matter not pertaining to him/her.〕

Culpa la·ta do·lo ae·qui·pa·ra·tur. /── léɪta dóʊloʊ ikwìpəréɪtər/ 重大な過失は悪意に等しい. 〔L＝Gross negligence is equivalent to malice.〕

Culpa te·net su·os auc·to·res. /── ténɛt sú:oʊs ɔ:któʊriz/ 過失はその実行者(のみ)を拘束する《代理責任 (vicarious liability) を排除するの意》. 〔L＝A fault binds its own authors.〕

cul·prit /kʌ́lprɪt/ n 〔the ～〕 **1** 犯罪者 (offender)《有罪とされた人》. **2** (法廷)被告人 (the accused), 事実審理待ちの被告人《無罪との答弁をしたが, まだ事実審理 (trial) が開かれていない段階の被告人》.

cúltural defénse 文化関連防御《刑事訴訟における被告人の防御で, **1)** みずから認めた行為は行為者の文化ないしは母国では犯罪に当たらず, したがって行為地での法で判断されるべきではないという防御 **2)** 行為時の行為者の精神状態は文化的諸要因に強く影響を受けていたという防御. これは責任ないしは刑の軽減を求めての防御である》.

Cúlture, Média and Spórt 〔英〕文化・メディア・スポーツ省.

cum /kəm, kʊm/ prep …付き《通例 複合語をつくる; opp. ex》.

cum dívidend adv, a 〔証券〕配当付きで[の]《略 c.d., c. div., cum div.; opp. ex dividend》.

Cum duo in·ter se pug·nan·tia re·pe·ri·un·ter in tes·ta·men·to, ul·ti·mum ra·tum est. /── dú:oʊ íntɛr si pəgnǽnʃɪə rɛpɛriʌ́ntɛr ɪn tɛ̀stəméntoʊ ʌ́ltɪməm rǽtəm ɛst/ 遺言において相互に矛盾する 2 つのものが見出される場合には, 最後のものが有効である. 〔L＝When two repugnant matters are found in a will, the last in order prevails.〕

Cum in tes·ta·men·to am·bi·gue aut eti·am per·pe·ram scrip·tum, est be·nig·ne in·ter·pre·ta·ri, et se·cun·dum id quod cre·di·bi·le est co·gi·ta·tum cre·den·dum est. /── ɪn tɛ̀stəméntoʊ æmbígjuì: ɔ:t ɛ́ʃɪæm pɛ́rpɛræm skríptəm ɛst bɛnígnɪ ɪntɛrprɛtérài ɛt sɛkʌ́ndəm ɪd kwɑd krɛdíbɪlɛ ɛst kòʊdʒɪtértəm krídɛndəm ɛst/ 遺言中に(あることが)あいまいあるいは誤ってさえ書かれている場合には, 寛大に解釈されるべきであり, かつ信じるに足るところに従って(遺言者の)意図が信じられるべきである. 〔L＝When an ambiguous or even an erroneous expression occurs in a will, it should be interpreted liberally, and ac-

cumulative preferred stock

cording to what is worthy of belief, the intention (of the testator) shall be believed.〕

Cum par de·lic·tum est du·o·rum, sem·per one·ra·tur pe·ti·tor, et me·li·or ha·be·tur pos·ses·so·ris cau·sa. /── pá:r dilíktəm ɛst duóʊrəm sémpɛr òʊnɛréɪtər pɛtít:r ɛt méliɔ̀:r heɪbí:tər pɑ̀zɛsóʊrɪs kó:zə/ 両当事者が等しく誤っている場合には, 提訴者が常に不利で, 占有を有している者の主張が有利である. 〔L＝Where two parties are equally in fault, the claimant always is at the disadvantage, and the cause of the person in possession is the better.〕

cum ríghts adv, a 〔証券〕権利付きで[の]《＝rights on》《株式が新株引受権付きであることを示す語; 略 c.r.; opp. ex rights》.

cum tes·ta·men·to an·nexo /kàm tɛ̀stəméntoʊ ənéksoʊ/ a 遺言の付された, 遺言付きの《遺産管理状 (letters of administration) などに付けられる語で, 遺言はあるが, 執行者指名がないか指名者が無能力・就任拒否などのため, この語を付した遺産管理状が出される; 略 c.t.a.》. ▶ ADMINISTRATION CUM TESTAMENTO ANNEXO (遺言付き遺産管理手続き) / ADMINISTRATOR CUM TESTAMENTO ANNEXO (遺言付き遺産管理人). 〔L＝with the will annexed〕

cu·mu·la·tive /kjú:mjələtɪv, -lɛi-/ a 累積[蓄積]による, 累積[蓄積]する, 累加する; 反復された; 追加方式の: ～ action [effect] 累積作用[効果] / ～ index 累録索引. **～·ly** adv 漸増的に. **～·ness** n

cúmulative dívidend 累積的利益配当(金), 累積配当(金)《累積的優先株 (cumulative preferred stock) の配当またはその配当金で, 未払いのもの》.

cúmulative efféects dòctrine 〔米〕累積効果の法理《小規模な州際通商 (interstate commerce) も, 他の類似の取引と一まとめにして考えると, 合衆国憲法の通商条項 (Commerce Clause) の規制対象になりうるという考え方》.

cúmulative évidence 重複証拠《同一事実に対して, すでに提出し取り調べられた証拠がある場合に, (特に立証がなされたと思われる時点の後で)さらに同一性質の証拠を提出すること; 裁量で却下されうる; cf. CORROBORATING EVIDENCE, CUMULATIVE TESTIMONY》.

cúmulative légacy 累積的動産遺贈《＝additional legacy》《同一人に対して重ねてなされる動産遺贈》.

cúmulative offénse 反復犯罪《異なった日時に行なわれる同種の犯罪》.

cúmulative pénalty 《同一行為に対する》重複罰.

cúmulative préference shàre" 累積的優先株《＝CUMULATIVE PREFERRED STOCK [SHARE]》.

cúmulative preférred stòck* [shàre"] 累積的優先株 (＝cumulative stock* [share"])《配当優先株の一種で, ある年度の配当が所定の優先配当率に

満たなかった場合には，その受取権が累積して次年度以降に配当金の不足分を普通株に対する配当支払いに優先して受け取れる株式；cf. NONCUMULATIVE (PREFERRED) STOCK]．

cúmulative púnishment 常習加重刑．

cúmulative rémedy 重複的救済手段《一つの救済手段に加えて利用可能な救済手段》．

cúmulative séntences *pl* 重複的刑の宣告（＝CONSECUTIVE SENTENCES）．

cúmulative stóck* [**sháre**] 累積株（＝CUMULATIVE PREFERRED STOCK [SHARE]）．

cúmulative téstimony 重複証言《複数の証人による同一ないし類似の証言；事実認定者の心証を強めるために利用されるが，裁判所はこれを制限しうる；cf. CUMULATIVE EVIDENCE]．

cúmulative tráverse 累積否認訴答《主張すべき事項をその構成要素に分析しその一つ一つについて行なう否認訴答（traverse）；各要素についての否認訴答全体で一つの主張になるが，全体についての一つの否認訴答と同じことになる]．

cúmulative vóting 累積投票（制）《選挙されるべき者の数だけ投票権を有し，それを全部同一人ないし任意の何人かに分散して投票することを許す投票方法；米国で株主総会において取締役を複数選任する場合に1株につき選任取締役の数だけ投票権を与える形で認められることがある；cf. NONCUMULATIVE VOTING]．

cu·ra /kjúːrə/ *n* (*pl* **cu·rae** /-riː/)《ローマ法》(25 歳未満の年少者や無能力者などの) 保佐 (cf. TUTELA)．［L ＝care］

cur. adv. vult °curia advisari vult 非即時[後日] 言い渡し判決．

cu·rate /kjúərət/ *n*《教会》**1** 教会区 (parish) 主任司祭，司牧者．**2** 助任司祭，副牧師．［L *curatus*＜*cura* care］

cu·ra·tio /kjuəréiʃiou/ *n* (*pl* **cu·ra·ti·o·nes** /kjuəreiʃióuniːz/)《ローマ法》保佐(**1**) 25 歳未満の年少者や無能力者などの権利・利益を管理すること［権能，義務］**2**) 保佐人 (curator) の地位・職．［＜L *cura* care］

cu·ra·tive /kjúərətiv/ *a* 治療法の，治癒の[に関する]，治癒力のある．— *n* 医薬；治癒；治療．

cúrative admissibílity 治癒的証拠の許容(性)《それ自体としては証拠としての許容性を欠くが，同じくそれ自体として許容されるべきではなかった反対当事者の提出証拠の効果を治癒したり逆に妨げたりするために提出されるのであれば，証拠として許容されること]．

cúrative admissibílity dòctrine 治癒的証拠許容の法理《それ自体としての許容性を欠く証拠も，相手方当事者が事実認定者の面前に提出した許容性を欠く証拠により生み出された先入観を取り除くためには許容されるという準則]．

cúrative instrúction 治癒的説示《誤った説示 (instruction) を訂正しようとしてなされる裁判官の陪審に対する説示]：give ～s to the jury.

cu·ra·tor /kjúːreitər, —´—, kjúərətər; kjuəréi-/ *n* **1** 保佐人，財産管理人《無能力者・浪費者・未成年者などの財産および身上の保護をする者；元来ローマ法上の語で，スコットランドでは男子 14 歳，女子 12 歳以上 18 歳未満の未成年者の後見人のことをいう]．► INTERIM CURATOR (暫定的財産管理人)．**2**《美術館・博物館・図書館の》管理者，学芸員．**cu·ra·to·ri·al** /kjùərətɔ́ːriəl/ *a*［AF or L; ⇨ CURATE］

curátor bó·nis /-bóunis/《スコットランド》財産管理人《無能力あるいは不在のためみずからの財産を管理できない人に代わってその管理をするために裁判所により選任された人]．［L＝a guardian of property］

cúrator·shìp *n* 保佐人の職[職務，権能]．

cure /kjúər/ *n* **1**《病気の》治癒；《瑕疵(し)の》治癒，是正．**2** 治療；医療(サービス)．► MAINTENANCE AND CURE (傷病補償)．**cúr·able** *a*　**cùr·abíl·i·ty** *n*

cúre by vérdict 評決による治癒（＝AIDER BY VERDICT)．

cur·few, cur·feu /kə́ːrfjuː/ *n* **1**（夜間）外出禁止令；消灯令，灯火管制令．**2**（航空機の離着陸や音量の大きい催し物などの）時間制限法規[条例]．［F *couvrir* to cover, *feu* fire］

cúrfew òrder《英》行動制限命令《有罪決定者に対して一定期間一定場所に留まることを命ずる命令；電子機器によって監視されることになる]．

cúrfew requírement《英》行動制限要求《16 歳を超える犯罪者が一定期間一定場所に留まることの要求；社会刑罰命令 (community order) の一部としてまた刑の執行猶予宣告 (suspended sentence) に伴う命令として課すことができる]．

cu·ria /kjúəriə/ *n* (*pl* **-ri·ae** /-riː, -riài/) **1**《ローマ》**a** クーリア《3 段階の氏族制社会組織の中間単位としての市民集団；cf. GENS, TRIBE]．**b** クーリア集会所．**c** 元老院．**2** [the C-]《カトリック》（ローマ）教皇庁；[C-] 教皇宮廷部．**3** 裁判所，法廷 (court)．► AMICUS CURIAE (裁判所の友) / PARES CURIAE (裁判所の同輩)．**4**（国王の）宮廷（＝CURIA REGIS)．**5** 会議．**cú·ri·al** *a*［L］

cúria ad·vi·sá·ri vúlt /-ædvəsέərai vált/《英》非即時言い渡し判決，後日言い渡し判決《文字通りでは，「裁判所は助言を受けたい」の意；英国では両当事者の弁論終了後直ちに判決を言い渡すのが例だが，別に期日を指定して判決を言い渡すこと；略 c.a.v., CAV, cur. adv. vult)．［L＝the court wishes to be advised］

cúria pa·lá·tii /-pəléiʃiài/《英史》宮殿裁判所（＝PALACE COURT)．［L＝court of the palace］

Curia par·li·a·men·ti su·is pro·pri·is le·gi·bus sub·sis·tit. /—　pàːrliəménti súːis próupriis líːdʒibəs səbsístit/ 議会裁判所はそれ独自の法により支配される．［L＝The court of parliament is governed by its own peculiar laws.］

cúria ré·gis /-ríːdʒəs/ 国王の宮廷，クーリア・レーギス，王会（＝aula regis [regia], king's court)《単に curia

ともひ; もとは, 封建法上 家臣が主君に負っていた出仕義務 (suit of court) に基づいて, 国王の直臣が国王の求めに応じて主君たる国王に助言しまたその仕事を援助するためにその宮廷に出仕して構成された会議体; これを基礎に歴史系譜的には裁判所を含む多くの官庁が生じ, また議会・枢密院なども生じてくることになる; 略 CR》. [L＝king's court]

cur·ren·cy /kə́:rənsi, kʌ́r-; kʌ́r(ə)n-/ *n* **1** 通貨 (cf. LEGAL TENDER); free 〜 不兌換紙幣, 自由発行通貨. ▶ BLOCKED CURRENCY (封鎖通貨) / COMPTROLLER OF THE CURRENCY (連邦通貨監督局) / EUROCURRENCY (ユーロカレンシー) / FOREIGN CURRENCY (外国通貨) / HARD CURRENCY (硬貨) / INTERNATIONAL CURRENCY (国際通貨) / LEGAL CURRENCY (法定通貨) / NATIONAL CURRENCY (法定通貨) / PAPER CURRENCY (紙幣) / POSTAL [POSTAGE] CURRENCY (切手通貨) / RESERVE CURRENCY (準備通貨) / SOFT CURRENCY (軟貨). **2** 流通, 通用; 流布, 普及; 通用[流行]期間.

cur·rent /kə́:rənt, kʌ́r-; kʌ́r(ə)nt/ *a* **1** 現在通用[流布]している, 現行の, 現用の. **2**〈時間が〉今の, この; 最新の.

cúrrent accóunt 《略 C/A, CA》 **1** 当座預金 (checking account*). **2** 途中勘定, 未確定勘定 (＝ACCOUNT CURRENT). **3** 交互計算 (＝running account). **4**〈対外取引の〉経常収支.

cúrrent ásset [°*pl*] 流動資産 (＝liquid asset, near money, quick asset)《現金および比較的短期間に現金化されることが予定されている資産; ⇨ LIQUID ASSET; opp. *fixed asset*》.

cúrrent cóst 現在原価, 時価 (＝replacement cost)《ある資産を現在の市場で再調達した場合に要する原価; cf. HISTORICAL COST》.

cúrrent cóst accóunting 現在原価会計 (＝replacement-cost accounting)《資産を現在の市場で再調達した場合に要する原価を基準にした会計; cf. HISTORICAL COST ACCOUNTING》.

Cúrrent Láw Índex 『最新法律文献索引』《1980 年創刊; 英米法系諸国の主要法律雑誌に掲載の論文・法令・判例紹介などの項目別・著者別索引》.

cúrrent liabílity [°*pl*] 流動負債 (＝SHORT-TERM DEBT).

cúrrent márket válue 現在の市場価格《当該資産を現会計期間中に売ることのできる価額》.

cúrrent obligátion 現在の義務[債務]《現在強制可能な義務・債務》.

cur·ric·u·lum vi·tae‖ /kərɪ́kjələm víːtaɪ, -váːtiː, wíːtaɪ/ (*pl* **cur·ríc·u·la vítae** /-lə-/)履歴・履歴書 (略 c.v., CV): send a letter of application with a 〜. ★《米》では résumé という. [L＝course of (one's) life]

cúrsed mórsel 《史》呪食(神判) (⇨ ORDEAL OF THE (CURSED) MORSEL)

cur·si·tor /kə́:rsətər/ *n* 《英史》当然令状作成官(訴訟開始令状 (original writ) のうち一定の手数料を払えば当然発行される当然令状 (breve de cursu, writ of course) を作成することを職務とした大法官府 (Chancery) の書記; 1835 年法により廃止》. [AF]

cúrsitor báron (of the exchéquer) 《史》(財務府裁判所 (Court of Exchequer)) 財務官《1610 年創設, 1856 年廃止; 裁判機能でなくもっぱら行政事務の役人; 財務府裁判所 (Baron of the Exchequer) が中世末から裁判官として性格を強め, 1579 年以後は他のコモンロー裁判所と同様上級法廷弁護士 (serjeant-at-law) が占めるところとなるにつれ, 逆に国王の財務にたけた者の補助が必要となって生み出されたもの》.

Cur·sus cu·ri·ae est lex cu·ri·ae. /kə́:rsəs kjúːriː; ɛst léks kjúːriː/ 裁判所の慣行はその裁判所の法である. [L＝The practice of the court is the law of the court.]

cur·tain /kə́:rtn/ *n*《英》(エクイティー上の権利を背後に包んだコモンロー上の権利) カーテン《英国では, 1925 年に, 従来不動産権がコモンロー上の権利とエクイティー上の権利で錯雑していたのを整理するため新たに一連の制定法, 特に財産権法 (Law of Property Act) が制定された; その一つに, 一定のエクイティー上の権利を, コモンロー上の権利のカーテンの背後に包み, たとえ買主がその存在を事前に知っていても, コモンロー上の物権取得者に対抗できないことにした; その場合エクイティー上の権利は, 原則としてかつてのコモンロー上の物権保有者 (売主) が得た売却代金などの上に転換されることになる; このカーテンのことを指す; またこのことを定めた財産権法の規定・条項を curtain clause (カーテン条項) とか curtain provision (カーテン規定) と呼び, この原則のことを curtain principle (カーテンの原則) という》.

cúrtain clàuse [°*pl*]《英》カーテン条項 (⇨ CURTAIN).

cúrtain prìnciple《英》カーテンの原則 (＝CURTAIN).

cúrtain provìsion [°*pl*]《英》カーテン規定 (⇨ CURTAIN).

cur·te·sy /kə́:rtəsi/ *n* 鰥夫⟨ᵘᵃⁿ⟩産(権)《妻の死後, 妻との間に妻の有する不動産を相続しうる子が生まれた (妻の死亡時にすでに死去していても可) 夫が, 妻の不動産権を一生の間保有しうるコモンロー上の権利; 英国では 1925 年法で廃止; ⇨ TENANCY BY THE CURTESY OF ENGLAND; cf. DOWER, ELECTIVE SHARE》. ▶ CONSUMMATE TENANT BY THE CURTESY (完成鰥夫産不動産権者) / CONSUMMATION OF THE CURTESY (鰥夫産(不動産)権の完成) / INCHOATE CURTESY (未確定鰥夫産権) / TENANCY BY THE CURTESY (鰥夫産不動産権) / TENANCY BY THE CURTESY OF ENGLAND (イングランドにおける優遇措置に基づく不動産権). [AF]

cur·ti·lage /kə́:rt(ə)lɪdʒ/ *n* 住宅付属庭地, 宅地 (⇨ OPEN-FIELDS DOCTRINE) (cf. MESSUAGE). [OF (co(u)rtil small court ⟨ COURT]

cus·to·de ad·mit·ten·do /kəstóudi ædməténdou/ [de /di/ ~]《史》後見人選任令状. [L=(of) admitting a guardian]

custóde re·mo·vén·do /-rèmouvéndou/, **custóde amo·vén·do** /-æ̀mouvéndou/ [de /di/ ~]《史》後見人解任令状. [L=(of) removing a guardian]

cus·to·des pa·cis /kəstóudiz pǽsis, -péisəs/ pl 治安維持官《治安判事 (justice of the peace) の前身で, いまだ裁判権を有さない時の官職名》. [L=keepers of the peace]

cus·to·di·al /kʌstóudiəl/ a 1 保管の, 保護の: a ~ parent 監護権を有する親, 保護者たる親. 2〈身を〉拘留[拘置, 拘禁]する: a ~ establishment [institution] 刑務所, 拘留施設, 拘置所.

custódial arrést 拘禁するための逮捕.

cus·to·dia le·gis /kəstóudiə líːdʒəs/ 法の保管, 裁判所の保管 (=custody of the law)《訴訟係属中の係争物件などが裁判所に保管されていること; cf. IN CUSTODIA LEGIS》. [L=custody of the law]

custódial interrogátion《警察による》拘束被疑者の取調べ.

custódial séntence 拘禁刑, 自由刑.

cus·to·di·an /kʌstóudiən/ n 1 管理人, 保管者;《博物館など公共建物の》館長; 刑務所長; 守衛. 2《英史》養護権者《未成年者の監護権 (legal custody) を付与された実の親以外の者; 1975 年法で定められ, 1989 年法で廃止》. 3 監護(権)者《親, その他未成年者を監護する人》. 4《米》財産管理人《**1**）未成年者への贈与財産を管理する人 **2**）破産申し立て前の債務者の財産を管理する人》. **~·ship** n

custódian bànk《米》保管銀行《手形交換会社 (clearing corporation) のための保管者として機能する銀行ないしは信託会社》.

custódianship òrder《英史》養護権者決定命令 (⇨ CUSTODIAN 2).

custódian trustèe《信託財産の》保管受託者 (cf. MANAGING TRUSTEE).

cus·to·dy /kʌ́stədi/ n **1 a** 保護, 管理;《人の》保護, 後見, 保護監督,《子の》**監護(権)**《英国では 1989 年法により PARENTAL RESPONSIBILITY (親の責任) の語に代えられている; ⇨ CHILD CUSTODY, VISITATION RIGHT》: have ~ of (a child)《子を》監護する / in the ~ of ... に監護[保護]されて / grant the mother ~ of the children. **b**《物の》保管: have the ~ of ... を保管する. ▶ CHAIN OF CUSTODY (物証保管の連続性; 占有の系譜) / CHILD CUSTODY (子の監護(権)) / DIVIDED CUSTODY (分割監護(権)) / JOINT CUSTODY (共同監護(権)) / LEGAL CUSTODY ((子の)監護(権)) / PHYSICAL CUSTODY (子供との同居(権); 子供を手元に置く権利) / SHARED CUSTODY (共同監護(権)) / SOLE CUSTODY (単一監護(権)) / SPLIT CUSTODY (分裂監護(権)) / TEMPORARY CUSTODY (一時的監護(権)). **2**《身柄の》**拘束, 拘禁, 勾留, 拘留, 拘置, 監禁** (imprisonment). ▶ CONSTRUCTIVE CUSTODY (擬制拘禁) / LEGAL CUSTODY (法的拘禁) / PENAL CUSTODY (刑罰としての拘束) / PHYSICAL CUSTODY (身柄拘束) / PREVENTIVE CUSTODY (予防拘束) / PROTECTIVE CUSTODY (保護留置) / SURRENDER TO CUSTODY (収監されるための出頭) / YOUTH CUSTODY (青少年拘置). **commit to ~** 収監[勾留, 拘留]する. **in ~** 拘束[収監, 勾引]されて, 拘禁[勾留]中で: keep *in* ~ 拘束[拘禁, 監禁, 勾留]しておく / They were kept *in* police ~ overnight. / remanded *in* ~《裁判·再取調べのため》再勾留[拘束]されて. ▶ REMAND IN CUSTODY (再勾留). **take** sb **into ~** 人を拘束[収監, 勾引, 勾留]する (arrest). [L (*custod- custos* guard)]

cústody hèaring《子の》監護についての審理《特に離婚·別居手続きにおいて子供の監護についての裁判所による事実の審理》.

cústody of child [children] 子の監護.

cústody òfficer《英》留置担当警察職員《1984 年法で創設された警察職員で, 逮捕後警察署内に拘束されている被疑者の権利を守る職務, 例えば 留置の是非の決定, 留置記録 (custody record) の作成, 弁護士の援助を受ける権利などの被疑者の権利の告知などの任務が与えられている》.

cústody of the láw 法[裁判所]の保管 (=CUSTODIA LEGIS) (cf. IN CUSTODIA LEGIS).

cústody rècord《英》留置記録《1984 年法に定められているもので, 警察に留置されている被疑者の留置記録; ⇨ CUSTODY OFFICER》.

cústody tíme lìmit《審理前の》拘禁期間限度《延長は裁判官の命令によってのみ可能》.

cus·tom /kʌ́stəm/ n **1 習慣, 風習, 習俗;慣習法, 慣習 (⇨ USAGE)**: social [Western] ~s 社会[西洋]の風習 / keep up [break] a ~ 習慣を守る[打破する] / as is one's ~ いつものように / the ~s of trade 取引慣習. ▶ CONVENTIONAL CUSTOM (約定上の慣習法) / DOWER BY CUSTOM (慣習法による寡婦産(権)) / GENERAL CUSTOM (一般慣習(法); 一般的取引慣習(法)) / HEIR BY CUSTOM (慣習法上の(法定)相続人) / LOCAL CUSTOM (地方慣習(法)) / PARTICULAR CUSTOM (特定地域慣習(法)) / TRADE CUSTOM (取引慣習). **2**《商店などの》愛顧, 引立て; お得意(客), 顧客《集合的》: increase [lose] ~ お得意を増やす[失う]. **3 a** [pl] 関税; [~s, ⟨sg⟩] 税関; 通関手続き;《史》使用税[料], 貢租: go through ~s / ~s barrier 関税障壁 / ~s clearance 通関手続き / ~s declaration 通関申告. **b** [the C-s]《英》関税·消費税委員会 (=Customs and Excise). ▶ (HM) Revenue and Customs (歳入·関税委員会). [OF<L CONSUETUDO]

cústom and úsage 慣習法と慣行 (cf. CUSTOM, USAGE).

cus·tom·ary /kʌ́stəmèri; -m(ə)ri/ a **1** 習慣的な. **2** 慣習法上の, 慣行上の, 慣例による: COURT CUSTOMARY / CUSTOMARY LAW. — n《一国·一領域の》慣習法書, 慣習法集 (=custumal); 慣例集, CONSUETUDI-

cústomary constitútion 不文憲法 (＝UN-WRITTEN CONSTITUTION).

cústomary cóurt (bàron) 〖英史〗荘園法裁判所 (⇨ COURT CUSTOMARY).

cústomary estáte 荘園法不動産権《謄本保有権 (copyhold) のこと》.

cústomary fréehold 〖史〗荘園法自由土地保有(権)《特権的謄本保有(権) (privileged copyhold) とも呼ばれる; もとは特権的隷農保有 (privileged villeinage) あるいは隷農的鋤奉仕保有 (villein socage) で保有されていた不動産権で, 領主の意思ではなく荘園法に基づいていて, この点謄本保有権の原初形態である隷農保有 (villeinage) と異なり, 特権的であったし, また上位に存じ; 2種あり, 一方は自由土地保有権 (freehold) が領主にあるもの, 他方は保有者にあるもので, 後者が厳密な意味での customary freehold であった; 英国では1922年法により鋤奉仕保有 (socage) に転換された》.

cústomary internátional láw 国際慣習法 (⇨ INTERNATIONAL LAW).

cústomary interpretátion《過去の判断に基づく法律・法的文書の》慣例的解釈.

cústomary láw 慣習法 (＝consuetudinary law).

cústomary sócage 〖英史〗地方慣習法的鋤奉仕保有《地方慣習法に基づく自由鋤奉仕保有 (free socage) で, 都市土地保有 (burgage), 末男相続保有 (borough English) やガヴェルカインド保有 (gavelkind) などがこれに当たる; ⇨ FREE SOCAGE》.

cústomary ténant 〖史〗荘園法不動産権者《荘園法に基づいて不動産を保有している者, すなわち特に謄本保有権者 (copyholder)》.

cústomary ténure 〖史〗荘園法不動産権《荘園法に基づく不動産の保有, すなわち特に謄本保有権 (copyhold)》.

cústom·er n 顧客; 取引先; 得意先.

cústomer informátion òrder 〖英〗顧客情報提供命令《金融機関に対する命令で, 犯罪からの収益の調査のためにその保有する顧客の一定情報を提供するよう要求するもの; cf. ACCOUNT MONITORING ORDER》.

cústomer's màn [pèrson] 〖米史〗証券販売員 (⇨ REGISTERED REPRESENTATIVE-).

cústom·hòuse, cústoms- n 税関 (略 c.h.).

cústom of mérchants 商慣習法 (＝LAW MERCHANT).

cústom of the constitútion 憲法上の慣習 (＝CONSTITUTIONAL CONVENTION).

Cústoms and Éxcise [the (Board of) ～] 〖英〗関税・消費税委員会《関税と消費税の徴収事務を行なう機関; 単に the Customs ともいう; 略 C & E》.

Cústoms Còurt [the ～] 〖米史〗関税裁判所《正式名 UNITED STATES CUSTOMS COURT (合衆国関税裁判所); ⇨ UNITED STATES COURT OF INTERNATIONAL TRADE》.

cústoms dùty 関税 (cf. EXCISE DUTY).

customs of Oléron オレロン海慣習法 (⇨ OLÉRON).

cústoms ùnion 〖国際法〗関税同盟《複数の国家が条約により関税に関しては単一の地域として扱われるよう定め, その領域間での商品の移動に関しては関税を撤廃あるいは軽減し, 第三国からの商品には共通の関税を設定・適用すること; 欧州共同体 (European Community) は1957年署名のローマ条約 (Treaty of Rome) でこれを定めた》.

cus·tos /kástəs, -təs/ n 〖史〗保管者; 保護者, 後見者, 監督者. [L＝keeper]

cústos bré·vi·um /-bríːviəm/ [ˢC- B-] 〖英史〗令状保管官《人民訴訟裁判所 (Court of Common Pleas) の書記で, 同裁判所に復命されるべき令状を受け取り整理保管することが主たる任務; 1837年法で廃止; cf. CUSTOS BREVIUM ET RECORDORUM》. [L＝keeper of the writs]

cústos brévium et re·cor·dó·rum /-ɛt rèkɔːrdóːrəm/ [ˢC- B- E- R-] 〖英史〗令状・記録保管官《王座裁判所 (Court of King's Bench) の書記で職務は人民訴訟裁判所 (Court of Common Pleas) の令状保管官 (custos brevium) に類似; 1837年法で廃止; ⇨ CUSTOS BREVIUM》. [L＝keeper of the writs and records]

cústos mó·rum /-móːrəm/ 〖英史〗良俗の守護者《初め星室裁判所 (Court of Star Chamber), その後は王座裁判所 (Court of King's Bench) を指した》. [L＝keeper of morals]

cústos ro·tu·ló·rum /-ràtjəlɔ́ːrəm/ [ˢC- R-] 〖史〗治安判事記録保管者 (＝Keeper of the Rolls)《1400年ごろから治安判事任命書上で指名される治安判事関係の, 特に四季裁判所 (Quarter Sessions) などの裁判の記録保管者で, 首席の治安判事がこれに任命された; 後には通例 統監 (Lord Lieutenant) がこれに任命された; 略 C.R.》. [L＝keeper of the rolls]

cústos spi·ri·tu·á·li·um /-spɪrɪtjuéɪliəm/ 〖史〗教権後見者《主教座[司教座]空位の間その教会裁判権を行使する者》. [L＝guardian of the spiritualities]

Cústos sta·tum hae·re·dis in cus·to·dia ex·is·ten·tis me·li·o·rem, non de·te·ri·o·rem, fa·ce·re po·test. /ː- stéɪtəm hiríːdɪs ɪn kəstóʊdiə ɛgzɪsténtɪs mèlióʊrəm nɑn dətérioʊrəm féɪsərɛ pátəst/ 後見人はその後見の下にいる相続人の財産を良くすることはできるが悪くすることはできない. [L＝A guardian can make the estate of an heir who is under his/her wardship better, but not worse.]

cústos tem·po·rá·li·um /-tèmpəréɪliəm/ 〖史〗俗権後見者《主教座[司教座]および大修道院長職空位の間その俗権を管理すべく国王に任命された者》. [L＝guardian of the temporalities]

cus·tu·ma /kʌ́stʃəmə, -tjə-/ *n* 《史》関税, 賦課金, 貢租. [F *coustum* toll, tribute]

cus·tu·mal /kʌ́stʃuməl/ *n* 《一国・一領域の》慣習法書, 慣習法集 (customary). —— *a* CUSTOMARY.

cut /kʌ́t/ *v* (~; **cút·ting**) *vt* **1** 切る; 切断する, 切り離す〈*away*, *off*, *out*〉. **2**《費用を》切り詰める (curtail),《値段を》切り下げる (reduce); 削減する: ~ prices / ~ jobs. **3** 遮断する, 妨害する; [*fig*] …と関係を断つ, 絶交する. ~ **back**〈出費・生産などを〉削減する, 縮小する: ~ (*back*) production 生産量を落とす. ~ **in**〈…に〉割り込む, さえぎる〈*on*〉;《電話で》人の話を盗聴する;《もうけ仕事》の仲間に加える,《利益などに》あずからせる〈*on*〉. —— *n* **1** 切ること, 切断; 切り傷. **2**《賃金・価格・時間・サービスなどの》削減, 引下げ, 値引き, 割引, 減額, カット; 削減部分[箇所];《電力・供給などの》停止: salary ~*s* / ~*s* in salaries / price ~*s* / ~*s* in prices.

cútoff dàte 計算打切日, 締切日.

cút·pùrse *n* 《古》巾着切り, スリ (pickpocket).

c.v., CV °curriculum vitae 履歴(書).

CVA 《米》°United States Court of Veterans Appeals 合衆国退役軍人上訴裁判所.

CVS °corporate venturing scheme 事業会社による冒険資本投下計画.

cý·ber·crìme /sáibər-/ *n* サイバー犯罪 (=COMPUTER CRIME).

cý·ber·làw *n* サイバー法, インターネット関連法.

cý·ber·squàtting *n* ドメイン名先占《インターネットのドメイン名, 特に会社の商標と関連しそうな名を確保し, 後にそれをその会社に売ったり使用料を取ったりして利益を得ようとする行為》. **cý·ber·squàtter** *n* ドメイン名先占者.

cý·ber·stàlk·ing *n* サイバーストーキング《コンピューターネットワークを利用してEメールを同一人に多く送り, 受け手やその家族などに危害や不法な行為を加えるなど受け手に恐怖を与えるような脅し・いやがらせを行なう行為; cf. STALKING》.

cý·ber·thèft *n* コンピューター窃盗《コンピューターネットワークを利用して, 他人の財産を盗んだり利用・享有を妨げたりする行為; 銀行のコンピューター記録に侵入し他人の口座から預金を引き出すことなど》.

cy·cle /sáik(ə)l/ *n* 循環期, 周期; 一周; ひと巡り, 循環: move in a ~ 周期的に循環する. [OF or L < Gk *kuklos* circle]

cýcle tràck 《英》自転車道, 自転車専用路.

cy·clic, -cli·cal /sáiklik(əl), sík-/ *a* 循環(期)の; 周期的な: *cyclical* factors《景気の》循環要因 / *cyclical* growth 循環的成長 / *cyclical* unemployment《景気循環によって起こる》周期的失業, 景気的失業.

cyn·gor *n* 《英》地方参事会, キンゴール《ウェールズの州 (county) あるいは特別市 (county borough) の参事会 (council) の名称》.

cy pres, cy-pres, cy-près, cy·press /sìːpréi, sài-/ *n, a, adv* 可及的近似の法理 (cy pres doctrine) (による[よって]). ▶ DOCTRINE OF CY PRES 《可及的近似の法理》. [F =as near (as possible)]

cy prés dòctrine 可及的近似の法理, シープレー法理 (=doctrine of cy pres)《種々の事情により例えば公益目的への寄付などの財産の処分が指定した方法で実行できない場合, それに最も近い方法を採るというエクイティー上の解釈原則; cf. DOCTRINE OF APPROXIMATION》.

D

D, d /díː/ *n* (*pl* **D's, Ds, d's, ds** /-z/) ディー《英語アルファベットの第4字》. ▶ SCHEDULE D (D 表) / TABLE D (付表 D).

d. deceased ♦ decree ♦ degree ♦ delete ♦《英》[L denarius] penny (*pl* pence) ♦ died.

D. decree ♦ defendant 被告(人)♦《米》Democrat(ic) ♦ denied ♦ dicta ♦ dictum ♦ digest ♦ district ♦ doctor.

DA, D.A.《米》°Department of Agriculture 農務省 ♦《米》°district attorney 地区(首席)検察官.

DA, D/A °deposit account 通知[定期]預金.

D/A documents against acceptance.

dab /dǽb/ *vt, vi* (-bb-) **1** 軽くたたく[触れる, 押える], 押しあてる. **2**《俗》…から指紋をとる. ── *n* **1**《俗》[*pl*] 指紋 (fingerprints). **2**《俗》[D-s] ロンドン警視庁指紋部.

dac·ty·log·ra·phy /dæktəlágrəfi/ *n* 指紋学.

dág·ger-mòney *n*《英史》剣金(けんきん)《アサイズ(裁判)》(⇨ ASSIZE) のうちイングランド最北州の Northumberland 州を担当する裁判官が州都 Newcastle を去る際に, スコットランド人の襲撃からの護身のための短剣購入費用の名目で与えられた金》.

d.a.i. death from accidental injuries.

Dáil (Éir·eann) /dɔ̀ːl (ɛ́ərɔːn); dàɪl (ɛ́ərən), dɔ̀ɪl(-)/ (アイルランド共和国議会)下院 (⇨ OIREACHTAS). [Ir=assembly (of Ireland)]

dai·ly /déɪli/ *a* 毎日の《通例 日曜日を含む》; 1日当りの. ── *adv* 毎日.

dáily bálance 利息対象一日残高《利息計算の基準となる一日の最終残高》. ▶ AVERAGE DAILY BALANCE (利息対象平均一日残高).

Dáily Cáuse Lìst《英》審理予定事件日報《最高法院 (Supreme Court of Judicature) で当日審理される予定の全事件のリストで, 開廷期間中審理前日に公表される; cf. CAUSE LIST》.

dáisy chàin《証券》たらい回し《数人共謀のうえ特定銘柄を順次売買し株価を操作する馴れ合い売買で, 違法》.

DAJAG Deputy Assistant Judge Advocate General.

Dale /déɪl/ 甲村《英国における法律文書中に用いられる架空の地名; cf. SALE》.

da·lus, dai·lus /déɪləs/ *n*《史》間畝(あぜ)《圃場間の狭い土地》. [L=a dale]

dam·age /dǽmɪdʒ/ *n* **1** 損害, 損傷: do ~ to…に損害を与える / cause ~ 損害をもたらす / suffer ~ 損害をこうむる. **2** [*pl*] 損害賠償金, 損害賠償, 《損害賠償の対象となる, あるいは損害賠償金で補償される》損害: award ~*s* of $5,000 for sth to sb …に対する損害賠償金 5000 ドルを人に支払うよう認定する / claim ~*s* 賠償金を要求する / SOUND¹ *in* ~ *s*. ▶《1と2に関連》ACTION FOR DAMAGES (損害賠償請求訴訟) / ACTUAL DAMAGES (現実的損害賠償(金)) / AGGRAVATED DAMAGES (加重的損害賠償(金)) / BENEFIT OF THE BARGAIN DAMAGES (合意利益損害賠償(金)) / COMPENSATION FOR DAMAGE (損害賠償(金)) / COMPENSATORY DAMAGES (損害塡補賠償(金)) / CONSEQUENTIAL DAMAGES (間接損害賠償) / CONTEMPTUOUS DAMAGES (侮辱的損害賠償金) / CRIMINAL DAMAGE (財産損壊(罪)) / DIRECT DAMAGES (直接損害賠償) / DISCRETIONARY DAMAGES (裁量的認定損害(賠償金)) / DOUBLE DAMAGES (二倍(額)賠償(金)) / EXEMPLARY DAMAGES (懲罰的損害賠償(金)) / EXPECTATION [EXPECTANCY] DAMAGES (履行[期待]利益の賠償(額)) / FIRE DAMAGE (火災による損害) / FUTURE DAMAGES (将来の損害に対する賠償(金)) / GENERAL DAMAGES (一般損害賠償, 非金銭的損害賠償(金)) / HEDONIC DAMAGES (快楽損害賠償(金)) / INCIDENTAL DAMAGES (付随的損害; 付随的損害賠償(金)) / INDETERMINATE DAMAGES (不確定損害(賠償金)) / INDIRECT DAMAGES (非直接的損害賠償) / INTEREST AS DAMAGES (法定利息) / IRREPARABLE DAMAGE (回復不能の損害) / LIQUIDATED DAMAGES (あらかじめ約定された損害賠償(金)) / LOSS OF BARGAIN DAMAGES (合意損害賠償(金)) / MALICIOUS DAMAGE (故意の財産損害) / MEASURE OF DAMAGES (損害賠償金算定基準) / MITIGATION OF DAMAGES (損害の軽減; 損害軽減の法理) / MORATORY DAMAGES (遅延損害賠償(金)) / MULTIPLE DAMAGES (複数倍(額)損害賠償(金)) / NOMINAL DAMAGES (名目的損害賠償(金)) / PECUNIARY DAMAGES (金銭的損害(賠償)) / PRESUMED DAMAGES (法的に推定される損害賠償(金)) / PRESUMPTIVE DAMAGES (懲罰的損害賠償(金)) / PROSPECTIVE DAMAGES (予想損害に対する損害賠償(金)) / PROVI-

SIONAL DAMAGES (暫定的損害賠償金) / PROXIMATE DAMAGES (直接損害に対する損害賠償(金)) / PUNITIVE DAMAGES (懲罰的損害賠償(金)) / RELIANCE DAMAGES (信頼に基づく損害賠償(金)) / RELIANCE-LOSS DAMAGES (信頼違背損害賠償(金)) / REMOTE DAMAGES (疎遠関係にある損害賠償(金)) / REMOTENESS OF DAMAGE (損害の疎遠性) / RESTITUTION DAMAGES (不当利得返還金) / SEVERANCE DAMAGES (残地損害賠償(金)) / SPECIAL DAMAGES (特別損害賠償；金銭的損害賠償；実害) / SPECULATIVE DAMAGES (裁定不確実損害賠償(金)；懲罰的損害賠償(金)) / STIPULATED DAMAGES (あらかじめ約定された損害賠償額) / SUBSTANTIAL DAMAGES (実質的損害賠償(金)) / TREBLE DAMAGES (三倍(額)賠償(金)) / TRIPLE DAMAGES (三倍(額)賠償(金)) / UNLIQUIDATED DAMAGES (未確定損害賠償(金)) / VINDICTIVE DAMAGES (制裁的損害賠償(金)). **lay ~s** 損害賠償請求額を提示する (cf. AD DAMNUM CLAUSE): *lay ~s* at $1,500 損害賠償額は1500ドルとする.
— *vt* ...に損害を与える: fire-~*d* goods / He alleged that the magazine article was seriously *damaging* to his reputation.
~·able *a* 損害をうけやすい. **dàmage·abílity** *n* **dám·ag·er** *n* [OF (*dam(me)* loss<L *damnum*)]

dámage àction 損害賠償請求訴訟.

dámage-cléer, -cléere /-klíər/ 〖英史〗書記謝礼《人民訴訟裁判所 (Court of Common Pleas), 王座裁判所 (Court of King's Bench), 財務府裁判所 (Court of Exchequer) における損害賠償 (damages) 請求訴訟で勝訴した原告が, その判決執行令状 (writ of execution) を得る前に裁判所に納めることになっていた一定比率の手数料で, 人民訴訟裁判所では損害賠償金の10%, 他の2裁判所では5%; 元は書記への謝礼として始まったとされる; 1665年法で廃止; ラテン語で *damna clericorum* とも綴る》. [F=clerk's compensation]

dámage féa·sant [fái·sant] /-fézənt, -fí:-/ 加害. ▶ DISTRESS DAMAGE FEASANT (加害物の自救的差押え). [*feasant* は Law French *faire* の pp. *feasance* と同語源]

dámages for beréavement *pl* 〖英〗近親者喪失損害賠償(金)《配偶者または未婚の未成年の子の死亡事故に際し生存配偶者または両親のみが請求できる; cf. FATAL ACCIDENTS ACT 1976》.

dámages in líeu of injúnction *pl* 差止め命令に代わる損害賠償.

dámages úl·tra /-ʌ́ltrə/ *pl* 《被告が裁判所に払い込んだ額では満足せずにそれ以上に原告が請求している》付加的損害賠償(金).

dame /déɪm/ *n* 1《古·詩》/[joc]貴婦人;《一般に》身分のある婦人; 年配の婦人;《古》《一家の》女主人(の尊称); [D-] 身分のある婦人の尊称: D~ Sybil (Thorndike)《姓のほうは略してもよい》. 2 [D-] KNIGHT に相当する位を授かった婦人(の尊称); KNIGHT または BARONET 夫人《今は Lady のほうが普通》. 3《俗》女. 4 高位の修道女;《ベネディクト会などの》修道女. [OF<L *domina* mistress]

damna *n* DAMNUM の複数形.

dam·na cle·ri·co·rum /dǽmnə klèrəkɔ́:rəm/ 書記謝礼 (⇨ DAMAGE-CLEER). [L]

dam·ni·fi·ca·tion /dæ̀mnəfəkéɪʃ(ə)n/ *n* 侵害(行為).

dam·ni·fy /dǽmnəfàɪ/ *vt* 侵害する, ...に損害を与える.

dam·no·sa h(a)e·re·di·tas /dæmnóusə hərédətæ̀s/ 〖ローマ法·大陸法〗不利益な相続財産;《一般に》**不利益な[厄介な]承継物**《特に英国で破産者 (bankrupt) の財産であるがその負担となっている債務が財産価値を上回っているために破産管財人 (bankruptcy trustee) が制定法に基づき放棄するもの》. [L=damaging inheritance]

dam·nous /dǽmnəs/ *a* 1 損害 (damnum) の[に関する]. 2 損害を生ずる. **~·ly** *adv*

dam·num /dǽmnəm/ *n* (*pl* **-na** /-nə/) 損害 (cf. AD DAMNUM CLAUSE). [L=harm]

dámnum àbs·que in·jú·ria /-ǽbskwi ɪndʒúəriə/ 権利侵害を伴わぬ損害 (=DAMNUM SINE INJURIA). [L=damage without injury]

dámnum fa·tá·le /-fətéɪli/ 〖ローマ法〗避けがたい損害. [L=damage through fate]

dámnum sì·ne injúria /-sàɪni-, -sìneɪ-/ 権利侵害を伴わぬ損害 (=damnum absque injuria)《法的救済の対象とならない; cf. INJURIA ABSQUE DAMNO》. [L=damage without injury]

Damnum sine injuria es·se po·test. /─ ─ ─ ─ ése pátɛst/ 権利侵害を伴わない損害もありえる. [L=There can be damage without injury.]

dane·geld /déɪŋɡèld/, **-gelt** /-ɡèlt/, **-gold** /-ɡòʊld/ *n* 〖英史〗デーンゲルト《アングロサクソン時代に, 侵入して来たデーン人への対処費用捻出のための地租として始まったが, ノルマン人の征服後もしばらく存続した》. [<ON=Danes'+payment]

dane·law, -lagh /déɪnlɔ̀:/, **-la·ga** /-là:ɡə/, **-la·ge** /-là:ɡə/ *n* 〖英史〗1 デーン法, デーンロー《9-11世紀ごろイングランドのデーン人の居住地域に行なわれた法律》. 2 デーンロー《同法の行なわれたイングランドの約1/2を占めた北部および東部》. [OE=Danes' law]

dan·ger /déɪndʒər/ *n* 危険(状態), 危難; 危険物, 危険の原因となるもの, 脅威 <to>: The defendant is in ~ of being in contempt of court. 被告(人)は裁判所侮辱の危険にある. ▶ APPARENT DANGER (明白な危険) / CLEAR AND PRESENT DANGER (明白かつ現在の危険) / DETERRENT DANGER (抑止的危険) / DISTRESS AND DANGER (遭難) / HIDDEN DANGER (隠れた危険) / IMMEDIATE DANGER (直近の危険) / IMMINENT DANGER (急迫した危険) / OBVIOUS DANGER (明らかな危険) / RETRIBUTIVE DANGER (報復的危険) / UNAVOIDABLE DANGER (不可避的危険) / VOLUNTARY EXPOSURE TO

UNNECESSARY DANGER (不必要な危険に自発的に身をさらすこと) / ZONE OF DANGER (危険領域).

dánger creátion dòctrine 危険責任創出の法理《国[州]がその積極的行為によりある人を危険に陥らしめた場合には、その人に対して第三者が加える不法に対して責任を負わねばならないという原則;これは、国[州]が一般の人に対する第三者の不法については責任を負わないという一般原則の例外である》; cf. SPECIAL RELATIONSHIP DOCTRINE.

dánger-invítes-réscue dòctrine 危険救助招来の法理 (= RESCUE DOCTRINE).

dánger mòney〖英〗《賃金に加算される》危険手当: The workers asked for ~.

dánger of the séa〖海上保険〗海(固有)の危険 (= PERIL OF THE SEA).

dánger·ous *a* **1**〈事態などが〉危険な, 危険を伴う〖生ずる〗, あぶない: a ~ job. **2**〈人・動物・物が〉〈他に対して〉危険な, 物騒な. **imminently ~**〈人・行為・物がきわめて危険な;危険が急迫している. **inherently ~**〈行為・物が〉本質的に危険な. **unreasonably ~**〈物などが〉過度に[法外に, 常軌を逸して]危険な《製造物責任 (products liability) に関連してしばしば用いられる語》.

dángerous actívity 危険な活動[行為] (cf. ABNORMALLY DANGEROUS ACTIVITY, STRICT LIABILITY).

dángerous ánimals *pl* 危険動物《損害を生じさせる性癖のゆえにその保管・使用が規制されている動物;英国では制定法によりトラ・サル・毒ヘビ・ワニなどは許可制になっており, 番犬 (guard dog) の使用も規制されている》; cf. CLASSIFICATION OF ANIMALS.

dángerous cháttels *pl* 危険物 (= dangerous goods) (⇨ DANGEROUS THINGS).

dángerous condítion 危険な状態《**1**》その財産が合理的に見て予測できる形で使用された場合に損害をもたらす危険の高い財産上の欠陥 **2**》子供にとっては正しく認識あるいは回避することのできない財産上の危険》.

dángerous críminal 危険な犯罪者《粗暴犯罪 (violent crime) を犯した者あるいは暴力を用いて拘束から脱出しようとした犯罪者》.

dángerous cýcling 危険サイクリング〖英国では犯罪〗.

dángerous dríving《車の》危険運転. ▶ CAUSING DEATH BY DANGEROUS DRIVING (危険運転致死(罪)).

dángerous drúg 危険薬品《特に 薬物嗜癖を招く麻薬》.

dángerous góods *pl* 危険物 (= DANGEROUS CHATTELS).

dángerous instrumentálity [ínstrument] 危険な道具《重大な身体的損傷や死を招くおそれのある道具;その取扱いに関しては厳格責任 (strict liability) が課されることもある》; cf. ATTRACTIVE-NUISANCE DOCTRINE, DEADLY WEAPON.

dángerous machínery [machíne] 危険な機械《雇用者は危険な機械から被用者の安全を守る義務がある》; cf. DEFECTIVE EQUIPMENT, EMPLOYER'S LIABILITY.

dángerous occupátion 危険業務.

dángerous offénder〖英〗危険犯罪者《2003年法上の概念で, 一定の暴力犯罪あるいは性犯罪を犯した主犯あるいは従犯で, 特定犯罪を犯し一般の人に重大な危害を与える重大危険があると裁判所が判断する者;少なくとも定期刑の半期までは収監され続けねばならず, その後情況により初めて釈放されうる;その上暴力犯の場合は8年以下, 非暴力犯は5年以下の延長保護観察に服さねばならない》.

dángerous pláce 危険な場所.

dángerous prémises *pl* 危険な土地・建物 (cf. INVITATION, LICENSEE, OCCUPIER'S LIABILITY).

dángerous proxímity tèst 危険の近接性テスト《未遂 (attempt) 罪が成立するか否かを判断するためのコモンロー上の基準の一つで, 被告人が当該犯罪の完遂の危険に近づいていたか否かに焦点を合わせる判定法》; cf. ATTEMPT.

dángerous situátion 危険な状況《通常の注意 (ordinary care) では回避できないような危険, 特に最後の明白な損害回避機会の法理 (last clear chance doctrine) との関係で用いられる語》.

dángerous spécies〖英〗危険種 (⇨ CLASSIFICATION OF ANIMALS).

dángerous téndency tèst《人・動物の》危険性癖のテスト《特に 犬が噛みついた事件での飼主の責任を問題にする場合に用いる;⇨ ONE-BITE RULE》.

dángerous thíngs *pl* 危険物 (DANGEROUS CHATTELS と同義であるが, 特に 土地所有者が責任を負う危険物). ▶ ESCAPE OF DANGEROUS THINGS (危険物の逸出).

dángerous wéapon 危険な凶器 (cf. DEADLY WEAPON). ▶ ASSAULT WITH A DANGEROUS WEAPON (危険な凶器を用いての暴行).

Dár·den héaring /dá:rdn-/〖米〗ダーデン事件の審理《刑事訴訟手続きで被告人逮捕について相当の根拠 (probable cause) があったことを立証するためには逮捕をなした役人による情報提供者 (informer) の情報についての証言を除いては不十分な証拠しかない場合に, 情報提供者が誰であるかの開示が相当の根拠立証にとって直接関係があるか否かを判断するための一方当事者のみの審理 (ex parte hearing); 1974年の判決の被告人名より》. [People v. *Darden* (1974)]

Dár·nel's Càse /dá:rn(ə)lz-/〖英史〗ダーネル事件 (1627年)《五騎士事件 (Five Knights' Case) とも呼ばれる; Darnel は五騎士の一人; 拘禁が国王の特別命令でなしうるか否かを争った憲法史の大事件;それを是認した本判決の内容は翌1628年の権利請願 (Petition of Right) で覆された》.

dar·raign, dar·rain /dəréin/ *vt* DERAIGN.

dar·rein /dəréin, dæ-/ *a* 最終の. [AF=last]

darréin preséntment〖史〗聖職推薦権回復訴訟[令状] (=ASSIZE OF DARREIN PRESENTMENT).

darréin séisin〖史〗最終占有の抗弁. [F=last seisin]

Dárt·mouth Cóllege càse /dá:rtməθ-/ [the ~]〖史〗ダートマス大学事件 (1819年)《New Hampshire 州議会が英国王から与えられたダートマス大学設立の特許状を立法で変えようとして, 合衆国最高裁判所により憲法第1編第10節が定める契約上の債権債務関係を害する州法制定の禁止条項違反とされた事件; ただし1830年代以後課税権などの州の主権については特許状に明文がない限り州に留保されていると修正されている》.

Dártmouth Cóllege v. Wóodward [the ~] ダートマス大学対ウッドワード事件 (=DARTMOUTH COLLEGE CASE).

da·ta /déitə, dá:tə, *dǽtə/ *n* (*pl* ~) データ, 資料, 情報;《特に》電算機で処理できるデータ: bank of ~ = DATA BANK. ▶ PERSONAL DATA (個人情報).

dáta bànk データバンク《1》=DATABASE 2》データを蓄積・保管し, これを提供する機関》.

dáta·bàse *n* データベース《電算機などで迅速に検索・利用できるように分類整理された用途を制限しない大量のデータ》: a ~ of fingerprints. ▶ DNA DATABASE (DNA データベース).

database right データベース権《データベースの内容のすべてあるいは大部分の抜き取り・再利用を防止する権利》.

dáta pròcessing《電算機などによる》データ処理, 情報処理.

dáta protéction データ保護.

Dáta Protéction Àct [the ~]〖英〗データ保護法《1984 および 1998 年制定; コンピューターに保存された個人情報の悪用防止のための制定法》.

Dáta Protéction Tribùnal [the ~]〖英〗データ保護審判所《1984年法で創設され1998年法の下でも存続; 同法の下での上訴を扱う審判所》.

dáta sùbject 個人情報主体《個人情報の主体者である個人》.

date /déit/ *n* **1** 日付, 年月日(の表示); 期日. ▶ ALTERNATE VALUATION DATE (代替評価日) / ANSWER DATE (答弁期限日) / BEARING DATE (書面に付された日付) / COMPLETION DATE (完成日) / CUTOFF DATE (計算打切日) / DUE DATE (履行期日) / EFFECTIVE DATE (効力発生日) / EVEN DATE (同一日付) / EXPIRATION [EXPIRY] DATE (満期日) / MATURITY DATE (満期日) / MISDATE (間違った日付) / PRIORITY DATE (優先権基準日) / RECORD DATE (基準日) / RETURN DATE (復命(提出)日; 被告出廷日; 被告答弁提出日; 選挙結果確定日) / SETTLEMENT DATE (決済日; 不動産売買最終手続き日) / VALUATION DATE (評価日). **2**《異性などとの》デート(の約束);《一般に》会う約束[取決め]. **after** ~ 振出し日後《手形の満期が手形記載の一定期間後に到来することを示す語; 単にこの語だけがある場合は通常 振出し日後いつでもという趣旨で, on DEMAND (一覧払いの) と同じ意味になる》. — *vt* …に日付を入れる. — *vi* **1** 日付がある. **2**《…から》始まる, 起算する《from》,《…に》さかのぼる《back to》; 特定の時代のものと認められる. **3**《口》会う約束をする, デートする. **~ FORWARD**.

dáte cértain《特に 証書で》定めた日, 指定日 (=date cer·taine /F dat sɛrtɛn/).

dáte of bánkruptcy 破産宣告日.

dáte of comméncement《議会制定法の》施行日, 発効日.

dáte of ínjury 権利侵害[傷害]発生日.

dáte of íssue 作成日, 発行日, 振出日, 提出日.

dáte of matúrity 満期日, 支払い期日 (=maturity date).

dáte of récord [the ~]〖証券〗基準日, 登録日 (=RECORD DATE).

dáte ràpe デート強姦《デート相手・同伴者による強姦; cf. ACQUAINTANCE RAPE, RELATIONSHIP RAPE》.

da·tion en paie·ment /déiʃ(ə)n ɛn péimənt; F dɑsjɔ̃ ɑ̃ pɛmɑ̃/〖大陸法・ルイジアナ法〗代物弁済 (=giving in payment). [F=a giving in payment]

da·tive /déitiv/ *a* **1**《ローマ法・大陸法》自由に処分できる,《役人が》解任されうる. **2**《スコットランド》《遺言執行人が》遺言者ではなく裁判所によって指名された. **~·ly** *adv*

da·tum /déitəm, dá:-, *dǽt-/ *n* (*pl* **da·ta** /-tə/) **1** 一資料, データの一つ. **2** 与えられたもの, 所与, 与件. ▶ MEDIATE DATUM (媒介事実). **3** 期日. [L (pp) <*do to give*]

Dáu·bert tèst /dá:bərt-, dóubɛər-/〖米〗ダーバート事件のテスト《連邦地方裁判所 (federal district court) が求められた専門家による証拠 (expert evidence) が連邦証拠規則 (Federal Rules of Evidence) 上許容できるか否かを決定するために用いるテストで, 陪審のいない所でなされる; 1993年の合衆国最高裁判所の判例の原告名より》. [*Daubert* v. Merrell Dow Pharms. Inc.]

Dávis-Bácon Àct [the ~]〖米〗デーヴィス・ベーコン法《連邦政府出資の公共事業の被用者に支払われる最低賃金率を規制している連邦法で, 最初は1931年制定》.

dáwn ráid 暁の急襲《1》株式市場のその日の取引開始直後の短時間に特定会社の株を大量に買い占めること; しばしば 企業乗っ取りの準備のためになされる; cf. TAKEOVER **2**》英国で, カルテルその他競争法 (competition law) 違反を調査するために, 欧州委員会 (European Commission) や公正取引庁[所] (Office of Fair Trading) の職員が予告なしで来ること》.

day /déi/ *n* **1 a** 昼間; 一日, 一昼夜, 24時間. **b**《特定の》日; 期日. **c** 労働[勤務]時間の一日. ▶ ACCOUNT DAY (決済日; 受渡日) / ADJOURNMENT DAY (追加日) / ANSWER DAY (答弁期限日) / APPEARANCE DAY (応訴日) / APPOINTED DAY (施行日) / ARTIFICIAL DAY (昼間) / BANKING DAY (銀行取引日; 銀行取引時間) / BOON DAY (奉仕日) / CIVIL DAY (暦日; 昼間) / CLEAR DAYS (正味の日数) / COMMISSION DAY (アサイズ裁判開

廷日) / CROWN PAPER DAYS (刑事事件期日) / DUE DAY (奉仕日) / ELECTION DAY (公職選挙の日) / ENTIRE DAY (一日) / ESSOIN DAY (不出頭理由申し立て受理日) / HALF-QUARTER DAYS (四季支払い中間日) / INTAKE DAY (担当事件割当て日) / JUDGMENT DAY (最後の審判の日) / JUDGMENT DAY (判決日) / JUDICIAL DAY (裁判日) / JURIDICAL DAY (裁判日) / LAGE DAY (開廷日) / LAW DAY (開廷日; シェリフ巡回裁判, リート裁判所; 支払い期日) / LAWFUL DAY (開廷日; 法的業務をなしうる日) / LAY DAYS (停泊期間) / LEGISLATIVE DAY (会期日) / LOVE DAY (和解のための集会期日; 慈愛の日) / LYING DAYS (停泊期間) / NONJUDICIAL DAY (休廷日) / PAPER DAYS (審理予定期日) / PAY DAY (給料日) / PEREMPTORY DAY (変更不能期日) / POLLING DAY (投票日) / QUARTER DAY (四季支払い日) / RETURN DAY (復命(提出)日; 被告出廷日; 被告答弁提出日; 選挙結果確定日) / RUNNING DAYS (継続日数) / SEAL DAY (大法官府裁判所申し立て審理日) / SETTLING DAY (決済日) / SOLAR DAY (太陽日; 昼間) / VESTING DAY (帰属確定日) / WORKING DAY (仕事日; 開廷日) / YEAR AND A DAY (一年と一日). **2** 祝日, 祭日, 記念日. ► CANDLEMAS DAY (聖燭節) / CHRISTMAS DAY (キリスト降誕日) / FAST DAY (断食日) / GRAND DAY (祭日) / INDEPENDENCE DAY (独立記念日) / LABOR DAY (労働者の日) / LADY DAY (お告げの祝日) / MAY DAY (メーデー) / MIDSUMMER [MIDSUMMER'S] DAY (バプテスマのヨハネの祭日). **3** [°*pl*] 時代; [the 〜] 現代; [one's 〜(s)] [個人の] 寿命, 生涯; [one's 〜] [人の] 幸運(な時間), 全盛(時代). **carry the 〜** 勝利を得る, 勝訴する. **lose the 〜** 勝利を失う, 敗訴する. **without 〜** (**1**) 無期停止[延期]で. (**2**) GO (*hence*) *without* 〜.

dáy·bòok *n* 日記, 日誌;《簿記》取引日記帳.

dáy in bánc [bánk] 令状復命日 (⇨ RETURN, RETURN DAY).

dáy in cóurt **1** 法廷での(適正な)審理の機会, 裁判を受ける機会[権利]. **2** 裁判所での審理の日(の通知を受ける権利).

days·man, deies·man /déizmən/ *n* (*pl* -men /-mən/)《史》**1** 仲裁人, 審判人 (arbiter). **2** 日雇い労働者.

dáys of gráce *pl* **1** 猶予日 (=grace period);《特に》《手形の期限直後の3日間の》支払い猶予期間《英国では1971年法で廃止し, 米国でも認められていない). **2**《国際法》戦時捕獲猶予期間《戦争勃発を知らずに捕獲された敵国商船に与えられる戦時捕獲法からの時間的猶予》.

dáy-to-dáy *a* 日々の, 毎日の; その日[当座]のことしか考えない;《商業》当座の, 日切りの.

Dáy·ton trìal /déitn-/《米史》デイトン裁判 (⇨ MONKEY TRIAL).

dáy to shów cáuse《英》《未成年の間に受けた受戻し権喪失 (foreclosure)》判決に対する成年到達時の異議申し立ての機会.

dáy tráining cènter《英史》社会復帰訓練センター《社会復帰命令 (community rehabilitation order) を受け必要と判断された者がきびしい保護観察 (probation) を受けながら社会復帰に必要な訓練を受けるため60日間以内で昼間通うことを義務づけられる施設》.

dáy·wòrk *n* **1 a**《交替制の》昼間の仕事, 昼間[日中]勤務 (opp. *nightwork*). **b** 日雇い仕事, 日給労務. **2 a** 一日分の仕事. **b**《英史》一日の仕事で耕作できる土地の広さ(単位).

dáy·wòrk·er *n* **1** 昼間[日中]勤務者. **2** 日雇い労働者.

d/b/a, dba doing business as …の名称で営業中 (cf. ASSUMED NAME, F/D/B/A).

d.b.e. °*de bene esse* 暫定的効力をもつ[もって], 条件付きの[で].

d.b.n °*de bonis non* 未管理遺産の (⇨ ADMINISTRATION DE BONIS NON).

d.b.n.c.t.a. [L *de bonis non cum testamento annexo*] of the goods not administered upon the will annexed 後任遺言付き遺産管理(手続き) (⇨ ADMINISTRATOR DE BONIS NON CUM TESTAMENTO ANNEXO).

DC °death certificate 死亡証明書 ◆ detective constable ⇨ DETECTIVE ◆《英》°district council 地区参事会 ◆《英》°divisional court 合議法廷.

D.C.《米》°district court 地方裁判所 ◆《米》°District of Columbia コロンビア特別区.

DCA《英史》°Department for Constitutional Affairs 憲法問題省.

DCC《英》deputy chief constable 警察副本部長 (⇨ POLICE) ◆ Diocesan Consistory Court.

DCL Doctor of Civil Law ローマ法博士 ◆ Doctor of Comparative Law 比較法博士.

DCM《英》°district court-martial 地区軍法会議.

DCnL Doctor of Canon Law 教会法博士.

DComL Doctor of Commercial Law 商法博士.

de /di, də/ *prep* …から; …について, …に関する; …の; …による. ★ 制定法・訴訟・令状などの名称に用いられる. 例えば (Statute) *De Donis Conditionalibus*《1285年の》条件付き贈与法. [L or F=from, about, concerning, of, by, out of, for]

DEA《米》°Drug Enforcement Administration 麻薬取締局.

dea·con /dí:k(ə)n/ *n* **1**《プロテスタント・英国教・長老教会など》執事,《カトリック》助祭《*priest* の次の位》,《東方正教会》輔祭,《モルモン教》最下級教職. ► ARCHDEACON (大執事). **2**《スコットランド》《職工組合の》組合長.

dead /déd/ *a* **1 a** 死んだ, 死んでいる: He has been 〜 these two years. 彼が死んで2年になる / inherit a house from one's 〜 father. **b** [*fig*] あらゆる権利を失った: 〜 and buried company 解散して残余資産もない会社. **2**〈法などが〉廃れた, 効力のない: 〜 forms 虚礼 / a 〜 law 効力のない法.

déad ásset 無価値資産.

déad·bèat *n* *《口》借金[勘定]を踏み倒すやつ.

déadbeat dád *《口》親としての責任を果たさない父親,《特に》離婚後に子供の養育費を負担しない父親.

déadbeat móm *《口》**1** 子供の養育費を払わない母親. **2** 働こうとしないで福祉手当による母親.

déad fréight 空荷運賃, 不積運賃.

déad hánd 《英史》死手(譲渡) (=MORTMAIN).

déad·hànd contról 死手の支配《生存受益者の行為を制約しうる死者による財産支配を認める種々の法理; 特に財産の移転を制限し家産の維持をはかるための未発生将来権 (executory interest) の利用を許すもの; cf. RULE AGAINST PERPETUITIES》.

déad létter 1 死文, 空文; **空文化した法律**[条令, 布告], 形骸化した慣行. **2** 配達還付不能郵便物.

déad·lòck *n* 行き詰まり, 停頓. — *vi, vt* 行き詰まる, 行き詰まらせる.

déad·lòcked júry 評決不能陪審 (=HUNG JURY).

déad lóss 《補償の得られない》全くの損失, まる損.

déad·ly *a* 致命的な, 致死の; きわめて有害[危険]な (dangerous).

déadly fórce 致死的暴力《殺害ないしは重傷を招くおそれのある暴力; cf. NONDEADLY FORCE》.

déadly wéapon 死をもたらしうる凶器[武器] (=lethal weapon) (cf. DANGEROUS INSTRUMENT, DANGEROUS WEAPON). ▶ ASSAULT WITH A DEADLY WEAPON 《死をもたらしうる凶器を用いての暴行》.

déadly wéapon per sé 《鉄砲類のような》それ自体で死をもたらしうる凶器.

déad mán [mán's] áct =DEAD MAN'S STATUTE.

déad màn's párt 《古》死者分 (=dead's part) 《死者の動産中, 妻子の取り分を除いた遺贈可能部分; cf. REASONABLE PART》.

déad mán's [pérson's] státute 死者法 (=dead man('s) act) 《遺産についての被相続人の生前の陳述を, 例えば遺産に対しての権利を主張する人のためなどの一定状況下で, 証拠として許容することを禁ずる法》.

de ad·men·su·ra·ti·o·ne do·tis /di ædmènsjureɪʃíouni dóutɪs/ 《史》寡婦産更生令状[訴訟] (=ADMEASUREMENT OF DOWER). [L=of the admeasurement of dower]

de ad·mit·ten·do cle·ri·co /di ædmɪténdou klérɪkou/, **de clérico admitténdo** 《史》聖職者任命令状 (=admittendo clerico) 《任命権者である主教[司教] (bishop) に対して空位の聖職禄 (benefice) への指名者を受け入れ任命するように命じる令状で, 人民訴訟裁判所 (Court of Common Pleas) で聖職推挙権妨害排除訴訟 (quare impedit) 等で推挙権を回復した聖職推挙権者 (patron) が利用しえた》. [L=for admitting a clerk]

déad plédge 《古》死に質 (=VADIUM MORTUUM).

déad rént 《採掘料 (royalty) とは別に支払われる》固定鉱山地代.

déad's párt =DEAD MAN'S PART.

déad stórage 《物品, 特に自動車についての》長期無利用保管 (cf. LIVE STORAGE).

déad tíme 1 《電子工》不感時間, むだ時間, 待ち時間《指令を受けてから作動するまでの時間》. **2** *むだ時間《1》刑期の中に計算されない時間; 例えば逃亡していた期間; cf. STREET TIME》 **2** 《被用者の賃金計算の中に加えられない拘束·勤務時間》. **3** 《機械の故障や資材不足などによる作業員の》待ち時間.

déad úse 無生気ユース (=CONTINGENT USE).

déadweight capácity 《船舶の》載貨重量.

de ae·qui·ta·te /di ìːkwətéɪti/ *a* エクイティー上の, エクイティーによる (cf. DE JURE). [L=in equity]

deal /díːl/ *v* (**dealt** /délt/) *vt* 配る, 分配する;《罰などを》加える. — *vi* **1** 取引[商談, 交渉]をする 〈*with*〉. **2** 裏交渉[裏取引]する, 密約[共謀]する 〈*with*〉. **3** 《主題·問題などを》扱う, 論ずる 〈*with, in*〉; 対処する 〈*with*〉. **4** 〈…に〉従事する 〈*in*〉;《商品を》扱う 〈*in*〉. — *n* **1** 取引, 交渉. **2** 《相互の利益のための》取決め, 協定; 不正取引, 密約, 裏取引. ▶ SWEETHEART DEAL (馴合い協約). **3 a** 処置, 扱い;《人への》態度, 待遇: a fair ~ 公平な扱い / a rough ~ ひどい扱い. **b** 政治·経済上の政策 (cf. NEW DEAL). **4** 分量, 額. **bank a** ~ 成約のために貸付けを行なう《例えば, 売買契約を成立させるために買主に代金相当額を貸し付けること》.

déal·er *n* **1** 販売業者, 売買業者,《特に》卸売業者, ディーラー;《俗》《麻薬の》売人, ディーラー: a ~ *in* tea = a tea ~ 茶商人. ▶ AUTHORIZED DEALER (公認外貨取扱人) / BROKER-DEALER (ブローカー·ディーラー) / FRANCHISED DEALER (フランチャイズを受けた業者) / LOST VOLUME DEALER (売上高減少請求売主) / RETAIL DEALER (小売商) / SECURITIES DEALER (証券ディーラー) / WHOLESALE DEALER (卸売商). **2** ディーラー (=jobber'', stockjobber) 《自己売買を専門とする証券業者; cf. BROKER; ⇨ JOBBER》.

déal·ing *n* [*pl*] 交際, 関係, 取引; 人に対する接し方, 扱い方, 仕打ち: foreign exchange ~ 外国為替取引 / forward ~s 先物取引 / have ~s with…と取引がある. ▶ COURSE OF DEALING (取引過程) / EXCLUSIVE DEALING (排他的取引協定) / FAIR DEALING (公正取引; 公正使用) / INSIDER DEALING (インサイダー[内部者]取引) / MUTUAL DEALINGS (相互取引) / RECIPROCAL DEALING (互恵取引) / SELF-DEALING (自己取引).

dean /díːn/ *n* **1** 《主教[司教]座聖堂などの》首席司祭, 聖堂参事会会長, 修道(副)院長. ▶ RURAL DEAN (ルーラル·ディーン). **2** 《大学の》学部長; 学生部長, 学生監. [OF<L *decanus* chief of group of ten (*decem* ten)]

Déan of Fáculty [the ~] 《スコットランドの》弁護人会 (Faculty of Advocates) 会長.

Déan of (the) Árches [the ~] 《英》アーチ裁判所 (Court of Arches) 裁判官.

déar móney〘金融〙高金利資金.
death /déθ/ *n* 死, 死亡. ▶ ACCIDENTAL DEATH (不慮の死) / APPEAL OF DEATH (殺人罪私訴) / BRAIN DEATH (脳死) / BURNING TO DEATH (焚刑) / CIVIL DEATH (法律上の死亡；法的能力剝奪；民事死) / COMPENSABLE DEATH (労働者災害補償対象死) / CONTEMPLATION OF DEATH (死の予期) / IMMEDIATE DEATH (即死；即死状態での死亡) / INSTANTANEOUS DEATH (即死) / LEGAL DEATH (法的な意味での死亡) / NATURAL DEATH (自然死) / PRESUMPTION OF DEATH (死亡の推定) / PRESUMPTIVE DEATH (推定死亡) / REGISTRATION OF DEATH (死亡登録) / SIMULTANEOUS DEATH (同時死亡) / SUGGESTION OF DEATH (訴訟当事者死亡の訴答) / VIOLENT DEATH (変死) / WRONGFUL DEATH (不法行為死亡).

déathbed declarátion 臨終の供述 (= DYING DECLARATION).

déath bènefit [ᵁ*pl*]〘保険〙死亡給付金. ▶ ACCIDENTAL DEATH BENEFIT (災害死亡給付金) / INDUSTRIAL DEATH BENEFIT (労災死亡給付(金)).

déath càse **1** 死刑事件《死刑を科しうる, ないしは科した刑事事件》. **2** 不法行為死亡訴訟 (= WRONGFUL DEATH ACTION).

déath certíficate《医師の署名する》死亡証明書；死亡登録証明書《略 DC; cf. REGISTRATION OF DEATH》.

déath dùty [ᵁ*pl*] **1** 相続税, 遺産税《総称》. **2**〘史〙死亡に伴う負担《無遺言相続に伴った各種封建的の付随条件 (feudal incident) の総称》.

déath grànt〘英〙《国民保険から近親者・遺言執行者に支払われる》死亡給付金.

déath in sérvice〘保険〙《会社の被用者が死亡した際に支払われる》死亡給付金, 死亡給付年金.

déath knèll dòctrine /-nèl-/ 弔鐘の法理 (= death knell exception)《終局判決 (final judgment) まで待っては上訴争点の決着の意味を失わせ, 上訴人の権利を回復できない形で侵害してしまう恐れがある場合には, 中間上訴 (interlocutory appeal) を認めるという原則；終局判決準則 (final judgment rule) の例外として認められていたが, 1978年の合衆国最高裁判所判例により部分的に制限されている；cf. FINAL JUDGMENT RULE》.

déath knèll excéption 弔鐘の例外 (= death knell doctrine).

Déath on the Hígh Séas Àct [the ~]〘米〙公海上の死に関する法律《1920年制定の連邦法で, 公海上の死に対して不法行為死亡訴訟 (wrongful death action) を連邦地方裁判所に提起することを認めたもの；略 DOHSA》.

déath pènalty **1** 死刑 (= CAPITAL PUNISHMENT). **2** 資格剝奪刑《人あるいは法人がそれまで従事していた活動の資格を剝奪する刑罰》. **3** DEATH-PENALTY SANCTION.

déath-pènalty sánction 訴訟追行権剝奪制裁《民事訴訟で当事者による開示 (discovery) 手続きでの極端な濫用あるいは訴訟への不参加の意思表示のゆえに訴訟を却下 (dismissal) したり原告勝訴の欠席判決 (default judgment) をしたりすること；death penalty と略することもある》.

déath qualificàtion〘米〙死刑判決否認陪審員排除 (⇨ DEATH-QUALIFIED JURY).

déath-quàlified júry〘米〙死刑判決容認陪審《思想的に死刑判決を出すことを拒否している人に陪審員になる義務を免除しているが, このような人を含まない陪審；cf. LIFE-QUALIFIED JURY》.

déath ròw 死刑囚監房区, 死刑囚棟.

déath sèntence 死刑宣告, 死刑判決 (cf. DEATH PENALTY).

déaths·man /-mən/ *n*〘古〙死刑執行人 (executioner).

déath státute 死亡法《被相続人が死亡しなかった場合に受けえた遺族の利益を損害賠償の形で保護することを認める制定法；⇨ WRONGFUL DEATH STATUTE; cf. SURVIVAL STATUTE》.

déath táx 相続税 (= ESTATE TAX*).

déath tràp 死の落とし穴《人命の危険のある構造物・場所・状況；安全そうに見えるものもそうでないものも含む》.

déath wàrrant 死刑執行令状：sign one's (own) ~ みずから死[破滅]を招く.

deb. debate(s) ◆ debenture ◆ debit.

de ban·co /di bǽŋkou/ *a*〘英史〙人民訴訟裁判所の. [L = of the bench]

De Bánco ròll〘英史〙人民訴訟裁判所録.

de·bar /dɪbɑ́ːr/ *vt* **1**〈人を...から〉締め出す, 除外する〈*from*〉. **2**〈人が...するのを〉妨げる, 禁止する〈sb *from doing*〉.

debár·ment *n* 除外；禁止.

de·base·ment /dɪbéɪsmənt/ *n* **1** 品位品質の低下；貨幣の価値低下[引下げ]. **2** DEGRADATION.

de·bate /dɪbéɪt/ *n* 討議, 討論；討議の技術[研究]；熟慮. ▶ FLOOR DEBATE (議員全体での討議). — *vt, vi* 討議[討論]する；熟慮する.

debáte càlendar〘議会〙討議のための議事日程《討議の要がなく直ちに票決に入ることのできる異論なき法案のための議事日程 (consent calendar) と異なり, 法案につき討議のうえ票決する予定の議事日程》.

de·bauch·ery /dɪbɔ́ːtʃ(ə)ri/ *n* 色欲にふけること, 放蕩.

de·bel·la·tio /dèbəléɪʃiou/ *n*〘国際法〙征服 (= subjugation)《武力行使による他国領土の一方的併合》. [L]

de be·ne es·se /di bíːni ési, di béɪneɪ éseɪ/ *a, adv* 暫定的効力をもつ[もって], 条件付きの[で]《略 d.b.e.》. ▶ DEPOSITION DE BENE ESSE (条件付きの証言録取書) / TESTIMONY DE BENE ESSE (条件付きの証言). [L = of well-being]

de·ben·ture /dɪbéntʃər/ *n*《略 deb.》**1**〘英〙債務証

書; 債券, 社債. **2**〖米〗無担保債務証書, **無担保債券**, 無担保社債 (=debenture bond, naked debenture) (cf. MORTGAGE BOND, SECURED BOND). **3** 戻し関税証明書; (政府[役人]の発行する)債務証書. ▶《1-3 に関連》BEARER DEBENTURE (無記名債券) / CONVERTIBLE DEBENTURE (転換社債) / MORTGAGE DEBENTURE (譲渡抵当付き債券) / NAKED DEBENTURE (無担保債務証書) / REGISTER OF DEBENTURES (社債権者登録簿) / SINKING-FUND DEBENTURE (減債基金付き社債) / SUBORDINATE(D) DEBENTURE (劣後債(券)). 〔L *debentur* are owned (*debeo* to one); 語尾は -*ure* に同化〕

debénture bònd〖米〗無担保社債 (=DEBENTURE).

debénture hólder 社債保持者, 債券保持者, 社債権者.

debénture indènture 無担保債務証書.

debénture ìssue 債券[社債]発行.

debénture règister 社債権者登録簿 (=REGISTER OF DEBENTURES).

debénture stòck 1〖英〗ディベンチャーストック, 担保付き社債《会社と受託者 (trustee) との間の契約 (そのほとんどが社債信託証書 (debenture trust deed) と呼ばれる信託証書で担保が付される) により借入金全額につき一個の債務として成立する社債; 受託者が債権者・担保権者となり, 投資家であるディベンチャーストック保持者 (**debenture stock holder**) はこの信託の受益者となる; 無担保社債は unsecured loan stock という》. **2**〖米〗確定利付き株式《優先株の一種》.

debénture trúst dèed 社債信託証書 (⇨ DEBENTURE STOCK, TRUST INDENTURE).

de·bet et de·ti·net /débɛt ɛt détɪnɛt, díːbɛt-, -détənət/ 負いかつ留置す, 債務負担しながら不法留置している《(金銭債務訴訟 (debt) のための令状や訴答での方式的用語》. 〔L=he/she owes and detains〕

deb·it /débət/ *n*〖簿記〗借方, 借方への記帳, 借方項目[合計], 借方記帳欄 (opp. *credit*); 借越し勘定; 借方残高; 《口座からの》引落とし(額), 出金 (略 deb.): ~ and credit / direct ~ 口座引落とし. —*vt* (…の)借方に記入する: ~ sb's account with the amount=~ the amount against [to] sb's account=~ the amount against [to] sb=~ sb with the amount その金額を(債務として)その勘定の借方に記入する. 〔F; ⇨ DEBT〕

débit bàlance〖会計〗借方残高; 赤字 (cf. CREDIT BALANCE).

débit càrd デビットカード《銀行が発行するカードで 1 枚で預金の出し入れと物品購入などの代金の口座引落としができるカード; cf. CREDIT CARD》.

débit nòte 借方票.

deb·i·tor /débətər/ *n*〖ローマ法〗債務者 (debtor).

De·bi·tor non prae·su·mi·tur do·na·re. /débɪtɔːr nɑn priːzjúːmɪtər dənéɪrɪ/〖史〗債務者は贈与とは推定されない《債務者が債権者に金銭を渡した場合、明示的に反対の趣旨が示されぬ限りは、贈与としてではなく債務の弁済のためであると推定されるということ》. 〔L=A debtor is not presumed to give.〕

deb·i·tum /débɪtəm/ *n* (*pl* **deb·i·ta** /-tə/)〖ローマ法〗債務, 負債 (debt). 〔L〕

Debitum in prae·sen·ti, sol·ven·dum in fu·tu·ro. /—́ ɪn prɪzéntɑɪ sɑlvéndəm ɪn fjuːt(j)úːrou/ 債務は現時点で負っても支払い[履行]は将来になされうる. 〔L=Owed at the present time, payable in the future.〕

de bo·nis as·por·ta·tis /di bóunɪs æspərtéɪtɪs/ 動産不法収去侵奪(訴訟)《正式には TRESPASS DE BONIS ASPORTATIS という》. 〔L=of goods carried away〕

de bónis nón (ad·min·is·tra·tis) /-nán (ædmìnəstréɪtɪs)/ *a*〖史〗(遺産管理人死亡などによる)未管理遺産の《略 d.b.n.; cf. CHAIN OF REPRESENTATION》. ▶ ADMINISTRATION DE BONIS NON (後任遺産管理(手続き)) / ADMINISTRATOR DE BONIS NON (後任遺産管理人). 〔L=of the goods not (administered)〕

debt /dét/ *n* **1** 債務; **金銭債務**, 負債: be out of ~ 債務を負っていない, 借りがない / pay back a ~ 借金を返す / pay off a ~ 負債を皆済する / service a ~ 利息を払う. ★ 文脈によっては貸主側から見ての「債権」と訳した方がわかりやすくなる場合もあるので, 留意: A creditor must prove a *debt* in some prescribed manner as a first step in recovering the *debt*. 債権の返済を求める第一段階として債権者は定められた仕方でその債権を証明しなくてはならない. ▶ ACTION OF DEBT (金銭債務訴訟) / ACTIVE DEBT (利息付き(金銭)債務) / ANTECEDENT DEBT (既存の金銭債務) / BAD DEBT (不良債権) / BILL OF DEBT (金銭債務証書) / BONDED DEBT (債券発行金額債務) / BOOK DEBT (借方記入額) / COMMUNITY DEBT (共有財産負担(金銭)債務) / CONFUSION OF DEBTS (債務の混同) / CONSUMER DEBT (消費者(金銭)債務) / CROWN DEBTS (国王の金銭債権) / DEFERRED DEBT (劣後的破産債権) / DESPERATE DEBT (回収見込みのない金銭債権) / FIXED DEBT (固定(金銭)債務) / FLOATING DEBT (浮動負債) / GENERAL DEBT (一般債務) / GOOD DEBT (回収の確実な債権) / IMPRISONMENT FOR DEBT (債務者拘禁) / JUDGMENT DEBT (判決(に基づく)債務) / JUNIOR DEBT (後順位債権) / LIQUIDATED DEBT (確定額債務) / LONG-TERM DEBT (長期債務) / MUTUAL DEBTS (相互債務) / NATIONAL DEBT (国債) / NONDISCHARGEABLE DEBT (破産免責されない金銭債務) / NONPROVABLE DEBT (立証資格を欠く債権) / PASSIVE DEBT (無利息(金銭)債務) / PAST DEBT (過去の金銭債務) / PREFERENTIAL [PREFERRED] DEBT (優先債権) / PRIVILEGED DEBT (優先債権付き債務) / PROOF OF DEBT (債権の証明) / PROVABLE DEBT (立証資格のある債権) / PUBLIC DEBT (公的債務) / SECURED DEBT (担保付き債務) / SENIOR DEBT (先順位債権) / SHORT-TERM DEBT (短期債務) / SPECIAL CONTRACT DEBT (特別契約に基づく債

務) / SPECIALTY DEBT (捺印債務証書に基づく債務) / STATUTE-BARRED DEBT (訴権喪失(金銭)債務) / SUBORDINATE DEBT (劣後債権) / UNSECURED DEBT (無担保債務) / WRIT OF DEBT (金銭債務令状). **2** 金銭債務訴訟[令状]《正式には action [writ] of debt という; 英国では訴訟方式としては 1873, 75 年法で廃止; cf. DETINUE》. [OF<L *debit- debeo* to owe]

débt adjùsting ‖債務の履行調整.

débt adjùstment 1 債務整理. **2**《米》《債務超過の場合の》債務一括調整 (=DEBT POOLING).

débt administràtion《英》債権管理《債権者ないし所有者に代わって消費者信用合意 (consumer credit agreement) あるいは消費者賃貸借合意 (consumer hire agreement) 上の義務を履行する措置, または債権取立てにならないかぎり上記合意上の権利を行使ないしは強制する措置をとること; これを業とする者は許可が必要である》.

débt càpital 借入資本.

débt collècting [collèction] 債権取立て, 債権回収: a ~ agency 債権取立て(代行)業者. **débt collèctor** *n*

débt consolidàtion 1《債務超過の場合の》債務一括調整 (=DEBT POOLING). **2** 債務統合《ひとりあるいは複数の貸主からの複数の債務をひとりの貸主からのひとつの債務, それも通例は月呉済額は少なくより長い返済期間のものに切り替えること》.

débt còunseling ‖債務返済についてのカウンセリング.

debt·ee /dɛtíː/ *n*《古》債権者 (creditor).

débt fàctor 債権買取り[取立て]業者 (cf. FACTOR).

débt finàncing 他人資本調達, 負債金融《社債発行または借入れによる資金調達; cf. EQUITY FINANCING》.

débt ìnstrument 金銭債務証書《約束手形 (promissory note), 商業証券 (commercial paper) などを含む一般的用語》.

débt limitàtion 1 負債限度. **2**《米》《州政府に課されている》債務超過限度, 負債限度 (=limitation on indebtedness).

débt of récord《正式訴訟》記録金銭債務《記録裁判所 (court of record) の判決などの正式記録により立証される金銭債務》.

débt·or *n* **1** 債務者 (opp. *creditor*),《特に》金銭債務者; 負債者, 借主;《簿記》借方《略 dr.》(cf. CREDITOR, OBLIGOR): ~ side 借方 ‖ ~ nation 債務国. ▶ ABSCONDING DEBTOR (失踪債務者) / ACCOUNT DEBTOR (売り掛け債権担保債務者) / CODEBTOR (共同債務者) / HARASSMENT OF DEBTORS (債務者へのいやがらせ) / JOINT DEBTOR (合同債務者) / JUDGMENT DEBTOR (判決に基づく債務者) / NEW DEBTOR (新債務者) / PRINCIPAL DEBTOR (主たる債務者) / SOLVENT DEBTOR (支払能力のある債務者). **2**《米》倒産債務者《米国では破産法典 (Bankruptcy Code) 上 bankrupt (破産者) の

語を用いず, 代わりに debtor の語が用いられている》. **3**《米》負債者《**1**》債務者であるか否かにかかわらず担保財産 (collateral) に対して担保権またはその他のリーエン (lien) 以外の財産上の権利を有する者 **2**》口座, 動産抵当証券 (chattel paper), 売り掛け債権からなる無形財産 (payment intangible), または約束手形 (promissory note) の売主》.

débtor-créditor agrèement《英》《消費者信用合意 (consumer credit agreement) のうちの》債務者・債権者間信用供与合意.

débtor-créditor-supplíer agrèement《英》《消費者信用合意 (consumer credit agreement) のうちの》債務者・債権者・供給者間信用供与合意.

débtor in posséssion《米》管理処分権保持倒産債務者《アメリカ破産法上, 管財人が選任されず, そのまま管理処分権を保持し, 管財人の権限を与えられる倒産債務者; 略 DIP》.

débtor's estáte《米》倒産債務者の全財産 (=BANKRUPTCY ESTATE).

débtors' prison《史》債務者監獄 (cf. IMPRISONMENT FOR DEBT, MARSHALSEA PRISON).

débt pòoling《債務超過の場合の》債務一括調整 (=debt adjustment, debt consolidation).

débt ràtio 負債比率《企業の全資産に対する長期・短期債務総計が占める割合; その企業の安定度を示す》.

débt retírement 債務償還.

débt secúrity 債務証券《会社の発行する証券のうち, 株式などの部分所有権を示す持分証券 (equity security) に対する語で, 所持人と会社との間の債権債務関係を設定するもの; 社債 (bond), 無担保債券 (debenture) など; cf. EQUITY SECURITY》.

débt sèrvice 1 債務元利返済額, 未払債務. **2** 償還金額《長期債務 (long-term debt) の利息・償還費, 減債基金 (sinking fund) 積立金として計上する金額》.

débt-to-équity ràtio 債務[負債]・持分比率, 負債・自己資本比率, 負債倍率《会社の長期債務 (long-term debt) を所有者の持分 (owner's equity) で割った数値》.

dec. deceased ♦ declaration ♦ declination.

de c(a)e·te·ro /di síːtəroʊ/ **1** 今後は (henceforth). **2** その他の点で (in other respects). [L= about the other]

decd, dec'd deceased.

de·cease /disíːs/ *n* 死亡 (death). [OF<L *de-(cess- cedo* to go)=to die]

de·ceased *a* 死去した (dead), 故[亡]…: the ~ father / inherit the estate of a ~ uncle.
— *n* (*pl* ~) [the ~]死者, (殺人の)被害者, 被相続人, 遺贈者 (=decedent*).

de·ce·dent /disíːdnt/ *n* *米 死者, 被相続人, 遺贈者 (=deceased‖). ▶ DEDUCTION IN RESPECT OF A DECEDENT (死者に関する控除(額)) / INCOME IN RESPECT OF A DECEDENT (死者に関する所得). [L; ⇨ DECEASE]

decédent's estáte 〖米〗遺産.

de·ceit /dɪsíːt/ *n* **1** 欺くこと, 欺瞞, 偽り. **2**(欺くための)たくらみ, 欺罔; 悪意不実表示(＝FRAUDULENT MISREPRESENTATION); 詐欺(fraud のほうが広義; cf. MISREPRESENTATION). **3**〖史〗詐欺訴訟〖正式には action of deceit という〗. 〔OF (pp) ＜ DECEIVE〕

de·ceive /dɪsíːv/ *vt* だます, 欺く. — *vi* うそをつく, 人を欺く. 〔OF＜L *de-(cept- ceptio*＝*capio* to take)＝to ensnare〕

de·cem ta·les /dékəm téɪliːz, désem-, -téɪlz/〖史〗十陪審員候補者追加(令状)(⇨ TALES). 〔L＝ten such〕

De·cén·ni·al Dígest /dɪsénɪəl-/〖米〗『デセニアル・ダイジェスト』(1897 年以後の 10 年単位の判決要旨の総集資料; cf. CENTURY DIGEST).

de·cèntral·izátion *n* 分権化.

de·cep·tion /dɪsépʃ(ə)n/ *n* **1** 欺く[欺かれる]こと, ごまかし, 詐術を用いること; 欺く[欺わす]もの. **2** 欺くための策, 詐欺, 詐取. ▶ OBTAINING BY DECEPTION (詐取(罪)) / OBTAINING PECUNIARY ADVANTAGE BY DECEPTION (詐欺による金銭上の利益取得(罪)) / OBTAINING PROPERTY BY DECEPTION (詐欺による財産取得(罪)) / THEFT BY DECEPTION (詐術を用いた盗). 〔OF *or* L; ⇨ DECEIVE〕

de·cep·tive /dɪséptɪv/ *a* 人を欺く, 欺瞞的な(⇨ DECEIT) (cf. FRAUDULENT, MISLEADING): ~ trade practices 欺瞞的取引方法.

decéptive áct 欺瞞的行為.

decéptive ádvertising 欺瞞的広告(＝FALSE ADVERTISING).

decéptive wárranty 欺瞞的保証.

de·cern /dɪsə́ːrn/ *vt, vi* 〖スコットランド〗(…に)判決を下す.

de·cértify /dɪ-/ *vt* (cf. CERTIFY) **1** …の証明[認証]を取り消す[撤回する]. **2** ＜労働組合を＞逆認証する(ある労働組合が団体交渉代表資格を失っているとして資格を撤回する). **3** …の集団訴訟適格性を撤回する(裁判所が前に認めた集団訴訟(class action)の主体としての適格性決定を撤回する). **de·certificátion** /dɪ-/ *n*

de·cide /dɪsáɪd/ *vt* **1** 決定する, 決める; 決心[決意]する (resolve) ＜*to* do＞, ＜…と＞判断する＜*that*＞. **2** …に判決を下す (adjudicate) (cf. FIND, HOLD). — *vi* 決定[決意]する (determine) ＜*on* a plan＞; 判決を下す＜*on* a case＞: ~ against…しないことに決する; …に不利な判決を下す / ~ between the two 二者のどちらか一つに決める / ~ for [in favor of]…に有利な判決を下す. **de·cíd·able** *a* 決定できる, 決定可能な. **de·cìd·abíl·i·ty** *n* 〔F or L *de-(cis- cido*＝*caedo* to cut)＝to cut off〕

decíded cáse 既決事件, 裁判例, 先例.

decíding fáctor 決定(的)要因.

dec·i·mae /désəmìː/ *n* 十分の一, 十分の一上納金, 十分の一税 (tithes). 〔L *decem* ten〕

dec·i·ma·tion /dèsəméɪʃ(ə)n/ *n* **1** 十分の一税, 十分の一税の徴収. **2**〖ローマ史〗十人中一名の処刑.

de·ci·sion /dɪsíʒ(ə)n/ *n* **1** 判決, 判断, 決定, 裁定 (cf. DECREE, JUDGMENT, OPINION): make [take] a ~ 決定する, 判決を下す / come to [reach] a ~ 判決[決定]に至る. ▶ ADVANCE DECISION (TO REFUSE TREATMENT) ((治療拒否の)事前決定) / APPEALABLE DECISION (上訴の対象となりうる判決) / BROWN DECISION (ブラウン判決) / DRED SCOTT DECISION (ドレッド・スコット判決) / FINAL DECISION (終局判決) / INTERLOCUTORY DECISION (中間判決[決定]) / JUDICIAL DECISION (判決) / LANDMARK DECISION (画期的判決) / MAJORITY DECISION (多数決) / MEMORANDUM DECISION (メモランダム判決) / NIXON TAPES DECISION (ニクソン・テープ判決) / PROXY DECISION (代理決定) / RECORD OF DECISION (決定記録) / REPORTER OF DECISIONS (判決報告者) / RULE OF DECISION (判断の基礎になる準則) / UNREASONABLE DECISION (不合理な決定). **2**《欧州共同体[欧州連合]の》決定 (⇨ DECISION OF THE EU). ~·al *a* 〔OF *or* L＝a cutting off; ⇨ DECIDE〕

decísional láw 判例法(＝CASE LAW).

decísion màker 意思決定者. ▶ SURROGATE DECISION MAKER (意思決定代理人).

decísion màking 意思決定: *decision-making* processes 意思決定過程.

decision of the EU /─ ─ ─ íːjúː/ 欧州連合の決定(欧州連合[欧州共同体]から企業を含む私人, 個々のまたはすべての加盟国を名宛人にして出され, すべての点において拘束力を有する法規範; 一般的適用性を有さず個別具体的である点で規則 (regulation) と異なる; ⇨ COMMUNITY LEGISLATION).

decísion on the mérits 本案判決(＝JUDGMENT ON THE MERITS).

de·clar·ant /dɪklé(ə)rənt/ *n* **1** 申立人, 申告者, 申請者; 原告; 供述者; 宣言者. **2**〖米〗米国帰化申請者.

dec·la·ra·tion /dèkləréɪʃ(ə)n/ *n* **1 a** 宣言, 声明, 言明, 発表, 布告, 公表, 告示 (cf. CONSTITUTION, EXECUTIVE ORDER, PROCLAMATION): a ~ of the poll 〈選挙後の〉候補者別得票総数の公式発表. **b** 宣言文書, 声明文. **c** 権利義務設定文書, 設権文書(例えば区分所有権設定文書 (declaration of condominium) のように, その文書の作成・登録に対して法的効果が与えられるような文書). **d** (課税物件・所得税などの) 申告(書): customs ~ 関税対象物件申告 / ~ of income 〈税務署への〉所得申告. ▶ ANGLO-AMERICAN JOINT DECLARATION (英米共同宣言) / EXPORT DECLARATION (輸出申告書) / GIFT AID DECLARATION (寄付援助申告書) / SPONTANEOUS DECLARATION (無意識的の言明) / TAX DECLARATION (納税申告書) / VAT DECLARATION (付加価値税申告書) / VESTING DECLARATION (信託財産付与宣言). **2** 無宣誓証言, 供述; 無宣誓供述書 (cf. AFFIDAVIT, SWORN STATEMENT). ▶ DYING [DEATHBED] DECLARATION (臨終の供述) / SELF-

SERVING DECLARATION《自己に利益となる法廷外の供述》/ STATUTORY DECLARATION《制定法上の無宣誓供述(書)》. **3**《法律問題に関する》宣誓判決, 確認判決 (＝DECLARATORY JUDGMENT). **4** 原告第一訴答《原告の最初の申し立て[訴答]; cf. PLEA, STATEMENT OF CLAIM》; 訴状. ▶ COMMENCEMENT OF A DECLARATION《原告第一訴答の冒頭部》/ PLEA TO THE DECLARATION《原告第一訴答への答弁》.

declarátion agàinst ínterest 利益に反する供述《伝聞証拠排除則 (hearsay rule) の例外として証拠能力が認められる; ⇨ ADMISSION AGAINST INTEREST; cf. CONFESSION, SELF-INCRIMINATION, SELF-SERVING DECLARATION》.

declarátion concèrning pédigree《死者が生前に行なった》血統に関する供述《伝聞証拠排除則 (hearsay rule) の例外となりうる》.

declarátion concèrning públic or géneral ríghts《死者が生前に行なった》公共ないし共同的権利に関する供述《伝聞証拠排除則 (hearsay rule) の例外となりうる; cf. PUBLIC RIGHT, GENERAL RIGHT》.

declarátion in cóurse of dúty《報告義務者が生前に行なった》義務的報告供述《伝聞証拠排除則 (hearsay rule) の例外となりうる》.

declarátion of a desíre for a nátural déath 尊厳死希望宣言書 (＝LIVING WILL).

declarátion of associátion《英》会社設立宣言《会社の通常定款 (articles of association) の中で, 社員・株主が会社を設立し株式を購入することに同意した旨を述べている宣言》.

declarátion of bánkruptcy 破産宣言.

declarátion of compliánce《英》要件完備宣言《有限責任会社 (limited company) をつくる際に会社法の求める条件を満たしていることを表明すること》.

declarátion of condomínium 区分所有権設定文書《共有部分の持分権および専有部分の所有権とそれぞれについての義務とを含め, 区分所有権 (condominium) につき定めかつそれを設定する文書; cf. MASTER DEED》.

declarátion of dívidend《会社の》配当宣言, 配当の発表.

declarátion of éstimated táx《米税制》予定納税書.

declarátion of hómestead《米》《免除》家産の宣言《みずからの家産が強制執行の対象から免除されている旨の所有権者の宣言; cf. EXEMPTION, HOMESTEAD EXEMPTION》.

declarátion of incompatibílity《英》《高等法院 (High Court of Justice) による欧州人権条約 (European Convention of Human Rights) に対するある議会制定法の》非適合宣言.

Declarátion of Indepéndence [the ~]《米国の》独立宣言《1776 年 7 月 4 日採択; 正式名称は Unanimous Declaration of the 13 United States of America》.

Declarátion of Indúlgence [the ~]《英史》信仰(の)自由[信仰寛容の]宣言《1662, 72 年に Charles 2 世が, 1687, 88 年に James 2 世が発布》.

declarátion of inténtion 意思の表明《特に, **1**》《米》帰化意思の表明 **2**》契約に関して, 競売の広告などは申込み (offer) そのものでなく, 促している意思の表明と解釈されている》.

declarátion of legítimacy《子の》嫡出宣言.

declarátion of páin 苦痛に関する無宣誓供述《ある人が現在の苦痛の叫びをあげたことについての供述; 伝聞証拠排除則 (hearsay rule) の例外とされる》.

declarátion of párentage 親であることの宣言《ある人が別の人の親であるあるいは親であった旨の裁判所による宣言》.

declarátion of restríctions 制限文書《通例は開発計画推進のためすべての区画所有者に対して開発業者が課し記録する, 土地利用についての条件・制限・約款文書》.

declarátion of ríght《英》《国王に対する訴訟で国の責任の履行を促すための》権利確認.

declarátion of ríghts 1 権利確認《権利が侵害されたのではなく, 不明確な権利の確認・明確化を求める訴訟; 嫡出宣言 (declaration of legitimacy), 婚姻の無効 (nullity of marriage) を求める訴訟など》. **2** 宣言的判決 (＝DECLARATORY JUDGMENT). **3** [the D- of R-] 権利宣言《**1**》《英史》1689 年協議議会 (Convention Parliament) が William (3 世) と Mary に即位の条件として提出したもの **2**》《米史》1774 年の Declaration and Resolves of the Continental Congress《大陸会議の宣言と決議》**3**》《米史》独立直後の STATE《州, むしろこの段階では邦と訳す方が適当であろう》の憲法中の人権宣言に関わる部分》.

declarátion of sólvency《英》支払い可能宣言《会社自身の任意清算 (voluntary winding-up) の制定法上の前提条件としての取締役による宣言》.

declarátion of státe of mínd 精神状態についての無宣誓供述《伝聞証拠排除則 (hearsay rule) の例外とされる》.

Declarátion of Táking Àct [the ~]《米》《連邦》私的財産公用収用法.

declarátion of títle《英》権原宣言判決.

declarátion of trúst 1 信託宣言《みずからが受託者になり, みずからの財産を他者の利益のために信託財産として保有することを宣言すること》. **2**《信託設定のための》信託証書 (＝deed of trust, trust agreement, trust deed, trust instrument).

declarátion of úse《史》《ユース (use) 設定のための》ユース宣言(書).

declarátion of wár 宣戦布告.

de・clar・a・tor /dɪkléərətər, -léər-/ n《スコットランド》権利の確認; 確認訴訟.

declárator of trúst 信託宣言者に対する訴訟《表面上明らかにみずからの権原 (title) の下でみずからが受託者 (trustee) になって信託財産を保有している者に対する訴訟》.

de·clar·a·to·ry /dɪklǽrətɔ̀ːri, -lέər-; -t(ə)ri/ *a* 宣する, 宣言[声明, 言明, 発表, 布告, 公表, 告示]する.

declarátory decrée 宣言の判決, 確認判決 (＝DECLARATORY JUDGMENT)《特にエクイティー (equity) 上の用語》.

declarátory júdgment 宣言的判決, 確認判決 (＝declaratory decree, declaration, declaration of rights)《当事者の権利または法的地位についての裁判所の意見を宣言し紛争の解決を目指すもので, 通常は執行命令は含まないが, 宣言事項については判決と同じ拘束力を有する》.

declarátory júdgment àct《米》宣言的判決法《一定の場合に宣言的判決 (declaratory judgment) を求める訴えの提起を認める連邦および州の制定法の総称》.

declarátory párt of a láw [státute] 法律の宣言的部分.

declarátory précedent《既存の法準則を単に適用しただけの》宣言的先例.

declarátory relíef 宣言的救済 (⇒DECLARATORY JUDGMENT).

declarátory státute 宣言的制定法《既存の法上の疑義を一掃したり, 判例の相互抵触・矛盾を統一的に解決したりするために制定され, 新たな規定を含まない制定法; 時に説明的制定法 (expository statute) を含めることもある; cf. EXPOSITORY STATUTE》.

declarátory théory 1《国際法》《国家承認の》宣言的効果説 (⇒RECOGNITION OF STATE) (cf. CONSTITUTIVE THEORY). **2** 法宣明説《裁判官は法を創造するのではなく, 既存の法を発見宣明するものであるという説》.

de·clare /dɪklέər/ *vt* **1** 宣言[布告]する; 言明[断言]する(affirm): ~ war *on* [*against*]…に宣戦を布告する / ~ sb bankrupt…に破産宣告をする. **2**《税関・税務署で》〈課税品・所得額を〉申告する: Anything to ~? 申告品がありますか / ~ goods to the customs 税関に課税品を申告する. **3**〈取締役会が配当などの支払いを認める〉; ~ *a* dividend. — *vi* 宣言[断言, 言明]する; 原告第一訴答を提出する[述べる], (原告として)の主張を陳述する: ~ *against* [*for, in favor of*]…に反対[賛成]だと言明する. **~ an** INTEREST. **~ off** (言明して)解約[取消し]を申し出る. **~ oneself** (1) 所信を述べる. (2) 身を明かす. **de·clár·er** *n* [L *de*-(*claro*＜*clarus* clear)＝to make clear, explain]

de·cláred *a* 宣言[言明, 布告]された, 公表された; 申告された. **de·clár·ed·ly** /-rədli/ *adv* 公然と.

decláred válue 申告価額《租税, 特に輸入関税の査定目的のために商品・財産・所得について申告した価額》.

de·clássify /di-/ *vt*〈書類・暗号などを〉機密情報のリストからはずす, …の機密扱いを解く. **de·classificátion** *n*

de clerico admittendo ⇒ DE ADMITTENDO CLERICO.

dec·li·na·tion /dèkləneɪʃ(ə)n/ *n* **1** 逸脱, ずれ. **2**《正式の》辞退, 丁重な断わり,《特に》《受認者 (fiduciary) の》辞退書. **3**《コモンロー上の, 裁判官が当該訴訟に個人的利害関係があることを理由にしての》忌避の答弁.

de·clín·a·to·ry excéption /dɪkláɪnətɔ̀ːri-, -t(ə)ri-/ 裁判権否認.

declínatory pléa《史》《聖職者の特権 (benefit of clergy) を主張しての》審理前の》裁判権否認答弁.

declíning-bálance depreciátion mèthod《減価償却の》逓減残高法, 定率法, 定率減価償却法, 逓減減価償却法《減価償却資産の耐用期間を通じて毎期一定比率で減価償却費を計上する方法; ⇒DEPRECIATION METHOD》.

de·compilátion *n*《コンピューター・ソフトウェアの》解法抽出, 逆コンパイル (＝REVERSE ENGINEERING).

dè·constrúction *n* 脱構築, 解体批評; 解体批判《批判的法学 (critical legal studies) における法原則・法準則の分析・批判方法の一つで, それらを支えている前提の構造分析をし, その前提が反対の準則や結果を生み出すこともありえたことを示すもの》. **~·ist** *n, a*

dè·contról *vt*《政府の》管理からはずす, …の統制を解除する. — *n* 管理撤廃, 統制解除.

de cor·po·re co·mi·ta·tus /di kɔ́ːrpəri kɑ̀mətéɪtəs/《陪審員を》《事件発生の近隣だけでなく》カウンティ[州, 郡*]全域から. [L＝from the body of the county]

de·coy /díːkɔɪ, dɪkɔ́ɪ/ *n* おとり: a police ~ (cf. ENTRAPMENT). — *vt, vi* /dɪkɔ́ɪ, *díːkɔɪ/ わなにかける, おびき寄せる. [C17＜? Du *de kooi* the decoy (*de* the, *kooi* ＜ L *cavea* cage)]

décoy lètter《郵便法関係の犯罪摘発のために用いられる》おとりの手紙《郵便局員が手紙内容を盗見したりあるいは禁制品を送付している疑いをチェックするために, 郵便監察担当官などにより架空の名宛人などに送られる》.

decréasing térm insúrance 逓減定期保険《保険金額が保険期間中に段階的に減額し期末には 0 となる定期保険で, 通例は生命保険に用いられる》.

decréasing térm lífe insúrance 逓減定期生命保険 (⇒DECREASING TERM INSURANCE).

de·cree /dɪkríː/ *n* **1 a**《法的効力をもつ》命令《国家の首長や行政機関制定の命令》: govern by ~. **b** 教令 (＝decretum). **2**《裁判官の》命令,《裁判所の》判決, 決定;《特に 伝統的にエクイティー裁判所および遺言検認・離婚・海事関係の裁判所における》判決 (cf. DECISION, JUDGMENT, ORDER). ▶ ADOPTION DECREE (養子決定命令) / BILL TO SUSPEND A DECREE (判決停止訴状) / CONSENT DECREE (同意判決) / DECLARATORY DECREE (宣言的判決) / FINAL DECREE (終局判決) / FORECLOSURE DECREE (譲渡抵当受戻し権喪失手続き上の売却

命令判決; 厳格受戻し権喪失手続きを命ずる判決) / INTERLOCUTORY DECREE (中間判決). — *vt* decree によって命ずる[定める, 決める]. — *vi* decree を出す.

de·cré·er *n* [OF<L de*cretum* thing decided (*cerno* to sift)]

decrée ábsolute *n* 確定判決, 《特に》離婚確定判決 (=rule absolute) (cf. DECREE NISI).

decrée-làw *n* 《行政機関制定の》命令.

decrée nísi (*pl* **decrées nísi**) 《期限までに反対の事由が示されないかぎり DECREE ABSOLUTE となる》仮判決 (=order nisi, rule nisi), 《特に》離婚仮判決.

decrée of distribútion 遺産配分命令.

decrée of insólvency 《遺言検認裁判所 (probate court) による》遺産債務超過判決.

decrée of núllity 婚姻無効判決 (cf. ANNULMENT (OF MARRIAGE), DIVORCE, IMPEDIMENTS TO MARRIAGE, NULLITY OF MARRIAGE).

decrée pro conféssο 《エクイティー上の裁判で被告が欠席ないし時宜に適した形で反論しなかった場合に原告の主張を認めたものとする》承認判決 (=**decrée táken pro conféssο**) (cf. PRO CONFESSO, DEFAULT JUDGMENT).

de·creet /dıkríːt/ *n* 《古》《スコットランド》終局判決 (decree).

de·crep·it /dıkrépət/ *a* 《老齢や病気などで》弱った.
~·ly *adv* [L (*crepit- crepo* to creak)]

de·cre·tal /dıkríːtl, dékrıtl/ *a* 命令[判決, 決定]の.
 — *n* 教皇教令; [*pl*] 教令集《特に 1234 年の Decretales Gregorii Noni (グレゴリウス九世教皇令集)が著名). [L; ⇨ DECREE]

decrétal órder 《エクイティー上の》仮決定《英国では 1873, 75 年法で廃止).

de·cre·tive /dıkríːtıv/ *a* DECREE の力を有する; decree の.

dec·re·to·ry /dékrətɔ̀ːri, dıkríː(ə)ri; -t(ə)ri/ *a* DECREE の[にのっとった, によって定められた].

de·cre·tum /dıkríːtəm/ *n* (*pl* -ta /-tə/) DECREE 《特に「教令」を指す場合が多い; また ローマ法上は皇帝の裁決を指す). [L=a decision having mandatory force]

Decrétum Gra·ti·á·ni /-grèıʃiéınàı/ 『グラティアヌス教令集』(c. 1140) (⇨ GRATIAN). [L=Gratian's decree]

de·criminal·izátion *n* 1 非犯罪化《非合法行為であったものを法律を新たに作って合法とすること; cf. CRIMINALIZATION). 2 刑罰の軽減化.

de·críminal·ize *vt* 1 犯罪ではないとする, 合法化する. 2 …の犯罪の等級を減ずる, 刑罰を軽減化する.

de·cry /dıkráı/ *vt* 公然と[激しく]非難する, 罵倒する.

ded·i·cate /dédıkèıt/ *vt* 1 捧げる, 奉納する. 2 《土地などを》公共の用に供する. **déd·i·cà·tor** *n* [L (*dico* to declare)]

ded·i·ca·tion /dèdıkéıʃ(ə)n/ *n* 1 奉献, 奉納, 寄進.

deductible

2 公用地供与《道路などの公共施設のために私有地を提供したり地役権 (easement) 設定を受容したりすること).
► COMMON-LAW DEDICATION (コモンロー上の公用地供与) / EXPRESS DEDICATION (明示の公用地供与) / IMPLIED DEDICATION (黙示の公用地供与) / QUALIFIED DEDICATION (条件付き(公有地)供与) / STATUTORY DEDICATION (制定法上の公用地供与) / TACIT DEDICATION (暗黙の公用地供与). 3 著作権の公有 (cf. COPYRIGHT NOTICE). **ded·i·ca·tory** /dédıkətɔ̀ːri; -kèıt(ə)ri/ *a*

dedicátion by advérse úser 敵対的使用に基づく公用地供与《所有者が現実的認識 (actual knowledge) ないしは代位認識 (imputed knowledge) を有しかつそれを黙認する形で公共による排他的敵対的使用がなされている場合に生ずる公用地供与).

de die in di·em /di dáıı ın dáıεm/ 毎日, 日々継続して. [L=from day to day]

de·di et con·ces·si /díːdàı εt kənsésàı/ わたしは贈与し譲与した《不動産譲渡の際のきまり文句). [L=I have given and granted]

de·di·mus et con·ces·si·mus /dédəməs εt kənsésıməs/ 朕《われわれ》は贈与し譲与した (⇨ DEDI ET CONCESSI). [L=we have given and granted]

dédimus po·tes·tá·tem /-pòutεstéıtəm/ 代行権委任令状[委任命令]; 答弁聴取委託命令(状); (治安判事)就任宣誓受理委任令状. [L=we have given the power]

de·di·ti·cii /dèdıtíʃiàı, dìːdıtáı-/ *n pl*《ローマ法》降伏者《外人のうちローマに最後まで抵抗してほろぼされた国の者で, 最下位の外人およびその子孫). [L=those who have surrendered]

de·di·tion /dədíʃ(ə)n/ *n*《まれ》放棄, 引渡し, 明渡し. [L *deditio* to give up]

de do·lo ma·lo /di dóulou mǽlou/ *adv* 悪意をもって, 詐取の意思をもって. [L=of bad deceit]

De Do·nis (Con·di·ti·o·na·li·bus) /di dóunıs (kəndìʃiənǽlıbəs)/ 《1285 年の》条件付き贈与法《限嗣封土権 (fee tail) を作り出した制定法; Statute de Donis (Conditionalibus) ともいい, しばしば De Donis と略される; cf. STATUTE OF WESTMINSTER). [L=about (conditional) gifts]

de·duce /dıd(j)úːs/ *vt* 1 論理的に推理する; 〈結論を〉(論理的に)導き出す, 推論する; 演繹する〈*from*〉(opp. *induce*). 2 …の由来[起源]をたどる, 〈財産の〉権原を証明する. **de·dúc·ible** *a* [L *de-(duct- duco)*=to lead away]

dedúcing títle 権原証明.

de·duct /dıdʌ́kt/ *vt* 差し引く, 控除する, 取りのける〈*from, out of*〉(cf. AMORTIZE): ~ 300 dollars from the price / ~ 10% from salaries. — *vi* 〈…を〉減らす〈*from*〉. [L; ⇨ DEDUCE]

de·dúct·ible *a* 差し引きうる, 減額されうる, 控除できる; 税控除を認められる: TAX-DEDUCTIBLE. — *n*

deductible clause

1《保険》保険金減額条項 (=DEDUCTIBLE CLAUSE).
2《保険》保険金減額条項基準額 (⇨ DEDUCTIBLE CLAUSE). ▶ STRAIGHT DEDUCTIBLE (保険金減額条項特定基準額). **de·duc·ti·bil·i·ty** /dɪdʌ̀ktəbíləti/ *n*

dedúctible clàuse 《保険》保険金減額条項《単にdeductible ともいう; ⇨ FRANCHISE CLAUSE; cf. FRANCHISE》.

de·duc·tion /dɪdʌ́kʃ(ə)n/ *n* **1** 差引き(額), 控除(額), 必要経費控除, 課税控除(額) (=tax deduction)《tax credit (税額控除)とは違って, 課税所得額を下げること; cf. EXCLUSION, EXEMPTION, TAX CREDIT》: ~s from salary=salary ~s=~s at source 給与控除(額). ▶ ADDITIONAL STANDARD DEDUCTION (追加標準控除額) / BUSINESS DEDUCTION (営業控除(額)) / CHARITABLE DEDUCTION (公益団体寄付金控除) / DEPENDENCY DEDUCTION (扶養控除(額)) / DIVIDEND-RECEIVED DEDUCTION (受取配当金控除) / ITEMIZED DEDUCTION (明細控除(額)) / MARITAL DEDUCTION (配偶者控除(額)) / MISCELLANEOUS ITEMIZED DEDUCTION (明細雑控除(額)) / STANDARD DEDUCTION (標準控除(額)) / TAX DEDUCTION (課税控除(額)). **2** 推論, 演繹(法) (opp. *induction*): By ~, we came to the conclusion that ….

dedúction in respéct of a decédent 《税制》死者に関する控除(額)《死亡時点までは増加しているが, 死者の最後の所得税申告書 (income tax return) では用いられた計算方法のゆえに認識されていない控除(額)》.

deed /díːd/ *n* **1** 行為; 実行, 行ない; 事実, 実際. ▶ LIVERY IN DEED (現実的引渡し) / MATTER IN DEED (事実問題) / POSSESSION IN DEED (現実の占有) / SEISIN IN DEED (実際上の占有). **2** 捺印証書, 証書; 不動産譲渡(捺印)証書, 不動産権設定証書 (cf. BILL OF SALE, CERTIFICATE OF TITLE, CONVEYANCE): He showed me the ~(s) to the property. 彼はその所有地の不動産譲渡捺印証書を私に見せた《★ deed は《米》では不可算名詞,《英》ではしばしば複数形で用いる》. ▶ ABSOLUTE DEED (無条件譲渡捺印証書) / ANCIENT DEED (古捺印証書) / BARGAIN-AND-SALE DEED ((不動産)取引譲渡(捺印)証書; 不動産売買契約代金支払い捺印証書) / BOND FOR DEED (譲渡; 不動産譲渡捺印証書保持契約) / COMMISSIONER OF DEEDS (他州証書認証官) / CONTRACT FOR DEED (不動産割賦購入契約) / DEFEASIBLE DEED (解除条件付き不動産譲渡(捺印)証書) / DELIVERY OF (A) DEED (捺印証書の引渡し) / DERIVATIVE DEED (派生的(捺印)証書) / DISENTAILING DEED (限嗣不動産権廃除(捺印)証書) / ESTOPPEL BY DEED (捺印証書による禁反言) / GIFT DEED (贈与(捺印)証書) / GOOD AND SUFFICIENT DEED (完全有効な(捺印)証書) / GOOD DEED (優良(捺印)証書) / GRANT DEED (不動産譲与(捺印)証書) / GRATUITOUS DEED (無償譲与(捺印)証書) / INOPERATIVE DEED (無効の不動産譲渡(捺印)証書) / INSPECTION DEED (清algne監査人証書) / LATENT DEED (隠匿捺印証書) / MASTER DEED (基本証書) / MATTER IN DEED (証書事項) / MORTGAGE DEED (譲渡抵当権設定証書) / MUNIMENT DEED (権利証書) / QUITCLAIM DEED (権利放棄捺印証書) / REGISTER OF DEEDS (不動産証書登録官) / SHERIFF'S DEED (シェリフ売却証書) / STATUTORY DEED (制定法上の権原担保捺印証書) / SUPPLEMENTAL DEED (補完的捺印証書) / TAX DEED (土地公売証明書) / TITLE DEED (権原証書) / TRUST DEED (信託証書; 担保のための信託証書) / UNIT DEED (区分所有権[区分財産権]譲渡(捺印)証書) / VESTING DEED (継承財産付与捺印証書) / WARRANTY DEED (権原担保捺印証書) / WILD DEED (迷走譲渡証書). ─── *vt*《(捺印)証書を作成して〈財産を〉譲渡する. [OE *dǣd*; cf. DO, G *Tat*]

déed ábsolute 無条件譲渡捺印証書 (=ABSOLUTE DEED).

déed indénted 歯型捺印証書 (=INDENTURE).

déed in fée《単純》封土権譲渡捺印証書.

déed in líeu of foreclósure 譲渡抵当受戻し権喪失手続き代替不動産譲渡(捺印)証書《債務者が譲渡抵当 (mortgage) 付きの金銭債務の弁済としてかつ譲渡抵当受戻し権喪失手続き (foreclosure) の代わりに譲渡抵当に入れていた土地の単純封土権 (fee simple) の権原 (title) を譲渡する捺印証書; 略して **deed in lieu** ともいう》.

déed of arrángement《(債務者・債権者間の)和議証書, 債務整理証書 (cf. VOLUNTARY ARRANGEMENT).

déed of assígnment《債務者から債権者への財産の)譲渡証書.

déed of cóvenant 1 個別約款捺印証書. **2**《例えば定期的に一定額の金銭の支払いをなすなどの》作為約款捺印証書.

déed of díscharge《継承財産設定 (settlement) 終了に伴なう》受託者の辞任証書.

déed of fámily arrángement《英》家族取決め(捺印)証書 (=DEED OF VARIATION).

déed of gíft 贈与(捺印)証書 (=gratuitous deed).

déed of gránt 譲与(捺印)証書.

déed of inspéctorship《史》清算監査人証書 (=inspectorship deed)《支払い不能 (insolvency) に陥った債務者とその債権者との間の証書で, 債権者のために清算が適正に行なわれるように監査人を任命するもの》.

déed of partítion 共同所有不動産分割(捺印)証書《共有不動産権 (tenancy in common), 合有不動産権 (joint tenancy), 相続財産共有権 (coparcenary) などの共同所有関係を終了させ不動産を各権利者に分割する(捺印)証書》.

déed of reléase 権利放棄証書.

déed of separátion 別居捺印証書《別居およびそれに伴なう扶養料などについて定める; cf. SEPARATION AGREEMENT》.

déed of séttlement 1《英史》ジョイント・ストック・カンパニー (joint-stock company) 設立証書. **2** 継承財

産設定(捺印)証書.

deed of trust 1《信託設定のための》信託証書(= DECLARATION OF TRUST). 2《特に》担保のための信託証書(=common law mortgage, trust deed)《債務者が金銭債務の担保として不動産のコモンロー上の権原(legal title)を第三者である受託者(trustee)に譲渡する証書;譲渡抵当(mortgage)に類似》.

deed of variation《英》変動(捺印)証書(=deed of family arrangement)《遺言あるいは無遺言相続の受益者(beneficiary)がその得たものを別の人(受益者であった人でもそうでない人でもよい)に与えるための捺印証書;死者死亡の2年以内で制定法上の要件を満たせば、この変動は相続税(inheritance tax)あるいは資本利得税(capital gains tax)に関してこの受益者からの贈与とはみなされない》.

deed poll (*pl* **deeds poll**)《当事者の一方だけが作成するあるいは一方当事者のみを拘束する》片型捺印証書(cf. INDENTURE): change one's name by ~.

de ejec·ti·o·ne fir·mae /dɪ ɪdʒɛkʃíóuni fɔ́ːrmi/《史》賃借不動産占有侵害訴訟[令状](=TRESPASS DE EJECTIONE FIRMAE). [L=of ejectment of farm]

deem /díːm/《文》*vt* …であると考える[思う]、…とみなす. — *vi* 思う. [OE *dēman* to judge etc.; cf. DOOM]

deemed /díːmd/ *a* …とみなされる、みなし….

deemed domicile《英税制》みなし住所《相続税(inheritance tax)に関してのみの準則で、連合王国内に住所(domicile)を有していないが課税時前20年間のうち16年以上居住している者である場合は、世界のどこにある財産であってもその相続は相続税の対象となるというもの;さらにこの準則は、連合王国内の住所を失って3年間の相続税についても適用される》.

deemed transferor《米税制》みなし移転者《世代飛越し移転信託(generation-skipping trust)の受益者;⇨ GENERATION-SKIPPING TRANSFER TAX; cf. GENERATION-SKIPPING TRANSFER, NONSKIP PERSON, SKIP PERSON》.

deem·ster /díːmstər/ *n*《英国 Man 島・Jersey 島の》裁判官. [DEEM]

deep issue《事件の法律上の論点を判断する際に裁判所が決定すべき具体的な》究極的[基本的]争点(cf. SURFACE ISSUE).

deep pocket*《口》1 [*pl*]豊富な財源. 2《損害賠償負担力のある》財源豊かな企業[人物].

Deep Rock doctrine《米》ディープロック事件の原則《企業破産の際 特別関係債権者は一般債権者よりも劣後するという原則;1939年の合衆国最高裁判所の判例中、親会社に詐害的移転をなした会社名から》.

deep seabed area 深海底地域《人類の共同の財産としてその資源管理は国連海洋法条約(United Nations Law of the Sea Treaty)に基づき国際海底機構(International Seabed Authority)の活動対象となっている》.

de es·tre·pa·men·to /dɪ ɛstrèpəméntou/《史》毀損禁止令状(=writ of estrepement)《土地の占有回復を求めての訴訟係属中あるいはその敗訴後に被告によって毀損(waste)されることを阻止するための令状;英国ではエクイティー上の差止め命令(injunction)で同一救済が得られることもあり、1833年法で廃止》. [L=of estrepement]

de exo·ne·ra·ti·o·ne sec·tae /dɪ ɪgzànəréɪʃióuni sékti/《史》国王被後見人免訴令状(=WRIT DE EXONERATIONE SECTAE). [L=for exemption from suit]

def. defendant.

de·face /dɪ-, diː-/ *vt* 1《碑・建物などの》外観を損なう、摩耗する. 2《証書・署名などの》表面を傷つけて[汚して]読めなくする. 3《貨幣などを》削り取り、穴あけなどにより価値を損なう. ~·ment *n* de·fác·er *n*

de fac·to /dɪ fǽktou, deɪ-/ *adv* 事実上、実際(actually). — *a* 事実上の(actual)、《法的にはともかく》実際に存する(cf. DE JURE)(⇨ EX FACTO): the ~ owner of the house / the ~ government / ~ rule. — *n*《豪》事実上の妻(=de facto wife)、事実上の夫(= de facto husband). [L=in point of fact]

de facto adoption 事実上の養子縁組.

de facto carer 事実上の保護者(=SOCIAL PARENT).

de facto contract of sale 事実上の売買契約《売買契約(contract of sale)のつもりであったがなんらかの点で瑕疵のあるもの》.

de facto corporation《会社設立の法的要件を欠いているが事実上は会社として活動している》事実上の会社.

de facto judge《任命手続きなどに欠陥のある》事実上の裁判官、表見上の裁判官.

de facto marriage 事実上の婚姻 (cf. PUTATIVE MARRIAGE).

de facto merger《法的要件を完備していない》事実上の合併.

de facto officer ⇨ OFFICER DE FACTO.

de facto segregation 事実上の人種分離 (cf. DE JURE SEGREGATION).

de facto taking 事実上の収用(1)公用収用予定の土地の利用・市場性などを妨げ、所有者に合理的使用をさせず、それにより補償支払いによる公用収用をしようとすること 2)収用権(eminent domain)を有する機関が財産に対するその所有者の使用・占有・享受権を実質上妨げること).

de facto trustee 事実上の受託者、表見上の受託者.

de·fal·cate /dɪfǽlkèɪt, -fɔ́ːl-, défæl-; díːfæl-/ *vi* 委託金を使い込む、横領する(cf. EMBEZZLE). — *vt*《古》切り詰める、削減する. **de·fál·cà·tor** /-‑‑‑‑/ *n* [L (*falc- falx* sickle)]

de·fal·ca·tion /dìːfælkéɪʃ(ə)n, -fɔ́ːl-, dɪ-, dèfəl-/ *n*

defalk

1 (委託金)不正流用, 横領 (cf. EMBEZZLEMENT); 不正流用額; 約束不履行. 2《古》削減, 相殺, 差引勘定.

de·falk /dɪfɔ́ːlk/《古》vt 削減する; 相殺する, 差引勘定する.

de·fam·a·cast /dɪfǽməkæ̀st, -kɑ̀ːst/ n《口》放送による名誉毀損. [*defam*ation+*broadcast*]

def·a·ma·tion /dèfəméɪʃ(ə)n/ n 名誉毀損(罪), 中傷, 誹謗 (cf. DISPARAGEMENT, LIBEL, SLANDER): ~ of character 人格についての名誉毀損. ▶ UNINTENTIONAL DEFAMATION (非意図的名誉毀損).

defamátion of títle 権原の誹毀 (=SLANDER OF TITLE).

defamátion per quód /-pər kwɑ́d/ 特別の事情の立証により成立する名誉毀損 (1) 表面的には名誉毀損に当たらないが背景の事情から害悪が証明されるもの 2) 実害を主張・立証することにより成立する名誉毀損; 》 cf. DEFAMATION PER SE, LIBEL PER QUOD, SLANDER PER QUOD).

defamátion per sé /-pər séɪ, -síː/ 言辞自体で成立する名誉毀損, 実害(の証明)なしに成立する名誉毀損 (cf. DEFAMATION PER QUOD, LIBEL PER SE, SLANDER PER SE).

defamátion prìvilege 名誉毀損免責特権 (= LITIGATION PRIVILEGE).

de·fam·a·to·ry /dɪfǽmətɔ̀ːri; -t(ə)ri/ a 名誉毀損の, 中傷する, 誹謗する: ~ statement.

de·fáme /dɪ-/ vt 中傷する, 誹謗する, そして, …の名誉を毀損する. **de·fám·er** n 中傷者, 誹謗者. [OF<L=to spread evil report]

de·fault /dɪfɔ́ːlt/ n 《義務・約束などの》不履行, 怠業; 懈怠(けたい)《債務不履行, (法廷への)欠席, 不出廷など》; 欠席 (cf. NONAPPEARANCE, NONSUIT): by ~ 不履行[欠席]により,《反対やほかの選択[行動]がなされなかったために》自動的に《事が起こる》/ go by ~《訴訟》欠席判決となる / win by ~《訴訟・試合などに》相手側欠席[欠場, 棄権]により勝つ, 不戦勝する / He was elected by ~. 彼は対立候補なしで選出された / go into ~ 債務不履行に陥る. ▶ JUDGMENT BY DEFAULT=DEFAULT JUDGMENT (欠席判決) / PROCEDURAL DEFAULT (手続き上の懈怠) / WILLFUL DEFAULT (故意の不履行). **in ~** 懈怠[不履行]で: The company is *in* ~. ▶ JUDGMENT IN DEFAULT (欠席判決) / TAKER IN DEFAULT (指名権不履行の場合の財産取得者). **in ~ of** …がない場合に, …がないために, 不履行の場合には: *in ~ of* payment. **make ~**《義務・債務の履行》を懈怠する[遅滞する], 出廷しない, 召喚に応じない, 期限までに答訴しない, (裁判所の)命令に従わない. —— vi 1 義務[約束, 契約, 債務]を履行しない. 2 法廷に出頭しない, 不出廷のために敗訴する. —— vt 1 …の履行[支払い, 遂行]を怠る. 2 欠席裁判に処する. 3 不出廷で《訴訟》に敗れる. [OF; ⇨ FAIL]

défault àction 債務不履行訴訟.

défault·er n 1 義務[約束, 契約, 債務]不履行者.
2《裁判の》欠席者.

défáult·ing deféndant 欠席被告, 懈怠被告.

défáult jùdgment 1 欠席判決《民事訴訟の被告が欠席, 答弁を提出しないなど, 防御をしなかった場合に原告に与えられる勝訴判決). ▶ NIL DICIT DEFAULT JUDGMENT (不答弁による判決) / NO-ANSWER DEFAULT JUDGMENT (不答弁による判決) / POST-ANSWER DEFAULT JUDGMENT (答弁後欠席判決). 2 懈怠判決《裁判所の命令に従わなかった当事者に対する, 制裁としての判決; cf. DECREE PRO CONFESSO》. ★ 1,2 共に judgment by [in] default ともいう.

défáult nòtice 債務不履行の告知.

défáult of appóintment 権利取得者指名権の不行使.

défáult sùmmons《英史》《州裁判所 (county court) による》簡易取立て手続き開始の通告.

de·fea·sance, -zance /dɪfíːz(ə)ns/ n 無効にすること, 権利消滅; 権利消滅条件, 権利消滅文書, 権利消滅条項 (defeasance clause). [OF *de-(faire* to make)=to undo]

deféasance clàuse 1 権利消滅条項《単に defeasance ともいう). 2 担保物復帰条項《譲渡抵当 (mortgage) 契約で, 条件が満たされたときには担保物は担保権設定者に復帰すると定めた条項).

de·fease /dɪfíːz/ vt 《契約書などを》無効にする, 《権利などを》消滅させる. [逆成<*defeasance*]

de·fea·si·ble /dɪfíːzəb(ə)l/ a 《法律・権利・合意(書)・職位など》無効にできる, 消滅条件付の, 解除条件付の. ▶ FEE SIMPLE DEFEASIBLE (消滅条件付き単純封土権). **-bly** adv **~·ness, de·fèa·si·bíl·i·ty** n

deféasible déed 解除条件付き不動産譲渡(捺印)証書《条件成就により権原が譲与者に復帰する第三者に移転する旨が含まれている不動産譲渡(捺印)証書》.

deféasible estáte 消滅条件付き不動産権《不動産権の特別限定 (special limitation), 将来権の限定 (executory limitation) の効果として, あるいは解除条件 (condition subsequent) の成就の結果, 定められた最長期間内でも終了することがありうる不動産権; cf. DETERMINABLE ESTATE》.

deféasible fée 消滅条件付き封土権.

deféasible remáinder 消滅条件付き残余権《例えば「Aに生涯の間, その死後はBに, ただしBがその地で酒類の販売を行なった場合にはCに」という条件で不動産権設定の場合のBの権利; cf. INDEFEASIBLE REMAINDER》.

deféasible títle 消滅条件付き権原.

de·feat /dɪfíːt/ vt 1《敵》を破る, 負かす (beat) 《*in* an election, etc.》. 2《計画・希望・議論などを》くつがえす, くじく. 3 無効にする (annul). —— n 1 打破(すること); 打破されること, 敗北. 2 無効にすること. [AF<OF (pp)<*desfaire* to undo]

de·fect[1] /díːfekt, dɪfékt/ n 欠陥, 瑕疵(かし). ▶ APPARENT DEFECT (明白な瑕疵) / DESIGN DEFECT (設計上の

欠陥) / FATAL DEFECT (致命的瑕疵) / HIDDEN DEFECT (隠れた瑕疵) / INHERENT DEFECT (内在的瑕疵) / LATENT DEFECT (隠れた瑕疵) / MANUFACTURING DEFECT (製造上の欠陥) / MARKETING DEFECT (市場取引上の瑕疵) / MENTAL DEFECT (精神障害) / PATENT DEFECT (明白な瑕疵) / PRODUCT DEFECT (製造物の欠陥). [L defect- -ficio to fail]

de·fect[2] /dɪfékt/ *vi* 自分の国[党, 主義]などを捨てる, 逃亡[脱走]する, 離党[脱党]する, 亡命する 〈*from, to*〉. [↑]

de·fec·tive /dɪféktɪv/ *a* 1 〈製造物が〉欠陥[瑕疵]のある, 不完全な; 〈…の〉欠けた 〈*in*〉. 2〈地位・権利・法律・手続きなどが〉《法的に》瑕疵(½)がある, 瑕疵ある: His title to the property is ~. その財産に対する彼の権原は瑕疵がある. ― *n* (心身に)障害のある人; 欠陥品. ► MORAL DEFECTIVE (精神障害者). ~·ly *adv* ~·ness *n*

deféctive condítion 《消費者保護法上の用語で, 消費者に危害を及ぼしうる》欠陥状態 (⇨ PRODUCTS LIABILITY).

deféctive dwélling 欠陥住居.

deféctive equípment 欠陥設備《安全に仕事をすることができるように雇用者は器具・設備を整える義務を有するが, それに違反する設備; ⇨ SAFETY AT WORK; cf. DANGEROUS MACHINERY, EMPLOYER'S LIABILITY》.

deféctive perfórmance 瑕疵(½)ある履行.

deféctive pléading 瑕疵(½)ある訴答.

deféctive prémises *pl* 欠陥家屋敷.

deféctive próduct 欠陥製品[商品].

deféctive récord 1 上訴規則に定める要件に適っていない事実審記録. 2《不動産登録簿上の財産権記録の瑕疵から生ずる》記録瑕疵(½)ある不動産権原.

deféctive títle 瑕疵(½)ある権原 (=bad title).

deféctive vérdict 欠陥評決《法的に欠陥があり, 裁判官がそれに基づいて判決を出すことができないような陪審の評決 (verdict)》.

défect of fórm 《法的文書の》形式不備 (cf. DEFECT OF SUBSTANCE).

défect of párties 訴訟当事者不足.

défect of sùbstance 《法的文書の》実体不備 (cf. DEFECT OF FORM).

defence ⇨ DEFENSE.

Defénce Còuncil [the ~] 《英》《国防省内の》国防会議 (cf. ADMIRALTY BOARD).

Defénce of the Réalm Àcts *pl* [the ~] 《英史》王国防衛法《第一次大戦中に, 広範な権限を政府に委任したもの; 1921年8月31日の終戦まで続いた; 略 DORA, Dora》.

de·fend /dɪfénd/ *vt* 1 防御[防衛]する, 防ぐ, 守る 〈opp. *attack*〉: ~ one's country (*from* [*against*] the enemy) 《敵に対して》国を守る. 2 〈言論などで〉擁護[弁護]する; 弁護[抗弁, 答弁]する: ~ an action 出廷して自己の言い分を陳述する / ~ one*self* 自分の立場を弁護

defense

する. ― *vi* 守る, 防ぐ, 防御する, 弁護する. **~·able** *a* [OF<L de*fens- -fendo* to ward off; cf. OFFEND]

defénd·ant *n* 被告, 被告人《略 D., def., deft.; cf. CLAIMANT, PLAINTIFF, ACCUSED》. ► CODEFENDANT (共同被告(人)) / CROSS DEFENDANT (交差請求被告) / DEFAULTING DEFENDANT (欠席被告) / INDIGENT DEFENDANT (貧困な被告人) / JOINDER OF DEFENDANTS (被告人の併合) / PART 20 DEFENDANT (民事訴訟手続き規則第20部の被告) / PLEA TO THE PERSON OF DEFENDANT (被告の訴訟無能力についての答弁) / SUBSTITUTE DEFENDANT (交替被告) / TARGET DEFENDANT (標的被告) / THIRD-PARTY DEFENDANT (第三者被告). **for the ~** 被告(人)に有利な, 被告(人)勝訴の.

deféndant in érror 《古》誤審審理被申立人, 被上訴人 (cf. APPELLEE, RESPONDENT).

deféndant scòre 被告人評点《当該被告人の犯罪歴の相対的重大性を示す数値で, 統一的な扱いを目的に訴追側が有している評点表に照らした評点; cf. CRIME SCORE》.

deféndant's gáin 被告人の利益《刑事被告人が犯罪を介して取得した財産上の利益》.

de·fen·de·mus /dɪféndəməs/ 《古》譲与瑕疵(½)担保文言. [L=we will defend]

defénd·er *n* 1 防御者, 擁護者; 弁護人. ► PUBLIC DEFENDER (公費選任弁護人). 2《特にスコットランド》被告(人); 被告側弁護人.

de·fen·de·re se per cor·pus su·um /dɪféndəri si pər kɔ́ːrpəs s(j)úːəm/《史》みずからの身体でみずからを防御する《決闘審判 (trial by battle) を受諾する際のきまり文句》. [L=to defend oneself by his own body]

deféndere (se) ún·i·ca má·nu /-(si) júːnəkə mǽnju/《史》片方の手だけで《みずからを》防御する, 雪冤(½)宣誓を行なう. [L=to defend with one hand]

Defénder of the Fáith [the ~] 《英》信仰の擁護者《Henry 8世 (1521) 以後の英国国王の伝統的称号の一つ; ラテン語で Fidei Defensor と記される; 略 FD, Fid. Def., FID DEF; 英国硬貨に, 1971年の通貨十進制採用以前は FID DEF, 以後は FD と記される》.

de·fen·er·a·tion /dɪfènəréɪʃ(ə)n/ *n*《史》《金を貸しての》徴利, 暴利行為. [L (*de* of, *foenero* to lend on usury)]

de·fen·es·tra·tion /dɪfènəstréɪʃ(ə)n/ *n*《物や人を》窓から外へ放り出すこと, 窓外放出. **de·fén·es·tràte** *vt*

de·fense | de·fence /dɪféns, (offense と対応して) díːfens/ *n* 1 **a** 防御, 防衛, 防戦, 防備, 守備 〈opp. *attack, offense*〉; 正当防衛; 国防: Offense is the best ~.《諺》攻撃は最善の防御なり / offensive ~ 攻勢防御 / put oneself in the state of ~ 防御の身構えをする / in ~ of…を守るため / 《米》Secretary of *Defense*

defense attorney

=*Defense* Secretary /〖英〗Secretary of State for *Defence*=*Defence* Secretary. **b** 防御手段[策, 法, 方法]. ▶ CIVIL DEFENSE (民間防護) / DEPARTMENT OF DEFENSE (国防(総)省) / DWELLING DEFENSE (住居防衛) / IMPERFECT DEFENSE (不完全な正当防衛) / MERCHANT'S DEFENSE (商人の防御) / MINISTRY OF DEFENCE (防衛省) / NATIONAL DEFENSE (国防; 国防軍) / PERFECT DEFENSE (完全な正当防衛) / PRIVATE DEFENSE (私的防衛) / SCORCHED-EARTH DEFENSE (焦土防衛作戦) / SELF-DEFENSE (自衛(権); 正当自己防衛) / TAKEOVER DEFENSE (企業買収防衛(策)). **2 a** 擁護; 擁護のための弁論[文書, 行動]; 弁護, 防御, 答弁(書), 抗弁: speak in ~ of ...の弁護をする / file a ~. **b** [the ~] 被告(人)側《被告(人)とその弁護人; cf. the PROSECUTION》. ▶ ABSOLUTE DEFENSE (絶対的抗弁; 無制限防御) / AFFIDAVIT OF DEFENSE (実体上の防御宣誓供述書) / AFFIRMATIVE DEFENSE (積極的防御) / CAPACITY DEFENSE (能力についての防御) / CHOICE-OF-EVILS DEFENSE (二悪択一の防御) / COMPLETE DEFENSE (全面的防御) / CONFESSION OF DEFENSE (防御の承認) / COUNSEL FOR THE DEFENSE (被告(人)側弁護士) / CULTURAL DEFENSE (文化関連防御) / DERIVATIVE DEFENSE (派生的防御) / DILATORY DEFENSE (遷延の防御) / DOCK DEFENSE (即席弁護) / EMPTY-CHAIR DEFENSE (空(の)椅子の防御) / EMPTY-SUIT DEFENSE (無能付けの防御) / EQUITABLE DEFENSE (エクイティー上の防御) / FAILURE-OF-PROOF DEFENSE (証明失敗の防御) / FRIVOLOUS DEFENSE (ふまじめな防御) / GENERAL DEFENSE (一般的防御) / HYPOTHETICAL-PERSON DEFENSE (仮設人の抗弁) / INCONSISTENT DEFENSE (相反する防御) / INSANITY DEFENSE (精神障害の防御) / ISSUABLE DEFENSE (本案抗弁) / JUSTIFICATION DEFENSE (正当性の防御) / LEGAL DEFENSE (適法[合法的]な防御[抗弁]; コモンロー上の防御; 裁判所における適切かつ完全な防御) / LESSER EVILS DEFENSE (より小さな害悪選択の防御) / MALICIOUS DEFENSE (不当防御) / MERITORIOUS DEFENSE (実体上の防御; 容認された[されそうな]防御) / OSTRICH DEFENSE (ダチョウの防御) / PARTIAL DEFENSE (部分的防御) / PEREMPTORY DEFENSE (無訴権の防御) / PERSONAL DEFENSE (人的抗弁) / PRETERMITTED DEFENSE (逸機防御) / REAL DEFENSE (物的抗弁) / SHAM DEFENSE (虚偽の防御) / SODDI DEFENSE (誰か別人がやったという防御) / SPECIAL DEFENSE (個別的防御; 特別抗弁) / SPECIFIC INTENT DEFENSE (特定意思欠如の防御) / STATEMENT OF DEFENSE (答弁書) / TRUE DEFENSE (真実の防御) / TWINKIE DEFENSE (トウィンキーの防御) / WAIVER OF CLAIMS AND DEFENSES (請求権・防御の放棄(約款)) / WAIVER OF DEFENSES (防御放棄他) / WITHDRAWAL OF DEFENSE (防御の懈怠) / XYY CHROMOSOME DEFENSE (XYY 染色体防御). [OF<L; ⇨ DEFEND]

defénse attórney 被告(人)側弁護士[弁護人], 防御側弁護士[弁護人] (=counsel for defense, defense counsel, defense lawyer).

defénse bàr 防御側法曹《主として防御側の弁護をする弁護士からなる》.

defénse cóunsel = DEFENSE ATTORNEY.

Defénse Depàrtment [the ~] 〖米〗国防(総)省 (= Department of Defense).

defénse làwyer 被告(人)側弁護士 (defense attorney).

defénse of habitátion 住居防衛の防御《みずからの住居を不法に脅かされた者が, その攻撃者に対して, 住居を守るに十分な程度でかつ脅かされた危険との関係で合理的と考えられる程度の危害を加えた場合には, その行為は正当化されるが, その正当防衛の主張; cf. CASTLE DOCTRINE》.

defénse of insánity 精神障害の防御 (= INSANITY DEFENSE).

defénse of óthers 第三者防衛の防御《第三者を防衛している際に他人を傷つけあるいは脅かした場合に主張しうる正当性の防御 (justification defense)》.

defénse of próperty 財産防衛の防御《みずからの財産を守る際に他人を傷つけあるいは脅かした場合に主張しうる正当性の防御 (justification defense)》.

defénse of trúth 《名誉毀損 (defamation) 訴訟での》真実の防御.

defénse státement 〖英〗防御陳述書《刑事訴訟において被告人の防御全体につき述べている文書; 1996 年法でその内容や効果が定められている》.

de·fen·sive /dɪfénsɪv/ *a* 防御的な, 防衛的な; 防御の弁護の, 応訴の, 防御側の, 弁護側の.

defénsive allegátion 《教会法》防御事実の主張, 応訴主張.

defénsive colláteral estóppel 〖米〗被告による争点効の主張《他の被告との関係でその事件の前に原告に不利に決定された争点について, 裁判所の判断に反する主張を原告が再びなすことを阻止せんとして被告が主張する禁反言; ⇨ COLLATERAL ESTOPPEL; cf. OFFENSIVE COLLATERAL ESTOPPEL》.

de·fen·sor /dɪfénsər, -sɔ̀ːr, deɪfénsɔ́ːr/ *n* 《ローマ法》擁護者, 保護者; 弁護人; 都市代理人; 都市の保護官 (defensor civitatis). [<L *defendere* to forbid]

de·fen·sum /dɪfénsəm/ *n* 〖史〗**1** 囲い地. **2** 禁止 (prohibition). [L=enclosure]

de·fer[1] /dɪfə́ːr/ *vt* (-rr-) 延期する, 引き延ばす, 据え置く, あとまわしにする: ~ judgment (⇨ DEFERRED JUDGMENT).

defer[2] *vt* ゆだねる, ...の決定を付託する. ― *vi* (敬意を表して)譲歩する, 従う *<to>*.

de·fér·ment *n* 延期, 延長, 繰延べ, 据え置き: ~ of payment 支払い繰延べ / ~ of a decision 決定の延期.

deférment of séntence 刑の宣告の猶予 (⇨ DEFERRED SENTENCE).

de·fér·ral *n* 繰延べ(措置) (deferment).

deférral pèriod (支払い)猶予期間.

deferral state〚米〛訴え猶予対象州《年齢差別雇用禁止法 (Age Discrimination in Employment Act) の下では、州が独自の年齢差別雇用禁止関係の法律とその実施機関を有している場合には、差別が現実に生じた場合に連邦法上の訴えはその州法上の救済手段が尽きるまで猶予されることになっているが、このような救済手段を有し連邦上の訴えが猶予される州を指す》.

de・férred a 延期された；一定期間保留される、据え置きの；繰延べ扱いの.

deferred adjudication 保護観察処分判決 (= DEFERRED JUDGMENT) (= **deferred adjudication probation**).

deferred annuity 据置き年金 (cf. IMMEDIATE ANNUITY).

deferred charge 〚簿記〛繰延べ勘定、繰延べ資産；〚会計〛繰延べ費用.

deferred claim 繰延べ請求.

deferred compensation 支払い繰延べ報酬 [給与].

deferred credit 繰延べ貸方項目.

deferred creditor 劣後的破産債権者《破産に際し、他のすべての債権者に対する支払いが済んだあとでなければ支払われない債権者》.

deferred debt 劣後的破産債権.

deferred expense 繰延べ経費.

deferred income 繰延べ収益[所得].

deferred interest bond 利払い延期債(券).

deferred judgment 保護観察処分判決 (= deferred adjudication (probation), deferred prosecution, probation before [without] judgment)《有罪決定された刑事被告人を保護観察 (probation) に処する判決；この観察期間が無事完了すると有罪判決の登録は阻止されることになる; cf. DIVERSION PROGRAM, PRETRIAL INTERVENTION》.

deferred pay《兵士の除隊・死亡の際に支払われる》据え置き払い金、給与控除分、退職積立金.

deferred payment 繰延べ払い: 〜 sale 延べ払い販売、割賦販売.

deferred prosecution 訴追猶予 (= DEFERRED JUDGMENT).

deferred sentence 刑の宣告猶予 (= suspension of sentence)；刑の宣告猶予後の宣告《有罪決定された刑事被告人に、一定期間刑の宣告を留保し、通例はその間保護観察 (probation) などに付し、その期間経過後に刑の宣告免除を含めて宣告を行なうこと、またその(刑の)宣告; cf. SUSPENDED SENTENCE》.

deferred stock* [**share**〛] 劣後株、後配株 (opp. *preferred stock*) (cf. COMMON STOCK).

de・fi・cien・cy /dɪfíʃənsi/ n 1 不足額. 2 欠損. 3 不完全、欠陥、不足、不十分なこと. ▶ MENTAL DEFICIENCY (精神薄弱). 4 [deficiencies] 追加歳出予算 (= SUPPLEMENTAL APPROPRIATIONS).

deficiency bill〚米〛追加歳出予算案、特定目的追加支出計上法案.

deficiency judgment〚米〛担保不足金判決《担保物処分後さらに残った不足金に関して担保権設定者に人的責任を負担させる判決》.

deficiency letter〚米〛瑕疵(ぎ)指摘文書 (1) 納税申告書が不備であると思われる旨を指摘する内国歳入庁 (Internal Revenue Service) からの文書 2) 証券公募の際に提出された証券登録説明書に不備があるが、故意によるものでなく法的措置をとるまでもない軽度のものである場合に、任意の訂正を促す証券取引委員会 (Securities and Exchange Commission) からの文書; letter of comment (不備指摘文書)ともいう》.

deficiency suit〚米〛担保不足金回復請求訴訟《担保物処分後も残った不足額を回復するための訴訟; ⇨ DEFICIENCY JUDGMENT》.

def・i・cit /défəsət, ˈdɪfɪs-/ n 欠損、不足(額)、赤字 (opp. *surplus*): try to reduce the current 〜 当面の負債超過を減らすようにする / reduce the budget 〜 財政赤字を減らす. ▶ CAPITAL DEFICIT (資本の欠損) / TRADE DEFICIT (貿易赤字).

deficit spending 超過支出、赤字支出、赤字財政支出.

de・file /dɪfáɪl/ vt 1 よごす、不潔にする. 2 …の美観[純粋さ、完璧さ]をそこなう；〈人の評判・名声などを〉傷つける. 3 …の神聖さを汚す、冒瀆する. 4《古》〈人を〉堕落させる；〈女性の〉純潔を奪う. 〜・ment n **de・fil・er** n

de・fine /dɪfáɪn/ vt 1 …に定義を下す、意味を明らかにする、(意味内容を)限定する. 2 …の限界をはっきりさせる、〈境界・範囲を〉限定する、〈所有地などの〉境界[範囲]を確定する. 3〈権利・義務などを〉明確に定める、規定する. [OF < L *de-(finit- finio* to finish〈*finis* end)]

defined benefit plan 確定給付年金制度、給付建て年金制度《受給資格を充足した者に確定金額の年金が支払われる方式; cf. DEFINED CONTRIBUTION PLAN》.

defined contribution plan 確定拠出年金制度、拠出建て年金制度《定期拠出金額を先に定め、その運用結果に基づき不確定額の年金が支給される制度; cf. DEFINED BENEFIT PLAN》.

defined term 定義された用語、意味内容を明確化された用語.

déf・i・nite fáilure of íssue /déf(ə)nət-/ 特定時直系卑属不存在《例えば遺言の中での用法で、指名された受遺者の死亡時におけるその直系卑属が存在しないことなど; cf. FAILURE OF ISSUE, INDEFINITE FAILURE OF ISSUE》.

definite sentence 定期刑(の宣告) (= DETERMINATE SENTENCE).

de・fi・ni・tion /dèfəníʃ(ə)n/ n 定義、定義づけ、(範囲・限界を)明らかにすること. ▶ LEXICAL [LEXICOGRAPHICAL] DEFINITION (辞書的定義) / STIPULATIVE DEFINITION (約定上の定義). [OF < L; ⇨ DEFINE]

definitive sentence 1 定期刑(の宣告) (= DE-

deflation

TERMINATE SENTENCE). **2**《教会裁判所》**終局判決**.

de‧fla‧tion /dɪfléɪʃ(ə)n, dìː-/ n 『経済』通貨収縮, デフレ(-ション) (opp. *inflation*).　**defláition‧ary** /; -(ə)ri/ a

de‧fórce /di-/ vt 〈他人の財産, 特に土地を〉不法占有する; 〈他人の〉財産を不法占有する; 〈他人の〉占有を実力で奪う; 〈債権者の金銭を〉不正かつ実力で留置する.

defórce‧ment n **1** 不動産の不法占有《厳密には, 特にそれまで占有(possession)したことのない自由土地保有権者(freeholder)の不動産の不法占有》. **2** 実力による占有奪取. **3**《債権者の金銭の》不正かつ実力による留置.

de‧fórce‧or, -fórc‧or n 不動産不法占有者.

de‧for‧ciant /dɪfɔ́ːrʃ(ə)nt/ n **1** 不動産不法占有者. **2**《古》《特に》和解譲渡(fine)において仮装的に不動産の不法占有者として訴えられた被告, 《すなわち》和解譲渡人. [L *deforcians* a deforceor]

de‧fórest /di-/ vt 〈土地の森林[樹木]を切り払う. **2**《英史》〈土地を〉森林法の適用除外地とする, 御料林指定からはずし普通の土地とする (opp. *afforest*).

de‧fráud /dɪfrɔ́ːd/ vt 〈人〉からだまし取る, 詐取する, 詐欺にかける (cf. FRAUD): He ~ed the company of thousands of dollars. ~‧er n　**de‧frau‧da‧tion** /dìːfrɔːdéɪʃ(ə)n/ n

defráud‧ing n 詐取, 詐欺.

de‧fray /dɪfréɪ/ vt 〈費用・代価を〉支払う (pay).

deft. defendant.

de‧funct /dɪfʌ́ŋ(k)t/ a 故人となった; 消滅した, 廃止された, 現存しない. ── n [the ~] 故人. [*de-*(*funct-*= *fungor* to perform)=dead]

defúnct corporátion* [**cómpany"**] 消滅会社, 休眠会社.

deg‧ra‧da‧tion /dègrədéɪʃ(ə)n/ n **1** 位階[称号]剝奪, 降等, 降格;《教会》聖職剝奪. **2** 品位[体面]を傷つけること, 不名誉. **3** 劣化, 悪化, 下落. ► ENVIRONMENTAL DEGRADATION (環境劣化). **4**《水・風などによる》浸食.

degrád‧ing tréatment or púnishment 品位を傷つける取扱いもしくは刑罰《欧州人権条約 (European Convention on Human Rights) 第 3 条で禁止されており, 英国では 1998 年の人権法 (Human Rights Act 1998) の結果 国内法となっている》.

de grá‧tia /di gréɪʃiə/ adv, a 恩恵によって[よる] (opp. *de jure*). [L =of favor]

de‧gree /dɪɡríː/ n **1** 親等 (=degree of kin, degree of relationship) (cf. AFFINITY, CONSANGUINITY): a relation in the first ~ 一親等の親族関係. ► EQUAL DEGREE (同親等) / FORBIDDEN [PROHIBITED] DEGREE (禁婚親等) / LEVITICAL DEGREES (婚姻禁止親等). **2**《犯罪の重大性に応じた》級 (cf. DEGREE OF CRIME, FIRST-DEGREE, SECOND-DEGREE, THIRD-DEGREE, FOURTH-DEGREE, FIFTH DEGREE): a murder in [of] the first ~ 第一級謀殺 (=FIRST-DEGREE MURDER). ►

FIFTH DEGREE (第五級) / FIRST DEGREE (第一級) / FOURTH DEGREE (第四級) / SECOND DEGREE (第二級) / THIRD DEGREE (第三級). **3** 学位, 称号. **4 a** 度合い, 程度. **b** 段階. ► THIRD DEGREE (過酷な取調べ).

degrée of cáre 注意の程度 (⇨ CARE).

degrée of críme 犯罪の等級 (⇨ DEGREE) (cf. GRADED OFFENSE, GRADING).

degrée of kín 親等 (=DEGREE).

degrée of kínship 親等, 血縁関係の程度.

degrée of négligence 過失の程度.

degrée of próof 証明されるべき程度, 証明度《例えば, 民事事件では証拠の優越 (preponderance of (the) evidence), 刑事事件では合理的疑いの余地のない証明 (proof beyond (a) reasonable doubt) など; cf. BURDEN OF PRODUCTION》.

degrée of relátionship 親等 (=DEGREE). ► PROHIBITED DEGREE OF RELATIONSHIP (禁婚親等).

de hae‧re‧ti‧co com‧bu‧ren‧do /di hɪrétɪkou kàmbjəréndou/ **1**『史』異端者焚刑(ﾋﾝ)令状 (=WRIT DE HAERETICO COMBURENDO). **2**《英史》異端者焚刑法《1401年制定の, 異端 (heresy) に対して最初に焚刑を科した法律》. [L =of burning a heretic]

de ho‧mi‧ne re‧ple‧gi‧an‧do /di hámənɪ rɪplìːʤiǽndou/ 身柄取戻し令状《拘束監禁されている人を, その者に対する将来のいかなる訴えに対しても責任を負わせる旨の保証をシェリフ (sheriff) に対して提出の上で, 取り戻すために用いられる令状》. [L =for replevying a man]

de‧hors /də(h)ɔ́ːr, dəhɔ́ːrz/ prep **1** …の外側[外部]の, …の外の. **2** …と異質な, 無関係な. [F =outside]

deiesman ⇨ DAYSMAN.

dei ju‧di‧ci‧um /díːaɪ ʤudíʃiəm, déɪː judíkiəm/ 神判 (=ORDEAL). [L =judgment of God]

dè‧immóbilize vt《固定されていたものをはずし》動かせるようにする;《不動産の一部をはずし》動産化する.　**dè‧immobilizátion** n

de in‧cre‧men‧to /di ìnkriméntou/ a 増加された, 追加された, 増額された. [L =of increase]

de in‧gres‧su /di ɪŋɡrésu/『史』不動産占有回復令状[訴訟] (=WRIT OF ENTRY). [L =of entry]

de in‧ju‧ria (sua pro‧pria ab‧sque ta‧li cau‧sa) /di ɪnʤúːriə (súːə próupriə ǽbskwi téɪlaɪ kɔ́ːzə)/ adv《史》《その[主張されたような]事由なしでみずからの》権利侵害によって《《侵害訴訟 (trespass) の訴答 (pleading) で, 被告が原告の主張事実を認めたうえでさらに免責事由を主張したことに対し, 原告がそのような免責事由が成り立たない旨を申し立てる際に用いた文言》. [L =of (his/her own) wrong (without such cause)]

de in‧te‧gro /di íntəɡrou/ adv 新たに (anew), 初めから再び, 再度 (again). [L]

de‧je‧ra‧tion, -ju- /dèʤəréɪʃ(ə)n/ n 宣誓《するこ と》.

de ju‧re /di ʤúəri, deɪ júreɪ/ a **1** 法に適った, 適法

な、(法律上)正式の (cf. DE FACTO): the 〜 owner of the property. **2** 権利に基礎を置いた、権利による (opp. *de gratia*). **3** コモンロー上の、コモンローによる (cf. DE AEQUITATE). [L＝by right *or* as a matter of law]

de júre corporátion 法律上の会社、適法な会社.

De jure ju·di·ces, de fac·to ju·ra·to·res re·spon·dent. /── ── ʤúːdɪsiːz di fǽktou ʤùəreɪtóuriːz rɛspándent/ 裁判官は法につき答え、陪審は事実について答える. [L＝The judges answer to the law, the jury to the fact.]

de jure officer ⇨ OFFICER DE JURE.

de júre segregátion 法による人種分離 (cf. DE FACTO SEGREGATION).

de la plus belle /də lə plu bél/ *a*《史》最良部分の: dower 〜 最良部分寡婦産. ★ **de la pluis beale** ともつづる. [F]

De Lau·di·bus Le·gum An·gli·ae /dɪ lɔ́ːdɪbəs líːɡəm ǽŋɡliːː/『イングランド法の礼賛について』《Sir John FORTESCUE (c. 1385–c.1479) の著書; 立憲主義の先駆的著作, 最初の比較法・比較政治論書とされている》.

de·lay /dɪléɪ/ *vt* 延ばす, 遅らせる. ── *vi* 遅れる. ── *n* **1** 遅れ, 遅滞, 遅延. **2** 遅らせること, 延期; 進行を妨げること, ぐずぐずすること. **3**《大陸法》期日, 期限, 期間. **without 〜 (1)** 遅滞なく, 直ちに. **(2)** 法の許容する期間内に.

deláyed séntence 刑の宣告延期《有罪決定後すぐに刑を宣告せず, この間通常は一定条件を遵守させるなどをして, 保護観察処分 (probation) のほうが拘禁よりも好ましいことを被告人が裁判所に納得させる猶予期間を設けること》.

del cre·de·re /dɛl kréɪdərèɪ, -kréd-/ *a* 支払い保証をした、支払い保証(付き)の: COMMISSION DEL CREDERE. [It＝of belief, of trust]

del crédere ágent 支払い保証代理人《本人のためにみずからがなした契約の相手方の支払い・履行を保証する代理人》.

del crédere commíssion 支払い保証付き委託(料) (＝COMMISSION DEL CREDERE).

de·lec·tus per·son·ae /dɪléktəs pərsóuni, deɪléktus pərsóunaɪ/ 人の選択(の法理),《特に》組合員の選択(の法理)《一般には、人のつながりが重視される仲間の場合、仲間以外の者が仲間に入ってくることを強制されないという法理; したがって、特に組合 (partnership) への新組合員の受入れに当たっての現組合員による選択; 現組合員に選択権があるとする法理》. [L＝choice of person]

del·e·ga·ble /déligəb(ə)l/ *a* 委任可能な. **del·e·ga·bil·i·ty** /dèləgəbíləti/ *n*

délegable dúty 委任可能な義務、履行委任の可能な債務.

del·e·gant /déligənt/ *n* 委任者, 債務委任者.

del·e·gate /déligət, -gèit/ *n* **1 a** 代理人, 代理官, 代表者, 代行者. **b**《英史》国王代理官 (⇨ COURT OF DELEGATES). ▶ COMMISSION OF DELEGATES (国王代理官任命書) / COURT OF DELEGATES (国王代理官裁判所). **2**《会議などに派遣する》代表, 使節, 派遣委員, 代議員;《委員会の》委員. **3**《米》**a** 準州 (Territory) 選出連邦下院議員《発言権はあるが投票権がない》. **b**《Virginia 州などの》HOUSE OF DELEGATES の議員, 下院議員. ── *v* /-gèit/ *vt* **1 a**《人を》代理人[代表]として任命[派遣]する, 代理に立てる. **b**《職権・職務を》委任する. **2** *債務履行の代行者として指定する, …に債務履行を委任する. ── *vi* 職権[職務]を委ねる, 委任する.

dél·e·gàt·ed legislátion 委任立法 (＝subordinate legislation)《法律の委任を受けて行なう立法; 特に行政府が行なう命令の類が重要; cf. SUBDELEGATED LEGISLATION》. ▶ SUBDELEGATED LEGISLATION (再委任立法).

del·e·ga·tee /dèlɪɡətíː/ *n* 被委任者, 代理人, 代表 (delegate).

del·e·ga·tion /dèlɪɡéɪʃ(ə)n/ *n* **1**《権限の》委任, 委譲; 代理人[代表(団)]の任命[派遣]. **2** 代表団, 代議員団: a Korean trade 〜 / a union 〜. **3** 債務履行の委任. **4**《スコットランド》債務者の交替による更改.

delegátion dòctrine《委任立法の》授権制限の法理 (＝nondelegation doctrine)《三権分立の原則から, 立法府がその立法権を特に行政府に委任することを制限する法理; cf. LEGISLATIVE VETO》.

delegátion of dúties 債務履行の委任.

delegátion of perfórmance 履行の委任.

delegátion of pówers 権限の委任, 授権 (cf. DELEGATION DOCTRINE).

dél·e·gà·tor *n* 委任者, 任命者.

De·le·ga·tus non po·test de·le·ga·re. /dèlɪɡéɪtəs nɑn pátɛst dèlɪɡéɪrɛ/ 委任された者は(他に)委任することはできない. [L＝A delegate cannot delegate.]

de le·ge fe·ren·da /di líːʤi fərɛ́ndə/ *a, adv* 将来の法の[から, について]. [L＝from law to be passed]

de lége lá·ta /-léɪtə/ *a, adv* 現行法の[から, について]. [L＝from law passed]

del·e·te·ri·ous /dèlətíəriəs/ *a* **1** 有毒の (poisonous). **2**《心身に》有害な. [L<Gk＝noxious]

de·le·tion /dɪlíːʃ(ə)n/ *n* 削除, 抹消.

De·li·be·ran·dum est diu quod sta·tu·en·dum est se·mel. /dɪlɪbərǽndəm ɛst dáɪju kwɑd stǽtjuɛ́ndəm ɛst síːmɛl/ ただ一度で決定されるべきことは長く熟考されるべきである. [L＝What is to be resolved once and for all should be long deliberated on.]

de·lib·er·ate *a* /dɪlíb(ə)rət/ **1** 熟慮した上での、考え抜いた, 用意周到な, 計画的な, 意図的な, 故意の: 〜 murder. **2**《人・性格など》決断[判断, 決定]にじっくり時間をかける, 慎重な. ── *v* /dɪlíbərèit/ **1** 熟慮する, 熟

考する, 慎重に考慮する, 考え抜く. **2** 評議する, 審議する, 熟議する. ～**·ly** *adv* ～**·ness** *n* [L *de*-(*libero* to weigh<*libre* balance)=to weigh in mind]

deliberate elicitátion 意図的誘導《例えば被疑者を逮捕し警察署に連行途中など通例は正式の取調べ中でない時に, 被疑者からみずからが有罪であることを示す反応を意図的にしかも隠微な形で引き出すこと; 米国では合衆国憲法第 6 修正で被疑者の弁護士の援助を受ける権利が保障されているので, 被疑者自身が任意に弁護士による弁護権を放棄しない限りは憲法違反となる; cf. MASSIAH RULE].

deliberate hómicide 計画的殺人.

deliberate indífference 意図的無関心 (= conscious avoidance) (⇨ JEWELL INSTRUCTION.)

deliberate-indifference instrùction 意図的無関心の明示 (= JEWELL INSTRUCTION).

deliberate spéed [次の成句で]: with all ～ 事情の許すかぎり, 可及的速やかに.

de·lib·er·a·tion /dɪlìbəréɪʃ(ə)n/ *n* **1** 熟慮, 熟考. **2** [°*pl*]《慎重な》審議, 評議, 討議, 熟議. **3** 故意. **4** 慎重さ;《動作の》緩慢さ.

de·lib·er·a·tive /dɪlíbərèɪtɪv, -(ə)rətɪv; -(ə)rətɪv/ *a* **1** 審議[熟議](の)(ための): a ～ body [assembly] 審議機関. **2** 審議[熟議, 熟慮]のうえでの.

deliberative prócess prívilege 審議過程不開示特権 (=mental process privilege)《行政機関に対してその内部の意思決定過程での意見・勧告などの資料を開示することを免除する特権》.

De·li·ca·tus de·bi·tor est odi·o·sus in le·ge. /dɛlɪkéɪtəs débɪtə:r ɛst òʊdióʊsəs ɪn líːdʒɛ/ 享楽的債務者は法において嫌悪される. [L=A luxurious debtor is odious in the law.]

de·lict /dɪlíkt, ˈdíːlɪkt/ *n*《ローマ法・大陸法》違法行為; 犯罪; 不法行為 (cf. CRIME, TORT): in flagrant ～ 現行犯で (=IN FLAGRANTE DELICTO). **de·lic·tu·al** /dɪlíktʃuəl/ *a* [L (pp)<*delinquo*; ⇨ DELINQUENT]

delicti ⇨ CORPUS DELICTI.

de·lic·tion /dɪlíkʃ(ə)n/ *n*《漸次的》土地喪失《例えば河川・流水の流路の変化により生じた土地縮減 (erosion) のような漸次的自然の変化による土地の喪失; cf. ACCRETION, ALLUVION, AVULSION, EROSION, RELICTION》.

de·lic·tum /dɪlíktəm/ *n* (*pl* **-ta** /-tə/)《ローマ法・大陸法》違法行為; 犯罪; 不法行為. [L=delict]

de·lim·it /dɪ-/, **de·lim·i·tate** /dɪlímətèɪt/ *vt* …の範囲[限界, 境界]を定める[設定する]; 明確に記述する. **de·lim·i·tá·tion** *n* **de·lím·i·tà·tive** *a*

de·lin·quen·cy /dɪlíŋkwənsi, -lín-/ *n* **1** 不履行, 怠慢; 滞納. **2** 犯罪, 非行,《特に》少年犯罪, 少年非行 (juvenile delinquency). ► CONTRIBUTING TO DELINQUENCY (未成年者非行寄与) / JUVENILE DELINQUENCY (未成年非行).

delínquency chàrge [°*pl*]《貸借金支払い》遅延損害金.

delínquency tàx 延滞税.

de·lin·quent *a* **1**《義務》不履行の, 怠慢な. **2** 支払い期限を過ぎた, 延滞の, 滞納している. **3** 非行をはたらいた, 罪を犯した; 法律違反者の, 非行者の, 非行少年の. — *n* **1** 義務不履行[怠慢]者. **2** 法違反者, 犯罪者, 《特に》非行少年, 犯罪を犯した少年. ► JUVENILE DELINQUENT (非行未成年). [(pres p)<*delinquo* to offend; cf. DELICT]

delínquent chíld 非行少年《成人なら犯罪となる行為を行なった少年; cf. JUVENILE DELINQUENT》.

delínquent táx 未納付税額, 滞納税額.

de·lir·i·um /dɪlíəriəm/ *n* (*pl* ～**s**, **-ia** /-iə/) **1** 妄(もう)語(ご)(状態), うわごと. **2** 猛烈な興奮(状態), 狂乱, 狂喜. **3** 妄想 (delusion). [L=be deranged (*de-*, *lira* ridge between furrows)]

delírium tré·mens /-tríːmənz, -trém-/《アルコール中毒による震えなどを伴なう》震(しん)顫(せん)譫(せん)妄(もう). [L =trembling delirium]

de·líst /di-/ *vt* 表[リスト]からはずす;《ある証券を》銘柄表からはずす, 上場廃止にする.

de·líst·ing /di-/ *n* 上場廃止, 銘柄表からの除去.

de·liv·er /dɪlívər/ *vt* **1**《演説などを》する,《考えを》述べる,《評決》下す. **2** 配達する, 届ける, 納入する; 引き渡す, 交付する《*at*, *to*》;《捺印証書などを》交付する: goods ～ *ed* free=free ～ *ed* goods 持込み渡しの商品 (⇨ FRANCO) / goods ～ *ed* on board 荷積み渡しの商品 (⇨ FREE ON BOARD) / ～ oneself to the police 警察に自首する / ～ up [over] 《*to*…に》引き渡す. **3** 解放する, 救い出す, 釈放する. **4** 分娩させる. — *vi* **1** 商品を配達する. **2** 分娩する. ～**·able** *a* ～**·er** *n* **delíver·abílity** *n* [OF<L (*liber* free); cf. LIBERATE]

delíver·ance *n* **1 a** 解放, 釈放, 救出; 釈放命令. **b** 引渡し. **c**《古》《動産占有回復訴訟 (replevin) で動産占有者に対する》再引渡し令状 (⇨ SECOND DELIVERANCE). ► SECOND DELIVERANCE (第二動産引渡し令状). **2**《声明などの》発表, 発言; 公表された意見, 公式見解;《判決の》言い渡し. **3**《陪審の》評決 (verdict);《スコットランド》《破産法上の》命令; 判決. **4**《古》分娩.

de·liv·ery /dɪlív(ə)ri/ *n* **1**《貨物・郵便物などの》配達; 配達の品物; 配達一回分, …便: ～ of goods 品物の配達 / (by) the first ～ 第一便(で). ► EXPRESS DELIVERY (速達郵便(物)) / FREE DELIVERY (無料配達) / GENERAL DELIVERY (局留め) / MISDELIVERY (誤配) / RECORDED DELIVERY (書留郵便) / SPECIAL DELIVERY (速達郵便(物)). **2 a**《貨物などの》引渡し, 受渡し, 出荷, 納入, 納品;《占有の》引渡し,《財産などの》明渡し (cf. LIVERY);《捺印証書などの》引渡し, 交付 (cf. NONDELIVERY): take effect only from the time of ～. **b** 引渡し物. ► ABSOLUTE DELIVERY (絶対的引渡し) / ACTUAL DELIVERY (現実的引渡し) / CASH ON DELIVERY (代金引換え渡し) / CLAIM AND DELIVERY (動産回復訴訟) / COLLECT ON DELIVERY (代金引換え渡し) / CONDITIONAL DELIVERY (条件付き引渡し) / CONSTRUCTIVE

DELIVERY (擬制引渡し) / DROP SHIPMENT DELIVERY (生産者直送による引渡し) / FAILURE TO MAKE DELIVERY (引渡し不成就) / FORWARD DELIVERY (先渡し) / MANUAL DELIVERY (手渡し) / NONDELIVERY (引渡しのないこと) / PLACE OF DELIVERY (引渡し地) / REDELIVERY (再引渡し) / SECOND DELIVERY (二次的引渡し) / SHORT DELIVERY (揚げ(荷)不足, 不足引渡し) / SPECIFIC DELIVERY (特定物引渡し) / SYMBOLIC DELIVERY (象徴による引渡し) / TENDER OF DELIVERY (引渡しの提供) / UNCONDITIONAL DELIVERY (無条件引渡し) / WRIT OF DELIVERY ((動産)引渡し令状). **3** 解放, 救出, 釈放. ▶ JAIL DELIVERY (集団脱獄; 未決監釈放(裁判); 未決監釈放裁判官任命書). **4** 分娩. ▶ PREMATURE DELIVERY (未熟分娩). **take ~** 〈購入・注文品の〉引渡しを受ける《特に先物契約 (futures contract) や購入契約をした証券などで用いられる用語》. 〔AF (pp)〕〈 DELIVER〕

delívery bònd 差押物引渡し保証証書 (=FORTHCOMING BOND).

delívery in éscrow 第三者預託のための引渡し.

delívery nòte 《通例 正副 2 通作る》貨物引渡し通知書[証], 納品書.

delívery of déed [a déed] 《(作成された)》捺印証書の引渡し.

delívery òrder 荷渡し指図書.

de·lu·sion /dɪlúːʒ(ə)n/ *n* 欺く[欺かれる]こと, 惑わす[惑わされる]こと; 妄想, 幻想. ▶ INSANE DELUSION (精神障害的妄想).

dem. demise の略《特に《古》(on the) demise (of) の意味, あるいは不動産占有訴訟 (ejectment) で, Doe dem. Smith (ドウがスミスの付与した賃借権に基づき; スミスより授権された賃借権者ドウが) のように用いる》.

dem·a·gogue, 《米》**-gog** /déməgàg/ *n* 民衆煽動家, 煽動政治家, デマゴーグ. 〔Gk=people leader (*dem-*, *agōgos* leading)〕

dem·a·gogu·er·y /déməgàg(ə)ri/ *n* 民衆煽動.

dem·a·gogy /déməgàgi, -gàdʒi, *-gòudʒi/ *n* **1** 民衆煽動; 民衆煽動家の支配, 煽動政治. **2** [集合的に] 民衆煽動家.

demain ⇨ DEMESNE.

de·mand /dɪmǽnd; -máːnd/ *vt* **1** (権利として)要求する, 請求する, 〈不動産〉に対する権利を主張する: ~ sth of [*from*] sb 人から物事を要求する / I ~ *to* know why he had done it. 彼がなぜそれをしたのか知りたい / I ~*ed* that he (should) go with me. いっしょに行ってほしいと要求した / ~ payment with threats. **2** 召喚する, ...に出頭を命ずる. **3** 強要する. **4**〈物事が注意・熟練・忍耐・時日などを〉必要とする. ── *vi* 要求する; 詰問する.
── *n* **1** (権利としての)要求 (claim); 要求物, 請求 (request); 問い合わせ; 強要 *for*; 権利主張, 請求(権): A mother has many ~*s on* her time. 母親はいろいろと時間をとられて忙しい / This work makes great ~*s on* me. これはわたしにとっては大変な仕事だ / final ~ 最終支払い請求. ▶ CIVIL INVESTIGATIVE DEMAND (民事調査請求) / CROSS-DEMAND (反対請求) / LETTER OF DEMAND (請求書) / LIQUIDATED DEMAND (確定額債務支払い請求) / MONEY DEMAND (確定金額請求) / MUTUAL DEMANDS (相互的請求) / RECONVENTIONAL DEMAND (反訴請求) / STALE DEMAND (失効請求権) / STATUTORY DEMAND (制定法上の債務支払い請求方式). **2** 需要 〈*for, on*〉: ~ and supply=supply and ~ 需要と供給 / the law of supply and ~ / There is a great [a poor, little] ~ *for* this article. この品の需要が多い[少ない]. ▶ CROSS-ELASTICITY OF DEMAND (需要の交差弾力性). **be in ~** 需要がある, 売れ行きがよい, 人気がある. **on ~** 請求[需要]あり次第, 一覧払いの (on CALL): payable *on* ~.

~·able *a* 要求[請求]できる. **~·er** *n* 要求者, 請求者.
〔OF<L=to entrust; ⇨ MANDATE〕

demánd·ant *n* **1**《古》原告 (cf. PLAINTIFF, CLAIMANT), 《特に》(物的訴訟 (real action) の)原告 (cf. TENANT). **2** 要求者.

demánd bìll 要求払い手形.

demánd clàuse 全債務繰上げ支払要求条項《約束手形振出人が割賦払いを怠った場合には直ちに手形所持人がその全債務の支払いを強要できる旨の手形上の条項; cf. ACCELERATION CLAUSE》.

demánd depòsit 要求払い預金 (cf. TIME DEPOSIT).

demánd dràft 一覧払い為替手形 (=SIGHT DRAFT).

demánd for dócument inspèction 文書検証要求(書) (=REQUEST FOR PRODUCTION).

demánd for relíef 救済要求 (=PRAYER FOR RELIEF).

demánding with ménaces 恐喝, ゆすり (cf. BLACKMAIL).

demánd ìnstrument 一覧払い証券.

demánd lètter 請求文書《特に 消費者保護法 (consumer protection law) 関連で, 訴えを起こそうとしている者が訴えを起こす前に相手方に提出する事情説明と請求の文書》.

demánd lòan =CALL LOAN.

demánd nòte 一覧払い約束手形 (cf. TIME NOTE).

demánd pàper 一覧払い証券.

demánd·ress /-rəs/ *n fem*《古》DEMANDANT の女性名詞.

dé·marche, de- /deɪmáːrʃ, dɪ-, déɪmàːrʃ/ *n* 処置, 措置, 対策;《特に 外交上の》措置, 手段;《外国政府・政府当局に対する》申し入れ(書). 〔F=gait (*de-marcher* to take steps)〕

de·mean·or | **-our** /dɪmíːnər/ *n* ふるまい, 行ない; 挙措, 態度, 表情, 物腰.

deméanor èvidence 挙措証拠《その証人の証言の信用性について事実認定者 (factfinder) が考慮しなけ

de me·di·e·ta·te lin·guae /di midìːətéɪti líŋgwi/ 外国人事件特別陪審《その半数を外国人により構成;英国では1914, 1948年法で英国人と同様となっている》. [L=of half-tongue[-language]]

demeine ⇨ DEMESNE.

de me·li·o·ri·bus dam·nis /di mìːlíːɔːrəbəs dǽmnɪs/ *adv* より有利な損害賠償額のために《損害賠償請求訴訟で共同不法行為の複数の被告の一人に誤って他の被告よりも高い賠償額が認められた場合に, 原告は他の被告への請求を放棄しこの被告に対して請求することを選択できるが, この選択について述べる場合の語》. [L=for better damages]

De Mer·ca·to·ri·bus /di mərkətɔ́ːrəbəs/《英史》商人法(⇨ STATUTE DE MERCATORIBUS). [L=about merchants]

de·mérger *n* 企業分離, グループからの企業分離.

de·mesne /dɪméɪn, -míːn/, **de·meine, demain** /dɪméɪn/ *n* **1**《史》《封建法上再下封することをくみずから保有する》直領地(=～ lánd)(⇨ SEISIN IN DEMESNE); 直轄地, 直営地;《元首・国家の》所有地;《一般に》私有地; 領地: hold estates in ～ 土地を直領地として保有する. ▶ ANCIENT DEMESNE (固有王領) / KING'S DEMESNE (国王の直領地) / ROYAL DEMESNE (国王直領地) / SEISIN IN DEMESNE (直領地としての占有) / TENANT IN DEMESNE (直領地としての保有者). **2**《活動の》範囲, 領域. **de·més·ni·al** *a* [OF=belonging to a lord<L *dominicus* (*dominus* lord); -s- は AF の異形]

demésne lànd of the Crówn《英》国王の直領地(=ROYAL DEMESNE).

de min·i·mis /di mínəmɪs, deɪ míːnɪmɪs/ *a* **1** 些細な, 微少な. **2**《事実などが》問題にするに足りない, 無意味な (cf. SUBSTANTIAL). **3** DE MINIMIS NON CURAT LEX. [L=of the least]

De minimis non cu·rat lex. /— — nán kjúːræt léks, deɪ míːnɪmɪs nán kúːrɑːt-/ 法は些事に関せず《しばしば単に de minimis と短縮される》. [L=The law does not take account of trifles.]

de·mi-sang, de·mi-sangue, de·my- /F dəmisɑ̃/ *n* 半血;《片方の親が違う》《腹[種]違いの》兄弟姉妹. [F=half blood]

de·mise /dɪmáɪz/ *n* **1 a** 死亡,《特に》国王の崩御 (demise of the Crown). **b** 消滅;《活動の》終止. **2 a** 不動産権の設定[移転],《特に》不動産賃借権の設定. **b** 王位承継, 王位譲与. **c** 不動産賃借権[不動産権]設定文書. ▶ REDEMISE (不動産賃借権の再設定). **3**《船舶の》賃貸借(=BAREBOAT CHARTER, DEMISE CHARTER): charter of ～. ▶ CHARTER BY DEMISE (賃貸借による傭船). — *vt* **1**《不動産権を》設定[移転]する,《特に》《不動産賃借権を》設定する. **2**《王位を》譲る. — *vi* **1** 統治権[王位]承継を行なう; 死亡する,《特に》国王が崩御する. **2**《不動産権が》移転する,《財産などが》相続[王位承継, 遺贈]によって移る. [AF (pp)<OF DISMISS]

demíse and redemíse 不動産賃借権の設定と再設定《同一不動産を一方から他方へ賃貸し, 再び同一人物間で逆方向に賃借権を設定する合意; 所有権者たる最初の貸主は名目的賃借料のみを支払う》.

demíse chàrter 船舶賃貸借(=bareboat charter, charter of demise)《実業界では裸[ら]傭船(契約) (bareboat charter) と呼ぶ; 単に demise ともいう; SIMPLE CHARTER).

demíse chàrterer《船舶賃貸借 (demise charter) の》傭船契約者, 傭船主(=owner pro hac vice).

demísed prémises *pl* 賃貸借された不動産.

demíse of the Crówn 国王の崩御;王位承継.

de·moc·ra·cy /dɪmɑ́krəsi/ *n* **1** 民主主義; 民主制, 民主政治, 民主政体. ▶ INDUSTRIAL DEMOCRACY (産業民主主義) / JACKSONIAN DEMOCRACY (ジャクソニアン・デモクラシー) / SOCIAL DEMOCRACY (社会民主主義). **2** 民主主義国, 民主国: western *democracies* 西側民主主義国. **3** [D-]《米》民主党(の政綱). [F<L<Gk]

dem·o·crat /déməkræt/ *n* **1** 民主主義者, 民主政体論者. **2** [D-]《米》民主党員 (cf. REPUBLICAN). [F *démocrate* (↑); *aristocracy*: *aristocrat* の類推]

dem·o·crat·ic /dèməkrǽtɪk/ *a* **1** 民主政体の, 民主制の, 民主主義の; 民主(主義)的な. **2** [D-]《米》民主党の (cf. REPUBLICAN). **3** 大衆的な, 民衆的な, 一般うけのする. **dèm·o·crát·i·cal·ly** *adv*

Democrátic párty [the ～]《米》民主党《二大政党の一つ; 19世紀初めに反連邦党 (Anti-Federal party) と民主共和党 (Democratic-Republican party) から発展した; シンボルはロバ; cf. REPUBLICAN PARTY).

Democrátic-Repúblican párty [the ～]《米史》《独立戦争後の》民主共和党, リパブリカン党, 共和派《19世紀初期連邦政府の権限拡大を否定し, 連邦党 (Federalist party) と対立した政党; 現在の民主党の前身; ⇨ REPUBLICAN PARTY; cf. FEDERALIST PARTY).

demolítion òrder《英》《地方の住宅当局 (housing authority) による居住にふさわしくない家屋の》取り壊し命令.

demónstrative bequést 指示的(人的財産)遺贈《特定財源または資産の中から支払われるまたは渡される一定金額または特定(人的)財産の遺贈; 特定財源・資産で不足する場合にはその限りで一般の遺産から支払われるまたは渡される》.

demónstrative évidence 1 実物証拠(=REAL EVIDENCE). **2** 展示証拠(=autoptic evidence, autoptic proference, illustrative evidence)《有形物証拠 (tangible evidence) のうち, 実物証拠 (real evidence) 以外の証拠物; 地図・模型など; ただし real evidence の語も時に展示証拠の意で同義に用いられることがあるので, 留意; cf. REAL EVIDENCE, TESTIMONIAL EV-

demónstrative légacy 指示的動産遺贈《特定財源または資産の中から支払われるかまたは渡される一定額の金銭または動産の遺贈；特定財源・資産では不足する場合には，その限りで一般の資産から支払われるかまたは渡される》．

De mor·te ho·mi·nis nul·la est cunc·ta·tio lon·ga. /di mɔ́ːrtə hɑ́mɪnɪs nʌ́lə ɛst kənktéɪʃiou lɔ́(ː)ŋɡə/ 人の死についてはいかなる遅延も長い[長すぎる]ことはない．[L=Concerning the death of a human being, no delay is long.]

de·mote /dɪmóut, dìː-/ vt …の階級[位]を落とす，降格[降職]する，格下げする〈from…to…〉(opp. *promote*). **de·mó·tion** *n*

demóted ténancy 〖英〗格下げ不動産賃借権《社会的不動産賃主 (social landlord) からの不動産賃借権 (tenancy) で，賃借人ないしはその家族の反社会的行為のゆえに正常であれば享有できたその賃借権の保証を失ったもの；2003 年法で導入されたもので，賃主は格下げ請求 (demotion claim) でその命令を要求することができる》．

demótion cláim 〖英〗格下げ請求 (⇨ DEMOTED TENANCY).

demp·ster /dém(p)stər/ *n* DEEMSTER.

de·mur /dɪmə́ːr/ *vi* (-rr-) **1** 異議を唱える (object) 〈*to, at*〉. **2** …に訴答不十分の抗弁を申し立てる，…の法律効果不発生の訴答をする，妨訴抗弁を申し立てる；《主張された事実》の法的効果に異議を述べる；…の法的争点を争う．— *n* **1** 異議(の申し立て): make no ~ to… に異議を申し立てない / without [with no] ~ 異議なく． **2**《廃》DEMURRER[1]. [OF<L (*moror* to delay)]

de·mur·ra·ble /dɪmə́ːrəb(ə)l, -mɑ́r-/ *a* 訴答不十分の抗弁をなしうる，法律効果不発生訴答をなしうる，妨訴抗弁されうる，異議を唱えられる．

de·mur·rage /dɪmə́ːrɪdʒ, -mɑ́r-; -mɑ́r-/ *n* **1** 超過停泊，滞船． **2**《傭船者が船主に支払う》滞船料． [OF; ⇨ DEMUR]

de·mur·rant /dɪmə́ːrənt, -mɑ́r-; -mɑ́r-/ *n* 異議申立人；訴答不十分の抗弁[法律効果不発生訴答，妨訴抗弁]をする[した]訴訟当事者．

de·mur·rer[1] /dɪmə́ːrər, -mɑ́r-; -mɑ́r-/ *n* **1** 訴答不十分の抗弁，法律効果不発生訴答，妨訴抗弁《相手方の主張事実がすべて真実でも相手方主張の法律効果は発生しないとか，相手方の訴答が方式を守っていないといった理由で，当方はそれに応えて訴答する義務なしと主張する訴答；前者を GENERAL DEMURRER (訴答実体不十分の抗弁，概括的法律効果不発生訴答)，後者を SPECIAL DEMURRER (訴答方式不十分の抗弁，特定的法律効果不発生訴答) という；cf. CONFESSION AND AVOIDANCE, DENIAL, TRAVERSE》. ▶ JOINDER IN DEMURRER ((訴答不十分の抗弁[法律効果不発生訴答]による)争点の決定) / JUDGMENT ON DEMURRER (訴答不十分の抗弁[法律効果不発生訴答]に基づく判決) / SPEAKING DEMURRER (未主張事項提出による訴答不十分の抗弁). **2** 異議：put in a ~ 異議を申し立てる．[OF *demorer* (v); ⇨ DEMUR]

de·mur·rer[2] /dɪmə́ːrər/ *n* 異議申立人；訴答不十分の抗弁[法律効果不発生訴答，妨訴抗弁]をする[した]者．[DEMUR]

demúrrer bòok 〖史〗(訴答不十分の抗弁[法律効果不発生訴答，妨訴抗弁])争点記録．

demúrrer óre ténus 口頭による訴答不十分の抗弁[法律効果不発生訴答]，口頭妨訴抗弁．[⇨ ORE TENUS]

demúrrer to évidence 証拠提出後の訴答実体不十分の抗弁，証拠提出後の法律上敗訴当然の旨の抗弁，証拠提出後の妨訴抗弁，立証妨訴抗弁．

demúrrer to indíctment 正式起訴状棄却申答[申し立て]，正式起訴状に対する犯罪不構成の訴答．

demúrrer to interrógatories 《証人による》証人尋問異議(理由)，証人尋問に対する異議(理由)．

demúrrer to pléa 答弁不十分の抗弁 (cf. DEMURRER TO SUBSTANCE).

demúrrer to súbstance 実体不十分の抗弁 (cf. DEMURRER TO PLEA).

demúrrer upon pléading 訴答不十分の抗弁，訴答に対する妨訴抗弁．

de·mùtual·izátion /di-/ *n* 相互保険会社 (mutual insurance company) の株式会社化；〖英〗相互組合 (mutual society) の公開会社 (public company) 化． **de·mútual·ize** *vt, vi*

den denied.

de·nàtional·izátion /di-/ *n* **1** 国籍剥奪，国籍喪失《厳密には国籍放棄は含まない》． **2** 非国有化，非国営化，私有[民営]化；国の統制権撤回．

DenD [F *Docteur en droit*] Doctor of Laws.

de·ni·able /dɪnáɪəb(ə)l/ *a* 否認[否定，拒否，拒絶]できる． **de·nì·a·bíl·i·ty** *n*《違法な行為について特に 政府高官などが》関係を否認することができること[権利，能力]，法的否認権．

de·ni·al /dɪnáɪəl/ *n* **1** 否認，否定《特に 原告主張事実の被告による否認；cf. DEMURRER, TRAVERSE》；拒否，拒絶，不同意：~ of human rights 人権を認めないこと，人権の否認．▶ ARGUMENTATIVE DENIAL (推論的否認) / CONJUNCTIVE DENIAL (結合的否認) / DISJUNCTIVE DENIAL (択一的否認) / GENERAL DENIAL (概括的否認) / SPECIFIC DENIAL (特定的否認). **2**《自分の家族・国家などとの関係の》否認，絶縁，勘当．

denial of jústice 裁判拒否《一般的意味のほか，特に国際法上領域国の司法機関が外国人に対して国際法上必要とされる司法上の保護を与えないこと》．

denial of sérvice attáck サービス拒否攻撃，DoS 攻撃《特に商業ウェブサイトに一度に大量のデータを送りシステムを機能不全に陥らせること；略 DoS attack》．

den·i·za·tion /dènəzéɪʃ(ə)n/ *n* 国籍付与；外国人居住者としての認定 (⇨ DENIZEN). ▶ LETTER OF DENIZATION (国籍付与状).

den·ize /dénaɪz, dɪnáɪz/ *vt*《廃》DENIZEN.

den·i·zen /dénəz(ə)n/ *n* **1** 住民, 居留者. **2**《古》出生による国民;《米》(一定の権利を与えられたり, 常住している)外国人居住者;《英史》国籍取得者(帰化人と異なり生来の国民と外国人との中間的存在). — *vt* denizen として認める, …に国籍を付与する. **~·ship** *n* [AF<OF (L *de intus* from within)]

Dén·man's Àct /dénmənz-/《英史》**1** [Lord ~] デンマン(卿)法 (=EVIDENCE ACT, 1843). **2** [Mr. ~] デンマン(氏)法 (=CRIMINAL PROCEDURE ACT, 1865).

de no·cu·men·to amo·ven·do /di nàkjuméntou æməvéndou, deɪ-/《英》**不法妨害除去令状**; 生活妨害差止令状. [L=of abatement of a nuisance]

de·nom·i·na·tion /dɪnɑ̀mənéɪʃ(ə)n/ *n* **1** 命名; 名称, 名義 (name). **2**《特定の名称を有する》種類, 部類, 種目. **3**《重量·尺度·通貨などの》単位名; 金種区分, 額面金額: small ~ banknotes. **4** 組織体, 派,《特に》教派, 宗派.

De non ap·pa·ren·ti·bus et non ex·is·ten·ti·bus ea·dem est ra·tio. /di nán æpərɛ́ntibəs ɛt nán ɛgzɪsténtɪbəs iéɪdəm ɛst réɪʃiou/ (証拠によって)明らかにされないものと(実際に)存在しないものについては, 理は同じである. [L=Of things that do not appear and things that do not exist, the rule is the same.]

de·nounce /dɪnáuns/ *vt* **1 a** 公然と非難する, 弾劾する, 糾弾する, 罵倒する〈*for*〉: ~ sb *as* a crook. **b** 告発する, 訴える. **2**〈条約などを〉廃棄する,〈休戦などの〉終了を宣言[布告]する, 廃棄通告をする;《古》…の警告を与える. **~·ment** *n* **de·nun·ci·a·tion** /dɪnʌ̀nsiéɪʃ(ə)n/ *n* **de·nóunc·er** *n* **de·nún·ci·à·tive** /-ətɪv/, **de·nun·ci·a·to·ry** /dɪnʌ́nsiətò:ri/, -t(ə)ri/ *a* 非難的, 弾劾的の. [OF<L (*nuntio* to make known)]

de no·vo /di nóuvou, deɪ-/ *adv, a* **1** あらためて, 新たに[な], 初めから(の), 再び, 再度(の). **2**《上位の裁判所[行政機関]で初めて係属したのと同様に, 別途新規に審理[聴聞]をやり直す》覆審の, 覆審的 (cf. *clearly* ERRONEOUS). ▶ HEARING DE NOVO (覆審的審理[聴聞]) / TRIAL DE NOVO (覆審) / VENIRE (FACIAS) DE NOVO (新陪審召集令状). [L=anew]

de nóvo judícial revìew《行政府の行為の》覆審的司法審査.

déntal identificátion 歯牙同定, 歯科の識別《死体確認の一方法》.

de·nu·mer·a·tion /dɪn(j)ù:məréɪʃ(ə)n/ *n* 即金支払い.

de·ny /dɪnáɪ/ *vt* 否認する, 否定する, 打ち消す;〈要求などを〉拒む, 拒絶する: be *denied* the right to see one's lawyer.

de·o·dand /díːədænd/ *n*《史》贖罪物《人の直接死因となった動産で, 国王が没収権を有した; 英国では 1846 年法で廃止; 元来は神に捧げられるものの意》. [AF (L *Deo dandum* to be given to God)]

de odio et atia /di óudiou ɛt éɪʃ(i)ə/《史》拘禁理由審査令状《シェリフ (sheriff) 宛ての令状で, 謀殺 (murder) のかどで拘禁されている者が正当な嫌疑によっているのか単なる嫌悪と悪意によっている (propter odium et atiam) のかを審査させたもの; 審査結果によって保釈を命じることになった》. [L=of hatred and malice]

de onerando pro rata portionis ⇨ ONE-RANDO PRO RATA PORTIONIS.

dep. department ♦ deposit ♦ depositary ♦ deposition ♦ deputy.

de·part /dɪpɑ́ːrt/ *vi* **1**〈人·列車など〉出発する (start)〈*for* London〉;《米》《英文語》立ち去る, 死ぬ. **2**〈常道·習慣などから〉はずれる, 逸脱する,〈計画などから〉それる〈*from*〉. — *vt* …を去る.

de·part·ment /dɪpɑ́ːrtmənt/ *n* **1**《公共機関·会社機構の》部門, …部;《英》局, 課;《米》《行政組織, 特に連邦政府の》省;《大学の》学科. ▶ CRIMINAL INVESTIGATION DEPARTMENT (刑事部) / DEFENSE DEPARTMENT (国防(総)省) / GOVERNMENT DEPARTMENT (省) / INTERIOR DEPARTMENT (内務省) / JUDGE ADVOCATE GENERAL'S DEPARTMENT (軍主任法務官室) / JUSTICE DEPARTMENT (司法省) / LAND CHARGES DEPARTMENT (土地登録局) / LEGAL DEPARTMENT (法務部) / NAVY DEPARTMENT (海軍省) / STATE DEPARTMENT (国務省) / TREASURY DEPARTMENT (財務省). **2**《デパートなどの》…売場: furniture ~. **3** 地方行政区分;《フランス》県 (F **dé·parte·ment** /F departəmɑ̃/).

de·part·ment·al /dɪpɑ̀ːrtméntl, diː-; diː-/ *a* 部門[省, 局, 県]の; 部門別の.

Depártment for Búsiness, Innovátion and Skills [the ~]《英》企業·刷新·技能省.

Depártment for Commúnities and Lócal Góvernment [the ~]《英》地域共同体·地方行政省.

Depártment for Constitútional Affáirs [the ~]《英史》憲法問題省 (2003 年創設; 大法官 (Lord Chancellor) がその長; 2007 年にその職務は新設の司法省 (Ministry of Justice) に移されている; 略 DCA].

Depártment for Educátion [the ~]《英》教育省.

Depártment for Énergy and Clímate Chànge [the ~]《英》エネルギー·気候変動省.

Depártment for Envíronment, Fóod and Rúral Affáirs [the ~]《英》環境·食糧·田園省.

Depártment for Internátional Devélopment [the ~]《英》国際開発省.

Depártment for Tránsport [the ~]《英》運輸省《略 Dft》.

Depártment for Wórk and Pénsions [the ~]〖英〗労働・年金省.

Depártment of Ágriculture [the ~]〖米〗農務省(略 DA, DOA).

Depártment of Cómmerce [the ~]〖米〗商務省.

Depártment of Defénse [the ~]〖米〗国防(総)省(=Defense Department)《陸・海・空の3軍を統括する中央省庁; 略 DOD》.

Depártment of Education [the ~]〖米〗教育省.

Depártment of Énergy [the ~]〖米〗エネルギー省《略 DOE》.

Depártment of Héalth [the ~]〖英〗保健省.

Depártment of Héalth and Húman Sérvices [the ~]〖米〗保健福祉省.

Depártment of Hómeland Secúrity [the ~]〖米〗国土安全保障省《2002年法で創設され, 2003年から活動している連邦政府の省庁で, 領域内の安全の責任部局; 長は閣僚級; 略 DHS》.

Depártment of Hóusing and Úrban Devélopment [the ~]〖米〗住宅都市開発省(略 HUD).

Depártment of Jústice [the ~]〖米〗司法省(=Justice Department)《略 DOJ》.

Depártment of Lábor [the ~]〖米〗労働省《略 DOL》.

Depártment of Státe [the ~]〖米〗国務省(=State Department)《日本などの外務省に相当; 全省中最も早く1789年に創設; 国務長官(Secretary of State)を長とし, 長官は閣僚ランクとして第1位; 略 DOS; cf. FOREIGN AND COMMONWEALTH OFFICE, FOREIGN OFFICE》.

Depártment of the Intérior [the ~]〖米〗内務省(=Interior Department)《自然と資源の保護, 公園, アメリカ先住民問題などを担当; 略 DOI》.

Depártment of the Tréasury [the ~]〖米〗(合衆国)財務省(=Treasury Department)《1789年創設; 単に Treasury ともいう》.

Depártment of Tráde and Índustry [the ~]〖英史〗貿易産業省.

Depártment of Transportátion [the ~]〖米〗運輸省(略 DOT).

Depártment of Véterans Affáirs [the ~]〖米〗退役軍人省《退役軍人およびその家族の支援のための連邦の独立機関; 旧称 Veterans Administration; 略 VA》.

de·par·ture /dɪpɑ́ːrtʃər/ n **1** 出発;《方針などの》新発展. **2 a** 離脱, 逸脱, 違背, 背反〈from〉. **b** 訴答逸脱《従前の主張あるいは証拠と矛盾すること》. ▶ DOWNWARD DEPARTURE(下方逸脱量刑)/ FORBIDDEN DEPARTURE(禁じられている逸脱量刑)/ LATERAL DEPARTURE(側方逸脱量刑)/ UPWARD DEPARTURE(上方逸

脱量刑).

depárture in despíte of cóurt〖史〗裁判所侮辱的離廷《(物的訴訟(real action)の被告(tenant)がいったん出廷した後に召喚に応じないこと》.

de·pe·cage, dé·pe·çage /dèɪpəsáːʒ, dèpəsáːʒ/ n〖米〗分割適用《同一紛争の争点ごとに異なった州法を適用すること》. [F=dismemberment]

de·pec·u·la·tion /dɪpèkjəléɪʃ(ə)n/ n〖史〗《特に役人による》国家財産領得, 公金横領(cf. PECULATION).

de·pen·dant /dɪpéndənt/ n DEPENDENT.

de·pén·dence, de·pén·dance n 依存[従属](状態); 未決(状態).

de·pén·den·cy n **1** 依存, 従属; 被扶養関係, 被扶養状態. **2** 属領, 属国 (cf. COMMONWEALTH, TERRITORY).

depéndency dedúction〖税制〗扶養控除(額).

depéndency exémption〖税制〗扶養控除.

de·pénd·ent a 《他に》たよっている, 依存している, 従属的な, 隷属的な(opp. independent). ── n 他人によって[従属して]いる人; 扶養家族, 被扶養者; 召使, 従者. ★ dependant ともつづられるが, 《米》では -ent が標準的, 《英》では従来は -ant が標準表記. ▶ LAWFUL DEPENDENT(法定被扶養者)/ LEGAL DEPENDENT(被扶養権者).

depéndent condítion〖契約当事者双方にとって約因(consideration)となる〗相互条件《特に 相手方が履行するまで履行義務が発生しない依存的条件を指す》.

depéndent cóntract 依存契約, 相互契約《他方の契約を条件としている, ないしは他方の契約に依存している契約》.

depéndent cóvenant 先履行的(捺印)契約[約款], 相互的(捺印)契約[約款]《約束履行の義務発生が相手方の先立つ履行に依存する約款》.

depéndent intervéning cáuse 依存的独立参入原因《不法行為がなされた場合に, 不法行為者の行為とその結果発生との間に介在した偶発事故ないしは権利侵害行為であるが, 加害者の責任にはなんら影響を与えぬ原因; cf. INTERVENING CAUSE》.

depéndent prómise 依存約束, 相互約束.

depéndent rélative revocátion《遺言の》依存相対的撤回(の原則)《遺言撤回が絶対的でなく条件付きであることが明白である場合, 例えば新しい遺言をなしたので古い遺言はそれで撤回したと信じたが, 新しい遺言が無効であるなどの理由でその思い込みが誤りであるような場合の, コモンロー解釈原則; この原則に従えば遺言撤回は無効となり, 撤回されたと思われている遺言が依然有効である》.

depéndents' lèave‖ 扶養家族休暇《扶養家族(dependent)の病気等の理由で被用者は無給休暇をとる権利がある》.

depéndent státe 従属国(家)(=NONSOVEREIGN STATE).

depéndent térritory 属領《例えば イギリス連邦

de·pla·no /diː pléɪnoʊ, deɪ pláː noʊ/ *adv* 1 《ローマ法》略式で. 2 《史》明らかに. 3 《史》通謀して. 4 《スコットランド》直ちに. [L=from ground level]

de·plete /dɪplíːt/ *vt* 〈勢力・資源などを〉激減させる, 消耗する; …から〈資源などを〉涸渇させる, 空にする 〈*of*〉. **de·plét·able** *a* **de·plé·tive, -plé·to·ry** *a* 涸渇[消耗]させる. [L *plet- pleo* to fill)]

de·ple·tion /dɪplíːʃ(ə)n/ *n* 1 水分減少(状態), 涸渇, 消耗, 減耗. 2 減耗償却(費). ▶ PERCENTAGE DEPLETION (割合減耗償却).

de·pone /dɪpóʊn/ *vt, vi* 《スコットランド》宣誓の上〈文書〉供述[証言]する.

de·po·nent /dɪpóʊnənt/ *n* 1 証人 (witness), 《特に》文書による証言者. 2 証言録取書 (deposition) による証言者. [L *depono* to put down, lay aside]

de·port /dɪpɔ́ːrt/ *vt* 〈外国人を〉国外に退去させる, 追放する. **~·able** *a* 〈犯罪が〉国外追放に値する; 〈外国人が〉(国外)退去強制されうる: a *~able* alien. [OF<L (*porto* to carry)]

de·por·ta·tion /dìːpɔːrtéɪʃ(ə)n/ *n* (国外)退去強制, (国外)強制退去, 国外追放 (cf. EXPATRIATION, EXPULSION, REPATRIATION, TRANSPORTATION); 流刑: be sentenced to ~.

deportátion òrder 国外退去命令.

de·por·tee /dìːpɔːrtíː/ *n* 国外退去させられた人, 国外退去を命じられた人; 流刑者.

de·pose /dɪpóʊz/ *vt* 1 〈人を〉高位から退ける, (権力の座から)退陣させる, 〈王を〉廃位する (dethrone); 追放する. 2 宣誓の上文書で供述する, 証言録取書の形で供述する, 証言する; 〈法廷で〉証言する. 3 〈証人の〉証言を録取する; 証言録取書の形で[を通して]…の証言を得る (cf. EXAMINE). — *vi* 《特に 文書で》宣誓証言をする, TESTIFY: ~ *to* having seen it それを見たと証言する. **de·pós·able** *a* 廃しうる; 証言しうる. [OF<L (*posit- pono* to put)]

de·pos·it /dɪpázət/ *vt* 1 置く (place) 〈*on, in*〉; 〈硬貨を〉挿入する; 〈郵便を〉投函する. 2 〈金などを〉預ける, 供託する; 《著作権》著作物の複製物を〈議会図書館などに〉納入する; 手付金として払う: ~ one's will with one's counsel 遺言書を弁護士に託す. — *n* 1 《契約履行の》保証金; 手付け: leave 500 dollars as ~. ▶ SECURITY DEPOSIT (敷金; 保証金). 2 《無償の》寄託; 受寄物 (cf. BAILMENT). ▶ COPYRIGHT DEPOSIT (納本) / GENERAL DEPOSIT (消費寄託) / INVOLUNTARY DEPOSIT (非任意寄託) / NECESSARY DEPOSIT (必要寄託) / SPECIAL DEPOSIT ((特定)寄託) / VOLUNTARY DEPOSIT (任意寄託). 3 **a** 預かり, 保管, 供託, 預託. **b** 供託[預託]金; 保管所, 倉庫. ▶ LOST DEPOSIT (供託金没収; 没収供託金) / SAFE DEPOSIT (貴重品保管所). 4 預け入れ(金), 預金: SAFE-DEPOSIT BOX. ▶ BANK DEPOSIT (銀行預金) / CERTIFICATE OF DEPOSIT (預金証書; 譲渡可能定期預金証書) / DEMAND DEPOSIT (要求払い預金) / FIXED DEPOSIT (確定利付き預金) / TIME [TERM] DEPOSIT (定期預金; 通知預金). **for** ~ 預金のために〈流通証券の裏書で, 制限的裏書 (restrictive endorsement) の一つ〉. [L (*posit- pono* to put)]

depósit accòunt 通知[定期]預金 (略 DA, D/A).

de·pos·i·tary /dɪpázətèri/ -t(ə)ri/ *n* 受託者, 預り主 (cf. DEPOSITOR, DEPOSITORY).

depósitary bánk 取立て受任銀行 《手形・小切手の受取人または所持者からその取立てを最初に依頼された銀行》.

depósit bòok 預金通帳.

depósit in cóurt 《(訴訟未決の間の)》裁判所への供託.

depósit insúrance 預金保険《金融機関が保険料を積み立て, 支払不能に陥った金融機関の預金者に一定限度までの払戻しをする保険》.

dep·o·si·tion /dèpəzíʃ(ə)n, dìː-/ *n* 1 官職剥奪, 罷免; 廃位. 2 《cf. EXAMINATION》 **a** 宣誓証言, 《広く》宣誓供述書 (=AFFIDAVIT). **b** 証言録取書, 供述録取書 (cf. AFFIDAVIT): take a ~ 証言録取書の形で証言を得る. **c** 証言録取. ▶ APEX DEPOSITION (会社トップの証言取(書)) / ORAL DEPOSITION (口頭質問に答えての証言録取書) / 30 (b)(6) DEPOSITION (連邦民事訴訟手続き規則第 30 条 (b)(6) 項の証言録取書). 3 《有価証券などの》供託, 預託; 供託物, 預託物. **~·al** *a*

deposítion de béne ésse 条件付きの証言録取書《定められた日の審理には出席できそうもない人からあらかじめ得ておく証言録取書; もし当日証人が出廷できなかった場合には審理の際法廷でその証言が読み上げられるという了解の下で録取される; cf. DE BENE ESSE, TESTIMONY DE BENE ESSE》.

deposítion on wrítten quéstion 文書による質問に答えての証言録取書 (cf. ORAL DEPOSITION).

depósit of cópy 《著作権》《議会図書館などへの》著作物の複製物の納入.

depósit of títle dèeds 《(担保としての)》権原証書寄託.

de·pos·i·tor /dɪpázətər/ *n* 預け主, 預金者, 供託者, 寄託者 (cf. DEPOSITARY).

de·pos·i·to·ry /dɪpázətòːri/ -t(ə)ri/ *n* 受託所, 保管所 (cf. DEPOSITARY).

depósitory bònd 《米》預金保証証書《州あるいは地方公共団体からの預金に対して銀行が支払不能の場合もその額を保証する証書》.

depósitory-tránsfer chéck 預金移動小切手《銀行の支店から資金を取立て銀行 (collecting bank) に移動させるために用いられる無署名の非流通小切手》.

Depósitory Trúst Corporàtion [the ~] 《米》証券取引決済会社 (略 DTC).

Depósit Protéction Bòard [the ~] 《英》預金保護委員会《銀行が拠出した基金を基に破綻した銀行の

預金者に預金の4分の3を保証する制度を運用する委員会; 1987年法で設立》.

depósit recèipt 預託金[供託金]領収証; 預金証書.

de·pos·i·tum /dɪpázətəm/ *n* 〖ローマ法〗《(無償の)寄託》 (=GRATUITOUS BAILMENT). [L=deposit]

de·prave /dɪpréɪv/ *vt* 中傷する; 堕落させる, 腐敗させる; 《特に教会法上》侮辱する. **de·prav·i·ty** /dɪprǽvəti/ *n*

de·práved *a* **1** 〈人が〉堕落した, 不良の, 倒錯した. **2** 〈犯罪が〉邪悪な, 異常な.

depráved-héart múrder 人命軽視謀殺 (**depráved-indífference múrder**) (=unintentional murder).

de·pre·ci·a·ble /dɪpríːʃɪəb(ə)l/ *a* 値下がりのありうる; 《課税上》減価見積もりしうる: ~ property.

de·pre·ci·ate /dɪpríːʃɪeɪt/ *vt* **1** 〈物品の〉(市場)価値[評価]を低下させる[減ずる] (opp. *appreciate*); 《課税上》〈資産〉の減価見積もりをする. **2** 〈通貨〉の購買力を減ずる, 切り下げる.

de·pre·ci·a·tion /dɪpriːʃɪéɪ(ə)n/ *n* **1** 《(価格・価値の)下落, 減価 (cf. AMORTIZATION, APPRECIATION, OBSOLESCENCE); 《有形固定資産の》減価償却(費)》 (cf. AMORTIZATION, COST RECOVERY). ▶ ACCELERATED DEPRECIATION (加速減価償却) / ACCUMULATED [ACCRUED] DEPRECIATION (減価償却累計額) / ANNUAL DEPRECIATION (年次減価償却) / FUNCTIONAL DEPRECIATION (機能的減価) / STRAIGHT-LINE DEPRECIATION (定額減価償却). **2** 軽視, 軽蔑.

depreciátion mèthod 〖会計〗減価償却方法 《減価償却資産に適用される減価償却方法; 以下のものがある; cf. USEFUL LIFE》. ▶ ACCELERATED DEPRECIATION METHOD (加速減価償却法) / DECLINING-BALANCE DEPRECIATION METHOD (定率減価償却法) / DOUBLE-DECLINING DEPRECIATION METHOD (倍率残高逓減減価償却法) / STRAIGHT-LINE DEPRECIATION METHOD (定額減価償却法).

depreciátion resérve 減価償却引当金, 減価償却準備金.

dep·re·da·tion /dèprədéɪʃ(ə)n/ *n* 略奪.

de·pres·sion /dɪpréʃ(ə)n/ *n* 不況(期), 不景気 (cf. RECESSION).

dep·ri·va·tion /dèprəvéɪʃ(ə)n, diːpraɪ-/ *n* **1** 奪取, 剝奪. **2** 免職, 解任, 降等, (特に)聖職剝奪, 聖職禄剝奪. **3** 喪失, 欠損; 窮乏[耐乏](生活), 貧困. **~·al** *a*

de·prive /dɪpráɪv/ *vt* **1 a** …から〈…を〉奪う, 剝奪する 〈*of*〉. **b** …の聖職を剝奪する. **2** …に〈…を〉はばむ, 拒む 〈*of*〉.

de·príved *a* 恵まれない.

depríved chíld 《適正な保護・監護などがなされず》正常な家庭環境に恵まれていない子 (cf. NEGLECTED CHILD).

De·prí·zio dòctrine /dɪpríːzioʊ-/ 〖米〗デプリツィオ事件の法理 《破産手続開始の90日を超える以前に外部債権者に支払いをした場合にも, もしその支払いが内部債権者に利益をもたらすものであるならば, 偏頗的移転 (preferential transfer) として取消可能であるという準則; 1989年の判例 In re V.N. Deprizio Constr. Co. の名称より》.

dept department ◆ deponent.

de·pute¹ /dɪpjúːt/ *vt* **1** 〈人を〉代理者[代表者]とする, …に代理を命ずる. **2** 〈仕事・職権を〉委任する.

dep·ute² /dépjuːt/ *n* 〖スコットランド〗 DEPUTY.

dep·u·tize /dépjətàɪz/ *vi* 代理をつとめる 〈*for*〉: ~ for John Smith. — *vt* 〈人〉に代理を命ずる.

dep·u·ty /dépjəti/ *n* **1** 代理(職); 副官, 次官, DEPUTY SHERIFF: by ~ 代理で, 代理人として / act as ~ for the chairman [as the chairman's ~]. **2** 《フランス・イタリアなどの》代議士.

députy assistant commíssioner 〖英〗《ロンドン警視庁の》副警視監 (⇒ POLICE).

Députy Attórney Géneral 〖米〗司法次官.

Députy Mínister 《カナダの》事務次官 《英国の Permanent Secretary に相当》.

Députy Présidend of the Supréme Cóurt (of the United Kíngdom) 〖英〗《連合王国》最高裁判所副長官 (⇒ SUPREME COURT (OF THE UNITED KINGDOM)).

Députy Príme Mínister 〖英〗首相代理.

Députy Sécretary 〖英〗局長 《事務次官 (Permanent Secretary) の下位; ⇒ SECRETARY》.

députy shériff シェリフ(臨時)代理 (cf. UNDERSHERIFF, SHERIFF).

Députy Spéaker 《英国庶民院の》副議長.

de·raign /dɪréɪn/ *vt* [darraign, darrain ともつづる] 《廃》 **1** 《特に決闘審判 (trial by battle) によって》立証する, 〈権利を〉主張する, …に対する権利を主張する, 〈相手方の主張を〉論駁する, …に反証を挙げる; 〈特に決闘によって主張[権利]を争う[立証する], 〈問題に〉決着をつける. **2** 〈決闘を〉する; 〈軍隊を〉配置する. **3** 〈聖職を〉剝奪する. **~·ment** *n* 《廃》《(権利の, 特に決闘審判による)立証, 主張.

de·recognítion *n* 労働組合の団体交渉権否認(手続き) (cf. RECOGNITION PROCEDURE).

de rec·to /diː réktoʊ/ 〖史〗権利令状 (=WRIT OF RIGHT). [L=of right]

de récto de dóte /diː-/ 〖史〗寡婦産回復権利令状 (=WRIT OF RIGHT OF DOWER). [L=of right of dower]

de·regulátion *n* 規制緩和, 規制撤廃, 自由化. **de·régulate** *vt*

der·e·lict /dérəlɪkt/ *a* **1** 遺棄[放棄]された. **2** 義務感の欠如した, 職務怠慢の, 無責任な. **3** 荒れはてた, 荒廃した. — *n* **1** 遺棄物, (特に)遺棄船舶, (特に)船舶または積荷の遺棄. ▶ QUASI DERELICT (準遺棄船舶). **2** 減水増地 《海岸線などの後退で露出した新地》. **3** (社会に)

見捨てられた者，《人生の》落伍者，《家も職もない》浮浪者，無宿者．～**·ly** *adv* ～**·ness** *n* [L; ⇨ RELINQUISH]

der·e·lic·tion /dèrəlíkʃ(ə)n/ *n* **1** 放棄, 遺棄, 《特に》船舶または積荷の遺棄. **2** 減水増地(の生成[取得]) (cf. RELICTION). **3** 職務[義務]怠慢; 欠点.

derelíction of dúty 職務[義務]怠慢: guilty of gross ～ 重大な職務[義務]怠慢を犯した.

De·ri·va·ti·va po·tes·tas non po·test es·se ma·jor pri·mi·ti·va. /dɛrìvətáivə pətéstèis nan pátɛst ɛ́sə méidʒə:r prìmɪtáivə/ 派生的権能はそれが由来する権能よりも大きなものではありえない. [L＝A derivative power cannot be greater than that from which it is derived.]

de·riv·a·tive /dɪrívətɪv/ *a* 派生的な. — *n* **1** 派生物. **2** 金融派生商品, デリバティブ (＝derivative instrument, derivative security). **3** 二次的[派生的]著作物 (＝DERIVATIVE WORK). ～**·ly** *adv* 派生的に. ～**·ness** *n*

derívative acquisítion 《権利の》派生取得 (⇨ ACQUISITION).

derívative áction 派生訴訟 (＝derivative suit) 《**1** 受託者に属する権利を実行すべきことを求める受益者の訴訟; 特に 会社が第三者に対してなんらかの措置をとるべきであるのに怠っている場合に, 会社の株主が会社の取締役に対してその責任の履行を求める訴訟; この場合は株主派生訴訟 (shareholder('s) [stockholder('s)] derivative suit [action] あるいは (株主)代表訴訟 ((shareholders' [stockholders']) representative action [suit]) ともいう; また representative action (代表訴訟) がこの意味で用いられることもある; cf. DERIVATIVE CLAIM, DIRECT ACTION **2** 第三者による妻への権利侵害から生ずる配偶者権の喪失 (loss of consortium) に基づく夫の訴訟のように, 他人に対する権利侵害から派生する訴訟》．▶ STATUTORY DERIVATIVE ACTION (制定法上の派生訴訟).

derívative cláim 《英》派生訴え 《2006 年法に基づき会社構成員 (company member) が会社に対してなされた権利侵害に対して会社に代わって起こす訴え (claim); 派生訴訟 (derivative action) の一つである; cf. REPRESENTATIVE CLAIM》．

derívative cóntraband 派生的禁制品 《違法行為遂行の過程で用いられるゆえにその所持が違法である物; cf. CONTRABAND PER SE》．

derívative convéyance 派生的不動産譲渡 (＝SECONDARY CONVEYANCE).

derívative déed 派生的(捺印)証書, 派生的不動産譲渡(捺印)証書.

derívative defénse 派生的防御 《訴追側が証明せねばならない犯罪成立要件を論駁する防御》．

derívative estáte 派生不動産権 (⇨ ORIGINAL ESTATE).

derívative évidence 《違法な捜査押収からの, し

たがって証拠として許容されない》派生証拠 (cf. EXCLUSIONARY RULE, FRUIT-OF-THE-POISONOUS-TREE DOCTRINE).

derívative ínstrument ＝DERIVATIVE.

derívative-jurisdíction dòctrine 《米》派生的管轄権の法理 《州裁判所から移送される場合に, 事件が当該州裁判所の事物管轄権 (subject matter jurisdiction) に属していない限りは移送されえないという原則》．

derívative liabílity 派生的責任 《権利侵害を受けた本人以外の者がその救済を受けうる権利を有している法的責任》．

derívative posséssion 他主占有, 代理占有 《権原 (title) を有さぬ者による合法的占有》．

derívative secúrity ＝DERIVATIVE.

derívative súit 派生訴訟 (＝DERIVATIVE ACTION), 《特に》株主派生訴訟 (shareholder('s) [stockholder('s)] derivative suit).

derívative títle **1** 派生的権原 (⇨ ORIGINAL TITLE). **2** 派生的権原の原則 《財産権の被移転者は移転者が有していた権原を超える権原を取得しないという原則》．

derívative trúst 派生信託 (＝SUBTRUST).

derívative wórk 二次的著作物, 派生的著作物 《編曲・映画化・小説化・脚色・翻訳・抄録など; それ自体が著作権の対象となりうる; 単に derivative ともいう; cf. ADAPTATION RIGHT, COMPILATION, SUBSIDIARY RIGHTS》．

de·rive /dɪráɪv/ *vt* 《他のもの・根源から…を》引き出す, 得る 《*from*》; 《結論などを》論理的に導く, 推論する, 演繹する 《*from*》; …の由来をたどる, 起源を跡づける 《*from*》. — *vi* 由来[派生]する 《*from*》. [OF *deriver* to spring from or L (*rivus* stream)]

der·o·gate /dérəgèɪt/ *vi* **1** 《…から》価値・名声をそこなう[傷つける, 減損する] 《*from*》. **2** 《標準・原則から》逸脱する, 堕落する 《*from*》. — *vt* 《法を》一部修正する, 《法》の効果を減殺する. [L *de-*(*rogo* to ask)＝to repeal some part of a law]

der·o·ga·tion /dèrəgéɪʃ(ə)n/ *n* **1** 《価値・名声・権威などの》減損, 低下; 逸脱, 堕落; 《財産・権利の》価値毀損. **2** 非難, 軽蔑. **3** 《法の》一部修正, 《法・契約の》効果減殺; 潜脱: ～ of responsibility 責任回避.

de·róg·a·to·ry cláuse /dɪrɑ́gətɔ̀:ri-; -t(ə)ri-/ **1** 《国際法》《条約の》留保条項. **2** 《遺言書などの》変更制限条項 《秘密裡に挿入され, 変更あるいは撤回する場合には同一条項を文言通り繰り返しかつこの条項を破棄する旨が記されていなければならないとする条項》．

des·cend /dɪsénd/ *vi* **1** 《人が》…の血統[出自]である 《*from*, *of*》. **2** 《財産(権)が》無遺言相続される 《*from*…*to*…》.

de·scen·dant, -dent /dɪséndənt/ *n* **1** 子孫, 末裔 (opp. *ancestor*). **2** 直系卑属 (＝lineal descendant) (cf. ASCENDANT).

descendibílity of fúture ínterests 将来権の無遺言相続可能性.

descénd·ible *a* 〈財産(権)が〉〈子孫に〉伝えうる, (無遺言)相続されうる.

de·scent /dɪsént/ *n* **1** 家系, 血統 〈*from*〉;《家系での》一世代: in direct ～ *from*…からの直系で / of Irish ～ アイルランド系の / a man of high ～ 門閥家の人 / British by ～＝of British ～. **2** 無遺言不動産[物的財産]相続, (物的財産)法定相続 (cf. ASCENT, DISTRIBUTION, INTESTATE SUCCESSION). ► ASSETS BY DESCENT (捺印債務証書に基づく債務の責任を負うべき無遺言不動産相続遺産) / CANONS OF DESCENT (無遺言不動産相続順位則) / COLLATERAL DESCENT (傍系血族による無遺言不動産相続) / IMMEDIATE DESCENT (無遺言不動産直接相続) / LINEAL DESCENT (直系血族による無遺言不動産相続) / MEDIATE DESCENT (無遺言不動産間接相続) / RULES OF DESCENT (無遺言不動産相続順位則) / TITLE BY DESCENT (無遺言不動産相続に基づく権原).

descént and distribútion 無遺言物的財産相続と無遺言人的財産相続, **無遺言相続**.

descént cást 〚史〛 **1** 無遺言不動産相続. **2** 不法占有不動産無遺言相続.

de·scrip·tion /dɪskrɪ́pʃ(ə)n/ *n* **1 a** 記述, 叙述, 記載, 描写;《商品の》説明(書), 解説: false ～ of contents. **b** 人相書: a ～ of the wanted man. ► FALSE TRADE DESCRIPTION (虚偽の商品表示) / MISDESCRIPTION (誤記) / SALE BY DESCRIPTION (説明付き販売) / TRADE DESCRIPTION (商品表示). **2** 土地表示 (＝LEGAL DESCRIPTION). ► LEGAL [LAND] DESCRIPTION (土地表示). **3** 種類 (kind); 等級 (class);《商品などの》銘柄.

descríption of invéntion《特許法》発明の表示[記載].

de·scríp·tio per·so·nae /dɪskrɪ́pʃioʊ pərsóʊni/《社長・支配人・代理人などといった》人の属性の説明 (cf. DESIGNATIO PERSONAE). 〔L＝description of the person〕

descríptive lábeling《商品の》記述的ラベル表示, 説明的品質表示.

descríptive márk《商標権に関する商標 (trademark) やサービスマーク (service mark) が一般的なことばで記述されているだけの》記述的標章 (cf. DESCRIPTIVE TRADEMARK, WEAK MARK).

descríptive trádemark 記述的商標 (⇨ DESCRIPTIVE MARK) (cf. WEAK TRADEMARK).

descríptive wórd《商標権にかかわる》記述的ことば.

des·e·crate /désɪkreɪt/ *vt* …の神聖を汚す, 冒瀆する. **dès·e·crá·tion** *n*

de·ségregate /di-/ *vi*《特に軍務・教育などで》人種差別を廃止する. — *vt* …における人種別[隔離](政策)をやめる.

de·segregátion /di-/ *n* 人種差別撤廃, 人種に基づく隔離・分離扱いの撤廃 (cf. SEGREGATION, INTEGRATION).

dè·seléct *vt* **1** *《研修生を》訓練計画からはずす, 研修期間中に解雇する. **2** 《政党が候補者, 特に現職議員の》公認を取り消す.

dè·seléction *n*《特に現職議員の》公認取消し: propose the ～ of a candidate.

de·sert /dɪzə́ːrt/ *vt*《職務・肉親などを》棄てる, 放棄する;〈人を〉見放す, 見捨てる;《軍隊・船などから》脱出[逃亡]する; …から去る[離れる]. — *vi* 義務[職務]を棄てる, (無断で)地位[持場]を去る,《軍》脱走[逃亡]する 〈*from*〉. 〔F＜L (*desert- desero* to leave, forsake)〕

desért·er *n* 遺棄者; 職場放棄者, 逃亡者, 脱走兵, 脱艦兵, 脱船者; 脱党者.

de·ser·tion /dɪzə́ːrʃ(ə)n/ *n* **1** 捨て去ること; 職場放棄, 脱走, 脱艦, 脱党. **2** 遺棄《配偶者・被扶養者に対する義務の意図的な放棄, 英国では特に配偶者に対していう; cf. ABANDONMENT》. ► CONSTRUCTIVE DESERTION (擬制遺棄) / CRIMINAL DESERTION (犯罪的遺棄) / MUTUAL DESERTION (相互遺棄). **3** 荒廃(状態).

de·serts /dɪzə́ːrts/ *pl* 当然の報い, 相応の罰 (＝JUST DESERTS). ► JUST DESERTS (当然の報い).

de·sign /dɪzáɪn/ *n* **1** デザイン, 意匠. ► REGISTERED DESIGN (登録意匠). **2** 設計, 構想; 計画, 企図. ► COMMON DESIGN (全般的設計構想). **3** 目的, 意図; [*pl*] 下心, 陰謀. ► COMMON DESIGN (共謀; 複数の犯罪を実行する意思) / FORMED DESIGN (確固とした殺意). **by** ～ 故意に, 計画的に, もくろんで (opp. *by accident*). — *vt* **1** …の下図を作る, デザインする. **2** 設計する; 計画する, 立案する. **3** もくろむ, 志す;《ある目的に》予定する 〈*for, to* be〉. ～ **around**《特許法》《特許物[製法]の》特許権を犯さぬ形で同一機能をもつ均等物を設計する.

dés·ig·nat·ed áir càrrier /dézɪgnèɪtəd-/《航空協定上の》指定航空企業.

désignated públic fórum 指定パブリック・フォーラム (＝limited forum, limited open forum, limited public forum)《道路・公園などのように伝統的な表現活動の場ではないが, 政府が表現活動の場として公衆の用に指定した, 例えば公立劇場・公立大学施設など; 伝統的パブリック・フォーラム (traditional public forum) の場合と異なり, ここでの表現活動の内容はフォーラムの性質に従って制限されうる; ⇨ PUBLIC FORUM; cf. TRADITIONAL PUBLIC FORUM》.

de·sig·na·tio per·so·nae /dèsɪgnéɪʃioʊ pərsóʊni/《名前ではなく類・範疇などによる》人を特定する文言《私の非嫡出子とか私の長男というごとし; cf. DESCRIPTIO PERSONAE》. 〔L＝designation of the person〕

Designatio uni·us est ex·clu·sio al·te·ri·us, et ex·pres·sum fa·cit ces·sa·re ta·ci·tum. /— júːniəs ɛst ɛkskluːʃioʊ æltériəs ɛt ɛksprésəm féɪsɪt sɛséɪriː tǽsɪtəm/ 一つのことの指示は他のことの排除であり, 明示されたことは黙示のことを消

滅させる．［L＝The designation of one is the exclusion of the other, and what is expressed makes what is implied to cease.］

desígn dèfect 設計上の欠陥．

de·sígn·ed·ly /-ədli/ *adv* 故意に，計画的に．

desígner drùg デザイナードラッグ，合成麻薬《規制対象の既存薬物に手を加え合成された合法的薬物》．

desígn pàtent《特許法》意匠特許(権)《製品の意匠の考案に対する特許(権)》; cf. UTILITY PATENT）．

desígn rìght 意匠権《物品の形・配置・模様・装飾を含む外観を法的保護する権利》; cf. REGISTERED DESIGN）．

De si·mi·li·bus idem est ju·di·ci·um. /di sɪmílɪbəs áɪdɛm ɛst ʤù:díʃiəm/ 類似の事件については判決は同一なり．［L＝Concerning similar things, the judgment is the same.］

de·sire /dɪzáɪər/ *vt* 願う，希望する；〈強く〉望む，欲する．

de·sist /dɪzíst, -síst/ *vi* やめる，停止する．［OF＜L DEsisto to stand apart (redupl)＜*sto* to stand］

de son tort /də sòun tɔ́:rt; F də sɔ̃ tɔ:r/ *adv, a* みずからの不法[不正]によって[による]．▶EXECUTOR DE SON TORT (無権遺産管理者) / TRUST DE SON TORT (自己の責めによる信託) / TRUSTEE DE SON TORT (自己の責めによる受託者). ［law F＝by a person's own wrong］

de son tort demesne /-dɪméɪn, -mí:n/ *adv* みずからの不法[不正]によって．［F＝by a person's own wrong］

despatch ⇨ DISPATCH.

désperate débt 回収見込みのない金銭債権[貸金]．

de·spite /dɪspáɪt/ *prep* …にもかかわらず (in spite of).
— *n* 侮辱，無礼；危害；軽蔑．　(in) **~ of** …にもかかわらず，…をものともせず．

de·spoil /dɪspɔ́ɪl/ *vt* …から略奪する，〈場所を〉荒廃させる: **~ sb *of* his rights** 人から権利を奪う．**~·ment** *n*

de·spo·li·a·tion /dɪspòuliéɪʃ(ə)n/ *n* 略奪，破壊．

des·pot /déspət, -pàt/ *n* 専制君主，独裁者；暴君．

des·pot·ic /dɛspátɪk, dɪs-/, **-i·cal** *a* 専制的な，独裁的な．

despótic mónarchy 専制君主制，専制君主政体；専制君主国．

des·po·tism /déspətɪz(ə)m/ *n* **1** 専制政治，独裁制 (cf. ABSOLUTISM). **2** 専制，圧制．

destinátion bìll (of láding)《荷積み地ではなく到達地その他の場所で発行される》到達地発行船荷[運送]証券．

destinátion còntract 到達地渡し契約《売主が到達地で目的物の引渡しをするまで責任を負う契約; cf. SHIPMENT CONTRACT》．

des·ti·tute /déstət(j)ù:t/ *a* 貧困な，貧窮の: **the ~** 貧困者．

dés·ti·tu·tive fáct /déstət(j)ù:tɪv-/ 権利喪失事実 (＝DIVESTITIVE FACT)．

destructibílity of contíngent remáinders 未確定残余権の消滅可能性(の準則)《未確定残余権 (contingent remainder) は，先行する不動産権が終了し，占有可能になった時点までに確定していない場合に，消滅するというコモンロー物的財産法上の準則; 米国ではほとんどの法域で，また英国でも廃止; この準則を廃止する制定法を一般に〈未確定残余権〉反消滅可能性法 (anti-destructibility statute) という》．

de·struc·ti·ble /dɪstrʌ́ktəb(ə)l/ *a* 破壊[壊滅，駆除]することができる．**de·strùc·ti·bíl·i·ty** *n*

destrúctible trúst 脆弱的信託《期限の到来，条件の成就，法の作用により終了・解除されうる信託》．

de·struc·tion /dɪstrʌ́kʃ(ə)n/ *n* 破壊，倒壊，破損，破棄；滅亡；殺すこと，駆除: **~ of evidence** 証拠の壊滅．▶CHILD DESTRUCTION (胎児殺害(罪)) / SELF-DESTRUCTION (自殺)．

des·ue·tude /déswɪt(j)ù:d, *dɪsú:ə-, ǁdɪsjú:ɪ-/ *n* **1** 廃止(状態)，廃絶，不用；《法律・条約の》不使用．**2** 不使用法[条約]終了(の法理)《長年の間不使用のまま事実上放置された法律は，たとえ明示的に廃止する旨の宣告がなされなくとも，裁判所はこれを現行法とみなさず適用しないという法理; 英国では制定法についてこの法理は否定されている; 条約についても同様のことが問題になりうる》．［F or L＝disuse］

Det Detective.

de·ta·chi·a·re /dɪtækiéəri/ *vt*《史》〈物を〉差し押える; 〈人を〉逮捕する．［L］

détailed asséssment (of cósts) /díːteɪld-/《英》(訴訟費用の)詳細査定(手続き)（⇒ ASSESSMENT OF COSTS).

de·tain /dɪtéɪn/ *vt* **1**〈人を〉引き留める，待たせておく；留置[抑留，拘禁]する: **The suspect was ~ed by the police for questioning.** **2**〈動産を〉留置する，〈不動産を〉占有する．［OF＜L *de-(tent- tineo＝teneo* to hold)＝to keep back］

de·tain·ee /dìː teɪní:, dɪ-/ *n* 被拘禁者，被抑留者．▶GHOST DETAINEE (幽霊被拘禁者) / SECRET DETAINEE (秘密被拘禁者)．

detáin·er *n* **1 a**《動産の》不法留置，《不動産の》(不法)占有．**b** (不法)占有[留置]者．▶FORCIBLE DETAINER (暴力的不動産不法占有; 不動産占有回復略式訴訟; 動産の不法留置) / FORCIBLE ENTRY AND DETAINER (暴力による不動産占有侵奪; 不動産占有回復略式訴訟)/ UNLAWFUL DETAINER (不法占有; 不法留置). **2 a** 拘禁，抑留．**b** 拘禁期間．**c** 拘禁者．**d** 拘禁続行令状《正式には **writ of ~**》．

de tal·la·gio non con·ce·den·do /di təléɪʤiou nɑn kànsədéndou/《史》承認されざるタレッジについての制定法《王国の一般的承認のない直接税の賦課禁止法; 1297年の二憲章の確認 (Confirmatio C(h)artarum) の一条項の別名で，議会課税承認権の根拠規定として重視されてきた》．［L＝of not granting tallage］

Det Con Detective Constable.

de·tect /dɪtékt/ *vt* 〈人の悪事などを〉見つける, 〈犯人を〉見つける, …の正体を見破る, 看破する; …の存在を発見する, 感知する, 検知[検出]する. ― *vi* 探偵をする. [L *de-*(*tect- tego* to cover)＝to uncover]

de·tec·tion /dɪtékʃ(ə)n/ *n* 看破, 探知, 発覚, 露見, 発見.

de·tec·tive /dɪtéktɪv/ *n* 探偵, 刑事, 捜査官, 調査官. ▶ PRIVATE DETECTIVE (私立探偵). ― *a* 探偵の, 刑事の. ★ 英国の警察における刑事の階級は下から D~ Constable, D~ Sergeant, D~ Inspector, D~ Chief Inspector, D~ Superintendent, D~ Chief Superintendent.

detéctive àgency 秘密探偵社, 人事興信所.

de tem·po·re cu·jus con·tra·ri·um me·mo·ri·a ho·mi·num non ex·is·tit /di témpəri k(j)úːʤəs kəntréəriəm məmóuriə hámənəm nɑn ɛgzístɪt/ 人間の記憶でこれに反するものが存在しない時以来《法的記憶の及ぶ限界は Richard 1 世の即位日 (1189 年 9 月 3 日) とされていた; ⇨ LEGAL MEMORY, TIME IMMEMORIAL》. [L＝from time whereof the memory of man does not exist to the contrary]

dé·tente, de- /deɪtɑ́ːnt/ ; F detɑ̃ːt/ *n*《国際関係などにおける》緊張緩和, デタント; 緊張緩和政策 (cf. ENTENTE). [F＝relaxation]

de·ten·tion /dɪténʃ(ə)n/ *n* 1《他人の物を》留め置くこと, 留置. 2 抑留, 拘禁, 拘置, 留置. ▶ HOUSE OF DETENTION (拘置所) / INVESTIGATIVE DETENTION (取調べ中の拘置) / LIBERTY AND FREEDOM FROM ARBITRARY DETENTION (恣意的拘禁からの自由) / PRETRIAL DETENTION (公判前拘置) / PREVENTIVE DETENTION (予防拘禁) / SECRET DETENTION (秘密拘禁) / TEMPORARY DETENTION (未決勾留) / WARRANT OF DETENTION (拘置令状). 3 少年院での拘置.

deténtion and tráining òrder〖英〗拘置・訓練命令《12 歳以上 18 歳未満の者が成人であれば重い禁固刑を科さうるる犯罪で有罪とされた場合に出されうる命令で, 一定期間拘禁され訓練を受け, その後は一定期間監視されるべきであるというもの; 略 DTO; cf. DETENTION IN A YOUNG OFFENDER INSTITUTION, SECURE TRAINING ORDER》.

deténtion cènter〖英史〗青少年拘置所《14 歳から 20 歳までの有罪男子の拘置所; 青少年犯罪者拘置所 (young offender institution) に統合; なお, 移送センター (removal center) 制度ができるまでは, ここがそのための拘禁施設としても用いられた; ⇨ REMOVAL CENTER》.

deténtion dùring Her [His] Májesty's pléasure〖英〗御意にかなう間の収容 (⇨ *during Her [His] Majesty's* PLEASURE).

deténtion for assèssment〖英〗評価のための拘禁《精神障害 (mental disorder) のある人を, 精神健康認可専門家 (approved mental health professional) と最も近い関係者 (nearest relative) の申請に基づき, 本人の健康および安全のため医師の支持がある場合に許される最長 28 日間検査のために拘禁すること》.

deténtion for tréatment〖英〗治療のための拘禁《精神障害 (mental disorder) のある人を, 評価のための拘禁 (detention for assessment) と似た手続きで拘禁すること; 違いは, 最も近い関係者 (nearest relative) がこの申請に反対している場合に裁判所が申請に同意しそうな人 (通例はソーシャルワーカー) に代えうるという点と, 拘禁期間が 6 月 (再延長可) と長期でありうる点である; 患者には上訴権がある》.

deténtion hèaring 1 拘置の決定審理《審理中被告人を釈放すべきか否かを決定するための審理; cf. PRETRIAL DETENTION》. 2《特に 青少年被告人の》拘置の決定審理 (cf. ADJUDICATION HEARING, DISPOSITION HEARING). 3〖米〗庇護審理 (＝SHELTER HEARING).

deténtion in a yóung offènder institùtion〖英史〗(15 歳から 17 歳までの) 青少年犯罪者拘置所拘置《2000 年に拘置・訓練命令 (detention and training order) に代わり廃止; ⇨ YOUNG OFFENDER INSTITUTION; cf. BORSTAL》.

deténtion in hóspital《一定の精神障害者の》病院への収容.

deténtion òrder 拘置命令.

de·ter /dɪtə́ːr/ *vt* (**-rr-**) やめさせる, 思いとどまらせる, 抑止する.

de·ter·min·able /dɪtə́ːrmənəb(ə)l/ *a* 1 確定[決定]できる. 2 終了すべき; 終了させうる; 解除条件付きの. ▶ FEE SIMPLE DETERMINABLE (解除条件付き単純封土権). **-ably** *adv* **~·ness** *n*

detérminable éasement 解除条件付き地役権《特定の事柄発生で終了する地役権》.

detérminable estáte 解除条件付き不動産権《不動産権の特別限定 (special limitation) の効果として自動的に消滅する不動産権; cf. DEFEASIBLE ESTATE》.

detérminable fée 解除条件付き封土権 (＝QUALIFIED FEE).

detérminable ínterest 解除条件付き権利《不動産または動産に対する権利が特定の事柄の発生で自動的に終了することになるもの; cf. CONTINGENT INTEREST》.

detérminate séntence 定期刑(の宣告) (＝definite sentence, definitive sentence, fixed sentence, flat sentence, straight sentence)《科すべき刑期が上下限なく確定的に規定されているもの; cf. INDETERMINATE SENTENCE》.

de·ter·mi·na·tion /dɪtə̀ːrmənéɪʃ(ə)n/ *n* 1 決定, 確定. ▶ SELF-DETERMINATION (自決(権)). 2《財産権などの》消滅, 終了. 3《裁判による》紛争の決着[終決]; 裁判, 判決, 裁決, 決定. 4 決心, 決断, 決意.

determinátion lètter 《求めに応じての行政官庁などからの》決定通知 (＝ruling letter).

de·ter·mi·na·tive /dɪtə́ːrmənèɪtɪv, -m(ə)nə-; -nə-/ *a* 決定力のある, 確定的な, 限定的な.

de·ter·mine /dɪtə́ːrmən/ *vt* 1〈問題・論争〉に決着

deterrence

をつける, 裁定する; 決定する, 確定する, 〈日取りを〉予定する. **2**〈権利を〉消滅[終了]させる. **3** 限定する, …の境界を確定する. **4** 合意[決心]する〈*to do, that*〉. — *vi* **1** 決定する; 決意する. **2**〈権利などが〉終了[消滅]する. [OF<L *de-*(*terminat- termino* <TERMINUS)＝to set boundaries to]

de·ter·rence /dɪtə́ːr(ə)ns, -tér-; -tér-/ *n* 《犯罪・違法行為の》抑止, 威嚇により思いとどまらせること; 予防, 抑止力 (cf. REHABILITATION, RETRIBUTION). ▶ GENERAL DETERRENCE (犯罪の一般予防) / SPECIAL DETERRENCE (犯罪の特別予防).

de·tér·rent *a* 思いとどまらせる, 抑止する. — *n* 抑止するもの《犯罪阻止のための懲罰など》, 《戦争》抑止力《核兵器など》.

detérrent dánger 抑止的危険《有刺鉄線をめぐらしたり塀に乗り越え防止の忍び返しをつけたりしての, 侵入者を防ぐための明白な危険; cf. RETRIBUTIVE DANGER》.

detérrent efféct 抑止的効果.

detérrent púnishment 《犯罪》抑止的刑罰; 抑止的懲罰.

detérrent séntence 《犯罪》抑止的刑(の宣告).

det·i·net /détɪnèt/ 不法留置している《不正に奪取したのではなく不正に留置しているものの返還を求める場合に用いられる語; cf. DETINUIT》. ▶ DEBET ET DETINET (債務負担しながら不法留置している) / REPLEVIN IN DETINET (留置動産占有回復訴訟). [L＝he/she detains]

Det Insp Detective Inspector.

det·i·nue /dét(ə)n(j)ù:/ *n* **1**《動産の》不法留置. **2** 動産返還請求訴訟[令状]《正式には action [writ] of detinue という; コモン・ロー上の訴訟方式 (form of action) の一つ; 英国では訴訟方式としては 1873, 75 年法で廃止, しかも 1977 年法で動産権利侵害 (wrongful interference with goods) という広い概念の中に組み入れられ, 法概念としては廃止; cf. DEBT, REPLEVIN, TROVER》. ▶ ACTION OF DETINUE (動産返還請求訴訟) / WRIT OF DETINUE (動産返還請求令状). [OF (pp) <DETAIN]

de·tin·u·it /detínjuɪt/ 不法留置していた《動産占有回復訴訟 (replevin) で目的物を原告が取り戻した時にその訴訟について用いる語; cf. DETINET》. [L＝he/she detained]

de·tour /díːtùər/ *n* **1** 回り道, 迂回; 逸脱. **2** 《被用者の私用目的のための, 業務上の》小違背《雇用者の責任となる; cf. FROLIC》. ▶ FROLIC AND DETOUR (大違背と小違背). [F＝change of direction]

de·trac·tion /dɪtrǽkʃən/ *n* 《米》動産の移動《相続・遺贈で得た動産をその権原取得後に他州へ移すこと》.

det·ri·ment /détrəmənt/ *n* **1** 害すること, 損害. **2** 不利益, 損失, 損害; 法的不利益 (＝LEGAL DETRIMENT): without ～ to sb's claim 人の権利の不利益となることなしに. [OF or L]

det·ri·men·tal /dètrəmént(ə)l/ *a* 有害な; 不利益な〈*to*〉. — *n* 有害な人[もの]. **～·ly** *adv*

detriméntal relíance《約束を信頼しその結果不利益をこうむった》**不利益的信頼**《約因 (consideration) の代替となりうる; cf. PROMISSORY ESTOPPEL》.

détriment to a promisée 受約者側の法的不利益《特に一方的契約 (unilateral contract) で, 約束者に対して受約者が提供する約因 (consideration); cf. LEGAL DETRIMENT》.

Det Sgt Detective Sergeant.

Det Supt Detective Superintendent.

De·us so·lus hae·re·dem fa·ce·re po·test, non ho·mo. /díːəs sóuləs hɪríːdɛm féɪsɛrɛ pátɛst nán hóumou/ 神のみが法定相続人を作りうるのであって, 人は作りえない. [L＝God alone, and not man can make an heir.]

deu·ter·og·a·my /d(j)ùːtərágəmi/ *n* 再婚, 二度目の婚姻 (＝DIGAMY).

dev·as·ta·tion /dèvəstéɪʃ(ə)n/ *n* **1**《遺産管理責任者の》遺産毀損, 遺産費消. **2** 破壊行為, 荒廃.

dev·a·sta·vit /dèvəstéɪvət/ *n* 遺産管理義務違反. [L＝he/she has wasted]

de vas·to /di vǽstou/《不動産》毀損令状《生涯不動産権 (life estate), 定期不動産権 (tenancy for a term) など期限付きの不動産権を有する者がその対象不動産を毀損し, 復帰権者 (reversioner)・残余権者 (remainderman) の利益を侵した場合に, 後者に与えられる救済手段で, 前者が出廷の上《不動産》毀損 (waste) の責任をとりその損害を賠償することを命ずる令状》. [L＝of waste]

de·vel·op, -ope /dɪvéləp/ *vt* **1** 発達[発育]させる, 発展させる〈*from*〉; 展開する. **2**〈新しいものを〉創り出す, 開発する: ～ a new product. **3**〈資源・土地を〉開発する, 〈住宅を〉造成する, 〈鉱山などを〉開く. **4**〈潜在力・傾向などを〉発見[顕出]させる, 発揮する; 明らかにする.

de·vél·op·er *n* 開発者; 宅地開発[造成]業者, デベロッパー: a real-estate* [a property¹¹] ～.

de·vél·op·ment, -ope- *n* **1** 発達, 発育, 成長. ▶ ARRESTED DEVELOPMENT (精神的発育不全). **2** 発展, 進展, なりゆき〈*of*〉; 新事実. **3** 開発; 造成; 開発[造成]した土地,《特に》団地. ▶ LEAPFROG DEVELOPMENT (跳び越し開発) / PLANNED UNIT DEVELOPMENT (計画的一体開発) / REDEVELOPMENT (再開発) / UNITED NATIONS CONFERENCE ON TRADE AND DEVELOPMENT (国連貿易開発会議).

developméntal disabílity 発達障害《18 歳前に起因があり以後持続する精神遅滞・自閉症・脳性麻痺・癲癇など》. **developméntal·ly disábled** *a*

devélopment àrea《英》《産業育成のための》開発促進地域 (＝development zone).

devélopment chàrge《英》開発負担金.

devélopment lànd《英史》(1975 年法の下で地方自治体が商業用地として指定し, いったん公共用地とする》開発促進地 (＝community land).

devélopment lànd tàx《英史》開発促進地税.

devélopment plàn 開発計画. ▶ REGIONAL DEVELOPMENT PLAN (地域開発計画).

devélopment rìghts *pl* 不動産開発権《農地などを現行とは異なる用途に用いる権利》. ▶ TRANSFERABLE DEVELOPMENT RIGHTS (移転可能開発権).

devélopment zòne 《英》開発促進地区 (development area).

de ven·tre in·spi·ci·en·do /di véntri inspìʃiéndou/ 受胎審査令状《=ad ventrem inspiciendum》(1) 推定法定相続人としての適否を決めるために, 受胎審査陪審 (jury of matrons) を召集し, 夫の死亡時に受胎していたか否かを調べることを命ずる令状 2) 受胎審査陪審に対しての, 女性死刑囚死刑執行停止のため受胎の真否を審査すべしとの命令状; cf. JURY OF MATRONS). [L=of inspecting the womb]

de ver·bo in ver·bum /di vá:rbou ɪn vá:rbəm/ *adv* 逐語的に, 一語一語. [L=from word to word]

de·vest /dɪvést/ *vt* DIVEST.

de·vi·ant /díːviənt/ *a* 基準[常道]からはずれた[逸脱した]. — *n*《知能・社会適応・性行動などにおける》**逸脱者**, 異常者. **dé·vi·ance, -an·cy** *n* 逸脱.

déviant séxual behávior 逸脱性行為.

de·vi·ate /díːvièɪt/ *vi*〈常軌・原則などから〉逸脱する〈*from*〉. — *vt* 逸脱させる〈*from*〉. — *n* /-ət, -èɪt/ 逸脱者, (性的)異常者. [L (*via* way)]

de·vi·a·tion /dìːviéɪʃ(ə)n/ *n* 1《方針・基準などからの》逸脱;《目的からの》逸脱; 職務執行外の行為. 2《船舶・陸上運送上の, 指定の航路・行程からの》離路. 3《本来の範囲からの》逸脱;《その許容に関する》逸脱に関する法理 (⇨ DEVIATION DOCTRINE). ▶ DISTRIBUTIVE DEVIATION (信託条項外配分).

deviátion dòctrine 逸脱に関する法理《単に deviation ともいう: 1) 遺言や信託において, その書面上の目的の実質的実現のためにはその文言から逸脱することが適切となった場合に, その逸脱を許容しうるという原則 2) 代理において, 代理権の範囲からわずかであれば逸脱して行動することを許容するという原則 3) 船舶の離路については原則認められないが, それも合理的理由があるものであれば許容されるという原則》.

de·vice /dɪváɪs/ *n* 1《特許》《化学的発見と区別される意味での》機械的発明, **考案**(物), 工夫, **装置**. ▶ BUGGING DEVICE (盗聴器). 2 [*pl*] 策略.

de vi·ci·ne·to /di vɪsáɪnətou, -sín-/ *adv* その近隣から《一般には, 陪審の召集範囲について用いられる》. [L=from the vicinage]

dev·il /dév(ə)l/ *n*《英》多忙な法廷弁護士 (barrister) から《主として弁論準備の》仕事を回される法廷弁護士, 下請け弁護士. ▶ ATTORNEY GENERAL'S DEVIL (法務長官の下請け弁護士). — *vi*《弁護士》の下請けをする, いやな[退屈な]仕事を代わってする〈*for sb*〉.

dévil·(l)ing *n*《法廷弁護士の, 主として弁論準備の》下請け.

de·vís·a·ble *a* 1〈不動産が〉遺贈できる. 2 考案できる, 発明できる. 3 偽りの, たくらんだ; 架空の.

dev·i·sa·vit vel non /dèvəséɪvɪt vèl nán, -zéɪ-/《史》遺言の有効性問題; 遺言書審査. [L=he/she has devised or not]

de·vise /dɪváɪz/ *vt* 1 考案する, 工夫する, 創造する, 発明する. 2〈不動産を〉遺贈する〈*to*〉. 3《古》たくらむ. 4《古》推測する, 思う. GIVE, ~, and bequeath. — *n* 1 (不動産[物的財産])**遺贈** (cf. BEQUEST, LEGACY). ▶ CONDITIONAL DEVISE (条件付き(不動産)遺贈) / EXECUTORY DEVISE (不動産遺贈将来権, 不動産将来権遺贈) / GENERAL DEVISE (不特定不動産遺贈, 不特定遺産遺贈) / HEIR BY DEVISE (不動産受遺者) / LAPSED DEVISE (失効(不動産)遺贈) / RESIDUARY DEVISE (残余不動産遺贈, 残余遺産遺贈) / SPECIFIC DEVISE (特定不動産[特定物]遺贈) / TITLE BY DEVISE (遺贈に基づく権原). 2 遺言書 (cf. TESTAMENT); 遺言状の贈与条項. 3 遺贈財産[不動産]. [OF<L; ⇨ DIVIDE]

de·vi·see /dèvəzíː, dɪvàɪ-/ *n* (不動産)**受遺者** (cf. LEGATEE, HEIR). ▶ RESIDUARY DEVISEE (残余不動産受遺者, 残余遺産受遺者).

de·vis·er /dɪváɪzər/ *n* 1 考案者, 案出者: the ~ of this patent. 2 DEVISOR.

de·vi·sor /dɪváɪzər, dèvəzɔ́ːr, dɪvàɪ-/ *n* (不動産)**遺贈者**.

de·vo·lu·tion /dèvəlúːʃ(ə)n; dìː-/ *n* 1《権利・義務・権限などの》**移転, 委託, 委譲, 移譲**;《権利・権限の》**承継**. 2《教会法上の》不使用ないし失当行為による権利[権限]の失効移転. 3《中央政府から地方自治体への》権限委譲;《議会での》委員会付託. **~·ary** /; -(ə)ri/ *a* **~·ist** *n* [L (↓)]

de·volve /dɪvɔ́(ː)lv, -válv/ *vt*《権利・義務・権限を》譲り渡す, 委譲する〈*on*〉. — *vi* 1《権利・権限が》委譲される, 移る, 帰する〈*on*〉. 2《財産権などが》承継される, 移る〈*to, on*〉. **~·ment** *n* [L *de-*(*volut- volvo* to roll)=to roll down]

de·wárd /di-/ *vt* …の裁判所の被後見人 (ward of court) 指定を撤回する.

dft defendant ♦ draft.

Dft《英》°Department for Transport 運輸省.

DG °Directorate General 総局.

DHA《英史》°District Health Authority 地区公共医療実施機関.

DHS《米》°Department of Homeland Security 国土安全保障省.

di·ac·o·nal /daɪækənl, di-/ *a* DEACON の.

di·ag·no·sis /dàɪɪɡnóusəs, -əɡ-/ *n* (*pl* **-ses** /-sìːz/)《医》診断(法) (cf. PROGNOSIS); 診断(結果). ▶ PREIMPLANTATION GENETIC DIAGNOSIS (着床前遺伝子診断).

diagnóstic commítment 診断のための拘禁《通例はその人が審理を受ける能力があるか否かを判断するため, あるいは適当な刑の宣告を決めるために, 個人を審理

di·a·lec·tic /dàɪəléktɪk/ *n* **1** [˚~s, ⟨*sg*/*pl*⟩] **a** 弁証法, 弁証法的論証. **b** 論理的な議論. **2** 議論する人, 論争者. [OF or L<Gk=(the art) of debate]

Di·a·lo·gus de Scac·ca·rio /daɪǽləgəs di skəkéəriou/《英史》『財務府についての対話』《12世紀に書かれた当時のイングランドの財務府(Exchequer)について対話形式で説明した書物》. [L=a dialogue about the Exchequer]

diarchy ⇨ DYARCHY.

di·cast, -kast /dáɪkæst, dík-; díːk-/ *n*《古代アテナイで, 毎年市民の中から6000人に1人の割合で, くじで選ばれた》裁判官《法律問題と事実問題の双方を決定した》.

di·cas·tery /daɪkǽstəri, dɪ-; dɪ-/ *n*《古代アテナイの》DICASTS が出席する法廷; アテナイ裁判官団.

Di·cey /dáɪsi/ ダイシー **Albert Venn ~** (1835–1922)《英国の法学者; 著作 *Introduction to the Study of the Law of the Constitution* (1885) は近代英国憲法の原理を明快に説いたものとして古典となっている; その他 *A Digest of the Law of England with Reference to the Conflict of Laws* (1896), *Lectures on the Relation between Law and Public Opinion in England during the 19th Century* (1905) などの著作がある》.

dick·er /díkər/ *vi*《…を得ようとして》交渉する, 掛け合う, 取り引きする; 妥協する, 協定する.

dicta *n* DICTUM の複数形.

dic·ta·tor /díkteɪtər, ─´─; ─´─/ *n* **1**《古代ローマの》ディクタトル, 独裁官, 都督, 都統. **2** 独裁者, 絶対権力者, 専制的支配者;《一般に》威圧的な人, 実力者, 権威者: a military ~ 軍事独裁者.

dic·ta·to·ri·al /dìktətó:riəl/ *a* 独裁者の; 独裁[専制]的な, 専断の, 権柄ずくの, 尊大な: a ~ form of government.

dictátor·shìp *n* ディクタトル[独裁者]の職[任期]; 絶対権力; 独裁, 独裁制, 専制政体, 独裁[専制]政権[政府, 国家]: the ~ of the proletariat プロレタリアートの独裁 / a military ~.

dic·tum /díktəm/ *n* (*pl* -ta /-tə/, ~s) **1 a**《権威者・専門家の》公式見解, 断言, 言明. **b**《裁判所・裁判官の》意見; 傍論, 付随的意見, ディクタム (=OBITER DICTUM) (cf. HOLDING, JUDGMENT). ▶ GRATIS DICTUM (任意的陳述, 傍論) / JUDICIAL DICTUM (裁判所の意見) / OBITER DICTUM (付随的意見) / SIMPLEX DICTUM (単なる言明). **2** 格言, 金言. [L (pp)<*dico* to say]

di·em clau·sit ex·tre·mum /dáɪəm kló:zɪt ɛkstríːməm/《英史》遺産審問令状 **(1)** 国王の直属受封者 (tenant in chief) が死亡した場合に, 相続人を決定しかつ国王の権利を保護するためにその保有する土地を評価すべき陪審の召集をエスチーター (escheator) に命じた大法官府 (Chancery) からの令状; 死後審問 (inquisitio post mortem) の一種 **(2)** 国王の債務者が死亡した場合に, 死亡地およびその財産を調査し, 死者の相続人・遺産管理者の財産を差し押さえるべく陪審の召集をシェリフ (sheriff) に命じた財務府 (Exchequer) からの令状; 1947年法で廃止. [L=he/she closed his/her last day]

di·es /dáɪiz, díːeɪs/ *n* (*pl ~*) 日, 一日 (day). [L=day, days]

díes ad quém /-æd kwém/《利息支払いなどの》期日, 期間の満了日, 終期. [L=the day to which]

díes amó·ris /-əmóʊrɪs/ 被告出廷日 (=dies datus)《各開延期の4日目》. [L=the day of love]

díes a quó /-eɪ kwóʊ/《取引などの》開始日, 始期. [L=the day from which]

díes dá·tus /-déɪtəs/ 被告出廷日 (=DIES AMORIS). [L=the day given]

Dies do·mi·ni·cus non est ju·ri·di·cus. /─── dəmínɪkəs nán ɛst ʤurídɪkəs/ 主日[日曜日]は裁判日にあらず. [L=The Lord's day is not a juridical day.]

díes fás·ti /-fǽstaɪ/ *pl*《ローマ法》訴訟をなしうる日, 開廷日. [L=lawful days]

Dies in·cep·tus pro com·ple·to ha·be·tur. /─── ɪnséptəs proʊ kəmplí:toʊ heɪbí:tər/ 始まった日は経過した日とみなされる. [L=A day begun is held as complete.]

díes ju·rí·di·cus /-ʤurídɪkəs/ (*pl* díes ju·rí·di·ci /-saɪ/) 開廷日, 裁判日 (=JURIDICAL DAY). [L=juridical day]

díes ne·fás·ti /-nifǽstaɪ/ *pl*《ローマ法》訴訟をなしえぬ日, 休廷日. [L=unlawful days]

díes nón (ju·rí·di·cus) /-nán (ʤurídɪkəs), díːɛs nán (juríːdɪkus)/ (*pl* díes nóns /-nz/, díes nón ju·rí·di·ci /-saɪ/) **1** 休廷日 (=NONJUDICIAL DAY). **2** 休業日《法的業務をなしえぬ日, したがって日数計算から除外する日; cf. LAWFUL DAY》. [L=non (juridical) day]

díes úti·les /-jú:təliz/ *pl*《ローマ法》法的業務をなしうる日. [L=available days]

Dieu et mon droit /F djø e mɔ̃ drwa/《英》神とわが権利《英国王の紋章に書かれている標語で, Richard 1 世により初めて用いられ, 中断はあるが, Anne 女王の死後今日まで用いられている; 国王はその領土を神以外のいかなる者によらずに保有しているの意》. [F=God and my right]

Dieu son acte /F djø sɔ̃ akt/ 不可抗力. [F=God's own act]

differéntial prícing 差別価格決定《同一商品に買手により種々の理由で価格差を設けること; cf. PRICE DISCRIMINATION》.

Dig. digest.

dig·a·my /dígəmi/ *n* 再婚, 二度目の結婚 (=deuterogamy)《重婚 (bigamy) と区別するための語であるが, かつては寡婦や鰥夫の再婚も重婚とされた; なお婚姻無効後の婚姻もこの語に含まれる》.

di·gest /dáɪdʒest/ *n* **1** ダイジェスト, 判例要旨集, (法)類纂, 彙纂 (略 D., Dig.). ▶ TEXTBOOK DIGEST (法典拠要約書). **2** [D-, D-s] 《ユスティニアヌス法典 (Justinian Code) の》学説彙纂, ディゲスタ, パンデクテン (Pandects). **3** 要録, 摘要, 要約. [L=collection of writings]

díg·ging *n* **1** 発掘, 採掘, 採鉱. **2** [*pl*] 発掘物. **3** 《口》下宿; 住まい, 居所.

dígital sígnature デジタル署名, デジタルサイン《暗号化された ID 情報; コンピューターネットワーク上での署名として認証に用いる; cf. ELECTRONIC SIGNATURE》.

díg·na·to·ry tórt* /dígnətɔːri-; -t(ə)ri-/ *a* 名誉不法行為《正しくは DIGNITARY TORT》.

dig·ni·tary /dígnɪteri, -t(ə)ri/ *a* 威厳の, 名誉ある; 名誉に関する. — *n* 高位の人, 首脳, 《特に》高位聖職者. [proprietary などの類推で *dignity* から]

dígnitary tórt* 名誉不法行為《例えば, 名誉毀損 (defamation) のように他人の名誉に対する不法行為; Maine 州など米国数州の用語》.

dig·ni·ty /dígnəti/ *n* **1** 威厳, 尊厳, 品位; 《態度・ことばなどの》重々しさ. **2** 名誉, 名声; 栄典, 位階, 爵位, 貴族称号, 高位, 顕職. **3** 高位の人, 高官, 貴顕. [OF<L (*dignus* worthy)]

dikast ⇨ DICAST.

DIL Doctor of International Law 国際法博士.

di·lap·i·da·tion /dɪlæpədéɪʃ(ə)n/ *n* **1** [⁰*pl*] 荒廃. **2** [⁰*pl*] 修繕義務懈怠(たい)(たん). **3** [*pl*] 《賃借人に課される》修繕費. **4** 教会財産荒廃.

dil·a·to·ry /díləˌtɔːri; -t(ə)ri/ *a* 遅れた; 《手続きの》遅延を目的とした, 引延ばしのための, 時間かせぎの, 遷延(えん)的な.

dílatory defénse 遷延(えん)的防御, 延期的防御《本案についてではなく訴訟の進行を一時的に妨げたり遅らせるような防御》.

dílatory excéption 《引き延ばし目的の》遷延(えん)的異議.

dílatory mótion 遷延(えん)的申し立て[動議]《**1**》手続きを遅らせる動議 **2**》手続きを遅らせるないしは妨害する目的の申し立て[動議]》.

dílatory pléa 遷延(えん)的答弁, 延期的答弁《訴えの本案についてではなく, 裁判所の管轄や当事者の適格性などの手続き上の問題に関連して訴訟を遅らせたりあるいは勝訴しようとしてなされる答弁》.

dílatory táctics *pl* 《訴訟》引延ばし戦術.

dil·i·gence /dílədʒ(ə)ns/ *n* **1 a** 勤勉. **b** 《特許法》《発明を完成させる》努力. **2** 《当然払うべき》注意, 努力 (opp. *negligence*). ▶ DUE DILIGENCE (当然払うべき[相当の]注意[努力]) / EXTRAORDINARY DILIGENCE (特別の注意[努力]) / ORDINARY DILIGENCE (通常の注意[努力]) / REASONABLE DILIGENCE (相当の注意[努力]) / SLIGHT DILIGENCE (軽微な注意[努力]). **3** 《スコットランド法》金銭債務強制執行手続き; 証人出頭命令; 証拠提出命令. **díl·i·gent** *a*

di·li·gen·tia /dìlədʒénʃiə/ *n* 《ローマ法》注意 (cf. NE-GLEGENTIA). [L]

Díl·lon's rùle /dílənz-/ 《米》ディロンの準則《法律で地方自治体に与えられた権限についての法理で, 地方自治体は州から明示的に与えられた権限, その権限授与により必然的かつ明らかに含意されている権限, 地方自治体の存在に不可欠な権限の 3 つのみを行使しうるというもの; Iowa 州最高裁判所首席裁判官 John F. Dillon (1831–1914) が判決および著作 *The Law of Municipal Corporations* (1872) の中で述べたのが起源》.

di·lute /daɪlúːt, də-/ *vt* 薄める, 希釈化する; 希薄化する.

di·lu·tion /daɪlúːʃ(ə)n, də-/ *n* **1** 薄めること, 希釈. **2** 《新株発行などによる株式価値の》希薄化. **3** 《多用化による商標などの》希釈化. **4** 《議席の不公正な再配分などによる》選挙権の希釈化 (vote dilution). ▶ VOTE DILUTION (選挙権の希釈化).

di·min·ish /dəmíniʃ/ *vt* **1** 《大きさ・程度・重要性などを》減らす, 少なくする, 減少する. **2** 《人の》名誉[権威など]をおとしめる, けなす.

diminished capácity* 限定責任能力 (= diminished responsibility, partial insanity, partial responsibility) 《責任無能力の精神障害 (insanity) にまでは至らないが, 犯罪の責任を問える心理状態に十分には達していない状態; 減刑などの対象になりうる; cf. BATTERED SPOUSE [COHABITANT], IRRESISTIBLE IMPULSE TEST, M'NAGHTEN TEST, SUBSTANTIAL CAPACITY TEST》.

diminished responsibílity″ 限定責任能力 (= DIMINISHED CAPACITY).

dim·i·nu·tion /dìmən(j)úːʃ(ə)n/ *n* **1** 減少, 縮小, 損失; 不備. ▶ ALLEGING DIMINUTION (記録不備の主張). **2** 《価値・価格などを》減少させる行為.

diminútion in válue 価値の減少《損害算定の準則》.

diminútion-in-válue mèthod 《損害賠償額算定の》価値減少法《契約違反による市場価値の減少分を基礎にしてその損害賠償額を計算する方法》.

ding /díŋ/ *n* [⁰D-] 《史》《ゲルマン民族の, 定期的に開かれた》裁判集会, 民会 (= thing). [⇨ THING¹,²]

di·óc·e·san cóurt /daɪásəsən-/ 主教[司教]区裁判所《主教[司教]区 (diocese) 内で生じた事項についての裁判所》.

di·o·cese, -cess /dáɪəsəs, -sìːz, -sìːs/ *n* 主教区, 司教区 (= bishopric). ▶ CHANCELLOR OF A DIOCESE (主教[司教](区)尚書).

dip /díp/ *n* 《俗》スリ (pickpocket).

DIP 《米》°debtor in possession 管理処分権保持倒産債務者.

dipl. diplomacy.

di·plo·ma /dəplóʊmə/ *n* **1** 《学位・資格の》免状; 卒業証書, 学位記; 特許状, 資格付与状, 賞状. **2** 公文書; 古文書. [L<Gk *diplōmat- diplōma* folded paper (*diplous* double)]

di·plo·ma·cy /dəplóuməsi/ n 外交(術); 外交的手腕, 駆け引き: a master of ～ すぐれた外交能力の持主, 外交上手. ▶ GUNBOAT DIPLOMACY (砲艦外交) / QUIET DIPLOMACY (秘密外交; 平和的外交交渉) / SECRET DIPLOMACY (秘密外交).

dip·lo·mat /dípləmæt/ n 外交官; 外交家, 如才ない人. [F 逆成 〈*diplomatique*〉]

dip·lo·mat·ic /dìpləmǽtɪk/ a 1 外交上の: ～ channels 外交ルート / a ～ number plate《自動車の》外交官ナンバープレート / a ～ passport 外交旅券. 2 外交的手腕のある, 人扱い[調停, 懐柔]のうまい, 人をそらさない (tactful). 3 古文書学の, 原文のままの. [F and NL; ⇨ DIPLOMA]

diplomátic ágent 外交官《外交使節団 (diplomatic mission) のうちその長と外交職員 (members of the diplomatic staff) を指し, 他の使節団構成員より幅広い外交特権・免除を享有; cf DIPLOMATIC MISSION, DIPLOMATIC IMMUNITY).

diplomátic asýlum 《国際法》外交の庇護《大使館や軍艦などの所在国の統治権が制限されている場所に庇護を求めること, またはそこに庇護を求めた人を庇護すること; 主にラテンアメリカ諸国では存在してきたが, 国際法上国家の権利としては認められているとはいえない》.

diplomátic bàg 外交封印袋 (= DIPLOMATIC POUCH).

diplomátic còrps [bòdy] [the ～] 外交団《ある国に駐在する外交使節団の長およびすべての外交職員の総称》. ▶ DOYEN OF THE DIPLOMATIC CORPS (外交団首席). ★ diplomatic corps の corps は単複同形だが, 単数では /kɔ́ːr/, 複数では /kɔ́ːrz/ と発音する.

diplomátic cóurier 外交伝書使《外交封印袋 (diplomatic pouch) を託されその輸送を行なう権限を与えられた者》.

diplomátic immúnity [ᵁpl] 外交免除, 外交官免責《接受国において外交使節が有する免責特権で, 裁判・捜索・逮捕・課税などを免れることができる; ⇨ DIPLOMATIC PRIVILEGE》: claim ～ to avoid being arrested.

diplomátic márriage 外交婚 (⇨ CONSULAR MARRIAGE).

diplomátic míssion 外交使節団《長と外交職員 (members of the diplomatic staff), 事務・技術職員, 役務職員の3種の職員とから成る; cf. DIPLOMATIC AGENT》.

diplomátic póuch 外交封印袋 (= diplomatic bag)《外交使節団と本国政府ないしは自国の他の外交使節団との間の通信文書を入れて運ぶ》.

diplomátic prívilege [ᵁpl] 外交特権, 外交官特権《外交使節の特権および外交免除 (diplomatic immunity) のことで, 身体・公館・通信などの不可侵権と裁判・警察・課税権などから免除される治外法権などが含まれる; 一般には **diplomatic privileges and immunities** (外交特権・免除) として用いられるが, privilege は積極的権利を, immunity は消極的権利を指す; cf. DIPLOMATIC IMMUNITY》.

diplomátic protéction 外交的保護《外国にいる自国民がうけた私的損害が, その国内法上の手続きによって救済されない場合に, 母国がその国に対して適切な救済を与えるように請求する国家の権利》.

dìp·lo·mát·ics n 古文書学.

diplomátic sérvice 1 外交官勤務; 大使[公使]館員; 《一般に》外交部 (foreign service). 2 [the D-S-] 《英》外交部.

di·plo·ma·tist /dəplóumətɪst/ n 外交官 (diplomat); 対人交渉[人あしらい]のうまい人.

dirationare ⇨ DISRATIONARE.

di·rect /dərékt, daɪ-/ vt 1 指導[監督, 管理]する; 指図[命令]する. 2《裁判官が陪審に》指示[説示]する,《裁判所が》指示する. 3《目・注意・ことば・努力・方針などを…に》向ける, 注ぐ;《…の宛名を書く. — a 1 まっすぐな; 直進の. 2 直接の: ～ debit 口座引落とし / ～ mail ダイレクトメール / ～ selling 直接販売, 直売, 直販 / ～ taxation 直接課税. 3 正面の, まっこうの; 率直な, 露骨な. — adv まっすぐに, 直接に; 直行的に. — n 主尋問 (= DIRECT EXAMINATION): testimony given on ～ 主尋問に基づいてなされた証言. ▶ REDIRECT (再主尋問). ～**·ly** adv

diréct áction 1《責任保険で被害者が保険者[保険会社]に対してなす》直接請求訴訟 (1) 被保険者が加害者やその保険者にではなく直接みずからの保険会社に対してなす請求訴訟 2) 被害者が被保険者を介して間接的に補償を得るのではなく加害者の保険者に直接訴求する形で保険者からの補償を請求する訴訟》. 2《株主が代表訴訟でなく会社に対して行なう》直接訴訟 (= individual action) (cf. DERIVATIVE ACTION).

diréct appéal 1《中間上訴裁判所を飛ばす》直接上訴, 跳び越し上訴 (⇨ LEAPFROG APPEAL). 2《米》《法定の上訴手続きで原判決を覆せんとする》直接的攻撃 (direct attack) による上訴 (= direct review).

diréct applicabílity of (Európean Únion) láw《欧州連合[欧州共同体]》法の直接適用性 (⇨ DIRECT EFFECT).

diréct attáck 直接的攻撃《判決に対して上訴や差止め命令 (injunction) などの方法でその判決の効力を失わせようとするもの; cf. COLLATERAL ATTACK》.

diréct beneficiary 直接受益者 (= INTENDED BENEFICIARY).

diréct cáuse 直接原因 (= PROXIMATE CAUSE).

diréct conféssion 直接的自白《被告人による, 犯行の率直な自白; cf. INDIRECT CONFESSION》.

diréct cónsequence dòctrine《因果関係の確定に当たっての》直接結果説 (cf. FORESEEABILITY).

diréct contémpt 直接的裁判所侮辱《裁判所侮辱 (contempt of court) のうち, 証言中の証人を襲うな法廷内, あるいは訴訟手続きを妨げるほど近接した場所での侮辱; 通例その場で罰せられる; cf. INDIRECT CON-

TEMPT]).

dírect cóst 直接費, 直接原価《特定の製品を製造・販売するのに直接必要な原価要素で, 直接材料費・直接労働費・直接経費からなる製造直接経費と直接販売費とに分けられる; cf. INDIRECT COST》.

dírect dámages *pl* 直接損害賠償 (=GENERAL DAMAGES).

dírected vérdict 指示評決, 指図評決 (=instructed verdict)《証明された事実に疑問の余地がなく陪審に付すべき(重要な)事実問題に関する真正な争点 (genuine issue of (material) fact) がないと判断されるとき, 事実審裁判官の指示どおりになされる評決, あるいは裁判官みずからがなす決定; cf. JUDGMENT OF ACQUITTAL, TAKING CASE FROM JURY; ⇨ JUDGMENT AS A MATTER OF LAW》. ▶ MOTION FOR DIRECTED VERDICT (指示評決の申し立て).

dírected vérdict of acquíttal 無罪指示評決 (⇨ DIRECTED VERDICT).

dírect efféct 直接効果《欧州共同体法 (European Community law) [欧州連合 (European Union) 法] が構成国の私人に対して国内裁判所で適用可能な権利を直接与える効果のこと; これには私人が訴訟において構成国に対して援用し権利を主張しうる垂直的効果 (vertical effect) と, 私人が訴訟において他の私人に対して援用し権利を主張しうる水平的効果 (horizontal effect) とがある》.

dírect estóppel 直接的禁反言 (=COLLATERAL ESTOPPEL).

dírect évidence 直接証拠《**1**) 要証事実の存在を, 間接事実を媒介せずに, 直接示す証拠で, positive evidence ともいう; opp. *circumstantial evidence*; cf. NEGATIVE EVIDENCE **2**) 証人自身の五感で確認した事実などの証言で, original evidence ともいう; opp. *hearsay*》.

dírect examinátion 主尋問, 直接尋問 (=examination in chief)《証人を申請した当事者が行なう尋問; 単に direct ともいう; cf. CROSS EXAMINATION, REDIRECT EXAMINATION》.

dírect ínjury 直接的権利侵害.

dírect insúrance 原保険, 元受保険《再保険 (reinsurance) に対する語》.

dírect ínterest 直接的利害関係.

di・rec・tion /dərékʃ(ə)n, daɪ-/ *n* **1** 指示: **a**《特に》《裁判所が行なう》指示. **b**《英》《審理の進行に関する》裁判所の指示 (⇨ SUMMONS FOR DIRECTIONS). ▶ PRACTICE DIRECTIONS (法廷実務指示, 訴訟実務指示) / SPECIFIC DIRECTIONS (特定指示) / SUMMONS FOR DIRECTIONS (審理準備指示のための召喚状) / THIRD-PARTY DIRECTIONS (第三者に対する訴訟手続きでの指示) / TRANSFER DIRECTION (移送指示). **2**《裁判官が陪審に対し行なう》指示, 説示 (direction to jury). ▶ JURY DIRECTION (陪審に対する指示[説示]) / MISDIRECTION (誤った指示[説示]) / NONDIRECTION (不適切

指示[説示]). **3** 管理, 監督;《古》管理者, 管理職; 取締役会, 理事会 (directorate). **4**《米》《エクイティー上の訴状上の》訴状提出裁判所記載 (cf. ADDRESS). **5** 方向, 方角, 方位.

diréction to júry《裁判官が与える》陪審への指示[説示] (=JURY INSTRUCTION).

di・rec・tive /dəréktɪv, daɪ-/ *a* 指示的な; 方向を示す; 指導[支配]的な. ─ *n* **1** 指示, 指令, 命令. ▶ ADVANCE DIRECTIVE (事前指示). **2**《欧州連合[欧州共同体]》命令 (=DIRECTIVE OF THE EU).

directive of the EU /― ― ―iːjúː/ 欧州連合命令《欧州連合[欧州共同体]から構成国宛てに出し, 達成すべき結果については拘束力があるが, その形式・方法は構成国に任される法規の一; 単に directive ともいう; ⇨ COMMUNITY LEGISLATION》.

diréctive wáste 欧州連合[欧州共同体]命令上の廃棄物《2006 年の欧州連合の命令 (directive) での定義に該当する廃棄物 (waste); 元来は欧州共同体 (European Community) の命令にあり, 英国では 1990 年法でこの定義を国内法化している》.

Diréct Lábour Organizàtion《英》直営現業機構《地方政府が行なう特定のサービス事業を担当する地方公務員からなる地方行政府の一部門であるが, そのサービスが強制的な競争入札 (competitive tendering) にかけられる場合に, 私企業との競争入札に応じることが義務づけられているもの》.

dírect líne 直系(血族関係) (cf. COLLATERAL LINE).

dírect lóss 直接損害《出来事から直接にかつ近接して生ずる損害; cf. CONSEQUENTIAL LOSS》.

díréctly ápplicable láw《欧州連合[欧州共同体]法が構成国の国内法として》直接適用される法 (cf. DIRECT EFFECT).

díréctly efféctive láw《欧州連合[欧州共同体]法が構成国の国内法として》直接効果を有する法 (cf. DIRECT EFFECT).

dírect nótice 直接の通知.

di・rec・tor /dəréktər, daɪ-/ *n* **1** 指導者; 管理者; 長官, 局長. **2** 取締役;《会社以外の法人の》理事 (cf. OFFICER). ▶ ALTERNATE DIRECTOR (予備取締役) / BOARD OF DIRECTORS (取締役会) / CLASSIFICATION OF DIRECTORS (取締役の組分け) / DUMMY DIRECTOR (名目的取締役) / EXECUTIVE DIRECTOR (常勤取締役) / GOVERNING DIRECTOR (支配取締役) / INTERLOCKING DIRECTOR (兼任役員) / MANAGING DIRECTOR (専務取締役[理事], 業務執行取締役) / NONEXECUTIVE DIRECTOR (非常勤取締役) / OUTSIDE DIRECTOR (社外取締役) / REGISTER OF DIRECTORS (役員名簿) / SERVICE DIRECTOR (常勤取締役) / SHADOW DIRECTOR (影の取締役). ～・shìp *n*

diréctor・ate *n* **1** DIRECTOR の職. **2** 取締役会, 理事会 (board of directors). **3**《官庁などの》局;《欧州委員会の》局.

Diréctorate Géneral (*pl* **Diréctorates Géneral**) [the ~] (欧州委員会の)総局《(欧州委員会 (European Commission) の内部組織は, 上から総局, 局 (Directorate), 課 (Union) の順に編成され, 実際の仕事はすべて課において処理されている; 委員会の委員はそれぞれがいずれかの総局の長となることになっている; 略 DG》.

diréct órder of alienátion《移転に伴なう被譲与者の》譲渡抵当付き債務弁済義務則《譲渡抵当権 (mortgage) 付きの債務を引き受けた抵当権付き不動産権の被譲与者は, 最初の譲渡抵当権設定者 (抵当債務者) が債務不履行となった場合には, その担保付けられた債務の弁済義務を負うという原則》.

Diréctor Géneral of Fáir Tráding [the ~]《英史》公正取引庁長官《1973年の公正取引法 (Fair Trading Act 1973) で新設された公正取引庁 (Office of Fair Trading) の長; 2002年法で廃止され, その権限は新たに法人化された (英語では同名の)公正取引所 (Office of Fair Trading) に移されている; ⇨ FAIR TRADING ACT 1973, OFFICE OF FAIR TRADING; cf. COMPETITION COMMISSION》.

diréctor of láw《米》市法務主事 (＝CITY ATTORNEY).

Diréctor of Públic Prosecútions [the ~]《英》公訴(局)長官 (⇨ CROWN PROSECUTION SERVICE)《略 DPP》.

Diréctor of Sérvice Prosecútions《英》軍務関係者訴追機関長官《軍務関係者訴追機関 (Service Prosecuting Authority) の長; 略 DSP》.

diréctors' repórt《英》取締役報告書《取締役からの前年度の会社の財務・一般活動報告書で, 貸借対照表 (balance sheet) に付される》.

di·réc·to·ry /dərékt(ə)ri, daɪ-/ *n* **1** 住所氏名録, 人名録: a telephone ~ 電話帳. ▶ COMMERCIAL DIRECTORY (商工人名録) / TRADE DIRECTORY (事業者名簿). **2** 指令[訓令]集. **3**《キリスト教》(教会礼拝の)規則書, (礼拝)式文, 聖務案内. **4 a** 重役会, 理事会. **b**《史》(フランス革命中の1795–99年まで続いた5名の総裁[執政官]からなる) 総裁[執政]府. —— *a*《強制的でなく》指導する, 任意的な, 指導的な, 指示的な, 訓令的な (cf. IMPERATIVE, MANDATORY).

diréctory cáll 指示的土地表示《当該土地の境界標などが見出せる地域の一般的表示; cf. LOCATIVE CALLS》.

diréctory provísion 任意規定, 指示的規定, 訓示規定 (cf. DIRECTORY STATUTE, MANDATORY PROVISION).

diréctory requírement 任意的要請.

diréctory státute 任意規定, 指示的制定法, 訓示法; 任意規定, 指示的規定, 訓示規定 (*≫* cf. DIRECTORY PROVISION, MANDATORY STATUTE, PERMISSIVE STATUTE).

diréctory trúst 1 指示信託《管理・処分が信託条項で完全に指示されているわけではなく, ただその一般的目的が定められ, 詳細は後日の指示に従うこととされている信託》. **2** 確定信託 (＝FIXED TRUST).

diréct páyment 1 無条件支払い, 完全弁済. **2**《媒介なしでの》直接支払い.

diréct plácement 1《証券の》直接振り当て[発行, 募集]. **2** 直接的養子縁組 (＝PRIVATE PLACEMENT).

diréct quéstion 主質問《主尋問 (direct examination) における証人に対する質問; cf. CROSS-QUESTION》.

diréct revíew 直接的再審査 (＝DIRECT APPEAL).

diréct skíp《米税制》直接的世代飛越し移転《直接であるか信託 (trust) を介してであれ, 資産の世代飛越し移転 (generation-skipping transfer); 世代飛越し移転税 (generation-skipping transfer tax) を課せられる; ⇨ GENERATION-SKIPPING TRANSFER, GENERATION-SKIPPING TRANSFER TAX, SKIP PERSON; cf. TAXABLE DISTRIBUTION, TAXABLE TERMINATION》.

diréct táx 直接税《法律上の納税者と担税者が一致していることが予定されている租税; cf. EXCISE, INDIRECT TAX》.

diréct trúst 直接的信託 (＝EXPRESS TRUST).

dír·i·ment impédiment /dírəmənt-/《婚姻を初めから無効にするが, 処罰の対象にはしない》絶対的婚姻障害, 婚姻無効障害.

dírty bíll of láding 故障付き船荷[運送]証券 (＝FOUL BILL OF LADING).

dírty sháre 汚染株式 (＝TAINTED STOCK).

dìs·abíl·i·ty *n* **1** 無能, 無力, 能力欠缺《法》[喪失]; 障害, 不具, 廃疾, 疾病; 就業不能. ★ incapacity ともいう. ▶ CONGENITAL DISABILITY (先天的能力の欠缺) / DEVELOPMENTAL DISABILITY (発達障害) / PARTIAL DISABILITY (部分的労働能力喪失) / PERMANENT DISABILITY (永続的労働能力喪失) / PHYSICAL DISABILITY (身体的能力の欠缺) / TEMPORARY DISABILITY (一時的労働能力喪失) / TEMPORARY TOTAL DISABILITY (一時的労働能力全面の喪失) / TOTAL DISABILITY (全面的労働能力喪失). **2**《法的行為》能力の欠缺《法》, 行為無能力, 能力喪失 (＝incapacity, legal disability). ▶ CANONICAL DISABILITY (カノン法上の婚姻能力の欠缺) / CIVIL DISABILITY (世俗法上の婚姻能力の欠缺; 法的能力の欠缺; 市民としての能力の欠缺) / LEGAL DISABILITY (能力の欠缺) / PERSON UNDER DISABILITY ((法的)無能力者) / TACKING DISABILITIES (行為無能力期間の加算).

disabílity cláuse《生命保険契約中の》就業不能条項.

disabílity compensàtion 就業不能への補償.

disabílity discriminàtion 障害者差別.

disabílity insùrance 就業不能所得補償保険.

disabílity líving allòwance《英》障害者生活手当 (cf. MOBILITY ALLOWANCE).

Disabílity Ríghts Commìssion [the ~]

〖英史〗障害者権利委員会《障害者に対する差別を除去しその機会均等を推進するなどのために1999年法で創設；2007年10月よりその機能は新設の平等・人権委員会 (Equality and Human Rights Commission) に統合；略 DRC》.

disability wórking allòwance 〖英史〗障害者勤労手当《1999年法で，障害者税額控除 (disabled person's tax credit) に変更；後者も2002年法で労働者税額控除 (working tax credit) に変わっている》.

dis·áble /, dɪz-/ vt **1** 無能[無力]にする〈from doing, for〉；損傷する，不具にする (maim). **2** 行為能力をなくさせる，(法的に)無能力[無資格]にする. ▸ **wholly and permanently ~d**〖保険〗〈被保険者が〉全面的かつ永続的に就業不能で. ▸ **wholly ~d**〖保険〗〈被保険者が〉全面的に就業不能で.

disábled pérson (心身)障害者，行為無能力者 (cf. DISABILITY).

disábled pérson's táx crèdit 〖英史〗障害者税額控除《2002年法で労働者税額控除 (working tax credit) になっている》.

dis·áble·ment n **1** 無能[無力, 不具]にする[なる]こと，行為能力を無くすること. **2** (法的)無(能)力.

disáblement bènefit 〖英〗就業不能給付(金) (⇒ INDUSTRIAL INJURIES DISABLEMENT BENEFIT).

disábling restráints pl 財産権移転能力の制限.

disábling státute 《特定の人に一定の権利を制限する》権利制限的制定法，《特に》財産権移転能力制限法 (cf. ENABLING STATUTE).

dis·ad·vo·care /dɪsǽdvəkéəri/ vt 否認する (disavow).

dìs·affírm vt 〈前言を〉否定する，取り消す，撤回する，反対のことを言う，否認する，無効であると宣言する，〈債務・契約などの〉履行を拒む.

dìs·affírm·ance, dìs·affirmátion n 取消し，否認，撤回，拒絶.

dìs·affórest vt 〖史〗森林法 (forest law) の適用を解いて〉普通地とする；…の森林を伐り払う. ▸ **dis·afforestátion, ~·ment** n 〖史〗《森林に対する》森林法適用解除[免除].

dìs·agrée·ment n **1** 意見の不一致，不同意；意見の相違，不和. **2**《不動産権受領への》不同意.

dis·al·low /dìsəláu/ vt 許さない，認めない，禁ずる；〈要求などを〉拒絶[拒否]する (reject)；〈報告などの〉真実性を認めないの，否認する：~ the defense evidence.

disallów·ance n **1** 不許可，拒否，却下. **2**〖英史〗《特に，植民地の立法に対する国王の》拒絶.

di·salt /dɪsɔ́:lt/ vt 〖古〗〈人の〉行為能力を剥奪[制限]する.

dìs·appéared pérson 失踪者，行方不明者 (cf. MISSING PERSON, SEVEN-YEARS'-ABSENCE RULE).

dìs·appróval n 不賛成，不承認；反対意見，不満；非難.

dis·appróve vt 非とする；否定する，反対する；却下する，否認する，否決する；非難する. — vi 非とする〈of〉.

disáster àrea 《救助法を適用する》災害指定地域；被災地.

disáster lòss 災害救助法適用損失；災害損失.

dis·avow /dìsəváu/ vt …について自分は責任ない，みずからとの関係を否認する，否認する.

dis·bár vt 〖英〗…から法廷弁護士 (barrister) の資格を剥奪する；〖米〗…の法曹資格を剥奪する，法曹界[法曹協会]から追放[除名]する. ▸ **~·ment** n ［BAR］

dis·burse /dɪsbə́:rs/ vt **1** 支払う (pay out)，〈資金から〉支出する. **2** 分配する，分け与える. — vi 支払う.

disbúrse·ment n 支出，支払い(額)，立替え(額)，費用.

disc ⇒ DISK.

dis·charge /dɪstʃɑ́:rdʒ, ⌐⌐/ vt **1 a**〈束縛・義務・債務・責任・誓約・勤務などから人を〉解放[解除]する (set free). **b**〈特別委員会などを〉解散させる；除隊させる，〈囚人・被告を〉放免する，〈債務者の〉債務を免ずる；解雇[免職]する (dismiss)〈from〉. **2**〈負債を〉払う；〈職務などを〉果たす (perform)，〈約束・債務を〉履行する (fulfill). **3**〈命令を〉取り消す. **4**〈荷・乗客などを〉降ろす，荷揚げする. — n /⌐⌐, ⌐⌐/ **1 a** 解放，解除，免除〈from〉. **b**《無罪》放免，釈放，出所. **c** 免責，責任解除. **d** 破産免責 (discharge in bankruptcy). **e**《陪審・証人などの》任務終了. **f**《契約などの》解消，消滅. **g**《義務の》遂行，《債務の》履行，弁済，履行による消滅，弁済による消滅，償還. ▶ ABSOLUTE DISCHARGE (無条件釈放) / BILATERAL DISCHARGE (双方的契約解除[消滅]) / CONDITIONAL DISCHARGE (条件付き釈放) / DEED OF DISCHARGE (受託者の辞任証書) / ORDER OF DISCHARGE (破産免責決定) / PLEA IN DISCHARGE (弁済による債務消滅の答弁) / UNCONDITIONAL DISCHARGE (無条件釈放；無条件的免責) / UNILATERAL DISCHARGE (一方的契約解除[消滅]). **2**《命令などの》破棄，取消し. **3** 解雇，解職，免職，解任；解任状. ▶ CONSTRUCTIVE DISCHARGE (擬制解雇) / RETALIATORY DISCHARGE (報復解雇) / WRONGFUL DISCHARGE (不当解雇). **4 a**〖軍〗除隊；召集解除. **b** 除隊証明書. ▶ HONORABLE DISCHARGE (名誉除隊). **5** 荷揚げ，荷降ろし. **6**《議会》《委員会に付託された事項の》取り戻し動議. ▸ **~·able** a ▸ **~·ability** n

díscharge càlendar 〖米下院〗委員会の任務を解く動議のための議事日程.

díscharge hèaring 破産免責審理《破産事件で，債務者がその破産免責 (discharge) を認めてもらうか，認められぬ場合はその理由が告げられる審理》.

díscharge in bánkruptcy 破産免責(決定) 《破産手続きにより弁済されなかった破産債権につき破産者の支払い義務を免除することないしはその旨の裁判所決定；単に discharge ともいう》.

díscharge of cóntract 契約の解消[消滅]《契約

当事者の義務・責任の終了；履行，当事者間の合意，当事者の一方の契約違反，契約目的の達成不能の結果生じる).

díscharge of trustées 受託者の責任解除；受託者の辞任.

dischárging bònd 差押解除判決履行保証証書 (=dissolution bond)《差押えの解除を得るため将来出される判決を履行することを保証する証書》.

dis·ci·plin·ary /dísəplənèri, -n(ə)ri/ *a* 訓練上の，訓育の，規律上の；懲戒の：take ~ action against sb.

disciplinary procéeding [procédure] 懲戒手続き.

disciplinary rúle《米》《弁護士などの専門職業人に対する》懲戒規定（略 DR；cf. ETHICAL CONSIDERATION).

dis·ci·pline /dísəplən/ *vt* 訓練[鍛練]する；懲戒する. ── *n* 訓練；懲戒，折檻；しつけ，規律，風紀，秩序；戒律，宗規：military ~ 軍紀. [OF<L=teaching]

dis·claim /dɪskléɪm/ *vt* **1 a** …に対する権利を否認[放棄]する. **b** …の要求[権限]を拒否する. **2** …との関係[…についての責任]を否認する (disavow). ── *vi* **1** 権利などを放棄する. **2**《古》自分との関係を否認する.

dis·cláim·ant *n*.

dis·claim·er /dɪskléɪmər/ *n* **1 a**《権利の》拒否，否認，放棄；《地位・職務などの》引受け拒絶；《責任の》排除；《特許権の範囲の》限定修正：~ of peerage《英》《庶民院議員・庶民院議員であることを必要とする大臣であるための》貴族の爵位の拒否. **b** 無関係の訴答. ▶ QUALIFIED DISCLAIMER（限定的権利拒否；適格な権利拒否). **2 a**《権利の》拒否[否認]の意を表明する文書. **b**《製品などの》注意（書き），警告（文），但し書き，お断わり《責任軽減のため，誤った使い方をした時の危険性などを記したもの，映画・テレビ・マスコミなどで「実在の事件とは無関係」といった内容のもの). [AF]

discláimer of wárranty 担保責任の排除.

dis·cla·ma·tion /dìskləméɪʃ(ə)n/ *n*《権利の》拒否,《責任・関係などの》否認 (disclaimer).

dis·close /dɪsklóʊz/ *vt* **1** あばく，暴露する. **2**〈秘密などを〉明らかにする，開示する，発表する. **3** 露出させる，表わす.

disclósed príncipal 明示されている本人《代理人によってその者が特定の本人の代理として行なっていることを相手方に明らかにされている場合の本人；cf. PARTIALLY DISCLOSED PRINCIPAL, UNDISCLOSED PRINCIPAL).

dis·clo·sure /dɪsklóʊʒər/ *n* (cf. NONDISCLOSURE) **1** 暴露，発覚. **2** 発表，開示，ディスクロージャー；《発明の》内容の特定,《発明の》開示；企業内容開示，ディスクロージャー (cf. PROSPECTUS, REGISTRATION STATEMENT). ▶ CONFIDENTIAL DISCLOSURE（信頼に基づく開示）/ FAILURE TO MAKE DISCLOSURE（開示の不履行）/ GENERAL DISCLOSURE（一般的文書開示）/ INITIAL DISCLOSURE（冒頭当然開示）/ NONDISCLOSURE（不開示）/ SELECTIVE DISCLOSURE（選択的開示）/ SPECIFIC DISCLOSURE（特定文書開示）/ STANDARD DISCLOSURE（標準的文書開示).

disclósure and inspéction of dócuments 文書の開示[ディスクロージャー]と閲覧《訴訟当事者が訴訟で問題となっている事柄に関する所持・保管または支配下の文書のすべてを相手方に開示し，相手方に閲覧を認める手続き；英国では1998年の民事訴訟手続き規則 (Civil Procedure Rules) で，この名称に変更されるまでは discovery and inspection of documents（文書の開示[ディスカバリー]と閲覧）と呼ばれていた；cf. FAILURE TO MAKE DISCLOSURE).

disclósure of dócuments 文書の開示[ディスクロージャー] (⇒ DISCLOSURE AND INSPECTION OF DOCUMENTS).

disclósure of informátion **1**《雇用者が被用者または労働組合になすべき団体交渉・人員整理計画などに関する》情報の開示. **2**《刑事訴訟における》開示義務《刑事訴訟における訴追側による証拠の開示義務および被告人側の一定の特定事項の開示義務). **3** 守秘義務違反 (breach of confidence).

disclósure of ínterest《地方自治体の公務員とその配偶者が義務づけられる》金銭上の利害関係の開示.

dis·cómmon *vt* **1**〈入会地を〉《囲いなどとして》私有地にする. **2** …から入会権を取り上げる.

dìs·contínuance *n* **1** 停止，中止，中断；《訴えの》取下げ (cf. DISMISSAL, NONSUIT). ▶ NOTICE OF DISCONTINUANCE（訴え取下げの通知). **2**《史》不動産権行使の）停止，妨害 (=DISCONTINUANCE OF (AN) ESTATE).

discontínuance of áction 訴えの取下げ.

discontínuance of (an) estáte《史》不動産権行使停止[妨害]《例えば限嗣封土権者 (tenant in tail) のような制限的な不動産権者が自己の権利を超えた権利を譲渡した場合に，その死亡後の承継者さらにはこの権利の残余権者 (remainderman) ないしは復帰権者 (reversioner) は譲受人に対する訴訟によらない限り占有あるいは権利行使ができないこと).

dìs·continuátion *n* DISCONTINUANCE.

dis·con·tin·ue /dìskəntínju/ *vt* **1** 停止する，中止[中断]する (interrupt), (一時)休止する. **2**〈訴えを〉取り下げる (abandon);〈不動産権行使停止[妨害]になるような形で不動産権を譲渡する (⇒ DISCONTINUANCE OF (AN) ESTATE). ── *vi* 中止[休止]になる.

dìs·contínuous éasement 不継続地役権 (=nonapparent easement, noncontinuous easement)《権利を主張する人が承役地 (servient estate) に関しての何らかの意図的な行為をもって権利主張することによって享有できる地役権；通行権 (right of way) など；cf. CONTINUOUS EASEMENT).

discontínuous léase 不継続不動産賃貸借[賃借権] (=timeshare lease)《休暇用に保養地の別荘を年に3週間のみ5年間賃貸するといった賃貸借).

dis·count /dískàunt, −́−̀/ vt **1** 値引きする, 割り引いて売る;〈手形を〉割り引く. **2**《金銭消費貸借において》《利息を》先取りする. — n **1** 値引き, 割引. ▶ BULK DISCOUNT (大口割引) / CASH DISCOUNT (現金割引) / MORTGAGE DISCOUNT (譲渡抵当天引額) / TRADE DISCOUNT (業者割引) / VOLUME DISCOUNT (数量割引). **2** 手形割引. ▶ BANK DISCOUNT (銀行割引料). **3**《金銭消費貸借における》利息の先取り (cf. PRESENT VALUE). **without ～**《支払いの》割引なしで《特に 定期傭船契約 (time charterparty) での用語》.

díscount·able /, −́−̀−/ a **1** 割引できる. **2** 特別割引の: within the ～ period.

díscount bònd 割引債.

díscount bròker 1 手形割引業者. **2**〖米〗ディスカウント・ブローカー《投資情報などを提供しない代わりに, 格安手数料で証券売買の仲立をする証券業者》.

díscount ràte 1 値引率, 割引率. **2** 公定歩合. **3** 手形割引歩合.

díscount stòck [shàre] 割引株《額面価格よりも低い価額で発行される株式》.

dis·cov·er /dıskʌ́vər/ vt **1** 発見する, 見つける, 見出す; 悟る, …に気づく. **2**〈隠れたものを〉明らかにする, 表わす.

discóver·able a 発見できる, 見出されうる;〈効果などが〉認められる.

discóvered péril 発見された危険《の法理》(last clear chance) (⇨ LAST CLEAR CHANCE DOCTRINE). ▶ DOCTRINE OF DISCOVERED PERIL (発見された危険の法理).

discóvered péril dòctrine 発見された危険の法理 (＝ LAST CLEAR CHANCE DOCTRINE).

discòver·ée 開示被請求者 (⇨ DISCOVERY).

discóver·er 開示請求者 (⇨ DISCOVERY).

dis·cóvert a《古》夫の庇護下にない,《女性が婚姻による》無能力ではない《未婚女性, 離婚した女性, 寡婦についていう; cf. COVERTURE》.

dis·cóverture n《古》夫の庇護下にない状態,《女性が》婚姻関係にない状態《未婚女性, 離婚した女性, 寡婦についていう》.

dis·cov·ery /dıskʌ́v(ə)ri/ n **1 a** 発見; 暴露, 露見; 開示. **b** 発見物; 開示されたもの《証拠, 文書》. ▶ INADVERTENT DISCOVERY (偶然の発見) / INEVITABLE DISCOVERY (必然的発見の準則)). **2**《主として事実審理 (trial) の前に法廷外で行なう両当事者による事件に関する事実・書類の》開示[ディスカバリー《手続き》];〖米〗《刑事訴訟における》証拠開示《手続き》. ▶ BILL OF DISCOVERY (開示請求訴状) / MOTION TO COMPEL DISCOVERY (開示強制を求める申し立て) / POSTJUDGMENT DISCOVERY (判決後の開示《手続き》) / PRETRIAL DISCOVERY (事実審理前の開示《手続き》). **3**《国際法》《無主地の》発見.

discóvery abúse 1 開示手続き濫用《不必要・不適正なものの開示または不適正目的のための開示要求》. **2**《適正な開示要求への》開示不十分.

discóvery and inspéction of dócuments 文書の開示[ディスカバリー]と閲覧 (⇨ DISCLOSURE AND INSPECTION OF DOCUMENTS).

discóvery cónference《両当事者・裁判所による》開示のための協議.

discóvery immúnity《一定の文書・情報についての通例は制定法上の》開示免除.

discóvery of dócuments 文書の開示[ディスカバリー] (⇨ DISCLOSURE AND INSPECTION OF DOCUMENTS).

discóvery pòlicy 期間内発見事故保険《約款》(＝ CLAIMS-MADE POLICY).

discóvery rùle 1 発見時起算準則《例えば通例医療過誤訴訟においては出訴期間 (limitation) の起算点を不法行為時でなく患者が過誤を発見した時点とするように, 出訴期間を権利侵害発見時ないしは合理的に見て発見されるべきであった時点から起算する原則; ⇨ STATUTE OF LIMITATIONS; cf. OCCURRENCE RULE). **2** 開示《手続き》規則.

dis·crédit vt 疑う, 信用しない, 信用に値しないとする; …の信用を傷つける: ～ a witness 証人の信用性を弱める. — n 不信用; 疑惑 (doubt); 不面目, 不名誉.

dis·crep·an·cy /dıskrép(ə)nsi/ n 不一致, 矛盾, 食い違い.

Dis·cre·tio est dis·cer·ne·re per le·gem quid sit jus·tum. /dıskríːʃiou ɛst disɛ́rnɛrɛ per líːdʒɛm kwıd sıt dʒúːstəm/ 裁量とは法を通じて正しいことを識別することである. [L＝Discretion is to discern through the law what is just.]

dis·cre·tion /dıskréʃ(ə)n/ n **1** 裁量; 裁量権 (＝ discretionary power): The court exercised its ～. 裁判所は裁量権を行使した / at the ～ of the judge [court] 裁判官[裁判所]の裁量で. ▶ ABUSE OF DISCRETION (裁量権の濫用) / ADMINISTRATIVE DISCRETION (行政裁量) / EXECUTIVE DISCRETION (行政裁量; 執行権の裁量) / JUDICIAL DISCRETION (裁判所の裁量) / PROSECUTORIAL DISCRETION (訴追者の裁量). **2** 分別, 慎重さ;《善悪の》判断《能力》, 弁別[弁識]《能力》, 思慮分別. ▶ AGE [YEARS] OF DISCRETION (弁別年齢).

discrétion·ary /-nèri; -n(ə)ri/ a 任意の,《自由》裁量の, 一任された.

discrétionary áct 裁量行為 (cf. DISCRETION, ABUSE OF DISCRETION).

discrétionary área of júdgment〖英〗判断の裁量領域 (⇨ MARGIN OF APPRECIATION).

discrétionary dámages pl 裁量的認定損害《賠償金》(＝ indeterminate damages).

discrétionary immúnity 裁量行為に伴う免責《公務員が職務として行なった裁量行為 (discretionary act) から生じた不法行為に対する民事責任の限定的免責》.

discrétionary jústice 裁量的正義.

discrétionary pówer 裁量権 (discretion).

discrétionary revíew《上訴審の審理が当事者の権利ではなく上訴審の裁量による》**裁量的再審査**, 裁量的審理 (cf. CERTIORARI).

discrétionary trúst 裁量信託《信託財産の管理・運用について受託者に裁量権のある信託; cf. FIXED TRUST, NONDISCRETIONARY TRUST》.

discrétion státement〖英史〗裁量懇請陳述書《1950年法に定められているもので、みずからが姦通など婚姻上の犯罪 (matrimonial offense) を犯した者が離婚または裁判上の別居 (judicial separation) を求める場合に、その犯罪の詳細を述べた上で裁判所が裁量でみずからに有利な仮判決 (decree nisi) を下してくれるよう懇請した陳述書》.

dis·crim·i·nate /dɪskrímənèɪt/ *vi* 識別する、弁別する〈between A and B〉; 区別する、判別する; 分け隔てする、差別する、差別待遇する: *discriminating* against women in recruitment policy. — *vt* 識別する、区別する〈A *from* B〉. **dis·crim·i·na·to·ry** /dɪskrímənətɔ̀ːri, -t(ə)ri/ *a* 識別的な; 差別的な. [L *discrimino* to divide]

dis·crim·i·nat·ee /dɪskrìmənətíː/ *n* 被差別者、差別待遇をされた人[被害者].

dis·crim·i·na·tion /dɪskrìmənéɪʃ(ə)n/ *n* **1** 区別, 識別(力), 弁別(力), 眼識, 慧眼. **2** 差別, 分け隔て, 理由のない差別扱い (cf. BONA FIDE OCCUPATIONAL QUALIFICATION, DOUBLE STANDARD, EQUAL PROTECTION (OF THE LAWS), FAVORITISM, SUSPECT CLASSIFICATION). ▶ AGE DISCRIMINATION (年齢(による)差別) / DISABILITY DISCRIMINATION (障害者差別) / ECONOMIC DISCRIMINATION (経済上の差別) / GENDER(-BASED) DISCRIMINATION (性差別) / INVIDIOUS DISCRIMINATION (不当差別) / POSITIVE DISCRIMINATION (積極的優遇) / PRICE DISCRIMINATION (価格差別) / RACIAL DISCRIMINATION (人種差別) / RELIGIOUS DISCRIMINATION (宗教上の差別) / REVERSE DISCRIMINATION (逆差別) / SEX [SEXUAL] DISCRIMINATION (性差別) / SEXUAL ORIENTATION DISCRIMINATION (性的志向差別).

dis·cul·pate /dískəlpèɪt, dɪskʌ́lpèɪt/ *vt* EXCULPATE.

dis·cuss /dɪskʌ́s/ *vt* **1** 論議[審議]する、討議する; 吟味[検討]する、〈書物などを〉(詳細に)論ずる. **2**〖大陸法〗《保証人などの財産に訴える法的手段に訴える前に》〈主たる債務者に対して検索する法的手段を尽くす〉. — *vi* 討議[審議]する. **~·able, ~·ible** *a* 議論[討議]できる. **~·er** *n* [L *discuss-* *discutio* to disperse (*quatio* to shake)]

dis·cus·sion /dɪskʌ́ʃ(ə)n/ *n* **1** 討議 (debate), 審議: a question under ~ 審議[検討]中の問題 / after much [a long] ~ ずいぶん[長く]討議[審議]したあとに / after several ~s 何回もの議論のあとに / come up for ~ 討議[審議]に持ち出される. ▶ JOINT DISCUSSIONS (労使合同討議). **2** 弁論, 討論; 論文, 論考〈on〉. **3**〖大陸法〗**検索**《保証人などの財産に対する法的手段に訴える前に主たる債務者に対して法的手段を尽くすこと》. ▶ BENEFIT OF DISCUSSION (検索の抗弁の利益). **~·al** *a*

dis·ease /dɪzíːz/ *n* 病気, 疾病(シッ), 疾患. ▶ FUNCTIONAL DISEASE (機能的疾患) / INDUSTRIAL [OCCUPATIONAL] DISEASE (業務上の疾病) / INFECTIOUS DISEASE (感染症) / MENTAL DISEASE (精神的疾患) / ORGANIC DISEASE (器質性疾患) / VENEREAL DISEASE (性病).

dis·en·fran·chise *vt*〈人〉から市民としての権利を剥奪する, …の公民権を奪う, 選挙権を奪う; …から権利を奪う, 特権を奪う, フランチャイズ契約を解除する; 〈法人・団体のメンバー〉の資格を剥奪する, 除名する, …から追放する. **~·ment** /, -tʃəz-/ *n*

dis·entáil *vt* …の限嗣(ﾂｸ)封土権を廃除する, 〈財産〉の限嗣相続を解く (free from entail). — *n* 限嗣封土権[不動産権]廃除 (disentailment).

disentáil·ing déed〖史〗限嗣封土権[不動産権]廃除(捨印)証書.

disentáil·ment *n* 限嗣封土権[不動産権]廃除.

dis·entítle *vt* …から権原[権利, 資格]を剥奪する.

dis·fíg·ure·ment /dɪsfígjərmənt/ *n*《外観・美観の》損傷.

dis·fórest *vt* **1**〖史〗DISAFFOREST. **2**〈土地〉から森林を伐採[除去]する. **dis·forestátion** *n*

dis·fránchise *vt* DISENFRANCHISE. **~·ment** *n*

dis·gav·el /dɪsɡǽv(ə)l/ *vt*〖史〗…のガヴェルカインド保有 (gavelkind) を廃止する.

dis·gorge /dɪsɡɔ́ːrdʒ/ *vt*《のみ込んだ物を》吐き出す; 〈不正に得た物など〉を吐き出す, 引き渡す.

disgórge·ment *n* 不正取得物[所得]返還.

disguísed donátion 偽装された贈与 (=donation in disguise) (cf. SIMULATION).

dis·her·i·son /dɪshérəs(ə)n, -z(ə)n/ *n*《古》相続人廃除 (disinheritance).

dis·her·it /dɪshérət/ *vt*《古》DISINHERIT.

dis·hónest *a* 不正直な, 誠意のない; 不正な: ~ abstraction of electricity 電気不正利用 / ~ suppression of documents 文書不正破棄・隠蔽.

dishónest assístance 不正幇助《信託(義務)違反)幇助責任 (accessory liability (in breach of trust)) を問われる故意かつ不正な幇助》; ⇒ ACCESSORY LIABILITY (IN BREACH OF TRUST)》.

dis·hónesty *n* 不正直, 不誠実; 不正(行為), 詐欺, うそ.

dis·hon·or | **-hon·our** /dɪsánər/ *n* **1** 不名誉, 不面目, 恥辱, 侮辱. **2**《小切手・手形の》引受け拒絶, 支払い拒絶: the ~ of the check. ▶ NOTICE OF DISHONOR (拒絶の通知) / WRONGFUL DISHONOR (不当引受け拒絶). — *vt* **1** …の名誉を傷つける[汚す]; 〈人〉に恥辱を与える; 〈約束など〉を破る. **2**《小切手・手形》の引受けを拒絶する (opp. *accept*); 支払い拒絶, 不渡りにする: The bank ~*ed* his check.

dis·in·car·cer·ate /dìsınká:rsərèıt/ *vt* 釈放する, 出獄させる.

dìs·incéntive *n* 行動を抑制するもの, 意欲をくじくもの, 阻害[阻止]要因.

dis·in·her·i·son /dìsınhérəz(ə)n/ *n* 相続権剝奪 (disinheritance).

dìs·inhérit *vt* **1** …から相続権を剝奪する, 相続人廃除にする, 廃嫡(はいちゃく)する, 勘当する: be ~*ed* by one's father. **2** …の自然権[人権]を無視する; …から既得の特権を取り上げる. [*inherit* (obs) to make heir]

dìs·inhéritance *n* 相続権剝奪, 相続人廃除, 廃嫡 (=disherison, disinherison).

dìs·intér *vt* 〈死体などを〉掘り出す, 発掘する; 明るみに出す. **~·ment** *n* 発掘, 《隠れた事物の》摘発; 発掘物, 摘発物.

dìs·ínterest·ed *a* 利害関係のない, 公平無私の, 私心[偏見]のない.

disínterested wítness 利害関係なき証人 (opp. *interested witness*).

dis·in·ter·mediátion *n* 《高利回りの証券投資のための》銀行預金資金の引出し. [投資家が銀行などの中間機関 (intermediate institution) を経由せずに直接投資することから]

dis·invést *vt* …の投資をやめる[減らす]. — *vi* 投資を減らす[やめる]; 資本をくいつぶす, 負の投資をする.

dis·invést·ment *n* **1** 負の投資《既存の資本財の減耗分の不補充》. **2** 投資の引き揚げ[撤収] (=divestment).

dis·jóinder *n* 併合解消 (cf. JOINDER, MISJOINDER, NONJOINDER).

dis·júnc·tive /dısdʒʌ́n(k)tıv/ *a* 択一的な〈申し立て〉. **~·ly** *adv*

disjúnctive allegátion 《訴答 (pleading) や起訴状の中での》択一的主張.

disjúnctive condítion 択一的条件《いくつかの選択肢のうち一つを選んで履行することを求めている条件》.

disjúnctive deníal 《相手方の択一的主張に対する》択一的否認.

disk, disc /dísk/ *n* **1** 平円盤(状のもの); レコード, ディスク. **2** 〖電算〗ディスク《磁性材料でおおわれている円板からなる記憶装置》. ▶ HARD DISK (ハードディスク).

dis·kette /dískèt, —´—/ *n* 〖電算〗ディスケット (floppy disk).

dis·mém·ber /dısmémbər/ *vt* **1** 〈人〉の手足を切断する, ばらばらにする. **2** 〈国土・組織などを〉分割する, 寸断する. **~·ing, ~·ment** *n* 〖史〗四肢切断刑 (cf. QUARTERING).

dis·míss /dısmís/ *vt* **1** 解雇[免職]する (discharge), 放逐する (expel): The clerk was ~*ed* (*from*) his job for neglect. 怠慢のため解雇された. **2 a** 〈念頭から問題・疑いなどを〉捨てる. **b** 〈討議中の問題などを〉簡単に片付ける, おしまいにする. **c** 却下する, 棄却する; 〈訴え・上訴を〉取り下げる: ~ an appeal [application] / A plaintiff may ~ an action without a court order. **3** 解散する, 退散させる. — *vi* 訴えを却下する, 棄却する; 訴えを取り下げる: MOTION TO DISMISS. **~·ible** *a* 解雇できる; 解雇を免れない. [OF<L=sent away (*missmitto* to send)]

dismíss·al *n* **1** 解雇, 免職〈*from*〉; 解雇通知. ▶ CONSTRUCTIVE DISMISSAL (擬制解雇) / FAIR DISMISSAL (適正解雇) / STATEMENT OF REASONS FOR DISMISSAL (解雇理由書) / SUMMARY DISMISSAL (即時解雇) / UNFAIR DISMISSAL (不公正解雇) / WRONGFUL DISMISSAL (違法解雇). **2** 〈訴えの〉却下, 棄却, 《上訴の》却下; 〈訴えの〉**取下げ** cf. DISCONTINUANCE, MISTRIAL, NONSUIT. ▶ INVOLUNTARY DISMISSAL (訴えの非任意的却下) / JUDGMENT OF DISMISSAL (却下判決, 棄却判決) / ORDER OF DISMISSAL (却下命令) / VOLUNTARY DISMISSAL (訴えの任意的取下げ). **3** 解散; 退去, 退散; 放校, 退会.

dismíssal and nonsúit 訴訟却下.

dismíssal compensátion 解雇手当 (=SEVERANCE PAY).

dismíssal for cáuse 正当事由解雇.

dismíssal for fáilure to prósecute = DISMISSAL FOR WANT OF PROSECUTION.

dismíssal for wánt of équity 請求棄却《手続き上の瑕疵によるのでなく実体に基づく訴えの棄却》.

dismíssal for wánt [láck] of prosecútion 不追行ゆえの訴えの却下 (=dismissal for failure to prosecute)《原告が真剣に追行しないゆえの訴えの却下; 略 DWOP》.

dismíssal of áction 訴訟却下, 棄却, 取下げ.

dismíssal on the mérits 請求の実体についての棄却, 訴えの棄却.

dismíssal òrder《裁判所による訴えの》却下命令 (=order of dismissal).

dismíssal procédure 解雇手続き.

dismíssal procédures agrèement 解雇手続き協定《不公正解雇 (unfair dismissal) 防止のための団体交渉協定》.

dismíssal stàtement 解雇理由書.

dismíssal withòut préjudice 実体的効果を伴わぬ訴えの却下, 再訴可能な訴え却下 (⇨ *without* PREJUDICE).

dismíssal with préjudice 実体的効果を伴う訴えの棄却, 訴えの棄却 (⇨ *without* PREJUDICE).

dis·mís·sion /dısmíʃ(ə)n/ *n* 《古》DISMISSAL.

dis·mórtgage *n* 《抵当物の》受戻し (redemption).

Dísneyland pàrent ディズニーランド親《別居中の夫婦のうち監護権のない (noncustodial) 方の親で, 子の訪問期間中に子に贈物や楽しみのみ与え, しつけの責任はほとんどないしすべて他方の親に押しつける者; cf. LOLLIPOP SYNDROME》.

dìs·obédience *n* 不従順, 反抗〈*to*〉; 不服従, 違反. ▶ CIVIL DISOBEDIENCE (市民の不服従).

dis·or·der /dɪsɔ́:rdər/ *n* **1** 無秩序, 混乱; 乱雑; 無規律; 不穏, 騒動, 騒乱; 治安紊乱(びん); 風紀紊乱, 公共道徳違反. ▶ CIVIL DISORDER (騒動) / VIOLENT DISORDER (暴力治安紊乱罪). **2**《心身の》不調, 障害, 異常. ▶ MENTAL DISORDER (精神障害) / PSYCHOPATHIC DISORDER (精神病質障害).

dis·or·der·ly /dɪsɔ́:rdərli/ *a* 治安[風紀]紊乱の. — *n* 治安[風紀]紊乱者 (disorderly person),《一般に》不穏分子. **dis·ór·der·li·ness** *n*

disórderly cónduct 治安[風紀]紊乱行為, 公共道徳違反行為《治安・公共道徳を乱し社会の安全を害する恐れのある行為; cf. BREACH OF THE PEACE》.

disórderly hóuse 1 風紀紊乱所《特に 売春宿・麻薬密売所・賭博場》. ▶ KEEPING A DISORDERLY HOUSE (売春宿経営罪). **2** 近所迷惑な家《近隣に不法妨害 (nuisance) となるような活動をしている住宅》.

disórderly pérson 治安[風紀]紊乱者. ▶ IDLE AND DISORDERLY PERSON (怠惰な治安[風紀]紊乱者).

disórderly pícketing 治安紊乱的ピケ(ティング).

dis·par·age /dɪspǽrɪdʒ/ *vt* **1** みくびる, さげすむ; そしる, おとしめる. **2**《史》《特に 社会的地位の低い人との結婚によって》…の品位を落とす. **3** …に不釣合いなことを強いる.

dispárage·ment *n* **1** 軽蔑, みくびり; 誹謗, 中傷; 信用を失わしめること; 汚名, 不名誉 (cf. DEFAMATION). **2**《経済取引上の》中傷 (=injurious falsehood)《他人の財産・製品・営業の名誉・信用を失墜させる虚偽かつ悪意ある陳述で, 口頭でも文書でもよい; 実害があれば訴えることができる不法行為; cf. MALICIOUS FALSEHOOD, SLANDER OF GOODS, SLANDER OF TITLE, TRADE LIBEL》. ▶ BUSINESS DISPARAGEMENT (営業上の中傷) / COMMERCIAL DISPARAGEMENT (商業上の中傷). **3**《古》不釣合いな婚姻, 身分違いの婚姻 (⇨ DUPLEX VALOR MARITAGII; cf. MARITAGIUM).

dispáragement of próperty [góods] 1 品質不良との中傷. **2** 権利についての中傷 (=SLANDER OF TITLE). 《》 ⇨ DISPARAGEMENT）

dispáragement of títle 権原についての中傷 (=SLANDER OF TITLE).

dispáraging instrúction《陪審に対する裁判官による訴訟当事者についての不適切な》軽蔑的説示.

dís·pa·rate ímpact /dɪ́spərət-/ 差別的効果《人種・性別・出身国・年齢・身体的障害などにつき一見中立的に見えることが結果的には不当な差別の効果・影響をもたらすこと; 特に雇用関係で問題とされる; 差別するという意図がなくても成立する点が重要; cf. BONA FIDE OCCUPATIONAL QUALIFICATION, DISPARATE TREATMENT》.

dísparate tréatment 差別的待遇《人種・性別・出身国・年齢・身体的障害などにつき意図的に差別的に待遇すること; 特に雇用関係で問題とされる; cf. BONA FIDE OCCUPATIONAL QUALIFICATION, DISPARATE IMPACT》.

dis·par·i·ty /dɪspǽrəti/ *n* 不同, 不等, 相違, 較差, 不均衡, 不均等《*in*》. ▶ ABSOLUTE DISPARITY (絶対的不均衡割合) / COMPARATIVE DISPARITY (比較的不均衡割合) / SENTENCING DISPARITY (量刑較差).

dis·patch, des- /dɪspǽtʃ/ *vt* **1**《公務・特派任務などで》急派[特派]する;《急信》を発送する. **2**《事務》をさっさと片付ける, すばやく処分する. — *n* **1 a** 派遣, 特派, 急送. **b** 急送公文書; 速達便; 至急便, 特電. **c** 急行輸送機関, 急行運送会社[代理店]. **2**《処理などの》手早さ; 手早い処置. **3** 早出料 (=DISPATCH MONEY). [It *dispacciare* or Sp *despachar* to expediate]

dispátch bòx 1《重要書類, 公文書の》送達箱《ケース》; 書類ケース[かばん], アタッシェケース. **2** [the ~]《英議会》書類箱《庶民院中央テーブルに与党側・野党側それぞれに置かれている2つの箱で, 大臣または野党影の内閣の構成員が発言するときはそれぞれの近くにある箱のそばで行なう》: be at the ~《大臣》が議会で演説している.

dispátch mòney 早出料《傭船契約で船積み・荷揚げが早くにすみ停船期間が節約された場合に, その期間に応じて船主から傭船者に支払われる報酬; 単に dispatch ともいう》.

dis·páuper *vt* …の貧者資格を剥奪する[取り消す]《訴訟救助資格を取り消す; ⇨ IN FORMA PAUPERIS》.

dis·pen·sa·tion /dìspənséɪ(ə)n, -pèn-/ *n* **1** 免除, 《法の》適用免除;《教会法上の》特免, 特免状. **2** 施政, 統治; 管理(体制). **3** 分配, 施し(物), 分配品. **4**《神の》摂理, 天の定め; 律法. **5** なしで済ますこと.

dis·pense /dɪspéns/ *vt* **1** 分配[施与]する (distribute); 施す, 施行する: ~ justice 法を施行する, 正義を施す, 裁判する. **2**《人》の義務を免ずる. — *vi* 免除する. ~ **with**… (1)…を不要にする, …の手間を省く; [can ~]…なしで済ませる. (2)…を特に免除する, 適用免除にする.

dispénsing pówer 法の適用免除権能.

dis·per·so·na·re /dɪspə̀:rsənéəri/ *vt* 中傷する, …の品位を傷つける. [ML=scandalize]

displáced pérson 1 住居を失った者, 強制移住者, 強制退去者. **2**《戦争などによる》流民, 難民《DP, D.P.》.

displáced-pérsons càmp《国際法》難民キャンプ.

displáy rìght《米》展示権《著作権対象作品のコピー・複製物を直接に, あるいはインターネット上に載せるなどの技術を用いて, 公けに展示することのできる著作権者の排他的権利》.

dis·pone /dɪspóun/ *vt*《スコットランド》《土地を》譲渡する, 移転する. [ME *disponen*<OF *disponer* dispose]

dis·pós·able *a* **1** 処分できる, 自由になる. **2** 用がすんだら捨てる, 使い捨ての.

dispósable éarnings *pl*《米》可処分所得 (=disposable income).

dispósable íncome 可処分所得 (=disposable earnings).

dispósable pórtion 遺贈自由な財産(部分) (cf. FALCIDIAN PORTION, LEGITIME, MARITAL PORTION).

dis·pos·al /dɪspóuz(ə)l/ n **1** 処理, 処分(譲渡や売却); 処分の自由, 思いどおりにできること; 処分権: ~ by sale 売却処分. ► REFUSE DISPOSAL (廃棄物処理) / WASTE DISPOSAL (廃棄物処理). **2** 配置, 配列. **3** (特許)出願終結(特許の出願(application of patent)が撤回・拒絶・付与により終結すること).

dispósal of uncollécted góods 《(寄託者(bailor)の回収義務違反による受寄者(bailee)が行なう)》未回収品の処分.

dis·pose /dɪspóuz/ vt **1** 配列する. **2** 〈人を〉…したい気にさせる〈to〉;〈人を〉…しがちにする〈to〉;《行動に移る》心構えをさせる〈for〉. **3** 〈事務・問題などを〉処理する, …の決着をつける. — vi 処置をつける〈of〉. **~ of**…を片付ける, 処理する, …に決着をつける;…を譲渡する, 売り払う;…を捨てる, 処分する;〈兵力・人員・資源などを〉有する.

dispósing capácity 財産処分能力,《特に》遺贈能力 (=TESTAMENTARY CAPACITY).

Dispósing Clàuse [the ~]《米》(連邦議会の)財産処分権能条項(合衆国憲法第4編第3節2項のこと).

dispósing mínd《特に遺贈能力判断基準としての》財産処分能力を有する精神, 遺贈能力 (=TESTAMENTARY CAPACITY) (cf. SOUND AND DISPOSING MIND AND MEMORY).

dis·po·si·tion /dìspəzíʃ(ə)n/ n **1** 処分(譲渡や贈与); 処分権 (power of disposition). ► ORDER AND DISPOSITION (管理と処分) / POWER OF DISPOSITION (処分権) / REGISTERED DISPOSITION (登録済み処分) / REGISTRABLE DISPOSITION (登録可能処分) / TESTAMENTARY DISPOSITION (遺言による財産処分) / VOLUNTARY DISPOSITION (有価約因なしの土地処分). **2**《裁判所による事件の》措置, 処理; **処分決定**, 刑の宣告 (cf. DECISION, JUDGMENT, OPINION, RULING, VERDICT). **3**《スコットランド》一方的財産権譲渡証書. **4** 性向, 性癖, 性質 (cf. CHARACTER); 傾向. ► EVIDENCE OF DISPOSITION (性向についての証拠) / PREDISPOSITION (性向). **~·al** a

disposítion hèaring **1**《未成年非行事件で有責と認められた後の》処分決定審理, 量刑審理 (cf. ADJUDICATION HEARING, DETENTION HEARING). **2**《児童虐待・遺棄事件などで虐待・遺棄などが認められた子の》措置決定審理. **3**《米史》最終処分決定審理 (⇨ PERMANENCY HEARING).

disposítion withòut a tríal 審理なき処分決定《被告人が有罪を認めた場合など, 実体審理なしで事件の最終処分を決定すること》.

dis·pos·i·tive /dɪspázətɪv/ a **1**《事件・問題などの》方向に関した. **2** 財産の処分に関する. **3** 処分を決定する.

dispósitive fáct **1**《法的紛争・問題に決着をつける》決定的事実 (cf. DISPOSITION). **2** 権利変動の原因たる事実 (=vestitive fact) (cf. INVESTITIVE FACT).

dis·pos·sess /dìspəzés, *-sés/ vt〈土地・家屋などを人から〉取り上げる, 奪う,《不動産の》占有を奪取する〈of〉; 追い出す (oust)〈of〉: ~ sb of his property 人から財産を取り上げる / ~ sb of his land 土地から人を立ち退かせる. **dìs·pos·sés·sor** n [OF]

dìs·pos·sés·sed a 追い出された, 立ち退かされた; 財産[地位]を奪われた,《不動産の》占有を奪取された.

dìs·pos·sés·sion n 追い立て, 奪取;《不動産の》占有奪取 (=ouster),《不動産》不法占有 (cf. DISSEISIN, SEISIN).

dis·pos·sés·so·ry wárrant /dìspəzés(ə)ri-/《米》不動産占有奪取令状.

disposséss procèeding《貸主が債務不履行の借主の占有を剥奪するための》賃貸不動産占有回復略式手続き (⇨ FORCIBLE ENTRY AND DETAINER).

dis·po·sure /dɪspóuʒər/ n《古》DISPOSAL, DISPOSITION.

dis·próof n 反証(を挙げること) (⇨ DISPROVE), 論駁, 反証. [OF]

dis·próve vt …の反証を挙げる,〈主張・理論などの〉誤り[偽り]を証明する (refute). **dis·próv·able** a

dispútable presúmption 争いうる推定 (=REBUTTABLE PRESUMPTION).

dis·pute /dɪspjúːt/ vi 論争[議論]する〈with [against] sb about [on, over] sth〉; 言い争う, 口論する, けんかする. — vt **1** 論ずる〈whether, how, etc.; a question〉;《提案・事実関係に》異論を唱える, 論駁する, 疑いをさしはさむ, 問題にする: The defendant ~d the severe claim. **2**(得ようと)争う[競う]. — n /, ⟂/ 紛争, 争い, **争議**, 議論; 口論, けんか. ► DOMESTIC DISPUTE (家庭内紛争) / INDUSTRIAL DISPUTE (労働争議) / JURISDICTIONAL DISPUTE (権限争い; 裁判管轄権に関する争い; 縄張争い) / LABOR DISPUTE (労働争議) / MAJOR DISPUTE (大争議) / MATTER IN DISPUTE (係争事項) / MINOR DISPUTE (小争議) / NEW CONTRACT DISPUTE (新協約争議) / TRADE DISPUTE (貿易上の紛争; 労働争議). **dis·pút·able** a

dispúte resolùtion 紛争解決策 (=ALTERNATIVE DISPUTE RESOLUTION). ► ALTERNATIVE DISPUTE RESOLUTION (代替的紛争解決策).

dis·qualificátion n **1 a** 資格剥奪, 失格, 資格喪失〈from office〉; 無資格, 資格欠如, 欠格: ~ from driving (a car)《自動車》運転資格剥奪. **b** 失格[欠格]事由, 欠格条項. ► VICARIOUS DISQUALIFICATION (代償的資格喪失). **2 a**《裁判官の》除斥 (cf. RECUSAL). **b** 除斥原因.

dis·quálify vt …から資格を剥奪する, 失格させる, 失格者[不適格]とする〈for, from〉;《法律上》欠格者と宣告する〈for〉; 除斥する: be *disqualified from* driving (自動車)運転資格を剥奪される. **dis·quálifiable** a

Dis·ráe·li's Àct /dɪzréɪliz-/《英史》ディズレーリ法《第2次選挙法改正法, 正式名称は Representation of the People Act (1867); ⇨ REFORM ACT). [同法案推進者で当時大蔵大臣(後首相)の Benjamin Disraeli (1804-81) の名から]

dis·ra·ti·o·na·re /dɪsreɪʃiənéəri/, **di·ra·ti·o·na·re** /dɪ-/ v《史》**1** 権利を主張する; 証明する, 《権原 (title) を》立証する. **2** 有責との主張を否認する, 身の潔白を証明する, 正当化する.

dis·regárd n 無視; 無視された状態. ▶ RECKLESS DISREGARD (未必の故意[認識ある過失]による無視). — vt 無視する.

disregárd·ing (the) córporate éntity《米》《特定の法律関係に限っての》法人格の否認(の法理) (=PIERCING THE CORPORATE VEIL).

dìs·repúte n 不評, 悪評: bring sth into ~.

dis·respéct n 失礼, 無礼, 軽視, 軽蔑〈for〉; 失礼なことば[行為]: show ~ to the judge.

dis·rúp·tive cónduct /dɪsrʌ́ptɪv-/ 妨害的行為.

diss ⇨ dissentiente.

dis·seise, -seize /dɪ(s)síːz/ vt《人》から《不動産の》占有を侵奪する〈of〉. [AF (dis-, SEIZE)]

dis·seis·ee, -seiz- /dì(s)siːzíː/ n (不動産占有)被侵奪者.

dis·sei·sin, -zin /dɪ(s)síːz(ə)n/ n (不動産)占有侵奪 (⇨ SEISIN) (cf. DISPOSSESSION). ▶ FRESH DISSEISIN (最近の不動産占有侵奪; 最近の不動産占有侵奪に対する自力救済(権)) / REDISSEISIN (不動産占有再侵奪; 再侵奪不動産占有回復令状).

Dis·sei·si·nam sa·tis fa·cit qui u·ti non per·mit·tit pos·ses·so·rem, vel mi·nus com·mo·de, li·cet om·ni·no non ex·pel·lat. /dɪsíːsɪnæm sǽtɪs féɪsɪt kwɪ úːti nan pɛrmítɪt pɑ̀zɛsóʊrɛm vɛl máɪnəs kɑ́mədɛ láɪsɛt amnáɪnoʊ nan ɛkspélæt/ たとえ占有者を全面的に排除しないとしても, 占有者が享有することを許さなかったりその享有の便宜を減ずる者は, 十分に占有侵奪をなしている. [L=A person makes disseisin enough who does not permit the possessor to enjoy, or makes the possessor's enjoyment less convenient, even if the disseisor does not expel the possessor altogether.]

dis·séi·sor, -zor /-zər, -zɔ́ːr/ n (不動産占有)侵奪者. **dis·séi·sor·ess, -séi·trix** n fem

dis·sem·i·na·tion /dɪsèmənéɪʃ(ə)n/ n **1** まきちらすこと, 種まき, 播種; 散布 **2** 普及, 流布, 伝播, 宣伝. ▶ INNOCENT DISSEMINATION (善意の流布).

dis·sent /dɪsént/ vi《大多数の人などと》意見を異にする (disagree)〈from〉; 同意しない, 反対する, 異議を述べる, 従うことを拒む; 反対意見を述べる, 多数意見に反対する (▶ cf. CONCUR): ~ from others about sth / ~ from an idea / pass without a ~ing voice 一人の異議もなく通過する. **2** (国教の教義と)意見を異にする, 国教に反対する. — n **1 a** 不同意, 意見の相違, 異議表示; 《法案に対する国王の》不裁可. **b** 反対意見 (=DISSENTING OPINION);《広く》反対[少数]意見. **2** 国教反対

[集合的に] 国教反対者, 非国教徒; 反対[少数]意見者. [L (dis-, sentio to feel)]

dissént·er n **1** 反対意見(表明)者, 少数意見(表明)者, 多数意見に同調しない者. ▶ GREAT DISSENTER (偉大なる反対意見者). **2** [ᵛD-] 国教反対者, 非国教徒《特にプロテスタントの》.

disśenter's right 反対株主の権利 (⇨ APPRAISAL REMEDY).

dis·sen·ti·ente /dɪsɛnʃiénti/ a 反対意見の, 意見を異にする, (多数意見に)反対の. ★判例を引用する場合にはしばしば **diss** と省略形で示す. [L=dissenting]

disśenting júdgment 反対判断 (dissenting opinion).

disśenting opínion《多数意見で定まった判決に付記する少数意見の裁判官の》反対意見 (=dissent), 少数意見 (minority opinion).

dis·si·pate /dísəpèɪt/ vt 浪費する, 散財する.

dis·si·pa·tion /dìsəpéɪʃ(ə)n/ n **1** 浪費, 散財; 不法[不当]消費[支出]. **2**《特に, 婚姻の破綻を前にして夫婦の一方がなす, 婚姻により取得した資産 (marital asset) の》利己的利用.

dis·so·lu·tion /dìsəlúːʃ(ə)n/ n **1** 消滅, 死滅. **2** 分離, 分解;《議会・団体などの》解散, (会社の)解散 (cf. LIQUIDATION, WINDING-UP): ~ of Parliament 議会の解散. ▶ ARTICLES OF DISSOLUTION (解散届出書) / INVOLUNTARY DISSOLUTION (非任意解散) / VOLUNTARY DISSOLUTION (任意解散). **3**《法的関係・手続き・命令の》取消し, 解除;《法的関係の》解消; 契約の解除 (=DISSOLUTION OF CONTRACT).

dissolútion bónd 差押解除判決履行保証証書 (=DISCHARGING BOND).

dissolútion of cóntract 契約の解除《単に dissolution ともいう; cf. RESCISSION (OF CONTRACT)》.

dissolútion of corporátion 法人の解散, 会社の解散.

dissolútion of márriage 婚姻の解消 (cf. DIVORCE). ▶ PRESUMPTION OF DEATH AND DISSOLUTION OF MARRIAGE (死亡の推定と婚姻の解消).

dissolútion of pártnership 組合[パートナーシップ]の解散.

dissolútion of the mónasteries《英史》《1536-40 年の》修道院の解散.

dissolútion òrder《英》法的共同生活解消命令《法的共同生活 (civil partnership) の裁判所による解消命令》.

dis·solve /dɪzɑ́lv, -zɔ́(ː)lv/ vt **1** 溶かす. **2** 解散する;《関係などを》終了させる, 解消する, 取り消す, (undo); 消滅させる: ~ a contract 契約を解除する / ~ a marriage 婚姻を解消する / ~ a partnership [a company] 組合[会社]を解散する / ~ Parliament 議会を解散する. **3** 解く, 解決する. — vi **1** 溶ける. **2**《議会などが》解散になる; 解消する; 失効する; 消滅する. **dis·sólv·able** a **dis·sólv·er** n [L (dis-, solut- solvo to loosen)]

dístance còntract 隔地者間契約《テレビ，インターネット，電話，郵便などを介して両当事者が直接相対しないで隔地者間で物品・サービスの供給について行なわれる契約；多くの場合契約締結に至るまで供給者のみがもっぱら利用できる組織の遠隔通信手段が用いられる点などで消費者保護の観点から問題が生じうる》．

dístance sèlling 隔地者間販売, 通信販売《テレビショッピング，カタログ販売，インターネットショッピングなど両当事者が直接相対しないで行なわれる売買； cf DISTANCE CONTRACT》．

Dist. Ct.《米》°District Court 地方裁判所.

dis·tinc·tive /dɪstíŋ(k)tɪv/ *a*《商標が》他との区別を示す，識別的な．

distínctive·ness *n*《商標の》識別性《商標に用いられていることば・しるし・図案などが特定者の商品であることを示し他者の商品と識別できること》．

dis·tin·guish /dɪstíŋ(g)wɪʃ/ *vt* 見分ける，識別する，区別する，《先例と》区別する，特徴づける；目立たせる，顕著にする，有名にする. ~ **a case**《先例に拘束されぬために》先例と区別する： ~ the case on the significant factual grounds. ~·**able** *a*

distórtion of compettítion《EU 共同市場内における》競争の歪曲 (⇨ ARTICLE 81).

distráct·ed *a* 気持が乱れた，注意をそらされた；心を取り乱した，狂乱の： a ~ person 責任無能力者．

distráction dòctrine 注意分散の法理《認識された危険から注意をそらせる相当の原因があった場合には，原告の寄与過失 (contributory negligence) の責を問わないとする準則》．

dis·train /dɪstréɪn/ *vt*《動産を》自救的に差し押える[留置する]，《人》の動産を（自救的に）差し押える (cf. DISTRESS).
— *vi* 差押えをする 〈*on*〉． ~·**able** *a* **dis·train·ee** /dìstreɪníː/ *n*（自救的動産）被差押人． **distráin·er, dis·tráin·or** /; dìstreɪnɔ́ːr/ *n*（自救的動産）差押人．
~·**ment** *n* DISTRAINT. [OF<L *di-*(strict- stringo to draw tight)]

dis·traint /dɪstréɪnt/ *n*（自救的）動産差押え，（動産）差押え (distress).

dis·tress /dɪstrés/ *n* **1** 悩み，苦しみ，苦痛；苦痛の種，貧困，困窮；危難，難儀． ▶ EMOTIONAL DISTRESS（感情的苦しみ）／ MENTAL DISTRESS（精神的苦しみ）．**2**《船舶・航空機の》遭難，海難．**3 a** 自救的動産差押え，自救的差押え，動産差押え，動産差押え（＝distraint）．**b** 差押動産． ▶ ABUSE OF DISTRESS（差押動産濫用）；（自救的）動産差押濫用）／ GRAND DISTRESS（州内全動産差押え）／ SECOND DISTRESS（第二次（自救的）差押え）／ WARRANT OF DISTRESS（動産差押令状）． — *vt* 苦しめる，悩ます，悲しませる；（経済的に）窮地に追いこむ；弱らせる，疲れさせる．

distress and dánger《船舶の》危難．

distréss dámage féasant《占有している土地に

対する》加害物の自救的差押え《英国では 1971 年法で廃止され, 制定法上の権利がとって代わった》．

distréssed góods *pl* 投げ売り商品．

distréssed próperty 換価財産《債権者の利益のために換価される財産》．

distréss for rént《不動産貸主が借主になす》未払い賃料確保のための自救的動産差押え．

distréss ínfinite 無期限差押え《義務不履行の続く限り差押回数・範囲について無限定に行なう（ことのできる）差押え》．

distréssing létter 迷惑手紙 (⇨ SENDING DISTRESSING LETTERS). ▶ SENDING DISTRESSING LETTERS（迷惑手紙送付（罪））．

distréss sàle 1《破産の場合などの債務返済のための》投げ売り．**2** 債権者の利益のための換価《譲渡抵当受戻し権喪失手続き上の売却 (foreclosure sale) および換価処分 (tax sale) のこと》．

distréss sìgnal 遭難信号．

distréss wàrrant 差押令状．

distríbutable nét íncome《米税制》分配金からの純所得《受益者 (beneficiary) が所得の中に含めねばならない遺産・信託からの分配金額》．

dis·trib·ute /dɪstríbjut, -bjət, ‖dɪstrɪbjùːt/ *vt* **1** 分配[配布, 配給, 配当]する〈*among, to*〉．**2** 配送[配達]する；配置する；[*pass*] 振り分ける, 分類する〈*into*〉；〈物を〉それぞれの場所に置く．**3** 散布する．**4**《古》《正義》を〉施す，施行する． — *vi* 分配[配布]を行なう． **dis·tríb·ut·able** *a* [L (*tribut- tribuo* to allot, assign)]

dis·trib·u·tee /dɪstrɪbjətíː/ *n* **1** 分配金受益権者．**2**《無遺言死亡者の》遺産相続権者．

dis·tri·bu·tion /dìstrɪbjúːʃ(ə)n/ *n* **1** 分配, 配給, 配布；配達；《利益の》分配, 配当． ▶ EQUITABLE DISTRIBUTION (OF PROPERTY)（《財産の》衡平な分配）／ LIQUIDATING DISTRIBUTION（法人清算配当）／ QUALIFYING DISTRIBUTION（適格利益配当）／ RATABLE DISTRIBUTION（比例配当）．**2**《遺産の》分配；《特に》《法定相続人による無遺言者の》人的財産相続 (cf. DESCENT)；分配[配給]物． ▶ DECREE OF DISTRIBUTION（遺産配分命令）／ DESCENT AND DISTRIBUTION（無遺言相続）／ STATUTE OF DISTRIBUTION（遺産分配法）／ SUMMARY DISTRIBUTION（略式遺産分配）／ TAXABLE DISTRIBUTION（課税対象となる移転）．**3 a**《商品の》販売, 流通；《証券の》分売．**b** 流通機構． ▶ SECONDARY DISTRIBUTION（第二次分売）／ SECURITIES-OFFERING DISTRIBUTION（証券の募集・分売）． ~·**al** *a* **dis·tríb·u·tive** /dɪstríbjətɪv/ *a*

distribútion in kínd《代金などではなく》現物配布．

distribútion in liquidátion 法人清算配当 (＝LIQUIDATING DISTRIBUTION).

distribútion ríght 頒布権《著作権対象物の複製物を販売・貸与・その他の方法で譲渡することのできる権者の排他的権利； cf. FIRST-SALE DOCTRINE》．

distríbutive cláuse《遺言書・信託証書の》配分条項.

distríbutive deviátion《受託者による》信託条項外配分.

distríbutive fínding (of the íssue)《陪審による》一部勝訴陪評決.

distríbutive jústice 配分的正義《各人の価値・功罪に応じて報酬・報いを比例配分することを意味する正義; cf. COMMUTATIVE JUSTICE》.

distríbutive sháre 分配分《**1**) 法定相続人 (heir) あるいは受益者 (beneficiary) が遺産の法的分配から得る分 **2**) 各組合員に分配される組合 (partnership) の収益や損失; 米国税法上では各組合員が納税申告することになる **3**) 組合解散後に各組合員が得る資産・負債の分配分》.

dis·tríb·u·tor, -ut·er *n* 分配者, 配布者; 販売業者,《特に》卸売業者. ▶ DUAL DISTRIBUTOR (二次的販売業者).

distríbutor·ship *n* 独占販売権(をもつ商社・人).

dis·trict /dístrɪkt/ *n*《略 D.》**1**《英》地区《州 (county) の下位区分》. **2** 分教区《教会区 (parish) の下位区分》. **3**《米》選挙区. ▶ CONGRESSIONAL DISTRICT (下院議員選挙区) / ELECTION DISTRICT (選挙区; 投票区) / LEGISLATIVE DISTRICT (立法府選挙区) / MULTIMEMBER DISTRICT (複数選出区) / VOTING DISTRICT (選挙区; 投票区). **4**《裁判所が管轄する》地区, 地方, 裁判区, 裁判管轄区. **5**《統治・行政上の目的のための》地区, 地方, 地域,《特定目的のための》区. ▶ ASSESSMENT DISTRICT (課税単位地区) / DRAINAGE DISTRICT (排水事業地区) / IRRIGATION DISTRICT (灌漑地区) / METROPOLITAN DISTRICT (大都市圏地区) / MINERAL DISTRICT (鉱物資源産出地域) / MUNICIPAL UTILITY DISTRICT (地方自治体公益事業部門) / PUBLIC UTILITY DISTRICT (公益事業部門) / SCHOOL DISTRICT (学校区) / SPECIAL DISTRICT (特別地区) / TAXING DISTRICT (課税地区) / URBAN DISTRICT (都市区) / WATER DISTRICT (給水区). [F<L=territory of jurisdiction; ⇨ DISTRAIN]

dístrict attórney《米》地区(首席)検察官, 地区(首席)法務官《=public prosecutor, prosecuting attorney》《略 D.A.; cf. UNITED STATES ATTORNEY》.

dístrict áuditor《英史》《政府の》地方会計検査官《1998 年法で地方自治体の会計検査委員会 (Audit Commission) に統合; cf. AUDIT COMMISSION》.

dístrict cóuncil《英》地方参事会《略 DC》.

dístrict cóurt [ᴰD- C-]《米》地方裁判所《**1**) 連邦第一審裁判所 **2**) 諸州の第一審裁判所; » UNITED STATES DISTRICT COURT》; » 略 D.C., Dist. Ct.》.

dístrict-cóurt mágistrate《米》地方裁判所治安判事《若干の州で, 保釈 (bail), 有罪答弁受理, 交通法規違反事件などでの刑の宣告, 規則違反事件の非公式の審理などを行なう準司法官》.

dístrict cóurt-màrtial《英》地区軍法会議《略

DCM; cf. FIELD GENERAL COURT-MARTIAL, GENERAL COURT-MARTIAL》.

Dístrict Cóurt of Appéal《米》《Florida 州の》上訴裁判所.

Dístrict Héalth Authòrity [the ~]《英史》地区公共医療実施機関《地区 (district) 段階での公共医療実施に責任を有した機関であったが, 1996 年に家庭医療機関 (Family Health Services Authority) と共に新設の公共医療実施機関 (Health Authority) に統合; 略 DHA》.

dístrict júdge 1《米》《連邦あるいは州の》地方裁判所裁判官《略 DJ》. **2**《英》地方裁判官《7 年以上経験のある事務弁護士 (solicitor) から大法官 (Lord Chancellor) により選任される州裁判所 (county court) の裁判官; 訴訟事件の中間および判決後の段階を監督し, また一定訴額以下の審理をも行なう; かつては district registrar (地方補助裁判官) と呼ばれていた》.

dístrict júdge (mágistrates' còurt)《英》治安判事[下級判事]裁判所地方裁判官《7 年以上経験のある法廷弁護士 (barrister) および事務弁護士 (solicitor) から大法官 (Lord Chancellor) により選任される治安判事裁判所 (magistrates' court) の常勤有給の裁判官で, その地区の治安判事 (justice of the peace) でもあり, 単独で裁判をする権能を有する; 2000 年までは有給治安判事 (stipendiary magistrate) といわれていた; cf. DISTRICT JUDGE》.

Dístrict Jústice Còurt《米》地区治安判事裁判所《Pennsylvania 州の小民事・刑事事件裁判所》.

Dístrict of Colúmbia [the ~] コロンビア特別区《米国の連邦政府所在地; どの州にも属さない連邦議会直轄地; 略 D.C.; Washington, D.C. /-dì:sí:/ ともいう》.

dístrict régistrar《英史》地方補助裁判官《⇨ DISTRICT JUDGE》.

dístrict régistry《英》地方登録所《最高法院 (Supreme Court of Judicature) の事務局である主事中央局 (Central Office) のロンドン以外の主な都市にある支部》.

dístrict schóol《米》学校区公立学校《⇨ SCHOOL DISTRICT》.

dis·trin·gas /dɪstríŋɡəs, -ɡæs/ *n* 義務履行強制差押令状,《特に》出廷強制差押令状《英国では 1852 年法の廃止などで, 現在は用いられていない》. [L=that you distrain]

dis·turb /dɪstə́:rb/ *vt* **1**《かき》乱す, 攪乱 (ᵏᵃᵏᵘʳᵃⁿ) する; 騒がせる, 不穏にする,《静穏・秩序・治安を》乱す, 妨害する; 妨げる, …のじゃまをする;《権利》を侵害する. **2** 当惑させる, 困らせる, …に迷惑をかける. ― *vi* じゃまをする. **~ the peace** 平和を乱す《⇨ DISTURBANCE OF THE PEACE》. [OF<L *dis-* (*turbo* to confuse < *turba* tumult)]

dis·tur·bance /dɪstə́:rbəns/ *n* **1** 乱す[騒がす]こと, 攪乱 (ᵏᵃᵏᵘʳᵃⁿ); 騒動, 不安, 心配;《医》障害: cause [raise] a ~ 騒動をひき起こす. ▶ MENTAL DISTURBANCE (精神

的攪乱**. 2 妨害; 《無体法定相続産 (incorporeal hereditament) などの》**侵害**, 《合法的利用に対する》**妨害**.

distúrbance of a públic méeting 公開集会妨害.

distúrbance of cómmon 入会権侵害.

distúrbance of fránchise 特権侵害.

distúrbance of pátronage 聖職推挙権妨害.

distúrbance of públic wórship 礼拝集会妨害.

distúrbance of ténure 不動産保有権妨害《領主 (lord) が妨害者に対して損害賠償を請求できる》.

distúrbance of the péace 平和攪乱(罪)《罪》, 公共の静穏妨害, 治安妨害 (= BREACH OF THE PEACE).

distúrbance of wáys 通行地役権妨害 (cf. EASEMENT OF ACCESS).

distúrb·er n 妨害者;《特に》聖職推挙権妨害者 (= IMPEDITOR) (cf. DISTURBANCE OF PATRONAGE).

dis·wárren vt《土地を》野生鳥獣飼育特許地 (warren) でなくする.

di·vérse /daɪvə́ːrs, də-, dáɪvə̀ːrs/ a **1** 別種の, 異なった《from》. **2** 種々の, 多様な. **3**《米》州籍の違った (cf. NONDIVERSE, DIVERSITY JURISDICTION): a ~ defendant. **~·ly** adv さまざまに. **~·ness** n 多様;《米》州籍相違.

di·vér·sion /dəvə́ːrʒ(ə)n, daɪ-, -ʃ(ə)n; daɪvə́ːʃ(ə)n, dɪ-, -ʒ(ə)n/ n **1** わきへそらすこと, 転換;《資金の》**流用**; 進路[目的地]変更, 水路変更. **2**《通行止めの際の》**迂回路**; 分水路. **3** ダイバージョン・プログラムへの組み込み (⇒ DIVERSION PROGRAM) (cf. PROBATION). ▶ PRE-TRIAL DIVERSION (ダイバージョン・プログラム). **4**《軍》牽制[陽動](作戦). **5** 気晴らし, 慰み, 娯楽. **divérsion·àry** /; -n(ə)ri/ a

divérsion of wáter 引水, 用水, 流水の利用;《権限なしの》**水路変更**.

divérsion prògram ダイバージョン・プログラム《1》刑罰法令違反者を画一的に通常の手続きに付さずに, 審理前に適切と思われる時は職業訓練などにより非懲罰的な方法で処分しようとする方法; プログラムを無事終了した場合には訴え自体が棄却される; pretrial diversion, pretrial intervention ともいう; cf. DEFERRED JUDGMENT **2**》子の遺棄・放任, 少年非行, 登校拒否などの問題に裁判所が関与する必要をなくすことを意図した地域共同体を基礎にした奉仕プログラム》.

divérsion thèory《反トラスト法関係で競争阻害の基準である価格差別の結果としての》**取引移転理論**.

di·ver·si·ty /dəvə́ːrsəti, daɪ-/ n **1** 相違(点), 差異; 多様性, 種々, 雑多: ~ in education 教育における(人種的・性的・社会経済的)多様性. **2**《米》州籍相違 (⇒ DIVERSITY OF CITIZENSHIP). ▶ COMPLETE DIVERSITY (完全的州籍相違) / MANUFACTURED DIVERSITY (作り上げられた州籍相違) / MINIMAL DIVERSITY (最小限の州籍相違).

divérsity càse《米》州籍相違に基づく訴訟(事件).

州籍相違事件.

divérsity jurisdíction《米》州籍相違に基づく《連邦裁判所の》**裁判権**, 異州民間訴訟管轄権 (cf. AGGREGATION DOCTRINE, AMOUNT IN CONTROVERSY, DIVERSITY OF CITIZENSHIP).

divérsity of cítizenship《米》《訴訟当事者の》**州籍相違**《異なった州籍をもった当事者間もしくはある州籍を有する者と外国人との間の訴訟事件でかつ訴額が一定額を超えている事件の場合には連邦裁判所に裁判管轄権があるが, その基礎となる事実; 特にこのうち, 合衆国憲法第3編第2節1項に基づき州籍相違に注目しての用法; 単に diversity ともいう; cf. AMOUNT IN CONTROVERSY, CORPORATE DOMICILE, DIVERSITY JURISDICTION》.

divérsity of pérson 人違いの申し立て《有罪判決言い渡し後, 有罪判決を受けた者と刑の執行を受けている者とが相違している旨の申し立て》.

di·vért /dəvə́ːrt, daɪ-/ vt **1** わきへ向ける, そらす; 流用する, 転用する, "《交通を》迂回させる; …の進路[水路]を変える. **2**《注意・気持を》そらす,《人の》注意を転ずる《from, to》;《人の》気を晴らす, 慰める. **3** ダイバージョン・プログラムに組み込む.

di·vèrt·ée n ダイバージョン・プログラム実行被告人.

di·ves /dáɪvɪz/ n [ᵁD-] 富者, 富める人, 金持 (cf. PAUPER). [L dives rich]

díves còsts pl 通常の訴訟費用 (opp. pauper costs).

di·vest /daɪvést, də-/ vt **1**《…から権利・財産などを》**奪う**, 剥奪する《of》: ~ sb of his rights 人の権利を奪う / be ~ed of …を奪われる, 喪失する. **2** 売り払う, 見切り売りをする. [devest (16-19 世紀)< OF < L (dis-, VEST)]

di·vés·ti·ble a 《土地など》取り上げることのできる, 剥奪できる.

di·vés·ti·tive fáct /daɪvéstɪtɪv, də-/ 権利喪失事実 (= ablative fact, destitutive fact) (opp. investitive fact) (cf. DISPOSITIVE FACT).

di·ves·ti·ture /daɪvéstətʃər, -tʃʊər, də-/, **di·ves·ture** /daɪvéstʃər, də-/ n **1** 剥奪; 権利剥奪[喪失]. **2**《権利》**剥奪命令**. **3**《反トラスト法上の》**集中排除命令**.

divést·ment n **1** 権利剥奪[喪失]. **2** 投資の引き揚げ[撤収] (disinvestment).

di·vide /dɪváɪd/ vt **1** 分かつ, 分割する; 分離する, 隔離する《from》; 分ける. **2** 分類[類別]する; 分配する. **3** …の仲を裂く;《意見などを》分裂させる;《心を》惑わせる. **4**《議会・委員会などに》賛否の決を採らせる: ~ the assembly [house]. — vi **1** 分かれる, 割れる;《道や説が》二つに分かれる. **2** 分配する《with》. **3** 賛否の採決をする《on a point》: The House ~d at 11:00. **~ the QUESTION. EQUALLY ~d.** — n **1** 分界, 分水界, 分水嶺; 分割点[線]; [fig] 境界線, 分かれ目. **2** 分配. [L divis- divido to force apart]

divíde and páy òver rúle《米》《遺言についての》**将来の分配文言についての解釈準則**《遺言で支払いは

遺言者死亡の後になされる旨が述べられている場合には、その受遺者の権利は遺贈者の死亡時に確定するのではなく、それは将来権・未確定権と解釈されるべきであるという原則》.

di·víd·ed *a* **1** 分割された、分かれた；分離した. **2** 単独での、共同でない. **3** 意見の分かれた、分裂した.《▶ cf. UN-DIVIDED》

divíded cóurt 意見の分かれた法廷、全員一致でない法廷.

divíded cústody 分割監護(権)《離婚した[別居中の]両親の一方に一定期間だけ訪問権 (visitation right) のみを与え、他方に子供との排他的な同居権・監護権を与えること；例えば父に子の夏休み期間中、母にはその他の期間排他的同居権・監護権を与えること》.

divíded dámages rùle《海上衝突における》損害平分負担の準則《現在ではこの準則は廃れ、比較過失の法理 (comparative negligence doctrine) が適用されている；cf. MAJOR AND MINOR FAULT RULE》.

div·i·dend /dívədènd, -dənd/ *n* **1**《株式などの》配当(金)、配当率、《保険契約者への》利益配当金、《破産財団から破産債権者への》配当額、《生活協同組合の》利益還付金、取り分. ▶ ACCRUED DIVIDEND (未払い配当) / ACCUMULATED DIVIDEND (累積配当金) / CONSTRUCTIVE DIVIDEND (擬制配当) / CUMULATIVE DIVIDEND (累積的利益配当) / DECLARATION OF DIVIDEND (配当宣言) / EXTRAORDINARY DIVIDEND (特別配当) / FINAL DIVIDEND (期末配当) / INTERIM DIVIDEND (中間配当) / LIQUIDATION [LIQUIDATING] DIVIDEND (清算配当) / MINIMUM DIVIDEND (最低配当) / NONRECURRING DIVIDEND (臨時配当) / SCRIP DIVIDEND (証書配当) / STOCK DIVIDEND (株式配当). **2**(歯形捺印)証書の片方.

div·i·den·da /dìvədéndə/ *n*《史》歯型捺印証書 (indenture)(の片方). [L < *dividere* to divide]

dívidend còver 配当倍率.

dívidend ìncome 配当所得.

dívidend òption《保険の》利益配当金受取方法選択権.

dívidend páyout ràtio 配当性向.

dívidend-recèived dedúction《米税制》《内国法人 (domestic corporation) からの》受取配当金控除.

dívidend reinvèstment plàn 配当金再投資制度.

dívidend strìpping《英史》**1** 配当しぼり出し、配当剥奪、配当もぎ取り《課税回避のため、留保利益の大きな会社の株を買いその留保利益を配当の形で得たのち、株式を安値で売り、売買損失を計上する方法》. **2** 配当剥離、配当はがし《配当課税をのがれるため、証券を配当落ちで買い、次回配当支払い日直前に配当付きで売ること》.

dívidend wàrrant 明細書付き配当金支払い小切手.

dívidend yìeld 配当利回り、株式利回り.

Di·vi·na·tio, non in·ter·pre·ta·tio, est quae om·ni·no re·ce·dit a li·te·ra. /dìvinéiʃiou nán intərpritéiʃiou ɛst kwi əmnáinou resí:dit ei lítɛrə/ 文言から完全に外れるものは、推測であって解釈ではない. [L = It is a guess, not interpretation, that wholly departs from the letter.]

divíne láw 神法 (= eternal law) (cf. NATURAL LAW).

divíne ríght (of kíngs) 神授王権、王権神授説.

divíne sérvice 1 礼拝(式). **2**《史》礼拝奉仕 (⇨ TENURE BY DIVINE SERVICE).

di·vi·sa /diváizə/ *n* **1** 裁定. **2**《遺産などの》配分；遺贈. **3** 境界. **4**《古》《土地の境界で開かれる》裁判所.

divisibílity of cópyright 著作権の可分性.

di·vis·i·ble /dəvízəb(ə)l/ *a* 分離しうる、分割できる、可分の (severable) (cf. ENTIRE).

divísible avérment《英》《事実の》主張中の可分的部分《刑事事件の起訴中一つの訴因に複数の事実の主張が含まれている場合、その一部が立証されずとも他の事実が立証されれば別の犯罪を立証したことになる、例えば謀殺 (murder) で起訴されその立証に必要な計画的犯意 (malice aforethought) は立証されなかったが故殺 (manslaughter) が証明されるとき、その分離主張可能な事実の主張を指す》.

divísible cóntract 可分契約 (= SEVERABLE CONTRACT).

divísible divórce 効果可分の離婚(判決)《婚姻そのものは解消されるが、離婚に付随する、例えば離婚扶助料 (alimony)、子の監護(権) (child custody) などの問題については後の手続きにまわされる場合の離婚(判決)；当該裁判所が事物管轄は有しているが、被告・配偶者に対する対人管轄権 (personal jurisdiction) を有していない場合に生じうる》.

divísible obligátion 可分債務《相手当事者の同意なしで一方的に分割できる債務》.

divísible offénse 可分犯罪《例えば、強盗は暴行・脅迫と盗を包含しており、そのすべてが証明されなくとも、証明の範囲内でその一部の犯罪の成立を認定しうる》.

di·vi·sion /dəvíʒ(ə)n/ *n* **1** 分割、分離、配分. ▶ BENEFIT OF DIVISION (分割の利益) / INDIVISION (所有権の不分割) / SUBDIVISION (分筆、土地区分). **2** 境界(線)、隔壁；目盛り. **3** 区分、部分；地区、管区；《官庁の》部、局；《裁判所の》部. ▶ ANTITRUST DIVISION (反トラスト部) / APPELLATE DIVISION (上訴部) / CHANCERY DIVISION (大法官府部) / CIVIL DIVISION (民事部) / COMMON PLEAS DIVISION (人民訴訟部) / CRIMINAL DIVISION (刑事部) / EXCHEQUER DIVISION (財務府部) / FAMILY DIVISION (家事部) / HEAD OF DIVISION (部長官) / KING'S [QUEEN'S] BENCH DIVISION (王[女王]座部) / PETTY SESSIONAL DIVISION (治安判事裁判所管轄区域) / PROBATE, DIVORCE AND ADMIRALTY DIVISION (検認・離婚・海事部). **4**《意見の》分裂、不一致、《特に 英議会庶民院での》

採決.

divísion·al *a* **1** 分割上の, 区分を示す; 部分的な. **2** 地区の; 部の.

divísional bár 弁護士二分主義, 弁護士二元制《英国の弁護士は法廷弁護士 (barrister) と事務弁護士 (solicitor) に二分されている》.

divísional cóurt [ᵁD- C-]《英》《高等法院 (High Court of Justice) の各部 (division) における》合議法廷《略 DC》.

divísional secúrity 特定目的証券.

divísion bèll《特に英議会庶民院》採決実施ベル.

divísion lòbby《英議会庶民院》投票ロビー (⇨ LOBBY) (cf. AYES LOBBY, NOES LOBBY).

divísion of fées 報酬配分 (=FEE SPLITTING).

divísion of lábor 分業.

divísion of pówers《米》《連邦と州との間の》権力の配分 (cf. SEPARATION OF POWERS).

Divísions of the Hígh Cóurt *pl* [the ~]《英》高等法院 (High Court of Justice) の部《1971 年に検認・離婚・海事部 (Probate, Divorce and Admiralty Division) が改組され, 代わって新たに家事部 (Family Division) が新設された以後は, 女王座部 (Queen's Bench Division), 大法官府部 (Chancery Division), 家事部 (Family Division) の 3 つの部がある》.

divísion vòte《米》起立採決 (=RISING VOTE).

di·vi·sum im·pe·ri·um /dɪváɪzəm ɪmpíəriəm/ 権能競合, 裁判権競合. [L=divided authority]

di·vorce /dəvɔ́ːrs/ *n* 離婚 (cf. ANNULMENT (OF MARRIAGE), DISSOLUTION OF MARRIAGE, JUDICIAL SEPARATION, NULLITY OF MARRIAGE); 婚姻解消: get [obtain] a ~ 離婚する〈*from*〉 / ~ petition 離婚の申し立て[訴訟]. ▶ ABSOLUTE DIVORCE (絶対的離婚) / BILATERAL DIVORCE (当事者双方出廷の離婚) / CHILD PROTECTION IN DIVORCE (離婚時の子の保護) / COLLABORATIVE DIVORCE (協調離婚) / CONTESTED DIVORCE (争っている離婚) / CONVERSION [CONVERTIBLE] DIVORCE (転換離婚) / DIVISIBLE DIVORCE (効果可分の離婚(判決)) / EX PARTE DIVORCE (当事者一方出廷の離婚) / EXTRAJUDICIAL DIVORCE (裁判手続きによらない離婚) / FAULT DIVORCE (有責離婚) / FOREIGN DIVORCE (外国[他州]での離婚) / HOTEL DIVORCE (ホテル離婚) / JUDICIAL DIVORCE (裁判上の離婚) / LEGISLATIVE DIVORCE (立法による離婚) / LIMITED DIVORCE (制限的離婚; 制限的離婚判決) / MAIL-ORDER DIVORCE (通信販売離婚) / MEXICAN DIVORCE (メキシコ離婚) / MIGRATORY DIVORCE (仮住離婚) / NO-FAULT DIVORCE (無責離婚) / OVERSEAS DIVORCE (海外離婚) / PARLIAMENTARY DIVORCE (議会離婚) / PETITION FOR DIVORCE (離婚申し立て) / QUICKIE DIVORCE (速決離婚) / SPECIAL PROCEDURE FOR DIVORCE (離婚訴訟における特別手続き) / UNCONTESTED DIVORCE (争いのない離婚).
— *vt* **1**〈夫婦を〉離婚させる〈*from* sb's spouse〉; …と離婚する: Mrs. Johnson ~*d* her husband. / ~ one-self *from*…と離婚する. **2**《古》《結婚を》解消する. — *vi* 離婚する (cf. SEPARATE). **~·ment** *n* 離婚. **~·able** *a*

divórce a ménsa et thóro《史》卓床離婚《婚姻そのものは解消せず別居すること; 現代の裁判上の別居 (judicial separation) に当たる; separation a mensa et thoro, その英訳である separation from bed and board ともいう; 英国では 1857 年法で廃止; ⇨ A MENSA ET THORO; cf. DIVORCE A VINCULO MATRIMONII》.

divórce a vínculo matrimónii《史》婚姻の絆からの離婚《婚姻前に存した婚姻障害事由に基づき婚姻を遡って無効解消すること; したがって生まれている子も非嫡出とされる; 英国では 1857 年法で廃止; ⇨ A VINCULO MATRIMONII; cf. ABSOLUTE DIVORCE, DIVORCE A MENSA ET THORO》.

divórce by Áct of Párliament《英史》議会制定法による離婚 (=LEGISLATIVE DIVORCE).

divórce by consént 合意離婚.

divórce by mútual consént 相互合意離婚.

divórce by státute《史》制定法による離婚 (=LEGISLATIVE DIVORCE).

divórce còurt 1 離婚裁判所. **2** [the D- C-]《英史》離婚・婚姻訴訟裁判所 (=COURT FOR DIVORCE AND MATRIMONIAL CAUSES).

divórce pròctor《米》離婚代訴人《州および子の利益を守るために離婚訴訟に介入すべく選任された人》.

Divórce Règistry [the ~]《英》離婚登録所《高等法院 (High Court of Justice) の家事部 (Family Division) 内の離婚担当部門》.

di·vor·ti·um /dɪvɔ́ːrʃiəm/ *n* 離婚 (divorce). ▶ CUI ANTE DIVORTIUM (離婚女性無承諾譲渡不動産取戻し訴訟). [L]

DJ《米》°district judge 地方裁判所裁判官 ♦ [L *Doctor Juris*] °Doctor of Law 法学博士.

DJAG Deputy Judge Advocate-General.

DJIA °Dow-Jones industrial average ダウ・ジョーンズ工業平均株価 (⇨ DOW-JONES AVERAGE).

DJS《米》°Doctor of Juridical Science 法学博士.

DJur [L *Doctor Juris*] °Doctor of Jurisprudence 法務博士; 法学博士.

DJurSc《米》°Doctor of Juridical Science 法学博士.

dkt docket.

DL [L *Doctor Legum*] °Doctor of Laws 両法博士; 法学博士.

DMJ Diploma in Medical Jurisprudence.

DMJ (Path) Diploma in Medical Jurisprudence (Pathology).

DNA /díːènéɪ/ *n*《生化》デオキシリボ核酸, DNA《細胞核染色体の基礎物質で, 遺伝情報をもつ》.

DNA Database /díːènéɪ —/ DNA データベース.

DNA fingerprint /díːènéɪ —/ DNA 指紋 (=DNA PRINT).

DNA fingerprinting /díːènéɪ ⌐/ **DNA 指紋[鑑定]法** (=DNA identification, DNA profiling, genetic fingerprinting)《DNA の構造によって個人を識別する方法; 身元確認・犯罪捜査に応用される; 単に fingerprinting ともいう; cf. HLA TEST, PATERNITY TEST》.

DNA identification /díːènéɪ ⌐/ **DNA 個人識別[鑑定]法** (=DNA FINGERPRINTING).

DNA print /díːènéɪ ⌐/《生化》**DNA 紋, DNA プリント, 遺伝子紋** (=DNA fingerprint [profile], genetic fingerprint)《生物個体に特有な DNA 遺伝子の型; ⇨ DNA FINGERPRINTING》.

DNA profile /díːènéɪ ⌐/ **DNA PRINT**.

DNA profiling /díːènéɪ ⌐/ **DNA FINGERPRINTING**.

DNAR order" /díːènèɪáːr ⌐/ **蘇生法不要指示** (=DO NOT ATTEMPT RESUSCITATION ORDER).

DNA sample /díːènéɪ ⌐/ **DNA 試料**《毛髪など》.

DNR order* /díːènàːr ⌐/ **蘇生法不要指示** (do-not-resuscitate order) (⇨ DO NOT ATTEMPT RESUSCITATION ORDER).

do¹ /dúː/ **(did** /díd/, **done** /dán/) *vt* **1** する, なす, 実行[履行, 遂行]する (perform). **2**《犯罪などを》犯す (commit). **do BUSINESS**. [OE *don* to do, put; cf. DEED, DOOM, G *tun*]

do² /dóu/ *vt*《ローマ法・史》贈与する (give). [L]

DOA《米》⁰ Department of Agriculture **農務省**◆《医》 dead on arrival (at hospital) **病院到着時心停止状態の, 来院時死亡の**.

dock¹ /dák/ *n* **1** 波止場, 埠頭. **2** ドック, 船渠.

dock² *n*《刑事法廷の》被告人席 (cf. BAR, BENCH, JURY BOX, SIDEBAR, STAND). **in the ~** 被告人席に着いて, 裁判にかけられて: the prisoner *in the ~*. [Flem *dok* cage<?]

dóck·age *n* ドック[船渠]設備; ドック使用料 (=dock dues).

dóck brìef《英史》**即席弁護(依頼)**《被告人席 (dock) から事務弁護士 (solicitor) を介さず直接に在廷している法廷弁護士 (barrister) になされる弁護依頼; cf. DOCK DEFENCE, SOUP》.

dóck defénce《英史》**即席弁護** (⇨ DOCK BRIEF).

dóck dùes *pl* ドック使用料 (dockage).

dock·et /dákət/ *n* **1 a*** 未決訴訟事件表 (=cause list, court calendar, trial calendar, trial docket)《事実審理に付すべき事件の予定一覧表; cf. CALENDAR》. **b** 要録(書), 事件要録; 事件記録 (=judicial record). **c**《英》判決一覧表. **d** DOCKET CALL. **e** APPEARANCE DOCKET (出廷要録) / DWOP [DOO-WOP] DOCKET (不追行ゆえの却下予定未決訴訟事件表) / JUDGMENT DOCKET (判決一覧表) / PREFERRED DOCKET (先決予定順未決訴訟事件表) / ROCKET DOCKET (紛争の迅速解決手続き; 迅速裁判所[区]; 迅速行政手続き) / TRIAL DOCKET (未決訴訟事件表). **2** 議事予定表. **3 a**"《書類に付ける》内容摘要, 《小包などの》明細書, 《特に》荷札. **b**《英》開封勅許状 (letters patent) の内容摘要. **c**《英》関税支払い済み証明書. **clear the ~***《審理に付すか却下・棄却するかして》事件を処理する. **strike a ~**《英史》《破産申立人により申し立ての前提として大法官 (Lord Chancellor) に申立書・宣誓供述書などの破産関係書類を提出する. — *vt* **1 a**《文書・判決など》の摘要を作る; 要約して帳簿[登録簿]に記入する; 《文書などの》裏に内容摘要を記す. **b*** 未決訴訟事件表に記載する. **2**《小包などに》明細書[荷札] (docket) を付ける. [C15<?]

dócket càll **未決訴訟事件現状報告期日**《担当弁護士が(時には当事者も)出廷し審理のための準備状況とか示談などについて報告する期日; 単に docket ともいう》.

dócket fèe《米》**定額弁護士費用**《支払いの基礎が DOCKET にあることから》.

dócket nùmber《当該事件の》**未決訴訟事件表上の番号**.

dóck recèipt **埠頭倉庫預り証** (=dock warrant).

dóck wàrrant **埠頭倉庫証券** (dock receipt).

doc·tor /dáktər/ *n* **1** 博士《略 Dr》; 博士号. **2** 医師 (physician).

Dóctor and Stúdent『**博士と学徒**』『**神学博士とイングランド法学徒の対話**』《SAINT-GERMAN [-Germain] が 1523 年にラテン語 (*Dialogus de Fundamentes Legum et de Conscientia*) で, 1530 年に英語で著した書物; 対話形式でイングランド法と良心の関係を論じコモンローの基礎を批判し, 当時重要となりつつあった大法官 (Chancellor) によるコモンローを補正する裁判の必要を強調し, のちのエクイティー (equity) の発展に大きな影響を与えた》.

dóctor of bóth láws《ローマ法・教会法の》**両法博士** (=doctor of law, doctor of laws)《略 J.U.D., LL.D.》.

dóctor of jurídical scíence [°D- of J- S-]《米》**法学博士** (=doctor of jurisprudence, doctor of the science of law)《法務博士 (juris doctor, JD) および法学修士 (master of laws, LL.M.) の上の学位; 略 DJS, DJurSc, S.J.D., JSD, J.S.D.; cf. JURIS DOCTOR, DOCTOR OF LAW, DOCTOR OF BOTH LAWS》.

dóctor of jurisprúdence [°D- of J-]《略 DJur》 **1**《米》法務博士 (=JURIS DOCTOR). **2** 法学博士 (=DOCTOR OF JURIDICAL SCIENCE).

dóctor of láw [°D- of L-] **法学博士**《略 DJ, LL.D.》; ⇨ DOCTOR OF BOTH LAWS, DOCTOR OF JURIDICAL SCIENCE, JURIS DOCTOR).

dóctor of láws [°D- of L-]《略 DL, LL.D.》 **1** 両法博士 (=DOCTOR OF BOTH LAWS). **2** 法学博士 (=DOCTOR OF LAW).

dóctor of the scíence of láw [°D- of the S- of L-] **法学博士** (=DOCTOR OF JURIDICAL SCIENCE).

dóctor-pátient prìvilege **医師患者間情報の秘匿特権** (=patient-physician privilege, physician-client privilege, physician-patient privilege) (⇨ PRIVILEGE).

Dóctors' Cómmons ドクターズ・コモンズ《**1**》Londonにあった法学博士会館; 1857年まで遺言検認・離婚事件などを扱う教会法・海事関係の弁護人 (advocate) の同業者組合であった弁護人協会 (College of Advocates) の集会所; cf. COLLEGE OF ADVOCATES **2**》St. Paul's cathedral 近くのその所在した地》.

dóctrinal interpretátion 理論的解釈, 学理的解釈《内在的合理性に基づいた解釈で, 語や文章の意味を重んずるものと立法者の意図を重んずるものが含まれる; cf. LEGAL INTERPRETATION》.

doc·trine /dάktrən/ *n* **1** 法理《一般には, 判例を通して確立されている法原則で, rule よりは広く, principle よりは具体的なものであるが, principle, rule と同じような意味で用いられることも多い; cf. LAW, PRECEDENT, PRINCIPLE, RULE》. **2** 理論, 主義, 原則. ► DRAGO DOCTRINE (ドラゴーの理論) / ESTRADA DOCTRINE (エストラーダ主義) / MONROE DOCTRINE (モンロー主義) / TOBAR DOCTRINE (トバール主義). **doc·tri·nal** /dάktrənl; dɒktráɪ-/ *a*

dóctrine of approximátion《信託の》設定意思推量の法理《裁判所に対して, 信託 (trust) を維持し贈与者の意思を実現するために信託管理の細目を変更しうる権限を与えている法理; cf. CY PRES DOCTRINE》.

dóctrine of compléteness 全体証拠の法理 (=RULE OF OPTIONAL COMPLETENESS).

dóctrine of cón·tra non va·lén·tem /-kάntrɑ nɑn vəléntəm/ 訴えを起こしえぬ者についての法理《出訴期間 (limitation) あるいは時効 (prescription) に関する時間は, 通例は被告に責めのある行為によって訴えを起こすことができない者に対しては進行しないという準則; cf. CONTRA NON VALENTEM AGERE NULLA CURRIT PRAESCRIPTIO》. [L *contra non valentem* =against a person unable (to bring an action)]

dóctrine of cý prés 可及的近似の法理 (=CY PRES DOCTRINE).

dóctrine of discóvered péril 発見された危険の法理 (=LAST CLEAR CHANCE DOCTRINE).

dóctrine of dóuble efféct 二重効果の法理《単一行為から善悪双方の効果が予想される場合は, 良き結果のみを意図しているか, 悪しき結果が良き結果に比し不釣合いに大きくないか, 良き結果が悪しき結果の直接結果でない場合に, 人はこの行為をなしうるという法理; しばしば医事法上の二律背反に適用される; 典型例は, 末期患者の死を早めることがわかっているが痛みを最小限にするために鎮痛薬を用いることなど》.

dóctrine of elécion 選択の法理《代理人 (agent) であることを知らずにその者と契約し後になって本人 (principal) がいることがわかった場合, その者は当該契約を代理人か本人かのいずれかを選択した上で強制することができるが, その双方に対して強制することは許されないという法理》.

dóctrine of équitable indémnity エクイティー上の補償の法理 (=EQUITABLE INDEMNITY).

dóctrine of equívalents 均等物の法理《特許権はその請求の文言どおりの発明のほか, 明細書・図面などから判断されるその均等物 (equivalent) の範囲にまで及ぶとする原則》.

dóctrine of incorporátion《国際法》編入[合同]理論《国際法が自動的に国内法に編入されるとする原則; これに対し, 国際法と国内法は別個独立の法体系であり, したがって国際法が国内法として効力をもつためには制定法・判例により国内法の一部として容認・変型されねばならないとする原則を変型理論 (doctrine of transformation) という; 英国は原則変型理論をとっている数少ない国家である》.

dóctrine of nécessaries 生活必需品の法理《**1**》《古》生活をしていくのに必要な物を妻や子に売った人に対して夫あるいは父親は責任を負わねばならないというコモンロー上の準則 **2**》子や配偶者が生活していくためにあるいは健康管理のために必要な物やサービスを売ったり提供したりした人に対して親あるいは他方配偶者は責任を負わねばならないという準則; cf. NECESSARIES》.

dóctrine of nótice 通知の法理 (=NOTICE DOCTRINE).

dóctrine of précedent 先例拘束性の法理 (=stare decisis)《ある判決で採られた法の準則は, 将来同一または同種の事件の判決をなすにあたっての単なる説得的法源 (persuasive authority) であるだけでなく, 原則として先例としての拘束性をもち, したがって従われるべきであるという原則; 判例法主義を採っている英米法においては成文主義主義の国と違い, その法形成面をも含めて特に重要な機能を果たしてきたし, また果たしている; しかし英国でも1966年以来, 19世紀後半以後の厳格な先例拘束性の法理はこれを否定し先例の変更を認めている; cf. JURISPRUDENCE CONSTANTE, LAW OF THE CASE, PRECEDENT, RES JUDICATA》.

dóctrine of scrívener's érror 書き誤りの法理《文書の単純な書き誤りは口頭証拠によって, その証拠が正確・明白で説得力がある限りは, 訂正できるという準則; ⇨ CLERICAL ERROR》.

dóctrine of spécialty《国際法》特定の法理 (=specialty doctrine)《自国領域内にいる犯罪人を他国からの引渡請求に応ずる形で当該他国に訴追・処罰のために引き渡す場合に, 引き渡された犯罪人は引渡し理由となった犯罪以外の犯罪について処罰されてはならないという原則; 単に specialty ともいう; cf. DOUBLE CRIMINALITY, EXTRADITION》.

dóctrine of súbsequent négligence 事後過失の法理 (=LAST CLEAR CHANCE DOCTRINE).

dóctrine of the lást antecédent 直前の先行語句の法理 (=RULE OF THE LAST ANTECEDENT).

dóctrine of transformátion《国際法》変型理論 (⇨ DOCTRINE OF INCORPORATION).

dóctrine of último négligence 最終的

過失の法理(＝LAST CLEAR CHANCE DOCTRINE).

dóctrine of wórthier títle 相続権原優先の法理(＝WORTHIER TITLE DOCTRINE).

doc·u·ment /dákjəmənt/ n **1** 文書, 記録；書証；《政府の発する》公文書. ▶ AFFIDAVIT OF DOCUMENTS (開示文書宣誓供述書)／ANCIENT DOCUMENT (古文書)／COMPUTER DOCUMENTS (コンピューター書類)／DISCLOSURE AND INSPECTION OF DOCUMENTS (文書の開示と閲覧)／DISCLOSURE OF DOCUMENTS (文書の開示)／DISCOVERY AND INSPECTION OF DOCUMENTS (文書の開示と閲覧)／DISCOVERY OF DOCUMENTS (文書の開示)／EXECUTIVE DOCUMENT (批准承認文書)／FOREIGN DOCUMENT (外国[他州]での作成文書)／HOT DOCUMENT (主張直接支持文書)／INSPECTION OF DOCUMENTS (文書の閲覧)／JOINDER OF DOCUMENTS ((証拠)書類の合一)／PRODUCTION OF DOCUMENTS ((証拠)書類の提出)／PUBLIC DOCUMENT (公的文書)／REGISTRATION DOCUMENT (車両登録証)／SHIPPING DOCUMENTS (船積書類, 積荷書類)／SINGLE ADMINISTRATIVE DOCUMENT (単一行政文書)／SUPPRESSION OF DOCUMENTS (文書破毀・隠蔽(罪))／TITLE INFORMATION DOCUMENT ((土地)権原情報文書)／TRUST DOCUMENT (信託文書). **2** 証書；証券. ▶ BEARER DOCUMENT (持参人払い(式)証券)／TITLE DOCUMENT (権原証券).
— vt /-mènt/ **1 a** …に証拠書類を提供する；…に証書を交付する，《船舶に》船舶書類(ship's papers)を備える. **b** 文書[証拠書類]で証明する. **2** 文書に記録する.

doc·u·men·ta·ry /dàkjəmént(ə)ri/ a **1** 文書の, 書類[証拠書類]の, 記録資料となる[にある, による]: 〜 proof. **2**〈映画・テレビなど〉事実を記録した.

documéntary bíll 荷為替(手形) (＝DOCUMENTARY DRAFT).

documéntary crédit 荷為替信用状《権原証券(document of title)その他の法的証書の添付された信用状(letter of credit)；特に輸入業者が取引銀行に発行してもらい輸出業者がこれで代金を回収することができるものを指す》.

documéntary dráft 荷為替(手形) (＝documentary bill)《船積書類[積荷書類] (shipping documents)を添付して荷受人またはその指定銀行宛てに振り出した為替手形》.

documéntary évidence 書証, 文書証拠.

documéntary oríginals rùle 書証原本提出の準則(＝BEST EVIDENCE RULE).

documéntary sále 権原証券による売買,《特に》船積書類による売買(＝cash against document sale)《売主が商品の権原証券(document of title)、一覧払い為替手形(sight draft)などを提供することにより、買主は商品の現物なしで代金支払義務を負う売買；船荷証券(bill of lading)を中心にした船積書類による売買で典型的に用いられる》.

documéntary stámp 証書用印紙.

documéntary stámp tàx 証書用印紙税.

doc·u·men·ta·tion /dàkjəməntéiʃ(ə)n, -mèn-/ n **1** 文書[証拠書類]調べ, 証拠書類提示；《脚注などによる》典拠の明示, 証拠[記録]資料による裏付け, 傍証；考証. **2** 典拠[証拠]として挙げた資料, 証拠資料, 参考資料, 文献. **3** 文書資料の分類整理, 文書化, ドキュメンテーション；文書分類システム. **4** 船舶書類(ship's papers)の備え付け.

dócument of títle 権原証券(＝document of title to goods, title document)《船荷証券(bill of lading)や倉庫証券(warehouse receipt)など、その証券およびそれが表示している物品の受取り・保有・処分権の保持者(holder)(通常は受寄者(bailee))に授権している証券；⇨ BAILMENT》.

dócument of títle to góods 物品権原証券 (＝DOCUMENT OF TITLE).

DOD《米》°Department of Defense 国防(総)省.

Dóds Parliaméntary Compánion /dádz-/《英》『ドッズ議会必携』《議会議員の詳細、選挙区、政府のポストなどを記した小さな案内書》.

Doe ⇨ JOHN DOE, JANE DOE.

DOE《米》°Department of Energy エネルギー省.

dog /dó(:)g, dág/ n **1** 犬. ▶ ASSISTANCE DOG (介助犬)／GUARD DOG (番犬). **2**《俗》不快なもの, くだらないもの, 売れ残りもの, 負け犬. **3**《証券俗》価格の点で値打ちのない株式[証券].

DOHSA /dóusə/《米》°Death on the High Seas Act 公海上の死に関する法律.

DOI《米》°Department of the Interior 内務省.

Dóige's Càse ドイジ事件《1442年の事件で、コモンローが契約そのものに拘束力を認める方向性を示した重要判例；Shipton [Shepton] v. Dogge ともいう》.

dóing búsiness《米》《特に他州の法人が州内で》営業活動を行なうこと.

dóing búsiness státute《米》営業活動法《州内営業活動に従事していることを認定するための行為を定める州制定法で、通例は州裁判所の非居住者に対する対人管轄権(personal jurisdiction)行使を認めることができる状況を定めるためのもの；cf. MINIMUM CONTACTS》.

DOJ《米》°Department of Justice 司法省.

dol /F dɔl/ n《大陸法》契約締結における詐欺 (cf. FRAUDE). [F＝deceit, fraud]

DOL《米》°Department of Labor 労働省.

dole[1] /dóul/ n **1 a** 分与, 割当て；《共有地などの》持分, 割当て(地)：〜 meadow. **b** 境界標. **2** 施し；[the 〜]《口》失業手当.

dole[2] n《スコットランド》犯意, 故意 (mens rea). [OF ＜ L *dolus* fraud]

do, le·go /dóu líːgou, -légou/《史》私は与え、遺贈する. [L＝I give, I bequeath]

dolg-bote /dóulgbòut/ n《古》傷害に対する贖賞(金) (compensation). [OS *dolg* wound, *bote* recompense]

do·li ca·pax /dóulài kéipæks/ a **1** 刑事責任能力の

ある (=capax doli)《犯罪に該当する自己の違法な行為を弁別し、その弁別に従って行動できる能力についていう; コモンロー上は7歳未満はこの能力を欠き, 7歳から14歳未満は一応無能力とされるが, 陪審の判断に委ねられた; 現在英国では10歳未満の者はこの能力を欠く; 10歳以上の者は責任能力を有するとされているが, 通常 特別の裁判所で裁判され, また 特別の刑罰を課される; cf. CRIMINAL CAPACITY, DOLI INCAPAX, JUVENILE OFFENDER》. **2** 不法行為責任能力のある. [L=capable of wrong]

dóli in·cá·pax /-ínkèɪpæ̀ks/ *a* 刑事責任無能力の; 不法行為無能力の《» incapax doli ともいう; cf. DOLI CAPAX》. [L=incapable of wrong]

dollar *n* ドル《米国その他多くの国の通貨単位: =100 cents; 記号 $, $》.

do·lose /dəlóus, dóulòus/ *a* 《史》悪意[犯意]をもった, 欺瞞的な. [L]

do·lus /dóuləs/ *n* 《ローマ法・大陸法》悪意, 詐欺, 意図的権利侵害. [L=guile]

Dolus cir·cu·i·tu non pur·ga·tur. /— sɪrkjú:ɪtjù: nɑn pərgéɪtər/ 詐欺[悪意]は迂回によっては浄化されない. [L=Fraud is not purged by circuity.]

do·main /douméɪn, də-/ *n* **1 a** 絶対的[完全]土地所有権, 領有権: ~ of use《カナダ》《借地人の》土地使用権. **b** 領地, 領土,《個人の》地所: aerial ~ 領空. ▶ EMINENT DOMAIN (公用収用(権)) / NATIONAL DOMAIN (国土; 連邦領有地) / PUBLIC DOMAIN (公有地). **2**《学問・思想・活動などの》範囲, 分野, 領域. ▶ PUBLIC DOMAIN (権利消滅状態); 公有著作物[発明)]. [F (OF *demeine* demesne)]

domáin nàme《インターネット》ドメイン名, ドメインネーム.

Dom·brów·ski dòctrine /dɔ:mbró:fski-/《米》ドムブロフスキー事件の法理《合衆国憲法第1修正により保障されている権利を表面上削減しているように見える州法に基づく州裁判所に提起された訴追の差止め命令 (injunction) を連邦裁判所に求めた1965年の訴訟での判例法理; この事件で合衆国最高裁判所は差止めを認めたが, その6年後の1971年に Younger v. Harris 事件でこの判例法理を変え, この種の事件の裁判権行使回避 (abstention) を判示し, 州裁判所への差止め命令の発行などにより厳格な条件を付した; cf. YOUNGER ABSTENTION》. [*Dombrowski* v. Pfister (1965) から]

dome /dóum/ *n*《史》ドゥーム (=DOOM). [OS]

dóme bòok /dú:m-, dóum-/《史》ドゥーム書 (=DOOMBOOK).

Dómes·day Bòok /dú:mzdèɪ-, dóumz-/ [the ~]《英史》『ドゥームズデイ・ブック』(=Doomsday Book)《William 1世が1086年征服地イングランドに作らせた土地台帳》.

Dómesday Ìnquest [Sùrvey]《史》ドゥームズデイ審問[調査]《『ドゥームズデイ・ブック』(Domesday Book) の基礎になった審問 (inquest) に基づく調査》.

dómes·man /-mən/ *n* (*pl* **-men** /-mən/)《史》判決発見人 (=doomsman) (cf. DOOM).

do·mes·tic /dəméstɪk/ *a* **1** 家庭の, 家事の, 家内の; 家庭向きの, 家庭的な《人》: ~ affairs 家事 / ~ production 家内生産, 家内産業. **2** 飼いならされた《動物》(opp. *wild*). **3** 自国の, 国内の, 内地の (opp. *foreign*) (cf. MUNICIPAL); *《州内の; 国内[自家]産の, 国内[自家]製の: ~ affairs 内政 / ~ consumption 国内消費 / ~ demand 国内需要, 内需 / ~ market 国内市場 / ~ production 国内生産. — *n* 家事労働者 (domestic servant). [F<L (*domus* home)]

doméstic abúse 家庭内虐待 (=DOMESTIC VIOLENCE).

doméstic agréement 家庭内取決め《家計費などについての配偶者間の取決めなど; 通例 法的拘束力をもたない》.

doméstic ánimal 家畜 (opp. *wild animal*) (cf. CLASSIFICATION OF ANIMALS).

domésticated ánimal 1 飼い馴らされた野生動物. **2** 家畜.

do·mes·ti·ca·tion /dəmèstɪkéɪʃ(ə)n/ *n* **1**《野生動物の》家畜化,《野生植物の》栽培化,《外来品種動物の》国内飼育化,《外来品種植物の》国内栽培化. **2**《外国文化・習慣などの》国内移植, 摂取. **3***《他州法人の》州内法人化,《外国法人の》国内法人化, 現地法人化.

doméstic authórity 1 家庭内権限, 家共同体の自治権. **2** 家庭防御権.

doméstic bíll (of exchánge) 内国《為替》手形,《米》州内《為替》手形《1) 振出地・支払い地が共に同一国内ないしは州内にある為替手形 2) 振出人・支払い人双方が同一国内ないしは州内に住所を有している為替手形; 米国では inland bill (of exchange) ともいう; » cf. FOREIGN BILL (OF EXCHANGE)》.

doméstic cárrier《米》州内保険会社 (cf. ALIEN CARRIER, FOREIGN CARRIER).

doméstic corporátion《米》内国法人[会社], 州内法人[会社] (cf. FOREIGN CORPORATION).

doméstic cóurt 1 a *家庭裁判所 (=FAMILY COURT). **b**《英》家事事件治安判事裁判所. **2** 住所地裁判所. **3** 国内裁判所.

doméstic dispúte 家庭内紛争 (cf. DOMESTIC VIOLENCE).

doméstic fixture 家庭定着物《台所の大きな機具類など, 取りはずし可能な定着物; 賃借家屋の場合にそれか否かが問題となりうる; cf. ORNAMENTAL FIXTURE, TENANT'S FIXTURE, TRADE FIXTURE》.

doméstic júdgment 国内での判決,《米》州内での判決 (cf. FOREIGN JUDGMENT).

doméstic jurisdíction 1 国内管轄事項; 国内事項に関する権限, 国内管轄権. **2**《米》州内管轄事項; 州内的裁判[管轄]権.

doméstic pártnership 同棲関係, 内縁関係《同性間・異性間を問わない》.

doméstic prémises *pl* 家屋敷《庭・裏庭・ガレージ・離れ家などを含めた個人の住宅》.

doméstic procéedings *pl* 《英史》家事事件 (⇨ FAMILY PROCEEDINGS).

doméstic próperty 家庭用財産.

doméstic relátions còurt *家庭裁判所 (= FAMILY COURT).

doméstic relátions làw 家族法 (= FAMILY LAW).

doméstic sérvant 家事労働者《単に domestic ともいう》.

doméstic tribúnal 内部的司法機関《ある組織内の規律維持のために制定法・契約により設置される成員に対する司法・準司法的機関; 例えば 英国の事務弁護士協会 (Law Society) や労働組合の懲戒委員会など; 英国では高等法院 (High Court of Justice) がその監督的裁判権を有している; cf. ADMINISTRATIVE TRIBUNAL).

doméstic víolence 家庭内暴力 (= domestic abuse) (cf. BATTERED-CHILD SYNDROME, BATTERED SPOUSE [COHABITANT], BATTERED-WOMAN('S) [WIFE] SYNDROME, DOMESTIC DISPUTE, MATRIMONIAL INJUNCTIONS, NONMOLESTATION ORDER, OCCUPATION ORDER, PROTECTION ORDER).

dom·i·cil /dáməsəl/ *n* DOMICILE.

dom·i·cile /dáməsàɪl, -səl/ *n* **1** 住居, 居所, 居住地, 家;《生活の本拠となる》住所, ドミサイル《**(1)** 人が現実にそこに住み本拠地とみなしている場所; 一時的に別の所に住んでいてもそこに戻りとどまることにしている真の・固定的・主たる・恒久的住所; 永久的所在地 (permanent abode) とも habitancy ともいう **(2)** 人・法人の法的な住所; 1 つしか有することができず, その地の法により身分が規定され, 裁判管轄の根拠となり, また 課税・投票権などとも関係する; 法律上の住所 (legal residence) ともいう; » cf. ABODE, RESIDENCE, PLACE OF BUSINESS). ▶ AFTER-ACQUIRED DOMICILE (事後取得住所) / COMMERCIAL DOMICILE (商業上の住所) / CORPORATE DOMICILE (会社住所) / DEEMED DOMICILE (みなし住所) / MATRIMONIAL DOMICILE (婚姻上の住所) / NATIONAL DOMICILE (国家的住所). **2**《商業》手形支払い場所. — *vt* **1** …の住所を定める〈*in, at*〉: He is ~*d in* Massachusetts. **2**〈手形〉の支払い場所を指定する: bills ~*d in* UK. — *vi* **1** 住所を定める〈*at, in*〉. **2** 手形支払い場所を指定する〈*at*〉. [OF<L]

dómicile by operátion of láw 法定住所[ドミサイル]《父の住所変更に伴い当然に変更される嫡出の未成年の子の住所など》.

dómicile of chóice 選択住所《**(1)** みずからの生活の本拠とする意思をもってその場所に現実に居住することにより取得される住所 **(2)** 住所変更能力取得後に本拠地として選択された住所》.

dómicile of órigin 出生住所《子が出生により取得する本拠地となる住所》.

dómicile of succéssion 相続住所《遺産相続事項を決定する住所》.

dom·i·cil·i·ary /dàməsílièri, dòu-; dɔ̀mɪsíləri/ *a* 住所[ドミサイル]の(ある), 住所[ドミサイル]に関する. — *n* 住所[ドミサイル]設定[所有]者 (cf. CITIZEN, RESIDENT).

domicíliary administrátion 住所[ドミサイル]のある地での遺産管理(手続き) (cf. ANCILLARY ADMINISTRATION).

dom·i·cil·i·ate /dàməsílièit, dòu-/ *vt* …に住所[ドミサイル]を設定する.

dóminant estáte 他人の土地から便益を得る土地,《特に》要役地 (= dominant tenement)《地役権 (easement) によって便益を受ける土地; cf. SERVIENT ESTATE》.

dóminant jurisdíction prínciple 優位管轄権の原則《最初に訴えが提起された裁判所が, 競合管轄権を有する他のすべての裁判所を排除して, その訴訟を管轄し続けるという準則》.

dóminant posítion《英》支配的地位《欧州共同体条約 (European Community Treaty) 上, 事業者が共同市場またはその主要部分において実効的競争を妨げることができる経済的に強い立場; 加盟国間の貿易が影響を受けるかぎりでその地位の濫用は禁止されている; 英国内においても 1998 年法で国内市場での支配的地位の濫用が禁止されている》. ▶ ABUSE OF A DOMINANT POSITION (支配的地位の濫用).

dóminant ténement = DOMINANT ESTATE (cf. SERVIENT TENEMENT).

dom·i·nate /dámənèit/ *vt* **1** 支配する, 統治する. **2** …に優位を占める.

do·min·i·cal /dəmínɪk(ə)l/ *a* 主(イエス・キリスト)の; 日曜日[主の日]の. [F or L; ⇨ DOMINUS]

do·min·i·cide /dəmínɪsàɪd/ *n*《史》《召使・奴隷・封臣などによる》主殺し, 主人殺し, 領主殺し《行為または行為者》.

do·min·i·cum /dəmínəkəm/ *n* **1**《史》領地; 領主権; 絶対的土地所有権 (» = DOMAIN). **2**《史》直轄地 (= DEMESNE). **3**《教会法》《教会堂その他の》教会の建物. [L=domain]

do·min·ion /dəmínjən/ *n* **1** 支配権(力), 統治権, 主権; 所有権, 支配権; 支配, 統治: exercise ~ over these countries. **2** 領土, 領地; [D-]《史》自治領《カナダ, オーストラリア, ニュージーランドなどが該当していた》: the *D*~ of Canada / *D*~ Day ドミニオン・デー《Canada Day《カナダ自治記念日》の旧称; 7 月 1 日》. [OF<L (*dominium* property); ⇨ DOMINUS]

do·min·i·um /dəmíniəm/ *n* **1**《ローマ法的》所有権, 絶対的所有権. **2** 領有権; 支配権. **3** 統治権, 主権. [L]

domínium di·réc·tum et úti·le /-dəréktəm ɛt júːtəli/《dominium directum (本来所有権) と dominium utile (準所有権) の双方をそなえた》完全な絶対的(土地)所有権 (= dominium plenum). [L = direct dominion and beneficial dominion]

Dominium non po·test es·se in pen·den·ti. /━ nan pátɛst ɛsɛ ɪn pɛndéntàɪ/ 所有権は不確定ではありえない. [L=The dominium cannot be in suspense.]

domínium plé·num /-plénəm, -plíː-/ 完全な絶対的(土地)所有権 (=DOMINIUM DIRECTUM ET UTILE). [L]

domínium po·lí·ti·cum et re·gá·le /-pəlítɪkəm ɛt rɪgéɪlɪ/ 政治権力と王権とによる支配. [L]

domínium regále 王権による支配.

dominium utile ⇨ DOMINIUM DIRECTUM ET UTILE.

do·mi·nus /dámənəs/ n (pl **do·mi·ni** /-niː, -naɪ/) 1 (ローマ法的)所有権者, 絶対的所有権者, 完全な(土地)所有権者. 2 領主, 主君, 主人 (lord, master). 3 [D-] (敬称としての)閣下 (Lord). [L=lord, master]

dóminus lí·tis /-líːtəs, -laɪ-/ (pl **dómini lítis**) 訴訟の主, 訴訟主導者(訴訟の主導権を握っている人一般を指す; したがって時により訴訟代理人・弁護士でなく主導している当事者を, また逆に弁護士を指すこともある). [L=master of the suit]

do·mi·tae na·tu·rae /dóːmɪtàɪ naːtúːràɪ, dámətì: naːtúːrìː/ a 〈動物の〉飼い馴らされた, 家畜の (domesticated) (=mansuetae naturae) (cf. FERAE NATURAE) (⇨ CLASSIFICATION OF ANIMALS). [L=of a tamed nature]

dómitae natúrae an·i·má·lia /-ænəméɪlɪə, -méɪljə/ 家畜. [L]

Dom. Proc. [英] °Domus Procerum 貴族院.

Do·mus Pro·ce·rum /dóuməs prásərəm/ 《古》貴族院 (略 Dom. Proc., DP, D.P.). [L=House of Lords]

Domus sua cui·que est tu·tis·si·mum re·fu·gi·um. /━ súːə káɪkwɛ ɛst t(j)utísɪməm rɛfjúːʤiəm/ すべての人にとってその家は最も安全な避難所である. [L=To everyone his/her house is his/her safest refuge.]

Do·na clan·des·ti·na sunt sem·per sus·pi·ci·o·sa. /dóuna klændestáɪna sənt sɛ́mpɛr səspɪʃíousə/ 内密の贈与は常に疑わしい. [L=Clandestine gifts are always suspicious.]

Do·na·ri vi·de·tur quod nul·lo ju·re co·gen·te con·ce·di·tur. /dounéɪràɪ vɪdíːtər kwad nálou ʤúːrɛ kaʤɛ́ntɛ kansíːdɪtər/ 法的強制なくして譲与されるものが贈与されるものとみなされる. [L=That is considered to be given which is conceded under no legal compulsion.]

do·nate /dóunèɪt, ━━; də(u)néɪt/ vt, vi 贈与する, 寄贈する, 寄付する. [逆成<donation]

dónated stóck (慈善団体や株式発行会社への)寄贈株.

do·na·tio /dounéɪʃiou/ n (pl **do·na·ti·o·nes** /-nèɪʃióunìːz/) 贈与 (donation). ▶ CAUSA MORTIS

DONATIO [MORTIS CAUSA DONATIO] (死亡予期贈与). [L=gift]

donátio ìnter vívos 生存者間贈与 (=GIFT INTER VIVOS).

donátio mór·tis cáu·sa /-móːrtɪs kɔ́ːzə/ 死亡予期贈与 (=GIFT CAUSA MORTIS) (=**mórtis cáuso donátio**). [L=gift because of death]

do·na·tion /dounéɪʃ(ə)n/ n 贈与, 寄贈. ▶ DISGUISED DONATION (偽装された贈与). [OF<L (dono to give < donum gift)]

donátion in disguíse 偽装贈与 (=DISGUISED DONATION).

donátion ìnter vívos 生存者間贈与 (=GIFT INTER VIVOS).

donátion mórtis cáusa 死亡予期贈与 (=GIFT CAUSA MORTIS).

Donatio non prae·su·mi·tur. /━ nán prɪzjúːmɪtər/ 贈与は推定されることはない. [L=A gift is not presumed.]

Donatio per·fi·ci·tur pos·ses·si·o·ne ac·ci·pi·en·tis. /━ pərfísɪtər paʒɛʃióunɛ æksɪpiɛ́ntɪs/ 贈与は受贈者の占有により完成される. [L=A gift is perfected by the possession of the receiver.]

dó·na·tive intént /dóunətɪv, *dán-/ 贈与の意思.

dónative trúst 贈与的信託.

do·na·tor /dóunèɪtər, ━━; də(u)néɪtər/ n 1 贈与者. 2 《スコットランド》受贈者. [L]

Donator nun·quam de·si·nit pos·si·de·re an·te·quam do·na·ta·ri·us in·ci·pi·at pos·si·de·re. /━ nánkwæm díːsɪnɪt pàsidíːrɛ æntɛkwæm dòuneɪtéɪriəs ɪnsípiæt pàsiːdíːrɛ/ 贈与者は, 受贈者が占有し始めるまで, 決して占有することをやめない. [L=A donor never ceases to possess before the donee begins to possess.]

don·a·to·ry /dánətɔ̀ːri; -t(ə)ri/ n 《スコットランド》受贈者, 《特に国王への復帰不動産 (escheat), 国王の没収 (forfeiture) 権などの》国王からの受贈者.

do·nee /douníː/ n 1 受贈者, 受遺者. 2 権利帰属者指名権 (power of appointment) 受贈者 (=DONEE OF POWER).

donée beneficiary 受贈者受益者《契約の一方当事者からの贈与として他方当事者の履行の利益を受け取ることとされている第三者受益者; cf. CREDITOR BENEFICIARY).

donée of pówer 権利帰属者指名権 (power of appointment) 受贈者 (単に donee ともいう).

Dón·o·ghue v. Stévenson (1932) /dánəh(j)ùː-, dán-/ ドナヒュー対スティーヴンスン事件(1932年)《製造者の不法行為責任を直接契約関係にない者にまで認めた英国の 1932 年の判例; 事件は喫茶店で原告の友人がジンジャービール一瓶を原告に買い与え, 原告がグラスについて飲み, 2 杯目をついだ時に飲みかけの瓶からカタツム

リの死骸が出てきて、それを見た原告が不快感から病気になったもの；原告は直接契約関係になかった製造会社を相手取って損害賠償請求をした；これに対し、貴族院は製品の製造・包装における合理的注意の欠如が直接の契約者でない消費者の生命・財産に損害をもたらした場合の製造者の不法行為責任を認めた；瓶の中のカタツムリ事件 (Snail in the Bottle Case) ともいう）.

do·nor /dóunər, -nɔ̀:r/ n **1** 贈与者, 遺贈者. **2** 《権利帰属者指名権 (power of appointment)・信託 (trust) などの》設定者 (settlor). **3** 提供者, 供血者, ドナー. **～·ship** n ［AF＜L；⇨ DONATION］

Dò Nót Attémpt Resuscitátion òrder 蘇生法不要指示（通例は患者が精神的能力を有するうちに記録した医師に対する指示で、心臓麻痺などの場合に蘇生法を施さぬよう要請すること；略 DNAR order；米国では同様の指示を **do-not-resuscitate order** (蘇生法不要指示, 略 DNR order) という).

doom /dú:m/ n **1** 《史》《アングロサクソン時代の》ドゥーム, 判決, 法 (＝dome) (cf. DOMESMAN). **2** 《神が下す》最後の審判；《通例 悪い》運命：the day of ～ 最後の審判の日 (doomsday). — vt **1** …に判決を下す,《罪に》定める《to》. **2** 《古》《刑を》宣告する. ［OE dōm statute ＜Gmc*dōmaz that which is set]

dóom·bòok n ドゥーム書 (＝dome book) 《ウェセックス王 Alfred 大王 (在位 871-899) 編纂の法典で, Edward 4 世期 (1461-83) まで残存していたといわれているが, 現存はしていない》.

Dóoms·day Bòok /dú:mzdèɪ-/ [the ～]《英史》『ドゥームズデイ・ブック』 (＝DOMESDAY BOOK).

dóoms·man /-mən/ n (pl -men /-mən/)《史》判決発見人 (domesman).

doom·ster /dú:mstər/ n **1** 《古》裁判官. **2** 災厄の予言者.

dóor-clósing stàtute 《米》門戸閉鎖法《特定の要件を満たしていない者に州裁判所の原告適格性を与えない州の制定法；特に州外法人 (foreign corporation) に対して州内で営業を始める前に種々の条件を課している制定法》.

dóor-to-dóor sále 訪問販売.

dóo-wop dòcket /dú:wàp-/ 《俗》DWOP DOCKET.

DORA, Dora /dɔ́:rə/《英史》°Defence of the Realm Acts 戦時国土防衛法.

dor·mant /dɔ́:rmənt/ a **1** 眠っている(ような), 休眠中の, 睡眠状態の, 現在使われていない. **2** 不動の, 固定の. **3** 〈資金など〉遊んで［寝かされて］いる,〈権利など〉未発動の, 未行使の, 帰属未定の：～ account 何年も出し入れのない預金口座. **4** 隠れている, 見えない, 潜在的な, 匿名の《の組合員》. **dór·man·cy** n ［ME＝fixed, stationary＜OF (pres p)〈dormir＜L dormit- dormio to sleep]

dórmant cláim 眠れる請求権, 眠れる権利.

Dórmant Cómmerce Cláuse [the ～]《米》眠れる(州際)通商条項, 未発動の通商条項《合衆国憲法で授権されている州際的・全国的通商規制立法権を連邦議会がいまだ行使していない時点においても、第1編第8節3項の通商条項 (Commerce Clause) は州際通商活動の州による規制を阻止しているという憲法上の原則》；⇨ PREEMPTION；cf. MARKET PARTICIPANT DOCTRINE).

dórmant cómpany 休眠会社.

dórmant execútion 休眠強制執行, 強制管理《財産の差押えはするが売却はあらためて申し立てがあるまで行なわない旨を指示した強制執行》.

dórmant júdgment 休眠判決, 未発動の判決, 債務名義としての効力を失った判決《長期間強制執行手続きがとられなかったので、判決の復活 (revival) 手続きをしないかぎり執行が許されなくなった判決》.

dórmant législative intént 隠れたる立法意図 (＝**dórmant intént**)《ある立法の意味不明確な・矛盾したあるいは欠けている部分について立法者に仮に問いたとしたら、立法府が有していたと回答したと推定される立法意図》.

dórmant pártner 休眠組合員 (＝SILENT PARTNER).

dórmant títle 眠っている権原, 帰属者未確定権原. ▶ BUYING AND SELLING DORMANT TITLE (帰属者未確定権原の売買).

Dor·mi·unt ali·quan·do le·ges, nun·quam mo·ri·un·ter. /dɔ́:rmiənt ælikwǽndou lí:dʒiz nʌ́nkwæm mɔ̀:riʌ́ntər/ 法は時には眠ることがあるが、決して死ぬことはない. ［L＝Laws sometimes sleep but never die.]

dos /dóus/ n **1** 《史》寡婦産 (dower). **2** 《ローマ法》嫁資, ドース (＝DOWRY). ［L]

DOS 《米》°Department of State 国務省.

DoS attack °denial of service attack サービス拒絶攻撃.

dot /dát/ n 《大陸法》嫁資 (dowry). ［F＜L dot- dos］

DOT 《米》°Department of Transportation 運輸省.

do·tal /dóutl/ a 嫁資の[に関する].

dótal próperty 《大陸法》嫁資 (dowry).

do·ta·tion /douteɪʃ(ə)n/ n **1** 嫁資 (dowry) の付与. **2** 寄付 (endowment).

dote¹ /dóut/ n 《スペイン》嫁資 (dowry).

dote² vi **1** 耄碌(もうろく)する. **2** 溺愛する.

Do·ti lex fa·vet; prae·mi·um pu·do·ris est, ideo par·ca·tur. /dóutaɪ léks fǽvet prí:miəm pudóurɪs ɛst ídeou pa:rkéɪtər/ 法は寡婦産を優遇する. それは貞節の報酬である. それゆえに大切にするように. ［L＝The law favors dower; it is the reward of chastity; therefore is to be preserved.]

do·tis ad·mi·ni·stra·tio /dóutɪs ædmɪnɪstréɪʃiou/ 《史》寡婦産更正 (＝ADMEASUREMENT OF DOWER). ［L＝admeasurement of dower]

dou·ble /dʌ́b(ə)l/ a **1** 〈数量が〉2倍の；2倍の価値[よう, 濃さ, 強さなど]のある. **2** 二重の, 二様の；対(つい)の；複

の; 二つ折りの, 二枚重ねの. **3** 二人用の; 一人二役の. **4** 表裏[二心]ある, 陰険な. **5** 意味が二様にとれる, あいまいな. ── *n* **1** 倍, 2倍; 二重; 重なり. **2** 開封勅許状 (letters patent). ── *vt* **1** 2倍にする, 倍加[倍増]する; …の2倍である. **2** 二重にする, 重ねる; 二つに折りたたむ. ── *vi* **1** 2倍になる, 倍加[倍増]する. **2** 二つ折りに重なる. [OF *doble, duble*＜L *duple*]

dóuble adúltery 双方姦通《双方が既婚者の姦通; cf. SINGLE ADULTERY》.

dóuble bónd 条件付き捺印金銭債務証書 (=conditional bond)《金銭債務証書の効力を失わせるための条件を定め, かつその条件が履行されなかった場合の違約金の支払いを定めたもの; cf. SINGLE BOND》.

dóuble-bréast·ing *n* ダブル化 (=dual-shop operation)《共通の会社所有者がその被用者を二分し2会社を作り, 一方は労働組合化を認め労働協約 (collective bargaining agreement) の当事者とするが, 他方には労働組合を認めないやり方》.

dóuble compláint 《教会法》二重の訴え (=DUPLEX QUERELA).

dóuble créditor 二重引当て財産債権者 (⇨ SINGLE CREDITOR).

dóuble criminálity 《国際法》双方可罰の原則《犯罪人引渡し (extradition) 手続き上の準則で, 引渡請求に従うためには引渡し犯罪が請求国と逃亡先の国の双方において罪に当たるものでなくてはならないというもの; cf. EXTRADITION TREATY, DOCTRINE OF SPECIALTY》.

dóuble dámages *pl* 《実損害の》**二倍(額)賠償(金)**《制定法に基づく》.

dóuble-declíning depreciátion mèthod 《会計》倍率逓高減価償却法, 倍率逓高逓減償却法《減価償却資産の減価償却方法の一つで, しかも加速減価償却法 (accelerated depreciation method) の一種; 未償却残高に定額減価償却法 (straight-line depreciation method) の2倍の償却率を掛けて計算する方法; ⇨ DEPRECIATION METHOD》.

dóuble dípping *《金の》二重取り《退職給付金と失業給付金の双方を同時に得るごとし; 違法となりうる》.

dóuble dípper *n* 二重取り(をする人).

dóuble éntry 《簿記》複式簿記, 複式記入法 (=**dóuble-éntry bóokkeeping**) (cf. SINGLE ENTRY).

dóuble héarsay 再伝聞 (=hearsay within hearsay, multiple hearsay)《伝聞供述の中にさらに伝聞供述が含まれているもの; それぞれにつき伝聞証拠排除則 (hearsay rule) の例外要件が認められる限りで証拠として許容される》.

dóuble indémnity 《例えば生命保険契約中の災害死亡時の》**災害倍額支払い**《(条)項》.

dóuble insúrance 重複保険《同一目的物につき同一危険に対して複数の保険者に独立して付された複数の保険契約; cf. COINSURANCE》.

dóuble jéopardy 二重の危険《同一犯罪 (same offense) について被告人に再度刑事責任を問うこと; 二重の危険の禁止、「何びとも2度にわたり苦しめられてはならない」(Nemo debet bis vexari.) がコモンローの原則; 合衆国憲法第5修正はこれを継承した; cf. DUAL-PROSECUTION RULE, DUAL-SOVEREIGNTY DOCTRINE, FORMER JEOPARDY, NON BIS IN IDEM, *once in* JEOPARDY, PRIOR JEOPARDY, SAME-EVIDENCE TEST, SEPARATE SOVEREIGNS RULE, *twice in* JEOPARDY》: prohibition against ～ 二重の危険の禁止.

Dóuble Jéopardy Cláuse [the ~] 《米》二重の危険(禁止)条項《合衆国憲法第5修正のこと》.

dóuble óption 二重選択権《証券・商品などの選択権[オプション]のうち, 売付けの選択権を put option, 買付けの選択権を call option というのに対して, 売付け・買付け双方の選択権をいう; どちらか一方のみの権利を行使できる》.

dóuble pátenting 二重特許, 重複特許.

dóuble pléa 二重答弁《一つの答弁 (plea) で同一の争点について二つないしはそれ以上の別個の防御をなすこと; cf. ALTERNATIVE PLEADING, DUPLICITY》.

dóuble pléading 二重訴答《二つ以上の別個の訴因または防御を提起すること; 複数の争点をつくり出させぬことなどのためにかつては禁止されていたが, 英国では1705年法以後民事ではゆるめられてきている; ⇨ RULE AGAINST DOUBLE PLEADING; cf. ALTERNATIVE PLEADING, DUPLICITY》. ▶ RULE AGAINST DOUBLE PLEADING (二重訴答禁止の準則).

dóuble pórtions *pl* 二重の分与産 (⇨ RULE AGAINST DOUBLE PORTIONS). ▶ RULE AGAINST DOUBLE PORTIONS (二重分与産禁止の準則).

dóuble próbate 《同一遺産について初めの検認状 (probate) に含まれていない遺言執行人に対する》第二検認状, 第二遺言執行状.

dóuble próof 二重の証明《**1**》有罪決定に必要とされる補強証拠 (corroborating evidence) による証明 **2**》破産法上, 同一債務に対する複数債権者によるそれぞれの権利主張の証明》.

dóuble quárrel 二重の訴え (=DUPLEX QUERELA).

dóuble recóvery **1**《実損害額を超える》超過賠償. **2**《同一損害に対して誤って認めた》重複賠償.

dóuble rént 《特に罰則上の》倍額賃料.

dóuble stándard 《通例は性別・人種の違いに基づく》二重基準, 差別扱い (cf. DISCRIMINATION).

dóuble taxátion 二重課税 (=duplicate taxation)《同一課税対象に同一課税期間に同一課税目的で二重に課税すること; 次の3つの場合が考えられる: (1) 国際的二重課税, すなわち例えば同一所得に源泉地国と居住国とが課税する場合 (2) 米国では州際的二重課税, すなわち例えば同一所得に源泉地州と居住地州とが課税する場合 (3) 例えば同一法人の所得に対して法人所得税と, そこから配当を受けた株主個人に所得税を課す場合》.

dóuble taxátion agrèement [trèaty] 《国際法》(国際的)二重課税防止協定[条約].

dóuble taxátion relìef 《英税制》二重課税控除

[救済].

dóuble úse 1 《史》二重のユース（＝USE UPON A USE）. 2 《特許法上 新しい結果や製品を作り出すことのない》考案の単純使用, 二重使用.

dóuble válue 倍額; 倍額賠償（double damages）; 二倍額罰金.

dóuble vóucher 《史》《二重の権原担保者 (warrantor) の訴訟参加請求 (voucher) による馴合い不動産回復訴訟 (common recovery) における》二重の権原担保者の訴訟参加請求 (cf. COMMON RECOVERY). ▶ RECOVERY BY [WITH] DOUBLE VOUCHER（二重の権原担保者の訴訟参加請求による不動産回復訴訟）.

dóuble wáste 《一連の行為での》二重の(不動産)毀損.

dóuble wíll [ᵘpl] 相互遺言(書)(の一方) (＝MUTUAL WILL).

doubt /dáʊt/ n 疑い, 懐疑; 疑念, 不信; 《結果などの》疑わしいこと, 不確かさ; 未解決点, 難点. ▶ BENEFIT OF THE DOUBT（疑わしさの利益）/ REASONABLE [RATIONAL] DOUBT（合理的疑い）. ［OF douter＜L dubito to hesitate］

dóubtful títle 疑いのある権原 (cf. UNMARKETABLE TITLE).

Do ut des. /dóʊ ət díːz/ 《ローマ法》あなたが与えてくれるために私は与えます《ローマ法上の4つの無名要物契約の一つ》. ［L＝I give that you may give.］

Do ut fa·ci·as. /— ət féɪʃiæs/ 《ローマ法》あなたがなしてくれるために私は与えます《ローマ法上の4つの無名要物契約の一つ》. ［L＝I give that you may do.］

dove /dáv/ n 1 鳩. 2 ハト派, 和平論者, 穏健派 (opp. hawk).

dóve·tàil seniòrity 接合先任権《企業合併の際に各企業の被用者の先任順位を保持するためにそれぞれのリストを組み合一つにすること》.

dov·ish, dove·ish /dávɪʃ/ a ハト派的な.

dow·able /dáʊəb(ə)l/ a 1 《土地などの夫の財産が》寡婦産権に従う: the ~ estate. 2 寡婦産を受ける資格のある: She is ~ of the estate. ［AF］

dow·a·ger /dáʊɪdʒər/ n, a 寡婦産を受けた寡婦, 寡婦産権を有する寡婦(の); 有爵未亡人, 貴族未亡人(の)《亡夫の貴族称号・財産を継承している寡婦》: a ~ duchess 公爵未亡人 / a peeress － 貴族未亡人 / the D~ Queen (太后) / the Empress D~ (帝国の) 皇太后. ▶ QUEEN DOWAGER (太后). ［OF; ⇨ DOWER］

dow·er /dáʊər/ n 1 寡婦産(権)《婚姻により夫の不動産に対して妻が取得した権利》; コモンロー上, 妻はこの権利に基づいて夫死亡時に夫が封として保有した 3 分の 1 の不動産権を生涯保有できた; 英国では 1833 年, 米国でも多くの州で廃止された; cf. CURTESY, ELECTIVE SHARE, THIRD). ▶ ADMEASUREMENT OF DOWER（寡婦産更正(令状)）/ ASSIGNMENT OF DOWER（寡婦産の指定）/ COMMOL-LAW DOWER（コモンロー寡婦産(権)）/ ELECTION DOWER（選択的寡婦産(権)）/ EQUITABLE DOWER

342

（エクイティー上の寡婦産）/ INCHOATE DOWER（未確定寡婦産(権)）/ RIGHT OF DOWER（寡婦産権）/ WRIT OF RIGHT OF DOWER（寡婦産回復権利令状）. 2 《ローマ法》嫁資,《新婦の》持参財産[持参金] (dowry). ― vt … に寡婦産を与える; 寡婦産として与える. ～·less a ［OF＜L (dot- dos dowry)］

dówer ad commúnem légem コモンロー寡婦産(権) (＝DOWER BY THE COMMON LAW).

dówer ad óstium ecclésiae 《史》教会の門戸で与えられた寡婦産 (⇨ AD OSTIUM ECCLESIAE) (cf. DOWER BY THE COMMON LAW).

dówer by cústom 《史》慣習法による寡婦産(権) (cf. DOWER BY THE COMMON LAW).

dówer by the cómmon láw コモンロー寡婦産(権) (＝common-law dower, dower ad communem legem) 《コモンロー上認められた寡婦産で, 妻は夫の死亡時に夫が封として保有した 3 分の 1 の不動産権を生涯保有できた; ⇨ DOWER; cf. DOWER AD OSTIUM ECCLESIAE, DOWER BY CUSTOM).

dow·er·ess /dáʊ(ə)rəs/ n DOWRESS.

dówer hòuse 《寡婦産の一部である》寡婦用の住宅.

dower unde nihil habet ⇨ WRIT OF DOWER UNDE NIHIL HABET.

dow·ery /dáʊəri/ n 《まれ》 DOWRY.

Dów-Jónes àverage 《米》ダウジョーンズ平均株価《ダウ平均あるいはダウとも略称; Dow Jones 社で発表している平均株価で, 代表的な修正平均株価; 工業株 30 種平均 (Dow-Jones industrial average; 略 DJIA) のほか運輸株 20 種, 公益事業株 15 種, これらすべて 65 種総平均の 4 種がある》.

dówle stònes /dáʊl-/ pl 境界石.

Dówn·ing Strèet /dáʊnɪŋ-/ 1 ダウニング街《London の Whitehall から St. James's Park までの官庁街; 10 番地に首相公邸, 11 番地に大蔵大臣公邸がある》. 2 英国政府, 英国首相. ［Sir George Downing (1623-84) 英国の政治家］

dówn páyment 頭金 (cf. BINDER, EARNEST MONEY).

dówn·sìz·ing /-sàɪzɪŋ/ n 1 小型化, 規模縮小. 2 人員削減, 事業縮小. 3 ダウンサイジング《コンピューターの小型化などによる機能の集約化》.

dównstream convérsion 下向転換《転換証券 (convertible security) の下位[後順位]への転換; cf. UPSTREAM CONVERSION）.

dównstream guáranty 下向保証 (1) 親会社による子会社の債務の保証 2) 組合員, 会社構成員 (company member), 株主でもある保証人による会社のための保証, 》 cf. CROSS-STREAM GUARANTY, UPSTREAM GUARANTY).

dównward depárture 下方逸脱量刑, より軽い量刑《量刑基準 (sentencing guidelines) に照らして軽い量刑; opp. upward departure; cf. SENTENCING GUIDELINES].

dow·ress /dáuərəs/ *n* 《古》寡婦産権者 (=dower-ess).

dow·ry /dáuəri/ *n* **1**《新婦の》嫁資, 結婚持参金 (= dos, maritagium, marriage gift, marriage portion). **2**《廃》寡婦産(権) (dower). **3**《新夫から新婦ないしその家族への》婚姻ゆえの贈与. [AF=F *douaire* DOWER]

doy·en of the corps diplomatique [diplomatic corps] /dɔ́ɪən... kɔ́:r dìpləmætí:k [dìpləmǽtik kɔ̀:r]/ [the ~] 外交団首席《一国に駐在するすべての使節団中 在任期間の最も長い古参大使が務めることになっている》.

DP, D.P. °displaced person 流民 ◆ °Domus Procerum 貴族院 (House of Lords).

D/P documents against payment 支払い渡し.

DPP《英》°Director of Public Prosecutions 公訴(局)長官.

dr., Dr debtor ◆ doctor ◆ drawer.

DR《米》°disciplinary rule 懲戒規程.

dra·co·ni·an /dreɪkóʊniən, drə-/ *a*〔°D-〕ドラコン流の,〈法が〉冷酷な, 厳しい (=**dra·con·ic** /dreɪkánɪk, drə-/): ~ labor laws 冷酷な[厳しい]労働法. [紀元前7世紀末アテナイ人で処罰が過酷な法律の制定者 Dracon の名に由来]

draft,《英》**draught** /drǽft; drá:ft/ *n* **1** 手形, 為替手形, 支払い指図書 (=bill of exchange, letter of exchange) (cf. CHECK, NOTE). ▶ BANK DRAFT (銀行為替手形) / BANKER'S DRAFT (自己宛銀行振出手形) / DEMAND DRAFT (一覧払い為替手形) / DOCUMENTARY DRAFT (荷為替(手形)) / FOREIGN DRAFT (外国[州外](為)手形) / ON ARRIVAL DRAFT (到着払い為替手形) / REDRAFT (戻り為替手形) / SHARE DRAFT (出資金払い戻し指図書) / SIGHT DRAFT (一覧払い為替手形) / TIME DRAFT (確定期払い為替手形). **2** 設計図, 図面; 図案; 下絵;《法律文書などの》下書き, 草案, 草稿, 原案, 起草, 起案書: ~ of a contract 契約書の草案 / rough ~ 下書き. **3***選抜(された人), 徴兵, 徴募(兵). **4**《商品貨物の》総量に対する減量; 商品の目減り分値引き. **5**《米》《立候補への》要請, 候補者引出し. **6**《スポーツ》ドラフト制, 新人選手選択制度. **7** 引くこと, 牽引. **8** 隙間風(の通り道), 通風. ─ *vt* **1** 起草[立案]する;〈設計図・絵などの〉下図[下絵]をかく: ~ a contract [a document, a bill]. **2** 選抜する, 徴兵する. [*draft* は draught (ME *draht*<? ON *drahtr, dráttr*) の発音つづり; cf. DRAW]

dráft·er *n*《遺言・契約・法案などの文書の》起草者, 立案者 (=DRAFTSMAN).

dráft·ing *n* **1**《法的文書の》起草 (=legal drafting): a ~ committee 起草委員会. ▶ LEGAL DRAFTING (法的文書起草). **2**《米》《徴兵の》選抜.

dráft registràtion《米》徴兵(予備)登録.

drátfs·man /-mən/ *n* **1** 文書(法案)作成者, 起草者 (=drafter). ▶ COSTS DRAFTSMAN (訴訟費用見積もり人) / EQUITY DRAFTSMAN (エクィティー上の訴答作成弁護士) / PARLIAMENTARY DRAFTSMAN (政府提出法案起草官). **2**《設計図などの》ドラフトマン, 製図者.

~·ship *n*

drágnet arrést 底引き網逮捕 (=roundup, wholesale arrest)《犯罪あるいは市民の暴動に関与した可能性のある被疑者全員をまとめて逮捕すること; 逮捕に必要な相当な根拠 (probable cause) を欠くゆえに違法》.

drágnet clàuse 底引き網条項 (**1**) 譲渡担保 (mortgage) 設定契約において, 当該抵当権は, 抵当権者が当該抵当権設定者に対して有することになる将来の不特定のすべての債権までをも担保する旨の条項; Mother Hubbard clause ともいう **2**) CROSS-COLLATERAL CLAUSE》.

Drá·go dòctrine /drá:gou-/《国際法》ドラゴーの理論, ドラゴー主義《国家が他国の国民に対して負っている公的債務の回収のために, その国民の属する国家は兵力を使用することができないとする理論; アルゼンチンの外相ドラゴー (Luis María Drago) が1902年に提唱した理論に基づき, 1906年の第3回汎米会議を経て, 1907年の第2回ハーグ平和会議で米国から提案され, その結果「契約上ノ債権回収ノ為ニスル兵力使用ノ制限ニ関スル条約」が採択された》.

drain·age /dréɪnɪʤ/ *n* **1** 排水. **2** 排水施設, 排水管[渠, 路, 溝]. **3** 排水区域,《河川の》流域.

dráinage dìstrict《米》排水事業地区, 干拓[埋立]事業地区.

dráinage rìght [ᵁ*pl*] 排水権, 排水地役権.

dráma-prìcing *n* 劇の価格決定《商品, 特に不動産を劇的に値下げする売主の戦術》.

dramátic compositìon 演劇の著作物.

dramátic cópyright 演劇的著作権.

dramátic wórk《著作権の対象となる》演劇的著作物 (cf. LITERARY WORK, MUSICAL WORK).

drám shòp áct《米》酒場法 (=civil damage act, civil liability act)《酒場責任 (dram shop liability) を認める制定法; ⇨ DRAM SHOP LIABILITY》.

drám shòp liabílity《米》酒場責任《酩酊した人が第三者に被害を与えた場合に, その酩酊者に対して酒類を販売した人に被害者の損害を賠償させる厳格責任 (strict liability)》.

draught ⇨ DRAFT.

draw /drɔ́:/ *v* (**drew** /drú:/; **drawn** /drɔ́:n/) *vt* **1** 引く; 引き寄せる; 引き抜く; 引き出す; 引きつける; 引き延ばす. **2**〈手形・小切手を〉振り出す: ~ a check on a bank. **3**〈預金などを〉引き出す: ~ money out of an account. **4**《陪審員リストから陪審員を》選ぶ. **5**〈文書を〉起草する. ~ **up**〈文書を〉作成する;〈計画などを〉立案する: ~ *up* a contract [an agreement]. [OE *dragan*; cf. DRAFT, G *targen* to carry]

dráw·bàck *n* 関税の払い戻し, 戻し税.

draw·ee /drɔːíː/ *n*《為替手形・小切手の》支払人 (cf. DRAWER, PAYEE).

drawée bànk 支払い銀行 (=PAYOR BANK).

dráw·er *n* 《為替手形・小切手の》振出人 (cf. DRAWEE, MAKER, PAYEE): return a check to ~. **refer to ~**《銀行》振出人回し《不渡り手形などに R/D または RD と略記する》.

dráw·ing *n* **1** 素描, デッサン; 図形, 図面; 製図. **2** 引くこと, 引き出すこと, 引抜き, 選抜, 抽選. **3**《金銭の》引出し;《為替手形・小切手の》振出し; [*pl*]《店の》売上高; [*pl*] 引出し金《出資組合員が給料として引き出す金》.

dráwing accóunt 引出金勘定《**1**》被用者, 特にセールスマンに対し経費・給料などの前払い額を記す勘定 **2**》個人企業 (sole proprietorship) あるいは組合 (partnership) で, 所有者あるいは組合員が企業の資産・現金を一時的に私的に利用する場合の企業側の勘定》.

dráwing and quártering《史》引きまわしのうえ四つ裂き(刑)《大逆罪 (high treason) に対するかつての刑罰; 英国では 1870 年廃止》.

dráwing lóts くじ引き.

Dr. Bon·ham's Case /dáktər bánəmz —/ ボナム博士[医師]事件 (=BONHAM'S CASE).

DRC《英》°Disability Rights Commission 障害者権利委員会.

Dréd Scótt Càse /dréd skát-/《米史》ドレッド・スコット事件 (Scott v. San(d)ford Case (スコット対サンフォード事件)ともいう; ⇨ DRED SCOTT DECISION).

Dréd Scótt decísion《米史》ドレッド・スコット判決《黒人奴隷 Dred Scott が自由州に移り住んだことを理由に解放を求めたのに対し, 1857 年合衆国最高裁判所は奴隷は所有物であり, その所有者の権利は適法手続きによる以外奪えない, 北部の連邦直轄地では奴隷制を認めないとするミズーリ妥協 (Missouri Compromise) は違憲であるとして, 訴えを却下した; これが南北戦争勃発を早めたとされている》.

D reorganization /díː —/《米》D 型会社組織変更《会社組織変更 (reorganization) のうち, 一方の会社の全資産あるいは一部を他方会社に移転し, その結果 移転された会社は移転を受けた会社あるいはその株主に支配されることになるが, 逆にその移転を受けた側の会社の株式が配分される形をとるもの; ⇨ REORGANIZATION》.

drift·land, drof·land /drɒ́uflənd/ *n* 《古》家畜追い道使用料.

drift·way *n* 家畜追い道.

dríp rights 滴下権 (=STILLICIDE).

drive /dráɪv/ *v* (drove /drɒ́uv/,《古》drave /dréɪv/; driv·en /drív(ə)n/) *vt* **1** 追い《駆り》たてる; 酷使する;《車などを》駆る, 運転[操縦]する, ドライブする;《馬車馬を》御する; 車で運ぶ;《ペンを》駆使する: RECKLESS DRIVING. **2** 余儀なく[無理に]ある状態に押しやる. **3**《商売などを》活発にやっていく[営む];《取引などを》決める: He ~s a hard bargain. 手ごわい交渉相手だ.

drive óther cárs clàuse《自動車保険での》他車運転条項.

driv·er /dráɪvər/ *n* **1** 運転者. ▶ DRUNK DRIVER (飲酒運転車). **2**《牛追いなど》家畜群を追って行く人.

dríver's lìcense* 運転免許(証).

dríving lìcense" 運転免許(証). ▶ ENDORSEMENT OF DRIVING LICENSE (運転免許証裏書).

dríving òver the prescríbed límit《英》酒気帯び運転 (cf. DRIVING WHILE UNFIT).

dríving-tèst òrder《裁判所の命じる》運転免許試験命令《違反のため失格となった者に運転に対する適性を調べる運転試験を課し, それに合格するまで運転資格を剥奪すること》.

dríving ùnder the ínfluence《米》酒・薬物を用いたうえでの運転 (=driving while intoxicated, drunk [drunken] driving, operating (a motor vehicle) under the influence [while intoxicated])《略 DUI, ★driving while intoxicated のほうが酒・薬物による心身の影響の程度が高く, より犯罪性が高いとみなす法域が一般的であるが, 若干の法域では同義》.

dríving while disquálified 免許の効力停止[免停]中の運転.

dríving while intóxicated《米》酩酊運転, 酒・薬物による酩酊状態での運転 (⇨ DRIVING UNDER THE INFLUENCE)《略 DWI》.

dríving while unfìt《英》《飲酒・薬物による》不適格状態での運転 (cf. DRIVING OVER THE PRESCRIBED LIMIT).

dríving withòut a lícense 無免許運転.

dríving withòut insúrance 無保険運転《第三者保険 (third-party insurance) なしで自動車を公道でみずから運転するか別人に運転させること; 英国では犯罪となる》.

drofland ⇨ DRIFTLAND.

droit /drɔ́ɪt, drɔwɑ́ː/ *n* **1** 権利; 権利の対象. ▶ DROIT DROIT (二重の権利). **2** 法. **3** [*pl*] 税 (dues), 関税 (customs duties). [F=right]

droit d'au·baine /F drwɑ dobɛn/《フランス史》死亡在留外国人所有財産没収権. [F=the right of a stranger]

droit des gens /F drwɑ de ʒɑ̃/ 国際法. [F=the law of nations]

droit de suite /F drwɑ də sɥit/ 追及権《**1**》第三者の手中にある債務者の財産への追及権 **2**》美術の著作物などについての公けの転売価額の一部を著作者などが請求できる追及権》. [F=right to follow]

dróit dróit《史》二重の権利 (=jus duplicatum)《ある不動産に対して財産権 (right of property) と占有権 (right of possession) とを同時に有している状態》. [=double right]

dróits of ádmiralty *pl* ["d- of A-"]《海上遺棄物・難破物・戦時船舶捕獲敵産の》海事収益権《かつては, 海軍司令長官 (Lord High Admiralty) の役得であった》.

dróits of the Crówn *pl*《英史》戦時捕獲報奨金 (=PRIZE BOUNTY).

droi·tu·ral /drɔ́ɪtʃər(ə)l/ *a*《占有に対し》財産権の,

所有権の. [＜OF *droiture* right]

drop /dráp/ *n* **1** 滴下; 一滴, 微量; [*pl*] 点滴薬, 点眼薬. ►EAVES-DROP (雨水地役権). **2** 急降下, 下落, 低下〈*in prices*〉: ~ *in* sales 売上げ急落. ── *v* (dropped, dropt /-t/) *vi* **1** 〈物が〉落ちる;〈価格など〉下がる,〈生産高が〉落ちる: Sales have *dropped* by 20 %. / The dollar *dropped* 2.5 points against the pound. **2** やめになる,〝〈裁判官の意見が分かれて〉仮決定 (rule nisi) についての〟判断が示されない. ── *vt* **1 a**〈物を〉落とす; こぼす;〈途中で客・荷物などを〉降ろす. **b**〈速度・声などを〉落とす, 低くする. **2** やめる, 放棄する,〈議論などを〉やめる, …について結論を出さない,〝仮決定 (rule nisi) についての〟判断を控える,〈訴えなどを〉取り下げる: ~ the charges against the accused / ~ the case against the corporation. [OE *dropa*]

dróp-déad provísion 頓死(とんし)規定《契約の一方当事者が一定行為を行なわなかった場合に, 他方当事者が通告なしで措置をとりうることを規定する合意書などの条項; cf. SHARP CLAUSE》.

dróp lètter 受付局区域内配達郵便物.

dróp-shíp *vt* 生産者直送 (drop shipment) で送る, 直送する.

dróp shìpment 生産者直送, 産地直送.

dróp shìpment delìvery 生産者直送による引渡し.

dróp shìpper 直送卸商, 帳合(ちょうあい)勘定卸売り業者《商品は生産者から顧客に直送され, 卸商は勘定計算だけを行なう》.

drópsy tèstimony 《俗》落とし物証言《警察官による虚偽の証言で, 逃亡被疑者が違法な物品を落とし, 警察がそれを没収し, 被疑者逮捕の理由にしたという内容のもの; 警察がその違法物品を不適正な捜索で発見したような, 相当な根拠なしでの逮捕がなされた場合などになされうる証言》.

drove /dróuv/ *n* **1** 家畜の群れ. **2** 群衆.

dróver's pàss 《鉄道の》家畜商用無料パス.

drug /drʌ́g/ *n* 薬, 薬物, 薬種; 麻薬 (cf. CONTROLLED SUBSTANCE). ►ADDICTIVE DRUG (習慣性薬物) / CONTROLLED DRUG (規制薬物) / DANGEROUS DRUG (危険薬品) / DESIGNER DRUG (デザイナードラッグ) / ETHICAL DRUG (要指示薬) / GENERIC DRUG (無登録薬品) / MISUSE OF DRUGS (規制薬物の悪用) / PROPRIETARY DRUG (専売薬) / UNLAWFUL POSSESSION OF DRUGS (規制薬物違法所持). ── *vt* …に薬物を入れる. ── *vi* 薬物[麻薬]を常用する.

drúg abúse 薬物濫用, 薬物常用.

drúg àddict 麻薬[薬物]中毒者[濫用者].

Drúg Enfórcement Administràtion [the ~]《米》麻薬取締局《司法省 (Department of Justice) の一局; 略 DEA》.

drúg-frée zóne 麻薬禁止地帯《公園・学校付近などが指定され, 地帯内での麻薬所持・配布はより重い刑罰が科される》.

drúg paraphernália 麻薬道具 (= PARAPHERNALIA).

drúg rehabilitátion requírement 《英》麻薬更生要求《社会刑罰命令 (community order) あるいは刑の執行猶予宣告 (suspended sentence) に伴い, 本人の承諾の下で課される》.

Drúg Squád [the ~]《英》《警察の》麻薬担当係.

drúg tràfficking 麻薬違法取引.

drúg tréatment and tésting òrder 《英》《16歳以上の麻薬常用者と認定された者に対する3月から3年間の》麻薬治療検査命令.

drúmhead cóurt-martial 《戦場などで略式に行なわれる》戦場軍法会議 (cf. COURT-MARTIAL).

drum·mer /drʌ́mər/ *n* 《地方巡回する》外交員, 注文とり, セールスマン《かつてドラムで客集めをした》.

drunk /drʌ́ŋk/ *a* [*pred*] 酔って (intoxicated); 酔ったための, 酔っぱらいの. ~ **and disorderly** [**incapable**] 泥酔した; 泥酔した人; 泥酔者.

drúnk·ard *n* 常習的飲酒者 (= habitual drunkard), 常習的薬物使用者. ►HABITUAL DRUNKARD (常習的飲酒者).

drúnk [**drúnken**] **dríving** 飲酒運転 (= DRIVING UNDER THE INFLUENCE). **drúnk dríver** 飲酒運転者.

drúnken·ness *n* 酩酊; 酒浸り.

drunk·o·met·er /drʌŋkámətər/ *n* 酔度測定器, 酔度計, 飲酒検知器 (= Breathalyzer) (cf. BLOOD ALCOHOL CONTENT, FIELD SOBRIETY TEST, SOBRIETY TEST).

dry /drái/ *a* **1** 乾いた, 乾燥した. **2** 名目的な, 形式的な, 法的義務を課すことのない. **3** 利益を生まない, 実利を伴わない. **4**《米》禁酒の: a ~ county. ── *n* 禁酒論者.

drý chéck 不渡り小切手 (= BAD CHECK).

drý exchánge 仮装交換《不正な高利を隠すための仮装取引》.

drý hóle 無出油井, 空井戸.

drý-hòle clàuse 《米》無出油井条項, ドライホール条項《油層・天然ガス層を発見できない場合でも鉱業権リース (mining lease) が消滅しない旨の特約事項》.

drý láw 《米》禁酒法 (cf. PROHIBITION).

drý méasure 乾量《穀粒など乾燥したものの計量; cf. LIQUID MEASURE》.

drý mórtgage 有限責任譲渡抵当《債務者の責任が抵当権の対象不動産などに限定され, それ以上は人的責任も負わない譲渡抵当》.

drý rént 自救的差押え不能地代 (= RENT SECK).

drý státe 《米》禁酒州.

drý trúst 空(から)信託《**1**》受動信託 (passive trust) のこと **2**》受託者 (trustee) にコモンロー上の権限を帰属させるのみで, それ以外に一切のことを要求しない信託》.

DSgt detective sergeant.

DSP 《英》°Director of Service Prosecutions 軍務関係者訴追機関長官.

d.s.p. [L *decessit sine prole*] died without issue.

d.s.p.l. [L *decessit sine prole legitima*] died without legitimate issue.

d.s.p.m. [L *decessit sine prole mascula*] died without male issue.

d.s.p.m.s. [L *decessit sine prole mascula superstite*] died without surviving male issue.

d.s.p.s. [L *decessit sine prole superstite*] died without surviving issue.

d.s.p.v. [L *decessit sine prole virile*] died without male issue.

DTC 《米》°Depository Trust Corporation 証券取引決済会社.

DTO 《英》°detention and training order 拘置・訓練命令.

du·al /d(j)úːəl/ *a* 1 2の; 2を表わす. 2 二者の; 二重の; 2部からなる; 二元的な. [L (*duo* two)]

dúal capácity dòctrine 二重資格の法理《雇用者は労働者災害補償法 (workers' compensation law) により被用者に対する不法行為 (tort) 責任から通常保護されているが, 雇用者と被用者とが雇用者に独立義務を課す二次的関係に立っている場合には, 被用者に対するその不法行為責任を雇用者に負わせるという原則; cf. DUAL PURPOSE DOCTRINE》.

dúal cítizenship 二重市民権, 二重国籍 (= DUAL NATIONALITY).

dúal cóntract 二重契約《同一当事者間で同一取引に二つの契約がなされること, またはその一方の契約; 例えばその取引の資金融資を受けるため一つは正確の, 一つはより高額代価の契約書を作り, 後者を用い多額の融資を受けようとする場合などに用いられる》.

dúal cóurt sỳstem 《米》《連邦と州の》二元的裁判所制度.

dúal distríbutor 二元的販売業者《特に卸しと小売りの双方を行なう製造業者のように二つの異なった販売経路で商品を販売している業者》.

dúal·ism *n* 《国際法と国内法との関係についての》二元論 (⇨ MONISM).

dúal nationálity 二重国籍 (=dual citizenship): a person of ∼ =a person who has ∼ 二重国籍者.

dúal persóna dòctrine 二重人格の法理《雇用者は労働者災害補償法 (workers' compensation law) により被用者に対する不法行為 (tort) 責任から通常保護されているが, その責任が雇用者の雇用者としての資格と無関係の第二の人格から生じたものである場合には, 被用者に対するその不法行為責任を雇用者に負わせるという原則》.

dúal prióritìes rùle 二重優先権の準則 (=jingle rule)《組合 (partnership) の破産の場合, 組合員個人の固有債権者と組合の債権者との間の優先関係を規律する原則で, 組合財産については組合債権者, 組合員個人財産については組合員個人の固有債権者の優先権を認めるもの; 米国では廃止され, 破産法典 (Bankruptcy Code) 上は組合債権者は組合員の全財産を対象にしうる》.

dúal prosecútion rùle 《米》二重訴追の準則《連邦政府と州政府とはそれぞれ別個独立の主体であるので, 同一行為に対して, それがそれぞれの法に従って犯罪とされる場合には, それぞれが訴追でき, この場合には二重の危険 (double jeopardy) の禁止の原則は当たらないという準則; cf. DUAL SOVEREIGNTY DOCTRINE, DOUBLE JEOPARDY, SEPARATE SOVEREIGNS RULE》.

dúal púrpose dòctrine 二重目的の法理《被用者が職務上旅行をする場合, 私的目的を併有しても, 旅行中の事故により被用者が受けた権利侵害に対しては雇用者が責任を負うべきであるという原則; cf. DUAL CAPACITY DOCTRINE》.

dúal-shòp operátion 二重事業所化 (=DOUBLE-BREASTING).

dúal sóvereignty dòctrine 《米》《連邦と州の》二重主権の法理《連邦と州とはそれぞれ主権を有しているがゆえに, 同一行為がそれぞれの法上犯罪を構成する場合には, 二重の危険 (double jeopardy) 禁止の原則に反することなくそれぞれが訴追できるという原則; cf. DOUBLE JEOPARDY, DUAL PROSECUTION RULE, SEPARATE SOVEREIGNS RULE》.

du·bi·tan·te /d(j)ùːbətántèɪ/ *a* 疑義あり, 疑問をとどめつつ《判例集 (law report) 上, 裁判官の名前の直後にこの語が置かれている場合には, 同裁判官が判決の法律上の問題点につき明示的に誤っているとは述べていないが, 疑義を抱いていることを示している》. [L=doubting]

du·ces te·cum /d(j)úːsəs tíːkəm, -téɪkəm/ 証人指定書類[指定物件]携帯召喚令状 (=SUBPOENA DUCES TECUM) (cf. WITNESS SUMMONS). ▶ SUBPOENA DUCES TECUM (罰金付き証人指定書類[指定物件]携帯召喚令状). [L=you shall bring with you]

dúces técum lí·cet lán·gui·dus /-láɪsət læŋgwədəs/ 《史》病人身柄提出令状《収監中の囚人が病気が重く出廷させることができない旨のシェリフ (sheriff) の復命に対し, それにもかかわらず連行・出廷させよとの一種の身柄提出令状 (habeas corpus)》. [L=bring with you, although sick]

duch·ess /dʌ́tʃəs/ *n* 公妃, 公爵夫人; 女公(爵), 《公国の》女公. [OF<L *ducissar*; ⇨ DUKE]

duchy /dʌ́tʃi/ *n* 公領, 公爵領《duke または duchess の領地》. [OF<L; ⇨ DUKE]

Dúchy Còurt of Láncaster [the ∼]《英》ランカスター公領裁判所 (=Court of the Duchy Chamber of Lancaster)《かつてはランカスター公領大法官 (Chancellor of the Duchy of Lancaster) あるいはその代理の面前で開かれ, ランカスター公としての国王の所領に関するエクイティーおよび所領収入に関わる事項を管轄していた; 明示的には廃止されていないが, 1835 年に開かれて以来使われていない; CHANCERY COURT OF (THE COUNTY PALATINE OF) LANCASTER (ランカスター(・パラティニット

州)大法官府裁判所)とは別個の裁判所).

Dúchy of Córnwall [the ~] コーンウォル公領(かつてのコーンウォル公の所領であった地域で, 現在は国王に帰属).

Dúchy of Láncaster [the ~] ランカスター公領《かつてランカスター公の所領であった地域で, 現在は国王に帰属》; しかし他と区別される特別の地位を占めている; Lancashire だけでなく, 例えば London の Savoy などかつての所領だったところをも含む). ▶ CHANCELLOR OF THE DUCHY OF LANCASTER (ランカスター公領大法官).

dúcking stóol 《古》水責め椅子 (=CASTIGATORY).

dud /dʌd/《口》n だめなもの[人]; にせ金. — a だめな, 役に立たない, にせの, むだな: a ~ coin [banknote] にせ金 / a ~ check 偽造小切手; 不渡り小切手. [ME<?]

due /d(j)úː/ a 1 当然の, 正当な, 適切な, 適当な, 相当の, 合理的な, 十分な: in ~ form 正式な[に]. 2 支払い義務のある, 履行の義務のある: balance ~ to us 我々に支払われるべき差額. 3 弁済期の到来した, 満期の過ぎた: fall [become] ~ 〈手形などが〉満期になる / a bill ~ on March 31st. 4《原因を》〈…に〉帰すべき〈to〉. 5 (ある時期に)…することになっている〈to do; for promotion etc〉; 到着する予定で(ある): The train is ~ (to arrive) at 9:00. — n 当然払われる[与えられる]べきもの; [ᵘpl] 賦課金, 税, 料金, 手数料, 使用料, 会費. ▶ DOCK DUES (ドック使用料) / FEUDAL DUES (封建的賦課金) / HARBOR [PORT] DUES (港税). [OF (pp) < devoir < L debeo to owe]

dúe bíll 金銭債務承認書, 支払い約定書 (IOU).

dúe cáre 当然払うべき[相当の]注意 (=REASONABLE CARE): with ~ and attention 当然払うべき注意をもって.

dúe compensátion 相当な補償 (=JUST COMPENSATION).

dúe considerátion 1 十分な考慮: after ~ of the situation [problem] 事態[問題]を十分に考慮した後に. **2** 十分な約因 (=SUFFICIENT CONSIDERATION).

dúe cóurse 1《事の》順当な進展. **2** 正当な過程, 適正な手続き. **in ~** (1) 事が順調に運べば, やがて. (2) 正当な過程で(の), 適正な手続きで(の). ▶ ENDORSEE IN DUE COURSE (正当な被裏書人) / HOLDER IN DUE COURSE (正当所持人) / PAYMENT IN DUE COURSE (正当な支払い).

dúe cóurse hólder 正当所持人 (=HOLDER IN DUE COURSE).

dúe cóurse of láw 法の適正手続き (=DUE PROCESS).

dúe dáte 履行期日, 支払い期限; 期限.

dúe dáy [ᵘpl]《史》BOON DAY.

dúe díligence 当然払うべき[相当の]注意[努力] (=reasonable diligence) (《法が要求しているものあるいは義務を果たしそうとしている者が払うものと期待するのが相当の, あるいは通常そのような人により払われている注意[努力]; cf. BEST EFFORTS, GOOD FAITH);《企業買収・証券

取引などにおける》(事前)精査.

dúe ínfluence 正当な影響(力)《他人に対する説得・議論・愛情への訴えなどによる影響(力)》; cf. UNDUE INFLUENCE).

du·el /d(j)úː(ə)l/, **dúel·ing** n 1 決闘《それにより一方が死亡した場合は謀殺 (murder) となり, 介添人はその共犯 (accessory) とされる; cf. MUTUAL COMBAT). ▶ JUDICIAL DUEL (裁判上の決闘). **2**《史》決闘審判 (=TRIAL BY BATTLE).

du·el·lum /djuélɚm/ n《史》決闘審判 (=TRIAL BY BATTLE). [L=duel]

dúe nótice 適切な通知, 十分な通知 (=adequate notice, legal notice)《特定の人または一般の人々に対して到達することを意図しかつ到達見込みもある十分かつ適切な通知).

dúe-on-encúmbrance cláuse 負担による期限到来条項《譲渡抵当 (mortgage) の目的物件に譲渡抵当権者の承諾なしで設定者が重ねて譲渡抵当を設定した場合には, 譲渡抵当権者の選択により被担保債務の期限を到来させることができる旨の譲渡抵当権設定契約の条項).

dúe-on-sále cláuse 売却による期限到来条項《譲渡抵当 (mortgage) の目的物件あるいはその一部が譲渡抵当権者の承諾なしで設定者により譲渡・移転された場合には, 譲渡抵当権者の選択により被担保債務の期限を到来させることができる旨の譲渡抵当権設定契約の条項).

dúe pósting 1 適正な郵送. **2**《仕訳(しわけ)帳から元帳への》正しい転記. **3** 適正な公示.《告知状などの》適正な貼布.

dúe prócess (法の)適正手続き, 正当な法の手続き, 法の適正な過程, デュー・プロセス・オブ・ロー (=due course of law, due process of law)《これによらなければ個人の生命・自由・財産は奪われないとする近代自由主義の一大原則で, 刑事のみならず民事上・行政上のあらゆる国家権利行使上の原則; cf. EQUAL PROTECTION CLAUSE). ▶ ECONOMIC SUBSTANTIVE DUE PROCESS (経済的実体的法の適正手続き) / PROCEDURAL DUE PROCESS (手続き的法の適正手続き) / SUBSTANTIVE DUE PROCESS (実体的法の適正手続き).

Dúe Prócess Cláuse [the ~]《米》法の適正手続き[正当な法の手続き, (法の)適正過程]条項, デュー・プロセス条項《合衆国憲法第 5 修正, 第 14 修正が特に有名; ⇨ DUE PROCESS).

dúe prócess of láw [the ~] 法の適正手続き (=DUE PROCESS).

dúe prócess ríghts pl《個人の生命・自由・財産についての》法の適正手続きにより保障されている諸権利 (⇨ DUE PROCESS, DUE PROCESS CLAUSE).

DUI °driving under the influence 酒・薬物を用いたうえでの運転.

duke /d(j)úːk/ n《英国およびヨーロッパの》公爵, 公 (⇨ PEER);《ヨーロッパの公国または小国の》君主, 公, 大公. [OF < L duc- dux leader]

duly /d(j)ú:li/ *adv* **1** 適切に, 正しく, 正式に, 十分に, 正当に: a ~ authorized representative 正式に授権された代表[代理人]. **2** 時間どおりに, 時宜にかなうように, 滞りなく. [DUE]

dum /dʌm/ *conj* …する間, …するうち, …な限り (while); …の場合だけ, もし…であるならば (provided that). [L]

dúmb bídding 非公開最低価格付き競売, 最低価格非公開競売.

dum be·ne se ges·se·rit /dəm béne si dʒésərɪt/ 罪過なきかぎり (=*during* GOOD BEHAVIOR). [L=while he/she should have behaved himself/herself well]

dum cas·ta vi·xe·rit /dəm kɑ́:stə víksərɪt/ 貞節なるかぎり《夫婦別居に際して別居手当支給の条件としてかつて用いられた語だが, 今はほとんど用いられない》. [L=while she should have lived chastely]

dum fu·it in·fra ae·ta·tem /dəm fjú:ɪt ínfrə ítértəm/《史》未成年時代譲渡封土回復令状. [L=while he/she was within age]

dum·my /dʌ́mi/ *n* **1** まがいもの, ダミー, 見本, 替え玉, 名目上の人物, かかし的人物. **2**《英議会》ダミー《庶民院 (House of Commons) の第一読会 (first reading) で法案の略称 (short title) が読み上げられる時に庶民院に提出される, 法案の名称が付された文書》. — *a* まがいもの, 見せかけ(だけ)の.

dúmmy corporátion ダミー会社, 名目上の会社.

dúmmy diréctor 名目的取締役.

dúmmy sháreholder [stóckholder]《通常は表面に出ない, 真の所有者のための》名目上の株主.

dump /dʌmp/ *vt* **1**〈ごみを〉投げ棄てる, 投棄する. **2**〈商品を〉大量に安く売る;《国内価格以下で》外国市場へ投げ売り[ダンピング]する. **3**《口》首にする.

dúmp·ing *n* **1** ダンピング; 投げ売り; 安値輸出, 不当廉売. **2**《ごみなどを》投げ棄てること, 投棄.

Dúmping Àct [the ~]《米》ダンピング法《ある商品が適正価格よりも低い値で海外で売られる可能性があると財務長官 (Secretary of the Treasury) が判断した場合には, 適当な措置を講じてもらうべく合衆国国際通商委員会 (United States International Trade Commission) に通報することを義務づけている反ダンピング連邦法》.

dúmp trùck láwyer*《俗》ダンプカー弁護士《困窮している被告人の弁護に時間・労力・弁護術をほとんど用いずに, 特に安易に答弁取引 (plea bargaining) で処理をしてしまうような公費選任弁護士 (public defender) に対する蔑称》.

dum so·la /dəm sóulə/ *adv* 独身でいる間, 未婚でいる間《女性について, 未婚, 未亡人, 離婚のいずれの状態にも用いる》. [L=while single]

dum vi·dua /dəm víd(j)uə/ *adv* 未亡人でいる間, 再婚しない間. [L=while she remains a widow]

dun /dʌn/ *vt*〈人〉に債務履行を要求する. — *n* 借金返済の督促(状).

Dún·a·way hèaring /dʌ́nəwèɪ-/《米》ダナウェイ事件の審理《証拠が被告人から合衆国憲法第4修正上の被告人の権利を侵害する形で押収されたか否かを決定するための審理; 1979年の合衆国最高裁判所判例の原告名から》; ⇒ FOURTH AMENDMENT). [*Dunaway* v. New York]

dun·geon /dʌ́ndʒ(ə)n/ *n* 地下牢, 土牢. [OF<L]

dun·nage /dʌ́nɪdʒ/ *n* 荷敷《ぶ》, ダンネージ《積荷の損傷を防ぐ木片・板・むしろなどの下敷, または詰合わせ物》.

Duo non pos·sunt in so·li·do unam rem pos·si·de·re. /d(j)ú:ou nán pásənt ɪn sɑ́lɪdou jú:næm rɛm pəsɪdí:rɛ/ ふたりの者がひとつの物を(それぞれ)完全な形で占有することはできない. [L=Two persons cannot possess one thing in entirety.]

Duo sunt in·stru·men·ta ad om·nes res aut con·fir·man·das aut im·pug·nandas, ra·tio et auc·to·ri·tas. /— sənt ɪnstruménta æd ɑ́mnɪz rɪz ɔ:t kʌnfɪrmǽndæs ɔ:t ɪmpʌgnǽndəs réɪʃiou ɛt ɔ:któurɪtæs/ あらゆる事柄を確認あるいは論難するのにふたつの手段がある, すなわち理と権威とである. [L=There are two instrumentalities for confirming or impugning all things, reason and authority.]

dúplex que·ré·la /-kwərí:lə/ 二重の訴え (=double complaint, double quarrel)《裁判遅延・裁判拒否をしている教会裁治権者 (ordinary) に対して大主教[大司教]になされる不服の申し立て; 裁治権者と最初の原告双方を相手にするのが通常となるので, こう呼ばれる》. [L=double complaint]

duplex va·lor ma·ri·ta·gii /-vǽlər mærətéɪdʒiaɪ/《封建法》二倍の婚姻料《家臣の法定相続人が未成年である場合に後見人となる主君はその家臣・被後見人にふさわしい婚姻を選ぶ権利を有していたが, もしその婚姻を家臣が断った場合は主君に対してその婚姻に相当する価額を与えねばならなかった; この権利および金額を maritagium (婚姻権・婚姻料) と呼んだ; さらに後見人である主君の同意なしで婚姻した被後見人である未成年家臣は婚姻料の倍額を後見人によって没収されることになっていた; 未成年家臣に与えられていた唯一の法的保護は主君が不釣合いな婚姻 (disparagement) を勧めてはならないということのみであった》. [L=double the value of a marriage]

du·pli·cate /d(j)ú:plɪkət/ *a* **1** 二重の, 重複した. **2** 複製の, 控え[写し]の. — *n* **1** 副本 (cf. ORIGINAL); 複写, 複製. **2**《史》再発行開封勅訴状. **3**《英》質札. — /-kèɪt/ *vt* **1** 二重[二倍]にする. **2** …の写し[複製, 副本]を作る. **dú·pli·cà·tive** /-kə-/ *a*

dúplicated offénses *pl* 重複犯罪《一つの行為あるいは不作為が複数の制定法に重ねてコモンローと制定法のそれぞれの犯罪に該当する場合, この場合は反対の趣旨が示されていない限りは, いずれの犯罪で訴追され処罰されるこ

とも可能であるが，同一犯罪で二度罰せられるべきではない).

dúplicate taxátion 重複課税 (=DOUBLE TAXATION).

dúplicate wíll 同文 2 通の遺言書(の一方), 同文 2 通の遺言書のある遺言 (cf. MUTUAL WILL).

du·pli·ca·tio /d(j)ù:plɪkéɪʃiou/《ローマ法》反再抗弁《再抗弁 (replicatio) の否認；コモンロー上の被告第二訴答 (rejoinder) に当たる；cf. EXCEPTIO, REPLICATIO, TRIPLICATIO》．［＜L *duplicare* to double］

du·pli·ca·tion /d(j)ù:plɪkéɪʃ(ə)n/ *n* **1** 二重, 重複, 二元. **2** 複製, 複写(物). **3**《ローマ法・大陸法》被告第二訴答 (REJOINDER に当たる).

du·pli·ca·tum jus /d(j)ù:plɪkéɪtəm dʒʌ́s/ 重複権利《例えば二重の権利 (droit droit) がこれに当たる》．［L=double right］

du·plic·i·tous /d(j)uplísətəs/ *a* **1** 二心ある. **2** 二重の, 複合的な.

duplicitous appéal 二重上訴《複数の判決ないし決定や命令に対して併合して上訴すること》．

duplícitous indíctment 複合的正式起訴状《**1**) 同一訴因 (count) で複数犯罪を訴えている起訴 **2**) 同一犯罪事実を複数の訴因で訴えている起訴；» cf. DUPLICITY》．

du·plic·i·ty /d(j)uplísəti/ *n* **1** 二枚舌を使うこと, 二心あること, 不誠実；二重性, 重複. **2** 主張事実の複合 (=~ in pléading)《民事訴訟で一つの訴答において複数の請求または抗弁が含まれていること；かつては許されなかったが, 現在では認められている；cf. ALTERNATIVE PLEADING, DOUBLE PLEA, DOUBLE PLEADING》．**3** 複合的起訴 (=~ in indíctment [informátion])《刑事訴訟で, **1**) 起訴状の同一訴因 (count) で複数の犯罪を訴えること **2**) 起訴状で同一犯罪事実を複数の訴因で訴えること；» cf. DUPLICITOUS INDICTMENT, DOUBLE PLEA, DOUBLE PLEADING, MISJOINDER, MULTIPLICITY》．［OF or L］

du·ra·ble /d(j)úərəb(ə)l/ *a* 耐久性のある, 永続性のある, 持続的な. — *n* [*pl*] 耐久消費財 (durable goods).

dúrable góods *pl*《家電製品・家具・自動車などの》耐久消費財 (=durables, hard goods) (cf. SOFT GOODS).

dúrable léase 持続的不動産賃貸借, 持続的不動産賃借権《借主の毎年の賃料支払い義務と不払いの場合の貸主の立入権が付随する》．

dúrable pówer of attórney《米》《授権者本人がその後無能力となった場合も効力を持ち続ける》継続的効力をもつ委任状《英国では類似の委任状を enduring power of attorney (継続的効力をもつ委任状) およびその後継の lasting power of attorney (持続的効力をもつ委任状) と呼んでいる；cf. ADVANCE DECISION (TO REFUSE TREATMENT), ADVANCE DIRECTIVE, LIVING WILL, NATURAL DEATH ACT, RIGHT TO DIE》．

du·ran·te /d(j)urǽnti/ *prep* DURING.［L］

duránte ab·sén·tia /-æbsénʃiə/ *adv* 不在の間. ► ADMINISTRATION DURANTE ABSENTIA (不在の間の遺産管理(手続き))．［L=during absence］

duránte bé·ne plá·ci·to /-bí:ni plǽsətòu, -bénə-/ *adv*《英》《官職保有条件が》御意にかなう間 (cf. QUAMDIU SE BENE GESSERIT).［L=during good pleasure］

duránte mi·nó·re ae·tá·te /-mənóuri itéɪtə/ *adv* 未成年である間. ► ADMINISTRATION DURANTE MINORE AETATE (未成年の間の遺産管理(手続き))．［L=during the age of minority］

duránte vi·du·i·tá·te /-vɪd(j)ù:ɪtéɪtə/ *adv*《寡婦が》再婚しないかぎり．［L=during widowhood］

duránte vir·gi·ni·tá·te /-vərdʒìnɪtéɪtə/ *adv* 未婚女性であるかぎり．［L=during virginity］

du·ra·tion /d(j)uəréɪʃ(ə)n/ *n*《存続》期間, 継続(期)間. **—·al** *a*

durátional résidency requìrement《一定期間の》継続的居住の要件．

Dú·ren tèst /d(j)úərən-/《米》デュレン事件のテスト《陪審の構成が公正な縮図の要求 (fair-cross-section requirement) および被告人が公平な陪審による裁判を受ける合衆国憲法で保障されている権利を侵しているか否かのテスト；合衆国最高裁判所判例 Duren v. Missouri (1979) の原告名から；テストにより (1) 公正な縮図の要求に合致せず, (2) それが組織的排除の結果であり, (3) 政府がその不均衡を正当化する合理的理由をもたない場合には, 憲法違反となるとされている；cf. ABSOLUTE DISPARITY, COMPARATIVE DISPARITY, FAIR-CROSS-SECTION REQUIREMENT, STATISTICAL DECISION THEORY》．

du·ress /d(j)uərés/ *n* 強迫 (cf. COERCION, EXTORTION, NECESSITY, UNDUE INFLUENCE): under ~ 強迫されて. ► ECONOMIC DURESS (経済的強迫) / MORAL DURESS (道徳的強迫)．［OF＜L (*durus* hard)］

duréss of círcumstances 緊急避難 (=NECESSITY).

duréss of góods 財物強迫 (=duréss of próperty)《**1**) 他人の財産を不法に占有しまたは引渡しを拒否して要求を通そうとする行為 **2**) 合法的権利の外観の下不当に他人の財産を要求ないしは奪取すること》．

duréss of imprísonment 拘禁による強迫．

du·res·sor /d(j)uərésər/ *n* 強迫者 (cf. DURESS).

duréss per mí·nas /-pər máɪnəs/《人の生命・身体・自由に対する》脅しによる強迫．

Dúr·ham rúle /dɔ́:rəm-, dʌ́r-, dúr-; dʌ́r(ə)m-/《米》ダーラム事件の準則 (=product test)《犯行が精神障害の結果であった場合その刑事責任は問わないとする刑事責任能力判断基準；現在ではあまりに広く責任を問わないことになると批判され, 米国では採用されていない；cf. IRRESISTIBLE IMPULSE TEST).［Monte *Durham* 1954 年の合衆国控訴裁判所の判例 Durham v. United States の原告］

dur·ing /d(j)úərɪŋ/ *prep* **1** …の間(ずっと). **2** …の間

に, …中: ~ my absence わたしの不在中に.
during good behavior ⇨ GOOD BEHAVIOR.
during Her [His] Majesty's pleasure ⇨ PLEASURE.
during the pleasure of the Queen [King] ⇨ PLEASURE.
Dútch áuction オランダ式競売 (1) 言い値から次第に競り下げていって落とす競売法; 逆競り, 競り下げ競売ともいう 2) 株式公開買付けの一方法で, 会社が株の買付け価額幅を示し, 株主がいくらで何株売るかの意思表示をし, 会社がその中での最低申し出価額で望むだけの株を買取るやり方 3) 新株発行の際のその競売方法で, 一株当たりの最低価額が示されるが, 競り人はより高い額で何株と申し出を行ない, その中の最高価額がすべての株についての最終的売却価額となるやり方).
Dútch cóurage オランダ人式付け勇気[勢いづけ]《酒や麻薬を使うことにより得た胆力・大胆さ》; 酒, 麻薬.
du·ti·able /d(j)úːtiəb(ə)l/ a 《輸入品など》関税がかかる, 有税の: ~ goods 課税品, 有税品.
du·ty /d(j)úːti/ n 1 義務, (道義的)責任, 責務, つとめ, 任務, 職務; 債務, (法律上の)責任, 法的義務 (cf. PUBLIC DUTY DOCTRINE, SPECIAL DUTY DOCTRINE): night ~ 夜勤 / point ~ 《交通整理等の》立番勤務, 交通整理勤務 / ~ sergeant 当番巡査部長. ▶ ABSOLUTE DUTY (絶対的義務) / ACTIVE DUTY (積極的義務; 現役(勤務)) / BREACH OF DUTY (義務違反) / DECLARATION IN COURSE OF DUTY (義務的報告供述) / DELEGABLE DUTY (委任可能な義務) / DELEGATION OF DUTIES (債務履行の委任) / DERELICTION OF DUTY (職務[業務]怠慢) / FIDUCIARY DUTY (信認義務) / GOVERNMENTAL DUTY (統治義務) / JURY DUTY (陪審員としてのつとめ) / LEGAL DUTY (法的義務) / MINISTERIAL DUTY (羈束(きそく)義務) / MORAL DUTY (道徳上の義務) / NEGATIVE DUTY (消極的義務) / NO-DUTY (無義務) / NONDELEGABLE DUTY (委任不能義務) / PARENTAL DUTIES (親の義務) / PASSIVE DUTY (受動的義務) / POSITIVE DUTY (積極的義務) / PREEXISTING DUTY (既存義務) / PROPRIETARY DUTY (私経済的義務) / PUBLIC DUTIES (公務) / STATUTORY DUTY (制定法上の義務). 2 注意義務 (=DUTY OF CARE). 3 税 (tax); 関税. ▶ AD VALOREM DUTY (従価税) / ANTIDUMPING DUTY (反ダンピング関税) / COUNTERVAILING DUTY (相殺関税) / CUSTOMS DUTY (関税) / DEATH DUTY (相続税) / ESTATE DUTY (遺産税) / EXCISE DUTY (消費税) / GAMING DUTY (賭博税) / IMPORT DUTY (輸入税) / KICKBACK OF DUTY (戻し税) / LEGACY DUTY (遺産取得税) / PREFERENTIAL DUTY (特恵関税) / PROBATE DUTY (遺言検認税) / RETALIATORY DUTIES (報復関税) / SPECIFIC DUTY (従量税) / STAMP DUTY (印紙税) / SUCCESSION DUTY (相続税; 遺産税) / TONNAGE DUTY (トン税) / UNASCERTAINED DUTY (未確定関税). 4 敬意. **off** ~ 《警官・軍人などが》非番の[で]. **on** ~ 《警官・軍人などが》当番の[で]. [AF; ⇨ DUE]

dúty-bóund a 義務として…しなければならない: You are ~ to tell the truth as a witness under oath.
dúty-frée a, adv 免税[無税]の[で], 《特に》関税免除の[で]: buy a camera ~ / a ~ shop.
dúty of cándor 率直開示義務《主要な事実の開示義務; 特に会社取締役が特定取引について株主の承認を得る際に, 株主に対してそれにつき知っている主要事実すべてを開示する義務》.
dúty of cáre 注意義務. ▶ COMMON DUTY OF CARE (土地・家屋への一般的注意義務).
dúty of fáir representátion 《労使関係で労働者の交渉代表に課される》公正代表義務.
dúty of lóyalty 忠実義務《もっぱら受益者の利益のために行動する会社取締役など受託者 (fiduciary) の義務》.
dúty of suppórt 《配偶者・未成年の子などに対する》扶養義務.
dúty of tónnage 《船舶に課される》トン税 (=TONNAGE DUTY).
dúty on ímport 輸入税 (import duty).
dúty solícitor 〖英〗当番事務弁護士.
dúty to áct 《他人への損害を阻止するための》作為義務.
dúty to convért 《財産権の》形態転換義務 (cf. CONVERSION).
dúty to mítigate the lóss 損害軽減義務 (⇨ MITIGATION-OF-DAMAGES DOCTRINE).
dúty to spéak 発言義務《他人が誤った印象を持っている場合にその印象を訂正するためになんらかの発言をすべき要請で, 厳密な意味での法的義務ではない》.
dúty to táke cáre 注意義務.
dúty to wárn 警告義務.
d.v.m. [L decessit vita matris] died in the lifetime of the mother.
d.v.p. [L decessit vita patris] died in the lifetime of the father.
dwell /dwél/ vi (**dwelt** /dwélt/, ~**ed** /-d, -t/) 1 《ある状態に》ある, とどまる 《in bondage》. 2 居住する, 住む, 定住する. ~ **on [upon]** …のことを長々と考える[話し, 書く], 熟考する, 詳説する, つくづく[よくよく]考える.
dwéll·ing n 1 住居, 住宅. ▶ DEFECTIVE DWELLING (欠陥住居). 2 住むこと, 居住.
dwélling defénse 住居防衛 (⇨ CASTLE DOCTRINE).
dwélling hòuse 住居, 住宅.
d.w.i. died without issue 直系卑属なくして死亡した.
DWI 〖米〗 driving while intoxicated 酪酊運転, 酒・薬物による酪酊状態での運転.
DWOP /díːwùp, dúː-/ °dismissal for want of prosecution 不追行ゆえの訴えの却下.
DWOP docket /—́ —́/ 不追行ゆえの訴えの却下予定未決訴訟事件表 (=doo-wop docket) (⇨ DISMISSAL FOR WANT OF PROSECUTION).

dy·ar·chy, di- /dáɪàːrki/ *n*《英国の William 3 世と Mary 2 世のような》共同君主制,《特に インドの 1921-37 年の間の》両頭政治. ★ duarchy ともいう. [*monarchy*]

Dý·er Àct /dáɪər-/ [the ~]《米》ダイヤー法《州境ないし国境を越えて盗難車をそれと知りつつ輸送することあるいは盗難車であることを知りつつ故買・隠匿・売却することなどを犯罪とした連邦法》. [Leonidas Carstarphen *Dyer* Missouri 州選出の下院議員]

dýing declarètion 臨終の供述 (=deathbed declaration)《死が迫っていると信じている人のその死の原因・状況についての陳述; 書面でも口頭でもよい; 伝聞証拠排除則 (hearsay rule) の例外として証拠として許容されることがある; cf. RES GESTAE》.

dýing withòut íssue 直系卑属なしでの死亡; 直系卑属なくして死亡した場合.

dýnamite chàrge〖米〗爆弾的説示 (=ALLEN CHARGE).

dýnamite instrùction〖米〗爆弾的説示 (=ALLEN CHARGE).

dy·nas·tic /daɪnǽstɪk; dɪ-/ *a* 王朝の, 王家の.

dy·nas·ty /dáɪnəsti; dín-/ *n* 王朝.

dys·no·my /dísnəmi/ *n* 悪い立法. [Gk (*dys* bad, *nomos* law)]

dy·vour /dáɪvər/ *n*《スコットランド》支払い不能者, 破産者.

E

E, e /íː/ *n* (*pl* **E's, Es, e's, es** /-z/) **1** イー《英語アルファベットの第5字》. **2** 第5番目(のもの): *E* list《英》脱獄を常習的に試みる囚人名リスト. ► SCHEDULE E (E 表) / TABLE E (付表 E).

E. Earl ♦ East ♦ Eastern ♦ °Easter sittings イースター開廷期間 ♦ °Easter term イースター(開廷)期 ♦ Ecclesiastical ♦ England ♦ English ♦ Equity ♦ Exchequer ♦ Explained.

EAA《米》°Export Administration Act 輸出管理法.

each /íːʧ/ *a* それぞれ, おのおの, 各…. ★ 契約などでは「全部」の意味で each and all とか each and every という慣用句が用いられる.

Ea·dem mens prae·su·mi·tur re·gis quae est ju·ris et quae es·se de·bet, prae·ser·tim in du·bi·is. /íéɪdɛm ménz prɪz(j)úːmɪtər ríːʤɪs kwi ɛst ʤúːrɪs ɛt kwi ésɛ débɛt prisértum ɪn djúːbiɪs/ 国王の精神は, とりわけ疑わしき事柄においては, 法およびそのあるべき精神と同一であると推定される. [L=The king's mind is presumed to be in conformity with the law and what it ought to be, especially in doubtful matters.]

EAEC °European Atomic Energy Community 欧州原子力共同体.

ea·gle /íːg(ə)l/ *n* **1** ワシ. ► LEGAL EAGLE (やり手弁護士). **2** 鷲の紋章, 鷲印《米国の国章[国璽]》. **3** イーグル金貨(10ドル金貨; 1933年廃止).

EAJA《米》°Equal Access to Justice Act 裁判への平等機会法.

eal·dor·man, -der- /ǽldərmən; ɔ́ːl-/ *n*《英史》エアルドルマン, 州太守(=alderman)《アングロサクソン時代の国王の最高の地方役人; 国王命令の執行のほか, 民会の主宰, 民兵組織フェルド (fyrd) の統率権などの権能を有した; 伯 (earl) はその承継者と言われ, またシェリフ (sheriff) はもとはその下にいた国王の代理人であった》.

E & OE, e. & o. e. ERRORS and omissions excepted《送り状などで》誤記や脱漏は別として.

E&O insurance /íː ən(d) óʊ —/ ERRORS-AND-OMISSIONS INSURANCE.

earl /ɔ́ːrl/ *n*《英》伯爵, 伯 (⇨ PEER)《英国以外では count という; 伯爵夫人は共に countess》. [OE *eorl* brave man, nobleman<?; cf. OS *erl* man, ON *jarl* chieftain]

earl·dom *n* **1** 伯の爵位, 伯の地位. **2** 伯領, 伯の領地.

earlier matúrity rùle 弁済期の先後による優先権の準則《担保物の売却から生ずる金銭が全債務の弁済に不足する場合, 最初に弁済期が到来した債務に優先権を認める原則》.

Éarl Márshal (of Éngland) [the ~]《英》軍務伯《かつては侍従武官長 (Lord High Constable) と共に, 国王の封建軍隊の長の一人で, かつ騎士道裁判所 (Court of Chivalry) を共宰した; 現在では紋章院 (Heralds' College) 総裁, 軍務伯裁判所 (Earl Marshal's Court) の主宰などの職務を負っている》. ► COURT OF HONOUR OF THE EARL MARSHAL OF ENGLAND (イングランド軍務伯の名誉裁判所).

Éarl Márshal's Còurt《英》軍務伯裁判所《軍務伯 (Earl Marshal) が主宰する紋章院 (Heralds' College) および栄典・紋章にかかわる裁判所で, 現在も紋章に関する事件の裁判権を有している; ⇨ COURT OF CHIVALRY》.

ear·ly /ɔ́ːrli/ *adv* (-li·er; -li·est) 早く, 早くから, 早めに; 初期に. — *a* (-li·er; -li·est) 早い, 早めの; 初期の; 近い将来の: ~ closing day 早じまいの日《商店がそろって午後店を閉めるウィークデー, 特に 水曜日, 木曜日》/ at your *earliest* convenience ご都合のつきしだい, できるだけ早く / at an ~ date 近々のうちに.

early dày mótion《英議会庶民院》近日討議のための動議.

early vóting 投票日前投票《不在(者)投票 (absentee voting) と異なり, 投票日に不在する旨の証明・宣誓を必要としない》.

éar·màrk *n* **1** 耳標《羊などの所有権を示すために耳に付けるマーク》. **2** [*fig*] 所有主のしるし; 目印, 特徴. — *vt* **1** …に耳標を付ける, 目じるしを付ける. **2**〈財産などを〉別扱いにする,〈資金などを〉《特定目的に》充てる, 分別管理する: ~ funds for a project ある事業[計画]のために財源を特定する.

earmarking dòctrine 特定債務弁済目的融資の法理《破産法上のエクイティー原則で, 債務者が特定債権者からの負債を返済することができるようにと第三者が新たに貸し与えた資金は, 債務者が自由に使途を決められな

いものであり、しかも債務者の破産財団 (bankruptcy estate) を減ずるものではない故に、破産財団一般に組み込まれることなく、当該債権者のために充てられるべきで、そうしたとしても偏頗的移転 (preferential transfer) にはならないというもの】．

earn /ə́ːrn/ *vt* **1** 働いて得る，稼ぐ，もうける．**2** 〈利益など〉を生む，受けさせる，もたらす (bring): account which ~s interest at 6％. **3 a** 〈名声〉を博する，〈評判〉をとる；〈非難など〉を受ける．**b** 〈感謝など〉を受けるに値する．

éarned íncome 勤労所得《投資所得などに対して，給与など勤労によって得た所得； opp. *unearned income*》．

éarned-íncome crèdit 《米》勤労所得税額控除《扶養すべき子のいる低所得勤労者の勤労所得に対する連邦の戻し税方式による税額控除，略 EIC》．

éarned prémium《すでに対応する保険期間が経過した分の》既経過保険料．

éarned súrplus 利益剰余金，留保利益 (= RETAINED EARNINGS)．

éarned tíme 刑期短縮特典《釈放後再度犯罪を犯す可能性をなくすための収監中の努力を評価されての特典； cf. GOOD TIME》．

ear·nest /ə́ːrnəst/ *n* **1**《契約締結・履行確約のための》成約証拠（金），証拠手付け（金）《代金の一部支払いとなる》．**2** 手付け（金）(= EARNEST MONEY)．［ME *ernes* 変形?< *erles, arles* <? L (*arrha* pledge)］

éarnest mòney 手付け（金）(= caution money, hand money)《特に不動産取引で締結されるあるいは締結された契約につきその確認・履行確約のため買主から売主に渡される金銭で，代金の一部支払いになるとともに，通例買主が契約に違反した場合は没収される；単に earnest ともいう； cf. BINDER, DOWN PAYMENT》．

éarning capàcity（人の）稼得能力《身体への権利侵害での損害賠償金や別居・離婚の際の子の扶養料および配偶者の扶助料を査定する場合の一要素となる； cf. LOST EARNING CAPACITY》．► LOST EARNING CAPACITY（失われた稼得能力）．

earn·ings *n pl* 稼いだもの，稼ぎ高，**所得収入**，給与；《企業の》収益，利益；《個人の》配当所得，利子所得；税法上の利益；稼働所得《» cf. INCOME, PROFIT》．► ATTACHMENT OF EARNINGS（給与差押え（令状））／ DISPOSABLE EARNINGS（可処分所得）／ FUTURE EARNINGS（将来の得べかりし収入）／ GROSS EARNINGS（総収入）／ IMMORAL EARNINGS（不道徳な稼ぎ）／ LOSS OF EARNINGS（収入の喪失）／ LOST EARNINGS（失われた収入）／ NET EARNINGS（純所得(額)）／ RETAINED EARNINGS（留保利益）／ SURPLUS EARNINGS（剰余利益）．

éarnings befòre ínterest and táxes《企業の》利払い・税引き前利益《略 EBIT》．

éarnings per sháre 1 株当たりの利益《略 EPS》．

éarnings-relàted pénsion 所得比例年金《在職時の報酬を基準とした年金》．

éarnings-relàted súpplement [bénefit]《英史》所得比例給付《国民保険 (National Insurance) 制度の下でかつて失業者・病人に対して失業保険・疾病保険のほかに前年度の所得に応じて約 6 か月間支払われた給付金；略 ERS》．

éarn·òut agrèement アーンアウト合意《企業の売却において買手が前払いの形であらかじめ合意された額を支払った上で，最終的な金額はその企業の将来の利益によって決定されるという合意；通例売手は売却後一定期間その企業の経営を助ける》．

éar·witness *n* **1** 直聞証人《自分の直接聞いたことにかし見たのではないことについて証言[報告]する人； cf. EYEWITNESS》．**2** 伝聞証人．

ease·ment *n* 地役権《他人の土地の通行権など，他人の土地を自己の占有する土地の便益のためにその目的に関する限りで支配することができる物権；前者の他人の土地を承役地 (servient estate [tenement])，後者を要役地 (dominant estate [tenement]) という；英国では地役権はコモンロー上の地役権 (legal easement) とエクイティー上の地役権 (equitable easement) に分けられる；前者は制定法・捺印証書 (deed)・時効 (prescription) で設定されるもので，現有絶対単純封土権 (fee simple absolute in possession) あるいは絶対定期不動産権 (term of years absolute) と同じ条件で保有され，承役地の権利を取得する者すべてを拘束しうるもの；その他の地役権すべてがエクイティー上の地役権であり，第三者に対抗するためには登録が必要となる；なお米国でも equitable easement の語は，一区画の土地を細分した時に隣地間で黙示的に生ずる地役権を指すのに用いられる； cf. PROFIT À PRENDRE》．► ACCESS EASEMENT（通行地役権）／ AFFIRMATIVE EASEMENT（積極的地役権）／ APPARENT EASEMENT（明白な地役権）／ APPURTENANT EASEMENT（付属地役権）／ COMMON EASEMENT（共同地役権）／ CONSERVATION EASEMENT（環境保存地役権）／ CONTINUOUS EASEMENT（継続地役権）／ DETERMINABLE EASEMENT（解除条件付き地役権）／ DISCONTINUOUS EASEMENT（不継続地役権）／ EQUITABLE EASEMENT（エクイティー上の地役権；制限的不動産約款）／ EXCLUSIVE EASEMENT（排他的地役権）／ HIGHWAY EASEMENT（公道使用地役権）／ IMPLIED EASEMENT（黙示的地役権）／ INTERMITTENT EASEMENT（間欠的地役権）／ LAND CONSERVATION [PRESERVATION] EASEMENT（土地自然状態保存地役権）／ LEGAL EASEMENT（コモンロー上の地役権）／ LIGHT-AND-AIR EASEMENT（採光・通風地役権）／ NEGATIVE EASEMENT（消極的地役権）／ NONAPPARENT EASEMENT（非明白地役権）／ NONCONTINUOUS EASEMENT（非継続地役権）／ NONEXCLUSIVE EASEMENT（非排他的地役権）／ PERSONAL EASEMENT（人的地役権）／ POSITIVE EASEMENT（積極的地役権）／ PRESCRIPTIVE EASEMENT（時効取得された地役権）／ PRIMARY EASEMENT（主たる地役権）／ PUBLIC EASEMENT（公共地役権）／ QUASI EASEMENT（準地役権）／ SCENIC EASEMENT（美観保存地役権）／ SECONDARY EASEMENT

(副次的地役権) / SOLAR EASEMENT (日照地役権) / TIMBER EASEMENT (立木伐採地役権).

éasement appúrtenant 付属地役権 (=appurtenant easement)《要役地 (dominant tenement) に付属する地役権; cf. EASEMENT IN GROSS》.

éasement by estóppel 禁反言による地役権《初めはその地役権に当たるものが恒久的なものであると誤って信じ, しかもこの誤りを合理的に信じてある期間行動していたことに基づき, 裁判所によって認められる地役権》.

éasement by implicátion 黙示的地役権 (=IMPLIED EASEMENT).

éasement by necéssity 必要地役権 (=easement of necessity)《他に外につながる道がない土地の所有者などが法によって当然にもつと推定される他人の土地に対する通行権など; cf. IMPLIED EASEMENT, IMPLIED GRANT, IMPLIED RESERVATION, RESERVATION》.

éasement by prescríption 時効によって取得された地役権 (=PRESCRIPTIVE EASEMENT).

éasement in gróss 人的地役権 (=personal easement)《特定の土地に付着するのでなく, 高圧線敷設権など人的な他人の土地利用権; 地役権保有者はこの地役権の対象となっている土地の隣地の所有者である必要はないし, また通例 所有者でない; 英国では地役権に厳密には含まれないとする; cf. EASEMENT APPURTENANT》.

éasement of áccess 通行地役権 (=ACCESS EASEMENT).

éasement of líght 採光地役権, 採光権 (⇨ ANCIENT LIGHTS).

éasement of nátural suppórt 自然支持地役権 (=LATERAL SUPPORT)《地役権 (easement) の語が用いられているが, 語の厳密な意味での地役権ではなく法的に当然に認められている権利である》.

éasement of necéssity 必要地役権 (=EASEMENT BY NECESSITY).

Eas·ter /íːstər/ n **1** イースター, 復活祭, 復活日 (= ~ dày [Sùnday])《キリストの復活を祝う祝日; 春分の日以降最初の満月のあとの最初の日曜日》. **2**《英》EASTER SITTINGS;《英》EASTER TERM. [OE ēastre, (pl) ēastron; cf. G Ostern; 本来春の女神 Eostre (の祭日)]

Éaster òfferings pl イースター献金《教会区民がイースターになす献金で, 英国ではかつては制定法上の義務であった》.

Éaster sìttings pl《英》イースター開廷期《高等法院 (High Court of Justice) などの年4回の開廷期間 (sittings) の一つで, イースター後の第2火曜日からイースター後第7日曜日の聖霊降臨祭 (Whitsunday) の前の金曜日まで; 1875年までのイースター (開廷) 期 (Easter term) に当たる; 単に Easter ともいう; ⇨ SITTINGS; 略 E.; P. (< Paschal) とも略される》.

Éaster térm《英》イースター (開廷) 期《単に Easter ともいう: **1**)《史》年4回の上位裁判所 (superior court) の裁判所開廷期 (law term) の一つで, 初めは移動していたが, その後は固定し, 4月15日から5月8日までの, 1875年まで用いられた上位裁判所開廷期; ⇨ LAW TERM **2**) =EASTER SITTINGS; 略 E.; P. (< Paschal) とも略される》.

Éast Índia Còmpany [the ~]《英史》東インド会社《1599–1874年 英国とアジアとの間の貿易独占やインド支配を行なった英国の特権的な会社》.

EAT earnings after taxes 税引き後利益 ◆《英》°Employment Appeal Tribunal 雇用上訴審判所.

eat·age /íːtɪdʒ/ n《北イングランド》放牧権.

eat (in·de) si·ne die /íːət (índi) sáɪni dáɪi/ 即日放免; 請求棄却 (=GO (hence) without day). [L=that he/she may go (thence) without day]

éaves-drìp, -dròp /íːvz-/ n 軒から流れる雨水,《軒から》雨水を流すこと, 雨水を流す権利, 雨水地役権《地役権の一つ》.

éaves-dròpping n 盗聴 (cf. BUGGING, ELECTRONIC SURVEILLANCE, PEN REGISTER, WIRETAPPING).

ébb and flów《潮の》干満.

EBIT °earnings before interest and taxes 利払い・税引き前利益.

EBRD °European Bank for Reconstruction and Development 欧州復興開発銀行.

EC °Established Church 英国国教会 ◆°ethical consideration 倫理上の配慮 ◆°European Commission 欧州委員会 ◆°European Communities 欧州共同体 ◆°European Community 欧州共同体.

ECB °European Central Bank 欧州中央銀行.

ec·cen·tric /ɪkséntrɪk, ek-/ a 〈人・行動などが〉普通でない, 常軌を逸している, 風変わりな, 奇矯な. — n 奇人, 変人, 常規を逸した人.

ec·cle·sia /ɪklíːziə, -ʒiə/ n **1**《信徒の集合体としての》教会. **2** 教会堂. **3** 教(会)区聖職禄 (=PARSONAGE). [L=assembly]

Ecclesia ec·cle·si·ae de·ci·mas sol·ve·re non de·bet. /— ɛklíːziː désɪməs sálvɛrɛ nan débɛt/ 教会は教会に十分の一税を支払う義務なし. [L=A church is not bound to pay tithes to a church.]

Ecclesia non mo·ri·tur. /— nan móːrɪtər/ 教会は死なない. [L=The church does not die.]

ec·cle·si·as·tic /ɪklìːziǽstɪk/ n 聖職者. — a ECCLESIASTICAL. [F or L<Gk; ⇨ ECCLESIA]

ec·cle·si·ás·ti·cal a 教会の,《統一体制としての》教会組織の, 聖職者(たち)の, 教会用の.

Ecclesiástical Commíssioners pl [the ~]《英史》《イングランド教会の》教会委員会《教会制度の主として財政面の改善を目的として1836年に創設され, 1947年法により女王アン下賜金 (Queen Anne's Bounty) と合体して国教会委員会 (Church Commissioners) となる》.

ecclesiástical corporátion 〖英〗教会法人《宗教上の目的のための または宗教上の目的で保有されている財産の管理目的のための法人で, 聖職者のみで構成されているもの; opp. *lay corporation*; ⇨ RELIGIOUS CORPORATION》.

ecclesiástical cóuncil 〖米史〗教会評議会《ニューイングランドで宗教上の問題および教会内紛争を管轄した裁判所》.

ecclesiástical cóurt 教会裁判所 (=church court, court Christian, forum ecclesiasticum, spiritual court) (opp. *lay court, temporal court*).

ecclesiástical fórm of márriage 宗教婚方式 (opp. *civil form of marriage*).

ecclesiástical jurisdíction 教会裁判権 (cf. CIVIL JURISDICTION).

ecclesiástical láw 1 教会法, 宗規 (=law spiritual) (cf. CANON LAW). 2 教会[宗教]関係法.

ecclesiástical offénse 教会(法上の)犯罪.

ECCP European Committee on Crime Problems.

e-check /íː—/ 電子小切手 (=electronic check) (cf. E-MONEY).

ECHR °European Convention on Human Rights 欧州人権条約.

ECJ °European Court of Justice 欧州(司法)裁判所.

EC law /íːsíː—/ EC法, (欧州)共同体法 (=COMMUNITY LAW) (cf. EU LAW).

ECOA 〖米〗°Equal Credit Opportunity Act 信用機会平等法.

éco-làbel *n* エコラベル《生産物が環境に及ぼす影響についての情報を提供し, 環境を基準にした消費者の消費行動ニーズに応えようとする環境ラベルのEUでの名称; EUのロゴマークと共に示される》.

ecológical térrorism =ECOTERRORISM.

e-commerce /íː—/ *n* 電子商取引, eコマース《インターネットを通じて行なわれるビジネス; cf. ELECTRONIC TRANSACTION》.

ec·o·nom·ic /íːkənámɪk, èk-/ *a* 1 経済学(economics)の. 2 経済(上)の; 財政[家計](上)の. 3 実利的な, 実用上の (practical); 利益の上がる, もうかる; 《口》値段の安い, 経済的な.

Económic and Mónetary Únion 〖史〗経済・通貨連合《欧州統合の基本過程として考えられた理論と制度で, 加盟国間共通の通貨, 為替相場の変動幅の縮少, 中央銀行の設立などを求めた; 1979年に欧州通貨制度 (European Monetary System) に代わっている; 略 EMU》.

Económic and Sócial Cóuncil 〖国連〗(国際連合)経済社会理事会《経済的社会的国際協力の促進に責任を負う総会の下にある54か国からなる理事会; 略 ECOSOC》.

económic discrimination 経済上の差別《例えば特定製品のボイコットなど商業面におけるあらゆる差別; cf. BOYCOTT, PRICE DISCRIMINATION, PRICE-FIXING》.

económic duréss 経済的強迫 (=business compulsion)《経済的困難に陥るとの恐れを不法に与え, 企業取引における自由な意思決定を妨げる行為; ⇨ MORAL DURESS》.

económic índicator 経済指標[標識]《就業率・生産指数・物価指数など経済活動の状態を示す指標; 単に indicator ともいう》. ▶LEADING ECONOMIC INDICATOR (先行経済指標).

económic lífe 《資産の》経済的耐用年数.

económic lóss 経済的損失《事故や契約違反がなかったならば失われなかったあるいは得られたであろう経済的利益の損失》.

económic lóss rùle 経済的損失の準則《契約違反による損害賠償請求訴訟と違って不法行為 (tort) 訴訟では, 加害者が生じしめた身体的傷害や財産の損害に対する賠償でない純粋に金銭的損失に対しては, 賠償を訴求できないという原則; ただし詐欺・不実表示 (misrepresentation) などの場合は例外とする法域も多数; ⇨ ECONOMIC LOSS》.

económic obsoléscence 経済的陳腐化《資産の継続的使用が, 需要減とか政府の規制の変化などの外的要因からできなくなること; cf. FUNCTIONAL OBSOLESCENCE》.

económic reálities tèst 経済的実態テスト《ある人が被用者なのか請負人 (independent contractor) なのかなどを判断する場合に用いられる基準で, 裁判所がその取引状況の全体を勘案してその真の性質を確定するやり方》.

Económic Recóvery Táx Àct [the ~] 〖米〗経済復興[再建]税法《大型減税により貯蓄と産業投資を奨励し経済の活性化をはかろうとした1981年制定の連邦法; 略 ERTA》.

económic rént 1 経済地代《労働者あるいは土地のようなある生産要素を現在の用途に留めるのに必要な最低額のコストを超えてその要素に支払われる金額》. 2 経済的地代[家賃]《その不動産への資本と支出に対する公正な報酬額である地代[家賃]》.

ec·o·nom·ics /íːkənámɪks, èk-/ *n* 経済学. ▶LAW AND ECONOMICS (法と経済学).

económic sánction 経済制裁《一国あるいは国家グループが国際法ないしは国際的義務に反する他の国の行動の変更を求めて貿易や投資の停止などの経済的手段を通じて圧力を加えること》.

económic stríke 経済要求によるストライキ, 経済(的)ストライキ (cf. UNFAIR LABOR PRACTICE STRIKE).

económic súbstantive dúe prócess 〖米〗経済的実体的法の適正手続き《例えば 契約の自由とか政府から干渉されることなく財産を享有できる権利といった一定の社会政策は, 合衆国憲法第14修正の法の適正手続き (due process) によらずに自由または財産を奪ってはならないという部分に含まれ保護されているという法理; cf. SUBSTANTIVE DUE PROCESS》.

econ·o·my /ıkánəmi/ n **1** 節約, 倹約 (frugality); 節約の例[工夫]; 効率的使用: an ～ measure 節約策, 節約措置. ▶ JUDICIAL ECONOMY (裁判の効率性). **2** 経済; 経済構造, 経済システム: domestic ～ 家庭管理, 家政(学) / a free market ～ 自由市場経済 / national ～ 国家[国民]経済 / rural ～ 農村経済 / social ～ 社会経済. ▶ BLACK ECONOMY (闇の経済) / CONTROLLED ECONOMY (統制経済) / FREE ECONOMY (自由経済) / MIXED ECONOMY (混合経済) / PLANNED ECONOMY (計画経済) / POLITICAL ECONOMY (政治経済学) / SHADOW ECONOMY (影の経済) / UNDERGROUND ECONOMY (地下経済). [F or L<Gk= household management (oikos house, -nomos <nemō to manage)]

ecónomy of scále [ᵁpl] 規模の経済《生産規模の拡大によって生ずるコストの低下》.

e con·ver·so /í: kənvá:rsou/ adv 逆に, 反対に. [L=conversely]

e-conveyancing /í: ─/ n ELECTRONIC CONVEYANCING.

ECOSOC 〖国連〗°Economic and Social Council 経済社会理事会.

éco·sỳstem n 生態系.

éco·tèrrorism n 環境テロ(行為), 環境破壊行為 (=ecological terrorism, environmental terrorism, enviroterrorism).

ECSC °European Coal and Steel Community 欧州石炭鉄鋼共同体.

EC Treaty /i:sí: ─/ 欧州共同体条約 (=EUROPEAN COMMUNITY TREATY) (⇨ TREATY OF ROME).

ECU, ecu 〖史〗°European Currency Unit 欧州通貨単位, エキュー.

ecu·men·i·cal /èkjəménɪk(ə)l/ a **1** 世界的な, 普遍的な. **2** 全キリスト教会の; 世界キリスト教(会)統一運動の.

ecuménical cóuncil 〖カトリック〗(万国)公会議 (=general council).

ED °export declaration 輸出申告書.

E. D. 〖米〗Eastern District 東部裁判区.

Édge Àct [the ～] 〖米〗エッジ法《1919年に連邦準備法 (Federal Reserve Act) を改正し, 商業銀行に子会社 (エッジ法会社 (Edge (Act) corporation) という) を通して州境を越えて国際銀行業務・国際投資業務を行なうことを認めた》. [Walter E. Edge (1873-1956) New Jersey 州選出の上院議員で提案者]

Édge (Àct) corporàtion 〖米〗エッジ法会社 (⇨ EDGE ACT).

EDI °electronic data interchange 電子データ交換《例えば仕入れ注文 (purchase order) など, 企業等がコンピューターに入力した電子情報を取引先企業等のコンピューターに人手を介さず直接電子的に送信すること》.

EDI agreement /i:dì:áɪ ─/ 電子データ交換合意, EDI 合意《電子データ交換 (EDI, electronic data interchange) に関する双方の合意》.

edict /í:dıkt/ n **1**〖ローマ法〗告示. **2** 勅令. **3**〖スコットランド史〗出廷命令告示 (⇨ EDICTAL CITATION). **edic·tal** /ıdíktl/ a [L e-(dict- dicto to say)=to proclaim]

edíctal citátion 〖スコットランド〗告示による出廷命令《管轄下にはあるが国外にいるかまたは居住不明者をスコットランド裁判所に召喚する命令; かつては告示 (edict) によって行なったのでこの名がついたが, 現在は召喚状の写しを Keeper of Edictal Citations (告示による出廷命令保管者) に送付することによって行なわれる》.

Édict of Theódoric [the ～] 〖史〗テオドリックの告示《東ゴート王 Theodoric によって 6 世紀初めに作られた, ローマ法に依存しつつ, ゴート人とローマ人とに共通に適用された法典》.

edic·tum /ıdíktəm/ n **1**〖ローマ法〗告示. **2** 勅令. [L]

ed·i·tor /édətər/ n 編集者; (新聞・雑誌・放送局の各部門の) 編集主任; (新聞・雑誌の) 編集発行人; (新聞の) 論説委員: city ～ *(新聞社の)地方記事編集主任; ‖(新聞社の)経済記事編集主任.

ed·i·to·ri·al /èdətɔ́:riəl/ n (新聞などの) 論説, 社説. ─ a 編集者の(ような), 編集者による; 編集(上)の, 編集用の; 社説[論説]としての: an ～ article 社説 / ～ board (新聞などの) 編集委員(会).

editórial prívilege 〖米〗編集過程秘匿特権, 番組編成者不開示特権《合衆国最高裁判所はこの特権を認めていない》.

educátional expénse 教育経費.

educátion authòrity 〖英〗(法律上の責任を有する)教育関係当局《教育科学大臣, 地方教育関係者など》.

Educátion for Áll Hándicapped Chíldren Àct [the ～] 〖米〗全障害児教育法《すべての障害児に無料で適切な公教育 (public education) を提供する義務を州および地方の学校制度に課した 1975 年の連邦法》.

educátion supervísion òrder 〖英〗教育に関する子供の保護管理命令《義務教育該当年齢の子供が適正に教育されていないと思われる場合に地方教育関係当局の申し立てにより出される裁判所命令で, その子をソーシャルワーカーの監督の下に置き規則正しい登校を確保させようとする命令》.

Edw. (King) Edward.

EEA °European Economic Area 欧州経済地域[領域].

EEC °European Economic Community 欧州経済共同体.

EEO °equal employment opportunity 雇用機会均等.

EEOC 〖米〗°Equal Employment Opportunity Commission 雇用機会均等委員会.

EESC °European Economic and Social Committee

欧州経済社会委員会.

EEZ °exclusive economic zone 排他的経済水域.

ef·fect /ɪfékt/ *n* **1** 結果 (consequence): CAUSE and ～. **2** 効果;《法律などの》効力; 発効, 施行; 影響. ▶ CHILLING EFFECT (萎縮効果) / DETERRENT EFFECT (抑止的効果) / DIRECT EFFECT (直接効果) / ENVIRONMENTAL EFFECT (環境への影響) / FORCE AND EFFECT (法的効力) / HORIZONTAL EFFECT (水平的効果) / VERTICAL EFFECT (垂直的効果). **3** 印象, 外見: Her tears were only for ～. **4** 趣旨, 意味 (purport, meaning)〈*of* a passage〉: the general ～ *of* his speech. **5** [*pl*] 人的財産; [*pl*] 財産; 身のまわり品. ▶ HOUSEHOLD EFFECTS (家財) / PERSONAL EFFECTS (身のまわり品). **bring**...**to** [**into**] ～＝**carry**...**into** ～＝**put**...**into** ～ ...を実施[施行]する. **come** [**go**] **into** ～ 有効になる, 実施される: the terms of the contract came into ～ from April 1st. **give** ～ **to**...を実行[実施]する. **in** ～ (1) 結果[実際]において; 事実上, 実質的に; 要するに. (2)〈法律など〉実施[施行]されて, 効力のある, 妥当している. **no** ～**s** 無財産, 預金皆無《銀行が不渡り小切手に記入する文句; 略 N/E》. **of no** ～＝**without** ～ 無効で[の] (useless). **take** ～ 効力を生ずる, 発効する, 施行[実施]される. **to that** [**this, the same**] ～ その[この, 同じ]趣意で[の]. **to the** ～ **that**...という趣意で[の]: I had a letter *to the* ～ *that* he would soon arrive. じき到着するという意味の手紙をもらった. **with** ～ **from** 《October 1st》(10月1日)から発効[実施, 有効].
— *vt*〈変化などを〉生じる, もたらす;〈目的・計画などを〉果たす, 遂げ, 発効させる: ～ an escape 逃げおおす / ～ a payment 支払いをなす / ～ customs clearance 通関する / ～ insurance [a policy] 保険をつける / ～ a reform 改革をなし遂げる / ～ a settlement out of court 法廷外で和解する.
～**·ible** *a*　～**·less** *a*　[OF or L *ef-(fect- ficio*＝FACT)]

ef·fec·tive /ɪféktɪv/ *a* **1** 効力のある, 有効な; 有力な, 有能な; 効果的な. **2** 実際の, 事実上の; 実効的な.
～**·ness** *n*

efféctive assígnment 実効的譲渡《譲渡人の譲渡対象財産権・権利がその譲渡により消滅し, 譲受人 (assignee) に移転する譲渡》.

efféctive assístance of cóunsel 弁護士の効果的な援助《特に刑事事件で被告人がそのすべての権利につき助言をされ, かつ弁護人がそのなすべきすべての義務を果たしている良心的で有意義な弁護活動; cf. INEFFECTIVE ASSISTANCE OF COUNSEL》.

efféctive blóckade《国際法》実効的封鎖《例えば艦隊を配備して中立船の接近に事実上対応できるような封鎖 (blockade); opp. *paper blockade*》.

efféctive dáte 効力発生日, 発効日, 施行日.

efféctive dáte of terminátion《特に雇用契約の》満了日.

efféctive ráte 実効利率, 実効金利.

efféctive rémedy 効果的救済手段.

efféctive táx ràte 実効税率《各種控除などを実際に行ない算出される税負担額を所得額で割った割合》.

efféct dòctrine 影響の法理 (1)《米》AFFECTS DOCTRINE (2) 一国の裁判管轄権は通常その領域内にしか及ばないが, 経済規制 特に反トラスト法関係では米国の裁判所は国内法を領域外に拡張適用している; 米国裁判所の見解は, 領域外での活動が国内法に反する結果ないしは効果を国内にもたらしたならば米国裁判所は外国企業に対しても権限を有するというものである; 欧州共同体司法裁判所 (Court of Justice of the European Communities) も従属会社に関連して1988年に同一原則を適用した; cf. AFFECTS DOCTRINE》.

ef·fec·tu·al /ɪféktʃuəl/ *a* 有効な; 実効的な; 適切な; 実際の: ～ measures 有効な手段. ～**·ness** *n*　**ef·fec·tu·al·i·ty** /ɪfɛ̀ktʃuǽləti/ *n*

ef·fi·cien·cy /ɪfíʃ(ə)nsi/ *n* 効率, 能率, 有効性.

ef·fi·cient /ɪfíʃ(ə)nt/ *a* **1** 効率[能率]のよい, 有能な. **2** 有能な. **3** ある効果を直接引き起こす, 動因となる.

efficient bréach 効率的契約違反 (⇨ EFFICIENT BREACH THEORY).

efficient bréach thèory 効率的契約違反理論《契約違反者が相手方に支払うべき損害賠償額よりも大きな利益をその違反によって得られる場合, 社会全体にとっては違反を認める方が経済的利益になるので, その違反を抑制せず奨励すべしという理論; ただしこれには批判もある; cf. BREACH OF CONTRACT》.

efficient cáuse 主因 (＝PROXIMATE CAUSE).

efficient intervéning cáuse 効果の独立参入原因 (＝SUPERSEDING CAUSE).

efficient márket 効率市場《価額が最も正確でかつ最新の情報を常に反映している証券・商品市場; cf. FRAUD ON THE MARKET PRINCIPLE》.

ef·fi·gy /éfədʒi/ *n*《人の》像, 肖像;《特に 文書誹毀 (libel) の対象となる》人形（$\underset{\text{ひとがた}}{}$）. [L *effigies* (*fingo* to fashion)]

ef·flu·ent /éflùːənt, *ɛflúː-, əflúː-/ *n* 排出物, 廃棄物《特に 環境を汚染する工場廃液・下水・煤煙・放射性廃棄物》. [L *flux- fluo* to flow]

ef·flúx·ion of tíme /ɛflʌ́kʃ(ə)n-/《特に不動産賃借権 (lease) の》期間の経過, 期間の満了.

ef·frac·tion /ɪfrǽkʃ(ə)n, ɛ-/ *n* 暴力的侵入, 家宅侵入, 押込み, 夜盗 (burglary). [F＝a breaking open]

ef·frác·tor *n* 暴力的侵入者, 不法目的侵入犯, 押込み犯, 夜盗 (burglar).

EFT °electronic funds transfer 電子資金移動.

EFTA /éftə/ °European Free Trade Association 欧州自由貿易連合, エフタ.

e.g. /íːdʒíː/ °exempli gratia 例えば (for example) (cf. I.E.). for example とも読む.

egal·i·tar·i·an /ɪɡæ̀lətéəriən/ *a* 平等主義の: hold ～ views. — *n* 平等主義者. ～**·ism** *n* 平等主義

Egerton

[F (*égal* equal)]

Eger·ton /ɛ́dʒərtn/ エジャトン Sir **Thomas** ~, Baron Ellesmere and Viscount Brackley (1540?-1617)《イングランドの法律家・政治家; 法務次官, 法務長官, 記録長官, 大法官などを歴任; Francis BACON と共に当時対立のあったコモンロー裁判所とコモンローの支持者 Sir Edward COKE と争い, エクイティー, エクイティー裁判所を法的に根拠づけた》.

éggshell skúll rùle [prìnciple] こわれやすい頭蓋の準則[原則] (=thin skull rule)《不法行為法上, 不法行為者は, 被害者が例えば病的にこわれやすい頭蓋を有している人であるがごとく, すでに存していた見えざる異常な弱さのゆえに予想外に大きな被害をこうむった場合でも, それを主張して責任を軽減することは許されないという原則》.

egist·ment /ɪdʒístmənt/ *n* AGISTMENT.

EGM °extraordinary general meeting 臨時株主総会.

egre·gious /ɪgríːdʒəs/ *a* 実にひどい, 言語道断な.

egress /íːgrès/ *n* (囲いから)出る[出て行く]こと[権利] (cf. INGRESS); 出口. ▶ INGRESS, EGRESS, AND REGRESS (土地への出入り[の権利]). ─ /ɪgrés/ *vi* 外に出る.

Egyp·tian /ɪdʒípʃ(ə)n/ *n* エジプト人; エジプト語;《まれ》ジプシー (Gypsy)《英国では規制対象》.

EHO《英》°Environmental Health Officer 環境保健担当官.

EHRC《英》°Equality and Human Rights Commission 平等・人権委員会.

EIA °environmental-impact assessment 環境影響評価.

EIB °European Investment Bank 欧州投資銀行◆°Export-Import Bank (of the United States) (合衆国)輸出入銀行.

EIC《米》°earned-income credit 勤労所得税控除.

Éighteenth Améndment [the ~]《米》合衆国憲法第 18 修正 (=Prohibition, Prohibition Amendment)《酒類の製造・販売・輸送などを禁止した合衆国憲法修正条項; 1919 年に成立したが, 33 年の第 21 修正で廃止; cf. PROHIBITION》.

18-25 trust /★eighteen to twenty-five trust と読む/《英》18 歳から 25 歳未満信託《青年を受益者とする信託で, その青年は 25 歳の誕生日ないしその前に信託財産 (trust property) に対する絶対的権利 (absolute title) を有することになる; 現在は青年の親(継親を含む)の遺言によってのみ設定されうる》.

Éighth Améndment [the ~]《米》合衆国憲法第 8 修正《過大な額の保釈金の要求, 過重な罰金を科すことを禁じ, 残虐で異常な刑罰を科すことを禁止した合衆国憲法の修正条項; 1791 年, 権利章典 (Bill of Rights) の一部として成立》.

éight-hòur láw 八時間労働法.

eigné /éɪnɛ/, **eigne** /éɪn/ *a* 最年長の, 最初に生まれた (=eisne). ▶ BASTARD EIGNÉ (非嫡出の長男).

[MF *einé* eldest]

Ei in·cum·bit pro·ba·tio qui di·cit, non qui ne·gat. /éaɪ ɪnkʌ́mbɪt prəbéɪʃɪoʊ kwaɪ dísɪt nən kwaɪ négæt/ 立証(責任)は否認する者にではなく主張する者に存する. [L=The (burden of) proof lies upon the person who alleges, not the one who denies.]

eik /íːk/ *n*《スコットランド》《正式文書での》補遺, 追記.

EIN《米》°employer identification number 雇用者識別番号.

Ei qui af·fir·mat, non ei qui ne·gat, in·cum·bit pro·ba·tio. /éaɪ kwaɪ əfírmæt nən éaɪ kwaɪ négæt ɪnkʌ́mbɪt prəbéɪʃɪoʊ/ 立証(責任)は否認する者ではなく肯定する者に存する. [L=The (burden of) proof lies upon the person who affirms, not the one who denies.]

EIR °environmental impact report 環境影響報告書.
eire ⇨ EYRE.

Ei·re /ɛ́ərə, éɪrə, *áɪrə, *-ri/ エール《アイルランド共和国 (Republic of Ireland) のゲール語名・旧称 (1937-49)》.

EIS《英》°Enterprise Investment Scheme 新企業投資促進計画◆°environmental impact statement 環境影響報告書.

eisne /éɪn/ *a* EIGNÉ.

ei·ther /íːðər, áɪ-; áɪ-, íː/ *a* **1**《二者のうちの》[肯定] どちらの…でも; [否定] どちらにも…も; [疑問・条件] どちらかの…. **2** 両方の, おのおのの. ─ *pron* **1** どちら: for ~ both of two purposes 一方もしくは双方の目的のために. **2**《まれ》両方, おのおの. ─ *adv* …もまた(…ない): If you do not go, I shall not ~.

éither-wày offénse《英》選択的審理方法の犯罪 (=OFFENSE TRIABLE EITHER WAY).

eject /ɪdʒékt/ *vt, vi* 追い出す, 放逐[追放]する; 立ち退かせる, …の占有を侵害する (dispossess). ~·**able** *a*
[L EJECT- *-jicio* to throw out]

ejec·tion /ɪdʒékʃ(ə)n/ *n* **1**《土地・家屋からの》追い出し, 追い立て, 占有侵害; 放逐, 追放 (cf. OUSTER). **2**《スコットランド》不動産回復訴訟.

ejec·ti·o·ne fir·mae /ɪdʒèkʃióʊni fáːrmi, -fírmi/ [(de) ~]《史》賃借不動産占有侵害訴訟[令状] (=TRESPASS DE EJECTIONE FIRMAE). [L=(of) ejection of farm]

ejéct·ment *n* **1** 占有侵害 (dispossession). **2** 不動産回復訴訟《本来は不動産賃借権 (leasehold) の救済手段であったが, 自由土地保有権 (freehold) のための手続きが煩雑であったため仮想の不動産賃借権者の原告とその侵害者たる被告(仮装の占有侵害者 (casual ejector) という)を形式的当事者とした擬制を通して, 真の原告の権原 (title) の優劣を争う形をとった; 英国では 1852 年法でこの擬制を廃止した; ⇨ JOHN DOE, TRESPASS DE EJECTIONE FIRMAE; cf. FORCIBLE ENTRY AND DETAINER, OUSTER》. ▶ EQUITABLE EJECTMENT (エクイティー上の不動産回復訴訟) / JUSTICE EJECTMENT (賃

貸人による賃貸不動産占有回復訴訟) / WRIT OF EJECTMENT (不動産占有回復令状).

ejéctment bìll 〖米〗不動産占有回復訴状《エクイティー裁判管轄権についての明確な根拠を述べることなく単に不動産の占有回復を地代などの計算と共に求めるエクイティー上の訴状 (bill in equity); 当然のことながら訴答不十分として抗弁されうる》.

ejéc·tor n 占有侵害者. ▶ CASUAL EJECTOR (仮装の占有侵害者).

ejec·tum /ɪʤéktəm/ n 〖海法〗《特に海上で難破に際しての船荷などの》放下物 (cf. FLOTSAM, JETSAM, LAGAN, WAVESON). [L]

ejus·dem ge·ne·ris /iʤʌ́sdəm ʤénɛrɪs, iʤúːs-, ijúːsdɛm génɛrɪs/ a 同種の, 同類の. — n 1 同類解釈則 (=ejúsdem géneris rùle)《法律関係の文書で, 具体例がまず列記され次いで一般的文言が出てくる場合には, その一般的文言を先行する特定事項に類するものに限定して解釈するという解釈原則; cf. EXPRESSIO UNIUS EST EXCLUSIO ALTERIUS, INTERPRETATION OF STATUTES, NOSCITUR A SOCIIS》. 2《不正確ではあるが》NOSCITUR A SOCIIS. [L=of the same kind]

Ejus nul·la cul·pa est cui par·re·re ne·ces·se sit. /íːʤəs nálə kálpə ɛst ki pərí:rɛ nɛsésɛ sɪt/ 服従する義務を有する者には(その義務に従った行為により)過失はない. [L=No guilt attaches to a person who is bound to obey.]

elapse /ɪlǽps/ vi 〈時が〉経つ, 過ぎる, 経過する. — n 《時の》経過. [L elaps- elabor to slip away]

Elástic Cláuse [the ~] 〖米〗弾力条項《合衆国憲法第1編第8節18項のことで, この条項は連邦議会の立法権に含まれる権限を広く認めることにつき憲法上の根拠を与えている; ⇨ NECESSARY AND PROPER CLAUSE》.

élbow clèrk 側近調査官《特定の裁判官の身近で仕える個人的調査官; cf. POOL CLERK》.

Élder Bréthren [the ~] 〖英〗水先案内協会長老会, 海事長老会《正式名は Elder Brethren of the Holy and Undivided Trinity (聖三位一体協会長老会); 水先案内や灯台設置など通商・航海発展に資することを業とする水先案内協会 (Trinity House) の長老として選ばれた者により組織される会》.

élder láw 老年者法《資産運用, 退職給付金, 社会保障, 医療, 年齢による差別問題など老年者に関する法一般》.

élder títle 先行の権原《効力発生時は同じだが成立原因が先行している権原; 原則的には先行のものが優先する》.

elect /ɪlékt/ vt 1 選挙する, 選任する: ~ a man (to be) president [to the presidency] 人を総裁〔会長, 大統領〕に選ぶ / the ~ed 当選者たち. 2 選ぶ, 決める (decide). — vi 選挙する, 選ぶ. — a 選挙〔選出, 選任〕された《名詞のあとにハイフンを伴って置かれる》: the President-~《当選した》次期大統領. [L elect- -ligo to pick out]

elec·tion /ɪlékʃ(ə)n/ n 1 選挙, 選任, 選出; 当選; 投票, 票決: carry an ~ 選挙に勝つ, 当選する / an ~ campaign 選挙運動. ▶ BOARD OF ELECTION (選挙管理委員会) / BY-[BYE-]ELECTION (補欠選挙) / CONTESTED ELECTION (競争選挙) / FREE ELECTION (自由選挙) / GENERAL ELECTION (総選挙; 最終選挙; 通常選挙) / PRIMARY ELECTION (予備選挙) / REGULAR ELECTION (通常選挙) / SPECIAL ELECTION (特別選挙) / WRIT OF ELECTION (選挙実施令状). 2 選択, 選定 (cf. ELECTION OF REMEDIES); 選択権; 選択義務. ▶ DOCTRINE OF ELECTION (選択の法理) / EQUITABLE ELECTION (エクイティー上の選択(の原則)) / RIGHT OF ELECTION (《配偶者の》選択権) / WIDOW'S ELECTION (寡婦の選択(権)). 3 選択の原則 (=equitable election)《同一文書記載の利益と負担の双方を受けるか, 双方を拒否するかの選択しか許されず, 利益のみを得て負担を拒否することは許されないというエクイティー上の法理; 遺言の場合などにしばしば生じうる》.

eléction àgent 〖英〗《各候補者の》選挙運動主宰者, 選挙対策責任者《米国では campaign manager という》.

eléction at lárge 大選挙区制選挙, 全域制選挙.

eléction bòard 〖米〗選挙管理委員会 (board of election).

eléction by spóuse 配偶者による選択(権) (⇨ RIGHT OF ELECTION).

eléction commìssioner 〖英〗不正選挙調査委員.

eléction còntest 選挙争訟.

eléction cóurt 〖英〗選挙異議申し立て審判所 (election petition court).

eléction dày 公職選挙の日《特に米国ではしばしば E-D-の表記で, 11月第1月曜の次の火曜日; 大抵の州で公休日; この日に偶数年には上院議員の3分の1と2年任期下院議員の選挙が行われ, また4年ごとに大統領・副大統領の選挙人の選挙が行われる》.

eléction dìstrict 1 選挙区 (=voting district). 2《一般投票所ごとの》投票区 (=election precinct, voting district).

eléction dòwer 選択的寡婦産(権)(1)寡婦産権 (dower) が認められている場合に, 寡婦がその代わりに制定法の定める割合に従って遺産の一部を取得する権利, またはその相続分 2)寡婦が遺言による遺産分を拒否し, 制定法で定められた相続分を受ける権利, またはその相続分; cf. RIGHT OF ELECTION).

elec·tion·eer /ɪlèkʃəníər/ vi 選挙運動をする; 票集めをする. — n 選挙運動者, 選挙運動員. ~·er n ~·ing n, a 選挙運動(の).

eléction fràud 詐欺的不正選挙行為《選挙に際して, 例えば他人名義で投票するとか二度投票するなどの詐欺的な不正行為》.

eléction of rémedies 救済手段の選択《例えば契約違反に対して損害賠償請求と特定履行 (specific performance) のように, 権利侵害に対し相互に排他的関係に立つ複数の救済方法がある場合, 二重の救済を防ぐため, 一つを選ばねばならないという法理; cf. ALTERNATIVE RELIEF). ▶ WAIVER BY ELECTION OF REMEDIES (救済手段選択に伴う権利放棄).

eléction petítion 〖英〗選挙に関する異議申し立て.

eléction petítion còurt 〖英〗選挙異議申し立て審判所 (＝election court).

eléction précinct 投票区 (＝ELECTION DISTRICT).

eléction retúrns *pl* 選挙報告, 選挙開票結果報告.

Elec·tio se·mel fac·ta, et pla·ci·tum tes·ta·tum, non pa·ti·tur re·gres·sum. /ɪlékʃiou séməl fǽktə ɛt plǽsɪtəm tɛstéɪtəm nɑn pǽtɪtər rɛgrésəm/ いったんなされた選択および証明がなされた答弁は撤回を許されない. ［L＝An election once made, and a plea witnessed, is not permitted to be revoked.］

elec·tive /ɪléktɪv/ *a* **1** 選挙による, 選挙に基づいた〈職・権能など〉(cf. APPOINTIVE). **2** 選挙の[に関する]; 選挙権を有する: an ～ body 選挙人団. **3** 選択に任せた, 選択制の. **～·ly** *adv* **～·ness** *n*

eléctive fránchise 選挙権 (franchise).

eléctive resolútion 〖英〗選択的決議《私会社 (private company) で, 会社法の特定規定を緩和するための株主全員による決定》.

eléctive sháre 選択的相続分, 権利としての相続分 (＝forced share, statutory share) 《遺言による財産処分を拒否し, 制定法上残存配偶者 (時には子) に対して認められている一定割合[一定額]の遺産の取得を選択する権利, またはその割合・額; ⇨ RIGHT OF ELECTION; cf. CURTESY, DOWER》.

eléc·tor /-, -tɔːr/ *n* **1 a** 選挙権者, 有権者, 選挙人. **b**〖米〗選挙人〈選挙人会議 (electoral college) の一員〉. ▶ REGISTER OF ELECTORS (選挙人名簿). **c**〖U E-〗〖史〗《神聖ローマ帝国の皇帝選定権をもっていた》選帝侯. **2** 選択(権)者.

eléctor·al *a* **1** 選挙の; 選挙人の; 選挙人からなる: an ～ district 選挙区. **2**〖史〗選帝侯の: an ～ Prince 選帝侯 (Elector). **～·ly** *adv*

eléctoral cóllege 1 選挙人団. **2**〖°E- C-〗〖米〗《大統領・副大統領選出のための》選挙人会議, 選挙人団《単に college ともいう》.

Eléctoral Commíssion 〖英〗選挙委員会《2000 年法で創設; 政党・各種選挙・レファレンダム (referendum), および議席配分, 政党結成・助成などに関連する事項を管轄; イングランド地方行政委員会 (Local Government Commission for England) およびイングランドの選挙区画定委員会 (Boundary Commission) の機能はここに吸収された》.

eléctoral fránchise 選挙権 (franchise).

eléctoral prócess 1 選挙(の手順), 選挙手続き, 選挙方法. **2** 投票とその集計.

eléctoral róll [régister] 〖英〗選挙人名簿 (register of electors).

eléctor·ate *n* **1** 選挙人, 有権者《集合的》. **2**〖史〗選帝侯の位階[支配権, 管轄], 選帝侯領 (⇨ ELECTOR). **3**〖豪〗下院議員選挙区.

eléctor·shìp *n* ELECTOR の資格[地位], 選挙人資格.

elec·tress /ɪléktrəs/ *n* **1** 女性選挙権者, 女性選挙人. **2**〖U E-〗〖史〗選帝侯夫人［未亡人］(⇨ ELECTOR).

eléctric chàir /; ／ ／ ／ 電気椅子; 〖the ～〗電気椅子による処刑. ★ 米国のいくつかの州で使用されている.

elec·tric·i·ty /ɪlɛktrís(ə)ti, ìː-/ *n* 電気《法律上, 人的財産 (personal property) とみなされる》. ▶ ABSTRACTING ELECTRICITY (電気窃盗(罪)).

elec·tro·cute /ɪléktrəkjùːt/ *vt* 電気椅子で処刑する; 電気(事故)で殺す, 感電死させる.

elèc·tro·cú·tion *n* 電気椅子死刑; 感電死.

elèctro·magnétic compatibílity 《電子機器などの》電磁環境互換性, 電磁環境適合性, 電磁場適合性.

electrónic bánking 電子銀行取引, エレクトロニックバンキング《コンピューター・通信回線・キャッシュカード・ATM (現金自動取出し預け入れ装置) などにより電子化された銀行業務》.

electrónic cháttel pàper 電子媒体による動産抵当証券 (cf. CHATTEL PAPER, TANGIBLE CHATTEL PAPER).

electrónic chéck 電子小切手 (＝E-CHECK).

electrónic convéyancing 《紙媒体でなく電子媒体による》電子不動産譲渡 (＝e-conveyancing).

electrónic dáta ìnterchange 電子データ交換《情報交換のため電子データ伝送ネットワークを使用すること; 略 EDI》.

electrónic fúnds trànsfer 電子資金移動, 電子資金振替, 電子資金トランスファー《電算機による資金移行決済; 略 EFT》.

electrónic máil (電子)メール, E メール (＝E-MAIL).

electrónic sígnature 電子署名《電子メール (e-mail) で送られた文書・契約書の送り主の同一性を確認する ID 情報; 英国では 2000 年法で手書きの通常の署名と法的に同じものとされていて, 郵便局などで購入可能; cf. DIGITAL SIGNATURE》.

electrónic survéillance 《盗聴機や隠しカメラなどの》電子機器を用いた監視 (cf. BUGGING, EAVESDROPPING, PEN REGISTER, WIRETAPPING).

electrónic transáction 電子取引《当事者の一方または双方が電子媒体を用いてなされる取引; cf. E-COMMERCE》.

el·ee·mos·y·na·ria /èlɪmɑ̀sənéəriə/ *n*〖史〗**1**《修道院・教会の》施物室. **2** 施物係[官] (almoner) の職.

el·ee·mos·y·nary /ɛlɪmásənèri; -nəri/ *a* 慈善の; 慈善的行為[寄付]に依存する; 寄付された; 非営利の. [L; ⇨ ALMS]

eleemósynary corporátion 慈善法人, 公益法人 (= CHARITABLE CORPORATION).

ele·git /ɪlíːdʒət/ *n*《史》土地強制管理令状《強制執行の一つで, これにより, 判決債権者が債務者の土地を債務完済まで占有し, 債務弁済を得る; 英国では 1956 年法により発給されなくなり, 1981 年法で廃止; 米国でも用いている所はない; 動産執行令状 (fieri facias) と選択的に与えられたことから, ラテン語名が生まれた》. [L=he/she has chosen]

ele·ment /éləmənt/ *n* **1** 要素, 成分. ▶ ESSENTIAL ELEMENT (本質的要素). **2** [the ~s] 自然力: damage by the ~s 不可抗力による損害.

Elementary and Sécondary Educátion Àct [the ~]《米》初等中等教育法《1965 年制定の連邦法》.

éléments of críme *pl* 犯罪の要素.

Eléventh Amérdment [the ~]《米》合衆国憲法第 11 修正《連邦裁判所がその州の住人でない個人によって州を訴える訴訟を管轄することを禁じている条項; 1795 年成立; ⇨ SOVEREIGN IMMUNITY》.

elic·i·to·ry /ɪlísətɔ̀ːri; -t(ə)ri/ *a* 引き出す(ような), 誘導的な: an ~ investigation 誘導的な取調べ.

elide /ɪláɪd/ *vt*《スコットランド》無効にする, 廃棄する; 剥奪する, 奪う.

el·i·gi·bil·i·ty /èlədʒəbíləti/ *n* 法的資格要件を満たしていること, 適格(性), 有資格, 適任 (opp. *ineligibility*): ~ to stand for re-election.

el·i·gi·ble /élədʒəb(ə)l/ *a* 適格の, 資格を有する; 法的資格要件を満たしている, 被選挙資格のある (opp. *ineligible*): ~ to an office / ~ for re-election. — *n* 有資格者, 適格者, 適任者 〈*for*〉. [F<L; ⇨ ELECT]

elim·i·na·tion /ɪlìmənéɪʃ(ə)n/ *n* **1**《史》追放. **2** 除去, 削除, 排除.

eli·sor /ɪláɪzər, éla-/, **es·li·sor** /eslíːzɔːr, -zər/ *n* **1** 陪審特別選定人《選定の責任をもつシェリフ (sheriff) およびコロナー (coroner) が事件に利害関係をもつなどの理由で公正を欠くとされた場合に, 代わって陪審の選定, 令状の執行などの仕事をするために, 裁判所によって選任された 2 名の者の一人》. **2**《一般に不適格官職保有者の》職務代行者. [OF (*élire* to choose)]

E list /iː -/《英》脱獄を常習的に試みる囚人名リスト.

elite /eɪlíːt, ɪ-, iː-/ *n* [ᵘthe ~] 選良, 精鋭, エリート(集団). ▶ POWER ELITE (権力エリート). — *a* エリートの[にふさわしい].

Eliz. (Queen) Elizabeth.

Él·kins Àct /élkɪnz-/ [the ~]《米》エルキンズ法《州際通商法を強化している 1903 年の連邦法で, 鉄道会社がへー部割り戻し金を与えることなどを禁じたもの》.

Elles·mere /élzmɪər/ [Lord ~] エルズミア卿《EGERTON》.

El·mí·ra sỳstem /ɛlmáɪrə-/ [the ~] エルマイラ方式《New York 州 Elmira の市立の矯正院 (reformatory) で 1876 年に採用された制度; 初犯の青少年犯罪者に対して不定期刑を科し, 道徳教育・体育・職業訓練を行ない, 善行を評価する点数制によって受刑者にとってふさわしい時期に社会復帰をはかる方法; cf. AUBURN SYSTEM, PENNSYLVANIA SYSTEM》.

eloi(g)n /ɪlɔ́ɪn/ *vt* **1**《管轄外に》持ち去る《特に動産占有回復訴訟[令状] (replevin) で目的動産が執行官の管轄外に持ち去られていることを示す語》. **2** 立ち去る. **~·er** *n*

elóign·ment *n*〈人・物を〉遠ざけること, 隔離; 持ち去り.

elon·ga·ta /iːlɔːŋgéɪtə/ *n* 占有回復動産所在不明(復命)《動産占有回復訴訟 (replevin) で勝訴した被告が改めてその動産の占有回復を命じる令状を得たにもかかわらず, 令状執行官が, それが管轄外に持ち去られていることを復命する際の語ないしその復命》. [L=eloigned]

elon·ga·tus /iːlɔːŋgéɪtəs/ *n*《身柄取戻し令状 (de homine replegiando) に対するシェリフ (sheriff) の》保釈者所在不明(復命). [L=eloigned]

elu·vi·a·tion /ɪlùːviéɪʃ(ə)n/ *n* 洗脱, 溶脱《雨水などにより岩石・土壌中の物質が洗い出されること》.

Ely /íːli/ イーリー《イングランド Cambridgeshire 東部の町; 11 世紀の大聖堂 (Cathedral) で有名》. **the Ísle of ~** アイル・オヴ・イーリー《イングランド東部の旧州; 1837 年までは特権領として独自の裁判制度を有していた》.

e-mail /íː -/ *n*〈電子〉メール, E メール (= electronic mail). — *vi, vt* ...に〈電子〉メールを送る;〈電子〉メールで送る.

eman·ci·pate /ɪmǽnsəpèɪt/ *vt* **1**《法的・社会的・政治的な束縛などから》解放する (cf. ENFRANCHISE). **2**〈奴隷を〉解放する. **3**《ローマ法》家長権を免除(して自権者 (sui juris) と)する. **4**《婚姻などにより》〈未成年者を〉父権[親権]から解放(して法的な成年者に)する (cf. AGE OF CONSENT, AGE OF MAJORITY, LEGAL AGE).

emán·ci·pàt·ed *a* 解放された; 自主的な, 自由な.

emán·ci·pà·tive *a* **emán·ci·pa·tò·ry** /-pətɔ̀ːri; -pət(ə)ri/ *a* [L=to free from possession (*manus* hand, *capio* to take)]

emáncipated mínor (行為)能力を付与された未成年者, 親権から解放された未成年者 (⇨ EMANCIPATION).

eman·ci·pa·tio /ɪmæ̀nsəpáːtioʊ/ *n*《ローマ法》家長権免除 (emancipation). [L]

eman·ci·pa·tion /ɪmæ̀nsəpéɪʃ(ə)n/ *n* **1**《拘束からの》解放. **2**《家長権・父権・親権・夫権などからの》解放, 免除. **3**《未成年の子に対する》(行為)能力付与. ▶ LIMITED EMANCIPATION (制限的(行為)能力付与) / PARTIAL EMANCIPATION (部分的(行為)能力付与). **4** 奴隷解放. **~·ist** *n*〈奴隷〉解放論者.

Emancipátion Àct 1829 [the ~]《英史》1829 年のカトリック教徒解放法 (= CATHOLIC EMANCIPA-

TION ACT OF 1829).

Emancipátion Proclamàtion [the ~]《米》《1863 年, Lincoln 大統領による》奴隷解放布告[宣言].

emas·cu·late /ɪmǽskjəlèɪt/ *vt* **1** 去勢する. **2**〈法律などを〉骨抜きにする.

em·bar·go /embάːrgoʊ/ *n* (*pl* ~es) **1**《船舶の》抑留, 出港[入港]禁止[令];《船舶・飛行機などの》徴発 (cf. ANGARY, RESTRAINT OF PRINCES). ▶ HOSTILE EMBARGO (敵性船舶抑留). **2** 通商停止[令], 禁輸, 禁止, 禁制, 妨害: ~ on the export of gold 金輸出禁止. **be under an** ~〈船が抑留されている〉;〈輸出が禁止されている〉. **lay [put, place] an ~ on**...=**lay**...**under an ~** 〈船舶・貨物を〉抑留[没収]する;〈通商を〉停止する; 禁止する, 妨害する. **lift [take off, remove] an ~** 出港禁止を解く[解禁する]. — *vt* **1**(法令によって)〈船の出港[入港]を禁止する,(法令によって)〈通商を〉禁止する;〈船・貨物を〉抑留[没収]する. **2**〈特に〉公開を〉禁止する: The press release was ~ed. [Sp (*embargar* to arrest); ⇨ BAR]

em·bas·sage /ɛ́mbəsɪʤ/ *n* **1** 大使の任務[使命]. **2**《古》EMBASSY.

em·bas·sy /ɛ́mbəsi/ *n* **1** 大使館,《特に》大使公邸 (cf. LEGATION). **2**《特に 大使を長とする》外交使節団 (の公式訪問), 大使および随員. **3** 大使職, 大使の地位 [職能, 任務]. [C16 *ambassy*<OF; ⇨ AMBASSADOR]

ém·ber dàys /ɛ́mbər-/ *pl*《カトリック》四季の斎日,《英国国教》聖職按手節 (年4回定められた週の水・金・土曜日で, 断食・祈禱を行なう).

em·bez·zle /ɛmbéz(ə)l, ɪm-/ *vt*〈委託された財産・金などを〉横領[着服]する, 使い込む (cf. DEFALCATE).
em·béz·zler *n* [AF (*en-*, *besiler*=OF *besillier* to maltreat, ravage<?)]

embézzle·ment *n* 横領, 使い込み (cf. DEFALCATION, LARCENY, FALSE PRETENSES).

em·blem /ɛ́mbləm/ *n* **1** 象徴, 表象: an ~ of peace 平和の象徴. **2** 紋章[記章]として用いられるもの,《国家・団体・会社などの》象徴として定めたしるし, 標章, 紋, シンボルマーク.

em·ble·ments /ɛ́mbl(ə)mənts/ *n pl* **1**《自然的なものでなく労働による》耕作物 (⇨ MIXED PROPERTY), 勤労果実. **2** 農作物収穫権 (cf. AWAY-GOING CROP).

em·body /ɪmbάdi, ɛm-/ *vt* **1** 化体する, 具体化する, 具体的に表現する, 体現する. **2** 一つの組織体としてまとめる, 組織化[体系化]する; 組み入れる, 包含する.

em·bóssed séal /ɪmbάst-, ɛm-, *-bɔ́ːst-/ 打出し印鑑; 打出し印影 (》表面よりも浮き出す形で印影を作る印鑑またはそれによって打出された印影; cf. NOTARY SEAL, RUBBER-STAMP SEAL].

em·brace /ɪmbréɪs, ɛm-/ *vt*〈陪審・裁判官を〉抱き込む.

embráce·or, em·brác·er *n* 陪審[裁判官]抱き込み犯[抱込み者].

em·brác·ery *n* 陪審[裁判官]抱込み罪 (cf. JURY-FIXING, JURY-PACKING).

ém·bring dàys /ɛ́mbrɪŋ-/ *pl* EMBER DAYS.

émbryo selèction 胚子選択《体外受精 (IVF) で作られた胚子を子宮に着床させるために選択すること》.

emend /iménd/ *vt*〈文書・本文などを〉校訂する, 修正する.

emen·da·re /iméndéɪri/ *vt, vi*《古》校訂する, 修正する, 改める; 贖罪する; 権利侵害を補償する. [L=emend]

emen·da·tion /ìːmèndéɪʃ(ə)n, ɛmən-, ɛmèn-/ *n* **1**《本文の》校訂, 修正. **2**《史》過ち・権利侵害行為の改め;《特に贖罪金を支払った上での犯罪の》贖罪.

emerge /ɪmə́ːrʤ/ *vi* 出てくる, 現われる;《ある状態から》抜け出る; 明らかになる. [L (MERGE)]

emer·gen·cy /ɪmə́ːrʤənsi/ *n* 緊急事態, 非常事態, 突発事故, 危急の場合; 急患: take ~ measures 緊急措置を講ずる / ~ planning department 緊急事態対策室 / ~ planning officer 緊急事態対策室員 / ~ reserves 緊急用準備金 / ~ services 緊急時サービス業務. ▶ NATIONAL EMERGENCY (国家非常事態) / STATE OF EMERGENCY (非常事態).

emérgency cìrcumstances *pl* 緊急事態, 緊急事態の準則 (》=EXIGENT CIRCUMSTANCES).

Emérgency Cóurt of Appéals《米史》臨時上訴裁判所《第2次大戦中の1942年臨時的なものとして創設された, 賃金・物価統制関係事項の再審査のための連邦裁判所; 1962年廃止》.

emérgency dòctrine 緊急事態の法理 **(1)** 緊急の援助の求めに対応して本能的に行動した人の過失責任問題を考慮する場合には, 相当の注意 (reasonable care) 義務についての通常基準を免除するという原則; imminent peril doctrine, sudden emergency doctrine, sudden peril doctrine ともいう **2)** 緊急事態での医学上の治療は, 患者ないしは責任ある人がそれについて承諾することができなくとも, それに代わる相当な人が承諾すれば, その承諾があったものと推論しうるという原則; cf. GOOD SAMARITAN DOCTRINE, RESCUE DOCTRINE **3)** 警察官が他人の生命・財産を護るため即時の行動が必要で合理的に信じかつその蓋然的理由がある場合には, 令状なしで捜索を行なうことができるという原則; emergency exception ともいう; cf. EMERGENCY SEARCH, EXIGENT CIRCUMSTANCES》.

emérgency emplóyment dòctrine 緊急事態雇用の法理《被用者の職務範囲内で生じた緊急事態 (emergency) を他人の助けなしでは乗り切れないと当該被用者が判断した場合には, その他人の助けを得る権能が黙示的に与えられているという原則》.

emérgency excéption 緊急事態の例外 (⇨ EMERGENCY DOCTRINE).

emérgency pòwers *pl*《英》非常事態対処権限《大規模なストライキや自然災害などにより国の生活の基本がおびやかされた場合に1か月間 (延長可) の期間を限って

布告によって敷かれる非常事態 (state of emergency) 下での政府の対処権限; 1920年法, 1964年法で規定されている》.

emérgency protéction òrder 〖英〗緊急保護令《危機にある子供を救うために短期間 (原則8日, 最長15日間) 適切な場所に移すことを命ずる裁判所命令; 児童福祉 (welfare of the child) に必要なかぎりで親の責任 (parental responsibility) も与えられる; 1989年法で, それまでの安全な場所への移動命令 (place of safety order) に代わって導入; cf. CHILD ASSESSMENT ORDER, PLACE OF SAFETY ORDER, POLICE PROTECTION OF CHILDREN, SECTION 47 ENQUIRY》.

emérgency sèarch 緊急捜索《警察官が他人の生命・財産を護るためには, 令状を得る時間的余裕がなく即時の行動が必要と合理的に信じかつその蓋然的理由がある場合に行なう令状なしの捜索; ⇨ EMERGENCY DOCTRINE》.

em·i·grant /émɪɡrənt/ n 《他国・他地域への》(出国)移民, 移出者 (opp. *immigrant*). — a 《他国・他地域へ》(出国)移住する[移出する]の.

em·i·grate /éməgrèɪt/ vi 《他国・他地域へ》(出国)移住する, 移出する: ~ from Japan to Brazil. — vt 移住[移出]させる, …の移住を助ける.

em·i·gra·tion /èməgréɪʃ(ə)n/ n 《他国への》移住, 移民 (opp. *immigration*).

émi·gré, emi·gré /émɪgrèɪ, ˌ-ˈ-/ n 《政治的理由による》移住者, 亡命者. [F]

éminent domáin 公用収用権; 公用収用, 公用徴収《》政府またはこれに準ずるものが私人または別の政府の財産権を強制的に取得する権限またはその行使; cf. CONDEMNATION, EXPROPRIATION, TAKING》.

Éminent Domáin Clàuse [the ~] 〖米〗公用収用条項 (=Takings Clause)《正当な補償なしての公用収用を禁じた合衆国憲法第5修正のこと》.

em·is·sary /éməsèri/, -s(ə)ri/ n 使者,《特に》密使, 密偵, 間諜. — a 使者の, 密使の.

emis·sion /imíʃən/ n 1 放出, 放射. 2 放出物,《大気中への》放出物質, 排気, 悪臭, 騒音.

emit /imít/, ɪ-/ vt (-tt-) 1〈光・熱・煙などを〉放出[放射]する. 2〈紙幣・手形などを〉発行する;〈法令などを〉発布する.

emol·u·ment /ɪmáljəmənt/ n [ʊpl] 給与, 報酬,《職務上の》利得, 俸給, 賃金. [OF or L; 'payment for corn grinding' (L *molo* to grind) の意か]

Emóluments Clàuse [the ~] 〖米〗報酬条項《1) 合衆国の公職にある者の連邦議会議員となることの禁, および議員が在任中その間に新設あるいは報酬の増額された文官職に就くことの禁を定めた合衆国憲法第1編第6節2項のこと 2) 貴族の称号授与の禁止, および官職にある者の外国からの贈与・俸給・官職・勲章を受けることの禁を定めた合衆国憲法第1編第9節8節のこと; 2) は1) と区別して外国からの報酬条項 (Foreign Emoluments Clause) ともいう》.

e-money /íː ˌ-/ e マネー, 電子通貨《電子ネット上の通貨; electronic money の略; cf. E-CHECK》.

emótional distréss 感情的苦しみ[有害ストレス] (=mental anguish, mental distress, mental disturbance, mental suffering)《苦悶・屈辱・激怒・悲嘆・恐怖など他人の行動を原因とする極度に不快な精神的反応; cf. BODILY INJURY, MENTAL SHOCK, OUTRAGE, OUTRAGEOUS CONDUCT》. ▶ INFLICTION OF EMOTIONAL DISTRESS (感情的苦しみを加えること).

emótional insánity 情動精神障害[異常], 感情性精神錯乱《思慮能力は欠けていないが, 激しい感情的刺激によって惹起された精神障害 (insanity); cf. IRRESISTIBLE IMPULSE TEST》.

empanel ⇨ IMPANEL.
emparl ⇨ IMPARL.
emparlance ⇨ IMPARLANCE.

em·per·or /émp(ə)rər/ n 皇帝. ★ KING (国王) と区別する基準は必ずしも明確ではないが, 一般には king より上位にあると考えられている.

émphasis ádded 強調は引用者 (=émphasis supplíed)《引用の際など, そのうちの特定文言を斜体字にするなどして強調した場合の表示》.

em·phy·teu·sis /èmfət(j)úːsəs/ n 〖ローマ法・大陸法〗永借権, 永代賃借貸《不動産を一定の賃借料を支払って長期間借用する権利; ローマでは永久または100年, フランスでは99年まで; 賃借人には物権が付与され, 土地所有権に似ているので中世では準所有権と呼ばれていた》.

èm·phy·téu·tic a [Gk=implanting]

em·phy·teu·ta /èmfət(j)úːtə/ n (*pl -tae* [-tiː/] 〖ローマ法・大陸法〗永借人, 永借権者, 永代賃貸借権者[賃借人] (⇨ EMPHYTEUSIS). [L]

em·pire /émpaɪər/ n 1 帝国, 皇帝の領土. 2 皇帝権; 帝政; 絶対的支配権. [OF<L *imperium* dominion]

em·pir·i·cal /ɪmpírɪk(ə)l/ a 1 経験的な; 経験によって立証[反駁]できる. 2 経験主義の.

empírical stúdies of láw 経験法学《経験を基礎にした法学一般; 法社会学など》.

em·plead /ɪmplíːd, ɛm-/ vt, vi IMPLEAD.

em·ploy /ɪmplóɪ, ɛm-/ vt 1〈人を〉使用する, 雇用する, 雇う;〈人に仕事[職]を〉与える: ~ oneself [be ~ed] in…に従事する / the ~ed 被使用者, 雇い人, 労働者, 従業員, 使用人たち. 2〈道具・手段を〉用いる, 使用する (use). 3〈時・精力を〉費やす (spend).

em·ploy·ee,《米》**-ploye** /ɪmplɔ́ɪíː, ɛm-, ˌ-ˈ-ˈ/ n 被用者, 雇い人, 使用人, 従業員 (opp. *employer*) (cf. AGENT, INDEPENDENT CONTRACTOR, RESPONDEAT SUPERIOR, SERVANT). ▶ BORROWED EMPLOYEE (派遣被用者) / CHILD EMPLOYEE (年少被用者) / EMPLOYER AND EMPLOYEE (雇用関係) / EXEMPT EMPLOYEE (免除被用者) / FIXED-TERM EMPLOYEE (期限付き被用者) / LOANED EMPLOYEE (借入れ被用者) / SPECIAL EMPLOYEE (特別被用者) / STATUTORY EM-

PLOYEE (制定法上の被用者) / WILLFUL MISCONDUCT OF AN EMPLOYEE (被用者による故意の違法行為) / WOMAN EMPLOYEE (女性被用者).

employée bénefit plàn 《被用者[従業員]向けの年金・持株制度などの利益参加や貯蓄などの》被用者[従業員]福利制度《単に plan と略すこともある; cf. DEFINED BENEFIT PLAN, EMPLOYEE STOCK [SHARE] OWNERSHIP PLAN, EMPLOYEES' SHARE SCHEME, 401(K) PLAN, KEOGH PLAN, PENSION PLAN, PROFIT SHARING, RETIREMENT PLAN, SPLIT-FUNDED PLAN》.

Employée Retírement Ìncome Secúrity Àct [the ~]《米》被用者退職所得保障法, エリサ法《1974 年に制定された被用者の退職後の年金受給権保護および被用者福利制度 (employee benefit plan) のための連邦法; 略 ERISA》.

employée sháre ównership plàn《英》被用者[従業員]持株制度《略 ESOP》.

employees' invèntions pl《英》被用者の発明(品)《通常の雇用状態の中で被用者が発明した製品・装置・技術は, 1977 年の Patents Act (特許法) により雇用者に帰属する》.

employées' sháre schème 被用者利益配分制度《被用者が事業利益の一定割合の分配にあずかる制度; 持株制度が代表例》.

employée stóck ównership plàn《米》被用者[従業員]持株制度《略 ESOP》.

Employée's Withhólding Allówance Certíficate《米税制》被用者源泉徴収控除票 (= W-4 FORM).

emplóy·er n 雇用者, 使用者, 雇い主 (opp. employee) (cf. PRINCIPAL): ~s' organization 雇用者協会 (=EMPLOYERS' ASSOCIATION). ▶ ASSOCIATED EMPLOYERS (提携雇用者) / EQUAL OPPORTUNITY EMPLOYER (機会均等雇用者) / SPECIAL EMPLOYER (特別雇用者) / STATUTORY EMPLOYER (制定法上の雇用者).

emplóyer and employée《雇用者と被用者の》雇用関係《昔は MASTER AND SERVANT といった》.

emplóyer identificàtion nùmber《米》雇用者識別番号 (=TAX IDENTIFICATION NUMBER)《略 EIN》. ▶ FEDERAL EMPLOYER IDENTIFICATION NUMBER (連邦雇用者識別番号).

emplóyers' associátion 雇用者協会.

emplóyer's contribútion《英》被用者年金雇用者負担金《雇用者が被用者の年金のために負担する分担金》.

emplóyer's liability 雇用者責任《雇用者の責めに帰すべき理由に基づき被用者が事故災害をこうむった場合の雇用者の責任; 不法行為上の責任のみならず職場における安全性に関する制定法により損害賠償および処罰の対象にもなる; cf. DANGEROUS MACHINERY, DEFECTIVE EQUIPMENT, WORKERS' COMPENSATION》.

emplóyers' liability àct 雇用者責任法《被用者が就業中に傷害を負った場合の雇用者の責任と被用者への補償を規定した法律; 英国では 1880 年の制定後数次の改正があり米国でも同様の法律がある; cf. WORKERS' COMPENSATION LAW》.

emplóyers' liability insùrance 雇用者責任保険《**1**》労働者災害補償 (workers' compensation) 制度の下で補償対象にならない被用者の権利主張に対して雇用者を保障する保険 **2**》被用者がその過失により第三者になした権利侵害に対して雇用者が負うことになる責任を補償する保険》.

emplóy·ment n 雇用, 使用; 仕事, 職業 (cf. EMPLOYER AND EMPLOYEE, MASTER AND SERVANT). ▶ CASUAL EMPLOYMENT (臨時雇用) / CONDITIONS OF EMPLOYMENT (雇用条件) / CONTINUOUS EMPLOYMENT (継続的雇用) / CONTRACT OF EMPLOYMENT (雇用(契約)) / COURSE OF EMPLOYMENT (業務の執行) / FAIR EMPLOYMENT (公正雇用) / FULL EMPLOYMENT (完全雇用) / GAINFUL EMPLOYMENT (有給の職業活動) / HAZARDOUS EMPLOYMENT (高度に危険な労働) / INCIDENT TO EMPLOYMENT (雇用付随危険) / PERMANENT EMPLOYMENT (恒久的雇用) / PLACE OF EMPLOYMENT (雇用地) / SCOPE OF EMPLOYMENT (職務範囲) / SEASONAL EMPLOYMENT (季節的雇用) / SECURITY OF EMPLOYMENT (雇用の保証) / TEMPORARY EMPLOYMENT (一時雇用) / WRITTEN STATEMENT OF TERMS OF EMPLOYMENT (雇用条件明記書) / ZONE OF EMPLOYMENT (雇用領域).

Emplóyment Àct [the ~] 雇用法《**1**》《米》1946 年制定; 雇用機会の創出と維持, 経済成長の持続, 通貨購買力の安定のために連邦政府が最大限の努力をすべきこと, 大統領へ助言するための諸問題委員会の設立などを定めた連邦法 **2**》《英》特に 1989 年制定の法律; EC の基準に合わせて男女差別の禁止を強化し, 例えば女性にも地下での労働をなす権利を認めるなど職業教育から昇進まであらゆる段階における男女差別を禁じたもの》.

emplóyment àgency《民間の》職業紹介機関, 職業紹介所.

emplóyment and suppórt allówance《英》雇用・所得援助手当《健康・障害のため限定的就労能力しかない人に対する手当; 2007 年法で導入》.

Emplóyment Appéal Tribùnal [the ~]《英》雇用上訴審判所《雇用審判所 (employment tribunal) からの, 法律問題に限定されている上訴を管轄; 略 EAT》.

emplóyment at wíll 解約自由の雇用契約, 期間の定めのない雇用契約 (=hiring at will).

emplóyment bùreau 1《民間の》職業紹介機関, 職業紹介所 (employment agency). **2**《学校の》就職課.

emplóyment còntract《雇用者・被用者間の》雇用契約.

emplóyment exchànge《英史》職業安定所 (=labour exchange)《employment office の旧称》.

emplóyment òffice《英》職業安定所 (cf. EM-

PLOYMENT EXCHANGE, JOBCENTER).

Emplóyment Ríghts Àct 1996 [the ~]〖英〗1996年の雇用権利法《雇用上の個人の権利についてそれまでの諸立法を統合した1996年の統合立法》.

emplóyment tàx 雇用税《雇用関係を基礎にして課される税金》.

emplóyment tribúnal 〖英〗雇用審判所《1998年までは産業審判所 (industrial tribunal) と呼ばれていたもので, 余剰人員解雇の際の退職手当, 不公正解雇, 雇用条件など労使間の紛争を広く扱う裁判所; 通常は法廷ないし事務弁護士の裁判長が他の2名と共に構成される; 略 ET》.

em·po·ri·um /empɔ́ːriəm, ɪm-/ n (pl ~s, -ria /-riə/)《特に 海路運ばれた商品の》中央卸売市場;《各種店舗の集まった》商業中心地; 百貨店, 大店舗. [L<Gk (emporos merchant)]

em·pówer vt …に法的[公的]な権限[権限]を与える (authorize)⟨sb to do sth⟩; …に能力[資格]を与える (enable)⟨sb to do⟩. **~·ment** n

emp·tio /ém(p)ʃiòu/ n〖ローマ法・大陸法〗購入, 買い入れること. [L=buying]

émptio (et) ven·dí·tio /-(et) vendíʃiou/〖ローマ法・大陸法〗売買; 売買契約. [L=purchase (and) sale]

emp·tion /ém(p)ʃ(ə)n/ n〖ローマ法・大陸法〗購入, 買い入れ (purchase, buying); 購入権, 買い入れ権. ▶ COEMPTION (買占め) / PREEMPTION (先買〈き〉); 先買権; 専占).

emp·tor /ém(p)tər, -tɔ̀ːr/ n〖ローマ法・大陸法〗買主, 買手, 買方 (buyer). ▶ CAVEAT EMPTOR (買主が注意せよ). [L (empt- emo to buy)]

émpty-chàir defénse 空〈から〉椅子の防御《複数当事者がいる訴訟での審理戦術の一つで, 答弁取引 (plea bargaining) をしたもしくは審理前に示談の成立した被告に, または訴えられておらず当事者になっていない者に, すべての責めを押しつけること》.

émpty-chàir dóctrine 空〈から〉椅子の法理 (= ADVERSE-INTEREST RULE).

émpty-sùit defénse《口》無能役付けの防御《部下の権利侵害行為につき全く知らないと主張する上司の防御》.

EMS °European Monetary System 欧州通貨制度.
EMU °Economic and Monetary Union 経済・通貨連合◆°European Monetary Union 欧州通貨連合.
EN °Euro Norm 欧州規準.

en·able /inéib(ə)l, ɪn-/ vt 可能にする;⟨人など⟩に授権する,⟨手段・機会・権能などを与えて⟩…できるようにする⟨to do⟩;⟨機器などを⟩有効にする.

en·abl·ing /ɛnéib(ə)lɪŋ, ɪ-/ a 権能を付与する, 授権する.

enábling áct 授権制定法, 授権規定 (enabling statute).

enábling cláuse 授権条項.

enábling legislàtion 授権立法 (enabling statute).

enábling pówer 1 認可権限, 許可権限, 授権権限. **2** 権利帰属者[取得者]指名権 (=POWER OF APPOINTMENT).

enábling státute 授権制定法, 授権規定 (=enabling act, enabling legislation) (cf. DISABLING STATUTE).

en·act /ɛnǽkt, ɪn-/ vt⟨法律を⟩制定する,⟨法案など⟩法律にする, 立法(化)する;⟨…と⟩規定する, 定める⟨that⟩: as by law ~ed 法律の規定するとおり. **Be it ~ed by** …**that [as follows]**… …により次のとおり法律で定める…《ENACTING CLAUSE 冒頭の文言》. **en·ác·tor** n

enáct·ing cláuse 制定文言, 法律の書出し文言《典型的には, Be it enacted (by…) that [as follows]… 「(…により) 次のとおり定める…」 という文言になる》.

enácting wórds pl 制定文言 (=ENACTING CLAUSE).

en·ac·tion /ɛnǽkʃ(ə)n, ɪn-/ n ENACTMENT.

en·ac·tive /ɛnǽktɪv, ɪn-/ a 法律制定の, 立法権を有する.

enáct·ment n **1**《法律の》制定, 立法(化). **2** 制定法, 法律, 法律の規定.

en·ac·to·ry /ɛnǽktəri, ɪn-/ a **1** ENACTIVE. **2**《単に既存の権利義務を宣言するにとどまらず新しい権利・義務を創設する》法律制定の.

en autre droit /F ɑ̃ oːtr drwɑ/ IN AUTRE DROIT.
en banc, en bank /ɪn bǽŋk; F ɑ̃ bɑ̃/ adv, a IN BANC. [F =on the bench]
en bánc sítting =IN BANK SITTING.
en bloc /ɪn blák; F ɑ̃ blɔk/ adv 全部まとめて, 一括して, ひとまとめにして. — a ひとまとめの. [F]

en·clave /ɛ́nklɪv/ n **1** 包領《他国の領土に囲まれた領土; これを取り囲む国の立場から用いることば; cf. EXCLAVE》. **2** 飛び地.

enclósed lánd 囲い地.

en·clo·sure /inklóuʒər, ɛn-/ n **a** 囲いをすること;〖英史〗《共有地・入会地の》囲い込み, エンクロージャー. **b** 囲い地; 囲い《柵・塀など》;〖英〗《競技場などの》特定の観客のための観覧席. **c**《修道院などの外界との交通遮断区域である》禁域; 禁域制度. **2** 封入; 同封の物, 封入物; 閉じ込めること. [AF and OF]

en·cour·age /inkə́ːridʒ, ɛn-, -kɑ́r-; -kǽr-/ vt 元気づける; 励ます, 奨励する (cf. AID AND ABET).

en·croach /inkróutʃ, ɛn-/ vi **1** 蚕食する, 侵略する, 侵犯する⟨on a neighbor's land⟩. **2** 侵害する⟨on another's rights⟩.

encróach·ment n **1** 蚕食, 侵略(地), 侵犯; 不法拡張, 侵害. **2** 権利の不法侵害.

en·cum·ber /inkʌ́mbər, ɛn-/ vt **1** じゃまする, 妨げる; ふさぐ. **2**⟨重荷を人に⟩負わせる,⟨債務を人に⟩負わせる⟨with debts⟩;⟨他人の権利主張を不動産に⟩負担させる: ~ an estate with mortgages.

en·cum·brance /ɪnkʌ́mbr(ə)ns, en-/ *n* 土地に対する負担《地役権・譲渡抵当権など》. ▶ COVENANT AGAINST ENCUMBRANCES（負担不存在保証約款）/ COVENANT FOR FREEDOM FROM ENCUMBRANCES（負担不存在保証約款）/ FREEDOM FROM ENCUMBRANCE（負担不存在）/ JUNIOR ENCUMBRANCE（後順位の土地に対する負担）/ REGISTRATION OF ENCUMBRANCES（土地に対する負担の登録）.

en·cúm·branc·er *n* 土地に対する負担の権利者《例えば譲渡抵当権者》.

en·dán·ger *vt, vi* 危険にさらす[陥らせる], 危うくする.

endángered spécies 《生物》絶滅危機種（cf. CANDIDATE SPECIES, THREATENED SPECIES）.

en·dán·ger·ment *n*《人またはものを》危険にさらすこと[行為], 道路利用者を危険にさらすこと《特に走行中の車からの物の投げ捨てなど》. ▶ CHILD ENDANGERMENT（児童を危険にさらすこと）/ RECKLESS ENDANGERMENT（未必の故意ないしは認識ある過失による生命・身体危険罪）.

en·den·i·za·tion /ɪndènəzéɪʃ(ə)n, en-/ *n* 1《古》国籍付与, 市民権付与. 2《米》外国人居住者（denizen）としての認定.

en·dénizen *vt* 1 …に国籍を付与する, …に市民権を与える, 帰化させる. 2《米》外国人居住者（denizen）として認める（⇒ DENIZEN）.

énd·nòte *n*《本の脚注（footnote）ではなく》巻末[章末]の注.

en·dorse, in- /ɪndɔ́ːrs/ *vt* 1《手形・文書など》に裏書する; 裏書譲渡する. 2《英史》《召喚令状に請求の趣旨[原因]を記載する. 3 署名する, 署名して確認[保証]する. 4 保証する. ~ in BLANK.

en·dor·see, in- /ɪndɔːrsíː, -´-´/ *n*《手形・小切手などの》被裏書人,《裏書》譲受人.

endorsée in dúe cóurse 正当な被裏書人.

en·dórse·ment, in- *n* 1 裏書きすること, 裏書; 裏書条項《特に流通証券に使われるが, それに限らず, 例えば保険証券記載内容の変更の確認のためなどに, 証書・書類一般に用いる》. ▶ ACCOMMODATION ENDORSEMENT（融通裏書）/ ANOMALOUS ENDORSEMENT（変則的裏書）/ BLANK ENDORSEMENT（白地(式)裏書）/ CONDITIONAL ENDORSEMENT（条件付き裏書）/ FULL ENDORSEMENT（記名式裏書; 不規則裏書）/ GENERAL ENDORSEMENT（白地(式)裏書）/ IRREGULAR ENDORSEMENT（不規則裏書）/ QUALIFIED ENDORSEMENT（条件付き裏書; 無担保裏書）/ RESTRICTIVE [RESTRICTED] ENDORSEMENT（制限的裏書）/ SPECIAL ENDORSEMENT（記名式裏書; 請求の記載）/ TRUST ENDORSEMENT（信託裏書）/ UNAUTHORIZED ENDORSEMENT（無条件裏書）/ UNQUALIFIED ENDORSEMENT（無条件裏書）/ UNRESTRICTIVE ENDORSEMENT（無限定[無条件]裏書）. 2 保証, 確認;《保証・確認の》署名. 3《英》運転免許証裏書（endorsement of driving license）.

endórsement after matúrity 満期後裏書.

endórsement before dúe 満期前裏書.

endórsement for accóunt of 取立て委任のための裏書.

endórsement for cléaring hóuse pùrpose ónly 手形交換のための裏書.

endórsement in blánk 白地(式)裏書（= BLANK ENDORSEMENT）.

endórsement of addréss《英史》《召喚令状（writ of summons）における》住所記述.

endórsement of cláim《英史》《召喚令状（writ of summons）裏面における》請求の記載（= special endorsement）.

endórsement of dríving lìcense《英》運転免許証裏書《交通違反で有罪決定されたことの詳細がその違反点数（penalty point）と共に運転免許証上に記載される手続き, またはその記事; 単に endorsement ともいう》.

endórsement of sérvice《英史》《令状の》送達済みの記載.

endórsement of wrìt《英史》召喚令状（writ of summons）裏書き.

en·dórs·er, in- *n*《手形・小切手などの》裏書人. ▶ ACCOMMODATION ENDORSER（融通裏書人）.

en·dow /ɪndáu, en-/ *vt* 1《学校・病院・人など》に基金を寄付する. 2《史》寡婦産を分与する. 3 [*pass*]《人》に賦与する, 授ける;《資質など》が…にあると考える〈*with*〉. [AF *en-*, DOWER]

en·dow·ment /ɪndáumənt, en-/ *n* 1 寄付行為;（基本）寄付財産, 基金, 基本財産. 2《史》《寡婦産》分与（= indument）. ▶ FINE FOR ENDOWMENT（寡婦産分与許可料）. 3 [*pl*]（天賦の）資質.

endówment insùrance [assùrance] 養老保険.

endówment mòrtgage 養老保険担保付き譲渡抵当.

endówment pòlicy 養老保険(証券[契約]).

énd posìtion《契約締結の》最後の立場《再交渉するか否かなどの選択肢を含めて, 契約締結の際の最後の法的・財政的立場》.

endúring pówer of attórney《英史》継続的効力をもつ委任状《授権者本人がその後無能力となった場合も継続的効力を有した; 2005年法で廃され, 代わりに持続的効力をもつ委任状（lasting power of attorney）が2007年から導入されている; 米国では類似の委任状を DURABLE POWER OF ATTORNEY という; cf. ADVANCE DECISION (TO REFUSE TREATMENT), ADVANCE DIRECTIVE, LIVING WILL, NATURAL DEATH ACT, RIGHT TO DIE》.

énd ùser《生産物の》最終使用者, 最終消費者, エンドユーザー.

en·e·my /énəmi/ *n* 敵対者, 敵, 敵国人; [the ~, 〈*sg/pl*〉] 敵, 敵軍, 敵艦隊, 敵国: an ~ of freedom 自由の敵 / an ~ of faith 信仰の敵. ▶ ALIEN ENEMY

(敵性外国人) / PUBLIC ENEMY (社会の敵; 敵国). [OF<L (*in-*¹, *amicus friend*)]

énemy álien 敵性外国人 (＝ALIEN ENEMY).

énemy's próperty 《国際法》**1** 敵産, 敵国財産《敵国の公有財産および敵国民の私有財産》. **2** 敵貨《敵国との違法な取引に関わる財産で, 敵国の公有財産であろうと敵国民の私有財産であろうと問わない》.

en·feoff /ɪnféf, -fíːf, ɛn-/, **in-** /ɪn-/ vt 〈人に封(土)を与える, 封を譲渡する, 授封[下封]する. [AF]

enféoff·ment, in- n 《史》**1** 封の譲渡(行為) (infeudation). **2** 譲渡された封, 封(土). **3** 封譲渡証書. ★ feoffment ともいう.

en·fórce vt 〈権利・法などを〉実現する, 〈法令を〉実施[施行]する, 〈法律などを〉守らせる, 強行する; 強制する: ～ the terms of a contract.

enfórce·able a 実施[強制]できる; 強制執行しうる, 強行可能な, 〈法的に〉実行可能な, 履行を強制できる. **enfórce·abílity** n

en·fórced a 強制的な: ～ insurance 強制保険 / ～ education 義務教育. **en·fórc·ed·ly** /-sədli, -stli/ adv

enfórce·ment n 実現, 実施; 施行, 執行; 強制, 強行. ▶ LAW ENFORCEMENT (法の執行; 刑事法執行学) / SELECTIVE ENFORCEMENT (恣意的・選択的執行) / SPECIFIC ENFORCEMENT (特定の実現).

enfórcement àction 《国連》強制措置《国際連合憲章 (Charter of the United Nations) の下で, 集団的安全保障 (collective security) 強制のために安全保障理事会 (Security Council) が武力行使に訴えた国家に対して制裁として発動する組織的強制措置で, 経済制裁などの非軍事的強制措置から軍事的強制措置である》.

enfórcement nòtice 《英》《都市田園計画法 (Town and Country Planning Act) 違反に対し一定期間内に是正措置をとるよう命ずる》是正通知 (cf. STOP NOTICE).

enfórcement of fóreign júdgment 外国[他州]判決執行.

Enfórcement of Fóreign Júdgments Àct [the ～] 《米》他州判決執行法 (⇒ UNIFORM ENFORCEMENT OF FOREIGN JUDGMENTS ACT).

enfórcement of júdgment 判決の執行.

enfórcement pòwer 《米》実施権限《特定の合衆国憲法の修正条項をそれに適した立法によって実施するための連邦議会の権限; 合衆国憲法第 13, 14, 15, 19, 23, 24, 26 修正で明示的に付与している》.

en·fran·chise /ɪnfrǽntʃaɪz, ɛn-/ vt **1 a** 〈人に〉公民権[参政権, 選挙権]を与える, 公権を付与する (cf. EMANCIPATE). **b**〈一定地域に〉議会議員選出権を与える, 〈一定地域を〉選挙区にする. **2** 釈放する; 〈奴隷・農奴などを〉解放する, 自由民とする. **3**《史》謄本保有不動産(copyhold) などを〉自由土地保有権に基づき保有されている土地 (freehold) に変える, 自由土地保有権化する.

[OF *en-* (*franchir*＜FRANK)]

enfránchise·ment /-tʃəz-, -tʃaɪz-/ n **1** 公民権[参政権, 選挙権]の付与, 特権[公権]付与. **2** 釈放;《奴隷・農奴などの》解放. **3**《史》自由土地保有権化. ▶ COLLECTIVE ENFRANCHISEMENT (集団的自由土地保有権化) / LEASEHOLD ENFRANCHISEMENT (定期不動産賃借権の自由土地保有権化).

enfránchisement of cópyhold 《史》謄本保有権の自由土地保有権化.

enfránchisement of ténancy 《英》借家の買取りないしは賃借期間の延長《一定の借家人にはその権利が与えられている》.

en·gage /ɪngéɪdʒ, ɛn-/ vt **1 a** [ᵁpass/rflx] 契約[約束]で拘束する; 保証する 〈to do, that〉: I am ～d for tomorrow. 明日は(他に)約束がある / ～ oneself to do …することを契約[約束]する. **b** [ᵁpass/rflx] 婚約させる 〈to〉: I am ～d to her. 彼女と婚約中である / ～ oneself to a girl ある娘と婚約する. **c** 雇う (hire); 〈部屋・席を〉予約する: The seat is ～d. 予約済み / ～ the best criminal lawyer 最良の刑事弁護士を雇う. **2** [ᵁpass/rflx] 従事させる (occupy): be ～d in (doing) sth あることに従事している / have one's time fully ～d 時間がふさがっている / ～ oneself in…に従事する. — vi **1** 契約する, 約束する, 請け合う, 保証する 〈for success etc.〉. **2** 従事する, 携わる, 乗り出す 〈in controversy〉; 参加する〈in〉; 交戦する〈with〉. **en·gág·er** n [F (GAGE)]

engáge·ment n **1**《会合などの》約束, 合意, 契約; 婚約;《芸能人などの》契約(期間): a previous ～ 先約 / make an ～ 約束[契約]をする / be under an ～ 契約がある / break off an ～ 解約する, 破談にする / break an ～ to do …する約束を破る. **2** [pl]《金銭上の》債務: meet one's ～s 債務を弁済する.

engágement slìp 《米》別件先約覚書《弁護士から裁判所に提出される覚書で, 指定された日程は別件で別の法廷に先約があるゆえ出廷できない旨を知らせるもの》.

engágement to márry 婚約.

engáging in séxual actívity in the présence of a child 《英》子供の前で行なう性行為《18 歳を超えた者が 16 歳未満の子供の前で行なう性行為は 2003 年法上犯罪となる; ただし子供が 13 から 16 歳未満である場合に, 行為者が 16 歳を超えていると誤認した場合は, その判断が正当かつ合理的であれば免責される》.

Engel v. Vitale (1962) エンゲル対ヴィターリ事件 (1962 年)《公立学校での祈祷に関して, 神の祝福を祈るだけの非宗派的な祈祷をも合衆国憲法第 1 修正に反し違憲であるとした合衆国最高裁判所判例; cf. SCHOOL PRAYER》.

englecery, engleschire, englescherie, engleceria n 《廃》ENGLISHRY.

Énglish Chúrch [the ～] イングランド教会, 英国国教会, (英国)聖公会 (Church of England).

Énglish rúle 英国準則《敗訴者が勝訴者の訴訟費

用・弁護士報酬を支払わねばならないという原則; cf. AMERICAN RULE).

Énglish·ry *n* イングランド人たること (⇨ PRESENTMENT OF ENGLISHRY). ► PRESENTMENT OF ENGLISHRY (イングランド人の開示).

Énglish síde 〘英史〙英語部門《中世後期以後 大法官 (Lord Chancellor) に対して, コモンロー上は救済されないが救済を受けるに値すると考える者が請願を提出し, 大法官はこれに応えて衡平 (equity) の見地から救済を与えることが徐々に増えてきた; この請願およびその処理は非公式なもので正規のラテン語ではなく英語が用いられたので, このように呼ばれた; ここからエクイティー (equity) が発展する; cf. LATIN SIDE).

en·gross /ɪnɡróus, en-/, **in-** /ɪn-/ *vt* **1 a** ⟨注意・時間を⟩奪い去る; ⟨話などを⟩独占して人にものを言わせない. **b** ⟨権力・市場を⟩独占する, ⟨商品を⟩買い占める (monopolize). **2 a** ⟨文書を⟩大きな字で書く, ⟨公文書などを⟩清書[浄書]する, 正式書式で書く, 正式に法文化する (cf. COURT HAND, ENROLL). **b** 執行のために⟨証書などの⟩写しを用意する. **c** 立法府での採決のために⟨法案などの⟩写しを用意する. **~·er** *n* ［AF; *en in*, *grosse* large writing と *en gros* wholesale から］

en·gróssed bíll 〘米〙正式法文化法案, 浄書法案《(1) 立法府(の一院)を最終的に通過する形に整えられた法案 (2) 議会の一院を通過して立法府の役人により認証された法案; cf. ENROLLED BILL).

en·gróss·ing, in- /ɪn-/ *n* **1** 〘史〙買占め《英国では 1843 年法により犯罪ではなくなった). **2** 正式書式で書くこと, 正式に法文化すること (⇨ ENGROSS, ENGROSSED BILL).

en·gróss·ment *n* **1 a** 正式の字体・書式で清書すること, 浄書, 正式に法文化すること. **b** 清書した文書, 浄書物, 正式書式で書かれた文書, 正式に法文化されたもの［法案］(⇨ ENGROSSED BILL). **2** 《投機目的での》買占め.

engróssment pàper 裁判所正式文書用用紙.

en·hance /ɪnháens, en-, ʰ-háːns/ *vt* ⟨価値・質などの点で⟩高める, 増大する; 加重する; ⟨価格を⟩上げる. — *vi* 高まる, 増す. **~·ment** *n* **en·hánc·er** *n* ［AF＜Romanic (L *altus* high)］

eni·tia [eni·cia] pars /ɛnífiɑ páːrz, ɪ-/ 〘史〙長姉分《相続人が女子のみのとき, 相続財産共有 (coparcenary) となったが, 共同相続財産を合意で分割するとき, 優先権をもつ長姉が選択した取得分; cf. ESNECY).

en·join /ɪndʒɔ́ɪn, en-/ *vt* **1** 申し付ける, 強いる; 命令する, 要求する⟨sb to do, that it should be done⟩. **2** 禁ずる, ...を差止命令 (injunction) を出す⟨sb from doing⟩. **~·able** *a* **~·er** *n* **~·ment** *n* ［OF＜L *in-(jungo* to join)=to attach］

en·join·der /ɪndʒɔ́ɪndər, en-/ *n* **1** ⟨権力などによる⟩要求, 命令. **2** 命令による禁止.

en·joy /ɪndʒɔ́ɪ, en-/ *vt* **1** 享楽する, 楽しむ. **2** 享受する, 享有する.

en·joy·ment /ɪndʒɔ́ɪmənt, en-/ *n* **1** 《権利の》行使, 享有, 享受 (cf. RIGHT OF USE, USUFRUCT). ► ADVERSE ENJOYMENT (敵対的行使) / BENEFICIAL ENJOYMENT (自己のための享受) / PRESENT ENJOYMENT (現有) / QUIET ENJOYMENT (平穏享有). **2** 享楽, 楽しみ.

enjóyment of lífe 人生享受, 人生の楽しみ.

en·lárge *vt* **1** ⟨土地などを⟩大きくする, 拡大する, 拡張する; ⟨期間を⟩延長する. **2** 解き放す, 釈放する. **~·ment** *n* 拡大, 拡張; 延長; 解放, 釈放. ［OF (LARGE)］

enlárgement of tíme 期間延長.

en·líst·ment *n* 《志願による》兵籍編入. ► FOREIGN ENLISTMENT (外国の軍隊に籍を置くこと).

en masse /F ã mɑs/ *adv* 集団で, ひとまとめに(して), 全部いっしょに, 全般的に. ［F］

Énoch Árden làw [stàtute] イーノック・アーデン法[制定法]《夫あるいは妻が一定期間 (通例 5 あるいは 7 年) 行方不明の場合, 離婚・失踪宣告を認め再婚を可能にする法; イーノック・アーデンは英詩人 Alfred Tennyson の物語詩 (1864) の主人公名; cf. PRESUMPTION OF DEATH, SEVEN-YEARS'-ABSENCE RULE).

enorm /ɪnɔ́ːrm/ *a* 《古》**1** ⟨犯罪などが⟩極悪非道の; 異常な. **2** 厖大な.

En.P.A. 〘英〙°Environmental Protection Act 環境保護法.

enquest ⇨ INQUEST.

enquire ⇨ INQUIRE.

enquiry ⇨ INQUIRY.

en·rích·ment *n* 富ませること, 豊かにすること; 利益を得ること, 利得. ► UNJUST ENRICHMENT (不当利得).

en·roll, -rol /ɪnróul, en-/, **in-** /ɪn-/ *vt* (**-ll-**) **1** 名簿に記載する, 登録する; 会員にする⟨in⟩; 兵籍に入れる. **2** (cf. ENGROSS) **a** 記録する; *(可決された法案を)*登録する. **b** ⟨証書などを⟩裁判所記録として保管する. — *vi* 登録する. **en·rólled** *a* ［OF］

enrólled bíll 〘米〙登録法案《例えば, 米国議会の上院と下院を通過しそれぞれの議長により署名され大統領の承認を得るための最終法案; 制定法の証拠として保管される; cf. ENGROSSED BILL).

enrólled bíll rùle 〘米〙登録法案の準則《方式化され登録された法案は正確に立法府の意図した通りのもので絶対的に真実のものであるとみなされ, したがってその内容・文言・作成手続きにつき一切の異議申立てを許さないという原則).

enrol(l)·ment, in- *n* **1** ⟨公文書・法律文書などの⟩登載, 登記, 記録. **2** 入学, 入会, 入隊. **3** 登録簿, 登記簿, 登録者名簿, 登録(者)数.

enróllment of véssels 船舶登記《沿岸・内水航行で使用される船舶の記録と証明; 外国との通商用の船舶については登録 (registration, registry) と区別して用いられている; ⇨ REGISTRY).

en·séal /ɪn-, en-/ *vt* 《古》捺印する.

ens le·gis /ɛnz líːdʒɪz/ 法的実体《自然人に対しての法

人のような法の人工的創造物）．[L=an entity of the law]

en·sure /ɪnʃúər, en-, ‖-ʃɔ́ːr/ vt **1** 確実にする；保証する，請け合う．**2** 安全にする．**3** 保険をかける．[AF; ⇨ ASSURE]

en·tail /ɪntéɪl/ vt **1** 必然的に伴う；必要とする，内含する．**2**〈不動産〉の相続を直系卑属に限定する；限嗣相続の形で譲与する〈on sb〉；限嗣封土[不動産]権を設定する (cf. FEE TAIL). — n 限嗣封土権[不動産権]；限嗣相続，継嗣限定；限嗣相続財産：bar the ~ 限嗣封土権を廃除する / cut off the ~ 限嗣封土権を廃除する．▶ BARRING OF [THE] ENTAIL (限嗣封土権廃除) / BREAKING OF ENTAIL (限嗣封土権廃除) / DISENTAIL (限嗣封土権廃除) / QUASI ENTAIL (準限嗣封土権).
~·able a en·táiled ~·er n ~·ment n 限嗣相続，継嗣限定．[en-, AF TAIL]

entáiled estáte 限嗣不動産権 (=FEE TAIL).

entáiled ínterest 限嗣権 (=interest in tail).
▶ BARRING OF ENTAILED INTEREST (限嗣権の廃除).

en·tente /ɑːntɑ́ːnt/ n **1** 相互理解，協調；協商《条約ほど正式でなく同盟よりもゆるい国家間の親善関係の約束；cf. ALLIANCE, DETENTE). **2** 協商国《集合的》．[F=understanding; ⇨ INTENT]

enténte cor·diále /-kɔ̀ːrdjɑ́ːl/ [°E- C-] 和親協商《特に：**1)** 1904 年英国とフランスの間で結ばれた英仏協商 **2)** 1907 年の英仏露三国間の三国協商．[F=cordial understanding]

en·ter /éntər/ vt **1** …にはいる (come [go] into); 立ち入る，侵入する，占取する．▶ BREAKING AND ENTERING (不法〔目的〕侵入). **2 a** …の一員となる (join), …に参加する．**b** 入会させる，参加させる．**3 a**〈名前・日付などを〉書き入れる，記入する；〈取引などを〉記帳する (record); 登録する (register): ~ an appointment in [into] the diary 日記に面会約束を記入する．**b**〈訴訟を〉提起する〈against〉；〈法廷に〉提出する；〈船・船荷を〉税関に申告する；*〈いまだ特定の個人のものになっていない公有地〉の所有[占有]を申請[登録]する：~ a protest《英貴族院》少数意見書を作成し議事録に掲載する，《一般に》異議を申し立てる，抗議する．~ a bid for …に（紙に書いて）入札する．~ a caveat 予告登記 (caveat) をする[申請する]. ~ appearance〈被告が防御のために〉《出廷登録手続きを経て》出廷する，出廷手続きをする．~ judgment for …に勝訴の判決を下す．~ into **(1)**〈仕事・談話・交渉などを〉始める，従事する：~ into negotiations with a big firm. **(2)**〈詳細に〉立ち入る，取り扱う．**(3)**〈関係・契約などを〉結ぶ：~ into a partnership with a friend / ~ into a contract. **(4)**〈勘定・計画などの中に〉はいる，…に加わる．~ on [upon] …〈問題を〉取り上げ，…を始める；〈土地に〉立ち入る：~ upon one's duties 就任する．~ up 正式に記帳する；〈裁判〉記録に載せる．~·ing n 記入，記帳；登録．[OF < L (intra within)]

éntering júdgment 判決登録《民事訴訟で判決言い渡し後にその判決が正式に裁判所に登録されること》．

en·ter·prise /éntərpràɪz/ n 企て；企業，事業，企画；企業経営：run a mail order ~ メールオーダーの事業を営む / ~ goodwill のれん / ~ value 企業価値．
▶ BUSINESS ENTERPRISES (企業組織法) / CONTINUITY OF BUSINESS ENTERPRISE (企業の継続) / FREE ENTERPRISE (自由企業〔制〕) / GIFT ENTERPRISE (抽選式分配商法，懸賞付き商法) / GOVERNMENTAL [GOVERNMENT] ENTERPRISE (政府事業) / JOINT ENTERPRISE (共同犯行，共同不法行為；合弁事業，非営利的合弁事業) / MINORITY BUSINESS ENTERPRISE (少数民族系企業) / PRIVATE ENTERPRISE (私企業).

Énterprise Invéstment Schéme [the ~]《英》新企業投資促進計画《非上場会社への投資を促進するため特に税制上の優遇措置を定めた計画で，1993 年までの類似の新企業育成計画 (Business Expansion Scheme) にとって代わったもの；cf. BUSINESS EXPANSION SCHEME; 略 EIS.

énterprise liabílity 1 製造産業全体に対する製造物責任《危険ないし欠陥製品を製造した責任をその製品製造産業のすべての企業に市場占有率に応じて課す責任；cf. MARKET SHARE LIABILITY). **2** 企業刑事責任《社会生活維持ルール違反罪 (public-welfare offense) や制定法が特に定めたものなどの一定犯罪に対する企業の刑事責任》．

énterprise zòne《英》産業振興地域，都市再活性化区域，企業〔誘致〕地区《減税などの特典によって私企業を誘致し雇用機会の増加をはかることを定めた地域；cf. SIMPLIFIED PLANNING ZONE).

en·ter·tain /èntərtéɪn/ vt **1** もてなす，歓待する；楽しませる，慰める．**2**〈申し出などを〉受け入れる，考慮する；〈動議などを〉取り上げて審議する．[ME=to hold mutually < F < Romanic (teneo to hold)]

entertáin·ment n **1** 慰み，娯楽；催し物，演芸，芸能，興行．**2** 接待，歓待，もてなし，宴会．**3**《申し出などの》受入れ，顧慮，検討，《動議などを》取り上げて審議すること．

entertáinment expénse 接待費，交際費．

entertáinment láw 娯楽産業法《映画・音楽など娯楽産業に関する法；その契約・知的財産権などを含む》．

en·tice /ɪntáɪs, en-/ vt 誘う，誘惑する，そそのかす．[OF=to incite (L *titio* firebrand)]

entíce·ment n **1** 誘惑；誘惑物，心をひくもの，餌 (allurement). ▶ ACTION OF ENTICEMENT (誘惑訴訟). **2 a** 子供の誘惑 (=ENTICEMENT OF (A) CHILD). **b**《史》誘惑訴訟 (=ACTION OF ENTICEMENT).

entícement of (a) chíld 子供の誘惑《違法な性行為を犯す意思をもって子供を自動車・建物・部屋その他隔離された場所に入るよう誘ったり，説得したり，あるいはそうするよう試みること，またはその犯罪；単に enticement ともいう》．

en·tire /ɪntáɪər, en-/ a **1** 全体の；全くの (utter), 完全な．**2**〈契約・約束など〉分割[分離]しえない，不可分の (cf.

DIVISIBLE, SEVERABLE).

entire-agréement clàuse 1 完全合意条項 (=INTEGRATION CLAUSE). **2** 全合意事項包含条項 (=entire-contract clause)《保険契約条項の一つで, 被保険者と保険者間の合意事項すべてが契約書に盛り込まれている旨記述してあるもの》.

entíre cóntract 不可分契約 (=INDIVISIBLE CONTRACT) (cf. ENTIRETY OF CONTRACT).

entíre-cóntract clàuse =ENTIRE-AGREEMENT CLAUSE.

entíre-cóntroversy dòctrine 全体論争の法理《原告あるいは被告が, ある訴訟において争いとなっている事柄に関連する請求あるいは防御のすべてを主張しない場合には, 後の訴訟においてその請求あるいは防御を主張する権利を失うという原則; cf. COMPULSORY COUNTERCLAIM, RES JUDICATA》.

entíre dáy 一日《真夜中の 0 時に始まる 24 時間》.

entíre ínterest 完全な権利, すべての権利・権益 (cf. FEE SIMPLE).

entíre ténancy《一人の人による》(不動産)単独保有 (cf. JOINT TENANCY, TENANCY BY (THE) ENTIRETY [ENTIRETIES], TENANCY IN COMMON).

entíre·ty *n* **1** 完全, 全体, 全部; 全体性, 不可分性 (⇨ ENTIRETY OF CONTRACT): hold a property *in* ~. **2** [-ies]《分割でない》全部保有, 夫婦全部保有. **by (the) ~ [entireties]** 夫婦全部保有で. ▶ ESTATE BY (THE) ENTIRETY [ENTIRETIES] (夫婦全部保有不動産権) / TENANCY BY (THE) ENTIRETY [ENTIRETIES] (夫婦全部保有(不動産権)) / TENANT BY (THE) ENTIRETY (夫婦全部保有不動産権者).

entírety of cóntract 契約の不可分性[全体性]《契約の各条項が相互に不可分に関係しており, 効力について全体が運命を共にすること; opp. *severability of contract*; cf. ENTIRE CONTRACT》.

entíre úse 妻の特有ユース (=separate use) (⇨ SEPARATE ESTATE).

en·tí·tle /ɪntáɪtl, en-/ *vt* **1 a** …に権利を与える, 権原(title)を付与する, 資格を付与する. **b**《教会》〈人〉に聖職位を授ける, 叙階する. **2** …に表題を付ける. [AF<L (TITLE)]

entítle·ment *n* **1**《利益または権利を受ける》資格, 権利; 受給権. ▶ PENSION ENTITLEMENT (年金受給権, 年金(額)). **2** ENTITLEMENT PROGRAM.

entítlement prògram 受給資格者対象事業《法で定めた資格を有する者に財政援助やサービスを提供する政府の事業の総称; 社会保障, 食券給付, 農業上の価格保証などが例; 単に entitlement ともいう》.

en·ti·ty /ɛ́ntəti/ *n* **1** 存在(物), 実在(物); 実体;《構成員とは別人格を有する》**法主体** (cf. ARTIFICIAL PERSON): a business ~ 企業実体, 事業体. ▶ CORPORATE EN-TITY (法人格) / LEGAL ENTITY (法的実在[主体]) / PUBLIC ENTITY (公的法主体). **2**《属性に対して》本質. [F or L]

éntity assùmption 別の法主体推定《企業はその所有者や他の企業から別の単位であるという推定》.

éntity thèory of pártnership 組合法主体説《組合 (partnership) はそれを構成する組合員 (partner) とは別個の法的実在の法主体であるという理論; cf. AGGREGATE THEORY OF PARTNERSHIP》.

éntrance fèe 入場料; 入会金,《特に》労働組合入会費.

en·tráp *vt* わなにかける.

en·tráp·ment *n* わなにかけること; わな, おとり捜査, わなの抗弁 (=defénse of ~)《》捜査員が犯意のなかった者を誘発して罪を犯させること; 時に 罪状軽減の理由もしくは訴追に対する抗弁事由とされ, この抗弁を'わなの抗弁'というが, この抗弁そのものを指す場合もある; cf. AGENT PROVOCATEUR, DECOY, HYPOTHETICAL-PERSON DEFENSE, SHERMAN-SORRELLS DOCTRINE》: plead ~.

en·trénch *vt* 確固たるものにする, 確立する,〈守りを〉強固にする, 安泰にする.

en·trénched clàuse [provísion] 硬性条項[規定]《改正には特別の議決などの要件が定められている法律などの条項・規定》.

entrénched constitútion 硬性憲法《改正手続きが一般の法律の改正手続きより厳格な憲法》.

entrepreneúrs' relìef《英税制》企業家減免《個人が営業資産 (business asset) を処分して得た利得に対する資本利得税 (capital gains tax) の減免措置; 2008年法により逓減減免 (taper relief) に代わって導入されている; 最初の 100 万ポンドまでの利得の課税対象は 4/9 に減ぜられるというもの》.

en·trúst *vt* 委ねる, 任せる; 委託する, 預託する, 委任する.

en·trúst·ment *n* 委任, 委託, 預託. ▶ NEGLIGENT ENTRUSTMENT (不注意預託).

en·try /ɛ́ntri/ *n* **1 a** はいること, 入場; はいる自由[権利], 特権;《外国人の》入国. **b**《建物への》通路. **c**《土地・家屋への》**立入り(権)**, 侵入, 土地占有, 家宅侵入. ▶ ACTUAL ENTRY (現実の立入り) / BREAKING AND ENTRY [BREAK AND ENTRY] (不法(目的)侵入) / ILLEGAL ENTRY (違法侵入(罪); 違法入国) / LAWFUL ENTRY (合法的立入り; 適法な立入り) / MINERAL ENTRY (鉱物採掘権) / OPEN ENTRY (公然たる立入り) / RIGHT OF ENTRY (立入り権; 入国権) / TITLE OF ENTRY (立入り権原) / UNLAWFUL ENTRY (不法侵入; 不法入国) / VIOLENCE FOR SECURING ENTRY (家屋敷立入り確保のための暴力使用(罪)). **2** 不動産占有(の自力)回復; **不動産占有回復令状[訴訟]** (writ of entry). ▶ FORCIBLE ENTRY (暴力による不動産占有侵奪(回復訴訟)) / REENTRY (不動産占有回復) / RIGHT OF ENTRY (不動産占有回復権; (不動産権の)終了権) / WRIT OF ENTRY (不動産占有回復令状[訴訟]). **3** 記入, 記帳, 登録, 登記;《裁判所への》**提出・登録**; 記載事項: make an ~ (*of an item*) (事項を)記入[登録]する. ▶ BOOK ENTRY (登録) / BUSINESS ENTRY (業務上の記

載)／CONTRA ENTRY (相対記入)／DOUBLE ENTRY (複式簿記)／POSTENTRY (追加記入)／SINGLE ENTRY (単式簿記). **4**《税関での》《船[船荷]の》申告(書類);《船荷の》通関. ▶BILL OF ENTRY (輸入貨物明細申告書, 輸出入貨物明細申告書)／FREE ENTRY (無税輸入申告)／PORT OF ENTRY (通関地). **5** 参加, 加盟; 参加者名簿: a developing nation's ~ into the UN 発展途上国の国連加盟. **no** ~ 立入［進入］禁止. [OF＜Romanic; ⇨ ENTER]

éntry ad commúnem légem《史》復帰権者不動産占有回復令状［訴訟］(⇨ AD COMMUNEM LEGEM). [E＋L＝entry at common law]

éntry into posséssion 不動産への立入り(権).

éntry·ìsm *n* 乗っ取り主義《既成政党などの政治組織に参入し新組織を作ることなくそれを数の力などで支配するやり方》.

éntry·ist *a* 乗っ取り主義の: ~ techniques. — *n* 乗っ取り主義者.

éntry·man*/-mən/ *n* (*pl* -men /-mən/)《所有[占有]するため申請中の》公有地に入る人, 公有地入植者.

éntry of appéarance《被告の》出廷(明示).

éntry of júdgment 判決登録 (cf. RENDITION OF JUDGMENT).

éntry pèrmit 入国許可(証).

éntry withòut wárrant《警察官の》令状なしの立入り《占有者の許可を得ない場合の立入りは特別の場合を除き違法となる》.

enu·mer·ate /ɪn(j)úːm(ə)rèɪt/ *vt* **1** 数える; 数え上げる, 列挙する. **2**《カナダ》〈名前を〉選挙人名簿に登録する. **enù·mer·á·tion** *n*

enú·mer·àt·ed pówer《米》明示的授与権限《憲法によって政府の権限として明示的に委ねられている権限; cf. RESERVED POWER》.

enu·mer·a·tor /ɪn(j)úːmərèɪtər/ *n* **1** 数を数える人,《特に》国勢調査員. **2**《カナダ》《選挙区の》選挙人名簿作成員.

enun·ci·ate /ɪnʌ́nsièɪt, -ʃi-/ *vt* **1**（はっきり）発音する. **2**〈理論・信条・主義などを〉宣言する, 明言する, 公表する. **enùn·ci·á·tion** *n*　**enún·ci·a·ble** *a*　**enún·ci·à·tor** *n*

en·ure /ɪn(j)úər, ε-/ *vt, vi* INURE.

en ven·tre sa mère /F ɑ̃ vɑ̀ːtr sa mɛːr/ *adv, a* 母の胎内に(の), 母胎にある〈胎児〉《＝in ventre sa mère》 (cf. IN UTERO MATRIS). [AF＝in his/her mother's womb]

en vie /F ɑ̃ vi/ *a* 生きている, 生存している. [AF＝in life]

en vi·gueur /F ɑ̃ vigœːr/ *adv, a*〈法律などが〉施行されて(いる), 実施されて(いる), 妥当して(いる), 現行の. [F＝in force]

en·vi·ron·ment /ɪnváɪ(ə)rənmənt, *-váɪrn-/ *n*《生態学的・社会的・文化的な》環境.

Envíronment Àct [the ~]《英》環境法《1995年の制定法; 環境保護を目的として環境機関 (Environment Agency) の創設などを定めている》.

Envíronment Àgency [the ~]《英》環境機関《1995年の環境法 (Environment Act) で創設された法人; 環境全体の保護・質的向上を主目的としている; 1990年の環境保護法 (Environmental Protection Act) で定められている汚染統合規制 (integrated pollution control) をなす汚染監督官 (Her Majesty's Inspector of Pollution) の責任などをその下に組み入れている》.

en·vi·ron·men·tal /ɪnvàɪ(ə)rənméntl, *-vàɪ(ə)r(n)-/ *a* 周囲の, 環境の: ~ issues 環境問題.

environméntal críme 環境破壊罪.

environméntal degradátion 環境劣化《特に国際法上砂漠化, 極地での氷の溶出などの国境を越えての汚染 (pollution) を通しての地球資源の消耗を指す》.

environméntal efféct 環境への影響.

environméntal héalth 環境保健.

Environméntal Héalth Òfficer《英》環境保健担当官《略 EHO》.

environméntal ímpact assèssment 環境影響評価, 環境アセスメント《略 EIA》.

environméntal ímpact stàtement [repòrt] 環境影響報告書, 環境影響評価書; 環境影響評価[ｱｾｽﾒﾝﾄ]報告《略 EIS [EIR]》.

environméntal láw 環境法《環境の維持・保護に関する法分野》.

environméntal pérmit《英》環境許可(証)《廃油燃焼・アスベスト処理などの一定活動の規制のため2007年法で導入された, 環境機関 (Environment Agency) などが発行する許可(証)》.

environméntal pollútion 環境汚染.

environméntal protéction 環境保護.

Environméntal Protéction Àct [the ~]《英》環境保護法《1990年制定; ⇨ INTEGRATED POLLUTION CONTROL, INTEGRATED POLLUTION PREVENTION CONTROL; 略 En.P.A.》.

Environméntal Protéction Àgency [the ~]《米》連邦環境保護庁《1970年設立; 略 EPA》.

environméntal ríght 環境権《いまだ完全に認知されているとはいえないが, 環境汚染のない快適な自然・生活環境の下での生活を保障する市民の実体・手続き法上の権利の総称として主張されている》.

environméntal tórt 環境破壊不法行為 (cf. TOXIC TORT).

envìro·térrorism, environméntal térrorism ＝ECOTERRORISM.

en·voy /énvɔɪ, *ɑ́ːn-/ *n* 外交使節,《特に》公使, 特命全権公使: the President's special ~ to Egypt.

e.o. °ex officio 職務上当然に[の], 職権により[よる].

EO《米》°Executive Order 大統領令.

EOC《英史》°Equal Opportunities Commission 機会均等委員会.

Eo·dem li·ga·mi·ne quo li·ga·tum est dis·sol·vi·tur. /ióυdɛm lɪgéɪmɪnɛ kwoυ lɪgéɪtəm ɛst dɪsálvɪtər/ 結ばれたのと同じ絆(きずな)で解かれる. [L=A bond is dissolved by the same bond by which it was made binding.]

Eo·dem mo·do quo ori·tur, eo·dem mo·do dis·sol·vi·tur. /— móυdoυ kwoυ óυrɪtər ióυdɛm móυdoυ dɪsálvɪtər/ 生ずる方式と同じ方式で解消される. [L=In the same way as it is created, it is dissolved.]

Eodem modo quo quid con·sti·tu·i·tur, eo·dem mo·do des·tru·i·tur. /— — kwoυ kwɪd kànstɪt(j)ú:ɪtər ióυdɛm móυdoυ dɛstrú:ɪtər/ 設定される方式と同じ方式で壊される. [L=In the same way as anything is constituted, it is destructed.]

eo in·stan·te, -ti /í:oυ ɪnstǽnti/ *adv* その時に, 直ちに. [L=at that (very) instant]

eo ip·so /í:oυ ípsoυ/ *adv* それ自体に, それによって, その事実によって. [L=by that (very) thing]

E.O.M. end of month 月末.

eo no·mi·ne /í:oυ námənɪ/ その名によって. [L=under that name]

EPA 《米》°Environmental Protection Agency 連邦環境保護庁.

EPC °European Patent Convention 欧州特許条約.

ephémeral recórding 《放送機関が自己の放送のためみずから行なう著作権者などの許可なしての》一時的記録, 一時的固定.

Epíph·a·ny tèrm /ɪpífəni-, ɛ-/《英史》顕現日[御公現の祝日]開廷期《1月6日の顕現日[御公現の祝日]から第1週がかつて四季裁判所 (quarter sessions) の開廷期の1つであったが, 1894年法で廃止; 略 Ep. tm.》.

epis·co·pa·cy /ɪpískəpəsi/ *n* **1** 主教職, 司教職. **2** 主教団, 司教団. **3** 主教[司教]制度.

Epis·co·pus al·te·ri·us man·da·to quam re·gis non te·ne·ter ob·tem·pe·ra·re. /ɛpískəpʌs æltérɪəs mændéɪtoυ kwæm rí:dʒɪs nɑn tení:tər əbtèmpəréɪrɪ/ 主教[司教]は国王以外の者の命令に従う義務はない. [L=A bishop is not bound to obey any other mandate than that of the king.]

episódic críminal **1** 散発的犯行犯罪者. **2** 症状発現的犯罪者.

epít·o·me of títle /ɪpítəmi-/《英》《権原要約書 (abstract of title) の》一部をなす》権原要約書副本.

e plu·ri·bus unum /í: plúərəbəs (j)ú:nəm, èɪ plúrɪbəs ú:nυm/ 多から一を《アメリカ合衆国の公印; 貨幣などにも記されているアメリカ合衆国のモットー》. [L=one out of many]

EPS °earnings per share 1株当たりの利益.

Ep. tm. 《英史》°Epiphany term 顕現日[御公現の祝日]開廷期.

eq. equitable ◆ equity.

equal /í:kw(ə)l/ *a* **1**《...に》等しい《*to*》, 同等の; 等分の. **2** 平等の, 対等の, 均等な; 互角の. **3** 匹敵する, 耐えうる《*to*》. — *n* 同等[対等]の人[もの]. [L (*aequus* even)]

équal-áccess rùle 同等出入りの準則《被告人の家屋敷内で発見された禁制品 (contraband) は, もし被告人以外の者が被告人と同じようにその家屋敷に出入りできるのであれば, 被告人の有罪決定を支持するものとはならないという刑事法上の法理》.

équal áccess to jústice 裁判[正義]への平等の機会.

Équal Áccess to Jústice Àct [the ~]《米》裁判への平等機会法《政府との一定訴訟で勝訴した当事者に弁護士および専門家証人 (expert witness) への報酬分の賠償を認める1980年成立の連邦法; 略 ⇒ POSITION OF THE UNITED STATES; 略 EAJA》.

équal and úniform taxátion 公平かつ均一な課税《何びとも同一課税地域内において異なった基準によって課税されるべきでないという原則》.

Équal Crédit Opportùnity Àct [the ~]《米》信用機会平等法, クレジット差別禁止法《人種・皮膚の色・宗教・出身国・年齢・性別・婚姻関係・公的扶助の受給などに基づく信用供与上の差別を禁止した連邦法; 略 ECOA》.

équal degrée 同親等.

équal emplóyment opportùnity 雇用機会均等《略 EEO; ⇒ EQUAL EMPLOYMENT OPPORTUNITY ACT》.

Équal Emplóyment Opportùnity Àct [the ~]《米》雇用機会均等法, 平等雇用機会法《1972年制定の連邦法; 人種・皮膚の色・出身国・性別・年齢などによる雇用差別を禁じた1964年法を修正強化し, また既存の雇用機会均等委員会 (Equal Employment Opportunity Commission) に違反組織に対する訴訟提起の権限を与えた》.

Équal Emplóyment Opportùnity Commìssion [the ~]《米》雇用機会均等委員会, 平等雇用機会委員会《1964年法で創設, 72年法で権限強化されている連邦機関; 略 EEOC; ⇒ CIVIL RIGHTS ACT, EQUAL EMPLOYMENT OPPORTUNITY ACT》.

équal-fóot·ing dòctrine 《米》対等資格の法理《1789年以後に合衆国に加わることを認められた州もその州内において最初の13州と同等の権利をもって加わるという原則》.

equal·i·ty /ɪkwɑ́ləti/ *n* 等しいこと; 平等, 対等, 同等, 均等; ~ of opportunity 機会均等. E~ is equity. 「平等がエクイティー」《エクイティーは権利・義務の真の平等を目指すという趣旨の格言; Aequitas est quasi equalitas. (L=Equity is as it were equality. エクイティーはあたかも平等のようなものである》の英訳; cf. EQUAL PAY, EQUAL PROTECTION, EQUITABLE PRESUMPTION, SEX DISCRIMINATION》.

Equálity and Húman Ríghts Commìssion [the ~]《英》平等・人権委員会《2006年法で創設された独立公的機関; 先行する機会均等委員会 (Equal Opportunities Commission), 人種平等委員会 (Commission for Racial Equality), 障害者権利委員会 (Disability Rights Commission) の仕事を統合し, その上で年齢, 性的指向, 宗教・信条面での平等についても責任を負っている; 略 EHRC》.

equálity befòre the láw 法の前の平等.

equálity clàuse 平等条項《(1)《英》雇用契約における男女の平等条項 (2)《史》公共運送人 (common carrier) として認可する場合に通常挿入されていた条項で, 利用者を平等に扱うべき旨を定めたもの》.

equálity of árms《英》武器の平等《欧州人権裁判所 (European Court of Human Rights) により公正な審理 (fair trial) に対する権利との関連で作り出された概念; 訴訟当事者に与えられる攻撃・防御の機会の公平さや時には資金不足の者に対する財政的支援をも要求している》.

Equálity of Státes《国際法》国家平等(の原則).

èqual·izátion *n* 平等化, 平準化;《特に》課税の平準化.

equalizátion bòard《米》課税平準化委員会《地方の行政委員会の一つ》.

équal·ìze *vt* 等しくする, 平等[同等]にする〈with〉; 一様にする,《特に》均等[一律]に分配する, 平準化する,《特に》補正する: ~ dividends.

équal·ly *adv* 等しく; 平等に; 均一に, 均等に, 等分に. **~ between** …の間で均等に《これに限られるわけではないが, 遺贈の場合に通用いられる語で, それがグループにではなく個人間に均等に与えられることを示す語》. **~ divided** (1) 相続人間で均等に配分される[た]. (2) 賛否同数の, 意見が賛否同数に割れた.

Équal Opportúnities Commìssion [the ~]《英史》機会均等委員会《性差別廃止・機会均等のための組織, 同一賃金法 (EQUAL PAY ACT) (1970), 性差別法 (SEX DISCRIMINATION ACT) (1975, 86) の実施をはかる委員会; その機能は, 2006年法で創設された平等・人権委員会 (Equality and Human Rights Commission) に統合されている; 略 EOC》.

équal opportúnity [°*attrib*] 機会均等 (cf. AFFIRMATIVE ACTION).

équal opportúnity emplòyer *機会均等雇用者《人種・肌の色・宗教・出身・性・年齢・障害などで就職志望者・被用者を差別しないことに同意している雇用者》.

équal páy《同一労働に対する》男女同一賃金 (cf. EQUALITY CLAUSE, EQUAL TREATMENT).

Équal Páy Àct [the ~] 同一賃金法 (1) 米国の1963年連邦法; 男女同一労働同一賃金の支払いを義務づけた 2) 英国で1970年に制定された (1983年改正) 同様の趣旨の法律》.

Équal Protéction Clàuse [the ~]《米》平等保護条項《法の平等な保護 (equal protection of the laws) を保障する合衆国憲法第14修正 (Fourteenth Amendment) の条項; cf. DUE PROCESS CLAUSE》.

équal protéction (of the láws)《米》《合衆国憲法第14修正 (Fourteenth Amendment) に定められた》法の平等な保護.

Équal Ríghts Amèndment [the ~]《米》男女平等[性差別禁止]憲法修正案《1972年採択, しかし州の賛成を得られず廃案; 略 ERA》.

équal tìme《米》同等時間《政見放送における均等時間割当てや非難・反対意見に応酬する平等な機会》.

Équal Tíme Àct [the ~]《米》同等時間法《公職選挙候補者に放送を利用することを認める放送局は, 候補者全員が同等時間利用できるようにすることを義務づけた連邦法》.

équal tréatment 同等待遇《特に, 欧州連合 (European Union) 加盟国の国民が別の加盟国で労働するために移動した場合に移動先の国の労働者と同じ待遇で扱われなければならないということを指す; ローマ条約 (Treaty of Rome) に規定されている; cf. EQUAL PAY》.

Équal Tréatment Diréctive 同等待遇命令《欧州連合命令 (Directive of the EU) で, 雇用等における性差別を禁じているもの; 複数ある》.

equíp /ɪkwíp/ *vt* (-pp-) …に必要なものをもたせる[備えつける, 用意する],〈船を〉艤装する,〈軍隊を〉装備する;〈必要な知識・技能・教育などを〉授ける.

equíp·ment /ɪkwípmənt/ *n* 1 装備, 装置, 艤装, 準備, 支度; 設備, 備品. ▶ DEFECTIVE EQUIPMENT (欠陥設備). 2 素質, 資質, 素養, 知識, 技術.

equípment trùst《鉄道車両・航空機・船舶などの購入に用いられる》設備信託《受託者 (trustee) が購入費の大部分を負担し, 設備利用会社は受託者から賃借する形をとる》.

eq·ui·ta·ble /ékwətəb(ə)l/ *a* 1 公正[公平]な, 衡平な, 正義に適った. 2《コモンローと区別して》エクイティー[衡平法]上の[に従った], エクイティー上有効な (cf. LEGAL). **éq·ui·ta·bly** *adv* **~·ness** *n* **èq·ui·ta·bíl·i·ty** *n*

équitable absténtion dòctrine 司法的自制の法理《裁判所は, 渉外事件において裁判所間および国家・州間の礼譲を考慮して, その裁判権行使を自制することができるという法理; また連邦裁判所が州の行政機関の判定に介入することを控える場合も, この法理の適用例である》.

équitable áction エクイティー上の訴訟 (action in equity).

équitable-adjústment thèory《米》公正な調整の理論《連邦政府との契約をめぐる紛争を示談で解決する場合に, 契約担当官は請負人が下請人・供給業者・その他の債権者に対して決済すべき時期よりも前の合理的にみて適当な時までに適正な調整をしなくてはならないという法理》.

équitable adóption エクイティー上の養子縁組[養親子関係] (=ADOPTION BY ESTOPPEL).

équitable ásset [°*pl*]《エクイティー裁判所によってのみ債務弁済の引当て財産となしうる》エクイティー上の引当て資産; エクイティー上の引当て遺産《英国ではコモンロー上のものとの区別は廃止されている; cf. LEGAL ASSET》.

équitable assígnment エクイティー上の譲渡, エクイティー上の債権譲渡 (⇨ ASSIGNMENT, STATUTORY ASSIGNMENT) (cf. LEGAL ASSIGNMENT).

équitable attáchment エクイティー上の差押え《エクイティー上の訴訟におけるないしはエクイティー裁判所による, コモンロー上・制定法上・(差止め命令などの)エクイティー上の手続きでは差し押えることのできない債権などの差押え》.

équitable chárge エクイティー上の担保(権) (= EQUITABLE MORTGAGE). ▶ GENERAL EQUITABLE CHARGE (エクイティー上の一般的担保).

équitable convérsion エクイティー上の財産権の形態転換(の法理)《エクイティー上はなされるべきであったことはなされているとみなす (EQUITY looks upon that as done which ought to be done) というエクイティー法理の適用で, 例えば, 有効な不動産売買契約締結後の移転前に売主が死亡した場合にその不動産があたかも動産であったかのごとくに不動産移転を認めるように, 一定条件の下で, 不動産を動産と, 動産を不動産として扱うこと》.

équitable defénse エクイティー上の防御《かつてはエクイティー裁判所でのみ利用可能であったが, 現在ではいずれの裁判所でも認められている》.

équitable distribútion (of próperty) 財産の衡平な分配《離婚訴訟における夫婦財産 (marital property) の裁判所による夫婦間での分配; 必ずしも均分ではない》.

équitable dówer エクイティー上の寡婦産 (= equitable jointure)《寡婦産 (dower) の代わりとしてエクイティー上認められる寡婦産ないし寡婦給与 (jointure); 婚姻前に設定されその女性により承諾されねばならない》.

équitable éasement 1 エクイティー上の地役権 (⇨ EASEMENT) (cf. LEGAL EASEMENT). 2《米》制限的不動産約款 (= RESTRICTIVE COVENANT).

équitable ejéctment《米》エクイティー上の不動産回復訴訟《不動産売買契約その他で特定履行 (specific performance) を強制するための訴訟; コモンロー上の訴訟である不動産回復訴訟 (ejectment) の形式をとりながらも, エクイティー上の訴訟である》.

équitable eléction エクイティー上の選択(の原則) (⇨ ELECTION).

équitable estáte エクイティー上の不動産権, エクイティー上の財産権《例えば信託の受益者 (beneficiary) の権利など; cf. LEGAL ESTATE》.

équitable estóppel エクイティー上の禁反言 (1) 《米》a) ESTOPPEL IN PAIS b) PROMISSORY ESTOPPEL 2)《英》PROMISSORY ESTOPPEL と PROPRIETARY ESTOPPEL の2つを含む上位概念》. ★時に quasi estoppel ともいう.

équitable execútion エクイティー上の執行《例えば財産保全管理人 (receiver) を任命し被告の財産を管理したり, 被告がその財産を取り扱うことを禁ずる差止め命令 (injunction) を得るなど, 判決債権者が通常のコモンロー上の判決執行方法では満足を得られない場合の判決の執行方法》.

équitable foreclósure エクイティー上の受戻し権喪失手続き《譲渡抵当 (mortgage) の抵当物を売却し, そこからの収入でまず初めに訴訟および売却費用を支払い, 次いで債務に充当することを命ずる裁判所命令; もちろん残余金は譲渡抵当権設定者 (mortgagor) のものとなる》.

équitable fráud エクイティー上の詐欺 (= fraud in equity)《もともとは法的に問題となりうる衡平違反の詐欺的行為一般を指すが, エクイティー上は(刑事責任が問題になるほか不法行為として損害賠償の責任が生ずる)現実の詐欺 (actual fraud) に含まれない, 欺罔(ぎもう)の意思はないが他人の信頼を裏切るなどの不公正な行為を指し, その場合契約の取消などを認めている; この意味では CONSTRUCTIVE FRAUD と同義となる》.

équitable gárnishment エクイティー上の財産告知手続《強制執行によって判決で認められた債権が十分に満足されなかった判決債権者に制定法上許されている訴訟に, 判決債務者に属する財産・債権・信託財産の開示を債務者およびその他の者に求め, そこからの弁済を求めるもの; cf. GARNISHMENT》.

équitable indémnity エクイティー上の補償 (1) 不法行為 (tort) 訴訟の被告に対して共同被告や交差請求被告 (cross-defendant) の責任配分の主張を許し, 契約に基づく補償がない場合であってもそれにより法的責任を比例して減じることを認める法理; doctrine of equitable indemnity ともいう 2) 黙示的契約補償 (= IMPLIED CONTRACTUAL INDEMNITY) 3) 黙示の補償 (= IMPLIED INDEMNITY)》. ▶ DOCTRINE OF EQUITABLE INDEMNITY (エクイティー上の補償の法理).

équitable ínterest エクイティー上の権利, エクイティー上の財産権 (cf. EQUITABLE TITLE, LEGAL INTEREST).

équitable jóinture エクイティー上の寡婦給与 (= EQUITABLE DOWER).

équitable jurisdíction エクイティー上の裁判(管轄)権.

équitable léase エクイティー上の不動産賃貸借, エクイティー上の不動産賃借権《コモンロー上の不動産賃貸借[賃借権] (legal lease) の法的要件を欠いた不動産賃貸借[賃借権]; cf. LEGAL LEASE》.

équitable lévy エクイティー上の優先弁済権(設定) (= EQUITABLE LIEN).

équitable líen エクイティー上のリーエン, 先取特権, 優先弁済権 (= equitable levy)《占有を有していない他人の特定財産またはその変形したものから他に優先して弁済を受ける権利で, エクイティー上のみ強制されうる; cf. COMMON-LAW LIEN》.

équitable lífe estáte エクイティー上の生涯権《例

えば信託の受益者 (beneficiary) が保有する生涯不動産権 (life estate) のような、保有者の生涯の間存続する不動産・動産に対するエクイティー上の権利》.

équitable lífe tènant エクイティー上の生涯不動産権者《コモンロー上の生涯不動産権者 (legal life tenant) と違い自動的には占有の権原を与えられず、選択権 (election) を行使した上で、通例は裁判所がその者に占有を与えることになる生涯不動産権者; cf. LEGAL LIFE TENANT》.

équitable mórtgage 1 エクイティー上の譲渡抵当, みなし譲渡抵当, エクイティー上の担保権《債務履行の担保の意思を伴ってはいるもののその要件を欠くためにコモンロー上は譲渡抵当 (mortgage) にはならないが、裁判所の解釈によりエクイティー上譲渡抵当とみなされその諸準則が類推適用されるもの》. **2** エクイティー上の権利の譲渡抵当《例えば、信託の受益権などのエクイティー上の権利に設定された譲渡抵当》. ★ 《1, 2 共に》equitable charge ともいう. cf. LEGAL MORTGAGE, TECHNICAL MORTGAGE.

équitable ówner エクイティー上の所有者 (⇨ BENEFICIAL OWNER).

équitable ównership エクイティー上の所有権 (⇨ BENEFICIAL OWNERSHIP).

équitable presúmption エクイティー上の推定《復帰信託 (resulting trust) や生前贈与の推定 (presumption of advancement) などにおける推定が例で、エクイティーにより一定の場合になされる推定; cf. EQUALITY is equity》.

équitable recóupment 1 《米税制》エクイティー上の減殺(の法理)《税金の支払い・還付に関して、出訴期間法 (statute of limitations) が不公正を生み出す場合の法理で、**1)** 過去の年度に払いすぎた税金の払い戻し請求期限が過ぎてしまっている場合であっても、納税者はその額を当該年度の税金から差し引き支払うことを認めるという原則 **2)** 政府は過去の年度の税金の未受領額を、たとえ徴収期限が切れていても、当該年度の税金の還付金分と相殺徴収することができるという原則》. **2** エクイティー上の請求額減殺(の法理)《債権者が正当な権利なしで債務者の金銭・財産を保有している場合には、その程度に応じて債権取り戻しの権利を減じられるという原則》.

équitable relíef エクイティー上の救済 (=EQUITABLE REMEDY).

équitable rémedy エクイティー上の救済手段 (= equitable relief) (⇨ IRREPARABLE INJURY RULE).

équitable rescíssion エクイティー上の契約解除《エクイティー裁判所の判決による契約の解除; cf. LEGAL RESCISSION》.

équitable ríght エクイティー上の権利 (cf. LEGAL RIGHT).

équitable ríght to sétoff エクイティー上の相殺権《通例は銀行が用いる権利で、顧客の弁済期限が来ている銀行に対する債務に等しい額をその顧客の預金口座から差引くことのできる権利》.

équitable séisin エクイティー上の占有《**(1)** エクイティーにより強制しうる財産権の占有 **2)** 法上の占有 (= SEISIN IN LAW)》.

équitable sérvitude 《米》制限的不動産約款 (=RESTRICTIVE COVENANT).

équitable subordinátion エクイティー上の後順位(化)《破産手続きにおいて特定債権者の権利主張が裁判所により後順位とされること; その債権者がその不適正行為のためあるいは破産会社の内部の者であるゆえに不公正に優位な地位を得ている場合になされる》.

équitable subrogátion エクイティー上の代位 (=LEGAL SUBROGATION).

équitable títle エクイティー上の権原, エクイティー上の権利 (cf. EQUITABLE INTEREST, LEGAL TITLE).

équitable tólling 出訴期間法のエクイティー上の期間進行停止《**(1)** 原告が損害を真剣に探したにもかかわらず出訴期間が終了するまでには発見できなかった場合には、出訴期間法 (statute of limitations) は適用されないという法理 **2)** 原告がある裁判所に訴えを提起し次いで別の裁判所に再提起した場合には、一定条件の下で第一の裁判所に訴訟係属中は出訴期間法は進行を停止するという法理》.

équitable wáste エクイティー上の不動産毀損《例えば賃借人が賃借不動産に重大な損害を及ぼしたり、生涯不動産権者 (life tenant) がその不動産を破壊ないしそれに甚大な損害を及ぼした場合などで、コモンロー上は責任を問われるべき不動産毀損 (impeachable waste) でないことを濫用して行なわれる不動産の故意・悪意の破壊的毀損、エクイティー上この毀損行為を抑止することが認められている; cf. LEGAL WASTE》.

eq·ui·ty /ékwəti/ n **1** 公平, 衡平, 公正; 公平[公正]なもの. ▶ BALANCING THE [OF] EQUITIES (衡平の比較) / DISMISSAL FOR WANT OF EQUITY (請求棄却) / INEQUITY (不公正). **2 a** エクイティー, 衡平法《コモンロー上は救済されないが、公平・正義の観点からは法的救済が必要と思われるものを救済する補正的正義・裁判から歴史的には出発してでき上がった英米法の二大法体系の一つ; cf. COMMON LAW, LAW; ⇨ CHANCERY, COURT OF CHANCERY》. **b** エクイティー上の権利 (equitable interest [right]). **c** エクイティー上の裁判 (cf. SUIT); エクイティー裁判管轄権 (equity jurisdiction); エクイティー裁判所 (court of equity). ▶ ACTION IN EQUITY (エクイティー上の訴訟) / BETTER EQUITY (エクイティー上優越的な権利) / BILL IN EQUITY (エクイティー上の訴状) / CONFLICT OF LAW AND EQUITY (コモンローとエクイティーとの抵触) / CONTRAVENING EQUITY (矛盾するエクイティー上の権利) / COUNTERVAILING EQUITY (拮抗的エクイティー(上の権利)) / COURT OF EQUITY (エクイティー裁判所) / CRYSTALLIZATION OF EQUITY (エクイティーの結晶化) / FRAUD IN EQUITY (エクイティー上の詐欺) / FUSION OF LAW AND EQUITY (コモンローとエクイティーとの融合) / LATENT EQUITY (隠れたエクイティー上の権利) / MERE EQUITY (エクイティー上の劣後的権利) / MERGER OF LAW AND EQUITY (コモンローとエクイティーとの融合) / PARA-

MOUNT EQUITY（優越なエクイティー上の権利）/ PERFECT EQUITY（エクイティー上の完全な権利）/ PLEA IN EQUITY（エクイティー上の答弁）/ RESTRICTIVE COVENANT IN EQUITY（エクイティー上の制限的不動産約款）/ SECRET EQUITY（隠れたエクイティー上の権利）/ WIFE'S EQUITY（妻のためのエクイティー上の権利）. **3** エクイティー上の受戻し権（equity of redemption）. **4**《有価証券における》人的抗弁. **5** 純資産(額), 純資産価値;《財産の》正味価値. ▶ NEGATIVE EQUITY（マイナスの純資産額）/ SWEAT EQUITY（労働による増加純資産）. **6 a**《企業などに資金などを提供した者がその企業に対して有する》持分（権）(⇨ OWNER'S EQUITY). **b** 普通株 (common stock). ▶ OWNER'S EQUITY（所有者の持分）/ SHAREHOLDER'S [STOCKHOLDER'S] EQUITY（株主持分）. **at ~**（1）エクイティーに従って.（2）in EQUITY. **do ~** エクイティーをなす《エクイティー上の救済手段を求めている者に対して用いられる語で, みずからのコモンロー上の権利を放棄しないまでも相手方に対して公正な結果を生み出すのに必要なだけの公正な扱いをするないしはするとの申し出をすること; cf. He who seeks EQUITY must do EQUITY》. **in ~** エクイティー上, エクイティーでは (cf. *at* LAW). ★以下は, エクイティーの基本原理を示すエクイティーの法格言 (maxims of equity) の代表例である: EQUALITY is ~. / E~ acts in personam. エクイティーは対人的に作用する / E~ acts on the conscience. エクイティーは良心に基づいて行動する / E~ follows the law. エクイティーはコモンローに従う / E~ looks upon that as done which ought to be done. エクイティーはなされるべきであったことはなされているとみなす / He who comes to ~ must come with clean hands. エクイティーの救済を求める者は汚れのない手で来なければならない（⇨ CLEAN HANDS DOCTRINE）/ He who seeks ~ must do ~. エクイティーを求める者はエクイティーをなさねばならない（⇨ *do* EQUITY）. ［OF<L *aequitas*; ⇨ EQUAL］

équity cápital 払い込み資本, 自己資本, 株主持分 (shareholder's equity).

équity cóurt エクイティー裁判所（＝COURT OF EQUITY）.

équity dráftsman《英史》エクイティー上の訴答作成弁護士《エクイティー裁判所での訴答を作成する法廷弁護士（barrister）》.

équity fináncing 自己資本調達, 自己資本金融, エクイティーファイナンス《普通株または優先株を新たに発行して資金調達を行なうこと; cf. DEBT FINANCING》.

équity jurisdíction エクイティー裁判管轄権.

équity jurisprúdence エクイティー法学; エクイティー法制.

équity lóan 住宅担保与信限度（額）（＝HOME EQUITY LOAN）.

équity of a státute 制定法の衡平, 制定法の目的, 制定法の精神.

équity of pártners 組合員持分, 社員持分.

équity of redémption 1 エクイティー上の受戻し権［償還権］（＝right of redemption）《譲渡抵当受戻し権喪失手続き (foreclosure) がとられたり, 担保物が第三者に売り渡される前に債務を完全履行して担保物を受け戻す権利》. ▶ CLOGGING EQUITY OF REDEMPTION＝CLOG ON (THE) EQUITY OF REDEMPTION（エクイティー上の受戻し権の妨害）. **2** 譲渡抵当設定者残余権《譲渡抵当権 (mortgage) を設定した債務者が引き続きその担保物に対して有している権利およびその価値》.

équity of sháreholder [stóckholder] 株主持分 (⇨ OWNER'S EQUITY).

équity of subrogátion エクイティー上の代位権《金銭債務に関して二次的に責任を負っている人がその債務を支払лу場合には, その人は, 債権者が債務者に対して行使しえたすべての権利を, みずから債務者に対して強行しうるという権利》.

équity of the státute rùle 制定法の衡平準則《制定法の解釈準則の一つで, 当該解釈が文理解釈を越えるものであっても, 立法者の目的・意図に則って解釈すべきであるという原則; cf. GOLDEN RULE, LITERAL RULE, MISCHIEF RULE, PLAIN MEANING RULE, SOCIAL POLICY RULE, STRICT CONSTRUCTION; ⇨ INTERPRETATION OF STATUTES》.

équity participátion 資本参加《貸主が貸付けをなす条件として貸主もその事業に資本参加すること》.

équity pléading エクイティー上の訴答（手続き）《コモンロー訴答（手続き） (common-law pleading) に対する語で, エクイティー裁判所 (court of equity) で用いられた手続き》.

équity's dárling エクイティーのお気に入り《土地に対するエクイティー上の権利については知らずにその土地のコモンロー上の不動産権を有価約因 (valuable consideration) で譲り受けた善意譲受人 (bona fide purchaser) の一般的な表現》.

équity secùrity [^{l}pl] 持分証券《株式会社の部分所有権を示す証券; 通常は普通株か優先株だが, 株式より広い意味をもち, 転換社債や株式買受権証券 (warrant) など将来株式を取得する権利を表わす証券も含まれる; 外部からの債務を表わす債務証券 (debt security) に対する語》.

équity tèrm エクイティー開廷期《エクイティー上の事件のためだけの開廷期》.

équity to a séttlement 妻のための継承財産設定（請求権）《wife's equity, wife's settlement》《かつてコモンロー上夫は妻の財産の管理・収益・処分権を有していたが, 夫が妻の財産（例えば妻の遺産）の占有をエクイティー上の訴訟で得ようとする時, 裁判所が夫の利益のために少なくともその一部の継承財産設定 (settlement) を条件にその財産の受け取りを認めること, または妻のその請求権; 英国では 19 世紀末の一連の妻財産法 (Married Women's Property Acts) で妻は夫と別個独立に財産保有権を認めたゆえに不要に帰した》.

equiv·a·lent /ɪkwív(ə)lənt/ *n* **1** 等価物, 同等物.

▶ CASH EQUIVALENT（現金同等物）．**2**〘特許〙均等物《特許法上，文言通りの発明のみでなく実質的に同一範囲のものにまで特許権の効力が及ぶが，その対象となる均等なものないし方法; cf. AGGREGATION, COMBINATION, INVENTION》．▶ DOCTRINE OF EQUIVALENTS（均等物の法理）．── *a* 同等の，同価値[同量]の．［OF＜L; ⇨ VALUE］

equiv·o·cal /ɪkwívək(ə)l/ *a* **1** 二つ(以上)の解釈のできる，両義にとれる，意義のあいまいな，多義的な: The defendant's plea was ~. **2** 不確かな，はっきりしない; どっちつかずの，煮えきらない; 疑わしい，いかがわしい: an ~ attitude はっきりしない態度．**~·ly** *adv* **~·ness** *n* ［L=ambiguous (*voco* to call)］

ERA 〘米〙°Equal Rights Amendment 男女平等憲法修正案．

erase /ɪréɪs; -z/ *vt* **1** 〈書いたものを〉消す，削除する．**2** 〈録音・コンピューター記憶データなどを〉消去する．**3** 〈犯罪歴を〉封じ開示しない．

era·sure /ɪréɪʃər, -ʒər/ *n* 消去，削除; 不開示．

erásure of récord （有罪）記録の消去 (=EXPUNGEMENT OF RECORD).

erect /ɪrékt/ *vt* **1** 直立させる，立てる．**2** 組み立てる，建設[構築]する．**3** 設立する;《特に》"法人化する; *〈新しい州を〉創設する．**erec·tion** /ɪrékʃ(ə)n/ *n*

E reorganization /í: ──/ 〘米〙E 型会社組織変更《会社の組織変更 (reorganization) のうち，資本再構成 (recapitalization) を含むもの; ⇨ REORGANIZATION》．

er·ga om·nes obligation /ə́:rgə ámnəs ──/ 〘国際法〙対世的義務，普遍的義務 (=obligation erga omnes)《対象となっている問題が国際社会全体にとっての重要事項である故に，その履行にすべての国家が法的利害を有している義務; 例えば自決権 (self-determination) に伴う諸義務など》．［L *erga omnes* toward all］

er·go /ə́:rgou, éər-/ *adv, conj* それ故に，この故に (therefore). ［L=therefore］

er·ic, er·iach /érɪk/ *n* 〘アイルランド史〙人命金《殺人犯およびその親族が犠牲者の遺族に払った贖罪金; cf. WERGILD》．［Ir］

Érie dòctrine [rùle] /íəri-/ 〘米〙イーリ事件の法理[準則]《連邦問題を含まぬ事件に対する州籍の相違に基づく裁判権 (diversity jurisdiction) を行使する連邦裁判所が，裁判所所在の州実体法を適用すべきであるとする原則; 合衆国最高裁判所判例 ERIE R. R. v. TOMPKINS (1938) の原告名より; cf. CLEARFIELD TRUST DOCTRINE》．

Érie / Kláxon dòctrine イーリ・クラクソン事件の法理（⇨ KLAXON DOCTRINE）．

Erie R. R. v. Tomp·kins (1938) /-támp(p)kənz/ 〘米〙イーリ鉄道会社対トムプキンズ事件(1938年)《不法行為・契約法など州法の支配する領域で州法から離れて連邦一般に通用する一般コモンローの形成権限は，連邦裁判所に付与されていないとし，SWIFT v. TYSON (1842) 以来の先例を変更した合衆国最高裁判所判例》．

ERISA /ɛrísə/ 〘米〙°Employee Retirement Income Security Act 被用者退職所得保障法，エリサ法．

ERM °Exchange Rate Mechanism 為替相場管理機構．

er·mine /ə́:rmən/ *n* **1** オコジョ[アーミン]の白い毛皮《詩語では純潔の象徴》，アーミン毛皮のガウン[外套]《王侯・貴族・英国の裁判官用》: wear [assume] the ~ "裁判官の職に就く．**2**《権威などの象徴として》アーミンを着る役職[地位]．［F＜?L (*mus*) *Armenius* Armenian (mouse)］

ér·mined *a* アーミン毛皮の服を着用した; 王侯[貴族，"裁判官]に叙された．

ero·sion /ɪróʊʒ(ə)n/ *n* **1** 腐食．**2**《侵食・風化による》土地の減少，土地縮減 (cf. ACCRETION, ALLUVION, AVULSION, DELICTION, RELICTION).

err /ə́:r, *ér/ *vi* 誤る，間違いをする，あやまちを犯す;《道徳的に》罪を犯す: ~ *in* judgment 判断を誤る / ~ *in* believing (that ...と) 誤信する．［OF＜L (*errat*- *erro* to stray, wander)］

er·rant /érənt/ *a* **1** 巡回する，移動する．▶ BAILIFF ERRANT (移動ベイリフ)．**2** 正道[軌範]から逸脱した，誤る．［OF＜L *itinero* (*iter* journey) と ERR, *-ant*］

er·rá·ta shèet /ɛrá:tə-, ɛréɪ-/ 正誤表 (=**erráta pàge**).

er·ra·tum /ɛrá:təm, ɛréɪ-/ *n* (*pl* **er·ra·ta** /-tə/) 誤り，誤字，誤写．［L=error］

er·ro·ne·ous /ɪróʊniəs, ɛ-/ *a* 誤った，間違った．**clearly** ~ 明白に誤りのある《実体に関する証拠 (substantive evidence)・証拠能力のあるないし関連性のある証拠 (competent evidence) あるいは合理的推論によって支持されていない事実認定ないしはそれを含んでいること; ⇨ CLEARLY ERRONEOUS STANDARD; cf. ABUSE OF DISCRETION, DE NOVO》．**~·ly** *adv* **~·ness** *n*

erróneous júdgment （法の適用を）誤った判決．

er·ror /érər/ *n* **1 a** 誤り，間違い 〈*in* spelling, *of* judgment〉: make [commit] an ~ 間違いをする．**b** 《道にはずれた》あやまち: lead sb into ~ 人を邪道に導く / ~*s* of commission [omission] 過誤[怠慢]のあやまち．**c** 考え[思い]違い，誤認，錯誤，誤解: in ~ 誤って．**2 a** 誤謬，瑕疵〈?〉．**b** 誤審．**c** 誤審令状 (=WRIT OF ERROR).
▶《語義1-2に関連》ADJOURNMENT DAY IN ERROR (誤審令状審理のための追加期日) / ASSIGNMENT OF ERROR (誤審申し立て理由の特定) / BAIL IN ERROR (誤審審理申し立て保証人) / BRUTON ERROR (ブルートン誤審の準則) / CLEAR AND UNMISTAKABLE ERROR (明白かつ間違えようのない誤り) / CLEAR ERROR (明白な誤り) / CLERICAL ERROR (書き誤り) / COMMON ERROR (共通の誤り) / COMPUTER ERROR (コンピューターエラー) / COURT OF ERROR (誤審裁判所) / CROSS-ERROR (反対誤審申し立て) / DEFENDANT IN ERROR (誤審審理被申立人，被上訴人) / FATAL ERROR (致命的誤謬) / FUNDAMENTAL ERROR (基本的誤り) / HARMFUL ERROR (危険な誤り) / HARMLESS ERROR (無害な誤謬) / INVITED ERROR (誘致

誤審) / JUDGMENT IN ERROR (誤審令状手続きによる上位裁判所の判決) / MANIFEST CONSTITUTIONAL ERROR (憲法上の顕在的誤謬) / MANIFEST ERROR (顕在的誤謬) / MEMORANDUM IN ERROR (事実に関する誤り申立書) / PLAIN ERROR (明白な誤謬) / PLAINTIFF IN ERROR (誤審審理申立人; 上訴人) / POINT OF ERROR (誤り) / PREJUDICIAL ERROR (有害な誤謬) / REVERSIBLE ERROR (取消し[破棄]事由となる誤謬) / SCRIVENER'S ERROR (書き誤り) / SPECIAL PLEA IN ERROR (誤審令状特別棄却訴答) / SUGGESTION OF ERROR (過誤の異議) / TECHNICAL ERROR (技術的誤謬) / WRIT OF ERROR (誤審令状).
~s and omissions excepted 誤記と脱落は別として 《送り状に記す決まり文句; 略 E & OE, e. & o. e.》.
~・less a [OF<L; ⇨ ERR]

Er・ror fu・ca・tus nu・da ve・ri・ta・te in mul・tis est pro・ba・bi・li・or; et sae・pe・nu・me・ro ra・ti・o・ni・bus vin・cit ve・ri・ta・tem er・ror. /érɔːr fəkéɪtəs núːdə vèrɪtéɪte ɪn máltɪs ɛst prɒbəbíliːr ɛt sìːpɛnúːmɛrou rèɪʃióunɪbəs vínsɪt vèrɪtéɪtem érɔːr/ 粉飾された過誤は多くの場合に裸の真実よりもむしろもっともらしい. それで過誤はしばしば理屈でもって真実に勝つ. [L=Painted error is in many instances more probable than naked truth; and frequently error conquers truth by reasoning.]

érror in córpo・re /-kɔ́ːrpəri/ 目的物に関する錯誤.

érror in [of] fáct 1 事実誤認. 2 事実に関する錯誤 (=MISTAKE OF FACT).

érror in [of] láw 法的誤謬, 法に関する錯誤 (=MISTAKE OF LAW).

érror in ne・gó・tio /-nɪgóuʃiou/ 契約の型に関する錯誤.

érror in nóm・i・ne /-námənɪ/ 人名に関する錯誤 (=error nominis).

érror in persóna 人に関する錯誤 (=error personae).

érror in qua・li・tá・te /-kwɒ̀lətéɪti/ 品質に関する錯誤.

érror in quan・ti・tá・te /-kwɒ̀ntətéɪti/ 量に関する錯誤.

érror in sub・stán・tia /-səbstǽnʃiə/ 材料に関する錯誤.

érror nó・mi・nis /-námənɪs/ 人名に関する錯誤 (=error in nomine).

érror of láw on the fáce of the récord 《下位裁判所における》裁判記録の文面から明らかな法的誤謬.

érror per・só・nae /-pərsóuni/ 人に関する錯誤 (=error in persona).

Er・ror qui non re・sis・ti・tur ap・pro・ba・tur. /érɔːr kwaɪ nán rɛsístɪtər ǽprouéɪtər/ 反対されない過誤は是認されている. [L=An error which is not resisted is approved.]

érrors-and-omíssions insùrance 過誤怠慢責任保険《弁護士など専門職業者を含む被保険者の意図的権利侵害ではなくもっぱらその過誤や看過などから生じた損害を補償する保険; 略 E&O insurance》.

ERS 《英》°earnings-related supplement 所得比例給付.

Ér・skine Máy /ɔ́ːrskən-/ アースキン・メイ 《英国議会の特権・手続きなどに関する著書; 英国庶民院事務総長 (Clerk of the House of Commons) Sir Thomas Erskine May (1815-86) が 1844 年に公刊した書物 Treatise on the Law, Privileges, Proceedings and Usage of Parliament (議会の法・特権・手続き・慣行に関する論文) に由来; 現在も改訂版が出版されている》.

ERTA 《米》°Economic Recovery Tax Act 経済復興税法.

es・ca・late /éskəlèɪt/ vi 1 エスカレーターに乗って昇る(ように上昇する); 〈価格・賃金が〉急騰[急上昇]する; 〈価格・賃金など〉エスカレーター方式で自動的に変動する (cf. ESCALATOR CLAUSE). 2 段階的に拡大[増大]する; 〈紛争などが〉段階的に規模拡大する, エスカレートする.
— vt escalate させる.

es・ca・la・tion /èskəléɪʃ(ə)n/ n 1 《数・量・金額の》段階的増大, 《規模・範囲・強度の》段階的拡大. 2 《紛争規模の》エスカレーション. 3 エスカレーター方式による売買価格[賃金など]の変動[修正] (cf. ESCALATOR CLAUSE): ~ of prices.

escalátion clàuse =ESCALATOR CLAUSE.

éscalator clàuse 伸縮条項, 変動条項, エスカレーター条項 (=escalation clause, fluctuating clause)《エスカレーター方式, すなわち長期間契約で期間中の特定の状況に応じた売買価格・賃金・印税などの変動を規定した契約の一項目; 離婚判決・離婚合意書中の生活費増大・賃金の増大などに伴なう離婚扶助料 (alimony) の変動についての規定についてもいう》.

es・cape /ɪskéɪp, ɛs-/ vi 逃げる, のがれる, 脱出する 〈from, out of〉; 逸走する; 脱獄する 〈from〉. — n 1 a 脱出, 逃走, 逃亡 〈from, out of〉; 《家畜などの》逸走 〈from〉; 《特に 暴力によらない》脱獄 〈from〉 (cf. PRISON BREACH): have an ~ 逃げる, のがれる / have a narrow [hairbreadth] ~ 九死に一生を得る. b 避難装置. FIRE ESCAPE (火災避難装置). 2 逃走に関する罪, 逃走罪, 逃走援助罪. ▶ NEGLIGENT ESCAPE (看守者過失逃走援助罪). **es・cáp・able** a **es・cáp・ing・ly** adv

escápe clàuse 免責条項, 責任回避条項, 例外規定, エスケープ クローズ《契約の一方の当事者が特定条件の下で契約上の履行義務・責任を免除されることを定めた契約の条項; 保険契約 (⇨ OTHER INSURANCE CLAUSE) のほか契約一般に用いられるが, 特に 1) 労働法上組合員資格維持 (maintenance of membership) 協定で組合員が職を失うことなく組合を脱退できる期間を定めた条項 2) 貿易協定で, 輸入急増が国内産業に被害を与えたりそのおそれのある時には緊急輸入制限を行ないうるとの関税貿易一般協定 (GATT) や米国の 1974 年の通商法

(Trade Act) の規定なども該当する; safeguard ともいう).

es·ca·pee /ɪskèɪpíː/ *n* (拘禁からの)逃走者, 逃亡者, 脱獄者.

escápe of dángerous thíngs 〖英〗危険物の逸出《不法行為法上の概念で, 自分の土地に人為的に貯えられた物が逸出して生じた損害の責任を土地所有者が負う法理との関連で用いる》.

escápe pèriod 労働組合脱退許容期間(条項) (⇨ ESCAPE CLAUSE).

escápe wàrrant 逃走者逮捕状.

es·ca·pi·um /ɛskéɪpiəm/ *n* 1 (拘禁中の者の)逃走;《家畜の》逸走. 2 予期せず得たもの. [L=escape]

es·chat·o·col /ɛskǽtəkɔ̀(ː)l, -kòʊl, -kàl/ *n* 1 不動産譲渡捺印証書[特許状] (charter) の結部《署名・日付が入る》. 2 結びの条項, 末尾の定式文. [F (Gk *eskhatos* last, *kolla* glue)]

es·cheat /ɪstʃíːt, ɛs-/ *n* 1 不動産復帰, 没収, 国庫帰属《本来は封建法上相続人のいない不動産が封建領主に復帰すること (⇨ FEUDAL INCIDENT); ここから相続人のいない財産の国王[国, 州]へ帰属すること》. 2 復帰不動産[財産]. 3 (不動産・財産を没収する)(不動産)復帰権 (escheatage). ▶ WRIT OF ESCHEAT (不動産復帰令状). — *vt* (不動産)財産を復帰させる〈to, into〉, 復帰によって〈不動産・財産を〉没収する. — *vi* (不動産・財産が)復帰する〈to〉. ~·able *a* [OF<L *ex-*(*cado* to fall)]

eschéat·age *n* (不動産)復帰権 (=ESCHEAT).

es·chéat·or /, -tɔːr/ *n* 〖英史〗復帰不動産管理官, 封建的付随条件収入管理官, エスチーター《国王の復帰不動産 (escheat) および封建的付随条件 (feudal incident) からの収入の管理を職務とした封建領主としての国王の役人》. ~·ship *n*

Es·co·bé·do rùle /ɛskəbíːdoʊ-/ 〖米〗エスコビードの準則《身柄拘束中の被疑者に黙秘の権利を告知しなかったり弁護士に接見させないで得られた供述はその者に不利な証拠として認められないとする原則; Escobedo は 1964 年の判例の原告名; MIRANDA RULE の先駆け》.

es·crow /ɛ́skroʊ, —´—/ *n* 1 (条件付き)第三者預託[預託証書, 預託金], エスクロー《第三者に預け, 一定条件が成就した場合にその第三者が預かった証書・金銭・財産を約束されていた人に引き渡すこと; またはその証書類; 原則として引渡しによって預託時点に遡って引渡しがあったものとされる; cf. TRUST》. 2 (条件付き)第三者預託証書[預託物]受託人 (=ESCROW AGENT). 3 (条件付き)第三者預託金口座 (=ESCROW ACCOUNT). **in** ~ (証書・金銭などがエスクローとして第三者預託されて(いる)): documents held *in* ~ (条件付き)第三者預託で保管している書類 / deposit *in* ~ 第三者のための条件付き預金. ▶ DELIVERY IN ESCROW (第三者預託のための引渡し). — *vt* エスクローとして第三者に預託する. [AF=scroll]

éscrow accòunt 〖米〗(条件付き)第三者預託金[エスクロー]口座《単に escrow ともいう》.

éscrow àgent (条件付き)第三者預託証書[預託物]受託人 (=escrowee)《(条件付き)第三者預託 (escrow) で証書・財産などを預託される側の人; 単に escrow ともいう》.

éscrow agrèement (条件付き)第三者預託指示《(条件付き)第三者預託 (escrow) の受託人に対して与えられる指示》.

éscrow còntract (条件付き)第三者預託契約《(条件付き)第三者預託 (escrow) につき, 受託人を含めた三当事者間でそれぞれの権利・義務を定める合意(書)》.

èscrow·ée /, ɛskróʊiː/ *n* ESCROW AGENT.

es·cu·age /ɛ́skjùːɪdʒ/ *n* 〖英史〗1 楯金 (=SCUTAGE). 2 楯奉仕保有《騎士奉仕保有 (tenure by knight service) の一種で年 40 日間国王の下で従軍するか議会が課すその代納金を支払うことを保有条件とするもの》. [AF, OF]

Es·da /ɛ́zdə/ *n* エズダ《ある文書のページがどの順番で作成されたかを判定する法科学技術》: an ~ test. [*electrostatic deposition* [*document*] *analysis*]

eslisor ⇨ ELISOR.

es·ne·cy /ɛ́znɪsi/ *n* 〖史〗(相続財産についての)長子権, 〖特〗長姉権 (=aesnecia)《(相続財産共有 (coparcenary) を合意で分割するときの姉妹の最年長者の有する優先的選択権; cf. ENITIA PARS》.

ESOP /íːsòʊpíː, íːsàp/ *n* 被用者持株制度. [*employee stock* [*share*] *ownership plan*]

es·pi·o·nage /ɛ́spiənɑ̀ːʒ, —´—´/ *n* スパイ行為, 諜報. ▶ INDUSTRIAL ESPIONAGE (産業スパイ行為). [F]

Éspionage Àct [the ~] 〖米〗スパイ行為処罰法《1917 年および 18 年の連邦法》.

es·plees /ɪsplíːz/ *n pl* 〖古〗1 土地産出物; 土地からの収益《地代ほか》. 2《物・収益を産出する》土地. [AF (pl)<OF *espleit* revenue]

es·pous·al /ɪspáʊz(ə)l, ɛs-/ *n* 1 [*pl*] 〖英では古〗婚姻約束, 婚約(式). 2〈主義・説などの〉支持, 擁護〈*of*〉.

espóusal of cláim 〖国際法〗請求権の擁護《自国民が他国においてその身体または財産に損害をこうむった場合に, 一定条件の下でその他国に対してその救済を図るよう請求する国家の行為; ただし, いったんこの保護対象になった請求権は被害者個人のものではなく国家のものであるので, 国家は個人の利益のために行動しているのではないとされている; cf. EXHAUSTION OF LOCAL REMEDIES, STATE RESPONSIBILITY》.

es·prit des lois /F ɛspri de lwa/ [De l' ~]『法の精神』(⇨ SPIRIT OF LAWS).

esq. esquire.

es·quire /ɛ́skwàɪr, —´—; ɪskwáɪər/ *n* 1 a 〖英〗郷士(ごうし), イスクワイアー (=armiger)《ジェントリー (gentry) に属し, ナイト (knight) の下ヨーマン (yeoman) の上の身分》. b 〖古〗SQUIRE. 2 a 〖英史〗《中世の騎士の楯持ちをつとめた》騎士従者, 騎士志願者. b 〖まれ〗《婦人に》

es·sence /ésns/ *n* 本質, 真髄; 核心, 要諦. **of the ~** 最も重要な, 《特に》契約の本質的要素にかかわる: Time is of the ~.

éssence of a [the] cóntract 契約の本質的要素, 契約の核心部分 (⇒ Time is of the essence of contract).

éssence tèst 《米》本質テスト《労働法上, 仲裁人 (arbitrator) の裁定は尊重されるべきで, その裁定が非合理的でかつ労働協約 (collective bargaining agreement) から引き出されるものでない場合にのみ, 再審査裁判所が裁定をくつがえすことが許されるという準則に基づくテストを指す》.

esséntial élement 本質的要素《不法行為および犯罪の本質的要素で, 一応の証明がある事件 (prima facie case) とするためには訴え・起訴状の中で主張されねばならないもの》.

esséntial mistáke 《契約の》本質部分の錯誤《真の意味での合意があったとは考えられぬほど重要な契約の核心部分についての錯誤で, その契約の効力に影響を与えることになるもの; cf. UNESSENTIAL MISTAKE》.

es·soin, es·soign /ɪsɔ́ɪn/ *n* **1**《史》不出頭理由; 不出頭理由申し立て. **2**《廃》口実, 延引. [OF]

essóin dày《史》不出頭理由申し立て受理日, 開廷期冒頭期日《ESSOIN を開廷期初日に受理したことから》.

es·soin·ee /ɪsɔ́ɪniː/ *n*《不出頭理由申し立ての上の》不出頭許容者.

essóin·er *n*《史》不出頭理由申立人.

est. established (in [by]) ◆ estate(s).

es·tab·lish /ɪstǽblɪʃ, ɛs-/ *vt* **1** 確立する, 設置[設立]する, 開設[創立, 創設]する,《制度・法律などを》制定する, 定める, 規定する: ~ a government [business] 政府[事業]を樹立する / E~ed 75 years 創立 75 年の / E~ed 1935 1935 年創立 / be ~ed by law 法で定められている / The company ~ed a branch in Korea. **2 a** 安定させる;《人を場所・地位・職業に》定着させる, つかせる: He is ~ed in business [as chairman]. 実業について[議長をつとめて]いる / ~ oneself in the country 田舎に定住する / ~ oneself as a lawyer 一本立ちして弁護士を開業する. **b**〈先例・習慣・所信・要求・名声などを〉確立する, 不動のものとする, 一般に確認させる, 樹立する;〈事実・理論などを〉確証[立証]する;《廃》〈財産の〉継承権を設定する: ~ one's case その主張を立証する / ~ one's credit 信用(の基礎)を固める / It is ~ed as a fact that …は事実として確認されている / The police have ~ed the suspect's movement of that night. **3**〈教会を〉国教会にする. **~·able** *a* **~·er** *n*

Estáblished Chúrch 1 [the ~] 英国国教会, イングランド教会 (=CHURCH OF ENGLAND) (略 EC). **2** [e- c-] 国教会, 公定宗派.

estáblished póst《官庁などにおける》常設ポスト

estáblished úse 確認土地利用(権)《長年 特定目的のために利用されてきた土地を, その目的のために利用することを地方自治体が認めるもの》.

estáblish·ment *n* **1 a** 設立, 創立, 開設; 確立, 確定, 樹立; 制定. **b** 取決め,《特に》法規; 制度. ▶ FREEDOM OF ESTABLISHMENT (開業の自由) / RIGHT OF ESTABLISHMENT (開業の権利). **2 a**《公共または私設の》設立物, 施設《学校・病院・会社・営業所・旅館など》: a manufacturing ~ 生産工場[会社] / a large ~ 大工場, 大会社. **b**《教会の》国定; [the E-] ESTABLISHED CHURCH; [the E-]《スコットランドの》長老教会. ▶ PERMANENT ESTABLISHMENT (恒久的施設) / SERVICE ESTABLISHMENT (役務提供施設). **3 a** [ᵁthe E-] 体制, 既成の権力組織, エスタブリッシュメント; 主流派. **b**《企業体などの》(幹部)職員. **4**《官庁・陸海軍などの》常設[常備]編制, 常置人員, 定員: ~ officer《政府の》人事担当官 / peace [war] ~ 平時[戦時]編制の兵力. **5 a** 世帯, 所帯, 住居, 家. **b**《まれ》身を固めること, 結婚.

Estáblishment Clàuse [the ~]《米》国教(禁止)条項《合衆国憲法第1修正の規定; cf. FREE EXERCISE CLAUSE》.

es·tate /ɪstéɪt, ɛs-/ *n* **1** 土地, 地所,《別荘・庭園などがある》私有地 (landed estate). ▶ DOMINANT ESTATE (他人の土地から便益を得る土地, 要役地) / INDUSTRIAL [TRADING] ESTATE (工業団地) / SERVIENT ESTATE (負担を負う土地, 承役地). **2** 財産; 遺産. ▶ ADJUSTED GROSS ESTATE (調整総遺産額) / ADMINISTRATION OF ESTATE (遺産[財産]管理(手続き)) / AUGMENTED ESTATE (増加遺産) / BANKRUPTCY ESTATE (破産財団) / CLOSING OF ESTATE (遺産管理終了) / DEBTOR'S ESTATE (倒産債務者の全財産) / DECEDENT'S ESTATE (遺産) / EQUITABLE LIFE ESTATE (エクイティー上の生涯権) / GENERAL ESTATE (個人総資産; 一般財産) / GROSS ESTATE (総遺産) / LANDED ESTATE (不動産) / MOVABLE ESTATE (動産) / NET ESTATE (純遺産) / PERSONAL ESTATE (人的財産) / PROBATE ESTATE (人格代表者管理遺産) / REAL ESTATE (物的財産) / RESIDUARY [RESIDUAL] ESTATE (残余遺産) / SEPARATE ESTATE (妻の特有財産; 特有財産) / TAXABLE ESTATE (課税遺産額) / TRUST ESTATE (信託財産). ★ 広義のうち特に「遺産」の意では, 厳密には法的主体 (legal entity) ではないが, 一般的にはしばしば法的主体であるかのごとくに用いられることがある; 例えば, debts "of the estate", claims "against the estate" のごとし. **3** 不動産権,《期限条件付き》財産権. ▶ ABSOLUTE ESTATE (絶対的不動産権) / ANCESTRAL ESTATE (無遺言不動産相続不動産権) / BASE ESTATE (不自由不動産権) / BENEFICIAL ESTATE (受益的不動産権) / CONCURRENT ESTATE (共同の不動産権) / CONTINGENT ESTATE (未確定不動産権) / CONVENTIONAL ESTATE (合意不動産権) / CUSTOMARY ESTATE (荘園法不動産権) / DEFEASIBLE ESTATE (消滅条件付き不動産権) / DERIVATIVE ESTATE (派生不動産権)

/ DETERMINABLE ESTATE (解除条件付き不動産権) / DISCONTINUANCE OF (AN) ESTATE (不動産権行使停止) / ENTAILED ESTATE (限嗣不動産権) / EQUITABLE ESTATE (エクイティー上の不動産権) / FREEHOLD ESTATE (自由土地保有権) / FUTURE ESTATE (将来不動産権) / JOINT ESTATE (複数者共同保有不動産権) / LANDED ESTATE (土地不動産権) / LEASEHOLD ESTATE (定期不動産賃借権) / LEGAL ESTATE (コモンロー上の不動産権) / LIFE ESTATE (生涯不動産権) / LIMITATION OF ESTATE (不動産権の限定) / MERGER OF ESTATES (不動産権の混同) / NEXT EVENTUAL ESTATE (次期発生不動産権) / ORIGINAL ESTATE (原初不動産権) / PARTICULAR ESTATE (部分不動産権) / PERIODIC ESTATE (自動更新定期不動産権) / POSSESSORY ESTATE (占有付き不動産権) / PRESCRIPTION IN A QUE ESTATE (土地付随権の取得時効) / PRIVITY OF ESTATE (同一不動産権保有関係) / QUALITY OF ESTATE (不動産権の質) / QUANTITY OF ESTATE (不動産権の存続期間) / REAL ESTATE (物的不動産権) / SETTLED ESTATE (継承財産設定不動産(権)) / VESTED ESTATE (確定的不動産権). ★英法上は理論的には土地に対する絶対的所有権者は国王のみで, 他の人は土地に一定の限定された権利を有するにすぎない. estate とは, このように性質・量において一定の制限をされた不動産権を意味している. したがって estate はどの点を基準にするかにより, 1925年法以前は, 次のように分けられた. (1) 権利の存続期間を基準: 自由土地保有権 (freehold), 生涯不動産権 (life estate), 定期不動産権 (tenancy for a term) など. (2) 権利の存続が一定事実の発生・不発生を条件としているか, 絶対的無条件であるか: 条件付き不動産権 (estate on condition) など. (3) 権利内容が実現されうるときを基準: 現有不動産権 (estate in possession), 残余権 (remainder) など. (4) 権利者の数やそれら複数権利者間の関係を基準: 個別不動産権 (estate in severalty), 共有不動産権 (tenancy in common) など. その他エクイティー上の estate も存した. 1925 年法以後は, 所有権に等しい現有絶対単純封土権 (fee simple absolute in possession) と絶対定期不動産権 (term of years absolute) の2種のみをコモンロー上の estate として認め, 他はエクイティー上の権利としてのみ存在している (⇨ TENURE). **4**《期限・条件付きの》受益権. **5**《政治・社会上の》身分, 《特に中世ヨーロッパの》三身分の一 (⇨ ESTATES OF THE REALM, THREE ESTATES); 地位, 《特に》高い地位[身分]: a man of ~《古》貴顕. ▶ CLERICAL ESTATE (聖職者身分) / FIRST [SECOND, THIRD, FOURTH] ESTATE (第一[第二, 第三, 第四]身分) / THREE ESTATES (三身分). **6**《人生の》時期, 境遇; 生活状態, 情況. [OF; ⇨ STATUE]

estáte administràtion 遺産管理, 財産管理; 遺産[財産]管理手続き.

estáte àgency 不動産業.

estáte àgent 不動産業者, 不動産仲介業者; 不動産管理人.

estáte at súfferance 容認不動産権 (=TENANCY AT SUFFERANCE).

estáte at wíll 任意不動産権 (=TENANCY AT WILL).

estáte by státute stáple《英史》交易法上の債務証書に基づく不動産権《1353年の Statute Staple (交易法) に基づき指定市場 (staple) の市長などの面前で作成され当該市の公印の押された証書により保有される債権担保のための土地に対する権利; cf. STATUTE STAPLE, STATUTE MERCHANT》.

estáte by súfferance 容認不動産権 (=TENANCY AT SUFFERANCE).

estáte by (the) entírety [entíreties] 夫婦全部保有不動産権 (⇨ TENANCY BY (THE) ENTIRETY).

estáte còntract 不動産権契約.

estáte dùty《英税制史》遺産税 (⇨ CAPITAL TRANSFER TAX) (cf. INHERITANCE TAX).

estáte for lífe 生涯不動産権 (=LIFE ESTATE).

estáte for yéars 定期不動産権, 定期不動産賃借権 (=TENANCY FOR A TERM).

estáte for yéars ábsolute 絶対定期不動産権 (=TERM OF YEARS ABSOLUTE).

estáte frèeze《米》遺産凍結《計画的遺産処分方法の一つで, 少数者が株・経営を支配している企業の所有者が, 普通株を優先的利益配当を受ける優先株 (preferred stock) に換え, 普通株を自分の子供に与え, これによってみずからの退社後の年金収入を確保しまた死亡の際の企業の価値評価に基づく遺産税 (estate tax) を避けようとするもの》.

estáte from yéar to yéar 年極め不動産(賃借)権 (=TENANCY FROM YEAR TO YEAR).

estáte in cómmon 共有不動産権 (=TENANCY IN COMMON).

estáte in copárcenary 共有相続不動産(権) (⇨ COPARCENARY).

estáte in expéctancy 将来不動産権 (=FUTURE ESTATE).

estáte in fée 封土権.

estáte in fée símple 単純封土権, 単純不動産権 (=FEE SIMPLE).

estáte in fée símple ábsolute in posséssion 現有絶対単純封土権 (=FEE SIMPLE ABSOLUTE IN POSSESSION).

estáte in fée táil 限嗣封土権, 限嗣不動産権 (=FEE TAIL).

estáte in gáge 担保不動産権 (=estate in vadio)《債務履行の担保のため担保権者が保有している不動産》.

estáte in jóint ténancy 合有不動産権 (=JOINT TENANCY).

estáte in lánd 土地不動産権.

estáte in pártnership 組合の不動産権《不動産権を組合 (partnership) の基金で組合目的のために購入した場合の組合構成員全員に共同に帰属する不動産

権).

estáte in posséssion 現有不動産権.
estáte in remáinder 残余不動産権, 残余権 (=REMAINDER).
estáte in revérsion 復帰不動産権, 復帰権 (=REVERSION).
estáte in séveralty 個別不動産権《他人と共同でなく単独で保有する不動産権; cf. ESTATE IN COMMON, ESTATE IN JOINT TENANCY》.
estáte in táil 限嗣封土権, 限嗣不動産権 (=FEE TAIL).
estáte in vá·dio /-vǽdiòu/ 担保不動産権 (=ESTATE IN GAGE).
estáte less than fréehold 自由土地保有権より劣る不動産権.
estáte nót of fréehold 自由土地保有権にあらざる不動産権.
estáte nót of inhéritance 法定相続不能不動産権.
estáte of inhéritance 法定相続可能不動産権.
estáte on [upón] condítion 条件付き不動産権《権利の帰属・変更・消滅が特定の事柄の発生・不発生に依存している不動産権; cf. CONTINGENT ESTATE》.
estáte on condítion expréssed 明示的条件付き不動産権.
estáte on condítion implíed 黙示的条件付き不動産権.
estáte on condítion súbsequent =ESTATE SUBJECT TO CONDITION SUBSEQUENT.
estáte on limitátion 限定付き不動産権《通例は一定の期間である約束した限定に従って,自動的に譲与者に戻る不動産権; この場合, during とか while とか as long as といった用語でその限定期間が示される; cf. FEE SIMPLE DETERMINABLE》.
estáte òwner《英》不動産権所有者《1925年法以後コモンロー上存続している estate [legal estate] である現有絶対単純封土権 (fee simple absolute in possession) と絶対定期不動産権 (term of years absolute) の所有者》.
estáte plànner 遺産処分計画業者.
estáte plànning 計画的遺産処分(法), 遺産処分計画.
estáte pur áu·tre víe /-pər ó:trə víː/ 他生生涯不動産権, 他人の生涯を基準とする不動産権 (=life estate pur autre vie, tenancy pur autre vie)《=**estáte per áutre víe** /-pər-/《占有者以外の人の生涯の間のみ存続する不動産権》.[AF]
estáte quási of inhéritance 準法定相続可能不動産権《A およびその法定相続人に対して B の生涯の間 譲与する場合の他生涯不動産権 (estate pur autre vie) がその例》.
estáte rèntcharge《英》《(開発業者が有する)》土地用途保持のための地代負担.

estátes of the réalm pl [the ~] 王国の(三)身分《英国では聖職貴族・世俗貴族・庶民 (commons) を指す; 他の西欧封建社会では聖職者・(世俗)貴族・平民, 特に市民をいう》.
estáte súbject to condítion súbsequent 解除条件の定めのある不動産権 (=estate on condition subsequent).
estáte subsísting at láw《英》《1925年法以後も》コモンロー上存続している不動産権 (⇒ LEGAL ESTATE).
estáte táil (pl estátes táil) 限嗣封土権, 限嗣不動産権 (=FEE TAIL).
estáte táil after possibílity of íssue extínct 子孫可能性消滅後の限嗣封土権[限嗣不動産権] (cf. POSSIBILITY OF ISSUE EXTINCT).
estáte táil máil 男子限嗣封土権.
estáte táx《米税制》遺産税 (=death tax)《相続人にではなく被相続人の遺産に課せられる税; cf. GENERATION-SKIPPING TRANSFER TAX, GIFT TAX, INHERITANCE TAX, SUCCESSION TAX, TRANSFER TAX》.
estáte trùst《米》遺産信託《死亡配偶者の財産を税制上の配偶者控除 (marital deduction) の対象になるようにするための信託》.
estate upon condition ⇒ ESTATE ON CONDITION.
es·ti·mate v /ɛ́stəmèɪt/ vt **1** ...の価値[意義など]について判断する, 評価する. **2** 見積もる; ...の見積書を作る; 判断[推測]する; 統計的に予測する: ~ one's losses at $200 million 損失を2億ドルと見積もる / an ~d sum 見積高[額] / the ~d crop for this year 今年度の予想収穫高 / The time for its construction is ~d at five years. 工事に要する期間は5か年と見積もられている. ── vi 評価[見積もり]をする; 見積書を作る. ── n /ɛ́stəmət, -mèɪt/ **1** 評価, 価値判断. **2** 見積もり(額), 概算, 推定値[量], 推計; [ºpl] 見積(計算)書: a written ~ 見積書 / by ~ 概算で / form an ~ of ...の見積もりを作る; ...を評価する. **3** [the E-s]《英》《政府が議会に提出する》(歳出)予算. [L aestimo to fix price of]
éstimated táx《米税制》予定納税. ▶ DECLARATION OF ESTIMATED TAX (予定納税書).
es·ti·mà·tive a **1** 評価できる; 評価の. **2** 見積もりの, 概算の.
es·ti·mà·tor n **1** 評価[見積もり]をする人, 見積士, 鑑定人. **2** 推定値[量] (estimate).
es·top /ɛstáp, ɪs-/ vt (**-pp-**) 禁反言 (estoppel) で禁ずる 〈from〉; 《まれ》禁ずる. **es·tóp·page** n [OF; ⇒ STOP]
es·top·pel /ɛstáp(ə)l, ɪs-/ n 禁反言(きんはんげん), エストッペル《みずからの行為によってある事実の存在を表示した者に, それを信じて自己の利害関係を変更した者を保護するために, 表示した事実に反する主張を禁止すること; 事実の表示だけでなく将来の約束についても認められることがある; cf. WAIVER》. ▶ ACTION ESTOPPEL (訴訟の禁反言) / ADOPTION BY ESTOPPEL (禁反言による養子縁組) /

AGENCY BY ESTOPPEL (禁反言による代理) / ASSIGNEE ESTOPPEL (譲受人の禁反言) / ASSIGNOR ESTOPPEL (譲渡人の禁反言) / AUTHORITY BY ESTOPPEL (禁反言による権限) / COLLATERAL ESTOPPEL (争点効) / CORPORATION BY ESTOPPEL (禁反言による会社) / DIRECT ESTOPPEL (直接的禁反言) / EASEMENT BY ESTOPPEL (禁反言による地役権) / EQUITABLE ESTOPPEL (エクイティー上の禁反言) / FILE WRAPPER ESTOPPEL (特許権出願書類についての禁反言) / ISSUE ESTOPPEL (争点についての禁反言) / JUDICIAL ESTOPPEL (裁判上の禁反言) / LEGAL ESTOPPEL (コモンロー上の禁反言) / MUTUALITY OF ESTOPPEL (禁反言の相互性) / PARTNERSHIP BY ESTOPPEL (禁反言による組合) / PLEA IN ESTOPPEL (禁反言の答弁) / PROMISSORY ESTOPPEL (約束的禁反言) / PROPRIETARY ESTOPPEL (財産権的禁反言) / PROSECUTION HISTORY ESTOPPEL (特許権出願過程の禁反言) / QUASI ESTOPPEL (準禁反言) / TENANCY BY ESTOPPEL (禁反言に基づく不動産権) / TITLE BY ESTOPPEL (禁反言に基づく権原). by ~ 禁反言により. [OF=bung; ⇨ ESTOP]

estóppel by cónduct 行為による禁反言 (=ESTOPPEL IN PAIS).

estóppel by cóntract 契約による禁反言.

estóppel by déed 捺印証書による禁反言 (cf. AFTER-ACQUIRED-TITLE DOCTRINE).

estóppel by ináction 無活動による禁反言 (=ESTOPPEL BY SILENCE).

estóppel by júdgment 判決による禁反言 (=COLLATERAL ESTOPPEL).

estóppel by láches 懈怠(けたい)による禁反言《権利主張をなすのに合理的時機を失するほどに遅滞したり怠っていた場合に 権利主張をしても救済を否定するエクイティー上の法理》.

estóppel by récord 記録による禁反言 (=COLLATERAL ESTOPPEL).

estóppel by representátion 表示による禁反言《他人をしてあることを信じこませ それに基づき行為させるような陳述をしたり認めたりした場合に生じる禁反言》.

estóppel by sílence 沈黙による禁反言 (=estoppel by inaction, estoppel by standing by)《表示による禁反言 (estoppel by representation) の一種で, 話すべきであったのに話さなかった場合に生じる禁反言》.

estóppel by stánding bý 拱手(きょうしゅ)傍観による禁反言 (=ESTOPPEL BY SILENCE).

estóppel by vérdict 評決による禁反言 (=COLLATERAL ESTOPPEL).

estóppel certificate 1 禁反言証明書, 禁反言的効力を有する証明書. 2 譲渡抵当に関する禁反言証明書 (=WAIVER OF DEFENSES).

estóppel in páis 法的手続き外の行為による禁反言言, 行為による禁反言 (=equitable estoppel, estoppel by conduct)《故意または過失によりみずからの行為または言説により ある事実を相手方に信じ込ませた場合, それを信じて行動した相手方に対してその事実の不存在を主張できないという法理》.

estóppel of récord 記録による禁反言 (=COLLATERAL ESTOPPEL).

estoppel per rem ju·di·ca·tam /— pər rém dʒùːdɪkéɪtəm/ 既判事項 (res judicata) による禁反言 (=COLLATERAL ESTOPPEL).

es·to·vers /estóuvərz/ n pl **a** 採木(入会)権 (=COMMON OF ESTOVERS). **b** 必要物, 《特に》必要木材《土地保有者が採木権により採る薪や家屋修繕・垣・柵用の材木など》. ► COMMON OF ESTOVERS (採木入会権). 《» cf. FIREBOTE, HAYBOTE, HOUSEBOTE, PLOUGHBOTE. ★a, b ともに boot, bote と同義》. **2** 妻の扶助料, 別居[離婚]手当て (alimony). [AF]

Es·trá·da dóctrine /eɪstrɑ́ːdə-/ 〖国際法〗エストラーダ主義《一国の政権が非合法手段で変更された時, 新政権の統治体制を問うことなく, 支配が実効的であれば引き続き当該政府との関係を維持するとする主義; 近年多くの国が採用している; 1930年メキシコ外相 Don Genero Estrada が表明したことに由来; cf. TOBAR DOCTRINE》.

es·tray /ɪstréɪ/ n **1** 逸走[逃失]家畜《飼い主のわからないさまよっている馬・羊など》. **2** 〖海法〗浮き荷 (=FLOTSAM). — a 迷い出た.

es·treat /ɪstríːt/ n **1** 《罰金・科料・誓約保証金 (recognizance) についての部分を写した》裁判所記録抄本, 徴収明細書. **2 a** 《抄本による誓約保証金・罰金などの》取立て[没収]の執行(命令). **b** 〖英史〗財務府 (Exchequer) からの罰金徴収命令抄本 (=GREEN WAX). — vt 裁判所記録抄本を送り《罰金・科料などの》取立て[徴収]を執行させる;《広く》《罰金などを》取り立てる, 徴収する. [OF estrait]

es·trepe /ɪstríːp, es-/ vt **1** 《不動産権者が》復帰権者 (reversioner) などの権利を侵害する形で《占有不動産を》毀損する[不毛にする]. **2** 《不動産を》毀損する, 不毛にする (⇨ ESTREPEMENT). [OF<L exstirpo to root out]

estrépe·ment n **1** 復帰権毀損《生涯不動産権者 (tenant for life) などがその占有不動産を毀損しその不動産の復帰権者 (reversioner) の権利を永久的に侵害すること; cf. DE ESTREPAMENTO》. ► WRIT OF ESTREPEMENT (毀損禁止令状). **2** 《連続的な耕作による》不毛化.

es·tu·ary /ésʧuèri; -tjuəri/ n 《潮の干満の影響を受ける》河口部, 《河口にできた》江湾, 入江. [L=tidal channel (aestus tide)]

ET °employment tribunal 雇用審判所.

ETA 〖米〗Employment and Training Administration 職業訓練局 ♦ estimated time of arrival 到着予定時刻.

et al. /ètæl, ɛtɑːl, ɛtɔ́ːl/ [L et alibi] and elsewhere ♦ [L et alius, et alia, et aliud] and another ♦ [L alii, et aliae, et alia] and others.

ETC °export trading company 輸出商社.

etérnal láw 永遠の法, 神法 (=DIVINE LAW).

eth·i·cal /éθɪk(ə)l/ *a* **1** 倫理(上)の, 道徳(上)の; 倫理にかなった, 倫理的な. **2** 職業倫理の, 職業倫理上の; 職業倫理にかなった (opp. *unethical*) (⇨ LEGAL ETHICS). ～**·ly** *adv*

éthical considerátion 《法曹の職業的行動を導く》倫理上の配慮《略 EC; cf. DISCIPLINARY RULE》.

éthical drúg 要指示薬, 認可薬品, 医療用薬品《医師の処方なしでは薬局で買えない薬品; cf. PROPRIETARY DRUG》.

éthical jurisprúdence 法価値論《法を道徳・倫理の観点から論じる法哲学の一部門》.

éthical wáll 職業倫理上の障壁, 機関内情報交換の障壁 (=Chinese wall)《特に法学上は, 同一法律事務所内の他の弁護士を特定依頼人の業務に関与させずその依頼人を利害の衝突から保護すること》.

eth·ics /éθɪks/ *n* 倫理, 職業倫理[道徳]; 倫理綱領. ▶ LEGAL ETHICS (法曹倫理) / PROFESSIONAL ETHICS (職業倫理; 法曹倫理).

Éthics In Góvernment Àct [the ～]《米》政治倫理法《1978年成立の連邦法; 連邦議会議員や連邦政府高官に対し資産・所得公開を義務づけ, また 政府職員が退職後私利のために政府機関にはたらきかけることを禁じるなどの内容を盛り込んだ法; また 1983年以後独立弁護士 (independent counsel) として知られるようになる特別検察官 (special prosecutor) の職も創設した》.

eth·nic /éθnɪk/ *a* 人種の, 民族の. — *n* *少数民族の一員. [L<Gk=heathen]

éthnic cléansing 民族浄化《ある地域から特定の少数民族 (ethnic minority) の強制的・組織的除去ないし減少をはかる公的支援の運動; 通例大量殺人・強制的移動・財産没収などを伴なう; 一国内の多数民族による少数民族の民族浄化は人道に対する罪 (crime against humanity) の一つとして国際法上の犯罪となりうる》.

éthnic gróup 民族(集団).

éthnic minórity 少数民族《一国の人口の他の人々にくらべ人口的に少数の国民で, 文化・宗教・言語の上で独自性を有しかつその独自の社会習慣・宗教・言語を保持し続けようと黙示的であれ連帯感を示している集団; ⇨ ETHNIC CLEANSING》.

eth·nod·i·cy /ɛθnάdəsi/ *n* 法民族学《民族学 (ethnology) の方法を用いての, 社会秩序を守るための法規範の比較研究》. [*ethno-*, Gk *díkē* justice]

et hoc pa·ra·tus est ve·ri·fi·ca·re /ɛt hák pərétəs ɛst vèrɪfɪkéəri/《史》しかもこれを(被告は)真実であると確言する用意がある(＝「証明する用意がある」の意; 訴答末尾 (conclusion) における真実確言 (verification) の定型句》. [L=and this he/she is ready to verify]

et·i·quette /étɪkət, -kèt, ɛ̀tɪkét/ *n* 礼儀作法, エチケット;《同業者間の》不文律, しきたり, 礼儀, 道義, 仁義: a breach of ～ 不作法. ▶ LEGAL ETIQUETTE (法曹礼儀). [F=TICKET, memorandum]

étiquette of the proféssion 1 職業上の礼儀, 同業者仲間の道義. **2** 法曹道義 (=LEGAL ETIQUETTE).

et seq., et sq. /ɛt sék/ et sequens …以下のページ, …条以下; …以下参照, …および次の(語[行, ページ, 条])参照 ♦ et sequentes [sequentia] …以下参照《複数のとき》.

ETSI °European Telecommunications Standards Institute 欧州電気通信規格協会.

et sic /èt sík/ *adv* したがって. [L=and so]

et ux. /èt áks, -áksər, -úksə:r/ ET UXOR.

et uxor /ɛt áksər, -úksə:r/ およびその妻《通例 et ux. と略して当事者の表示や土地譲渡契約などで用いられる》. [L=and his wife]

et vir /èt víər/ およびその夫 (⇨ ET UXOR). [L=and her husband]

EU °European Union 欧州連合. ▶ DECISION OF THE EU (欧州連合の決定) / DIRECTIVE OF THE EU (欧州連合の命令) / REGULATION OF THE EU (欧州連合の規則).

EU citizenship /iːjúː ―/ 欧州連合市民権 (=EUROPEAN CITIZENSHIP).

Euclídean [Éuclid] zóning《米》ユークリッドゾーニング《地域地区別土地利用規制制度の初期のもの; 1926年の合衆国最高裁判所判例の原告 Village of Euclid に由来する名称; cf. NON-EUCLIDEAN ZONING》.

eu·gén·ics làw /judʒéniks-/ 優生法《優生思想に基づき優生手術, 性病検診・無感染の証明を婚姻の条件とすることなどを定めている法律》.

EU law /iːjúː ―/ EU 法, 欧州連合法 (cf. COMMUNITY LAW).

Eur- /júər/, **Eu·ro-** /júərou, -rə/ *comb form*「欧州 [ヨーロッパ]」「EC」「EU」の意. [*Europe*]

Eu·rat·om, EURATOM /juərǽtəm/ *n* ユーラトム (=EUROPEAN ATOMIC ENERGY COMMUNITY).

éur·lèx, EUR-Lex ユアーレックス《欧州共同体 (European Community) および欧州連合 (European Union) の法令についての公式ウェブサイト》.

eu·ro /júərou/ *n* ユーロ《1999年1月1日エキュー (ecu) に代わって導入された EU の単一通貨》.

Éuro·bànk *n* ユーロ銀行, ユーロバンク《ユーロカレンシーの取引を行なうヨーロッパの銀行》.

Éuro·bònd *n*《証券》ユーロ債, ユーロボンド《表示通貨国の国外でのユーロカレンシー吸収のために発行される債券》.

Èuro-constítuency, Éuro-sèat *n* 欧州議会議員選挙区.

Éuro·contròl *n* 欧州航空管制機構《1960年締結協定に基づく European Organization for the Safety of Air Navigation (航空安全欧州機構) のこと》.

Éuro·cràt *n* 欧州連合行政官[官僚], ユーロクラット.

Éuro·cùrrency *n* ユーロカレンシー, ユーロマネー (=Euromoney)《発行国の国外の銀行に預けられ, ユーロ市

場で取引される各国の通貨;ドルや円などがこれに含まれる).

Éuro·dòllar *n* ユーロダラー, ユーロドル《米国外の銀行に預けられ, 国際取引の決済に用いられる米ドル建て預金; Euro と呼ばれ 通例はヨーロッパ内の銀行であるが, そこに限定されるわけではない》.

Éuro·jùst *n* 欧州司法協力機関, ユーロジャスト《2002年創設の欧州連合 (European Union) の機関で Hague に本部がある; 加盟国各1名の代表からなり, 複数加盟国にかかわる重大犯罪の捜査・訴追につき, 加盟国内の調整, 国際的司法共助が目的; cf. EUROPOL》.

Éuro·mòney *n* ユーロマネー, ユーロカレンシー (= EUROCURRENCY).

Euro-MP /-ὲmpíː/ *n* °Member of the European Parliament 欧州議会議員 (MEP とも略す).

Éuro Nórm 欧州規準《各国独自の各種規準に代わって, 欧州内で共通して用いる統一規準を審議決定する機関で採用されている基準; その機関としては例えば欧州規準化委員会 (European Standardization Committee) や欧州電気技術規準化委員会 (European Electrotechnical Standardization Committee) などがある; 略 EN》.

Éuro·pàtent *n* 欧州特許《欧州特許条約 (European Patent Convention) に基づきほぼ全欧州諸国に有効な特許》.

Eu·rope /jύərəp/ *n* 欧州, ヨーロッパ;《英国と区別して》(欧州)大陸; 欧州連合: join ~ 欧州連合に参加する.
▶ COUNCIL OF EUROPE (欧州審議会) / ORGANIZATION FOR SECURITY AND CO-OPERATION IN EUROPE (欧州安全保障協力機構).

Eu·ro·pe·an /jὺərəpíːən/ *a* 1 欧州の, ヨーロッパの, ヨーロッパ人[文化]の. 2《英》欧州連合 [EU] 主義の, 欧州連合加盟支持の. 3 全欧的な. ― *n* 1 欧州人, ヨーロッパ人. 2 欧州連合主義者[加盟国].

Européan arrést wàrrant 欧州逮捕状《欧州連合 (European Union) の加盟国間で犯罪人引渡し (extradition) 手続きを廃し協調を強化し手続きを迅速簡略化する目的で, 2006年に導入されたもの》.

Européan Atómic Énergy Commùnity [the ~] 欧州原子力共同体, ユーラトム (= Euratom)《原子力産業の早期確立と育成に必要な条件を創出することを目的に1957年のローマ条約 (Treaty of Rome) で設立, 翌年発足; 欧州石炭鉄鋼共同体 (European Coal and Steel Community) および欧州経済共同体 (European Economic Community) と共に欧州共同体 (European Communities) を構成; 略 EAEC》.

Européan Bánk for Reconstrúction and Devélopment [the ~] 欧州復興開発銀行《旧ソ連・中東欧諸国における市場経済化を援助するために1990年に設立され, ロンドンに本部を置く地域的国際金融組織; 欧州諸国・旧ソ連・中東欧諸国のほか日本・米国も加盟国となっている; 略 EBRD》.

Européan Céntral Bánk [the ~] 欧州中央銀行《1998年発足し翌年から活動し出した欧州連合 (European Union) の中央銀行; 欧州通貨連合 (European Monetary Union) 加盟国の中央銀行と緊密に提携して活動している; 略 ECB》.

Européan cítizenship《各加盟国の市民権とは区別される意味での》欧州連合市民権 (= EU citizenship) (cf. STATE CITIZENSHIP) (⇨ CITIZEN OF THE EUROPEAN UNION).

Européan Cóal and Stéel Commùnity [the ~] 欧州石炭鉄鋼共同体《1951年締結のパリ条約 (Paris Treaty) に基づき翌年西欧6か国で発足した欧州共同体 (European Communities) の最初のもの; 1967年以来同様の機構をもつ欧州経済共同体 (European Economic Community) および欧州原子力共同体 (European Atomic Energy Community) と統一化の方向に進み, マーストリヒト条約 (Maastricht Treaty) が発効した1993年以降は欧州連合 (European Union) の一部となっている; 略 ECSC》.

Européan Commíssion [the ~] 欧州委員会, 欧州連合委員会, 欧州共同体委員会, EC 委員会, コミッション《加盟国各1名の計27人の委員 (**Européan Commíssioner**) からなる EC の執行機関; 正式名 Commission of the European Communities, 欧州連合成立後は一般には Commission of the European Union の語が用いられている; 略 EC》.

Européan Commíssion of Húman Rights《史》欧州人権委員会 (⇨ EUROPEAN CONVENTION ON HUMAN RIGHTS, EUROPEAN COURT OF HUMAN RIGHTS).

Européan Commúnities [the ~] 欧州共同体《欧州経済共同体 (EEC), 欧州石炭鉄鋼共同体 (ECSC), 欧州原子力共同体 (EAEC) の総称; 略 EC; 1967年に単一の理事会・委員会を有するようになり, 形式的にも統一化の方向に大きく進んだ; 1993年発効の欧州連合条約 (Treaty on European Union) により従来の欧州経済共同体 (EEC) が欧州共同体 (European Community, EC) と改称, その結果 EC および欧州共同体の訳語は双方を示すので注意を要する》. ▶ ASSEMBLY OF THE EUROPEAN COMMUNITIES (欧州共同体総会) / COMMISSION OF THE EUROPEAN COMMUNITIES (欧州共同体委員会) / COUNCIL OF MINISTERS OF THE EUROPEAN COMMUNITIES (欧州共同体閣僚理事会) / COURT OF FIRST INSTANCE OF THE EUROPEAN COMMUNITIES (欧州共同体第一審裁判所) / COURT OF JUSTICE OF THE EUROPEAN COMMUNITIES (欧州共同体司法裁判所).

Européan Commúnities Àct [the ~]《英》欧州共同体 [EC] に関する法律《1973年連合王国が EC に加盟するに伴い共同体に関する条約と共同体の法規から派生する国内の法的問題を処理するために1972年に制定された法律》.

Européan Commúnity [the ~] 欧州共同体《略 EC; EUROPEAN COMMUNITIES (略 EC) との混同

に注意; ⇨ EUROPEAN COMMUNITIES》.

Européan Commúnity làw [the ~] 欧州共同体法, EC 法 (＝COMMUNITY LAW)《欧州連合条約により成立した欧州共同体 (European Community, EC) の法; Community 単数形に注意》.

Européan Commúnity Trèaty [the ~] 欧州共同体条約 (⇨ TREATY OF ROME).

Européan cómpany 欧州会社 (＝SOCIETAS EUROPAEA).

Européan Convéntion on Húman Ríghts [the ~] 欧州人権条約《正式名は the European Convention on Human Rights and Fundamental Freedoms (人権および基本的諸自由についての欧州条約); 西欧諸国が人権と基本的自由の保護を集団的に保障するために成立させた条約で, Strasbourg に欧州人権委員会 (European Commission of Human Rights) と欧州人権裁判所 (European Court of Human Rights) を常設機関として設置した; 1953 年に発効; ⇨ EUROPEAN COURT OF HUMAN RIGHTS; 略 ECHR》.

Européan Convéntion on State Immúnity [the ~] 欧州国家免除[免責]条約, 国家免除[免責]に関する欧州条約《1972 年署名, 76 年発効; 現在は欧州連合 (European Union) となっている欧州共同体の加盟国家が国内裁判所でいついかなる形で他国もしくは個人に対して訴えを提起できるか, あるいは他国・個人から訴えられうるかという主権免除 (sovereign immunity) について定めた国際条約; 裁判権免除が認められない場合が列挙されそれ以外は免除が認められるという形をとっている; 署名した欧州連合加盟国内でのみ効力を有する》.

Européan Cóuncil 欧州理事会《一般に欧州首脳会議または欧州サミットと呼ばれる加盟国政府の首脳会議; 1987 年発効の単一欧州議定書 (Single European Act) で正式に認知され, 現在は欧州連合 (European Union) の正式機構の一部》.

Européan Cóurt [the ~] **1** 欧州(司法)裁判所 (＝COURT OF JUSTICE OF THE EUROPEAN COMMUNITIES). **2** 欧州人権裁判所 (＝EUROPEAN COURT OF HUMAN RIGHTS).

Européan Cóurt of Húman Ríghts 欧州人権裁判所《Strasbourg にある, 人権と基本的自由の保護を目的とした欧州人権条約 (European Convention on Human Rights) 違反の申立てにつき審理する, 欧州審議会 (Council of Europe) の機関としての裁判所; 1998 年から, それまで欧州人権条約に基づいて欧州人権委員会 (European Commission of Human Rights) との二層構造になっていたものが改められ, 単一構造化された欧州人権裁判所が設置された; 同裁判所はそれまでは審理に先立って委員会が行なっていた個人の申立て受理の可能性の決定および和解斡旋も行なっている; 単に Court of Human Rights ともいう; ⇨ EUROPEAN CONVENTION ON HUMAN RIGHTS》.

Européan Cóurt (of Jústice) [the ~] 欧州(司法)裁判所 (⇨ COURT OF JUSTICE OF THE EUROPEAN COMMUNITIES)《略 ECJ》.

Européan Cúrrency Ùnit 〖史〗欧州通貨単位, エキュー《1999 年にユーロ (euro) に代わった; 略 ECU》.

Européan Económic and Sócial Committee 欧州経済社会委員会《欧州連合 (European Union) の諸機関の一つで, 雇用者・被用者・消費者を含む経済・社会活動の諸部門から欧州連合理事会 (Council of the European Union) により任命される委員からなる; 略 EESC》.

Européan Económic Área [the ~] 欧州経済地域[領域]《欧州連合 (European Union) 加盟国と欧州自由貿易連合 (European Free Trade Association) のスイスを除く加盟国を含む自由貿易地域; 1992 年調印, 94 年発足; 裁判所ほか独自の諸制度を有する; 略 EEA》.

Européan Económic Commúnity [the ~] 欧州経済共同体《略 EEC; 欧州共同市場 (Common Market) の公式名》.

Européan Frée Tráde Associàtion [the ~] 欧州自由貿易連合, エフタ《1960 年設立の自由貿易地域創設のための地域的国際組織; 加盟国の多くが欧州連合 (European Union) 加盟のため脱退したが, 欧州連合諸国との経済関係を強めている; 略 EFTA》.

Européan Invéstment Bànk 欧州投資銀行《1958 年にローマ条約 (Treaty of Rome) に基づき設立された金融機関; 本部は Luxembourg; 略 EIB》.

Européan láw 欧州法, ヨーロッパ法《**1** 》欧州連合 (European Union) 法, EU 法 **2** 》**1** のほか欧州人権条約 (European Convention on Human Rights) など欧州審議会 (Council of Europe) 作成の条約を含む概念 **3** 》**1**) **2**) のほか, ヨーロッパでのすべての現行法で, ヨーロッパの各機構, 北大西洋条約機構 (North Atlantic Treaty Organization, NATO) などの法をも含む概念》.

Européan Mónetary Sýstem [the ~] 欧州通貨制度《1979 年に欧州共同体諸国間で設立された同加盟国間の貨幣政策の緊密化のための制度; 略 EMS》.

Européan Mónetary Únion [the ~] 欧州通貨連合《欧州連合 (European Union) はその加盟国に共通の単一通貨を 3 段階に分けて達成することをマーストリヒト条約 (Maastricht Treaty) で定めた; これにより 1999 年 1 月に単一通貨ユーロ (euro) が導入され, 2002 年からは単一の紙幣・硬貨が流通し出した; しかし英国はデンマーク・スウェーデンと共にこれに加わっていない; 略 EMU; ⇨ EURO》.

Européan Párliament [the ~] 欧州議会《欧州連合 (European Union) の議会; しばしば the は省略される; 旧称は Assembly of the European Communities (欧州共同体総会)》. ▶ MEMBER OF THE EUROPEAN PARLIAMENT (欧州議会議員).

European Patent Convention 欧州特許条約《1973年に署名、77年に発効した欧州共同体内における特許に関する統一法の第1条約; 略 EPC》.

European Social Charter [the ~] 欧州社会憲章 (⇨ SOCIAL CHARTER).

European Telecommunications Standards Institute [the ~] 欧州電気通信規格協会《1988年設立の、欧州全体の電気通信関連規格を定めるための機構; 電気通信産業の代表者から構成される; 略 ETSI》.

European Union [the ~] 欧州連合《1993年11月からの欧州連合条約 (Treaty on European Union) 発効を機に European Community を呼び換えたもの; 条約発効時の12か国に95年加盟の3か国、2004年加盟の10か国、2007年加盟の2か国、2013年加盟の1か国を合わせた28か国の共同体; 略 EU》. ▶ CHARTER OF FUNDAMENTAL RIGHTS OF THE EUROPEAN UNION (欧州連合基本権憲章) / CITIZEN OF THE EUROPEAN UNION (欧州連合市民) / COMMISSION OF THE EUROPEAN UNION (欧州連合委員会) / CONSTITUTIONAL TREATY OF THE EUROPEAN UNION (欧州連合憲法条約) / COUNCIL OF MINISTERS OF THE EUROPEAN UNION (欧州連合閣僚理事会) / COUNCIL OF THE EUROPEAN UNION (欧州連合理事会) / COURT OF JUSTICE OF THE EUROPEAN UNION (欧州連合司法裁判所).

European Works Council [the ~] 《英》欧州労使協議会《労使双方の代表からなる欧州レベルでの被用者への情報提供および被用者との協議を目的とした機関; 英国で欧州連合 (European Union) の命令 (directive) を受けて、1999年に被用者国際情報協議規則 (Transnational Information and Consultation of Employees Regulation) を制定・国内法化したものに基づき設置されている; 略 EWC》.

Europol /-pàl, -pòul/ n 欧州警察機関、ユーロポール《1992年のマーストリヒト条約 (Maastricht Treaty) に基づき99年より活動; 特にテロ・麻薬・金融・コンピューター犯罪などの国際犯罪の防止・撲滅を加盟国との協力をめざしている; European Police Office が正式名》.

Euro-seat ⇨ EURO-CONSTITUENCY.

euro-tort n 《英》欧州共同体法上の不法行為《欧州共同体法 (European Community law) の個人に対する直接効果 (direct effect) として、その違反により被害を受けた者が英国の裁判所に不法行為 (tort) として訴え出た場合にそれに対して救済が与えられることになるが、その場合の不法行為》.

eu·tha·na·sia /jùːθənéɪʒ(i)ə, -ziə/ n 安楽死 (cf. ADVANCE DIRECTIVE, ASSISTED SUICIDE, LIVING WILL, MERCY KILLING). ▶ INVOLUNTARY EUTHANASIA (みずからの意思に基づかない安楽死) / NONVOLUNTARY EUTHANASIA (無意思の安楽死) / VOLUNTARY EUTHANASIA (自発的安楽死). **èu·tha·ná·sic** /-néɪzɪk, -sɪk/ a [Gk (*thanatos* death)]

eu·tha·nize /júːθənàɪz/ vt 安楽死させる.

evac·u·ee /ɪvækjuíː/ n 避難民.

evade /ɪvéɪd/ vi 巧みに逃げをうつ;《まれ》逃げる、こっそり立ち去る. — vt (巧みに) 避ける、かわす、のがれる;〈質問などを〉はぐらかす;〈義務・支払いなど〉(の履行を) 回避する、《特に》〈税金〉の脱税をする (cf. AVOID);〈法律・規則を〉くぐる、潜脱する;〈ものが人を〉惑わせる: ~ paying taxes 脱税する / ~ tax 脱税する. **evád·able** a **evád·er** n

eval·u·ate /ɪvæljuèɪt/ vt 評価する、値踏みする (estimate). **evál·u·a·tive** /; -ətɪv/ a

eval·u·a·tion /ɪvæljuéɪʃ(ə)n/ n 評価: job ~ 職務評価.

evaluative fact 評価事実《ある行為が合理的なものであるかそれとも不注意なものであるかを判断するために用いられる事実》.

eva·sion /ɪvéɪʒ(ə)n/ n 1《責任・義務などの》回避,《法の》くぐり抜け、潜脱,《特に》脱税. ▶ TAX EVASION (脱税). 2《質問に対する答弁などの》言い紛らし、はぐらかし; 言い抜け、逃げ口上: take shelter *in* ~*s* 逃げ口上を使って逃げる. **~·al** *a*

eva·sive /ɪvéɪsɪv/ a 回避的な、潜脱的な、捕捉[理解]しがたい; 言い抜けよう[はぐらかそう]とする. **~·ly** *adv*

evasive answer 回避的の答弁《質問に対して直接的に認めようとも否定しようともしない答弁; 適法な答弁にならない》: give ~*s* 回避的の答弁をする.

even /íːv(ə)n/ a 平坦な; 一様な; 同等の、同一の; 互角の.

éven dáte 同一日付. *of* ~ 同一日付の〈文書など〉.

éven lót 《証券》取引単位、単位株 (round lot).

event /ɪvént/ n 1 事件、出来事. ▶ FORTUITOUS EVENT (偶発事件) / QUALIFYING EVENT (受給資格継続事件). 2 結果、結末. [L=outcome (*vent- venio* to come)]

Even·tus va·ri·os res no·va sem·per ha·bet. /ivéntəs væriòus ríːz nóuvə sémpər héɪbɛt/ 新しい事柄には常に種々の結果をもたらす. [L= A novel matter always produces various results.]

évergreen cóntract 自動更新契約.

evict /ɪvíkt/ vt 1《法的手続きによって》〈不動産占有者[借地・借家人]〉を追い立てる: ~ sb *from* land [a house] 人を土地[家]から立ち退かせる. 2〈不動産(権)を〉《法的手続きによって》取り戻す: ~ the property *of [from]* sb 人から財産(権)を取り戻す.

evict·ee /ɪvɪktíː, ˌ-ˌ-ˈ-/ n 追い立てられた人、占有被剝奪者.

evic·tion /ɪvíkʃ(ə)n/ n 《相手方の》追い立て、占有剝奪;《相手方からの》占有回復、取り戻し (cf. EJECTMENT, FORCIBLE ENTRY AND DETAINER, REENTRY). ▶ ACTUAL EVICTION (現実の占有剝奪) / CONSTRUCTIVE EVICTION (擬制占有剝奪) / PARTIAL EVICTION (一部占有剝奪) / RETALIATORY EVICTION (報復的占有剝奪) / SUMMARY EVICTION (略式占有剝奪手続き) / TOTAL

EVICTION (完全な占有剥奪).
evíction òrder 立退き命令, **占有剥奪命令**.
evíc·tor *n* 追い立てる人, **占有剥奪者**.
ev·i·dence /évəd(ə)ns, -dèns/ *n* **1 a**(真偽を)明らかにするもの, **証拠**⟨*of, for*⟩; 証拠方法; 証拠資料 (cf. ALLEGATION, ARGUMENT, PROOF, TESTIMONY): Is there any ~ of [for] this? このことにはなにか証拠がありますか / give ~ 証拠事実を述べる. **b** 証人 (KING'S [QUEEN'S, STATE'S] EVIDENCE). ▶ADMINICULAR EVIDENCE (補助的証拠) / ADMISSIBILITY OF EVIDENCE (証拠の許容性) / ADMISSIBLE EVIDENCE (許容性のある証拠) / ADVICE ON EVIDENCE (証拠についての助言) / AUTOPTIC EVIDENCE (展示証拠) / BEST EVIDENCE (最良証拠) / BILL OF EVIDENCE (証言録) / BURDEN OF ADDUCING EVIDENCE (証拠提出責任) / BURDEN OF COMING FORWARD WITH (THE) EVIDENCE (証拠提出責任) / BURDEN OF EVIDENCE (証拠提出責任) / BURDEN OF GOING FORWARD WITH (THE) EVIDENCE (証拠提出責任) / CHARACTER EVIDENCE (性格証拠) / CIRCUMSTANTIAL EVIDENCE (情況証拠) / CLEAR AND CONVINCING EVIDENCE (明白かつ確信をいだかせるに足る証拠) / COMMENT ON THE EVIDENCE (証拠についての論評) / COMMUNICATIVE EVIDENCE (伝達証拠) / COMPETENT EVIDENCE (証拠能力のある証拠; 関連性のある証拠) / CONCLUSIVE EVIDENCE (確定的証拠) / CONCOMITANT EVIDENCE (現場共在証拠) / CONFLICTING EVIDENCE (矛盾する証拠) / CONVINCING EVIDENCE (確信をいだかせるに足る証拠) / CORROBORATING [CORROBORATIVE] EVIDENCE (補強証拠) / CREDIBLE EVIDENCE (信用性のある証拠) / CRITICAL EVIDENCE (決定的証拠) / CUMULATIVE EVIDENCE (重複証拠) / DEMEANOR EVIDENCE (挙措証拠) / DEMONSTRATIVE EVIDENCE (実物証拠; 展示証拠) / DEMURRER TO EVIDENCE (証拠提出後の訴答実体不十分の抗弁) / DERIVATIVE EVIDENCE (派生証拠) / DIRECT EVIDENCE (直接証拠) / DOCUMENTARY EVIDENCE (書証) / EXCLUSIVE EVIDENCE (排他的証拠) / EXCULPATORY EVIDENCE (無罪証明証拠) / EXPERT EVIDENCE (専門家による証拠) / EXTRAJUDICIAL EVIDENCE (準裁判上の証拠) / EXTRANEOUS EVIDENCE (外在証拠) / EXTRINSIC EVIDENCE (外部証拠) / FABRICATED EVIDENCE (捏造証拠) / FACT IN EVIDENCE (証拠事実) / FALSE EVIDENCE (虚偽証拠) / FORENSIC EVIDENCE (法科学[法医学]的証拠) / FOUNDATIONAL EVIDENCE (基礎証拠) / HABIT EVIDENCE (習慣的証拠) / HEARSAY EVIDENCE (伝聞証拠) / ILLEGALLY OBTAINED EVIDENCE (違法に得られた証拠) / ILLUSTRATIVE EVIDENCE (展示証拠) / IMMATERIAL EVIDENCE (重要でない証拠) / IMPEACHMENT EVIDENCE (弾劾証拠) / INCOMPETENT EVIDENCE (証拠能力なき証拠) / INCRIMINATING EVIDENCE (有罪証拠) / INCULPATORY EVIDENCE (有責証拠) / INDIRECT EVIDENCE (間接証拠) / INDISPENSABLE EVIDENCE (不可欠な証拠) / INSTRUMENT OF EVIDENCE (証明手段) / INSUFFICIENCY OF EVIDENCE (証拠不十分) / INSUFFICIENT EVIDENCE (不十分な証拠) / INTRINSIC EVIDENCE (内部証拠) / INTRODUCTION OF EVIDENCE (証拠提出) / IRRELEVANT EVIDENCE (関連性のない証拠) / JUDICIAL EVIDENCE (裁判上の証拠) / KING'S EVIDENCE (国王の証拠) / LAW OF EVIDENCE (証拠法) / LEGAL EVIDENCE (適格な証拠) / MARSHALING THE EVIDENCE (証拠の整理) / MATERIAL EVIDENCE (重大な証拠) / MATHEMATICAL EVIDENCE (絶対的証拠; 数学的証拠) / MEDIATE EVIDENCE (仲介証拠) / MEDICAL EVIDENCE (医療関係者による証拠) / MORAL EVIDENCE (確信的証拠) / MULTIPLE EVIDENCE (多元的証拠) / NEGATIVE EVIDENCE (消極的証拠) / NEWLY DISCOVERED EVIDENCE (新たに発見された証拠) / NO EVIDENCE (無証拠; 証明[証拠]力のない証拠) / OBLIQUE EVIDENCE (間接証拠) / OPINION EVIDENCE (意見証拠) / ORAL EVIDENCE (口頭証言) / ORIGINAL EVIDENCE (直接証拠; 原証拠) / PAROL EVIDENCE (口頭証拠) / PARTIAL EVIDENCE (一部事実についての証拠) / PERSONAL EVIDENCE (人的証拠) / PHOTOGRAPHIC EVIDENCE (写真証拠) / PHYSICAL EVIDENCE (物理的証拠) / POSITIVE EVIDENCE (実証的証拠) / PREAPPOINTED EVIDENCE (事前指定証拠) / PRELIMINARY EVIDENCE (予備的証拠) / PREPONDERANCE OF (THE) EVIDENCE (証拠の優越) / PRESUMPTIVE EVIDENCE (推定効果を有する証拠; 推定証拠) / PRIMA FACIE EVIDENCE (一応の証拠) / PRIMARY EVIDENCE (一次的証拠) / PRIVILEGED EVIDENCE (秘匿特権で守られている証拠) / PROBABLE EVIDENCE (蓋然証拠) / PROBATIVE EVIDENCE (証明力ある証拠) / PRODUCING EVIDENCE (証拠提出) / PROFFERED EVIDENCE (提出証拠; 未許容提出証拠) / PROOF OF EVIDENCE (証言準備書) / PROPER EVIDENCE (適格証拠) / PROSPECTANT EVIDENCE (予期証拠) / QUEEN'S EVIDENCE (女王の証拠) / REAL EVIDENCE (実物証拠; 展示証拠) / REBUTTAL EVIDENCE (反証) / REBUTTING EVIDENCE (反証) / RELEVANT EVIDENCE (関連性のある証拠) / REMOTENESS OF EVIDENCE (証拠の遠さ) / REPUTATION [REPUTATIONAL] EVIDENCE (証拠としての評判) / RETROSPECTANT EVIDENCE (遡及的証拠) / RULES OF EVIDENCE (証拠法準則) / SATISFACTORY EVIDENCE (十分な証拠) / SCIENTIFIC EVIDENCE (科学的証拠) / SCINTILLA OF EVIDENCE (証拠の細片) / SECONDARY EVIDENCE (二次的証拠) / SECONDHAND EVIDENCE (伝聞証拠) / SELF-SERVING EVIDENCE (自己に利益となる証拠) / SIGNATURE EVIDENCE (固有特徴証拠) / SIMILAR-FACT EVIDENCE (類似事実による証拠) / SLIGHT EVIDENCE (わずかな証拠) / STATE'S EVIDENCE (国側の証拠) / SUBSTANTIAL EVIDENCE (実質的証拠) / SUBSTANTIVE EVIDENCE (実体に関する証拠) / SUBSTITUTIONARY EVIDENCE (代替的証拠) / SUFFICIENCY OF EVIDENCE (証拠の十分性) / SUFFICIENT EVIDENCE (十分な証拠) / SUPPRESSION OF EVIDENCE (証拠の排除(決定); 証拠の破毀, 証拠提出拒否; 証拠の留め置き) /

TAINTED EVIDENCE ((違法性の)汚れを帯びた証拠) / TANGIBLE EVIDENCE (有形物証拠) / TESTIMONIAL EVIDENCE (証言証拠) / TRADITIONARY EVIDENCE (伝承証拠) / UNSWORN EVIDENCE (非宜誓証言) / UNWRITTEN EVIDENCE (文書によらない証拠) / VIDEO EVIDENCE (ビデオによる証拠) / WEIGHT OF (THE) EVIDENCE (証拠の重さ) / WITHHOLDING OF EVIDENCE (証拠隠蔽). **2** 証拠法《証拠と証明に関与する法; rules of evidence とほぼ同義》.　**against the** WEIGHT OF THE EVIDENCE.　**contrary to the ~** 〈弁論・事実認定などが〉証拠の重さと相容れない.　**in ~** 証拠[証人]として(許容されて): introduce a letter *in* ~ 一通の手紙を提出する / call sb *in* ~ 人を証人として召喚する.　**introduce...into** 《事実認定のための証拠・審理対象として許容され》〈事実・物〉を審理記録に載せてもらう.　**lead ~** 証拠を提出する.　**on ~** に基づいて: *on* no ~ 証拠がなくて.　**plant ~** 《他人に嫌疑がかかるように》犯行のあとに証拠を残しておく, 証拠を(犯行現場に)しのばせる.　**take ~** 証拠を得る[集める], 証人調べをする.
— *vt* (証拠によって)証明する, 立証する; 明示する; …の証拠[証人]となる.　**~d in writing** 文書[書面]により証明されて.

Évidence Àct, 1843 [the ~] 《英史》1843 年の証拠法 (=Lord Denman's Act)《証人として提出された者が, 過去の犯罪に基づく無能力や当該訴訟との利害関係の故には排除されないことを定めた制定法》.

évidence aliúnde 当該書証外の証拠, 外在証拠 (⇨ EXTRINSIC EVIDENCE).

évidence còde 証拠法典.

évidence in chíef 主証拠《証人申請側証人により提出される証拠; cf. CASE IN CHIEF》.

évidence in rebúttal 反証.

évidence obtáined illégally [impróperly] "違法[不適法]に得られた証拠 (illegally obtained evidence).

évidence of cháracter 性格についての証拠 (= CHARACTER EVIDENCE).

évidence of disposítion 性向[性癖]についての証拠.

évidence of idéntity 同一性確認証拠, 身元確認証拠.

évidence of opínion 意見証拠 (=OPINION EVIDENCE).

évidence of spóuses 配偶者による証拠.

évidence of títle 《特に土地の》権原についての証拠.

évidence of úser 《契約文言などの不明確さを補うなどに役立てて許容される》使用者の(言語上の)癖についての証拠.

ev·i·den·tial /ɛvədénʃ(ə)l/ *a* 証拠である, 証拠に関する; 証拠となる: a letter of ~ value.　**~·ly** *adv*

evidéntial búrden "証拠提出責任 (=BURDEN OF PRODUCTION).

evidéntial fáct 証拠的事実 (⇨ EVIDENTIARY FACT).

ev·i·den·tia·ry /ɛvədénʃəri, *-ʃièri/ *a* EVIDENTIAL.　**èv·i·dén·tia·ri·ly** *adv*

evidéntiary fáct 証拠となる事実 **(1)** 究極事実 (ultimate fact) を導き出す, あるいはその決定にとって必要な事実; mediate fact, predicate fact ともいう **2)** 他の事実の存在の証拠となる事実; evidential fact ともいう **3)** FACT IN EVIDENCE).

evidéntiary harpóon 銛(もり)的証拠《陪審員に刑事被告人に対する偏見をもたせるような不適格でしかも訴追側がそれと知りながら行なう, 特に警察官の陳述からなる証拠; 標的に打ち込み傷をつけた後で引っ込める銛からの連想》.

evidéntiary héaring 1 証拠審理《法をめぐって弁論がなされる審理と対比し, 証拠が提出されその証拠について審理がなされること》.　**2** 行政手続き (=ADMINISTRATIVE PROCEEDING).

evince /ɪvíns/ *vt* 明示する, 示す, 証明する; 表わす.

ev·o·ca·tion /ɛ̀vəkéɪʃ(ə)n, ìːvoʊ-/ *n* **1** 喚起. **2** 《フランス法》《上級裁判所による[への]》訴訟移管[移送]. [EVOKE].

evoke /ɪvóʊk/ *vt* **1** 喚起する. **2** 引き合いに出す. **3** 《フランス法》《訴訟》を上級裁判所へ移管[移送]する[させる]. [L (*voco* to call)].

EWC °European Works Council 欧州労使協議会.

ex[1] /ɛks/ *prep* **1 a** …から (from). **b** 《商業》…渡し: ~ bond 保税倉庫渡し / ~ factory [EX WORKS] 工場渡し / ~ pier 桟橋渡し / ~ rail 線路[鉄道]渡し / EX SHIP / ~ store [EX WAREHOUSE] 倉庫渡し / ~ wharf [EX QUAY] 埠頭渡し. **2** 《証券》…落ちで[の], …なしで[の] (opp. *cum*): ~ coupon 利札落ちで[の] / ~ interest 利落ちで[の] / ~ new 新株落ちで[の] / ~ share quoted ~ dividend 配当落ちでの株価. [L=out of]

ex[2] 《口》 *a* 以前の, 元の; 時代遅れの. — *n* 以前ある地位[身分]にあった者; 先夫, 先妻. [ex- 2]

ex- *pref* **1** /ɪks, ɛks/「外」「無」「非」「超過」「徹底」「上昇」の意: excess, exclave, expatriate / ex-directory number 電話帳に記載のない番号. **2** /ɛks/ 《通例 ハイフン付きの複合語をつくって》「前の」「前…」「元の」の意: ex-president 前大統領[総裁, 学長など] / ex-convict 前科者 / ex-chairman 前議長[委員長, 取締役会長] / ex-husband 先夫. [L=out of]

ex. example ♦ exchange ♦ executive ♦ executor ♦ exhibit ♦ extract.

Ex. Exchequer.

ex abun·dan·ti cau·te·la /ɛks əbəndǽnti kɔːtíːlə/ 注意しすぎて; 十二分の注意から, 念のために. [L=out of abundant caution]

ex·act /ɪgzǽkt/ *vt* **1** 〈税など〉をきびしく取り立てる. **2** 〈譲歩・履行・承諾・服従などを〉強要する, 強いる.

ex·ac·tion /ɪgzǽkʃ(ə)n/ *n* **1** 強請, 強要,《税金など

の》取立て, 強制取立て;《不当な》きびしい要求;《心付け・謝礼などの》不法[不当]要求. **2** 強要されたもの, **強制取立て金**, 苛税;《公務員が公務執行に対して権限なくして行なう》**違法報酬請求. 3**《史》**法喪失付き勾引手続き**《出廷しない場合には最終的に法喪失宣告 (outlawry) にまで至る勾引手続き》.

ex ae·quo et bo·no /ɛks íːkwou ɛt bóunou/ 衡平と善に従って, 正義と良心に従って《特に国際法で用いる》. [L=according to what is equitable and good]

èx-áll *adv*《証券》全権利落ちで: securities sold ～.

ex al·te·ra par·te /ɛks ǽltərə pάːrti, -ɔ́ːl-/ 相手側の. [L=of the other part]

ex·am·i·nant /ɪgzǽmənənt/ **1** 審査する人, 尋問をする人. **2** 審査される人; 尋問をうける人 (examinate).

ex·am·i·nate /ɪgzǽmənət/ *n* 審査される人; 尋問をうける人《証人など》.

ex·am·i·na·tion /ɪgzæ̀mənéɪʃ(ə)n/ *n* **1 a** 調査, 検査, 審査〈*of, into*〉: customs ～ 税関の検査. **b** 考察, 吟味, 診察. **c** 試験, 成績考査. ▶ BAR EXAMINATION (法曹資格試験) / CIVIL SERVICE EXAMINATION (公務員試験) / COMMON PROFESSIONAL EXAMINATION (共通司法試験) / MEDICAL EXAMINATION (診察) / MENTAL EXAMINATION (精神科医による診察) / PHYSICAL EXAMINATION (肉体の診察) / POSTMORTEM EXAMINATION (検屍) / PRELIMINARY EXAMINATION (予備審査) / PSYCHIATRIC EXAMINATION (精神医学的診察) / PUBLIC EXAMINATION (公的調査). **2 尋問**〈*of a witness*〉; 審問; 証人尋問 (cf. AFFIDAVIT, DEPOSITION); 予備審問 (＝PRELIMINARY HEARING). ▶ CROSS-EXAMINATION (反対尋問, 交互尋問) / DIRECT EXAMINATION (主尋問) / PRELIMINARY EXAMINATION (予備審問) / RECROSS-EXAMINATION (再反対尋問) / REDIRECT EXAMINATION (再主尋問) / REEXAMINATION (再尋問) / SEPARATE EXAMINATION (隔離尋問). ～**·al** *a* 尋問[審問, 調査, 審査]の; 尋問[審問, 調査, 審査]上の. [OF<L]

examinátion in chíef 主尋問, 直接尋問 (＝DIRECT EXAMINATION).

ex·ám·i·nà·tor *n* EXAMINER.

ex·am·i·na·to·ri·al /ɪgzæ̀mənətɔ́ːriəl/ *a* EXAMINER の; EXAMINATION の.

ex·am·ine /ɪgzǽmən/ *vt* **a** 調査[検査, 審査]する (inspect, investigate) (cf. AUDIT); 考察[吟味]する. **b** 試験する. **c**〈証人・被告を特に法廷で〉尋問[審問]する (⇒ INTERROGATE) (cf. DEPOSE); 審理する, 審判する: ～ a witness 証人を尋問する. — *vi* 調査[審理]する〈*into*〉.   **ex·ám·in·able** *a*   **ex·ám·in·ing·ly** *adv* [OF<L]

exámined cópy 原本対照謄本 (＝marked copy).

exámine-in-chíef *vt* …に主尋問をする.

ex·ám·in·er *n* **1 a** 審判官. **b**《証人》**尋問官** (cf.

MASTER). **c**《特許》**審判官. d** 調査する人, 調査官. **e** 試験官. ▶ BAR EXAMINER (法曹資格試験官) / HEARING EXAMINER (聴聞審判官) / TRIAL EXAMINER (行政審判官). **2**《英》《私法律案 (private bill) についての》**立法手続き審査官. 3**《米》**検屍医** (＝MEDICAL EXAMINER).

Exáminers-in-Chíef *pl*《米史》**特許審判長室**《現在の特許局 (Patent Office) の特許審判・抵触部 (Board of Patent Appeals and Interferences) の前身》.

exámining bòard《各種の》**試験管理委員会**.

exámining còurt 予備審問裁判所.

exámining jùstice [màgistrate] 予審判事.

ex·ánnual róll《英史》**超年度未徴収額記録集**《国王の債権中の徴収不能額の記録》.

ex an·te /ɛks ǽnti/ *a* 事前の, 事前的な (cf. EX POST): ～ analysis 事前分析. [L=from before]

Ex an·te·ce·den·ti·bus et con·se·quen·ti·bus fit op·ti·ma in·ter·pre·ta·tio. /ɛks æntɛsidɛ́ntɪbəs ɛt kɑ̀nsɛkwɛ́ntɪbəs fɪt ɑ́ptɪmə ɪntɛrprɪtéɪʃiou/ 前にあるもの[文]と後に続くもの[文]とから最良の解釈が生まれる. ★ **Ex pro·ce·den·ti·bus et con·se·quen·ti·bus op·ti·ma fit in·ter·pre·ta·tio.** /ɛks pròusidɛ́ntɪbəs ɛt kɑ̀nsɛkwɛ́ntɪbəs ɑ́ptɪmə fɪt ɪntɛrprɪtéɪʃiou/ ともいう. [L=From what precedes and what follows is derived the best interpretation.]

Exc. Excellency.

ex·camb /ɛkskǽm(b)/ *vt*《スコットランド》《不動産を》**交換する**. [ME (L *cambio* to exchange)]

excámb·er *n*《スコットランド》**不動産交換者**.

ex·cam·bi·a·tor /ɛkskæmbiéɪtər/ *n*《史》**不動産交換周旋人**.

ex·cam·bi·on /ɛkskǽmbiàn/ *n*《スコットランド》**1 交換**, 《特に》**不動産交換. 2 取引所** (excambium).

ex·cam·bi·um /ɛkskǽmbiəm/ *n* **1 取引所** (exchange)《excambion ともいう》. **2 代替物**, 《特に》《史》**教会の門戸で与えられた寡婦産** (dower ad ostium ecclesiae) **の代替物**. [L]

ex ca·the·dra /ɛks kəθíːdrə/ *adv, a* **1 権威をもって[もった], 職権に基づいて[基づいた]. 2**《カトリック》**聖座宣言の. — *n*《カトリック》**聖座宣言**. [L=from the chair]

ex cau·sa /ɛks kɔ́ːzə/ *adv* **理由から, 理由をもって**; 権原によって.

ex·ca·va·tion /ɛ̀kskəvéɪʃ(ə)n/ *n* 掘削, 開削, 掘り崩し, 採掘; 発掘物, 掘り出されたもの[土砂];《掘ってできた》穴; 切通し.

ex·ceed /ɪksíːd/ *vt* …**の限度を超える**; **卓越する, 上回る, …よりすぐれる**[多い, 大きい]: ～ one's authority [powers] 権限[権能]を越える / ～ one's credit limit. [OF<L *excess- cedo* to go beyond]

ex·cel·len·cy /éks(ə)lənsi/ *n* [E-] 閣下《大統領・州知事・大使・総督その他の高官およびその夫人、ならびに大司教・司教に対する敬称；略 Exc.；Your [His, Her] E~ として用いる；⇨ MAJESTY》.

Excélsior lìst 《米》エクセルシオ名簿《労働組合の交渉代表選出のための投票資格者の氏名と住所の名簿で、選挙命令あるいは承認の1週間以内に雇用者が全国労働関係委員会(National Labor Relations Board)に提出しなければならない》. [1966年の全国労働関係委員会の判例 Excelsior Underwear, Inc. より]

ex·cept *prep* /iksépt, —/ …を除いては． **~ for**… を除いては，がなければ． **— ~ that**…であるほかは． **—** *v* /iksépt/ *vt* 除く，除外する(exclude); ~ certain names from a list 表からある名を除く／~ sb from a group ある人をグループからはずす／nobody ~ed 一人の例外もなく／present company ~ed ここ(にお集まり)の皆さまは別として／ERRORS and omissions ~ed／~ed persons 保険非適用者． **—** *vi* 異議を唱える，異議を申し立てる(object). [L *except- -cipio* to take out]

ex·cep·tant /ikséptənt, ek-/ *a* 異議[不服]を申し立てる． **—** *n* 異議申立人.

excépted péril 《保険》除外[免除]危険, 不担保危険《保険証券記載の担保範囲から除かれる危険》.

ex·cep·tio /iksépʃiou, ek-, -tiou/ *n* **1** 《ローマ法》抗弁, 被告第一訴答． **2** 《ローマ法・大陸法》例外抗弁《原告の主張は認めるが, 特別の事情から, 当該法はこの件では適用されないと抗弁すること》.

ex·cep·tion /ikséps(ə)n/ *n* **1 a** 除外；例外，除外例；留保条項，除外規定：This is an ~ to the rule. これは規則の例外です／make an ~ (of…は)例外とする，別扱いにする／make no ~(s) どんな別扱いもしない／with the ~ of [that]…を除いては, …のほかは／~ 例外なく／No rule without ~. 例外のない規則はない. **b** (不動産権)一部留保《不動産譲渡において既存不動産権の一部を譲渡者に留保すること；cf. RESERVATION》. ▶ AUTOMOBILE EXCEPTION (自動車についての例外)／BUSINESS RECORDS EXCEPTION (事業記録の例外)／CO-CONSPIRATOR'S EXCEPTION (共謀者に関する例外)／COMMERCIAL ACTIVITY EXCEPTION (商業的活動の例外)／COMMON KNOWLEDGE EXCEPTION (周知のことについての例外)／CRIME-FRAUD EXCEPTION (犯罪・詐欺の例外)／DEATH KNELL EXCEPTION (弔鐘の例外)／EMERGENCY EXCEPTION (緊急事態の例外)／GENERAL EXCEPTION (一般的な違法性阻却事由)／GOOD FAITH EXCEPTION (善意の例外)／JUDICIAL ECONOMY EXCEPTION (裁判効率性の例外)／MALICE EXCEPTION (犯意の例外)／MEDICAL-EMERGENCY EXCEPTION (医療上緊急事態による例外)／MERCHANT EXCEPTION (商人間の例外)／PATIENT-LITIGANT EXCEPTION (訴訟当事者が患者である場合の例外)／PUBLIC INTEREST EXCEPTION (公益のある事件についての例外)／PUBLIC RECORDS EXCEPTION (公文書の例外)／PUBLIC SAFETY EXCEPTION (公共の安全の例外)／SCRIVENER'S EXCEPTION (代書人的業務の除外)／SHAM EXCEPTION (擬装に基づく例外)／SPECIAL DUTY EXCEPTION (特別義務の例外)／SPECIAL EXCEPTION (特例的許容)／SPECIAL MISSION EXCEPTION (特別使命の例外)／STATE OF MIND EXCEPTION ((供述者の)精神状態についての例外)／STATUTORY EXCEPTION (制定法上の例外規定)／TENDER YEARS (HEARSAY) EXCEPTION (幼児伝聞証拠排除則の例外)／USELESS GESTURE EXCEPTION (無用な挙動不要の例外). **2** 《口頭・文書による》異議《★ 訴訟法上より厳密には，裁判所の命令・決定に対する当事者からの形式的異議を指し，これを怠ると後で争うことができなくなる効果をもたないもの；米国では連邦裁判所および大部分の州裁判所ではexceptionは廃止され，より非形式的なobjection(異議)に代えられている》. ▶ BILL OF EXCEPTIONS (異議趣意書)／COMMON INTEREST EXCEPTION (共通利害関係の異議)／DECLINATORY EXCEPTION (裁判権否認)／DILATORY EXCEPTION (遅延的異議)／GENERAL EXCEPTION (一般的異議；非特定的異議)／PEREMPTORY EXCEPTION (訴え棄却抗弁)／SPECIAL EXCEPTION (特別異議). **above [beyond] ~** 批判[非難]の余地のない. **reserve an ~** 異議(申立権)を留保する． **take ~** 異議を申し立てる, 不服を唱える ⟨to, against⟩.

excéption·al *a* 例外的な, 異例な, まれな, 珍しい；ひときわすぐれた，別格の.

excéptional hárdship [deprávity] 《英史》《離婚訴訟の要件としての配偶者の》異例の困苦[悪行].

excéptional ítem 《会計》例外的項目.

excéptional néeds pàyment 《社会福祉事業での》緊急必要品支払い.

excéption clàuse 免除条項, 免除約款(cf. EXEMPTION CLAUSE).

Ex·cep·tio pro·bat re·gu·lam de re·bus non ex·cep·tis. /ikséps̓iou próubət rég(j)ələm di rí:bəs nan ekséptis/ 例外はとされぬものについての原則を証明する． [L = An exception proves the rule concerning things not excepted.]

Exceptio sem·per ul·ti·ma po·nen·da est. /— sémpər áltimə pounéndə ést/ 例外は常に最後に置かれるべきである． [L = An exception is always to be put last.]

ex·cerp·ta /eksə́:rptə, ik-/ *n pl* 抜粋, 抄本 (extracts). [L]

ex·cess /iksés, éksès/ **1** 過多, 過剰, 過度；余分；超過した量[数, 額, 度合い]. **2** 《英保険》超過額《被保険者の自己負担となる損害額》. **3** やり過ぎ, 不謹慎, 不節制 ⟨in⟩. **in ~** 過度に. **in ~ of**… より多くで[多い], …を超過する． **—** *a* /eksès, iksés/ 制限超過の, 余分の：**~ baggage** 制限超過手荷物／**~ charge** 駐車時間超過料金／**~ coverage** 《ある保険契約で塡補しえない》超過[損害]額／**~ fare** 《鉄道の》乗越し料金／《上等車両へ移る際の》乗換え[差額]料金／**~ postage** 《郵便》不足料金. [OF < L；⇨ EXCEED]

éxcess condemnátion 過剰公用収用 (cf.

éxcess insúrance 超過額保険, 超過損害保険《損害を填補する第一次保険(primary insurance)契約で填補しえない範囲の超過損害額を填補する第二次的な保険; cf. PRIMARY INSURANCE》.

ex·ces·sive /ɪksésɪv/ *a* 行き過ぎた, 度を越えた, 過度の, 過大な, 過多な, 法外な.

excéssive báil 過大な額の保釈金《合衆国憲法第8修正で禁止されている》.

excéssive entánglement 《米》《国教の樹立とみなしうるほどの政府と宗教との》過度のかかわり合い.

excéssive fíne 1 過重な罰金《犯した犯罪に比して不相応に高額の罰金; 合衆国憲法第8修正で禁止されている》. **2**《特に 企業に対する, その収益能力を大きく損うような》過重な罰金[科料].

Excéssive Fínes Clàuse [the ~]《米》過重罰金禁止条項《合衆国憲法第8修正のこと》.

excéssive fórce《不必要かつ非合理的な》過度の実力[暴力].

excéssive púnishment 過重な刑罰 (cf. EXCESSIVE FINE).

excéssive séntence《法が許容している範囲を超えた》過重な刑の宣告.

excéssive vérdict 失当評決《陪審がその感情・偏見から導き出した評決であることが明白である評決》;《米》過大額評決, 過大評決額《陪審が損害賠償額として定めた, 正当とは考えられない額の(評決)》.

excéss of jurisdíction《裁判所の》権限踰越(ゆえつ).

excéss of prívilege 1 秘匿特権対象陳述の不当開示. **2** 開示権の濫用.

excéss prófits *pl*《正常と思われる利得を超えた》超過利得.

éxcess prófits tàx 1《史》超過利得税《戦時中に, 企業の平時数年間の平均利益を上回る利得に課された特別税》. **2** 不当留保税 (= ACCUMULATED-EARNINGS TAX).

ex·change /ɪkstʃéɪndʒ/ *n* **1 a** 交換; 交易; 交流; 取り替え; 取り交わし: ~ of gold for silver 金と銀との交換 / E~ [Fair ~] is no robbery. [*joc*] 交換は強奪ではない《不当な交換を押しつけるときの弁解に悪用される》 / make an ~ 交換する / in ~ for [of]…と引換えに. **b** 取換え高, 交換物, 交換物. ▶ BARGAINED-FOR EXCHANGE (交換利益) / CONTRACT OF EXCHANGE (交換契約) / DRY EXCHANGE (仮装交換) / LIKE-KIND EXCHANGE (同種財産交換) / LOAN FOR EXCHANGE (交換貸借) / MEDIUM OF EXCHANGE (交換媒介物) / PART-EXCHANGE (下取り) / SALE OR EXCHANGE (売買または交換) / TAX-FREE EXCHANGE (免税交換) / 1031 EXCHANGE (1031条交換). **2** 両替; 為替, 為替相場; 両替金; [⁰*pl*] 手形交換高: first [second, third] of ~《組為替手形の》第一[第二, 第三]手形. ▶ ARBITRATION OF EXCHANGE (為替裁定取引) / BILL OF EXCHANGE (為替手形) / FOREIGN EXCHANGE (外国為替; 外貨) / FORWARD EXCHANGE (先物為替) / LETTER OF EXCHANGE (為替手形) / PAR OF EXCHANGE (為替平価) / RATE OF EXCHANGE (為替相場) / REEXCHANGE (戻し為替(金額)) / SET OF EXCHANGE (一括船荷証券[運送証券]; 組為替手形). **3** [ᵁE~] 取引所 (Change);《英》職業安定所 (cf. EMPLOYMENT OFFICE): the Corn E~ 穀物取引所. ▶ COMMODITY EXCHANGE (商品取引所) / EMPLOYMENT EXCHANGE (職業安定所) / INTERINSURANCE EXCHANGE (協同保険団体) / LABOR EXCHANGE (職業安定所) / RECIPROCAL (INSURANCE [INTERINSURANCE]) EXCHANGE (交互保険団体) / SECURITIES EXCHANGE (証券取引所) / STOCK EXCHANGE (証券取引所).
— *vt* **1 a** 交換する; 交易する (barter);《金銭》を両替する, 別の品と取り替える; 代える, 換える (change): ~ prisoners 捕虜を交換する / ~ euros for dollars ユーロをドルに両替する / ~ British money into American ポンドをドルに換える. **b**《ひきかえに》放棄する, やめる, 去る. **2** 取り交わす (interchange): ~ letters (*with* sb)《人と》手紙をやり取りする. — *vi* 交換する, 交易する; 入れ替わる, 交代する; 両替できる, 交換される〈*for*〉: A dollar ~*s for* 85 yen. 1ドルは85円で両替される. **~ contracts** 不動産の売買契約書を取り交わす, 不動産の売買契約をする (cf. EXCHANGE OF CONTRACTS).

ex·cháng·er *n* 両替商. [AF; ⇨ CHANGE]

Exchánge Àct [the ~]《米》証券取引所法 (= SECURITIES EXCHANGE ACT OF 1934).

exchánge agrèement《不動産の》交換合意.

exchánge àrbitrage 為替裁定取引 (= ARBITRATION OF EXCHANGE).

exchánge bròker 為替仲立人[ブローカー].

exchánge contròl 為替管理: impose ~*s* to stop the rush to buy dollars.

Exchánge Equalizátion Accòunt《英》為替平衡勘定《英国政府がポンド為替安定のための外貨売買を目的にイングランド銀行 (Bank of England) に保有する勘定; 1932年法で創設》.

exchánge equalizátion fùnd 為替平衡基金 (cf. EXCHANGE EQUALIZATION ACCOUNT).

exchánge of cóntracts《土地売買契約における両当事者による》署名契約書の取交わし《この時点で契約は拘束力を有し, かつ買主はその土地に対するエクイティー上の権利を取得する; cf. EXCHANGE *contracts*》.

exchánge of médical repórts《英》《人身被害をめぐる訴訟の審理前における》医療報告書の交換《時間・経費の節約のため義務とされている》.

exchánge of nótes《国際法》交換公文《書簡の交換という簡略化された形式で国際法上の権利義務関係を設定する国際約束の形態》.

exchánge of stóck 株式の交換.

exchánge ràte《外国》為替相場, 為替レート (= rate of exchange). ▶ FORWARD EXCHANGE RATE (先物為替相場).

Exchánge Ràte Mèchanism 為替相場管理機構, 為替相場メカニズム《欧州通貨制度 (European Monetary System) の一つとして導入された為替相場安定化のための制度; 1999 年からは, ユーロに基礎を置き欧州中央銀行 (European Central Bank) により監督される ERM II が導入されているが, 参加は自由である; 略 ERM》.

exchánge vàlue 交換価値《使用価値 (use value) に対する語》.

ex·che·quer /ɪkstʃékər, ˈɛkstʃekər/ n **1** 国庫《個人・会社などの》財源, 財力, 資力;《[°the E-]《英国の》国庫金口座, 国庫金, 国庫貯金. **2** [the E-]《英史》**a** 財務府《国王の財政を担当した役所; チェックの布を使った一種の計算器を用い会計検査をしたことが語源》. **b** 財務府裁判所 (= COURT OF EXCHEQUER),《高等法院 (High Court of Justice) の》(= EXCHEQUER DIVISION). ▶ BARON OF (THE) EXCHEQUER (財務府裁判所裁判官, 財務府部裁判官) / CHANCELLOR OF THE EXCHEQUER (大蔵大臣) / CHIEF BARON OF THE EXCHEQUER (財務府裁判所首席裁判官, 財務府部首席裁判官) / COURT OF EXCHEQUER (財務府裁判所) / RED BOOK OF THE EXCHEQUER (財務府赤書). [OF < L scaccarium chessboard; その上で勘定した chequered tablecloth より; ex- は exchange などの ex- との誤った連想]

Éxchequer bìll《英史》財務府証券.

Exchéquer Chàmber [the ~]《英史》**1** 財務府会議室. **2** 財務府会議室裁判所 (= COURT OF EXCHEQUER CHAMBER).

Exchéquer Còurt [the ~]《英史》財務府裁判所 (= COURT OF EXCHEQUER).

Éxchequer Divìsion [the ~]《英史》《高等法院 (High Court of Justice) の》財務府部 (⇨ COURT OF EXCHEQUER).

Éxchequer of the Jéws [the ~]《英史》財務府ユダヤ人局《c. 1195 年から約 1 世紀間 Exchequer 内にあったユダヤ人管轄国王政府部局で, 国王の利益保護の観点からユダヤ人による金貸し業務を監視した》.

ex·cise[1] /éksaɪz, ˈ—ˈ—, -sàɪs/ **1**《内国》消費税, 物品税 (= excise duty, excise tax)《酒・タバコなどの特定商品の生産・販売・消費さらにはサービス, 営業免許, 職業への従事などに対する課税で, 直接の消費行為を課税対象とするだけでなく関税・財産税・所得税以外の租税の多くを含む一般的包括的概念になっている; cf. DIRECT TAX, INCOME TAX, PROPERTY TAX》. ─ CUSTOMS AND EXCISE (関税・消費税委員会). **2** [the E-]《英史》消費税部 (Department of Excise)《今は the (Board of) CUSTOMS AND EXCISE (関税・消費税委員会) になっている》. ─ vt /ɪksáɪz/ **1** …に消費税を課する. **2**《古・方》…に法外な代金を請求する, …からぼる. **ex·cís·able**[1] a [Du excijs < ? Romanic (L CENSUS tax)]

ex·cise[2] /ɪksáɪz/ vt 削り取る, 削除する, 摘出する; [°pp] えぐる: The chairman ordered the remarks to be ~d from the minutes. **ex·cís·able**[2] a [L EX- cis- -cido to cut out]

éxcise dùty《英》消費税, 物品税 (= EXCISE[1]) (cf. CUSTOMS DUTY).

éxcise·màn /, -mən/ n《英史》消費税収税吏.

éxcise tàx 消費税, 物品税 (= EXCISE[1]).

excíted útterance 興奮状態での発言《驚くべき事件の最中にその興奮状態でなされた言明; 伝聞証拠排除則 (hearsay rule) の例外として許容されうる; cf. PRESENT SENSE IMPRESSION, RES GESTAE, SPONTANEOUS DECLARATION》.

ex·clave /ékskleɪv, -klàːv/ n《主権国からみた》飛び領土《本土から離れて他国内にある領土; cf. ENCLAVE》.

ex·clo·sure /ɪkskloʊʒər/ n 囲い地, 禁牧区《動物などの侵入を防ぐため柵などを巡らした地域; cf. ENCLOSURE》.

ex·clúd·able, -ible a **1** 除外できる:《証拠が》排除しうる: ~ hearsay. **2**《*入国資格のない》外国人》. ─ n **1** 除外[排除]されるもの. **2** EXCLUDABLE ALIEN. **ex·clud·abil·i·ty** /ɪksklùːdəbɪləti/ n

exclúdable álien《米》入国資格のない外国人, 入国禁止者《単に excludable ともいう》.

ex·clude /ɪkskluːd/ vt **1 a** 締め出す, 除外する, 排除する (opp. *include*); 追放する. **b** 除く, 落とす, 抜かす (omit)《*from》;《課税などから》控除する;《責任などを》免除する, 除外する. **2** 考慮しない, 無視する;《証拠などを》取り上げない, 排除する, 退ける (reject): ~ hearsay evidence 伝聞証拠を排除する / ~d material 排除されている証拠. **3**《可能性・見込み・疑いを》全く許さない, …の余地を与えない. [L *exclus- cludo* to shut out]

ex·clúd·ing prep …を除いて (opp. *including*): not ~ …を除くことなく (including).

ex·clu·sion /ɪkskluːʒ(ə)n/ n **1** 除外;《証拠などの》排除. **2**《移民などに対する》入国拒否 (cf. DEPORTATION). **3** 除外[排除]されたもの;《税の》控除《項目》(cf. DEDUCTION, EXEMPTION, TAX CREDIT). ▶ ANNUAL (GIFT-TAX) EXCLUSION (贈与税年間基礎控除額) / FOREIGN-EARNED-INCOME EXCLUSION (外国勤労所得控除). **4** 免責,《特に保険証券上の》免責約款, 責任排除, 不填補. **to the ~ of** …を除外して[するほどに]. **~·ism** n 排他主義. **~·ist** a, n 排他的な(人). **~·àry** /; -n(ə)ri/ a [L; ⇨ EXCLUDE]

exclúsion and restríction of contráctual liabílity 契約責任の免責と限定 (⇨ EXEMPTION CLAUSE).

exclusion and restriction of négligence liabílity《英》過失責任の免責と限定《過失 (negligence) による死亡・傷害およびその他の損害に対する事業上の責任 (business liability) を免責したり限定すること; 1977 年法で禁止; 消費者契約関係法にも類似の規定がある》.

exclusionary héaring《米》違法収集証拠に関する事前審理.

exclúsionary práctice 排他行為《競争企業との明示・黙示の協力なしで独占力を得るあるいは維持する方法》.

exclúsionary rúle [the ~]《(許容性のない)》証拠排除準則,《特に》違法収集証拠排除準則《被告人の憲法上の権利を侵犯するような方法で収集された証拠は採用されないという原則; ⇨ FRUIT OF THE POISONOUS TREE (DOCTRINE), GOOD FAITH EXCEPTION》.

exclúsionary zóning 排他的ゾーニング, 排他的地域地区規制《特定の営業などを排除するような土地利用規制》.

exclúsion cláuse《保険契約などにおける》除外条項, 免責条項.

exclúsion òrder《英》1《テロ活動をする者を国外追放する》排斥命令. 2 立入り禁止命令《1》暴行する夫または妻に対して, 婚姻生活のための住居 (matrimonial home)への立入りを禁ずるもの 2)一定の有罪決定者に対して, 特定場所への立入りを禁ずるもの》.

exclúsion requìrement《英》排除要求事項《子供を虐待した疑いのある者をその子供の住んでいる所から排除する緊急保護命令 (emergency protection order) や暫定的な子供の保護命令 (care order) に付されている要求事項》.

exclúsion zòne 1《危険地域・軍事施設などの》立入り禁止区域. 2《外国軍隊の》立入り禁止区域《通常, 海域》.

ex·clu·sive /ɪksklúːsɪv/ *a* 1 相容れない, 排他的な; …を除いた: from 10 to 20 ~ 10 から20まで《10 と 20 を除いて》. 2 全面的な, もっぱらの, 唯一の. 3 独占的な; 限定的な, 限られた; 他にない: an ~ contract 独占契約 / an ~ (news) story 特種記事 / be ~ to [in]…にしかない. **~ of**…を除いて: the price ~ of tax 税抜き価額 / There are 26 days in this month, ~ *of* Sundays. 今月は日曜を除いて 26 日ある. ── *n* 独占的な権利《専売権など》. **~·ly** *adv* ~**·ness** *n* [L; ⇨ EXCLUDE]

exclúsive ágency 一手販売代理店, 特約店.

exclúsive ágency lìsting 排他的不動産仲介《契約》《不動産売却に関して一定期間所有者本人を除き他の仲介業者を加えずに特定業者に独占的に仲介を依頼することないしはその契約; 本人が直接売却した場合にはこの独占的仲介業者が手数料を取ることはできない; cf. EXCLUSIVE RIGHT TO SELL LISTING, MULTIPLE LISTING, OPEN LISTING》.

exclúsive agréement 独占契約.

exclúsive contról 排他的管理《事実推定則 (res ipsa loquitur) の下で用いられる概念で, 損害を生じしめたものに対する管理責任がもっぱら被告にあることを示す語; ⇨ RES IPSA LOQUITUR》.

exclúsive cóntract 排他的取引契約《= EXCLUSIVE DEALING ARRANGEMENT》.

exclúsive déaling agrèement 排他条件付き取引合意《メーカーが販売業者に対して他のメーカー製品を扱わないことを要求する専売店契約および販売業者がメーカーに対して他の販売業者に製品を供給しないことを要求する一手販売代理店契約の 2 種類の総称》.

exclúsive déaling (arràngement) 排他的取引協定《= exclusive contract》《買主が全必要物を一人の売主からのみ購入するという取決め; cf. REQUIREMENTS CONTRACT》.

exclúsive éasement 排他的地役権《要役地 (dominant estate) 保有者だけが独占的に有している地役権; cf. COMMON EASEMENT, NONEXCLUSIVE EASEMENT》.

exclúsive económic zòne《国際法》排他的経済水域《領海の外側に基線より 200 海里以内; 略 EEZ; cf. COASTAL WATERS, HIGH SEAS, LAW OF THE SEA, TERRITORIAL WATERS》.

exclúsive évidence 排他的証拠《特定争点についてそれのみが証明力を有している, ないしは法的に有するものと認められている証拠》.

exclúsive físhery zòne《国際法史》漁業専管水域, 排他的漁業水域《1970 年代にそれまでの 12 海里の範囲を超えて拡大させ, 多くの国が 200 海里を主張し始めたが, 1982 年の国連海洋法条約により 200 海里の排他的経済水域 (exclusive economic zone) の導入をきっかけに, これが漁業水域にとって代わっている》.

exclúsive jurisdíction 専属管轄権《cf. CONCURRENT JURISDICTION》.

exclúsive lícense《特許権などの》独占的実施権.

exclúsive posséssion 排他的占有《土地の取得時効成立の要件にもなる》.

exclúsive ríght 独占的権利.

exclúsive ríght to márket a próduct 製品販売独占権.

exclúsive ríght to séll lìsting 不動産仲介物件排他的売却権《不動産売却に関して一人の仲介業者が独占的にその売却権を与えられ, たとえ所有者本人が直接売却した場合であっても, 本人からこの独占業者に一定の手数料を支払うことになっている仲介契約上の権利; cf. EXCLUSIVE AGENCY LISTING, MULTIPLE LISTING, OPEN LISTING》.

exclúsive úse《商標・土地などの》排他的使用, 専用.

ex·clu·siv·i·ty /ɛksklùːsívəti/ *n* 1 EXCLUSIVE なこと[性質, 状態]; 排他性, 党派性, 孤立主義. 2 独占的な権利,《特に》製品販売独占権 (exclusive right to market a product).

ex·com·mu·ni·ca·tion /ɛkskəmjùːnəkéɪʃ(ə)n/ *n*《教会法上の》破門; 陪餐停止.

ex·com·mu·ni·ca·to ca·pi·en·do /ɛkskəmjuːnɪkéɪtou kæpiéndou/ [de ~] 被破門者逮捕令状《= WRIT DE EXCOMMUNICATO CAPIENDO》.

ex con·ces·sis /ɛks kənsésəs/ *adv* 承認ずみの前提に従えば, これまでに承認されたところを前提とすれば. [L = from the things which have been granted]

ex con·trac·tu /ɛks kəntrækt(j)u/ *a, adv* 契約上（の）, 契約から（の）, 契約に基づく (cf. EX DELICTO). ► ACTION EX CONTRACTU (契約訴訟) / QUASI EX CONTRACTU (準契約上（の）). [L=from a contract]

èx cóupon bònd 利札なし債券.

ex·cul·pate /ɛkskəlpèɪt, ɪkskʌ́lpèɪt/ *vt* 無罪にする, ⟨人の⟩嫌疑を晴らす, …の無罪を証明する (cf. ACQUIT, EXONERATE): ~ sb *from* a charge / ~ one*self* 身のあかしを立てる. **ex·cúl·pa·ble** *a* **èx·cul·pá·tion** *n* 無罪の証明; 弁明, 弁解, 弁護. [L=freed from blame (*culpa* blame)]

ex·cúl·pa·tò·ry /; -pət(ə)ri/ *a* **1** 無罪を証明する, 無罪弁明の (cf. INCULPATORY). **2** 言いわけの, 弁解的な.

exculpatory cláuse 免責条項《契約の一方当事者を過失に対する責任から免責する規定; 特に信託の管理・執行に当たる受託者の信託違反についていう; cf. EXEMPTION CLAUSE》.

exculpatory évidence 無罪証明証拠《刑事被告人の無罪を証明できそうな証拠; 訴追側が有しているこの種の証拠には開示の義務がある; ⇨ BRADY MATERIAL》.

exculpatory nó dòctrine 無罪弁明のための否認発言の法理《取調べ官の質問に答える際に, 有罪であることを偽って否認するために虚偽の陳述をしたことにつき責任を問うことはできないという原則; 自己負罪 (self-incrimination) に関する憲法上の権利との関係で問題となりうるが, 合衆国最高裁判所は連邦法上この法理を否定している》.

ex cu·ria /ɛks kjʊ́ərɪə/ *adv* 法廷外で. [L=out of court]

ex·cus·able /ɪkskjúːzəb(ə)l/ *a* 許される, 申しわけの立つ;《本来責任を負うべき違法行為・義務違反などが特定状況の下で》免責される.

excúsable assáult 免責される暴行.

excúsable hómicide 免責される殺人《(1) 他人を傷つける意思なく犯された合法的行為から生じた殺人 (2) ⇨ JUSTIFIABLE HOMICIDE》.

excúsable neglét 免責される不注意 (cf. INEXCUSABLE NEGLECT, UNAVOIDABLE CASUALTY).

ex·cu·sal /ɪkskjúːzəl/ *n* 許すこと,《特に 税などの》免除: ~ of a juror 陪審員の免除.

Ex·cu·sat aut ex·te·nu·at de·lic·tum in ca·pi·ta·li·bus, quod non ope·ra·tur idem in ci·vi·li·bus. /ɛkskjúːzæt ɔːt ɛksténjuæt dɪlíktəm ɪn kæpɪtéɪləbəs kwad non ɔ̀pəréɪtər áɪdəm ɪn sɪvílɪbəs/ 死刑を科しうる事件においては違法性を免責あるいは軽減しても, 民事事件においては同様には機能しない. [L=That excuses or extenuates a delict in capital cases which does not operate similarly in civil cases.]

ex·cuse *n* /ɪkskjúːs/ **1** 弁解, 言いわけ, 申しわけ; 逃げ口上, 言い抜け, 口実. **2**《過失などの》理由; 免責事由, 免責, 免除 (cf. JUSTIFICATION, PRIVILEGE). ► ABUSE EXCUSE (虐待ゆえの免責) / REASONABLE EXCUSE (合理的理由). — *v* /ɪkskjúːz/ *vt* **1** 許す, 勘弁する, 大目に見る. **2**《人を》義務から免ずる (exempt); 免責する, 免除する;《人に》退室を許す; 言いわけする, 弁解する. — *vi* 言いわけになる, 正当化の根拠となる. [OF<L ex- (*cuso*<*causa* accusation)] **ex·cus·a·to·ry** /ɪkskjúːzətɔ̀ːri/, -t(ə)ri/ *a*

excúse by fáilure of presuppósed condítions 前提条件が欠けていることによる免責（事由）(＝COMMERCIAL IMPRACTICABILITY).

ex·cuss /ɪkskʌ́s/ *vt* **1**《法的手続きに従って》⟨財産を⟩差し押える; 検索の手続をとる《債務の責任を問う場合に債権者が保証人に対する前に債務者本人に対して手続きを進める; もとはローマ法の用語から》. **2**《廃》振り落とす（ようにして調べる）. **ex·cús·sion** *n* 検索（手続き）(⇨ EXCUSS). [L *excuss*- *excutio* to shake off]

ex de·bi·to jus·ti·ti·ae /ɛks dɛ́bɪtou dʒəstíʃɪ/ *a, adv* 当然の権利として（の）. [L=from a debt of justice]

ex de·lic·to /ɛks dəlíktou/ *a, adv* 不法行為による[よって], 不法行為上（の）(cf. EX CONTRACTU, IN DELICTO);《古》犯罪による[よって]. ► ACTION EX DELICTO (不法行為訴訟) / TRUST EX DELICTO (不法行為による信託). [L=from a wrong]

èx delícto trúst 不法行為信託《特に 信託設定者に対する債権者が信託財産から債権徴収するのを阻止するという違法目的で設定される信託; cf. TRUST EX DELICTO》.

èx distribútion *adv, a* 分配落ちで[の], 分配なしで[の]《略 x, X., XDIS.》.

Ex di·u·tur·ni·ta·te tem·po·ris om·nia prae·su·mun·tur es·se (rite et) so·len·ni·ter ac·ta. /ɛks dàɪətə:ɹnɪtéɪtɪ témpərɪs ʌ́mnɪə prìːsəmʌ́ntər ɛ́sɪ (ráɪtɪ ɛt) səlénɪtər ǽktə/ 長い時の経過からすべてのものは（方式どおりにかつ）形式にのっとってなされたものと推定される. [L=From length of time, all things are presumed to have been done in (due and) solemn form.]

èx dívidend *adv, a*《証券》配当落ちで[の]《略 **ex div.**, x, X., x.d., xd, XD; opp. *cum dividend*》. [L]

Ex do·lo ma·lo non ori·tur ac·tio. /ɛks dóulou máːlou nan ɔ́ʊrɪtər ǽkʃɪou/ 詐欺[悪意]から訴権は生まれない. [L=From a fraud a right of action must not arise.]

ex·e·at /ɛ́ksiæt/ *n* **1**《主教[司教]から聖職者に対して出される主教[司教]区 (diocese) からの》移動許可. **2**《特定の場所の》外に出ることの許可, 外出許可. [L=let him/her go]

exec. execution ♦ executive ♦ executor.

ex·e·cute /ɛ́ksɪkjuːt/ *vt* **1 a** 実行する, 遂行する;⟨職務などを⟩果たす, 履行する;⟨判決・命令・令状・遺言(と)

などを〉執行[履行]する; 〈法律などを〉施行する. **b**《判決に基づいて》〈罪人〉の死刑を執行する, 処刑する. **2 a**〈証書・契約書などを〉作成・交付する, 完成する. **b**''〈不動産権を〉移転する; 〈特に〉〈ユース(による権利)を〉コモンロー上の権利に転換する. **éx·e·cùt·able** *a* 実行[執行, 遂行]できる. **éx·e·cùt·er** *n* 〔OF<L (secut- sequor to follow)〕

éx·e·cùt·ed *a* **1**〈文書が〉署名入りの: an ~ will. **2** 履行済みの, 既履行の, 既済の, 完成した (opp. *executory*).

éxecuted considerátion 既履行約因, 既済の約因 (opp. *executory consideration*).

éxecuted cóntract 1 既履行(の)契約, 履行済みの契約 (opp. *executory contract*). **2** 署名がなされた契約(書).

éxecuted fíne《史》完成和解譲渡《和解譲渡(fine)の中でも最も多く用いられたもので, 完全な形で絶対的な自由土地保有権(freehold)を譲与する方式ゆえ, こう呼ばれた; 当該土地は被告が原告に既に譲与したものであることを法廷で認める形をとった; ⇨ FINE》.

éxecuted remáinder 確定残余権 (=VESTED REMAINDER).

éxecuted sále 既履行売買契約 (cf. EXECUTORY SALE).

éxecuted trúst《補完を要しない》完成信託 (= completely constituted trust, perfect trust) (opp. *executory trust*).

éxecuted úse《史》《コモンロー上の権利への》既転換ユース (opp. *executory use*).

Ex·e·cu·tio est executio ju·ris se·cun·dum ju·di·ci·um. /ɛksɪkjùːʃiou ɛst ɪ̀ɡzékjùːrɪs sɛkándəm ʤudíʃiəm/ 執行は判決に従った法の執行である. [L=Execution is the execution of the law according to the judgment.]

Executio est fi·nis et fruc·tus le·gis. /— — fáɪnɪs ɛt fráktəs líːʤɪs/ 執行は法の目的でありかつ果実である. [L=Execution is the end and fruit of the law.]

Executio ju·ris non ha·bet in·ju·ri·am. /— ʤúːrɪs nɑn héɪbɛt ɪnʤúːriəm/ 法の執行は権利侵害にならない. [L=Execution of the law does no injury.]

ex·e·cu·tion /èksɪkjúːʃ(ə)n/ *n* **1 a**《職務・法・判決・遺言などの》執行, 実行, 遂行, 履行 (enforcement),《特に》強制執行: carry...into [put...into, put...in] ~を執行する; ...を仕上げる. **b**《判決の》強制執行令状 (writ of execution);《ユースによる権利のコモンロー上の権利への》転換. **c** 処刑, 死刑執行 (cf. CAPITAL PUNISHMENT). ▶ ALIAS EXECUTION (第二強制執行令状) / ATTACHMENT EXECUTION (判決執行のための債権差押え) / BILL TO CARRY A DECREE INTO EXECUTION (判決執行訴状) / BODY EXECUTION (身柄拘束(令状)) / DORMANT EXECUTION (休眠強制執行) / EQUITABLE EXECUTION (エクイティー上の執行) / GENERAL EXECUTION (一般的強制執行) / INEXECUTION (不執行) / INTERPLEADER UNDER EXECUTION (執行にかかわる競合権利者確定手続き) / JUNIOR EXECUTION (後順位執行) / LEVY OF EXECUTION (強制執行) / MALICIOUS EXECUTION (不当強制執行) / SPECIAL EXECUTION (特定財産に対する強制執行) / STAY OF EXECUTION (強制執行の停止(命令); 刑の執行停止(命令)) / WARRANT OF EXECUTION (判決執行令状) / WRIT OF EXECUTION (判決執行令状). **2**《証書・遺言(書)の》作成・交付, 完成. ▶ FRAUD IN THE EXECUTION (証書作成交付上の詐欺) / INEXECUTION (作成・交付せぬこと) / NOTARIAL EXECUTION (公正証書の作成) / PRESUMPTION OF DUE EXECUTION (適正作成の推定) / REEXECUTION (証書再作成). **do** — 威力を発揮する. **~·al** *a* 〔OF<L; ⇨ EXECUTE〕

execútion clàuse《文書の》作成認証条項《文書の作成日・署名・捺印・証人署名などのある部分》.

execútion crèditor《判決により強制執行令状を得た》執行債権者.

ex·e·cu·ti·o·ne ju·di·cii /èksɪkjùːʃióuni ʤudíʃiɪ/《史》下位裁判所判決執行令状《下位裁判所にその判決の執行を命じ, 執行遅延する場合はその理由を報告すべきことを命ずる》. [L=execution of the judgment]

execútion·er *n* **1** 実行者, 執行者,《特に》死刑執行人. **2**《政治[犯罪]組織の放つ》暗殺者.

execútion lìen 強制執行先取特権《強制執行開始に基づき執行債権者 (execution creditor) のためにその目的物上に生ずる優先権》.

execútion of wíll 1《有効な》遺言(書)の作成 (cf. SIGNATURE OF WILL). **2** 遺言の執行.

execútion sàle 強制執行売却《判決に基づく強制執行としての債務者の財産の役人による強制売却; ⇨ JUDICIAL SALE, SHERIFF'S SALE》.

ex·ec·u·tive /ɪɡzék(j)ətɪv/ *a* **1 a** 実行[遂行, 執行]の; 執行部の. **b** 行政上の; 行政府[部]の[に属する] (cf. ADMINISTRATIVE, JUDICIAL, LEGISLATIVE): the ~ department 行政府[部]. **2 a** 執行役員の, 幹部[重役, 経営者, 行政機関の長]の[にふさわしい], 重役専用の《飛行機など》. **b** [E-]《米》大統領の, 州知事の. — *n* **1**《略 ex(ec).; cf. LEGISLATURE, JUDICIARY》**a** 行政府[部]. **b**《個人・集団としての》行政官; 行政機関の長, 大統領, 州知事,《各地方自治体の》首長. ▶ CHIEF EXECUTIVE (行政府の長; 地方首席行政官). **2**《政党・労組などの》執行部, 執行機関, 執行委員会;《会社などの》幹部, 管理職, 経営者層, 執行役員, 役職員, エグゼクティブ. ▶ HEALTH AND SAFETY EXECUTIVE (健康安全委員会執行部) / LEGAL EXECUTIVE (法律専務職員) / SENIOR EXECUTIVE (上級管理者). **~·ly** *adv* 〔L; ⇨ EXECUTE〕

exécutive ágency 行政機関.

exécutive agréement《米》行政協定《大統領

が議会の授権または憲法上の独自の権限に基づき外国と締結する協定；条約と違い上院の3分の2以上の同意を要しない；cf. TREATY）．► CONGRESSIONAL EXECUTIVE AGREEMENT《議会承認行政協定》.

exécutive bránch [the ~] 行政部, 行政府, 執行部 (cf. JUDICIAL BRANCH, LEGISLATIVE BRANCH).

exécutive clémency《米》行政官恩赦[減刑]《大統領・州知事などによる恩赦[減刑]》.

exécutive commíttee 1 執行委員会, 実行委員会. 2《米》《会社で，取締役の一部で構成し一定範囲内で取締役会の権限を行使する》経営委員会.

exécutive cóuncil 行政評議会《オーストラリア・ニュージーランドでは総督を議長とする閣僚会議で閣議に法的効果を与える》.

exécutive diréctor 常勤取締役, 専務[常務]取締役, 常務理事 (cf. NONEXECUTIVE DIRECTOR).

exécutive discrétion 1 行政裁量. 2 執行権の裁量.

exécutive dócument《米》《例えば条約のような, 大統領が上院に提出する》批准承認文書.

exécutive immúnity《米》行政上の免責《(1) 大統領・州知事はその職務内にある行為に対しては民事上の損害賠償責任から絶対的に免責されること 2) 一般の行政官は, その行為が明白に確立された憲法・制定法上の権利を侵害した場合にのみ民事上の責任を負うという限定的免責権を有すること; cf. EXECUTIVE PRIVILEGE》.

exécutive ófficer 1 行政官. 2《会社の》経営責任者, 執行役員. ► CHIEF EXECUTIVE OFFICER《最高経営責任者》. 3 副隊長, 副長, 参謀将校.

exécutive órder 1 行政命令《行政機関の発する命令で法的効力を有するもの; 略 ex. or(d).; cf. PROCLAMATION, STATUTE》. 2 [ᵁE- O-]《米》大統領令《略 EO》.

exécutive párdon 行政官恩赦.

exécutive pówer 執行権能, 行政権, 執行権.

exécutive prívilege《米》《機密保持に関する》行政府特権, 大統領特権 (cf. EXECUTIVE IMMUNITY).

exécutive séssion《米》議院指導者会議《行政的な仕事を果たすための, 通常は秘密会としての議院（特に上院）指導者たちの会議; cf. LEGISLATIVE SESSION》.

ex·ec·u·tor /ɪgzékjətər,*ɛksəkjù:-/ n 1 実行[遂行, 履行, 執行]者. 2 遺言(ん)執行者《原則として遺言者により遺言中で指定された者; 略 exor.; fem. EXECUTRIX; cf. ADMINISTRATOR》. ► ACTING EXECUTOR《臨時遺言執行者》/ GENERAL EXECUTOR《一般遺言執行者》/ INDEPENDENT EXECUTOR《独立的遺言執行者》/ INSTITUTED EXECUTOR《無条件指名の遺言執行者》/ JOINT EXECUTOR《共同遺言執行者》/ LIMITED EXECUTOR《限定的遺言執行者》/ LITERARY EXECUTOR《遺著管理遺言執行者》/ SPECIAL EXECUTOR《特定財産遺言執行者》/ SUBSTITUTED EXECUTOR《代理遺言執行者》. 3 無能力発明者代理人《特許法上の用語で, 法的能力を欠いた発明者を代理する者》. 4《廃》死刑執行人 (executioner). ~·ship n 遺言執行者の資格[職務]. ► CHAIN OF EXECUTORSHIP《遺言執行者の連鎖》.

ex·ec·u·to·ri·al /ɪgzèkjətɔ́:riəl/ a [AF<L; ⇨ EXECUTE]

exécutor dátive n《スコットランド》《裁判所や役人によって選定された》任命遺言執行者 (cf. EXECUTOR NOMINATE).

executor de son tort 無権遺産管理者《権限なくして遺言執行者 (executor)・遺産管理人 (administrator) の行為をなす者》. [E + law F ⇨ DE SON TORT]

exécutor fúnd 遺言執行者用資金《遺言執行者の経費支払いのための資金》.

execútor lu·cra·tus /— lukréɪtəs/ 遺産保有遺言執行者《遺言者が生存中に他人の財産権を侵害しその責任を負った結果などから, 遺言執行者自身が遺言者の遺産を手中にしている場合の執行者を指す語》. [L lucratus gained]

execútor nóminate n《スコットランド》《遺言状に指定されている》指定遺言執行者 (cf. EXECUTOR DATIVE).

execútor's òath 遺言執行者の宣誓《遺言執行者 (executor) あるいは遺産管理人 (administrator) の宣誓書で, 人格代表者への遺産管理権の付与状 (grant of representation) の申請を伴っている》.

execútor's yèar《英》遺言執行者の一年《故人の死んだ日から1年間は, 遺言にあっても, 遺産分配を強要できない》.

ex·ec·u·to·ry /ɪgzékjətɔ̀:ri, -t(ə)ri/ a 1 執行(上)の, 行政(上)の (executive). 2 未済の, 未履行の, 未完成の, 将来の (opp. executed) (cf. CONTINGENT). ► ACCORD EXECUTORY《代物弁済の合意》.

exécutory accórd 代物弁済の合意, 未履行の合意 (= ACCORD EXECUTORY).

exécutory bequést《人的財産》将来権遺贈《遺言による, しかもその効力発生が将来のあるいは未確定の事実に依存している(人的)財産の贈与》.

exécutory considerátion 未履行約因, 未済の約因 (opp. *executed consideration*).

exécutory cóntract 未履行(の)契約 (opp. *executed contract*).

exécutory devíse 不動産遺贈将来権, 不動産将来権遺贈《遺贈による, しかもその効力発生が将来の未確定事実に依存している不動産権, またはその遺贈; ⇨ CONDITIONAL LIMITATION》.

exécutory ínterest 未発生将来権《将来権 (future interest) のうち, 設定者に残るもの（例えば 復帰権 (reversion)）ではなく, 設定者以外の者に設定されるもので, しかも残余権 (remainder) 以外のもの; cf. FUTURE INTEREST》.

exécutory júdgment 未執行判決《判決は出されているが, 被告が未履行であることを含めて, 執行がいまだなされていない判決》.

exécutory limitátion 将来権の限定, 未発生将来権の限定 (⇨ CONDITIONAL LIMITATION) (cf. EXECUTORY INTEREST). ▶ FEE SIMPLE SUBJECT TO AN EXECUTORY LIMITATION (将来権の限定のある単純封土権).

exécutory remáinder 未確定残余権 (＝CONTINGENT REMAINDER).

exécutory sále 未完成売買契約《原則的には合意されながら若干細部が未決定の売買契約; cf. EXECUTED SALE》.

exécutory trúst 未完成信託 (＝imperfect trust, incompletely constituted trust)《信託内容が確定されておらず設定者・受託者による補完または設定者の意思の解釈に裁判所の援助を要する信託; opp. executed trust》.

exécutory uniláteral accórd 未履行の一方的意思表示,《契約の》申し込み (offer).

exécutory úse《コモンロー上の権利への》未転換ユース (opp. executed use) (cf. SPRINGING USE).

exécutory wárranty 将来の担保《保険契約において被保険者が, 将来において一定行為がなされることあるいは一定事実が存在し続けることの約束などの履行を引き受けることにより生じる担保》.

ex・ec・u・trix /ɪgzék(j)ətrɪks/ n (pl ～·es, -tri·ces /ɪgzék(j)ətráɪsiz/)《古》女子遺言執行者.

ex・ec・u・try /ɪgzék(j)ətri/ n《スコットランド》**1** 遺言執行者の資格[職務] (executorship). **2** 遺言執行者配分分《遺言執行者に渡され分配されることになる故人の動産》. **3**《遺言・無遺言相続則に従っての》遺産処理.

ex・em・plar /ɪgzémplər, -plɑ̀:r/ n 標本, ひな型; 模範, 手本. ▶ HANDWRITING EXEMPLAR (筆跡標本) / VOICE EXEMPLAR (音声標本).

ex・em・pla・ry /ɪgzémpləri/ a **1 a** 模範的な. **b** 見しめの, 戒めの, 懲罰的な: ～ sentence 見せしめとなるような刑の宣告. **2** 典型的な, 例示的な, 例証的な, 具体例としての. **ex・ém・pla・ri・ly** adv **-ri・ness** n **ex・em・plar・i・ty** /ɛ̀gzɛ̀mplǽrəti/ n

exémplary dámages pl 懲罰的損害賠償(金) (＝PUNITIVE DAMAGES).

ex・em・pli・fi・ca・tion /ɪgzèmpləfəkéɪʃ(ə)n/ n **1** 例証, 例示; 典型的な具体例, 適例, 実例, 事例. **2**(認証)謄本 (exemplified copy).

ex・em・pli・fi・ca・tive /ɪgzémpləfəkèɪtɪv/ a 例証[範例]となる.

exémplified cópy (認証)謄本 (＝CERTIFIED COPY).

ex・em・pli・fy /ɪgzémpləfàɪ/ vt **1** 例証する, 例示する. **2** …の(認証)謄本を作る.

ex・em・pli gra・tia /ɛgzémplaɪ gréɪʃ(i)ə, ɛksémpli grɑ́:tiə/ adv 例えば (for example)《略 e.g., ex. gr.》. [L＝for the sake of example]

ex・empt /ɪgzém(p)t/ vt **1** 免除する: ～ sb from a fine 人の罰金を免除する. **2**《廃》除く, 除外する; 取っておく. — a 免除された: ～ from taxation 免税の (tax-exempt) / ～ information 非公開情報. — n《義務・法の適用などを》免除された人[もの],《特に》免税者. **～・ible** a [L (Exempt -imo to take out)]

exémpt cárrier* 免除運輸会社《州際通商法の規定の適用を免除されたタクシー業・貨物運搬などの運送業者》.

exémpt・ed búsiness《英庶民院》除外議事日程《開会が遅く, すなわちウィークデーの午後10時あるいは金曜日の午後4時以降に始まった場合は, 一定議事は中断せずに進められる》.

exémpted secúrity* 免除証券, 適用除外証券 (＝exempt security)《証券関係諸法の規定の全部または一部の適用を免除された証券》.

exémpt emplóyee* 免除被用者《公正労働基準法 (Fair Labor Standards Act) の賃金および残業規定の適用免除の従業員; 管理職・専門職・外勤セールスマンなど》.

exémpt íncome 非課税所得.

ex・emp・tion /ɪgzém(p)ʃ(ə)n/ n **1**《義務などの》免除, 免責《from》(cf. IMMUNITY). ▶ AUDIT EXEMPTION (会計監査報告義務免除) / BLOCK EXEMPTION (一括適用除外) / INTRASTATE EXEMPTION (州内募集の適用除外) / SURTAX EXEMPTION (付加税免除) / TAX EXEMPTION (非課税措置) / WAIVER OF EXEMPTION (免除放棄(約款)). **2** 免除される人[もの]. **3**《米》免除(権)《判決債務者の財産のうち一定財産, 特に家族の生活の基礎となっている財産すなわち家産 (homestead) は, 強制執行の対象になることなく債務者がそれを保有し続けることが法的に認められているが, そのことないしはその特権を指す; cf. DECLARATION OF HOMESTEAD, HOMESTEAD EXEMPTION》. ▶ HOMESTEAD EXEMPTION (家産の免除(権)). **4**《税制》(所得)控除 (cf. DEDUCTION, EXCLUSION, TAX CREDIT). ▶ DEPENDENCY EXEMPTION (扶養控除) / PERSONAL EXEMPTION (人的控除).

exémption cláuse 免責条項, 免責約款《特定条件の下で当事者の一方の責任を免除・限定する趣旨の契約条項; cf. EXCEPTION CLAUSE, EXCULPATORY CLAUSE, EXCLUSION AND RESTRICTION OF CONTRACTUAL LIABILITY, EXCLUSION AND RESTRICTION OF NEGLIGENCE LIABILITY, INDEMNITY CLAUSE》.

exémption from táx [taxátion] 免税措置, 免税 (tax exemption).

exémption láw 差押禁止財産法《何が差押禁止財産 (exempt property) に当たるかを定めている法; ＝EXEMPT PROPERTY》.

ex・emp・tive /ɪgzém(p)tɪv/ a 免除の, 免除する.

exémpt próperty 1 差押禁止財産《債権者が差し押えることが許されない債務者の財産; 許されるものを non-exempt property という; cf. HOMESTEAD》. **2** 配偶者専用除外遺産《残存配偶者が死者の遺産から自動的に受け取る権利を有している人的財産 (personal property)》.

exémpt secúrity＊ ＝EXEMPTED SECURITY.
exémpt supplý《英税制》付加価値税非課税商品《土地売買, 金融・保険サービスなど本来的に付加価値税 (VAT) の範囲外とされている商品・サービス；⇨ ZERO-RATED SUPPLY》.
ex·e·qua·tur /ὲksəkwéitər/ n 1《国際法》認可状《領事機関の長に対する接受国の任務遂行の承認》. 2《フランス》執行命令《フランスの裁判所が与える, 外国裁判所の判決の執行命令》. ［L＝let it be executed］
ex·er·cise /éksərsàɪz/ n《能力・権利の》行使, 使用；《職務の》執行, 実行：～ of an option 選択権の行使. — vt《権利・権力などを》行使する, 《威力などを》及ぼす；《役目などを》果たす, 《職務などを》執行する (discharge)：～ one's influence over…に影響を及ぼす／～ one's discretion 裁量権を行使する, 裁量がはたらかせる／～ an option 選択権を行使する. **ex·er·cís·able** a ［OF＜L ex- (erceo＝arceo to restrain)＝to keep busy］
exercise of júdgment 判断力の行使, 分別をはたらかせること；分別にのっとった判断.
éxercise prìce《証券》(権利) 行使価格 (＝STRIKE PRICE).
ex·er·ci·tor /ɪɡzə́:rsətər/ n《大陸法》船益帰属者 (＝exercitor maris)《船主・傭船契約者などその時々において船舶から生じる利益が帰属する人；cf. SHIP'S HUSBAND》. **ex·er·ci·tó·ri·al** /ɪɡzə̀:rsətó:riəl/ a ［L＝exerciser (of the sea)］
exercitórial pówer 船長の権限.
exércitor máris /-mǽrəs; -má:-/《大陸法》船益帰属者 (＝EXCERCITOR).
ex fá·cie /èks féɪʃìi:, -fá:kìeɪ/ adv《法律文書の》文面では, 文面上, 見たところ, 明らかに (cf. PRIMA FACIE). ［L＝from the face］
ex fác·to /èks fǽktou/ adv 事実から, 事実に従い, 事実上 (de facto), 行為から, 行為に基づき. ［L＝according to fact］
Ex facto jus ori·tur. /— — ʤú:s óuritər/ 事実から法は生まれる. ［L＝The law arises out of the fact.］
ex fic·ti·o·ne ju·ris /èks fɪkʃióuni ʤúəris/ adv 法の擬制により. ［L＝by a fiction of law］
ex. gr. °exempli gratia 例えば ◆°ex gratia 恩恵として(の).
ex grá·tia /èks ɡréɪʃ(i)ə, -ɡrá:tiə/ adv, a《法的義務としてではなく》恩恵として(の), 好意から(の) (＝a gratia), 任意で(の). ［L＝from a favor］
èx grátia páyment《法的義務としてではなく》好意に基づく支払い.
ex·háus·tion of admínistrative rémedies /ɪɡzɔ́:stʃ(ə)n-/ 行政上の救済(手段)を尽くすこと (＝EXHAUSTION OF REMEDIES).
exháustion of lócal rémedies《国際法》国内的救済(手段)を尽くすこと《自国民が他国においてその身体または財産に損害をこうむった場合に, 救済を図るよう自国に対してみずからに代わってその他国に請求するよう求めることができるが, その場合にも被害者がその他国において利用可能な救済手段をすでにすべて尽くしていることが前提となるという国際慣習法上の法理；国内救済の原則ともいわれる；cf. ESPOUSAL OF CLAIM》.
exháustion of rémedies 他の救済(手段)を尽くすこと (＝exhaustion of administrative remedies)《行政上の救済が認められている場合には, 裁判上の救済を求める前に行政機関による救済を求めるべきであるという法理；cf. PRIMARY JURISDICTION》.
exháustion of ríghts 権利消尽《欧州連合 (European Union) の域内の物の自由移動原則が知的財産権に関わる原則の一つで, ある物がその知的財産権保有者またはその同意の下で加盟国内でいったん自由な流通状態に置かれると, 国内法によって付与されたその物の知的財産権は消尽し, その保護対象の物の輸出入を阻止することができなくなること；cf. FREE MOVEMENT》.
exháustion of státe rémedies《米》州内的救済(手段)を尽くすこと《例えば, ある州で収監されている者が連邦裁判所に身柄提出令状 (habeas corpus) を求める場合などの一定種類の事件においては, 連邦裁判所に訴えて救済を求める前には利用可能な州の救済手段をすべて尽くしていることが前提になるという法理》.
ex·her·i·date, -here- /ɛkshérədèit/ vt《まれ》DISINHERIT. **ex·hèr·i·dá·tion, -hère-** n
ex·hib·it /ɪɡzíbət/ vt《証拠として》〈文書・物件を〉提示する, 〈訴えなどを〉正式に提出する. — n 1 展示, 陳列. 2 a 証拠物[物件], 証拠書類：～ A 証拠物件 A [第1号]. b《特に》宣誓供述書言及証拠物《宣誓供述書 (affidavit) の中で言及されているが, それに付属してはいない書類；その宣誓の時に提出される》. 3 付属文書《法的文書に添付されその一部をなす書類》. **on ～** 陳列[展示]されて. **ex·hib·i·tor** n ［L exhibit- exhibeo (habeo to hold)］
ex·hi·bi·tion /ɛ̀ksəbíʃ(ə)n/ n ［the or an ～］ 1 a 展示, 公開. b《性器などの》露出(行為). 2《スコットランド》文書提出強制訴訟.
exhibítion·ism n《性器や裸体の》露出行為. **-ist** n, a
exhíbit lìst 証拠物整理表 (1) 審理で証拠にしようとしている物件に番号を付したり記述することにより確認する事実審理前の整理または整理された表 2) 当事者が提出した証拠物を番号および記述により裁判所側が整理作成した証拠物の表》.
ex·hu·ma·tion /èɡz(j)uméɪʃ(ə)n, èks(h)u-/ n《埋もれている物の》発掘, 《特に》**死体発掘**.
ex hy·poth·e·si /èks haɪpɑ́θəsàɪ/ adv 議論の前提から言って, 仮説によって[従って], 仮定によれば. ［L＝from the hypothesis］
ex·i·gen·cy /éksəʤənsi/, **-gence** /-əns/ n 1 緊急性, 緊急事態, 急迫. ▶ MILD EXIGENCY (中程度の緊急性). 2 [⁺pl] 緊迫した事情, (焦眉の)急.
ex·i·gent /éksəʤənt/ a 緊急の. — n《史》法喪失

付き勾引令状 (=exigi facias)《シェリフ (sheriff) に対して被告を出廷させるよう命ずる令状で、州裁判所 (county court) で繰り返し出廷を命じ一定回数後も出廷しない場合は、法喪失宣告 (outlawry) を行なうことになる》. [L (*exigo* to EXACT)]

éxigent círcumstances *pl* 緊急事態; 緊急事態の準則《》emergency circumstances, special circumstances ともいう》**1)** 例えば、火災時に中の人を救うべく窓を破って侵入するように、周囲の事情から急を要する時に、通常事態ならば違法となる行為が許されること **2)** 警察官が逮捕・捜査・押収を効果的に行なうためには即時の行動が必要とされる相当な根拠 (probable cause) が存し、したがって令状を得ずに行動しうる事態; cf. AUTOMOBILE EXCEPTION, EMERGENCY DOCTRINE, EXIGENT SEARCH, KNOCK AND ANNOUNCE RULE, NO-KNOCK SEARCH WARRANT, WARRANTLESS SEARCH]

éxigent séarch 緊急事態捜索 (⇨ EXIGENT CIRCUMSTANCES).

ex·i·gi·ble /ɛksədʒəb(ə)l, égzə-/ *a* 強要できる、要求できる、請求できる.

exi·gi fa·ci·as /ɛksɪdʒaɪ féɪʃəs/《史》法喪失付き勾引令状 (=EXIGENT). [L=that you cause to be demanded]

ex·ile /égzaɪl, éks-/ *n* **1**《自分の国・町・村・家からの》追放, 国外追放(刑), 流罪, 流刑;《自分の意思による》長期の異境[異郷]生活, 亡命: a place of ~ 流刑の地 / go into ~ 追放[流浪]の身となる、亡命する / live in ~ 流刑[異郷]生活を送る. ▶ GOVERNMENT IN EXILE (亡命政府). **2** 国外追放者, 流人; 異郷生活者, 亡命者. — *vt* (国外[他郷]に)追放する、流罪に処する: He was ~d from his country [to Australia]. 故国から[オーストラリアへ]追放された / ~ one*self* 流浪する、亡命する / He was ~d for life. **éx·il·er** *n* [OF<L=banishment]

Ex-Im Bank °Export-Import Bank (of the United States) (合衆国)輸出入銀行.

ex·ist /ɪgzíst/ *vi* 存在する、現存する、実在する;〈特殊な条件または場所に〉ある、現われる (be, occur)〈*in, on*〉; 生きる、生存する、存続する〈*on* one's pension〉.

ex·is·tence /ɪgzíst(ə)ns/ *n* 存在; 実在、現在; 生存,《特に 逆境での》生活; [an ~] 存在のしかた、生活ぶり: lead a peaceful [dangerous] ~ 平和[危険]な生活をする. ▶ COEXISTENCE (共存; 平和共存) / IMMEMORIAL EXISTENCE (超記憶的存在) / POTENTIAL EXISTENCE (潜在的存在). **come into** ~ 生まれる; 成立する: The custom *came into* ~ *during* the World War II. [OF or L (*existo* (redupl) 〈*sto* to stand)]

exísting láw 現行法.

ex·it /égzət, éks-/ *n* **1** 出口, 退出路 (opp. *access*). **2** 退場, 退陣; 外出[退出, 出国](の自由[権利]); 死去 (death): make one's ~ 退去[退出, 退場]する; 死ぬ. ▶ PROVISIONAL EXIT (一時的出獄). **3**《令状などの》発行: ~ attachment 差押え令状発行《特に 事件記録 (docket) 上での用語》. **4** [E-]《英》エグジット《末期患者などの自由意思に基づく安楽死合法化を求める団体; cf. HEMLOCK SOCIETY》. — *vi* 出て行く、退出する. [L (*exit- exeo* to go out)]

éxit pèrmit 出国許可(証).

éxit pòll 出口調査 (=éxit sùrvey)《選挙結果の予測のため、投票を済ませて投票所から出てきた人に対して実施するアンケート調査》.

ex·i·tus /éksətəs/ *n* (*pl* ~)《史》**1** 死,《特に》病死. **2** 直系卑属. **3**《土地の》果実. **4** 争点の決定《争点 (issue) につき合意し、訴答を終結すること》. **5** 輸出税. [L=a going out]

éxit vìsa 出国査証, 出国ビザ.

ex·le·ga·re /ɛkslǝgéəri, -géɪ-/ *vt*《史》法喪失者と宣告する (⇨ OUTLAWRY). [L=outlaw]

ex le·ge /ɛks líːdʒi, -léɪgeɪ/ *adv* 法によって、法律問題として. [L=from law]

ex·lex /ékslèks/ *a* 超法規的な、法の領域外にある; 法的権限のない《政府など》. — *n*《史》法喪失者 (outlaw). [L=outlaw]

ex mal·e·fic·io /ɛks mæləfíʃiou/ *a, adv* 違法な行為による[により、から]、不法行為の[により]. ▶ TRUSTEE EX MALEFICIO (違法行為による受託者) / TRUST EX MALEFICIO (違法行為による信託). [L=by malfeasance]

Ex maleficio non ori·tur con·trac·tus. /‐ ‐ ‐ nan óuritǝr kantræktǝs/ 違法行為から契約は生じない. [L=A contract does not arise out of an illegal act.]

ex me·ro mo·tu /ɛks mérou móut(j)u, -míːrou-/ *a, adv* 自発的な[に]、自己の意思による[より];《訴訟当事者の申し立てによるのでなく裁判所自体の》職権による[より] (=ex proprio motu) (⇨ MERE MOTION). [L=on one's mere motion]

Ex mul·ti·tu·di·ne si·gno·rum col·li·gi·tur iden·ti·tas ve·ra. /ɛks mʌltɪt(j)úːdɪnɪ sɪgnóurǝm kalídʒɪtǝr aɪdéntɪtæs víːrǝ/ 多くの徴候から真の同一性が推断される. [L=From a number of signs true identity is collected.]

Ex nu·do pac·to non or·i·tur ac·tio. /ɛks n(j)úːdou pæktou nan óurɪtǝr ǽkʃiou/ 裸の合意から訴権は生じない. [L=From a nude agreement no action arises.]

ex of·fi·cio /ɛks ǝfíʃiou, -si-/ *adv, a* 職務上当然に[の]、職権により[よる]《略 e.o., **ex. off.**》. [L=from office]

èx offício informátion《英式》職権に基づく略式起訴(状)《国王の代理として法務長官 (Attorney General) が職権に基づき行なう略式起訴(状) (information); 1967年廃止; cf. LAYING AN INFORMATION》.

èx offício jústice 職務上当然の裁判官構成員《委員会などの一構成員となっている裁判官であるが、当該裁判官が特にその職務に選任された故というよりはむしろ裁

èx offícĭo jústice of the péace =EX OFFICIO MAGISTRATE.

èx offícĭo mágistrate 職務上当然の治安判事《例えば高等法院 (High Court of Justice) の裁判官や市長など他の職にある者が職務上当然に治安判事 (magistrate) の権限をも有する場合に使う語》.

èx offícĭo óath《史》職権による宣誓 (=OATH EX OFFICIO).

èx offícĭo sérvice 職務上当然の公務《法が公務員に対してその職務上当然の形で果たすことを要求している公務;例えば米国でシェリフ (sheriff) が婚姻の儀式を執り行なう義務を有しているごとし》.

ex·on·er·ate /ɪgzánərèɪt, εg-/ vt **1**〈人〉の嫌疑を晴らす,〈訴え・非難などから〉免れさせる,解放する〈sb *from* a charge〉(cf. ACQUIT, EXCULPATE). **2 a**〈人を義務・責任・困難などから〉免除する,解放する〈sb *from* duty〉. **b** 土地[財産権]を〈負担から〉解放する〈*from*〉. **ex·ón·er·à·tive** /; -rət-/ a **ex·ón·er·à·tor** n [L (*oner-onus* load)]

ex·òn·er·á·tion n **1** 嫌疑を晴らすこと. **2 a**《義務の》免除, 責任解除, 免責.《特に》遺産負担解除《遺産の一部が譲渡抵当 (mortgage) などなんらかの債務の負担を負っている場合に, 他の部分からその債務の支払いをなし負担をなくすこと》. **3 a** 保証人から主たる債務者への履行請求. **b** 求償権《第二次的にのみ債務支払いの義務を負っている者が債務支払いをなした場合に第一次的義務者に支払いを求める権利》. ▶ SUIT FOR EXONERATION (履行請求訴訟).

exo·ne·ra·ti·o·ne sec·tae /ɛksənərèɪʃíouni sékti/ [de ~] 《史》国王被後見人免訴令状 (=WRIT DE EXONERATIONE SECTAE). [L=(for) exemption from suit]

exónerative fáct 免責事由, 義務免除事由.

ex·on·er·e·tur /ɪgzànərí:tər, -réɪ-/ n《史》《一定条件の下での保釈人の》責任解除. [L=let him/her be discharged]

Éx·on-Fló·rio amèndment [clàuse, provìsion] /ɛksənflɔ́:rìòu-/《米》エクソン-フロリオ修正[条項, 規定]《外国企業による国家安全保障をそこなうような企業買収・合弁する権限を大統領に与える, 包括通商・競争力強化法 (Omnibus Trade and Competitiveness Act) の規定; 1988年成立; 提案者の J. James Exon 上院議員(民主党)と James J. Florio 下院議員(民主党)の名にちなむ》.

exor. executor.

ex. or. °executive order 行政命令.

ex·or·bi·tant /ɪgzɔ́:rbətənt/ a 法外な, 途方もない, 過大な;〈訴訟事件など〉法の意図した範囲内に入らない.

ex·or·cist /éksɔ̀:rsɪst/ n《カトリック》悪魔祓い師.

ex. ord. °executive order(s) 行政命令.

ex·or·di·um /ɛgzɔ́:rdiəm, ɛks-/ n (pl ~s, -dia /-diə/) 前置き, 序論;《遺言書・契約書の》冒頭文節 (=INTRODUCTORY CLAUSE). [L *exordior* to begin]

exp. expense(s) ♦ expired ♦ explained ♦ export(ed) ♦ express ♦ expression ♦ expropriation.

ex p °ex parte.

Ex pac·to il·li·ci·to non ori·tur ac·tio. /ɛks pǽktou ɪlísɪtou nɑn óurɪtər ǽkʃiou/ 不法な合意から訴権は生じない. [L=From an illicit agreement no action arises.]

ex par·te /èks pá:rti/ adv, a **1** 当事者の一方に偏して[偏した], 一方当事者で[の], 一方的に[な]《略 ex p; 英国では1999年から民事訴訟手続き規則 (Civil Procedure Rules) により民事訴訟手続き上はこの語は用いられなくなり, without notice (通告なしで) に代わった; ⇒ *without* NOTICE; cf. INTER PARTES》: Jane Wright applied ~ for an ouster order against her husband. **2** …の申し立てによる, …のための《事件名の表現に用いられる; 略 ex p; cf. IN RE》: ~ A. Aの申し立てによる / Smith v. Adams, *ex p* Tomlin. [L=from the part]

èx párte communicátion 一方的連絡《相手方弁護士不在時の一方の弁護士による裁判所との情報・意見交換》.

èx párte divórce 当事者一方出廷の離婚 (opp. *bilateral divorce*).

èx párte héaring 一方当事者のみの審理, 審尋 (=ex parte proceeding) (cf. ADVERSARY PROCEEDING [PROCESS]).

èx párte injúnction 一方的差止め命令《一方当事者の申し立てのみに基づく暫定的な差止め命令; cf. TEMPORARY RESTRAINING ORDER》.

èx párte ma·tér·na /-mətə́:rnə/ 母方の, 母方を通しての. [L=on the mother's side]

èx párte mótion 一方的申し立て《相手方当事者に通告することなく一方当事者のみが裁判所になす申し立て》.

èx párte órder 一方当事者の申し立てのみに基づく命令《訴訟の一方当事者の申し立てのみに基づき他方当事者に通告せずに出される裁判所の命令》.

èx párte pa·tér·na /-pətə́:rnə/ 父方の, 父方を通しての. [L=on the father's side]

èx párte procéeding 一方当事者のみに対する訴訟手続き (=EX PARTE HEARING).

ex·pa·tri·ate v /ɛkspéɪtrièɪt/; -pét-/ vt 国外に追放する: ~ *oneself* (外国へ)移住する,《特に 帰化するため》国籍を離脱する. — vi 生国を離れる; 生国の国籍を離脱する. — a /-triət, -trièɪt/ 国籍を離脱した; 国外在住の. — n /-triət, -trièɪt/ 国外に追放された人; 国籍離脱者; 国外在住者: an ~ community=a community of ~s. [L (*patria* native land)]

ex·pà·tri·á·tion n **1** 国外追放. **2** 国外移住; 国籍離脱 (cf. DEPORTATION): the right of ~ 国籍離脱権.

ex·pa·tri·a·tism /ɛkspéɪtriətìz(ə)m; -pǽt-/ n 国外在住; 国籍離脱.

ex·pect·an·cy, -ance /ɪkspéktəns(i)/ n **1** 予想, 期待; 期待されるもの. **2 a** 履行利益, 期待利益 (cf. EXPECTATION INTEREST). **b** 期待(権)《特に将来の占有・受益が不確実な権利を指すことが多い; cf. FUTURE INTEREST》. **c** 将来不動産権 (cf. FUTURE ESTATE). **d** 相続への期待《遺言や法定相続で遺産が入る可能性》. **e** 期待されている状態《条件成立まで確定しない状態》. **3** 余命; 平均余命 (≒ = LIFE EXPECTANCY). ▶ LIFE EXPECTANCY (余命; 平均余命). **in expectancy** 期待して; 将来の (executory). ▶ ESTATE IN EXPECTANCY (将来不動産権) / INTEREST IN EXPECTANCY (期待権).

expéctancy dàmages pl EXPECTATION DAMAGES.

expéctancy ìnterest 期待利益 (= EXPECTATION INTEREST).

expéctancy of lífe 余命; 平均余命 (≒ = LIFE EXPECTANCY).

expéct·ant a 期待している; 将来入手できる(可能性のある), 期待の. — n 期待[待望]している人;《官職などの》志望者, 採用予定者; 期待相続人. **~·ly** adv

expéctant héir 1 予定法定相続人 (= PROSPECTIVE HEIR). **2** 期待相続人, 期待権保有者 (= heir expectant)《復帰権 (reversion) や残余権 (remainder) を有するないしはそれを承継する機会のある法定相続人; cf. PROSPECTIVE HEIR》.

ex·pec·ta·tion /ɛkspèktéɪʃ(ə)n/ n **1 a** 予想, 予期; 期待: according to ~ 予想どおりに / against [contrary to] (all) ~(s) 予期に反して / beyond (all) ~(s) 予期以上に / in ~ 《当然来る[入る]ものとして》期待されて[して] / in ~ of…を予想して, 見越して / with ~ 期待して / meet [come up to] sb's ~s 人の期待に添う, 予想どおりになる / fall short of sb's ~s 期待はずれになる, 予想を下回る. **b** [°pl] 予想される事柄,《特に》見込まれる遺産相続: have brilliant ~s すばらしい事がありそう / have great ~s 大きな遺産がころがり込みそうだ. **2** 公算, 確率,《特に統計に基づいた》予測数量;《統計》期待値 (expected value).

expectátion dàmages pl《契約が約束通り履行されたならば得られたはずの》履行利益の賠償(額), 期待利益の賠償(額) (= expectancy damages).

expectátion ìnterest 履行利益, 期待利益 (= expectancy interest)《約束が履行されれば, 被約束者が得たはずの利益; cf. RELIANCE INTEREST, RESTITUTION INTEREST; ⇨ BENEFIT-OF-THE-BARGAIN RULE》.

expectátion lòss《契約違反による》期待利益損害賠償(金) (cf. RELIANCE LOSS).

expectátion of lífe 1 余命; 平均余命 (≒ = LIFE EXPECTANCY). ▶ LOSS OF EXPECTATION OF LIFE ((平均)余命の喪失). **2** 人生享受の期待, 快適な余生の期待《損害賠償の算定の一つの項目》.

expectátion of prívacy《米》プライバシーの期待《一定の場所・物が, 望まない者特に官憲の侵入から自由である権利が存在していると信じていること; 合衆国憲法第4修正違反の捜索・押収になることにするためには, 捜索対象場所・押収対象物がプライバシーの期待の対象である旨を明示し, かつこの期待が合理的・正当なものであることを示さねばならない; cf. ZONE OF PRIVACY》.

expéct·ed válue《統計》期待値.

ex·pede /ɛkspíːd/ vt《スコットランド》〈令状などを〉完成・発行する. [L *expedio* to set free]

ex·pe·di·ent /ɪkspíːdiənt/ a **1**《目的達成に》適切な, 当を得た, 時宜に適した, 好都合な, 便宜の. **2** 便宜的な, 御都合主義の, 方便的な, 政略的な.

ex·pe·di·ment /ɪkspédɪmənt/ n 身のまわりのもの一切.

Ex·pe·dit rei pub·li·cae ut sit fi·nis li·ti·um. /ékspɛdɪt ríːaɪ pábliːsì: ət sɪt fáɪnɪs láɪʃiəm/ 訴訟に終息があることは国家の利益である. [L = It is to the advantage of the state that there should be an end of litigation.]

ex·pel /ɪkspél/ vt (-ll-) 追い払う, 放逐する, 免職[除名]する.

ex·pen·di·tor /ɪkspéndətər/ n 支出官, 会計官

ex·pen·di·ture /ɪkspéndɪtʃər/ n 支出(額), 歳出, 経費; 消費: annual ~ 年間支出, 歳出 / current ~ 経常費 / extraordinary ~ 臨時費 / revenue and ~ 収支. ▶ CAPITAL EXPENDITURE (資本的支出) / PUBLIC EXPENDITURE (公共支出) / REVENUE EXPENDITURE (収益的支出).

ex·pen·sae li·tis /ɪkspénsi láɪtɪs, -saɪ-/ pl 訴訟費用. [L = expenses of suit]

ex·pense /ɪkspéns/ n《金・時間を》費やすこと, 費用, 支出, 経費, 損費 (cf. COST): election ~ 選挙費用 / overhead ~ 間接費, 諸経費, 一般経費 / running ~ 運営経費, 運転費, 経常費. ▶ ACCRUED EXPENSE (未払い経費) / ADMINISTRATION EXPENSE (遺産管理費用) / ADMINISTRATIVE EXPENSE (一般管理費; 管理費用) / ALLOWABLE EXPENSE (控除経費) / BUSINESS EXPENSE (業務上の必要経費) / CAPITAL EXPENSE (資本的支出) / CONTINGENT EXPENSES (不確定経費) / DEFERRED EXPENSE (繰延べ経費) / EDUCATIONAL EXPENSE (教育経費) / ENTERTAINMENT EXPENSE (接待費) / EXTRAORDINARY EXPENSE (臨時費) / FIXED EXPENSE (固定費) / FUNERAL EXPENSE (葬儀費用) / GENERAL ADMINISTRATIVE EXPENSE (一般管理費) / GENERAL EXPENSE (一般経費) / INCIDENTAL EXPENSE (雑費) / LEGAL EXPENSE (訴訟費用) / MEDICAL EXPENSE (医療費) / MOVING EXPENSE (移転費用) / OPERATING EXPENSE (営業経費) / ORDINARY AND NECESSARY EXPENSE (通常の必要経費) / ORGANIZATIONAL EXPENSE (設立経費) / OUT-OF-POCKET EXPENSE ((現金)支払い費用; 出費; 従業員立替金) / PERSONAL EXPENSE (個人的支出) / PREPAID EXPENSE (前払い費用) / TESTAMENTARY EXPENSES (遺産管理費) / TRAVEL EXPENSE

(旅費).　— vt …に必要経費を請求する; 必要経費として落とす.

expénses of administrátion pl 遺産管理費用 (cf. ADMINISTRATIVE EXPENSE).

expénses of recéivership pl 財産保全管理費用 (⇨ RECEIVER).

expénse stòp 費用負担限度(条項)《不動産賃貸借契約 (lease) 内の条項で, 家主が支払い負担する最高限度額を示しているもの; それを超える額は借家人が負担することになる》.

ex·pe·ri·ence /ɪkspíəriəns/ n **1** 経験, 経験内容, 経験的知識. **2**《保険制度上の》経験《特定被保険者・保険種類などの過去の損害の記録》.

expérience ràte 経験的保険料率《特定被保険者集団の保険料率を過去の経験に基づいて平均料率に修正を加え算出したもの》.

expérience ràting 経験的保険料率算定 (= merit rating) (⇨ EXPERIENCE RATE).

expérience tàble 生存表, 平均余命表 (= MORTALITY TABLE).

ex·pert /ékspərt/ n 専門家 (specialist); 熟練者, 達人, くろうと 〈in, at, on an art〉(opp. amateur): a linguistic ~ 語学の専門家 / a fingerprints ~ 指紋の専門家 / ~'s report 鑑定書. ▶ CONSULTING EXPERT (専門的助言者) / COURT EXPERT (裁判所指名専門家証人) / HANDWRITING EXPERT (筆跡鑑定人) / IMPARTIAL EXPERT (公平な専門家) / LEGAL EXPERT (法律専門家) / TESTIFYING EXPERT (証言依頼予定専門家).　— a 熟練した, 老練な 〈in, at, on〉; 専門家である; 専門家からの[としての]: an ~ surgeon 外科専門医.

éxpert évidence 専門家による証拠, 専門家の証言 (=expert testimony) (⇨ DAUBERT TEST).

éxpert opínion 専門家の意見.

éxpert téstimony 専門家の証言 (= EXPERT EVIDENCE).

éxpert wítness 専門家証人, 鑑定人 (=skilled witness)《医師など, 特定分野の専門家としての証人; cf. LAY WITNESS》.

ex·pi·ra·tion /èkspəréɪʃ(ə)n/ n 終結;《期間などの》満了, 満期,《権利などの》失効: at [on] the ~ of the term 満期の際に / ~ of an insurance policy 保険(契約)の満期. **on ~ of the lease** 不動産賃借権が期限到来して消滅の場合に.

expirátion dàte 満期日, 満了日; 使用[有効]期限. ★ expiry date ともいう.

ex·pire /ɪkspáɪər/ vi **1** 満期になる, 終了する;〈法律・権利などが〉(満期になって)失効する: The lease ~s in 2006. **2** 息を引き取る, 死ぬ.　**ex·pír·er** n ［OF<L spiro to breathe）］

ex·pír·ing a 満期[終了]の, 期限切れの; 息を引き取ろうとしている.

Expíring Láws Contínuance Àcts pl [the ~]《英》期限切れ法一括継続法《期限が来てそのままでは失効する法律を毎年1年単位で一括して継続するための法律; 現在は個別的に行なう》.

ex·pi·ry /ɪkspáɪəri, *ékspəri/ n 消滅; 終結;《期間の》満了, 満期: at [on] the ~ of the term 満期に当たって[際に] / ~ of an insurance policy 保険(契約)の満期.

expíry dàte =EXPIRATION DATE.

ex·plic·it /ɪksplísət/ a 明示的な, 明瞭な, 疑いの余地のない (opp. implicit).　**~·ly** adv 明示的に, 明瞭に, 明確に, はっきり.

ex·ploit /ɪksplóɪt, *éksplɔɪt/ vt 搾取する.

ex·ploi·ta·tion /èksplɔɪtéɪʃ(ə)n/ n 搾取. ▶ SEXUAL EXPLOITATION (性的搾取).

ex·ploit·ative /ɪksplóɪtətɪv, éksplɔɪ-/ a 搾取的な.

ex·plo·sion /ɪksplóʊʒ(ə)n/ n 爆発.

ex·plo·sive /ɪksplóʊsɪv/ n 爆発物, 爆薬; 爆発性精神病質人.

ex·port vt, vi /ɪkspɔ́ːrt, ́-́/ 輸出する (opp. import).　— n /-́-/ 輸出;［°pl] 輸出品[用役];［'pl] 輸出(総)額;［a］輸出(用)の: an ~ license 輸出承認[許可]証.　**expórt·able** a 輸出できる, 輸出向きの.　**expòrt·abílity** n　**expórt·er** n 輸出者[商, 業者]. ［L ex- (porto to carry)］

Éxport Administrátion Àct [the ~]《米》輸出管理法《国家安全保障・外交政策を理由とする輸出制限命令権を大統領に与えた, 1979年制定の連邦法; 略 EAA》.

éxport bàn 輸出禁止行為《欧州連合 (European Union) 内の一領域の生産物を別の加盟国内で再販売することを禁ずる効果を有する競争制限的行為》.

éxport declarátion 輸出申告書《略 ED》.

éxport guarantèe《英》輸出保証《輸出促進を目的に行なう政府の保証》.

Éxport-Ímport Bànk (of the United Státes) [the ~]《合衆国》輸出入銀行《輸出促進を目的とする連邦政府全額出資の金融機関; 1934年設立, 1945年に独立機関化; 略 Ex-Im Bank, EIB》.

éxport pèrmit 輸出許可(証).

éxport quòta 輸出割当て(制).

Éxport Tráde Àct [the ~]《米》輸出法 (⇨ WEBB-POMERENE ACT).

éxport tráde associàtion《米》輸出組合《カルテルの一般的禁止にもかかわらず輸出業者が組合を結成し価格協定などをすることは特に許されている》.

éxport tráding còmpany《特に 米国の》輸出商社《米国では輸出促進のため 1982 年の Export Trading Company Act (輸出商社法) で税制優遇・独禁法適用除外などの保護措置が定められた; 略 ETC》.

ex·pose[1] /ɪkspóʊz/ vt **1 a**〈日光・危険などに〉さらす 〈to〉;〈子供などを〉無保護の状態に置く. **b**〈人に〉…を触れさせる[経験させる], …の影響を受けさせる: ~ kids to arts and culture. **2 a** 人目にさらす, 公表する. **b** 公然と売りに出す. **3**〈罪・悪事などを〉暴露する, あばく (disclose). [OF＜L (*pono* to put)]

ex·po·sé, ex·po·se² /ɛkspouzéɪ, -spə-; ɪkspóuzeɪ/ *n* **1** 詳述, 解説. **2** 《醜聞などの》暴露, すっぱ抜き; 暴露記事. [F]

ex·po·si·tion /ɛkspəzíʃ(ə)n/ *n* **1** 説明, 解説, 評釈, 解釈. ▶ STATUTORY EXPOSITION (制定法による(特定)解釈). **2** 公開; 展示会, 展覧会. [OF or L; ⇨ EXPOSE¹]

ex·pós·i·to·ry jurisprúdence /ɪkspázətɔːri-, -t(ə)ri-/ 実定法解説法学.

expósitory státute 説明的制定法《既存の制定法の意味の説明・解釈のための制定法; cf. DECLARATORY STATUTE》.

ex post /ɛks póust/ *a* 事後の, 事後的な (opp. *ex ante*): ~ analysis 事後分析. [L=from after]

ex post fac·to /ɛks pòust fǽktou/ *a*, *adv* 事後の[に], 遡及(ɛɨキュゥ)的な[に]. ▶ WARRANTY EX POST FACTO (事後の担保). [L=from what is done afterward]

Éx Pòst Fácto Clàuse [ˢe- p- f- c-; the ~]《米》事後法条項《事後法を禁じている合衆国憲法第1編第9節3項および第1編第10節1項のいずれかを指す》.

éx pòst fácto law 事後法,《特に》刑事事後法, 遡及処罰法《事後法禁止の合衆国憲法の条項は, 特に刑事事後法を禁じたものと解釈されている》.

ex·po·sure /ɪkspóuʒər/ *n* **1 a** さらす[さらされる]こと, 露出. **b** 露見, 暴露. **c** 人に見えるようにすること, 陳列. ▶ INDECENT EXPOSURE (公然猥褻(罪)). **2 a** 《危険に》身をさらすこと. **b** 《乳幼児などの》遺棄.

expósure of pérson 故意に裸体や陰部を露出する猥褻行為, 公然猥褻 (cf. INDECENT EXPOSURE).

Ex prae·ce·den·ti·bus et con·se·quen·ti·bus est op·ti·ma in·ter·pre·ta·tio. /ɛks prìːsɪdéntɪbəs ɛt kànsɛkwéntɪbəs ɛst áptɪmə ɪntərprɪtéɪʃiou/ 前にあるもの[文]と後に続くもの[文]から最良の解釈がなされる《Ex antecedentibus [procedentibus] et consequentibus fit optima interpretatio. ともいう》. [L=The best interpretation is from what precedes and follows.]

ex·press /ɪksprés/ *a* **1** 明示の (opp. *implied*); 明白な, 明確な, 直接的な, 直接的に示された. **2** 目的のはっきりした, 特別の, 特定の. **3** 急ぎの; 急行の (cf. LOCAL); 高速(用)の; 至急(便)の, 急送の; "速達郵便の: ~ train 急行列車 / EXPRESS DELIVERY / ~ letter. ─ *n* **1** 急行; 至急便; 急報; "速達《米国では special delivery》: by ~ 至急便[速達]で (opp. *by freight*). **2**＊小荷物至急便運送(業). ─ *vt* **1** 表現する, 表わす. **2** 至急便[急行便]で送る, 急送する; "速達(郵便)で送る.

expréss abrogátion 《法の》明示的廃止.

expréss ágency 明示の代理(権) (cf. ACTUAL AGENCY, IMPLIED AGENCY).

Ex·pres·sa non pro·sunt quae non ex·pres·sa pro·de·runt. /ɪksprésə nɑn próusənt kwi nɑn ɛksprésə proudíːrənt/ 明示されなくとも利益をもたらしうるものは, 明示されても無益である. [L=Things which are expressed may do no good which if not expressed would be beneficial.]

expréss assént 明示の同意 (cf. IMPLIED ASSENT).

expréss authórity 明示の代理権 (＝expressed authority, stipulated authority) (cf. IMPLIED AUTHORITY).

expréss cómpany 《米》至急便[急行便]運送会社.

expréss condítion 明示条件, 明示の条件条項 (cf. CONSTRUCTIVE CONDITION, IMPLIED CONDITION).

expréss consént 明示の同意 (cf. IMPLIED CONSENT).

expréss cóntract 明示契約 (＝special contract) (cf. IMPLIED CONTRACT).

expréss cóvenant 明示の約款 (cf. IMPLIED COVENANT).

expréss dedicátion 明示の公用地供与 (⇨ DEDICATION) (cf. IMPLIED DEDICATION).

expréss delívery 《郵便》速達郵便(物) (special delivery).

ex·préssed *a* 直接的文言で確言された, 明示された, 明示の.

expréssed authórity ＝EXPRESS AUTHORITY.

Ex·pres·sio eo·rum quae ta·ci·te in·sunt ni·hil ope·ra·tur. /ɛkspréʃiou[-siou] ióurəm kwi tǽsɪtɛ ínsənt níhɪl òupəréɪtər/ 黙示的に内在しているものの明示は何も生み出さない. [L=The expression of those things that are tacitly implied is inoperative.]

expréssion of opínion 意見表明.

Ex·pres·sio uni·us est ex·clu·sio al·te·ri·us. /ɛkspréʃiou[-siou] junáɪəs ɛst ɛksklúːʒiou ǽltɛráɪəs/ 一つのこと[一人の者]を明記しているのはその他のものの排除を意味する (cf. EJUSDEM GENERIS, INCLUSIO UNIUS EST EXCLUSIO ALTERIUS, INTERPRETATION OF STATUTES, NOSCITUR A SOCIIS). [L=The express mention of one (thing) is the exclusion of another.]

expréss·ly *adv* 明示的に, 明白に, はっきりと; 特に, 特別に, わざわざ.

expréss málice 明白な悪意 《1》 計画的で理性に従い熟慮した上での悪意 **2)** 現実の犯意 (＝ACTUAL MALICE) **3)** 名誉毀損において名誉毀損となる言説の悪意をもっての発表》.

expréss nótice 明示の通知, 現実の認識 (＝ACTUAL NOTICE).

expréss repéal 《立法による》《法の》明示的廃止 (cf. IMPLIED REPEAL).

expréss republicátion 《遺言の》明示的更新 《遺言を更新する明示的意思をもって遺言者が遺言の有効な作成行為を再度行なうこと; ⇨ REPUBLICATION OF will)).

expréss térm 《契約の》明示条項 (cf. IMPLIED TERM).

expréss trúst 明示信託 (=direct trust)《信託設定者により信託設定意思が口頭または書面で明示されている信託; cf. IMPLIED TRUST》.

Ex·pres·sum fa·cit ces·sa·re ta·ci·tum. /ɛksprésəm féɪsɪt sɛséɪrɛ tǽsɪtəm/ 明示されたことは黙示に言明されたことを無効にする．［L=What is expressed nullifies what is unexpressed.］

expréss wáiver 明示の権利放棄 (cf. IMPLIED WAIVER).

expréss wárranty 明示の担保(責任)，明示の品質保証《文言や行動で明確に表明された担保責任・品質保証; opp. *implied warranty*》.

Ex procedentibus et consequentibus optima fit interpretatio. ⇨ Ex ANTECEDENTIBUS ET CONSEQUENTIBUS FIT OPTIMA INTERPRETATIO.

ex·pro·mis·sio /ɛksprəmíʃioʊ, -si-/ *n*《ローマ法》債務引受け．［L *promiss- promitto* to promise］

ex·pro·mis·sor /ɛksprəmísər/ *n*《ローマ法》債務引受人．

ex·pro·pri·ate /ɛkspróʊprièɪt/ *vt*〈人〉から所有権を取り上げる;〈土地・財産などを〉取り上げる，自分のものとする; 収用する，接収する，公用収用[徴収]する: ~ sb *from* his land 土地を公用収用[徴収]する; 土地を取り上げる．**ex·pró·pri·à·tor** *n*［L (*proprium* property)］

ex·pro·pri·a·tion /ɛkspròʊpriéɪʃən/ *n* **1 a**《土地などの》収用，公用収用，公用徴収，接収，収用権行使 (=compulsory purchase") (cf. APPROPRIATION, CONDEMNATION, EMINENT DOMAIN). **b**《財産などの》取上げ，押収．**2** 権利の放棄，断念．

ex pro·prio mo·tu /ɛks próʊpriou móʊt(j)u/ *a*, *adv* EX MERO MOTU. ［L=of one's own motion］

ex pro·prio vi·go·re /ɛks próʊpriou vɪgóːri/ みずからの力で，自力で，自動的に．［L=by their [its] own force］

ex pro·vi·si·o·ne ho·mi·nis /ɛks proʊvɪʒióʊni hámənɪs/ 人が与えたものから，《法の作用ではなく》当事者自身が定めたことにより，当事者の限定により．［L=by the provision of man］

èx provisióne máriti /-mǽrɪtaɪ, -məráɪtaɪ/ 夫が与えてくれるものから (=**èx provisióne víri** /-víraɪ/)．［L=from the provision of the husband］

ex·pul·sion /ɪkspʌ́lʃən/ *n* 除名; 追放《cf. DEPORTATION》．**ex·pul·sive** /ɪkspʌ́lsɪv/ *a*［L=EXPEL］

expúlsion òrder《外国人に対する》国外退去命令．

ex·punge /ɪkspʌ́ndʒ/ *vt*《記録などを》削除する，抹消する;《特に 議会手続きに上，投票などについて》無効と宣言してその記録を議事録から削除する．~ment *n* **ex·punc·tion** /ɪkspʌ́ŋkʃ(ə)n/ *n*［L EXPUNCT- *-pungo*

to pick out (for deletion)]

expúngement of récord 《有罪》記録の削除 (=erasure of record)《特に 初犯の場合の有罪決定記録をその人の犯罪歴から削除すること; cf. SEALING OF RECORDS》．

ex·pur·gate /ékspərɡèɪt/ *vt*《発表[刊行, 上演]前に》〈書籍・脚本などの〉不穏当な[間違った]箇所を削除する．**éx·pur·gà·tor** *n*

ex·pur·ga·tion /ɛkspərɡéɪʃ(ə)n/ *n*《書籍などの不穏当箇所の》(事前)削除．

èx quáy *adv* 埠頭渡し(で)．

exr(.) executor.

ex rel. °ex relatione …に関する．

ex re·la·ti·o·ne /ɛks rɪlèɪʃióʊni, -tióʊ-/ *prep* …に関する《事件》(**1**) 直接情報で得たのではない訴訟の報告であることを示す語 **2**) 利害関係のある私人の情報に基づき政府に対して起こされる訴訟に関して用いられる語; この訴訟を米国では suit ex rel. [relatione] と呼ぶ; 情報提供者は利害関係人 (relator) という; ⇨ RELATOR; 略 ex rel.).［L=on the relation of］

éx ríghts /éks-/ *adv*, *a*《証券》権利落ち(で[の])(opp. *cum rights*)(略 x, X., x.r., xr, XR.)．

exrx(.) executrix.

èx shíp *adv* 着船渡し(で)．

èx-stóck dìvidend *adv*, *a* 株式配当なしで[の]．

ex·tend /ɪksténd/ *vt* **1**〈手・足などを〉伸ばす，広げる;〈距離を〉延長する;〈期間を〉延ばす;〈支払い期限を〉延ばす: a visit 訪問を延長する / ~ a contract for six months 契約を6か月延長する / ~ed credit 返済猶予を認められた信用貸し / She was sentenced to four years imprisonment, ~ed. 彼女は加重されて4年の禁固刑を宣告された．**2**〈速記〉を普通の文字に清書する，反訳する．**3**〈領土などを〉広げる，拡張する (enlarge);〈ことばの意味範囲を〉拡大する;〈能力などを〉伸ばす: ~ one's domains *to* the sea [*across* the ocean]. **4**〈恩恵・親切・救助などを〉及ぼす，施す (offer): ~ credit to a customer 客に掛け売りをする．**5**《土地などを》評価する (assess);〈土地などを〉差し押える (seize). — *vi* 広がる，伸びる[延びる]，及ぶ，わたる: The conference ~s over five days [from Monday to Friday]. 会議は5日間[月曜から金曜]にわたる．~**ible**, ~**able** *a* **ex·tènd·ibíl·i·ty** *n*

exténded fámily 拡大[複合]家族《核家族のほかに近親を含むもの》．

exténded insúrance 延長保険《保険料不払いが生じた時に，その解約返戻金で延長する保険》．

exténded séntence《英史》加重刑(の宣告)《法律で定められた最高刑を上回る刑(の宣告)，一定要件の下で常習犯などに科された; 1991年法で廃止》．

exténded sérvice wàrranty [còntract] 拡大サービス保証《契約》(=EXTENDED WARRANTY)．

exténded térm insúrance 延長定期保険《生命保険などで保険料不払いが生じた時に，解約返戻金

を一時払い保険料に充当し，原契約と同一保険金額の定期保険に変更される保険）．

exténded wárranty 拡大保証（＝extended service warranty [contract]）《自動車・家電製品などの耐久消費財の売買の際に保証期間・修理範囲などについて製造者の標準的保証を超えて無料修理を対価を得て約束する付加的保証》．

ex·ten·di fa·ci·as /ɛksténdaɪ féɪʃiəs/ [(writ of) ~]〘史〙財産評価令状（⇨ EXTENT）．[L=that you cause to be extended]

ex·ten·sion /ɪksténʃ(ə)n/ n《契約などの》**延長, 延期** (cf. RENEWAL); **猶予**（期間）; （権利存続期間の）延長; 債権の繰延べ; （特許権存続期間の）延長: ~ of a contract 契約の延長 / get an ~ of credit 与信期間を延長してもらう．

exténsion agréement 履行猶予の合意．
exténsion of tíme 期間の延長[猶予]．
exténsive interpretátion《憲法・法律・契約などの》拡張[拡大]解釈．

ex·tent /ɪkstént/ n **1 広さ, 大きさ** (size); 広がり, かさ: in ~ 大きさ[広さ, 長さ]は． **2 範囲** (scope), **程度** (degree), **限度** (limit)〈of one's patience〉: to a great [large] ~ 大部分は，大いに / to some [a certain] ~ ある点までは，ある程度は / to such an ~ that…であるほどまでに / to the ~ of…の程度[範囲]まで / to the full [utmost] ~ of one's power 力の限り，精いっぱいに，極度に． **3**〘史〙**a**（課税などのための土地などの）**評価, 土地評価**．**b 財産評価令状**（＝extendi facias, writ of extent）《この令状にはいくつかの種類があるが，主たるものは実質的ないし名目上の国王の債務者の土地・動産を含め財産評価をなし，かつそれを差し押えること（英国では 1877 年までは身柄拘束まで）を命じていた；英国では 1947 年廃止》；（財産評価令状の執行による）財産の差押え．**c 財産差押令状**《債権者に対して債務者の財産の一時的占有権を与える令状》．▶ REEXTENT（第二財産評価令状；第二財産差押令状）/ WRIT OF EXTENT（財産評価令状）．[AF<L (pp)〈EXTEND]

ex·ten·u·ate /ɪksténjuèɪt/ vt〈刑・責任・義務などを〉**軽くみなす，軽減する，酌量する**．[L (tenuis thin)]

exténuating círcumstance〘刑・責任・義務などの〙**軽減事由, 酌量すべき情状**（＝MITIGATING CIRCUMSTANCE）．

ex·ten·u·a·tion /ɪkstènjuéɪʃ(ə)n/ n〘刑・責任・義務などの〙**軽減**: plead the accused's age in ~ of his actions 被告人の年齢を申し立てその行動につき情状酌量を請う．

extérnal áct《話すことを含む身体行動を伴う》**外面的行為** (cf. INTERNAL ACT).

extérnal fertilizátion 体外受精（＝IN VITRO FERTILIZATION）．

ex·ter·nal·i·ty /ékstə̀ːrnǽləti/ n [ᵁpl]〘経済〙**外部性, 外部効果**（＝spillover）《一つの経済活動の影響がその活動の当事者以外に及ぶこと；有利な影響と不利な影

響があり，前者を積極的外部性（positive externality），後者を消極的外部性（negative externality）という》．

èx·ter·ritó·ri·al a EXTRATERRITORIAL． ~·ly adv
èx·ter·ri·to·ri·ál·i·ty n

ex·tinct /ɪkstíŋ(k)t/ a **1 消滅した，終了した，廃止された，すたれた；絶滅した． 2 承継資格をもつ者がなくなった**〈負債〉．[L EXstinct- -(s)tinguo to quench]

ex·tinc·tion /ɪkstíŋ(k)ʃ(ə)n/ n **1**《権利・義務・負債などの》**消滅**: the ~ of a legal right. ▶ ADEMPTION BY EXTINCTION（消滅に伴う遺贈撤回）．**2**《家系の》**廃絶；死滅，絶滅**．

extínctive prescríption 消滅時効（＝NEGATIVE PRESCRIPTION）（⇨ PRESCRIPTION）．

ex·tin·guish /ɪkstíŋ(g)wɪʃ/ vt **1**〈火・灯などを〉**消す**；〈生命・希望などを〉**失わせる，絶つ**．**2**〈慣行・官位などを〉**廃止する**；〈権利などを〉**消滅させる，無効にする，失効させる**；〈債務を弁済などで〉**消滅させる**．—— vi《古》**消える**．~·able a [L EXTINCT; cf. DISTINGUISH]

extínguish·ment n《権利・義務などの》**消滅**．

extínguishment of cópyhold〘史〙**謄本保有権の消滅**《謄本保有権（copyhold）が同一人物の自由土地保有権（freehold）と合一した場合謄本保有権は消滅する；謄本保有権者（copyholder）がその領主に謄本保有権を譲与したり，以後その領主からの謄本保有権を保有する意思がない旨の表示をした場合，謄本保有権者に自由土地保有権が譲与された場合などである；英国では 1922 年法で謄本保有権は廃止され，自由土地保有権か定期不動産賃借権（leasehold）に転換された》．

extínguishment of líen《法の作用による》**リーエンの消滅**．

ex·tir·pa·tion /ɛ̀kstərpéɪʃ(ə)n/ n **1**《物の》**完全破壊**．**2 土地利用者によるその土地の重穀損**．

ex·tir·pa·ti·o·ne /ɛ̀kstərpèɪʃióʊneɪ/ n〘史〙**保全令状**《判決の前後を問わず，土地保有権を失った者に対してその土地上の家・樹林などに対する破壊行為を禁ずる裁判所令状》．[L=of extirpation]

ex·tor·sive /ɪkstɔ́ːrsɪv/ a **強要[強請]する，恐喝になりうる，強要的な**．~·ly adv

ex·tort /ɪkstɔ́ːrt/ vt《脅迫・暴力・職権濫用などによって》〈金銭・約束・自白・承認などを〉**無理に入手する，強要[強請]する**；〈法外な値段・金利などを〉**要求する**．~·er n [L (tort- torgueo to twist)]

Ex·tor·tio est cri·men quan·do quis co·lo·re of·fi·cii ex·tor·quet quod non est de·bi·tum, vel su·pra de·bi·tum, vel an·te tem·pus quod est de·bi·tum. /ɛstɔ́ːrʃioʊ ɛst krímɛn kwǽndoʊ kwɪs kalóʊrɛ afíʃìàɪ ɛkstɔ́ːrkwɛt kwad nán ɛst débɪtəm vɛl sjúːprə débɪtəm vɛl ǽntɛ témpəs kwad ɛst débɪtəm/ **財物強要は，職を口実に，受け取るべきでないものもしくは受け取るべき以上のものを強要し，あるいは受け取るべき期日以前に強要する場合の犯罪である**．[L=Extortion is a crime when any person, by color of office, extorts what is not due, or above due, or before the time when it is due.]

ex·tor·tion /ɪkstɔ́:rʃ(ə)n/ *n* **1** 無理に入手する[引き出す]こと, 強要; 《特に 金銭・財物の》強奪, ゆすり, たかり; 《特に 官吏の》**財物強要**(罪), 強要(罪), 恐喝 (cf. DURESS): ～ demands ゆすり同然の要求, 財物強要 / ～ racket ゆすり. ▶ THEFT BY EXTORTION (強要による盗). **2** 強要[強奪]されたもの,《特に》法外な掛け値. ～**·er**, ～**·ist** *n* 強要[強請]者, ゆすり; 財物強要罪を犯した人.

ex·tor·tion·ate /ɪkstɔ́:rʃ(ə)nət/ *a* **1** 強要的な, 強請的な. **2**〈値段・要求など〉法外な, 過大な.

extórtionate crédit transàction [bàrgain] 強要的信用取引 (loansharking).

ex·tra /ékstrə/ *a* — …外の; 余分な, 臨時の, 特別の; 極上の. — *n* **1** 余分なもの, おまけ, 余分の利益; 追加物; 特に良いもの, 極上品. **2** 割増(料)金, 別勘定, 追加料金. **3** 臨時雇い. [C18<*extra*ordinary]

ex·tra- /ékstrə/ *pref*「…外の」「…の範囲外の」の意.

èxtra-authórity [-bórough, -district] páyments *pl*《英》《別の地方当局によって提供されたサービスに対してサービスを受けた当局が支払う》管轄区域外当局への支払い.

èxtra·constitútion·al *a* 超憲法的な, 憲法に含まれない[規定のない].

ex·tract *n* /ékstrækt/ **1** 抜粋, 引用章句, 抄本; 抽出物: send an ～ of the deeds 証書の抄本を送付する. **2**《スコットランド》裁判所記録抄本 (estreat). — *vt* /ɪkstrǽkt/ **1** 抜き取る, 抄粋する, …の抄本を作る. **2**〈情報・金銭などを〉(強引に)引き出す, 得る: The confession was ～*ed* under torture.

èxtra·cúrial *a* 法廷外で解決された[取り決められた, 行なわれた], 法廷外の. [L *curia* court]

extra-district payments ⇒ EXTRA-AUTHORITY PAYMENTS.

éx·tra·dìt·able *a*〈犯罪人が〉外国[他州など]に引き渡すべき,〈犯罪の種類が〉逃亡犯罪人を引き渡すべき.

ex·tra·dit·abil·i·ty /ékstrədàɪtəbíləti/ *n*

ex·tra·dite /ékstrədàɪt/ *vt* **1**〈自国・自州などに逃げ込んだ犯罪人をその裁判権のある外国・他州などに〉引き渡す. **2**〈外国・他州などに逃げ込んだ犯罪人の〉引渡しをうける. [逆成<↓]

ex·tra·di·tion /ékstrədíʃ(ə)n/ *n*《外国・他法域への》犯罪人引渡し, 逃亡犯罪人引渡し, 外国犯罪人引渡し (cf. RENDITION): request the ～ of the leader of the terrorists. ▶ INTERNATIONAL EXTRADITION (国際犯罪人引渡し) / INTERSTATE EXTRADITION (州際犯罪人引渡し). [F (TRADITION)]

Extradítion Clàuse [the ～]《米》犯罪人引渡し条項《州際犯罪人引渡し (interstate extradition) を保障した合衆国憲法第4編第2節1項のこと》.

extradítion trèaty《国際法》犯罪人引渡し条約.

extradítion wàrrant 犯罪人引渡し令状 (cf. RENDITION WARRANT).

èxtra·házard·ous *a* 過度に危険な, 通常の危険を超える.

èxtra·judícial *a* **1** 裁判外の; 法廷外の, 司法手続き外の, 裁判手続きによらない (out-of-court). **2** 裁判手続きに必要でない. **3** 司法権の及ばない,〈訴えなどが〉管轄外の, 管轄権の及ばない. ～**·ly** *adv*

extrajudícial admíssion 裁判外の自白 (cf. JUDICIAL ADMISSION).

extrajudícial conféssion《刑事被告人による》裁判外の自白 (cf. JUDICIAL CONFESSION).

extrajudícial divórce 裁判手続きによらない離婚《例えば talak; cf. OVERSEAS DIVORCE》.

extrajudícial évidence 準裁判上の証拠《直接に裁判所による確知 (judicial notice) の対象になるのではないが, 裁判上の証拠 (judicial evidence) と証明を要する事実との中間にある証拠; 裁判所に知られてはいるが, 裁判上の証拠から推論でのみ得ることができる事実など》; ⇒ JUDICIAL NOTICE; cf. JUDICIAL EVIDENCE).

extrajudícial óath 司法手続きによらない宣誓 (= nonjudicial oath).

extrajudícial opínion 裁判外の意見《**1**) 当該事件の判決に必ずしも不可欠でない事項または論点外の事項について述べられた裁判所の意見 **2**) 裁判所の権限外の意見》.

extrajudícial rémedy 裁判外の救済(手段), 裁判手続きによらない救済(手段) (=self-help remedy).

extrajudícial státement 法廷外の陳述.

ex·tra ju·di·ci·um /ékstrə dʒudíʃiəm/ *a, adv* 裁判[法廷]外の[で] (extrajudicial(ly)). [L=extrajudicial(ly)]

èxtra·júral *a* EXTRAJUDICIAL.

éxtra jús /-dʒʌ́s/ *a, adv* 法を超える[で], 法の枠外の[で], 超法規的な[に]; 法が要求する以上の[に]. [L= beyond the law]

èxtra·láteral ríght 鉱脈追求権《鉱脈の先端の土地の境界を越えその底まで採掘できる鉱業権; cf. APEX RULE, INTRALIMINAL RIGHT》.

èxtra·légal *a* 法に規制されない, 法の枠外(で)の, 法律外の, 法外的な, 超法規的な. ～**·ly** *adv*

éxtra lé·gem /-líːdʒəm/ *a, adv* 法の枠外の[で], 法の保護外の[で], 法益外の[で]. [L=out of the law]

Extra legem po·si·tus est ci·vi·li·ter mor·tu·us. /-／- ／- pázɪtəs ɛst sɪvílɪtər mɔ́:rtjuəs/ 法喪失者 (outlaw) は法律上は死亡している. [L=An outlaw is civilly dead.]

ex·tral·i·ty /ékstrǽləti/ *n*《口》 EXTRATERRITORIALITY.

èxtra·múral *a* 区域外の, 域外の: ～ powers 地方自治体の域外での権能.

ex·tra·ne·ous /ɛkstréɪniəs/ *a* 外来の,（外に）付着した; …と無関係な〈*to*〉, 異質の, 本質の無関係の; 外在的な.

extráneous évidence 外在証拠 (⇒ EXTRIN-

extráneous offénse《現在審理中の犯罪とは》別個の犯罪.

extráneous quéstion《決定されるべき問題とは》別個の問題.

ex·tra·ne·us /ɛkstréɪnɪəs/ n 1《史》外国生まれの人, 外国人, 異邦人. 2《ローマ法》家外相続人. [L=outside]

ex·traor·di·nary /ɪkstrɔ́ːrdnèri, ɛkstrɔ́ːr-; -dn(ə)ri/ a 《cf. ORDINARY》1 a 異常な, 異例の; 奇妙な, 変な. b 並はずれた, 非凡な; 驚くべき, 意外な; すばらしい. 2 a 特別の, 臨時の: 〜 expenditure [revenue] 臨時歳出[歳入]. b 特命の, 特派の; 特別任用の, 非常設の: an 〜 ambassador=an ambassador 〜 特命大使. ― n [pl]《古》《軍隊への》特別分担金. [L (extra ordinem out of usual course)]

extraórdinary áverage《海上保険》共同海損分担 (⇨ GENERAL AVERAGE).

extraórdinary cáre 特別の注意 (=GREAT CARE).

extraórdinary círcumstances pl 異常事態.

extraórdinary díligence 特別の注意[努力]《通常を超える分別力を有する人が権利・財産を保全しようとして払う特別の注意[努力]》.

extraórdinary dívidend 特別[臨時]配当(金) (=nonrecurring dividend).

extraórdinary expénse 臨時費.

extraórdinary gáin《税制》特別利得.

extraórdinary gáin or lóss《会計》特別損益 (=EXTRAORDINARY ITEM).

extraórdinary géneral méeting《臨時株主総会; 臨時総会《略 EGM》.

extraórdinary ítem《会計》臨時項目, 異常項目, 特別損益(項目) (=extraordinary gain or loss)《経常損益に対する語で, 異常でまれにしか発生せずかつ企業の経常的営業活動と直接関係なく発生する損益; 固定資産の売却による損益, 地震災害による損失など》.

extraórdinary lóss《税制》特別損失.

extraórdinary méans 異常措置《医療法上用いられる場合, 患者の病にとって効果的とはみなされず患者にとって負担とさえ思われる延命措置をいう; extraordinary (異常な)という語は普通行なわれない治療という意味ではなく, 日常的な治療でももはや効果がない場合には, これに該当するとされている》.

extraórdinary relíef《通例は, 差止め命令 (injunction) または職務執行令状 (mandamus) を通じての》特別救済.

extraórdinary rémedy 特別救済手段《特別令状 (extraordinary writ) またはそれによる救済》.

extraórdinary rendítion 特別な引渡し《正式な起訴・審理あるいは裁判所の許可なしにテロリストあるいはテロリストグループ支援の疑いのある者を投獄・取調べのために他国に引き渡すこと》.

extraórdinary repáir 特別修繕《通常必要となるような修繕を越えるもの; 不動産賃貸借 (lease) で用いられる語で, 賃借している建物を破壊するほどではないがなおその目的使用に支障をきたす異常なあるいは予見できなかった事態が発生し必要となった修繕を指す》.

extraórdinary resolútion《英》非常決議《株主総会で 14 日 (年次総会 (annual general meeting) での場合は 21 日) 以上前の通知と 4 分の 3 以上の多数で議決される決議; 例えば任意清算 (voluntary winding-up) などの重要議題で用いられる; cf. ORDINARY RESOLUTION, SPECIAL RESOLUTION》.

extraórdinary séssion《米》臨時会(期), 臨時議会[国会] (=SPECIAL SESSION).

extraórdinary writ 特別令状 (=PREROGATIVE WRIT)《通常の訴訟による救済手段と異なり特別な救済手段を与える令状の意で, 大権令状 (prerogative writ) と呼ばれているものと同義となる》.

èxtra·paróchial a 教(会)区管轄の及ばない, 教(会)区外の.

ex·trap·o·late /ɪkstrǽpəleɪt/ vt《既知の数値・関係から》〈未知の数値・関係〉を推定する; 《既知の事実から》〈未知の事実〉を推定する; 《既知の判例から》〈未知の法原則〉を推論する. **ex·tráp·o·là·tive** /, -lə-/ a **ex·tráp·o·la·tò·ry** /; -t(ə)ri/ a **ex·tráp·o·là·tor** n **ex·tràp·o·lá·tion** n

ex·tra qua·tu·or ma·ri·a /ékstrə kwǽtuɔ̀ːr mériə/ adv《英》四海外に, 海外に (⇨ FOUR SEAS) (opp. intra quatuor maria). [L=beyond the four seas]

éxtra rég·num /-régnəm/ adv 王国外に[で, へ]. [L=out of the realm]

èxtra·territórial a 国[州など]の領域[管轄, 裁判権]の外にある[で発生する], 域外の; 治外法権を有する, 治外法権(上)の (=exterritorial): 〜 waters 領域外水域. **〜·ly** adv

extraterritórial applicátion of doméstic láw《国際法》国内法の域外適用.

èxtra·territoriálity n 治外法権; 域外的(立法)管轄権, 域外性 (cf. DIPLOMATIC IMMUNITY, DIPLOMATIC PRIVILEGE).

extraterritórial jurisdíction 域外的裁判権, 域外的管轄権《裁判管轄権が国家・州の領域・管轄区域を越えて行使されうること》.

éxtra ter·ri·tó·ri·um /-tèrətóːriəm/ a, adv 領域外の[で], 域外の[で]. [L=outside the territory]

Extra territorium jus di·cen·ti non pa·re·tur im·pu·ne. /— — ʤúːs dɪséntaɪ nán pǽːrɪtər ɪmpjúːni/ 管轄を超えて法を宣言する者は従わなくとも罰せられない. [L=One who declares the law outside his/her jurisdiction may not be obeyed with impunity.]

Ex·tra·va·gan·tes /ɛ̀kstrǽvəgǽntɪz/ n《教会法》

追加集《同名のものには『ヨアンネス 22 世の追加集』(Extravagantes Joannis XXII) と『普通追加集』(Extravagantes communes) の 2 つがある; 共に 1317 年教皇ヨアンネス 22 世(在位 1316-34 年)の発布によるクレメンス 5 世(在位1305-14 年)編纂の『クレメンス集』(Clementinae) の後に発布された法令の集成で, 1500 年頃に出版されたもの)).

èxtra ví·res /-váɪrìːz, -víː-/ *adv, a* ULTRA VIRES.

èxtra wórk 契約外工事(=additional work)《建築契約に関する用語で, 契約に定められたもの以外の工事》.

extréme crúelty 極度の虐待(=cruel and inhumane treatment)《離婚原因の一つ; 他方配偶者に対する暴力行為あるいは精神的健康を破壊ないしは著しく害する行為》; ⇨ CRUELTY》.

ex·trem·ism /ɪkstríːmìz(ə)m/ *n* 極端に走ること; 《特に政治的な》**極端主義**, 過激主義.

ex·trém·ist *n* 過激派: leftwing ~s. — *a* 過激派の: the ~ parties.

ex·trin·sic /ɛkstrínsɪk, -zɪk/ *a* 外部(から)の, 外来的な; 外在の, 外在的な; 付帯的な, 非本質的な (opp. *intrinsic*).

extrínsic ambigúity 《契約書自体の文言ではない》**外在的意味不明確** (=LATENT AMBIGUITY).

extrínsic évidence **外部証拠**, 外在証拠(1) 当該文書以外からの証拠; evidence aliunde, extraneous evidence ともいう; opp. *intrinsic evidence*; cf. PAROL EVIDENCE 2) 適法な形で法廷に持ち出されたものではない証拠; opp. *intrinsic evidence* 3) 証人に対する反対尋問 (cross-examination) 以外の方法で提示された, その証人の信用性に疑問を投じようとする証拠》.

extrínsic fráud **外在的詐欺**(1) 例えば相手方をだまして弁護士を雇わぬようにさせるなど, 事件の争点に直接関わらぬ点での詐欺; この場合 collateral fraud (付随的詐欺)ともいう; cf. INTRINSIC FRAUD 2) 一定の権利について知ることないしはそれを主張することをしないようにする詐欺).

ex tur·pi cau·sa /ɛks tə́ːrpaɪ kɔ́ːzə/ *adv* **不道徳な原因から** (⇨ TURPIS CAUSA). [L=from an immoral cause]

Ex turpi causa non or·i·tur ac·tio. /— — — nɑn óʊrɪtər ǽkʃiou/ 不道徳な原因から訴権は生じない (⇨ TURPIS CAUSA). [L=From an immoral cause no action arises.]

ex·u·e·re pa·tri·am /ɛgz(j)úːəri péɪtriəm/ *v* **国籍を離脱する** (expatriate oneself). [L=renounce one's country]

ex vi·si·ta·ti·o·ne Dei /ɛks vìzətèɪʃíouni déɪ/ *adv* **1** 身体障害のために. **2** 自然死により. [L=by the visitation of the God]

èx wárehouse *adv* 倉庫渡し(で).

èx wárrants *adv, a* 権利落ちで[の]《略 x., x.w., xw, XW.》.

èx wórks *adv* 工場渡し(で).

éye of the láw **法の眼**: in the ~ 法的に見れば[考えれば].

éye·wìtness *n* **目撃者**; 目撃証人 (cf. EARWITNESS). — *vt* 目撃する.

éyewitness identificàtion **目撃証人による人定**, 目撃証人による人の同一性の確認.

eyre, eire /ɛər/ *n* 《英史》 **1** (裁判官の)**巡回**, 巡察, 大巡察 (=GENERAL EYRE). ▶ ARTICLES OF THE EYRE ((大)巡察審問条項) / GENERAL EYRE (大巡察) / JUSTICE IN EYRE (巡察裁判官). **2** **巡察記録**; (大)巡察録 (=EYRE ROLL). [OF *eire* journey]

Éyre of the Fórest 《英史》**森林大巡察**.

éyre ròll 《英史》**(大)巡察録** 《単に eyre ともいう》.

F

F /éf/ *n* (*pl* **F's, Fs** /éfs/) **1** エフ《英語アルファベットの第6字》. ▶ SCHEDULE F (F 表) / TABLE F (付表 F). **2**《史》重罪犯の烙印《聖職者の特権 (benefit of clergy) を与えられた初犯の重罪犯 (felon) の指にその証拠として押された焼き印》. **3**《米》《学業成績で》不可, 落第, 《時に》可 (fair).

f, f. folio ◆ followed ◆ following (page) ◆ footnote.

F.《米》FEDERAL REPORTER, First Series『合衆国控訴審裁判判例集』(第 1 次シリーズ) ◆ finance ◆ folio ◆ forum ◆ French.

F.2d《米》FEDERAL REPORTER, Second Series『合衆国控訴審裁判判例集』(第 2 次シリーズ) (1924-93).

F.3d《米》FEDERAL REPORTER, Third Series『合衆国控訴審裁判判例集』(第 3 次シリーズ) (1993-).

f.a. °freight agent 運送取扱人.

FAA《米》°Federal Arbitration Act 連邦仲裁法 ◆《米》°Federal Aviation Act 連邦航空法 ◆《米》°Federal Aviation Administration 連邦航空局 ◆《海上保険》free of [from] all average 全損のみ保険が担保する.

fab·ri·cate /fǽbrɪkèɪt/ *vt* 作る, 製作する; 偽造する, 変造する, 捏造する.

fábricated évidence 捏造[変造]証拠.

fábric lànd《史》教会維持用地《教会への土地の譲渡を禁ずる死手 (mortmain) 法にもかかわらず土地の寄進や献金で購入し教会が得ることが許された, 教会の建物の維持・修繕・再建用の林地》.

f.a.c. fast as can 可及的速やかに.

face /féɪs/ *n* **1** 顔. **2 a**《物の》表面 (surface), 表側; 券面; 文面, 表面の記載. **b** 額面, 券面額 (=FACE AMOUNT). **3** 外観, 見せかけ. FAIR on its ~. on its ~ 文面上, 文言上《**1**》文書を一見したところ, という意味で, しばしば「実際は…」「実状は…」等の対比的な内容を伴うまたは予測させる表現; 例えば文書が実際は無効であることなどが予測される **2**》特に 米国の違憲立法審査において法規それ自体がその文面上違憲・無効の場合, void *on its* ~ とか unconstitutional *on its* ~ あるいは *facially* invalid とされる》. — *vt* 直面する, 面と向かう, 対する, …にまっこうから立ち向かう: ~ a charge 裁判所に出頭して訴えに対する.

fáce amòunt 1 額面価格[額], 額面額, 券面額 (=PAR VALUE). **2** 額面保険金額 (=face value).

fáce amòunt cértificate còmpany《米》額面証書会社《米国の投資会社 (investment company) の一種類; ⇨ INVESTMENT COMPANY》.

fáce of ínstrument 証券の文面.

fáce of júdgment《利息を除いた》判決認容額.

fáce of the récord《訴訟事件の》一件記録, 一件書類. ▶ ERROR OF LAW ON THE FACE OF THE RECORD (裁判記録の文面から明らかな法的誤謬).

fáce válue 1 券面額, 額面価額[価額] (=PAR VALUE). **2** 額面保険金額 (face amount).

fa·cial /féɪʃ(ə)l/ *a* 顔の; 表面に表われた, 文面上の; 明らかな, 明白な (prima facie). ~**·ly** *adv*

fácial attáck 文面上の攻撃《例えば, 請求が訴状に記載されていない故の訴え却下の申し立て (motion to dismiss) のように, 文面から明白な訴えの形式的要件に対する攻撃》.

fácial chállenge《米》《法規それ自体が》文面上違憲[無効]の主張 (⇨ *on its* FACE).

fa·ci·as /féɪʃiəs, -æs/〈人に〉…させるように《令状上しばしば用いる文言; cf. FIERI FACIAS, LEVARI FACIAS, SCIRE FACIAS》. [L=that you cause]

fa·cil·i·tate /fəsílətèɪt/ *vt* **1**《事情が事を》容易にする, 〈交渉などを〉すらすら運ばせる, 促進[助長]する. **2**〈犯罪遂行を〉容易にする. **fa·cíl·i·tà·tor** *n*

fa·cil·i·ta·tion /fəsìlətéɪʃ(ə)n/ *n* **1** 容易にすること, 便宜をはかること;《犯罪遂行を容易にする》援助. **2** 調停 (=CONCILIATION).

facílity of páyment cláuse 保険金便宜支払条項《保険契約上の条項で, その条項上の条件に従って被保険者・受取人などの受益者の代わりに保険金の支払いを受けうる者の指名を認める条項》.

Fa·ci·nus quos in·qui·nat ae·quat. /fǽsɪnəs kwoʊs ɪnkwínæt íːkwæt/ 悪行[犯罪]は, それが汚した人々を同列に置く. [L=Guilt makes equal those whom it stains.]

Fa·cio ut des. /féɪʃioʊ ət díːz/《ローマ法》あなたが与えてくれるために私はなします《ローマ法上の 4 つの無名要物契約の一つ》. [L=I do that you may give.]

Facio ut fa·ci·as. /— — féɪʃiəs/《ローマ法》あなたがなしてくれるために私はなします《ローマ法上の 4 つの無名要物契約の一つ》. [L=I do that you may do.]

fac·sim·i·le /fæksíməli/ *n* 《書類・資料の》複製(物), 複写(物), 模写(物), ファクシミリ, FAX: (reproduce) in ～ そっくりに[原物どおりに](複製する). ★19世紀には fac simile のつづりが普通.

facsímile còpy 複写(物), 複製(物).

facsímile próbate 〖英〗複製遺言状付き検認(状).

facsímile sígnature 1 複写署名《写真的あるいは機械的に複製された署名》. 2 ファクシミリ通信文書への署名.

fact /fǽkt/ *n* 1 《理論・意見・想像などに対し》事実, 実際; 《人の言う》事実, 申し立て: an established ～ 動かしがたい事実 / a false ～ うそのこと / ～s which can be established by other means than proof 証明以外の方法で確認することができる事実 / ascertain a ～s 事実(の有無)を確かめる / We doubt his ～s. 彼の申し立ては怪しい. 2 《法律問題と対比される》事実(問題); 《犯罪などの》事実, 犯罪事実, 犯行 (⇨ 成句): confess the ～ 犯行を自白する. ▶《語義 1, 2 に関連》ABLATIVE FACT (権利喪失事実) / ACCOMPLISHED FACT (既成事実) / ACQUITTAL IN FACT (事実における無罪) / ADJUDICATIVE FACT (司法事実) / AGENCY IN FACT (任意代理) / ATTORNEY-IN-FACT (代理人) / CAUSATION IN FACT (事実上の因果関係) / CAUSE IN FACT (事実上の原因) / COLLATERAL FACT (付随的事実) / COLLATIVE FACT (権利授与事実) / CONCLUSION OF FACT (事実問題に関する結論) / CONSTITUTIONAL FACT (憲法にかかわる事実) / CONTRACT IMPLIED IN FACT (黙示契約) / DESTITUTIVE FACT (権利喪失事実) / DISPOSITIVE FACT (決定的事実; 権利変動の原因たる事実) / DIVESTITIVE FACT (権利喪失事実) / ERROR IN [OF] FACT (事実に関する錯誤) / EVALUATIVE FACT (評価事実) / EVIDENTIAL FACT (証拠的事実) / EVIDENTIARY FACT (証拠となる事実) / EXONERATIVE FACT (免責事由) / FINDER OF FACT (事実認定者) / FINDING OF FACT (事実認定) / FRAUD IN FACT (現実の詐欺) / IMPOSITIVE FACT (義務を負わせる事由) / INFERENTIAL FACT (推論事実) / INFIRMATIVE FACT (弱める事実) / INJURY IN FACT (事実上の損害) / INVESTITIVE FACT (権利授与事実) / ISSUE OF FACT (事実上の争点) / JUDICIAL FACT (裁判所無審理受容事実) / JUDICIALLY NOTICED FACT (裁判所による確知する事実) / JURISDICTIONAL FACT (管轄権基礎事実) / LEGAL FACT (法的事実) / LEGISLATIVE FACT (立法事実) / MALICE IN FACT (現実の犯意) / MATERIAL FACT (重要事実) / MATTER OF FACT (事実問題) / MEDIATE FACT (仲介事実) / MISTAKE OF FACT (事実の錯誤) / MIXED QUESTION OF LAW AND FACT (法律と事実の混合問題) / NOTORIOUS FACT (周知の事実) / NUISANCE IN FACT (状況に基づく不法妨害) / OPERATIVE FACT (法的に重要な事実) / PHYSICAL FACT (物理的事実) / POINT OF FACT (事実上の論点) / POSSESSION IN FACT (現実の占有) / PREDICATE FACT (推定基礎事実; 準則適用前提事実) / PRESUMED FACT (推定された事実) / PRESUMPTION OF FACT (事実上の推定) / PRIMARY FACT (主要事実) / PRIVATE FACT (私事) / PROBATIVE FACT (証明力ある事実) / PUBLIC FACT (公的事実) / QUESTION OF FACT (事実問題) / RELATIVE FACT (関連ある事実) / RELEVANT FACTS (関連する事実) / SEISIN IN FACT (事実占有) / SIMULATED FACT (捏造事実) / STATEMENT OF FACTS (事実陳述書) / SUE FACTS (訴訟の基礎事実) / TRIER OF FACT (事実認定者) / ULTIMATE FACT (究極事実) / UNDISPUTED FACT (争われていない事実) / VENUE FACTS (裁判地決定事実) / VESTITIVE FACT (権利変動の原因たる事実). **after [at, before] the ～** 犯行後[犯行時, 犯行前]の, 事後[その場での, 事前]の. ▶ ACCESSORY AFTER THE FACT (事後共犯) / ACCESSORY AT THE FACT (犯罪時共犯) / ACCESSORY BEFORE THE FACT (事前共犯). **～s and figures** 精確な情報; 詳細 (details). **in (actual) ～** = **in point of ～** 《予想・見かけなどに対して》実際に, 現実に; 《法の作用によってではなく》当事者の行為によって; 《名目・約束などに対して》実際には, 事実(上)は (cf. *in* LAW): IMPLIED *in* fact. **the ～ (of the matter) is (that)…** 実は[真相は]…. [L *factum* (neut. pp)〈*facio* to do]

facta *n* FACTUM の複数形.

Fac·ta sunt po·ten·ti·o·ra ver·bis. /fǽktə sənt pətènʃióurə vérbɪs/ 事実はことばより強力なり[雄弁なり]. [L=Facts are more powerful than words.]

Facta te·nent mul·ta quae fi·e·ri pro·hi·ben·tur. /― ténənt mʌ́ltə kwi fáiərài pròuhibéntər/ 捺印証書はなされることが禁じられている多くのことを含む. [L=Deeds contain many things that are prohibited to be done.]

fáct·find·er *n* 1 事実認定者 (=TRIER OF FACT). 2 事実[実情]調査(委)員.

fáct·find·ing *n, a* 1 事実認定(の). 2 事実[実情, 現地]調査(の)《1》国際法上, 国際関係の情報蒐集 2》代替的紛争解決策 (alternative dispute resolution) の一方式で, 中立的第三者が解決の糸口を見出すべく紛争当事者双方の事情・立場を明らかにすること》: a ～ delegation 事実[実情]調査団 / a ～ committee 事実[実情]調査委員会.

fáct in évidence 証拠事実 (=evidentiary fact) 《審理において提出が許容され, したがって裁判所が結論を得るのに考慮する事実》.

fáct in íssue (*pl* fácts in íssue) 争点事実, 争点たる事実.

fáct interrògatory 事実質問書 (=IDENTIFICATION INTERROGATORY).

fac·tion /fǽkʃ(ə)n/ *n* [*pl*] 党派, 党中の党, 徒党, 派閥, 分派, 閥: have the support of most ～s in the party.

fáction·al *a* 党派[徒党]の; 党派的な.

fac·tio tes·ta·men·ti /fǽkʃiou tèstəméntài/ 〖ローマ法〗遺言作成能力 (=TESTAMENTI FACTIO).

fáct ìssue 事実上の争点 (＝ISSUE OF FACT).

fac·to /fǽktou/ *adv* **1** 事実上 (in fact), 実際に (indeed). **2** 事実によって (by the fact), 行為によって. ★ ⇨ DE FACTO, EX FACTO, EX POST FACTO, IPSO FACTO.

fac·tor /fǽktər/ *n* **1** 要素, 要因, ファクター: ～s of production 生産要素. ▶ CONNECTING FACTOR (関連要因) / DECIDING FACTOR (決定(的)要因) / GESTALT FACTORS (ゲシュタルトの要因) / MITIGATING FACTOR (責任軽減要因) / SUBSTANTIAL FACTOR (実質的要因). **2 a** 問屋(とんや) (＝commission merchant)《他人から寄託された物品をその者のために, 通常 自己名義で販売し, 手数料を受け取る者; cf. BROKER》. **b** ファクター《在庫資産や売掛債権 (account receivable) を担保として融資を行なう者》. **c** 債権買取り[取立て](代理)業者[会社]. ▶ DEBT FACTOR (債権買取り[取立て]業者). **3** 第三債務者 (＝GARNISHEE). **4**《主にスコットランド》土地管理人; 没収財産管理人. ＝《企業》の債権を買い取る.

fáctor·age *n* **1** 問屋(とんや)手数料, 問屋口銭; ファクターの手数料; 仲買手数料. **2** 問屋業, 口銭問屋業; ファクター業; 債権買取り[取立て]業.

fáctor·ing *n* **1** 債権買取り, ファクタリング. **2** 問屋(とんや)業, 口銭問屋業; ファクター業; 債権買取り[取立て]業, (取立て)代理業.

fáctor·ìze *vt* GARNISH 3b, c.　**fàctor·izátion** *n*

fáctorizing pròcess《米》《債権者ではない》第三者による債務者財産の差押え(手続き)(＝GARNISHMENT).

fáctor's àct ファクター法《問屋(とんや)およびファクターを商品の真正の所有者と信じて購入または担保として取った善意の取引者の保護法》.

fáctor's líen 1 問屋(とんや)のリーエン《問屋に対して商品を委託した業者が手数料を払うまで問屋が受託商品を担保として留置する権利》. **2** ファクターのリーエン《金融を行なうファクターが担保とした在庫資産・売掛代金につきリーエンを有する旨公示することにより生じるリーエン》.

fac·to·ry /fǽkt(ə)ri/ *n* 工場, 製造所.

fáctory àct 工場法 (＝factory legislation)《労働者の労働時間, 職場での安全・健康の最低基準を規制する一連の制定法の一つ》.

fáctory legislàtion 工場立法 (＝FACTORY ACT).

fáct plèading《米》事実の訴答《原告はみずからの請求の原因となる事実のみを訴答すべきであって, その請求を支持するのに必要な法的結論を主張すべきではないという訴答の仕方; フィールド法典の訴答手続き (code pleading) に則っているので, code pleading とも呼ばれる; cf. NOTICE PLEADING》.

fáct quèstion 事実問題 (＝QUESTION OF FACT).

fac·tu·al /fǽktʃuəl/ *a* 事実の, 事実についての; 事実に基づく, 実際の, 事実上の.　**～·ly** *adv*　**～·ness** *n*　**fac·tu·al·i·ty** /fæktʃuǽləti/ *n*

fáctual impossibílity 事実上の不能《殺害しようとして爆発物を仕掛けたが爆発しなかったことなどがその例; この場合殺人未遂が問題となる; cf. LEGAL IMPOSSIBILITY》.

fáctual presúmption 事実上の推定 (＝PRESUMPTION OF FACT).

fac·tum /fǽktəm/ *n* (*pl* ～s, **fac·ta** /-tə/) **1** 事実, 行為. ▶ POST-FACTUM (事後行為). **2**《遺言書などの》作成. ▶ FRAUD IN THE FACTUM (証書作成交付上の詐欺). **3** 捺印証書; 事実の陳述書. [L＝fact]

Factum in·féc·tum fí·e·ri né·quit. /— ınféktəm fáıərài nékwıt/ なされたことはなされなかったことにはならない. [L＝What is done cannot be undone.]

Factum ne·gán·tis núl·la pro·bá·tio. /— nεgǽntıs nálə prəbéıʃıou/ 事実を否認する者の立証責任はなんらない. [L＝No proof is incumbent on a person who denies a fact.]

fáctum pro·bán·dum /-prəbǽndəm/ (*pl* **fácta pro·bán·da** /-də/) 要証事実, 争点事実. [L＝a fact to be proved]

fáctum pró·bans /-próubænz/ (*pl* **fácta pro·bán·tia** /-proubǽnʃiə/) 証拠事実, 間接事実. [L＝a probative fact]

fa·cúl·tas bel·lán·di /fækʌ́ltɛıs bɛlǽndaı, -dı/《国際法》交戦資格《国際法上認められ, その保護対象となる交戦資格で, 2 つの意味がある: **1)** 国際的な武力紛争の当事者である資格; 具体的には国家および承認された交戦団体 (⇨ RECOGNITION OF BELLIGERENCY) および民族自決権を行使する人民が有する **2)** 国際的な武力紛争に合法的戦闘員として参加する個人の資格; 具体的には正規兵のほか一定条件を満たす民兵・義勇兵・群民兵・占領地住民が有資格者である》. [L＝faculty to wage war]

Fa·cúl·tas pro·ba·ti·o·num non est an·gus·tán·da. /fækʌ́ltɛıs proubɛıʃíounəm nán ɛst æŋgəstǽndə/ 立証の可能性は狭められるべきでない. [L＝The capability of offering proof is not to be narrowed.]

fác·ul·ta·tive reinsúrance /fǽk(ə)ltèıtıv/ 任意再保険 (⇨ TREATY REINSURANCE).

fac·ul·ty /fǽk(ə)lti/ *n* **1** 能力, 才能; 支払い能力. **2 a**《大学の》学部, 学部の教授団[構成員]: the four *faculties*《中世の大学の》四学部《神学・法学・医学・文学》. **b**《医師・弁護士などの》同業者団体. **3**《上から与えられる》権限, 権能. **4**《教会法》《婚姻, 教会堂の新改築・取りこわしなど, 教会法上の》特別許可. ▶ COURT OF FACULTIES (特別許可裁判所) / MASTER OF THE FACULTIES (特別許可主宰). [OF＜L]

Fáculty of Ádvocates [the ～]《スコットランド》弁護人会《イングランドの法廷弁護士 (barrister) に当たるスコットランドの弁護人 (advocate) の弁護士会で, イングランドの INNS OF COURT に当たる》.

fag·got /fǽgət/ *n*《史》**1** 焚刑用の薪束. **2**《誤りを認めた異端者に着せた》焚刑用の薪束模様の服.

fággot vòte《英史》薪束投票, かき集め投票《一定の

fail /féɪl/ *vi* **1 a** 失敗する《*at, in doing*》; 落第する. **b** 〈銀行・会社などが〉破産する. **2** 怠る (neglect), …できない, しそくなう, しない〈*to do*〉: ~ *to* keep one's word 約束を守らない / He ~ed *to* appear at the court. 彼はついに法廷に現われなかった. **3** 欠乏する, 不足する; 欠く〈*in*〉. **4** 弱る, 衰える; 消滅する, 死に絶える. [OF<L *fallo* to deceive, disappoint]

fáiled légacy 失効動産遺贈 (=LAPSED LEGACY).

fáil·ing *n* **1** 失敗, 落第; 破産. **2**《性格などの》(ちょっとした)欠点, 短所, 弱点. — *prep* /╱─, ╱─/ **1** …がないので (lacking): F~ a purchaser, he rented the farm. 買手がないので農地を人に貸した. **2** …がない場合には (in default of): F~ payment [an answer] by tomorrow, I will accuse. 明日までに支払い[返事]がない場合にはわたしは告訴します. **whom** ~ [~ **whom**] 当人さしつかえの場合は.

fáiling círcumstances *pl* 倒産状態 (insolvency).

fail·ure /féɪljər/ *n* **1** 失敗, 不首尾, 不成就; 落第(者): ~ of a condition 条件不成就 / end *in* [meet *with*] ~ 失敗に終わる. **2** 怠慢, 不履行, しないこと〈*to do*〉; 支払い不能, 破産: a ~ *to* keep promise 約束不履行 / a ~ *to* obey the law 法に従わないこと / a ~ *in* duty 職務怠慢. **3** 無いこと, 欠如; 不十分, 不足: ~ of heirs 法定相続人欠如 / the ~ of crops=crop~*s* 不作. **4** 衰弱, 減退, 機能不全, 故障: heart ~ 心不全; 心臓麻痺.
[*failer*<AF; ⇒ FAIL]

fáilure of considerátion 約因の滅失, 約因の不成就《契約締結時には存した有効な約因 (consideration) の履行段階での滅失; cf. WANT OF CONSIDERATION》. ▶ PARTIAL FAILURE OF CONSIDERATION (一部約因の滅失) / TOTAL FAILURE OF CONSIDERATION (約因の完全滅失).

fáilure of íssue 直系卑属不存在. ▶ DEFINITE FAILURE OF ISSUE (特定時直系卑属不存在) / INDEFINITE FAILURE OF ISSUE (不特定時直系卑属不存在).

fáilure of próof 証明失敗, 立証不十分.

fáilure-of-próof defénse 証明失敗の防御.

fáilure of récord〚史〛記録不提出《記録による審理 (trial by record) において, 訴答を支持する記録が提出されぬこと; 反対当事者は当然勝訴することになる》.

fáilure of títle 権原取得不成就《売買契約対象物に対する取引適合権原 (marketable title) を売主が取得できなかったか取得しなかったこと》.

fáilure of trúst 信託の不成立, 信託の失効.

fáilure of wíll 遺言不成立《法的要件を欠き無効である遺言》.

fáilure to appéar 不出頭, 不出廷.

fáilure to maintáin《配偶者・子に対する》扶養の不履行 (cf. WILLFUL NEGLECT TO MAINTAIN).

fáilure to máke delívery 引渡し不成就《引渡ししないこと ないしは 誤って引き渡すこと》.

fáilure to máke disclósure 開示[ディスクロージャー]の不履行 (cf. DISCLOSURE AND INSPECTION OF DOCUMENTS).

fáilure to thríve 発育障害 (**1**) 子供の身体の発達および運動機能の発達が平均よりも極端に劣っている医学的・心理的状況, 親・保護者が虐待や遺棄・放任していることの根拠となりうる **2**) 4歳に達するまでの子供の極端な発育不全ないしは生育停止; 略 FTT》.

faint /féɪnt/ *a* **1** かすかな, 弱い, 力のない; 活気[やる気]のない; 気が遠くなりかけた. **2** 根拠のない, 《事実》無根の, 虚偽の, 虚構の (feigned).

fáint áction〚史〛**1** 無力訴訟 (=FEIGNED ACTION). **2** 仮装訴訟 (⇒ FEIGNED ACTION).

fáint pléader《古》詐害訴答. ★ この pleader の語はローフレンチ (law French) からの綴りで, 英語では pleading の意となる.

fair[1] /féər/ *a* 正しい, 公正な, 公明正大な, 公平な, 適正な: by ~ means or foul 正当な手段によるにせよ不正な手段によるにせよ, 手段を選ばず. ~ **and equitable** 公正かつ衡平な (⇒ CRAMDOWN). ~ **on its face**《書類が》文面上は適正な. — *vt*《文書を》清書する. ~·**ly** *adv* ~·**ness** *n* [OE *fæger*; cf. OHG *fagar* beautiful]

fair[2] *n* **1 a** 定期市, 市場(いち), 市(いち), 縁日《多くは聖人祭日などに定期的に立つ市場, 余興や飲食小屋もあってにぎわう》. **b** 慈善市, バザー. ▶ MARKET AND [OR] FAIR (市場; 市場開設権) / MOP FAIR (モップ市) / STATUTE FAIR (制定法市). **2** 共進会, 品評会, 博覧会: an international trade ~ 国際見本市. [OF<L *feriae* holiday]

fáir and équitable requírement〚米〛《破産行動計画 (bankruptcy plan) が》公正かつ衡平であるという要件 (⇒ CRAMDOWN).

fáir and impártial júry 公正公平な陪審 (= IMPARTIAL JURY).

fáir and impártial tríal 公正公平な審理 (= FAIR TRIAL).

fáir cásh márket vàlue 公正な現金市場価格 (⇒ FAIR MARKET VALUE).

fáir cásh vàlue 公正な現金価格 (⇒ FAIR MARKET VALUE).

fáir cómment 公正批評, 公平な論評 (=fair criticism)《公けの興味をひく事項についての, 真実な事実に立脚した, 不公正な動機によらない批評・批判, またそのような批評・批判をする権利; 名誉毀損の成立を阻止するための抗弁となる》.

fáir competítion 公正競争.

fáir considerátion 公正な約因 (**1**) ほぼ価値の等

しい約因）**2)** 厳密な意味で十分ないしは適切ではないが, 合理的範囲内にあると思われかつ善意で与えられる約因》.

fáir cópy 訂正済みコピー, 清書；正確なコピー.

Fáir Crédit Bílling Àct [the ～]《米》公正信用支払い請求法《1974年の連邦法；消費者信用取引およびクレジットカード利用に関して消費者保護をはかる》.

fáir crédit repórting àct [the ～]《米》公正信用報告法《信用調査・信用供与・信用情報機関を規制し, 消費者の信用情報報告が関係消費者に公正かつ衡平な方法でなされることと個人信用情報の保護を目的とした連邦法・州法；連邦法としては同名の1970年法が該当》.

fáir críticism 公正批判 (＝FAIR COMMENT).

fáir-cróss-sèction requírement《陪審員候補者の》公正な縮図の要件《公平な陪審による裁判を受ける権利は, 陪審員候補者がその裁判管轄区域の人口構成を正しく代表していることにより保障されるという原則；cf. ABSOLUTE DISPARITY, COMPARATIVE DISPARITY, DUREN TEST, STATISTICAL DECISION THEORY》.

fáir déaling 1 a 公正な取扱い[態度]. **b** 公正取引 (fair trading) (cf. SELF-DEALING). ▶ GOOD FAITH AND FAIR DEALING (誠実かつ公正な取扱い) / IMPLIED COVENANT OF GOOD FAITH AND FAIR DEALING (誠実かつ公正な取扱いについての黙示の約定). **2**《英》《著作権保護の例外としての》公正使用 (cf. FAIR USE).

Fáir Débt Colléction Pràctices Àct [the ～]《米》公正債務取立法《債務取立業者による脅迫・深夜電話などの不当・苛酷な返済強要行為の排除を目的とし, 債務取立業者と接触する消費者の諸権利を定めた1970年制定の連邦法》.

fáir dismíssal 適正解雇 (cf. UNFAIR DISMISSAL).

fáir emplóyment《人種・性別などの差別のない》公正雇用.

Fáir Emplóyment Bòard [the ～]《米》《公務員人事委員会 (Civil Service Commission) の》公正雇用委員会《略 FEB》.

fáir gáme 捕獲してもよい鳥獣, 解禁された狩猟鳥獣.

fáir héaring 公正な審理；公正な聴聞.

Fáir Hóusing Àct [the ～]《米》公正住宅法《住宅の譲渡・賃貸における差別禁止法で, 1968年制定, 88年改正の連邦法》.

Fáir Lábor Stàndards Àct [the ～]《米》公正労働基準法《1938年制定の連邦法；州際通商関連産業労働者の最低賃金・所定労働時間・所定外労働に対する割増賃金を定め, また16歳未満の児童労働の原則禁止など年少労働者の雇用規制をも規定した；Wage and Hour Law (賃金・労働時間法) とも呼ばれる；略 FLSA》.

fáir márket vàlue《米》公正な市場価格《買主・売主が公開の市場で公正に取引し, 決定された時の価格；actual cash value, actual market value, actual value, cash value, fair cash market value, fair cash value, market value, true cash value, true value などと

ともいい, 英国では多く fair value という》.

fáirness dòctrine《米史》公平原則, 公正原則《放送事業者に, 公的に重要な事項について反対の意見をも的確に反映する機会を与えることなどを義務づけたもので, 連邦通信委員会 (FCC) が当初採用した原則であったが, 1987年に廃止》.

fáir nótice 1 公正な通知 (**1**) 訴訟当事者に相手当事者の主張を十分に知らせること **2)** 訴答は相手当事者にみずからの主張を十分に知らせなければならないという要請). **2** 公正な警告 (＝FAIR WARNING).

Fáir Páckaging and Lábeling Àct [the ～]《米》公正包装および表示法《1965年制定の連邦法；別名 Truth-in-Packaging Act; 略 FPLA》.

fáir pláy 公正な扱い, 正々堂々のプレー, フェアプレー.

fáir pláy and substántial jústice《米》公正な扱いと公正な本案裁判《非居住者である被告に対して裁判所が対人管轄権 (personal jurisdiction) を主張する場合に, その被告の適法手続きに対する権利を侵さぬために守らねばならない基準；⇒ MINIMUM CONTACTS》.

fáir presentátion 1《会社の財務状況の》公正開示. **2**《米》公正提示《州が拘束している者に関する身柄提出令状 (habeas corpus) を請求する者は, 当該州の裁判所ですべての救済方法を尽くしたこと, 州が矯正手段を講じないこと, あるいは州の矯正手段が不十分であることを示さねばならないという要請》.

fáir príce 適正価格, 公正価格.

fáir ráte of retúrn＊適正収益率《公益事業 (public utility) 会社が公益事業委員会によって許可されている稼得収益水準》.

fáir rént 公正地代；公正家賃《特に英国では, 保護借家権 (protected tenancy) あるいは制定法上の借家権 (statutory tenancy) に関して家賃査定官 (rent officer) などが定めたものを指す》.

fáir-repórt prívilege 公正報告免責特権《裁判を含む公けの手続き上の名誉毀損的事項発表の責任に対する防御で, その発表がその手続きについての完全・公正・正確なものである場合に免責される特権》.

fáir representátion 公正な代表《労使間の団体交渉 (collective bargaining) などで, すべての組合員を差別なく公正に代表している組合代表》. ▶ DUTY OF FAIR REPRESENTATION (公正代表義務).

fáir tráde 1 公正取引；《米》公正取引協定 (fair-trade agreement) に従った取引；発展途上国の生産者に適正な価格が支払われる取引. **2**《俗》密輸.

fáir-tráde vt **1**＊《商品を》公正取引協定 (fair-trade agreement) の規定に従って売る. **2** …の最低小売価格を設定する. **fáir tráder** n

fáir-tráde agrèement《米史》《不当競争を避けるために所定価格以下では売らないという生産業者と販売業者との》公正取引協定《1975年法で違法化》.

fáir tráde làw《米史》《再販売価格維持を認める》公正取引法《州法》.

fáir tráding《公正で消費者に損害を与えない》公正

取引. ▶ OFFICE OF FAIR TRADING (公正取引庁[所]) / DIRECTOR GENERAL OF FAIR TRADING (公正取引庁長官).

Fáir Tráding Àct 1973〘英〙1973年の公正取引法《公正取引庁長官 (Director General of Fair Trading) を長とする公正取引庁 (Office of Fair Trading) を新設し，独占が疑われるときは独占・合併委員会 (MONOPOLIES AND MERGERS COMMISSION) への調査付託権限を与え，また独占禁止対象を拡げるなど競争状態の確保をはかったもの; 2002年法で大部分廃止されており，Office of Fair Trading 自体は同名のまま法人化され (以後訳語としては公正取引所とする), 長官は廃されその権限は公正取引所に移されている; cf. COMPETITION COMMISSION).

fáir tríal 公正な審理 (=fair and impartial trial) (cf. EQUALITY OF ARMS).

fáir úse《著作権のある著作物の》公正使用(範囲[特権])《書評や批判などに限られた目的のもとで，著作権者の同意なしで著作物を利用できること[範囲, 特権]》.

fáir úse dòctrine《著作権のある著作物の》公正使用の法理.

fáir válue 1 相当な価額《特に公益事業料金算定に関して用いられる》. 2 "公正な市場価格 (=FAIR MARKET VALUE).

fáir válue làw 公正市場価格法《譲渡抵当受戻し権喪失手続き (foreclosure) での価格をその土地の公正な市場価格 (fair market value) が上回った場合に，抵当権者がその差額を負担すべきことを命ずる制定法》.

fáir wárning 公正な警告 (=fair notice)《刑事法規は，いかなる行為が禁止されているかを通常人が理解できるように正確に規定し，したがって相当程度熟練した法律家であればいかなる行為がその範疇に入るかを予想できるようにすべきであるという要請; cf. VAGUENESS DOCTRINE).

fáir·wày n 1 障害のない通路. 2《川・湾などの》航路, 航行できる水路, 澪(ﾐｵ)筋.

fáir wéar and téar 適正損耗《による価値の低下》(⇨ WEAR AND TEAR).

fait /féi, féit; F fɛ/ n 1 事実; 行為: en ~ =in FACT. 2 捺印証書.　[F=fact]

fait ac·com·pli /F fɛtakɔ̃pli/ (pl **faits ac·com·plis** /F fɛzakɔ̃pli/) 既成事実 (=accomplished fact). [F]

faith /féɪθ/ n (pl ~s /féɪθs, -ðz, -ðz/) 1 **a** 信, 信頼, 信用 (trust, confidence): have ~ in...を信じている / put one's ~ in...を信ずる. **b** 信仰;信条, 教義. ▶ ARTICLES OF FAITH (信仰箇条) / DEFENDER OF THE FAITH (信仰の擁護者). 2 信義, 誠実 (honesty); 誓約, 約束 (promise); 義務の履行: engage [pledge, plight] one's ~ 誓いを立てる, 堅く約束する / give one's ~ 誓約[断言]する. ▶ BAD FAITH (不誠実, 悪意, 害意) / BREACH OF FAITH (信義違反) / GOOD FAITH (誠実, 信義誠実, 善意). **keep [break] ~ (with...** への)誓[約]を守る[破る]. **on ~** 信用して, 疑わない

で: take [receive] sb's story on ~ 人の話をうのみにする. **on the ~ of**...(の保証)を信頼して. [AF feid < L fides]

fáith·ful a 1 信頼できる, 信用できる; 誠実な, 信義にあつい;《約束や義務に》忠実に守る. 2《事実・原本などに》忠実な (true), 正確な. — n [the ~]《集合的》1 忠実な信者, 忠実な支持者. 2《キリスト教・イスラム教などの》信者.

fáith·ful·ly adv 忠実に, 誠実に; 正確に;《口》固く保証して: deal ~ with...を誠実に扱う; ...をきつく扱う, 罰する / promise ~《口》堅く[はっきり]約束する / (Yours) ~ 敬具《手紙の結び》.

Fáithfully Éxecuted Clàuse [the ~]〘米〙《大統領による》**法律忠実執行条項**《合衆国憲法第2編第3節のこと》.

fake /féɪk/ vt 1 捏造(ﾈﾂｿﾞｳ)する, でっちあげる; 偽造する; 模造する. 2 だます, 見せかける; ...のふりをする: ~ illness 仮病をつかう. — vi いかさまをする. — n 偽造品, 模造品, 贋作, まやかしもの; いんちき; 虚報; 詐欺師, 食わせ者. — a にせの, まやかしの, 模造の: ~ documentation 偽造文書[証拠書類] / ~ pearls 模造真珠.　~·ment n いんちき, ペテン; いかさま.

Fal·cíd·i·an láw /fælsídiən-, *fɔːlˈsiːl-/〘ローマ法〙**ファルキディウス法**《遺贈によっては相続財産の4分の3のみしか処分できず，それを超える額は無効とされ，したがって相続人は少なくとも4分の1を取得できること(これをﾌｧﾙｷディウス分 (Falcidian portion) という)を定めた法律》. [Falcidius 40 B.C. にこれを定めた法律を提案したローマの護民官]

Falcídian pórtion〘ローマ法〙**ファルキディウス分**(⇨ FALCIDIAN LAW) (cf. DISPOSABLE PORTION, LEGITIME, MARITAL PORTION).

faldage ⇨ FOLDAGE.

fálk·lànd /fɔ́ːk-/ n FOLKLAND.

fall /fɔ́ːl/ (**fell** /fél/; **fall·en** /fɔ́ːl(ə)n/) 1 落ちる; 減少する, 下がる; 陥落する; 倒れる. 2《事が起こる, 行なわれる; 来る, 至る: It ~s to be described. それを述べる段取りとなる / the bill fell due 手形が満期になる. 3《負担・責任などが》...にかかる〈on, to〉: The expense ~s on me. 費用はわたしにかかってくる. 4《遺産などが...の》手に移る〈to〉;《くじなどが...に》当たる〈on, to〉: The lot fell upon him. 5 [it を仮主語として]《...の》務め[責任]となる,《...が》...することになる〈on, to〉: It fell on [to] him to do the job. 彼がその仕事をせざるをえなくなった. 6《分類などで》分けられる, 分類される, 属する, 分かれる: ~ within [outside] the competence of...《問題などが》...の能力[権限]の範囲内に入る[範囲外になる] / ~ within [outside] the jurisdiction of the court 裁判所の管轄(権)内に入る[管轄外になる]. — **in**《債務・契約など》期限が来る,《賃貸期限が切れて》所有者のものになる.

fal·la·cy /fǽləsi/《実質・形成面での》誤り, 誤った考え, 誤った議論《特に, 人を欺くためのものを指す場合が多い》.

fál·low lànd /fǽlou-/ 《(地味回復のため)すき耕しはしるが作付けをしていない》休閑地.

fal·sa de·mon·stra·tio /fǽlsə dèmənstréiʃiou, fɔ́:l-/ 誤った表記 (＝false demonstration). [L＝false demonstration]

Falsa de·mon·stra·ti·o·ne le·ga·tum non pe·ri·mi·tur /— dèmənstrèiʃióunɛ lɪɡéɪtəm nɑn pərímɪtər/ 誤った表記により遺贈は無効とならない. [L＝A legacy is not destroyed by false demonstration.]

Falsa de·mon·stra·tio non no·cet. /— dèmənstréiʃiou nɑn násət/ 誤った表記は《文書の効果を》害しない. [L＝False demonstration does not injure the effect of an instrument.]

Falsa gram·ma·ti·ca non vi·ti·at char·tum. /— grǽmætɪkə nɑn víʃiət káːrtəm/ 誤った文法は捺印証書をそこなわない. [L＝False grammar does not vitiate a charter.]

false /fɔ́:ls, ‖fɔ́ls/ *a* **1** 間違った, 誤った, 不正確な; 不正な, 不法な: make a ~ entry 正しくない登録[記入]をする. **2 a** 偽りの, 虚偽の (opp. *true*); 詐欺的な (deceptive, misleading) (cf. FRAUDULENT): a ~ charge 誣告(ぶこく). **b** にせの, 偽造の, 変造の; 人造の: a ~ coin にせ金(がね) / ~ papers 偽造書類.

fálse accóunting 《英》会計書類変造(罪) (＝falsification of accounts).

fálse áction 《史》**1** 虚偽訴訟 (⇒ FEIGNED ACTION). **2** 仮装訴訟 (⇒ FEIGNED ACTION).

fálse ádvertising 虚偽広告 (＝deceptive advertising).

fálse ánswer 《訴答における》虚偽答弁 (cf. SHAM PLEADING).

fálse arrést 違法逮捕 (＝unlawful arrest) (cf. LAWFUL ARREST, FALSE IMPRISONMENT).

fálse chéck まがい小切手 (bad check).

Fálse Cláims Àct [the ~] 《米》虚偽権利主張法 《政府に対して虚偽を用い不当に利益を得あるいは義務を軽減しようとすることを罰する連邦制定法》.

fálse cónflict (of láws) 《米》偽りの《法の》抵触 《複数の法域の法が適用されるかに見えても, それらが実質的に同じ結論に到達するか, またはその適用について利益を有しない法域の法は本来適用されないので, 真の法の抵触は生じない場合》.

fálse demonstrátion 1 誤った表記, 誤謬表示 (falsa demonstratio). **2** 誤った表記に関する準則.

fálse évidence 虚偽証拠 (＝FALSE TESTIMONY).

fálse·hood *n* 虚偽, 誤り; うそ (lie), 偽り, うそをつくこと, 欺瞞. ▶ INJURIOUS FALSEHOOD (侵害的虚偽表現) / MALICIOUS FALSEHOOD (悪意の虚偽).

fálse impersonátion 詐称(罪) (＝false personation).

fálse-implicátion líbel 虚偽印象創出文書誹毀 《1つ1つの陳述は真実であっても文書全体で誤った印象を与えたり, 含意をもっている文書による名誉毀損; cf. FALSE LIGHT, INVASION OF PRIVACY》.

fálse imprísonment 不法監禁 (cf. FALSE ARREST).

fálse ínstrument 偽造文書.

fálse júdgment 《史》誤審修正令状 (＝WRIT OF FALSE JUDGMENT).

fálse líght 誤った見方[印象] 《プライバシー (privacy) 侵害訴訟で用いられる語で, ある人について不快な印象[見方]をもたせるような虚偽のあるいは人を惑わせるような描写; cf. DEFAMATION, INVASION OF PRIVACY, LIBEL, SLANDER》.

fálse misrepresentátion 不実表示 (＝MISREPRESENTATION).

fálse óath 偽誓(罪) (＝PERJURY).

fálse personátion 詐称(罪) (false impersonation).

fálse pléa 虚偽訴答 (＝SHAM PLEADING).

fálse preténse [ʰpl] **1** 詐取(罪) (＝obtaining property by false pretenses) 《欺罔(ぎもう)の意思をもって不実表示で他人の動産を奪う制定法上の犯罪; 英国では DECEPTION の語に代えられている; cf. LARCENY BY TRICK, EMBEZZLEMENT》. **2** 《一般に》虚偽の表示. by [under] ~ 偽って, 虚偽の表示によって. ▶ CHEATING BY FALSE PRETENSES (虚偽表示による詐取) / OBTAINING PROPERTY BY FALSE PRETENSES (動産詐取(罪)).

fálse prómise 虚偽の約束.

fálse repórt 《架空犯罪の》虚偽通報罪.

fálse representátion 不実表示 (＝MISREPRESENTATION).

fálse retúrn 1 《税金の》虚偽申告. **2** 《裁判所の役人による令状送達などについての》虚偽報告 (cf. FALSO RETORNO BREVIUM).

fálse státement 不実陳述 《**1**) 一般的に, 虚偽と知りながらの陳述 **2**) 《米》重要事実の隠蔽, 虚偽の陳述, 偽造文書の作成・使用のいずれからかなる犯罪; cf. EXCULPATORY NO DOCTRINE, PERJURY》.

fálse swéaring 《特に, 司法手続き以外での》偽証 《時に perjury (偽誓(罪)) と同義にも用いられる; cf. PERJURY》.

fálse téstimony 不実証言 (＝false evidence) 《真実でない証言; 偽誓 (perjury) より広い概念で, 偽誓と異なりそれ自体は犯罪とならない》.

fálse tóken 偽造通貨.

fálse tráde description 虚偽的商品表示 (＝TRADE DESCRIPTIONS ACT).

fálse vérdict 《英史》不当評決, 評決失当 《証拠および説示 (instruction) に反して事実認定をした評決で, かつて陪審問責 (attaint) の対象となった》.

fálse wéight [ʰpl] 不正分銅.

falsi crimen ＝CRIMEN FALSI.

fal·si·fi·ca·tion /fɔ̀:lsəfəkéɪ(ə)n, ‖fɔ̀l-/ *n* **1** 変造, 偽造, 《事実の》曲解; 文書変造[偽造]; 偽って言うこと,

偽証. **2** 虚偽であることの立証, 反証, 論破.

falsificátion of accóunts〖英〗会計書類変造(罪) (false accounting).

fal·si·fy /fɔ́:lsəfài, ˈfɔ́l-/ *vt* **1**〈書類などを〉変造[偽造]する;〈事実を〉偽る, 曲げる, 偽り伝える;《税法上》不正申告する: ～ accounts 帳尻をごまかす, 会計書類を変造する. **2** …の偽り[誤り]を立証する; 論破する;〈結果が期待などを〉裏切る. ── *vi* *うそをつく, 偽る. **fál·si·fi·er** *n* 偽造者; うそつき; 曲解者. [F or L (*falsificus* making false)]

fálsifying a récord (公的)記録改竄(かいざん)(罪).

fal·si·ty /fɔ́:lsəti/ *n* 虚偽.

fal·so re·tor·no bre·vi·um /fælsou rɪtɔ́:rnou brí:viəm, fɔ:l-/〖史〗虚偽報告令状《虚偽報告をしたシェリフ (sheriff) に対する令状; cf. FALSE RETURN》. [L=(writ) for false returning of writs]

Fal·sus in uno, fal·sus in om·ni·bus. /fǽlsəs ɪn jú:nou fǽlsəs ɪn ámnɪbəs, fɔ́:lsəs-/ 一事において偽る人は万事において偽る人なり. [L=False in one, false in all.]

fa·ma·cide /féɪməsàɪd/ *n* 誹謗者, 中傷者. [L *fama* fame, -*cide*]

Fam D〖英〗°Family Division 家事部.

fa·mi·lia /fəmíliə/ *n*《ローマ法》**1** 家族 (family). **2** 家産. [L=family]

famílial séxual offénses〖英〗家族内性犯罪《2003 年法が従来近親相姦 (incest) とされていた犯罪を各別の犯罪類型として定めたが, その総称》.

fam·i·ly /fǽm(ə)li/ *n* **1 a** 所帯, 世帯 (household)《夫婦とその子供, 奉公人も含む》. **b** 家族, 家庭《夫婦とその子供》;《一家の》子供たち: He has a large ～. 彼は子だくさんだ. ▶ BLENDED FAMILY (混合家族) / CHILD OF THE FAMILY (家族の子) / EXTENDED FAMILY (拡大家族) / HEAD OF (A) FAMILY (家族の長) / IMMEDIATE FAMILY (直接家族) / TEMPORARY ASSISTANCE TO NEEDY FAMILIES (困窮家族一時的補助). **2** 家, 一家, 一族, 家門, 親族, 身内, 一門; 家柄, 門閥, 名門: a man of (good) ～ 名門の出 / a man of no ～ 家柄の低い者. ▶ ROYAL FAMILY (王家). **3**《考えなどを同じくする》仲間; 門徒;《高官・事務所の》スタッフ (staff);《政治[宗教]的利害を同じくする人[国家]の》グループ; *《マフィアなどの》活動組織単位, ファミリー. **fa·mil·ial** /fəmíljəl/ *a*

fámily allówance 1《政府・雇用者などが出す》家族手当, 扶養手当. **2**《米》扶養割当て分《被相続人の遺産の中から遺言内容や競合する請求権にかかわらず家族の扶養のため留保される割当て分》. **3**《離婚・別居の判決で子供の養育のために定められる》養育費. **4**〖英〗《2 人以上の子供をもつ家庭に支給された社会保障給付である》家族給付《1975 年に child benefit (児童手当) に代わった》.

fámily arrángement 1 家族取決め, 家族協定 (=family settlement). ▶ DEED OF FAMILY ARRANGE-MENT (家族取決め(捺印)証書). **2** 寄宿学校生活(規則).

fámily ássets *pl* 家族の財産[資産]《家・家具・車など夫婦の一方あるいは双方により家族のために使用すべく取得されている財産》.

fámily assístance òrder〖英〗《裁判所による保護観察官 (probation officer) や地方の役人に対する短期間の》家族援助命令.

fámily áutomobile dòctrine 家族用自動車の法理 (⇨ FAMILY PURPOSE RULE).

fámily Bíble 家庭用聖書《家に代々伝わるあるいは家族が長年使用した聖書; そこに記載の出生・婚姻・死亡などの記録には一定要件の下で証拠能力が認められている》.

fámily cár dòctrine 家族用自動車の法理 (⇨ FAMILY PURPOSE RULE).

fámily còmpany 同族会社.

fámily corporàtion 同族会社 (cf. CLOSE CORPORATION).

fámily còurt *家庭裁判所, 裁判所家庭部 (=court of domestic relations, domestic court, domestic relations court) (cf. JUVENILE COURT).

fámily crédit〖英史〗低所得世帯給付金《1986 年法で世帯所得補足手当 (family income supplement) に代わって導入されたもので, 子供の養育に責任を有している者が一定額以下の所得でかつ報酬のある仕事に従事している場合に与えられた手当; 1999 年法で廃止; ⇨ WORKING FAMILIES TAX CREDIT》.

Fámily Divísion [the ～]〖英〗《高等法院 (High Court of Justice) の 1970 年法で創設された》家事部《養子縁組・離婚・非争訟・遺言検認などを扱う; 略 Fam D》. ▶ PRESIDENT OF THE FAMILY DIVISION (家事部部長裁判官).

fámily expénse stàtute〖米〗**1** 家族の生活費に関する法律《コモンロー上は, 家族の扶養責任は夫にあり, したがって第三者に対しても家族の生活に要した費用から生じた債務は夫が負うが, それを改め妻の財産(および妻)も負うことなどを定める州法》. **2**《税制》家族用出費法《家族・生計・個人的目的のための出費を控除してはならないと定める連邦税法》.

fámily fármer *家族農業経営者.

Fámily Héalth Sèrvices Authòrity [the ～]〖英史〗家庭医療機関《保健省に代わって地域の医療サービス業務の裁定・監督などを直接担当した機関; 1996 年に新設の公共医療実施機関 (Health Authority) に統合; 略 FHSA》.

fámily hòme 家族の住居, 居宅.

fámily íncome sùpplement〖英史〗世帯所得補足手当《1970 年に導入; 資産テストに基づき, 扶養すべき子供のいる低所得世帯に対して支給された手当; 1986 年法で低所得世帯給付金 (family credit) に代わった; ⇨ FAMILY CREDIT, WORKING FAMILIES TAX CREDIT》.

fámily jùstice 家事裁判. ▶ HEAD OF FAMILY

Fámily Jústice Còuncil 〚英〛家事裁判評議会《2002年創設;家事裁判制度の実効性を監督し必要な改革を助言するための司法省(Ministry of Justice)所属の評議会》.

fámily làw **1** 家族法 (＝domestic relations law)《婚姻・養子縁組・離婚など家族関係を扱う法》. **2** 家族関係法《1よりも広義で、家族に関する法一般で、遺言、財産、契約、雇用、憲法上の権利までも含む》.

fámily làwyer 家庭弁護士, ファミリー・ローヤー.

fámily léave 家族休暇《出産・育児・介護のための、無給の休暇》.

fámily lífe 家族生活《家族生活に対する権利は、欧州人権条約 (European Convention on Human Rights) およびそれを受けての英国の人権法 (Human Rights Act 1998) で規定・保護されている》.

fámily mèeting 〚大陸法・ルイジアナ〛《未成年者のための》親族会.

fámily nàme 姓 (surname).

fámily pártnership 家族組合《家族を成員とする組合》.

fámily pártnership rùles *pl* 家族組合準則《独立を保って取引していない組合員、特に家族組合成員間で所得の移動を阻止するために作られた法》.

fámily procéedings *pl* 〚英〛家庭事件《離婚、家庭内暴力、子供の保護、養子縁組、親子関係認定命令 (parental order) の申請等家庭内事件のきわめて広い範囲を包摂;かつては domestic proceedings (家事事件)と呼ばれた》.

fámily províson 〚英〛遺族遺産分与《遺言または無遺言相続法により相当の遺産の分与を受けなかった死者の被扶養者のために、裁判所が命ずる遺産の分与》.

fámily púrpose rùle [dòctrine] 家族用自動車の準則 [法理] (＝family automobile [car] doctrine)《家族のため購入・使用する自動車の所有者が、家族がその車で起こした事故の他人への損害につき賠償責任を負うという原則》.

fámily séttlement **1** 〚米〛家産処分についての家族取決め (＝FAMILY ARRANGEMENT). **2** 〚英〛家族継承財産設定《証書》.

fa·mó·sus li·bel·lus /fəmóusəs lɪbéləs/ 誹毀的文書. [L=libelous book]

fánciful márk 造語的標章 (＝FANCIFUL TRADEMARK).

fánciful trádemark 造語的商標 (＝fanciful mark)《もっぱら商標またはサービスマークとして機能すべく造語または選択された商標で、それ自体としては独立した意味を有さぬもの》.

Fan·nie Mae /fǽni méɪ/ 〚米〛ファニー・メイ《FEDERAL NATIONAL MORTGAGE ASSOCIATION (連邦全国譲渡抵当協会) の俗称;cf. FREDDIE MAC, GINNIE MAE》.

FAR 〚米〛°Federal Aviation Regulation 連邦航空規則.

fár·del of lánd /fáːrdl-/ 〚英史〛ファーデル (=ferdella terrae)《かつての土地の面積単位ヤードランド (yardland) の4分の1》.

far·ding·deal /fáːrdɪŋdìːl/, **far·thing-** /fáːrðɪŋ-/ *n* 〚英史〛**1** 4分の1. **2** ファーディングディール《かつての土地面積単位、4分の1エーカーに当たる》.

fare /féər/ *n* **1 a** 〚史〛通行、旅行. **b** 運賃、料金. **2** 乗客. **3** 食事.

far·leu /fáːrlju/ *n* 〚英史〛《《相続上納物 (heriot) の代わりに領主に収めた》相続上納金.

farm /fáːrm/ *n* **1** 〚史〛食料. **2** 借地、農場、農地. **3** 〚史〛請負い;請負料. — *vt* **1**〈土地を〉耕作する;農場で飼育する. **2** 料金を取って貸す[世話をする];〈租税・料金などの〉取立てを請け負う;〈事業を〉請け負う. — *vi* 耕作[畜産]をする、農業[農場]を営む. **~ out**〈土地・施設・油井などを〉貸す (⇨ FARMOUT AGREEMENT).

fárm búsiness tènancy 〚英〛農業経営地賃借保有《1995年法で創設;cf. AGRICULTURAL HOLDING》.

farm·er /fáːrmər/ *n* **1** 土地賃借権者、借地農、農業経営者. ▶ FAMILY FARMER (家族農業経営者). **2** 地代付き封土権者. ▶ TENANT FARMER (地代付き封土権者). **3**《税金などの》取立て請負人.

Fármers' Hóme Administràtion [the ~] 〚米史〛農業経営者住宅局《農業経営者に対する譲渡抵当 (mortgage) を設定した上での貸し付け、住宅ローンの保険、農村部での公共工事の資金供給をするための農務省 (Department of Agriculture) の機関;1994年廃止;略 FmHA, FHA》.

fárm·ing *n* 農業、農作;農業経営.

fárming operàtion 営農;農作業.

fárm lét *vi* 〚史〛賃貸する、定期不動産権を設定する《不動産賃貸借[賃借権] (lease) を設定する文書の文言で、もともとはラテン語で ad firmam tradidi と表わされていた》.

fárm·out agrèement /fáːrmàut-/ 鉱業権転貸契約、ファームアウト契約《石油・天然ガスの鉱業権リース (mineral lease) を有する者が第三者に条件付きで採掘権を譲ること;条件は、掘り当てた場合の採掘料の受取りなど》.

faro /féərou/ *n* (*pl* ~**s**) 銀行《一種の賭けトランプ》.

farthingdeal ⇨ FARDINGDEAL.

Fár·yn·don('s) Ínn /fáːrɪndən(z)-/ 〚英史〛ファリンドン(ズ)・イン《1484年ごろに上級弁護士のイン (Serjeants' Inn) と改称される前の名前;その建物の賃借人の一人の名前から》.

fas /fǽs, féɪs/ *n*《ローマ法》神法《《人の定めた》法、人法 (jus) と対比される》. [L]

FAS, f.a.s. °free alongside ship [steamer] 船側渡し[の].

FASB /, fǽzbi/ 〚米〛°Financial Accounting Standards Board 財務会計基準委員会.

fas・cism /fǽʃiz(ə)m, fǽs-/ *n* ファシズム.

fást dày 断食日《英国では国王大権状 (royal proclamation) で宣言される断食日は, 日曜日・クリスマスなどと同様 法的業務も行なわれない)》.

fást lánd [⁰*pl*] 高潮線超越地.

fást tráck 《英》迅速手順《民事訴訟で訴額 5,000 ポンドを超え 15,000 ポンド以下の請求での通常の手続きで, 1 日以下の審理で終了し, 口頭での専門家証人 (expert witness) が必要な専門分野は 2 分野以下で 1 分野 1 当事者当たり 1 名のみと予想される場合の手順》; ⇨ CASE MANAGEMENT, TRACK ALLOCATION》.

fást trácking《米》《訴訟事件の》迅速処理手続き (cf. ROCKET DOCKET).

fa・tal /féɪtl/ *a* 致命的な 〈*to*〉; 破滅的な, 不運な: a ~ disease 不治の病, 死病 / a ~ wound 致命傷 / prove ~ 致命傷となる / take a ~ dose of drugs.

fátal áccident 死亡事故 (cf. SURVIVAL OF CAUSE OF ACTION (ON DEATH)).

Fátal Áccidents Àct 1846 [the ~]《英史》1846 年の**死亡事故法** (= (Lord) Campbell's Act)《コモンロー上は, 他人の不法行為により死亡した者の遺族はその不法行為者に損害賠償を請求できなかったが, これを改めた制定法》; ⇨ WRONGFUL DEATH STATUTE.

Fátal Áccidents Àct 1976 [the ~]《英》1976 年の**死亡事故法**《事故で死亡した人の被扶養者 (dependent) に対して, こうむった損害につき死者が死亡していなければ本人が請求できたと考えられる場合に, 扶養の損失に対する損害賠償請求権を認めている法律で, 1982 年法で修正された上での現行法; 請求権者は法定され, 配偶者・両親・祖父母・子供・孫・姻族などにも及ぶ; なお, damages for bereavement《近親者喪失損害賠償(金)》も参照》.

fátal défect《契約を無効にしうる》**致命的瑕疵**.

fátal érror 致命的誤謬 (= REVERSIBLE ERROR).

fátal váriance 致命的齟齬(ʔ)《特に刑事訴訟で, 被告人に公正な通知 (fair notice) をしなかったり二重の危険 (double jeopardy) に陥らせたりするような齟齬; 有罪決定をも覆しうる理由となる》.

fáte and tránsport 成り行きと移動《環境法上の用語で, 汚染物質・有毒廃棄物の, 空気・水・土壌などの環境経路に沿っての物理的状態と移動》.

Fa・te・tur fa・ci・nus qui ju・di・ci・um fu・git. /fǽtɪtər fǽsɪnəs kwi dʒudíʃiəm fjúːdʒɪt/ 裁判を逃れる者は犯行を自白している. [L=A person who flees judgment confesses guilt.]

fa・ther /fɑ́ːðər/ *n* **1** 父, 父親. ▸ ADOPTIVE FATHER (養父) / BIOLOGICAL FATHER (生物学上の父, 実父) / FOSTER FATHER (里親) / GENETIC FATHER (遺伝学上の父) / GODFATHER (教父, 名親) / LEGAL FATHER (法律上の父) / NATURAL FATHER (実父) / PRESUMED FATHER (推定上の父) / PUTATIVE FATHER (推定上の父) / STEPFATHER (継父). **2** [⁰*pl*] 祖先, 父祖. **3** 始祖, 創始

者, 鼻祖; [the F-s] *米国憲法制定者; [⁰F-s] 初代教父; [尊称として]神父, 教父, …師: the F~ of His Country *国父《George Washington のこと》/ the F~ of the Constitution *憲法の父《James Madison のこと》/ the Holy ~ ローマ教皇 / the F~s of the Church = the Church F~s《初期キリスト教会の》初代教父. ▸ FOUNDING FATHER (建国の父). **4** [the F-] 父なる神. **5** [⁰*pl*] 長老, 古参者,《市町村議会などの》最年長者: the F~ of the House (of Commons)《英》最古参の庶民院議員 / the F~ of the House of Lords《英》最長老の貴族院議員.

Fát・i・co héaring /fǽtɪkou-/ [ˢf- h-]《米》ファティコウ事件の審理《有罪決定された被告人に対して, 時に, いかなる刑罰を科すべきかについて両当事者が証拠を提出し合って行なわれる審理》. [United States v. *Fatico*, 1979]

fau・ces ter・rae /fɔ́ːsɪs téri/《入江,(内)湾, 河口, 港など》部分的に陸に囲まれ潮の影響のある水. [L=narrow passage of the land]

fault /fɔːlt, ⁰fɒlt/ *n* **1** 誤り, 過誤, 過失; 非行, 悪事; 瑕疵, 不完全, 欠点 (▸ cf. NEGLIGENCE): acknowledge one's ~ 自分が悪かったと言う / He that commits a ~ thinks everyone speaks of it.《諺》あやまちをした者は人が皆うわさをしていると思うものだ. **2**《過誤・過失の》責任, 罪 (cf. LIABILITY): It's your ~. きみの責任だ / The ~ is mine.=The ~ lies with me. 罪はわたしにある. ▸ [語義 1, 2 に関連] ALL FAULTS (すべての瑕疵) / COMPARATIVE FAULT (比較過誤) / CONTRIBUTORY FAULT (寄与責任) / LIABILITY WITHOUT FAULT (無過失責任) / NO-FAULT (無過失). **at ~** 誤って; 過誤の責任がある. **with all ~s** ⇨ ALL FAULTS.

fáult divòrce 有責離婚《一方配偶者が姦通など婚姻上の有責行為を犯したことを理由にして認められる離婚; cf. NO-FAULT DIVORCE》.

fáult-first mèthod《米》過誤責任第一方式 (⇨ SETTLEMENT-FIRST METHOD).

fáult of omíssion 不作為に基づく過誤.

Fáun・tle・roy dòctrine /fɔ́ːntlərɔɪ-, ⁰fɑ́ːn-/《米》フォーントゥルロイ事件の法理《合衆国最高裁判所の 1908 年の判決で確立した法理で, 他州の判決は, その他州が裁判管轄権を有していた時は, 執行を求められる州ではたとえその訴訟原因が不法とされるようなものであっても, 十分な信頼と信用が与えられなければならないとする原則》. [1908 年の合衆国最高裁判所判例 Fauntleroy v. Lum の原告名より]

fa・vor | fa・vour /féɪvər/ *n* **1** 好意, 親切; 恩恵, 世話, 恩顧; 恩典: ask a ~ of sb 人に事を頼む, お願いする / do sb a ~=do a ~ *for* sb 人のために尽くす, 人の願いを聞き入れる, 人に恩恵を施す / I need a ~. 頼みたいことがある. **2 a** 引立て, 愛顧, 支援. **b** 偏愛, えこひいき, 情実. **in ~ of** …に賛成して, …に味方して (for); …のほうを選んで; …の利益となるように, …のために;《小切手など》…に払い渡すように (to be paid to), …受取りの: a verdict *in* ~ *of* the accused 被告人無罪の評決 / write a check *in* ~ *of*…を受取人として小切手を書く. **in sb's** ~ 人の気に入って,認められて;人のために〈弁ずる〉,…に有利に: go *in* sb's ~〈訴訟が〉人に有利に判決される. **out of** ~ **(with** sb)(…に)気に入られ[認められ]ないで.〔OF＜L (*faveo* to be kind to)〕

Fa·vo·ra·bi·li·o·res rei pa·ti·us quam ac·to·res ha·ben·tur. /fævòυreɪbɪlióυrɪz ríːaɪ páʃɪəs kwæm æktóυrɪz heɪbéntər/ 原告よりも被告の方がより好意を持たれる. 〔L＝Defendants are favored rather than plaintiffs.〕

Favorabiliores sunt exe·cu·ti·o·nes ali·is pro·ces·si·bus qui·bus·cun·que. /— sənt èksekjùːʃióυnɪz ǽlɪɪs proυsésɪbəs kwìbəskǻŋkwe/ 強制執行は他のいかなる手続きよりも好まれる.〔L＝Executions are more favored than all other processes whatever.〕

fa·vor·able /féɪv(ə)rəb(ə)l/ *a* **1** 好意を示す〈*to*〉; 好意ある,賛成[承認]する,承諾の: a ~ answer 色よい返事 / a ~ comment 好評. **2** 有利な,好都合の,順調な; 有望な;〈貿易収支が〉輸出超過の: a ~ opportunity [wind] 好機[順風] / take a ~ turn 好転する.

fávored benefíciary 《米》遺言で特に有利に扱われた受益者《遺言者に不当な威圧を及ぼしたという推定を生じさせる》.

fávored nátion cláuse 最恵国条項 (＝MOST FAVORED NATION CLAUSE).

fávorite of the láw 法のお気に入り《法理で好意的に扱われている人・身分》.

fá·vor·it·ism /féɪv(ə)rɪtɪz(ə)m/ *n* 偏愛,えこひいき, 情実 (cf. DISCRIMINATION, NEPOTISM, PATRONAGE).

fax /fæks/ *n* ファックス,ファクシミリ. — *vt* ファックスで送る: ~ the documents.

FBI /éfbìːáɪ/ *n* [the ~]《米》連邦捜査局 (Federal Bureau of Investigation), FBI《1908年司法省 (Department of Justice)の一局として発足し,35年に現在の名称となる; 特に他の連邦機関に付託されたものを除き連邦法違反事件すべての捜査を担当している》.

FC, f.c.《ローマ法・大陸法》fideicommissum 信託遺贈.

f. c. & s. (clause) free of capture and seizure (clause)《海上保険において戦争危険を担保しない旨の》捕獲・拿捕不担保(約款).

F. Cas.《米》°Federal Cases『連邦下級裁判所判例集』.

FCC《米》°Federal Communications Commission 連邦通信委員会.

FCIC《米》Federal Crop Insurance Corporation 連邦穀物保険公社.

FCO《英》°Foreign and Commonwealth Office 外務連邦省.

FCPA《米》°Foreign Corrupt Practices Act 海外不正行為防止法.

FCS《英》free of capture and seizure (⇨ F. C. & S. (CLAUSE)).

f.d. °free delivery 無料配達.

FD《英》°Fidei Defensor 信仰の擁護者 (Defender of the Faith).

FDA《米》°Food and Drug Administration 連邦食品薬品局.

f/d/b/a, fdba formerly doing business as 元…の名称で営業 (cf. D/B/A, DBA).

FDIC《米》°Federal Deposit Insurance Corporation 連邦預金保険公社.

feal /fíːl/ *a*《古》誠実な. — *n*《スコットランド史》封建的土地保有者.

fe·al·ty /fíː(ə)lti/ *n*《史》《領主に対する》誠実(の誓い), 誠実義務; 忠誠, 忠義, 忠節.

fear /fíər/ *n* **1** 恐れ, 恐怖;〔°no ~〕危険; 不安, 心配, 懸念, 危惧. ▶ PUTTING IN FEAR (恐怖に陥らせること). **2**《神などに対する》畏怖, 畏敬. **put in** ~ 恐怖させる, 恐怖に陥れる《強盗 (robbery) 成立の要件》. — *vt, vi* 恐れる, こわがる〈*to* do, *do*ing〉; 気づかう, 懸念する;〈神などを〉畏れる.

féar-of-cáncer clàim 癌の恐怖に基づく権利主張《進行性癌の恐怖を原因とする精神的苦痛 (mental anguish) ないしは感情的苦しみ (emotional distress) に基づく不法行為 (tort) 上の権利主張; アスベスト等の発癌性物質にさらされた場合および医師の過失に基づく癌の悪化などの場合が該当》.

fea·sance /fíːz(ə)ns/ *n* 作為, 行為 (cf. MALFEASANCE, MISFEASANCE, NONFEASANCE). ▶ MALFEASANCE (悪しき行為) / MISFEASANCE (失当行為) / NONFEASANCE (不作為).

fea·sant /fíːz(ə)nt/ *n*《古》なすこと, 作為. ▶ DAMAGE FEASANT (加害).

fea·si·bil·i·ty /fìːzəbíləti/ *n* 実行できること, **実行可能性**, 成否: a ~ study 実行可能性[採算性, 企業化]調査 / a ~ test 実行可能性テスト / the ~ of the project 企画の実行可能性[成否].

feasibility stàndard《米》実行可能性基準《破産法典第11章更生手続き (Chapter 11) による再建計画が実行可能でかつ合理的に見て成功の見通しがあるという基準》.

fea·si·ble /fíːzəb(ə)l/ *a* **1** 実行できる, 実行可能な: a ~ scheme 実行可能な計画. **2**《話など》もっともな, ありそうな. **3** 適した, 便利な: fields ~ for cultivation 耕作に適した畑.〔OF (L *facio* to do)〕

fea·sor /fíːzər/ *n* 行為者, 作為者. ▶ TORTFEASOR (不法行為者).

féather·bèdding *n* フェザーベッディング《労働組合規則や安全規則に従って使用者に水増し雇用や仕事量・能率制限を要求する労働組合の慣行; 米国では連邦法で労働組合の不当労働行為として禁止制限されている》.

FEB《米》°Fair Employment Board 公正雇用委員会.

FEC〖米〗°Federal Election Commission 連邦選挙委員会.

Fed. /féd/ Federal ◆〖米〗°Federal Reserve System 連邦準備制度.

Fed. Cas.〖米〗°Federal Cases『連邦下級裁判所判例集』.

Fed. Cir.〖米〗°United States Court of Appeals for the Federal Circuit 連邦巡回区上訴裁判所.

fed·er·al /féd(ə)rəl/ a **1 a**《国家間の》連合の, 同盟の. **b** 連邦の, 連邦制の; 連邦政府の: a ~ constitution. **2**〖ᵁF-〗《州政府に対して》連邦政府の, アメリカ合衆国の (cf. STATE). **3**〖ᵁF-〗〖米史〗**a**《独立戦争後の》フェデラリストの, 連邦派の, 連邦党の (cf. REPUBLICAN). **b**《南北戦争時代の, 北部の》連邦側の, 連邦支持の (cf. CONFEDERAL, CONFEDERATE). ── *n* **1** [F-] 連邦政府職員. **2** [F-]〖米史〗《南北戦争当時の北部連盟支持者である》連邦(側)支持者, 北軍兵 (opp. *Confederate*). ~·**ly** *adv* ⁺ 連邦政府によって: a ~*ly* funded program 連邦政府資金による計画.　[L (*foeder- foedus* covenant)]

Féderal Acquisítion Regulàtion [ᵁ*pl*]〖米〗連邦政府調達規則.

féderal áct〖米〗連邦議会制定法 (=federal statute).

féderal ágency〖米〗連邦政府行政機関.

Federal(-Aid) Híghway Àcts *pl* [the ~]〖米〗連邦幹線道路法《幹線道路(整備)法 (Highway Act) など幹線道路 (highway) 建設などへの国費助成を定めた一連の法律》.

féderal appéal〖米〗連邦上訴裁判所への上訴 (cf. STATE APPEAL).

Féderal Arbitrátion Àct [the ~]〖米〗連邦仲裁法《州際通商·海事問題についての紛争を仲裁するための私的合意に関わる連邦制定法; 略 FAA》.

Féderal Aviátion Àct [the ~]〖米〗連邦航空法《航空の安全等を期すためそれらを管轄する現在の連邦航空局 (Federal Aviation Administration) を設置した 1958 年の連邦法; 略 FAA》.

Féderal Aviátion Administrátion [the ~]〖米〗連邦航空局《運輸省 (Department of Transportation) の一局; 略 FAA; 1958 年設置の時は **Féderal Aviátion Àgency** (連邦航空機関)という名称であったが, 1967 年運輸省の一部局に編制変えされた時に, この名称となった》.

Féderal Aviátion Regulàtion [ᵁ*pl*]〖米〗連邦航空規則《略 FAR》.

Féderal Búreau of Investigátion [the ~]〖米〗連邦捜査局 (⇨ FBI).

féderal cáse〖米〗連邦問題 (=FEDERAL QUESTION).

Féderal Cáses〖米〗『連邦下級裁判所判例集』『フェデラル·ケーシズ』(略 F. Cas., Fed. Cas.).

Féderal Círcuit〖米〗**1** 連邦巡回区《他の 12 の巡回区 (circuit) とは異なり, 合衆国全体を土地管轄とする巡回区で, 特許·国際通商等の特殊問題などの控訴を扱うために 1982 年に創設された特別巡回区; ⇨ 2). ▶ UNITED STATES COURT OF APPEALS FOR THE FEDERAL CIRCUIT (合衆国連邦巡回区控訴裁判所). **2** 連邦巡回区控訴裁判所 (=UNITED STATES COURT OF APPEALS FOR THE FEDERAL CIRCUIT).

féderal cítizen〖米〗連邦市民.

féderal cítizenship〖米〗連邦市民権 (=national citizenship) (cf. STATE CITIZENSHIP).

féderal cómity dòctrine〖米〗連邦礼譲の法理《それぞれの連邦地方裁判所 (federal district court) は相互にそれぞれの事項に干渉すべきでないとする原則》.

féderal cómmon làw〖米〗連邦コモンロー, 連邦判例法, 連邦判例実体法.

Féderal Communicátions Commìssion [the ~]〖米〗連邦通信委員会《州際および国際通信·放送を規制する連邦の独立委員会; 1934 年法で創設; 略 FCC》.

Féderal Constitútion [the ~]〖米〗合衆国憲法 (Constitution of the United States).

féderal corporátion〖米〗連邦法人.

féderal cóurt〖米〗連邦裁判所 (United States court) (cf. STATE COURT).

féderal críme〖米〗連邦法上の犯罪, 連邦犯罪.

Féderal Depósit Insúrance Corporàtion [the ~]〖米〗連邦預金保険公社《1933 年法で創設された, 銀行倒産に備え預金保険の引受けを行なう公社; 略 FDIC》.

féderal dístrict còurt〖米〗連邦地方裁判所《連邦裁判所の管轄下にある地方 [下級]裁判所》.

Féderal Eléction Càmpaign Àct [the ~]〖米〗連邦選挙運動法《連邦の選挙での候補者への献金制限·資金経理の開示などを定めた 1971 年法; ウォーターゲート事件 (Watergate Affair) により明らかになった選挙の不正を根絶する目的で 74 年に公費助成を定めると共に, 制限を強化; しかし同改正法の一部規定は 76 年に違憲とする判決が出された》.

Féderal Eléction Commìssion [the ~]〖米〗連邦選挙委員会《1971 年の連邦選挙運動法 (Federal Election Campaign Act) で創設された 6 名の委員からなる独立委員会で, 大統領選挙·政党活動の主として資金面での規制を担当; 略 FEC》.

Féderal Emérgency Relíef Administràtion [the ~]〖米史〗連邦緊急救済局《ニューディール政策の一環として 1933 年に設立され 35 年まで存続した連邦政府機関; 略 FERA》.

féderal emplóyer identificàtion nùmber〖米〗連邦雇用者識別番号 (=TAX IDENTIFICATION NUMBER)《単に employer identification number ともいう; 略 FEIN》.

Féderal Emplóyers' Liabílity Àct [the ~]〖米〗連邦雇用者責任法《州際·国際通商に従事する

鉄道会社被用者の事故による傷害・死亡について雇用者が過失責任を負うことを定めた1906年の連邦法; 略 FELA》.

Féderal Énergy Régulatory Commíssion [the ~]《米》連邦エネルギー規制委員会《1977年法でエネルギー省 (Department of Energy) 内に創設された5名からなる独立委員会で, 水力発電事業の許可, 天然ガス・電気・石油パイプライン輸送の州際料金設定などの責任を負っている; 略 FERC》.

Féderal Équity Rùles *pl* [the ~]《米史》連邦エクイティー訴訟手続き規則《連邦裁判所の訴訟手続き上エクイティーに関しては, コモンローが各地の法によったのに対し, 当初から全連邦裁判所一律の手続きが行なわれていたが, 1822年にこの規則が制定され, 2度の全面改正を経て, 1938年の FEDERAL RULES OF CIVIL PROCEDURE まで存続した》.

féderal fárm crédit bànk《米》連邦農業信用銀行《連邦土地銀行 (federal land bank) と連邦中期信用銀行 (federal intermediate credit bank) とが統合して生まれた銀行で, 農業融資を行なう銀行》.

Féderal Góvernment [the ~]《米》連邦政府, 合衆国政府《略 FG》.

Federal Highway Acts ⇨ FEDERAL-AID HIGHWAY ACTS.

Féderal Hóme Lòan Bànk [the ~]《米》連邦住宅貸付け銀行《住宅貸付け金融機関である貯蓄銀行・貯蓄貸付け組合, さらには小企業等に融資をする地域金融機関に対して資金を供給する銀行で, 1932年法で全米の12地区に各1行設置されており, 現在は連邦住宅金融委員会 (Federal Housing Finance Board) の監督下にある; 略 FHLB》.

Féderal Hóme Lòan Bànk Bòard [the ~]《米史》連邦住宅貸付け銀行委員会《1932年法で創設, 1989年法で連邦住宅金融委員会 (Federal Housing Finance Board) になっている; 略 FHLBB》.

Féderal Hóme Lòan Mòrtgage Corporàtion [the ~]《米》連邦住宅貸付け譲渡抵当公社《連邦準備制度 (Federal Reserve System) の成員および他の認可銀行から, 普通譲渡抵当 (conventional mortgage) および連邦により保険が付されている第一順位譲渡抵当 (first mortgage) を購入する公社; 略 FHLMC; 俗称 'Freddie Mac'》.

Féderal Hóusing Administràtion [the ~]《米》連邦住宅局《1934年に設置され, 主として低収入で初めて非在来型家屋を購入する者に有利な条件で資金融資をする連邦政府機関; 略 FHA》.

Féderal Hóusing Fìnance Bòard [the ~]《米》連邦住宅金融委員会《1989年法で連邦住宅貸付け銀行委員会 (Federal Home Loan Bank Board) に代わって新設された5名からなる独立委員会で, 12の連邦住宅貸付け銀行 (Federal Home Loan Bank) の監督が主任務; 略 FHFB》.

Féderal Insúrance Contribùtions Àct [the ~]《米》連邦保険拠出金法《社会保障制度 (Social Security) のための租税を, 雇用者・被用者・個人事業者などに賦課し徴収するための連邦法; 略 FICA》.

féderal intermédiate crédit bànk《米史》連邦中期信用銀行《農業経営者・牧畜業者への短期融資を行なっている農業信用供与機関保有の手形の割引を行なう銀行で, 1923年法で全米の12地区に各1行設置; 現在は, 連邦農業信用銀行 (federal farm credit bank) に統合されている》.

féderal·ism *n* **1** 連邦制. **2** 連邦主義《連邦制国家において, 連邦政府と地方政府との間の法的関係および権能の配分関係につき, 一体性を強調する場合と地方政府への分権を強調する双方の意味で用いられる; cf. STATES' RIGHT》. ▶ COOPERATIVE FEDERALISM (協調的連邦主義) / OUR FEDERALISM (我らが連邦主義) / WORLD FEDERALISM (世界連邦主義).

féderal·ist *n*, *a* **1** 連邦主義者(の). ▶ ANTI-FEDERALIST (反連邦主義者). **2** [F-]《米史》 **a**《独立戦争後の》連邦党の, フェデラリスト(党)の, 連邦側の; 連邦党[フェデラリスト党, 連邦派]党員[支持者] (cf. ANTI-FEDERALIST, REPUBLICAN): the *F*~s 連邦党. **b**《南北戦争時代の, 北部の》連邦側(の), 連邦支持者(の) (cf. CONFEDERALIST). ▶ ANTI-FEDERALIST (反連邦党党員). **3** [°F-] 世界連邦主義者 (world federalist). **4** [The F-]「ザ・フェデラリスト」(= Federalist Papers)《合衆国憲法採択を支持して Alexander Hamilton (1755?-1804), James Madison (1751-1836), および John Jay (1745-1829) が書いた論文集で, 米国憲法の権威的解説書とみなされている》.

Féderalist Pápers *pl* [the ~]《米史》「フェデラリスト・ペーパーズ」(= The FEDERALIST).

Féderalist párty [the ~]《米史》《独立戦争後の》連邦党, フェデラリスト(党), 連邦派 (⇨ FEDERALIST) (cf. ANTI-FEDERALIST PARTY, DEMOCRATIC-REPUBLICAN PARTY, REPUBLICAN PARTY).

Féderalist Sóciety [the ~]《米》フェデラリスト協会《保守・自由論的な法律家・法学生らの全国的協会; cf. NATIONAL LAWYERS GUILD》.

Féderal Judícial Códe [the ~]《米》連邦裁判所法律集《『合衆国法律集』(United States Code) の一部で, 連邦裁判所組織の機構・管轄・手続き・裁判所職員などを扱っている部分》.

féderal jurisdíction《米》連邦裁判所の裁判権.

Féderal Kídnapping Àct [the ~]《米》連邦誘拐法 (= Lindbergh Act)《人を身代金ないし報酬目的で略取・誘拐し, 州・国境を越えて移動させることを処罰する連邦法》.

Féderal Làbor Relàtions Authòrity [the ~]《米》連邦労働関係機関《連邦政府被用者が団体交渉 (collective bargaining) をなす権利を保護するための独立の政府機関; 1978年に設立され翌年から活動; 略 FLRA》.

féderal làbor ùnion《米》連邦労働組合《アメリ

カ労働総同盟・産業別労働組合会議 (AFL-CIO) により直接認められた地方の労働組合).

féderal lánd bànk〚米史〛連邦土地銀行《農業経営者に譲渡抵当金融を行なう銀行で 1916 年に全米の 12 地区に各 1 行設置; 現在は連邦農業信用銀行 (federal farm credit bank) に統合されている》.

féderal láw〚米〛連邦法 (cf. STATE LAW).

Féderal Máritime Commíssion [the ~]〚米〛連邦海事委員会《1961 年に創設され、大統領指名の 5 名の委員からなる独立委員会; 海上運送による合衆国の外国・内国通商の規制権限をもつ; 略 FMC》.

Féderal Mediátion and Conciliátion Sérvice [the ~]〚米〛連邦調停庁《労使紛争による州際通商の妨害を避けるべく和解に導くよう援助する連邦の独立機関; 略 FMCS》.

Féderal Nátional Mórtgage Associàtion [the ~]〚米〛連邦全国譲渡抵当協会《持家増進政策の一環として住宅金融市場の安定と資金の増大をはかるために、金融機関から住宅購入を目的とした譲渡抵当 (mortgage) を買い取り、抵当権の第二次市場を育成すべく、1938 年に連邦政府により設立された法人; 1968 年に半民営化; 略 FNMA; 'Fannie Mae' の俗称がある》.

Féderal Pówer Commìssion [the ~]〚米史〛連邦動力委員会《1920 年設立の行政委員会で、電力および天然ガスの州際事業の社債発行・料金決定・立地などを規制; 1977 年に廃止され、機能は連邦エネルギー規制委員会 (Federal Energy Regulatory Commission) に引き継がれた; 略 FPC》.

féderal preémption〚米〛連邦法による専占《例えば州際通商のような国家的重要問題においては、連邦法が州法に優先して適用されるという原則》.

féderal quéstion 連邦問題 (=federal case)《連邦当局[裁判所]が調査[管轄]すべき事柄》.

féderal quéstion jurisdìction〚米〛連邦問題に対する裁判権《連邦問題 (federal question) を含む事件、すなわち合衆国憲法・連邦法・合衆国の条約の下で生じた民事訴訟に対して、連邦裁判所 (federal court) に与えられる裁判権; ⇨ WELL-PLEADED COMPLAINT RULE》.

Féderal Régister〚米〛『(編年体)連邦行政命令集』『フェデラル・レジスター』《連邦政府から毎日発行される公報; 略 Fed. Reg.》.

Féderal Repórter〚米〛『合衆国控訴審裁判所判例集』『フェデラル・リポーター』(略 F. (First Series 第 1 次シリーズ), F.2d (Second Series 第 2 次シリーズ), F.3d (Third Series 第 3 次シリーズ)).

Féderal Resérve Àct [the ~]〚米〛連邦準備法《1913 年に連邦準備制度 (Federal Reserve System) を定めた法律; 略 FRA》.

Féderal Resérve Bànk [the ~]〚米〛連邦準備銀行《略 FRB; ⇨ FEDERAL RESERVE SYSTEM》.

Féderal Resérve Bòard (of Góvernors) [the ~]〚米〛連邦準備制度理事会《略 FRB; 公式名

the Board of Governors of the Federal Reserve System; ⇨ FEDERAL RESERVE SYSTEM》.

féderal resérve nòte 連邦準備(銀行)券, 連邦準備(銀行)紙幣《合衆国で流通している紙幣》.

Féderal Resérve Sỳstem [the ~]〚米〛連邦準備制度《1913 年設立; 全国を 12 区に分け、各区の中央銀行として Federal Reserve Bank を置き、これをさらに Federal Reserve Board が監督する; 略 FRS, Fed.》.

Féderal Rúles Decísions〚米〛『連邦訴訟手続き規則判例集』『フェデラル・ルールズ・デシジョンズ』《連邦民事訴訟手続き規則 (Federal Rules of Civil Procedure)、連邦刑事訴訟手続き規則 (Federal Rules of Criminal Procedure)、連邦上訴手続き規則 (Federal Rules of Appellate Procedure)、連邦証拠規則 (Federal Rules of Evidence) を解釈・適用した連邦裁判所の判例を集録した判例体系; 1938 年から始まっている; 略 F.R.D.》.

Féderal Rúles Enábling Àct [the ~]〚米〛連邦訴訟手続き規則授権法《連邦裁判所 (federal court) で適用される民事訴訟手続き規則を採用する権限を合衆国最高裁判所 (United States Supreme Court) に授権している 1934 年の制定法》.

Féderal Rúles of Appéllate Procédure *pl* [the ~]〚米〛連邦上訴手続き規則《下級裁判所等からの合衆国控訴裁判所 (United States Court of Appeals) への上訴手続き規則; 略 Fed. R. App. P., FRAP》.

Féderal Rúles of Bánkruptcy Procédure *pl* [the ~]〚米〛連邦破産手続き規則《破産法典 (Bankruptcy Code) に基づき開始される手続きに関する規則; 略 Fed. R. Bankr. P.》.

Féderal Rúles of Cívil Procédure *pl* [the ~]〚米〛連邦民事訴訟手続き規則《1938 年に合衆国最高裁判所が定めた連邦地方裁判所 (federal district court) の民事訴訟手続き規則; それ以前は、コモンローに関しては連邦地方裁判所や州の民事訴訟手続き規則に、エクイティーに関しては統一的な訴訟手続き規則 (⇨ FEDERAL EQUITY RULES) に従っていたが、これにより全国統一的な訴訟手続き規則をもつことになった; 略 Fed. R. Civ. P., FRCP, F. R. Civ. P.》.

Féderal Rúles of Críminal Procédure *pl* [the ~]〚米〛連邦刑事訴訟手続き規則《1945 年に合衆国最高裁判所が制定した連邦地方裁判所 (federal district court) の刑事訴訟手続き規則; 略 Fed. R. Crim. P., F. R. Crim. P.》.

Féderal Rúles of Évidence *pl* [the ~]〚米〛連邦証拠規則《連邦裁判所における民刑事事件の事実審での証拠の許容性についての証拠規則; 合衆国最高裁判所が 1972 年に制定したが、連邦議会内には批判が多く、75 年に議会が修正を加え承認したもの; 略 Fed. R. Evid., FRE》.

Féderal Sávings and Lóan Insúrance

Corporàtion [the ~]《米》連邦貯蓄貸付け保険公社《貯蓄貸付け組合 (savings and loan association) および貯蓄銀行 (savings bank) の預金を保証するために 1934 年に創設された連邦機関; 略 FSLIC》.

Féderal Secúrities Àct [the ~]《米》連邦証券法 (⇨ SECURITIES ACT OF 1933).

féderal státe 連邦(国家), 連合国家, 連邦制《連邦[中央]政府と州・邦・共和国などと呼ばれる支分国《複数の地方》政府とから成る複合国家》; cf. CONFEDERATION OF STATES, UNITARY STATE》.

féderal státute《米》連邦制定法 (federal act).

Féderal Súpplement《米》『合衆国地方裁判所判例集』『フェデラル・サプルメント』《連邦の地方裁判所 (district court), 合衆国請求裁判所 (United States Claims Court), 合衆国関税裁判所 (United States Customs Court) などの判例を集録; 略; F.Supp., F.S.》.

féderal táx《米》連邦税 (cf. STATE TAX, LOCAL TAX).

Féderal Tórt Clàims Àct [the ~]《米》連邦不法行為請求法《連邦公務員が職務中に過失などによって人身被害・財産損害を与えた場合, 連邦政府を相手取って連邦裁判所において損害賠償請求をすることを被害者に認めた 1946 年制定の連邦法; それまでは合衆国政府にはその不法行為につき主権免除 (sovereign immunity) があった; 略 FTCA; cf. LIMITATION-OF-LIABILITY ACT》.

Féderal Tráde Commìssion [the ~]《米》連邦取引委員会《独占禁止法の施行機関である 5 名の委員からなる独立行政委員会; 1914 年の Federal Trade Commission Act (連邦取引委員会法) によって設立; 略 FTC》.

féderal tránsfer《米》連邦地方裁判所の移送(権)《みずからの所に提起された民事訴訟を連邦の地方裁判所 (district court) が, 原告が元来提訴できる他の地方裁判所に移すこと, またはその権利; ⇨ CHANGE OF VENUE》.

féd·er·ate /féd(ə)rèit/ vt 1《独立諸州[諸邦]》を中央政府下に連合させる; 連邦化する, …に連邦制をしく, …に連合国家を結成する. 2…と同盟を結ぶ〈with〉. — vi 連合[同盟]に加わる. — a /-rət/ 連合の, 連邦の, 連邦制度の, 連合国家の (federated). [L; ⇨ FEDERAL]

fed·er·a·tion /fèdəréiʃ(ə)n/ n 1 a《諸植民地・州・邦・共和国・国家の結合した》連邦, 連合《cf. CONFEDERATION); 連邦政府. b 連邦化, 連合国家結成《国家連合 (confederation of states) と違い, 連邦, 連合国家は, その結合関係が広範囲でかつ緊密度もきわめて強く, 中央政府の権限が構成国に対するだけでなくその国民にも直接及ぼし, 国際法の主体性も原則として完全主権国としての連邦のみに認められる). 2《組合などの》同盟, 連合(体). **~·ist** n 連邦主義者.

Fed. R. App. P.《米》°Federal Rules of Appellate Procedure 連邦上訴手続き規則.

Fed. R. Bankr. P.《米》°Federal Rules of Bankruptcy Procedure 連邦破産手続き規則.

Fed. R. Civ. P.《米》°Federal Rules of Civil Procedure 連邦民事訴訟手続き規則.

Fed. R. Crim. P.《米》°Federal Rules of Criminal Procedure 連邦刑事訴訟手続き規則.

Fed. Reg.《米》°Federal Register『連邦行政命令集』.

Fed. R. Evid.《米》°Federal Rules of Evidence 連邦証拠規則.

fee /fíː/ n 1《医師・弁護士・会計士・家庭教師などへの》報酬, 謝礼; 手数料, 料金; [^{o}pl] 授業料; 受験料; 入会金, 入場料 (admission fee); 公共料金;《サッカー選手などの移籍の際にもとの雇い主に払う》移籍料. ▶ ATTORNEY'S FEES (弁護士報酬) / BAR FEE (放免金) / BARRISTER'S FEES (法廷弁護士報酬) / CONDITIONAL FEE (成功報酬) / CONTINGENCY FEE (成功報酬) / CONTINGENT FEE (全面成功報酬(制)) / DIVISION OF FEES (報酬配分) / DOCKET FEE (定額弁護士費用) / ENTRANCE FEE (労働組合入会金) / FILING FEE (申請手数料) / FINDER'S FEE (仲介手数料; 拾得者報労金) / FIXED FEE (固定料金; あらかじめ定めてある上乗せ料) / FORWARDING FEE (受任事件再委任料; 転送手数料) / FRANCHISE FEE (フランチャイズ料; 免許料) / HARBOR FEES (港税) / JURY FEE (陪審手数料) / LICENSE FEE (免許[許可]手数料) / ORIGINATION FEE (貸付け実行手数料) / POUNDAGE FEE (執行手数料) / RETAINING FEE (依頼料) / SUCCESS FEE (成功賞与) / USER FEE (利用者負担金) / WITNESS FEE (証人の旅費). 2《封建制下の》封, 封土 (feud) (cf. BENEFICIUM); 封土権 (feud); 相続可能不動産権, 相続可能財産《特に》絶対的単純封土権 (=FEE SIMPLE ABSOLUTE). ▶ ABSOLUTE FEE (絶対的封土権) / ARRIÈRE FEE (再下封(土)) / BASE FEE (制限封土権) / CONDITIONAL FEE (条件付き封土権) / DEFEASIBLE FEE (消滅条件付き封土権) / DETERMINABLE FEE (解除条件付き封土権) / FRANK FEE (自由土地保有権に基づいて保有している[されている]土地) / IMPROPER FEE (変則封) / LAY FEE (世俗的封土権) / QUALIFIED FEE (制限付き封土権) / SEISIN IN DEMESNE AS OF FEE (封として直領地としての占有). **hold in ~**〈土地を〉単純封土権[相続可能不動産権]として保有する. **in ~** 封として, 単純封土権として, 相続可能不動産権で (⇨ FEE SIMPLE). ▶ DEED IN FEE ((単純)封土権譲渡捺印証書) / ESTATE IN FEE (封土権) / TENANT IN FEE (封保有者; 単純封土権者).
— vt (~d, ~'d)〈人〉に料金[謝礼]を払う. [AF=F *feu* etc.<L *feudum*<?Gmc; cf. FEUD^2, FIEF]

fée-báse n 制限封土権 (=BASE FEE).

féeble-mínd·ed a 重度の知的障害のある, 精神薄弱の.

fée condítional 条件付き封土権 (=CONDITIONAL FEE).

feed /fíːd/ v (**fed** /féd/) vt 1 …に食物[餌]をやる; …に

fee expéctant〘史〙将来限嗣封土権《ある者とその特定の妻および彼らから生まれる直系卑属たる法定相続人に限定して土地が与えられた場合、この夫婦は fee tail (限嗣封土権)と fee expectant とを有するとされた》.

fee fárm〘史〙地代(支払い義務)付き封土権(= feodi firma, firma feodi, perpetual lease)《一定額の地代を支払うだけの奉仕義務を伴う単純封土権 (fee simple); cf. TENANT FARMER》.

fee fárm rènt 単純封土権地代《単純封土権 (fee simple) が譲渡された時に封土権者が支払い義務を負った地代; 永続的に譲渡人側に支払うことになる; 地代付き封土権 (fee farm) 者の支払うべき地代はこれに該当する》.

fée·màil n〘俗〙**1**《弁護士による》報酬ゆすり (cf. BLACKMAIL, GRAYMAIL, GREENMAIL). **2**《弁護士により》ゆすりとられた不当報酬.

fee pátent〘米〙**1** 公有地譲渡証書 (patent) により譲渡された絶対単純封土権 (fee simple absolute). **2**《政府からの》絶対単純封土権譲渡証書.

fee símple (pl fees simple) **1** 単純封土権, 単純不動産権 (= estate in fee simple)《いかなる種類の者であれ法定相続人 (heir) がいる限り相続可能の、不動産に対する財産権で、英米法上の不動産権の中心概念をなすもの; 特に絶対単純封土権 (fee simple absolute) は大陸法上の所有権にも当たる、不動産に対する最大の権利であり、しばしば特定的にこの権利を指す; ⇨ FEE SIMPLE ABSOLUTE》. **2** 単純封土権の権利、相続性に制約のない受益権[財産権]. **in ∼** 単純封土権として. ▶ ESTATE IN FEE SIMPLE (単純封土権).

fee símple ábsolute 1 絶対単純封土権[単純不動産権]、所有権 (= absolute fee)《英米法上はローマ法・大陸法的な土地所有権概念はないが、この権利が不動産権の中で最も大きなもので、実質的には所有権に等しい; 単に fee simple ともいう》. **2** 絶対単純封土権の権利、絶対単純受益権, 絶対単純財産権.

fee símple ábsolute in posséssion 現有絶対単純封土権[単純不動産権] (= estate in fee simple absolute in possession)(⇨ ESTATE). ▶ ESTATE IN FEE SIMPLE ABSOLUTE IN POSSESSION (現有絶対単純封土権).

fee símple condítional 条件付き単純封土権[単純不動産権] (= CONDITIONAL FEE).

fee símple deféasible 消滅条件付き単純封土権[単純不動産権]《被譲与者に法定相続人 (heir) がいなくなった場合、またはそれ以前でも特別限定 (special limitation)・将来権の限定 (executory limitation)・解除条件 (condition subsequent) の成就の結果終了することとなる単純封土権 (fee simple); cf. FEE SIMPLE DETERMINABLE》.

fee símple determínable 解除条件付き単純封土権[単純不動産権] (⇨ BASE FEE).

fee símple súbject to [on] (a) condítion súbsequent 解除条件の定めのある単純封土権[単純不動産権].

fee símple súbject to an exécutory limitátion 将来権の限定のある単純封土権[単純不動産権].

fee splítting 1《弁護士[医師]が依頼人[患者]を紹介した同業者との間に行なう》報酬の割戻し. **2**《同一の事務所に所属していない》担当弁護士間の報酬の配分 (= division of fees).

fee táil (pl fees tail) **1** 限嗣封土権, 限嗣不動産権 (= entailed estate, estate in fee tail, estate in tail, estate tail, tenancy in tail)《被相続人の子・孫など直系卑属によってのみ相続される不動産権》. ▶ ESTATE IN FEE TAIL (限嗣封土権). **2** 限嗣相続財産(権).

fee táil géneral 一般限嗣封土権《ある者の直系卑属であればいかなる配偶者からの者であってもまた男女その他相続についての資格限定のない限嗣封土権 (fee tail)》.

fee táil spécial 特別限嗣封土権《相続すべき者がある者の直系卑属のうち、例えば特定の配偶者の子孫とか男に限るとかというように、特別の資格を有する者に限定されている場合の限嗣封土権 (fee tail)》.

feign /féɪn/ vt **1** …を装う, …のふりをする. **2 a**〘古〙〈口実などを〉でっち上げる, 作る, 〈文書を〉偽造する. **b**〘廃〙隠す, 偽る.

feigned /féɪnd/ a **1** 偽りの, 虚偽の. **2** 架空の, 仮構の, 仮装の.

féigned accómplice《犯罪の証拠を得る目的での》仮装共犯者.

féigned áction〘史〙**1** 無力訴訟《令状記載の事実は正しいが、令状に現われない理由で原告の請求が認められない訴訟で、faint action ともいった; 令状記載事実が誤っている false action (虚偽訴訟) と区別された》. **2** 仮装訴訟《仮装の権利に基づく不法目的で、あるいは真実の法的紛争はないが裁判所の意見を得る目的でなされた訴訟; この意味では、faint action, false action も同義に用いる》.

féigned íssue〘史〙仮装争点《訴訟で問題となっている事実問題を陪審を用いて判断してもらうために、両当事者が合意の上で当該争点のみを架空の訴えの争点として陪審の評決を得る便法上の争点; 陪審を用いられぬエクイティー上の訴えのみならず、コモンロー上も時間と費用の節約のために用いられた》.

féigned recóvery〘史〙仮装不動産回復訴訟 (= COMMON RECOVERY).

FEIN〘米〙federal employer identification number 連邦雇用者識別番号.

FELA /fíːlə/〘米〙°Federal Employers' Liability Act 連邦雇用者責任法.

fel·la·tio /fəléɪʃiòu, fɛ-, -láːti-/ n (pl **-ti·os**) 口淫, フェラチオ《コモンロー上は反自然的性交罪 (crime against nature, sodomy) に当たった》. [L fello to suck]

fel·low /félou/ *n* **1** 人, 男, やつ《しばしば親しい呼びかけとして用いる》; [a ~]《一般に》人 (person), だれでも (one), わたし (I). **2** [ᵁ*pl*] 仲間,《悪事の》連れ, 相棒; 同志, 同僚; 同業者. **3**《大学·学術団体などの》評議員;《学士院などの》会員;《大学の》特別研究員, 助手.
— *a* 仲間の, 同僚の, 同業の.

féllow héir 共同(法定)相続人 (coheir).

féllow-ófficer rùle《米》同僚法執行官の準則 (=collective knowledge rule)《停止·捜査 (stop and frisk) や逮捕を行なう法執行官自身が, そのための合理的嫌疑や相当な根拠について個人的に知識を有していない場合であっても, 他の同僚執行官の知識あるいは法執行機関全体としての知識に基づき行動しているのであれば, その停止や逮捕は有効であるという刑事訴訟手続き上の原則》.

féllow sérvant 共働者《同一雇用者の下の労働者》; ⇨ FELLOW SERVANT RULE.

féllow sérvant rùle《史》共働者の準則 (=common employment doctrine)《他の同僚被用者の過失によって起きた労働災害については雇用者は損害賠償責任を免除されるというコモンロー上の法理; 現在では被災労働者の救済の観点から英米共に廃止されている》.

fe·lo-de-se /féloudəséɪ, fíːloudəsíː/ *n* (*pl* **fe·lo·nes-de-se** /fəlóunizdə-/, **fe·los-de-se** /-louz-/) **1** 自殺 (suicide). **2** 自殺者. ★ **felo de se** ともつづる. [L = felon of himself/herself]

fel·on /félən/ *n* 重罪犯(人). ▶ CO-FELON (共同重罪犯). [OF < L *fellon-* *fello* a criminal]

fe·lo·ni·ous /fəlóuniəs/ *a* **1 a** 重罪(犯)の; 重罪を犯す意思をもってなした: carry out a ~ act. **b** 不法な, 法に背いた. **2**《古·詩》極悪な, 凶悪な. **~·ly** *adv* 重罪として, 重罪を犯す意思をもって; 犯意をもって, 凶悪に.
~·ness *n*

felónious assáult 重罪たる暴行(罪)《加重暴行 (aggravated assault) のこと》.

felónious hómicide 重罪たる殺人《一般に謀殺 (murder) と故殺 (manslaughter) に分けられる》.

felónious inténi 重罪犯意《重罪 (felony) を犯そうとする意思; cf. CRIMINAL INTENT》.

felónious restráint《米》重罪たる束縛《**1**》故意かつ違法に人を重大な身体上の危害にさらす状況下に束縛する犯罪 **2**》人をその意に反する苦役 (involuntary servitude) に服させる犯罪》.

fel·o·ny /féləni/ *n* **1** 重罪 (arson, burglary, murder, rape, robbery など; 元来コモンロー上は軽窃盗 (petty larceny) を除き死刑と財産没収を科された重大な犯罪; 英国では 1870 年法で没収は廃止され, また軽罪 (misdemeanor) との分類も 1967 年法で廃止; 米国では連邦および多くの州で死刑または 1 年を超える自由刑の定めのある犯罪を指す; cf. MISDEMEANOR, TREASON, TREASON FELONY): commit a ~. ▶ APPEAL OF FELONY (重罪私訴) / ATROCIOUS FELONY (凶悪重罪) / CAPITAL FELONY (死刑を科しうる重罪) / COMPOUNDING A FELONY (重罪私和) / MISPRISION OF FELONY (重罪隠匿) / SERIOUS FELONY (重大な重罪) / TREASON FELONY (反逆罪的重罪) / VIOLENT FELONY (暴力重罪). **compound the ~** 重罪を私和する[示談にする]《犯罪となる; ⇨ COMPOUNDING A FELONY》. **2**《史》《封建法上の》忠誠義務違反《その結果封建契約は主君側から破棄され, 殺害され, その封は主君に没収された》.

félony múrder《米》重罪謀殺 (=constructive murderʺ, unintentional murder)《強盗·強姦など危険な重罪 (felony) またはその未遂罪を犯す際に起こした殺人で, 意図した結果でなくとも謀殺 (murder) とみなされるのが原則; ただし, 過酷になりすぎるということで種々の制限が加えられている; ⇨ FELONY MURDER RULE; cf. MISDEMEANOR MANSLAUGHTER》.

félony múrder rùle 重罪謀殺謀殺化準則《重罪謀殺 (felony murder) を謀殺とする原則; あまりに過酷になりうるので, 対象の重罪 (felony) の種類を限定するなど制限の傾向にある; cf. MISDEMEANOR MANSLAUGHTER RULE》.

fémale circumcísion 陰核環状切除(術), 女性外性器切除, 女子割礼《犯罪となりうる; 単に circumcision ともいう》.

fémale génital mutilátion 女性外性器切除(罪), 女子割礼《英国では 2003 年法により医療上必要な場合を除き犯罪; 略 FGM》.

feme /fém, fíːm/ *n* 女性,《特に》妻 (wife). ▶ BARON AND FEME (夫婦). [law F]

féme cóvert《古》夫の庇護下にある女性,《現在婚姻関係にある》既婚婦人. [AF]

féme sóle《古》**1** 独身女性《寡婦または離婚した女性も含む》. **2** 独立婦人《夫から独立してみずからの財産を管理している妻》. [AF]

féme sóle mérchant [tráder]《古》独立婦人商人《もとは London の慣習法によって夫とは独立に商業を営む女性》, 夫とは独立の女性企業家.

fem·i·cide /fémǝsàɪd/ *n* 女性殺害者; 女性殺人.

féminist jurisprúdence フェミニズム法学《フェミニズムの立場から法的諸問題, 特に女性と法との関係を考察する法学》.

femme /fém; *F* fam/ *n* (*pl* **~s** /-z; *F*—/) FEME.

fence /féns/ *n* **1** 囲い, 塀, フェンス, 柵, 垣根. ▶ GOOD AND LAWFUL FENCE (良きかつ適法な囲い) / LAWFUL [LEGAL] FENCE (適法な囲い) / SPITE FENCE (いやがらせの塀). **2** 盗品売買者[所], 故買(ᴷ)屋, 盗品譲り受け者, 贓物(ᴷᵅ)収受者 (cf. RECEIVING STOLEN PROPERTY).
— *vt* **1** 塀をめぐらす, …に囲いをする. **2**〈盗品を〉売買する, 故買する;〈盗品を〉贓物収受者に売る, 故買屋に売る.

féncing pátent 囲い込み特許(権), 防衛特許(権)《現実に実施しようとしたもの以上に発明の範囲を拡げる努力をして得た特許; みずから実施する意図でなくて第三者の実施を防ぐ目的で取得する場合が多い》.

fen·er·a·tion /fènəréɪʃ(ə)n/ *n*《史》**1** 利息付き金銭消費貸借, 金銭消費貸借の利息. **2**《廃》高利貸し(行為) (usury); 高利, 法定利率超過利息.

feod /fjúːd/ *n* **1** 敵対関係, フェーデ, 復讐, 血讐 (feud). **2** 封, 封土 (feud); 封土権 (feud). [L FEUDUM]

feod·al /fjúːdl/ *a* FEUDAL.

feo·dal·i·ty /fjuːdǽləti/ *n* 誠実(の誓い) (fealty).

feodary ⇨ FEUDARY.

fe·o·di fir·ma /fíːədài fóːrmə, fjúːdài-/ 《史》地代付き封土権 (=FEE FARM).

fe·o·dum /fíːədəm, fjúːdəm/ *n*《史》**1** 封, 封土 (feud); 封土権 (feud). **2** 相続可能不動産; 相続可能財産 (fee). ★ feudum ともいう. [L]

feoff /féf, fíːf/ *vt* ENFEOFF. [AF]

feoff·ee /fefíː, fiː-/ *n* 封譲受人.

feoffée to úses《史》ユース付き封譲受人 (cf. FEOFFMENT TO USES) (⇨ USE).

feoffer ⇨ FEOFFOR.

feoff·ment /féfmənt, fíːf-/ *n*《史》**1** 封の譲渡, 封土公示譲渡. **2** 封, 封土. **3** 譲渡証書. ★ enfeoffment ともいう.

féoffment to úses《史》ユース付き封の譲渡《他人のためにユース (use) を付して封[封土権] (fee) を譲渡すること; ⇨ USE》.

féoffment with lívery of séisin 占有引渡しを伴う封の譲渡 (⇨ LIVERY OF SEISIN).

feof·for, feof·fer /féfər, fíːfər/ *n* 譲渡人.

féoffor to úses《史》ユース付き封譲渡人 (cf. FEOFFMENT TO USES) (⇨ USE).

FERA《米》°Federal Emergency Relief Administration 連邦緊急救済局.

fe·rae bes·ti·ae /fíəri béstiː, fèrài-/ 《ローマ法》野生動物, 野獣 (cf. FERAE NATURAE). [L=wild beasts]

fe·rae na·tu·rae /fíəri nətjúːri, fèrài nɑːtúərài/ *a*〈動物が〉野生の (cf. DOMITAE NATURAE, MANSUETAE NATURAE) (⇨ CLASSIFICATION OF ANIMALS). — *n* 野生動物. [L=of a wild nature]

FERC /, fɔ́ːrk/ 《米》°Federal Energy Regulatory Commission 連邦エネルギー規制委員会.

fer·del·la ter·rae /fərdélə téri/《英史》FARDEL OF LAND. [L]

Fér·es dòctrine /féris-, fíəris-, -iz-/《米》フェリス事件の法理《軍に所属する者が軍務にこうむった損害については, 連邦不法行為請求法 (Federal Tort Claims Act) に基づく合衆国に対する損害賠償請求が認められないという準則; 1950年の判例 Feres v. United States の原告名より; **Feres rule**《フェリス事件の準則》ともいう》.

fer·mer /*F* fɛrme/ *n*《史》定期賃借権者,《特に》借地農. [law F]

fer·ry /féri/ *n* **1 a** 渡し船, 連絡船, フェリー. **b** 渡し船の便, 渡し; 渡船場: cross the ~ 渡しを渡る. **2** 渡船営業権 (=~ fránchise).

fértile octogenárian rùle 80歳代受胎可能の準則《コモンロー上 永久拘束禁止の準則 (rule against perpetuities) の下での法的擬制 (legal fiction) で, 女性は年齢にかかわらず生存している限り妊娠可能であると想定すること》.

fes·tu·ca /festúːkə/, **fis-** /fís-/ *n*《史》棒《土地譲渡契約ないしはその手続きで当事者がその誠実さを示す象徴として用いた》. [L=stalk, stem]

fe·ti·cide, foe- /fíːtəsàid/ *n* 胎児殺し, 堕胎 (=child destruction) (cf. INFANTICIDE, NEONATICIDE, PROLICIDE). **fè·ti·cí·dal** *a* [L *fetus* offspring]

fet·ter /fétər/ *n* [*pl*] 足かせ, 足鎖. — *vt* …に足かせ[足鎖]をかける.

fe·tus, foe- /fíːtəs/ *n* 胎児.

feu, few /fjúː/ *n* **1** 定額地代永久不動産賃借権; 定額地代永久賃借不動産. **2**《スコットランド史》地代支払い保有《軍事的奉仕の代わりに金銭や穀物を地代 (feu annual, feu duty) として支払う土地保有; 2000年法により廃止》; 地代支払い保有で保有している土地[封土]. — *vt*〈土地を〉feu として与える. [OF; ⇨ FEE]

féu ánnual《スコットランド史》《地代支払い保有 (feu) に基づく》毎年支払う地代 (=feu duty) (⇨ FEU).

féu·ar /fjúːər/ *n*《スコットランド史》FEU の保有者.

feud[1] /fjúːd/ *n*《史》敵対関係, フェーデ, 復讐, 血讐,《2家族[氏族]間の何代にもわたる》不和, 宿恨, 確執;《一般に》反目, 争い: a family ~ 家族間の不和, 一族内の争い / death [deadly] ~ 相手を殺さずにはおかぬ深い恨み / at ~ with…と不和で / a ~ between two groups. ▶ BLOOD FEUD (血讐). — *vi* 反目する, 争う〈*with*〉. [OF<Gmc; cf. OE *fæhthu* enmity]

feud[2]《史》 *n* 封;封土(ほう), 領地 (=fee, feod, feodum, fief) (cf. ALLODIUM, BENEFICIUM); 封土権 (=fee, feod, feodum, fief): in ~ 封(土)として. ▶ HONORARY FEUD (爵位) / IMPROPER FEUD (変則封) / PROPER FEUD (固有封). [L *feudum* FEE]

feu·dal /fjúːdl/ *a* **1 a** 封の, 封土の, 封土権の 《cf. ALLODIAL》; 封建制(度)の, 封建法の[に基づく]: a ~ lord 封建領主. **b** 封建時代の; 封建的な, 旧式の. **2**《社会・組織など》《封土の恩給に対して軍事奉仕を提供するような》契約的・互恵的な関係を特徴とする. **~·ly** *adv*

féudal áction《史》封土権訴訟.

féudal cóurt《史》封建裁判所《領主は封建関係に基づき, その保有者との封建関係をめぐる, およびその保有者間の特に封土をめぐる法的紛争を裁判する権能を有したが, それを行使した裁判所; 特に当時最大の富であった土地をめぐる紛争処理に大きな管轄権を有した; cf. SEIGNORIAL JURISDICTION》.

féudal dúes *pl* 封建的賦課金.

féudal íncident《史》封建的付随条件, 封建的付随義務 (=incident of tenure)《封建契約に基づき保有者が主君[領主]に対して果たすべき主たる義務《例えば軍事奉仕保有の場合の騎士奉仕など》に付随して負う義務で, 保有条件によって異なったが, relief (相続料), wardship (後見権) および maritagium (婚姻権) に服する義務, aid (上納金), escheat (不動産復帰) などがあり, 多くは経

feudalism

済義務であった; 本来は付随的であったが, 封建制の変質・物化に伴い, これが重視され, この経済的意義を中心に封建法, 特に土地法が動くことになった]).

féudal·ìsm *n* 封建制, 封建制度[主義] (=feudal system).

féudal jurisdíction 《史》封建的裁判権 (⇨ FEUDAL COURT).

féudal làw 《史》封建法.

féudal posséssion 封建的占有 (SEISIN の同義語としてローマ法上の possessio (占有) に対比して学問上用いられることがある).

féudal socìety 封建(制)社会.

féudal sỳstem 封建制(度) (feudalism).

féudal ténure 封建的不動産[土地]保有条件[態様].

feu·da·ry, feo·da·ry /fjúːdəri/ *n* 《史》**1** 封建的不動産[土地]保有者. **2** フューダリー《後見裁判所 (Court of Wards (and Liveries)) の役人や封建的所領役人の一人》. — *a* FEUDATORY.

feu·da·to·ry /fjúːdət̀ɔːri/, -t(ə)ri/ *n* 《史》**1** 封建的不動産[土地]保有者. **2** 封臣, 家臣; 宗主支配下の王侯. **3** 封土, 領地. — *a* 封建関係にある, 封を受けている; 封臣である, 主従[君臣]の関係の〈to〉; 宗主権の下にある.

feud·bote /fjúːdbòʊt/ *n* 《史》フェーデ代償金, 血讐代償金.

feu·dum /fjúːdəm/ *n* (*pl* **feu·da** /fjúːdə/, ~s) 《史》FEODUM. [L]

féu dùty 《スコットランド史》《地代支払い保有 (feu) に基づいて毎年支払う》地代 (feu annual).

few ⇨ FEU.

ff. fixed fee ♦ following (pages).

FF °freight forwarder 運送[貨物]取扱人.

FG 《米》°Federal Government 連邦政府.

f.g.a., FGA free from GENERAL AVERAGE 共同海損不担保で[の].

FGM °female genital mutilation 女性外性器切除(罪).

FHA 《米》°Farmers' Home Administration 農業経営者住宅局 ♦ 《米》°Federal Housing Administration 連邦住宅局.

FHFB 《米》°Federal Housing Finance Board 連邦住宅金融委員会.

FHLB 《米》°Federal Home Loan Bank 連邦住宅貸付け銀行.

FHLBB 《米史》°Federal Home Loan Bank Board 連邦住宅貸付け銀行委員会.

FHLMC 《米》°Federal Home Loan Mortgage Corporation 連邦住宅貸付け譲渡抵当公社.

FHSA 《英》°Family Health Services Authority 家庭医療機関.

fi·ar /fíːər/ *n* 《スコットランド》所有権者《生涯権にかもたない生涯権者 (life-renter) との対比で用いる》; ⇨ LIFE-RENT). [ME (Sc. dial.)]

fi·at /fíːət, -æt, -ɑːt; fáɪət, -æt/ *n* **1** 命令; 専断的命令, 専断的の決定; 勝手な布告. **2** 認可, 同意; 決定. [L=let it be done]

fiat ju·sti·tia /fáɪət dʒəstíʃiə/ 《史》正義付与命令[文言]《国王に対して民事救済を求める権利請願 (petition of right) や貴族院で誤審 (error) 手続きをとる場合に, あらかじめ国王からの許可を得, その旨を申立書にこの語を記入して示す要があった). [L=let justice be done]

Fiat justitia ru·at coe·lum [cae·lum]. /— — rúːət síːləm/ たとえ天が落ちようとも正義はなわしめよ. [L=Let justice be done, though the heaven should fall.]

fìat mòney 名目貨幣, 法定不換紙幣 (=flat money)《国家によって法的に認められている正貨準備なしの貨幣》.

FICA /fáɪkə/ 《米》°Federal Insurance Contributions Act 連邦保険拠出金法.

fic·tio /fíkʃioʊ/ *n* (*pl* **fic·ti·o·nes** /fikʃióʊniːz/) 《ローマ法》(法的)擬制 (fiction). [L<*fingere* to feign]

Fictio ce·dit ve·ri·ta·ti. /— síːdɪt vèrɪtéɪtàɪ/ 擬制は真実に屈する. [L=Fiction yields to truth.]

fíctio júris /-dʒúərɪs/ 法的擬制 (=LEGAL FICTION). [L]

Fictio le·gis non ope·ra·tur dam·num vel in·ju·ri·am. /— líːdʒɪs nɑn ɔʊpəréɪtər dǽmnəm vɛl ɪndʒúːriəm/ 法的擬制は損失も不法も生み出さない. [L=A legal fiction does not work loss or injustice.]

fic·tion /fíkʃ(ə)n/ *n* **1**《法的な》擬制 (=LEGAL FICTION). ▶ LEGAL FICTION (法的擬制). **2** 仮説, 虚構. **~·al** *a* [OF<L (*fict- fingo* to fashion)]

fiction of láw 法的擬制 (=LEGAL FICTION).

fic·ti·tious /fɪktíʃəs/ *a* **1** 擬制の, 擬制的の, 架空の, 仮装の: ~ transactions 空(架)取引. **2** 偽りの (false). **~·ly** *adv* 偽って. **~·ness** *n* [L; ⇨ FICTION]

fictítious áction 仮装訴訟《通例は真実の法的紛争の決着のためというよりはむしろ事実問題・法的問題についての裁判所の意見を得る目的でなされる非倫理的訴訟》.

fictítious ásset 《英》擬制資産《貸借対照表上は資産として計上されてはいるが, 実際には価値がなく売却できないもの》.

fictítious bíll 空(架)手形.

fictítious náme 架空の氏名; 偽名, 別名 (alias).

fictítious páper 空(架)手形.

fictítious párty 架空当事者.

fictítious páyee 架空受取人, 虚構の受取人.

fictítious pérson 1 法人 (=ARTIFICIAL PERSON). **2** 架空の人; 《特に》架空受取人 (fictitious payee).

fictítious príce 掛け値.

Fid. Def., FID DEF 《英》°Fidei Defensor 信仰の擁護者.

fid·dle /fídl/ *n* 《口》詐欺, いかさま, ペテン, 詐取. **on**

[at] the ～ 《口》いんちき[いかさま]をやって. — vt, vi 《口》だます, ごまかす.

fid·dler n 《口》けちないんちきをする人, ペテン師.

fi·dei·com·mis·sary /fàɪdiaɪkámǝsèri, -kǝmísǝri; -kómɪsǝri, -kǝmís-/ a 《ローマ法・大陸法》信託遺贈の(受益者) (cf. FIDEICOMMISSUM).

fi·dei·com·mis·sor /fàɪdiaɪkǝmísǝr/ n 《ローマ法・大陸法》信託遺贈者 (cf. FIDEICOMMISSUM). [*fideicommiss*um, -or]

fi·dei·com·mis·sum /fàɪdiaɪkǝmísǝm, fiːdeɪː-kǝːmíːsum/ n (pl **-com·mis·sa** /-sǝ, -sɑː/) 《ローマ法・大陸法》信託遺贈《元来は, 被相続人が遺贈の方式を踏まず無方式で行なう依頼で, その履行を相手方の信義に委ねること; ここから, 法定相続人 (heir) に遺産を信託し, 委任類似の仕方で遺言に示された人に遺産の全部または一部を譲渡すること; 略 FC, f.c.; cf. SUBSTITUTION》. [L (FIDES, *committo* to entrust)]

Fi·dei De·fen·sor /fáɪdiaɪ dɪfénsɔːr/ 《英》信仰の擁護者 (⇨ DEFENDER OF THE FAITH). [L=Defender of the Faith]

fi·de·jus·sio /fàɪdɪdʒʌ́ʃioʊ/ n 《ローマ法》信命《ローマ法上の保証行為の一つで, 主債務が保証人の信義によって存立することを命令することによって成立するもの》.

fi·de·jus·sor /fàɪdɪdʒʌ́sɔːr, -dʒʌ́sǝr/ n 《ローマ法》信命人 (surety) (cf. FIDEJUSSIO). [L]

fi·del·i·ty /fǝdélǝti, faɪ-/ n 誠実, 忠実, 忠誠. [F or L (*fidelis* faithful ⟨ *fides* faith)]

fidélity and guáranty insùrance, fidélity guáranty insùrance 誠実保証保険 (=FIDELITY INSURANCE).

fidélity bònd 身元保証(証書), 誠実保証(証書)《雇用者に対して被用者の不正行為による損害を填補する保証(書); 被用者全部に適用されるものを包括損害填補証(証書) (blanket bond) といい, 特定被用者にのみ適用されるものを特定的身元保証(証書) (schedule bond) という; ただし blanket bond の語が広義で fidelity bond と同義に用いられることもある; cf. GUARANTY BOND, INDEMNITY BOND, SURETY BOND》.

fidélity insùrance 身元保証保険, 身元信用保険, 誠実保証保険 (=fidelity and guaranty insurance, fidelity guaranty insurance)《被用者の不誠実行為・契約不履行による雇用者損害を填補する保険》.

fi·des /fáɪdɪz/ n 信義, 誠実, 信頼, 信託. ▶ BONA FIDES (善意) / MALA FIDES (悪意, 不誠実) / UBERRIMA FIDES (最高信義). [L=faith]

fi·du·ci·ary /fǝd(j)úːʃièri, -ʃǝri; -ʃ(i)ǝri/ a 受認者の, 被信認人の; 信認[信託]に基づく, 信認上の, 信託の, 信任[信用]発行の(貨幣); ～ issue《正貨準備なしの銀行券の》保証[信用]発行 / a ～ loan 信用貸付金《対人信用のみによる》/ ～ notes (paper currency) 保証[信用]発行紙幣. — n 受認者, 高度の忠実義務を負う者; 受託者, 被信託者 (trustee). **fi·dú·ci·àr·i·ly** /; -ʃ(i)ǝ-/ adv 受認者として, 受託者として. [L (*fiducia* trust)]

fidúciary bònd 受認者(義務)保証証書《後見人 (guardian), 受託者 (trustee), 遺産管理人 (administrator), 遺言執行者 (executor) 等の受認者 (fiduciary) がその義務の適正履行を保証する証書; cf. OFFICIAL BOND》.

fidúciary capàcity 受認者としての資格, 受認者資格: act in a ～.

fidúciary còntract《史》信認契約.

fidúciary dùty《受託者・遺言執行者・弁護士・会社取締役などの》信認義務.

fidúciary-óut clàuse 受認者脱落条項《会社の合併 (merger) 合意中の条項で, 買収対象会社 (target company) が合意違反を犯すことなく合意を解約しうる条件が明記されている条項; 最も一般的な条件としては他からより好条件の申し出があった場合などが記される》.

fidúciary relàtionship 信認関係 (=**fidúciary relàtion**)《広義では一般の信頼関係 (confidential relationship) と同義に用いるが, 狭義では例えば後見人 (guardian) と被後見人 (ward), 代理人 (agent) と本人 (principal), 受託者 (trustee) と受益者 (beneficiary), 弁護士 (attorney) と依頼人 (client) との関係のように, その関係の範囲内の事項についてもっぱら他人の利益のために行動する義務を負っている関係を指す; この狭義の信認を受けた人は, 一般の信頼関係よりも高度の忠実義務 (duty of loyalty) を負い, 相手方の利益を最優先にして最高度の信義誠実を尽くして行動しなければならない; cf. SPECIAL RELATIONSHIP》.

fidúciary shíeld dòctrine《米》受認者の盾(たて)の法理《法人・会社の役員・被用者がその資格でなした行為は, その者の個人としての資格ではその者に対する裁判管轄権の基礎にはなりえないという原則》.

fief /fiːf/《史》n 封(ほう), 封土, 領地 (feud) (cf. BENEFICIUM); 封土権 (feud). ▶ ARRIÈRE FIEF (再下封(土)). [F; ⇨ FEE]

fief-ténant n《史》封土権保有者.

Field /fiːld/ フィールド **David Dudley** ～ (1805-94)《米国の法律家で, 特に法改革で功績; 1847 年に New York 州の法典化委員会委員となり, 48 年に Code of Procedure (訴訟法典) (いわゆる Field Code (フィールド(民事訴訟)法典))案をまとめ, 同年中に同州で採択され, その後多くの州, 連邦裁判所により採用された; さらに, 60-65 年の間に, Political Code (公法典), Penal Code (刑法典), Civil Code (民法典) の案を公けにしたが, 実体法法典化の面では手続法上ほどの成果はなく, 82 年に刑事法典が New York 州で採用されたにすぎなかった; cf. FIELD CODE》.

Field Còde [the ～] フィールド(民事訴訟)法典《米国の法学者 David Dudley FIELD (1805-94) が中心になって起草し 1848 年に成立した New York 州の民事訴訟法典; 訴訟方式 (forms of action) の廃止, コモンローとエクイティーの融合をはじめ, 米国全体の民事訴訟法に大きな変革をもたらした; ⇨ CODE PLEADING》.

field gèneral cóurt-màrtial 〖英〗戦場将官軍法会議 (cf. DISTRICT COURT-MARTIAL, GENERAL COURT-MARTIAL).

field sobríety tèst 現場での飲酒検知(法)《(飲酒運転をしていたか否かを確認するために、警察官が運転者に自動車を止めさせたうえで、アルファベットを言わせたり、まっすぐ歩かせたりすることなどによる飲酒検知(法)》.

field wárehouse recèipt 現場倉庫による倉庫証券 (cf. FIELD WAREHOUSING, WAREHOUSE RECEIPT; cf. also FLOOR PLAN FINANCING).

field wàrehousing 現場倉庫制, 出保管(ほかん)《借主が自己の敷地内の倉庫や資材置き場の一部を区画し, 倉庫業者にその部分とそこにある在庫資材などの占有を移し, それにつき倉庫証券 (warehouse receipt) を発行させて, その証券に示されたものを担保として融資を受ける金融方法》.

fi·eri fa·ci·as /fáɪəràɪ féɪʃiəs/ 動産執行令状《金銭給付判決を得た原告のため被告の動産を差し押さえ換価し, 原告を満足させるべく命ずる令状; 略 fi. fa., fi fa, Fi. Fa.; cf. LEVARI FACIAS》. [L=that you cause to be made]

fíeri fácias de bó·nis ec·cle·si·ás·ti·cis /-di bóʊnɪs ɛkliːziǽstəsɪs, -ʒi-/ 〖史〗教会動産執行令状《聖職者である被告に対して金銭給付判決を得た原告が, 被告が世俗的封土権 (lay fee) を有していないとの報告を得た後に主教[司教]宛に出される執行令状で, 主教[司教]区 (diocese) 内の被告の教会動産から原告を満足させるよう命ずるもの》. [L=that you cause to be made of the ecclesiastical goods]

fíeri fácias de bónis tes·ta·tó·ris /-tèstətɔ́ːrɪs/ 〖史〗遺言者動産執行令状《遺言者 (testator) のために遺言執行者 (executor) に対して出された動産執行令状》. [L=that you cause to be made of the testator's goods]

fíeri fé·ci /-fíːsaɪ/ 執行済《動産執行令状 (fieri facias) に対して執行官がなした執行済の復命》. [L=I have caused to be made]

fi. fa., fi fa, Fi. Fa. /fáɪ féɪ/ °fieri facias 動産執行令状.

FIFO /fáɪfoʊ/ °first in, first out 先入れ先出し(法).

fif·teenth /fɪftíːnθ, -θ, ／－＼/ n 〖pl〗〖史〗十五分の一税《評価動産の 15 分の 1 に相当する額の税金》.

Fífteenth Améndment [the ~]〖米〗合衆国憲法第 15 修正《人種・皮膚の色・奴隷であったかどうかにより選挙権を制限することを禁ずる条項; 1870 年成立》.

Fifth /fífθ/ n [the ~]〖米〗(合衆国憲法)第 5 修正 (Fifth Amendment). ▶ TAKING [PLEADING] THE FIFTH (第 5 修正の援用). **take [plead] the ~**(第 5 修正を援用して)自己に不利益となる供述を拒否する(⇒ TAKING THE FIFTH).

Fifth Améndment [the ~]〖米〗合衆国憲法第 5 修正《以下の 5 つの権利を定める: 1) 大陪審による告発・起訴の権利 2) 同一犯罪につき重ねて刑事上の責任を問われないこと 3) 自己に不利益な供述を強要されないこと 4) 法の適正な手続きの保証 5) 財産の公用収用に対して正当な補償を受ける権利》. **take [plead] the ~** 第 5 修正を援用する, (第 5 修正を援用して)自己に不利益となる供述を拒否する(⇒ TAKING THE FIFTH).

fifth degrée 第五級, 最軽度《犯罪類型の中の最も軽い程度を示す語として時に用いられる》: theft in the ~ 第五級の窃盗, 最も軽い窃盗.

50-percént rùle /fɪfti-/ 50 パーセントの準則《= modified comparative negligence doctrine》《不法行為上の責任についての純粋比較過失の法理 (pure comparative negligence doctrine) によれば, 被害者側に 50% 以上の過失比率があると認定された場合, 加害者側の過失責任はなくなり, 損害賠償責任もなくなるという原則》; cf. APPORTIONMENT OF LIABILITY, COMPARATIVE NEGLIGENCE, COMPARATIVE NEGLIGENCE DOCTRINE.

fight /fáɪt/ v (fought /fɔːt/) vi 1 戦う《about, over; against [with] an enemy; for a cause, to do》. 2《議論・論争で》戦う, 争う, けんかする; 優劣を競う《for》. — vt …と戦う; …と言い争う; …について戦う. — n 戦い, 闘争; 争い, 論争. ▶ CHALLENGE TO FIGHT (決闘の挑戦) / PRIZE FIGHT (懸賞試合) / PROXY FIGHT (委任状合戦).

fíghting wórds pl *けんかことば《暴力に訴える反応を惹起することば; 特に合衆国憲法第 1 修正に保障する言論の自由で保護されない表現形態の一つとして重要となる》.

fig·ure /fígjər, -gər; -gər/ n 1 (アラビア)数字;《数字の》位, 桁; 合計数, 総額. 2 [pl] 数字計算: do ~s 計算する. 3 形, 形態; 姿, 容姿; 人物, 名士. ▶ PUBLIC FIGURE (公人). 4 図; 図案, デザイン. 5 表象, 象徴.

fil·a·cer /fíləsər/, **fil·a·zer, fil·i·zer** /fíləzər/ n 〖英史〗令状係事務官《かつて Westminster 在のコモンロー上位裁判所で訴訟開始令状 (original writ) を受け, これに基づく訴訟手続き上の令状 (process) を発給した役人; 1837 年法で廃止》. [filace (obs) role, list]

file /fáɪl/ n 1 紙差し, 状差し, 書類差し; 書類ばさみ, 書類保管ケース, ファイル;《書類・新聞などの》綴じ込み; 綴じ込み帳: keep in [on] a ~ 綴じ込みにしておく. 2《整理された》資料, 記録; 公式記録, 情報書類: the missing persons' ~. 3〖電算〗ファイル《一単位として取り扱われる関連記録》. ▶ COMPUTER FILE (コンピューターファイル). 4《古》名簿, 目録. **on ~** 綴じ込んで; 整理[記録]されて. — vt 1《項目別に》綴じる;《綴じ込んで》整理保管する, 記録簿に保管する《away》. 2《証書・書類・訴えなどを》正式に提出する;《記事を》送る;《訴えなどを》起こす; 手続きをとる, 登録する: ~ a petition with …に請願書[申立書]を提出する / ~ a petition in bankruptcy 破産申し立てをする. — vi《法的手続きを開始するための》書類[申請書, 申立書]を提出する, 申請する, 申し立てる《for divorce [bankruptcy]》; 訴訟を起こす, 提訴する《against sb》. 2*候補者として登録する,《特に予備選挙に》立候補する《for》. 3 綴じ込む, 整理して

保管する.

file clerk 《法律事務所などの》文書整理係 (=filing clerk).

filed plan 〖英〗登録図面《土地登録証明書 (land certificate) および譲渡抵当権登録証明書 (charge certificate) 中の土地の表示 (property register) に付され, その土地の所在地を示している図面; 通例境界の位置が示されている》.

filed-rate doctrine 提出料金の法理《公共運送人 (common carrier) のような規制対象法主体は政府の規制機関に提出した料金以外の料金を課しえないというコモンロー上の準則》.

file wrapper 《特許権・商標権の》出願書類(一式).

file wrapper estoppel 特許権出願書類についての禁反言 (=PROSECUTION HISTORY ESTOPPEL).

fil·i·ate /fílièit/ *vt* 〈非嫡出子の〉父親を決定する, (強制)認知する.

fil·i·a·tion /fìliéiʃ(ə)n/ *n* **1**《ある人の》子であること, 《特に子の父親に対する》親子関係. **2***〈非嫡出子の〉強制認知, 父の決定 (=affiliation¹¹)《父みずからが認める任意認知 (acknowledgment) に対し, 裁判で父であることを決定すること》. ▶ ORDER OF FILIATION (非嫡出子の父の決定).

filiation order 〖米〗非嫡出子の父の決定《命令》(=order of filiation).

filiation proceeding 父の決定手続き (cf. AFFILIATION PROCEEDING).

fil·i·bus·ter /fíləbàstər/ *n* **1** **a**〈長い演説などによる立法府での〉議事妨害; 議事妨害演説. **b**〈議事妨害者. **2**〈政府の命令に従わないで外国を侵す〉不法戦士;〖史〗海賊. — *vi* **1** *議事の進行を妨害する (stonewall¹¹). **2**(外国に)侵入する. — *vt**議事妨害によって〈議案〉の通過を遅らせる[阻止]する. ~·er* *n* 議事妨害者. ~·ing *n* 議事妨害. [Du]

fil·ing /fáiliŋ/ *n* **1** 綴じ込み, 書類整理;《整理された特定の》書類《特に裁判所の書記・文書保管者が保管している訴答など》: a ~ card データ整理用カード / ~ system 文書整理システム. **2** 提訴,《裁判所への》(訴状などの)提出;《書類・証書などの》提出, 登録. ▶ FIXTURE FILING (定着物登録).

filing clerk 文書整理係 (file clerk).

filing fee 申請[出願, 文書提出]手数料.

fi·li·us /fílias/ *n* (*pl* **fi·lii** /fíliì:/) **1** 息子, 子. ▶ NULLIUS FILIUS (親なし子). **2** [*pl*] 子孫 (descendants). [L=son]

filius fa·mi·li·as /-fæmíliəs/ *n* (*pl* **filiifamilias**)〖ローマ法〗家男, 家子. [L=son of the family]

filius nul·li·us /- nəláriəs/ (*pl* **filii nullius**)〖史〗親なし子, 何びとの子にも非ざる子, 非嫡出子, 私生子 (=nullius filius) (cf. BASTARD, ILLEGITIMATE CHILD). [L=nobody's son]

filius po·pu·li /- pápəli:/ (*pl* **filii populi**)〖史〗民衆の子, 非嫡出子 (filius nullius), 私生子《かつて教区の負担で養育したことからこの表現が出た》. [L=son of the people]

filizer ⇨ FILACER.

film /fílm/ *n* フィルム, 映画.

filthy /fílθi/ *a* **1** 不潔な, よごれた, きたない. **2** 道徳的に不快な, 汚らわしい, みだらな, 卑猥な.

fi·lum aquae /fáiləm éikwi, fí:ləm á:kwài/ (*pl* **fi·la aqua·rum** /fáilə əkwǽrəm, fí:lə əkwá:rəm/) 河川中央線. [L=thread of water]

filum fo·res·tae /-fɔ́:rəsti, -fɑ́rɛ́sti/ 森林の境界(線). [L=border of a forest]

filum vi·ae /-váɪi/ 道路中央線. [L=thread of a way]

fi·nal /fáinl/ *a* 最終の, 最後の; 決定的な, 最終的な; 最終審の, 局局の (cf. INTERLOCUTORY): the ~ aim 究極目的 / the ~ ballot 決選投票. ~ **and conclusive** 終局の.

final account 最終勘定 (=final report)《破産手続き・遺産相続・後見などで受認者 (fiduciary) が手続き終了時に行なう会計報告を含む最終報告ないしはその書面》.

final act〖国際法〗(国際会議)最終議定書《国際会議の議事についての公式の概要文書; それへの参加国代表の署名は署名国に対して拘束力を有さず, これに拘束力を持たすためには批准 (ratification) 後の別の署名が必要となる; しかしまれにはこれが条約 (treaty) となる》.

final argument*最終弁論 (=CLOSING ARGUMENT).

final concord〖史〗《和解譲渡 (fine) 手続きの》最後の和解[合意].

final decision 終局判決, 最終審決 (=FINAL JUDGMENT).

final decision rule 終局判決準則 (=FINAL JUDGMENT RULE).

final decree 終局判決《特にエクイティー上の事件・海事事件または離婚事件で用いられる; cf. DECREE, FINAL JUDGMENT》.

final dividend 期末配当 (cf. INTERIM DIVIDEND).

final injunction 終局的差止め命令, 本案の差止め命令 (=PERMANENT INJUNCTION).

fi·nal·i·ty /faɪnǽləti/ *n* 最終的[終局的]であること; 終局性, 究極性; 結末, 決着, 究極.

finality clause 終局性条項《仲裁判断や行政機関の判断が最終的判断で, それについて訴訟で争うことができない旨の制定法上の条項》.

finality doctrine 終局性の法理《裁判所は行政機関の行為については, それが終局的なものになって初めて司法上の再審査をなすという原則; cf. FINAL JUDGMENT RULE, INTERLOCUTORY APPEALS ACT》.

finality rule 終局性準則 (=FINAL JUDGMENT RULE).

final judgment 1 終局判決 (=final decision)

(cf. FINAL DECREE, INTERLOCUTORY JUDGMENT, INTERIM JUDGMENT). **2** [the F- J-] 最後の審判 (Last Judgment).

fínal júdgment rùle 終局判決準則 (=final decision rule, finality rule)《上訴対象は終局判決 (final judgment) でなければならないという原則; cf. COLLATERAL ORDER DOCTRINE, DEATH KNELL DOCTRINE, INTERLOCUTORY APPEAL, JUDICIAL ECONOMY EXCEPTION》.

fínal·ly *adv* 最後に; 終わりに当たって, ついに, 結局; 最終[決定]的に, 終局的に.

fínal óffer arbitràtion 最終的申し出択一仲裁《双方の紛争当事者が仲裁人に対して最終的意思表示をを申し出, 仲裁人はその中の一方を結論として選ぶのみで, 両者の折衷をはからないやり方の仲裁》.

fínal órder 終局命令《紛争全体について最終的決着をつける裁判所などの決定・命令》.

fínal prócess 終局令状, 執行令状 (cf. MESNE PROCESS) (⇨ ORIGINAL PROCESS).

fínal repórt 最終報告(書) (=FINAL ACCOUNT).

fínal rúle《行政機関がその案につき公聴会などでの意見聴取後に公布する》決定規則.

fínal spéech "最終弁論 (=CLOSING ARGUMENT*).

fi·nance /fənǽns, fáinæns, fainǽns/ *n* **1** 財政, 財務; 財政学: home ~*s* 家計 / the Minister [Ministry] of F~ 財務大臣[財務省]. ▶ PUBLIC FINANCE (財政). **2** [*pl*] 財源, 財力, 資金. **3** 資金調達, 融資, 金融.
— *vt* **1** …に金を融通する, 融資する, …のために資金を調達[供給]する: ~ an enterprise 企業に融資する / ~ a son *at* [*through*] the university 息子に大学の学資を出してやる. **2** …に商品を掛け売り[信用売り]する.
— *vi* 資金を調達する. [OF (*finer* to settle debt ⟨FINE)]

fínance bìll 1 [°F- B-] "財政法案. **2***金融手形《一国の銀行から他の銀行宛てに振り出される通例 60日以上の期間のある為替手形》.

fínance chàrge 金融料, ファイナンス料; ローン手数料, クレジット手数料; 割賦手数料《通例は割賦払いにおいて購入者が支払う利息の形での手数料》.

fínance còmpany 金融会社《通例 少額・短期の融資をするノンバンクの会社》. ▶ SALES FINANCE COMPANY (販売金融会社).

fínance léase 金融リース, ファイナンス・リース《目的物の供給者 (supplier), 貸主 (lessor), 借主 (lessee) の 3 者間の取引を基礎として, 実質的には借主が物品の利用権を取得するための資金を融資してもらう目的でなされるリース; 供給者は借主の指示に従って目的物を製造・供給し, 貸主が目的物の買主となり, 借主にその物品を貸す貸主となる; 通常の賃貸借と異なり貸主は保証責任は負わず, 供給者が直接負う》.

fi·nan·cial /fənǽnʃ(ə)l, fai-/ *a* 財政上の, 財務の; 金融上の; 金融関係者の: a ~ ability 財力 / ~ adjustment 財政整理 / a ~ agency 金融関係政府機関 / a ~ analysis 財務分析 / ~ circles=the ~ world 財界, 金融界 / a ~ crisis 金融危機 / ~ difficulties 財政困難 / ~ resources 財源. **~·ly** *adv* 財政的に, 金融上.

fináncial accóunting 財務会計.

Fináncial Accóunting Stàndards Bòard [the ~]〚米〛財務会計基準委員会《1973年設立; 公認会計士 7 人からなり, 会計の基本原則を定める独立組織; 略 FASB》.

fináncial assístance 財政援助《特に 英国では, 自社の株を取得してもらうための》財政援助《1985年法で原則として違法》.

fináncial institútion 金融機関.

Fináncial Institútions Refórm, Recóvery and Enfórcement Àct [the ~]〚米〛金融機関改革再生強制法《1989年の連邦法; 1980年代後半に経営破綻に陥った多数の貯蓄貸付組合 (savings and loan associations) を連邦資金を投入して救済し関連諸改革を行なうために制定; 略 FIRREA》.

fináncial intermédiary 金融仲介機関《貯蓄者から預金・債券売却代金などの形で受け入れた余剰資金を資金必要者に貸付けなどの形で供与する機関; 商業銀行・住宅金融組合・信用組合など》.

fináncial márket 金融市場.

fináncial plánner 個人資産運用プランナー. ▶ CERTIFIED FINANCIAL PLANNER (公認個人資産運用プランナー).

fináncial provísion〚英〛資金給付《一般的な意味でも多く用いられるが, 特に 離婚・別居に伴い一方配偶者から他方配偶者や子供のために裁判所が命ずる資金給付; かつては ALIMONY (〈妻の〉扶助料) と呼ばれていたものに当たる資金給付; cf. FINANCIAL PROVISION ORDER》. ▶ REASONABLE FINANCIAL PROVISION (相当の資金給付).

fináncial provísion òrder〚英〛《離婚・裁判上の別居の際などに配偶者または子供のために裁判所が下す》資金給付命令 (cf. MAINTENANCE PENDING SUIT, PROPERTY ADJUSTMENT ORDER, REASONABLE FINANCIAL PROVISION).

fináncial relíef〚英〛《離婚・裁判上の別居の際などに配偶者・子供のために裁判所が下す》財政的救済《資金給付命令 (financial provision order), 〈離婚〉係争中扶養料 (maintenance pending suit) についての命令, 財産調整命令 (property adjustment order) などがその例》.

fináncial repórt 1 財務報告 (=fináncial repórting). **2** 財務報告書 (=FINANCIAL STATEMENT).

Fináncial Repórting Stàndards〚英会計〛財務報告基準(書)《1991年以来 会計基準審議会 (Accounting Standards Board) が制定している会計基準(書); 略 FRSs; cf. STATEMENT OF STANDARD ACCOUNTING PRACTICE》.

fináncial responsibílity àct 《米》賠償資力責任制定法 (＝FINANCIAL RESPONSIBILITY LAW).

fináncial responsibílity clàuse 《米》賠償資力責任条項《自動車保険約款で被保険者が賠償資力責任法 (financial responsibility law) の定める最低限の責任担保についての要求を満たしている旨を述べている条項》.

fináncial responsibílity làw 《米》賠償資力責任法 (＝financial responsibility act)《自動車の運転免許・登録の条件として事故の際には賠償する資力があるとの証明の提出を義務づける州法；自動車損害賠償責任保険加入を示す書類があてられる州が多い》.

Fináncial Sérvices Authòrity [the ～]《英》金融サービス機関《証券投資委員会 (Securities and Investments Board (Limited)) が 1997 年に改称された保証有限責任会社 (company limited by guarantee) で、2000 年法により保険・投資・銀行業務を行なう企業・個人の監督・規制をなす単一的機関とされ制裁権を有する；略 FSA》.

fináncial státement 財務報告書 (＝financial report), [*pl*] 財務諸表《貸借対照表 (balance sheet)、損益計算書 (income statement) など；cf. FINANCING STATEMENT》. ► CONSOLIDATED FINANCIAL STATEMENTS (連結財務諸表) / SUMMARY FINANCIAL STATEMENT (要約財務報告書).

fináncial wórth 財務価値《資産から対外的負債を除いた価値；純資産 (net assets) と同義》.

fináncial yéar 会計年度《英国では、1854 年以来 4 月 1 日から翌年の 3 月 31 日まで；ただし、所得税に関しては 4 月 6 日が初日；米国では FISCAL YEAR という語が用いられ、連邦では 1842 年までは暦年、1982 年までは 7 月 1 日から 6 月 30 日まで、1982 年以来 10 月 1 日から 9 月 30 日まで》.

fin・an・cier /fìnənsíər, fàɪ-; fɪnǽnsɪər, faɪ-/ *n* 財政家、財務家；財務官；金融業者；融資者.

fi・náncing *n* 資金調達、融資、金融；調達[融資]金. ► BRIDGE FINANCING (つなぎ融資) / DEBT FINANCING (他人資本調達、負債金融) / EQUITY FINANCING (自己資本調達、自己資本金融) / FLOOR PLAN FINANCING (在庫商品担保融資) / INTERIM FINANCING (一時金融) / INVENTORY FINANCING (在庫品担保融資) / REFINANCING (再融資；借換え).

fináncing àgency 金融機関、《特に》取立て代行金融機関.

fináncing státement 《米》融資説明書、貸付証書《担保権、特に動産担保権と被担保債権を公示するための登録書類；cf. FINANCIAL STATEMENT》.

find /fáɪnd/ *v* (**found** /fáʊnd/) *vt* **1** (捜して) 発見する、〈なくしたものを〉見つけ出す；拾得する；〈調査などをして〉〈未知のこと・答えなどを〉見いだす：～ an answer [a solution] to…の解決策を見いだす / ～ bail 保釈保証人を立てる. **2**〈陪審が〉評決を下す、〈人に〉評決を下す；〈事実を〉認定する、〈裁判所が〉判断する、判決を下す (cf. DECIDE,

HOLD)：～ sb guilty 人を有責[有罪]と認定する / ～ sb not guilty 人を無責[無罪]と認定する / The court *found* the accused guilty on all charges. ─ *vi* **1** 見つける；見いだす. **2**〈陪審が〉評決を下す：The jury *found for* [*against*] the defendant. 陪審は被告に有利な[不利な]評決をした. **not found** (**1**) 起訴するに足る証拠なし、不起訴(の決定) (＝NO BILL)《大陪審 (grand jury) が起訴するに足る証拠不十分との認定をしたときに、正式起訴状案 (bill of indictment) の裏に書いた文言》. (**2**) 所在不明《令状の復命 (return of writ) などで、宛名人が所在不明で送達等ができなかった旨を書いた文言》.

find・er *n* **1** 拾得者：～ of goods 動産拾得者. **2**《証券発行・会社買収・不動産売買などの》仲介業者 (cf. BROKER). ★ broker は双方の間に入って交渉を行なうが、finder は双方の間に入るが、交渉は双方当事者に委ね、みずからは交渉を行なわない. **3** 事実認定者 (＝TRIER OF FACT).

finder of fáct 事実認定者 (＝TRIER OF FACT).

finder's fèe **1** 仲介手数料 (⇨ FINDER). **2** 拾得者(への)報労金.

finder's fèe còntract 仲介契約.

find・ing *n* **1** 発見、拾得；[*pl*] 発見物、拾得物. **2**《主に事実の》認定、決定、《裁判所・陪審の》事実認定 (finding of fact)、《陪審の》評決 (cf. DECISION, HOLDING, JUDGMENT, OPINION, RULING, VERDICT). ► DISTRIBUTIVE FINDING (OF THE ISSUE) (一部勝訴評決) / GENERAL FINDING (概括的有利事実認定) / SPECIAL FINDING (個別的事実認定；決定的事実の認定) / SUBMISSION TO A FINDING (有罪認定事実の承認). **3**《調査・研究などの》結果、結論、《委員会などの》答申. **F～ is keeping.** 拾得することは保持すること、拾ったものは自分のもの《動産拾得者はその真の所有者に対しても所有権を主張できるという、一般的ではあるが誤った考え方》.

finding of a júry 陪審の事実認定、陪審の評決.

finding of fáct 事実認定 (cf. CONCLUSION OF FACT)《単に finding ともいう》.

finding of láw《当該事件の事実に適用されるべき》法の発見、法の決定、法発見 (＝CONCLUSION OF LAW).

fine /fáɪn/ *n* **1** 罰金、科料 (cf. RESTITUTION). ► EXCESSIVE FINE (過重な罰金) / MURDER FINE (殺人罰金). **2**《借地人が借地契約(の更新)時に払う》権利金. **3**《史》封建的土地保有者負担金. **4** 和解譲渡《擬制的訴訟と和解を用いた土地譲渡；英国では 1833 年廃止》：LEVY a ～. ► EXECUTED FINE (完成和解譲渡) / FOOT OF THE [A] FINE (和解譲渡終結証書) / FRESH FINE (過去 1 年内の和解譲渡) / NOTE OF A FINE (和解譲渡手続き摘要書). **5** 許可料、手数料；《史》移転許可料 (＝FINE FOR ALIENATION). **in ～** 最後に、結局；要するに. ─ *vt* **1**〈人に〉罰金を科する、科料に処する. **2** 罰金[権利金、許可料]として払う. [F *fin* settlement of dispute]

fine for alienátion《史》移転許可料 (＝fine on alienation)《封建法上、保有者 (tenant) が領主

(lord)との封建的主従関係を絶ち領主から得ていた土地を他人に譲渡すること(これをsubstitution(代置)という)は原則的に許されない;例外的にこれが認められる場合には領主の許可が必要であり,しかもその際に一定の許可料の支払いが必要であった;この許可料をいう;しかし,1290年の不動産移転法(Quia Emptores)によりこの代置が唯一の移転方式となり,許可・移転許可料も不要となったが,国王を領主とする場合のみは1660年まで残った;単にfineともいう. cf. SUBSTITUTION.

fine fòrce《古》絶対的必要性, 現実の強制.

fine for endówment《史》寡婦産分与許可料《保有者(tenant)だった者の寡婦が領主に対して寡婦産(dower)を得るために支払う許可料》.

fine on alienátion《史》移転許可料 (=FINE FOR ALIENATION).

fine prínt 細字部分《契約書などの書類で本文より小さい文字で目立たぬ形で印刷された注意事項》; [fig]《契約書などに》隠された不利な条件.

Fínes and Recóveries Àct [the ~]《英史》和解譲渡および馴合い不動産回復訴訟(廃止)法《1833年に和解譲渡(fine)と馴合い不動産回復訴訟(common recovery)を廃止し,擬制を用いないより簡便な方法を導入した議会制定法》.

fin·ger /fíŋɡər/ vt《俗》指さす;(...と)指摘する;(名指しで)人を特定[認定]する.

finger·print n 指紋 (cf. PALM PRINT): take sb's ~s 人の指紋をとる / The police found his ~s on the weapon. ▶ DNA FINGERPRINT (DNA指紋) / GENETIC FINGERPRINT (遺伝子指紋). — vt《人》の指紋をとる.

finger·print·ing n 1 指紋採取. 2 DNA指紋[鑑定]法 (=DNA FINGERPRINTING). ▶ GENETIC FINGERPRINTING (遺伝子指紋[鑑定]法).

fin úp《刑務所俗》《5年から終身の》長期刑.

fire /fáɪər/ n 1 火;燃焼;火事,火災: insure a house against ~ 家に火災保険をかける. ▶ FRIENDLY FIRE (使用火) / HOSTILE FIRE (敵火) / ORDEAL BY FIRE (火神判). 2 熱;情熱,熱意;熱病. 3《銃砲の》発射,発砲,射撃: open ~ 射撃を開始する,火ぶたを切る《on, at》; [fig] 始める. — vt **1 a** ...に火をつける,燃やす. **b**《人の心を》燃え立たせる,鼓舞する《with》;《想像力・感情を》刺激する,かき立てる. **2** 発射する,発砲する: ~ a shot 一発撃つ / ~ a salute 礼砲を放つ. **3**《口》お払い箱にする,首にする,解雇する: be ~d 首になる.

fire·àrm n [usually pl] 火器,銃砲類,《特に》小火器 (rifle, pistol など).

firearm certíficate 銃砲所持許可証.

fire·bòte /-bòʊt/ n《史》薪採取権《採木(入会)権(estovers)の一つ》; cf. HOUSEBOTE.

fire·bùg n《口》放火魔 (incendiary).

fire certíficate《市消防局などが発行する》防火対策設備建築物証明書.

fire dámage 火災による損害.

fire dòor《自動》防火扉.

fire escápe 火災避難装置《非常階段・避難ばしごなど》;"はしご車のはしご.

fire-fìght·er's rùle =FIREMAN'S RULE.

fire hàzard 火災の危険 (=fire risk)《火災の原因となりうるもの》.

fire insúrance 火災保険.

fire·man's rùle 消防士への注意義務軽減準則 (=firefighter's rule)《消防士などが消火中にけがをした場合に,火元の家主・居住者はたとえ過失で火災をおこしたとしても損害賠償の責任を負わないという原則》.

fire órdeal《史》火神判 (⇒ ORDEAL BY FIRE, ORDEAL).

fire·pròof a 防火の,耐火性の;不燃[防燃]性の: a ~ safe 耐火金庫. — vt 耐火性にする. — **-ness** n.

fire·pròof·ing n 耐火性化,防火装工;耐火材料.

fir·er /fáɪərər/ n **1** 点火物;点火装置,発火器;銃. **2 a** 発射者,発砲者. **b** 放火犯.

fire-ràising" n 付け火,放火(罪). **fire-ràiser** n 放火者,放火魔.

fire rìsk 火災の危険 (=FIRE HAZARD).

fire wàlking 火渡り《火の中や焼け石の上をはだしで歩くこと;宗教儀式または裁判の証明方法として行なわれるもの》. **fire wàlker** n.

fíring squàd [pàrty] 1 銃殺(刑)執行隊. **2**《軍隊葬の》弔銃射撃部隊.

firm[1] /fə́ːrm/ a **1** 堅い;ぐらつかない,安定した,きっぱりした,断固たる;堅実な,確固不抜の,《信念・主義など》変わらない: a ~ decision. **2** 確定的な,《市価・市況が》堅調な,しっかりした,引き締まった. — vi《市況が》堅調になる: The stocks ~ed at $10.5. [OF<L firmus]

firm[2] n 商事組合;《合資経営の》商会,商店;《一般の》会社,企業. ▶ LAW FIRM (法律事務所) / MEMBER FIRM (会員企業). ★ firm は伝統的には company (会社) に対して partnership (組合) を指してきているが,現在では法人格の有無にかかわらず会社を含めて商社・企業一般を指すことも多い. [C16=signature, style<Sp and It<L firma (firmo to confirm)]

fir·ma /fáːrmə/ n **1** 地代,《特に》白地代 (alba firma) (=WHITE RENT). **2** 借地 (farm). **3**《史》一夜の饗応 (=FIRMA NOCTIS). **4**《史》FIRMA BURGI. [L]

firma búr·gi /-báːrdʒaɪ/《史》都市収入徴収請負い《国王ないし都市領主から一定額の代価を対価にして都市[市民]に与えられた,都市からの地代・通行税などの収入を徴収しうる権利》. [L=the farm of the borough]

firma féo·di /-fjúːdaɪ/《史》地代付き封土権 (=FEE FARM). [L]

firma nóc·tis /-náktəs/《史》一夜の饗応《ノルマン人の征服 (Norman Conquest) 前後の,国王に一晩饗応する義務》. [L=banquet of night]

firm bíd 確定的入札,撤回不能入札,撤回権の制限された入札.

firm commítment ùnderwriting 買取り

引受け(方式), 確約引受け《発行証券のすべてを買い取り, 自己の危険で分売する形態の引受け(方式)》.

firm náme 《商事》組名; 企業名.

fírm·ness n 堅実, 堅調, 強さ; 断固としていること; 決意の固さ: the ～ of the dollar ドルの強さ.

fírm óffer 確定申し込み (=IRREVOCABLE OFFER).

firm opportúnity 商事組合の機会;《特に》**法律事務所の機会**《法律事務所属の弁護士が, 当該事務所が利益を得ることのできそうな営業の機会から個人的に利益を得ること; 本来この利益は事務所に譲るべきものであるので, 事務所に引き渡さねばならない》.

firm opportúnity dòctrine (商事)組合の機会の法理 (⇨ CORPORATE OPPORTUNITY DOCTRINE).

FIRREA 《米》° Financial Institutions Reform, Recovery and Enforcement Act 金融機関改革再生強制法.

first /fə́ːrst/ a 《略 1st》第一の, 一番目の, 一等の; 最初の, 先頭の. **2** 第一位の; 最も重要な, 最高の, 一流の. — n **1** [the ～] 第一; 初め, 始まり. **2** 第一位, 首席; [pl] 一級品, 極上品.

Fírst Améndment [the ～]《米》合衆国憲法第1修正《(1) 国教樹立 (2) 宗教活動の自由抑圧 (3) 言論・出版の制限 (4) 平穏に集会する権利の侵害 (5) 苦情の救済を求めて政府に請願する権利の侵害, を禁じている; 1791 年権利章典 (Bill of Rights) と呼ばれる人権規定の一部として成立した》.

fírst blúsh 一見, 一瞥《ˈ》. at ～ 一見して[しただけで].

fírst blúsh rùle 一見失当評決の準則《陪審の評決 (verdict) が陪審員たちの感情・偏見から導き出されたものであると一見してすぐに結論できるような場合には, 裁判所はその評決を失当評決 (excessive verdict) として斥けることができるというコモンロー上の原則》.

fírst cháir 《俗》主任弁護士. **fírst-cháir** vi 主任弁護士を務める.

fírst cláss 1 第一級; 第一流(のグループ),《飛行機・列車・船などの》一等, ファーストクラス. **2**《郵便》第一種 (**1**)《米・カナダ》手書き[タイプ]の書状とはがき・密封小包 **2**)《英》わが国の速達に準ずる扱いをうける). **3**《英国の大学の優秀試験での》最優秀学生.

fírst-cláss a **1** 第一級の, 第一流の, 最高級の, 最上の. **2**《乗物・ホテルなどが》一等の;《郵便》第一種の: ～ mail [matter] 第一種郵便[郵便物] / ～ passengers [tickets] 一等(席)の客[切符]. — adv 一等で; 第一種(郵便)で: travel [go] ～ / mail ～.

fírst-cláss misdeméanant《英史》第一級軽罪犯(人)《軽罪で有罪とされた犯人であるが, 受刑者扱いをされない者; 1948 年廃止》.

fírst-cláss títle 第一級権原 (=MARKETABLE TITLE).

Fírst Cómmoner [the ～]《英》第一庶民《貴族の次に位する庶民の筆頭で, 1919 年の前は庶民院議長 (the Speaker of the House of Commons), その後は枢密院議長 (Lord President of the Council) の別名》.

Fírst Cónsul《フランス史》第一執政, 第一統領《Napoleon 1 世が皇帝になる前に 1799 年から 1804 年まで占めた地位》.

fírst cóst"《会計》主要費用 (=PRIME COST).

fírst degrée [the ～]《犯罪の》第一級《同一類型の犯罪の中で最も重いものであることを示す》: burglary in the ～ 第一級不法目的侵入罪. ▶ MURDER IN [OF] THE FIRST DEGREE (第一級謀殺) / PRINCIPAL IN THE FIRST DEGREE (第一級正犯).

fírst-degrée a **1**《罪状など》第一級の, 最高の《最も重い》: FIRST-DEGREE MURDER. **2**《やけどが》第一度の, 最も軽度の.

fírst-degrée múrder《米》第一級謀殺 (=murder in [of] the first degree, murder one)《予謀 (premeditation) の上での, あるいは他の凶悪な重罪 (felony) (例えば誘拐) を犯す過程の殺人などより悪質な謀殺 (murder) で, 重刑が科せられる; ⇨ MURDER; cf. SECOND-DEGREE MURDER, THIRD-DEGREE MURDER》.

fírst-degrée séxual cónduct 第一級性的行為《例えば未成年者を対象とするとか, あるいは不法目的侵入 (burglary) などの他類型の犯罪過程で犯すような, 加重要素の加わった性的暴行 (sexual battery)》.

fírst estáte 1 [the ～, °the F-E-]《史》第一身分《中世ヨーロッパの三身分 (three estates) のうちの聖職者身分》. **2**《英国貴族院の》聖職貴族(議員) (=lords spiritual).

fírst frúits pl 《史》初年度収益《封建法上, 初めは保有者死亡の際領主がその土地の占有を得, 収益を得ていたが, この権利は廃止され, 国王だけがその直属受封者 (tenant in chief) の死後の土地の一年分の収益を得ることができ, この収益を指した; 次いで, ここから教会の首長である教皇, 宗教改革後は国王が新叙任の聖職禄 (benefice) から得ることが認められる一年分の収益を指した; ⇨ ANNATES. ▶ REMEMBRANCER OF THE FIRST FRUITS (初年度収益国王収入管理官).

fírst hálf(-yèar) 上半期.

fírst impréssion 1 第一印象. **2** 先例のないこと, 初例. ▶ CASE OF FIRST IMPRESSION (初例事件).

fírst ín, fírst óut 先入れ先出し(法)《略 FIFO; cf. LAST IN, FIRST OUT; NEXT IN, FIRST OUT: **1**) 人員整理政策で, 最古の者を最初に解雇するやり方 **2**) 棚卸資産の原価計算方法の一つで, 仕入れ時期により同一商品の仕入れ原価が異なる場合に, 先に仕入れた商品から順次払い出しが行なわれたとみなして期末の棚卸資産価額を算定する方法; 棚卸資産の評価は時価に近くなる **3**)《電算》最初に入れたデータが最初に取り出される方式のデータ格納法).

fírst ínstance 第一審, 最初の裁判; 第一[最初の]事例. ▶ COURT OF FIRST INSTANCE (第一審裁判所).

fírst líen 第一リーエン[先取留置権, 先取特権, 留置権] (⇨ LIEN) (cf. SECOND LIEN).

Fírst Lórd of the Ádmiralty [the ～]《英史》

海軍委員会第一委員《1964年廃止》.

First Lord of the Treasury [the ~]《英》大蔵委員会第一委員《首相 (Prime Minister) の兼任; ⇨ LORD HIGH TREASURER》.

first mórtgage 第一順位譲渡抵当(権), 第一譲渡抵当, 第一モーゲージ (cf. SENIOR MORTGAGE).

first offénder 初犯者.

first offénse 初犯.

first óption 第一優先権《特に不動産賃貸借 (lease) において賃借人 (lessee) が契約期間満了時に契約更新のできる優先権を指す》.

first óption to búy 先買権 (= RIGHT OF PREEMPTION).

first pápers pl 《米史・口》第一書類《1952年に至るまで居住外国人 (resident alien) が米国市民権取得の意思を具申する書類; cf. SECOND PAPERS》.

first-párty insúrance 第一当事者保険, ファースト・パーティー保険 (= indemnity insurance)《火災保険・生命保険・傷害保険などで被保険者自身の財産・身体に対する保険; cf. LIABILITY INSURANCE, THIRD-PARTY INSURANCE》.

first-pàst-the-póst a 〈選挙制度が〉相対多数制の, 単純最多得票主義の《絶対多数を必要とせず, 最多得票者を当選者とする》: ~ voting [electoral system] 相対多数投票制[選挙制].

first púrchaser 最初の譲受人[取得者]《代々相続で承継されてきている財産を最初に相続によらずに取得し家産にした人》.

first quárter 第一四半期.

first réading《議会》第一読会(読)《法案通過までに3度議院全体の読会にかけられるが, その最初の会議; 英国では通例名称と番号のみの形で法案を議院に提出する; 米国では名称あるいは番号のみが読み上げられ法案が提出される; ⇨ READING》.

first refúsal ⇨ RIGHT OF FIRST REFUSAL.

first sále dòctrine [the ~]《米》消尽の法理, ファーストセール・ドクトリン《1》著作権のついた商品の購入者は, その購入商品を自由に販売や(有料で)貸し出したりすることができるとする連邦著作権法上の原則; ただし, 音楽著作物・コンピュータープログラムについては例外とされている **2)** 特許権のついた商品の購入者は, その購入商品を使用・修理・販売することができるとする原則》.

first táker 最初の財産取得者《残余権 (remainder) あるいは不動産遺贈将来権 (executory devise) に服している財産権の受取人》.

Fírst-tìer Tribúnal《英》第一層審判所《2007年法で新設; それまで各種審判所 (tribunal) で審理されていた初審管轄権を統合したものであるが, ある程度の専門性を残すために3室に分けられている; すなわち, 社会保障給付 (social security benefit), 労働災害 (industrial accident), 犯罪被害者補償などを管轄する社会保障室 (Social Entitlement), 戦争年金・軍補償金室 (War Pensions and Armed Forces Compensation), 健康・教育・社会事業室 (Health, Education and Social Care) である; この審判所からの上訴は上訴審判所 (Upper Tribunal) が管轄する》.

first-to-fíle rùle 先行提起訴訟の準則《民事訴訟で, **1)** 同一当事者・同一争点につき2つの訴訟が適法に管轄権を有する2つの裁判所に提起された場合には, 通常の場合先に管轄した裁判所が後の方の裁判所に優先して管轄するという法理 **2)** 最初に提起された訴訟の一方の当事者は, 他方当事者が後から提起された訴訟を追行することを禁止することが許されるという法理》.

Fírst Trèasury Cóunsel《英》首席大蔵省付き弁護士 (⇨ TREASURY COUNSEL).

fisc, fisk /físk/ n 国庫《国家・君主の金庫》. [F or L *fiscus* rush basket, treasury]

fis·cal /físk(ə)l/ a **1** 国庫収入の, 財政(上)の, フィスカル…: the government ~ policies 政府の財政政策. **2** 会計の: a ~ law 会計法. — n **1**《イタリア・スペインなど》検察官, 検事;《スコットランド》地方検察官 (procurator fiscal). **2** 収入印紙. **~·ly** adv 国庫収入[財政]上; 会計上. [F or L *fiscalis*; ⇨ FISC]

fiscal ágent 財務代理人[機関]《銀行などの金融機関》.

fiscal méasures pl 財政施策.

fiscal stámp 収入印紙 (= REVENUE STAMP).

fiscal yéar 1《米》会計年度,《企業の》事業年度 (⇨ FINANCIAL YEAR). **2**《英》課税年度 (⇨ TAX YEAR).

fish·ery n **1** 漁業, 水産業: the ~ zone 漁業(専管)水域. ▶ BOARD OF AGRICULTURE AND FISHERIES (農漁業委員会). **2** 漁場 (= piscary); 養魚場. ▶ COMMON FISHERY (公共漁場). **3** 漁業権 (= piscary). ▶ COMMON OF FISHERY (漁労入会権) / FREE FISHERY (排他的漁業権) / ROYAL FISHERY (国王の漁業権) / SEVERAL FISHERY (個別的漁業権).

fishery lìmits pl《国際法》《一国の》漁業(専管)水域.

fish·gàrth n《魚を捕るための》梁(やな).

fishing expedìtion [*derog*]《情報・罪証などを得るため訴訟ないし訴訟上の手段を, その本来の領域を越えて行なう》証拠漁り (= fishing trip).

fishing interrògatory《英史》訴訟無関係質問書《当該の訴訟に直接関係のない質問書; cf. FISHING EXPEDITION》.

fishing trìp 証拠漁り (= FISHING EXPEDITION).

fish róyal《英史》王魚 (= royal fish)《海浜に打ち上げられた, または近海で捕獲されたクジラ・チョウザメ・イルカ; 国王が特権的にこれを所有する》.

fisk ⇨ FISC.

fistuca ⇨ FESTUCA.

fit[1] /fít/ a (**fit·ter**; **fit·test**) 適当な, ふさわしい; 至当な, 穏当な,〈任に〉堪えうる, 適任の, …する資格[能力]がある 〈*to do*〉. **fit** [**unfit**] **to** PLEAD.

fit[2] n 《病気の》発作; ひきつけ, 痙攣(けいれん);《感情の》激発, 一時的興奮状態.

fit·ness *n* 適当, 適合, 適格; **適合性**, 適応度,《言行などの》よろしきを得ること;《健康状態の》良好. ▶ WARRANTY OF FITNESS ((特定目的への)適合性についての保証).

fitness for a particular púrpose 特定目的適合性《売買契約における黙示の担保責任の一つで, 売主が, 買主のその物品購入目的と, 買主が売主のその供給能力を信頼していることとを, 知りうべき理由を有していたと法が認める場合には, 当該物品が目的に適合していることについて明示の契約条項がなくても売主に担保責任が生ずるということ; cf. IMPLIED WARRANTY OF FITNESS FOR A PARTICULAR PURPOSE). ▶ IMPLIED WARRANTY OF FITNESS FOR A PARTICULAR PURPOSE (特定目的適合性についての黙示の品質保証).

fitness for habitation 居住適合性《特に英国では, 低家賃の借家契約について制定法上定められている家主の黙示の担保責任をいう》.

fitness for púrpose 目的適合性 (⇨ FITNESS FOR A PARTICULAR PURPOSE).

fit·ting *n* [ᵁ*pl*] 建具類, 造作, 家具類; 備品, 調度品 (⇨ FIXTURE). ▶ FIXTURES AND FITTINGS (家具・什器).

Fitz·her·bert /fɪtʃáːrbərt/ フィッツハーバート Sir Anthony ~ (1470–1538)《イングランドの法律家・裁判官; 法要録 (abridgment) 形式の最重要作品『大法要録』(*La Graunde Abridgement*) (1514/16), 手続き法論の手引書として長く権威をもった『新令状論』(*New [La Novelle] Natura Brevium*) (1534),『治安判事論』(*L'Office et Auctorié de Justices de Peace*) (1538) などの著書がある》.

Five Códes *pl* [the ~] 五法典《Napoleon 治下のフランスで 1804–10 年に制定された民法・民事訴訟法・商法・治罪法・刑法の 5 つの法典; そのうち 1804 年制定の民法典は一般に 'Code Napoléon' として知られる》.

Five Knights' Càse 五騎士事件 (⇨ DARNEL'S CASE).

Five Míle Àct [the ~]《英史》五マイル法《1665 年制定の非国教徒弾圧法; 聖職者は, 教会・国家体制の変革をしない旨の宣誓をしない限りは, かつて聖職にあったないしは在住した教区およびすべての都市の 5 マイル以内に近づくことを禁じた法; 1689 年法で事実上廃止されたが, 形式的には 1812 年に廃止》.

fix /fíks/ *vt* **1** 固定[定着]させる, 据える. **2**〈意味・考えなどを〉確定する;〈日時・場所などを〉決定する;〈範囲・価格・率・料金などを〉定める: ~ a place *for* the meeting 会合の場所を決める. **3**〈機械を〉調整する; 修繕[修理]する, 直す. **4**〈罪・責任などを…に〉負わせる, 被(ᵃ)せる 〈*on*〉. **5**《口》〈選挙・試合などに〉不正工作をする, 不正[内密]に取り決める, …で八百長をする;〈人を〉買収する: ~ a jury 陪審を買収する. **~ by** LAW. **~·er** *n*

fix·a·tion /fɪkséɪʃ(ə)n/ *n*《著作権》固定(物)《著作物を有形物に記録することまたはその結果》.

fixed /fíkst/ *a* **1** 固定した, 定着した, 据え付けの (opp. *movable*); 不動の, 安定した, 一定の; 確固たる, 凝り固まった. **2**《口》《金銭などの》たくわえのある;《口》不正[内密]に取り決められた, 買収された, 八百長の. **fix·ed·ly** /fíksədli, -st-/ *adv* 定着[固定, 安定]して; 決心して (determinedly). **fix·ed·ness** /fíksədnəs, -st-/ *n*

fixed amóunt òption 定額受給の選択 (=INSTALLMENTS-FOR-A-FIXED-AMOUNT OPTION).

fixed ásset 固定資産 (=fixed capital)《土地・建物・機械などのほか特許権・投資資産なども含む; ただし米国では有形固定資産のみを指すことが多い; opp. *current asset*; cf. CAPITAL ASSET, LIQUID ASSET》.

fixed cápital 1 固定資本《固定資産 (fixed asset) に投下された資本; cf. FLOATING CAPITAL》. **2** 固定資産 (=FIXED ASSET).

fixed chárge 1 a 固定料金, 固定手数料. **b** 確定債. **c** 固定費 (=FIXED COST). **2**《英》固定担保《担保物が特定された担保; opp. *floating charge*》.

fixed cóst 1 固定費 (=fixed charge, fixed expense)《例えば地代のように操業年度の生産量・営業活動の変化によって変動することなく一定期間の総額が変わらない費用》. **2** [*pl*]《英》固定訴訟費用《民事訴訟において一定水準に定められていて, 特定の場合に一方当事者から他方当事者に請求しうる訴訟費用; 例えば, 訴えを提起したのに被告の回答 (acknowledgment of service) が得られなかった場合には, 原告は勝訴判決を得るとともに事務弁護士 (solicitor) による訴状提起費用として固定訴訟費用の支払いを相手方から受けうる命令を得ることになる; cf. TAXED COSTS》.

fixed-dàte súmmons《英史》《州裁判所による》日時固定召喚状《金銭支払い請求訴訟以外で用いられた; 1998 年制定の民事訴訟手続き規則 (Civil Procedure Rules) 以降は通常の訴状 (claim form) が用いられている》.

fixed débt 固定(金銭)債務 (=FIXED LIABILITY).

fixed depósit《一定期間満了後にあらかじめ決められた利子が支払われる》確定利付き預金.

fixed expénse 固定費 (=FIXED COST).

fixed fée 1 固定料金. **2**《建築契約における》あらかじめ定めてある上乗せ料.

fixed íncome《例えば年金のような》固定収入, 定額所得. **fixed-income** *a*

fixed-íncome secùrity 確定利付き証券.

fixed-ínterest invèstment 確定利付き投資.

fixed liability 固定負債 (=fixed debt)《少なくとも一年以内には支払い期日の到来しない負債》.

fixed opínion 凝り固まった意見《その持主は陪審員としての適格性を欠く》.

fixed pénalty nòtice《英》交通事件反則金納付通告.

fixed périod óption 確定期間受給の選択 (=INSTALLMENTS-FOR-A-FIXED-PERIOD OPTION).

fixed príce 固定価格 (⇨ FIXED-PRICE CONTRACT); 定価, 公定価格, 協定価格.

fixed-price contract [agreement] 固定価格契約《売主と買主との間で代金があらかじめ定められ、契約期間中変動しない契約》.

fixed property 固定資産, 不動産.

fixed rate 1 固定利率. 2 固定料金, 固定手数料.

fixed sentence 1 定期刑(の宣告)(=DETERMINATE SENTENCE). 2 絶対的法定刑(の宣告)(=MANDATORY SENTENCE).

fixed-sum credit〖英〗固定額信用《例えば個人信用合意 (personal credit agreement) の下での固定額貸付けや買取り選択権付き賃貸借 (hire purchase) など》.

fixed tenure《公職の》法定任期.

fixed term"《特に賃貸借契約で, 契約時に定められる》固定期間 (cf. HALF A YEAR, LONG TENANCY).

fixed-term employee 期限付き被用者, 有期被用者.

fixed trust 1 確定信託(=directory trust, nondiscretionary trust)《信託内容があらかじめ確定していて受託者が裁量を行使する必要がない信託》. 2 固定型投資信託《証券投資の内容があらかじめ確定している投資信託で, 米国では会社型で株主が投資家となるユニット型投資信託, 英国では契約型でユニット保有者が投資家となるユニット信託をいう》.

fix·ing n 1《価格・率・料金などの》決定. ▶ LONDON GOLD FIXING (ロンドン金相場での金価格(決定))/ PRICE-FIXING (価格協定) / RATE FIXING (料金決定). 2《不正》工作. ▶ JURY FIXING (陪審不正工作).

fix·ture /fíkstʃər/ n 1 [ᴜpl] (不動産)定着物《土地または家屋に付属した動産; opp. movables; cf. IMPROVEMENT》. ▶ DOMESTIC FIXTURE (家庭定着物) / MOVABLE FIXTURE (可動定着物) / ORNAMENTAL FIXTURE (装飾用定着物) / TENANT'S FIXTURE (賃借物件定着物) / TRADE FIXTURE (業務用定着物). 2 [ᴜpl] *建具, 造作, 設備. ～s and fittings 家具・什器.

fixture filing〖米〗定着物登録《定着物 (fixture) であるかもしくは定着物となる動産を対象とする融資説明書を公的な不動産記録の上に登録すること》.

FKA, F/K/A, fka, f/k/a formerly known as 旧称.

flag /flǽg/ n 1 旗; 国旗: fly a ～ 国旗を掲げる; 愛国[愛社]心を示す, 帰属意識を表現する. ▶ LAW OF THE [SHIP'S] FLAG (国旗法). 2《海軍》旗艦旗, 司令旗, 将旗; 艦旗;《艦隊の》司令長官. 3《船・飛行機の》国籍. fly the ～ 明示的に敵対的占有をなす《不動産の真の所有者が敵対的占有 (adverse possession) の対象となっていることを通告する形で占有すること》.
— vt 1 ...に旗を掲げる. 2 旗で合図する[知らせる]. ～ a ship 船籍旗を揚げる, 船籍旗掲揚権を与える, 船籍を与える.

flag desecration 国旗冒瀆(罪)《米国では, 1990年の合衆国最高裁判所判例で国旗焼却を禁止する連邦法を合衆国憲法第1修正の定める言論の自由の保障に反するとし, 違憲とした》.

flag of convenience《略 FOC》1《船舶の》便宜置籍国の国旗《税金などで自国よりも大きな便益を与えてくれる他国に船籍を登録したその国の国旗》: a ship sailing under a ～ 便宜置籍国の国旗を掲げて航行中の船舶. 2 便宜置籍.

flag of truce《国際法》白旗, 休戦旗《戦場での交渉を求める白旗》.

fla·grant /fléɪgr(ə)nt/ a《あやまちなどが》明々白々たる, 極悪の, 目に余る, はなはだしい, 悪名隠れなき: a ～ case of contempt of court. ～·ly adv

fla·gran·te bel·lo /fləgrǽnti bélou/ a 戦闘状態にある, 交戦中で. [L=during the time the war is raging]

flagrante de·lic·to /━━ dɪlíktou/ adv 現行犯で, 犯行中で,《姦通など》不法な性行為の最中に (=IN FLAGRANTE DELICTO). [L=while the crime is blazing]

flagrant necessity 緊急の必要《緊急避難・正当防衛などの違法性阻却事由》.

Flag Salute Cases pl〖米〗国旗敬礼事件《1940年代にエホバの証人の一員である生徒らが始業時に国旗に敬礼して行なう Pledge of Allegiance を義務づけた公立学校規則につき争い, 裁判に持ち込んだ一連の係争事件; 1940年 合衆国最高裁判所は Minersville School District v. Gobitis 事件でこの敬礼強制を合憲としたが, 43年に West Virginia State Board of Education v. Barnette 事件で国旗への敬礼の強制を表現の自由の問題としてとらえ, 逆転して違憲判決を下した》.

flag state《海事法》船籍国.

flag state jurisdiction《国際法》船籍国の管轄権《公海上の船舶は原則としてその船舶の国籍が属する国すなわち船籍国 (flag state) のみが管轄権を有するという準則》.

flash check まがい小切手.

Flast v. Co·hen (1968) /flǽst vɑːrsəs kóuən; flάːst-/〖米〗フラースト対コーエン事件 (1968年)《連邦の補助金を宗教学校に配分することが合衆国憲法第1修正 (First Amendment) の国教禁止条項に反するという納税者の立場からの訴えにつき, 納税者としての原告適格を初めて認めかつ補助が憲法違反に当たるという判断を示した1968年の合衆国最高裁判所の判決; ⇨ TAXPAYERS' ACTION, TAXPAYER STANDING DOCTRINE》.

flat¹ /flǽt/ a (flat·ter; flat·test) 1 平らな, 平坦な. 2 均一の; きっかりの, 正確な; きっぱりとした, 率直な, にべもない, 全くの: give a ～ denial きっぱり否認する / a ～ refusal すげない拒絶. 3 a 風味のない; 単調な, 退屈な, 陳腐な, 平板な. b《商》不活発な;《市場が》活況を呈していない, 沈滞している: The market is ～. 市況が不活発である. 4《金融・証券》無利息の; 経過利子なしの, 裸値段の. — adv 無利息で, 無利息勘定で; 経過利子なしで, 裸値段で: bonds sold ～.

flat² n "フラット《同一階の数室を一家族が住めるように設

flát móney 名目貨幣 (=FIAT MONEY).

flát ráte 固定利率[賃率], 定額料金[賃金].

flát rùle 均一適用準則 (=PER SE RULE).

flát séntence 定期刑(の宣告) (=DETERMINATE SENTENCE).

flát táx 定率税 (=proportional tax)《課税標準の大小に関係なく、一定税率で課される税; cf. PROGRESSIVE TAX, REGRESSIVE TAX》.

flát tíme 短縮されない刑期《当初定められたとおりの刑期; cf. EARNED TIME, GOOD TIME》.

flaw /flɔ́ː/ *n* きず、割れ目; 欠点;《文書・手続きなどの、その効力をそこなうような》不備(な点), 欠陥, 瑕疵(ポ).

flée·ing from jústice /flíːɪŋ-/ 訴追回避《犯罪を犯しながら逮捕・訴追を免れるために、裁判管轄の及ばない所へ逃亡したり、住所を離れたり、住居に隠れたりすること; cf. FLIGHT FROM PROSECUTION》.

Fleet /flíːt/ *n* [the ~]《英史》フリート監獄 (=FLEET PRISON).

Fléet màrriage《英史》フリート婚《フリート監獄 (Fleet Prison) の中ないし周辺で(自称)聖職者ないしは(自称)聖職者だった者によって、教会の権威を無視する形で執り行なわれた秘密婚; 1753年制定法で禁止》.

flée to the wáll 壁まで逃げる《正当防衛のための殺人を正当化する際の比喩的表現で、壁まで逃げたが逃げ切れず、正当防衛上殺害したという趣旨; cf. RETREAT RULE, RETREAT TO THE WALL》.

Fléet Príson [the ~]《英史》フリート監獄《12世紀から London の Fleet 川付近にあった監獄; 17世紀半ば以後は支払い不能の債務者や裁判所侮辱を犯した者などを収容したが、1842年法で女王監獄 (Queen's Prison) に統廃合; 単に the Fleet ともいう》.

Fle·ta /flíːtə/ *n*『フリータ』《13世紀末にフリート監獄 (Fleet Prison) で書かれたと考えられているイングランドの法律に関する本で、作者不明; フルタイトルは **Fleta seu Commentarius Juris Anglicani**『フリータあるいはイングランド法注釈』; cf. BRITON》. [L=the Fleet Prison (or Commentary on English Law)]

fléxible wórking 弾力化労働《フレックスタイムなどの労働時間・勤務場所・労働条件の弾力化; 英国では一定条件の被用者がこれを要求する権利が認められている》.

flex·i·cu·ri·ty /flèksɪkjúərəti/ *n*《雇用》柔軟・(職)安定性《雇用者にとっての雇用の flexibility (柔軟性) と被用者にとっての職の security (安定性) を同時に確保することをめざす労働市場モデルで、2つの語を結びつけ1語とした新語》.

flight¹ /fláɪt/ *n* 飛ぶこと, 飛行; 航空; 定期便, 便, フライト; 飛行機旅行. ▶ CHARTER FLIGHT (チャーター便) / OVERFLIGHT (領空飛行).

flight² *n* 逃走, 逃避, 脱出; 敗走.

flíght from prosecútion 訴追からの逃避 (cf. FLEEING FROM JUSTICE).

floating rate note

flíp mòrtgage フリップ型譲渡抵当《傾斜返済方式譲渡抵当 (graduated payment mortgage) の一種で、借主が頭金 (down payment) の全部または一部を貯蓄預金口座に預金し、その元本および利息を借金の初期の年度の比較的低額の譲渡抵当弁済金の補助として使用できることを認めるもの》.

flíp·ping *n*《俗》安く買ってすぐに高く売りつけること《合法的な場合と詐欺的手法での場合の双方を含む》.

float /flóʊt/ *n* 1 浮くもの. 2《金融》フロート《未決済小切手の総額》. 3《金融》フロート期間《商取引とその実際の資金引出しとの間の期間》. 4《証券》浮動株数《一般投資家が保有しているため、安定株保有株と違って、証券市場で自由に売買される株式数》. 5 変動為替相場制. — *vi* 1 浮く, 浮かぶ; 流れる, 流布する. 2《通貨が》《他国通貨に対して》変動為替相場をとる、自由に変動する《against》, 変動為替相場制をとっている;《市場動向に従って》《利率が》周期的に変動する. 3《手形が》流通する;《会社・計画などが》設立される, 企てられる. — *vt* 1 浮かべる; 流す, 流布させる;《考えなどを》持ち出す, 提議する. 2《証券などを》発行する,《株式などを発行して》《会社などを》起こす, 設立する. 3《通貨を》変動為替相場制にする;《利率を》変動させる. 4《融資などを》取り決める (negotiate).

flóat·er *n* 1 包括保険(証券) (=**flóater pòlicy**, floating policy)《宝石など移動しうる動産の損失に対する保険》. 2 変動利付き債 (floating rate note). 3《米》買収可能投票者; 所を変えて不正に二重投票をする人. 4 浮浪者;《米》住所[職業]を次々と変える人.

flóat·ing *a* 1 浮かんでいる, 浮動的な, 流動的な, 一定していない. 2《資本などが》流動している;《負債などが》年度中に支払うべき; 変動相場制の.

flóating cápital 1 流動資本《流動資産 (current asset) に投下された資本; cf. FIXED CAPITAL》. 2 流動資金, 運転資金《当座の諸費用に充てるための資金》. ★ 1, 2 共に circulating capital ともいう.

flóating chárge 浮動担保, 企業担保 (=floating security)《担保物を特定せず、企業の変動的な資産を担保の目的物とするもの; opp. *fixed charge*》.

flóating débt 流動負債, 短期負債《弁済までの期間が短期の負債; CURRENT LIABILITY にほぼ相当する》.

flóating líen 浮動リーエン《被担保債権, 担保物, あるいはその双方の具体的内容が契約範囲内で変動する担保》.

flóating pólicy 1 予定保険証券《特定貨物につき船積船舶名などが未確定のまま発行される個別予定(船名等未詳)保険証券と、所定の基準を満たす不確定の貨物を包括的に付保する包括予定保険証券 (=OPEN POLICY) を指す場合があるが、今日ではもっぱら後者の意味で用いる》. 2 包括保険(証券) (=FLOATER).

flóating ráte 変動金利《最優遇貸出し金利 (prime rate) のような、財政指数に応じて自動的に変動させることをあらかじめ約定している金利》.

flóating ráte nòte 変動利付き債 (=floater).

flóating secúrity 浮動担保, 企業担保 (=FLOATING CHARGE).

flóating vóte [the ~] 浮動票(層): capture the bulk of the ~.

flóating vóter 浮動性投票者.

flóating zòne 〖米〗浮動的特定土地利用地区用地積 (⇨ FLOATING ZONING).

flóating zóning 〖米〗浮動ゾーニング《特定の土地利用地区の設立を、その位置を特定せずにあらかじめ定めておき、開発申請がなされた時点で、その地区を具体的に設定する ZONING》.

flood /flʌd/ n 洪水; 氾濫.

flóod·gàte n [ʷpl] 水門, 防潮門;《怒り・活動・訴訟などの激発を抑制している》堰(ੜੈਂ);はけ口, 出口.

flood insúrance 洪水保険.

flóod·plàin n《高水位時に流水でおおわれる》氾濫原.

floor /flɔːr/ n 1 床(ゆ), フロア. 2 [the ~] a 議場, 議員席, 参加者席;《議場にいる》議員, 会員, 参加者;《議員の》発言権;《演壇に対して》会場, 参加者: from the ~《演壇でなく》議員席[会場]から / the ~ spokesman for his party in the Senate. b《取引場内の》立会場. 3 最低価格, 底値,《特に 価格・賃金の》下限, 最低限度(額): go through the ~〈価格などが〉ぐんと下がる, 底を割る. claim the ~ 発言(権)を認めてくれるよう議長に要求する. cross the ~《議場で》反対党[派]に賛成する, 反対党に転ずる. get [be given, obtain] the ~《議会で》発言権を得る. have the ~ (1) 発言権がある. (2) 発言中である. hold the ~ (一方的に)発言し続ける;《口》聴衆をひきつける話をする. take the ~《発言のために》起立する, 討論に加わる.

flóor àrea ràtio 床面積率, 容積率.

flóor debàte《法案の, 委員会ではなく》議院全体での討議.

flóor lèader 〖米〗《連邦議会の各院における民主党・共和党それぞれの》院内総務 (cf. WHIP).

flóor mànager《議院での》法案審議責任者《通常は法案が付託された委員会の委員長》.

flóor of the cóurt〖英〗法廷内の発言席《裁判官席と弁護士席前列の間で、当事者本人が発言する場合はここで行なう》.

flóor plàn fináncing 在庫商品担保融資 (= floor planning)《通例製造業者が小売商人などに対して、在庫商品とその売掛代金を担保として行なう融資; cf. FIELD WAREHOUSING》.

flóor plánning ⇨ FLOOR PLAN FINANCING.

flóor tàx 〖米税制〗在庫蒸留酒税.

flóor tràder〖米〗手張り会員, フロアトレーダー《証券取引所・商品取引所立会場で自己の勘定で売買を行なう取引所会員》.

flo·tage /flóutɪdʒ/ n 浮き荷 (=FLOTSAM).

flo·ta·tion /floutéɪʃ(ə)n/ n 1 (会社の)設立, 起業. 2《新株・新規証券の》募集,《新株・債券の》発行, 起債 (=offering): the ~ of a loan 起債.

flot·sam /flɑ́tsəm/ n 1 〖海法〗浮き荷 (=estray, flotage, flotsan)《難破あるいは船の安全のため海上に投棄され浮遊している荷物など; cf. EJECTUM, JETSAM, LAGAN, WAVESON》. 2《集合的》がらくた, くず; 浮浪者. [AF]

flótsam and jétsam 1 〖海法〗浮き荷と投げ荷 (⇨ FLOTSAM, JETSAM). 2《集合的》がらくた, くだらないもの; 浮浪者.

flot·san /flɑ́tsən/ n FLOTSAM.

flout /fláut/ vt, vi ばかにする, 愚弄する, 侮辱する 〈at〉;〈規則・法を〉公然と破る. —— n 愚弄, 軽蔑, あざけり. [? Du fluiten to whistle, hiss]

flówer bònd〖米史〗フラワー・ボンド《米国財務省 (Treasury) 発行の割引債で、連邦の遺産税 (estate tax) の支払いに充てる場合には満期前に額面全額で償還された; 1971 年まで発行され、1998 年にすべて償還期に達した》.

FLRA〖米〗°Federal Labor Relations Authority 連邦労働関係機関.

FLSA〖米〗°Fair Labor Standards Act 公正労働基準法.

flúc·tu·at·ing cláuse /flʌ́ktʃuèɪtɪŋ-/ 変動条項 (=ESCALATOR CLAUSE).

flýing squàd《緊急事態に即応する, 警察の》特別機動隊;《広く》特殊隊, 遊撃隊.

flýing squàdron 特別機動部隊; 遊撃艦隊, 遊撃部隊.

FMC〖米〗°Federal Maritime Commission 連邦海事委員会.

FMCS〖米〗°Federal Mediation and Conciliation Service 連邦調停庁.

FmHA〖米〗°Farmers' Home Administration 農業経営者住宅局.

FNMA /, fǽnɪméɪ/〖米〗°Federal National Mortgage Association 連邦全国譲渡抵当協会.

FO °Foreign Office 外務省 (⇨ FCO).

FOB, f.o.b. °free on board 本船[荷積み]渡しで[の].

FOB Airport /ɛ̀foubíː —/ 空港荷積み渡し (⇨ FREE ON BOARD).

f.o.b. contract /ɛ̀foubíː —/ 本船[荷積み]渡し契約 (⇨ FREE ON BOARD).

FOC °flag of convenience 便宜置籍国の国旗; 便宜置籍.

FOC, f.o.c. free of charge 無料で.

foe·dus /fíːdəs/ n 同盟, 条約; 契約, 協定. [L=league]

foe·nus nau·ti·cum /fíːnəs nɔ́ːtɪkəm/《ローマ法・大陸法》海事利息(付き契約)《危険な航海を無事終えた時には高額な利息をつけて返済するという条件の金銭貸借契約の利息、またはその契約》; usura maritima ともいう; cf. NAUTICUM FENUS》. [L=naval interest]

foeticide ⇨ FETICIDE.

foetus ⇨ FETUS.

Fóggy Bóttom フォッギー・ボトム《米国国務省の俗称》.〔Washington, D.C. の同省所在地の古い呼び名から〕

FOI °freedom of information 情報の自由.

FOIA /fɔ́ɪə/ °Freedom of Information Act 情報自由法.

fói·a·ble /fɔ́ɪəb(ə)l/ *a*《俗》《情報自由法 (Freedom of Information Act; 略FOIA) の下で》〈文書などが〉開示されるべき.

fol. folio.

folc·ge·mot /fálkgəmòut/**, folc·mote** /fálkmòut/ *n*《史》民会《ゲルマン古代から伝統的に存し, アングロサクソン以来中世初期に至るまでイングランドにも存した地域住民による人民集会で, 裁判を含む地域の統治全般について審議決定した》.〔OE=assembly of the people〕

folc·land /fóulklænd, -làːnt/ *n* FOLKLAND.

fold·age /fóuldɪʤ/**, fald·age** /fɔ́ːldɪʤ, fæl-/ *n*《英史》**1** 羊放牧強制権, 施肥権《荘園領主が施肥のために保有民に領土の土地で羊を放牧させる権利》. **2** 施肥免除金《保有民が羊放牧強制の義務を免れるために支払う免除金》.〔fald fold〕

fo·lio /fóuliòu/ *n* (*pl* **-li·òs**) **1**《全紙の》一度[二つ]折《4 ページ分》; 二判《紙》の本[紙, ページ], フォリオ版《本の最大のもの; 略 f., F., fol.》.★ 紙の取り方によって次のようになる: folio (二折判), quarto (四折判), sixmo *or* sexto (六折判), octavo (八折判), twelvemo *or* duodecimo (十二折判), sixteenmo *or* sextodecimo (十六折判), eighteenmo *or* octodecimo (十八折判), etc. **2 a**《稿本・印刷本の表面《おもて》にだけ番号を付した》丁, 一葉,《書籍の》丁数,《刊本の》ノンブル, ページ番号. **b**《簿記》《帳簿の》1 ページ,《貸方・借方記入の左右相対する》両ページの一方《両方に同じページ数が付けてある》. **3** フォリオ《綴じていない紙などを保管するためのケース・紙ばさみ》. **4**《法的文書の長さの》単位語数《英国では一般に 72 語, 証言録取書, 争いのない検認手続き上や議会手続き上の文書は 90 語, 米国では通例 100 語》. **in ～** 全紙二つ折りの〈本〉. — *vt* **1**〈稿本・書籍〉の枚数を数える;《印刷》…にノンブルを付ける. **2**〈書籍など〉に単位語数ごとにしるしをつける.〔L (abl)<*folium* leaf〕

folk·land /fóulklænd/ *n*《英史》フォークランド (=falk-land, folcland)《アングロサクソン時代のイングランドの土地保有形態の一つで, folk すなわち共同体の慣習法に基づいて私人が保有した土地, またはその権利》; cf. BOOKLAND, LOANLAND.

folk·moot /fóukmùːt/**, folk·moot** /fóukmùːt/ *n*《史》民会 (=FOLCGEMOT).

fol·low /fálou/ *vt* **1** …の次に来る, …の結果として起こる,《…に》付随する;…の後について行く〈…の後〉を追う, 追跡する. **2**〈人〉に追従する,《…の説[教え, 主義]》を奉ずる. **3**〈方針・計画などの〉従う;〈忠告・法・命令などを〉守る;〈先例・風習などに〉ならう (cf. OVERRULE). まねる, 手本とする: ～ (a) precedent. **4**〈職業〉とする: ～ the

law 法律に携わる, 弁護士をする.

fóllowing trúst pròperty 信託財産追求《権》(=TRACING TRUST PROPERTY).

food /fúːd/ *n* 食物, 食品.

Fóod and Drúg Administràtion [the ～]《米》連邦食品薬品局《食品・医薬品・化粧品類の安全性の規制を担当する連邦保健福祉省 (Department of Health and Human Services) の部局で, 1906 年法で創設; 略 FDA》.

Fóod, Drúg, and Cosmétic Àct [the ～]《米》食品医薬品化粧品法《1906 年の純正食品・薬品法 (Pure Food and Drug Act) を改正し, 食品・医薬品・化粧品についての各種基準を定め, 粗悪品・不当表示品の製造・州際取引を禁じた 1938 年制定の連邦法》; cf. PURE FOOD AND DRUG ACTS).

fóod stàmp prògram《米》食品切符事業《連邦政府が貧困層帯に食品切符を額面より安く売り, 食料品店より額面で買い戻すことにより貧困層帯を救済する社会福祉事業》.

fóotball hòoligan《英》サッカーフーリガン《サッカーの試合で暴力的ふるまいに及ぶ熱狂的ファン; ⇨ FOOTBALL HOOLIGANISM》.

fóotball hòoliganism《英》サッカーフーリガン行為《主としてサッカー試合などのスポーツイベントでのアルコールの所持または運び込み, 酩酊など, それらを禁止・処罰する一連の制定法が 1985 年以来英国では発布されている》; cf. BANNING ORDER》.

fóot of the [a] fìne《史》和解譲渡終結証書 (=chirograph)《和解譲渡 (fine) 手続きではその最後に, 両当事者名・日付・場所, その面前で手続きがなされた人の名前を含めてその手続き全体が割印証書 (chirograph) に記され, その基部 (foot) が裁判所などに保管されたが, その最後の証書を指す》.

fóot·pàth *n*《英》歩行者用公道, 人道《野原・放牧場などでは徒歩のみによる通行が一般の人に認められている道路》.

fóot·wày *n*《英》《車両通行可の公道の一部で徒歩のみの通行権が認められている》歩道.

for /fər, fɔːr/ *prep* **1**[理由]…のために, …ゆえに: ～ the love of …のために / LOAN FOR CONSUMPTION / LOAN FOR EXCHANGE / LOAN FOR USE. **2**[利益・恩恵・擁護・支持]…のために, …の側に: ～ the plaintiff [defendant] 原告[被告]に有利に, 原告[被告]勝訴の. **3 a**[代理・代表]…の代わりに: an agent ～ the company. **b**[代価・交換・報酬]…と引き換えに: pay $20 ～ the book. **4**[時間・空間]…の間: ～ life 一生の間, 終身 / ESTATE FOR LIFE / TENANCY FOR A TERM.

FOR °free on rail 貨車渡しで[の].

for. foreign; forensic.

for·as·much as /fɔ́ːrəzmʌ́ʧəz, fər-/ *conj* …であるから (seeing that).

for·bear /fɔːrbéər, fər-/ *vt, vi* (**-bore** /-bɔ́ːr/; **-borne** /-bɔ́ːrn/) **1** 慎む, 控える《*from doing*》;〈…を

忍ぶ, 我慢する《with》: ～ to mention it＝～ *from* mentioning it それを言うのを差し控える. **2** …の権利行使を控える: We must ～ from taking any further action.

for·béar·ance, fore- *n* **1** 差し控えること; 寛容, 容赦; 忍耐, 辛抱, 自制. **2**《権利行使の》差し控え; 不作為; 請求の自制, 訴えの抑制, 訴権の放棄. **3** 猶予, 支払い猶予.

for·bid /fərbíd, fɔːr-/ *vt* (**-bade** /-bǽd, -béɪd/, **-bad** /-bǽd/; **-bid·den** /-bídn/, ～) 禁ずる, 許さない; 〈事情などが〉妨げる; …への出入りを禁ずる: Wine is *forbidden*. 飲酒は禁じられている / I ～ you *to* speak.＝I ～ your speak*ing*. あなたの発言を禁じます / ～ sb (*to* enter) the house 人に出入りを差し止める / Time ～s. 時間が許さない. **for·bíd·der** *n*

for·bíd·dance *n* 禁止.

for·bíd·den *v* FORBID の過去分詞. — *a* 禁じられた, 禁制[禁断]の.

forbídden degrée 禁婚親等 (＝PROHIBITED DEGREE).

forbídden depárture 禁止されている逸脱量刑《量刑基準 (sentencing guidelines) から逸脱し人種・性別・出身国・宗教・社会経済的地位などに基づいた量刑》.

force /fɔːrs/ *n* **1** 力, …の力; 実力, 暴力, 武力, 腕力; [a ～] 暴行, 暴力による不法強制: resort to ～ 暴力に訴える, 実力行使する. ▶ ACTUAL FORCE (実力) / CONSTRUCTIVE FORCE (擬制暴力) / DEADLY FORCE (致死的暴力) / EXCESSIVE FORCE (過度の実力) / FINE FORCE (絶対的必要性) / FRESH FORCE (最近の実力行使) / INTERVENING FORCE (独立参入力) / IRRESISTIBLE FORCE (不可抗力) / LAWFUL FORCE (合法的な力) / MODERATE FORCE (極端に走らない暴力) / NONDEADLY FORCE (非致死的暴力; 致死的暴力の脅威) / PHYSICAL FORCE (物理的な力) / REASONABLE FORCE (相当の実力) / SUPERIOR FORCE (不可抗力) / UNLAWFUL FORCE (不法な力) / USE OF FORCE (武力行使). **2**《共同活動をする》隊, 集団: the (police) ～ 警察, 警官隊 / the ～(s) 軍隊 / the office ～ 事務所のスタッフ / the labor ～ of a country 一国の労働力. ▶ AIR FORCE (空軍) / ARMED FORCES (軍) / POLICE FORCE (警察隊) / REGULAR FORCES (正規軍) / RESERVE FORCES (予備軍) / VISITING FORCES (滞在外国軍隊). **3 a** 影響力, 支配力, 貫禄, 社会的勢力; 説得力, 迫力. **b** 影響力をもつ人[もの], 有力者. **c** 効果,《法の》効力, 拘束力: come into ～《法が》施行される, 効力を発する / These regulations will come into ～ on April 1st. これらの規則[規制]は4月1日に施行される / put…into [in] ～〈法を〉施行する / with much ～ 非常に力強く; 大いに効果を上げて. **by** ～ 暴力によって, 力ずくで. **by [with]** ～ **and arms** 暴力によって. **in** ～〈法・保険契約などが〉有効で, 妥当している (cf. 3 c): The Civil Procedure Rules have been *in* ～ since 1999. — *vt* **1** 強いて…させる, 強制する. **2** 力で押し進める, 強行する; 押し破る. **3** …に暴力を加える,〈女性〉に暴行する. **4** 強奪する: ～ sth out of sb's hands. [OF＜L *fortis* strong]

fórce and efféct 法的効力: have ～ of… と同じ法的効力を有する. ★ 逆に法的効力を有さぬ場合には, no force or effect という語が用いられる.

forced /fɔːrst/ *a* 強いられた, 強行の, 無理強いの; こじつけの, 不自然な: ～ labor 強制労働. **fór·ced·ly** /-sədli/ *adv* 無理に, 強制的に.

fórced abórtion《母親の承諾なしの》強制妊娠中絶.

fórced héir《大陸法》遺留分権を有する法定相続人.

fórced márriage 強制婚姻《一方当事者が同意しておらずなんらかの強迫がある婚姻で, 無効; 英国では民事上の救済手段だけでなく, 2007 年法で被害者あるいはその親族・教師などの第三者の申請に基づき裁判所が強制関与者に対して婚姻保護命令 (marriage protection order) を出すことができることになる》.

fórced pórtion《大陸法》遺留分 (＝LEGITIME).

fórced réspite 強制的弁済猶予《一部債権者が債務弁済の猶予に応じたことに対応して, 裁判所がその他の債権者に対しても同じ期間の弁済猶予を強制すること; cf. VOLUNTARY RESPITE》.

fórced sále 1 強制売却. **2** 公売《公の機関による強制の換価処分》.

fórced sháre 権利としての相続分 (＝ELECTIVE SHARE).

force ma·jeure /— maːʒɔ́ːr, -mæ-, -mə-, -dʒúər; *F* fɔrs maʒœːr/ **1** 不可抗力 (＝superior force, vis major)《戦争・暴動・ストライキ・地震・悪天候など; cf. ACT OF GOD, UNAVOIDABLE ACCIDENT》. **2** 抗しがたい強制. [F＝superior force]

fórce majéure cláuse 不可抗力条項《当事者の予想・制御しがたいことにより履行不能となった場合の危険負担についての契約上の規定》.

fórce-the-vóte provísion 投票強要規定《会社取締役会が合併 (merger) 取引に賛成しそれを株主に提議することを要求する契約条項》.

for·che·ap·um, fore- /fɔːrtʃiǽpəm/ *n*《史》先買, 先買による市場妨害, 市場妨害 (forestalling). [L＝forestalling]

forc·ible /fɔːrsəb(ə)l/ *a* 暴力による, 暴力的な; 無理強いの, 強制的な; 強力な, 有効な, 説得力ある: take ～ measures 有効な手段をとる. **fórc·ibly** *adv* 力ずくで, 強制的に, 不法に.

fórcible detáiner 1 暴力的不動産不法占有, 不動産不法占拠. **2**《米》不動産占有回復略式訴訟. **3** 動産の不法留置.

fórcible éntry 1 暴力による不動産占有侵奪, 不動産占有侵害. **2** 暴力による侵奪不動産占有回復訴訟 (＝writ of forcible entry). **3 a** FORCIBLE ENTRY AND DETAINER. **b** 不動産占有侵害 (cf. ADVERSE OCCUPATION). **4** 不法侵入. **5** 強制立入り.

fórcible éntry and detáiner 1 〚法的権限なしでの〛暴力による不動産占有侵奪 [不法占有]. **2**〚米〛不動産占有回復略式訴訟, 不動産占有侵害救済略式訴訟 (cf. DISPOSSESS PROCEEDING, EJECTMENT, EVICTION).

fórcible féeding 〚ハンガーストライキ中の在監者などに対する〛食事強制, 強制給餌.

forc·ing /fɔ́ːrsɪŋ/ *n* **1** 強制. **2** 暴行. **3** 奪取. **4** 発育促進 (法).

Fórd·ney-Mc·Cúm·ber Táriff Àct /fɔ́ːrdnimәkámbәr-/ [the ~]〚米史〛フォードニー・マッカンバー関税法《国内産業保護のために第一次大戦後の不況の下, 米国の保護関税を高めた連邦法 (1922); 提案した下院議員 Joseph W. Fordney と上院議員 Porter J. McCumber の名にちなむ》.

forebearance ⇨ FORBEARANCE.

forecheapum ⇨ FORCHEAPUM.

fore·close /fɔːrklóuz/ *vt, vi* 〈譲渡抵当権設定者〉に〈抵当物の〉受戻し権を失わせる; 〈譲渡抵当物を〉抵当流れ処分にする, 流す: **~ on** a mortgaged property. **~ down** 後順位抵当権を消滅させる《譲渡抵当権者が FORECLOSURE の手続きをとることにより, 自己よりも後順位の担保物権および譲渡抵当権設定者受戻し権を消滅させること; cf. REDEEM up》. **fore·clós·able** *a*

fore·clo·sure /fɔːrklóuʒәr/ *n* 〈譲渡抵当物の〉受戻し権喪失, 譲渡抵当受戻し権喪失手続き, 譲渡抵当権実行手続き, 物的担保実行手続き (cf. REPOSSESSION). ▶ BILL FOR FORECLOSURE (受戻し権喪失訴状) / DEED IN LIEU OF FORECLOSURE (譲渡抵当受戻し権喪失手続き代替不動産譲渡(捺印)証書) / EQUITABLE FORECLOSURE (エクイティー上の受戻し権喪失手続き) / JUDICIAL FORECLOSURE (裁判手続きによる譲渡抵当受戻し権喪失手続き) / MORTGAGE FORECLOSURE (譲渡抵当受戻し権喪失手続き) / NONJUDICIAL FORECLOSURE (裁判手続きによらない譲渡抵当権実行手続き) / POWER-OF-SALE FORECLOSURE (売買による譲渡抵当権実行手続き) / STATUTORY FORECLOSURE (制定法上の譲渡抵当権簡易実行手続き) / STRICT FORECLOSURE (厳格受戻し権喪失手続き) / TAX FORECLOSURE (租税滞納者財産強制売却処分).

foreclósure decrèe 1 譲渡抵当受戻し権喪失手続き上の売却命令判決《裁判手続きによる譲渡抵当受戻し権喪失手続き (judicial foreclosure) 上の売却を命ずる判決》. **2** 厳格受戻し権喪失手続き (strict foreclosure) を命ずる判決.

foreclósure òrder ábsolute 譲渡抵当無条件受戻し権喪失命令《譲渡抵当権設定者の受戻し権を喪失させ, 譲渡抵当権者が抵当物についての完全な権利を取得すべきことを命ずる裁判所命令》.

foreclósure òrder nísi 譲渡抵当受戻し権喪失仮命令《譲渡抵当権設定者は譲渡抵当権者に一定期間内に未払いの債務を支払うことを命ずる裁判所命令; この期日が過ぎると受戻し権を喪失することになる》.

foreclósure sàle 譲渡抵当受戻し権喪失手続き上の売却《裁判所の判決に基づいてか, あるいは売買による譲渡抵当権実行手続き (power-of-sale foreclosure) 上の, 抵当物の売却》.

fóre·gift *n* 〚史〛〚不動産賃貸借契約の〛権利金 (= forehand rent).

fórehand rént 〚史〛**1** 前払い地代. **2**〚不動産賃貸借契約の〛権利金 (foregift).

for·eign /fɔ́(ː)rәn, fɑ́r-/ *a* **1** 外国の (opp. *domestic, home, interior*); 対外の; 在外の: a ~ debt [loan] 外債 / a ~ deposit 在外預金 / ~ goods 外国品 / ~ mail 外国郵便 / ~ negotiations 外交交渉 / a ~ settlement 外人居留地. **2**〚郡・地方など〛ある地域の外にある, 他地域の;*他州の, 州外の〈会社など〉;〚英鉄道〛他社の〈車両など〉: a ~ car 他線車. **3**〚州などの〛管轄権外の, 他法域の, 法適用地域外にある. **4**〚固有でなく〛外来の, 異質の, 他からの; 関係ない, 適しない; 知らない.

fóreign administrátion 〚米〛州外遺産管理 (手続き) (= ANCILLARY ADMINISTRATION).

fóreign admínistrator 〚米〛〚他の法域で選任された〛州外遺産管理人.

fóreign affáirs *pl* 外交問題, 外務, 外政: the Secretary of State for F~ A~ (1968年までの英国の) 外務大臣 (⇨ FOREIGN SECRETARY) / the Ministry [Minister] of F~ A~ 外務省 [大臣].

fóreign agréement 〚英〛《自国の法ではなく外国法に準拠して締結される》外国法準拠契約.

fóreign áid《敗戦国・発展途上国などへの》対外援助.

Fóreign and Cómmonwealth Óffice [the ~]〚英〛外務 (・イギリス) 連邦省《1968年に Foreign Office と Commonwealth Office が合体して一省となった; 略 FCO; 外務大臣の正式名は Secretary of State for Foreign and Commonwealth Affairs (外務・イギリス連邦大臣)》.

Fóreign Assístance Àct [the ~]〚米〛対外援助法《米国による欧州経済復興援助計画である Marshall Plan を実行するため1948年に制定された連邦法》.

fóreign attáchment 1〚史〛第三者占有財産仮差押え, 債権仮差押え, 債権差押え《London などの都市法として認められていたもので, 債権者は市内に差押対象財産を有していないが, 訴訟当事者以外の市民が債務者の財産を占有しているないしは債務者を債権者とする債務を負っているとき, この財産・債権を差し押えてその債務者に出頭を命ずる手続き; cf. GARNISHMENT》. **2**〚米〛在外者に対する差押え《外国または他州に居住している債務者を出廷させるためまたは債務の支払いをさせるために行なわれる差押え》.

fóreign bíll (of exchánge) 外国 (為替) 手形, 〚米〛州外 (為替) 手形 (⇨ INLAND BILL (OF EXCHANGE)) (cf. DOMESTIC BILL).

fóreign cárrier 〚米〛州外保険会社 (cf. ALIEN CARRIER, DOMESTIC CARRIER).

fóreign cómpany 〚英〛外国会社《英国内で事業

を行なう外国籍の会社; 登記・会計・名称などは英国の会社法の規定に従う). ► CONTROLLED FOREIGN COMPANY (被支配外国会社).

fóreign corporátion 外国法人, 外国会社;《米》州外法人, 州外会社, 他州の会社 (» cf. DOMESTIC CORPORATION). ★ alien corporation ともいう. ► INTERNAL AFFAIRS OF A FOREIGN CORPORATION (州外法人の内部関係).

Fóreign Corrúpt Práctices Àct [the ~]《米》海外不正行為防止法《1977年制定の連邦法; すべての株式公開会社 (publicly held corporation) およびその役員に外国の政府・政党の職員の買収を禁じ妥当な内部管理制度の維持を義務づけたもの; 略 FCPA》.

fóreign cóuntry 外国.

fóreign cóurt 1 外国の裁判所. 2《米》他州の裁判所.

fóreign cúrrency 外国通貨, 外貨.

fóreign divórce 外国での離婚,《米》他州での離婚.

fóreign dócument 外国での作成文書,《米》他州での作成文書.

fóreign dráft =FOREIGN BILL OF EXCHANGE.

fóreign-èarned-íncome exclùsion《米税制》《米国外居住者による》外国勤労所得控除《内国歳入法典 (Internal Revenue Code) 上 一定限度額まで控除が認められる》.

Fóreign Emóluments Clàuse《米》外国からの報酬条項 (⇨ EMOLUMENTS CLAUSE).

fóreign enlístment 外国の軍隊に籍を置くこと《英国では許可を得ず友交国と交戦している外国の軍隊に入ることは犯罪となる》.

fóreign·er n 1 a 外国人, 外人. b《史》他市民;《方》よそ者. c 外来動植物; 舶来品. ► TRANSIENT FOREIGNER (短期滞在外国人). 2 外国船. 3 外国株式.

fóreign exchánge 1 外国為替《取引》: ~ rate 外国為替レート / a ~ broker [dealer] 外国為替仲立人［ブローカー, ディーラー］/ ~ dealing 外国為替取引 / the ~ market 外国為替市場 / ~ transfer 外国為替振替. 2 外貨, 外貨で支払える短期手形: ~ reserves 外貨準備(高).

fóreign invéstment 外国投資, 海外投資.

fóreign júdgment 外国判決,《米》他州判決 (cf. DOMESTIC JUDGMENT). ► ENFORCEMENT OF FOREIGN JUDGMENT (外国[他州]判決執行).

fóreign jurisdíction 1 外国裁判権,《米》他州裁判権. 2 領土外裁判権, 領事外管轄権.

fóreign làw 外国法, 他法域法,《米》他州法.

Fóreign Mínister《英米以外の》外務大臣, 外相 (the Minister of Foreign Affairs).

Fóreign Mínistry [the ~] 外務省.

fóreign óbject 異物 (=FOREIGN SUBSTANCE).

Fóreign Óffice [the ~]《一部の国またはかつての英国の》外務省 (Department of Foreign Affairs)《略 FO; ⇨ FOREIGN AND COMMONWEALTH OFFICE; cf. DEPARTMENT OF STATE).

fóreign pólicy 外交政策[方針].

fóreign pórt 外国[*州外]港《1》外国あるいは州外所在の港 2) 非船籍港》.

fóreign relátions pl 外交関係; 外交問題.

Fóreign Relátions Commíttee [the ~]《米》《上院》外交委員会《略 FRC》.

Fóreign Sécretary [the ~]《1968年までの英国の》外務大臣《正式名は the Secretary of State for FOREIGN AFFAIRS; ⇨ FOREIGN AND COMMONWEALTH OFFICE》.

fóreign sérvice 1《軍隊の》外地[海外]勤務. 2 a《一般に》外交部, 外務職員《集合的に》(diplomatic service). b [the F-S-]《米》《国務省の》外務職員局 (=UNITED STATES FOREIGN SERVICE). 3《英史》封建契約上間接負担奉仕義務 (=FORINSEC SERVICE).

fóreign súbstance 異物 (=foreign object)《1》食品などに入ったガラスなど食品に適さない物体 2) 手術後患者体内に残されたガーゼなど》.

fóreign táx crèdit《米》外国税額控除《外国で得た収入について, 外国ですでにその税金を支払った人に対して, その分だけ連邦所得税を控除すること》.

fóreign tráde 1 外国貿易, 対外貿易. 2 三国間運送《海運用語で, 外国船登録国以外の三国間における商船の運送》.

fóreign tráde zòne* 外国貿易地帯 (=FREE TRADE ZONE).

fóreign trável òrder《英》外国旅行禁止命令《2003年の性犯罪法 (Sexual Offences Act) に基づき, 16歳未満の子供に対する犯罪で有罪とされ12ヵ月以上の禁固刑の宣告を受けた者に対して, 警察の申請に基づき連合王国外の旅行を禁止する裁判所の命令》.

fore·júdge[1] vt 予断する (prejudge); 予断をいだく.

fore·judge[2], **for·judge** /fɔːrdʒʌdʒ, fɔːr-/ vt《判決により》《人》から《権利・物を》剥奪する,《人を×...から》追放する《from, of》;《史》《特に 代訴人 (attorney) など裁判所役人を犯罪・義務違反行為などで裁判所から》追放する; 失権させる, ...に失権判決を下す. ★ 二重目的構文になることもある.

fóre·man /-mən/ n (pl -men /-mən/) 1 陪審長 (=~ of the júry) (=PRESIDING JUROR). 2《工場・工事現場などの》監督者, 現場監督, 現場主任. ★1, 2共に foreperson ともいう.

fo·ren·sic /fərénsɪk, -zɪk/ a 1 法廷の, 法廷で用いる; 弁論の, 討論の. 2 法科学 (forensic science) の,《犯罪》の科学捜査の, 法医学の. **-si·cal·ly** adv [L forensis; ⇨ FORUM]

forénsic anthropólogy 法人類学《法的問題に人類学の成果・方法を応用する学問分野》.

forénsic chémistry 法化学 (=legal chemistry)《法的問題に化学の成果を応用する学問分野》.

forénsic engineéring 法工学《訴訟において通例は工学の専門家を通して工学上の知識・分析などを用い

forénsic évidence 法科学 (forensic science) 的証拠, 法医学 (forensic medicine) 的証拠.

forénsic linguístics 法言語学《書面あるいは口頭での伝達の言語的特徴を知る技術あるいは学問を法・裁判で用いること; 特に 発話者を同定する技術として利用される》.

forénsic médicine 法医学 (=legal medicine, medical jurisprudence)《法の適用に役立つ医学上の研究を行ない, 例えば司法解剖, 親子の鑑定などに応用すること》.

forénsic pathólogy 法病理学《病気・傷害, 特に死亡の原因を病理学的につきとめ, 証拠として用いること》.

forénsic psychíatry 法精神医学《例えば刑事責任を問えるかどうかなど, 精神医学上の成果を法・裁判に応用すること》.

fo·ren·sics /fərénsɪks, -zɪks/ **1** 弁論術. **2** 法科学 (=FORENSIC SCIENCE). **3** [⟨pl⟩] 法科学鑑定;《警察の》科学捜査部門.

forénsic science 法科学《法的問題へ科学の成果を応用する学問分野》.

fóre·pèrson n 陪審長 (=PRESIDING JUROR); FOREMAN.

fore·sée v (**-sáw**; **-séen**) vt 予知する, 予見する, 予測する, 見越す. — vi 先見の明がある; 先を見通す. **fore·séer** n 予見する人. **~·ing** a 予見する. **~·ing·ly** adv 予見して, 先を見越して.

foresèe·abílity n 予見可能性《法的責任を通常予見できる範囲の結果に限定するための概念; ⇒ FORESEEABILITY TEST; cf. DIRECT CONSEQUENCE DOCTRINE》.

foreseeabílity tèst 予見可能性テスト《特に過失責任を問うか否かの判定の際に, 行為者が行為を怠ることによってある結果が発生することを予測できたか否かを基準として, 判断すること》.

forese·able a 予見[予知]できる. **in the ~ future** 予測できる将来には, 当面は.

fóre·shòre n 前浜(
ぜんぴん), 海岸 (=SEASHORE).

fóre·sìght n **1** 先見(の明), 洞察(力). **2** 予見, 前途の見通し, 展望, 見込み. **3**《将来に対する》用心, 慎重さ, 深慮.

for·est /fɔ́(:)rəst, fɑ́r-/ n **1 a** 森林, 原始林. **b** 林野. **c** 森林の樹木《集合的》. **2**《英史》**a** 御料林 (royal forest);《王室などの》御猟場, 禁猟場《囲いのない地域で, 樹木は必ずしも多くない; cf. CHASE, PARK》. **b** 森林保有特権. ▶ CHARTER OF THE FOREST (森林憲章) / EYRE OF THE FOREST (森林大巡察) / RAPE OF THE FOREST (森林侵害) / ROYAL FOREST (御料林).

fore·stall, for- /fɔːrstɔ́ːl/ vt 先んずる, …の機先を制する, 出し抜く; 先買いする, 買い占める (buy up); 妨げる, 妨害する.

forestáll·er, for- n forestall する人;《特に先買いにより》市場妨害をする人, **先買人**.

forestáll·ing, for- n **1** 先んずること, 機先を制すること; 妨げること. **2** 先買, 先買市場妨害 (=for(e)-cheapum). **3**《史》通行妨害; 土地保有者が家屋敷に入るのを妨げること, 鹿が森林に戻ることを妨げること.

fórestalling the márket《特に 先買による》市場妨害行為.

forestáll·ment, -stal-, for- /fɔːrstɔ́ːlmənt/ n **1** 先手を打つこと, あらかじめ措置を講じること, 先回りして妨げること. **2**《史》通行妨害. **3** 先買, 先買市場妨害.

fórest còurt《英史》森林裁判所《御料林 (forest) 管理のため設置された裁判所で, いくつかの裁判所があった; 鹿・草木などへの侵害の処罰などの裁判を行なった》.

fórest·er《英史》森林係《御料林 (forest) およびそこにすむ狩猟用鳥獣の管理を担当した役人》.

fórest làw《英史》森林法《御料林 (forest), そこにすむ鹿その他の猟獣・猟鳥を保護するための特別地区法で, その実施のために特別の役人・特別の裁判所も区した; cf. CHARTER OF THE FOREST, FOREST COURT, FORESTER》.

for·feit /fɔ́ːrfət/ n **1**《物・権利・名誉などの》没収, 剥奪, 喪失. **2** 没収物; 罰金, 科料 (fine); 追徴金; 犠牲: *His life was the ~ of his crime.* みずからの罪の罰として命を取られた. — a 没収された, 喪失した. — vt **1**《罰として》没収される, 喪失する,《権利》を失う (cf. WAIVE): *~ a deposit* 手付け金を没収される. **2**《政府などが財産などを》没収する. **~·able** a 没収できる, 没収[失886]対象の. **~·er** n 権利[財産]の喪失者; 没収(執行)者. [ME=crime<OF (pp)⟨*forfaire* to transgress (L *foris* outside, *facio* to do)]

fórfeit clàuse《契約不遵守の場合の, 保証金・手付金などの》没収条項 (⇒ FORFEITURE CLAUSE).

for·feit·ure /fɔ́ːrfətʃər, *-tʃʊr/ n **1**《財産・封土などの》没収;《権利・公職などの》没収, 剥奪 (cf. REENTRY, WAIVER). ▶ CIVIL FORFEITURE (民事没収) / CRIMINAL FORFEITURE (刑事没収) / RELIEF FROM FORFEITURE (不動産賃借権没収からの救済) / WAIVER OF FORFEITURE (不動産賃借権没収権の放棄). **2** 失権,《名声などの》喪失;《契約などの》失効. **3** 没収物; 罰金, 科料; 過料.

fórfeiture clàuse 没収条項《(1) 契約不遵守の場合 保証金・手付金などを没収することを定めた条項; forfeit clause ともいう 2) 遺言の中で当該遺言につき争う場合には, その受益権を奪う旨を定めた条項; cf. NO CONTEST CLAUSE》.

fórfeiture of bónd 違約(罰)金[保証金]没収《捺印金銭債務証書 (bond) 契約の債務者が債務を履行しないため, 証書上の条件が確定し違約金が没収されること》.

fórfeiture of chárter《会社設立の》特許状失効.

fórfeiture of léase《契約違反などに基づく》不動産賃借権没収.

fórfeiture of márriage《英史》無断婚姻による二倍婚姻料没収《令状[訴訟]》《未成年で領主の後見 (wardship) 下にある封臣が後見人である領主の許可を得

ず婚姻し、その後成年に達しみずからの封土の占有を得た時に、領主が通常の婚姻料 (marriage) の二倍額を得る権利を有していた; この二倍額の婚姻料没収権およびそれを訴求するための令状・訴訟を指す; 1660年廃止).

fórfeiture of sháre 《(払い込み懈怠(けたい)などのための)》株式の失権.

forge /fɔ́ːrdʒ/ vt, vi **1** (鉄を)鍛える、鍛えて作る. **2** 〈計画・合意などを〉案出する、創り出す; 〈うそなどを〉でっちあげる、捏造(ねつぞう)する; 偽造[模造]する: ~d documents. ~**able** a ~**ability** n [OF<L fabrica]

forg·er /fɔ́ːrdʒər/ n **1** 鍛冶職人. **2** 偽造者[犯人]、捏造者; うそつき.

for·ger·y /fɔ́ːrdʒ(ə)ri/ n **1** 偽造、贋造、捏造; 文書偽造(罪). **2** 偽造文書、偽印、贋作(がんさく)、にせ金.

fo·rín·sec sérvice /fərínsɪk-/ 《英史》封建契約上間接負担奉仕義務 (=foreign service, forinsecum servitium) (⇒ INTRINSEC SERVICE).

fo·rin·se·cum ser·vi·ti·um /fərínsəkəm sərvíʃiəm/ 《英史》封建契約上間接負担奉仕義務 (= FORINSEC SERVICE). [L]

fo·rin·se·cus /fərínsəkəs/ a **1** 外的な、外の、外からの. **2** 《英史》《封建的奉仕義務が》《封建契約上直接の (これを intrinsecum という) ものでなく》間接的な (⇒ INTRINSEC SERVICE). [L=foreign, outside]

for·is·fac·tus /fɔ̀ːrəsfǽktəs/ n 《史》**1** 死罪人. **2** 没収を受けた人. [L=one who has incurred forfeiture]

for·is·fa·mil·i·ate /fɔ̀ːrəsfəmílièɪt/ vt 《史、スコットランド》《成年・婚姻などにより父からの遺産に当たる土地を生前に息子に分与して》〈息子〉を家長権から免除する (分与を受けた息子は通例父から一切相続できなくなる). [<L (foris outside, familia family)]

fo·ris·fa·mil·i·á·tion n 《史、スコットランド》《成年、婚姻、父からの土地分与による独立家計の開始などを理由としての未成年者の》家長権からの免除.

forjudge ⇒ FOREJUDGE².

form /fɔ́ːrm/ n **1** 形、形態. **2** 形式 (opp. content, matter, substance); 枠組; 表現形式; 整った形式[構成]: for ~'s sake 形式を整えるべく、形式上. ► DEFECT OF FORM (形式不備) / MATTER OF FORM (形式問題) / TITLE DEFECTIVE IN FORM (証書上に瑕疵の存する権原). **3** 方式; 流儀、やり方; 礼式、作法、慣例; きまり文句: in due ~ 正式に[の]、しかるべき形で[の] / ~ of words 法的文書に正しく記載された文言. ► BEARER FORM (持参人払い式) / COMMON FORM (通常方式) / SOLEMN FORM (厳格方式). **4** 型、種類. **5** ひな型、書式; 書込み用紙、申込用紙: an application ~ 申込用紙 / customs declaration ~ 税関申告書 / a pad of order ~s 注文用紙綴り / a telegraph ~ (電報)頼信紙 / after the ~ of... の書式どおりに / fill in [out, up] a ~ 書式に記入する. ► BATTLE OF THE FORMS (書式間の抵触) / CLAIM FORM (訴状; 保険金請求用紙) / GREEN FORM (グリーンフォーム) / LLOYD'S OPEN FORM (ロイズ海難救助契約標準書式) / PROPOSAL FORM (申込用紙) / SELLER'S PROPERTY INFORMATION FORM (売主による対象財産についての情報提供書式) / STOCK TRANSFER FORM (株式名義書換え申込用紙) / W-2 FORM (W-2書式) / W-4 FORM (W-4書式). — vt **1** 〈物を〉形づくる、作り上げる. **2** 〈同盟・関係を〉結ぶ. **3** 組織[創設]する: ~ a new company 新会社を設立する / The House is not yet ~ed. 《定足数などの関係で》議院はまだ成立していない. **4** ... になる、... (の一部)をなす、構成する.

Fórm 10-K /-- ténkéɪ/ 《米》様式10-K (報告書) 《登録会社 (registered corporation) が証券取引委員会 (Securities and Exchange Commission) に毎年提出する義務のある財務報告の書式ないしはその書式での報告; 単に 10-K ともいう》.

for·ma /fɔ́ːrmə/ n 形式、方式、書式 (⇒ FORM). ► PRO FORMA (形式上(の); 見積もり(の); 見積もり送り状). [L=form]

for·mal /fɔ́ːrm(ə)l/ a **1** 一定の形式[手続き]によった、方式どおりの、正式の (cf. PAROL): a ~ document 正式文書 / a ~ order 正式な命令 / make a ~ application 正式に申請する. **2** 形だけの、形式的な; 形式ばった、形式にこだわる.

fórmal agréement 《有効となるには一定方式にのっとることが要求される》要式合意.

fórmal cóntract 《有効となるには一定の方式にのっとることが要求される》要式契約、方式契約 (=special contract) (cf. CONTRACT UNDER SEAL, INFORMAL CONTRACT, PAROL CONTRACT, SPECIALTY).

Forma le·ga·lis forma es·sen·ti·a·lis. /-- lɪgéɪlɪs -- esènʃiéɪlɪs/ 法の形式は本質的な形式. [L=Legal form is essential form.]

fórmal impéachment 1 正式手続きにのっとった弾劾 (=IMPEACHMENT). **2** 証言弾劾 《証人の嘘を見破ったり、証人に有罪歴があることなどを示したりしてその証言の信用性を争うこと; cf. IMPEACHMENT》.

for·mal·i·ty /fɔːrmǽləti/ n **1** 形式遵守; 形式[方式]にかなっていること[かなったふるまい]、正式、本式、儀礼. **2** [pl] (正規の)手続き; 形式[儀礼]的行為: legal formalities 法律上の(正式)手続き / go through due formalities 正規の手続きをとる / customs formalities 通関手続き. **3** [pl] 式服、正装.

fórmal·ize vt **1** 明確な形にする; 正式なものとする、正式に承認する. **2** 形式化する; 形式的にする.

fórmal láw 形式法 《手続き法のこと》.

fórmal·ly adv 正式に、方式どおりに、本式に、公式に; 形式上、形式的に.

fórmal párty 形式的当事者、形式上の当事者 (=NOMINAL PARTY).

fórmal rúlemaking 《米》《行政機関による》規則正式制定(手続き) (⇒ RULEMAKING) (cf. HYBRID RULEMAKING, INFORMAL RULEMAKING).

fórma páu·pe·ris /-pɔ́ːpərəs/ 《史》貧者の資格、訴

訟救助. ▶ IN FORMA PAUPERIS (貧者の資格で(の)). [L=the form of pauper]

fórm·bòok *n* 書式集, 方式書.

fórmed desígn 確固とした殺意 (cf. PREMEDITATION).

for·me·don /fɔ́ːrmədàn/ *n*《史》**1** 贈与捺印証書不動産回復訴訟 (=ACTION OF FORMEDON). **2** 贈与捺印証書不動産回復令状 (=WRIT OF FORMEDON). [< L *forma doni* form of the gift]

fórmer adjudicátion 前訴判決, 前訴での判断 (cf. COLLATERAL ESTOPPEL, RES JUDICATA).

fórmer jéopardy《二重の危険 (double jeopardy)の問題が生じる際の》前の危険 (⇨ DOUBLE JEOPARDY).

fórmer téstimony 以前の証言, 別の訴訟手続き上でなした証言 (一定条件の下で伝聞証拠排除則 (hearsay rule)の例外として許容されることがある).

fórm of áction《史》訴訟方式《コモンロー上は, 救済の必要がある時には原則的に訴訟が成立するという考え方ではなく, コモンローが許容する救済方法が存在する所にのみ訴権が存在した; この法的認められていた訴訟の範型を指す; 各範型は, 異なった訴訟開始令状 (original writ) で始まり, 手続き・判決の種類・執行方法などがそれぞれ定まりかつ異なっていた; 原告は自己の責任でその方式を選び, 誤った選択は敗訴となった; 英国では 1875 年に廃止されたが, コモンロー体系が訴訟方式に依拠していたとさえいえるので, 廃止までに手続き法のみならず実体法上も大きな影響を残したし, 現在もなおその影響は残っている; ⇨ ORIGINAL WRIT, WRIT SYSTEM》.

for·mu·la /fɔ́ːrmjələ/ *n* (*pl* ~s, -lae /-liː/) **1**《ローマ法》方式書《方式書訴訟手続きにおいて法務官 (praetor) が実際に裁判を行なう審判人 (judex) に対して, 争点を示し, 通常はある条件が備わったときには被告に有責判決を, そうでないときは免訴することを命ずる形で判決の基準となる規範を示したひな型文書》. **2**《コモンロー訴訟手続きにおいて例えば令状 (writ) などで用いられる》**定型文言**. [L (dim.) <*forma* form]

fórmula instrúction (陪審に対する)**定式的説示**《裁判官が陪審に対して, その評決が基づかなければならないすべての法的要素を定式的に説示すること》.

for·ni·ca·tion /fɔ̀ːrnɪkéɪʃ(ə)n, -nə-/ *n* **1** 未婚女性姦通, 未婚者淫行(罪), 婚姻前性交罪《未婚者同士または既婚者と未婚者(特に未婚女性)の私通; cf. ADULTERY》. **2**《聖書》姦淫 (adultery). **fór·ni·càte** *vt*, *vi* **fór·ni·cà·tor** *n*.

for·prise /fɔːrpráɪz/ *n*《史》**1** 例外, 留保. **2** 強請 (exaction). — *vt* 取り出す, 例外とする.

for·speak·er /fərspíːkər, fɔːr-/ *n*《史》弁護人.

forstall ⇨ FORESTALL.

for·swear·ing /fɔːrswéərɪŋ/ *n* **1** 宣誓上の否認; 誓って絶つこと. **2** 背誓(罪) (=PERJURY). **for·swéar** *vt*, *vi*

for·tax /fɔːrtǽks/ *vt*《史》不当[苛酷]に課税する.

forum conveniens

For·tes·cue /fɔ́ːrtəskjùː/ フォーテスキュー Sir **John** ~ (c. 1385–c. 1479)《イングランドの法律家; 王座裁判所首席裁判官・大法官》ランカスター朝派に属し, 亡命・敗戦・捕禽, その後ヨーク朝の Edward 4 世に忠誠を誓い, 大赦に浴す; 著作に立憲主義の先駆的著作, 最初の比較法・比較政治論として著名な *De Laudibus Legum Angliae* (イングランド法の礼賛について)のほか, *De Natura Legis Naturae* (自然法の性質について, 1461–63), *The Governance of England* (初版 1741) など》.

forth·com·ing /fɔːrθkámɪŋ/ *n*《スコットランド》**1** 第三者占有財産差押訴訟 (=ACTION OF FORTHCOMING). **2** 第三者占有財産引渡命令《債務者に債務を支払うあるいは第三者が占有している債権者の債権・財産を引き渡すように命ずる命令》.

fórthcoming bónd **1** 提出保証書《ある物を一定時あるいは請求のある場合には提出することを保証する証書》. **2** 差押物保管保証書 (=delivery bond)《債務者が敗訴の場合には差押物件を引き渡す旨を約束してその差押物件の再占有を許可してもらうための証書, 通常はシェリフ (sheriff) に提出する; cf. REPLEVIN BOND》.

fòrth·with *adv* 直ちに, 時を移さず, 可及的速やかに, 遅滞なく. — *n*《俗》直ちに…すべしとの命令.

fortiori ⇨ A FORTIORI.

for·tu·i·tous /fɔːrt(j)úːətəs/ *a* 偶然の, 思いがけない.

fortúitous evént 偶発事件 (=cas fortuit) (⇨ UNAVOIDABLE ACCIDENT DOCTRINE) (cf. FORCE MAJEURE).

for·tu·na /fɔːrt(j)úːnə/ *n*《史》埋蔵物 (=TREASURE TROVE). [L=fortune]

fórtune-tèll·er *n* 占い師《かつて英国では風紀紊乱者 (disorderly person) の一人として処罰対象であった》.

fo·rum /fɔ́ːrəm/ *n* (*pl* ~s, **fo·ra** /-rə/) **1 a**《ローマ史》広場, フォルム. **b** 集会用広場, 討論の場, フォーラム. ▶ LIMITED FORUM (限定フォーラム) / NONPUBLIC FORUM (パブリック・フォーラムではない公有地) / OPEN FORUM (開放フォーラム) / PUBLIC FORUM (パブリック・フォーラム). **2** 裁判所, 法廷; **法廷地**. ▶ INCONVENIENT FORUM (不便宜地裁判所(の法理)) / LAW OF THE FORUM (法廷地法). **3**《世論の》裁き, 批判: the ~ of conscience 良心の裁き. [L]

fórum ác·tus /-ǽktəs/《史》行為地; 行為地裁判所. [L=forum of the action]

fórum con·sci·én·ti·ae /-kànʃiénʃiː/《史》良心裁判所《時にエクイティの裁判所 (court of equity) の特徴を示す語として用いられる》. [L=forum or court of conscience]

fórum con·trác·tus /-kəntrǽktəs/《史》契約成立地; 契約成立地裁判所. [L=forum of the contract]

fórum con·vé·ni·ens /-kənvíːniènz/ 便宜地裁判所《両当事者・証人にとって訴訟をなすのに最も便宜な裁判所; cf. FORUM NON CONVENIENS》. [L=suitable forum】

fórum do·mi·cí·li·i /-dòuməsíliài/《史》住所地裁判所, ドミサイルのある地の裁判所. 〔L=forum of the domicile〕

fórum ec·cle·si·ás·ti·cum /-ɛklì:ziǽstɪkəm/《史》教会裁判所 (=ECCLESIASTICAL COURT). 〔L=ecclesiastical court〕

fórum nòn con·vé·ni·ens /-nàn kənví:nìɛnz/ 不便宜法裁判所(の法理) (=inconvenient forum)《訴えを受けた裁判所が、裁判管轄権を有するにもかかわらず当事者・証人の便宜などのため、裁判管轄権を有する他の裁判所で審理するほうが妥当と考えた場合に、裁判管轄権を行使せず訴えを却下ないしは移送することを認める法理、またはこの法理の対象となる便宜の良くない裁判所》; cf. CHANGE OF VENUE. 〔L=unsuitable forum〕

fórum orí·gi·nis /-ərídʒənəs/《史》出生地裁判所. 〔L=forum of a person's birth〕

fórum pro·ro·gá·tum /-pròurəgéɪtəm/《国際法》応訴管轄, 黙示的受託管轄, フォルム・プロロガートゥム《国際司法裁判所 (International Court of Justice) の管轄権は紛争当事国の合意があって初めて設定されるのが原則であるが、その事前合意がなくても、一方の当事国が裁判所に訴えを提起した後に相手国が出廷に同意するなどなんらかの形でこれに応じる場合には、当該紛争について有効に裁判付託の合意があったものとみなされる; これに基づき認められる裁判管轄をいう》. 〔L=prorogated jurisdiction〕

fórum ré·gi·um /-rí:dʒiəm/ [**ré·gis** /-rí:dʒɪs/]《史》国王裁判所. 〔L=the king's court〕

fórum réi /-rí:àɪ/《史》**1** 被告住所地裁判所. **2** 事物所在地裁判所 (=FORUM REI SITAE). 〔L=forum of the defendant; forum of the thing〕

fórum réi gés·tae /-dʒésti/《史》行為地裁判所. 〔L=forum of a thing done〕

fórum réi sí·tae /-sáɪti/《史》事物所在地裁判所 (=forum rei). 〔L=the forum where the thing in controversy is situated〕

fórum s(a)e·cu·lá·re /-sèkjəléəri/《史》世俗裁判所. 〔L=secular court〕

fórum seléction clàuse 法廷地条項《契約上の条項で、両当事者間で訴訟が生じた場合の法廷地 (forum) を定めておくもの》; cf. CHOICE OF LAW CLAUSE〕.

fórum shòp *vi* 法廷(地)あさりをする (⇨ FORUM SHOPPING).

fórum shòpping《自分に有利な判決を出してくれそうな法廷・裁判官・陪審を求めての》法廷(地)あさり (cf. JUDGE SHOPPING).

for·ward /fɔ́:rwərd/ *a* **1** 前方の. **2** 前進の; 早く進めた, 進んだ. **3** 先物の, 先渡しの, 先払いの. **4** (普通より)早い; 早熟な, ませた. ── *adv* 前方へ; 今後; 外へ, 表面に; 《予定・期日など》繰り上げて; 先渡し[先払い]とし て: BUY ~ / CARRIAGE ~ / FREIGHT ~ / SELL ~ / date ~《小切手などを》先日付にする《遅らせる》/ charges ~ 代金先払い, 諸掛り先方払い / balance brought ~ 前期繰り越し(高), 前ページ繰り越し(額) / balance carried ~ 次期繰り越し(高), 次ページ繰り越し(額). ── *vt*《手紙・電子メールなどを》転送する, 回す《*to*》;《荷物などを》発送する, 送付する: Please ~.〔目的語を省略して〕ご転送ください《封筒などの左上に書く》. ── *n* 先渡し契約 (=FORWARD CONTRACT).

fórward agréement 先渡し合意[契約] (=FORWARD CONTRACT).

fórward búying 先物買付け, 先物仕入れ (=buying forward).

fórward cóntract 先渡し契約 (=forward agreement)《標準化されていない特定のものをあらかじめ定めた条件で売買する契約; 先物契約 (futures contract) は標準化された市場で広く次々と行なわれるのが一般だが、先渡し契約は一般に相対の形で行なわれる; 単に forward ともいう》; cf. FUTURES CONTRACT.

fórward delívery 先渡し.

fórward·er *n* **1 a** 回送者. **b**《遠方にいるなどを理由にしての他弁護士への》受任事件再委任弁護士 (cf. FORWARDING FEE). **2** 運送[貨物]取扱人, 運送業者 (=FREIGHT FORWARDER). ▶ FREIGHT FORWARDER《運送[貨物]取扱人》.

fórward exchánge 先物為替.

fórward exchánge agrèement 先物為替合意.

fórward exchánge ràte 先物為替相場 (=forward rate).

fórward·ing *n* **1**《荷物の》運送(取次), 通運(業), 回送; 転送: ~ address《郵便物の》転送先, 回送先 / a ~ station 発送駅. **2**《次ページへの》繰り越し.

fórwarding àgent 運送[貨物]取扱人, 通運業者 (=FREIGHT FORWARDER).

fórwarding fèe 1 受任事件再委任料《依頼を受けた弁護士が遠方などを理由に受任事件を別の弁護士に再委任した場合に、引き受けた責任の割合に応じて最初の弁護士から第二の弁護士に分配される報酬》. **2**《郵便物の》転送[回送]手数料.

fórward márket 先物市場 (=FUTURES MARKET).

fórward príce 先物価格, 先物値段.

fórward quotátion 先物相場.

fórward ráte《為替取引の》先物相場 (forward exchange rate).

fórward ráte agrèement 金利先渡し合意 (略 FRA).

fórward sále 先物売買.

fos·sage /fásɪdʒ/ *n*《英史》外濠(維持)税 (=fossagium)《要塞都市の住民に濠の維持費として課した税》.〔L *fossa* ditch〕

fos·sa·gi·um /fəséɪdʒiəm/ *n*《英史》外濠税 (=FOSSAGE). 〔L〕

fos·ter /fɔ́(:)stər, fás-/ *vt* **1** 育成する, 養育する. **2** 里

子として育てる; 里子に出す. — *a*《血縁や法的親子関係でなく》養育した, 養育関係の, 育ての〈子・親〉. — *n* 里子;《古》里親. [OE *fōster* food, feeding]

fóster·age *n* **1**《里子[養い子]の》養育. **2** 里子に出す[里子を預かる]こと, 里子制度. **3** 里子であること, 里子の身分. **4** 育成, 促進, 助成, 奨励.

fóster bròther 同じ養い親の下で育てられた養い子, 養育による兄弟, 里子兄弟, 乳きょうだい.

fóster cáre《個人の家庭または公共の施設における》養い子[里子]の養育; 養い子[里子]養育制度.

fóster-càre plácement《特に短期間》養い子[里子]として預けること.

fóster chìld 里子, 養い子 (=fosterling)《血縁上の親子関係も養子縁組関係もないが, その養育が委ねられている子供; cf. ADOPTIVE CHILD, FOSTER PARENT》.

fóster dàughter 里子, 養い子《女子》.

fóster·er *n* **1** 里親, 養育者. **2** 乳母.

fóster fàther 育ての父, 里親, 養い父 (cf. ADOPTIVE FATHER).

fóster hóme 里子を預かる家庭.

fóster·ing *n* 里子[養い子]の養育.

fóster·lànd *n* **1**《英史》《ノルマン人の征服 (Norman Conquest) 前後の》修道士給養地. **2**《人の扶養, 施設の維持のための》扶養[維持]地.

fóster·lèan *n* **1**《英史》《アングロサクソン時代の》寡婦給与《のちの JOINTURE に当たる》. **2**《史》里子養育費.

fóster·ling *n* 里子, 養い子 (=FOSTER CHILD).

fóster mòther 育ての母, 里親, 乳母, 養い母 (cf. ADOPTIVE MOTHER).

fóster-mòther *vt* 育ての母[養い母, 乳母]として育てる, …の乳母をつとめる.

fóster nùrse 《里子の》養育者《女子》, 乳母.

fóster pàrent 里親, 養い親《血縁上の親でなく形式的に養子縁組もしていないが, 養育をした, 里子の養い親; cf. ADOPTIVE PARENT, FOSTER CHILD》. ▶ LOCAL AUTHORITY FOSTER PARENTS (地方自治体里親).

fóster sìster 養育による姉妹, 里子姉妹 (⇨ FOSTER BROTHER).

fóster sòn 里子, 養い子《男子》.

fos·tress /fɔ́(:)strəs, fás-/ *n fem* 里親, 養い親《女性》.

FOT °free on truck 貨車渡しで[の].

foul /fául/ *a* **1** きたない, よごれた. **2** 不正な. **3** 衝突した; 衝突[接触]の危険のある. **fall [go, run] ~ of**〈船が〉衝突する;…と争う, …に掛かり合いになる: *fall ~ of the law* 法に触れる. — *adv* 不正に, 違法に.

fóul bíll (of héalth)《悪疫流行地の港で出す》罹患(り)証明書 (opp. *clean bill of health*) (⇨ BILL OF HEALTH).

fóul bíll of láding 故障付き船荷[運送]証券, ファウル B/L (=dirty bill of lading, unclean bill of lading)《荷積みの時に不足・損傷などが発見された旨が書き込まれた船荷[運送]証券; opp. *clean bill of lading*》.

found /fáund/ *vt* **1** (…に)基づかせる, 基礎づける〈*on*〉《★ 通例 (be) founded on (…を基礎にして, …に基づいて) という形で用いる》: *~ed on* statute 制定法に基づいて / *~ed on* the breach of contract 契約違反に基づいて / *~ed upon* contract 契約に基づいて. **2**《組織・施設・学校などを》《特に基金を寄付して》創設[設立]する;《都市などを》建設する.

foun·da·tion /faundéɪʃ(ə)n/ *n* **1** 基礎, 土台; 根拠, 論拠: without ~. ▶ LAYING (A) FOUNDATION (前提事実の立証). **2** 基本金, 基金, 維持基金. **3** 建設, 創設, 創建;《基金による》設立. **4**《基金寄付による》設立物, 施設, 財団《学校・病院・社会事業団体など》: the Ford F~ フォード財団. ▶ PRIVATE FOUNDATION (私設財団). **5**《財団などの》設立趣意書, 定款. **~·al** *a*

foundátional évidence《他の証拠の許容性を決定する》基礎証拠.

foundátion hòspital《英》基金病院 (⇨ NHS FOUNDATION TRUST).

fóund·er *n* **1** 創建者, 創設者, 設立者 (founding father), 発起人, 財団創設者, 基金寄付者: the ~'s day 創立者記念日. **2**《継承財産設定 (settlement) や信託 (trust) の》設定者 (=SETTLOR). **~·shìp** *n* 創設[創立, 設定]者であること; 発起人の資格[身分].

fóunder mèmber 創立成員.

fóunder's kín [the ~]《学校などの》基金寄付者の近親者《種々の特権がある》.

fóunders' shàres *pl*《英》《会社の》発起人株.

fóunding fáther 1《国家・制度・施設・運動の》創立者, 創始者. **2** [°F- F-s]《米史》建国の父, 建国の父祖《1775-83年の米国の独立戦争および(あるいは) 1787 年の合衆国憲法制定において指導的役割を演じた人たちの一人》.

fóund·ling /fáundlɪŋ/ *n* 捨て子, 拾い子.

fóundling hòspital [hòme] 捨て子養育院, 孤児院.

four /fɔ́ːr/ *n* **4**. ▶ RULE OF FOUR (4 名賛成の準則). **on** ALL FOURS.

fóur córners *pl* **1** 四隅; 全領域. **2** 文書の全文面, 文書自体, 文書の文言, 券面 (=**fóur córners of an instrument**)《かつて法的文書は一枚ものの羊皮紙に書かれていたことから, この語が出た》: the ~ of a document 文書の全文面, 文書自体, 書類の内容 / within the ~ of the document 当該文書自体に, 当該文書の文言中に, 当該文書の文言の範囲内で.

fóur córners rùle 文書全文面の準則 **(1)** 文書の意味は文書全体で判断されるべきで, その一部を切り離して理解されるべきでないという準則 **2)** 明確な文書は外的な証拠を用いずにそれ自体から解釈すべきであるという準則; cf. PAROL EVIDENCE RULE).

fóur-dáy órder《英史》四日間決定《主たる決定で履行期日が決められていない場合, 履行日を指定する補足的決定; 必ずしも 4 日間のみではないが大法官府部 (Chancery Division) ではこう呼んだ; 1998 年の民事訴

訟手続き規則 (Civil Procedure Rules) で変更》.

fóur fréedoms pl 《欧州共同体 (European Community) の》 4つの自由 (⇨ FUNDAMENTAL FREEDOMS).

fóur-mónth rùle 四か月準則《例えば被告人は逮捕などの後4か月以内に審理されねばならないという準則のように, ある行為・手続きが4か月以内にとられるべきことを要求している準則一般を指す》.

401(k) plan /fɔ́ːròuwán(kéi) 一 / 《米》《内国歳入法典》401条k項計画, 401 (k) 計画《被用者がみずからの課税前の給与から一部を確定拠出年金制度 (defined contribution plan) に拠出することを認める個人退職金積立て計画 (retirement plan) ないしは貯蓄計画; 内国歳入法典 (Internal Revenue Code) の該当条項からの名称》.

419 fraud /fɔ́ːrwánnáin 一 / 419条詐欺 (＝ADVANCE FEE FRAUD).

fóur séas pl [the ~] 四海《英国では大西洋・北海・ドイツ洋 (北海のドイツ海域)・英仏海峡の4つの海; ラテン語では QUATUOR MARIA》. **beyond the ~** 四海外に, 海外に. **within the ~** 四海内に《James 1 世以後は属領・植民地を除くイングランド・スコットランド・アイルランドをいう》.

Fóurteenth Améndment [the ~] 《米》合衆国憲法第14修正《市民の特権・免除を削減することの禁, 法の適正手続きによらずに生命・自由・財産を奪うことの禁, および法の平等な保護などに関する条項; 1868年成立》.

Fóurth Améndment [the ~] 《米》合衆国憲法第4修正《身体・私有財産の不合理な捜索および逮捕・押収を禁ずる条項; 1791年, 権利章典 (Bill of Rights) の一部として成立; cf. PROBABLE CAUSE》.

fóurth degrée [the ~] 《犯罪の》第四級《同一犯罪類型の中で罪状などが比較的軽い》: manslaughter in the ~ 第四級故殺.

fóurth estáte [the ~, °the F-E-] 第四身分《マスメディア・ジャーナリストたちのこと; 英国議会での報道者席に座る記者たち》, 議会の伝統的な三身分 (聖職貴族・世俗貴族・庶民) に匹敵する影響力を有するということから》.

fóurth quárter 第四四半期.

fóur únities pl [the ~] 《合有不動産権 (または合有) 成立のための》4つの同一性の要件《合有不動産権 (または合有) (joint tenancy) が成立するためには (1) 同一の不動産に関する一つの譲渡行為によって'権原の同一性' (unity of title), (2) 2名以上の者が同一の時に同一の期を有する'[設定]時点の同一性' (unity of time), (3) 同一の権利 ['不動産権の (内容の) 同一性' (unity of interest)] を (4) 共同で所有する ['占有の同一性' (unity of possession)] という, 4つの同一性の要件 (unity) が必要である; ⇨ JOINT TENANCY》.

FOW °free on wagon 貨車渡しで[の].

fowl /fául/ n 家禽.

Fóx's Líbel Àct [the ~] 《英史》フォックス文書誹毀法《文書が名誉毀損に当たるか否かを裁判官から陪審の認定に委ねた1792年の英国の制定法; これにより政府批判の言論の自由が強化された; Charles James Fox (1749-1806) は同法推進の下院議員》.

foy /fɔ́ɪ; F fwa/ n 信義, 誠実, 忠誠 (allegiance, faith, fidelity). [law F]

FPC 《米史》°Federal Power Commission 連邦動力委員会.

FPLA 《米》°Fair Packaging and Labeling Act 公正包装および表示法.

fr. fractional.

FR Federal Reserve.

FRA 《米》°Federal Reserve Act 連邦準備法 ♦ °forward rate agreement 金利先渡し合意.

frac·tion·al /frǽkʃ(ə)nl/ a 分数の; 断片の, 端数の, わずかの; 《証券》端数の: ~ currency 小額通貨.

fráctional ínterest 分数保有権 (＝UNDIVIDED INTEREST).

fráctional sháre ″端数株.

Frac·ti·o·nem di·ei non re·ci·pit lex. /frǽkʃíounɛm dáriai nɑn ríːsipit léks/ 法は1日の端数を受け入れない. [L＝The law does not recognize a fraction of a day.]

fráction of a dáy 1日未満の時間 (cf. FRACTIONEM DIEI NON RECIPIT LEX.).

frais /fréɪ; F frɛ/ n 費用, 経費 (expense, cost). [F]

frame /fréɪm/ vt 1 作る, 造る; 作り上げる, 案出する. 2《人を》罪に陥れる, はめる《up》; 《罪などを》でっちあげる《up》: He was ~d. ぬれぎぬを着せられた. 3 《口》内密に取り決めておく, 《試合・選挙などに》不正工作をする, 八百長を仕組む《up》. **frám(e)·able** a

fram·er /fréɪmər/ n 1 構成者; 立案者, 企画者. 2 a 法律起草者. b [F-; ″pl] 《米》合衆国憲法起草者, 《特に》《合衆国憲法》権利章典 (Bill of Rights) 起草者.

fráme-ùp n 1 犯罪のでっち上げ, フレームアップ. 2 競技などの不正, 八百長.

fran·chise /frǽntʃaɪz/ n 1 a 選挙権, 参政権 (＝elective [electoral] franchise); 選挙資格条件. b [″the ~] 公民権, 市民権 (citizenship). c 《法人・団体の》団員権, ″《AP通信の》会員権. ▶ ELECTIVE [ELECTORAL] FRANCHISE (選挙権) / PARLIAMENTARY FRANCHISE (議会選挙権) / UNIVERSAL FRANCHISE (普通選挙権). 2 a 会社特権, 法人特権 (＝CORPORATE FRANCHISE). b フランチャイズ《1》製造元が, 卸売[小売]業者に与える一定地域の一手販売権 2》ファストフードチェーン店などのれんを付与する営業権. c 一手販売地域. d 《公共性を有する事業団体などに与えられる》特権, 《営業》免許; ″特権行使許可地区; 《一般に》管轄権; 法人能力. ▶ CORPORATE FRANCHISE (会社特権) / FERRY FRANCHISE (渡船営業権) / GENERAL FRANCHISE (一般特権) / SPECIAL FRANCHISE (特別特権). 3《プロスポーツリーグの》加盟者たること, 加盟権, 会員権; フランチャイズをもつチーム[球団]; 《スポーツ試合の》放送権, 放映権. 4

〖史〗**a**〖法的な〗免除(特権), 特権. **b** 特権領. ▶DISTURBANCE OF FRANCHISE (特権侵害). **5**〖保険〗**a** 免責金額[歩合]〖損害保険で一定額[歩合]までの損害は保険金支払いの対象としない契約の基準金額[歩合]〗; ⇨ FRANCHISE CLAUSE; cf. DEDUCTIBLE. **b** フランチャイズ保険〖法定の最少被保険者数に達していない場合に担保する団体保険 (group insurance)〗. **lie in 〜**〖史〗〈逃亡家畜・難破物などが〉〈訴訟によるのではなく〉先占可能[自力取得可能]の状態にある.
— *vt* …に franchise を与える.
[OF (*franc, franche* free, FRANK)]

fránchise agrèement フランチャイズ契約.

fránchise clàuse〖保険〗免責金額[歩合]条項, 免責金額[歩合]約款, フランチャイズクローズ〖損害保険契約で, 一定額[歩合]までの損害は保険金支払いの対象とせず, それを超えた場合には損害の金額を填補する旨を約定する条項; その基準額[歩合] を FRANCHISE (免責金額[歩合]) という; 小損害の填補をしないという点では同じであるが, 基準額を超えた損害であっても常に基準額までは被保険者が自己負担する旨を約定する保険金減額条項 (deductible clause) とは異なる〗.

fránchise còurt〖英史〗特権裁判所〖自治都市を含む各種特権領の裁判所や五港裁判所 (Court of Shepway), 錫鉱裁判所 (stannary court), 大学裁判所 (university court) など, 国王からの特権賦与に基づく裁判所の総称; 特権裁判所はほとんど消滅し, 歴史的存在と化している〗.

fránchised déaler フランチャイズを受けた業者, 一手販売権付きディーラー, フランチャイズ加盟販売店.

fran·chi·sée /frӕntʃaɪzíː, -tʃə-/ *n* FRANCHISE を与えられた人[業者, 企業].

fránchise fèe 1 フランチャイズ料〖フランチャイズ (franchise) 権の対価としてそれを与えられた者からそれを与えた者に支払う金銭〗. **2**〖政府が放送・テレビ局などの免許を与える際に徴収する〗**免許料**.

fránchise·ment *n* ENFRANCHISEMENT.

frán·chis·er *n* **1** FRANCHISEE. **2** FRANCHISOR.

fránchise tàx〖米〗事業免許税; 免許税, 営業税.

fran·chi·sor /frӕntʃaɪzɔ́ːr, -tʃə-/ *n* FRANCHISE を与える人[企業].

fran·co /fráːŋkoʊ/ *a* **1**〈値段・条件が持ち込み渡しの〉 (=free delivered)〖仕向け地の買主が指定する場所に商品を持ち込み引き渡すまでの一切の費用と危険を売主が負担していることを意味する〗. **2** 郵券不要の, 無料配達の.
[It (*porto*) *franco* free (carriage)]

frank /frӕŋk/ *vt* **1**〈郵便物〉に料金納付済み[別納]の表示をする, 〈手紙などを〉無料送達にする, …に無料送達の署名をする: 〜 a letter 手紙の封筒に料金納付済みの表示[無料送達の署名]をする. **2 a**〈人〉に通行[出入り]の自由を許す, 通行証を与える. **b**〈人を〉無料で運ぶ. **3**〈人〉に免除する, 免れさせる.
— *n* **1** [F-]〖史〗フランク人. **2** 無料送達の署名[印], 郵便料金納付済みの表示[スタンプ]; 無料送達郵便物;

郵便料金納付済み封筒. **3**〖米国連邦議会議員・連邦裁判所成員・英国議会議員などに与える〗**無料送達の特典**(=franking privilege). [OF<L *francus* free]

Frank フランク **Jerome New 〜** (1889-1957)〖米国の法律家; 合衆国控訴裁判所 (United States Court of Appeals) 裁判官 (1941-57) のかたわら Yale 大学法科大学院の講師を務めた; リアリズム法学 (legal realism) の論者として知られ, その最初の著書 *Law and the Modern Mind* (1930) および *Courts on Trial* (1949) が主著〗.

frank·al·moi(g)n /frӕŋkӕlmɔ́ɪn, —ーーー, ーーーー/ *n*〖史〗自由寄進(保有) (=frankalmoi(g)n tenure, free alms, tenure by frankalmoi(g)n [free alms])〖通例 寄進者の霊魂のために祈りを捧げることなどの, 寄進の条件である不確定の宗教上の奉仕義務を保有者に課している宗教的不動産保有(条件[態様])〗; cf. TENURE BY DIVINE SERVICE, ALMOI(G)N, LAY TENURE. ▶TENURE BY FRANKALMOI(G)N (自由寄進保有). [AF = free alms]

fránkalmoi(g)n ténure〖史〗自由寄進保有 (=FRANKALMOI(G)N).

fránked íncome〖英税制史〗納税済み所得〖前払い法人税 (advance corporation tax) などで予納済みの所得〗.

fránked invéstment income〖英税制史〗法人税前払い企業配当所得, 納税済み投資利益〖企業が受け取った企業配当所得; この配当所得は株式発行会社の法人税支払い後の利益からの配当なので, 二重課税回避のため, 課税対象から除かれる; cf. ADVANCE CORPORATION TAX〗.

fránk fèe〖史〗自由土地保有権に基づいて保有している[されている]土地, 自由土地保有地 (freehold land).

Frank·fur·ter /frӕŋkfərtər/ フランクファーター **Felix 〜** (1882-1965)〖オーストリア Vienna 生まれの米国の法律家; 1894年に移民; Harvard 大学教授 (1914-39年) を経て合衆国最高裁判所 (Supreme Court of the United States) 裁判官 (39-62年); アメリカ自由人権協会 (American Civil Liberties Union) の設立に参加などの社会活動を通して進歩的自由主義者として知られたが, 同時に司法の自己抑制・政治問題への不介入をも説いた〗.

fránk·ing machìne‖=POSTAGE METER.

fránking prívilege (〖米国連邦議会・英国議会議員などの〗**無料送達特権** (=FRANK).

fránk màrriage *n*〖史〗自由婚姻保有(権), 自由婚姻限嗣封土権〖婚姻しようとしている娘ないしは近親の女性に対して in frank marriage [in liberum maritagium] として贈与された不動産の保有形態ないしは不動産保有権; この語を用いることにより, この夫婦とその夫婦から生まれた直系卑属にのみ相続される特別な限嗣封土権 (estate tail) が設定されたとされ, しかも受贈者は次の3世代の間贈与者に対して誠実の誓い (fealty) を除く一切の封建法上の義務を負担しない〖ここから frank=free とい

う限定詞がついた);その後は単純封土権 (fee simple) に転換可能; cf. FEE EXPECTANT).

fránk·plèdge n 《英史》**1** 十人組 (=frithborgh)《10人一組の成人男子の間で各人の行為に対して連帯責任を負う制度、またその10人一組 (tithing);イングランドでノルマン人の征服 (Norman Conquest) の前からその後まで広く存した; cf. BORSHOLDER, VIEW OF FRANKPLEDGE). ► VIEW OF FRANKPLEDGE (十人組検査). **2** 十人組の一員.

Fránks hèaring /frǽŋks-/《米》フランクス事件の審理《警察官が捜索令状 (search warrant) を得るために宣誓供述書 (affidavit) が用いられ、その捜索令状に基づき得られた証拠により被告人が有罪とされた場合に、その証拠が警察官の宣誓供述書中の虚偽の陳述に基づいて得られたものであるか否かを決定するための審理; 1978年の合衆国裁判所の判例の原告名から). [*Franks* v. Delaware]

Fránks Repòrt《英》フランクス報告書《行政審判所 (administrative tribunal) のあり方を通常裁判所との関連で検討した1957年の報告書; 1958年の審判所および審問に関する法律 (Tribunals and Inquiries Act) (1971年改正) の基礎になった).

fránk ténement《史》自由土地保有(権); 自由土地保有権に基づき保有している[されている]土地 (=FREEHOLD).

FRAP /frǽp/《米》°Federal Rules of Appellate Procedure 連邦上訴手続き規則.

fra·ter /fréɪtər/ n 同胞、兄弟 (brother). [L]

fráter con·san·guí·ne·us /-kànsæŋgwínɪəs/ 異母兄弟. [L=(half) brother related by blood]

fra·ter·nal /frətɚːrnl/ a **1** 兄弟の; 兄弟らしい、友愛の. **2** 友愛会の、共済会の. **3** 二卵性の. ~·ly adv 兄弟として[のように]. [L FRATER]

fratérnal bénefit associàtion [socìety] 友愛共済会、福利共済会 (=fraternity)《共通の目的・利益を有する会員の相互扶助・福祉増進を目的とする任意結成の団体であり、通例は宿泊施設・管理機構・儀式・会員への恩典を有する; cf. BENEVOLENT ASSOCIATION).

fratérnal insúrance 共済保険、友愛会保険《友愛共済会 (fraternal benefit association) が行なっている生命保険あるいは健康保険).

fratérnal socìety 友愛会 (=BENEVOLENT ASSOCIATION).

fra·ter·ni·ty /frətɚːrnəti/ n **1** 兄弟であること; 仲間、同志. **2**《大学・高校での》友好会. **3** 友愛[福利]共済会 (=FRATERNAL BENEFIT ASSOCIATION). **4** 同業者仲間、同人.

fráter nu·trí·ci·us /-n(j)utríʃɪəs/ 養育による兄弟、里子兄弟. [L=foster brother]

fráter ute·rí·nus /-jutəráɪnəs/ 異父兄弟. [L=(half) brother born of the same mother]

frat·ri·cide /frǽtrəsàɪd, fréɪ-/ n 兄弟[姉妹]殺し《殺人・犯人). **fràt·ri·cíd·al** a

---

fraud /frɔ́ːd/ n **1** 欺瞞; 詐欺《DECEIT は fraud の一種とされ、より限定的に用いられる; cf. CHEATING, MISREPRESENTATION); 詐欺的行為、不正手段. ► ACQUISITION FRAUD (取得詐欺) / ACTUAL FRAUD (現実的詐欺) / ADVANCE FEE FRAUD (前払い手数料詐欺) / AFFINITY FRAUD (類縁者詐欺) / BADGE OF FRAUD (詐害行為の徴憑) / BANKRUPTCY FRAUD (破産詐欺) / CAROUSEL FRAUD (旋回式コンベヤー詐欺) / CIVIL FRAUD (民事詐欺) / CLICK FRAUD (クリック詐欺) / COLLATERAL FRAUD (付随的詐欺) / COMPUTER FRAUD (コンピューター詐欺) / CONCEALED FRAUD (隠された詐欺) / CONSTRUCTIVE FRAUD (擬制的詐欺) / CRIMINAL FRAUD (詐欺罪) / ELECTION FRAUD (詐欺的不正選挙行為) / EQUITABLE FRAUD (エクイティー上の詐欺) / EXTRINSIC FRAUD (外在的詐欺) / 419 FRAUD (419条詐欺) / INTRINSIC FRAUD (内在的詐欺) / LEGAL FRAUD (法定詐欺) / MAIL FRAUD (郵便を使っての詐欺) / MISSING TRADER INTRACOMMUNITY FRAUD (見えない取引業者関与の共同体内詐欺) / MORAL FRAUD (道徳的詐欺) / POSITIVE FRAUD (積極的詐欺) / PROMISSORY FRAUD (約束上の詐欺) / RELIGIOUS AFFINITY FRAUD (宗教的類縁者詐欺) / STATUTE OF FRAUDS (詐欺防止法) / TAX FRAUD (脱税) / WIRE FRAUD (電子の通信手段を用いた詐欺). **2** 詐欺師、ペテン師. **in ~ of** ...=**to the ~ of** ...を欺くために、...を詐欺にかけるために、故意にだまそうとして: TRANSFER IN FRAUD OF CREDITORS. [OF<L *fraud- fraus*]

fráud by híndsight あと知恵詐欺《会社が投資家に対して楽観的な財務報告書 (financial statement) ないしは予測を発表しその後に期待はずれの結果を報告し意図的にあざむいたという想定の下での詐欺の訴え; 米国では1990年代初めにこの種の訴訟が一般化し、95年には制定法で排除している).

fraude /frɔ́ːd/ n《大陸法》契約履行時の詐欺 (cf. DOL). [F=fraud]

fráud in équity エクイティー上の詐欺 (=EQUITABLE FRAUD).

fráud in fáct 現実的詐欺 (=ACTUAL FRAUD).

fráud in láw 法認定詐欺 (=constructive fraud)《例えば、債務者が資産を他に譲渡しそれにより債権者が債権回収が困難になった場合など、欺罔の意思にかかわらず法が状況上認める詐欺).

fráud in the execútion =FRAUD IN THE FACTUM.

fráud in the fáctum 証書作成交付上の詐欺 (=fraud in the execution)《例えば盲目の人に真の証書であると偽って別内容の証書に署名させ契約を締結するなど、実際に作成交付した証書が意図した証書と違っていたり、法的存在をもたないものであったりするような形で行なわれる詐欺; cf. FRAUD IN THE INDUCEMENT).

fráud in the indúcement 誘因上の詐欺《取引をなそうとしている相手方にその取引に伴うみずからの危険・義務などについて誤った印象を与える虚偽の表示をする

詐欺; cf. FRAUD IN THE FACTUM).

fráud on a pówer 権利帰属者[取得者]指名権の不正行使《権利帰属者[取得者]指名権 (power of appointment) を不正に行使し、その結果その指示を無効にするような行為・状況》.

fráud on the commúnity 《米》夫婦共有財産に対する詐欺《夫婦共有財産採用州 (community-property state) で離婚あるいは死亡前に、共有財産に対する他方配偶者の半分の権利請求を妨げる目的で意図的に財産隠しあるいはそれを詐欺的に移転すること》.

fráud on the cóurt 裁判所ての詐欺《裁判の過程で、例えば陪審員の買収や偽造文書を証拠にするなど、弁護士・当事者が訴訟の公正さを失わせるような重大な不正行為を行なうこと》.

fráud on the márket prìnciple [thèory] 市場における詐欺の原則[理論]《証券をめぐる詐欺責任理論の一つで、自由市場 (open market) で取引された証券に関して被告が行なった実質的不実表示 (misrepresentation) は、その証券を購入し損害を被った原告によって真実であると信じこまれていたと推定されるというもの; cf. EFFICIENT MARKET》.

fráud on (the) minórity 少数派株主に対する不正行為《株式会社で多数派株主が多数の力で会社に不利益となるような不正をはたらくこと; 派生訴訟 (derivative action) の対象となる》.

Fráud Squád [the ~]《英》《警察の》詐欺取締班.

fraud·u·lent /frɔ́:dʒələnt/ *a* 欺瞞的な; 詐欺《行為》の、不正な; 詐欺によって得た (⇒ FRAUD) (cf. DECEPTIVE, FALSE, MISLEADING). **~·ly** *adv* **fráud·u·lence, -len·cy** *n* [OF or L (FRAUD)]

fráudulent alienátion 1 詐害的譲渡、詐欺的譲渡 (= FRAUDULENT CONVEYANCE). **2** 遺産不当譲渡.

fráudulent concéalment 悪意の秘匿.

fráudulent convérsion 悪意の横領.

fráudulent convéyance 詐害的財産譲渡、詐欺的財産譲渡 (= fraudulent alienation)《債権者を詐害することを目的としてなされた財産の譲渡; cf. PREFERENTIAL TRANSFER》.

fráudulent jóinder《米》悪意の当事者併合《事件を連邦裁判所に移送させぬために原告が悪意でもって当事者、特に同一州の住民を被告として併合すること》.

fráudulent médium《英》詐欺的霊媒《1951年の制定法で処罰対象とされている》.

fráudulent misrepresentátion 悪意[詐欺的]不実表示 (= deceit, fraudulent representation)《ある事実を虚偽と知りつつ、あるいは事実と信ずることなく、相手方に表示すること; opp. innocent misrepresentation》.

fráudulent préference 偏頗(は^)行為《支払い不能・債務超過に陥っている債務者が特定債権者にのみ満足を与える行為; 単に preference ともいう; cf. PREFERENTIAL TRANSFER》.

fráudulent representátion 詐欺的表示 (= FRAUDULENT MISREPRESENTATION).

fráudulent tráding《英》詐欺的営業《債権者をだます意図をもってあるいはそれ以外の詐欺的目的で会社が営業を行なうこと; 例えば商品の供給も返金もする意思なく前金を受け取ったりすること; 犯罪となり、裁判所は清算 (winding up) に際して責任者に会社資産への支払いを命じる; cf. WRONGFUL TRADING》.

Fraus et jus nun·quam co·ha·bi·tant. /frɔ́:s ɛt dʒú:s nʌ́ŋkwæm kəhǽbɪtənt/ 詐欺と正義は決して共住しない。[L=Fraud and justice never dwell together.]

FRB《米》°Federal Reserve Bank 連邦準備銀行◆《米》°Federal Reserve Board (of Governors) 連邦準備制度理事会.

FRC《米》°Foreign Relations Committee (上院)外交委員会.

FRCP, F. R. Civ. P.《米》°Federal Rules of Civil Procedure 連邦民事訴訟手続き規則.

F.R. Crim. P.《米》°Federal Rules of Criminal Procedure 連邦刑事訴訟手続き規則.

F.R.D.《米》°Federal Rules Decisions『連邦訴訟手続き規則判例集』.

FRE《米》°Federal Rules of Evidence 連邦証拠規則.

Fréddie Mác《米》フレディー・マック **(1)** FEDERAL HOME LOAN MORTGAGE CORPORATION (連邦住宅貸付け譲渡抵当公社) の俗称 **2)** 同公社の発行する抵当証券; cf. FANNIE MAE, GINNIE MAE》.

free /fríː/ *a* (**fré·er; fré·est**) **1** 自由な; 他国の支配を受けていない、自主独立の; 独立の、束縛のない; 制約されていない、統制を受けない; 獄につながれていない、罪に問われていない (opp. *captive*); 自由主義の、自由主義的な: a ~ country [people] 自由国[自由の民] / make ~ 釈放[放免]する. **2** FREEHOLD の; FREE AND CLEAR. **3 a** 自由に…できる、随意の、自発的な、意のままにできる; 文字[規則、伝統、権威]にとらわれない[こだわらない]. **b** 率直な、遠慮のない. **4 a** …から解放されている、障害のない、自由にはいれる、安全な、免じる. **b** 手があいた; 《部屋などが》あいた. **5** 無料[無税、免税]の、無償の、負担のない: ~ imports 無税輸入品 / ~ samples 試供品. **for** ~ 無料で. **~ of charge** 無料で. **set** sb ~ 解放する、釈放[放免]する. ― *vt* (**fréed**)《人を》自由の身にする、解放する、釈放[放免]する、救出する; 除く、きれいにする〈from, of〉: The new president ~d all political prisoners. ― **·ly** *adv* 自由に、勝手に. **~·er** *n*

frée ágency 1 自主的行動(権). **2**《米》《プロスポーツ選手の》自由契約資格 (cf. RESERVE CLAUSE).

frée álms《史》自由寄進(保有) (= FRANKALMOI(G)N). ► TENURE BY FREE ALMS (自由寄進保有).

frée alòngside shíp [stéamer, véssel] *adv, a* 《商品・価格など》《輸出国の》船側渡しで[の] (略 FAS, f.a.s.; cf. FREE ON BOARD).

frée and cléar *a* 《財産に対する》負担のない、担保

権などが付いていない: ~ title 負担のない権原.

frée and cómmon sócage 自由兼一般鋤奉仕保有 (⇨ FREE SOCAGE).

frée bénch《史》謄本保有寡婦産権《死亡した夫の謄本保有権 (copyhold) の土地の一部 (2 分の 1, 3 分の 1, 4 分の 1 など) に対して寡婦が生涯の間有した権利; 自由土地保有権 (freehold) の寡婦産権 (dower) に当たる; 所によっては COPYHOLD の保有者が妻の場合, その夫は鰥夫産(権) (curtesy) に類似した謄本保有鰥夫産権を有した (これは man's free bench, customary curtesy と呼ばれた); 英国では 1925 年に廃止).》[L *sedes libera*]

frée-bòard *n* 乾舷《英国の商船法に基づく, 船舶の中央部, 甲板線の上端から載貨喫水線標上端までの距離).

frée chápel《英教会史》自由礼拝堂《国王または国王が特権を与えた私人の設立した礼拝堂で, 教会の裁治権者 (ordinary) の管轄に属さない).

frée cóinage* 自由貨幣鋳造; 自由鋳造貨幣《》 私人が貨幣適格金属を鋳造所に持ち込んで貨幣に鋳造してもらうこと, またはその貨幣).

frée colléctive bárgaining《法・政府の介入のない》自由な団体交渉.

frée competítion《政府の介入のない》自由競争.

frée cóurse 順風航行.

frée delívered *a* 持込み渡しの (=FRANCO).

frée delívery 無料配達《略 f.d.》.

fréed·man /-mən, -mæn/ *n* (*pl* -men /-mən, -mèn/)《米史》解放奴隷.

free·dom /fríːdəm/ *n* **1 a** 自由, 《束縛のない》自由な状態; 自主, 独立; 自由行動, 自主性: complete ~ of thought [speech, religion] 完全な思想［言論, 信教］の自由. **b** 権利, 特権; 特権免許; 出入りの自由; 自由使用権; 《自治都市の》自由市民権: have the ~ *of* the house [the library] 家［図書館］を自由に使用する特権を有する. ▶ ACADEMIC FREEDOM (学問の自由) / CONSTITUTIONAL FREEDOM (憲法上の自由) / FOUR FREEDOMS (4 つの自由) / FUNDAMENTAL FREEDOMS (基本的自由) / TESTAMENTARY FREEDOM (遺言の自由). **2** 〈…が全くないこと, 免除〈*from*〉: ~ *from* duty 無税.

fréedom from encúmbrance [**incúmbrance**] [the ~]《英》負担不存在 (⇨ COVENANT AGAINST ENCUMBRANCES).

fréedom of a bórough [**cíty**] [the ~] **1**《史》都市の自由(権), 都市自治権. **2**《史》自治都市自由市民権［身分］, 都市市民権. **3** 名誉市民権［身分］: give sb the freedom of the borough [city]《名士などに名誉のしるしとして》名誉市民権を与える (⇨ FREEMAN).

fréedom of assémbly [the ~] 集会の自由 (= RIGHT OF ASSEMBLY).

fréedom of associátion [the ~] 結社の自由 (cf. RIGHT OF ASSEMBLY).

fréedom of chóice 選択の自由《特に, 人種差別問題との関連で学校選択の自由, あるいは妊娠中絶選択

の自由などを指す).

fréedom of cónscience [the ~] 良心の自由 (=liberty of conscience)《みずからの行動の基準をみずから選びもちそれに従って生きる権利で, 市民的自由 (civil liberty) の一つ; 信教の自由 (freedom of religion) と密接に関係しているが, 同一ではない; cf. FREEDOM OF RELIGION).

fréedom of cóntract [the ~] 契約の自由 (= freedom to contract, liberty of contract).

fréedom of estáblishment 開業の自由《(欧州)共同体法 (Community law) 上の基本権の一つ; ⇨ RIGHT OF ESTABLISHMENT).

fréedom of expréssion [the ~] 表現の自由《みずからの思想を自由に表現する自由》.

fréedom of informátion [the ~] 情報の自由《特に 政府に対する情報開示の請求に関する自由; 略 FOI).

Fréedom of Informátion Àct [the ~] 情報自由法《政府情報の原則的開示およびそのガイドラインを定める; 米国のものは 1966 年制定法および同趣旨の州の法律; 英国のものは 2000 年制定; 略 FOIA).

fréedom of méeting [the ~] 集会の自由 (= RIGHT OF ASSEMBLY).

fréedom of móvement [the ~] 移転の自由.

fréedom of péaceful assémbly 平和的集会の自由 (cf. RIGHT OF ASSEMBLY).

fréedom of relígion [the ~] 信教［宗教］の自由 (cf. FREEDOM OF CONSCIENCE, FREE EXERCISE CLAUSE, RELIGIOUS LIBERTY).

fréedom of spéech [the ~] 言論の自由 (= liberty of speech) (cf. CENSORSHIP, FREE SPEECH, PRIOR RESTRAINT).

fréedom of testátion [the ~] 遺言の自由 (= TESTAMENTARY FREEDOM).

fréedom of the préss [the ~] 出版の自由 (= liberty of the press)《印刷物による表現の自由).

fréedom of the séas [the ~]《国際法》公海の自由, 海洋の自由 (= mare liberum)《公海の領有の禁止と使用の自由; cf. CLOSED SEA).

fréedom of thóught, cónscience, and relígion [the ~] 思想・良心・信教の自由《欧州人権条約 (European Convention on Human Rights) 上の文言).

fréedom to contráct 契約の自由 (= FREEDOM OF CONTRACT).

fréedom to províde sérvices サービス提供の自由《(欧州)共同体 (Community law) 上の基本権の一つで, 共同体内におけるサービスの自由な提供を保障するもの).

frée ecónomy 自由経済 (cf. FREE ENTERPRISE, PLANNED ECONOMY).

frée eléction 自由選挙.

frée énterprise《資本主義経済下の》自由企業

(制) (cf. FREE ECONOMY).

frée éntry 無税輸入申告.

Frée Éxercise Clàuse [the 〜]《米》宗教活動の自由条項, 信教の自由条項《合衆国憲法第1修正のこと; cf. ESTABLISHMENT CLAUSE, FREEDOM OF RELIGION, RELIGIOUS LIBERTY》.

frée expréssion 自由な表現 (=FREE SPEECH).

frée fishery 排他的漁業権《河川・入江など公的な場所で排他的に漁をする権利で, 特権として与えられる》.

frée gíft《一定量以上の商品を購入した客に渡す, 販売促進のための》景品.

frée góld 1 *無拘束金塊《法定準備金を含む国庫金のうち金貨証券などの償還に充当されていないもの》. **2**《採鉱》《砂金のような》遊離金.

frée・hòld *n* **1** 自由土地保有(権)《この語は, 不動産保有条件 (tenure) と不動産権 (estate) との2つの関係で用いられる; 前者に関しては, 自由な条件での不動産保有(権)で, 騎士奉仕保有 (knight service), 奉仕保有 (serjeanty), 自由寄進保有 (frankalmoi(g)n), 鋤奉仕保有 (socage), 都市土地保有 (burgage) などを含む総称で, 隷農保有 (villainage), 謄本保有 (copyhold) などの不自由な条件での不動産保有(権)の対概念である; 他方 estate に関しては, 自由土地保有権 (freehold estate) は, 単純封土権 (fee simple), 限嗣封土権 (fee tail), 生涯不動産権 (life estate) などを指し, 生涯の間存続するないしは相続可能な封土権で, 定期不動産権 (estate for years) などの自由土地保有権より劣る不動産権 (estate less than freehold) と対比される; 英国では, tenure が形骸化し, freehold estate も存在しているのは絶対単純封土権 (fee simple absolute) のみとなったため, 今日では freehold はほとんど日本の所有権に近くなっている; cf. LEASEHOLD》. ▶ ABATEMENT OF FREEHOLD (自由土地保有権の不法先占) / CUSTOMARY FREEHOLD (荘園法自由土地保有(権)) / ESTATE LESS THAN FREEHOLD (自由土地保有権より劣る不動産権) / ESTATE NOT OF FREEHOLD (自由土地保有権にあらざる不動産権) / INTEREST LESS THAN FREEHOLD (自由土地保有権より劣る権利) / MOVABLE FREEHOLD (変動自由土地保有(権)) / PERPETUAL FREEHOLD (永久的自由土地保有(権)). **2** 自由土地保有権に基づき保有している[されている]土地, 自由土地保有地 (frank fee, freehold land). **3**《官職・爵位の》自由保有権.

— *a* 自由土地保有(権)の, 自由土地保有(権)に基づき保有[されて]いる: 〜 property.

— *adv* 自由土地保有(権)にして, 自由土地保有(権)によって.

frée・hòld・er *n* 自由土地保有権者 (=free tenant)《自由土地保有権 (freehold) で不動産を保有している人》. ▶ RESIDENT FREEHOLDER (現住自由土地保有権者).

fréehold estáte 自由土地保有権 (⇨ FREEHOLD).

fréehold lánd 自由土地保有権に基づいて保有している[されている]土地, 自由土地保有地 (frank fee).

fréehold lánd society [*pl* 〜]《英史》自由土地保有地協会《それまで存した住宅金融組合 (building society) に代わって, 職人・職工などの会員に freehold の土地を配分することを目的として1893年に設立された》.

fréehold ténure 自由土地保有(権) (=FREE TENURE).

fréeing for adóption《英》不特定養親との養子縁組同意《特定の養親による養子縁組に限定せず, 一般条件で養子縁組に同意すること》.

frée list《関税の》免税品目表.

frée・man /-mən, -mæn/ *n* (*pl* -men /-mən, -mən/) **1 a**《奴隷・農奴でない》自由民, 自由人. **b**《史》自由土地保有権者. **c**《史》自由所有地 (allodium) 所有者. **2 a**《自治都市》自由市民. **b** 名誉市民 (=FREEDOM OF A BOROUGH [CITY]). [L *liber homo*]

frée márket 自由市場 (=OPEN MARKET): a 〜 economy 自由市場経済.

frée márketplace of ídeas 思想の自由市場(論) (⇨ MARKETPLACE OF IDEAS).

frée móvement《域内》自由移動《一定地域内において物・人・サービス・資本が規制を受けずに流通・移動すること; 欧州共同体 (European Community) の基本原理; cf. EXHAUSTION OF RIGHTS, FOUR FREEDOMS, FUNDAMENTAL FREEDOMS》: 〜 of goods, persons, services and capital 物・人・サービス・資本の(域内)自由移動.

frée of dúty *adv, a* 免税[無税]で[の],《特に》関税免除で[の] (duty-free).

frée of táx *adv, a* 免税で[の], 無税で[の], 無課税で[の] (tax-exempt).

frée on bóard *adv, a* 本船渡しで[の], 荷積み渡しで[の]《売主が船積みの時点までの費用・危険を負担する売買条件; 海上売買のみならず鉄道ほかの陸上売買 (⇨ FREE ON RAIL [TRUCK, WAGON]), 航空売買 (⇨ FOB Airport) でもこの語が用いられる; cf. FREE ALONGSIDE SHIP; 略 FOB, f.o.b.》.

frée on bóard còntract 本船[荷積み]渡し契約 (⇨ FREE ON BOARD).

frée on ráil [trúck, wágon] *adv, a* 貨車渡しで[の]《略 FOR [FOT, FOW]; ⇨ FREE ON BOARD》.

frée párdon 恩赦, 特赦.

frée pórt 自由港 **(1)** すべての国の船が同じ条件で出入りできる港 **2)** 無関税の貿易海港・空港; ⇨ FREE TRADE ZONE》.

frée・pòst *n*《F-》《英郵便》料金受取人払い(制度).

frée préss 1 自由な出版, 出版の自由 (=FREEDOM OF THE PRESS). **2**《政府などの検閲を受けない》自由な出版物《集合的》.

frée ríde 1 ただ乗り, フリーライド, 無賃乗車, ただもうけ. **2** FREE RIDING.

frée ríder 1 ただもうけをする人; 不労所得者. **2**《組合費支払いなどの負担なく団体交渉による組合活動の成果を享受する》非組合員労働者.

frée ríding ただ乗り(行為) (=free ride)《**(1)** 証券会

社が引受新株を公募に回さず保有し新規公開後に高騰する価額で売却し利益を得ること **2)** 証券の新規募集に際して, その割当て証券の支払いが済む前により高い値で売り切ろうという魂胆でなす引受け **3)** 自己の費用負担をできるだけ回避して公共財の供給からできるだけ大きな便益を得ようとすること)).

frée-selèct *vt* 《豪史》〈公有地の一区画を〉選んで年々の支払いによりそのの土地の自由土地保有権 (freehold) を得る. **-seléction** *n* **-seléctor** *n*

frée sérvices *pl* 《史》《封建制の下での》**自由奉仕** (義務) (=liberum servitium, servitium liberum)《隷農的な奉仕とは対照的な軍役その他自由人にふさわしい奉仕; cf. FREEHOLD).

frée shíp《国際法》**自由船**(舶), 中立船《中立国の船舶》.

frée sócage **自由鋤奉仕保有** (=common (free) socage, free and common socage)《もとは一定内容の非隷農的な農耕奉仕義務を負う土地保有で, VILLEIN SOCAGE の対語; のちに義務は金銭支払い義務になっている; これには地方慣習法的鋤奉仕保有 (customary socage) と一般鋤奉仕保有 (common socage) の 2 種類があった; 英国では, 1925 年以後, この後者の common socage ないしは自由兼一般鋤奉仕保有 (free and common socage) を除くすべての不動産保有条件 (tenure) が原則廃止され, これが唯一残存している; この free and common socage を単に free socage と呼ぶことが一般的である; ⇨ SOCAGE). ▶ COMMON FREE SOCAGE (一般自由鋤奉仕保有).

frée spéech **自由な言論** (=free expression)《**1)** 言論の自由が保障されている言論 **2)** 言論の自由 (=FREEDOM OF SPEECH)).

frée státe 1《他の国[州]に従属しない》**自由国[州]**. **2** [ᵁF- S-]《米史》**自由州**《南北戦争前において奴隷を禁止していた州; cf. SLAVE STATE). **3** [F- S-]《史》アイルランド自由国 (Irish Free State) の短縮形《現在の the Republic of Ireland (アイルランド共和国) の旧称》.

frée ténant **自由不動産保有者** (=FREEHOLDER)《自由不動産保有 (free tenure) で不動産を保有している者》.

frée ténure **自由不動産保有(権)**, 自由不動産保有条件 (=freehold tenure)《自由な奉仕を条件に不動産を保有すること, またその権利・条件; 例えば騎士奉仕 (knight service) 保有; cf. BASE TENURE; ⇨ FREEHOLD).

frée tráde《輸入制限などをしない》**自由貿易**《主義[政策]》(cf. PROTECTION, PROTECTIONISM): a ~ area 自由貿易圏. **frée tràder** 自由貿易主義者.

frée tráde zòne **自由貿易地帯**, 無関税地帯 (=free zone, foreign trade zone)《倉庫保管・展示・加工・組立てなどののち輸入国の市場に出すことはなく再輸出される輸入品には輸入関税がかからない特別区域; 通例自由港 (free port) に隣接するかそれを含む地域》.

frée vóte《党の決定に縛られない》**自由投票**.

frée wárren《その地域での鳥獣捕獲をも認める》**野生鳥獣飼育地保持特権**.

freeze /fríːz/ *v* (**froze** /fróuz/; **fro·zen** /fróuzn/) *vi, vt* **1** 氷結する, 凍る. **2** じっと動かない, 動きを止める, 立ちすくむ. **3**〈資産・物価・賃金・活動などを〉**固定する**, **凍結する**;〈原料・製品などの〉使用[製造, 販売など]を禁ずる;〈銀行預金などの〉現金化を差し止める, **封鎖する**: order a company's bank account to be *frozen*. **4**《米》閉鎖会社 (close corporation) の資本構成を優先株中心に再構成する (⇨ *n* 2). **~ out**〈少数株主などを〉**締め出す**. — *n* **1**《物価・賃金・活動などの》**凍結**(期間). ▶ CREDIT FREEZE (信用凍結(期間)) / ESTATE FREEZE (遺産凍結) / LAND FREEZE (土地凍結) / WAGE-AND-PRICE FREEZE (賃金物価凍結(期間)). **2**《米》《閉鎖会社における》**優先株中心の資本再構成**《閉鎖会社 (close corporation) において, 普通株を優先株 (preferred stock) に換え, 後者を中心とした資本再構成 (recapitalization) にすること, 遺産税 (estate tax) を逃れるための計画的遺産処分方法の一つ; ⇨ ESTATE FREEZE).

freez·ee /friːzíː/ *n* 締め出された人, 《特に》**締め出された少数株主** (cf. GOING PRIVATE TRANSACTION, SQUEEZEOUT).

fréeze-òut *n*《冷遇などによる》締め出し, 《特に》**少数株主締め出し**《会社合併などの際に, 少数派株主は現金, 債権, 投票権を有さぬ優先株のみを受け取るようにするなどの方法で, 多数派株主が会社支配権を獲得できるような策をとること; cf. SQUEEZEOUT; 時に squeezeout と同義に用いられる).

freez·ing /fríːzɪŋ/ *n* 氷結;《資産・物価・賃金・銀行預金・賃貸料・活動などの》**凍結**.

fréezing injúnction《英》**資産凍結差止め命令**《被告に裁判所管轄内にある資産の移動, 管轄内外の資産処分を禁ずる差止め命令 (injunction); 1999 年施行の民事訴訟手続き規則 (Civil Procedure Rules) まではマレヴァ型差止め命令 (Mareva injunction) と呼ばれていたもの》.

fréezing òrder《英》**資産凍結命令**《**1)** FREEZING INJUNCTION **2)** 財政的救済 (financial relief) に対する請求を妨げる目的での財産処分の禁止・取消しを命じる裁判所命令》.

frée zòne《都市や港の》**自由地帯** (=FREE TRADE ZONE) (略 FZ).

freight /fréɪt/ *n* **1 a** 貨物運送《米国では空中・陸上・水上の別を問わないが, 英国では特に水上・空中運送》. **b** 普通貨物便: by ~ 普通貨物便で (opp. *by express*). **2** 運送料, 運賃; **傭船料**: advanced ~ 運賃前払い / ~ forward 運賃先払い / ~ free 運賃無料で / ~ paid [prepaid] 運賃支払い済み[前払い]. ▶ BACK FREIGHT (返送運送費) / COST AND FREIGHT (運賃込み値段) / COST, INSURANCE, AND FREIGHT (運賃保険料込み値段) / DEAD FREIGHT (空荷運賃) / LIEN FOR FREIGHT (運送料のためのリーエン) / LUMP SUM FREIGHT (総括運送料) / PRO RATA FREIGHT (按分運賃). **3**《運送》貨

物, 船荷. **4** *貨物列車 (=freight train). **5** 備船.
— vt **1**〈船〉に貨物を積載する〈with〉; 運送する; 積み出す: ~ a ship *with* wheat 船に小麦を積む. **2**〈船・貨車を〉借りる, 貸す.

fréight absòrption 運送料込み, 運賃吸収 (=ABSORPTION).

fréight·age *n* **1** 貨物運送《英国では主として水上・空中運送》. **2** 貨物運送料, 運賃. **3** (運送)貨物, 積荷 (cargo).

fréight àgent 運送取扱人《運送会社に雇われて一定区域の運送を受け持つ業者; 略 f.a.》.

fréight càr *貨車 (goods wagon)*.

fréight chàrges *pl* 《貨物》運送料, 運賃.

fréight èlevator 《米・ｶﾅﾀﾞ》貨物エレベーター.

fréight·er *n* **1** 船荷積込人, 運送[貨物]取扱人;《貨物の》託送人, 傭船者; 荷受人; 運送業者. **2** 貨物船, 貨物輸送機, *貨車; 傭船船舶.

fréight fòrwarder 運送[貨物]取扱人, 通運業者 (=forwarder, forwarding agent)《荷送り人より荷物を受け取り相手方への配達までの取り次ぎを行ない, 荷主より報酬を得る業者; 特に 複数の小口の運送品を集荷して運送人に引き渡す業者; 略 FF》.

fréight hòuse *(鉄道の) 貨物置場.

fréight insùrance 《海上保険》《運送人が付保する事故による運送料損失に対する》運送料保険 (cf. MARINE INSURANCE).

fréight pro ráta 按分運送料 (=freight pro rata itineris (peracti), pro rata freight)《荷主が契約で合意された目的地に達する前の引渡しに合意したり, 運送人 (carrier) が貨物の一部だけを引き渡した場合に, 得ることのできる運送料》. [L=freight proportioned]

freight pro rata iti·ne·ris (pe·rac·ti) /── ── ítɪnərɪs (pərǽktaɪ)/ 按分運送料 (=FREIGHT PRO RATA). [L=freight for the (completed) portion of the voyage]

fréight ràte **1** 運賃率《単位重量[容積, 数量, 距離]当たりの貨物運賃》. **2** [*pl*] 貨物運送料.

fréight tràin 貨物列車 (freight) (goods train).

F reorganization /ɛf ──/ 《米》F 型会社組織変更《会社組織変更 (reorganization) のうち, 会社の同一性・型態・組織の場所の変更のみによるもの》 ➩ REORGANIZATION.

fresh /fréʃ/ *a* **1** 新しい, 最新の, 初めての, 新規な. **2** 新鮮な, 鮮やかな, (記憶・印象が)薄れていない. **3** 時があまり経過していない, 最近の.

frésh compláint 被害直後の訴え (➩ FRESH COMPLAINT RULE [DOCTRINE]).

frésh compláint rùle [**dòctrine**] 《米》被害直後の訴えの準則[法理]《性犯罪事件の被害者が被害後合理的時間内に信頼している人に対して被害事実を訴えた場合に, その人の証言は伝聞証拠排除則 (hearsay rule) の例外として被害者の信用性を補強するとす

ることができるとする証拠法上の準則; しかしほとんどの州でこの準則を認めなくなっている》.

frésh disséisin **1** 最近の不動産占有侵奪. **2** 最近の不動産占有侵奪に対する自力救済(権)《ｺﾓﾝﾛｰ上の権利であったが英国では現在は認められていない》.

frésh fìne 《史》過去1年内の和解譲渡 (➩ FINE 4).

frésh fórce 《史》最近の実力行使 (➩ ASSIZE OF FRESH FORCE). ▶ ASSIZE OF FRESH FORCE (都市所在土地新侵奪占有回復訴訟).

frésh pursúit 即時追跡(権)(=fresh suit, hot pursuit)《**1**) 逮捕を免れるため逃亡している被疑者を警察官が令状なしで追跡・捜索し, または管轄外に及ぶこと, またはその権利 **2**) 不法に奪われた財産を即時取り戻すために合理的範囲内の実力を行使すること, またはその権利》.

frésh stárt 《米》再生《破産申し立て前の金銭債務に対する個人的責任を免除するとともに, 破産行動計画 (bankruptcy plan) の確認・完成を通じて債務の調整をなし建て直しをはかる債務者が得る財務上の有利な地位》.

frésh súit 《古》即時追跡 (=FRESH PURSUIT).

fri·ar /fráɪər/ *n* 托鉢修道士. [OF<L *frater* brother]

friend /frénd/ *n* **1** 友, 友だち, 友人: A ~ in need is a ~ indeed.《諺》困った時の友こそ真の友. **2 a** 味方, 友; 後援者, 支持者, 同情者, 共鳴者; 近友 (=NEXT FRIEND). **b** [*pl*] 近親, 身内; 従者; 連れ, 仲間; 同胞, 同志;《決闘などの》介添役; 伴侶, 助け, 力. ▶ ALIEN FRIEND (友好国国民) / KEEP-FRIEND (足枷ｶﾞｾ) / LADY'S FRIEND (婦人の友) / LITIGATION FRIEND (訴訟のための近友) / McKENZIE FRIEND (マッケンジー事件の友) / NEXT FRIEND (近友). one's best ~ 親友; 最大の友, 強い味方.

friend·less mán 《史》友人皆無者《法喪失者 (outlaw) のこと》.

friend·ly *a* 友好的な, 友誼的な, 非敵対的な.

friendly fìre **1** 使用火, 有用火《火災保険の用語で, 火があることが予定されている場所での火で, 例えばストーブなど; ここに貴重品を落としても保険で填補されない》. **2** 友軍射撃[爆撃, 砲撃]《誤射・誤爆のこと》.

friendly párent prìnciple 好意的親の原則《離婚が認められた後 一方の親が子供と他方の親との関係をより支援しそうであると考えられる場合には, この親に子の監護権 (custody) が与えられるべきであるという理論; 批判されている》.

friendly socíety [°F- S-]《英》共済会 (=BENEVOLENT ASSOCIATION).

friendly subpóena 友好的罰金[罰則]付き召喚令状《法的手続きに従って求められれば, 証言あるいは文書の提出をいとわない人ないしは法人に対する罰金付き召喚令状 (subpoena); 罰金付き召喚令状はそれに従って情報を提供することを理由に情報提供者が他から報復を受ける場合には, 提供者を保護してくれるので, 法的手続きを経る理由がある》.

friendly súit 友誼的訴訟《**1**) AMICABLE SUIT **2**)

《英》裁判所の同意の下で遺言執行者 (executor) や遺産管理人 (administrator) を相手に債権者が起こす訴訟で、実際は債権者間に平等の分配をするため債権者名で遺言執行者・遺産管理人が自身に対して起こす訴訟).

friendly tákeover 友好的企業買収《被買収企業の経営陣の支持を受けた企業買収; opp. *hostile takeover*》.

friend of the cóurt 裁判所の友, 法廷助言者 (= AMICUS CURIAE).

fright /fráɪt/ *n* 《急に襲う》恐怖, おびえ.

fright·en /fráɪtn/ *vt* 驚かす, おびえさせる.

frínge bènefit /frɪndʒ-/ 付加給付《本給以外の有給休暇・車の貸与・保険給付・年金など》.

frisk /frísk/ *vt* 身体捜検する, ボディーチェックする. — *n* 身体捜検, ボディーチェック (cf. SEARCH). ▶ STOP AND FRISK (停止・捜検).

frith /fríθ/ *n* 《英史》 1 平和 (peace). 2 禁猟地[水域]. [OE = peace]

frith·borgh /fríθbɔ̀rx, -bɔ̀ːrk/ *n* 《英史》十人組 (= FRANKPLEDGE)《直訳では'平和保証人'》. [OE (*frith* peace, *borg* pledge)]

frith·brèach *n* 《英史》平和破壊.

frith·so·ken /fríθsòukən/ *n* 《史》十人組検査権 (⇒ VIEW OF FRANKPLEDGE). [OE (*frith* peace, *soken* inquiry)]

friv·o·lous /frív(ə)ləs/ *a* うわついた, 軽薄な, ふまじめな; つまらない, 取るに足らない; ばかげた; 法的根拠がない, 法的価値のない (cf. GROUNDLESS).

frívolous áction ふまじめな訴訟 (= FRIVOLOUS SUIT).

frívolous appéal ふまじめな上訴《決着を遅らせるためなどを目的として法的根拠なしでなされる上訴》.

frívolous cláim 《いやがらせのためなどの》ふまじめな請求.

frívolous compláint 《根拠のない》ふまじめな告訴[告発].

frívolous defénse 《事実の, あるいは法的根拠のない》ふまじめな防御.

frívolous pléading ふまじめな訴答《形式は整っていても明白に事実の根拠もなく悪意でなされている訴答; cf. SHAM PLEADING》.

frívolous súit ふまじめな訴訟 (= frivolous action)《いやがらせや金銭強要などを目的としてなされる法的根拠を欠く訴訟; cf. VEXATIOUS SUIT》.

frol·ic /frálɪk/ *n* 1 ふざけ戯れること, 大浮かれ. 2 《被用者の私的目的からの行為からの, 業務上の》**大違背**《雇用者の責任とならない; cf. DETOUR》. ~ **of** one's **own** 《被用者》自身の責任となる大違背.

frólic and détour 大違背と小違背《被用者の私的目的のための行為からの, 業務上の違背のうち frolic (大違背) は雇用者の責任とならず行為者の責任となり, detour (小違背) は行為者でなく雇用者の責任となる; ⇒ DETOUR, FROLIC》.

front /fránt/ *n* 1 **a** 前部, 前面, 正面; 《道路・沿岸の》隣接地, 《沿岸の》遊歩道. **b** 前線, 戦線, 戦場. 2《思想・政治・社会的な》活動領域[範囲]; 共同戦線: the labor ~ 労働戦線, 労働界 / form a united [common] ~ 共同戦線を張る〈against〉. 3 指導的地位[立場]. 4 **a** 人の外観, 見かけ. **b** 《団体・事業などの》看板の名士, 飾り物の代表者;《世間をごまかすための》表向きの人[もの, 事業], 隠れみの, **表看板**. — *vt* …に面する, 隣接する. — *vi* 1 向かう, 面する〈to, toward, on〉. 2 人目を欺く役をする, …の表看板[だし, 隠れみの]に使われる〈for〉.

frónt·age *n* 1 建物の正面と沿道[沿岸]の間の土地. 2《沿道[沿岸]の土地の》正面幅; 間口.

fróntage assèssment 《地方公共団体などによる》土木改良工事に伴う受益者負担金の》《沿道[沿岸]の》間口基準負担金.

front·ag·er /frántɪdʒər/ *n*《街路・河川・海岸に面する》沿道[沿岸]隣接地所有者[居住者].

frónt bénch [the ~] 《英国・オーストラリアなどの下院の》最前列の席, フロントベンチ《与党および野党第一党の閣僚級幹部の席; cf. BACK BENCH, TREASURY BENCH》: the Opposition ~ 陰の内閣 (shadow cabinet)(の席) / the Government ~ 政府側の席.

frónt-bénch·er *n*《英》最前列議席の議員, 与野党幹部議員.

frónt fóot 間口フィート《間口基準負担金 (frontage assessment) を計算するための沿道・沿岸に面した土地の計測単位》.

frónt fóot rùle《間口基準負担金 (frontage assessment) の》間口フィート準則 (= **frónt fóot plàn**)《地方公共団体などによる土木改良工事において, それぞれの区画の土地が受ける利益の大きさを考慮することなしに間口の長さに応じて按分するという原則》.

frónting and abútting próperty 改良沿道[沿岸]隣接地[財産].

frónt organizátion 隠れみの組織《中立を装いながら実は政党を積極的に支援したり不正を行なっている組織》.

frónt·pày *n* フロントペイ《継続的な雇用差別についての裁判所の決定後, 例えば裁判所の採用命令は出ているが空職がない場合の空職ができるまでの間, あるいは深刻な敵対関係のため採用命令が不適切である場合の他での相当な職に就くまでの間の, 賃金相当額の裁定賃金支払い》.

froze /fróuz/ *v* FREEZE の過去形.

fro·zen /fróuz(ə)n/ *v* FREEZE の過去分詞. — *a* 1 氷結した, 冷凍の. 2 固定(化)した《体制など》. 3 凍結された《資産・物価・賃金など》.

frózen accóunt 凍結勘定 (= BLOCKED ACCOUNT).

frózen ásset 凍結資産, 非換価資産 (1) 多大な損失を生じるか企業の資本構成を害することなしには換金できないような資産 2) 訴訟係属中などで自由に処分できない

資産)．

FRS 〖米〗°Federal Reserve System 連邦準備制度．

FRSs 〖英〗°Financial Reporting Standards 財務報告基準(書)．

fruc‧tus /frʌ́ktəs/ n 果実 (=FRUIT)．[L=fruit]

Fructus au‧gent hae‧re‧di‧ta‧tem. /─ ɔ́ːdʒɛnt hiriːdɪtéɪtəm/ 果実は相続財産を増加させる．[L=Fruits enhance an inheritance.]

fructus ci‧vi‧les /─ səváɪliz, -sívəliz/ pl 法定果実《地代・利息・年金など物の使用・享受の対価として法により支払うべきものとされるもの；artificial fruits, civil fruits ともいう》．[L=civil fruits]

fructus in‧dus‧tri‧a‧les /─ ɪndʌ̀striéɪliz/ pl 労働果実《穀物など耕作者の労働による土地からの産出物》．[L=industrial fruits]

fructus na‧tu‧ra‧les /─ næ̀tʃəréɪliz/ pl 天然果実《自然のはたらきによる土地産出物である木の実・牧草・多年生植物・樹木・鉱物・羊毛・動物の子；natural fruits ともいう》．[L=natural fruits]

fruit /frúːt/ n 果実 (=fructus)．▶ ARTIFICIAL [CIVIL] FRUIT (法定果実) / FIRST FRUITS (初年度収益) / NATURAL FRUIT (天然果実).

frúit and the trée dòctrine 〖米税制〗実と木の法理《所得を得た者が脱税目的でその所得を他人に譲渡することはできないという税法上の原則で、例えば、債券所有者がその債券の利札を他人に与え、その他人がそれを現金化しても、その現金収入（すなわち実）は債券所有者（すなわち木）のものであって、利札をもらった者の所得とはならないということ》．

frúit of (a) críme [ᵖpl] 犯罪取得物．

frúit of the póisonous trée (dòctrine) [the ~ 〜] 毒樹の果実(の法理)(=poisonous tree doctrine)《違法収集証拠排除原則 (exclusionary rule) の効力は、違法な手続きにより直接得た証拠（すなわち毒樹）だけでなく、その証拠に基づいて得た証拠など間接的に派生した証拠（すなわち果実）にも及ぶという法理；cf. ATTENUATION DOCTRINE, EXCLUSIONARY RULE, INDEPENDENT SOURCE RULE, INEVITABLE DISCOVERY RULE, TAINTED EVIDENCE》．

Frus‧tra le‧gis au‧xi‧li‧um quae‧rit qui in le‧gem com‧mit‧tit. /frʌ́strə líːdʒɪs ɔːkzíliəm kwíːrɪt kwaɪ ɪn líːdʒɛm kəmítɪt/ 法に違反する者が法の援助を求めても無益である．[L=A person who offends against the law vainly seeks the help of the law.]

Frustra pro‧ba‧tur quod pro‧ba‧tum non re‧le‧vat. /─ proʊbéɪtər kwɑd proʊbéɪtəm nɑn réləvæt/ 証明されても有用でないものを証明することは無用である．[L=It is vain to prove what if proved would not avail.]

frus‧trate /frʌ́strèɪt; ─/ vt 達成できなくする，挫折させる，〈計画などを〉失敗させる，《特に》〈契約〉の達成を不能にする．

frús‧trát‧ing a 達成できなくする，無効化する，挫折[失敗]させる．

frus‧tra‧tion /frəstréɪʃ(ə)n/ n 1 達成できなくすること，挫折[失敗]させること；達成不能，挫折，失敗．2 a 契約目的の達成不能，契約の目的不達成《契約目的物の滅失など、契約締結後に契約当事者の予見不可能で、しかもいずれの責にも帰すことができない形で、契約の目的が達成できないこと；cf. IMPOSSIBILITY, IMPRACTICABILITY, MISTAKE》．b 契約目的の達成不能の法理 (⇨ FRUSTRATION OF PURPOSE)．▶ COMMERCIAL FRUSTRATION (契約の商事目的達成不能) / SELF-INDUCED FRUSTRATION (契約目的の自己責任不達成) / TEMPORARY FRUSTRATION (契約目的の一時的達成不能).

frustrátion of cóntract 契約目的の達成不能，契約の目的不達成 (⇨ FRUSTRATION)．

frustrátion of púrpose 契約目的の達成不能(の法理)《契約目的の達成不能 (frustration) の場合には、当事者の義務は免除され契約は終了したものとされるという法理；単に frustration ともいう》．

Frýe rùle /fráɪ-/ フライ事件の準則 (=FRY TEST)．

Frýe tèst 〖米史〗フライ事件のテスト (=Frye rule)《科学的証拠 (scientific evidence) に関する連邦コモンロー準則で，科学的試験・方法による結果は，その試験・方法がその専門分野で一般的是認を得ていなくては証拠として許容されないというもの；1923 年の判例での被告名より；このテスト・準則は、1993 年の合衆国最高裁判所により，科学的証拠はフライ事件のテスト・準則ではなく連邦証拠規則 (Federal Rules of Evidence) の定めに従うべきであるとされ，過去のものとなった》．[United States v. Frye (1923)]

F.S. 〖米〗°Federal Supplement『合衆国地方裁判所判例集』．

FSA 〖英〗°Financial Services Authority 金融サービス機関．

F.2d ⇨ F．の位置．

FSLIC 〖米〗°Federal Savings and Loan Insurance Corporation 連邦貯蓄貸付け保険公社．

F.Supp. 〖米〗°Federal Supplement『合衆国地方裁判所判例集』．

F.Supp.2d 〖米〗FEDERAL SUPPLEMENT, Second Series『合衆国地方裁判所判例集』第 2 シリーズ．

FTC 〖米〗°Federal Trade Commission 連邦取引委員会．

FTCA 〖米〗°Federal Tort Claims Act 連邦不法行為請求法．

F.3d ⇨ F．の位置．

FTT °failure to thrive 発育障害．

fu‧er /fjúːər/ vi 〖史〗逃亡する．[law F=to flee]

fúer in [en] fáit /-ɪn féɪ/ 逃亡，実際に逃亡すること．[law F=flight in fact]

fúer in [en] léy /-ɪn léɪ/ 法的逃亡，不出廷《逃亡とみなされた》．[law F=flight in law]

fu‧gam fe‧cit /fjúːgəm fíːsɪt/ 彼[彼女]は逃亡した．

fugere in facta [L=He/She has made flight.]
fugere in facta =FUER IN FAIT. [L]
fugere in lege =FUER IN LEY. [L]
fu·gi·tive /fjúːdʒətɪv/ n 逃亡者; 亡命者. ― a 逃げる, 逃げた; 逃走[脱走]を企てている, 逃げそうな《奴隷・負債者》; 亡命の: a ~ soldier 脱走兵.

fúgitive críminal 1 逃亡犯(人) 2《英》英国内逃亡犯(人)《犯罪人引渡し (extradition) 対象犯罪を外国で犯し起訴ないし有罪宣告を受けた者, 英国領土内にいるないしはいると疑われている者; 2003年法に基づきその国に引き渡される》.

Fúgitive Félon Àct [the ~]《米》逃亡重罪人法《州司法当局から州法上の重罪 (felony) のかどで訴追を受けた者, 有罪決定後身柄拘束されるべき者, あるいは州法上の重罪事件での証言を免れようとする者などが, 州境を越えた場合に, その逃亡行為を連邦法上の犯罪とする法律の通称》.

fúgitive from jústice* 裁判逃避者, 裁判逃避犯罪人《通常は逃亡犯罪人についていうが刑事事件の証人についてもいうことがある》.

fúgitive from jústice wàrrant* 裁判逃避者逮捕状 (=FUGITIVE WARRANT).

fúgitive offénder 《英》1 逃亡犯罪人. 2 英国内逃亡イギリス連邦犯罪人《イギリス連邦 (Commonwealth)・属領内で犯罪を犯したとして起訴されている者で連合王国内にいる者; 1989年法に基づきその国に引き渡される》.

Fúgitive Sláve Àcts pl [the ~]《米史》逃亡奴隷法《奴隷が自由州 (Free State) に逃亡するのを防ぐ目的で1793年と1850年に成立した連邦法; 逃亡奴隷が発見逮捕された場合, その州は他州からの逃亡奴隷を所有者に返すとともに返還を妨害した者を処罰する義務を負うことを定めた; この法律は南北対立をいっそう激化させ, 南北分裂の一因となった》.

fúgitive sláve làw 《米史》逃亡奴隷法《州法もあるが特に 連邦法としての FUGITIVE SLAVE ACTS をいう》.

fúgitive wàrrant* 逃亡犯罪人[裁判逃避者]逮捕状 (=fugitive from justice warrant)《他法域からの逃亡犯罪人[裁判逃避者]を逮捕・収監することを命ずる令状》.

fugue /fjúːg/ n 遁走《正》《異常な意識状態の一つを示す精神医学上の用語で, その間は正常に機能しているような外観を示しているが, 回復後は全くその間の記憶がないこと》.

Fúl·bright Àct /fúlbràɪt-/《米》フルブライト法《他国における米国余剰物資の売却代金を米国との文化交流, 特に教育のために利用する法律; 1946年上院議員 J. W. Fulbright (1905-95) の提唱により制定された》.

Fúlbright schólarship 《米》フルブライト奨学金 (⇨ FULBRIGHT ACT).

ful·fill | -fil /fulfíl/ vt (-ll-)〈義務・約束などを〉果たし, 履行する; 遂げる; 〈条件を〉満たす, 充足する;〈期限・仕事を〉満了する, 終える: ~ all the terms of the agreement 合意内容のすべてを履行する.
~·ment n **ful·fíll·er** n

full /fúl/ a いっぱいの; すべてを包含する, 十分な, 完全な; 正式の: in ~ discharge of a debt 金銭債務を完全に履行して, 負債全額を支払って.

fúll áge 成年 (=AGE OF MAJORITY).
fúll bénch 大法廷 (=FULL COURT).
fúll blòod 全血(血族関係) (=whole blood)《両親を同じくする[同じ両親から生まれた者同士の]関係; cf. HALF BLOOD). **fúll-blóod(·ed)** a
fúll cásh vàlue 《税制》《課税の査定基準となる》市場価格《単に cash value ともいう》.
fúll cósts pl 全部原価《商品製造にかかる全費用》.
fúll cóurt 大法廷, 所属裁判官全員による法廷, 全員法廷; **合議体の法廷**《» court in banc, full bench ともいう; cf. IN BANC, PANEL》
fúll cóverage 全部担保, 全損害額填補保険《保険金額を限度として免責金額を差し引かずにすべての危険をカバーする保険》.
fúll emplóyment 完全雇用, 完全就業.
fúll endórsement 1 記名式裏書 (=SPECIAL ENDORSEMENT). 2 不規則裏書 (=IRREGULAR ENDORSEMENT).
fúll fáith and crédit 《米》十分な信頼と信用《各州は他州の一般法律・記録・司法手続に対して十分な信頼と信用を与えなければならないとする合衆国憲法第4編第1節で規定する義務; この規定を Full Faith and Credit Clause (十分な信頼と信用条項) と呼ぶ》.
fúll fáith and crédit bònd 《米》一般財源保証債 (=GENERAL OBLIGATION BOND).
Fúll Fáith and Crédit Clàuse [the ~]《米》十分な信頼と信用条項 (⇨ FULL FAITH AND CREDIT).
fúll héaring 1 完全審理《双方の当事者が相手方の請求についての通知を与えられ, かつみずからの立場を証拠と弁論で十分に論ずる機会を与えられている審理》. 2 行政手続き (=ADMINISTRATIVE PROCEEDING).
fúll interdíction 《大陸法》禁治産宣告(手続き) (=complete interdiction) (cf. PARTIAL INTERDICTION).
fúll-páid stóck 全額払い込み株式 (=paid-up stock).
fúll pówers 《国際法》《国の派遣した代表に対する条約締結に関する行為についての》全権委任状 (cf. SIGNATURE OF TREATY).
fúll próof 完全証明 (1) 大陸法での法定証拠主義の下では2人の信用すべき証人による証明, または公文書による証明 (2) 英米では, すべての合理的疑いを残さない程度に陪審に心証を得させた場合に, 刑事事件では完全証明という語を用いる》.
fúll ráte 《割引きなしの》完全料金.
fúll repórting clàuse 《保険》完全通知条項《(1) 保険金は付保財産の最近報告された価額が実際の価額に対して有している比率の損害額を超えない旨を定めている保

険証書条項 2) 被保険者に対して保険価額を明示することを要求し、万が一申込の際に要求されているものよりも低い価額を示した場合には罰則が適用される旨を定めている保険証書条項; honesty clause ともいう)).

fúll representátion 〖英〗全面的弁護業務援助 《1999年法で導入された地域法律扶助提供 (Community Legal Service) の下で、かつての全面的な法律扶助 (legal aid) に当たるもの；上訴 (appeal) を含め訴訟の全段階についての法律扶助; cf. COMMUNITY LEGAL SERVICE)).

fúll ríght 完全な権利《優良権原 (good title) を有しかつ現実の占有 (actual possession) をなしていること)).

fúll sérvice lèase (賃貸人)経費全面負担不動産賃貸借(契約)《(賃貸人) (lessor) が維持費・保険料・財産税を支払う旨の合意のある不動産賃貸借(契約) (lease)》.

fúll tíme 常勤, 全時間就業(従業); (一定期間内の)基準労働時間.

fúll-time a 全時間(就業)の, 常勤の, 専任の, 専従の, フルタイムの (cf. PART-TIME): a ~ employee 常勤被用者 / a ~ teacher 専任教師 / a ~ job 〖口〗全くかかりきりになる仕事. — adv 常勤(専任, 専従)で: work ~.

fúll-tímer n 常勤者, 専任者, 専従者 (cf. PART-TIMER).

fúll títle 《制定法・書籍などの》完全な表題 (cf. LONG TITLE).

fúll títle guarantée 完全な権原保証.

fúll tríal 《適正手続きに基づいた》正式審理《裁判, 公判)).

fúll wárranty 全面的保証《売却後一定期間製品の修理費用を材料費・労賃・技術料を含めすべて無料で行なう保証; cf. LIMITED WARRANTY)).

fúl·ly /fú(l)li/ adv 十分に, 完全に: ~ paid-up shares 全額払い込み株式, 払い込み済み株式 / ~ paid-up capital 全額払い込み資本, 払い込み済み株式資本.

fúlly admínistered 完全に管理済み(訴答)《(遺言執行者 (executor) あるいは遺産管理人 (administrator) による訴答で, すべての遺産は完全にまた合法的に処理済みで残余遺産はなく, 新たな権利主張を満足させる遺産はないというもの)).

fúlly mútual hóusing associàtion 〖英〗完全相互的住宅供給協会《会員資格を厳格にし, 非会員への住宅供給を禁じている住宅供給協会)).

fúnc·tion /fʌ́ŋ(k)ʃ(ə)n/ n **1** 機能, 働き; 目的. ▶ GOVERNMENTAL FUNCTION (統治機能) / PROPRIETARY FUNCTION (私経済的機能). **2** 職能, 職務, 職分, 役目. **3** 儀式.

fúnctional depreciátion 機能的減価《ある固定資産が物理的にはまだ使用可能であるが新発明・技術上の進歩・需要の変化などから機能的には従来の経済的効果をもたらすことができなくなったことから生ずる価値の減少; cf. DEPRECIATION, FUNCTIONAL OBSOLESCENCE)).

fúnctional diséase 機能的疾患《器官の構造でなく機能が冒される疾患; cf. ORGANIC DISEASE)).

fúnctional obsoléscence 機能的陳腐化《ある固定資産が機能的減価 (functional depreciation) が激しく継続的使用ができなくなること; cf ECONOMIC OBSOLESCENCE)).

fúnc·tus of·fi·ci·o /fʌ́ŋ(k)təs əfíʃiou, fʌ́ŋktus ɔːfíːkiou/ a 権限の消滅[失効]した, 職務完了済みの, 任務完了の《権限を付与された者が, 任務を完了して, もはや権限を有しない; 人だけでなく権限・証書・代理行為などが目的達成・任期終了などにより効果を有していない状態についてもいう)). [L=having discharged one's duty]

fund /fʌ́nd/ n **1** 基金, 資金; [pl] 財源, 手元資金; [the (public) ~s] 〖英〗公債, 国債: a relief ~ 救済基金 / a scholarship ~ 奨学資金 / conversion of ~s 《本来の使途とは異なる》基金[資金]の転用 / raise ~s for…のため資金を集める. ▶ BLENDED FUND (混合基金; 遺産換価金) / BOROUGH FUND (都市財政基金) / CLIENT SECURITY FUND (訴訟依頼人保証基金) / COMMON TRUST FUND (共同信託基金) / COMPENSATION FUND (事務弁護士協会損失補償基金) / CONSOLIDATED FUND (統合基金) / CONTINGENT [CONTINGENCY] FUND (不測出費準備金) / EXCHANGE EQUALIZATION FUND (為替平衡基金) / EXECUTOR FUND (遺言執行者用資金) / GENERAL FUND (一般財源) / GENERAL REVENUE FUND (一般歳入財源) / GUARANTY FUND (保証基金) / INSUFFICIENT FUNDS (預金残高不足) / JOINT WELFARE FUND (共同福祉基金) / MIXED FUND (混合基金) / NONSUFFICIENT FUNDS (預金残高不足) / NOT SUFFICIENT FUNDS (預金残高不足) / PAID-IN FUND (払い込み基金) / PENSION FUND (年金基金) / POLITICAL FUND (政治資金; 政治基金) / POOLED INCOME FUND (合同収益基金) / PUBLIC FUND (政府の財源; 公債) / RESERVE FUND (準備積立て基金) / REVOLVING FUND (リヴォルヴィング基金) / SINKING FUND (減債基金) / SLUSH FUND (不正目的資金) / SOCIAL FUND (社会基金) / STRIKE FUND (ストライキ基金) / SUITORS' FEE FUND (大法官府裁判所訴訟当事者手数料基金) / SUPERFUND (大型基金) / SUPERFUND (放置有害物質除去基金) / TAFT-HARTLEY FUND (タフト-ハートリー基金) / TRANSFER OF FUND (銀行口座振替) / TRUST FUND (信託基金) / UNSATISFIED JUDGMENT FUND (無保険者自動車事故被害者救済基金). **2** 基金を扱う機関[組織]. ▶ GROWTH FUND (成長型投資信託) / HEDGE FUND (ヘッジファンド) / INDEX FUND (インデックスファンド) / INTERNATIONAL MONETARY FUND (国際通貨基金) / MUTUAL FUND (ミューチュアルファンド) / OFFSHORE FUND (オフショア・ファンド) / VULTURE FUND (ハゲワシ投資会社). in [out of] ~s 資金を持って[切らして], 手元資金があって[なくて]. no ~s 預金残高なし《小切手等の裏書, あるいは銀行から小切手振出人への通知》. — vt **1** 《個人・企業・事業などに》資金を供給する; …の利子[元金]支払いに資金を供給する. **2** 基金に繰り入れる, 積み立てる. **3** 《一時借入金を》長期の負債[公債]に借り替える. **4** 《金を》公債に投資する. **fully ~ed** (たとえ

fun·da·men·tal /fʌndəméntl/ *a* 基本の, 基礎の, 根元の, 根本的な, 原理的な; 重要[主要]な; 必須の: ~ human rights 基本的人権 / a ~ principle [rule] 原理, 原則. — *n* **1** [*pl*] 基本, 根本, 基礎; 原理, 原則 〈*of*〉. **2** [*pl*] 基礎的条件, ファンダメンタルズ《**1**》国の経済状態・通貨価値を判断する基礎的条件で, 成長率・失業率・国際収支など **2**》国際経済安定のための基礎的条件で, 経済成長・物価・国際収支など》.

fundaméntal bréach 基本的違反《契約違反の一種で, (1) 契約の核となる基本的条項の違反で解除権が生じうるもの (2) 違反により契約の目的そのものが達成不能となるもので当事者の免責・免責約款の効力が問題となるもの》.

fundaméntal érror 基本的誤謬 (=PLAIN ERROR).

fundaméntal fáirness《法の適正手続き (due process of law) にとって不可欠の裁判手続きの》基本的公正さ.

fundaméntal fáirness dòctrine 基本的公正さの法理《裁判手続きに法の適正手続き (due process of law) 上の原則を適用すべきであるという原則; 一般的には法の適正手続きと同義語として用いられている》.

fundaméntal fréedoms *pl* 基本的自由《欧州共同体 (European Community) の隅石とも言うべき4つの自由 (four freedoms) で, 物・人・サービス・資本の自由を指す; cf. FREE MOVEMENT》.

fundaméntal ínterest 基本的利益 (⇨ FUNDAMENTAL RIGHT).

fundaméntal láw 基本法《**1**》他の法よりも特に強い形式的効力が認められる法; cf. NATURAL LAW **2**》国家の統治組織法, 特に 憲法 (constitutional law)》.

Fundaméntal Órders of Connécticut *pl* [the ~]《米史》コネティカット基本法《1639年に, Thomas Hooker 牧師 (1586?-1647) らの代表が Connecticut 植民地の統治形態を定めたもの; 米国における最初の成文憲法ともいわれている》.

fundaméntal ríght 基本権, 基本的権利《**1**》広義では人間の尊厳にとって必要不可欠な権利で, 天賦人権思想から生まれたもの; 狭義では憲法により明示的に保障されている権利 **2**》1) の意味の基本権中, 特に重要でそれを制限するにはきわめて強い公益の存在が必要とされるもの; fundamental interest ともいう; ⇨ STRICT SCRUTINY; cf. FUNDAMENTAL LAW, SUSPECT CLASSIFICATION》.

fundaméntal térm《(契約の)基本的条項《**1**》契約が存立するためにはなくてはならない中核的条項; cf. FUNDAMENTAL BREACH, NONFUNDAMENTAL TERM **2**》詐欺防止法 (statute of frauds) の要件を満たすために契約中に入れていなければならない条項》.

fúnd-ràising búsiness〘英〙資金集め事業《収益を目的として営まれている事業で, 公益・慈善・博愛目的のために, 金銭その他の財産を寄付によりあるいはその他の方法で手に入れることにもっぱらないしは主として従事しているもの》.

fúneral expènse [ᵁ*pl*] 葬儀費用《遺産配分の際, 埋葬・葬儀・墓石などの費用の適切な額は最優先される》.

fun·gi·ble /fʌ́ndʒəb(ə)l/ *a* 他のもので代用できる, 代替可能な. — *n* [ᵁ*pl*] 代替可能物 (=RES FUNGIBILES).
  fun·gi·bil·i·ty /fʌ̀ndʒəbíləti/ *n* [L (*fungi vice* serve in place of)]

fúngible góods *pl* 代替可能物 (=FUNGIBLES).

fu·ran·di an·i·mus /fjʊərǽndài ǽnəməs/ 窃取の意思 (animus furandi). [L=the intention to steal]

Fu·ri·o·si nul·la vo·lun·tas est. /fjù:rióusài núlə valʌ́ntɛɪs ɛst/ 気の狂った人の意思は存在しない. [L=A mad person has no will.]

Fu·ri·o·sus so·lo fu·ro·re pu·ni·tur. /fjù:rióusəs sóulou fjuróʊrε pjú:nɪtər/ 気の狂った人はその狂気のみによって罰せられる. [L=A mad person is only punished by madness.]

Furiosus sti·pu·la·ri non po·test nec ali·quod ne·go·ti·um age·re, qui non in·tel·li·git quid agit. /— stìpjuléɪràɪ nɑn pátɛst nɛk ǽlɪkwàd nɪgóʊʃiəm éɪdʒεrε kwaɪ nɑn ɪntélɪdʒɪt kwíd éɪdʒɪt/ 気の狂った人は, みずからが何をしているかがわからないゆえに, 契約を結ぶこともなんらの仕事をなすこともできない. [L=A mad person who understands not what he does cannot contract nor transact any business.]

fur·lough /fə́:rlou/ *n* **1**《軍人の》賜暇;《労働者などの, 一般的な》休暇. **2**《囚人に認められる》一時的仮出所 (cf. STUDY RELEASE). ▶ WORK FURLOUGH (勤労者仮出所).

fúrnished hóliday accommodàtion 家具付き休暇用宿泊施設《英国税制上は貸出し期間にかかわる一定条件を満たせばそこからの収入が営業収入とみなされうる》.

fúrnished ténancy〘英〙家具付き借家(権)(cf. ASSURED TENANCY, PROTECTED TENANCY).

fur·ni·ture /fə́:rnɪtʃər/ *n* 家具《特に 椅子・テーブルなどの動かせるもの》; 備品, 調度, 建具. ▶ HOUSEHOLD FURNITURE (家具).

fú·ror bre·vis /fjúərə:*r* brí:vəs/ 激情 (=HEAT OF PASSION). [L=sudden furor]

fúrther advánce 追加的担保貸付け《**1**》譲渡抵当権者 (mortgagee) が設定者に同一担保物あるいは別の担保物を付加して再度融資すること; further charge ともいう **2**》エクイティー上, 譲渡抵当 (mortgage) にかかわる利息の未払金を当事者合意の上で元金へと転換すること》.

fúrther assúrance 担保責任拡張 (⇨ COVE-

NANT FOR FURTHER ASSURANCE). ▶ COVENANT FOR FURTHER ASSURANCE (担保責任拡張約款).

fúrther chárge 追加的担保貸付け (⇨ FURTHER ADVANCE).

fúrther informátion 〖英〗より詳細な情報 (⇨ REQUEST FOR FURTHER INFORMATION). ▶ ORDER FOR FURTHER INFORMATION (より詳細な情報要求命令) / REQUEST FOR FURTHER INFORMATION (より詳細な情報要求(書)).

fúrther instrúction 再説示 (=ADDITIONAL INSTRUCTION).

fúrther máintenance of the áction 最初の訴答手続き終了前の新防御事実発生の答弁 (最初の訴答手続き終了後の新防御事実発生の答弁 (plea puis darrein continuance) と似ているが、最初の訴答手続きの終了前後で表現が異なる; ⇨ PLEA PUIS DARREIN CONTINUANCE).

fur·tum /fə́:rtəm/ n (pl fur·ta /fə́:rtə/) 〖ローマ法〗 1 盗み, 盗(ξ). 2 盗品. [L=theft, robbery]

fúrtum con·cép·tum /-kənséptəm/ 〖ローマ法〗盗品所持盗 (証人との捜索の結果盗品を発見された家の家長は、みずからその物を盗んだか否かにかかわらず責を負わされた). [L=detected theft]

Furtum est con·trec·ta·tio rei ali·e·nae frau·du·len·ta, cum ani·mo fu·ran·di, in·vi·to il·lo do·mi·no cu·jus res il·la fu·e·rat. /‒́‒ ɛst kɑ̀ntrɛktéɪʃiou ríːaɪ eɪlíːni frɔ̀:djulɛ́ntə kəm ǽnɪmou fjurǽndəɪ ɪnvíːtou íləu dɑ́mɪnou kjúːʤəs riz íla fjúːɛrət/ 窃盗とは盗む意思をもって、その物を有していた所有権者の意思に反して、行なわれる他人の物の欺瞞的領得である。[L=Theft is the fraudulent handling of another's property, with an intention to steal, against the will of the proprietor, whose property it had been.]

fúrtum grá·ve /-gréɪvi, -gráːveɪ/ 〖史・スコットランド〗加重窃盗. [L=aggravated theft]

fúrtum ma·ni·fés·tum /-mænɪféstəm/ 〖ローマ法〗現行盗 [L=manifest theft]

Furtum non est ubi ini·ti·um ha·bet de·ten·ti·o·nis per do·mi·num rei. /‒́‒ nɑn ɛst júːbi ɪníʃiəm héɪbɛt dɪtènʃióunɪs pər dáminəm ríːaɪ/ 物の所有者を通しての占有の開始を有している場合には窃盗ではない。[L=It is not theft where the holder has a beginning of detention through the owner of the thing.]

fúrtum ob·lá·tum /-əblɛ́ɪtəm/ 〖ローマ法〗盗品転置盗 (盗品を別の者の家に持ち込み、その後その家が捜索され盗品が見出された場合、その家の家長は盗品所持盗 (furtum conceptum) の責を負ったが、その家長はこの盗品をみずからの家に持ち込んだ者を盗品転置盗として訴えることが認められた). [L=offered theft]

fu·sion /fjúːʒ(ə)n/ n 融合; (政党などの) 連合, 合同, 提携.

fúsion of láw and équity コモンローとエクイティーとの融合 (cf. CONFLICT OF LAW AND EQUITY).

fu·ture /fjúːtʃər/ n 1 将来, 未来: in the ~ 将来, 未来に; *将来は、今後は (in future¹¹) / in the near ~ =in no distant ~ 近い将来に, そのうち / in the distant ~ 遠い将来に, ずっと先へ行って / in the not too [so] distant ~ そう遠くない将来に. 2 [pl] 先物; 先物契約[取引] (=FUTURES CONTRACT): deal in ~s 先物取引をする. ▶ COMMODITY FUTURES (商品先物). **for the ~ or in ~¹¹** (現在と対比して) 今後は, 将来は (in the future*). — a 将来の, 未来の, 今後の: ~ delivery 将来の引渡し, 先渡し.

fúture acquíred próperty 担保設定後取得財産(権) (⇨ AFTER-ACQUIRED PROPERTY).

fúture advánce 将来貸付け, 分割貸付け《同一の譲渡低当 (mortgage) を基礎に将来新たに融資を行なうこと; 通常は譲渡抵当設定時の明示の合意に基づく; 建設・住宅貸付けなどで多く使われている; cf. OPEN-END MORTGAGE》.

fúture advánce clàuse 将来貸付け条項《開放式譲渡抵当 (open-end mortgage) などの条項で将来貸付け (future advance) につき定めているもの; ⇨ FUTURE ADVANCE》.

fúture considerátion 将来の約因 (1) 将来与えられる約因, 特に他方当事者の履行後に与えられることになっている約因 2) 一連の履行からなり, しかもそのうちの若干が他方当事者の履行後になされる約因 3) 両当事者間でその細目がいまだ合意されていない約因; » cf. PAST CONSIDERATION》.

fúture còntract =FUTURES CONTRACT.

fúture dámages pl《傷害のために被害者がこうむる》将来の損害に対する賠償(金).

fúture éarnings pl 将来の得べかりし収入 (=LOST EARNINGS).

fúture estáte 将来不動産権 (=estate in expectancy)《現在占有していないが将来に占有利用しうる不動産権》; 残余権 (remainder), 復帰権 (reversion) など; cf. EXPECTANCY, FUTURE INTEREST》.

fúture góods pl《契約時に存在していない、ないしは特定されていない》未確定品, 将来の物品.

fúture ínterest 将来権《将来のある時点になって初めて現実の占有・収益を享受することができるようになる土地またはその他の財産についての権利; 単なる期待利益でなく、処分可能の現在の権利である; cf. CONTINGENT INTEREST, EXECUTORY INTEREST, EXPECTANCY, FUTURE ESTATE, POSSIBILITY OF REVERTER, PRESENT INTEREST, REMAINDER, REVERSION》. ▶ DESCENDIBILITY OF FUTURE INTERESTS (将来権の無遺言相続可能性).

fúture léase 将来不動産賃貸借, 将来不動産賃借権《将来のある時期以降借主が土地を占有できる賃貸借[賃借権]》.

fúture perfórmance《契約上の義務の》将来の履行.

fúture príce 先物価格 (cf. SPOT PRICE).

fúture próperty 将来財産権《将来占有されることになるものに対する財産権で, 占有の時点でそれについての現在の契約に従うことが約束されているもの》.

fútures còntract 先物契約, 先物取引 (＝future contract)《商品・株式・外貨など標準化されたものを, あらかじめ定めた将来の日にあらかじめ定めた条件で売買する契約; 単に futures ともいう; cf. FORWARD CONTRACT》.

fútures màrket 先物市場, 先物取引市場 (＝forward market)《証券・外貨・商品などを将来の一定日に一定価格で受け渡す売買契約が行なわれる市場; cf. FUTURES CONTRACT》.

fútures òption 先物オプション《先物契約 (futures contract) についてのオプション》.

fuzz /fÁz/《俗》 *n* 警官, おまわり; 刑事, デカ; [the ～] 警察《集合的》, サツ.

fyrd /fɔ́:rd, fíərd/ *n*《英史》**1** 民兵, フェルド《アングロサクソン時代すべての自由民に課された軍役義務を基礎に構成された民兵組織; エアルドルマン (ealdorman) が統率権を有した》. **2** フェルドに入る義務. ［OE *fierd, fyrd* campaign, camp］

FZ °free zone 自由地帯.

G

G /dʒíː/ *n* (*pl* **G's, Gs** /dʒíːz/) ジー《英語アルファベットの第7字》. ► TABLE G (付表 G).

GA °General Agent 包括代理人, 総代理店 ◆ °General Assembly《米》州議会;《国連》総会 ◆《海上保険》 °general average 共同海損.

G/A《海上保険》°general average 共同海損.

GAAP /, gǽp/《英》°generally accepted accounting practice 一般に認められた会計実務 ◆《米》°generally accepted accounting principles 一般に認められた会計原則.

GAAS /, gǽs/ °generally accepted auditing standards 一般に認められた監査基準.

ga·bel /gəbél/ *n*《史》1 物品税,《特にフランス史上の》塩税 (=GABELLE). 2 上納金, 貢租; 地代 (=GAVEL²). ► LAND GABEL (土地上納金).

ga·belle /gəbél/ *n*《史》1 物品税,《特に》《フランス史》塩税《1790年廃止》. 2《特に地代・上納金を支払っている》農民.

gafol *n*《廃》GAVEL².

gag /gǽg/ *n* 1 さるぐつわ. 2 口止め, 言論圧迫;《議会》討論終結. — *vt* 口止めする; …の言論[発表]の自由を抑圧する: ~ the press. [ME=to suffocate＜?imit. of choking]

gage /géidʒ/ *n* 1 質草, 担保 (pawn, pledge). ► ESTATE IN GAGE (担保不動産権) / VIF-GAGE (生き質). 2 担保不動産権 (estate in gage). 3《史》挑戦のしるし(として投げた手袋[帽子]). [OF＜Gmc; ⇒ WAGE, WED]

gág·ger *n* GAG するもの[人].

gág làw*¹ 1 箝口(さく)令 (=gag rule). 2 言論抑圧法. 3《議会などにおける》発言制限(的)規則, 討論制限(的)規則 (=gag rule).

gág òrder*¹ 1《審理中の事柄に関する裁判官による》報道禁令, 箝口令. 2《広く》口止め[口ふさぎ]命令《特に法廷で暴言を吐き続ける被告人に対してのさるぐつわ着用を命ずるもの》.

gág resolùtion《米史》請願受理禁止決議 (=gag rule)《1836-40年の間に連邦議会を数回通過した, 奴隷制度に反対する請願を受理・審議できないようにする趣旨の決議; この決議は国民の請願権を踏みにじるものとの反対運動の結果, 1844年に撤廃された》.

gág rùle 1 箝口令 (gag law);《特に議会における》発言制限(的)規則, 討論制限(的)規則 (gag law). 2《米史》GAG RESOLUTION.

gain /géin/ *n* 1 [°*pl*] 利益, 利得, 収益, もうけ; 収獲物. ► CAPITAL GAIN (資本利益) / CASUALTY GAIN (偶発利益) / CHARGEABLE GAIN (課税対象となる資産処分益) / DEFENDANT'S GAIN (被告人の利益) / EXTRAORDINARY GAIN (特別利益) / NET GAIN (純利益) / ORDINARY GAIN (通常利益) / PECUNIARY GAIN (金銭の取得; 金銭上の利益) / REALIZED GAIN (実現した利得) / RECOGNIZED GAIN (認定利得). 2 取得, 獲得. 3 増進, 増加, 増大: ~ in experience 経験の増大. 4 得票率の増加; 選挙での議席獲得. ► NET GAIN (純増議席数). — *vt* 1 獲得する, 得る, 稼ぐ, もうける;〈戦い・訴訟などに〉勝つ (opp. *lose*): ~ control of a council 会議の主導権を握る, 多数を制する. 2〈議席を〉獲得する, 当選する.

gáin·ful *a* 1 利益のある, もうかる, 引き合う (paying). 2〈職業など〉有給の (paid). ~**ly** *adv* 利益が出るように; 有給で. ~**ness** *n*

gáinful emplóyment 有給の職業活動, 有償雇用.

gáin-shàring *n* 生産性向上分賃金割増制.

Ga·ius /géi(j)əs, gáiəs; gáɪ-/ ガイウス《2世紀 (fl. 130-180) のローマの著名な法学者であるが経歴など不詳; 著書としては特に *Institutes* (法学提要) が重要で, 後のユスティニアヌスの『ローマ法大全』(*Corpus Juris Civilis*) の同名の著作はこれに依ったとされる;『学説彙纂』(*Digests*) にもその約30分の1に当たる535もの抜粋が採用されている》.

GAL °guardian ad litem 訴訟のための後見人.

gale /géil/ *n*《史》1 a 地代定期支払い. b 定期払い地代. 2《採掘特権に対する》定期払い地代; 定期払い地代による採掘特権(対象地). [cf. GAVEL², GAVELKIND]

Gál·la·gher agrèement /gǽləgər-/《米》ギャラガー式(示談)合意《共同被告の一人に審理途中において一定額で原告と示談することを認め, 判決結果にかかわらずその額の支払いを保証する示談契約; 1972年のArizona 州の判例 City of Tucson v. Gallagher の被告名より; cf. MARY CARTER AGREEMENT》.

gal·lant /gǽlənt/ *a* 勇敢な, 雄々しい, 騎士的な.

the honourable and ～ member《英議会》…閣下《軍人出身議員に対する呼称》.

gal·lery /gǽl(ə)ri/ n 画廊, 回廊, 天井桟敷, ギャラリー, 《特に議会などの》傍聴席《傍聴者やジャーナリストのために設けられた議席を取り囲む上の席》; [集合的に] 傍聴人, 観客. ▶ MEMBER'S GALLERY (庶民院議員招待者用傍聴席) / PRESS GALLERY (新聞記者席) / PUBLIC GALLERY (傍聴席) / STRANGER'S (STRANGERS') GALLERY (一般傍聴席).

gal·lows /gǽlouz, -əz/ n (pl ～, ～·es) [U〈sg〉] 絞首門, 絞首刑状のもの《2本の柱に横木を渡したもの》; [the ～] 絞首刑: ～ bird《口》絞首刑に処すべき[処せられた]悪人 / come to the ～ 絞首刑になる. **cheat the ～**《自殺などによって》うまく絞首刑をのがれる. **have the ～ in one's face** 絞首刑になりそうな人相《極悪な顔》をしている (=have a ～ look).

gam·ble /gǽmb(ə)l/ vi 賭博[賭け事, ばくち, ギャンブル]をする. — vt 〈金品などを〉賭ける. — n 賭博, ばくち, ギャンブル. **gám·bler** n

gam·bling /gǽmbliŋ/ n 賭博 (=gaming).

Gámbling Appéals Tribùnal《英》賭博上訴審判所《賭博委員会 (Gambling Commission) の決定に対する上訴を扱う審判所》.

Gámbling Commìssion《英》賭博委員会《2005年法で創設されたいずれの省にも属さぬ政府機関で, カジノ, ビンゴ, ゲーム器, 全国宝くじ (National Lottery) を除く宝くじを規制する委員会》.

gámbling còntract 賭博契約 (=gaming contract)《賭博をする契約; 特に英国では wagering contract (賭け事契約) が両当事者間の契約にのみ用いられるのに対して, 賭博参加人数に関係なく用いられる; 原則無効; cf. WAGERING CONTRACT》.

gámbling hòuse [hàll, hèll, dèn] 賭博場 (=GAMING HOUSE).

gámbling pòlicy 賭博保険(証券) (=wager policy, wagering policy)《受取人と全く関係ない者を被保険者とする生命保険のように, 被保険利益がないのに発行された保険証券; 無効である》.

game /géim/ n 1 ゲーム, 競技, 試合, 競争; 遊び, 娯楽; 賭博, ばくち (gamble): ～ of chance 運のゲーム《さいころゲームなど腕前より運がものをいう勝負事》/ ～ of skill 腕前のゲーム《チェスのように実力がものをいう勝負事》. ▶ NUMBERS GAME (該当で富くじ) / POWER GAME (権力争い). 2 もくろみ, 計略. ▶ CONFIDENCE [CON] GAME (背信詐欺). 3 a 狩猟鳥獣, 猟鳥[猟獣]類 (⇒ FAIR GAME); 猟鳥[猟獣]の肉: winged ～ 猟鳥 / We shot twenty head of ～. 猟獣を20頭仕留めた / big ～ 大きな獲物 / forbidden ～ 捕ってはならない獲物; 手出ししてはならないもの. b 追求[目的]物, 獲物 (prey). ▶ FAIR GAME (捕獲してもよい鳥獣). — vi 賭博をする. [OE gament; cf. OHF gaman amusement]

gáme·kèep·er n 狩猟鳥獣管理人, 猟場管理人.

gáme làw [U pl] 狩猟法《鳥獣魚の資源保護のための諸規制》.

gáme lìcense 1 狩猟鑑札, 狩猟免許. **2** 狩猟鳥獣販売免許.

gáme wàrden 猟場管理者.

gam·ing /géimiŋ/ n 賭博 (=GAMBLING).

gáming còntract 賭博契約 (=GAMBLING CONTRACT).

gáming dùty《英税制》賭博税《法人税 (corporation tax) に上乗せする形で賭博会社に対しその利益に課される税金》.

gáming hòuse 賭博場 (=gambling house).

gáming lìcense 賭博場開設許可(証).

ga·nan·cial /gənǽnʃ(ə)l/ a 夫婦共有財産(制)の[に関する] (⇒ COMMUNITY PROPERTY). [Sp]

ganch /gǽntʃ/《史》vt 鉤()刺し[刺し]にする. — n **1** 鉤刺し[杭刺し]刑具. **2** 鉤[杭]刺しの刑. [Turk (kanca large hook)]

gang /gǽŋ/ n《悪漢などの》一団; 一味; 暴力団, ギャング (cf. GANGSTER): a drugs ～ 麻薬《を専門に扱う》ギャング[暴力団]. ▶ CHAIN GANG (一つ鎖につながれた囚人たち). [ON ganger, ganga act of GOING; cf. OE, OS, OHG gang]

gáng·lànd n 暗黒街, ギャング[組織犯罪者, 暴力団]の世界: a ～ murder 暗黒街の殺人《暴力団員による他の暴力団員の殺害》.

gáng·màster n《集団労働者の》現場監督, 親方.

gáng·ster n ギャング[暴力団]の一員 (cf. GANG), 暴力団員, 悪漢.

gáng·wày n **1** 舷門. **2** 通路;《特に英庶民院》幹部議員席と平議員席間の通路: members above [below] the ～《英庶民院》幹部[平]議員.

Gán·ser('s) sỳndrome /gá:nzərz-, gǽnsərz-/《質問に対して無関係な応答をする》ガンサー症候群《囚人が寛大さを得ようとしてこの症状を装うことで知られている》. [Sigbert Joseph Maria Ganser (1853-1931) ドイツの精神科医]

GAO《米》°General Accountability [Accounting] Office (連邦)会計検査院.

gaol, gaoler, ⇨ JAIL, JAILER, etc.

gáp-fíll·er n《契約内容》補充規定《契約当事者の契約内容の一部について明示の合意をしていない場合に, それを理由に契約を無効にしないそれを補充する規定》.

gáp-fíll·ing [gáp fíller] provìsion《契約内容》補充規定 (=GAP-FILLER).

gáp-fílling rùle《契約内容》補充的準則 (cf. GAP-FILLER).

gáp pèriod《米》《破産手続き上の》時間差《破産手続き上 強制破産 (involuntary bankruptcy) の申立てとそれに対する救済命令の登録の間の時間》.

gáp repòrt [ˢGAP report]《米》差異報告書《連邦裁判所の裁判所規則 (court rules) を作成する過程で, 訴訟手続き上の規則の改正案について意見を求めて公表した後に, その改正提案を説明する報告書》.

Gar·cí·a hèaring /ɡɑːrsíːə-/〘米〙ガールシーア事件の審理《刑事訴訟で複数の被告人を1人の弁護士が弁護している場合に、そのうちの1人の被告人がそのような弁護に伴う利害抵触 (conflict of interest) の危険および その事件で独自の弁護士の援助を受ける権利のあることを理解しているか否かを確認するための審理; United States v. Garcia, 1975 の判例の被告人名から》.

Gárden Cíties of Tomórrow 明日の田園都市《英国の都市計画家 Sir Ebenezer Howard (1850-1928) が1898年に出版した書物の1902年改訂版の書名で、田園都市構想のきっかけとなった; 初版は *Tomorrow: A Peaceful Path to Social Reform* (1898)》.

gárden lèave (clàuse)〘英〙庭園休暇(条項)《雇用契約上の一条項で、被用者は働くことを求められずしかし賃金を全額受け取れる長期の解約通告期間を定めているもの、ないしはそれに基づく休暇; この間被用者は会社との関係を持ち続けることになるため、企業秘密の保持・競争会社への有能な被用者の急な転職を防ぐことができる故に、上層の被用者・管理職を対象に多用されつつある》.

gar·nish /ɡɑ́ːrnɪʃ/ n 1 装飾物; 《料理の》つま. 2 a《俗》《新入りの囚人や労働者などが上役から取られる》心付け. b〘史〙入牢金《英国では1815年に禁止》. — vt 1 装飾する. 2《俗》《新入り》に心付けを強要する. 3 a〘史〙法定相続人に対して財産を受け取る前に支払いをせねばならない債務があることを通告する. b 債務者の第三者に対する債権のために〈第三者の財産を〉(仮)差押えする (=factorize). c 債務者の第三者に対する債権(仮)差押 (garnishment) 手続きがとられたことを〈人に〉通告する (=factorize). ★ 語義3は garnishee ともいう. 4《廃》係争中の訴訟に参加するよう法廷へ呼び出す. ~·able a ［OF *garnir* < Gmc = to guard］

gar·nish·ee /ɡɑ̀ːrnəʃíː/ vt GARNISH 3. — n《自己の債権者ではなくその債権者に対して終局判決を得た者に債務を弁済すべき債権差押通告を受けた者》第三債務者 (=factor)《英国ではこの語は用いられなくなった》.

garnishée òrder《債務者の第三者に対する》債権(仮)差押命令, 弁済禁止命令《英国ではこの語は用いられなくなっており、代わって第三者に対する債権支払い命令 (Third Party Debt Order) となっている》.

garnishée procèeding《債務者の第三者に対する》債権(仮)差押通告手続き, 弁済禁止手続き《英国ではこの語は用いられなくなった》.

gárnish·er, gar·nish·or /ɡɑ́ːrnɪʃər, -ʃɔ̀ːr/ n 債権(仮)差押手続き申立人《第三債務者 (garnishee) に対して債権(仮)差押通告手続き (garnishee proceeding) を申し立てた債権者; 英国ではこの語は用いられなくなった》.

gárnish·ment n 1《広く》通告, 告知; 《第三者への》出廷命令. 2《近時では特に》《債務者の第三者に対する》債権(仮)差押通告, 債権(仮)差押え(手続き) (=factorizing process) (cf. ATTACHMENT, ATTACHMENT OF WAGES, SEQUESTRATION, WAGE ASSIGNMENT): ~ of wage 賃金の(仮)差押え. ▶ WAGE GARNISHMENT (賃金

(仮)差押え) / WRONGFUL GARNISHMENT (不当な債権(仮)差押え(通告)). 3 財産告知手続き (⇨ EQUITABLE GARNISHMENT). ▶ EQUITABLE GARNISHMENT (エクイティー上の財産告知手続き).

gar·rot·ing /ɡərátɪŋ, *-róut-, *ɡǽrət-/ n 1 首絞め. 2《スペイン・ポルトガルなどの》鉄環絞首(刑).

Gar·ter /ɡɑ́ːrtər/ n [the ~]〘英〙ガーター勲章[勲位] (⇨ ORDER OF THE GARTER). ▶ CHANCELLOR OF THE GARTER (ガーター勲位尚書) / KNIGHT OF THE GARTER (ガーター勲爵士) / ORDER OF THE GARTER (ガーター勲章; ガーター勲爵士).

garth /ɡɑːrθ/ n 1 中庭. 2 垣, 堰, 梁(簗) (fishgarth). [ON]

gás chàmber《処刑・屠殺用の》ガス室. ★ 米国では処刑に用いている州もある.

gásoline tàx〘米〙ガソリン販売税.

GASP /ɡǽsp; ɡɑːsp/〘米〙Group [Gals] Against Smoke and Pollution, etc.《種々の》嫌煙[反公害]運動団体, ガースプ.

gas·ton·ette /ɡǽstənét/ n〘米〙譲り合い, ギャストネット《責任を有する2人の者が互いに一方が行動するまで待ち、その結果生ずる限りない遅れ; 特に、2つの裁判所が同じ基礎事実に基づく関連する訴えを並行する形で審理する場合に、それぞれの裁判所が他方の動くのを待って審理を遅らせることで生ずる膠着状態をいう; 1988年の判決の中で米国の裁判官 Jon O Newman が, Frederick Burr Opper 作の人気漫画 *Alphonse and Gaston* で2人の主人公の口癖 'After you, my dear Gaston', 'After you, my dear Alphonse' をもじって造語したもの》.

GATT /ɡǽt/°General Agreement on Tariffs and Trade 関税及び貿易に関する一般協定, ガット.

gaug·er /ɡéɪdʒər/ n《酒類などの》税務計量官.

Gault /ɡɔ́ːlt/ a《米》ゴールト事件に関する, 未成年者の法的保護と権利に関する. ［Gerald *Gault* に関する1967年の合衆国最高裁判所の判決 (⇨ GAULT, IN RE (1967)) から］.

Gáult, In rè (1967) /-ɪn réɪ, -ríː/〘米〙ゴールト事件《15歳の少年 Gerald Gault が成年ならば50ドルの罰金か2月以内の拘禁で済んだはずの罪により21歳に至るまで拘禁されることになるという事態に対し、少年にも法の適正手続き (due process) の保護が適用されると判示した合衆国最高裁判所の判決で、少年裁判に関する重要判例》.

gaunch /ɡɔːntʃ/ n GANCH.

gav·el¹ /ɡǽv(ə)l/ n《議長・競売者などの》小槌(つち). ★ 米国の上院には開場中は儀式用小槌が議長である副大統領の机上に置かれる. — vt (-l-, -ll-) 小槌をたたいて〈場内を〉制する. ~ **down** 小槌をたたいて問題外とする.

gavel² n〘史〙1 上納金, 貢租; 地代 (=gabel, gafol). ▶ WATER GAVEL (水利用金). 2 物品税, 間接税. [OE *gafol* tribute; cf. GIVE]

gav·el·kind /ɡǽv(ə)lkàɪnd/ n〘英史〙1 a ガヴェルカインド保有《主として Kent 州にあった特別の自由な土地保有条件で、自由鋤奉仕保有 (free socage) の一種; 遺

贈可能, 無遺言の場合の男子均分相続などの特徴があった; 1925 年廃止). **b** ガヴェルカインド保有土地. **2** 《無遺言の土地の》男子均分相続. [OE (gafol tribute, KIND)]

gáy ríghts *pl* 同性愛者[ゲイ]の権利《同性愛者が住宅・雇用・保険などの面で差別を受けないようにするための法的施策と保護》.

ga·zette /gəzét/ *n* **1** 新聞, 《時事問題などの》定期刊行物. **2** [G-] **a** 官報. **b** LONDON GAZETTE. **3** 公報.

ga·zump /gəzʌ́mp/ "《口》 *vt*, *vi*, *n* だます[だまし取る] (こと), 《特に》《家屋の買手を》約束の値段を吊り上げてだます(こと), 他の買手に高値で売りつける(こと), 他の買手に高く売るため契約を解約する(こと). [C20<? Yid *gezumph* overcharge]

gazúmp·ing *n*"《口》《家屋の売却契約成立直前の》売価の吊上げ《による契約締結約束の撤回》; 他の買手と約束した値よりも高値の申し出 (opp. *gazundering*) (cf. EXCHANGE OF CONTRACTS).

ga·zun·der·ing /gəzʌ́ndərɪŋ/ *n*"《口》《家屋購入契約成立直前の》買手による約束値の値下げ《による契約締結約束の撤回》 (opp. *gazumping*).

g.b.h., GBH °grievous bodily harm 重大な身体的傷害.

GBMI 《米》°guilty but mentally ill 有罪しかし精神病《という評決》.

GCHQ 〖英〗Government Communications Headquarters 政府通信本部.

GDP °gross domestic product 国内総生産.

geld /géld/ *n* 〖史〗税, 上納金, 支払い, 罰金 (= gild). ▶ DANEGELD (デーンゲルト) / HEREGELD (軍税) / KINGGELD (楯金). **～able** *a* 〖史〗税[上納金]を負担すべき. [OE = service, tribute; cf. YIELD]

ge·mot, ge·mote /gəmóut/ *n* 〖史〗集会, 会議; 《特に》民会 (= MOOT). ▶ FOLCGEMOT (民会) / WITENAGEMOT(E) (賢人会議). [OE *gemōt* MOOT]

gen·der /dʒéndər/ *n* 性, 性別, ジェンダー《社会的・文化的観点からみた性別・性差》. [OF (L GENUS)]

génder discriminàtion 性差別 (= SEX DISCRIMINATION) (= **génder-bàsed discriminátion**).

génder dysphòria **1** 性同一性障害. **2** 〖医〗性別違和感.

génder reassìgnment 性別再判定[再指定]: ～ surgery 性別再判定[再指定]手術《性同一性障害の治療として行なわれる性転換手術のこと》.

génder recognìtion cértificate 〖英〗性転換証 (⇨ GENDER RECOGNITION PANEL).

Génder Recognìtion Pànel 〖英〗性転換審査委員団《2004 年法で創設; 性転換者で新しく得た性を認めてもらいたい者からの申請を審査決定する機関; 申請を認められた者は性転換証 (gender recognition certificate) を発行され, 法的に完全に新しい性の人となり, 新しい出生証明書 (birth certificate) を取得しその性の者と

して婚姻もできる資格をもつことになる》.

ge·ne·al·o·gy /dʒì:niǽlədʒi, -ǽl-, dʒèn-/ *n* **1** 家系, 系図, 系譜. **2** 系図学, 家系[血統]の研究.

gen·er·al /dʒén(ə)rəl/ *a* **1** 一般の, 総体的な, 全般[総合]的な, 包括的な, 普遍的な (opp. *special*): ANNUAL GENERAL MEETING / EXTRAORDINARY GENERAL MEETING / GENERAL MEETING [COUNCIL]. **2** 《専門的でなく》一般的な; 通常の; 雑多な, 雑用の: ～ affairs 庶務, 総務 / a ～ clerk 庶務係. **3** 《詳細でなく》概括的な, 大体の, 概略の (opp. *particular*). **4** 将官級の; [官職名などにつけ] 総…, …長(官); 《身分・権限が》最上位の: ATTORNEY GENERAL / GENERAL MANAGER / SURGEON GENERAL. **～ly** *adv*

géneral accéptance 《為替手形の支払人による》単純引受け (cf. PARTIAL ACCEPTANCE, QUALIFIED ACCEPTANCE).

Géneral Accountabílity Òffice [the ～] 〖米〗《連邦》会計検査院《旧称は **General Accounting Office**; 2004 年改称; 共に略 GAO》.

géneral áct 一般議会制定法 (= GENERAL STATUTE) (opp. *special act*).

géneral administrátion 総遺産管理《手続き》 (cf. SPECIAL ADMINISTRATION).

géneral admínistrative expénse [*ʰpl*] 〖会計〗一般管理費 (= administrative expense, general expense).

géneral admínistrator 総遺産管理人 (cf. SPECIAL ADMINISTRATOR).

géneral ágency 包括代理《権》 (= universal agency)《特定の取引・営業・雇用などに関する全ての権利を無制約的に代理人に委任すること, またはその委任された権利; cf. GENERAL AGENT, GENERAL AUTHORITY, SPECIAL AGENCY》.

géneral ágent 包括代理人, 総代理店 (opp. *special agent*)《略 GA; ⇨ GENERAL AGENCY, GENERAL AUTHORITY》.

Géneral Agréement on Táriffs and Tráde [the ～] 関税及び貿易に関する一般協定, ガット《関税その他の貿易障壁を実質的に軽減し, 国際通商の差別待遇を廃止し, 交渉を通じた関税引き下げにより, 貿易自由化を推進する目的で, 1947 年署名, 1948 年から暫定適用された多国間条約; この「1947 年のガット」自体は 1995 年 WTO (世界貿易機関 (World Trade Organization)) 設立後廃止されたが, 改正発展させられた「1994 年のガット」が WTO 協定の不可分の一部として引き継がれている; 略 GATT》.

géneral appéarance 異議を留めぬ出廷《当事者が当該裁判所の管轄権を争わずに出廷すること; 当該裁判所は他に基礎とするものがなくてもこれにより裁判権を取得する; cf. APPEARANCE UNDER PROTEST, SPECIAL APPEARANCE》.

géneral assémbly 1 総会, 大会; 代表者大会 [会議]. **2** 《米国の幾つかの州の》州議会《略 GA》. **3**

[the G- A- (of the United Nations)]《国際連合の》総会《略 GA》. **4** [the G- A-]《ニュージーランドの》国会. **5**《長老派教会などの》教会総会.

géneral assígnment 債権者全員への譲渡 (=voluntary assignment)《債務者の財産をその債権者の一部ではなく全員のために公平に配分されるように譲渡すること; cf. ASSIGNMENT FOR THE BENEFIT OF CREDITORS, FRAUDULENT PREFERENCE》.

géneral assúmpsit 一般引受け訴訟 (=common assumpsit, indebitatus assumpsit)《金銭債務の明示の約束はないが, 具体的事実関係から黙示の約束があったとして, その不履行に対する救済を命ずる訴訟方式の一つ; ⇒ INDEBITATUS ASSUMPSIT; cf. ASSUMPSIT, SPECIAL ASSUMPSIT》.

géneral áudit《会計》一般監査.

géneral authórity 包括代理権《営業活動の過程で生ずるすべての事項に及ぶ代理権で, それを与えられている者が包括代理人 (general agent) となる; cf. GENERAL AGENCY》.

géneral áverage《海上保険》共同海損 (=gross average)《船舶および積荷についての共同の危険を免れるため船長が船舶または積荷に対してなした処分; そのための犠牲損害・費用は共同して比例分担する; 略 GA, G/A; cf. EXTRAORDINARY AVERAGE, PARTICULAR AVERAGE》. **free from ~** 共同海損不担保で[の]《海上保険契約の約款で, 共同海損害を填補しないこと; 略 f.g.a., FGA》.

géneral áverage àct 共同海損行為, 共同海損処分 (⇒ GENERAL AVERAGE).

géneral áverage bònd 共同海損分担金支払い保証書 (=AVERAGE BOND).

géneral áverage contribútion 共同海損分担額[金] (⇒ GENERAL AVERAGE).

géneral áverage lóss 共同海損犠牲損害 (⇒ GENERAL AVERAGE) (cf. PARTICULAR AVERAGE LOSS).

géneral áverage státement 共同海損清算書.

géneral bénefit 一般的開発利益《公共事業により, 特定の土地に生ずる特別利益 (special benefit) でなく, 地域全体に一般的間接的に生ずる開発利益》.

géneral bequést 不特定(人的)財産遺贈《**1** 特定のものではなく, 一定額の金銭あるいは全部の株式というように量や金額で示される(人的財産)遺贈 **2** 一般の遺産から支払われるないしは渡されうる(人的財産)遺贈》.

géneral bónd《米》一般保証書, 一般保証金《船舶の将来の差押えを免れるため, 将来の判決に服することを条件とし, またすべての訴訟についての請求額の少なくとも2倍相当金額を差し入れておく保証書または保証金; cf. SPECIAL BOND》.

géneral búilding schème 一団地総合建築制限, 一団地総合建築計画.

Géneral Commíssioner of Íncome Tàx《英》所得税普通審判官 (⇒ INCOME TAX COMMISSIONER).

géneral cóntractor 総建築請負業者, 総合建設請負業者, 総合(工事)業者, 一式請負者, 'ゼネコン' (=original contractor, prime, prime contractor)《工事の全部を一括して請け負い, 通常は下請け(契約)人 (subcontractor) を雇い仕事をさせる業者》.

géneral cóuncil 1 総評議会. **2**《カトリックの》公会議《厳密には ecumenical council という》.

Géneral Cóuncil of the Bár (of Éngland and Wáles) [the ~]《英》《イングランドおよびウェールズ》法廷弁護士総評議会 (=Council of the Bar)《1894年創設; 1974年新設のインズ・オヴ・コート連合評議会 (Senate of the Inns of Court and the Bar) に仕事を引き継ぎその下部機関になったが, 1987年に再編成され, 現在は法廷弁護士 (barrister) を統括する機関; 変革の前後を通じて法廷弁護士評議会 (Bar Council) と通称されている; 法廷弁護士界を代表し, その職業利益を守り, またその活動を規制し, 職業倫理を維持することを目的とした団体; ⇒ SENATE OF THE INNS OF COURT AND THE BAR》.

géneral cóunsel《米》**1**《依頼人の法的問題全般について代理をする》全般的弁護士, 全般的法律事務所. **2**《企業・官庁の》弁護士資格を有する法務部長, 法務室長, 法務顧問.

géneral cóunt 訴因一般的陳述《民事訴訟で原告の請求内容が不当に詳細にではなく適正に述べられていること, またはその訴因; 逆に余りに一般的である場合は却下される; cf. SPECIAL COUNT》.

Géneral Cóurt [the ~] **1**《米》(Massachusetts, New Hampshire 両州の) 州議会. **2**《米史》《植民地時代のニュー・イングランドの立法権・司法権をもつ》総会, 植民地議会.

géneral cóurt-màrtial 一般軍法会議《最上位の軍法会議; cf. DISTRICT COURT-MARTIAL, FIELD GENERAL COURT-MARTIAL, SPECIAL COURT-MARTIAL, SUMMARY COURT-MARTIAL》.

géneral cóvenant agàinst encúmbrances 負担不存在一般保証約款 (=COVENANT AGAINST ENCUMBRANCES).

géneral créditor《担保権などを有しない》一般債権者 (=UNSECURED CREDITOR).

géneral cróssing 一般線引き (=crossed generally)《線引き小切手 (crossed check) のうち小切手表面に2本の平行線を引いただけのもの; 銀行を経由してのみ支払われる; ⇒ CROSSED CHECK; cf. SPECIAL CROSSING》.

géneral cústom 1《国全体に及ぶ》一般慣習(法). **2** 一般的取引慣習(法).

géneral cústom of the réalm《英》《地方慣習(法)に対して》王国の一般慣習(法), コモンロー.

géneral dámages *pl* **1** 一般損害賠償 (=direct damages)《不法行為および契約違反の結果, 通常・当然に発生するものと推定される損害に対する賠償で, 特に立証の必要はない; opp. *special damages*》. **2** 非金銭的損

害賠償《例えば苦痛・精神的損害・名誉毀損など金銭的に評価しにくい損害に対する賠償; opp. *special damages*》.

géneral débt 一般債務《行政機関の債務で一般歳入からの支出が認められているもの》.

géneral defénse 一般的防御(方法)《いかなる犯罪に対しても適用できるコモンロー上の防御(方法)で, 精神障害[心神喪失] (insanity) を唯一の例外として, すべて意思に基づかない行為 (involuntary conduct) である; 夢遊病者による犯罪行為に対する責任阻却などがその例; opp. *special defense*》.

géneral delívery* 《郵便》局留め, 局渡し.

géneral demúrrer 訴訟実体不十分の抗弁, 法律上敗訴当然の旨の抗弁, 概括的法律効果不発生訴答, 一般妨訴抗弁《相手方主張事実がすべて事実であっても相手方主張の法律効果は発生せず相手方敗訴の判決がなされるべしとの主張; 相手方の主張全体に対する抗弁で, その一部を特定して攻撃するものでない; cf. GENERAL EXCEPTION, SPECIAL DEMURRER; ⇨ DEMURRER》.

géneral deníal 《米》概括的否認, 全般否認 (= general plea)《フィールド法典の訴答手続き (code pleading) において訴答での重要な主張事実すべてを否認する答弁; コモンロー上の訴答の全面的否認訴答 (general issue) に相応する; cf. GENERAL ISSUE, QUALIFIED GENERAL DENIAL, SPECIFIC DENIAL》. ▶ QUALIFIED GENERAL DENIAL (制限的否認).

géneral depósit 1 消費寄託《受寄者が預かったものは消費し, 同種・同等・同量のものを返還すればよい寄託; 金銭・穀類などの寄託に多い; opp. *special deposit*》. **2** 銀行預金.

géneral detérrence 犯罪の一般予防《刑法および特定の有罪決定・刑罰は, 応報のためでなく, 一般の人々に犯罪を犯させぬようにするためであるということ; cf. SPECIAL DETERRENCE》.

géneral devélopment òrder 《英》一般開発命令《英国の都市田園計画法 (Town and Country Planning Act) 上は開発行為は自治体の許可が必要であるが, 一般的にほぼ例外なく許可されるような開発は, 大臣命令で例示的に成文で示し, 個人の申請に便宜が与えられている; その命令を指す》.

géneral devíse 不特定不動産遺贈,《通例 遺産の割合や金額などで示される》不特定遺産遺贈.

Géneral Dígest 《米》『ジェネラル・ダイジェスト』《『アメリカン・ダイジェスト・システム』 (American Digest System) が刊行後 次の Digest が編纂されるまで年毎に数冊発行される判決要旨の資料》.

géneral disclósure 《英》一般的文書開示 (cf. SPECIFIC DISCLOSURE, STANDARD DISCLOSURE).

Ge·ne·ra·le dic·tum ge·ne·ra·li·ter est in·ter·pre·tan·dum. /dʒènəréɪle díktəm dʒènəréɪlɪtɛr ɛst ɪntɛrprɪtǽndəm/ 一般的言明は一般的に解釈されるべきである. [L=A general dictum is to be interpreted generally.]

géneral eléction 1《地方選挙に対し全国[全州]的な》総選挙. **2**《米》《予備選挙 (primary election) に対して》最終選挙. **3**《米》《特別選挙 (special election) に対して》通常選挙 (= regular election). **4**《補欠選挙 (by-election) に対して》総選挙.

géneral endórsement 白地(式)裏書 (= BLANK ENDORSEMENT).

Ge·ne·ra·le ni·hil cer·ti im·pli·cat. /dʒènəréɪle níhɪl sɛ́rti ímplɪkæt/ 一般的な表示は特定の事柄をなんら指示せず. [L=A general expression implies nothing certain.]

géneral équitable chárge 《英》エクイティー上の一般的担保《登録可能な物上負担 (land charge) の一種で, エクイティー上の譲渡抵当 (equitable mortgage) やエクイティー上の年金 (annuity) などは含まれるが, 権利証書 (title deed) の預け入れによるエクイティー上の譲渡抵当と土地信託・継承財産設定 (settlement) から生ずる利益とは除かれる》.

géneral éstate 1 個人総資産. **2**《一般債務者の引当てになる》一般財産. **3**《遺贈対象になっていない》一般遺産 (cf. RESIDUARY ESTATE).

Ge·ne·ra·le tan·tum va·let in ge·ne·ra·li·bus quan·tum sin·gu·la·re in sin·gu·lis. /dʒènəréɪle tǽntəm vælɛt ɪn dʒènəréɪlɪbəs kwǽntəm sɪŋɡjəléɪrɛ ɪn síŋɡjəlɪs/ 特定的なことが特定的なことにおいて効力をもつのと同じように一般的なことは一般的なことにおいて効力をもつ. [L=What is general prevails as much among things general as what is particular among things particular.]

géneral excéption 1 一般的異議《相手方の訴答中の実質的欠陥, 例えば請求の不十分さ, 裁判所の事物管轄の欠如などを指摘する異議; cf. DEMURRER, GENERAL DEMURRER, SPECIAL EXCEPTION》. **2** 非特定的異議《異議申し立て当事者が異議の根拠を特定していない異議》. **3** 一般的犯罪成立阻却事由《心神喪失・刑事責任年齢未到達など》.

géneral execútion 一般的強制執行(令状)《判決に基づく通常の強制執行(令状)で, 債務者の特定財産に限らず一般財産を対象とする; cf. SPECIAL EXECUTION》.

géneral exécutor 一般遺言執行者《被相続人の全遺産を事務終了まで管理する遺言執行者; cf. LIMITED EXECUTOR, SPECIAL EXECUTOR》.

géneral expénse 《会計》一般経費 (= GENERAL ADMINISTRATIVE EXPENSE).

géneral éyre 《英史》大巡察《王国内を巡回する裁判官にきわめて広範でしかも最重要な権限を授権する一種の巡回裁判制度で, 単に eyre ともいう; 授権範囲は民刑事はもちろん行政にまで及んだ; 巡察裁判官 (justice in eyre) がその州に巡回してくると, その地方の聖俗の主だった人, すべての自由土地保有権者 (freeholder) だけでなく各村もその役人と代表を送る大裁判集会が開かれ, その地方のすべての裁判所およびそこから人民訴訟裁判所

(Court of Common Pleas) に係属している裁判が停止し, 大巡察に係属することになった; 民刑事の裁判がなされただけではなく, 地域代表である陪審 (jury) が(大)巡察審問条項 (articles of the eyre) に回答する形で州内の司法・財政・行政上のすべての面での調査がなされ, わずかな違反に対しても重い罰金が科された; 定期的巡回は Henry 1世時代の試行を受けて Henry 2世の下で始まったとされているが, 12世紀末から14世紀初めにおいては国王を中心にした統一的統治にきわめて重要な意味を有していた; しかしそれがもたらす重い財政負担が地方からは極端に嫌われ, 7年に1回のみに限定される原則が作られ, また議会 (Parliament) の発展と共に徐々にその機能も不必要になり, より限定的な司法権限しかもたない巡回裁判 (アサイズ裁判 (assize), 未決監釈放裁判 (jail delivery) など) に代わり, 14世紀半ばに衰滅した).

géneral féderal cómmon láw《米史》連邦一般コモンロー《1938年のイーリ鉄道会社対トムプキンズ事件 (Erie R. R. v Tompkins) に至るまでに, 州籍の相違に基づく紛争で連邦裁判所により発展させられた連邦一般に通用する判例法; 同事件で, 連邦裁判所は裁判所所在の州実体法を適用するという法理に変更した).

géneral fínding 概括的有利事実認定《訴答で提出された事実が全体として一方当事者にとって有利なものであると事実認定者 (trier of fact) により認定されること; cf. SPECIAL FINDING).

géneral fránchise《一般の会社に与えられる》一般特権 (= CORPORATE FRANCHISE) (cf. SPECIAL FRANCHISE).

géneral fúnd《特に政府の, 使途が限定されていない》一般財源; 一般基金.

géneral guáranty 一般保証(契約) (cf. SPECIAL GUARANTY)《**1**) 特定の人に対するものでなくすべての該当者に対する保証(契約) **2**) 特定の債権者ではなく本人がいかなる者を相手にして引き受ける債務に対しても本人が履行しない場合の保証(契約)》.

Ge·ne·ra·lia spe·ci·a·li·bus non de·ro·gant. /ʤènəréiliə spèʃiéilɪbəs nɑ́n díːrəgənt/ 一般的な事柄は特別な事柄をそこなわない. [L = General things do not derogate from special things.]

Generalia ver·ba sunt ge·ne·ra·li·ter in·tel·li·gen·da. /— vɚ́ːbə sənt ʤènəréilitɚ ɪntèliʤéndə/ 一般的な文言は一般的に理解されるべし. [L = General words are to be understood generally.]

Ge·ne·ra·li·bus spe·ci·a·lia de·ro·gant. /ʤènəréilibəs spèʃiéiliə díːrəgənt/ 特別な事柄は一般的な事柄をそこなう《順序を変えて Specialia generalibus derogant. ともいう》. [L = Special things derogate from general things.]

géneral impróvement 一般的土地改良《その地区の不動産所有者を直接対象とするのではなく主として公共目的のために行なわれる土地改良》.

géneral impróvement àrea《英史》居住環境改良地区《住宅当局 (housing authority) が居住環境を改良すべきと指定した住宅用地区; 1989年法で再開発地区 (renewal area) に代わった; cf. HOUSING ACTION AREA, PRIORITY NEIGHBOURHOOD, RENEWAL AREA).

géneral intángible《米》一般無形財産[無体動産]《契約上の権利・のれん・著作権・特許権などの無形の財産; 物品, 文書・証書, 金銭, 預金口座, 売り掛け債権, 流通証券・動産抵当証券 (chattel paper) 等の証券などは含まない; なお, 厳密には売り掛け債権はこれに含まれるが, 売り掛け債権からなる無形財産[無体動産] (payment intangible) として別個に扱う; ⇨ INTANGIBLE).

géneral intént 一般的意思 (= basic intent)《刑法および不法行為法において, 加害者が特定の危害・結果の発生を意識していたことを意味する特定意思 (specific intent) と区別して, 法によって禁止されていることを行なう意思を指す; 一般には未必の故意, 認識ある過失, 不注意の形をとる; cf. SPECIFIC INTENT).

géneral internátional láw 一般国際法《一部の国家だけに適用される特別国際法に対し, 国際社会の構成員である国家を等しく(ないしは大多数の国家を)拘束する国際法規).

géneral íssue 1 全面的否認応答《相手の主張を概括的なことばで全面的に否認する答弁; 起訴に対して無罪 (not guilty) と答えることなど; cf. GENERAL DENIAL, SPECIAL ISSUE, SPECIAL PLEA). **2**《1の全面的否認応答により生じた》全面的争点 (cf. SPECIAL ISSUE).

géneral jurisdíction《管轄区域内のすべての法的紛争についての》一般的管轄権, 一般的裁判権 (opp. *limited jurisdiction*) (cf. SPECIFIC JURISDICTION).
▶ COURT OF GENERAL JURISDICTION (一般的管轄裁判所).

géneral jurisprúdence 一般法学《**1**) 法の一般理論学 **2**) 19世紀末から20世紀初めにかけてのドイツで主張された法実証主義の立場から実定法の各部門に共通する基本概念など一般的問題を究明する学派;》cf. LEGAL THEORY).

géneral láw 1 一般法《特定地域, 特定人, 特定事項・事件のみに適用される特別法 (special law) と違い, 社会一般に適用される法・法律). **2**《米》一般法律 (= GENERAL STATUTE).

géneral láw cìty《米》一般法(に基づく)市《州法に基づき設立・組織されている市; みずから作成した自治憲章 (home rule charter) に基づく自治憲章市 (chartered city) と対比される).

géneral légacy 不特定動産遺贈 (opp. *specific legacy*).

géneral légal príncple《国際法》法の一般原則 (= GENERAL PRINCIPLE OF LAW).

géneral legislátion《その社会全般に適用される》一般的立法.

géneral líen 包括的リーエン《債権の弁済を受けるまで自己の占有する債務者の動産を留置できる権利である

が，これは特別の合意に基づくか銀行・旅館などこの種の合意が慣行化している場合のみの例外的なもので，一般には債権者は自分に寄託された動産に関連して生じた債権のためにその動産を留置できるだけである；後者を特定的リーエン (particular [special] lien) という）．

génerally accépted accóunting práctice《英》一般に認められた会計実務《略 GAAP; cf. FINANCIAL REPORTING STANDARDS》．

génerally accépted accóunting prínciples *pl* [the ～]《米》一般に認められた会計原則《略 GAAP》．

génerally accépted áuditing stándards *pl* [the ～] 一般に認められた監査基準《略 GAAS》．

géneral málice 一般的犯意《特定の人に向けられたものでない，犯罪成立に必要な犯意 (malice); cf. PARTICULAR MALICE》．

géneral mánager《略 GM》1《会社などの業務に関する一切の行為をなしうる》全般統括者, 総支配人《会社の社長・最高経営責任者がこれに当たる》．2《工場・会社などの日々の営業を監督する》総括管理者．

Géneral Médical Cóuncil [the ～]《英》全国医学協議会, 医師審議会《英国の医師の教育・登録等の監督のほかその統制機関でもあり, 制裁権を有する; 略 GMC》．

géneral méeting 総会；〝株主総会 (＝company meeting〟, shareholders(') [stockholders'] meeting*)《》略 GM》．▶ ANNUAL GENERAL MEETING（年次総会, 年次社員総会, 年次株主総会）/ EXTRAORDINARY GENERAL MEETING（臨時株主総会；臨時総会）．

géneral mórtgage《米》包括讓渡抵当《現在および将来のすべての財産権に対する包括的な讓渡抵当; Louisiana 州のみで用いられている》．

géneral objéction 概括的異議《根拠を示さずなされる異議; cf. SPECIFIC OBJECTION》．

géneral obligátion bònd《米》一般財源保証債, 一般財源債, GO 債《特定財源ではなく債券発行体の課税権などに基づく一般財源によって保証されている地方債; full faith and credit bond, obligation bond ともいう》．

géneral óccupant《現有権利者無占有不動産の》一般占有者《他生涯不動産権者 (ESTATE PUR AUTRE VIE) の死後権利設定時における基準生存者 (measuring life) たる人の死亡前までの不動産権保有者のいない中間的状況での土地の占有者, 例えば A が B に C の生涯の間ある不動産権を譲与したが, B が C の生存中に死亡した場合, その不動産権者はいなくなる; このような場合のその土地の占有者; その土地の最初の占有者が占有できる; 英国では廃止; cf. CESTUI QUE VIE, OCCUPANT, SPECIAL OCCUPANT》．

géneral óffice [°G- O-]《会社などの》本部《略 GO; cf. BRANCH OFFICE》．

géneral ówner 一般所有者(1) 第一次的な権原あるいはそこに居住権を有している人 2) 究極的・根源的な所有権者；》 ⇨ OWNERSHIP; cf. SPECIAL OWNER》．

géneral párdon 大赦（＝AMNESTY》．

géneral participátion clàuse《国際法》総加入条項《1899年および1907年のハーグ協定 (Hague Conventions) 上の一条項で, 同協定は交戦国がすべて協定の当事国となった場合に限りその締約国間だけで適用されるというもの；この条項の結果ハーグ協定の有効性は著しく弱められた》．

géneral pártner 無限責任組合員, 無限責任パートナー, 無限責任社員《cf. LIMITED PARTNER, PARTNERSHIP》．

géneral pártnership 無限責任組合, 合名会社《cf. LIMITED PARTNERSHIP, PARTNERSHIP》．

géneral pérsonal jurisdíction《米》一般的対人（裁判）管轄権《ある人が法廷地である州と継続的・系統的に接触がある場合には, たとえその人に対する特定の訴えがその人と同州との接触に関連するものでなくても, 上の事情からその訴えの裁判管轄権を同州の裁判所に与えることになるが, この裁判管轄権をいう; cf. PERSONAL JURISDICTION, SPECIFIC PERSONAL JURISDICTION》．

géneral pléa 全般的否認訴答（＝GENERAL DENIAL》．

géneral pléa in bár 訴え棄却概括的否認訴答《刑事被告人が起訴犯罪で有罪とされるに必要なすべての事実・状況を否定し訴えを棄却すべきであるとする無罪の答弁; cf. SPECIAL PLEA IN BAR》．

géneral pówer 1《権利帰属者指名権の一類型である》一般指名権（＝GENERAL POWER OF APPOINTMENT）（⇨ POWER OF APPOINTMENT). 2《他人の財産権についてみずからを含めてすべての人のために行使しうる》一般的権限．

géneral pówer of appóintment《権利帰属者指名権の一類型である》一般指名権（⇨ POWER OF APPOINTMENT》．

géneral pówer of attórney 包括的委任状《cf. SPECIAL POWER OF ATTORNEY》．

géneral pówer of invéstment《英》《受託者の》一般的投資権能《2000年の受託者法 (Trustee Act) で導入された受託者の権能で, それまでは一定の授権投資 (authorized investment) しかなしえなかったのが, 信託基金の資産につき絶対的権能を有していたとすればしうるすべての種類の投資を, 明示的に除外されたものを除き, することができるようになった; ただし土地への投資には若干の制限がある; 受託者はこの一般的権能を行使するにあたり, 投資の適合性基準と投資の分散化の必要性を考慮せねばならず, また時々の標準的投資基準 (standard investment criteria) を念頭に入れ投資を見直すことが同法により求められているし, また投資前に助言を得, それを考慮せねばならないともされている》．

géneral práyer 一般的救済懇請, 一般的請求申し立て《典型的には訴答の最後に特定救済懇請 (special prayer) に続いて付加的になされ, 特定救済として述べたも

の以外の救済をも一般的に懇請・申し立てる文言; cf. PRAYER FOR RELIEF, SPECIAL PRAYER》.

géneral prínciple of láw [the ~]法の一般原則《特に国際法上, 国際司法裁判所が拠るべき裁判準則として「文明国が認めた法の一般原則」が規定されている》.

géneral publicátion 一般的発行《著作権の対象著作物を広く一般に向けて発行すること; 米国では1976年の著作権法(Copyright Act)以前はこれによりコモンロー上の権利は消滅すると一般に考えられていた; cf. LIMITED PUBLICATION》.

géneral púrposes commìttee 庶務委員会.

géneral réference 包括的事件付託《事実問題・法律問題上のすべての争点の判断を, 通例は全当事者の承諾の下で審理人(referee)に付託すること; cf. SPECIAL REFERENCE》.

Géneral Régister Òffice (of Bírths, Déaths and Márriages) [the ~]《英》(London にある)《出生・死亡・婚姻》登録本署《その長官はRegistrar-General of Births, Deaths and Marriages)(《出生・死亡・婚姻》登録本署長官)と呼ばれる; 略 GRO(BDM); cf. REGISTER OFFICE》.

géneral retáiner 《一定期間すべての法律上の問題について弁護士と依頼者が結ぶ》包括的弁護士委任契約(関係); 《そのための》包括的弁護士委任契約報酬[依頼料] (» cf. SPECIAL RETAINER》.

géneral révenue fùnd 一般歳入財源《地方自治体がそこから通常経費・臨時費を支払う財源》.

géneral ríght 共同的権利《例えば入会権(common)など一群の人々に影響する権利; cf. PUBLIC RIGHT》. ► DECLARATION CONCERNING PUBLIC OR GENERAL RIGHTS(公共ないし共同的権利に関する供述)》.

géneral rúle 一般的準則[規則, 規範], 一般則, 通則, 通例《略 reg. gen.; cf. SPECIAL RULE》.

géneral sáfety requírement 《英》(1987年の消費者保護法(Consumer Protection Act)などの法的規制が求めている》一般的安全性の要件, 一般安全性基準.

géneral séntence 包括的刑の宣告《一つ起訴状上の複数の訴因に対して各訴因ごとに刑を特定せず包括的になされる刑の宣告; 禁止されている; cf. LUMPING》.

Géneral Sérvices Administràtion [the ~]《米》共通役務庁《連邦政府の建物の建築・管理, 財産・記録の管理, 自動データ処理の管理などを行なう独立行政庁; 略 GSA》.

géneral séssions pl 1《史》一般治安裁判所《2名以上の治安判事(justices of the peace)により開かれた記録裁判所(court of record)で, 四季裁判所(court of quarter sessions)もその一つであった; 略 GS; cf. PETTY SESSIONS, QUARTER SESSIONS, SPECIAL SESSIONS》. 2《米》(一部地方の)一般刑事裁判所(⇨ COURT OF GENERAL SESSIONS)》.

Géneral Séssions Còurt《米》郡一般裁判所《Tennessee 州の郡(county)ごとにある民刑事の制限的

管轄権(limited jurisdiction)の裁判所》.

géneral shíp 個品運送船, 一般貨物船《その船舶に船積み希望の荷主一般と個々に運送契約をなし運送する船舶》.

géneral státute 一般制定法(=general act, general law*, public act*, public law*, public statute*)《特定地域および特定の人・団体にのみ適用されるのではなく, 社会一般に適用される制定法で, SPECIAL STATUTE (特別制定法)の対語; 略 GS》.

géneral stríke 総罷業, ゼネスト.

Géneral Sýnod (of the Chúrch of Éngland) [the ~]《英》《イングランド教会の》教会総会(議)《1969年創設のイングランド教会の中央最高統治機関; 主教院(House of Bishops), 聖職者院(House of Clergy), 一般信徒院(House of Laity)の三院制; 単に synod ともいう》.

géneral táil 一般限嗣(権)(=TAIL GENERAL).

géneral táx 普通税《1》目的税に対して, 一般財源としての税 2)特別負担金(special assessment)などに対して一般の財産税(property tax)や従価税(ad valorem tax); » cf. SPECIAL TAX》.

géneral ténancy 《存続期間についてきちんと合意していない》《不動産》概括的保有.

géneral térm《米》1 通常開廷期(=stated term) (opp. special term). 2《まれ》大法廷, 全員法廷(court in banc).

géneral tráverse《直前の相手方訴答のすべての事実の》包括的否認訴答.

géneral úsage 一般的慣行《一部ではなく国全体あるいは特定職業・業界の全体で行なわれている慣行》.

géneral vérdict 一般評決《陪審が, 裁判官から指示され争点となっている個々の事実の存否のみを認定し, これに法を適用し勝敗を決することを裁判所に委ねる例外的な特別評決(special verdict)でなく, 事件全体について原告勝訴・被告勝訴・有罪・無罪と結論のみを示す評決; cf. SPECIAL VERDICT》.

géneral vérdict rùle 一般評決の準則《陪審が複数の訴因について一方当事者に有利な形での一般評決(general verdict)を答申した場合には, すべての争点でその当事者に有利に事実認定したと推定されるという原則》.

géneral vérdict with interrógatories 質問への回答付き一般評決《評決(verdict)に関する事実問題についての書面質問に対する回答が付されている一般評決(general verdict)》.

géneral wárrant 一般令状《逮捕すべき人を指定・特定せずに犯罪の被疑者をすべて逮捕することを認める逮捕状や, 捜索対象場所や差押え物件を明示していない捜査差押令状; 18世紀にコモンロー上違法とされたし, また合衆国憲法第4修正違反となる》.

géneral wárranty 一般的権原担保(責任) (cf. COVENANT AGAINST ENCUMBRANCES) (⇨ SPECIAL WARRANTY).

géneral wárranty dèed 一般的権原担保捺

印証書《一般的権原担保 (general warranty) を約した捺印証書》(deed); cf. SPECIAL WARRANTY DEED, WARRANTY DEED》.

géneral wélfare 一般の福祉 (cf. GENERAL WELFARE CLAUSE》.

Géneral Wélfare Cláuse [the ~]《米》一般福祉条項《合衆国憲法第1編第8節1項のこと; 同項は連邦議会に「合衆国の一般の福祉の目的のために」課税する権限を与えている》.

géneral wórds pl 一般的言; 包括文言《通例は不動産譲渡証書において, 当該土地に付随・付着するすべての権利 (例えば 地役権 (easement) など) をも土地と共に移転することを示す旨の文言》.

gen·er·a·tion /dʒènəréɪʃ(ə)n/ n 世代; 一世代《約30年間》.

generátion-skìpping táx《米税制》世代飛越し移転税 (＝GENERATION-SKIPPING TRANSFER TAX).

generátion-skìpping tránsfer 世代飛越し移転《節税などの目的で祖父から孫への直接的ないしは信託 (trust) を通しての移転のごとく世代を抜いて譲渡すること; この抜かれた者を世代を飛び越された受益者 (skip person) という; cf. DEEMED TRANSFEROR, GENERATION-SKIPPING TRANSFER TAX, GENERATION-SKIPPING TRUST, SKIP PERSON》.

generátion-skìpping tránsfer tàx《米税制》世代飛越し移転税 (＝generation-skipping tax, transfer tax)《親の財産が親から子, 子から孫に移転されるごとに課される相続税・贈与税を回避する目的で, 親がその財産につき信託 (trust) を設定し, 子の生存中は子を受益者とし, 子が死亡した場合はその財産が孫に移転するように定めると, その財産は世代を飛び越して移転することになり, 課税を一回分回避しうる; この信託が世代飛越し移転信託 (generation-skipping trust) である; しかし 1976 年連邦法は, この場合でも移転が世代ごとになされたと同じように課税する旨を定めた; この税を指す; cf. DIRECT SKIP, ESTATE TAX, GENERATION-SKIPPING TRANSFER, GENERATION-SKIPPING TRUST, GIFT TAX, NONSKIP PERSON, SKIP PERSON, TAXABLE DISTRIBUTION, TAXABLE TERMINATION》.

generátion-skìpping trúst《米》世代飛越し移転信託 (⇒ GENERATION-SKIPPING TRANSFER TAX) (cf. DEEMED TRANSFEROR, DIRECT SKIP, SKIP PERSON》.

ge·ner·ic /dʒənérɪk/ a **1**《生物分類の》属 (genus) の. **2** 一般的な, 包括的な (general); 総称的な. **3** 商標登録されていない (nonproprietary).

genéric bránd ノーブランド, 無印商品.

genéric drúg 商品登録されていない薬, **無登録薬品**, 後発医薬品, ジェネリック医薬品.

genéric drúg láw 無登録薬品法《特定条件の下で薬局が商品登録された薬に代えてより安価な商品登録されていない無登録薬品 (generic drug) を売ることを認めている法; 米国大部分の州が制定法化している》.

genéric góods pl ノーブランド商品, 無印商品.

genéric náme 1 属名. **2** 普通名称《商標登録の対象になりえない》.

genétic fáther 遺伝学上の父 (＝BIOLOGICAL FATHER).

genétic fíngerprint 遺伝子指紋 (＝DNA PRINT).

genétic fíngerprinting 遺伝子指紋[鑑定]法, DNA 指紋[鑑定]法 (＝DNA FINGERPRINTING).

genétic móther 遺伝学上の母 (＝BIOLOGICAL MOTHER).

Ge·né·va Convéntions /dʒəníːvə-/ pl [the ~] 《国際法》ジュネーヴ諸条約《1864 年に締結された赤十字条約以来の戦争犠牲者・文民保護に関する一連の諸条約の総称; 特にそれらを統一し, 新条約を加え, 1949 年に発効した 4 条約の総称》: violate the ~.

gen·o·cide /dʒénəsàɪd/ n 集団殺害, ジェノサイド《国際法上は, 特定の国民・人種・民族・信徒の全部または一部を破壊する意図をもって, **1)** 集団構成員を殺害すること, **2)** 集団構成員に対する重大な肉体的・精神的危害を加えること, **3)** 全部または一部の肉体的破壊をもたらすように意図された生活条件を故意に課すこと, **4)** 集団内の出生を妨げることを意図する措置を課すこと, **5)** 子供を他集団へ強制移動することが含まれる; cf. WAR CRIME, HUMANITARIAN INTERVENTION》. **gèn·o·cí·dal** a [Gk genos race, L caedo to kill]

gens /dʒénz, ɡéns/ n (pl **gen·tes** /dʒéntiːz, -tèɪs/) 《古代ローマの》氏族, ゲンス《3 段階の氏族制社会組織の最小単位をなす小家族集団; cf. CURIA, TRIBE》. [L＝race; cf. GENUS, GENDER]

gen·tile /dʒéntaɪl/ n **1**《ローマ》GENS の一員. **2 a**《特にユダヤ人から見た》異邦人, 異教徒, キリスト教徒. **b**《モルモン教徒から見た》非モルモン教徒. ― a 非ユダヤ人の, キリスト教の; 非モルモン教徒の; 異教徒の.

Gen·ti·li /dʒéntɪliː/ ジェンティーリ, ゲンティリス **Alberico ~** (1552–1608)《英国で活躍したイタリアの法学者; ラテン名 **Albericus Gentilis**; プロテスタントに転向したためイングランドに亡命 (1580); Oxford 大学ローマ法教授 (1581–1608); Grotius に先駆けて国際法の基礎を築いた人物といわれる; 主著に Grotius が広範囲に引用した *De Jure Belli*《戦争法論, 1598》など》.

gen·tle·man /dʒéntlmən/ n (pl **-men** /-mən/) **1 a** 紳士; 家柄のよい人, 身分のある人; 育ちのよい義侠的な人, りっぱな人物. **b**《史》ジェントルマン, 郷紳(ご)《厳密な法的概念ではないが, 封建身分ないしは社会階層; もともとはヨーマン (yeoman) の上の育ちの良い人すべてを指したが, のちに専門職能をもたないでナイト (knight) より下位, しかし知的専門職をもたないエスクワイアー (esquire) の称号を有しない者; 家紋を許された; 氏名のあとに添えるときは Gent. と略す》. **c**《王・貴人などの》御付(ホ?), 侍従: the King's ~ 王の側近者. **2**《男性への敬称》男の方, 殿方; [pl] [voc] 諸君, 皆さん; [pl] 拝啓《会社あての手紙の冒頭に書く挨拶》: Ladies and *Gentlemen!* 紳士淑女

the ~ from (New York)〖米下院〗(ニューヨーク)州選出男性議員.

géntleman-at-árms *n*〖英〗衛士(ﾞ).

géntleman's [géntlemen's] agréement 1《当事者相互の信義に基づく自発的履行に依存し、法的拘束力をもたない不文の》紳士協定. **2**《少数派などの差別のための》不文の協定.

Géntleman Úsher of the Bláck Ród〖英〗黒杖(ﾞﾞﾞ)門衛官 (=BLACK ROD).

gen·tri·fi·ca·tion /dʒèntrəfəkéɪʃ(ə)n/ *n* 居住地区高級化, ジェントリフィケーション《都市の衰退・老朽地区の再開発・高級化とそれに伴う中産階層・富裕層の流入；しばしば在来の下層居住者の追い出しにつながりうる》.

gen·tri·fy /dʒéntrəfàɪ/ *vt*〈居住地区を〉高級化する. — *vi*〈居住地区が〉高級化する.

gen·try /dʒéntri/ *n* **1**〖英〗郷紳(階層), 紳士(階層), ジェントリー. **2** 上流階層.

gen·u·ine /dʒénjuən/ *a* 本物の, 正真正銘の, 真正の, 純粋の: a ~ signature 真正な署名 / a ~ purchaser 真正な譲受人. **~·ly** *adv* **~·ness** *n*

génuine commércial réason 真正な商業上の理由《特に英国の税法上の租税回避行為阻止規定 (anti-avoidance provisions) の適用対象外となる取引を限定する語として用いられる; cf. BONA FIDE COMMERCIAL REASON》.

génuine íssue〖米〗真正な争点《事実問題に関して実質的証拠で支えられている争点; 略式判決(手続き) (summary judgment) ではなく陪審の判断を受けねばならない; cf. SUMMARY JUDGMENT》.

génuine íssue of (matérial) fáct (重要な)事実問題に関する真正な争点 (⇒ GENUINE ISSUE).

génuine línk〖国際法〗真正な結合[関係, 連関]《人または船舶などと国籍国との間に存すべき実質的関係》.

ge·nus /dʒíːnəs/ *n* (*pl* gen·e·ra /dʒénərə/, ~·es) **1** 種類. **2**〖生物分類》属. [L *gener- genus* birth, race, stock]

Geo. (King) George.

geo·dét·ic súrvey sỳstem /dʒìːədétɪk-/ [the ~] 測地[大地]測量土地表示法《地表の曲率を考慮して行なう広い区域の測量方法を基礎にした土地表示方法; 米国では緯度・経度を用いたこの方法で大部分が統一されている》.

geográphic márket 地理的市場 (⇒ RELEVANT MARKET).

ger·man /dʒə́ːrmən/ *a* [後置] 同父母から生まれた, 同祖父母から出た. [OF<L *germanus* genuine, having the same parents]

ger·mane /dʒərméɪn/ *a* 密接な関係がある, 適切な (pertinent)〈*to*〉: Their argument is not ~ *to* the motion. **~·ly** *adv* **~·ness** *n* [↑]

ger·ry·man·der, jer- /dʒérɪmæ̀ndər, dʒér-/ *n*〖政〗**a** ゲリマンダー《自派を有利にするための，

区の広さや人口を無視した不自然な選挙区その他の区割り》. **b** ゲリマンダー(選挙)区. **2**《自派のための》身勝手な手加減, ごまかし. — *vt*〈選挙区などを〉自派に有利に区割りする, ゲリマンダーをやる. **2** 身勝手に手加減する, ごまかす. **~·er** *n* [Elbridge *Gerry*+sala*mander*; E. Gerry が Massachusetts 州知事時代 (1812) に改めた州上院選挙区の一つの形が salamander (伝説の火トカゲ) に似たため]

gérrymander·ing *n* ゲリマンダー(選挙)区割り (cf. MALAPPORTIONMENT, REAPPORTIONMENT).

ger·sum /gə́ːrsəm/〖史〗**1**《保有者 (tenant) がその保有を得る際に領主に支払う》謝金 (=grassum). **2** 罰金, 憐憫罰 (amercement) (★ **garsumme**, **gersuma**, **gersume**, **grassum** とも綴る). **3** 謄本保有権移転料 (=GRESSUME).

Gestált fàctors *pl*〖米〗ゲシュタールトの要因《裁判所が非居住者に対人管轄権 (personal jurisdiction) を認めるか否かを決定する場合の重要基準である最小限の接触 (minimum contacts) の有無を判定するために裁判所が用いる基準で, 被告への負担, 法廷州の利益, 原告の利益, 最も効率的な紛争解決を得る利益, 実体の社会政策推進上の全州の利益についての総合的衡量である; 1985 年の合衆国最高裁判所判例 Burger King Corp. v. Rudzewicz で示されたものだが, 同裁判所はこの語を用いてはいない; cf. MINIMUM CONTACTS》.

ges·ta·tion /dʒestéɪʃ(ə)n/ *n* 妊娠, 懐胎; 懐胎期間.

get, gett, ghet /gét/ *n* (*pl* git·tin /gɪtíːn, gítɪn/, gi·tim /gɪtíːm, gítɪm/)〖ユダヤ教〗**1**《ラビまたは宗教裁判所が作成する》義務免除証書, 《特に夫が妻に渡す》離縁状, 離婚証書, ゲット. **2**《律法に従った》離婚. [Heb]

ghóst detainée 幽霊被拘禁者 (=SECRET DETAINEE).

ghóst·ing *n* 死者成り済まし《みずからの同一性を隠す目的で死者に成り済ますこと; cf. IDENTITY THEFT》.

gib·bet /dʒíbət/ *n*, *vt* **1**〖史〗絞首人さらし柱(につるす). **2** 絞首刑(にする), 絞首門(につるす). [OF *gibet* gallows (dim) < *gibe* club < ?Gmc]

GI Bill (of Rights) /dʒì:áɪ —(əv —)/*《口》復員兵援護法《復員兵に対する大学教育資金や住宅資金・起業資金などの援助を定めた法律》.

GIC °guaranteed investment contract 保証付き投資契約.

Gíd·e·on v. Wáin·wright /gídɪən vərsəs wéɪnràɪt/ ギデオン対ウェインライト事件《合衆国憲法第 6 修正の定める弁護士の援助を受ける権利がすべての刑事訴追に及び, しかも第 14 条修正でそれが州にも適用されるとして, 貧困な被告人が裁判所の選任する弁護士による弁護を受ける権利を認めた 1963 年の合衆国最高裁判所の判決》.

gift /gíft/ *n* **1 a** 贈り物, 進物, プレゼント; 贈与されたもの; 景品; 《俗》安い買物, もうけ物. **b** 贈る[与える]こと, 提供(すること); 授与(すること), 授与権, 贈与; 贈与権:

gift aid

~ with reservation 留保付き贈与 / The post is in his ~. その職[地位]を授ける権利は彼にある. ▶ABSOLUTE GIFT (絶対的贈与) / ANATOMICAL GIFT (遺体提供) / ANTENUPTIAL GIFT (婚姻前贈与) / CLASS GIFT (グループ贈与) / COMPLETED GIFT (完結した贈与) / DEED OF GIFT (贈与[捺印]証書) / FOREGIFT (権利金) / FREE GIFT (景品) / IMPERFECT GIFT (不完全贈与) / INTER VIVOS GIFT (生存者間贈与) / LIFETIME GIFT (生前贈与) / MANUAL GIFT (手渡し贈与) / MARRIAGE GIFT (嫁資) / MIXED GIFT (混合贈与) / ONEROUS GIFT (負担付き贈与) / PRENUPTIAL GIFT (婚姻前贈与) / RESIDUARY GIFT (残余遺産遺贈) / SPLIT GIFT (分割贈与) / SUBSTITUTE GIFT (代替受遺者遺贈) / SUBSTITUTIONAL GIFT (代替受遺者遺贈; 代替動産遺贈) / TAXABLE GIFT (課税対象贈与) / TESTAMENTARY GIFT (遺贈) / VESTED GIFT (確定的贈与). **2**《天賦の》才能, 適性 (talent): a person of many ~s 多才の人. — *vt* 贈り物とする, 与える, 授ける (present): ~ sb *with* sth = ~ sth *to* sb 人に物を贈る. [ON *gipt*=OE, OS, OHG *gift* (⇒GIVE); OE=marriage gift]

gift àid 《英税制》寄付援助《個人あるいは会社が慈善団体 (charity) へ寄付した金銭を, 基本税率 (basic rate) の所得税が既にそこから差し引かれたものとして処理し, したがってその分を慈善団体が返還請求できる形での, 税制優遇措置; この場合納税者は寄付援助申告書 (gift aid declaration) を慈善団体に提出しなければならない》.

gift àid declaràtion 《英税制》寄付援助申告書 (⇒GIFT AID).

gift cau·sa mor·tis /ɡíft kɔ́ːzə mɔ́ːrtis/ (*pl* **gifts cáusa mórtis**) 死亡予期贈与 (=causa mortis donatio, donatio mortis causa, donation mortis causa, gift in contemplation of death, mortis causa donatio)《贈与者がみずから差し迫った死に直面しているという予見の下での, 特に人的財産 (personal property) の贈与で, 贈与者の死亡により効力が生ずるもの; 贈与者が現在する病いないしは危険を予想しての贈与であること, 贈与者がその後その病い・危険から回復することなく実際に死亡すること, 死亡した時点で贈与物ないしはそれに相当する, 例えば権利証書 (title deed) などが受贈者に引き渡されていて, その間に贈与の撤回がないことの 3 条件が満たされれば, この贈与は認められる; cf. TESTAMENTARY GIFT》. [L *causa mortis* because of death]

gift dèed 贈与(捺印)証書.

gift ènterprise 1 抽選式分配商法《くじを買い当たった人にだけものを配布するやり方》. **2** 懸賞付き商法《価額を下げることなく販売を促進するために賞品が当たるくじを与えること》.《▶ cf. LOTTERY》

gift in contemplátion of déath 死亡予期贈与 (=GIFT CAUSA MORTIS).

gift ìnter vívos (*pl* **gifts ìnter vívos**) 生存者間贈与, 生前贈与 (=inter vivos gift, lifetime gift, donatio inter vivos, donation inter vivos) (cf. TESTAMENTARY GIFT) (⇒INTER VIVOS).

gift in trúst 信託付き贈与, 信託付き移転.

gift óver (*pl* **gifts óver**)《特に遺言書中などの》先行贈与不動産[財産]権消滅後の不動産[財産]権贈与[設定](文言).

gift splìtting 《米》分割贈与 (=SPLIT GIFT).

gift tàx 贈与税《英国および米国連邦法上では贈与者に, 若干の州では受贈者に課せられる; cf. DEATH TAX, ESTATE TAX, GENERATION-SKIPPING TRANSFER TAX, INHERITANCE TAX, TAXABLE GIFT, TRANSFER TAX》.

gift to a cláss グループに属する者への贈与, グループ贈与 (=CLASS GIFT).

gild[1] /ɡíld/ *n* 《史》支払い, 税 (=GELD). ▶CEAPGILD (家畜支払い) / CENEGILD (殺害賠償金) / GOD-GILD (神への献金) / WERGILD (人命金). [L *gildum, geldum*; ⇒GELD]

gild[2] *n* GUILD.

gíld·able 《史》*a* 税を負担すべき (=geldable). — *n* 税負担義務地.

gil·da mer·ca·to·ria /ɡíldə mə̀ːrkətóuriə/ 商人ギルド (cf. GUILD). [L=merchant guild, guild merchant]

Gíl·lick còmpetence /ɡílɪk-/ 《英》ギリック事件の能力《特に医事法関係で用いられる語で, 16 歳未満の子が特定の治療に対して同意するだけの成熟さ・理解力を有する状態. 専門家によりそう判定された場合は親の同意なしに認識なしで治療されうる; しかしながらその者による治療の拒否は, 裁判所・親ないしは親の責任を持つ者によりくつがえされうる; 1986 年の判例 Gillick v. West Norfolk and Wisbech Area Health Authority の原告名より》.

gilt-édge(d) *a* 金縁(ぶち)の, 優良な《証券》.

gilt-èdged secúrities *pl* 金縁(ぶち)証券, 優良債券 (=gilts)《英国では 特に国債》.

gilts /ɡílts/ *n pl* GILT-EDGED SECURITIES.

Gin·nie Mae /dʒíni méɪ/ 《米》ジニー・メイ (GOVERNMENT NATIONAL MORTGAGE ASSOCIATION (政府全国譲渡抵当協会)の俗称; cf. FANNIE MAE, FREDDIE MAC》.

gipsy ⇒GYPSY.

gist /dʒíst/ *n* [the ~] **1** 要点, 要旨, 骨子. **2**《訴訟の》基礎 (gist of (an) action). [OF=abode, point at issue (*gesir* to lie[2]<L *jaceo*)]

gìst of (an) áction [the ~]《それが欠ければ訴訟原因がなくなる》訴訟の基礎.

give /ɡív/ *v* (**gave** /ɡéɪv/; **giv·en** /ɡív(ə)n/) *vt* **1**《ただで》与える, くれる; 供給する, 提供する (furnish, serve); 付与[授与]する. **2** 譲る, 渡す, 認める: ~ sb the precedence 人の優位を認める. **3**《判決などを》言い渡す,《人に》刑罰などを科する: ~ the case *for* [*against*] sb 人に有利[不利]な判決を下す. **4**《会》を催す, 開く: ~ a party. — **away** 人にやる, 安く売る. — COLOR.

~, devise, and bequeath 贈与しかつ不動産および動産を遺贈する《遺言上での遺贈の旨の伝統的な文言》.

gív·er *n* [OE *g(i)efan*; cf. G *geben*]

gíve・awày 《口》 *n* **1** 放棄. **2** 秘密を明かしてしまうもの(表情など). **3** 無料配布品, 景品, 無料サンプル, 試供品; 懸賞付きの番組. **4** 《無償の》財政援助, 権利[資産]の譲渡. **5** (一階層・一地域・一州など)一部の利益のために立案された税法[法律]. **6** 《一方からは詐取し他方には利益を与える》不公正な取引. — *a* 《口》無料の; 〈値段が〉捨て値の: a ~ (news) paper 《広告収益のみでまかなう》無料新聞 / a ~ price 捨て値.

gíve・bàck *n* 既得権返還《団体交渉において, 被用者側が, 付加給付と引きかえにあるいは不況を認めて, 賃金・付加給付などの減額を認めること, またはその減額》.

gíving in páyment 《ローマ法・大陸法》代物弁済 (dation en paiement).

gíving tíme 履行期限の延長.

GJ °grand jury 大陪審.

glámour stòck (投資家にとっての)魅力株.

Glan・ville, -vil(l) /glænvəl/ グランヴィル **Ranulf de ~** (d. 1190)《イングランドの裁判官・政治家; 最高法官 (chief justiciar) (1180-89); Henry 2 世の顧問もつとめ, その著とされている(しかし甥の Hubert Walter (d. 1205) の作という説が有力) *Tractatus de Legibus et Consuetudinibus Regni Angliae* (イングランド王国の法と慣習法についての論文, 1189 年には完成) はイングランド法についての最初期の論文の一つとして名高い; しばしばこの著作のことをも指す》.

gláss céiling ガラスの天井《職業上の昇進をはばむ目に見えない障壁; 特に女性への差別に対して用いられる》.

Gláss-Stéa・gall Àct /glæsstí:gɔ:l-/ glá:s-/ [the ~] 《米》グラス・スティーガル法《大恐慌に対する一連の対策の一つとして銀行業務と証券業務の分離などを命じた 1933 年の銀行法 (Banking Act of 1933) の通称; 共同提案者の Carter Glass (1858-1946) 上院議員と Henry B. Steagall (1873-1943) 下院議員の名にちなむ; **Glass-Steagall Banking Reform Act** (グラス-スティーガル銀行改革法) ともいう》.

GLC 《英史》°Greater London Council 大ロンドン参事会.

gle・bae as・crip・ti・tii /glí:bi æskriptíʃiài/ *pl* 《英史》土地緊縛農《農奴の別名; 農奴 (villein) は荘園の土地に緊縛されているとみなされ, 定められた賦役を果たしている限りは土地から追い出されなかったが, 他方移動の自由はなく土地の付着物として土地が譲渡されるとそこの農奴に対する権利も共に移転した; *adscripti glebae* ともいう). [L=(tenants) tied to the soil]

glebe /glí:b/ *n* **1** 土地, 土くれ. **2** 教会領地 (=~ lànd).

GLO 《英》°Group Litigation Order グループ訴訟命令.

Glórious Revolútion [the ~] 《英史》名誉革命, 光栄革命《1688 年 12 月 James 2 世亡命, 89 年 1 月仮議会 (Convention Parliament) 召集, 2 月 William 3 世・Mary 2 世の共同王就任, 同年 12 月 26 日 Bill of Rights (権利章典)正式法立化; 国王の地位さえも議会が決定しうることを, しかも無血で達成しえたので, この名が付されている》.

gloss[1] /glás, glɔ́(:)s/ *n* **1** (表面などの)光沢, つや. **2** [a ~] 虚飾, 見せかけ, うわべ: a ~ of culture. — *vt* …の光沢[つや]を出す. — *vi* 光沢[つや]が出る[つく]. ~ (over) 〈まずい点〉のうわべを飾る, 〈誤り・過失などを〉巧みに[うまく]言い抜ける[言いつくろう]; 〈問題を〉いいかげんに処理する, ないがしろにする. [C16<?Scand (*glossa* to glow)]

gloss[2] *n* **1** 《本文の行間・欄外などに入れる》(語句)注釈[注解], 書込みの説明[訳語]; (一般に簡潔な)注釈, 注解, 解義, 評注〈*on*, *to*〉. **2** もっともらしい説明, こじつけ. — *vt* 注釈[注解]する: ~ a text. [L *glossa* にならったもの]

glos・sa・tor /glásèitər, glɔ́(:)-/ *n* **1** 注釈者;《特に 11-13 世紀のローマ法の》注釈学者, 注釈学派 (Glossators) に属する学者. **2** [G-s] *pl* 《史》《中世のローマ法の》注釈学派 (cf. COMMENTATORS). ♦ POSTGLOSSATORS (後期注釈学派). **glòs・sa・tó・ri・al** *a*.

Gloucester ⇨ STATUTE OF GLOUCESTER.

glóve mòney, glóve sìlver 《史》手袋金《当初はなんらかのサービスに対して手袋を心付けとして渡したことから, 後にそれに代えての金銭の心付けを意味した; 特にアサイズ裁判 (assize) の終了時に死刑執行予定の有罪決定者がいない場合に, 当該州のシェリフ (sheriff) からアサイズ裁判の書記などに与えられた金銭を指した; cf. WHITE GLOVES》.

glúe snìffing /glú:-/ 接着剤吸引, シンナー遊び (cf. INTOXICATION).

GM °general manager 全般統括者 ◆ °general meeting 総会, "株主総会.

GMC 《英》°General Medical Council 英国医学協議会.

GMI 《米》°guilty but mentally ill 有罪しかし精神病 (という評決).

Gneist /gnáist/ グナイスト **Heinrich Rudolph Herman Friedrich von ~** (1816-95)《ドイツの法律家・政治家; 1844 年ベルリン大学法学教授; 国民自由党に属し, プロイセン議会・帝国議会議員として多くの立法に関与, 英国憲法を賛美し, その比較歴史学的研究で知られる; 1882 年調査のため渡欧した伊藤博文一行に憲法を講じた; 主著 *Das heutige englische Verfassungs- und Verwaltungsrecht*, 2Bde. (1857-63), *Englische Verfassungsgeschichte* (1882) など》.

GNMA 《米》°Government National Mortgage Association 政府全国譲渡抵当協会.

GNP 《経済》°gross national product 国民総生産.

go /góu/ *v* (went /wént/; gone /gɔ́(:)n, gán/; gó・ing) *vi* **1** 動いてゆく, 行く. **2** 離れてゆく, 去る, 〈裁判所により〉却下される, 棄却される. **3** 到着する, おもむく, 〈令状などが〉発給される; 役立つ, 資する, 効力がある. — *vt* 〈保釈〉の保証人を請け合う (⇨ go [stand, put up] BAIL *for*…). **go forward** 訴訟を追行する〈*with*〉. **go**

hence 〈裁判所から〉立ち去る: *go hence* acquitted 無罪放免する. **go (hence) without day** (被告に対して)これ以上の審理予定はないので退廷せよ, これ以上出廷に及ばず (= without day)(これ以上裁判所での審理予定日はなく訴訟を終了するの意; これにより被告は通常訴訟却下により勝訴することになる; ローフレンチの ALLER SANS JOUR の英訳》ラテン語の EAT (INDE) SINE DIE もほぼ同義》. **go to** …の問題に関係[影響]がある. **go to LAW**. **go without day** = GO *hence without day*.

GO °general office 本部 ◆《経》°gold standard 金本位制.

god /gάd/ *n* 1 [G-]《一神教の》神, 造物主. ▶ ACT OF GOD (神業). 2《多神教の》神. **so HELP me G~**.

gód·bòte, gód·bòte《史》神への贖罪《金》.

gód·fàther *n* 1《聖公会》教父,《カトリック》代父,《プロテスタント》教保《洗礼式に立ち会って証人となり, 父母に代わり宗教教育を保証する男性》, 名親. 2 **a** [*fig*]《人[もの]の》命名の由来となっている人, 名祖(なおや). **b**《人・事業の》後援育成者, 後見人. **c***《俗》《マフィアなどの》ファミリーの長, 領袖, ゴッドファーザー.

gód-gìld *n*《史》神[教会]への献金《献納物》.

gód·mòther *n*《聖公会》教母,《カトリック》代母,《プロテスタント》教保, 名親 (⇨ GODFATHER).

gód·pàrent *n*《聖公会》教父, 教母,《カトリック》代父, 代母,《プロテスタント》教保, 名親.

Gód's pènny《史》手付け金 (earnest money). [< L *denarius Dei*]

gó·ing and cóming rùle《通勤途上で被用者が加害者あるいは被害者となった場合の労災補償や使用者責任の適用に関する》通勤途上《事故除外》準則 (cf. SPECIAL HAZARD RULE, SPECIAL MISSION EXCEPTION).

góing concérn 継続企業, ゴーイングコンサーン: Our business is a ~. / sold as a ~.

góing concérn vàlue 継続企業価値, ゴーイングコンサーン価値 (= going value)《清算価値 (liquidation value) ないしは企業を構成する個々の資産とは異なり継続中の企業を有機的に統合されたものとしてとらえた場合の企業の価値; cf. LIQUIDATION VALUE).

góing equípped for stéaling 盗用工具所持《罪》.

góing lóng《株などの》思惑(おもわく)買い.

góing príce 現行価格, 時価 (cf. FAIR MARKET VALUE).

góing prívate 非公開会社化, 閉鎖会社化 (cf. *go* PRIVATE, GOING PUBLIC).

góing prívate transáction 非公開会社化措置《資本再構成 (recapitalization)・株式の買い戻し・株式公開買付け (tender offer) などが用いられる; cf. FREEZEOUT, SQUEEZEOUT).

góing públic 公開会社化, 株式の公開 (cf. *go* PUBLIC, GOING PRIVATE, *take* PUBLIC).

góing-shórt *n*《株などの》思惑(おもわく)売り; 空売り.

góing through the bár《英史》裁判所の申し立て受理《各開廷日に全出席法廷弁護士 (barrister) に申し立ての有無を尋ねる手続き》.

góing to the cóuntry《史》《当事者の応訴の終結にあたっての》陪審審理要請.

góing vàlue 継続企業価値 (= GOING CONCERN VALUE).

góing wìtness《古》《国外にではなく, 管轄外に》旅立とうとする証人.

góld bònd《米》1《史》金貨債券《金貨あるいは希望によりそれに相当する合衆国通貨で支払う約束の債券; 1933年に至るまで存した》. 2 金価格債券《金鉱会社発行で元本償還金・利払いを金価格に連動させる債券》.

góld certíficate《米史》金証券《1863–1933年の間に米国財務省発行の金兌換紙幣》.

góld cláuse 金約款, 金による支払い条項《金による支払いを定めた契約条項; 米国では1933年以後無効》.

gólden hándcuffs *pl*《特定社員を自社に引き留めておくための》黄金の手錠,《社員に対する》特別優遇措置.

gólden hándshake 黄金の握手《1》好意としての特別退職金 2)早期退職促進のための特別退職勧奨金》.

gólden helló《上層の被用者を新しい雇用者の下に誘うための》挨拶金.

gólden párachute 黄金の落下傘, 黄金色のパラシュート, ゴールデンパラシュート, 特恵的退任手当《約束》《会社幹部が会社の買収・合併などにより失職する場合に会社が高額の退職金・手当などの支払いあるいは長期間の給与の保証や賞与を与えるという契約, またはその給付金; cf. TIN PARACHUTE).

gólden rúle 1 **a** 黄金律,《重要な》第一原理《元来は山上の垂訓の一部, 「人にしてもらいたいと思うことは何でも, あなたがたも人にしなさい」《新約聖書マタイによる福音書7: 12》のこと》. **b**《特に 制定法・証書の文言解釈をする際の》黄金律, 黄金準則《文理解釈は, 当該制定法・証書中の他規定と不整合または不条理をもたらさない限り行なわれるべしとするもの; cf. EQUITY OF THE STATUTE RULE, INTERPRETATION OF STATUTES, INTERPRETATION OF WILLS, LITERAL RULE, MISCHIEF RULE, PLAIN MEANING RULE, SOCIAL POLICY RULE, STRICT CONSTRUCTION). 2 黄金律的弁論 (= GOLDEN RULE ARGUMENT).

gólden rúle àrgument 黄金律的弁論《弁護士が陪審に対して原告ないし被告の立場に立ったと想定して評決を出すように依頼すること; 陪審に対して一方当事者の弁護をすることになり陪審の本来の性質に反しているので, 米国では大部分の州で不適切とされている; 単に golden rule ともいう》.

gólden sháre《英》黄金の株式保有, ゴールデンシェア《若干の国有企業私有化に際して, その新会社の一定の決定に関して政府が他のすべての株主に優位を占める目的で, 一人の者が15%を超えて株を取得したり, 外国の所有に帰したりすることを防ぐための国による株式保有》.

góldsmiths' nòte《史》銀行振出約束手形《かつて goldsmith（金細工師）が銀行業を兼ねていたことに由来》.

góld stàndard [the ~]《経済》金本位制《略 GS》.

good /gúd/ a (bet·ter /bétər/; best /bést/)《opp. bad》**1** 良い, 上等の; 正しい, 善良な, 善意の; 有効な, 適切な, 十分な, 適正な, 適法の. **2** にせでない, 真正の (genuine)〈貨幣など〉. **~ and workmanlike** 職人らしいよい仕事ぶりの. ── n **1** 善, 良さ. ▶ PUBLIC GOOD（公共善）. **2** ⇨ GOODS.

góod and láwful fénce 良きかつ適法な囲い (= LAWFUL FENCE).

góod and láwful mán 良きかつ法にかなった人 (cf. LAWFUL MAN).

góod and sufficient déed《形式・内容共に》完全有効な(捺印)証書.

góod behávior 法にかなった行ない, 失行のないこと, 良きふるまい, 罪過のないこと, 善行 (= bona gestura)《**1**》拘禁刑受刑者の服役期間短縮に役立つ善行 (cf. GOOD TIME) **2**》裁判官・治安判事 (magistrate) から命じられて誓約(書)の形で約束させられる良きふるまい **3**》罪過のないかぎり終身という意味の官職の保有条件としての罪過のないこと (⇨ during GOOD BEHAVIOR)): be of ~ 善行をなしている. ▶ SURETY OF GOOD BEHAVIOR（良きふるまいについての保証）. **during ~** 罪過なきかぎり (= dum bene se gesserit, quamdiu bene se gesserint, quamdiu se bene gesseris)《**1**》犯罪・著しい非行のないかぎり終身任命権者の任意で罷免することのできない官職の保有条件を示し, 身分保障のあることを意味する慣用句 **2**》刑の宣告猶予の猶予条件; cf. *during Her [His] Majesty's* PLEASURE, *during the* PLEASURE *of the Queen [the King]*》.

góod cáuse（法的に見て）適切な根拠[事由] (= just cause, lawful cause, sufficient cause). ★ the を付けずに用いる.

góod cháracter 良い性格, 善良な性格: *a man of ~*.

góod considerátion 1 善意の約因 (= meritorious consideration, moral consideration)《血縁・自然の愛情などに基づく約因; 道徳上の義務を発生させるだけで, 約因としてはしばしば無効》. **2** 有効な約因 (= VALUABLE CONSIDERATION).

góod débt 回収の確実な債権[貸付け, 貸金] (opp. *bad debt*).

góod déed 優良(捺印)証書《形式のみ整っている(捺印)証書に対する語で, 優良権原 (good title) を譲渡する(捺印)証書》.

góod fáith 正直, 誠実, 信義誠実, 公正(さ); 善意《 » bona fides ともいう; opp. *bad faith*; cf. BEST EFFORTS, DUE DILIGENCE, UTMOST GOOD FAITH》. ▶ UTMOST GOOD FAITH（最高信義）. **in ~** 誠意をもって, 誠実に; 善意で, 知らないで: *act in ~ / buy sth in ~*. ▶ HOLDER IN GOOD FAITH（善意占有人）. **góod-faith** a

góod fáith and fáir déaling 誠実かつ公正な取扱い. ▶ IMPLIED COVENANT OF GOOD FAITH AND FAIR DEALING（誠実かつ公正な取扱いについての黙示の約定）.

góod fáith excéption 善意の例外《違法収集証拠排除準則 (exclusionary rule) の例外で, 令状に基づき証拠を収集したが, その令状が後に特に相当の根拠 (probable cause) に基づいていなかったなどの理由で無効であると判明した場合であっても, もし捜査員が当該令状の有効性について合理的に信頼して行動していたのであれば, その収集証拠は許容されうるという準則》.

góod fáith púrchaser 善意譲受人, 善意有償の譲受人[第三者] (= BONA FIDE PURCHASER) (= **góod faith púrchaser for válue**).

góod-gùy guáranty＊善玉保証《賃借された財産あるいは担保財産が良好な状態に保たれること, 万が一なんらの懈怠が生じた場合には貸主に返却されることを保証する第三者の限定的保証 (limited guaranty); 主に不動産賃貸借契約で用いられるが, それが規定されている条項を **good-guy clause**（善玉条項）という》.

góod héalth《保険》良好な健康状態 (= sound health).

góod júry 優良陪審 (⇨ SPECIAL JURY).

góod léasehold títle《英》有効性確認済み不動産賃借権《貸主の賃借権設定権は除くが, その他のすべてについて登録官が保証している, 絶対的不動産賃借権 (absolute leasehold title) に準ずるもの; cf. LAND REGISTRATION》.

góod mérchantable ábstract of títle《米》《権原調査 (title search) を行なう弁護士などによる》有効かつ商品性のある権原についての要約書 (cf. ABSTRACT OF TITLE, CLOUD ON TITLE, GOOD RECORD TITLE, MARKETABLE TITLE).

góod móral cháracter《帰化・一定の専門職資格の要件として要求されている》善き性格 (opp. *bad moral character*).

góod óffices *pl* **1** 斡旋, 世話: *by [through] the ~ of* …の斡旋によって[を通じて]. **2**《国際法》周旋《国際紛争の平和的解決・関係回復手段として第三国が紛争当事国の間に入り話合い・交渉の開始・促進, 連絡手段・会議施設の提供などをすること; cf. CONCILIATION, MEDIATION》.

góod óld láw 良き古き法《中世ヨーロッパの法観念》.

góod récord títle 記録上の瑕疵(？)なき権原 (cf. MARKETABLE TITLE, GOOD MERCHANTABLE ABSTRACT OF TITLE).

góod repáir 適正な修繕.

Góod·rìght《史》グッドライト, 有効な権原の仮想申立人《本来は不動産賃借権 (leasehold) の占有回復のための訴訟であった不動産回復訴訟 (ejectment) を自由土地保有権 (freehold) の占有保護のために用いたが, その際擬制的に仮想の原告と被告を設定した; この仮想の原告を指した; John Doe の名称のほうが一般的; Goodtitle

ともいう; ⇨ EJECTMENT, JOHN DOE》.

goods /gúdz/ *n pl* **1** 動産《英国では金銭債権などの無体動産 (chose in action) と金銭以外のすべての人的財産 (chattels personal); 米国では金銭・投資証券・無体動産を除く, 売買契約の目的物として特定される時点で動産とされるすべての物; 懐胎中の動物, 未収穫の作物をも含む》. **2**《一般的に》財産, 所有物, 動産; **商品, 物品**; **物資**: ～ (held) in bond 通関手続き中の輸入品. ▶《1 と 2 に関連》ACCEPTANCE OF GOODS (物品の受領) / ASCERTAINED GOODS (確認物) / BONDED GOODS (保税貨物) / CAPITAL GOODS (資本財) / CONFUSION OF GOODS (物品の混和) / CONSUMER GOODS (消費財; 消費者物品) / DANGEROUS GOODS (危険物) / DISPARAGEMENT OF GOODS (品質不良との中傷; 権原についての中傷) / DISTRESSED GOODS (投げ売り商品) / DOCUMENT OF TITLE TO GOODS (物品権原証券) / DURABLE GOODS (耐久消費財) / DURESS OF GOODS (財物強迫) / FUNGIBLE GOODS (代替可能物) / FUTURE GOODS (未確定品) / GENERIC GOODS (ノーブランド商品) / HANDLING STOLEN GOODS (贓物関与罪) / HARD GOODS (耐久消費財) / HOUSEHOLD GOODS (家財道具) / IDENTIFICATION OF GOODS (物品の特定) / INTERFERENCE WITH GOODS (動産権利侵害) / LAWFUL GOODS (合法的物) / MOBILE GOODS (移動性物品) / NONCONFORMING GOODS (契約に適合しない物品) / ORDINARY GOODS (通常の物品) / PERISHABLE GOODS (腐敗性物品) / PERISHED GOODS (損傷(物)品) / PRIVATE GOODS (私的財) / PRODUCER GOODS (生産財) / PROPERTY IN GOODS (動産所有権) / PROTECTED GOODS (保護対象商品) / PUBLIC GOODS (公共財) / SALE OF GOODS (動産売却[売買]) / SLANDER OF GOODS (商品誹毀) / SOFT GOODS (非耐久消費財) / SPECIFIC GOODS (特定物) / TRESPASS TO GOODS (動産占有侵害) / UNASCERTAINED GOODS (不特定物) / UNCOLLECTED GOODS (未回収品) / UNIDENTIFIED GOODS (未特定の物品) / UNSOLICITED GOODS (注文していない物) / WRONGFUL INTERFERENCE WITH GOODS (動産権利侵害).

góod Samáritan よきサマリア人(⁽ʲⁿ⁾)《苦しむ人に, 義務がないにもかかわらず好意から助ける人》. [*Luke* 10: 30-37]

Góod Samáritan àction 1 よきサマリア人(⁽ʲⁿ⁾)的行為《苦しむ人に, 義務がないにもかかわらず好意から助ける人の行為》. **2** よきサマリア人(⁽ʲⁿ⁾)的訴訟《社会全体あるいはその一部の利益のために個人あるいは集団で起こされた訴訟》.

Góod Samáritan dòctrine よきサマリア人(⁽ʲⁿ⁾)の法理《コモンロー上は一般人は他人を救助する義務を負わないが, 救助に着手した人は情況に応じた注意義務を負い, しかしな救助結果については, 重過失がない限り賠償責任を負わないとする法理; cf. EMERGENCY DOCTRINE, RESCUE DOCTRINE, LOST-CHANCE DOCTRINE》.

Góod Samáritan làw《米》よきサマリア人(⁽ʲⁿ⁾)法《救急措置・緊急救助を試みた人 (例えば非番の医師)は, 重大な過失がないかぎりその結果について責任を問われないとするよきサマリア人の法理 (Good Samaritan doctrine) に基づき, 米国のほとんどの州で制定されている免責法》.

góods and cháttels *pl* 動産, 人的財産《純粋動産 (chattel personal) と不動産的動産 (chattel real) を合わせた人的財産 (personal property) と同義だが, かなりあいまいな概念で, 有体物としての動産を指すことも多い》.

góods bárgained and sóld *pl*《史》売買契約を結び売却された動産《かつて債務負担支払い引受け訴訟 (indebitatus assumpsit) で標準化された一般訴因 (common count) の一つで, その支払い請求をするもの; cf. GOODS SOLD AND DELIVERED; ⇨ COMMON COUNT》.

góods in trán·si·tu /-ɪn trænsɪt(j)ùː, -tráːnsɪtu/ *pl* 運送中の貨物 (＝góods in tránsit).

góods sóld and delívered *pl*《史》売却され引渡し済みの動産《かつて債務負担支払い引受け訴訟 (indebitatus assumpsit) で標準化された一般訴因 (common count) の一つで, その支払い請求をするもの; cf. GOODS BARGAINED AND SOLD; ⇨ COMMON COUNT》.

góods tràin《英》貨物列車 (freight*, freight train).

góods wàgon 貨車 (freight car*).

góods, wáres, and mérchandise *pl* 商品, 物品.

góod tíme《米》善行刑期短縮特典《拘禁受刑者の拘禁施設内の善行を理由に服役期間を短縮する特典; cf. EARNED TIME, FLAT TIME, GOOD BEHAVIOR》.

góod-tíme làw [stàtute]《米》善行刑期短縮特典法《拘禁受刑者が拘禁施設内で善行を保持した月ないし年ごとに一定日数を服役期間から減じることを認めている制定法》.

góod títle 優良権原, 有効な権原,《特に》取引適合権原 (＝MARKETABLE TITLE).

Góod·title *n*《史》グッドタイトル, 有効な権原の仮想申立人 (⇨ GOODRIGHT).

góod·wíll, góod wíll *n* **1 a** 厚意, 親切, 厚情, 親善〈to, toward〉. **b** 喜んでること; 喜んでする気持, 快諾. **2** のれん,《名の売れた店・商売の》信用, 良い評判, 得意先; 営業権: buy a business with its ～ のれんごと企業を買い取る. ★ goodwill は無体財産権の一種で, 長年の営業から獲得された商売上の評判・商号・立地条件・得意先関係・仕入先関係・営業上の秘訣などが含まれるが, 明確に定義づけることは困難である. 無形の資産であるため会社の経理上の資産としては示しにくいが, 企業売却の際の売価の一部として見積もることができる程度である. なお, のれんの意味を明確にするために, 時に commercial goodwill, economic goodwill, enterprise goodwill, practice goodwill ということもある. ▶ INDIVIDUAL GOODWILL (個人的のれん) / PERSONAL GOODWILL (個人的のれん) / PROFESSIONAL GOODWILL (専門家的のれん) / SEPARATE GOODWILL (個別的のれん).

gore /gɔːr/ *n* **1**《史》小地片. **2** 三角地,《多くは三角形の》測量洩れ地. **3**《米》字(あざ)(=ニューイングランドの州で,人口が少なく TOWN にされない行政区画).

go-slow *n* のろのろ戦術, 怠業.

gov·ern /ɡʌvərn/ *vt* **1**〈国・国民を〉治める, 統治する;〈公共機関などを〉支配する, 管理する;〈要塞・町などの〉軍事司令官をつとめる. **2**〈法律・規定・政策などが〉…に適用される, …の先例となる,〈先例が争点に〉決定的影響を及ぼす: The Gordon case will govern the case at bar. **3**〈人・行動を〉左右する; 決定する;〈決定の基準となる, …の意味を決定[制限]する. — *vi* **1** 支配する, 治める. **2** 行政をつかさどる. **3** 支配的である. 〜**·able** *a*
[OF<L<Gk *kubernao* to steer]

góvern·ing diréctor《英》支配取締役《会社経営の指揮について支配力を有する取締役; 個人企業または有限責任私会社 (private limited company) に法人化した場合などにみられる》.

góverning láw 準拠法 (=APPLICABLE LAW).

gov·ern·ment /ɡʌvər(n)mənt, ɡʌv(ə)mənt; ɡʌv(ə)nmənt/ *n* **1 a** 政治, 施政; 政体; 支配(権), 統治(権); 行政権; [°G-] 政府, 内閣, 政権, 国政当局 (★米国ではこの意味でしばしば administration を使う); 行政機関, 行政当局: They have preferred democratic 〜. 民主政体を選んだ / provide effective 〜 / Strong 〜 is needed. 強力な統治[政府]が必要だ / central 〜 中央政府 / form a 〜 組閣する / a 〜 investigation into organized crime 政府による組織犯罪捜査 / 〜 intervention [intervention by the 〜] 政府の介入[干渉]. ★ government は単複両様の動詞をとり, また定冠詞を付けずに用いられる場合も多い. **b**《刑事訴訟においての》国[*州](側), 訴追側, *検察側: The 〜 has failed to prove his guilt. **c**《廃》施政者の任期. ▶ CABINET GOVERNMENT (議院内閣制) / COMMISSION GOVERNMENT (委員会行政) / FEDERAL GOVERNMENT (連邦政府) / INSTRUMENT OF GOVERNMENT (統治章典) / LOCAL GOVERNMENT (地方行政, 地方統治; 地方政府; 地方公共団体) / MILITARY GOVERNMENT (軍政) / MIXED GOVERNMENT (混合政体) / NATIONAL GOVERNMENT (中央政府, 連邦政府; 一国政府; 挙国一致政府) / PARLIAMENTARY GOVERNMENT (議会制政治) / PRESIDENTIAL GOVERNMENT (大統領制) / PROPRIETARY GOVERNMENT (領主の統治) / REPUBLICAN FORM OF GOVERNMENT (共和政体) / REPUBLICAN GOVERNMENT (共和政府) / RESPONSIBLE GOVERNMENT (責任政府) / SEAT OF GOVERNMENT (政庁所在地) / SELF-GOVERNMENT (自治). **2**《公共機関の》管理, 支配, 統御; 規制. **3** 政治学 (political science). **4** [*pl*] *国債, 連邦政府債. **5** 国家 (state), 管轄区域, 領土 (territory). **be in (the) 〜 service** 公務員[官吏, 役人]である. [OF; ⇨ GOVERN]

góvernment ágency 政府機関, 公的機関 (=governmental agency, governmental body)《統治機能 (government function) を果たすための国・州・自治体の機関; cf. ADMINISTRATIVE AGENCY》. ▶ QUASI-GOVERNMENT AGENCY (準政府機関).

góvernment ágent 1 政府職員. **2**《警察官などの》法執行官. **3** 犯罪情報提供者,《特に別の在監者から有責情報を得るべく雇われた》在監情報提供者.

gov·ern·men·tal /ɡʌvər(n)méntl; ɡʌv(ə)n-/ *a* 政府の, 統治(上)の; 官設の: He's in 〜 employment. 政府に雇用されている. 〜**·ly** *adv*

governméntal áct 1 統治的行為 (=GOVERNMENTAL FUNCTION) (cf. PROPRIETARY ACT). **2** 政府行為.

governméntal actívity 1《自治体の機能のうちの》統治的活動 (=GOVERNMENTAL FUNCTION). **2** 政府活動.

governméntal ágency =GOVERNMENT AGENCY.

governméntal ágent 政府職員.

governméntal bódy 政府機関 (=GOVERNMENT AGENCY).

governméntal dúty《公益保護のための, 自治体の》統治義務 (cf. PROPRIETARY DUTY).

governméntal énterprise 政府事業 (=government enterprise).

governméntal fúnction 統治機能 (=governmental act, governmental activity)《特に自治体の営む機能のうち公益保護機能で, 私経済的[非権力的] 機能 (proprietary function) と対比される》.

governméntal fúnction thèory 統治機能理論《私人が公的機能を行使する際には, その私的行為が, 特に法の適正手続き (due process) および法の平等保護 (equal protection) に関連しては, 国の行為 (state action) としての性格付けをされるという原則; この原則に従えば, 例えば予備選挙で政党が人種差別をして一定の投票権者を排除することは, 法的には政党が私的団体であるにもかかわらず, 許されないことになる》.

governméntal immúnity =GOVERNMENT IMMUNITY.

governméntal instrumentálity 政府機関《憲法・制定法で設立された機関; これら機関は, 例えば課税などの一定の義務を免除される》.

governméntal ínterest 1 政府の利益; 政府の関心. **2** 公的利益 (⇨ (GOVERNMENTAL) INTEREST ANALYSIS TECHNIQUE).

governméntal ínterest anàlysis technìque 公的利益分析法 (=INTEREST ANALYSIS TECHNIQUE).

governméntal prívilege 国家機密秘匿特権 (cf. GOVERNMENTAL SECRET).

governméntal púrpose 統治目的.

governméntal sécret 国家機密 (cf. GOVERNMENTAL PRIVILEGE).

góvernment annúity 政府年金.

góvernment bíll 政府提出法案.

góvernment bònd 政府債券, 公債, 国債.

góvernment círcular 〖英〗(大臣に代わって省庁の発する)政府回覧文書《単なる行政上のガイドラインを示すだけの場合もあるが, 時には法的拘束力をもつ下位立法を意味することもある; cf. ULTRA VIRES》.

góvernment cóntract 政府契約, 行政契約 (＝PROCUREMENT CONTRACT).

góvernment cóntractor 政府契約対象者, 政府事業の請負業者 (cf. GOVERNMENT CONTRACT).

góvernment-contrólled corporátion 政府統制法人 (＝QUASI-GOVERNMENTAL AGENCY).

góvernment corporátion 政府関係法人, 公共企業体 (＝PUBLIC CORPORATION).

góvernment depártment 《中央行政機関としての》省.

góvernment énterprise ＝GOVERNMENTAL ENTERPRISE.

Góvernment Equálities Òffice [the ~] 〖英〗政府平等省.

góvernment immúnity 政府免除[免責](特権) (＝governmental immunity)《国・連邦・州・地方政府が享受する, 同意なくして訴訟の被告とならない免除特権; 現在では法律で一定範囲で放棄している; 英国では CROWN IMMUNITY という; cf. GOVERNMENT TORT, OFFICIAL IMMUNITY, SOVEREIGN IMMUNITY, STATE IMMUNITY》.

góvernment in éxile 〖国際法〗亡命政府.

góvernment instrumentálity dòctrine 政府機関租税賦課免除の法理.

Góvernment in the Súnshine Àct [the ~] 〖米〗政府会議公開法, サンシャイン法《1976年の連邦法; ⇨ SUNSHINE LAW》.

Góvernment Nátional Mórtgage Assòciàtion [the ~] 〖米〗政府全国譲渡抵当協会《政策的住宅建設への融資促進のためそれを目的とする譲渡抵当 (mortgage) を買い受け, 保証債を発行する連邦機関; 俗称 Ginnie Mae; 略 GNMA》.

Góvernment of Íreland Àct [the ~] 〖英〗アイルランド統治法 (1914, 1920)《アイルランドに自治権を与えた 1914 年法(実施されず); 1920 年法は南北に分割しそれぞれに議会を設けることを定めた; その後 1922 年に南部は分離独立; ⇨ IRELAND ACT》.

góvernment of láws 《人の支配や人による統治 (government of men) ではない》法による統治, 法の支配.

Góvernment Prínting Òffice [the ~] 〖米〗政府印刷局《略 GPO》.

góvernment secúrity [ʰpl] 《政府発行の》政府証券; [ʰpl] 〖米〗連邦機関証券《財務省短期証券 (Treasury bill) などの連邦政府・連邦機関発行の証券》.

góvernment súrvey sỳstem 〖米〗政府土地測量制度.

góvernment tòrt 政府の不法行為 (⇨ GOVERNMENT IMMUNITY).

gov·er·nor /gʌ́vərnər/ n **1** 治める者, 統治者 (ruler). ▶ MILITARY GOVERNOR (軍政府長官). **2** 《米国各州の》知事, 《県・地方・都市などの》長官, 知事, 《英連邦諸国・英国植民地などの》総督 (governor-general). ▶ LIEUTENANT GOVERNOR (副知事; 副長官). **3** 《要塞・守備隊などの》司令官;「刑務所長 (warden*): a prison ~. **4** 《官署・協会・銀行などの》長官, 総裁, 所長, 院長; 理事, 役員: G~ of the Bank of England イングランド銀行総裁. ▶ FEDERAL RESERVE BOARD OF GOVERNORS (連邦準備制度理事会). **~·ship** n [OF＜L; ⇨ GOVERN]

góvernor-géneral n (pl góvernors-géneral, ~s) **1** 《副知事・副長官などの上に立つ》知事, 長官 (など). **2** 《保護領・植民地・英連邦諸国などの》総督. 《 》cf. LIEUTENANT GOVENOR》 **~·ship** n

gown /gáun/ n **1** 《大学教授・(卒業式の際の)大学生・市長・市参事会員・裁判官・弁護士・聖職者などの着る》正服, ガウン, 法衣, 法服, 僧服, 文官服: take the ~ 弁護士[聖職者]になる / wear the ~ 法曹職に就いている. ▶ SILK GOWN (絹法服; 勅選弁護士) / STUFF GOWN (ラシャ法服; 非勅選弁護士). **2 a** 大学の人びと, 大学人: town and ~ (特に Oxford や Cambridge で)市民と大学関係者. **b** [the ~] 裁判官, 弁護士, 聖職者(集合的). **in** WIG **and ~**. — vt [ʰpp] …にガウンを着せる. [OF＜L gunna fur garment]

gówns·man /-mən/ n (pl **-men** /-mən/) **1** 《職業・地位を示す》ガウンを着る人《大学関係者・裁判官・弁護士・聖職者など》. **2** 《軍人に対して》文民.

GP 〖英〗°graduated pension 累進年金.

GPM °graduated (payment) mortgage 傾斜返済方式譲渡抵当.

GPO 〖米〗°Government Printing Office 政府印刷局.

gr. granted.

grab /grǽb/ n **1 a** ひったくむこと, わしづかみ; 横奪, 横領, ひったくり. **b** 《俗》逮捕, パクリ. ▶ SMASH-AND-GRAB (ウィンドー破り). **2** 人の心をつかむこと; (人の)つかむ力.

gráb làw 〖米〗《連邦の破産法規定外の種々の》債務強制方法《例えば債権(仮)差押え (garnishment) など》.

grace /gréɪs/ n **1** 優雅, 上品. **2 a** 恩恵, 恩寵; 親切, 慈悲 (clemency, mercy); [ºpl] 愛顧, ひいき, 厚意. **b** 猶予, 支払い猶予(期間); 恩赦: give sb a week's ~ 1週間の猶予を与える. ▶ ACT OF GRACE (恩赦法; 恩赦) / DAYS OF GRACE (猶予日; 支払い猶予期間; 戦時捕獲猶予期間). **3** [G-] 閣下, 閣下夫人, 猊下(ぃ)《公爵・公爵夫人・大主教[司教]の敬称》. ★ Your [His, Her] G~ として用いる.

gráce pèriod 《生命保険契約などの保険料の支払いや手形などに関する》猶予期間 (⇨ DAYS OF GRACE).

grade /gréɪd/ n **1 a** 階級, 品等; 成績点, 評点; 度合い, 程度, 等級, 品位; 学年. **b** 《犯罪の》等級 (cf. DE-

GREE OF CRIME, GRADED OFFENSE, GRADING). **2**《道路・線路の》傾斜度, 勾配, 坂道, 斜面. ━ vt **1** 部類分けをする, 等級付けする, 格付けする; 評点する, 採点する. **2** …の傾斜をならす.

gráde cróssing 踏切り, 平面交差点.

gráded offénse 細類型化犯罪《謀殺 (murder) を第一級謀殺 (first-degree murder), 第二級謀殺 (second-degree murder), 第三級謀殺 (third-degree murder) に分けるように, 一つの犯罪で等級を付され細類型化されている犯罪; cf. DEGREE OF CRIME, GRADING》.

grad·ing /gréɪdɪŋ/ n 等級付け;《特に》犯罪の等級付け (cf. DEGREE OF CRIME, GRADED OFFENSE).

grad·u·at·ed /grǽdʒuèɪtəd/ a 段階的な, 累進的な (progressive)〈税〉.

gráduated léase《営業収益の多寡などに応じて変動するように決められた》賃料変動的《不動産》賃貸借.

gráduated (páyment) mòrtgage《米》傾斜返済方式讓渡抵当[モーゲージ]《月々の返済金額が低額で始まり, その後漸増する方式の讓渡抵当; 住宅ローンなどに用いる; 略 GPM》.

gráduated pénsion《英史》累進年金《掛け金に応じて基本年金に上乗せして支払われる養老年金; 略 GP》.

gráduated pénsion schème 累進年金制度.

gráduated táx 段階税, 累進税 (＝PROGRESSIVE TAX).

gra·dus /gréɪdəs/ n **1**《ローマ法》親等. **2**《史》順位, 位, 位階. ［L＝step］

graf·fer /grǽfər/ n《史》公証人, 代書人.

graf·fi·um, graf·i·um /grǽfiəm/ n《史》台帳, 記録簿, 登録簿.

graft /grǽft; grɑːft/ n 不正利得《行為, またそうして得た金・物》,《特に役人の》汚職, 腐敗, 収賄 (cf. BRIBERY).

grain·age /gréɪnɪdʒ/, **gran·age** /grǽnɪdʒ/ n《英史》塩関税《London 市により外国人によって市に輸入された塩の 20 分の 1 が徴収された関税》.

gráin rènt 穀物による農地使用料［小作料］(cf. CROP RENT).

Gram·ma·ti·ca fal·sa non vi·ti·at char·tam. /grəmǽtɪkə fɔ́lsə nɑ́n víʃɪət ká:rtəm/ 誤れる語法は捺印証書を無効とせず. ［L＝False grammer does not vitiate a charter.］

grammátical interpretátion《制定法・証書などの》語法的解釈.

granage ⇨ GRAINAGE.

grand /grǽnd/ a **1 a** 堂々とした, 広大な, 壮大な; 威厳のある, 荘重な, 偉大な; 重要な, 著名な (important, distinguished): a lot of ~ people 大勢のお歴々. **b** 大きい, 重大な (opp. *petit, petty*; *common*). **2** 完全な (complete): the ~ total 総計. **3** [*compd*]《親族関係を示す語と共に用いて》さらに 1 親等隔てた. ━ n (*pl* ~)《俗》1000 ドル［ポンド］;《俗》1000. ［AF, OF＜L *grandis* full-grown］

gránd assíze《史》大アサイズ《Henry 2 世は, それまで決闘で審理されていた権利令状 (writ of right) で開始された土地の権原 (title) をめぐる訴訟について, それが国王裁判所で審理される場合には, 被告の選択で決闘審判 (trial by battle) に代わって一種の陪審 (jury) による審理を認めた; その訴訟方式・陪審裁判・陪審を指す; 1833 年正式廃止; ⇨ ASSIZE, PETTY ASSIZE》.

gránd bíll of sále 1《史》航海中船舶売買証書《航行中の船舶の売却のための証書》. **2** 建造船舶売買証書《建造した船舶の最初の売却のための証書》.

gránd cápe《史》係争不動産差押付き召喚大令状 (⇨ CAPE).

Gránd Commíttees, Scóttish, Wélsh and Nórthern Íreland [the ~] スコットランド大委員会, ウェールズ大委員会および北アイルランド大委員会《英国議会庶民院の委員会; それぞれスコットランド, ウェールズおよび北アイルランドに関する事項についての委員会で, それぞれの地方代表議員全員と若干名のその他議員から構成される》.

Grand Cous·tu·mier du Pays et Du·ché de Nor·man·die /F grã kustymje dy pei e dyʃe də nɔrmɑ̃di/《史》『ノルマンディー大慣習法書』《イングランド国王が海峡諸島以外のノルマンディー公国の支配権を失った 1205 年より前の同公国の法と慣習法の集成; この法書が海峡諸島の一つ Jersey 島の法の基礎になっている》.

Grand Cou·tu·mier /F grã kutymje/, **Grand Cous·tu·mier** /F -kustymje/《史》『大慣習法書』(1) *Grand Coustumier du Pays et Duché de Normandie*《ノルマンディー大慣習法書》 2) 1385 年ごろ Jacques d'Albeiges によってまとめられたイル・ド・フランス (Île-de-France) 地方の古い慣習法の集成 *Grand Coutumier de France*《フランス大慣習法書, 別名 *Coutumier de Charles VI*》. ［F＝Great Customary］

Gránd Dáy《英》祭日《かつては各開廷期 (law term) ごとに 1 回あった休廷日; インズ・オヴ・コート (Inns of Court) およびインズ・オヴ・チャンセリー (Inns of Chancery) においては式典があった; 現在でも各イン・オヴ・コートの評議員 (bencher) がホストとなり, そのホールで特別正餐を出す》.

gránd distréss《英史》州内全動産差押え《差押対象者が州 (county) 内に有するすべての動産の差押え (distress); 聖職推挙権妨害排除訴訟 (quare impedit) で不出廷被告に対して用いられたが, その訴訟が 1860 年法で廃止》.

gránd·fàther vt〈人を〉祖父条項 (grandfather clause) の《保護》下に置く.

grándfather cláuse《米》祖父条項《1》特に, 南北戦争後合衆国憲法の第 15 修正 (Fifteenth Amendment) の保障の脱法として南部諸州で黒人の投票権を奪う目的で考案された州憲法の条項で, 識字能力などを投票権行使の要件としたが, 南北戦争に従軍した兵士か, 1866 年以前に投票権を有した者の子孫は要件を問われず

投票権を有するものとしたものを指す; 1915 年合衆国最高裁判所が違憲と判断した **2)** 一般的には, 各種規制法令において法令発効以前から存在した事情に基づいて法令の適用除外を規定した特例条項).

gránd ínquest 1 弾劾 (impeachment) 手続き. **2** [G- I-]《英史》大審問 (＝Great Inquest)《1085-86 年 William 1 世によるドゥームズデー審問 (Domesday Inquest)》. **3**《史》大陪審 (grand jury).

Gránd [Gréat] Ínquest of the Nátion [the ~]《英史》庶民院 (House of Commons).

gránd júror 大陪審[起訴陪審]員.

gránd júry《米・英史》大陪審, 起訴陪審《コモンローでは 12 名以上 23 名以下, 米国連邦では 16 名以上 23 名以下の陪審員からなり, 起訴相当とするに足る証拠があるか否かの審査, 起訴の是非を決定する陪審; 起訴決定には 12 名以上の賛成が必要; 米国の州では州により異なる; Henry 2 世の下 1166 年のクラレンドン法 (Assize of Clarendon) で創設; 英国では 1933 年に廃止; 合衆国憲法第 5 修正 (Fifth Amendment) 上, 死刑を科しうる犯罪, 破廉恥罪 (infamous crime) の起訴には大陪審の判断が不可欠とされている; 略 GJ; cf. PETIT JURY》.
▶ INVESTIGATIVE GRAND JURY (取調べ大陪審) / RUN-AWAY GRAND JURY (逃走大陪審) / SCREENING GRAND JURY (起訴審査大陪審) / SPECIAL GRAND JURY (特別大陪審).

Gránd Júry Cláuse [the ~]《米》大陪審条項《合衆国憲法第 5 修正のこと; ⇨ GRAND JURY》.

gránd júry investigàtion 大陪審による取調べ (cf. INVESTIGATIVE GRAND JURY).

gránd júry wìtness 大陪審での証人.

gránd lárceny 重窃盗(罪)《英国ではもと 12 ペンスを超える窃盗をいったが最終的に 1861 年法で廃止; 米国では州により異なるが, 現在も二分法を用い, 一定額 (100 ドルが多い) 以上の財産の窃盗をいう; cf. PETIT LARCENY》.

Gránd Remónstrance《英史》大抗議文, 大諫奏《1641 年 12 月長期議会 (Long Parliament) において庶民院が議決し, Charles 1 世に対し圧政を非難し改革点を列挙した文書; 王は承認を拒否した》.

gránd sérjeanty [sérgeanty]《英史》大奉仕保有《不動産保有条件 (tenure) の一つ; 国王から直接に不動産を保有し, かつ国王に対して騎士奉仕義務以外の不確定の非戦闘的人的奉仕義務 (旗・槍の捧持, 戴冠式での太刀持ち・馬係・酒係など) を負うことを条件にしている名誉ある封(土)保有形態; 1660 年法により自由兼一般勤奉仕保有 (free and common socage) の一つとされたが, 1925 年の財産権法 (Law of Property Act) による不動産法の大改革でも廃止されず, 現在も名誉ある義務は残されている; cf. PETIT SERJEANTY》.

gránd théft《米》大窃盗《一定額以上の窃盗; cf. PETTY THEFT》.

grange /gréindʒ/ *n* **1**《種々の建物の付属した》農場, 《特》《史》修道院・封建領主の農場;"豪農の邸宅;《古》穀物倉. **2** [the G-]《米史》**a** グレーンジ結社《1867 年に Oliver Hudson Kelly (1826-1913) が元来は農民の社交団体として創設した農民団体 National Grange of the Patrons of Husbandry; 1870 年代に農民の経済的利益を擁護するための政治運動を展開し, 協同組合活動にも力を入れた; ⇨ GRANGER CASES, GRANGE MOVEMENT). **b** グレーンジ結社の地方支部. [ME＝barn＜OF＜L *granica;* ⇨ GAIN]

grang·er /gréindʒər/ *n*《米》グレーンジ結社員, グレーンジャー. **~·ism** *n* グレーンジ主義; グレーンジ方式.

Gránger Càses *pl* [the ~] グレーンジャー事件《1877 年米国で公共の利益に重大な影響を及ぼす個人所有事業の料金 (具体的には公共運送人 (common carrier) や倉庫・揚穀機の料金) は州が規制する権限を有することが認められた 6 つの合衆国最高裁判所訴訟事件; 訴訟は鉄道会社などが農民に課する高額の運賃・揚穀機使用料・倉庫料などの抑制を求める農民運動 GRANGER MOVEMENT (グレーンジャー運動) の中から起こった; 最初の最重要事件は州の倉庫料金規制に関する 1877 年の Munn 対 Illinois 事件》.

Gránger Mòvement [the ~]《米史》グレーンジャー運動《1867 年に創設された農民団体を中心に 1870 年代に中西部各州で活動した農民運動; グレーンジ (Grange) はその支部のこと; 鉄道運賃と倉庫料の州による管理を訴える政治活動および協同組合活動が中心; ⇨ GRANGE, GRANGER CASES》.

grant /grǽnt; grάːnt/ *vt* **1**《要求・願いなどを(人に)》認める, 承諾する, 許可する (allow): ~ (him) a wish (彼の)願いを聞き届ける / be ~ed parole 仮釈放を認められる / ~ an amnesty to ...を大赦する / He was ~ed permission (*to* come). 彼は(来る)許可を与えられた. **2**《正式に》授与する (bestow);〈財産などを〉譲与[譲渡]する (⇨ *n* 2). **3**〈言い分などを〉《譲歩して》認める (admit);《議論のために》仮定する: I ~ you. きみの言を認めよう, なるほどそれに違いない / I ~ that you are right. / This ~*ed*, what next? これはよいとしてさて次は / G~*ed*, but ... そのとおりだが, しかし... / ~*ing* that to be wrong [that that is wrong]...＝~(*ed*) that that is wrong... それが間違っていると仮定して(も).... ― *vi* 同意する (agree, consent). ALWAYS ~·**ing**. **take** (**it**) **for** ~**ed** (**that**...ということを)《よくも考えずに》正しい[当然のこと]と思う;《慣れっこになって》ちゃんと評価しない, 評価しない, 顧みない.
― *n* **1** 許可, 認可; 授権. **2 a** 譲与, 譲渡, 譲与, 交付, 下付, 下賜; 権利の付与, 特権の付与. **b** 譲与[譲渡]証書, 付与, 交付, 下賜]証書. **c** 譲与[譲渡]財産; 交付[下付]されたもの, 交付金, 下賜金, 給付金. **d**《特定目的のための, 政府などからの》補助金, 寄付金, 助成(金) (＝SUBSIDY). ▶ ANCILLARY GRANT (副次的遺言検認状の発給) / BLOCK GRANT (定額交付金) / CAPITATION GRANT (頭割り譲与) / CESSATE GRANT (更新譲与; 特別遺言執行状の授与) / DEATH GRANT (死亡給付金) / DEED OF GRANT (譲与(捺印)証書) / HEALTH IN PREG-

NANCY GRANT (健康妊娠給付金) / HOUSING GRANT (共同住宅改善助成金) / IMPLIED GRANT (黙示的讓与) / LAND GRANT (土地讓与; 公有地払い下げ; 払い下げ公有地) / LOST (MODERN) GRANT (授権証喪失(の法理)) / OFFICE GRANT (公権力による讓与) / ROYAL GRANT (国王による讓与). ★讓与 (grant) とは, もともと は占有引渡し (livery of seisin) では移動できない財産権 (例えば残余権 (remainder) など無体法定相続産 (incorporeal hereditament)) を捺印証書によって移転する方法を意味した. この種の財産権を lying in GRANT (讓与により移転できる) 財産権と呼び, lying in LIVERY (占有引渡しにより移転できる) 財産権と区別した. しかし英国の 1845 年法以後全有体法定相続産 (corporeal hereditament) も讓与によっても移転できるように認められ, 英国の 1925 年の財産権法 (Law of Property Act) ではすべての土地に関する権利が占有引渡しではなく讓与により移転されることとなり, grant という語を用いる必要もなくなった. したがって, これで grant の法技術上の意義がなくなったといえる. **3**《米》(Vermont, Maine, New Hampshire 各州の) 土地の一区画, グラント (もと個人・団体に対する州の払い下げ). **lie in** ～《史》《無体法定相続産が》《占有の物理的引渡しによるのでなく》讓与により移転できる, 讓与捺印証書のみで権原移転の可能な状態にある. (cf. *lie in* LIVERY)

～・able *a* ［OF *granter*＝*creanter*＜L *credo* to entrust］

gránt-àid *n*《学校などへの》公費助成.— *vt* …に公費助成する.

gránt-àid・ed schéme 政府助成金付き計画.

gránt and to fréight lét《傭船契約において傭船者へ》傭船船舶の利用を委ねること.

gránt-bàck (provision) 戻し特許(条項)《特許やノウハウの実施許諾契約を結ぶ際, 実施権者がその応用技術を開発した場合に, その技術の実施許諾を最初の実施許諾者に讓渡したり認めたりするなどの条件を付すこと; 一定の場合には独占禁止に違反する場合が出てくる》.

gránt dèed 不動産讓与 (捺印) 証書《不動産の讓与 (捺印) 証書で通常の権原担保約款 (covenant for title) のすべてではないがそのうちの若干 (特に, 当該物件が既に讓渡済みではないこと, 証書明記以外の負担を負っていないこと, 証書作成以後取得するすべての権原を讓渡することなど) を含んでいるないしは含んでいるものと法定されるもの》.

grant-ee /græntíː; graːn-/ *n* **1** 被讓与者 (⇒ GRANT *n* 2), 讓受人, 被付与者. **2**《給付金・助成金などの》被支給者, 給費生.

grantée-grántor index《米》被讓与人・讓与人別索引 (⇒ GRANTOR-GRANTEE INDEX).

gránt for the úse and bénefit 無能力者のための遺産管理状発給《未成年者あるいは精神疾患により無能力者が唯一の遺言執行者 (executor) として指名された場合あるいはそれ以外の共同の執行者が執行不能ないしは執行を辞退した場合, その未成年者・無能力者のために必要となる遺産管理状 (grant of letters of administration); cf. CESSATE GRANT》.

gránt in áid (*pl* gránts in áid) **1**《教育・警察など特定目的のために政府・政府機関から交付される》助成金, 補助金, 交付金. **2**《中央政府から地方団体への使途制限をしない財源としての》地方交付税 [金]. **3**《英史》臨時税 (subsidy).

gránt・ing clàuse 讓与条項《讓与・(⇒ GRANT) 証書中讓与する旨が記載されている条項》.

gránt of (létters of) administrátion 遺産管理状の発給《無遺言または遺言があっても遺言執行者 (executor) の指定がなされていないときなど遺言執行者が欠けている場合には裁判所が遺産管理人 (administrator) を選任し遺産を管理させるが, その選任・遺産管理の権限付与状の発給; cf. GRANT OF PROBATE, LETTERS OF ADMINISTRATION》.

gránt of pátent 特許権の讓与 [付与, 移転].

gránt of próbate 遺言検認状 [遺言執行状] の発給《遺言を有効と認め, 遺言で指定された遺言執行者 (executor) の指定を承認し, その義務遂行権限の付与をなす書面の発給; cf. GRANT OF (LETTERS OF) ADMINISTRATION》.

gránt of representátion 人格代表者への遺産管理権の付与(状)《裁判所による, 死者の人格代表者 (personal representative), すなわち遺言執行者 (executor) または遺産管理人 (administrator) への遺言管理権の付与(状), 遺産管理状の発給 (grant of (letters of) administration) と遺言検認状の発給 (grant of probate) を合わせた概念》.

gran-tor /grǽntər; graːntɔ́ːr/ *n* **1** 讓与者 (⇒ GRANT *n* 2), 讓渡人. **2**《継承財産設定 (settlement) あるいは信託 (trust) の》設定者 (＝SETTLOR).

grántor-grantée index《米》讓与人・被讓与人別索引《不動産取引証書の登録を, その写しを受付け順に収録し, これに人名簿が付される形をとっている; そのうちの讓与者名から被讓与者を調べる索引; 逆の索引を GRANTEE-GRANTOR INDEX (被讓与人・讓与人別索引) と呼ぶ; cf. TITLE SEARCH》.

grántor's líen 讓与者のリーエン (＝vendor's lien)《不動産の権原 (title) が被讓与者 [買主] に移転しているものについて売買代金の支払が済むまで讓与者 [売主] 側に存在するリーエン (lien); ⇒ VENDOR'S LIEN》.

grántor trùst《米》讓与者信託, みなし自益信託《信託の設定者が, 信託財産の元本・収益またはその双方につき, 税法上の財産・収益の所有者とみなしうる程度に支配権を持ち続けている信託で, その信託収益は讓与者の所得とみなされ課税される; cf. CLIFFORD TRUST》.

gránt to úses《史》ユース付き不動産讓与 (cf. FEOFFMENT TO USES, STATUTE OF USES, USE).

grass /grǽs; graːs/ *n* **1** 牧草; 牧草地. **2**《俗》密告者 (⇒ SUPERGRASS). ▶SUPERGRASS (大物密告者).
— *vt* **1 a** 草で覆う. **b** 放牧する. **2**《俗》《人を》裏切る, 《警察などに》密告する, さす, たれ込む. — *vi* **1** 草が生える; 草を食う. **2**《俗》《他の犯罪者のことを》密告する〈on

sb〉.

gráss hèarth 〘史〙耕作奉仕《領主の土地に鋤(^{すき})と共に赴き一日無報酬で耕作する領民の慣習法上の奉仕義務》.

gráss ròots [the ~] 1 基盤, 根底. 2《社会・組織などの, 指導者層と対比して》一般の人々, '草の根', (一般の)有権者. **gráss-ròots** a

gras·sum /grǽsəm/ 1《スコットランド》一時金《不動産賃貸借 (lease) で借主が定期的に支払う地代その他の金銭に加えて, あるいはそれに代えて地主に支払わねばならぬ一時金; 権利金など》. 2〘史〙謄本保有権移転料 (= GRESSUME). 3〘史〙謝金 (= GERSUM). 4〘史〙罰金, 憐憫罰 (= GERSUM).

gráss wìdow 夫が(一時[長期])不在の妻; 別居している妻, 離婚した女性.

gra·tia /gréɪʃɪə, grá:tiù:/ n 好意 (favor), 恩恵 (indulgence), 感謝 (thanks). ▶ A GRATIA (恩恵的に) / DE GRATIA (恩恵によって[よる]) / EXEMPLI GRATIA (例えば) / EX GRATIA (恩恵としての). [L]

Gra·tian /gréɪʃ(i)ən/ グラティアヌス《ラテン語で Flavius Gratianus (c. 1090–1159); イタリアの修道士・教会法学者; その編纂となるグラティアヌス教令集 (Decretum Gratiani) (c. 1140; 正式名は Concordia Discordantium Canonum (矛盾教会法令調和集)) は教会法研究の基本テキストで, しかも教会法大全 (Corpus Juris Canonici) の第1部をなす; '教会法学の父' とも呼ばれる》.

grat·i·fi·ca·tion /ɡrætəfəkéɪʃ(ə)n/ n 1 満足(感). 2《古》褒美, 報酬, 心付け.

grat·is /ɡrǽtəs, gréɪ-, grá:-/ adv, a 無料[無代]で[の]. ★ しばしば free ~ として意味を強める. [L (gratia favor)]

grátis díctum 任意的陳述,《裁判官が述べる》傍論. [L = gratuitous statement]

gra·tu·i·tous /ɡrət(j)úːətəs/ a 1 無料の (free), 無報酬の, 好意からの, 篤志の: ~ advice 好意からの忠告 [助言]. 2〈契約など〉無償の, 約因なしの (without legal consideration) (cf. ONEROUS). 3 その必要のない (uncalled for), 根拠[根拠]のない (motiveless), 余計な: a ~ insult いわれのない侮辱. **~·ly** adv **~·ness** n [L = spontaneous]

gratúitous báilment 無償寄託 (= depositum) (cf. BAILMENT FOR REWARD).

gratúitous considerátion 無償の約因《それを与える人に全く損失をもたらさない約因; 契約を有効とする約因にはならない》.

gratúitous cóntract 無償契約 (cf. ONEROUS CONTRACT).

gratúitous déed 無償譲与(捺印)証書 (deed of gift).

gratúitous licensée 好意による立入り被許可者.

gratúitous prómise《約因 (consideration) のない, したがって通例法的強制力を有さない》無償の約束 (=

naked promise) (cf. NUDUM PACTUM).

gra·tu·i·ty /ɡrət(j)úːəti/ n [ʰpl] 心付け, 祝儀, チップ, プレゼント, 贈り物; 賜金: The driver won't accept gratuities.

gra·va·men /ɡrəvéɪmən/, -mɛn/ n (pl ~s, -vam·i·na /-vǽmənə/) 1 a 苦情, 不平. b《英国の聖職者会議 (convocation) で下院から上院に提出する》陳情書. 2 [the ~]《訴え・陳情などの》最重要点《of》; 訴えの主旨, 訴訟の基礎 (gist). [L = trouble, burden (gravis heavy)]

gráve hárdship《英》重大な困苦《特に別居に基づく離婚訴訟で離婚に反対してその理由として挙げられるもので, 離婚がもたらす財政上その他の重大な困難》.

gráveyard insùrance 墓地保険, まやかし保険《死期の近い人を被保険者にし詐欺的に締結された生命保険; また異常に大きなリスクの保険を引き受ける経営の危うい保険会社をいうこともある》.

gráy·màil n《米》《訴追中の被告人が訴えの取下げを目的的に行なう》政府機密暴露をほのめかす脅迫 (cf. BLACKMAIL, FEEMAIL, GREENMAIL).

gráy márket 灰色市場, 闇類似市場《違法ではないが不正規の市場; 特に製造者の正規の販売経路を合法的に迂回し製品を低額で販売する市場; cf. BLACK MARKET》.

Gráy's Ínn /gréɪz-/《英》グレイズ・イン《法曹学院》(⇨ INNS OF COURT).

graz·ing /gréɪzɪŋ/ n 放牧; 放牧地, 牧草地; 牧草.

Gréaser Làw /gríːzər-/ [the ~]《米史》《俗》グリーザー法《California 州で1855年に制定され, 20世紀半ばに廃止された制定法で, 見たところ生計維持にたる資力のなさそうなヒスパニック系の外見を有する人を逮捕したり罰金を科したり投獄したりできる広範な恣意的権能を法執行官に付与した反放浪者法; greaser とはヒスパニック[メキシコ人]に対する軽蔑語; **Greaser Act** ともいう》.

gréat bódily hárm 重大な身体傷害 (= SERIOUS BODILY INJURY).

gréat bódily ínjury 肉体への重大な権利侵害 (= SERIOUS BODILY INJURY).

Gréat Britain 大ブリテン島, グレートブリテン《イングランド・ウェールズおよびスコットランドからなる島で, 単に Britain ともいう; 北アイルランドと合わせて United Kingdom をなす; もと Little Britain (対岸フランスの Brittany 地方) と対比して名づけたもの》.

gréat cáre 高度の注意, 大きな注意 (= extraordinary care, high degree of care)《1》分別ある人がきわめて重要な私的な事柄を処理する場合に払う大きな注意 2》当該状況下でその状況を処理する専門家が払う大きな注意》.

Gréat Chárter [the ~]《英史》大憲章, マグナカルタ (⇨ MAGNA CARTA).

Gréat Cóuncil (of the Réalm)《英史》《王国》大評議会 (= MAGNUM CONCILIUM (REGNI)).

Gréat Disséntér《米》偉大なる反対意見者, 反

意見の巨匠《法発展を先取りし後に多数意見が従うような少数反対意見を述べた裁判官; Oliver Wendell HOLMES, Louis Dembitz BRANDEIS 裁判官などが有名》.

Greater London 大ロンドン《City of London, Inner and Middle Temple とこれを囲む 32 のロンドン自治区 (London borough) からなる首都圏; 1965 年 City および Middlesex のほぼ全域および Essex, Kent, Hertfordshire, Surrey の一部を合併して成立; 1972 年法で大ロンドン参事会 (Greater London Council) が設置されたが、1985 年法で廃され、その機能は一般にロンドン自治区参事会 (London Borough Council) に移されている》.

Greater London Authority [the ~]《英》大ロンドン政府《1999 年法で創設され、ロンドン市長と 25 名から構成されるロンドン参事議 (London Assembly) からなる》.

Greater London Council [the ~]《英史》大ロンドン参事会, グレーターロンドン市議会《1972 年法で設立, 1985 年法で廃止; 略 GLC》.

great hundred《英史》ハンドレッド民大会《州 (county) の下位区域であるハンドレッド (hundred) はノルマン人の征服 (Norman Conquest) 以前よりその住民による集会を有し、そこで裁判を含め自治権を行使していたが、のちに 1 年に 2 回は州の長であるシェリフ (sheriff) が巡回してこれを主催してきた《これをシェリフ巡回裁判 (sheriff's tourn) と呼んだ》; この際には特別多数の住民が参加し、ここで十人組検査 (view of frankpledge) 《これは年 1 回》のほか重大犯罪の告発もなされたが、この集会を指す》.

Great Inquest《英史》大審問《⇨ GRAND INQUEST 2》.

Great Inquest of the Nation ⇨ GRAND INQUEST OF THE NATION.

Great Rebellion [the ~]《英史》大反乱《1642-46, 1648 年の内乱 (Civil War)》.

Great Roll (of the Exchequer)《英史》《財務府》大ロール《⇨ PIPE ROLL》.

Great Roll (of the Pipe)《英史》大パイプ・ロール《⇨ PIPE ROLL》.

Great Seal [the ~] **1** 国璽《国家の重要公文書に用いる第一位の印章; かつてはまれに Broad Seal とも呼ばれた; 英国では大法官 (Lord Chancellor) が, 米国では国務長官 (Secretary of State) が保管; 連合王国となった後のスコットランドについても Great Seal は残存し Secretary of State for Scotland《スコットランド大臣》が保管しているが, 用途は限定的である; ⇨ KEEPER OF THE (GREAT) SEAL》. ▶ KEEPER OF THE GREAT SEAL 《国璽尚書》. **2** [g-s-]《米》州璽《= state seal》.

Great Sessions ⇨ COURT OF GREAT SESSIONS (IN WALES).

great tithe 大十分の一税《十分の一税 (tithe) のうち, 穀類・豆類・乾草・木材を指し, それ以外のものが small [privy] tithe (小十分の一税) といった; 教(会)区主任代

行司祭 (vicar) にはしばしば後者のみしか帰属しなかった》.

great writ (of liberty) [the ~]《自由の》大令状《身柄提出令状 (habeas corpus), 正式には多数ある habeas corpus のうちの habeas corpus ad subjiciendum (L=that you have the body to submit to) をいう; 一般に人身保護令状と訳されているものの誇称; ⇨ HABEAS CORPUS》.

gree /grí:/ n《史》**1**《損害・被害の》賠償: do [make] ~ 損害を償う. **2** 承諾, 合意; 意思; 好み, 意向. [F]

green bag《英》**1** 緑色かばん《かつて弁護士が用いた緑色布製のかばん》. **2**《俗》弁護士(業).

green-belt land 緑地帯, グリーンベルト《特に工場・住宅地などに美観・環境保護・防災などの目的で設ける森林・公園などの緑地地域》.

green book 1 a 緑表紙本. **b** [The ºG- B-] グリーンブック《英国などの緑色表紙の政府刊行物・公文書》. **2** [G- B-]《英史》グリーンブック, 州裁判所訴訟手続き《州裁判所 (county court) での民事訴訟手続き規則について記述していたかつての州裁判所訴訟手続き (County Court Practice) の俗称; ⇨ CIVIL PROCEDURE RULES; cf. WHITE BOOK》.

green card グリーンカード《**1**《米》外国人に対する永住許可証 **2**《英》運転者用の海外自動車災害保険証》.

green-card-er n グリーンカード所持者.

Green Cloth《英史》王室会計院《その職務を行なう机が緑色の布で覆われていたことから; より正式には Board of Green Cloth とも呼ぶ》.

green form《英史》グリーンフォーム《法律扶助 (legal aid) 基金から援助を得て法的助言を受けるための緑色の申込書; 法律扶助制度は 2000 年から新制度 (⇨ COMMUNITY LEGAL SERVICE) に変わり, グリーンフォームで申込みを受けていた扶助は法的援助 (legal help) と裁判所における援助 (help at court) により行なわれている》.

green·mail n《米》グリーンメール《**1** 株式買占めによる乗っ取りのおどしをかけられた企業が乗っ取り側保有の株式を高値で買い戻すこと **2** 企業乗っ取りのおどしをかけ, 買い集めた株式を高値で引き取らせること **3** 株買戻しに使われた金 **4** 派生訴訟 (derivative action) を提起しないしは提起するとおどし, 不当な額で示談に持ち込む株主の行為》. cf. BLACKMAIL, FEEMAIL, GRAYMAIL》.
— *vt* グリーンメールでおどす. **~·er** n [*green*back + black*mail*]

Greenman v. Yuba Power Products, Inc.《米》グリーンマン対ユーバ電動工具製造会社事件《1963 年の California 州最高裁判所の判例; 製造物一般についての製造者の厳格責任 (strict liability) を認めたリーディング・ケース; cf. PRODUCTS LIABILITY》.

Green Paper [ºg- p-]《英史》緑書《議会での論議の材料とするために政府の計画・試案を述べた文書で, 議会討議資料 (Command Papers) の一種; cf. WHITE PAPER》.

Green River Ordinance [the ~]《米》グリーン

リヴァー条例《訪問販売を規制した地方法; 1931 年 Wyoming 州 Green River で制定したのが最初》.

gréen wàx《英史》緑蠟命令抄本 (=estreat)《緑色の蠟に押印され認証された財務府 (Exchequer) からの罰金徴収命令抄本》.

G reorganization /dʒíː—/《米》G 型会社組織変更《会社組織変更 (reorganization) のうち, 破産手続き (bankruptcy proceeding) その他類似の手続で一方の会社の全資産あるいは一部が他の会社に移転し, その代わり移転した会社の株式が配分される形をとるもの》; ⇨ RE-ORGANIZATION》.

gres·sume /grésəm/ n《史》謄本保有権移転料《謄本保有権 (copyhold) を移転する場合に領主に支払われる許可料; 特に領主死亡の際に謄本保有権者が支払う許可料》; **gersum, grasson, grassum, grossome**, とも綴る》.

Grét·na Gréen márriage /grétnə-/《英史》グレトナグリーン婚, 駆け落ち結婚《スコットランドでは婚姻は証人の面前での両当事者の合意で成立していたが, イングランドでは 1753 年のハードウィク卿法 (Lord Hardwicke's Act) からは婚姻予告 (banns) の発表か許可等が必要であった; そこで親の同意を得られぬ男女が駆け落ち結婚をするためにイングランドに隣接するスコットランドのグレトナグリーン村で鍛冶屋などの面前で挙式した結婚; 1856 年法でスコットランドのこの方式の結婚は, 少なくとも一方当事者がスコットランドに住所をもつか直前 21 日間は現に滞在するのでなければ効力をもたないとしたためにすたれた; cf. SCOTCH MARRIAGE》.

griev·ance /gríːv(ə)ns/ n 苦情(の種), 不満(の因); 苦情申し立て, 不服申し立て. ▶ REDRESS OF GRIEV-ANCES (苦情の救済). ★ 特に労働法上労働者側から申し立てられる苦情についていう.

gríevance arbitrátion 苦情処理仲裁《既存契約の違反・解釈に関わる仲裁; 特に労働協約に基づく労使間の自主的紛争解決手続きの最後手段としての仲裁; rights arbitration ともいう; cf. INTEREST ARBITRA-TION》.

gríevance commìttee《労働組合あるいは労使双方により構成される》苦情処理委員会.

gríevance procèdure 苦情(処理)手続き《労働協約で定める労使間の自主的紛争解決手続き》.

griev·ant /gríːvənt/ n《労働法》苦情申立人, 苦情労働者.

grieve /gríːv/ vt, vi《労働法》苦情[不平]を申し立てる, 苦情を申し立て争う.   **gríev·able** a

gríevous bódily hárm 重大な身体傷害, 重傷 (=SERIOUS BODILY INJURY)《略 GBH, g.b.h.》.

grift /gríft/ vt, vi, n*《俗》〈金などを〉だまし取る(こと); だまし取った金(など).   **〜·er** n

Grís·wold v. Connécticut /grízwəld-/《米》グリズウォルド対コネティカット事件《合衆国最高裁判所がプライバシー権 (right of privacy) を憲法上の権利として初めて認めた 1965 年の判例》.

GRM °gross rent multiplier 総賃貸料乗数.
GRO《英》°General Register Office 登録本署.
GROBDM《英》°General Register Office of Births, Deaths, and Marriages 出生・死亡・婚姻登録本署.

gróin gràbbing 股間触接《特に人混みで, あるいは歩道での対面通行者が人の股間をふいになでたり触ったりすること》.

gross /gróus/ a 1 はなはだしい, 著しい, ひどい間違いなど》; 重大な; 完全な: a 〜 blunder 大間違い / a 〜 fool 大ばか / a 〜 violation of the rule その規則の重大違反 / 〜 injustice ひどい不公平[不正]. 2 総体の, 全体の (total), 風袋(ふうたい)共の (opp. net); 概略の, おおまかな: the 〜 amount 総額 / the 〜 area 総面積 / 〜 pro-ceeds 総売上高.
― n 1 総体, 総計; 総収入, 粗収入. 2 (pl 〜) グロス (12 ダース, 144 個). **by the 〜** 全体で; まとめて; 大量に, 卸で. **in 〜** (1) それ自体単独に(在る): a thing in 〜《他のものの付属物としてでなく》それ自体独立しているもの. (2)《権利が土地に付随するのでなく》属人的な, 人的な. ▶ ADVOWSON IN GROSS (人的聖職推挙権) / COMMON IN GROSS (人的入会権) / COVENANT IN GROSS (人的約款) / EASEMENT IN GROSS (人的地役権) / LORD IN GROSS (人的領主) / MAINTENANCE IN GROSS (独立扶養料) / POWER IN GROSS (非付随的指名権) / PRESCRIPTION IN GROSS (人的取得時効) / RIGHT IN GROSS (人的権利) / SEIGNIORY IN GROSS (属人的領主権) / SERVITUDE IN GROSS (人的役権) / TENANCY IN GROSS (独立不動産権) / TERM IN GROSS (独立定期不動産権) / VILLEIN IN GROSS (属人的隷農). **in (the) 〜** 概して, 一般に; 総体に[で], 全部ひっくるめて (in bulk), 一括して; 大量に, 卸で (wholesale). ▶ ALIMO-NY IN GROSS (一括払い離婚[別居]扶助料) / SALE IN GROSS (一括売買).   ― vt …の総利益[粗収入]を上げる. **〜 up**《純益・手取り額を税額などの》控除前の額に増やす, 税額相当分を加算する (cf. GROSS-UP).   **〜·ly** adv   **〜·ness** n   [OF = big, thick < L grossus; 「12 ダース」の意は, < F grosse (douzaine dozen)]

gróss advén·ture 冒険貸借 (=BOTTOMRY).
gróss áverage《海上保険》大海損, 共同海損 (= GENERAL AVERAGE).
gróss doméstic próduct《経済》国内総生産《略 GDP》.
gróss éarnings pl 総収入, 総所得, 総利益 (= GROSS INCOME).
gróss estáte 総遺産《死亡者が死亡時に有していた財産のうち一身専属的なものを除いたもの; 時に ADJUSTED GROSS ESTATE (調整総遺産額) と同義に用いられる》.
gróss íncome 総所得(額) (=gross earnings). ▶ ADJUSTED GROSS INCOME (調整総所得額).
gróss íncome mùltiplier =GROSS RENT MULTIPLIER.
gróss íncome tàx 総所得額税《総所得額を課税

標準とする税; cf. GROSS RECEIPTS TAX).

gróss indécency 重大猥褻(行為): commit an act of ~ 重大猥褻行為をなす.

gróss ínterest《管理運営費・保険料込みの》総利息.

gróss léase 諸経費賃貸人負担型《不動産》賃貸借.

gróss márgin〘会計〙粗(あら)利益(率)《純売上高から売上原価を引いた売上総利益; または純売上げ高に対するその百分比; cf. GROSS PROFIT》.

gróss misdeméanor《米》重軽罪《重罪(felony) には達しないが通常のものよりは重い軽罪; ⇨ HIGH MISDEMEANOR; cf. SERIOUS MISDEMEANOR》.

gróss nátional próduct《経済》国民総生産《略 GNP》.

gróss négligence 重過失, 重大な過失 (1) わずかな注意を怠ること 2) 自覚的さらには意図的な注意義務違反; hazardous negligence, wanton negligence, willful and wanton negligence, willful negligence ともいう 3) 犯罪として処罰対象となる極端に重大な過失; criminal negligence ともいう》.

gróss négligence mánslaughter 重過失故殺《非故意殺 (involuntary manslaughter) の一種》.

gróss prémium 営業保険料, 総保険料《純保険料 (net premium) に営業経費などに当てる付加保険料を加えた保険料で, いわゆる保険料がこれに当たる》.

gróss prófit〘会計〙売上総利益, 粗(あら)利益 (cf. GROSS MARGIN).

gróss recéipts pl《必要経費控除前の》総収入額, 総受領高.

gróss recéipts tàx 総収入額税《総収入額を課税標準とする税; cf. GROSS INCOME TAX》.

gróss rént mùltiplier 総賃貸料乗数《賃貸料を生ずる資産の市場価格とその賃貸料からの年間総所得額との比率; 資産の市場価格を評価する方法として用いられる; gross income multiplier ともいう; 略 GRM》.

gróss spréad《米》発行差額《証券発行価額の総額と投資銀行 (investment bank) から発行企業の受け取る額との差; 投資銀行の報酬となる; 単に spread ともいう》.

gróss-ùp n 税額相当分の加算. ─ a 税額相当分を加算した《退職金・相続分などが課税によって減らないようにする増額処置についていう》.

gróss wéight《梱包[風袋]込みの》総重量.

Gro·ti·us /gróufiəs/ グロティウス **Hugo** ~ (1583–1645)《オランダ出身の法学者・外交官; 国際法の父と言われている; *Mare liberum*《自由海論, 1609), *De jure belli ac pacis*《戦争と平和の法, 1625) などの著がある; オランダ語名 Huig(h) de Groot》.

ground /gráund/ n **1** [the ~] 土, 土壌 (soil), 土地 (earth, land); 地面, 地表, 地. ▶ BATABLE GROUND (係争地). **2 a**《研究の》分野, 話題, 問題. **b** 地歩, 立場, 意見. **3** 基礎, 根底, [*pl*] 根拠, 理由; 動機: There are good ~s for believing it. それを信じる根拠が十分

ある / on public ~s 公けの理由で / What are the ~s for the claim for damages? 損害賠償請求の根拠は何か. ─ vt …に根拠を与える,《主張・弁論・意見などを》…に基づかせる《on》.

gróund·age n 停泊税, 港税(こうぜい)《=HARBOR DUES》.

gróund·ing 膠沙(こうさ)《⇨ STRANDING》.

gróund lándlord《米史》長期土地賃貸借賃貸人[貸主]《GROUND LEASE の賃貸人[貸主]》.

gróund léase《通常は 99 年間という》長期土地賃貸借《=ground rent lease, land lease》.

gróund·less a《法的主張や弁論が》根拠[基礎]のない, 法的価値のない; 事実無根の, いわれのない (cf. FRIVOLOUS). ~**·ly** adv ─~**·ness** n

gróund of áction 訴訟根拠, 請求原因《=CAUSE OF ACTION》.

gróund rènt 1《英》敷地代《長期の建物用土地賃貸借 (building lease) 権のための地代》. **2** 永久的地代《土地の単純封土権 (fee simple) を譲渡した者およびその法定相続人が受ける相続可能の地代で, 譲渡の際にその旨の限定をなすことにより生じる》. **3**《長期土地賃貸借 (ground lease) の》借地料.

gróund rènt léase 長期土地賃貸借《⇨ GROUND LEASE, GROUND RENT》.

gróund writ〘史〙裁判地執行令状《もともと強制執行令状 (writ of execution) は裁判地のある州[郡] (county) 以外には発せられず, 別の州[郡]宛てに発する必要があるときは, まずこの令状が発せられ, 次いで裁判地外執行令状 (testatum writ) が発せられた; 英国では 1852 年法で廃止された》.

group /grú:p/ n 集団, 集まり, グループ;《同一資本・経営の》企業グループ. ▶ AFFILIATED GROUP (関連グループ) / CONTROL GROUP (支配グループ) / CONTROLLED GROUP (被支配会社グループ) / ETHNIC GROUP (民族) / MINORITY GROUP (少数民族, マイノリティー) / PRESSURE GROUP (圧力団体) / RACIAL GROUP (人種グループ) / VOTING GROUP (議決権種類別株主分類; 議決権種類別株主).

gróup accóunts pl《英会計》《従属会社 (subsidiary company) を有している会社に要求される》企業グループ財務諸表, グループ財務諸表, 連結財務諸表.

gróup àction 集団行動.

gróup ànnuity 団体年金《同一の年金契約の下, それに服するグループすべての成員に対して支払われる年金; 同一雇用者の下での被用者全員ないしはその特定グループを対象にした退職企業年金がその適例》.

gróup bóycott 共同行為による取引拒絶, 集団的ボイコット.

gróup crédit(or) insùrance 団体信用生命保険《住宅ローンなどの債務者である被保険者の生命に関する債権者の保険で, 団体構成員である債務者死亡の場合にその債務残高を債権者たる契約者に支払うもの》.

gróuping-of-cóntacts thèory《米・国際私法》

連結集中の理論 (=CENTER-OF-GRAVITY DOCTRINE).

gróup insúrance 団体保険《親[基本]契約となる単一の保険契約ないしは包括保険契約 (blanket insurance) の下でグループ全体の人を対象にしている保険; cf. BLANKET INSURANCE》.

gróup légal sérvices pl《米》《弁護士を利用しやすくするための, 労働組合などの》弁護士の団体的利用.

gróup líbel《米》《文書によってある人種[宗教]グループを侮辱するような》集団[グループ]文書誹毀($\frac{L_\sigma}{\sigma}$)(罪), 集団に対する文書誹毀 (cf. HATE SPEECH).

gróup lífe insúrance《会社の被用者を対象にするような》団体生命保険.

gróup litigátion グループ訴訟《多数の人を一つの訴訟主体とみなしてその人たちによってあるいはその人たちを対象にして提起される一群の訴訟; 市民権 (civil right) あるいは公共輸送機関の事故や業務上の疾病などをめぐってしばしば生じうる》.

Gróup Litigátion Òrder《英》グループ訴訟命令《共通ないしは密接に関連した争点をめぐる多数の訴えが起こされている場合に, 裁判所がそれらをグループ訴訟 (group litigation) として扱うとする命令; 略 GLO》.

gróup relíef《英税制》企業グループ税額軽減《企業グループ内の別会社の損失の結果としてその 75% 以上の株式を保有している会社の法人税を減額すること; この措置を受けることのできるグループ成員企業は連合王国内に住所を有する必要はない》.

grówing cróp《生育中で収穫前かの》未分離の農作物《土地の一部とみなされる; ただし米国の統一商事法典 (Uniform Commercial Code) 上では売買対象となりうる》.

grówth còmpany 成長会社 (=**grówth corporàtion**).

grówth fùnd 成長型投資信託(会社), グロウスファンド《成長に重点を置き成長会社株中心に投資をするミューチャルファンド (mutual fund)》.

grówth industry 成長産業.

grówth mànagement 成長管理《居住人口の急増を避け生活の質・生活環境の向上のため, 住居用ビル建築許可の発行を条例で制限し地域の成長・開発の速度を意図的に規制しようとする都市政策; cf. ZONING》.

grówth màrket 成長市場.

grówth shàres" pl 成長株.

grówth stòck* 成長株.

gru·arii /gruέǝriɑi/ pl《史》森林主管.

grúb·stàke n*《口》グラブステーク《GRUBSTAKE CONTRACT (探鉱契約) で提供される資金・物的援助》.

grúbstake còntract*《口》探鉱契約, 山師契約, 投機契約《探鉱者に資金・器具・衣服・食料などを供与し, 成功した場合利益を約定の割合で取得する契約; 転じて, ベンチャービジネス一般において一方が資金を提供し他方が事業を試み, 利益を分け合う契約》.

GS °general sessions 一般治安裁判所◆°general statute 一般制定法◆°gold standard 金本位制.

GSA《米》°General Services Administration 共通役務庁. **gtd** guaranteed.

Guan·tá·na·mo Báy /gwɑːntάːnəmòu-/ グアンタナモ湾《キューバ南東部にあるカリブ海の入江; 1903 年の条約により米国がキューバから租借し米国海軍基地があるが, この基地内の軍刑務所が 2002 年以来特にアフガニスタンとイラクで捕らえられたテロリスト・戦闘員とされた者の拘置所となっている; 2008 年に合衆国最高裁判所は同基地の一定被拘置者の処遇につき, 合衆国国民にあらざる者が身柄提出令状 (habeas corpus) に基づき連邦の通常裁判所で意味ある再審査 (review) を受けうる権利を奪っているとの理由で違憲とする判決を出した》.

guar. guarantee ∥ guaranty.

guar·an·tee /ɡæ̀rəntíː, *ɡɑ̀ː-/ n **1 a** 保証, 引受け; 保証契約;《商品などの》保証書;《一般に》保証となるも の: be under ~ 保証期間中である / certificate of ~ = ~ certificate 保証書 / ~ of title (土地の) 権原保証. **b** 担保(物) (security); ギャラ《最低保証出演料》. **c**《憲法・法律による》権利の保障. ▶ COMPANY LIMITED BY GUARANTEE (保証有限責任会社) / EXPORT GUARANTEE (輸出保証) / FULL TITLE GUARANTEE (完全な権原保証) / MONEY-BACK GUARANTEE (現金返戻保証). ★ 米国ではより多く guaranty を用いるが, 英国ではより多く guarantee を用いる. **2 a** 保証人 (guarantor), 引受人: stand ~ for... の保証人になる. **b** 保証を受ける人, 被保証人. ★ この語には保証人と被保証人の双方の意味があるが, 法学上は, gurantee は被保証人を指し, 保証人は gurantor というのが通常である. また保証の意での guarantee は英法上ふつう文書でなくてはならない. ── vt 請け合う, 保証する (affirm); 保証債務を引き受ける;《憲法・法律が》《権利などを》保障する;《事の実現・確実性などを》請け合って言う; 約束する〈that, to do〉: ~ sb against [from] loss 人に損をかけないことを保証する / ~ a draft 為替手形を保証する. ── vi 保証する 〈against〉. [C17<? Sp garante or F garant WARRANT]

guarantée clàuse 1《契約書などの》保証条項. **2** [G- C-]《州に対する》保障条項《州の共和政体の保障, 侵略・暴動に対する州の防護を定めているアメリカ合衆国憲法第 4 編第 4 節》.

guarantée còmpany《英》保証有限責任会社 (=COMPANY LIMITED BY GUARANTEE).

guarantéed bónd 保証社債, 保証付き債券《元本もしくは利息の支払いまたはその双方を発行会社以外の者が保証した社債》.

guarantéed invéstment còntract 保証付き投資契約《機関投資家が年金基金のような多額の金銭を保険会社などに預け, 保険会社は契約期間終了時に特定利息を付して元本の返還を約束する投資契約; 略 GIC》.

guarantéed stóck《企業に利益がなくとも配当支払いを親会社などの発行会社以外の者が保証している》配当保証株.

guarantée pàyment 〖英〗(給与)支払い保証(金)《一般に4週間を超えて継続的に雇用されている被用者は仕事を与えられなくとも一定額の給料の支払いが1996年法上保証されている》.

guarantée stòck 〖米〗引出し不能株《建築資金貸付組合 (building and loan association) への固定され引き出しできない出資証券》.

guar·an·tor /gǽrəntóːr, *gάː-, *gǽrəntər, *gάː-/ *n* 保証する人[団体, 制度]; 保証人, 担保人 (⇨ GUARANTEE), 引受人: stand ~ *for*…の保証人となる.

guarantór of collectibílity 取立て可能性保証人《債権者がまず主たる債務者に対してその債権取立てのための法的救済手段を尽くしてもなお取立てができなかった場合にのみ, 主たる債務者の支払い不能につき保証をしその債務支払いの義務を負う保証人; cf. GUARANTOR OF PAYMENT, GUARANTY OF COLLECTION》.

guarantór of páyment 債務支払い保証人《流通証券 (negotiable instrument) の支払期限が到来した時点で, その所持人が被保証人に請求することなしにみずからに請求されればその支払いをなすことを保証している人; 証券上に支払い保証 (payment guaranteed) ないしこれに類した文言と署名が必要となる; cf. GUARANTOR OF COLLECTIBILITY, GUARANTY OF PAYMENT》.

guar·an·ty /gǽrənti, *gάː-/ *n* **1 a** 保証, 請合い; 保証契約; 保証書. **b** 担保(物). **c** 《憲法・法律での》権利の保障. ▶ ABSOLUTE GUARANTY (無条件保証) / CONDITIONAL GUARANTY (条件付保証) / CONTINGENT GUARANTY (不確定保証) / CONTINUING GUARANTY (継続的保証) / CROSS-STREAM GUARANTY (交差保証) / DOWNSTREAM GUARANTY (下向保証) / GENERAL GUARANTY (一般保証) / GOOD-GUY GUARANTY (善玉保証) / IRREVOCABLE GUARANTY (撤回不能保証) / LIMITED GUARANTY (限定的保証) / OPEN GUARANTY (包括保証) / REVOCABLE GUARANTY (撤回可能保証) / SPECIAL GUARANTY (特定人保証) / SPECIFIC GUARANTY (特定保証) / UPSTREAM GUARANTY (上向保証). **2** 保証人 (=guarantor). ★米国ではより多く guaranty を用いるが, 英国ではより多く guarantee を用いる.
— *vt* GUARANTEE. [AF (変形)<*waranite* WARRANTY]

guáranty bònd 保証証書《身元保証証書 (fidelity bond) と債務保証証書 (surety bond) の双方の特徴を有した保証証書; cf. PERFORMANCE BOND》.

guáranty còmpany 保証会社 (=SURETY COMPANY).

guáranty fùnd 保証基金《銀行が法律により預金者保護上預金支払いを担保するために積み立てている私的基金》.

guáranty insúrance 保証保険《債権者を被保険者としてその債務者の不履行による損害を塡補する保険》.

guáranty létter of crédit 保証信用状 (= STANDBY LETTER OF CREDIT).

guáranty of colléction 取立て保証《債権者がまず主たる債務者に対してその債権取立てのための法的救済手段を尽くした後に初めて債権者が依存することのできる債務保証; cf. GUARANTOR OF COLLECTIBILITY, GUARANTY OF PAYMENT》.

guáranty of páyment 債務支払い保証《債権者が主たる債務者に対してその債権取立てのための法的救済手段を尽くすことなく債権者が依存できる債務保証; cf. GUARANTOR OF PAYMENT, GUARANTY OF COLLECTION》.

guáranty of the sígnature 署名の保証, 署名の真正性保証.

guáranty stòck 〖米〗ギャランティ株《貯蓄貸付け組合 (savings and loan association) の出資証券で, 預金者に配当を支払った残りが配当として証券保持者に支払われるもの》.

guard /gάːrd/ *n* **1** 見張り, 監視, 警戒; 保護. ▶ CASTLE-GUARD (城塞勤務保有). **2 a** 護衛(者), 警備員, 守衛, 見張り番, 番人, 監視者, 看守; 歩哨, 衛兵, 守備[隊], 近衛兵[隊]: an armed ~ / a bank ~. **b** 〖列車などの〗車掌 (conductor*). **c** 防護物, 安全装置. ▶ BODYGUARD (護衛) / COAST GUARD (沿岸警備隊) / HOME GUARD (義勇軍) / NATIONAL GUARD (州兵) / SAFEGUARD (保障条項) / SECURITY GUARD (警備員) / YEOMAN OF THE GUARD (国王衛士). **3** 〖史〗後見.
— *vt, vi* 見張る, 警戒[用心]する; 守る, 保護[防護, 護衛]する.

guard·age /gάːrdɪʤ/ *n* 〖史〗後見(権) (=WARDSHIP).

guárd dòg 番犬《英国では番犬法 (Guard Dogs Act 1975) という特別法があり, 付添人により統御され安全確保がされない限り, その使用は犯罪となる; cf. CLASSIFICATION OF ANIMALS》.

guard·i·an /gάːrdɪən; -dʒən, -dɪən/ *n* **1** 保護者, 守護者, 監視者, 保管者. **2** 《未成年者その他の》後見人 (opp. *ward*). ▶ CHILDREN'S GUARDIAN (子供の後見人) / NATURAL GUARDIAN (自然の後見人) / PERMANENT GUARDIAN (永続的後見人) / PUBLIC GUARDIAN (公的後見人) / SPECIAL GUARDIAN (特別後見人) / STATUTORY GUARDIAN (制定法に基づく指定後見人) / TESTAMENTARY GUARDIAN (遺言指定後見人). **3** 〖史〗救貧官 (⇨ GUARDIAN OF THE POOR). — *a* 保護する, 守護の. [OF (WARD, -*ing*); cf. WARDEN]

guárdian ad lí·tem /-æd láɪtəm/ 《未成年者・精神障害者の利益を代表し保護するため裁判所が選任する》訴訟のための後見人《略 GAL; 英国では①未成年者などが被告となる場合にのみ用いられたが, 現在ではこの場合も原告となる場合の next friend (近友) の語と同様 litigation friend (訴訟のための近友) の語が一般的に用いられている (1998年民事訴訟手続規則 (Civil Procedure Rules) 以後); ⇨ LITIGATION FRIEND **2**》この語は1989年法の下では一定訴訟で未成年者を代表するため裁判所が選任する後見人を指しているが, 現在ではこの

用法の場合 children's guardian (子供の後見人)と呼ばれている; ⇨ CHILDREN'S GUARDIAN; 米国では原告・被告双方の場合に用いる; » ⇨ NEXT FRIEND). [L *ad litem* for the suit]

guárdian by náture 自然の後見人, 血縁後見人 (=natural guardian)《(1)《史》騎士奉仕保有 (knight service) で保有している不動産が父の生存中に未成年の長男に相続された場合, 主君はその不動産に対する後見権を有するが, 長男の人に対する後見権は父が有した; この法定推定相続人 (heir apparant) に対する父の後見権を指した 2) 裁判所の選任をまたずに自然の理に従い嫡出未成年者の後見人となる父; 父死亡の場合および非嫡出未成年者の母 3) 未成年者の父母》. ★ コモンロー上は 2 が原則であるが, 米国の大多数の州では 3 となっている.

guárdian by núrture 《史》養育のための後見人 (=guardian for nurture)《法定推定相続人 (heir apparent) 以外の未成年の子の父または母で, 子が 14 歳になるまでの後見人》.

guárdian by státute 制定法に基づく指定後見人 (statutory guardian).

guárdian for núrture 《史》養育のための後見人 (=GUARDIAN BY NURTURE).

guárdian in chívalry 《史》未成年騎士奉仕保有権者の後見人《騎士奉仕保有 (knight service) で保有している不動産権が未成年者 (男子 21 歳, 女子 14 歳未満) に相続された場合, 未成年の間その主君がその未成年者の後見人となり, その人および不動産を支配しうる後見権 (wardship) が生じた; 不動産管理には会計報告の要がなかった; 1660 年に騎士奉仕保有は廃止され, 鋤奉仕保有 (socage) に吸収された》.

guárdian in sócage 《史》未成年鋤奉仕保有権者の後見人《鋤奉仕保有 (socage) で保有している不動産権が未成年者 (14 歳未満) に相続された場合, その未成年者の相続人になりえない最近親者がその未成年者の人と不動産を管理する後見人になるものとされていた; この場合は騎士奉仕保有 (knight service) の場合と異なり, 不動産管理に関しては会計報告をさせられることもあった》.

guárdian of the póor 《史》《教区 (parish) 単位で選任された救貧法 (poor law) 実施を職務とした》救貧官《英国では 1929 年法で廃止》.

guárdian of the spirituálities 《教会》《主教 [司教]》教権後見人《主教 [司教] 空位・不在の間の主教 [司教] の教権 (例えば聖職委嘱権) の代行者》.

guárdian of the temporálities 《教会》《主教 [司教]》俗権後見人《主教 [司教] 空位の間の主教 [司教] の俗権 (temporalities) の代行者》.

guárdian·shìp *n* 後見 (職[権]), 保護, 庇護, 守護; 後見関係: under the ~ of...の後見の下に. ▶ LETTERS OF GUARDIANSHIP (後見命令).

guárdianship òrder 《英》後見人命令《(1) 地方自治体ないしは認可された個人を一定の精神障害者の後見人とする裁判所の命令 2) 両親ないし後見人にその死亡後の子供の後見人の選任を許可する命令》.

Guarnerius ⇨ IRNERIUS.

guer·ril·la, gue·ril·la /gərílə, gɛ-/ *n* 不正規兵, ゲリラ兵; 別働隊; 《古》遊撃戦; 《a》ゲリラ (戦) の: ~ war [warfare] ゲリラ戦. [Sp (dim) < *guerra* WAR]

guest /gést/ *n* 1《ホテル・レストランなどの》客; 顧客; 招待客. ▶ BUSINESS GUEST (顧客) / SOCIAL GUEST (社交客). 2 好意的同乗者 (⇨ GUEST STATUTE).

guést státute《米》好意的同乗者法, ゲスト法 (=automobile guest statute)《無償好意で同乗させた好意的同乗者 (guest) に対して自動車所有者あるいは運転者が負う注意義務を軽減し, 重過失 (gross negligence) の場合を除き同乗者からの事故責任の訴求を阻止する制定法; 過去においては一般的であった州法だが, 現在ではわずかな州にしか存在していない》.

guid·age /gáidiʤ/ *n* 1《史》道案内料. 2 道案内.

guide·line *n* 1《岩場などでの》案内綱;《白地図などの》なぞり書きの線. 2 [*pl*] 誘導指標, 指針, ガイドライン, 要綱, 基準: issue [draw up] ~s *on*...に関するガイドラインを示す[作成する]. ▶ SENTENCING GUIDELINES (量刑基準).

guild /gíld/ *n* 1 ギルド《早くからあった宗教目的や相互扶助組織のほか, 中世に多くみられた同職仲間の組合で, それには商人ギルドと同職ギルド (別名 手工業ギルド) があった》;《一般に》同業組合, 同職組合; 友愛組合, 組合. ▶ ADULTERINE GUILD (無許可ギルド) / NATIONAL LAWYERS GUILD (全国法律家ギルド). 2《史》会社, 法人.

guild·hàll *n* 1《英》《自治体》市集会場, 公会堂, 市役所, 町役場. 2《中世の》ギルド会館[集会場]. 3 [the G-] ロンドン市庁舎, ギルドホール《初め 1411 年に建てられた歴史的建築; 大広間が公けの晩餐会場として使われる》.

Guildhall sìttings *pl*《史》《1883 年に至るまでロンドン市庁舎 (Guildhall) でコモンロー裁判官により開かれていた》ロンドン法廷 (London sittings ともいった).

guíld rènt《英史》ギルド地代《(1) ギルド (guild) によって国王に支払われた納付金 2) 宗教上のギルドが受け取っていた地代》.

guil·lo·tine /gílətìːn, ‐‐‐, giː(ː)ətíːn, ‐‐‐/ *n* 1 ギロチン, 断頭台[機]; [the ~] ギロチンの刑, 断頭刑. 2《英議会》討論時間制限, 討論打切り (cf. CLOSURE). ── *vt* /‐‐‐/ 1 断頭機にかける; 断裁機で切る. 2《英議会》...の討論時間を制限する, 討論打切りで《議案》の通過を急ぐ. [F < J. *Guillotin* (1738-1814) この処刑法を提案したフランスの医師]

guilt /gílt/ *n* 1《法的または倫理的に》罪を犯していること, 罪があること, 責任があること, 有罪; 犯罪 (行為), 罪, 罪責, 犯罪性, 有罪性 (cf. INNOCENCE): admit one's ~. 2 罪の意識, 自責の念, 罪責感. [OE *gylt* offense <?]

guilt by associátion 有罪者と関係があるために帰される罪, 連坐.

guilt phàse 有罪決定段階《刑事訴訟で事実認定者が被告人が当該犯罪を犯したか否かを決定する段階; cf.

PENALTY PHASE》).

guílty *a* **1 a**〈...の〉罪を犯した, 有罪の〈*of*〉;《民事上》有責の, 責任がある;《陪審評決・被告人の罪状認否手続きでの答弁などで》有罪: a ~ deed 犯行 / a ~ intent 故意 / be found ~ 有罪[有責]と認定される / find sb ~《陪審などが》有罪[有責]と認定する / return a verdict of ~＝return a ~ verdict《陪審が》有罪評決を答申する. **b**〈過失などを〉犯した,〈...の〉欠点がある〈*of*〉. ▶ NOT GUILTY (無罪; 責任なし), PLEA OF GUILTY (有罪の答弁), PLEA OF NOT GUILTY (無罪の答弁; 責任なしとの答弁). **2** 罪の自覚のある, 身に覚えのある, やましいところのある, 気がとがめる: a ~ look 罪ありげな顔つき / a ~ conscience やましい心 / feel ~ 気がとがめる, 悪い(ことをした)[すまない]と思う. PLEAD ~ [not ~]. ― *n* **1** 有罪答弁 (guilty plea) (cf. NO CONTEST, NOT GUILTY). **2** 有罪評決 (guilty verdict). **gúilt·i·ly** *adv*
guílt·i·ness *n* [OE *gyltig*]
guilty but méntally íll《米》有罪しかし精神病(という評決)《刑事陪審の評決で, 陪審が被告人の精神障害者であるという防御をしりぞけるとともになお精神病医による処置を受けるよう勧めるもの; ⇨ INSANITY DEFENSE; cf. NOT GUILTY BY REASON OF INSANITY; 略 GMI, GBMI》.
guilty knówledge 犯罪を構成する事実の認識.
guilty mìnd 犯意 (malice, mens rea).
guílty pléa 有罪(の)答弁.
guílty vérdict 有罪評決.
guin·ea /gíni/ *n*《英》ギニー《**1**) 21 シリングに当たる英国の昔の金貨 **2**) 1 ポンドが 20 シリングに当たった旧制度

(1970 年まで)での 21 シリングで, 各種の謝礼・賞金・公共団体などへの出金などに用いられた》.
gun /gʌ́n/ *n* 銃, 鉄砲, 銃砲, ピストル; 砲, 大砲. ▶ HANDGUN (拳銃) / HIRED GUN (悪徳弁護士; 雇われ証人) / RIOT GUN (騒擾鎮圧用小型銃) / SMOKING GUN (決定的物証). ― *vt, vi* **(-nn-)** 銃で[を]撃つ; 銃猟に行く: ~ down 銃で撃ち倒す, 射殺する.
gúnboat diplòmacy 砲艦外交, 武力外交.
gún contról làw 銃器規制法, 銃器取締法, (cf. BRADY ACT).
gún·man /-mən/ *n* 銃器携帯者[守衛, 警衛]; ピストルを携帯するギャング[悪漢, 殺し屋]; 射撃の名手, (拳銃)早撃ちの名手, ガンマン.
gún·pòint *n* 銃の先端, 銃口. at ~ 銃[ピストル]でおどして[おどされて].
gún·shòt *n* 発射された弾丸; 射撃, 発砲, 銃撃; 弾着距離, 射程; [〈*a*〉] 銃弾による: within [out of, beyond] ~ 射程内[外]に / die of ~ wounds.
gútter-cràwl·ing‖ *n* KERB-CRAWLING.
gyp·sy, gip·sy /ʤípsi/ *n* **1** [G-] **a** ジプシー(人)《もとインドから出た放浪民族で現在ヨーロッパ各地に分布, 頭髪黒く皮膚浅黒く, 馬売買・かご製造・占い・音楽師などを業とする; みずからはロマニー(人) (Romany) と称している; しばしば差別語として用いられる》. **b** ジプシー語 (Romany). **2 a** ジプシーのような容貌[生活]の人, (特に) 放浪者. **b**《口》個人営業のトラック(運送屋). **c** *《口》もぐりで流し営業をするタクシー (gypsy cab). [C16 *gipcyan, gipsen*＜EGYPTIAN]

H

H. Henry ◆ [L *hic*] here, in the same paragraph ◆ °Hilary sittings ヒラリー開廷期間 ◆ °Hilary term ヒラリー(開廷)期 ◆ house ◆ °house bill 下院審議中法案 ◆ °House of Representatives 下院 ◆ House report.

h.a. °heir apparent 法定推定相続人 ◆ [L *hoc anno*] in this year.

H. A. [L *hoc anno*] in this year.

hab. corp. °habeas corpus 身柄提出令状.

habe[1] /héɪb/ *n* 《俗》身柄提出令状 (habeas corpus).

ha·be[2] /héɪbi/ *int* ようこそ、ごきげんよう《Law Latin で挨拶語の 'ave' (Ave Maria の ave) の変形; have とも綴る》.

ha·be·as /héɪbiəs, hάːbeɪɑːs/ *n* [°*attrib*] 身柄提出[人身保護]令状 (=HABEAS CORPUS AD SUBJICIENDUM) (⇨ HABEAS CORPUS).

hábeas cór·po·ra ju·ra·tó·rum /-kɔ́ːrpərə ʤurətɔ́ːrəm/《史》陪審員身柄提出令状《シェリフ (sheriff) に対し陪審員候補者名簿 (panel) に載っている者の身柄を必要ならば財産差押えをして裁判所に出頭させよという令状; 英国で 1852 年法で廃止》. [L=that you have the bodies of the jurors]

hábeas córpus 1 身柄提出令状 (=writ of habeas corpus)《略 hab. corp., H.C., habeas: **1)** 当事者や陪審員を裁判所に出頭させるための令状(一般) **2)** 特に、一般には人身保護令状と呼ばれているが、正式には HABEAS CORPUS AD SUBJICIENDUM と呼ぶ身柄提出令状を指し、人を拘束している人に対し被拘禁者の身柄を拘禁理由などと共に裁判所に提出させるよう命ずる令状を指す; 人身の自由の保障において英米で重要な機能を果たしたことから、単に habeas corpus というときにはこれを指す場合が多い; cf. GREAT WRIT (OF LIBERTY)》. ▶ WRIT OF HABEAS CORPUS (身柄提出令状). **2** 身柄提出令状[人身保護令状]請求権. [L=that you have the body]

Hábeas Córpus Àct 身柄提出令状法, 人身保護法《英国史上同名の法律は、1679, 1816, 1862 年に成立しているが、その他にも部分修正法はいくつかある; しかし、一般的にはこの名称は 1679 年法を指す; 同法はコモンロー上すでに存在し機能していた身柄提出令状 (habeas corpus) の特に原理的なものというよりも機構的な欠陥を補うもので、いまだ有罪決定されていない被拘禁者の同令状請求権、いったん同令状で釈放された者の同一犯罪での再拘禁の禁、イングランド住民の国外への移動拘禁の禁などを定めている; そのため、1215 年のマグナカルタ (Magna Carta), 1628 年の権利請願 (Petition of Right), 1689 年の権利章典 (Bill of Rights) と共にイングランド人の自由の四大憲章の一つとされている; 1816 年法は 1679 年法の内容を刑事事件以外にも適用を拡げたものであり、1862 年法は植民地・自治領 (dominion) に適用を拡げたものである; 米国では、英国での法律を受け、人身の自由についての憲法上の保障につき規定している制定法一般を指す》.

hábeas córpus ad de·li·be·rán·dum et re·ci·pi·én·dum /-æd dɪlɪbərǽndəm ɛt rɪsìpiéndəm/《史》裁判のための身柄提出令状《裁判のため拘禁者を拘禁州(郡) (county) より犯罪地に移す令状》. [L=that you have the body to consider and receive]

hábeas córpus ad fa·ci·én·dum et re·cipiéndum /-fèɪsiéndəm-, -fæʃ-/《史》訴訟記録付き身柄提出令状《民事事件で被告の拘禁が認められていた時代に下位裁判所で拘禁されている者の身柄を上位裁判所に記録と共に移すことを命じた令状; ⇨ HABEAS CORPUS CUM CAUSA》. [L=that you have the body to do and receive]

hábeas córpus ad pro·se·quén·dum /-pràsɪkwéndəm/《米, 英史》訴追のための身柄提出令状《その被疑で現に拘束されている犯罪以外の訴えのため、もしくは他の犯罪での訴追側証人となるため、あるいは訴追地の裁判所で訴追するためなどの理由で被拘束者の身柄移動を命ずる令状》. [L=that you have the body to prosecute]

hábeas córpus ad re·spon·dén·dum /-rìːspəndéndəm/《史》応訴のための身柄提出令状《下位裁判所で拘束されている収監者に対して上位裁判所で新しく提起される民事上の訴えに応訴させるため、身柄を移させることを命じた令状》. [L=that you have the body to respond]

hábeas córpus ad sa·tis·fa·ci·én·dum /-sætɪsfæsiéndəm/《史》弁済のための身柄提出令状《民事訴訟で下位裁判所により拘束されている囚人が敗訴した後、相手方が上位裁判所でその判決の強制執行手続きができるよう身柄を上位裁判所に移すことを命じた令状》. [L=that you have the body to satisfy]

hábeas córpus ad sub·ji·ci·én·dum /-səbʤɪsiéndəm/ 身柄提出令状, 人身保護令状 (= great writ (of liberty))《単に habeas ともいう; ⇨ HABEAS CORPUS》. [L=that you have the body to submit to]

hábeas córpus ad tes·ti·fi·cán·dum /-tèstɪfɪkǽndəm/《史》証言のための身柄提出令状《民刑事事件で共通に用いられるが, 収監者を他の事件の証人として証言させるために裁判所に出頭させるべく命じた令状》. [L=that you have the body to testify]

hábeas córpus cum cáu·sa /-kəm kɔ́ːzə/《史》訴訟記録付き身柄提出(大法官府裁判所)令状《一般には HABEAS CORPUS AD FACIENDUM ET RECIPIENDUM と同義に用いるが, 特に 大法官府裁判所から下位裁判所に発せられる身柄提出令状で, 下位裁判所の判決を再審理するため訴訟記録と共に身柄を提出させるもの; 略して corpus cum causa という》. [L=that you have the body with the cause]

Ha·be·mus op·ti·mum tes·tem, con·fi·ten·tem re·um. /heɪbíːməs ɑ́ptɪməm téstɛm kɑ̀nfɪténtɛm ríːəm/ 我々は自白をしている被告人という最良の証人を有している. [L=We have the best witness, a confessing defendant.]

ha·ben·dum /həbéndəm/ n HABENDUM CLAUSE. [L=to have]

habéndum cláuse 保有財産条項[文言], 物権表示条項 (=habendum, to-have-and-to-hold clause)《不動産譲渡証書中の讓与対象財産と被譲与者の権利の範囲を表示する部分; かつてこの部分は habendum et tenendum [L=to have and to hold] の語で始まったので, こう呼ばれた; tenendum, to hold とは領主から保有するの意であるが, 現在では to hold の語のみで始まっていて, habendum, to have の本来の意味の語が脱落しているが, なおこの語が用いられている; cf. TENENDUM (CLAUSE)》.

habéndum et te·nén·dum /-ɛt tənéndəm/《史》持ちかつ保有すべき (=to have and to hold) (⇨ HABENDUM CLAUSE). [L=to have and to hold]

ha·be·re fa·ci·as /həbíːri féɪʃiəs/ HABERE FACIAS POSSESSIONEM.

habére fácias pos·ses·si·ó·nem /-pəzèsióʊnəm/《史》《不動産占有回復訴訟 (ejectment) で勝訴した原告への》不動産占有付与令状《略称 habere facias, 略 hab. fa.》. [L=that you cause to have possession]

habére fácias séi·si·nam /-síːzənəm/《史》自由土地保有権占有付与令状《自由土地保有権 (freehold) の回復を求め勝訴した原告に土地の占有 (seisin) を付与回復することを命ずる執行令状》. [L=that you cause to have seisin]

habére fácias ví·sum /-váɪsəm/《史》土地点検令状《不動産をめぐる訴訟でその土地の点検が必要な場合にその命令するための令状》. [L=that you cause to

have the view]

hab. fa.《史》°habere facias possessionem 不動産占有付与令状.

hab·it·abil·i·ty /hæ̀bətəbíləti/ n 居住適性 (⇨ IMPLIED WARRANTY OF HABITABILITY) (cf. TENANTABLE REPAIR). ▶ COVENANT OF HABITABILITY (居住適性保証約款) / IMPLIED WARRANTY OF HABITABILITY (居住適性についての黙示の保証) / WARRANTY OF HABITABILITY (居住適性の保証). **hab·i·ta·ble** /hǽbətəb(ə)l/ a

hab·it·an·cy /hǽbət(ə)nsi/ n **1** 住所, ドミサイル (domicile). **2** 居住, 居所 (residence).

hábit and repúte a,《スコットランド》事実として考えられ知られている(こと)《スコットランド法上, 婚姻は同棲し夫婦として一般に考えられかつ知られていることで成立; またかつては一定の窃盗に関しては盗人であるという噂が, 加重事由となった》.

hab·i·ta·tion /hæ̀bɪtéɪʃ(ə)n/ n **1** 居住; 居住地, 住居. ▶ COHABITATION (同棲) / DEFENSE OF HABITATION (住居防衛の防御) / FITNESS FOR HABITATION (居住適合性) / OFFENSE AGAINST THE HABITATION (住居に対する犯罪). **2**《大陸法》居住権.

hábit èvidence 習慣的の証拠《ある人が繰り返し起こる特定状況下で常に同じように示す反応の証拠》.

ha·bit·u·al /həbítʃuəl, hæ-, -bítʃəl/ a 習慣的な, 習慣による, 例の, いつもの(癖の); 常習的な, 習慣性の: a ~ smoker 常習的な喫煙者 / a ~ theatergoer 芝居の常連. — n 常習者, 常習犯; 麻薬常用者, アル中. **~·ly** adv **~·ness** n

habítual críminal 常習犯(人), 習慣的の犯罪者 (=RECIDIVIST).

habítual críminal láw 常習犯加重刑法.

habítual drúnkard 常習的の飲酒者.

habítual intémperance 常習的大酒.

habítual offénder 常習犯(人), 習慣的犯罪者 (=RECIDIVIST)《略 HO》.

habítual résidence 常居所, 定住地, 定住国《住所[ドミサイル]決定のために必要となる》.

hack·ing /hǽkɪŋ/ n ハッキング《コンピューターシステム[ネットワーク]に侵入すること; cf. COPYRIGHT, DATA PROTECTION》.

Hád·ley v. Báx·en·dale (1854) /hǽdli vərsəs bǽksəndèɪl/ ハドリ対バクスンデイル事件《契約違反の損害賠償の範囲をめぐるリーディング・ケースで, 1854年英国財務府裁判所 (Court of Exchequer) の判例, 非金銭的損害 (general damages) と金銭的損害 (special damages) に分け, 後者は契約時に予見可能な損害に対してのみ賠償責任を認めたもの; この原則は **Hadley v. Baxendale rule** (ハドリ対バクスンデイル事件の準則) という》.

Hae·re·dem De·us fa·cit, non ho·mo. /hiríːdɛm díːəs féɪsɪt nɑn hóʊmoʊ/ 人間ではなく神が法定相続人を作る. [L=God makes an heir, not

hae·ré·des próx·i·mi /híríːdiz práksəmàɪ/ *pl* 最近親法定相続人. [L=nearest heirs]

haerédes re·mo·ti·ó·res /-rɛmoʊʃióʊriz/ *pl* 遠縁の法定相続人. [L=more remote heirs]

Hae·re·di·tas est suc·ces·sio in uni·ver·sum jus quod de·func·tus ha·bu·e·rat. /hiríːdɪtɛs ɛst səksɛ́ʃioʊ ɪn jùːnɪvə́rsəm ʤúːs kwɑd dɛfʌ́ŋktəs heɪbúːɛræt/ 相続は死者が有していた権利全体の承継である. [L=Inheritance is the succession to every right which the deceased had.]

haeréditas já·cens /— ʤéɪsɛnz/ 1《ローマ法》《被相続人の死亡と相続取得との間の中間期の》休止相続財産. 2《史》《相続人による》未取得相続財産. 3《史》相続人不存在相続財産. 4《史》所有権者不存在相続財産. [L=lying inheritance]

Hae·re·di·tas ni·hil ali·ud est quam suc·ces·sio in uni·ver·sum jus, quod de·func·tus ha·bu·e·rit. /— níhɪl ǽliəd ɛst kwæm səksɛ́ʃioʊ ɪn jùːnɪvə́rsəm ʤúːs kwɑd dɛfʌ́ŋktəs heɪbúːɛrɪt/ 相続は死者が有する権利全体の承継にほかならない. [L=Inheritance is nothing other than the succession to every right which the deceased will have had.]

Haeredītas nun·quam as·cen·dit. /— nʌ́ŋkwæm əsɛ́ndɪt/ 相続は決して遡らない《コモンロー上は相続は親等の上の者によってはなされないことになっていたが, 英国では1833年法でこの原則は改められた》. [L=An inheritance never ascends.]

Hae·re·dum ap·pel·la·ti·o·ne ve·ni·unt hae·re·des hae·re·dum in in·fi·ni·tum. /híríːdəm æpɛlɛɪʃióʊnɛ vénɪənt hiríːdiz hiríːdəm ɪn ɪnfaɪnáɪtəm/ 相続人という呼称には相続人の相続人が無限に入ってくる. [L=Under the appellation of heirs, come the heirs of heirs to infinity.]

haeres, haeredes ⇨ HERES.

Hae·res est aut ju·re pro·pri·e·ta·tis aut ju·re re·pre·sen·ta·ti·o·nis. /híːriz ɛst ɔːt ʤúːre prɑprаɪеtéɪtɪs ɔːt ʤúːre rɛprɛzɛntéɪʃióʊnɪs/ 相続人は財産権によってかあるいは代位権によって存立する《長男は財産権による相続人であるが, その長男が父親の生存中に死亡した場合にはその直系卑属が代位権による相続人となる》. [L=An heir is by either right of property or right of representation.]

Haeres est ea·dem per·sona cum an·te·ces·so·re. /— ɛst ɛáɪdɛm pɛrsóʊnə kəm ɑntɛsɛ́ssoʊre/ 相続人は被相続人と同一人格である. [L=An heir is the same person as his/her ancestor.]

Haeres est no·men ju·ris, fi·li·us est no·men na·tu·rae. /— ɛst nóʊmɛn ʤúːrɪs fíliəs ɛst nóʊmɛn neɪtjúːri/ 相続人とは法的名称であり, 息子とは自然の名称である. [L=Heir is a name of law, son is a name of nature.]

hae·res fac·tus /híːriz fǽktəs/ 作られた相続人《遺言により指定された相続人; cf. HAERES NATUS》. [L=made heir]

Haeres le·gi·ti·mus est quem nup·ti·ae de·mon·strant. /— lɛʤítɪməs ɛst kwɛm nʌ́pʃiː dɪmánstrənt/ 適法な相続人は婚姻が示す者である. [L=The lawful heir is he/she whom the marriage indicates.]

háeres ná·tus /-néɪtəs/ 出生相続人《出生または血縁による相続人; cf. HAERES FACTUS》. [L=heir by birth]

Hágue Acádemy of Internátional Láw /héɪg-/ [the ~] ハーグ国際アカデミー《1923年に設立された, 国際公法・国際私法双方を含む国際関係法研究センター》.

Hágue Cónference on Prívate Internátional Láw《国際法》ハーグ国際私法会議《1893年以来国際私法の統一を目的としてハーグで開催されてきている国際会議; 1951年に常設的機構となり, 原則4年に1回開かれる; この会議で採択された条約はハーグ(国際私法)条約(Hague Convention)と呼ばれ, 多数にのぼる; ⇨ HAGUE CONVENTION》.

Hágue Convéntion [the ~]《国際法》ハーグ条約《ハーグ国際私法会議(Hague Conference on Private International Law)で国際私法の統一を目的として採択された多くの条約・協定; 例えば「民事訴訟手続に関する条約」(1954年採択), 「民事又は商事に関する裁判上及び裁判外の文書の外国における送達及び告知に関する条約」(Hague Convention on the Service Abroad of Judicial and Extrajudicial Documents, 1965年採択), 「扶養義務の準拠法に関する条約」(1973年採択)などが含まれている; 略 H.C.》.

Hágue Convéntion on the Cívil Áspects of Internátional Chíld Abdúction [the ~]《国際法》国際的児童誘拐の民事面に関するハーグ条約《1980年採択》.

Hágue Convéntion on the Sérvice Abróad of Judícial and Extrajudícial Dócuments [the ~]《国際法》民事又は商事に関する裁判上及び裁判外の文書の外国における送達及び告知に関するハーグ条約《1965年採択》.

Hágue Convéntion on the Táking of Évidence Abróad in Cívil or Commércial Mátters [the ~]《国際法》民事又は商事に関する裁判に関する証拠の外国における収集に関するハーグ条約《1968年採択》.

Hágue Convéntions *pl* [the ~]《国際法》ハーグ諸条約《1899年の第一回と1907年の第二回のハーグ平和会議(Hague Peace Conference)で締結・改正された国際紛争平和的処理条約(Convention for the Pacific Settlement of International Disputes)を含む一連の戦争に関する協定; 1899年の同上条約は, 常設仲裁

裁判所 (Permanent Court of Arbitration) を創設した (1901年)).

Hágue Cóurt [the ~]〚国際法〛ハーグ裁判所《**1**)〚史〛PERMANENT COURT OF INTERNATIONAL JUSTICE の通称 **2**) INTERNATIONAL COURT OF JUSTICE の通称》.

Hágue Péace Cònference〚国際法〛ハーグ平和会議《1899年と1907年にハーグで開かれた2回の国際会議; 軍備制限・国際紛争の平和的処理・戦争法規の法典化のために討議し, 多くの条約・宣言を採択した; cf. HAGUE CONVENTIONS》.

Hágue Rùles *pl* [the ~]〚国際法〛ハーグルールズ《1924年に採択され, 1931年に発効した, 正式名 International Convention for the Unification of Certain Rules of Law relating to Bills of Lading (船荷証券に関するある規則の統一のための国際条約); 1968 (この年改正された議定書を **Hágue-Vís·by Rùles** /-vízbi-/ (ハーグ・ヴィスビー・ルールズ) という) および1979年に改正議定書採択; 海上物品運送契約における運送人と荷主の権利義務を確定し両者の利益を保護することを目的とする, 船荷証券に関する国際規則》.

Hágue Tribúnal [the ~]〚史〛ハーグ仲裁裁判所《PERMANENT COURT OF ARBITRATION の通称》.

hale /héɪl/ *vt* 強く引く; 無理に行かせる, 《裁判所などに》引っ立てる〈*into*〉.

Hale /héɪl/ ヘール Sir Matthew ~ (1609–76)《イングランドの法律家; 人民訴訟裁判所 (Court of Common Pleas) 裁判官 (1654–58), 庶民院議員 (1654, 59, 60), 財務府裁判所首席裁判官 (Chief Baron (of the Exchequer)) (1660–71) を経てイングランド首席裁判官 (Lord Chief Justice (of England)) (1671–76); 王政復古の前後を通じて裁判官として名声を保っただけでなく, 法学書も執筆; *The History of the Common Law of England* (1713), *The History of the Pleas of the Crown* (1736; 未完) ほか》.

half /hǽf; háːf/ *n* (*pl* **halves** /hǽvz; háːvz/) **1** 半分. ▶ FIRST HALF (上半期). **2**《一対のものの》片方;《訴訟事件の》一方の当事者. [OE *h(e)alf* side, half; cf. G *Halb*]

hálf a yéar〚英〛《賃貸借契約での》半年間《四季支払い日から一つおいて次の四季支払い日までの貸借期間》.

hálf blòod 半血《血族関係》, 片方の親が違う[腹][種] 違いの]きょうだい (cf. FULL BLOOD). **hálf-blòod·ed** *a*

hálf bròther 半血兄弟, 異父[異母]きょうだい.

hálf nèphew 半血兄弟・姉妹の子である甥.

hálf nìece 半血兄弟・姉妹の子である姪.

hálf-nóte *n* 半截(はんさい)約束手形 (=halved note)《売買代金支払いのための約束手形を二つにちぎり, 一片は注文時に, 他片は目的物引渡し時に, 売主に交付するもの》.

hálf órphan 片親の子 (⇨ ORPHAN).

hálf-páy *n* **1** 給料の半分, 半俸, 半給. **2**〚英軍〛《将校の》休職給.

hálf-próof *n*〚大陸法〛半証明《ヨーロッパ大陸の法定証拠主義の下で判決をするのに十分な証明の半分しか証明力をもたない証明; 例えば二人の証人の証明が必要なのに一人だけの証人の証明》.

hálf-quárter dáys *pl*〚英〛四季支払い中間日《四季支払い日 (quarter days) の中間日, すなわち2月2日, 5月9日, 8月11日, 11月11日》.

hálf-séal *n*〚史〛半璽《国王代理官裁判所 (Court of Delegates) で, 婚姻・海事関係の上訴の裁判を国王代理官 (Delegates) に特別委任するための任命状を認証するのに用いた印璽; 国璽 (Great Seal) の裏または下の部分に用いた; 1832年に国王代理官裁判所そのものが廃止された》.

hálf-sécret trúst 半秘密信託《=semi-secret trust》《遺言書その他で信託 (trust) の存在は明示しているが, 受益者 (beneficiary) の氏名その他その内容が示されていないもの; 例えばある財産を遺贈者・受託者の話し合いで決定した信託内容に基づいて受託者に遺贈するというようなもの; ⇨ SECRET TRUST》.

hálf sìster 半血姉妹, 異父[異母]きょうだい.

hálf-tímer *n* **1**〚英史〛半日制学童《就業を可能にするため正規の半分の授業時間のみ出席することを認められた学童》. **2** 半日労働者.

hálf-tóngue *n*〚英史〛外国人用陪審《外国人を被告人とする刑事裁判で用いた陪審員の半数が外国人からなる陪審; 1914年法で廃止》.

hálf-trúth *n* 半分真実, 一部だけ真実(の発言)《事実の一部だけを告げてだますこと; 詐欺となる》.

hálfway hòuse《社会復帰のための》中間施設, ハーフウェイ・ハウス《=residential community treatment center》《拘禁刑刑施設・医療施設に収容されていた者で社会復帰に際して再適応化が必要な者を, 釈放・退院前または直後に短期間最小限の統制・指導監督の下で更生を援助する施設; cf. WORK-RELEASE PROGRAM》.

hálf-yèar *n* **1**《1暦年の》半期《1–6月または7–12月》. ▶ FIRST HALF-YEAR (上半期). **2** 半年《法的には182日間》.

haligemote ⇨ HALLMOTE.

hallegemot, hallemote ⇨ HALLMOTE.

hallimote ⇨ HALLMOTE.

háll·màrk *n* **1**《London の Goldsmiths' Hall でつけた, 金・銀・プラチナ製品の》純分認証極印. **2**《一般に》品質証明, 太鼓判. — *vt* …に極印を押す; 特徴づける: ~ *ed* spoon. **~·er** *n*

hall-mote /hɔ́ːlmòʊt/ *n* **1**〚英史〛ホール集会《アングロサクソン時代の裁判所で後の自由不動産保有者裁判所 (court baron) に当たるもので, 通例荘園 (manor) の大ホールで開かれたことから》. **2**〚史〛ギルド裁判所《手工業ギルド成員のギルドに対する犯罪を裁いた裁判所》. **3**〚史〛都市の民会 (folkmote). **4**〚史〛教会裁判所《ただし誤用》.

★**haligemote, hallegemot, hallemote, hallimote, hallmoot, halmote, halymote** などともいう.

hálved nóte 半截(はんせつ)約束手形 (=HALF-NOTE).
halymote ⇨ HALLMOTE.
ham /hém/ n **1**《特に囲い込まれた，小区画の》放牧地，牧草地. **2**《史》住宅地；村，集落《現在では, Buckingham, hamlet などの語の一部として残っている》. **3**《史》家 (cf. HAMSOKEN).

Hám·burg Rùles /hémbə̀:rg-/ [the ~]《国際法》ハンブルク・ルールズ《United Nations Convention on the Carriage of Goods by Sea (海上物品運送に関する国際連合条約) の通称; 1978 年採択, 1992 年発効；国連で発展途上国が中心となり，ハーグ・ルールズ (Hague Rules) とは異なる新しい海上運送人の責任体系を創出したもので，それよりも運送人の責任が強化され，荷主に対する保護が厚い》.

hamel, hameleta ⇨ HAMLET.
hamesecken, hamesucken ⇨ HAMSOKEN.
ham·let /hémlət/ n 小村《村 (village) よりも小さな集落；英国では特に独自の教会をもたないものをいう》.
★ hamel, hameleta, hameleta ともいう.

ham·mer /hémər/ n **1**《競売者用の》木槌. **2**[the ~] 競売: bring [send]...to the ~ 競売に付す / come [go] to the ~ 競売に付される.

hám·mered a《英》《ロンドン証券取引所で，債務不履行のため》除名《処分》された.

ham·so·ken /hémsòukən/, **ham·sokne**, **ham·socn(e)**, **ham·sec·ken**, **home·secken**, **home·so·ken**, **hame·sec·ken** /hémsèk(ə)n/, **hame·suc·ken** /-sàk(ə)n/ n 《史》家の侵害 (=husbrice)《アングロサクソン時代からノルマン人の征服後の犯罪類型の一つで，家の侵害ないし自宅にいる人への攻撃を指した；住居侵入 (housebreaking) に当たる》.

Hán·a·per Òffice /hénəpər-/ [ºh- o-; the ~]《史》整理筐局《もとは大法官府 (Chancery) の国璽からの手数料収入を受領し同府の経費を支払い会計報告をした部局で，書類が整理筐 (hanaper) に入れられたことからこの名が出た；後に大法官府裁判所 (Court of Chancery) のコモンロー部門に属した一部局》.

hand /hénd/ n **1**《人の》手. ▶BURNING IN THE HAND (左右親指への烙印) / CLEAN HANDS (汚れのない手《の法理》) / DEAD HAND (死手《譲渡》) / RED HANDS (血に染まった手) / SHOW OF HANDS (挙手採択) / UNCLEAN HANDS (汚れた手《の法理》). **2** 人手, 労力；手腕. **3** 援助の手, 助力, 参加. **4**《約束・信義のしるしとしての》手，誓約，婚約. **5** 力, 影響力；立場；[ºpl] 所有, 手中；管理, 支配, 掌中；世話, 保護, 権力，《ローマ法》手権 (=MANUS): fall into the enemy's ~s 敵に捕らえられる / keep one's [a firm] ~ on...の支配権を握っている, ...を制御している / in good ~s 行き届いた管理[世話]を受けて，安心できる人に任せられて / strengthen sb's ~ 人の立場を有利にする[固める], 人が積極的に行動できるようにする. ▶STRONG HAND (不法の実力). **6** 筆跡, 書体, 書法, 署名. ▶COURT HAND (裁判所書体) / INSTRUMENT UNDER HAND (自署証書) / LAW-HAND (法律文書体) / NOTE OF HAND (約束手形) / SHORTHAND (速記法). **7** 側, 方面. **8** 手の幅《4 インチ》.
(at) first ~ 直接に, じかに. at ~ 手近に；近い将来に, すぐに；すぐ使えるように《用意して》: close [near] at ~ すぐ近くに. at second [third, fourth] ~ 間に 1 人 [2 人, 3 人] の人を介して: heard it (at) second ~ また聞きで聞いた. by ~ (1)《機械などによらずに》手で: made by ~ 手製. (2) 人を遣わして；手ずから: send [deliver] by ~ (郵送でなく) 手渡しする, 人を遣(や)って渡す. change ~s《財産など》所持が変わる, 売られる: the shop changed ~s for $200,000. from ~ to ~ 人手から人手へ, 甲から乙へ, 次々と. get one's ~s on...を手に入れる；...をつかまえる, ...に近づく. give one's ~ on [upon]...を誓約する, 正式に同意する, 《握手などして》人と《契約などを》固く取り決める. have [take] a ~ in [at]...に仲間入りする, ...に関係する. in ~ (1) 手にして, 所有して；制御して；支配[保護]下に；着手[用意]して: balance in ~ 差引き残余額 / have...in ~ ...を手もとに持っている；...を支配している；...に着手している (cf. take...in HAND) / with ten minutes in ~ まだ 10 分余裕があって / keep sb well in ~ 人を手なずけて[思いのままにして]おく / work in ~ 手掛けている仕事. (2) 後(あと)払いで: work a week [month, etc.] in ~ 一週[一月]給料後払いで働く. join ~s 手を握り合う；[fig] 結婚する, 提携する《in》. lay (one's) ~s on... (1)...をつかまえる, ...に手をかける[危害を加える]. (2) 見つける, 手に入れる. (3)《bishop が》...に按手する, ...に手を触れて祝福[任命]する. lift one's ~ 片手を上げて宣誓する. NOTE OF HAND. on ~ (1) 手もとに持ち合わせて, ありあわせの. (2) 間近に, 差し迫って；出席して. on [upon] sb's ~s 責任[重荷]になって. on (the) one ~ 一方では. on the other ~ 他方では, これに反して. out of ~ 即座に；深く考えずに；手に余って；手を離れて, 終わって: the court dismissed her evidence out of ~. out of sb's ~s《問題・仕事などが》人の管理[責任]を離れて: take a job out of sb's ~s 仕事を人から引き受ける. set [put] one's ~ (to...)《書類》に署名する；...に着手する: In witness whereof, I set my ~. strike ~s 契約を取り決める. take...in ~ ...に着手する, ...を処理する；...を統御する；...の世話を引き受ける, 《きびしく》しつける. take ~s 互いに手を握り合う；手に手を取る. take the law into one's own ~s 法の力を借りずに勝手に制裁を加える, 私刑を加える. to ~ 手の届くところに, 手近に: Your letter [Yours] to ~. お手紙拝受 / I have the document to ~.
— vt 手渡す；《贈り物・報酬として》渡す, 与える《to》，《手紙などで》渡す, 送る: ~ up《低い所から高い所へ》手渡しする (⇨ HAND up). ~ back《持主の手に》返す《to》. ~ down (1)《財産・資質・慣習などを親から子どもへ》伝える, 残す. (2)《事件について》意見を述べる；《判決・評決を》言い渡す: ~ down a decision [verdict].

~ **in** 〈家人などへ〉手渡しする; 〈上司へ〉差し出す, 提出する: ~ *in* a test paper 試験問題用紙を手渡す[提出する]. ~ **out** 与える, 配る; 〈罰などを〉科す; 《まれ》〈判決を〉言い渡す. ~ **over** 〈書類・証拠などを〉手渡す, 引き渡す, 譲り渡す. ~ **up** 上位者に引き渡す[手渡す], 上申する; 〈大陪審 (grand jury) が〉起訴状を裁判所[裁判官]に提出する.
[OE *hand, hond*; cf. G *Hand*]

Hand ハンド **Learned ~** (1872–1961) 《米国の裁判官; 連邦地方裁判所裁判官を経て, 合衆国控訴裁判所 (United States Court of Appeals) 裁判官 (1924–51); 自由主義者として, また達意明快な判決で知られ, 最高裁判所裁判官ではなかったが, 最もすぐれた裁判官の一人に数えられている; ⇨ HAND FORMULA》.

hánd·cùff *n* 〔*pl*; °a pair of ~s〕手錠. ▶ GOLDEN HANDCUFFS (黄金の手錠). — *vt* …に手錠をかける; …の自由を奪う, 拘束する.

hánd·fàst·ing *n* 1 《史》婚姻契約. 2 (一種の) 契約婚 (⇨ HANDFAST MARRIAGE).

hánd·fast màrriage 契約婚 (1) 《史》男女が手を握り婚姻契約を結ぶか聖職者による挙式に欠く婚姻 2) 《史》すべての法的効果を有している婚姻契約 (betrothal) (に基づく婚姻) 3) 一種の試験婚で, 約束の期間終了後に別れるか正式に結婚するかを双方で決定するもの 4) なんらかの新興宗教に基づき拘束力を有する形でなされた婚姻; 3) および 4) については handfasting ともいう》.

Hánd fòrmula ハンド(裁判官)の定式《事故の蓋然性と損失の重大性の積よりも事故回避費用が小さいにもかかわらず事故回避行動をとらなかった場合には過失があるとした, 過失認定のための判断基準; 米国の Learned HAND 裁判官が 1947 年に最初に示した定式》.

hánd·gùn *n* 拳銃, ピストル.

hand·hab·end, -ende, -habhende /hǽndhæbənd/ *a* 《英史》窃盗犯が盗品を所持して. [OE *aet haebbendre handa* at [with] a having hand]

hand·i·cap /hǽndikæp, -di-/ *n* 不利な条件; 身体[精神]障害 (disability). ▶ MENTAL HANDICAP (精神障害).

hánd·i·càpped *a* 《身体的または精神的に》障害のある; 障害者用の.

hándicapped chíld 《心身に障害をもつ》障害児.

hándicapped pérson 障害者.

han·dle /hǽndl/ *vt* …を握る, 手を触れる; …をつかむ, …を握る; 処理する, さばく; 統御する, 待遇する, 取り扱う; 〈問題などを〉論じる; 〈盗品を〉売買[処分]する; 《商》商う: ~ a culprit roughly 犯人を手荒に扱う. ~·**able** *a*

hán·dling *n* 1 取扱, 運用, 操縦; 《商品の》出荷: a ~ charge 出荷費用. 2 《賍品などの》関与行為.

hándling stólen gòods 《英》《賍物収受以外にも蔵匿・運搬・処分などの行為も含む》賍物関与罪.

hánd mòney 手付け(金) (= EARNEST MONEY).

Hansard

hánd nòte 担保付き約束手形保証約束手形《担保付き約束手形 (collateral note) で担保された債務についての約束手形》.

hánd·sàle *n* 《史》握手売買契約, 握手売買契約手付金 (= handsel*) 《契約締結のしるしとしての握手による売買, さらにはその際にあるいは握手に代って交付された金銭》.

hánd·sèl */hǽn(d)s(ə)l/ *n* 《史》握手売買契約, 握手売買契約手付金 (= HANDSALE).

hánds-òff agréement 不介入合意(書)《雇用者とかつての被用者との間で, その雇用期間中に得た情報をその雇用者から顧客を奪う目的で用いることを禁ずる旨の合意(書)》.

hánd·writing *n* 1 手書き; 手跡, 筆跡; 書風: a letter of application in one's own ~. ▶ PROOF OF HANDWRITING (筆跡の証明). 2 書いたもの, 筆写物.

hándwriting exémplar 筆跡標本.

hándwriting èxpert 筆跡鑑定人.

hánd·wrìtten *a* 《タイプなどでなく》手書きの.

hang /hǽŋ/ *v* (**hung** /hʌ́ŋ/) *vt* 1 掛ける, つるす, 下げる. 2 (~ed, 《俗》hung) 絞首刑に処する;《古》磔刑(たっけい)[はりつけ]にする. 3* 《陪審員の中で反対があり全員一致に至らず》《陪審》の評決を出せなくする. — *vi* 1 かかる, ぶらさがっている, たれさがる. 2 (~ed) 絞首刑になる. 3 a 〈決断・事が〉未決である, 揺れる. b 〈陪審〉が意見が一致しない (cf. HUNG JURY). **go ~** (1) 絞首刑になる. (2) 放りっぱなしにされる: He let the law *go ~*. 法が無視されるのを放置した. **~ over** 《口》以前からそのまま残る, 未決のままになる. **~ together** (1) 団結する: We must indeed all ~ *together*, or, most assuredly, we shall all ~ *separately*. われわれは本当にみなが hang together (団結)しなければならない, さもないと疑いなく hang separately (一人一人が個別々々に絞首刑になる)のだ《米国独立宣言書に署名した時の Benjamin Franklin のことばとされている》. (2) 《話など》つじつまが合う, 筋道が立っている. **leave** … **~ing (in the air)** …を未決のままにしておく. **~·able** *a*

hánged, dráwn and quártered *a* 《史》《大逆罪 (high treason) の刑として》引きまわしのうえ絞首して四つ裂きにされた《英国では 1870 年に絞首のみにした; cf. QUARTERING》.

háng·ing *n* 絞首刑, 絞殺, 縊死(いし) (cf. QUARTERING): death by ~ 絞首刑 / three ~s 絞首刑 3 件. — *n* 絞首刑(処分)の: a matter 絞首刑になるような事件 / a ~ offense 絞首刑になる罪.

hánging jùdge 《俗》絞首刑判決を多く出す《苛酷な》裁判官.

háng·man /-mən/ *n* 《古》絞首刑執行人.

Han·sard /hǽnsɑː, -sərd/ *n* 《英》ハンサード議会議事録, 英国議会議事録《1889 年まで議会議事録を編纂した Luke Hansard (1752–1828) とその子孫にちなむ; 1908 年に政府に引き継がれ, 1909 年からは政府による正式の議事録として Official Report, 1943 年からは Hansard Official Report の名称で公刊されている; cf. JOUR-

NALS OF (THE HOUSES OF) PARLIAMENT)：～ reporters.

Han·se·at·ic Laws of the Sea /hænsiætɪk-/ 〖史〗[the ～] ハンザ海法《中世のハンザ同盟の海法；1591年に集成され、公刊；北ヨーロッパで権威として用いられた；cf. LAWS OF WISBY》.

h. app. °heir apparent 法定推定相続人.

hap·pi·ness /hǽpinəs/ n 幸福. ▶ PURSUIT OF HAPPINESS (幸福の追求) / RIGHT TO PURSUE HAPPINESS (幸福追求権).

har·ass /hǽrəs, həræs/ vt 《しつこく》悩ませる、困らせる、うるさがらせる、苦しめる；侵略する、略奪する. ～**·er** n ～**·ing·ly** adv ［F (harer to set a dog on)］

haráss·ment n 悩ます[悩まされる]こと；人を悩ますもの；いやがらせ、困惑させること、迷惑行為. ▶ HOSTILE ENVIRONMENT HARASSMENT (環境破壊的いやがらせ) / RACIAL HARASSMENT (人種上のいやがらせ) / RELIGIOUS HARASSMENT (宗教上のいやがらせ) / SAME-SEX HARASSMENT (同性による性的いやがらせ) / SEXUAL HARASSMENT (性的いやがらせ) / SEXUAL ORIENTATION HARASSMENT (性的志向いやがらせ).

harássment of débtors 〖英〗債務者へのいやがらせ《犯罪の一類型》.

harássment of óccupier 〖英〗居住者へのいやがらせ《犯罪の一類型；cf. RESIDENTIAL OCCUPIER》.

har·bor ｜ har·bour /há:rbər/ n 1《船の安全な停泊所としての》港、港湾. ▶ SAFE HARBOR (安全港). 2 避難所、隠れ場、潜伏所：give ～ to《犯罪者など》を蔵匿する[かくまう]. — vt 1《船を停泊させる；収容している. 2《亡命者・罪人など》をかくまう、蔵匿する；隠匿する. — vi 《船などが》停泊する；避難する；《動物などが》潜む、隠れる ［OE hereborg army shelter, lodging, (v.) hereborgian to lodge］

hárbor dùes [fèes] pl 港税, 入港税 (= groundage, port dues).

hárbor·ing n 犯人[犯罪者]蔵匿.

hárboring an illégal álien *不法入国者蔵匿.

hárbor lìne 港湾区域線.

hard /há:rd/ a 1 a 堅い, 固い. b しっかりした、確かな, 信頼できる《情報》；《市場が》堅調な, 強気の,《市価など》下落しそうにない：～ common sense 現実的な常識[感覚] / the ～ facts 確たる事実. c《貨幣が《紙幣でなく》鋳貨の；《小切手・手形などと区別して》通貨の, 現金 (hard cash) の；《通貨が》兌換可能な；《通貨制度が》十分な金の準備に支えられた, 外国貨幣に交換可能な (⇨ HARD CURRENCY). 2 a 困難な, むずかしい：～ work 骨の折れる仕事. b《口》厄介な, 度しがたい, 悪党の. 3 a 激しい, 猛烈な,《金融が》逼迫した. b きびしい, 無情な, 非情な, 因業な；抜け目のない, 冷徹な, 鋭い：～ dealing 虐待 / drive a ～ bargain きびしい[譲歩しない]取引[交渉]をする；有利に交渉[商談]を進める. c 精力的な, 勤勉な. d 極端な, 強硬な：～ line 強硬路線 / take a ～ line in the negotiations 交渉で強硬路線をとる. ～ and fast 動かせない, 厳重な《規則・区別》. — n 〚《俗》重労働 (hard labor): get two years' ～ 懲役2年をくらう.

hárd càse 1 困難な事件, 難問事件, ハード・ケース. 2 難物, 矯正しがたい犯罪者〔常習犯〕. **Hard cases make bad law.** 困難な事件は悪法を作る《具体的妥当性を求めるあまり法律則間の整合性を無視する》.

hárd cásh 硬貨；《小切手・手形に対して》現金.

hárd cópy 〖電算〗ハードコピー, 普通記録《磁気テープ・パンチカードなどに対して、紙に印刷し特殊な装置なしで読めるコピー》.

hárd-córe pornógraphy《性描写の露骨な》ハードコア・ポルノグラフィー.

hárd cúrrency 硬貨 (1) 鋳造貨幣 2) 金あるいは他の通貨と自由に交換可能な通貨, ドル・ユーロ・円など》；opp. soft currency》.

hárd dísk 〖電算〗ハードディスク (1) 磁性体をコーティングした金属円板からなる磁気ディスク 2) HARD DISK DRIVE》.

hárd dísk drìve 〖電算〗ハードディスク装置, ハードディスクドライヴ《単に hard disk ともいう》.

hárd·ened a 堅くなった；凝り固まった, 常習的な：a ～ offender [criminal] 常習犯.

hárd gòods pl 耐久消費財 (= DURABLE GOODS).

hárd lábor 重労働(の刑)《英国では1948年法により廃止》：at [with"] ～ 重労働(刑)(付き)の.

hárd láw 1 苛酷な法. 2 ハード・ロー《《ソフト・ロー (soft law) の対概念で、法的拘束力を有する法；国際法上は条約, 国際慣習法》；⇨ SOFT LAW》.

hárd lóan ハードローン《(1) 一般には、金利が高く返済期限が短いなど融資条件のきびしい融資 2) 債権国通貨での返済を条件とする国際融資 3) 交換可能通貨での返済を条件とする国際融資；opp. soft loan》.

hárd-lóok dòctrine 峻厳審査の法理《裁判所は、行政機関の決定が便宜主義・圧力・気まぐれなどから生じたものでないことを保証すべく注意深く審査すべきであるという原則》.

hárd móney 1 正貨, 額面どおりの価値ある通貨；兌換貨幣. 2 硬貨, コイン. 3 現金.

hárd séll [°the ～] 強引販売, 押し売り, ハードセル《時には威嚇をまじえるなどしつこく強力に広告・販売すること》.

hárd·ship n 困難, 不都合；難儀, 辛苦, 困苦欠乏；虐待, 圧制, 不法 (cf. HARD CASE, UNNECESSARY HARDSHIP)：bear ～ 辛苦に耐える / economic ～(s) 経済的困難 / the ～s of life in a city 都会の生活苦. ▶ EXCEPTIONAL HARDSHIP (異例の困苦[悪行]) / GRAVE HARDSHIP (重大な困苦) / UNNECESSARY HARDSHIP (不必要な困難).

hardware 1 金物類, 金属製品. 2 兵器, 武器 (cf. SOFTWARE). 3 ハードウェア《(1) 電子機器装置の総称 2) 機械設備, 機材；cf. SOFTWARE》.

hare /héər/ n 野ウサギ《狩猟法 (game law) の対象として多くの規制がある》.

harm /háːrm/ *n* 害, 被害, 損害, 損傷, 傷害, 危害, 害悪: do sb 〜 =do 〜 *to* sb 人に危害を加える, 人を害する / do [be] no 〜 害にならない / No 〜 done. 被害なし, 全員異状なし. ▶ BODILY HARM (傷害) / IRREPARABLE HARM (回復不能の損害) / PHYSICAL HARM (物理的害) / SOCIAL HARM (社会的害悪). ― *vt* 害する, 傷つける. ★ INJURE よりも意味の強い語. 〜**·er** *n* [OE *hearm*; cf. G *Harm* grief, injury]

hárm·ful *a* 有害な, 害悪を生み出す. 〜**·ly** *adv* 〜**·ness** *n*

hármful érror 危険な誤謬 (=REVERSIBLE ERROR).

hárm·less *a* **1** 無害な. **2** 悪意のない, 罪のない. **3** 《まれ》損害のない, 無傷の. 〜**·ly** *adv* 〜**·ness** *n*

hármless érror 《当事者の実体的権利や事件の結果に影響しない, したがって再審 (new trial) や上訴の理由にならない》無害な誤謬 (=technical error) (cf. REVERSIBLE ERROR).

har·mo·ni·za·tion /hàːrmənəzéɪʃ(ə)n; -naɪ-/ *n* 《欧州連合 (European Union) 諸国間の共同市場 (common market) を確保するための立法・関税などの》調和.

harmonizátion of láws 《欧州連合 (European Union) 諸国国内の一定の社会経済政策面での》法の調和 (cf. APPROXIMATION OF LAWS).

har·mo·nize /háːrmənàɪz/ *vt* 調和させる, 一致させる, 〈法・制度などを〉同じにする, そろえる.

har·mo·ny /háːrməni/ *n* 調和, 一致, 融和; 平静さ, 心の落着き.

har(r)iott ⇒ HERIOT.

Hart ハート **Herbert Lionel Adolphus 〜** (1907-92)《英国の法哲学者; Oxford 大学教授 (1945-68 年); BENTHAM, AUSTIN らの分析法学の伝統を再生し現代分析法理学を樹立; 主著 *The Concept of Law* (1961); *Law, Liberty and Morality* (1963); *Punishment and Responsibility* (1968) など》.

Hár·ter Àct /háːrtər-/ [the 〜] 《米》ハーター法《1893 年に国際市場における米国海運の保護を狙って成立した連邦法; 運送人の責任範囲を明確化したもの; 1936 年の Carriage of Goods by Sea Act (海上物品運送法) により一部取って代られ, 現在の適用領域は限定されている; 法案提出者である Ohio 州選出下院議員 Michael D. Harter (1846-96) にちなむ》.

HASAWA 〖英〗°Health and Safety at Work Act 労働健康安全法.

hat /hǽt/ *n* 帽子. ★ 英国庶民院で採決中に議員が発言したいときには hat をかぶらなければならない. そのため庶民院では古いシルクハットが保管されている.

HAT 〖英〗°housing action trust 居住環境整備信託.

Hátch Àct [the 〜] 《米》ハッチ法《上院議員 Carl A. Hatch (1889-1963) が法案を提出し 1939 年に成立した連邦法; 連邦公務員が特定の政治活動に携わることを禁じ, 選挙運動献金や資金に制限を設けることを骨子とする》.

háte crìme 憎悪犯罪《被害者に対する人種・国籍・宗教・信条・障害・性・性的志向に由来する憎悪感情を原因とする犯罪; cf. HATE SPEECH》.

háte spèech 憎しみの言論《ある集団 (例えば 特定人種) に対する憎しみの表現以外 全く意味をもたない言論; cf. GROUP LIBEL, HATE CRIME》.

hát mòney 《荷主からの》船長・船員への謝礼《PRIMAGE の俗称》.

ha·tred /héɪtrəd/ *n* 憎しみ, 嫌悪, 憎悪, 遺恨, 恨み: in 〜 of…を憎んで. ▶ RACIAL HATRED (人種的憎悪).

háts in cóurt 法廷内での帽子着用(権)《転じて, かつて英国で法廷内で帽子着用権を有していた大法官府主事 (Master in Chancery) の任命儀式で任命権者の大法官 (Lord Chancellor) が, 被任命者が手にしていた帽子を取ってかぶせたこと》.

hául·age ròyalty /hɔ́ːlɪʤ-/ 《他人の土地の下を通って石炭を運搬することにつきその他人に支払う》**地下運搬通行料**.

have[1] /hǽv/ *vt* **1** もつ, もっている, 所有する: I didn't 〜 [hadn't] time to see her. / Do you 〜 [H〜 you] any money *with* [*on*, *about*] you [*on your person*]? / 〜 …*to* oneself …を私有する. **2** 得る; 食べる; 捕える. **be had (or maintained)** 〈訴訟手続きなどが〉始ま(り追行され)る: no action for … may be *had or maintained* until …. …(を求めて)の訴訟は…まで提起・追行されない. **be had up** その筋へ訴えられる. **to 〜 and to hold** 持ちかつ保有すべき, 保有すべき (=habendum et tenendum) (⇒ HABENDUM CLAUSE): I A take thee B to my wedded wife, *to 〜 and to hold* from this day forward. 私 A は今日この日から末長くあなた B を妻とします《結婚の誓約》/ my wife *to 〜 and to hold* いつまでも大切にすべき妻. ― *n* [ᵁ*pl*] 有産者, 持てる国: the 〜s and the have-nots 有産者と無産者, 持てる国と持たざる国. [OE *habban* (*hav*- の形は cf. live, love)]

ha·ve[2] /héɪvi/ *int* ようこそ, ごきげんよう《Law Latin で挨拶語の ave の変形; HABE とも綴る》.

háve and hóld 持ちかつ保有する (⇒ *to* HAVE[1] *and to hold*).

hawk /hɔ́ːk/ *n* **1** タカ. **2** タカ派, 強硬論者 (opp. *dove*). ― *vi* タカ狩りをする; タカ派として行動する. ― *vt*＊《俗》…に迫る, 押す.

háwk·er *n* 行商人 (=peddler).

háwk·ing *n* 行商 (=itinerant peddling).

háwk·ish *a* タカ(のくちばし)のような; タカ派的な: the 〜 members of the Cabinet.

háy·bòte /-bòut/ *n* 〖史〗垣根修繕用材採取権 (=hedgebote) 《採木(入会)物の一つ》.

haz·ard /hǽzərd/ *n* **1** 危険 (danger), 保険事故の起こる蓋然性. ▶ FIRE HAZARD (火災の危険) / MORAL HAZARD (道徳的危険) / OCCUPATIONAL HAZARD (業務上の危険) / PHYSICAL HAZARD (物理的危険). **2** 〖史〗さ

hazardous

いころ賭博. [F＜Sp＜Arab＝chance, luck]

házard·ous *a* **1** 危険な, 冒険的な. **2** 有害な《化学物質・廃棄物》. **～·ly** *adv* **～·ness** *n*

házardous cóntract 冒険契約, 射倖契約 (＝ALEATORY CONTRACT).

házardous emplóyment《使用者に補償を義務づける》高度に危険な労働.

házardous négligence 危険な過失《**(1)** 人を急迫な危険あるいはその傷害のきわめて大きな危険にさらす不注意なあるいは無思慮な行為 **2)** 重過失 (＝GROSS NEGLIGENCE)》.

házardous súbstance 有害物質《**(1)** 有害化学物質 **2)** 有害廃棄物 (hazardous waste)》.

házardous wáste 有害廃棄物 (⇨ HAZARDOUS SUBSTANCE).

házard pày 危険手当.

H.B.《米》house bill 下院審議中法案.

H-block /éɪtʃ ─/ *n* [the ～]《刑務所内の》H 型棟《平面が H 形に建てられているところから; 特に北アイルランド Belfast 市近郊の Maze Prison の主獄舎の通称; ⇨ BLOCK》.

H.B.M. His [Her] Britannic Majesty('s) 英国国王 [女王]陛下(の).

H.C. °habeas corpus 身柄提出令状◆°Hague Convention ハーグ条約◆°High Commission(er) 高等弁務官◆°House of Commons 庶民院◆°house of correction 感化院.

HCJ《英》°High Court of Justice 高等法院.

HDC °holder in due course 正当所持人.

he /(h)i, híː/ *pron* (*pl* they) 彼. ★英国では 1850 年の後の制定法上 he とある場合, 反対の意図があったという根拠がない限り, she を含むと解釈される. 米国についても同原則が維持されている. 現在では男性あるいは女性に限定される場合を除き性限定的代名詞は用いられない傾向にあるし, (その格変化を含め) he/she, he or she という表現も多い.

head /héd/ *n* **1** 頭, 頭部. **2** 先頭;《団体・組織などの》首位(者), 筆頭人, 長; 長官, 頭取, 会長, 社長, 校長: a crowned ～ 王, 女王. ▶BOROUGH-HEAD (十人組長) / BORROWHEAD (十人組長). **3**《リストなどの》第一位, 筆頭; 首席, 首座, 司会者席, 座長席. **4** (*pl* ～) 頭数, 人 (person), 一人: pay 2500 dollars per ～. **5** 頂, 上部, 上; 先端;《ページ・階段などの》上部, 頭, 天; 冒頭, 筆頭: the ～ of the list. ▶LETTERHEAD (レターヘッド). **6**《ページ・章の》表題, (小)見出し;《評論などの》主な項目, 題目;《特に新聞のトップ全段抜きの》(大)見出し; 眼目: ～s of agreement 契約の骨子 / ～ of damage 損害項目. **7** 頭の働き, 頭脳. **by ～s** 頭割で (per capita). ― *a* 首長たる; 首位の, 先頭の: a ～ clerk 首席書記 / the ～ waiter 給仕頭, ボーイ長. ― *vt* …の先頭に立つ, 率いる; …のトップの座を占める: His name ～ed the list. 彼の名が筆頭にあった / a ～ government delegation. ～ **up**「…の頭となる, 主宰する.

[OE *hēafod*; cf. G *Haupt*, L *caput*]

héad·bòrough *n*《英史》十人組長 (＝BORSHOLDER).

héad·ing *n* 条文見出し《制定法あるいは契約書の条文あるいは一群の条文ごとについている見出し; 前文と同様に扱われる》.

héad lèase《不動産転貸借 (sublease) の基礎にある》原不動産賃貸借[賃借権], 原賃借(権) (cf. MASTER LEASE, SUBLEASE).

héad lèssor《不動産転貸借 (sublease) の基礎にある》原賃貸人 (cf. HEAD LEASE, SUBLEASE).

héad lìcense《特許権者・著作権所有者が許可する》第一許諾.

héad mòney 1 頭割均等額. **2** 人頭税 (＝POLL TAX). **3**《船会社などに課する移民 1 名あたり一定額の》入国税 (＝head tax). **4** 首金《(1)** 海戦での, 捕虜などの人数に比例して乗組員に均等に与えられる賞金 **2)**《史》指名手配者の捕縛・殺害に対する賞金》.

héad·nòte *n* 頭注 (＝syllabus, synopsis)《判例集でそれぞれの判決の前に記載される編者による判決の摘要》; 条文見出し;《章などの》前書.

héadnote làwyer《俗》頭注法律家《頭注 (headnote) だけ読んで, 判決自体を読まない法律家》.

héad of (a) fámily 家族の長《主として米国の家産差押免除法 (homestead law) で用いられる語で, 血縁・婚姻・養子縁組で結ばれ同一の住所 (domicile) を有する一人または複数の人を扶養している人; cf. HEAD OF HOUSEHOLD》.

héad of cívil jústice《英》民事裁判長官.

héad of críminal jústice《英》刑事裁判長官《2005 年法上イングランド首席裁判官 (Lord Chief Justice), あるいは同裁判官が指名した控訴院 (Court of Appeal) の裁判官》.

héad of divísion《英》部長官《2005 年法以後は最高法院 (Supreme Court of Judicature) [上級法院 (Senior Court)] の次の 5 人の裁判官がこれに該当: (1) 首席裁判官 (Lord Chief Justice) (2) 記録長官 (Master of the Rolls) (3) 大法官府部長裁判官である高等法院大法官 (Chancellor of the Hight Court) (4) 女王座部部長裁判官 (President of the Queen's Bench Division) (5) 家事部部長裁判官 (President of the Family Division)》.

héad of fámily jústice《英》家事裁判長官《2005 年法上高等法院 (High Court of Justice) の家事部部長 (President of the Family Division)》.

héad òffice 本部, 本社, 本店, 本局 (＝main office) (cf. BRANCH OFFICE).

héad of hóusehold 世帯主《家計の主たる負担者; cf. HEAD OF (A) FAMILY》.

héad·quàrter *vi* 本部を設ける. ― *vt* [*pass*] の本部を〈…に〉置く〈*in* etc.〉.

héad·quàrters *n pl* [°*sg*] 本部, 本営, 司令部, 本署; 本社, 本局; 本拠; 本部員, 司令部員: ～' staff 司

令部員, 本部[本社]員 / general ～ 総司令部. ▶ PO-LICE HEADQUARTERS (警察本署).

héad·right n 《米》頭割権《1906年の連邦法でインディアン部族の所有地などからの収益基金を統合して一つの部族基金を設定したが, この基金に対する部族成員の比例的頭割権[収益権]》.

héadright certíficate 《米史》頭割権証書《合衆国への併合前の Republic of Texas (テキサス共和国)の1939年法により定められたもので, 共和国が1837年10月1日から1840年1月1日の間に移住した世帯主で実際に家族と共に共和国内に居住していた者に対して, 640 エーカーの土地が譲り与えられる権利の証書; この証書の下で3年間保有せねばならず, その後で無条件譲渡捺印証書(absolute deed)により完全な権原を得ることになっていた》.

héad shòp *《口》《麻薬使用者向けの用具などを商う》ヘッドショップ.

héad stàrt injúnction 優先発走差止命令《企業秘密(trade secret)の盗みがあった日からその秘密が公になった日までの期間と同期間その企業秘密の使用を被告人に禁ずる差止命令; この期間は被告人が不公正に得た優先発走(head start)であるということからの命名》.

héad stéward 《工場などの労働組合の》筆頭代表.

héad·strèam n 《河川の》源流(=headwater).

héad tàx 1 人頭税(=POLL TAX). **2** 入国税(=HEAD MONEY).

héad·wàter n **1** [*pl*]《河川の》上流. **2** 源流(headstream).

health /hélθ/ n 健康; 保健. ▶ BILL OF HEALTH (健康証明書) / BOARD OF HEALTH (公衆衛生委員会) / DEPARTMENT OF HEALTH (保健省) / ENVIRONMENTAL HEALTH (環境保健) / GOOD HEALTH (良好な健康状態) / MEDICAL OFFICER OF HEALTH (保健所長) / PRIVATE HEALTH (個人負担医療) / PUBLIC HEALTH (公衆衛生) / SOUND HEALTH (正常な健康状態).

Héalth and Sáfety at Wórk Àct [the ～]《英》労働健康安全法《労働災害防止を目指して1974年に制定された法律; 略 HASAWA; cf. IMPROVEMENT NOTICE, PROHIBITION NOTICE》.

Héalth and Sáfety Commìssion [the ～]《英史》健康安全委員会《労働健康安全法(Health and Safety at Work Act)の目的達成のために設立された委員会; 略 HSC; ⇒ HEALTH AND SAFETY EXECUTIVE》.

Héalth and Sáfety Exècutive [the ～]《英》健康安全委員会執行部《労働健康安全法(Health and Safety at Work Act) 実施のため地方当局と協働する労働健康安全委員会(Health and Safety Commission)の執行機関; 2008年に同委員会と統合し, この執行部の役員会が上位の管理機関となっている; 略 HSE》.

Héalth Authòrity [the ～]《英史》公共医療実施機関《地区(district)段階での公共医療実施機関で, 1996年に地区公共医療実施機関(District Health Authority)と家庭医療機関(Family Health Services Authority)とが統合され生まれたもの; 2002年法で戦略的医療実施機関(Strategic Health Authority)に変更》.

Héalthcare Commìssion《英史》健康管理委員会《2004年に健康増進委員会(Commission for Health Improvement)に代わって創設された独立機関; 国民医療制度(National Health Service)による健康管理・公衆衛生の評価, 各国民医療制度トラスト(National Health Service Trust)の毎年の評価などを通して健康管理・公衆衛生の増進をはかっていたが, 2008年法でその機能はイングランド保健ケアの質委員会(Care Quality Commission for England)に引き継がれ廃止》.

héalth certíficate 健康証明[診断]書.

héalth in prégnancy grànt《英》健康妊娠給付金《専門家から母性保健につき助言を得た妊娠した女性が規定条件を満たした場合に, 非拠出制で所得と無関係に支払われる一括給付金》.

héalth insùrance 健康保険, 医療保険.

héalth làw《一般的に》保健衛生法.

héalth-máintenance organizàtion《米》《会員制の》健康維持機構《団体健康保険加入者に医療従事者が医療を行なう組織; 略 HMO; cf. MANAGED-CARE ORGANIZATION, PREFERRED-PROVIDER ORGANIZATION》.

héalth òfficer 保健衛生官.

Héalth Protéction Àgency《英》健康保護機関《2004年法で創設された法人で, 地域社会を感染症から守り, 感染症の拡大を阻止し, これらの仕事を果たす人々を援助することを任務とするもの》.

héalth rècord [*pl*]《英》健康記録《国民医療制度(National Health Service)上, 患者ごとに作成され本人によるその閲覧申請権が法定されている病状・診断・処置・経過などの記録; なお, 死者についての記録閲覧申請は同一ではない》.

héalth sèrvice 1 公共医療(施設). **2** [the ～]《英》国民医療制度(=NATIONAL HEALTH SERVICE).

Héalth Sèrvice Commìssioner《英》国民医療制度監察官(=Health Service Ombudsman)《国民医療制度(National Health Service)および一般開業医・歯科医・薬剤師などについての苦情の受理と処理に当たる独立の委員; イングランドでは議会行政監察官(Parliamentary Commissioner for Administration)が占めているが, ウェールズとスコットランドにもそれぞれ同じような制度がある》.

Héalth Sèrvice Òmbudsman 国民医療制度行政監察官, 国民医療制度オンブズマン(=HEALTH SERVICE COMMISSIONER).

hear /híər/ v (**heard** /hə́ːrd/) vt **1** 聞く, …が聞こえる, 耳にする. **2** 聴く, …に耳を傾ける(listen to); 傍聴する; 聴き取る;〈裁判官などが事件を〉審理する, 審問[訊問, 聴聞]する(⇒ HEARING); (…の言い分を)聴いてやる, 聞き

hearing

入れる, 聴許する: Which judge *heard* the case? この事件の審理はどの裁判官がしましたか / The case will be *heard* next week. 本件は来週審理される. **3** 聞き知る, 聞かされる, 伝え聞く, 話に聞く⟨*that*⟩. — *vi* ⟨電話・手紙などで⟩連絡をうける, 聞く, 伝え聞く⟨*about, of*⟩; ǁ[*impv*] 聴け, 謹聴!: He is going to resign.—So I ~. 彼は辞職するそうだ—そんな話だね / Answer me, you ~! 答えろ, 聞こえないのか! **H~! H~!** [°*iron*] 謹聴; その通り. [OE *hīeran*; cf. G *hören*]

héar·ing *n* **1** 聞くこと, 聴取, 聞いてやること, 傾聴, 聴力, 聴覚; 聞いてもらうこと, 発言の機会; 聞こえる範囲: gain [get] a ~ 聞いてもらう, 発言の機会を得る / give sb a (fair) ~ 人の言い分を(公平に)聞いてやる / in sb's ~ 人が聞いている所で. **2 a** 審理⟪*trial* より広い概念で, 公開法廷だけでなく裁判官室 (chamber) で行なわれるものを含む; ⇨ HEARING IN CAMERA⟫. **b** ⟨刑事の被疑者・被告人の⟩審問, 訊問. **c** ⟪行政機関が決定する前の, また立法機関が法案を審議決定する前の意見聴取である⟫聴聞, 審理; 聴聞会: Congressional ~ on the federal budget 連邦政府予算についての議会の聴聞会. ▶ ADJUDICATION [ADJUDICATORY] HEARING (裁決のための聴聞; 少年非行事件の審理; 子供のための州介入権審理) / ADMINISTRATIVE HEARING (行政聴聞) / CONFIRMATION HEARING (承認のための審理; 破産行動計画承認審理) / CONFORMITY HEARING (合致審理) / CUSTODY HEARING (監護についての審理) / DARDEN HEARING (ダーデン事件の審理) / DETENTION HEARING (拘置の決定審理; 庇護審理) / DISCHARGE HEARING (破産免責審理) / DISPOSITION HEARING (処分決定審理; 措置決定審理; 最終処分決定審理) / DUNAWAY HEARING (ダナウェイ事件の審理) / EVIDENTIARY HEARING (証拠審理; 行政手続き) / EXCLUSIONARY HEARING (違法収集証拠に関する事前審理) / EX PARTE HEARING (一方当事者のみの審理) / FAIR HEARING (公正な審理; 公正な聴聞) / FATICO HEARING (ファティコウ事件の審理) / FRANKS HEARING (フランクス事件の審理) / FULL HEARING (完全審理; 行政手続き) / GARCIA HEARING (ガールシーア事件の審理) / INDEPENDENT SOURCE HEARING (独立的源泉審理) / JACKSON-DENNO [JACKSON V. DENNO] HEARING (ジャクソン対デノー事件審理) / JAMES HEARING (ジェームズ事件審理) / MAPP HEARING (マップ審理) / MIRANDA HEARING (ミランダ審理) / NEGLECT HEARING (遺棄・放任審理) / OMNIBUS HEARING (包括的準備確認審理) / OPEN HEARING (公開聴聞) / PERMANENCY HEARING (恒久的身分決定審理) / PLEA AND CASE MANAGEMENT HEARING (答弁および刑事事件処理手続き審理) / PRELIMINARY HEARING (予備審問) / PREPARATORY HEARING (予備審理) / PRESENTENCE HEARING (量刑前審理手続き) / PRETERMINATION HEARING (終了前聴聞) / PRETRIAL HEARING (事実審理前審理) / PROBABLE CAUSE HEARING (相当の根拠についての審問; 相当の根拠についての審理) / PUBLIC HEARING (公開聴問[聴聞]) / REAFFIRMATION HEARING (破産申し立て前金銭債務返済合意審理) / REHEARING (再度の審理, 覆審; 続審) / REVOCATION HEARING (仮釈放撤回審理) / SANITY HEARING (精神状態審理; 措置入院前審理) / SENTENCING HEARING (量刑審理手続き) / SHELTER HEARING (庇護審理) / SUPPRESSION HEARING (証拠排除の申し立てに対する審理) / TAINT HEARING (汚れを帯びた証拠の審理) / TERMINATION OF PARENTAL RIGHTS HEARING (親権終結審理) / TRANSFER HEARING (移送のための審理) / UNFAIR HEARING (不公正審理) / VALUATION HEARING (財産評価審理) / WADE HEARING (ウェード審理).

héaring de nó·vo /-di nóuvou/ 覆審的審理, 覆審的聴聞⟪上位の裁判所ないしは行政機関がある事柄について 2 度目の審理・聴聞を行なうに際し, 最初の審理・聴聞を無視しそこに初めて係属したのと同様に新たに事実認定・判断を行なうこと; ⇨ DE NOVO⟫.

héaring exàminer ⟪米⟫ 聴聞審判官 (=ADMINISTRATIVE LAW JUDGE).

héaring in cámera 裁判官室での審理 (⇨ HEARING 2 a, IN CAMERA).

héaring òfficer 1 ⟪米⟫ 聴聞職員⟪行政機関で正式の聴聞 (⇨ HEARING 2 c) 手続きを主宰する職員; 連邦では ADMINISTRATIVE LAW JUDGE (行政法審判官) といい, 州レベルでは種々の名で呼ばれている⟫. **2** ⟪米⟫ 裁判官委任者 (=JUDICIAL OFFICER). **3** [H- O-] 聴聞官⟪欧州司法裁判所 (European Court of Justice) に 1982 年に創設された独立の役人で, 欧州委員会 (European Commission) が選任する; その任務は欧州連合の競争法違反に関連して同委員会により調査がなされている事件で, 利害関係者に直接影響を与える決定を行なう前にその事件が当事者に十分に理解されその者の意見を聴取すべく聴聞を主宰することと, 加えてその報告と将来の行動のための助言をすること⟫.

héaring ròom 審理室, 審問[訊問, 聴聞]室.

héar·sày *n* 伝聞, うわさ, 風聞; 伝聞証拠 (=hearsay evidence, secondhand evidence)⟪証人みずからの五感で知覚したものでなく他人から聞いた事実など, あるいはそれについての供述; 特別の場合を除き原則として証拠として許容されない; ⇨ HEARSAY RULE; opp. *direct evidence, original evidence*; cf. PRIMARY EVIDENCE⟫. ▶ DOUBLE HEARSAY (再伝聞) / MULTIPLE HEARSAY (再伝聞).

héarsay èvidence 伝聞証拠 (=HEARSAY). ▶ VICTIM'S STATEMENT AS HEARSAY EVIDENCE (伝聞証拠として許容される被害者陳述).

héarsay rùle 伝聞証拠排除則⟪制定法・裁判所規則その他の証拠準則により別に定められていない限りは, 反対尋問 (cross-examination) 機会が与えられないあるいは与えられなかった供述は, 原則として証拠として採用されえないという準則; cf. HEARSAY⟫.

héarsay withìn héarsay 伝聞の中の伝聞 (=DOUBLE HEARSAY).

héart·balm stàtute /há:rtbà:(1)m-/ ⟪米⟫ 慰藉請求権廃止法⟪愛情移転 (alienation of affection), 婚約

破棄, 姦通 (criminal conversation), 同意年齢 (age of consent) を超えた人の婦女誘惑 (seduction) に関するコモンロー上の賠償請求権を廃止する州法).

héarth mòney /háːrθ-/《英史》暖炉税, 炉税 (= chimney money)《1662-88 年の間暖炉ごとに課された税》.

héat of pássion 激情状態, 激怒状態 (=furor brevis, hot blood, sudden anger, sudden heat (of passion), sudden passion)(**heat of passion on sudden provocation** (突然の挑発による激情状態) ともいう; この下での殺人は謀殺 (murder) でなく故殺 (manslaughter) となる; cf. ADEQUATE PROVOCATION, COLD BLOOD, COOL BLOOD, CRIME OF PASSION).
▶ SUDDEN HEAT OF PASSION (突然の激情).

heavy /hévi/ a 重い; きびしい: a ~ jail sentence / pay a ~ fine. — n《俗》用心棒. **héav·i·ly** adv

hedge /héʤ/ vi 1 まがきを作る. 2〈危険などに対して〉防護策をとる〈against〉;〈賭け・投機で〉両掛けする, 掛けつなぎで損失を防ぐ. — n 1 生垣, 垣根《英国では 2003 年法で 2 メートルを超える垣根は, 隣人からの訴えに基づき最終的には地方当局が改善通告を発することができるようになっている》. 2 障壁; 防御手段.

hédge·bòte /-bòut/ n HAYBOTE.

hédge fùnd ヘッジファンド《資金を投機的に運用する, 通常は有限責任組合 (limited partnership) 形式の, 投資グループ》.

hédge·ròw n 低木生垣の列.

hedg·ing /héʤɪŋ/ n 掛けつなぎ (取引), ヘッジング《穀物取引や外国為替相場などにおける価格変動による損失を回避するための方法で, 手持ちのものを保険的に先物市場で売る, または購入予定のものを保険的に先物市場で買うなどしておき, 損失が出た場合にその利益により補填できるようにすることなど》.

he·dón·ic dámages /hɪdánɪk-/ pl《生きる喜びの損失に対する》快楽損害賠償(金)《多くは認められない》.

he·do·nís·tic utilitárianism /hìːdəníːstɪk-/ 快楽説的功利主義《法の有効性は最大多数の最大幸福の推進程度で計られるべきであるという, 特に Jeremy BENTHAM の思想に代表される考え方; cf. UTILITARIAN DETERRENCE THEORY》.

héed·ing presúmption 警告留意の推定《製造物で権利侵害を受けた人が, 万が一製造者が警告を製品に付けてくれていたならば, その警告に従っていたであろうという推定; 反証を許す推定 (rebuttable presumption) である》.

heed·less /híːdləs/ a 無思慮な (⇒ HEEDLESSNESS).

héed·less·ness n 無配慮《他人の権利・安全などに無配慮であるという程度の強い不注意; しばしば RECKLESSNESS (無謀) と同程度に理解されている》.

he·gem·o·ny /hɪʤéməni, -gém-, *héʤəmòuː-/ n 覇権,《特に同盟諸国内の一国による》主導権, 支配権, 盟主権, ヘグモニー; 覇権主義 (hegemonism); 支配[主導]権を握る国[政府]. **he·gém·o·nìsm** n 覇権主義.

he·gém·o·nist n **heg·e·mon·ic** /hèʤəmánɪk, -gə-/, **-i·cal** a [Gk (hēgemōn leader)]

hei·nous /héɪnəs/ a 凶悪な〈犯罪・犯罪者〉, 憎むべき, 極悪の. **~·ly** adv **~·ness** n [OF (heir to hate)]

heir /ɛ́ər/ n 法定相続人, 物的財産法定相続人 (= heir at law, heir general, legal heir, right heir) (cf. ANCESTOR, DEVISEE, LEGATEE); 相続人《一般》, 跡取り, 跡継ぎ, 後継者, 継承者〈to〉《略 h., her.》. ▶ AFTER-BORN HEIR (被相続人死亡後に生まれた法定相続人) / AND HIS HEIRS (単純不動産権表示文言) / APPARENT HEIR (法定推定相続人) / BENEFICIARY HEIR (限定承認相続人) / BODILY HEIR (直系卑属たる法定相続人) / COHEIR (共同(法定)相続人) / COLLATERAL HEIR (傍系血族である法定相続人) / EXPECTANT HEIR (予定法定相続人; 期待相続人) / FELLOW HEIR (共同(法定)相続人) / INSTITUTED HEIR (指定相続人) / JOINT HEIR (共同(法定)相続人, 共同被相続人相続人) / KNOWN HEIR (現在する(法定)相続人) / LAST HEIR (最終法定相続人) / LAUGHING HEIR (笑う(法定)相続人) / LAWFUL HEIR (法定相続人) / LEGAL HEIR (法定相続人) / LINEAL HEIR (直系血族である法定相続人) / NATURAL HEIR (血縁による法定相続人) / PRESUMPTIVE HEIR (推定相続人; 期待相続人) / PRETERMITTED HEIR (脱漏法定相続人) / PROSPECTIVE HEIR (予定法定相続人) / RIGHT HEIR (正統法定相続人) / TESTAMENTARY HEIR (遺言による相続人) / UNCONDITIONAL HEIR (無条件相続人).

an ~ of one's body [人の]直系卑属たる法定相続人 (heir of the body). **fall ~ to**…を相続する; …を受け継ぐ. — vt《方》相続する (inherit). **~·less** a 相続人[後継者]のない. [OF<L (hered- heres)]

héir àb intestáto (pl héirs àb intestáto)《大陸法》無遺言法定相続人 (⇒ AB INTESTATO).

heir app. ºheir apparent 法定推定相続人.

héir appárent (pl héirs appárent) 法定推定相続人 (=apparent heir)《被相続人より長く生きれば相続人となることが確実な人; 略 h.a., h(eir) app.; cf. HEIR PRESUMPTIVE》. **héir appárency** n

héir at láw (pl héirs at láw) 法定相続人, 物的財産法定相続人 (=HEIR).

héir benefíciary (pl héirs benefíciary)《大陸法》限定承認相続人 (=BENEFICIARY HEIR).

héir by adóption (pl héirs by adóption) 養子縁組による(法定)相続人, 養子としての(法定)相続人.

héir by cústom (pl héirs by cústom)《史》慣習法上の(法定)相続人《例えば ガヴェルカインド保有 (gavelkind) の相続など》.

héir by devíse (pl héirs by devíse) 不動産受遺者.

héir colláteral (pl héirs colláteral) 傍系(法定)相続人 (=COLLATERAL HEIR).

héir convéntional (pl héirs convéntional)《大陸法》約定による相続人.

héir·ess *n* HEIR の女性形.

héir expéctant (*pl* **héirs expéctant**) **1** 予定法定相続人 (=PROSPECTIVE HEIR). **2** 期待相続人, 期待権保有者 (=EXPECTANT HEIR).

héir géneral (*pl* **héirs géneral**) 法定相続人, 物的財産法の相続人 (=HEIR).

héir húnter 相続人捜索業者.

héir in táil (*pl* **héirs in táil**) 〖史〗限嗣相続人 (=HEIR SPECIAL).

héir légal (*pl* **héirs légal**) 法定相続人.

héir·lòom *n* 先祖伝来の家財・家宝; 法定相続動産《例えば, 紋章・栄典付与状・家族の肖像画・墓など代々伝えられてきた主観的・客観的価値ある財産; 動産でありながら相続不動産と共に法定相続人 (heir) に帰属する; cf. HEREDITAMENT, MIXED PROPERTY》: family ~s.

héir of the blóod (*pl* **héirs of the blóod**) 血縁(法定)相続人.

héir of the bódy (*pl* **héirs of the bódy**)《古》直系卑属たる法定相続人 (=bodily heir).

héir per stír·pes /-pər stə́ːrpiːz/ *pl* 代襲相続人 (⇨ PER STIRPES).

heir pres. °heir presumptive 推定相続人.

héir presúmptive (*pl* **héirs presúmptive**) 推定相続人 (=presumptive heir)《特定時点で被相続人が死亡した場合 法定相続人となるが, 順位の上の者が生まれることにより法定相続人でなくなる者; 兄弟や甥など; 略 heir pres., h.p.; cf. HEIR APPARENT》.

héir prospéctive (*pl* **héirs prospéctive**) 予定法定相続人 (=PROSPECTIVE HEIR).

héirs and assígns *pl* 〖史〗法定相続人およびその承継者《単純封土権 (fee simple) を生み出すためにかつて用いられた法技術的な定式文言; cf. AND HIS HEIRS》.

héir·ship *n* **1** (法定)相続人たること, (法定)相続人と被相続人との関係. **2** (法定)相続(権). **3**《古》HERITAGE.

héir spécial〖史〗特別相続人 (=heir in tail)《限嗣封土権 (fee tail) に基づきそれによって保有されている不動産の相続)》.

héir testaméntary (*pl* **héirs testaméntary**)〖大陸法〗遺言による相続人 (=TESTAMENTARY HEIR).

héir uncondítional (*pl* **héirs uncondítional**)〖大陸法〗無条件相続人 (=UNCONDITIONAL HEIR).

heist /háist/ *n* *《俗》強盗 (holdup).

held /héld/ *a* **1** 保有されている. **2** 判示した, 判決で述べた (⇨ HOLD).

héld cóvered *a*《保険》継続して担保する, 継続的な担保の (⇨ HELD COVERED CLAUSE).

héld cóvered cláuse《保険》担保継続条項《通常は保険の担保が終了する時点になってもなお, 引続き保険担保が継続する旨をあらかじめ相当の割増保険料を払った上で約定する約款》.

héll or hígh wáter cláuse 全障害条項《動産賃貸借の借主は, たとえ賃貸物に欠陥があっても, 全賃料を支払い続けることを定める動産賃貸借契約の約款; cf. HELL OR HIGH WATER RULE》.

héll or [and] hígh wáter rùle 全障害準則《1》動産賃貸借の借主は, 借主が不公平な取引能力や不公正さを立証しないかぎりは, たとえ賃貸物に欠陥があっても全賃料を支払い続けるべしという原則: cf. HELL OR HIGH WATER CLAUSE **2**》自動車保険で, 被保険者が他人所有の車の運転中の事故であっても, 許可された範囲内で使用したのであれば, 補償すべきであるという原則》.

Hélms-Búr·ton Àct /hélmzbə́ːrtn-/ [the ~]〖米〗ヘルムズ・バートン法《1996 年の連邦法; 正式名はキューバ自由・民主的連帯法 (The Cuban Liberty and Democratic Solidarity Act); キューバの民主化のために米国の対キューバ経済制裁を強化することを目的として, いくつかの重要な制裁が規定されているが, 法学的には特に, キューバ政府によって収用された一定額以上の米国資産を用いて経済活動を行なっている第三国の企業・個人に対して米国の元所有者が米国の裁判所に損害賠償請求を起こすことを認めている点, しかも同法が国務省にこの被告になりうる企業・個人に対して米国入国を拒否できる権限を与えている点は, 国内法の域外適用の問題などできわめて重要である; この法律は Clinton 大統領の承認を得たものではあるが, 欧州連合・カナダの反対表明, 同法の規定に基づく同大統領による同法の一部停止 (任期中途期), 欧州連合による WTO への提訴・その取下げなど多くの問題を残している》.

help /hélp/ *n* 助け, 救助; 援助, 力添え; 助けになるもの, 役立つもの. ▶INVESTIGATIVE HELP (調査のための援助) / LEGAL HELP (法的援助) / SELF-HELP (自助; 自力救済). ― *vt* …の助けになる, 役に立つ. **so ~ me God** 神のご加護あらんことを, 神に誓って《宣誓の最後に述べるきまり文句; 本来の 'so help you God' (ラテン語 ITA TE DEUS ADJUVET) の you が me に代えられたもの》.

hélp at cóurt《英》裁判所における援助《法律扶助 (legal aid) 制の一つで, 特定の審理のための訴訟代理を授権すること; 1999 年法で地域法律扶助提供 (Community Legal Service) 制が導入されるまでは代理による助言 (ABWOR) およびその申込書であるグリーンフォーム (green form) がこれと似た機能を果たしていた; ⇨ GREEN FORM, LEGAL HELP; cf. COMMUNITY LEGAL SERVICE》.

Hém·lock Socìety /hémlək-/〖米〗ヘムロック協会《末期患者などの自由意思に基づく安楽死を支持し, その合法化を求める団体; cf. EXIT》. [hemlock はドクニンジン (から採った毒薬[強い鎮静剤]》.

Hen. (King) Henry.

hence·forth /hénsfɔ́ːrθ, -´-/ *adv* 今後.

Hép·burn Àct /hépbərn-, ˈhéːbən-/ [the ~]〖米〗ヘプバーン法《下院議員 William P. Hepburn (1833-1916) が 1906 年に成立させた連邦法; それまでの州際通商 (interstate commerce) 法を改正し, 州際通商委員会 (Interstate Commerce Commission) の権限を大

幅に強化し、鉄道料金の上限認可権などを与えた》.

her·ald /hérəld/ n **1** 伝令, 布告者, 使者, 先触れ. **2**《英》紋章官, 式部官.

Hérald's Cóllege [the ~]《英》紋章院 (＝College of Arms)《英国で 1483 年に創設され, 軍務伯 (Earl Marshal) を総裁として家紋・紋章, 系図などを管轄する機関》.

herb·age /(h)ə́ːrbɪʤ/ n **1** 草, 牧草; 薬草. **2**《英》地役権的放牧入会権. [OF＜L＝right of pasture]

here·áfter adv **1** 今後, 以後, これより. **2** 以下, 次に, この後.

here·bý adv これによって, この文書[手紙]によって; この結果.

he·red·i·ta·ble /hərédətəb(ə)l/ a《財産が》(法定)相続可能な;《人が》(法定)相続しうる. **he·red·i·ta·bíl·i·ty** n [F or L; ⇨ HEIR]

her·e·dit·a·ment /hèrédətəmənt/ n **1** 法定相続産《不動産と動産の相続法が異なっていた時代に生じた財産の分類方式で無遺言相続に際して法定相続人 (heir) に相続される財産; 土地・家屋およびその付随権などが中心》; 有体法定相続産 (corporeal hereditament), 無体法定相続産 (incorporeal hereditament) に分けられる; cf. HEIRLOOM). ▶ LANDS, TENEMENTS, AND HEREDITAMENTS (土地・保有不動産・法定相続産). **2**《英》《課税単位としての》一筆の土地.

he·red·i·tary /hərédətèri; -t(ə)ri/ a **1** (法定)相続の[による], 世襲の, 相続権を有する[による]; 親譲りの, 代々の: ~ property 法定相続[世襲]財産 / ~ office 世襲職. **2** 遺伝(性)の, 遺伝的: ~ characters 遺伝形質. **he·red·i·tár·i·ly** /; hərédət(ə)rɪ-/ adv **he·red·i·tar·i·ness** /; -t(ə)rɪ-/ n [L; ⇨ HEIR]

heréditary péer《英国の》世襲貴族 (＝PEER OF THE REALM).

heréditary succéssion 法定相続, 世襲的承継 (cf. DESCENT, TESTATE SUCCESSION, INTESTATE SUCCESSION).

he·red·i·tas /hərédɪtæs/ n **1**《ローマ法》相続. **2**《史》無遺言相続不動産; 相続. [L]

he·red·i·ty /hərédəti/ n **1** 法定相続. **2** 遺伝, 遺伝形質.

her·e·geat /hérɪjət/ n《英史》相続上納物 (＝HERIOT).

he·re·geld /hérəgèld, -jèld/, **-gild** /-gìld, -jìld/《英史》**1** 軍税《アングロサクソン時代デーン人のイングランド覇権確立後それまでデーン人の買収のために徴収されていたデーンゲルト (danegeld) に代わって 1013-50 年の間徴収された》. **2** DANEGELD.

here·ín adv **1** ここに, この(文書[条文, 節])の中に: the conditions stated ~ ここで述べられた条件. **2**《まれ》この点[件]に, これを考慮すると.

here·in·abóve adv HEREINBEFORE.

here·in·áfter adv《文書の》下文に, 下に, 以下 (＝hereinbelow): the conditions ~ listed 下に列挙した

条件.

here·in·befóre adv 上に, 上文に, 前条に (＝hereinabove).

here·in·belów adv HEREINAFTER.

here·ínto adv ここの中へ, この中へ.

her·e·nach /hérənæk/ n《古アイルランド》**1** 司教座聖堂助祭 (archdeacon). **2** 教会の土地の俗人管理人, 世襲教会管理人. [Old Irish＝chief man]

here·óf adv これの, この文書の; これについて (of this): the conditions ~ これについての条件.

here·ón adv ここにおいて, この文書に; これに関して; すぐこれに続いて (hereupon);《古》この事実に基づいて.

here·óut adv《古》ここ[この場所]から, このことから.

heres, hae- /híəriz/ n (pl **he·re·des, hae-** /həríːdiːz/)《ローマ法》相続人 (heir). ▶ ULTIMUS HERES (最後の相続人).

her·e·sy /hérəsi/ n **1** 異端. **2**《史》異端罪《英国では 1677 年まで焚刑》. **he·rét·i·cal** a

here·tó adv **1** これに, この文書に; この点に関して: a sample is attached ~ 見本はこの文書に添付 / as witness ~ この点についての証人として. **2**《廃》今まで (hitherto).

here·to·fóre /ˌ*ˌ—ˈ—/ adv 今まで, これまで (hitherto); 以前は, 従来, 過去においては: as ~ これまでどおり. — a 今までの, 以前の.

here·únder adv **1** 下に, 下文に: See the provisions listed ~. 下に列挙した規定を見よ. **2** この文書[取決め]に従って.

here·untó /ˌ*ˌ—ˈ—/ adv これに, この文書に.

here·upón /ˌ*ˌ—ˈ—/ adv ここにおいて (upon this); これに関して; すぐこれに続いて.

here·wíth adv **1** これと共に(同封して), これに添えて (with this): Please find a check for 100 dollars enclosed ~. 100 ドルの小切手を同封しますのでお受け取りください. **2** これにより (hereby). **3** 直ちに, 今すぐ.

Hér Hónor 閣下 (⇨ HIS HONOR).

her·i·ot /hérɪət/, **har·(r)i·ott** /hérɪət/ n《英史》相続上納物 (＝heregeat)《アングロサクソン時代に従士が死亡すると馬・武具を主君に返還しなければならなかったことに由来し, みずから武装するようになると武器と金銭が, 次いで中世では, 保有者死亡時に領主に渡していた被相続人の通例は最良の動物》.

her·i·ta·ble /hérətəb(ə)l/ a **1**《人が》(法定)相続できる;《財産が》(法定)相続可能な (inheritable). **2** 遺伝性の. — n [ᵇpl] 法定相続可能財産. **-bly** adv 法定相続(権)によって. **hèr·i·ta·bíl·i·ty** n (法定)相続可能性; 遺伝率[力].

héritable blóod《史》相続可能血族関係 (＝INHERITABLE BLOOD).

héritable bónd 法定相続不動産譲渡捺印金銭債務証書《特にスコットランドの用法で, 法定相続不動産を移転することにより金銭債務を保証する証書》.

héritable obligátion 相続可能債務 (＝INHER-

ITABLE OBLIGATION).

her·i·tage /hérətɪdʒ/ n **1 a** 相続不動産, 相続[世襲]財産; 先祖伝来のもの; 遺産, 文化遺産. **b** 伝統. **2**《スコットランド》法定相続産,《法定相続される》土地およびその付属物 (cf. MOVABLE). [OF; ⇨ HEIR]

héritage pròperty 文化遺産《後世に譲り伝えるべき遺跡・景観などのほか絵画などの芸術品, 科学的収集物なども含む; cf. BUILDING PRESERVATION NOTICE, CONSERVATION AREA, HISTORIC BUILDING, HISTORIC SITE, LISTED BUILDING》.

her·i·tance /hérətəns/ n《古》INHERITANCE.

her·i·tor /hérətər/ n **1** 法定相続人 (heir); 相続人. **2**《スコットランド》《特に 公課を負担する》法定相続不動産所有者. ～·ship n

her·it·ress /hérətrəs/ n 女性の法定相続人, 女相続人.

her·i·trix, her·e·trix /hérətrɪks/ n (pl **-tri·ces** /hèrətráɪsiːz/, ～·es) 女性の法定相続人 (HERITOR の女性形).

Her Májesty's Inspéctor of Pollútion《英》汚染監督官 (略 HMIP; ⇨ ENVIRONMENT AGENCY, INTEGRATED POLLUTION CONTROL).

Her [His] Májesty's Opposítion《英》野党.

Her [His] Majesty's pleasure ⇨ PLEASURE.

Her Májesty's Prócurator Géneral《英》国王代理人 (=HM PROCURATOR GENERAL).

Her [His] Májesty's Státionery Òffice [the ～]《英》政府刊行物出版局《1996年に民営化され, STATIONERY OFFICE (政府刊行物出版所) となった; 現在も国の機関として縮小残存し, 英国政府・英国議会の著作権などの管理を行なっている; 略 HMSO》.

her·me·neu·tics /hə̀ːrmən(j)úːtɪks/ n [《sg/pl》] 解釈学: legal ～ 法解釈学.

hes·ia /híːziə, -ʃiə/ n《史》地役権 (easement). [L]

Heydon's Case ⇨ RULE IN HEYDON'S CASE.

HGN test /éɪtʃdʒiːén ─/ 水平注視眼振テスト (= HORIZONTAL GAZE NYSTAGMUS TEST).

HHS《米》(Department of) Health and Human Services 保健(社会)福祉省, 厚生省.

HHSRS《英》°housing health and safety rating system 住宅の健康・安全性評価制度.

hid·age, hy·dage /háɪdɪdʒ/ n《英史》ハイド税《土地 1 ハイド (hide) ごとに賦課された税》.

HIDC °holder in due course 正当所持人.

hid·den /hídn/ a 隠された, 隠れた.

hídden ásset《帳簿上 市場価格よりも低く計上されている》秘匿資産.

hídden dánger 隠れた危険 (cf. OBVIOUS DANGER).

hídden deféct 隠れた瑕疵(かし), 隠れた欠陥 (= inherent defect, latent defect)《一見したところでは見えない瑕疵; opp. patent defect》: ～ in the program.

hídden resérve 隠匿積立金

hídden táx 隠された税《例えば小売商がみずからへの課税分を上乗せした料金で商品を売る場合のように, 被課税者以外の者がしばしば知らずに支払っている税》.

hide /háɪd/ n《英史》ハイド《アングロサクソン時代のイングランドの地積および課税の単位; 犂 1 丁と牛 8 頭で一年間耕作しうる広さ, すなわち農民の一家族を養うに足りるとされた面積; 地方によって異なり, 40–120 エーカーと差があるが, ほぼ 100 エーカーで, CARUCATE とほとんど同じ; cf. ACRE》. [OE hīgid; cf. OE hīw family]

high /háɪ/ a **1**《高さが》高い;《地位・身分が》高い; 主な, 重要な, 高等な. **2**《値段などが》高い, 高価な. — n **1** 高いもの; 高い数値[数字];《証券》高値. **2**《俗》《麻薬などによる》酔い, 陶酔, 高揚. [OE hēah; cf. G hoch]

high báiliff《英史》州裁判所ベイリフ《州裁判所 (county court) 所属のベイリフで, 同裁判所の審理に立ち合い, 召喚状送達, 令状・命令の送達・執行などを任務にした; 1959 年法で廃止; その後は州裁判所の補助裁判官 (registrar) の同義語とされていた》.

High Chúrch [the ～]《英》高教会派《英国教会内の一派で, 教会・主教職の権威, サクラメント[聖餐]の尊重などを説く; cf. LOW CHURCH》.

High Commíssion (略 H.C.) **1**《英史》高等宗務官 (総称), 高等宗務官裁判所 (⇨ COURT OF HIGH COMMISSION). **2** 高等弁務官 (総称), 高等弁務官団; 高等弁務官事務所: the British [UK] ～ in Ottawa.

hígh commíssioner 1 高等弁務官 (略 H.C.: **1**) 英連邦諸国家間の外交使節; 大使 (ambassador) といわないのは同一人物を連邦の長として戴いているためで, 他国の大使と全く異ならない **2**) 国際機関の長; 国連難民高等弁務官 (United Nations High Commissioner for Refugees), 国連人権高等弁務官 (United Nations High Commissioner for Human Rights) など **3**) かつては従属国・被保護国・被占領国に対して外交使節の代わりに派遣されたが, 今はない; 米国施政下の沖縄には対日平和条約発効後も 1972 年の返還まで高等弁務官が置かれた》. **2**《英史》高等宗務官 (⇨ COURT OF HIGH COMMISSION).

hígh cónstable 1《英史》侍従武官長 (⇨ LORD HIGH CONSTABLE OF ENGLAND). **2**《英史》ハンドレッド治安官 (=chief constable)《ハンドレッド (hundred) 単位でリート裁判所 (court leet), ハンドレッド裁判所 (hundred court) もしくは治安裁判所 (session of the peace) で任命され, ハンドレッド内の治安維持を職務にした; 1869 年法で廃止; cf. PETTY CONSTABLE》.

hígh cóntracting pàrties pl《国際法》条約締結当事者《条約に署名あるいは批准をした国家代表; その権能を有する者は, 元首・政府の長・外務大臣, 外交使節団の長, 国際会議・国際機関等への国派遣代表, 全権委任状を提示した者, 国際機関の長》.

Hígh Cóurt (略 H.C.) **1** [°h- c-]《米》最高裁判所《Supreme Court の俗称》. **2**《英》高等法院 (⇨ HIGH COURT OF JUSTICE). ▶ CHANCELLOR OF THE HIGH

Court (高等法院大法官) / Divisions of the High Court (高等法院の部) / Patents Court of the High Court (高等法院特許審判部). **3**《豪》(オーストラリア)最高裁判所 (High Court of Australia). **4**《スコットランドの》刑事法院 (⇨ High Court of Justiciary).

High Court enforcement officer〖英〗高等法院執行官《2003年法により、かつてシェリフ (sheriff) が果たしていた，判決債務 (judgment debt) および土地の占有をめぐる高等法院 (High Court of Justice) の判決に関してその執行義務を果たしている役人；cf. sheriff》.

High Court of Admiralty [the ~]〖英史〗海事高等裁判所 (= Court of Admiralty).

High Court of Australia [the ~] オーストラリア最高裁判所.

High Court of Chivalry [the ~]〖英史〗騎士道高等裁判所 (= Court of Chivalry).

High Court of Delegates [the ~]〖英史〗国王代理官高等裁判所 (= Court of Delegates).

High Court of Justice [the ~] **1**〖英〗高等法院《1873, 75年法で主だった上位裁判所 (superior court) が統合して作られた 第一審で一般的管轄権をもつ通常裁判所，控訴院 (Court of Appeal)・刑事法院 (Crown Court) と共に最高法院 (Supreme Court of Judicature) を構成《最高法院は2005年法施行後から上級法院 (Senior Court) と名称変更》; 1970年法以後では女王座部 (Queen's Bench Division), 大法官府部 (Chancery Division), 家事部 (Family Division) の三部制であるが，それまでは女王座部，大法官府部，検認・離婚・海事部 (Probate, Divorce and Admiralty Division) の三部制であった；略称 High Court, 略 HCJ》. **2**〖英史〗《Charles 1世を断頭台に送ったイギリス革命期の》高等司法裁判所.

High Court of Justiciary [the ~] スコットランド刑事法院，《スコットランドの》刑事上級裁判所 (= Court of Justiciary)《1672年創設；第一審および上訴を扱うが，民事のスコットランド控訴院 (Court of Session) と異なり，貴族院への上訴はできない；略称 High Court》.

High Court of Parliament [the ~]〖英史〗議会高等裁判所《**1**》議会 (parliament) **2**》司法機関としての貴族院；⇨ Supreme Court of the United Kingdom》.

high crime〖米〗《必ずしも重罪 (felony) にはならないが》重大な犯罪 (⇨ high crimes and misdemeanors) (cf. impeachable offense).

high crimes and misdemeanors *pl*〖米〗重大な犯罪および軽罪《合衆国憲法第2編第4節で，大統領・副大統領その他の文官の弾劾 (impeachment) の理由として挙げているもの；厳密な意味での重罪・軽罪より広く公務員としてあるべきでない行為を含む；cf. impeachable offense》.

high degree of care 高度の注意 (= great care).

higher and lower scales〖英史〗高率および低率の手数料基準《最高法院 (Supreme Court of Judicature) 発足時，その裁判所手数料および事務弁護士報酬につき定められた2種類の慣行料率；最高法院規則 (Rules of the Supreme Court) で改訂》.

higher court 上訴裁判所 (= court above).

Higher Education Act [the ~]〖米〗高等教育法《1965年制定の連邦法；大学における社会奉仕活動・成人教育・図書館拡充・奨学金などに対する政府援助を定めた》.

highest and best use《特に公用収用 (eminent domain) 対象の土地の市場価格 (market value) 決定基準などとしての》最良最高限の利用《原則》.

highest court 最上級審裁判所, 最高裁判所.

highest degree of care 最高度の注意《義務》 (= utmost care)《人を乗せる公共運送人 (common carrier) などに課される注意義務》.

highest proved value 最高立証価格《拾得動産横領訴訟 (trover) において横領時から審理までの間のその動産の最高価額；ほとんどの場合原告はこれを補償される》.

high-flier, -fly・er *n* **1** 高く飛ぶ人，望み[抱負]の高い人, 野心家. **2**〖英式〗高教会 (High Church) 派の人. **3**《証券俗》相場の平均より上げあしの速い銘柄.

high judicial office 高位の司法官職《一般的用法のほか，英国ではかつては大法官 (Lord Chancellor), 枢密院司法委員会 (Judicial Committee of the Privy Council) 成員，常任上訴裁判官 (Lord of Appeal in Ordinary), イングランド・ウェールズ法域および北アイルランド法域の最高裁判所 (Supreme Court of Judicature) とスコットランド控訴院 (Court of Session) の裁判官を指したが，2005年法施行後は，常任上訴裁判官，上級法院 (Senior Court) 裁判官，スコットランド控訴院裁判官，北アイルランドの控訴院および高等法院の裁判官を指す》.

high justice〖史〗高級裁判権《重大な犯罪を含むすべての刑事事件を裁判しうる裁判権；cf. low justice》.

high-low agreement 上限下限の合意《損害賠償請求訴訟に関して陪審による損害賠償の裁定額 (award) を条件とする原告・被告間の示談で，被告が支払うべき最低額と最高額を設定しておき裁定額が最低額を下回った場合は最低額を，裁定額が最高額を上回った場合は最高額を，被告が原告に支払うというもの》.

high misdemeanor 大軽罪《**1**》〖史〗重大さの点で大逆罪 (high treason) に次ぐ犯罪；英法上本来は犯罪 (crime) と同義であったが，英国では例えば騒擾 (riot) と共同謀議 (conspiracy) を指し，米国でも初期には英国と同様であったが，煽動 (sedition) のような犯罪を定義するのにこの語が用いられた **2**》 gross misdemeanor **3**》 serious misdemeanor》.

high・ness *n* [H-] 殿下《国王の子孫への敬称》; ⇨ majesty》.

hígh séas *pl* **1** [the ~] 公海 (=main sea, mare liberum, open sea) (⇨ SEA). **2** [the ~]《英国のかつての海事裁判所 (Court of Admiralty) のような》海事裁判所 (admiralty court) 管轄水域.

hígh shériff《英》シェリフ, 州長官 (⇨ SHERIFF).

High Stéward《英》**1**《史》イングランド執事卿 (=Lord High Steward (of England))《もともとは中世の王室の家職としての執事; のちに弾劾 (impeachment) と貴族が重罪 (felony) や反逆罪 (treason) で訴えられた時に, 執事卿が貴族院の臨時議長となり, また 閉会中はイングランド執事卿裁判所 (Court of the Lord High Steward) で, 同僚貴族により裁判された; 執事卿はこの必要が生じるごとに選任された; 同裁判所は 1688 年以来開催されていないが, 貴族が貴族院で裁判される特権も 1948 年法で廃止された; 宮廷執事卿 (Lord Steward of the (King's [Queen's]) Household)) とは区別するべきである). **2**《史》スコットランド執事卿 (Lord High Steward of Scotland)《かつてのスコットランド第一の大臣; スコットランドおよび後のイングランドの国王家となった Stewart 朝は王位に就く前はこの職を世襲していた》. **3** 大学執事卿 (Oxford, Cambridge 大学の大学裁判所裁判官; 18 世紀以来その裁判権は廃れている).

hígh tréason 大逆罪 (⇨ TREASON) (cf. PETIT TREASON).

High Trées Càse《英》ハイ・トゥリーズ事件 (⇨ CENTRAL LONDON PROPERTY TRUST, LTD. V. HIGH TREES HOUSE, LTD.).

hígh-wáter màrk 高水位線, 高潮線, 満潮標 [線], 高潮水位標 (cf. LOW-WATER MARK).

hígh·way *n* 公道, 公水路; 幹線道路; 幹線交通路, 主要ルート, 高速自動車道(路): ~ by prescription 時効による公道 / ~ by user 永年の使用による公道. ▶ INTERSTATE HIGHWAY (州間高速自動車道) / KING'S [QUEEN'S] HIGHWAY (公道) / OBSTRUCTION OF HIGHWAY (公道妨害; 公道違法使用による侵害(訴訟)).

híghway àct 1 公道法, 幹線道路法 (総称). **2** [the H- A-]《米》幹線道路(整備)法《1956 年成立; 州間高速自動車道 (interstate) などを 13 年かけて建設し, 費用の大半を国が負担することを定めた》. **3** [H- A-]《英》公道法《1835 年法, 1980 年法など同名の法律は多くある》.

Híghway Còde [the ~]《英》《主として自動車運転者向けの公的な》道路交通規範集《これ自体が法律であるわけではない》.

híghway èasement 公道使用地役権, 公道利用権.

hígh·wày·man /-mən/ *n* 追いはぎ, 辻強盗《人》.

híghway ràte《英史》公道維持税.

híghway róbbery 1 追いはぎ, 辻強盗(行為). **2**《口》《商取引による》法外な利益[請求], 暴利, ぼったくり.

híghway tàx 道路税.

hi·is [his] **tes·ti·bus** /háis [hís] téstəbəs/ 以下の者が証人となって: ~ clause《証書》認証文言, 証人欄. [L=these being witnesses]

hi·jack, high-jack, high·jack /háɪdʒæk/ *vt*《口》**1**〈輸送中の貨物, 特に 禁制品を〉強奪する;〈飛行機・列車・バスなどを〉乗っ取る, ハイジャックする. **2** 強要[強制]する. — *vi* 輸送中の貨物を強奪する; ハイジャックする. — *n*〈飛行機などの〉乗っ取り, ハイジャック (⇨ PIRACY). ~**·er** *n* ハイジャック犯. ~**·ing** *n* ハイジャック.

Hil.《英》°Hilary sittings ヒラリー開廷期間◆《英》°Hilary term ヒラリー(開廷)期.

Hil·a·ry /híləri/ *n* HILARY SITTINGS; HILARY TERM. [*Hilarius* (315?–?367) ポワティエ司教 (祝日 1 月 13 日) から]

Hílary Rùles *pl* [the ~; ˢH- r-]《英史》ヒラリー訴訟規則《1833 年の Civil Procedure Act (民事訴訟手続法) に基づき 1834 年ヒラリー開廷期 (Hilary term) から施行された民事訴訟手続法改正規則; 同規則への不満がむしろ 19 世紀後半の司法制度の抜本的改革をもたらしたといわれている》.

Hílary sìttings *pl* [the ~]《英》ヒラリー開廷期間《毎年 1 月 11 日に始まりイースター (Easter) 前の水曜日に終わる高等法院 (High Court of Justice) などの裁判所開廷期間 (sittings) で, 4 開廷期間の一つ; 1875 年までのヒラリー(開廷)期 (Hilary term) に当たる; 単に Hilary ともいう; 略 H.; Hil.; ⇨ SITTINGS》.

Hílary tèrm《英》ヒラリー(開廷)期《**1**》《史》年 4 回の裁判所開廷期 (law term) の一つで 1 月 11 日から 1 月 31 日; 1875 年まで用いられた上位裁判所開廷期; ⇨ LAW TERM **2**》HILARY SITTINGS; 》単に Hilary ともいう; 略 H.; Hil.》.

hill /híl/ *n* **1** 丘, 山, 丘陵《通例 草木のある, あまり険しくない山, 英国では通例 2000 ft. (=610 m) 以下のもの》. **2** [the H-] *CAPITOL HILL, 米国連邦議会.

HIP《英》°home information pack 住宅情報書.

hire /háɪər/ *vt*〈人を〉雇う, 雇用する;〈物を〉(料金を払って)借りる, 賃借する: ~ a clerk 書記を雇う / ~ a motorcar by the hour 自動車を時間単位で借りる. ~ **out** (*vt*) (料金を取って)貸し出す, 賃貸する;〈みずからを〉雇いに出す; "(金を支払って)〈仕事を〉請け負わせる: ~ *out* cars 車を賃貸しする / She ~d her*self out* as a baby-sitter. ベビーシッターとして雇われた. (*vi*) *雇われる, 働きに出る. — *n* **1 a**《物の》賃借り, 賃貸し, 賃貸借; 有償寄託: automobiles for ~ 貸し自動車 / pay for the ~ of... の賃借料を払う. **b**《人の》雇用; 請負. ▶ BAILMENT FOR HIRE (賃借寄託) / WORK (MADE) FOR HIRE (職務著作物). **2 a** 賃料, 賃借料, 使用料, 損料. **b** 賃金, 給料 (wages); 報酬: The laborer is worthy of his ~. 働く者が報酬を受けるのは当然である《新約聖書 *Luke* 10:7 より》. **3**《口》雇われた人, 採用者. **for** [**on**] ~ いつでも雇うことができる;《タクシーの表示で》「空車」: let out *on* ~ 賃貸しする. **hír(e)·able** *a*

hired /háɪərd/ *a* 雇い入れの; 賃貸しの; 借り物の: a ~ killer《雇われの》殺し屋.

híred gún＊《俗》**1** 殺しの請負人, 用心棒. **2**《依頼人勝訴のためには倫理にもとることも平気で行なう》悪徳弁護士, [derog] 弁護士. **3**《報酬のために依頼人に有利な証言をする》雇われ証人. **4** ある事業を推進するために雇われた人[役員], 雇われ仕事人.

híre·ling n [derog] 雇われ人; 金で働く者, 打算的なやつ.

híre púrchase《英》買取り選択権付き賃貸借 (⇨ HIRE PURCHASE AGREEMENT).

híre púrchase agrèement 1《英》買取り選択権付き賃貸借合意《目的物を賃貸借の形で引き渡し, 借主が定期的に支払いを行ない, 所定回数に達した時に買取り選択権を行使すると所有権が移転する取引; 購入の約束でなく買取り選択権のみの約束である点で条件付き売買合意 (conditional sale agreement) と異なるし, 所定回数支払い後買取り選択権を行使して初めて所有権が移る点で, 契約時に所有権が移転する信用販売合意 (credit sale agreement) と異なる;《米》の installment plan (割賦法) に相当する; cf. CONDITIONAL SALE, CREDIT SALE AGREEMENT, INSTALLMENT SALE＊》. **2**《米》賃貸借付き売買合意 (＝LEASE-PURCHASE AGREEMENT).

hir·er /háɪərər/ n **1** 雇用主; 賃借人. **2**《史・スコットランド》貸主.

hir·ing /háɪərɪŋ/ n 雇用[契約関係]; 賃借, 賃貸借: 〜 of a ship 傭船.

híring at wíll 解約自由の雇用契約 (＝EMPLOYMENT AT WILL).

híring hàll《労働組合の》雇用[仕事]周旋所, 就労周施所.

His [Her] Hónor《裁判官・市長などへの三人称の敬称として》閣下, 裁判官殿, 市長殿 (cf. YOUR HONOR).

His Májesty's Opposítion《英》野党 (⇨ HER MAJESTY'S OPPOSITION).

His Májesty's pleasure ⇨ PLEASURE.

His Májesty's Prócurator Géneral《英》国王代理人 (＝HM PROCURATOR GENERAL).

His Májesty's Státionery Òffice《英》政府刊行物出版局 (⇨ HER MAJESTY'S STATIONERY OFFICE).

his testibus ⇨ HIIS TESTIBUS.

historical bay ⇨ HISTORIC BAY.

histórical [histórⅰc] cóst 歴史的原価, 取得原価, 実際[原始]原価 (＝ACQUISITION COST) (⇨ HISTORICAL COST ACCOUNTING) (cf. CURRENT COST).

histórical [histórⅰc] cóst accóunting 歴史的原価会計, 歴史的原価主義会計《資産取得のために実際に支払った価額に基づく会計; cf. CURRENT COST ACCOUNTING》.

histórical jurisprúdence 歴史法学 (⇨ HISTORICAL SCHOOL).

histórical school 歴史(法)学派《法を理性の所産と見る自然法学に反対し, 法は君主など主権者の命により人為的に作るものではなく言語と同様民族精神の発露で歴史と共に自然に成るものであるとする; ドイツのサヴィニー (Savigny) を祖とし, 英国ではメイン (Maine), ヴィーノグラードフ (Vinogradoff) がその代表者).

histórical title《国際法》歴史的権原《国際法上, 長期間にわたる国家の行為・主権の行使と他国の黙認によって古くから合法的なものと広く認められている権原; ⇨ HISTORIC WATERS》.

histórⅰc [histórⅰcal] báy《国際法》歴史的湾 (⇨ HISTORIC WATERS).

histórⅰc búilding《保存のため, 変更など各種の制限のある》歴史的建造物 (cf. BUILDING PRESERVATION NOTICE, CONSERVATION AREA, HERITAGE PROPERTY, HISTORIC SITE, LISTED BUILDING).

histórⅰc síte《保存のため, 変更など各種の制限のある》遺跡 (cf. CONSERVATION AREA, HERITAGE PROPERTY, HISTORIC BUILDING).

histórⅰc wáters pl《国際法》歴史的水域《厳密には特定の国の領有水域ではないが伝統的に沿岸国が領有を主張し, 諸外国も黙認している水域; その代表的な例は, 一般には公海扱いとなるほど湾口が広いが古くから湾岸国が主権を主張・行使し, 他国もそれを認めてきた歴史的湾 (historic bay) だが, そのほか海峡・河口などにも用いる》.

hit /hít/ vt **1**《ねらって》打つ, …に打撃を加える, 命中させる. **2**《俗》殺す (kill). **3**《俗》《人に麻薬を注射する[与える]. — n **1** 打つこと; 打撃. **2**《俗》殺し, 殺害. **3**《俗》麻薬《ヘロイン》の(一回の)注射, 一服. **4**《電算》《検索時の》該当, ヒット. **5**《電算》ウェブサイトへのアクセス数の単位, ヒット数.

hít and rún ひき逃げ, 当て逃げ.

hít-and-rún a ひき逃げの, 当て逃げの (＝hit-skip): a 〜 accident.

hít-and-rún státute ひき逃げ・当て逃げ禁止法《自動車事故を起こした者のひき逃げ・当て逃げを許さず, その者にその場での救助・通報などの緊急処置をとる義務を課している法》.

hith·er·to /híðərtùː, ˌ‐ˈ‐/ adv 従来, 今まで, これまで, 今までのところは, 過去において.

hít màn《俗》殺し屋.

hít-skip a ひき逃げの, 当て逃げの (hit-and-run).

HIV (human immunodeficiency virus の略) ヒト免疫不全ウイルス《AIDS の原因ウイルス》.

hív·ing dówn /háɪvɪŋ-/ 企業分割売却《債務を親会社に残し, 企業の生き残れそうな部分のみを存続企業として売却をはかること》.

HL, H.L.《英》°House of Lords 貴族院.

HLA test /eɪelˈeɪ ˌ‐/ HLA 検査《人間の個体を免疫学的に特徴づけるヒト白血球抗原 (human leukocyte antigen) を検査・比較することにより父子関係・嫡出性を決定する方法; cf. DNA IDENTIFICATION, PATERNITY TEST》.

HM《英》His [Her] MAJESTY('s) 国王[女王]陛下.

HM Inspéctor of Pollútion /éɪʃə̀m-/《英》汚染監督官（＝HER MAJESTY'S INSPECTOR OF POLLUTION）．

HMIP《英》°Her Majesty's Inspector of Pollution 汚染監督官．

HMO《米》°health-maintenance organization 健康維持機構◆°house in multiple occupation 複数世帯居住家屋．

HM Prócurator Géneral /éɪʃə̀m-/《英》国王代理人（＝His [Her] Majesty's Procurator General）《現在は大蔵省付き事務弁護士（Treasury Solicitor）が兼ねている；捕獲審検所（prize court）で国王を代理する以外国王代理人としての職務はない；⇨ TREASURY SOLICITOR）．

HM Révenue and Cústoms /éɪʃə̀m-/《英》歳入・関税委員会（＝REVENUE AND CUSTOMS）．

HMSO《英》°Her [His] Majesty's Stationery Office 政府刊行物出版局．

HM Tréasury /éɪʃə̀m-/《英》英国大蔵省．

HO °habitual offender 常習犯（人）．

hoard /hɔ́ːrd/ n 1《食料品などの》買いだめ．2《金銭・財宝の》退蔵，貯蔵物，《知識などの》蘊蓄（うんちく）．— vt, vi《ひそかに》貯蔵する〈up〉；死蔵する；ため込む，大量にたくわえる：～ coins 硬貨をためる．**～・er** n **～・ing・ly** adv 買いだめして．[OE hord; cf. G Hort treasure]

hóard・ing[1] n 1 秘蔵，退蔵，死蔵，蓄積，買いだめ；買い占め売り惜しみ．2 [ʊpl] 蓄積[貯蔵]物．

hoard・ing[2] n 1《英》《建築現場などの》板囲い．2《英》広告板，揭示板．

hoast・man /hóʊstmən/ n (pl -men /-mən/)《英》《Newcastle-upon-Tyne にかつて存した》石炭取扱業者組合員《現在もこの組合は名誉的なものとして残存》．

hoax /hóʊks/ n いたずら，悪ふざけ；でっちあげ，捏造：～ phone call《爆弾を仕掛けたなどという》虚偽のいたずら電話．▶ BOMB HOAX（模造爆発物放置・いたずら爆破予告）．

Hobbes /hɑ́bz/ ホッブズ **Thomas** ～ (1588–1679)《イングランドの政治思想家；自然状態（state of nature）の下では万人の万人に対する戦いが永続することになるから，それを避けるため一人の絶対的支配者に自然権を譲り渡し，これに絶対服従すべきことを説いた；主著 De Cive（市民論, 1642）, Leviathan（レヴァイアサン, 1651）など》．

hob・bler /hɑ́blər/ n《英史》1 軽騎兵；射手．2《軍事用》小馬保有義務者．

hóbby lòss《税法上必要経費と認められない》趣味の活動による損失．

hodge・podge /hɑ́dʒpɑ̀dʒ/ n [the ～; °Hodge Podge] 1 ごたまぜ．2 財産併合，特別受益分の持戻し（＝HOTCHPOT）．3《米税制》ごたまぜ（＝MAIN POT）．

hódgepodge àct《内的調和を欠く》ごたまぜ制定法．

Hó・garth's Àcts /hóʊgɑ̀ːrθəz-/ pl [the ～] ホガース法《英国で 1734 年および 1766 年に制定された版画の

著作権に関する法律；画家・版画家 William Hogarth (1697-1764) たちの努力によるところが大きい；共に 1911 年の著作権法 (Copyright Act) で廃止》．

hold /hóʊld/ v (**held** /héld/) vt 1 手に持つ，つかむ；支える；保つ，維持する．2 a 保有する；所有する (own); 保持する；所持する；保管する；確保して[とって]おく：～ shares 株を保有する／～ the rights to do…する権利を有する／Lightly won, lightly held.《諺》得やすきは失いやすし．b《特に》地代 (rent) や奉仕 (service) を条件にして》《不動産などを人から》保有する〈of〉: A tenant ～s land of a lord. 保有者は領主から土地を保有する．3 占領する；《役・地位などを》占める：～ the office of the chairman 議長の役職にある．4《会などを》開く，催す，もつ，《式を》挙げる；行なう，主宰する；追行する，遂行する，法にのっとって行なう: The hearing was held in camera. 審理は裁判官室で行なわれる．5 抑える，止める，差し控える．6《約束・義務・責任などに関して》拘束する〈to〉；義務づける，制約する；留め置く，留置する，拘束する，勾留する：～ sb to his word 人に約束を守らせる／The suspect was held in the police station. 被疑者は警察本署に留置された．7《容器が液などを》入れることができる，…だけはいる，《建物・乗物などが》…の収容能力がある (contain): This room can ～ fifty people. この部屋には 50 人はいれる．8《心に》いだく，…と思う，考える，主張する：～ the belief [opinion] that…という信念[意見]をいだく／I ～ it my duty to inform you. お知らせするのはわたしの義務だと思います．9《裁判所が》判決する〈that〉，判示する《★ 厳密には hold は a court が主語の時に用い a single judge が主語の時は rule を用いる》，判断する (cf. DECIDE, FIND): The court held that the statute was unconstitutional [held the statute to be unconstitutional]. 裁判所は同制定法が違憲であると判示した．

— vi 1 保つ，持続する；踏みとどまる〈for, with〉；《変節せず》《信条・決意などを》守る，執着する〈to one's beliefs, resolution〉．2 a 保有する，所有する〈of, from〉；《特にある人の》保有者 (tenant) として保有する〈of〉: A king's tenant in chief is the man who ～s immediately of the king. 国王の直属受封者とは国王の直接の保有者である人[国王から直接封を保有している人]である．b 麻薬を所持する．3《法律などが》効力[妥当性]を有する，有効である，適用できる〈good [true] for〉: The rule does not ～ in this case. その準則はこの場合当てはまらない．4 [ʊimpv] 控える，待つ，電話を切らないで《そのまま》待つ．~ **back** 引っ込める，取り消す；引き止める，押しとどめる．しまっておく，隠す；差し控える；ためらう．~ **by**…を守る，固執[執着]する．~ **down** 抑えつける，《物価・人数などを》低く抑える，抑制する，《口》維持する，《地位を》保つ：~ down on doing …するのを差し控える／~ [the] job down 同じ職にとどまる．~ **everything**《口》 HOLD it．~ **forth** 提示する (offer)；述べたてる，長々としゃべる．~ **hard**《馬を止めるため》手綱を強く引く；[impv] 待て，あわてるな！ ~ **in** 抑制する；自制す

る． ～ **it** [ᵁ*impv*]《口》中断する, 待機する, 待つ. ～ **off** 近寄らせない, 防ぐ;〈人を〉避ける, 離れている〈*from*〉; 遠のく; 遅らせる〈*doing*〉;"〈雨などが〉降ろうとしない, 遅れる. ～ **on** (*vi*) 続けていく, 持続する,〈雨が〉降り続く; すがりつく〈*to* a piece of plank〉, 踏みとどまる, 持ちこたえる, 死守する;〈電話を〉切らないでおく;《口》[*impv*] 待て (Stop!). (*vt*)〈物を〉固定しておく. ～ **on to** [**onto**]…を保持する, 手放さないでいる; …をたよりにする, …にすがる. ～ **out** (*vt*) (**1**) 差し出す; 提供[約束]する; …と主張する, …と称する, …であるかのごとくにふるまう: He held himself *out* as a director of the company. (**2**)《相手に》〈希望などを〉いだかせる; 寄せつけない;〈与えるべきものを〉与えない; 言わないで[隠して]いる. (*vi*)〈…に〉最後まで耐える[持ちこたえる]〈*against*〉;《待遇改善を要求して》就業を拒む, 契約更改しない. ～ **out for**…〈望みのものを求めて固く〉こらえる, …をあくまで要求する. ～ **over** (後に)持ち越す, 延期する;〈予定以上に〉続ける; 引き留める, 留め置く; 保有期間満了後も〈土地[建物]の〉保有を続ける, 期間以上に在任を続ける. ～ **to**…〈人に約束などを〉守らせる; …に固執する,〈約束・同意に〉従う; …を保持する: try to ～ sb *to* the contract. ～ **under**〈人民などを〉抑えつける. ～ **up** (**1**) 上方にささげる, 上げる; 引き合いに出す. (**2**)《嘲笑の的などにして》見せる. (**3**) [ᵁ*pass*] さえぎる, 妨げる, 遅らせる, 延期する〈*on*〉. (**4**)〈人の話を〉支持する. (**5**) 止める; 止まって待つ;《ピストルを突きつけて》…に停止を命ずる, …から強奪する: ～ *up* the bank 銀行強盗をする. (**6**)〈株価・売上げなどが〉持ちこたえる, がんばる, もつ. (**7**)*《口》…に不当な要求をする, ふっかける. ～ **with**… [ᵁ*neg*]…に賛成する, …を可とする; …に味方する.
—*n* **1 a** 捕える[つかむ]こと, 保持, 把握; 掌握, 支配力; 把握力, 理解力: let go one's ～ 手を放す[ゆるめる]. **b** 確保, 予約; 差し控えること; 延期[停止](命令). ▶ LITIGATION HOLD (訴訟資料保管命令). **2**〈土地などの不動産の〉保有 (⇨ TENURE) (cf. COMMONHOLD, COPYHOLD, FREEHOLD, LEASEHOLD). ▶ COMMONHOLD (共同保有(権)) / COPYHOLD (謄本保有(権)) / FREEHOLD (自由土地保有(権)) / LEASEHOLD (定期不動産賃借権). **3** 隠れ場, 避難所; 監獄 (prison); 収監, 拘束, 拘禁: put sb in ～.
[OE *healdan*; cf. G *halten*]

hóld·er *n* **1**《手形・小切手などの流通証券 (negotiable instrument) の》**所持人**. ▶ BONA FIDE HOLDER (善意所持人) / DUE COURSE HOLDER (正当所持人). **2**《船荷証券などの権原証券 (document of title) や株式・社債などの投資証券 (investment security) の》**保持者**: a ～ of stock [shares] in a company 会社の株式保有者, 株主. ▶ BONDHOLDER (債券保有者) / DEBENTURE HOLDER (社債保有者) / DEBENTURE STOCK HOLDER (ディベンチャーストック保有者) / LOAN HOLDER (公債[社債]証書保有者) / POLICYHOLDER (保険証券所持人) / SHAREHOLDER (株主) / STOCKHOLDER (株主). **3**《財産などを占有・利用している》**保有者**: a credit card ～ クレジットカード保有者 / the ～ of patent 特許権者. ▶ BOROUGHHOLDER (十人組長; 都市土地保有権者) / BORSHOLDER (十人組長) / COPYHOLDER (謄本保有権者) / COPYRIGHT HOLDER (著作権保有者) / FREEHOLDER (自由土地保有権者) / HOUSEHOLDER (世帯主; 自家保有者) / LANDHOLDER (土地保有者) / LEASEHOLDER (定期不動産賃借権者) / LIENHOLDER (リーエン権者) / PATENT HOLDER (特許権者) / PLEDGEHOLDER (質物保管者) / PROXY HOLDER (代理権者) / STAKEHOLDER (係争物保有者; 利害関係者) / UNITHOLDER (区分財産権保有者). **4** 入れ物: a credit card ～ クレジットカード入れ.

hólder for válue《流通証券の》**有償所持人** (= bona fide holder for value) (cf. HOLDER IN DUE COURSE). ▶ BONA FIDE HOLDER FOR VALUE (善意有償の所持人) / BONA FIDE HOLDER FOR VALUE WITHOUT NOTICE (正当所持人).

hólder in dúe cóurse《流通証券の》**正当所持人** (= bona fide holder for value without notice, due course holder)《有償かつ善意で, さらに証券が満期を経過していることもしくは拒絶されたこと, または何人かがその証券に対して権利主張もしくは抗弁を有していることなどを知らずに, 偽造・変造の明白でない証券を取得した場合に, 正当所持人と認められる; cf. HOLDER IN GOOD FAITH; 略 HDC, HIDC).

hólder in góod fáith《流通証券の》**善意所持人** (= bona fide holder) (cf. HOLDER IN DUE COURSE).

hóld-hármless agrèement《第三者に対する》**賠償責任免除特約** (= save-harmless agreement)《一方当事者が他方当事者に対して, 第三者から賠償請求があった場合はみずからが責めを負う旨を保証する特約》.

hóld-hármless clàuse《第三者に対する》**賠償責任免除条項** (= INDEMNITY CLAUSE).

hóld·ing *n* **1 a** 握ること, 保持. **b** 土地保有(条件), 保有, 占有, 保管. **c** [ᵁ*pl*] 保有物, 保有財産, 所有財産;《特に》保有地, 借地. **d** [*pl*] 持株; 持株会社所有の会社. ▶ AGRICULTURAL HOLDING (農業用土地保有) / SHAREHOLDING (株式保有) / STOCKHOLDING (株式保有). **2**《係争事件の判決にとって決定的な法律問題に関する裁判所の》**判示(事項)**《事実問題および傍論 (OBITER DICTUM) についてはこの語は用いない; cf. DECISION, DICTUM, DISPOSITION, FINDING, JUDGMENT, OPINION, RATIO DECIDENDI, RULING, VERDICT). — *a* 遅延させるための, 妨害の; 一時的保存[用]の; 一時的に拘禁する: ～ operation 現状維持策 / a ～ facility 拘置施設.

hólding cèll 監獄; 刑務所, 拘置所 (= JAIL).

hólding chàrge 別件《別件逮捕・勾留の別件に当たる(通常は軽い)犯罪》.

hólding còmpany《株式の所有により他社の経営支配が目的の》**持株会社** (cf. AFFILIATED CORPORATION, PARENT COMPANY [CORPORATION], SUBSIDIARY CORPORATION [COMPANY]). ▶ BANK HOLDING

COMPANY (銀行持株会社) / CLOSE INVESTMENT HOLDING COMPANY (閉鎖投資持株会社) / PERSONAL HOLDING COMPANY (同族持株会社).

hólding còmpany tàx 《米》《連邦所得税制上の未分配の同族持株会社 (personal holding company) 所得に対する》同族会社内部留保課税.

hólding òut 表示すること, 外観を呈すること (⇨ HOLD out).

hólding òver 1 保有期間満了後保有 (＝hold-over) (⇨ HOLD over, TENANCY AT SUFFERANCE). **2**《後継者未決定あるいは未就任のための》官職保有期満了後継続在任 (⇨ HOLD over).

hólding pèriod《税制》《資産の》保有期間.

hóld òrder 拘束継続命令《被拘置人に関する書類上の記録で, その者に対しては別の法域でも訴えが未決になっているので, その者を釈放する前にその法域関係者の注意を喚起するようにと指示しているもの》.

hóld·òver n 保有期間満了後保有 (＝HOLDING OVER).

hóldover relìef《英税制》持越し減免《一定の資産が贈与の形で処分された場合に主張されうる資本利得税 (capital gains tax) の減免; その利得は持ち越され, 贈与の利得は皆無とされ, 受贈者の取得原価 (acquisition cost) も減じられるが, その分受贈者のその後の処分から生ずる利得が増やされることになる》.

hóldover tènancy 保有期間満了後保有 (＝TENANCY AT SUFFERANCE).

hóldover ténant 保有期間満了後保有者.

Holds·worth /hóuldzwərθ/ ホールズワース Sir **William Searle** ~ (1871-1944)《英国の法制史家; London 大学教授 (1903-08) を経て Oxford 大学教授 (1910-44, 1922 年以降は VINERIAN PROFESSOR OF ENGLISH LAW);著書はきわめて多く, 特に *A History of English Law* (1903-72) は 16 巻, 索引 1 巻からなり, 1873, 75 年の裁判所法 (Judicature Acts) までのイギリス法制史の通史として重要》.

hóld·ùp n **1** 強奪, 追いはぎ,《特に》《銃を突きつけての》強盗 (＝stickup) (cf. ARMED ROBBERY);《列車・車・乗客などの》不法抑留. **2** *法外な値の要求;《退職をにおわせての》強引な待遇改善要求. **3**《運輸などの》停滞, 遅滞, 妨害, "交通渋滞.

hóle-pròof a 欠点のない;《法・制度などが》抜け穴のない.

hol·i·day /hálədèi, -di/ n 休日, 休業日; 祝日, 祭日 (holy day); 休廷日 (legal holiday); 休暇; [~(s)]"長い休暇, 休暇期, バカンス (vacation*): make a ~ (営業を)休みにする / on ~ ＝on one's ~s"休暇中 / the Easter ~(s) イースター休暇 / the summer ~(s) 夏休み / ~ entitlement 有給休暇(日数). ▶ BANK HOLIDAY (一般公休日, 銀行休日) / COMMON-LAW HOLIDAY (コモンロー上の祝祭日) / LEGAL HOLIDAY (法定休日) / NATIONAL HOLIDAY (国民の祝日) / PUBLIC HOLIDAY (一般公休日) / STATUTORY HOLIDAY (法定休日) / TAX HOLIDAY (免税[減税]期間).

hóliday pày 休日賃金 (**1**) 仕事をしない休日にも支給される賃金 **2**) 休日の仕事に対して支払われる割増賃金》.

Holmes /hóumz/ ホームズ Oliver Wendell ~ (1841-1935)《同名の米国の詩人・小説家・医師 (1809-94) の子; Massachusetts 州最高裁判所裁判官・首席裁判官 (1882-1902) を経て合衆国最高裁判所裁判官 (1902-32); 米国史上著名な裁判官; 当時合衆国裁判所は自由放任主義・社会進化論の立場から社会立法・経済立法を違憲としたが, ホームズは立法部の判断の尊重を主張し, 反対意見を多く出したが, 後に彼の少数意見が多数意見に変わった; このため 'GREAT DISSENTER' (偉大なる反対者) と呼ばれた; また 法思想の面ではプラグマティズムとリアリズム双方の面をもち, 後の社会学的法学 (sociological jurisprudence) とリアリズム法学 (legal realism) に継承されている; 主著 *The Common Law* (1881); cf. BAD-MAN THEORY》.

hólo·gràph /hóulə-, hálə-/ n 自筆証書 (cf. HOLOGRAPHIC WILL). — a 自筆の.

hòlo·gráphic a 自筆の〈署名など〉(cf. ONOMASTIC, SYMBOLIC).

hológraphic wíll* 自筆遺言 (＝olographic will) (＝**hólograph wíll**")《典型的には証人の認証を要件とせずに英国および米国の諸州で有効とされる; cf. HOLOGRAPH》.

Holt /hóult/ ホールト Sir **John** ~ (1642-1710)《英国の王座裁判所首席裁判官 (Chief Justice of the King's Bench) (1689-1710); 1689 年の名誉革命の精神的指導者の一人; 刑事訴訟の近代化, 雇用者責任の法理の発展, 司法権の独立, 商慣習法のコモンローへの導入などに貢献した; 魔女裁判に反対したことでも知られる》.

hóly órders pl《キリスト教》《教階制における身分を示す》品級, 聖品, 叙階; 聖職; 叙階[叙品]式. ▶ CLERK IN HOLY ORDERS (聖職者).

hom·age /hámɪʤ, *ám-/ n **1** 臣従(の誓い[の礼]), 托身(儀礼)《封建制の下では, 臣になるものが主君になるものに対して托身 (commendation) の儀式を通して臣従の誓いをなし, 主君が臣に封(土) (fief) を授与することにより, 主従関係が成立した; 1660 年廃止; なお主教の国王への臣従の誓いは残存》; 主従関係. **2**《史》臣下たち《自由不動産保有者裁判所 (court baron) に集まる権利・義務を有する荘園 (manor) の自由不動産保有者 (free tenant) の総称; 同裁判所で臣従の誓い (homage) をした者の意; しかし後に自由土地保有権者の出席はまれになり, 荘園法裁判所 (customary court) に集まる膽本保有権者 (copyholder) を指すことのほうが多くなった》.

hómage jùry《史》臣下陪審《自由不動産保有者裁判所 (court baron) で臣下たち (homage) により構成される陪審, ないしは臣下たちそのものをいう; 荘園内の同輩保有者に対するもしくは保有地をめぐる紛争, または保有者の死亡・権利放棄と権利付与 (surrender and admittance) などについて審問した》.

ho·ma·gi·um /həmérdʒiəm/ *n* **1** 臣従(の誓い). **2**〖史〗臣下たち. ★HOMAGE と同義. [L=homage]

homágium red·de·re /-rédəri/〖史〗〖封建法に のっとって家臣の側から行なう〗臣従の誓いの破棄《これにより封建法上主従関係は絶たれた》. [L=to renounce homage]

home /hóum/ *n* **1**《人が家族と共に住む》わが家, 自宅; 《家族的愛情の場としての》家庭;《物件としての》家, 住宅. ▶CHILDREN'S HOME (子供たちの家) / COMMUNITY HOME (保護児童収容施設) / FAMILY HOME (家族の住居) / FOSTER HOME (里子を預かる家庭) / FOUNDLING HOME (捨て子養育院) / MATRIMONIAL HOME (婚姻生活のための住居) / MOBILE HOME (移動住宅) / NURSING HOME (個人産院; 養護ホーム) / REMAND HOME (少年拘置所) / RESIDENTIAL CARE HOME (介護ホーム) / SECURE CHILDREN HOME (拘禁子供収容施設) / TAX HOME (租税支払い地) / TOWNHOME (タウンハウス). **2** 生まれ故郷; 自国, 本国, 故国,《英連邦》英本国 (Great Britain); 原産地, 本場, 生息地 〈*of*〉; 発祥地, 本家, 本元 〈*of*〉: letters from ~ 本国からの来信. — *a* **1** わが家の; 家庭(用)の. **2** 自国の, 本国の (domestic) (opp. *foreign*); 内地の; 内政上の; 故郷の, 地元(で)の, 本場の; 本拠の, 主要な: ~ consumption 国内消費 / a ~ market 国内市場 / ~ products 国産品.

Hóme Círcuit〖英史〗《かつてアサイズ裁判 (assize) があった時代の》ロンドン中心の巡回裁判区.

hóme condítion repòrt〖英〗住宅状況報告書《土地所有者兼占有者 (owner-occupier) 住宅売買に際して売主が買主に対して常に提出せねばならない住宅情報書 (home information pack) に加えて売主が任意で提出するその住宅の詳細な状況報告書》.

Hóme Cóunties *pl* [the ~] ロンドン周辺州《London を中心にした近隣諸州; 特に Surrey, Kent, Essex, Hertfordshire》.

hóme équity convèrsion mòrtgage 住宅担保転換譲渡抵当 (=REVERSE ANNUITY MORTGAGE).

hóme équity lòan 住宅担保与信限度(額) (=equity loan) (=hóme équity líne (of crédit))《住宅を担保にした場合の貸付け限度額》.

Hóme Guárd [the ~]〖英史〗義勇軍.

hóme informátion pàck〖英〗住宅情報書《土地所有者兼占有者 (owner-occupier) の住宅売買に関して 2004 年法に基づき導入されたもので, 住宅が売りに出される場合に売主が買主のために常に提出しなければならない書類で, 売却条件, 権原の証拠はもちろん地方当局の検査や排水・水道の検査等の各種検査結果が含まれていなければならない; 略 HIP; cf. HOME CONDITION REPORT》.

hómeless pérson ホームレス, 浮浪者《英国では意図的でないかぎり一定資格者には地方当局に宿泊設備供与義務があり, 意図的な者も一時的宿泊施設利用権が認められている; cf. LOCAL HOUSING AUTHORITY》.

Homes and Communities

hóme lòss pàyment〖英〗《強制収用などによる住宅喪失者への》住宅喪失補償.

Home ne sera puny pur suer des briefes en Court le Roy, soit il a droit ou a tort. 人は, 正しかろうと正しくなかろうと, 国王裁判所への令状を求めることに対して罰せられるべきではない. [law F=A person shall not be punished for suing out writs in the King's Court, whether the person is right or wrong.]

hóme óffice 1 本社, 本店 (cf. BRANCH OFFICE). **2** [the H- O-]〖 ́ ́〛〖英〗内務省.

Hóme Òffice pathólogist〖英〗内務省病理医《検屍を行なう》.

home·own·ers' associàtion 1 住民団体, 地域団体. **2**《一定地域の》住宅所有者団体《住宅開発地域などで開発業者などがイニシアティブをとり, 共用施設の維持・管理, 土地利用制限細則制定・実行などのために作られる私的団体; 単に owners' associaton ともいう》.

hómeowner's insúrance 住宅所有者総合保険《被保険者の住宅への火災などに基づく損害および被保険者の過失に基づく損害賠償請求などの責任保険双方に対する保険》.

hómeowner's pòlicy《火災などからの財産保険と責任保険が一つになった》住宅所有者総合保険(証券).

Hóme Ówners [Ówners'] Wàrranty〖米〗住宅瑕疵担保保証(制度)《新築後 10 年以内に生じた瑕疵の担保責任を保証する制度; 略 HOW》.

hóme pórt 1 船籍港《船舶が登録されている港あるいは船主の住所に近い港》. **2** 母港, 定繋(ᵗᵉⁱ)港.

hóme pórt dòctrine《課税の》船籍港主義.

hóme ríghts〖英〗住居に対する権利 (=matrimonial home rights)《婚姻生活のための住居 (matrimonial home) の共同所有者 (co-owner) ではない配偶者あるいは法的共同生活者 (civil partner) が, その家に居住しうる諸権利》. ▶MATRIMONIAL HOME RIGHTS (婚姻生活のための住居に対する権利).

hóme rúle 1〖米〗地方自治(規定), ホーム・ルール《州憲法ないし州法により一定範囲の自治権を自治体に与えること, またはその自治権・自治, それを認める州憲法ないし州法の規定; cf. CHARTERED CITY》. **2**〖英〗[H- R-]《アイルランドまたはスコットランドの》自治, 自治獲得運動.

hóme rúle chàrter〖米〗自治憲章《自治体がその運営の基本につき自主的に定め住民の投票により採択される憲章》.

Hómes and Commúnities Àgency〖英〗住宅・地域社会機関《すべての保有形態にわたってより新しくかつより手頃な住宅を提供し, かつ地域社会の再生を推進すべく 2008 年法で創設された制定法設立法人 (statutory corporation); 例えば補助金を通しての社会的住宅供給のための資金供給とインフラへの投資によって一定水準に達している住宅地・住宅を供給することなどがその仕事の一つとなる; cf. TENANT SERVICES AUTHORITY》.

Hóme Sécretary 《英》内務大臣, 内相《正式には Secretary of State for the Home Department》.

homesoken, homesecken ⇨ HAMSOKEN.

home·stead /hóumstèd, -stɪd/ n **1** 家屋敷,《特に》付属建物付き農家. **2**《米》家産, 家産権《家族の生活の基礎となる財産, 特に 住宅とその周辺の土地, およびそれに対する残存配偶者(州によっては残存被扶養者)の占有権; cf. HOMESTEAD LAW》. ▶ BUSINESS HOMESTEAD (事業所兼用家産) / CONSTITUTIONAL HOMESTEAD (憲法上の強制執行免除家産) / DECLARATION OF HOMESTEAD (《免除》家産の宣言) / PROBATE HOMESTEAD (相続外家産(権)). **3**《米史》自営農地, 自営農地法による取得農地 (⇨ HOMESTEAD ACT). — vt, vi《米史》〈土地を〉自営農地法に基づいて入手(して定住)する.
~·er n《米史》自営農地法による入植者; homestead の所有者. [OE hāmstede (STEAD)]

Hómestead Àct [the ~]《米史》自営農地法, ホームステッド法《5 年間定住した西部の入植者に公有地を 160 エーカー (約 65 ヘクタール) ずつ無償で付与することを定めた 1862 年の連邦法》.

hómestead exèmption《米》《強制執行の対象からの》家産の免除(権) (⇨ EXEMPTION) (cf. DECLARATION OF HOMESTEAD).

hómestead exèmption stàtute《米》家産差押免除制定法 (⇨ HOMESTEAD LAW 1).

hómestead làw 1《米》家産差押免除法《家産 (homestead) を差押えから保護する州法; homestead exemption statute ともいう》. **2**《米史》公有地自営農地転換法,《特に》HOMESTEAD ACT. **3**《米》不動産税免除法 (HOMESTEADER に不動産税の免除その他の特権を認める州法).

hóme·wòrk·er n 在宅勤務者; 内職者; 家事労働者.

homi·cid·al /hàməsáɪdl, hòum-/ a **1** 殺人(犯)の. **2** 殺人的傾向のある, 人殺しでもしそうな. **~·ly** adv

homi·cide /háməsàɪd, hóum-/ n **1** 殺人《人を殺すこと一般; 英米法では犯罪となる殺人は謀殺 (murder) と故殺 (manslaughter) に区別するのが一般的であるが, 英国ではこれに嬰児殺し (infanticide) を加えることもある; 正当殺人 (justifiable homicide) と免責される殺人 (excusable homicide) は犯罪にならない》: the ~ squad (《警察の》殺人課. ▶ CRIMINAL HOMICIDE (犯罪となる殺人). ▶ CULPABLE HOMICIDE (故殺) / DELIBERATE HOMICIDE (計画的殺人) / EXCUSABLE HOMICIDE (免責される殺人) / FELONIOUS HOMICIDE (重罪たる殺人) / INNOCENT HOMICIDE (有責性なき殺人) / JUSTIFIABLE HOMICIDE (正当殺人) / LAWFUL HOMICIDE (合法的殺人) / NEGLIGENT HOMICIDE (過失致死(罪)) / RECKLESS HOMICIDE (未必の故意ないし認識の過失による殺人) / UNLAWFUL HOMICIDE (違法な殺人) / VEHICULAR HOMICIDE (自動車殺人) / WILLFUL HOMICIDE (故意の殺人). **2** 殺人犯(人). [OF<L *homo* man, -*cide*]

hómicide by abúse《児童や精神障害者の被扶養者の》虐待による殺人.

hómicide by misadvénture 偶発事故による殺人 (=ACCIDENTAL KILLING).

hómicide per in·for·tú·ni·um /-pər ɪnfɔːrt(j)úːniəm/ 偶発事故による殺人 (=ACCIDENTAL KILLING). [L=homicide by misfortune]

hómicide se de·fen·dén·do /-si difɛndɛ́ndou/ (正当) 防衛殺人. [L=homicide in self-defense]

hom·i·cid·i·um /hàməsáɪdiəm/ n 殺人 (homicide). [L]

ho·mi·na·tio /hàmənéɪʃiou/ n **1** 軍隊を集めること. **2**《史》臣従の誓い(をすること) (⇨ HOMAGE). [L]

ho·mi·ne re·ple·gi·an·do /hámənɪ rɪplìːdʒiǽndou/《史》身柄取戻し令状 (=DE HOMINE REPLEGIANDO). [L=for replevying a man]

ho·mi·nes /hámənɪz/ n pl 《史》臣下 (⇨ HOMO). [L=men]

ho·mo /hóumou/ n (pl **homines**)《史》**1** 人. ▶ LIBER HOMO (自由人). **2** 男. **3** 臣下, 家臣. [L =man]

ho·mol·o·gate /həmáləgèɪt/ vt《大陸法》公認する,《裁判所などが》正式に承認する.

ho·mol·o·ga·tion /həmàləgéɪʃ(ə)n/ n《大陸法》《特に 裁判所による》承認, 公認; 認許, 認可.

Ho·mo po·test es·se ha·bi·lis et in·ha·bi·lis di·ver·sis tem·po·ri·bus. /hóumou pátɛst ɛ́sɛ hæbɪlɪs ɛt ɪnhæbɪlɪs daɪvɛ́rsɪs tɛmpɔ́rɪbəs/ 人間は異なる時点において能力があったり無能力であったりしうる. [L=A person can be capable and incapable at different times.]

homoséxual cónduct 同性愛行為.

homoséxual rìghts pl 同性愛者の権利 (⇨ GAY RIGHTS).

Hon. Honorable.

hon·est /ánəst/ a **1 a** 正直な, まっすぐな, 誠実な: be ~ with... に正直に打ち明ける; ...と正しく交わる. **b** 正直に働いて得た, 正当な, ちゃんとした《利得など》: earn [make, turn] an ~ penny 正直に働いて金をもうける, まじめに稼ぐ. **2**《言行など》偽りのない; まぜ物のない; 正味の《量目など》; 無邪気な. **3** 頼もしい, 称賛に値する. [OF<L *honestus*, ⇨ HONOR]

hónest bróker《国際的・企業間の紛争などの》中立公平な調停者[仲介者]《ドイツ統一を果たした Bismarck がみずからを指して名付けた ehrlicher Makler から》: play the ~.

hon·es·te vi·ve·re /(h)ənɛ́sti váɪvəri/ 正直に生きること (cf. ALTERUM NON LAEDERE, SUUM CUIQUE TRIBUERE). [L=to live honestly]

hónest·ly adv 正直に, 公正に, 偽りなく.

hon·es·ty /ánəsti/ n 正直, 誠実, 潔白; 誠意, 実意: ~ of purpose まじめさ, 誠実 / H~ is the best policy.《諺》正直は最上の策.

hónesty clàuse 誠実条項 (⇨ FULL REPORTING CLAUSE).

hon·or | hon·our /ánər/ *n* **1 a** 名誉, ほまれ, 栄誉, 恩典; 徳義, 道義心; 面目, 体面; 尊敬, 敬意; 評判. **b** [*pl*] 儀礼. ▶ACCEPTANCE FOR HONOR (引受け拒絶証書作成後の参加引受け) / ACT OF HONOR (引受け拒絶証書作成後の参加引受け(宣言); 支払い拒絶証書作成後の参加支払い(宣言)) / COURT OF HONOR (名誉法廷) / COURT OF HONOUR (OF THE EARL MARSHAL OF ENGLAND) (イングランド軍務伯の名誉裁判所) / OFFICE OF HONOR (名誉職). **2** 名誉となるもの[人], 勲章, 表彰, [*pl*] 叙位, 叙勲. **3 a** 高位, 高官. **b** [His H-, Her H-; Your H-] 閣下《英米では裁判官などへ, アイルランドでは高位の人への敬称》; 裁判官殿, 判事殿, 市長殿. **4**《英史》所領《いくつかの荘園を包括した有力世俗貴族の集合所領; 数州にまたがって散在する荘園を中心地(域)から支配し, 一単位のものとみなされた》. ▶COURT OF HONOR (所領裁判所). ― *vt* **1** 尊敬する, …に名誉[栄誉]を与える, 礼遇する. **2** (…の任期を)全うする, 〈約束・条約・契約などを〉守る, 履行する; 〈手形を〉引き受ける, 〈期日に手形を〉支払う (opp. *dishonor*): ～ a debt 債務を支払う / ～ a signature 署名が真正なものであると認める[認めて支払いをする]. [OF<L *honos*, *honor* repute, beauty]

hon·or·able /ánərəbl/ *a* 尊敬すべき; 名誉ある, 光栄ある, 高貴な; …殿. **the H~**《敬称》閣下《英国では伯爵の次男以下の男子, 子爵以下の貴族の子, 女官, 高等法院裁判官, 庶民院議長, 植民地の(立法評議会)議員などへの, 米国では両院および州議員などに対する敬称; 略 Hon.》. **the ~ gentleman [lady, member]=my ~ friend** 閣下, 先生《英国庶民院議員が議場で他の議員に言及するときの呼称; 特に他党議員と区別して自党議員を指すときは my ～ friend を用いる》. **the Most H~** 閣下《英国の侯爵・枢密顧問官および Bath 勲爵士への敬称; 略 Most Hon.》. **the Right H~** 閣下, 裁判官殿《英国の伯爵以下の貴族・枢密顧問官・控訴院裁判官・ロンドン市長などへの敬称; 略 Rt. Hon.》.

hónorable díscharge 名誉除隊, 栄誉除隊.

hon·o·rar·i·um /ànəréəriəm/ *n* (*pl* ~s, -ia /-iə/)《特に法廷弁護士 (barrister), 医師などの専門職に対する》謝礼(金)《たてまえ上 任意に贈られるものと理解されている》. [L; ⇨ HONOR]

hon·or·ary /ánərèri; ɔ́n(ə)rəri/ *a* 名誉上の, 肩書だけの, 名誉職の; 無給の, 無報酬の; 徳義上の〈負債など〉: an ～ degree 名誉学位《名誉博士など》 / an ～ member [office] 名誉会員[名誉職] / an ～ secretary《無報酬の》名誉幹事[書記] / ～ president 名誉総裁[会長]. ―《古》 HONORARIUM. **hòn·or·ár·i·ly** /; ɔ́n(ə)rərili/ *adv* [L=of HONOR]

hónorary cónsul《国際法》名誉領事.

hónorary féud《英史》爵位.

hónorary sérvices *pl* 名誉奉仕義務《大奉仕保有 (grand serjeanty) の保有条件である戴冠式の太刀持ちなどの名誉ある奉仕義務》; ⇨ GRAND SERJEANTY》.

hónorary trúst 徳義的信託《公益信託 (charitable trust) でもなくまた受益者もないため, 信託執行の義務が専ら徳義上のものだけの信託; 例えば 愛犬の飼育, 記念碑の建立・維持のための信託; 目的信託 (purpose trust) の用語法の一つと同義となる》.

hónorary trustée 1 未確定残余権保護受託者《未確定残余権 (contingent remainder) の消滅を防ぐために指名される受託者; そのための方法を決定する義務が徳義上のものであったことからこの名が出た; cf. DESTRUCTIBILITY OF CONTINGENT REMAINDERS》. **2** 徳義的信託受託者《徳義的信託 (honorary trust) の受託者》.

hónor clàuse《英》徳義条項《合意が徳義上のみ拘束力がある旨を契約書で明示して述べること; 裁判所は一般にその趣旨を尊重し, 強制しないことになる》.

hónor còurt《英史》所領裁判所《所領 (honor) にあり, 全体につき主君と直臣, 特に有力な家臣たちが構成した封建裁判所 (feudal court); ⇨ HONOR》.

hónor crìme 名誉犯罪《犯罪者の信念に基づけば, 個人ないしはグループの名誉を傷つけたと信じる人を罰するという動機からの犯罪; 死亡させた場合は **honor killing** (名誉殺害) と呼ばれる; これらの語は被害者であるイスラム教徒の女性に関してその家族の名誉を傷つけた行為を理由にしての家族員により犯される犯罪に最も頻繁に用いられるが, 女性への暴力との関連で問題となっている》.

honoris respectum ⇨ CHALLENGE PROPTER HONORIS RESPECTUM.

hónor pòlicy 名誉保険証券 (⇨ POLICY PROOF OF INTEREST).

hónor sỳstem《刑務所などの》自主管理制度, 無監督制度.

hood·lum /húːdləm, húd-/ *n* 不良, チンピラ; 暴力団員, やくざ, 愚連隊; 用心棒, 犯罪者. **~·ish** *a* **~·ism** *n* 不良[やくざ]的行為, 非行. [C19<?; cf. South G (dial) *Haderlump* ragged good-for-nothing]

hoo·li·gan /húːlɪɡən/ *n* ごろつき, 悪党, 不良, よた者, ガンマン. ▶FOOTBALL HOOLIGAN (サッカーフーリガン). **~·ism** *n* 乱暴; 無頼生活. ▶FOOTBALL HOOLIGANISM (サッカーフーリガン行為). [London に住んでいた無頼なアイルランド系家族の姓 *Houlihan* からか]

hope /hóup/ *n* **1** 希望; 期待. **2** 希望《文書》《遺言などでの「希望する」との文言; 情況により命令的指示と解される》.

hop·per /hɑ́pər/ *n*《米下院》提出法案箱.

ho·ri·zon·tal /hɔ̀(ː)rəzántl, hàr-/ *a* 均一の, 均等な; 同一レベルの, 同等の, 対等の, 水平的な. **~·ly** *adv*

horizóntal agréement 水平的協定《カルテルのように, 競争関係にある企業間で締結される協定; cf. VERTICAL AGREEMENT》.

horizóntal competítion 水平的競争《小売業者間あるいは卸売業者間など同業者間の競争; cf. VER-

horizóntal efféct 《欧州共同体法 (Community law) の直接的効果 (direct effect) のうちの》水平的効果 (⇨ DIRECT EFFECT).

horizóntal gázy nystágmus tèst 水平注視眼振テスト (＝HGN test)《鉛筆のような物体を注視させ，これを水平に動かし眼で追わせる飲酒検知法； 酔っていると眼がなめらかでなくピクピクと動く； cf. SOBRIETY TEST》.

horizóntal integrátion 水平的統合 (＝HORIZONTAL MERGER).

horizóntal mérger 水平的合併 (＝horizontal integration)《競争関係にある会社相互の合併； cf. VERTICAL MERGER》.

horizóntal nonprívity 水平的な直接的契約関係の欠如《例えば ある家に招かれた客がその家の者が惣菜屋で購入した物をごちそうになり食あたりを起こした場合の客と惣菜屋の関係のように，直接的な契約関係はなくただその商品の消費者・利用者であるにすぎないような関係； cf. PRIVITY OF CONTRACT, VERTICAL NONPRIVITY》.

horizóntal príce-fìxing 水平的価格協定 (＝**horizóntal príce-fìxing còntract**)《卸売業者あるいは小売業者同士のように競争関係にある者相互間に結ばれる価格協定； cf. VERTICAL PRICE-FIXING》.

horizóntal prívity 水平的関係《ある商品の購入者とその家族の一員のように，当事者とその当事者に関係する非当事者との法的関係； cf. VERTICAL PRIVITY》.

horizóntal restráint 水平的取引制限 (＝**horizóntal restráint of tráde**)《卸売業者間あるいは小売業者間同士のように同一流通経路内で競争関係にある者が協定により第三者との取引についての競争を相互に制限すること； cf. VERTICAL RESTRAINT (OF TRADE)； ⇨ RESTRAINT OF TRADE》.

horizóntal únion 水平[横断]的労働組合 (＝CRAFT UNION).　**horizóntal únionism** *n*

hórn·bòok *n* 基礎学習教科書, 基本書, 入門書； 基本法律書 (cf. CASEBOOK).　— *a* 基本的な, 基礎的な, 基礎学習的な, 教科書的な.

hórnbook mèthod 基礎学習教科書教育法《ケースメソッド (casebook method) による法学教育と対照的に，法の基礎的知識・法理を直截的に記述・解説する教科書を用いて講義形式で行なう法学教育法； cf. CASEBOOK METHOD, SOCRATIC METHOD》.

hors de son fee /ɔ́ːr də sɔ́ fíː/《史》係争封土外の抗弁《地代 (rent), 奉仕義務 (service) を求める訴訟で，当該土地が原告の封土 (fee) の範囲外であるとの被告の抗弁》．　[F＝out of his/her fee]

hórse·shèdding *n* 証言指導 (＝woodshedding)《特に弁護士がみずからの依頼人にとって有利な証人に証言中の対応の方法を教示すること； cf. SANDPAPERING》．　**hórse·shèd** *vi*

hórse tràding 馬の売買； 抜け目のない取引[妥協], 政治的駆引き.

hos·pi·tal /hάspɪtl/ *n* 病院, 医療施設, 救護院； 《英史》ホスピタル, 慈善施設； 養育院, 収容所； 修繕[修理]所； *《口》刑務所 (jail)《CIA や暗黒街の用語》. ▶ DETENTION IN HOSPITAL (病院への収容) / FOUNDATION HOSPITAL (基金病院) / FOUNDLING HOSPITAL (捨て子養育院) / (NHS) TRUST HOSPITAL ((国民医療制度)トラスト病院) / SPECIAL HOSPITAL (特殊病院).

hóspital òrder 《英》《精神障害のある犯罪者に対する，裁判所による》医療施設強制収容命令 (cf. RESTRICTION ORDER).

hos·pit·i·cide /hɑspítəsàɪd/ *n* 1 《客による》宿主殺し《人および行為》. 2 《宿主による》客殺し《人および行為》.

hos·pi·ti·um /hɑspíʃiəm/, -tiəm/ *n* 1 宿主と客との関係, 接待. 2 宿, 宿泊施設. [L＝hospice]

hos·tage /hάstɪdʒ/ *n* 人質 (cf. HIJACK, KIDNAPPING): take ～ 人質を取る / free ～*s* 人質を解放する / release ～ 人質を解放する.

hos·tel /hάstl/ *n* 宿泊施設, ホステル. ▶ BAIL HOSTEL (保釈出獄者宿泊施設) / PROBATION HOSTEL (保護観察宿泊施設).

Hos·tes sunt qui no·bis vel qui·bus nos bel·lum de·cer·ni·mus; cae·te·ri pro·di·to·res vel prae·do·nes sunt. /hάstiz sʌnt kwaɪ nóʊbɪs vɛl kwíbəs nɑs bɛ́ləm dɛsɜ́ːrnɪməs síːtəraɪ prɑdɪtóʊriːz vɛl priːdóʊniːz sʌnt/ 敵とは, 我々に宣戦を布告する者, あるいは我々が宣戦を布告する者である. その他の者は反逆者ないしは略奪者である.　[L＝Enemies are those who declare war against us, or against whom we declare it; the others are traitors or plunderers.]

hos·tile /hάstl, -taɪl/ *a* 敵意ある, 敵対性を示す, 敵対する, 敵の, 敵対的な, 反友好的な, 不利になる, 都合の悪い.

hóstile embárgo 《国際法》敵性船舶抑留.

hóstile envíronment harássment 環境破壊のいやがらせ《性・人種・宗教・出身・年齢など被害者の憲法上あるいは法的に保護されるべき差異に対して好ましからざる言動をなすことにより差別感・不快感をもたらし, 結果的に健全な就業などの環境を破壊すること； 特に HOSTILE ENVIRONMENT SEXUAL HARASSMENT》.

hóstile envíronment séxual haráss·ment 環境破壊型性的いやがらせ[セクシャルハラスメント, セクハラ]《例えば性的言動により女性労働者の就業環境を害することなど, 雇用・在学関係などにおいて保つべき健全な環境を脅かすないしは敵対的・攻撃的な性的いやがらせ[セクシャルハラスメント]； HOSTILE ENVIRONMENT HARASSMENT の一種； cf. QUID PRO QUO SEXUAL HARASSMENT》.

hóstile fíre 《火災保険の対象となる》敵対火《火のあるべきでない所の火や通常の状態を越えて制御できなくなった火》.

hóstile posséssion 自主占有《所有権主張の根拠となるような形で自己のものとして, 排他的権利を主張する占有； 敵対的占有 (adverse possession) もその一つ》.

hóstile tákeover 敵対的企業買収 (＝unfriendly takeover《被買収会社の経営陣の反対を押し切って行なわれる企業買収; opp. *friendly takeover*》.

hóstile wítness《証人尋問請求側当事者に敵意を持っていると判断される,あるいは証言しようとしない》敵意をもつ証人,敵性証人(=adverse witness)《裁判所の許可を得て主尋問においても反対尋問に許されるやり方で尋問できる; cf. UNFAVORABLE WITNESS》.

hos·til·i·ty /hɑstíləti/ *n* 1 敵意,敵性,敵愾心. **2** 敵対行為; [*pl*] 戦争行為,交戦.

hot /hɑ́t/ *a* (**hót·ter**; **hót·test**) 1 熱い,暑い; ヒリヒリする,辛い. 2 激しい,熱した〈議論・戦いなど〉,議論を呼ぶ; 熱烈な; 怒った,興奮した. 3〈ニュースなど〉新しい,最新の; 接近した,〈人が〉目標[正解]に近づいている,当てそうな. 4〈選手などが〉うまい,すばらしい,よくできる,申し分ない; 事情に通じた〈on〉. 5〔俗〕違法手段で得た,盗んだ,密輸品の; ~ jewels 盗まれた宝石 / a ~ car 盗難車.

hót blóod 興奮状態 (=HEAT OF PASSION).

hót cárgo〔労働法〕ホットカーゴ《労使紛争中の雇用者が製造したあるいは取り扱っている商品》.

hót cárgo agrèement ホットカーゴ協定《労使紛争中の会社の製品[商品]を購入・使用・輸送しないことを別の使用者が紛争中の労働組合との間で定めた第二次ボイコット(secondary boycott)の協定; 1959年のランドラム-グリフィン法(Landrum-Griffin Act)で違法とされた》.

hót chéck 不渡り小切手 (=BAD CHECK).

hotch·pòt, hotch·potch /hɑ́tʃpɑ̀t/ *n* 1 混淆,寄せ集め,ごった煮. 2 財産併合《離婚の場合など数人間で財産を平等に分ける必要のあるとき,その数人の財産を分配のため併合すること》,《特に》特別受益分の持戻し《平等の相続分をもつ共同相続人のうち過去に生前贈与などで特別に受益した者がいる場合に,その受益分を相続財産に戻したものとして相続分を算定すること; cf. COLLATION》. ★ hodgepodge ともいう. 3《夫婦共有財産制(community property)の下での》夫婦共有財産. 4《米税制》寄せ集め(=MAIN POT). [AF]

hót cóurt 情報熟知裁判所《口頭弁論をする前にすでに,提出済みの準備書面(brief)に詳しく,したがって争点(issue)についても十分に理解している,特に上訴裁判所》.

hót dócument 主張直接支持文書《訴訟当事者の主張を直接支持している文書》.

ho·tel /houtél,*ー-/ *n* ホテル,旅館.

hôtel divôrce〔俗〕ホテル離婚《有責離婚しか認めない時代に盛んに用いられた離婚方法で,夫婦が通謀し,一方がホテルで姦通した証拠を捏造し,獲得した離婚》.

hót-íron ordéal〔史〕熱鉄神判(⇨ ORDEAL BY FIRE, ORDEAL).

hót íssue《公募証券の》人気新銘柄(=hot stock).

hót móney 1 ホットマネー《国際金融市場を動き回る投機的な短期資金》. 2〔俗〕盗んだ[不法に得た]金,やばい金.

hót pursúit 1 即時追跡(権) (=FRESH PURSUIT). 2〔国際法〕緊急追跡 (⇨ RIGHT OF HOT PURSUIT).

▶ RIGHT OF HOT PURSUIT (緊急追跡権).

hót sèat 1〔俗〕《死刑用》電気椅子 (electric chair). 2〔口〕不安な[困惑するような,重い責任を伴う]立場,苦境. 3〔法廷〕の証人席. 4《飛行機》の射出座席.

hót stóck 人気新銘柄 (=HOT ISSUE).

hót-wáter ordéal〔史〕熱湯神判 (⇨ ORDEAL BY HOT WATER, ORDEAL).

hóurs of dárkness 暗闇時間帯《日没後30分から日出前30分の間》.

hóurs of lábor [sérvice, wórk], hóurs wórked 労働時間,勤務時間 (=working hours).

house /háus/ *n* (*pl* **hous·es** /háuzəz/) 1 **a** 家,家屋,住宅,人家; 家庭,家族,家系,旅館,寮; 学寮: ~ of ill fame 売春宿; 近所迷惑な家 / ~ of ill repute 風紀紊乱所; 近所迷惑な家 / ~ property《店舗・事務所・工場でない》私宅. **b**《特定の目的のための》建物,…所[場]; 商店,会社; [the H-]〔口〕ロンドン証券取引所: a publishing ~ 出版社 / ~ policy 店のきまり[方針]. ▶ ALEHOUSE (居酒屋) / ALMSHOUSE (貧民救恤宿泊施設) / ANCIENT HOUSE (古家屋) / BAWDY HOUSE (売春宿) / BEERHOUSE (ビール店) / CLEARINGHOUSE [CLEARING HOUSE] (手形交換所) / COMPANIES HOUSE (会社登記所) / COURTHOUSE (裁判所) / CUSTOM(S) HOUSE (税関) / DISORDERLY HOUSE (風紀紊乱所; 近所迷惑な家) / DOWER HOUSE (寡婦用の住宅) / DWELLING HOUSE (住居) / FREIGHT HOUSE (貨物置場) / GAMING [GAMBLING] HOUSE (賭博場) / HALFWAY HOUSE (中間施設) / ISSUING HOUSE (発行受託会社) / JAILHOUSE (監獄,刑務所; 拘置所) / KEEPING HOUSE (蟄居) / MANSION HOUSE (大邸宅) / PUBLIC HOUSE (酒場; 宿屋) / SLAUGHTERHOUSE (屠殺場) / TENEMENT HOUSE (安アパート) / TOWN HOUSE (タウンハウス) / WAREHOUSE (倉庫) / WHITE HOUSE (ホワイトハウス) / WORKHOUSE (労役所),労役場. 2 集会所,会館,議事堂; [the H-] 議会,議院,《特に》*下院* (House of Representatives); 議員連;《会議の》定足数: be in [enter] *the H*~ 下院議員である[になる] / make [keep] a *H*~"下院で定足数になる[を保つ]. ▶ BAR OF THE HOUSE (院内仕切り) / CALL OF THE HOUSE (《議員》点呼) / CLERK OF THE HOUSE (米国下院事務総長; 庶民院事務総長) / COMMONS(') HOUSE (庶民院) / CONTEMPT OF THE HOUSE (議院侮辱) / Inner House (スコットランド控訴院内院) / LEADER OF THE HOUSE (院内総務) / LOWER HOUSE (下院) / OUTER HOUSE (スコットランド控訴院外院) / STATEHOUSE (州議会議事堂) / TOWN HOUSE (タウンホール) / TRINITY HOUSE (水先案内協会) / UPPER HOUSE (上院). 3 修道院[会],会堂: ~ of God 神の家,教会. **be in possession of the H~**〔議院で〕発言権を有する.

house·age /háusidʒ/ *n*《貨物の》積付け料.

hóuse àgent 家屋周旋人,不動産業.

hóuse arrést 自宅監禁,軟禁: under ~ / She has been under ~ for 3 years.

hóuse bìll [ºH- B-]《米》下院審議中法案《下院 (House of Representatives) で下院審議中の法案; 略 H., H.B.; cf. SENATE BILL》.

hóuse bòat 住居用屋形船, 宿泊設備付きヨット.

hóuse·bote /-bòut/ n《史》家屋修理材・薪採取(入会)権《採木(入会)権 (estovers) の一つ; cf. FIREBOTE》.

hóuse·brèak vi 住居に侵入する, 押込み強盗をはたらく. **～·er** n 住居侵入者, 不法目的住居侵入者, 押入り強盗《逆成 < housebroken》

hóuse·brèak·ing n 住居侵入, 不法目的住居侵入, 押込み強盗 (burglary).

hóuse·bùrn·ing n **1** 家の焼毀(しょう). **2**《類焼の危険のある》自宅放火《軽罪となる; cf. ARSON》.

hóuse càlendar《米下院》非財政法案のための議事日程 (cf. UNION CALENDAR).

hóuse còunsel 社内弁護士, 組織内弁護士, 企業内弁護士, 被用者弁護士 (=in-house counsel)《俸給を得て企業に雇われ, 企業の日常的法律業務に携わる弁護士》.

hóuse·hòld n **a** 世帯, 所帯《構成員が 1 人の場合も含めて同一住居に住み家族を構成するすべての者を含む; cf. FAMILY》. **b** 家庭, 家族. **c** 一家《雇い人も含めて》. **d** [the H-]《英》王室: the Imperial [Royal] H~ 皇室 [王室]《奉仕者を含む》. ▶ HEAD OF HOUSEHOLD (世帯主). **2**《廃》**a** 家政, 家事. **b** 家財. ─ **a 1** 世帯[所帯]の, 家庭(用)の; 日常の, 身近な, 聞き[見]慣れた: ~ affairs 家事, 家政 / ~ management 家事の切り盛り. **2** 王室の.

hóusehold efféects pl 家財《備え付けでなく所有主と共に引っ越す》.

hóuse·hòld·er n **1** 世帯主, 家長. **2**《史》自家保有者《選挙権や陪審員になる義務を有した, 一定価値以上の家屋の現実占有者》. **～·shìp** n

hóusehold fúrniture 家具.

hóusehold góods pl 家財道具, 世帯道具.

hóuse in múltiple occupátion 複数世帯居住家屋《例えば 1 つの共用バスルームしかない複数のワンルーム借室のように, 本来は単一家族用の家屋が単一の世帯を構成していない複数の人によって共住されている家屋; 英国では 2004 年法で許可制》; 略 HMC》.

hóuse làw《史》家訓, 家法.

Hóuse lèader 1《英》院内総務《両院それぞれの議院運営をつかさどる政府委員》. **2**《米》下院の政党党首: the *House* Republican *Leader* 下院の共和党党首.

hóuse màrk 社章, ハウスマーク, 基本商標《ある企業の製品・サービスが多数あるとき, それに共通して用いられる標識で, 各製品・サービスにはこの他とは異なる各別の商標が用いられる》.

hóuse of assémbly《英植民地・英保護領・英連邦諸国の》立法府, 下院.

hóuse of assignátion 売春宿, あいまい屋.

Hóuse of Bíshops [the ~]《イングランド教会の》主教院 (⇒ GENERAL SYNOD OF THE CHURCH OF ENGLAND).

Hóuse of Búr·gess·es /-bə́:rdʒəsəz/ [the ~]《米史》(Maryland, Virginia のかつての) 植民地議会下院《現在は house of delegates となっている》.

Hóuse of Clérgy [the ~]《イングランド教会の》聖職者院 (⇒ GENERAL SYNOD OF THE CHURCH OF ENGLAND).

Hóuse of Cómmons [the ~]《英国およびカナダ議会の》庶民院, 下院《the Commons, the Lower House ともいう; 略 H.C.; cf. HOUSE OF LORDS, SENATE》. ▶ CLERK OF THE HOUSE OF COMMONS (庶民院事務総長) / JOURNALS OF THE HOUSE OF COMMONS (庶民院日誌) / SPEAKER OF THE HOUSE OF COMMONS (庶民院議長).

Hóuse of Cómmons Commìssion [the ~]《英》庶民院 [下院] 職員監督委員会《1978 年創設; 議長 (Speaker), 院内総務 (Leader of the House) と 4 名の議員からなる; うち 1 名は野党第一党党首 (Leader of the Opposition) 指名》.

hóuse of corréction 感化院, 矯正院, 矯正場, 労作所 (cf. HOUSE OF DETENTION, JAIL, LOCKUP, PENITENTIARY, PRISON)《略 H.C.》.

hóuse of délegates [the ~; ºthe House of Delegates]《Maryland, Virginia および West Virginia の州議会の》下院.

hóuse of deténtion 拘置所 (cf. HOUSE OF CORRECTION, JAIL, LOCKUP, PENITENTIARY, PRISON).

Hóuse of Kéys [the ~]《英》《Man 島議会 (Tynwald) の》下院《選挙で選ばれた 24 名の議員 KEYS からなる》.

Hóuse of Láity [the ~]《イングランド教会の》一般信徒院 (⇒ GENERAL SYNOD OF THE CHURCH OF ENGLAND).

Hóuse of Lórds [the ~]《英国議会の》貴族院, 上院 (L *Domus Procerum*) (=the Upper House)《最高裁判所としての機能をも合わせもったが (⇒ LAW LORD), 2005 年法施行後は, この裁判権は新設の連合王国最高裁判所 (Supreme Court of the United Kingdom) に移行; 略 HL, H.L., DP; ⇒ SUPREME COURT OF THE UNITED KINGDOM》. ▶ JOURNALS OF THE HOUSE OF LORDS (貴族院日誌) / SPEAKER OF THE HOUSE OF LORDS (貴族院議長).

Hóuse of Lórds Àct 1999 [the ~]《英》1999 年の貴族院法《世襲貴族 (hereditary peer) がその資格のみで貴族院議員となる伝統的やり方を廃し, 世襲貴族の互選により貴族院議員を選ぶ方式を導入した画期的立法; これにより 700 名以上いた世襲貴族のほとんどは貴族院から排除され, 世襲貴族の貴族院議員は互選による 90 名と軍務伯 (Earl Marshal) および大侍従卿 (Lord Great Chamberlain of England ⇒ LORD CHAMBERLAIN) のみとなっている; 他は議長としての大法官 (Lord Chancellor), 一代貴族 (life peer), 現・前・元常任上訴裁判官 (Lords of Appeal in Ordinary) と聖職貴族

(lord spiritual) である；しかしこの構成も経過措置で，例えば大法官が議長でなくなるなど，貴族院改革は一層進展している》．

House of Lords Appointments Commission [the ~]《英》貴族院指名委員会《1999年の貴族院法 (House of Lords Acts 1999) に従い政府により創設された独立委員会で，非党派の一代貴族 (life peer) としての指名を国民に推薦し，貴族院議員指名者全員を審査する委員会》．

House of Representatives [the ~] 代議院, 《米国連邦議会・州議会の》下院,《オーストラリアの》下院,《ニュージーランドなどの》議会《ニュージーランドでは旧下院で現在は一院制》《▶ 単に House ともいう；略 H., HR》．

House of the People [the ~]《インドの》下院 (Lok Sabha ともいう)．

Houses of Parliament pl [the ~]《英》《議会の》(上下) 両院; (議会) 議事堂《Thames 河岸にある》.
▶ JOURNALS OF THE HOUSES OF PARLIAMENT (議会日誌) / SPEAKER OF THE HOUSES OF PARLIAMENT ((議会の) 両院議長)．

house-to-house a 一戸一戸の, 戸別の, 軒並みの, 戸別訪問の: a ~ search 軒並み捜査．

House Un-American Activities Committee [the ~]《米史》下院非米活動委員会《1938年特別委員会として発足；40-50年代の'アカ狩り'で有名；45年常置委員会；69年国内安全保障委員会 (Internal Security Committee) と改称；75年廃止；単に Un-American Activities Committee ともいう；略 HUAC》．

housing /háuzɪŋ/ n **1** 住宅供給, 住宅建設. ▶ OPEN HOUSING (非差別住宅制) / SOCIAL HOUSING (社会的住宅供給). **2** 住宅. ▶ COMPANY HOUSING (社宅) / COUNCIL HOUSING (公営住宅) / PUBLIC HOUSING (公営住宅)．

Housing Acts [the ~] pl 住宅法《住宅関連の一連の法律；英米共に多数あるが，特に 英国の1985, 1988年の同名法 Housing Act を指す場合がある》．

housing action area《英史》居住環境整備計画地区《地域内の居住環境が不十分であるために整備改善すべきであると住宅当局 (housing authority) から指定された地区；1989年法でこの指定権そのものはなくなっているが，代わって再開発地区 (renewal area) の指定ができるようになっている；cf. CLEARANCE AREA, GENERAL IMPROVEMENT AREA, PRIORITY NEIGHBOURHOOD, RENEWAL AREA》．

housing action trust《英》居住環境整備信託《必要に応じて中央政府が地方当局から権限を移し, 一定地域内の居住環境整備を行なうために設立する制定法上の信託；略 HAT》．

housing association 住宅供給協会《非営利》．
▶ FULLY MUTUAL HOUSING ASSOCIATION (完全相互的住宅供給協会) / LIMITED-DIVIDEND HOUSING ASSOCIATION (限定配当住宅供給協会)．

housing association tenancy《英》住宅供給協会住宅借家権《1989年以後の契約のものは経過措置を例外としてこの借家権とはなりえなくなっている》．

housing authority《英》住宅当局《1985年の住宅法 (Housing Act 1985) の地方での実施機関である地方住宅当局 (local housing authority) としては地区参事会 (district council), ロンドン自治区参事会 (London Borough Council) など》．▶ LOCAL HOUSING AUTHORITY (地方住宅当局；地方宿泊施設備供与当局)．

housing benefit《英》《地方自治体からの低所得者向けの》住宅給付(金)《対象となる人の住宅が地方自治体住宅か否かにより家賃補助 (rent allowance) と地方自治体住宅家賃割引き (rent rebate) の2種あり》．

housing code 住宅基準法規 (⇒ BUILDING CODE)．

Housing Corporation [the ~]《英》住宅公社《1985, 88年法の下で住宅供給協会 (housing association) の登録維持, 登録住宅供給協会および登録されていない自己建築協会 (self-build society) の発展の推進・援助, 売買・賃貸借用住宅の供給などを目的としている法人；2008年の12月より, その機能は住宅・地域社会機関 (Homes and Communities Agency) および賃借人へのサービス実施機関 (Tenant Services Authority) に移った》．

housing court《米》住宅裁判所《家屋の賃貸借をめぐる紛争, 建築・防火基準をめぐる事件を管轄する裁判所》．

Housing for Wales [the ~]《英》ウェールズ住宅公社《イングランドの住宅公社 (Housing Corporation) に当たるウェールズの1988年法設立機関》．

housing grant《英》共同住宅改善助成金．

housing health and safety rating system《英》住宅の健康・安全度評価制度《居住者の健康と安全に関して住宅状況を調べ, 危険と判断した場合には最終的には取り壊しを含む必要措置を講ずる義務を地方当局に課す, 2004年法により導入された制度；略 HHSRS》．

Housing Ombudsman《英》住宅行政監察官, 住宅オンブズマン《1996年に創設された機関で, 住宅供給協会住宅借家権 (housing association tenancy) をめぐり地方当局以外の登録家主に対する訴えを処理するもの；独立住宅行政監察官 (Independent Housing Ombudsman) を統轄する》．

housing subsidy《英》住宅助成金《中央政府の基金から地方住宅当局などに毎年支払われる助成金》．

housing trust《英》住宅供給信託．

hovering act《国際法》領海外船舶取調べ法《領海外にある船舶および乗船者に対する沿岸国の刑事裁判権に適用される制定法》．

HOW《米》°Home Owners [Owners'] Warranty 住宅瑕疵担保保証(制度)．

how·so·ev·er /hàusouévər/ adv《古》いかに[どれほど]…でも《however の強調形》．

h.p. °heir presumptive 推定相続人.
HR °House of Representatives 下院.
H.R. 10 plan /éɪtʃùːr tén —/ [the ~]《米》下院第10計画 (=KEOGH PLAN). [この計画を作った1965年の下院 (*House of Representatives*) 法案から]
HRC °Human Rights Committee 自由権規約人権委員会.
H. Res. House resolution.
HSC《英》Health and Safety Commission 健康安全委員会.
HSE《英》°Health and Safety Executive 健康安全委員会執行部.
h.t. [L *hoc titulo*] in [under] this title この標題で(「この本を参照」の意).
HUAC《米》°House Un-American Activities Committee 下院非米活動委員会.
HUD /, hád/《米》°Department of Housing and Urban Development 住宅都市開発省.
HUD-1 settlement statement /hádwʌn — —/《米》住宅都市開発省第1号書式不動産売買最終手続き書 (不動産売買に際してその購入代金・支払い・清算につき詳述している書式で、住宅都市開発省 (*Department of Housing and Urban Development*) がその書式を第1号として定めている; 売買契約の最終手続きで作成署名されることになっている).
húe and crý /hjúː-/《史》**1** 叫喚追跡 (=clamor)《重罪 (felony) を犯したと思われる人物を役人ないし地域住民が挙げて令状なしで角笛を吹き叫び声をあげて追跡・逮捕したコモンロー上の手続き; この場合、誤って犯人以外の者を逮捕しても、悪意でないかぎり責任は生じないし、またこれを怠った場合はその地域に制裁が科せられた; cf. CRY DE PAYS. **2** 重罪犯逮捕布告書.
hug·gery /hágəri/ *n*《英》(法廷弁護士 (barrister) が職業上の便宜を得る目的で事務弁護士 (solicitor) の機嫌を取る) 迎合, ご機嫌取り (明示的には禁止されてはいないが、法曹倫理にもとるものとされている).
hui /húːi/ *n*《米》(Hawaii 州の土地の共同所有の母体である) 地域共同体.
hulk /hʌlk/ *n* 廃船;《英史》(廃船利用の) 牢獄船 (1853年廃止).
húll insúrance /hʌl-/ 船舶保険 《船舶を目的とする種々の保険; cf. MARINE INSURANCE》.
hu·man /hjúːmən, *júː-/ *a* 人の、人類の、人間の; 人間らしい: ~ affairs 人間に関する諸事, 人事 / ~ error 人的ミス. **~·like** *a* **~·ness** *n* [OF<L *humanus* (*homo* man)]
húman assísted reprodúction (人の) 医学的補助を受けた妊娠・出産 《当事者間の性交による以外の医学的補助を受けた方法で子供を妊娠・出産させる技術》.
Húman Fertilizátion and Embryólogy Authòrity [the ~]《英》人受精胎生監視機関 (1990年の人受精胎生法 (*Human Fertilization and Embryology Act*) で設立され、人工授精・妊娠中絶などの問題を扱う).
hu·man·i·tár·i·an dóctrine /hjumænətéəriən, *juː-/ 人道的法理 (=LAST CLEAR CHANCE DOCTRINE).
humanitárian intervéntion《国際法》人道のための干渉, 人道的干渉 《迫害を受けている者の生命・身体の保護または迫害をやめさせるという人道的理由に基づく他国への武力干渉》.
humanitárian láw《国際法》人道法 (⇒ INTERNATIONAL HUMANITARIAN LAW). ▶INTERNATIONAL HUMANITARIAN LAW (国際人道法).
Húman Lífe Bíll [the ~]《米史》生命保護法案 (1981年に連邦議会上院に上程されたが成立しなかった妊娠中絶禁止法案).
húman órgan《移植の対象としての, 人の》臓器.
húman ríghts *pl* 人権 (cf. UNIVERSAL DECLARATION OF HUMAN RIGHTS). ▶EUROPEAN COMMISSION OF HUMAN RIGHTS (欧州人権委員会) / EUROPEAN CONVENTION ON HUMAN RIGHTS (欧州人権条約) / (EUROPEAN) COURT OF HUMAN RIGHTS ((欧州)人権裁判所) / (UNITED NATIONS) COMMISSION ON HUMAN RIGHTS ((国連)人権委員会) / UNITED NATIONS HIGH COMMISSIONER FOR HUMAN RIGHTS (国連人権高等弁務官) / UNIVERSAL DECLARATION OF HUMAN RIGHTS (世界人権宣言).
Húman Ríghts Àct 1998 [the ~]《英》1998年の人権法《欧州人権条約 (*European Convention on Human Rights*) を 2000年10月2日より連合王国の国内法とすることを 1998年に定めた議会制定法》.
Húman Ríghts Committee [the ~]《国際法》《市民的及び政治的権利に関する国際規約 (B規約) に基づく》自由権規約人権委員会, B規約人権委員会《略 HRC; cf. COMMISSION ON HUMAN RIGHTS》.
húman tíssue 人体組織, 臓器.
Húman Tíssue Authòrity [the ~]《英》人体組織機関 (2004年法で定められた目的のための生体および死体から臓器・人体組織の切除・利用・保存を規制する政府機関; この目的には臨床研究・検査・医学教育も含まれる; この目的のため資料を扱う者はこの機関からの許可が必要である).
húman tràfficking 人身取引, 人身売買 (cf. PEOPLE-SMUGGLING).
hun·dred /hándrəd/ *n* **1**《英史》ハンドレッド《英国の COUNTY または SHIRE の構成単位; Yorkshire、東部 Midland では WAPENTAKE にあたる; アングロサクソン期から存在し、独自の住民集会を有し (これをハンドレッド民会 (hundred-moot) ないしハンドレッド裁判所 (hundred court) という)、裁判を含め統治全般を行なった; この集会さらには住民共同体をも指すことがある). ▶CHILTERN HUNDREDS (チルターンハンドレッズ) / GREAT HUNDRED (ハンドレッド民大会). **2**《米》ハンドレッド《植民地時代には Maryland, Pennsylvania, Virginia にも存

たが, 現在では Delaware 州のみの類似の行政単位).

hun·dre·da·ri·us /hÀndrədéəriəs, -déi-/ *n* 《英史》**1** HUNDREDARY. **2** HUNDREDOR 1. ［L］

hun·dre·dary /hÁndrədèri, -d(ə)ri/ *n* 《英史》ハンドレッド長, ハンドレッド裁判所司宰者 (=hundredarius).

húndred báiliff 《英史》ハンドレッド・ベイリフ《シェリフ (sheriff) の下僚で, ハンドレッド (hundred) を土地管轄としてそこでの罰金徴収・陪審召集・裁判所への出席・令状の執行等を任務とした役人》.

húndred còurt 《英史》ハンドレッド裁判所《ハンドレッド (hundred) にあり月 1 回ないしそれ以上の頻度で開かれた住民集会; 13 世紀末より民事裁判権は低額の人的訴訟 (personal action) に限定された; しかし, 年 2 回シェリフ (sheriff) が巡回主宰した特別集会 (⇨ GREAT HUNDRED, SHERIFF'S TOURN) には多数住民が参加し, ここで十人組検査 (view of frankpledge) (これは年 1 回) がなされ, また重大な犯罪の告発もされた; 長く廃れていたが, 1867 年法で事実上廃止).

húndred-mòot, húndred-mòte 《英史》ハンドレッド民会 (⇨ HUNDRED, HUNDRED COURT).

húndred·or *n* 《英史》**1** ハンドレッド裁判所に出仕すべきハンドレッドの自由土地保有権者 (freeholder) (=hundredarius). **2** ハンドレッド裁判所陪審員候補者［適格者］. **3** ハンドレッド裁判所裁判権保有者《役人であることも私人であることもある》. **4** ハンドレッドのベイリフ (=HUNDRED BAILIFF).

hung /hÁŋ/ *v* HANG の過去分詞. ― *a* 絶対多数 (majority) のない, 過半数の取れない, 過半数割れの: ~ parliament.

hún·ger strìke /hÁŋɡər-/ ハンガーストライキ, ハンスト.

húng júry 評決不能陪審 (=deadlocked jury)《評決成立の必要数 (伝統的には全員一致) の賛成が得られず評決することができない陪審; この場合 審理無効となり新陪審の下でやりなおす》.

hunt /hÁnt/ *vt, vi* 狩る, 狩猟する; 狩り立てる, 追跡する; 捜索する, 捜す, あさる ⟨*after, for*⟩. ~ **down** 追い詰める. ~ **out** 追跡して捕える; 捜し当てる[出す]. ~ **up** 狩り立てる; 捜索する; 捜し当てる. ― *n* **1** 狩猟, 狩猟地; 猟人会, 猟人の一行. **2** 追跡; 探求, 捜索: After a long ~, we found his house. ずいぶん捜してやっと彼の家を見つけた / sb has [is on] a ~ *for*…= The ~ is on *for*…を捜し求める. ［OE *huntian*; cf. OE *hentan* to seize］

hur·dle /hə́:rdl/ *n* **1** 障害, 困難. **2** 《史》《反逆犯を刑場まで乗せた》すのこそり. ［OE］

hur·ry /hə́:ri; hʌ́ri/ *vt, vi* 急がせる, せきたてる; 急ぐ あわてて[急いで]する. ― *n* 大急ぎ, 急派, あわてること: **in a** ~ あわてて, 急いで. **in no** ~ ゆっくり構えて, 容易に…せずに, する気がなくて (unwilling) ⟨*to do*⟩. **húr·ri·er** *n*　　**húrry·ing·ly** *adv* 急いで, あわてて.

hurt /hə́:rt/ *v* (**hurt**) *vt* …にけがをさせる, …を害する;

hybrid rulemaking

傷つける; …に損害[被害]を与える, 苦痛を加える. ― *n* 傷, けが, 痛み;《人の身体・感情に対する》侵害, 損害, 被害. ［OF *hurter* to knock<? Gmc (ON *hrútr* to ram)］

hus·band /hÁzbənd/ *n* 夫. ▶ COMMON-LAW HUSBAND (コモンロー婚姻の夫) / SHIP'S HUSBAND (船舶管理人).

húsband and wífe 夫婦.

húsband-wífe immúnity 夫婦間における不法行為免責 (=interspousal immunity) (⇨ HUSBAND-WIFE TORT ACTION).

húsband-wífe prívilege 夫婦間の特権 (=MARITAL PRIVILEGE).

húsband wífe tórt àction 夫婦間における不法行為訴訟《コモンロー上 配偶者間の不法行為に基づく損害賠償請求を認めない (これを夫婦間における不法行為免責 (husband-wife [interspousal] immunity) という) が, 近時英米ともにこの原則を廃止して, 一定の場合以外請求を認める傾向にある; この訴訟をいう》.

hus·brice, hus·brece *n* 《史》住居侵入 (=HAMSOKEN).

húsh mòney 《俗》口止め料.

hus·ting /hÁstɪŋ/ *n* [°*pl*] **1** 《史》《国王などが召集する》会議, 評議会. **2** 《英史》**a** ハスティングズ裁判所 (=COURT OF HUSTINGS). **b** ハスティングズ裁判所が開廷した London のギルドホールの一部. **3** [the ~, ⟨*sg*⟩]《英史》《1872 年法までの》全国議員候補者指名の演壇; *(政見発表の)* 演壇, 演説会場; 選挙手続き; 選挙[政治]運動: at the ~ 選挙で. ［(pl) < *husting* < OE = house of assembly < ON］

h.v. ［L *hoc verbo* or *hac voce*］このことばで, この語を参照 ((under) this word).

hy·brid /háɪbrɪd/ *a* 雑種の, 混ざり合った, 混成の. ― *n* 雑種, 混血児, ハイブリッド; 混成物, 混成型のもの. ▶ LEGAL HYBRID (法的混成型住宅).

hýbrid áction 両面訴訟《労働組合員から使用者に対しては労働協約 (collective bargaining agreement) 違反について, 組合に対しては公正代表義務 (duty of fair representation) 違反について争う訴訟》.

hýbrid bíll [°H- B-]《英》公私混合法律案《私人ないしは私的団体に関わる公法案 (public bill)》.

hýbrid cláss àction《米史》混合集団訴訟, 混合クラスアクション《集団訴訟 (class action) の一類型で, 訴えされている権利が個別的で種々あるが, 特定財産に影響を与える可能性のある請求にかかわる点で集団訴訟としての性格を有するもの; 1966 年 区別自体が廃止》.

hýbrid offénse《英》選択的審理方法の犯罪 (=OFFENSE TRIABLE EITHER WAY).

hýbrid pówer《権利帰属者指名権 (power of appointment) の一類型である》混成的指名権 (⇨ POWER OF APPOINTMENT).

hýbrid rúlemaking《米》混合型規則制定《手続き》《連邦の行政手続き法 (Administrative Procedure

Act）が定める規則制定手続きは案の告知と書面による意見などの提出のみを保障する規則略式制定手続き (informal rulemaking) と対審型聴聞を義務づける規則正式制定手続き (formal rulemaking) の二つについて規定を設けている；前者の手続きによりながら後者の手続きを付加した規則制定手続きをいう》.

hýbrid secúrity 混合証券《株式などの持分証券 (equity security) と社債などの金銭債務証書 (debt instrument) との双方の性格を結合した証券》.

Hý·dra·flow tèst /háɪdrəflòu-/ ハイドラフローの基準《弁護士依頼者間の秘匿特権 (attorney-client privilege) の適用対象の文書を不注意で開示した場合に、いかなる時に特権放棄があったかを決定する基準で、これによれば不注意な開示をしないようにするためにとられた用心の合理性、開示件数、開示の範囲、開示をしてしまった後その結果を軽減するためにとられた努力の迅速さ、開示した当事者にその文書の取戻しを認めることが最も正義に適うか否かを裁判所が勘案すべきであることになる；1993 年の判例の原告名から》cf. LENIENT TEST, STRICT TEST》.

hyp·no·tism /hípnətìz(ə)m/ *n* 催眠術；催眠状態.

hy·poth·ec, -ek /haɪpɔ́θɪk, hɪ-/ *n*《ローマ法・大陸法・スコットランド法》抵当権．[F<L<Gk (*hypo-*, *tithēmi* place)]

hy·poth·e·cary /haɪpɔ́θəkèri, hɪ-; -k(ə)ri/ *a* 抵当権の[による].

hy·poth·e·cate /haɪpɔ́θəkèɪt, hɪ-/ *vt* …に抵当権を設定する，非占有質権を設定する，抵当[担保]に入れる．**hy·póth·e·cà·tor** *n*

hy·poth·e·ca·tion /haɪpɑ̀θəkéɪʃ(ə)n, hɪ-/ *n* **1**《船舶のみ、船舶および積荷、あるいは積荷のみを担保とする》冒険貸借 (cf. BOTTOMRY, RESPONDENTIA). **2** 抵当権設定(契約)．▶ LETTER OF HYPOTHECATION (抵当権実行権付与状).

hypothecátion bònd《船舶のみ、船舶および積荷、あるいは積荷のみを担保とする》冒険貸借証書[証券] (cf. BOTTOMRY BOND, RESPONDENTIA BOND).

hypothétical-pérson defénse 仮設人の抗弁《刑事被告人が、おとり捜査員などが被告人に対して当該犯行は禁止されていないと思い込ませるような虚偽の表示をすることにより、あるいは犯そうとは思っていなかった当該犯行を説得を通して実行する危険をつくり出すことにより、犯行の実行を助長したと主張するわなの抗弁 (defense of ENTRAPMENT); cf. SHERMAN-SORRELS DOCTRINE》.

hypothétical quéstion 1《専門家証人 (expert witness) に対する》仮説的質問. **2**《法学教育上の、学生への》仮設的問題．

hypothétical ténant《史》仮想の借地人《課税対象の土地の賃貸価値を算定するためには当該土地の仮想の借地人が支払うであろう合理的地代額を基準にしたが、その借地人》.

I

I °income tax 所得税 ◆ independent ◆ Institute ◆ Ireland ◆ Irish ◆ Italian.
i.a. °in absentia 不在中に.
IABA °Inter-American Bar Association アメリカ大陸法曹協会.
IALL International Association of Law Libraries.
IALS International Association of Legal Science.
IAS °International Accounting Standards 国際会計基準.
IASC °International Accounting Standards Committee 国際会計基準委員会.
ib. ibidem (⇨ IBIDEM).
IBA °International Bar Association 国際法曹協会.
ibid. /íbɪd, áɪbɪd/ ibidem (⇨ IBIDEM).
ibi·dem /íbədèm, ɪbáɪdəm; ɪbáɪdem/ *adv* 同じ箇所に, 同著[同書, 同章, 同節]に. ★ 通例 ib(id). の形で引用文, 脚注などに用いるが, id., idem と違い, 多くは法学以外の文献での引用・注に用いられる. 数字が併記されていない場合は同書[同書]同ページを指している. [L=in the same place]
IBRD 〖国連〗°International Bank for Reconstruction and Development 国際復興開発銀行.
ICA 〖国際法・史〗International Court of Arbitration 《臨時の》国際仲裁裁判所 (cf. PERMANENT COURT OF ARBITRATION).
ICC °International Chamber of Commerce 国際商業会議所 ◆ °International Criminal Court 国際刑事裁判所 ◆ 〖米〗°Interstate Commerce Commission 州際通商委員会.
ICE contract /àɪsìː ―/ 〖英〗土木工事標準契約書式. [the *Institution of Civil Engineers Conditions of Contract*]
ICJ °International Commission of Jurists 国際法律家委員会 ◆ °International Court of Justice 国際司法裁判所.
ICPO °International Criminal Police Organization 国際刑事警察機構.
id. /ɪd/ idem (⇨ IDEM).
ID identification ◆ identity.
ID card /àɪdíː ―/ 身分証明書 (=IDENTITY CARD).
Id cer·tum est quod cer·tum red·di

po·test. /ɪd sə́rtəm ɛst kwad sə́rtəm rédaɪ pátɛst/ 確定的なものとされうることは確定的である《この法格言に従えば, 契約は当事者が合意しうるすべての事項を明確・詳細に含んでいる必要はなく, 内容が証拠によって確定しうるならばそれで十分であることになる》. [L=That is certain which can be made certain.]
idem /áɪdèm, ídèm, íːdèm/ *n, a* 《略 id.; cf. INFRA, SUPRA》同上(の), 同著[同書](の), 同典拠[文献](の), 同著者(の); 同語(の). ★ ib., ibid., ibidem と違い, 法学上の引用はこの語が略語 id. の形で, id. at 23 (同著[同書] 23 ページ)のように用いられる. [L=the same]
ídem per ídem /-pər-/ 同じことの繰返し, 同種の例の繰返し. [L=the same for the same]
ídem só·nans /-sóʊnænz, -nàːnz/ *a* 《綴りが異なっていても》同音の. ― *n* 1 同音. 2 同音の法理《名前の綴りが間違っていても発音が似ていてしかも実質的に不都合を生じない場合には, 文書・訴訟手続きを無効としないこと; cf. MISNOMER》. [L=sounding alike]
iden·ti·fi·ca·tion /aɪdèntəfəkéɪʃ(ə)n, ə-/ *n* 1 《人・物の》身元[正体]の確認[認定]; 同一であることの証明[確認, 鑑定], 同一性の確認, 同定;《契約の目的物としての物品の》特定 (=IDENTIFICATION OF GOODS): ~ papers 身分証明書類. ► DENTAL IDENTIFICATION (歯牙同定) / DNA IDENTIFICATION (DNA 個人識別[鑑定]法) / EYEWITNESS IDENTIFICATION (目撃証人による人定) / PROOF OF IDENTIFICATION (同一であることの証明; 身分証明) / VOICEPRINT IDENTIFICATION (声紋の同一性識別). 2 身元[正体]を証明するもの, 身分証明書.
identificátion càrd 身分証明書 (=IDENTITY CARD).
identificátion dìsc〟認識票 (=IDENTIFICATION TAG).
identificátion interrògatory 特定要請質問書 (=fact interrogatory, state-all-facts interrogatory)《相手方当事者に対して当該訴訟の事実問題について知識を有している人, 関係文書, 物証を特定するようにとの要請・質問書》.
identificátion of góods 《契約の目的物としての》物品の特定《単に identification ともいう; cf. UNIDENTIFIED GOODS》.

identificátion paráde″ 面通し(の列) (=LINE-UP*).

identificátion pláte 《自動車などの》登録番号標, ナンバープレート.

identificátion tág 《戦時に兵士が着ける金属製の》認識票 (=identification disc″, identity disc″).

idén・ti・fy /aɪdéntəfaɪ/ *vt* **1** …がだれ[何]であるかを明らかにする, …の身元[正体]を確認する[割り出す], 鑑定する: The witness *identified* the weapon. その証人が凶器を確認した / The child was *identified* by its clothes. その子供がだれであるかは衣服でわかった / ~ a body 死体の身元を確認する / ~ a dead man by his fingerprints 死者の身元を指紋で確認する. **2** 〈…と〉同一視する, 結びつける, 〈…と〉提携させる, 〈…に〉関係させる 〈*with*〉. **3** 《契約の目的物として》特定する (cf. IDENTIFICATION OF GOODS). **idén・ti・fi・a・ble** *a* 身元[正体]を確認[証明]しうる; 同一とみなし[証明し]うる. **-fi・ably** *adv* **idén・ti・fi・er** *n* 確認者; 鑑定人;『電算』識別名.

Iden・ti-Kit″ /aɪdéntəkɪt/《商品名》アイデンティキット, モンタージュ作製セット; モンタージュ: an ~ picture of the burglar. [*identi*fication+*kit*]

idén・ti・ty /aɪdéntəti/ *n* **1** 同一であること, 一致, 同一性. **2 a**《他のものでなく》自分[それ]自身であること, 本人であること; 本体, 正体, 身元: disclose [conceal] one's ~ 自分の身元を明かす[隠す] / establish [prove, recognize] sb's ~ 人の身元を確認する / ask sb for proof of ~ 身元証明[身分証明書]を求める. **b**《口》身元証明の手段, 身分証明書. ▶ EVIDENCE OF IDENTITY (同一性確認証拠) / MISTAKEN IDENTITY (人の同一性についての錯誤).

idéntity cárd 身分証明書 (=identification card, ID card).

idéntity dísc″ 認識票 (=IDENTIFICATION TAG).

idéntity of ínterests 《途中での訴訟参加者が最初から当事者であったものとみなされる要件としての》利害の同一性.

idéntity of párties 当事者の同一性《特に 既判力 (res judicata) が及ぶための要件としてなどで重要となる》.

idéntity paráde =IDENTIFICATION PARADE.

idéntity théft 同一性窃盗《欺罔目的で身分証明書など他人の同一性を示す情報を違法に奪ったり使用したりすること; cf. GHOSTING》.

ideo con・si・de・ra・tum est /ídiou kənsɪdəréɪtəm èst/《史》ゆえに次のように判断する《判決理由を述べ主文に移る前にしばしば置かれた文言》. [L=therefore it is considered]

id est /ɪd ést/ すなわち, 換言すれば (that is)《通例 i.e. と略す》. [L=that is]

IDI ° Institut de Droit International 国際法学会.

id・i・ot /ídiət/ *n* 生来の心神喪失者, 白痴, 最重度精神遅滞者《現在は法律・医学上の用語とされない; cf. IMBECILE, MORON; ⇨ MENTAL RETARDATION》.

ídle and disórderly pérson 怠惰な治安[風紀]紊乱者, 定職のない治安[風紀]紊乱者《乞食などでかつては放浪者 (vagrant) として軽罪の対象となった》.

IDP ° international driving permit 国際自動車運転免許証.

i.e. /àɪ íː/ ° id est すなわち, 換言すれば (cf. E.G.). ★ that is とも読む.

if /ɪf, if, əf/ *conj* もし…すれば《遺言書 (will), 捺印証書 (deed) などで, この語から始まる句は, 条件 特に 停止条件 (condition precedent) を定めていると推定される》.

IFD ° in flagrante delicto 現行犯で, 犯行中.

IFP ° in forma pauperis 貧者の資格で.

IFWL International Federation of Women Lawyers 国際女性法律家連合.

ig・no・ra・mus /ìgnəréɪməs, -rǽm-/ *n*《史》不知,《大陪審による》原案否決, 不起訴(の決定) (=NO BILL) (opp. *billa vera*). [L=we are ignorant]

ig・no・rance /íɡn(ə)rəns/ *n* 無知, 無学; 不知, 不案内 〈*of*〉. ▶ VOLUNTARY IGNORANCE (自発的不知).

ignorance of the láw 法の不知 (=ignorantia juris): I~ is no excuse. 法の不知は抗弁とならない / I~ excuses no one. 法の不知は何びとをも免責しない.

Ig・no・ran・tia eo・rum quae quis sci・re te・ne・tur non ex・cu・sat. /ìgnourǽnʃiə eɔ́ːrəm kwi kwɪs sáɪre teníːtər nɑn ɪkskjúːzæt/ 知っているべき事柄の不知は抗弁とならない. [L=Ignorance of those things which one ought to know does not excuse.]

Ignorántia fác・ti ex・cú・sat. /-fǽktaɪ ɪkskjúːzæt/ 事実の不知は抗弁となる. [L=Ignorance of fact excuses.]

ignorántia jú・ris /-dʒúərɪs/ **1** 法の不知 (=IGNORANCE OF THE LAW). **2** IGNORANTIA JURIS NON EXCUSAT. [L=ignorance of the law]

Ignorantia juris ne・mi・nem ex・cu・sat. /—— némɪnèm ɪkskjúːzæt/ 法の不知は何びとをも免責せず《法を知らなかったということは抗弁事由にならない》. [L=Ignorance of the law excuses no one.]

Ignorantia juris non ex・cu・sat. /—— nɑn ɪkskjúːzæt/ 法の不知は抗弁とならない. [L=Ignorance of the law does not excuse.]

Ignorantia juris quod quis・que sci・re te・ne・tur ne・mi・nem ex・cu・sat. /—— kwɑd kwískwi sáɪre teníːtər némɪnèm ɪkskjúːzæt/ すべての人が知っているべき法の不知は何びとをも免責せず. [L=Ignorance of the law which everybody ought to know excuses no one.]

Ignorantia le・gis ne・mi・nem ex・cu・sat. /—— líːdʒɪs némɪnèm ɪkskjúːzæt/ IGNORANTIA JURIS NEMINEM EXCUSAT. [L=Ignorance of the law excuses no one.]

ig・no・ra・tio elen・chi /ìgnəréɪʃiou ɛléŋkaɪ, ìgnərάːtiou ɪléŋki/《弁論中の弁護士による相手方との

論点相違(の謬論). [L＝ignorance of the refutation]

ig·nore /ɪgnɔ́:r/ vt 1 〈人の意見・好意・侮辱, 明白な証拠・信号などを〉(故意に)無視する, 知らないふりをする. 2 〈大陪審が起訴状案を〉否決する, 証拠不十分として不起訴[却下]にする. **ig·nór·able** a **ig·nór·er** n [F or L *ignoro* not to know]

ignóring tráffic sígnals 交通標識[信号]無視.

Ihering ⇨ JHERING.

IHT °inheritance tax 相続税.

ILA International Law Association 国際法協会《1873 年設立; 本部 London》.

ILAA International Legal Aid Association 国際法律扶助協会.

ILC 〖国連〗°International Law Commission 国際法委員会.

ILEX 〖英〗°Institute of Legal Executives 法律専務職員協会.

ill /íl/ a 1 病気で; 不健全な. 2 a 悪い, 不徳な; 意地の悪い, 不親切な. b いやな, 不快な; 有害な; 不都合な. 3 a へたな, まずい; 不十分な, 不適当な. b 〈訴答 (pleading) が〉欠陥のある, 無効な.

il·la·tion /ɪléɪʃ(ə)n/ n 推論, 推理; 推論の結果, 結論.

il·légal /ɪ-/ a 違法な, 法により禁じられている, 不法な, 法が認めていない (unlawful) (cf. NONLEGAL): ~ carrying of arms 武器違法携帯 / CORRUPT AND ILLEGAL PRACTICES. ― n 違法入国[入植]者. ~·ly adv 違法に, 不法に. [F or L (*legalis* legal]

illégal abórtion 堕胎(罪).

illégal álien* 違法入国者, 違法滞在者 (＝illegal immigrant, undocumented alien). ▶ HARBORING AN ILLEGAL ALIEN (違法入国者蔵匿).

illégal considerátion 不法な約因《契約を有効とする約因とはならない》.

illégal cóntract 《違法な行為を目的とする》違法な契約《無効で, そのために支払った金銭などの返還も原則として請求できない》.

illégal éntrance 1 違法入国. 2 《建物への》違法侵入(罪).

illégal éntry 1 違法侵入(罪). 2 《外国人の》違法入国.

illégal ímmigrant 違法入国者, 違法滞在者 (＝ILLEGAL ALIEN).

illégal ínterest 《法定の利息を超える》違法な利息.

il·legálity /ì-/ n 違法, 不法, 非合法; 違法行為.

il·légal·ize /ɪ-/ vt 違法[不法]とする, 非合法化する (cf. CRIMINALIZE). **il·lègal·izátion** n 非合法化.

illegally obtáined évidence 違法に得られた証拠 (＝evidence obtained illegally [improperly]).

illégal per sé それ自体で違法[不法]な (cf. PER SE).

illégal práctices ⇨ CORRUPT AND ILLEGAL PRACTICES.

illégal ráte 違法金利.

illégal stríke 違法ストライキ.

illégal subdivísion 違法土地区分《その地域内の土地区分規制に違反する形での区分; cf. LEGAL SUBDIVISION》.

illégal trúst 違法信託.

il·legítimacy /ì-/ n 1 違法, 非合法. 2 非嫡出(性), 非嫡出たる身分, 私生, 庶出 (＝bastardy) (cf. LEGITIMACY).

il·legítimate /ìlɪdʒítəmət/ a 1 違法の (opp. *legitimate*). 2 非嫡出の, 庶出の. 3 推論を誤った, 論理に合わない, 不合理な: an ~ conclusion. 4 不適切な. ― n 非嫡出子, 庶子, 私生子. ― vt /-mèɪt/ 1 違法と認める. 2 非嫡出子と認める. ~·ly adv 1 違法に. 2 不合理に. [L *illegitimus*; 語尾は *legitimate* に同化]

illegítimate child 非嫡出子 (⇨ CHILD OF UNMARRIED PARENTS) (cf. FILIUS NULLIUS).

il·legitimátion /ì-/ n 1 違法との認定. 2 非嫡出子の認定.

il·legítimatize, il·legítimize /ì-/ vt ILLEGITIMATE.

il·lícit /ɪl-/ a 違法[不法]な (unlawful), 禁じられた, 禁制の, 不正の, 不義の (opp. *licit*): an ~ distiller 酒の密造者 / the ~ sale of opium アヘン密売. ~·ly adv ~·ness n [F or L (*in-*, LICIT)]

illícit cohabitátion 《夫婦以外の男女の》同棲(罪), 不法同居(罪) (＝lascivious cohabitation)《米国の多くの州での犯罪; 実際検挙されることはほとんどない》.

illícit íntercourse 不義, 密通.

illícit relátion 違法な(性的)関係.

Il·li·nóis lánd trùst /ìlənɔ́i-, *-nɔ́iz-/ 〖米〗イリノイ型土地信託 (＝naked land trust)《土地のコモンロー上のみならずエクィティー上の権利も受託者に移転させ, 受益者は受託者に対して信託財産の管理・運用・処分に関して指図する権限を留保する信託; Illinois 州で複数土地所有者が共同で不動産開発する便宜のため案出され, 判例で認められた土地信託; 他の数州では制定法で認められている; 単に land trust (土地信託) ともいう》.

il·lu·so·ry /ɪlú:s(ə)ri, -z(ə)ri/ a 偽装の, 擬似の.

illúsory appóintment 偽装指名《権利帰属者[取得者]指名権 (power of appointment) による指名の際特定人物に名目的利益のみを与えて実質的には被指名者 (appointee) から排除すること; この方法は無効とされていたが, 英国では現在は 1925 年法により有効とされている》.

illúsory cóntract 擬似約契《少なくとも一方の当事者が擬似約束 (illusory promise) をしている契約で, 履行を強制できないもの》.

illúsory prómise 擬似約束《外見上は履行が保証されているように見えるが, 実際には諾約者に何も義務を課していない約束; 双務契約で, 債権債務関係の相互性が欠けている約束》.

illúsory trúst 偽装信託《形式的には信託を設定しな

から信託条項ないしは別の合意で信託設定者が信託財産に対して信託設定前と同一の支配権を実質的に留保している信託；無効となる）．

illústrative évidence 展示証拠（＝DEMONSTRATIVE EVIDENCE）．

ILO《国連》°International Labor Organization 国際労働機関．

ILS °Incorporated Law Society 事務弁護士協会．

im·bar·go /ɪmbάːrgou/ *n* (*pl* ~**es**)《古》EMBARGO．

im·be·cile /ímbəsəl, -sàɪl; -siːl/ *a* 心神耗弱(こうじゃく)の．— *n* 心神耗弱者，痴愚者，中等度[重度]精神遅滞者《現在ではあまり用いられない語；cf. IDIOT, MORON; ⇨ MENTAL RETARDATION)．

im·be·cil·i·ty /ìmbəsíləti/ *n* 心神耗弱 (⇨ IMBECILE)．

im·bez·zle /ɪmbéz(ə)l/ *vt*《古》EMBEZZLE．

im·brac·ery /ɪmbréɪs(ə)ri/ *n* EMBRACERY．

IMCA《英》°Independent Mental Capacity Advocate 独立精神能力擁護者．

IMF °International Monetary Fund 国際通貨基金．

im·i·ta·tion /ìmətéɪʃ(ə)n/ *n* **1** 模倣，模造．**2** 模造品，偽造品；にせもの；《文学作品の》模倣作．**3** [*a*〉模造…, 人造…: ~ leather [pearls] 模造皮革[真珠]．~·**al** *a*

im·ma·te·ri·al /ì-/ *a* 〈証拠などが〉重要でない (cf. IRRELEVANT)． **ìm·materiálity** *n*

immatérial avérment《訴答における》重要でない主張．

immatérial évidence 重要でない証拠《(1) 争点と関係の薄いことを証明しようとしている証拠 2) 証明力を欠く証拠》．

immatérial íssue 重要でない争点 (cf. MATERIAL ISSUE)．

immatérial váriance《特に訴答と証拠との》重要でない齟齬．

im·me·di·ate /ɪmíːdiət/ *a* **1** 即座の．**2** 直接の，直近の (opp. *mediate*)；隣接した． **im·mé·di·a·cy** *n* ~·**ness** *n*

immédiate annúity 即時開始年金 (cf. DEFERRED ANNUITY)．

immédiate bréach 損害賠償即時訴求可能契約違反《契約違反を犯していない方の当事者が直ちに損害賠償を訴求できる契約違反》．

immédiate cáuse 直近原因《結果に最も近い原因》．

immédiate cáuse of ínjury 被害の直近原因《因果関係の連鎖の中で，結果である被害に空間的・時間的に直近の原因；必ずしも真の原因ではない》．

immédiate contról **1** 直接支配《管理，統制》；直接支配区域．**2** 直接統御，直接制御．

immédiate dánger 直近の危険《相当の蓋然性をもつ危険が間近に迫り，それを避けることが困難な状況》．

immédiate déath **1** 即死（＝INSTANTANEOUS DEATH）．**2** 即死状態での死亡《即死そのものではないが即死に近い形での死亡》．

immédiate descént 無遺言不動産直接相続《(1) 父が死亡している場合の祖父から孫への相続のように介在者(父)を欠く場合の無遺言不動産相続；この意味の相続は MEDIATE DESCENT（無遺言不動産間接相続）となる **2)** 父から息子への相続のように血縁上の介在者なしでの無遺言不動産相続》．

immédiate fámily 直接家族《ある人の配偶者・親・子・兄弟（半血の兄弟を含む）からなる家族》．

immédiate inténi《不法な行為そのものと一致する》直接的意図．

immédiate·ly *adv* 直ちに．

immédiately-appárent requírement 一見明白の要件《警察官が車中の証拠物件を令状なしで押収できる場合の要件で，そのものが一見明白に禁制品 (contraband) であると信じうる相当の根拠があること；cf. PLAIN VIEW DOCTRINE》．

immédiate nótice 迅速な通知．

immédiate párties *pl* 直接当事者《手形・小切手に関して振出人と受取人，裏書人とその直接被裏書人のような直接の関係者》．

immédiate posséssion 直接占有《みずからあるいは直接に取得ないしは保持している占有；cf. MEDIATE POSSESSION》．

im·me·mó·ri·al /ì-/ *a* 記憶[記録]にないほど昔の；法的記憶 (legal memory) 以前より存在する，超記憶的な (⇨ TIME IMMEMORIAL): ~ antiquity 超記憶的古さ．~·**ly** *adv*

immemórial exístence 超記憶的存在《法的記憶の及ばぬ時代からの存在；⇨ LEGAL MEMORY, TIME IMMEMORIAL》．

immemórial úsage 超記憶的慣行 (⇨ LEGAL MEMORY, TIME IMMEMORIAL)．

im·mi·grant /ímɪgrənt/ *n*《外国・他地域からの》移民，(入国)移住者 (opp. *emigrant*)．▶ ILLEGAL IMMIGRANT (違法入国者)．— *a* **1** 移住して来る，移入する．**2** 移民者の: an ~ community．

im·mi·grate /ímɪgrèɪt/ *vi, vt*《他国・他地域へ》(入国)移住[移民]する[させる]，移入する 〈*into* [*to*] a country; *from*〉．

im·mi·gra·tion /ìməgréɪʃ(ə)n/ *n* **1** (入国)移住，移民，移入，入植，入国 (opp. *emigration*): ~ laws 移民法．**2**《空港・港などでの》(出)入国管理，入国審査．**3**《一定期間内の》移民(数)；入植者，(入国)移民，移入者《集合的》．~·**al** *a*

Immigrátion and Nationálity Àct [the ~]《米》移民および国籍法《移民・帰化・入国拒否に関する包括的な連邦制定法；Nationality Act (国籍法) ともいう；cf. MCCARRAN-WALTER ACT》．

Immigrátion and Naturalizátion Sèrvice [the ~]《米史》移民帰化局《2003 年までの合衆

国連邦政府司法省 (Department of Justice) の、移民帰化に関する法の執行部局; 略 INS).

Immigrátion Appéals Bòard [the ~]《米》入国管理不服審判所 (=Board of Immigration Appeals).

Immigrátion Appéal Tribùnal [the ~]《英史》移民上訴審判所《1971年法に基づき移民・国外強制退去決定に関わる上訴を扱っていたが、2004年法で庇護・移民審判所 (Asylum and Immigration Tribunal) に代わっている》.

immigrátion òfficer 入国審査[管理]官.

Immigrátion Refórm and Contról Àct [the ~]《米》移民改革・規制法《1986年成立の連邦制定法; 急増するヒスパニック系移民対策として打ち出されたもので、5年以前からの居住を立証できる者には永住権を与える一方、それと知りながら不法就労外国人を雇った雇用者を罰する法律; 略 IRCA; 別名 Simpson-Rodino Act》.

Immigrátion Sérvices Commìssion [the ~]《英》移民業務監督委員会《その上訴審判所である **Immigrátion Sérvices Tribùnal** (移民業務審判所) と共に、1999年法で創設》.

im·mi·nent /ímənənt/ a 切迫した、急迫した.
~**ly** adv 差し迫って、切迫[急迫]して: ~ly DANGEROUS.

ímminent dánger 急迫した危険《特に正当防衛 (self-defense) の要件として問題となりうる》.

ímminent péril 急迫した危険.

ímminent péril dòctrine 急迫した危険の法理 (⇨ EMERGENCY DOCTRINE).

Im·mo·bi·lia si·tum se·qu·un·tur. /ìməbíliə sáitəm sɛkwántər/ 不動産は所在地(法)に従う. [L=Immovables follow their location.]

im·mo·bi·lize /imóubəlàiz/ vt 動かなくする、固定する;《例えば ある動産を建物の一部に組み込むなどして》〈動産を〉不動産化する;〈流動資本[資金]を〉固定資本[資金]に変える. **im·mo·bi·li·za·tion** /imòubələzéiʃ(ə)n/ n

im·mó·ral /i-/ a 不道徳な; ふしだらな、身持ちの悪い;〈本・絵などが〉猥褻な. ~**ly** adv

immóral considerátion 不道徳約因《これに基づく契約は、通例 取消可能ないしは強制できない; cf. Ex turpi causa non oritur actio》.

immóral cóntract 不道徳契約《強制できない》.

immóral éarnings pl 不道徳な稼ぎ《特に 売春による収入》: live off ~ 不道徳な稼ぎで食う. ▶ LIVING ON IMMORAL EARNINGS (不道徳所得生活罪).

im·morálity /i-/ n 《特に性的な》不道徳; 不品行、ふしだら、猥褻; 不道徳行為; 醜行、風俗壊乱.

im·móv·able /i-/ a〈財産が〉固定している、不動の.
— n [ᵁpl] 不動産 (opp. *movable*).

immóvable próperty 不動産; 不動産権.

im·mune /imjú:n/ a〈義務・責任などが〉免除された (exempt); 免疫(性)の. — n 免除者; 免疫者.

im·mu·ni·ty /imjú:nəti/ n 1 免除、免責 (cf. EXEMPTION); 法的免除; 刑事免責 (cf. IMPUNITY); 免除[免責]特権; 不入権. ▶ ABSOLUTE IMMUNITY (絶対的免責) / CHARITABLE IMMUNITY (公益団体免責特権) / COMBAT IMMUNITY (戦闘行動免責) / CONGRESSIONAL IMMUNITY (議会議員免責特権) / CONSTITUTIONAL IMMUNITY (憲法上の免責[免責]特権) / CORPORATE IMMUNITY (法人[会社]役員の免責) / CROWN IMMUNITY (国王の免責特権) / DIPLOMATIC IMMUNITY (外交免責) / DISCOVERY IMMUNITY (開示免責) / DISCRETIONARY IMMUNITY (裁量行為に伴う免責) / EXECUTIVE IMMUNITY (行政上の免責) / GOVERNMENT [GOVERNMENTAL] IMMUNITY (政府免除(特権)) / HUSBAND-WIFE IMMUNITY (夫婦間における不法行為免責) / INTERGOVERNMENTAL IMMUNITY (政府間免除) / INTERSPOUSAL IMMUNITY (夫婦間における不法行為免責) / JUDICIAL IMMUNITY (司法的免除) / LEGISLATIVE IMMUNITY (議員の免責特権) / OFFICIAL IMMUNITY (公務員の免責特権) / PARENTAL IMMUNITY (親子間免責の原則; 親の免責原則) / POCKET IMMUNITY (非公式刑事免責) / PUBLIC INTEREST IMMUNITY (公益に基づく免責(特権)) / QUALIFIED IMMUNITY (限定的免責) / SOVEREIGN IMMUNITY (主権免除[免責](特権)) / STATE IMMUNITY (国家免責[免除]、州免責[免除]) / TESTIMONIAL IMMUNITY (強要された証言に伴う刑事免責) / TRANSACTIONAL IMMUNITY (行為免責) / USE IMMUNITY (使用免責) / WAIVER OF IMMUNITY (刑事免責権の放棄). 2《特に》《世俗権力の教会への》不可侵権,《俗権の教会・聖職者に対する》不入権、免除特権、法的免除、俗務免除. 3《危害・有毒物から》免れていること; 免疫(性).

immúnity bàth《米》証人刑事免責特権利用者《証人に与えられる将来の訴追免除の特権を利用するためにみずからを罪に陥れる証言をする者》.

immúnity from súit 訴訟免除.

im·mun·ize /ímjənàiz/ vt 免れさせる、免除する、免責する;〈証人に〉刑事免責特権を保障する: ~d testimony 刑事免責特権の保障を条件にした証言. **im·mu·ni·za·tion** /ìmjəmənəzéiʃ(ə)n/ n

imp. imprimatur 印刷出版許可.

im·páct·ed área /impǽktəd-/《米》人口急増地区《特に、連邦政府の特別プロジェクトなどでその職員が多数流入し公立学校生徒が急増しているのに、連邦用地には課税されないで、教育等に充てる収入が増えないなどという問題を抱えている地域》.

ímpact rùle 接触の準則《感情的苦しみ (emotional distress) を過失により加えたことに対して損害賠償を認める場合のコモンロー上の要件として、物理的・身体的接触が生じたことが必要であるという準則; 現在ではこの準則は多くの法域で廃されている》.

im·pair /impéər/ vt〈価値などを〉減ずる、害する、弱める、損う、傷つける. ~**·er** n [OF<L=to make

impáir·ing the mórals of a mínor 《米》未成年者性的道義侵害(罪) (=corrupting, corruption of a minor)《成年者が未成年者を相手に性交には至らぬ性的行為を犯す罪; cf. CONTRIBUTING TO THE DELINQUENCY OF A MINOR》.

impáiring the obligation of cóntracts 《米》契約上の債権債務関係を害するような《合衆国憲法第1編第10節1項が州がこのような法律を制定することを禁じている; cf. OBLIGATION OF CONTRACTS CLAUSE》.

impáir·ment n 害すること, 減損, 損傷, 障害. ▶ MENTAL IMPAIRMENT (精神障害) / SEVERE IMPAIRMENT (重度障害).

im·pánel /ɪm-/, **em-** /-/, ɛm-/ vt 陪審員候補者名簿に載せる (cf. ARRAY);《陪審員候補者名簿から》〈陪審員〉を選ぶ,〈陪審〉を形成する. — vi 陪審員候補者名簿を作成する. ～·ment n

im·parl /ɪmpáːrl/, **em-** /-/, ɛm-/ vi, vt《史》《和解による解決のために》答弁期間を付与される, 法廷外で交渉する, 廷外交渉の許可を得る.

im·pár·lance, em- n《史》《和解目的の》答弁期間付与[廷外交渉](の請願[許可]) (=licentia loquendi).

im·pártial a 偏らない, 公平な, 公明正大な: give sb a fair and ～ hearing. ～·ly adv 公平に, 公明正大に. **im·partiálity** n 偏らないこと, 公平, 不偏不党.

impártial cháir 公平な第三者(の座), 公平な議長(職) (1) 仲裁人 (=ARBITRATOR) 2) 調停人 (=MEDIATOR)》.

impártial cháirman 公平な第三者(である議長)《仲裁人 (arbitrator) あるいは調停人 (mediator) を指すが, 特にそれが複数の人から成る場合の議長を指す; cf. UMPIRE》.

impártial éxpert 公平な専門家.

impártial júry 公平な陪審 (=fair and impartial jury)《審理開始時に予断・偏見をもっていない陪審》.

im·pár·tible a《不動産などが》分割できない, 不可分の.

im·passe /ímpæs, -́-/ n 1 袋小路, 行き詰まり; 難局. 2《特に労使紛争の》交渉行詰まり.

im·peach /ɪmpíːtʃ/ vt 1《人の名誉・名声など》に疑いを投げかける, 疑問視する,〈証人など〉の信用性に異議を申し立てる, 弾劾する (cf. REHABILITATE);〈陪審評決〉を弾劾[攻撃]する: The holographic will was ～ed by the expert witness. 2《犯罪・義務違反行為で》告発[非難]する;〈公職にある者〉を(法的に)弾劾する, 弾劾裁判に付す;《弾劾・弾劾裁判により》解任する: ～ a politician for accepting bribes 政治家を収賄で告発[弾劾]する / ～ sb of [with] a crime 人の罪を告発[弾劾]する. — n《古》IMPEACHMENT. ～·able a 弾劾[告発, 非難]すべき. **im·péach·ability** n 弾劾可能性.

impéachable offénse《米》弾劾可能な犯罪 (⇒ HIGH CRIMES AND MISDEMEANORS) (cf. HIGH CRIME).

impéachable wáste 責任を問われるべき《不動産》毀損.

impéach·ment n 1 弾劾, 告発 (=formal impeachment); 弾劾裁判. ▶ ARTICLES OF IMPEACHMENT (弾劾告発書) / COURT (FOR THE TRIAL) OF IMPEACHMENTS (弾劾裁判所) / FORMAL IMPEACHMENT (正式手続きにのっとった弾劾). 2 a《証人の信用性などについての》証人弾劾 (=impeachment of witness (cf. NEUTRALIZATION). b《証拠の真正性などについての》証拠弾劾. ▶ FORMAL IMPEACHMENT (証書弾劾). 3《陪審評決の不当性の》攻撃 (⇨ ARTICLES OF IMPEACHMENT).

impéachment cóurt 弾劾裁判所 (=COURT (FOR THE TRIAL) OF IMPEACHMENTS).

impéachment évidence 弾劾証拠《証人の信用性を切り崩す証拠; cf. IMPEACHMENT, IMPEACHMENT OF WITNESS》.

impéachment of a júdge 裁判官の弾劾(裁判).

impéachment of vérdict 評決攻撃《陪審評決の不当性を当事者が攻撃すること》.

impéachment of wáste《史》《不動産》毀損の責任を問うこと. **without ～**《不動産》毀損の責めを問われることなく (=absque impetitione vasti, sans impeachment de wast)《被譲与者 (grantee) や賃借人 (lessee) が, 例えば立木を切り倒しても責めを問われないという趣旨; ただし, 権利の濫用は責任を問われる》.

impéachment of wítness 証人の弾劾 (⇨ IMPEACHMENT) (cf. IMPEACHMENT EVIDENCE).

im·ped·i·ment /ɪmpédəmənt/ n 1 妨害(物), 障害 ‹to›; 身体障害; 言語障害, どもり ‹in one's speech›. 2 (pl **-men·ta** /-tə/) 行為能力障害; 婚姻障害《未成年・血縁関係など》: ～ of consanguinity 血族関係の婚姻障害 / ～ of precontract 先約の婚姻障害. ▶ ABSOLUTE IMPEDIMENT (絶対的婚姻障害) / CANONICAL IMPEDIMENT (カノン法上の婚姻障害) / DIRIMENT IMPEDIMENT (絶対的婚姻障害) / RELATIVE IMPEDIMENT (近親者間の婚姻障害).

impédiment to márriage [ᵁpl] 婚姻障害(事由) (cf. DECREE OF NULLITY).

im·péd·ing apprehénsion or prosecútion /ɪmpíːdɪŋ-/《英》逮捕あるいは犯罪訴追の妨害(罪)《正式起訴(で訴追される)犯罪 (indictable offense) で有罪であると知りながらの逮捕・訴追を妨げる犯罪》.

im·ped·i·tor /ɪmpédətər/ n《史》聖職推挙権妨害者 (=disturber) (cf. ADVOWSON). [L]

im·pen·sae /ɪmpénsiː/ n pl《ローマ法》費用. [L]

im·per·a·tive /ɪmpérətɪv/ a 命令的な, 絶対的な (cf. DIRECTORY, MANDATORY): an ～ engagement.

impérative théory of láw 法命令説 (=command theory of law)《法の本質は国・政治社会による人民に対する命令であるとする考えで, John AUSTIN の学説

がその典型; cf. NATURAL LAW, POSITIVE LAW》.

im·pérfect *a* **1** 不完全な, 不十分な; 欠陥[欠点]のある: ～ items 欠陥品目. **2** 法的要件を欠く. **～·ly** *adv* 不完全に, 不十分に. **～·ness** *n* ［OF<L］

impérfect defénse 不完全な正当防衛, 過剰防衛《正当防衛の法的要件を完全には満たしてはいない防衛; 通常は無罪とならず一段低い刑を科する; cf. IMPERFECT SELF-DEFENSE, PERFECT DEFENSE》.

impérfect gíft 不完全贈与《法的形式の整っていない贈与》.

im·perféction *n* 不完全; 欠点, 欠陥.

impérfect justificátion 不完全な正当化《事由》《被告人がみずからの行為を完全には正当化できないがしかしなおその刑事責任・刑罰を軽減する事由, あるいはそれを理由にしての刑罰の軽減しようとすること》.

impérfect obligátion 《法的強制力のない》不完全債務, 不完全債権債務関係 (cf. MORAL OBLIGATION).

impérfect ríght 《法的には認められはするがなお裁判所によって強行してもらえない》不完全な法的権利《例えば出訴期間 (statute of limitations) 経過後の権利など; opp. *perfect right*》.

impérfect sélf-defénse 不完全な正当自己防衛, 過剰自己防衛《過剰防衛など正当自己防衛 (self-defense) の法的要件を完全には満たしていない防衛; cf. IMPERFECT DEFENSE, PERFECT SELF-DEFENSE》.

impérfect státute 不完全制定法《異議が生じうる法律行為を無効にはしないが罰則を定めて禁止している制定法》.

impérfect títle 不完全権原.

impérfect trúst 不完全信託 (＝EXECUTORY TRUST).

impérfect wár 《国際法》不完全戦争《正式な宣戦布告が欠けていたり, 場所・人・物の面で限定された形での戦争》.

impéria *n* IMPERIUM の複数形.

im·pe·ri·al /ɪmpíəriəl/ *a* **1** 皇帝 (emperor) の; 帝国 (empire) の; 帝室の. **2** 大英帝国の; (英国)王室の; (英国)国王の.

Impérial Cónference [the ～]《英史》帝国会議《イギリス本国と自治領・海外領土の代表者会議; 1887 年に Colonial Conference (植民地会議) として開かれ, 1907 年にこの名称に代わったが, 1937 年を最後に, 1944 年からは Commonwealth Conference (イギリス連邦会議) あるいは Commonwealth Prime Ministers' meeting (または Premiers' Conference) 《イギリス連邦首相会議》が必要に応じて開かれる》.

Impérial Ínstitute [the ～]《英史》帝国協会《COMMONWEALTH INSTITUTE の前身; 1925 年法で創設》.

impérial·ism *n* 帝国主義.

impérial·ist *n* 帝国主義者. ―― *a* 帝国主義(者)の. **im·pè·ri·al·ís·tic** *a* **-ti·cal·ly** *adv*

impérial párliament《英史》帝国議会《かつての連合王国議会の通称》.

impérial préference《英史》帝国内特恵関税, イギリス連邦[英連邦]産品優遇措置.

impérial présidency* 帝王的大統領制《憲法の規定を越えて強大化した米国大統領の職[地位]》. **im·périal président** *n*

im·pe·ri·tia /ɪmpɪríʃiə, -ráɪ-/ *n*《ローマ法》未熟練. ［L］

Imperitia cul·pae ad·nu·me·ra·tur. /―kálpi ædnàmərértər/ 未熟は過失とされる. ［L＝Unskillfulness is reckoned as a fault.］

im·pe·ri·um /ɪmpíəriəm/ (*pl* -ria /-riə/, ～s) **1** 至上権, 絶対的支配権, 主権, 帝権; 法執行権;《ローマ法》命令権. ▶ CO-IMPERIUM (共同支配). **2** 帝国 (empire). ［L＝command, dominion］

im·permíssible *a* 許すことのできない, 許し難い. **im·permíssibly** *adv*

im·per·son·ate /ɪmpə́:rs(ə)nèɪt/ *vt*〈他人〉の氏名・肩書などを詐称する,〈他人〉になりすます (＝personate). **im·pér·son·à·tor** *n*

im·pèr·son·á·tion *n* 詐称, 氏名詐称, 身分詐称, 偽称 (＝personation). ▶ FALSE IMPERSONATION (詐称(罪)).

im·pértinent *a* 無関係な〈*to*〉. **im·pértinence** *n*

impértinent mátter 無関係事項《訴答 (pleading) で申し立てられた, 訴えや防御に無関係な事項; 裁判所はこれを訴答から削除させることができる; cf. SCANDALOUS MATTER》.

im·plead /ɪmplíːd/ *vt*, *vi* **1 a**〈第三者を〉訴訟に引き込む (cf. INTERPLEAD, INTERVENE, JOINDER). **b**《古》訴える. **2**《まれ》非難する, 責める. **3**《古》答弁する (plead). **～·er¹** *n*

impléad·er² *n* 第三者の訴訟への引込み, 引込み訴訟 (＝third-party practice, third-party procedure, vouching-in)《特に 原告により訴えられた人でない第三者に責任を転稼しようとする被告により, 第三者を訴訟に引き込む手続き; cf. COUNTERCLAIM, CROSS-CLAIM, INTERPLEADER¹, INTERVENTION, JOINDER》.

im·ple·ment /ímpləmənt/ *n* **1** 道具, 用具, 手段, 方法; [*pl*]《家具・衣服などの》備品, 装具; 手先, 働き手: agricultural [farm] ～s 農具 / stone ～s 石器. **2**《スコットランド》履行. ▶ SPECIFIC IMPLEMENT (特定履行). ―― *vt* /-mènt/ **1**〈決定・計画・合意などを〉実施する, 実行する, 履行する;〈要求・条件・不足などを〉満たす. **2** …に道具[手段]を与える. **im·ple·mèn·ter, -tor** *n* **im·ple·mén·tal** *a* 道具の, 道具[助け]になる; 実施[実現]に寄与する〈*to*〉. ［L (*impleo* to fulfill)］

im·ple·men·ta·tion /ìmpləməntéɪʃ(ə)n/ *n* 実施《特に 欧州連合 (European Union) の直接効果を有しない命令 (directive) を国内法レベルで議会制定法などにより実施すること》, 履行, 実行; 完成, 成就.

im·pli·cate /ímpləkèɪt/ vt **1**《人を》《(犯罪などに)》かかわらせる, 巻き込む;《(犯罪などへの)》《人》の関与を示す, 関係があるとする: be ~d in a crime 犯罪に関係している. **2** 結果として…に影響を与える; 当然…を意味する, 含意する (imply).

im·pli·ca·tion /ìmpləkéɪʃ(ə)n/ n **1** かかわり, 密接な関係, 関与(の示唆)《in》. **2** 黙示(の意思表示), 暗示, 含意; 言外の意味. ▶ EASEMENT BY IMPLICATION (黙示的地役権). **3** 推定, 推測. ▶ NECESSARY IMPLICATION (必然的推定).

im·plic·it /ɪmplísət/ a《(明白に言い表わさずに)》暗に意味された, 言わず語らずの, 暗黙の, 黙示の (opp. *explicit*).
~·ly adv 暗黙のうちに, 黙示的に, それとなく, 暗に.

im·plied a 黙示の (opp. *express*); 情況から推定される, 間接的な, 間接的に示された. **~ in fact** 事実からの推論で認められる. ▶ CONTRACT IMPLIED IN FACT (黙示契約) / PROMISE IMPLIED IN FACT (事実に基づく黙示約束). **~ in law**《事実からの推論によってではなく》法の作用によって認められた[課された]. ▶ CONDITION IMPLIED IN LAW (法定条件) / CONTRACT IMPLIED IN LAW (法定契約) / PROMISE IMPLIED IN LAW (法に基づく黙示契約). **im·plí·ed·ly** /-əd-/ adv

implíed acquíttal 黙示の無罪(評決)《陪審(jury)が起訴された犯罪のうち より重い犯罪については触れることなく軽い罪についてだけ有罪と決定する形での評決; この結果二重の危険 (double jeopardy) の禁止の故に被告人のこの重い犯罪についての再審理は許されなくなる》.

implíed áctual knówledge 推定現実的認識 (⇨ ACTUAL KNOWLEDGE).

implíed admíssion 黙示の自白 (= tacit admission)《(当事者の行為・言説あるいは当事者が行為・言説をなさなかったことから合理的にみて推測することのできる自白)》.

implíed ágency 黙示の代理(権) (cf. ACTUAL AGENCY, EXPRESS AGENCY).

implíed assént 黙示の同意 (cf. EXPRESS ASSENT).

implíed assúmption 黙示の引受け《譲渡抵当 (mortgage) が設定されている土地を, その買主が代金から譲渡抵当分を差し引いた価額で購入した場合, 買主は譲渡抵当が設定されている金銭債務を引き受けたものとして扱われ, 買主にその責任が課せられることになること》.

implíed authórity 黙示の代理権 (cf. EXPRESS AUTHORITY, IMPLIED POWER).

implíed bías 黙示の偏向 (= presumed bias)《裁判官・陪審員・証人などの経験や関係から間接的に推定される偏向・予断》.

implíed condítion 黙示条件《明示はされていないが当事者の行動または取引の性質上 法的に認められる条件; cf. CONSTRUCTIVE CONDITION, EXPRESS CONDITION》.

implíed conféssion 黙示の自白《被告人が有罪であると明示的に認めているわけではないが, 裁判所の温情にすがり刑を軽くしてくれるよう懇請すること》.

implíed consént 1 黙示の同意, 暗黙の同意, 黙諾 (cf. EXPRESS CONSENT). **2** 黙示的同意《ある部位の手術を行なっている外科医が隣接部位にガンを発見し除去する場合など, 情況からして得られているものと推定される同意》.

implíed considerátion《(当事者の行為からの)》黙示的約因.

implíed cóntract 1 黙示契約 (= IMPLIED IN FACT CONTRACT) (cf. EXPRESS CONTRACT). **2** 法定契約, 準契約 (= IMPLIED IN LAW CONTRACT).

implíed contráctual indémnity 黙示契約補償《合意書の補償条項に明示的に定められてはいないが, エクィティー上の考慮から合理的に考えて両当事者により意図されていると決定される補償》.

implíed cóvenant 黙示の約定 (cf. EXPRESS COVENANT).

implíed cóvenant of góod fáith and fáir déaling 誠実かつ公正な取扱いについての黙示の約定.

implíed dedicátion 黙示の公用地供与 (cf. DEDICATION, EXPRESS DEDICATION).

implíed éasement 黙示的地役権 (= easement by implication, easement by [of] necessity)《例えば袋地の通行地役権のように, 土地の分筆譲渡などにおいて黙示的に法によって設定と推定される地役権; cf. WAY OF NECESSITY》.

implíed gránt《(土地の一部譲渡に際して非譲渡部分を要役地とするその土地を横切る道の地役権 (easement) などの)》黙示的譲与 (cf. EASEMENT BY [OF] NECESSITY, IMPLIED EASEMENT, IMPLIED RESERVATION).

implíed indémnity 黙示の補償《例えば主たる債務者が支払うべき債務を保証人が債権者に支払うような場合のごとく, エクィティー上の考慮から生じかつ当事者との関係に基づく補償; equitable indemnity ともいう》.

implíed in fáct cóntract 黙示契約 (= contract implied in fact, implied contract)《契約内容が直接的明白に示されてはいないが, 契約当事者の暗黙の了解や契約当時の事情から合理的に間接的に推定される契約》.

implíed in láw cóntract 法定契約, 準契約 (= constructive contract, contract implied in law, implied contract, quasi contract)《当事者の意思に反しても法が存在を認める契約または債務; 厳密な意味での契約ではない; ⇨ QUASI CONTRACT, UNJUST ENRICHMENT; cf. QUANTUM MERUIT》.

implíed intént 黙示の意思.

implíed málice 推定犯意 (= constructive malice, legal malice, malice in law)《当該犯罪を犯す意思はないが, 法がその犯罪を構成するのに必要な犯意ありとみなすもの; 身体に重い障害を加える意思から謀殺 (murder) の推定犯意ありとみなすようなもの; cf. ACTUAL MALICE, EXPRESS MALICE, MALICE AFORETHOUGHT》.

implíed négative cóvenant 黙示の不作為

特約.

implíed nótice 推定認識, 推定悪意《ある人が知る手段を有していた事実から推定されしたがってその存在を知っているものと推定される事実; 現実の認識 (actual notice) の一つとされる》.

implíed pártnership 黙示の組合[合名会社, パートナーシップ] (＝PARTNERSHIP BY ESTOPPEL).

implíed pówer 黙示的権限《一般的に明示の権限を行使するのに必要な権能が黙示的に認められている場合に用いるが, 特に米国では合衆国憲法による規定はないが連邦政府が行使できる権限を指す》.

implíed prómise 黙示約束.

implíed repéal (法の)黙示的廃止《立法による法の明示的廃止 (express repeal) はないが, 後法が前法と矛盾したため, 前法は廃止されたと解釈されること》.

implíed reservátion《土地の一部譲渡に際して非譲渡部分を要役地とするその土地を横切る道の地役権 (easement) などの》**黙示的留保**, 黙示の留保不動産権 (cf. EASEMENT BY [OF] NECESSITY, IMPLIED EASEMENT, IMPLIED GRANT, RESERVATION).

implíed ténancy 黙示的不動産賃借権《賃料 (rent) に当たるものを支払いかつ受領されていることから推定される不動産賃借権》.

implíed térm 黙示的の条項《契約によって明示されてはいないが, 商慣習などにより当然含まれているとされる条項; cf. EXPRESS TERM》.

implíed trúst 黙示信託 (＝PRESUMPTIVE TRUST).

implíed úse《英史》黙示のユース (＝RESULTING USE).

implíed wáiver 黙示の権利放棄 (cf. EXPRESS WAIVER).

implíed wárranty 黙示の担保(責任), 黙示の(瑕疵)担保, 黙示の品質保証, 黙示の権原担保 (opp. *express warranty*).

implíed wárranty of fítness for a partícular púrpose 特定目的適合性についての黙示の品質保証《売主が買主の物品購入目的を知る理由を有していたと法が認めうる場合における, その物品のその目的への適合性についての黙示の保証; 単に warranty of fitness ともいう; cf. FITNESS FOR A PARTICULAR PURPOSE》.

implíed wárranty of habitabílity 居住適性についての黙示の保証 (＝covenant of habitability)《住宅の賃貸借契約において家主が借家人に対して行なう賃貸期間中その物件が居住適性を有していることの黙示の保証; 単に warranty of habitability ともいう; cf. TENANTABLE REPAIR》.

implíed wárranty of merchantabílity 商品適性についての黙示の保証《物品の売買契約において, その物が一般的使用目的に適している旨の黙示の保証; 単に warranty of merchantability ともいう》.

im·ply /ɪmpláɪ/ *vt* 含意する, 意味する〈*that*〉: The judge *implied* the conditions from reasons of equi-ty.

im·port *v* /ɪmpɔ́ːrt/ *vt* **1** 輸入する〈*into*; *from*〉(opp. *export*): ~ tea *from* India インドから茶を輸入する / ~ed goods 輸入品. **2** …の意味を含む, 意味する. **3**《古》…に重要である. — *vi* 重要である (matter). — *n* /´--/ **1** 輸入 (importation); [°*pl*] 輸入品[用役]; [°*pl*] 輸入(総)額; 〈*a*〉輸入(用)の: an ~ license 輸入承認[許可](証). ▶DUTY ON IMPORT (輸入税). **2** 意味, 趣旨. **3** 重要性.

im·por·ta·tion /ɪ̀mpɔːrtéɪʃ(ə)n, -pər-/ *n* 輸入; 輸入品.

ímport dúty 輸入税 (＝duty on import).

impórted litigátion《米》持ち込み訴訟《当該紛争に関係のない州に持ち込まれた訴訟》.

impórt·er *n* 輸入者, 輸入業者.

Ímport-Éxport Cláuse《米》輸入品輸出品条項《連邦議会の同意なしの州による輸入税・関税賦課の禁に関する合衆国憲法第1編第10節2項》.

ímport lévy 輸入賦課金.

ímport pérmit 輸入許可(証).

ímport quóta 輸入割当て(制).

ímport súrcharge 輸入課徴金《特定政策目的で輸入品に課される特別の関税; 欧州連合 (European Union) では域外から域内に輸入される農産物に対して農業保護の目的からこれが課される場合がある》.

im·por·tune /ɪ̀mpərt(j)úːn, ɪmpɔ́ːrtjùːn, *-*tʃən, -ˈtʃuːn/ *vt* …にうるさく頼む[せがむ], しつこく迫る (cf. COERCE, SOLICIT); …に性関係[売春]を迫る. — *vi* しつこく(性関係)をせがむ; 売春婦が客をしつこく誘う.

~·ly *adv*　　**im·por·tún·er** *n*

im·por·tún·ing *n*《英史》《公共の場での》性関係強請(罪).

im·pose /ɪmpóuz/ *vt* **1** 賦課する, 〈税〉を課する, 〈罰金を〉科する: ~ a tax *on* sb 人に課税する / The court ~*d* a fine of $100,000. 裁判所は10万ドルの罰金を科した / ~ a tax *on* cars. **2**《義務などを》負わせる; 押しつける, 強要する: ~ a ban *on* smoking 喫煙を禁止する / ~ trade barriers *on* foreign cars. **3**〈にせものなどを〉押しつける, つかませる.　　**im·pós·er** *n*

im·po·si·tion /ɪ̀mpəzíʃ(ə)n/ *n* **1** 賦課, 課税; 賦課金[物], 税; 異常な負担, 不当な要求: an ~ *on* imports 輸入品への賦課金. **2**《人の善意などに》つけこむこと; 詐欺, ペテン.

impósitive fáct 義務を負わせる事由.

im·pos·si·bil·i·ty *n* **1** 不可能(性); 不可能なこと[もの]. **2**《契約などの》履行不能 (impossibility of performance) (⇨IMPOSSIBILITY OF PERFORMANCE DOCTRINE) (cf. FRUSTRATION, IMPRACTICABILITY). **3** 不能犯《行為者が犯罪の実現を目指しかつそれが実現すると信じて行為したが, 事実上あるいは法的に結果が発生することの不能である場合をいう; 未遂 (attempt) は問題にならうる》. ▶FACTUAL IMPOSSIBILITY (事実上の不能) / LEGAL IMPOSSIBILITY (法的な不能).

impossibílity of perfórmance 《契約などの》履行不能 (⇨ IMPOSSIBILITY OF PERFORMANCE DOCTRINE).

impossibílity of perfórmance dòctrine 履行不能の法理《契約法上の法理で, 当事者の責めに帰すことのできない事由によって履行不能となった場合には, その履行義務は免除されるという原則; cf. FRUSTRATION, IMPRACTICABILITY》.

Im·pos·si·bí·li·um núl·la ob·li·ga·tio est. /ɪmpàsɪbíliəm nʌ́lə àblɪgéɪʃiou est/ 不可能なものについての債務は存在しない. [L=There is no obligation to do impossible things.]

im·pós·si·ble a 不可能な, 《実行》不能の, 履行不能の.

impóssible cóntract 履行不能契約.

im·post /ímpòust/ n 賦課金, 税, 租税; 《特に》関税, 輸入税. — vt *関税を決定するために〈輸入品を〉分類する.

im·pos·tor, -ter /ɪmpástər/ n 詐称者; 詐欺師, ペテン師.

im·po·tence /ímpətəns/, **-cy** n 性的不能 (cf. CANONICAL DISABILITY, NULLITY OF MARRIAGE).

Im·po·ten·tia ex·cu·sat le·gem. /ɪmpouténʃiə ɪksk(j)úːzæt líːdʒɛm/ 不能は法を免れしむ. [L=Inability excuses law.]

im·pound /ɪmpáund/ vt **1** 押収する, 収用する; 取り上げる, 没収する. **2 a** 〈牛などを〉囲い[おり]に入れる. **b** 〈自力救済のため差し押えた家畜を〉囲いの中に留置する. **~·able** a **~·ing** n 押収, 収用; 没収.

impóund·ment n **1** 囲いの中に入れること, 閉じ込めること. **2**《米》《大統領による》予算不執行.

im·prac·ti·ca·bil·i·ty n **1**《実行不可能 (impossibility) ではないが》実行困難性, 非実際性 (=**~ of perfórmance**) (cf. FRUSTRATION, IMPOSSIBILITY). ▶ COMMERCIAL IMPRACTICABILITY (商業上の実行困難性). **2** 実行困難性の法理《契約の履行が不可能ではないが極端にかつ不合理な形で実行困難な場合にはその履行責任が免除されるという原則》.

im·prac·ti·ca·ble a 実行困難な《特に, 予見不能な事態の発生などにより契約の履行が極端に困難であること》.

ìm·pre·scríp·ti·ble a 〈権利など〉時効で取得できない, 時効により消滅させられない, 不可侵の, 絶対的な (⇨ PRESCRIPTION). **-bly** adv **im·pre·scrip·ti·bíl·i·ty** n 時効取得不可能性. [L; ⇨ PRESCRIBE]

imprescríptible ríght 時効により消滅させられない権利, 取得時効により取得できない権利.

im·press /ɪmprés/ vt **1** 徴発する; 徴用する. **2**《裁判所が》擬制信託 (constructive trust) を〉強制的に設定する: Equity ~es a trust upon money secured by fraud. 詐欺で得た金銭にエクイティーは一種の信託を強制的に設定する / the assets were ~ed with a trust その資産には一種の信託が強制的に設定されていた. **3**《古》強制徴募する.

im·pres·sion /ɪmpréʃ(ə)n/ n **1** 印象;《物事・人が人などに与える》影響, 効果. ▶ FIRST IMPRESSION (第一印象; 先例のないこと) / PRESENT SENSE IMPRESSION (現場の感覚印象) / SKIN IMPRESSION (皮膚の印象). **2** 押印, 捺印. **3** 印刷, 刷り.

im·press·ment /ɪmprésmənt/ n **1 a** 強制徴募. **b** 徴用; 徴発. **2**《エクイティー上の理由に基づき裁判所が設定する》強制的擬制信託 (⇨ CONSTRUCTIVE TRUST).

ím·prest móney /ímprèst-/《徴募された兵士・水兵などに対して与えた》徴募前払い金.

im·pri·ma·tur /ɪmprəmáːtùər, -tər, -méɪ-, *ímprímətùr/ n **1**《特にローマカトリック教会の著作物の》印刷[出版]許可,《英史》検閲が行なわれた時代の》印刷出版許可 (略 imp.). **2** [*s joc*] 許可, 認可, 承認, 免許, お墨付き; 承認の判. **3**《書物の》奥付. [L=let it be printed]

im·pris·on /ɪmprízn/ vt 投獄する, 刑務所に入れる, 収監する, 拘禁する; 閉じ込める, 監禁する; 拘束する. **~·er** n

imprísion·ment n 投獄, 監禁, 拘禁(刑), 留置, 禁固(刑), 自由刑: ~ at [with] hard labor 懲役, 重労働付き拘禁刑 / a term of ~ / the maximum term of ~. ▶ DURESS OF IMPRISONMENT (拘禁による強迫) / FALSE IMPRISONMENT (不法監禁) / LIFE IMPRISONMENT (終身刑).

imprísonment for débt 債務者拘禁.

im·próp·er a 不適当[不適切]な, 不適法な, 不相応な, 妥当性を欠く, 誤った;《その場合・目的に》そくわない; 変則的な, 不規則な. **~·ly** adv 不適当[不適切]に, 不適法に, 不相応に.

impróper féud [fée] 《史》変則封(土), 変則封土権《固有封 (proper feud) に対する語で, 本来は軍事的奉仕義務に基づき保有されていた封(土)が, なんらかの理由でもって封臣から他の者に売却・承継されその軍事性・高貴さ・純粋ないしは単純性を失なった段階の封(土), 封土権》.

impróper navigátion 不適切航行.

im·pro·pri·a·tion /ɪmpròupriéɪʃ(ə)n/ n《教会法》聖職禄俗人移転, 聖職禄俗人保有《教会の聖職禄 (benefice) を俗人に移転すること, またそのように移転された聖職禄の俗人による保有; cf. APPROPRIATION》.

im·pro·pri·a·tor /ɪmpróuprièɪtər/ n《教会法》聖職禄俗人保有者 (lay impropriator);《英国教》俗人である教(会)区主任司祭 (=LAY RECTOR). ▶ LAY IMPROPRIATOR (聖職禄俗人保有者; 俗人である教(会)区主任司祭).

im·próved lánd /ɪmprúːvd-/ 既改良地.

impróved válue 一体的不動産評価《不動産評価において当該不動産をその改良により高まった価値と一体として評価すること, またはその評価》.

im·prove·ment /ɪmprúːvmənt/ n 改良, 改善;《特に不動産あるいは特許法上の発明についての》改良; 土地[不動産]改良 (cf. BETTERMENT, FIXTURE), 不動

産開発; 発明改良. ▶ GENERAL IMPROVEMENT（一般的土地改良）/ INTERNAL IMPROVEMENT（国内開発）/ LEASEHOLD IMPROVEMENT（有益な賃借地改良）/ LOCAL IMPROVEMENT（地域改良）/ MAXIMUM MEDICAL IMPROVEMENT（医療上回復の限界）/ NECESSARY IMPROVEMENT（必要改良）/ VALUABLE IMPROVEMENT（価値改良）.

impróvement bònd 整備債（cf. REVENUE BOND）.

impróvement nòtice《英》改善要求通告書《労働健康安全法 (Health and Safety at Work Act) 上や食品調整・取扱いについて改善を要求する通告書; cf. PROHIBITION NOTICE》.

impróvement pàtent 改良特許（⇨ PIONEER PATENT）.

im·prov·i·dence /ɪmprɑ́vɪd(ə)ns, *-dèns/ n **1** 先見の明がないこと, 不用意, 不注意. **2** 不十分な財産管理(能力).

im·próvident a **1** 先見の明のない, 不用意, 無思慮な. **2** 財産管理能力の不十分な[に欠ける]; 将来の備えを怠る, 倹約しない. ~**ly** adv

im·pu·bes /ɪmpjúːbìːz/ n《ローマ法》未成熟者《ローマ法上は男 14 歳, 女 12 歳未満; cf. INFANS》. [L]

im·pugn /ɪmpjúːn/ vt 論難[非難]する, …に異議を唱える, …に疑いをはさむ. ~**·ment** n

im·pulse /ímpʌls/ n 衝撃, 刺激, 鼓舞; 衝動, 心のはずみ; give an ~ to…に刺激を与える, …を奨励する / a man of ~ 衝動的な人 / act on ~ 衝動的に[できごころで, 思慮なく]行動する / on the ~ of the moment その時のはずみで / under the ~ of curiosity 好奇心に駆られて. ▶ IRRESISTIBLE IMPULSE（抗しがたい衝動）/ UNCONTROLLABLE IMPULSE（制御不能の衝動）. — vt …に衝撃を与える.

im·pu·ni·ty /ɪmpjúːnəti/ n 刑[罰, 害]を受けにくと,《刑事責任の》免除, (刑事)免責（cf. IMMUNITY）. with ~ 刑罰を受けずに, 無難に, 無事に.

im·put·abil·i·ty /ɪmpjùːtəbíləti/ n《国際法》責任の国家帰属《国家に帰属する行為により外国の財産に対して損害を与えるような国際違法行為（不作為を含む）を犯した場合には, その国家に国家責任 (state responsibility) が生ずるという原則》.

im·pu·ta·tion /ɪmpjətéɪʃ(ə)n/ n **1**《罪などを》帰すること, 帰属, 帰責, 転嫁: ~ of malice 犯意の帰責. **2** 非難, そしり, 汚名

imputátion of páyment《大陸法》弁済の充当《同一債権者に複数債務を負っている場合にその債務の部分的支払いをいずれかの債務に, あるいはその元本または利息に充当すること》.

imputátion of unchástity 不貞の非難《実損害がなくとも名誉毀損となる, 女性に対する非難; cf. DEFAMATION, SLANDER》.

imputátion of unfítness or incómpetence《実損害がなくとも名誉毀損となる職業・職務上などの》不適切・無能力[不適格]の非難 (cf. DEFAMATION, SLANDER).

imputátion sỳstem [the ~]《英税制史》帰属方式, インピュテーション方式《配当についての法人税と所得税の二重課税を避けるために, 前払い法人税 (advance corporation tax, ACT) を支払った会社からの受取り配当金に対する株主の所得税は一部が前払い法人税によって納付済みとみなし, その額を株主の納税額から控除すること; 前払い法人税は 1999 年廃止》.

im·pute /ɪmpjúːt/ vt **1**〈不名誉・過失などを…の〉せいにする (attribute)〈to〉;〈罪・責めを〉負わせる, 帰する (charge);〈責任などを〉代位的に帰する, 転嫁する: ~ the crime to…に罪を負わせる / He ~d his failure to his ill health. 失敗を病気によるものとした. **2**《大陸法》〈金額などを〉…に充当する, 計上する. **im·pút·able** a **im·pút·er** n **im·pút·ed·ly** adv［OF＜L in-(puto to reckon)=to enter in the account］

impúted íncome《税制》帰属所得《自己の住宅に居住したり, 自己の労働力を利用したりすることによる利益など》.

impúted ínterest《実際に借主から得たか否かにかかわらず貸主に計上される》帰属利息.

impúted knówledge 代位認識, 推定認識《本人は認識がなくとも, 代理人と本人のような一定の関係のある他人の認識に対して責任が生ずること, またはそのような認識; cf. ACTUAL KNOWLEDGE, CONSTRUCTIVE KNOWLEDGE》.

impúted négligence 転嫁過失, 代位過失《被用者と雇用者のごとき両当事者間の特別な関係に基づき一方の過失を他方に転嫁すること, またはそのような過失》.

impúted nótice 代位通知, 推定通知; 代位認識, 推定認識《»代理人と本人のような特別な関係に基づき本人が現実に知らなくとも本人に通知されたと推定されること, または そのような通知ないしは認識; cf. ACTUAL NOTICE, CONSTRUCTIVE NOTICE》.

IMT《史》°International Military Tribunal 国際軍事裁判所.

in /ɪn, ən, ín/ prep …(の法)に基づき: bring an action in negligence.

in- /ɪn/ pref「無[不, 非]…(not)」の意: independent. ★ l の前では il-; b, m, p の前では im-; r の前では ir- になる: illegal, impossible, irregular.

in ab·sen·tia /ɪn æbsénʃ(i)ə/ adv 不在中に, 欠席のまま《略 i.a.》: be tried and sentenced to death ~. ▶ SENTENCE IN ABSENTIA（被告人欠席のままでの宣告）. [L=in (one's) absence]

ináctive cáse 進行のない未決事件《訴訟追行がなかったり保釈被告人の不出頭などにより, 訴訟が解決の方向に向かって進展していない未決事件》.

inádequacy of considerátion 約因の不相当性《契約の約因 (consideration) は, 約束の価値と同等である必要はなく, 契約の有効性そのものに影響しないが, 著しく不均衡であるとエクイティー上問題が生じうる》.

inádequate assístance of cóunsel 弁護士の不相当な援助（＝INEFFECTIVE ASSISTANCE OF COUNSEL）.

inádequate considerátion 不相当な約因（⇨ INADEQUACY OF CONSIDERATION）.

inádequate rémedy at láw コモンロー上の不十分な救済手段《当該権利侵害に対して不十分にしか正さないコモンロー上の救済手段；例えば回復不能の権利侵害 (irreparable injury) に対して損害賠償のみを認めること；この結果差止め命令 (injunction) などのエクイティー上の救済手段が必要となる；cf. ADEQUATE REMEDY AT LAW, IRREPARABLE INJURY RULE》.

in·ad·mís·si·ble *a* 認められない，証拠能力がない，許容[容認]されない；入国を認められない：an ～ alien. **-bly** *adv* **in·ad·mis·si·bíl·i·ty** *n*

inadmíssible réason《不当解雇となる》非容認理由.

in·ad·vér·tence /ɪnədvə́ːrt(ə)ns/ *n* 不注意, 軽率, 見落し. **in·ad·vér·tent** *a*

inadvértent discóvery 偶然の発見《捜査官が有罪証拠 (incriminating evidence) を明視 (plain view) できる位置から意図的でなく偶然発見すること；cf. PLAIN VIEW DOCTRINE》.

inadvértent négligence 非自覚的過失（＝simple negligence）《行為者がみずから生み出している非合理的な危険を行為者自身は自覚していないが，予見しかつ回避すべきであった点での過失；cf. ADVERTENT NEGLIGENCE》.

In ae·quá·li ju·re me·li·or est con·di·ti·o pos·si·dén·tis. /ɪn ɪkwéɪlaɪ ʤúəri méliɔːr ɛst kəndíʃiou pəsɪdéntɪs/ 同等な権利においては占有している者の地位が勝る．[L＝In a case of equal right, the condition of the possessor is the better.]

in·àl·ien·a·bíl·i·ty *n* 移転不能, 譲渡不能, 不可譲．▶ RULE AGAINST INALIENABILITY（移転不能禁止の準則）．

in·ál·ien·a·ble *a*〈権利など〉移転[譲渡]できない，不可譲の，奪うことができない．**-ably** *adv* **～·ness** *n*

inálienable ínterest 不可譲の利益[権利]．

inálienable ríght 不可譲の権利（＝inherent right）《特に，人が人として本来的にもっている権利》．

in al·i·e·no so·lo /ɪn èliíːnou sóulou, -æli-/ 別の人の土地で．[L＝in another's land]

in a·lio lo·co /ɪn éliou lóukou/ 別の場所で．[L＝in another place]

In am·bi·gu·is ora·ti·o·ni·bus ma·xi·me sen·ten·tia spec·tan·da est ejus qui eas pro·tu·lis·set. /ɪn æmbíɡjuɪs ourèɪʃíounɪbəs mæksɪmi sɛnténʃiə spɛktǽndə ɛst íːʤəs kwaɪ éəs pròutjulíssɛt/ あいまいな表現においてはそれを用いた者の意見が特に考慮されるべきである．[L＝In ambiguous expressions, the opinion of the person who made them is especially to be regarded.]

In An·glia non est in·ter·reg·num. /ɪn ǽnɡliə nɑn ɛst ɪntərréɡnəm/ イングランドには空位は存在しない（⇨ PERPETUITY OF THE KING [QUEEN]）．[L＝In England there is no interregnum.]

in·ap·pel·la·ble /ɪnəpéləb(ə)l/ *a* 上訴できない．

in·ár·bi·tra·ble *a* **1** 仲裁不能の, 仲裁に付せられない．**2** 決定に付せられない．

in ar·bi·tri·um ju·di·cis /ɪn ɑːrbítriəm ʤúːdɪsɪs/ 裁判官の裁量により，裁判官の判断により．[L＝at the discretion [decision] of the judge]

in ar·ti·cu·lo mor·tis /ɪn ɑːrtíkjəlòu mɔ́ːrtəs/ 臨終に，末期(まつご)に，死の間際に（⇨ IN EXTREMIS）．[L＝at the point of death]

in·au·gu·rá·tion /ɪnɔ̀ːɡ(j)əréɪʃ(ə)n; -ɡjuː-/ *n* 就任(式); 正式開始, 起業; 開業[開通, 落成]式.

in au·tre droit /ɪn óutrə dróɪt, -drɔwáː/ 別の人の権利で《＝en autre droit》《例えば遺言執行者 (executor) がその者自身ではなく遺言執行者として行動する場合などに用いる語》．[F＝in the right of another]

in b. in bonis …財産の中に（ある）．

in banc /ɪn bǽŋk/, **in ban·co** /ɪn bǽŋkou/, **in bank** /ɪn bǽŋk/ *adv, a* **1** 大法廷で(の), 所属裁判官全員による法廷で(の), 全員法廷で(の); "合議体法廷で(の)(》cf. COURT IN BANC）．▶ COURT IN BANC（大法廷; 合議体法廷）/ MOTION IN BANC（大法廷に対する申し立て）/ SITTING IN BANC [IN BANK]（大法廷; 上位裁判所裁判官全員会議）．**2**《英史》上位裁判所裁判官全員会議で(の)《1873, 75 年の裁判所法 (Judicature Acts) の前までは，Westminster 在の三つのコモンロー上位裁判所 (superior court) 所属の全裁判官が最重要な法律問題について審議することがあったが，その会議体においての意》．★ en banc, en bank ともいう．[L; ⇨ BANC]

in bánc sítting 1 大法廷, 全員法廷．**2**《英史》上位裁判所裁判官全員会議（⇨ IN BANC）．★ en banc sitting, sitting in [en] banc ともいう．

ín·bòard *a, adv* 船内の[に], 機内の[に]．

in bo·nis /ɪn bóunɪs/ *a, adv* …財産の中に（ある）《略 in b.》．[L＝among the goods, in the property]

in bó·nis de·fúnc·ti /-dɪfʌ́ŋktaɪ/ *a, adv* 死者の財産の中に（ある）．[L＝among the goods [in the property] of the deceased]

ín·bound cómmon 無柵の入会地, 囲い込みの入会地．

Inc. incorporated《特に米国で，会社名に後置; ⇨ INCORPORATED》．

in cam·er·a /ɪn kǽm(ə)rə/ *adv, a* 室内で(の)（＝in CHAMBER）（⇨ CAMERA, OPEN COURT）; ひそかに[な], 非公開で(の): The judge heard the case ～．▶ HEARING IN CAMERA（裁判官室での審理）/ SITTING IN CAMERA（裁判官室での開廷）．[L＝in a chamber]

in cámera inspéction 裁判官室での検証《事

実審理裁判官による非公開の検証)).

in cámera procéeding 裁判官室での(訴訟)手続き《裁判官室その他私的な場所での(訴訟)手続き》.

in cámera sítting 裁判官室での開廷; 非公開法廷. ★ sitting in camera ともいう.

in·cápable *a* 法的能力がない, 無能力な ⟨*of*⟩. drunk and ~ 酔いつぶれて無能力の. ── *n* 無能力者. **in·capabílity** *n* 不能, (法的)無能力, 無資格. **-bly** *adv* ~·**ness** *n*

in·cápacitate *vt* (法的)無能力にする, …から資格を奪う. **in·capácitator** *n*

incapácitated pátient 同意能力を欠いた患者 (= INCOMPETENT PATIENT).

incapácitated pérson (法的に)無能力となった[とされた]者. ▶ LEGALLY INCAPACITATED PERSON (法的に無能力となった者).

in·capacitátion *n* **1**(法的に)無能力にすること, 法的無能力化, 資格剝奪. **2** 無能力, 失格.

in·capácity *n* **1 a** 無能, 無力. **b** (法的)無能力 (cf. CAPACITY, INCOMPETENCY). ★ a, b 共に disability ともいう. ▶ MENTAL INCAPACITY (精神的無能力) / TESTIMONIAL INCAPACITY (証言能力欠如). **2** 就労不能. ▶ PARTIAL INCAPACITY (労働能力の一部欠損).

incapácity bènefit《英》就労不能給付(金) (cf. INVALIDITY BENEFIT, SICKNESS BENEFIT).

incapax doli ⇨ DOLI INCAPAX.

in cap·i·ta /ɪn kǽpətə/ *adv*, *a* 頭割りに[の], 個々人に(対して)[への], 特定人に[への] (cf. PER CAPITA): challenge ~ 陪審員個々人への忌避申し立て. [L = to the polls]

in cap·i·te /ɪn kǽpəti/ *a*, *adv* 直接の[に], 直属の[する形で]. ▶ PRAECIPE IN CAPITE (直属受封者下知令状) / TENANT IN CAPITE (直属受封者) / TENURE IN CAPITE ((不動産)直属保有). [L = in chief]

in·car·cer·ate /ɪnkáːrsəreɪt/ *vt* 拘禁[監禁, 投獄]する (imprison). ── *a* /-rət/ 拘禁[投獄]された (imprisoned); 閉じ込められた.

in·càr·cer·á·tion *n* 拘禁, 監禁, 投獄, 施設収容, 幽閉(状態). ▶ SHOCK INCARCERATION (ショック療法的拘禁).

In casu extremae necessitatis omnia sunt communia. /ɪn kéɪs(j)u ɛkstríːmi nəsɛsɪtéɪtɪs ámniə sənt kəmjúːniə/ 極度に緊急の場合にはすべてが共同となる. [L = In a case of extreme necessity, all things are in common.]

in cásu pro·vi·so /-prəváɪzoʊ/《史》寡婦産復帰権保護令状 (⇨ CASU PROVISO). [L = in the case provided for]

in·cen·di·ary /ɪnséndièri; -diəri/ *n* **1** 放火犯(人). **2** 発焼剤; 焼夷弾. ── *a* 放火の; 火災を起こす(ための).

incéntive páy plàn《生産性向上のための》奨励給制.

incéntive stóck òption《米》《被用者に与えられる》報奨的自社株買受権, インセンティブ・ストック・オプション.

In·cer·ta pro nul·lis ha·ben·tur. /ɪnsɜ́ːrtə proʊ nálɪs heɪbéntər/ 不確定なものは存在しないものとされる. [L = Things uncertain are treated as nothing.]

in·cest /ínsɛst/ *n* **1** 近親相姦(罪). **2** 近親婚.

in·ces·tu·o·si /ɪnsɛ̀stʃuóʊsàɪ/ *n pl*《史》近親相姦から生まれた子. [L = children begotten incestuously]

in·ces·tu·ous /ɪnséstʃuəs/ *a* 近親相姦の(罪を犯した): an ~ bastard 近親相姦から生まれた非嫡出子 / ~ marriage 近親婚.

incéstuous adúltery 近親相姦の姦通.

Ínch·ma·ree clàuse /íntʃməri-/《海法》インチマリー約款《保険者の塡補責任を船員の過失や船舶の機能上の潜在的欠陥など自然的災害による事故の損害以外にまで拡大することを目的とした約款》. [*Inchmaree* 1884年に Liverpool 沖で沈没した汽船]

incho. inchoate.

in·cho·ate /ɪnkóʊət/ *a* 始まったばかりで完結していない, 不完全な, 未終結の; ⟨権利・利益が⟩未確定の, 未発効の (cf. CHOATE). ── *vt* /ɪnkoʊèɪt/, ─ʹ─ʹ/ 始める. ~·**ly** *adv* ~·**ness** *n* [L *inchoo*, *incoho* to begin]

inchóate cóntract 履行未完了契約.

inchóate críme 未完成犯罪 (= INCHOATE OFFENSE).

inchóate cúrtesy《夫婦共に生存中の夫の》未確定鰥夫(かん)産(権) (⇨ CURTESY) (cf. INCHOATE DOWER).

inchóate dówer《夫婦共に生存中の妻の》未確定寡婦産(権) (⇨ DOWER) (cf. INCHOATE CURTESY).

inchóate ínstrument 対抗要件を満たさない文書《登録が必要なのにいまだ登録されていないような文書》.

inchóate ínterest 未確定な権利.

inchóate líen 未定着リーエン《潜在的権利としてはあるが具体的担保物にまだ確定的に付着していないリーエン; いったん判決で認められたが, 再審 (new trial) の申し立てが認められている場合など》.

inchóate offénse 未完成犯罪 (= inchoate crime)《未遂 (attempt), 共同謀議 (conspiracy), 教唆 (incitement) の一括概念で, 犯罪完成前ではあるがそれ自体犯罪とされているもの》.

inchóate ríght 未完成権利, 未発効権利.

in·ci·dence /ínsəd(ə)ns/ *n* **1**《事件・犯罪・事故などの》発生(率): a high ~ of traffic accidents. **2**《税などの》負担, 帰着. ▶ PERSON OF INCIDENCE (義務負担者).

íncidence of táx《租》税の帰着《税が直接の納税者でなく最終負担者に帰着すること》.

ín·ci·dent *n* **1** てきごと; 付随事件; 事変, 事件. **2** 付随条件, 付随事項, 付随義務[権利]. ▶ FEUDAL IN-

CIDENT (封建的付随条件) / MANORIAL INCIDENT (荘園土地保有権付随条件). **3** *《口》私生子. — *a* 付帯的な, 付随する, 付帯する《*to*》. **~·less** *a*

in·ci·den·tal /ìnsədéntl/ *a* 《…に》付随して起こる[起こりがちな], ありがちな, 付随的な《*to*》; 《…に》付帯[二次]的な《*on*》, 主要でない, 副次的な; 偶然の, 偶発的な. — *n* 付随的[偶発的]な事柄; [*pl*] 雑費. **~·ly** *adv*

incidéntal authórity 付随的権限.

incidéntal benefíciary 付随的受益者《**1**》契約の受益者として契約が意図していない第三受益者 (third-party beneficiary) で, 契約上の権利は有さない; cf. INTENDED BENEFICIARY **2**》信託 (trust) 設定者が受益的権利 (beneficial interest) をその人に与えるとは明示していないが, 信託の実行から付随的利益を得ることのできる人》.

incidéntal dámages *pl* **1** 付随的損害 (合理的に見て現実的損害に付随している損害). **2** 付随的損害賠償(金)《契約違反に付随して生じた損害の賠償(金)》.

incidéntal expénse [ʊ*pl*] 雑費.

incidéntal úse 1 付随的利用. **2** 付随的土地利用.

íncident of ównership [ʊ*pl*] 生命保険証券所有に基づく付随的権利《保険金受取人変更, 解約の権利など》.

íncident of ténure《史》不動産保有条件に伴う付随条件 (= FEUDAL INCIDENT).

íncident pòwer 付随的権能[権限]《明示的に与えられたものではないが明示目的達成のためには不可欠な権能[権限]》.

íncident ròom《特定犯罪・特定事故に対する警察署内の》特別捜査室, 特定事件担当室.

íncident to emplóyment《労働災害補償対象となる》雇用付随危険.

in·cíp·i·en·cy dòctrine /ɪnsípɪənsi-/《独占・競争制限を萌芽において規制し独占に成長させないようにしようとする》萌芽理論.

in·cip·i·tur /ɪnsípətər/ *n*《史》《裁判所記録集上の》訴答開始文言《この語の後に訴答が記録されている》. [L=it is begun]

in·cite /ɪnsáɪt/ *vt* 刺激する, 励ます, 駆りたてる; 教唆する, 煽動する (cf. ABET): ~ sb *to* an action [*to do*] / ~ anger *in* [*among*] sb. **in·ci·tá·tion** *n* **~·ful** *a*

incíte·ment *n* **1** 刺激, 鼓舞. **2** 教唆, 煽動《*to*》(cf. SOLICITATION). **3** 刺激物, 誘因.

incítement to rácial hátred 人種的憎悪煽動.

in·cít·er *n* 教唆者, 煽動者.

In·ci·vi·le est, ni·si to·ta sen·ten·tia in·spec·ta, de ali·qua par·te ju·di·ca·re. /ɪnsívɪlɛ ɛst náɪsaɪ tóːtə sɛntɛnʃɪə ɪnspɛ́ktə di ǽlɪkwə páːrtɛ ʤudɪkéɪrɛ/ 判決の全体を検討することなくその一部につき判断することは不正である. [L=It is unjust to judge any part of a sentence without examining the whole.]

in·civ·ism /ínsɪvìz(ə)m/ *n* 公共心[公民精神, 愛国心]欠如 (cf. CIVISM).

in·clau·sa /ɪnklóː-zə/ *n*《史》家のまわりの囲い地, 屋敷. [L]

in·closure /ɪnklóʊʒər/ *n* ENCLOSURE.

in·clude /ɪnklúːd/ *vt* **1** 含む; 含める, 加える. **2** 包み[囲い]込む, 閉じ込める.

in·clúd·ed offénse 被包含犯罪 (= LESSER INCLUDED OFFENSE). ▶ NECESSARILY INCLUDED OFFENSE (必然的被包含犯罪).

in·clúd·ing *prep* …を含めて (opp. *excluding*).

inclúsionary appróach rùle 前証拠参照許容の準則《時間的に前の犯罪・権利侵害・その他の行為についての証拠は, なんらかの争点に関係しかつその証明力が偏見をいだかせてしまう恐れを上廻っている限りで, 被告人の虞犯性癖を示す目的以外のためには許容できるという原則》.

In·clu·sio uni·us est ex·clu·sio al·te·ri·us. /ɪnklúːʒɪoʊ junáɪəs ɛst ɛksklúːʒɪoʊ æltəráɪəs/ あること[ある者]が入っていることは他は排除されることを示す (cf. EXPRESSIO UNIUS EST EXCLUSIO ALTERIUS, NOSCITUR A SOCIIS; EJUSDEM GENERIS, INTERPRETATION OF STATUTES). [L=The inclusion of one is the exclusion of another.]

in·cog·ni·to /ɪnkàgníːtoʊ, ɪnkágnətòʊ/ *a, adv* 匿名で[の], 変名の[で]. — *n* 匿名(者), 変名(者). ★ 男性形. 女性の場合は **in·cog·ni·ta** /-tə/ となる. [It = unknown]

in·come /ínkʌm/ *n* (定期)収入,《特に 年間の》収益, 所得 (opp. *outgo*) (cf. EARNINGS, PROFIT): live within [beyond, above] one's ~. ▶ ACCRUED INCOME (未収収益) / ACTIVE INCOME (賃金; 営業収入) / ADJUSTED GROSS INCOME (調整総所得額) / AGGREGATE INCOME (合算所得) / ASSIGNMENT OF INCOME (所得の譲渡) / CAPITALIZATION OF INCOME (収益の資本還元) / DEFERRED INCOME (繰延べ収益) / DISPOSABLE INCOME (可処分所得) / DIVIDEND INCOME (配当所得) / EARNED INCOME (勤労所得) / EXEMPT INCOME (非課税所得) / FIXED INCOME (固定収入) / FRANKED INCOME (納税済み所得) / GROSS INCOME (総所得(額)) / IMPUTED INCOME (帰属所得) / INVESTMENT INCOME (投資所得) / NET INCOME (純所得(額)) / ORDINARY INCOME (通常所得) / OTHER INCOME (その他の収入) / PASSIVE INCOME (受動的収入) / PERSONAL INCOME (個人総収入) / PORTFOLIO INCOME (ポートフォリオ所得) / PREPAID INCOME (前受け収益) / REAL INCOME (実質所得) / REGULAR INCOME (定収入) / RETAINED INCOME (留保収益) / SPLIT INCOME (等分所得) / STATEMENT OF INCOME (損益計算書) / SUPPLEMENTAL SECURITY INCOME (補足的保障収入) / TAXABLE INCOME (課税所得額) / TRADING INCOME (取引所得) / UNEARNED INCOME (不労所得; 前受け収益) / UNRE-

LATED BUSINESS INCOME (非関連事業収入).

íncome appròach 予想収益基準法 (=income capitalization approach)《不動産評価方法の一つで, その物件が産み出すと予想される収益に基づくもの; cf. COST APPROACH, MARKET APPROACH》.

íncome àveraging《米税制》所得平均法《当該年度の所得を過去の年の所得と平均化して税を査定する方法; 1986 年の税制改正で廃止》.

íncome-bàsed plán《米》所得に基づく計画 (= WAGE-EARNER'S PLAN).

íncome bàsis mèthod 収益基準方法《証券の利回り (rate of return) を券面額 (face value) でなく利息と支払い額を用いて計算する方法》.

íncome benefíciary 収益受益者《財産からの収益を得る権利を有する人; 特に 信託 (trust) からの収益取得権を有する人》.

íncome bònd《発行会社が収益のあった時にのみ収益に応じて利息が支払われる》収益社債, 収益債券.

íncome bràcket 課税所得等級 (=TAX BRACKET).

íncome capitalizàtion appròach 収益資本還元基準法 (=INCOME APPROACH).

íncome in respéct of a decédent 死者に関する所得, (死者の)死亡時所得《死者の所得ではあるが死亡時までにいまだ支払われていないもの; 全相続財産の中に加えられる》.

íncome màintenance《米》《政府が払う》所得補助金[維持金].

íncome shífting 所得移動《負担税額を引き下げる目的で, 子供など税率等級 (tax bracket) の低い者に所得を移すこと; cf. CLIFFORD TRUST, KIDDIE TAX》.

íncome splítting《米》所得の合算分割《夫婦の各所得を合算しその半額ずつを双方の課税所得とすること; cf. SPLIT INCOME》.

íncome stàtement《米》《企業の一定期間の》損益計算書, 所得計算書 (=statement of income) (cf. BALANCE SHEET).

íncome suppòrt《英》所得援助《16 歳を超える低所得者層に対する政府の援助; これを得ていた失業者は 1996 年以後代わりに求職者手当 (jobseeker's allowance) を得ることになっている》.

íncome tàx《個人および法人の所得に課税される》所得税 (cf. EXCISE, PROPERTY TAX). ▶ CHILD'S INCOME TAX (子供所得税) / GENERAL COMMISSIONER OF INCOME TAX (所得税普通審判官) / SPECIAL COMMISSIONER OF INCOME TAX (所得税特別審判官).

Íncome Tàx Commíssioner《英》所得税審判官《所得税賦課処分についての不服審査機関; 複雑な法律問題を含まない問題を担当する所得税普通審判官 (General Commissioner of Income Tax) と専門家として法律問題の審査を担当する正規の職員である所得税特別審判官 (Special Commissioner of Income Tax) とがある》.

íncome tàx retùrn 所得税申告書 (=TAX RETURN). ▶ CONSOLIDATED INCOME TAX RETURN (連結所得税申告書).

íncome-withhòlding òrder 所得天引き命令《通例は子の扶養 (child support) 命令を執行するために, 雇用者が被用者の所得から一定額を天引きすることを命ずる裁判所命令; cf. ATTACHMENT OF WAGES, WAGE ASSIGNMENT》. ▶ INTERSTATE INCOME-WITHHOLDING ORDER (州際所得天引き命令).

ín·còming n **1** 入ってくること《of》. **2**[pl] 収入, 所得: ~s and outgoings 収入と支出. ― a **1** 入ってくる: ~ mail. **2** 最近選出[任命]された, 後任の, 後継の, 次期の《大臣・内閣・委員会など》: the ~ government [cabinet, Minister] / The president welcomed the ~ committee.

in com·men·dam /ìn kəméndəm/ adv, a《大陸法》委託されて[た] (in trust)《有限責任組合 (limited partnership) により保有されている財産について用いる語》. ▶ PARTNER IN COMMENDAM (有限責任組合員) / PARTNERSHIP IN COMMENDAM (有限責任組合). [L <F (sociéte) en commandité (company) in limited partnership]

in·com·mu·ni·ca·do /ìnkəmjùːnɪkáːdou/ adv, a **1** 外部と連絡を断たれて[た], 外界と遮断されて[た]. **2**《収監者が》少数の特定者とのみしか接触の権利がない状態で[の], 独房に監禁されて[た]. [Sp=deprived of communication]

in·commútable a 交換できない, 変えられない; 減刑することができない, 減刑不能の (⇨ COMMUTATION).

in·compatibílity n **1** 不適合, 不調和; 非両立性, 矛盾; 抵触. ▶ DECLARATION OF INCOMPATIBILITY (非適合宣言). **2**《離婚原因としての》性格の不一致 (cf. IRRECONCILABLE DIFFERENCES, IRRETRIEVABLE BREAKDOWN OF THE MARRIAGE, NO-FAULT DIVORCE).

in·cómpetence, -cy n 無能力, 不適格 (cf. INCAPACITY). ▶ MENTAL INCOMPETENCY (精神的無能力).

in·cómpetent a **1** 無能な, 役に立たない, 不適格な, 不適任な (cf. INEFFECTIVE ASSISTANCE OF COUNSEL): be ~ to manage [for managing, as a manager of]... を経営する力がない / be fired for being ~ 役に立たないので解雇される[首になる]. **2** 無能力の, 無資格の; 法的能力を欠く: He is ~ to sign the contract. この契約にサインする資格はない. **3** 証言能力のない, 証人適格のない; 証拠能力のない. **4**《裁判所などが》管轄権がない, 権限がない. ― n 無能な人, 無資格者, 不適任者; 無能力者. **~·ly** adv [F or L]

incómpetent évidence 証拠能力なき証拠.

incómpetent pátient《医療に対する》同意能力なき患者 (=incapacitated patient, patient lacking capacity) (cf. CAPACITY TO CONSENT TO MEDICAL TREATMENT, COMPETENT PATIENT).

incompléte ínstrument 不完全文書;《特に》

不完全流通証券.

incompletely constituted trust 不備信託 (=EXECUTORY TRUST).

incomplete transfer 《米税制》不完了移転《生前贈与で, まだ遺贈者が遺贈物に対して占有ないしは享有権をもち続けているため連邦の遺産税 (estate tax) 上移転が完了したとはみなされない移転》.

in·con·clu·sive a 《証拠が》決定的でない.

In con·junc·ti·vis opor·tet ut·ram·que par·tem es·se ve·ram. /ɪn kànʤəŋktáɪvɪs əpóːrtet ətræmkwɛ páːrtɛm ɛsɛ víːræm/ 接続的に書かれたことはその双方が真実でなければならない. [L=In conjunctives, each part must be true.]

inconsiderate driving 《英》《自動車の》自己中心的運転 (⇒ CARELESS OR INCONSIDERATE DRIVING).

in·con·sim·i·li ca·su /ɪn kənsíməlàɪ kéɪs(j)uː/ adv 類似の場合において, 類似事件において (⇒ CASU CONSIMILI). [L=in the like case]

in·con·sist·ent a 相互矛盾の, 相反する, 不一致の 《with》; 首尾一貫しない; 無定見の, 無節操の. **in·con·sist·en·cy** n

inconsistent defense 相反する防御.

in·con·test·abil·ity clause 不可争条項 (=noncontestability clause)《生命保険などで所定期間経過後は違反・不実表示などについて保険者が契約効力を争いえないとする条項》.

in·con·test·able a 1 争いえない, 不可争性の. 2 《事実・証拠などが》明白な. **in·con·test·abil·ity** n 不可争性.

incontestable policy 不可争条項付き保険証券[契約] (⇒ INCONTESTABILITY CLAUSE).

In con·trac·ti·bus, be·nig·na; in tes·ta·men·tis, be·nig·ni·or; in res·ti·tu·ti·o·ni·bus, be·nig·nis·si·ma in·ter·pre·ta·tio fa·ci·en·da est. /ɪn kəntræktɪbəs bɛnígnə ɪn tèstəméntɪs bɛnígniòːr ɪn rèstɪtjùːʃióʊnɪbəs bɛnɪgnísɪmə ɪntɛrprɛtéɪʃioʊ feɪʃiéndə ɛst/ 契約においてはゆるやかな, 遺言においてはよりゆるやかな, 現状回復においては最もゆるやかな解釈がなされるべきである. [L=In contracts, the interpretation is to be liberal; in wills, more liberal; in restitutions, most liberal.]

In contractibus ta·ci·te in·sunt quae sunt mo·ris et con·su·e·tu·di·nis. /— — tǽsɪtiː ínsənt kwiː sənt móʊrɪs ɛt kənsuitjúːdɪnɪs/ 契約には慣行と慣習法上のものが暗黙裡に内在する. [L=In contracts, those which are of usage and custom are tacitly implied.]

inconvenient forum 《史》不便宜地裁判所(の法理) (=FORUM NON CONVENIENS).

In con·ven·ti·o·ni·bus, con·tra·hen·ti·um vo·lun·tas po·ti·us quam ver·ba spec·ta·ri pla·cu·it. /ɪn kənvènʃióʊnɪbəs kàntrəhénʃiəm valántɛɪs páʃiəs kwəm vɛ́rbə spɛktéɪràɪ plǽkʊɪt/ 合意においては文言よりも締結両当事者の意思がより考慮されるべきである. [L=In agreements, the intention of the contracting parties should be considered more than their words.]

in·cor·po·rate /ɪnkɔ́ːrpərèɪt/ vt 1《組織の一員[一部]として》受け入れる, 編入する, 組み込む《in, into》;《他の文書の内容を》《参照により》組み込む《in, into》 (⇒ INCORPORATION BY REFERENCE); 合体[合同]させる, 合併する《with》: The codicil ~d the terms of his will. その遺言補足書は彼の遺言書の諸条項を参照により組み込んだ. 2 法人[会社] (corporation) にする, …に法人格を付与する, 法人化する. — vi 1 合同[合体]する《with》. 2 法人[会社]になる, 法人化する. **~ by reference** 参照により組み込む (⇒ INCORPORATION BY REFERENCE) (cf. REPUBLISH). — a /-p(ə)rət/ 合同した, 一体化した; 法人[会社]組織の, 法人格のある. **in·cor·po·rable** /ɪnkɔ́ːrpərəb(ə)l/ a incorporate されうる.

in·cor·po·rat·ed a 1 合同[合併, 編入]した; 組み込んだ. 2 法人[会社]組織の, 法人格のある《Inc. と略して特に米国の会社名のあとに付ける; 英国の Ltd (=Limited) に当たる》: an ~ company*会社,《特に》株式会社 (limited(-liability") company) / The U.S. Steel Co., *Inc.*

Incorporated Law Society [the ~]《英》事務弁護士協会, ソリシター協会, ロー・ソサイエティ《略 ILS; ⇒ LAW SOCIETY》.

in·cor·po·ra·tion n 1 a 結合, 合同, 合併, 編入. b《他の文書の内容の》組込み (⇒ INCORPORATION BY REFERENCE, INCORPORATION THEORY); 混合, 混和. c《国際法》編入, 合同 (⇒ DOCTRINE OF INCORPORATION) (cf. TRANSFORMATION). ▶ DOCTRINE OF INCORPORATION (編入理論) / SELECTIVE INCORPORATION (選択的組込み) / TOTAL INCORPORATION (全面的組込み). 2 結社, 法人団体, 法人組織, 会社 (corporation); 法人格付与, 法人化, 法人[会社]設立 (cf. REGISTRATION OF A COMPANY). ▶ ARTICLES OF INCORPORATION (基本定款) / CERTIFICATE OF INCORPORATION (法人設立証明書, 会社設立証書; 基本定款) / VEIL OF INCORPORATION (法人格付与のヴェール).

incorporation by reference 参照による組込み (=adoption by reference)《契約・訴答などの文書中で, 他の文書を参照し, この他文書を第一の文書の一部とみなす旨を述べて一体化すること》.

incorporation theory《米》組込み論, 編入理論《合衆国憲法第 1-8 修正が連邦政府との関係で規定している基本権の保障は, 第 14 修正によってそのまますべての州にも適用されるという解釈論; 全面的組込み[編入]論 (total incorporation doctrine) ともいうが, すべてではなく基本的な権利が選択的に州に適用されるという選択的組込み[編入]論 (selective incorporation doctrine) を最高裁判所は支持している》.

in·cor·po·ra·tor n *法人[会社]設立者 (=corpora-

in·corporeal *a* 《opp. *corporeal*》 **1** 無形の, 無体の, 非物質的な. **2** 《特許権・著作権などのように》無体の. **in·cor·po·re·al·i·ty** /ìnkɔːrpɔːriǽləti/ *n* 無形, 無体. **~·ly** *adv*

incorpóreal cháttel 無体人的財産, 無体動産 (＝CHATTEL INCORPOREAL).

incorpóreal heredítament 無体法定相続産 (⇨ HEREDITAMENT) (opp. *corporeal hereditament*).

incorpóreal ównership 無体物の所有(権)《土地・動産などの有体物に対する所有権から切り離された無形の独立的権利, 例えば著作権・特許権などの所有(権); cf. CORPOREAL OWNERSHIP》.

incorpóreal posséssion 無体物の占有, 権利占有《例えば隣地への地役権 (easement), 採光権 (right of light) など無体物・権利の占有; cf. CORPOREAL POSSESSION》.

incorpóreal próperty 無体財産(権) (opp. *corporeal property*)《有体財産(権) (corporeal property) に入らない対物財産権で, これには次の2つが含まれる: **1)** 地役権などの役権 (servitude)・賃借権・譲渡抵当 (mortgage) のような, 他人の財産に対する権利 (jus in re aliena) と, **2)** 特許権・著作権・商標権のような物理的存在をもたないものに対する法律上の権利で, みずからの財産に対する権利 (jus in re propria) とである》.

incorpóreal thíng 無体物 (cf. CORPOREAL THING).

in·corréct *a* 正しくない, 間違った, 不正確な; 妥当でない, 不適当[不穏当]な, ふさわしくない. **~·ly** *adv* 不正確に; 不適当に.

in·cor·ri·gi·bil·i·ty /ìnkɔ(ː)rədʒəbíləti, -kàr-/ *n* 《子供が親・保護者には》手に負えないこと (cf. JUVENILE DELINQUENCY).

in·cor·ri·gi·ble /ìnkɔ́(ː)rədʒəb(ə)l, -kɑ́r-/ *a* 矯正 [善導] できない, 救いがたい, 度しがたい《犯罪者》;《子供などが》手に負えない;《習慣・信念などが》抜きがたい, 頑固な.

incórrigible chíld 《親ないしは保護者には》手に負いきれない子供.

In·co·terms, INCOTERMS /ínkoutáːrmz/ *n* インコタームズ《Paris にある国際商業会議所 (International Chamber of Commerce) により初め1936年に作成され, その後改正が繰り返されている「貿易用語の解釈のための国際規則」(International Rules for the Interpretation of Trade Terms) の略称; f.o.b, c.i.f. の用語が定義され, 関係当事者の権利義務内容が具体的に示されている》. [*International Commercial Terms*]

in·cre·ment /ínkrəmənt/ *n* 増加, 増大, 増進, 増強; 増加量, 増額. **in·cre·men·tal** /ìnkrəméntl/ *a*

in·crim·i·nate *vt* **1** 訴える, 告発する. **2** 《人》に罪を負わせる[きせる], 罪に陥れる, 罪あるものとする. **3** 《証拠・証言など》...に有罪であることを示す. **incrím·i·nà·tor** *n* **in·crim·i·nátion** *n* **in·crim·i·na·to·ry** /ìnkrímənətɔ̀ːri; -t(ə)ri, -nèɪt(ə)-/ *a* 有罪にする[罪あるものとする]ような.

in·críminating *a* 有罪であることを示す[暗示する].

incríminating círcumstance 犯行を示す情況《ある犯罪がなされた, あるいは特定の人がその犯罪を犯したことを示す事実または情況》.

incríminating évidence 有罪証拠《有罪を証拠立てる, あるいは事実認定者 (factfinder) が有罪であることを導き出しうる証拠》.

incríminating quéstion 負罪的質問《その質問に答えると刑事訴追, さらには有罪判決を受ける危険を生じさせるような質問》.

incríminating státement 有罪証明陳述《被告人の有罪証明に役立つ陳述, 特に 被告人自身の陳述についていう; ⇨ SELF-INCRIMINATION》.

in·cul·pate /ínkʌ́lpèɪt, ⊥–⸝/ *vt* **1** 非難する (accuse). **2** 《人》に罪[責任]を負わせる, 罪[責任]あるものとする (incriminate). **in·cul·pá·tion** *n*

in·cul·pa·to·ry /ɪnkʌ́lpətɔ̀ːri; -t(ə)ri/ *a* 人を罪に陥れる, 有罪[有責]にする (cf. EXCULPATORY).

incúlpatory évidence 有責証拠《ある人が犯罪・権利侵害行為に関与していることを示す証拠》.

in·cúm·ben·cy *n* 在職(期間); 聖職禄保有者の地位(任期); 義務, 職責.

in·cum·bent /ɪnkʌ́mbənt/ *a* **1** 現職[在職]の: the ~ governor. **2** 義務としてかかる《*on* sb》: a duty ~ *on* me わたしに課せられた義務 / It is ~ *on* you (＝It is your duty) to answer his question. 彼の質問に答えてやるのがきみの責任だ. ― *n* **1 a** 《公職の》現職者, 在職者. **b** 《教会の》聖職禄保有者. **2** 占有者, 居住者. **~·ly** *adv* [L *in-(cumbo=cubo* to lie)＝to lie upon]

in·cum·ber /ɪnkʌ́mbər/ *vt* ENCUMBER.

in·cum·brance /ɪnkʌ́mbrəns/ *n* ENCUMBRANCE.

in·cur /ɪnkɑ́ːr/ *vt* (**-rr-**) 《責任・負債・損失・費用・罪など》負う, こうむる, 受ける, 背負い込む, 負担する; 《非難・危険》を招く, 《人の不興》を買う: ~ expenses [costs, debts] / ~ the risk of a penalty. **in·cúr·a·ble** *a* **in·cúr·rence** *n*

in·cu·ria /ɪnkúːriə/ *n* 不注意 (cf. PER INCURIAM). [L＝carelessness]

in cus·to·dia le·gis /in kəstóudiə líːdʒɪs/ *adv, a* 法の保管下に(ある), 裁判所による保管中で[の] (⇨ CUSTODIA LEGIS): the debtor's automobile was seized by the sheriff, and now is ~. [L＝in the custody of the law]

in·de·bi·ta·tus as·sump·sit /ɪndèbətéɪtəs əsʌ́m(p)sət/ **1** 債務負担支払い引受け訴訟《引受け訴訟 (assumpsit) の一つで, 特別引受け訴訟 (special assumpsit) の対語; 明示的引受け (assumpsit) すなわち約束を根拠とする特別引受け訴訟に対して, 金銭債務 (debt) が存在しそれを約因 (consideration) として被告がそれを支払うという引受け[約束]をしたことを主張して成

立した訴訟方式; 金銭債務があれば当然に黙示の支払引受けがあったものと構成されることにより, コモンロー契約法に欠けていた単純契約 (simple contract) 違反に対する保護に貢献した; 英国では 1875 年の訴訟方式 (form of action) 廃止と共に廃止, 米国では若干の州で残存; その後は general [common] assumpsit (一般引受け訴訟) といわれることもある). **2** 一般引受け訴訟 (＝GENERAL ASSUMPSIT). [L＝being indebted he/she undertook]

in·debt·ed /ɪndétəd/ *a* 債務[借金, 負債]がある⟨*to*⟩: ~ *to* a finance company / PLEA OF NEVER INDEBTED.

in·débt·ed·ness *n* **1** 債務[負債]のある状態. **2** 債務, 負債; 負債額. ▶ LIMITATION ON INDEBTEDNESS (債務限度).

in·décency *n* 不体裁, 無作法; 卑猥, 猥褻 (cf. OBSCENITY); 猥褻な[みだらな, 下品な]行為[ことば], 猥褻行為. ▶ GROSS INDECENCY (重大猥褻(行為)).

in·décent *a* 無作法な, 下品な; 猥褻な, みだらな. **~·ly** *adv*

indécent assáult (強姦には至らない)強制猥褻(行為), 強制猥褻罪 (＝SEXUAL ASSAULT): ~ by contact 接触による強制猥褻(行為) / ~ by exposure 公然猥褻(行為).

indécent expósure 公然猥褻(罪) (cf. EXPOSURE OF PERSON, LEWDNESS, OBSCENITY).

indécent líberties *pl* 猥褻な不埒(ふらち)行為《他人に対する特に性的卑猥な行為》.

in·deféasible *a* 無効にできない, 消滅[解除]条件が付されていない⟨権利⟩; 取消し権が留保されていない. **-bly** *adv* **~·ness** *n* **in·defeasibílity** *n*

indeféasible remáinder 消滅条件付きでない確定残余権 (⇨ DEFEASIBLE REMAINDER).

indeféasible ríght 消滅条件付きでない確定的権利.

indéfinite fáilure of íssue 不特定時直系卑属不存在《いつの時点かを特定することなく直系卑属が存在しないこと; cf. DEFINITE FAILURE OF ISSUE, FAILURE OF ISSUE》.

indéfinite páyment 《同一債権者に複数の債務がある場合の》債務を特定しない弁済.

indéfinite séntence ＝INDETERMINATE SENTENCE.

in de·lic·to /ɪn dəlíktou/ *a, adv* 落度がある[あって] (cf. EX DELICTO). [L＝in fault]

indem. indemnity.

in·dem·ni·fi·ca·tion /ɪndèmnəfəkéɪʃ(ə)n/ *n* **1 a** 保障, 保証. **b** 免責. **c** 補償, 賠償. **2** 補償金, 賠償金; 補償[賠償]物. **in·dem·ni·fi·ca·to·ry** /ɪndèmnífəkətɔ̀ːri; -t(ə)ri/ *a*

in·dem·ni·fy /ɪndémnəfàɪ/ *vt* **1 a** 《将来の損害・損失・傷害などから》(法的に)保護[保障]する, 補償を約束する⟨*against, for, from*⟩. **b** 《人》の法的責任[刑罰]を免除する, 免責する⟨*from, against*⟩. **2** 《生じた損害に対し

て》《人》に償う, 賠償[補償]する: ~ sb *for* a loss 人に損失の補償をする. **in·dém·ni·fi·er** *n* [L *indemnis* free from loss (*demnum* loss)]

in·dem·ni·tee /ɪndèmnətíː/ *n* 被保障者; 被補償者.

in·dem·ni·tor /ɪndémnətər/ *n* 保障者; 補償者.

in·dem·ni·ty /ɪndémnəti/ *n* **1** 《将来の損害・損失に対する》(法的)保護, 保障; 補償契約. **2** 《法的責任・罰からの》免責. ▶ ACT OF INDEMNITY (免責法) / BILL OF INDEMNITY (免責法(案); 免責訴答). **3** 補償, 賠償, 損失補償, 損害塡補, 補償支払い⟨*for*⟩ (indemnification); 補償[賠償]金, 弁償金. **保険金**: pay an ~ of 100 dollars 100 ドルの補償金を払う / a letter of ~ 補償金支払い保証状. ▶ CONTRACTUAL INDEMNITY (契約補償) / DOUBLE INDEMNITY (災害倍額支払い) / EQUITABLE INDEMNITY (エクイティー上の補償) / IMPLIED INDEMNITY (黙示の補償).

indémnity àct 免責法 (＝ACT OF INDEMNITY).

indémnity agàinst liability 損害賠償責任の肩代わり(契約), 損害賠償責任の補償契約.

indémnity bàsis 《英》《訴訟費用の》損害塡補基準《英国民事訴訟の訴訟費用の査定基準の一つで, 訴訟費用を返還してもらえる側の訴訟当事者が不合理に負担した費用または不合理な額を除いてすべての訴訟費用を受け取るという基準; 合理性についての疑いに関しても負担者の方が立証責任を負う; ASSESSMENT OF COSTS; cf. STANDARD BASIS》.

indémnity bònd 損害塡補保証(証書)《本人または第三者の行為による損害に対してあらかじめ提供しておく損害塡補の保証(証書); cf. BLANKET BOND, FIDELITY BOND, SCHEDULE BOND》.

indémnity clàuse 損害塡補保証条項 (＝hold-harmless clause, save-harmless clause)《相手方が生じせしめた特定あるいは不特定の損害の責任をみずからが負ってそれを塡補する旨の契約条項; cf. EXEMPTION CLAUSE》.

indémnity còntract 損害塡補保証契約《第三者に対する賠償責任を負う場合を含め相手方に生じる損害に対して塡補することを約束する契約》.

indémnity insùrance 1 損害保険. **2** 先履行型責任保険《被保険者が被害者に対して現実に損害賠償金を支払った場合のその額だけを被保険者に塡補する責任保険》. **3** ファースト・パーティー保険 (＝FIRST-PARTY INSURANCE). ★ 1–3 すべて indemnity policy ともいう.

indémnity lànd 《米》代替地《**1**》鉄道建設促進のためなどで鉄道会社に政府が当初付与した公有地の鉄道会社付与代替地 **2**》連邦所有の土地で州に当初付与した土地の州付与代替地》.

indémnity pòlicy 1 損害保険(証券). **2** 先履行型責任保険(証券). **3** ファースト・パーティー保険(証券). 《 ⇨ INDEMNITY INSURANCE》.

indémnity prìnciple 1《保険》損害塡補の原則《保険契約は被保険者のこうむった被害を超える補償をす

べきでないという法理）．**2**《英》損害填補基準の原則《相手方に対して訴訟費用（costs）の支払いを命じうる場合には，一般にその当事者は相手方に対して損害填補基準（indemnity basis）に基づいてなされるという原則》．

in·den·i·za·tion /ɪndènəzéɪʃ(ə)n; -nàɪ-/ *n*《古》 ENDENIZATION．

in·den·i·zen *vt*《古》 ENDENIZEN．

in·dent *v* /ɪndént/ *vt* **1** 〈二通に作成した契約書など〉をのこぎりの歯型に切る；〈契約書などを〉二通に作成する：an ~ed deed 歯型捺印証書（＝INDENTURE）． **2** "歯型捺印証書で契約する，二枚続き注文書で注文する（一枚は手元に保存する）；〈物資を〉徴発する；年季奉公契約証文で〈奉公人を〉縛る． ― *vi* "注文書[徴発書]を発する 《*upon sb for goods*》；注文する． ― *n* /ˊ-, ˊ-ˊ/ **1** 歯型捺印証書，二枚続き契約書；"申し込み，請求，《商》注文書，買付け委託，受託買付け品，海外からの注文(状)，徴発(書)．**2**《米史》歯型公債証書． **in·dént·er** *n* [AF＜L (*dent- dens* tooth)]

in·den·ture /ɪndéntʃər/ *n* **1 a** 歯型捺印証書（＝deed indented）《二通作成して歯型に切り同一性が証明できるようにした捺印証書；⇨ CHIROGRAPH; cf. DEED POLL》；《広く》契約，証書，証文． **b** [ᵖ*pl*] 年季奉公契約証文（articles of indenture）: take up [be out of] one's ~s 年季奉公を終える． **c** 正式な目録[証書]． ▶ ARTICLES OF INDENTURE (年季契約書) / BOND INDENTURE (債券発行契約歯型捺印証書；社債担保譲渡抵当証書) / CLOSED-END INDENTURE (閉鎖式担保付き社債信託証書) / DEBENTURE INDENTURE (無担保債務証書) / OPEN-END INDENTURE (開放式担保付き社債信託証書) / TRUST INDENTURE ((社債)信託証書；担保のための信託証書)．**2** 刻み目[ぎざぎざ]をつけること，刻み目．― *vt* **1** 歯型捺印証書で契約する． **2** 年季奉公に入れる：He was ~*d* to a mason． **~·ship** *n* [AF; ⇨ INDENT]

indéntured sérvant 年季契約奉公人．

indénture of trúst（社債）信託証書（＝TRUST INDENTURE）．

indénture trustée（社債）信託証書受託者（(社債)信託証書 (trust indenture) に基づく受託者）．

in·de·pend·ence /ìndəpéndəns/ *n* 独立: an ~ movement 独立運動． ▶ DECLARATION OF INDEPENDENCE (独立宣言) / UNILATERAL DECLARATION OF INDEPENDENCE (一方的独立宣言)．

Independénce Dày《米》独立記念日（7月4日；連邦の法定休日）．

independence of cóvenants 各種約款の相互独立性．

in·de·pénd·ent *a* 独立した (opp. *dependent*): an ~ company / an ~ trader [shop]． **~·ly** *adv*

independent adjúster《保険》独立損害査定人《保険者のための損害査定を業とする独立した個人または団体; cf. PUBLIC ADJUSTER》．

independent administrator 独立的遺産管理人《検認裁判所 (probate court) からの監督を全くあるいはほとんど受けない遺産管理人 (administrator)》．

independent advíce《特に遺言・贈与・遺贈をなす場合の公平な立場からの》独立的助言．

independent ágency《米》独立行政機関《通常の行政組織外に設置され，独立性を与えられた行政機関; cf. INDEPENDENT REGULATORY COMMISSION》．

independent ágent 独立的代理人《みずからの判断に基づき行動しその結果についてのみ本人の承認を必要とする代理人》．

independent áudit 独立の会計監査《企業から独立した会計監査人 (auditor) による会計監査》．

independent condítion 独立的条件《他の条件の履行と無関係に履行されねばならない契約上の条件》．

independent cóntract《大陸法》独立的契約《契約の一方当事者が給付すべき事項や約束した事項が他方当事者のそれとの間に対価ないし約因になるという関係のない契約; opp. *commutative contract*》．

independent cóntractor《依頼人の注文に応じて仕事の完成を請け負い，仕事の手順・手配などについては依頼人の指示を受けない》請負人，独立契約者 (cf. EMPLOYEE)．

independent cóunsel《米》独立弁護士《訴訟に関して不偏の意見を与えたり，公平な調査を行なうために特別に任命される弁護士；ウォーターゲート事件 (Watergate Affair) などで利用されたが，特に政府部局内で生じた不正調査のためその部局から選任される弁護士を指す; ⇨ SPECIAL PROSECUTOR, SPECIAL COUNSEL》．

independent cóvenant 独立した約款《相手方の先立つ履行に依存しない義務を課す約款; ⇨ INDEPENDENT COVENANT RULE》．

independent cóvenant rùle 約款独立の準則《契約を構成する約束は相互に独立しており，一方当事者は他方当事者の約束不履行に対して訴求をするために自己の約束履行を要しないという法理；現在は修正され，特別の場合を除き同時履行されるべきとされている; cf. INDEPENDENT COVENANT, INDEPENDENT PROMISE》．

independent exécutor 独立的遺言執行者《通常の遺言執行者と違い遺言検認裁判所 (probate court) の監督がきわめて弱い遺言執行者; cf. NONINTERVENTION WILL》．

Independent Hóusing Òmbudsman【英】独立住宅行政監察官《住宅供給協会借家権 (housing association tenancy) の借家人を家主の不当管理から守りまた地方当局以外の登録家主に対する借家人の訴え解決につとめるために住宅行政監察官 (Housing Ombudsman) の下に置かれている機関》．

independent intervéning cáuse 独立参入原因（＝INTERVENING CAUSE）．

Independent Méntal Capácity Àdvocate【英】独立精神能力擁護者《認知症を含め，学習不能症・精神健康上の問題のある人など行為能力を欠く人が代理をしてくれる家族・友人を有していない場合に，そ

の人の権利が尊重されることを確実にし、さらに一定の重要決定がなされる場合にはその人を代理することを確実にする役割を負う人; 2005年法で新設され、国民医療制度 (National Health Service) 諸機関および地方当局は一定状況下ではこの擁護者に代理をするよう指示しなくてはならないとされている; 略 IMCA)。

Indepéndent Políce Compláints Commìssion 《英》警察不服独立委員会《2002年法で、それまでの警察不服審査機関 (Police Complaints Authority) に代わって警察に対する不服を独立的に調査する委員会で、11名からなる》。

indepéndent práctice associàtion《米》独立診療所協会《健康維持機構 (health-maintenance organization) と提携している独立の医療従事者のネットワーク組織で、機構加入者に協定価格でサービスを提供するが、一般にはその他の患者の受入れも自由にできるもの; 略 IPA》。

indepéndent prómise 独立した約束 (= UNCONDITIONAL PROMISE)。

indepéndent régulatory commìssion《米》独立規制委員会《独立行政機関 (independent agency) の一つで、大統領の指揮監督から独立した合議制の規制行政機関》。

indepéndent retírement accòunt《米》独立退職積立て勘定 (= INDIVIDUAL RETIREMENT ACCOUNT)。

indepéndent school《英》独立私立学校《義務教育学齢期の児童5人以上に対して全日制の教育を行なう学校で、地方教育委員会によって維持されておらずまた政府の補助金も得ていない私立学校》。

indepéndent significance dòctrine 独立した意味の法理《遺言 (will) の要件を回避するためだけでなくなされた遺言者の処分は有効とされるという原則; 例えば私の金庫の中にある物を甥に与えるという遺言のような場合、その金庫は遺言から独立した有用性、すなわち意味 (significance) を有しているので、私の死亡時にその中に入っている物の贈与は有効となる》。

indepéndent sóurce 1《証拠収集に関して違法手続きとは無関係の》**独立的源泉**(⇨ INDEPENDENT SOURCE RULE)。 **2** INDEPENDENT SOURCE RULE.

indepéndent sóurce héaring 独立的源泉審理《当該証拠が違法手続きにより収集されたものであるか、もしそうであるならばその証拠が許容できるものであるか否かを決定するための審理; ⇨ INDEPENDENT SOURCE RULE》。

indepéndent sóurce rùle 独立的源泉の準則《毒樹の果実の法理 (fruit of the poisonous tree doctrine) によって違法収集証拠排除準則 (exclusionary rule) の効力は違法手続きにより直接得た証拠だけでなくそこから間接的に派生した証拠にも一般的には及ぶが、違法収集証拠であっても、最初の違法手続きとは無関係の合法的手続きによってまた得られたものであれば、証拠として許容するという例外原則; cf. FRUIT OF THE POISONOUS TREE DOCTRINE, INDEPENDENT SOURCE HEARING, INEVITABLE DISCOVERY RULE》。

indepéndent tráde únion《英》独立労働組合《雇用者(ないしその連合・協会)からの影響支配下にない独立的な労働組合で、労働組合認定官 (Certification Officer) の認定を受けたもの》。

indepéndent únion 無提携労働組合《国内外の労働組合と提携関係のない労働組合》。

indestrúctible trúst 期限前終了不能信託 (= Claflin trust)《信託終了の条件について、設定者の意思が尊重され、受益者全員の合意があっても、定められた期日または一定事実の発生前の終了が認められない信託; ⇨ CLAFLIN TRUST PRINCIPLE》。

in·detérminate *a* 不確定の, 不定の, 未確定の, 未決定の; 漠然とした, あいまいな。

indetérminate condítional reléase 不確定的条件付き釈放, 仮釈放《一定条件を満たした上で裁量の判断で決定される釈放; cf. CONDITIONAL RELEASE, PAROLE》。

indetérminate dámages *pl* 不確定損害(賠償金) (= DISCRETIONARY DAMAGES)。

indetérminate séntence 不定期刑, 不定期刑の宣告 (= indefinite sentence) (cf. DETERMINATE SENTENCE)。

indetérminate séntencing 不定期刑の宣告[言い渡し](手続き)。

in·dex /índeks/ *n* **1** 索引. ▶ GRANTEE-GRANTOR INDEX (被譲与人・譲与人別索引) / GRANTOR-GRANTEE INDEX (譲与人・被譲与人別索引) / TRACT INDEX (地区別索引). **2** 指数, 指標. ▶ CONSUMER PRICE INDEX (消費者物価指数) / COST-OF-LIVING INDEX (生計費指数) / PRODUCER PRICE INDEX (生産者価格指数) / STOCK INDEX (株価指数). — *vt* **1** …に索引を付ける; 索引に載せる. **2** 指し示す, …を示す指標となる. [L *indic-* *index* pointer, forefinger, sign]

in·dex·átion *n* INDEXING.

indexátion allówance《英税制》物価指数控除《会社による資産処分に基づく資本利得 (capital gain) の額およびそれに対して会社が負うべき税負担は、その資産の基準原価にこの控除をなして物価上昇分を調整する; この控除は、資産取得月の小売価格指数と処分月のそれとを比較して計算する; 個人による処分についてはこの控除は1998年より前に取得した資産にのみ適用され、1998年以後取得資産については逓減減免 (taper relief) が適用される》。

índex crìme《米》指標犯罪, インデックス・クライム (= INDEX OFFENSE)。

índex fùnd インデックスファンド《株価指数や平均株価に連動させて運用されるミューチャルファンド (mutual fund)》。

índex·ing *n* **1** 指数化方式《賃金・年金・利率などを物価指数を利用して調整するやり方》. **2** インデックス運用《投資信託財産を株価指数・平均株価に連動させる運用

方式).　★1, 2共に indexation ともいう.

index màp　〖英〗索引図〖土地登録庁 (Land Registry) に備えつけられている, 登録済みの不動産権に関する場所・広さなどが載っている地図〗.

index of authorities　典拠索引 (=table of cases)〖書物などでの引用文献・制定法・判例などの典拠をアルファベット順に並べた一覧表〗.

index offense　〖米〗指標犯罪, インデックス・オフェンス (=index crime)〖連邦捜査局 (FBI) が毎年発行する統計書である統一犯罪報告 (Uniform Crime Reports) において, 犯罪動向の概況を示すために報告される犯罪類型; 謀殺・強姦・強盗など8つ〗; cf. UNIFORM CRIME REPORTS〗.

index òption　株価指数オプション〖株価指数 (stock index) についてのオプション (option) で, ある株価指数を一定期間内に一定価額で購入または売却する権利の売買; 原資産の受渡しは不可能ゆえ差金で清算される〗.

Índex to Légal Periódicals　『法律雑誌文献索引』〖1926年創刊; アメリカ法律図書館協会 (American Association of Law Libraries) によって編集〗.

index to récords of títle　〖米〗《不動産取引証書登録の》権原登録索引.

In·di·an　/índiən/ n《米国の》インディアン, アメリカ先住民〖合衆国で出生したインディアンは他の市民と同じ権利を有する〗.

Índian Cívil Ríghts Ācts　pl [the ~]〖米〗インディアン市民権法〖インディアンの市民権を保護するための同名の連邦法は1968年のと1994年の2つある〗.

Índian lánd　〖米〗インディアン部族の土地 (=Indian tribal property)〖合衆国に帰属するが, インディアン部族のために保有し, 同部族が利用しうる権利をもつ土地〗.

Índian Mútiny　[the ~]〖史〗インド反乱, セポイの反乱 (=Sepoy Mutiny [Rebellion])〖1857-59年のインド北部 Bengal を中心に起きたインド人傭兵の反乱; 単に the Mutiny ともいう〗.

Índian Nátional Cóngress　[the ~] インド国民会議派〖1885年結成〗.

Índian reservátion　〖米〗インディアン保留地〖インディアン諸部族による居住・利用などのため連邦政府によって指定された公有地; cf. RESERVED LAND〗.

Índian térritory　[the ~]〖米史〗インディアン準州〖1830-43年にインディアン諸部族を強制的に移住させるために特設した準州 (Territory) で, 今の Oklahoma 州東部地方; 1907年に全廃〗.

Índian títle　〖米〗インディアンの権原 (=aboriginal title)〖連邦政府の許可の下に超記憶的な古い時代からの占有に基づき一定地域を占有しうる特定インディアン部族の権利; 所有権 (ownership) でなく単なる占有 (possession) である点に留意; cf. RESERVATION〗.

Índian tríbal próperty　〖米〗インディアン部族の財産 (=INDIAN LAND).

in·di·ca·tor　/índəkèitər/ n 1 標識; 《一般に》指標. 2 経済指標 (=ECONOMIC INDICATOR). ▶ LEADING INDICATOR (先行経済指標).

in·di·cia　/indíʃ(i)ə/ n (pl ~, ~s) 1 しるし, 徴候, 指標, 徴憑, 情況証拠 (cf. INDICIUM): ~ of reliability 信頼性のしるし. 2〖ローマ法〗証拠 (evidence). 3〖米〗郵便料金別納証印. [L; cf. INDICIUM]

indícia of títle　権原証書, 権原証拠.

in·di·ci·um　/indíʃiəm/ n (pl -cia /-ʃiə/, ~s) しるし, 徴候, 指標, 特徴; 証拠. [L; ⇨ INDEX]

in·dict　/indáit/ vt 1 正式起訴する; *〖大陪審 (grand jury) が〗正式起訴する; 起訴する (⇨ INDICTMENT) (cf. ACCUSE, ARRAIGN, CHARGE): ~ sb for murder [as a murderer, on a charge of murder] 人を殺人罪で起訴する. 2 非難〖告発〗する. **~·er, ~·or** n 起訴者, 告訴人, 告発人. **~·ee** /indaití:, -dáiti/ n (正式起訴で起訴された) 被起訴者, 被告人. [AF<OF]

indíct·able　a〖人・罪が〗正式起訴されるべき; *〖大陪審 (grand jury) で〗正式起訴されるべき, 正式起訴で訴追される (⇨ INDICTMENT) (cf. SUMMARY). **-ably** adv

indíctable offénse　正式起訴 (で訴追される) 犯罪, *正式起訴 (状) を要する犯罪 (opp. nonindictable offense) (cf. INFAMOUS CRIME, SUMMARY OFFENSE).

indíctable-ónly offénse　〖英〗正式起訴のみで訴追される犯罪〖選択的審理方法の犯罪 (offense triable either way) と違い正式起訴でのみ訴追される犯罪で, 正式起訴で訴追される犯罪のうち最も重い犯罪であり, 常に刑事法院 (Crown Court) で審理されねばならない〗.

indíct·ment　n 1 a 正式起訴 (状); *〖大陪審 (grand jury) による〗(正式) 起訴 (状) (cf. ACCUSATION, ALLEGATION, COMPLAINT, INFORMATION, PRESENTMENT); 正式起訴 (手続); 告発. ★元来は大陪審が認めた正式起訴状を指す. 英国では1933年に大陪審を廃止した. しかし現在の英国でも刑事法院 (Crown Court) において陪審審理によるべき場合の起訴状は正式起訴 (indictment) による. **b** 起訴状案 (=BILL OF INDICTMENT);〖スコットランド〗法務長官 (Lord Advocate) による起訴: bring in an ~ against sb 人を (正式) 起訴する. ▶ AMENDMENT OF INDICTMENT (正式起訴 (状) の修正) / BAREBONES INDICTMENT (やせすぎる起訴状) / BILL OF INDICTMENT (正式起訴状案) / DEMURRER TO INDICTMENT (正式起訴状棄却訴答) / DUPLICITOUS INDICTMENT (複合的正式起訴状) / DUPLICITY IN INDICTMENT (複合的起訴) / JOINT INDICTMENT (共同起訴 (状)) / OBJECTION TO INDICTMENT (正式起訴に対する法律問題に基づく異議) / OFFENSE TRIABLE ONLY ON INDICTMENT (正式起訴のみで審理される犯罪) / TRIAL ON INDICTMENT (正式起訴に基づく審理) / VOLUNTARY INDICTMENT (任意的正式起訴状) / WARRANT UPON INDICTMENT OR INFORMATION (正式起訴または略式起訴に基づく逮捕状). 2《一般に》非難, 告発.

in·díf·fer·ent　a〖人が〗無関心な, 冷淡な《to》; 偏見のない, 利害関係のない, 偏頗のない, 中立な, 公平な.

in·di·gen·cy　/índidʒənsi/, **-gence** /-dʒəns/ n 貧

窮, 困窮, 貧困.

in·díg·e·nous péople /ɪndídʒənəs-/ 原住民.

ín·di·gent /índɪdʒənt/ *a* 窮乏した. ― *n* 困窮者.

índigent deféndant《弁護士を依頼する資力のない》貧困な被告人 (cf. IN FORMA PAUPERIS).

in·dig·ni·ty /ɪndígnəti/ *n* **1** 侮辱; 屈辱. **2**《離婚原因としての》人格を傷つける虐待 (cf. ABUSE, CRUELTY, INHUMAN TREATMENT).

índirect attáck 間接的攻撃 (=COLLATERAL ATTACK).

índirect conféssion 間接的自白《被告人の行為から推論される自白; cf. DIRECT CONFESSION》.

índirect contémpt 間接的裁判所侮辱 (=constructive contempt)《裁判所侮辱 (contempt of court) のうち, 例えば当事者が裁判所命令に従わなかったような場合の, 法廷外の侮辱; 改めての通知と審理の後に罰せられることになる; cf. DIRECT CONTEMPT》.

índirect cóst 間接費, 間接原価《複数の製品の製造・販売のために共通して発生し, 特定の製品に関連づけられぬ原価; cf. DIRECT COST》.

índirect dámages *pl* 非直接的損害賠償 (=SPECIAL DAMAGES).

índirect évidence 間接証拠 (=CIRCUMSTANTIAL EVIDENCE).

índirect inténtion 間接故意 (=OBLIQUE INTENTION).

índirect lóss 非直接的損害 (=CONSEQUENTIAL LOSS).

índirect táx 間接税《事業免許税 (franchise tax), 職業税 (occupation tax) など権利あるいは特権に課される租税で, 納税義務者と担税者が異なりうるもの; cf. DIRECT TAX》.

índirect taxátion 間接課税.

in·dis·pen·sa·ble /ɪndɪspénsəb(ə)l/ *a* 欠くことのできない, 不可欠, 絶対必要な〈to, for〉; 避けられない.

indispénsable élement tèst 不可欠な要素テスト《未遂 (attempt) 罪が成立するか否かを判断するためのコモンロー上の基準の一つで, 被告人が当該犯罪にとって不可欠な要素である物の支配権を得ているか否かに基づく判定法; cf. ATTEMPT》.

indispénsable évidence《特定事実の証明にとって》不可欠な証拠.

indispénsable párty《紛争解決のための》不可欠当事者《この者を訴訟当事者としない訴えは却下される; cf. NECESSARY PARTY, PROPER PARTY》.

in·dis·tan·ter /ɪndɪstǽntər/ *adv* 遅滞なく, 即座に. [L=immediately]

indite INDICT の古綴り.

in·di·vid·u·al /ɪndəvídʒ(u)əl/ *a* **1** 個々の, 個別の, 単一の. **2** 個人の, 個人的な. ― *n*《社会・家族などの集団の一員としての》個人. ▶ LIBERTY OF THE INDIVIDUAL (個人の自由).

indivídual áction《会社に対する個別株主による》個別訴訟 (=DIRECT ACTION).

indivídual bánker《米》銀行業を営む個人 (⇨ PRIVATE BANKER).

indivídual góodwill 個人的のれん (=PERSONAL GOODWILL).

indivídual líberty 個人の自由 (=PERSONAL LIBERTY).

indivídual·ly *adv* **1** 個別に, 個々に (opp. *jointly*). **2** 個人として, 個人的に (opp. *officially*).

indivídual pólicy pénsion trùst 個人生命保険年金信託《被用者のために雇用者が資金を拠出し信託 (trust) の形で保有する生命保険契約で, 個人退職金積立て計画 (retirement plan) として設定される一種の保険金信託 (insurance trust)》.

indivídual próperty 個別財産 (⇨ SEPARATE PROPERTY).

indivídual propríetorship =SOLE PROPRIETORSHIP.

indivídual retírement accòunt [⁰I-R-A-]《米》個人退職積立て勘定 (=independent retirement account)《この勘定に毎年定められた額まで積み立てることができ, 積み立てられた額と利息は一定条件で課税控除される; 略 IRA; cf. KEOGH PLAN》. ▶ ROTH IRA (ロス型個人退職積立て勘定).

Indivídual Sávings Accòunt《英》個人貯蓄口座《貯蓄奨励のため年一定額まで免税となる貯蓄口座で, 現金・株式・生命保険が対象; 略 ISA》.

indivídual vóluntary arrángement《英》個人和議《1986 年法で導入された和議 (voluntary arrangement) の一つ (2000 年法で修正); 債務者と複数の債権者間の取決めで, 一定期間債権の利率を凍結した上で債務の一部を支払い, 期間終了時に債務残額を帳消しにすること; 代替的な倒産手続きであり, 資格を有する倒産士 (insolvency practitioner) の参与が必要だが, 裁判所の関与は限定的である; 略 IVA》.

in·di·vis·i·ble *a* 分割できない, 不可分の: an ~ debt. **in·di·vís·i·bly** *adv* **in·di·visibíl·i·ty** *n*

indivísible cóntract《履行すべき給付が不可分一体である》不可分契約 (=entire contract) (opp. *divisible contract*, *severable contract*) (cf. ENTIRETY OF CONTRACT).

indivísible státute 不可分の制定法《その一部が他の部分と不可分一体で, 一部分のみの実施は不可能であるような制定法》.

ìn·di·ví·sion *n*《大陸法》所有権の不分割, 共有 (cf. OWNERSHIP IN INDIVISION). ▶ OWNERSHIP IN INDIVISION (不分割共有).

in·di·vi·sum /ɪndɪváɪsəm, -zəm/ *a* 不分割の, 共有の. ― *n*《ローマ法》《二者による》不分割共有物. [L=undivided]

indorse, indorsement, etc. ⇨ ENDORSE, ENDORSEMENT, etc.

in du·bi·is /ɪn d(j)úːbiəs/ *adv* 疑わしい場合には.

[L=in doubts]

in du·bio /ɪn d(j)úːbiou/ *adv* 疑わしい場合には. [L=in doubt]

In dubio, haec le·gis con·struc·tio quam ver·ba os·ten·dunt. /─ ─ híːk líːdʒɪs kənstrʌ́kʃiou kwæm vérbə əsténdənt/ 疑わしい場合には, 文言が示すものが法律の解釈である. [L=In a doubtful case, that is the construction of the law which the words indicate.]

In dubio, pars mi·ti·or est se·quen·da. /─ ─ páːrz máɪʃiːr ɛst sɪkwéndə/ 疑わしい場合には, より穏やかな方が従われるべきである. [L=In a doubtful case, the gentler course is to be followed.]

In dubio, pro le·ge fo·ri. /─ ─ prou líːdʒi fóuraɪ/ 疑わしい場合は裁判所の法に有利に取り扱われる. [L=In a doubtful case, the law of the forum is to be favored.]

in·du·bi·ta·ble proof /ɪnd(j)úːbətəb(ə)l-/ 疑いをいれえない証明.

in·duce /ɪnd(j)úːs/ *vt* **1** 勧誘する, 誘導する, 説いて[勧めて]...させる⟨*to do*⟩. **2** ひき起こす, 誘発する. **3** 帰納する (opp. *deduce*).

induced abortion (薬や器具を用いての人工的な)誘発流産.

induce·ment *n* **1** 誘引[誘導, 勧誘](するもの), 誘因, 刺激⟨*to*⟩; (犯罪の)動機; (契約の)誘因. ▶ FRAUD IN THE INDUCEMENT (誘因上の詐欺). **2** (訴答上の)予備的陳述 (特に名誉毀損訴訟において表面上は名誉毀損に当たらない陳述が名誉毀損となる意味を持つことについての説明や, 起訴状において犯罪に当たることを示すのに必要な予備的事実の陳述に用いる; cf. INNUENDO, COLLOQUIUM, SPECIAL TRAVERSE).

inducement of breach of contract 契約違反勧誘 (=PROCURING BREACH OF CONTRACT).

inducement to break contract 契約違反の勧誘 (=PROCURING BREACH OF CONTRACT).

inducing breach of contract 契約違反勧誘 (=PROCURING BREACH OF CONTRACT).

in·duct /ɪndʌ́kt/ *vt* 導き入れる; 入会させる; (正式に)就任させる; *徴兵[徴募]する.

in·duc·tion /ɪndʌ́kʃ(ə)n/ *n* **1** 引き入れること. **2** (聖職の)俗権 (temporalities) の正式授与(式), 教会領の正式授与(式). **3** (公職への)就任(式), 入会; 徴兵, 徴募. **4** 帰納(法) (opp. *deduction*).

in·dul·gence /ɪndʌ́ldʒəns/ *n* **1** 大目に見ること, 寛大, 恩恵; 支払い猶予. **2** [カトリック] 免償 (=pardon); 免償符, 贖宥(しょくゆう)券. **3** [ˢI-] [英史] (非国教徒に対する)信仰の自由[寛容]. ▶ Declaration of Indulgence (信仰(の)自由宣言).

in·dult /ɪndʌ́lt/ ─╱ *n* [カトリック] (教皇による)特許, 特別許可, 特別権能授与 (=indulto).

in·dul·to /ɪndʌ́ltou/ *n* (*pl* ~s) **1** INDULT. **2** 恩赦 (pardon). **3** [史] (スペイン・ポルトガル国王に払われた)

輸入税. [Sp=license, exemption]

in·du·ment /ɪnd(j)úːmənt/ *n* **1** 寄付財産, 寄付行為 (endowment). **2** (寡婦産の)分与 (endowment).

in·dus·tri·al /ɪndʌ́striəl/ *a* 産業[工業](上)の, 工業用の; 産業[工業]の発達した⟨国⟩; 産業[工業]に従事する; 産業[工業]労働者の; 労働の: ~ disablement 業務上の廃疾 / an ~ nation 工業国 / an ~ spy 産業スパイ / ~ workers 工員, 産業労働者. ── *n* **1** ⟨まれ⟩ 産業労働者; 産業[工業]会社. **2** [*pl*] 産業[工業]株[社債].

industrial accident 労働災害.

industrial action ⟪(労働者側からの)争議行為⟫(ストライキ・遅延戦術など). ▶ Commissioner for the Protection Against Unlawful Industrial Action (違法争議行為救済官).

industrial and provident society ⟪英⟫ 勤労者倹約共済組合, 産業共済組合 ⟪勤労者あるいはそれを中心にした, しかしますます幅広い形のものをも含む各種協会 (society) からなる構成員の事業を企業化するとともにその生活安定のため, 商品の卸し・小売り・売買(土地を含む)・金銭の貸付け等, みずからの規程上認められているいかなる産業・事業・取引をも行なうことのできる任意加入の共済組合で, 登録をすることにより有限責任法人にもなりうる⟫.

industrial arbitration tribunal 労働争議仲裁審判所.

industrial assurance ⟪英⟫ 産業簡易生命保険.

industrial award ⟪英⟫ 労働条件仲裁裁定 ⟪労働条件についての協定に労使が自主的に達しえぬ場合について 1919 年法で定めている仲裁裁定⟫.

industrial death benefit ⟪英史⟫ 労災死亡給付(金) ⟪1988 年廃止⟫.

industrial democracy 産業民主主義 ⟪企業の経営・管理に労働者が参加すること⟫.

industrial disease 業務上の疾病, 職業病 (occupational disease).

industrial dispute 労働争議 (=TRADE DISPUTE).

industrial espionage 産業スパイ行為, 産業スパイ活動.

industrial estate ⟪英⟫ 工業団地 (=INDUSTRIAL PARK).

industrial exhibition 産業博覧会.

industrial injuries benefit ⟪英⟫ 労災保険給付(金), 業務傷害給付 ⟪単に injury benefit ともいう⟫.

industrial injuries disablement benefit ⟪英⟫ 労災就業不能給付(金) ⟪労働災害および一定の業務上の疾病から就業不能となった人への年金ないし一時金給付⟫.

industrial injury 業務傷害, 業務上の負傷.

industrial insurance **1** 産業簡易生命保険 (industrial life insurance). **2** 労働災害・健康保険. **3** 労働者災害補償保険 (=WORKERS' COMPENSATION INSURANCE).

indústrial láw 労働法 (labor law).

indústrial life insúrance 産業簡易生命保険 (=industrial insurance).

indústrial párk《米・カナダ》工業団地 (=industrial [trading] estate))《計画的に造られた広域的・包括的な都市郊外の工業地域》.

indústrial próperty《特許・商標などの》工業所有権, 産業財産(権).

Indústrial Recóvery Àct [the ~]《米史》産業復興法 (=NATIONAL INDUSTRIAL RECOVERY ACT).

indústrial relátions pl 労使関係.

indústrial tribúnal《英史》産業審判所 (⇨ EMPLOYMENT TRIBUNAL)《略 IT》.

indústrial únion 産業別労働組合 (=vertical union)《同一産業に従事する労働者は職種・熟練度を問わずそのすべてを組織する縦断的労働組合; cf. CRAFT UNION》.

Ine /ínə/《英史》イネ (d. after 726)《West Saxon 族の王国 Wessex の王 (688-726); Thames 川以南のイングランドを支配し, のちにイングランド統一をなす Wessex 王国最古の法典 Laws of Ine (イネ法典)を 694 年以前に公布; 退位後ローマ巡礼の途上に没した》.

in·ebri·at·ed /ɪníːbrièɪtəd/ a 酩酊した (intoxicated).

ineffective assistance of counsel 弁護士の非効果的な援助 (=inadequate assistance of counsel)《特に刑事事件で, 無能・努力不足あるいは利害関係から被告人のために不十分にしか弁護活動を行なわないなど, 弁護人が担当事件を不相当に扱い被告人から公正な審理を受ける権利を奪っているような弁護活動; cf. EFFECTIVE ASSISTANCE OF COUNSEL》.

in·eligibílity n 法的資格要件を欠くこと, **不適格**, 欠格, 無資格, 不適任 (opp. *eligibility*).

in·éligible a〈人が〉法的資格要件を欠く, 資格のない, 不適格の, 不適任の (opp. *eligible*).

in·équitable a 不公正な, 不公平な: ~ conduct 不公正な行為. **in·équitably** adv

in·équity n 不公正, 不公平; 不公正[不公平]な事例.

inescápable péril のがれがたい危険《他人の援助なしには避けることのできないような危険; 最後の明白な損害回避機会の法理 (last clear chance doctrine) の適用に関連して原告だけでは危険は回避できず被告の援助を必要とした危険を指すのに用いる; ⇨ LAST CLEAR CHANCE DOCTRINE》.

in es·se /ɪn ɛ́si, -seɪ/ adv, a 存在して(いる), 現に存する, 実在の (cf. IN POSSE). [L=in being]

inévitable áccident 不可避的偶発事故, 不可避の事故[災害, 災厄], 回避不能事故 (=UNAVOIDABLE ACCIDENT).

inévitable áccident dòctrine 不可避的偶発事故の法理 (=UNAVOIDABLE ACCIDENT DOCTRINE).

inévitable discóvery 1《証拠収集に関して違法手続きなしての》**必然的発見. 2** INEVITABLE DISCOVERY RULE.

inévitable discóvery rùle 必然的発見の準則《毒樹の果実の法理 (fruit of the poisonous tree doctrine) によって違法収集証拠排除準則 (exclusionary rule) の効力は違法手続きにより直接得た証拠だけでなくそこから間接的に派生した証拠にも一般的には及ぶが, 違法収集証拠であっても, その証拠が違法手続きなしでも必然的に収集されたはずのものであることが立証されれば, 証拠として許容されるという例外原則; cf. FRUIT OF THE POISONOUS TREE DOCTRINE, INDEPENDENT SOURCE RULE》.

in·excúsable negléct 免責されない不注意 (cf. EXCUSABLE NEGLECT).

in·execútion n《命令の》不実施, 不実行;《法律の》不施行,《裁判所命令や遺言の》不執行,《契約などの》不履行;《捺印証書などを》作成・交付せぬこと.

in ex·ten·so /ɪn ɪksténsoʊ/ 初めから終わりまで, 省略せずに, 余すことなく, 完全に, 十分に, 詳細に: set forth ~. [L=in extention]

in ex·tre·mis /ɪn ɪkstríːməs, -stréɪ-/ **1** 死の直前に, 死の床で《IN ARTICULO MORTIS (臨終に)と違い, 必しも死の間際を指さない時もある》. **2** 極限にいて, ぎりぎりのところで. [L=in extremity]

in fa·cie cu·ri·ae /ɪn féɪʃi(ìː) kjúəri(ìː)/ adv, a《史》裁判所の面前で(の). [L=in the face of the court]

in facie ec·cle·si·ae /— — ɛklíːziìː/ adv, a《史》教会の扉の所で(の)《コモンローは婚姻が教会の扉の所で公の形で締結された場合のみを正規のものと認めていたが, そのことを示すのに用いられた語》. ▶ MARRIAGE IN FACIE ECCLESIAE (教会の扉の所での婚姻). [L=in the face of the church]

in·fa·mia /ɪnféɪmiə/ n《ローマ法・教会法》インファーミア《個人の性格に付せられた不名誉・汚辱; ローマ法上は判決による **infamia mediata**(間接的破廉恥)と行為・不行為そのものから当然に発生する **infamia immediata**(直接破廉恥)とに分けられる; カノン法上は犯罪は悪操行による **infamia facti** /-fǽktaɪ/ (不名誉である伴事的汚辱)と **infamia juris** /-dʒúərɪs/ (判決による汚辱)とに分けられる; 後者は聖体瀆聖, 教皇・枢機卿などに対する暴行, 墓あばき, 決闘, 重婚の罪を犯した者に科せられる; cf. INFAMY》. [L=infamy]

in·fa·mous /ínfəməs/ a **1**〈人が〉悪名高い, 汚名を流した. **2**〈行為が〉不名誉な, 恥ずべき, 忌まわしい, 破廉恥な. **3** 破廉恥罪で公民権を奪われた. [L]

ínfamous cónduct《英》《医者による専門家としての》不名誉な行為.

ínfamous críme 1 破廉恥罪(1)《史》コモンロー上はその刑罰の中に名誉剝奪 (infamy) したがって公職就任能力, 陪審員・証人としての資格を剝奪する罰が含まれているもの; 反逆罪 (treason), 重罪 (felony), 偽誓罪 (perjury) など行為の性質が破廉恥な犯罪がこれに当たる

2)《米》合衆国憲法第5修正の用法で, 拘禁刑で処罰されうる犯罪で, 死刑で処罰される犯罪と同じく大陪審 (grand jury) による起訴を要すると定められている; 連邦法上のすべての重罪 (felony) がこれに含まれる; cf. INDICTABLE OFFENSE, NONINFAMOUS CRIME. **2** 反自然的破廉恥罪 (infamous crime against nature).

ínfamous críme agàinst náture 反自然的破廉恥罪 (PEDERASTY, SODOMY など).

ínfamous offénse =INFAMOUS CRIME.

ínfamous púnishment 不名誉刑, 破廉恥罪の刑 (かつては笞刑・烙印刑などを含んだが, 現在では死刑・刑務所拘禁; cf. INFAMOUS CRIME.

in·fa·my /ínfəmi/ *n* **1** 不名誉, 悪名, 汚名; 醜行, 非行, 破廉恥な行為. **2**《破廉恥罪 (infamous crime) のかどで有罪決定されたことによる》名誉剥奪, 公民権喪失 (cf. INFAMIA). **3** INFAMIA.

in·fan·cy /ínfənsi/ *n* **1** 幼少, 幼年期, 幼時; 初期, 揺籃期: in one's [its] ~ 子供のころ [初期] に. **2**《成年 (majority) に達しない》未成年 (minority). **3** [集合的] 幼児たち (infants).

in·fang·thief /ínfæŋθif/, **infangenetheof, -thef**《英史》領内逮捕盗犯罰権, インファングネセオフ《みずからの領地内で捕らえられた盗犯, 特に盗品所持犯を処罰することのできる権利; アングロサクソン時代からの領主特権》; cf. OUTFANGTHIEF.

in·fans /ínfənz/ *n*《ローマ法》幼児《7歳未満; cf. IMPUBES》. [L]

in·fant /ínfənt/ *n* **a** 小児, 幼児《通例 歩行前の乳児を指すが, 7歳未満の小児を指すこともある; cf. CHILD, ADULT》. **b** "infant school (幼年学校) の児童 [幼児]". **2**《成人年齢 (age of majority) に達していない》未成年者 (minor). — *a* **1** 小児 (用) の, 幼児 (用) の. **2** 幼稚な, 初期の. **3** 未成年の. **~·hòod** *n* **~·like** *a* [OF < L *infans* unable to speak]

in·fan·ti·cide /ínfǽntəsàɪd/ *n* **1** 嬰児 [新生児] 殺し, 嬰児殺し(ぎ)《犯罪, または昔の慣行としての '間引き'; 特に 12 か月未満の子のその母親による殺害を指す; cf. FETICIDE, NEONATICIDE, PROLICIDE》. **2** 嬰児殺しの行為者. **in·fàn·ti·cí·dal** *a* 嬰児殺しの. [F < L (-*cide*)]

in fa·vor·em li·ber·ta·tis /ìn fəvɔ́ːrəm lìbərtéɪtɪs, ìn fɑːvɔ́ːrəm lìːbɛrtɑ́ːtɪs/ 自由のために, 自由の方に有利となるように. [L=in favor of liberty]

In favorem vi·tae, li·ber·ta·tis, et in·no·cen·ti·ae om·nia prae·su·mun·tur. /— — váɪtiː lìbərtéɪtɪs ɛt ìnəsénʃiːː ɑ́mniːə prìːzəmʌ́ntər/ 生命・自由および無罪の方に有利となるようにすべてのことが推定される. [L=All things are presumed in favor of life, liberty, and innocence.]

in·fect /ɪnfékt/ *vt* **1** 感染させる; 汚染する. **2**《国際法》《中立国の船に積んだ貨物などが, 他の積載貨物や船そのものに敵性をうつす, 敵性感染させる》《没収の危険を与える》. **in·féc·tor, ~·er** *n*

in·fec·tion /ɪnfékʃ(ə)n/ *n* **1** 伝染, 感染; 汚染. **2**《国際法》敵性感染《⇨ INFECT》.

in·fec·tious /ɪnfékʃəs/ *a* **1** 感染(性)の. **2**《国際法》《敵貨など》敵性感染性の. **~·ly** *adv* **~·ness** *n*

inféctious diséase 感染症.

in·fec·tive /ɪnféktɪv/ *a* INFECTIOUS. **~·ness** *n*

infeoff, infeoffment ⇨ ENFEOFF, ENFEOFFMENT.

in·fer /ɪnfəːr/ *v* (**-rr-**) *vt*《証明された事実から論理的に別の事実を》推論する, 推断する: ~ an unknown fact *from* a known fact. — *vi* 推論する. **in·fér·able, in·fér·ri·ble** *a* 推論できる《*from*》. **~·ably** *adv* **in·fér·er** *n*

in·fer·ence /ínf(ə)rəns/ *n* 推論, 推理; 推論で得た結果 [結論]: by — 推論によって / draw [make] an ~ *from*…からある推論を下す, 断定する. ▶ ADVERSE INFERENCE (不利となる推論) / NECESSARY INFERENCE (必然的推論) / PERMISSIVE INFERENCE (許容的推論) / RULE AGAINST PYRAMIDING INFERENCE (推論積み重ね禁止の準則).

ínference on ínference rùle 二重推論の準則《推論から得た結論に基づいてさらに推論を重ねて得た結論は, 究極事実 (ultimate fact) を決定する基礎としては用いえないという原則》.

in·fer·en·tial /ìnfərénʃəl/ *a* 推論 [推理] の, 推論に基づく. **~·ly** *adv* 推論的に, 推論に基づいて.

inferéntial fáct 推論事実《直接証拠からではなく他の事実から論理的推論により明らかにされる事実》.

in·fe·ri·or /ɪnfíəriər/ *a* (opp. *superior*) **1**《位置が》下位の, 下方の; 下級の, 目下の; 劣った, 劣等の《*to*》: an ~ officer 下級将校 [役員]. **2** 質の悪い, 粗悪な: ~ products=products of ~ quality.

inférior cóurt 1 下位裁判所《英国では州裁判所 (county court), 治安判事裁判所 (magistrates' court), 米国では一般的管轄権 (general jurisdiction) をもつ裁判所以外の制限的管轄裁判所 (court of limited jurisdiction); opp. *superior court*》. **2***下級の裁判所. ★ 1, 2 共に lower court ともいう.

in·feu·da·tion /ìnfjuːdéɪʃ(ə)n/ *n*《史》授封, 下封, 封の譲渡《=enfeoffment (cf. SUBINFEUDATION): ~ of tithes 十分の一税徴収権の俗人への譲与. ▶ SUBINFEUDATION (再下封). [L; ⇨ FEE]

In fic·ti·o·ne ju·ris sem·per ae·qui·tas ex·is·tit. /ɪn fɪkʃióʊnɛ dʒúərɪs sémpər íːkwɪtæs ɛɡzístɪt/ 法の擬制には常に衡平が存する. [L=In fiction of law equity always exists.]

in·fi·del /ínfədl, -dèl/ *n* **1**《特定の宗教に対する》不信心者, 信仰のない人, 無神論者, 異教徒, 懐疑的な人. **2**《史》誠実の誓違反者 (cf. FEALTY). — *a* 不信心な, 異教徒の. [OF or L (*fidelis* faithful < *fides* faith)]

in·fi·del·i·ty *n* 不信心; 不信, 背信 (行為),《特に》不貞, 不義 (cf. ADULTERY).

in fi·e·ri /ɪn fíːəri, -fáɪəràɪ/ *a, adv* 完成の途中で(の);

なりつつある, 生じつつある. [L *fieri* to be done]

in·firm *a* 虚弱な, 衰弱した;《性格・意志が》弱い; 不安定な;《論拠が》薄弱な.

infirmative considerátion《有罪と推定することを》弱める理由.

infirmative fáct《有罪と推定することを》弱める事実.

infirmative hypóthesis《有罪と推定することを》弱める仮説.

in·fir·mi·ty /ɪnfə́ːrməti/ *n* **1** 虚弱, 病弱, 老衰; 疾病, 病気, 障害. **2** 瑕疵, 弱さ, 欠点.

in fla·gran·te de·lic·to /ɪn fləɡrǽnti dɪlíktou/ *adv* 現行犯で, 犯行中で (=flagrante delicto)《時に「(姦通など)不法な性行為の最中に」を含意; 略 IFD; cf. ARRESTABLE OFFENSE》: They caught burglars ~ . [L=in blazing crime]

in·flam·ma·to·ry /ɪnflǽmətɔ̀ːri, -t(ə)ri/ *a* 激情[怒り, 敵意]をかきたてる.

in·fla·tion /ɪnfléɪʃ(ə)n/ *n*《経済》通貨膨張, インフレ (-ション). (opp. *deflation*),《物価などの》暴騰: rate of ~ =~ rate インフレ率. **inflátion·a·ry** /-ʃ(ə)nèri, -(ə)ri/ *a*

inflíction of emótional distréss 感情的苦しみを加えること (=infliction of mental distress). ▶ INTENTIONAL INFLICTION OF EMOTIONAL DISTRESS (感情的苦しみを故意に加えること) / NEGLIGENT INFLICTION OF EMOTIONAL DISTRESS (感情的苦しみを過失で加えること).

inflíction of méntal distréss 精神的苦しみを加えること (=INFLICTION OF EMOTIONAL DISTRESS).

in·flu·ence /ínfluəns/ *n* **1** 影響(力), 感化(力), 作用 〈on〉; 人を左右する力, 勢力, 威光, 説得力 〈over, with sb〉;《私利を得るための》影響力の行使, 不当干渉. ▶ DUE INFLUENCE (正当な影響力)) / SPHERE OF INFLUENCE (勢力範囲) / UNDUE INFLUENCE (不当威圧; 不当圧力). **2** 影響を及ぼす人[もの]. **under the ~** 〈運転者・操縦士などが〉《酒・麻薬などに》酔って: *under the* ~ of liquor [a drug] 酒[麻薬]に酔って. ▶ DRIVING UNDER THE INFLUENCE (酒・薬物を用いたうえでの運転) / OPERATING (A MOTOR VEHICLE) UNDER THE INFLUENCE (酒・薬物を用いたうえでの運転). ― *vt* …に影響[感化]を及ぼす, 左右する, 動かす: They were accused of trying to ~ the magistrates. **ín·flu·enc·er** *n*

ínfluence pèddler 政治ブローカー《対価を得て自分の政治的影響力を利用して第三者のために利益誘導の斡旋をする人》. **influence pèddling** *n*

in·form /ɪnfɔ́ːrm/ *vt* 告げる, 知らせる, 通知する, 報知する 〈about, of〉;〈人に密告する 〈on〉. ― *vi* 情報[知識]を与える; 告げ口する, 密告する, 告発する: One of the thieves ~*ed against* [*on*] the others. 窃盗犯の一人がほかの仲間を告発した.

in·fór·mal *a* 略式の, 非公式の, 非形式的な: an ~ hearing 略式審理[審問, 聴聞] / an ~ visit 非公式訪問 / ~ conversations 非公式会談《(記録をとらない)》.

infórmal ágency áction 非形式的機関活動《(行政機関による行政裁決 (administrative adjudication) および規則制定 (rulemaking) 以外の活動で, 例えば調査・公表など)》.

infórmal cóntract 不要式契約, 捺印証書によらない契約 (=parol contract) (cf. FORMAL CONTRACT).

infórmal pátient《英》略式入院患者《強制的ではなく任意の形で精神障害の治療のため入院を認められた患者; 入院することに対する同意能力は欠くが入院に反対していない人の場合は無意思の略式入院患者 (nonvoluntary informal patient) という》.

infórmal próbate《遺言の》略式検認(手続き).

infórmal procéeding 簡易審理手続き.

infórmal próof of cláim《債権者による破産手続き上の》請求権の略式証明(書).

infórmal rúlemaking《米》《行政機関による》規則略式制定(手続き) (=notice-and-comment rulemaking) (⇨ RULEMAKING) (cf. FORMAL RULEMAKING, HYBRID RULEMAKING).

infórmal trúst《書面でなく口頭により設定される》略式信託.

infórmal vóte《豪・ニュ》無効の投票(用紙).

in·for·mant /ɪnfɔ́ːrmənt/ *n* **1** 通知者, 情報提供者 (=informer); 密告者. ▶ CITIZEN INFORMANT (市民情報提供者). **2** 略式起訴状提出者, 略式起訴者 (=INFORMER) (⇨ INFORMATION) (cf. TWIST).

infórmant's prívilege 情報提供者秘匿特権 (=informer's privilege)《刑事裁判において情報提供者 (informant) の身元, その者からの情報内容を明らかにしない訴追側の特権; 合衆国最高裁判所ではこの特権は否定されている》.

in for·ma pau·pe·ris /ɪn fɔ́ːrmə pɔ́ːpərəs/ *adv, a*《訴訟費用などを支弁しない》貧者の資格で(の), 訴訟救助(の)《略 IFP》. ▶ APPEAL IN FORMA PAUPERIS (貧者の資格での上訴). [L=in the form of a pauper]

in fórma páuperis affidávit 貧者の資格に関する宣誓供述書 (=POVERTY AFFIDAVIT).

in·for·ma·tion /ìnfərméɪʃ(ə)n/ *n* **1** 通知, 報知, 報告, 報道, 伝達, 情報, インフォメーション; 知識, 見聞, 知らせ, 事実, 資料 (data) 〈on, about〉;《電算》情報(量); ~ bureau 情報部 / a piece of ~ 1つの情報 / a request for ~ 情報提供要請. ▶ ADVANCE INFORMATION (事前情報) / BIOMETRIC INFORMATION (生体認証情報) / CONFIDENTIAL INFORMATION (秘密情報) / DISCLOSURE OF INFORMATION (情報の開示; 開示義務; 守秘義務違反) / FREEDOM OF INFORMATION (情報の自由) / FURTHER INFORMATION (より詳細な情報) / INSIDE [INSIDER] INFORMATION (内部情報) / OFFICE OF PUBLIC SECTOR INFORMATION (公共部門情報局) / PROPRIETARY INFORMATION (財産権的情報). **2 a**《警察などへの》通報, 密告;《英》訴追請求(状), 告発(状), 告訴(状): lodge [lay] an ~ against…を訴追請

求[告発, 密告]する. **b** 《大陪審を経ない》略式起訴(状) (=bill of information) (⇨ CRIMINAL INFORMATION) (cf. ACCUSATION, COMPLAINT, INDICTMENT); 《史》《刑罰制定法 (penal statute) に基づく》略式起訴(状)《多くの場合起訴者に罰金の一部が与えられた; 英国では1967年法で廃止》: lodge [lay] an ~ against... を略式起訴する. **c** 《史》《エクィティー裁判所において国王の権利が問題となる民事訴訟における》国王関係人訴状 (=BILL OF INFORMATION). ▶ BILL OF INFORMATION (略式起訴状; 国王関係人訴状) / CRIMINAL INFORMATION (略式起訴状) / DUPLICITY IN INFORMATION (複合的起訴) / EX OFFICIO INFORMATION (職権に基づく略式起訴(状)) / LAYING (AN) INFORMATION (通報; 訴追請求(状)[略式起訴(状)]の提出) / WARRANT UPON INDICTMENT OR INFORMATION (正式訴状または略式起訴に基づく逮捕状). **~·al** *a* 情報の; 情報を提供する. **~-less** *a*

informátional pícketing* 情報宣伝ピケ(ティング), 広報ピケ(ティング)《労働組合の要求・不満を一般に知らせるためのピケ》.

informátional prívacy 情報プライバシー《私人がみずからについての情報をコントロールする権利, 特に政府・民間企業などが保管・利用する情報についてい う》.

informátion and belíef 知りかつ信ずるところ《当該事実についての直接の知識に基づくものではないが, 真実であると信じていることを示す語》. **on [upon] ~**《宣誓内容・陳述などが知りかつ信ずるところに従って》.

Informátion and Consultátion Diréctive 情報・協議についての命令《欧州共同体の2002年の立法で, 一企業に50名以上の人が雇用されている場合の全国的な従業員情報・協議についての最低基準を定めた命令 (directive); 英国ではこれを受けて2004年にInformation and Consultation of Employees Regulations (被用者情報と協議規則)が作られている》.

Informátion Commìssioner [the ~] 《英》情報公開委員《情報公開関係についての1998年と2000年法の独立的実施機関; 市民が公共機関の有する情報の提供を拒否された場合に調査をし, 議会に直接報告をする権限を有する; なお, カナダにも同名の委員が連邦に存在している》.

informátion lètter 情報提供状《一般に要請に応じた行政機関からの情報提供状を指すが, 特に 合衆国労働省 (Department of Labor) による被用者退職所得保障法[エリサ法] (ERISA) についての確立している解釈を, 特定事例に即すことなく示す回答書である》.

informátion of intrúsion《史》不法土地占有国王関係人訴状[訴訟]《国王あるいは政府により所有ないしは保有されている不動産に対する侵害 (trespass) の訴状・訴訟; cf. BILL OF INFORMATION, INFORMATION》.

informátion retùrn《米税制》情報報告書《負担税額そのものではなくそれに関連する経済的情報について法人が報告する申告書; W-2 式文書 (W-2 form) などがその例》.

in·fórmed *a* 情報を有している, 情報に基づいている: an ~ judgment 事実に基づいた根拠のある判決.

infórmed consént 説明に基づく承諾[同意], インフォームド・コンセント《特に手術・治療を受ける場合にそれについての情報・危険を十分に知らされた上で患者側が与える承諾[同意]》.

infórmed intermédiary 瑕疵(かし)を知らされている中間者 (=learned intermediary)《製造物責任 (products liability) に関連して, その物の製造者と使用者の中間に立つ者がその物の危険性について知らされている場合の中間者》.

infórm·er *n* **1** 通知者, 情報提供者 (=informant), 情報伝達者, 通報者, 報告者; 告発者, 密告者. ▶ CITIZEN INFORMER (市民情報提供者). **2** 略式起訴状提出者, 略式起訴者 (=informant) (⇨ INFORMATION) (cf. COMMON INFORMER);《警察などへ違法行為の情報を売る》職業的密告者, 職業的略式起訴者, たれこみ屋. ▶ COMMON INFORMER (一般人たる略式起訴者). **3**《史》《国王のための》国王関係人訴状提出者 (⇨ INFORMATION).

infórmer's prívilege 情報提供者秘匿特権 (=INFORMANT'S PRIVILEGE).

in fó·ro /ɪn fóʊroʊ/ *adv* 法廷で. [L=in the forum [court]]

in·for·tu·ni·um /ɪnfərt(j)úːniəm/ *n* 不運(なできごと) (⇨ PER INFORTUNIUM). [L=misfortune]

in·fra /ínfrə, -frɑː/ *adv, a*《opp. *supra*; cf. IDEM》**1** 下に[の], 下方に[の], 下位に[の], 以下に[の]. **2** 下記に[の], 後掲. **3** …内で[の], …の中で[の]. **4** …の期間内に[の]. [L=below]

ínfra ae·tá·tem /-itéɪtəm/ *a, adv* 未成年で[の], 未成年期の[に]. [L=under age]

in·fract /ɪnfrǽkt/ *vt*《規則・誓約などを》破る, …に違反する (violate). **in·frác·tor** *n* [L; ⇨ INFRINGE]

in·frac·tion /ɪnfrǽkʃ(ə)n/ *n* 違反, 反則《規則・地方条例などの違反で通常は拘禁刑などで罰せられぬ程度のもの; cf. VIOLATION》.

in fraú·dem lé·gis /ɪn frɔ́ːdəm líːdʒɪs, -fráʊdɛm léɪgɪs/ *adv* 法を潜脱する形で. [L=in fraud of the law]

in·fringe /ɪnfríndʒ/ *vt*《法を》破る, 犯す,《権利を》侵害する: ~ a copyright 著作権を侵害する / ~ a PATENT. — *vi* 侵入[侵害]する (encroach)《*on*》. **in·fríng·er** *n* [L in-(*fract- fringo*=*frango* to break)=to break off]

infringe·ment *n* **1**《条約・法規などの》違反. **2**《特に特許権・著作権・商標権などの》(権利)侵害 (cf. INTELLECTUAL PROPERTY, PLAGIARISM). ▶ CONTRIBUTORY INFRINGEMENT (寄与侵害) / COPYRIGHT INFRINGEMENT (著作権侵害) / PATENT INFRINGEMENT (特許権侵害).

infríngement of cópyright 著作権侵害 (=

infríngement of pátent 特許権侵害（＝PATENT INFRINGEMENT）.

in fu·tu·ro /ɪn f(j)ətúːrou/ *adv* 将来に（cf. IN PRAESENTI）. ［L＝in the future］

In ge·ne·ra·li·bus la·tet er·ror. /ɪn ʤenəréɪlɪbəs léɪtet érɔːr/ 一般的なこと［表現］の中に誤謬が潜む。★ **In generálibus ver·sá·tur érror.** /-verséɪtər-/ (一般的なこと［表現］の中に誤謬がある) (Error dwells in generalities.) ともいう。［L＝Error lurks in generalities.］

in·gen·u·us /ɪnʤénjuəs/ *n*《ローマ法》生来自由人．［L］

in glo·bo /ɪn glóubou/ *adv* まとめて、一括して、全体で。［L＝in the mass］

in·grat·i·tude /ɪnɡrǽtət(j)ùːd/ *n*《大陸法》忘恩(行為).

in gre·mio le·gis /ɪn gríːmiou líːʤɪs/ *adv, a* 法の懐(ふところ)の中に［の］(法の保護下にあること). ［L＝in the bosom of the law］

in·gress /íngres/ *n* 入ること、立入り; 土地への立入り(権) (cf. EGRESS).

ingress, egress, and re·gress /─ íɡres ənd ríːɡres/《賃借人の》土地への出入り(の権利).

ingross, ingrossing ⇨ ENGROSS, ENGROSSING.

in·hab·i·tance /ɪnhǽbətəns/ *n* 居住.

in·hab·i·tan·cy /ɪnhǽbətənsi/ *n* **1** 居住. **2** 居住地、所在地.

in·háb·i·tant *n* 居住者; 住民.

in haec ver·ba /ɪn híːk vɑ́ːrbə/ このとおりの言葉で。［L＝in these words］

inher. inheritance.

in·here /ɪnhíər/ *vi*〈性質などが〉生来［固有］のものである;〈権利など〉帰属している、賦与されている〈*in* sb〉. ［L (*haes- haereo* to stick)］

in·her·ent /ɪnhíərənt/ *a* 生来の、生得の、内在する、固有の、本来の.

inhérent authórity 固有代理権《代理関係の存在から当然に生じてくる代理権》.

inhérent défect 内在的瑕疵(かし) (＝HIDDEN DEFECT).

inhérent·ly *adv* 本来、本質的に: ~ DANGEROUS.

inhérent pówer 固有権能《明示・黙示の授権がなくとも本来的に有する権能》.

inhérent ríght 固有の権利、本来的な権利 (＝INALIENABLE RIGHT).

inhérent více 内在的欠陥《例えば運送契約・運送保険などでその欠陥につき告知されていない場合には、その欠陥からの直接損害につき免責事由となる》.

in·he·re·trix /ɪnhíərətrɪks/ *n*《古》法定女相続人 (heiress).

in·her·it /ɪnhérət/ *vt*〈財産・権利など〉を相続する、承継する、〈不動産を〉(法定)相続する; 遺伝によって受け継く,《前任者・先人から》受け継ぐ: ~ a fortune *from*... から財産を相続する. — *vi* 相続する、(不動産を)(法定)相続する. **~ed and equally divided** 相続され平等に分割された《遺言書中の文言で、遺贈されたものを直ちに取得することを意味するのに用いる》. ［OF＜L＝to appoint an heir (*heres* heir)］

inhérit·able *a* **1**〈不動産などが〉(法定)相続可能の. **2**〈人が〉(法定)相続できる、相続人になれる. ★1, 2 共に heritable ともいう. -**ably** *adv* ~·**ness** *n* **inhèrit·abílity** *n*

inhéritable blóod《史》相続可能血族関係 (＝heritable blood)《被相続人と相続人との間に、法が財産の優良権原 (good title) 承継のための血族関係があると認めている関係》.

inhéritable obligátion 相続可能債務 (＝heritable obligation)《債権者の相続人によりあるいは債務者の相続人に対して履行強制できる債務》.

in·her·i·tance /ɪnhérətəns/ *n* **1** 不動産(法定)相続(権), 物的財産(法定)相続(権), (法定)相続(権): receive...by ~《(不動産)(法定)相続権に基づいて》...を相続する. ▶ CANONS OF INHERITANCE (不動産法定相続順位則) / DISINHERITANCE (相続権剥奪) / ESTATE NOT OF INHERITANCE (法定相続不能不動産権) / ESTATE OF INHERITANCE (法定相続可能不動産権) / ESTATE QUASI OF INHERITANCE (準法定相続可能不動産権) / TENANCY ATTENDANT ON THE [AN] INHERITANCE (相続に伴う(定期)不動産保有権) / WORDS OF INHERITANCE (相続可能文言). **2** 法定相続不動産, 相続不動産; 相続財産, 遺産. ▶ SEVERAL INHERITANCE (個別法定相続不動産). **3**《廃》(一般的に)占有[所有](する権利). ［AF (OF *enheriter* to INHERIT)］

inhéritance tàx 相続税（略 IHT: **1**）《米》遺産相続した相続人に対して課されるもので、SUCCESSION TAX ともいう; cf. ESTATE TAX **2**）《英》1986 年に資本承継税 (capital transfer tax) に取って代わった税; 全遺産および死亡時から 7 年以内の生前贈与などに課す **3**) 不正確であるが、米国で遺産税 (estate tax) と同義に用いることもある》.

in·hér·i·tor *n* 法定相続人 (heir); 相続人、承継者; 後継者. **in·hér·i·tress** /-trəs/, -**trix** /-trɪks/ *n fem*《古》法定女相続人.

in·hib·it /ɪnhíbət/ *vt* 抑える、制する、抑制する、妨げる; ...に〈...を〉禁じる、禁止する〈*from doing*〉;《特に教会法上》...に職務執行を停止する. **in·hib·i·to·ry** /ɪnhíbətɔ̀ːri/, -t(ə)ri/, **in·hib·i·tive** *a* ［L *in-(hibit- hibeo＝habeo* to hold in, hinder）］

in·hi·bi·tion /ìn(h)əbíʃ(ə)n/ *n* **1**《特に教会法上の》職務執行停止命令[令状]. **2**《英史》土地処分一時差止め命令(の登録)《2002 年法で登録できなくなっている》. **3**《史》禁止令状 (writ of prohibition). **4**《スコットランド》財産移転・負担禁止命令《スコットランド控訴院 (Court of Session) から出される命令で債権者を害する形での債務者の法定相続可能財産を移転あるいはそれに

負担を付することを禁ずること).

ín-hòuse cóunsel 社内弁護士 (= HOUSE COUNSEL).

inhúman or degráding tréatment 非人道的もしくは品位を傷つける取扱い《欧州人権条約 (European Convention on Human Rights) で禁止されており、英国ではそれを国内法化した 1998 年の人権法 (Human Rights Act 1998) により禁止》.

inhúman tréatment〘家族法〙非人間的扱い《生命・健康を害するほど激しい精神的あるいは肉体的虐待; cf. ABUSE, CRUELTY, INDIGNITY》.

inhúman tréatment or púnishment 非人道的取扱いもしくは刑罰《欧州人権条約 (European Convention on Human Rights) で禁止されており、英国ではそれを国内法化した 1998 年の人権法 (Human Rights Act 1998) により禁止》.

in iis·dem ter·mi·nis /ɪn iɑ́ɪsdəm tə́ːrmənəs/ adv 同じ文言で. [L=in the same terms]

in in·fi·ni·tum /ɪn ɪnfənáɪtəm/ adv 無限に. [L=in infinity]

in ini·tio /ɪn ɪníʃiou/ adv 最初に, 冒頭に (cf. AB INITIO). [L=at the beginning]

ìn inítio lí·tis /-láɪtəs/ adv 訴訟の最初[冒頭]に. [L=at the beginning of the action [litigation]]

in in·teg·rum /ɪn ɪntégrəm/ adv, a 原状に[への]. [L=anew]

ìn intégrum restitútion 原状への回復.

in in·vi·tum /ɪn ɪnváɪtəm/ adv, a 意思に反して(の): be compelled to participate in the proceeding ~ 意に反して手続きへの参加を強いられる. [L=against a person's will]

In·i·qu·um est ali·quem rei sui es·se ju·di·cem. /ɪnáɪkuəm ɛst ǽlɪkwèm ríːaɪ sjúːaɪ ɛ́sɛ ʤúːdɪsɛ̀m/ 人がみずからの事項の裁判官であることは不衡平である. [L=It is unequal for anyone to be judge in his/her cause.]

ini·tial /ɪníʃ(ə)l/ a 初めの, 最初の, 当初の, 初期の, 冒頭の: the ~ capital 創業資本 / the ~ expenditure 創業費 / the ~ stage 初期, 第一期 / an ~ letter 頭字, 首字. — n《語頭の》頭字; [ᵖpl]《固有名詞の》頭文字《John Smith の略 J.S., Great Britain の G.B. など》; 章首頭の特大飾り文字: an ~ signature 頭文字だけの署名. — vt (-l- | -ll-) …に頭字をつける;《書類に》頭文字で署名する: ~ an amendment to a contract. **~·ly** adv

inítial appéarance《被告人の》最初の出廷,〘刑事事件の〙冒頭手続《起訴された内容・供述拒否権の告知を受けるなどして刑事被告人が最初に法廷に出頭すること; cf. ARRAIGNMENT, PRELIMINARY HEARING》.

inítial disclósure〘米〙冒頭当然開示《連邦の民事訴訟手続き上双方当事者はそれぞれ, 開示の請求を受けることなく冒頭に, 関係者の氏名・住所・電話番号, 所持保管中の関係文書・有体物, 損害の評価明

細, 関連している保険契約書などを開示しなくてはならないが, その手続をいう》.

inítial públic óffering*《証券の》第一次募集[分売, 売出し] (cf. SECONDARY OFFERING).

ini·ti·a·tive /ɪníʃ(i)ətɪv/ n **1** 率先, 主導; 主導権: take the ~ in drafting the bill. **2**《議会での》発議権, 議案提出権. **3**〘米〙直接発案, 州民発案, 国民発案, イニシアティブ《一定数の選挙権者が法案を発議し議会が審議するかまたは直接選挙権者の投票に付す手続き; 多くの州で採用されているし, 州憲法について採用している州もある; cf. REFERENDUM》. **on** one's **own ~** 自発的に, みずから進んで.

in iti·ne·re /ɪn aɪtínəri/ a, adv 巡回する, 巡回して《特に 巡察裁判官 (justice in eyre) に対して **justice in itinere** のごとくに用いられた; cf. JUSTICE IN EYRE》. [L=on the journey]

in·i·tio /ɪníʃioʊ/ adv《ページ・章・節などの》最初に, 冒頭に《略 init.; cf. AB INITIO, IN INITIO》. [L=at the beginning]

in·junc·tion /ɪnʤʌ́ŋ(k)ʃ(ə)n/ n **1** 命令, 訓令, 指令. **2**《裁判所による》差止め命令, インジャンクション (⇨ IRREPARABLE INJURY RULE) (cf. CEASE-AND-DESIST ORDER, MANDAMUS, PROTECTION ORDER, SPECIFIC PERFORMANCE, STAY, TEMPORARY RESTRAINING ORDER). ▶ AFFIRMATIVE INJUNCTION (積極的差止め命令) / COMMON INJUNCTION (コモンロー上の手続きに対する差止め命令) / DAMAGES IN LIEU OF INJUNCTION (差止め命令に代わる損害賠償) / EX PARTE INJUNCTION (一方的差止め命令) / FINAL INJUNCTION (終局的差止め命令) / FREEZING INJUNCTION (資産凍結差止め命令) / HEAD START INJUNCTION (優先発走差止め命令) / INTERIM INJUNCTION (中間差止め命令) / INTERLOCUTORY INJUNCTION (中間差止め命令) / LABOR INJUNCTION (労働争議行為差止め命令) / MANDATORY INJUNCTION (作為命令的差止め命令) / MAREVA INJUNCTION (マレヴァ型差止め命令) / MATRIMONIAL INJUNCTIONS (婚姻生活関係差止め命令) / PERMANENT INJUNCTION (本案的差止め命令) / PERPETUAL INJUNCTION (本案的差止め命令) / PRELIMINARY INJUNCTION (暫定的差止め命令) / PREVENTIVE INJUNCTION (防止的差止め命令) / PROHIBITORY INJUNCTION (禁止的差止め命令) / PROVISIONAL INJUNCTION (暫定的差止め命令) / QUIA TIMET INJUNCTION (予防的差止め命令) / REPARATIVE INJUNCTION (修復的差止め命令) / RESTRICTIVE INJUNCTION (制限的差止め命令) / SPECIAL INJUNCTION (特別差止め命令) / TEMPORARY INJUNCTION (一時的差止め命令). [L; ⇨ ENJOIN]

injúnction bònd 差止め命令保証書《差止め命令 (injunction) の申請者に対して, 万が一誤った形で命令が出された場合に相手方が受ける損害・訴訟費用を負担することを保証させるために提出を要求される保証書》.

in·junc·tive /ɪnʤʌ́ŋ(k)tɪv/ a **1** 命令的な: an ~

maxim《…せよ[してはならぬ]式の》命令的格言. **2** 差止め命令による. **～・ly** *adv*

injúnctive relíef 差止め命令による救済.

in·jure /índʒər/ *vt* **1** 傷つける; 痛める: the ～*d* 負傷者. **2** …に損害を与える, (権利を)侵害する. **ín·jur·er** *n*

in ju·re /ɪn dʒúːri, -dʒúəreɪ/ *adv* **1** 法律上, 権利として. **2** 〘ローマ法〙法廷手続きで, 法廷で. [L=in law]

ínjured párty 被害者(側).

In jure non re·mo·ta cau·sa, sed prox·i·ma, spec·ta·tur. /— — nɑn rimóʊtə kɔ́ːzə sɛd práksɪmə spɛktéɪtər/ 法においては遠因ではなくて近因が考慮される. [L=In law, the proximate, and not the remote, cause is considered.]

In jure om·nis de·fi·ni·tio pe·ri·cu·lo·sa est. /— — ámnɪs dèfɪníʃiou pərìkjulóʊsə ɛst/ 法においてはすべての定義は危険である. [L=In law every definition is dangerous.]

in·ju·ria /ɪndʒúəriə/ *n* (*pl* ～s, -ri·ae /-riː, -riaɪ/) 権利侵害, 違法行為 (injury). ▶ DAMNUM SINE [ABSQUE] INJURIA (権利の侵害を伴わぬ損害) / DE INJURIA (権利侵害によって). [L; ⇨ INJURY]

injúria ábs·que dám·no /-ǽbskwi dǽmnoʊ, -áːbskweɪ dáːmnoʊ/ 損害を伴わぬ権利侵害 (=**injúria sí·ne dámno** /-sáɪni-/) (cf. DAMNUM SINE INJURIA). [L=injury without damage]

Injuria non ex·cu·sat in·ju·ri·am. /— — nɑn ɛksk(j)úːzæt ɪndʒúəriæm/ 権利侵害[不法]は権利侵害[不法]の口実とならない. [L=A wrong does not excuse a wrong.]

Injuria non prae·su·mi·tur. /— — prizʌ́mɪtər/ 権利侵害は推定されない. [L=A wrong is not presumed.]

in·ju·ri·ous /ɪndʒúəriəs/ *a* 不法な, 不正な; 人を傷つける, 中傷のなく[ことば]; (権利)侵害的な. **～·ly** *adv*

injúrious afféction 侵害的影響《公用徴収などにより土地の一部を強制買上げされ, その結果残余部分の価値が下がる場合, あるいは近隣地での建設工事で財産権に物理的な権利侵害が及ぶこと; 補償を要求する権利が生ずる》.

injúrious fálsehood 侵害的虚偽表現 (=DISPARAGEMENT, MALICIOUS FALSEHOOD).

in·ju·ry /índʒ(ə)ri/ *n* **1** 害, 危害, 傷害, 被害, 損傷, けが: be an ～ *to*… を傷つける; …の害になる / do sb an ～ 人に危害を加える[損害を与える] / suffer *injuries* 負傷すること, 無礼, 侮辱, 名誉毀損《*to* one's head》; 《感情・評判などを》傷つけること, 無礼, 侮辱, 名誉毀損《*to* one's reputation》; 〘廃〙侮辱的言辞, 悪口. **3** 権利侵害, 法益侵害. ▶《語義 1-3 に関連》ACCIDENTAL INJURY (肉体への偶発的な権利侵害) / BODILY INJURY (肉体への権利侵害) / CIVIL INJURY (民事上の権利侵害) / COMPENSABLE INJURY (労働者災害補償対象傷害) / COMPETITIVE INJURY (競争阻害) / CONTINUING INJURY (継続している権利侵害) / CRIMINAL INJURY (犯罪被害) / DATE OF INJURY (権利侵害発生日) / DIRECT INJURY (直接的な権利侵害) / IMMEDIATE CAUSE OF INJURY (被害の直接原因) / INDUSTRIAL INJURY (業務傷害) / IRREPARABLE INJURY (回復不能な権利侵害) / LEGAL INJURY (法的権利侵害) / MALICIOUS INJURY (故意の権利侵害) / PECUNIARY INJURY (金銭の損害) / PERMANENT INJURY (結果永続的権利侵害; 土地への永続的な権利侵害) / PERSONAL INJURY (身体への権利侵害; 個人的権利に対する侵害) / PHYSICAL INJURY (人身被害; 財産の有形被害) / PRIMARY-LINE INJURY (第一段階侵害) / PSYCHIATRIC INJURY (精神医学的権利侵害) / REPARABLE INJURY (補償可能権利侵害) / SCHEDULED INJURY (補償給付額等級化傷害) / SECONDARY-LINE INJURY (第二段階侵害) / WAR INJURIES (戦争による損害) / WHIPLASH INJURY (むち打ち症). [AF<L *injuria*〈*jur- jus* right〉=wrong]

ínjury bènefit 〘英〙労災保険給付(金), 業務傷害給付 (=INDUSTRIAL INJURIES BENEFIT).

ínjury in fáct 〘米〙《原告適格の要件の一つである》事実上の損害, 事実上の侵害.

in·jús·tice *n* 不正, 不公平, 不法; 不正[不当]な行為: do sb an ～ 人を不当に扱う, 人の価値を見そこなう, 人を誤解する. ▶ MANIFEST INJUSTICE (明白な不正).

in-kínd *a* **1** 《金銭以外の》現物での. **2** 同種・同価のものでの《支払い》, 返却. 《》cf. *in* KIND》.

in·la·ga·tion /ɪnleɪgéɪʃ(ə)n/ *n* 〘史〙《法喪失宣告(outlawry)を受けた者を》法の保護の下に復帰させること (=INLAWRY) (opp. *utlagation*).

in·land /ínlənd/ *a* ''国内の, 内国の, 内地の: ～ commerce 国内取引, 国内通商 / an ～ duty 内国税 / an ～ sea 内海.

ínland bíll (of exchánge) 内国(為替)手形, 〘米〙州内(為替)手形《英国では振出地・支払地が共に同一国内にある, または国内に住所を有する人宛に国内で振出された為替手形を指し, 他のすべては foreign bill (of exchange) (外国(為替)手形)という; 米国では振出人・支払人双方が同一国内・州内に住所を有している為替手形を指す; ⇨ DOMESTIC BILL; cf. FOREIGN BILL (OF EXCHANGE)》.

ínland maríne insúrance 〘米〙インランド・マリン保険《運送貨物の国内運送を包括的に担保する保険の総称; 本来の海上保険は ocean marine insurance (オーシャン・マリン保険)と呼ぶ》.

ínland navigátion 〘米〙内水航行.

Ínland Révenue 1 [the ～] 〘英〙内国税収入委員会, 内国歳入委員会 (Board [Commissioners of] Inland Revenue) 《略 IR; 米国の Internal Revenue Service に相当する》. **2** [i- r-]''内国税収入 (internal revenue*).

ínland tráde 国内取引, 国内通商.

ínland wáters *pl* [the ～] 内水 (=INTERNAL WATERS).

in·law /⌐⌐/ vt《古》〈人を〉《法喪失宣告 (outlawry) の状態を解除して》法の保護の下に復帰させる, 復権させる. — n 法の保護下にある者 (opp. *outlaw*).

ín·làw n 姻族.

in·law·ry /ínlɔ̀:ri/ n《史》《法喪失宣告 (outlawry) された者の》法の保護への復帰 (=inlagation) (opp. *outlawry*).

in li·mi·ne /ɪn límənɪ, -líːmɪnèɪ/ adv 1 最初に. 2 予防的に, 予備的に: a question to be decided ~. — a《申し立て・命令が》予防的な, 予備的な. ▶ MOTION IN LIMINE (偏見防止の申し立て). 〔L=at the outset〕

in lo·co pa·ren·tis /ɪn lóʊkoʊ pərɛ́ntəs/ adv, a 親の代わりに[の], 親代わりの地位で[にある]: The court is acting ~. ▶ PERSON IN LOCO PARENTIS (親代わりの人). — n《大学などの》管理者側による親代わりの監督[取締まり]. 〔L=in the place of a parent〕

in manu mortua ⇨ IN MORTUA MANU.

ín·màte n《古》共住者, 同居人, 同居者. 2 被収容者, 在監者, 囚人; 入院患者, 入所者.

in me·di·as res /ɪn míːdiəs ríːz, -médiəs réɪs/ adv いきなり事[話, 計画]の中心の, 《序論などなしに直ちに》問題の核心に. 〔L=into the midst of things〕

in mi·se·ri·cor·dia /ɪn mɪsèrɪkɔ́ːrdiə/ adv 慈悲のままに (⇨ *in mercy*). 〔L=at mercy〕

in mi·ti·o·ri sen·su /ɪn mìːtióʊri sɛ́ns(j)u/ adv よりゆるやか[有利]な意味で (⇨ SENSUS). 〔L=in a milder sense〕

in mo·ra /ɪn mɔ́ːrə/ adv, a 遅滞して, 履行遅滞の状態にある. 〔L=in delay〕

in mor·tua ma·nu /ɪn mɔ́ːrtʃuə mǽnju/, **in mánu mórtua** adv《史》死手に, 死手で (=in mortmain) (⇨ MORTMAIN). 〔L=in a dead hand〕

inn /ɪn/ n 1 旅館, 宿屋. 2《英》《昔 London の, 特に法研修生用の》研修生宿舎, イン;《そこから発展した》インズ・オヴ・チャンセリー (Inns of Chancery) およびインズ・オヴ・コート (Inns of Court) の一つ; 上級法廷弁護士のイン (Serjeants' Inn). ▶ BARNARD'S INN (バーナーズ・イン) / CLEMENT'S INN (クレメンツ・イン) / CLIFFORD'S INN (クリフォーズ・イン) / FARYNDON('S) INN (ファリンドン(ズ)・イン) / GRAY'S INN (グレイズ・イン) / LINCOLN'S INN (リンカンズ・イン) / SCROPE'S [SCROOP'S] INN (スクループズ・イン) / SERJEANTS' INN (上級法廷弁護士のイン) / STAPLE INN (ステイプル・イン) / SYMOND'S INN (サイモンズ・イン).

in·nav·i·ga·bil·i·ty /ɪnnævɪɡəbíləti/ n 1 航行できないこと, 不可航. 2 航行不適水域, 不可航水域.

ínner bár [the ~]《英》柵内法廷弁護士《法廷の手すり (bar) 内で弁論する特権を有する勅選弁護士 (King's Counsel) および serjeant-at-law》の総称; cf. OUTER BAR].

ínner bárrister《英》《史》(インズ・オヴ・コート (Inns of Court) 研修生たる) 法廷弁護士見習い, バリスター見習い《インズ・オヴ・コートでの模擬裁判用法廷のバー[手すり, 柵]の内側 (inner) に最下位の見習いが席を占め, その外側 (utter=outer) に法廷弁護士資格を与えられた比較的経験の浅い下級法廷弁護士 (utter barrister) が席を占めたことからこの名称が出たと考えられている》. 2 柵内法廷弁護士《勅選弁護士 (King's [Queen's] Counsel) などの高位法廷弁護士 (barrister); ⇨ INNER BAR》.

ínner cábinet 1 閣内内閣, インナー・キャビネット《閣内の実力者小グループ》. 2 執行部の中の実力者グループ.

Ínner Hóuse [the ~] スコットランド控訴院内院, 《スコットランド》民事上級裁判所上訴部《スコットランド控訴院[民事上級裁判所] (Court of Session) で上訴を扱う部門; スコットランド刑事法院[刑事上級裁判所] (High Court of Justiciary) の場合と異なり, この判決に対しては貴族院 (House of Lords) へ, 2005 年法施行後は連合王国最高裁判所 (Supreme Court of the United Kingdom) へ上訴できる; cf. OUTER HOUSE》.

Ínner Témple [the ~] イナーテンプル《法曹学院》(⇨ INNS of Court) (略 IT).

in·ning /ínɪŋ/ n [pl] 埋立地.

ínn·kèep·er n 旅館主, 旅館営業者.

in·no·cence /ínəsəns/ n 1 無罪, 潔白, 責任のないこと (cf. GUILT): establish one's ~ 人が無罪であることを証明する. ▶ ACTUAL INNOCENCE (事実面からの無罪) / LEGAL INNOCENCE (法律面からの無罪) / PRESUMPTION OF INNOCENCE (無罪の推定). 2 善意.

ín·no·cen·cy n 1《古》INNOCENCE. 2 innocent な行為[性質].

ín·no·cent a 1 罪のない, 潔白な, 無責任の〈*of* crime〉(cf. NOT GUILTY): The accused is presumed to be ~ until he is proved to be guilty. 2 悪意のない, 善意の.

ínnocent ágent 責任のない道具, 責任のない被利用者《みずからは犯意 (mens rea) なく正犯 (principal) にだまされたり強制されたりして, 単に犯罪の道具として利用されたにすぎない者》.

ínnocent convéyance《史》無害的不動産譲渡《売買契約と売却 (bargain and sale), 不動産賃貸借と復帰権放棄 (lease and release), ユース付き占有継続捺印契約 (covenant to stand seised) など現実占有の移転が伴うものと法構成される不動産譲渡 (conveyance) においては, 譲渡人が保有している権利を越える不動産権が移転することはありえない; そのため譲渡証書でそれを越えた権利が移転された場合は, その越えた部分のみの譲渡が無効とされた; それにより他人の権利が害されないゆえに, この名称がつけられた; これに対して, 封の譲渡 (feoffment) によってその者が保有する権利を越えて移転した場合は, 加害的不動産譲渡 (tortious conveyance) と呼ばれ, その譲渡すべてが無効となりかつ譲渡人の権利は没収 (forfeiture) された; 英国では, 1845 年に封の譲渡の効果をもたないこととされたためこの区別は意味を失った》.

innocent disseminátion《(名誉毀損の防御としての)》善意の流布.

innocent hómicide 有責性なき殺人.

innocent misrepresentátion 善意不実表示《ある事実をみずからは真実であると善意で表示したが、実際には虚偽であり、結果的に不実表示となった行為; opp. *fraudulent misrepresentation*》.

innocent párty 善意の当事者.

innocent pássage《国際法》1《(船舶の, 領海内での)》無害通航. 2 無害通航権 (=RIGHT OF INNOCENT PASSAGE). ▶ RIGHT OF INNOCENT PASSAGE (無害通航権).

innocent púrchaser 善意(有償)譲受人 (= BONA FIDE PURCHASER).

innocent spóuse《米税制》善意の配偶者《所得税申告で他方配偶者が共同申告(書) (joint return) に含めなかった所得にかかる税金についての責任を免除されうる配偶者》.

innocent-till-próved-guílty *n* 有罪[有責]証明までは無罪の原則.

innocent tréspasser 悪意のない侵害者《誤って, 不注意で, あるいは意図せずに他人の財産を不法に侵害した者》.

in·nom·i·nate /inámənət/ *a* 名前のない, 無名の (cf. NOMINATE).

innóminate cóntract《大陸法》《既存の契約類型に属さない》無名契約, 非典型契約 (cf. NOMINATE CONTRACT).

innóminate obligátions *pl* 無名義務, 非典型義務《例えば信託 (trust) における受託者の受益者への義務などで, 厳密には契約・不法行為・準契約上のものでない義務・債務》.

innóminate térms" *pl* 無名約定 (=intermediate terms)《条件 (condition) でもなく保証 (warranty) でもない, その中間に位置する契約上の約定》.

in nom·i·ne Dei, Amen /ɪn námənɪ díːaɪ eɪmén, -nóʊmɪneɪ…émən/《史》神の御名において, アーメン《かつて遺言書などの証書の冒頭に記された句; 現在ではその英訳句が用いられている》. [L=in the name of God, Amen]

in·no·tes·ci·mus /inoʊtésiməs/ *n*《史》公示のための開封勅許状;《開封勅許状 (letters patent) による封の譲渡 (feoffment) などの》公示《開封勅許状末尾にある「朕が知らしめる」という趣旨の語から》. [L=we make known]

in·no·va·tion /ɪnəvéɪʃ(ə)n/ *n* 1 刷新, 革新, 新機軸. 2《スコットランド》更改 (novation).

In no·vo ca·su no·vum re·me·di·um ap·po·nen·dum est. /ɪn nóʊvoʊ kǽsu nóʊvəm rɛmíːdiəm ǽpoʊnéndəm ɛst/ 新しい事案には新しい救済(手段)が与えられるべきである. [L=In a novel case a new remedy must be applied.]

Inns of Cháncery *pl* [the ~]《英史》インズ・オヴ・チャンセリー《(1) 法曹学院予備院; インズ・オヴ・コート (Inns of Court) への入学希望者の予備教育を担当した; Barnard's Inn, Clement's Inn, Clifford's Inn, Staple Inn, Symond's Inn などがある 2) 代訴人 (attorney) 法曹院, アトーニ法曹院》.

Inns of Cóurt *pl* [the ~]《英》インズ・オヴ・コート, 法曹学院《London の現在は四つのインズ・オヴ・コート: LINCOLN'S INN, the INNER TEMPLE, the MIDDLE TEMPLE, GRAY'S INN; 法廷弁護士 (barrister) 資格賦与権を専有し, その養成・懲戒も行なう自治組織; 英国の法廷弁護士は必ずそのいずれかの成員になっている; アイルランドにも同名の類似の組織がある》. ▶ COUNCIL OF THE INNS OF COURT (インズ・オヴ・コート評議会).

Inns of Cóurt and Bár Educátional Trúst [the ~]《英》インズ・オヴ・コートおよび法廷弁護士教育信託《1997 年に創設され, それまでの法学教育評議会 (Council of Legal Education) を引き継いだ組織; 法廷弁護士 (barrister) の教育およびその資格試験を監督している》. ⇨ COUNCIL OF LEGAL EDUCATION.

in nu·bi·bus /ɪn n(j)úːbɪbəs/ *adv* 空中に, 雲の中に《自由保有地の現有者不存在・権利帰属者未確定 (abeyance) 状態を指す常套語》. [L=in the clouds]

in·nu·en·do /ɪnjuéndoʊ/ *n* (*pl* ~es, ~s) 1 諷刺, 諷刺的言説, あてこすり, 陰喩. 2《法律文書中の》語義の説明(条項),《名誉毀損訴訟で当該陳述が名誉毀損となる趣旨についての》真意説明(条項) (cf. COLLOQUIUM, INDUCEMENT). — *vi, vt* (…に)あてこすりを言う, あてつけて言う. — *adv* すなわち. [L=by nodding at]

In odi·um spo·li·a·to·ris om·nia prae·su·mun·tur. /ɪn óʊdiəm spòːlieɪtóʊris ámniə prìːzəmántər/ すべてのことが権利侵害者に対して不利益に推定される. [L=All things are presumed to the prejudice of the despoiler.]

in·offícious *a* 1 道義や自然の愛情を無視した, 人倫に反した《当然請求権を有すると思われる配偶者など遺族に遺産を全く与えない遺言などに用いられる》. 2《古》義務観念のない. ~·ness *n*

inofficious téstament [will] 道義や自然の愛情を無視した遺言, 道徳上の義務を尽くさぬ遺言, 義務外遺言《遺言者のもつべき自然な愛情や道徳的義務に反し, 財産の処分などについて理由を示すことなく配偶者・近親者を全面的に無視した遺言; cf. OFFICIOUS TESTAMENT [WILL]》.

in·óperative *a* 1 効力のない, 無効の, 効力を失った, 作動していない, 実施[施行]されていない: an ~ statute. 2 作動しない: an ~ invention.

inóperative déed 無効の不動産譲渡(捺印)証書《法的には権原 (title) の譲渡の効力を有さない譲渡証書; ただし当事者間での契約上の効力は持つこともありうる》.

inóperative will 無効の遺言.

in·ops con·si·li·i /ɪnáps kɑnsíliaɪ/ *adv*《史》《弁護士の》助言なしで. [L=without advice]

in·or·di·na·tus /ɪnɔ̀ːrdənéɪtəs/ *n*《史》無遺言死亡

者 (=INTESTATE). [L=not arranged]

in pais /ɪn péɪ/ *adv, a* 法廷外で(の), 訴訟せずに, 法的手続きを踏まずに; 書面によらずに, 証書外で[の]. ▶ACT IN PAIS (裁判所外行為; 正式書面外事実) / ESTOPPEL IN PAIS (法的手続き外の行為による禁反言) / MATTER IN PAIS (証書外事項) / NOTICE IN PAIS (証書外認識). [OF=in the country]

in pa·ri cau·sa /ɪn pǽraɪ kóːzə, -páːri káusə, -sɑː, -zɑː, -zə/ *adv* 優劣のない場合には, 両者が優劣のない権利をもつ場合においては, 同等の状況[条件]においては. [L=in an equal case]

In pari causa pos·ses·sor po·ti·or ha·be·ri de·bet. /— — — pazésər páʃiɔ̀ːr heɪbíːraɪ débɛt/ 同等の状況においては, 占有者が優先すべきである. [L=In an equal case the possessor should be considered the stronger.]

In pari causa po·ti·or est con·di·tio pos·si·den·tis. /— — — páʃiɔ̀ːr ɛst kandíʃiou pàsɪdéntɪs/ 同等の状況においては, 占有している者の地位が優先する. [L=In an equal case the condition of the party who is in possession is the stronger.]

in pári de·líc·to /-dɪlíktou/ *adv* 同様に落度があって, 同罪に, 同責に, 過誤が同等に: Both parties stood ~. — *n* IN PARI DELICTO DOCTRINE. [L=in equal fault]

in pári de·lícto dòctrine 同責者の法理《権利侵害に関与した者はその権利侵害から生じたみずからの損害に対する損害賠償を回復しえないという原則》.

In pari delicto po·tior est con·di·tio pos·si·den·tis. /— — — páʃiɔ̀ːr ɛ̀st kandíʃiou pàsɪdéntɪs/ (両当事者の)過誤が同等である場合は, 占有を有する者 (=被告) が優位する. [L=In equal fault, the condition of the party who is in possession is the stronger.]

in pári ma·té·ria /-mətíːriə/ *adv, a* 同じ事項について(の), 同一の内容について(の); …に関連して(いる).
— *n* 同一事項解釈則 (=rúle in pári matéria)《同一事項について前に定めた制定法を当該制定法の解釈に用いるという解釈原則》. [L=in a like matter]

in per·pe·tu·um /ɪn pərpétʃuəm, -t(j)u-/ *adv* 永久に, 永続的に; 絶えず, やまずに. [L=in perpetuity]

in per·so·nam /ɪn pərsóunəm/ *adv, a*《訴訟などで》人に対して(の), 対人的に[な], 対人の (cf. IN REM, QUASI IN REM): Equity acts ~. ▶ACTION IN PERSONAM (対人訴訟) / JUDGMENT IN PERSONAM (対人判決) / JURISDICTION IN PERSONAM (対人管轄権) / RIGHT IN PERSONAM (対人権). [L=against a person]

in persónam júdgment 対人判決 (=JUDGMENT IN PERSONAM).

in persónam jurisdíction 対人管轄権, 対人裁判権 (=PERSONAL JURISDICTION).

in ple·na vi·ta /ɪn plíːnə váɪtə/ *a*《史》《法律上および事実上》生存して(いる). [L=in full life]

in pos·se /ɪn pási/ *adv, a*《実在はしないが》可能性のある, 潜在的に[な] (cf. IN ESSE), 可能性の上の(の). [L=in possibility]

in prae·sen·ti /ɪn prɪzɛ́ntaɪ, -praɪsɛ́nti/ *adv* 現在, 現在において, 現時点において (cf. IN FUTURO). [L=at present]

In pro·pria cau·sa ne·mo ju·dex. /ɪn próupriə kóːzə níːmou ʤúːdɛks/ 何ぴとも自分自身の訴訟においては裁判官で[になりえ]ない. [L=No one can be a judge in his/her own cause.]

in própria per·só·na /-pərsóunə/ みずから, 代理人によらずに (=PRO SE). [L=in one's own person]

ínput tàx《税制》投入税, インプット税《購入商品・サービスの価額に既に含まれている付加価値税 (VAT); ⇨ OUTPUT TAX》

in·quest /ínkwèst/, **en-** /én-/ *n* **1**《特に陪審による》審問 (inquisition). ▶ARREST OF INQUEST (審問阻止(の申し立て)) / DOMESDAY INQUEST (ドゥームズデイ審問) / GRAND INQUEST (弾劾手続き; 大陪審) / GRAND [GREAT] INQUEST (大審問). **2** 検屍(ケンシ)審問, 死因審問, コロナー審問 (=coroner's inquest). **3**《史》大陪審 (grand inquest, grand jury). **4**《史》心神喪失審問 (=INQUEST IN LUNACY). **5**《史》職務上の審問, 国王帰属財産審問 (=INQUEST OF OFFICE). **6** 陪審員団,《特に》検屍審問陪審員団. ▶VIEW OF AN INQUEST (陪審の検証). **7**《陪審の》評決, 決定. [OF<L; ⇨ INQUIRE]

ínquest in lúnacy《史》心神喪失審問 (=inquisition in lunacy)《心神喪失か否か, およびその程度についての陪審などを用いての審査; 単に inquest ともいう》.

ínquest jùry 検屍陪審.

ínquest of óffice《英史》職務上の審問, 国王帰属財産審問《シェリフ・コロナー・エスチーターその他国王の役人が, 国王の利益を守るため, 陪審を用いて不動産復帰 (escheat), 没収 (forfeiture) などに伴い国王に帰属することとなる財産権について審査する国王の特権的救済手段; 単に inquest ともいう》.

Ínquest of Shériffs《英史》シェリフ審問《1170年に Henry 2 世により行なわれた陪審を用いてのシェリフの財産面からの審問; これによりほとんど全員が解任された; 土着貴族化しつつあるシェリフに国王の役人であることを強調した事件として知られる》.

in·quire /ɪnkwáɪər/, 《英》**en-** /, ɛn-/ *vt, vi* 尋ねる, 問う《*about, as to*》; 質問[問い合わせ]をする, 調べる, 審査する, 審問する《*into*》(⇨ INTERROGATE): The police ~*d of* him if he knew where his wife was. / ~ *of* sb *about*…について人に尋ねる / ~ out 尋ね出す, 調べ出す. [OF<L (*in-, quisit- quaero* to seek)]

in·quiry /ɪnkwáɪəri, *ˈ*ínkwəri/, 《英》**en-** /, ɛn-/ *n* **1** 尋ねる[問う]こと, 質疑; 問い合わせ, 照会, 引合い, 質問; 《公式の》取調べ, 調査, 審査, 審問, 尋問, 詮議: help the police with their *inquiries* "警察で事情を聞

かれる[取調べを受ける] / make *inquiries* 質問をする, 問い合わせる〈*about*〉, 審議する, 取り調べる〈*into*〉. ▶ AFFIDAVIT OF INQUIRY (調査宣誓供述書) / BOARD OF INQUIRY (調査委員会) / COURT OF INQUIRY (軍人予審裁判所; 予備審問手続き; 事故[災害]原因調査委員会) / JOINT COMMISSION OF INQUIRY (合同調査委員会) / ORDER FOR ACCOUNTS AND INQUIRIES (勘定調査命令) / PLANNING INQUIRY (開発審問) / PRECONTRACT INQUIRIES (契約前照会(状)) / PRELIMINARY INQUIRY (予備審問; (*pl*) 予備的照会(状)) / SCIRE FIERI INQUIRY (遺産管理審問令状) / SECTION 47 ENQUIRY (第 47 条審問) / SERVICE INQUIRY (軍務関係調査委員会) / TRIBUNAL OF INQUIRY (調査審問機関). **2**《国際法》《国際》審査《個人の資格で選ばれた委員からなる中立的な国際審査委員会が国際紛争に関する事実を審査し明確にし, もって当事者国の和解を促す国際紛争平和的解決手段の一つ》. **3**《史》賠償額審問令状 (= WRIT OF INQUIRY). **on ~** 尋ねて[調べて]みると.

inquíry nòtice 照会認識《通常分別人 (ordinarily prudent person) がその情報を得た時点で事態を一層調査し得たであろうと推定される認識; 特に証券をめぐる詐欺の場合について用いる》.

inquíry pànel 《英》調査審問員団《全国的災害・政府内贈職事件等公的関心問題を調査するために 2005 年法でそれまでの調査審問機関 (tribunal of inquiry) に代わって設立された独立委員会》.

in·qui·si·tio /ɪnkwɪzíʃiou, ìŋ-/ *n* INQUISITION. [L]

in·qui·si·tion /ìnkwəzíʃ(ə)n, ìŋ-/ *n* **1** (厳重な)調査, 探究, 探索;《陪審の》審問, 審問報告状《特に検屍審問 (inquest) についていう場合が多い》; 糾問;《異端[反対]分子の》人権無視のきびしい取締まり[取調べ]. ▶ POSTMORTEM INQUISITION (死後審問). **2**《カトリック史》異端審問; [the I-] 異端審問所. **~·al** *a* **~·ist** *n* INQUISITOR. [OF<L=EXAMINATION; ⇨ INQUIRE]

inquisítion in lúnacy 《史》心神喪失審問 (= INQUEST IN LUNACY).

inquisítio post mór·tem /-poust mɔ́ːrtəm/ 《史》死後審問 (=postmortem inquisition)《国王の直属受封者死亡に際し, 国王の封建的付随条件 (feudal incident) を確保する目的で, その占有している土地・相続人などを陪審を用いて調査した職務上の審問 (inquest of office); 封建的不動産保有条件廃止後も不動産復帰 (escheat), 没収 (forfeiture) の場合に用いられた》. [L=inquisition after death]

in·quis·i·tor /ɪnkwízətər/ *n* **1** 調査者, 審問者, 《シェリフ・コロナーなどの》審問担当官, 取調べ官, 糾問官. **2**《不当にきびしい[意地悪な]》尋問者. **3** [I-]《史》異端審問官. [F<L (INQUIRE)]

Inquísitor Géneral [the ~] 《史》《特にスペインの》異端審問所長.

in·quis·i·to·ri·al /ɪnkwìzətɔ́ːriəl/ *a* **1** 審問者[調査者]の(ような). **2**《訴追を待たず裁判官が職権で手続きを開始する刑事訴訟手続きである》糾問主義的な (cf. ACCUSATORIAL, ADVERSARY). **~·ly** *adv* **~·ness** *n*

inquisitórial procédure 糾問(主義)手続き; 職権主義の手続き (⇨ INQUISITORIAL SYSTEM) (cf. ACCUSATORIAL PROCEDURE, ADVERSARY PROCEDURE).

inquisitórial sýstem [the ~] 糾問主義《刑事訴訟手続きが訴追を待たずに裁判官による職権により開始され, 裁判官が職権により犯人と証拠・証人とを捜査・糾問・裁判をするやり方; cf. ACCUSATORIAL SYSTEM, ADVERSARY SYSTEM》.

in·quórate *a* 定足数 (quorum) に達しない: The meeting was declared ~.

in re /ɪn réɪ, -ríː/ *adv, prep*《裁判[司法]手続きで》…に関して, …に関する;《引用判例の表題として》…に関する事件(で). [L=in the matter of]

in rem /ɪn rém/ *a, adv*〈訴訟などが〉物に対して(の), 対物的に[な], 対物の (cf. IN PERSONAM, QUASI IN REM): QUASI IN REM. ▶ ACTIO IN REM (対物訴権[訴訟]) / ACTION IN REM (対物訴訟) / JUDGMENT IN REM (対物判決) / JURISDICTION IN REM (対物管轄権) / JUS IN REM (対物権) / RIGHT IN REM (対物権). [L=against a thing]

in rém júdgment 対物判決 (= JUDGMENT IN REM).

in rém jurisdíction 対物管轄権, 対物裁判権 (=jurisdiction in rem, jurisdiction of the res)《民事事件において特定裁判所がその管轄区域内にある物に対して認められる裁判管轄権; cf. PERSONAL JURISDICTION, QUASI IN REM JURISDICTION, SUBJECT MATTER JURISDICTION》.

in rixa /ɪn ríksə/ *adv* 口論の中で《口頭誹毀(⁇) (slander) 訴訟での防御で, その言説はその瞬間の激怒状態から発せられたものであり, それ以前にたくらんでいたわけではないということ》. [L=in brawl]

inroll, inrollment ⇨ ENROLL, ENROLLMENT.

Inróllments of Ácts of Párliament [the ~] *pl*《英》議会制定法登録書《1483 年以後 1642–60 年の間を除いて今日までのイングランドおよびブリテン島の議会制定法の原本集; 1849 年までは羊皮紙に正式に書かれ, 議会書記により署名認証された; それ以後は, 女王印刷人により子牛皮紙に 2 通印刷され各議院の役人により認証され, 貴族院と公文書館 (Public Record Office) に各 1 通が保管されている; cf. STATUTE ROLL》.

INS《米史》° Immigration and Naturalization Service 移民帰化局.

in·sane /ɪnséɪn/ *a* 精神障害[異常, 錯乱]の, 心神喪失の, 狂気の (opp. *sane*) (⇨ INSANITY).

insáne autómatism 精神障害自動症《精神障害 (insanity) に基づきみずから意識することなしにある行為をなすこと; cf. INSANITY, INSANITY DEFENSE, McNAGHTEN RULES, NON-INSANE AUTOMATISM》.

insáne delúsion 精神障害的妄想《遺言能力など

が否定される)).

insáne pérson 精神障害者, 心神喪失者.

in·san·i·ty /ɪnsǽnəti/ *n* **1** 精神障害[異常, 錯乱], 心神喪失, 狂気 (＝lunacy) (⇨ CRIMINAL INSANITY) (cf. DIMINISHED CAPACITY, PRESUMPTION OF SANITY, SANITY). ▶ CRIMINAL INSANITY (刑事責任能力にかかわる精神障害) / DEFENSE OF INSANITY (精神障害の防御) / EMOTIONAL INSANITY (情動精神障害) / LEGAL INSANITY (法が認知する精神障害) / MORAL INSANITY (善悪弁別不能精神障害) / NOT GUILTY BY REASON OF INSANITY (精神障害ゆえの無罪[責任なし]) / PARTIAL INSANITY (部分的精神障害) / SETTLED INSANITY (宿疾的精神障害) / TEMPORARY INSANITY (一時的精神障害). **2** 精神障害の防御 (＝INSANITY DEFENSE).

insánity defénse 精神障害の防御 (＝defense of insanity)《刑事訴訟で, 被告人の精神障害が犯行の原因であったと主張する積極的防御方法; 単に insanity ともいう; cf. APPRECIATION TEST, GUILTY BUT MENTALLY ILL, IRRESISTIBLE IMPULSE TEST, McNAGHTEN RULES, PSYCHIATRIC EXAMINATION, SUBSTANTIAL CAPACITY TEST, XYY-CHROMOSOME DEFENSE)).

in·scribe /ɪnskráɪb/ *vt* **1** 〈文字・記号など〉をしるす, 彫る; 〈心〉に銘記する. **2** 〈名前〉を名簿に載せる; "〈株主・申込者の氏名〉を登録する, 記名する; 〈株〉を売る[買う].

inscríbed stóck "〈株券・証券の発行がなく名簿に登録されるだけで発行される〉登録株式[国債, 社債].

in·scrip·tion /ɪnskrípʃ(ə)n/ *n* **1** 銘, 銘刻, 碑文. **2** 登録すること, 登記すること. **3** "〈株券あるいは国債・社債の証券の発行がなく〉登録のみによる発行; [*pl*] "登録株式 [公債].

in·secure *a* 不安定な, 不安な; 不確実な.   **in·se·cúri·ty** *n*

insecúrity cláuse 期限利益喪失条項《金銭債務契約で, 債務者が収入源を失うなど債権者が債務の履行困難と信ずる理由がある場合に債権者が即時全債務の履行を求めうる条項; cf. ACCELERATION CLAUSE)).

in·síde /⌐⌐/ *a* 内部に在る, 内部の, 内側の, 《特に》企業内部の; 秘密の, 内面の: the ~ story《新聞記事などの》内幕物. — *adv* **1** 内部に, 内側に, 《特に》〈企業の〉内部で. **2**《俗》ムショ[ブタ箱]に(はいって): put sb ~ ムショにぶち込む.

ínside informátion 内部情報 (＝insider information) (cf. INSIDER TRADING); 内情, 内幕.

ínside jób 《口》内部の者の犯罪, 内部犯罪, インサイドジョブ.

ínside mán 内勤の従業員;《組織・会社などにはいり込んでいる》潜入スパイ.

in·sid·er /ɪnsáɪdər, ⌐⌐/ *n* **1** 内部の人, 内部者, 会員, 部員. **2** 内情に明るい人, 消息通.

insíder déaling" 内部者取引, インサイダー取引 (＝INSIDER TRADING).

insíder informàtion 内部情報 (inside information); 内情, 内幕.

insíder préference 《米》内部者への偏頗(ﾊ^)行為《破産した債務者が, 破産申し立て (bankruptcy petition) の〈内部者だけでなくすべての者に対しての偏頗行為が取り消し可能となる〉90 日より前でしかしその 1 年以内前に内部の者に対してなした財産の移転で, 破産管財人 (bankruptcy trustee) はその財産を取り戻すことができる)).

insíder repòrt 《米》《証券取引委員会 (Securities and Exchange Commission) に報告を義務づけられている取締役あるいは 10％を超える持分の株主などがその株式の取引を行なった場合などの》内部者持株報告書.

insíder tráding 内部者取引, インサイダー取引 (＝ insider dealing)《典型的には, 会社の内部者 (insider) ないしは会社に信認義務 (fiduciary duty) を負っている者が内部情報 (inside information) を用いてその会社の株式を取引すること; cf. INSIDE INFORMATION, TIPPEE, TIPPER)).   **insíder tràder** 内部者[インサイダー]取引者.

ínside wórker 内勤の従業員.

in sí·mi·li ma·te·ri·a /ɪn sɪ́məlàɪ mətíəriə/ *a, adv* 類似の問題の[で]. [L＝in the similar matter]

in sí·tu /ɪn sáɪt(j)u/ *adv, a* 元[本来]の位置[場所]に[の]. [L＝in its situation]

in só·li·do /ɪn sáləðòu, -sóuli-/, **in sol·i·dum** /-dəm/ *adv, a* 連帯して(の) (cf. JOINT AND SEVERAL). [L＝in a mass]

in·sol·ven·cy /ɪnsálvənsi/ *n* 支払い不能, 債務超過, 倒産 (＝failing circumstances) (cf. BANKRUPTCY, SOLVENCY): in a state of ~. ▶ ACT OF INSOLVENCY (倒産行為; 支払い不能行為) / CONTEMPLATION OF INSOLVENCY (支払い不能予期) / DECREE OF INSOLVENCY (遺産債務超過判決).

Insólvency Àct (1986) [the ~] 《英》(1986 年の) 倒産法, 支払い不能法.

insólvency làw 倒産法.

insólvency offénse 《英》支払い不能・倒産関係犯罪.

insólvency practìtioner 《英》倒産士《会社の清算 (winding-up) や個人の破産 (bankruptcy) の手続きにおいて公的資格で職務を執るべく任じられる者; (1986 年の)倒産法 (Insolvency Act (1986)) により清算人 (liquidator), 浮動担保管理人 (administrative receiver), 財産管理人 (administrator), 和議 (voluntary arrangement) の監督者, 破産管財人 (bankruptcy trustee) として選任されるのにはこの資格が必要とされ, 無資格で倒産士として行動することは犯罪とされている)).

insólvency stàtute 《米》州法である》倒産法.

in·sol·vent /ɪnsálvənt/ *a* **1**《債務超過で》支払い能力のない[なくなった]〈会社など〉: The company was declared ~. **2** 負債の全額返済に不十分な〈資産など〉, 債務超過の. **3** 支払い不能[債務超過]に関する〈法など〉. — *n* 支払い不能者. ★ 英国では insolvent (支払い能

in specie ⇨ *in* SPECIE.

in·spect /ɪnspékt/ *vt, vi* 検査[検証, 視察, 検分, 点検, 閲覧]する, 調べる, 〈軍隊などを〉査閲する: ~ a new machine / ~ products for defects. **~·able** *a*
~·ing·ly *adv*

in·spec·tat·or /ɪnspɛktéɪtər/ *n*《古》**1**《刑事事件での》訴追者[官]. **2** 相手当事者. **3** INSPECTOR.

in·spec·tion /ɪnspékʃ(ə)n/ *n* 検査, 検証, 視察, 監察, 《書類の》閲覧, 検閲, 点検, 検分, 立入り検査: an ~ order / a tour of ~ 視察旅行 / ~ declined [free]《掲示》縦覧謝絶[随意] / make ~ of...を検分する / on the first ~ 一応調べた[一見した]ところでは / ~ of a product for defects. ▶ ADMINISTRATIVE INSPECTION (行政上の検査) / COMMITTEE OF INSPECTION (監察委員会) / DEMAND FOR DOCUMENT INSPECTION (文書検査要求(書)) / IN CAMERA INSPECTION (裁判官室での検証) / MEDICAL INSPECTION (医学的検査; 身体検査; 作業所検査) / TRIAL BY INSPECTION (検証による事実審理). **~·al** *a*

inspéction and investigátion of a cómpany《英》《1985年法等に基づき政府が行う》会社運営に対する検査および調査.

inspéction by júdge (and júry) 裁判官(と陪審)による検証 (⇨ VIEW).

inspéction làw《米》《物品》検査法.

inspéction of dócuments 文書の閲覧 (⇨ DISCLOSURE AND INSPECTION OF DOCUMENTS).

inspéction of próperty 財産の検分.

inspéction of récords 記録閲覧権《公文書 (public record) の閲覧・調査・複写権; 株主の会社記録調査権》.

inspéction of véssels 《構造・設備の検査のための》船舶の検査 (cf. VISITATION).

inspéction ríght 1 《買主による代金支払い・物品受領に先立って認められる》物品検査権. **2** 開示手続きに伴う文書閲覧権 (cf. INSPECTION OF DOCUMENTS). **3** 閲覧権,《特に》《株主の》記録閲覧権 (cf. INSPECTION OF RECORDS).

inspéction stàmp 検査済み証.

in·spéc·tor *n* **1** 検査官[員], 視察官, 検閲官; 監査人, 監査役,《建築基準等各種の》監督官,《会社法上の》検査役; 視学(官), 督学(官), 《... of factories =factory ~ 工場検査官. **TAX INSPECTOR** (所得査定官). **2**《英》警部補《通例 sergeant の上, chief inspector の次の階級》; ⇨ POLICE. **~·shìp** *n*

inspéctor·ate *n* **1** INSPECTOR の職[管轄区域, 任期]. **2** 検査官一行, 視察団: the factory ~. ▶ PLANNING INSPECTORATE (開発計画監督官).

inspéctor of táxes《英》所得査定官 (=tax inspector)《内国税収入委員会 (Board of Inland Revenue) の官吏で, 個人・法人の所得税申告書の査定に当たる》.

inspéctor of wéights and méasures 度量衡検査官《計量器の正確さや商品の量が適正かどうかを視察する役人》.

inspéctorship déed《史》清算監査人証書 (=DEED OF INSPECTORSHIP).

in·spec·tress /ɪnspéktrəs/ *n* INSPECTOR の女性形.

inst. *instant* 今の, 今月の ◆ *institute* ◆ *institution*.

Inst. *Institutes*『法学提要』,《特に Edward COKE の》°*Institutes of the Laws of England*『イングランド法提要』.

in·stall, in·stal /ɪnstɔ́ːl/ *vt* 役に就ける, 就任させる,《聖職に》叙任する.

in·stal·la·tion /ɪnstəléɪ(ə)n/ *n* **1** 就任させること, 聖職叙任(式) (=installment) (cf. INSTITUTION); 就任式, 叙任式. **2**《機械などの》設置; [°*pl*]《取り付けられた》設備.

install·ment¹ | -stal-¹ *n* **1** 割賦払い, 分割払い; 分割引渡し; 割賦金, 分割払い込み金: in [by] ~*s* 割賦払いで; 何回にも分けて / pay in monthly [yearly] ~*s* 月[年]賦で払う / She paid off her creditors in six ~*s*. 彼女は6回の割賦払いで債権者たちに返済した / You pay $50 down and six monthly ~*s* of $40. あなたは50ドルを頭金として, さらに毎月40ドルを6か月間支払います. **2**《数回に分かれたシリーズ番組・双書・連載物の》一回[一話]分, 一部.

install·ment² | -stal-² *n* INSTALLATION.

install·ment accóunting mèthod《税制》《税の》割賦基準会計方法《課税目的での所得・経費計算方法のひとつで, 年度単位でその年度に受領した所得全額でなく, 賦払い金の受領期間にわたって総利益が比例分される方法; ⇨ ACCOUNTING METHOD》.

install·ment búying 割賦購入, 分割払い購入.

install·ment cóntract 分割給付契約.

install·ment crédit 1《割賦払いの》割賦(ｶﾞｯ)(ｶﾞｯ)信用, 賦払い信用, 割賦償還貸付け. **2** 割賦払い, クレジット払い.

install·ment lánd còntract 不動産割賦購入契約 (=CONTRACT FOR DEED).

install·ment lòan 割賦返済ローン.

install·ment nòte 分割払い約束手形 (=serial note).

install·ment plàn* 割賦法, 分割払い法 (installment sale) (⇨ HIRE PURCHASE AGREEMENT): on the ~ 分割払いで.

install·ment sàle 割賦販売, 分割払い販売 (=installment plan) (⇨ HIRE PURCHASE AGREEMENT).

install·ment sélling* 割賦[分割払い]販売.

install·ments-for-a-fíxed-amóunt òption 定額分割受給の選択 (=fixed amount option)《生命保険契約での保険金受取り方法の選択 (settlement option) の一つで, 保険者 (insurer) が運用利益を留保し, 定期的に定額で分割払い戻しをする方法の選択; cf. INSTALLMENTS-FOR-A-FIXED-PERIOD OPTION）.

instállments-for-a-fíxed-périod òption 確定期間分割受給の選択 (=fixed period option)《生命保険契約での保険金受取り方法の選択 (settlement option) の一つで, 保険者 (insurer) が運用利益を留保し, 一定期間にわたって分割払い戻しをする方法の選択; cf. INSTALLMENTS-FOR-A-FIXED-AMOUNT OPTION）.

ín·stance /ínstəns/ *n* 1《具体的な》例, 実例, 事例, 場合, 事実; 段階: in this ~ この場合. 2 [*sg*] (性急な) 依頼, 要請 (request); 要求, 申し立て, 主張, [*sg*] 勧め, 提議. 3 訴訟(手続き);《訴訟の》審級. ▶ FIRST IN-STANCE (第一審). **in the first [last] ~** 第一審で[最終審で]; 第一に[最後に]. ― *vt* 例に引く[挙げる]; [*pass*] …の事例とする, 例証する. [OF<L *instantia* contrary example]

ínstance còurt 1《英史》《戦時捕獲物 (prize) 以外を管轄する》一般海事事件裁判所. 2 第一審裁判所 (=TRIAL COURT).

ín·stant /ínstənt/ *a* 1 即刻の, 即時の;切迫した, 切なる; [*fig*] 急ごしらえの, 即製[速成]の, 性急な: an ~ answer 即答 / an ~ credit. 2 今の, 当該の, 今月の《略 inst.》; 現在の: our letter of the 15th *inst*. 本月 15 日付の当方の手紙《今は商用文でも of this month とすることが多い; cf. PROXIMO, ULTIMO》.

in·stan·tá·ne·ous críme /ìnst(ə)ntéiniəs-/ 単一行為犯罪《例えば謀殺 (murder), 放火 (arson) のように, 複数の行為ではなく単一の違法行為で直ちに成立する犯罪; cf. CONTINUOUS CRIME》.

instantáneous déath 即死 (=immediate death).

ínstant cáse [the ~] 本件 (=CASE AT BAR).

ínstant commíttal《英》刑事法院 (Crown Court) への即時陪審審理付託 (=short committal) (cf. COMMITTAL FOR TRIAL, SENDING FOR TRIAL).

in·stan·ter /ìnstǽntər/ *adv* 直ちに, 即時に《裁判手続き上は通常 24 時間以内にという意味で用いるが, その日のうちにという意味にもなる》.

in sta·tu quo /ìn stéit(j)ù: kwóu, -stǽt(j)ù:-, -stǽtʃù:-/ *adv, a* 現状(維持)で[の], もとのままで[の], 前と同じ状態で(の), 原状のまま(の). [L=in the state in which]

ín·sti·gate /ínstəgèit/ *vt* 1《人を》けしかける, そそのかして…させる, 教唆する《sb *to* (do) sth》;煽動して《暴動・反乱などを》起こさせる. 2《訴訟・調査などを》始めさせる.

In·sti·tut de Droit In·ter·na·tio·nal /F ɛ̃stity də drwa ɛ̃tɛrnasjɔnal/ 国際法学会《1873 年にベルギーの Ghent で設立された世界的な国際法学者からなる学術団体; 略 IDI》. [F=Institute of International Law]

ín·sti·tute /ínstət(j)ù:t/ *vt* 1《会・制度・法制などを》設ける, 制定する, 開始する, 創設する;《調査を》始める;

《訴訟を》起こす: ~ an action (at law) 訴訟を起こす《*against*》 / ~ (legal) proceedings *against*…に対して訴訟を起こす. 2 (…に聖職を)委嘱する, 任命する. 3『ローマ法・大陸法』相続人に指定する (cf. INSTITUTE *n* 3). ― *n* 1 (学術・美術の) 学会, 協会, 研究所;《学術・教育・社会的な》施設, 機関, 協会 (institution): a research ~. 2 a 慣行, 慣例, しきたり; 原理, [*pl*] (特に法律学の原理の) 提要, 概論, 綱要, 法学原論, 法学入門的教科書; 法学提要, 法学概論. **b** [I-s]《古代ローマの》法学提要 (⇨ INSTITUTES OF GAIUS, INSTITUTES OF JUSTINIAN). **c** [I-s]《Edward COKE の》『イングランド法提要』(=INSTITUTES OF THE LAWS OF ENGLAND). 3『ローマ法・大陸法』指定相続人 (=INSTITUTED HEIR). [L *in*-(*stitut*- *stituo*=*statuo* to set up) =to establish, teach]

ínstituted exécutor 無条件指名の遺言執行者.

ínstituted héir『ローマ法・大陸法』指定相続人 (=institute, instituted legatee)《遺言で指定された相続人ではあるが, 拒絶した場合あるいは遺言者より先に死亡した場合には, 通常補充指定 (vulgar substitution) により代わりの受遺者 (legatee) に遺贈財産が移転することになっている者; cf. INSTITUTION》.

ínstituted legatée『ローマ法・大陸法』指定受遺者 (=INSTITUTED HEIR).

Institute for Córt Mànagement [the ~]『米』裁判所運営協会《連邦・州の裁判所の運営改善のために研修・研究・雑誌刊行をする》.

Ínstitute of Advanced Légal Stùdies [the ~]《ロンドン大学の》高等法学研究所.

Ínstitute of Légal Exécutives [the ~]『英』法律専務職員協会《1963 年設立の法律専務職員 (legal executives) およびその訓練生の職業団体で, その教育・資格試験・職業倫理の責任を負う; 略 ILEX》.

Ínstitutes of Gáius [The ~]『《ガイウス》法学提要』《2 世紀のローマの法学者 GAIUS が著わしたローマ法概論; のちのユスティニアヌス (Justinian) 帝の『法学提要』の基礎となった》.

Ínstitutes of Justínian [The ~]『《ユスティニアヌス》法学提要』《ユスティニアヌス法典 (Justinian Code) の一部をなす》.

Ínstitutes of the Láws of Éngland [The ~]『イングランド法提要』(Edward COKE による当時の英法の概説書 (4 vols, 1628-44);多くの版があり, 当時およびその後の英法に大きな影響を残した; 著者名なしで *Inst.* として引用されている; その第一巻は特に Coke upon Littleton『クックの注釈リトゥルトン』として著名》.

in·sti·tu·tion /ìnstət(j)ú:ʃ(ə)n/ *n* 1 **a** (学会・協会などの) 設立, 創立, 創設;《法律などの》制定, 設定: the ~ of gold standard 金本位制の設定. **b**《訴訟の》開始, 提起. **c** (特に法学上の原理の) 提要, 基本原理. 2 聖職委嘱(式) (cf. INSTALLATION);任命(式). 3『ローマ法・大陸法』相続人指定 (⇨ INSTITUTED HEIR). 4《制度化された》慣行, 慣例, 制度, 法. 5《学術的・教育的・

社会的な)(公益的)施設, 機関, 協会, 院, (慈善)団体; 公共の建物《学校・病院・養育院・養老院・クラブなど》. ▶ BORSTAL INSTITUTION (少年院) / CHARITABLE INSTITUTION (公益機関) / CORRECTIONAL INSTITUTION (矯正施設; 刑務所) / CREDIT INSTITUTION (信用機関) / FINANCIAL INSTITUTION (金融機関) / MENTAL INSTITUTION (精神障害者用施設) / PENAL INSTITUTION (受刑施設) / THRIFT INSTITUTION (貯蓄貸付け組合) / YOUNG OFFENDER INSTITUTION (青少年犯罪者拘置所).

institútion・al *a* **1** 制度上の, 制度化した. **2 a** 機関の, 協会の; (慈善)団体の; 施設の, 施設向きの; 会の; 会館の: in need of 〜 care 養育[養老]施設の世話を必要とする / 〜 food 規格化された食物. **b** 《広告が》企業イメージをよくするための: 〜 ad [advertisement] 企業広告. **3** 《法学上の》原理の[に関する]. **〜・ly** *adv*

institútional búying 《証券》機関筋の買い.

institútional constrúctive trúst⁼ 制度化された擬制信託(擬制信託 (constructive trust) のうち一定の状況が生じた場合に自動的に生ずる信託; 例えば, 信認関係 (fiduciary relation) にある人が受けている信認に反する形で利益を得る場合など; cf. REMEDIAL CONSTRUCTIVE TRUST).

institútional invéstor 《証券》機関投資家.

institútion・al・ìze *vt* **1** 制度化[慣行化, 慣例化]する; 規定[定例]とする: 〜*d* racism 制度化された人種差別(政策). **2 a** 《精神病患者・青少年犯罪者・老齢者などを》施設に収容する (cf. COMMIT). **b** 《外では自立できないほど》施設の生活に慣らす. **institùtion・al・izátion** *n*

institútional lítigant 利害関係グループ訴訟当事者(現行法改正のために, あるいは改正の動きに対抗して現行法維持のために, 例えば労働組合とか経営者団体などの利害関係グループが起こす訴訟の当事者).

institútional sélling 《証券》機関筋の売り.

in・strúct /ɪnstrʌ́kt/ *vt* **1** 教える, 教授する. **2 a** 指図[命令, 指示]する 〈sb *to do*〉: 〜 the credit controller *to* take action. **b** 《米》《裁判官が〈陪審〉に》説示する (charge): The judge 〜*ed* the jury to ignore the attorney's comment. **3** 《英》《依頼人が事務弁護士[事務弁護士が法廷弁護士]に》事件の説明をする, 事件を依頼する: 〜 a solicitor [a barrister]. **4** 《スコットランド》《陳述を》立証[証明]する. **〜・ible** *a* [L *instruct-instruo* to teach, furnish 〈*struo* to pile up〉]

instrúcted vérdict 指図評決 (=DIRECTED VERDICT).

in・strúc・tion /ɪnstrʌ́kʃ(ə)n/ *n* **1 a** 教えること, 教育, 教授; 教え, 教訓. **b** [*pl*] 訓令, 指令, 指図, 指示, 命令, 命令: in accordance with 〜s=according to 〜s 指示[指令]によれば / give 〜s *to*...に指示[訓令]する / issue 〜s 指示[指令]を出す / await 〜s 指示[指令]を待つ / failing 〜s to the contrary 反対の指示がない場合には. **c** [*pl*] 使用説明書 (=〜 bòok). ▶ ADMIRALTY INSTRUCTIONS (海軍訓令). **2** [*pl*] 《英》《事件の》依頼(状), (事件の)説明 (⇨ INSTRUCT 3). **3** 《米》《裁判官による陪審への》説示 (=JURY INSTRUCTION). ▶ ADDITIONAL INSTRUCTION (追加説示) / AFFIRMATIVE CONVERSE INSTRUCTION (言い方を逆にしての無罪説示) / AFFIRMATIVE INSTRUCTION (無罪説示) / ARGUMENTATIVE INSTRUCTION (推論的説示) / BINDING INSTRUCTION (拘束的説示) / CAUTIONARY INSTRUCTION (警告的説示) / CONSCIOUS-AVOIDANCE INSTRUCTION (意識的回避の説示) / CURATIVE INSTRUCTION (治癒の説示) / DELIBERATE-INDIFFERENCE INSTRUCTION (意図的無関心の説示) / DISPARAGING INSTRUCTION (軽蔑の説示) / DYNAMITE INSTRUCTION (爆弾的説示) / FORMULA INSTRUCTION (定式的説示) / FURTHER INSTRUCTION (再説示) / JEWELL INSTRUCTION (ジューエル事件の説示) / JURY INSTRUCTION ((陪審に対する)説示) / MANDATORY INSTRUCTION (命令的説示) / OSTRICH INSTRUCTION (ダチョウの説示) / PATTERN INSTRUCTION (定型的説示) / PEREMPTORY INSTRUCTION (終局的説示) / REQUEST FOR INSTRUCTIONS (説示要求(書)) / SINGLE-JUROR INSTRUCTION (一人の陪審員(の反対意見)に関する説示) / SPECIAL INSTRUCTION (特別説示) / STANDARD INSTRUCTION (標準的説示) / WILLFUL-BLINDNESS INSTRUCTION (犯罪の故意の無視の説示).

instrúction to júry 《米》《裁判官による》陪審への説示 (=JURY INSTRUCTION).

in・strúc・tor *n* 教授者, 教師, 指導者, インストラクター; *(大学の)専任講師.

in・stru・ment /ɪ́nstrəmənt/ *n* **1 a** 道具, 器械, 器具; 精密器機; 《飛行機・ロケットなどの》計器; 楽器 (musical instrument); 手段; (人の)手先, 道具: a writing 〜 筆記用具《ペンなど》 / surgical 〜s 外科用器械 / nautical 〜s 航海計器 / fly on 〜s 計器飛行をする. **b** きっかけ[動機]となるもの[人]. ▶ CRIMINAL INSTRUMENT (犯罪の道具) / DANGEROUS INSTRUMENT (危険な道具). **2** 《法律》文書 (=legal instrument)《契約書・証書・協定書・遺言書・委任状など》. ▶ ALTERATION OF INSTRUMENT (文書変造) / CHARGING INSTRUMENT (起訴状) / FALSE INSTRUMENT (偽造文書) / FOUR CORNERS OF AN INSTRUMENT (文書の全文面) / INCHOATE INSTRUMENT (対抗要件を満たさない文書) / INCOMPLETE INSTRUMENT (不完全文書) / LEGAL INSTRUMENT (法律文書) / LIVING INSTRUMENT (生ける文書) / PERFECT INSTRUMENT (完全法律文書) / SEALED INSTRUMENT (捺印文書) / STATUTORY INSTRUMENT (命令, 制定法的文書) / TRUST INSTRUMENT (信託証書) / VESTING INSTRUMENT (継承財産付与証書) / WRITTEN INSTRUMENT (文書). **3** 証券, 手形; 金銭債務証書. ▶ BEARER INSTRUMENT (持参人払い(式)証券) / DEBT INSTRUMENT (金銭債務証書) / DEMAND INSTRUMENT (一覧払い証券) / DERIVATIVE INSTRUMENT (金融派生商品) / FACE OF INSTRUMENT

（証券の文面）/ INCOMPLETE INSTRUMENT (不完全流通証券) / NEGOTIABLE INSTRUMENT (流通証券) / NONNEGOTIABLE INSTRUMENT (非流通証券) / RAISING AN INSTRUMENT (証券変造). **4** 証拠文書; 証拠方法. ── /-mènt/ *vt* ...に機器を備える; 文書を...にあてる, ...に証書を提出する. [OF or L; ⇨ INSTRUCT]

instruméntal·ism *n* 《法・法理論をある目的達成の道具とみなす》道具主義, 実用主義, 機能主義.

in·stru·men·tál·i·ty /ìnstrəmæntǽləti, -mèn-/ *n* **1** 手段, 方便, 助力, 媒介, 道具. ▶ DANGEROUS INSTRUMENTALITY (危険な道具). **2**《政府などの》機関.
▶ GOVERNMENTAL INSTRUMENTALITY (政府機関).

instrumentálity rùle《米》道具性, 道具理論《子会社が親会社の単なる道具にすぎないような場合には法人格否認の法理が適用されるという判例上の法理; cf. ALTER EGO DOCTRINE [RULE], PIERCING THE CORPORATE VEIL》.

instrument of appéal《英史》離婚事件上訴申立書《かつて検認・離婚・海事部 (Probate, Divorce and Admiralty Division) の一裁判官による離婚判決を同部の合議体の法廷 (full court) に上訴する場合の申立書》.

instrument of évidence 証明手段, 証拠方法, 書証《証人・証拠文書など》.

Instrument of Góvernment《英史》(1653年 Oliver Cromwell が出した) 統治章典《英国最初の憲法典とされるが, 1660年王政復古で廃止》.

instrument ùnder hánd《捺印のない》自署証書.

in·subordinátion *n*《使用者・上司の指示・命令に対する》不服従, 反抗, 命令拒否, 反抗の行動.

in sub·si·di·um /ɪn səbsídiəm/ *adv*《史》援助して. [L=in aid]

insufficiency of évidence 証拠不十分.

insufficient évidence 不十分な証拠.

insufficient fúnds* *pl* 預金残高不足 (=NOT SUFFICIENT FUNDS).

ín·su·lar cóurt /ɪ́ns(j)ələr-/《米》島嶼《とうしょ》裁判所《合衆国の島嶼領土 (insular possession) に置かれている連邦裁判所》.

ínsular posséssion《米》島嶼領土《Guam 島など合衆国政府直轄の島嶼領地》.

in·sult *vt* /ɪnsʌ́lt/ 侮辱する. ── *n* /ˊ‐‐/ 侮辱, 無礼《なことば[ふるまい]》: the last ~ (我慢できない)ひどい侮辱. **~·ing** *a* 侮辱的な, 無礼な《ことば》.

insúlt·ing behávior 侮辱的言動《英国では犯罪となる; cf. THREATENING BEHAVIOR》.

in·sur·able /ɪnʃʊ́ərəb(ə)l/ *a* 保険が付けられる, 保険に適する: an ~ risk. **in·sùr·abíl·i·ty** *n*

insúrable ínterest 被保険利益.

insúrable próperty 被保険財産.

insúrable válue 保険価額.

in·sur·ance /ɪnʃʊ́ərəns/ *n* **1** 保険, 保険契約 (= insurance policy): ~ for life 終身保険 / take out an ~ against fire 火災保険に加入する. ▶ ACCIDENT INSURANCE (傷害保険) / ALL-RISK(S) INSURANCE (全危険担保険) / ASSESSMENT INSURANCE (賦課式保険) / AUTOMOBILE INSURANCE (自動車保険) / AVIATION INSURANCE (航空保険) / BLANKET INSURANCE (包括保険) / BROAD-FORM INSURANCE (広範囲型保険) / CAR INSURANCE (自動車保険) / CASUALTY INSURANCE (災害保険) / CERTIFICATE OF INSURANCE (保険証明書) / COINSURANCE (比例塡補保険; 共同保険) / COLLISION INSURANCE (衝突保険) / COMPREHENSIVE INSURANCE (総合保険) / COMPULSORY INSURANCE (強制保険) / CONCURRENT INSURANCE (同位保険) / CONTINGENCY INSURANCE (未確定保険) / CONVERTIBLE INSURANCE (転換可能保険) / COST, FREIGHT, AND INSURANCE (運賃保険料込み値段) / CREDIT INSURANCE (信用保険) / CROP INSURANCE (農作物保険) / DECREASING TERM INSURANCE (逓減定期保険) / DEPOSIT INSURANCE (預金保険) / DIRECT INSURANCE (原保険) / DISABILITY INSURANCE (就業不能所得補償保険) / DOUBLE INSURANCE (重複保険) / DRIVING WITHOUT INSURANCE (無保険運転) / ENDOWMENT INSURANCE (養老保険) / ERRORS-AND-OMISSIONS [E&O] INSURANCE (過誤怠慢責任保険) / EXCESS INSURANCE (超過額保険) / EXTENDED INSURANCE (延長保険) / EXTENDED TERM INSURANCE (延長定期保険) / FIDELITY (AND) GUARANTY INSURANCE (誠実保証保険) / FIDELITY INSURANCE (身元保証保険) / FIRE INSURANCE (火災保険) / FIRST-PARTY INSURANCE (ファースト・パーティー保険) / FLOOD INSURANCE (洪水保険) / FRATERNAL INSURANCE (共済保険) / FREIGHT INSURANCE (運送料保険) / GRAVEYARD INSURANCE (墓地保険) / GROUP CREDIT(OR) INSURANCE (団体信用生命保険) / GROUP INSURANCE (団体保険) / GUARANTY INSURANCE (保証保険) / HEALTH INSURANCE (健康保険) / HOMEOWNER'S INSURANCE (住宅所有者総合保険) / HULL INSURANCE (船舶保険) / INDEMNITY INSURANCE (損害保険; 先履行型責任保険; ファースト・パーティー保険) / INDUSTRIAL INSURANCE (産業簡易生命保険; 労働災害・健康保険; 労働者災害補償保険) / INTERINSURANCE (協同保険) / KEY EMPLOYEE (LIFE) INSURANCE (企業幹部(生命)保険) / KEYMAN [KEYPERSON] INSURANCE (企業幹部保険) / LAST-SURVIVOR (LIFE) INSURANCE (最終生残者(生命)保険) / LEASEHOLD INSURANCE (定期不動産賃借権保険) / LEGAL EXPENSES INSURANCE (訴訟費用保険) / LIABILITY INSURANCE (責任保険) / LIFE INSURANCE (生命保険) / LLOYD'S INSURANCE (ロイズ保険) / LOSS OF USE INSURANCE (利用機会喪失保険) / MALPRACTICE INSURANCE (業務過誤保険) / MARINE INSURANCE (海上保険) / MEDICAL INSURANCE (医療保険) / MORTGAGE GUARANTEE INSURANCE (譲渡抵当権者保険) / MORTGAGE INSURANCE (譲渡抵当保険) / MOTOR INSURANCE (自

動車保険) / MULTI-LINE INSURANCE (多種目保険) / MUTUAL BENEFIT INSURANCE (相互共済保険) / MUTUAL INSURANCE (相互保険) / NATIONAL INSURANCE (国民保険(制度)) / NO-FAULT AUTO INSURANCE (無過失責任自動車保険) / OLD-AGE AND SURVIVORS' INSURANCE (老齢・生残者保険) / OLD AGE, SURVIVORS AND DISABILITY INSURANCE (老齢・生残者・廃疾保険) / OLD AGE, SURVIVORS, DISABILITY AND HEALTH INSURANCE (老齢・生残者・廃疾・健康保険) / ORDINARY (LIFE) INSURANCE (普通生命保険) / OVERINSURANCE (超過保険) / PAID-UP INSURANCE (払い済み保険; 保険料払い済みの保険) / PARTICIPATING INSURANCE (配当付き保険) / PARTNERSHIP INSURANCE (パートナーシップ保険) / POLICY OF INSURANCE (保険(契約); 保険証券) / PORT-RISK INSURANCE (港内危険保険) / PRIMARY INSURANCE (第一次保険) / RECIPROCAL INSURANCE (交互保険) / REINSURANCE (再保険) / REPLACEMENT INSURANCE (取替原価保険) / RETIREMENT-INCOME INSURANCE (退職所得保険) / SELF-INSURANCE (自家保険) / SINGLE PREMIUM (LIFE) INSURANCE (一時払い生命保険) / SOCIAL INSURANCE (社会保険) / SUBSTANDARD INSURANCE (標準下体保険) / SURPLUS LINE INSURANCE (越境保険) / TERM INSURANCE (定期(生命)保険) / TERRORISM INSURANCE (テロ保険) / THIRD-PARTY INSURANCE (第三者保険) / TIME INSURANCE (期間保険) / TITLE INSURANCE (権原保険) / TONTINE INSURANCE (トンチン保険(契約)) / TRAVEL-ACCIDENT INSURANCE (旅行事故保険) / UMBRELLA INSURANCE (雨傘保険) / UNDERINSURANCE (一部保険) / UNEMPLOYMENT INSURANCE (失業保険) / UNINSURED MOTORIST INSURANCE (無保険自動車運転者保険) / VEHICLE INSURANCE (自動車保険) / VOYAGE INSURANCE (航海保険) / WAR RISK INSURANCE (戦争保険) / WORKERS' COMPENSATION INSURANCE (労働者災害補償保険). **2** 保険業. **3** 保険金(額); 《まれ》保険料[掛け金]. **4** 保険証券[証書] (insurance policy). **5** 保証, 請合い《*against*》.

insùrance adjùster 保険金調整者《保険契約上の損害額を査定し保険金の決定調整を行なう者; 保険者・被保険者いずれの立場の者に対してもいう》.

insùrance àgent 保険代理人[代理店] (cf. GENERAL AGENT, SPECIAL AGENT).

insùrance assèssor 保険金査定人.

insùrance benefìciary 保険金受取人.

insùrance bròker 保険仲立人, 保険ブローカー《一般的には常に保険会社から手数料を得て保険者と被保険者との間で保険契約成立のための仲立を行なう人》.

insùrance càrrier 保険者, 保険業者.

insùrance certìficate 保険引受証, 保険契約証.

insùrance commìssioner 〖米〗保険監督委員《保険業を監督する州の役人》.

insùrance còmpany 保険会社. ▶ MIXED INSURANCE COMPANY (混合保険会社) / MUTUAL INSURANCE COMPANY (相互保険会社) / STOCK INSURANCE COMPANY (株式保険会社).

insùrance pòlicy 1 保険契約. **2** 保険証券. ★ 1, 2 共に insurance, policy of insurance ともいう. 種類については ⇨ POLICY².

insùrance pòol 保険連合《保険の危険を分散させ保険料・損害を結合・分担するための保険者・保険会社のグループ》.

insùrance prèmium 保険料.

insùrance prèmium tàx 〖英〗保険料税《保険料 (premium) に課される税金; 略 IPT》.

insùrance ràte 保険料率.

insùrance ràting 保険料評価, 保険料率算定《単に rating ともいう》.

insùrance stámp 〖英〗保険印紙《一定額を国民保険 (national insurance) に払ったことを証明する印紙》.

insùrance trùst 保険金信託《生命保険などで, 支払われる保険金が保険金受取人ではなく受託者に支払われることにより設定される信託》.

insùrance ùnderwriter 1 保険引受人 (insurer). **2** 保険引受担当者. ★ 1, 2 共に単に underwriter ともいう.

in·sùr·ant *n* 保険契約者;《生命保険の》被保険者.

in·sure /ɪnʃʊ́ər/ *vt* 保証する, …の保証となる; …に保険を付ける;〈保険業者が〉…の保険を引き受ける: ~ sb *against* [*from*] risks / ~ one's property *against* fire 財産に火災保険をかける / ~ sb's life / ~ a car *against* loss / ~ *against* loss of earnings. — *vi* 保険[保証]契約を結ぶ (underwrite).

in·súred *a* 保険に入っている, 保険付きの: the life ~《その者の生死が保険事故とされる》被保険者 / the sum ~ 保険金. — *n* [the ~] 被保険者, 保険契約者, 保険金受取人 (cf. BENEFICIARY, INSURER, POLICYHOLDER, SUBJECT). ▶ ADDITIONAL INSURED (追加的被保険者) / CLASS-ONE INSURED (第一種被保険者) / CLASS-TWO INSURED (第二種被保険者) / NAMED INSURED (記名被保険者) / REINSURED (再被保険者).

insúred plán 保険給付計画《顧客は保険会社から, 給付の基金として生命保険あるいは年金を購入し, 会社がその基金を運用し給付をなす年金・退職計画》.

in·súr·er *n* **1** 保険者, 保険業者, 保険会社 (=assurer, carrier, underwriter) (cf. *the* INSURED). ▶ COINSURER (共同保険者) / INTERINSURER (協同保険引受人) / QUASI INSURER (準保険者) / REINSURER (再保険者) / UNDERINSURER (一部保険者). **2** 保証人.

in·sur·gence /ɪnsə́ːrdʒ(ə)ns/ *n* 暴動, 反乱, 謀叛.

in·sur·gen·cy /ɪnsə́ːrdʒ(ə)nsi/ *n* 反乱状態, 反逆状態.

in·sur·gent /ɪnsə́ːrdʒ(ə)nt/ *a* 暴動[反乱]を起こした. — *n* **1** 暴徒, 反乱者;反政府運動者[家], 反政府運動者集団. **2***《政党内の》*反対分子, 造反派. **~·ly** *adv*

[L *insurrect-* -*surgo* to rise up]

insúring agrèement 保険引受け合意.

insúring clàuse 保険引受け約款.

in·sur·rec·tion /ˌɪnsəˈrɛkʃ(ə)n/ *n* 反乱行為, 反逆行為; 反乱, 謀叛, 暴動.

insurréction·ary /; -(ə)ri/ *a* 暴動の, 謀反の; 暴動[謀反, 反乱]を起こしがちな. — *n* 反乱者, 暴徒, 暴民 (insurgent).

intáct válue prìnciple [the ~]『米』価値保存の原則, 完全価値原則《信託財産に株式が含まれている場合に, 配当を信託財産に組み入れるか, あるいは収益として受益権者に支払うかについての原則の一つ; すなわち, 信託設定後の利益からの配当は受益権者に, 設定前の元本の信託財産に振り分ける原則; Pennsylvania rule (ペンシルヴェニア準則) ともいう; 現在はむしろマサチューセッツ準則 (Massachusetts rule), すなわち, 配当の種類を基準にし現金・財産配当は受益者に, 自社株式での配当は元本に振り分ける方式に変わっている》.

ín·take *n* 1 『米』少年犯罪者処遇審査《犯罪のかどで訴えられた少年 (juvenile) をどこへ送るかの審査決定》. 2 『米』少年犯罪者処遇審査官団. 3 『英史』《耕作のための》荒蕪地一時的囲み地. 4 《沼沢地の》干拓地.

íntake dày 《裁判所での》担当事件割当て日.

in·tán·gi·ble *a* 触れることのできない; 実体のない, 無体の, 無形の《財産など》. — *n* 手に触れることのできないもの, 無形のもの, 《特にのれん・特許権・株式などの》無形財産, 無体動産. ▶ GENERAL INTANGIBLE (一般無形財産) / PAYMENT INTANGIBLE (売り掛け債権からなる無形財産).

intángible ásset 無形(固定)資産《のれん・特許権・商標など》.

intángible próperty 無形財産《物理的存在をもたない株式・特許権など; cf. TANGIBLE PROPERTY》.

intángible táx 『米』無形財産取引税《州税の一》.

in·te·grate /ˈɪntəɡreɪt/ *vt* 1 《部分・要素を》統合する, 一体化する, 組み込む ⟨into, with⟩; 完全にする. 2 《人種的・文化的に異なった人々を》《社会に》統合する; …における《人種》差別を撤廃する. — *vi* 統合[一体化]する.

ín·te·grát·ed *a* 統合[一体化]された, 融和された; 完成された, 完全な, 完結した; 一貫生産の; 人種差別が撤廃された.

íntegrated bár 《米国のいくつかの州の》統合法曹協会, 強制加入制法曹[法律家]協会 (=unified bar) 《協会会員であることが区域内(通例は州全体)で実務を執ることの資格要件になっている法曹協会 (bar association); cf. VOLUNTARY BAR》.

íntegrated cóntract 完結した契約書 (=integrated writing). ▶ COMPLETELY INTEGRATED CONTRACT (完全に完結した契約書) / PARTIALLY INTEGRATED CONTRACT (部分的に完結した契約書).

íntegrated pollútion contròl 『英史』汚染統合規制《1990年の環境保護法 (Environmental Protection Act) は環境汚染の規制を単一機関 Her Majesty's Inspector of Pollution (汚染監督官) の下に統合したが, 2007年からは汚染予防統合規制 (Integrated Pollution Prevention Control) がこれにとって代わっている; 略 IPC》.

Íntegrated Pollútion Prevèntion Contròl [the ~]『英』《1990年の環境保護法 (Environmental Protection Act) およびその規制範囲を拡げた1991年の汚染予防規制法 (Pollution Prevention Control Act) で定められた》汚染予防統合規制《略 IPPC》.

íntegrated próperty sèttlement 《離婚に際しての》夫婦間財産分割完結合意 (=PROPERTY SETTLEMENT).

íntegrated wríting 完結した契約書 (=INTEGRATED CONTRACT).

in·te·grá·tion *n* 1 統合, 合併 (cf. MERGER). ▶ HORIZONTAL INTEGRATION (水平的統合) / VERTICAL INTEGRATION (垂直的統合). 2 《公教育機関・職場などにおける》人種的融合, 人種差別撤廃 (cf. SEGREGATION, DESEGREGATION). 3 《契約書面の》完結性 (cf. INTEGRATED CONTRACT, MERGER, PAROL EVIDENCE RULE). ▶ COMPLETE INTEGRATION (完全なる完結性) / PARTIAL INTEGRATION (部分的完結性).

integrátion clàuse 完結的契約書条項 (=entire-agreement clause, entire-contract clause, merger clause)《当該契約書が両当事者の完全かつ最終的合意を示しており, 当該契約書に定めた事項についての一切の非形式的了解・口頭による合意に代わるものであることを述べている契約条項; したがってこの契約書内容に矛盾する解釈・修正を示す証拠はすべて排除することになる; ⇨ PAROL EVIDENCE RULE; cf. NO-ORAL MODIFICATION CLAUSE》.

integrátion rùle 完結性の準則《契約の両当事者がその合意内容を最終的に書面にした場合には, その他の陳述等は効果を有しないという原則; cf. PAROL EVIDENCE RULE》.

in·teg·ri·ty /ɪnˈtɛɡrəti/ *n* 廉直, 誠実(性), 高潔; 完全, 全一性.

in·tel·lec·tu·al /ˌɪnt(ə)ˈlɛktʃuəl, -ʃuəl/ *a* 知的な, 知力[知性]の(必要な): the ~ faculties 知的能力 / ~ pursuits 知的な職業.

intelléctual próperty 1 知的財産. 2 知的財産権, 知的所有権《略 IP; cf. COPYRIGHT, INFRINGEMENT, LITERARY PROPERTY》. ▶ INTERNATIONAL BUREAU FOR THE PROTECTION OF INTELLECTUAL PROPERTY (知的工業所有権保護国際事務局).

Intelléctual Próperty Òffice 『英』知的財産局《かつては Patent Office (特許局) と呼ばれていた, 特許許可局; 略 IPO》.

in·tel·li·gent /ɪnˈtɛlədʒ(ə)nt/ *a* 理解力のある, 理性的な; 識別力[判断力]を有する; …を理解している, 知って いる ⟨of⟩. — **·ly** *adv*

in·tém·per·ance *n* 不節制, 放縦, 《特に》暴飲, 大

酒. ▶HABITUAL INTEMPERANCE (常習的大酒).

in·tend /inténd/ vt **1** (…する)つもりである, (…しようと)思う, 意図する ⟨to do, doing, that…⟩: ~ to sue for damages 損害賠償請求の訴えを起こすつもりだ. **2** 意味する, 指す;《廃》解釈する. — vi 目的[計画]をもつ, 意図する. ~ed to be recorded ⇒ RECORD. ~·er n

inténd·ed a 意図された, もくろまれた, 故意の; 予定された: ~ injury 故意の権利侵害.

inténded beneficiary 意図された受益者 (=direct beneficiary)《契約の受益者として契約の両当事者が意図した第三者受益者 (third-party beneficiary) で, 権利確定時点でその契約強制の権利を有することになる; cf. INCIDENTAL BENEFICIARY》.

inténded múrder 故意による殺人.

inténded-úse dòctrine 予定使用の法理《製造物責任 (products liability) との関連で製造者に, 予定使用者にとっての合理的範囲内での安全を義務づける原則》.

inténd·ment n **1**(法の)真意, 真義 (=inténdment of láw). **2**《法の》真意解釈. **3**《他人との法的接触の際の》期待, 予想.

in·tent /intént/ n **1** 目的, 意図, 意志, 決意; 意思, 作意, 故意《特定の行為を行なおうとする心的態度で, その動機ではなく実行の決意; cf. KNOWLEDGE, MOTIVE, SCIENTER》. ▶BASIC INTENT (基本的意思) / CONSTRUCTIVE INTENT (擬制された意思) / CRIMINAL INTENT (犯意) / DONATIVE INTENT (贈与の意思) / FELONIOUS INTENT (重罪犯意) / GENERAL INTENT (一般的意思) / IMMEDIATE INTENT (直接的意思) / IMPLIED INTENT (黙示の意思) / LARCENOUS INTENT (窃盗犯意) / LETTER OF INTENT (契約意図表明状) / MANIFEST INTENT (明白な意思) / PREDATORY INTENT (略奪的意図) / PRESUMPTION OF INTENT (意思の推定) / SPECIFIC INTENT (特定意思) / TESTAMENTARY INTENT (遺言意思) / TRANSFERRED INTENT (移転故意) / ULTERIOR INTENT (隠された意図). **2**《法創造者 (lawmaker) の, 立法の》意図, 意思. ▶DORMANT INTENT (隠れたる立法意図) / LEGISLATIVE INTENT (立法意図) / ORIGINAL INTENT (起草者の意思; 起草者意思説). **with ~ 意図[意思]をもって**: with evil [good] ~ 悪意[善意]をもって / with ~ to do…しようと[するつもりで]. ▶ASSAULT WITH INTENT (別罪犯意暴行) / BURGLARY WITH INTENT (意図をもっての不法目的侵入(罪)) / BURGLARY WITHOUT INTENT (意図をもたずの不法目的侵入(罪)) / LOITERING WITH INTENT (売春婦が客を求めて公道をうろつくこと) / WOUNDING WITH INTENT (意図的重大傷害(罪)).

in·ten·tion /inténʃ(ə)n/ n **1** 意思, 意向 ⟨of doing, to do⟩; 故意, 意図, 目的, 作意; 究極の意図[目的], 決意: by ~ 故意に / do… without ~ するつもりがなくて…する / have no ~ of doing…する気は少しもない / ~ to create legal relations《契約の本質的要素の一つである》法的関係を創出する意思 / with good ~s 善意で; 誠意をもって / with the ~ of incriminating sb 人を罪に陥れる意図をもって. ▶DECLARATION OF INTENTION (意思の表明, 帰化意思の表明) / INDIRECT INTENTION (間接故意) / MANIFESTATION OF INTENTION (意思の明示) / OBLIQUE INTENTION (間接故意) / STATEMENT OF INTENTION (意思表明書) / TESTAMENTARY INTENTION (遺言意思). **2** 意味, 趣旨.

inténtion·al a もくろんだ, 故意の, 意図的な: ~ discrimination 意図的差別(待遇) / ~ damage 故意の損害 / an ~ insult 故意の侮辱 / an act of ~ cruelty 故意の虐待行為. ~·ly adv 意図的に, 故意に, 計画的に.

inténtional áct 意図的行為.

inténtional inflíction of emótional distréss 感情的苦しみを故意に加えること (⇨ EMOTIONAL DISTRESS) (cf. NEGLIGENT INFLICTION OF EMOTIONAL DISTRESS, OUTRAGE, ZONE OF DANGER RULE).

inténtional tórt 意図的不法行為 (cf. NEGLIGENCE, NEGLIGENT TORT).

inténtional wróng 故意による権利侵害 (=willful wrong)《権利侵害の主観的要素 (mens rea) が故意・意思・計画性にまで達するもの; cf. WRONG OF NEGLIGENCE》.

inténtion of testátor 遺言者の意図 (cf. TESTAMENTARY INTENT).

inténtion of kíll 殺意.

in·ter- /íntər/ comb form「中」「間」「相互」の意.

in·ter alia /íntər éɪliə/ adv 《もの・事について》なかんずく, とりわけ, …などと. [L=among other things]

in·ter ali·os /íntər éɪliòus/ adv **1**《人について》なかんずく, なかでも, とりわけ, …その他. **2** 他の人びととの間では. [L=among other persons]

Ìnter-Américan Bár Associàtion [the ~] アメリカ大陸法曹会議 (略 IABA).

In·ter ar·ma si·lent le·ges. /íntər áːrmə sáɪlent líːdʒɪz/ 武器の間では法は沈黙する. [L=Amid the arms laws are silent.]

ìnter·bánk a 銀行間の: ~ loan インターバンク・ローン.

in·ter·cept /ìntərsépt/ vt **1** 途中で捕える[奪う]. **2**《通信を》傍受する, 盗聴する. **3** 遮断する. — n **1** 途中で奪うこと. **2** 中間搾取《債務者が権利を有している失業給付金 (unemployment benefit), 就業不能に伴う収入, 所得税還付金, 宝くじの賞金などの一部を, その子供の過去の扶養にかかわる未払い債務の弁済のために子供の扶養実施機関への支払いとして自動的に没取し流用すること》. **3** 傍受した通信[暗号].

in·ter·cep·tion /ìntərsépʃ(ə)n/ n **1** 途中で捕える[奪う]こと. **2**《通信の》傍受, 盗聴; 遮断.

intercéption of communicátions 通信傍受.

ìnter·cómmon vi《隣接地で》入会権を相互に行

使する.

in·ter·cómpany *a* 会社間の: ~ dealings《同一グループ内の》会社間取引 / ~ comparisons《同一業種内の》会社間比較.

in·ter·course /íntərkɔːrs/ *n* **1** 交通, 交際, 交渉. **2** 性交 (sexual intercourse). ▶ ILLICIT INTERCOURSE (不義) / SEXUAL INTERCOURSE (性交).

in·ter·dict /íntərdíkt/ *vt* **1** 禁止する; …の使用を禁止する. **2**《カトリック》…の聖務[特権]を停止させる. **3**《ローマ法・大陸法》禁治産宣告をする. ― *n* /′-⌣/ **1** 禁止(命令), 禁止令;《ローマ法》《法務官による》特示命令;《裁判所・行政官の》禁止(命)令;《スコットランド》差止め命令. **2**《カトリック》聖務禁止(令). **3**《ローマ法・大陸法》禁治産者. [OF<L *inter-(dict- dico* to say)=to interpose, forbid by decree]

in·ter·díc·tion *n* **1** 禁止, 差止め. **2** 聖務禁止. **3**《ローマ法・大陸法》禁治産宣告(手続き). ▶ FULL [COMPLETE] INTERDICTION (禁治産宣告(手続き)) / PARTIAL [LIMITED] INTERDICTION (準禁治産宣告(手続き)). **in·ter·díc·to·ry** *a*

in·te·res·se /íntərési/ *n* REAL PARTY IN INTEREST. [L=to interest]

interésse tér·mi·ni /-tə́ːrmənài/《史》将来的定期不動産(賃借)権《定期不動産権 (tenancy for a term)を有する者が現実に占有を取得するまでの間の権利; 立入り権 (right of entry) のみがある状態》. [L=interest of term]

in·ter·est /ínt(ə)rəst/ *n* **1** 関心, 興味; 関心事: feel a great ~ *in* politics 政治に大いに関心をもつ / take an ~ [lose ~] *in* one's work 仕事に興味をもつ[失う] / a matter of no interest ~ 少なからぬ関心事. ▶ PRURIENT INTEREST (好色的興味). **2** 利害関係《*in*》; 利権, 権益, 権利; 不動産上の権利; 株, 持株《*in* a company》; [°*pl*] 利, 利益; 私利私欲 (self-interest): have an ~ *in* an estate 土地に権利をもつ. ▶ ABSOLUTE INTEREST (絶対的権利) / ADMISSION AGAINST INTEREST (利益に反する自白) / ADVERSE INTEREST (相反利益; 対立利害) / AGENCY COUPLED WITH AN INTEREST (権利対象物に関する代理) / AUTHORITY COUPLED WITH AN INTEREST (利益を伴う代理権) / BALANCING OF INTERESTS (利益衡量) / BENEFICIAL INTEREST (受益的権利) / BEST INTERESTS (最善の利益) / BEST INTERESTS OF THE CHILD (子供の最善の利益) / CHATTEL INTEREST (人的土地財産権) / COMMUNITY OF INTEREST (共通の利害) / COMPELLING STATE INTEREST (不可欠な政府利益) / CONCURRENT INTEREST (共同の権利) / CONDITIONAL INTEREST (条件付き権利) / CONFLICT OF INTEREST (利害抵触) / CONTINGENT INTEREST (未確定権利) / CONTINUITY OF INTEREST (権利の継続) / CONTROLLING INTEREST (支配(的)持分) / DECLARATION AGAINST INTEREST (利益に反する供述) / DETERMINABLE INTEREST (解除条件付き権利) / DIRECT INTEREST (直接的利害関係) / DISCLOSURE OF INTEREST (金銭上の利害関係の開示) / ENTAILED INTEREST (限嗣権) / ENTIRE INTEREST (完全な権利) / EQUITABLE INTEREST (エクイティー上の権利) / EXECUTORY INTEREST (未発生将来権) / EXPECTANCY INTEREST (期待利益) / EXPECTATION INTEREST (履行利益) / FRACTIONAL INTEREST (分数保有権) / FUNDAMENTAL INTEREST (基本的利益) / FUTURE INTEREST (将来権) / GOVERNMENTAL INTEREST (公的利益) / IDENTITY OF INTERESTS (利害の同一性) / INALIENABLE INTEREST (不可譲の利益) / INCHOATE INTEREST (未確定な権利) / INSURABLE INTEREST (被保険利益) / LANDED INTEREST (土地に対する権利) / LEASEHOLD INTEREST (定期不動産賃借権; (不動産)賃貸借契約上の権利; 作業権) / LEGAL INTEREST (コモンロー上の権利; 法律上の権利) / LESSEE'S INTEREST (賃借人の利益) / LESSOR'S INTEREST (賃貸人の利益) / LIBERTY INTEREST (自由権) / LICENSE COUPLED WITH AN INTEREST (権利対象地所在物に対する権利に付随する立入り権) / LIFE INTEREST (生涯権) / LIMITED INTEREST (制限の権利) / MAJORITY INTEREST (多数持分) / MEMBERS' INTERESTS ((庶民院)議員利害関係事項) / MINERAL INTEREST (鉱業権) / MINOR INTERESTS (劣位の権利) / MINORITY INTEREST (少数持分) / OUTSTANDING INTEREST (第三者の権利) / PARTY IN INTEREST (利害関係当事者) / POLICY PROOF OF INTEREST (被保険利益不問保険証券, 名誉保険証券) / POSSESSORY INTEREST (現実に占有しうる権利; 占有に基づく利益) / POSSIBILITY COUPLED WITH AN INTEREST (権利と結びついた可能性) / POWER COUPLED WITH AN INTEREST (権利対象物に対する権利付与を伴う権能) / PREDECESSOR IN INTEREST (前権利者) / PRESENT INTEREST (現在権) / PRIVACY INTEREST (プライバシー自由権) / PROPERTY INTEREST (財産自由権) / PROPRIETARY INTEREST (所有権に基づく権利) / PUBLIC INTEREST (公益) / REAL PARTY IN INTEREST (実質的利益当事者) / RELIANCE INTEREST (信頼利益) / REMAINDER INTEREST (残余権利) / RESTITUTION [RESTITUTIONARY] INTEREST (不当利得返還権, 原状回復利益) / REVERSIONARY INTEREST (復帰権的利益) / ROYALTY INTEREST (採掘料としての分け前) / SECURITY INTEREST (担保権) / SUBSURFACE INTEREST (地下権) / SUCCESSIVE INTERESTS (連続的移転権利) / SUCCESSOR IN INTEREST (権利承継者) / SURFACE INTEREST (地表権) / TERMINABLE INTEREST (期限・条件付き権利) / UNDIVIDED INTEREST (不分割保有権) / UNITY OF INTEREST (不動産権の(内容の)同一性) / VESTED INTEREST (確定的権利; 既得権益) / WORKING INTEREST (作業権) / ZONE OF INTEREST(s) (規定対象領域). **3** 利息, 利率, 金利; [*fig*] 利子: annual [daily] ~ 年利[日歩] / fixed ~ 固定利息 / at 5 percent ~ 5分利で / at high [low] ~ 高利[低利]で / ~ charges 利払い費用 / accrual of ~《元金への》利息の自動繰入れ. ▶ ACCRUED INTEREST (未払い利息) / ADD-ON INTEREST (アド・オン金利) / BACK INTEREST (未払い利息) / BOSTON

INTEREST (ボストン式利息.) / COMPOUND INTEREST (複利.) / CONVENTIONAL INTEREST (約定利息.) / GROSS INTEREST (総利息.) / ILLEGAL INTEREST (違法な利息.) / IMPUTED INTEREST (帰属利息.) / INTEREST UPON INTEREST (複利) / LEGAL INTEREST (適法な利息.) / LOAN INTEREST (貸付け利息.) / MARINE [MARITIME] INTEREST (海事利息.) / MORATORY INTEREST (損害賠償金利息.) / NEW YORK INTEREST (ニューヨーク式利息.) / PREJUDGMENT INTEREST (判決前利息.) / PREPAID INTEREST (前払い利息.) / QUALIFIED RESIDENCE INTEREST (適格住宅資金利息.) / RATE OF INTEREST (利率) / SIMPLE INTEREST (単利) / UNEARNED INTEREST (前受け利息.). **4** [*pl*] (特定業種[活動分野]の)(有力な)同業者連, 関係者たち, 実業界[財界]の実力者グループ; 大企業: the banking ~ 銀行業者 / the Mitsui ~ 三井財閥 / the business ~s 大事業家連. **5** 勢力, 信用〈with the boss〉: have ~ with... に勢力[信用]がある, 顔がきく / make ~ with〈人〉に運動する / through ~ with〈人の伝手〉で[コネで]職を得るなど / use one's ~ with...に尽力する. **buy an ~ in**...の株を買う, ...の株主になる. **coupled with an ~** 物権[利益]の付与を伴う (⇨ AGENCY COUPLED WITH AN INTEREST, AUTHORITY COUPLED WITH AN INTEREST, POWER COUPLED WITH AN INTEREST). **declare [disclose] an [one's] ~**〈...に〉関係[参画, 出資]している[する]ことを認める[表明する, 開示する], (特に 好ましくない)事柄への関与をみずから認める〈*in*〉. **vested in ~** 現に確定的権利となっている, (権利の発生が)確定している《将来享有できることがすでに確定していること; 復帰権 (reversion) や確定残余権 (vested remainder) などに用いる; cf. *vested in* POSSESSION》. **with ~ (1)** 興味をもって〈聞くなど〉. **(2)** 利息を付けて: return a blow *with* ~ おまけをつけてなぐり返す.
— *vt* **1** ...に興味を起こさせる, ...に関心をもたせる: be ~*ed in*...に興味[関心]がある. **2** 関係[参加]させる, あずからせる: the person ~*ed* 関係者 / ~ one*self in*...に (積極的に)かかわる, 関心を払う.

ínterest-anàlysis techníque 利益分析法 (=governmental interest analysis technique)《準拠法の選択 (choice of law) をする場合に, それぞれの法およびそれがいかなる利益・政策を背景にしているかを調べ比較するやり方》. ▶ GOVERNMENTAL INTEREST ANALYSIS TECHNIQUE (公的利益分析法).

ínterest arbitràtion 契約[協定]規定紛争仲裁《**1**) 新たに作るべく当事者間で話し合っている契約内容をめぐって争いが生じたゆえにそれを解決するための仲裁 **2**) 特に新しく作る労働協約に含ませるべき規定をめぐっての紛争についての仲裁; cf. GRIEVANCE ARBITRATION》.

ínterest as dámages 法定利息《(特別の約定のない場合に, 固定額の支払いあるいは損害賠償金の査定・支払いの遅延の補償として法が定めている利息; cf. CONVENTIONAL INTEREST》.

ínterest·ed *a* 興味をもった; 利害関係をもつ, 私心のある: ~ motives 利害関係がからんだ動機.

ínterested párty 利害関係者, 当事者《略 IP》.

ínterested pérson 利害関係人《略 IP》.

ínterested sháreholder [stóckholder] 利害関係株主《会社の意思決定に影響を及ぼしうるのに十分な数の株式を所有している株主; 通例一人で社外株式 (outstanding stock) の最低 15-20%の所有者》.

ínterested wítness 利害関係者証人 (opp. *disinterested witness*).

ínterest equalizátion tàx《米史》利子平衡税《資本流出抑制のため, 米国納税者が外国証券を取得した場合に課した税金; 1974 年廃止》.

ínterest-frée *a* 無利息の.

ínterest-frée lóan [crédit] 無利息の信用貸し[貸付け, 融資, ローン]: The company gives its staff *interest-free loans*.

ínterest in expéctancy 期待権, 将来権.

ínterest in lánd 土地に対する権利.

ínterest in posséssion 現に享有しうる権利《財産を現に享有しうる権利を与えている現在の権利》.

ínterest in posséssion trùst 現に享有しうる権利付き信託《受益者 (beneficiary) が信託資産から生ずる収益を一定期間ないしは死亡するまで享受できる信託》.

ínterest in táil 限嗣権 (=ENTAILED INTEREST).

ínterest lèss than fréehold 自由土地保有権より劣る権利.

Ínterest on Láwyers' Trúst Accòunts《米》弁護士信託勘定利息(活用制度)《弁護士あるいは法律事務所 (law firm) が訴訟依頼人に属する留保金を利付勘定に預け, そこからの利息を貧困者への法律扶助などあらかじめ指定されている法的慈善事業に充てる制度; ほとんどすべての州に強制的あるいは任意的であるかはともかくこの事業が存している; 略 IOLTA》.

ínterest-ónly lóan [mórtgage] 利息のみ支払いローン[譲渡抵当]《借主は満期まで利息のみを定期的に支払い, 満期時に元本を一括支払いするローン[譲渡抵当]》.

ínterest-ónly óption 利息のみの受給方法の選択《保険金受取り方法の選択 (settlement option) の一種で, 保険者 (insurer) が保険契約からの収益を保留し, 保証された最低率での利息の支払いのみをなすという方法の選択》.

ínterest ràte 利率《rate of interest とも, また単に rate ともいう; ⇨ RATE》.

In·te·rest rei·pub·li·cae ne ma·le·fi·ci·a re·ma·ne·ant im·pu·ni·ta. /íntərest rìːpʌ́blɪsiː nɛ mæ̀lefíʃia rɪmɛ́nɛænt ìmp(j)ʌnáɪta/ 悪事が罰せられないままに放置されないようにすることは, 国家の関心事である. [L=It is in the interest of the state that wrongdoings not remain unpunished.]

Interest reipublicae ne sua quis ma·le uta·tur. /— — — súːə kwɪs mǽlə ətéɪtər/ 人が自

分のものを悪用しないようにすることは, 国家の関心事である. 〔L=It is in the interest of the state that no one misuse his/her property.〕

Interest reipublicae ut sit fi·nis li·ti·um. /— — ət sɪt fáɪnɪs láɪʃiəm/ 訴訟に終わりがあることは, 国家の関心事である. 〔L=It is in the interest of the state that there should be an end of lawsuits.〕

ínterest sùit 遺産管理人決定訴訟.

ínterest upon ínterest 複利.

in·ter·fere /ìntərfíər/ vi **1** 干渉する, 介入する, 口出しする《*in*》; 仲に入る, 調停する: ~ *in* private concerns 私事に干渉する. **2** 妨げる, じゃまをする, 〈利害が〉衝突する, 抵触する《*with*》;《特許法》同一発明の優先権を争う: if nothing ~s さしつかえなければ / ~ *with* witnesses ⇒ INTERFERING WITH WITNESS / The claims of the two countries ~*d*. 両国の要求が衝突した. **in·ter·fér·er** n 〔OF (rflx)=to strike each other (L *ferio* to strike)〕

in·ter·fér·ence n **1** 干渉, 介入, 口出し; じゃま, 妨害; 権利侵害. ▶ VEHICLE INTERFERENCE (車両損壊(罪). **2**《特許法》**a**《特許(権)の》抵触. **b**《米》《同一発明の優先権をめぐる》抵触審査. ▶ BOARD OF PATENT APPEALS AND INTERFERENCES (特許審判・抵触部).

in·ter·fe·ren·tial /ìntərfərénʃ(ə)l/ a

interférence [interfering] with contráctual relátions 契約関係妨害 (=PROCURING BREACH OF CONTRACT)《英国では現在, 現実に契約違反にまで至らないこの妨害は不法手段を用いての損害惹起 (causing loss by unlawful means) という不法行為類型に含められている》. ▶ TORTIOUS INTERFERENCE WITH CONTRACTUAL RELATIONS (契約関係への不法行為的干渉).

interférence with góods《不法行為 (tort) の一種としての》動産権利侵害《⇒ WRONGFUL INTERFERENCE WITH GOODS》.

interféring pátent 抵触する特許権.

interféring with máil 郵便妨害(罪).

interféring with subsísting cóntract 既存契約妨害 (=PROCURING BREACH OF CONTRACT).

interféring with tráde [búsiness]《不法行為 (tort) の一種である》営業妨害.

interféring with véhicles《英》車両損壊(罪) (=vehicle interference)《車の(一部)や車の中のものを盗もうとして車を損壊するあるいは持ち去る, 1981 年の Criminal Attempts Act (未遂法) によって廃止された不審者逮捕法 (sus law) に代わって導入された犯罪; 警察官はこの犯罪を犯したと合理的に判断しうる者の令状なしの逮捕ができる》.

interféring with wítness 証人妨害(罪)《証人に証言させない[証言を変える]ように妨害[干渉]する犯罪; cf. PERVERTING THE COURSE OF JUSTICE》.

intergenerátional lóve 異世代間愛情《**(1)** 祖父母と孫の間の愛情がその例で, 通例家族間のもので, 性的感情は含まれない **(2)** 同意年齢 (age of consent) に満たない子供と成人との恋愛ないしは性的接触》.

ìnter·góvernméntal immúnity《米》《連邦と州との間の》政府間免除.

intergovernméntal immúnity dòctrine《米》政府間免除の法理《連邦政府と州はそれぞれ独立している主権を有し, したがって特定の政治領域においてはそれぞれが他方の主権を侵害することは許されないという原則; cf. PREEMPTION》.

in·ter·im /íntərəm/ n **1** 合間, しばらくの間: in the ~ その間に, 当座の間. ▶ AD INTERIM (一時的に[な]). **2** 暫定措置, 仮決定. — *a* 当座の, 臨時の, 仮の, 暫定的な, 中間の《英国では 1999 年法まで INTERLOCUTORY の語が用いられていたが, 同法でこの語に代えられた》: an ~ certificate 仮証書 / an ~ report 中間報告(書). — *adv* その間に. 〔L (*inter-*, *-im* adv suf)=in the meantime〕

ínterim appéal《英》中間上訴《かつて INTERLOCUTORY APPEAL といった》.

ínterim appóintment《米》残存期間任命, 暫定任命.

ínterim commíttitur 暫定的拘置命令. 〔L=in the meantime, he/she is committed〕

ínterim cúrator《古》暫定的財産管理人《国王の財産管理人 (administrator) が任務を引き継ぐまで重罪人 (felon) の財産を保管するように治安判事 (justice of the peace) により選任された人》.

ínterim dívidend《決算期前の》中間配当《cf. FINAL DIVIDEND》.

ínterim fináncing 一時金融, つなぎ金融.

ínterim injúnction《英》中間差止め命令 (=PRELIMINARY INJUNCTION)《英国ではかつて INTERLOCUTORY INJUNCTION といった》.

ínterim júdgment《英》中間判決《英国ではかつて INTERLOCUTORY JUDGMENT といった; cf. FINAL JUDGMENT》.

ínterim méasures *pl*《英》暫定的措置《欧州連合 (European Union) の競争法 (competition law) に関連して, 欧州委員会 (European Commission) および英国の公正取引庁[所] (Office of Fair Trading) が競争にかかわる規則に違反した企業に対して課すことができる一時的制裁; この措置は最終的決定がなされるまでの間, 競争規則違反を訴えている当事者に恒久的損害が及ぶことを回避しようとする目的でとられ, それにはその当事者への商品の供給の再開を命ずることなどが含まれる; cf. INTERIM RELIEF》.

ínterim óccupancy agrèement 一時占有の合意《賃貸借契約付き売却 (leaseback) 契約のこと; cf. LEASEBACK》.

ínterim ófficer 残存期間任官者.

ínterim órder 暫定的命令, 仮命令.

ínterim páyment 1《配当金などの》中間払い. **2**

【英】暫定的支払い命令《1998年制定の民事訴訟手続き規則 (Civil Procedure Rules) 上, 裁判所が被告に対して支払い責任を認めた損害賠償・債務その他の金銭のうち訴訟費用を除いたものの支払いを命令するもの; これが可能になるには, 既に被告が責任を認めていること, あるいは原告が既に損害賠償額査定判決を得ていることなどが必要である》.

ínterim procéedings *pl* 【英】《民事訴訟上の訴状提出から判決までの間の》中間訴訟手続き《1999年法までは interlocutory proceedings と呼ばれた》.

ínterim relíef 一時的[暫定的]救済(手段)《中間差止め命令 (interim injunction) がその例; 英国ではかつて interlocutory relief と呼ばれた》.

ínterim rént 【英】暫定的賃料《事務所用不動産権 (business tenancy) で家主が賃貸借終了予告 (notice to quit) をしたり, 賃借人が更新を申し出た場合に, 家主が裁判所に決定を要請しうる更新後の暫定的な賃料》.

ìnter·insúrance *n* 【米】協同保険 (=RECIPROCAL INSURANCE).

interinsúrance exchànge 【米】協同保険団体 (=RECIPROCAL EXCHANGE).

ìnter·insúrer *n* 【米】協同保険引受人.

in·te·ri·or /ɪntíəriər/ *a* 内国の, 国内の (opp. *foreign*): the ~ trade 国内貿易. ― *n* 内政, 内務. ▶ DEPARTMENT OF THE INTERIOR (内務省).

Intérior Depártment [the ~]【米】内務省 (=DEPARTMENT OF THE INTERIOR).

inter·líne *vt*《本・ページ・文書などの》行間に書き込む[印刷する];《語句を》行間に入れる. ― *vi* 行間に書き込み[記入, 印刷]する.

inter·lin·e·á·tion /-lìniéɪʃ(ə)n/ *n* 行間記入《文書の行間に記入すること》; 行間挿入文言《» cf. INTERPOLATION》.

ìnter·líning *n* 継送積替え《目的地まで直送できない運送人が他の運送人に引継ぎのため貨物を積み替えること》.

inter·lóck *vi* 組み合う, 各部が連動する; 主要部分が整合している.

interlóck·ing conféssions *pl* 整合性のある自白《複数の被疑者の供述が犯罪の主要部分で一致するか, 整合性のある自白》.

interlócking diréctor 兼任役員.

interlócking dirèctorate 兼任役員の職[地位].

in·ter·loc·u·tor /ɪ̀ntərlákjətər/ *n* 1 対話者, 対談者. 2【スコットランド】《裁判所による, 特に中間的な》判決, 決定, 命令. **in·ter·lóc·u·tress** /-trəs/, **-trice** /-trəs/, **-trix** /-trɪks/ *n fem* [L *locut- loquor* to speak)]

in·ter·loc·u·to·ry /-lákjətɔ̀ːri/; -t(ə)ri/ *a* 中間の《判決・命令・上訴》, 中間的な, 終局的ではない, 仮の《英国では1999年法でこの語は INTERIM に代えられた; cf. FINAL》.

interlócutory appéal 中間上訴《訴訟中になされた中間的争点についての決定に対してその都度なされる上訴; 英国では現在 INTERIM APPEAL という; cf. FINAL JUDGMENT RULE》.

Interlócutory Appéals Àct [the ~]【米】中間上訴法《1958年の連邦法で, 連邦控訴裁判所 (United States Court of Appeals) に対して, 民事事件での中間命令 (interlocutory order) を再審査できる裁量権を付与したもの; ただしそのためには, その命令が意見の相違についての実質的根拠となる法律問題を含んでいることと, その即時上訴が訴訟終局を著しく推進する旨を, 事実審の裁判官が書面で述べる必要がある; cf. FINALITY DOCTRINE, FINAL JUDGMENT RULE》.

interlócutory decísion 中間判決[決定] (⇨ INTERLOCUTORY JUDGMENT).

interlócutory decrée 中間判決 (⇨ INTERLOCUTORY JUDGMENT).

interlócutory injúnction 中間的差止め命令, 暫定的差止め命令, 仮差止め命令 (=PRELIMINARY INJUNCTION) (⇨ INTERIM INJUNCTION).

interlócutory júdgment 中間判決《final judgment (終局判決) の対語で, 訴訟途中で中間的争点について決定するもの; ⇨ INTERIM JUDGMENT; cf. INTERLOCUTORY DECISION, INTERLOCUTORY DECREE, INTERLOCUTORY ORDER》.

interlócutory órder《裁判所・裁判官による》中間命令《英国では現在 INTERIM ORDER という; ⇨ INTERLOCUTORY JUDGMENT; cf. APPEALABLE DECISION, COLLATERAL ORDER DOCTRINE》.

interlócutory procéedings *pl*【英】中間訴訟手続き (⇨ INTERIM PROCEEDINGS).

interlócutory relíef 暫定的救済(手段) (⇨ INTERIM RELIEF).

inter·lópe /-lóup/ *vi* 権限なく他人事に介入する, でしゃばる; 他人の権利を侵害する, もぐり営業をする. [逆成く↓]

in·ter·lop·er /ɪ́ntərlòupər, ̀--́-/ *n* 1 権限なく他人事に介入する人. 2 無許可営業者, もぐり商人. [Du *loopen* to run; *landloper* などにならったもの]

inter·méddle *vi* 干渉する, おせっかいをする,《他人の事業・仕事に》違法に干渉する,《遺産管理に》違法に容喙(ようかい)する. **inter·méd·dling** *n*

in·ter·méd·dler *n* おせっかい者, 介入者. ▶ OFFICIOUS INTERMEDDLER (おせっかいな介入者).

in·ter·me·di·ar·y /ɪ̀ntərmíːdièri; -diəri/ *n* 仲介人[者], 中間者, 媒介者[物] (cf. FINDER): through the ~ of...を介して / act as an ~ between... 間の仲立ちをする, ...の間の仲介の労をとる. ▶ FINANCIAL INTERMEDIARY (金融仲介機関) / INFORMED INTERMEDIARY (瑕疵を知らされている仲介者) / LAY INTERMEDIARY (弁護士と依頼人との直接的接触を妨げるために介入する素人) / LEARNED INTERMEDIARY (瑕疵を知っている中間者). ― *a* 仲介の: ~ business 仲介業.

intermédiary bánk 中間銀行, (中間)取次銀行《手形などの取立て過程で, 取立て委任を受けた銀行と支払い銀行との間に介在する銀行や, 信用状取引でその発行銀行と受益者との間に介在する銀行》.

inter·médiate *a* 中間の: ~ review. — *n* 中間物, 仲介[媒介]者. **~·ly** *adv*

intermédiate appéllate còurt 中間上訴裁判所 (=INTERMEDIATE COURT OF APPEAL).

intermédiate cóurt 中間裁判所《最終審裁判所の下位にある一般的管轄権を有する裁判所; 日本の地方裁判所・高等裁判所がこれに当たる》.

intermédiate cóurt of appéal 中間上訴裁判所 (=intermediate appellate court)《日本の高等裁判所のように, 上訴が2度認められている場合の最初の上訴裁判所》.

intermédiate Cóurt of Appéals [the ~]《Hawaii 州の》中間上訴裁判所.

intermédiate scrútiny《米》中程度の厳格審査《立法の合憲性の審査基準として両極端の合理性を基準とするテスト (rational basis test) と厳格審査 (strict scrutiny) の中間にあるもの; この基準の下では制定法が性別・嫡出性の問題など準疑わしい区分 (quasi-suspect classification) を含む場合には, その区分が統治上重要な目的の達成と実質的に関連したものでなくてはならないとされる; cf. MINIMAL SCRUTINY, STRICT SCRUTINY, RATIONAL BASIS TEST, QUASI-SUSPECT CLASSIFICATION》.

intermédiate térms *pl* 中間約定 (=INNOMINATE TERMS).

inter·mediátion *n* **1** 仲介《仲介人 (intermediary) を介在させること》. **2** 金融仲介《直接証券市場へ投資をするのではなく, 銀行などの金融機関に資金を預け, 仲介してもらうこと》.

intermíttent éasement《権利行使が断続的な》間欠的地役権, 断続的地役権.

intermíttent séntence 間欠的自由刑(の宣告)《間欠的に拘禁される刑(の宣告)》.

in·tern[1] /intə́ːrn, ⌐⌐/ *vt*〈交戦国の捕虜・抑留国人・船舶などを〉(一定の区域[港]内に)抑留する, 強制収容する〈in〉;〈危険人物などを〉強制収容[隔離]する.
— *n* /⌐⌐/ 被抑留者 (internee). **~·ment** *n* 抑留, 強制収容; 隔離.

in·tern[2]*, **in·terne***/íntəːrn/ *n* 医学研修生, インターン; 教育実習生, 教生; 法実習生 (cf. CLERK).
— *vi* 法実習生[インターン]として勤務する. **~·ship** *n*

in·ter·nal /intə́ːrnl, íntəːrn/ *a* **1** 内部の (opp. *external*): an ~ memo《一事業所内における》内部覚書. **2** 内面の, 国内の, *《米》*州内の: ~ affairs (of a country) 国内問題 / ~ debt [loan] 内国債 / ~ troubles 内紛. **~·ly** *adv* 内部に.

intérnal áct《思考などの》内面的行為 (cf. EXTERNAL ACT).

intérnal affáirs of a fóreign corporátion *pl*《米》州外法人の内部関係《かつては州外法人の内部関係については審理対象としなかったが, 現在ではこのことは事実上否定され, 適当な場合には不便宜地裁判所の法理 (forum non conveniens) が適用されている》.

intérnal áudit 内部監査.

intérnal cómmerce《米》州内通商 (intrastate commerce).

intérnal impróvement《米》国内開発.

intérnal láw 1 国内法 (cf. INTERNATIONAL LAW, WHOLE LAW). **2** 訴訟係属地の法 (local law).

intérnal litigátion-hóld lètter 訴訟資料保管内部命令状《会社がその被用者に直接あるいは弁護士を介して送る訴訟資料保管命令状 (litigation-hold letter)》.

Intérnal Márket《EU》域内市場《かつて Common Market (欧州共同市場) と呼ばれていたもの》.

intérnal políce《米》《州政府の本来的権限である》州内の治安福祉維持権能.

intérnal ráte of retúrn 内部利益率, 内部収益率《設備投資評価で用いる利益率; 略 IRR》.

intérnal révenue* 内国税収入 (inland revenue").

Intérnal Révenue Còde [the ~]《米》内国歳入法典 (=tax law)《連邦税法のすべてを含む合衆国法律集 (United States Code); 略 IRC》.

Intérnal Révenue Sèrvice [the ~]《米》内国歳入庁, 国税庁《連邦の財務省 (Department of the Treasury) の, アルコールやタバコなどに関わる税を除く内国税収入 (internal revenue) 担当部局; 略 IRS; 英国の Inland Revenue に相当する》.

intérnal révenue tàx《米》内国税 (**1**) 連邦税 **2**) より狭義では関税を除く連邦税》.

intérnal secúrity 国内安全保障, 国内の治安.

intérnal secúrity àct [the ~] **1** 国内安全保障法. **2** [I-S-A-]《米》国内安全保障法,《特に》McCARRAN INTERNAL SECURITY ACT.

Intérnal Secúrity Commíttee [the ~]《米史》国内安全保障委員会《1969 年に下院非米活動委員会 (House Un-American Activities Committee) を改称したもの; 1975 年廃止; ⇒ HOUSE UN-AMERICAN ACTIVITIES COMMITTEE》.

intérnal wáters *pl* 内水 (=inland waters)《河川・湖沼・湾・内海・運河など一国の領海基線の陸地側の水域》; ⇒ TERRITORIAL SEAS, TERRITORIAL WATERS》.

inter·nátional *a* 国際(上)の, 国家間の, 国際的な, 万国(用)の (opp. *national*): an ~ conference 国際会議 / an ~ civil servant 国際公務員《国連専門機関などの職員》. — *n* **1**《国籍・永住権などで》2 か国以上に関係のある人. **2** [^PI-] 国際労働運動機関; [I-] 国際労働者同盟, インターナショナル. **3** 国際企業[組織]. **~·ly** *adv* 国際的に.

Internátional Accóunting Stàndards *pl* [the ~] 国際会計基準《国際会計基準委員会 (the

International Accounting Standards Committee, 略 IASC, 本部 London) が創立 (1973) 以来公表してきた会計基準; 略 IAS)．

internátional agréement《国際法》《条約などの》国際的合意．

Internátional Bánk for Reconstrúction and Devélopment [the ~]《国連》国際復興開発銀行 (1944 年 Breton Woods Conference で創設決定, 45 年に発足した国際金融機関; 本部 Washington, D.C.; 通称 世界銀行, '世銀' (World Bank); 略 IBRD)．

Internátional Bár Associàtion [the ~] 国際法曹協会 (特に 国際法学・比較法学を推進し, 法・司法の統一化の促進などを目的として 1947 年に設立された協会; 略 IBA)．

Internátional Búreau for the Protéction of Intelléctual Próperty《史》知的工業所有権保護国際事務局 (現在は世界知的所有権機関 (World Intellectual Property Organization) (WIPO) 事務局に統合; 正式名 Bureaux Internationaux Reunis pour la Protection de la Propriété Intellectuelle で, 略 BIRPI)．

internátional cárriage《人・物についての》国際輸送．

Internátional Chámber of Cómmerce [the ~] 国際商業会議所《各国の商業会議所で組織する国際経済団体; 略 ICC; 1920 年設立; 本部 Paris)．

internátional cómity《国際法》国際礼譲 (= comitas gentium, comity of nations)《国際社会において儀礼的・便宜的・恩恵的考慮に基づき一般的に遵守される慣例的な行為規範; 法規範ではない; フランス語で courtoisie internationale ともいう; ⇨ COMITY)．

Internátional Commíssion of Júrists [the ~] 国際法律家委員会《法の支配 (rule of law) の推進・強化を目的; 1952 年設立; 本部 Geneva; 略 ICJ)．

internátional cópyright 国際著作権《国家間の取決めで国外にまで拡張した著作権(制度)》．

Internátional Cóurt of Jústice [the ~]《国際法》国際司法裁判所 (= World Court)《国際連合の主要機関の一つとして 1945 年採択・発効の規程に基づき The Hague に設立; 国際連盟時代の常設国際司法裁判所 (Permanent Court of International Justice) を実質的に引き継いでいる; 15 名の裁判官により構成; 略 ICJ; ⇨ PERMANENT COURT OF INTERNATIONAL JUSTICE)．▶ STATUTE OF THE INTERNATIONAL COURT OF JUSTICE (国際司法裁判所規程)．

internátional críme《国際法》国際犯罪 (= international offense)《個人による国際犯罪は, 犯罪構成要件を規定しているのが国際法か国内法かにより, 国際法準拠の犯罪と外国性をもつ犯罪に分けられ, 前者はさらに国際法違反のものと諸国の共通利益を害するものとに細分される; 国際法違反犯罪は戦争犯罪, 平和に対する罪, 人道に対する罪など, 国際裁判所が直接に個人の刑事責任を追及する犯罪; これが狭い意味での概念である; 諸国の共通利益を害する犯罪は海賊, 人身売買, 麻薬取引, ハイジャック, 国際テロなど国際法で犯罪として定め, それを受けて各国が処罰するもの; また外国性をもつ犯罪は外国性をもつ国内法上の犯罪で, 犯人の国外逃亡, 共犯関係, さらには証人・証拠の国外所在など, 複数国の刑事管轄権に関係する犯罪を指す)．

Internátional Críminal Cóurt [the ~] 国際刑事裁判所《個人の国際犯罪 (international crime) を処罰するための国際裁判所で, 広義では第二次世界大戦後のニュルンベルク国際軍事裁判所および東京での極東国際軍事裁判所, 1993 年の旧ユーゴスラビア国際刑事裁判所, 1995 年のルワンダ国際刑事裁判所のアドホックなものを含むが, 狭義では 1998 年 7 月に国際連合で 160 か国が設立を決め 60 か国が批准した段階でオランダの The Hague を本拠として設立されることになっているジェノサイド・戦争犯罪・人道に対する犯罪などを管轄する裁判所を指す; 略 ICC)．

internátional críminal láw 国際刑事法《国際法に基づいて犯罪行為を特定し, 裁判権の設定・訴追・犯人引渡しなどについて定める国際法規)．

Internátional Críminal Políce Organizàtion [the ~] 国際刑事警察機構 (1923 年ヨーロッパ諸国が Vienna で International Criminal Police Commission (国際刑事警察委員会) として設立, のちに世界各国が参加し, 1957 年に現機構として設立; 1989 年に本部を Paris から Lyons に移した; 略 ICPO; ⇨ INTERPOL)．

internátional cúrrency 国際通貨《国際間の決済に広く使われる通貨; RESERVE CURRENCY (準備通貨)ともいう)．

internátional dríving pèrmit 国際自動車運転免許証《略 IDP)．

internátional económic láw 国際経済法《国際法のうちの, 国際経済に関する法と理解する立場と, これに国内法上の国際経済に関する法をも包含して理解する立場とがある)．

internátional envíronment làw 国際環境法《地球規模の環境破壊を, 2 国間または多国間の条約や協力によって防止するための国際法分野)．

internátional extradítion《国際法》国際犯罪人引渡し．

internátional humanitárian láw 国際人道法《必ずしも統一定義はないが, 1949 年のジュネーヴ諸条約 (Geneva Conventions) に示される戦争犠牲者の保護のための国際法のみならず, 一般に, 人道原則により武力紛争を規制する国際法規; 捕虜・文民保護, 交戦手段の規制が中心)．

Internátional Lábor Organizàtion [the ~] 国際労働機関《略 ILO; ヴェルサイユ条約によって 1919 年設立; 現在は国際連合の専門機関; 労働条件の改善を国際的協力の下に推進し社会正義による平和の確

立を目的; 本部 Geneva）.

internátional láw 国際法（＝interstate law, jus gentium, law of nations）《条約と国際慣習法（customary international law）からなる国際社会の法; cf. INTERNAL LAW, LAW OF NATIONS, TRANSNATIONAL LAW》. ► CUSTOMARY INTERNATIONAL LAW（国際慣習法）/ GENERAL INTERNATIONAL LAW（一般国際法）/ HAGUE ACADEMY OF INTERNATIONAL LAW（ハーグ国際法アカデミー）/ PRIVATE INTERNATIONAL LAW（国際私法）/ PUBLIC INTERNATIONAL LAW（国際公法）.

Internátional Láw Associàtion 国際法協会《1873年 Association for Reform and Codification of the Law of Nations（国際法の改革および法典化のための協会）として設立, 1895年に現在の名称となり, 2003年の改正規程上は「国際公法および国際私法の研究・解説および発達並びに国際理解の促進および国際法の尊重」がその目的とされている; 本部は London）.

Internátional Láw Commíssion [the ～]《国連》《国際連合》**国際法委員会**《1947年に設置された国際連合の常設委員会で国連総会の任務の一つである「国際法の漸進的発達及び法典化を奨励する」ことが目的; 略 ILC》.

internátional láw of wár [the ～] **戦時国際法**《戦争状態に適用される国際法》.

internátional légal commúnity《国際法》**国際的法共同体**《**1**》相互の法的関係が平等な主権に基礎を置く諸国家団体 **2**》より広義では, 国際的な法関係に参加する能力を有するすべての諸国家組織体 **3**》欧州連合（European Union）のように構成諸国家が条約によりみずからの権能の一部を統合体に委譲してでき上がった諸国家統合体》.

internátional légal personálity《国際法》**国際法人格**, 国際法主体性《国際法上の権利の主体となりうる能力; 国家はもちろん, 国際機構（international organization）はこれをもつと一般にいわれているが, 非政府組織（nongovernmental organization）については疑問視されている; 個人などについては具体的内容による》.

Internátional Mílitary Tribúnal [the ～]《史》**国際軍事裁判所**《第二次世界大戦におけるドイツの重大戦争犯罪人を裁判するために1945年にニュルンベルクに設置された裁判所; 略 IMT》.

internátional mínimum stándard《国際法》《外国人およびその財産の法的地位・権利・義務についての》**国際最低基準**（cf. NATIONAL TREATMENT STANDARD）.

Internátional Mónetary Fùnd [the ～] **国際通貨基金**《国際通貨秩序安定のため1947年に業務開始した国際機構（international organization）; 略 IMF》.

internátional offénse《国際法》**国際犯罪**（＝INTERNATIONAL CRIME）.

internátional organizátion 国際機構, 国際機関, 国際組織《国家を構成員[加盟国]として, 恒久的

事務局などによって組織としての実体をもつもの; ILO, IMF などがその例》.

Internátional Pátent Classificàtion [the ～] **国際特許分類**《1971年署名, 75年発効の協定に基づき, 締約国が特許, 発明者証, 実用新案・実用証につき採用することを定めた分類; その後分類表は数次の改定を経ている; 略 IPC》.

internátional prívate láw **国際私法**（⇨ CONFLICT OF LAWS）.

internátional relátions *pl* **1** 国際関係. **2** 国際政治. **3**《*sg*》国際関係論.

internátional ríver《国際法》**国際河川**《複数国家の国境を構成, または複数国家を貫流する河川; 航行・非航行的利用双方から問題となるが, 航行については条約で自由航行・平等待遇が認められている》.

Internátional Rúles for the Interpretátion of Tráde Tèrms *pl* [the ～] **貿易用語の解釈のための国際規則**（⇨ INCOTERMS）.

Internátional Séabed Authòrity [the ～] **国際海底機構**《1982年の国連海洋法条約（United Nations Law of the Sea Treaty）に基づき, 人類の共同の財産である深海底地域（deep seabed area）の資源管理を目的として深海底における活動を組織・管理する国際機構（international organization）》.

Internátional Shóe Càse《米》**インターナショナル靴会社事件**《州裁判所の管轄権は州外の人と財産には原則として及ばないが, 州内の非居住者や他州法人に対して対人管轄権を行使するためには, 州とその者の間に公正な扱いと公正な本案裁判（fair play and substantial justice）の観念に反しない程度の最小限の接触（minimum contacts）があれば法の適正手続き（due process）に反しないと判示し, それまで用いられていたペノイヤー事件の準則（Pennoyer rule）を全面的に変更した1945年の判例》.

internátional stráit **国際海峡**《公海と公海または外国の領域を結ぶ自然の海路で, 国際的な航行に利用される海峡》.

internàtional súpply còntract **国際供給契約**《外国内居住者[企業]との売買契約》.

internátional térrorism **国際テロ**（リズム）《国境を越えた形で犯されるテロで, 犯人・被害者の所属国, 犯行がなされた国が複数である場合》.

Internátional Tráde Còurt [the ～]《米》**国際通商裁判所**（＝UNITED STATES COURT OF INTERNATIONAL TRADE）.

internátional únion **国際労働組合**《他国の加盟労働組合を傘下に入れている親組合》.

internátional wíll **国際遺言書**《国際的な条約や協定に基づき作成された遺言で使用言語は問われない》.

interne ⇨ INTERN².

in·ter·ne·cine /ìntərnésiːn, -níːsn, -níːsàin, -nəsiːn; -níːsàin/ *a* **1** 互いに殺し合う, 共倒れの. **2** 多数の死者を出す. **3** 内紛の, 内輪もめの.

in·tern·ee /ìntərníː/ *n* 被抑留者《捕虜など》.

In·ter·net /íntərnèt/ *n* [the ~] インターネット.

internment ⇨ INTERN¹.

inter·núncio *n* (*pl* ~**s**) **1** 使者, 使節. **2** 仲介代理人 (=internuncius). **3** 教皇公使. [It *internunzio*; ⇨ NUNCIO]

in·ter·nun·ci·us /ìntərnʌ́nʃiəs/ *n* 使者; 仲介代理人 (internuncio). [L]

inter par·tes /íntər páːrtiz, -teɪs/ *adv, a* 当事者間で[の], 当事者本人間に[の] (⇨ *with* NOTICE) (cf. EX PARTE): The case should be heard ~. ▶ JUDGMENT INTER PARTES (対人判決). [L=between parties]

in·ter·pel·late /ìntərpélèɪt; ìntəːpəleɪt/ *vt* **1** 〈裁判官が弁護士に〉質問をして弁論を妨げる. **2**《議会で》〈大臣〉に質問をして議事日程を狂わす. [L=to disturb (*pello* to push)]

ínter·plèa *n* 競合権利者確定の訴え (⇨ INTERPLEADER¹).

inter·pléad *vi* 競合権利者確定手続きをする.
— *vt* 競合権利者確定のために訴える[法廷に召喚する] (cf. IMPLEAD, INTERVENE).

inter·pléad·er¹ *n* 競合権利者確定手続き《特定物または金銭・債務に対して相容れない権利主張者が複数いる場合に, その物・金銭・債務の権利者ではなく占有ないしは管理をしている者が, その一人を権利者として認めると他の権利主張者から二重の履行請求をされる危険のある時に, 裁判所に対してこれら複数の者全員を訴え, それらの者の責任・費用においていずれを真の権利者として認めるべきかを争うように求める訴訟; 令状に基づいて強制執行をしたシェリフ (sheriff) その他の執行官がその後第三者から執行対象物につき権利主張された場合にシェリフその他の執行官が提起するシェリフによる競合権利者確定手続き (sheriff's interpleader) ないしは英国の州裁判所 (county court) の判決の執行についてはそれに代わる執行にかかわる競合権利者確定手続き (interpleader under execution) と, 競合権利が主張されている物・金銭・債務のシェリフ以外の占有・管理者が提起する場合の係争物保有者による競合権利者確定手続き (stakeholder's interpleader) の2種がある; cf. COUNTERCLAIM, CROSS-CLAIM, IMPLEADER², INTERVENTION, JOINDER). ▶ BILL IN THE NATURE OF INTERPLEADER (競合権利者確定訴状類似訴状) / BILL OF INTERPLEADER (競合権利者確定訴状) / SHERIFF'S INTERPLEADER (シェリフによる競合権利者確定手続き) / STAKEHOLDER'S INTERPLEADER (係争物保有者による競合権利者確定手続き). [AF *enterpleder*〈v〉]

interpleader² *n* 競合権利者確定手続きをとる人. [*interplead*+-*er*]

interpléader sùmmons 競合権利者確定手続き召喚状 (⇨ INTERPLEADER¹).

interpléader under execútion《英》執行にかかわる競合権利者確定手続き《シェリフによる競合権利者確定手続き (sheriff's interpleader) が高等法院 (High Court of Justice) での判決の執行にかかわるのに対して, 州裁判所 (county court) の判決の執行にかかわる競合権利者確定手続きをいう》.

In·ter·pol /íntərpɒ(ː)l, -pòʊl, -pàl/ [the ~] *n* 国際警察, 世界警察, インターポール《正式名は INTERNATIONAL CRIMINAL POLICE ORGANIZATION (国際刑事警察機構)》. [*International Police*]

in·ter·po·la·tion /ìntəːrpəleɪʃ(ə)n/ *n* 加筆;《加筆改竄のために》書き入れられた語句《》特にローマ法学上は, 法学提要 (Digests), ユスティニアヌス法典 (Justinian Code) に対する編者の加筆が大きな問題となっている; cf. INTERLINEATION. **in·tér·po·làte** *vt* **in·tér·po·là·tor** *n* **in·tér·po·la·tive** *a*

in·ter·pose /ìntərpóʊz/ *vt*〈異議などを〉差しはさむ,〈拒否権などを〉持ち出す. — *vi* 仲裁に入る〈*between*〉; 干渉する, 介入する〈*in*〉.

in·ter·po·si·tion /ìntərpəzíʃ(ə)n/ *n* **1** 介在(の位置); 介入, 干渉, 仲裁;《異議・反対などの》提出, 妨害; 挿入物. **2**《米》介入(理論)《州はその権利を侵害する連邦政府の措置が合衆国憲法に反するとみずから判断した場合には, それを無効として扱うこと(ができるとする説); 合衆国最高裁判所は否定》.

in·ter·pret /ìntə́ːrprət/ *vt* **1** 解釈する, 説明する: ~ *sb*'s silence *as* consent 黙っているのを同意したものと解釈する. **2** 通訳する. — *vi* 通訳する. **~·able** *a*

In·ter·pre·ta·tio char·ta·rum be·nig·ne fa·ci·en·da est ut res ma·gis va·le·at quam pe·re·at. /ìnterpritéɪʃioʊ kaːrtéɪrəm benígne fèɪʃiéndə est ət riz méɪdʒɪs vǽliət kwæm péríæt/ 証書の解釈は事柄が無効となるよりはむしろ有効となるようにゆるやかになされるべきである. [L=The interpretation of deeds is to be made liberally, that the thing may rather avail than perish.]

Interpretatio fi·en·da est ut res ma·gis va·le·at quam pe·re·at. /— faɪéndə est ət riz méɪdʒɪs vǽliət kwæm péríæt/ 解釈は事柄が無効となるよりはむしろ有効となるようになされるべきである. [L= The interpretation is to be made that the thing may rather avail than perish.]

in·ter·pre·ta·tion /ìntəːrprətéɪʃ(ə)n/ *n* **1** 解釈; 文言解釈《CONSTRUCTION が目的や趣旨に照らしての解釈を含むのに対し, 文言の意味確認の意が強い》: put quite a new ~ on...に対して全く新しい解釈をする. ▶ ADMINISTRATIVE INTERPRETATION (行政解釈) / AUTHENTIC INTERPRETATION (真正解釈) / BROAD INTERPRETATION (拡張解釈) / COMPARATIVE INTERPRETATION (比較解釈) / CUSTOMARY INTERPRETATION (慣例的解釈) / DOCTRINAL INTERPRETATION (理論的解釈) / EXTENSIVE INTERPRETATION (拡張[拡大]解釈) / GRAMMATICAL INTERPRETATION (語法的解釈) / LEGAL INTERPRETATION (法による解釈) / LIBERAL INTERPRETATION (自由な解釈) / LIMITED INTERPRETATION (制約解釈) / LITERAL INTERPRETATION (文理解

釈) / LOGICAL INTERPRETATION (論理解釈) / MISINTERPRETATION (誤解) / RESTRICTIVE [RESTRICTED] INTERPRETATION (制約解釈) / STATUTORY INTERPRETATION (制定法の解釈) / STRICT INTERPRETATION (厳格解釈) / UNRESTRICTIVE INTERPRETATION (無制約解釈)。**2** 通訳すること。**3**〖国際私法〗法律関係の性質決定 (＝CLASSIFICATION)。**～al** *a* 解釈上の。**in·tér·pre·tà·tive** /, -tə-/, **in·tér·pre·tive** *a* 解釈の, 解釈的な。

Interpretátion Àct [the ～]〖英〗法律の解釈に関する法律, 解釈法《1978 年制定のものを含め複数ある》。

interpretátion clàuse 解釈条項《制定法または契約書の中で使用されている文言の意義を確定しておくためにあるいは文書全体をいかに解釈すべきかを説明するために設けられる条項；制定法では **interpretátion sèction** (解釈条項)と呼ぶ》。

interpretátion of státutes(議会)制定法の解釈 (＝statutory interpretation) (⇨ INTERPRETATION) (cf. INTERPRETATION ACT, INTERPRETATION CLAUSE, INTERPRETATION SECTION; EJUSDEM GENERIS, EQUITY OF THE STATUTE RULE, EXPRESSIO UNIUS EST EXCLUSIO ALTERIUS, GOLDEN RULE, IN PARI MATERIA, LITERAL RULE, MISCHIEF RULE, NOSCITUR A SOCIIS, PLAIN MEANING RULE, SOCIAL POLICY RULE, STRICT CONSTRUCTION)。

interpretátion of wílls 遺言(書)の解釈。

interpretation section ⇨ INTERPRETATION CLAUSE。

intérpretative rúle 解釈規則《**1**)既存の法規を明確化・説明するためだけを目的として行政機関から発せられる規則　**2**)制定法の行政解釈を説明している規則；いずれの意味でも、立法的規則 (legislative rule) と異なり, 法としての効力を有しない; ≫ cf. LEGISLATIVE RULE》。

intérpreted téstimony 通訳を介しての証言。

intérpret·er *n* **1** 解釈者, 説明者。**2** 通訳者；翻訳者。**in·tér·pre·tress** /-prətrəs/ *n fem*

intérpretive théory of láw 法解釈説《米国の法哲学者 Ronald Dworkin (1931-2013) が唱える法理論で, 法は法実証主義 (legal positivism) 者が一般に主張しているごとくルールからのみなるのではなく「非ルール的基準」すなわち道徳や政治的基準からもなっていると説く; 彼によれば司法判断は解釈的 (interpretive) でありかつあるべきであり, 制定法・先例がそのまま適用されない事件においては裁判官は最も深遠なる憲法ルールから不法行為法・契約法の細目に至るまでのその社会全体の政治構造の理解を通して解釈せねばならない; 成功した解釈とはその裁判官の属する社会の法実務を正当化するものであるという; 法的問題に対する正しい解答は一つだけあり, その解答は法の制度・憲法史と最も良く一致しているという点で正しいのであり; それゆえ, 法の議論と法の分析とは本質的に解釈的であるというのである》。

in·ter·pre·tiv·ism /ɪntə́ːrprətəvìz(ə)m/ *n*〖米〗解釈主義《裁判官は憲法の文言中に明示されているないし

は黙示的に含まれている規範のみに従うべきで, 解釈の名で新たな規範を創造すべきでないという立場; これに対して柔軟な解釈を許し新たな創造を認める立場を非解釈主義 (noninterpretivism) という; cf. ORIGINALISM》。

in·ter re·ga·lia /ɪ̀ntər rɪgéɪliə/ *a, adv* 王権のうちの[に], 国王に属する(もののうちで)。[L＝among the Crown's rights]

ìnter·régnum *n* (*pl* ～**s**, **-na**) **1**《国王の崩御・廃位などによる》空位期間。**2** [I-]〖英史〗空位時代《1649-60 年の共和制・保護者卿 (Lord Protector) 時代》。**3**《古》《内閣更迭などによる》政治の空白期間；《一般に》休止[中絶]期間。[L (*regnum* reign)]

in·ter·ro·gate /ɪntérəgèɪt/ *vt, vi*《公式にないしはきびしく》質問する,《特に 警察により被疑者の》取調べを行なう (cf. MIRANDA CARD): The suspect was ～*d* by the police for three hours. ★ 英米法では examine (尋問する), inquire (審問する) と区別する。

in·tèr·ro·gá·tion *n* 質問 (question),《特に 刑事手続きにおける, 警察による被疑者の》取調べ (cf. QUESTIONING OF SUSPECT, RIGHT OF SILENCE): Under ～, she confessed to the crime. ► CUSTODIAL INTERROGATION (拘束被疑者の取調べ) / INVESTIGATORY INTERROGATION (調査質問) / NONCUSTODIAL INTERROGATION (非拘束被疑者の取調べ) / SUGGESTIVE INTERROGATION (誘導質問)。**in·tèr·rog·a·tive** /ɪntərágətɪv/ *a*

in·tér·ro·gà·tor *n* 質問者, 取調べ官[人]。

in·tér·rog·a·to·ry /ɪntərágətɔ̀ːri, -t(ə)ri/ *n* [°*pl*]《公式》質問,《特に》《当事者・被疑者・証人・陪審に対する》質問(書);《開示 (discovery) 手続きの一環として相手当事者に提出される》質問書,《陪審に対する》特別質問(事項) (special interrogatory)。► CROSS-INTERROGATORY (反対質問(書)) / DEMURRER TO INTERROGATORIES (証人尋問異議(理由)) / FACT INTERROGATORY (事実質問書) / FISHING INTERROGATORY (訴訟無関係質問書) / GENERAL VERDICT WITH INTERROGATORIES (質問への回答付き一般評決) / IDENTIFICATION INTERROGATORY (特定要請質問書) / SPECIAL INTERROGATORY (特別質問(書)) / STATE-ALL-FACTS INTERROGATORY (全事実陳述要請質問書)。★ 英国では, 民事訴訟の一方当事者が他方当事者に対して宣誓の上回答することを要求しえた質問書 (interrogatory) は, 1998 年制定の民事訴訟手続き規則 (Civil Procedure Rules) で廃され, 代わりにより詳細な情報要求(書) (request for further information) が導入されている。**in·ter·ròg·a·tó·ri·ly** /, -rɔ́gət(ə)rɪli/ *adv*

in·tér·ro·gee /ɪntèrəgíː/ *n* 被質問者, 被取調べ人。

in ter·ro·rem /ɪn tɛrɔ́ːrəm/ *adv, a* 強迫的に[な]。[L＝so as to cause terror]

ìn terrórem clàuse《遺言書中の》強迫的条項《遺言の効力を争う者は遺産を受けられない旨を記した条項; cf. NO CONTEST CLAUSE》。

in·ter·rupt /ɪntərápt/ *vt, vi* さえぎる, 中途妨害する,

割り込む, 中断する. ★英国議会庶民院では, 議員は他の議員の発言を, 説明を求めるか議事進行上の問題を提起する場合を除き, さえぎることが許されない. **in·ter·rúp·tion** *n*

in·ter se /ìntər síː, -séi/, **ìnter sé·se** /-síːsi/ *adv*, *a* 〈権利・義務が〉彼ら(だけ)の間で[の], 相互間で[の], 対内的に[な]. [L=between [among] themselves]

ìnter·spóusal *a* 配偶者間の, 夫婦間の.

interspóusal immúnity 夫婦間における不法行為免責 (=HUSBAND-WIFE IMMUNITY) (⇨ HUSBAND WIFE TORT ACTION).

ìnter·státe *a* **1** 〈米国・オーストラリアの〉州間の, 州際の (opp. *intrastate*); 各州連合の, 州連帯の. **2** 《欧州連合 (European Union) の》加盟国間の. ── *n* /─ ─/ 州間高速自動車道 (=**~ híghway**).

ìnterstate agréement 〖米〗州際合意 (cf. INTERSTATE COMPACT).

Ínterstate Agréement on Detáiners Àct [the ~] 〖米〗拘禁者に関する州際合意法《州は, その刑事被告人がすでに別の州で拘禁されていても審理のためには拘置することが許されることを, 連邦政府・一定の州・コロンビア特別区が合意し, もともとは 1956 年に制定された法; この場合 第二の州は, 被告人の要請があれば 180 日以内に審理をせねばならない; ⇨ UNIFORM MANDATORY DISPOSITION OF DETAINERS ACT》.

ìnterstate cómmerce 〖米〗州際通商 (=interstate trade) (cf. INTRASTATE COMMERCE).

ìnterstate cómmerce clàuse 〖米〗州際通商条項 (⇨ COMMERCE CLAUSE).

Ínterstate Cómmerce Commìssion [the ~] 〖米〗州際通商委員会《1887 年に創設され, 州間での陸上・海上・パイプラインを通してなされる運送を規制する連邦の独立規制機関; 1995 年に運輸省 (Department of Transportation) 内の地表運輸委員会 (Surface Transportation Board) にその大部分の機能が移されている; 略 ICC》.

ìnterstate cómpact 〖米〗州際協定《州際合意 (interstate agreement) で, 連邦議会の同意の下で参加州の法となるもの》.

ìnterstate extradítion 〖米〗州際犯罪人引渡し.

ìnterstate íncome-withhòld·ing òrder 〖米〗州際所得天引き命令《別の州の裁判所からの扶養料支払い命令 (support order) を, 義務不履行者の所得から天引きすることにより執行することを命ずる裁判所命令》.

ìnterstate láw 1 国際法 (=INTERNATIONAL LAW). **2** 〖米〗州際法.

ìnterstate rendítion 〖米〗州際逃亡者引渡し(請求権).

ìnterstate tráde 1 国際取引. **2** 《欧州連合 (European Union) の》加盟国間の取引. **3** 〖米〗州際取引 (=INTERSTATE COMMERCE).

intertémporal láw 時際法《一般的には, 法律相互間の時間的抵触を解決する法で, 同一事項に複数の適用可能な法が存在する場合の適用関係を決定するもの; 地域的抵触を解決する国際私法に対比される; 例えば, 国際法上, ある領土に対する権利はその権原取得時点での法に基づくだけでなく, その権利の存続に適用される国際法にも基づくべきであり, 領土権の正統性がその主張国により新たに主張されねばならないこともある》.

in·ter·vene /ìntərvíːn/ *vi* **1** 間に入る; 調停[仲裁]する 〈*between*〉; 介入する, (内政)干渉をする 〈*in* a dispute〉. **2** 〈第三者が〉訴訟に参加する 〈*in*〉 (cf. IMPLEAD, INTERPLEAD, JOIN). [L (*vent- venio* to come)]

in·ter·vén·er /-víːnər/, **-vé·nor** /-víːnər, -nɔ̀ːr/ *n* **1** 調停人, 仲裁人. **2** 訴訟参加人.

intervéning áct 独立参入行為 (=intervening force, novus actus interveniens)《ある行為とその結果の間に介在する行為で, 最初の行為の自然の成り行きを変更するようなもの; 不法行為と損害との因果関係を調べる際に重要となり, 因果関係を断ち切るほどであれば, 中断原因 (superseding cause) となり, 最初の行為者は責任を免れることにもなる; cf. INTERVENING CAUSE》.

intervéning ágency 独立参入主体 (=intervening force)《他人の不法行為の原因と結果の間に独立に参入して因果関係に影響を与えることになる別個の行為主体; ⇨ INTERVENING ACT, INTERVENING CAUSE》.

intervéning cáuse 独立参入原因 (=independent intervening cause, intervening force, nova causa interveniens, supervening cause)《不法行為がなされたのちに, 別個無関係な行為が介在し, それが結果に影響することになるその別個の原因; ⇨ INTERVENING ACT; cf. CONCURRENT CAUSE, SUPERSEDING CAUSE》. ▶ DEPENDENT INTERVENING CAUSE (依存的独立参入原因) / EFFICIENT INTERVENING CAUSE (効果的独立参入原因) / INDEPENDENT INTERVENING CAUSE (独立参入原因).

intervéning fórce 独立参入力《**1**》 INTERVENING ACT **2**》 INTERVENING AGENCY **3**》 INTERVENING CAUSE》.

in·ter·ven·tion /ìntərvénʃ(ə)n/ *n* **1 a** 間に入ること, 調停, 仲裁. **b** 介入, (内政)干渉; 市場介入. ▶ HUMANITARIAN INTERVENTION (人道のための干渉) / PRETRIAL INTERVENTION (審理前事件処理). **2** 《元来は当事者でなかった者の》訴訟参加 (cf. IMPLEADER², INTERPLEADER¹, JOINDER). ▶ PERMISSIVE INTERVENTION (許可に基づく訴訟参加). **3** 《為替手形の》参加引受け. **~·al** *a*

intervéntion of ríght 権利としての訴訟参加 (cf. PERMISSIVE INTERVENTION).

intervéntion príce 介入価格《一般には例えば生産物価格維持のための市場介入価格; 特に欧州連合 (European Union) の共通農業政策上 価格維持のために欧州委員会 (European Commission) が過剰生産物の買上げをなし貯蔵する場合の買上げ価格》.

in·ter·view /íntərvjùː/ *n* 会見, 面談, 面接, インタ

ビュー; インタビュー記事[番組]: have [hold] an 〜 with ...と会見する / a police 〜 警察による対面訊問. — *vt* 〈人〉と会見[面接]する; 〈記者が人〉にインタビューする. — *vi* インタビューする.

in·ter·view·ee /ìntərvjuíː/ *n* 被会見者, インタビューされる人.

ínterview·er *n* インタビューする人, 会見者, 面接者; 会見[訪問]記者, 聞き手.

ínterview ròom 記者会見室, インタビュールーム.

in·ter vi·vos /íntər víːvous, -vái-, -wíːwous/ *adv*, *a* 〈贈与・信託など〉生存者間に[の] (cf. CAUSA MORTIS). ▶ GIFT INTER VIVOS (生存者間贈与) / DONATION [DONATIO] INTER VIVOS (生存者間贈与) / TRUST INTER VIVOS (生存者間信託). 〔L=among the living〕

ínter vívos gíft 生存者間贈与 (=GIFT INTER VIVOS).

ínter vívos tránsfer 生存者間移転, 生前移譲, 生前譲渡.

ínter vívos trúst 生存者間信託, 生前信託 (=live trust, living trust, trust inter vivos) 《遺言で設定される遺言信託 (testamentary trust) と異なり, 設定者 (settlor) の生存中に設定され発効する信託》.

in·tes·ta·ble /ìntéstəb(ə)l/ *a*, *n* 1 《未成年者などが》遺言能力[資格]を欠く(者). 2《古》証人となる能力[資格]を欠く(者).

in·tes·ta·cy /ìntéstəsi/ *n* 1 遺言を残さないで死ぬこと, 無遺言 (cf. TESTACY). ▶ PARTIAL INTESTACY (部分的無遺言) / TOTAL INTESTACY (全面的無遺言). 2 無遺言相続 (=INTESTATE SUCCESSION). 3 無遺言死亡者の遺産.

in·tes·tate /ìntéstèit, -tət/ *a* (cf. TESTATE) 1《有効な》遺言(書)を残さないで(の), 無遺言 (intestacy) で(の); 無遺言に関する: die 〜 遺言をしないで死ぬ. 2《財産が》遺贈されたものでない, 遺言(書)により処分されない; 無遺言で死亡した人の財産の[に関する]. 3《古》証人となる能力[資格]を欠く. — *n* 無遺言死亡者, 無遺言の被相続人 (cf. TESTATOR). 〔L; (pp) < *testor* to be a witness〕

ìntéstate láw 無遺言相続法.

ìntéstate succéssion 無遺言相続 (=intestacy) (cf. DESCENT, HEREDITARY SUCCESSION, TESTATE SUCCESSION).

in·tes·ta·tus /ìntɛstéitəs/ 〖ローマ法〗*a* 無遺言の. — *n* 無遺言死亡者. 〔L=intestate〕

in·tim·i·date /ìntímədèit/ *vt* 威嚇する, 脅迫する: 〜 sb *into* doing 人を脅迫して…させる / 〜 the witness 証人を脅迫する. **in·tím·i·dàt·ing·ly** *adv* **in·tím·i·dà·tor** *n*

in·tim·i·dá·tion *n* 脅迫. **in·tim·i·da·to·ry** /ìntímədətɔ̀ːri; ìntímɪdéɪt(ə)ri/ *a*

in·title *vt* 《古》ENTITLE.

in·tólerable crúelty 《離婚原因としての》耐えがたい虐待 (⇒ CRUELTY).

in tó·to /ɪn tóutou/ *adv* 全体として, まとめて, 全体的に, 全部で; すべて; 完全に. 〔L=on the whole〕

In toto et pars con·ti·ne·tur. /— — ɛt páːrz kʌntíniːtər/ 全体の中には部分も含まれている. 〔L=In the whole the part is also included.〕

in·tox·i·cant /ìntáksɪkənt/ *n* 酔わせる物《アルコール飲料・麻薬など》.

in·tox·i·cate /ìntáksəkèit/ *vt* 酔わせる, 酩酊させる.

in·tóx·i·càt·ed *a* 酔った, 酩酊した. **while** 〜 酩酊して, 酔って. ▶ DRIVING WHILE INTOXICATED (酩酊運転, 酒・薬物による酩酊状態での運転) / OPERATING (A MOTOR VEHICLE) WHILE INTOXICATED (酩酊運転). 〜·ly *adv*

intóxicating líquor アルコール性飲料, 酒類. **under the influence of** 〜 アルコール性飲料の影響下に(ある) (cf. DRIVING WHILE INTOXICATED).

in·tòx·i·cá·tion *n* 酔わせること, 酔い, 酩酊(状態)《酒類だけでなく麻薬などにも用いる; cf. DRIVING UNDER THE INFLUENCE, Dutch courage, GLUE SNIFFING》. ▶ CULPABLE INTOXICATION (有責酩酊) / INVOLUNTARY INTOXICATION (みずからの意思に基づかない酩酊) / PATHOLOGICAL INTOXICATION (病理学的異常反応酩酊) / PUBLIC INTOXICATION (公共の場での酩酊) / VOLUNTARY INTOXICATION (みずからの意思に基づく酩酊).

intoxicátion assáult 酩酊状態での暴行.

intoxicátion mánslaughter 酩酊状態での故殺《酩酊状態で自動車を運転したりその他の機械を操作して犯した故殺 (manslaughter)》.

in·tra- /íntrə/ *pref* 「内」「間」の意. 〔L=inside〕

ìntra·córporate conspíracy 会社内共謀 《会社とその役員・代理人・被用者間で行なわれる共謀》.

ìntra·dáy /, — —/ *a* 一日のうちに起こる, 日内の, その日の.

ìntra·énterprise conspíracy 企業内共謀 (=bathtub conspiracy)《一つ企業の従属会社・部門間で行なわれる共謀; 競争制限を内容とする協定などの共謀は, 反トラスト法違反の問題となりうる》.

ìntra·líminal ríght 地表延長区域内鉱業権《鉱業権を取得した土地の下方垂直線内の地下区域に存在する鉱物すべて, かつそれを限度とする鉱物採取権; cf. APEX RULE, EXTRALATERAL RIGHT》.

in tran·si·tu /ɪn trǽnsɪt(j)uː, -zɪ-/ *adv* 輸送中に, 運送中に《略 in trans.》. ▶ GOODS IN TRANSITU (運送中の貨物) / STOPPAGE IN TRANSITU (運送差止め(権)). 〔L=in transit〕

ìntra qua(t)·tu·or ma·ria /íntrə kwǽtuər mǽriə/ *adv* 《英》四海内に (⇒ FOUR SEAS) (opp. *extra quatuor maria*). 〔L=within the four seas〕

ìntra·státe /, — —/ *a* 州内の (opp. *interstate*).

ìntrastate cómmerce 《米》州内通商 (=internal commerce) (cf. INTERSTATE COMMERCE).

íntrastate exémption 《米》州内募集の適用除外《証券募集が一州内だけで行なわれる場合の連邦証券法の適用除外》.

in·tra vi·res /íntrə váirìːz, -víːrèis, -víːriːz/ *adv, a* 《個人・法人の》権能[能力]内で[の], 権限内で[の] (opp. *ultra vires*): The president's action should be ruled to be ~. [L=within powers]

in·trín·sec sérvice /intrínsək-, -zık-/ 《英史》封建契約上直接負担奉仕義務《封建領主と家臣・保有者 (tenant) 間で結んだ封建契約上 直接家臣・保有者が領主に対して負う奉仕義務》; これに対して, その家臣・保有者がさらにみずから領主となって陪臣・陪保有者 (subtenant) と封建契約を結ぶ場合, この両者間でいかなる条件にしようとも最初の契約上 家臣・保有者がその領主に負っている奉仕義務そのものを排除することはできず, その義務は領主から家臣・保有者に授封された封(土)に付着している; この後者の, 現に陪臣・陪保有者が保有している土地に付着している奉仕義務は, 陪臣・陪保有者の立場から見ると, みずからの領主に直接負っている奉仕義務に対して外的な (foreign) 義務ということになり, FOREIGN SERVICE, FORINSEC SERVICE あるいはラテン語で FORINSECUM SERVITIUM (封建契約上間接負担奉仕義務) と呼ばれる》.

in·trin·sic /intrínsık, -zık/ *a* 本来そなわっている, 固有の, 内在的な, 本質的な (opp. *extrinsic*).

intrínsic évidence 内部証拠, 内在的証拠 (1) 証人調べから得られる証拠 2) 当該文書中の証拠; opp. *extrinsic evidence*).

intrínsic fráud 内在的詐欺《例えば裁判の過程で偽造文書を証拠としたり, 偽証がなされたような, もとの訴訟の争点にかかわる詐欺; cf. EXTRINSIC FRAUD》.

in·tro·duce /ìntrəd(j)úːs/ *vt* 1 紹介する, 引き合わせる. 2《外国のものなどを》導入する, 採り入れる. 3 先導する, …に手ほどきする; 始める,《学説などを》提唱する. 4《議案・証拠などを》提出する 〈*into*〉: ~ a bill *into* Congress 法案を議会に提出する / The prosecution has to ~ some new evidence. 訴追側はなにか新しい証拠を提出せねばならない. **~… into** EVIDENCE.

in·tro·duc·tion /ìntrədʌ́kʃ(ə)n/ *n* 1 紹介; 序文; 採用; 導入. ▶ LETTER OF INTRODUCTION (紹介状). 2《証拠・議案などの》提出 〈*of*〉: the ~ *of* a bill 法案[議案]提出.

introdúction of évidence 証拠提出.

introdúctory cláuse《遺言書・契約書などの》冒頭文節 (=commencement, exordium)《典型的には This Agreement is made on 25 February 2005 between A.B. and C.D. となる》.

introdúctory ténancy《英》初期借家(権)《地方公共団体などの公的機関から自己の居住目的で家屋を賃借する場合に 1996 年の住宅法 (Housing Act) で導入された 12 か月間の試行的借家権で, その期間が終了しなければ安定借家権 (secure tenancy) に移行しないもの; この間に借家人が不満足な行為をした場合には地方公共団体等が借家の取戻ができるし, また疑いがあるような場合にはこの期間をさらに 6 か月延長もできる; cf. SECURE TENANCY, STARTER TENANCY》.

in·tro·mis·sion /ìntrəmíʃ(ə)n/ *n*《スコットランド》他人の財産の占有・管理. 2 他人の資金処分,《特に》《被用者・代理人による雇用者・本人の》資金の処分. 3《性交時の》挿入.

in·trude /intrúːd/ *vi*〈…へ〉押し入る, 侵入する 〈*on, upon, in, into*〉;〈…の〉じゃまをする 〈*on, upon*〉.

in·trúd·er *n*《違法》侵入者, 不法(土地)占有者, 不動産占有侵害者.

in·tru·sion /intrúːʒ(ə)n/ *n* 1《場所への》《違法》侵入, 押し入り 〈*into, on*〉;《無権利者の》不法土地占有;《広く》不法占有. ▶ INFORMATION OF INTRUSION (不法土地占有国王関係人訴状). 2 聖職禄横領. 3《スコットランド教会》《教区民の同意なしに行なわれる》牧師の天降り任命. **~·al** *a* **~·ist** *n*《スコットランド教会》牧師の天降り任命支持[実行]者. **in·tru·sive** /intrúːsıv/ *a*

in·trúst *v* ⇒ ENTRUST.

in·ure /ın(j)úər/ *vi*《特に 法的に》効力を生ずる, 発効する, 適用される; 利益になる, 役立つ: ~ to the benefit of sb. ― *vt*〈不快なことに〉慣れさせる, 鍛える 〈*to*〉. **~·ment** *n*

in ute·ro /ìn júːtərou/ *adv, a* 胎内に[の]. [L=in the womb]

in útero má·tris /-méitrıs/ *adv, a* 母の胎内に[の]: a child ~ 胎児 (cf. EN VENTRE SA MÈRE). [L=in the womb of the mother]

in·vade /invéid/ *vt* 1〈他国を〉侵略する, …に侵入する. 2〈権利などを〉侵害する. 3《通例ではない形で》〈基金〉から支払いをなす,〈信託財産の本体を〉取り崩す: The settlor has authorized the trustee to ~ the principal for educational expenses. 信託設定者は教育費のためには受託者が信託財産の本体を取り崩しすることを認めている.

in va·dio /ìn véidiou/ *adv, a* 担保に付されて(いる). ▶ ESTATE IN VADIO (担保不動産権). [L=in pledge]

in·va·lid[1] /ínvələd, ll-lìːd/ *a, n*《特に 病気・老齢による》肢体不自由(者), 廃疾の(人), 病弱な(者); 傷痍兵[病人]向き[用]の.

in·válid[2] *a*《論拠など》薄弱な, 価値のない, 根拠[説得力]のない, 論理的に矛盾した《議論・言いわけなど》,《法的に》無効の. **~·ly** *adv* **~·ness** *n*

in·val·i·date /invǽlədèit/ *vt* 無効にする: The contract has been ~d. **in·vàl·i·dá·tion** *n* 無効にする[なる]こと, 無効. **-da·tor** *n*

ínvalid cáre allòwance《英》《社会保障法 (Social Security Act) に基づく 2003 年までの》肢体不自由者介護手当《その後は介護者手当 (carer's allowance) に変わっている》.

in·va·lid·i·ty *n* 1 無効: the ~ of the contract. 2《傷病による》就労不能.

invalídity bènefit《英史》《社会保障法 (Social

Security Act) に基づく》傷病給付(金)《1995 年に就労不能給付(金) (incapacity benefit) に変わった》.

invàlid wíll 無効の遺言書.

in·va·sion /ɪnvéɪʒ(ə)n/ *n* **1**《特に征服・略奪を目的とした軍隊の》侵入, 侵略: make an ～ upon... に侵入する, ...を襲う. **2**《権利などの》侵害.

invásion of prívacy プライバシーの侵害 (cf. PRIVACY, RIGHT OF PRIVACY, ZONE OF PRIVACY).

in·vei·gle /ɪnvéɪɡ(ə)l, -víː-/ *vt*《人を...に》誘い込む, おびき寄せる, 籠絡[誘惑]して...させる; だまし取る: ～ sb *into doing* / ～ sb *out of* sth =～ sth *out of* sb. **～·ment** *n* ［ME *enve(u)gle* < AF < OF < *aveugler* to blind］

in·vent /ɪnvént/ *vt* 発明する, 創案する. **in·vén·tor** *n*

invénted considerátion 創案された約因《約因 (consideration) を欠いているために無効とされるべき契約を, 裁判所が無効とさせないために案出した仮想の約因》.

in·ven·tion /ɪnvénʃ(ə)n/ *n* 発明, 創案; 発明品, 新案《特に特許法上の要件を備えたものは, 特許され排他的権利を与えられる; cf. AGGREGATION, COMBINATION, EQUIVALENT》. ▶ CONCEPTION OF INVENTION (発明の構想) / DESCRIPTION OF INVENTION (発明の表示) / EMPLOYEES' INVENTIONS (被用者の発明(品)) / PATENTABLE INVENTION (特許権を受ける資格のある発明) / PRIORITY OF INVENTION (発明の先順位性[優先性]) / SAME INVENTION (同一発明).

in·ven·to·ry /ínvəntɔ̀ːri; -t(ə)ri/ *n* **1**《商品・家財・財産などの》(在庫)目録, 財産目録. ▶ BENEFIT OF INVENTORY (財産目録の利益, 限定承認). **2** 棚卸し資産, 棚卸し表. **3**《アパートの》備え付け家具の明細書;《船舶の》属具目録. **4** 目録記載の物品;在庫品(の総価格). **5** 在庫品調べ, 棚卸し. — *vt* **1**《家財・商品などを》目録に記入する, ...の目録を作る. **2** 棚卸しする. — *vi*《財産などが》目録上...の価値を有する 〈*at*〉.

ínventory fináncing《変動する在庫品を担保とする》在庫品担保融資, 在庫金融.

ínventory sèarch 1 逮捕者収監前の身体捜査. **2**《押収自動車などの中にある物の保管のための令状なしの》保管物品捜査.

in ven·tre sa mère /ɪn véntri sɑː méər/ *adv*, *a* EN VENTRE SA MÈRE.

In ver·bis, non ver·ba, sed res et ra·tio, quae·ren·da est. /ɪn vérbɪs nɑn vérbə sɛd riːz ɛt réɪʃiou kwiréndə ɛst/ 文言においては, その文言ではなくて, 事柄と理が探究されるべきである.［L=In words, it is not the words but the thing and the reason that is to be sought.］

ínverse condemnátion《米》《公共事業により土地利用を侵害された私人が損失補償を求める》逆収用(訴訟).

ínverse órder of alienátion dòctrine 移転とは逆順位での担保権行使の法理 (=rule of mar-shaling liens) (⇨ MARSHALING LIENS).

in·vest /ɪnvést/ *vt* **1** 投資する;《時間・努力などを》注ぎ込む: ～ one's money *in* stocks 株に投資する. **2** ...に《記章・勲章などを》帯びさせる, 授ける〈*with*〉; ...に《権力・地位を》授ける, 授与する, 付与する〈*with*〉: ～ sb *with* a cross 人に十字勲章を授ける / ～ sb *with* rank 人に位を授ける. — *vi* 投資する〈*in*〉: ～ *in* real estate 不動産に投資する.

in·ves·ti·gate /ɪnvéstəɡèɪt/ *vt*, *vi* 捜査する, 調査する, 取り調べる.

invéstigating màgistrate 取調官.

in·ves·ti·ga·tion /ɪnvèstəɡéɪʃ(ə)n/ *n* **1** 調査〈*of*, *into*〉, 取調べ, 審問, 捜査: upon ～ 調べてみると / under ～ 調査中, 取調べ中 / conduct an ～ *into* ...につき調査[取調べ]を行なう / make ～ *into* ...を調査する, 取り調べる. ▶ FEDERAL BUREAU OF INVESTIGATION (連邦捜査局) / GRAND JURY INVESTIGATION (大陪審による取調べ) / LEGISLATIVE INVESTIGATION (議会による国政[地方公共団体事務]調査) / PRELIMINARY INVESTIGATION (予備審問) / PRESENTENCE INVESTIGATION (量刑前調査) / SECTION 37 INVESTIGATION (第 37 条調査). **2** 調査[取調べ]報告. **～·al** *a*

investigátion of a cómpany《英》《1985 年法等に基づき政府が行なう》会社運営に対する調査. ▶ INSPECTION AND INVESTIGATION OF A COMPANY (会社運営に対する検査および調査).

in·vés·ti·gà·tive, in·ves·ti·ga·to·ry /ɪnvéstɪɡətɔ̀ːri; -t(ə)ri/ *a* 調査の, 調査追求する, 取調べの, 審問の, 捜査の.

invéstigative deténtion 取調べ中の拘置《正式な逮捕なしで被疑者を取調べるためその間拘置すること》.

invéstigative gránd júry 取調べ大陪審《可能性のある犯罪を調査し, その時点では訴追側が有していない証拠を明らかにすることを主な職務としている大陪審; cf. SCREENING GRAND JURY》.

invéstigative hélp《英》調査のための援助《それまでの法律扶助制度 (legal aid scheme) を全面的に改めた 1999 年法で導入された地域法律扶助提供 (Community Legal Service) の下で, 訴訟手続きを進めるべきか否かについて判断をする調査のための経済的支援; cf. COMMUNITY LEGAL SERVICE》.

in·vés·ti·gà·tor *n* 調査者[官], 捜査者[員], 取調官: a government ～. ▶ PRIVATE INVESTIGATOR (私立探偵).

invéstigatory interrogátion 調査質問, 職務質問《非拘束者に対する警察官によるごく普通の, 詰問的でない質問》.

invéstigatory [invéstigative] stóp 取調べのための停止 (=STOP AND FRISK).

in·véstitive fáct 権利授与事実 (=collative fact) (opp. *divestitive fact*) (cf. DISPOSITIVE FACT).

in·ves·ti·ture /ɪnvéstətʃər/ *n* **1**《官職・聖職などの》授与, 叙任, 任官; 授爵; 授与式, 任官式, 認証式;《資

格の)付与; 聖職叙任. **2**《史》占有付与《領主から保有者 (tenant) への土地の占有の付与(式)》; cf. LIVERY OF SEISIN》.

invést·ment *n* **1** 投資, 出資; 投下資本, 投資金.
▶ AUTHORIZED INVESTMENT (授権投資) / BLUE-CHIP INVESTMENT (優良証券投資) / DISINVESTMENT (負の投資; 投資の引き揚げ) / FIXED-INTEREST INVESTMENT (確定利付き投資) / FOREIGN INVESTMENT (外国投資) / GENERAL POWER OF INVESTMENT (一般的投資権能) / NATIONAL SAVINGS AND INVESTMENT (国民貯蓄投資銀行) / RETURN ON INVESTMENT (資本利益率) / TRUSTEE INVESTMENT (受託者による投資). **2** 投資の対象;《英》《投資対象である》証券《受託者 (trustee) が特定証券に投資する権利を与えられている場合の当該証券》: a good ~ 有利な投資. **3** 着せること; 叙任, 授爵 (investiture). **4** 授与, 占有付与 (investiture).

invéstment advìser [advìsor] 投資顧問(業者).

invéstment bànk《米》投資銀行《証券引受業務や会社合併の仲介などを行なう証券業者で, 預金・貸出し業務などを行なう正規の銀行ではない; 英国では ISSUING HOUSE, ISSUING BANK という》. ▶ EUROPEAN INVESTMENT BANK (欧州投資銀行).

invéstment bànker《米》**1** 投資銀行 (= INVESTMENT BANK). **2** 投資銀行行員.

invéstment bìll 投資手形《満期まで投資する目的で割引購入された為替手形》.

invéstment bùsiness 投資業.

invéstment còmpany 投資会社, 投資信託会社 (=investment trust)《米国の 1940 年の Investment Company Act (投資会社法) は投資会社を 3 種に分類: すなわち, 額面証券会社 (face amount certificate company), 単位型投資信託 (unit investment trust), 管理型投資会社 (management company) である》. ▶ CLOSED-END INVESTMENT COMPANY (クローズドエンド型投資会社) / OPEN-END INVESTMENT COMPANY (オープンエンド型投資会社).

invéstment còntract 投資契約. ▶ GUARANTEED INVESTMENT CONTRACT (保証付き投資契約).

invéstment crèdit《米》投資控除制度 (=INVESTMENT TAX CREDIT).

invéstment gráde ràting《債券の》投資適格格付け.

invéstment íncome 投資所得, 資産所得 (= UNEARNED INCOME). ▶ FRANKED INVESTMENT INCOME (法人税前払い企業配当所得).

invéstment íncome sùrcharge《英史》投資所得加重税《1984 年法により廃止》.

invéstment secùrity 投資証券.

invéstment táx crèdit《米》投資税額控除 (= investment credit)《投資奨励のため, 連邦の所得税額から投資金額の一定割合を控除すること》.

invéstment trùst 1 証券投資信託. **2** 投資信託発行者, 投資(信託)会社 (= INVESTMENT COMPANY).

in·ves·tor /invéstər/ *n* **1** 投資家; 投資者, 出資者.
▶ ACCREDITED INVESTOR (認定投資家) / ANGEL INVESTOR (天使の投資家) / INSTITUTIONAL INVESTOR (機関投資家). **2** 叙任者; 授与者.

in·vid·i·ous /invídiəs/ *a* しゃくにさわる;《不公平[差別的]で》不快な. ~·ly *adv* ~·ness *n*
invídious discriminátion 不当差別.

in·ví·o·la·ble *a* 冒すことのできない, 不可侵の: an ~ right 侵すことのできない権利. **in·violabílity** *n*

in·vi·o·late /inváiələt/ *a* 犯されていない, 侵されていない, 冒されていない, 破られていない.

in vi·ri·di ob·ser·van·tia /ɪn vírədài əbzərvénʃiə/ *a*《人々の心に》新鮮で力強く存している. [L=in fresh observance]

in·vi·ta·tion /invətéiʃ(ə)n/ *n* **1** 誘い, 招待, 招聘(しょうへい), 勧誘; 誘引; 招待状, 案内状: a letter of ~ 招待状 / at the ~ of ...のお招きにより / accept [decline] an ~ (*to* the board) (委員会への)参加要請に応ずる[を断わる] / issue an ~ to sb to join the board ...に委員会への参加要請状を出す. **2**《その場所の安全性について注意義務の前提となる, 土地・建物への》誘引. ▶ LICENSEE BY INVITATION (誘引に基づく立入り被許可者).

invitátion to negótiate 取引[交渉]の誘引 (= **invitátion to tréat**)《契約の申し込み (offer) をさせるための誘引であって申し込みではない; cf. OFFER》.

invitátion to púrchase 購入の誘引.

in·vite /inváit/ *vt* **1** 招待する, 招く, 誘う, 勧誘する: be ~d out よそに招待される / ~ sb over [round, *in*] *for* a meal 人を食事に招く / ~ sb to a meeting 会議に招く. **2**《人に...することを》請う, 勧める, 誘う, 促す〈sb *to do*〉;《意見・質問などを》求める, 請う.

in·vít·ed érror《当事者が誘致して裁判所を誤らしめる》誘致誤審.

in·vi·tee /invaití:, -vaɪ-/ *n* 被誘引者, 勧誘された人, 客, 顧客, 利用客 (=business guest, business invitee) (⇨ INVITATION 2) (cf. INVITER, LICENSEE, TRESPASSER). ▶ BUSINESS INVITEE (顧客; 被誘引者) / PUBLIC INVITEE (一般客).

in·vít·er, in·ví·tor *n* 誘引者 (cf. INVITATION 2, INVITEE).

In·vi·to be·ne·fi·ci·um non da·tur. /ɪnváitou bènɛfíʃiəm nɑn déɪtər/ 利益は望まぬ者には与えられない. [L=No benefit is given to one unwilling.]

in ví·tro fertilizátion /ɪn ví:trou-, -vít-/ 体外受精 (=external fertilization)《略 IVF》. [L *in vitro* in glass]

in·vo·ca·tion /invəkéɪʃ(ə)n/ *n* **1**《神への》祈り, 祈求;《助け・支援の》嘆願. **2**《権威づけ・正当化のために》引合いに出すこと;《法に》訴えること. **3**《権利の》発動, 実施: an ~ of the contract clause 契約条項の実施.

in·voice /ínvɔɪs/ *n* 送り状, 仕切り状, 明細記入請求

書, インボイス. ▶ PRO FORMA INVOICE (見積もり送り状). — vt 〈商品〉の送り状[請求書]を作る[提出する]; 〈人に送り状を送る; 〈貨物〉を積送する. — vi インボイスを作る[提出する].

ínvoice bòok 送り状綴り, 送り状控え帳.

in·voke /ɪnvóʊk/ vt 1 〈神・聖人など〉に援助[加護]を祈る. 2 〈権威あるもの・神聖なもの〉を引合いに出す; 〈法〉に訴える, たよる. 3 〈法〉を実施する, 〈権利〉を行使する: ~ the Fifth Amendment 第5修正(上の権利)を行使する. 4 〈復讐・助けなど〉を切願する ⟨on⟩; 〈呪術で〉〈霊〉を呼び出す. 5 もたらす, ひき起こす. **in·vók·er** n [L (voco to call)]

in·vol·un·tary a 当事者の意思によらない, 不本意の, 非[不]任意の, 自発的でない, 強制的な, 故意でない. **in·vol·un·tar·i·ly** adv 不本意ながら. **in·vol·un·tar·i·ness** n

invóluntary alienátion《債務弁済のための差押えなどによる》強制移転, 強制譲渡, 強制処分.

invóluntary báilment 非任意寄託 (=involuntary deposit)《動産所有者が過失によらず, 偶然的にあるいは事故などでやむをえず他人の手に委ねる寄託; cf. ABANDONED PROPERTY, LOST PROPERTY, MISLAID PROPERTY》.

invóluntary bánkruptcy《米》《債権者の申し立てに基づく》強制破産(手続き), 非任意破産(手続き) (cf. VOLUNTARY BANKRUPTCY).

invóluntary cónduct《当事者の》意思に基づかない行為.

invóluntary conféssion 不任意の自白 (cf. VOLUNTARY CONFESSION).

invóluntary convérsion《税法》非任意転換《強制収用・火災などで財産が補償金などの金銭に変わった場合に, 税務上任意に転換した場合と異なる扱いをすることになる》.

invóluntary depósit 非任意寄託 (=INVOLUNTARY BAILMENT) (cf. VOLUNTARY DEPOSIT).

invóluntary dismíssal 訴えの非任意的却下 (cf. VOLUNTARY DISMISSAL).

invóluntary dissolútion 非任意解散《本人の意思ではなく裁判・行政処分・強制破産などによる法人などの解散; 特に債権者・少数株主の申し立てなどに基づき裁判所が命じる会社の解散; cf. VOLUNTARY DISSOLUTION》.

invóluntary euthanásia みずからの意思に基づかない安楽死 (cf. NONVOLUNTARY EUTHANASIA, VOLUNTARY EUTHANASIA).

invóluntary intoxicátion みずからの意思に基づかない酩酊, 非自発的酩酊《みずからの意思に反しあるいは知識なしにアルコール・薬物摂取に伴う酩酊状態; cf. VOLUNTARY INTOXICATION》.

invóluntary líen《租税優先弁済権 (tax lien) など法による》当事者の意思によらないリーエン, 法定リーエン (cf. VOLUNTARY LIEN).

invóluntary mánslaughter 非故意殺(罪) (=negligent manslaughter)《過失致死など, 故意によらない殺人; cf. ACCIDENTAL KILLING, VOLUNTARY MANSLAUGHTER》.

invóluntary nónsuit《原告が自発的に事件を取り下げるのではない》訴えの非自発的却下 (=compulsory nonsuit) (⇨ NONSUIT) (opp. voluntary nonsuit).

invóluntary páyment《強迫・詐欺などによる》真の意思に基づかない支払い.

invóluntary petítion《裁判所への債権者による》非任意的破産申し立て[申立書] (cf. VOLUNTARY PETITION).

invóluntary sérvitude 意に反する苦役, 奴隷的労役《合衆国憲法第13修正で明示的に禁止されている強制労働》.

invóluntary trúst 意思に基づかない信託《黙示信託 (implied trust), 特に 擬制信託 (constructive trust) のこと》.

IOLTA /aɪóʊltə/《米》°Interest on Lawyers' Trust Accounts 弁護士信託勘定利息(活用制度).

io·ta /aɪóʊtə/ n 1 イオータ《ギリシア語アルファベットの第9字; 英語の I に当たる》. 2 微少, みじん: not an ~ of evidence みじんの証拠もない.

IOU, I.O.U. /áɪoʊjuː/ n (pl ~s) 1 借用文言;《署名した》借用証. ★ To Mr. A. B. IOU 100 dollars. X. Y. July 25, 2007 などと書くが, この証書上貸主の名前 (上例では A. B.) の記載は効力に関係なく, 証書所持人が貸主と一応推定される. 証書の流通性はない. 2 債務, 借金: pay a pile of ~s 多くの借金を返済する. [I owe you の音訳]

IP °intellectual property 知的財産権[所有権] ♦ °interested party 利害関係者 ♦ °interested person 利害関係人.

IPA《米》°independent practice association 独立診療所協会.

IPC《英》°Integrated Pollution Control 汚染統合規制 ♦ °International Patent Classification 国際特許分類.

IPD《スコットランド》[L in praesentia Dominorum] in the presence of the Lords (of Session) スコットランド控訴院裁判官の面前で.

IPO《英》°Intellectual Property Office (知的財産局).

IPPC《英》°Integrated Pollution Prevention Control 汚染予防統合規制.

ip·se dix·it /ípsi díksɪt, ípseɪ-/ 論証のない主張, 独断的主張: be nothing more than an ~. [L=he/she himself/herself said it]

ip·sis·si·ma ver·ba /ɪpsísəmə váːrbə/ pl 文言そのもの. [L=the very (same) words]

ip·so fac·to /ípsoʊ fǽktoʊ/ adv その事実自体で, 事実それ自体によって: If you refuse to take the Breathalyzer test, that is ~ an admission of guilt. [L=by the fact itself]

ípso fácto clàuse 破産結果条項 (=bankruptcy clause) (=**ípso fácto bánkruptcy clàuse**)《契約の中で一方当事者が破産 (bankruptcy) した場合の結果について述べている条項; 米国の破産法典 (Bankruptcy Code) 上では無効とされている》.

ípso júre /-dʒúəri, -júːreɪ/ *adv* 法律自体の力で, 法律それ自体により, 法律上当然に. [L=by the law itself]

IPT《英》°insurance premium tax 保険料税.

IR《英》°Inland Revenue 内国税収入委員会.

IR35 /àɪəːr θɔ́ːrtifáɪv/《英税制》**内国税収入委員会規則 35**《2000 年法の下で導入された規則 (rule) で, 有限責任会社 (limited company) などを介して雇用者に労務を提供している個人を自営業者としてではなく被用者として扱い, 源泉徴収の形で税を徴収すること, 必要経費控除に関してそれ以前に較べて不利な扱いをすることなどを決めているもの》.

IRA《米》, áɪrə/°individual retirement account **個人退職積立て勘定**. ▶ ROTH IRA (ロス型個人退職積立て勘定).

IRA Irish Republican Army アイルランド共和軍.

IRAC /áɪræk/ 法学生に用いられている頭字語で, 通例次の語の頭文字を示す: (**1**) issue, rule, application, conclusion 争点, 準則, 適用, 結論 (**2**) issue, rule, analysis, conclusion 争点, 準則, 分析, 結論.

IRC《米》°Internal Revenue Code 内国歳入法典.

IRCA《米》°Immigration Reform and Control Act 移民改革・規制法.

Ire·land /áɪərlənd/ アイルランド《1949 年のアイルランド法 (Ireland Act) で EIRE はアイルランド共和国 (Republic of Ireland) として独立したが, NORTHERN IRELAND は連合王国の一部をなしている》.

Íreland Àct [the ~]《英》アイルランド法《アイルランド共和国 (Republic of Ireland) の独立を定めた 1949 年の法律; cf GOVERNMENT OF IRELAND ACT》.

Írish Frée Stàte Àct [the ~]《英》アイルランド自由国法 (**1**) 英国と南アイルランドで 1921 年に結ばれた南アイルランド独立に関する条約を成立せしめた 1922 年の法律 Irish Free State (Agreement) Act (**2**) アイルランド自由国の制憲議会で 1922 年に採択された憲法を立法化するための法律 Irish Free State Constitution Act》.

Ir·ne·ri·us /ɪərniə́riəs/, **War·ne-** /wɑːrníəriəs/, **Guar·ne-** /gwɑːrníəriəs/ イルネリウス (c.1055–fl. 1125)《イタリアの法学者; 注釈学派 (glossators) の祖で, その権威ゆえに「法学の燈明」と言われた; Bologna 大学法学部をヨーロッパの法学研究の中心とするのに貢献した同大学教授; ローマ法の権威で, ローマ法に関する最古の体系的研究書である *Summa Codicis* などの著者》.

íron-sàfe clàuse 金庫条項《火災保険契約の条項で, 帳簿類の金庫での保管を被保険者に義務づけるもの》.

IRR °internal rate of return 内部利益率.

ir·rátional /ɪ-/ *a* **1** 理性的でない, 合理的でない, 不合理な, 不可解な. **2** 事実[証拠]に基づかない, 恣意的な

(arbitrary). ~·**ly** *adv*

ir·rationálity *n* 理性のないこと; 不合理(性), 背理, 不条理 (⇨ WEDNESBURY UNREASONABLENESS).

ir·rebúttable /ì-/ *a* 反証を許さない, 反論[反証]できない.

irrebúttable presúmption 反証を許さない推定, みなし (=CONCLUSIVE PRESUMPTION).

ir·reconcílable /ɪ-/ *a* 和解できない; 調和しない, 矛盾する.

irreconcílable dífferences *pl*《離婚に至るような夫婦間の》和解しがたい不和 (cf. INCOMPATIBILITY, IRRETRIEVABLE BREAKDOWN OF THE MARRIAGE, NO-FAULT DIVORCE).

ir·recóver·able /ì-/ *a* 回復[回収]しがたい, 取り返せない: ~ debt. **ir·recóver·ably** *adv*

ir·recúsable /ì-/ *a* 拒めない, 否定できない, 認めざるをえない, 当事者の意思と関係なく認められる〈義務〉 (cf. RECUSABLE). **ir·recúsably** *adv*

ìr·redéem·able /ì-/ *a* 買い戻しのできない, 受け戻すことのできない; 〈国債などが〉償還されない, 兌換(だかん)できない. — *n* 無償還債券 (irredeemable bond). -**ably** *adv*

irredéemable bónd 無償還債券, 無償還年金債券 (=ANNUITY BOND)《単に irredeemable ともいう》.

ir·re·den·ta /ìrɪdéntə/ *n* 未回収地, イレデンタ《民族的には同一だが他国の支配下にある地》. [It=unredeemed]

ir·re·den·tism /ìrɪdéntɪz(ə)m/ *n* **1**《It-》《イタリア史》未回収地回復運動, イレデンティズモ《19 世紀末より第一次大戦まで展開された, 南 Tirol など主としてイタリア民族の居住地方でありながらイタリア王国に属さぬ地方 (Italia irredenta) を併合しようとする運動》. **2**《一般に》失地[領土]回復主義, 民族統一主義. **ir·re·dén·tist** *n, a* 未回収地回復運動家(の); 民族統一主義者(の). [It (↑)]

ir·ref·ra·ga·ble /ɪréfrəgəb(ə)l, ɪrɪfrǽgə-/ *a* 論駁できない, 争う余地のない, 否定しえない, 破る[侵す]ことのできない〈法〉.

ir·régular /ɪ-/ *a* **1** 規則[規範]に従わない, 不規則な, 変則の, 不正規の: ~ documentation 規則に従っていない証拠資料(提示). **2**《訴訟手続きに》違背した, 瑕疵(かし)のある〈訴訟〉手続き〉: highly ~ procedure きわめて瑕疵のある訴訟手続き. **3**《結婚など》非正式の, 内々の, 秘密の. ~·**ly** *adv*

irrégular endórsement 不規則裏書 (=anomalous endorsement, full endorsement)《裏書の連鎖 (chain of title) 外で署名している人, したがって証券所持人ないしは移転者でない人による裏書; その裏書人は通例 融通署名者 (accommodation party) として扱われる; cf. SPECIAL ENDORSEMENT》.

irrégular héir《大陸法》変則相続人《当然には遺産占有権を有さず, 遺産を占有するための訴権のみを有する相続人; かつては配偶者・非嫡出子がこれに該当した; 米

ir·regularity /ɪ-/ *n* **1 a** 不規則, 変則. **b** 反則, 不正規, 不法; [*pl*] 不正(を疑わせるもの): *irregularities in the share dealings*. **2** 手続き違背; 訴訟手続き違背, (訴訟)手続き上の瑕疵(か); **3**《キリスト教》聖職叙品欠格(事由), 品級(授受)の障害(事由).

irrégular júdgment 手続き上の瑕疵(か)ある判決《取消しないしは破棄されるが, それまでは有効である》.

irrégular márriage《史》非正規婚姻《法的には有効》.

irrégular prócess 手続き上瑕疵ある被告召喚令状《無効か取消し可能かは瑕疵の種類・程度による; cf. REGULAR PROCESS》.

irrégular succéssion 変則的承継《通常の相続法上の法定相続人や遺言上の相続人とは別の特定の人あるいは州[国]が相続する旨を定めている特別法による承継》.

ir·relevance, -cy /ɪ-/ *n* **1** 不適切, 無関係, 関連性欠如. **2** 不適切なもの, 関連性のないもの, 的はずれな質問・陳述《など》.

ir·relevant /ɪ-/ *a* 〈証拠・間接事実が〉関連性のない, 無関係な, 重要性がない, 的はずれの《cf. IMMATERIAL》: *an* ~ *allegation*. **~·ly** *adv*

irrélevant évidence《争点にとって》関連性のない証拠《cf. RELEVANT EVIDENCE》.

ir·remédiable /ɪ-/ *a* 治療のできない, 不治の; 回復[修復]不能の. **ir·remédiably** *adv*

irremédiable bréakdown (of the márriage) 回復[修復]しがたい婚姻破綻《= IRRETRIEVABLE BREAKDOWN OF THE MARRIAGE》.

ir·réparable /ɪ-/ *a* 回復[修復]不能の. **ir·réparably** *adv*

irréparable dámage 回復不能の損害《= IRREPARABLE INJURY》.

irréparable hárm 回復不能の損害《= IRREPARABLE INJURY》.

irréparable ínjury 回復不能の権利侵害[損害], 金銭で賠償しがたい権利侵害[損害]《= irreparable damage, irreparable harm》.

irréparable ínjury rúle 回復不能の権利侵害の準則《差止め命令 (injuction) のようなエクイティー上の救済手段 (equitable remedy) は, コモンロー上の十分な救済手段 (adequate remedy at law) が欠けている場合にのみ利用できるという原則; cf. INADEQUATE REMEDY AT LAW》.

ir·repéal·able /ɪ-/ *a*〈法律が〉廃止できない, 取り消せない. **ir·repéal·ability** *n*

ir·repléviable /ɪ-/, **-replévisable** /ɪ-/ *a*〈動産が〉回復訴訟 (replevin) で〈動産が〉回復不能の.

ir·resíst·ible /ɪ-/ *a* 抵抗できない, 抗しがたい, 不可抗の; 抑えられない.

irresístible fórce 不可抗力《特に契約の不履行の理由として用いられる》.

irresístible ímpulse《特に刑事責任無能力の根拠として主張される》(強くて)抗しがたい衝動, 抗拒不能の衝動〈*to do*〉《cf. PROVOCATION, UNCONTROLLABLE IMPULSE》.

irresístible ímpulse tèst 抗しがたい衝動のテスト《= control test》《もしその人の精神病がその人をして犯罪行為を制御できなくしていたとすれば, その人は当該行為の刑事責任を負わないということを前提にしてなされる精神障害テスト; 米国数州でマクノートン事件の準則 (McNaghten rules) と結びつけて用いられている; cf. DIMINISHED CAPACITY, DURHAM RULE, EMOTIONAL INSANITY, INSANITY DEFENSE, MCNAGHTEN RULES, SUBSTANTIAL CAPACITY TEST, UNCONTROLLABLE IMPULSE》.

ir·retríevable /ɪ-/ *a* 修復[回復]不能の. **-ably** *adv* **ir·re·trìev·abíl·i·ty** *n*

irretríevable bréakdown (of the márriage) 修復[回復]しがたい婚姻破綻《= irremediable breakdown (of the marriage)》《cf. INCOMPATIBILITY, IRRECONCILABLE DIFFERENCES, NO-FAULT DIVORCE》.

ir·revérsible /ɪ-/ *a* 逆にできない, 逆転[逆行]できない, 不可逆性の; 撤回不能の, 取消しできない: *an* ~ *decision*.

ir·révocable /ɪ-/ *a* 取り消せない, 改変[変更]できない, 撤回不能の: ~ *acceptance* 撤回不能の承諾. **-bly** *adv* **ir·re·vocabílity**, **~·ness** *n*

irrévocable ágency 撤回不能の代理権.

irrévocable guáranty《相手方の承諾なしでは撤回できない》撤回不能保証(契約)《cf. REVOCABLE GUARANTY》.

irrévocable létter of crédit《銀行発行の》撤回不能信用状.

irrévocable óffer《一定期間》撤回権の制限された申し込み《= firm offer》.

irrévocable pówer of attórney 撤回不能の委任状.

irrévocable trúst 撤回不能信託.

ir·ri·ga·tion /ɪrəɡéɪʃ(ə)n/ *n* 灌漑.

irrigátion dìstrict 灌漑地区.

ir·ri·tan·cy /írətənsi/ *n*《大陸法》**1** 無効(にすること), 失効(させること). **2** IRRITANT CLAUSE.

ír·ri·tant *a*《大陸法》無効にする, 失効させる.

írritant cláuse《大陸法》無効条項, 失効条項《= irritancy》.

IRS《米》° Internal Revenue Service 内国歳入庁.

ISA ° Individual Savings Account 個人貯蓄口座.

Ísle of Mán /-mǽn/ [the ~] マン島《アイルランド海にある島; 今日でも厳密には連合王国の一部ではなく, 法も異なる》.

iso·la·tion /àɪsəléɪ(ə)n, *ìs-/ *n* 孤立《他国と条約によって結ばれていない状態》: *splendid* ~ すばらしき孤立《19世紀末に英国がとった孤立主義》. **in** ~ 孤立[分

isolationism

離]して.

isolátion·ìsm *n* 孤立主義;《米国の》孤立主義《欧州の政治には干渉しないという第一次大戦参戦ないしは第二次大戦までの伝統的外交政策》. **-ist** *n, a*

ison·o·my /aɪsɑ́nəmi/ *n*《法的な》同権, 権利の平等.

is·su·able /íʃuəb(ə)l/ *a* **1** 発行[発給, 発布]できる, 発行を認可された〈通貨・債券など〉. **2**《訴訟上の》争点となしうる; 争点を決定しうる. **3**〈利得など〉生ずる, 得られる. **-ably** *adv*

íssuable defénse 本案抗弁 (cf. ISSUABLE PLEA).

íssuable pléa 本案答弁 (cf. ISSUABLE DEFENSE).

íssuable térms *pl*《英史》争点決定可能開廷期《民事訴訟で争点決定ができる開廷期; 4つの開廷期があったが (⇒ LAW TERM), このうち厳密には Hilary と Trinity 開廷期のみがこう呼ばれた; しかし他の2 開廷期も名称こそそう呼ばれていなかったが, London と Middlesex で審理される事件では事実上可能であった; 争点決定後は次回のアサイズ裁判 (assize) で審理された》.

is·su·ance /íʃuəns/ *n* 発行, 発給, 発布: restrict the ~ of tax-exempt bonds.

is·sue /íʃu/ *n* **1 a** 発行物,《特に 出版物の》発行数[高], (第…)刷;《定期刊行物の特定の》号; 発行〈*of* stamps, a newspaper〉: the March ~ of a magazine 雑誌の3月号. **b**《令状などの》発給, 交付〈*of* a writ〉. **c**《命令などの》発布, 公布. **d**《株式・債券・貨幣の》発行〈*of* bonds〉;《同時発行された》証券(全体); 流通銀行券総額: ~ of new shares 新株発行. **e**《手形などの》振出し. ▶ AUTHORIZED STOCK ISSUE (授権株式) / BOND ISSUE (債券発行) / BONUS ISSUE (無償交付) / CAPITALIZATION ISSUE (資本組入れ株式配当) / DATE OF ISSUE (作成日) / DEBENTURE ISSUE (債券[社債]発行) / HOT ISSUE (人気新銘柄) / NEW ISSUE (新規発行証券) / OVERISSUE (超過発行) / REISSUE (権原要約書証明書; 再発行特許(権)) / RIGHTS ISSUE (引受権付き発行) / SCRIP ISSUE (株式配当) / SHELF ISSUE (棚上げ証券発行). **2** 流出(物); 出口, 河口. **3** 子, 子女, 子孫 (cf. CHILD, HEIR); 直系卑属: have ~ three sons and two daughters 3人の息子と2人の娘の直系卑属がいる / have no ~ 直系卑属をもたない / ~ in tail 限嗣封土権を有すべき直系卑属. ▶ DYING WITHOUT ISSUE (直系卑属なしての死亡) / FAILURE OF ISSUE (直系卑属不存在) / LAWFUL ISSUE (嫡出の直系卑属) / MALE ISSUE (男子直系卑属). **4** 係争[論争]点, 問題点, 論点,《訴訟の》争点, 論争, 討論: make an [a political] ~ of… = (政治)問題化する / a point of ~ 争点. ▶ COLLATERAL ISSUE (傍系争点) / DEEP ISSUE (究極の争点) / DISTRIBUTIVE FINDING OF THE ISSUE (一部勝訴評決) / FACT IN ISSUE (争点事実) / FACT ISSUE (事実上の争点) / FEIGNED ISSUE (仮装争点) / GENERAL ISSUE (全面的否認訴答; 全面的争点) / GENUINE ISSUE (真正な争点) / IMMATERIAL ISSUE (重要でない争点) / JOINDER IN ISSUE (争点決定の訴答) / JOINDER OF ISSUE (争点の決定合意; 争点決定の訴答) / LEGAL ISSUE (法律上の争点) / MATERIAL ISSUE (重要な争点) / MATTER IN ISSUE (争われている事項; 直接争点事実) / PRELIMINARY ISSUE (先決すべき争点) / RAISING AN ISSUE (争点形成) / RECOGNITION ISSUE (労働組合承認紛争) / SPECIAL ISSUE (特定争点; 個別否認訴答; 特別質問(書)) / SURFACE ISSUE (表面的な争点) / TENDER OF ISSUE (争点の提出) / ULTIMATE ISSUE (最終的争点). **5**《成り行きの》結果, 結末;《土地などからの》産物, 所産, 収益, 収穫, 土地の果実, 土地からの収益.《廃》結論: in the ~ 帰着するところは, 要するに / bring a matter to an ~ 事の決着[始末]をつける / ISSUES AND PROFITS. **at ~** (1) 係争[論争]中で[の], 意見が分かれている, 未解決で[の], 争点となっている, 争点が形成された (= **in ~**): the point [question] *at* [*in*] ~ 争点, 係争[問題](点). (2) 不和で, 争って〈*with* each other〉. **die without ~** 直系卑属を残さずに死亡する《相続の際, 特に遺言で多く用いられる語》: die without male ~ 男子直系卑属なしに死ぬ. **face the ~** 事実を事実として認めてそれに対処する. **force the ~** 決定[結論]を強いる. **join (the) ~** (1) 意見が対立する, 論争する〈*with* sb *on* a point〉. (2) 争点を決定する. **leave no ~** 直系卑属を残さない. **put in ~**《相手方の主張を否認することにより》争点を設定する. **raise an ~** 争点を形成する. **take ~ with**…と争う,〈人の意見に〉異議を唱える. ― *vi* **1**〈利益が〉生ずる; 由来する, 起こる〈*from*〉;《子孫として》生まれる, 出る〈*from*〉; 発行される. **2**〈結果に〉終わる〈end〉〈*in*〉. ― *vt* **1** 出す, 発する,《パスポート・身分証などを》発行する, 交付する,〈令状などを〉発給する: ~ a letter of credit 信用状を発行する / ~ a writ against sb. **2**〈告知文書などを〉出す, 発布[布告, 公布]する, 発表する;《雑誌などを》発行[刊行]する: The government ~d guidelines for expenditure. 政府は歳出のガイドラインを発表した. **3**《切手・通貨などを》発行する, 流布させる,〈株式・債券〉を発行する,〈手形などを〉振り出す: ~ shares in a new company 新会社の株式を発行する. **~·less** *a* 直系卑属[子孫]のない; 成果をもたらさない; 論議を生むような論点のない. **is·su·er** *n*《株式・債券などの》発行人. [OF=exit (L *exitus*; ⇨ EXIT)]

is·sued *a* 発行された, 発行済みの.

íssued cápital 発行済み資本 (=issued share capital)《授権資本 (authorized capital) のうちですでに発行された発行済み株式 (issued share [stock]) に対応する資本》.

íssued sháre [**stóck**] 発行済み株式.

íssued sháre càpital 発行済み株式資本 (=ISSUED CAPITAL).

íssue estóppel 争点についての禁反言 (=COLLATERAL ESTOPPEL).

íssue of fáct 事実上の[事実に関する]争点, 事実問題の争点 (=fact issue)《事実の有無の問題; cf. QUESTION OF FACT》. ▶ GENUINE ISSUE OF (MATERIAL) FACT ((重要な)事実問題に関する真正な争点).

íssue of láw 法律上の[法律に関する]争点, 法律

問題の争点 (=legal issue)《法律適用上の問題; cf. QUESTION OF LAW》.

íssue pléading 争点形成訴答手続き《主たる目的が争点 (issue) 形成にあったコモンロー上の訴答手続き; cf. CODE PLEADING》.

íssue preclúsion 《米》争点遮断効《ある争点についてすでに判断が示されている場合、のちの他の訴訟では当該争点が再度審理されないこと; ⇨ COLLATERAL ESTOPPEL》.

íssue príce 《株式の》発行価格.

íssues and prófits pl 土地の果実、《土地からの》収益物、収穫物.

íssuing bánk 1 信用状発行[開設]銀行. 2 《英》《株式・社債の》発行受託銀行 (=ISSUING HOUSE).

íssuing hóuse 《英》《株式・社債募集の委託を引き受ける》発行受託会社 (⇨ INVESTMENT BANK).

IT 《英》°industrial tribunal 産業審判所◆°Inner Temple イナーテンプル.

Ita lex scríp·ta est. /áɪtə léks skríptə ɛst/ そのように法律は書かれている《その法が適用されると苛酷な結果が生ずることがわかっているが、法は守られねばならぬという趣旨の場合に用いられる語》. [L=So the law is written.]

Ita te Dé·us ad·jú·vet. /— ti dí:əs ǽʤəvet/《英史》神のご加護を《宣誓をさせる際の最後につけることば》. [L=So help you God.]

Ita utére tuo ut aliénum non laédas. /— jú:tɛrɛ t(j)ú:ou ət ælí:nəm nɑn lí:dæs/ 他人の物を害せざるように汝の物を使用すべし. [L=So use your property that you do not injure that of another.]

ítem /áɪtəm/ n 1 箇条、項目、条項、種目、品目、細目、《新聞記事などの》一項 (=news ~)、記事: an ~ of expenditure 支出項目 / ~s of business 営業種目 / budget ~s 予算項目 / cash ~s 現金取引商品 / local ~s《新聞の》地方記事、地方だね / ~ by ~ 一項目ずつ、逐条的に. ▶ CONSUMER ITEMS (消費財) / EXCEPTIONAL ITEM (例外的項目) / EXTRAORDINARY ITEM (臨時

項目) / LINE ITEM (項目) / NONMONETARY ITEM (非貨幣項目) / NONRECURRING ITEM (臨時項目) / TAX PREFERENCE ITEM (税優遇項目). 2《手形・小切手などの》支払い手段. **par ~** 額面価格引渡し支払い手段《支払人銀行が手数料をとらず額面価格で他の銀行に引き渡す手形・小切手などの支払い手段》.
— adv /, *áɪtəm/ 一つ《何々》《項目を次々に数え上げるとき》; 同じく、さらにまた.

ítem·íze vt 箇条書きにする、項目別に明記する、明細化する、項目別にする: ~d account. **itemizátion** n

ítemized dedúction 《税別》明細控除(額)《課税対象所得を決定する場合に所得から控除できる項目・額（例えば 医療費・寄付金など）のそれぞれの明細を示す要のある控除額; cf. STANDARD DEDUCTION》.

ítemized páy státement 《雇用者が被用者に渡す》項目別給与支払い明細書.

ítem véto 《米》項目別拒否権 (=LINE-ITEM VETO).

ít·er /ítɛər, áɪtɛər/ n (pl ~, iti·ne·ra /ɪtínərə, aɪ-/) 1 道. 2 行くこと、旅、《特に 裁判官などの》巡回、巡察. 3《ローマ法》《他人の土地の》通行権. [L=way, journey]

iti·ne·ra /ɪtínərə, aɪ-/ n 1 ITER の複数形. 2《英史》EYRE.

itin·er·an·cy /aɪtín(ə)rənsi, ə-/ n 1 巡回、巡察、巡回(裁判)制度. 2 巡回を要する職[任務]、巡回裁判官の職[任務]. 3 巡回裁判官の一団.

itín·er·ant a 巡回する. — n 巡回裁判官. ~**·ly** adv [L (itiner- iter journey)]

itínerant júdge 《史》巡回裁判官.

itínerant jústice 《史》巡回裁判; 巡回裁判官.

itínerant péddling 行商 (hawking).

ius /jás, jú:s/ n JUS. [L=law, right]

IVA 《英》°individual voluntary arrangement 個人和議.

IVF °in vitro fertilization 体外受精.

J

j. [L *jus*] law.
J. Journal ◆ Judge ◆ Judgment ◆ Judiciary ◆ Justice 《★ 英国ではしばしば高等法院裁判官の名前のあとに付けて Smith *J.* のように用いられる; また Smith *J.* は Mr Justice Smith と読む》.
JA °joint account 共同計算(特約); 共同預金口座 ◆ °judge advocate 軍法務官.
Jac. [L *Jacobus*] (King) James.
j'accuse /F ʒakyz/ *n* 1 [*J*-]「余は弾劾す」(1898)《Zola が Dreyfus 事件の公開状; この句で始まる》. **2** 強い非難, 糾弾, 弾劾, 告発. [F=I accuse]
jack·et /dʒǽkət/ *n* 1 ジャケット; 《本などの》カバー. **2** 《保険》標準保険契約証書《これに特約などが付加される》.
jáckpot jùstice 《俗》大当たり裁判《原告を富裕にするほどの莫大でしかも一見恣意的な損害賠償金を裁定し, その結果他の者にも僅かな実損にもかかわらず法外な損害賠償金を求めて訴えを起こさせるような裁判》.
Jáck·son-Dén·no héaring /dʒǽks(ə)n dénoʊ-/ 《米》ジャクソン対デノー事件審理《手続き》 (= **Jackson v. Denno hearing**)《被告人の自白が任意になされたかどうか, したがって証拠として認められるか否かを決定するために陪審抜きで行なわれる裁判所手続き; 1964 年の合衆国最高裁判所の判例 Jackson v. Denno 事件の名より》.
Jack·só·ni·an Demócracy /dʒæksóʊniən-/ ジャクソニアン・デモクラシー《第 7 代合衆国大統領 (1829-37) Andrew Jackson (1767-1845) に代表される民主主義的統治観; 人民の政治参加を強調し, 直接民主主義の多用, 成年男子普通選挙制の普及, 州憲法の詳細化, 公選職の増加, 官僚制を防止するため選挙で勝利した政党がその支持者を官吏に任命するいわゆるスポイルズ・システム (spoils system) の採用, 多選禁止と短任期の知事権限の強化, 陪審の重視などが, 提唱・実現された》.
Jáckson stándard 《米》ジャクソン事件の規準《刑事事件の上訴に基づく再審査 (review) で被告人が証拠不十分を主張している場合に, 訴追側に最も有利な証拠を調べ, 合理的な事実認定者であればそれでもって犯罪の基本的要素を合理的な疑いの余地がない程度まで認定しえたか否かを基準にして判断する原理; 1979 年の判例 Jackson v. Virginia の名称より》.
Já·cob Wét·ter·ling Crímes Agàinst Children and Séxually Víolent Offénder Registràtion Àct /dʒéɪkəb wétərlɪŋ-/《米》子供に対する犯罪および性暴力犯罪者登録についてのジェイコブ・ウェタリング法《性暴力犯罪者, 特にその未成年者に対する犯罪で有罪決定された者の登録簿を作成し, 登録犯罪者についての情報を公共の安全のために開示することを各州に求めた 1989 年の連邦法; 96 年に一部修正; 1989 年に誘拐された 11 歳の少年の名から; 略して (Jacob) **Wetterling Act** ((ジェイコブ・)ウェタリング法) ともいう》.
jac·ti·ta·tion /dʒæktətéɪʃ(ə)n/ *n* **1** ほら吹き. **2** 詐称, 虚偽揚言(*ょぅゖ*)《他人を傷つけるような虚偽の主張・自慢》. **3** 権原毀損 (=SLANDER OF TITLE): ~ of title = SLANDER OF TITLE.
jactitátion of márriage **1** 婚姻詐称《自分は何某と結婚しているとの偽りの主張》. **2** 婚姻詐称差止め訴訟《英国では 1986 年で廃止》.
JAF 《英》°Judge Advocate of the Fleet 艦隊主任法務官.
JAG °Judge Advocate General 軍主任法務官.
jail, gaol /dʒéɪl/ *n* 監獄; 刑務所; 拘置所, 留置場, 軽刑務所, ジェイル《community correctional center, holding cell, lockup, jailhouse, house of detention などともいう; cf. HOUSE OF CORRECTION, HOUSE OF DETENTION, LOCKUP, PENITENTIARY, PRISON》.
 break ~ 脱獄する; 《拘置所から》逃走する. ★《米》では jail, 《英》では公用語としては gaol とつづるが, 普通には両形を無差別に用いる. また, 英国では prison と gaol の区別はほとんどないといえるが, 米国では jail は未決囚を収容する拘置所ないし軽罪既決囚を収容する軽刑務所を指し, prison は特に既決重罪犯を収容する刑務所を指す.
 ― *vt* 投獄する, 収監する; 《拘置所に》収容する (put in jail) 〈*for* robbery〉. **~·like** *a* [OF<Rom (dim) <L *cavea* cage]
jáil·bàit* 《俗》*n* **1 a** 性的魅力のある承諾年齢未満の少女《これと性交渉をもてば法定強姦 (statutory rape) となって刑務所行きとなることから》. **b** 望みをかなえてやるためには犯罪でもやってのけたくなるような魅力のある女. **2** 刑務所行きになるような犯罪の誘惑.
jáil·bìrd《口》*n* 囚人, 収監者, 収容者; しばしば収監されている犯罪者; かつて収監されたことのある前科者.

jáil·brèak *n* 脱獄;《(拘置所からの)逃走: mass ~ 集団脱獄[逃走].

jáil brèaking 脱獄[逃走](罪).

jáil càptain《俗》刑務所[拘置所]長.

jáil crèdit《判決確定後刑期に通算される》未決勾留期間.

jáil delìvery 1 a 集団脱獄[逃走]. **b**《暴力による》囚人釈放. **2**《史》未決監釈放《巡回裁判にあたり全未決囚を審理のため未決監から法廷に出すこと》, 未決監収容者全員の裁判. **3**《史》《未決囚の裁判・釈放のための》未決監釈放裁判. ▶ COMMISSION OF JAIL [GAOL] DELIVERY (未決監釈放裁判官任命書) / JUSTICE OF JAIL [GAOL] DELIVERY (未決監釈放裁判官). **4**《史》《未決囚の裁判・釈放のための》未決監釈放裁判官任命書 (commission of jail [gaol] delivery).

jáil·er, jáil·or, gáol- *n*《刑務所などの》看守, 獄吏, 刑務官 (keeper).

jáil·hòuse *n* JAIL.

jáilhouse láwyer*《俗》監獄の法律家, 囚人の権利などを持ち出して論じる囚人, 法律に詳しい受刑者, 法律にうるさい囚人.

jáil lìberties [lìmits] *pl* 収監[収容]者自由行動許可地域.

Jámes hèaring《米》ジェームズ事件審理(手続き)《共同謀議にかかわる事件で共謀者の裁判外の発言を証拠となしうるか否かを決定する裁判所手続き; 1979 年の事件の被告人名から; cf. COCONSPIRATOR'S EXCEPTION》.

Jáne Dóe /-dóu/《米》ジェーン・ドウ (=Jane Roe, Mary Major)《訴訟で当事者の本名不明のときなどに用いる女性の事件当事者の仮想名; ⇨ JOHN DOE; cf. BABY JANE DOE, JOHN DOE, RICHARD ROE》.

Jáne Róe /-róu/ ジェーン・ロウ (=JANE DOE).

Já·nus-fàced /dʒéinəs-/ *a*《二面神》ヤヌスのような顔をもつ, 対照的な二面を有する, 反対の 2 方向を向いた.

Jápanese-Américan Reparátion Àct [the ~]《米》日系米国人収容賠償法《第二次大戦中強制収容されていた日系米国人に対して賠償金を払うことを定めた連邦法; 1988 年成立》.

Já·son clàuse /dʒéis(ə)n-/《海法》ジェーソン約款《航海上の過失によって生じた共同海損 (general average) を積荷だけでなく船舶の犠牲に対しても積荷所有者に分担させることを定めた船荷証券 (bill of lading) 上の約款; その有効性を認めた合衆国最高裁判所の 1912 年の判例の船名から》.

jáy·wàlk *vi*《口》交通規則や信号を無視して街路を横切る. **~·er** *n*. **~·ing** *n*.

JB [L *Jurum Baccalaureus*]°Bachelor of Laws 法学士.

JBL The Journal of Business Law.

JC °jurisconsult 法学者♦°Justice Clerk スコットランド《刑事法院》次席裁判官♦°justiciary case♦°juvenile court 少年裁判所; 少年事件法廷.

JCanB [L *Juris Canna Baccalaureus*] Bachelor of Canon Law.

JCanD [L *Juris Canna Doctor*] Doctor of Canon Law.

JCB [L *Juris Canonici Baccalaureus*] Bachelor of Canon Law♦[L *Juris Civilis Baccalaureus*] Bachelor of Civil Law.

JCD [L *Juris Canonici Doctor*] Doctor of Canon Law♦[L *Juris Civilis Doctor*] Doctor of Civil Law.

JCL [L *Juris Canonici Licentiatus*] Licentiate in Canon Law♦[L *Juris Civilis Licentiatus*] Licentiate in Civil Law.

JCM [L *Juris Civilis Magister*] Master of Civil Law.

JCPC《英》°Judicial Committee of the Privy Council 枢密院司法委員会.

JD °jury duty 陪審員としてのつとめ♦《米》°Justice Department 司法省♦°juvenile delinquency 未成年非行♦°juvenile delinquent 非行未成年者.

J.D., JD, Jur.D., JurD [L *Juris Doctor*]°Juris Doctor 法務博士; 法学博士♦°Doctor of Jurisprudence 法務博士; 法学博士♦°Doctor of Law 法学博士♦[L *Jurum Doctor*]°Doctor of Laws 両法博士; 法学博士.

Jéncks matérial /dʒéŋks-/《米》ジェンクス事件資料《刑事訴訟における訴追側証人の審理前の陳述書; 被告人は, 当該証人の証言後, 反対尋問を準備するためにその書面を入手する権利がある; 1957 年の判例 Jencks v. United States 事件の原告名から; cf. BRADY MATERIAL》.

jeo·fail, jeo·faile /dʒéfeil/《史》*n* 過誤, 誤訴答《(訴答 (pleading) [弁論]中における誤り);《一般に》誤り (mistake, error). ▶ STATUTES OF AMENDMENT AND JEOFAIL (誤訴答法). [AF *jeo fail* I mistake]

jeop·ard /dʒépərd/ *vt* JEOPARDIZE.

jeop·ar·dize /dʒépərdàiz/ *vt* 危うくする, 危険にさらす.

jeop·ard·ous /dʒépərdəs/ *a* 危険な. **~·ly** *adv*

jeop·ar·dy /dʒépərdi/ *n* 危険 (risk),《特に 刑事事件の被告人が裁判で有罪決定および刑罰に処せられる》危険 (=legal jeopardy) (⇨ DOUBLE JEOPARDY). ▶ DOUBLE JEOPARDY (二重の危険) / FORMER JEOPARDY (前の危険) / LEGAL JEOPARDY (法的危険) / PRIOR JEOPARDY (以前の危険). **in ~** 危うくなって, 刑事訴追で有罪決定される危険にある: put [place] sb *in* ~ 危うくす, 危機に陥れる, 刑事訴追で有罪決定される危険に陥れる. **once in ~** 過去に 1 度刑事訴追で有罪決定される危険に陥った《前の危険 (former jeopardy) についての防御; ⇨ DOUBLE JEOPARDY). **twice in ~** 二重の危険に陥って (⇨ DOUBLE JEOPARDY) (cf. *once in* JEOPARDY). — *vt* JEOPARDIZE. [OF *iu parti* divided play, uncertain issue]

jéopardy assèssment《米》危急追徴課税額査

jerrymander ⇨ GERRYMANDER.

jet·sam /dʒétsəm/ *n* **1**《海法》投げ荷《海難のとき船体を軽くするため任意で海中に投棄し水中に没した船荷; cf. EJECTUM, FLOTSAM, LAGAN, WAVESON》. ▶ FLOTSAM AND JETSAM (浮き荷と投げ荷). **2** 漂流物; 捨てられたもの, がらくた.

jet·ti·son /dʒétəs(ə)n, -z(ə)n/ *n*, *vt*《緊急時に積荷を軽くするため船・飛行機から》《貨物などを》投げ捨てる[投下する](こと), 投げ荷, 打ち荷, **投荷行為**; [*fig*]《不要物・重荷などを》放棄する(こと). ~·**able** *a*

Jéw·ell instrùction /dʒú:əl-/《米》ジューエル事件の説示 (=deliberate-indifference instruction)《刑事訴訟で被告人が当該犯罪に関わる事実を意図的に知らなかったとしても犯意を陪審が認めてもよいという裁判所の説示; 1976年の判例の被告人名から; cf. DELIBERATE INDIFFERENCE》.

Jhe·ring, Ihe·ring /*G* jé:rɪŋ/ イェーリング **Rudolf von** ~ (1818-92)《ドイツの法学者・ローマ法学者; 目的論的諸原理に基礎を置く目的法学を唱え, のちの自由法運動・利益法学の先駆となった; 主著 *Geist des römischen Rechts*『ローマ法の精神』(1852-64), *Der Kampf ums Recht*『権利のための闘争』(1872), *Der Zweck im Recht*『法における目的』(1877-83)》.

Jím Crów làw《米史》ジム・クロウ法, 黒人差別法《Jim Crow は通例 黒人に対する差別語》.

jíngle rùle 固有債権者優先の準則 (=DUAL PRIORITIES RULE).

JJ, jj Judges ◆ Justices.

JJ junior judge.

j.n.o.v., JNOV °judgment non obstante veredicto=°judgment notwithstanding the verdict 評決無視判決.

job /dʒáb/ *vi* **1** 手間仕事をする. **2** 卸売りをする; 仲買いをする. —*vt* **1** …の仲買いをする; 卸売りする. **2** (部分的に)下請けに出す. —*n* **1** 仕事; 手間仕事; 職務, 役目. ▶ INSIDE JOB (内部の者の犯罪). **2** 職, 働き口, 職種. **on the** ~ 仕事中に[で].

jób àction《労働》抗議(運動)《ストライキ (strike) ではなく怠業や病気理由の協調休業などによる被用者の抗議(運動)》.

job·ber /dʒábər/ *n* **1**《安い品を大口に買って小口に売る》仲継人, 仲買業者. **2**《臨時仕事の》稼ぎ手, 手間賃労働者. **3**《米》(証券[株式])ディーラー (stockjobber). **b**《英史》証券自己売買業者, ジョッバー (=dealer, stockjobber)《取引所会員のみを相手に自己の計算で証券を売買する取引所会員; 1986年法までは他人の委託により手数料を得て証券の売買を行なう仲立人 (broker) との分業制であったが, 同法で分業制が廃止された》. ▶ STOCKJOBBER (ディーラー; ジョッバー).

jób·cènter *n*《英》公共職業紹介センター, 公共職業安定所, ジョブセンター (cf. EMPLOYMENT OFFICE).

jób·sèek·er's agréement《英》求職者協定《求職者手当 (jobseeker's allowance) 申請者が公共職業紹介センター (jobcenter) と結ぶ協定で, 申請者の能力上の制約・求職種などが記述される》.

jób·sèek·er's allówance《英》求職者手当《1995年法は求職者に対するそれまでの失業給付 (unemployment benefit) および所得援助 (income support) に代え, 就労能力を有する者で求職者協定 (jobseeker's agreement) を結び積極的に求職活動をなしているがなお未就職の者に, 一定条件の下で給付金を6か月間与えることになった; 略 JSA》.

john *n* **1** [ⁿJ-]《俗》**a** 男. **b** 売春婦の客. **2**《特に男子用》便所.

John-a-Nokes, -Noakes /dʒànənóuks/ *n*《古》ノークスのジョン《訴訟で当事者の名前が不明のとき, 特に第一当事者に対して用いる仮想名》.

John-a-Stiles, -Styles /dʒànəstáɪlz/ *n*《古》スタイルズのジョン《訴訟で第一当事者・第二当事者ともに名前が不明のときに用いる第二当事者の仮想名》.

Jóhn Dóe 1 ジョン・ドウ, 甲《本来 不動産賃借権 (leasehold) の占有回復のための訴訟であった不動産回復訴訟 (ejectment) は, 自由土地保有権 (freehold) のための物的訴訟 (real action) が煩雑であったため, その占有保護のためにも用いられるようになった; その際 擬制的に形式上は仮想の賃借人 John Doe が仮想の占有侵奪者 Richard Roe を形式上被告として訴えを起こし, その上で真の原告の権原 (title) の優劣を争うという形をとった; その仮想の原告名; この場合, GOODRIGHT とか GOODTITLE とも呼ぶことがあった; ⇨ EJECTMENT; なお, 特に米国では匿名の男性事件当事者の名前としても用いられる; cf. JANE DOE》. **2** *普通の[並みの]男.

Jóhn Dóe súmmons《米》ジョン・ドウ召喚状[呼出し状]《**1**) 送達時に被告名不詳の者に発せられる召喚状 **2**) 第三者に対して氏名不詳の潜在的納税義務者の情報提供を求めるための呼出し状》.

Jóhn Dóe wárrant《米》ジョン・ドウ逮捕状《氏名不詳者の逮捕状; 氏名は不詳だが顔がわかっている者などに対して若干の州で許容されている逮捕状》.

join /dʒɔ́ɪn/ *vt* **1** 合わせる, つなぐ, ひとつにする. **2** …を訴訟の当事者に加える, 訴訟に参加させる (cf. CONSOLIDATE, IMPLEAD, INTERPLEAD, INTERVENE): ~ sb to an action. **3** …に加わる, …といっしょになる, 〈訴訟に〉参加する. **4** …に接する. —*vi* **1** 結びつく, 合する; 隣接する. **2** いっしょになる, 参加する. ~ **(the)** ISSUE. ~·**able** *a*

join·der /dʒɔ́ɪndər/ *n* **1** 接合, 結合, 合同; 併合 〈*of* actions; *of* causes of action; *of* offenses; *of* parties〉 (cf. CONSOLIDATION, COUNTERCLAIM, CROSS-CLAIM, IMPLEADER², INTERPLEADER¹, INTERVENTION, SEVERANCE). ▶ COLLUSIVE JOINDER (馴合いの当事者の併合) / COMPULSORY JOINDER (当事者の強制的併合) /

DISJOINDER (併合解消) / FRAUDULENT JOINDER (悪意の当事者併合) / MISJOINDER (誤った併合) / NONJOINDER (当事者不併合) / PERMISSIVE JOINDER (当事者の任意的併合)．**2** 承認，受け入れ，《争点の》決定 ⟨*of issue*⟩．

jóinder in demúrrer (訴答不十分の抗弁[法律効果不発生抗弁]による)争点の決定《被告が訴答不十分の抗弁[法律効果不発生抗弁] (demurrer) をなすと，原告は訴訟を維持するのであれば，これを受け入れねばならず，これにより争点が決定される》．

jóinder in íssue 争点決定の訴答 (joinder of issue)．

jóinder of áctions《係属中の2つ以上の》訴訟の併合．

jóinder of cáuses of áction《同一被告に対する複数の》訴訟原因の併合．

jóinder of chárges《単一起訴状における複数の関連犯罪の》起訴(内容)の併合．

jóinder of deféndants《単一起訴状の同一訴因中の複数の》被告人の併合．

jóinder of dócuments《一つ一つでは不十分な》(証拠)書類の合一．

jóinder of íssue 1 争点の決定合意，争点の決定．**2** 争点決定の訴答 (＝joinder in issue)．**3** 反対の事実・見解の主張．

jóinder of offénses《単一起訴状により起訴される複数の関連》犯罪の併合．

jóinder of párties《一つの民事訴訟の共同当事者とする》当事者の併合 (cf. COMPULSORY JOINDER, PERMISSIVE JOINDER)．

jóinder of rémedies 救済手段の併合《例えば契約違反に基づく損害賠償と提供役務相当金額の請求 (quantum meruit) のような二者択一的権利主張の併合》．

joint /dʒɔɪnt/ *n* **1** 接合；継ぎ目；ふし．**2**《俗》《一般に》(人が集まる)場所，家，建物；[the ～] ムショ (prison, jail)；《サーカス・市などの》売店：CASE the ～．— *a* 共同の，合同の，併合の，合弁の，共有の (opp. *several*)：～ authors 共著者 / a ～ beneficiary《保険金・年金の》共同受取人 / ～ management 共同経営 / a ～ managing director《共同経営する複数の》常務取締役の一人 / a ～ signatory 共同署名者, 共同調印者. **during their ～ lives** 2人[全部]が共に生きている間．**～-less** *a* 継ぎ目なしの．

joint accóunt (略 JA) **1** 共同口座, 共同計算(特約)《担保付き合同金銭債権の合同性を債権者の一人が死亡後も存続させるための特約》．**2**《銀行の》共同預金口座 (＝joint bank account)《共同預金者, 特に夫婦のいずれの名によっても引き出せる形の預金口座；一方の当事者が死亡すると, 生存者がすべての権利を取得し, 死亡者の相続人・受遺者はそれに対して全く権利を有さない》．

joint accóunt cláuse 共同計算特約条項 (⇨ JOINT ACCOUNT)．

jóint áction 共同訴訟 (⇨ SEPARATE ACTION)．

jóint actívity《米》共同活動 (＝JOINT PARTICIPATION)．

jóint advénture 合弁事業 (＝JOINT VENTURE)．

jóint and lást survívor annùity 共同生残者年金 (＝JOINT AND SURVIVOR ANNUITY)．

jóint and lást survívorship òption《保険》共同生残者受給の選択《保険者が夫婦のような複数の共同被保険者にその最後の生残者が死亡するまで定期的に支払いをなすという保険金受取り方法の選択》．

jóint and mútual will 合同相互[互恵的]遺言(書) (＝**jóint and recíprocal will**)《合同遺言 (joint will) と相互[互恵的]遺言 (mutual [reciprocal] will) の双方の性格を有する一文書の遺言》．

jóint and séveral *a* 連帯の, 連帯的(な) (⇨ JOINT AND SEVERAL LIABILITY, JOINT TORTFEASORS) (cf. IN SOLIDO)．

jóint and séveral liabílity 連帯責任《複数の債務者が同一債務に対して一体として責任を負うと同時に各自が個別的にも比例配分割合でなく全責任を負う；したがって債権者は債務者の一人または数人に個別的にも共同的にも全額を請求することができ, その場合自己の負担部分を超えて弁済した債務者は内部的にのみ他の債務者に求償できる；cf. JOINT LIABILITY, SEVERAL LIABILITY, SOLIDARY LIABILITY》．

jóint and survívor [survívorship] annùity 共同生残者年金 (＝joint and last survivor annuity, joint annuity, joint life and survivorship annuity)《共同被保険者中一人でも生残している限り支払われる年金；cf. JOINT LIFE ANNUITY》．

jóint annùity 1 共同生残者年金 (＝JOINT AND SURVIVOR ANNUITY)．**2**《米》共生年金 (＝JOINT LIFE ANNUITY)．

jóint bánk accòunt 共同銀行預金口座 (＝JOINT ACCOUNT)．

jóint bóard《労使間問題を解決するための, 通例は労使双方の同数委員からなる》労使合同委員会．

jóint bónd《米》共同社債《複数の独立の会社が保証した社債》．

jóint commíssion of inquíry 合同調査委員会．

jóint commíttee《議会の》両院委員会, 合同委員会《立法府の両院議員からなる委員会；cf. CONFERENCE COMMITTEE》．

Jóint Commíttee on Státutory Ínstruments [the ～]《英》委任立法監査両院委員会《委任立法, 特に命令 (statutory instrument) について調べ, 議会の注意を喚起するため両院各7名の委員から構成される両院合同の委員会；Joint Scrutiny Committee ともいう》．

jóint cóntract 合同契約《当事者の一方または双方が複数人で締結する契約；それに基づく請求・履行とも合同でのみなしうる》．

jóint cóvenant 合同約定, 合同約款 (⇨ SEVERAL COVENANT).

jóint créditor 合同債権者 (cf. JOINT DEBTOR).

jóint cústody 共同監護(権) (=shared custody) 《離婚した[別居中の]両親による子の監護(権); cf. SOLE CUSTODY, SPLIT CUSTODY》.

jóint débtor 合同債務者 (cf. JOINT CREDITOR).

jóint defénse prìvilege 共同防御の秘匿特権 (=common interest exception, common interest doctrine, common interest privilege)《共同被告人が他の共同被告人の弁護士に対して提供した秘密の情報が双方の被告人の防御に関連している場合には、弁護士依頼者間の秘匿特権 (attorney-client privilege) の対象となりうるという準則》.

jóint discússions pl 労使合同討議.

jóint énterprise 1 共同犯行. 2 共同不法行為. 3 合弁事業 (=JOINT VENTURE). 4 非営利的合弁事業.

jóint estáte 複数者共同保有不動産権《いずれも複数の人が不動産権を持ち合うことになる次の5つの不動産権 (estate) またはその一つ: 1) 合有不動産権 (joint tenancy) 2) 共有不動産権 (tenancy in common) 3) 共有相続不動産(権) (estate in coparcenary) 4) 夫婦全部保有(不動産権) (tenancy by (the) entirety) 5) 組合の不動産権 (estate in partnership)》.

jóint exécutor 《複数の遺言執行者がいる場合の》共同遺言執行者.

jóint héir 1 共同(法定)相続人 (coheir). 2 共同被相続人相続人《複数の指定被相続人の最後の生残者が死亡した場合の全員の相続人; 相続人 (heir) でなく被相続人 (ancestor) が複数である点に留意》.

jóint indíctment 《単一犯罪に関与した複数の人を単一の起訴状で起訴する》共同起訴(状).

jóint liability 共同責任《特に複数の共同不法行為者 (joint tortfeasors) が他人に加えた損害に対して共同して負う責任; cf. JOINT AND SEVERAL LIABILITY, SEVERAL LIABILITY》.

jóint lífe and survívorship annùity 共同生残者年金 (=JOINT AND SURVIVOR ANNUITY).

jóint lífe annùity 《米》共生年金 (=joint annuity)《共同受給者中の一人の死亡により終了する年金; cf. JOINT AND SURVIVOR ANNUITY》.

jóint lífe insùrance 連生生命保険《複数人を被保険者とした生命保険で、その中の一人が最初に死亡した場合に生残者に保険金が支払われるもの》.

jóint lífe pòlicy 連生生命保険(証券).

jóint·ly adv 共同で (opp. *individually*): own a property ~ / manage a company ~.

jóintly and séverally líable 連帯して責任を負う形で (⇨ JOINT AND SEVERAL LIABILITY) (cf. JOINTLY LIABLE, SEVERALLY LIABLE).

jóintly líable a 共同して責任を負うべき (⇨ JOINT LIABILITY) (cf. SEVERALLY LIABLE, JOINTLY AND SEVERALLY LIABLE): They are ~ for damages.

jóint méeting《米議会》両院合同会議 (=JOINT SESSION).

jóint négligence 共同過失《単一の損害を複数の者の過失が一緒になった形で生ぜしめること; cf. CONCURRENT NEGLIGENCE》.

jóint obligátion 合同債務《1) 複数の債務者が一人の債権者に負う単一債務 2) 一人の債務者が複数の債権者に負う単一債務》.

jóint offénse 共犯, 共同犯罪.

jóint ówner 合有権者.

jóint ównership 合有(権) (cf. JOINT TENANCY).

jóint participátion《米》共同参加 (=joint activity)《私人が政府あるいは政府の役人と提携して従事している行動; その結果この私人は公的機能を果たしているとみなされ, 市民権 (civil rights) に関する訴えの対象となりうる; ⇨ STATE ACTION; cf. NEXUS TEST, STATE COMPULSION TEST, SYMBIOTIC RELATION TEST》.

jóint payée《手形・小切手などの》共同受取人.

jóint ráte《複数の相次(ぎ)運送人を経る運送の単一》共同運賃《しばしば through rate (通し運賃) とも呼ばれるが, through rate の場合は個別区間料金の合計である場合もある; cf. THROUGH RATE》.

jóint resolútion《米議会》《連邦議会および二院制州議会の》両院合同決議《法律ではないが, 大統領や州知事が承認した場合は法律と同一効力を生ずる点で両院共同決議 (concurrent resolution) と異なる; 合衆国議会両院の 2/3 以上による憲法改正発議もこの例であるが, この場合には大統領の承認は不要》.

jóint·ress, join·tur·ess /dʒɔɪntʃərəs/ n《史》寡婦給与 (jointure) を有する婦人.

jóint retúrn《米税制》《夫婦が各自の所得を合算して提出する》共同申告(書) (cf. SEPARATE RETURN).

Jóint Scrútiny Commìttee [the ~] 委任立法精査両院委員会 (=JOINT COMMITTEE ON STATUTORY INSTRUMENTS).

jóint séssion《米議会》両院合同会議 (=joint meeting).

jóint-stóck associàtion《米》ジョイント・ストック・アソシエイション (=JOINT-STOCK COMPANY 2).

jóint-stóck bànk 株式銀行《銀行業を営む株式会社》.

jóint-stóck còmpany ジョイント・ストック・カンパニー《1) 英国では, 19世紀初頭には法人格のない会社または大きな組合 (partnership) で譲渡可能な持分証券を発行するもの; 19世紀半ば以降は法人格・有限責任の利益を享受し, 一定条件の下 株式会社として扱われるものを指す 2) 米国では法人格がなくしかも持分証券が流通する営利企業で, 会社 (corporation) とも組合 (partnership) とも区別される; 会社損益は株主間で持分に応じて分配され, また株主は無限責任を負う; joint-stock association ともいう》.

jóint táriff《米》《複数の運送人 (carrier) による》共

同運賃表.

jóint ténancy 合有不動産権, 合有財産権, 合有 (=estate in joint tenancy)《4つの同一性の要件 (four unities) を備えた不動産権; 共有不動産権 (tenancy in common) と異なり, 権利者のうち一人が死亡するとその権利はその者の相続人には承継されず残存合有権者の権利に吸収される; 略 j.t.》; ⇨ FOUR UNITIES, RIGHT OF SURVIVORSHIP; cf. COTENANCY, ENTIRE TENANCY, TENANCY BY (THE) ENTIRETY, TENANCY IN COMMON》. ▶ ESTATE IN JOINT TENANCY (合有不動産権).

jóint ténant 合有不動産権者, 合有(財産)権者 (⇨ JOINT TENANCY).

jóint tórtfeasors pl 共同不法行為者《同一訴訟の共同被告にもされうるし, 連帯で責任を負うことになる》; ⇨ JOINT AND SEVERAL LIABILITY; cf. CONCURRENT TORTFEASORS, CONSECUTIVE TORTFEASORS, SUCCESSIVE TORTFEASORS》.

jóint tríal 《複数の人に対しての, 特に 単一ないしは類似犯罪に関与した複数の人に対しての》共同(事実)審理.

jóint trustée 共同受託者 (cotrustee).

join·ture /dʒɔ́intʃər/ n 1 夫婦合有(不動産)権. 2 《古》寡婦給与, 寡婦給与産《語源的には夫と妻の合有不動産権 (joint tenancy) から出ているが, 一般には寡婦産 (dower) の代わりに夫の死後妻の扶養のために妻に帰属するように婚姻前または婚姻中に設定された生涯不動産権 (life estate) などを指す; コモンロー上のものとエクイティー上のものがあり, 後者は婚姻継承財産設定 (marriage settlement) に基づく地代や年金からなる》. ▶ EQUITABLE JOINTURE (エクイティー上の寡婦給与). 3 寡婦給与の設定. — vt 《妻に》寡婦給与を設定する.

jointuress ⇨ JOINTRESS.

jóint vénture 合弁事業, 合弁企業 (=joint adventure, joint enterprise)《一つ事業のために複数の者ないしは企業が互いの利益のために共同遂行する事業または事業組織体》; cf. PARTNERSHIP, STRATEGIC ALLIANCE》.

jóint-vénture vi, vt 1 《一時的な》合弁事業を組む《with》. 2 合弁事業として[共同して]…を生産する.

jóint vérdict 《単一訴訟の複数の当事者に対する》共同評決.

jóint wélfare fùnd 《米》共同福祉基金 (=Taft-Hartley fund)《労働組合員の健康保険・福祉給付のために団体交渉で設立される基金で, 労使双方の代表により共同運用される》.

jóint wíll 合同遺言(書) (=conjoint will)《一文書に複数の者が各自遺言をし連名で署名したもの》; cf. JOINT AND MUTUAL WILL, MUTUAL WILL》.

jóint wórk 共同著作物.

Jónes Àct [the ~] 《米》ジョーンズ法《1》フィリピン統治体制の整備を行い, さらにフィリピンに安定政権が確立したら独立を認めることを約束した連邦法 (1916), 正称は Philippine Autonomy Act of 1916 2》船員が就労中に生命身体に損害をこうむった場合に, 同僚船員の過失

による場合であっても, 船舶所有者に損害賠償請求ができると定め, コモンローの責任原則である共働者の準則 (fellow servant rule) を拡大した 1920年の連邦法 3》1919年の禁酒法 (Volstead Act) をさらにきびしくした法律 (1929)》.

jour·nal /dʒə́ːrnl/ n 《略 J.》 1 日録, 日誌, 日記 (diary); 《簿記》仕訳(しゎゖ)帳; 《簿記》取引日記帳 (daybook); 航海[航空]日誌 (logbook). 2《会議の》議事録, [the J-s] 議会日誌[議事録] (⇨ JOURNALS OF THE HOUSES OF PARLIAMENT). 3 日刊新聞, 新聞; 定期刊行物《特に 時事的な内容を扱うもの》; 雑誌《特に 学術団体などの機関誌》: a monthly ~ 月刊雑誌. ▶ LAW JOURNAL (法律雑誌) / OFFICIAL JOURNAL (オフィシャル・ジャーナル) / PEER-REVIEWED JOURNAL (専門家評価済み論文掲載誌). [OF<L]

jóurnalist's prívilege ジャーナリストの特権《1》秘密の情報源について証言を強制されない特権; newsman's privilege (報道[新聞]記者の(取材源)秘匿特権), reporter's privilege (リポーターの秘匿特権) ともいう; cf. SHIELD LAW 2》公的関心事である公務員の行動についての公正批評 (fair comment) であるかぎり出版者は名誉毀損訴訟の対象にならない特権》.

jóurnal of notárial ácts 公正証書記録集《公正証書作成記録集で, 証拠として用いられる》.

Jóurnals of the Hóuse of Cómmons [the ~] pl 《英》庶民院日誌 (⇨ JOURNALS OF THE HOUSES OF PARLIAMENT).

Jóurnals of the Hóuse of the Lórds [the ~] pl 《英》貴族院日誌 (⇨ JOURNALS OF THE HOUSES OF PARLIAMENT).

Jóurnals of (the Hóuses of) Párliament [the ~] pl 《英》議会日誌《貴族院・庶民院それぞれの公的議事日誌; ただし, 討議の逐語的な記録ではない; 貴族院のものは 1509 年以来, 庶民院のものは 1547 年以来作成; 毎年公刊; 前者は公文書 (public record) とされている; cf. HANSARD》.

jóurneys [jóurney's] accóunt 《史》《失効》令状更新交付期間《通常 15 日間; 原告が裁判所まで行くのに要する旅行日数を基礎にした》.

jóy·riding n《口》1 おもしろ半分に(人の)車などを(盗んで)乗りまわすこと (=UNAUTHORIZED USE OF A VEHICLE). 2《英》自動車無断使用罪 (cf. AGGRAVATED VEHICLE TAKING). 3《スピードを楽しむための》自動車の危険な高速運転.   **jóy·ride** n   **jóy·rid·er** n

JP, J.P. °justice of the peace 治安判事.
JPC Judge of the Prize Court.
J.P. court =JUSTICE COURT.
j.p.ct. justice of the peace's court.
Jr, jr Junior.
JR《英史》°Judges' Rules 裁判官規則.
JS °judicial separation 裁判上の別居.
JSA《英》°jobseeker's allowance 求職者手当.
JSD, J.S.D. [L juris scientiae doctor]°doctor of

juridical science 法学博士.

jt. joint.

j.t. °joint tenancy 合有不動産権.

jud. judgment ♦ judicature ♦ judicial.

J.U.D. [L °*juris utriusque doctor*]°doctor of both laws 両法博士.

ju·dex /dʒúːdɛks/ *n* 1 〖史〗陪審員 (juror). 2 〖ローマ法・大陸法〗裁判官 (judge). 3 〖ローマ法〗〖法務官 (praetor) などにより選任される私人たる〗審判人.

júdex ad quém /-æd kwém/ JUDGE AD QUEM.

Judex ae·qui·ta·tem sem·per spec·ta·re de·bet. /-- iːkwɪtɑ́tɛm sɛ́mpɛr spɛktéɪrɛ débɛt/ 裁判官は常に衡平を考慮すべきである. [L＝A judge ought always to regard equity.]

júdex a quó /-ɑː kwóu, -eɪ-/ JUDGE A QUO.

Judex est lex lo·quens. /-- ɛst léks lóukwɛnz/ 裁判官は物言う法である. [L＝The judge is the speaking law.]

Judex non red·dit plus quam quod pe·tens ip·se re·qui·rit. /-- nɑn rédɪt plʌs kwæm kwɑd pétɛnz ípsɛ rɛkwáɪrɪt/ 裁判官は原告自身が求めるもの以上には与えない. [L＝The judge does not give more than the plaintiff himself/herself requires.]

judge /dʒʌdʒ/ *n* 1 裁判官, 判事 (cf. JUSTICE, MAGISTRATE)（略 J., Jud., *pl* JJ）: a preliminary [an examining] ~ 予備審問の裁判官 / a County Court ~ 州 [郡]裁判所の裁判官 / a ~ in the Divorce Court 離婚裁判所の裁判官 / The ~ sent him to prison for embezzlement. 裁判官は彼を横領罪のかどで投獄した. ▶ ADMINISTRATIVE JUDGE (行政審判官) / ADMINISTRATIVE LAW JUDGE (行政法審判官) / ARTICLE II JUDGE (合衆国憲法第2編規定裁判官) / ARTICLE III JUDGE (合衆国憲法第3編規定裁判官) / ASSOCIATE JUDGE (陪席裁判官) / BANKRUPTCY JUDGE (破産裁判官) / CHIEF JUDGE (首席裁判官) / CIRCUIT JUDGE (巡回裁判官) / COSTS JUDGE (訴訟費用査定裁判官) / COUNCIL OF JUDGES (裁判官会議) / COUNTY JUDGE (郡裁判官) / DE FACTO JUDGE (事実上の裁判官) / DISTRICT JUDGE (地方裁判所裁判官; 地方裁判官) / DISTRICT JUDGE (MAGISTRATES' COURT) (治安判事裁判所地方裁判官) / HANGING JUDGE (絞首刑判決を多く出す裁判官) / IMPEACHMENT OF A JUDGE (裁判官の弾劾(裁判)) / INSPECTION BY JUDGE (裁判官による検証) / ITINERANT JUDGE (巡回裁判官) / LAY JUDGE (素人裁判官) / MAGISTRATE JUDGE (治安判事, 下級判事) / MIDNIGHT JUDGE (真夜中の裁判官) / MUNICIPAL JUDGE (市裁判所裁判官) / POLICE JUDGE (警察裁判所裁判官) / PRESIDING JUDGE (裁判長; 裁判所長; 巡回裁判区統括裁判官) / PROBATE JUDGE (検認裁判官) / PUISNE JUDGE (普通裁判官; 陪席裁判官) / SENIOR JUDGE ((最)先任裁判官; 継続勤務引退裁判官; 上級裁判官) / SIDE JUDGE (下位の裁判官) / SPECIAL JUDGE (特別裁判官) / TEMPORARY JUDGE (臨時裁判官) / TERRITORY OF A JUDGE (土地管轄) / TRIAL JUDGE (事実審裁判官) / VISITING JUDGE (出向裁判官). ★ 英国では, 裁判官は, 高等法院 (High Court of Justice) 裁判官, 巡回裁判官 (circuit judge), 非常勤裁判官 (recorder) は大法官 (Lord Chancellor) により, 大法官, 常任上訴裁判官 (Lord of Appeal in Ordinary), 記録長官 (Master of the Rolls), 控訴院裁判官 (Lord Justice of Appeal) は総理大臣により推挙される. 裁判官は最低10年実務についている法廷弁護士 (barrister) から任命されるが, 事務弁護士 (solicitor) からも任命されるようになってきている. 大半の裁判官は法廷弁護士であるが, 法廷弁護士としての仕事はできない. 非常勤裁判官は実務についている法廷・事務弁護士で, パートタイムで裁判官となる. 裁判官の任命は政治的なものではなく, また裁判官は議会両院の裁判官解任決議 (address) によらないかぎり職を免ぜられることはない. 米国では州裁判官は州知事の任命か選挙によって選任される. 連邦の裁判所と最高裁判所の裁判官は大統領によって任命されるが, 議会の承認を必要とする. 2 (競技・討論・品評会などの)審判者, 審査員; くろうと, 鑑定家, めきき. 3 裁き主(🜚)《最高絶対の審判者である神》; 〖ユダヤ史〗裁き人, 裁きづかさ, 士師(🜚).

— *vt, vi* 1 a 裁判する, 裁く, 審理する; 裁断する, ...に判決を下す: J~ not, that ye be not ~d.《諺》人を裁くな, 人に裁かれぬためである《*Matt.* 7: 1》. b 審判する; 審査[鑑定]する: She was ~d "Miss USA". ミスアメリカに選ばれた. 2 ...に判断を下す, ...であると判断する. 3〖聖書・ユダヤ史〗裁く, 治める (govern).

júdg·er *n* [OF＜L *judic*- *judex* (*jus* right, law, -*dicus* speaking)]

júdge ad quém /-æd kwém/〖大陸法〗上訴審裁判官 (＝judex ad quem).

júdge ádvocate (*pl* **júdge ádvocates**) (陸海空軍の)軍法務官《軍法会議 (court-martial) の法律問題の助言者でその成員ともなる; 略 JA》. ▶ TRIAL JUDGE ADVOCATE (訴追軍法務官).

Júdge Ádvocate Géneral (*pl* **Júdge Ádvocates Géneral**) [the ~]《米海空軍および英陸空軍の》軍主任法務官《略 JAG》.

Júdge Ádvocate Géneral's Depàrtment [the ~]〖英〗軍主任法務官室《軍法・陸空軍の軍法会議についての助言機関》.

Júdge Ádvocate of the Fléet [the ~]〖英〗艦隊主任法務官《陸空軍の Judge Advocate General に当たる; 略 JAF》.

júdge a quó /-ɑː kwóu, -eɪ-/〖大陸法〗原審裁判官 (＝judex a quo).

júdge in chámbers〖英〗裁判官室裁判官《裁判官私室で非公開で訴訟事件を聴取する裁判官》.

júdge in his/her òwn cáuse みずから関係する事件の裁定者《何びともみずから関係する事件の裁定者たるをえず (nemo judex in causa sua) という法格言の

部分で, 自然的正義 (natural justice) の要請原理から禁止される一つ; ⇨ NATURAL JUSTICE)).

júdge-máde *a* 裁判官のつくった, 裁判官の下した判決(例)によって決まった.

júdge-máde láw 裁判官のつくった法, 裁判官作成法, 判例法 (cf. JUDICIAL LEGISLATION, PROFESSOR-MADE LAW).

judgement ⇨ JUDGMENT.

júdge órdinary 〖英〗**1** [the ~]《高等法院 (High Court of Justice) の》家事部部長裁判官 (President of the Family Division). **2**〖英史〗離婚・婚姻訴訟裁判所 (Court for Divorce and Matrimonial Causes) 裁判官. **3**〖英史〗高等法院検認・離婚・海事部 (Probate, Divorce and Admiralty Division) 部長裁判官.

júdge's chámber [ᵁ*pl*] 裁判官室《法廷でなく, 裁判官が執務する私室・執務室; ⇨ IN CAMERA》.

júdge's clérk 〖英〗裁判官付き書記官《イングランド首席裁判官 (Lord Chief Justice (of England)), 記録長官 (Master of the Rolls), 家事部部長裁判官 (President of the Family Division), 副大法官 (Vice-Chancellor), 控訴院裁判官 (Lord Justice of Appeal), 高等法院 (High Court of Justice) の普通裁判官 (puisne judge) に付く書記官》.

júdge·shìp *n* 裁判官の職[地位, 権限, 任期].

júdge shòpping 裁判官あさり《自分に有利な判決を出してくれそうな裁判官を求めて同一の訴えを複数なし, 気に入った一人の裁判官担当のものを除き他の訴えは取り下げること; cf. FORUM SHOPPING》.

Júdge's márshal 〖英〗巡回裁判官付き書記《単に marshal ともいう》.

júdge's nótes [**mínutes**] *pl* 裁判官の手控え[覚書]《裁判官作成の証言要旨; 再審理 (new trial), 上訴の際に資料とされる》.

júdge's órder 〖英〗裁判官命令《大法官府部 (Chancery Division) における裁判官室裁判官 (judge in chambers) により出される訴訟事件についての命令 (order)》.

Júdges' Rúles *pl* 〖英史〗裁判官規則《警察官が被疑者・逮捕者に対する場合の手続き・行為を規制するもの; 1906年に始まるとされているが, 12, 18, 64年にも裁判官の合議で出された; 1984年以後は警察・刑事証拠法 (Police and Criminal Evidence Act) の下での, 実施規定 (code of practice) に代わっている; 共にその違反が直ちに違法となるわけではない; 略 JR》.

júdg·ment | **júdge·ment** *n* **1 a** 判決 (cf. DECISION, DECREE, DICTUM, DISPOSITION, FINDING, HOLDING, OPINION, RULING, VERDICT)《略 J.》: enter ~ =take ~ 判決を登録する / enter ~ *for* [*against*] the plaintiff 原告勝訴[敗訴]の判決を登録する (⇨ ENTERING JUDGMENT) / pass [give] ~ *on* sb [a case] 人[事件]に判決を下す / pronounce ~ 判決を下す 〈*on* sth〉 / reserve ~ 判決[判断]を留保する. **b** 裁判, 審判. **c** 判決の結果確定した債務(の判決). ▶ ABSTRACT OF JUDGMENT (判決要旨) / ACCUMULATIVE JUDGMENT (累積判決) / AGREED JUDGMENT (合意判決) / ARREST OF JUDGMENT (判決阻止(の申し立て)) / CERTIFICATE OF JUDGMENT (判決証明書) / COGNOVIT JUDGMENT (被告による原告請求の認諾に基づく判決) / CONDITIONAL JUDGMENT (条件付き判決) / CONFESSION OF JUDGMENT (請求の認諾に基づく判決登録; 判決の事前自認(書)) / CONSENT JUDGMENT (同意判決) / DECLARATORY JUDGMENT (宣言的判決) / DEFAULT JUDGMENT (欠席判決; 懈怠判決) / DEFERRED JUDGMENT (保護観察処分判決) / DEFICIENCY JUDGMENT (担保不足金判決) / DOMESTIC JUDGMENT (国内[州内]での判決) / DORMANT JUDGMENT (休眠判決) / ENFORCEMENT OF JUDGMENT (判決の執行) / ENTERING JUDGMENT (判決登録) / ENTRY OF JUDGMENT (判決登録) / ERRONEOUS JUDGMENT ((法の適用を)誤った判決) / ESTOPPEL BY JUDGMENT (判決による禁反言) / EXECUTORY JUDGMENT (未執行判決) / FACE OF JUDGMENT (判決認容額) / FALSE JUDGMENT (誤審修正令状) / FINAL JUDGMENT (終局判決) / FOREIGN JUDGMENT (外国判決, 他州判決) / IN PERSONAM JUDGMENT (対人判決) / IN REM JUDGMENT (対物判決) / INTERIM JUDGMENT (中間判決) / INTERLOCUTORY JUDGMENT (中間判決) / IRREGULAR JUDGMENT (手続き上の瑕疵ある判決) / JUNIOR JUDGMENT (後になされた判決) / MERGER IN JUDGMENT (判決への混同) / MISTAKE IN JUDGMENT (判決における誤り) / MONEY JUDGMENT (金銭判決) / MOTION FOR JUDGMENT (判決を求める申し立て) / MOTION FOR RELIEF FROM THE JUDGMENT (判決からの救済を求める申し立て) / MOTION TO ALTER OR AMEND THE JUDGMENT (判決の変更または修正を求める申し立て) / MOTION TO SET ASIDE JUDGMENT (判決撤回の申し立て) / NIHIL DICIT JUDGMENT (不答弁による判決) / NOTICE OF JUDGMENT (判決[決定]の通知; 判決[決定]通知(書)) / NUNC PRO TUNC JUDGMENT (判決記録補正) / OFFER OF JUDGMENT (特定判決の申し出) / PERSONAL JUDGMENT (人的判決) / PROBATION BEFORE [WITHOUT] JUDGMENT (判決登録前[なし]の保護観察(処分)) / RENDITION OF JUDGMENT (判決の言い渡し) / REVERSAL OF JUDGMENT (原判決の破棄) / SATISFACTION OF JUDGMENT (判決が満足されること; 判決執行済み証書) / SELF-EXECUTING JUDGMENT (自力執行できる判決) / SETOFF OF JUDGMENTS (判決債権の相殺) / SUMMARY JUDGMENT (略式判決(手続き)) / TAKE-NOTHING JUDGMENT (原告完全敗訴判決) / VILLENOUS [VILLAINOUS] JUDGMENT (隷農的判決) / VOIDABLE JUDGMENT (無効にできる判決) / VOID JUDGMENT (無効判決). **2** [the (Last) J-]〖神学〗最後の審判 (⇨ JUDGMENT DAY);《神の裁きとしての》天罰, ばち, 災い;〖聖書・古〗正義: It is a ~ *on* you *for* deceiving your friends. 友人を欺いた天罰だ. **3** 判断, 審査, 鑑定, 評価; 判断力, 批判力, 思慮分別, 良識, 識見 (good sense); 意見, 見解, 《特に英国で法官貴族（Law Lord）の裁判での》意見 (speech); 批判, 非難: a man of good ~ 分別のある人 / form a ~ on fact 事実に基づいて判断を形成する / in my ~ 私の判断[考え]では. ▶ BUSINESS JUDGMENT（経営判断）/ DISCRETIONARY AREA OF JUDGMENT（判断の裁量領域）/ DISSENTING JUDGMENT（反対判断）/ EXERCISE OF JUDGMENT（判断力の行使）/ SUBSTITUTED JUDGMENT（代行判断）. **a ~ of Solomon** ソロモンの裁き, 賢明な判決《1 Kings 3: 16-27》. **RIPE for ~**. **sit in ~** 裁判官となる《on a case》; 判決を下す; 《偉そうに》批判する, 裁く《on, over》. **stand in ~** 判決に服す. ★米英ともに, 法律家は judgment の綴りを用いる. **judg(e)·men·tal** /dʒədʒméntl/ a《OF;⇨JUDGE》

júdgment as a mátter of láw《米》法律問題《に関する争点であるとの判断をした上での》判決《その評決の前後を問わず》陪審審理の途中で《重要な》事実問題に関する真正な争点 (genuine issue of (material) fact) がないゆえに陪審が評決を出す法的根拠なしに裁判所が判断したうえで, 判決を下すこと; 連邦裁判所の手続き上は, この語は指示評決 (directed verdict) と評決無視判決 (judgment notwithstanding the verdict) の語に代わって用いられるようになっている;⇨ SUMMARY JUDGMENT》. ▶ MOTION FOR JUDGMENT AS A MATTER OF LAW（法律問題判決の申し立て）.

júdgment by conféssion《被告の》承認に基づく判決; 自白に基づく《有罪》判決.

júdgment by consént《両当事者の》同意《に基づく》判決（＝AGREED JUDGMENT）.

júdgment by defáult 欠席判決; 懈怠判決《＝DEFAULT JUDGMENT）.

júdgment by the péers 同輩による裁判（＝judgment of the peers, parium judicium)《1215年のマグナ・カルタ (Magna Carta) 39条 (1225年の29条) にある文言で, かつて法律家はこれを陪審裁判と解釈したが, 13世紀初めでは古ゲルマン法・封建法上の同輩により構成される裁判所の裁判を意味した》.

júdgment créditor 判決《に基づく》債権者 (cf. JUDGMENT DEBTOR).

Júdgment Dày 1 [the ~]《神学》《この世の終わりの》最後の審判の日（＝the Day of the (Last) Judgment, the Last Day). **2** [j- d-]《裁判の》判決日.

júdgment dèbt 判決《に基づく》債務.

júdgment dèbtor 判決《に基づく》債務者《裁判所で債務返済を命ぜられた債務者; cf. ENFORCEMENT OF JUDGMENT, JUDGMENT CREDITOR).

júdgment dòcket 判決一覧表《裁判所書記が保管; cf. JUDGMENT RECORD, JUDGMENT ROLL).

júdgment in defáult 欠席判決; 懈怠判決《＝DEFAULT JUDGMENT).

júdgment in érror《史》誤審令状 (writ of error) 手続きによる上位裁判所の判決.

júdgment in per·só·nam /-pərsóunəm/ (pl júdgments in persónam)《特定の人宛ての》対人判決（＝in personam judgment, judgment inter partes, personal judgment) (cf. JUDGMENT IN REM).

júdgment in rém (pl júdgments in rém) 対物判決（＝in rem judgment)《あたかも特定物そのものを被告としてなされたかのごとく考えられる訴訟の判決で, その効力が当事者のみでなく対世的にすべての人に及ぶ判決; cf. JUDGMENT IN PERSONAM).

júdgment inter pártes 対人判決（＝JUDGMENT IN PERSONAM).

júdgment lìen《判決債権者 (judgment creditor) に与えられる, 債務者の財産に対する他の一般債権者に優先する》判決先取特権.

júdgment níhil [níl] dícit 応訴過怠, 不応訴による請求認容判決, 無答答による欠席裁判.

júdgment níl cá·pi·at per bíl·la /-kǽpiət pər bílə/ 訴状開始訴訟での原告完全敗訴判決. [L nil capiat per billa that he/she takes nothing by his /her bill]

júdgment níl cápiat per bréve /-brí:v, -brí:vi/ 令状開始訴訟での原告完全敗訴判決. [L nil capiat per breve that he/she takes nothing by his /her writ]

júdgment ní·si /-náisai, -ní:si/ (pl júdgments nísi) 仮判決《一定期間内に《不服ある》当事者の申し立てによりこれと異なる内容の裁判がなされなかった場合は終局的なものとなる》.

júdgment nón ob·stán·te ve·re·díc·to /-nán əbstǽnti vèrədíktou/ (pl júdgments nón obstánte veredícto) 評決無視判決（＝JUDGMENT NOTWITHSTANDING THE VERDICT)《略 j.n.o.v., JNOV, judgment n.o.v.).

júdgment nòte 認諾文言記載約束手形, 請求認諾権委任文言付き約束手形（＝COGNOVIT NOTE).

júdgment notwithstànding the vérdict《陪審の評決と異なる》評決無視判決（＝judgment non obstante veredicto)《略 j.n.o.v., JNOV, judgment n.o.v.;⇨ JUDGMENT AS A MATTER OF LAW; cf. JUDGMENT ON THE VERDICT). ▶ MOTION FOR JUDGMENT NOTWITHSTANDING THE VERDICT（評決無視判決の申し立て).

júdgment n.o.v. /-́ ́ énòuví:/ JUDGMENT NOTWITHSTANDING THE VERDICT.

júdgment of acquíttal 無罪《放免》判決《起訴犯罪について被告人に対する証拠が不十分である場合に, 被告人あるいは裁判所みずからの申し立てに基づきなされる無罪放免の判決; cf. DIRECTED VERDICT). ▶ MOTION FOR JUDGMENT OF ACQUITTAL（無罪《放免》判決の申し立て).

júdgment of blóod 死刑判決 (death sentence).

júdgment of convíction 有罪判決.

júdgment of dismíssal 却下判決, 棄却判決.

júdgment of nólle prósequi 訴えの取下げの

判決, 起訴取下げの判決 (⇨ NOLLE PROSEQUI).

júdgment of repléader 再訴答命令 (=RE-PLEADER).

júdgment of the hót íron 〘史〙熱鉄裁判 (=ORDEAL BY FIRE).

júdgment of the péers 同輩による裁判 (=JUDGMENT BY THE PEERS).

júdgment of wáter 〘史〙水裁判 (=ORDEAL BY WATER).

júdgment on demúrrer 訴答不十分の抗弁[法律効果不発生訴答]に基づく判決 (⇨ DEMURRER).

júdgment on the mérits 《訴えの内容について実体的判断を行なう》本案判決, 実体判決 (=decision on the merits).

júdgment on the pléadings 訴答に基づく判決《訴答のみで事実審理 (trial) を経ずになされる判決; cf. SUMMARY JUDGMENT》. ▶ MOTION FOR JUDGMENT ON THE PLEADINGS (訴答に基づく判決の申し立て).

júdgment on the vérdict 評決に基づく判決, 評決どおりの判決 (cf. JUDGMENT NOTWITHSTANDING THE VERDICT).

júdgment-próof a〈判決債務者などが〉判決執行不能の, 無資力の, 裁判権の及ばぬ.

júdgment quási in rém 準対物判決《準対物管轄権 (quasi in rem jurisdiction) に基づいてなされる判決; 訴訟で名指された特定の人の財産に対する権利にのみ判決の効力が及ぶ; ⇨ QUASI IN REM, QUASI IN REM JURISDICTION》.

júdgment quod bíl·la cas·sé·tur /-kwad bílə kəsí:tər/ 訴状却下判決. [L *quod billa cassetur* that the bill be quashed]

júdgment quod bréve cas·sé·tur /-bríːv kəsí:tər, -bríːvi-/ 令状却下判決. [L *quod breve cassetur* that the writ be quashed]

júdgment rècord 判決記録 (judgment docket, judgment roll と同義に用いられることもある).

júdgment ròll 《召喚状・訴答書面・判決文などを含む》判決記録集 (judgment docket, judgment record と同義に用いられることもある).

júdgment sèat 裁判官席; 法廷; [ºJ-]《神による最後の審判の》裁きの庭.

júdgment sètoff 判決債権の相殺 (=SETOFF OF JUDGMENTS).

júdgment sùmmons 〘英〙確定判決に基づく債務の不履行に対する》判決債務者召喚状《これでもって財産があるのに支払いを怠っていることが判明すれば, 支払い強制のため拘禁を命じられる; ただし, この手続きは現在きわめて限定的にのみ用いられる》.

ju·di·ca·ble /ʤú:dɪkəb(ə)l/ a 《まれ》〈紛争などが〉裁判で解決できる, 裁くことのできる.

ju·di·ca·re[1] /ʤù:dɪkéəri/ *vt, vi* JUDGE, DECIDE. [L]

ju·di·care[2] /ʤú:dɪkèər/ *n* [ºJ-]《米》連邦政府助成による》低所得者対象の無料[低額]法律サービス, ジューディケア. [*judicial*+*care*; cf. MEDICARE]

judicata ⇨ RES JUDICATA.

ju·di·ca·tive /ʤú:dɪkèɪtɪv; -kə-/ *a*《まれ》裁判の, 裁判に関する; 裁判[判断]する権限[能力]を備えた.

ju·di·ca·tor /ʤú:dɪkèɪtər/ *n*《古》裁判[審判]する人, 裁判官.

ju·di·ca·to·ry /ʤú:dɪkətɔ̀ːri; -t(ə)ri/ *a* 裁判(上)の, 司法の. — *n* **1** 裁判所 (court). **2** 司法 (administration of justice).

ju·di·ca·ture /ʤú:dɪkəʧər, -ʧʊ̀ər, ʤù:dɪkəʧər/ *n*《略 jud.》**1 a** 司法(権), 裁判(権), 裁判管轄(権). **b** 司法裁判所, 司法管轄権. **c** [the ~] 司法部, 司法府 (judiciary); 裁判所. ▶ SUPREME COURT OF JUDICATURE (最高法院). **2**《集合的》裁判官 (judges); 裁判官の地位[権限, 職務]. [L *judico* to judge]

Júdicature Àcts *pl* [the ~]〘英史〙裁判所法《上位裁判所組織や訴訟手続きなどの根本的改革のため 1873 年と 75 年に制定されたもの; その後の法律をも統廃合した 1925 年法を経て, 現在は 1981 年の最高法院法 (Supreme Court Act 1981) がこれに取って代わっている; 正式名は the **Supreme Court of Judicature Acts**》.

júdicature páper 裁判記録用紙.

judice ⇨ SUB JUDICE.

Ju·di·ces non te·nen·tur ex·pri·me·re cau·sam sen·ten·ti·ae su·ae. /ʤú:dɪsì:z nan tɛnéntər ɛksprímɛrɛ kɔ́:zæm sɛnténʃì: súːi/ 裁判官はみずからの判決の理由を開示する必要はない. [L=Judges are not bound to express the reason of their sentence.]

ju·di·cia·ble /ʤu:díʃ(i)əb(ə)l/ *a* JUDICABLE.

Ju·di·cia in cu·ria re·gis non ad·ni·hi·len·tur, sed stent in ro·bo·re suo quo·us·que per er·ro·rem aut at·tinc·tam ad·nul·len·tur. /ʤu:díʃɪə ɪn k(j)ú:riə ríːʤɪs nan ædnɪhɪléntər sɛd stént ɪn rəbóʊre súːoʊ kwóʊskwe pər ɛróʊrɛm ɔːt ætínktəm ædnəléntər/ 国王裁判所の判決は無効とされず, 誤審あるいは陪審査問の手続きで無効とされるまで効力を持ち続けるべきである. [L=Judgments in the king's court are not to be invalidated but remain in force until annulled by error or attaint.]

Judicia in de·li·be·ra·ti·o·ni·bus cre·bro ma·tu·res·cunt, in ac·ce·le·ra·to pro·ces·su nun·quam. /— ɪn dɪlìbərèɪʃióʊnɪbəs kríːbroʊ mæʧurɛ́skənt ɪn æksèlɛréɪtoʊ prəsésu nʌ́ŋkwæm/ 判決はしばしば熟慮の過程で熟するが, 性急な進行では決して熟することはない. [L=Judgments often mature in the course of deliberation, never in hurried proceeding.]

ju·di·cial /ʤu:díʃ(ə)l/ *a* **1 a** 司法の, 裁判の: ~ police 司法警察. **b** 司法部の, 裁判所(で)の, 法廷での. **c**

裁判官の．**d** 判決に関する，判決による，裁判所[裁判官]の命令[許可]による．《》略 jud.; cf. ADMINISTRATIVE, EXECUTIVE, LEGISLATIVE; QUASI-JUDICIAL》**2** 裁判官のような[にふさわしい]; 公正な, 公平な; 判断力ある, 批判的な (cf. JUDICIOUS). ― *n*《廃》《裁判所によって強制される》法規範 (cf. MORAL, MORAL LAW).　**～・ly** *adv* 司法上; 裁判によって, 司法手続きによって; 裁判官らしく. 〔L (*judicium* judgment<JUDGE)〕

judícial áct《裁判権行使を含む》司法行為.

judícial áctivism　司法積極主義《特に違憲立法審査権の行使にあたり裁判官が個人の価値判断や信念に基づき, 先例をも軽視し積極的に司法権を行使し, 法律などを違憲とすることに躊躇すべきでないとする; 単に activism ともいう; cf. JUDICIAL RESTRAINT》.　**judícial áctivist** *n*

judícial admíssion　法廷での自白, 法廷での事実の承認《相手当事者はその事実を証明する要がなくなり, また 自白した当事者はそれについて争えなくなる; cf. EXTRAJUDICIAL ADMISSION》.

Judícial Appóintments and Cónduct Òmbudsman《英》裁判官の選任および行為監察官《裁判官選任過程と裁判官の規律・倫理違反行為の取扱いについての訴えを調査するため 2005 年法で新設されたオンブズマン; 遅滞・偏向・不公平な扱い等を含む失政の救済と, 勧告および建設的フィードバックを通しての基準・慣行の改善とがその役割である》.

Judícial Appóintments Commìssion　〖英〗裁判官選任委員会《2005 年法により従来裁判官の選任権を有していた大法官 (Lord Chancellor) に代わってできる限り広い範囲からの公正かつ開かれた競争を通しての能力主義に基づく裁判官選任をするために新設された 15 名からなる委員会で, 非専門家も含む》.

judícial arbitrátion　裁判所付託仲裁 (=court-ordered arbitration)《当事者がその判断に反対しない限りは終局的なものとなる》.

Judícial Árticle [the ～]〖米〗司法部編《合衆国憲法第 3 編の司法部についての第 1 節から第 3 節の全体を指す》.

judícial bías　裁判官の偏向[偏見]《裁判官が現に裁判している事件の当事者の一人あるいは複数の者に対して有している偏向》.

judícial bónd　訴訟手続き上の損害補償保証書《訴訟の一方当事者から他方当事者に訴訟に関連して提出される保証書で, 相手方が訴訟の遅延や訴訟の結果財産の喪失などによる損害を補償する旨の保証書; 上訴保証金証書 (appeal bond), 保釈保証書 (bail bond), 差押保証書 (attachment bond), 差止め命令保証書 (injunction bond) 等々多くのものが含まれる》.

judícial bránch [the ～] 司法部 (cf. EXECUTIVE BRANCH, LEGISLATIVE BRANCH).

judícial búsiness《証拠に関する規則等にのっとり裁判所で行なわれる》"訴訟事件事務 (cf. ADMINISTRATIVE BUSINESS).

judícial býpass　裁判所による迂回(手続き)《通常の場合には必要な手続きを裁判所の承認の下 省略して行動すること, またはその手続き》.

judícial cógnizance　裁判所による認知 (=JUDICIAL NOTICE).

judícial cómbat〖史〗裁判上の決闘 (=TRIAL BY BATTLE).

judícial cómity　司法承認《他の法域の法および判決を自国[自州]においても尊重するという裁判所の礼譲; この原則は同一法域内での同位の裁判所間の判決にも適用されうる; ⇒COMITY》.

Judícial Commíttee of the Prívy Cóuncil [the ～]〖英〗枢密院司法委員会《属領 (dependent territory) およびこの委員会への上訴を認めている幾つかの自治領の最高裁判所; また教会裁判所 (ecclesiastical court) および捕獲審検所 (prize court) からの最終審裁判所でもある; 大法官 (Lord Chancellor), 枢密院議長 (Lord President of the Council) およびその経験者, 常任上訴裁判官 (Lord of Appeal in Ordinary), 現在またはかつて高位の司法職にありまたはあった枢密顧問官, 現在またはかつてイギリス連邦 (Commonwealth) の上位裁判所の裁判官でありまたはあった枢密顧問官により構成される; 判決は連合王国の先例とはならないが, 説得的法源 (persuasive authority) として尊重される; なお, 2005 年法の施行後は, この裁判権は新設の連合王国最高裁判所 (Supreme Court of the United Kingdom) に移される; 略 JCPC》.

judícial cónference　司法会議《訴訟手続きなど司法の改善に関する裁判官などの会議》.

Judícial Cónference of the Unìted Státes [the ～]〖米〗合衆国司法会議《合衆国最高裁判所首席裁判官が毎年, 控訴裁判所 (Court of Appeals) の各巡回区首席裁判官および各巡回区から 1 名の地方裁判所裁判官を招集して開く会議で, 連邦裁判所の業務・手続きの検討, 最高裁判所・連邦議会に対してその改正提言などを行なう; cf. STANDING COMMITTEE ON RULES OF PRACTICE AND PROCEDURE》.

judícial conféssion《刑事被告人の》裁判上の自白 (cf. EXTRAJUDICIAL CONFESSION).

judícial cóuncil〖米〗裁判官会議《裁判の効率化・実効性増大のために定期的に開催される関係裁判官の会議; 特に連邦控訴裁判所裁判官会議 (Judicial Council of the Circuit) のこと》.

Judícial Cóuncil of the Círcuit [the ～]〖米〗連邦控訴裁判所裁判官会議《連邦の控訴裁判所 (Court of Appeals) の首席裁判官が裁判運営の効率化, 実効性の確保のため, 年 2 回, 同裁判所の裁判官および地方裁判所 (district court) の定められた数の裁判官を招集して開く会議》.

judícial dáy　裁判日, 開廷日 (=JURIDICAL DAY).

judícial decísion　判決.

judícial déference〖英〗裁判所の譲歩《議会を

通過した立法が欧州人権条約 (European Convention on Human Rights) にのっとっているかを再審査する際に国内裁判所で時に展開される概念で、その立法は民主的に選出された議会による立法であるゆえ敬意が払われ譲歩されるべきであるというもの；この概念は弁別余地 (margin of appreciation) 概念が国内裁判所で適用されないことから生じている; cf. MARGIN OF APPRECIATION).

judícial díctum 裁判所の意見《弁護士により弁論され裁判所により判断されはしたがなお判決にとって本質的ではない問題についての裁判所の意見; cf. OBITER DICTUM》.

judícial discrétion 裁判所の裁量.

judícial divórce 裁判上の離婚.

judícial dúel〖史〗裁判上の決闘 (= TRIAL BY BATTLE).

judícial ecónomy 裁判の効率性.

judícial ecónomy excéption 裁判効率性の例外《終局判決準則 (final judgment rule) の例外則で、中間判決の即時再審査を認めれば当該訴訟全体の最終的ないしはほぼ最終的に近い決着が得られそうな場合には、当事者にそれを求めることを認めるという準則; cf. FINAL JUDGMENT RULE》.

judícial estóppel 裁判上の禁反言《同一ないしは以前の訴訟手続き中に当事者がなしたかつての主張と矛盾することは、もし立場が変わればその主張が当該訴訟にとって不利な影響を与えることになったり、裁判所をだますことになるような場合には、これを主張することを禁ずること》.

judícial éthics《米史》裁判官倫理典範 (⇒ CANONS OF JUDICIAL ETHICS).

judícial évidence 裁判上の証拠《裁判所に提出され証拠として許容された証拠; cf. EXTRAJUDICIAL EVIDENCE》.

judícial fáct 裁判所無審理受容事実 (= JUDICIALLY NOTICED FACT).

judícial fáctor《スコットランド》《紛争中の、あるいは適正に管理できる者のいない財産の》裁判所選任財産管理人.

judícial foreclósure 裁判手続きによる譲渡抵当受戻し権喪失手続き (cf. NONJUDICIAL FORECLOSURE).

judícial immúnity《裁判官に対する》司法的免除、裁判官の免責《裁判官はその職務遂行中の行為について民事責任を追求されないという責任免除》.

judícial immúnity of wítness 証人に対する司法的免除《裁判所が証人に自己の刑事訴追を招くおそれのある証言をすることの代償として約束した刑事訴追の免除》.

judícial independéncy 裁判官の独立(性).

judícial·ize vt **1** 司法的にのっとって扱う. **2**〈従来は裁判所に持ち込まないような政治問題や環境問題などを〉司法制度に持ち込む、裁判問題にする.

judícial legislátion 裁判官立法, 司法による立法《元来は非難する語として用いられていた; cf. JUDGE-MADE LAW, BENCH LEGISLATION; cf. JUDICIARY legislation).

judícial líen《裁判手続きを通して発生する》裁判手続きによるリーエン.

judicially nóticed fáct 裁判による確知たる事実 (= judicial fact)《許容性のある証拠 (admissible evidence) により立証された事実ではないが、当該事実審裁判所管轄内では周知の事実であるか、その有効性が合理的に疑問の余地のない別の正確な資料から決定されうる事実であるゆえに、裁判所が受容する事実; cf. JUDICIAL NOTICE》.

judícial mórtgage〖大陸法〗判決譲渡抵当《判決(に基づく)債務 (judgment debt) を担保するために判決の登録によって設定される譲渡抵当 (mortgage) リーエン》.

judícial múrder 法による謀殺《不当な死刑宣告》.

judícial nótice 裁判所による確知 (= conusance, judicial cognizance, official notice 2a)《裁判所が証拠によらずに一定の顕著で争いえないような事実の存在を認める行為; cf. COMMON KNOWLEDGE, JUDICIALLY NOTICED FACT, NOTORIOUS FACT, OFFICIAL NOTICE 2b》.

judícial óath 裁判手続き上の宣誓《特に公開法廷での宣誓についていう》.

judícial óffice 司法官職. ▶ HIGH JUDICIAL OFFICE (高位の司法官職).

judícial ófficer 1 司法官《**1**》裁判官・治安判事 **2**》裁判所職員》. **2** 裁判官委任者 (= hearing officer)《裁判官に指示された種々の職務を果たし、その行動・結果・決定をその裁判官の審査に服する者、通例は弁護士》.

judícial pówer 1 裁判権能. **2** 司法権能.

judícial précedent 判例.

judícial prívilege 1 裁判手続き上の特権《裁判官・陪審員・訴訟当事者・証人・弁護人が法廷で訴訟手続き中になした陳述を保護する免責特権》. **2** 訴訟関連情報免責特権 (= LITIGATION PRIVILEGE).

judícial procéeding [ʰpl] 司法手続き, 裁判手続き; 裁判官の面前での司法手続き.

judícial procéeding prívilege 司法手続き上の免責特権 (= LITIGATION PRIVILEGE).

judícial prócess 1 裁判手続き, 司法手続き. **2** 被告召喚(令)状; 訴訟手続き上の令状. ★単に process ともいう. **3**《裁判官が事件につき結論に達するまでの》司法判断形成過程.

judícial quéstion 司法問題《POLITICAL QUESTION (統治行為)に対する語で、裁判所が司法判断するのに適した問題》.

judícial récord 裁判手続き記録 (= DOCKET).

judícial rémedy 裁判手続きによる救済(手段).

judícial restráint 裁判所の抑制《**1**》例えば、差止め命令 (injunction) などによる裁判所による抑制 **2**》裁判所が特定の争点に基づいて判決しうる時にそれ以外の不

judicial review

必要な争点に触れずに判決すべしという原則で, judicial self-restraint ともいう 3) 裁判官は立法府の意図した法律解釈および先例にのみ従って裁判すべきで個人的な価値判断や信念を実現しようとしてはならないという裁判上の原則で, judicial self-restraint ともいう; cf. JUDICIAL ACTIVISM, ORIGINAL INTENT).

judícial revíew 1 司法審査(権); 裁判所による違憲審査(権)《法律が憲法に適合しているか否かあるいは行政府の行為が憲法・法律違反ないしは権利濫用になっていないかを裁判所が審査する制度》; cf. CONSTITUTIONAL REVIEW). ▶ DE NOVO JUDICIAL REVIEW (覆審的司法審査). 2《英》《高等法院 (High Court of Justice) が下位裁判所・行政府などの行為に対して申し立てに基づいてなしうる》司法審査手続き.

judícial sále 《債権者の権利実現のため判決ないしは裁判所の命令により役人によって行われる》司法上の売却《判決に基づく強制執行としての強制競売却 (execution sale) はその一つ; ⇨ SHERIFF'S SALE》.

judícial sèlf-restráint 裁判所の自己抑制, 司法(部)の自己抑制 (⇨ JUDICIAL RESTRAINT).

judícial separátion 裁判上の別居 (= legal separation)《夫婦たる身分は存続させたまま判決で別居すること; 略 JS; cf. DIVORCE, DIVORCE A MENSA ET THORO, SEPARATION).

judícial separátion òrder 裁判上の別居命令.

judícial suprémacy 司法権の優越.
judícial sỳstem 裁判制度.
judícial trustée 裁判所選任受託者.
judícial wrít 裁判所令状《1》《史》事件が裁判所に係属したのちに裁判所から発行される訴訟手続き進行のための令状; cf. ORIGINAL WRIT 2) 裁判所発行の令状一般》.

Ju·di·cia pos·te·ri·o·ra sunt in le·ge for·ti·o·ra. /ʤuˈdíʃiə pɑˌstɛriˈóurə sʌnt ɪn líːʤɛ fɔːrʃiˈóurə/ 後から出された判決が法においてより強い. [L = The later decisions are stronger in law.]

ju·di·ci·ary /ʤuˈdíʃièri, -ʃəri; -ʃ(i)əri/ n [the ~] 1《国家の統治機関における》司法部[府], 司法組織; 裁判所制度, 裁判所, 司法権 (» cf. EXECUTIVE, LEGISLATURE). 2《総体としての》裁判官 (judges). — a 司法(上)の, 裁判所の, 裁判(官)の; 司法部に関する: ~ legislation 司法部に関する立法 (cf. JUDICIAL LEGISLATION). [L; ⇨ JUDICIAL]

Judíciary Áct (of 1789) [the ~]《米》(1789年の)裁判所法《合衆国憲法第 3 編に基づき, 下級裁判所として巡回裁判所 (circuit court) と地方裁判所 (district court) など連邦の司法制度の基礎を定めた法律; cf. ALIEN TORT CLAIMS ACT).

Ju·di·ci of·fi·ci·um su·um ex·ce·den·ti non pa·re·tur. /ʤúːdɪsài əfíʃiəm súːəm ɛksɪˈdéntài nɑn pəríːtər/ 自身の職務を超える裁判官は従われない. [L = A judge who exceeds his/her office is not obeyed.]

ju·di·cious /ʤuˈdíʃəs/ a 思慮分別のある, 十分考慮された, 賢明な (cf. JUDICIAL). ~·ly adv ~·ness n

Ju·di·cis est jus di·ce·re, non da·re. /ʤúːdɪsɪs ɛst ʤʌs dáɪkɛrɛ nɑn dǽrɛ/ 法を宣言することが裁判官のつとめであって, 法を与えることではない. [L = It is for the judge to declare the law, not to endow it.]

Judicis of·fi·ci·um est ut res ita tem·po·ra re·rum quae·re·re; quae·si·to tem·po·re tu·tus eris. /— əfíʃiəm ɛst ət rɪz ítæ témpərə ríːrəm kwíːrɛrɛ kwɪsítou témpərɛ tjúːtəs érɪs/ 事柄(そのもの)と同様に事柄の時を調べることは裁判官の職務である. 時を調べることによりあなたは安全であろう. [L = It is the duty of a judge to inquire as well into the times of things as into the things (themselves); by inquiring into the time, you will be safe.]

Ju·di·ci·um a non suo ju·di·ce da·tum nul·li·us est mo·men·ti. /ʤuˈdíʃiəm eɪ nɑn súːou ʤúːdɪsɛ déɪtəm nəláɪəs ɛst məméntàɪ/ その裁判官でない者(すなわち, それに対する裁判権を有さざる者)によって与えられた判決はなんらの効果も有さない. [L = A judgment given by a person who is not its judge is of no effect.]

judícium Déi /-díːàɪ/ 神の裁判, 神判 (= ORDEAL). [L = judgment of God]

Judicium non de·bet es·se il·lu·so·ri·um, su·um ef·fec·tum ha·be·re de·bet. /— nɑn débət ɛsɛ ɪljusóuriəm súːəm ɛféktəm heɪbíːrɛ débət/ 判決は人を欺くようなものであってはならず, それ自体の結果をもたねばならない. [L = A judgment ought not to be illusory; it ought to have its proper effect.]

judícium pá·ri·um /-pǽriəm/ 同輩の裁判 (= JUDGMENT BY THE PEERS). [L]

judícium púb·li·cum /-pʌ́blɪkəm/《ローマ法》刑事裁判. [L = public trial]

Judicium red·di·tur in in·vi·tum, in prae·sump·ti·o·ne le·gis. /— rédɪtər ɪn ɪnváɪtəm ɪn prɪzʌmpʃióunɛ líːʤɪs/ 法の推定においては判決は人の意思に反して下される. [L = In presumption of law, a judgment is given against one's will.]

Judicium sem·per pro ve·ri·ta·te ac·ci·pi·tur. /— sémpər prou vɛrɪtéɪtɛ æksípɪtər/ 判決は常に真実とみなされる. [L = A judgment is always taken for truth.]

juge d'in·struc·tion /F ʒyːʒ dɛstryksjɔ̃/ (pl **juges d'instruction** /—/)《大陸法》《訴えを受理し, 証拠調べ・被疑者の尋問に当たる》予審判事.

jun·ior /ʤúːnjər/ a (opp. SENIOR; cf. MINOR) 1《...より》年少の《to》; 年少のほうの (younger)《特に 2 兄弟の弟・同名父子の子・同名生徒の年少者》: John Smith

〜 ジョン・スミス弟[2世]《通例 John Smith, Jr. の形をとるが，コンマは略することが多く，また jr. とも書く》. **2** 後進の，下位の; 後順位の (subordinate)〈債権など〉: a 〜 clerk 下級事務職員 / a 〜 executive [manager] 副支配人，幹部補佐. ── *n* **1** 年少者; [one's 〜] 後進者，後輩; [*S* J-]*《家族の》息子，二世 (son); 若者: He is my 〜 by three years. ＝He is three years my 〜. 彼はわたしより3つ年下だ / an office 〜《一般職の》若手事務職員. **2**《英》JUNIOR BARRISTER.

júnior bárrister《英》**1**《勅選弁護士 (King's Counsel) および上級法廷弁護士 (serjeant-at-law) でない》下級法廷弁護士，非勅選法廷弁護士 (⇨ OUTER BAR). **2**《一方当事者に複数の法廷弁護士がついている場合の》主任でない法廷弁護士.

júnior bónd 劣後債(券) (＝subordinated bond).

júnior cóunsel 1《一方当事者に複数の弁護士がついている場合の》主任でない弁護士，下位の弁護士 (cf. LEAD COUNSEL, SENIOR COUNSEL). **2**《英》下級法廷弁護士，非勅選法廷弁護士 (junior barrister) (cf. SENIOR COUNSEL) (⇨ TWO COUNSEL RULE).

júnior créditor 後順位債権者 (opp. *senior creditor*).

júnior débt 後順位債権 (＝SUBORDINATE DEBT).

júnior encúmbrance 後順位の土地に対する負担《抵当権など》.

júnior execútion《すでに強制執行 (execution) 判決が出ている財産に対する》後順位執行.

júnior júdgment《同一被告に対する異なった請求についてなされた》後になされた判決.

júnior líen《同一財産上の》後順位リーエン (cf. SENIOR LIEN).

júnior mánagement [集合的に] 下級管理職(者)層《小部局の長，または部局の長の代理》.

júnior mórtgage 後順位譲渡抵当(権) (＝puisne mortgage) (opp. *senior mortgage*).

júnior pártner 下級組合員，下級社員 (opp. *senior partner*).

júnior ríght《例えば末男相続 (borough English) のような》非長男子相続権.

júnior úser《商標 (trademark) の》後順位使用者 (cf. SENIOR USER): innocent 〜 善意の後順位使用者.

júnior wrít 後続令状《先の令状類似のもので，別の当事者により同一人宛に発行される令状あるいは同一被告に対して別の請求をする令状》.

júnk ásset くず物資産 (＝TROUBLED ASSET).

júnk bónd《格付けが低く，利回りは高いがリスクも大きい》ジャンク債，ジャンク・ボンド，投資不適格債.

jur. juridical ♦ jurisprudence ♦ jurist.

ju·ra /dʒúərə/ *a, n* /dʒú, dʒúːrə/ *n* JUS の複数形.

Jura ec·cle·si·as·ti·ca li·mi·ta·ta sunt in·fra li·mi·tes se·pa·ra·tos. /── ɛkliːsiǽstikə lìmitéitə sənt ínfrə límitiːz sèpəréitòus/ 教会法は分離された領域内に限定される．[L＝Ecclesiastical laws are limited within separate bounds.]

Jura eo·dem mo·do de·sti·tu·un·tur quo con·sti·tu·un·tur. /── ióudɛm móudou dèstitúəntər kwou kànstitúəntər/ 法はそれが作られるのと同じ方法で廃止される．[L＝Laws are abrogated in the same manner in which they are made.]

ju·ral /dʒúərəl/ *a* **1** 法の，法律(上)の，司法(上)の，法[司法]に関する，法的な，法に基づいた，実定法で認められた．**2** 権利・義務に関する，権利義務の．〜·**ly** *adv* [JUS]

júral áct《立法・司法・法執行活動を含む》法行為，法的活動．

júral ágent 法行為者《立法者・裁判官・警察官などの法執行官を含む，職務として法行為 (jural act) をなしている者》.

Ju·ra·men·tum est in·di·vi·si·bi·le, et non est ad·mit·ten·dum in par·te ve·rum et in par·te fal·sum. /dʒùːrəméntəm ɛst ìndàivaísibilə ɛt nɑn ɛst ǽdmiténdəm in páːrte víːrəm ɛt in páːrte fǽlsəm/ 宣誓は不可分であり，したがって一部は真正で一部は虚偽であるとは認められるべきでない．[L＝An oath is indivisible, and is not to be accepted as partly true and partly false.]

Jura na·tu·rae sunt im·mu·ta·bi·lia. /── neitjúːri sənt imùːtəbíliə/ 自然法は不変である．[L＝The laws of nature are unchangeable.]

ju·rant /dʒúərənt/ *a, n*《古》宣誓する(人).

Jura pub·li·ca an·te·fe·ren·da pri·va·tis. /── pábləkə æntèfərǽndə praivéitis/ 公的な権利は私的な権利に優先させられるべきである．[L＝Public rights are to be preferred to private.]

Jura publica ex pri·va·to pro·mis·cue de·ci·di non de·bent. /── ɛks praivéitou proumískwe díːsidài nɑn débənt/ 公的権利は私的権利から無差別に決定されるべきでない．[L＝Public rights ought not to be promiscuously decided from private right.]

júra re·gá·lia /-rigéiliə/《史》王権 (＝PREROGATIVE).

Jura re·gis spe·ci·a·lia non con·ce·dun·tur per ge·ne·ra·lia ver·ba. /── ríːdʒis spèʃiéiliə nɑn kànsidǽntər pər dʒènəréiliə vérbə/ 国王の特別な権利は一般的文言によっては譲与されない．[L＝The special rights of the king are not conceded by general words.]

Jura san·gui·nis nul·lo ju·re ci·vi·li di·ri·mi pos·sunt. /── sǽngwinis nálou dʒúːre sívilài dírimài pásənt/ 血族の権利はいかなる国家法に基づく権利によっても破壊されえない．[L＝The rights of blood cannot be destroyed by any civil right.]

ju·rat /dʒúəræt/ *n* **1**《英》《特に Cinque Ports などの》市政参与; 《Channel Islands やフランスの》政務官．**2**《宣誓供述書 (affidavit) 末尾の》宣誓認証記載 (＝jurata)《その宣誓供述書の作成年月日および宣誓立会人氏名が記載認証されている結びの句で，この後に署名が続く; cf. VERIFICATION). [L=sworn man (*juro* to swear)]

ju·ra·ta /dʒʊəréɪtə/ *n* **1**《史》陪審 (=JURY). **2**《史》《巡回陪審裁判 (nisi prius) の記録中の》陪審文言. **3** JURAT 2. [L=the sworn]

ju·ra·tion /dʒʊəréɪʃ(ə)n/ *n*《古》**1** 宣誓. **2** 宣誓受理.

Ju·ra·to cre·di·tur in ju·di·cio. /dʒʊréɪtou krédɪtər ɪn dʒudíʃiou/ 裁判においては宣誓した者が信じられる. [L=A swearer is believed in a judicial proceeding.]

Ju·ra·to·res de·bent es·se vi·ci·ni, suf·fi·ci·en·tes et mi·nus sus·pec·ti. /dʒʊ‐reɪtóʊriːz débənt ésɛ vɪsáɪnaɪ səfɪʃiéntiːz ɛt máɪnəs səspéktaɪ/ 陪審員は近隣の者で，十分な産を有し，疑われていない者であるべきである. [L=Jurors ought to be neighbors, of sufficient means and free from suspicion.]

Juratores sunt ju·di·ces fac·ti. /— sənt dʒúːdɪsiːz fǽktaɪ/ 陪審員は事実の裁判官である. [L=The jurors are the judges of fact.]

ju·ra·to·ry /dʒúərətɔ̀ːri; -t(ə)ri/ *a* 宣誓の[で述べた].

JurD ⇨ JD.

jure /dʒúəri/ *adv* 権利に基づき，権利により，権利において; 法に基づき，法により; 法律上，法的に.

júre di·ví·no /-dɪvάɪnou/ *adv* 神授王権により; 神法により. [L=by divine law [right]]

júre gén·ti·um /-dʒéntʃiəm/ *adv* 万民法[国際法]により. ▶ PIRACY JURE GENTIUM (国際法上の海賊行為). [L=by the law of nations]

júre ges·ti·ó·nis /-dʒestióʊnɪs/ *adv*《国の行為が公法的にでなく》営業権により，取引関係的に，私法関係的に (cf. JURE IMPERII). [L=by right of doing business]

júre hu·má·no /-hjuméɪnou, -mάː-; -(h)umάː‐nou/ *adv* 人法により. [L=by human law [right]]

júre im·pé·rii /-ɪmpíːriaɪ/ *adv*《国の行為が》主権により，公法的に (cf. JURE GESTIONIS). [L=by right of sovereignty]

Jure na·tu·rae ae·qu·um est ne·mi·nem cum al·te·ri·us de·tri·men·to et in·ju·ria fi·e·ri lo·cu·ple·ti·o·rem. /— neɪtjúːriː íːkwəm est níːmɪnem kəm æltériəs dètrɪméntou ɛt ɪndʒúːriə fáɪeraɪ lə̀kəplèʃióʊrem/ いかなる者も他人の損失および侵害によって利得を得ないということは，自然法に従って衡平である. [L=By the law of nature, it is just that no one be enriched to the detriment and injury of another.]

júre uxó·ris /-əksɔ́ːrɪs/ *adv* 妻の権利で. [L=in right of a wife]

ju·rid·i·cal /dʒʊərídɪk(ə)l/ *a*《cf. NONJURIDICAL》**1** 司法[裁判]上の. **2** 法律上の (legal). **3** 裁判官の職務の，裁判官職の. **ju·ríd·ic** *a* **～·ly** *adv* [L (JUS, *dico* to say)]

jurídical dày 裁判日，開廷日 (=dies juridicus, judicial day, working day)《裁判・開廷が許されている日曜・祝日以外の日》(opp. *nonjudicial day*).

jurídical línk《特に集団訴訟 (class action) を提起するに当たる場合などの，グループ成員間の》法的関連(性).

jurídical pérson 法人 (=ARTIFICIAL PERSON).

ju·ri·met·rics /dʒʊərəmétrɪks/ *n*《コンピューターの応用など科学的・経験主義的分析法を用いて法的問題を扱う》計量法学. **jù·ri·mét·ri·cist, jù·ri·met·rí·cian** *n*

Ju·ris non est con·so·num quod ali·quis ac·ces·so·ri·us in cu·ria re·gis con·vin·ca·tur an·te·quam ali·quis de fac·to fu·e·rit at·tinc·tus. /dʒúːraɪ nɑn est kɑnsóʊnəm kwɑd ǽlɪkwɪs æksɛsóʊriəs ɪn kjúːriː ríːdʒɪs kɑ̀nvɪnkéɪtər ǽntɛkwæm ǽlɪkwɪs di fǽktou fúːerɪt ætínktəs/ ある者が事実につき有罪とされる前に従犯が国王裁判所で有罪決定されることは法に合わない. [L=It is not consonant with the law that any accessory should be convicted in the king's court before anyone has been attainted of the fact.]

ju·ris /dʒúərɪs/ *a* 法の，法律の，権利の. ▶ CORPUS JURIS (法大全). [L]

JURIS, juris. jurisdiction ◆ jurisprudence.

ju·ris·con·sult /dʒùərəskɑ́nsəlt, *-kənsʎlt/ *n* 法学者 (jurist)《特に ローマ法・国際法の学者; 略 JC》. [L]

jurisd. jurisdiction.

ju·ris·dic·tion /dʒùərəsdíkʃ(ə)n/ *n* **1 a** 司法権，裁判権，(裁判)管轄(権); 支配(権), 管轄権; 権限: have [exercise] ~ over... を管轄する / The prisoner refused to recognize the ~ of the court. 刑事被告人は裁判所の管轄[裁判]権を否定した. **b** (裁判)管轄区, (司法)管区; 領域的(裁判)管轄権, 土地管轄 (=TERRITORIAL JURISDICTION); 支配圏[区域]: within [outside] the ~ of the court 裁判所の管轄(権)内[外]で. ▶ ADMIRALTY AND MARITIME JURISDICTION (海事裁判権) / ADMIRALTY JURISDICTION (海事裁判権) / ADVISORY JURISDICTION (勧告的管轄権) / ANCILLARY JURISDICTION (付帯的管轄権) / ANOMALOUS JURISDICTION (変則的管轄権) / APPELLATE JURISDICTION (上訴管轄権) / AUXILIARY JURISDICTION (補助的管轄権) / CIVILIAN JURISDICTION (ローマ法裁判所; ローマ法による裁判管轄権) / CIVIL JURISDICTION (民事裁判権; 世俗裁判権) / COMMON-LAW JURISDICTION (コモンロー裁判権) / COMMUNAL JURISDICTION (共同体の裁判権) / COMPLETE JURISDICTION (完全な裁判管轄権) / COMPULSORY JURISDICTION (強制管轄(権)) / CONCURRENT JURISDICTION (競合管轄権) / CONSENT JURISDICTION (合意に基づく管轄権) / CONTENTIOUS JURISDICTION

(争訟に関する管轄権) / CONTINUING JURISDICTION (継続的管轄権) / CORRECTIONAL JURISDICTION (懲戒的裁判権) / CRIMINAL JURISDICTION (刑事裁判権) / DIVERSITY JURISDICTION (州籍相違に基づく裁判権) / DOMESTIC JURISDICTION (国内管轄事項; 国内管轄権; 州内管轄事項; 州内裁判権) / ECCLESIASTICAL JURISDICTION (教会裁判権) / EQUITABLE JURISDICTION (エクイティー上の裁判(管轄)権) / EQUITY JURISDICTION (エクイティー裁判(管轄)権) / EXCESS OF JURISDICTION ((裁判所の)権限踰越) / EXCLUSIVE JURISDICTION (専属管轄権) / EXTRATERRITORIAL JURISDICTION (域外的裁判権) / FEDERAL JURISDICTION (連邦裁判所の裁判権) / FEDERAL QUESTION JURISDICTION (連邦問題に対する裁判権) / FEUDAL JURISDICTION (封建的管轄権) / FLAG STATE JURISDICTION (船籍国の管轄権) / FOREIGN JURISDICTION (外国[他州]裁判権; 領土外裁判権) / GENERAL JURISDICTION (一般的管轄権) / IN PERSONAM JURISDICTION (対人裁判権) / IN REM JURISDICTION (対物裁判権) / LACK OF JURISDICTION (管轄権の欠如) / LEGISLATIVE JURISDICTION (立法府管轄事項) / LIMITED JURISDICTION (制限的管轄権) / MARITIME JURISDICTION (海事裁判権) / MILITARY JURISDICTION (軍事裁判権) / ORIGINAL JURISDICTION (第一審管轄権) / OUSTER OF JURISDICTION (管轄権喪失) / PENAL JURISDICTION (刑事裁判権) / PENDENT JURISDICTION (付随的管轄権) / PENDENT PARTY JURISDICTION (当事者にかかわる付随的管轄権) / PERSONAL JURISDICTION (対人管轄権) / PLEA TO THE JURISDICTION (管轄権欠缺の答弁) / PRIMARY JURISDICTION (第一次的管轄権) / PRIVATE JURISDICTION (私的管轄権) / PROBATE JURISDICTION ((遺言)検認管轄権) / QUASI IN REM JURISDICTION (準対物管轄権) / REMITTITUR FOR JURISDICTION (管轄権に合わせた請求縮減) / ROYAL JURISDICTION (国王裁判権) / SEIGN(I)ORAL [SEIGNIORIAL] JURISDICTION (領主裁判権) / SERVICE OUT OF THE JURISDICTION (裁判管轄外への送達) / SPECIAL JURISDICTION (特別管轄権) / SPECIFIC JURISDICTION (特定的管轄権) / SUBJECT MATTER JURISDICTION (事物管轄権[事項]) / SUMMARY JURISDICTION (略式裁判権) / SUPERVISORY JURISDICTION (監督管轄権) / SUPPLEMENTAL JURISDICTION (補足的管轄権) / TERRITORIAL JURISDICTION (領域的(裁)判権) / VOLUNTARY JURISDICTION (非訟事件管轄権) / WANT OF JURISDICTION (管轄権の欠如). **2** 法域. ▶ COMMON-LAW JURISDICTION (コモンロー[英米法]法域). ~**·al** *a* ~**·al·ly** *adv* [OF and L]

jurisdíctional amóunt (管轄権の行使の要件としての)訴訟(物)の価額 (cf. AMOUNT IN CONTROVERSY, MATTER IN CONTROVERSY).

jurisdíctional dispúte 1 権限争い. **2** 裁判管轄権に関する争い. **3** (複数労働組合間の)縄張争い (cf. JURISDICTIONAL STRIKE).

jurisdíctional fáct [*pl*] 管轄権基礎事実《裁判所の裁判管轄権を基礎づける事実; cf. JURISDICTIONAL FACT DOCTRINE》.

jurisdíctional fáct dòctrine《米》管轄権基礎事実の法理《行政機関の行為の原因となった事実認定について異議が申し立てられその証拠が提出された場合に、裁判所はその機関が第一次的にその行為をなす権限を有していたのか否かを審査するという原則; 現在この法理は一般的には適用されていない; cf. CONSTITUTIONAL FACT DOCTRINE》.

jurisdíctional límits *pl* (裁判)管轄《特定裁判所が裁判権を行使できる地域・事項・人的限界・範囲》.

jurisdíctional pléa 管轄権欠缺(げっ)答弁 (= plea to the jurisdiction).

jurisdíctional stríke 縄張争いストライキ《労働組合間で特定の仕事の割り当てをめぐって縄張争い (jurisdictional dispute) が生じた場合に、組合が使用者に対してみずからの主張を貫くために行なうストライキ》.

jurisdiction clàuse 管轄権条項《当該事件について訴えを提起した裁判所が裁判管轄権を有しているという趣旨を述べている訴答・訴状の条項》.

jurisdíction in per·só·nam /-pərsóunəm/ 対人管轄権, 対人裁判権 (= PERSONAL JURISDICTION).

jurisdíction in rém /-rém/ 対物管轄権, 対物裁判権 (= IN REM JURISDICTION).

jurisdíction of [òver] the pérson 対人管轄権 (= PERSONAL JURISDICTION).

jurisdíction of the rés 対物管轄権 (= IN REM JURISDICTION).

jurisdíction of the súbject màtter 事物管轄[裁判]権 (= SUBJECT MATTER JURISDICTION).

jurisdíction quási in rém 準対物管轄権, 準対物裁判権 (= QUASI IN REM JURISDICTION).

júris dóctor [°J-D-]《略 J.D.》**1**《米》法務博士 (= doctor of jurisprudence)《米国の law school の卒業生に授与される学位; かつての法学士 (LL.B) に当たる; cf. DOCTOR OF JURIDICAL SCIENCE, MASTER OF LAWS》. **2** 法学博士 (= DOCTOR OF JURIDICAL SCIENCE, DOCTOR OF LAW). [L=doctor of law]

Juris ef·féc·tus in ex·e·cu·ti·ó·ne con·sís·tit. /— ɛféktəs ɪn ɛksɛkjùːʃíoʊnɛ kansístɪt/ 法の効果は執行にある. [L=The effect of law consists in the execution.]

júris et de jú·re /-ɛt di dʒúəri/ *a* 法律のかつ法律による《(推定) (presumption) の修飾語として用い、反証を許さない法律上の、の意で用いられる》. ▶ PRESUMPTION JURIS ET DE JURE (反証を許さない法律上の推定). [L =of law and from law]

jurispr. jurisprudence.

Juris prae·cép·ta sunt haec, ho·nés·te ví·ve·re, al·te·rum non lae·de·re, sú·um cuí·que tri·bu·e·re. /— prisɛ́ptə sənt hik hanɛ́ste vívere ǽltɛrəm nan líːdɛrɛ súːəm káikwɛ tribú:ɛrɛ/ 法の掟は, 誠実に生きること, 他の人を害しないこと, 各人のものをその人自身に分配すること, これらである. [L=These are the precepts of the law: to live honestly, not to hurt another, and to give to each one his/her own.]

ju·ris·prude /dʒúərəsprù:d/ n 1 法衒(^(げん))学者. 2 法律専門家, 法律家 (jurisprudent).

ju·ris·pru·dence /dʒùərəsprú:d(ə)ns/ n 《略 jur., juris., jurispr.》 1 a 法理学 《法学の基礎に関する理論的研究の総称》, 一般法学. b 法学, 法律学. ▶ ANALYTICAL JURISPRUDENCE (分析法学) / COMPARATIVE JURISPRUDENCE (比較法学) / DOCTOR OF JURISPRUDENCE (法務博士; 法学博士) / EQUITY JURISPRUDENCE (エクイティー法学) / ETHICAL JURISPRUDENCE (法価値論) / EXPOSITORY JURISPRUDENCE (実定法解説法学) / FEMINIST JURISPRUDENCE (フェミニズム法学) / GENERAL JURISPRUDENCE (一般法学) / HISTORICAL JURISPRUDENCE (歴史法学) / MECHANICAL JURISPRUDENCE (機械的法学) / MEDICAL JURISPRUDENCE (法医学; 医事法学) / OUTSIDER JURISPRUDENCE (アウトサイダー法学) / PARTICULAR JURISPRUDENCE (特定法域法学) / POSITIVIST [POSITIVISTIC] JURISPRUDENCE (実証主義法学) / SOCIOLOGICAL JURISPRUDENCE (社会学的法学). 2《古》法律の知識, 法律に精通すること. 3 法体系, 法制. ▶ EQUITY JURISPRUDENCE (エクイティー法制). 4 判例; 判例法 (=CASE LAW). **ju·ris·pru·den·tial** /dʒùərəsprudénʃ(ə)l/ a -**dén·tial·ly** adv

jurisprúdence con·stán·te /-kɔnstǽnti, -kɔ:nstɑ́:nt/ 《大陸法》確立した判例; 確立した判例の法理《特定法律則を適用している長い一連の判例は権威あるものとして重視され, 明白な不都合でも生じない限りはくつがえされるべきでないとする法理; cf. DOCTRINE OF PRECEDENT》.

jurisprúdence of concéptions 概念法学 《法学において, 結果を無視して論理を極端に重視する傾向を批判するため Rudolf von JHERING が用いたことば; 英語としては Roscoe POUND が初めて用いたとされる》.

ju·ris·pru·dent a 法[法学]に精通した. — n 法律専門家 (jurist).

ju·ris·pru·den·tia /dʒùərisprudénʃiə/ n 法学 (jurisprudence). [L]

Jurisprudentia est di·vi·na·rum at·que hu·ma·na·rum re·rum no·ti·tia, jus·ti at·que in·jus·ti sci·en·tia. /— ɛst dìvinérəm ǽtkwɛ hju:mænérəm rí:rəm nətíʃiə dʒʌ́stai ǽtkwɛ indʒʌ́stai saiénʃiə/ 法学は神と人間に関する事柄の知識, 正しいことと不正なことについての学問である. [L=Jurisprudence is the knowledge of things divine and human, the science of the just and the unjust.]

ju·rist /dʒúərist/ n 法律家, 法学者, 法学生, 《特に優れた》法律専門家, 法実務家, 裁判官 ★ 英国では法(理)学者, 法律関係の著述家; 米国ではさらに裁判官 (judge), 弁護士 (lawyer) をもいう; 略 jur. ▶ INTERNATIONAL COMMISSION OF JURISTS (国際法律家委員会). [F or L; ⇨ JUS]

ju·ris·tic /dʒuərístik/, -**ti·cal** a 1 法律家の, 法律専門家の, 法(理)学者の, 法学徒の. 2 法学の, 法律上の, 法律上認められた. -**ti·cal·ly** adv

jurístic áct 法律行為 (=ACT IN THE LAW).

jurístic pérson 1 法的人格. 2 法人 (=ARTIFICIAL PERSON).

júris ut·rí·us·que dóc·tor /-ətráiəskwɛ dáktə:r/《史》《ローマ法・教会法の》両法博士《略 J.U.D.》. [L=doctor of both laws]

júris út·rum /-ʌ́trəm/《史》聖職禄回復令状[訴訟].

JurM [L *Juris Magister*] Master of Jurisprudence.

ju·ror /dʒúərər, *-rɔ̀:r/ n 1 陪審員 (⇨ JURY),《陪審員候補者名簿に名を連ねた》陪審員候補者. ▶ CHALLENGE OF [TO] JUROR (陪審員忌避) / GRAND JUROR (大陪審員) / MOCK JURORS (模擬陪審(員)) / NONJUROR (陪審員として勤めぬ人) / PETIT JUROR (小陪審員) / PRESIDING JUROR (陪審員長) / STANDING ASIDE A JUROR (陪審員候補者選定留保) / TALES-JUROR (追加陪審員候補者) / WITHDRAWAL OF A JUROR (陪審員の退出) / WITHDRAWING A JUROR (陪審員退出). ★ 英国では陪審員は選挙人名簿から選ばれるが 18–70 歳の者で, 連合王国に 13 歳から 5 年以上在住する者が対象となる. 精神障害者や, 5 年以上自由刑に服したことのある者, 過去 10 年以内に自由刑宣告を受けた者ないし自由刑の執行猶予をされた者, 保釈中の者は陪審員にはなれない. 2 宣誓者 (cf. NONJUROR). ▶ NONJUROR (宣誓拒否者). 3《コンテストなどの》審査員. [AF<L; ⇨ JURY]

júror miscónduct 陪審員としての義務違反行為《陪審員が審理中あるいは審理後の評議の際に法あるいは説示 (jury instruction) に反して犯す違法な行為; 例えば, 外部の人・証人などとの会話, 評議の場への評決以外の情報の持込みなど》.

ju·ry /dʒúəri/ n 1 陪審《通例 地方住民の中から無作為で選定され宣誓をした陪審員からなり, 事件の審理に関与するか (⇨ PETIT JURY), 刑事事件につき正式起訴 (indictment) の決定をするか (⇨ GRAND JURY), あるいは死者の死因の決定をする (⇨ CORONER'S JURY); 陪審員一人は juror といい, また以前は juryman, jurywoman ともいった》: The ~ has returned [has given] the verdict of not guilty. 陪審は無罪の評決を答申した[下した] / The ~ are divided in opinion. 陪審の意見は分かれている / "Members of the ~"《法廷での呼びかけとして》「陪審員のみなさん」/ The ~ is (still) out. 陪審の評決はまだ出ていない / sit [serve] on the ~ 陪審員となる[をつとめる]. ★ jury は集合名詞で, これをうける動詞は,《英》では単数複数両様,《米》では通例単数. ▶ ADVISORY JURY (助言的陪審) / BLUE-BLUE-RIBBON JURY (えり抜き陪審) / BLUE-RIBBON JURY (資質的陪審) / CALLING THE JURY (陪審員名の呼び出し) / CHAL-

jury service

LENGE TO JURY(陪審員忌避)／COMMON JURY(普通陪審;小陪審)／CORONER'S JURY(コロナ陪審)／DEADLOCKED JURY(評決不能陪審)／DEATH-QUALIFIED JURY(死刑判決容認陪審)／DIRECTION TO JURY(陪審への指示[説示])／FAIR AND IMPARTIAL JURY(公正公平な陪審)／FINDING OF A JURY(陪審の事実認定)／FOREMAN OF THE JURY(陪審長)／GOOD JURY(優良陪審)／GRAND JURY(大陪審)／HOMAGE JURY(臣下陪審)／HUNG JURY(評決不能陪審)／IMPARTIAL JURY(公平な陪審)／INQUEST JURY(検屍陪審)／INSPECTION BY JUDGE AND JURY(裁判官と陪審による検証)／INSTRUCTION TO JURY(陪審への説示)／LIFE-QUALIFIED JURY(終身刑判決消極陪審)／MIXED JURY(混成陪審)／PACKING A JURY(陪審員の選定を細工すること)／PARTY JURY(二国語陪審)／PETIT [PETTY] JURY(小陪審)／POLLING JURY(評決確認手続き)／RETIREMENT OF JURY(陪審の退廷)／ROGUE JURY(無頼陪審)／SEPARATION OF JURY(陪審の解散)／SEQUESTRATION OF JURY(陪審の隔離)／SHADOW JURY(影の陪審)／SHERIFF'S JURY(シェリフ陪審)／SPECIAL JURY(特別陪審)／STRIKING A JURY(陪審の選定)／STRUCK JURY(選別陪審)／SUBMISSION TO THE JURY(陪審への付託)／TAKING CASE FROM JURY(陪審の判断に委ねる必要なしとすること)／TAMPERING WITH JURY(陪審員への不当圧力)／TRAVERSE JURY(審理陪審)／TRIAL BY JURY(陪審審理)／TRIAL JURY(審理陪審)／WITHDRAWAL OF ISSUE FROM JURY(陪審からの争点の取戻し). **2 a** 諮問[答申]を委嘱された人びと. **b**《(コンテストなどの)審査員団. LABOR a ～.
— vt〈出品作などを〉審査する;〈美術展など〉への展示作品を選ぶ.
[OF *juree* oath, inquiry<L (*juro* to swear)]

júry bòx 1 (法廷の)陪審員席(cf. BAR, BENCH, DOCK, SIDEBAR, STAND). 2 陪審員抽選器(＝JURY WHEEL).

júry chàrge (陪審に対する)説示(＝JURY INSTRUCTION). ▶ MODEL JURY CHARGE(模範説示)／PATTERN JURY CHARGE(定型的説示).

júry commìssion 陪審員候補者指名委員会《陪審員有資格者名簿(jury list)を保管しそこから陪審員抽選器(jury wheel)で陪審員候補者を選び出す一群の役人》.

júry commìssioner 陪審員候補者指名委員,《特に》陪審員候補者指名委員長.

júry de me·di·e·tá·te lín·guae /—di mì:ɪdiətérti líŋgwi/《史》二国語陪審, 外国人陪審(＝bilinguis, party jury)《当事者の中に外国人がいる場合に用いられ, 半分が自国人, 半分が外国人から構成される陪審》. [E+L＝jury of the half tongue]

júry dirèction 陪審に対する指示[説示](＝JURY INSTRUCTION).

júry dùty 陪審員としてのつとめ[義務](＝jury service)(略 JD).

júry fèe《米》陪審手数料《民事訴訟で陪審(jury)を用いる場合に一定の裁判所で当事者がその費用として支払わねばならない通例は少額の手数料》.

júry-fìx·ing *n* 陪審不正工作《陪審員の違法な協力を得, 現実に審理結果に影響を与えること; cf. EMBRACERY, JURY-PACKING》.

júry instrùction [ʰpl]《裁判官による》(陪審に対する)説示(＝charge, direction, direction to jury, instruction (to jury), jury charge, jury direction)《陪審が評決(verdict)を出すための審議に入る前に裁判官が陪審に事件の法律問題を説明すること; またその説明》.
▶ MODEL JURY INSTRUCTION(模範説示)／PATTERN JURY INSTRUCTION(定型的説示). ★ 陪審への説示の種類については INSTRUCTION の項を参照.

júry lìst 1 陪審員有資格者名簿《ここから陪審員候補者が選ばれる》. 2《英》《高等法院(High Court of Justice)の女王座部(Queen's Bench Division)の》陪審審理リスト(cf. NONJURY LIST).

júry·man /-mən/ *n* (*pl* -men /-mən/)《古》陪審員(＝JUROR)(⇨JURY).

júry nullificàtion 陪審による説示無視《陪審が裁判官の説示に従わずそれと知りつつ一定の証拠を意識的にしりぞけあるいは法の適用を拒否し, 法を適用したのとは異なった評決を出すこと; cf. LEGALLY INCONSISTENT VERDICT》.

júry of mátrons《史》受胎審査陪審《死刑宣告された女性が妊娠している旨を主張した場合に, 主張どおりであれば出産まで死刑執行猶予するが, そのために真に妊娠しているか否かを, また夫の死後生まれた子の推定法定相続人としての適否を決めるために夫の死亡時に受胎していたか否かを審査する, 女性からなる陪審; cf. DE VENTRE INSPICIENDO》.

júry of the vícinage 近隣住民からなる陪審.

júry-pàcking *n* 陪審員選定を細工すること(＝packing a jury)(cf. EMBRACERY, JURY-FIXING).

júry pànel 1 陪審, 陪審員団. 2 陪審員候補者名簿, 陪審員候補者団(＝array, jury pool, venire)《単に panel ともいう》.

júry pàrdon 陪審による恩赦《起訴された犯罪およびそれよりも刑の軽い犯罪の双方につき有罪と決定する証拠がととのっている場合に, 陪審は軽い方の犯罪で有罪決定することが許されるという準則》.

júry pòol 陪審員候補者名簿(＝JURY PANEL).

júry pròcess 1 陪審員召喚手続き. 2 陪審員召喚状.

júry quèstion 陪審問題《1》陪審が決定する事実上の争点(issue of fact) 2》陪審が裁判所から特別評決(special verdict)を出すよう依頼されて認定する特別の事実の有無か問題; cf. SPECIAL INTERROGATORY》.

júry ròom 1 陪審員室《陪審員評議を行なう部屋》. 2 陪審員控室《陪審員候補者が陪審員として呼ばれるまで待機する部屋》.

júry sèrvice ＝JURY DUTY.

jury trial 陪審審理 (=trial by jury, trial by the country, trial per pais)《米国では刑事については合衆国憲法第6修正, 民事については同第7修正で陪審審理を保障, 英国では現在は刑事については正式起訴で訴追される犯罪 (indictable offense) の審理で保障, 民事については名誉毀損 (defamation), 不法監禁 (false imprisonment) などの一部の事件のみに認められている; cf. BENCH TRIAL》. ► SUMMARY JURY TRIAL (略式の陪審審理).

jury vetting 陪審員資格審査《陪審員候補者として選ばれた人が陪審員として適格かどうかの審査》.

jury-waived /-wéɪvd/ *a* 陪審審理権放棄(審理)の[に関する].

jury wheel 陪審員抽選器 (=jury box)《陪審員をつとめる者の名前が中にはいっていて, その中から無作為に必要な人数を選び出す回転式の装置または円い箱》.

jury・wo・man *n* (*pl* -women)《古》女性陪審員 (=JUROR) (⇨ JURY).

jus /dʒʌ́s, dʒúːs, júːs, jús/ *n* (*pl* **ju・ra** /dʒúərə, dʒʌ́rə, júərə, júːrɑː/) **1 a** 法 (law) (cf. LEX). **b**《ローマ法》人法 (cf. FAS). **2** 権利 (right), 権限. **3** 裁判所. ★ ius ともつづる. ［L *jur- jus* law, right］

jus. justice.

jus ac・cres・cen・di /-ækrəséndaɪ, -àːkreɪskéndi/ 生残者への権利帰属権 (=RIGHT OF SURVIVORSHIP). ［L=right of accretion］

Jus accrescendi in・ter mer・ca・to・res pro be・ne・fi・cio com・mer・cii lo・cum non ha・bet. /— — ìntər mɛrkətóuriz prou bènefíʃiou kamérʃiaɪ lóukəm nan hébɛt/ 商人の間では通商の利益のために生残者への権利帰属権は存在しない. ［L=For the benefit of commerce, the right of survivorship has no place among merchants.］

Jus accrescendi prae・fer・tur one・ri・bus. /— — prifértər ounéribəs/ 生残者への権利帰属権は(土地に対する)負担より優先される. ［L=The right of survivorship is preferred to incumbrances.］

Jus accrescendi praefertur ul・ti・mae vo・lun・ta・ti. /— — — Áltimì: vàləntáːtaɪ/ 生残者への権利帰属権は最終遺言より優先される. ［L=The right of survivorship is preferred to a last will.］

jus ad rem /-æd rém/ 物への権利《例えば, 物の引渡しを要求する権利はもっているが, まだ物の占有を取得していない場合などの, 物そのものに対する対物権 (jus in rem) ではなく, ある物に対して債務者に主張しうる対人権 (jus in personam)》. ［L=right to a thing］

jus ae・di・li・um /-idíliəm/《ローマ法》按察官法《高等按察官 (aediles curulis) が市場における奴隷・家畜の取引に関して発した告示により発展した名誉法 (jus honorarium) の一体系; cf. JUS HONORARIUM》. ［L］

jus ca・non・i・cum /-kənánɪkəm/ 教会法 (= CANON LAW). ［L=canon law］

jus ci・vi・le /-sɪváɪli, -víː-/《ローマ法》(ローマ)市民法 (=civil law)《特に, 万民法 (jus gentium) および 名誉法 (jus honorarium) に対する》. ［L=civil law］

jus co・gens /-kóudʒɛnz, -kágənz, -kóugɛns/《国際法》《法規の適用が絶対的に強行されいかなる逸脱も許さない》強行規範 (=peremptory norm). ［L=coercive law］

jus com・mu・ne /-kəmjúːni/ **1**《ローマ法・大陸法》《一般的な法原則を定めた》共通法 (cf. JUS SINGULARE). **2**《大陸法・教会法》普通法, 一般法. **3** コモンロー. ★ 1-3 を通じて英訳語の COMMON LAW と同義に用いる. ［L=common law］

Jus con・sti・tui opor・tet in his quae ut plu・ri・mum ac・ci・dunt, non quae ex in・opi・na・to. /— kənstítjuaɪ oupóːrtɛt ɪn hɪs kwi ət plúːrɪməm æksidənt nan kwi ɛks ɪnàpɪnéitou/ 法律は最も頻繁に起こる事柄について作られるべきであって, 予想されない形で起こる事柄について作られるべきではない. ［L=Law ought to be made in relation to the matters that happen most frequently, and not to those that happen unexpectedly.］

jus da・re /-déəri/ 法を与える, 法を作成する. ［L=to give law］

Jus des・cen・dit, et non ter・ra. /— dɛséndɪt ɛt nan térə/ 権利が相続されるのであって土地が相続されるのではない. ［L=The right descends, and not the land.］

jus di・ce・re /-dáɪsəri, -dáɪsɛrɛ/ 法を宣言する. ［L=to declare the law］

jus dis・po・nen・di /-dìspounéndaɪ, -di/ 処分権(限). ［L=right of disposing］

jus di・vi・num /-dɪváɪnəm/ **1 a** 神法 (divine law). **b** 自然法 (natural law). **2** 神授王権 (divine right). ［L=divine law [right]］

jus du・pli・ca・tum /-d(j)ùːplɪkéɪtəm/《史》二重の権利《土地についての占有権と本権である財産権・所有権を共に有していること; DROIT DROIT ともいう》. ［L=double right］

Jus est nor・ma rec・ti; et quic・quid est con・tra nor・mam rec・ti est in・ju・ria. /— ɛst nóːrmə réktaɪ ɛt kwíkkwɪd ɛst kántreɪ nóːrmæm réktaɪ ɛst ɪndʒùːriə/ 法は正しさの規範であり, したがって正しさの規範に反するものはすべて不法である. ［L=The law is the rule of right; and whatever is contrary to the rule of right is a wrong.］

Jus ex in・ju・ria non ori・tur. /— ɛks ɪndʒúːriə nan óuritər/ 権利は不法からは生じない. ［L= A right does not arise out of a wrong.］

jus gen・ti・um /-dʒénʃiəm/ **1**《ローマ法》万民法 (= LAW OF NATIONS). **2** 国際法 (=INTERNATIONAL LAW); 諸国民の法. ［L=the law of nations］

jus ho・no・ra・ri・um /-(h)ànəréɪriəm/《ローマ法》

名誉法, 政務官法《法務官 (praetor) その他の政務官 (magistrate) が時勢に合わせて作成した法で, 法務官法 (jus praetorium) および按察官法 (jus aedilium) を含む》. [L=magisterial law]

jús in per·só·nam /-ɪn pərsóunəm/ 対人権, 対人的権利 (=RIGHT IN PERSONAM) (cf. JUS IN REM). [L=right against a person]

jús in ré /-ɪn ríː, -réɪ/ 対物権 (=RIGHT IN REM) (cf. JUS AD REM, JUS IN PERSONAM). [L=right in a thing]

jús in ré ali·é·na /-èlííːnə, -ǽlííːnə/ 他人の財産に対する権利 (cf. JUS IN RE PROPRIA) (⇨ INCORPOREAL PROPERTY). [L=right in the property of another person]

jús in rém /-ɪn rém/ 対物権, 対世権 (=RIGHT IN REM) (cf. JUS IN PERSONAM). [L=right against a thing]

jús in ré pró·pria /-ɪn ríː próupriə/ みずからの財産に対する権利 (cf. JUS IN RE ALIENA) (⇨ INCORPOREAL PROPERTY). [L=right in one's own property]

Jus·ju·ran·di for·ma ver·bis dif·fert, re con·ve·nit; hunc enim sen·sum ha·be·re de·bet, ut De·us in·vo·ce·tur. /dʒÀsdʒurǽndaɪ fɔ́ːrmə vérbɪs dífərt ri kənvíːnɪt hʌŋk énɪm sénsəm heɪbíːre débət ət díːəs ɪnvousíːtər/ 宣誓をすることの方式は文言においては異なるが, 実体においては一致している. というのも, 神の御加護が祈願されているという意味をもつべきだからである. [L=The form of taking an oath differs in wording, but agrees in the substance; for it ought to have this sense, that God is invoked.]

Jus·ju·ran·dum in·ter ali·os fac·tum nec no·ce·re nec pro·des·se de·bet. /dʒÀsdʒurǽndəm ìntər éliòus fǽktəm nɛk nousíːre nɛk proudése débət/ 他の者の間でなされた宣誓は害することも役立つこともあってはならない. [L=An oath made between other parties ought neither to hurt nor to profit.]

jús li·be·ró·rum /-lìbəróurəm/《ローマ法》有子の権《特定数の子を有した者に与えられた, 女性が後見を免れることあるいは自由な遺言処分権を取得することなどの特権》. [L=right of children]

jús má·ri·ti /-mǽrɪti, -mərάɪtàɪ/《史》夫権 (=marital rights). [L=right of a husband]

jús na·tu·rá·le /-nætʃəréɪli/, **jús na·tú·rae** /-nət(j)úəri/ 自然法 (=NATURAL LAW). [L=natural law, law of nature]

Jus naturale est quod apud om·nes ho·mi·nes ean·dem ha·bet po·ten·ti·am. /-　　ɛst kwɑd ǽpəd ámnɪːz ɛǽndəm héɪbɛt paténʃiæm/ 自然法はすべての人の間で同一の効力を有する. [L=Natural law is that which has the same force among all men.]

jús ne·ces·si·tá·tis /-nəsèsətéɪtɪs/ 緊急権《緊急避難的に行なわれた行為は, 意図的・意識的になされたものであっても, 権利を侵害したものとはならないということ; cf. NECESSITAS NON HABET LEGEM》. [L=right [law] of necessity]

Jus non ha·ben·ti tu·te non pa·re·tur. /-　　nan heɪbéntaɪ tjúːti nan pǽrɪːtər/ 権利をもたざる者に従うことは安全ではない. [L=It is not safe to obey a person who has no right.]

jús nón scríp·tum /-nán skríptəm/ 不文法 (=UNWRITTEN LAW). [L=unwritten law]

jús pat·ro·ná·tus /-pætrənéɪtəs/《教会法》**1** 聖職推挙権 (=ADVOWSON). **2**《争いのある場合の》聖職推挙権者決定手続き. [L=right of patronage]

jús post·li·mí·nii /-pòustləmínìaɪ/《ローマ法・大陸法》帰国権《戦争で捕虜になり帰国に成功した場合にはその身分・権利はもとのまま保持し続けたごとくに扱われること; 単に postliminium ともいう》. **2**《国際法》復旧, 財産権回復 (=POSTLIMINIUM). [L=right of return to one's threshold]

jús prae·tó·ri·um /-prɪtóːriəm/《ローマ法》法務官法《法務官 (praetor) がその就任時その他時々に発した告示を通して発展した法体系で, これにより共和制時代の法の発展が達成された》. [L=law of the praetors]

jús pri·vá·tum /-prəvéɪtəm, -praɪ-, -priváːtəm/ **1** 私法 (=PRIVATE LAW). **2** 私権 (=PRIVATE RIGHT);《特に》私的所有権. [L=private law [right]]

jús púb·li·cum /-pʌ́blɪkəm, -púːblɪkùm/ **1** 公法 (=PUBLIC LAW). **2** 公権 (=PUBLIC RIGHT);《特に, 公共の利益のために政府が所有する土地に対する》公的所有権. ★ 1, 2 共に publicum jus ともいう. [L=public law [right]]

Jus publicum pri·va·to·rum pac·tis mu·ta·ri non potest. /-　　-　　pràɪveɪtóurəm pǽktɪs mutéɪraɪ nɑn póutɛst/ 公法 [公権] は私人の合意によっては変更されえない. [L=Public law [right] cannot be altered by private agreements.]

jús quae·sí·tum tér·tio /-kwiːsíːtəm tə́ːrʃiou/《直接的契約関係はない》第三者のための権利《コモンロー上は契約の直接当事者以外に訴えを起こす権利を認めていないため, 第三者のための権利はない《ただし信託 (trust) を通しては生じうる》; しかし英米ともに過失 (negligence) を基礎とする不法行為訴訟には直接的契約関係 (privity of contract) がないという抗弁は認められなくなっている, 英国では 1999 年法で, 契約上その旨の特約がある場合あるいは第三者に利益を与える趣旨である場合には, 第三者にも訴えを起こす権利を認めている; cf. PRIVITY OF CONTRACT》. [L=right acquired for a third party]

jús re·líc·tae /-rəlíkti/《スコットランド》寡婦動産権《子供があれば 3 分の 1 なければ 2 分の 1 まで夫の動産を相続できる》. [L=right of a widow]

Jus re·spi·cit ae·qui·ta·tem. /-　　rɪspáɪsɪt

ìːkwɪtéɪtɛm/ 法は衡平を考慮する。 [L=Law regards equity.]

jús sán·gui·nis /-sǽŋwɪnɪs/《国籍付与についての》血統主義 (cf. JUS SOLI)。 [L=right of blood]

jús scríp·tum /-skríptəm/ 成文法 (=WRITTEN LAW)。 [L=written law]

jús sin·gu·lá·re /-sɪŋɡjəlǽəri/《ローマ法・大陸法》例外法《一般的な法原則を定めた共通法 (jus commune) の例外法; cf. JUS COMMUNE》。 [L=individual law]

jús só·li /-sóulaɪ, -li/《国籍付与についての》生地主義, 出生地主義 (cf. JUS SANGUINIS)。 [L=right of the soil]

jús spa·ti·án·di et ma·nén·di /-spèɪʃiǽndaɪ ɛt mənéndaɪ/《庭園などの》彷徨(ほうこう)地役権《地役権 (easement) の一種》。 [L=right to walk and remain]

Jus su·per·vé·ni·ens auc·to·ri ac·cres·cit suc·ces·só·ri. /— sjùːpɛrvénièns ɔːktóuraɪ ækrésɪt sàksɛsóuraɪ/ 前主のために加えられた権利は承継者に付加される。 [L=A right growing to the former owner accrues to the successor.]

just a /dʒʌst/ (ᵘmore ~; most ~) **1** 正しい, 公正な〈人・行為など〉, 公明正大な: She is fair and ~ in judgment. 彼女の判断は公正である / Be ~ to every man. だれにも公正であれ / the sleep of the ~《文》安眠, 熟眠。 **2** 正当な (lawful)〈行為〉; 至当な〈要求・報酬など〉; 十分根拠のある〈考え・疑いなど〉: JUST DESERTS / It's only ~ that he should claim it. 彼がそれを要求するのは当然というほかない / a ~ opinion もっともな意見 / Be ~ before you are generous.《諺》気前のよさより まず至当たれ。 **~·ly** adv 正しく, 正当に, 妥当に, 公正に (fairly); 正確に (accurately); 当然(に). **~·ness** n 正しさ, 公正; 妥当さ, 正当. [OF<L justus lawful (jus right)]

just. justice ♦ justiciary.

jús ta·li·ó·nis /-tæ̀lióunɪs/ 同害報復法 (=LEX TALIONIS)。 [L]

júst and équitable wínding-úp《英》公正を理由にした裁判所による清算《会社の設立目的が達成されえないとき, 経営が行き詰まったり経営に重大な不正があった場合などの, 会社の裁判所による強制的清算》。

júst cáuse 正当な根拠[事由] (=GOOD CAUSE): show ~.

júst compensátion《公用収用の場合などの》正当な補償 (=due compensation)。

júst desérts pl 当然の報い,《特に》相応の罰 (=DESERTS): receive [get] one's ~ 当然の報いを受ける。

jús tér·tii /-tə́ːrʃiaɪ, -fìːi/ **1** 第三者の権利(の抗弁)《請求者の基礎となっている権利が第三者のものであることを, またはそれを理由に請求権を否定する抗弁》。 **2** 第三者の権利の法理《裁判所は判断する必要のないことについては判断しないという, 特に憲法上の法理》。 [L=right of a third person]

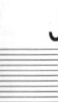

jus·tice /dʒʌ́stəs/ n《略 jus., just.》**1 a** 正義, 公正 (rectitude), 公平, 公明正大 (fairness); 正しさ, 正当(性), 妥当(性) (rightness): J~ must not only be done, it must be seen to be done. 正義はただ行なわれるだけでなく, 行なわれたことが目に見えなければならない《定型表現》。 **b**《当然の》報い, 処置。▶ COMMUTATIVE JUSTICE (交換的正義) / DISCRETIONARY JUSTICE (裁量的正義) / DISTRIBUTIVE JUSTICE (配分的正義) / INJUSTICE (不正; 不正な行為) / NATURAL JUSTICE (自然的正義) / PERSONAL JUSTICE (当事者間のみの正義) / POPULAR JUSTICE (民衆の正義) / POSITIVE JUSTICE (実定的正義) / SOCIAL JUSTICE (社会正義)。 **2 a** 司法, 裁判, 審理。 **b**《史》裁判権, 裁判管轄(権)。▶ ADMINISTRATION OF JUSTICE (司法; 司法の運営) / CIVIL JUSTICE (民事裁判) / COLLEGE OF JUSTICE (スコットランド民事最高法院) / COURT OF JUSTICE (裁判所, 司法裁判所) / CRIMINAL JUSTICE (刑事裁判; 刑事法執行学) / DENIAL OF JUSTICE (裁判拒否) / DEPARTMENT OF JUSTICE (司法省) / EQUAL ACCESS TO JUSTICE (裁判への平等の機会) / FAMILY JUSTICE (家事裁判) / FLEEING FROM JUSTICE (訴追回避) / FUGITIVE FROM JUSTICE (裁判逃避者) / HIGH JUSTICE (高級裁判権) / ITINERANT JUSTICE (巡回裁判) / JACKPOT JUSTICE (大当たり裁判) / LOW JUSTICE (低級裁判権) / MILITARY JUSTICE (軍事裁判) / MINISTRY OF JUSTICE (司法省) / MISCARRIAGE OF JUSTICE (裁判の誤り) / OBSTRUCTION OF JUSTICE (司法妨害) / OFFICER OF JUSTICE (司法職員) / PERVERTING THE COURSE OF JUSTICE (裁判誤導(罪)) / PREVENTIVE JUSTICE (予防司法) / PRIVATE JUSTICE (私的な裁判) / RESTORATIVE JUSTICE (修復的司法) / SUBSTANTIAL JUSTICE (公正な本案裁判) / SUMMARY JUSTICE (略式裁判)。 **3**《略 J., pl JJ》裁判官 (judge) (cf. JUDGE, MAGISTRATE); 治安判事 (justice of the peace);《米》《連邦および若干の州の》最高の裁判所裁判官[(州によっては)中間上訴裁判所の裁判官]の称号,《英》高等法院 (High Court of Justice) 裁判官の称号《控訴院 (Court of Appeal) の裁判官は Lord Justice of Appeal という》。▶ ASSOCIATE JUSTICE (陪席裁判官) / CHAIRMAN OF THE JUSTICES (治安判事裁判所首席判事) / CHIEF JUSTICE (首席裁判官; 合衆国最高裁判所首席裁判官) / CIRCUIT JUSTICE (巡回裁判官; 巡回区担当最高裁判所裁判官) / CLERK TO THE JUSTICES (治安判事書記) / EXAMINING JUSTICE (予審判事) / EX OFFICIO JUSTICE (職務上当然の裁判官構成員) / ITINERANT JUSTICE (巡回裁判官) / LAY JUSTICE (素人治安判事) / LICENSING JUSTICE (酒類販売許可治安判事) / LORD CHIEF JUSTICE (イングランド首席裁判官) / LORD JUSTICE (OF APPEAL) (控訴院裁判官) / POLICE JUSTICE (警察裁判所治安判事)。 **4** [the J-]《口》《米国の》司法省 (Department of Justice)。 **5** [J-] 正義の女神《一方の手に天秤, もう一方の手に剣を持ち目隠しをしている》。 **administer ~** 法にのっとって公正に処理する, 裁判する (⇨ ADMINISTRATION OF JUSTICE)。 **bring** sb to ～ 人を法に照らして処断する, 裁判に付す: *bring a criminal to* ～ 犯人を裁判に付す.　**deny** sb ～ 人を公平[正当]に扱わない; 人に裁判を受ける権利を認めない. **do** sb [sth] ～**=do** ～ **to** sb [sth]（認めるべき点は認めて）…に正当な取扱いをする, …を公平に評する, 十分その持ち前を発揮させる: *This picture does not do her* ～. この写真は実物どおり撮れていない（実物に劣る）. **do** oneself ～ 技量[真価]を十分に発揮する. **flee from** ～ 訴追を回避する (⇨ FLEEING FROM JUSTICE).　**in** ～ **to** sb=**to do** sb ～ 人を公平に評すれば.　**Lord J**～ 〖英〗控訴院裁判官および法官貴族 (Law Lord) に対する敬称 (★ 姓のあとに LJ と略記する: Smith *LJ* (= *Lord Justice* Smith)).　**Mr.** [**Mrs.**] **J**～ 〖英〗高等法院〖米〗連邦および若干の州の最高の裁判所など) の裁判官に対する敬称.　**rough** ～ ずさんな裁判, 荒っぽい裁き. **with** ～ 公正に (reasonably).　～**ship** *n* 裁判官の資格[地位, 職].　[OF<L *justitia*; ⇨ JUST]

Jústice Clérk [Lord ～] スコットランド(刑事法院)次席裁判官 (⇨ LORD JUSTICE CLERK)(略 JC).

jústice còurt 〖米〗単独治安判事裁判所 (1 名の治安判事 (justice of the peace) が民刑事の小事件の裁判などを行なう下位裁判所; J.P. court, justice of the peace court, justice's court ともいう).

Jústice Depàrtment [the ～] 〖米〗司法省 (Department of Justice)(略 JD).

jústice ejèctment 〖米〗賃貸人による賃貸不動産占有回復訴訟 (不動産賃貸借 (lease) の期間終了あるいは賃借人側でのその条件違反後も保有し続ける不動産の占有を取り戻すための制定法により定められた訴訟手続き).

jústice in éyre 〖英史〗巡察裁判官 (⇨ GENERAL EYRE).

jústice of assíze 〖史〗アサイズ裁判官, 巡回裁判官 (cf. ASSIZE 4).

jústice of jáil [**gáol**] **delìvery** 〖史〗未決監釈放裁判官 (⇨ JAIL DELIVERY 4).

jústice of láborers [**lábourers**] 〖英史〗労働者判事 (14 世紀半ばに短期間存在した地方判事で, ペスト後の労働者不足や賃金問題などを扱った; その後職務は治安判事に再び戻された; ⇨ STATUTES OF LABOURERS).

jústice of óyer and términer 〖史〗刑事巡回裁判官 (⇨ OYER AND TERMINER).

jústice of the péace 治安判事 (治安維持・民刑事の小事件の裁判, 英国では重大刑事訴訟の予備審問などを行なう地方判事であるが, 英米間で, また米国では州ごとに権限を異にしている; かつては長く通常地方の名望家で無給の名誉職であって, 英米独特の司法・行政機構; 略 JP, J.P.; ⇨ MAGISTRATE).　▶ EX OFFICIO JUSTICE OF THE PEACE (職務上当然の治安判事).

jústice of the péace còurt 〖米〗単独治安事裁判所 (=JUSTICE COURT).

jústice of the quórum 〖史〗必要員, 必要員治

安判事 (⇨ QUORUM).

jús·tic·er *n* 〖古〗裁判官 (judge), 治安判事 (magistrate).　[OF (*justice*)]

jústices' chíef exécutive 〖英史〗治安判事主任管理官 (《地区の治安判事[下級判事]裁判所 (magistrates' court) 全体の管理担当官; ⇨ MAGISTRATES' COURT COMMITTEE).

jústices' clérk 1 〖英〗治安判事書記 (=CLERK TO THE JUSTICES). 2 〖史〗治安書記 (clerk of the peace).

jústice's còurt 〖米〗単独治安判事裁判所 (=JUSTICE COURT).

jústices of the séssions *pl* 〖英〗治安裁判所判事 (治安裁判所 (sessions of the peace) を構成する複数の治安判事 (justice of the peace)).

Jústices of the Supréme Cóurt 〖英〗(連合王国)最高裁判所裁判官 (2005 年法施行後の(連合王国)最高裁判所 (Supreme Court (of the United Kingdom)) は各 1 名の長官 (President of the Supreme Court) と副長官 (Deputy President of the Supreme Court) とその他の Justices of the Supreme Court から構成される).

jústice's wárrant 治安判事発行逮捕状 (=peace warrant) (cf. BENCH WARRANT).

jus·ti·cia·bil·i·ty /ʤʌstɪʃiəbíləti, ʤʌstìʃ-/ *n* 司法判断適合性 (《事件が司法判断に適していること》; ⇨ MOOTNESS DOCTRINE, RIPENESS DOCTRINE; cf. STANDING).

jus·ti·cia·ble /ʤʌstíʃ(i)əb(ə)l/ *a* 司法判断に適している, 裁判に付せらるべき, 裁判で決着をつけうる (opp. *nonjusticiable*) (cf. MOOT, POLITICAL QUESTION).

jus·ti·ci·ar /ʤʌstíʃiɑːr, -ʃiər/ *n* 〖英史〗1 最高法官 (=CHIEF JUSTICIAR). 2 裁判官: local ～ 地方裁判官.　[L; ⇨ JUSTICE]

jus·ti·ci·ary /ʤʌstíʃièri, -ʃ(i)əri/ (略 just.) *n* 1 JUSTICIAR あるいは HIGH COURT OF JUSTICIARY (スコットランド刑事法院[刑事上級裁判所]) の裁判(管轄)権, 権限; 〖スコットランド〗(特に 刑事) 司法.　▶ CHIEF JUSTICIARY (最高法官) / (HIGH) COURT OF JUSTICIARY (スコットランド刑事法院). 2 〖英史〗最高法官 (=CHIEF JUSTICIAR). 3 《上位裁判所の》裁判官(の裁判権). 4 裁判官.　— *a* 1 司法(上)の. 2 裁判官職の.

jus·ti·ci·es /ʤʌstíʃiìːz/ *n* 〖英史〗特別審判令状 (=writ of justicies) (《シェリフ (sheriff) 宛てに, その主宰する州裁判所 (county court) で本来はその権限に属さぬ事項を特別に裁判するよう命ずる令状》.　▶ WRIT OF JUSTICIES (特別審判令状).　[L=you shall do justice to]

jus·ti·fi·able /ʤʌstəfàɪəb(ə)l, ⁻⁻⁻⁻⁻/ *a* 正当と認めることのできる, 正当な条理の立つ, もっともな: ～ *cause* 《訴追などを》正当化できる根拠十分な理由 / ～ *reason* 《違法性を阻却する》正当な理由.

jústifiable hómicide 正当殺人 (=lawful homicide) (《1》生命ないしは重大な身体上の危険に直面してその正当防衛のための殺人; excusable homicide と

justification

もういう 2)死刑執行・犯罪阻止のための殺人など法に命じられたないしは法によって許容されている殺人》.

jus·ti·fi·ca·tion /ˌdʒʌstəfəˈkeɪʃ(ə)n/ *n* **1 a**《(行為の)正当化,《正当であるとする》弁明; 正当(化)事由, 正当性, 免責事由, 弁明の事由 (cf. EXCUSE): in ~ of...を正当だと理由づけるために, ...を弁護して / In ~, the accused claimed that the burglar had attacked him with an axe. 正当化事由として被告人は夜盗が斧で襲ってきたからだと主張した / The defendant entered defense of ~. 被告は(みずからの行為が)正当であったとの答弁をした. **b**《神学》義認, 義化. ▶ COST JUSTIFICATION (原価による正当化) / IMPERFECT JUSTIFICATION (不完全な正当化(事由)). **2** 保証能力証明《被告の保証人が原告ないしは裁判所に対して保証能力を証明する手続き; cf. PERFECTING BAIL》. **jus·ti·fi·ca·to·ry** /ˌdʒʌstɪfɪkətəri, ˈdʒʌstəfəkèɪtəri/

justificátion defènse 正当性の防御《刑事および不法行為訴訟で正当防衛 (self-defense) とか相手方の承諾などの故に自己の行為を法は正当であるとみなしている旨の防御; cf. EXCUSE》.

jus·ti·fy /ˈdʒʌstəfàɪ/ *vt* **1** 〈人の行為・陳述などを〉正しいとする, 正当だと理由づける; 〈事情が行為を〉正当化する: be *justified* in doing...するのは正当だ[もっともだ] / ~ oneself 自分の行為を正当化する, 身のあかしを立てる 〈to sb〉; 保証人となりうることを立証する / The benefit *justifies* the cost. 利益で[有益で]あれば費用は正当化される / The end *justifies* the means.《諺》目的さえよければ手段は選ばない, 「うそも方便」 **2**《神学》〈神が罪人を〉義となす, 義認[義化]する. ── *vi* **1**《ある行為に対して》十分な根拠を示す, 保証(人)となる;《神学》〈神が〉人をゆるして受け容れる, 義認する. ~ BAIL. **substantially justified** 〈行為などが〉十分に正当である, 法的にも事実上も合理的な根拠を有している. [F<L=to do justice to; ⇨ JUST]

jústifying báil ⇨ *justify* BAIL.

Jus·tin·i·an /dʒʌˈstɪniən/ ユスティニアヌス《ラテン語では Flavius Petrus Sabbatius Justinianus (483-565); 東ローマ[ビザンチン]帝国皇帝 (在位 527-565) で, ユスティニアヌス 1 世といわれる; その法制史学上の最大の業績は, トリボニアヌス (Tribonian) を中心にのちに『ローマ法大全』 (Corpus Juris Civilis) と称されるようになる集成を編集させ, 後世に大きな影響を残したことである》.

Justínian Code [the ~]《ローマ法》ユスティニアヌスの勅法彙纂(い); ユスティニアヌス法典《厳密には, 東ローマ皇帝 ユスティニアヌス (Justinian) の命により編纂された勅法彙纂 (Codex Justinianus) を指す; これは, 始め 529 年に公布された勅法彙纂を改訂して 534 年に発布・施行されたもので, 前者を旧勅法彙纂 (Codex Vetus), 後者を改訂勅法彙纂 (Codex Repetitae Praelectionis) という; しかし一般的には, ユスティニアヌス帝が編纂させ, のち 16 世紀末以降にローマ法大全 (Corpus Juris Civilis) と呼ばれるに至った, この勅法彙纂を含む 4 つの法典 (学説彙纂 (Digests), 法学提要 (Institutes), 勅法彙纂, 新勅法 (Novels)) を指す》.

jus·ti·tia /dʒʌˈstɪʃiə, dʒʊs-/ *n* 正義 (justice). ▶ FIAT JUSTITIA (正義付与命令[文言]).

Justitia de·bet es·se li·be·ra, quia ni·hil in·i·qui·us ve·na·li jus·ti·tia; ple·na, quia jus·ti·tia non de·bet clau·di·ca·re; et ce·le·ris, quia di·la·tio est quae·dam ne·ga·tio. /── débɛt ɛ́sɛ líbɛrə kwɪə níhɪl ɪnáɪkwɪəs vɪnéɪlaɪ dʒəstífɪʃɪə plí:nə kwɪə dʒəstífɪʃɪə nan débɛt klɔ́:dɪkɛ́ərɛ ɛt sɛ́lɛrɪs kwɪə daɪléɪʃioʊ ɛst kwí:dæm nɛɡéɪʃioʊ/ 裁判は無料であるべきである; なぜならば金銭で買える正義ほど不当なものはないからである. 裁判は完全でなければならない; なぜならば正義は不完全であってはならないからである. また, 裁判は迅速でなければならない; なぜならば遅滞は一種の拒否だからである. [L=Justice ought to be free, for nothing is more iniquitous than venal justice; full, for justice ought not to be defective; and quick, for delay is a sort of denial.]

Justitia est du·plex: se·ve·re pu·ni·ens et ve·re prae·ve·ni·ens. /── ɛst djú:plɛks sɛvíːri pániɛnz ɛt víːri privéniɛnz/ 裁判は二重である; すなわち, 厳しく罰することと真に予防することである. [L=Justice is double: punishing with severity, and truly preventing.]

Justitia fir·ma·tur so·li·um. /── fɪrméɪtər sóʊliəm/ 王位は正義によって強固にされる. [L=By justice the throne is strengthened.]

Justitia ne·mi·ni ne·gan·da est. /── níːmɪnàɪ nɛɡǽndə ɛst/ 正義は何びとに対しても否定されるべきではない. [L=Justice is to be denied to no one.]

Justitia non est ne·gan·da, non dif·fe·ren·da. /── nan ɛst nɛɡǽndə nan dɪ̀fɛréndə/ 裁判は拒否されてはならないしまた遅滞されてもならない. [L=Justice is not to be denied or delayed.]

jús tri·per·tí·tum /-tràɪpərtáɪtəm/《ローマ法》3 部からなる法, 3 層の法《私法を構成する自然法 (jus naturale)・万民法 (jus gentium)・(ローマ)市民法 (jus civile) の 3 つの法; 遺言法についての, 法務官法 (jus praetorium)・(ローマ)市民法・勅法 (constitutio) の 3 つの法を指す用例などがある》. [L=law in three parts]

júst satisfáction 正当な満足《欧州人権条約 (European Convention on Human Rights) 上の用語で, 欧州人権裁判所 (European Court of Human Rights) がその違反に対して「正当な満足」を与えることが定められていて, すでにそれについての多くの判例法ができつつある; したがって英国でもこれを尊重せざるをえないゆえに国内法上も重要である》.

júst títle 正当な権原《時効 (prescription) において, みずから真の所有者と思い込んでいた占有者から取得した権原》.

júst wár 正戦, 正当戦争.
ju·ve·nile /ʤúːvənàɪl, *-nl/ *a* 少年[少女]の, 若い, 未成年の; 子供らしい; 少年[少女]向きの; おとならしくない, 子供じみた;〈動植物が〉十分に生長しきっていない, 幼い. ― *n* **1** 少年, 未成年者《特に刑事裁判などに関連して, 英国では14歳未満の児童 (child) および14歳以上18歳未満の青少年 (young person) の双方を指し, 少年法廷 (youth court) が略式で審理する; 米国では通例18歳未満の者が少年裁判所 (juvenile court) の管轄となる; cf. MINOR》. ▶ CERTIFIED JUVENILE (成人認定少年). **2** 生殖可能期に達していない動植物. **ju·ve·nil·i·ty** /ʤùːvənílətɪ/ *n* [L (*juvenis* young)]

júvenile cóurt (略 JC) **1** 少年裁判所《特定年齢未満の少年を含む事件についての裁判所; 非行・犯罪, 養監護・養子問題などを含む事件を管轄; cf. FAMILY COURT》. **2**《英史》少年事件法廷《英国では1991年法以後 youth court (少年法廷) という名称に代わっているが, 治安判事裁判所 (magistrates' court) において児童 (child) および青少年 (young person) にかかわる事件を処理した法廷; ⇨ YOUTH COURT》.

júvenile delínquency 未成年非行[犯罪], 少年非行[犯罪]《略 JD; cf. CONTRIBUTING TO (THE) DELINQUENCY (OF A MINOR), INCORRIGIBILITY, STATUS OFFENSE》.

júvenile delínquent 非行未成年者 (＝youthful offender)《犯罪を犯した未成年者; 通例は成人とは異なった法により処罰される; 略 JD; cf. DELINQUENT CHILD, STATUS OFFENDER, YOUTHFUL OFFENDER 1》.

júvenile offénder¹¹ 少年犯罪者《英国では10歳から17歳までの犯罪者; このうち14歳以上18歳未満の犯罪者は青少年犯罪者 (young offender) という; cf. DOLI CAPAX, YOUNG ADULT OFFENDER, YOUNG OFFENDER, YOUTHFUL OFFENDER*》.

júvenile òfficer《米》少年裁判所 (juvenile court) 補導官.

júvenile paróle 少年犯罪者 (juvenile offender) の仮釈放 (＝aftercare).

júvenile petítion《米》少年非行申し立て[申立書]《少年被告人の非行を主張して少年裁判所 (juvenile court) に提起する申し立て[申立書]; cf. ADJUDICATION HEARING》.

ju·vie, ju·vey /ʤúːvi/ *n*《俗》**1** JUVENILE DELINQUENT. **2** JUVENILE COURT. **3** 少年院.

jux·ta·po·si·tion /ʤʌ̀kstəpəzíʃ(ə)n/ *n*《特許の対象にならない》寄せ集め, 並置 (＝AGGREGATION).

K

K contract.
k/a known as.
kadi, kadhi ⇨ QADI.
Káldor-Hícks efficiency カルドア-ヒックス効率《資源配分の変化がコスト全体よりも大きな利益を産むこと》. [Nicholas *Kaldor* (1908-86) ハンガリー生まれの経済学者; Sir John Richard *Hicks* (1904-89) 英国の経済学者]
kan·ga·roo /kæŋgərúː/ *n*《英議会庶民院》一足跳び審議《議案審議の際,議長職権でいくつかの改正案のうち重要と思われるものだけ審議し他を全く審議せず票決して次に移ってしまう方式》.
kángaroo clòsure 一足跳び討論終結(法)(⇨ KANGAROO).
kángaroo clúb《俗》KANGAROO COURT.
kángaroo cóurt《正規の法的手続きをとらない》えせ法廷, いんちき法廷[裁判], つるしあげ《開拓地や囚人仲間で行なわれるものなど》;《俗》《裁判の形をとった》リンチ;《手続き・権限・処分などが》いいかげんな法廷[裁判].
kángaroo tríal えせ審理《いんちき法廷 (kangaroo court) の裁判[審理]》.
Kánsas-Nebráska Áct (of 1854) [the ~]《米史》(1854 年の) カンザス-ネブラスカ法《北緯 36 度 30 分以北で奴隷制を禁止した 1820 年のミズーリ妥協 (Missouri Compromise) を変更し,以北にある Kansas, Nebraska についても奴隷の採否を住民の決定に委ねるとした法律; これをきっかけに南北対立が激化した》.
karat ⇨ CARAT.
KB, K.B.《英》°King's Bench 王座部; 王座裁判所.
KBD《英》°King's Bench Division 王座部.
KC《英》°King's Counsel 勅選弁護士.
keel·age /kíːlɪdʒ/, **kele·tole** *n*《史》入港税(徴収権).
keel·haul /kíːlhɔ̀ːl/, **keel·hale** /-hèɪl/, **keel·rake** /-rèɪk/ *vt* 1《史》《刑罰として》綱に縛って船底をくぐらせる《海軍での罰》. 2 ひどく責める.
keep /kíːp/ *v* (**kept** /képt/) *vt* 1 持ち続ける, 保持する; 保存する; 心に留める; …しておく, …させ続ける. 2《約束・秘密・条約などを》守る, 果たす (fulfill);《法・規則など》に従う (obey);《慣習などを》続ける;《儀式・祭などを》挙げる, 祝う, 祭る (celebrate, observe): ~ an appointment《面会などの》約束を守る / ~ a promise [one's word] 約束を守る / ~ a secret 秘密を守る / ~ the law 法が遵守されるようにする, 法を維持する / ~ the peace 治安を維持する. 3《計算・日記などを》記入する: ~ a diary 日記をつける / ~ the book of a company [a company's book] 会社の出納簿をつける, 会社の経理をつとめる. 4《家族を》養う; 雇っておく, 保護する, 守護する: ~ a large family. 5《商店などを》管理する, 経営する. 6 与えずにおく; 隠す; 引き留める, 拘禁する; …させない《*from*》: ~ a prisoner in a cell.
keep·er *n* 守る人; 番人, 看守, 守衛;《動物園の》飼育係;《猟場番人,《精神障害者の》付添人, 管理人, 保管者; 経営者, 持主, 飼い主. ▶GAMEKEEPER (狩猟鳥獣管理人) / INNKEEPER (旅館主) / LORD KEEPER (OF THE GREAT SEAL) (国璽尚書).
Kéeper of the (Gréat) Séal [the (Lord) ~]《英》国璽尚書《大法官 (Lord Chancellor) の常任職であるが, 時に大法官が任命されず国璽尚書が特別に任命されることがあった; かつてはまれに the **Keeper of the Broad Seal** とも呼ばれた》; ⇨ GREAT SEAL.
Kéeper of the Kíng's Cónscience [the ~]《英》国王の良心の保持者, 国王の良心の守護者《大法官 (Lord Chancellor) のこと》.
kéeper of the péace《英史》治安維持官 (= CONSERVATOR OF THE PEACE).
Kéeper of the Prívy Séal [the ~]《英史・スコットランド》王璽尚書 (⇨ LORD PRIVY SEAL).
Kéeper of the Rólls [the ~] [°k- of the r-]《史》治安判事記録保管者 (⇨ CUSTOS ROTULORUM).
kéep-frìend *n* 足枷(あしかせ).
kéep·ing *n* 1 **a** 保持, 維持, 保有; 保存; 管理, 保管, 保護; 扶養, 飼養, 飼育; 扶持, 飼料, 食物: have the ~ of …を預かっている / in good [safe] ~ よく[安全に]保存[保管]されて / in one's ~ 保管して / put the documents into the bank for safe ~ 安全のために書類を銀行に保管する. **b**《規則などを》守ること, 遵守, 違法 (observance). ▶BOOKKEEPING (簿記). 2 調和, 一致, 相応 (conformity)《*with*》: in ~ with …と調和[一致]して / out of ~ with …と調和[一致]しないで.
kéeping a disórderly hóuse [**a hóuse of íll fáme**] 売春宿経営[所有]罪.

kéeping hóuse《英史》蟄居(ｼﾞｭｳ)《破産行為 (act of bankruptcy) の一つで, 家に閉じこもって支払を拒む行為》.

kéeping térm《英》開廷期義務遵守《法廷弁護士 (barrister) となるための要件である, インズ・オヴ・コート (Inns of Court) で学期に当たる開廷期 (term) の間に規定回数会食すること》.

kéeping the péace 治安の維持《英国では現在でも治安判事 (magistrate) が治安維持の保証を取る権限を有している》.

kéep-lòck *n*《俗》囚人をレクリエーションの機会を与えない独房へ監禁すること.

keletole ⇨ KEELAGE.

Kel·sen /kéls(ə)n/ ケルゼン **Hans ~** (1881-1973)《オーストリアの法哲学者・国法学者; ナチスに追われ米国で活躍; 新カント派の影響を受け純粋法学 (⇨ PURE THEORY (OF LAW)) を提唱し, ウィーン学派を樹立; 主著 *Allgemeine Staatslehre* (一般国家学, 1925), *Reine Rechtslehre* (純粋法学, 1934) など》.

Kent /ként/ ケント **James ~** (1763-1847)《米国の法学者; New York 州の裁判官, コロンビア大学教授 (1793-98; 1824-26); その判決や著述で米国における法と法学, 特にエクイティー (equity) の確立に貢献した; *Commentaries on American Law*, 4 vols (1826-30) の著者》.

kent·ledge, kent·lage /kéntlɪdʒ/ *n* バラスト用銑鉄.

Ké·ogh plàn /kí:ou-/《米》キーオープラン (=H.R. 10 plan)《自営業者のための退職金積立て計画; 節税効果がある; cf. INDIVIDUAL RETIREMENT ACCOUNT》.［提案者 Eugene J. *Keogh* (1907-89) 連邦下院議員名から］

kérb-cràwl·ing *n* セックスの相手を求めて歩道沿いにゆっくり車を走らせること (=gutter-crawling)《英国では犯罪となる》. **kérb-cràwl** *vi*

Ker-Frís·bie rùle /kéər frízbi-, kɔ́:r-/《米》ケア-フリズビー事件の準則《刑事被告人を裁く政府の権能はその被告人が外国から米国に違法に戻されていた事実によってはそこなわれないという原則; 1886年と1952年の合衆国最高裁判所の2つの判例の原告名から》.

key /kí:/ *n* 鍵, キー. — *a* 基本的な, 重要な, 枢要な, 基幹の;《事件解決などの》鍵となる.

Key·Cite /kí:sàɪt/ *vt* キーサイトする《判例や制定法がまだ有効かどうかを確認するためにその後の変化を KeyCite という名のオンライン判例集を用いて決める》. **Key·Citing** *n*

kéy employée insúrance 企業幹部保険 (= KEY EMPLOYEE LIFE INSURANCE).

kéy employée lífe insúrance 企業幹部生命保険 (=key employee insurance, keyman insurance, keyperson insurance)《企業が契約者および保険金受取人となって企業の主要人物を被保険者とする生命保険》.

kéyman insúrance 企業幹部保険 (= KEY EMPLOYEE LIFE INSURANCE).

kéy mòney 1《借家人の払う》鍵代, 権利金, 礼金. **2** キーマネー《住宅不足地域などで借家希望者が多く内緒で支払う違法な金》.

kéy-nùmber sỳstem《法学研究・検索のための法律項目分類上の》キー番号システム.

kéy·pèrson insúrance 企業幹部保険 (= KEY EMPLOYEE LIFE INSURANCE).

Keys /kí:z/ *pl*《英》《マン島議会 (Tynwald) の》下院議員 (⇨ HOUSE OF KEYS).

kíck·bàck *n* **1**《急激な》《望ましくない》強い反動[反応], はね返り. **2**《得意先などへの》割戻し金, リベート, 口きき料, 手数料; 不当手数料, 不当割戻し金 (=payoff) (cf. BRIBE). **3**《口》《賃金などの》ぴんはね, 上前(ｳﾜﾏｴ). **4**《口》《盗品の》送り返し,《一部または全部の》盗品の返却.

kickback of dúty 戻し税[関税].

kíck·er *n*《俗》刺激剤, 割増条件《証券発行の際投資家に魅力をもたせるため付加される有利な条件; 金銭の貸借の際にも積極・消極的な意味で用いる》; sweetener (甘味剤) ともいう》.

kíck·òut clàuse 一蹴条項《一定条件が発生した場合にはその契約を解除ないしは改めることを一方当事者に認める契約上の条項》.

kíd·die tàx /kídi-/ *《俗》子供税 (=child's income tax)《両親の所得税率が高く子供が18歳未満の場合に子供の不労所得に両親の所得税率と同じ税率で課す連邦税; cf. INCOME SHIFTING》.

kíd·nap /kídnæp/ *vt* (-pp-, -p-)《子供などを》さらう, 誘拐する. — *n* 誘拐. **kíd·nàp·(p)ée** *n* 誘拐された人. **kíd·nàp·(p)er** *n* 誘拐者[犯人]; 人さらい.

kíd·nàp·ping, -nàp·ing *n* 誘拐(罪), 拐取(罪) (cf. ABDUCTION, HOSTAGE). ▶ AGGRAVATED KIDNAPPING (加重誘拐(罪)) / CHILD KIDNAPPING (未成年者誘拐(罪)) / PARENTAL KIDNAPPING (親による子の誘拐) / SIMPLE KIDNAPPING (単純誘拐(罪)).

kídnapping for ránsom 身代金目的誘拐(罪).

kill /kíl/ *vt* **1** 殺す; …の生命を奪う, 死亡させる: INTENT TO KILL / He was accused of ~*ing* his girlfriend. ガールフレンドを殺した罪で告訴された. **2**《口》《議案・申し出を》否決する, 握りつぶす,《法案》を廃案にする, 不成立に終わらせる;《口》《記事を》没にする;《酷評して》葬る. — *vi* 人殺しをする. — *n*《俗》殺人, 殺し.

kíll·er *n* **1** 殺す人[もの], 殺し屋; 殺人鬼 (murderer). **2**《マリファナなど》強烈なもの;《俗》驚異的な人[もの], すごいやつ; 大変な難事;《俗》女殺し,《服装が》すてきな人.

kíll·ing *n* 殺害, 殺し, 致死. ▶ ACCIDENTAL KILLING (偶発的致死) / HONOR KILLING (名誉殺害) / MALICIOUS KILLING (犯意ある殺人) / MERCY KILLING (慈悲殺) / PREMEDITATED KILLING (予謀殺).

kin /kín/ *n* **1** 血族 (=kindred, relatives)《広くは血縁・婚姻・養子縁組によって一族になった者であるが, 一般

kinbote

には血縁によるもののみを指す); 血族の者《個人》; 一族, 一門, 似たような人びと, 同類. ▶ DEGREE OF KIN (親等) / FOUNDER'S KIN (基金寄付者の近親者) / NEAREST KIN (最近親) / NEXT OF KIN (最近親; 法定相続人). **2** 《古》血縁関係 (kinship). **near of** 〜 近親で. **of** 〜 血族で; 同種類で, 同類で《to》. — **a** 血族で (related); 同質で, 同類で: **be** 〜 **to**…の血族である; …に類似している, …に近い / **more** 〜 **than kind** 血族ではあるが情愛のない (Shakespeare, *Hamlet* 1:2:65). **〜·less** *a* 血族のない. [OE *cynn*; cf. ON *kyn* family, L GENUS]

kin·bote /kínbòut/ *n* 《英史》血族殺害贖罪金.

kind /káind/ *n* **1** 種類, 《ものの異同を決める》性質, 質. **2**《金銭でなく》品物, 現物. **in** 〜 (cf. IN-KIND) (**1**) 同種類同等に[の]: return the favor *in* 〜. (**2**) 現物で. ▶ BENEFITS IN KIND (現物利益) / DISTRIBUTION IN KIND (現物配布) / RENT IN KIND (現物地代).

kin·dred /kíndrəd/ *n* **1** 血族 (=KIN). **2** 血縁関係 (kinship).

king /kíŋ/ *n* **1** 王, 国王, 帝王, 君主 (cf. EMPEROR, QUEEN, ROYAL, CROWN). ▶ AID OF THE KING (国王の援助) / DIVINE RIGHT OF KINGS (神授王権) / PEACE OF THE KING (国王の平和) / PERPETUITY OF THE KING (国王の永続性). **2** [K-] 王《神・キリスト》: the *K*〜 of Heaven 天の王《神》. **3** 《実業界などの》大立者, …王, 指導者: a railroad 〜 鉄道王. **4**《英》紋章院長《King of Arms の略》. **5**《俗》刑務所長. ★ King's [king's] を冠する主に英国の事物を表わす語は, 元首が女性の時には King's [king's] を Queen's [queen's] で置き換えて用いるものが多い: King's Counsel → Queen's Counsel / King's English → Queen's English / King's evidence → Queen's evidence. **The K〜 [Queen] can do no wrong.** 国王はいかなる権利侵害もなしえず《国王 (=国) がその作為・不作為につき法的責任を問われないという趣旨で, 国王の免除[免責]特権 (Crown immunity) を表わす法格言; ただし政府役人の個人的責任を免責するものではないし, この原則も変更されている; ⇨ PETITION OF RIGHT 2》. **The K〜 never dies.** 国王は死なず (⇨ PERPETUITY OF THE KING [QUEEN]). — *vt* 王にする. **〜 it** 君臨する, 王らしくふるまう, 尊大ぶる《over》 (cf. QUEEN [LORD] *it*). **〜·less** *a* 国王のない. **〜·like** *a* 国王[王者]のような. [OE *cyning, cyng* < Gmc; cf. G *König*]

King at Arms 《英》KING OF ARMS.

king·dom *n* 《king または queen をいただく》王国; 王土, 王領 (realm); 王の統治, 王政; …王国;《古》王権. ▶ UNITED KINGDOM (OF GREAT BRITAIN AND NORTHERN IRELAND) ((大ブリテン島と北アイルランドの) 連合王国). [OE]

king-geld *n* 楯金 (=SCUTAGE).

King in Council [the 〜]《英》枢密院[評議会]における国王 (=Crown in Council).

King in Parliament《英》議会における国王《王主権から議会主権へと移行した後の主権の所在, すなわち国王・貴族院・庶民院の三者の共同意思に立脚する議会が主権を有することを示すことば; ⇨ PARLIAMENTARY SOVEREIGNTY》.

King of Arms《英》紋章院長《King at Arms ともいう; また略して King ともいう》.

King's advocate 1《英史》国王法律顧問 (⇨ ADVOCATE GENERAL). **2**《史》スコットランド勅選弁護人 (⇨ LORD ADVOCATE).

King's Attorney《英史》勅選代訴人《法務長官 (Attorney General) の前身; 法務長官はもともとは **King's Attorney-General** すなわち勅選代訴人の長であった》.

King's Bench《英》《略 KB, K.B.》 **1** [the 〜] (高等法院 (High Court of Justice)) 王座部《略 KBD》. **2** [the 〜] 《史》王座裁判所 (*L Bancus Regis*) = COURT OF KING'S BENCH). ▶ (1, 2 に関連) CHIEF JUSTICE OF THE KING'S BENCH (王座部首席裁判官; 王座裁判所首席裁判官) / MARSHAL OF THE KING'S BENCH (王座裁判所典獄). ★ 女王の時代には Queen's Bench となる.

King's Bench Division [the 〜]《高等法院 (High Court of Justice) の》王座部《略 KBD》. ★ 女王の時代は Queen's Bench Division となる.

King's Bench Prison [the 〜]《英史》王座裁判所監獄 (⇨ QUEEN'S BENCH PRISON).

King's Chambers *pl* [the 〜]《英》国王の内海《岬から岬への直線により公海から区切られた英国領海》.

King's Champion [the 〜]《英史》国王の闘士《戴冠式祝宴で, 国王の資格に異議を述べる者に一騎打ちを挑んだ世襲の役人》; ⇨ CHAMPION.

King's Council [the 〜]《英》国王評議会.

King's Counsel《英》勅選弁護士《=lead counsel, leader, leading counsel, senior counsel》《大法官 (Lord Chancellor) の推薦により国王より指名される上位の法廷弁護士 (barrister); 絹の法服を着るため silk (gown)《絹法服》と呼ばれる; 略 KC; ⇨ TWO COUNSEL RULE; cf. SERJEANT-AT-LAW》.

king's court 1 国王の宮廷 (会議) (=CURIA REGIS). **2** 国王裁判所《封建裁判所 (feudal court) や共同体裁判所 (communal court) などと対比しての用法》.

King's demesne 国王の直領地.

King's evidence《英》国王の証拠, 共犯者証人, 国側の証拠 (=Queen's evidence)《犯罪の共犯者が自己その他の利益を得て他の共犯者の罪責を証明する証言を行なうこと; 米国ではこの語に代えて state's evidence (国側の証拠) の語が用いられる》. **turn** 〜 訴追側に協力し共犯者に不利な証言をする, 共犯者人になる.

King's [Queen's] highway《英史》《陸上の》公道, 国王の公道 (=via regia)《国王の所有物の意でなく, 公共の用に供するものとして国王が公認し保護している の意》.

King's peace [the 〜]《史》国王の平和, 治安 (=

pax regis, peace of the king [queen], Queen's peace》《もともとは国王の家権力 (これが peace の本来の意) の及ぶ範囲およびその中での平和を意味したが, 王権拡大と共にその範囲が拡大し, 例えば公道 (King's highway) あるいは祝祭日には全王国に及ぶと法ূ成されるに至る; その破壊金は直接被害者への贖罪金とは別に国王への平和破壊金として支払われた; 王権の一層の拡大とともにこの原初的意味は失われ, 国・社会全体の治安の意味に変質し, それとともにその破壊金は直接被害者への民事上の賠償金とは別の, 刑事上の罰金の意味に変質する; 近代的な民刑事責任の分化の始まりである》. ▶ SUIT OF THE KING'S PEACE (刑事訴追).

King's Próctor 〖英〗国王代訴人 (= Queen's Proctor)《高等法院 (High Court of Justice) の家事部 (Family Division) において家事・遺言検認・海事事件で国王の代理人として, 特に離婚・婚姻無効の仮判決 (decree nisi) が当事者の馴れ合いにより確定するのを防止するために訴訟参加することなどを任務としている事務弁護士 (solicitor); 通常は大蔵省付事務弁護士 (Treasury Solicitor) がなる》.

King's Remémbrancer [the ~] 〖英〗国王付き国王収入管理官 (= Queen's Remembrancer)《国王[国家]収入となる罰金および国王債権を徴収管理し, また国王の土地取引についての書類の保管などの職務も有していた財務府 (Exchequer) の役人; 1859 年法で独立の官職でなくなり, 最高法院[上級法院]主事 (Master of the Supreme Court [Senior Court]) の兼務; 現在ではその職務はシェリフ (sheriff) の選出, ロンドン市長の就任宣誓執行, 鋳造貨幣検査 (trial of the pyx) などに限られている》.

King's Sérjeant 〖英史〗勅選上級法廷弁護士.

King's Spéech [the ~, ˢthe K-s-] 〖英〗議会開会の勅語 (= Queen's Speech)《首相による閣僚が執筆し, 政府の新年度の方針や新たな法案の概略を述べる; Speech from the Throne ともいう》.

king's wídow 〖英史〗王臣寡婦《国王の直臣の寡婦; 主君たる国王の許可がないかぎり再婚は許されなかった》.

kín·ship n 血縁関係 (= kindred) (⇒ KIN). ▶ DEGREE OF KINSHIP (親等).

kíns·man /kínzmən/ n (pl -men /-mən/) 親族, 血族, 姻族 (= RELATIVE).

kínt·ledge /kíntlɪdʒ/ n KENTLEDGE.

kítchen càbinet [ºK- C-]*〖口〗《大統領・首相・州知事などの》私設顧問団《大臣・助言者・友人などからなる顧問団》.

kíte·màrk n 〖英〗凧のマーク, カイトマーク《英国規格協会 (British Standards Institution) 安全規格証明表示》.

kit·ing /káɪtɪŋ/ n 〖米〗入金あてこみ小切手振出し, 小切手の過振り (check-kiting). ▶ CHECK-KITING (入金あてこみ小切手振出し).

kíting chécks 入金あてこみ小切手振出し, 小切手の過振り (check-kiting).

Kláxon dòctrine /klǽks(ə)n-/ 〖米〗クラクソン事件の法理《州籍の相違に基づく裁判権 (diversity jurisdiction) を行使している連邦裁判所は, 裁判所所在の州の準拠法の選択 (choice of law) 準則を適用せねばならないという原則; それまでの判例法上の法理であるイーリ事件の法理 (Erie doctrine) を拡張した合衆国最判所の判例 Klaxon Co. v. Stentor Elec. Mfg. Co. (1941) の原告名より; 前の判例と並べてイーリ・クラクソン事件の法理 (Erie/Klaxon doctrine) ともいう》. cf. ERIE DOCTRINE.

klèpto·mánia, clepto- /klèptə-/ n (病的)盗癖, 窃盗狂 (cf. IRRESISTIBLE IMPULSE). **klèptomániac** n, a

knife /náɪf/ n 柄付き刃物, ナイフ, 小刀.

knight /náɪt/ n 1 騎士, ナイト. ▶ WHITE KNIGHT (白馬の騎士). 2 勲爵士, ナイト爵. ★ 元来は重装騎士, その後は栄誉称号となり, 最下位の爵位. [OE cniht boy, youth, servant]

knight báchelor 〖英〗下級勲爵士《勲爵士の最下位; 単に bachelor ともいう》.

knight bánneret 〖英〗旗勲()勲爵士《バネレット勲爵士《かつては戦場で旗幟 (banner) を持つ権利を有した》.

knight márshal(l) 〖史〗軍務騎士《1》〖英〗チャールズ一世改革後の宮廷裁判所 (Court of Marshalsea) の裁判官の一人; ⇒ COURT OF MARSHALSEA 2》軍隊で主として補給を担当した将校》.

knight of the Báth 沐浴勲爵士《授与前に沐浴儀式があったことから》.

knight of the chámber 1《戦場でなく平時に宮廷内で授与される》室内勲爵士. 2《軍功以外の理由にして授与される》非軍事勲爵士.

knight of the Gárter ガーター勲爵士《勲爵士[ナイト]の最高位; 左足膝下にガーターをつけることから》.

knight of the shíre /-ʃáɪər/ 〖英史〗州の騎士, 州選出議員《英国議会庶民院 (House of Commons) に各州代表として選出された議員; burgess と呼ばれた自治都市代表と区別して言われた; もともとは騎士であることがその資格であったことから; 1885 年法で選挙区が一人区になったことからこの名称はすたれた》.

knight sèrvice, knight's sèrvice 〖史〗騎士奉仕, 騎士奉仕保有《封建的不動産保有条件 (feudal tenure) の中心となる土地保有条件で, もともとは封主のため 40 日間規定人数の騎士を自弁で従軍させる義務を対価に土地を保有すること, またその保有条件; 1660 年に廃止され, 鋤()奉仕保有 (socage) に吸収された; この意味では tenure by knight service ともいう》. ▶ TENURE BY KNIGHT SERVICE (騎士奉仕保有).

Knight Témplar (pl Knights Témplar(s)) 1 〖史〗テンプル騎士, 《エルサレム》神殿騎士 (⇒ TEMPLAR). 2 テンプル騎士団員《フリーメーソン系の Knights Templars の一員》.

knock /nák/ *vt* たたく. ～ **off** (**1**) ノックオフ商品を作る[安く売る] (⇨ KNOCKOFF). (**2**)《俗》殺害する. (**3**)《俗》盗む, 強盗する.

knóck and annóunce rùle ノックと告知の準則《警察が逮捕状 (arrest warrant), 捜索令状 (search warrant) を行使するために住居に入る前に, 扉をノックし身分を明かし, 権限と目的を告げなければならないという刑事訴訟法上の原則; cf. EXIGENT CIRCUMSTANCES, MILD EXIGENCY, NO-KNOCK SEARCH WARRANT, USE-LESS GESTURE EXCEPTION》.

knóck for knóck (agréement)《保険》ノックフォアノック協定《自動車保険会社間の協定で事故発生の場合被保険者の責任のいかんを問わずその損害補償はそれぞれの契約会社が負担し, 互いに相手会社への求償はしないとしたもの》.

knóck-òff *n* ノックオフ《オリジナルデザインをそっくりまねて安く売る商品》,《一般に》模造品, コピー商品.

knóck-òut *n* 談合.

knóck-òut agrèement 談合協定 (cf. AUCTION RING).

knot /nát/ *n*《海・空》**1** ノット《1時間当たりの走行海里数で示した船舶・航空機の速度単位》. **2**《夫婦などの》きずな: a nuptial [marriage] ～ 夫婦のきずな.

know /nóu/ *v* (**knew** /n(j)ú:/; **known** /nóun/) *vt* **1** 知る, 知っている; わかる; 憶えている; 熟知[精通]している; …と知合いである; 見て[聞いて]知っている. **2**《古》〈性的に女を〉知る. **should** ～ 知るべきである.

knów-hòw *n* **1** ノウハウ, 実際の知識, 技術知識, 技術情報 (cf. TECHNOLOGY TRANSFER, TRADE SECRET). **2** こつ, 秘訣.

knów·ing *a* **1** 知りながらの, 心得た上での, 承知しての. **2** 熟慮の上での, 意識的な; 故意の.

knów·ing·ly *adv* 承知のうえで, 故意に; 認識して: ～ kill 故意に殺害する.

knów·ing recéipt《信託財産の》知りながらの受領《信託《義務》違反 (breach of trust) であることを知りながら信託財産を受領した第三者は, その信託受益者に対して責任を負わねばならない; cf. ACCESSORY LIABILITY (IN BREACH OF TRUST), LIABILITY FOR RECEIPT, TRACING TRUST PROPERTY》.

knowl·edge /nálıdʒ/ *n* **1** 知っている状態, 知っていること, 知覚; **認識**, 理解; 熟知, 精通; 見聞, 知識, 学識; 学問; 経験; 情報 (news), 報知 (cf. INTENT, NOTICE, SCIENTER): without sb's ～ 人に内緒で, 無断で / with [without] the ～ and consent of sb 人の了解を得て[人に無断で] / deny all ～ of...を全然知らないと言う / K～ is power.《諺》知っていれば心強い, 知識は力なり / ～ *of* good and evil 善悪の認識 / K～ of the disaster soon spread. 惨事の情報はすぐ広まった / ～ *of* life 人生経験 / They had no ～ of the contract. その契約があることを知らなかった. ▶ ACTUAL KNOWLEDGE (現実的認識) / COMMON KNOWLEDGE (周知のこと) / CONSTRUCTIVE KNOWLEDGE (擬制認識) / GUILTY KNOWLEDGE (犯罪を構成する事実の認識) / IMPLIED ACTUAL KNOWLEDGE (推定現実的認識) / IMPUTED KNOWLEDGE (代位認識) / LACK OF KNOWLEDGE (認識の欠如) / NOTICE OR KNOWLEDGE (十分認識していること) / PERSONAL KNOWLEDGE (個人的知識) / RECKLESS KNOWLEDGE (未必の故意ないし認識ある過失) / SCIENTIFIC KNOWLEDGE (科学的知識) / SUPERIOR KNOWLEDGE (上位の知識). **2**《古》性交 (carnal knowledge). **come to** sb's ～ 人の知るところとなる, …に知れる, …の耳に入る. **out of all** ～ 想像を絶する. **to** (**the best of**) one's ～ 知るかぎりでは; 確かに: He testified to the court that *to the best of his* ～ she had never left the room. 彼の知るかぎり彼女が部屋を離れたことはないと裁判所に対して証言した.

knówn créditor 既知の債権者《債務者がその人物ないしはその権利主張につき知っているないしは合理的に知りうる債権者》.

knówn héir 現在する(法定)相続人.

knówn-lóss dòctrine 既知損害不塡補の法理《被保険者が保険発効前に特定損害が既に発生したかまたは確実に発生することを知っていた場合には塡補しないという法理》.

Knut ⇨ CANUTE.

Kú Klùx Klán Àct /kú: klʌks klǽn-, kjú:-/ [the ～] クー・クラックス・クラン法《1865年に結成された反黒人を標榜しての白人の秘密結社クー・クラックス・クランによる黒人に対する人権侵害を取り締るため1871年に制定された連邦法; 1883年合衆国最高裁判所は公民権[市民的権利]事件 (Civil Rights Cases) (1883) でその一部を憲法違反とした》.

Kyóto prótocol《国際法》京都議定書 (⇨ UNITED NATIONS FRAMEWORK CONVENTION ON CLIMATE CHANGE).

L

l. 《英》[L *libra*] pound ◆ line.
L. Latin ◆ law ◆ liber ◆ limited ◆ locus ◆ Lord.
LA °law agent 事務弁護士◆°legal adviser 法的助言者◆°Legislative Assembly 立法会議; 立法府◆letter of authority◆°local agent 代理店◆°local authority 地方当局, 地方自治体参加会, 地方自治体.
Lab. Labor, Labour.
la‧bel /léɪb(ə)l/ *n* **1** 貼り札, 貼り紙, 付箋, レッテル, ラベル; 切手, 印紙《ゴム糊付き》: put ~*s* on one's luggage. ▶ ECOLABEL (エコラベル). **2**《レコードの》レーベル,《特定レーベルの》レコード会社,《衣料品の》商標, ブランド,《製品などの》表示,《商品の》証票. **3** 印蝋付箋《捺印証書 (deed) や令状 (writ) の印影用の封蝋をつけるための細片》.
lábel‧ing *n* ラベル表示; 商品標示. ▶ DESCRIPTIVE LABELING (記述的ラベル表示).
la‧bor | la‧bour /léɪbər/ 《米では labor, 英では labour が普通だが, 本辞典では検索の便のため固有名以外では labor に統一した》. ― *n* **1 a**《肉体的・精神的な》労働, 勤労, 労力; 苦心, 骨折り, 努力, 仕事 (piece of work), 労務. **b** 労働の所産. ▶ BONDED LABOR (債務保証契約に基づく労働) / CHILD LABOR (年少者労働) / DEPARTMENT OF LABOR (労働省) / DIVISION OF LABOR (分業) / HARD LABOR (重労働) / HOURS OF LABOR (労働時間) / MANUAL LABOR (手仕事). **2**《広義の》労働者たち, 労働者階級; 筋肉労働者たち, 労務者たち; 労働組合《集合的》; [ᵁLabour]《英国・英連邦諸国の》労働党 (Labour Party): L~ and Capital 労資 / local ~《他所から連れてくるのではない》地元の労働者 / skilled ~ 熟練労働; 熟練労働者. ▶ ORGANIZED LABOR (組織労働者). **3** [ᵁLabour]《英》LABOR EXCHANGE. ― *a* 労働の, 労働者の; [L-] 労働党の. ― *vi* **1** 働く, 労働する. **2** 苦しむ. **3**《…しようと》努力する《*to* do》,《…のために》骨を折る《*for*》. ― *vt* **1**《論じるなどを》《不必要に》詳しく[長々と]述べる[扱う]; 苦しめる, 悩ます. **2** 働かせる. ~ **a jury**《古》陪審に不正手段を用いてはたらきかける.
lábor agrèement 労使間合意 (＝COLLECTIVE BARGAINING AGREEMENT).
lábor càmp《囚人に強制労働をさせる》強制労働収容所; 移住労働者収容所.

lábor còntract 労働契約 (＝COLLECTIVE BARGAINING AGREEMENT).
Lábor Dày 労働者の日《米国の多くの州・カナダで9月の第1月曜日, 英国などで5月1日; cf. MAY DAY》.
lábor dispùte 労働争議 (＝TRADE DISPUTE).
lábor‧er | lábour‧er *n* 労働者《労働者一般を指すが, 通例は肉体労働・未熟練従事者をいう》: a casual ~ 臨時雇い[短期]の労働者 / a manual ~ 手作業[肉体]の労働者. ▶ JUSTICE OF LABORERS (労働者判事).
láborer's líen 労働者の優先弁済権[先取特権], 労働者リーエン《労働者がその賃金について一般債権者に優先して弁済を受ける権利; cf. MECHANIC'S LIEN》.
lábor exchànge 1《英史》職業安定所 (EMPLOYMENT EXCHANGE の別称; 単に labor ともいう). **2**《公共の》職業紹介《事業》. **3**《史》労働生産物の交換施設.
lábor injùnction《米》労働争議行為差止め[禁止]命令.
lábor-inténsive *a* 労働集約的な, 大きな労働力を要する (cf. CAPITAL-INTENSIVE): ~ industry 労働集約型産業.
lábor làw 労働法 (＝industrial law).
lábor legislàtion 労働立法.
lábor-mánagement relàtions *pl* 労使関係 (cf. FAIR LABOR STANDARDS ACT).
Lábor-Mánagement Relàtions Àct (of 1947) [the ~]《米》(1947 年の) 労使関係法《タフト・ハートリー法 (Taft-Hartley Act) の公式名; ⇨ TAFT-HARTLEY ACT》.
lábor màrket 労働市場.
lábor organizàtion 労働団体, 労働組合.
lábor pìcketing ピケ《ティング》(＝PIKETING).
lábor relàtions *pl* 労使関係.
lábor relàtions àct 労働関係法.
lábor ùnion* 労働組合《英国では TRADE UNION の語が普通》.
Lábour Pàrty [the ~]《英国その他の諸国の》労働党《英国では Conservative Party と共に二大政党をなす; 略 LP》. ▶ PARLIAMENTARY LABOUR PARTY (労働党議員委員会).
Lá‧cey Àct /léɪsi-/ [the ~]《米》レイシー法《土着種

保存のため，州に他国・他州からの動物の輸入禁止を認める連邦法で，1900年のものが最初]． [John F. *Lacey* (1841-1913) 同法案の起草・推進者である Iowa 州選出下院議員]

lach·es /lǽtʃəz, léi-, -ʃəz/ *n* (*pl* ~) **1** 懈怠(けたい)(けだい)，不当な遅滞《権利主張や訴訟提起の不当な遅れ；エクイティー上では法的救済を受けられなくなる消滅時効(の主張)となりうる；cf. LYING BY, STATUTE OF LIMITATIONS》．▶ ESTOPPEL BY LACHES (懈怠による禁反言). **2** 権利不行使，けしからぬ怠慢. [AF and OF (*lasche* idleness)]

láck of jurisdíction 管轄権の欠如，裁判権の欠如 (=WANT OF JURISDICTION).

láck of knówledge《英》認識の欠如《猥褻物出版に関わる防御の一つで，当該物品を調べたことがなくかつその出版が犯罪を構成するということを疑う理由も有していなかったということ》．

láck of prosecútion 訴訟不追行 (=WANT OF PROSECUTION). ▶ DISMISSAL FOR LACK OF PROSECUTION (不追行ゆえの訴えの却下).

la·cu·na /lək(j)úːnə/ *n* (*pl* **-nae** /-ni, -kúːnài/, **~s**) 脱漏，空隙；空白，余白，脱落；脱文，欠文，欠本 〈*in*〉. [L=pool]

lád·en in búlk /léɪdn/ *a*《海法》ばら積みした．

lad·ing /léɪdɪŋ/ *n* **1** 荷積み，船積み (loading). **2** 船荷，貨物. ▶ BILL OF LADING (船荷証券，運送証券).

L. Adv. °Lord Advocate スコットランド法務長官．

la·dy /léɪdi/ *n* **1**《woman に対する丁寧な語》女の人，婦人，女性；[*pl*] [*voc*] ご婦人方，(淑女の)皆さま：*ladies* first 御婦人からお先に，レディーファースト / *Ladies* (and Gentlemen) (紳士)淑女諸君，皆さん．**2** 女主人，女あるじ；[*voc*] 奥方，奥さま，淑女，女の方，お姫さま；奥さん，お嬢さん《次のような場合を除けば MADAM のほうが普通》：your good ~ ご令閨 / the ~ of the manor 女荘園領主 / my ~ 奥さま，お嬢さま《特に高貴な婦人に対する使用人のことば》/ young ~《口》お嬢さん．★ 英国では次の場合 女性に対する敬称：(1) 女性の侯・伯・子・男爵 (2) Lord (侯・伯・子・男爵) と Sir (baronet または knight) の夫人 (3) 公・侯・伯爵の令嬢．令嬢の場合は first name につける．**3** LANDLADY (女家主；女地主).

lády·shìp *n* 貴婦人の身分；《Lady の称号をもつ女性への敬称》令夫人，令嬢．[OE *hlǽfdige* loaf kneader; cf. LORD]

lády cóurt《史》女荘園領主 (LADY of the manor) 主宰の荘園裁判所．

Lády Dày《聖母マリアの》お告げの祝日[祭り] (=Annunciation (Day)) 《3月25日；英国では四季支払い日 (quarter days) の一つ；略 LD》．

Lády Máyor《London など大都市の》女性市長，市長夫人．

lády's fríend《英史》婦人の友《夫が私法律 (private act) で離婚を要求した場合，離婚した妻の扶養についての命令を遵守させるべく下院が任命した役人；この離婚方式

がなくなった 1857 年廃止》．

laenland ⇨ LOANLAND.

lae·sa ma·jes·tas /líːzə mədʒéstəs/ 大逆罪 (= LESE MAJESTY). [L=injured majesty]

lag /lǽg/《俗》*vt* (-gg-) **1** 投獄する；流刑にする．**2** 拘禁する，逮捕する (arrest). ~ **up** 逮捕[拘禁]する． — *n* **1** 囚人，流刑囚，前科者，犯罪者: an old ~ 常習犯，前科者，マエもち．**2** 服役期間，刑期；投獄，流刑. [C19<?]

laga ⇨ LAGE.

lag·an /lǽgən/ *n* **1**《海法》《海難時の》浮標付き投げ荷，ブイ付き投げ荷 (=lagend, lagan, ligan, ligen, logan)《他日の発見のため浮標を付け海中に投げ込むもの；cf. EJECTUM, FLOTSAM, JETSAM, WAVESON》．**2**《古》海底難破物. [L<? Gmc]

lage /lɔː, léɪ/, **la·ga** /léɪgə/, **lagh** /lɔː/, **la·gu** /láːgu/《古》*n* 法，法律 (law); 法域. ★ 今日では複合語の一部として，Danelaw (デーン法)の異形 Dane*lage*, Dane*laga*, Dane*lagh* や，*lage* day など若干の語に残っている．

láge dày《古》開廷日 (law day).

láge·màn *n*《古》法にかなった人 (=LAWFUL MAN).

lag·end /lǽgənd/ *n* LAGAN.

lagh ⇨ LAGE.

lag·on /lǽgən/ *n* LAGAN.

lagu ⇨ LAGE.

lah·man /lɔ́ːmən, léɪ-/ *n*《古》法律家 (lawyer).

la·i·cus /léɪəkəs/ *n*《聖職者でない》俗人．[L=layman]

lair·wite /léərwàɪt/ *n*《英史》情事罰金(徴収権)《姦通に対する罰金，特に女農奴との未婚女性姦通 (fornication) が発覚した際に男性が女性の領主に支払う科料，また 領主の有するその徴収権》．[OE *legerwite* (*leger* lying, *wite* punishment)]

lais·sez-faire, lais·ser- /lèsèɪféər, léɪ-, -zèɪ-/ *n* 自由放任主義，レッセフェール，無干渉主義． — *a* 自由放任(主義)の，無干渉主義の．

la·i·ty /léɪəti/ *n* [the ~]《聖職者 (clergy) に対して》俗人 (laymen); 平信徒，一般信徒；《専門家に対して》素人．▶ HOUSE OF LAITY (一般信徒院).

Lam·bard(e) /lǽmbàːd/《エリザベス1世期の法律家・歴史家》 William ~ (1536-1601) 大法官府首事 (Master in Chancery) (1592) を経て公文書保管の役職を歴任；著書にアングロサクソン法の蒐集・説明をした *Archaionomia* (1568), その後長い間治安判事職についての標準的権威書とされた *Eirenarcha, or the Office of the Justices of the Peace* (1581), 中央裁判所の歴史を扱った *Archeion* (1591) などのほか，英国最初の地方史研究として高く評価されている *Perambulation of Kent* (1570) などがある．

Lam·beth /lǽmbəθ/ ランベス《Canterbury 大主教[大司教]の座; Lambeth は London 滞在時の Canterbury 大主教の居館》．

Lámbeth degrée 《史》ランベス学位《Canterbury 大主教によって授与される名誉学位》.

láme dúck **1** 足を引きずり歩くアヒル, 傷ついたアヒル. **2** 役に立たなくなったもの[人], 役立たず, はんぱもの, 足手まとい, 敗残者, 落伍者; 破損した飛行機[船], 破産者,《特に証券取引所での》債務が履行できなくなった投資家, 財政援助なしではやれなくなった産業[企業など]. **3** *レイムダック, 間もなく地位を去る人, 任期満了前の人,《選挙のあと後任の人と交代するまでの》任期満了前の議員[大統領など]. **láme-dúck** *a* lame duck の[による]: a *lame-duck* bill レイムダックによって提出された法案.

Láme Dúck Àct [the ~]《米》レイムダック法《合衆国憲法第 20 修正 (Lame Duck Amendment) のこと》.

Láme Dúck Amèndment [the ~]《米》レイムダック《合衆国憲法》修正, 合衆国憲法第 20 修正《選挙後の連邦議会の開会・正副大統領の就任は 11 月の選挙後 3 月 4 日であったものを, 不都合を減ずるためそれぞれ 1 月 3 日および 1 月 20 日へ早めた 1933 年の修正条項; ⇨ Twentieth Amendment》.

láme-dúck prèsident《米》レイムダック大統領《選挙後 後任と交替するまでの任期満了前の大統領, あるいは再選に立候補のできない[しない]大統領の任期最終期の現職大統領》.

láme-dúck sèssion《米》《次期議員の選挙後 その就任までの》レイムダック会期《特に 連邦議会では 1933 年までは任期が 3 月 3 日まであったので, 11 月改選に敗れた連邦議員もつとめる 12 月からそれまでの会期; ⇨ Lame Duck Amendment》.

lám·mas lànd [mèadow] /lǽməs-/《史》季節的入会地《作物の栽培期間中は単独保有できるが, ほかの時期には近隣住民などとの入会地となる土地あるいは牧草地; 昔 Lammas Day (聖ペトロの鎖の記念日, 8 月 1 日) から Lady Day (お告げの祝日, 3 月 25 日) までが開放入会地となった》.

land /lǽnd/ *n* **1**《海に対して》陸, 陸地. **2 a** 土地, 地面, [*pl*] 所有地, 地所; 不動産; [*pl*]《同一の自然景観を有する》地帯, 地域: barren ~ 不毛地 / There isn't much ~ to cultivate there. そこには耕作できる土地はあまりない / He owns ~s. 彼は地主だ. **b** 不動産権. ★英国法の下ではすべての土地の所有権は国王に帰属し, 個人あるいは法人は土地になんらかの不動産権 (estate in land) を有する形式になっている. このうち特に重要なのは自由土地保有権 (freehold estate)《実質的には絶対土地所有権である》と定期不動産賃借権 (leasehold estate)《これは一定期間の土地の賃借権》である. また, 一般に土地売買など不動産権を設定・移転することを不動産譲渡手続き (conveyancing) という. なお, Estate, Tenure の項も参照. ▶ Abbey Land (大修道院領地) / Access Land (開放野外レクリエーション指定地) / Accommodation Land (住宅建築による改良目的で購入された土地; 便宜のための土地) / Agricultural Land (農地) / Annual Value of Land (土地の年度評価額; 土地の年価値) / Arable Land (耕作適地) / Backland [Back Land] (奥地) / Bookland [Bockland, Bocland] (ブックランド) / Bordland (僕婢保有地; 自家用直営地) / Bottomland (《沖積層》低地) / Charterland (特許私有地) / Commonhold Land (共同保有地) / Common Land (入会地; 囲いのない荒蕪地) / Community Land (公共用地) / Contaminated Land (環境汚染地) / Court Lands (直営地) / Crown Lands (国王の土地) / Demesne Land (直領地) / Development Land (開発促進地) / Driftland [Drofland] (家畜追い道使用料) / Enclosed Land (囲い地) / Estate in Land (土地不動産権) / Fabric Land (教会維持用地) / Fallow Land (休閑地) / Fardel of Land (ファーデル) / Fast Land (高潮線超越地) / Folkland [Falk-land, Folcland] (フォークランド) / Fosterland (扶養[維持]地) / Freehold Land (自由土地保有権に基づいて保有している[されている]土地) / Greenbelt Land (緑地帯) / Improved Land (既改良地) / Indemnity Land (代替地) / Indian Land (インディアン部族の土地) / Interest in Land (土地に対する権利) / Lammas Land (季節的入会地) / Loanland [Laenland] (レインランド) / Mineral Land (鉱物産地) / Partible Land (分割可能の土地) / Plowland (カルケート) / Public Land (公有地) / Registered Land (登録済みの土地) / Registration of Land (土地登録) / Reserved Land (保留地) / Riparian Land (河岸地) / Sale of Land (土地の売却) / School Land (公立学校維持用地) / Seated Land (既利用地) / Section of Land (セクション) / Settled Land (継承財産設定地) / Shore Land (岸) / Superfluous Lands (超過収用地) / Swamp and Overflowed Land (沼地および冠水地) / Tenemental Land (下封地) / Tideland (干潟; 低潮線より海側の海面下にある領海内の地) / Trespass to Land (土地占有侵害) / Trustees of Land (土地信託受託者) / Trust of Land (土地信託) / Undivided Share in Land (土地の不分割持分権) / Unimproved Land (未開地; 未利用地) / Unregistered Land (非登録地) / Vesture of Land (地表生育植物). **3** 国, 国土; 国民 (nation): one's native ~ 故国 (homeland) / from all ~s 各国から. ▶ Law of the Land (国法). **4** 領土, 領域. ▶ Gangland (暗黒街). **run with the ~** 土地と共に移転する (⇨ Covenant Running with the Land).

lánd àgency Land Agent の職[務め].

lánd àgent 1 土地《売買》周旋業者. **2** 土地管理人; "領地差配[管理]人; *公有地[国有地]管理官. **3**《天然ガス・石油などの》採掘契約代理人.

lánd bànk 1 土地銀行《政府あるいは私企業による開発・処分のために大量に集積・保有された土地, あるいはそのような土地の保有《制度》》. **2** 土地保全銀行《自然保護や緑地保全のため開発制限を付した土地を集積・保有する制度》. **3** 不動産銀行, 土地担保貸付銀行《土地を抵当にして融資をする銀行》. **4**《農地を担保に低利の営農資金金融を行なう》農地銀行,《特に 米国の》連邦土

地銀行 (federal land bank).

lánd bòundary 土地境界(線) (cf. LEGAL DESCRIPTION).

lánd certíficate 1《英》《土地[不動産]登録証明書《2003年以降電子化されたため、新たにはこの証明書は発行されなくなっている》. **2**《米》公有地譲受証明書 (= land warrant)《記名者への払い下げ土地受領権を証明する》.

lánd chàrge《英》物上負担, (特に) 要登録土地負担《広義では土地に付着した負担を意味する物上負担 (charge) の総称; 狭義ではそのうち登録なくしては第三者に対抗できない非登録地 (unregistered land) 上の物上負担》. ▶ LOCAL LAND CHARGE (地方的物上負担).

Lánd Chárges Depártment [the ~]《英》土地登録局《土地登録庁 (Land Registry) の一部局で、非登録地 (unregistered land) を有している人の権利に関わる一定権益の登録を管理している》.

lánd·chèap, lánd·cèap /-tʃiːp/ n《英史》《領主に慣習法上渡さなければならなかった》土地保有権移転納付金 (ないしは家畜).

lánd conservátion agrèement《米》土地自然状態保存合意 (= LAND CONSERVATION EASEMENT).

lánd conservátion èasement《米》土地自然状態保存地役権 (= land conservation agreement, land preservation easement)《農業や土地にあまり害を与えないレクリエーション活動のための使用は認めながらもその土地の自然状態を保存するための土地所有者と土地信託 (land trust) との合意により設定される地役権 (easement)》.

lánd còntract 1 土地売買契約, 不動産譲渡契約. **2** 不動産割賦購入契約 (= CONTRACT FOR DEED).

lánd còurt 土地裁判所《土地問題に関わる事件を取り扱う裁判所》.

lánd descríption 土地表示 (= LEGAL DESCRIPTION).

lánd·ed a **1 a**〈人が〉土地[地所]持ちの: a ~ proprietor 土地所有者, 土地所有者, 地主 / the ~ classes 地主階級. **b**〈財産が〉土地の[からなる]. **2** 陸揚げをした.

lánded estáte [próperty] 1 不動産, 地所, 私有地. **2** 土地不動権, 土地財産権.

lánded ímmigrant《カナダ》永住許可移民.

lánded ínterest 1 土地に対する権利. **2** [the ~] 土地所有者[地主]階級; 地主側.

landed property ⇒ LANDED ESTATE.

lánd-fíll tax《英》ごみ埋立て税《1996年導入で、ごみ埋立ての際トン当たりで課される税》.

lánd flíp 土地ころがし, 土地転売《購入した土地をその土地が実際の価値よりも高く思わせる目的で通例は架空の者に直ちにより高く売り、値をつり上げて行くやり方》.

lánd frèeze 土地凍結《売買・所有権移転の政府による制限》.

lánd gabèl《史》土地上納金 (cf. GABEL).

lánd-gràbber n **1** 土地収奪者, 公有地不法占拠者. **2**《アイルランド》追い立てられた保有者の土地を保有する者.

lánd grànt 1 土地譲与. **2**《米》**a** 公有地払い下げ. **b** 払い下げ公有地; 公有地払い下げ権利証書: ~ college [university]《米》払い下げ公有地設立大学. ▶ PRIVATE LAND GRANT (私人への公有地払い下げ).

lánd·hòld·er n 土地保有者. **lánd·hòld·ing** n, a 土地保有(の); 土地保有権(の).

lánd-hùnger n 土地保有[獲得, 占有]欲, 土地熱; 領土拡張欲[熱]. **lánd-húngry** a

lánd·ing n **1** 上陸; 陸揚げ, 荷揚げ;《航空》着陸, 着水; 降車, 下車: make [effect] a ~ 上陸する; 着陸[着水]する / emergency [precautionary] ~ 緊急[予防]着陸. **2** 上陸場, 荷揚げ場, 埠頭; 荷揚げ地,《乗客を》上陸地; 木材集積[貯蔵]場, 土場.《3 (階段の) 踊り場.

lánding cárd 1《船舶・航空機の乗客に交付される》上陸証明書, 入国カード. **2**《船員に交付される》上陸許可証.

lánding chàrge 荷揚げ[陸揚げ]費用.

lánding òrder 1 荷揚げ指図書《陸揚げ業者に対して貨物を船から取り出すよう命ずる指図書》. **2**《関税を支払わずに商品を保税倉庫に荷揚げすることを認める》荷揚げ許可証.

lánd instállment còntract 不動産割賦購入契約 (= CONTRACT FOR DEED).

lánd-jòbber n 土地投機師; 地所仲買人. **lánd-jòbbing** n

lánd·là·dy n **1**《旅館・下宿などの》女主人, おかみ; 女家主. **2** 女地主, 地主夫人 (cf. LANDLORD).

lánd làw [ʰpl] 土地法, 不動産法 (⇒ ESTATE, TENURE).

lánd léague 1 地積リーグ《3法定マイルに相当》. **2** [L- L-]《アイルランド史》土地同盟 (1879-82).

lánd lèase 長期土地賃貸借 (= GROUND LEASE).

lánd·lòcked a 陸地で囲まれた; 袋地の: the owner of the ~ property.

lándlocked státe《国際法》内陸国《陸に囲まれ海岸をもたない国; 1958年の公海に関する条約や1982年の国連海洋法条約で, 海に対する出入権及び通過の自由が認められている》.

lánd·lòrd n **1**《旅館・下宿などの》主人, 亭主; 家主, 大家(ʰʰ). **2** 地主, 土地所有者 (landowner) (cf. LANDLADY); 不動産貸主,《土地・家屋の》賃貸人;《史》封主. ▶ ABSENTEE LANDLORD (不在地主[家主]) / GROUND LANDLORD (長期土地賃貸借貸人) / SOCIAL LANDLORD (社会的不動産貸主). **~·ly** 地主[家主](特有)の. **~·ism** n 地主[家主]たること; 地主[家主]かぎ, 地主[家主]制度(支持).

lándlord and ténant 不動産貸主と借主(の関係); 不動産(賃)貸借法 (cf. SECURITY OF TENURE).

lándlord's líen 不動産貸主のリーエン[先取留置権]《不動産の貸主が滞納賃料あるいは借主による当該

動産に対する損害に対して当該不動産上にある借主の財産に対して有するリーエン).

lándlord's wárrant 不動産貸主差押令状《保有者 (tenant) の動産を差し押え公売に付し, 賃貸料支払いないしは他の賃貸契約約款遵守を強制させることについての不動産貸主 (landlord) からの一種の差押令状 (distress warrant)》.

lándlord-ténant relátionship 不動産貸主と借主の関係.

lánd·màrk n 1《自然·人工の》境界標(識), 目標《特徴的な樹木·建物など》,《土地の》境界標識. 2 a 画期的な事件[出来事]. b《文化財として指定された》史跡, 歴史的建造物, 遺跡. c 伝統的規範. ― a 画期的な, 将来における判決の先例となる. ― vt 1 …に対する landmark となる, …に landmark で印をする. 2 史跡[歴史的建造物]に指定する.

lándmark càse 画期的判例, 歴史的判例 (= LANDMARK DECISION).

lándmark decísion 画期的判決[決定], 歴史的判決 (=landmark case)《重要な先例となるような判決; cf. LEADING CASE》.

lánd òffice《米》公有地署《公有地 (public land) 払い下げの記録を管轄する役所》.

Lánd Órdinance of 1785 [the ~]《米史》1785年の土地条令《連邦議会の前身である連合会議 (Congress) での制定法; Ohio 川北西の公有地を測量し公売に付すことを定めた》.

lánd·òwn·er n 土地所有者, 地主, 不動産所有者, 不動産権利者. ~·ship n 土地所有者であること, 土地所有者の身分. **lánd·òwn·ing** n, a 土地を所有している, 土地所有(上)の; 地主(として)の.

lánd pàtent《米》私人(への)公有地譲渡[下付]証書, 公有地払い下げ(証書), 公有地払い下げ権利証.

lánd-pòor a《人が収益のない[負担付きの]土地を持ちすぎて金のない, 土地貧乏の, 土地倒れの.

lánd preservátion èasement = LAND CONSERVATION EASEMENT.

lánd règister 土地登録簿《土地に対する権原·抵当権など一定の権利の登録簿; cf. REGISTERED LAND》. ★建物は土地と一体として扱われるので, わが国と違い建物登記の制度はない.

lánd registrátion《英》土地[不動産]登録(制度) (cf. REGISTRATION OF LAND) (⇒ LAND REGISTER).

Lánd Règistry [the ~]《英》土地[不動産]登録庁《イングランドとウェールズで土地の権原·抵当権などを公的に記録する政府の部局; 1862 年創設》. ▶ ADJUDICATOR TO HM LAND REGISTRY (土地登録庁裁決官).

Lánd Règistry online《英》土地[不動産]登録庁オンラインサービス《電子化された登録情報のオンラインサービス》.

Lán·drum-Gríf·fin Àct /lǽndrəmgrífən-/ [the ~]《米》ランドラム-グリフィン法《1959 年の連邦制定法; 労働組合執行部の腐敗や組合内部の非民主制を矯正, また第二次ボイコット (secondary boycott) を禁じることなどを目的としている; 組合内部自治干渉が問題とされた; 正式名称 Labor-Management Reporting and Disclosure Act (労使報告·公開法); cf. HOT CARGO AGREEMENT》.

lánd sáles còntract 不動産割賦購入契約 (= CONTRACT FOR DEED).

lánds, ténements, and heredítaments pl 土地·保有不動産·法定相続産, 物的財産に関する諸権利《物的財産 (real property) に属する諸権利·諸利益を包括的に表現する定型文言》.

Lánds Tribùnal《英》土地問題審判所《土地の強制的取得·補償金などをめぐる紛争処理のため 1949 年法で創設された審判所》.

lánd tàx 土地税, 地租《英国ではこの名称の税は Finance Act 1963 により廃止》. ▶ STAMP DUTY LAND TAX (土地取引印紙税).

lánd tènant n 1 土地保有者. 2 現実の土地占有者 (= TERRE-TENANT).

lánd tènure 土地保有(権), 土地保有条件[態様] (⇒ ESTATE, TENURE).

lánd trùst《米》《主に土地開発を目的としている》土地信託 (⇒ ILLINOIS LAND TRUST). ▶ ILLINOIS LAND TRUST (イリノイ型土地信託) / NAKED LAND TRUST (裸の土地信託).

lánd-ùse plànning 土地利用計画, 計画的土地利用制度.

lánd-ùse regulàtion 土地利用規制.

lánd wàrrant《米》《払い下げ権を証券化した》公有地証券 (= LAND CERTIFICATE).

Lan·franc /lǽnfræŋk/ ランフランク (1005?-89)《イタリアの聖職者; フランス Normandy, Caen の修道院長; ノルマンディー公 William のイングランド征服後, Canterbury 大司教 (1070-89); 王を助け, 聖俗裁判権の分離独立の導入などイングランド教会発展の基礎を築いた》.

Lang·dell /lǽŋdl/ ラングデル **Christopher Columbus** ~ (1826-1906)《米国の法律家·教育家; Harvard Law School 教授 (1870-1900), 学部長 (1870-95); 具体的な判例の検討を中心にした講義方式ケースメソッド (casebook method) を導入, 以後この方式が全米に普及した》.

lan·guage /lǽŋgwɪdʒ/ n 1《一般に》言語, ことば;《ある国家·地域·民族などの》言語, …語: spoken [written] ~ 話し[書き]ことば / a foreign ~ 外国語. ▶ LEGAL LANGUAGE (法言語) / WELSH LANGUAGE (ウェールズ語). 2 a 術語, 専門(用)語, 通語. b 語法, 文体, ことばづかい, 言いまわし: fine ~ 美しく飾られた言いまわし, はなやかな文体 / bad ~ ひどい[下品な]ことば(づかい) / strong ~ 激しいことば《悪口雑言 (swearing) を指す》/ in plain ~ わかりやすい言い方で / watch [mind] one's ~ ことばに気をつける. ▶ ABUSIVE LANGUAGE (罵詈雑言) / OFFENSIVE LANGUAGE (不快な言辞). 3《非言語的な》伝達(手段), …ことば[言語]《電算》言語: sign [gesture] ~ 身振り言語. ▶ COMPUTER LANGUAGE (コンピューター言語) / PROGRAM [PROGRAMMING] LANGUAGE (プログラム言語). [OF (L *lingua* tongue)]

lan·gui·dus /lǽŋgwədəs/ *n* 《史》《身柄拘束中のシェリフ (sheriff) による被告の》病気不出頭の旨の報告. [L=sick]

Lán·ham Àct /lǽnəm-/ [the ~]《米》ラナム法《1946年制定の連邦商標法 (Federal Trademark Act) の通称》. [Fritz G. *Lanham* (1880-1965) Texas 州選出の民主党下院議員]

lap·page /lǽpɪdʒ/ *n* 権原競合(地),(土地)重複《ある者が権利を主張する土地の一部または全部が,他の者が権利を主張する土地と重なること,またはその部分》.

lap·ping /lǽpɪŋ/ *n* たらい回し横領金埋め合わせ, ラッピング《顧客からの横領金を埋め合わせるため別の顧客からの横領金で繕う操作の繰返し》.

lapse /lǽps/ *n* **1** ふとした[ちょっとした]間違い[失敗], 過失, 失策 (slip);《一時的な》堕落, つまずき〈*into* crime〉; 背教: a ~ *of* the pen [tongue] 書き[言い]違い / a ~ *of* memory 憶え違い / a ~ *from* faith 背信. **2**《時の》経過, 推移; 空白, 中断: (with) the ~ of time 時の流れ(につれて). **3**《権利・特権の》消滅, 失効; 遺言の失効 (cf. ADEMPTION),《予定受遺者の死亡による》遺贈の失効 (cf. ANTI-LAPSE STATUTE);《保険料不払いによる契約の》失効, 保険の消滅;《英》《刑事被告人死亡などを理由とした》訴えの棄却; 聖職推挙権喪失;《習慣などの》衰退, 廃止. ─ *vi* **1 a** いつしか[気を抜いた間に]…になる[陥る]〈*into*〉;《道徳的に》逸脱する, 堕落する〈*from* faith, *into* vice〉; 間違い[失策]をしてしまう. **b**《習慣などが》廃れる, 立ち消えになる. **2**《条件または相続人などを欠くために権利・財産などが》人手に渡る〈*to*〉;《遺言・保険などが》失効[消滅]する,《任期・期限が》切れる, 終わる: let an offer ~ 時期を失して契約の申し込みを失効させる. **3**《時が》知らぬ間に経つ, いつのまにか過ぎる〈*away*〉. ─ *vt*《権利》を失う. [L (*laps- labor* to slip, fall)]

lápsed devíse 失効(不動産)遺贈《遺言者より先に受遺者が死亡したため失効したもの; cf. ANTI-LAPSE STATUTE》.

lápsed légacy 失効動産遺贈 (=failed legacy)《遺言者より先に受遺者が死亡したために失効したもの; cf. ANTI-LAPSE STATUTE》.

lápsed pássport 失効旅券.

lápsed pòlicy《保険料不払いによる》失効保険(証券), 失効保険契約.

lápse of óffer《契約の》申し込みの失効 (cf. REJECTION OF OFFER, REVOCATION OF OFFER).

lar·board /lá:rbərd, -bɔ̀:rd/ *n*《海事》左舷 (cf. STARBOARD).

lar·ce·na·ble /lá:s(ə)nəb(ə)l/ *a* 窃盗(罪)の対象になりうる.

lar·ce·nous /lá:rs(ə)nəs/ *a* 窃盗の; 窃盗をする〈人〉.

lárcenous inténe 窃盗犯意.

lar·ce·ny /lá:rs(ə)ni/ *n* 窃盗(罪) (cf. ASPORTATION, EMBEZZLEMENT, ROBBERY, THEFT): be convicted of ~ 窃盗罪で有罪とされる. ★ 英国では 1968 年法で廃止し, THEFT (盗(ﾄｳ)) に吸収している. ▶ AGGRAVATED LARCENY (加重窃盗) / COMPOUND LARCENY (複合窃盗) / CONSTRUCTIVE LARCENY (擬制窃盗) / GRAND LARCENY (重窃盗) / MIXED LARCENY (混合窃盗) / PETIT [PETTY] LARCENY (軽窃盗) / SIMPLE LARCENY (単純窃盗). **lár·ce·nist, lár·ce·ner** *n* 窃盗犯人. [AF<L *latrocinium* (*latro* robber<Gk)]

lárceny by tríck 詐術を用いての窃盗 (cf. CHEATING BY FALSE PRETENCE, CRIMINAL FRAUD, FALSE PRETENSE).

lárceny from the pérson 人からの窃盗《すりなどで, 暴力行為の含まれぬもの; cf. ROBBERY》.

La reyne [reine] le veut. ⇨ LE ROI LE VEUT. [F=The Queen desires it.]

La reyne [reine] remercie ses bons sujets, accepte leur benevolence, et ainsi le veut. ⇨ LE ROY REMERCIE SES BONS SUJETS, ACCEPTE LEUR BENEVOLENCE, ET AINSI LE VEUT. [F=The Queen thanks her good subjects, accepts their benevolence and also desires it.]

La reyne [reine] s'avisera. ⇨ LE ROY S'AVISERA. [F=The Queen will advise upon it.]

large /lá:rdʒ/ *n* 大きい, 広い. **at ~**(**1**) 詳細に, 十分に, 長々と〈論ずるなど〉. (**2**)《犯人などが》つかまらないで: unlawfully *at* ~ 逮捕されないで, 逃亡して《合法的逮捕や刑務所などの拘禁から逃れている状態を示す句》. (**3**) 確かな, あてもなく. (**4**) 全体として, 一般に: the public *at* ~ 社会一般. (**5**) 特定の任務のない, 無任所の: an ambassador *at* ~ *無任所大使. (**6**)《各地区の選挙区からではなく》全域制[大選挙区制]で選出される: a representative [congressman] *at* ~ *全州選出議員 (⇨ ELECTION AT LARGE). ▶ BAR AT LARGE (侵害地明示要求抗弁) / COMMON AT LARGE (人的入会権) / ELECTION AT LARGE (大選挙区制選挙) / STATUTES AT LARGE (英国制定法全集; 合衆国制定法全集).

lárger párcel《米》比較的大きな分地《公用収用 (eminent domain) に関連しての用語で, 土地の完全には一筆 (parcel) となっていない部分ではあるが, なお大きな区画の土地の比較的大きな部分を指す; その部分が収用対象となる場合には, 一定条件の下で, 土地所有者はその収用部分そのものだけでなくそれが含まれる大きな区画から分離されることに対してもまた補償を受けることができる》.

Lár·ri·son rùle /lǽrəs(ə)n-/《米》ラリソン事件の準則《刑事被告人が検察側の不実証言 (false testimony) で有罪となりしかもそれが不実証言であったことが新たに発見された証拠で明らかになった場合に, もしその証言がなければ陪審は異なった結論に達した可能性があり かつその証言は事実審理段階で被告人にとって不適正な不意討ち (surprise) に当たるものであったならば, 被告人はその新証拠に基づき再審 (new trial) を受ける権利があるという法理; 1928 年の連邦控訴審裁判所の判例の原告名より》.

LAS Land Agents' Society 土地周旋業者協会●〘米〙°Legal Aid Society 法律扶助協会.

las·civ·i·ous /ləsívɪəs/ a 〈行為が〉猥褻な, みだらな; 煽情的な.

lascívious cárriage (and behávior) 猥褻行為.

lascívious cohabitátion 不純同棲(罪) (=ILLICIT COHABITATION).

last[1] /lǽst; lάːst/ a **1** 最後の, 最終の; 臨終の. **2** すぐ前の, この前の; 昨…; 最近の. —— adv 最後に, 結論として. —— n 最後のもの; 最後.

last[2] n 〘史〙ラスト《魚・穀類・羊毛・皮革などの量単位; 物によって異なる》. [OE hlæst load]

lást antecédent rùle [dòctrine] 直前の先行語句の準則[法理] (=RULE OF THE LAST ANTECEDENT).

lást cléar chánce 最後の明白な損害回避機会(の法理) (=discovered peril) (⇨ LAST CLEAR CHANCE DOCTRINE).

lást cléar chánce dòctrine 最後の明白な損害回避機会の法理 (=discovered peril doctrine, doctrine of discovered peril, doctrine of subsequent negligence, doctrine of ultimate negligence, humanitarian doctrine, last opportunity doctrine, subsequent negligence doctrine, supervening negligence doctrine)《不法行為による損害賠償をめぐる争いで, 原告に寄与過失 (contributory negligence) があるにもかかわらず, 被告の側にその損害を防ぐ最後の可能性があり, しかも被告がその可能性を現実化しなかった場合に, 賠償責任を負わせる法理で, 寄与過失の法理 (contributory negligence doctrine) を緩和するもの; cf. INESCAPABLE PERIL》.

lást emplóyer rùle 最後の雇用者の準則 (=LAST INJURIOUS EXPOSURE RULE).

lást héir 〘史〙《法定相続人が欠けた場合の》最終法定相続人《主君・領主 (lord) あるいは国王がそれに該当する》.

lást íllness 命取りとなる[なった]病い (=last sickness).

lást ín, fírst óut 後入れ先出し(法) **(1)** 人員整理政策で最新の者を最初に解雇するやり方 **2)** 棚卸資産の原価計算方法の一つで, 仕入れ時期により同一商品の仕入れ原価が異なる場合に, 最後に入れた商品から順次払い出しが行われたとみなして期末の棚卸資産価額を算定する方法; 棚卸資産の評価は時価とかけ離れる可能性がある **3)** 〘電算〙最後に入れたデータが最初に取り出される方式のデータ格納法; » 略 LIFO; cf. FIRST IN, FIRST OUT; NEXT IN, FIRST OUT》.

lásting pówer of attórney 〘英〙持続的効力をもつ委任状《2005年法でそれまで存した継続的効力をもつ委任状 (enduring power of attorney) に代えて2007年より導入されたもの; 授権者本人が無能力となった後も持続的効力をもつ委任状で, 授権者の健康管理についての決定をも含む; 受任者は患者の最善の利益 (best interests) は何かを決定する権限は有するが, 生命維持処置の拒否は患者による明文の事前の意思表示がある場合に限られる; cf. ADVANCE DECISION (TO REFUSE TREATMENT), ADVANCE DIRECTIVE, DURABLE POWER OF ATTORNEY, LIVING WILL, NATURAL DEATH ACT, RIGHT TO DIE》.

lást injúrious expósure rùle 傷病最終発症の準則 (=last employer rule)《連続する複数の雇用者の下で就労した被用者の傷病の結果としての就労不能に対する補償責任は, その傷病の最初の症状が出る直前の雇用者に認めるべきであるという法理》.

lást-link dòctrine 最後の連結環の法理《弁護士依頼者間の秘匿特権 (attorney-client privilege) に関連する準則で, その情報自体は秘匿特権対象ではないが, もしそれを開示すれば, 秘匿特権対象の情報を開示することになるような場合, 特にある犯罪で依頼者を起訴ないしは有罪決定することにつながる最重要の証拠を提供することになるような場合には, 弁護士はその情報を開示する必要はないということ》.

lást opportúnity dòctrine 最終機会の法理 (=LAST CLEAR CHANCE DOCTRINE).

lást próximate áct tèst 最後の直前行為のテスト《未遂 (attempt) 罪が成立するか否かを判断するためのコモンロー上の基準の一つで, 被告人が当該犯罪を完遂するのに必要な最後の行為をしたか否か (例えば銃での殺害を企てた場合に銃で狙っただけでなく, 引金を引いたか否か) に基づく判定法; cf. ATTEMPT》.

lást resórt 最後の拠り所[手段]; 最終審 (⇨ RESORT).

lást síckness 命取りとなる[なった]病い (=LAST ILLNESS).

lást-survívor annùity 最終生残者年金《複数の被保険者中 誰かが生存している限り支払われる年金》.

lást-survívor (lífe) insùrance 最終生残者(生命)保険《複数の被保険者中 最後の生残者死亡に伴って保険金が支払われる保険》.

lást wíll 最終遺言(書).

lást wíll and téstament [ᵁone's ~] 最終遺言書 (⇨ TESTAMENT, WILL).

lá·ta cúlpa /léɪtə-/ 重過失 (cf. CULPA). [L=grave fault]

Lata culpa do·lo ae·qui·pa·ra·tur. /— — dóʊloʊ iːkwɪpəréɪtər/ 重大な過失は悪意に等しい. [L=Gross negligence is equivalent to fraud.]

late /léɪt/ a (láter, látter /léɪtər/; látest, last /lǽst; lάːst/) **1** 遅い 遅れた. **2** 滞って. **3** 終わりに近い, 末期の. **3** 先の, 前の, 旧…; 近ごろの, 最近[最新]の. **4** 最近死んだ, 故…. —— adv (later; latest, last) おそく, 遅れて. not later than…までに, …以前に.

la·tent /léɪtnt/ a 隠れている, 見えない, 潜在的な (cf. PATENT). —— n 《肉眼ではよく見えない》犯罪現場の指紋. ~·ly adv [L (lateo to be hidden)]

látent ambigúity 潜在的意味不明確, 潜在的多義性 (=extrinsic ambiguity)《契約書等法律文書中文言自体は明確でありながら, 例えば同名の対象が複数あるなど特別な事実関係が存在するため文言の意味を確定できないこと; cf. PATENT AMBIGUITY》.

látent déed 隠匿捺印証書《通例は20年間以上隠匿された捺印証書》.

látent défect 隠れた瑕疵(ｶｼ) (opp. *patent defect*) (=HIDDEN DEFECT).

látent équity《直接の権利・義務者または利害関係人の一部にしか知られていない》隠れたエクイティー上の権利 (=secret equity).

láteral depárture 側方逸脱量刑《量刑基準 (sentencing guideline) において被告人を地域社会ないしは自宅に閉じ込めることにより拘禁回避を認める刑の宣告》.

láteral suppórt 水平支持(権) (=easement of natural support)《相隣地が自然状態において相互に隣地から水平に支持を受けること, またはその権利; 隣地所有者は支持壁を設け自有地を掘り下げることはできるが, 陥没が生じた場合厳格責任を負う; cf. SUBJACENT SUPPORT》.

Lat·in /lǽt(ə)n/ *a* **1** ラテン語(系)の; ラティウム人の, 古代ローマ人の. **2** ラテン系の, ラテン民族の: the ~ peoples [races] ラテン民族《フランス・スペイン・ポルトガル・イタリア・ルーマニアなどの諸族; また中南米の同系の諸民族》. **3** ローマカトリック(教会)の. ── *n* **1 a** ラテン系の人; ラティウム人, 古代ローマ人;《ローマ史》ラテン人《特別の市民権をもった外人》. **b** ローマカトリック教徒. **2** ラテン語. ★ Classical ~ 古典ラテン語《およそ75 B.C.–A.D. 175》/ Late ~ 後期ラテン語《およそ175–600年間の文学語》/ Low ~ 低ラテン語《Classical ~ のあとに続く諸期のラテン語》/ Medieval [Middle] ~ 中世ラテン語《およそ600–1500年間》/ New [Modern] ~ 近代ラテン語《1500年以後の主に学術語》/ Old ~ 古代ラテン語《古典時代以前, およそ75 B.C. まで》/ Vulgar [Popular] ~ 俗ラテン語《Classical ~ と同時代の口語でロマンス諸語の起源となった》. ▶ LAW LATIN (法律ラテン語). ~-less *a* ラテン語を知らない. [OF or L (*Latium*)]

Látin síde《英史》《かつての大法官府裁判所 (Court of Chancery) の》ラテン語部門《コモンローを運用する; ⇒ ENGLISH SIDE》.

lat·i·tat /lǽtətæt/ *n*《英史》逃亡者逮捕令状《王座裁判所 (Court of King's Bench) での侵害訴訟 (trespass) で, 訴訟原因が Middlesex で生じた場合には, 原告は訴訟開始令状 (original writ) ではなく直接ミドルセックス訴状 (bill of Middlesex) を利用することができ, この訴状で被告を逮捕させることが認められていた; この場合この訴状に対してシェリフ (sheriff) が被告を発見できぬ旨復命すると, 王座裁判所が潜伏している (latitat) 州宛てのシェリフに被告逮捕の令状を発した; 後にこの令状を擬制により, ミドルセックス訴状を経ずに初めから発することができるようになり, 王座裁判所の民事裁判権拡大の道具となった; 1832年廃止; ⇒ BILL OF MIDDLESEX》. [L=he/she lurks]

lau·dum /lɔ́ːdəm/ *n*《史》仲裁, 仲裁裁定[判断](の内容). [L=arbitrament]

láughing héir《俗》笑う(法定)相続人《遠縁の法定相続人 (heir) で, 被相続人の死亡を悲しむことなくたなぼた式に遺産を得ることのできる人》.

laun·der /lɔ́ːndər, *lɑ́ː-n-/ *vt* **1** 洗濯する. **2**〈不正に得た資金や物品を〉《合法的な第三者を通すなどして》合法的[きれい]に見せる, 洗浄する: ~ the dirty money through Swiss bank accounts 不正に得たきたない金をスイスの銀行口座を通すことにより洗浄する. [*lavender* washerwoman<OF]

láunder·ing *n* 洗濯; 洗浄 (cf. MONEY LAUNDERING). ▶ MONEY LAUNDERING (資金洗浄).

láundry líst 1《ホテルなどでの》洗濯物記入表. **2**《俗》詳細なリスト.

law /lɔ́ː/ *n* **1** [the ~] 法《法律・法規の全体》, 国法;《一般》に》法, 法律; 法の統制力;《個々の》法, 法律, 法規;《特定の》…法: Everybody is equal before *the* ~. 法の前では万人平等である / *The* ~ is an ass.《諺》法とはロバのような[ばかげた]ものだ《Dickens, *Oliver Twist* から》/ against [outside] *the* ~ 法を破って[犯して], 違法で / by [under] ~ 法によって, 法的に, 法の下に / inside [within] *the* ~ 法の範囲内で, 法を守って / break *the* ~ 法を破る / do ~ 法を実施[施行]する / a man of ~ 法律家 / It is good [bad] ~. 法にかなっている[いない] / have one ~ for the rich, and another for the poor 富者に対するのと貧者に対するのとで別々の法(基準)をもつ / there is no ~ against…《口》…は(法的に)許される, …を取り締まる法はない / there should be a ~ against…《口》…を取り締まる法があってしかるべきだ, …は法的に認められるべきではない. ▶ ABSOLUTE LAW (絶対法) / ACQUITTAL IN LAW (法の作用による無罪) / ACT IN THE LAW (法律行為) / ACT OF (THE) LAW (法の作用) / ADJECTIVE LAW (形式法) / ADMINISTRATIVE LAW (行政法) / ADMIRALTY LAW (海法) / AIR-FORCE LAW (空軍法務法) / AIR LAW (航空法) / AMBER'S LAW (アンバー法) / ANGLO-AMERICAN LAW (英米法) / ANGLO-SAXON LAW (アングロサクソン法) / ANTIDUMPING LAW (反ダンピング法) / ANTI-JOHN LAW (買春処罰法) / ANTITRUST LAW (反トラスト法) / APPLICABLE LAW (準拠法) / APPRENTICE AT [OF THE] LAW (法研修生) / APPROXIMATION OF LAWS (法の平準化) / AUTONOMIC LAW (自主法) / BACHELOR OF LAWS (法学士) / BANKRUPTCY LAW (破産法) / BENCH LAW (先例に反する法) / BLACKLETTER LAW (基礎的法原則) / BLUE LAW (厳格法; 日曜休業法) / BLUE-SKY LAW (青空法) / BREHON LAW (ブリーハン法) / BUSINESS LAW (企業法) / BYLAW [BY-LAW, BYELAW] (通常定款; 条例) / CANON LAW (カノン法) / CASE LAW (判例法) / CERTAINTY OF LAW (法的確実性) / CHILD LABOR LAW (年少者労働規制法) / CHOICE OF LAW (準拠法の選択) / CIVIL LAW

(民事法; 民法; (ローマ)市民法, ローマ法; 大陸法; 通常法; 世俗法) / COHABITATION LAW (同棲法) / COLLABORATIVE LAW (協調法) / COLLEGE OF LAW (事務弁護士法学院) / COLOR OF LAW (法の外観) / COMMERCIAL LAW (商事法) / COMMON LAW (コモンロー; 普通法) / COMMUNITY LAW ((欧州)共同体法, EC 法) / COMPANY LAW (会社法) / COMPETITION LAW (競争法) / COMPUTER LAW (コンピューター(関連)法) / COMSTOCK LAW (カムストック法) / CONCLUSION OF LAW (法律問題に関する結論) / CONDITION IMPLIED BY LAW (法定条件) / CONFLICT OF LAWS (法律の抵触; 抵触法, 州際私法, 国際私法) / CONSOLIDATED LAWS (統合的法律) / CONSTITUTIONAL LAW (憲法; 合憲の法) / CONSUETUDINARY LAW (慣習法) / CONSUMER LAW (消費者法) / CONSUMER PROTECTION LAW (消費者保護法) / CONTINENTAL LAW (大陸法) / CONTRACT LAW (契約法) / CONVENTIONAL LAW (約定法) / COOPERATIVE LAW (協同法) / COPYRIGHT LAW (著作権法) / COURT OF LAW (裁判所) / CRIMINAL LAW (刑事法; 刑法) / CROWN LAW (刑事法) / CUSTODY OF THE LAW (法の保管) / CUSTOMARY LAW (慣習法) / CYBERLAW (サイバー法) / DANE LAW (デーン法; デーンロー) / DECISIONAL LAW (判例法) / DECLARATORY PART OF A LAW (法律の宣言的部分) / DECREE-LAW (命令) / DIRECTLY APPLICABLE LAW (直接適用される法) / DIRECTLY EFFECTIVE LAW (直接効果を有する法) / DIRECTOR OF LAW (市法務部長) / DIVINE LAW (神法) / DOCTOR OF BOTH LAWS (両法博士) / DOCTOR OF LAW(S) (法学博士) / DOCTOR OF THE SCIENCE OF LAW (法学博士) / DOMESTIC RELATIONS LAW (家族法) / DRY LAW (禁酒法) / DUE COURSE OF LAW (法の適正手続き) / DUE PROCESS OF LAW (法の適正手続き) / ECCLESIASTICAL LAW (教会法) / EC LAW (EC 法, (欧州)共同体法) / EIGHT-HOUR LAW (八時間労働法) / ELDER LAW (老年者法) / EMPIRICAL STUDIES OF LAW (経験法学) / ENOCH ARDEN LAW (イーノック・アーデン法) / ENTERTAINMENT LAW (娯楽産業法) / ENVIRONMENTAL LAW (環境法) / EQUALITY BEFORE THE LAW (法の前の平等) / EQUAL PROTECTION OF THE LAWS (法の平等な保護) / ERROR IN [OF] LAW (法的誤謬, 法に関する錯誤) / ETERNAL LAW (永遠の法) / EUGENICS LAW (優生法) / EU LAW (EU 法, 欧州連合法) / EUROPEAN COMMUNITY LAW (欧州共同体法, EC 法) / EUROPEAN LAW (欧州法) / EXEMPTION LAW (差押禁止財産法) / EXISTING LAW (現行法) / EX POST FACTO LAW (事後法, 刑事事後法) / EYE OF THE LAW (法の眼) / FAIR TRADE LAW (公正取引法) / FAIR VALUE LAW (公正市場価格法) / FALCIDIAN LAW (ファルキディウス法) / FAMILY LAW (家族法; 家族関係法) / FAVORITE OF THE LAW (法のお気に入り) / FEDERAL LAW (連邦法) / FEUDAL LAW (封建法) / FICTION OF LAW (法的擬制) / FINANCIAL RESPONSIBILITY LAW (賠償資力法) / FINDING OF LAW (法の発見) / FOREIGN LAW (外国法, 他州法) / FOREST LAW (森林法) / FORMAL LAW (形式法) / FRAUD IN LAW (法認定詐取) / FUGITIVE SLAVE LAW (逃亡奴隷法) / FUNDAMENTAL LAW (基本法) / GAG LAW (発言制限(的)規則) / GAME LAW (狩猟法) / GENERAL LAW (一般法; 一般法律) / GENERAL PRINCIPLE OF LAW (法の一般原則) / GENERIC DRUG LAW (無登録薬品法) / GOOD OLD LAW (良き古き法) / GOOD SAMARITAN LAW (よきサマリア人法) / GOOD-TIME LAW (善行刑期短縮特典法) / GOVERNING LAW (準拠法) / GOVERNMENT OF LAWS (法による統治) / GRAB LAW (債務強制方法) / GREASER LAW (グリーザー法) / GUN CONTROL LAW (銃器規制法) / HABITUAL CRIMINAL LAW (常習犯加重刑法) / HARD LAW (ハード・ロー) / HARMONIZATION OF LAWS (法の調和) / HEALTH LAW (保健衛生法) / HOMESTEAD LAW (家産差押免除法) / HUMANITARIAN LAW (人道法) / IGNORANCE OF THE LAW (法の不知) / INDUSTRIAL LAW (労働法) / IN-LAW (姻族) / INSOLVENCY LAW (倒産法) / INSPECTION LAW ((物品)検査法) / INTERNAL LAW (国内法; 訴訟係属地の法) / INTERNATIONAL ECONOMIC LAW (国際経済法) / INTERNATIONAL ENVIRONMENT LAW (国際環境法) / INTERNATIONAL LAW (国際法) / INTERSTATE LAW (国際法; 州際法) / INTERTEMPORAL LAW (時際法) / INTESTATE LAW (無遺言相続法) / ISSUE OF LAW (法律上の争点) / JIM CROW LAW (ジム・クロウ法) / JUDGE-MADE LAW (裁判官作成法) / LABOR LAW (労働法) / LAND LAW (土地法) / LEASH LAW (革ひも法) / LEMON LAW (レモン法) / LETTER OF THE LAW (法の文面) / LICENSING LAWS (酒類販売許可法) / LOCAL LAW (地域的特別法; 特別法; 訴訟係属地の法; 州法; 実質法) / MARITIME LAW (海法) / MARTIAL LAW (戒厳(令); 軍政下の法; 軍法) / MASTER OF LAWS (法学修士) / MATTER OF LAW (法律問題) / MEDICAL LAW (医事法) / MEGAN'S LAW (メガン法) / MERCANTILE LAW (商事法) / METALAW (メタ法) / MILITARY LAW (軍法; 陸軍軍務法) / MISTAKE OF LAW (法の錯誤) / MIXED LAW (混合法) / MIXED QUESTION OF FACT AND LAW (事実と法律の混合問題) / MODEL LAW (模範州法) / MUNICIPAL LAW (国内法; 条例) / NATURAL LAW (自然法) / NAVAL LAW (海軍法規; 海軍軍務法) / NEUTRALITY LAW (中立法規; 中立遵守法) / NORMAL LAW (非行為無能力者法) / OPEN-DOOR LAW (議事公開法) / OPERATION OF LAW (法の作用) / ORGANIC LAW (構成法) / OUTLAW (法喪失者) / PADLOCK LAW (施錠閉鎖法) / PARLIAMENTARY LAW (議事手続き法) / PENAL LAW (刑罰法; 刑罰制定法; 刑事法典) / PERSONAL LAW (属人法) / PHILOSOPHY OF LAW (法哲学) / PLAIN LANGUAGE LAW (平易用語法) / POINT OF LAW (法律上の論点) / POOR LAW (救貧法) / POPULAR NAME LAW (通称名の法律) / POSITIVE LAW (実定法) / PRACTICE OF LAW (法律実務) / PRESS LAW (出版法) / PRESUMPTION OF LAW (法律上の推定) / PREVENTIVE LAW (予防法学) / PRIVACY LAW (プライバシー法) / PRIVATE LAW (私法; 個別法) / PROBATE LAW

((遺言)検認法) / PROCEDURAL LAW (手続き法) / PROFESSOR-MADE LAW (教授作成法) / PROPER LAW (プロパー・ロー) / PROPERTY LAW (財産法) / PUBLIC INTEREST LAW (公益法) / PUBLIC LAW (公法; 一般法律; 憲法) / QUOTA LAW (移民数割当て法) / QUESTION OF LAW (法律問題) / RAPE SHIELD LAW (強姦被害者保護法) / REAL LAW (物的財産法) / RECORDING LAW (不動産取引証書登録法) / REMEDIAL LAW (救済手段に関する法; 修正法) / RETALIATORY LAW (報復法) / RETROSPECTIVE [RETROACTIVE] LAW (遡及法) / REVENUE LAW (租税収入法) / RHODIAN LAW (ロードス海法) / RIGHT-OF-CONSCIENCE LAW (良心の権利法) / RIGHT-TO-WORK LAW (労働権法) / ROMAN-DUTCH LAW (オランダ・ローマ法) / ROMAN LAW (ローマ法) / RULE OF LAW (法準則; 法の支配) / SABBATH LAW (日曜安息法) / SAFE HAVEN LAW (安全避難所法) / SALIC [SALIQUE] LAW (サリカ法典, サリカ承継順位法) / SCOFFLAW (法をばかにし無視する者) / SCOTS LAW (スコットランド法) / SERJEANT-AT-LAW (上級法廷弁護士) / SERVICE LAW (軍務法) / SESSION LAWS (会期別法律集) / SHIELD LAW (取材源守秘権法; 性犯罪被害者保護法) / SLIP LAW (法令速報) / SOCIOLOGY OF LAW (法社会学) / SOFT LAW (ソフト・ロー) / SON OF SAM LAW (サムの息子法) / SOURCE OF (THE) LAW (法源) / SPACE LAW (宇宙法) / SPECIAL LAW (特別法) / SPIRIT OF THE LAW (法の精神) / STATE LAW (州法) / STATUTORY [STATUTE] LAW (制定法) / STAY LAW (停止法) / SUBSTANTIVE LAW (実体法) / SUMPTUARY LAW (奢侈禁止法; 倫理規制令) / SUNDAY (CLOSING) LAW (日曜(休業)法) / SUNSET LAW (サンセット法) / SUNSHINE LAW (サンシャイン法) / SUS [SUSS] LAW (不審者逮捕法) / TACIT LAW (暗黙法) / TAX LAW (内国歳入法典; 税法) / TERRITORIAL LAW (属地法) / THEORY OF LAW (法理論) / THREE-STRIKES(-AND-YOU'RE-OUT) LAW ('三振アウト'法) / TRANSNATIONAL LAW (トランスナショナル・ロー) / UNENACTED LAW (非制定法) / UNIFORM LAW (統一法(案)) / UNITED NATIONS COMMISSION ON INTERNATIONAL TRADE LAW (国連国際商取引法委員会) / UNWRITTEN LAW (不文法) / VALUED POLICY LAW (評価済み保険法) / WAGER OF LAW (雪冤宣誓) / WATER LAW (水法) / WELFARE LAW (福祉法) / WHOLE LAW (すべての法) / WORKERS' COMPENSATION LAW (労働者災害補償法) / WRITTEN LAW (成文法)．**2** [the ~] [*fig*]《口》法の執行者, 警官, 看守, 警察: **the strong arm of** *the* **~** 警察力 / *the* **~ in uniform** 制服の警官 / **the long arm of** *the* **~** 法の遠くまで及ぶ力,《犯人をどこまでも追いかける》警察(の手)．**3**《エクイティー (equity) に対して》コモンロー (＝COMMON LAW)．▶ COURT OF LAW (コモンロー裁判所)．**4** 法律学, 法学 (jurisprudence); [⁰the ~] 法曹, 法律業, 法律界, 弁護士の職: study (*the*⁰) ~ 法を学ぶ[研究する] / go in for *the* ~ (法曹になるめ)法を学ぶ / be bred to *the* ~ 法曹になる教育をうける / be learned [versed] in *the* ~ 法に通じている, 法を業

としている, 弁護士をしている．▶ COMPARATIVE LAW (比較法(学)．**5** 法的手段[手続き], 訴訟．**6**《一般に》おきて, ならわし, 慣例, 慣習;《宗教上の》おきて, 戒律, 律法: the ~ of honor 礼儀作法．▶ HOUSE LAW (家訓) / LYNCH LAW (私刑) / MORAL LAW (道徳律) / MOSAIC LAW (モーセの律法)．**7**《自然現象や科学・哲学・数学上の》法則, 理法, 原理;《技術・芸術上の》原則, 法: the ~ of supply and demand 需要と供給の法則．**at ~**《cf. *in* EQUITY》(**1**) 法に従った[従って], 法的な[に], 法によれば, 法に関係する．(**2**) コモンロー上, コモンローでは．(**3**) 訴訟[裁判]中で: be **at** ~ 訴訟[裁判]中である / contend *at* ~ 裁判[法廷]で争う．▶ ADEQUATE REMEDY AT LAW (コモンロー上の十分な救済手段) / ATTORNEY-AT-LAW (弁護士) / COUNSELOR-AT-LAW (弁護士) / ESTATE SUBSISTING AT LAW (コモンロー上存続している不動産権) / HEIR AT LAW (法定相続人) / INADEQUATE REMEDY AT LAW (コモンロー上の不十分な救済手段) / NUISANCE AT LAW (当然の不法妨害) / SOLICITORS AT LAW (エディンバラ下位裁判所弁護士協会)．**be a ~ unto [to] oneself** (旧来のものに制約されずに)自分の思うとおりにする, 慣例を無視する．**bend the ~**《俗》《法に違反しない範囲で》少しごまかす．**contrary to ~** 法に反する[反して]．▶ VERDICT CONTRARY TO LAW (違法評決)．**fix by ~** 制定法で規定する, 法的に決める．**give the ~ to...** …を意に従わせる．**go to ~** 法的措置をとる, 訴える, 告訴する．**have the ~ on** [《廃》**of**] ... …に対して法的措置をとる, …を訴える．**in ~** 法的(に), 法律上(の), 法による (cf. *in* FACT): IMPLIED *in law*．▶ LIVERY IN LAW (法的引渡し) / MALICE IN LAW (認定される犯意) / POSSESSION IN LAW (法的占有; みなし占有) / SEISIN IN LAW (法上の占有)．**lay down the ~** 法を規定する, 独断的に言い放つ, 居丈高に命令する; しかる <to>．**make one's ~**《史》雪冤宣誓 (compurgation) によりみずから無罪を証明する．READ ~．**take the ~ into** one's own hands《法律の力をかりずに》勝手に制裁を加える, リンチを加える．**take sb to ~** 人を訴える．

— *vi* 訴訟を起こす[行なう] (litigate): ~ *for* sb．— *vt*《口・方》訴える, 告訴する, …に対して法的措置をとる．[OE *lagu* < ON ＝ thing laid down; LAY¹ と同語源]

law. lawyer(s).

láw-abìding *a* 法を守る, 遵法の: ~ people (法律をよく守る)良民．**~-ness** *n*

láw àgent《スコットランド》事務弁護士 (solicitor)《略 LA》．

láw and ecónomics [⁰L- and E-] 法と経済学(学派)《近代経済学の理論・手法を法に適用し, 効率性を基礎にして法制度・法を説明評価すべしとする立場》．

láw and líterature [⁰L- and L-] 法と文学(学派) (**1**) 法律家・法制度が文学上いかに描かれているかの研究, 特に法に関係している小説をその対象時期の法の見方の社会学的証拠として見ていく立場 **2**) 法律家の修辞学・論理・文体・統語論・意味論に焦点を当てて文学理論を法

的文章に適用しようとする立場).

láw and órder 法と秩序(の保たれていること[状態]), 安寧秩序: a breakdown of ～ 法と秩序の崩壊. ▶ OFFENSE AGAINST INTERNATIONAL LAW AND ORDER (国際法および国際秩序に対する犯罪). **láw-and-órder** a 法と秩序を重視する, 治安[取締まり]強化の.

láw árbitrary 《事物の道理をわきまえず, 立法府の意思のみに基づく》恣意的な法.

láw bìnding 法律書装《LAW CALF, LAW SHEEP, BUCKRAM などを用いた堅牢な製本》.

láw·bòok n **1** 法律書, 法学関係書. **2** 《特に 制定法集・判例集など第一次的資料を提供している》法書.

láw·brèak·er n **1** 法違反者, 犯罪者. **2** 《口》法規に適しないもの. **láw·brèak·ing** n, a 違法(の).

law càlf 《法律書などの装丁に用いる》上等の子牛皮 (⇨ LAW BINDING).

láw cènter 《英》無料法律相談所《イングランドとウェールズで約 50 か所ある; cf. NEIGHBORHOOD LAW CENTER》. ▶ NEIGHBORHOOD LAW CENTER (近隣の無料法律相談所).

láw clèrk 1 ロー・クラーク, 《特に》裁判官付き調査官《裁判官・弁護士付きの法修習生; 単に clerk ともいう》. **2** 法律事務所専門職員.

láw commìssion 1 [the L- C-]《英》法律委員会《法の体系的発展と改正のため 1965 年法で創設された常設委員会, 略 LC; cf. LAW REFORM COMMITTEE》. **2** 《公的あるいは準公的な》法改革委員会.

láw·còurt, láw còurt n **1** 《エクィティー裁判所に対比される》コモンロー裁判所 (court of law). **2** 裁判所, 法廷. **3** 《英》《建物としての》裁判所.

Láw Còurt(s) (pl) [the ～] 《英》王立裁判所 (ROYAL COURTS OF JUSTICE の通称; 略 LC).

láw-cráft n 法実務.

láw dày 1 a 《古》開廷日 (lage day)《特に, かつてシェリフ巡回裁判 (sheriff's tourn) ないしはリート裁判所 (leet) に用いた》. b 《史》シェリフ巡回裁判, リート裁判所. **2** 《古》支払い期日, 満期. **3** [L- D-]《米》法の日《5 月 1 日》.

láw enfórcement 1 法の執行; 法の実現. **2** 刑事法執行学 (=CRIMINAL JUSTICE). **3** 刑事法執行官《警察官など; 集合的》.

Láw Enfórcement Assístance Admìnistràtion [the ～]《米史》法執行援助局《司法省の一局; 略 LEAA》.

Láw Enfórcement Informátion Nétwork [the ～]《米》法執行情報ネットワーク《運転免許記録・自動車登録・指名手配書などを記録したコンピューター通信システム; 若干の州で用いられている; 略 LEIN》.

láw enfórcement òfficer 法執行官 (=**láw-enfórcer**)《警察官・シェリフなど》.

láw firm 法律事務所, ローファーム《複数の弁護士により組合 (partnership) または法人組織を設け, 法的サービスを提供する開業方式》. ★ 米国では数百人を抱える法律事務所があるが, 英国では事務弁護士 (solicitor) のみが法律事務所を設けられる.

Láw Frènch [ˢL- F-] 法律フランス語, ローフレンチ《中世から 18 世紀までイングランドの法律用語《特に 話しことば》として用いられたノルマンフランス語 (Norman-French) の変種; ⇨ LEGAL LANGUAGE》.

láw·ful a **1** 合法的な, 適法の, 法の認める, 法律上有効な, 法定の (cf. LEGAL): ～ trade 合法取引 / ～ practice 合法行為. **2** 法を守る, 遵法の (law-abiding): ～ citizens. **～·ly** adv 適法に, 合法的に, 正しく. **～·ness** n 適法, 合法.

láwful admíssion 合法的入国.

láwful áge 法定年齢 (=LEGAL AGE).

láwful arrést 合法的逮捕 (cf. UNLAWFUL ARREST).

láwful authórities pl《公権力行使や公けの名においてみずからの命令に従わせることなどをなしうる権限を有している》合法的官憲《例えば警察》.

láwful cáuse 適法な根拠[自由] (=GOOD CAUSE).

láwful dáy 1 《裁判所》開廷日. **2** 法的業務をなしうる日 (cf. DIES NON (JURIDICUS)).

láwful depéndent 法定被扶養者《法的に被扶養者と認められる[認められている]者》.

láwful éntry 1 《不動産への》合法的立入り. **2** 《捜索令状 (search warrant) に基づく》適法な立入り.

láwful fénce 適法な囲い (=good and lawful fence, legal fence).

láwful fórce 合法的な力, 合法的実力 (cf. UNLAWFUL FORCE).

láwful góods pl《保持・売却・輸出などが認められている》合法的物品.

láwful héir 法定相続人 (=HEIR).

láwful hómicide 合法的殺人 (=JUSTIFIABLE HOMICIDE) (cf. UNLAWFUL HOMICIDE).

láwful íssue 嫡出の直系卑属.

láwful mán 法にかなった人, 適法な人 (=lageman, legalis homo)《陪審員などになりうる法的要件の備わった人; cf. LEGEM AMITTERE, GOOD AND LAWFUL MAN》.

láwful mérchandise 適法貨物《船積み・指定荷揚げ港で合法的に船積み・運送・陸揚げできる貨物》.

láwful móney 法定通貨[貨幣], 法貨 (=LEGAL TENDER).

láwful represéntative 1 法定相続人 (legal heir). **2** 人格代表者 (=PERSONAL REPRESENTATIVE)《遺言執行者 (executor) ないし遺産管理人 (administrator); cf. LEGAL REPRESENTATIVE》. **3** 《一般的に》法律上の代理人.

láw·gìver n 立法者; 法典制定者. **láw·gìving** n, a

láw-hànd n《史》法律文書体, 公文書体《かつてイングランドの法律文書に用いた手書き書体》.

láw jòurnal 法律雑誌, ロー・ジャーナル《略 LJ》.

láw Làtin 〖史〗[°L- L-] 法律ラテン語《低ラテン語 (Low Latin) の一種で, ラテン語化した英語や古代フランス語などを混ぜた非標準ラテン語; ラテン語は数世紀にわたり法言語として用いられてきており, 現在でも多くの一般的な法学上の術語・成句 (例えば habeas corpus, in flagrante delicto, de jure, de facto, etc.) として用いられている; 略 LL; ⇨ LEGAL LANGUAGE》.

láw·less *a* **1** 法律のない[行なわれない], 無法な; 非合法の, 不法な (illegal): a ~ act. **2** 法律を守らない, 手に負えない. ~·**ly** *adv* ~·**ness** *n* 無法.

lawless mán =OUTLAW.

láw lìst 法曹名簿《米国では Martindale-Hubbell Law Directory が代表的; 英国では Law List (略 *LL*) の名称で 1801-1976 年の間毎年刊行され, 事務弁護士 (solicitor) については一応の資格確認資料となっていたが, 1977 年に Bar List に代わった》.

Láw Lòrd [°l- l-] 〖英〗法官貴族《最高裁判所としての英国貴族院 (House of Lords) で裁判に当たる者の総称; 具体的には現・前・元大法官 (Lord Chancellor), 常任上訴裁判官 (Lord of Appeal in Ordinary), その他の貴族で高位司法職にある[あった]者; 通常は常任上訴裁判官 (Lord of Appeal in Ordinary) のみを指す; なお, 2005 年法施行後は最高裁判所としての貴族院の機能は新設の連合王国最高裁判所 (Supreme Court of the United Kingdom) に移されたが, 常任上訴裁判官がその当初の裁判官になっている; ⇨ SUPREME COURT OF THE UNITED KINGDOM; cf. LAY LORD》.

láw·màker *n* 法創造者, 立法者 (legislator).

láw·màking *n, a* 立法 (legislation) (の): a ~ body 立法府.

láw·man /-mən/ *n* (*pl* -men /-mən/) 法執行者《**1**》〖米〗シェリフ・警察官など **2**》〖英史〗アングロ・サクソン時代デーンロー (Danelaw) 地方の法専門家で, 地方の裁判所で各種法的問題で指導的役割を演じた 12 名の者》.

láw mártial =MARTIAL LAW.

láw mérchant (*pl* láws mérchant) [the ~] 商慣習法 (=consuetudo mercatorum, custom of merchants, lex mercatoria)《中世からヨーロッパの商人間において一般に行なわれていた慣習法; 後にコモンローに取り入れられ, その一部となっている》.

láw of cóntract [the ~] 契約法 (contract law).

láw of évidence [the ~] 証拠法.

láw òfficer 法務官 (⇨ LAW OFFICERS OF THE CROWN).

láw òfficers of the Crówn *pl* [the ~, °the Law Officers of the Crown] 〖英〗**国王の法務官**《特に現在は以下の法務官をいう: (1) イングランド・ウェールズの法務長官 (Attorney General) および法務次官 (Solicitor General), (2) スコットランド担当法務長官 (Lord Advocate for Scotland) (⇨ LORD ADVOCATE), (3) 北アイルランド担当法務長官 (**Attorney General for Northern Ireland**)》.

láw of márque [the ~] 捕獲法《**1**》権利侵害を受けたがそれに対する正当な償いを得ることができない者に対して, その身近にある加害者の物を償いとして没収することを許す復仇法 **2**》公海において敵国人の財産捕獲に関する国際法; ⇨ LETTERS OF MARQUE》.

láw of nátions [the ~] **1** 諸国民の法, 国際法 (international law). **2** 〖ローマ法〗万民法 (=jus gentium)《異民族相互の関係およびローマ市民と異民族との関係に適用される》.

láw of náture [the ~] 自然法 (=NATURAL LAW).

láw of obligátions [the ~] 債務法《わが国の債権法に当たる; cf. LAW OF PROPERTY, LAW OF STATUS》.

láw of pérsons 人の法 (cf. LAW OF THINGS).

láw of próperty [the ~] 財産権法 (cf. LAW OF OBLIGATIONS, LAW OF STATUS).

Láw of Próperty Àct [the ~] 〖英〗財産権法《1925 年の英国の不動産法の改革法の名称; この制定法を中心にした一連の制定法 (これらを Law of Property Acts (財産権諸法) と呼ぶ) により, 中世以来の封建法に色濃く影響を受けていた英国不動産法は根本的に変革された; 1926 年から実施》.

láw of shíp's flág [the ~] 旗国法 (=LAW OF THE FLAG).

láw of státus [the ~] 身分法 (cf. LAW OF OBLIGATIONS, LAW OF PROPERTY).

láw of the cáse [the ~] その事件における法《**1**》上訴裁判所がある事件の法律問題について下した判断は, その事件においては差戻し審さらには再上訴の場合は自己自身をも拘束するという法理およびその判断の基になった事件; cf. DOCTRINE OF PRECEDENT, LAW OF THE TRIAL, RES JUDICATA **2**》裁判官が陪審に説示で述べる, その事件に対して適用すべき法》.

láw of the círcuit 〖米〗連邦巡回控訴裁判所の法《**1**》連邦巡回控訴裁判所 (circuit court of appeals) で宣告され従われている法 **2**》連邦巡回控訴裁判所の一つにおける合議体裁判所は同一裁判所の他の合議体裁判官の判決を覆すべきでないという準則 **3**》連邦巡回控訴裁判所の一つにおける意見は他の巡回控訴裁判所に対して拘束力は有さず, ただ説得的先例としてのみ考えられるべきであるという準則》.

láw of the flág [the ~] 旗国法 (=law of ship's flag)《船が揚げる国旗の法すなわち船舶の登録国[船籍国]法で, 国際私法上準拠法になることがある》.

láw of the fórum [the ~] 法廷地法 (=LEX FORI).

láw of the lánd [the ~] 国法, 国の法, その土地[国]の法《元来は LEX TERRAE の訳語で, その土地の法程度の意味であったが, 後には法の適正手続き[正当な法の手続き] (due process law) と同義語にまで変質している》.
▶ SUPREME LAW OF THE LAND (国の最高法規).

láw of the pláce [the ~] 〖米〗場所の法《訴訟の基礎になっている事態が発生した場所の法; 特に不法行為法上, 権利侵害が発生した場所で適用される州法》.

láw of the séa [the ~] **1** 海洋法《国際法のうち,

海洋を規律する法の総称; 略 LOS; cf. MARITIME LAW). ▶ UNITED NATIONS CONFERENCE ON THE LAW OF THE SEA (国連海洋法会議) / UNITED NATIONS CONVENTION ON THE LAW OF THE SEA (海洋法に関する国連条約). **2** 海の掟 (船乗り・船主などが守るべき慣習法).

láw of the stáple [the ~]《史》ステイブル法, 指定市場法《ステイブル裁判所 (⇨ COURT OF THE STAPLE) で用いられた法); 商慣習法.

láw of the tríal [the ~] その審理における法《ある特定事件の審理 (trial) において双方当事者から異論がなくしたがって依存し用いられる法理論ないしは裁判所の決定; cf. LAW OF THE CASE).

láw of thíngs 物の法 (cf. LAW OF PERSONS).

láw of wár [the ~] 戦争法 (⇨ INTERNATIONAL LAW OF WAR).

láw práctice 弁護士業務 (cf. PRACTICE OF LAW).

láw quèstion 法律問題 (=QUESTION OF LAW).

láw refòrm 法改正.

Láw Refòrm Commìttee [the ~]《英》法改正委員会 (1952年に法改定委員会 (Law Revision Committee) に代わって設置; 特に判例法の改正についての付託に応じて改正を提案する委員会; cf. LAW COMMISSION).

Law Rep.《英》°Law Reports『ロー・リポーツ』.

láw repòrts pl **1** 判例集. ▶ ANNOTATED LAW REPORTS (注釈付き判例集). **2** [the L-R-]《英》『判例集』『ロー・リポーツ』《英国で1865年以降半官組織の判例集編纂評議会 Incorporated Council of Law Reporting for England and Wales が公刊している判例集; 略 Law Rep., LR}.

láw review [°L-R-] **1** 法律雑誌, ロー・レビュー《略 L. Rev.). **2**《米》《法科大学院の学生からなる》法律雑誌編集委員会, 法律雑誌編集委員会委員.　**make ~** *法律雑誌編集委員会委員をつとめる.

Láw Revísion Commìttee [the ~]《英》法改定委員会 (1934年に創設され, 1952年に法改正委員会 (Law Reform Committee) に取って代わられた).

Láws and Líberties of Massachúsetts [the ~]《米史》マサチューセッツ法典《1648年 Massachusetts の植民地議会 (General Court) が1641年制定の BODY OF LIBERTIES (自由法典) を取り込み拡大して制定した法典; 他のニューイングランド植民地に大きな影響を与えた).

láw school《米》法科大学院, ロースクール《大学院レベルの法律家養成機関). ▶ ACCREDITED LAW SCHOOL (認定法科大学院) / APPROVED LAW SCHOOL (認可法科大学院) / ASSOCIATION OF AMERICAN LAW SCHOOLS (アメリカ法科大学院協会).

Láw School Admíssions Tèst [the ~]《米》法科大学院[ロースクール]入学共通テスト (略 LSAT).

láw shèep《法律書などの装丁に用いる) 上等の羊皮, ローシープ (⇨ LAW BINDING).

láw sìttings pl《英》《一年間のうちの》裁判所開廷期間 (=SITTINGS).

Láw Socìety [the ~]《英》事務弁護士協会, ソリシター協会, ロー・ソサエティー《1825年創設, 1831年に法人格を付与されたイングランド・ウェールズなどの事務弁護士会; 事務弁護士 (solicitor) の試験・修習と登録を管理しており会員の行動規制権限を有する; 略 LS). ▶ COUNCIL OF THE LAW SOCIETY (事務弁護士協会評議会) / INCORPORATED LAW SOCIETY (事務弁護士協会).

Láws of Amál·fi /-ɑːmáːlfi/ pl [the ~] アマルフィ法典 (=AMALPHITAN CODE).

Láws of Canúte [the ~] カヌートの法 (⇨ CANUTE).

Láws of Mánu /-mǽnu/ pl [the ~] マヌ法典 (=CODE OF MANU).

Laws of Oléron pl [the ~] オレロン海法 (⇨ OLÉRON).

láws of the séveral státes pl [the ~]《米》《連邦裁判所が州法を適用すべき場合の》それぞれの州の法, 各州の法.

Láws of Wísby [Vísby] pl [the ~]《史》ヴィスビー海法《ハンザ同盟の一つである Gotland 島のヴィスビー市の名をとった海法で, バルト海沿岸で一般的に用いられていた; Cleirac, *Us et Coustumes de la Mer* (1647) ほか種々の集成がある; cf. HANSEATIC LAWS OF THE SEA).

láw spíritual 宗教法, 教会法 (=ECCLESIASTICAL LAW).

láw stàtion《俗》警察署.

láw stàtioner 法律家用書類商,"法律家用書類商兼代書人.

láw·sùit n 訴訟 (=suit): enter [bring in] a ~ against... に対して訴訟を起こす / defend a ~ 出廷の上みずからの主張を陳述し防御する / face [be faced with] a ~ 訴えられる. ▶ LOCALITY OF A LAWSUIT (裁判籍) / SHAM LAWSUIT (擬装訴訟) / VEXATIOUS LAWSUIT (濫訴).

láw-tàlk n **1** 法律専門用語 (=LEGALESE). **2** 法律家特有の言い回し.

láw tèrm 1 法律(用)語. **2**《英史》裁判所開廷期《一年のうち裁判所が開廷する期間で, 年4回; 1873年法 (75年施行) で term 制は廃され, (law) sittings ((裁判所)開廷期間) に変わっている; HILARY TERM (ヒラリー(開廷)期), EASTER TERM (イースター(開廷)期), TRINITY TERM (トリニティー(開廷)期), MICHAELMAS TERM (ミクルマス(開廷)期) の4期である; 単に term とか term of court ともいう; ⇨ SITTINGS].

láw-wòrthy a《史》法に値する, 法にかなった, 法にふさわしい.

láw wrìter 法律専門著述家, 法律専門家.

law·yer /lɔ́ːjɚ, lɔ́ɪɚ/ n 法律家, 弁護士, 法曹有資格者, 法曹, 法実務家 (cf. ATTORNEY, COUNSEL);《一般的に》法律通(⁓): a good [a poor, no] ~ 法律に明るい[暗い]人. ▶ CANON LAWYER (カノン法法律家) / CIVIL

LAWYER (ローマ法法律家; 大陸法法律家; 民事法法律家) / COMMON-LAW LAWYER (コモンロー法律家; 英米法法律家) / COMMON LAWYER (コモンロー法律家; 英米法法律家) / CRIMINAL LAWYER (刑事弁護士) / DEFENSE LAWYER (被告(人)側弁護士) / DUMP TRUCK LAWYER (ダンプカー弁護士) / FAMILY LAWYER (家庭弁護士) / HEADNOTE LAWYER (頭注法律家) / JAILHOUSE LAWYER (監獄の法律家) / LEGAL SERVICES LAWYER (法律扶助提供弁護士) / MARITIME LAWYER (海事法法律家) / OFFICE LAWYER (事務所業務弁護士) / PHILADELPHIA LAWYER (フィラデルフィアの法律家) / POVERTY LAWYER (法律扶助弁護士) / PUBLIC INTEREST LAWYER (公益法律家) / RAMBO LAWYER (ランボー弁護士) / TRANSACTIONAL LAWYER (取引業務弁護士; 事務所業務弁護士) / TRIAL LAWYER (事実審専門弁護士). ― *vi* 弁護士[法律家]としての実務をとる. ― *vt* ...に法曹を供給する. **~dom** *n*

láwyer·ing *n* **1** 弁護士[法律家] (lawyer) の職[地位]. **2** 法実務.

láwyer reférral sèrvice* 弁護士紹介サービス《貧困ゆえの法律扶助 (legal aid) に頼る必要のない人に対して, その人が抱える法的問題を明確にするように援助をしたうえでその分野の弁護士と接触するための情報提供をしたり, 助けとなるような政府機関や消費者機構についての情報を提供する通例は法曹協会 (bar association) などが提供するサービス; **lawyer referral and information service** (弁護士紹介·情報提供サービス) ともいう》.

láwyer-wítness rùle 弁護士証人の準則《事実審の事実問題についての証人として呼ばれる可能性のある弁護士は, 原則としてその事件の弁護人として務めることはできないという原則; ただしその証言が争いのない事項あるいはその事件の弁護士報酬額に関するものになる場合, さらにはその弁護士を除くとその依頼人に重大な困難を産み出すことになりそうな場合は例外とされる》.

lay¹ /léi/ *vt* (**laid** /léid/) **1** 置く, 横たえる; 埋葬する; 〈金などを〉賭ける: ~ a wager (on...に)賭ける. **2** 敷く, 据え付ける. **3** 用意する, 案出する. **4** 提示する, 提出する, 申し出る, 申し立てる, 主張する, 開陳する; 〈原告が損害請求額を〉提示する (fix): ~ a proposal before the House 院に法案を提出する / ~ claim *to* an estate 不動産に対して権利を主張する / ~ information *against*...を告発[密告]する; ...を略式起訴する. **5** 〈重荷·義務·罰などを〉課する, 科する (impose): ~ a tax 課税する / ~ heavy taxes *on* wine and tobacco 酒とタバコに重税を課する. **6** 帰する, 転嫁する, なすりつける (ascribe): ~ the blame *on* her 彼女に責任を負わせる / ~ a crime *to* his charge [《古》*to* him] 罪を彼の責任に帰する. **~ away** しまっておく, 備蓄する, とっておく. **~ DAMAGES**. **~ down** [ᵖ*pass*] 〈独断的に[強く]〉主張する, 断言する; 〈法などを〉規定[策定]する: ~ it *down* that ...だと主張する / ~ *down* the LAW. **~ fast** 拘束[束縛]する, 監禁する. **~ off** 《一時的にまたは永久に》解雇する, レイオフする (⇨ LAYOFF). ― *n* **1** 《動物などの》隠れ処. **2** 地勢. **3** 《漁船員が航海ごとに受ける》利益配当(の形での)賃金.

lay² *a* 《聖職者に対して》平信徒の, 俗人の; 世俗の; 《特に法律·医学について》素人の, 本職でない, 非法律家の.

láy asséssor 法律家ではない裁判所補佐人 (⇨ ASSESSOR).

láy·àway *n* 商品取り置き.

láy corporátion 《英》世俗法人《営業目的あるいは慈善·公益目的で俗人によって構成される法人; opp. *ecclesiastical corporation*》.

láy cóurt 1 世俗裁判所 (opp. *ecclesiastical court*). **2** 素人裁判所.

láy dáys *pl* 《傭船契約上, 船積み荷揚げのための》停泊期間, 船積み期間 (=lay time, lying days) (cf. RUNNING DAYS).

láy fée 《史》世俗的封土権.

láy imprópriator 《教会法》聖職禄俗人保有者; 《英国教》俗人である教(会)区主任司祭 (lay rector).

láying (a) foundátion 前提事実の立証.

láying (an) informátion 通報, 密告; 訴追請求(状) [告発(状), 告訴(状), 略式起訴(状)] の提出 (⇨ INFORMATION).

láying (of) the vénue 裁判地の申し出.

láy intermédiary 弁護士と依頼人との直接的接触を妨げるために介入する素人, 弁護士仲介人.

láy júdge 素人裁判官, 非法律家裁判官.

láy jústice 《英》素人治安判事《治安判事裁判所地方裁判官 (district judge (magistrates' court)) でない治安判事 (justice of the peace)》.

láy lórd 《英国貴族院議員中の》非法律家貴族 (cf. LAW LORD).

láy mágistrate 法曹資格のない治安判事 (opp. *stipendiary magistrate*).

láy·man /-mən/ *n* (*pl* **-men** /-mən/) **1** 《法律·医学などの専門家に対して》素人, 非専門家, 非法律家. **2** 《聖職者に対する》俗人.

láy·òff *n* 《特に多数の被用者に対する一時的あるいは永久的な》解雇, レイオフ《被用者との雇用関係は一応終了するが, 期限付きの解雇や, のちに労働力需要が回復した時点で再雇用が予定されている場合もあるし, 雇用関係が元に戻らぬことも少なくない》.

láy opínion tèstimony 素人の意見に基づく証言《専門家としての資格のない者の意見に基づく証言; cf. EXPERT TESTIMONY, OPINION TESTIMONY》.

láy péer 《英》世俗貴族 (=LORD TEMPORAL) (opp. *spiritual peer*).

láy péople 1 俗人. **2** 素人, 非法律家. **3** 陪審員.

láy·pèrson 1 素人, 非専門家, 非法律家. **2** 《史》陪審員. **3** 《聖職者に対する》俗人.

láy réctor 《英国教》俗人である教(会)区主任司祭 (= (lay) impropriator) (cf. PARSON) (⇨ RECTOR).

láy ténure 《史》世俗的不動産保有(条件)《不動産

保有 (tenure) の条件が軍事とか地代支払いといった世俗的奉仕義務であるもの; cf. FRANKALMOI(G)N, SPIRITUAL TENURE, TENURE BY DIVINE SERVICE, TENURE BY KNIGHT SERVICE).

láy·time n 停泊[船積み]期間 (=LAY DAYS).

láy wítness 非専門家証人, 素人の証人 (cf. EXPERT WITNESS).

LBO °leveraged buyout 借入金による企業買収.

l.c. lawcourts ♦ °legal currency 法定通貨 ♦ °loco citato (上記)引用文中に.

LC 〚英〛°Law Commission 法律委員会 ♦ 〚英〛°Law Court(s) 王立裁判所 ♦ °Legislative Council ♦ 〚英〛°Lord Chancellor 大法官.

LC, l.c. °leading case 指導的判例.

L/C, l/c, LC, l.c. °letter of credit 信用状.

LCh 〚英〛°Lord Chancellor 大法官.

LCJ 〚英〛°Lord Chief Justice (of England and Wales)) イングランド(およびウェールズ)首席裁判官.

L-Claim proceeding /él━━/〚米〛L 項目請求に基づく手続き《事業への犯罪組織等の浸透取締法 (Racketeer Influenced and Corrupt Organizations Act) の下で, 没収を命じられた財産が被告人にだけ属するものであるかどうかを確認するために, その財産に権利を有すると主張する第三者の申し立てに基づき開始される審理; 同法の罰則の l 項にその法的根拠があることからの名称).

LCM [L legis comparative magister] Master of Comparative Law.

LCS 〚英〛°Legal Complaints Service 法的苦情処理部門.

Ld Limited ♦ Lord.

LD °Lady Day お告げの祝日.

LEAA 〚米〛°Law Enforcement Assistance Administration 法執行援助局.

lead /líːd/ v (led /léd/) vt **1 a** 導く, 案内する (conduct); 先導する, 指揮[指揮]する, 率いる (direct). **b** …の先頭に立つ, リードする. **2** 誘う, …する気にならせる 〈to do〉. **3** 〈証人に〉誘導尋問をする: Counsel must not ~ the witness. **4** 〈訴訟〉の主任弁護士をつとめる. **5** 〈証拠を〉提出する. ─ vi **1** 先に立っていく, 案内する, 指揮する, 率いる. **2** …に至る, 通ずる; 〈ある結果に〉至る, もたらす 〈to〉. **3** 主任弁護士となる 〈for〉. **lead** EVIDENCE. ─ n [the ~] 先導, 率先; 指揮; 手本, 例; 《口》問題解決のきっかけ, いとぐち, 手掛かり (clue): follow up the several ~s in the robbery investigation.

léad cóunsel 1 主任弁護士 (=leading counsel, leader, senior counsel) (cf. JUNIOR COUNSEL). **2** 〚英〛勅選弁護士 (=KING'S COUNSEL) (⇒ TWO COUNSEL RULE).

lead·er /líːdər/ n リーダー, 先導者, 指導者, 先達; 〚政党の〛党首; 総裁, 幹事; "LEADER OF THE HOUSE; 総統, 首領; 指揮官. ▶ FLOOR LEADER (院内総務) / HOUSE LEADER (院内総務; 下院の政党党首) / MAJORITY LEADER (多数党の院内総務) / MINORITY LEADER (少数党の院内総務). **2** 主任弁護士 (=LEAD COUNSEL); 〚英〛勅選弁護士 (=KING'S COUNSEL). **3** 誘導尋問. **4** 社説, 論説: a ~ writer "論説記者[委員]. **5** 〚景気の〛先行指標 (leading economic indicator). **6** 〚客寄せのための〛目玉商品, 特価品 (loss leader). ▶ LOSS LEADER (目玉商品). **~·less** a

Léader of HM Opposítion /-éɪʃɛm-/ [the ~]《英国議会庶民院の》野党第一党党首 (=Léader of the Opposítion).

Léader of the Hóuse [the ~]〚英〛《庶民院または貴族院の》院内総務《政府を代表し野党と折衝し, 議院の運営を司る大臣の一人; 特定するときは Leader of the Commons または Leader of the Lords という》.

lead·ing /líːdɪŋ/ n 指導, 先導, 主導, 指揮, 統率. ─ a 導く, 先導する, 主導する; 最も重要な, 首位の; 主要な, 主な (chief): a ~ shareholder 筆頭株主 / a ~ figure in economic circles 経済界の重鎮 / ~ businessmen 第一線のビジネスマン / a ~ company 一流企業[会社].

léading cáse [the ~] 指導的判例, リーディングケース 《**1** 重要な法準則を初めて明確に示した判決で以後一貫して従われているもの; cf. LANDMARK DECISION **2**) 特定の法律問題についての重要な, しばしば最重要な判例 **3**) 当面する問題の解決の典拠として引用される判例; ruling case ともいう》. » 略 LC, l.c. 》.

léading cóunsel 1 主任弁護士 (=LEAD COUNSEL). **2** 〚英〛勅選弁護士 (=KING'S COUNSEL).

léading económic índicator 先行経済指標 (=leader) (=léading índicator)《景気の先行を示す経済指標》.

léading óbject rùle 主導目的の準則 (=MAIN PURPOSE RULE).

léading quéstion 誘導尋問 (=categorical question, suggestive interrogation, suggestive question)《尋問している人が欲しい回答・供述内容が暗示され, 尋問されている証人などがはい・いいえだけで回答できるような形式の尋問》.

léaf·let n 〚広告の〛ちらし. ─ vi ビラ[ちらし]を配る.

league /líːg/ n **1** 連盟, 同盟, リーグ. ▶ OFFENSIVE AND DEFENSIVE LEAGUE (攻守同盟). **2**《距離尺としての》リーグ《英米では約 3 マイル》. ▶ LAND LEAGE (地積リーグ).

Léague of Nátions [the ~]〚史〛国際連盟《第一次世界大戦後の 1920 年にヴェルサイユ講和条約に基づき結成された国際組織; 1946 年国際連合に引き継がれ, 解散; 略 LN, L of N; cf. UNITED NATIONS). ▶ CONVENANT OF THE LEAGUE OF NATIONS (国際連盟規約).

leak /líːk/ n **1** 漏れ口, 漏れ 〈in a boiler〉. **2** 《秘密などの》漏洩, リーク; 機密漏洩者, 漏洩の経路; 機密漏洩の起きやすい箇所: You are the ~. 秘密を漏らしたのはおまえだ. ─ vi 《秘密などが》漏れる 〈out〉. ─ vt 《秘密・情報を》漏らす, 流す. **~·er** n **~·less** a

léak·age *n* 1 漏れ, 漏出; 漏電, 漏水. 2《秘密などの》漏洩《*of*》. 3《保険》《特に液状貨物の》漏損.

léap·fròg appéal《英》跳び越し上訴《高等法院 (High Court of Justice) から貴族院へ控訴院 (Court of Appeal) を経ずに上訴すること; 一般的重要性をもつ法律問題に関連している事件での例外的手続き; 直接上訴 (direct appeal) ともいう》.

léapfrog devélopment 跳び越し開発《水道などの公共施設を現在のその終点地から延長し, 将来開発予定の未開発地帯を通過して現在改良中の土地まで引くことを要する土地改良》.

léapfrog procédure 跳び越し手続き (⇨ LEAPFROG APPEAL).

léap yèar 閏年 (うるうどし) (bissextile).

learn·ed /lə́ːrnəd/ *a* 学問[学識]のある, 博学な, 博識な, 学問上の, 学究的な; 学問の; 学識者の用いる《ことば》: a ~ man 学者 / a ~ society 学会 / the ~ professions 学問的職業《本来は神学・法学・医学》,《一般に》知的専門職. **~ friend [brother, colleague, counsel, opponent]**"博学なる友[弁護士]"《法廷などで弁護士が相手弁護士に対して用いる敬称》. **~·ly** *adv* 学者らしく. **~·ness** *n*.

léarned intermédiary 瑕疵 (かし) を知っている中間者 (= INFORMED INTERMEDIARY).

léarned intermédiary dòctrine 瑕疵 (かし) を知っている中間者の法理《医師の処方箋がなければ入手できない要指示薬の製造者は, 処方をする医師に対してその薬についての潜在的に危険な効果の情報を提供すれば, その使用者に対して知らせていなくとも, 警告義務を果たしたことになるという製造物責任 (products liability) 法上の原則》.

léarned tréatise rùle 学術論文の準則《伝聞証拠排除則 (hearsay rule) の例外則で, 科学・医学・人文学等に関わる論文などですでに公刊されているものについては, 専門家の証言 (expert testimony) によるものであれ裁判所による確知 (judicial notice) によるものであれ, 典拠確実なものとして証拠として認められうるというもの》.

lease /líːs/ *n* 1 不動産賃貸借, 不動産賃貸借権, 不動産(賃)貸借契約(書), 定期不動産権, 定期不動産権設定(書). 2《動産》賃貸借, 寄託,《無体財産権の》期間(使用)権付与. 3 賃貸借(契約), リース: by [on] ~ 賃貸[賃(貸)借]で / put (out) to ~ 賃貸する / take a farm on ~ = take out a ~ on a farm《期間を定めて》農場を賃貸する / ~ for three [four, etc.] lives"名指された3 [4...] 名の死亡まで存続する賃貸借. 4 賃貸借期間. 5 貸貸物件《土地・建物・機械など》.▶《語義1-5に関連》AGREEMENT FOR LEASE (不動産賃貸借契約締結合意) / ASSIGNABLE LEASE (譲渡可能不動産賃貸借) / ASSIGNMENT OF LEASE (不動産賃貸借権の譲渡) / BUILDING LEASE (建物用土地賃貸借) / COMMERCIAL LEASE (商業目的賃貸借) / COMMUNITY LEASE (共同不動産貸貸契約) / CONCURRENT LEASE (併存的不動産賃貸借権) / CONSUMER LEASE (消費者賃貸借) / DISCONTINUOUS LEASE (不継続不動産賃貸借[賃借権]) / DURABLE LEASE (持続的不動産賃貸借[賃借権]) / EQUITABLE LEASE (エクイティ上の不動産賃貸借[賃借権]) / FINANCE LEASE (金融リース) / FORFEITURE OF LEASE (不動産賃貸借没収) / FULL SERVICE LEASE ((賃貸人)経費全面負担不動産賃貸借) / FUTURE LEASE (将来不動産賃貸借[賃借権]) / GRADUATED LEASE (賃料変動的賃貸借) / GROSS LEASE (諸経費賃貸人負担型賃貸借) / GROUND LEASE (長期土地賃貸借) / GROUND RENT LEASE (長期土地賃貸借) / HEADLEASE (原不動産賃貸借[賃借権]) / LAND LEASE (長期土地賃貸借) / LEGAL LEASE (コモンロー上の不動産賃貸借[賃借権]) / LEND-LEASE (相互援助) / LEVERAGED LEASE (借入れ資本利用賃貸借) / LONG LEASE (長期(不動産)賃貸借) / LONG-TERM LEASE (長期(不動産)賃貸借[賃借権]) / MASTER LEASE (親不動産賃貸借[賃借権]) / MINERAL LEASE (鉱業権リース) / MINING LEASE (鉱業権リース) / MONTH-TO-MONTH LEASE (各月不動産賃貸借) / NET LEASE (諸経費賃借人負担型(不動産)賃貸借) / OIL-AND-GAS LEASE (石油天然ガス採掘権リース) / OPERATING LEASE (短期間賃貸借) / PAROL LEASE (口頭賃貸借(契約)) / PERCENTAGE LEASE (割合賃料による(不動産)賃貸借) / PERPETUAL LEASE (永久的不動産賃貸借[賃借権]; 地代支払い義務付き封土権(授与)) / PROPRIETARY LEASE (所有権的賃借権) / RE-LEASE (転貸) / RENEWAL OF LEASE (不動産賃貸借契約の更新) / REVERSIONARY LEASE (将来賃借権; 復帰権的賃借権) / SANDWICH LEASE (原貸借) / SHORT LEASE (短期(不動産)賃貸借[賃借権]) / SUBLEASE (不動産転貸借) / TIMBER LEASE (立木伐採のための土地賃貸借[賃借権]) / TIMESHARE LEASE (タイムシェアリング不動産賃貸借[賃借権]) / TRUE LEASE (本来の(不動産)賃貸借) / UNDERLEASE (不動産転貸借) / UNLESS LEASE (解除条件付き採掘権契約). —— *vt*《賃貸借契約によって》〈土地・建物・機械などを〉賃貸する〈*out, to*〉; 賃借する, リースで借りる〈*from*〉: ~ sth (*out*) *to* sb 人に...を賃貸する / ~ sth *from* sb 人から...を賃借する. —— *vi*〈土地などが〉賃貸借の対象である;〈人が〉賃貸行為をする. **~ back**〈売却した不動産などを〉〈買主から〉賃借する,〈購入した不動産などを〉売主に賃貸する (⇨ LEASEBACK). **léas·able** *a*〈土地が〉賃(貸)借できる. **léas·er** *n*.

léase and reléase《史》不動産賃貸借と復帰権放棄, 定期不動産賃借権設定と復帰権放棄による不動産譲渡《不動産の譲受人へ賃借権を設定し, さらに譲渡人が有する復帰権を譲受人に放棄することによる不動産権の譲渡方式; 1535 年法による占有引渡し (livery of seisin) を伴わぬ売買契約と売却 (bargain and sale) に基づく自由土地保有権 (freehold) 譲渡の登録の要求を脱法するために考案され, 英国では 1841 年まで自由土地保有権の譲渡方式として利用された》.

léase·bàck *n* 賃貸借契約付き売却, 借戻し付き売却 (= sale and leaseback, sale-leaseback)《売却した物件

を売却後直ちに売主が賃主から賃借する契約付きの売却).▶SALE AND LEASEBACK [SALE-LEASEBACK]（賃貸借契約付き売却).

léase còntract（不動産）賃貸借契約.

léase for yéars 定期不動産賃貸借, 定期不動産賃借権, 定期不動産権（＝TENANCY FOR A TERM).

léase·hòld n **1** 定期不動産賃借権, 不動産賃借権, 定期不動産権（＝leasehold estate, leasehold interest)(cf. FEE, FREEHOLD). **2**（賃)借地. ― a 不動産賃貸借の, 賃貸賃(借)権の: a ～ property. ― adv 不動産賃貸借(契約)で; 賃借で: purchase a property ～.

léasehold enfrànchisement 定期不動産賃借権の自由土地保有権化《不動産賃借権者がみずから借りている土地の自由土地保有権を購入などで取得し自由土地保有権に変えること).

léase·hòld·er n 定期不動産賃借権者; 借地人.

léasehold estàte 定期不動産賃借権（＝LEASEHOLD).

léasehold impròvement《賃借人のために》有益な賃借地改良.

léasehold insùrance 定期不動産賃借権保険《例えば火事で賃借建物が焼失した結果賃借権が終了し, 転貸していた建物からの収益がなくなるなどの賃借人の損害に対する保険).

léasehold ìnterest **1** 定期不動産賃借権（＝LEASEHOLD). **2**（不動産)賃貸借契約上の利益《貸主および借主双方に用いる). **3** 作業権（＝WORKING INTEREST).

léasehold mòrtgage 定期不動産賃借権譲渡抵当《賃借人の(不動産)賃貸借契約上の利益（leasehold interest）により担保される譲渡抵当（mortgage)).

léasehold òwnership 定期不動産賃借権(に基づく土地支配権). ★ownership（所有(権)）の語が用いられているが, 英米法上の ownership は大陸法の所有権と異なり, 物権的権利という程度である（⇨OWNERSHIP).

léasehold valuátion tribùnal《英》定期不動産賃借権評価審判所《定期不動産賃貸借上の各種手数料, あるいは長期賃借権を有している保有者による賃借物件の購入をめぐる争いなどを処理するために, 1997年から動き出した機関).

léasehold vàlue 定期不動産賃借権の価値《特に長期間の不動産賃貸借契約上賃主が有している利益で, 通例は現行の市場率に比較して安価な賃貸料しか払っていない場合などに用いる; cf. LEASEHOLD INTEREST).

lease-lend ⇨ LEND-LEASE.

léase òption 賃借物買取り選択権付与契約[条項]《賃借人（renter）に賃借物を一定価額で一定時いしは一定時の後に買取り権を与える契約(条項); **lease with an option to purchase**（購入オプション付き賃借権[賃借])ともいう).

léase-púrchase agrèement《米》賃貸借付き売買合意（＝hire purchase agreement)《買主が分割払いの第1回目の代金支払いにより目的物の占有を得, 最後の支払いで所有権を得るまで, 買主はその物を賃貸借（lease）する形をとる売買契約).

léase-ùp n 借主捜し.

léash làw /líːʃ-/ 革ひも法《飼い主の敷地以外では犬はひもなどでつないでおくべしとする法).

léas·ing n リース, 賃貸借: car ～ / a computer-～ company.

léast-intrúsive-méans dòctrine 最も押しつけ的でない手段の法理《例えば弁護士依頼者間の秘匿特権（attorney-client privilege）で保護される可能性のある事項についてなどの微妙な証言を求める前に, 国側は他のすべての捜査手段を尽すべきであるという原則).

léast-intrúsive-rémedy dòctrine 最も押しつけ的でない救済手段の法理《被害をこうむった当事者に対する救済手段は, 相手方当事者あるいは関係法制度を不当に傷つけることなく適正であるべきであるという原則; 例えば違憲立法審査に関して言えば, 当該制定法の違憲部分だけに触れ, 残りの部分は不問にすべきであるということ).

léast [léss] restríctive altérnative(s) 最も[より]制限の少ない他の手段（＝LEAST RESTRICTIVE MEANS).

léast [léss] restríctive méans《米》最も[より]制限の少ない手段（＝least [less] restrictive alternative(s))《米国で違憲審査の判断基準に関連して用いられる語で, ある法ないしは政府による規制の目的達成に同じ効果をもち, 規制の利益に対する制約の少ない手段が他にある場合を指し, 他にある場合は違憲とする).

léast-restríctive-méans tèst 最も制限の少ない手段のテスト《法ないしは政府による規制は, たとえ正統な統治上の利益に基づくものであっても, 個人の市民的自由をできるかぎり大きく保護するように制定されるべきであって, 正統な統治上の目的を達成するのに必要なかぎりでのみそれは制限されるべきであるという準則; 違憲審査において重要となる).

leave[1] /líːv/ vt (**left** /léft/) **1** 去る, 出発する;〈業務などを〉よす, 退会[脱会]する; …の習慣をやめる, 断つ;〈学校を〉卒業[退学]する;〈雇主〉から暇を取る: ～ one's job 仕事をやめる, 辞職する / ～ school 卒業[退学]する / His secretary has *left* him without notice. 彼の秘書は予告なしでやめた. **2** 置いて行く, 残す;〈郵便集配人が〉配達する; 取り残す, 捨てる, 見捨てる; 遺棄する: He *left* his wife for another woman. 彼は妻を見捨てて他の女性に走った. **3** 残す;〈妻子・財産などを〉残して死ぬ; 遺言で与える, 遺贈する（bequeath, devise): He *left* no issue. 彼は直系卑属を残さずに死んだ / She was badly [well] *left*. 彼女は遺族として生活に困った[困らなかった] / He *left* his wife 3,000,000 dollars (in his will). 彼は(遺言で)妻に300万ドルを残して死んだ / She was *left* a big fortune by her husband. 彼女は亡くなった夫から多額の財産を受け継いだ / He has *left* his estate *to* his son. 彼

は死後息子に不動産を残している. **4**《人にことを》任せておく, 委ねる, 任せる, 預ける.

leave² *n* **1**《何かをする》許し, 許可 (permission): I beg ~ to inform you of it. ご通知申し上げます / I take ~ to consider the matter settled. 勝手ながら本件は落着したものとみなします / without ~ 無許可で. ► ABSENCE WITHOUT LEAVE (無許可離隊[外出]) / ORE-LEAVE (鉱業権) / TICKET OF LEAVE (仮釈放許可証) / wayleave (運搬通行権). **2** 休暇 (期間); 賜暇; いとまごい (farewell): ~ off 休養許可 / ~ out 外出[退出]許可 / ask for ~ 休暇を願い出る / a six months' ~ (of absence) 6 か月の休暇 / We have two ~s in a year. 年に 2 回の休暇がある / have [go on] ~ 休暇を取る. ► ADOPTION LEAVE (養子縁組休暇) / DEPENDENTS' LEAVE (扶養家族休暇) / FAMILY LEAVE (家族休暇) / GARDEN LEAVE (庭園休暇(条項)) / MATERNITY LEAVE (出産休暇) / PARENTAL LEAVE (育児休暇) / PATERNITY LEAVE (父親の育児休暇) / SICK LEAVE (病気休暇). **by [with] your ~** 失礼ですが, 御免こうむって. **on ~** 休暇で, 賜暇で.

léave and lícense 許可の抗弁《侵害 (trespass) の訴えで, 被告の行為に原告みずからが同意していた旨の抗弁》.

léave of ábsence《被用者の》休暇(期間), 賜暇(期間).

léave of (the) cóurt 裁判所の許可: Counsel asked ~ to introduce new evidence. 弁護士は裁判所に新証拠提出の許可を求めた.

léave to appéal 上訴許可. ► MOTION FOR LEAVE TO APPEAL (上訴許可申し立て).

léave to defénd《英史》防御許可《被告が防御することなく原告勝訴を認める略式判決手続き (summary judgment) を原告が求めたのに対して, 被告の申し立てに基づいて裁判所が防御する許可を認めること》.

Le·cómp·ton Constitùtion /ləkám(p)tən-/ [the ~]《米史》ルコンプトン憲法《1857 年 Kansas 州が連邦に加入しようとした際に同州 Lecompton で採択された奴隷制度支持の州憲法; 翌年住民投票で否決》.

ledg·er /léʤər/ *n*《会計》元帳, 原簿, 台帳; 宿帳: ~ balance 元帳残高.

leet /líːt/ *n*《英史》リート裁判所 (=COURT LEET); リート裁判所の(土地)管轄. ► COURT LEET (リート裁判所). [AF or L *leta*/]

left /léft/ *a* (opp. *right*) **1** 左の. **2** [°L-]《政治的・思想的に》左派の, 革新的な. — *n* **1** 左, 左側. **2** [°the L-]《議長からみて》議場の左側, 左翼《欧州大陸諸国で急進派が占める》. **3** [°the L-] 左派(勢力), 革新派, 左翼政党(議員) (cf. *the* RIGHT, *the* CENTER). **to the ~**《方法・主義において》急進的な.

leg. legal ♦ legislation ♦ legislative ♦ legislature.

leg·a·cy /légəsi/ *n* (動産)遺贈, 遺産, 遺贈(財産), 金銭遺贈 (pecuniary legacy) (cf. BEQUEST, DEVISE): receive a large [small] ~ in one's aunt's will / a ~ hunter 遺産目当てのおべっか使い. ► ABATEMENT OF LEGACIES (遺贈減額) / ACCUMULATED LEGACY (未履行動産遺贈) / ADDITIONAL LEGACY (追加的動産遺贈) / ALTERNATE LEGACY (選択的動産遺贈) / CONDITIONAL LEGACY (条件付き動産遺贈) / CONTINGENT LEGACY (未確定動産遺贈) / CUMULATIVE LEGACY (累積的動産遺贈) / DEMONSTRATIVE LEGACY (指示的動産遺贈) / FAILED LEGACY (失効動産遺贈) / GENERAL LEGACY (不特定動産遺贈) / LAPSED LEGACY (失効動産遺贈) / MODAL LEGACY (実行方法指定動産遺贈) / PARTICULAR LEGACY (特定遺贈) / PECUNIARY LEGACY (金銭遺贈) / RESIDUARY LEGACY (残余動産遺贈) / SPECIFIC [SPECIAL] LEGACY (特定(動産)遺贈) / STATUTORY LEGACY (制定法上の動産遺贈) / SUBSTITUTIONAL LEGACY (代替動産遺贈) / UNIVERSAL LEGACY (包括遺贈) / VESTED LEGACY (確定的動産遺贈) / VOID LEGACY (無効な動産遺贈). [OF<L: ⇨ LEGATE]

légacy dùty =LEGACY TAX.

légacy tàx 遺産取得税 (=legacy duty).

le·gal /líːg(ə)l/ *a* (opp. *illegal*) **1** 法律(上)の, 法(律)に関する, 法的な, 法(律)で定められた, 法定の (cf. LAWFUL): take ~ action 訴訟を起こす, 訴える. **2** 合法の, 法に従った, 法的に許される (lawful). **3** 適法な, 法的要件を満たした, 法形式上適切な, 裁判上承認されうる, 適格な. **4** 法律上推定される, 法律上擬制される《例えば LEGAL FRAUD (法定詐欺), LEGAL PERSON (法人)》. **5**《エクイティと区別して》コモンロー上の (cf. EQUITABLE). **6** 法書の, 弁護士の. — *n* **1** 合法的なもの, 法的要件. **2** 合法的に[法的権限をもって]行動する人; 合法的な入者; 身分が法によって保護されている人. **3** [*pl*] 法定投資銘柄(リスト) (=LEGAL LIST). **4** 法定期間中は捕獲することが法によって許されている魚[猟獣]. **5**《スコットランド》法定期間《弁済のため債権者に引き渡されている相続不動産 (heritage) を債務を支払い取り戻すことのできる期間で 10 年; それを徒過すると受け戻す権利を失う》. **~·ly** *adv* 法的に, 法律上; 合法的に, 適法に; コモンロー上. [OF or L (*leg- lex* law)]

légal áct 1 合法的な行為. **2** 適法行為. **3** 法律行為 (=ACT IN THE LAW). **4** 法の作用 (=ACT OF THE LAW).

légal-acúmen dòctrine 法的眼識の法理《土地に対する権利主張の無効ないし欠陥が法専門的な知識なしでは発見されえないようなものであるならば, その無効・欠陥によって生み出された曇りを取り除くためにエクイティーに訴えることができるという原則》.

légal advíce prívilege 法的助言秘匿特権 (⇨ LEGAL PROFESSIONAL PRIVILEGE).

légal advíser 法的助言者, 法律顧問《略 LA》.

légal áge《米》法定年齢 (=lawful age)《行為能力年齢 (age of capacity) または成人年齢 (age of majority)》.

légal áid 法律扶助《無資力者に対して弁護士が無料または低額手数料で相談に乗ったり弁護したりする社会的

制度》).

Légal Áid Bòard [the ~]《英史》法律扶助委員会《民事訴訟での法律扶助を管轄していたが、2000年に法律扶助提供委員会 (Legal Services Commission) に統合された》.

Légal Áid Cèntre [the ~]《英史》《地方にあった》法律扶助センター.

légal áid òrder《英史》法律扶助命令《刑事事件において裁判所が法律扶助が必要と判断した時に出された命令; 2000年より変更》.

légal áid schème [°L-A-S-]《英史》法律扶助制度《2000年に地域法律扶助提供 (Community Legal Service) に代わった》.

Légal Áid Socìety [the ~]《米》法律扶助協会《略 LAS》.

légal ásset [°pl]《コモンロー上の訴訟を通して債務弁済の引当てで財産となしうる》コモンロー上の引当て資産《遺産》《英国ではエクイティー上のものとの区別は廃止されている; cf. EQUITABLE ASSET》.

légal assígnment コモンロー上の譲渡 (⇨ ASSIGNMENT) (cf. EQUITABLE ASSIGNMENT, STATUTORY ASSIGNMENT).

légal assístant 1 弁護士補助職員 (=PARALEGAL). 2 法律事務所秘書 (legal secretary).

légal búrden (of próof) 説得責任 (=BURDEN OF PERSUASION).

légal cáp＊法律用紙《2枚折りの縦長の罫紙; $8^1/_2 \times 13$-14インチ》.

légal cápital 法定資本 (=STATED CAPITAL).

légal cáuse 法的原因 (=PROXIMATE CAUSE)《法的に見て損害発生の責任を負わせるのに十分な原因》.

légal cértainty 法的確実性, 法的安定性 (=CERTAINTY OF LAW).

légal cértainty tèst《米》法的確実性のテスト (= **légal cértainty rùle, légal cértainty stàndard**)《連邦裁判所の民事訴訟上の準則で、訴額 (amount in controversy) が連邦裁判所の裁判管轄権を基礎づける最低額に達していないことを理由にして被告が州籍相違に基づく裁判権 (diversity jurisdiction) に異議を申し立てた場合に、訴額が基準額に達しているか否かを決めるテスト; 訴額が実際に基準額に達しないことが法的に確実でない限りは被告の異議申し立ては却下される》.

légal chárge 1 コモンロー上の譲渡抵当による担保権《物上負担》(=CHARGE BY WAY OF LEGAL MORTGAGE). 2 [pl] 訴訟費用, 弁護士料.

légal chémistry 法化学 (=FORENSIC CHEMISTRY).

légal ci·tól·o·gy /-saɪtáləʤi/ 法律文献引用方法(学). **légal ci·tól·o·gist** n

légal cláim 法的な[コモンロー上の]権利主張. They have no ~ to the property.

Légal Compláints Sèrvice《英》法的苦情処理部門《略 LCS; ⇨ SOLICITORS' COMPLAINTS BUREAU》.

légal compúlsion 法律上推定された強制, 強制の推定《夫のいる所でなした妻の違法行為を夫の強制によるものとする推定など》.

légal conclúsion 法的な結論 (1) 認定した事実と関連させて判決の基礎とすべき裁判所の法的結論 2) 判決そのものではないが、争点となっている法律問題についての裁判所の結論 3) 法的義務・結果が存在することのみを陳述し、裁判所が判断すべきその義務・結果を発生させている法的事項に触れないこと; 》cf. CONCLUSION OF FACT, CONCLUSION OF LAW, FINDING OF FACT》.

légal considerátion 適法な約因 (=VALUABLE CONSIDERATION).

légal corrélative 法的相関物《権利 (right) と義務 (duty) のように法的に対応ないし相反しているもの》.

légal cósts pl 訴訟費用, 弁護士料.

légal crúelty 法的虐待《他方配偶者に対する生命・身体・健康を危険に陥れるようなあるいはその精神的・肉体的危害を合理的に懸念させるような配偶者の虐待行為で、被害者側の離婚請求を合法化するような行為; ⇨ CRUELTY》.

légal cúrrency 法定通貨《略 l.c.》.

légal cústody 1 (子の)監護(権) (=CHILD CUSTODY). 2 法的拘禁.

légal déath 法的な意味での死亡《BRAIN DEATH の意でも CIVIL DEATH の意でも用いる》.

légal defénse 1 適法[合法的]な防御[防衛]. 2 コモンロー上の防御. 3 裁判所における適切かつ完全な防御.

légal depártment《会社などの》法務部 (=legal section).

légal depéndent 被扶養権者.

légal descríption《法的に有効な》土地表示 (= land description)《単に description ともいう》.

légal détriment《約因 (consideration) の要件としての、受約者側の》法的不利益《単に detriment ともいう; cf. BENEFIT》.

légal disabílity《法的行為》能力の欠缺(けんけつ), 行為無能力 (=CIVIL DISABILITY) (cf. DISABILTY).

légal dráfting 法的文書起草 (=DRAFTING).

légal dúty 法的義務.

légal éagle＊《口》弁護士,《特に》すご腕の弁護士, やり手弁護士.

légal éasement《英》コモンロー上の地役権 (⇨ EASEMENT) (cf. EQUITABLE EASEMENT).

légal-élements tèst 法的構成要素テスト《ある犯罪が別の犯罪に含まれるより軽い犯罪であるかどうかを調べる方法で、その軽い方の犯罪がより重い方の構成要素を形成し、したがってより重い犯罪を犯す場合には必然的にその軽い方の犯罪をも犯すことになるか否かで判定するもの》.

légal éntity 法的実在, 法的主体, 法的人格《典型的な例は法人 (corporation) であるが、自然人 (natural person) 以外で法的主体として機能しうる存在; cf. ARTIFICIAL PERSON》.

le·gal·ese /lìːgəlíːz, -s/ *n* 《素人にわかりにくい》《難解な》**法律用語**[**表現法**] (=law-talk) (cf. PLAIN-LANGUAGE MOVEMENT).

légal estáte コモンロー上の不動産権, コモンロー上の財産権《英国では1925年法以後, 現有絶対単純封土権 (estate in fee simple absolute in possession) と絶対定期不動産権 (estate for years absolute) の2つに限定された; cf. EQUITABLE ESTATE》.

légal estóppel コモンロー上の禁反言 (cf. EQUITABLE ESTOPPEL, ESTOPPEL IN PAIS).

légal éthics 1 法曹倫理, 弁護士倫理《法曹として相互間や依頼人・裁判所との関係で守るべき行動規範・倫理; cf. LEGAL ETIQUETTE, PROFESSIONAL ETHICS》. 2 法曹倫理規定.

légal étiquette 法曹[弁護士]道義 (=etiquette of the profession) (cf. LEGAL ETHICS).

légal évidence 《許容性のある》**適格な証拠**.

légal exécutive 《英》《法律事務所の》**法律専門職員**《事務弁護士 (solicitor) の下で務める弁護士資格をもたない法律専門職員; その協会が法律専門職員協会 (Institute of Legal Executives) である; かつては法律事務所書記 (managing clerk) と呼ばれた》.

légal expénse [*pl*] 訴訟費用, 弁護士料.

légal expénses insúrance 訴訟費用保険《訴訟となった場合, その費用を負担する保険》.

légal expért 《法律に関して広範な知識をもつ》**法律専門家**.

légal fáct 法的な事実.

légal fáther 法律上の父.

légal fénce 適法な囲い (=LAWFUL FENCE).

légal fíction 法的擬制, 法律上の擬制, 法的フィクション, 法的虚構 (=fiction of law, fictio juris)《英法史上 legal fiction はきわめて重要な役割を演じている; 例えば JOHN DOE などを見よ; しばしば単に fiction と略される》.

légal fórmalism フォーマリズム法学, 形式主義法学, 法形式主義, リーガル・フォーマリズム《法とは政治的社会的制度から独立した一連の法原則・法規範であるとする法学上の一理論; cf. LEGAL REALISM》. **légal fórmalist** *n*

légal fráud 法定詐欺 (=CONSTRUCTIVE FRAUD).

légal héir 法定相続人 (=HEIR).

légal hélp 《英》法的援助, 法律相談《1999年法で地域法律扶助提供 (Community Legal Service) 導入により法律扶助制度 (legal aid system) が全面的に改められたが, それに伴いかつてのグリーンフォーム (green form) で申し込んでいた法律扶助 (legal aid) も改められ, それにほぼ類した法律扶助制の一種が, この名称で呼ばれている; GREEN FORM, HELP AT COURT; cf. COMMUNITY LEGAL SERVICE》.

légal hóliday 1*《英》《土曜・日曜以外の》**法定休日** (=bank holiday, public holiday, statutory holiday), 祭日. ★米国では連邦法で, New Year's Day (1月1日), Washington's Birthday (2月第3月曜日), Memorial Day (5月第1月曜日), Independence Day (7月4日), Labor Day (9月第1月曜日), Columbus Day (10月第1月曜日), Veterans Day (11月11日), Thanksgiving Day (11月第4木曜日), Christmas Day (12月25日) を定め, 州によって異なる休日を定めている場合もある. イングランド・ウェールズ・スコットランドについては ⇨ BANK HOLIDAY. **2** 休廷日 (=NONJUDICIAL DAY)《単に holiday ともいう》.

légal hýbrid 法的混合型住宅《協同組合方式による集合住宅 (cooperative) で, その単位住宅を同一人が賃借すると同時にその単位住宅を所有あるいは賃借している協同組合に対する持分権を有している形の単位住宅》.

légal impossibílity 法的な不能 **(1)** 本人は犯罪になるものと信じ込んである行為をしたが, 法的にはその行為は犯罪には当たらない場合の不能 **2)** 犯罪を構成するのに必要な要件を欠いている故の不能; » cf. FACTUAL IMPOSSIBILITY).

légal ínjury 法的権利侵害.

légal-ínjury rùle 法的権利侵害の準則《出訴期間法 (statute of limitations) の期間は, 権利主張者が訴えの対象となりうる損害を現実に受けるまでは進行しないという法理》.

légal ínnocence 法律面からの無罪《事実面からの無罪 (actual innocence), 無実とは異なり, 被告人に対してなされた刑の宣告を支持する手続き上ないしは法的な根拠が欠けていること; ⇨ ACTUAL INNOCENCE; cf. CAUSE AND PREJUDICE RULE》.

légal insánity 法が認知する精神障害.

légal ínstrument 法律文書 (=INSTRUMENT).

légal ínterest 1 コモンロー上の権利, コモンロー上の財産権 (cf. EQUITABLE INTEREST, LEGAL TITLE). **2** 《法の認める最高限度の》**適法な利息**, 適法利率 (cf. USURY). **3** 法律上の利益.

légal interpretátion 法による解釈《明文の立法や判例の権威に基づいた解釈; cf. DOCTRINAL INTERPRETATION》.

le·ga·lis ho·mo /ləɡéɪləs hóumou/《史》法にかなった人 (=LAWFUL MAN). [L=lawful man]

légal·ism *n* **1** リーガリズム, 適法主義; 法律の字義にこだわる傾向, 法律尊重主義,《法の精神よりも法の条文・形式を重視する法律主義的》合法主義, お役所的形式主義 (red-tapism). **2** 実際には[あまり]意味のない法律用語[規則]. **3**《神学》律法主義. **4** [L-]《古代中国の》法家の説《厳格な法治主義と絶対君主制を提唱する思想》. **-ist** *n* **lè·gal·ís·tic** *a* **-ti·cal·ly** *adv*

légal íssue 1 法的問題(点). **2** 法律上の争点 (= ISSUE OF LAW).

le·gal·i·ty /lɪɡǽləti/ *n* **1** 適法(性), 合法(性) (lawfulness). ▶ PRESUMPTION OF LEGALITY (適法性の推定) / PRINCIPLE OF LEGALITY (罪刑法定主義). **2** [*pl*] 法律上の義務. **3** 罪刑法定主義 (=principle of legality)《ある行為が犯罪となることを事前に法によって定めてい

ない限りは, その行為を罰することは許されないという法原則; cf. NULLUM CRIMEN (,NULLA POENA,) SINE LEGE》.

légal・ize vt 法的に[法律上]正当と認める, 公認する; 適法にする, 合法化する. **lègal・izátion** n 合法化, 法的是認, 法的権威を与える[与えられる]こと.

legalized núisance 法的に正当化された不法妨害《例えば都市の公園など》.

légal jéopardy 法的危険 (=JEOPARDY).

légal lánguage 言語語《法的生活で用いる書きことば・話しことば》. ★英国では書きことばは長い間ラテン語《ただし議会記録集・制定法記録集はローフレンチ (law French)》, 話しことばはローフレンチが用いられた. 1731年に初めて英語が正式の法言語とされた.

légal léase コモンロー上の不動産賃貸借, コモンロー上の不動産賃貸借権《絶対定期不動産権 (term of years absolute) を, 通例は捺印証書 (deed) で, 設定する契約またはそれによって設定された権利; cf. EQUITABLE LEASE》.

légal liability 法的責任 (=LIABILITY).

légal life tènant コモンロー上の生涯不動産権者《コモンロー上の不動産権 (legal estate) に基づき自動的に占有の権限を与えられる生涯不動産権者; cf. EQUITABLE LIFE TENANT》.

légal líst 法定投資銘柄(リスト) (=approved list, legals)《貯蓄銀行・信託基金などが法的に投資を認められている有価証券など(のリスト)》.

légal líst rùle 法定投資銘柄準則《銀行・信託会社などが受託者 (fiduciary) として投資する場合, 信託条項に別段の定めのない限り, 法定投資銘柄 (legal list) 以外のものに投資してはならないという準則; cf. PRUDENT INVESTOR RULE》.

légal・ly adv 1 法的に, 法律的に, 法律上: The contract is ~ binding. 2 適法に, 合法的に.

légally detérmined a《請求・争点などが》法手続きによって[法的に]決定された.

légally incapácitated pérson 法的に無能力となった[とされた]者.

légally inconsístent vérdict 法的に矛盾する評決《同一評決 (verdict) 内で同一要素を一方で認定しながら他方では存在しなかったとするような評決; cf. REPUGNANT VERDICT》.

légal málice 法定悪意 (=IMPLIED MALICE).

légal malpráctice 弁護過誤.

légal mán 適法な人《legalis homo の英訳; ⇒ LAWFUL MAN》.

légal máxim 法格言, 法諺 (=MAXIM).

légal médicine 法医学 (=FORENSIC MEDICINE).

légal mémory 法的記憶《慣習法・取得時効などの成立のためには人間の記憶の及ぶものであることを要するが, コモンロー上はその限界が 1275 年法で 1189 年の Richard 1 世即位時とされた; ただし, 取得時効に関してはその後期間の短縮がなされている; cf. TIME IMMEMORI-

legal paternalism

AL, LIVING MEMORY》. ► TIME OF (LEGAL) MEMORY (法的記憶の及ぶ時代).

légal mínd リーガルマインド, 法的思考方法(の持ち主)《法的なものの考え方, その能力; 十分に訓練を積んだ法律家に備わっている知的能力・態度を指し, 法学教育はその養成を目的としているとされる; 時にその持ち主をも指す》.

légal móralism 法道徳主義, リーガルモラリズム《法秩序は不道徳な行為を禁止・罰すべきであるという考え方》.

légal mórtgage 1 《英》コモンロー上の譲渡抵当 (=common-law mortgage)《1925 年の財産権法 (Law of Property Act) などによりモーゲージ (mortgage) 設定方式が変えられたが, そのうちのコモンロー上の設定方式で設定された譲渡抵当; 2 種あり, 一つは従来の fee simple (単純不動産権) の譲渡という方式を引き継いだものだが, fee simple でなく terms of years (定期不動産権) の設定による譲渡抵当を設定するもの, 他は当該の土地に譲渡抵当としての charge (担保, 物上負担) が設定された旨の記載を捺印証書において行なうことによるもの (⇒ CHARGE BY WAY OF LEGAL MORTGAGE) である; その他のすべての譲渡抵当はエクイティ上の譲渡抵当 (equitable mortgage) とされている; cf. EQUITABLE MORTGAGE》. ► CHARGE BY WAY OF LEGAL MORTGAGE (コモンロー上の譲渡抵当による担保権). 2 《大陸法》法による担保(権) (=tacit mortgage)《当事者間の約定によるのではなく法の作用として, 債務者の財産に付せられる債権者の担保権》.

légal náme 《契約などに用いる》正式名《個人の場合は, first name と family name のみで, middle name は含まれない》.

légal négligence 法律上当然の過失 (=NEGLIGENCE PER SE).

légal nótice 1 適法な通知, 法定(の)通知 (=DUE NOTICE). 2 法定認識, 法定悪意 (=CONSTRUCTIVE NOTICE).

légal ófficer 《軍》1 法務士官. 2 司令官[部隊長]付き法務担当士官. 3《海軍・海兵隊・沿岸警備隊の》法務担当士官.

légal opínion《弁護士から依頼人に提出される》弁護士意見書, リーガル・オピニオン (=opinion letter)《単に opinion ともいう》.

légal órder 法秩序; 法体系.

légal ówner コモンロー上の所有(権)者, 法的所有(権)者《特に他人のためにある財産の法的権原 (title) を有している人を指す; cf. LEGAL POSSESSOR, TRUSTEE》.

légal pád 《洋紙》法律用箋, リーガルパッド《$8^1/_2 \times 14$ インチ大の黄色罫紙綴り》.

légal patérnalism 法的家長的保護統制主義, 法的パターナリズム《他人の権利を侵害しない個人の行為が行為者自身の利益を害する場合などに公権力により個人の私的事項へ法的に介入するのを認めること; 自動車のシートベルト着用義務などがこの一例》.

légal pérson 法人 (=ARTIFICIAL PERSON).

légal personálity 法人格《単に personality ともいう》. ▶ INTERNATIONAL LEGAL PERSONALITY (国際法人格).

légal pérsonal represéntative 法律上の人格代表者《(1) 人的財産 (personal property) について遺言者 (testator) が用いる場合には, 遺言執行者 (executor) あるいは遺産管理人 (administrator) 2) 物的財産 (real property) について遺言者が用いる場合には, その死の直後にその不動産権が移転すべき人 3) 船乗りの海上での死亡に関して用いられる場合には, 住所地の公的遺産管理人 (public administrator) ないし遺言執行者・選任遺産管理人》.

légal philósophy 法哲学 (=philosophy of law).

légal pósitivism 法実証主義《法学の対象を実定法に限り, 法を形式論理的にとらえようとする立場; cf. LOGICAL POSITIVISM》. **légal pósitivist** n

légal posséssor《占有する権利を法的に有している》法的占有者 (cf. LEGAL OWNER).

légal préjudice 法的権利侵害.

légal presúmption 法律上の推定 (=PRESUMPTION OF LAW).

légal príncipe 法原則 (⇨ PRINCIPLE). ▶ GENERAL LEGAL PRINCIPLE (法の一般原則).

légal procéeding 1 法的手続き 裁判手続き: take ~s 訴えを起こす. 2 コモンロー上の手続き.

légal prócess 1 法の過程, 法の手続き, 合法的手続き, 適法な被告召喚(令)状[訴訟手続き上の令状]. ▶ ABUSE OF LEGAL PROCESS (訴訟手続き濫用). 2 法形成過程.

légal proféssion 1 法専門職. 2 法曹, 法律専門家《集合的》.

légal proféssional prívilege 法曹秘匿特権《(1) 法的助言者 (legal adviser) とその依頼人との間で法的助言を得るあるいは与える目的で提供された情報は, 開示を強制されない情報 (confidential communication) として秘匿特権の対象となること; legal advice privilege ともいう 2) 法的助言者と第三者あるいは依頼人と第三者の間で提供された情報が, その唯一のないしは主たる目的が訴訟に関連して助言者が依頼人に助言するために利用するものである場合には, 開示を強制されない情報として秘匿特権の対象となること; litigation privilege ともいう; 》cf. PRIVILEGED COMMUNICATION, PRIVILEGE OF WITNESS》.

légal ráte 1《約定利率に対する》法定利率. 2《利息制限法の定める》最高利率.

légal reálism リアリズム法学, 現実主義法学, 法現実主義, リーガル・リアリズム《裁判過程の現実を直視し法を現実との関係で捉えて, 法を規範として捉え形式的な法準則を重視する伝統的法学に懐疑の目を向けた 1920-30 年代の米国の法学上の一傾向; cf. LEGAL FORMALISM, SOCIOLOGICAL JURISPRUDENCE》. **légal réalist** n

légal rémedy コモンロー上の救済手段.

légal represéntative 法律上の代表者《広義では遺言執行人 (executor), 遺産管理人 (administrator) だけでなく, 後見人 (guardian), 弁護士など他人の特に財産につきその利益を代表するすべての人を含むが, 通常は人格代表者 (personal representative) と同義; cf. LAWFUL REPRESENTATIVE》.

légal rescíssion コモンロー上の契約解除《(1) 契約を両当事者が合意で解除すること 2) コモンロー裁判所の判決による契約の解除; 》cf. EQUITABLE RESCISSION》.

légal reséarch 1 法の研究. 2 法の調べ方, 法典拠学《法律問題についてその典拠を発見・収集すること, またはそれについての学問》.

légal resérve《銀行・保険会社の》法定準備金.

légal résidence 法律上の住所 (⇨ DOMICILE).

légal ríght 1 法的権利, 法律上の権利, 法的保護を受ける権利, 法が認めた権利. 2 コモンロー上の権利 (=EQUITABLE RIGHT).

légal rúle コモンロー準則 (=COMMON-LAW RULE).

légal scíence 法学, 法の科学.

légal sécretary 1《米》法律事務所秘書 (=legal assistant). 2《英》《植民地での》法務長官.

légal séction 法務室 (=LEGAL DEPARTMENT).

légal séisin 法的占有, 法上の占有 (=SEISIN IN LAW).

légal separátion 法的別居 (=JUDICIAL SEPARATION).

Légal Sérvices Bòard [the ~]《英》法務委員会《2007 年法で創設された政府・法曹双方からの独立機関で, 2010 年に完成; その任務の一つに消費者委員会 (Consumer Panel) 設置がある; cf. OFFICE FOR LEGAL COMPLAINTS》.

Légal Sérvices Commíssion [the ~]《英》法律扶助提供委員会《民刑事双方での法律扶助 (legal aid) を行なうために 1999 年法で創設された委員会; ⇨ COMMUNITY LEGAL SERVICE》.

Légal Sérvices Consúltative Pànel《英》法務諮問委員会《法務に携わる人の教育・訓練・職業倫理の基準維持・向上に資する任務を有する委員会で, 大法官 (Lord Chancellor) が法務に関して行なう助言を援助する機関; 1999 年法でそれまでの法学教育・法曹の行動についての大法官助言委員会 (Lord Chancellor's Advisory Committee on Legal Education and Conduct) に代わって創設》.

Légal Sérvices Corporàtion [the ~]《米》法律扶助提供機構《1974 年の連邦法で創設され, 刑事事件以外で貧困者に法的援助を与える非営利法人; 略 LSC》.

légal sérvices làwyer 法律扶助提供弁護士 (=POVERTY LAWYER).

Légal Sérvices Ómbudsman《英》法曹制度監察官, 法曹制度オンブズマン《事務弁護士 (solicitor)・法廷弁護士 (barrister) などについてそれぞれの法曹

団体に提起された訴えの取扱い方法について調査する権限を有する大法官 (Lord Chancellor) 選任の監察官; 個人からの直接訴えに基づくこともできる; 訴えの再考・補償・適当な措置の進言ができる; cf. OFFICE FOR LEGAL COMPLAINTS).

légal sérvitude 法的役権《その財産に対して課された法的制約から生ずる役権》.

légal-síze(d) *a* 法定の大きさの; 紙が法律文書サイズの(8¹/₂×14インチ, 22×36 cm)の;〈事務用品が〉法律文書サイズ紙用の.

légal subdivísion〘米〙《政府が認めた土地区分方法にのっとった》正式土地区分 (cf. ILLEGAL SUBDIVISION).

légal subrogátion 法定代位 (＝equitable subrogation)《保証人が保証債務の履行により債権者の権利を代位行使する場合など, 法または契約に基づいて第三者が債権者に代わって債務履行をなした場合に, その第三者が, 債権者が債務者に対して有していた権利を, 債務者に対して代位行使できること》.

légal succéssion 法定承継.

légal ténder 法定通貨, 法貨 (＝lawful money, national money).

légal théory 1 一般法学 (⇨ GENERAL JURISPRUDENCE). **2**《訴訟当事者が依拠する》法的根拠である理論.

légal títle コモンロー上の権原, コモンロー上の権利 (cf. EQUITABLE TITLE, LEGAL INTEREST).

légal wáste コモンロー上の不動産毀損《エクイティー上の不動産毀損 (equitable waste) の対概念で, コモンロー上救済手段が与えられている不動産毀損; 作為による不動産毀損 (voluntary waste) と不作為による不動産毀損 (permissive waste) を含む; cf. EQUITABLE WASTE》.

légal wríter 法律問題論評家.

légal wróng 法的権利侵害, 法違反行為.

légal yéar 法律年《太陽暦による暦年 (calendar year); 英国の治世年 (regnal year) などに対して用いられている語で, 法的問題についての一年; 英国では13世紀末まではクリスマスの12月25日に始まり, 次いで14世紀から1753年1月1日に至るまでは3月25日から始まった; 現在でもこの法律年を構成する重要要素である年4回の裁判所開廷期間 (sittings) の定め方はわが国の感覚と異なっている》.

leg·a·tary /légətɔri; -təri/ *n*《古》受遺者 (legatee). ► COLLEGATARY (共同受遺者).

leg·ate¹ /légət/ *n* **1**〘カトリック〙ローマ教皇特使. **2**〘ローマ法〙**a** 使節. **b** 補佐官.

le·gate² /lɪgéɪt/ *vt* 遺贈する (bequeath). [L *legat-lego* to bequeath, commit]

leg·a·tee /lègətíː/ *n*《動産の》受遺者 (⇨ LEGACY) (cf. BEQUEATH, DEVISEE, HEIR). ► COLEGATEE (共同受遺者) / INSTITUTED LEGATEE (指定受遺者) / RESIDUARY LEGATEE (残余動産受遺者) / SPECIFIC LEGATEE

Legis constructio non facit

(特定(動産))受遺者). [LEGATE²]

le·ga·tion /lɪgéɪʃ(ə)n/ *n* **1 a**《外交》使節団. **b** 公使館 (cf. EMBASSY); 公使館員《集合的》. **2**《外交》使節の派遣.

le·ga·tor /lɪgéɪtər/ *n*《動産の》遺贈者 (⇨ LEGACY).

leg·a·tory /légətɔːri; -t(ə)ri/ *n*〘史〙遺贈可能分《厳密には legacy は動産に対してのみ用いられる術語であり, したがって legatory もかつてロンドンの慣習法上一定割合以上の動産遺贈を禁じていた時代の遺言での処分可能動産を指した; しかし legacy が動産のみでなく不動産に対しても用いられた一般的語法では, かつて三分の一の不動産権は遺贈可能であった時代のその遺言処分可能部分をも指した》.

le·ga·tum /lɪgéɪtəm/ *n*〘ローマ法〙遺贈. [L＜*legare* to bequeath]

Le·ga·tus re·gis vi·ce fun·gi·tur a quo des·ti·na·tur et ho·no·ran·dus est si·cut il·le cu·jus vi·cem ge·rit. /lɪgéɪtəs ríːdʒɪs váɪsɪ fʌ́ŋɡɪtər eɪ kwou dèstɪnéɪtər ɛt hɑ̀nərǽndəs ɛst sɪ́kət íːlɛ kjúːdʒəs váɪsəm dʒɛ́rɪt/ 使節はその人により選任された国王に代わって職務を遂行する; それゆえ彼がその人の代わりとして行動する人と同様に尊敬されるべきである. [L＝A legate serves in stead of the king by whom he is appointed, and is to be honored as is the person whose place he fills.]

le·gem amit·te·re /líːdʒəm əmítəri/ *v*〘史〙宣誓能力を喪失する《したがって証人・陪審員などになれない; cf. LAWFUL MAN》. [L＝to lose one's law]

légem fá·ce·re /-féɪsəri/ *v*〘史〙宣誓する, 雪冤宣誓をする, 宣誓して法的手続きを進める. [L＝to make an oath]

légem ha·bé·re /-həbíːri/ *v*〘史〙宣誓能力を有する. [L＝to have one's law]

le·ges /líːdʒiz/ *n* LEX の複数形.

Léges Hen·rí·ci (Prí·mi) /-hɛnráɪsaɪ (práɪmiː)/『ヘンリー1世の法』《Henry 1世時代の法を叙述するとする著者不明の1118年より前の法書; ノルマン朝最初の3人の王の下で修正されたものを加えてのアングロサクソン法が示されている》. [L＝Laws of Henry (the First)]

léges nón scríp·tae /-nán skrípti/ *pl*〘史〙不文法 (unwritten laws) (cf. LEGES SCRIPTAE). [L＝unwritten laws]

Leges pos·te·ri·o·res pri·o·res con·tra·ri·as ab·ro·gant. /-- pàstɛriɔ́uriz prióuriz kəntréɪriæs ǽbrougənt/ 後法は矛盾する前法を廃する. [L＝Later laws abrogate prior contrary ones.]

léges scríp·tae /-skríptiː/ *pl*〘史〙成文法 (written laws) (cf. LEGES NON SCRIPTAE). [L＝written laws]

legis. legislation ♦ legislative ♦ legislature.

Le·gis con·struc·tio non fa·cit in·ju·ri·am. /líːdʒɪs kənstrʌ́kʃiou nɑn féɪsɪt ɪndʒúːriæm/ 法

律の解釈は権利侵害を生ぜず《法律は権利を侵害しないように解釈されるべきである》. [L=The construction of law does not do injury.]

leg·is·late /léd͡ʒəslèit/ *vi* 法律を制定する; 〈...に〉必要な法的規定を設ける〈*for*〉; 〈法的に〉禁止する, 抑える〈*against*〉: ~ *against* overtime work 法律で時間外労働を禁止する. ── *vt* 法律によってつくり出す[動かす]〈*into, out of*〉: Morality cannot be ~*d*. 道徳は法律ではつくれない / ~ crime *out of* existence 法律によって犯罪をなくす. [逆成〈↓]

leg·is·la·tion /lèd͡ʒəléiʃ(ə)n/ *n* **1** 立法, 法律制定 (=lawmaking, statute-making). **2** 法律, 制定法, 立法措置《集合的》. ▶《1と2に関連》ANCILLARY LEGISLATION (補助的立法) / BAREBONES LEGISLATION (骨格立法) / BENCH LEGISLATION (裁判官立法) / COMMUNITY LEGISLATION (《欧州》共同体立法) / CONSUMER LEGISLATION (消費者保護立法) / DELEGATED LEGISLATION (委任立法) / ENABLING LEGISLATION (授権立法) / FACTORY LEGISLATION (工場立法) / GENERAL LEGISLATION (一般的立法) / JUDICIAL LEGISLATION (裁判官立法) / LABOR LEGISLATION (労働立法) / LOCAL AND SPECIAL LEGISLATION (地域的・人的特別立法) / PORK-BARREL LEGISLATION (豚肉保存樽立法) / RETROSPECTIVE [RETROACTIVE] LEGISLATION (遡及立法) / SKELETAL [SKELETON] LEGISLATION (骨格立法) / SOCIAL LEGISLATION (社会立法) / SUBORDINATE LEGISLATION (従位的立法) / SUPREME LEGISLATION (至上の立法). [L LEX, *latus* (pp)〈*fero* to carry]

leg·is·la·tive /léd͡ʒəslèitiv, -lə-/ *a* **1** 法律を制定する, 立法上の (cf. QUASI-LEGISLATIVE): a ~ bill 法律案 / a ~ function 立法機能 / the ~ processes 立法過程[手続き]. **2** 法律で定められた. **3** 立法府の (cf. ADMINISTRATIVE, EXECUTIVE, JUDICIAL). ── *n* 立法府, 立法部. **~·ly** *adv*

législative áct 議会制定法.

législative ágent 立法代理人《利益団体などのために立法府に圧力をかける人; 特にそれを職業的に行なっている者を指す》.

législative appórtionment 《米》立法府[議会]議員定数の配分, 選挙区割の画定 (=APPORTIONMENT) (cf. LEGISLATIVE REAPPORTIONMENT).

législative assémbly 《略 LA》**1** 立法会議 (=LEGISLATURE). **2** [°L- A-]《米国のいくつかの州の二院制の, またカナダのほとんどの州の一院制の》立法府. **3** [°L- A-] 下院. **4** [L- A-]《フランス史》(1791-92 年の)立法議会.

législative bódy 立法機関 (=LEGISLATIVE BRANCH).

législative bránch [the ~] 立法部, 立法機関, 立法府 (legislature)《議会・国会; cf. EXECUTIVE BRANCH, JUDICIAL BRANCH》.

législative cóuncil《略 LC》**1** [°L- C-]《英植民地・英連邦諸国の二院制議会の》上院;《所によって》下院. **2**《英植民地の一院制の》立法府. **3**《米国の州の》立法審議会《上下両院議員からなり, 休会中に州の諸問題の検討と立法措置立案を行なう常任委員会》.

législative cóunsel《米》《議員の立法上の職務を全うさせるべくその法案作成などで援助をする》議員法律顧問.

législative cóurt《米》《憲法によってではなく》法律によって創設された裁判所 (=Article I court) (⇒ CONSTITUTIONAL COURT).

législative dáy《米》《議会の招集から休会までの》会期日《普通は 1 日で終わるが, 特に上院では数日に及ぶこともある》.

législative dístrict 立法府[議会]選挙区.

législative dístricting 立法府[議会]選挙区割 (cf. APPORTIONMENT, GERRYMANDERING, MALAPPORTIONMENT, REAPPORTIONMENT).

législative divórce《史》立法による離婚 (=divorce by Act of Parliament", divorce by statute, parliamentary divorce").

législative-equívalency dòctrine 立法・改廃同一手続きの法理《法は, それが制定されたのと同じ手続きによってのみ, 改廃されるべきであるという準則》.

législative fáct 立法事実《立法者が法律などを採択した背景となっている事実; cf. ADJUDICATIVE FACT》.

législative hístory 1 立法経過. **2** 立法資料 (cf. TRAVAUX PREPARATOIRES).

législative immúnity 議員の免責特権《議員はその立法活動に関して民事責任を問われない特権; cf. PARLIAMENTARY PRIVILEGE》.

législative intént 立法意図, 立法者意思. ▶ DORMANT LEGISLATIVE INTENT (隠れたる立法意図).

législative investigátion 議会による国政[地方公共団体事務]調査.

législative jurisdíction 立法府管轄事項, 立法府の権限に属する事項.

législative ófficer (立法府)議員.

législative pówer 立法権能, 立法権.

législative prívilege 立法府の特権《立法府内での活動について, 名誉毀損 (defamation) の責任を問われない特権で, 1) 立法府内言論の自由・無答責, 2) 立法過程での文書公表の自由・無答責からなる; 立法府が議会制をとる場合には, 議会の特権 (parliamentary privilege) となる; cf. PARLIAMENTARY PRIVILEGE》.

législative reappórtionment《米》立法府[議会]議員定数是正[変更], 選挙区割変更, 選挙区再編成, 議員定数変更 (cf. LEGISLATIVE APPORTIONMENT).

Législative Reorganizátion Àcts *pl* [the ~]《米》立法府再組織法《連邦議会における手続きなどを改善するための制定法; 1946 年と 70 年に同名の法律がある》.

législative rúle 立法的規則 (=substantive rule)《行政機関が委任に基づく準立法権により発する規

則; 解釈規則 (interpretative rule) と異なり法としての効力を有する; cf. INTERPRETATIVE RULE.

législative séssion《米》《連邦議会上院の通常の》立法会議《議院指導者会議 (executive session) に対する用語》; cf. EXECUTIVE SESSION.

législative véto《米史》議会の拒否権《立法により行政機関へ授権すると同時に議会側にその決定の発効への拒否権をも与えること; 合衆国最高裁判所が 1983 年にこれを違憲とした》; cf. DELEGATION DOCTRINE.

lég·is·là·tor n **1** 立法者, 法律制定者 (lawmaker). **2** 立法府議員; 議員. ~·ship n 〔L (LEX, lator proposer)〕

leg·is·la·to·ri·al /lèdʒəslətɔ́:riəl/ a LEGISLATIVE.

leg·is·la·tress /lédʒəslèɪtrəs/, **-la·trix** /-lèɪtrɪks/ n 女性立法者, 立法府女性議員.

leg·is·la·ture /lédʒəslèɪtʃər, "-lətʃ-/ n 立法府, 立法部, 議会 (=legislative assembly) (cf. EXECUTIVE, JUDICIARY): a two-house ~ (上下)二院制の立法府. ► CONTEMPT OF LEGISLATURE (立法府侮辱).

le·gis·pru·dence /lì:dʒəsprú:dəns/ n《制定法を法哲学的に分析する》制定法学.

le·gist /lí:dʒɪst/ n 法律に通じた人, 法律家 (jurist);《特に》ローマ法法律家.

le·git /líd͡ʒɪt/《俗》 a 合法の, ちゃんとした, 本物[本式]の (legitimate). — adv 合法的に, 正式に, まともに, ちゃんと. — n 合法的なもの, 本式のもの. **on the ~** 合法的な, ちゃんとした, まっとうな. [legitimate]

leg·i·tim /lédʒətɪm, lí:-/ n《スコットランド》義務分《遺言にもかかわらず子が死んだ父の残した動産に対して法的に有した取り分》. [F<L legitimus lawful]

le·git·i·ma·cy /lɪdʒítəməsi/ n **1** 合法性, 適法性, 正当性: doubt the ~ of sb's claim 人の権利主張の正当性を疑う. **2** 嫡出(性), 嫡出たる身分 (cf. ILLEGITIMACY): ~ of child 子の嫡出性, 摘出子. ► DECLARATION OF LEGITIMACY (嫡出宣言) / PRESUMPTION OF LEGITIMACY (嫡出の推定). **3** 正統性, 正系, 真正.

le·git·i·mate a /lɪdʒítəmət/ **1** 合法の, 適法の, 正当な (lawful): a ~ claim to the property 当該財産に対する正当な権利主張. **2** 嫡出の: one's ~ offspring 嫡出の直系卑属. **3** 合理的な (reasonable), 論理的〈帰結など〉; 本格的な; 正統の; 本物の, 真の. — vt /-mèɪt/ **1** 合法と認める; 合法[正当]化する, 正統化する. **2**〈非嫡出子を〉嫡出子と認める, 《両親の結婚によって》嫡出子とする. cf. ACKNOWLEDGE, FILIATE). ~·ly /-mətli/ adv 合法的に, 正当に. **-mà·tor** n 〔L (pp)〈legitimo to legitimize; ⇨ LEX〕

legítimate áim 正当目的《欧州人権条約 (European Convention on Human Rights) 上 その条件付き権利 (qualified right) を加盟国が妨げうる場合の条件としての正当目的として, 国の安全・犯罪防止などが含まれている; もちろん制約は均衡的 (proportionality) に従わねばならない》.

legítimate chíld 嫡出子.

legítimate pórtion《大陸法・ルイジアナ》遺留分 (=LEGITIME).

le·git·i·má·tion n **1** 嫡出化; 準正. **2** 合法化, 正当化 (⇨ LEGITIMATE).

le·gi·ti·ma·tio per sub·se·quens ma·tri·mo·ni·um /lɛdʒɪtɪméɪʃiou pər sʌ́bsɛkwɛnz mæ̀trɪmóuniəm/ 後の婚姻による準正《両親の婚姻前に生まれた子をその婚姻により嫡出とするというカノン法上の原則; 英国は 1235 年のマートン法 (Statute of Merton) でこの受け入れを拒否した》; ⇨ NOLUMUS LEGES ANGLIAE MUTARI. [L=legitimation by the later marriage]

le·git·i·ma·tize /lɪdʒítəmətàɪz/ vt LEGITIMATE.

le·gi·time /lédʒətìm/ n《大陸法・ルイジアナ》遺留分 (=forced portion, legitimate portion) (cf. DISPOSABLE PORTION, FALCIDIAN PORTION, MARITAL PORTION). [F]

Le·gí·ti·me im·pe·ran·ti pa·re·re ne·ces·se est. /lɪdʒítɪmi ìmpɛrǽntaɪ pǽri:rɛ nɛsɛ́sɛst/ 適法に命令する者には従う必要がある. [L=It is necessary to obey a person who commands lawfully.]

le·git·i·mize /lɪdʒítəmàɪz/ vt LEGITIMATE. **le·git·i·mi·zá·tion** n LEGITIMATION.

LEIN《米》° Law Enforcement Information Network 法執行情報ネットワーク.

lémon láw*《口》レモン法, 欠陥車買主保護法《欠陥車を購入した買主を保護するために, 新品との交換, 修理もしくは返金などを業者に義務づけた法律; lemon は口語表現で「欠陥車, 不良品」を意味する》;《一般に》欠陥商品買主保護法.

Lémon tèst [the ~]《米》レモンテスト《宗教上の事柄を扱う法律が, 合衆国憲法第 1 修正の定める政教分離の原則に合致しているかを判断する 3 重のテスト; 法律は (1) 非宗教的な目的をもたねばならない (2) その法律の主要な効果が宗教を助長したり抑圧したりするものであってはならない (3) 政府の宗教への過剰な関与を増長するものであってはならない; これらのテストの一つにでも抵触する法は違憲とされる; 上の第 3 基準が加えられた合衆国最高裁判所判例 Lemon v. Kurtzman 1971 の名にちなむ》.

lend /lénd/ v (**lent** /lént/) vt **1** 貸す (opp. borrow); 貸し付ける, 融資する; 賃貸しする, 貸与する, 期間使用権を付与する; 寄託する: ~ sth to sb =~ sb sth 人に物を貸す / Banks ~ money and charge interest. 銀行は金を貸して利子を取る. **2** 付与する《遺言状の中では, この語が gift, conveyance, bequest を示す意味で用いられることもある》. — vi (金を)貸す, 貸し付ける, 融資する: When I *lent* I had a friend; when I asked he was unkind.《諺》貸した時は友だち, 借りる時は他人 / He neither ~s nor borrows. 彼は貸しも借りもしない. — n 貸すこと, 貸与. ► LEASE-LEND (相互援助). ~·able a

lénd·er n 貸す人, 貸主, 貸方; 金貸し, 高利貸し.

▶ MONEYLENDER (金貸し).

lénder of the lást resórt [the ~] 最後の貸手 《中央銀行のこと》.

lénd·ing n 貸すこと, 賃貸, 賃与, 融資.

lénding lìmit 《銀行が融資しうる》融資限度(額).

lénding ràte 貸出し金利.

lénd-léase, léase-lénd n 《特に第二次大戦の時の連合国間の武器貸与・軍事基地使用権などの》相互援助. — vt 《武器貸与などにより同盟国へ》相互援助をする.

Lénd-Léase Àct [the ~]《米》相互援助法《1941年制定; その国の防衛が米国の安全に重要な諸国に対し て, 大統領は相互援助をなしうることなどを定めた》.

le·ni·ent /líːniənt/ a 1 寛大な, ゆるやかな, 優しい, 情け深い, 甘い. 2〈刑罰などが〉きびしくない, 軽い, 手加減した. **lé·ni·ence, -cy** n 寛大さ, 寛仁; 軽減処罰, 酌量減刑. **~·ly** adv [L (lenis mild)].

lénient tèst 寛大基準《文書その他の情報に適用される弁護士依頼者間の秘匿特権 (attorney-client privilege) は認識の上あるいは意図した上での開示による以外は特権の放棄とされるのであり, したがって不注意な開示によっては通常特権放棄とされることはないという原則; cf. HYDRAFLOW TEST, STRICT TEST》.

len·i·ty /lénəti/ n 情深さ, 慈悲深さ; 寛大な処置. ▶ RULE OF LENITY (寛大な刑罰の準則).

le·o·ni·na so·ci·e·tas /lìːəníːnə səsáɪətæs/《ローマ法》獅子組合 (=SOCIETAS LEONINA).

Le roy le veut. /F lə rwa lə vø/《英史》国王はそれを欲する《議会両院を通過した一般的な公法律案 (public bill) に国王が裁可を下す時の形式文句; 女王の時は **La reyne [reine] le veut.** /F la rɛn-/ となる》. [F =The King desires it.]

Le roy re·mer·cie ses bons su·jets, accepte leur be·ne·vo·lence, et ain·si le veut. /F lə rwa r(ə)mɛrsi se bɔ̃ syʒɛ aksɛpt lœ(ː)r benevɔlɑ̃ːs e ɛ̃si lə vø/《英史》国王は忠節なる臣民に感謝しその好意を受け, そのようになされるよう欲する《財政法案 (money bill) への国王の裁可; 女王の時は **La reyne [reine]** .... /F la rɛn.../ となる》. [F =The King thanks his good subjects, accepts their benevolence and also desires it.]

Le roy s'avi·se·ra. /F lə rwa savizəra/《英史》国王はそれを考慮なさるだろう《議会両院を通過した公法律案 (public bill) に国王が裁可拒否する時の形式文句; 女王の時は **La reyne [reine] s'av·ise·ra.** /F la rɛn-/ となる; 1707 年を最後に行使されたことはない》. [F =The King will advise upon it.]

Le sa·lut du peu·ple est la su·prême loi. /F l(ə) saly dy pœpl ɛ la syprɛm lwa/ 人民の安全が最高の法である. [F =The safety of the people is the highest law.]

lese [leze, lèse] majesty, lèse ma·jes·té /líːz mǽdʒəsti/ 大逆罪 (=high treason, crimen laesae majestatis, crimen majestatis, laesa majestas) (⇒ TREASON). [lese majesty part. trans. <MF lese [leze] majesté <L laesa majesta injured majesty]

le·sion /líːʒ(ə)n/ n 1《医》《組織・機能の》障害, 外傷. 2《一般に》損害, 損傷 (injury), 傷害; 精神的障害. 3《大陸法》(過剰)損害, レジオン《双務契約における給付相互間の, または分割の当事者間の, 割当で分相互間に不平等が存することによりこうむる損害》. — vt ...に障害を起こさせる. [OF <L (laes- laedo to injure)]

Les lois ne se chargent de pu·nir que les ac·tions ex·téri·eures. /F le lwa n(ə) s(ə) ʃarʒ də pyniːr kə lezaksjɔ̃ ɛksterjœːr/ 法は外部に現われた行為のみを処罰する任に当たる. [F=Laws charge themselves to punish only outward actions.]

less adv [little の比較級] 1 [形容詞・副詞を修飾して] より少なく, ...ほどでなく. 2 [動詞を修飾して] 少なく. MORE or ~. no ~ than ...に劣らず (even), ...と同様に. no ~ ... than ... (1) に劣らず..., ...と同様に.... (2) ...にほかならない. not ~ than ... 以上, 少なくとも...; ...にまさるとも劣らない (as ... as).

les·see /lɛsíː/ n《動産をも含む》賃借人, 借主, 借地人, 借家人 (opp. lessor) (cf. LEASE, TENANT). ▶ CAVEAT LESSEE (賃借人が注意せよ) / SUBLESSEE (不動産転借人).

lessée's ínterest 賃借人の利益 (cf. LESSOR'S INTEREST).

lésser évils defénse より小さな害悪選択の防御, 緊急避難の防御 (=choice-of-evils defense)《通常であれば犯罪行為となる当該行為は, より大きな害悪を避けるために緊急的に止むを得ずなされたものであるとの防御》.

lésser inclúded offénse 被包含犯罪 (=included offense, predicate act, predicate offense)《より重大な犯罪の構成要件のすべてではなく一部からなる犯罪で, したがって前者の犯罪を犯す場合には必ず犯すことになる犯罪; その意味で necessarily included offense (必然的被包含犯罪) と同意となる; 例えば不法目的侵入(罪)・夜盗(罪) (burglary) には不法侵入 (unlawful entry) の要件が必ず含まれるが, この後者がこれに当たる》. cf. COGNATE OFFENSE.

léss-léthal n 弱殺傷力武器《暴徒鎮圧用のお手玉弾 (beanbag) やゴム弾の発射などのように苦痛・不快感は与えるが殺傷力の弱い武器》.

les·sor /lɛsɔ́ːr, —́ —/ n《動産をも含む》賃貸人, 貸主, 地主, 家主 (opp. lessee) (cf. LEASE). ▶ HEADLESSOR (原賃貸人) / SUBLESSOR (不動産転貸人). [AF; ⇒ LEASE]

léssor of the pláintiff《史》原告の賃貸人《特に不動産占有回復訴訟 (ejectment) で JOHN DOE の背後にいる真の原告を指した》.

léssor's ínterest 賃貸人の利益 (cf. LESSEE'S INTEREST).

léss restríctive altérnative(s) (*pl*)《米》より制限の少ない他の手段(⇨ LEAST RESTRICTIVE MEANS).

léss restríctive méans より制限の少ない手段 (⇨ LEAST RESTRICTIVE MEANS).

let¹ /lét/ *v* (~; lét-ting) *vt* 1 …させる (allow to); [命令形を用いて勧誘・命令・許可・仮定などを表わす]: *L~ me say…. / He won't ~ anyone enter the house.* だれひとりその家に入れようとしない / *The magistrate ~ the prisoner speak to his sons.* 2 貸す, 賃貸する (rent): *This house is to ~ [to be ~].* この家は貸家です / *House [Room, Offices] to ~.*《掲示》貸家[貸間, 貸オフィス]あり / *~ an office* オフィスを賃貸する. 3《特に入札で》〈仕事を〉請け負わせる, 出す: *~ a contract* 請け負わせる / *~ some work to a carpenter* 大工に仕事を請け負わせる. — *vi* 貸される, 借手がある (be rented); 請け負わされ, 落札する: *The room ~s well.* あの部屋は高く貸せる[借手に困らない] / *The house ~s for 200 dollars a month.* この家の家賃は月200ドルだ. **~ go** 解放する, 放免する; 見のがす, 見過ごす; 解雇する. **~ (...) off** (1)〈人を〉〈刑罰・仕事などから〉免除する: *~ sb off (doing) his work* 作業を免除してやる. (2) 放免する,〈軽い罰で〉許す〈*with*〉;《一時》解雇する: *He was ~ off with a fine.* 罰金だけで放免になった. (3)〈家などを〉分割して[部分的に]貸す (let). **~ out** (*vt*) (1) 解放[放免, 免除]する; 貸し出す, 賃貸する; 請け負い[下請け, 外注]に出す: *~ sb out (of prison) on bail*(刑務所から)保釈出獄させる. (2)《口》解雇する, …に暇を出す. — *n* 1 賃貸[リース]期間: *take an office on a short ~* 短期の賃貸で事務所を借りる. 2《口》貸すこと, 貸付け, 賃貸 (lease): *get a ~ for the rooms* 部屋の借手が見つかる. ▶ SUBLET (不動産転貸借). 3 貸家, 貸間. [OE *lǣtan*; cf. LATE, G *lassen*]

let² 《古》 *vt* (~, lét-ted; lét-ting) 妨害する: ~ and hinder 妨害する. — *n* 妨害, 障害; 妨害物. **without ~ or hindrance** なんの障害もなく.

le-thal /líːθ(ə)l/ *a* 死の; 致死の, 致命的の.

léthal injéction《死刑執行あるいは安楽死の手段としての》薬物注射.

léthal wéapon 凶器 (= DEADLY WEAPON).

lét-òut clàuse《契約において合意事項があてはまらない場合を示す》除外条項.

let-ter¹ /létər/ *n* 1 a 手紙, 書状, 通知書: *by ~* 手紙で, 書面で. b [ᵁ*pl*] 証書, 免状, …証[状] *: ~s of orders*《教会》聖職就任証 / *LETTERS TESTAMENTARY*. c 信用状 (= LETTER OF CREDIT). ▶ ADMINISTRATIVE LETTER (行政書簡) / ALLOTMENT LETTER ((株式)割当(書)) / BACK LETTER (損失補償証書) / CALDERBANK LETTER (コールダーバンク書状) / COMFORT LETTER (コンフォート・レター) / COUNTERLETTER (反対証書) / COVER(ING) LETTER (添え状) / DEAD LETTER (空文化した法律) / DECOY LETTER (おとりの手紙) / DEFICIENCY LETTER (瑕疵(かし)指摘書) / DEMAND LETTER (請求文書) / DETERMINATION LETTER (決定通知) / DISTRESS-ING LETTER (迷惑手紙) / DROP LETTER (受付局区域内配達郵便物) / INFORMATION LETTER (情報提供状) / LITIGATION-HOLD LETTER (訴訟資料保管命令状) / MONITORY LETTER (戒告状) / NATIONAL SECURITY LETTER (国家安全保障状) / NINETY-DAY [90-DAY] LETTER (90日レター) / NO-ACTION LETTER (訴訟不要意見書) / OPINION LETTER ((弁護士)意見書) / REGISTERED LETTER (書留郵便) / ROGATORY LETTER (嘱託書) / RULING LETTER (決定通知) / SEA LETTER (中立国船舶証明書) / THIRTY-DAY [30-DAY] LETTER (30日レター) / TRANSMITTAL LETTER (添え状). 2 **a** 文字. **b** [the ~]《内容・精神に対して》文字どおりの意味(解釈), 字義, 字句: *in ~ and in spirit* 形式精神ともに / *the ~ of the law* 法の文面《法の字義どおりの意味; cf. SPIRIT OF THE LAW》 / *keep to [follow] the ~ of the law [an agreement]*《真意・精神を無視して》法文[契約]の条件を字義どおりに履行する. 3 読み書き, 教養, 学問: *man of ~s* 学者, 文人; 文学者 / *the profession of ~s* 著述業. **to the ~** 文字どおりに, 厳密に: *carry out [follow] instructions to the ~* 指図を厳守[忠実に]実行する. — *vt* …に文字を印する[入れる]. — *vi* 文字を入れる.

letter² *n* 貸主, 賃貸人《特に不動産の場合が多い》. [LET¹].

létter befòre áction 提訴前最終請求書状《弁護士が正式提訴する前にみずからの依頼人の請求を認めるよう相手方に最後の機会を与えるために発する書状》.

létter bònd《米》《証券取引委員会 (Securities and Exchange Commission) に登録届け出をしないで私募発行された》投資目的確認書付き社債, 私募社債, 非登録社債, レターボンド (= letter security)《自由な譲渡・譲渡登録ができないので, 譲渡制限証券 (restricted security) ともいう; cf. LETTER STOCK》.

létter-bòund *a*《法律などの》字句にとらわれた.

létter còntract《米》文書契約《契約当事者が履行するのに十分な規定を備えた文書による契約》.

létter-hèad *n* レターヘッド《書簡紙上部に印刷されている社名・住所・電話番号など, またはその書簡紙》.

létter of acknówledgment 受取確認通知書, 受領書.

létter of advíce《為替手形振出しなどの》通知状, 振出通知書.

létter of allótment《(株式)割当(書)》(= ALLOTMENT CERTIFICATE).

létter of applicátion 1 求職申込書. 2 株式申込書.

létter of appóintment 選任[任命]通知(書).

létter of attórney (代理)委任状 (= POWER OF ATTORNEY).

létter of cómfort 第三者の念書 (= COMFORT LETTER).

létter of cómment《米》不備指摘文書 (⇨ DEFICIENCY LETTER).

létter of compláint 不服[苦情]申立書.

létter [létters] of crédence (派遣国元首から接受国元首に対して宛てられ大使・公使など政府代表の外交使節が提出する)信任状 (=credentials, letters credential, lettre de créance) (cf. RECREDENTIAL).

létter of crédit (特に銀行が発行する)信用状 (= bill of credit, circular letter of credit, circular note) 《通例は銀行である発行者の顧客の依頼により名宛人 (beneficiary) に対して発行される書類で信用状記載の条件が満たされる場合に, 要求書類と引換えに, 名宛人もしくはその指図人に対して支払いを行ない, または名宛人振出しの為替手形を引き受け・支払い, もしくはそれらを他行に授権する旨の約束を表示しているもの; 略 L/C, l/c, LC, lc》. ▶ CIRCULAR LETTER OF CREDIT (循環信用状) / COMMERCIAL LETTER OF CREDIT (商業信用状) / CONFIRMED LETTER OF CREDIT (確認信用状) / GUARANTY LETTER OF CREDIT (保証信用状) / IRREVOCABLE LETTER OF CREDIT (撤回不能信用状) / OPEN LETTER OF CREDIT (オープン信用状) / STANDBY LETTER OF CREDIT (スタンドバイ信用状) / TRAVELLER'S LETTER OF CREDIT (旅行(者)信用状).

létter of demánd (訴えを起こす前に当事者または弁護士が相手に送付する)請求書.

létter of denizátion 《英史》国籍付与状.

létter of exchánge 為替手形 (=DRAFT).

létter of hypothecátion (銀行に与えられる)抵当権実行権付与状.

létter of intént 契約意図表明状, 契約予備書面, 《売買などの》同意書, 仮取決め (=memorandum of understanding) 《略 LOI; cf. PRECONTRACT》.

létter of introdúction 紹介状.

létter of lícense 《英》支払い期日延期契約書, 債務履行猶予契約書.

letter of marque ⇨ LETTERS OF MARQUE.

létter of renunciátion 株式申し込み割当て棄権通知書, 新株割当て棄権状《権利を他人に譲る意思表示の通常は株式割当証(書) (letter of allotment) の裏面にある書式》.

létter of requést (*pl* létters of requést) **1** 嘱託書 (=letter rogatory)《**(1)** 他の法域の裁判所への証人の尋問嘱託状, あるいはその法域の人への訴訟手続き上の令状 (process) の送達嘱託状; cf. COMMISSION TO EXAMINE WITNESS **2》《英》人格代表者 (personal representative) が死者の株式を遺産受益者に移転する書。**2** 《英》大主教[大司教]裁判所管轄要請状《主教[司教]裁判所がその管轄事件を, 原告の求めに応じて, 上級の大主教[大司教]の裁判所の管轄に移すことを要請する書面》.

létter of sáfe cónduct 安全保証状《敵国人に対して安全に入国・出国できることを保証する旨を認める文書》.

létter of the láw [the ~] 法の文面 (⇨ LETTER 2 b).

létter ràte 《小包ではない》通常郵便料金, 書簡郵便料金.

letter rogatory [*s pl*] 嘱託書 (=LETTER OF REQUEST).

létter rùling 《米税制》《税務当局の》書面回答 (=private letter ruling). ▶ PRIVATE LETTER RULING (納税者への書面回答).

létters clóse /-klóus/ *pl* 《史》封緘勅許状 (=close writ)《特定個人宛に公けにされる要のない内容を伝えるために発せられ, 国璽 (Great Seal) で認証された国王の書簡; opp. *letters patent*》.

létters credéntial *pl* LETTER OF CREDENCE.

létter secùrity 《米》投資目的確認付き証券, レターセキュリティーズ (=LETTER BOND).

létters of administrátion *pl* 遺産管理状《無遺言で死亡した場合あるいは遺言者が遺言執行人 (executor) を指定していなかった場合などに, 裁判所が遺産管理人 (administrator) を選任して, 遺産の管理処分の権限を付与する文書; cf. GRANT OF (LETTERS OF) ADMINISTRATION, LETTERS TESTAMENTARY》. ▶ GRANT OF LETTERS OF ADMINISTRATION (遺産管理状の発給).

létters of administrátion c.t.a. /-sì:tì:éi/ *pl* 遺言付き遺産管理状 (⇨ LETTERS OF ADMINISTRATION, ADMINISTRATION CUM TESTAMENTO ANNEXO).

létters of administrátion d.b.n. /-dì:bì:én/ *pl* 後任遺産管理状 (⇨ LETTERS OF ADMINISTRATION, ADMINISTRATION DE BONIS NON).

létters of búsiness 《英》《聖職者会議 (convocation) 宛てに国王が発する》審議依頼状.

letters of credence ⇨ LETTER OF CREDENCE.

létters of guárdianship *pl* 後見命令《未成年者・無能力となった成人のために後見人を選任する裁判所決定》.

létters [létter] of márque (and reprísal) (*pl*) 他国[敵国]船拿捕(貸)[復仇]免許状, 捕獲免許状《国家が私人に与えた免許状で他国の船舶の捕獲・押収を認めたもの; 合衆国憲法第1編第8節11項にはその付与を連邦議会権限にしているが19世紀以来用いられていない》.

létters pátent *pl* **1** 《史》開封勅許状《不動産・官職・特権・権限・特許権などの付与・授与のように他に広く知らせるためまたは確認しやすくするために開封 (patent) にして, 国璽 (Great Seal) で認証された国王の書簡; 単に patent ともいう, 特許(権)のことを patent (パテント) というのは, このことに由来する; opp. *letters close*》. **2** 《政府の正式な》特許許可証.

létters testaméntary *pl* 《米》遺言執行状《裁判所が遺言を検認し遺言上の遺言執行者 (executor) に正式に権限を付与する令状; cf. LETTERS OF ADMINISTRATION; 英国では probate ((遺言)検認状) の語が用いられる》.

létter stòck 《米》投資目的確認書付き株式, 私募[非登録]株式, レターストック (cf. LETTER BOND).

lét·ting n 1 〖英〗賃貸し; 貸家, 貸しアパート: a ~ agency 貸家・貸室斡旋引 / furnished ~s 家具付き貸家[貸室]. ▶SUBLETTING (不動産転貸借). 2 〖米〗〈特に入札による〉請負い.

létting còntract 〖米〗〈特に入札による〉請負い契約の締結.

létting òut 1 〖米〗入札による請負い契約の締結. 2 賃貸.

let·tre de ca·chet /F lɛtr də kaʃɛ/ (pl **let·tres de cachet** /—/) 〖フランス史〗封印状, 拘禁令状, 逮捕状〈かつて通例は国王が審理なしで投獄する場合に出した封印付き命令状〉. [F=letter with a seal]

lettre de cré·ance /F lɛtr də kreɑ̃:s/ (pl **lettres de créance** /—/) 信任状 (=LETTER OF CREDENCE).

le·vant and [et] cou·chant /lévənt ənd káutʃənt; F ləvɑ̃ e kuʃɑ̃/ 〖史〗1 侵入家畜居座り〈時間〉〈家畜が他人の土地にはいり, 起き上がって草をはみ, 横になって寝るのに十分な時間 (通常は最低一晩); 家畜が他人の土地を(柵が壊れていたなどその者の責任で)侵害した場合に, 侵入家畜が, その者の土地の領主がその者の地代などの滞納のため自救的に差押えをする際の対象になりうるのに必要な時間を示す語〉. 2 〖放牧入会権付着地保有権者の〗保有家畜限度数, 入会地への放牧家畜限度数. ★ 1, 2 ともに couchant and levant ともいう. [F=rising up and lying down]

le·va·ri fa·ci·as /ləvǽrài féiʃiəs/ 〖米, 英史〗強制執行令状〈判決債務者の不動産もしくはその上の動産を差し押え, 動産を売却し不動産からの収益を取り立て, 判決債権者への債務を満足させるよう命ずるシェリフ (sheriff) 宛ての令状; 英国では 1883 年までに廃止; 米国でも主として Delaware でのみ用いられているにすぎない; cf. FIERI FACIAS〉. [L=that you cause to be levied]

lev·ee /lévi/ n 1 土手. 2 川の船着き場.

le·vée en masse /F ləve ɑ̃ mas/ LEVY EN MASSE.

le·ver·age /lév(ə)ridʒ, líː-; líːv-/ n 1 a てこの作用. b 目的遂行の手段; 力, 影響力. 2 借入資本の利用; 借入資本利用の効果. ▶CAPITAL LEVERAGE (借入れ資本利用). 3 財務てこ率, レバレッジ〈借入資本を自己資本で割った率〉. — vt 1 てこ入れをする, …に影響(力)を及ぼす. 2 借入資本で〈資金〉を得させる; 〈会社・投資家などに〉借入資本を供給して投資力・収益力を高める, 〈会社に〉レバレッジを導入する. 3 〖反トラスト〗不正な利益を上げるために別の市場で力を行使する. 4 〖保険〗2 つの保険契約の担保を操作する.

léverage còntract レバレッジ売買契約〈通例は貴金属などの特定商品の標準単位を特定価格で, しかし商品の個別特定をする権利なして, 将来引き渡す売買契約; 先物契約 (futures contract) と違っている点は, そのための市場を欠いていることである〉.

léveraged búyout 借入金による企業買収,〈特に〉買収先資産を担保にした企業買収, レバレッジド・バイアウト〈略 LBO〉.

léveraged léase 借入れ資本利用賃貸借, レバレッ

643

ジド・リース〈融資に付随する賃貸借契約で, 賃貸人になる者はその融資を得て賃貸物件を取得しそれを賃貸に出し, しかもその賃貸借契約が融資者にとって融資額不払いに対する唯一の償還請求権を提供することになるもの〉.

levi·able /léviəb(ə)l/ a 〈税・罰金など〉課す[科す]ことができる, 課税[罰金]対象となる, 〈貨物など〉課税できる; 差し押えることのできる, 強制執行の対象となりうる (opp. *nonleviable*). [LEVY]

levi·er /léviər/ n LEVY する人.

lé·vis cúl·pa /líː-vɪs-/ 軽過失 (cf. CULPA). [L=slight fault]

le·vís·si·ma cúl·pa /ləvísəmə-/ 最軽度の過失 (cf. CULPA). [L=the slightest fault]

Le·vít·i·cal degrées /ləvítɪk(ə)l-/ pl 〖旧約聖書〗のレビ記で結婚を禁じられた親等,〈近親婚として婚姻を禁止されている〉婚姻禁止親等.

levy /lévi/ vt 1 〈税などを〉賦課する, 〈罰金などを〉科す; 徴収する, 取り立てる; 召集する, 徴募[徴集]する, 徴用する; 差し押える (seize): ~ taxes on people 人に税を課する / ~ a tax on imported cars 輸入車に課税する / ~ a duty on the import of beef 牛肉輸入に関税を課す. 2 〈戦争を〉始める: ~ war upon [against]…に対して兵を挙げる, …と戦争する. — vi 徴税[課税]する; 財産を差し押える. **~ a fine** 〖史〗和解譲渡の手続きをする (⇒ FINE 4). — n 1 a 〈税・罰金などを〉課[科]すこと, 賦課, 徴税, 徴収, 賦課徴収 (=tax levy); 賦課金, 罰金, 徴収額. b 押収, 差押え; 強制執行 (=levy of execution). ▶AGGREGATE LEVY (岩石・砂採採取税) / CAPITAL LEVY (資本課税) / CLIMATE CHANGE LEVY (気候変化税) / EQUITABLE LEVY (エクイティー上の優先弁済権) / IMPORT LEVY (輸入賦課金) / TAX LEVY (租税の賦課徴収) / TRAINING LEVY (職業訓練税) / WRONGFUL LEVY (不当強制執行). 2 a 〖軍〗召集, 徴用. b 召集人員, 徴募兵数. c [the levies] 召集軍隊. [OF levée (pp) < *lever* to raise <L *levo* (*levis* light)]

lévy en [in] másse (pl **lévies en [in] másse**) 〈他国の侵入に対し自衛のため臨機に行なう〉国民軍召集, 充員召集 (=levée en masse). [F levée en masse]

lévying wár 戦いを起こすこと, 挙兵〈合衆国憲法第 3 編第 3 節 1 項は合衆国に対して戦いを起こすことを反逆罪 (treason) の一つとしている〉.

lévy of attachment 財産差押え.

lévy of execútion 差押え, 強制執行 (=LEVY).

lewd /lúːd/ a みだらな, 猥褻な, 下卑た. **~·ly** *adv*

léwd·ness n 猥褻 (cf. INDECENT EXPOSURE, OBSCENITY).

lex /léks/ n (pl **le·ges** /líːdʒiːz/) 1 法律, 制定法 (cf. JUS). 2 法 (law). 3 実定法 (cf. NATURAL LAW). [L *leg-lex*]

Lex An·gli·ae nun·quam ma·tris sed sem·per pa·tris con·di·ti·o·nem imi·ta·ri par·tum ju·di·cat. /— ǽŋɡliː nʌ́ŋkwæm méitrɪs sɛd sémpər pǽtrɪs kəndɪʃíóunɛm

Lex Angliae sine Parliamento

ìmɪtéɪràɪ pɑ́ːrtəm ʤúːdɪkǽt/ イングランド法は, 子は常に父の身分に従い決して母の身分に従わない, と判断する. [L=The law of England rules that the offspring shall always follow the condition of the father, never that of the mother.]

Lex Angliae si·ne Par·li·a·men·to mu·ta·ri non po·test. /⸺ ⸺ sáɪni pɑ̀ːrliəméntou mutɑ́ːri nɑn pɑ́tɛst/ イングランド法は議会による以外は変更されえず. [L=The law of England cannot be changed except by Parliament.]

léx ap·pá·rens /-əpǽrənz/《史》明示の法 (=lex manifesta)《判判》(ordeal) ないしは決闘審判 (trial by battle) により明示される法》. [L=apparent law]

Léx be·ne·fi·ci·a·lis rei con·si·mi·li re·me·di·um prae·stat. /⸺ bènefɪʃiéɪrɪs ríːàɪ kɑnsímɪlàɪ rimíːdiəm príːstæt/ 利益を与える法は同種の事例にも救済手段を与える. [L=A beneficial law affords a remedy in a similar case.]

léx cáu·sae /-kɔ́ːzi/ 準拠法《当該事件に適用される法; cf. LEX FORI, LEX LOCI》. [L=law of the case]

Lex ci·ti·us to·le·ra·re vult pri·va·tum dam·num quam pub·li·cum ma·lum. /⸺ síʃiəs tɑ̀lɛréɪrɛ vʌlt praɪvéɪtəm dǽmnəm kwæm pʌ́blɪkəm mǽləm/ 法は公共の害悪よりも私的損失により容易に堪えたいと望む. [L=The law is more willing to tolerate a private loss than a public evil.]

léx com·mú·nis /-kəmjúːnɪs/《史》コモンロー; 共通法; 普通法, 一般法 (»⇨ JUS COMMUNE). [L=common law]

Lex di·la·ti·o·nes sem·per ex·hor·ret. /⸺ dɪlèɪʃióuniz sémpɛr ɛkshɔ́ːrɛt/ 法は常に遅延を嫌悪する. [L=The law always abhors delays.]

léx do·mi·ci·lii /-dɑ̀mɪsíliàɪ/ 住所[ドミサイル]のある地の法. [L=law of the domicile]

Léx Du·o·dé·cim Ta·bu·lá·rum /-d(j)ùːədésəm tæbjəlɛ́ərəm/《ローマ法》十二表法 (=TWELVE TABLES).

Lex est dic·ta·men ra·ti·o·nis. /⸺ ɛst díktəmɛn rèɪʃióunɪs/ 法は理の命令である. [L=Law is the dictate of reason.]

Lex est ra·tio sum·ma, quae ju·bet quae sunt uti·lia et ne·ces·sa·ria, et con·tra·ria pro·hi·bet. /⸺ ⸺ réɪʃiou sʌ́mə kwi ʤúːbɛt kwi sənt jutíliə ɛt nèsɛséɪriə ɛt kɑntréɪriə prɑ́hɪbɛt/ 法は, 有用であり必要であることを命じそれに反することを禁ずる最高の理である. [L=Law is the highest reason, which commands what is useful and necessary and forbids the contrary.]

Lex est sanc·tio sanc·ta, ju·bens ho·nes·ta et pro·hi·bens con·tra·ria. /⸺ ⸺ sǽnkʃiou sǽnktə ʤúːbɛnz hɑnéstə ɛt próuhɪbɛnz kɑntréɪriə/ 法は正しいことを命じそれに反することを禁じる神聖なサンクションである. [L=Law is a sacred sanction, commanding what is right and prohibiting the contrary.]

Lex est tu·tis·si·ma cas·sis; sub clypeo le·gis ne·mo de·ci·pi·tur. /⸺ ⸺ t(j)utísɪmə kǽsɪs səb klípɛou líːʤɪs némou dɛsípɪtər/ 法は最も安全な兜である. 法の盾の下ではいかなる者も欺かれない. [L=Law is the safest helmet; under the shield of the law no one is deceived.]

léx et con·sue·tú·do ré·gni /-ɛt kɑ̀nswətjúːdou régnaɪ/《史》王国の法と慣習法. [L=law and custom of the realm]

Lex fa·vet do·ti. /⸺ fǽvɛt dóutaɪ/ 法は寡婦産に好意を示す. [L=The law favors dower.]

Lex fin·git ubi sub·sis·tit ae·qui·tas. /⸺ fíndʒɪt (j)úːbɪ səbsístɪt íːkwɪtɛɪs/ 法は衡平がとどまる所で擬制を行なう. [L=Law creates a fiction where equity abides.]

léx fó·ri /-fɔ́ːràɪ, -fóu-/ 法廷地法, 訴訟地法 (=law of the forum)《訴訟の係属している土地の法; cf. LEX CAUSAE, LEX LOCI》. [L=law of the forum]

léx Hor·tén·sia /-hɔːrténsiə, -ʃiə/《ローマ法》ホルテンシウス法《紀元前286年の法律; 平民会議決 (plebiscitum) はローマ市民の一部である平民 (plebs) の会の議決であるにもかかわらず, それに法律と同一の効力を認めローマ全市民を拘束することとし, 形式的にも lex (法律) と呼ぶことにしたもの》.

léxical definítion 辞書的定義 (=lexicográphical definition).

Lex in·ten·dit vi·ci·num vi·ci·ni fac·ta sci·re. /⸺ ɪnténdɪt vɪsáɪnəm vɪsáɪnàɪ fǽktə sáɪrɛ/ 法は, 隣人は隣人の行為を知っているものとする. [L=The law presumes that one neighbor knows the acts of another.]

LEXIS /léksɪs/『レクシス』《米国のコンピューターによる判例・法令などのオンライン検索システム商標名》.

léx lá·ta /-léɪtə/ 現行法. [L=existing law]

léx ló·ci /-lóusàɪ/《できごとのあった》場所の法《無限定の時は多く LEX LOCI CONTRACTUS を指す; cf. LEX CAUSAE, LEX FORI》. [L=law of the place]

léx lóci ác·tus /-ǽktəs/ 行為地法《行為の行なわれた土地の法》. [L=law of the place of the act]

léx lóci ce·le·bra·ti·ó·nis /-sèləbreɪʃíounɪs/ 1 婚姻挙行地法. 2 契約締結地法. [L=law of the place of the ceremony]

léx lóci con·trác·tus /-kəntrǽktəs/ 契約締結地法. [L=law of the place of the contract]

léx lóci de·líc·ti /-dɪlíktàɪ/, **-lic·tii** /-díktiàɪ, -deɪlíktiːi/ 不法行為地法; 違法行為の行なわれた場所の法; 犯罪地法 (» cf. LOCUS DELICTI). ★lex loci delicti commissi ともいう. [L=law of the place of the wrong]

léx lóci delícti com·mís·si /-kəmísaɪ/ LEX

LOCI DELICTI. [L=law of the place of the wrong committed]

léx ló·ci réi sí·tae /-ríːaɪ sáiti/ LEX SITUS. [L=law of the place where the property is located]

léx ló·ci sí·tus /-sáitəs/ LEX SITUS. [L=law of the place where the property is located]

léx ló·ci so·lu·ti·ó·nis /-səlùːʃíounəs/ 履行地法. [L=law of the place of solution]

léx ma·ni·fés·ta /-mænɪféstə/ 明示の法 (=LEX APPARENS). [L=manifest law]

léx mer·ca·tó·ria /-màːrkətóːriə/ 商慣習法 (law merchant). [L=mercantile law]

Lex ne·ces·si·ta·tis est lex tem·po·ris, i.e., in·stan·tis. /— nɛsɛsɪtéɪtɪs ɛst léks témpərɪs àɪíː ɪnstǽntɪs/ 緊急の法は時の、すなわち当面する時点(のみ)の法である。 [L=The law of necessity is the law of time, i.e., time present.]

Lex ne·mi·nem co·git ad va·na seu in·u·ti·lia pe·ra·gen·da. /— níːmɪnèm kóuʤɪt æd véɪnə su ɪnjùːtílíə pèreɪʤéndə/ 法は何びとに対しても無益あるいは無用のことを為すことを強制しない。 [L=The law compels no one to do vain or useless things.]

Lex neminem cogit os·ten·de·re quod ne·sci·re prae·su·mi·tur. /— — — — əsténdɛrɛ kwad nɛsáɪre prizjúːmɪtər/ 法は何びとに対しても知らないと推定されることを明らかにするよう強制しない。 [L=The law compels no one to disclose what he is presumed not to know.]

Lex non co·git ad im·pos·si·bi·lia. /— nan kóuʤɪt æd ɪmpàsɪbílíə/ 法は不可能なことを強制しない。 [L=The law does not compel the impossible.]

Lex non cu·rat de mi·ni·mis. /— — kjúːræt dɛ mínɪmɪs/ 法は些事を考慮しない。 [L=The law does not pay attention to matters of least consequence.]

Lex non de·fi·cit in jus·ti·tia ex·hi·ben·da. /— — défɪsɪt ɪn ʤəstífɪə ɛkshɪbéndə/ 法は正義を示すことにおいて欠けることがない。 [L=The law does not fail in showing justice.]

Lex non in·ten·dit ali·quid im·pos·si·bi·le. /— — ɪnténdɪt ælɪkwɪd ɪmpasíbɪlɛ/ 法は不可能事を意図しない。 [L=The law does not intend anything impossible.]

Lex non re·qui·rit ve·ri·fi·ca·ri quod ap·pa·ret cu·ri·ae. /— — rɛkwírɪt vɛrɪfɪkéɪraɪ kwad ǽpərət kúːriːː/ 法は、裁判所にとって明白であることが証明されることを要求しない。 [L=The law does not require that which is apparent to the court to be proved.]

léx non scríp·ta /-nan skríptə/ 不文法 (=UNWRITTEN LAW). [L=unwritten law]

léx pá·tri·ae /-péɪtriːː, -pǽt-/ 本国法. [L=law of one's country]

Lex plus lau·da·tur quan·do ra·ti·o·ne pro·ba·tur. /— plʌs lɔːdéɪtər kwǽndou rèɪʃióunɛ proubéɪtər/ 法は理によって是とされる時に より賞賛される。 [L=The law is more praised when it is approved by reason.]

Lex pos·te·ri·or de·ro·gat pri·o·ri. /— pastéríɔːr dérəgæt priórʌɪ/ 後法は前法を廃する。 [L=A later statute abrogates an earlier one.]

Lex pro·spi·cit, non re·spi·cit. /— próuspɪsɪt nán réspɪsɪt/ 法は眼を未来に向け過去には向けない。 [L=The law looks forward, not backward.]

Lex pu·nit men·da·ci·am. /— pjúːnɪt mɛndéɪʃəm/ 法は虚偽を罰する。 [L=The law punishes falsehood.]

léx ré·gia /-ríːʤíə/ 〖ローマ史〗主権法《皇帝に法律の効力をもつ勅令を発布する立法権などを付与する法律》. [L=royal law]

lex rei si·tae /-ríːaɪ síti/, **léx réi sí·tus** /-sáɪtəs/ LEX SITUS. [L=the law of the situation of the thing]

Lex re·ji·cit su·per·flua, pug·nan·tia, in·con·grua. /— ríːʤɪsɪt supérfluə pəgnǽnʃíə ɪnkángruə/ 法は過剰なもの、矛盾するもの、不適切なものを排斥する。 [L=The law rejects superfluous, contradictory, and incongruous things.]

Lex re·pro·bat mo·ram. /— rɛpróubæt móːræm/ 法は遅滞を非難する。 [L=The law reprobates delay.]

Lex re·spi·cit ae·qui·ta·tem. /— réspɪsɪt ìːkwɪtéɪtɛm/ 法は衡平を顧慮する。 [L=Law regards equity.]

Léx Sá·li·ca /-sǽlɪkə/ SALIC LAW. [L=Salic Law]

léx scríp·ta 成文法 (=WRITTEN LAW). [L=written law]

Lex sem·per da·bit re·me·di·um. /— sémpər dǽbɪt rɪmíːdiəm/ 法は常に救済(手段)を与えるであろう。 [L=The law will always give a remedy.]

Lex semper in·ten·dit quod con·ve·nit ra·ti·o·ni. /— — ɪnténdɪt kwad kanvíːnɪt rèɪʃióunʌɪ/ 法は常に理に合致することを意図している。 [L=The law always intends what is agreeable to reason.]

léx sí·tus /-sáɪtəs/ 《当該財産の》所在地法 (=lex loci rei sitae, lex loci situs, lex rei sitae, lex rei situs). [L=law of the place where the property is located]

Lex spec·tat na·tu·rae or·di·nem. /— spéktæt neɪtúːri óːrdɪnèm/ 法は自然の秩序を考慮する。 [L=The law has regard to the order of na-

Lex succurrit ignoranti

ture.]

Lex suc·cur·rit ig·no·ran·ti. /— səkáːrɪt ɪgnourǽntaɪ/ 法は不知の者を援助する．［L=The law assists the ignorant.］

léx ta·li·ó·nis /-tælióunəs/《被害者が受けた危害と同じ危害を加えて加害者を罰する》**同害報復法**, 同害刑法（=jus talionis, talio, talion）．［L］

léx tér·rae /-téri/ LAW OF THE LAND.［L］

Lex uno ore om·nes al·lo·qui·tur. /— júːnou ɔ́ːrɛ ámniz ælóukwɪtər/ 法は一つの口ですべての人に話しかける．［L=The law speaks to all with one mouth.］

ley /léɪ/ *n*《史》**1** 法, 法律．**2** 雪冤宣誓（wager of law）．［F=law］

léy gà·ger /-gèɪdʒər, -gáːʒeɪ/《史》雪冤宣誓（wager of law）．［F］

leze majesty ⇨ LESE MAJESTY.

LHC《英》°Lord High Chancellor 大法官．

LI《英》°Lincoln's Inn リンカンズ・イン．

li·a·bil·i·ty /làɪəbíləti/ *n* **1** 責任《民事・刑事ともに用いる》, 負担, 義務: ~ *for* military service 兵役の義務 / ~ *to* a tax 納税の義務．► ABSOLUTE LIABILITY（絶対責任）/ ACCESSORY LIABILITY（幇助責任）/ ACCOMPLICE LIABILITY（共犯者の責任）/ ALTERNATIVE LIABILITY（選択的責任）/ APPORTIONMENT OF LIABILITY（責任の配分）/ BUSINESS LIABILITY（事業上の責任）/ CIVIL LIABILITY（民事責任）/ CONTINGENT LIABILITY（不確定責任）/ CONTRACTUAL LIABILITY（契約責任）/ CORPORATE LIABILITY（法人［会社］責任）/ CRIMINAL LIABILITY（刑事責任）/ DERIVATIVE LIABILITY（派生的責任）/ DRAM SHOP LIABILITY（酒場責任）/ EMPLOYER'S LIABILITY（雇用者責任）/ ENTERPRISE LIABILITY（製造産業全体による製造物責任; 企業刑事責任）/ INDEMNITY AGAINST LIABILITY（損害賠償責任の肩代わり（契約））/ JOINT AND SEVERAL LIABILITY（連帯責任）/ JOINT LIABILITY（共同責任）/ LEGAL LIABILITY（法的責任）/ LIMITATION OF LIABILITY（責任限定）/ LIMITED LIABILITY（有限責任）/ MANUFACTURER'S LIABILITY（製造者責任）/ MARKET-SHARE LIABILITY（市場占有率に応じた責任）/ OCCUPIER'S LIABILITY（占有者の責任）/ PARENTAL LIABILITY（親の賠償責任）/ PARENTS' LIABILITY（親の賠償責任）/ PERSONAL LIABILITY（人の責任）/ PREMISES LIABILITY（敷地内責任）/ PRIMARY LIABILITY（第一次責任）/ PRODUCT(S) LIABILITY（製造物責任）/ SECONDARY LIABILITY（第二次責任）/ SEVERAL LIABILITY（個別責任）/ SHAREHOLDER'S LIABILITY（株主の責任）/ SOLIDARY LIABILITY（連帯責任）/ STATE LIABILITY（加盟国家の責任）/ STOCKHOLDER'S LIABILITY（株主の責任）/ STRICT LIABILITY（厳格責任）/ TORTIOUS LIABILITY（不法行為責任）/ TRANSFEREE LIABILITY（被移転人の納税義務）/ UNLIMITED LIABILITY（無限責任）/ VICARIOUS LIABILITY（代理責任）．**2** [°*pl*] 負債, 債務（debts）(opp. *assets*)．► ACCRUED LIABILITY（未払い債務）/ CURRENT LIABILITY（流動負債）/ FIXED LIABILITY（固定負債）/ LONG-TERM LIABILITIES（長期負債）/ TAX LIABILITY（負担税額）．**3**（賠償）責任保険（= LIABILITY INSURANCE）．

liability clàuse（有限）責任条項《会社の定款中の有限責任を規定している条項》．

liability for recéipt《信託財産の》**受領責任**《信託（義務）違反（breach of trust）の形で信託財産を受領したことに対する責任; cf. ACCESSORY LIABILITY (IN BREACH OF TRUST), KNOWING RECEIPT》．

liability in sólido《大陸法》**連帯責任**（= SOLIDARY LIABILITY）．

liability insùrance 責任保険, 賠償責任保険（= public liability insurance, third-party insurance）《被保険者が他人に対して損害賠償責任を負ったときにその損害額を填補する保険; 単に liability ともいう; cf. FIRST-PARTY INSURANCE》．► COMPREHENSIVE GENERAL LIABILITY INSURANCE（総合責任保険）/ EMPLOYERS' LIABILITY INSURANCE（雇用者責任保険）/ PRODUCTS LIABILITY INSURANCE（製造物責任保険）/ PUBLIC LIABILITY INSURANCE（一般責任保険）．

liability to maintáin 扶養義務．

liability withòut fáult 無過失責任（= STRICT LIABILITY）．

li·a·ble /láɪəb(ə)l/ *a* **1**（…に対して）（法的に）責を負うべき, 責任ある, 責任を負っている;《…に》処せらるべき, 服すべき,《…を》受けるべき,《…を》免れない; 差押え[収用]の対象となる: You are legally ~ *for* damage caused by your dogs. あなたはあなたの犬によって引き起こされた損害に対して法的に責任があります / We are ~ *to* taxes. 納税すべきだ．► JOINTLY AND SEVERALLY LIABLE（連帯して責任を負うべき）/ JOINTLY LIABLE（共同して責任を負うべき）/ SEVERALLY LIABLE（個別的にある責任の）．**2** …しがちな, …しやすい．**~·ness** *n*　[AF<OF<L (*ligo* to bind)]

líar's lòan うそつきの融資《**1**）後ろ盾となる小切手はなくしたがって貸主の収入・必要等を満たすと主張することによって得られる融資　**2**）借り手がその返済能力を最小限しか示すことができないままでなされる融資; これは証拠書類無提示融資（no-doc loan）ともいう　**3**）一定の収入を主張はしているがそれを根拠づけていない借り手になされる融資; これは主張収入融資（stated-income loan）ともいう》．

li·bel /láɪb(ə)l/ *n* **1** 文書誹毀(ﾋﾞ)（罪）, 文書による名誉毀損（⇨ SLANDER）(cf. DEFAMATION, SLANDER); 誹毀文書．► ACTION FOR LIBEL（文書誹毀訴訟）/ CRIMINAL LIBEL（犯罪的誹毀行為; 文書誹毀罪）/ FALSE-IMPLICATION LIBEL（虚偽印象創出文書誹毀）/ GROUP LIBEL（集団文書誹毀）/ PUBLIC LIBEL（公表された文書誹毀）/ SEDITIOUS LIBEL（文書煽動罪）/ TRADE LIBEL（取引物誹毀）．**2** 申立書《イングランドのローマ法系の海事裁判所・教会裁判所などの裁判所において原告が請求原因を記す正式書面; 海事裁判所・教会

裁判所では民事にのみ用いられる語であるが、スコットランドでは民刑事双方に用いる; cf. ALLEGATION. **3**《一般に》中傷(文)、侮辱[不名誉]となるもの、侮辱: This photograph is a ～ on him. その写真では本人が泣く. — *v* (-l-, -ll-) *vi* 誹謗[中傷]する〈against, on〉. — *vt* 〈人の〉誹謗文書を公にする; 〈人を〉中傷する; 〈人の〉品性・容貌などを十分に表現していない; 《ローマ法系の海事裁判所・教会裁判所などで》申立書で訴える. [OF<L(dim)<LIBER]

líbel àction 文書誹毀(の)訴訟 (=action for libel).

líbel and slánder 文書・口頭による名誉毀損.

li·bel·ant, -bel·lant /láib(ə)lənt/ *n* **1**《ローマ法系の海事裁判所・教会裁判所などにおける》申立人、原告. **2** LIBELER.

li·bel·ee, -bel·lee /làib(ə)líː/ *n*《ローマ法系の海事裁判所・教会裁判所などでの》被申立人、被告.

líbel·er, -bel·ler *n* 文書誹毀者; 中傷者、誹毀者.

líbel in the náture of slánder of títle 権原誹毀の性質をもつ文書誹毀 (⇨ SLANDER OF TITLE).

líbel·ist, líbel·list *n* LIBELER.

li·bel·ous, -bel·lous *a* (文書)誹毀の、中傷する. ～**·ly** *adv*

líbel per quód /-pər kwád/ 特別の事情の立証により成立する文書誹毀 **(1)** 文書の表面上は誹毀に当たらないが背景の事情から誹毀が認められるもの **2)** 実害を主張・立証することにより成立する文書誹毀; » cf. DEFAMATION PER QUOD, LIBEL PER SE, SLANDER PER SE). [⇨ PER QUOD]

líbel per sé /-pər síː/ 文書の記述自体で成立する文書誹毀 (cf. DEFAMATION PER SE, LIBEL PER QUOD, SLANDER PER SE). [⇨ PER SE]

li·ber /láibər/ *n* (*pl* **-i·bri** /láibrai, -briː/, ～**s**) 書物、《特に不動産譲渡証書・遺言書・出生証明書などの》記録集. [L=book]

lib·er·al /líb(ə)rəl/ *a* **1**〈人・行為などが〉寛大な、偏見のない. **2** 気前のよい; 物惜しみしない. **3**〈人・法人などが〉自由主義の、自由主義的な. **4**〈解釈などが〉字句にこだわらず(比較的)自由な.

líberal constrúction 自由な解釈 (=broad construction, broad interpretation, liberal interpretation, loose construction)《憲法・法律の解釈に際し、文言の細部にとらわれず立法趣旨を生かした解釈をすること; opp. *strict construction*).

líberal interpretátion《憲法・法律の解釈での》自由な解釈 (=LIBERAL CONSTRUCTION).

lí·be·ram lé·gem a·mít·te·re /líbərəm líːdʒəm əmítəri/《史》自由を喪失する《陪審員・証人となる資格を喪失し、動産没収・不動産の生涯の間没収、身柄を拘禁される; かつて共同謀議 (conspiracy) への刑; この判決は隷農の判決 (villenous judgment) と呼ばれた; cf. VILLENOUS JUDGMENT》. [L=to lose (one's) free law]

líber as·si·sá·rum /-æsiséirəm/《史》『巡回裁判判決録』《Edward 3 世時代の年書 (Year Books) からの抜粋集》. [L=Book of the Assizes]

Li·be·ra·ta pe·cu·nia non li·be·rat of·fe·ren·tem. /lìbəréitə pəkjúːniə nɑn líbəræt əfəréntem/ (支払いを)免除された金額はその提供者を自由にせず. [L=Money being set free does not free the offeror.]

lib·er·ate /líbərèit/ *n*《史》**1** 国庫金支払い令状. **2** 財産等引渡し令状. **3** 解放令状. — *vt* 解放する、自由(人)にする. [L (*liber* free)]

lib·er·a·tive /líbərèitiv, -rə-/ *a* 自由にする、解放する.

líberative prescríption《ルイジアナ》訴権消滅時効《コモンロー上の出訴期間(法)(statute of limitations) にあたる》.

líber hó·mo /-hóumou/ 自由民. [L=free man]

li·ber·tas /líbáːrtæs, ー ー ー/ *n*《史》**1** 自由. **2** 特権. [L=liberty]

Libertas est na·tu·ra·lis fa·cul·tas ejus quod cui·que fa·ce·re li·bet, ni·si quod de ju·re aut vi pro·hi·be·tur. /ー ー εst nèitjuréilis fækúltæs íːdʒəs kwɑd kíkwe féisere láibet náisai kwɑd di dʒúːre ɔːt vi próuhibíːtər/ 自由とは、法あるいは力によって禁止されない限り、各人になすことを許されていること(をなすこと)の自然の権能である. [L=Liberty is the natural power of doing whatever one pleases, unless that is prohibited by law or force.]

Li·ber·ta·tes re·ga·les ad co·ro·nam spec·tan·tes ex con·ces·si·one re·gum a co·ro·na ex·i·e·runt. /líbərtéitis rigéiliːz æd karóunæm spɛktǽntis ɛks kənseʃióune réːgəm ei karóunə ɛksíːrənt/ 王位に関する国王の特権は国王の譲与により王位から由来している. [L=Royal franchises relating to the Crown have issued from the Crown by grant of kings.]

Li·ber·ti·num in·gra·tum le·ges ci·vi·les in pris·ti·nam ser·vi·tu·tem re·di·gunt; sed le·ges An·gli·ae se·mel ma·nu·mis·sum sem·per li·be·rum ju·di·cant. /lìbərtáinəm ingréitəm líːdʒiz sívilíːz in prístinæm səːrvitjúːtem rédigənt sɛd líːdʒiz ǽngliiː sɛ́mel mǽnjumísəm sɛ́mpər líbərəm dʒúːdikænt/ ローマ市民法は恩知らずの被解放奴隷を元の奴隷身分に戻すが、しかしイングランド法は一度解放された人を常に自由とみなす. [L=The civil laws reduce an ungrateful freedman to his original slavery; but the laws of England regard a person once manumitted as free for ever.]

li·ber·ti·nus /lìbərtáinəs/ (*pl* **li·ber·ti·ni** /-táinai/) *n*《ローマ法》被解放奴隷. [L]

lib·er·ty /líbərti/ *n* **1** 自由. ▶ CIVIL LIBERTY (市民的自由) / CONSTITUTIONAL LIBERTY (憲法上の自由)

liberty and freedom

GREAT WRIT OF LIBERTY (自由の大令状) / INDIVIDUAL LIBERTY (個人の自由) / NATURAL LIBERTY (自然的自由) / ORDERED LIBERTY (秩序ある自由) / PALLADIUM OF ENGLISH LIBERTIES (イングランド人の自由の守り神) / PERSONAL LIBERTY (人身の自由) / POLITICAL LIBERTY (政治的自由) / RELIGIOUS LIBERTY (宗教の自由). **2** 随意; 解放;《出入りの》自由, 許可;《船員・海軍軍人の》上陸許可. **3**《過度の》自由, 勝手, 気まま, 無礼. ▶ INDECENT LIBERTIES (猥褻な不埒行為). **4 a** 権利; [*pl*]《勅許・時効などで得た》《諸》特権 (privileges)《裁判権・不入権・選挙権など》, (諸)自由権.《史》特権を有する区域, [*pl*]《不入権・裁判権・課税徴収権など》各種特権を有した》特権領. **c** [*pl*]《米史》《植民地時代の用法として》諸法: body of *liberties* (cf. BODY OF LIBERTIES). ▶ BODY OF LIBERTIES (自由法典) / CHARTERS OF LIBERTIES (二憲章) / CLAIM OF LIBERTY (特権確認訴訟) / JAIL LIBERTIES (収監者自由行動許可地域). **5** [L-]《英》リバティー《一般市民の自由と権利の守護・拡大をはかり, 差別や権力の濫用と闘うことを目的とした団体; 1934年設立の National Council for Civil Liberties が1990年に改名したもの》. at ～ 自由で; 勝手に…でき る〈*to* do〉; 暇で;〈物が〉空いて(いる); set...*at* ～ …を自由にしてやる, 放免する. ［OF<L (*liber* free)］

líberty and fréedom from árbitrary deténtion《英》恣意的拘禁からの自由《欧州人権条約 (European Convention on Human Rights) およびそれを受けての英国の1998年の人権法 (Human Rights Act 1998) により保証されている権利》.

líberty clàuse 1 離路自由条項《船舶が通常航路外を航行したり予定外寄港した場合などの離路 (deviation) についての船荷証券上の免責条項》. **2** [the L-C-]《米》自由条項《合衆国憲法第14修正の法の適正手続き条項 (Due Process Clause) のこと; cf. DUE PROCESS CLAUSE》.

líberty ìnterest 自由権《国家権力により法の適正手続き (due process of law) によらない限りは侵害されることのない基本権としての自由》.

líberty of cónscience 良心の自由 (＝FREEDOM OF CONSCIENCE).

líberty of cóntract 契約の自由 (＝FREEDOM OF CONTRACT).

líberty of retúrn of wríts 令状復命権 (⇨ RETURN OF WRITS).

líberty of spéech 言論の自由 (＝FREEDOM OF SPEECH).

líberty of the glóbe《海上保険》世界中航行自由《船舶が世界中のどこに行くことをも認める旨の海上保険契約上の用語》.

líberty of the indivídual《法の範囲内における》個人の自由.

líberty of the préss 出版の自由 (＝FREEDOM OF THE PRESS).

líberty of the rúles《英史》ルール区域内の自由《1842年法で廃止されるまで英国の一定監獄で採用されていた方式で, 監獄を出て特定の条件下でその一定近接地区 (ルール区域 (rules) と呼ばれた) で居住・生活することが許されたこと》.

líberty of the súbject《英》臣民の自由《法の範囲内での個人の自由》.

líberty to applý《英》再審理申立ての可能性《判決・決定の際 その後の事情変更などを理由に改めて新訴訟を提起することなく再審理がありうること, またその旨の裁判官の指示》.

li·be·rum ser·vi·ti·um /líbərəm sərvíʃiəm/《史》自由奉仕(義務) (＝FREE SERVICES). ［L＝free service］

líberum te·ne·mén·tum /-tènəméntəm/《史》**1** 自由土地保有権 (freehold). **2** 自由土地保有の答弁《侵害訴訟 (trespass) で当該の土地は被告みずからのないしは第三者の自由土地保有権に基づいて保有している土地であり(しかも後者の場合は被告が正当にその者から権利を与えられており), したがって侵害の訴えは成り立たない旨の答弁》. ［L＝frank tenement］

líb·ri·pens /líbrəpènz/ *n*《ローマ法》《握取行為 (mancipatio) がなされる際に立ち会う》持衡益者.

lícensable actívity《英》許可活動《2003年法上の用語で, 同法で許可制とされている店[敷地]内での酒類の販売等の活動》.

li·cense, li·cence /láɪs(ə)ns/《*v* は米英とも license, *n* は英では licence が普通だが, 本辞典では検索の便のため固有名以外では license に統一した》— *n* **1** 承諾, 許し; 許可, 認可, 免許, 許諾〈*to*〉; 許可証, 許諾状, 認可書, 免許状, 鑑札: import [export] ～ 輸入[輸出]許可(証) / under ～ 許可[鑑札]を受けて. ▶ DRIVING [DRIVER'S] LICENSE (運転免許(証)) / DRIVING WITHOUT A LICENSE (無免許運転) / GAME LICENSE (狩猟鑑札; 狩猟鳥獣販売免許) / GAMING LICENSE (賭博場開設許可(証)) / LEAVE AND LICENSE (許可の抗弁) / LETTER OF LICENSE (支払い期日延期契約書) / MINING LICENSE (鉱業許可(権)) / OPERATING LICENSE (賭博場許可) / SPECIAL LICENSE (例外的特権を認める許可証). **2**《酒類販売などの》許可(証): a ～ to sell liquor＝liquor ～. ▶ OCCASIONAL LICENSE (臨時酒類販売許可) / OFF-LICENSE (店内飲酒不許可条件付きの酒類販売許可(の店)) / OFF-SALE [OFF-PREMISES] LICENSE (持帰り許可条件付き酒類販売許可) / ON-LICENSE (店内酒類販売許可(の店)) / ON-SALE [ON-PREMISES] LICENSE (店内飲酒酒類販売許可). **3**《英》婚姻許可(状) (marriage license). ▶ COMMON LICENSE (FOR MARRIAGE) (一般婚姻許可(状)) / MARRIAGE BY CERTIFICATE AND LICENSE (証明書と許可証による婚姻) / MARRIAGE BY REGISTRAR-GENERAL'S LICENSE (登録本署長官の許可証による婚姻) / MARRIAGE BY RELIGIOUS LICENSE (教会の許可証による婚姻) / MARRIAGE LICENSE (婚姻許可(状)) / SPECIAL LICENSE (FOR MARRIAGE) (特別婚姻許可(状)). **4**《特許権など

の) 実施許諾(書); 《商標権などの》使用許諾(書). ▶ BARE LICENSE (著作権保護物使用許諾書) / BARE PATENT LICENSE (非独占的特許実施許諾) / BOX-TOP LICENSE (商品箱上面による使用許諾(書)) / COMPULSORY LICENSE (著作権の強制許諾; 特許権の強制実施許諾) / CROSS LICENSE (交互実施許諾) / EXCLUSIVE LICENSE (独占的実施権) / HEAD LICENSE (第一許諾) / SHRINK-WRAP LICENSE (収縮包装開封による使用許諾(書)) / SUBLICENSE (二次ライセンス) / TEAR-ME-OPEN LICENSE (はぎ取り開封による使用許諾(書)). **5**《英》仮釈放(許可(証)), 仮出獄(許可(証)) (⇨ PAROLE). ▶ RELEASE ON LICENSE (仮釈放). **6**《土地への》立入り権, 立入り特権; 《土地・建物への》立入り許可. ▶ BARE LICENSE (立入り許可) / CONTRACTUAL LICENSE (契約に基づく立入り許可). — vt **1** 免許[認可]する, 許可[許諾]する; …に免許状を与える: ～ d to sell beer. **2**《商標・特許製法などの》使用を《正式手続きによって》許可する, 許す (allow).

li·cens·able a 許可[免許, 認可]できる. ～**·less** a [OF<L (licet it is allowed)]

license bònd 許可[認可, 免許]保証書 (=permit bond)《特定の営業許可, その他一定の特権を得んとしている者に提出が義務づけられている保証書》.

License Cáses (1847) 《米》営業免許事件 (1847年)《合衆国最高裁判所の一連の判例; 酒類販売をめぐって, 州法で許可制にし課税することは, 州際通商 (interstate commerce) に関する憲法の規定に反しないと判示, しかしその後 1890 年の判例で覆され, 逆に 1921 年には合衆国憲法第 21 修正で酒類販売規制については州に大幅な立法権が与えられている》.

license cóupled with an ínterest 権利対象地所在物に対する権利に付随する立入り権《例えば他人の土地内での鹿狩猟・樹木伐採権など, その土地にある動産に対する権利に付随するその土地への立入り権で, 撤回不能の権利である》.

lí·censed a 許可された, 認可された, 免許を受けた; 鑑札を受けている, 《特に》酒類販売許可を受けた; 世間の認める: a ～ hotel 酒類販売許可のホテル.

licensed convéyancer 《英》不動産譲渡取扱い免許業者.

licensed prémises pl 酒類販売許可店《酒類を扱える酒店・宿屋・レストラン・バーなど》.

li·cens·ee, -cenc·ee /làɪs(ə)nsíː/ n **1** (opp. licensor) 許可[認可, 免許, 許諾]された人, 被許可者, 被認可者, 免許保有者, 被認可者, 《特許権などの》実施権者, 《商標権などの》使用権者. ▶ BARE LICENSEE (著作権保護物使用被許可者). **2**《土地・家屋への》立入り権者, 立入り被許可者 (cf. INVITEE, TRESPASSER). ▶ BARE [MERE, NAKED] LICENSEE (単なる立入り被許可者) / GRATUITOUS LICENSEE (好意による立入り被許可者). **3** 認可酒類[タバコ]販売人.

licensée by invitátion 誘引に基づく立入り被許可者.

licensée by permíssion 許可に基づく立入り被許可者.

license fèe 免許[許可]手数料, 免許税 (=license tax).

licenser ⇨ LICENSOR.

license tàx 《米》免許[許可]税 (license fee).

lí·cens·ing agrèement 《相手に製造・使用許可権のみを認めるが権利の売却は認めない》ライセンス契約.

lícensing authòrity 《英》《酒類販売》許可機関《酒類販売許可等の許可をする機関》.

lícensing hòurs pl 《英》《酒類販売の》営業許可時間.

lícensing jústice =LICENSING MAGISTRATE.

lícensing làws pl [the ～]《英》酒類販売許可法《酒類販売の許可, 時間・場所を規制する法》.

lícensing mágistrate 酒類販売許可治安判事 (=licensing justice).

lícensing of prémises 《英》店内酒類販売許可 (cf. BREWSTER SESSIONS, ON-LICENSE, OFF-LICENSE, PROTECTION ORDER).

lí·cen·sor, -ser n 許可[免許, 許諾]者 (opp. licensee).

li·cen·sure /láɪs(ə)nʃər, -ʃʊər/ n 《専門職の》免許, 認可.

li·cen·tia con·cor·dan·di /laɪsénʃiə kànkɔːrdǽndaɪ/ 《史》《和解譲渡 (fine) 手続きの一過程手続きである》和解の許可. [L=license to agree]

licéntia lo·quén·di /-loʊkwéndaɪ/ IMPARLANCE. [L=license to speak]

li·cen·ti·ate /laɪsénʃiət,*-ʃièɪt/ n **1** 免許(状)保持者. **2**《ヨーロッパの一部の大学で》Bachelor と Doctor の間の学位(取得者), 修士(号).

li·cen·tious /laɪsénʃəs/ a 放蕩な, みだらな, 猥褻な; 気ままな, 放縦な; 規則を軽視する. ～**·ly** adv ～**·ness** n 放蕩, みだらなこと, 猥褻, 勝手気ままなこと.

li·cet /láɪset/ a 許可された, 合法の. — adv …にもかかわらず. [L=it is permitted, granting that]

Li·cet dis·po·si·tio de in·te·res·se fu·tu·ro sit in·u·ti·lis, ta·men po·test fi·e·ri de·cla·ra·tio prae·ce·dens quae sor·ti·a·tur ef·fec·tum in·ter·ve·ni·en·te no·vo ac·tu. /— dìspoʊzíʃioʊ di ɪntəréssə fuːtúːroʊ sɪt ɪn(j)úːtɪlɪs tǽmen pátɛst fáɪərɑɪ dɛklæréɪʃioʊ prɪsíːdɛnz kwiː sɔːrtiéɪtər ɛfɛ́ktəm ɪntərvɛniɛ́ntə nóʊvoʊ ǽktə/ たとえ将来権の処分は無効であるとしても, 新しい行為が介在すれば効果を有することになる先行的宣言はなされうる. [L=Although the disposition of future interest is inoperative, yet a declaration precedent can be made that will take effect, provided a new act intervenes.]

lic·it /lísət, láɪsət/ a 適法の, 合法の, 正当な, 法によって禁じられていない (opp. illicit). ～**·ly** adv ～**·ness** n [L; ⇨ LICENSE]

Li·ci·ta be·ne mis·cen·tur, for·mu·la

ni·si ju·ris ob.stet. /láɪsɪtə bíːni mɪsséntər fɔ́ːrmjʊlə náɪsaɪ dʑúːrɪs ʌ́bstɛt/ 適法なものは、法の趣旨が反対しないかぎりは、混ぜ合わされてもよい。[L＝Lawful things are properly mingled, unless some form of law oposes.]

lic·i·ta·tion /lìsətéɪʃ(ə)n/ *n* **1** 競売に付すこと、競売. **2**《大陸法》共有物共有者間競売 (＝CANT).

licking of thumbs《史》《取引の》手打ち.

lie[1] /láɪ/ *n* うそ、虚言、偽り、詐欺的言動、《故意の》虚偽表示. ― *vi, vt* **(~d; ly·ing)** うそをつく；欺く. [OE (n) *lyge*, (v) *leogan*; cf. G *Lüge, lügen*]

lie[2] *vi* **(lay** /léɪ/; **lain** /léɪn/,《古》**lien** /láɪ(ə)n/; **ly·ing) 1 a** 横たわる、横になる. **b** 埋葬されている. **2**《古》泊まる、宿営する、滞在する. **3** 位置する, 《土地が》広がっている；展開する. **4 a** 存在する；…の状態にある, …に置かれている；《責任などが》…にある：The burden of proof ~s on the plaintiff. 立証責任は原告にある. **b** 《控訴などが》理由が立つ、支持される《*to*》；提起しうる、成立しうる、認められる：Final appeal ~s with the Supreme Court. 最終的上訴は最高裁判所に提起しうる. **~ by** (手元に) 使わずにある, …に保管されている. **~ in FRANCHISE. ~ in GRANT. ~ in LIVERY. ~ in WAIT. ~ upon the TABLE.** [OE *licgan*; cf. G *liegen*]

Lie·ber·mann /líːbərmàːn/ リーバーマン **Felix ~** (1851-1925)《ドイツの法制史学者；特にアングロサクソン法の蒐集・研究で大きな業績がある；*Die Gesetze der Angelsachsen* (アングロサクソン法) (3 vols, 1898), *The National Assembly in The Anglo-Saxon Period* (アングロサクソン時代の国民議会) (1913)》.

lie detèctor うそ発見器 (cf. POLYGRAPH)：give sb a ~ test 人をうそ発見器で調べる.

liege /líːdʒ/ *n*《史》**1** 主君 (＝~ lòrd). **2** 家臣, 臣下. ― *a* **1** 臣従を受けるべき. **2** 臣従の義務を負った；忠実な：~ homage 一身専属的臣従の誓い(の礼). ― *vt* 臣従を尽くす.

liegeance ⇒ LIGEANCE.

liege·man /-mən/ *n* (*fem* **liege·woman**)《史》《主君に対し》《一身専属的》臣従義務を負う者, **一身専属的臣下**, 臣下, 家臣.

lien /líː(ə)n/ *n* リーエン, 先取留置権, **先取特権**, 留置権, **優先弁済権**〈*on*〉；担保権；物的担保《債務の履行・弁済のための物的担保；コモンロー上のリーエンは目的物の占有が必要で、わが国の留置権に似ているが、エクイティー上のは占有を要せず、その点で先取特権に似ている；cf. PLEDGE》. ▶ AGRICULTURAL LIEN (農業リーエン) / ARTISAN'S LIEN (職人のリーエン) / ASSESSMENT LIEN (土地改良利益評価税リーエン) / ATTACHMENT LIEN (仮差押物へのリーエン) / BAILEE'S LIEN (受寄者のリーエン) / BANKER'S LIEN (銀行のリーエン) / BUILDING LIEN (建築費用リーエン) / CARRIER'S LIEN (運送人のリーエン) / CHARGING LIEN (先取特権；報酬請求権のためのリーエン) / CHOATE LIEN (実行の要件を具備したリーエン) / COMMON-LAW LIEN (コモンロー上のリーエン) / CONCURRENT LIEN (競合的リーエン) / EQUITABLE LIEN (エクイティー上のリーエン) / EXECUTION LIEN (強制執行先取特権) / EXTINGUISHMENT OF LIEN (リーエンの消滅) / FACTOR'S LIEN (問屋のリーエン；ファクターのリーエン) / FIRST LIEN (第一リーエン) / FLOATING LIEN (浮動リーエン) / GENERAL LIEN (包括的リーエン) / GRANTOR'S LIEN (譲与者のリーエン) / INCHOATE LIEN (未定着リーエン) / INVOLUNTARY LIEN (当事者の意思によらないリーエン) / JUDGMENT LIEN (判決先取特権) / JUDICIAL LIEN (裁判手続きによるリーエン) / JUNIOR LIEN (後順位リーエン) / LABORER'S LIEN (労働者の優先弁済権) / LANDLORD'S LIEN (不動産貸主のリーエン) / LOCAL ASSESSMENT LIEN (地域の負担金リーエン) / MARINER'S LIEN (船員リーエン) / MARITIME LIEN (海事リーエン) / MARSHALING LIENS (分割売却不動産担保権行使(順位別)) / MATERIALMAN'S LIEN (材料供給者のリーエン) / MECHANIC'S LIEN (職人のリーエン) / PARTICULAR LIEN (特定的リーエン) / PARTNER'S LIEN (組合員のリーエン) / POSSESSORY LIEN (占有リーエン) / PRIOR [PRIORITY] LIEN (先順位リーエン) / REPAIRER'S LIEN (修繕者のリーエン) / RETAINING LIEN (留め置きリーエン；弁護士のリーエン) / SATISFACTION OF LIEN (弁済に基づくリーエンの消滅(証書)) / SEAMAN'S LIEN (船員のリーエン) / SECOND LIEN (第二リーエン) / SECRET LIEN (秘密のリーエン) / SELLER'S LIEN (売主のリーエン) / SENIOR LIEN (先順位リーエン) / SOLICITOR'S LIEN (事務弁護士のリーエン) / SPECIAL LIEN (特定的リーエン；報酬請求権のためのリーエン) / SPECIFIC LIEN (特定物リーエン) / STATUTORY LIEN (制定法上のリーエン) / SUPERLIEN (最優先リーエン) / TAX LIEN (租税優先弁済権) / UNPAID VENDOR'S LIEN (土地売却代金未受領売主のリーエン) / VENDEE'S LIEN (買主のリーエン) / VENDOR'S LIEN (売主のリーエン) / VOLUNTARY LIEN (意思に基づくリーエン) / WAREHOUSER'S [WAREHOUSEMAN'S] LIEN (倉庫業者のリーエン).

~·or *n* [OF<L *ligo* to bind]

líen·able *a*《財産が》リーエンが付されうる.

líen crèditor リーエン債権者《リーエンが生ずる場合の債権者》.

lien·ee /lìː(ə)níː/ *n* **1** リーエン義務者《リーエンの対象となっている財産を所有している者》. **2** リーエン権者 (＝LIENHOLDER).

líen for fréight 運送料のためのリーエン.

líen for táxes 租税優先弁済権, 租税リーエン (＝TAX LIEN).

líen·hòld·er *n* リーエン権者 (＝lienee, lienor)《リーエンを有している者》. [*lien*]

líen of a cóvenant《当事者などを記す》捺印証書文頭文言.

líen of attáchment 仮差押物へのリーエン (＝ATTACHMENT LIEN).

líen on sháres《会社が株主に対して、株式払込金支払未納などの場合に、その義務履行までその株式を留置

し，支払拒絶の場合は売却しうる》**株式上のリーエン**．

lien·or /líːnər, liːnɔ́ːr, líːən-/ *n* LIENHOLDER．

líen thèory (譲渡抵当)**担保権説**《譲渡抵当 (mortgage) により譲渡抵当権者が取得する権利の性格をめぐる学説の一つで，譲渡抵当はリーエン (lien) に類似しており，コモンロー上の権原は設定権者に残るという説；権原が移るとみる権原移転説 (title theory) に対する；現在では，多くは前者を採用している》．

lieu /ljúː, ⁽ˡljúː/ *n* [次の成句で] 所 (place)． **in ~** (**of** …の)代わりに，…に替えて (instead of): give three months' salary *in ~ of* notice 解雇通知を出して給料の3か月分を支払う．[OF＜L *locus* place]

lieut ⇒ LOOT．

lieu·ten·ant /luːténənt; lɛftén-/ *n*《略 Lieut, 複合語の場合は Lt》**1**《米陸軍・空軍・海兵隊》中尉 (first lieutenant), 少尉 (second lieutenant); 《英陸軍》中尉；《海軍・英空軍・米沿岸警備隊》大尉．**2 a** 上官代理，副官，補佐役．**b**《米》警部補，分署次長，署長補佐《警察・消防で captain を下の階級》．▶ LORD LIEUTENANT (統監，アイルランド総督)． **lieu·ten·an·cy** *n* LIEUTENANT の職[地位，任期，権限]; lieutenants． [OF (LIEU, TENANT =holder)]

lieuténant góvernor governor 代理，副 governor (cf. GOVERNOR-GERERAL); 《米》(州の) **副知事**;《英植民地・カナダの》**副総督**，総督代理: the *Lieutenant-Governor* of Nova Scotia． **lieuténant góvernor·ship** *n*

life /láɪf/ *n* (*pl* **lives** /láɪvz/) **1** 生命，命；生存，存命，生(ᵗ): human ~ 人命 / at great sacrifice of ~ 多大の人命を犠牲にして．▶ MEASURING LIFE (基準生存者) / RIGHT TO LIFE (生命に対する権利) / WRONGFUL LIFE (不法行為生命)．**2** 《個人の》命，生涯，寿命；《無生物の》耐用期間，寿命；終身刑 (life sentence): a machine's ~ 機械の寿命 / the ~ of a loan 融資[貸付け]期間 / during the ~ of the agreement / shelf ~ of a product《店頭に飾られる商品の》展示寿命．▶ ECONOMIC LIFE (経済的耐用年数) / EXPECTATION [EXPECTANCY] OF LIFE (余命；平均余命) / NATURAL LIFE (寿命) / SERVICE LIFE (耐用年数) / USEFUL LIFE (耐用年数)．**3** 被保険者；《*a*》生命保険の: a good [bad] ~ 平均余命に達する見込みのある[ない]人 / LIFE POLICY．**4** 生活(状態)，暮らし，人生，人事；世間，この世；実(社会)の生活，社会活動．▶ ENJOYMENT OF LIFE (人生享受) / FAMILY LIFE (家族生活) / PRIVATE LIFE (私生活)．**5** 伝記．**6** 元気，精力，活気；活気[活力]を与えるもの．**7** 実物，本物．**for ~** (**1**) 一生の，生涯の，終身の，無期の: an official appointed *for ~* 終身官．(**2**) 一所懸命の，命がけの．▶ ESTATE FOR LIFE (生涯不動産権) / TENANCY FOR LIFE (生涯不動産権) / TENANT FOR LIFE (生涯不動産権者)． **~ or limb** 生命または身体《合衆国憲法第5修正の語，いわゆる二重の危険 (double jeopardy) の禁止条項で，文言にある死刑・身体拘禁だけでなくあらゆる刑罰を指すと解釈されている》．

~, liberty, or [and] property 生命，自由または[および]財産《合衆国憲法第5修正・第14修正の語；法の適正手続き (due process of law) によらずにこれらを奪ってはならないと定めている；★条文上は or が用いられているが，and が用いられることも多い》． **~, liberty, and the pursuit of happiness** 生命，自由および幸福追求《米国の独立宣言 (Declaration of Independence) にある語；それに関する権利は不可譲・固有の基本権とされる》． **of ~ and [or] death** 生死にかかわる，死活の． ― *a* **1** 生命の；一生の，終身の．**2** 生命保険の (cf. *n* 3); 緊急救済のための《財政措置》, 救急優先の．

life annúity 1 終身年金．▶ JOINT LIFE ANNUITY (共生年金) / STRAIGHT LIFE ANNUITY (終身定額年金)．**2 期間付き生存[生命]年金**《期間の定めがありしかも受給権者死亡により消滅する保険；ただし，相続人などに残余期間受給権が移る定めになっているものもある》．

life assúrance⁽¹⁾ **生命保険** (life insurance)．

life assúred [the ~] **生命保険加入者**[被保険者] (=life insured)．

life beneficiary 終身受益者《1》終身年金受取人《2》生涯信託受益者》．

life-cáre còntract 終身養護契約，生涯ケア契約，ライフ・ケア契約．

life estáte 生涯不動産権 (=estate for life, life tenancy, tenancy for life)《特定の人，特に 占有者の生涯の間のみ存続する不動産権；cf. LIFE INTEREST, LIFE TENANT》．

life estáte pur áu·tre víe /-pər ɔ́ːtrə víː/ **他生涯不動産権** (=ESTATE PUR AUTRE VIE)．

life expéctancy 余命；平均余命．★ expectancy, expectancy [expectation] of life ともいう．

life imprísonment 終身刑 (cf. LIFE SENTENCE, MINIMUM TERM)．

life in béing (*pl* **lives in béing**) **生きている人**《将来権 (future interest) が設定される証書・遺言書の作成時または遺言者の死亡時に生存している特定の人；永久拘束禁止の準則 (rule against perpetuities) により永く財産権の帰属を不確定のままにしておくことが禁じられているため，将来権は権利設定時に生きている人の死後21年以内に確定的権利となることが要求されているが，その基準となる生存者の；cf. MEASURING LIFE, RULE AGAINST PERPETUITIES, STATUTORY LIVES IN BEING》． ▶ STATUTORY LIVES IN BEING (制定法上の生きている人)．

life íncome òption 保険金生涯受領選択権《保険者 (insurer) が保険契約からの運用収益を得，保険金受取人の生涯の間定期的に支払いをなし，保険金受取人死亡の場合もその後一定年数の間は別の受取人に支払いをなすというオプション》．

life-íncome périod-cértain annúity 生涯受領額・確定期間保証年金《一定の最低額が支払われる前に万が一受給権者が死亡した場合にも特定回数の年金を支払うこと，また一定の最低額が支払われた後にも受

給権者が生存している場合には生涯の間の受領額に上乗せして一定最低回数の年金支払いを保証する年金).

lífe insúrance 生命保険 (=life assurance")). ▶ DECREASING TERM LIFE INSURANCE (逓減定期生命保険) / GROUP LIFE INSURANCE (団体生命保険) / INDUSTRIAL LIFE INSURANCE (産業簡易生命保険) / JOINT LIFE INSURANCE (連生生命保険) / KEY EMPLOYEE LIFE INSURANCE (企業幹部生命保険) / LAST-SURVIVOR LIFE INSURANCE (最終生残者(生命)保険) / LIMITED PAYMENT LIFE INSURANCE (有限払い込み生命保険) / ORDINARY LIFE INSURANCE (普通生命保険) / SINGLE PREMIUM LIFE INSURANCE (一時払い生命保険) / STRAIGHT LIFE INSURANCE (終身生命保険) / TERM (LIFE) INSURANCE (定期生命保険) / UNIVERSAL LIFE INSURANCE (ユニバーサル生命保険) / UNIVERSAL VARIABLE LIFE INSURANCE (ユニバーサル変額生命保険) / VARIABLE LIFE INSURANCE (変額生命保険) / VARIABLE UNIVERSAL LIFE INSURANCE (変額ユニバーサル生命保険) / WHOLE LIFE INSURANCE (終身保険).

lífe insúrance trùst 生命保険信託 《保険金を信託財産とする信託; 典型的には保険契約者兼信託設定者が被保険者死亡または満期の場合の保険金を信託財産として保険金受取人たる信託会社に受け入れてもらい, 信託条項に従い受益者のために管理運用してもらう).

lífe insúred [the ~] LIFE ASSURED.

lífe ìnterest 生涯権 《ある人の生涯の間存続する権利; cf. LIFE ESTATE).

lífe of a wrít 令状の有効期間.

lífe péer 《英国の》一代貴族 (cf. HEREDITARY PEER).
　lífe péerage 一代貴族身分 [の爵位].　**lífe péeress** fem ★常任上訴裁判官 (Lord of Appeal (in ordinary)) の貴族爵位も一代限りであるが, 慣例的に一代貴族身分 (life peerage) の中には含めない.

lífe pòlicy 生命保険契約; 生命保険証券. ▶ JOINT LIFE POLICY (連生生命保険(証券)).

lífe presèrver *救命具;"護身用のステッキ《頭に鉛を詰めた).

lífe-prolòng·ing procèdure 延命処置 (life-sustaining procedure).

lífe-quàlified júry 終身刑判決消極陪審 《死刑を科しうる犯罪 (capital crime) を含む事件で, 被告人有罪の場合には死刑ではなくて終身刑 (life imprisonment) を科すことを喜ばないあるいはそれができないと考えている者を, 裁判官が陪審員候補者名簿 (jury panel) からはずした上で選定された陪審; cf. DEATH-QUALIFIED JURY).

líf·er /láɪfər/ n 《俗》終身刑囚.

lífe-rènt n 《スコットランド》生涯権 《他人の財産に対する生涯の間の占有・使用・収益しうる権利; 死後 所有権者 (fiar) に移る).

lífe-rènt·er n 《スコットランド》生涯権者 (⇨ LIFE-RENT) (cf. FIAR).

lífe séntence 終身刑(の宣告) (cf. LIFE IMPRISONMENT).

lífe-sustàining procèdure 生命維持処置, 延命処置 (=life-prolonging procedure).

lífe tàble 生命表, 平均余命表 (=MORTALITY TABLE).

lífe tènancy 生涯不動産権 (=LIFE ESTATE).

lífe tènant 生涯不動産権者 (=tenant for life) (⇨ LIFE ESTATE). ▶ EQUITABLE LIFE TENANT (エクイティー上の生涯不動産権者) / LEGAL LIFE TENANT (コモンロー上の生涯不動産権者).

lífetime gíft 生前贈与 (=GIFT INTER VIVOS).

LIFO /láɪfou/°last in, first out (後入れ先出し(法)).

lift /líft/ vt **1** 持ち上げる, 上げる, 揚げる, 挙げる, 掲げる 〈up, off, out〉. **2***〈税率・物価などを〉上げる (raise). **3 a** 〈禁止・規則などを〉取り除く, 解除する, 撤回する: ~ a blockade 封鎖を解く / ~ the ban on imports of... の輸入禁止を解除する / ~ the embargo on the export of firearms 武器輸出禁止を解除する / ~ the stay 停止命令を撤回する. **b***〈負債などを〉完済する (pay off): ~ a mortgage. **c**《俗》〈免許などを〉取り上げる, 奪う. **4** "《俗》逮捕する, アゲる (arrest). **5**《口》盗む, 万引きする, 〈人の文章などを〉盗用する: ~ a story 〖新聞〗剽窃する.

lífting the (córporate) véil 《特定の事案に限っての》会社ヴェールのめくり, 会社法人格の否認(の法理) (=PIERCING THE CORPORATE VEIL).

li·gan /láɪgən, líg-/ n LAGAN.

li·gea /láɪdʒiə, líː-/ n 〖史〗女 LIEGE.

li·geance, lie·geance /láɪdʒəns, líː-/ n **1** 一身専属的主君[君主] の裁判[支配]権; 君主の領地. **2**〖史〗一身専属的臣従の義務 《一身専属的臣下の一身専属的主君への臣従の義務》,《君主・国家に対する》忠誠(の義務) (allegiance).

Li·ge·an·tia est vin·cu·lum fi·dei, li·ge·an·tia est le·gis es·sen·tia. /lìdʒeænʃiə ɛst vínkjuləm faɪdiːaɪ lìdʒeænʃiə ɛst líːdʒɪs ɛsénʃiə/ 忠誠は誠実の絆(きずな)であり, 忠誠は法の本質である. [L =Ligeance is the bond of fealty and ligeance is the essence of law.]

li·ge·as, li·ge·us /líː-/ n LIEGE, LIEGEMAN.

lig·en /lígən/ n LAGAN.

light /láɪt/ n **1 a** 日光, 太陽光. **b** [*pl*] 採光権, 採光地役権 (=ANCIENT LIGHTS). ▶ ANCIENT LIGHTS (取得時効採光(地役)権) / EASEMENT OF LIGHT (採光地役権) / RIGHT OF LIGHT (採光権). **2 a**《事物の》様相, 見方, 観点, 考え方, 見解. **b** [*pl*] 精神的能力, 才能; 知識, 見識. ▶ FALSE LIGHT (誤った見方[印象]) / MOST FAVORABLE LIGHT (最も好意的な見方).

líght-and-áir éasement 採光・通風地役権 《隣地である要役地 (dominant estate) に達する日光と通風を妨げるような建物などを建てることを禁ずる消極的地役権 (negative easement); cf. SOLAR EASEMENT).

líghter·age n **1 a** 艀(はしけ)の使用[による運搬], はしけ荷役. **b** はしけ料, はしけ賃[使用料]. **2** はしけ《集合的》.

lighter·man *n* 艀(はしけ)船頭[乗務員], はしけ荷役, はしけ船主.

light mòney 《米》入港税《米国に登録されていない船舶が米国の港に入港した時に課される税金で, トン税 (tonnage duty) に付加して課される》.

light móst fávorable 最も好意的な見方 (= most favorable light)《特に再審査 (review) において陪審の評決 (verdict) を審査・解釈する基準として用いられ, 当該評決を支持するすべての証拠を真実とし, そこからの推論をすべて正しいものと受けとめ, 反対の証拠・推論をすべて無視すること》: review the evidence in the ~ to the verdict 証拠をその評決に対して最も好意的な見方で再審査する.

lig·na·gi·um /lɪgnéɪdʒɪəm/《史》*n* 採薪権; 採薪料. [L = right to take timber]

like /láɪk/ *a* **1** 同様な, 類似の. **2** 等しい.

like-kìnd exchánge《米税制》同種財産交換《同種財産の交換で, 現金やその他の財産が付随的に受け渡されないかぎり交換によって課税対象になるような利益が生じないもの; ⇨ 1031 EXCHANGE》.

like-kìnd próperty《米税制》同種財産《交換しても利益が生ずるとはみなされず, したがって課税対象にならない財産; ⇨ LIKE-KIND EXCHANGE》.

like·li·hood /láɪklihʊd/ *n* ありそうなこと, 見込み, 蓋然性.

likelihood of bías《訴訟において裁判所構成員と当事者との関係から生じる》予断の蓋然性.

like·ly /láɪkli/ *a* **1** ありそうな; …しそうな. ★確実性は, possible よりは強く probable よりは弱い. **2** 適当な (suitable). **3** 見込みのある, 有望な (promising). ― *adv* たぶん (probably).

lim·i·ne /lɪ́məni, líːmənəɪ/ ⇨ IN LIMINEE. ― *vt* [次の成句で] ~ **out**《裁判所が偏見防止の申し立て (motion in limine) を認め》〈証拠〉を排除する.

lim·it /lɪ́mət/ *n* **1** [°*pl*] 極限, 限度, 限界(線), 許容限度; 制限, 限定, 規制: time ~ 時間制限 / weight ~ 重量制限 / age ~ 年齢制限 / the inferior [superior] ~ 最小[最大]限 / the upper [lower] ~ 上限[下限] / reach the ~ of moderation 適度の限界に達する / The sky is the ~.《俗》天井知らずだ, チャンスはいくらでもある, いくらでも賭ける[稼ぐ]ぞ / out of one's ~s 法外に / set ~ to…を制限する / set [impose] ~s to imports 輸入制限をする / to the utmost ~ 極限まで / within the ~ of…の範囲内で. ▶ CREDIT LIMIT (与信限度(額)) / CUSTODY TIME LIMIT (拘禁期間限度) / LENDING LIMIT (融資限度(額)) / PRESCRIBED LIMIT (規定限度) / SUB-LIMIT (二次限度). **2** [°*pl*] 境界 (boundary); [*pl*] 範囲, 区域. ▶ FISHERY LIMITS (漁業水域) / JAIL LIMITS (収監者自由行動許可地域) / JURISDICTIONAL LIMITS ((裁判)管轄) / TERRITORIAL LIMITS (領域) / THREE-MILE LIMIT (3 海里幅) / TWELVE-MILE LIMIT (12 海里幅). **over the ~** 限度を超えて, [1](血中アルコール度の)規定限度を超えて. **within ~s** 適度に. **without ~** 限りなく, 際限なく. ― *vt* **1** 限る, 限定する;《ある数量などに》制限する《*to*》; 定める, 指定する, 特定する, 限定する: The banks have ~ed their credit. **2**〈不動産権〉を限定する,〈単純封土権より劣る不動産権〉を設定する (⇨ LIMITATION). **~·able** *a* 限度を設けられる, 制限できる. **~·able·ness** *n* [L *limit- limes* boundary, frontier]

lim·i·ta·tion /lɪ̀mətéɪʃ(ə)n/ *n* **1** 限定, 制限, 極限. ▶ CONSTITUTIONAL LIMITATION (憲法上の制限規定) / DEBT LIMITATION (負債限度; 債務超過限度) / PUBLIC POLICY LIMITATION (公けの政策からの制限). **2** 出訴期間, 出訴期限《*of* action》;《財産・法律の》有効期限: ~ period 出訴期間. ▶ STATUTE OF LIMITATION(s) (出訴期間法, 出訴期間). **3**《不動産権の》限定, 不動産権の内容指定; 単純不動産権より劣る不動産権の設定. ▶ CONDITIONAL LIMITATION (条件付き限定) / ESTATE ON LIMITATION (限定付き不動産権) / EXECUTORY LIMITATION (将来権の限定) / SPECIAL LIMITATION ((不動産権の)特別限定) / WORDS OF LIMITATION (限定文言). **~·al** *a*

limitátion of áction 出訴期間, 出訴期限,《コモンロー上の》消滅時効《消滅時効は出訴期間を過ぎ訴権消滅という法構成をとる; cf. PRESCRIPTION》.

limitátion-of-dámages clàuse《契約違反に対する》損害賠償額限定条項 (cf. LIMITATION-OF-REMEDIES CLAUSE, LIQUIDATED-DAMAGES CLAUSE, PENALTY CLAUSE).

limitátion of estáte 不動産権の限定.

limitátion of liabílity 責任限定, 責任制限.

limitátion-of-liabílity àct 損害賠償責任制限法《損害賠償を請求できる場合・人・時間を制限する法; cf. FEDERAL TORT CLAIMS ACT, SOVEREIGN IMMUNITY》.

limitátion-of-rémedies clàuse《契約違反の場合の》救済手段限定条項 (cf. LIMITATION-OF-DAMAGES CLAUSE, LIQUIDATED-DAMAGES CLAUSE, PENALTY CLAUSE).

limitátion on indébtedness《米》《州政府に課されている》債務限度 (= DEBT LIMITATION).

limitátion óver 先行不動産権消滅後の不動産権(の設定), 先行財産権消滅後の財産権(の設定)《例えば, to A for life, remainder to B (A に生涯の間, 残余権を B に) 贈与する場合の, B の権利がこれに該当する》.

lim·it·ed *a* **1** 限られた, 限定された, 有限の (restricted);《権力などを》制限された. **2**《会社が》有限責任の《略 Ld, Ltd(.) (後者が一般的)》. **3** *《(バス・列車などの)》急行の. ― *n*《英》有限責任会社 (limited company). **~·ly** *adv* **~·ness** *n*

limited administrátion《英》限定的遺産管理(手続き) (=special administration)《裁判所が指定した遺産管理状 (letters of administration) に基づいて, 特定の目的だけに限定された遺産の管理; cf. LIMITED EXECUTOR》.

límited admissibílity 証拠の限定的許容(性)《限定的目的のためにのみ証言あるいは証拠物が許容されうること》.

límited appéal 限定的上訴《原判決・決定の特定の一部分についての上訴》.

límited cómpany 有限責任会社 (=limited liability company, limited liability corporation)《株主などの社員の対外的責任が会社資本への出資額に限られる会社; 英国では株式会社 (company limited by shares) と保証有限会社 (company limited by guarantee) を指す; さらに株式会社には株式が公開されている公開有限責任会社 (public limited company) と非公開の有限責任私会社 (private limited company) がある; 前者は社名のあとに public limited company または略字 plc, PLC, Plc を, 後者は社名のあとに Limited または略字 Ltd(.) を付記する; 米国では, 各株主の責任が所有株式の額面金額に限定される株式会社を指す; cf. UNLIMITED COMPANY》.

límited cóurt 限定管轄裁判所 (=COURT OF SPECIAL JURISDICTION).

límited-dívidend hóusing associátion 《米》限定配当住宅供給協会《住宅団地開発会社の投資によって作られる独立的協会で, その投資に対する配当を規定の率に限定のうえ住宅の一定数を中下層所得者に賃貸する条件で, 公的機関から低利の資金を得るなどの助成や税制面の優遇措置を受ける制度》.

límited divórce 1 制限的離婚《裁判上の別居 (judicial separation), 卓床離婚 (divorce a mensa et thoro) など婚姻の完全解消でないもの》. 2 制限的離婚判決《扶養などについて取決めのない離婚判決》.

límited emancipátion 《未成年の子に対する》制限的(行為)能力付与 (=PARTIAL EMANCIPATION).

límited exécutor 限定的遺言執行者《遺言執行の指定内容が主題・時間・場所などの点で限定されている遺言執行者; 例えば遺著の著作権の保護のためのその管理に限定されている遺著管理遺言執行者 (literary executor) など; cf. GENERAL EXECUTOR, LIMITED ADMINISTRATION, SPECIAL EXECUTOR》.

límited fórum 限定フォーラム (=DESIGNATED PUBLIC FORUM).

límited guáranty 《通常は一つの取引に限定されている》限定的保証.

límited interdíction 《大陸法》準禁治産宣告《手続き》(=PARTIAL INTERDICTION).

límited ínterest 制限的権利 (cf. ABSOLUTE INTEREST).

límited interpretátion 制約解釈 (=RESTRICTIVE INTERPRETATION).

límited jurisdíction 《訴訟・事件類型などの》制限的管轄権 (=special jurisdiction) (opp. *general jurisdiction*). ▶ COURT OF LIMITED JURISDICTION (制限的管轄裁判所).

límited liabílity 有限責任《特に, 株主などが企業の対外的債務について出資額を超えて責任を負わないこと; 略 LL; cf. UNLIMITED LIABILITY》.

límited liabílity còmpany 有限責任会社 (=LIMITED COMPANY)《略 LLC》.

límited liabílity corporàtion 有限責任会社 (=LIMITED COMPANY).

límited liabílity pàrtnership 有限責任組合《比較的最近認められるようになってきた組合 (partnership) の変種で, その内容は一様でないが, 一般には組合債務のうち不法行為によるものについては, その行為がその組合員またはその監督下にある者によるものでないかぎり, 組合員は組合への投資額以上には人的責任を負わないとするもの; 略 LLP, llp》.

límited márket 1 《特定量の商品のみを扱う》限定市場. 2 商い薄.

límited mónarchy 制限王政, 制限君主制, 立憲君主制, 制限君主国 (=constitutional monarchy) (opp. *absolute monarchy*).

límited ópen fórum 限定開放フォーラム (=DESIGNATED PUBLIC FORUM).

límited ówner 《生涯不動産権者 (life tenant) など, 条件・期限のある》制限付き権原保有者.

límited ówner's chàrge 《英》制限付き権原保有者の物上負担[担保権]《制限付き権原保有者 (limited owner) が権利取得時に支払った相続税などの払い戻しを保証するためその土地の上に付けられるエクィティー上の物上負担 (charge)》.

límited pártner 有限責任組合員, 有限責任パートナー, 有限責任社員 (=partner in commendam, special partner*) (cf. GENERAL PARTNER, PARTNERSHIP).

límited pártnership 有限責任組合, 合資会社 (=partnership in commendam, special partnership*)《無限責任社員 (general partner) と有限責任社員 (limited partner) とからなる; 略 LP; cf. GENERAL PARTNERSHIP, PARTNERSHIP》. ▶ MASTER LIMITED PARTNERSHIP (公開取引持分有限責任組合).

límited pártnership ròllup transàction 有限責任組合巻き上げ行為 (=partnership rollup, rollup)《一つないしは複数の有限責任組合 (limited partnership) をその証券が公開で取引されうる法主体に統合ないし再組織化すること; 特に投資家がもともと有した有利な条件では新証券を与えられないような場合をいう》.

límited páyment lífe insùrance 有限払い込み生命保険《保険料払い込み期間が限定されている終身生命保険》.

límited pólicy 1 制限[限定]的保険(証券)《癌保険のように特定種類の事故, 特定範囲の損害に制限した保険(証券)》. 2 基本型保険(証券) (=BASIC-FORM POLICY).

límited pówer of appóintment 《権利帰属者指名権の一類型である》限定的指名権 (=SPECIAL POWER OF APPOINTMENT).

límited publicátion 限定的発行《著作権の対象著作物を限定目的でしかも複製許可を与えずに特定の人々に配布すること; cf. GENERAL PUBLICATION》.

límited públic fígure 限定公人 (＝LIMITED PURPOSE PUBLIC FIGURE).

límited públic fórum 限定パブリック・フォーラム (＝DESIGNATED PUBLIC FORUM).

límited púrpose públic fígure 限定目的公人 (＝limited public figure)《特定の公的論争 (public controversy) にみずから顕著な形で参加し、その特定問題に関してのみ公人 (public figure) として扱われる人》.

límited trúst 《存続期間の確定している》期間確定信託 (cf. PERPETUAL TRUST).

límited wár 1《戦争目的・戦闘手段を一定範囲に限定した》限定戦争. 2 局地戦.

límited wárranty 限定的保証《売却後一定期間製品の修理を全面的に無料で行なうのではなく、無料修理の対象を限定する保証; その旨明示する必要がある; cf. FULL WARRANTY》.

límit·ing *a* 制限する: a ～ clause in a contract 契約の制限条項.

Lín·coln's Ínn /líŋkənz-/《英》リンカンズ・イン (法曹学院)《伝統的にはエクィティー (equity) を専門とする法律家のイン; 略 LI; ⇨ INNS OF COURT》.

Línd·bergh Àct /lín(d)bə̀ːrg-/ [the ～]《米》リンドバーグ法 (＝FEDERAL KIDNAPPING ACT)《州外誘拐者処罰法; 大西洋単独横断飛行の英雄 Charles A. Lindbergh の息子の誘拐殺害事件 (1932) をきっかけとして制定》.

line /láin/ *n* 1 綱, ひも; 電線, 通信線. 2 線, 境界線, 限界線; 境界, 限界. ▶ BASELINE [BASE LINE] (基線, 基本緯線) / BRIGHT LINE (単純明白な区分線) / BUILDING LINE (建築線) / CLOSING LINE (閉鎖線) / CREDIT LINE (与信限度(額)) / GUIDELINE (ガイドライン) / HARBOR LINE (港湾区域線) / HOME EQUITY LINE (住宅担保与信限度(額)) / LOAD LINE (満載喫水線) / LOT LINE (区画線) / MASON-DIXON [MASON AND DIXON('S)] LINE (メーソン―ディクソン線) / MEANDER LINE (測量曲線) / PICKET LINE (ピケ(ライン)) / POVERTY LINE (貧困線) / SETBACK LINE (後退建築線). 3《文字の》行(ﾐﾀ). 4 系列, 系統, 家系. ▶ COLLATERAL LINE (傍系) / DIRECT LINE (直系) / MATERNAL LINE (母系) / PATERNAL LINE (父系). 5 道筋, 進路, 道; 線路, 路線;《定期》航路, 運輸会社; 手順,《仕事の》流れ, ライン. ▶ SHIPPING LINE (海運会社). 6 [ºpl] 方針, 主義; 傾向, 方向; 方面, 分野; 商売, 職業; 好み, 趣味. 7 ライン《保険の種類・種目, 保険金額, 再被保険者の保有額》. ▶ ALLIED LINE (関連保険). 8 列, 並び; 横隊; 戦線, 戦列. 9 ライン《＝1/12 インチ》. **below the ～** 一定標準以下の[で].

lin·eage /líniid/ *n* 血統, 家系, 一族; 種族: a man of good ～ 家柄のよい人 / ～ of colored ～ 有色[黒人]

lín·eal /líniəl/ *a* 直系の, 正統の (opp. *collateral*); 先祖からの; 同族の. ― *n* 直系卑属 (lineal descendant). **～·ly** *adv*   **lin·eal·i·ty** /lìniǽləti/ *n*

líneal ascéndant 直系尊属 (ascendant).

líneal consanguínity 直系血族(関係).

líneal descéndant 直系卑属.

líneal descént 直系血族による無遺言不動産[物的財産]相続, 直系血族による(財産)法定相続 (cf. COLLATERAL DESCENT).

líneal héir 直系血族である法定相続人 (cf. COLLATERAL HEIR).

Lí·nea rec·ta sem·per prae·fer·tur trans·ver·sa·li. /láiniə rékta sémpər prifə́rtər trænsvə̀rséilai/ 直系は傍系に常に優先する. [L＝The direct line is always preferred to the collateral.]

líne ítem《予算・財政諸表などの》項目.

líne-item véto《米》項目別拒否権 (＝item veto)《議決法案の一部に対する, 州知事・大統領の拒否権》.

líne mànagement《生産・販売など企業の基本的活動を担当する》ライン管理(部門), ライン管理職.

líne of crédit 与信限度(額), 信用供与枠 (＝credit limit, credit line). ▶ HOME EQUITY LINE OF CREDIT (住宅担保与信限度(額)).

líne·úp* *n* 面(ﾂﾗ)通し(の列), ラインナップ (＝identification parade》)《被疑者などの面(ﾂﾗ)通しのための整列; cf. SHOWUP; ⇨ VIPER PARADE》.

línked transáction《英》《消費者信用法 (Consumer Credit Act) の規制を受ける主契約に密接に関係し, 主契約と連動する》連結[関連]取引.

línk-in-cháin (prínciple) 鎖の環の原則《刑事被告人の自己負罪拒否権 (right against self-incrimination) は直接自己に刑事責任を負わせるような供述からだけでなく, 証拠の連鎖の中で被告人を犯罪行為と結びつける可能性のある供述からも保護しているという原則》.

liq·uid /líkwəd/ *a* 1〈資産が〉流動性の. 2〈人・法主体が〉換金性の高い資産を有する.

líquid ásset [ºpl] 当座資産 (quick asset), 流動資産《現金・当座預金など流動資産 (current asset) より狭いが, 一般的には同じ意味でも用いる》.

liq·ui·date /líkwədèit/ *vt* 1〈債務などを〉清算する, 弁済する;〈債権・損害の〉額を法的に確定する;〈会社を〉債務などを整理して解散する: ～ a company 会社を清算する / ～ a debt 債務を弁済する. 2 除く, 廃止[一掃]する. 3《証券などを》現金化する, 換金する: ～ assets [stock] 資産[株]を売却して資金を調達する, 資産[株]を換金する. 4《俗》〈人を〉消す, バラす (kill). ― *vi* 清算する, 整理する. [L＝to make clear, melt]

líq·ui·dàt·ed *a* 1《特に合意に基づき, 債務などの》額が確定されている. 2《資産などが》換金されている.

líquidated accóunt 確定済み勘定.

líquidated amóunt あらかじめ約定された額, 確定額.

líquidated cláim《あらかじめ約定された金額, 裁判で決定された金額などの》確定金額支払い請求 (＝liquidated demand).

líquidated dámages *pl*《契約違反の際に他方当事者に支払うべき金額をあらかじめ定めておく》あらかじめ約定された損害賠償(金) (＝stipulated damages) (cf. UNLIQUIDATED DAMAGES).

líquidated-dámages cláuse あらかじめ約定された損害賠償(金)条項 (cf. LIMITATION-OF-DAMAGES CLAUSE, LIMITATION-OF-REMEDIES CLAUSE, PENALTY CLAUSE).

líquidated débt 確定額債務.

líquidated demánd 確定額債務支払い請求 (＝LIQUIDATED CLAIM) (cf. MONEY CLAIM).

líq·ui·dàt·ing *a* 清算の結果生じた[生じている]; 清算をしている, 清算のための.

líquidating distribútion 法人清算配当 (＝distribution in liquidation).

líquidating dívidend 清算配当 (＝LIQUIDATION DIVIDEND).

líquidating pártner《組合 (partnership) の解散にあたりその清算任務を行なう》清算担当組合員.

líquidating trúst 清算信託 (＝liquidation trust)《できるかぎり早期の清算を目指している信託; 営利法人の清算が必要になりかつ即時処分が望ましくない場合などに, その清算を目的として設立される信託》.

lìq·ui·dá·tion *n* **1** 債務・損害額の確定. **2** 債務返済,《債務の》弁済. **3** 清算, 整理 (cf. DISSOLUTION, WINDING-UP);《米》破産手続き, 破産;《英史》和議手続き《1869年法上の手続きで支払い不能となった債務者が裁判所へ申し立ての上で債権者集会を開き, 債権者の選んだ管財人が債務者の財産を取得し, その下で破産手続き類似の形で清算を行なう》: go into ～ 清算する. ▶ COMPULSORY LIQUIDATION (強制清算) / DISTRIBUTION IN LIQUIDATION (法人清算配当) / VOLUNTARY LIQUIDATION (任意清算). **4** 換金. **5** 一掃, 打破; 除去, 殺害, 粛清, 根絶.

liquidátion commìttee《英》清算委員会《債権者によって設立され清算人 (liquidator) を助言・監督する委員会》; cf. CREDITORS' COMMITTEE).

liquidátion còurt《清算手続きが行なわれる》清算裁判所.

liquidátion dívidend《清算時に株主に分配する》清算配当 (＝liquidating dividend).

liquidátion trùst 清算信託 (＝LIQUIDATING TRUST).

liquidátion vàlue 清算価値 **(1)** 継続企業価値 (going concern value) に対して, 企業が清算して売却される場合の価値 **2)** 債務を清算するために売却する場合の財貨の価格; 市場価格 (market price) よりも下回るのが通例.

líq·ui·dà·tor *n*《特に会社などの清算 (liquidation) のために選任された》清算人 (cf. RECEIVER). ▶ PROVISIONAL LIQUIDATOR (暫定的清算人).

li·quid·i·ty /lɪkwídəti/ *n* **1**《資産の》流動性, 換金性; 流動資産を保有していること. **2**《証券》(市場の)流動性.

líquid méasure 液量(単位) (cf. DRY MEASURE).

li·quor /líkər/ *n* アルコール飲料, 酒,《特に》蒸留酒. ▶ INTOXICATING LIQUOR (アルコール性飲料).

líquor offénse 酒類犯罪.

lis /lís/ *n* 訴訟 (lawsuit, litigation), 係争事件. ［L］

lís áli·bi pén·dens /-ǽləbaɪ péndənz/ **1**《他の裁判所で》係属中の訴訟. **2** 訴訟係属中の抗弁. ［L＝a lawsuit pending elsewhere］

lís mó·ta /-móʊtə/《史》開始されている紛争《後に訴訟となる問題について紛争が始まっていること; 伝聞証拠排除則との関連で証拠として許容されるか否かの起点として問題になることがあった》. ［L＝a lawsuit moved］

lís pén·dens /-péndənz/ **1** 係争中の訴訟 (＝PENDING ACTION). **2**《裁判所による》係争物の管理. **3** 訴訟係属の公示 (＝notice of lis pendens, notice of pendency) (cf. PENDENTE LITE). ▶ NOTICE OF LIS PENDENS (訴訟係属の公示). ［L＝a pending lawsuit］

list /líst/ *n* **1** 表, 一覧表, 目録, カタログ, 名簿, リスト: a ～ of members 会員名簿 / an address [a mailing] ～ 住所録 / a ～ of debtors 債務者名簿 / a ～ of products＝product ～ 製品目録 / cross sb's name off a ～ …の名前を名簿[リスト]から抹消する / lead [head] the ～ 首位にある / make a ～ of…を表に作る. ▶ A AND B LISTS (A・B リスト) / A LIST (A リスト) / APPROVED LIST (認可投資銘柄) / BLACKLIST (ブラックリスト) / B LIST (B リスト) / CIVIL LIST (王室費) / E LIST (脱獄を常習的に試みる囚人名リスト) / EXCELSIOR LIST (エクセルシオ名簿) / EXHIBIT LIST (証拠物整理表) / FREE LIST (免税品目録) / JURY LIST (陪審員有資者名簿) / LAW LIST (法曹名簿) / LEGAL LIST (法定投資銘柄) / OFFICIAL LIST (取引公認証券一覧) / PACKING LIST (梱包品内容一覧表) / PoCA LIST (児童養護職不適者名簿). **2** 明細書, 価格表; LIST PRICE. **3** 上場株一覧表, 全上場株. **4** 審理予定表: ～ of cases to be heard 審理予定事件表. ▶ CALL OF THE LIST (訴訟事件審理日程決定) / CAUSE LIST (審理予定事件リスト) / JURY LIST (陪審審理リスト) / NONJURY LIST (無陪審審理リスト) / SPECIAL PROCEDURE LIST (特別手続きによる離婚事件簿) / WARNED LIST (審理予定事件予告目録). — *vt* **1** …の一覧表[目録]を作る, 列挙する; 目録[名簿, 表]に載せる, 記載する;〈株・証券〉を上場する: The case is ～ed to be heard next week 事件は来週審理される予定である. **2** [*rflx*] 位置付ける, 自分を(…であると)考える[任ずる]. **3**《史》〈人〉を兵籍に入れる. — *vi*〈商品が価格表に記載される〉: This car ～s at $10,000. この車は1万ドルで売られている.

list·ed *a* (一覧)表[名簿, リスト]に記載された; 《証券》上場された.

lísted búilding 《英》《文化財としての》指定[登録]建造物 (cf. BUILDING PRESERVATION NOTICE, CONSERVATION AREA, HERITAGE PROPERTY, HISTORIC BUILDING).

lísted cómpany 上場会社 (=quoted company).

Lísted Márket [the ~] 上場市場.

lísted secúrity 上場証券, 上場株(式) (=**lísted stóck**).

lísted spécies 絶滅危惧候補リスト記載種 (=CANDIDATE SPECIES).

list·ing *n* **1 a**《表・名簿などの》作成;《表・名簿などに》記載されること. **b** 表の記載事項, 表, 目録, 名簿. **c**《税制》課税物件表. **2** 不動産仲介(契約) (=listing agreement); 不動産仲介物件(表). ▶ EXCLUSIVE AGENCY LISTING (排他的不動産仲介(契約)) / EXCLUSIVE RIGHT TO SELL LISTING (不動産仲介物件排他的売却権) / MULTIPLE LISTING (複数専属的不動産仲介(契約)) / NET LISTING (手数料正味差額制の不動産仲介(契約)) / NONEXCLUSIVE LISTING (非排他的不動産仲介(契約)) / OPEN LISTING (非専属的不動産仲介(契約)). **3**《証券》上場. ▶ STOCK EXCHANGE LISTING (証券取引所上場).

lísting àgent 不動産仲介業者 (⇨ SELLING AGENT).

lísting agrèement 不動産仲介契約 (listing).

lísting for tríal 《英》審理予定表への記載 (⇨ LIST *n*).

lísting partìculars *pl* 《英》上場会社明細目論見書 [上場会社 (listed company) の目論見書 (prospectus) として提供が要求されている情報を含んだもの].

líst of créditors 債権者名簿.

líst of thóse unsúitable to wórk with chíldren 《英》児童養護職不適格名簿 (=PoCA LIST).

líst príce カタログ記載価格, 表示価格, 定価.

lit de jus·tice /F li də ʒystis/《史》《フランス革命以前のフランスの》高等法院親裁座. [F=bed of justice]

litem ⇨ AD LITEM.

li·te pen·den·te /láɪti pɛndénti/ *adv* PENDENTE LITE.

líteracy tèst 《史》《投票資格などとしての》読み書き能力試験, 識字試験.

li·te·rae re·cog·ni·ti·o·nis /lítəri rɪkàgnɪʃióunəs/《史》船荷証券 (bill of lading). [L]

li·te·ra ex·cam·bii /lítərə ɪkskǽmbiaɪ/《史》為替手形 (bill of exchange). [L]

lit·er·al /lít(ə)rəl/ *a* **1** 文字どおりの; (文字どおりに)正確な, 事実そのままの. **2** 字義[字句]にこだわる. **3** 文字(上)の: a ~ error 誤字, 誤植.

líteral constrúction [interpretátion] 《憲法・法律などの》文理解釈 (=STRICT CONSTRUCTION).

líteral próof 《大陸法》書証.

líteral rúle 字義尊重の準則《制定法解釈 (interpretation of statutes) 上の原則の一つで, 制定法の文言は通常の・明白な・文法通りの意味に従って解釈されるべきであるとするもの》; cf. EQUITY OF THE STATUTE RULE, GOLDEN RULE, MISCHIEF RULE, PLAIN MEANING RULE, SOCIAL POLICY RULE, STRICT CONSTRUCTION, STRICT CONSTRUCTIONISM; ⇨ INTERPRETATION OF STATUTES.

líterary àgency 著作権代理業.

líterary àgent 著作権代理人[業者].

líterary exécutor 遺著管理遺言執行者《遺言による著作権保護対象の遺著管理者》.

líterary próperty 1 文書的財産《視聴覚著作物を除く, 著作権の対象となる言語・数字その他の記号による著作物》. **2** 文書的財産権 (cf. COPYRIGHT, INTELLECTUAL PROPERTY).

líterary wórk 《著作権の対象となる》言語著作物, 文字著作物 (cf. DRAMATIC WORK, MUSICAL WORK).

lit·er·ate /lít(ə)rət/ *a* **1** 読み書きできる. **2** 学問[教養]のある; 知識のある. — *n* **1** 読み書きのできる人; 教養[知識]のある人. **2**《英国教》大学の学位なしで聖職就任を許された人. **~·ly** *adv* **~·ness** *n*

lit·i·ga·ble /lítɪgəb(ə)l/ *a* 裁判で争える, 訴訟の対象となりうる. **lit·i·ga·bil·i·ty** /lìtɪɡəbíləti/ *n*

lit·i·gant /lítɪgənt/ *n* 訴訟当事者《原告または被告》. ▶ INSTITUTIONAL LITIGANT (利害関係グループ訴訟当事者) / SELF-REPRESENTED LITIGANT (本人訴訟当事者) / VEXATIOUS LITIGANT (濫訴者). — *a*《古》訴訟に関係する: the parties ~ 訴訟当事者.

lítigant in pérson 《弁護士に頼らずみずから訴訟を行なう》本人訴訟の当事者.

lit·i·gate /lítəgèɪt/ *vi* 訴訟を起こす, 訴訟を提起する; 訴訟を行なう. — *vt* 法廷で争う. **actually ~d** すでに訴訟提起された(ことのある). [L (*lit- lis* lawsuit)]

lit·i·gá·tion *n* 訴訟: be involved [engaged] in ~ with …と相手に訴訟で争っている. ▶ CIVIL LITIGATION (民事訴訟) / GROUP LITIGATION (グループ訴訟) / IMPORTED LITIGATION (持ち込み訴訟) / MULTIDISTRICT LITIGATION (広域帰属訴訟) / SATELLITE LITIGATION (衛星訴訟) / SHAM LITIGATION (擬装訴訟) / VEXATIOUS LITIGATION (濫訴). **~·al** *a* **lit·i·ga·to·ry** /lítəgətɔ̀ːri, -t(ə)ri/ *a*

litigátion frìend 《英》訴訟のための近友《かつて訴訟のための後見人 (guardian ad litem) および近友 (next friend) と呼ばれていた, 未成年者および精神障害者のためにその人に代わって民事訴訟を行なう人の名称として1998年の民事訴訟手続き規則 (Civil Procedure Rules) で導入された語; 通常は一方の親がなる; ただし一部 guardian ad litem の語は法的にも残っている》; cf. OFFICIAL

SOLICITOR).

litigátion hòld 〚米〛訴訟資料保管命令《訴訟あるいは調査を見越して被用者にその関係書類・資料の保管を命ずる通告》.

litigátion-hòld lètter 訴訟資料保管命令状《訴訟ないしは公的調査を見越してあるいはその継続中に一定関係書類の隔離ないしは保管を命ずる書状》. ▶ INTERNAL LITIGATION-HOLD LETTER (訴訟資料保管内部命令状).

litigátion prìvilege 1 訴訟関連情報免責特権(=defamation privilege, judicial privilege, judicial proceeding privilege)《弁護士および訴訟当事者が訴訟の過程で行なった陳述については, 名誉毀損 (defamation) の訴えの対象にならないという特権》. 2 訴訟関連情報秘匿特権 (⇨ LEGAL PROFESSIONAL PRIVILEGE).

lít·i·gà·tor n 1 《古》訴訟当事者 (litigant). 2 事実審弁護士.

li·ti·gious /lɪtídʒəs/ a 1 訴訟好きな. 2 《古》訴訟できる[すべき]; 《古》訴訟(上)の. **～·ly** adv **～·ness** n 1 訴訟好き. 2 訴訟の対象となりうること. **lit·i·gi·os·i·ty** /lìtɪdʒiásəti/ n [OF or L (litigium dispute; ⇨ LITIGATE)]

litígious ríght 〚大陸法〛係争中の権利.

li·tis con·tes·tá·tio /láɪtɪs kɑ̀ntestéɪʃioʊ/, **con·testátio lítis** 1 〚ローマ法・教会法〛争点決定; 争点. 2 〚教会法〛《被告の》全面的否認. [L=contestation of suit]

Litis no·men om·nem ac·ti·o·nem sig·ni·fi·cat, si·ve in rem, si·ve in per·so·nam sit. /‒ nóʊmən ámnəm æ̀kʃíóʊnəm sɪgnífɪkæt sáɪve ɪn rém sáɪve ɪn pərsóʊnəm sít/ 訴訟(lis)という表現は対物のものであれ対人のものであれすべての訴訟(actio)を意味する. [L=The word "lis" signifies every action, whether it is in rem or in personam.]

líttle cápe 〚史〛係争不動産差押付き召喚小令状 (⇨ CAPE).

Lit·tle·ton /lítlṭən/ /リトゥルトン Sir **Thomas** ～ (c. 1422-81)《イングランドの法律家; **Lyt·tel·ton** /lítlṭən/, **Lut·tel·ton** /lʌ́tlṭən/ とも表記; 1453 年上級法廷弁護士 (serjeant-at-law), 66 年人民訴訟裁判所 (Court of Common Pleas) 裁判官; law French で書かれた Tenures (不動産保有条件論) は, London で最初期 (1481 or 1482) に印刷された書物で, Coke upon Littleton (クックの注釈リトゥルトン) として知られる Sir Edward COKE による注釈 Institutes of the Laws of England (イングランド法提要) (Pt 1, 1628) と共にその後 3 世紀以上にわたって英国不動産法の主たる典拠となり, 法学教育のテキストになった》.

lit·to·ral /lítərəl/ a 沿岸の, 海岸の, 湖岸の (cf. RIPARIAN).

líttoral ríght 沿岸権《沿岸の土地を有する者の沿岸およびその土地を利用できる権利》.

liv·ery /lív(ə)ri/ n 1 a《貴顕従僕などが着た》仕着せ, そろいの服, 制服, 記章. b 仕着せを着た従僕《集合的》. 2《London の》制服特権組合 (=LIVERY COMPANY); 制服特権組合員《集合的》; 制服特権組合員の資格; 制服特権組合の特権; 制服特権組合の制服: take up one's ～ 制服特権組合員になる. 3 貸馬車屋, 馬預かり所; 貸しボート[自転車, 自動車]業者. 4 a《土地などの新所有者への》引渡し, 占有引渡し (cf. DELIVERY). b 〚史〛封土引渡し請求(令状)《国王の未成年の直属受封者 (tenant in chief) が成年に達した際後見人である国王からその封土の引渡しを求めること[令状]》; ⇨ LIVERY OF SEISIN》; ▶ COURT OF WARDS AND LIVERIES (後見裁判所). **lie in ～** 〚史〛《土地など有体財産が》占有の物理的引渡しにより移転する, 権原移転に占有引渡しを要する, 占有引渡しにより移転できる (cf. lie in GRANT). [AF liveré, OF livrée (pp) < livrer to DELIVER]

lívery còmpany 制服特権組合《London の中世以来の職業別同業組合で, 制服を有し, 特に特別の場合に着用; 単に livery ともいう》.

lívery in déed 〚史〛《占有の》現実的引渡し (⇨ LIVERY OF SEISIN).

lívery in láw 〚史〛《占有の》法的引渡し (⇨ LIVERY OF SEISIN).

lívery·man /-mən/ n 1 仕着せを着た者[家臣, 従僕]. 2《London の》制服特権組合員. 3 貸馬車屋.

lívery of séisin 〚史〛占有引渡し《封建的な不動産の占有 (seisin) を有効に移転させるのに必要な公開の儀式; 当初は当該土地に現実に立ち入りその占有を象徴する物 (例えばその土地の草土やそこに生えている樹木の小枝 (⇨ TURF AND TWIG) の受渡しを含む儀式がなされた; これを livery in deed (現実的引渡し) という; 他は livery in law (法的引渡し) で, 目的の土地が見える範囲内で口頭の引渡し宣言と譲受人の立入りの儀式であった; この占有引渡しはユース法 (Statute of Uses (1535)) 以後簡便化; 1925 年法で廃止された; cf. INVESTITURE》. ▶ FEOFFMENT WITH LIVERY OF SEISIN (占有引渡しを伴う封の譲渡).

lives in being LIFE IN BEING の複数形.

líve·stòck /láɪv-/ n 家畜《集合的》.

líve stórage《物品, 特に自動車についての》常用保管 (cf. DEAD STORAGE).

líve trúst 1 能動信託 (=ACTIVE TRUST). 2 生存者間信託 (=INTER VIVOS TRUST).

líving apárt 別居(生活)《離婚原因としての回復しがたい婚姻破綻 (irretrievable breakdown of the marriage) の証拠としての別居; 場合によっては, 同一場所に住みながらも事実上は婚姻生活を送っていない場合も含む》.

líving in adúltery 姦通同棲《一方または双方が結婚している者による同棲》.

líving ínstrument 生ける文書《作成された時点でのあるいは作成者の意図した意味ではなく, 現時点での状況の中で解釈されねばならない法律文書》.

líving mémory 生存者記憶《生存者の記憶の及ぶ範囲の期間; cf. LEGAL MEMORY》.

líving on immóral éarnings〔英史〕不道徳所得生活罪《女性による不道徳な稼ぎ(売春のあがり)によって生計を維持する男性の犯罪》.

líving séparate and apárt *a*〈夫婦が〉婚姻継続の意思なく別居している.

líving togéther 共棲, 同居 (cohabitation).

líving-togéther agréement 共棲合意 (= COHABITATION AGREEMENT).

líving trúst 1 生存者間信託 (= INTER VIVOS TRUST). **2** 能動信託 (= ACTIVE TRUST).

líving will 尊厳死遺言, リヴィング・ウィル (= declaration of a desire for a natural death)《末期状態になった際には延命治療をすることなく尊厳死を希望する旨を遺言書の法形式にのっとって表明した文書; cf. ADVANCE DECISION (TO REFUSE TREATMENT), ADVANCE DIRECTIVE, DURABLE [ENDURING, LASTING] POWER OF ATTORNEY, NATURAL DEATH ACT, RIGHT TO DIE》.

LJ (*pl* **LJJ**)○law journal 法律雑誌・〔英〕Lord Justice (of Appeal) 控訴院裁判官《★判例集上では裁判官の姓のあとに添える; 読むときは Smith *LJ* は Lord Justice Smith という》.

ll. [L *leges*] laws ◆ lines.

LL ○law Latin 法律ラテン語◆[イタリック体で]○Law List 法曹名簿・○limited liability 有限責任.

LL. laws ◆ Lords.

LL.B., LLB [L *Legum Baccalaureus*]○Bachelor of Laws 法学士.

LLC ○limited liability company 有限責任会社.

LL.D., LLD [L *Legum Doctor*]○Doctor of Laws 法学博士, 両法博士.

Llew·el·lyn /ləwélən/ ルウェリン **Karl Nickerson** ~ (1893–1962)《米国の法学者; 実務家を経て, Yale 大学 (1922–25), Columbia 大学 (1925–51; 27 年以後教授), Chicago 大学 (1951–62) で教壇に立った代表的なリアリズム法学者 (⇨ LEGAL REALISM) で, 法は抽象的な法原則の論理的な体系ではないと主張した '法懐疑論者' (law skeptic) であった; 統一商事法典 (Uniform Commercial Code) 編纂の中心であった; 主著 *The Bramble Bush* (1930), *The Cheynne Way* (1941), *The Common Law Tradition in Deciding Appeals* (1960) など》.

LL.J., LLJJ Lords Justices.

LLL Licentiate in Laws.

LL.M., LLM [L *Legum Magister*]○Master of Laws 法学修士.

LLMCom Master of Laws in Commercial Law.

Lloyd's /lɔ́ɪdz/ **1** ロイズ, ロイズ組合 (The Corporation of ~) (= Lloyd's of London)《保険引受業者たちの組合で私益法人》: **a** ~ **agent** ロイズ代理店《海事情報の収集・速報や損害判定などに当たる》 / **a ship which is A1 at ~**. **2** LLOYD'S REGISTER.

Lloyd's bónd〔英史〕債務承認証書《会社による債務であることを承認し, 一定日に利息と共に元金の返済を約する証書; 19 世紀中葉に法律家 J. H. Lloyd が考案したことからこの名が出たと言われている》.

Lloyd's insúrance ロイズ保険《会社ではなく複数の個人が保険者 (insurer) となる保険; cf. LLOYD'S OF LONDON》.

Lloyd's Láw Repòrts『ロイズ・ロー・リポーツ』『ロイズ判例集』《Lloyd's 発行の海事判例中心の判例集》.

Lloyd's Líst ロイズ・リスト《LLOYD'S が発行する海運日報》.

Lloyd's of Lóndon 1 (ロンドン)ロイズ(保険引受業者組合) (= LLOYD'S). **2** (ロンドン・)ロイズ保険市場《損害保険の世界的中心市場》.

Lloyd's Ópen Fórm ロイズ海難救助契約標準書式(略 LOF).

Lloyd's Régister 1 ロイズ船級協会 (The ~ of Shipping)《公益法人》. **2** ロイズ船名録, ロイズ船舶登録簿.《》略 LR》.

Lloyd's únderwriter ロイズ保険業者, ロイズ保険引受会員.

LLP, llp ○limited liability partnership 有限責任組合. **LN**〔史〕○League of Nations 国際連盟.

load /lóʊd/ *n* **1** 荷, 積荷, 積載量; 負担. ▶ CASELOAD (担当事件数). **2** 付加料 (配達料・出張料など), 〈証券・保険などの〉販売手数料 (= sales load) (cf. NO-LOAD). ▶ NO-LOAD (手数料なしで売りに出されるミューチュアルファンド) / SALES LOAD (販売手数料).

lóad·ing *n* **1** 積み込み (lading). ▶ UNLOADING (荷揚げ). **2**〈純保険料への〉付加部分, 付加保険料《事業運営に要する諸費用分》.

lóad líne〔海法〕満載喫水線.

lóad·man /-mən/, **lóads·man** /-mən/ *n* 水先(案内)人. ★ lodeman, lodesman ともつづる.

lóadman·age *n*〔史〕**1** 水先案内料. **2** 水先案内. ★ lodemanage ともつづる.

loan /lóʊn/ *n* 貸借, 貸付け, 融資, ローン, 貸出し, 借用, 借入, 貸借物, 貸借金, 貸付金, 融資金; 公債, 借款; 消費貸借 (loan for consumption); 《無償での》使用貸借 (loan for use): **ask for the ~ of**...を貸してくれと頼む / **have the ~ of**...を借用する / **domestic and foreign ~s** 内国債と外国債 / **a public [government] ~** 公債 / **raise a ~** 公債を募集する. ▶ ACCOMMODATION LOAN (好意による貸借[融資]) / ADD-ON LOAN (アド・オン方式貸付け) / AMORTIZED LOAN (定時償還貸付け) / BALLOON LOAN (風船式貸付け) / BANK LOAN (銀行ローン) / BRIDGE [BRIDGING] LOAN (つなぎ融資) / CALL LOAN (短期融資, コールローン) / COMMERCIAL LOAN (商業貸出し) / CONSOLIDATION LOAN (統合融資) / CONSUMER LOAN (消費者ローン) / CONVENTIONAL LOAN (普通貸付け) / DEMAND LOAN (短期融資, コールローン) / EQUITY LOAN (住宅担保与信限度(額)) / HARD LOAN (ハードローン) / HOME EQUITY LOAN (住宅担保与信限

度(額)) / INSTALLMENT LOAN (割賦返済ローン) / INTEREST-FREE LOAN (無利息の信用貸し) / INTEREST-ONLY LOAN (利息のみ支払いローン) / LIAR'S LOAN (うそつきの融資) / LONG-TERM LOAN (長期貸付け) / MARITIME LOAN (海事貸借) / MORTGAGE LOAN (譲渡抵当付き貸付け) / NO-DOC LOAN (証拠書類無提示融資) / NONPERFORMING LOAN (未済貸付け) / NONRECOURSE LOAN (二次的請求権なしの貸借) / PARTICIPATION LOAN (参加融資) / RECOURSE LOAN (二次的請求権付き貸借) / REVOLVER LOAN (回転融資) / REVOLVING LOAN (リヴォルヴィング融資) / SECURED LOAN (担保付き貸付け) / SHORT-TERM LOAN (短期貸付け) / SIGNATURE LOAN (信用貸し) / SOFT LOAN (ソフトローン) / STATED-INCOME LOAN (主張収入融資) / SUBPRIME LOAN (サブプライムローン) / SWING LOAN (つなぎ融資) / TERM LOAN (タームローン) / UNSECURED LOAN (無担保貸付け).
— *vt, vi* 貸し付ける, 貸す 〈*out*〉. ★「手続きを踏んで長期間貸し出す」などの意味以外では《英》では lend が普通. 〜**・able** *a* 貸付できる, 貸される.

lóan-amortizátion schèdule 貸付金割賦・償還明細表《貸付金の返済を利息と元金に分けておく明細表; 一般には最初のうちは利息部分が各返済金の大きな部分を占め, 次第に減っていく形をとる》.

lóan associàtion 《米》相互貸付組合, 貸付け組合 (=SAVINGS AND LOAN ASSOCIATION).

lóan bròker 《主として個人を対象にし, その賃金・動産を担保にした》金貸し業者.

lóan càpital 借入資本.

lóan commìtment 貸付け約束 (cf. MORTGAGE COMMITMENT).

lóan crèditor 《英》借入資本提供者《会社の償還可能な借入資本 (loan capital) 提供者などの資本提供者; 税法上 銀行を除く借入資本提供者は閉鎖会社 (close company) の役員・構成員の中に含められる》.

lóaned sérvant [emplóyee] 借入れ被用者 (=BORROWED EMPLOYEE).

lóaned sérvant [emplóyee] dòctrine 借入れ被用者の法理, 事実上の被用者法理《加害者が元請け企業と雇用関係がない下請け企業の被用者であっても, 元請け企業の職務中の不法行為については, 元請け企業の被用者とみなし, 元請け企業に使用者責任を課すという法理》.

lóan・ee /lóuníː/ *n* 借受人, 借受側.

lóan・er *n* 貸付け者, 貸与者, 貸付け側.

lóan for consúmption 消費貸借《貸し付けたものを消費しそれに代わる同質・同量のものの返還を約する契約; ローマ法系の MUTUUM に相当; cf. BAILMENT, DEPOSIT, LOAN FOR USE》.

lóan for exchánge 交換貸借, 無償の消費貸借《貸し付けられたものと同種のものを返還すると約束する, 通常は無償の契約》.

lóan for úse 使用貸借《貸し付けたそのものを使用後返還することを約する無償の契約; ローマ法系の COMMODATUM に相当; cf. BAILMENT, DEPOSIT, LOAN FOR CONSUMPTION》.

lóan hòlder 公債[社債]証書保有者, 債権者, 抵当権者.

lóan ìnterest 貸付け利息, 貸出し金利 (=loan rate).

lóan・lànd, láen・lànd /léin-/ *n* 《英史》レインランド《アングロサクソン期の土地保有形態の一つで, 一定の奉仕を条件に一定期間貸与される土地; cf. BOOKLAND, FOLKLAND》.

lóan lòss resèrve 貸倒れ引当金.

lóan originátion fèe 貸付け実行[融資取組み]手数料 (=ORIGINATION FEE).

lóan participàtion 参加融資 (cf. PARTICIPATION LOAN).

lóan ràte =LOAN INTEREST.

lóan ràtio 貸付け比率 (=LOAN-TO-VALUE RATIO).

lóan-recèipt agrèement 貸付金受領合意《同一損害に対して不法行為者 (tortfeasor) が複数いる場合に, 他の不法行為者が原告に損害賠償をしなかった時には原告はその返還義務を負わないという条件で被告が原告に無利息で金銭を貸与する和解の合意》.

lóan shàrk 高利貸し, 悪徳貸付け人.

lóan・shàrk・ing *n* 悪徳貸付け(商法) (=extortionate credit transaction [bargain]). **lóan-shàrk** *vi*

lóan socìety 《英》勤労者貸付け組合.

lóan stòck 《英》社債 (cf. DEBENTURE STOCK). ▶ CONVERTIBLE LOAN STOCK (転換社債) / UNSECURED LOAN STOCK (無担保社債).

lóan-to-válue ràtio 《譲渡抵当 (mortgage) の付された不動産評価額と貸付け金額との》**貸付け比率**, 融資比率 (=loan ratio, loan-value ratio).

lóan vàlue 1 借入限度額《生命保険証書所持人がその者の生命保険に基づいて借入れることのできる限度額》. **2** 融資限度額《提供担保に対して融資機関が貸付けをする最高額》.

lóan-válue ràtio 貸付け比率 (=LOAN-TO-VALUE RATIO).

lob・by /lábi/ *n* **1**《公共物の》玄関の間, 広間, ロビー. **2**《英議会》議院内の控室, ロビー《議員の院外者との会見用》; 投票[採決]ロビー《議員の投票が行なわれる議会庶民院の両脇の細長い部屋; 議場をはさんで賛成者側 (Aye) と反対者側 (No) の二つがある; division [voting] lobby ともいう》. ▶ AYES LOBBY (賛成投票者ロビー) / DIVISION LOBBY (投票ロビー) / NOES LOBBY (反対投票者ロビー) / VOTING LOBBY (投票ロビー). **3** ロビーで議員に請願[陳情]運動を行なう人びと, 院外団, 圧力団体: the car [environmentalist] 〜 自動車振興[環境保護]圧力団体. **4** "LOBBY CORRESPONDENT. — *vi*《議会の lobby で議員に》陳情運動をする, 議案通過[政策決定]に圧力をかける 〈*for, against*〉. — *vt* 議員に《法案・

計画の請願[陳情]をする;〈議員〉に陳情する, 圧力をかける; ～ a bill through Congress 圧力をかけて連邦議会で法案を通す. ～・er n [L lobia LODGE].

lóbby correspòndent 議会詰め記者, 閣僚付き院内記者, 政治記者《単に lobby ともいう》.

lobby-fódder n 1《利益集団に奉仕する》癒着議員(連). 2 陣笠議員(連).

lóbby・ing n ロビー活動, 院外活動, ロビイング.

lóbbying àct [ºL- A-]《米》ロビー活動規制法, 院外運動規制法.

lóbby・ism n《院外からの》議案通過[否決]運動, ロビー活動, 院外活動, 陳情運動, 圧力行使.

lóbby・ist n 院外活動をする人,《特に》報酬を得て院外運動を代行する人, 院外運動者, ロビイスト.

lo・cal /lóuk(ə)l/ a 1 場所の, 土地の: a ～ surname 地方に由来する姓. 2 その土地(だけ)の, 一地方特有の, 地元の, 地方的な;《米》州の(cf. NATIONAL): the ～ press 地元の新聞, 地方紙. 3 狭い地域に限られる; 局所的な, 局部的な;[fig]偏狭な. 4 各駅停車の, 各階どまりの(cf. EXPRESS). ─ n 1 土地の人, 地元民; 地元開業医[弁護士]. 2《新聞の》市内雑報, 地方記事;《ラジオ・テレビ》《全国放送でない》ローカル番組. 3《米》《労働組合・友愛組合などの》支部, 地方支部 (local union). [OF<L locus place]

lócal áct 1《英》地域的私法律《私法律 (private act) のうち特定地域に関する法律, および公法律 (public act) のうち暫定的命令 (provisional order) を確認するための議会制定法 (Act of Parliament) の総称; ⇨ ACT OF PARLIAMENT, PROVISIONAL ORDER》. 2 地域的特別法 (=LOCAL LAW).

lócal áction 属地的訴訟《土地の侵害に関する訴訟など, 特定地域に関連する請求原因に基づく訴訟; 原則としてその地域で提起されなければならない; cf. TRANSITORY ACTION》.

lócal ágent 1 地区代理店, 代理店. 2 保険勧誘員 (=SPECIAL AGENT).《》略 LA》

lócal allégiance 属地的忠誠(義務) (=ACTUAL ALLEGIANCE).

lócal and spécial legislátion 地域的・人的特別立法 (⇨LOCAL LAW, SPECIAL LAW).

lócal asséssment 地域的負担金《下水道・歩道のように特定地域整備の費用に充当するためにそこから直接利益を受ける財産に課す課徴金》.

lócal asséssment lìen 地域的負担金リーエン《地域的負担金 (local assessment) の支払いを担保するため負担金が課せられた財産上に認められるリーエン》.

lócal authórity 地方当局, 地方執行機関;《英》《地方自治体に置かれ, その住民の選挙で選出される》地方自治体参事会, 地方自治体 (⇨ COUNCIL).《》略 LA》
▶ CHILD BEING LOOKED AFTER BY A LOCAL AUTHORITY (地方自治体保護児童).

lócal authórity fóster pàrents pl《英》地方自治体里親《長期短期を問わず施設での保護に代わって地方自治体 (local authority) がその保護中の子をその下に預ける里親》.

lócal authórity mòrtgage《英》地方自治体譲渡抵当《個人が家の取得・建築・修繕・改良などの目的で必要とする経費をその家の土地を担保として地方自治体 (local authority) が貸付けをなす場合の譲渡抵当》.

Lócal Bétter Regulátion Òffice《英》地方規制活動効率化事務所《地方自治体 (local authority) の効率的機能行使の確保を目的として 2008 年法で創設された法人》.

lócal cháttel 土地付着人的財産[動産].

lócal concérn 地方公企業《地方自治体が私経済的資格 (proprietary capacity) で行動している場合の活動》.

lócal cóurt 地方の裁判所 (1)《英古》国王裁判所に対して地域共同体裁判所・領主裁判所・特権領裁判所のように管轄区域が限定されていた裁判所 2)《米》連邦裁判所に対して州裁判所, 州裁判所に対して郡裁判所 (county court) などを指す》.

lócal cústom 地方慣習法, 地方慣習 (=particular custom).

lócal devélopment òrder《英》地方開発命令《地方計画当局 (local planning authority) に対して許可開発権をその地域内で拡大することを認める命令》.

lócal góvernment 1 地方行政, 地方統治. 2 地方政府. 3 地方公共団体, 地方自治体. ▶《1–3 に関連》DEPARTMENT FOR COMMUNITIES AND LOCAL GOVERNMENT (地域共同体・地方行政省).

lócal góvernment àrea 地方行政区域《地方行政の単位区域》.

Lócal Góvernment Bòard [the ～]《英史》地方統治委員会《1871 年法により種々の地方当局の中央政府による監督を統一するために創設; 救貧法委員会 (Poor Law Board) などに代わったもの; 1919 年法により保健省 (Ministry of Health) に移行した》.

lócal góvernment bóundary commìssions pl《英史》地方行政境界委員会《1972 年法で創設され, イングランドとウェールズそれぞれについて存した委員会; 1992 年法でイングランド地方行政委員会 (Local Government Commission for England) とウェールズ地方境界委員会 (Local Boundary Commission for Wales) に代わった》.

Lócal Góvernment Commìssioner《英》地方行政苦情委員 (=Local Government Ombudsman) (cf. COMMISSION FOR LOCAL ADMINISTRATION).

Lócal Góvernment Commìssion for Éngland [the ～]《英史》イングランド地方行政委員会《1992 年法で創設され, 環境大臣 (Secretary of State for the Environment) の下でイングランドの地方行政の構造・区画について見直しをするための委員会; 2002 年に選挙委員会 (Electoral Commission) に改組・吸収されている; ウェールズに対しても 同じく the

Local Boundary Commission for Wales(ウェールズ地方境界委員会)があった)).

Lócal Góvernment Òmbudsman〘英〙地方行政監察官(Local Government Commissioner).

lócal hóusing authòrity〘英〙**1** 地方住宅当局(⇨ HOUSING AUTHORITY). **2** 地方宿泊設備供与当局《ホームレスに宿泊設備を供与すべき地方当局の権利・義務を行使する機関; cf. HOMELESS PERSON》.

lócal impróvement 地域改良.

locálity of a láwsuit 裁判籍, 裁判地《特定裁判所が裁判権を行使しうる地域》.

lócal jústice àrea〘英〙地方治安判事割当て地域《治安判事(magistrate)は2003年法で, 特定地域を割り当てられるが全国的な管轄権を有することになっている; この特定地域を指す》.

lócal lánd chàrge〘英〙地方的物上負担《地方自治体が土地利用計画目的から私人の土地に一定の用途または制限を課す場合などに, 制定法上の授権に基づきその土地に付す物上負担(land charge); 当該地方自治体により地方的物上負担登録簿(local land charges register)に登録される》.

lócal lánd chàrges règister〘英〙地方的物上負担登録簿.

lócal láw 1 a(狭義には)地域的特別法(＝local act, special law). **b**(広義には)特別法(＝special law)《特別地域に対してだけでなく, 特定の人に対してだけ適用される法をも含む; opp. *general law*). **2** 訴訟係属地の法(＝internal law). **3**〘米〙(連邦法に対して)州法. **4** 国際私法)実質法《準拠法中適用関係の規定を除いた具体的事案処理のための実質的規範》.

lócal lóttery〘英〙地方自治体認定宝くじ.

lócal óption〘米〙《酒類販売など賛否の対立する問題の法制化についての, 地方自治体が州の介入なしで自己決定しうる》地方選択権(＝local veto)(cf. HOME RULE).

lócal plánning authòrity *pl*〘英〙地方計画当局《1990年の都市田園計画法(Town and Country Planning Act)の下で, 大臣の監督下 土地利用統制をする当局》.

lócal préjudice 地方的偏見《時には係属事件を他の裁判所に移送する理由となりうる》.

lócal rúle 1 地方的規則, 地方的法規, ローカルルール. **2** 裁判所地方規則《一般的に用いられる訴訟手続き規則を補足する, その裁判所独自の規則; cf. RULE OF COURT》.

Lócal Sáfeguarding Chíldren Bòard [the ~]〘英〙地方児童保護委員会《2004年法により地方自治体参事会(local authority)が地域児童保護委員会(Area Child Protection Committee)に代わり設置することになった委員会》.

lócal stándard 地域の基準.

lócal táx 1(一般に国税に対して)地方税. **2**〘米〙(連邦・州ではなく, 地方公共団体が課す)地方税(cf. FEDERAL TAX, STATE TAX).

lócal únion 労働組合地方支部《単に local ともいう; cf. NATIONAL UNION》.

lócal úsage 地方慣行(⇨ USAGE)(cf. CUSTOM AND USAGE).

lócal valuátion còurt〘英〙地域的土地評価裁判所《土地評価基準作成の際 この評価への異議を処理するための特別審判所で, 1948年法で創設; 上訴は土地問題審判所(Lands Tribunal)が扱う》.

lócal véto〘米〙地方拒否権(＝LOCAL OPTION).

lo·ca·ri·um /ləkéəriəm/ *n*〘史〙地代, 賃借料(rent). [L=rent]

lo·ca·ta·ri·us /lòukətéəriəs/ *n*〘史〙受寄者. [L]

lo·ca·tio /loukéɪʃiou/ *n*〘ローマ法〙賃貸(leasing). [L=location]

locátio con·dúc·tio /-kəndʌ́kʃiou/〘ローマ法〙賃約. [L=letting for hire]

locátio cus·tó·di·ae /-kʌstóudiì:/ 有償寄託. [L=hiring of custody (of a thing)]

lo·ca·tion /loukéɪʃ(ə)n/ *n* **1** 位置確定; (確定された)位置, 場所. **2**〘米〙鉱業権取得(地)(＝mining location). **3**《大陸法・スコットランド》賃貸借(cf. LOCATIO).
~·al *a* ~·al·ly *adv*

lóc·a·tive cálls /lǽkətɪv-/ *pl* 位置表示《土地表示において当該土地の境界を定める特定の表示; cf. DIRECTORY CALL》.

lo·ca·tor /lóukeɪtər, —´—´/ ləukéɪtər/ *n* **1** 位置確定者, 位置確定希望者; 位置確定官. **2**《大陸法・スコットランド》賃貸人.

loc. cit. /lɑ́k sít/ °loco citato (上記)引用文中に.

Loch·ner·ize /lɑ́knəràɪz/ *vt*〘米〙ラクナライズする《経済立法を審査・無効とすること; New York 州のパン屋の最高就労時間を制限する法律を合衆国憲法第14修正違反で違憲無効とした1905年の合衆国最高裁判所の判例 Lochner v. New York (1905)の原告名より》.
Lòch·ner·izá·tion *n*

loci *n* LOCUSの複数形.

lock /lɑ́k/ *vt* …に錠をおろす; 締める, 閉じる. ~ **out**《錠をかけて》…から締め出す;〈工場を〉閉鎖する;〈被用者〉の労務提供を一時的に拒否する: ~ *out* workers. ~ **up** 戸締まりをする;〈金銭・秘密などを〉しまい込む; 監禁する, 刑務所に入れる, 精神病院に入れる: ~ *up* a shop [an office]《一日の終わりに》店[事務所]を閉める, 閉店する / ~ *up* capital 資本[金]《の投資先》を固定する.

lóck·dòwn *n*《拘禁施設での》房外活動の全面的禁止, 監房内への厳重監禁.

Locke /lɑ́k/ ロック **John ~** (1632-1704)《イングランドの哲学者・政治思想家で, 経験主義を説き, 王権神授説を否定した社会契約説の提唱者; 特に 後者は名誉革命(Glorious Revolution)後の英国, Montesquieuを通じての革命前後のフランス, さらには独立前後のアメリカの憲法思想に大きな影響を残した; *An Essay concerning human understanding* (1690), *Two Treatises of Gov-*

ernment (1690)》.

lock·out *n* **1** ロックアウト, 事業所[工場]閉鎖 (cf. BOYCOTT, PICKETING, STRIKE). **2**《被用者による》就労拒否《雇用契約終了に際し新契約交渉中に雇用者が旧契約に従うことを不合理にも拒否していることを理由にしての》.

lóckout agrèement 締め出し合意《家屋などの売買において売主側と買手側がなす合意で, その対象物について売手は一定期間その買手のみと交渉し, 他の買手を相手にしない旨の契約; その強制力には確実性の欠如のために問題が生じうる》.

lóck ràte《譲渡抵当 (mortgage) での》確定利率.

lóck·ùp *n* **1 a** 錠をおろすこと, 閉鎖; 門限; 留置, 拘置. **b** 留置場[室], 拘置所 (jail) (cf. HOUSE OF CORRECTION, HOUSE OF DETENTION, JAIL, PENITENTIARY, PRISON). **c**《夜間きちんと戸締まりできる》(貸し)店舗, 貸しロッカー[車庫など]. **d**《a》きちんと鍵のかかる: a ~ shop. **2**《資本の》固定. **3** LOCKUP OPTION.

lóckup òption ロックアップ・オプション《会社の企業買収防衛策 (takeover defense) の一つで, 会社株式の一定割合を一人あるいは 1 グループが取得した時点で, その会社の一部を一定価額で防戦協力者が買う権利を有することの合意; 時に違法となりうる; 単に lockup ともいう》.

lo·co /lóukou/ *a*, *adv* 現場渡しの[で], 置場渡し(条件)の[で]. [L=in the place]

lóco ci·tá·to /-saɪtéɪtou, *-tá:-/ *adv*（上記)引用文中に, 引用せる文中に《略 l.c., loc. cit.》. [L=in the place cited]

loco parentis ⇨ IN LOCO PARENTIS.

lóco sú·pra ci·tá·to /-s(j)ú:prə saɪtéɪtou/ *adv* 上掲引用(文)中に《略 l.s.c.》. [L=in the place cited above]

loc. primo cit. [L *loco primo citato*] in the place first cited 第一[最初]の引用(文)中に.

lo·cum /lóukəm/ *n*《口》LOCUM TENENS.

lócum té·nens /-tí:nənz, -ténənz/ *n* (*pl* **lócum te·nén·tes** /-tɪnénti:z/) **1**《史》代理(人). **2** 代診; 代理の聖職者. ― *a*《ある》地位にある, 代理権限を有する. **lócum-té·nen·cy** /-tí:nənsi, -tén-/ *n* 代理, 代理としての職務[資格]. [L=(one) holding place]

lo·cus /lóukəs/ *n* (*pl* **lo·ci** /lóusaɪ, -kaɪ, -kiː/, **lo·ca** /lóukə/) 場所, 位置, 現場, 所在地《略 L.; cf. SITUS》. [L=place]

lócus con·trác·tus /-kəntrǽktəs/ 契約地, 契約締結地. [L=place of the contract]

Locus contractus re·git ac·tum. /-ríːʤɪt ǽktəm/ 契約地は行為を支配する. [L=The place of the contract governs the act.]

lócus crí·mi·nis /-krímənɪs/ 犯罪地. [L=place of the crime]

lócus de·líc·ti /-dɪlíktaɪ/ 不法行為地, 違法行為の行なわれた場所; 犯罪地. ▶ LEX LOCI DELICTI (不法行為地法). [L=place of the wrong]

lócus in quó /-ɪn kwóu/ その場所. [L=the place in which]

lócus poe·ni·tén·ti·ae /-pènəténʃiiː/ (*pl* **lóci poeniténtiae**) 思いとどまる機会, 翻意の機会. [L=place for repentance]

Lócus ré·git ác·tum. /-ríːʤɪt ǽktəm/ 場所は行為を支配する《法律行為の方式について行為地法によることを示す法格言》. [L=The place governs the act.]

lócus si·gíl·li /-sɪʤílaɪ/ (*pl* **lóci sigílli**)《文書の》捺印場所[位置], 捺印箇所《略 l.s., L.S.》. [L=place of the seal]

lócus stán·di /-stǽndi, -dàɪ/ (*pl* **lóci stándi**) 認められた立場;《特定裁判所への》提訴権, 当事者適格, 訴えの利益;《議会への》反論提出資格 (⇨ REFEREE). [L=place to stand]

lodeman, lodesman ⇨ LOADMAN, LOADSMAN.

lode·star /lóudstàːr/ *n* **1** 道しるべとなる星,《特に》北極星; 指導原理, 希望の的. **2**《弁護士に対する特定事件の》合理的報酬.

lodge /láʤ/ *vt* **1** …に宿を提供する, 泊める. **2** 収容する. **3** 預ける (deposit): ~ one's money *in* a bank [*with* sb] 金を銀行[人]に預ける / ~ securities as collateral 担保として証券を預ける. **4**《訴状・申告書などを》提出する, 差し出す; 付託する;《反対・苦情などを》申し立てる;《権能などを》委ねる: ~ caution《英》予告登記をする (⇨ CAUTION) / ~ a complaint *against* sb *with* the police 人に対する苦情を警察に申し立てる. ― *n* **1** 宿; 小屋. **2**《友愛組合・秘密結社などの》支部(集会所), 支部会員(集合的);《労働組合の》支部.

lodg·er /láʤər/ *n* 宿泊人, 下宿人, 同居人, 間借り人: take in ~s 下宿人をおく.

lodg·ing /láʤɪŋ/ *n* **1** 住まい; 貸間. **2** 間借りすること, 下宿; 宿泊.

lodg·ment | lodge- /láʤmənt/ *n* **1**《抗議などの》申し入れ, 申し立て, 提出. **2**《担保などの》供託; 預金. **3** 宿泊, 宿舎; 拠点.

LOF °Lloyd's Open Forum ロイズ海難救助契約標準書式. **L of N** °League of Nations 国際連盟.

log /lɔ́(ː)g, lɑ́g/ *n* **1 a**《警察の》逮捕記録(簿). **b**《累犯者の》逮捕歴記録.《》=ARREST RECORD》**2** 航海[航空]日誌, 運行[業務]記録 (logbook).

log·an /lágən/ *n* LAGAN.

lóg·bòok *n* 航海[航空]日誌, 運行[業務]記録 (=journal)《単に log ともいう》.

lógical-cáuse dòctrine 論理的原因の法理《原告が損害が発生したこととその論理的原因を立証した場合には, 単に想定できる別の原因を示すだけではそれを否定することはできず, 原告が立証した原因以上に蓋然性の高い別原因を示さねばならないという原則》.

lógical interpretátion 論理解釈《法規の内容を論理的推論に従って明らかにする解釈方法で, 文理解釈 (literal interpretation) の対語》.

lógical pósitivism 論理実証主義 (cf. LEGAL POSITIVISM).

lógical-relátionship stàndard 論理的関係の基準《民事訴訟で, 主として, 反対請求 (counterclaim) を同一訴訟で審理することの是非を有効性・効率性の上から決めるためのテストで, 被告の反対請求が強制的なものであったか否かを決定するもの; 2 つの訴えが同一の法的に重要な事実 (operative fact) に基づいているのか, あるいはこの事実が被告の眠れる請求権を活性化しているのか否かを調べることにより行なう》.

lóg·ròll·ing n 1 丸太ころがし, 丸太乗り. **2 a**《米》議員相互の馴合い投票, 投票取引;《法案・憲法改正案の》抱合わせ提案, 抱合わせ法案[馴合い法案]提出. **b**《一般に》相互援助[協力], 仲間ぼめ.

LOI °letter of intent 契約意図表明状.

loi·ter /lɔ́ɪtər/ vi **1** ぶらぶら歩く, ぶらつく, うろつく,《ある場所に》立ち去らない. **2**《仕事などを》だらだらやる, ひまどる, ぐずぐずする.

lóiter·ing n **1** うろつくこと,《ある場所を》立ち去らずにいること (cf. SUS LAW, VAGRANCY). **2**《仕事などを》だらだらやること, ぐずぐずすること.

lóitering with intént 犯行を意図してうろつくこと,《特に》売春婦が客を求めて公道をうろつくこと《犯罪を構成することがある》.

lól·li·pop [**lól·ly·pop**] **sỳndrome** /lɑ́lɪpɑ̀p-/《子育て中の親の子に対する》甘やかし (cf. DISNEYLAND PARENT).

Lom·bro·so /lɔ(:)mbróʊsoʊ, lɑm-/ ロンブローゾ Cesare ~ (1836–1909)《イタリアの精神医学者・法医学者・犯罪人類学者; 犯罪学に科学的方法を導入, 生来犯罪者の存在を主張した》.

Lon·don /lʌ́ndən/ ロンドン《イングランド南東部 Thames 河畔にある, イングランドおよび英国の首都; シティー (City of London)(古代名 Londinium, 通称 'the City'), さらには周辺を含めた Greater London (大ロンドン) を指す; ⇨ CITY OF LONDON, GREATER LONDON, MAYOR OF LONDON》.

Lóndon Assémbly [the ~]《英》ロンドン参事会議《1999 年法で創設されたロンドン市長 (Mayor of London) の制定法上の機能の監督・助言機関; 25 名からなり, 14 名はロンドン参事会議構成地域代表 (Constituency Members), 11 名は大ロンドン全体代表 (London Members)》.

Lóndon bórough [the ~]《大ロンドン (Greater London) の一部を構成する》ロンドン自治区, ロンドンバラ《12 の Inner London boroughs と 20 の Outer London boroughs からなる》.

Lóndon Bórough Cóuncil [the ~]《英》ロンドン自治区参事会《1972 年法で設立された大ロンドン参事会 (Greater London Council) は 1985 年法で廃止され, その機能は一般的に大ロンドン (Greater London) を構成している各ロンドン自治区 (London borough) の参事会に移されている》.

Lóndon Devélopment Àgency [the ~]《英》ロンドン開発機関《1999 年法で設立された官庁で, ロンドンの経済的発展を企業経営の効率化と投資の推進により進めようとするもの; その目的に適う戦略案を作成しロンドン市長に提出することが主な任務》.

Lóndon Gazétte [The ~] ロンドンガゼット《英国政府官報; 単に Gazette ともいう》.

Lóndon Góld Fìx(ing) [the ~] ロンドン金相場での公価格《決定》.

Lóndon Mémbers pl《英》ロンドン参事会議大ロンドン全体代表 (⇨ LONDON ASSEMBLY).

Lóndon Metropólitan Políce [the ~] ロンドン警視庁《単に Metropolitan Police (略 MP) ともいう; ⇨ NEW SCOTLAND YARD》.

Lóndon síttings pl《史》ロンドン法廷 (= GUILDHALL SITTINGS).

Lóndon Stóck Exchànge《英》ロンドン証券取引所.

long /lɔ́(:)ŋ, lɑ́ŋ/ a (~·er /-ŋg-/; ~·est /-ŋg-/) **1**〈長さ・距離・時間などが〉長い (opp. short): ~ credit / in the ~ term / take the ~ view. **2**《商業》〈値上がりを予想して〉買い持ちの, 強気の, 買いに出ている (cf. SHORT). — n **1** [pl] 長期債券. **2** [pl] 強気筋.

lóng accóunt **1**《エクイティー上の訴訟における》複雑な勘定. **2** 借方勘定, 買方勘定《証券・商品の信用取引での買方顧客の勘定》. **3** 買い建て証券[商品], 買い《建て》玉 (ぎょく)《取引で買い建てしたまま未決済になっている証券や商品》.

Lon·ga pos·ses·sio jus pa·rit. /lɔ́ŋgə pəzéʃ(i)oʊ ʤʌ́s pǽrɪt/ 長期の占有は権利を生む. [L = Long possession begets right.]

Longa possessio pa·rit jus pos·si·den·di et tol·lit ac·ti·o·nem ve·ro do·mi·no. /—— — pǽrɪt ʤʌ́s pəsɪdéndaɪ ɛt tɑ́lɪt ǽkʃióʊnɛm vérou dǽmɪnoʊ/ 長期の占有は占有することの権利を生み, 真の所有権者から訴権を奪う. [L = Long possession begets the right of possession and takes away the right of action from the true owner.]

lóng-árm a 長い補助棒のついた, 遠くまで及ぶ; ロングアーム法の.

lóng-árm stàtute《米》ロングアーム法 (= single-act statute)《《物の所有・使用, 取引, 不法行為などでその州となんらかの関係を有する州外居住者に対して対人管轄権 (personal jurisdiction) を認める米国の州の立法の総称; cf. DOING BUSINESS STATUTE, MINIMUM CONTACTS》.

lóng bíll 長期手形《30 日, 時に 60 日以上が満期となるもの; cf. SHORT BILL》.

lóng-dáted a〈手形などが〉長期の;《英》〈金縁証券 (gilt-edged securities) が〉償還期限 15 年以上の.

lóng-dáted bíll [**páper**]《3 か月以上の》長期手形.

lóng léase《50 年以上の》長期《不動産》賃貸借《契約》[賃借権] (opp. short lease).

Lóng Párliament [the ~]《英史》長期議会

《1640年11月3日 Charles 1世が招集し法形式的には60年3月16日まで続いたイギリス革命期の議会; Thomas Prideによる長老派議員の追放 (1648年12月) 以後は残部議会 (Rump Parliament) と呼ばれる; 53年 Cromwell により一旦解散させられるが59年に復活).

lóng róbe [the ~] **1** 長衣《聖職者・法官の服; cf. SHORT ROBE》: gentlemen of the ~ 法律家, 法曹《集合的》. **2** 聖職者;《史》法律家《集合的》.

lóng·shòre·man n 港湾労働者, 沖仲仕, 荷揚げ人足 (cf. STEVEDORE).

lóng ténancy《英》《21年を超す》長期固定期間不動産賃借権.

lóng-tèrm a 長期(間)の: on a ~ basis.

lóng-tèrm bónd 長期債券.

lóng-tèrm cápital gáin 長期資本利得, 長期キャピタルゲイン《長期保有した資産の売却その他の処分による利益; しばしば税制上特典対象になる; opp. *short-term capital gain*》.

lóng-tèrm cápital lóss 長期資本損失, 長期キャピタルロス《長期保有資産の売却その他の処分による損失; 税制上しばしば一定額まで所得から控除される》.

lóng-tèrm débt 長期債務, 長期借入金《支払い期限が1年を超えるもの; cf. SHORT-TERM DEBT》.

lóng-tèrm fórecast 長期予測.

lóng-tèrm léase 長期(不動産)賃貸借[賃借権].

lóng-tèrm liabílities pl 長期負債[債務].

lóng-tèrm lóan 長期貸付[ローン, 融資, 貸借].

lóng-tèrm nóte 長期手形.

lóng títle (法律の)正式名称《当該法律の立法目的が全般的に述べられている法律の正式表題; cf. SHORT TITLE》.

Lon·gum tem·pus et lon·gus usus qui ex·ce·dit me·mo·ri·am ho·mi·num suf·fi·cit pro ju·re. /ló(:)ŋgəm témpəs ɛt ló(:)ŋgəs ú:səs kwai ɛksí:dɪt mɛmóuriəm hámɪnəm sáfɪsɪt prou ʤúːrɛ/ 人々の記憶を超える長い時と使用があれば権利にとって十分である. [L=Long time and long use beyond the memory of men suffice for right.]

lóng vacátion"《大学・英国の裁判所の》夏期休暇, 長期休廷期間《英国の最高法院 (Supreme Court of Judicature) は8月1日から9月30日まで, 緊急事務を除き休廷となる》.

lóok·out n 見張り, 監視, 用心, 警戒, 注意. ▶ PROPER LOOKOUT (適切な注意).

lóok-thròugh prìnciple《米税制》見通しの原則《不動産の法的権原所有者の背後にいる受益的所有者 (beneficial owner) を見出し, その不動産の移転・保有に税を賦課する法理》.

lóop·hòle n **1** 銃眼. **2** 抜け穴, 逃げ道《特に tax loophole (租税の抜け穴) についていう》: Every law has a ~.《諺》いかなる法にも抜け穴がある / find a ~ in the law. ▶ TAX LOOPHOLE (租税の抜け穴).

loop·ifi·ca·tion /lùːpɪfɪkéɪ/(ə)n/ n ループ化, 円環化《批判的法学 (critical legal studies) の用語で, 連続しているものの両端があまりに似かよってしまい, 法的区別や法学上の分類 (例えば public/private, individual/group など) が破綻する段階をいう》. **loop·ify** /lúːpəfàɪ/ vt

lóose constrúction 自由な解釈 (=LIBERAL CONSTRUCTION).

lóoseleaf sèrvice /lúːs-/《法律書類で, 最新情報を提供するため定期的にページを加除する》加除式.

loot, lieut /lúːt/ n **1** 戦利品, 略奪品;《官吏などの》不正利得. **2** 略奪(行為). — vt, vi 略奪する,《家・都市などから》略奪する; 不正利得を得る. **~·er** n 略奪者; 不正利得者. [Hindi]

lóot·ing n 略奪.

lord /lɔːrd/ n **1** 支配者, 首長, 主人; 君主; 主君, 領主, 封主;《土地・家などの》所有者. ▶ LANDLORD (家主; 地主; 不動産貸主; 封主) / MESNE LORD (中間領主) / SLUMLORD (スラム街住宅の悪徳家主). **2** 神, 主. **3**《英》貴族 (peer); 貴族院議員, 卿《侯[伯, 子, 男]爵, および公[侯]爵の子息, 伯爵の長子, 貴族院議員である archbishop, bishop の尊称》《高位の》裁判官; [voc] my LORD; [the L-s]《英国議会の》貴族院議員たち《lords spiritual および lords temporal》, 貴族院 (the House of Lords). ▶ HOUSE OF LORDS (貴族院) / LAW LORD (法官貴族) / LAY LORD (非法律家貴族) / SPIRITUAL LORD (聖職貴族) / TEMPORAL LORD (世俗貴族). **my L~** [~] /mɪlɔ́ːrd, ºʹ/ (弁護士の発音) mɪlʌ́d/ (裁判官)閣下! ★侯爵以下の貴族, Bishop, Lord Mayor, Lord Provost, 高等法院 (High Court of Justice) および控訴院 (Court of Appeal) 裁判官, スコットランド控訴院 (Court of Session) 裁判官の敬称. 今は Bishop, Lord Mayor, Lord Provost および法廷で裁判官に対するほかは儀式ばった場合にだけ用いる. — vi いばりちらす, 殿さま顔する〈over〉. — vt《まれ》貴族にする (ennoble), …に Lord の称号を授ける. **~ it** 君臨する, いばる〈over〉 (cf. KING [QUEEN] *it*).
~·less a 主君[主人, 支配者]のない.

Lòrd Ádvocate [the ~]《スコットランド》法務長官《イングランドの ATTORNEY GENERAL (法務長官) に相当する役職; かつては King's advocate (スコットランド勅選弁護人) と呼ぶた; なお1999年には, 同名の官職はスコットランド行政府内のものとなり, それまで同名の役人が連合王国政府内で占めていた役職は新設の Advocate General for Scotland (スコットランド担当法務長官) が担当している; 略 L. Adv.》.

Lòrd Cámp·bell's Àct /-kǽmbəlz-/ [the ~]《英史》キャンベル卿法 (=CAMPBELL'S ACT).

Lòrd Chámberlain [the ~]《英》侍従卿:
Lord (Great) Chamberlain of England 大侍従卿 / Lord (High) Chamberlain of the Household 宮廷侍従卿

Lòrd Cháncellor [the ~]〖英〗大法官 (⇨ CHANCELLOR OF ENGLAND)《略 LC, LCh; cf. LORD SPEAKER》.

Lòrd Cháncellor's Advísory Commíttee on Légal Educátion and Cónduct [the ~]〖英史〗法学教育・法曹の行動についての大法官助言委員会《1990 年法で創設された法学教育・法曹の行動基準の維持・発展のための監督権を有する委員会で, その構成は非専門家が多数を占めていたが, 1999 年法で法務諮問委員会 (Legal Services Consultative Panel) に代わっている》.

Lòrd Chíef Báron [the ~]〖英史〗財務府裁判所首席裁判官, (高等法院)財務府部首席裁判官 (⇨ COURT OF EXCHEQUER).

Lòrd Chíef Jústice (of Éngland (and Wáles)) [the ~]〖英〗 **1** イングランド(およびウェールズ)首席裁判官《かつては(女)王座裁判所首席裁判官, その後高等法院 (High Court of Justice) の(女)王座部の首席裁判官がこう呼ばれ, 首席裁判官の筆頭であることが示され, 大法官 (Lord Chancellor) にのみ次ぐ地位にあった; 2005 年法により司法部の長としての職務は大法官からこの首席裁判官に移され, 文字どおりイングランドおよびウェールズの全裁判所の長 (President of the Courts of England and Wales) となっている; 略 LCJ》. **2**〖史〗(女)王座裁判所首席裁判官 (⇨ COURT OF KING'S BENCH, KING'S BENCH (DIVISION)).

Lord Chief Justice of the Common Pleas ⇨ CHIEF JUSTICE OF THE COMMON PLEAS.

Lòrd Clérk Régister〖英史〗登録書記卿《もともとはスコットランド議会書記, スコットランド控訴院 (Court of Session) の首席書記兼記録管理官などを兼ねた高位の役人で, のちには職務上当然の枢密顧問官・議会議員を兼ね, さらにはスコットランド控訴院の裁判官をもしばしば兼ねた; 1707 年のイングランドとの連合後は大幅に名誉職化し, さらに 1879 年以来称号のみ残存している》.

Lòrd (Commíssioner) of the Ádmiralty [the ~]〖英史〗海軍委員会委員, 海軍司令長官職務執行委員 (⇨ LORDS COMMISSIONERS OF THE ADMIRALTY).

Lòrd (Commíssioner) of the Tréasury〖英〗大蔵委員会委員 (⇨ LORDS COMMISSIONERS OF THE TREASURY).

Lòrd Dénman's Àct〖英〗デンマン卿法 (= EVIDENCE ACT, 1843).

Lòrd Hárd·wicke's Àct /-háːrdwɪks-/ [the ~]〖英史〗ハードウィック卿法《1753 年の婚姻法 (Marriage Act) の通称; 同法により, 婚姻成立のためには婚姻予告 (banns) の発表か許可のいずれかと最低 2 名の証人の存在と, さらにはその婚姻の登録簿への登録とが必要であるとされ, 秘密婚姻は廃止された; しかし同法はクエーカー教徒・ユダヤ教徒は適用免除されていたし非国教徒・カトリック教徒・無信仰者についての特別規定はなかった; この事態は 1836 年の婚姻法で民事婚導入で改められた; ⇨ GRETNA GREEN MARRIAGE》.

Lórd Hìgh Ádmiral [the ~]〖英〗海軍司令長官. ▶ COURT OF THE LORD HIGH ADMIRAL (海軍司令長官裁判所).

Lórd Hìgh Cháncellor [the ~]〖英〗大法官 (⇨ CHANCELLOR OF ENGLAND).

Lórd Hìgh Cónstable (of Éngland) [the ~]〖英史〗侍従武官長《かつては軍務伯 (Earl Marshal) と共に国王の封建軍隊の長の一人で, かつ騎士道裁判所 (Court of Chivalry) を共宰した; 現在では国王戴冠式での役割に限定され, 通例その際に限って任命される》.

Lórd Hìgh Stéward (of Éngland) [the ~]〖英史〗イングランド執事卿 (⇨ HIGH STEWARD) (cf. LORD STEWARD). ▶ COURT OF THE LORD HIGH STEWARD OF ENGLAND (イングランド執事卿裁判所).

Lórd (Hìgh) Tréasurer (of Éngland) [the ~]〖英史〗(イングランド)大蔵卿《古くから大法官 (Lord Chancellor) と並ぶ二大役人の一人で, 王国財政を預かる最高の役人; この職務はそれ以前にも委任されたことがあるが, 1714 年以後常に大蔵委員会 (Lords Commissioners of the Treasury) に委任; しかも首相 (Prime Minister) がその第一委員 (First Lord of the Treasury) を兼任し, 大蔵大臣 (Chancellor of the Exchequer) が大蔵省の事実上のトップとなる慣行が生じた》.

lórd in gróss〖史〗人的領主《荘園 (manor) を介さずに人的支配権としての領主権のみを有する者; もともと人的支配権と荘園が結びついていたが, なんらかの事情で二つが分離し, 土地と結びつかない形で主従関係のみが残った場合などに生じた》.

Lord Justice ⇨ LORD JUSTICE OF APPEAL.

Lòrd Jústice Clérk スコットランド(刑事法院)次席裁判官《スコットランド司法部で首席裁判官 (Lord Justice General) に次ぐ高官で, 現在では民事においても第二の地位を占めている; 単に Justice Clerk ともいう》.

Lòrd Jústice Géneral スコットランド(刑事法院)首席裁判官《スコットランド刑事法院 (High Court of Justiciary) の長でありかつ現在はスコットランド控訴院 (Court of Session) の長をも兼ねるスコットランド司法部第一の高官》.

Lòrd Jústice (of Appéal) [the ~]〖英〗控訴院裁判官《★姓のあとに LJ と略記する》.

Lòrd Kéeper (of the Gréat Séal) [the ~]〖英〗国璽尚書 (⇨ KEEPER OF THE (GREAT) SEAL).

Lòrd Lieuténant (pl **Lòrds Lieuténant**) **1**〖英〗統監《州における王権の首席代表; 起源的には州民兵の責任者であったが, 現在ではほとんど名誉職》. **2** [the ~] アイルランド総督《1922 年まで》. **Lòrd Lieuténancy** n

Lòrd Lý·on Kíng of Árms /-láɪən-/ [the ~]〖英〗ライアン紋章官《スコットランド紋章院長官》.

Lòrd Mánsfield's rùle [the ~] マンスフィールド卿の準則《婚姻関係にある妻の生んだ子の嫡出性が争われ

lòrd márcher《英史》辺境所領主《イングランドの境界地方で大きな特権を保持していた貴族・領主》,《特にその中の》ウェールズ辺境所領領主.

Lòrd Máyor [the ~]《英》(London, Dublin, York, Liverpool など大都市の)市長: *the ~ of London* ロンドン市長《City of London の長》/ *~'s Day* ロンドン市長就任日《11 月第 2 土曜日[もと 9 日]》/ *the ~'s Show* ロンドン市長就任披露行列.

Lòrd Máyor's Cóurt (in Lóndon) [the ~]《英史》ロンドン市長裁判所《古くからの自治権に基づき市域内の事件を市長 (Lord Mayor) と長老参事会員 (alderman) の面前で裁判した都市裁判所; 1920 年法でロンドン市裁判所 (City of London Court) と合併し, ロンドン市長・市裁判所 (Mayor's and City of London Court) となった》.

lórd of a mánor 荘園領主.

Lórd of Appéal (in Órdinary) [the ~]《英》常任上訴裁判官《最高裁判所として機能する貴族院 (House of Lords) での裁判官として一代限りの貴族に列せられた者; 法官貴族 (Law Lord) と同義でも用いるが, 後者は通常かつや広義で, 上記機能での貴族院で裁判に当たる者の総称》⇒ LAW LORD, SUPREME COURT OF THE UNITED KINGDOM》.

Lórd of Cóuncil and Séssion [the ~] スコットランド控訴院裁判官 (=SENATOR OF THE COLLEGE OF JUSTICE).

Lórd of Párliament《英》貴族院議員.

Lórd of Séssion [the ~] スコットランド控訴院裁判官 (=SENATOR OF THE COLLEGE OF JUSTICE).

Lord of the Admiralty ⇒ LORD COMMISSIONER OF THE ADMIRALTY.

lórd of the (Prívy) Cóuncil《英》枢密顧問官 (=PRIVY COUNCILLOR).

Lord of the Treasury ⇒ LORD COMMISSIONER OF THE TREASURY.

Lòrd Órdinary スコットランド控訴院第一審担当裁判官《スコットランド控訴院 (Court of Session) の裁判官はその長を含め単独で第一審の審理を担当するが ⇒ OUTER HOUSE), その資格での呼称》; スコットランド控訴院裁判官.

lòrd páramount《史》**1** 最高封主《すなわち国王》. **2** 上級封主《封主 (lord) の封主》.

Lord President ⇒ LORD PRESIDENT OF THE COURT OF SESSION.

Lòrd Président of the Cóuncil [the ~]《英》枢密院議長《Privy Council の議長で閣僚の一人; 近年は Leader of the House of Commons [Lords] が兼任することが多い; 略 LPC》.

Lòrd Président (of the Cóurt of Séssion) [the ~] スコットランド控訴院長《スコットランド

---

lord temporal

控訴院 (Court of Session) の長は, 現在スコットランド刑事法院 (High Court of Justiciary) の長であるスコットランド(刑事法院)首席裁判官 (Lord Justice General) が兼ねている》.

Lòrd Prívy Séal [the ~]《英》王璽尚書(しょうしょ)《王璽 (privy seal) そのものは 1884 年法で廃止されたが, その保管者のみは存続し, 通例 無任所の閣僚の一人である; かつては Keeper of the Privy Seal とも呼ばれた; 略 LPS》.

Lórd Protéctor [the ~]《英史》保護者卿《**1**》国王が未成年ないしは精神病などで執務できない時に置かれる近親者などの代理, 摂政 **2**》共和政治時代の Oliver Cromwell (1653-58) とその子 Richard (1658-59) の称号; この場合は Lord Protector of the Commonwealth ともいい, 護国卿と訳されることもある》.

Lòrd Próvost《Edinburgh, Glasgow などスコットランドの大都市の》市長.

Lórds Commíssioners of the Ádmiralty [the ~]《英史》海軍委員会(委員), 海軍司令長官職務執行委員会(委員)《1964 年廃止》.

Lòrds Commíssioners of the Tréasury [the ~]《英》大蔵委員会, 大蔵委員会委員 (⇒ LORD (HIGH) TREASURER (OF ENGLAND)).

lórd·shìp *n* **1** 君主(貴族, 主君, 封主)たること; 統治権, 領主権, 領主[主君, 封主]の権力〈over〉; (一般に)支配〈over〉, 領有〈of〉; 領地. **2**[°L-]《英》閣下《公爵を除く貴族・主教[司教]・裁判官などの尊称 ⇒ MAJESTY, LORD): his ~ =he, your ~ =you 閣下《lord に対しまたは戯言・皮肉として普通の人にいう; ⇒ MAJESTY》.

Lórds of the Árticles《スコットランド史》法案起草委員会《法案作成を委任されたイングランドとの連合前のスコットランド議会常任委員会; 16 世紀・17 世紀には議会はほとんどの権限をここに授権していた》.

Lòrd Spéaker [the ~] **1**《英》貴族院 (House of Lords) 議長. **2**《英史》(貴族院の議長としての)大法官 (Lord Chancellor). 《 》⇒ CHANCELLOR OF ENGLAND, SPEAKER》

lòrd spíritual (*pl* lòrds spíritual) [the ~]《英》(貴族院 (House of Lords) の議員である)聖職貴族「=spiritual lord, spiritual peer) (opp. *lord temporal*)《現在では Canterbury および York の 2 名の大主教 (archbishop), London, Durham および Winchester の 3 名の主教, 21 名の他の主教がこれに該当》.

Lòrd Stéward (of the (Kíng's [Quéen's]) Hóusehold) [the ~]《英》(宮廷)執事卿《主たる任務は宮廷およびその役人の統括; しかし同時に例えば宮廷裁判所 (Court of the Marshalsea) や宮殿裁判所 (Palace Court) の裁判官の一人であったようにかつては宮廷内の一定の裁判権も有していた; HIGH STEWARD (OF ENGLAND) (イングランド執事卿)とこの宮廷執事卿の二つは全く異なる別官職である点に注意; cf. VERGE》.

lòrd témporal (*pl* lòrds témporal) [the ~]

Lord Tenterden's Act

〖英〗《貴族院 (House of Lords) の議員である》世俗貴族 (=lay peer, temporal lord, temporal peer) (opp. *lord spiritual*).

Lord Tenterden's Act ⇨ TENTERDEN'S ACT.

Lord Treasurer ⇨ LORD (HIGH) TREASURER (OF ENGLAND).

Lòrd Tréasurer's Remémbrancer [the ~] 〖英史〗大蔵卿付き国王収入管理官《国王の世襲収入徴収に関与した財務府 (Exchequer) の役人; 1833年法で廃止》.

(Lòrd) Wárden of the Cínque Pórts [the ~] 五港長官《五港 (cinque ports) 全体に対する長官でかつ Dover 城城守; かつては五港全体を管轄する国王裁判所であった五港裁判所 (Court of Shepway) の長; ⇨ CINQUE PORTS, COURT OF SHEPWAY》.

LOS °law of the sea 海洋法.

lose /lúːz/ *v* (**lost** /lɔ́(ː)st, lást/) *vt* **1** 失う; 遺失する: ~ a large sum of money on the deal 取り引きで大金を失う. **2**〈職〉を失う;〈賭け金・権利などを〉喪失する, 没収される;〈親族〉を失う;〈女性が赤ん坊を〉死産する, 流産する, 失う. **3** 見[聞き]そこなう (miss);〈好機を〉逸する, ふいにする;〈賞などを〉もらいそこねる: ~ an order 注文をとりそこねる. **4** 勝負・戦い・訴訟などに負ける (opp. *win*, *gain*);〈動議を〉否決される. **5** 〈時計が…分〉遅れる.
— *vi* **1** 失敗する; 負ける. **2** 損害を受ける, 損をする; 価値を失う, 価値が減じる. **3** 時計が遅れる.

loss /lɔ́(ː)s, lás/ *n* **1 a** 喪失, 紛失, 遺失, 忘失; 失敗, 敗北: ~ of face めんつを失うこと / the ~ of sight 失明. **b** 損失, 損害, 減損, めり;〖保険〗《保険金支払いのもとになる》損害《死亡, 傷害など》,《それに基づいて保険会社の支払う》保険金額: ~ in weight 目方の減り, 減量 / ~ in transport / report a ~. ▶ ACTUAL LOSS (現実損害) / AMOUNT OF LOSS (損害額) / BUSINESS LOSS (営業損失) / CAPITAL LOSS (資本損失) / CASUALTY LOSS (偶発損失) / CONSEQUENTIAL LOSS (間接損害) / CONSTRUCTIVE LOSS (みなし損害) / DEAD LOSS (全くの損失) / DIRECT LOSS (直接損害) / DISASTER LOSS (災害救助法適用損失) / DUTY TO MITIGATE THE LOSS (損害軽減義務) / ECONOMIC LOSS (経済的損失) / EXPECTATION LOSS (期待利益損害賠償(金)) / EXTRAORDINARY LOSS (特別損失) / GENERAL AVERAGE LOSS (共同海損犠牲損害) / HOBBY LOSS (趣味的活動による損失) / INDIRECT LOSS (非直接的損害) / NOTICE OF LOSS (損害発生の通知) / OPERATING LOSS (営業損失) / ORDINARY LOSS (通常の損失) / OUT-OF-POCKET LOSS (支払い額と市場価格との差額) / PAPER LOSS (紙上損失) / PARTIAL LOSS (分損) / PARTICULAR AVERAGE LOSS (単独海損犠牲損害) / PECUNIARY LOSS (金銭的損失) / PROFIT AND LOSS (損益) / PROOF OF LOSS (損害証明書) / REALIZED LOSS (実現した損失) / RELIANCE LOSS (信頼違背に基づく損害) / RISK OF LOSS (危険負担) / SALVAGE LOSS (救出損失, 救助物得金差引き填補) / TOTAL LOSS (全損) / UNREALIZED LOSS (未実現の損失).

2 失った人, 損失物; 損失高;〖軍事〗《死傷者・捕虜などの》損害, [*pl*] 損害数: He is a great ~ [no great ~] to the country. 国家にとって大損失だ[たいして損失でもない] / suffer great [heavy] ~es 大損害をこうむる. at a ~ 損をして《売るなど》: sell sth at a ~ (of $50).
[ME *los* 逆成〈*lost* (pp) 〉LOSE]

lóss adjùster〖保険〗《保険金請求に関する》損害査定人.

lóss càrryback〖米税制〗欠損金の繰戻し (=CARRYBACK). ▶ TAX-LOSS CARRYBACK (損失の繰戻しによる納付税還付).

lóss càrryforward〖米税制〗欠損金の繰越し (=CARRYOVER).

lóss càrryover〖米税制〗欠損金の繰越し (=CARRYOVER).

lóss cònstant〖保険〗ロスコンスタント《保険料に付加される一律金額; 労災保険など保険金額が小さく, 保険料を経験料率で算定しにくい場合に用いられる》.

lóss in cúred〖保険〗《保険者に補塡責任のある》既発生損害.

lóss lèader《客寄せのため損して売る》目玉商品, おとり商品, 特売品《時に leader と略される; cf. BAIT AND SWITCH》. **lóss-lèad·er·a**

lóss lèader àdvertising おとり広告.

lóss of (a) chánce《特に商取引や医療における過失 (negligence) による》機会喪失《前者は損害賠償の対象となりえるが, 後者には多くの問題がある; cf. LOSS OF CHANCE DOCTRINE》.

lóss of aménity 生活の快適さの喪失《身体への権利侵害 (personal injury) を受けた場合に損害賠償の対象となりうる》.

lóss of bárgain 合意の損害 (=BENEFIT OF THE BARGAIN).

lóss of bárgain dámages 合意損害損害賠償(金) (=BENEFIT OF THE BARGAIN DAMAGES).

lóss of bárgain rùle 合意の損害準則《契約違反に対する損害賠償は, 仮に契約両当事者がそれぞれの義務を履行したと仮定した場合に, 被害を受けた相手当事者側が立っていたはずの立場に被害者を立たせるべきであるという法理》.

loss of chance ⇨ LOSS OF A CHANCE.

lóss of chánce dòctrine《米》治癒機会喪失の法理 (=lost-chance doctrine)《医療過誤をめぐる医師の責任を問う際に, 医師が特定の侵害行為を生ぜしめたわけではないが, 結果として患者が医師にかかった時の病状に耐えるないしそこから回復する機会を失うないしは減じることになる過誤があったことを根拠に, 責任を認めようとする法理》.

lóss of cítizenship 市民権の喪失, 国籍の喪失.

lóss of consórtium 1 配偶者権の喪失. **2** 親子権の喪失《親が子から, また子が親から得る家族生活の利益の喪失》.《》⇨ CONSORTIUM》

lóss of éarnings 収入の喪失. ▶ COMPENSATION

FOR LOSS OF EARNINGS (失業補償(金)).

lóss of expectátion of lífe (平均)余命の喪失《他人の不法行為により傷害を受け平均余命が短縮・喪失すること》.

lóss of sérvices 〖史〗《不法行為による損害賠償の対象となった》家事労働力の喪失 (⇨ PER QUOD SERVITIUM AMISIT).

lóss of úse insúrance 利用機会喪失保険《被保険者がその財産を利用できなくなったことによりこうむる損害塡補のための保険》.

lóss outstánding 《保険》未払い損害, 未払い保険金.

lóss páid 《保険》支払い済み損害, 支払い済み保険金.

lóss páyable clàuse 《保険》保険金受取人条項《損害保険において被保険者以外の保険金受取人(例えば抵当権者など)に支払うべきことが定められる条項; cf. MORTGAGE CLAUSE》. ▶ SIMPLE LOSS PAYABLE CLAUSE (単純保険金受取人条項).

lóss payée 《保険》《損害保険の保険金受取人条項(losspayable clause)で指定されている》保険金受取人.

lóss rátio 損害率 (1)《保険》支払い保険料の収入保険料に対する比率 2)貸付金に対する貸倒れ金の比率》.

lóss resérve 支払い準備金 (1)《保険》保険金支払い義務のため保険会社が積み立てておくべき準備金 2)銀行が損失金を塡補するための準備金》. ▶ LOAN LOSS RESERVE (貸倒れ引当金).

lóss spréading 《無過失責任を負わせる前提としての》損害の分散《法と経済学(law and economics)の用語》.

lost /lɔ́(:)st, lɑ́st/ *a* **1** 失った, 失われた, 遺失した. **2** 行方不明の. **3** 敗れた; 〈動議などが〉否決された. **4** 滅びた, 死滅[破滅]した. **~ or not ~** 《海上保険》滅失と否とを問わず《契約締結前に損失が発生していても, 被保険者がこれを知りかつ保険者が知らなかった場合を除いて, 保険者はその損害塡補義務を負うという趣旨の遡及約款を示す文言》.

lóst-chánce dòctrine 失われた機会の法理 (1) LOSS OF CHANCE DOCTRINE 2)傷害・殺害の差し迫った危険にある人を援助しなかった者に対して認められる請求権; ただし, きわめて限られた範囲でしか認められない; cf. GOOD SAMARITAN DOCTRINE》.

lóst depósit 《英》《選挙で一定割合の投票数を得られなかった候補者の》供託金没収; 没収供託金.

lóst éarning capàcity 《損害をこうむったことにより》失われた稼得能力 (cf. EARNING CAPACITY).

lóst éarnings *pl* 失われた収入 (=future earnings).

lóst módern gránt 授権証書喪失(の法理) (=lóst gránt)《地役権者等がその権利を証書に基づき 20 年間以上行使しているが, その証書を紛失したという法的擬制の下, コモンロー上の超記憶的慣行 (immemorial usage) の推定をうることができ, しかもこの擬制は相手方が, 権利行使期間のいずれの時にも授権証書発行ができなかったことを証明することによって破られるにすぎないので, 事実上きわめて強い推定を与えることになる; この擬制はコモンロー上の時効 (prescription) に訴えられぬ場合にのみ用いられうる; cf. PRESCRIPTION》.

lóst prófits *pl* 失われた収益《特許(権) (patent) 侵害や特に契約違反がなかったとしたら上げられるはずの収益》.

lóst próperty 遺失物, 紛失物 (cf. ABANDONED PROPERTY, MISLAID PROPERTY).

lóst vólume clàim 売上高減少請求《売買契約で買主の契約違反の結果売主がその対象物を転売したとき売主は前の買主に損害賠償請求ができるが, その額は当初価額と転売価額の差額ではなく, 転売分は契約違反と無関係の別物であると法構成され, 前の買主の契約違反による損害分だけ売上高が減少していると主張して, その分を請求すること; このような主張をする売主を LOST VOLUME SELLER という》.

lóst vólume sèller 売上高減少請求売主 (= **lóst vólume dèaler**) (⇨ LOST VOLUME CLAIM).

lóst wíll 紛失遺言書《による遺言》《一般には破棄撤回されたと推定されるが, 時には反証も可能》.

lóst yéars *pl* 失われた年 (⇨ LOSS OF EXPECTATION OF LIFE).

lot /lɑ́t/ *n* **1** [a~; °~s]《口》たくさん (a great many, a great deal)《数にも量にもいう》; [the (whole) ~] 全部(のもの). **2**《売品・競売品・株式の》一組, 一山, 一口, (一)単位;《人・物の》群れ, 組, ロット: auction of the furniture in ten ~s 家具を 10 組に分けての競売 / sell shares in small ~s 小単位で株を売る. ▶ EVEN LOT (取引単位) / ODD LOT (端株) / ROUND LOT (取引単位). **3** 地所, 地区, 敷地; *(土地の)(一)区画, 画地 (cf. BLOCK); *(駐車場など特定用途に当てられる) 土地, …場; 用地: one's house and ~ *家屋敷. ▶ THROUGH LOT (通り抜け可能地). **4 a** くじ; くじ引き, 抽選; [the ~] 当たりくじ: cast [draw] ~s くじを引く / choose [divide] by ~ くじで選ぶ[分配する] / The ~ fell upon me. くじが当たった. **b** くじに当たって得たもの, 分け前 (share): receive one's ~ of an inheritance 遺産の分け前を受け取る. ▶ DRAWING LOTS (くじ引き). **5** (割り当てられた)運, 運命. **6**〖史〗税《特に 都市が住民に課した税や, その支払いが投票権の前提となる税; scot and lot や lot and scot という形でしばしば用いられた》.

lót lìne 区画線, 境界線.

lot·tery /lɑ́t(ə)ri/ *n* くじ, 福引, 宝くじ; 抽選分配, くじ引き; 運, めぐり合わせ: a ~ ticket 富くじ札. ▶ LOCAL LOTTERY (地方自治体認定宝くじ) / NATIONAL LOTTERY (全国宝くじ).

lóve affáir 恋愛事件, 情事.

lóve and afféction 愛情《約因として善意の約因 (good consideration) ではあるが, しばしば有効な約因ではないとされる》.

lóve dày 〖史〗**1** 和解のための集会期日《で結ばれる和解》《近隣住民が集って紛争を和解する日; またそこで成立した和解》. **2** 慈愛の日《隣人を無償で援助する日》.

Lów Chúrch [the ~]《英》低教会《英国教会の一派で, 聖職位・サクラメント[聖餐]の意義をさほど重視せず福音を強調する; cf. HIGH CHURCH》.

lów cóst hóme òwnership accommodátion《英》低費用住宅所有居住施設《社会的住宅供給 (social housing) の一形態で, 商業ベースの住宅供給では十分に要望を満たされえない人のための居住施設で, 共同で所有すること・持分の調整など制定法上の条件に従わねばならない; cf. LOW COST RENTAL ACCOMMODATION, OFFICE FOR TENANTS AND SOCIAL LANDLORDS》.

lów cóst réntal accommodátion《英》低費用賃貸居住施設《社会的住宅供給 (social housing) の一形態で, 市価よりも安い賃料で借りられ, したがって商業ベースの住宅供給では十分に要望を満たされえない人のための居住施設; cf. LOW COST HOME OWNERSHIP ACCOMMODATION, OFFICE FOR TENANTS AND SOCIAL LANDLORDS》.

lów・er /lóuər/ *a* 低い, 下部にある; 下級の, 下位の; より安い.

lówer chámber [the ~]《二院制議会などの》下院 (=LOWER HOUSE) (cf. UPPER CHAMBER).

lówer cóurt 1 原審裁判所 (=COURT BELOW). 2 **a** 下位裁判所. **b** 下級の裁判所. (《 » =INFERIOR COURT》)

lówer hóuse [the ~, °the L-H-]《二院制議会などの》下院 (=lower chamber)《英国の House of Commons, 米国の連邦議会の House of Representatives, 英国の聖職者会議 (Convocation) の Lower House など; cf. UPPER HOUSE》.

lówer-of-cóst-or-márket mèthod 低価基準法《棚卸し資産 (inventory) などの資産評価方法の一つで, 取得原価 (acquisition cost) か時価かのいずれか低い方を採用する方法》.

lówest respónsible bídder 最低価格適格入札者.

lów jústice《史》《軽い犯罪のみを裁判しうる》低級裁判権 (cf. HIGH JUSTICE).

Lów Páy Commìssion [the ~]《英》低報酬委員会《もとは制定法に基づかず設立され, のち 1998 年法で認められた, 最低賃金について監視助言などを行なう政府機関》.

lów-wáter màrk 低水位線, 低潮線, 干潮標[線], 低潮水位標 (cf. HIGH-WATER MARK).

loy・al・ty /lɔ́i(ə)lti/ *n* 忠誠, 忠義; 忠実, 誠実; [°*pl*] 忠誠心, 忠誠の義務, 義理: divided *loyalties* 引き裂かれた忠誠(心)《相対する二者への忠誠(心)》. ▶ DUTY OF LOYALTY (忠実義務). [OF]

lóyalty òath* 忠誠宣誓 (=OATH OF ALLEGIANCE).

LP °Labour Party 労働党 ♦ Liberal Party ♦ °limited partnership 有限責任組合.

LPC《英》°Lord President of the Council 枢密院議長.

LPS《英》°Lord Privy Seal 王璽尚書.

LQR《英》Law Quarterly Review.

LR °Law Reports 判例集 ♦ °Lloyd's Register ロイズ船級協会; ロイズ船級録.

LRAC, L.R.App.Cas Law Reports, Appeal Cases.

LRCh, L.R.Ch.D.《英》Law Reports, Chancery Division.

L.Rev. °Law Review 法律雑誌.

LREX, L.R.Exch《英》Law Reports, Exchequer.

L.R.Exch.D. Law Reports, Exchequer Division.

LRHL《英》Law Reports, House of Lords.

LRKB《英》Law Reports, King's Bench (Division).

LRP《英》Law Reports, Probate Division.

LRQB《英》Law Reports, Queen's Bench.

LRQBD《英》Law Reports, Queen's Bench Division.

LRS《英》Land Registry Stamp.

l.s., L.S. °locus sigilli 捺印箇所.

LS《英》°Law Society 事務弁護士協会.

LSAT /élèsèití:, élsæt/《米》°Law School Admission Test ロースクール入学共通テスト.

l.s.c. °loco supra citato 上掲引用(文)中に.

LSC《米》°Legal Services Corporation 法律扶助機構.

Lt lieutenant.

Ltd(.)《英》limited《有限責任私会社・非公開有限責任会社の社名のあとに付ける》.

LTOS Law Times Reports, Old Series.

LTR Law Times Reports.

LTRA Lands Tribunal Rating Appeals (1950).

Lu・bri・cum lin・guae non fa・ci・le tra・hen・dum est in poe・nam. /lúːbrɪkəm líŋgwi nɑn fǽsɪlə trǽhéndəm ɛst ɪn píːnæm/ 口からすべったことばは安易に刑罰に付せられるべきではない. [L=A slip of the tongue ought not to be easily subject to punishment.]

lúcid ínterval 1《混乱の間の》平穏期. 2《精神医》意識清明期《精神病の寛解期》. 3 中間平静期《精神障害で責任能力のない者が一時的に回復し健常者と同一能力を有している期間》.

lu・cra・tive /lúːkrətɪv/ *a* 1 利益をもたらす, 利得となる, 有利な, もうかる. 2《大陸法》対価のない. **~・ly** *adv* **~・ness** *n*

lúcrative báilment 利益付き寄託 (=BAILMENT FOR HIRE).

lúcrative títle《ローマ法・大陸法》《贈与・遺贈などによる》対価なき権原取得, 無償取得による権原.

lu・cri cau・sa /lúːkraɪ kɔ́ːzə/《史》利得の意思《かつては窃盗罪 (larceny) の要素とされていた》. [L=for the sake of gain]

lud" /lʌ́d/ *n* [my ~, m'~ /məlʌ́d/; *voc*]《発音つづり》LORD《弁護士の裁判官に対する呼びかけ》.

lump·ing /lÁmpɪŋ/ *n* 《被告人に対して》包括的刑の宣告 (general sentence) をなすこと (⇨ GENERAL SENTENCE).

lúmp súm 《一括して一度に払う》総額, 一括[一時]払い(の金額): He offered a ~ of $500 as an out-of-court settlement.

lúmp súm álimony 一括払い離婚[別居]扶助料 (＝ALIMONY IN GROSS)《alimony の語を廃した英国では LUMP SUM PROVISION という》.

lúmp súm awárd 一時払い損害賠償額《判決までにこうむった損害のみならず将来に向かっての損害についても一括して裁定される賠償額》.

lúmp súm cóntract 履行後代金一括支払い契約.

lúmp súm fréight 総括運送料《積載量に関係なく全船腹またはその一部を 1 航海の間 借り切る傭船契約 (charter) に基づき傭船契約者が支払う運送料》.

lúmp súm páyment 一括払い.

lúmp súm provísion 《英》離婚[別居]資金一括給付 (⇨ ALIMONY IN GROSS)《かつては lump sum alimony と言われていたが, 英国では alimony (離婚[別居]扶助料) の語を廃したためにこの語が代わりに用いられている》.

lu·na·cy /lúːnəsi/ *n* 心神喪失, 精神障害 (＝INSANITY). ▶ COMMISSION OF LUNACY (精神鑑定授権状) / INQUEST [INQUISITION] IN LUNACY (心神喪失審問) / MASTER IN LUNACY (心神喪失問題担当主事).

lu·na·tic /lúːnətìk/ *n* **1**《古》心神喪失者, 精神障害者. ▶ CRIMINAL LUNATIC (精神に障害のある犯罪者).

2《口》いかれたやつ, 常軌を逸した[あぶない]ことをする者. — *a* 心神喪失[精神障害]の. **lu·nát·i·cal** *a*

lu·pi·num ca·put /lupáɪnəm kǽpət/《史》狼の頭, 狼の頭をもつ者, 法喪失者《法喪失者 (outlaw) は狼の頭をもった者として, 何ぴともこれを殺害しても罪に問われないだけでなく, その頭に褒賞が与えられた》. [L＝wolf head]

Luttleton ⇨ LITTLETON.

lúxury tàx 奢侈(しゃし)税《奢侈品の消費・移転に対する税; cf. SIN TAX》.

Ly·cur·gus /laɪkə́ːrgəs/ リュクルゴス《紀元前 9 世紀ごろの古代スパルタの立法者; スパルタ独特の国制と市民生活について規定したといわれる》.

lý·ing bý /láɪŋ-/ 拱手(きょうしゅ)傍観《みずからの利益に関わる法律行為がなされている場にいながらなんら積極的発言をせず他人のなすがままにしていること; しばしばその行為を認めたものと扱われ後に反対することが許されなくなる; cf. LACHES》.

lýing dáys *pl* 停泊[船積み]期間 (＝LAY DAYS).

lýing in wáit 危害目的待伏せ《殺害あるいは肉体への重大な権利侵害 (serious bodily injury) をなす目的で隠れて見張り待伏せすること》.

lynch /lɪ́ntʃ/ *vt* 〈暴民などが〉私的制裁により殺す《特に絞首刑》, …にリンチを加える. **~·er** *n* **~·ing** *n* [*lynch law*]

lýnch làw 私刑, リンチ刑. [*Lynch's law*; Captain W. *Lynch* (d. 1820) Virginia 州の治安判事]

Lyttleton ⇨ LITTLETON.

M

M /ém/ *n* 〖史〗謀殺犯の烙印《聖職者の特権 (benefit of clergy) を与えられた初犯の謀殺犯 (murderer) の左手の親指にその証拠として押された焼き印; cf. BENEFIT OF CLERGY, T》.

m., m male ◆ married ◆ mile(s).

M. magistrate ◆ Majesty ◆ maritime ◆ Master ◆ Medieval ◆ °Michaelmas sittings ミクルマス開廷期間 ◆ °Michaelmas term ミクルマス(開廷)期 ◆ million ◆ modified ◆ mortgage.

Máas·tricht Tréaty /máːstrìkt-, -strìxt-, ─⸍-/ [the ~] マーストリヒト条約《Treaty on European Union (欧州連合条約) の通称; 1992 年オランダのマーストリヒトで署名, 93 年 11 月発効の条約で, 3 つの欧州共同体 (European Communities) の基礎となる条約を改正し, それを基礎に欧州連合 (European Union) を設立したもの》.

McCárran Àct [the ~] マッカラン法 (＝McCARRAN INTERNAL SECURITY ACT).

McCárran Intérnal Secúrity Àct [the ~] 〖米史〗マッカラン国内安全保障法《冷戦中の 1950 年 Truman 大統領の拒否権行使を乗り越えて制定された国内の治安維持に関する連邦法; 共産主義者組織に登録・メンバーの公表などの義務を課したもの; 言論の自由, 結社の自由との関係で多くの問題が指摘され, 違憲判決も出たが, 1993 年まで完全には廃止されなかった; 単に Internal Security Act ともいう》. [Patrick Anthony *McCarran* (1876-1954) 民主党上院議員 (1933-54)]

McCárran-Wálter Àct [the ~] 〖米〗マッカラン-ウォルター法《1952 年 Truman 大統領の拒否権行使を乗り越えて制定された包括的な移民・国籍に関する連邦法; 国別移民数割当て制度を維持する一方, 国家の安全保障を重視し, 共産主義者・全体主義者に対する入国・帰化を厳格にし, 司法省に破壊活動に従った移民・帰化市民を追放する権限を付与した; 現在の移民・国籍法は数次の改正を経ている; cf. IMMIGRATION AND NATIONALITY ACT》.

Mc·Cúl·loch v. Máryland /məkálək vàːrsəs-/ 〖米史〗マカロック対メリーランド事件《米国連邦議会は憲法に明記された権能以外にも憲法上の権能を行使するために適切なすべての権能を暗黙の形で有するとの 1819 年の合衆国最高裁判所判例で, この (暗黙の権能) の法理は連邦権能の拡大の強力な推進力となった》.

mace /méis/ *n* 1 〖史〗《武器の一種である》棍棒. **2** 棍棒状の権標, 職杖(じょう)《英国の大法官 (Lord Chancellor)・庶民院議長 (Speaker of the House of Commons)・市長・大学総長, 米国の下院議長 (Speaker) などの職権の象徴》. **3** [the M-] 英国庶民院議長の職杖. **4** MACE-BEARER.

máce-bèar·er *n* 権標棒持者.

máce-pròof *n* 逮捕免除. ─ *a* 逮捕されない地位にある. ─ *vt* …に逮捕免責を与える.

machínery and plánt 〖英〗機械とプラント《事業推進のための機械類すべて; 機械・プラントへの支出は資本的支出控除 (capital allowance) の対象となる》.

McKénzie frìend 〖英〗マッケンジー事件の友《McKenzie v. McKenzie 裁判 (1971) で専門家でなくても代理人が付いていない訴訟当事者の付き添い・助力ができたとした先例ができたことから, 代理人が付いていない訴訟当事者の法律家でない付添人を指す》.

Mac·Kín·ley Táriff /məkínli-/ 〖米〗マッキンリー関税《マッキンリー法 (収入調査委員会 (Committee of Ways and Means) 委員長 William MacKinley (のちの第 25 代大統領) が提出し 1890 年に制定された) が規定する保護関税; 初めて互恵主義を採用》.

Mc·Nább-Mál·lory rùle /məknǽb mǽləri-/ 〖米〗マクナブ-マロリー事件の準則《不必要に遅滞して裁判官に引致された被疑者から得た自白は証拠として使用できないとする連邦法上の準則》. [*McNabb* v. United States (1943), *Mallory* v. United States (1957); この準則を確立した合衆国最高裁判所の 2 つの判例名から]

Mc·Nágh·ten [Mc·Náugh·ten, M'Ná(u)gh·ten] rùles /məknɔ́ːtn-/ *pl* [the ~] マクノートン事件の準則 (＝McNaghten test, right and wrong test, right wrong test)《精神障害という理由で被告人を弁護するには, 犯行時に行為の性質を認識しなかったか, 当該行為に関して正邪の認識がなかったかのいずれかを被告人側が立証せねばならないとするもの; 1843 年殺人罪で裁判をうけた Daniel McNaghten 事件での準則で, 英国では広く法として認められている; 米国の連邦および大部分の州の裁判所でもなんらかの形で認められている; cf. INSANE AUTOMATISM, INSANITY DEFENSE》.

McNaghten [McNaughten, M'Nágh-

ten] tèst マクノートンテスト (=McNaghten rules).

Mac·Phér·son v. Bú·ick Mótor Cò. /mək-fáːrs(ə)n vəːsəs bjúːɪk-/ マックファーソン対ビューイック自動車会社事件《1916年 New York 州最高上訴裁判所 (Court of Appeals) の判例で、ディーラーを通して自動車を購入した消費者に対する製造者の責任を認めたもの; 製造物一般について直接の契約関係のない製造者の過失責任を認めるアメリカ法のリーディングケースとなった》.

MACRS° Modified Accelerated Cost Recovery System 修正加速度原価回収制度.

mad·am /mǽdəm/ n (pl **mes·dames** /meɪdáːm, -dǽm; meɪdéim, -dǽms, -/) **a** [°M-] 奥さま《呼びかけの敬称》. **b** [M-] [姓または職名などに付けて] 女性…, …夫人: M~ Chairman 女性議長[座長] / M~ President 大統領夫人. ★もとは身分のある女性に対する丁重な呼びかけであったが、今は既婚未婚の別なく女性に対する呼びかけに用いる (例: May I help you, ~?). また Madam あるいは Dear Madam として(未知の)女性あての手紙の書き出しに「拝啓」などの意に用いる (cf. sir).

máde-úp cárriageway ″舗装自動車道路.

Mád Párliament [the ~]《英史》狂乱議会《Henry 3 世と貴族の争いに決着をつけるために1258年に Oxford で開かれた議会の俗称; ここでオックスフォード条令 (Provisions of Oxford) が提示され、王は一旦は承認しながらも間もなくこの承認を取り消し、バロン戦争 (Barons' War) になる》.

Ma·fia, Maf·fia /máːfiə, mǽf-; mǽfiə, maːfíːə/ n **1** [the ~] マフィア《起源は19世紀にイタリア Sicily 島を根拠地としてできたといわれる強力な反社会的秘密結団; イタリア・米国を中心とする国際的犯罪組織》. **2 a**《一般に麻薬売買・賭博などにかかわる》犯罪組織, (組織)暴力団. **b** 政治的テロリストの秘密結社. **3** [°m-]《ある分野で影響力をもつ》有力者集団, 閥. [It (dial)=bragging]

Ma·gis de bo·no quam de ma·lo lex in·ten·dit. /méɪdʒɪs di bóʊnoʊ kwæm di méɪloʊ léks ɪnténdɪt/ 法は悪しきものよりは良きものを志向する. [L=The law inclines rather toward that which is good than toward that which is bad.]

mag·is·te·ri·al /mæ̀dʒəstíəriəl/ a magistrate の. **~·ly** adv

magistérial précinct magistrate の管轄区域, 治安判事管轄区.

mag·is·tra·cy /mǽdʒəstrəsi/ n **1** magistrate の職[権能, 管轄区域]. **2** [the ~] magistrate たち.

mag·is·tral /mǽdʒəstr(ə)l, mədʒístr(ə)l/ a **1**《まれ》大家 (master) の[による]. **2** 医師の処方による. **3** magisterial.

mag·is·trate /mǽdʒəstreɪt, -trət/ n **1**《裁判権をもつ》政務官, 執政官, 為政者, 統治者《国王・大統領から治安判事までも含む》, 法執行者, 行政(長)官. ▶ chief magistrate (国家元首; 首長) / civil magistrate (文官). **2** 治安判事, 下級判事, 下位裁判所裁判官 (=magistrate judge)《比較的軽微な犯罪を裁く, 治安判事 (justice of the peace) や警察裁判所 (police court) の裁判官のこと; cf. judge, justice, lay magistrate, stipendiary magistrate》. ▶ chairman of the magistrates (治安判事裁判所首席判事) / committing magistrate (予備審問官) / district-court magistrate (地方裁判所治安判事) / ex officio magistrate (職務上当然の治安判事) / investigating magistrate (取調官) / lay magistrate (法専資格のない治安判事) / licensing magistrate (酒類販売許可治安判事) / police magistrate (警察裁判所治安判事) / stipendiary magistrate (有給治安判事) / United States magistrate (合衆国治安判事). **mag·is·trat·i·cal** /mæ̀dʒəstrǽtɪk(ə)l/ a **màg·is·trát·i·cal·ly** adv **~·shìp** n magistrate の職[地位, 任期]. [L; ⇒ master]

mágistrate còurt =magistrate's court.

mágistrate jùdge 治安判事, 下級判事, 下位裁判所裁判官 (=magistrate). ▶ United States magistrate judge (合衆国下級判事).

mágistrates' clèrk《英》治安判事書記, 下級判事書記, 下位裁判所裁判官書記 (=clerk to the justices).

mágistrate's*[mágistrates'] còurt《magistrate (治安判事, 下級判事) が比較的軽微な犯罪の裁判や予備審問・家事事件などを担当する》治安判事[下級判事]裁判所, 下位裁判所 (=magistrate court) (⇒ petty sessions).

mágistrates' cóurts commìttee《英史》治安判事裁判所委員会《当該地区の12名以下の治安判事 (magistrate) で構成される委員会で, 治安判事主任管理官 (justices' chief executive) を選任した上でその地区内の治安判事裁判所 (magistrates' court) の効果的運営を目的としていた; 2003年法で廃止》.

mágistrates' cóurts' pówers éxercisable by a síngle jústice《英》単独治安判事により行使可能な治安判事裁判所権限.

mag·is·tra·ture /mǽdʒəstrèɪtʃər, -strətʃùr, -strətjùər/ n magistracy.

mag·na as·si·sa eli·gen·da /mǽgnə əsáɪsə ɛlɪdʒéndə/ [de ~]《史》大アサイズ (grand assize) 選出令状. [L magna assisa grand assize]

Mag·na Car·ta [Char·ta] /mǽgnə káːrtə/ **1**《英史》マグナカルタ, 大憲章 (=the Great Charter)《最初のものは1215年に国王 John が Normandy 喪失後に貴族たちに強制されて承認したもので, 国王権濫用の制限や封臣の権利と自由を保障した勅許状 (charter); 英国憲法の礎・最初の人権宣言として高く評価されているが, 同年のものは無効宣言されている; その後 1216, 17, 25年に3度修正・再発行されている; 後世英国の最古の制定法として重視されているのは, 1215年のではなく, 最後の1225年のもので, 1215年のものに比べかなり短くまた修正

されている)．**2**《一般に》権利・特権・自由を保障する基本的法．[L=great charter]

Magna Charta et Charta de Foresta sont appelés les deux grandes charters. マグナカルタ[大憲章]と森林憲章とは二大憲章と呼ばれる．[F=Magna Carta and the Charter of the Forest are called the two great charters.]

mágna cúl·pa /-kálpə/ 重過失, 重大な不注意．[L=gross fault]

Mag·na neg·li·gen·tia cul·pa est, magna cul·pa do·lus est. /mǽgnə nèglɪʤénʃiə kálpə èst mǽgnə kálpə dóuləs èst/ 重大な不注意は過失であり, 重大な過失は詐欺である．[L=Gross negligence is fault, gross fault is fraud.]

magnétic tápe 磁気テープ《磁気記録用》．

mag·num con·ci·li·um (reg·ni) /mǽgnəm kənsíliəm (régni)/ [°the M- C- (R-)]《英史》《王国》大評議会(=concilium magnum (regni), Great Council (of the Realm))《封建家臣の出仕義務(suit of court)に基づき国王の下で開かれた大規模な直臣会議; 系譜的にはここから議会(parliament)が出現するといわれている; ⇨ COMMUNE CONCILIUM REGNI). [L=great council (of the King [the Realm])]

Még·nu·son-Móss Wárranty Àct /mǽgnəsən mó(:)s-, -más-/ [the ~]《米》マグナソン-モス担保法《消費者製品(consumer product)の保証書は保証条件をわかり易い文言で十分かつ目立つ形で述べなければならないことなどを定めた1975年の連邦法》．

Mag·nus Ro·tu·lus Sta·tu·to·rum /mǽgnəs rátʃələs stætʃutó:rəm, -róutə...tóurəm/『制定法大巻』《マグナカルタ(Magna Carta)から Edward 3 世までの制定法集》．[L=great roll of statutes]

mág tápe 《口》MAGNETIC TAPE.

máiden assíze 《史》処女アサイズ《裁判》《1》もともとは死刑の有罪決定を一つもしなかったアサイズ[巡回]裁判《2》後には審理案件のないアサイズ[巡回]裁判》．

máiden spéech 《特に議会での》処女演説．

maihem ⇨ MAYHEM.

mail /méɪl/ n **1 a** [°the ~s] 郵便制度, 郵便: by ~ *郵便で (by post)". **b** 郵便物． ▶ CERTIFIED MAIL《配達証明郵便》／INTERFERING WITH MAIL《郵便妨害(罪)》／REGISTERED MAIL《書留郵便》／SERVICE BY MAIL《郵便送達》．**2**″郵便物輸送列車[船, 飛行機], 郵便配達人．**3**《電子》メール, E メール (e-mail)． ▶ ELECTRONIC [E-]MAIL《(電子)メール, E メール》．

máilbox rùle 郵便ポストの準則《書類の送付をもってその書類の提出・受領がなされたものとする原則; 特に契約法上, 申し込み (offer) に対する承諾 (acceptance) の通知は原則として発送の時点でなされたものとされ, その後の申し込みの撤回は認められなくなる》．

máil còver 《米》郵便物封筒表示事項提供《逃亡犯人の所在を知るためあるいは共謀者 (coconspirator) を確認するために, 個人・団体・企業宛の郵便物の表面にある

差出人の氏名・住所・発信地・日付などを郵政公社が政府機関に提供すること》．

máil fràud 《米》郵便を使っての詐欺 (=using mails to defraud)．

máil-òrder divórce *《俗》通信販売離婚, メールオーダー離婚《離婚の容易な所で離婚を書類の往復で取得する離婚; MEXICAN DIVORCE (メキシコ離婚) ともいう》．

maim /méɪm/ vt ...に(重い)障害を与える, 傷つける, 手足を切断したり使用できなくする《MAYHEM (身体傷害, 重傷害) の罪を犯す》．

Maine /méɪn/ メイン **Sir Henry (James Sumner)** ~ (1822-88)《英国の法学者; Cambridge および Oxford 大学教授; 歴史法学派の代表的学者; インド総督評議会法律委員 (1862-69) としてインドの法典編纂にも参画; 過去の法の発展を「身分より契約へ」という標語で示したことで有名; 主著 *Ancient Law* (1861), *Village Communities* (1871), *Lectures on Early History of Institutions* (1875), *Dissertations on Early Law and Custom* (1883), *International Law* (1888) など》．

máin òbjects' rùle 《英》主目的の準則《会社の基本定款 (memorandum of association) の目的条項 (objects clause) で会社の主目的が述べられ同時に他の目的が記されている場合に, その他の目的は主目的に付随するものとしてのみ解釈されるべきであるという原則; cf. OBJECTS CLAUSE)．

máin òffice =HEAD OFFICE.

main·our /méɪnər/, **man·ner** /mǽnər/, **manour, meinour** n《英史》《犯人の所持品中に発見された》手中盗品, 未処分盗品． **with [in] the ~** 現行犯で (in flagrante delicto, red-handed)．[AF < OF *maneuvre* handwork]

mai·no·vre, mai·noe(u)·vre /mənú:vər/ n《史》**1** 手仕事, 肉体労働．**2** 窃盗．

main·per·nor /méɪnpərnər/ n《史》《出廷保証 (mainprise) の》出廷保証人．

máin pót [the ~; °M- P-]《米税制》主たる壺 (=big pot, hodgepodge, hotchpot)《負担税額 (tax liability) を決定するための一段階で, 純利益・純損失のいずれかを決定するために, すべての該当取引を一まとめにして対照すること; cf. CASUALTY POT)．

main·prise, -prize /méɪnpràɪz/ n《史》**1**《出廷保証人 (mainpernor) の保証に基づく》出廷保証．**2** 出廷保証令状．[AN, OF (*main hand, prendre* to take)]

máin púrpose rùle 1 主目的の準則 (=leading object rule)《保証契約は詐欺防止法 (statute of frauds) により書面でなければ有効とならないが, 保証の主目的が債務者の債務の保証よりもむしろ保証人の利益のためである場合には, 同法の適用除外とされ書面である要はないという法理; **main purpose doctrine** (主目的の法理) ともいう》．**2** 主目的実現解釈の準則《法的文書の文言に矛盾 (repugnancy) がある場合には, その文書の当事

者の主たる意思を実現するよう解釈すべきであるという法理; cf. REPUGNANCY).

máin résidence 主たる居住地.

máin séa 《古》公海 (high seas).

máin·swòrn a 《史》背誓した, 背誓の.

main·tain /meɪntéɪn, mɛn-, mən-/ vt **1** 維持する, 続ける, 保つ, 持続[継続]する: ～ an action 訴訟を追行する[続行する] / ～ good relations with one's customers 顧客と良好な関係を維持する / ～ law and order 法と秩序を維持する / ～ an interest rate at 6% 利率を6％に維持する / ～ a dividend 前年と同じ配当を継続する. **2** 〈車・家・道などを〉保守する, 修繕する, 維持管理する: ～ a road 道路の補修を怠らない. **3** 〈人を〉扶養する, 養う; 〈費用を〉負担する: ～ a family 家族[妻子]を養う / ～ oneself 自活する. **4** 〈反対・危険などに対して〉護る, 支える, 持ちこたえる: ～ one's rights 権利を護る / ～ one's ground against... に対して自己の立場を守る. **5** 支持する, 後援[擁護, 援護]する (⇨ MAINTENANCE 4). **6** 主張する(assert), 固執する 〈*that*〉; 〈主張・論拠を〉提出する, 提案する, 申し立てる: He ～s his innocence [*that he is innocent*]. 身の潔白を[自分は潔白だと]主張している. **～·able** a **～·abílity** n 安全性. [OF<L (manus hand, teneo to hold)]

maintáined schòol 《英》公立学校.

maintáin·er n **1** MAINTAIN する人. **2** MAINTAINOR.

main·tain·or /meɪntéɪnər/ n 訴訟幇助者 (⇨ MAINTENANCE 4).

main·te·nance /méɪnt(ə)nəns/ n **1** 維持; 持続; 支持; 続行; 保守, 維持(管理), 保全, 整備, メンテナンス; 維持費: the ～ of peace 平和の維持 / a ～ contract 〈機器などの〉保守契約 / The ～ of law and order is in the hands of local police force. 法と秩序の維持は地元の警察が掌握している / the ～ of way 《鉄道》保線. ▶ RESALE PRICE MAINTENANCE (再販売価格維持). **2** 扶養(料), 生計(費); 《特に》離婚[別居]扶助料 (alimony). ▶ CHILD SUPPORT MAINTENANCE (非同居親の子の扶養費分担(額)) / INCOME MAINTENANCE (所得補助金) / SEPARATE MAINTENANCE (別居扶助料). **3** 擁護; 主張. **4** 訴訟幇助〈ﾎｳｼﾞｮ〉《利害関係がないにもかかわらず他人の訴訟に対して金銭供与などなんらかの形で援助すること; ⇨ MAINTENANCE AND CHAMPERTY; cf. CHAMPERTY》. [OF; ⇨ MAINTAIN]

máintenance àfter terminátion of márriage 婚姻終了後の扶助料.

máintenance agrèement 《英》扶養取決め 《配偶者間の相互の財政上の合意; 特に双方の間の子供の扶養についてのものを指す》.

máintenance agrèement by decéased pérson 《英》配偶者であった死者による扶養取決め.

máintenance and chámperty 訴訟幇助と利益分配特約付き訴訟援助《コモンロー上は犯罪となりしかも不法行為にもなったが, 英国では1967年法で廃止; 米国でもほとんどの州で廃止; しかしなお公序良俗 (public policy) に反するものとされ無効となる》.

máintenance and cúre 《船主による船員の》傷病補償.

máintenance bònd 瑕疵〈ｶｼ〉保証証書, メンテナンスボンド《請負人が完成・引渡しをした仕事の構造上の瑕疵について一定期間保証する保証証書》.

máintenance in gróss 独立扶養料《離婚に際して一方の配偶者から他方に, 一括あるいは分割で支払われる一定金額の扶養料》.

máintenance of mémbership 《労働》組合員資格維持(制)《新たに組合に加入する義務はないが, 組合に加入した者については組合員であることを雇用の条件とすること》.

máintenance òrder 《英》《裁判所が扶養義務者に出す被扶養者への》扶養料支払い命令《通例は一方配偶者ないし配偶者だった者に対して他方配偶者ないし配偶者だった者および子供のために出される》.

máintenance pénding súit 《英》《離婚》係争中扶養料《離婚・別居訴訟で財産分与が未決定の間一時的に配偶者が得る扶養料《給付についての裁判所命令》.

Mait·land /méɪtlənd/ メイトランド **Frederic William** ～ (1850-1906)《英国最大の法制史学者; 法廷弁護士 (barrister) (1876-84) を経て, Cambridge 大学のリーダー (reader) (1884-88), 教授 (1888-1906); イギリス法制史を比較史の観点を加えつつ歴史学的に研究し, 近代イギリス法制史学を創建; イギリスの法制史学会セルデン協会 (Selden Society) の設立に尽力; 主著 *The History of English Law Before the Time of Edward I*, 2 vols., 1895 (F. Pollock と共著であるが大部分メイトランドの手になる)のほか, *Domesday Book and Beyond* (1897), *Township and Borough* (1898), *Roman Canon Law in the Church of England* (1898), *English Law and the Renaissance* (1901) など, また死後出版された講義案 *The Constitutional History of England* (1908), *The Forms of Action at Common Law* (1909), *Equity* (1909) があり, その論文は *Collected Papers of F.W. Maitland*, 3 vols. (1911) にまとめられている; さらに史料編纂, 特に *Bracton's Note Book* (1887) も重要; ⇨ Sir Frederick POLLOCK》.

maî·tre /méɪtər, -trə, mét-; métrə/ n 《フランス法》MASTER. [F]

maj·es·ty /mǽdʒəsti/ n **1** 威厳 (dignity), 荘厳; 主権. **2** [M-] 陛下: His [Her] *M*~ 国王[女王]陛下 / His *M*~'s ship 帝国軍艦 / Their *Majesties* 両陛下 / His *M*~, the King 国王陛下 / Their *Majesties*, the King and Queen 国王ならびに王妃陛下 / His [Her] *M*~'s government 英国政府 / on His [Her] *M*~'s Service 公用《公文書などの無料配達の印; 略 OHMS》 / His [Her] *M*~'s Stationery Office 《英》政府刊行物出版局 (⇨ STATIONERY OFFICE). ★ Your [His, Her] *M*~ として用いる. Your *M*~ は呼びかけ語または you

の代わりで, 動詞は三人称単数で呼応. His [Her] *M~* は he [she] の代わり. 複数形は Your [Their] *Majesties*. EXCELLENCY, GRACE, HIGHNESS, LORDSHIP など君主以外に対する敬称についても同様. ［OF ＜ L *majestas*; ⇨ MAJOR］

majeure ⇨ FORCE MAJEURE.

ma·jor /méɪdʒər/ (opp. *minor*) *a* **1**《大きさ・数量・程度・重要性・地位などが》大きいほうの, 過半の, 主な: the ~ part of...の大部分, 過半数. **2** 主要な, 重大な, 《米·豪》《大学での》(主)専攻の: a ~ shareholder 大株主. **3** 成年の, 成人した; "(最)年長の. — *n* **1** 上位者; 成人, 成年者. **2**《史》市長 (mayor). **3**《軍》少佐. **4**《米·豪》**a**(主)専攻学科. **b** ...《主》専攻学生. **5**[ᵁthe ~s] 大手企業, 《特に》国際石油資本. ［L (compar)＜ *magnus* great］

májor and mínor fáult rùle, májor-mínor fáult rùle《海上衝突における》大小過失の準則《衝突船舶の一方の過失だけで衝突という結果を発生させるのに十分であったことが立証されるならば, 他方は過失がなかったとすること; 損害平分負担の準則 (divided damages rule) が廃れ, この準則も廃れた》.

ma·jo·ra re·ga·lia /meɪdʒóʊrə rɪgéɪliə/《英》大王権《王権 (regalia), すなわち国王大権 (prerogative) のうち, 小王権 (minora regalia) を除く大権を指し, 国王の政治的権威・権限をいう》. ［L＝greater royal privilege］

májor dispúte《米》大争議《1926年制定の鉄道労働法 (Railway Labor Act) の下での概念で, 労働協約 (collective bargaining agreement) の解釈をめぐる労使の争いではなく, それを超えた基本的な労働条件をめぐる意見の不一致; したがってその結果しばしば既存協約を修正したり新協約を結ばねばならなくなるので, 新協約争議 (new contract dispute) ともいう; 前者の解釈をめぐる争いは小争議 (minor dispute) と呼ぶ》.

májor féderal áction《米》連邦大事業《ダム建設・湿地を横切る高速道路建設など環境に大影響を及ぼす恐れのある連邦機関のないしはその承認を得ねばならない事業計画》.

Ma·jor hae·re·di·tas ve·nit uni·cui·que nos·trum a ju·re et le·gi·bus quam a pa·ren·ti·bus. /méɪdʒəːr hɪríːdɪteɪs víːnɪt jùːnaɪkíːkwə nástrəm eɪ dʒí:rɪdʒɪbəs kwæm æ pæréntɪbəs/ 比較的大きな相続財産は親からというよりも権利と法に基づいて我々にもたらされる. ［L＝A greater inheritance comes to every one of us from right and the laws than comes from parents.］

ma·jor·i·tar·i·an /mədʒɔ̀(:)rətéəriən, -dʒár-/ *a* 多数決主義(者)の, 多数決で決する. — *n* 多数決主義(者). ~·**ism** *n* 多数決主義.

ma·jor·i·ty /mədʒɔ́(:)rəti, -dʒár-/ *n* **1 a** [ᵁ*pl*], 量について用いるときは〈*sg*〉] 大多数, 大部分; 多数党, 多数派 (opp. *minority*); 過半数, 多数, 絶対多数 (cf. PLURALITY); 《過半数得票と残りの総得票との》得票差

《廃》優勢(であること): the great ~ 大多数 / The ~ of people prefer peace to war. 大多数の人は戦争より平和を選ぶ / an absolute [an overall, a straight] ~ 絶対多数 / by a large ~ 大差をつけて / by a ~ of...の差で / be in the ~ (by...) (...人[...票]だけ) 多数である / a ~ of members《議員などの》過半数 / ~ of the shareholders 株主の過半数 / ~ shareholding 過半数の株式保有 / ~ system 多数決方式 / ~ whip 多数党院内幹事. **b**[⟨*a*⟩] 大多数の[による]. ▶SUPERMAJORITY (超多数). **2** [the (great) ~] 死者: join [go over to, pass over to] the (great [silent]) ~ 亡き人の数[鬼籍]に入る (die). **3** 成年, 成人年齢 (＝AGE OF MAJORITY) (cf. MINORITY): attain [reach] one's ~ 成年に達する. ▶AGE OF MAJORITY (成人年齢). **4** 陸軍[空軍, 海兵隊]少佐の階級[職]. ［F＜L; ⇨ MAJOR］

majórity decìsion 多数決.

majórity ìnterest《会社の》多数持分 (cf. MINORITY INTEREST).

majórity lèader《米》《上院・下院の》多数党の院内総務 (cf. MINORITY LEADER).

majórity opìnion《判決などでの》多数意見, 絶対多数意見, 多数説 (opp. *minority opinion*).

majórity rùle 1 a 多数決(原理). **b** 多数者支配. **2**《会社法上の》'多数説'《会社の役員・取締役は株式の取引に関して株主に対して信認義務 (fiduciary duty) を負わないというコモンロー上の原則; この問題について争いがあり, その '多数説' の見解; ただし, 判例法上の特別事実の準則 (special facts rule) の例外がある》.

majórity sháreholder [stóckholder¹¹**]** 多数派株主, 多数株主《持株を合計すると取締役を選任し会社を支配するために必要な過半数の株を所有ないし支配しうる株主》.

majórity vèrdict《陪審員の過半数による》多数評決.

majórity vòte 過半数票.

majórity vòting 多数決投票制.

májor life actìvity 主な生活活動《見る・聞く・眠る・食べる・歩く・旅行する・働くなど, 一般人が普通に行なう活動; こうした日常活動に支障のある人は種々の法律によって差別から保護される; ⇨ AMERICANS WITH DISABILITIES ACT》.

májor prémise《論理》大前提 (cf. MINOR PREMISE).

Ma·jus dig·num tra·hit ad se mi·nus dig·num. /méɪdʒəs dígnəm træhɪt æd si máɪnəs dígnəm/ より価値のあるものはより価値のないものをみずからの下へ引き寄せる. ［L＝The more worthy draws to itself the less worthy.］

Majus est de·lic·tum se·ip·sum oc·ci·de·re quam ali·um. /— ɛst dɛlíktəm siípsəm ɒksídɛre kwæm æliəm/ 他人を殺害することよりも自身を殺害することの方が一層大きな犯罪である. ［L＝It is a greater crime to kill one's self than another.]

make /méɪk/ *v* (**made** /méɪd/) *vt* **1 a** 作る, 製作[製造]する, 組み立てる, 建設[建造]する. **b** 創作する, 著わす: ～ a record of …を記録する. **c** 〈計画などを〉案出する, 立案する; 〈契約書・遺言書などの文書を〉作成する; 〈法律を〉制定する; 〈価格などを〉設ける; 〈税を〉課する. **2 a** 作り上げる, 築き上げる, 成功させる, …の繁栄を確かなものにする. **b** 整える, 整備する; 準備する, 用意する. **3** 生ず る, 生じさせる, …の原因となる; 〈損害を〉こうむる: ～ trouble 騒ぎ[問題]を起こす. **4** 得る, もうける, 〈競技〉〈…点〉あげる[とる]; 〈友人・敵などを〉つくる; 《俗》盗む, くすねる, 自分のものにする: ～ much money *on* the deal [*in* the stock market] / ～ a fortune 身代を築く, 金持になる / ～ one's [a] *living* 生計を立てる. **5** 〈動作などを〉する, 行なう; 〈戦争などを〉起こす; 締結する: ～ an *effort* 努力する / ～ a *speech* 演説する / ～ *arrangements* 取決めをする / ～ *sb an offer* 人に申し込む[提案をする, 申し出る]. **6** 〈…と〉…とみなす[推断する], 判断する 〈*out*〉 *of*〉; 〈疑問・ためらいなどを〉感ずる 〈*of*, *about*〉. ～ *off* 急いで去る, 逃亡する. ～ *out* (**1**) 〈通例 can, could を伴って〉《なんとか》理解する, わかる, 判読する, 見分ける, 聞き分ける. (**2**) 起草する, 作成する, …に記入する, 〈…に小切手を〉振り出す〈*to*〉; 詳細に描く. (**3**) 信じさせる, 証明する, …だと主張する[言い立てる];《口》見せかける, ふりをする〈*that*〉: He made me *out* (to be) a thief. 彼はわたしを泥棒呼ばわりした. (**4**)《口》《うまく》やっていく, 成功する〈*with*〉;〈人と〉《うまく》やっていく〈*with*〉; やりくりする: ～ *out* in business 商売がうまくいく. (**5**)〈金を〉こしらえる; まとめ上げる. ～ *over* 譲渡[移管]する〈*to*〉;〈…に小切手を〉裏書き譲渡する〈*to*〉. ～ *up to*…に弁償する, 返済する.

— *n* **1** 造り, …製, 製作[製造](法), 製作過程; 形, 型: home [foreign] ～ 国[外国]製 / *of* Japanese [American] ～ 日本製[米国製]の / This is our own ～. これは自家製です / a new ～ of car 新型車. **2** 〈工場などの〉生産(高), 出来高;《俗》盗んだ品物[金]. **3** 《俗》〈犯人・容疑者などの〉正体(の洗い出し), 身元の確認: get [run] a ～ *on* sb 人の身元を割り出す[調べる].
**mák·able, máke- ***a*

mak·er /méɪkər/ *n* **1 a** 作成者. **b** 証券作成者,《特に》《約束手形》振出人 (cf. DRAWER). ▶ ACCOMMODATION MAKER (融通手形振出人) / BOOKMAKER (賭元) / COMAKER (共同振出人) / DECISION MAKER (意思決定者) / LAWMAKER (法創造者) / MARKET MAKER (マーケットメーカー) / PRIME MAKER (主たる責任を負う証券作成者, 主たる責任を負う振出人). **2** 製造業者, メーカー (manufacturer).

máking óff withòut páyment 代金不払いの逃亡 (cf. SHOPLIFTING).

máking récord 1 訴訟記録作成. **2** 〈通例は上訴で争うために異議申立てなどを〉記録に留めること.

mal- /mæl/ *comb form* 「悪」「不規則」「不良」「不当」「不全」「異常」の意. [F *mal* badly<L *male*]

mala *n* MALUM の複数形.

màl·administrátion *n* 失政; 取締り不行届き; 不良経営; 不手際.

ma·la fi·des /mǽlə fáɪdìːz, máːlə fíːdèɪs/ 悪意, 不誠実 (=BAD FAITH) (opp. *bona fides*). [L=bad faith]

Ma·la gram·ma·ti·ca non vi·ti·at char·tam. /mǽlə grəmǽtɪkə nɑn víʃiæt káːrtəm/ 文法の誤りは証書を無効にせず. [L=Bad grammar does not vitiate a deed.]

mala in se MALUM IN SE の複数形.

màl·appórtion·ment *n* 不当な選挙区割り (cf. APPORTIONMENT, GERRYMANDERING, LEGISLATIVE DISTRICTING).

mála práx·is /-prǽksəs/ MALPRACTICE. [L]

mala prohibita MALUM PROHIBITUM の複数形.

màl·cónduct *n* 失当行為, 不当行為, 不正職務行

MALD Master of Arts in Law and Diplomacy.

Mal·e·dic·ta (est) ex·po·si·tio quae cor·rum·pit tex·tum. /mǽlədíktə (ɛst) ɛkspouzíʃiou kwi kɔːrámpɪt tékstəm/ 文言を毀損する悪しき解釈, 文言を毀損する解釈は悪い〈後者は 'est' を入れた場合の訳〉. [L=(That is) a bad exposition which corrupts the text.]

male·dic·tion /mæ̀lədíkʃ(ə)n/ *n* **1** 《史》呪詛, 呪い. **2** 中傷, 誹謗, 悪口.

male·fac·tion /mæ̀ləfǽkʃ(ə)n/ *n* 《古》悪事, 犯罪.

male·fac·tor /mǽləfæ̀ktər/ *n* 犯罪者.

Ma·le·fi·cia non de·bent re·ma·ne·re im·pu·ni·ta, et im·pu·ni·tas con·ti·nu·um af·fec·tum tri·bu·it de·lin·quen·di. /mæ̀ləfíʃiə nɑn débənt rɛməníːrɛ ɪmpjúːnaɪtə ɛt ɪmpjúːnɪtèɪs kɑntínjuəm æfɛ́ktəm tríbjuːt dɪlɪŋkwéndaɪ/ 悪しき行為は罰せられないままにしておくべきではない. さらに, 処罰しないことは悪事を働くことに対するとどまることのない欲望を与えることになる. [L=Evil deeds ought not to remain unpunished, and impunity affords continual desire for wrongdoing.]

Maleficia pro·pos·i·tis dis·tin·gu·un·tur. /— proupóuzɪtɪs dɪstɪŋgwántər/ **1** 悪しき行為は(悪しき)計画とは区別される. **2** 悪しき行為はその目的により区別される. [L=1 Evil deeds are distinguished from plots. 2 Evil deeds are distinguished by their purposes.]

mále íssue 男系直系の男性卑属, 男子直系卑属《息子または息子の息子など; 娘の息子などは含まない》.

mal·fea·sance /mælfíːz(ə)ns/ *n* 悪しき行為, 不正行為, 違法行為,《特に 公務員の》悪しき行為 (cf. MISFEASANCE, NONFEASANCE). **mal·féa·sant** *a*, *n* 悪しき行為をなす(者).

màl·fúnction thèory 機能不全の理論《製造物責任 (products liability) を問う訴訟の原告は、その製造物に特定の欠陥があることを立証する代わりに、その製造物がうまく機能しないことを立証すればよいという原則》.

mal·ice /mǽləs/ n 《積極的な》悪意, 敵意, 恨み; 犯意, 害意, 故意 (GUILTY MIND, MENS REA): bear ~ (to [toward, against] sb for sth) (あることで人に)犯意[敵意, 恨み]をいだく. ▶ ACTUAL MALICE (現実の犯意; 現実の害意) / COMMON-LAW MALICE (コモンロー上の害意) / CONSTITUTIONAL MALICE (憲法上の害意) / CONSTRUCTIVE MALICE (擬制犯意) / EXPRESS MALICE (明白な悪意) / GENERAL MALICE (一般的な犯意) / IMPLIED MALICE (推定犯意) / LEGAL MALICE (法定犯意) / PARTICULAR MALICE (特定犯意) / TRANSFERRED MALICE (移転犯意) / UNIVERSAL MALICE (無差別的犯意). [OF<L (*malus* bad)]

málice aforethóught 計画的犯意, 予謀, 殺意 (=malice prepense)《コモンロー上謀殺 (murder) が成立するために必要な主観的要素で, 1) 殺害意思, 2) 重大な身体傷害 (grievous bodily harm) を負わせる意思, 3) 犯行中における結果的に死亡するかもしれないという認識, 4) 結果的に重大な身体傷害が生ずるかもしれないという認識のいずれか一つが証明されねばならない; cf. IMPLIED MALICE》. **with ~ =of malice prepense** 計画的犯意[殺意]をもって, 予謀して.

málice excéption 犯意の例外《公務員の裁量行為に対する民事責任の限定的免責 (qualified immunity) についての限定で, 認められているあるいは確立している権利を侵害するやり方での意図的な裁量権行使に対しては当該公務員がその民事責任を問われること; cf. QUALIFIED IMMUNITY》.

málice in fáct 現実の犯意 (=ACTUAL MALICE) (cf. MALICE IN LAW).

málice in láw 認定される犯意, 擬制犯意 (=IMPLIED MALICE) (cf. MALICE IN FACT).

málice prepénse 計画的犯意, 殺意, 予謀 (= MALICE AFORETHOUGHT).

ma·li·cious /məlíʃəs/ a 悪意[犯意, 害意]のある, 故意[犯意]の, 悪意の動機からの; 不当な〈逮捕など〉. ~·ly adv 不当に: He claimed that he had been prosecuted ~ly. 彼は不当に訴追されたと主張した. ~·ness n

malícious abándonment 《配偶者・子の》悪意の遺棄 (cf. CRIMINAL DESERTION).

malícious abúse of (légal) prócess 訴訟手続濫用 (=ABUSE OF PROCESS).

malícious áct 不当[不法]行為.

malícious arrést 不当逮捕.

malícious communicátion 悪意ある通信《相手を困らせるあるいは不安にさせる目的での手紙など; 英国では犯罪》.

malícious dámage 故意の財産損害 (=MALICIOUS MISCHIEF)《略 MD》.

malícious defénse 不当防御《被告が不公正, いやがらせ的あるいは違法な戦術を用いて ふまじめなあるいは本案に関係のない防御を提出すること》.

malícious execútion 不当強制執行《判決債務者 (judgment debtor) の財産に対する合理的理由なくして悪意に基づく不当な強制執行》.

malícious fálsehood 〖英〗悪意の虚偽 (=injurious falsehood)《故意に偽って主として他人の営業利益や財産権を損なわせること; cf. DISPARAGEMENT》.

malícious ínjury 故意の権利侵害.

malícious ínjury to próperty 財産に対する故意の権利侵害 (=MALICIOUS MISCHIEF).

malícious ínjury to the pérson 人に対する故意の権利侵害.

malícious kílling 犯意ある殺人《法的な正当性や口実のない意図的な殺人》.

malícious míschief 故意の[悪意ある]器物損壊《罪》(=criminal damage, criminal mischief, malicious damage, malicious injury to property)《他人の財産を故意に破壊ないしは損壊するコモンロー上の犯罪》.

malícious mótive 1 悪意ある動機. 2 悪しき訴追動機.

malícious prosecútion 犯意[悪意]訴追[訴訟追行] (=malicious use of process)《悪意をもってかつ正当な理由なくして他人に対して民事・刑事の訴えを提起追行すること; cf. ABUSE OF PROCESS, VEXATIOUS SUIT》.

malícious technólogy 加害技術《他人のコンピューター・システムに不正にアクセスし害悪を及ぼすための特にソフトウェアなどの技術; 俗語で malware (加害ソフト(ウェア)) ともいう》.

malícious úse of prócess 民事訴訟手続き濫用《犯意訴追[訴訟追行] (malicious prosecution) の一種で, 民事訴訟にかかわるもの》.

malícious wóunding 犯意傷害《犯意をもって違法に他人に傷害を与えること》.

ma·lign /məláin/ a 有害な; 悪意のある (opp. *benign*). — vt そしる, 中傷する.

ma·lig·na·re /mælɪgnéɪri/ vt 〖史〗1 MALIGN. 2 MAIM. [L]

ma·lin·ger /məlíŋɡər/ vi 仮病をつかう, 詐病する. ~·er n 仮病つかい, 詐病者.

malínger·ing n 仮病をつかうこと, 詐病《兵士が任務をのがれるためしばしば使う》.

ma·li·tia /məlíʃiə/ n 〖史〗悪意, 犯意. [L=malice]

malítia prae·co·gi·tá·ta /-prɪkàdʒətéɪtə/ 〖史〗予謀 (malice aforethought). [L]

Malítia súp·plet ae·tá·tem. /— sáplɛt itéɪtɛm/ 悪意は年齢(の不足)を補う (⇨ DOLI CAPAX). [L=Malice supplies age.]

ma·lo ani·mo /mǽlou ǽnəmou/ 犯意をもって, 害意をもって, 悪意で. [L=with an evil mind]

málo sén·su /-sénsu/ 悪しき意味で (⇨ SENSUS).

[L=in bad sense]

màl·práctice *n* 《医師・弁護士など専門家の》業務過誤, 業務過失, 医療過誤 (medical malpractice), 弁護過誤 (legal malpractice) (cf. MALTREATMENT). ★ mala praxis ともいう.　**màl·practítion·er** *n*

malpráctice insùrance 《医療過誤保険・弁護過誤保険など, 専門家の》業務過誤保険.

màl·tréat·ment *n*《無知・不注意・故意による, 特に外科医の》不適切治療[手術] (cf. MALPRACTICE).

ma·lum /mǽləm, máː, méɪ-/ *n* (*pl* **ma·la** /-lə/) 悪, 害悪; 悪事, 犯罪(行為); 罰. [L (neut) *malus* bad]

málum in sé /-ɪn séɪ, -síː/ (*pl* **mála in sé**) 自然犯《殺人など道徳的に許されない反社会的犯罪行為; cf. MALUM PROHIBITUM, MORAL TURPITUDE》. [L = offence in itself]

Malum non prae·su·mi·tur. /-⌣ nɑn prɪzjúːmɪtər/ 悪事は推定されない. [L=Evil is not presumed.]

málum pro·hí·bi·tum /-prouhíbətəm/ (*pl* **mála pro·hí·bi·ta** /-tə/) 法定犯《それ自体は必ずしも反道徳的ではないが法に違反している犯罪; 行政犯と呼ぶこともある; cf. MALUM IN SE》. [L = prohibited offense]

Malum quo com·mu·ni·us eo pe·jus. /-⌣ kwou kɑmjúːniəs íːou péʤəs/ 悪事は一般的なものであればそれだけ一層悪い. [L=The more common an evil is, the worse it is.]

mal·ver·sa·tion /mæ̀lvərséɪʃ(ə)n/ *n* 瀆職(とくしょく), 瀆職行為. [F (*mal-*, L *versor* to behave)]

mál·wàre *n*《俗》加害ソフト(ウェア) (⇨ MALICIOUS TECHNOLOGY).

man /mǽn/ *n* **1 a**《成人の》男, 男子. **b** 人, 人間, 人類. ▶ ALDERMAN (市会議員; 長老参事会員; エアルドルマン) / BONDMAN (奴隷, 農奴; 隷農) / BONDSMAN (保証人; 奴隷, 農奴) / CHAIRMAN (議長) / CLERGYMAN (聖職者) / CONFIDENCE MAN (背信詐欺(師)) / CONGRESSMAN (下院議員) / CUSTOMER'S MAN (証券販売員) / DAYSMAN [DEIESMAN] (仲裁人) / DEATHSMAN (死刑執行人) / DOMESMAN [DOOMSMAN] (判決発見人) / DRAFTSMAN (起草者) / EALDORMAN (エアルドルマン) / ENTRYMAN (公有地入植者) / EXCISEMAN (消費税収税吏) / FOREMAN (陪審長) / FREEDMAN (解放奴隷) / FREEMAN (自由民; 自由市民; 名誉市民) / FRIENDLESS MAN (友人皆無者) / GENTLEMAN (ジェントルマン) / GOOD AND LAWFUL MAN (良きかつ法にかなう人) / GUNMAN (銃器携帯者) / HANGMAN (絞首刑執行人) / HIGHWAYMAN (追いはぎ) / JURYMAN (陪審員) / KINSMAN (親族, 血族, 姻族) / LAGEMAN (法にかなった人) / LAHMAN (法律人) / LAWFUL MAN (法にかなった人) / LAWLESS MAN (法喪失者) / LAWMAN (法執行者) / LAYMAN (素人, 俗人) / LEGAL MAN (適法な人) / LIGHTERMAN (艀船頭) / LIVERYMAN (制服特権組合員) / LOADMAN (水先(案内)人) / LONGSHOREMAN (沖仲仕) / MARKSMAN (署名の代わりに×印で済ます文字の書けない人) / MARRIED MAN (夫) / MIDDLEMAN (仲介者) / POLICEMAN (警察官) / PORTMAN (五港市民) / POSTMAN (優先申し立て証人) / REASONABLE MAN (通常人) / REMAINDERMAN (残余権者) / SEAMAN (船員) / SELECTMAN (理事) / SOCMAN [SOKEMAN] (鋤奉仕保有者) / SPOKESMAN (スポークスマン) / STATESMAN (政治家) / STRAW MAN (わら人形) / TALESMAN (追加陪審員候補者) / TICKET-OF-LEAVE MAN (仮釈放者) / TITHINGMAN (十人組長) / TRADESMAN (小売店主; 職人) / VENIREMAN (陪審員候補者) / WAREHOUSEMAN (倉庫業者) / YEOMAN (ヨーマン). **2** 夫: ～ and wife 夫婦. **3**《雇い主・主人に対して》雇い人, 使用人, 召使;《古》家臣, 臣下. ▶ LIEGEMAN (一身専属的臣下). **4** [*pl*] 兵, 兵士, 下士官. ▶ MILITIAMAN (民兵; 州兵) / SEAMAN (水兵). **5**《複合語で》船. ▶ MERCHANTMAN (商船).

Man ⇨ ISLE OF MAN.

man·age /mǽnɪʤ/ *vt* **1**〈事業などを〉経営[運営]する, 管理する;〈人を〉統御する, うまくあしらう[言いくるめる]; (手で)扱う. **2**〈通貨を〉統制する. **3** どうにかなし遂げる. — *vi* 経営[運営]する, 事を処理[管理]する, なんとかする.

mánaged-cáre organizàtion 《米》健康管理機構《会員に健康管理計画を提供する専門家の協会; cf. HEALTH-MAINTENANCE ORGANIZATION, PREFERRED-PROVIDER ORGANIZATION》.

mánaged sérvice còmpany 《英》管理サービス会社《その営業が専らあるいは主として個人によるサービス提供からなる会社で, その個人は給与ではなく費用の支払いと配当の形の報酬を得るもの》.

mánage·ment *n* **1** 取扱い, 統御, 操縦, 運用; 経営, 管理, 支配, 取締まり; 処理, やりくり; 術策, ごまかし. ▶ CASE MANAGEMENT (《民事》事件処理手続き) / GROWTH MANAGEMENT (成長管理). **2** 経営力, 支配力, 経営の手腕: more by luck than ～《対処の》実力よりも運で. **3** 経営陣, 経営者(層(側)), 使用[雇用]者側, 管理職(者): The ～ refused to come to terms. 経営者側は和解を拒絶した / a consultation between ～ and labor 労使間協議 / A stronger ～ is needed. もっと強力な経営陣が必要だ. ▶ JUNIOR MANAGEMENT (下級管理職(者)層) / LINE MANAGEMENT (ライン管理(部門)) / MIDDLE MANAGEMENT (中間管理職(者)層) / TOP MANAGEMENT (最高経営者層).　**man·age·men·tal** /mæ̀nɪʤméntl/ *a*

mánagement accòuntant 《経営者のために会計上の情報を提供することを専門としている》管理会計者.

mánagement accòunts *pl* 経営報告(書).

mánagement bùyout マネジメント・バイアウト《1) 経営陣が自社株を買い取り, 株式を非公開にすること 2) その会社の経営陣が重大な利害関係をもっている外部会社による借入金の企業買収 (leveraged buyout); » 略 MBO》.

mánagement by objéctives 目標設定経営

《略 MBO》.

mánagement còmpany〖米〗管理型投資会社《米国の投資会社 (investment company) の一種類》: ⇨ INVESTMENT COMPANY》.

mánagement consùltant 経営コンサルタント.

mánagement còurse 経営者[管理者]訓練コース[過程].

mánagement enginèering 経営[管理]工学.

mánagement informàtion sỳstem《コンピューターを使った》経営[管理]情報システム《略 MIS》.

mánagement òrder〖英〗管理命令《フラット (flat) 式共同住宅においてその管理が不当であったことを裁判所が認めた場合に管理人選任を命ずる裁判所命令で, 共同住宅の賃借人の一定数がその申し立てる権利を有する; cf. RIGHT TO MANAGE》.

mánagement stòck [**shàres**] pl 経営者株.

mánagement tèam 経営陣.

mánagement trainèe 経営者[管理者]訓練コース受講者, 経営者[管理者]研修生.

mánagement tràining 経営者[管理者]訓練, 経営者教育.

man·ag·er /mǽnɪdʒər/ n **1** 支配人, 管理者, 経営者, 取締役, 幹事, 主宰;《芸能人・興行団体などの》マネージャー. ▶ ACCOUNTS MANAGER (会計部長) / BRANCH MANAGER (支店長) / COMPANY MANAGER (会社経営幹部) / FLOOR MANAGER (法案審議責任者) / GENERAL MANAGER (全般統括者) / SENIOR MANAGER (上級管理者). **2** 管財人. ▶ APPOINTMENT OF MANAGER (管財人の選任) / SPECIAL MANAGER (特別管財人). **3**《議会》**a** 両院協議会委員. **b** 懲戒証拠開示議員《議員の懲戒手続きに付されている議員に対するその証拠を示す議員》. **c**〖米〗弾劾手続き担当議員《弾劾 (impeachment) 手続きで上院に対して弾劾訴追をするよう指名された下院議員》. **~·ship** n

man·a·ge·ri·al /mæ̀nədʒíəriəl/ a **1** MANAGER の; 経営の; 管理[支配]の; 取締まりの: a ~ position 管理職. **2** 取扱い[操縦]の; 処理の. **~·ly** adv

mán·ag·ing a **1** MANAGE する; 首脳の. **2** 経営[処理]のじょうずな.

mánaging àgent 支配人, 管理者, マネージャー (= business agent).

mánaging clèrk〖英史〗法律事務所書記《現在は legal executive という》: ⇨ LEGAL EXECUTIVE》.

mánaging consérvator 1 後見人 (guardian). **2**〖米〗監護権を有する後見人《子の監護権 (child custody) に関する若干の州法で, 子の第一次的な監護権を有する方の親; cf. POSSESSORY CONSERVATOR》.

mánaging diréctor 常務取締役[理事], 業務執行取締役: a chairman and ~ 取締役会議長兼任常務取締役.

mánaging ówner of shíp 1《船舶共有の場合に, 実際に船舶運航・管理などを行なう》船舶管理人. **2**《船主から運行・管理などを委ねられている》管理船主.

mánaging trustée〖英〗《信託財産の保管以外の信託の》事務執行受託者, 支配受託者 (cf. CUSTODIAN TRUSTEE》.

man·bote /mǽnbòut/ n〖史〗人命贖罪金《殺人に対して支払われた賠償金》. [OE (bot compensation)]

manche-pre·sent /mɑ̀ːnʃpreɪzɔ́ːn/ n 袖の下, 賄賂, 手渡しの贈与品. [law F]

man·ci·pa·tio /mænsəpéɪʃiou/〖ローマ法〗握取行為《手中物の所有権移転のための法的方式の一つ》.

mand. mandamus.

M & A, M and A °mergers and acquisitions 合併と買収.

man·da·mus /mændéɪməs/ n (pl ~·es) [writ of ~] 職務執行令状[命令]《下位裁判所・公的職務を負っている者[機関]がその職務を行なわないときに, 上位裁判所がその執行を命ずる大権令状 (prerogative writ) または命令; 英国では 1938 年法で令状 (writ) ではなく命令 (order) に変えられ, 1999 年に職務執行命令 (mandatory order) と改称; 略 mand.; cf. ALTERNATIVE WRIT, CEASE-AND-DESIST ORDER, INJUNCTION, STAY, SUPERVISORY CONTROL》: apply for an order of ~ directing the justices to rehear the case 治安判事がその件を再度審理するよう職務執行命令を申請する. ▶ ALTERNATIVE MANDAMUS (選択的職務執行令状) / PEREMPTORY MANDAMUS (最終的職務執行令状) / WRIT OF MANDAMUS (職務執行令状). — vt《口》…に職務執行令状を送達する, 執行令状でおどす. [L=we command]

man·dans /mǽndəns/, **man·dant** /mǽndənt/ n 命令者 (mandator); 委任者 (mandator). [L mandans mandator; F mandant mandator]

man·da·rin /mǽnd(ə)rən/ n **1**《中国清朝の》上級官吏, マンダリン. **2** 影の実力者と目される高官, 有力な官僚; 保守的官公吏: a Whitehall ~《口》英国高級官僚.

Man·da·ta·ri·us ter·mi·nos si·bi po·si·tos trans·gre·di non po·test. /mændətéɪriəs tə́rmɪnəs sáɪbi póʊsɪtòʊs trænsgrédàɪ nɑn pɑ́tɛst/ 受任者はみずからに課せられた権限を超えることはできない. [L=A mandatary cannot exceed the limits imposed upon him/her.]

man·da·tary /mǽndətèri, -t(ə)ri/ n **1** 命令を受けた人; 受任者, 代理人. **2** 受任国;《国際連盟の》委任統治国; 代理国. **3** 聖職受任者.

man·date /mǽndeɪt, "-dèɪt/ n **1**《職権による正式の》命令, 指令;《上級裁判所から下級裁判所への》命令;《裁判所の》指示, 指図; 職務執行令状[命令] (=MANDAMUS). **2**《特に聖職授任の》ローマ教皇の命令;〖ローマ史〗《特に属州知事への》皇帝の命令. **3**《選挙民が政府・議員へ委任された》権限, 信任: seek a new ~ 再選されるよう努力する. **4** 委任; 委任状: a bank ~ 銀行委任状. **5**《手形・小切手などの》支払い委託. **6**《旧ドイツ

植民地などの統治に関する国際連盟からの）委任; 委任統治領; 委任統治. — vt /mǽndèɪt/ 1《ある土地を》委任統治領に指定する. 2 …に権限を委任する. 3 命令する, 指令する, 要求する. [L mandat- mando to command (? MANUS, do to give)]

mándated repórter《米》受任報告者《ソーシャルワーカー (social worker), カウンセラー (counselor), 教師, 医師などの専門職従事者につき児童虐待 (child abuse) を疑うに相当の理由ありと判断した場合には, それを州の関係機関に報告をする義務を負っている者》.

mándated térritory 委任統治領.

mándate rùle 命令の準則《上訴裁判所から差し戻された判決に対して, 新たな証拠あるいは異なる結果となるようなこの間の変化がないかぎり, 下級裁判所は上訴裁判所の決定に従わなければならないとする法理》.

man·da·tor /mændéɪtər, ⌐ー⌐/ n 命令者; 委任者.

man·da·to·ry /mǽndətɔːri/, -t(ə)ri/ a 1 命令の, 命令的な, 作為を命ずる, 法律[規則]で命じられた, 強制的な (compulsory), 義務的な (obligatory), 裁量の余地のない (cf. DIRECTORY): Wearing seat belts was made ~ for drivers. 2《国際連盟からの》委任 (mandate) の, 委任された: a ~ power 委任統治国 / ~ administration 委任統治. — n 受任者, 委任統治国 (mandatary). **màn·da·tó·ri·ly** adv

mándatory commítment 強制的拘禁《精神障害を理由に無罪となった被告人を自動的に拘禁すること; この種の拘禁は米国の連邦法で義務づけられているが, 少数の州でしか行なわれていない》.

mándatory cópy 強制記載文言《タバコ・アルコール飲料・薬品などの商品のラベル・広告に法的に記載が義務づけられている注意書き; 例えばタバコについての 'Cigarette smoking is dangerous to your health' の類》.

mándatory injúnction 作為命令的差止め命令 (=affirmative injunction)《単に訴え提起時の状態を保つのではなく積極的な行為を命ずる差止め命令 (injunction); 不法投棄物の除去を命ずるものなど; cf. PROHIBITORY INJUNCTION》.

mándatory instrúction《米》命令的説示 (= binding instruction)《説示 (instruction) で述べられた事実が立証された場合には, 陪審は一方当事者に勝訴の評決をなすべきであるとの説示》.

mándatory méeting 強制集会《開催を強制される集会, または 全員が出席を要求される集会》.

mándatory órder《英》職務執行命令《職務執行令状[命令] (mandamus) を 1999 年に改称したもの;⇒ MANDAMUS; cf. PREROGATIVE ORDER》.

mándatory presúmption 命令的推定 (= CONCLUSIVE PRESUMPTION).

mándatory províson 強制的規定; 強行規定《》cf. DIRECTORY PROVISION, MANDATORY STATUTE》.

mándatory séntence 絶対的法定刑(の宣告) (=fixed sentence)《ある犯罪に対し刑罰が一義的に規定し裁判官に裁量の余地を全く与えない刑(の宣告)》.

mándatory státute 強行法規; 強制的法律, 強制的制定法《》cf. DIRECTORY STATUTE, MANDATORY PROVISION, PERMISSIVE STATUTE》.

mándatory trúst 指示信託 (=simple trust)《信託財産 (trust property) から生じた収益のすべて (信託財産の本体 (principal) は含まず) を指定された受益者 (beneficiary) に分配する義務を受託者 (trustee) に課している信託》.

man·da·tum /mændéɪtəm/ n《ローマ法》委任. [L]

man·da·vi bal·li·vo /mændéɪvaɪ bəlάɪvou, -bǽlɪvou/《史》《シェリフ (sheriff) からの》特権領ベイリフ命令交付復命. [L=I have commanded the bailiff.]

ma·ne·ri·um /məníəriəm/ n《史》荘園, マナー (manor). [L]

man·i·fest /mǽnəfèst/ a 明白な, 判然とした; 公知の. — vt 1 明らかにする, 明示する; 証明する;《行為などによって》《感情を》表わす. 2 積荷証券に記載する. — n 積荷目録;《航空機・船舶などの》乗客名簿: a passenger ~ 乗客[乗船]名簿.

Ma·ni·fes·ta pro·ba·ti·o·ne non in·di·gent. /mǽnɪfèstə proubèɪʃióʊnɛ nάn índɪdʒɛnt/ 顕著なことは証明を必要としない. [L=Manifest facts do not require proof.]

manifestátion of inténtion 意思の明示《特に遺言者により明示された意思についていう》.

mánifest constitútional érror《米》憲法上の顕在的誤謬《事実審裁判所の誤りが審理にマイナスの影響を与えていることが確認でき, それが当事者の憲法上の権利が侵される程度にまで至っているもの; この場合は, 上訴審でたとえ当事者が争わなくとも再審査されうる》.

mánifest disregárd dòctrine 顕著な無視の法理《仲裁人が適用しうる法律を知っていながら故意に無視した場合, 仲裁裁定は無効となるとする原則; ただ, 単純な誤りや法律の解釈違いの場合には無効とはならない》.

mánifest érror 顕在的誤謬《明白かつ争うべからざる誤りで, 関係法や記録上の信用性のある証拠を完全に無視しているもの》.

mánifest érror or cléarly-wróng rùle《米》顕在的誤謬あるいは明白な誤りの準則《上訴において, 裁判所が原審の記録全体を再審査した結果その事実認定には合理的基礎がないことが明らかにならない限りは, 上訴裁判所は原審の事実認定を無視することはできないという, 若干の法域で用いられている法理》.

mánifest injústice 明白な不正《例えば不任意の自白 (involuntary confession) への依拠など》.

mánifest intént 明白な意図.

mánifest necéssity 明白な必要性《当事者の治癒不能な訴答上の欠陥, 不可欠な証人の利用不能, 陪審員の義務違反など, 予見できずまたもはや裁判所・当事

mánifest wéight of the évidence 明白な証拠の重さ《陪審の評決 (verdict) が覆される唯一の再審査 (review) 基準で, 評決とは別の結果が明らかに正しくかつその評決が証拠によって明白に支持されえないものであること; cf. WEIGHT OF THE EVIDENCE》.

ma·nip·u·late /mənípjəlèɪt/ vt, vi **1** 手で〔巧みに〕扱う, 操縦〔操作〕する, あやつる; 巧みに扱う〔処理する〕. **2** 〈市場・市価などを〉巧みに操作する; 〈帳簿などを〉ごまかす, 改竄(ざん)する: ~ the accounts 計算書類を粉飾する / ~ the market 市場を操作する. **ma·níp·u·là·tive** /-lətɪv/, **ma·níp·u·la·tò·ry** /-lèɪt(ə)ri/ a 手先の; 巧みに扱う; ごまかしの. **-tive·ly** adv **-tive·ness** n **-lát·a·ble** a

ma·nìp·u·lá·tion n **1** 巧妙な取扱い, 操作; ごまかし, 改竄(ざん); あやつられること. **2** 市場操作 (= market manipulation), 相場操作 (= stock manipulation), あやつり相場, あおり (cf. RIGGING THE MARKET). ▶ MARKET MANIPULATION (市場操作) / STOCK MANIPULATION (株式市場操作).

ma·níp·u·là·tor n 手で巧みに扱う人; 操縦者; ごまかし屋, 改竄(ざん)者; 相場あやつり師: stock market ~ 株式市場操作者.

Mánn Àct /mæn-/ [the ~] 《米》マン法 (White Slave Traffic Act (売春婦輸送法)の別称; ⇨ WHITE SLAVE TRAFFIC ACT). [J. R. *Mann* (1856-1922) 同法提案者である米国の下院議員]

manner ⇨ MAINOUR.

mán·ning n 《史》**1** 一人の男の一日分の仕事. **2** 召喚.

man·ni·re /mənáɪri/ vt, vi 《史》《裁判所に》召喚する; 訴追する. [L]

mán of stráw わら人形 (= STRAW MAN).

man·or /mǽnər/ n **1** 荘園, マナー. ▶ LORD OF A MANOR (荘園領主) / REPUTED MANOR (表見上の荘園). **2** 領主邸宅, 大邸宅.

mánor còurt 《史》荘園裁判所 (= MANORIAL COURT).

manórial cóurt 《史》荘園裁判所 (= manor court) 《荘園 (manor) の領主が領主裁判権 (seignorial jurisdiction) に基づき荘園内のみずからの保有者 (tenant) に対して有した裁判所; 当事者である保有者が自由不動産保有者 (free tenant) であれば自由不動産保有者裁判所 (court baron), 隷農保有者 (villein tenant) ないし謄本保有権者 (copyholder) であれば荘園法裁判所 (court customary) が開かれた; ⇨ COURT BARON, COURT CUSTOMARY; cf. SEIGNORIAL JURISDICTION》.

manórial íncident 《英》荘園土地保有権付随条件[義務] 《荘園 (manor) 内の土地を保有している者がその領主に対して土地保有権に付随する形で負っている条件・義務; このうち特に謄本保有権 (copyhold) で保有されている土地に付属していてその保有者が荘園領主に対して負っていた条件・義務は, 謄本保有権を廃止転換した1922年法 (1925年実施) によってもなお, その一部すなわち免役地代 (quit rent)・相続料 (relief)・一部の没収 (forfeiture) などは一時的に残存することと定められたし, 入会権 (right of common) などは無期限に残存することとされた》.

Mánor of Nórth·stead /-nɔ́:rθstèd/ [the ~] 《英》ノースステッド荘園 (⇨ CHILTERN HUNDREDS).

mánor ròll 《史》荘園記録集.

manour ⇨ MAINOUR.

mán·pòwer n **1** 人的資源; 《一国の》軍事動員可能総人員; 《有効》労働力, マンパワー: ~ planning 《企業などの》人員計画. **2** 人力.

man·ser /mǽnsər/ n 《史》非嫡出子, 庶子, 私生子 (= BASTARD).

Mans·field /mǽnsfi:ld, *mǽnz-/ マンスフィールド **William Murray**, 1st Earl of ~ (1705-93) 《英国の法律家; スコットランド出身; 法務次官 (Solicitor General) (1742), 法務長官 (Attorney General) (1754), 上級法廷弁護士 (serjeant at law) (1756), 枢密顧問官 (privy councillor) (1756), 王座裁判所 (Court of King's Bench) 首席裁判官をつとめ (1756-88), 商慣習法をコモンローの中に採り入れるなど, 商法の整備に尽力した》.

Mánsfield rùle [°M- R-] マンスフィールドの準則 《陪審評議中の陪審員としての義務違反行為 (juror misconduct) についての陪審員の宣誓供述書 (affidavit) あるいは証言 (testimony) は, その陪審の評決 (verdict) そのものに対して異議を申し立てるために用いることはできないという法理; 1785年の事件での時の王座裁判所首席裁判官 (Chief Justice of the King's Bench) マンスフィールド卿が初めて宣明したことから名付けられている》. [↑]

man·sion /mǽnʃ(ə)n/ n **1** 大邸宅, 館. **2** 荘園領主の邸宅.

mánsion hòuse 1 a 大邸宅 (⇨ PRINCIPAL MANSION HOUSE). **b** 《史》荘園領主の邸宅. ▶ PRINCIPAL MANSION HOUSE (主邸宅). **2** 住居 (dwelling house).

mán·slàughter n 故殺, 非謀殺, 殺意なき殺人 《一時の激情によるなど計画的犯意 (malice aforethought) なく行なわれた違法な殺人; cf. HOMICIDE, MURDER》: be accused of ~ 故殺で起訴されている. ▶ CONSTRUCTIVE MANSLAUGHTER (擬制故殺) / CORPORATE MANSLAUGHTER (法人による故殺) / GROSS NEGLIGENCE MANSLAUGHTER (重過失故殺) / INVOLUNTARY MANSLAUGHTER (非故意故殺) / INTOXICATION MANSLAUGHTER (酩酊状態での故殺) / MISDEMEANOR MANSLAUGHTER (軽罪故殺) / NEGLIGENT MANSLAUGHTER (過失故殺(罪)) / SUBJECTIVE RECKLESSNESS MANSLAUGHTER (主観的に未必の故意ないし認識ある過失による故殺) / UNLAWFUL ACT MANSLAUGHTER (違法行為故殺) / VOLUNTARY MANSLAUGHTER (故意故殺).

man·sue·tae na·tu·rae /mǽnswí:ti nət(j)úəri,

-tʃúəri-/ *a* 飼い馴らされた (=domitae naturae) (cf. FERAE NATURAE) (⇨ CLASSIFICATION OF ANIMALS). ▶ ANIMAL MANSUETAE NATURAE (飼い馴らされた動物). — *n* 飼い馴らされた動物. [L=tame by nature]

mán tràp 人罠(🔊)《敷地内への不法侵入者を捕えるための仕掛け》.

man·u·al /mǽnjuəl/ *a* **1** 手の; 手でする, 手動の, 手細工の; 肉体[労力]を使う, 人力の: a ~ worker 肉体労働者 / SIGN MANUAL. **2** 現有の, 手中にある. **3** 手引の, 便覧の. — *n* **1** 小冊子; 便覧, 必携, 手引, マニュアル. **2**《米》議会案内書. **3**《中世の教会で用いた》祈禱書, 定式書. ~·ly *adv* 手で, 手先で; 手細工で. [OF<L (*manus* hand)]

mánual delívery《動産の》手渡し.

mánual gíft《大陸法》手渡し贈与《有体の動産を特別の方式なしで現実に手渡す贈与》.

mánual lábor 手仕事, 肉体労働.

manufáctured divérsity《米》作り上げられた州籍相違《連邦裁判所の裁判権を作り出す目的だけで, あるいはそれを主目的として, 共謀によりあるいは不適正に作り出された州籍相違 (diversity)》.

manufácturer's liability 製造者責任 (=PRODUCTS LIABILITY).

manufácturing defèct 製造上の欠陥《意図された設計そのものから生ずる製造物の欠陥で, その製造過程や市場取引上で注意が払われても避けられえぬもの; cf. MARKETING DEFECT》.

ma·nu for·ti /méin(j)ù: fɔ́:rtai/ *adv* 力でもって, 強引に (cf. VI ET ARMIS). [L=with strong hand]

man·u·mis·sio /mæ̀njəmíʃiou/ *n* MANUMISSION. [L]

man·u·mis·sion /mæ̀njəmíʃ(ə)n/ *n* **1**《ローマ法》奴隷解放 (=manumissio). **2** 隷属状態からの解放.

ma·nus /méinəs/ *n* (*pl* ~) **1**《ローマ法》《家長の権力, 特に 夫権である》手権 (=hand) (cf. MUND). **2**《史》宣誓; 宣誓宣誓者 (=COMPURGATOR). [L=hand; ⇨ MANUAL]

man·u·script /mǽnjəskrìpt/ *a* 手書きの, 筆写[タイプ]した, 写本の, 原稿の, 印刷していない. — *n*（手）稿本, 写本,（手書き[タイプ, ワープロ]）原稿, 草稿（略 MS, *pl* MSS）;《印刷に対して》手書き: in ~《印刷されず》原稿で.

mánuscript pòlicy 特約条項付き保険証券《保険者と被保険者間で取り決めた, 標準的でない条項を含む保険証券》.

Mápp hèaring /mǽp-/《米》マップ審理《被疑者に関する証拠が不法な捜索や押収によって得られたものであるかどうかを決定するための審理; もし不法に得られたものならば排除されねばならないとする原則が, 連邦裁判所にだけでなく州裁判所においても適用されると判示した, 1961 年の合衆国最高裁判所の判例 Mapp v. Ohio の原告名より》.

Mar. (Queen) Mary.

Már·bury v. Mádison /má:rbèri və:rsəs-,

-b(ə)ri-/《米史》マーベリー対マディソン事件《違憲立法審査権を初めて認めた歴史的な合衆国最高裁判所判決; 1803 年最高裁判所首席裁判官 John Marshall は, 合衆国憲法の最終的解釈権は最高裁判所にあり, 立法府・行政府も州も合衆国最高裁判所の解釈に従わなければならないとし, 今日の違憲立法審査権の成立に大きな役割を演じた; ⇨ MIDNIGHT JUDGE》.

march /má:rtʃ/ *n* [the M-es] ウェールズ[スコットランド]との境界地方,《イングランドの》辺境地方: the Court of M~es《史》ウェールズ辺境地方裁判所. ▶ COUNIL OF THE MARCHES (ウェールズ辺境地方評議会).

mar·chet /má:rtʃət/, **mar·che·ta** /ma:rkéitə/, **mer·chet** /má:rtʃət/ *n*《史》《娘の（荘園外への）婚姻に際して領主に支払う》(農奴）婚姻許可料 (=**mar·chet·ta** /má:rtʃətə/, **mer·che·tum** /-təm/).

ma·re clau·sum /má:rei klóʊsəm, -kláʊ-, méəri-/《国際法》**1** 閉鎖海［論］(=closed sea)《John SELDEN が Hugo GROTIUS の『自由海論』(mare liberum) に反対して唱えたもの》. **2** 海洋閉鎖, 海洋領有 (=CLOSED SEA). **3** 領海 (=CLOSED SEA). [L=closed sea]

máre líb·e·rum /-lí:bərəm/《国際法》**1** 自由海（論）《Hugo GROTIUS の 1609 年の著作; cf. MARE CLAUSUM》. **2** 海洋の自由 (=FREEDOM OF THE SEAS). **3** 公海 (=HIGH SEAS). [L=free sea]

Ma·ré·va injúnction /mərí:və-/《英史》マレヴァ型差止め命令《裁判所の管轄内にある財産を裁判所管轄外に持ち出すことなどを禁止するもの; Mareva Compania Naviera SA v. International Bulk-Carriers SA 裁判 (1975) にちなむ; 1999 年施行の民事訴訟手続き規則 (Civil Procedure Rules) では資産凍結差止め命令 (freezing injunction) と呼ばれている》.

mar·gin /má:rdʒən/ *n* **1 a** 縁, へり, 端; 端[縁]沿いの部分, 縁水域, 岸;《土地の境界線としての》河川の中心線. **b**《印刷[タイプ]した》ページなどの》欄外, 余白, マージン. **c** 限界, ぎりぎりの線[状態]. **2**《時間・経費などの》余裕, ゆとり,《活動などの》余地;《賛否投票などの》票差: a ~ of error 誤りの発生する余地 / a wide ~ 十分なゆとり. **3 a**《会計》粗(⎯)利益, 利鞘, マージン (=PROFIT MARGIN); 売上利益率 (=PROFIT MARGIN). **b**《経済》《経済活動を続けるための》限界収益点. **c** 担保差額《貸付金とそのための担保の市場価額との差額》. **d**《証券》《信用供与を受けて証券を取引する場合に差し入れる》証拠金: excess ~ 過剰証拠金. **e**《豪》特別支給（額）, 技能［職務］手当. ▶ BUYING ON MARGIN (証拠金取引で買うこと) / GROSS MARGIN (粗利益（率）) / PROFIT MARGIN (粗利益; 売上利益率). **buy on ~** 証拠金を入れて買う, 信用取引で買う (cf. BUYING ON MARGIN). — *vt* **1** …に書する. **2** …の欄外に書く[注を付ける]. **3**《証券》…の証拠金を支払う⟨*up*⟩. — *vi* 追加証拠金を支払う⟨*up*⟩. ~**ed** *a*

márginable secúrity 証拠金取引可能証券 (=margin stock)《証拠金勘定で購入できる株式》.

márgin accòunt 証拠金勘定[口座], 信用取引口座《証拠金 (margin) 取引をするために投資家が証券ブローカーに開設する勘定[口座]で, 信用で証券を取引したり, 預けてある証券担保で資金を借りたりする》.

márgin·al *a* **1** へり[縁, 端]の, 辺縁の; 欄外の[に書いた]. **2** 辺境の, 二つの社会[文化]に属するがどちらにも十分には同化していない, 境界的な. **3 a** 限界の;〈資格・能力・受容性などが〉下限に近い, ぎりぎりの;〈生活が〉かつかつの. **b** かろうじて収支をつぐなう, 《経済》限界収益点の: ~ profits 限界収益 / ~ land 生産力が低くて利益がほとんどあがらない土地 / ~ utility 限界効用. **c**《英政治》〈議席などが〉僅差で得た[争われる]: a ~ seat [constituency] 僅差で勝利した議席[選挙区]. **4** 重要でない, 二義的な〈to〉. — *n* **1**《英》MARGINAL NOTE. **2** 僅差で勝利した選挙区. **mar·gin·al·i·ty** /mὰːrdʒənǽləti/ *n*

márginal cóst《経済》限界費用, 限界生産費, 限界原価《生産量を1単位増加するのに必要な総生産費増加分》.

márginal nóte《議会制定法の条文についての》欄外記事《一般的には議会制定法の一部とはみなされない; 単に marginal ともいう》.

márginal táx ràte 限界税率《累進税 (progressive tax) 制の下で, 課税標準を1単位増加した時に適用される税率; cf. TAX BRACKET》.

márgin of appreciátion 弁別余地《欧州人権裁判所 (European Court of Human Rights) で作り出された概念で, 加盟国が同裁判所の再審査に服することなくみずからの活動と欧州人権条約 (European Convention on Human Rights) の適用とを規制できる一定程度の幅・余裕のこと; 多数の加盟国がある故に, それぞれの国の国内裁判所にその地域的必要・状況を尊重して人権条約を解釈適用する一定程度の自由を許容する法理である; この自由は国内裁判所が自国内で生じる人権条約上の争点を扱う場合には適用されないが, 人権条約の下で公的決定を国内裁判所が再審査する若干の事件において, 民主制的理由に基づいて選挙で選ばれた機関に敬意を表し譲歩することは認められている; これを判断の裁量領域 (discretionary area of judgment) という; cf. JUDICIAL DEFERENCE》.

márgin stòck 証拠金取引可能株式 (= MARGINABLE SECURITY).

márgin transàction 証拠金取引, 信用取引 (= buying on margin)《仲立人 (broker) から証券・商品を証拠金 (margin) を支払って購入する取引》.

Maria ⇨ BLACK MARIA.

ma·ri·age de conve·nance /F marja:ʒ də kɔ̃vnɑ̃:s/ 政略結婚 (marriage of convenience).

ma·ri·jua·na, -hua- /mæ̀rə(h)wɑ́:nə/ *n* マリファナ, マリワナ, 大麻.

ma·rine /mərí:n/ *a* [ᵁ*attrib*] 海の, 海洋の; 海にすむ, 海産の; 海洋性の; 航海(用)の; 海事の, 海運業の; 船舶の, 海上貿易の; 海上勤務の; 海兵隊(員)の: ~ products 海産物 / a ~ policy 海上保険証券 / ~ transportation 海運, 海上輸送. — *n* **1**《一国の》船舶, 海上勢力《主に MERCHANT [MERCANTILE] MARINE として用いる》. **2 a** [ˢM-] 海兵隊員, 海兵: blue [red] ~s 軍艦乗組みの砲兵[歩兵]. **b** [the M-s] 海兵隊;《欧州大陸諸国の》海軍省. ▶ ROYAL MARINES (英国海兵隊). [OF<L]

maríne advénture《海上保険》海上冒険《船舶・貨物などが海(固有)の危険 (peril of the sea) にさらされること》.

maríne bélt 領海 (= TERRITORIAL WATERS).

maríne cóntract 海事契約 (= MARITIME CONTRACT).

Maríne Còrps /-kɔ̀ːr/ [the ~]《米》海兵隊.

maríne insúrance 海上保険 (cf. FREIGHT INSURANCE, HULL INSURANCE). ▶ INLAND MARINE INSURANCE (インランド・マリン保険) / OCEAN MARINE INSURANCE (オーシャン・マリン保険).

maríne insúrance còntract 海上保険契約.

maríne ínterest 海事利息, 冒険貸借利息 (= maritime interest)《船舶が無事帰還した場合のみ元本および利息の支払いを受ける高利の利息》.

maríne péril《海上保険》海(固有)の危険 (= PERIL OF THE SEA).

maríne prótest 海難報告書, 海難証明《船長からの海難事実の報告書で, みずからの懈怠や妥当を欠く措置でなかった旨を宣誓の上述べ, それらについて権限ある者が証したもの; 単に protest ともいう》.

mar·i·ner /mǽrənər/ *n* 船員, 水夫, 船乗り (seaman); 水兵.

máriner's líen 船員リーエン (= seaman's lien)《海事リーエン (maritime lien) の一つで, 船員が給料などの債権について有する》.

máriner's wíll 船乗り[船員]の遺言 (= SAILOR'S WILL).

maríne ùnderwriter 海上保険業者.

maríne wáters *pl* 領海《内水 (internal waters) は含まれない》.

mar·i·tage /mǽrətidʒ/ *n* MARITAGIUM.

mar·i·ta·gi·um /mæ̀rətéidʒiəm/ *n* (*pl* -gia /-dʒiə/) **1**《封建法》婚姻権[料] (= maritage, marriage)《主君が有した未成年家臣の婚姻決定権, または婚姻権に関わる家臣からの上納金; ⇨ DUPLEX VALOR MARITAGII, FEUDAL INCIDENT》. **2**《新婦の》嫁資(⁂), 持参不動産権 (= DOWRY). **3**《古》寡婦産 (= DOWER). [L]

mar·i·tal /mǽrətl/ *a* **1** 婚姻の, 結婚の. **2** 夫婦の. **~·ly** *adv* 夫婦[夫]として. [L (*maritus* husband)]

márital agréement《夫婦財産 (marital property) についての夫婦ないしは婚約者間の》夫婦間合意 (= marriage settlement, property settlement) (cf. PRENUPTIAL AGREEMENT, POSTNUPTIAL AGREEMENT).

márital ásset 婚姻中に取得した資産.

márital bréakdown 婚姻の破綻 (=breakdown of marriage): petition for divorce on account of ～ 婚姻の破綻を理由にしての離婚の申し立て.

márital coércion《史》夫による強制(の推定)《かつてのコモンロー上では、夫のいる所での妻の犯罪または不法行為は夫の強制によると推定された》.

márital communicátions prìvilege 婚姻関係に基づく内密情報秘匿特権 (⇨ MARITAL PRIVILEGE).

márital dedúction《米税制》配偶者控除(額)《配偶者の一方から他方への財産移転に、一定限度まで非課税となるが、この税額控除(額)を指す》.

márital dedúction trùst《米》配偶者控除信託《税制上の配偶者控除 (marital deduction) を十全に受けるべく設定する遺言信託 (testamentary trust); 特に、生残配偶者が生涯の間信託からの収入を得る権利、およびその配偶者死亡時にはその遺産の中に信託財産を含めうるほど十分な管理権をも与える信託、特に指名権信託 (power of appointment trust)》.

márital pórtion《大陸法・ルイジアナ》《死亡した配偶者[夫]の遺産の4分の1をうたう》配偶者分, 寡婦分 (cf. DISPOSABLE PORTION, Falcidian portion, LEGITIME).

márital prívilege 婚姻関係に基づく特権 (= husband wife privilege)《1》婚姻中の夫婦間での内密情報を他方の配偶者あるいは別の人が証言することを認めない配偶者の特権; marital communications privilege ともいう 2) 刑事事件で配偶者が証言内容にかかわらず他方の配偶者に対する敵性証人 (adverse witness) として証言することを許さない特権 3) 夫婦間でなされた陳述を名誉毀損 (defamation) 訴訟の対象としない特権》.

márital próperty《米》夫婦財産《夫または妻が婚姻後有償で取得した財産; cf. COMMUNITY PROPERTY, EQUITABLE DISTRIBUTION, SEPARATE PROPERTY》.

márital rápe 配偶者強姦《通例 夫がいやがる妻に強引に性交を行なうこと; 状況により強姦罪が成立する》.

márital ríghts pl 1《史》夫の権利 (jus mariti). 2 配偶者の権利.

márital trúst 配偶者信託《生残配偶者を受益者 (beneficiary) として指名する遺言信託 (testamentary trust) の一つ; cf. MARITAL DEDUCTION TRUST, POWER OF APPOINTMENT TRUST》.

ma‧ri‧ti‧cide /mǽrətəsàid/ n 配偶者殺し《犯罪またはその犯人; cf. UXORICIDE》.

mar‧i‧time /mǽrətàim/ a 1 海事の, 海運上の, 海上貿易の;《古》海軍勤務の: ～ affairs 海事 / a ～ association 海事協会 / ～ power 制海権. 2 海の, 海辺の; 海岸近くに住む[棲息する]; 海に接した: a ～ nation 海洋国民.

máritime bélt 領海 (=TERRITORIAL WATERS).

máritime cóntract《海運に関する》海事契約 (=marine contract).

máritime cóurt 海事裁判所 (=ADMIRALTY COURT).

máritime ínterest =MARINE INTEREST.

máritime jurisdíction 海事裁判権 (=ADMIRALTY AND MARITIME JURISDICTION).

máritime láw 海法, 海事法; 海商法《》 cf. LAW OF THE SEA》. ★ admiralty law ともいう. **máritime láwyer** 海事法法律家.

máritime líen 海事リーエン, 海事先取特権《海事に関わる未払いの債務の代わりに船・積荷などを差し押える権利》.

máritime lóan 海事貸借《融資を受けて取得した物品が海上危険で滅失・毀損した場合は貸主は返済してもらえないが、無事目的地に到着した場合あるいは運送人の過失に基づいて損害賠償金が支払われる場合は、貸主が利息を上乗せした額の返済を受けるという契約》.

máritime péril《海上保険》海(固有)の危険 (= PERIL OF THE SEA).

máritime tórt 海事不法行為.

máritime tráde 海運業.

mark /máːrk/ n 1 a しるし, 記号, 符号, マーク, 跡, 証拠, 標識. b 著名, 重要: a man of ～ 著名人, 重要人物. ▶ EARMARK (耳標) / HOUSE MARK (社章) / LANDMARK (境界標(識); 史跡) / MONOMARK (モノマーク) / REGISTRATION MARK (登録番号). 2 極印, 刻印, 検印. ▶ ASSAY MARK (純分認証極印) / HALLMARK (純分認証極印; 品質証明) / KITE MARK (カイトマーク). 3《文字の書けない人が署名代わりに記す》十字. 4 a 標章, 標記, (登録)商標 (=TRADEMARK). b 役務商標, サービスマーク (=SERVICE MARK). ▶ ARBITRARY MARK (恣意的標章) / CERTIFICATION MARK (証明標章) / COLLECTIVE MARK (団体標章) / DESCRIPTIVE MARK (記述的標章) / FANCIFUL MARK (造語的標章) / MERCHANDISE MARK (商品標記) / SERVICE MARK (サービスマーク) / STRONG MARK (強い標章) / TRADEMARK [TRADE MARK] (商標) / WEAK MARK (弱い標章). 5 評点, 評価; 到達点. 6 目印, 目盛り, 道しるべ. ▶ WATERMARK (水位線). 7 目標, 標的. 8 限界(点); 標準, 水準. ▶ BENCHMARK (基準点). 9 マルク《重量単位・通貨単位; かつてのイングランドの通貨としては 2/3 ポンド=13 シリング 4 ペンス》. 10《古ゲルマンの》マルク共同体. 11 捕獲特許状 (marque) (⇨ LETTERS OF MARQUE). ― vt …にしるしを付ける. ～ up (1)〈定価・商品を〉値上げする. (2) 修正する, 訂正する: ～ up the bill《米》《委員会を通過させるために》議案に修正を加える. (3)〈訴訟事件を〉法廷日程に書き入れる.

márk‧dòwn n 値下げ (opp. markup).

márked cópy 原本対照謄本 (=EXAMINED COPY).

márked móney 目じるし付きの金《誘拐などの身代金として跡がたどれるようにした金》.

mar‧ket /máːrkət/ n (略 mkt) 1 a《特に 家畜・食料の》市(いち); 市場(いちば); 市に集まった人びと; 市日(いちび):

marketability

The last ~ was on Thursday. この前の市は木曜日に立った. **b** (公設)**市場, 市場開設権**(=market and [or] fair). **2** 食料品店, (*スーパー)マーケット: a meat ~ 肉屋. **3** 売買, 取引; [the ~] 《ある商品の》取引, ...**市場**(:ょう); 売買の機会; はけ口, 需要 〈for〉; 販路, 市場(:ょう), 購買者層 〈for〉; 売買取引関係者たち: come into the ~ 売りに出る / lose one's ~ 商機を逸する / find a ~ for... の販路を見つける / make a ~ 《証券》人気をあおる / make a [one's] ~ of... を売り物にする, ...で利益を得る / mar sb's [one's] ~ 人[自分]の商売をだいなしにする / the grain ~ 穀物市場 / the foreign exchange ~s 外国為替市場 / the foreign [home, domestic] ~ 海外[国内]市場. ▶ ALTERNATIVE INVESTMENT MARKET (代替投資市場) / AVAILABLE MARKET (利用しうる市場) / BEAR MARKET (弱気市場) / BLACK MARKET (闇市場; 地下市場) / BULL MARKET (強気市場) / BUYER'S MARKET (買手市場) / CAPITAL MARKET (資本市場) / CLOSED MARKET (閉鎖市場) / COMMODITY MARKET (商品取引所) / COMMON MARKET (共同市場) / COMMON MARKET (欧州共同市場) / EFFICIENT MARKET (効率市場) / FINANCIAL MARKET (金融市場) / FORESTALLING THE MARKET (市場妨害行為) / FORWARD MARKET (先物市場) / FREE MARKET (自由市場) / FUTURES MARKET (先物市場) / GEOGRAPHIC MARKET (地理的市場) / GRAY MARKET (灰色市場) / GROWTH MARKET (成長市場) / INTERNAL MARKET (域内市場) / LABOR MARKET (労働市場) / LIMITED MARKET (限定市場) / LISTED MARKET (上場市場) / MONEY MARKET (短期金融市場) / OPEN MARKET (自由市場) / OVER-THE-COUNTER MARKET (店頭市場) / PRIMARY MARKET (証券発行市場; 一次市場) / PRODUCT MARKET (製品市場) / RECOGNIZED MARKET (公認市場) / RELEVANT MARKET (関連市場) / RIGGING THE MARKET (株式市場操作) / SECONDARY MARKET (既発行証券市場; 第二次譲渡抵当市場; 二次市場) / SECURITIES MARKET (証券市場) / SELLER'S MARKET (売手市場) / SINGLE MARKET (単一市場) / SPOT MARKET (直物市場) / STOCK MARKET (株式市場) / THIRD MARKET (第三市場). **4** 市況, 市価; 相場 (market price): ~ quotations 市場相場(価格表), 相場表 / mend one's ~ 商売の景気を直す / raid the ~ 《口》相場を狂わせる / raise the ~ upon...《口》...に高値をふっかける / rig the ~ 《俗》人為的に市価[相場]を変動させる. **at the ~** 《証券》時価で, 成り行き(値)で, いちばんよい値段で. **be in the ~ for**... を買いたいと望んでいる, 〈人が〉... の買方である. **be on the ~** 売り物に出ている. **bring**...**to ~**=**put** [**place**]...**on the ~** ...を市場に出す, 売り出す: bring one's eggs [hogs, goods] to a bad [the wrong] ~ 見込み違いをする. **go to ~** 取引をする;《口》事を企てる. **mark to the ~** (1)一般の市場価格に合わせて調整する. (2)《オプション (option) や先物契約 (futures contract) について》課税目的で最終営業日の一般的な市場価格に従って評価する. **play the ~** 株の投機をする, 相場をやる; 自己の商売の利益のために積極的に[破廉恥に]行動する.
—vi 市場で商う, 売買する (deal). —vt 〈品物を〉市場で売る[に出す]. [ME<AF<L (mercor to trade)]

márket·abílity n 売り物になること, **市場性**.

márket·able a 市場向きの, 売れ口のある; 売買のできる; 市場性の高い.

márketable secúrity 市場性のある証券.

márketable títle 取引適合権原, 売買に適する権原 (=clear title, first-class title, good title, merchantable title, sound title) 《不動産権原上の負担や訴訟などの点で問題のない権原; opp. unmarketable title; cf. GOOD MERCHANTABLE ABSTRACT TITLE, GOOD RECORD TITLE》.

márketable títle àct 《米》取引適合権原法《不動産権原調査 (title search) の要を一定期間(例えば40年)までのみに限定し, それ以前の権利や負担は無視して取引適合権原 (marketable title) とみなしうることを認めている州法》.

márket abúse 《指定された市場における特定の投資に関する》**市場濫用**.

márket and [or] fáir 市場; 市場開設権.

márket appróach 市場価格基準法《不動産評価の方法の一つで, 市場で最近売却された類似の物件と比較し, 場所・大きさ・売却時などの違いを参考に調整を加え, 決定するもの; cf. COST APPROACH, INCOME APPROACH》.

márket capitalizàtion 《発行済み》株式の時価総額.

márketing còntract 市場取引契約《(1) 企業と代理店その他との間でのその企業の商品・サービスの販売促進のためになされる合意 (2) 協同組合 (cooperative) とその組合員との間の合意で, 組合員はもっぱら組合を通して販売することと, 組合はその価格を最良のものにすることに合意すること》.

márketing défect 市場取引上の瑕疵(かし)《(1) 製造物あるいはその予見される使用方法に関して知っていたあるいは知るべきであった潜在的危険について適切な警告を欠くこと (2) 使用者に対して製造物の安全な使用方法について適切な指示を欠くこと; » cf. MANUFACTURING DEFECT》.

márket màker 《証券》マーケットメーカー《売り・買い双方の気配値を公表して市場取引を積極的に作る証券業者; 特に特定銘柄の証券を自己勘定で売買する取引所 (Stock Exchange) の会員》.

márket manipulàtion 市場操作 (manipulation).

márket·òut clàuse 引受け解除条項, マーケットアウト条項《証券引受けにおいて市場などに予期しない重要変化が生じた場合に引受けを解除する権利を留保しておく条項》.

márket óvert 公開市場.

márket partícipant dòctrine 《米》市場参与

者の法理《(通商条項 (Commerce Clause) の下で州は、市場において売主・買主として行動すること、事業の経営、あるいは私企業の助成を通して州際通商に対して差別をしないという原則》; cf. DORMANT COMMERCE CLAUSE].

márket·plàce of idéas 思想の自由市場(論)《政府の統制なしに自由に意見を表明し競い合うことのできる討論の場; 1919年の判例(Abraham v. United States)で O. W. HOLMES が表現の自由の存立根拠として展開したもの; FREE MARKET PLACE OF IDEAS ともいう》.

márket pòwer 市場支配力, 市場力《企業が市場価格・取引条件などを支配しうる力; 特に一定期間生産量を抑え価格を上げうる力》; cf. MONOPOLIZATION, MARKET SHARE].

márket prìce 1 市場価格, 時価 (market value). 2《証券》相場 (=market value).

márket quotàtion 市場相場; [pl] 市場相場表.

márket shàre 市場占有率, 市場占拠率《単に share ともいう》; cf. MONOPOLIZATION, MARKET POWER]: over-the-counter 〜 店頭市場占有率.

márket shàre liabìlity 市場占有率に応じた責任 (⇨ ENTERPRISE LIABILITY).

márket shàring agréement 市場分割協定《カルテル (cartel) の一種として違法》.

márket tèsting 市場テスト《一般的意味での新製品やマーケッティング戦略の市場テストのほかに、特に英国では、特定の公的サービスの質とその費用との関連から、民営化を含めた複数の可能性のうちいかなる提供方式が最良かを検討するための、1991 年に始まった、市場テストを指す》.

márket tòwn 市場町《市場設置権を有する町》.

márket vàlue 1 市場価値, 市場価格 (=FAIR MARKET VALUE). ▶ ACTUAL MARKET VALUE (現実の市場価格) / CURRENT MARKET VALUE (現在の市場価格) / FAIR CASH MARKET VALUE (公正な現金市場価格) / FAIR MARKET VALUE (公正な市場価格). 2《証券》相場 (market price).

márket vàlue clàuse《保険》市場価格条項《損害保険で損害額の査定は製造原価ではなく市場価格 (market value) を基準にする旨の条項》.

márks·man /-mən/ n 1 署名の代わりに×印で済ます文字の書けない人. 2 射撃の名手.

Márks rùle /má:rks-/《米》マークス事件の準則《合衆国最高裁判所が全員一致でないが多数裁判官の意見を出した場合には、裁判官の過半数が是認する法的基準である最も狭い根拠に基づく意見で一致する裁判官たちの見解が裁判所の見解であるとみなされるという法理》. [Marks v. United States (1977)]

márk·ùp n 1 値上げ (opp. markdown); 値上げ幅;《売価を決める》原価に対する加算額《通例 売上げ率を百分率で表わす》; cf. PROFIT MARGIN). 2《米》《連邦議会委員会における》法案の最終的仕上げ, 法案仕上げの会.

marque /má:rk/ n《古》1 復仇, 報復, 報復の略奪.

2 捕獲特許状, 私掠許状 (=LETTERS OF MARQUE) (cf. LAW OF MARQUE). ▶ LAW OF MARQUE (捕獲法) / LETTER(S) OF MARQUE (捕獲免許状). 3《捕獲特許状を与えられた》私掠船, 捕獲特許船.

mar·quess /má:rkwəs/, **mar·quis** /má:rkwəs, ma:rkí:/ n (pl 〜·es /-səz/, **mar·quis** /-kí:(z)/) 侯爵, 侯 (⇨ PEER).
[OF marchis ← marche MARCH]

mar·riage /mǽrɪdʒ/ n 1 結婚(すること), 婚姻〈to, with〉; 結婚生活, 婚姻関係; 結婚式, 婚礼 (wedding): one's uncle by 〜 婚姻によるおじ《本人の妻または夫のおじ》/ become a British citizen by 〜 婚姻によって英国民となる / give...in 〜 (to...)〈娘を嫁に〉やる / take...in 〜 ...と結婚する,〈娘[息子]〉が〈婿[嫁]〉を迎える / religious 〜 宗教(結)婚 / 〜 at a REGISTRY. ▶ BANNS OF MARRIAGE (婚姻予告) / BREAKDOWN OF MARRIAGE (婚姻の破綻) / CEREMONIAL MARRIAGE (正式婚) / CHURCH OF ENGLAND MARRIAGE (イングランド教会婚) / CIVIL FORM OF MARRIAGE (民事婚方式) / CIVIL MARRIAGE (民事婚) / CLANDESTINE MARRIAGE (無式婚姻) / COMMON-LAW MARRIAGE (コモンロー婚姻) / COMMON LICENSE FOR MARRIAGE (一般婚姻許可(状)) / CONSULAR MARRIAGE (領事婚) / CONSUMMATION OF MARRIAGE (婚姻の完行) / COVENANT MARRIAGE (特約付き婚姻) / DE FACTO MARRIAGE (事実上の婚姻) / DIPLOMATIC MARRIAGE (外交婚) / DISSOLUTION OF MARRIAGE (婚姻の解消) / ECCLESIASTICAL FORM OF MARRIAGE (宗教婚方式) / FLEET MARRIAGE (フリート婚) / FORCED MARRIAGE (強制婚姻) / FRANK-MARRIAGE (自由婚姻保有) / GRETNA GREEN MARRIAGE (グレトナグリーン婚) / HANDFAST MARRIAGE (契約婚) / IMPEDIMENT TO MARRIAGE (婚姻障害) / IRREGULAR MARRIAGE (非正規婚姻) / JACTITATION OF MARRIAGE (婚姻詐称; 婚姻詐称差止め訴訟) / MAINTENANCE AFTER TERMINATION OF MARRIAGE (婚姻終了後の扶助料) / MIXED MARRIAGE (混血婚) / MORGANATIC MARRIAGE (貴賤相婚) / NONCONSUMMATION OF MARRIAGE (婚姻の不完行) / NOTICE OF MARRIAGE (婚姻通知) / NULLITY OF MARRIAGE (婚姻の無効) / PLURAL MARRIAGE (複婚) / PRESUMPTION OF MARRIAGE (有効婚姻の推定) / PROOF OF MARRIAGE (婚姻の証明) / PROXY MARRIAGE (代理結婚式) / PUTATIVE MARRIAGE (有効と推定されてなした婚姻) / REGISTRATION OF MARRIAGE (婚姻登録) / RESTRAINT OF MARRIAGE (婚姻制限) / SAME-SEX MARRIAGE (同性婚) / SCOTCH MARRIAGE (スコットランド式結婚) / SHAM MARRIAGE (擬装婚姻) / SOLEMNIZATION OF MARRIAGE (婚姻の挙式) / SPECIAL LICENSE FOR MARRIAGE (特別婚姻許可(状)) / TRIAL MARRIAGE (足入れ婚) / VOIDABLE MARRIAGE (取り消しうる婚姻) / VOID MARRIAGE (無効な婚姻). 2《封建法》婚姻権[料] (=MARITAGIUM). ▶ FORFEITURE OF MARRIAGE (無断婚姻による二倍婚姻料没収). [OF (marier to marry)]

Márriage Àct [the ~]《英》婚姻法《同名の法は英法史上多数ある; 中でも重要なものの一つは, ハードウィク卿法 (Lord Hardwick's Act) (1753) と通称されているもので, 無方式の合意に基づく秘密婚姻を廃止したもの; また1836年法は民事婚を導入した点で時代を画している; 1949年法は, 婚姻に関する統合法であるが, その後にも改正法は多い; cf. COMMON-LAW MARRIAGE》.

márriage àrticles *pl* 婚姻前約定《正式の婚姻継承財産設定(証書) (marriage settlement) 準備のため婚約者間で合意をみた条項; ⇨ MARRIAGE SETTLEMENT》.

márriage bànns 婚姻予告 (=BANNS OF MATRIMONY).

márriage bròkerage [bròkage]《報酬を得ての》婚姻仲介[周旋]契約[業].

márriage bròkerage [bròkage] còntract 婚姻仲介[周旋]契約《報酬を得てのこの契約は公序良俗に反するものとして無効》.

márriage by certíficate《英》証明書による婚姻.

márriage by certíficate and lícense《英》証明書と許可証による婚姻.

márriage by Régistrar-Géneral's lícense《英》登録本署長官の許可証による婚姻.

márriage by relígious lícense《英》教会の許可証による婚姻.

márriage cèremony 婚姻方式; 婚姻の儀式, 結婚式.

márriage certíficate 婚姻証明書《略 MC》.

márriage consideràtion《婚姻しようとしている二人が有する》婚姻の約因.

márriage còntract 1《契約としての》婚姻. 2 婚姻前夫婦財産契約 (=antenuptial settlement).

márriage gíft 嫁資(ʔ) (=DOWRY).

marriage in fa·cie ec·cle·si·ae /—in féɪʃìː ɛklíːʃìː/《古》教会の扉の所での婚姻《最も正式な婚姻》. [E+L=marriage in the face of the church]

márriage lìcense《英》婚姻許可(状)《有効な婚姻をするには, その前に, 国教会の宗教婚の場合には婚姻予告 (banns of matrimony) を行なうか教会の許可を得なければならず, 後者のうち主教からの許可を common license (for marriage)《一般婚姻許可(状)》といい, Canterbury 大主教からの許可を special license (for marriage)《特別婚姻許可(状)》という; 民事婚あるいは非国教会の宗教婚の場合には登録地区 (registration district) の登録監督吏 (superintendent registrar) の証明書により要件を満たす》.

márriage of convénience 1 地位・財産などが目当ての婚姻, 政略結婚 (=mariage de convenance) (cf. SHAM MARRIAGE). 2《より一般的に》婚姻時には当事者にとって便宜のよい》無分別な婚姻.

mar·ri·age per ver·ba de fu·tu·ro cum co·pu·la /mǽriedʒ pər vérbə dɛ futúːrou kəm kɑ́pjələ/《史》性交を伴った未来形のことばを用いての婚姻《将来結婚すると約束した場合その後の性交と同時に正式の婚姻となった》. [L=marriage by means of words of the future tense through carnal intercourse]

marriage per ver·ba de prae·sen·ti /mǽriedʒ pər vérbə dɛ prizéntaɪ/《史》現在形のことばを用いての婚姻《他の一切の要件なしに婚姻と認められた》. [L=marriage by means of words of the present tense]

márriage pòrtion《新婦の》嫁資(ʔ), 持参財産, 持参金, 嫁資金 (=DOWRY).

márriage protéction òrder《英》婚姻保護命令 (⇨ FORCED MARRIAGE).

márriage registràtion 婚姻登録 (registration of marriage).

márriage sèttlement 1 婚姻継承財産設定(証書), 婚姻継承的不動産処分(証書)《婚姻を前提として, 婚姻当事者とその子孫のために設定される継承財産設定 (settlement); 通例 婚姻前のものを指すが, 婚姻後のものを含めて指す場合もある; ⇨ ANTENUPTIAL SETTLEMENT, POSTNUPTIAL SETTLEMENT》. 2 a 婚姻前夫婦財産契約 (=ANTENUPTIAL SETTLEMENT). b《夫婦ないしは婚約者間の》夫婦間財産処理合意 (=MARITAL AGREEMENT).

márried cóuple 夫婦.

márried mán 夫, 既婚男性, 婚姻中の男性.

márried wóman 妻, 既婚女性, 婚姻中の女性.

Márried Wómen's Próperty Àcts *pl* [the ~]《史》妻財産法《カノン法・コモンロー上は夫婦は一体とされ, その唯一の人格は夫であり, 妻の行為能力は否定されていた; この不都合は18世紀までにはいくつかの点でエクイティー上の妻のための特有ユース (separate use) の法理で回避されていたが, きわめて不十分であった; この不合理を立法によって改め始めたのが英国では1870年のMarried Women's Property Act《妻財産法》を嚆矢とする一連の改革法であった; 米国でも19世紀半ば以降州法で, 同名の法律あるいはMarried Women's Act という名称で妻の行為能力の拡大がはかられた; これら立法の一般的呼称である; ⇨ SEPARATE ESTATE》.

mar·shal /máːrʃ(ə)l/ *n* 1 a《軍》陸軍元帥《米国では General of the Army, 英国では Field Marshal》. b《英》航空元帥 (M~ of the Róyal Áir Fòrce): an Air Chief M~ 航空大将 / an Air M~ 航空中将 / an Air Vice-M~ 航空少将. c《各国の》軍最高司令官; 憲兵司令官《憲兵司令官》. 2《米》《連邦裁判所の》執行官;《米》市警察[消防]署長;《米》警察官, 消防署員;《英》海事法廷[裁判所]執行官 (Marshal of the Admiralty Court). ▶ UNITED STATES MARSHAL (合衆国執行官). 3《会の》接待係, 儀式係, 進行係,《レースの》係;《英史》馬係, 国王の軍務官, 式部官;《英》《現在は紋章院 (Heralds' College) 総裁を主たる職務としている宮廷

役人である》**軍務伯**（=EARL MARSHAL (OF ENGLAND)); 〚英史〛**宮廷軍法卿** (Marshal of the King's Household); 〚英史〛**マーシャルシー監獄** (Marshalsea Prison) 典獄; 〚英史〛**王座裁判所典獄** (Marshal of the King's Bench); 〚英史〛**軍務騎士** (=KNIGHT MARSHAL). **4**〚英〛**巡回裁判官付き書記** (=JUDGE'S MARSHAL).
— v (-l- | -ll-) vt **1**〈兵隊などを〉整列させる; 配列する. **2**〈事実・議論などを〉整理する. **3** …の優先[配分]順位を決める. **4**〈儀式ばって〉案内する, 先導する: ~ sb before [into the presence of] the Queen 人を女王の面前に案内する. — vi 〈考えなどが〉まとまる. **~·cy, ~·ship** n marshal の職[地位]. ［OF<L<Gmc (*marhaz horse, mare, *skalkaz servant)］

márshal·ing, márshal·ling n **1**《一定秩序・順位に従っての》整理, 整列. **2**《権利・証拠などの》調整, 整理; (特に) **財産衡平配分**(則) (=MARSHALING ASSETS).

márshaling ássets 財産衡平配分(則) (=marshaling of assets, marshaling remedies, marshaling (of) securities, rule of marshaling assets, rule of marshaling remedies, rule of marshaling securities)《例えばある債権者はみずからの債権につき複数の責任財産に対して権利行使が可能であり, 他方別の債権者はその中の一つの責任財産に対してのみ権利行使が可能な場合には, 前者は, たとえ優先権を有していても, 後者のための責任財産になっていない方の財産から先ず満足を受け, 残った部分についてのみ後者と競合すべきであるというエクイティー上の準則; 単に marshaling ともいう》. ▶ RULE OF MARSHALING ASSETS (財産衡平配分の準則).

márshaling líens 分割売却不動産担保権行使(順位則)《分割して売却された不動産に対してリーエン(lien)あるいは譲渡抵当(mortgage)を有していた者が分割売却不動産のそれぞれに対していかなる順序で担保権を行使しうるかの順位則で, 第一順位はもとの所有者に残っている部分, 次いで最後に売られた部分, さらにはその直前に売られた部分という順に逆順で被担保債権の満足に充てられるべきであるという準則; inverse order of alienation doctrine, rule of marshaling liens ともいう》. ▶ RULE OF MARSHALING LIENS (分割売却不動産担保権行使順位の準則).

márshaling of ássets 財産衡平配分(則) (=MARSHALING ASSETS).

márshaling of secúrities 担保権行使順位決定(則) (=MARSHALING ASSETS).

márshaling rémedies 救済手段行使順位決定(則) (=MARSHALING ASSETS). ▶ RULE OF MARSHALING REMEDIES (救済手段行使順位決定の準則).

márshaling secúrities 担保権行使順位決定(則) (=MARSHALING ASSETS). ▶ RULE OF MARSHALING SECURITIES (担保権行使順位決定の準則).

márshaling the évidence 証拠の整理《**1**》事実審理に提出するための一方当事者側の全証拠の整理

2》特定解釈により一層信憑性を与えるべく証拠を整理して陪審への訓示 (jury instruction) を作成すること》.

mar·shall /máːrʃ(ə)l/ n, vt, vi MARSHAL.

Marshall マーシャル **(1)** John ~ (1755-1835)《米国の法律家・政治家; 合衆国最高裁判所首席裁判官 (1801-35); 連邦派 (Federalists) の立場から, 州に対する連邦の優位を確立し, 既得権の保障を重視した数多くの判決を通し, 合衆国憲法解釈の基礎を固めた; 特に違憲立法審査権を確立した MARBURY V. MADISON (1803) などの判決での意見は有名; ⇒ MARSHALL COURT》.
(2) Thurgood ~ (1908-93)《米国の法律家; 黒人として米国史上初の合衆国最高裁判所裁判官 (1967-91); 一貫して少数者保護の立場をとり, リベラルな判決を下した》.

Márshall Cóurt《米史》マーシャル裁判所《John Marshall が首席裁判官時代 (1801-35) の合衆国最高裁判所; 合衆国憲法の解釈権が合衆国裁判所にあることを宣言, 大統領や議会の行為について初めて違憲と判定 (⇒ MARBURY V. MADISON) し, 多くの州法を合衆国憲法に違反するとして違憲立法審査制を確立した; また, 連邦議会が憲法に明記された権限以外にも「暗黙の権能」を有するという法理を示した MCCULLOCH V. MARYLAND も重要》.

Márshal of the Ádmiralty (Cóurt) [the ~]〚英〛海事法廷[裁判所]執行官.

Márshal of the Kíng's [Quéen's] Bénch [the ~]〚英史〛王座[女王座]裁判所典獄.

Márshal of the (Kíng's [Quéen's]) Hóusehold [the ~]〚英史〛宮廷軍務卿《EARL MARSHAL (軍務伯) とは異なる》.

Mar·shal·sea /máːrʃ(ə)lsìː, -si/ [the ~]〚英史〛 **1** 宮廷裁判所 (=COURT OF THE MARSHALSEA). **2** MARSHALSEA PRISON.

Márshalsea Príson [the ~]〚英史〛マーシャルシー監獄《London の Southwark /sʌ́ðərk/ にあった監獄; 起源的には Court of the Marshalsea (宮廷裁判所) の監獄; 後に特に王座裁判所 (Court of King's Bench) の債務不履行者収容所として有名; 1842 年法で女王監獄 (Queen's Prison) に統廃合; 単に Marshalsea ともいう》.

Mársh v. Alabáma (1946) /máːrʃ-/《米》マーシュ対アラバマ事件《通常の町と全く同じ機能を果たしているがその全領域が私的な会社の所有する町で, これに対して宗教活動を行なった者が起訴された事件; 私有のものであっても公的機能を果たしている以上は町と同様憲法に拘束され, 表現の自由規定に抵触し違憲となると判示した合衆国最高裁判所の判例》.

Már·tens clàuse /máːrt(ə)ns-/《国際法》マルテンス条項《『陸戦ノ法規慣例ニ関スル条約』(1899 および 1907 年) の前文中の一部で, 同条約に明文規定がない場合も「人道ノ法則」や国際慣習法に拘束されることを確認する条項; 発案者である 1899 年の会議の小委員会委員長で

ある、ロシア代表 Fyodor Fyodorovich Martens (1845-1909) の名から》.

mar·tial /mɑ́ːrʃ(ə)l/ *a* 戦争の[に適する]; 武勇の, 軍事の; 軍の, 軍隊の: ~ rule 軍政 / COURT-MARTIAL. **~·ly** *adv* **~·ness** *n* 〖OF or L=of Mars〗

mártial cóurt 軍法会議 (＝COURT-MARTIAL).

mártial láw **1** 戒厳(令) (cf. MILITARY LAW): impose [declare] ~ in...に戒厳令を布く[布告する] / lift ~ 戒厳令を解除する. **2** 軍政下の法. **3**《古》軍法 (military law). ★ 語義 1-3 ともに law martial ともいう. ▶ COMMISSION OF MARTIAL LAW (軍法に関する授権書).

Már·tin·dale-Húb·bell Láw Diréctory /mɑ́ːrtɪndèɪl hʌ́bəl-/《米》『マーティンデイル-ハベル法律名鑑』《年刊》.

Mar·tin·mas /mɑ́ːrt(ə)nməs, *-mæs/ *n* 聖マルティヌスの祭日 (St. Martin's Day)《11 月 11 日; スコットランドでは QUARTER DAYS の一つ》.

Már·tin v. Húnter's Lessée /mɑ́ːrt(ə)n və̀ːrsəs-/ マーティン対ハンターの賃借人事件《州裁判所の下した判決に対する合衆国最高裁判所の再審査の権利を確立した 1816 年の合衆国最高裁判所判決》.

Máry Cárter agrèement《米》メアリ・カーター式(示談)合意《判決前に共同被告の全員ではなくその一人ないしは一部の原告がかわす通例は秘密の示談契約で, 示談相手被告は判決にかかわらず原告に一定額を支払い, 原告は示談相手被告にそれ以上請求をしない旨を約束する; さらに示談相手被告も共同被告として訴訟に留まり, 他の共同被告に対する判決額が示談額を上回った場合には, それに応じて示談相手被告の支払い額は減ずる旨も約束するもの; 州によって公序良俗 (public policy) に反するとして無効とされる; 1967 年の Florida 州の判例 Booth v. Mary Carter Paint Co. の被告名より; cf. GALLAGHER AGREEMENT》.

Máry Májor《米》メアリー・メイジャー (＝JANE DOE).

mask /mǽsk; mάːsk/ *vt* 遮蔽する, 隠蔽する.

másk·ing *n* 遮蔽, 隠蔽.

másk rìght マスクワーク権 (⇨ MASK WORK).

másk wòrk《知的財産権 (intellectual property) の保護対象である, 半導体チップの》マスクワーク.

Má·son-Díx·on lìne /méɪs(ə)n dɪ́ks(ə)n-/《米史》メーソン-ディクソン線 (＝**Máson and Díxon('s) líne**)《Maryland 州と Pennsylvania 州との境界線; 1763-67 年部分的に Charles Mason と Jeremiah Dixon が踏査した線で, 奴隷解放前は長く南部と北部の境界とされた》.

mass[1] /mǽs/ *n* **1** 塊り; 密集, 集団, 集まり; [*pl*] 多数, 多量《*of*》. **2** [the ~] 大部分, 主要部. **3** 一般大衆, 庶民. **4** 大きさ, 量, かさ. ― *a* **1** 大量の, 大規模な. **2** 多勢の; 集団的な; 全体的な. **3** 大衆的な.

mass[2] *n* [*M*-]《教会》ミサ; ミサ曲. ▶ NUPTIAL MASS (婚姻式のミサ).

Mas·sa·chú·setts rùle /mǽsətʃúːsəts-/《米》マサ

チューセッツ準則《(1)⇨ PRUDENT INVESTOR RULE 2》⇨ INTACT VALUE PRINCIPLE **3**》小切手取立てに関し, 取立てに関与した全銀行が取立て依頼者の代理人の地位に立つという判例理論で, 統一商事法典 (Uniform Commercial Code) もこの立場をとっている; cf. NEW YORK RULE》.

Massachúsetts trúst マサツューセッツ・トラスト (＝BUSINESS TRUST).

Mas·sí·ah rùle /məsáɪə-/《米》マサイア事件の準則《(通例は, 正式の取調べで)でない時に, 被疑者からみずからが有罪であることを示す陳述を引き出そうとする試みで, 被疑者自身が任意で弁護士による弁護権を放棄しないかぎりは合衆国憲法第 6 修正に定める被疑者の弁護士の援助を受ける権利 (right to counsel) を侵すことになるという原則; 1964 年の合衆国最高裁判所の判例 Massiah v. United States より; cf. DELIBERATE ELICITATION》.

máss múrder 大量殺人《一時あるいは短時間に, 通常は単一行為または単一計画の下で多くの人を殺すこと; cf. SERIAL MURDER》.

máss tórt《多数の人が被害者となる》大規模不法行為《工場からの有害物質排出, 産業廃棄物による汚染, 民間航空機の墜落事故などがその例; cf. TOXIC TORT》.

mas·ter /mǽstər; mάːs-/ *n* **1** 支配権をもつ人, かしら, 長; 主君; 船長; 使用者, 雇用者, 雇い主, 主人 (opp. *servant*) (cf. EMPLOYER), 《ギルド制の》親方; 《奴隷・家畜などの》所有主, 飼い主; 家長 (cf. MISTRESS): ~ and man 主人と召使 / MASTER AND SERVANT / No man can [You cannot] serve two ~s.《諺》二君に仕えることはできない. ▶ GANGMASTER (現場監督). **2 a** 教師, 先生; 校長. **b** 修士(号)《DOCTOR と BACHELOR との中間の学位(の保有者)》: *M*~ of Arts [Science] 文学[理学]修士(号). **c** 達人, 大家. **3**《種々の役人の職名として》長; 主事; [°*M*-]《英国の大学の》学寮長. **4** 裁判所主事, 補助裁判官《裁判所での種々の手続きを補助すべき, また一定の場合には裁判官に代わる職務を行なう補助官; 以下独立項目として列挙の Master [master]...の名称を有する裁判所主事, referee (審理人), auditor (審理人), examiner (《証人》尋問官), assessor (裁判所補佐人) など》. ▶ CHANCERY MASTER (大法官府部主事) / PRACTICE MASTER (訴訟実務主事) / QUEEN'S BENCH MASTER (女王座部主事) / SPECIAL MASTER (特別裁判所主事) / STANDING MASTER (常任裁判所主事) / TAXING MASTER (訴訟費用算定主事). **5** 母型, 原版, オリジナル, 《レコードの》原盤, 《テープの》マスターテープ: ~ file《電算》マスターファイル. be ~ in one's own house 一家のあるじである, 他人の干渉をうけない. be ~ of... の所有主である, ...を自由にできる. ― *a* **1** 主人の, かしらの, 親方の, 自営の; 支配者の, 支配的な. **2** 主な, 基本となる; 《複製の》もとになる. **3** 名人の, すぐれた.

~·hòod *n* 〖OE *mægester*＜L *magister*; 途中で OF *maistre* の影響あり; cf. MAGISTRATE〗

máster and sérvant **1** 雇い主と雇い人[使用者と使用人](の関係)《かつての用語; 今は employer and employee という; cf. RESPONDENT SUPERIOR, SCOPE OF EMPLOYMENT). **2** 雇用関係: the law of ~ 雇用関係法.

Máster at Cómmon Láw〖英史〗コモンロー裁判所主事 (cf. MASTERS OF THE COURTS OF COMMON LAW).

máster dèed〖米〗基本証書《区分所有権 (condominium) 設定に関連して、そこに記載されている物件を州法の定めに服させることと、専有部分・共用部分、所有者の権利、内規などにつき州法の定め通りに記述している証書; cf. DECLARATION OF CONDOMINIUM》.

máster in cháncery 1[M- in C-]〖英史〗大法官府主事 (=Master of the Chancery)《大法官府 (Chancery) における大法官 (Lord Chancellor) および記録長官 (Master of the Rolls) の補佐官; 一面では行政官であったが、同時に補助裁判官の役割もになった; 現在では廃止》; ⇨ CHANCERY MASTER, CHIEF CLERK, MASTER OF THE SUPREME COURT; cf. MASTERS OF THE COURTS OF COMMON LAW). **2**〖米〗エクイティー裁判所主事.

Máster in Lúnacy〖英史〗心神喪失問題主事《大法官 (Lord Chancellor) の下で、心神喪失 (lunacy) の申し立てを審理し、心神喪失者 (lunatic) の財産管理の監督をした; 現在は保護法廷主事 (Master of the Court of Protection) となっている》.

máster léase《特にその賃借不動産の一部についての不動産転貸借 (sublease) を支配することになる》親不動産賃貸借[賃借権].

máster límited pártnership 公開取引持分有限責任組合 (=PUBLICLY TRADED PARTNERSHIP).

máster of láws[°M- of L-] 法学修士《略 LL. M., ML; cf. BACHELOR OF LAWS, DOCTOR OF LAWS, DOCTOR OF JURIDICAL SCIENCE, JURIS DOCTOR》.

Máster of Requésts[the ~]〖英史〗請願裁判所 (Court of Requests) 裁判官.

Máster of the Bénch〖英〗インズ・オヴ・コート (Inns of Court) (のうちの一つの) 評議員《BENCHER の正式名》.

Máster of the Cháncery〖英史〗大法官府主事 (=MASTER IN CHANCERY).

Máster of the Cháncery Divìsion〖英〗大法官府部主事 (=CHANCERY MASTER).

Máster of the Cóurt of Protéction[the ~]〖英〗《最高法院 (Supreme Court of Judicature) の》保護法廷 (Court of Protection) 主事《精神障害者の財産管理を管轄する; cf. MASTER IN LUNACY》.

Máster of the Crówn Óffice[the ~]〖英〗刑事訴追主事《かつては王座裁判所 (Court of King's Bench) で私人の訴えに基づく略式起訴状 (criminal information) を提起していた主事 (master); 現在はイングランド首席裁判官 (Lord Chief Justice) 選任の最高法院 (Supreme Court of Judicature) の役人の一人》.

Máster of the Fáculties〖英〗特別許可主事《特別許可 (faculty) の授与を職務とする Canterbury 大主教の役人》.

Máster of the Mínt[the ~]〖英史〗鋳貨局長《1870 年法で廃止され、大蔵大臣 (Chancellor of the Exchequer) がその職務を兼ねている》.

Máster of the Rólls[the ~]〖英〗記録長官《元来は大法官 (Lord Chancellor) を補佐した記録保管官; 現在は控訴院 (Court of Appeal) の最上位の裁判官で、その民事部の長; 司法部でイングランド首席裁判官 (Lord Chief Justice of England) に次ぐ地位; 略 MR》.

Máster of the Supréme Cóurt [Sénior Cóurt]〖英〗最高法院[上級法院]主事《最高法院 (Supreme Court of Judicature) で中間訴訟手続き (interim proceedings) の指揮など、一般に裁判官の全権限にわたる職務を行なう補助裁判官; 裁判所法 (Judicature Acts) まではコモンロー裁判所主事 (Masters of the Courts of Common Law) と呼ばれていた役人 (現在は女王座部主事 (Queen's Bench Master)) と大法官府主事 (Chancery Master) からなる; 2005 年法施行後最高法院は上級法院 (Senior Court) と名称変更》; ⇨ CHANCERY MASTER, CHIEF CLERK, QUEEN'S BENCH MASTER, SENIOR COURT).

Máster of the Wárds[the ~]〖英史〗《後見裁判所 (Court of Wards (and Liveries)) の裁判官である》後見長官.

máster plàn 総合基本計画、全体計画、マスタープラン. **máster-plán** *vt* …のマスタープランを立てる.

máster pòlicy《団体保険の》一括保険証券, 基本保険証券.

Másters of the Cóurts of Cómmon Láw〖英史〗コモンロー裁判所主事 (⇨ MASTER OF THE SUPREME COURT) (cf. MASTER IN CHANCERY).

máster's repórt《裁判所に提出される》裁判所主事報告書.

mat. maturity.

mátching bròker《証券取引における》相手捜し仲立人.

mátching prìnciple〖税制〗対応原則《その年度の減価償却が税収減少に対応するように必要経費控除を操作する方法》.

mate /méɪt/ **1** 仲間, 友だち. ▶ CELLMATE (同房者) / INMATE (共住者; 被収容者). **2** 連れ合い, 配偶者 (spouse). **3**《商船の》航海士. **4** 助手, …補佐.

ma·ter·fa·mil·i·as /mèɪtərfəmíliəs, mà:-; -æs/ *n*〖ローマ法〗家母, 女家長《家長 (paterfamilias) のために子を産んだ、その手権に服する妻 (uxor in manu) への敬称; cf. PATERFAMILIAS》. [L=mother of a family]

ma·te·ri·al /mətíəriəl/ *a* **1** (opp. *spiritual*) 物質 (上)の, 物質的な (physical); 有形の, 具体的な (substantial): a ~ being 有形物. **2** 本質的な, 関連した, 重要な, 必須の, 主要な, 実効性のある 〈*to*〉; 大きく影響する, 実質的な, 重大な (cf. RELEVANT). — *n* **1** 原料,

材料, 素材, 資材. **2**[*pl*] 題材, 資料, データ, 《特に》証拠 (evidence): ～ *for* thought 思考資料. ▶ BRADY MATERIAL (ブレイディー事件資料) / JENCKS MATERIAL (ジェンクス事件資料) / SPECIAL PROCEDURE MATERIAL (要特別手続き資料). ～**·ly** *adv* **ma·te·ri·al·i·ty** /mətìəriǽləti/ *n* ［OF＜L; ⇨ MATTER］

matérial allegátion 《訴答 (pleading) の中での》重要な主張《それが欠けると訴答が不十分となるような本質的な主張》.

matérial alterátion 実質的な変造《証書などのもとの文言を変え, 法的効果に変更をきたす変造》.

matérial bréach 重大な契約違反《契約違反の程度が大きく, したがって相手方がその違反を部分的契約違反 (partial breach) ではなく全面的契約違反 (total breach) であるとみなし, みずからなすべき履行をその後に行なうことなく損害賠償請求へ切り替えうるほどに重大な違反; cf. PARTIAL BREACH, SUBSTANTIAL PERFORMANCE, TOTAL BREACH》.

matérial chánge of úse 《土地・建物などの》重大な用途変更.

matérial évidence 重大な《関連性のある》証拠《訴訟の結論に影響する争点に関係している証拠; cf. RELEVANT EVIDENCE》.

matérial fáct 重要事実 **(1)** 判決理由 (ratio decidendi) の基礎として重視した事実 **2)** 訴訟の攻撃・防御の本質になるような事実 **3)** 契約を締結する誘引になった事実; 》cf. COLLATERAL FACT》.

matérial íssue 重要な争点 (cf. IMMATERIAL ISSUE).

matérial·man's líen /-mənz-/ 材料供給者のリーエン[留置権] (cf. MECHANIC'S LIEN).

matérial misrepresentátion 重大な不実表示.

matérial representátion 《例えば契約締結のように問題となっている事柄に直接関連する》重要表示.

matérial térm 重要契約条項.

matérial wítness 《特に他の人が知らない重要事実についての》重要証人.

ma·ter·nal /mətə́:rnl/ *a* 母の (opp. *paternal*); 母方の; 母から継いだ; 母系の: a ～ uncle 母方のおじ. ～**·ly** *adv*

matérnal líne 母系, 母方の系統 (cf. PATERNAL LINE).

ma·ter·ni·ty /mətə́:rnəti/ **1** 母たること, 母性; 母子関係; 母としての義務. **2** 母系.

matérnity allòwance 《英》政府産休手当 (= STATE MATERNITY ALLOWANCE).

matérnity bènefit 出産給付(金).

matérnity lèave 出産休暇, 産休《英国では通常の場合 26 週間, 付加的にさらに 26 週間可能》.

matérnity pay ⇨ STATUTORY MATERNITY PAY.

matérnity rìghts *pl* 出産に伴う諸権利《妊娠・出産に伴う休職中の女性が雇用者に対して有する諸権利》.

máte's recéipt 航海士受領書《船長 (master) が船荷証券 (bill of lading) に署名するための準備書面として航海士 (mate) が船に積み込んだ荷物に対して渡すその受領書》.

mathemátical évidence 1 絶対的証拠. **2** 数学的証拠《数値・統計・確率に関連する証拠》.

Máth·ews v. Él·dridge tèst /mǽθjuz vɜ̀ːrsəs éldrɪʤ-/《米》マシューズ対エルドリッジ事件のテスト《政府の行為に対して手続的法の適正手続 (procedural due process) の要求が適用される場合, いかなる手続が適正であるかを主として次の 3 つの利益衡量によって判断すべきであることを判示した 1976 年の合衆国最高裁判所の判例で示された確定方法; その利益とは, 1) 政府の行為により影響を受ける私的利益の性質, 2) 用いられた手続によりその利益が誤って剝奪される危険, 3) 手続きをより厳密にすることに伴う政府の負担を含む政府の利益の 3 つである》.

mat·ri·cide /mǽtrəsàɪd, méɪ-/ *n* 母(親)殺し《行為または行為者; cf. PARRICIDE, PATRICIDE》. **màt·ri·cí·dal** *a* ［L］

ma·tric·u·late /mətríkjəlèɪt/ *vt, vi* 大学に入学を許す[入学する], 入学を認められる; 正規会員として入会を許す[入会する], 入会を認められる. — *n* /-lət/ 大学入学者. ［L＝to enroll］

mat·ri·mo·ni·al /mæ̀trəmóʊniəl/ *a* 婚姻の, 結婚の (nuptial); 夫婦の: a ～ agency 結婚紹介所. ～**·ly** *adv* 結婚によって; 夫婦として.

matrimónial áction 婚姻事件 (= MATRIMONIAL CAUSE).

matrimónial cáuse 婚姻事件, 婚姻関係事件, 婚姻訴訟 (= matrimonial action). ▶ COURT FOR DIVORCE AND MATRIMONIAL CAUSES (離婚・婚姻訴訟裁判所).

Matrimónial Cáuses Àcts [the ～]《英》婚姻事件法《婚姻事件を教会裁判所から世俗裁判所に移し, 個別的な立法による離婚 (legislative divorce) 以外にも離婚を一般的な形で認めた 1857 年の制定法以来同名の法律が複数ある》.

matrimónial dómicile 婚姻上の住所, 婚姻ドミサイル (= matrimonial home)《婚姻によって夫と妻がいっしょに住むところ》.

matrimónial hóme 婚姻生活のための住居 (= MATRIMONIAL DOMICILE).

matrimónial hóme rìghts *pl* 婚姻生活のための住居に対する権利 (= HOME RIGHTS).

matrimónial injúnctions *pl* 婚姻生活関係差止め命令《被虐待配偶者[同居者] (battered spouse [cohabitant]) がその相手方の虐待行為を止めさせるように申し出ることのできる暴行排除命令 (non molestation order), 居住に関する命令 (occupation order) などの複数の差止め命令の総称; cf. BATTERED SPOUSE [COHABITANT], DOMESTIC VIOLENCE》.

matrimónial offénse 婚姻上の犯罪《姦通・虐

待・遺棄など婚姻生活上の義務違反行為》.

matrimónial órder《英史》婚姻生活関係命令《1960年法上の定期的支給・子の監護・非同居に関する規定について治安判事 (magistrate) によって出された命令; 1978年法で廃止》.

matrimónial procéedings *pl* 婚姻解消手続き《離婚 (divorce)・裁判上の別居 (judicial separation)・婚姻の無効 (nullity of marriage) を求める手続き》.

matrimónial rés 1 婚姻財産. 2《婚姻から生ずる財産・扶養義務とは区別される》(法的)婚姻関係, 夫婦関係.

mat·ri·mo·ni·um /mætrəmóuniəm/ *n*《ローマ法》婚姻, 結婚 (=nuptiae). [L]

mat·ri·mo·ny /mǽtrəmòuni; -məni/ *n* 1 婚姻, 結婚. ▶BANNS OF MATRIMONY (婚姻予告). 2 婚姻関係, 婚姻状態; 夫婦関係, 婚姻[結婚]生活. 3 婚礼; 婚姻秘跡. [AF<L *matrimonium*]

ma·tron /méitrən/ *n* 1 既婚女性[婦人]《寡婦を含む》, 夫人. ▶JURY OF MATRONS (受胎審査陪審). 2《病院・刑務所・寮などの女性用施設の》女性監督, 婦長.

mat·ter /mǽtər/ *n* 1 **a** 問題, 主題, 事 (subject); 内容, 物, 事件, 事項: It's a ~ of time now. もう時間の問題だ / a ~ of life and death 死活問題 / a ~ of opinion 見解の[異論のありうる]問題 / money ~s 金銭問題 / a ~ of concern to the members of the committee 委員会のメンバーの関心事 / the most important ~ on the agenda 議事日程の最重要事項 / a ~ in hand 当面の問題. **b**《立証されるべき》事項, 問題, 主要事実, 基礎事実, 争点事実, 実体 (opp. *form*): a ~ in question 係争事項 / an interlocutory ~ 中間事項《訴訟途中に生じた中間の争い[争点]》. ▶CIVIL MATTER (民事事件) / COLLATERAL MATTER (付随的事項) / IMPERTINENT MATTER (無関係事項) / NEW MATTER (新たな事項; 新規事項) / SCANDALOUS MATTER (中傷的申し立て) / SPECIAL MATTER (特別問題) / SUBJECT MATTER (係争物). 2 印刷物, 筆記したもの; 郵便物: first-class ~ 第一種郵便物 / postal ~ 郵便物. ▶PRINTED MATTER (印刷物). — *vi* [多くは否定・疑問・条件文で] 重大[重要]である 〈to sb〉. — *vt* 重大[価値あり]とみなす. [AF<L *materia* timber, substance]

mátter in cóntroversy 1 係争事項 (=matter in dispute) (cf. AMOUNT IN CONTROVERSY). 2 訴額 (=AMOUNT IN CONTROVERSY).

mátter in déed 1 証書事項《捺印証書 (deed) によってのみ証明される事項; cf. MATTER IN PAIS》. 2 事実問題 (=MATTER OF FACT).

mátter in dispúte 係争事項 (=MATTER IN CONTROVERSY).

mátter in íssue 1 争われている事項. 2 直接争点事実《原告・被告間で争点として直接争われそれに対して事実認定がなされる事実; 証拠として提出された事実は含

まれない》.

mátter in páis /-ɪn péɪ/ 証書外事項《証書事項 (matter in deed) および記録事項 (matter of record) でない, 捺印証書 (deed), 記録 (record) 以外の方法で証明される事項》.

mátter of cóurse 当然のこと[結果], 通例: as a ~ 当然, もちろん, (通常の)手続き[習慣]として(…すること になっていて), いつも(のように) / The writ was issued as a ~.

mátter of fáct 事実問題 (=matter in deed) (cf. MATTER OF LAW).

mátter of fórm 形式問題 (cf. MATTER OF SUBSTANCE).

mátter of láw 法律問題 (cf. MATTER OF FACT). ▶JUDGMENT AS A MATTER OF LAW (法律問題判決).

mátter of récord 記録事項《正式な訴訟記録 (record) に記入されている事項で, その証明は記録の提出によるべきものとされる》.

mátter of súbstance 実質問題 (cf. MATTER OF FORM).

ma·ture /mət(j)úər, -tʃúər/ *a* 1《心身が》成熟した, 大人の: a person of ~ age 分別盛りの年の人. 2〈手形など〉満期の (due). — *vi* 満期になる (cf. VEST): the bill which will ~ in six months 6か月で満期になる手形. **~·ly** *adv* **~·ness** *n* [L *maturus* timely, mature]

matúre-mínor dòctrine 成熟未成年者の法理《思春期の人は, いまだ成人年齢 (age of majority) には達してはいないが, みずからの健康および幸福に関して筋の通った選択を明確に表現できる能力を示している場合には, その事項につき決断しうるというコモンロー上の原則; 米国ではすべての州がこの法理を認めているわけではない》.

Ma·tu·ri·o·ra sunt vo·ta mu·li·e·rum quam vi·ro·rum. /mætjùːrióurə sənt vóutə məlíərəm kwæm viróurəm/ 女性の婚姻誓約(能力)は男性のものより早くに成熟する. [L=The marriage vows of women are of quicker maturity than those of men.]

ma·tu·ri·ty /mət(j)úərəti, -tʃú-/ *n* 1 成熟, 円熟, 完熟, 完成, 完全な発達[発育]: ~ of judgment 分別盛り / come to [reach] ~ 成熟[円熟]する. ▶PREMATURITY (未成熟性). 2 満期(日), 支払い日[期日]. ▶DATE OF MATURITY (満期日) / ENDORSEMENT AFTER MATURITY (満期後裏書).

matúrity dàte 満期日 (=DATE OF MATURITY).

max·im /mǽksəm/ *n* 1 格言, 金言; 処世訓, 座右の銘. 2 法格言, 法諺(ほうげん) (=legal maxim). ▶LEGAL MAXIM (法格言). [F or L (*maximus* greatest (superl)〈*magnus*)]

máxims of équity エクイティーの法格言[法諺]《エクイティー準則がそこから発展してきたと思われている一般原則を簡にして要を得た形で表現した法諺; きわめて多数あるが, その代表的な例は EQUITY の項を参照》.

máximum médical impérióvement 医療上回復の限界《障害を受けた人の状況が, さらに加療しても回復・改善が期待できない程度に安定していること; 労働者災害補償 (workers' compensation) との関連でしばしば用いられる用語で, その対象労働者はこの時点に達するまでは一時的な給付金を得, この時点で恒久的な就労不能に対する決定がなされることになる》.

máximum-secúrity a《刑務所などの収容施設が最大警備の.

máximum séntence 法定刑の最高刑(の宣告) (cf. MINIMUM SENTENCE).

may /mèɪ, méɪ/ v auxil (p might) **1** /meɪ, mɛ, (弱) mə/ **a**［許可］…してもよろしい［さしつかえない］: If I ~ say so, you are mistaken. そう言っては何ですが, あなたは勘違いをしていると思う. **b**［認容］…と言ってもさしつかえない, …と言うのはもっともだ. **c**《古》［可能］できる (can). **2**［推量］**a**［可能性］…かもしれない, …なこと［場合］がある. **b**［may＋have done, have been］…した［だった］かもしれない: He ~ have said so. 彼はああいうそう言ったかもしれない. **c**［疑問文で不確実の意を強めてまたは丁寧の意を表わして］〈いったいだれ［何, どうして］…〉だろう, かしら: Who ~ you be? どなたでしたかしら. **3**［祈願・願望・呪い］願わくは…ならんことを, …させたまえ: M~ you succeed! ご成功を祈る / Long ~ he live! 彼の長寿を祈る / M~ it please your honor! 恐れながら申し上げます. **4**［副詞節において］**a**［目的］…するために: I work hard (so) that (=in order that) I ~ support my family. 家族を養うため懸命に働く. **b**［譲歩］たとえ…であろうとも: Whoever ~ say so [No matter who ~ say so], you need not believe him. だれがそう言おうと信ずるには及ばない《口語ではしばしばこの may を用いないで Whoever says so [No matter who says so], …のようにいう》. **5**《法令などで》…するものとする. ★ 一般的には義務・命令よりも許可・権利付与を意味するが, しかし法学関係では shall および must とほぼ同義として用いることも多い.

May /méɪ/ メイ Sir **Thomas Erskine** ~, 1st Baron Farnborough (1815-86)《英国の法律家・憲法学者; 制定法整備委員会 (Statute Law Revision Committee) の委員長 (1866-84), 下院書記官 (1871-86), 枢密顧問官 (1885)などを歴任; 主著は, 議会手続きのバイブルといわれた *A Practical Treatise on the Law, Privileges, Proceedings and Usage of Parliament* (1844), および *Constitutional History of England since the Accession of George III, 1760-1860* (1861-63) など》.

Máy Dày メーデー, 五月祭《労働者の祭典; 5月1日; ⇒ LABOR DAY》.

Máyflower Cómpact [the ~]《史》メイフラワー・コンパクト《契約, 誓約》《1620年11月11日 (旧暦; 新暦では21日), Plymouth 上陸前にメイフラワー号上で Pilgrim Fathers が作成署名した, 植民地の政治団体形成に関する誓約書》.

may·hem, mai·hem /méɪhèm, *méɪəm/ n **1 a** 身体傷害《暴力をもって手・足・目・歯などで防衛に必要な身体の部分に与える傷害; cf. MUTILATION, SERIOUS BODILY INJURY》; 重傷害. **b** 意図的損傷, 暴力による破壊;《口》騒乱. **2**《批評・論説などにおける》必要以上の非難. [AF *mahem*; ⇒ MAIM]

may·or /méɪər, méər, (特に人名の前で) mɛər; méər/ n 市長, 町長《city, town, borough の長》,《時に village の) 村長. ▸ LADY MAYOR (女性市長) / LORD MAYOR (市長). ★ 英国ではかつて Mayor は一般に市・町の参事会 (council) で選ばれたその長であったが, 現在はその職務の中心は儀式的なものに限られ, 多くは市政司労者に与えられる名誉職となっている. スコットランドでは Provost と呼ばれる. また Mayor という英語は他の国における同じような地位にある人にも用いられる. **~·ship** n 市[町]長の職[身分].
[OF *maire*＜L MAJOR]

máyor·al a 市長の: carry out one's ~ duties 市長の責務を遂行する. **máyor·al·ty** n 市[町]長の職[任期].

máyor·ess n 女性市長[町長]; 市長[町長]夫人.

máyor-màking n 市長[町長]就任式《定例の市[町]議会で行なわれる》.

Máyor of Lóndon [the ~] ロンドン市長《2000年から London で4年に一度選ばれる大ロンドン政庁 (Greater London Authority) の長; 1999年の大ロンドン政庁法に基づいて創設された; 市長の職責には, 歳出計画作成などのほかに London の文化的・経済的・社会的発展の促進と, 大気汚染と廃棄物の削減を目指す方策による, 市の環境の改善が含まれている》.

Máyor's and Cíty of Lóndon Cóurt [the ~]《英》ロンドン市長・市裁判所《1920年法によりロンドン市長裁判所 ((Lord) Mayor's Court of London) とロンドン市裁判所 (City of London Court) が統合して設立された裁判所で, London 市内で生じた民事事件につき無制限の裁判権を有した; 1971年法で廃止されたが, 名称のみは他地域と同じ裁判権を有するにすぎない London 市の州裁判所 (county court) が保持している》.

máyor's còurt 市長裁判所《いくつかの市に認められた, 市長が主宰する下位裁判所; **Lord Mayor's Court** (in London) (ロンドン市長裁判所)が有名であった》.

MBC metropolitan borough council ◆ municipal borough council.

MBE《米》°Multistate Bar Examination 各州共通法曹資格試験.

MBO °management buyout マネジメント・バイアウト ◆ °management by objectives 目標設定経営.

MBS °mortgage-backed security 譲渡抵当担保付き証券.

MC Magistrates' Court ◆ marriage certificate 婚姻証明書 ◆ °Mayor's Court 市長裁判所 ◆《米》°member of Congress 議会議員, 下院議員 ◆ Member of Council.

MCA《英》Matrimonial Causes Act 婚姻事件法 ◆

monetary compensatory amount(s).

McCarran, McLean, etc. ★ 本辞典では Mac-Carran, MacLean, etc. の位置で示す。

MCJ Master of Comparative Jurisprudence.

MCL Master of [in] Civil Law ♦ Master of Comparative Law 比較法修士.

MCompL Master of Comparative Law 比較法修士.

MD doctor of medicine 医学博士 ♦ °malicious damage 故意の財産損害.

M.D. 〖米〗Middle District 中部裁判区.

MDC 〖英〗°metropolitan district council〖英〗大都市圏地区参事会.

MDL 〖米〗°multidistrict litigation 広域帰属訴訟.

ME 〖米〗°medical examiner 検屍医.

mean /míːn/ a《時間・距離・数量・程度などが》中間の; 中位の, 並みの (average); 平均の. ― n 1 [~s] **a** [°sg] 方法, 手段 (way), 措置: a ~s to an end 目的に達する手段 / by this [that] ~s この[その]ようにして / by what ~s どうして, どうやって (how). **b** [°pl] 資力, 財産; 収入: a man of ~s 資産家. ▶ EXTRAORDINARY MEANS (異常措置) / LEAST [LESS] RESTRICTIVE MEANS (最も[より]制限の少ない手段) / STATEMENT OF MEANS (資産報告書) / WAYS AND MEANS (収入調達方法). **2** 中央, 中間, 中位, 中等; 平均.

me·an·der líne /miǽndər-/《河川・湖沼などの》測量曲線《境界線ではない》.

méan hígh tíde 平均高潮位《略 MHT》.

mean·ing /míːnɪŋ/ n 意味, 意義. ▶ OBJECTIVE MEANING (客観的意味) / ORDINARY MEANING (通常の意味) / PLAIN MEANING (明白な意味) / PRIMARY MEANING (一次的意義) / SECONDARY MEANING (二次的意義) / SUBJECTIVE MEANING (主観的意味).

méan lów tíde 平均低潮位《略 MLT》.

mear ⇨ MERE².

mea·sure /méʒər/ vt **1** 計る, 測定する, …の寸法をとる, 計量する; …の測定単位である: ~ a piece of ground 土地を測量する / The ounce ~s weight. オンスは重さの単位である. **2**《人物・価値などを》測る, 評価する,《ことば・とるべき行動などを》考量する ― vi 測定する, 計量する;《物が測定できる》: ~ easily 測りやすい.
― n **1 a**《物質の量的比較の》基準, 算定基準, 測定単位, 尺度; 計量法, 度量法, 度量衡: a ~ of mass [length] 質量[長さ]の測定単位[尺度]. **b** 測定, 測量, 計測; 寸法, ます目, 量目: give full [short] ~ 十分な[不足の]計り方をする / by ~ 寸法をとって. ▶ ASSIZE OF MEASURES (度量衡法) / DRY MEASURE (乾量) / LIQUID MEASURE (液量) / WEIGHTS AND MEASURES (度量衡).
2 [°pl] 処置, 措置, 方法, 施策; 立法措置; 提案, 法案 (bill): adopt [take] ~s 処置を講ずる / take emergency ~s 非常手段を取る / as a precautionary ~ 予防策として / safety ~s 安全策 / a desperate ~ やけくその手段 / use hard [strong] ~s 虐待する. ▶ COUNTER MEASURE (対策; 対抗手段) / FISCAL MEASURES (財政施策) / INTERIM MEASURES (暫定的措置) / SPECIAL MEASURES (特別措置) / SUBSEQUENT REMEDIAL MEASURE (事後救済手段). **3** [ᵁM-]〖英〗イングランド国教会制定法《教会総会 (General Synod) でつくられ議会両院の決議 (resolution) を経て国王の裁可 (royal assent) のあったもの; 議会制定法 (Act of Parliament) と同じ効力を有する》.

méasure of dámages 損害賠償算定基準: ~ by reason of death 死亡を理由にしての損害賠償算定基準 / ~ in contract 契約における損害賠償算定基準 / ~ in contract, non-physical distress and annoyance 契約における非肉体的苦しみ・不快感の損害賠償算定基準 / ~ in tort 不法行為における損害賠償算定基準.

mea·sur·er /méʒərər/ n 計測人, 測定者, 算定者.

méasuring lífe《永久拘束禁止の準則上の》基準生存者《永久拘束禁止の準則 (rule against perpetuities) は権利設定時に生きている人の死亡から 21 年間に権利が確定することを要求し, それ以外の将来権 (future interest) を無効とするが, そうさせないためには設定時に生きている人 (life in being) で, 権利確定の基準となる人を見いださねばならない; この基準となる生存者をいう; cf. GENERAL OCCUPANT, LIFE IN BEING, OCCUPANT, SPECIAL OCCUPANT, STATUTORY LIVES IN BEING》.

mechánical jurisprúdence 機械的法学《裁判官は法を認定された事実に三段論法的に当てはめ判決を出すという考え方; R. POUND により批判対象として命名された》.

mechánical (reprodúction) ríghts pl 機械的複製権《音楽や写真など機械的に複製されるものに関する著作権者の権利》.

mechánic's líen 職人のリーエン, 職人の留置権 (=artisan's lien)《建物・自動車など不動産・動産の改良・修理・保守のために提供した労力・材料の代金支払いを受けるまでその占有を持ち続けることのできるリーエン; ⇨ STOP NOTICE STATUTE; cf. BUILDING LIEN, LABORER'S LIEN, MATERIALMAN'S LIEN》.

med. mediator ♦ medical ♦ medicine.

me·di·ate /míːdieɪt/ vt **1** 調停[仲介]する, 和解させる,《贈り物・情報などを》取り次ぐ. **2**《ある結果》の媒介となる[をする]. ― vi 調停[仲介]する《between》; 介入[媒介]する: ~ between the manager and his staff 経営者と幹部の間を取り持つ / offer to ~ in the dispute 紛争の調停を申し出る.
― a /-diət/ **1** 仲介の; 間接の (opp. immediate). **2**《まれ》中間の (intermediate). **~·ness** n **me·di·a·to·ry** /míːdiətɔːri; -eɪt(ə)ri/ a 調停[仲介]の. [L= to be in the middle; ⇨ MEDIUM]

médiate dátum 媒介事実, 間接事実《究極事実 (ultimate fact) の存在を合理的推論によって認定できる事実》.

médiate descént 無遺言不動産間接相続《**1**》祖

父-孫間の相続のような無遺言不動産相続 **2)** 祖父から父へ, さらに父の死亡で孫への相続のように, 結果的に祖父から孫へ相続された形となる無遺言不動産相続; cf. IMMEDIATE DESCENT)).

médiated séttlement agréement 調停による和解契約.

médiate évidence 仲介証拠 (=SECONDARY EVIDENCE).

médiate fáct 仲介事実 (⇨ EVIDENTIARY FACT).

médiate·ly *adv* **1** 調停により, 仲介により, 和解により. **2** 間接的に, 中間的に.

médiate posséssion 《代理人などによる》間接占有 (cf. IMMEDIATE POSSESSION).

médiate pówers *pl* 《主たる権能 (primary powers), 特に代理権に当然含まれる》付随権能[権限].

médiate téstimony 媒介的証言 (⇨ SECONDARY EVIDENCE).

me·di·a·tion /mìːdiéɪʃ(ə)n/ *n* 《中立的第三者による》調停, 介入 (cf. ARBITRATION, COLLABORATIVE LAW, COOPERATIVE LAW); 斡旋, 仲介, 取次ぎ, 和解; 《国際法》《第三国による》仲介, 居中調停; 国際調停 (》cf. CONCILIATION, GOOD OFFICES): refuse an offer of government ～ 政府の調停の申し出を拒否する / through the ～ of...の調停によって. **～·al** *a* **mé·di·à·tive** /, -ət-; -ət-/ *a* 調停の, 仲介の.

me·di·a·ti·za·tion /mìːdiətàɪzéɪʃ(ə)n; -tə-/ *n* 《国家の》併合.

me·di·a·tor /míːdièɪtər/ *n* 調停人, 仲介者, 媒介者 (=impartial chair) (cf. ARBITRATOR). ▶ OFFICIAL MEDIATOR (公的調停人). **me·di·a·to·ri·al** /mìːdiətɔ́ːriəl/ *a* 調停(人)の.

médiator of quéstions 《史》《Edward 3 世期の制定法に基づく 6 人からなる》商人間紛争調停人.

Med·ic·aid /médɪkèɪd/ *n* [⁰m-] 《米》メディケード《社会保障法 (Social Security Act) に基づいて, 州と連邦政府が共同で行なう低所得者や障害者のための医療扶助(制度)》. [*medical*+*aid*]

Médicaid-quálify·ing trúst 《米》メディケード受給資格取得信託《メディケード (Medicaid) の受給資格を取得する目的で, その資格取得のためには多すぎる資産を減らすために, 委託者を用いてみずからその全部または一部の受益者となって設定された信託; この脱法的信託はメディケード申請者の資産とみなされるので, 受給資格は与えられないだけでなく, 再申請不許可期間付与の不利益を科される可能性が高い》.

med·i·cal /médɪk(ə)l/ *a* 医療の, 医学の, 医師[医家]の, 医用の: ～ care 医療 / a ～ checkup 健康診断 / a ～ man 医師, 開業医 / ～ science 医学 / a ～ student 医学生 / resign for ～ reasons 健康上の理由で辞める. — *n* [*pl*] 医療費 (medical expense). **～·ly** *adv* 医学[医療]的に; 医学[医療, 医薬]によって; 医学[医療]上.

médical appéal tribúnal 《英史》医療上訴審判所《給付金をめぐる問題について医療関係機関からの上訴を扱う審判所; 1998 年法で機能は他の上訴機関に移された》.

médical certíficate 診断書, 医療証明書.

médical cóllege 医科大学.

médical-emérgency excéption 医療上緊急事態による例外《警察官は, 医療上緊急事態にあると合理的に信ずる理由のある人を救助するためには, 個人の家に令状 (warrant) なしで入ることができるという原則》.

médical évidence 医療関係者による証拠.

médical examinátion 《医師による》診察 (⇨ MENTAL EXAMINATION, PHYSICAL EXAMINATION).

médical exáminer 1 《米》検屍(けんし)医, 検屍官 (=examiner)《医師の資格をもち変死の原因などを調べる; 略 ME; cf. CORONER》. **2**《生命保険加入申込者などを診査する》健康診断医, 診査医. **3** 医師免許資格審査官.

médical expénse 医療費 (=medicals).

médical-expénse reimbúrsement plàn 医療費返済制度《雇用者 (employer) が被用者 (employee) に対し, 被用者が支払った医療費 (視力・歯科治療費を含む) のうち被用者全員が利用できる医療制度ではカバーされない費用を払い戻しする制度; 略 MERP》.

médical inspéction 1 医学的検査, 検疫. **2** 身体検査, 健康診断. **3** 作業所検査《労働作業所の安全性の検査》.

médical insúrance 医療保険.

médical jurisprúdence 1 法医学 (=FORENSIC MEDICINE). **2**《広く》医事法学.《》略 med. jur.》

médical láw 医事法.

médical malpráctice 医療過誤《略 med. mal.; cf. MALTREATMENT》.

Médical Ófficer of Héalth 〖英史〗保健所長《地方の公衆衛生の責任者; 略 MOH》.

médical practítioner 医師, 開業医.

médical tréatment 医療, 医学的治療: under ～ 治療[加療]中. ▶ CAPACITY TO CONSENT TO MEDICAL TREATMENT (医療に対する同意能力).

Méd·i·càre /médɪ-/ *n* [ˢm-] メディケア《**1**》《米》社会保障法 (Social Security Act) に基づいて, 高齢者および障害者を対象とした, 政府の医療保障 **2**》《カナダ》国民健康保険》. [*medical care*]

med·i·cine /médəsən; méds(ə)n/ *n* **1** 医学, 内科(治療): clinical [preventive] ～ 臨床[予防]医学 / practice ～ 医業を営む, 《医者が》開業している. ▶ FORENSIC MEDICINE (法医学) / LEGAL MEDICINE (法医学). **2** 薬, 薬剤. ▶ PATENT MEDICINE (特許医薬品).

Médicines and Héalthcare próducts Régulatory Àgency 〖英〗薬剤・健康管理製品規制機関《薬品・医療器具を規制する政府機関で, 新製品の試験・製造・販売の許可, 血液の確保・保存, 血液血液製剤の使用規制などを行なう; 略 MHRA》.

mèd·i·co·légal /mèdɪkou-/ *a* 法医学 (forensic

medicine) の;《広く》医事法(学)の.

me·di·um /míːdiəm/ *n* (*pl* ~s, -dia /-diə/) **1** 媒介物, 媒体. **2** 手段, 方便;《伝達・情報などの》媒体, (マス)メディア;広告媒体《★ この意味では media を単数に, medias を複数に用いることがある》;記録[記憶]媒体《磁気ディスクなど》. **3** 仲介者; (*pl* ~s) 霊媒, 巫女(ఒ)《英国では制定法上の犯罪となりうる》. ▶ FRAUDULENT MEDIUM (詐欺的霊媒). **4** [~s]《英》中期国債 (5–15 年).

médium of exchánge 交換媒介物, 交換手段《通貨など》.

med. jur. °medical jurisprudence 法医学,《広く》医事法学.

med·ley /médli/ *n* **1** 争闘, 乱闘 (cf. CHANCE-MEDLEY, CHAUD-MEDLEY). ▶ CHANCE-MEDLEY (偶発的争闘) / CHAUD-MEDLEY (激情殺人). **2** 寄せ集め;メドレー.

med. mal. °medical malpractice 医療過誤.

meet·ing /míːtɪŋ/ *n* **1 a** 会合, 集合;《特殊な》会, 会議;大会, 集会, 総会: a management ~ 経営者会議, 管理職会議 / a staff ~ 幹部会議, 職員会議, 担当者会議 / call a ~ 会を招集する / hold a ~ 会を催す / open a ~ 開会する, 開会の辞を述べる / conduct a ~ 会を主宰する / close a ~ 閉会する / put a resolution to a ~ 決定を会議に委ねる. **b** 会衆: address the ~ 会衆に挨拶する. ▶ ANNUAL MEETING (年次(株主)総会) / BOARD MEETING (役員会) / CABINET MEETING (閣議) / COMMONWEALTH PRIME MINISTERS' MEETING (イギリス連邦首相会議) / COMPANY MEETING (株主総会) / CREDITORS' MEETING (債権者会議) / FREEDOM OF MEETING (集会の自由) / GENERAL MEETING (総会, 株主総会) / JOINT MEETING (両院合同会議) / MANDATORY MEETING (強制集会) / ORGANIZATIONAL MEETING (設立会議) / PARISH MEETING (教区総会) / PUBLIC MEETING (公開集会) / REGULAR MEETING (通常会;年次(株主)総会) / SHAREHOLDERS' MEETING (株主総会) / SPECIAL MEETING (特別会) / STATED MEETING (定時会, 定時総会) / STOCKHOLDERS' MEETING (株主総会) / TOWN MEETING (タウン・ミーティング). **2** 面会;出会い. **3** 合流;一致.

méeting of créditors 債権者会議 (= CREDITORS' MEETING).

méeting of the mínds 意思の合致, 合意 (= aggregatio mentium) (⇨ MUTUAL ASSENT).

Még·an's Láw /mégənz-, méɪ-/《米》メガン法《性犯罪の前科をもち再犯のおそれのある人物を登録し地方住民への周知手段提供を当局に義務づける法律の総称;1980 年末に多く制定されたが, この法律は New Jersey 州の少女 Megan Kanka 暴行・殺害事件 (1994) から;程度の差はあるが, 全州に同種の法律がある;cf. SEX-OFFENDER REGISTRY).

mein·dre age /míndrə áːʒ, míndər éɪʤ/《史》未成年. [OF]

meinour ⇨ MAINOUR.

me ju·di·ce /meɪ júːdɪkɛ/ わたしが判断者であれば;わたしの判断では. [L = if I am the judge]

me·lio·rate /míːljəreɪt, -liə-/ *vt* 良くする, 改良[改善]する. ― *vi* 良くなる,《スコットランド》賃借地[賃借物]を改良する.

mè·lio·rá·tion /ˌmiːljəréɪʃən/ 改良, 改善; [*pl*]《スコットランド》賃借地[賃借物]の改良.

Me·li·or est con·di·tio de·fen·den·tis. /méliɔːr ɛst kandíʃiou dèfɛndéntɪs/ 被告の地位は優位である. [L = Better is the condition of the defendant.]

Melior est conditio pos·si·den·tis et rei quam ac·to·ris. /― ― ― ― pəsidéntɪs ɛt ríːaɪ kwæm æktóʊrɪs/ 占有者したがって被告の地位は原告のそれにまさる. [L = The condition of the possessor and that of the defendant is better than that of the plaintiff.]

Melior est conditio possidentis, ubi neu·ter jus ha·bet. /― ― ― ― (j)úːbɪ njúːtər ʤʌs héɪbɛt/ 双方が権利をもっていない場合には占有者の地位が優位である. [L = Better is the condition of the possessor where neither of the two has the right.]

Melior est jus·ti·tia ve·re prae·ve·ni·ens quam se·ve·re pu·ni·ens. /― ― ʤəstíʃiə víːri privéniənz kwæm sɛvíːri pjúːniənz/ 真に予防する正義は厳しく罰する正義にまさる. [L = Truly preventive justice is better than severe punishment.]

Me·li·us est om·nia ma·la pa·ti quam ma·lo con·sen·ti·re. /méliəs ɛst ámniə mælə pǽtaɪ kwæm mǽlou kànsentáɪrɛ/ 悪事に同意することよりあらゆる悪事に耐えることの方が良い. [L = It is better to suffer all wrongs than to consent to wrong.]

Me·li·us est pe·te·re fon·tem quam sec·ta·ri ri·vu·los. /méliəs ɛst pétɛrɛ fántɛm kwæm sɛktáɪraɪ rívjuloʊs/ 細流を追いかけるよりは水源に向う方がよい《要約は信用できないので, 小さな流れつたいに進むよりは水源に向う方がよいという趣旨; cf. COMPENDIA SUNT DISPENDIA). [L = It is better to go to the fountainhead than to follow the rivulets.]

mem. member ♦ memorandum, memoranda.

mem·ber /mémbər/ *n* **1 a**《団体の》一員,《構》成員;会員, 社員, 部員, 団員: ordinary ~ 通常会員 / honorary ~ 名誉会員 / the ~ countries [states] of EU EU 加盟国 / the ~s of the United Nations 国連加盟国 / the ~ firms of the Stock Exchange 株式取引所会員会社. **b** 議員: the ~ for Windsor ウィンザー選出の議会議員. **c**《英》《大英帝国勲位 (Order of the British Empire) の》第五級勲位受勲者 (⇨ ORDER OF THE BRITISH EMPIRE). **d** 軍法会議配属員《有罪か否か, また有罪の場合はその刑罰を決定するために軍法会議

(court marshal) に配属された人). ► CABINET MEMBER (閣僚) / COMPANY MEMBER (会社構成員) / CONSTITUENCY MEMBERS (ロンドン参事会議構成地域代表) / FOUNDER MEMBER (創立成員) / LONDON MEMBERS (ロンドン参事会議大ロンドン全体代表) / NAMING A MEMBER (指名議員退出手続き) / REGISTER OF MEMBERS (株主名簿) / VENIREMEMBER (陪審員候補者). **2 a** 組織体の一部分; 政党支部. **b** 身体の一部《特に手足》. **～·less** *a* 〔OF＜L *membrum* limb〕

mémber bànk 〖米〗連邦準備制度 (Federal Reserve System) 加盟銀行 (＝reserve bank)《連邦準備銀行 (Federal Reserve Bank) の一つ》.

mémber corporàtion 〖証券〗会員会社《最低一人の役員が証券取引所 (securities exchange) の会員となっている法人組織》.

mémber firm 〖証券〗会員企業《最低一人の役員などが証券取引所 (securities exchange) の会員となっている企業》.

mémber of a cómpany 〖英〗会社の構成員 (＝COMPANY MEMBER).

mémber of Cóngress 〖米〗《上院・下院の》議会議員,《特に》下院議員《略 MC》.

Mémber of Párliament 《英国・オーストラリア・カナダなど》議会議員,《特に》下院議員,〖英〗庶民院議員《略 MP》.

Mémber of the European Párliament 欧州議会議員《略 Euro-MP, MEP》.

mémbers' clúb 会員制クラブ《クラブ (club) のうちクラブ財産が会員のための受託者に帰属するもの; cf. PROPRIETARY CLUB; ⇨ CLUB》.

mémber's gállery 〖英〗庶民院議員招待者用傍聴席.

mémber·ship *n* **1** 構成員[一員, 会員, 社員, 議員]であること, その地位[職]: a badge of ～ 会員バッジ / ～ qualifications 会員資格 / conditions of ～ 会員(になれる)条件 / pay one's ～ (fees) 会費を払う / apply for ～ of the European Union 欧州連合への加盟申し込みをする. ► MAINTENANCE OF MEMBERSHIP (組合員資格維持(制)) / UNION MEMBERSHIP (労働組合員資格). **2** 団体の構成員総数, 全会員: have a large ～ [a ～ of 2000] 多数の会員[2000 の会員]を有する.

mémbership corporàtion 加入者法人, 社員制法人 (＝NONSTOCK CORPORATION).

Members' ínterests *pl* 〖英〗《庶民院》議員利害関係事項《雇用関係・会社役員としての地位・保有株式・主要保有財産・財政的後援など庶民院議員としての活動に影響を与える利害関係事項; 1975 年の同院決議でこれらは公開情報として登録されねばならないとされている》.

Mémber's óath 〖英〗《庶民院》議員宣誓.

Mémber Stàte 《欧州連合 (European Union)》加盟国.

mémbers' vóluntary wínding-úp 〖英〗社員任意清算 (⇨ WINDING-UP).

mem·brum /mémbrəm/ *n* (*pl* **mem·bra** /-brə/)《身体その他の物の》一部;《特に》《面積の》小さな土地. 〔L＝member〕

memo. memorandum, memoranda.

mem·o·ran·dum /mèmərǽndəm/ *n* (*pl* ～s, -ran·da /-də/) **1 a** 覚書, 備忘録, メモ. **b**《詐欺防止法 (statute of frauds) 上必要とされている》覚書《詐欺防止法によって定められた一定の契約が実現されるためには, 口頭ではならず当事者名・契約目的物その他その契約の重要事項が記載されかつ当事者(代理人)の署名のある覚書 (memorandum) または記録 (note) が必要とされる; その覚書をいう; cf. NOTE). **c**《外交上の》覚書: ～ trade 覚書貿易. **d**〖商業〗覚書送り状, 委託販売品の送り状. **e** 内部文書,《非公式な》意見書. ► TECHNICAL ADVICE MEMORANDUM (専門的助言集). **2** メモランダム条項 (＝MEMORANDUM CLAUSE). **3** 訴訟事件摘要書, 上訴趣意書 (brief). **4**《組合の》規約,《会社の》定款 (＝MEMORANDUM OF ASSOCIATION). **5** メモランダム判決 (＝MEMORANDUM DECISION). 〔L (neut sg gerund) ＜ *memoro* to bring to mind〕

memorándum àrticles *pl* 〖海上保険〗メモランダム貨物《メモランダム条項 (memorandum clause) でその適用があると指定された貨物》.

memorándum chèck 〖米〗不呈示特約小切手《振出人[借主]みずからが償還することにし, 振出銀行に呈示しない特約の付された短期貸付け用の小切手; 小切手上に memorandum または mem. と記載される》.

memorándum clàuse メモランダム条項《海上保険証券上で特定の損害や一定比率未満の小損害については填補しないと定めた条項; 単に memorandum ともいう》.

memorándum decìsion《判決の結果のみを意見なしで示す》メモランダム判決《単に memorandum ともいう》.

memorándum in érror 事実に関する誤り申立書.

memorándum in wríting《英史》(1925 年法上土地取引に関して必要とされた) 土地取引覚書 (1989 年法で全契約条項を含む原則 1 通の契約書を要することになっている).

memorándum of alterátion 〖英〗特許に関する一部放棄書.

memorándum of associátion 〖英〗基本定款《会社の基本的事項を定める定款で, 米国の ARTICLES OF INCORPORATION (基本定款) に当たる; 単に memorandum ともいう》.

memorándum of prótest 拒絶覚書 (＝NOTICE OF DISHONOR).

memorándum of satisfáction《会社の》弁済覚書.

memorándum of understánding 了解覚書 **(1)** 政府機関と外国の政府機関・業界団体との間で取りかわす国際法上の了解覚書 **(2)** LETTER OF IN-

memorándum opìnion 裁判所の意見《**1**》詳細な議論抜きでの事件の結果についてのみの裁判所の意見; 通常 公表されずしたがって先例として引用もできない **2**》合衆国租税裁判所 (United States Tax Court) の公表されないよう命じられている意見; 先例となりうる **3**》事件についての判決そのものではないが裁判所の見解ないし は考えている判決を述べた裁判所の意見 **4**》事件についての裁判所ないし裁判官の意見でその認定・結論を述べ, 実際の命令・判決をなすもの)).

me·mo·ri·al /məmɔ́ːriəl/ *n* **1** 記念物. **2**《外交》覚書; [*pl*] 覚書, 記録, 年代記. **3**《捺印証書 (deed) の》(登録)摘要. **4**《請願 (petition) の基礎となる》事実の陳述. **~·ly** *adv* [OF or L; ⇨ MEMORY]

mem·o·ry /mém(ə)ri/ *n* 記憶. ▶ LEGAL MEMORY (法的記憶) / LIVING MEMORY (生存者記憶) / REFRESHING MEMORY (記憶の新鮮化) / SOUND AND DISPOSING MIND AND MEMORY (正常かつ財産処分能力を有する精神と記憶力) / TIME OF (LEGAL) MEMORY (法的記憶の及ぶ時代) / TIME OUT OF MEMORY (法的記憶の及ばぬ時代).

men·ace /ménəs/ *n* 威嚇, おどし, 脅迫, 脅威 《THREAT より文語的》: demand money with ~s 脅迫して金を要求する, 金を恐喝する. ▶ DEMANDING WITH MENACES (恐喝). — *vt, vi* 威嚇する, おどす, 脅迫する; …にとって脅威となる, 危険にさらす: Floods ~*d* the village with destruction. 洪水が村を潰滅の脅威にさらした. **mén·ac·ing·ly** *adv* [L *minax* threatening (*minor* to threaten)]

mén·ac·ing *n* 威嚇, おどし, 脅迫.

men·da·cious /mɛndéɪʃəs/ *a* **1** 虚言癖のある. **2** 虚偽の (opp. *veracious*).

men·dac·i·ty /mɛndǽsəti/ *n* **1** 虚言癖. **2** うそ, 虚偽.

mens /ménz/ *n* **1** 心, 精神 (mind). **2** 意思 (will); 意図 (intention). **3** 知性, 理解. [L]

mensa et thoro ⇨ A MENSA ET THORO.

méns lé·gis /-líːʤɪs/ **1**《一般に》法の精神. **2**《特定の》法[法律]目的[趣旨]. [L=the mind of the law]

méns le·gis·la·tó·ris /-lɛʤɪslətóːrɪs/ 立法者意思. [L=the intention of the lawmaker]

méns réa /-ríːə/ (*pl* **men·tes re·ae** /méntìːz ríːìː, méntèıs réıàı/) **1** 犯意, 故意 (guilty mind, malice). **2**《犯罪の》主観的要素[要件],《刑法上の》故意過失,《犯行時の犯罪者の》精神状態 (=state of mind), 責任条件[要件] (cf. ACTUS REUS, ANIMUS). [L=guilty mind]

men·tal /méntl/ *a* **1** 精神の, 心の, 心的な (opp. *bodily, physical*): ~ effort(s) 精神的努力. **2** 知的な, 知力の, 知能の: ~ faculties 知的能力, 知力 / a ~ worker 頭脳労働者. [OF or L (*ment- mens* mind)]

méntal ánguish 精神的苦悶 (=EMOTIONAL DISTRESS).

méntal crúelty 精神的虐待《離婚原因として認められることがある》; ⇨ CRUELTY; cf. EMOTIONAL DISTRESS》.

méntal deféct 精神障害.

méntal defíciency《古》精神薄弱 (mental retardation).

méntal diséase 精神的疾患, 精神病, 精神障害 (=mental illness). ★ mental disease と mental illness は同義と考えてよいが, 前者は刑事法学, 後者は医学でしばしば用いられる.

méntal disórder 精神障害, 精神病 (cf. HOSPITAL ORDER, MORAL DEFECTIVE, SPECIAL HOSPITAL).

méntal disórder impèding chóice《英》選択を妨げる精神障害《みずからが性行為を行なうか否かの選択を妨げる精神障害を有している人との性行為は 2003 年法で犯罪とされている》.

méntal distréss 精神的苦しみ (=EMOTIONAL DISTRESS). ▶ INFLICTION OF MENTAL DISTRESS (精神的苦しみを加えること).

méntal distúrbance 精神的撹乱 (=EMOTIONAL DISTRESS).

méntal examinátion 精神科医による診察 (cf. PHYSICAL EXAMINATION).

méntal hándicap 精神障害.

Méntal Héalth (Àct) Commìssion《英史》精神健康法実施監視委員会《2008 年法でその機能はイングランド保健ケアの質委員会 (Care Quality Commission for England) に引き継がれ, 廃止》.

Méntal Héalth Àcts 1983 and 2007《英》1983 年および 2007 年の精神健康法.

Méntal Héalth Revìew Tribùnal《英》精神健康再審査審判所《1983 年の精神健康法 (Mental Health Act 1983) で創設された法律家・医師などからなる審判所で, 施設入院中の精神病患者やその近親者からの申立てに基づき施設からの退院などにつき審査する機関; 略 MHRT》.

méntal héalth tréatment requìrement《英》精神的健康のための治療要求《精神障害 (insanity) ではないが治療可能の精神健康上の問題をかかえていると思われる犯罪者に対して, 刑を宣告する裁判所が社会刑罰命令 (community order) あるいは刑の執行猶予 (suspended sentence) 命令の一部として適当な治療を受けることを要求すること; 当該犯罪者本人の同意がある場合にのみ可能である》.

Méntal Héalth Trùst《英》精神健康トラスト (⇨ NATIONAL HEALTH SERVICE TRUST).

méntal íllness 精神病, 精神障害 (⇨ MENTAL DISEASE).

méntal impáirment 精神[知的]障害 (mental disorder)《特に 英国では 1983 年の精神健康法 (Mental Health Act 1983) による精神の発達障害の状態規定; ただしこの規定は 2007 年の同名法で取り替えられている》. ▶ SEVERE MENTAL IMPAIRMENT (重度精神障害).

méntal incapácity [incómpetency] 精神的無能力, 意思無能力.

méntal institútion 精神障害者用施設.

méntal·ly adv 精神的に; 心の中で; 知能的に: ~ defective [deficient, handicapped] 精神障害[薄弱]の (⇨ MENTAL DEFECT [DEFICIENCY, HANDICAP, RETARDATON]) / ~ retarded 精神発達遅滞の, 精神遅滞の / a ~ ill criminal 精神障害のある犯罪者.

méntal pátient 精神病患者, 精神病者.

méntal prócess prìvilege 意思決定過程不開示特権 (=deliberative process privilege).

méntal reservátion 心裡(しんり)留保《契約において真意に合わないことを知りながら意思表示をすること》.

méntal retardátion 精神遅滞《程度に応じて, 軽度 (mild), 中等度 (moderate), 重度 (severe), 最重度 (profound) のレベルに区別しうる; cf. IDIOT, IMBECILE, MORON》.

méntal shóck 精神的打撃, 精神的ショック (cf. EMOTIONAL DISTRESS, PHYSICAL SHOCK).

méntal súffering 精神的苦痛 (=EMOTIONAL DISTRESS).

méntes reae MENS REA の複数形.

men·tion /ménʃ(ə)n/ vt 話に出す, …に言及する, (…の名を)挙げる, ちょっと[ついでに]触れる. ━ n 言及, 陳述, 記載: at the ~ of…の話が出ると, …のことを言えば / No ~ was made of his book. 彼の本の話は出なかった. [OF<L mention- mentio a calling to mind]

Men·ti·ri est con·tra men·tem ire. /mɛntáɪraɪ ɛst kʌ́ntrèɪ méntɛm áɪrɛ/ 嘘をつくことは心に背くことである. [L=To lie is to go contrary to the mind.]

mentis ⇨ COMPOS MENTIS.

men·ti·tion /mɛntíʃ(ə)n/ n 嘘 (lie); 嘘をつくこと. [L mentitio lying]

MEP °Member of the European Parliament 欧州議会議員 (Euro-MP).

mer·ca·ble /mə́ːrkəb(ə)l/ a 商品性のある (merchantable).

mer·can·tile /mə́ːrkəntìːl, -tàɪl; -tàɪl/ a 商事の, 商業の, 商取引に関する, 商人に関する.

mércantile ágency 商事信用調査機関, 商業興信所.

mércantile ágent 商事代理人《商取引·資金調達など商事に関しての代理をする人》.

mércantile cláim 《英》商事訴権.

mércantile láw 商事法 (=COMMERCIAL LAW).

mércantile maríne 商船 (=MERCHANT MARINE).

mércantile páper 商業証券 (=COMMERCIAL PAPER).

mércantile pártnership 商事組合, 商会.

mércantile rúle 商人利息計算法《利息付債務につき一部弁済がなされた場合の利息計算式で, 一部弁済後も初めの元本にそのまま利息はつけ, その代わり弁済額にも弁済後利息をつけていき, 最後に両者の元利の差額につき決済する方法; merchants' rule ともいう; これに対して一部弁済をまず債務の利息次いで元本の弁済に充当してゆく方法を United States rule (合衆国利息計算法) と呼ぶ》.

mer·ca·ture /mə́ːrkətʃʊər/ n《古》取引, 商売, 交易, 売買.

mer·ce·nary /mə́ːrs(ə)nèri; -sɪn(ə)ri/ n 傭兵.

mer·chan·dise /mə́ːrtʃ(ə)ndàɪz, -s/ n **1** 商品, *《俗》密輸品, 盗品, ブツ. ▶ LAWFUL MERCHANDISE (適法貨物) / SHIFTING STOCK OF MERCHANDISE (変動する商品の在庫). **2** 売買, 商取引.

mérchandise màrk 《英史》商品標記《この語句は 1968 年法から用いられていない; cf. TRADE DESCRIPTION, TRADE MARK》.

mer·chant /mə́ːrtʃ(ə)nt/ n 商人. ▶ COMMISSION MERCHANT (問屋(とんや)) / CUSTOM OF MERCHANTS (商慣習法) / FEME SOLE MERCHANT (独立婦人商人) / LAW MERCHANT (商慣習法) / STATUTE MERCHANT (商人法上の捺印金銭債務証書).

merchant·ability n 商品としてふさわしいこと, 商品適性, 商品性 (=MECHANTABLE QUALITY) (cf. IMPLIED WARRANTY OF MERCHANTABILITY). ▶ IMPLIED WARRANTY OF MERCHANTABILITY (商品適性についての黙示の保証) / WARRANTY OF MERCHANTABILITY (商品適性についての保証).

mérchant·able a 商品として適格な, 商品性のある (=mercable).

mérchantable quálity 商品性 (=merchantability)《商品としての満足できる品質 (satisfactory quality); 英国では現在は satisfactory quality という表現に代わっている》.

mérchantable títle =MARKETABLE TITLE.

mérchant bànk マーチャント·バンク《外国為替手形の引受けや証券発行業務を主として行なう金融機関; cf. CLEARING BANK》.

mérchant còurt 商人裁判所.

mérchant excéption 《米》商人間の例外《一定額以上の物品の売買契約には署名付き書面が必要であるという詐欺防止法 (statute of frauds) の適用についての商人間の例外で, 口頭での合意後合理的期間内にその合意を追認する文書が送られ, 相手方が受領後 10 日以内に反対しなかった場合には, 詐欺防止法を援用できなくなるというもの》.

mérchant·man /-mən/ n《古》**1** 商船 (=merchant vessel, merchant ship). **2** 商人 (merchant).

mérchant maríne***1**(一国の) 商船 (=mercantile marine)《集合的》. **2**(一国の) 商船員《集合的》.

mérchant návy "=MERCHANT MARINE.

mérchant's defénse 商人の防御《万引 (shoplifter) の疑いのある者が商品を店から不正に移動させているという合理的根拠がある場合に, 店の所有者が, 法執行

官 (law enforcement officer) による捜査を容易にするため、その者を適度に拘束しても責任を問われないという原則)．

mérchant shíp 商船 (merchantman). ▶ REGISTRATION OF MERCHANT SHIPS (商船登録).

mérchant shípping 海運．

Mérchant Shípping Àcts *pl* [the ～]《英》海運法, 商船法 (1854 年以後一連の制定法; なかでも 1995 年の同名法がそれらの統合法として重要; cf. COURT OF SURVEY]．

mérchant shípping registràtion 商船登録．

mérchants' rúle ＝MERCANTILE RULE.

mérchant véssel 商船 (merchantman).

merchet, merchetum ⇨ MARCHET.

mer·ci·a·ment /mə́ːrsiəmənt/ *n*《古》AMERCEMENT.

Mercosur 南米南部共同市場, メルコスール《アルゼンチン・ブラジル・パラグアイ・ウルグアイの 4 か国が 1991 年の条約で創設した南米南部の域内自由通商化のための経済統合; 95 年発足, 2006 年ベネズエラ加盟]．[Sp *Mercado Común del Sur* の短縮]

mer·cy /mə́ːrsi/ *n* **1** 慈悲, あわれみ, 情け: have upon...＝show ～ to...に慈悲を垂れる / without ～ 無慈悲に．**2**《特に 死刑に当たる罪について有罪と評決された被告人に対する》減刑(の勧告) (cf. CLEMENCY, RECOMMENDATION OF MERCY); 赦免．▶ PREROGATIVE OF MERCY (恩赦大権) / RECOMMENDATION OF MERCY (減刑勧告)．**3**《古》憐憫罰 (＝AMERCEMENT). **at the ～ of...**＝**at sb's [sth's] ～** ...の慈悲のままに, ...のなすがままに, ...の言いなりになって, ...に左右されて．**in ～** 慈悲のままに (*L in misericordia*)《古くは敗訴した被告人は裁判権者の慈悲のままに置かれることがあったが, 裁判権者はこの者に金銭罰を科した; これを憐憫罰 (amercement) と呼び, これが罰金の起源となった; ⇨ AMERCEMENT])．[OF＜L *merces* reward, pity]

mércy kílling 慈悲殺《安楽死 (euthanasia) などの慈悲的動機からの殺人行為; cf. EUTHANASIA]．

mércy rúle 慈悲の準則《刑事被告人は訴えに対する防御として友人・親族などの性格証拠 (character evidence) を提出する権利があるという原則]．

mere[1] /míər/ *attrib a* (強意的に) **mér·est**) **1** 単な, ほんの: She's still a ～ child. まだほんの子供だ / *M*～ words are not enough. ことばだけでは足りない / ～ nothing 何でもないこと．**2 a** 自発的な,《裁判所の》職権による (⇨ MERE MOTION). **b** 占有(権)を伴わない＜権利など＞: ～ jus＝MERE RIGHT. [AF＜L *merus* unmixed]

mere[2], **mear** /míər/ *n*《古》《土地の》境界 (boundary);《古》境界標 (landmark). [OE *(ge)mære*]

mere[3], **mère** /F mɛːr/ *n* 母 (mother). [F *mère*]

mére équity エクイティー上の劣後的権利《他のエクイティーあるいはコモンロー上の権利に劣後する権利]．

mére évidence rùle《米史》単なる証拠の準則《凶器や盗品などに当たらぬ単なる証拠となるだけの物件を捜索・差押えの目的物とすることができないとするもの; 1967 年の合衆国最高裁判所の判例によりこの準則は廃止された]．

mére licensée 立入り被許可者 (＝BARE LICENSEE).

mére mótion 1 自発的意思, 自発的行為．**2**《当事者の申し立てによらず, 裁判所が》職権に基づいて行なう訴訟指揮 (EX MERO MOTU (職権による[により])とラテン語形でも用いる)．

mére pówer 権利帰属者[取得者]指名権 (＝POWER OF APPOINTMENT).

mére ríght《占有(権)を伴わない》単なる権利．

mére·stòne *n*《古》境界標石, 境界標 (landmark).

mer·e·tri·cious /mèrətríʃəs/ *a* **1** 売春の, 違法性交の; みだらな: ～ relation《古》同棲関係．**2** けばばしい; まやかしの, 見せかけだけの．

merg. & acq.° mergers and acquisitions 合併と買収．

merge /mə́ːrdʒ/ *vt, vi* **1**《会社など》合併[併合]させる[する]《*in, with*》: The two companies have ～d. 2 社は合併した / ～ *with* its main competitor 最大の競争相手と合併する．**2** 溶け込ませる[込む], 没入させる[する]; 混同させる[する], 吸収させる[する]．**mér·gence** *n* 合併, 併合; 吸収, 没入, 混同．[L *mers- mergo* to dip]

merg·er /mə́ːrdʒər/ *n* **1**《会社などの》合併, 合同 (amalgamation) (cf. ACQUISITION, CORPORATE ACQUISITION);《会社などの》吸収合併 (corporate merger) (cf. AMALGAMATION, BUYOUT, CONSOLIDATION, INTEGRATION). ▶ CASH(-OUT) MERGER (現金交付合併) / CONGLOMERATE MERGER (コングロマリット合併) / CORPORATE MERGER (吸収合併) / DE FACTO MERGER (事実上の合併) / DEMERGER (企業分離) / HORIZONTAL MERGER (水平的合併) / SHORT-FORM MERGER (簡易吸収合併) / STATUTORY MERGER (制定法上の吸収合併) / VERTICAL MERGER (垂直的合併)．**2 a** 混同 (**1**) MERGER OF ESTATES **2**) MERGER IN JUDGMENT **3**) 債権債務が同一人に帰しその結果消滅すること; この用法は伝統的用法でなく, 厳密には, ローマ法の CONFUSIO にならい CONFUSION が用いられる; しかし現在米国ではかなり一般的に用いられている): MERGER OF ESTATES. **b**《犯罪などの》吸収: MERGER OF OFFENSES. **c** 融合: MERGER OF LAW AND EQUITY. **d** 吸収転換《劣位の契約方式を上位の方式に換えること; 例えば口頭の合意を文書契約にすること; cf. INTEGRATION].

mérger clàuse 吸収転換条項 (＝INTEGRATION CLAUSE).

mérger in júdgment 判決への混同《原告が訴求した権利主張が判決で認められると, その権利は判決に吸収・混同されることになり, その後はその判決により判断・処理されるようになる]．

mérger of corporátions 会社の吸収合併 (cf. CONSOLIDATION OF CORPORATIONS).

mérger of crímes 犯罪の吸収 (=MERGER OF OFFENSES).

mérger of estátes 不動産権の混同《同一財産上のより大なる財産権とより小なる財産権が同一人に帰属した場合に，小なる権利が大なる権利に吸収され消滅すること；例えば定期不動産権 (tenancy for a term) を有した者が新たに単純封土権 (fee simple) や生涯不動産権 (life estate) を得た場合など》.

mérger of láw and équity コモンローとエクイティーとの融合 (fusion of law and equity).

mérger of offénses 《一つの犯罪の他の犯罪への》犯罪の吸収 (=merger of crimes)《単に merger ともいう》.

mérgers and acquisítions pl 合併と買収，企業買収《略 M & A, M and A, merg. & acq.》.

mer·it /mérət/ n **1 a** 優秀さ，価値，美質，徳；長所，取柄，美点，メリット: a work of artistic ～ 芸術的に価値ある作品 / Both approaches have their distinctive ～s. どちらの接近法も独自の長所がある / the ～s and demerits /díːmèrəts/ of capital punishment 死刑の是非[得失, 功罪]. **b** [pl] 真価, 功罪; [ᵘpl] 手柄, 勲功, 功績, 功労;《神学》功徳: make a ～ of...=take ～ to oneself for...を手柄顔する[自慢する] / on one's (own) ～s 実力で, 真価によって / ～ award [bonus] 功労賞与 / ～ increase 成績昇給. **c**《廃》当然の報い, 当然の賞[罰]. **2** [the ～s] **a** 理非, 曲直. **b** 本案,《請求の》実体, 実体的事項. ▶ AFFIDAVIT OF MERITS (本案防御の宣誓供述書) / **on the ～s**《判決が》本案についての, (請求の)実体についての, 本案に関する, (訴訟の)実体的事項について, 本案に基づく. ▶ BRIEF ON THE MERITS (請求実体摘要書) / DECISION ON THE MERITS (本案判決) / DISMISSAL ON THE MERITS (請求の実体についての棄却) / JUDGMENT ON THE MERITS (本案判決) / OPENING BRIEF ON THE MERITS (訴訟事件冒頭本案摘要書) / TRIAL ON THE MERITS (本案についての審理). — vt **1**〈賞·罰·感謝·非難などに〉値する (deserve). **2** 功によって得る. — vi 報いを得る. **～·less** a [OF < L *meritum* value (pp) < *mereor* to deserve]

Me·ri·to be·ne·fi·ci·um le·gis amit·tit qui le·gem ip·sam sub·ver·te·re in·ten·dit. /mérɪtou bènəfíʃiəm líːʤɪs æmítɪt kwaɪ líːʤəm ípsæm səbvɜ́rtərə ɪnténdɪt/ 法自体を覆さんとする者が法の利益を失うことは当然である．[L=A person deservedly loses the protection of the law who attempts to subvert the law itself.]

mer·i·to·ri·ous /mèrətɔ́ːriəs/ a **1** 価値[功績, 功労, 勲功]のある, 称賛に値する, 奇特な. **2**《訴訟などにおいて》法的勝利に値する, 法的な価値のある. **3** 本案に関する, (請求の)実体についての. **～·ly** adv **～·ness** n

meritórious cáuse of áction 実質的訴訟原因《例えば独身時代の女性に訴訟原因が生じ, 結婚後に夫と合同で訴訟を起こした場合のその女性のように, 訴訟原因が由来する人物を指すことがある》.

meritórious considerátion 道義的約因 (=GOOD CONSIDERATION).

meritórious defénse 1《遅延的防御 (dilatory defense) などに対比される》実体上の防御．**2** 容認された[されそうな]防御．

mérit ràting 1《賃金などの人事考課の》実績基準決定方式, 業績考課．**2**《保険》実績基料率算定方式 (=EXPERIENCE RATING) (⇨ EXPERIENCE RATE).

mérits brìef 請求実体摘要書 (=BRIEF ON THE MERITS).

mérit shòp =OPEN SHOP.

mérits of (the) cáse pl 本案.

mérit sỳstem《人事の》能力主義(任用制), 実績主義 (=**mérit seléction sỳstem**) (cf. SPOILS SYSTEM).

Mérit Sỳstems Protéction Bòard《米》能力主義任用制保護委員会《1978年法で創設された, 連邦政府の人事の監視, 被用者からの訴えの審理などを担当する連邦独立官庁；それ以前の Civil Service Commission (《公務員》人事委員会)の職務を引き継いでいる；略 MSPB》.

MERP°medical-expense reimbursement plan 医療費返済制度.

mesh /méʃ/ n [ᵘpl] わな；法の網: the ～es of the law 法網.

mes·nal·ty /míːn(ə)lti/, **mes·nal·i·ty** /miːnǽləti/ n《史》**1** 中間領主領《中間領主 (mesne lord) の保有した領地》．**2** 中間領主権《中間領主領に対する権利を含む中間領主の権利》．

mesne /míːn/ a 中間の (intermediate), (二者間に)介在する. — n《史》中間領主 (=MESNE LORD).

mésne assígnment《最終的譲渡に至る前の》中間譲渡 (⇨ ASSIGNMENT).

mésne convéyance 中間不動産譲渡《特定不動産の権原連鎖 (chain of title) において最初の被譲与者 (grantee) と現保有者との間に介在した不動産譲渡》．

mésne lórd《史》《封建》中間領主《みずからも領主 (lord) から授封されている者が, みずから領主になってみずからの保有者 (tenant) に下位保有者 (tenant paravail) と呼ぶ》に授封していた場合の呼称》．

mésne prócess《訴訟の》中間令状 (⇨ ORIGINAL PROCESS).

mésne prófits pl《ある期間, 特に土地の賃借人が賃借権終了後もその土地を保有し続けた期間に得たはずの》中間利得, 中間利益: an action for ～ 中間利得返還請求訴訟．

mésne ténure《史》《封建》中間領主からの不動産保有《中間領主 (mesne lord) から授封された不動産保有 (tenure)》．

mes·sage /mésɪʤ/ n 通信《文》；伝言, ことづけ；書信, 電報；声明書；《米》《大統領·州知事から議会に送る》教

書. ► PRESIDENTIAL MESSAGE (大統領教書) / VETO MESSAGE (拒否権行使通告書).

méssenger-at-árms *n*《スコットランド》《スコットランド控訴院 (Court of Session)・スコットランド刑事法院 (High Court of Justiciary) の》令状執行官.

Messrs /mèsərz, —/ *n* 'Mr.' の代用複数形《複数の人名を含む会社名や列挙した男性名に冠して用いる》: ~ Brown, Jones and Thomas ブラウン, ジョーンズ, トマス 3 氏.

mes·suage /méswɪʤ/ *n* 家屋敷《付属の建物や周辺の畑地などを含む; cf. CURTILAGE》;《古》《住居用の》家屋. ► ANCIENT MESSUAGES (古家屋敷). [AF＝dwelling]

Met /mét/ *n* [the ~]《口》METROPOLITAN POLICE.

méta·làw /métə-/ *n* 超法, メタ法《現存の法体系に基礎を置きながらそれらと異なる法体系に一致した枠組を提供しようとする仮説の法体系》.

mèta·légal *a* METALAW の [に関する], 超法原理の.

mete /míːt/ *vt*《文》〈刑罰・報酬などを〉割り当てる (allot), 考量して与える〈*out*〉. ~ **out justice** 賞罰を行なう; 量刑する. [OE *metan* to measure]

métes and bóunds /míːts-/ *pl* 境界標と境界線による土地表示, 土地境界 (＝butts and bounds): hold one's dower by ~《寡婦が寡婦産 (dower) として亡夫が有した土地の, 全体の持分 3 分の 1 の共有としてではなく》3 分の 1 に当たる区画された特定部分を単独保有する.

métric sỳstem [the ~] メートル法.

met·ro·pol·i·tan /mètrəpálət(ə)n/ *a* **1** 大都市の; 首都の, 首都圏の; [M—] ロンドンの. **2 a** 大主教 [大司教] 管区の. **b**《植民地に対し》母国の [である]; 母国産の. — *n* **1** 大都会の市民, 都会人. **2**《キリスト教》大主教, 大司教,《カトリック》首都大司教,《ギリシャ正教》府主教 (＝~ **bìshop**). ~**·àte** *n*

metropólitan cóuncil《英史》大都市圏州参事会 (⇨ METROPOLITAN COUNTY).

metropólitan cóunty《英史》大都市圏州《イングランドの大都市を中心とした 6 つの州; Greater Manchester, Merseyside, South Yorkshire, West Yorkshire, Tyne and Wear, West Midlands; 1972 年法で行政単位として設立されたが, 大都市圏州参事会 (metropolitan council) は 1985 年法で廃止され, その機能は大都市圏地区参事会 (metropolitan district council) に移されている》.

metropólitan cóurt《米》大都市裁判所《主に New Mexico 州の制限的管轄裁判所 (court of limited jurisdiction)》.

metropólitan dístrict 大都市圏地区《**1**》大都市圏の都市の一部またはすべてを包括する特別地区 **2**》《英》大都市圏州 (metropolitan county) の行政区》.

metropólitan dístrict cóuncil [the ~]《英》大都市圏地区参事会 (⇨ METROPOLITAN COUNTY)《略 MDC》.

Michaelmas term

Metropólitan Políce [the ~]《英》ロンドン警視庁 (the London Metropolitan Police)《略 MP》. ► LONDON METROPOLITAN POLICE (ロンドン警視庁). ★ ロンドン警視庁内の階級については ⇨ POLICE.

Metropólitan Políce Authòrity [the ~]《英》ロンドン警視庁維持機関《ロンドン警視庁の維持に責任をもつ, 1996 年法で創設された 17–23 名の成員からなる機関》.

Metropólitan Políce Commíssioner [the ~]《英》ロンドン警視庁総監, 首都警視総監《内務大臣または国王が任命する; 略 MPC》.

Metropólitan Políce Fòrce [the ~]《英》ロンドン警視庁.

metropólitan stipéndiary mágistrate《英史》ロンドン有給治安判事《かつては **metropólitan políce mágistrate** (ロンドン警察裁判所治安判事) と呼ばれていた; しかし本名称自体も 2000 年から metropolitan district judge (magistrates' court) (ロンドン治安判事裁判所地方裁判官) と呼ばれ, 治安判事裁判所地方裁判官 (district judge (magistrates' court)) の一つになっている》.

Méxican divórce《米》メキシコ離婚《アメリカ市民が離婚の容易なメキシコで認めてもらう離婚; 狭義では MAIL-ORDER DIVORCE (通信販売離婚) と同義》.

MFN °most favored nation 最恵国.

MFN treatment °most favored nation treatment 最恵国待遇.

MHR《米・豪》Member of the House of Representatives.

MHRA °Medicines and Healthcare products Regulatory Agency 薬剤・健康管理製品規制機関.

MHRT °Mental Health Review Tribunal 精神健康再審査判所.

MHT °mean high tide 平均高潮位.

MIB《英》°Motor Insurers' Bureau 自動車保険事務所.

Mich.《英》°Michaelmas sittings ミクルマス開廷期間 ◆《英》°Michaelmas term ミクルマス (開廷) 期.

Mích·ael·mas /mík(ə)lməs/ *n* **1** ミカエル祭 (日) (＝~ **Dày**)《9 月 29 日; 英国では四季支払い日 (quarter days) の一》. **2 a** MICHAELMAS SITTINGS. **b** MICHAELMAS TERM.

Míchaelmas síttings《英》ミクルマス開廷期間《4 開廷期間 (sitting) の一つで, 10 月 1 日から 12 月 21 日までの高等法院 (High Court of Justice) などの裁判所の開廷期間; 1875 年までのミクルマス (開廷) 期 (Michaelmas term) に当たる; ⇨ SITTINGS; 略 M., Mich.》.

Míchaelmas tèrm 1《英》ミクルマス (開廷) 期《**1**》《史》1875 年まで, 11 月 2 日から 25 日まで開かれていた上位裁判所開廷期で, 4 裁判所開廷期 (law term) の一; ⇨ LAW TERM **2**》MICHAELMAS SITTINGS; 略 M., Mich.》. **2**《英大学》10 月初めからクリスマスまでの第一

学期, 秋学期.

mícro·státe n 極小[ミニ]国家《広さ500平方マイル以下で人口10万人以下の国家; 例えば, アンドラ, アンティグア・バーブーダ, グレナダ, モナコなどで, これらの諸国はすべて国連加盟国として認められているが, こうした小国の国連加盟には問題もある》.

míd·dle /mídl/ a まん中の, 中央の; 中間の; 中位の, 中等の, 中流の, 並みの: a ~ opinion 中間的な意見 / of ~ size 並み型の. — n **1** [the ~] 中央, まん中; 中部; 中間, 中途. **2** 中道, 中庸. **3** 媒介者.

míddle·mán /-mən/, **míddle·pèrson** n 仲介者, 仲介代理人《AGENT (代理人), BROKER (仲立人), FACTOR (問屋), WHOLESALER (卸売業者) などを含む広い概念》.

míddle mánagement [集合的に] 中間管理職(者)層.

Míddlesex Règistry 《英史》ミドルセックス登録所《1708年創設の, Middlesex 州の土地についての捺印証書 (deed) および遺言 (will) の登録所; 1891年に土地登録庁 (Land Registry) に移された; cf. LAND REGISTRY》.

Míddle Témple [the ~]《英》ミドルテンブル(法曹学院)《⇨ INNS OF COURT》《略 MT》.

Mídland and Óxford Círcuit 《英》ミッドランド・オクスフォード巡回裁判区《英国の6つの巡回裁判区 (circuit) の一つ; 中心は Birmingham; ⇨ CIRCUIT》.

mídnight déadline 午前零時[夜12時]の最終期限《銀行取引上のある行為の最終期限となる》.

mídnight júdge 《米史》真夜中の裁判官《1803年に違憲立法審査権を初めて認めた歴史的な合衆国最高裁判所の判決マーベリ対マディソン事件 (Marbury v. Madison) の背景には建国直後の連邦党 (Federalist party) と民主共和党 (Democratic-Republican party) の複雑な争いがあった; 連邦党の John Adams 大統領は民主共和党の Thomas Jefferson との選挙に敗れた1801年の政権交替に際し司法府改革法を任期切れの数週間前に成立させ, それに基づく急遽84名の連邦裁判官を始め多くの裁判所役人, コロンビア特別区 (District of Columbia) の治安判事 (justice of the peace) を連邦派の人から選任し, 任命を急いだ; しかし42名選任された治安判事のうち17名については任期最後の日である3月3日に辞令交付が終わらず, 形式完備の辞令の交付は次期政権に引き継がれた, 新国務長官 James Madison は Jefferson の指示で交付をしなかった; そこで交付保留をされた William Marbury ほか3名が国務長官を相手どって辞令交付を強制する職務執行令状 (mandamus) を1789年法に基づき直接連邦最高裁判所に求めたが, 同裁判所は全員一致で原告の訴えを退けたというのが, ごく簡単な事件の概略である; しかし特にこの判決が重視されてきたのは, この判決の理由づけとして前政権が交替直前に任命した最高裁判所首席判事 John Marshal が示した, 原告の訴えの基礎にあった1789年法を違憲として無効とする判断の歴史的意義のゆえである; こに初めて近代的な違憲立法審査権が理論化されたゆえである; 真夜中の裁判官とはこの一連の事件で Adams 大統領により任期終了直前に選任された連邦司法部被指名者のことを指しているのである; cf. MARBURY V. MADISON》.

Mídsummer Dáy, Mídsummer's Dáy バプテスマのヨハネの祭日 (= Saint John's Day)《6月24日; 英国では四季支払い日 (quarter days) の一》.

míd·wife /mídwàif/ n 助産婦, 産婆.

mígrant wórker 移住労働者; 季節移住労働者.

mi·grá·tion /maɪgréɪʃ(ə)n/ n **1** 移住. **2** 移住者(集合的).

mígratory divórce 《米》仮住離婚, 渡り者離婚《離婚原因の厳格な州の住民が離婚判決を得る目的で, 一時的に他の緩やかな州に移り, 離婚判決を得ること》.

mígratory divórce sèeker 仮住離婚希求者.

míld éxigency 中程度の緊急性《建物占有者に逃亡・逮捕への反抗・証拠破壊などのおそれがある場合などに, 警察がノックと告知の準則 (knock and announce rule) に従わなくてもよい状況; cf. KNOCK AND ANNOUNCE RULE》.

míle·age táx /máɪlɪdʒ-/ 《米税制》走行税《州が公道利用の代償として州内運送業者に課す税金》.

míl·i·tant /mílət(ə)nt/ a 好戦的な, 戦闘的な; 活動的な, 行動的な. — n 《特に 主義・主張などに対する》活動家, 行動家. **~·ly** adv **~·ness** n

mílitary bóard 軍事調査委員会.

mílitary commíssion 《米》軍事審問委員会《軍法会議 (court-martial) に服さない戒厳令違反者を裁くための民間人と軍人双方からなる軍法会議類似の特別裁判所; 米国特有の制度で, メキシコ戦争時に初めて用いられた》.

mílitary cóurt 軍事裁判所.

mílitary góvernment 軍政, 軍政府.

mílitary góvernor 《軍政府下にある占領地域・植民地の》軍政府長官.

mílitary jurisdíction 軍事裁判権.

mílitary jústice 軍事裁判 (cf. UNIFORM CODE OF MILITARY JUSTICE).

mílitary láw 1 軍法, 軍事法規 (cf. MARTIAL LAW). **2**《英史》陸軍軍務法《陸軍を対象にした軍務法 (service law); ⇨ SERVICE LAW》.

mílitary sérvice 1 兵役. ▶ ACTUAL MILITARY SERVICE (常時兵役). **2**《史》軍事的奉仕(義務); 軍事的奉仕保有.

Mílitary Stáff Commìttee [the ~]《国連》軍事参謀委員会《国際連合安全保障理事会 (Security Council) の下部機関; cf. COLLECTIVE SECURITY, ENFORCEMENT ACTION》.

mílitary stóres pl《英》(陸)軍備品 (cf. NAVAL PROPERTY).

mílitary ténant 《史》軍事的不動産保有者.

mílitary ténure 《史》軍事的不動産保有(条件).

[態様] (cf. TENURE).

military testament 軍人遺言 (＝SOLDIER'S WILL).

military tribunal 軍事裁判所 (military court). ▶ INTERNATIONAL MILITARY TRIBUNAL (国際軍事裁判所).

military will 軍人遺言 (＝SOLDIER'S WILL).

mil·i·tate /mílətèit/ vi 〈事実・行動などが〉作用する, 強い影響を与える[及ぼす]〈for, against〉(cf. MITIGATE).

mi·li·tia /məlíʃə/ n **1 a** 民兵, 民兵団, 予備軍. **b** 《米》州兵, 州兵団 (⇒ NATIONAL GUARD). **2**《英史》騎士の地位.

Militia Clause 《米》民兵条項《民兵 (militia) についての連邦議会の権限を定めている合衆国憲法第1編第8節15, 16項のこと》.

militia·man /-mən/ n (pl -men /-mən/) 民兵, 予備兵;《米》州兵.

mill¹ /míl/ n 水車, 製粉所. ▶ PAPER MILL (王座裁判所記録保管所).

mill² 十分の一セント《貨幣の計算単位》.

Mill ミル **John Stuart ～** (1806-73)《英国の哲学者・経済学者; 経験主義・功利主義の立場に立ち, 自由主義の理論的根拠について論じた On Liberty『自由論』(1859) は, 現在までも大きな影響を残している; また, 女性や下層の人びとの地位向上にも貢献した; その他の主要著作: A System of Logic (1843), Principles of Political Economy (1848), Subjection of Women (1861); Unitarianism (1863), Autobiography (1873)》.

Millbank Prison [Penitentiary] /mílbæŋk-/《英史》ミルバンク監獄《Westminster の Millbank 地区にあった牢獄; 流刑囚が一時的に収監されていた》.

mill privilege 水車設置特権《河川沿岸の土地所有者が水車を設置してその水力を利用する権利》.

mill-suit n《史》《荘園内の製粉所 (mill) 所有者がその住民に課した》製粉所利用義務《単に suit ともいう》.

Mimms order /mímz-/《米》ミムズ事件の命令《警察官が自動車の運転者に車外に出るように命ずる命令; 自動車を止めることが合法であれば, この命令自体独自の権限付与なしで正当とされている》. [Pennsylvania v. Mimms (1977)]

min., min minister ◆ ministry ◆ minor ◆ minute(s).

Minatur innocentibus qui parcit nocentibus. /mɪnéɪtər ɪnəséntɪbəs kwaɪ páːrsɪt nəséntɪbəs/ 罪ある者を容赦する者は罪なき者をおびやかす. [L＝A person who spares the guilty menaces the innocent.]

mind /máɪnd/ n **1**《知的な》心, 精神; 理性, 正気. ▶ DISPOSING MIND (財産処分能力を有する精神) / GUILTY MIND (犯意) / NORMAL MIND (正常な精神) / SOUND MIND (正常な精神) / STATE OF MIND (精神状態) / UNSOUND MIND (精神障害). **2 a** 知性, 知力, 頭. **b** 知性[心]の持主, 人. ▶ LEGAL MIND (リーガルマインド). **3** 記憶(力) (memory). ▶ TIME OUT OF MIND (法的記憶の及ばぬ時代). **4 a** 心のあり方; 意見, 意向; 好み, 希望. **b** 注意, 考慮. ▶ MEETING OF THE MINDS (意思の合致).

mind·er n **1** 世話をする人, 番人. ▶ CHILDMINDER (児童預かり人). **2**《俗》用心棒, ボディーガード, 護衛.

mine /máɪn/ n **1** 鉱山, 鉱業所; 鉱坑, 鉱床. **2** 鉱業. — a 鉱物(性)の.

min·er·al /mín(ə)rəl/ n 鉱物; 鉱石 (ore);《廃》鉱山 (mine).

mineral district 鉱物資源産出地域.

mineral entry 《公有地での》鉱物採掘権.

mineral interest 鉱業権, 採掘権 (＝mineral right) (cf. SURFACE INTEREST, SUBSURFACE INTEREST).

mineral land 鉱物産地.

mineral lease 鉱業権リース (＝MINING LEASE).

mineral lode 鉱床, 鉱脈.

mineral planning authority 《英》《鉱山開発計画申請につき担当をしている, 地方における》鉱業計画当局.

mineral right ＝MINERAL INTEREST.

mineral servitude 《ルイジアナ法》《他人の財産に立ち入り鉱物を探し採掘しうる》採掘役権.

min·gling /míŋ(ə)lɪŋ/ n 混和《特に洪水により別々の所有者の丸太が混ざり合ってしまった状態をいう》.

minimal contacts pl MINIMUM CONTACTS.

minimal diversity 《米》最小限の州籍相違《少なくとも一人の原告が少なくとも一人の被告と州籍を異にすること; 州籍相違に基づく《連邦裁判所の》裁判権 (diversity jurisdiction) は完全な州籍相違 (complete diversity) を要件としている; cf. COMPLETE DIVERSITY; ⇒ DIVERSITY OF CITIZENSHIP》.

minimal participant 《米》最少有責関与者《連邦の量刑基準 (sentencing guidelines) 上の用語で, 例えば共犯者の中でその犯行の範囲・枠組とか他の共犯者の行動などについて理解していない者などで, 共犯者中最も有責性 (culpability) の少ない者; cf. MINOR PARTICIPANT》.

minimal scrutiny 《米》きわめて緩やかな審査《合憲性の司法審査に際して立法府の判断を尊重し, 合憲性を推定する態度; 合理性を基準とするテスト (rational basis test) とほぼ同じことになる; cf. INTERMEDIATE SCRUTINY, STRICT SCRUTINY》.

Minime mutandam sunt quae certam habuerunt interpretationem. /mínɪmi mjuːtǽndə sənt kwiː sɜːrtæm hɛɪbíːrənt ɪntɜːrprɪtɛɪʃíouːnɛm/ 明確な解釈を有しているものはできるかぎり僅かしか変更されるべきではない. [L＝Things that have had a certain interpretation are to be least altered.]

mini-Miranda requirement 《米》小型ミラ

ンダ要件《債権取立てを行なう場合に取立て者が債務者に伝えねばならない制定法上の義務で,その接触が債権取立てをしようとしている者の接触であることと,得られる情報は債権取立て目的に使われるという2点を示さねばならないということ; cf. MIRANDA RULE》.

minimis ⇨ DE MINIMIS.

minimizátion requìrement 最少限度の要求《盗聴 (eavesdropping) を許可する令状の下で行動している警察官は,盗聴装置の使用に際し,その令状に含まれない会話をできる限り盗聴しないようにしなければならないという要求》.

min·i·mum /mínəməm/ n (pl **-i·ma** /-mə/, **~s**) 最小[最少,最低]限;最低値: keep one's expenditure to a [the] ~ 出費を最低限に抑える / reduce the risk of a loss to ~ 損失の危険を最小限にする. ── a 最小限の,極少の. [L]

mínimum cóntacts pl 《米》最小限の接触 (= minimal contacts) 《州内非居住者や他州法人に対して対人管轄権 (personal jurisdiction) を行使するために,州とその者との間に存在することが要求される,訴訟の受理が公正な扱いと公正な本案裁判 (fair play and substantial justice) の観念に反しない程度の最小限の関係; cf. DOING BUSINESS STATUTE, GESTALT FACTORS》.

mínimum dívidend 最低配当.

mínimum fée schèdule 《米史》《州の法曹協会 (bar association) が定める弁護士の》最低報酬基準.

mínimum séntence 1 法定刑の最低刑(の宣告) (cf. MAXIMUM SENTENCE). 2《仮釈放 (parole) されるのに必要な》最低服役期間.

mínimum subscríption 《英》《株式の》最低引受額.

mínimum tèrm 《英》最短刑期《英国では1965年以来謀殺 (murder) に対する刑は終身刑 (life imprisonment) のみであるが,裁判官は通例12-35年の間での最短の刑期を勧告することができる;この刑期をいう;内務大臣 (Home Secretary) にはそれに従う義務はないが,ほとんど常に従っている》.

mínimum wáge 《特に法定の》最低賃金. ▶ NATIONAL MINIMUM WAGE (全国最低賃金).

mín·ing clàim /máiniŋ-/ 《米》《発見に基づく》鉱業権利地 (cf. LOCATION, PLACER CLAIM).

míning lèase 鉱業権リース[賃貸借],鉱業権賃借権 (=mineral lease).

míning lìcense 《他人の土地での》鉱業許可(権).

míning locátion 《米》《発見に基づく》鉱業権取得(地) (=LOCATION).

míning pàrtnership 《米》鉱業組合.

min·is·ter /mínəstər/ n 1 大臣: the M~ of Information =the Information M~ 情報大臣 (英国では1946年廃止). ▶ CABINET MINISTER (閣僚) / COUNCIL OF MINISTERS (OF THE EUROPEAN UNION) (欧州連合閣僚理事会) / FOREIGN MINISTER (外務大臣) / PRIME MINISTER (総理大臣). ★ 米国では連邦政府の

省の長は secretary (長官) と呼ばれる (⇨ SECRETARY, SECRETARY OF STATE): the *Secretary* of Defense [the Treasury] 国防[財務]長官. 英国でも政府の省の長は通例 minister ではなく,Secretary of State (国務大臣) と呼ばれるようになっている (⇨ SECRETARY, SECRETARY OF STATE): the *Secretary of State* for Defense [Justice] 国防[司法]大臣. **2** 公使 《ambassador の次位》;使節;召使;事務担当者,事務担当官,代理人[者],手先. ▶ PUBLIC MINISTER (公的使節). **3** 聖職者;《(非国教会の)》牧師. [OF<L=servant]

min·is·te·ri·al /mìnəstíəriəl/ a **1** 聖職者の,牧師の;聖職の. **2** 大臣の;[°M-] 政府[内閣]側の,与党の;《主に英国の》内閣の;行政(上)の: a ~ crisis 政府の危機 / the ~ benches《英》庶民院の与党席 / ~ system 大臣制. **3** 代理の,補佐の. **4** 行政的な,事務的な《判断・自由裁量を必要としない》,《裁量権のない》行政事務執行的な,羈束(きそく)的な: a ~ order 行政命令 / ~ powers 事務的権能. **~·ly** adv

ministérial áct 《司法上の(judiciary) あるいは裁量的 (discretionary) 行為に対する》羈束(きそく)行為.

ministérial dúty 羈束(きそく)義務.

ministérial fúnction tèst 《米》聖職機能についてのテスト《被用者の職務が例えば布教活動などの宗教的なものである場合には,1964年の市民権法第7編 (Title VII of the Civil Rights Act of 1964) の雇用における宗教に基づく差別・いやがらせ禁止は,合衆国憲法第1修正に基づき適用除外されるという原則; ⇨ TITLE VII OF THE CIVIL RIGHTS ACT OF 1964》.

ministérial óffice《裁量権のないしたがって他人に代行させることのできる》事務的な官職 (opp. *office of trust*).

ministérial ófficer《裁量権をもたない》事務的な役人 (cf. MINISTERIAL OFFICE).

ministérial responsibílity 《英》大臣の責任,内閣の責任《議院内閣制において大臣・内閣が議会に対し個々にあるいは連帯して負う政治的責任》.

ministérial sále 執行のための売却.

ministérial tribúnal 行政不服審判所《他の裁判所からの上訴を大臣が審問する》.

ministérial trúst 事務的信託 (=PASSIVE TRUST).

Mínister of Státe 《英》副大臣《MINISTER の一員ながら,省庁の長である大臣 (Secretary of State or Minister) などの下位で,政務次官 (parliamentary secretary) の上位に位する;大きな省に置かれ,かなりの独立的責任を負っている》.

Mínister of the Crówn 《英》大臣.

mínister plenipoténtiary (pl **mínisters plenipoténtiary**) 全権公使.

mínister résident (pl **mínisters résident**) 弁理公使《全権公使 (minister plenipotentiary) の次位》;単に resident ともいう》.

mínister withòut portfólio 無任所大臣

min·is·try /mínəstri/ *n* **1** 聖職者[牧師]の職[任職]; [the ~] 聖職者, 全牧師連: enter the ~ 聖職者[牧師]になる. **2 a** 省;《英》省庁; 政府: a ~ official＝an official from the ~《ある》省の役人 / MINISTRY OF JUSTICE. **b** 大臣の職務[任職];《特定の首相 (prime minister) の下での》政権: during the Blair ~ ブレア政権下で. **c** [ºM-]《特に英国または欧州の政府の》全大臣: form a ~ 政府を構成する．［L＝service; ⇨ MINISTER］

Ministry of Defénce [the ~]《英》防衛省.

Ministry of Jústice [the ~]《英》司法省《2007年に憲法問題省 (Department for Constitutional Affairs) に代わるべく新設; Secretary of State for Justice (司法大臣) が長で, 歴史的に大法官 (Lord Chancellor) が行使してきた多くの機能が同大臣の行使するところとなっている》.

míni·trìal *n* 縮図審理《訴訟の両当事者の弁護士がそれぞれその主張の要約を中立的な第三者および和解権限を与えられている相手方に提示した上で, 第三者に裁判の予想見解をもらい, 自発的に私的で非公式な形での紛争の解決を探ること; cf. MOCK TRIAL, SUMMARY JURY TRIAL》.

mìni Wágner Àct《米》州版ワグナー法 (＝Baby Wagner Act)《連邦のワグナー法 (Wagner Act) で規制対象になっていない産業について若干の州がワグナー法にならって制定した州法》.

mi·nor /máɪnər/ (opp. *major*) *a* **1 a**《大きさ・数量・程度・重要性などが》小さい方の; 少数の, 小…(smaller, lesser); 重要でない, 次元の, 二流の, 小…(inferior);《裁判所が》下位の: ~ expenditure 少ない出費 / ~ offense 軽犯罪 / ~ shareholders [stockholders]《大株主に対して》小株主たち / a loss of ~ importance それほど重大でない損失[損害]. **b**《科目・課程が》副次的な;《大学での》副専攻の. **2** 年下の; 未成年の (infant) (cf. MAJOR). ― *n* 未成年者 (infant) (⇨ AGE OF MAJORITY) (cf. ADULT, CHILD, JUVENILE, MAJORITY, YOUNG PERSON);《スコットランド》少年《男子14歳女子12歳以上で18歳未満の者》. ▶ CONTRIBUTING TO THE DELINQUENCY OF A MINOR (未成年者非行寄与 (罪)) / CORRUPTION OF A MINOR (未成年者堕落(罪)) / EMANCIPATED MINOR ((行為)能力が付与された未成年者) / IMPAIRING THE MORALS OF A MINOR (未成年者性的道義侵害(罪)).［L＝less, smaller］

mi·no·ra re·ga·lia /maɪnóʊrə rɪgéɪliə/《英》小王権《王権 (regalia), すなわち国王大権 (prerogative) のうち, 国王の財政上の特権など, 政治的権威・権能 (これを大王権 (majora regalia) と呼ぶ) 以外の比較的重要でない諸大権を指す》．［L＝lesser royal privilege］

mínor dispúte《米》小争議 (⇨ MAJOR DISPUTE).

mínor ínterests *pl*《英》《土地に対する》劣位の権利《自由土地保有権 (freehold) や定期不動産賃借権 (leasehold) が土地登録制度 (land registration) の基礎を形成しているのに対して, 土地に対するより劣位の権利で, その権利に関する土地の権原 (title) に対して登録することにより保護される権利; 継承財産設定 (settlement) の下での受益者 (beneficiary) のエクイティー上の権利などがこれに含まれる》.

mi·nor·i·ty /mənɔ́(ː)rəti, maɪ-, -nár-/ *n* **1 a** 少数; 少数党, 少数派 (opp. *majority*);《人種・宗教・言語・習俗などの》少数者集団, 少数民族, マイノリティー, 少数グループ (＝~ gròup): They were in the ~. 彼らは少数派だった. 委員のうち少数は議長に反対した / A ~ of board members opposed the chairman. 役員のうち少数は議長に反対した / ~ shareholding 少数株主持分 / He is one of one. 彼はたった一人の少数派だ《彼だけ意見を異にしている》 / a ~ party 少数党. **b** 少数派[民族]の一員. ▶ ETHNIC MINORITY (少数民族) / FRAUD ON (THE) MINORITY (少数派株主に対する不正行為). **2** 未成年 (＝infancy) (cf. MAJORITY).［F or L; ⇨ MINOR］

minórity búsiness ènterprise《米》少数民族系企業.

minórity clàuses *pl*《国際法》《条約上少数民族に対して特別に定めた》少数民族条項.

minórity ìnterest《会社の》少数持分 (cf. MAJORITY INTEREST).

minórity lèader《米》《上院・下院の》少数党の院内総務 (cf. MAJORITY LEADER).

minórity mòvement マイノリティー差別撤廃運動《平等な正義や代表権などの保証を要求する少数民族[少数者集団]の運動》.

minórity opínion《判決などでの》少数意見, 少数説 (opp. *majority opinion*).

minórity protèction 少数派保護《少数派の会社構成員 (company member) を多数派による支配の濫用から守るための救済手段; cf. DERIVATIVE ACTION, INVESTIGATION OF A COMPANY, REPRESENTATIVE ACTION, UNFAIR PREJUDICE》.

minórity representàtion 少数代表制《少数派にもある程度の代表選出を可能にする方法・制度》.

minórity shàreholder* [stòckholder"] 少数派株主, 少数株主《持株を合計しても株式総数の半分以下しか所有ないし支配できず, したがって取締役を選任し会社を支配することができない株主》.

Mi·nor ju·ra·re non po·test. /máɪnɔːr dʒʊréɪrɪ nɑn pátɛst/ 未成年者は宣誓をなすことができない．［L＝A minor cannot take an oath.］

Minor mi·no·rem cus·to·di·re non de·bet; ali·os enim prae·su·mi·tur ma·le re·ge·re qui seip·sum re·ge·re nes·cit. /― maɪnóʊrɛm kʌstoʊdáɪrɛ nɑn débɛt ǽlioʊs énɪm prɪzʌ́mɪtər mǽlɛ rédʒɛrɛ kwaɪ síːpsʌm rɛdʒɛrɛ nɛ́sɪt/ 未成年者は未成年者を監護すべきでない. なぜならば自身を管理することを知らない者は他の人を悪く管理すると推定されるからである．［L＝A minor ought not to have the custody of a minor, for he/she is presumed to govern others badly who does not

mínor particípant《米》軽度有責関与者《連邦の量刑基準 (sentencing guidelines) 上の用語で、共犯者中他の共犯者よりは有責性 (culpability) が少ないが、最少有責関与者 (minimal participant) の有責性よりは大きい者; cf. MINIMAL PARTICIPANT》.

mínor prémise《論理》小前提 (cf. MAJOR PREMISE).

Minor qui in·fra ae·ta·tem 12 an·no·rum fu·e·rit ut·la·ga·ri non po·test nec ex·tra le·gem po·ni, quia an·te ta·lem ae·ta·tem, non est sub le·ge ali·qua nec in de·cen·na. /── kwaɪ ínfrə itéitəm 12 ænóurəm fjúːɛrɪt ʌtləgéɪràɪ nɑn pɑ́test nɛk ékstrə líːdʒɛm póunàɪ kwíə ǽntɛ téɪlɛm itéɪtəm nɑn ɛst səb líːdʒɛ ǽlikwæ nɛk ɪn dɛsénə/ 12 歳未満の未成年者は、法喪失宣告の対象にもなりえないしまた法の外にも置かれえない。なぜならば、このような年齢に達するまでは、いかなる法の下にもなくまた十人組にも属していないからである。［L=A minor who is under 12 years of age cannot be outlawed nor placed outside the law, because before that age he/she is not under any law nor in a decennary.］

mínors' cóntracts《未成年者が当事者となっている》未成年者締結契約.

mint /mínt/ n **1** 貨幣鋳造所, [the M-] 鋳貨局, 造幣局. **2** 巨額(の金), 多大, 大量: a ～ of money.

mínt·age n **1** 貨幣鋳造 (coinage); 造幣費; 造幣刻印. ▶ MASTER OF THE MINT (鋳貨局長). **2** 貨幣《集合的》.

min·ute /mínət/ n 覚書, 控え;《文書の》簡単な草案; [pl]《株主総会などの》議事録; [pl]《英》命令案 (= MINUTES OF ORDER): make a ～ of...を書き留める, ...の控えをとる / take the ～ 議事録をとる / This will not appear in the ～s of the meeting. これは(正式ではないので)議事録に記載しないでください. ▶ JUDGE'S MINUTES (裁判官の手控え). ── vt 書き留める, 控えにとる〈down〉;〈文書〉の草案を作成する; 議事録に記録する;〈人〉に覚書を送る: I do not want that to be ～d. = I want that not to be ～d. 議事録に記載しないでください.

mínute bòok /mínət-/ **1** 覚書帳. **2**《会社の役員会や株主総会の》議事録. **3** 訴訟手続き記録.

mínutes of órder《英》命令案《かつて大法官府裁判所 (Court of Chancery) でその判決である命令 (order) 内容の概要を両者の合意を求めてまず両当事者に示す手続きがとられたが、その際の案を指した; その後命令は初めから完成案の形で作られ、それが両当事者に示されるようになったが、この案が依然としてこの語で呼ばれている; 単に minutes ともいう》.

Mi·ran·da /məréndə/ a《米》ミランダ《事件[権利]の》[に関する] (⇨ MIRANDA V. ARIZONA).

Miránda cárd《米》ミランダカード《逮捕した被疑者などに黙秘権・弁護士立会い要求権などを読み上げるために携帯される、憲法上の権利を印刷したカード; ⇨ MIRANDA V. ARIZONA》.

Miránda héaring《米》ミランダ審理《ミランダ準則 (Miranda rule) が遵守されたかどうか、したがって警察が逮捕後に得た被疑人の陳述を証拠として用いられるか否かを決定するための審理前手続き; ⇨ MIRANDA V. ARIZONA》.

Miránda ríghts pl《米》ミランダ権利 (⇨ MIRANDA V. ARIZONA).

Miránda rúle《米》ミランダ準則《被疑者の取調べに関して合衆国最高裁判所が Miranda v. Arizona (1966) で定立した準則; ⇨ MIRANDA V. ARIZONA; cf. ESCOBEDO RULE》.

Miranda v. Arizona /── vɜːrsəs ──/《米》ミランダ対アリゾナ事件《取調べに関して被疑者の権利を確定した 1966 年合衆国最高裁判所判決; 当局はすべての尋問を行なうに先立って、被疑者が黙秘権を有すること、陳述内容はすべて当人にとって不利にはたらく可能性のあること、弁護士の立会いを要求する権利を有すること、弁護士依頼の資力がない場合は公費で付してもらえることを当被疑者に告げなくてはならず、これに反して得た供述は証拠とすることができないとすることを最高裁が 5 対 4 で下したもの; Miranda rule などの表現はこれに由来する; 原告 Miranda はメキシコ移民で Ernesto Miranda という名》.

Miránda wárnings pl《米》ミランダ警告《身柄の拘束を受けた被疑者の尋問に先立ってミランダ準則 (Miranda rule) にのっとってなされる警告; ⇨ MIRANDA V. ARIZONA》.

Mi·rand·ize /məréndàɪz/ vt [ºm-]*《俗》《ミランダ準則 (Miranda rule) に従い》〈逮捕者〉に警察官が諸権利を伝える. ［Ernesto *Miranda*; ⇨ MIRANDA V. ARIZONA］

mírror ímage rùle 鏡像準則《契約が成立するためには申込条件と承諾条件が鏡の像と同様に正確に相応していなくてはならないという法理; しかしこの法理は近時修正を受けている; ⇨ BATTLE OF THE FORMS》.

Mírror of Jústices《史》『裁判官の鑑(かがみ)』(1285-90 年の間に LAW FRENCH で書かれた法書).

MIS °management information system 経営[管理] 情報システム.

mìs·advénture n **1** 不運; 不運なできごと, 災難, 奇禍: by ～ 運悪く, 誤って / without ～ 無事に / do sb ～ 運悪く人に損害を与える. **2** 偶発事故, (純然たる)事故; 偶発事故による殺人, 偶発的致死 (= ACCIDENTAL KILLING): The coroner's verdict was death by ～. コロナー (coroner) の検屍陪審の評決は偶発事故による死亡ということであった. ▶ HOMICIDE BY MISADVENTURE (偶発事故による殺人).

mis·allége vt 間違って主張する; 誤って引用する.

mis·applicátion n《公金などの》不正使用, 不正充当, 流用.

mis·applý vt ...の適用を誤る, 誤用[悪用]する;〈公金など〉不正使用[横領]する. **mis·applied** a

mìs·apprópriate *vt* 不正流用する; 着服する; 横領する; 悪用[誤用]する.

mìs·appropriátion *n* 他人の金銭・財産をみずからの用に充てること; **不正目的使用**; 背任 (» cf. APPROPRIATION, EMBEZZLEMENT, EXPROPRIATION).

mìs·behávior *n* 無作法; 不品行, 不行跡, 不正行為, 《特に》公務員による不正行為.

misbehávior in óffice 公務員の義務違反行為 (= OFFICIAL MISCONDUCT).

mìs·bránd *vt* …に誤った焼き印を押す, 違う[にせの]商標[レッテル]を付ける; …に違法なレッテル表示[不当表示]をする.

mìs·bránd·ing 《商品の》ブランド不正表示.

mìs·cálculate *vt, vi* 誤算[見込み違い]する.
　mìs·calculátion *n* 計算間違い.

mìs·cárriage *n* **1** 流産 《妊娠12週から28週の間の》; cf. ABORTION, PREMATURE DELIVERY); 未熟産, 失産; 妊娠中絶: have a ～ 流産する / procure ～ 中絶させる. **2** 失敗, 不首尾; 失策, 誤り (error), 《特に》裁判の誤り (miscarriage of justice); 《郵便物などの》配達違い, 誤配, 不着; 《貨物の》誤送.

miscárriage of jústice 裁判の誤り, 誤審.

mis·ce·ge·na·tion /mìsədʒənéɪʃ(ə)n/ *n* 異人種間婚姻 (= mixed marriage).

miscelláneous ítemized dedúction 《米税制》明細084控除(額)《仕事・投資に伴なう費用の明細控除額 (itemized deduction) で, 調整総所得額 (adjusted gross income) 算出の際に許容されないもの; 調整総所得額の一定割合を超えている場合にのみ認められうる》.

mìs·chárge *n* 《陪審に対する裁判官の》誤った説示 (= MISDIRECTION).

mis·chief /místʃəf/ *n* **1** 害, 損害, 弊害, 危害, 害悪, 欠陥. ▶ PUBLIC MISCHIEF (公的迷惑(罪)). **2** 器物損壊(罪), 財産危害(罪). ▶ CRIMINAL MISCHIEF (財産危害罪) / MALICIOUS MISCHIEF (故意の器物損壊(罪)).

míschief of the státute 《当該》制定法が除去しようとした害悪, 制定法の目的, 立法目的.

míschief rùle 除去すべき害悪の準則, 弊害準則 《制定法を解釈する際の準則の一つで, 文言のみによるのでなく, 除去しようとした弊害は何かということを考慮し, 立法目的に即して解釈することを認める準則; ヘイドン事件の準則 (rule in Heydon's Case) を一般化したもの; cf. EQUITY OF THE STATUTE RULE, GOLDEN RULE, LITERAL RULE, PLAIN MEANING RULE, SOCIAL POLICY RULE, STRICT CONSTRUCTION; ⇒ INTERPRETATION OF STATUTES》.

mìs·cónduct *n* **1** 非行, 不行跡; 姦通 (adultery), 不義; **違法行為**, **義務違反行為**, 職権濫用: commit ～ with…と通じる[不義をする]. ▶ AFFIRMATIVE MISCONDUCT (積極的義務違反行為) / JUROR MISCONDUCT (陪審員としての義務違反行為) / OFFICIAL MISCONDUCT (公務員の違反行為) / PROFESSIONAL MISCONDUCT (専門的職業人としての不適格行為; 法曹不適格行為) / PROSECUTORIAL MISCONDUCT (訴追者の違反行為) / SERIOUS AND WILLFUL MISCONDUCT (意図的違法行為) / WANTON (AND RECKLESS) MISCONDUCT (未必の故意による無謀違法行為) / WILLFUL AND WANTON MISCONDUCT (故意ないし未必の故意の無謀違法行為) / WILLFUL MISCONDUCT (故意の違法行為). **2** ずさんな管理[経営], 妥当を欠く措置, へたな施策[軍略]. ─ *vt* /／─ －／ **1** …の処置[管理]を誤る, やりそこなう: ～ oneself 品行が悪い. **2** 姦通する 《with》.

mìs·contínuance *n* 《裁判所により》誤って命じられた訴訟手続き延期.

mis·cre·ant /mískriənt/ *n* **1** 悪漢, 悪党. **2** 《古》異教信者, 異端者. ─ *a* **1** 邪悪な. **2** 《古》異端の信仰[信念]を有する. [OF (creant believer < L credo to believe)]

mìs·dáte *vt* 《手紙・書類などに》誤った日付をつける; …の年月日を間違える. ─ *n* 間違った日付.

mìs·déed *n* 悪行, 悪事, 犯罪. [OE]

mìs·delívery *n* 誤配.

mìs·deméan·ant *n* 軽罪犯(人); 非行者. ▶ FIRST-CLASS MISDEMEANANT (第一級軽罪犯).

mìs·deméanor *n* **1** 軽罪 《重罪 (felony) に至らぬ犯罪で, 通常罰金あるいは短期の拘禁で罰せられるもの; ⇒ FELONY; cf. TRESPASS》. ▶ GROSS MISDEMEANOR (重軽罪) / HIGH CRIMES AND MISDEMEANORS (重大な犯罪および軽罪) / HIGH MISDEMEANOR (大軽罪) / SERIOUS MISDEMEANOR (重大な軽罪) / TREASONABLE MISDEMEANOR (反逆罪の軽罪). **2** 非行, 不品行, 不行跡.

misdeméanor mánslaughter 軽罪故殺 《軽罪 (misdemeanor) を犯す際に生じた非故意殺 (involuntary manslaughter); cf. FELONY MURDER》.

misdeméanor mánslaughter rùle 軽罪故殺故殺化準則 《軽罪 (misdemeanor), 時には危険度の低い重罪 (felony) を犯す過程で生じた人の死を非故意殺 (involuntary manslaughter) とする原則; 現在では多くの法域で廃止; cf. FELONY MURDER RULE》.

mìs·descríption *n* 記述の誤り, 《特に契約の目的物の》誤記.

misdescríption of próperty 不動産の誤記.

mìs·diréct *vt* **1** 《人に》間違って教える[指導する, 指図する]; 《手紙に》宛先を書き誤る. **2** 《裁判官が陪審員に》誤った指示[説示]を与える.

mìs·diréction *n* **1** 誤った指図, 教え違い. **2** 《陪審に対する裁判官の》**誤った指示[説示]**, 指示の誤り (= mischarge).

mise /míːz, máɪz/ *n* 《史》**1** 協定, 協約: the M~ of Amiens《英史》アミアン協定《1264年1月の英国王Henry 3世とフランス王Louis 9世との間の協定》 / the M~ of Lewes《英史》ルイス協定《1264年5月のHenry 3世と諸侯との間の協定》. **2** 金銭支出, 《特に》訴訟にかかる費用, 税金支払い, 税. **3** 《権利令状 (writ of right) に基づく訴訟での》**争点**, 《あるいはその》全面的否認訴答

(general issue). 〔AF＝a putting〕

Mi·se·ra ser·vi·tus est, ubi jus est va·gum aut in·cog·ni·tum. /mísɛrə sə́rvitəs ɛst (j)úːbi ʤúːs ɛst vǽgəm ɔːt ɪnkágnɪtəm/ 法が曖昧あるいは知られていない場合には, 隷従は悲惨である. 〔L＝The slavery is miserable, where the law is vague or unknown.〕

mi·ser·i·cor·dia /məzɛ̀rəkɔ́ːrdiə, -sɛ̀r-, mìzə-/ n 1 同情, 慈悲 (mercy). 2 憐憫罰 (＝AMERCEMENT). 〔L＝mercy〕

mìs·éxecute vt 〈命令・法など〉の執行[施行]を誤る, 執行[施行]が不適当である; 〈計画などを〉見当違いに実行する, 〈任務を〉きちんと[然るべく]果たさない[努めない].

mis·fea·sance /mɪsfíːz(ə)ns/ n 失当行為 (cf. MALFEASANCE, NONFEASANCE), 《特に》公務における失当行為 (misfeasance in public office). **mìs·féa·sant** a

misféasance in (públic) óffice 公務[公職]における失当行為.

misféasance sùmmons 《英》《会社の清算 (winding-up) 過程における会社役員などの》失当行為に関する召喚.

mis·fea·sor /mɪsfíːzər, mɪz-/ n 失当行為者.

mìs·fórtune n 不幸, 不運; 災厄, 災難.

mìs·intérpret vt 誤解する; 誤訳する; 誤って説明する: The rioters ~ed the instructions of the police. 暴徒は警察の指示を誤解した. **mìs·intérpret·er** n

mìs·interpretátion n 誤解; 誤訳: a clause which is open to ~ 誤解されやすい条項.

mìs·jóinder n 《一つの訴訟に併合すべきでない訴訟原因・犯罪または当事者を併合する》誤った併合, 不当併合 (cf. DISJOINDER, DUPLICITY, MULTIFARIOUS, MULTIPLICITY, NONJOINDER).

misjóinder of párties 当事者の誤った併合.

mìs·kénning n 《英史》1 訴答の誤り. 2 誤った召喚.

misláid próperty 置き忘れ物, 置き忘れ品 (cf. ABANDONED PROPERTY, LOST PROPERTY).

mìs·láy vt 置き[しまい]忘れる, [fig] なくす, 見失う; 間違って置く[はめ込む].

mìs·léad vt (**mìs·léd**) 誤り導く, 誤解させる, 惑わせる, 欺く 〈about, on〉.

mìs·léad·ing a 人を誤らせる, 誤解させる, 紛らわしい; 惑わせる (cf. DECEPTIVE, FRAUDULENT).

misléading áction 《特に消費者保護上》人を誤らせるような行為.

misléading ádvertising 人を誤らせるような広告[宣伝].

misléading omíssion 《特に消費者保護上重要な情報などの》人を誤らせるような省略.

misléading príce 人を誤らせるような価格.

mis·no·mer /mìsnóumər/ n 誤った名称, 誤称; 呼び誤り; 《特に 法律文書中の》氏名[地名]誤記 (cf. IDEM SONANS). **~ed** a 〔AF (nommer to name)〕

mìs·perfórmance n 誤った履行 (cf. NONPERFORMANCE, PERFORMANCE).

mìs·pléad vt, vi 誤った訴答をする.

mìs·pléad·ing a 誤った訴答をしている, 誤訴答の. — n 誤った訴答, 誤訴答.

mis·pri·sion /mɪsprɪ́ʒ(ə)n/ n 1 《特定の名称のついた犯罪類型には属さないが》刑罰の対象となる違法行為: 《特に》**a** 公務違反. **b** 犯罪隠匿. **c** 《国家・法廷に対する》侮辱. **d** 政府に対する煽動行為. ▶ NEGATIVE MISPRISION (消極的違法行為) / POSITIVE MISPRISION (積極的違法行為). 2 誤記; 誤記. ▶ CLERICAL MISPRISION (《裁判所》書記の誤記). 〔AF＜OF＝error〕

misprísion of félony 重罪隠匿(罪) 《重罪 (felony) が犯されたと知りながらこれを告発しないこと; 英国では犯罪私和 (compounding an offence) に代わっている》.

misprísion of tréason 反逆罪隠匿(罪) 《反逆罪 (treason) が犯されたことを知りながらこれを告発しないこと》.

mìs·réad·ing n 《詐欺目的で文盲・盲人に文書内容を》誤って読み聞かせること.

mìs·recítal n 《証書・訴答その他の法律文書における》誤った事実の説明.

mìs·represént vt, vi 1 誤り[偽り]伝える, (わざと)不正確に述べる. 2 …の代表[代理]の任を果たさない. **~·er** n

mìs·representátion n 1 誤伝, 虚説. 2 不実表示, 虚偽の陳述, 詐称 (＝false (mis)representation) (cf. DECEIT, FRAUD, REPRESENTATION, SUGGESTIO FALSI). ▶ FALSE MISREPRESENTATION (不実表示) / FRAUDULENT MISREPRESENTATION (悪意[詐欺的]不実表示) / INNOCENT MISREPRESENTATION (善意不実表示) / MATERIAL MISREPRESENTATION (重大な不実表示) / NEGLIGENT MISREPRESENTATION (過失不実表示). **mìs·represéntative** a

Misrepresentátion Àct [the ~] 《英》不実表示法 《善意不実表示 (innocent misrepresentation) に基づく契約締結者に契約取消と損害賠償請求を認めている 1967 年の制定法》.

míssing évidence rùle 提出されるべきであった証拠の準則 《事実審で, 一方当事者の支配下にありかつ提出することが適当と思われた証拠を, 当該当事者が提出しなかった場合には, 陪審はその証拠が当該当事者に不利なものであったと推論することが許されるという法理》.

míssing pérson 行方不明者, 失踪者 (cf. DISAPPEARED PERSON, SEVEN-YEARS'-ABSENCE RULE).

míssing tráder ìntra-commúnity fraud 《英》見えない取引業者関与の共同体内詐欺 (＝carousel fraud) 《欧州共同体 (European Community) の別の国に属する擬制的購入者への商品の輸出に基づく付加価値税 (VAT) 払い戻し請求詐欺; この詐欺には通例欧州共同体の別の国々の一連の多数の会社が参加する; これと対をなしているのが取得詐欺 (acquisition fraud》で, これは虚偽の商品・サービスの取得に基づく投入税 (input tax) への付加価値税の払い戻し請求の詐欺である; 共に付加価値税制度に対する組織犯罪的攻撃とされている》.

míssing wítness rùle 提出されるべきであった証人の準則《事実審で, 一方当事者のみが呼ぶことができかつその証言は許容性のあるものと思われた証人を提出しなかった場合には, 陪審はその証人の証言が当該当事者に不利なものであったと推論することが許されるという法理》.

mis·sion /míʃ(ə)n/ n 1 a《外国などへの》派遣団,《外交》使節団; *在外(外交)使節団[公館]: a trade ~ to Australia オーストラリアへの通商使節団 / the members of the government ~ 政府派遣の外交使節団員. b 使節の特派;《廃》送り出すこと, 派遣. ▶ DIPLOMATIC MISSION (外交使節団). 2 a《派遣される人の》任務, 使命, 派遣目的: be sent on a ~ 使命を帯びて派遣される. b 天職. 3《特に 外国への》伝道. — vt 1 …に任務を与える, 派遣する. 2 …で布教活動[伝道]をする. — vi 使節をつとめる. ~·al a [F or L]

mis·sive /mísɪv/ n 1 信書 (letter, message). 2《スコットランド》《相続不動産 (heritage) の売買契約のための》取り交わし文書.

Mis·sóu·ri Cómpromise /mɪzúəri-/ [the ~]《米史》ミズーリ妥協[互譲法]《1820年 自由州 Maine と奴隷州 Missouri の州昇格について連邦議会において北部と南部が対立したときの妥協の法律; 2州の連邦加入を認めるが Missouri の南端 36°30′ 以北の Louisiana 購入地は自由州, 南は奴隷州とする妥協案; 1854年のカンザス-ネブラスカ法 (Kansas-Nebraska Act) に伴って廃止》.

Missóuri Plán ミズーリ方式《裁判官選任についてのアメリカ法曹協会 (American Bar Association) の提案で, 1940年に最初に Missouri 州が採用し 20余州が採用している方式; 州知事が諮問委員会からの推薦者の中から任命することと, 州民審査制とがその中心》.

mis·státe·ment n 誤って[偽って]述べること, 誤った[偽った]表示. ▶ NEGLIGENT MISSTATEMENT (過失虚偽陳述).

mis·take /məstéɪk/ n 1 誤り, 間違い, ミス. 2 錯誤《事実の錯誤 (mistake of fact)・法の錯誤 (mistake of law) など刑法上も用いるが, 法学上多く論じられるのは契約における錯誤で, その契約の効力との関係が問題されている; cf. FRUSTRATION》. ▶ COMMON MISTAKE (共通の錯誤) / ESSENTIAL MISTAKE (本質部分の錯誤) / MUTUAL MISTAKE (共通の錯誤; 相互の錯誤) / OPERATIVE MISTAKE (効力に影響を及ぼす錯誤) / UNESSENTIAL MISTAKE (非本質部分の錯誤) / UNILATERAL MISTAKE (一方的錯誤). **mis·ták·er** n

mistáke in júdgment 判決における誤り (⇨ SLIP RULE).

mistáke in vénue 裁判地の錯誤.

mistáken idéntity 人の同一性についての錯誤, 人違い: He was released after it had been established that it was a case of ~. 人違いであったとして釈放された.

mistáke of fáct 事実の錯誤, 事実に関する錯誤 (= error in [of] fact).

mistáke of láw 法の錯誤, 法に関する錯誤 (= error in [of] law).

mistery ⇨ MYSTERY.

mis·tress /místrəs/ n 1 MASTER の女性形. 2 情婦, 愛人 (cf. COMMON-LAW WIFE).

Místress of the Róbes [the ~]《英》衣裳管理女官長《英国王室の高位の女官; 女王統治の場合には政治的に重要な役割を演じたこれも歴史上にある》.

mís·trìal /ˌ–ˈ–/ n 無効審理《管轄権の欠缺, 陪審員の意見不一致などの基本的欠陥により, 陪審評決前に無効と宣言され終了させられる審理; cf. MANIFEST NECESSITY, DISMISSAL, TRIAL DE NOVO》.

mis·use n /mìsjúːs/ 1 誤用; 悪用, 濫用: ~ of authority 職権濫用 / ~ of funds [assets] 資産の悪用. ▶ COMPUTER MISUSE (コンピューター不正使用). 2《廃》虐待 (ill-use). — vt /mìsjúːz/ 1 誤用する, 悪用する, 濫用する. 2 虐待する, 酷使する.

misúse of drúgs 規制薬物の悪用《英国では 1971 年法により各種規制薬物 (controlled drug) の分類とその製造・供給・所持関係の多数の犯罪とが規定されている》.

mis·úser n《自由権・特権・職権などの》濫用 (abuse) (cf. USER², NONUSER). [OF; ⇨ MISUSE]

mit·i·gate /mítəgèɪt/ vt《怒り・苦痛・悲しみなどを》和らげる;《刑罰・損害などを》軽減する,《罪・責任などを》減ずる, 緩和する, 弱める (cf. AGGRAVATE, MILITATE). — vi 和らぐ, 緩和する. **mit·i·ga·to·ry** /mítəgətɔ̀ːri, -gèɪt(ə)ri/ a [L (*mitis* mild)]

mítigating círcumstance 1《損害賠償額・刑罰を軽減するための》責任軽減事由, 酌量すべき情状 (= extenuating circumstance, mitigating factor) (cf. AGGRAVATING CIRCUMSTANCE): plead ~《情状酌量を請うなどの》軽減の答弁を行なう. 2 履行義務軽減事由 (= extenuating circumstance)《契約履行を妨げる予期できぬ異常事》.

mítigating fàctor 責任軽減要因 (mitigating circumstance).

mit·i·ga·tion /mìtəgéɪʃ(ə)n/ n 緩和, 鎮静;《刑罰・責任などの》軽減, 減免, 減額: Defense counsel made a speech in ~. 被告側弁護士は刑罰の軽減を求める弁論をした. ▶ PLEA IN MITIGATION (刑罰軽減を求める答弁). **mít·i·gà·tive** a

mitigátion of dámages 1 損害の軽減, 損害の拡大防止. 2 損害軽減の法理 (= MITIGATION-OF-DAMAGES DOCTRINE).

mitigátion-of-dámages dòctrine 損害軽減の法理 (= avoidable consequences doctrine)《不法行為上の権利侵害ないしは契約違反が生じた後, 被害者はそこから生ずる影響を緩和するために相当な努力をなすべきであり, それを怠った場合には損害賠償額が減らされる

こともありうるという原則; 単に mitigation of damages ともいう; cf. DUTY TO MITIGATE).

mitigátion of púnishment 刑罰の軽減.

mit·i·ga·tor /mítəgèitər/ n 軽減[緩和]させるもの, 《特に》MITIGATING CIRCUMSTANCE.

mitiori sensu ⇨ SENSUS.

mit·ti·mus /mítəməs/ n **1** 収監令状. **2**《史》訴訟記録送致令状. **3**"《口》解雇[免職](通知) (dismissal). [L=we send]

mixed /míkst/ a **1** 混交[混合, ミックス]した, 混成の, 雑多な (opp. pure); 相容れない[相反する]要素の混ざった[を伴った]: ～ motives いろいろ雑多な動機. **2**《金融》〈市況が〉高値安値の混じった, 動きがまちまちの. **3** 種々雑多の人間からなる, 怪しげな人物のまじった; 異種族間の, 混血の, 交配した〈血統〉; 男女混合の, 男女共学の. **4** 争点などが複合した, 混合した《特に personal action と real action の, または法律問題と事実問題の》: MIXED ACTION, MIXED NUISANCE, etc.   **mix·ed·ness** /míksədnəs, míkst-/ n

mixed áction 混合訴訟 (=actio mixta)《対人的な人的訴訟 (personal action) と対物的な物的訴訟 (real action) 双方の性質をもつ訴訟》.

mixed blóod《古》混血: a person of ～ 混血の人.

mixed cóntract 混合契約 (1) 負担付き贈与のごとく, 一方当事者が相手方に利益を与えるが, 相手方からもそれより少ない利益を受ける契約 2) 物品とサービス双方の売買契約》.

mixed ecónomy《経済》混合経済《経済体制としては資本主義経済であるが, 国営企業・政府開発事業など政府の経済介入が強まり民間部門 (private sector) と公共部門 (public sector) が混在し, 社会主義的要素が加わっているもの; 社会主義計画経済も市場を導入し民間部門の存在を認め, 混合経済となる場合がある》.

mixed fúnd 混合基金《物的財産 (real property), 人的財産 (personal property) 双方の運用利益からなる基金》.

mixed gíft 混合贈与《物的財産 (real property) と人的財産 (personal property) を含む贈与》.

mixed góvernment 混合政体《君主制・貴族制・民主制が混合した政治体制で, 英国はその代表とされている》.

mixed insúrance còmpany 混合保険会社《株式保険会社 (stock insurance company) と相互保険会社 (mutual insurance company) 双方の性格をもつ保険会社で, 株主でない保険契約者に対しても契約者配当を行なうことを約しているもの; 大部分の生命保険会社はこの類型》.

mixed júry 混成陪審《男・女, あるいは異人種からなる陪審》.

mixed lárceny 混合窃盗(罪) (**1**) 単純窃盗(罪) (simple larceny) に加重事由が加わった窃盗; 強盗 (robbery) がその例 **2**) 住居からの窃盗; 複合窃盗(罪) (compound larceny) ともいう》.

mixed láw《人と財産の両方を扱う》混合法.

mixed márriage 混血婚 (miscegenation), 異宗婚, 混信婚《異なった人種・宗教間の結婚》.

mixed núisance 混合不法妨害, 混合ニューサンス《公的不法妨害 (public nuisance) で, 同時に私的不法妨害 (private nuisance) となるもの》.

mixed presúmption 混合推定《法と事実の両方の要素を含む推定》.

mixed próperty 混合財産, 複合財産 (=mixed subjects of property)《人的財産 (personal property) と物的財産 (real property) の双方の性格をもつもの; 法的にはそのどちらかとして扱われる; 例えば, 法的には人的財産として扱われる耕作物 (emblements), 法的には物的財産として扱われる法定相続動産 (heirloom) など》.

mixed quéstion 1 法律と事実の混合問題 (= MIXED QUESTION OF LAW AND FACT). **2** 混合問題《外国法・他州法と国内法・自州法が不一致のため生ずる問題》.

mixed quéstion of fáct and láw 事実と法律の混合問題 (=MIXED QUESTION OF LAW AND FACT).

mixed quéstion of láw and fáct 法律と事実の混合問題《法と事実の両者が混合しており, 事実問題は陪審 (jury) が, 法律問題は裁判官が決定する; 単に mixed question ともいう》.

mixed súbjects of próperty 混合財産 (= MIXED PROPERTY).

mixed títhes pl 混合十分の一税《土地で飼育される家畜などからの収益に対する十分の一税; cf. PERSONAL TITHE, PREDIAL TITHE》.

mixed trúst 混合信託《一つの信託設定により同一信託財産を用いて公益目的と非公益目的とを同時または時系列的に達成しようとする信託》.

mix·tion /míkstʃ(ə)n/ n《古》混和《別々の所有者の物が混ざり合い分離できなくなること》.

MJ Ministry of Justice.

MJur Magister Juris. [L=Master of Law]

mkt market.

ML °Master of Laws 法学修士.

MLA Member of the Legislative Assembly.

MLT °mean low tide 平均低潮位.

m'lud ⇨ LUD.

m.m. °mutatis mutandis 必要な変更を加えて.

MMD °multimember district 複数選出区.

M'Na(u)ghten rules ⇨ McNAGHTEN RULES.

MO °modus operandi 手口.

mob /máb/ n **1 a** 暴徒, 活動的群衆, 乱衆, モッブ; 《a》群衆(特有)の, 暴徒による: ～ psychology 群衆心理 / ～ law [rule] 暴民[衆愚]政治/ リンチ. **b** [the ～] 《derog》大衆, 下層民, 民衆 (the masses): a ～ appeal. **2**《俗》悪者集団, ギャング, 盗賊[スリ]団, マフィア, [the ～] 組織犯罪集団. [mobile (L mobile vulgus excitable crowd)]

mób·bing *n*《スコットランド》暴徒参加罪.

móbile góods *pl* 移動性物品《貨物輸送用コンテナや道路建設機器のように通例一つの法域にとどまらずに使用される》.

móbile hóme《自動車で引くトレーラー型の》**移動住宅**, モビールホーム.

Mo·bi·lia se·qu·un·tur per·so·nam. /moʊbíliə sɛkwántər pɛrsóʊnæm/ 動産は人に従う. [L＝Movables follow the person.]

mobílity allówance《英史》歩行困難者手当《1991年法で廃止；1992年より障害者生活手当（disability living allowance）に組み込まれている》.

mob·i·li·za·tion /mòʊbələzéɪʃ(ə)n, -làɪ-/ *n* **1**《不動産の》動産化. **2**《軍隊などの》動員.

mob·ster /mábstər/ *n*《俗》盗賊[ギャング]の一人, 暴力団員.

móck áuction《英》詐欺的競売 (**1**) 競り落とし価額より低い値で売る, **2**) 競落人に後で価額の一部を返還する, **3**) 競売参加者を別の商品購入者ないし購入契約者に限定する などの不正方法での競売》.

móck júrors *pl* 模擬陪審(員)(⇨ MOCK TRIAL).

móck tríal 模擬審理, 模擬裁判 (**1**) 法学部学生、時には弁護士に審理での論技術の実務教育をするための仮想審理・裁判 **2**) 事件・主張が認められるか否かを判断したり裁判での戦術を評価するなどのために一方当事者の弁護士により設定される仮想の審理；この過程で陪審員候補者名簿（jury panel）から陪審員を借りた模擬陪審（員）(mock jurors) を利用し, その特定問題についての質問への回答は法廷戦術に役立つことになる; cf. MINITRIAL, MOOT COURT, SUMMARY JURY TRIAL》.

mod·al /móʊdl/ *a* **1** 様式の, 形式(上)の, 形態上の. **2**《契約・遺贈の》実行方法が指定された. **〜·ly** *adv*

módal légacy 実行方法指定動産遺贈.

mode /moʊd/ *n* 方法, 様式, 形式, 方式, 仕方, 流儀, …(な)状態, …モード: a 〜 of life 生活様式 / his 〜 of doing business 彼の仕事ぶり.

módel áct《米》模範法律(案)《諸州で統一的に制定されることを期待して提案される法律の案; cf. UNIFORM STATUTE》.

Módel Búsiness Corporátion Àct [the 〜]《米》営業法人模範法《模範法律 (model act) の一》.

módel còde《米》模範法典(案)《諸州で統一的に制定されることを期待して提案される法典の案》.

Módel Códe of Proféssional Responsibílity [the 〜]《米》弁護士責任模範法典（＝Code of Professional Responsibility）《1969年にアメリカ法曹協会（American Bar Association）が定めた実務法曹の行動基準に関する模範規程；大部分の州で MODEL RULES OF PROFESSIONAL CONDUCT（弁護士行動準則模範規程）にのっとったものに取って代わられている; cf. CANONS OF PROFESSIONAL ETHICS》.

módel júry chàrge ＝MODEL JURY INSTRUCTION.

módel júry instrùction《米》《裁判官による陪審への》模範説示（＝model jury charge, pattern jury charge, pattern (jury) instruction）.

módel làw《米》模範州法(案)《模範法律 (model act), 模範法典 (model code) などの総称》.

Módel Párliament [the 〜]《英史》(1295年 Edward 1 世の下で開催された) 模範議会《初めて広範囲に代表を召集し, 後の議会の模範を提供したとされている》.

Módel Pénal Còde [the 〜]《米》模範刑事法典《模範法典 (model code) の一; 略 MPC》.

Módel Pénal Còde tèst《米》模範刑事法典テスト（＝SUBSTANTIAL CAPACITY TEST）《略して MPC test ともいう》.

Módel Rúles of Proféssional Cónduct [the 〜]《米》弁護士行動準則模範規程《1983年にアメリカ法曹協会（American Bar Association）が採択した弁護士倫理に関する模範規程で, MODEL CODE OF PROFESSIONAL RESPONSIBILITY（弁護士責任模範法典）に一般的に取って代わり, 多くの州で法として採用されている》.

módel státute《米》模範制定法(案)（＝UNIFORM STATUTE）.

móde of addréss《裁判官などに対する正しい》敬称.

móde of tríal procèedings《英》審理方法決定手続き《選択的審理方法の犯罪 (offense triable either way) が治安判事裁判所 (magistrates' court) で審理されるべきか刑事法院 (Crown Court) へ移送すべきかを決定するための治安判事裁判所での審理》.

móderate fórce 極端に走らない暴力（＝NON-DEADLY FORCE）.

mod·er·a·tor /mádəreɪtər/ *n* **1** 議長. **2**《スコットランド》教会総会 (general assembly) 議長.

mod·i·fi·ca·tion /màdəfəkéɪʃ(ə)n/ *n* **1** 修正, 変更, 改変, 補正. ▶ POWER OF MODIFICATION（修正権）. **2** 制限.

Módified Accélerated Cóst Recóvery Sỳstem [the 〜]《米》修正加速度原価回収制度（⇨ ACCELERATED COST RECOVERY SYSTEM）《略 MACRS》.

módified compárative négligence dòctrine 修正比較過失の法理（＝50-PERCENT RULE）.

mo·do et for·ma /móʊdoʊ ɛt fɔ́ːrmə/ *adv*《史》方法および形式において《コモンロー上の訴答 (pleading) 手続きの否認訴答 (traverse) 末尾で, 相手方訴答が主張の趣旨だけでなく方法・形式においても否認されると述べられる時に用いられた語》. [L＝in manner and form]

mo·dus /móʊdəs/ *n* **1** 方法, 流儀, 方式, 様式. **2**《犯罪を訴える文書中の》犯罪遂行方法記述部分. **3**《十分の一税 (tithe) の》特別方式.

Modus de non de·ci·man·do non va·let. /— di nan dèsɪmændoʊ nan vælɛt/ 十分の一税

Modus et conventio

を徴収しない[支払わない]というやり方は無効である. [L＝A manner not to take [pay] tithes is void.]

Modus et con·ven·tio vin·cunt le·gem. /— et kʌnvénʃiou vínkənt líːdʒem/ 方式と合意は法を破る. [L＝The form and the agreement overrule law.]

Modus le·gem dat do·na·ti·o·ni. /— líːdʒem dæt dounèiʃióunai/ 方式は贈り物に法を与える《例えば, 土地移転の合意がその土地の保有条件を定めるという趣旨》. [L＝The form gives law to the gift.]

módus ope·rán·di /-àpəréndi, -dài/ (pl mó·di operándi /móudiː-, -dài-/)《仕事の》やり方, 運用法,《犯罪者の》手口, 犯罪遂行方法《略 MO》. [L＝manner of operating [working]]

módus vi·vén·di /-vivéndi, -dài/ n (pl módi vivéndi) 1 生活様式, 生活態度, 生き方. 2 a (とりあえずの)妥協, (生きるための)方便, 折り合い: achieve a ～. 妥協に達する. b《国際法》暫定協定, 一時的協定. [L＝manner of living]

mo·er·da /mouéːrdə/ n《古》秘密殺人 (murder (謀殺)の語源上の意味はこの秘密殺人であったとされる).

MOH《英》°Medical Officer of Health 保健所長.

moi·e·ty /mɔ́iəti/ n 1 半分 (half), 2 分の 1; 一部分 (part). 2《米》情報提供報奨金《連邦の関税法上禁制品 (contraband) 押収に協力してくれた情報提供者 (informant) にその禁制品の正味価格の 25％ (最高 $250,000 以下) が与えられることになっているが, その金銭》. [OF＜L medietas (medius middle)]

móiety àct《米》情報提供報奨法.

mole /móul/ n 1《動》モグラ. 2 暗いところで仕事をする人, 黙々と働く人. 3《口》《体制・敵・犯罪組織などに深く入り込んで潜伏している》秘密情報提供者, たれこみ屋, 情報源, 秘密情報部員, 諜報員, スパイ, 二重スパイ.

mo·lest /məlést/ vt《敵意をもって, または危害を与えるように》悩ます, 苦しめる, 妨害する;《性的に》《女性・子供》にいたずらをする: He was accused of ～ing children in the park. 公園で子供に淫行をはたらいたかどで告訴された. ～**er** n 痴漢: a convicted child ～er 子供に対する淫行犯罪者. [F or L (molestus burdensome, troublesome)]

mo·les·ta·tion /mòulèstéiʃ(ə)n, mʌl-/ n 1 じゃま, 侵害, 妨害, いやがらせ, 暴行;《特に子供, 時に配偶者・同棲者に対する》暴行・いやがらせ, 虐待, 性的いたずら (cf. BATTERED CHILD); 淫行;《別居後の》新生活妨害. ▶ CHILD MOLESTATION (児童暴行). 2《古》苦悩(の種).

mol·li·ter ma·nus im·po·su·it /málətər mǽnəs impázjuət/《史》彼[彼女]は穏やかに手を触れた《暴行 (battery)・侵害 (trespass) などの訴訟の抗弁で, 被告は原告に対して穏やかに手を触れただけで, 正当な理由かつ必要以上の力を用いていないことを示した句》. [L＝he/she gently laid hands on]

mon·arch /mánərk, -àːrk/ n 君主: an absolute ～ 絶対君主 / a despotic ～ 専制君主 / a constitutional [limited] ～ 立憲[制限]君主.

mon·ar·chy /mánərki, -àːr-/ n 1 君主制, 君主政治[政体], 君主国: Britain, Belgium, Sweden and the Netherlands are monarchies. イギリス, ベルギー, スウェーデン, オランダは君主国である. ▶ ABSOLUTE MONARCHY (絶対王政) / CONSTITUTIONAL MONARCHY (立憲君主制) / DESPOTIC MONARCHY (専制君主制) / LIMITED MONARCHY (制限王政). 2《廃》独裁君主権, 専制権.

mon·as·tery /mánəstèri; -t(ə)ri/ n 修道院. ▶ DISSOLUTION OF THE MONASTERIES (修道院の解散).

Mo·ne·tan·di jus com·pre·hen·di·tur in re·ga·li·bus quae nun·quam a re·gio scep·tro ab·di·can·tur. /mànitǽndai dʒuːs kʌmprɛhéndɪtər ɪn rigéilibəs kwi nʌŋkwæm ei ríːdʒiou séptrou ǽbdɪkǽntər/ 貨幣鋳造権は王笏(ﾎｳ)によって決して放棄されない王権の一つに含まれる. [L＝The right of coining money is included among those rights of royalty that are never abdicated by the kingly scepter.]

Mónetary Pólicy Commìttee [the ～]《英》《(イングランド銀行)金融政策委員会《金利決定のほかイングランド銀行の金融政策一般に責任を有する 1998 年法で設置されている委員会; 正式には Bank of England Monetary Policy Committee》.

mon·ey /máni/ n (pl ～s, món·ies) 1 a 金銭, 金(ｶﾈ): lose ～ 損をする〈over〉/ sink ～ むだな金を使う / keep sb in ～ 人に金を用立てる / out of ～ 金に困って,《賭け事で》損をして. b 貨幣, 通貨; 決済通貨 (money of account); 交換の媒介物, 貨物貨幣: good ～ 良貨 / いい金, 高い金額, 高額金 / bad ～ 悪貨 / white ～ (にせ)銀貨 / small ～ 小銭. ▶ BLOOD MONEY (人命金; 殺人犯逮捕報奨金) / CALL MONEY (短期借入金, コールマネー) / CAPITAL MONEY (継承財産設定地収益金) / CAUTION MONEY (手付け(金)) / CHEAP MONEY (低利資金) / CHIMNEY MONEY (暖炉税) / CONDEMNATION MONEY (損害賠償金; 収用補償金) / CONDUCT MONEY (証人の旅費) / DAGGER-MONEY (剣金) / DANGER MONEY (危険手当) / DEAR MONEY (高金利資金) / DISPATCH MONEY (早出料) / EARNEST MONEY (手付け(金)) / E-MONEY (e マネー) / EUROMONEY (ユーロマネー) / FIAT [FLAT] MONEY (名目貨幣) / GLOVE MONEY (手袋金) / HAND MONEY (手付け(金)) / HARD MONEY (正貨; 硬貨; 現金) / HAT MONEY (船長・船員への謝礼) / HEAD MONEY (頭割均等額; 人頭税; 入国税; 頭金(ｱﾀﾏｷﾝ)) / HEARTH MONEY (暖炉税) / HOT MONEY (ホットマネー) / HUSH MONEY (口止め料) / IMPREST MONEY (徴募前払い金) / KEY MONEY (鍵代; キーマネー) / LAWFUL MONEY (法定通貨) / LIGHT MONEY (入港税) / MARKED MONEY (目じるし付きの金) / NEAR MONEY (現金類似資産) / PAPER MONEY (紙幣; 有価証券) / PASSAGE MONEY (乗船料) / PIN MONEY (妻のこづかい銭) / PROTECTION MONEY (目こぼし料; みかじめ料) / PUR-

CHASE MONEY (売買代金) / READY MONEY (現金) / RENT IN MONEY (貨幣地代) / SMART MONEY (目先の利く投資金; 懲罰的損害賠償金) / STANDARD MONEY (本位貨幣) / SUIT MONEY (弁護士および裁判所の費用). **2** [*pl*] 金額; [*pl*] 資金: *monies* owing to a company 会社から借りているかなりの金 / collect *monies* due 期限の来た金を集金する. **at [for] the ~** (支払った)その値では: The camera is cheap *at the ~*. そのカメラがその値では安い[買い得だ]. **for ~** 金のために; 《商》直取引で. **~ down**=**~ out of hand** 即金 (ready money): pay *~ down* 即金で払う. **~ had and received** ⇨ MONEY COUNT. **put ~ into** …に投資する. [OF<L *moneta* mint, money]

móney-bàck guarantée 現金返還保証.

móney bìll 財政法案 (=revenue bill*)《米国では連邦議会の下院 (House of Representatives), 英国では庶民院 (House of Commons) に先議権がある》.

móney bròker 資金ブローカー, マネーブローカー《資金の貸手と借手との仲介をし, 手数料を得る者》.

móney cláim 金銭(による)請求 (cf. LIQUIDATED DEMAND).

móney còunt 《史》金銭請求訴因, 金銭請求訴訟原因(項目)《訴答の一般訴因 (common count) の一類型で, 例えば不当利得の返還請求の場合に MONEY HAD AND RECEIVED と記載するようなもの; このほか money paid and expended (支出金), money lent (貸渡し金), money due on an account stated (確定勘定清算金) などの支払いを求める型があった》.

móney demànd 確定金額請求.

mon·eyed, mon·ied /mánid/ *a* 金銭の, 金銭による.

móneyed cápital 貨幣資本《利潤を生ませる目的で投資した金銭》.

móneyed corporátion 1 金融会社. **2**《一般に》営利法人.

móney hád and recéived 不当利得金(の返還請求) (⇨ MONEY COUNT).

móney jùdgment (損害賠償のための)金銭判決: costs of enforcing *~* 金銭判決執行費用《この費用中には執行時より前になされ失敗した執行費用をも含め請求しうる》.

móney làundering 資金洗浄, マネーロンダリング (=money-washing)《麻薬取引など犯罪に関係して不正に取得した資金を合法的なものに見せるために, 金融機関との取引やその口座を通すことなどによって資金の出所などをわからなくすること》.

móney·lènd·er *n* 金貸し(業者).

móney-lènding còmpany 融資会社.

móney màrket 短期金融市場 (⇨ CAPITAL MARKET).

móney of accóunt 1「決済通貨《債務や損害賠償の額を計算の基礎とされる通貨; それが現実に支払われる際の通貨と対比して用いられる》. **2** 計算貨幣《英国の guinea や米国の mill のように通貨として発行されてはいないが計算上用いられうる貨幣単位》.

móney òrder 為替証書; (送金)為替,《特に》郵便為替: a telegraphic *~* 電信為替 / foreign [international, overseas] *~* 外国[国際](郵便)為替.

móney pènalty 罰金.

móney ràtes *pl* 金利.

móney rènt 貨幣地代 (=rent in money).

móney scrívener《史》金貸し《投資のため顧客より資金を受け取り, それを他に貸して先の顧客への利息を支払い, 委託手数料を取ることを業としていた資金ブローカー (money broker); 単に scrivener ともいった》.

móney supplỳ《経済》通貨供給量.

móney-wàsh·ing *n* 資金洗浄 (=MONEY LAUNDERING).

monied ⇨ MONEYED.

monies ⇨ MONEY.

mon·ish /mánɪʃ/ *vt*《古》ADMONISH.

mon·ism /máunɪʃ(ə)m, *máu-/ *n*《国際法と国内法の関係についての》一元論,《特にそのうちの》国際法優位論 (opp. *dualism*). **-ist** *n* 一元論者. [L (Gk *monos* single)]

mo·ni·tion /mounɪ́ʃ(ə)n, mə-/ *n* **1** 忠告, 勧告, 警告, 注意. **2**《海事裁判所》召喚(状), 呼出状;《海事裁判所・教会裁判所の》命令.

mon·i·to·ry /mánətɔ̀ːri; -t(ə)ri/ *a* 勧告の, 訓戒の, 警告する. — *n* MONITORY LETTER.

mónitory létter《bishop や教皇などが発する》戒告状《単に monitory ともいう》.

monk /mʌ́ŋk/ *n* 修道士.

Mónkey tríal《米史》モンキー裁判《正式には State of Tennessee v. Scopes (1925), 事件の起きた Dayton にちなんでデイトン裁判 (Dayton Trial) とも呼ぶ; 1925年の Tennessee 州 Dayton における進化論授業禁止違反事件の刑事裁判; 判決は高校で進化論を教えた被告が州法違反で有罪となり, 100 ドルの罰金を科されたが, 州の上訴審で手続き上の理由で覆された; 当該州法は 1967 年に廃止》.

mo·nog·a·my /mənágəmi, mɑ-/ *n* **1** 一夫一婦制[婚], 単婚 (cf. BIGAMY, POLYGAMY). **2**《まれ》一生一回婚. **mo·nóg·a·mist** *n* **mo·nóg·a·mous** *a* **-mous·ly** *adv* [F<L<Gk (*gamos* marriage)]

mòno·máni·ac *n* 偏執(狂)者. — *a* 偏執狂の.

móno·màrk *n*《英》モノマーク《商品名や個人の身の回り品などを特定するために登録された, 文字と数字の組合わせ記号》.

Monópolies and Mérgers Commission [the ~]《英史》独占・合併委員会《公正取引法 (Fair Trading Act 1973) により独占および合併が同法に違反するかどうかの調査・判断および違反の場合の勧告をする機関; 1998 年法で廃止され, その機能は同法で新設された競争委員会 (Competition Commission) に移されている》.

mo・nòp・o・li・zá・tion *n* 独占(行為), 専売.

mo・nop・o・lize /mənápəlàɪz/ *vt* …の独占[専売]権を得る, 独占する.　**mo・nóp・o・lìz・er** *n*

mo・nop・o・ly /mənápəli/ *n* **1** 独占(権), 専売(権), 市場独占 ⟨*of, on*⟩ (cf. ANTICOMPETITIVE PRACTICE, OLIGOPOLY): make a ~ *of*…を独占する; …を一手販売する / have the ~ *of*…販売の専売権がある. ▶ ABSOLUTE MONOPOLY (絶対独占権). **2** 独占[専売]会社[組合], 独占[専売]業. **3** 専売品, 独占品. **public [state]** ~ 国家独占, 専売.　**mo・nóp・o・list** *n*　**mo・nòp・o・lís・tic** *a*　[L<Gk (*pōleō* to sell)]

mo・nop・so・ny /mənápsəni/ *n* 《経済》《市場の》買手独占, 需要独占.　**mo・nòp・so・nís・tic** *a*

Mon・roe Dóctrine /mənróu-/ [the ~] モンロー主義 《1823 年米国大統領 James Monroe が教書に示した外交方針; 欧州諸国の対アメリカ諸国の政治への不干渉の原則, 対アメリカ非植民の原則, アメリカの対欧州不干渉の原則を含む米国の伝統的外交基本政策》.

mon・ster /mánstər/ *n* 《古》奇形児《重度の人はかつては土地の法定相続人になりえなかった》.

mon・strans de droit /mánstrəns də drɔ́ɪt, -drəwá:/ 《史》権利表明請願《国王の占有下にある動産・不動産の返還を求めるための法的手続き; cf. OUSTER LE MAIN》.　[law F=manifestation of right]

mónstrans de fáits (rècords) /-də féɪ(-)/ (*pl*)《古》記録提出(手続き).　[law F=showing of deeds]

mon・tes pi・e・ta・tis /mántiːz paɪətéɪtəs/ 《史》質屋.　[L=rocks of piety]

Mon・tes・quieu /màntəskjúː, -kjɔ́ːr/; F mɔ̃tɛskjø/ モンテスキュー **Charles-Louis de Secondat**, Baron **de la Brède et de** ~ (1689-1755)《フランスの政治哲学者; *L'Esprit des Lois* (法の精神, 1784) ほかの著者で, 三権分立論の提唱者として著名; フランス革命・米国憲法に大きな影響を与えた》.

Mont・fort /mántfərt; F mɔ̃fɔːr/ シモン・ド・モンフォール, サイモン・ド・モントフォート **Simon de** ~, Earl of Leicester (1208?-65)《イングランドの貴族; Henry 3 世に反抗した貴族団の指導者; 政権にあった 1265 年 州代表に加え自治都市代表を初めて議会に召集したことから庶民院 (House of Commons) の父と呼ばれている; 同年敗死》.

month /mʌnθ/ *n* ひと月〈暦月 (calendar month) あるいは太陰月 (28 日)〉; コモンローは太陰月を採るが, 教会法・商事法は暦月を採る; しかし英国では 1978 年の解釈法 (Interpretation Act) で議会制定法 (Act of Parliament) 上はこの語が暦月を意味すると推定しているし, 1925 年の財産権法 (Law of Property Act) でも証書や他の文書で同様に扱われることが定められている》. ▶ CALENDAR MONTH (暦月; 1 か月) / TAX MONTH (課税月) / TENANCY FROM MONTH TO MONTH (月極め不動産賃借権).

mónth-to-mónth léase 各月不動産賃貸借《契約書類なしで, 各月ごとに賃借料が支払われ, 通例契約解除には貸手・借手どちらにしても 1 か月前の通告が必要とされる; cf. PERIODIC TENANCY》.

Montreál Convéntion [the ~] モントリオール条約《飛行中の航空機内の人に対する暴行行為, 業務中の航空機の破壊・損傷および民間航空の安全を害する行為につき締約国が厳重に処罰し, 普遍主義に基づく裁判権を設定する義務を負うことなどを定めた 1971 年の条約》.

mon・u・ment /mánjəmənt/ *n* **1**《特に 法的な》文書(記録). **2** 記念物, 遺跡; 法的記念碑. ▶ ANCIENT MONUMENT (遺跡記念物).　**mon・u・men・tal** /mànjəméntl/ *a*

Mo・nu・men・ta quae nos re・cor・da vo・ca・mus sunt ve・ri・ta・tis et ve・tus・ta・tis ves・ti・gia. /mànjuméntə kwi nous rɛkɔ́ːrdə vəkéɪməs sənt vèrɪtéɪtɪs ɛt vètəstéɪtɪs vɛstíʤiə/ 我々が訴訟記録 (record) と呼ぶ文書は真実と古い過去との痕跡である (cf. RECORD).　[L=The monuments that we call records are the vestiges of truth and antiquity.]

móon・light *vi*《口》《正規の仕事のほかに, 特に 夜間に》アルバイト[副業]をする.

móon・light・er *n*《口》**1**《正規の仕事のほかに》《特に 夜に》アルバイトをする人, 月光族, ムーンライター. **2** 夜襲に参加する者.

móon・light・ing *n*《口》**1** 夜襲. **2** 副業; 夜業; 二職兼業.

moor・age /múərɪʤ, "mɔ́ːrɪʤ/ *n* **1**《船舶の》係留. **2**《船舶係留に対して支払う》係留料.

moor・ing /múərɪŋ, "mɔ́ːrɪŋ/ *n* **1** 係留, 停泊. **2** [*pl*]《船舶・航空機の》係留設備[装置]. **3** [*pl*] 係留所, 係船所, 停泊所: lie at its ~s《船が》係留されている.

moot /muːt/ *a* **1** 議論の余地のある, 未決定の, 未解決の (debatable). **2** 争訟性を喪失した, 実益を欠くに至った) (cf. JUSTICIABLE, RIPE). **3** 仮想の, 机上の. — *vt* **1**〈問題を〉議題にのせる, 討議する;《古》《模擬法廷で》論ずる, 弁論する. **2**〈問題・一件の〉争訟性[実益]を失わせる. — *n* **1 a**《史》民会, ムート (=gemot, gemote)《アングロサクソン時代の地域住民による統治上の人民集会》. **b**《英国のいくつかの町の》町庁舎 (town hall). ▶ FOLKMOOT (民会) / HUNDRED-MOOT (ハンドレッド民会) / SHIRE-MOOT (州民会). **2**《法研修生などの》模擬裁判, 模擬法廷;《廃》議論. ~・**er** *n*　[OE *mōtian* to converse < (*ge*)*mōt*]

móot cáse 1 模擬的訴訟, 仮想訴訟. **2** 争訟性を喪失している訴訟. **3** 未解決の問題を含む事件.

móot cóurt 模擬法廷, 模擬裁判 (=practice court) (cf. MOCK TRIAL).

móot・man /-mən/ *n* (*pl* **-men** /-mən/)《史》**1** INNS OF COURT 所属の法研修生. **2**《模擬法廷 (moot court) の》弁論人.

móot・ness *n* 争訟性を欠くこと.

móotness dòctrine 争訟性欠如の法理《裁判所

は争訟性を喪失している訴訟 (moot case) につき判断すべきでないという原則; cf. RIPENESS DOCTRINE)．

móot quèstion [pòint] 1 未解決の[議論の余地のある]問題(点)．2 現実の訴訟と関係のない[関係がなくなった]問題(点)，争訟性を喪失した[実益を欠く]問題(点)．3 仮想問題(点)．

móot·wòrthy a (アングロサクソン時代の)民会参加資格のある，自由民の．

mop /máp/, **móp fàir** n 《英史》モップ市 (⇨ STATUTE FAIR)．

mo·ra /mɔ́:rə/ n (pl **mo·rae** /-ri, -ràɪ/, ~s) 《ローマ法》遅滞，懈怠(ケタイ)．[L=delay, space of time]

mor·al /mɔ́:(r)(ə)l, mɑ́r-/ a 1 a 道徳(上)の，徳義の，倫理的な (ethical); 教訓的な: a ~ code 道徳律 / ~ culture 徳育 / ~ principles 道義 / ~ standards 道徳の基準 / a ~ book 教訓的な本 / a ~ lesson 教訓．b 道義をわきまえた，道徳的な; 品行方正な，貞節な: a ~ being 道徳的行為者(《人間》/ a ~ man 道義をわきまえた人，行ないの正しい人 / live a ~ life 正しい生き方をする / a ~ tone 気品，風格．2 精神的な，心の (spiritual) (opp. material)．3 確信できる，事実上の; 絶対的に確実ではないが合理的疑いの余地のない程度の: MORAL CERTAINTY / MORAL EVIDENCE．— n 1 [~s, ⟨sg⟩] 道徳，修身，倫理 (ethics)．▶ PUBLIC MORALS (公共道徳)．2 [pl] 風紀，品行，身持ち: a man of loose ~s 身持ちの悪い人 / corrupt sb's ~s 道徳的に堕落させる．[L (mor- mos custom, (pl) mores morals)]

móral cértainty 高度の主観的確実性(1) かつては合理的疑い (reasonable doubt) の余地のない程度の主観的確実性を指し，合理的疑いの余地のない証明 (proof beyond (a) reasonable doubt) の同義語として用いられていたが，2) 現在ではそれと区別して，それを超える絶対的な主観的確実性を示す語として用いられている)．

móral cháracter 品性，徳性．▶ BAD MORAL CHARACTER (悪しき性格) / GOOD MORAL CHARACTER (善き性格)．

móral considerátion 1 道徳的約因 (=GOOD CONSIDERATION)((道徳上の債務 (moral obligation) である約因 (consideration))．2 道徳的考慮．

móral defèctive 精神障害者 (cf. MENTAL DISORDER)．

móral duréss 道徳的強迫《他人の経済的に弱い立場を不当に利用，あるいはそれに不当に影響を与えることを通して違法にその者の自由な意思決定を妨げる行為; 経済的強迫 (economic duress) が相手方からの恐れからの自由な意思決定・判断能力を与えぬことに焦点が置かれているのに対し，ここでは双方の立場の不平等に焦点が置かれている; cf. ECONOMIC DURESS)．

móral dúty 道徳上の義務 (=moral obligation)．

móral évidence 確信的証拠《完全絶対的に証明でははなく確信に基づく証拠を一般的にいう)．

móral fráud 道徳的詐欺 (=ACTUAL FRAUD)．

móral házard 《保険》道徳的危険，モラル・ハザード

《故意の事故招致または事故発生の仮装などにより不正に保険金を詐取する意思，あるいは被保険者の不注意な性格，精神障害などの保険契約者・保険金受取人・被保険者の性格・心理上の主観的事情・事実; opp. physical hazard)．

móral insánity 善悪弁別不能精神障害．

mo·ral·i·ty /mərǽləti, *mɔ:-/ n 1 道徳，道義，《個人の》徳行，徳性．2《特に 男女間の》風紀，品行．3《ある社会の》道徳(体系); [pl] 道徳原理，処生訓; 倫理．▶(1–3に関連) IMMORALITY (不道徳) / POSITIVE MORALITY (実定道徳) / PRIVATE MORALITY (個人道徳) / PUBLIC MORALITY (公衆道徳)．

móral láw 道徳律 (cf. JUDICIAL)．

móral necéssity 《刑事法・不法行為法上免責が問題となりうる》道徳的緊急避難 (cf. PHYSICAL NECESSITY)．

móral obligátion 1 道徳上の義務 (moral duty)．2 道徳上の債務，道徳的債務 (=natural obligation) (⇨ MORAL CONSIDERATION) (cf. IMPERFECT OBLIGATION)．

móral pérson 法人 (=ARTIFICIAL PERSON)．

móral ríght [ᵁpl] 著作者人格権《著作権 (copyright) とは独立に，著作者の人格的利益を保護するための権利で，公表権・氏名表示権・同一性保持権を含む一身専属権)．

móral túrpitude 1 背徳の行為 (cf. MALUM IN SE)．2《軍法》背徳罪《適用される刑罰が不名誉除隊あるいは1年以上の禁固刑に当たる行為)．

móral wróng 道徳違反行為．

móral wróng dòctrine 道徳違反行為の法理《行為者が事実を誤解してその行為をなした場合，たとえその事実が行為者が信じていたとおりであったと仮定してもその行為は道徳違反に当たると考えられる時には，その者の有責性 (culpability) は免除されないという原則)．

Mo·ra re·pro·ba·tur in le·ge. /máːrə rèproubéitər ɪn líːdʒe/ 遅滞は法において許されない．[L=Delay is disapproved of in law.]

moratoria MORATORIUM の複数形．

mor·a·to·ri·um /mɔ̀(ː)rətɔ́ːriəm, mɑ̀r-/ n (pl ~s, -ria /-riə/) 1 支払い猶予，支払い停止，支払い延期，モラトリアム; 支払い猶予期間: The banks called for a ~ on payments. 銀行は支払い猶予を要求した / ~ for insolvent debtor 支払い不能債務者への支払い猶予 / ~ where directors propose voluntary arrangement《英》取締役が和議を提案する場合の支払い猶予．2 待ち期間;《一般に》活動[使用]の一時停止[延期]．[L=delaying (morat- moror to delay ⟨ MORA)]

mor·a·to·ry /mɔ́ːrətɔ̀ːri, mɑ́r-; mɔ́rət(ə)ri/ a 遅れの[に関する],《特に》支払い猶予[延期]の．

móratory dámages pl《大陸法》遅延損害賠償(金)《債務履行の遅滞に基づく損害の賠償(金))．

móratory ínterest 損害賠償金利息《不法行為・

契約違反に基づく損害賠償義務発生時からの賠償金に付される利息; cf. PREJUDGMENT INTEREST).

Mo·ra·tur in le·ge. /maréitər in líːʤɛ/《史》彼[彼女]は法的に遅滞する[とどまる], (彼[彼女]は)訴答不十分の抗弁を申し立てる《訴答不十分の抗弁 (demurrer) を申し立てた当事者はそれ以上手続きを進めることなく, みずからのその抗弁に対する裁判所の判断を待つことになるので, この表現が用いられた》. [L=He/She delays in the law.]

More /mɔ́ːr/ モア Sir Thomas ~ (1478-1535)《イングランドの代表的人文主義者・法律家・政治家; *Utopia* (ユートピア, 1516) の著者; コモンロー法律家として出発したが, 政治家としても枢密顧問官 (privy councillor)・庶民院議長などを歴任し, Wolsey 大司教失脚の後俗人として初めてその後任の大法官 (Lord Chancellor) となったが (1529), 反宗教改革と Henry 8 世の離婚反対の立場をとり辞任 (1532), 大逆罪で斬首; 1935年にカトリックの聖人, 祝日は6月22日 (もと7月9日)》.

more /mɔ́ːr/ *adv* [much の比較級] さらに多く; その上, さらに; むしろ. **~ or less** (1) 多少, 幾分 (to some extent). (2) 概略, 約《契約書などの中で 'be the same more or less' という表現で使われ, 重要でない程度の量的不正確さが存在しうることを示す句》: containing ten acres be the same ~ *or less* 約10エーカーを含む《現在では ten acres or thereabouts というほうが一般的な書式》. **no ~ than** …たった…, わずか (only). **no ~ … than** …でないのは… でないのと同じ. **not ~ than** … より多くない, せいぜい[多くて] … (at most), …以下; …以上に[ほど] …でない.

mor·ga·nat·ic /mɔ̀ːrɡənǽtik/ *a* 貴賤間の《結婚》; 貴賤相婚の《妻》. [F or G＜L *morganaticus*＜Gmc =morning gift (from husband to wife); 式の翌朝の贈物《ドイツ語で Morgengabe という》だけは与えられたがその他の財産は与えられなかったことから]

morganátic márriage 貴賤相婚《王族または貴族の男性とそれより身分の低い女性との間で, 妻およびその子は夫の位階・称号を受けないこと, また その財産を相続しないことを条件に行なう, 有効な婚姻; 英国にはこの慣習はない》.

Mórgan presúmption モーガンの推定《例えば違法な物を所持している時に逮捕された刑事被告人に要求されるように, その者に不利な推定事実の証拠を覆すだけの十分な証拠を提出することを要求することにより, 立証責任を移すような推定; cf. THAYER PRESUMPTION》. [Edmund M. *Morgan* (1878-1966, 米国の法律家), *Instructing the Jury Upon Presumptions and Burdens of Proof*, 47 Harv. L. Rev. (1933)]

morgue /mɔ́ːrɡ/ *n* 死体保管所, モルグ《身元不明死体の確認・引取りまたは検屍など処理が済むまでの保管所》.

mórning hóur《米》モーニングアワー《米国連邦議会の上院・下院において法案提出など常例的仕事にあてられる時間帯》.

mo·ron /mɔ́ːràn/ *n* 軽愚者, 軽度精神遅滞者《現在はあまり用いられない語; cf. IDIOT, IMBECILE; ⇨ MENTAL RETARDATION》.

Mór·rill Àct /mɔ́(ː)rəl-, már-/ [the ~]《米史》モリル法《農業・技術州立大学の設立のために各州に公有地を譲与することを定めた1862年の連邦法》. [Justin S. *Morrill* (1810-98) 米国の政治家]

Mors di·ci·tur ul·ti·mum sup·pli·ci·um. /mɔ́ːrz dísitər ʌ́ltiməm səplíʃiəm/ 死(刑)は極刑と呼ばれる. [L=Death is called the extreme penalty.]

mor·sel /mɔ́ːrs(ə)l/ *n* 1《食べ物の》一口. 2《史》呪食(神判)《⇨ ORDEAL OF THE (CURSED) MORSEL》. ＝ CURSED MORSEL (呪食(神判))

Mors om·nia sol·vit. /mɔ́ːrz ámniə sálvit/ 死はすべてを解消する. [L=Death dissolves all things.]

mor·tal·i·ty /mɔːrtǽləti/ *n* 1 死ぬべき性質[運命]. 2《地方別・年齢別・病気別・家族別などの》死亡数, 死亡率. ▶ BILL OF MORTALITY (死亡記録; 死亡記録対象地区). 3《戦争・疫病などによる》大量死.

mortálity tàble《生保》死亡表, 生存表, 生命表, 平均余命表 (=actuarial [experience, life] table).

mort civ·ile /mɔːr(t) siví·l/ 1 法律上の死亡. 2 民事死. 3《一定の》法的能力剥奪. ★ 1-3 とも, CIVIL DEATH と同義. [OF=civil death]

mórt d'án·ces·tor /-dǽnsə̀stər/ 被相続人の死亡《⇨ ASSIZE OF MORT D'ANCESTOR》. ▶ ASSIZE OF MORT D'ANCESTOR (相続不動産占有回復訴訟[令状]). [AF=the death of an ancestor]

mortem ⇨ POSTMORTEM.

mort·gage /mɔ́ːrɡiʤ/ *n* 1 譲渡抵当(権), モーゲージ: lend money *on* ~ 譲渡抵当を取って金を貸す / take out a ~ *on* a house 家に譲渡抵当権を設定する / pay off a ~ 抵当物件を取り戻すためにその物件に譲渡抵当を付した借金の元金・利息一切を払い戻す. 2 譲渡抵当権設定. 3 譲渡抵当(権)証書. ▶《語義 1-3 に関連》ADJUSTABLE RATE MORTGAGE (利率変動[調整]型譲渡抵当) / ASSUMPTION OF MORTGAGE (譲渡抵当権設定者の地位の引受け) / BALLOON (PAYMENT) MORTGAGE (風船式支払い譲渡抵当) / BLANKET MORTGAGE (一括譲渡抵当) / CHATTEL MORTGAGE (動産譲渡抵当) / CLOSED-END MORTGAGE (閉鎖式譲渡抵当) / COLLATERAL MORTGAGE (付随的譲渡抵当) / COMMON-LAW MORTGAGE (コモンロー上の譲渡抵当) / CONSOLIDATION OF MORTGAGES (譲渡抵当併合(の原則)) / CONSTRUCTION MORTGAGE (建設譲渡抵当) / CONVENTIONAL MORTGAGE (普通譲渡抵当) / CONVERTIBLE MORTGAGE (転換譲渡抵当) / DISMORTAGE (受戻し) / DRY MORTGAGE (有限責任譲渡抵当) / ENDOWMENT MORTGAGE (養老保険担保付き譲渡抵当) / EQUITABLE MORTGAGE (エクイティー上の譲渡抵当; エクイティー上の権利の譲渡抵当) / FIRST MORTGAGE (第一順位譲渡抵当(権)) / FLIP MORTGAGE (フリップ型譲渡抵当) / GEN-

ERAL MORTGAGE（包括譲渡抵当）/ GRADUATED (PAYMENT) MORTGAGE（傾斜返済方式譲渡抵当）/ HOME EQUITY CONVERSION MORTGAGE（住宅担保転換譲渡抵当）/ INTEREST-ONLY MORTGAGE（利息のみ支払い譲渡抵当）/ JUNIOR MORTGAGE（後順位譲渡抵当(権)）/ LEASEHOLD MORTGAGE（定期不動産賃借権譲渡抵当）/ LEGAL MORTGAGE（コモンロー上の譲渡抵当；法による担保(権)）/ LOCAL AUTHORITY MORTGAGE（地方自治体譲渡抵当）/ OPEN-END MORTGAGE（開放式譲渡抵当）/ PACKAGE MORTGAGE（包括的譲渡抵当）/ PRIORITY OF MORTGAGES（譲渡抵当の順位）/ PUISNE MORTGAGE（劣位の譲渡抵当権；権原証書不寄託譲渡抵当(権)）/ PURCHASE MONEY MORTGAGE（売買代金担保譲渡抵当）/ REGULATED MORTGAGE（規制譲渡抵当）/ RELEASE OF MORTGAGE（譲渡抵当消滅証書）/ REVERSE ANNUITY MORTGAGE（逆年金譲渡抵当）/ REVERSE MORTGAGE（逆譲渡抵当）/ SATISFACTION OF MORTGAGE（譲渡抵当消滅(証書)）/ SCIRE FACIAS SUR MORTGAGE（譲渡抵当実行告知令状）/ SECOND MORTGAGE（第二順位譲渡抵当(権)）/ SENIOR MORTGAGE（先順位譲渡抵当(権)）/ SPECIAL MORTGAGE（特定財産譲渡抵当）/ STANDING MORTGAGE（持続的譲渡抵当）/ SUBMORTGAGE（転譲渡抵当）/ TACIT MORTGAGE（法の作用による担保(権)）/ TECHNICAL MORTGAGE（狭義の譲渡担保）/ WELSH MORTGAGE（ウェールズ型譲渡抵当）/ WRAP-AROUND MORTGAGE（先順位抵当債務巻きつけ譲渡抵当）. once a ~, always a ~ 譲渡抵当は常に譲渡抵当であるべし《いったん譲渡抵当権設定の目的で作成された証書はその目的以外には転用されえないという趣旨の法格言》. ― vt 譲渡抵当に入れる, …に譲渡抵当権を設定する: ~ one's house to sb for ten thousand dollars 家を譲渡抵当に1万ドル借りる / The building is ~d to the bank. その建物は銀行の譲渡抵当にはいっている. [OF＝dead pledge; ⇨ GAGE]

mórtgage・able a 譲渡抵当となしうる, 譲渡抵当に入れることができる.　**mòrtgage・abíl・i・ty** n

mórtgageable cháttels pl 譲渡抵当となしうる動産（⇨ CHATTEL MORTGAGE）.

mórtgage áction 譲渡抵当権訴訟《譲渡抵当設定者 (mortgagor) が譲渡抵当で借り入れた額を返還しなかった場合に, 抵当物件の占有・資金の支払いを求めての譲渡抵当権者 (mortgagee) が提起する訴訟》.

mórtgage-bácked secúrity 譲渡抵当担保付き証券, モーゲージ担保証券《略 MBS》.

mórtgage bánker《米》譲渡抵当金融銀行（＝mortgage company, mortgage corporation）《(譲渡)抵当 (mortgage) による貸付などを業務なう個人を含む金融機関》.

mórtgage bònd 譲渡抵当付き債券[社債], 担保付き債券[社債], 譲渡抵当債 (cf. DEBENTURE). ▶ CLOSED-END MORTGAGE BOND（閉鎖式譲渡抵当付き社債）/ OPEN-END MORTGAGE BOND（開放式譲渡抵当付き社債）.

mórtgage certíficate 譲渡抵当権部分所有証明書.

mórtgage cláim《英》譲渡抵当訴権《譲渡 (mortgage) に関する種々の訴え・訴権》.

mórtgage cláuse《保険》譲渡抵当権［モーゲージ］条項（＝mortgagee clause）《保険を付された財産に譲渡抵当権が設定された場合に譲渡抵当権者 (mortgagee) の権利を守るための保険契約上の条項；cf. LOSS PAYABLE CLAUSE》. ▶ OPEN MORTGAGE CLAUSE（単純譲渡抵当権条項）/ SIMPLE MORTGAGE CLAUSE（単純譲渡抵当権条項）/ STANDARD MORTGAGE CLAUSE（標準譲渡抵当権条項）/ UNION MORTGAGE CLAUSE（標準譲渡抵当権条項）.

mórtgage commítment 譲渡抵当付き貸付け合意書《特定不動産購入のための資金貸与とその条件を記した貸主側の合意文書；cf. LOAN COMMITMENT》.

mórtgage còmpany《米》譲渡抵当金融会社（＝MORTGAGE BANKER）.

mórtgage contíngency cláuse 譲渡抵当条件条項《買主が第三者から譲渡抵当 (mortgage) を受けられることを条件とする不動産売買の条項》.

mórtgage corporátion《米》譲渡抵当金融会社（＝MORTGAGE BANKER）.

mórtgage debénture 譲渡抵当付き債券, 担保付き債券[社債].

mórtgage dèed 譲渡抵当権設定証書.

mórtgage díscount 譲渡抵当天引額《譲渡抵当 (mortgage) による名目貸付金額と実際の貸金額との差額；貸付けのための前払い手数料分》.

mort・ga・gee /mɔ̀ːrɡɪdʒíː/ n 譲渡抵当権者, 譲渡抵当債権者. ▶ SUBMORTGAGEE（転譲渡抵当権者）.

mortgagée cláuse《保険》譲渡抵当権者特約条項, モーゲージー・クローズ（＝MORTGAGE CLAUSE）.

mortgagée in posséssion 抵当物件占有譲渡抵当権者.

mortgagée's ríghts pl 譲渡抵当権者の権利.

mortgagée's státutory ríght of sále 譲渡抵当権者の制定法上の抵当物件売却権.

mórtgage forecló sure 譲渡抵当受戻し権喪失手続き, 譲渡抵当実行手続き（⇨ FORECLOSURE）.

mórtgage guaràntee insúrance 譲渡抵当権者保険.

mórtgage insúrance 譲渡抵当保険（＝private mortgage insurance）《(1) 被保険者死亡あるいは就業不能の場合にその譲渡抵当 (mortgage) の支払いをなすという合意　(2) 譲渡抵当権設定者 (mortgagor) がその支払いを怠った場合に貸主に対して支払いをなすという合意》. ▶ PRIVATE MORTGAGE INSURANCE（個人譲渡抵当保険）.

mórtgage ìnterest relíef《英税制史》(個人)住宅取得用譲渡抵当利息控除《個人住宅取得のための譲渡抵当の利息支払いに対して所得控除 (tax relief) を認めたもの；2000年で終了》.

mórtgage lòan 譲渡抵当付き貸付け, 担保付き融資, モーゲージ・ローン《譲渡抵当 (mortgage) あるいは担保のための信託証書 (deed of trust) で保証されている融資》.

mórtgage pàyment [repàyment] 譲渡抵当払戻金, 譲渡抵当弁済金.

mortgager ⇨ MORTGAGOR.

mórtgage ràte 譲渡抵当利率, 譲渡抵当付き貸付け利率.

mórtgaging óut 全額譲渡抵当融資購入.

mort·ga·gor /mɔ́:rgidʒɔ́:r, mɔ́:rgidʒər/, **mort·gag·er** /mɔ́:rgidʒər/ n 譲渡抵当権設定者, 譲渡抵当債務者. ▶ SUBMORTGAGOR (転譲渡抵当権設定者).

mórtgagor's ríghts pl 譲渡抵当権設定者の権利.

mor·ti·cian* /mɔːrtíʃ(ə)n/ n 葬儀屋 (undertaker).

mor·ti·fi·ca·tion /mɔ̀:rtəfəkéiʃ(ə)n/ n **1** 屈辱, くやしさ, 無念. **2**《医》壊疽(㌣). **3**《スコットランド》宗教団体や慈善事業に寄付するための財産譲渡, 寄付のための譲渡財産 (cf. MORTMAIN).

mor·ti·fy /mɔ́:rtəfài/ vt《スコットランド》〈財産を〉(宗教団体[慈善事業]に)譲渡する.

mortis ⇨ RIGOR MORTIS.

mor·tis cau·sa /mɔ́:rtis kɔ́:zə, -káusə/ a 死を予期しての (=CAUSA MORTIS): DONATIO MORTIS CAUSA.

mortis causa donatio ⇨ DONATIO MORTIS CAUSA.

mort·main /mɔ́:rtmèin/ n **1**《英史》死手(譲渡), 死手による不動産保有, 死手による保有不動産 (=dead hand)《不動産権を修道院などの法人 (corporation) に移転することは, あたかも死人の手に帰したように相続などが行なわれない状態に陥るため, こう表現された; そのため相続に伴う各種封建的付随条件 (feudal incident) を失うことになる国王の許可なくして譲渡することが禁じられた; ⇨ MORTMAIN STATUTE》. ▶ STATUTE OF MORTMAIN (死手法). **2** 死手譲渡の許可. **3** 現在を支配している過去の影響. **in ~**《史》死手に[で] (in mortua manu). [AF, OF (L *mortua manus* dead hand)]

mórtmain àct 死手法 (=MORTMAIN STATUTE).

mórtmain stàtute 死手法 (=mortmain act, statute of mortmain)《修道院などの法人である死手 (mortmain) への各種の不動産権譲渡禁止法の総称; 英国では 1960 年法で廃止; ⇨ MORTMAIN》.

mor·tu·ary /mɔ́:rtʃuèri; mɔ́:rtʃuəri/ **1**《埋葬・火葬までの》死体仮安置場, 霊安室. **2** 死後寄進, 布施《教区聖職者に納める死者の財産の一部》.

mor·tu·um va·di·um /mɔ́:rtʃuəm véidiəm/ 死に質 (=VADIUM MORTUUM). [L=dead pledge]

mor·tu·us si·ne prole /mɔ́:rtʃuəs sáini próul/ 子なくして死亡した《略 m.s.p.》. [L=dead without issue]

Mo·sá·ic láw /mouzéiik-/ モーセの律法.

Mo·sa·ism /móuzeiìz(ə)m/ n **1**《体系としてみた》モーセの律法. **2** モーセの律法に対する信奉.

móst fávorable líght 最も好意的な見方 (=LIGHT MOST FAVORABLE).

móst fávored nátion 最恵国 (⇨ MOST FAVORED NATION TREATMENT)《略 MFN》.

móst fávored nátion clàuse《条約などの》最恵国条項[条款] (=favored nation clause) (⇨ MOST FAVORED NATION TREATMENT).

móst fávored nátion trèatment 最恵国待遇《ある国が, 他の国またはその人・物に対して第三国よりも不利でない扱いをすること; 特に関税・知的財産権などにつき 2 国間の通商条約などで与えられることが多い; 略 MFN treatment》.

móst fávored ténant clàuse 最恵賃借人条項《商業目的賃貸借 (commercial lease) の契約書上の条項で, 他の賃借人 (tenant) に与える権利をすべて当該賃借人にも与えると定めているもの》.

móst signíficant relátionship [cóntact]《米・国際私法》最も有意義な関係 (=CENTER OF GRAVITY).

móst signíficant relátionship [cóntact] tèst《米・国際私法》最も有意義な関係テスト《準拠法を決定する場合に, どの法域が事件・当事者と実質的に最も関連しているかに依存して決定すべきであるという理論; cf. CENTER-OF-GRAVITY DOCTRINE》.

móst signíficant relátionship [cóntact] thèory《米・国際私法》最も有意義な関係の理論 (=CENTER-OF-GRAVITY DOCTRINE).

MOT, MoT /émòutí:/《英法》Ministry of Transport 運輸省《現在は, Department of Transport, Local Government, and the Regions を経て, 2002 年より Department for Transport》.

mote /móut/ n 集会, 民会 (=MOOT). ▶ FOLCMOTE, FOLKMOTE (民会) / HALLMOTE (ホール集会; ギルド裁判所) / HUNDRED-MOTE (ハンドレッド民会) / SHIRE-MOTE (州民会). [OS]

moth·er /mʌ́ðər/ n 母, 母親. ▶ ADOPTIVE MOTHER (養母) / BIOLOGICAL MOTHER (生物学上の母, 実母) / BIRTH MOTHER (生母) / FOSTER MOTHER (里親) / GENETIC MOTHER (遺伝学上の母) / GODMOTHER (教母) / NATURAL MOTHER (実母) / STEPMOTHER (継母) / SURROGATE MOTHER (代理母).

Móther Húb·bard clàuse /-hʌ́bərd-/ マザーハバード条項, ハバードおばさん条項**(1)** ⇨ DRAGNET CLAUSE **(2)** 石油・天然ガス採掘権リース (oil-and-gas lease) 契約内の借主保護条項で, リース対象財産の表示の誤りを救済するため当該地域内で貸主が所有たるすべての土地にリースが及ぶ旨の規定 **3)** 裁判所の書面による宣言で, 特定の判決・決定で明示的に認められていない救済は否定されるという趣旨のもの》.

mo·tion /móuʃ(ə)n/ n **1 a** 運動; 移動;《機械の》作動. **b** 挙動, 動作, 身振り, 合図; [pl] 活動, 行動: He made a ~ with his hand. 手で合図をした. **2** 発意, 意

向: of one's own 〜 みずから進んで．▶ MERE MOTION（自発的意思；職権に基づいて行なう訴訟指揮）．**3** 提案，提議；《議会などの》**動議**；《裁判所・裁判官への》**申し立て** ★英国では 1999 年施行の民事訴訟手続規則 (Civil Procedure Rules) の下でこの語は用いられなくなっており，代わりに application（申し立て）の語が用いられている：urgent 〜 緊急動議 / on the 〜 of...の動議で；…の申し立てで．▶ BRADY MOTION（ブレイディー事件の申し立て） / CALENDAR MOTION（日程についての申し立て） / CROSS-MOTION（反対の申し立て） / DILATORY MOTION（遅延的申し立て[動議]） / EARLY DAY MOTION（近日討議のための動議） / EX PARTE MOTION（一方的申し立て） / NOTICE OF MOTION（申立書；申し立て通知書） / OMNIBUS MOTION（包括的申し立て） / POSTTRIAL MOTION（審理後の申し立て） / PREVIOUS MOTION（先決動議） / RENEWAL OF (A) MOTION（動議のやりなおし） / SHOW-CAUSE MOTION（理由開示の申し立て） / SPEAKING MOTION（未主張事項提出申し立て） / SPECIAL MOTION（特別申し立て） / SUBSIDIARY MOTION（副次的動議） / SUBSTANTIVE MOTION（実体的動議）．**table a 〜** (1) 動議を提出する．(2) *動議を棚上げする．── *vi* 要求する，提議[提案]する，申し立てる．── *vt* 申し立てる，《法廷に》訴える．[OF<L; ⇨ MOVE]

mótion for a new trial ⇨ MOTION FOR NEW TRIAL．

mótion for a repléader 再訴答命令申し立て《争点 (issue) が重要でない事項で決定されてしまったので，訴答をやり直させてほしい旨の審理後の申し立て (posttrial motion)；裁判所がこの申し立てを認めることはない》．

mótion for dirécted vérdict 指示評決の申し立て (cf. MOTION FOR JUDGMENT AS A MATTER OF LAW)（⇨ DIRECTED VERDICT, JUDGMENT AS A MATTER OF LAW）．

mótion for júdgment 《英》《有利な》判決を求める申し立て．

mótion for júdgment as a mátter of láw 法律問題判決の申し立て（⇨ JUDGMENT AS A MATTER OF LAW）．

mótion for júdgment notwithstánding the vérdict 評決無視判決の申し立て《陪審がみずからに不利に評決する法的に十分な証拠がない故に，陪審評決を無視してみずからに有利に判決するよう要請する被告人の申し立て；cf. MOTION FOR JUDGMENT AS A MATTER OF LAW, JUDGMENT NOTWITHSTANDING THE VERDICT, JUDGMENT AS A MATTER OF LAW》．

mótion for júdgment of acquíttal 無罪《放免》判決の申し立て（⇨ JUDGMENT OF ACQUITTAL）．

mótion for (júdgment of) nonsúit 訴え却下の申し立て，却下判決の申し立て（⇨ NONSUIT）．

mótion for júdgment on the pléadings 訴答に基づく判決の申し立て《例えば事件の結論が裁判所による法の解釈に基づくものと思われるような場合になされる申し立てで，証拠を提出させるまでもなくすでに終了した訴答のみでみずからに有利な判決を出してほしい旨を申し立てるもの；cf. SUMMARY JUDGMENT》．

mótion for léave to appéal 上訴許可申し立て《副次的命令の法理 (collateral order doctrine) に合致する中間命令 (interlocutory order) の再審査を上訴裁判所 (appellate court) が行なうようにとの申し立て；⇨ COLLATERAL ORDER DOCTRINE》．

mótion for móre définite státement 明確陳述を求める申し立て．

mótion for néw tríal 《判決後の》再審の申し立て (⇨ NEW TRIAL)．★ motion for a new trial ともいう．

mótion for protéctive órder 保護命令を求める申し立て《例えば相手方当事者の企業秘密を開示手続き (discovery) を利用して知ろうとするような場合に，この濫用的な訴訟からの保護を求める申し立て》．

mótion for relíef from the júdgment 判決からの救済を求める申し立て《(1) 判決の書き誤りの訂正や，2) 例えば不注意・申し分けの立つ過失，新しく発見された証拠，相手方の詐欺・不実表示，無効判決などを理由にしての，判決からの法的救済を求める申し立て；cf. MOTION TO ALTER OR AMEND THE JUDGMENT》．

mótion for súmmary júdgment 略式判決を求める申し立て (⇨ SUMMARY JUDGMENT) 《略 MSJ》．

mótion in arrést of júdgment 判決阻止[抑止]申し立て (⇨ ARREST OF JUDGMENT)．

mótion in bánc 大法廷に対する申し立て．

mótion in bár 訴訟阻止の申し立て．

mótion in lí·mi·ne /-límənɪ/ 偏見防止の申し立て《不適切な事項が審理に混入するのを防ぐために，相手方の関連性のないあるいは偏見をいだかせるような，その他許容されない可能性のある証拠の提出・言及を，裁判所がその許容性につき最終決定するまで阻止するよう裁判所に求める申し立て》．

mótion to álter or aménd the júdgment 《判決中の実体的誤りゆえの》判決の変更または修正を求める申し立て (cf. MOTION FOR RELIEF FROM THE JUDGMENT)．

mótion to compél discóvery 《相手当事者に対して》開示強制を求める申し立て．

mótion to dismíss 訴え却下の申し立て．

mótion to líft the stáy 停止命令解除の申し立て《破産手続き上の用語で，破産裁判所 (bankruptcy court) が債権取立て行為の自動的停止 (automatic stay) を改め，申立者の債務者あるいは債務者の財産に対する取立て行為はこれを許可してくれるよう求める申し立て；cf. AUTOMATIC STAY》．

mótion to quásh 破棄の申し立て《訴訟当事者が裁判所に対して，訴訟手続きあるいは相手方当事者が開始した行為を破棄無効にすることを求める申し立て》．

mótion to remánd 差戻し申し立て．

mótion to sét aside júdgment 判決撤回の

申し立て.

mótion to stríke (óut)《相手方訴答および不許容証拠の》排除・削除申し立て.

mótion to suppréss 証拠排除の申し立て (cf. SUPPRESSION HEARING, SUPPRESSION OF EVIDENCE).

mótion to transfér vénue 裁判地変更申し立て (⇨ CHANGE OF VENUE, VENUE).

mótion to withdráw 1 弁護士撤収の申し立て《弁護士が特定事件での依頼者の弁護活動の任務を途中でやめることについて裁判所の許可を求めること; cf. WITHDRAWAL OF COUNSEL). 2 答弁撤回の申し立て《被告がみずからの答弁や自白 (admission) の撤回について裁判所の許可を正式に求めること; **motion to withdraw a plea** ともいう》.

mo·tive /móutiv/ *n* 動機 (cf. INTENT). ▶ BAD MOTIVE (悪しき動機) / MALICIOUS MOTIVE (悪意ある動機; 悪しき訴追動機) / ULTERIOR MOTIVE (隠された動機).

mótor càr *n* 自動車 (automobile).

mótor cỳcle *n, vi* オートバイ[単車](に乗る)《時に 側車も含む》.

mótoring offènses *pl* 自動車運転に伴う法律違反.

mótor insùrance 自動車保険.

Mótor Insúrers' Bùreau [the ~]《英》自動車保険事務所《自動車保険業者が構成員となって 1946 年に設立された会社で, 無保険運転手・不明運転手による事故の被害者からの訴えの処理を扱う; 略 MIB》.

mótor vèhicle 自動車両, 自動車《軌道を用いない乗用車・バス・トラックなど》.

mótor vòter* モーターヴォーター《運転免許証の申請・更新時に, 同時に選挙人[有権者]登録もすること》.

mótorway drìving 高速(幹線)道路運転.

MOT test /émoutí/ ー/ [the ~]《口》《定期的な》車検 (⇨ MOT).

MOU °memorandum of understanding 了解覚書.

moun·tain /máunt(ə)n/ *n* 山《英国では海抜 600m 以上の土地》.

móuth·pìece *n* 1《管・パイプの》口にくわえる部分;《楽器の》歌口, 吹管; 吸い口, 飲み口;《くつわの》はみ; 送話口;《水道管の》蛇口;《ボクサーなどの選手の》マウスピース. 2 代弁者 (spokesman),《俗》《刑事》弁護士;《定期的な》公報.

mov·able, move- /múːvəb(ə)l/ *a* 1 動かせる, 可動の; 移動する, 不定の, 非定着の (opp. *fixed*). 2 動産の, 人的財産の (personal) (opp. *real*): ~ **goods** 可動の動産. ― *n* 1 動かせるもの (opp. *fixture*);《取付けに対して》可動家具. 2 [*ᵘpl*] 家財; [*ᵘpl*] 動産 (⇨ PERSONAL PROPERTY) (opp. *immovables*); [*pl*] 非定着物 (opp. *fixtures*). 3 [*ᵘpl*]《スコットランド》非法定相続産 (cf. HERITAGE). ★ 英国では *a, n* 共に法律上の語義の場合は moveable とつづることが多い. **móv(e)·ably** *adv* **mòv·abíl·i·ty** *n* **~·ness** *n*

móvable estáte 動産, 人的財産 (⇨ PERSONAL PROPERTY).

móvable fíxture 可動定着物[動産], 可動備品《不動産定着動産のうち可動性のあるもの; 特に賃借物件について問題となりうる; この場合は tenant's fixture (賃借物件定着物) と同義となる》.

móvable fréehold《潮の干満で増減する海浜の土地などの》変動自由土地保有(権), 変動自由保有不動産.

móvable próperty 動産 (⇨ PERSONAL PROPERTY).

mov·ant, mov·ent /múːvənt/ *n* 1 申立人. ▶ NONMOVANT (申し立てをなした当事者でない方の訴訟当事者). 2 動議提出者, 提案者.

move /múːv/ *vt* 1 **a** 移動させる: They ~d the factory to a site near the port. 工場を港近くに移転させた / ~ **aside** わきへよせる, 退ける. **b**《商品を》売りさばく, 動かす;《俗》《盗品・密輸品を》売る, さばく;《俗》くすねる, 失敬する. 2 提議[提案]する (propose), 動議として提出する; 正式に申し込む: Chairman, I ~ *that* we adopt the plan. 議長, わたしはこの案を採用することを提議[提案]します《*that* 節には普通, 仮定法現在形を用いる》/ ~ *that* the accounts be agreed 会計報告書への同意を求める動議を提出する / I ~ *that* the meeting should adjourn for fifteen minutes. 15 分間の休会を提案します. 3 申し立てる, 《法廷に》訴える. ― *vi* 1 **a** 動く; 移動[運行]する: ~ **along**《警官が群集に》去らせる, 散らす / ~ **on** [**along, right down**] どんどん進む; [*impv*] 先に進んで, 立ち止まらないで《交通巡査の指示などで》/ ~ **about** [**around**]《特に 仕事で》あちこち動きまわる / ~ **forward** 進み出る. **b**《商品が》動く, 売れる (sell). **c**《事件・事情などが》進展する. 2 転地する, 引っ越す;《民族の》移住する: He is *moving* next week. 来週引っ越すことになっている / ~ **away** 立ち退く / ~ **in** [**out**] 引っ越して来る[行く, 引き払う], 転入[転出]する / ~ **about** 転々と住所を変える. 3《正式に》要求する, 提議[提案]する, 申し立てる,《法廷に》訴える《*for*》: I ~ *for* an amendment. 修正動議を提出します. [AF<L *mot- moveo*]

moveable ⇨ MOVABLE.

move·ment *n* 1 移動; 引っ越し, 移転, 移住,《人口の》動き: ~s **of capital** 資本の移動 / **stock** ~s 在庫の動き, 入出庫. ▶ FREEDOM OF MOVEMENT (移転の自由) / FREE MOVEMENT (《域内》自由移動). 2 **a** 動き, 動作, 身振り; [*pl*] 物腰, 態度, 姿勢; [*ᵖpl*] 行動, 動静;《政治的・社会的な》運動: the civil rights ~ 公民権運動. **c** 運動組織[団体]. ▶ GRANGER MOVEMENT (グレンジャー運動) / MINORITY MOVEMENT (マイノリティー差別撤廃運動) / PLAIN LANGUAGE MOVEMENT (平易用語運動) / WOMEN'S LIBERATION MOVEMENT (女性解放運動). 3 **a**《時代などの》動向;《事件・物語などの》進展. **b**《市場の》活況, 商品価格[株価]の変動, 動き: ~s **in the money markets** 金融市場における変動 / **cyclical** ~s **of trade** 取引の循環運動.

movent ⇨ MOVANT.

mov·er /múːvər/ *n* 動議提出者, 提案者; 申立人.

móving expènse 移転費用.

móving pàpers *pl*《申し立て (motion) を含むないしはそれを支持する》**申立書**.

móving violàtion 走行中の交通違反《スピード違反・信号無視・飲酒運転など》.

MP /èmpíː/ (*pl* **MP's** /-z/)《英》°Member of Parliament 議会[庶民院]議員 ◆《英》°Metropolitan Police ロンドン警視庁 ◆ Military Police, Military Policeman.

MPC《英》°Metropolitan Police Commissioner ロンドン警視庁総監 ◆《米》°Model Penal Code 模範刑法典.

MPC test /èmpíːsíː ─/《米》模範刑法典テスト (Model Penal Code test).

MPL Master of Patent Law ◆ Master of Public Law.

MPO Metropolitan Police Office.

MR《英》°Master of the Rolls 記録長官《Lord Smith, MR は the Master of the Rolls, Lord Smith と読む》.

Mr Big /mìstər ─/《口》《陰》の大物, 実力者.

MS manuscript.

MSJ °motion for summary judgment 略式判決を求める申し立て.

m.s.p. °mortuus sine prole 子なくして死亡した.

MSPB《米》°Merit Systems Protection Board 能力主義任用制保護委員会.

MSP Member of the SCOTTISH PARLIAMENT.

MSS manuscripts.

MT °Middle Temple ミドルテンプル.

mtg, mtge mortgage.

mtgee mortgagee.

mtgor mortgagor.

MUD °municipal utility district 地方自治体公益事業部門.

mug /mʌ́g/ *n* **1**《俗》《人の》顔, 口, 口からあごの部分;《俗》《犯人の》人相書, 顔写真 (mug shot). **2** a*《俗》人, やつ (fellow, guy). **b***《俗》乱暴者, 醜男, 不良, チンピラ; *《俗》犯人; "《俗》殺し屋. **c**《俗》ばか, あほう;《俗》だまされやすいやつ, カモ. ── *v* (**-gg-**) *vt* **1**《俗》襲う, 襲って強奪する, 暴力スリをはたらく: She was *mugged* in the station. 駅で襲われた. **2***《警察が》…の顔写真を撮る.

múg bòok《被疑者の》顔写真 (mug shot) 集.

múg·ger *n* **1**《口》暴力スリ. **2***《俗》肖像[顔]写真屋.

múg·ging *n*《口》強盗, 暴力スリ《行為》.

múg shòt*《俗》顔写真, 上半身写真, 人相書.

mu·lat·to /məlǽtou/; mjuː-/ *n* 白人と黒人の第一代混血児, ミュラット,《一般に》白人と黒人の混血の人.

mulct /mʌ́lkt/ *n* **1** 罰金 (fine). **2** 制裁金. ── *vt* **1** 料金[罰金]を科す, …に罰金を科す. **2**《人》からだまし取る,《金品を》だまし取る. [F<L *mulcta* fine]

mu·li·er /mjúːliər/ *n* **1** 女, 妻. **2**《史・スコットランド》嫡出子. ── *a* **1** 嫡出の (opp. *bastard*). **2**《教会法》後の婚姻により準正された. [AF=legitimate<L]

múlier púis·ne /-pjúːni/ (*pl* **múliers púisne**)《史》嫡出の次男 (=mulier younger)《非嫡出の長男をもつ両親が結婚した後に生まれた嫡出の次男; ⇨ BASTARD EIGNE》. [F *puisne* younger]

mu·li·er·ty /mjúːliərti/ *n*《史》嫡出であること, 嫡出(性).

múlier yóunger《史》嫡出の次男 (=MULIER PUISNE).

Mul·ta con·ce·dun·tur per ob·li·qu·um quae non con·ce·dun·tur de di·rec·to. /mʌ́ltə kànsidʌ́ntər pər əblíːkwəm kwi nɑn kɑ̀nsidʌ́ntər di dairéktou/ 直接には容認されない多くのことが間接的に容認される. [L=Many things are conceded indirectly that are not conceded directly.]

Multa in ju·re com·mu·ni con·tra ra·ti·o·nem dis·pu·tan·di pro com·mu·ni uti·li·ta·te in·tro·duc·ta sunt. /─ in dʒúːre kəmjúːnai kɑ́ntrei reiʃíouməm dispjutǽndai prou kəmjúːnai juːtilitéite introudʌ́ktə sʌ́nt/ 論理的推論に反する多くの事柄が共通の利益のためにコモンローに導入されてきている. [L=Many things contrary to logical reasoning have been introduced into the common law for common utility.]

Multa mul·to ex·er·ci·ta·ti·o·ne fa·ci·li·us quam re·gu·lis per·ci·pi·es. /─ mʌ́ltou eksərsitèiʃíoune fæsíliəs kwæm regjúːlis pərsípiːz/ 諸君は準則よりも実践によりずっと容易に多くのことを把握することであろう. [L=You will learn many things much more easily by practice than by rules.]

mùl·ti·cráft únion 多職能組合.

mùl·ti·dístrict litigàtion《米》広域帰属訴訟, 広域統一事実審理前手続き, 広域訴訟前手続《例えば製造物責任訴訟・商標権侵害訴訟などで, 複数の裁判区 (district) で係属し共通の事実問題を含む連邦裁判所の民事訴訟を一つの裁判区に集めて行なう統一の事実審理前手続きで, この後に訴訟はもとの裁判区に戻される; 裁判所間の矛盾, 当事者・証人の負担軽減, 効率的司法運営などのため; 略 MDL》.

mul·ti·far·i·ous /mʌ̀ltəfέəriəs/ *a* **1** さまざまの, 雑多の. **2** 不当併合の (cf. MISJOINDER). ~·ly *adv* ~·ness *n*

mùl·ti·láteral *a* **1** 多面的な, 多角的な. **2** 参加国多数の, 多国間の, 多国からなる: ~ trade 多角貿易《同時に数か国を相手とする》. ~·ly *adv* ~·ness *n*

multiláteral devélopment bànk 多国間開発銀行.

mùl·ti·mémber dístrict《大選挙区制の》複数

選出区《略 MMD》.

mùlti·nátional corporátion 多国籍企業(= transnational corporation).

mùlti·pártite *a* 1 多くの部分に分かれた. 2 加盟者[加盟国]が多数の.

mùlti·péril pólicy 多種危険担保保険(証券)《例えば家屋所有者が 1 保険契約で火災・地震・盗難など複数の損害を付保する保険(証券)》.

mul·ti·ple /mʌ́ltəp(ə)l/ *a* 複式の, 複合的な; 多数の; 多様な, 多彩な; 多数で分かち合う. [F<L]

múltiple áccess 《父子関係確定訴訟 (paternity suit) での》複数男性関係の抗弁.

múltiple admissibílity 多元的証拠の許容(性)《それを証拠として提出しようとしている目的のためには証拠としての許容性を欠くが, 争点決定に関連性があり証拠準則上禁止されていない他の目的のために提出されるのであれば証拠として許容されうること; ただしこの場合は, 証拠としての許容性を認められなかった争点について決定する場合には, 事実認定者 (trier of fact) が当該証拠を考慮しないよう説示されることがありうる》.

múltiple agréement 《英》複合的合意《1974 年の消費者信用法 (Consumer Credit Act) 上の用語で, 合意の一部が同法の定めに該当する部類の合意で, 一部は同法が定める部類に該当しないもしくは同法が定める別の部類に該当するもの, または一部ないしは全部が同法が定める複数の部類に含まれるもの; この場合, 合意はそれぞれの部類ごとに処理される》.

múltiple causátion 複合的因果関係, 複合的原因.

múltiple cóunts *pl* 複合訴因《一つの訴答ないしは起訴状中に含まれているいくつかの別個訴因ないしは起訴犯罪》.

múltiple dámages *pl* 複数倍(額)損害賠償(金)《実損害の 2 倍 (double damages), 3 倍 (treble damages) などの損害賠償(金)の総称》.

múltiple éntry vìsa 数次査証, 数次ビザ.

múltiple évidence 多元的証拠《複数の事項に証明力を有する証拠; 通常は特定の一つに限って許容される》.

múltiple héarsay 再伝聞 (= DOUBLE HEARSAY).

múltiple-líne insúrance 多種目保険《例えば責任保険 (liability insurance) と財産に対する保険のように異なった種類の保険を一つの保険契約で付保する保険》.

múltiple lísting 複数専属的不動産仲介(契約), マルチプル・リスティング《提携する同業者に情報を流し, 複数の手により専属的に不動産仲介業務を行なうこと; cf. EXCLUSIVE AGENCY LISTING, EXCLUSIVE RIGHT TO SELL LISTING, OPEN LISTING》.

múltiple offénse 犯罪競合《1 個の行為が複数の犯罪を構成すること》.

múltiple ównership 複数者所有(権).

mùltiple·póind·ing /-píndɪŋ, -pɔ́ɪndɪŋ/ *n* 《スコットランド》競合権利者確認手続き《競合権利者確定手続き (interpleader) 類似の訴訟手続き》.

múltiple séntences *pl* 複数刑の宣告《同一人が複数の犯罪につき有罪決定された結果同時執行の刑の宣告 (concurrent sentences) あるいは逐次執行の刑の宣告 (consecutive sentences) がなされること》.

Mul·ti·pli·ca·ta trans·gres·si·o·ne cres·cat poe·nae in·flic·tio. /mʌ̀ltɪplɪkéɪtə trænsgrɛʃióuni kréskæt píːni ɪnflíkʃiòu/ 違反が繰り返される場合は科される刑罰は増すべきである. [L=Where wrongdoing is multiplied, the infliction of punishment should increase.]

mul·ti·plíc·i·tous /mʌ̀ltəplísətəs/ *a* 多数の, 多種の, 複合した.

mul·ti·plíc·i·ty /mʌ̀ltəplísəti/ 1 多数, 多様性, 複合性. 2 多重起訴《正式起訴状 (indictment) あるいは略式起訴(状) (information) で同一犯罪事実を複数の訴因 (count) で訴えること; 二重の危険 (double jeopardy) の原則に反することになる; cf. DUPLICITY, MISJOINDER》.

multiplícity of áctions [súits, procéedings] 1 訴訟の重複. 2 多数訴追《1 個の犯罪事実について複数の訴因で起訴すること》.

mul·ti·plí·er /mʌ́ltəplàɪər/ *n* 乗数《将来の逸失利益・経費に対する損害賠償額を計算するための数値で, これを基礎に損害賠償を認められた人の平均余命に対する年毎の乗数を用いて賠償額を査定する; オグデン表 (Ogden tables) で用いられている》.

Múlti·stàte Bár Examinátion [the ~] 《米》各州共通法曹資格試験《米国では法曹資格は各州単位で与えられ, 資格試験も州ごとに行なわれるが, 多くの州が憲法, 契約法, 刑事法, 証拠法, 財産法, 不法行為法を含む広い範囲にわたって択一式の各州共通試験をも課している; この共通試験を指す; 略 MBE》.

múltistate corporátion 《米》多州籍企業.

mul·ti·tal /mʌ́ltət(ə)l/ *a* 1〈法的関係が〉3 人(以上)にわたる, 多面的な (cf. UNITAL). 2《まれ》対物の, 対物的な (in rem).

múlti-tràck *n*《英》多重手順《民事訴訟で訴額が原則£15,000 を超え, しかも(あるいは)審理が 1 日を超えると予想される複雑な事件の手続き; 他の手順と異なり, ここでは(民事)事件処理協議 (case management conference) および事実審理前審理 (pretrial review) を含む(民事)事件処理手続き (case management) を用いる; ⇨ CASE MANAGEMENT, TRACK ALLOCATION》.

Mul·ti·tu·di·nem de·cem fa·ci·unt. /mʌ̀ltɪtjúːdɪnem désem féɪʃiənt/ 10(人)は多数をなす. [L=Ten make a multitude.]

Mul·ti·tu·do er·ran·ti·um non pa·rit er·ro·ri pa·tro·ci·ni·um. /mʌ̀ltɪtjúːdou ɛrǽnʃiəm nan pǽrɪt ɛróuraɪ pæ̀trousíniəm/ 誤りを犯す者の多さは誤りの庇護を生み出さない. [L=The multitude of those who err does not produce pro-

Multitudo im·pe·ra·to·rum per·dit cu·ri·am. /—— ɪmpèrətóurəm pə́rdɪt kjuːríæm/《裁判所の》多数の主事[役人]は裁判所を破壊する. 〔L=A multitude of masters destroys a court.〕

mul·ture /mʌ́ltʃər, 《スコ》múːtər/《主としてスコットランド史》製粉所利用料《通例 委託する麦またはでき粉の一部分》; 製粉所利用料受取り権. 〔OF=grinding〕

mund /mʌ́nd, múnd/ n《史》**1**《アングロサクソンの》家長権力, 家(父)権力 (cf. MANUS). **2** 平和 (peace). 〔OE=hand〕

múnd·bryce /-brìtʃ/, **múnd·breche** /-brìːtʃ/ n《史》平和破壊(罪). 〔OS〕

mu·nic·i·pal /mjuːnís(ə)p(ə)l/ a **1**《自治》都市の, 市の, 町の; 地方自治体の (cf. DOMESTIC); 市立の, 市営の, 町立の, 町営の; 市政の, 地方自治の: ~ debts [loans] 市債 / ~ government 市政 / a ~ office 市役所 / a ~ officer 市吏員 / ~ taxes 市町村税. **2 a**《international に対して》一国の, 国内の, 内政の. **b** 局地的な, 限定された. **3**《ローマ史》ムニキピウム[自由都市] (municipium) の. — n [*pl*] 地方債 (=MUNICIPAL BOND). ~·ly adv 〔L; ⇨ MUNICIPIUM〕

munícipal affáirs *pl* 市の内部事項.

munícipal bónd 地方債 (=municipal, municipal security)《州・郡・市・町などが発行する債券》.

munícipal bórough《英》都市法人たる自治都市.

munícipal býlaw 条例.

munícipal chárter 市設立特許状, 市設立特許法.

munícipal corporátion 1 地方公共団体. **2**《英》都市法人.

munícipal cóuncil 都市参事会, 市参事会, 市議会.

munícipal cóurt《米》都市裁判所 (=city court)《都市内の制限的民刑事裁判所》.

mu·nic·i·pal·i·ty /mjuːnìsəpǽləti/ n **1** 地方自治体, 市自治体, 自治市, 自治区. **2** 地方自治体当局, 市当局, 市役所.

munícipal júdge 市裁判所裁判官《民事・刑事双方につき用いる》.

munícipal láw 1 国内法. **2** 条例, 市条例, 都市条例.

munícipal órdinance 条例, 市条例.

munícipal secúrity 地方債証券 (=MUNICIPAL BOND).

munícipal utílity dìstrict《電気・水道・ガス・交通などの》地方自治体[市]公益事業部門[法人] (=public utility district)《略 MUD》.

mu·ni·cip·i·um /mjuːnəsípiəm/《ローマ史》ムニキピウム, 自由都市.

mu·ni·ment /mjúːnəmənt/ n **1** [*pl*]《不動産・特権などの》権利証, 証拠書類; 《不動産》権原証書

(muniment of title). **2** [*pl*] 備品;《古》防御(手段). 〔OF<L=defence, title deed (munio to fortify)〕

múniment dèed《不動産》権利証書 (title deed).

múniment of títle《不動産》権原証書 (=common assurance)《不動産譲渡捺印証書 (deed) や不動産権にかかわる判決などの権原 (title) を証するもの; cf. CHAIN OF TITLE》.

mu·ni·tion /mjuːníʃ(ə)n/ n [*pl*] 軍需品, 武器弾薬.

munítions of wár *pl* 軍需品.

mur·der /mə́ːrdər/ n 謀殺《計画的犯意 (malice aforethought) をもって行なわれた殺人; cf. HOMICIDE, MANSLAUGHTER, MINIMUM TERM》; 殺人事件: be charged with ~ 謀殺罪で訴えられる / be found guilty of ~ 謀殺罪で有罪評決を受ける. ▶ ATTEMPTED MURDER (謀殺未遂) / CONSTRUCTIVE MURDER (擬制謀殺) / DEPRAVED-HEART [DEPRAVED-INDIFFERENCE] MURDER (人命軽視謀殺) / FELONY MURDER (重罪謀殺) / FIRST-DEGREE MURDER (第一級謀殺) / INTENDED MURDER (故意による殺人) / JUDICIAL MURDER (法による謀殺) / MASS MURDER (大量殺人) / NONCAPITAL MURDER (非死刑対象謀殺) / PREMEDITATED MURDER (予謀殺) / SECOND-DEGREE MURDER (第二級謀殺) / SERIAL MURDER (連続殺人) / THIRD-DEGREE MURDER (第三級謀殺) / UNINTENTIONAL MURDER (非意図的謀殺) / WILLFUL MURDER (意図的謀殺). — vt 謀殺[殺害]する; 惨殺する. — vi 謀殺をする. **múrder·ous** a 〔OE *morthor* and OF *murdre*<Gmc (G *Mord*); cf. L *mort- mors* death〕

Múrder (Abolition of Déath Pénalty) Àct 1965 [the ~]《英》1965 年の謀殺(死刑廃止)法《謀殺 (murder) に科されていた死刑を時限的に廃止した 1965 年法; 1969 年に同法は永続的効力を与えられた》.

múrder bòard*《俗》《候補者・計画などをきびしく審査する》過酷審査委員会.

múrder·er n 謀殺犯(人), 殺人者,《殺人の》下手人. **múder·ess** n *fem*

múrder fìne《英史》殺人罰金 (=MURDRUM).

múrder in [of] the fírst degrée《米》第一級謀殺 (=FIRST-DEGREE MURDER).

múrder in [of] the sécond degrée《米》第二級謀殺 (=SECOND-DEGREE MURDER).

múrder in [of] the thírd degrée《米》第三級謀殺 (=THIRD-DEGREE MURDER).

múrder óne 第一級謀殺 (=FIRST-DEGREE MURDER).

múrder thrée 第三級謀殺 (=THIRD-DEGREE MURDER).

múrder twó 第二級謀殺 (=SECOND-DEGREE MURDER).

mur·drum /mə́ːrdrəm/ n **1**《英史》《犯人不明の場合 死体発見地域住民に科せられた》殺人罰金 (=murder fine) (⇨ PRESENTMENT OF ENGLISHRY). **2** 謀殺

(＝MURDER).

músical wórk 《著作権の対象となる》**音楽著作物** (cf. DRAMATIC WORK, LITERARY WORK).

Mús·kie Àct /máski-/《米》**マスキー法**(Edmund S. Muskie (1914-96) 上院議員が提案した 1970 年の Clean Air Act (大気清浄法)の通称; ⇨ CLEAN AIR ACT).

Mus·lim, -lem /mázləm, mús-, múz-/ *n* (*pl* ~, ~s) **イスラム教徒**, ムスリム. — *a* イスラム教(徒)の: ~ law イスラム法. ［Arab＝one who surrenders to God)］

mus·ter /mʌ́stər/ *vt*《検閲・点呼に》〈兵隊を〉召集する; 点呼する; 徴用する〈*in, into*〉. — *vi* 集まる, 応召する. ~ **in** 入営させる. ~ **out** 除隊させる. — *n* **1** 召集, 勢ぞろい; 点呼; 集合人員. **2** 隊員[乗組員]名簿, 総員名簿 (muster roll). **pass** ~ 検閲を通過する; 合格する. ［OF＜L *monstro* to show)］

múster ròll《軍隊・船舶の》**総員名簿**,《特に》戦時中立性確認のために必要な》**乗組員名簿**, 海員[船員]名簿.

mut. mutual.

mu·ta·tion /mjutéɪʃ(ə)n/ *n*《重要なあるいは基本的な》**変更, 修正**. **mu·tate** /mjúːteɪt, —́-/ *vi, vt* ~·al *a* ~·al·ly *adv*

mu·ta·tis mu·tan·dis /m(j)utéɪtɪs m(j)utǽndɪs, m(j)utáːtəs m(j)utáːndəs/《必要な変更を加えて, 準用して, 個々の違いを考慮して》《略 m.m.)》: apply the law ~ 必要な変更を加えた上で同法を適用[準用]する. ［L］

mute /mjúːt/ *a* 無言の (silent), 口に出さない;〈被告(人)が〉黙秘[沈黙]する, 答弁しない; 反対しない, 異議を申し立てない: (as) ~ as a fish 黙りこくって(いる). **stand** ~ 答弁[抗弁]しない, 黙秘する (⇨ STANDING MUTE). **stand** ~ **of malice**〈被告人が〉故意に答弁しない, 沈黙する, 黙秘権を行使する (⇨ STANDING MUTE). — *n* **1** 啞者, おし. **2** 答弁を拒む被告人. ~·ly *adv* ~·ness *n* ［OF＜L *mutus*］

múte by visitátion of Gód 肉体的・精神的障害に基づき答弁しない (⇨ STANDING MUTE).

múte of málice 故意に答弁しない (⇨ STANDING MUTE).

mu·ti·late /mjúːt(ə)leɪt/ *vt* **1**〈手足などを〉切断する; …の手足を切断する, 不具にする, 傷害する. **2**〈書物・文章などを〉削って不完全にする. **mú·ti·là·tive** *a* **mú·ti·là·tor** *n*〈手足などの〉切断者; 毀損者. ［L (*mutilus* maimed)］

mu·ti·la·tion /mjùːt(ə)léɪʃ(ə)n/ *n* **1**〈手足などの〉**切断, 断節** (cf. MAYHEM), 不具にすること;《史》不具刑: a ~ murder ばらばら殺人事件. ▶ FEMALE GENITAL MUTILATION (女性外性器切除(罪)). **2** 文書毀損 (cf. ALTERATION, SPOLIATION).

mu·ti·neer /mjùːt(ə)níər/ *n* 反乱者, 暴動者;《軍》共同抗命者. — *vi* MUTINY.

mu·ti·ny /mjúːt(ə)ni/ *n* **1**《兵隊・水兵などの》**共同抗**命, 反乱, 一斉蜂起. ▶ PRISON MUTINY (刑務所内共同抗命). **2** [the M-]《史》セポイの反乱 (＝INDIAN MUTINY);《廃》騒動 (tumult). — *vi* 共同で抗命する, 反乱を起こす〈*against*〉. ［F＜Rom］

Mútiny Àct [the ~]《英史》**共同抗命法**《権利章典 (Bill of Rights) にのっとり, 17 世紀末より常備軍を 1 年間だけ合法化していた法律; 1881 年以後は陸軍法 (Army Act) がこれに代わったが, 一年ごとの原則は変わらなかった; その後 1995 年の陸軍法が 5 年間ずつ枢密院令 (Order in Council) で延長できるように変わった; 空軍・海軍関係も 55・57 年法で同様になっていたが, 2001 年法によりそれらすべてが継続的効力を有することになった; 2006 年の軍法 (Armed Forces Act) で陸・海・空三軍の軍務関係法は事実上統一されている; ⇨ SERVICE LAW).

mu·tu·al /mjúːtʃuəl, *-tʃəl/ *a* **1** 相互の, 相互の; 相互に関係のある, 双方での, 互換的な, 双務的な: by ~ consent 合意のうえで. **2**《2 人以上に》共通の (common). **3** 相互保険制の. ~·ly *adv* 相互に, 双務的に; 合意のうえで. ［OF (L *mutuus* borrowed)］

mútual accóunt 相互計算《両当事者間の借方貸方からなる計算》.

mútual-agréement prògram 相互合意計画《受刑者が一定期日に仮釈放 (parole) を受けるために自己改善活動に参加することを合意して行なわれる社会復帰計画》.

mútual assént 相互的合意《契約における申し込み (offer) と承諾 (acceptance) の形での双方の意思の合致 (meeting of the minds)》.

mútual bénefit associàtion《米》**相互共済組合** (＝mutual benefit society)《構成員に対する保険金給付を目的とする相互組合で, 前納保険料という方式をとらず, 構成員に損害が生じた時点でその塡補のための賦課金 (assessment) を課す方式をとる; ⇨ MUTUAL BENEFIT INSURANCE).

mútual bénefit insùrance 相互共済保険《相互共済組合 (mutual benefit association) がその構成員に対して行なう保険で, 保険金支払い事由が発生した時点で保険金支払い必要額を保険契約者から徴収する方式の相互保険 (mutual insurance); cf. MUTUAL BENEFIT ASSOCIATION).

mútual bénefit socièty 相互共済会 (＝MUTUAL BENEFIT ASSOCIATION).

mútual cómbat 合意での決闘《両当事者が合意の下で武器を用いて対等に戦うこと; これにより殺害を犯した者は謀殺 (murder) でなく故殺 (manslaughter) に減らせる; cf. DUEL).

mútual cómpany 相互会社《株主ではなく, 顧客によって所有されている会社で, 相互保険会社 (mutual insurance company) がその代表であるが, 他にも貯蓄貸付け組合 (savings and loan association) もこれに入る; cf. MUTUAL INSURANCE COMPANY).

mútual condítions *pl*《相互の履行が条件の関係にある》**相互条件**.

mútual cóntract 双務契約 (=BILATERAL CONTRACT).

mútual cóvenants *pl* 相互的約定《相互条件 (mutual conditions) になっている約定》.

mútual crédits *pl* 《破産の場合に相殺権行使可能な》相互貸借.

mútual déalings *pl* 相互取引.

mútual débts *pl* 相互債務《二人の間で相互に同一種類・同一品質のものについて借り合うこと》.

mútual demánds *pl* 《二人の人間間の同時の》相互的請求.

mútual desértion 相互遺棄《夫婦のそれぞれが独立的にかつ正当な事由なく他方を遺棄すること》.

mútual fùnd* ミューチュアルファンド《**1**》狭義では、オープンエンド型投資会社; 単に fund ともいう **2**》広義では投資信託一般》.

mútual insúrance 相互保険《保険加入者を構成員とする会社を作り、その会社が構成員のために保険をするという保険; 特に生命保険で用いられる》.

mútual insúrance còmpany 相互保険会社 (cf. MIXED INSURANCE COMPANY, MUTUAL COMPANY, MUTUAL INSURANCE, STOCK INSURANCE COMPANY).

mu·tu·al·i·ty /mjùːtʃuǽləti/ *n* **1** 相互関係, 相互依存, 相互性, 双務性, 相関. **2** 好誼(ぎ), 友誼.

mutuálity dòctrine 《米》当事者相互性の法理《前の訴訟でみずからに対して不利に判決された争点につき同じ訴訟当事者が再度訴訟を提起することを妨げるために は、両当事者が相互に前の訴訟で当事者関係 (privity) にあったことが必要であるという争点効 (collateral estoppel) の要請》.

mutuálity of estóppel 禁反言の相互性《**1**》一方当事者は他方当事者が拘束されない限り拘束されないということ **2**》エクィティー上の禁反言 (equitable estoppel) は、禁反言が生じた法律行為の当事者あるいは当事者関係 (privity) にある者以外の者に対しては、有利・不利にかかわらず適用されないということ **3**》ある者にとって有利な判決が、反対の判決がその者にとって終局的に不利なものでない限りは、終局的でないという争点効 (collateral estoppel) の原則》.

mutuálity of obligátion 債権債務関係の相互性.

mutuálity of rémedy 救済手段[方法]に関する相互主義, 救済(手段)の相互性《特にエクィティー上の救済手段に関して原告・被告間の平等を図ろうとした法原則; とりわけ 特定履行 (specific performance) が求められている訴訟で、契約の両当事者が相手方に対して特定履行ないしはそれと同等のものを求めることができると想定される場合にのみこれを認めるという法理; cf. SPECIFIC PERFORMANCE》.

mútual mistáke 1 共通の錯誤 (=COMMON MISTAKE). **2** 相互的錯誤《契約当事者の相手方の意思に関する相互の錯誤》.

mútual prómises *pl* 相互約束《相互の約束をそれぞれの約因 (consideration) とする約束》.

mútual sávings bànk 《米》相互貯蓄銀行《株式による資本金を有さず預金者が所有者である銀行》.

mútual séttlement 相互継承財産設定(証書) (cf. SETTLEMENT, MUTUAL WILL).

mútual socíety 《英》相互組合《典型的には住宅金融組合 (building society) がその例で、組合員からの投資を原資に組合員の住宅資金を譲渡抵当付き貸付け (mortgage loan) の形で貸与するもの; 他にも保険に関してもこの型の組合があり、歴史的にはむしろこれが多かった、なお 1990 年代と 2000 年代に多くの住宅金融組合は公開会社 (public company) に変わっている》.

mútual téstament 相互遺言(書) (=MUTUAL WILL).

mútual wíll [ᵖl] 《相互に有恵的な》相互遺言(書) (の一方) (=counter will, double will, mutual testament, reciprocal will)《複数の者 (通例 夫婦) が相手に利益を与える内容の同一ないしは同様の遺言を相互になすこと、またはその遺言書; 別の文書でも単一文書によっても作成しうる; cf. DUPLICATE WILL, JOINT AND MUTUAL WILL, JOINT WILL, MUTUAL SETTLEMENT》.

mu·tu·ant /mjúːtʃuənt/ *n* 《ローマ法・大陸法》消費貸借の貸主 (⇨ MUTUUM) (cf. MUTUARY).

mu·tu·ary /mjúːtʃuèri; -tʃuəri, -tjuə-/ *n* 《ローマ法・大陸法》消費貸借の借主 (⇨ MUTUUM) (cf. MUTUANT).

mu·tu·um /mjúːtʃuəm/ *n* (*pl* **mu·tua** /-tʃuə/) 《ローマ法・大陸法》消費貸借(契約)《一方の当事者が種類・品質・数量の同じ物を返還することを約束して相手当事者から金銭その他の代替物を受け取ることにより成立する契約; ⇨ LOAN FOR CONSUMPTION》. [L 〈*mutuus* borrowed lent]

mysélf nòte 自己受け[自己指図]約束手形《振出人と受取人が同一の約束手形》.

mys·té·ri·ous disappéarance /mɪstíəriəs-/ 《財産の》謎の消失.

mys·tery, mis- /míst(ə)ri/ *n* 《史》**1** 職業(的技能). **2** 同業組合.

mýstic téstament 《大陸法》秘匿遺言(書) (=MYSTIC WILL).

mýstic wíll 《大陸法》秘匿遺言(書) (=mystic testament, secret testament, secret will)《遺言者が署名した遺言書を複数の証人出席の下で封緘・押印したものを公証人 (notary public) に手交し、その上で遺言者がそれが自己の遺言書である旨 宣言し公証人により公証手続きがとられたもの》.

N

n footnote ◆ note.
n.a. not allowed ◆ not applicable ◆ not available.
NA National Association ◆ Native American ◆ non-acquiescence ◆ North America(n).
NAACP 《米》°National Association for the Advancement of Colored People 有色人種地位向上全国協会.
naam /ná:m/, **nam** /ná:m/《史》n 差押え; 差押物.
★ namium ともいう. [ON=distraint, distress]
Na·der /néɪdər/ ネーダー **Ralph** ~ (1934–)《米国の弁護士・消費者運動家》.
NAFTA /næftə/ °North American Free Trade Agreement 北米自由貿易協定.
na·ked /néɪkəd, *(南部) nékəd/ a 1 裸の, 裸出の. 2 注釈のない〈引用句など〉. 3 補強証拠のない, 裏付けのない. 4 a ありのままの, 直截の, 飾らない. b 単なる, 単純な. 5 利益[対価]を伴わない, 支配[利用, 占有]権を伴わない. 6《オプション取引で》裸の, ネイキッドの《対象証券を所有していない付与者が提供する》. [OE nacod; cf. NUDE, G nackt]
náked agréement 裸の合意 (=NUDUM PACTUM).
náked authórity 裸の代理権《代理人になんらの対価のない, もっぱら本人のためだけの代理権; 本人はいつでも撤回できる; cf. AUTHORITY COUPLED WITH AN INTEREST》.
náked conféssion《別の証拠により補強されていない》裸の自白, 不完全自白.
náked cóntract 裸の契約, 約因のない契約 (=NUDUM PACTUM).
náked debénture 無担保債務証書 (=DEBENTURE).
náked lánd trùst《米》裸の土地信託 (=ILLINOIS LAND TRUST).
náked licensée 立入り被許可者 (=BARE LICENSEE).
náked óption 裸のオプション, ネイキッドオプション《オプション付与者が, その証券などを所有していない場合であっても, オプション保有者がオプションを行使するならば, 市価でそれを購入することを約するオプション; cf. COVERED OPTION》.

náked ówner《大陸法》裸の所有権者《用益権 (usufruct) が付着している財産の所有権者》.
náked posséssion 裸の占有《占有を根拠づける権原の外観をもたない, 特に不動産の現実の占有》.
náked possibílity 裸の可能性 (=bare possibility)《将来財産権 (future property) を取得できる単なる可能性・期待》.
náked pówer 1 むきだしの権力, 裸の実力. 2 裸権限, 実質的利益を伴わない権限 (cf. POWER COUPLED WITH INTEREST).
náked prómise 裸の約束 (=GRATUITOUS PROMISE).
náked trúst 裸信託 (=PASSIVE TRUST).
nam ⇒ NAAM.
name /néɪm/ n 1 名, 名称; 名前, 姓名, 氏名, 氏族, 家系; 家名; 称号: common ~ 通称, ありふれた名 / put one's ~ to...〈文書など〉に記名する / take one's ~ off...から脱退[脱会]する. ▶ASSUMED NAME (別名; 企業の別名) / BRAND NAME (商標; 商号) / BUSINESS NAME (商号) / CHANGE OF NAME (姓名の変更; 法人名の変更) / COMPANY NAME (会社名) / CORPORATE NAME (法人名, 会社の商号) / DOMAIN NAME (ドメイン名) / FAMILY NAME (姓) / FICTITIOUS NAME (架空の氏名; 偽名) / FIRM NAME ((商事)組合名; 企業名) / GENERIC NAME (普通名称) / LEGAL NAME (正式名) / REGISTERED NAME (登記名) / STREET NAME (仲立人名義) / SURNAME (姓) / TRADE NAME [TRADENAME] (商号). 2 a 評判, 名声: a bad [an ill] ~ 悪名, 不評判 / a good ~ 名声, 好評. b《英》[°N-] ネーム《ロイズ (Lloyd's) の個人の保険引受人》. 3 [ᵖpl] 悪口, 悪態: call sb ~s. 4《実体に対して》名目; 虚名: in ~ 名目上は (opp. in reality) / a ruler in ~ only 名ばかりの支配者. **by** ~ 名指して, 名前は: Tom by ~ =by ~ Tom 名前はトム / I know them all by ~. 名前はみな知っている. **clear** sb's ~ 人の疑いを晴らす. **get a** ~ **(for** oneself**)**《通例 悪い意味で》評判になる. **have a** ~ **for**...だと評判だ. **in all [everything] but** ~ 事実上, 実質的には (virtually). **in** one's **(own)** ~ 自分の名義で, 独立で: It stands in my ~. それはわたしの名義になっている. **in the** ~ **of**... (1) ...の名において, ...の権威をもって: Stop, in the Queen's [King's] ~!

=Stop, in the ~ of the State [the law]! 御用だ、とまれ! (2)…に代わって、…の名義で、…の名目で. **keep sb's ~ on the BOOKs**. **lend one's ~ to**…に名前を貸す. **make [win] a ~ (for oneself)** 名を揚げる. **of the ~ of**…という名の(by the name of). **put a ~ to**…を適切な名で表現する、…の名を(はっきり)思い出す[言う]. **put one's ~ down for**…の候補者[応募者]として記名する；…への入学[入会]者として名を載せる. **take [strike] sb's ~ off the BOOKs**. **to one's ~** 自分の財産[所有物]として: He has not a penny to his ~. 彼は自分の金といえるものは少しも持っていない. **under the ~ of**…という名で、…の名義で.
— a 1*《口》名[ネーム]入りの；名称表示用の〈札など〉. 2 名の通った、有名な、一流の；一流銘柄の.
— vt 1 命名する、…を…と名づける：— after [for*]…の名を採って命名する / I ~d the dog Spotty. 2 a 名指しして呼ぶ；…の正しい名で言う. b《英庶民院》《侮辱のかどで》〈議員〉を名指す；名指して非難する：NAMING A MEMBER. 3 指名する〈sb as chairman〉: He was ~d for [to] the position. その地位に指名された. 4 示す、挙げる (mention)；〈人・日時・値段などを〉指定する: ~ several reasons いくつかの理由を並べる / to ~ but [only] a few (ほんの)少し例を挙げれば / ~ one's price いくら欲しいと言う. **~ names**《共犯者などの》名を挙げる. **~ the day**〈特に 女性が〉結婚を承諾する、結婚日を指定する. **You ~ it.**《口》何[だれ]でも.

name and arms clause《史》家名・紋章に関する条項《遺言や継承財産設定 (settlement) 上の文言で、財産権受領者が遺言者・設定者の家名・家紋の継承をその財産権保有の条件とするという条項》.

named /néɪmd/ a 指名された；指定された；有名な；それぞれに固有の名のある: person ~ in the policy 保険証書上の記名被保険者.

named insured《保険》記名被保険者 (cf. INSURED).

named reports pl《英史》人名付き判例集 (⇒ YEAR BOOKs).

named representative《集団訴訟 (class action) の》指名代表 (=CLASS REPRESENTATIVE).

name·ly adv すなわち.

name partner 組合名組合員《組合 (partnership) 名にその名が使われている組合員》.

naming a member《英庶民院》《侮辱のかどでの》**指名議員退出手続き**《英庶民院で侮辱的言辞をなした議員に議長がその停止・退席を求め、しかもそれに従わなかった場合に、議長権威無視のかどで名指しをし、次いで院内総務 (Leader of the House) が動議を提出し、庶民院が直ちに審議し同意すれば、議員名で退出させうる手続》 (cf. SUSPENSION).

na·mi·um /néɪmɪəm/ n NAAM. [L=naam].

námium vétitum /-vétətəm/《史》《家畜の》**不法差押え**(=vetitum namium)《封建契約上の義務を怠った保有者に対して領主が義務履行強制のため自救的

に動産、特に 家畜を差し押える権利を有したが、義務履行をしたり、領主の要求について裁判所で争うことを保証した場合には、その差押物は返還されねばならなかった；理由なしの差押えを含めこのような場合に返還されていない状態の差押えを指した). [L=forbidden distress].

nanny tax*《口》お手伝いさん税《家庭内使用人の雇用者が、年総額で一定額を超える額を使用人に給与として支払っている場合に、雇用者に課される連邦の社会保障 (social security) 税；術語ではない》.

NAO《英》°National Audit Office 英国会計検査院.

Na·po·le·on·ic Code /nəpòuliánɪk-/ [°pl; the ~] ナポレオン法典 (=CODE NAPOLÉON).

nar·co·analysis /nɑ̀:rkou-/ n《抑制除去薬[自白薬]による》麻酔分析.

nar·cot·ic /nɑːrkɑ́tɪk/ n 1 麻薬, 麻酔剤[薬]; 催眠薬; 鎮静剤. 2 麻薬中毒患者, 麻薬中毒者. — a 麻酔性の, 催眠性の, 麻薬の; 麻薬中毒者(の治療)の.

nark /nɑːrk/《俗》n《特に 警察への》**情報提供者**, 密告者, スパイ, イヌ；*おとり, さくら (shill). — vi, vt*たれ込む; いらいらさせる; 文句を言う.

narr. narratio.

nar·ra·tio /nərérɪʃiou/ n《史》《口頭での》**原告第一訴答** (=tale) (略 narr.). [L=narrative].

nar·ra·tor /nǽreɪtər, nəréɪtər, nə-/ n (pl **nar·ra·to·res** /nǽrətɔ́:riːz/)《史》**代弁人** (=counter, counteur, countor)《原告第一訴答 (narratio) を原告に代わってなす者というもともとの語源から口頭で訴答をなす者のこと; **serviens narrator** とは SERJEANT-AT-LAW (上級法廷弁護士) をいう). [law L].

narrow construction 狭義解釈 (=STRICT CONSTRUCTION).

narrowly tailored ⇒ TAILOR.

narrow sea [°pl] 海峡《特に しばしば English Channel (イギリス海峡) を指す》.

nas·ci·tu·rus /næsət(j)úːrəs, -t(j)ɔ́ː-/ a, n《ローマ法》将来生まれる(子) (cf. NATUS). [L=to be born].

NASD《米》°National Association of Securities Dealers 全米証券業協会.

NASDAQ /nǽzdæk, nǽs-/《サービスマーク》**ナスダック**《店頭市場における株式の気配値をコンピューターによってリアルタイムに表示する全米証券業協会 (NASD) が運営する情報システム；米国の店頭市場自体も指す； cf. SEAQ). [National Association of Securities Dealers Automated Quotations].

na·ti et nas·ci·tu·ri /néɪtaɪ ɛt nǽsət(j)úːraɪ, -t(j)ɔ́ː-/《史》すでに生まれた子と将来生まれる子. [L=persons (already) born and to be born (in the future)].

na·tion /néɪʃ(ə)n/ n **1 国民；民族；国家, 民族国家；***《State (州) と区別して》連邦: the voice of the ~ 国民の声, 世論 / the Western ~s 西洋諸国 / a ~ without a country 国をもたない民族《かつてのユダヤ人など》. ▶ COMITY OF NATIONS (国際礼譲) / LAW OF NA-

national

TIONS (諸国民の法; 国際法) / LEAGUE OF NATIONS (国際連盟) / MOST FAVORED NATION (最恵国) / UNITED NATIONS (国際連合). **2**〖史〗《同郷学生などの》集団, 団体. ［OF<L］

na·tion·al /næʃ(ə)n(ə)l/ *a* **1 a** (ある)国民[民族]の, 全国民[民族]の, (ある)国民[民族]特有の, 国民[民族]的な. **b** 国家の, 全国的な (opp. *local*); 一国を象徴[代表]する; (ある)一国の[に限られた] (opp. *international*); *連邦の (Federal) (cf. STATE); 挙国一致の: ~ affairs 国務, 国事 / ~ power [prestige] 国力[国威] / ~ newspaper 全国紙 / ~ news 国内ニュース / ~ press 全国紙 / ~ spirit [genius] 民族[国民]精神. **2** 国有の, 国立の, 国定の: a ~ enterprise 国営企業 / ~ railroads 国有鉄道. —— *n* 国民; 同国人; 《労組などの》全国組織, 本部; 全国紙: a Japanese ~ 日本国民.

Nátional Aeronáutics and Spáce Àct [the ~]〖米〗連邦航空宇宙庁《連邦航空宇宙局 (National Aeronautics and Space Administration) (NASA (ナサ)という略称でより一般的)を創設した 1958 年の連邦法》.

nátional ánthem [ᵒN- A-] 国歌.

Nátional Assémbly for Wáles [the ~] ウェールズ議会 (=WELSH ASSEMBLY).

nátional assístance〖英史〗国民扶助金《現在の所得援助 (income support), その前 1988 年までの補足給付 (supplementary benefits) の前身; 1948 年法により導入され, 1966 年に変更》.

Nátional Assístance Àct [the ~]〖英〗国民扶助法《救貧法 (Poor Law) を廃止した 1948 年制定の法律; ⇨ POOR LAW》.

Nátional Associátion for the Adváncement of Cólored Pèople [the ~]〖米〗有色人種地位向上全国協会, 全国有色人種向上協会《黒人などの市民権擁護・拡大のための運動組織; 1909 年結成; 略 NAACP》.

Nátional Associátion of Secúrities Dèalers [the ~]〖米〗全米証券業協会《略 NASD》.

Nátional Associátion of Secúrities Dèalers Áutomated Quotátions [the ~] ナスダック (⇨ NASDAQ).

Nátional Áudit Òffice [the ~]〖英〗会計検査院《略 NAO》.

nátional bánk 1 国立銀行. **2**〖米〗国法銀行, 連邦免許銀行《連邦法に基づいて設立され, 営業している私立銀行; cf. STATE BANK》.

Nátional Bár Associàtion [the ~]〖米〗全米法曹協会《1925 年創立の, 主としてアフリカ系アメリカ人法律家の組織; 略 NBA》.

nátional cítizenship〖米〗連邦市民権 (=FEDERAL CITIZENSHIP).

Nátional Condítions of Sále *pl*〖英〗全国標準土地売却条件《事務弁護士 (solicitor) により利用されている, 土地売買のためのいくつかの標準売買条件の一つ; cf. OPEN CONTRACT, STANDARD CONDITIONS OF SALE, STATUTORY FORM OF CONDITIONS OF SALE》.

Nátional Cónference of Bár Exàminers [the ~]〖米〗法曹資格試験委員全国協議会《1931 年創設; 略 NCBE》.

Nátional Cónference of Commíssioners on Úniform Státe Làws [the ~]〖米〗統一州法委員全国会議《各州の法の統一を促進するために 1982 年設立された専門家組織; cf. MODEL ACT, UNIFORM ACT; 略 NCCUSL》.

Nátional Consúmer Còuncil [the ~]〖英〗全国消費者協議会《1975 年設立の消費者問題協議会; 略 NCC》.

Nátional Críme Squàd [the ~]〖英史〗《警察の》全国広域犯罪対策本部《1997 年法で創設され, 2006 年に全国犯罪情報部 (National Criminal Intelligence Service) などと共に重大組織犯罪機関 (Serious Organised Crime Agency) に統合》.

Nátional Críminal Intélligence Sèrvice [the ~]〖英史〗《警察の》全国犯罪情報部《2006 年に全国広域犯罪対策本部 (National Crime Squad) などと共に重大組織犯罪機関 (Serious Organised Crime Agency) に統合; 略 NCIS》.

nátional cúrrency 法定通貨, 法貨 (=LEGAL TENDER).

nátional débt 国債.

nátional defénse 1 国防, (一国の)防衛, 自衛. **2** 国防軍, 自衛力, 国防施設[手段].

nátional domáin 1 国土. **2**〖米〗連邦領有地, 連邦(法)の領域.

nátional dómicile 国家的住所[ドミサイル]《住所[ドミサイル] (domicile) を表示する際に, 国家内の地方区分ではなく国家として表わすときの住所; ある者の住所がアメリカ合衆国[連合王国]にあるというがごとし》.

nátional emérgency 国家非常事態.

Nátional Environméntal Pólicy Àct [the ~]〖米〗全国環境政策法, ネパ《1969 年制定の環境保護法; 略 NEPA》.

nátional góvernment 1《州・地方行政府の地方政府に対して》中央政府; *連邦政府. **2**《国際組織に対して》一国政府. **3** 挙国一致政府《戦時などに大半いしはすべての政党によって形成される政府; 英国の第二次大戦時の Sir Winston Churchill 首相の政府 (1940-45) など》.

Nátional Guárd [the ~]〖米〗州兵, 国民防衛軍《州単位で編成される予備部隊; 陸軍軍があり緊急時に連邦の軍隊に編入される; cf. MILITIA; 略 NG》.

Nátional Héalth Sèrvice [the ~]〖英〗国民医療制度, 国民健康保険(制度)《1946 年法で創設された医療サービス制度; 1977, 82, 90, 99, 2002 年などに改正されている; 略 NHS》.

Nátional Héalth Sèrvice Trùst〖英〗国民

医療制度トラスト (=NHS Trust)《国務大臣 (Secretary of State) 指名の長の下に独自の理事会を有する自治法人で、かつて地域ないしは特別の公共医療施設機関であった病院などの所有・管理責任を有しているもの; Acute Trust (病院トラスト), Mental Health Trust (精神健康トラスト), Ambulance Trust (傷病者運搬車トラスト) を含む》.

nátional hóliday 《(中央政府の決定した)》国民の祝日, 国民的[全国的]祝祭日,《米》法定休日 (=LEGAL HOLIDAY).

Nátional Indústrial Recóvery Àct [the ~]《米史》全国[連邦]産業復興法《1933年に成立した New Deal 初期の産業復興立法; 単に Industrial Recovery Act ともいう; 公共事業の拡大・産業の自己管理・労働者の権利保障を柱とし、これによって全国復興庁 (National Recovery Administration) が設立された; 1935年には行政府への委任が広範にすぎることと州権の侵害を理由として、最高裁判所の違憲判決を受けた; 1936年1月1日、期限切れ失効; 略 NIRA; ⇨ SCHECHTER POULTRY CORP. V. UNITED STATES (1935)》.

Nátional Ínstitute of Corréctions《米》[the ~] 全国矯正研究所《司法省刑務所局 (Bureau of Prisons) 所属の連邦機関で、連邦・州・地方当局の矯正計画改善の援助、矯正問題研究などを行なう機関; cf. BUREAU OF PRISONS》.

nátional insúrance [ʰN- I-]《英》国民保険(制度)《1946年法で導入され、現在は社会保障法 (Social Security Acts) (1975-98) で実施されている英国社会保障制度の根幹; 略 NI》.

nátional insúrance contribùtions *pl*《英》国民保険分担金《雇用者と被用者・自営業者が国民保険のため支払う分担金》.

nátional insúrance lócal tribùnal《英史》国民保険地方審判所 (⇨ SOCIAL SECURITY APPEAL TRIBUNAL).

nátional insúrance tribùnals《英史》国民保険審判所《現在は社会保障審判所 (social security tribunals) と呼ばれているものの旧総称》.

nátional·ìsm *n* **1 a** 愛国意識, 民族[国民]意識, ナショナリズム, 民族主義, 国民主義, 国家主義; 国家独立[自治]主義. **b** 産業国有主義. **2** 一国民の特性, 国民性.

nátional·ist *n* 国家[民族]主義者; [N-] 国家[民族]主義政党員. — *a* 国家[民族]主義の; [N-] 国家[民族]主義政党の: the Scottish *Nationalist* Party.

na·tion·al·i·ty /nӕʃ(ə)nӕləti/ *n* **1 a** 国民であること; 国籍; 船籍: of Italian ~ イタリア国籍で[の] / people of all *nationalities* 各国の人びと / What's his ~? 彼は何国人ですか. **b** 国民性, 民族性; 国民の感情, 民族意識 (nationalism). ▶ BRITISH NATIONALITY (連合王国国籍) / DUAL NATIONALITY (二重国籍). **2** (一国家内の)民族グループ, 民族集団, 民族;《民族国家の》国民. **3** 独立国家としての存在, 国家としての政的独立性.

Nationálity Àct [the ~]《米》国籍法 (=IMMIGRATION AND NATIONALITY ACT).

nàtional·izátion *n* **1** 国有化, 国営化; 全国化; 国風化. ▶ DENATIONALIZATION (非国有化). **2** 帰化 (=NATURALIZATION). ▶ DENATIONALIZATION (国籍剥奪). **3** 国家化, 独立.

nátional·ìze *vt* **1 a** 国有[国営]にする; 全国的規模に拡大する: NATIONALIZED INDUSTRY. **b** …に国家[国民]的性格を付与する; 帰化させる, …に市民権を与える (naturalize). **2** 独立国家とする. **nátional·ìz·er** *n*

nàtionalized índustry 国有化産業, 国営化産業.

Nátional Lábor Relàtions Àct [the ~]《米》全国[連邦]労働関係法 (=WAGNER ACT)《略 NLRA》.

Nátional Lábor Relàtions Bòard [the ~]《米》全国労働関係委員会, 連邦労働関係局《略 NLRB》.

Nátional Láwyers Guìld [the ~]《米》全国法律家ギルド《アメリカ法曹協会 (American Bar Association) の保守性を批判して1937年に設立された進歩的法曹組織; cf. FEDERALIST SOCIETY》.

Nátional Lóttery《英》《(制定法に基づいた)》全国宝くじ.

Nátional Mediátion Bòard [the ~]《米》全国調停委員会《航空・鉄道輸送分野の労使紛争を調停し、また鉄道輸送業における不満調整に行政的財政的支援を行なう独立の連邦機関; 1934年法で創設; 略 NMB》.

nátional mínimum wáge《英》全国最低賃金《1998年の同名法で導入; 略 NMW》.

Nátional Offénder Mánagement Sèrvice [the ~]《英》全国犯罪者管理庁《2004年に内務省 (Home Office) の既存2部局を統合した新設部局; イングランドとウェールズでの犯罪者矯正を担当する; 略 NOMS》.

nátional órigin 出身民族, 出身国.

nátional párk 国立公園.

Nátional Párty [the ~]《オーストラリア・ニュージーランド・南アフリカなどの》国民党.

Nátional Recóvery Administràtion [the ~]《米史》全国[連邦]復興庁《New Deal 政策の一環として1933年に産業振興・失業率低下を目的に設立された連邦政府機関; 略 NRA; 1936年廃止; ⇨ NATIONAL INDUSTRIAL RECOVERY ACT》.

Nátional Repórter Sỳstem [the ~]『アメリカ合衆国判例体系』『ナショナル・リポーター・システム』《West Publishing Co. によるアメリカ連邦および州の裁判所判例集; cf. AMERICAN DIGEST SYSTEM》.

Nátional Sávings *pl*《英》《郵便局で販売される証券・債券による小口の》国民貯蓄.

Nátional Sávings and Invéstments《英》

国民貯蓄投資銀行《2002年からそれまでの国民貯蓄銀行 (National Savings Bank) がこの名称で呼ばれるようになっている》.

Nátional Sávings Bànk 〖英史〗国民貯蓄銀行《全国の郵便局を通して特別な証券・債券による小口貯蓄を行なう銀行; 2002年に国民貯蓄投資銀行 (National Savings and Investments) と名を変えている》.

Nátional Secúrity Àct [the ~] 〖米〗国家安全保障法《1947年に制定, 49年に修正; 国家安全保障会議 (National Security Council), 中央情報局 (CIA) (Central Intelligence Agency), 国防省, 米国空軍などを創設し, 米国の国防体制の基本を定めた法律》.

Nátional Secúrity Còuncil [the ~] 〖米〗国家安全保障会議《1947年の国家安全保障法 (National Security Act) に基づく合衆国最高の国防会議; 正副大統領・国務長官・国防長官その他で構成; 略 NSC》.

nátional secúrity lètter 〖米〗国家安全保障状《連邦捜査局 (FBI) の役人ないしは他の連邦政府行政機関 (federal agency) の上級役人が発する文書で, 通例企業である名宛人に特定の文書を引き渡すよう要求する, 罰金付き召喚令状 (subpoena) としての機能を果たすもの; 略 NSL》.

Nátional Transportátion Sáfety Bòard [the ~] 〖米〗国家運輸安全委員会《運輸の安全を改善する目的の連邦の独立機関; 重大事故の原因調査・改善勧告などを行なう; 略 NTSB》.

nátional tréatment 〖国際法〗内国民待遇《通商航海条約などにおいて, 他国民または他国の産品を自国民または自国の同種の産品と差別せずに待遇すること》: ~ clause《通商航海条約などの》内国民待遇条項.

nátional tréatment stàndard 〖国際法〗《外国人およびその財産の法的地位・権利・義務についての》相互内国民待遇基準 (cf. INTERNATIONAL MINIMUM STANDARD).

Nátional Trúst [the ~] 〖英〗ナショナルトラスト《自然保護, 史跡などの保存のための民間組織; 1907年法で法人化; 1937年法で家屋・絵画なども対象にされた; National Trust for Places of Historic Interest or National Beauty (史跡・自然景勝地のためのナショナルトラスト) の短縮形; 略 NT》.

nátional únion 全国労働組合《労働組合地方支部 (local union) に対してその親組合》.

nátion státe 民族国家, 国民国家《共通の言語・文化・伝統を有し, 国民的一体性の上に形成される近代的独立国家》.

na·tive /néɪtɪv/ a **1 a** 出生地の, (原)産地の: ~ and foreign 国の内外の / one's ~ country 本国 / one's ~ land 故国 / ~ speakers of English 英語を母語とする人 / one's ~ tongue [language] 自国語. **b** 土着の, 現地産の, 地(じ)の, 自生の; 固有の: a ~ word《外来語に対して》本来語. **2 a** 生まれつきの, 本来の 〈to〉; 生得の: ~ rights 生得の権利. **b** 自然のままの, 天然の: ~

copper 自然銅. — n **1** …生まれの人 〈of〉, 出生地が …の者; …国の市民, …国籍の者;《よそ者に対し》土地の人, 土着の人;《豪》豪州生まれの白人. **2** 未開地の原住民, **先住民**;*アメリカ先住民 (Native American);《豪》オーストラリア先住民 (Aboriginal);《南アフリカ》黒人. **3** 〖史〗農奴 (nativus). ~**·ly** adv ~**·ness** n [ME = person born as slave ＜ OF ＜ L = inborn, natural]

Nátive Américan アメリカ先住民, アメリカ・インディアン.

nátive-bórn a **1** その国生まれの, その土地生まれの, はえぬきの, 生粋の. **2**《出生地にかかわらず》その国の国籍を付与しうる両親から生まれた.

na·ti·vus /neɪtáɪvəs/ n 〖史〗農奴 (villein). [L= born (serf)]

Na·tu·ra Bre·vi·um /neɪt(j)úːrə bríːviəm/ 〖英史〗『令状論』《Edward 3世 (1307-27) 時代に編集された注釈付き令状集; 1534年刊のフィッツハーバート (Fitzherbert) の New [La Novelle] Natura Brevium『新令状論』に対して Old Natura Brevium (旧令状論) とも呼ばれた》.

nat·u·ral /nætʃ(ə)rəl/ a **1** 自然の, 天然の; 自然のままの, 加工しない (opp. artificial); 未開墾の; 啓発[教化]されていない: NATURAL JUSTICE / NATURAL LAW / NATURAL RIGHT / the ~ world 自然界 / a ~ weapon 天然の武器《爪・歯・拳など》/ land in its ~ state 未開墾の土地. **2**《理論上または人情として》当然の, 無理からぬ: a ~ mistake もっともな間違い / It is ~ for a fish to swim. 魚が泳ぐのはあたりまえだ / It is ~ that he should complain. 不平を言うのも無理はない. **3**《…にとって》普通の, 平常の; 常態の. **4** 自然の過程による; 生まれつきの, 持ち前の,《親子・兄弟の情愛, 感謝の念など》自然の情愛をもった, 優しい: NATURAL DEATH / a ~ enemy 不倶戴天の敵; 天敵 / a ~ instinct 生まれながらの本能. **5** 土着の, 原産の, 自生の (native): the ~ inhabitants of the country この国の先住民. **6**《親・子が》血のつながった, 実の; 庶出の: NATURAL CHILD / NATURAL PARENT. **7**《啓示によらず》理性だけに基づいて体系化された: ~ religion 自然宗教. ~**·ly** adv

nátural afféction 自然的愛情《家族・近親者間の愛情; 約因 (consideration) になりうるかが問題とされるが, 多くは消極的》.

nátural allégiance 出生による忠誠(義務) (cf. ACTUAL ALLEGIANCE).

nátural and próbable cónsequence 自然的蓋然的結果《通常人がある行為の結果として当然予見しうるかつ予見すべきもの; cf. NATURAL CONSEQUENCE, PROBABLE CONSEQUENCE》. ▶ PRESUMPTION OF NATURAL AND PROBABLE CONSEQUENCES (自然の蓋然的結果からの推定).

nátural-bórn cítizen《帰化でなく》出生により国籍を得た市民, 生来の市民[国民] (cf. NATURALIZED CITIZEN).

Nátural Bórn Cítizen Clàuse [the ~]《米》出生により国籍を得た市民条項《合衆国大統領の資格として出生により国籍を得た市民 (natural-born citizen) であることを定めている合衆国憲法第 2 編第 1 節 5 項のこと》.

nátural-bórn súbject《英史》生来の臣民《原則として連合王国およびその植民地・属領で生まれたイギリス国民を示すかつてのコモンロー上の用語》; ⇨ BRITISH CITIZENSHIP, BRITISH SUBJECT, COMMONWEALTH CITIZEN》.

nátural bóundary 自然的境界 (=natural object)《国境・行政区画・所有地の, 河川などによる境界》.

nátural chíld 1《古》**a** 非嫡出子《婉曲語》, 私生児, 婚外子, 庶子. **b** 認知非嫡出子. **2** 実子 (=biological child)《(1) 養子 (adopted child) に対して, 2) 精子あるいは卵子の提供を受けて生まれた子に対して用いる》.

nátural cónsequence《ある行為の》自然的結果, 当然の結果 (cf. NATURAL AND PROBABLE CONSEQUENCE, PROBABLE CONSEQUENCE).

nátural déath 自然死《(1) 肉体の死 (2) 事故や暴力による人為的原因以外での, 自然的原因による死》; cf. VIOLENT DEATH; ⇨ NATURAL DEATH ACT》. ▶ DECLARATION OF A DESIRE FOR A NATURAL DEATH (尊厳死希望宣言書).

nátural déath àct 自然死法《みずからの病気・傷害が末期症状になった場合には医師に対して延命措置を講ずることのないように指示する尊厳死遺言 (living will) をあらかじめ準備しておくことを認める制定法》; cf. ADVANCE DECISION (TO REFUSE TREATMENT), ADVANCE DIRECTIVE, DURABLE [ENDURING, LASTING] POWER OF ATTORNEY, LIVING WILL, RIGHT TO DIE》.

na·tu·ra·les li·be·ri /nætʃəréiliz líbərài/ pl《ローマ法》**1** 実子. **2** 非嫡出子. [L=natural children]

nátural fáther 実父 (=BIOLOGICAL FATHER).

nátural frúit《大陸法》天然果実 (⇨ FRUCTUS NATURALES).

nátural guárdian 自然の後見人 (=GUARDIAN BY NATURE).

nátural héir 血縁による法定相続人《特に 遺言で, 養子・配偶者・傍系血族と区別して用いるが, 直系卑属が含まれていること以外は必ずしも範囲は決まっていない》.

nàtural·izátion n 帰化 (=nationalization) (cf. REGISTRATION AS CITIZEN): apply for ~ 帰化申請をする.

Naturalizátion Clàuse [the ~]《米》帰化条項《合衆国憲法第 1 編第 8 節 4 項のこと》; ⇨ JUS SOLI》.

nátural·ize vt 帰化させる, 〈外国人〉に市民権を付与する. ━ vi 帰化した.

nátural·ized a 〈人が〉帰化した, 市民権を得た: a ~ American citizen.

naturalized cítizen 帰化により国籍を得た市民 (cf. NATURAL-BORN CITIZEN).

nátural jústice 自然的正義《裁判 (特に 裁判所以外での裁判) あるいは人の権利・身分に影響する行政決定などに要求される指導原理; 内容は必ずしも確定していないが, 少なくとも 2 点, 偏向禁止の準則 (rule against bias) (何びともみずからの事件の裁判官たりえず (Nemo judex in causa sua)) と当事者がみずからの主張を述べる機会および相手方の主張を知り反論する機会を与えられること (相手方の言い分も聴け (Audi alteram partem)) とが主要原則とされる》.

nátural láw **1**《実定法 (positive law) に対する》自然法 (=jus naturae, jus naturale, law of nature) (cf. ABSOLUTE LAW, DIVINE LAW, FUNDAMENTAL LAW). **2**《一般に》自然律, 自然法則《自然界の法則および人間社会の自然法を含む》.

nátural líberty 自然的自由《自然の理法にのみ服する自由な状態》.

nátural lífe 寿命.

nátural móther 実母《(1) BIRTH MOTHER 2) BIOLOGICAL MOTHER》.

nátural óbject **1** 当然の受取人《他人 特に 死者との緊密な関係から財産 [遺産] を受領する蓋然性の高い人》. **2** 自然的境界 (=NATURAL BOUNDARY).

nátural obligátion **1**《大陸法》自然債務《債務者が任意で履行しなかった場合には債権者が訴求できない債務》. **2** 道徳的債務 (=MORAL OBLIGATION).

nátural párent《養親に対して》実の親.

nátural pérson 自然人 (cf. ARTIFICIAL PERSON).

nátural posséssion《大陸法》《建物占拠とか農地を耕作するなどによる》有形的占有 (=corporeal possession).

nátural presúmption 当然の[無理からぬ]推定.

nátural resóurce [ʰpl] 天然[自然]資源.

nátural ríght **1**《自然法 (natural law) に基づく人間の》自然権. **2** 土地自然権《みずからの土地を自然状態で享有しうる土地所有者の権利; 例えば 隣地での作業で侵害され支持を失うようなことがないよう保ちうる権利; 侵害は不法侵害 (nuisance) となる》; ⇨ RIGHT OF SUPPORT》.

nátural sérvitude 自然的役権《自然的支持権 (natural support) のごとく, その土地に付着し, 特別にその権利のための取得行為を要しない役権; opp. *acquired servitude*》.

nátural succéssion 自然人による承継.

nátural suppórt 自然的支持《地表は隣接地により支持されているのが通常で, その隣地の人工的掘削などによりそこなわれないこと》; ⇨ EASEMENT OF NATURAL SUPPORT》. ▶ EASEMENT OF NATURAL SUPPORT (自然支持地役権).

nátural wástage《退職者の後任補充をしないなどによる労働力の》自然減.

nátural wéar and téar 自然的損耗《による価値の低下》 (⇨ WEAR AND TEAR).

Na·tu·ra non fa·cit sal·tum, ita nec

Natura non facit vacuum lex. /neɪt(j)úːrə nán féɪsɪt sǽltəm íːtə nék léks/ 自然は飛躍をなさない。法もまたそうである。[L=Nature makes no leap, and neither does the law.]

Natura non facit va·cu·um, nec lex su·per·va·cu·um. /— — — vǽkjuəm nék léks sùːpɚrvǽkjuəm/ 自然は空虚なものを作らない。法もまた余分なものを作らない。[L=Nature makes no vacuum, and the law nothing superfluous.]

na·ture /néɪtʃɚr/ n **1** 自然, 自然力 (opp. *art*). ▶ CRIME AGAINST NATURE (反自然的犯罪) / GUARDIAN BY NATURE (自然の後見人) / LAW OF NATURE (自然法) / STATE OF NATURE (自然状態). **2** 《人・もの の》本性, 本質, 性質. **3** 種類: the ~ of the contents of the parcel 小包内容物の種類. ▶ ANIMAL OF A BASE NATURE (財産価値の低い動物). **4 a** 体力, 活力. **b** 本然の力, 衝動, 肉体的[生理的]要求.

na·tus /náːtus, néɪtəs/ *a, n* すでに生まれた(子) (cf. NASCITURUS). [L=born]

nau·lage /nɔ́ːlɪdʒ/ *n* 船舶旅客[貨物]運送費. [OF < L *naulagium* passage money]

nau·ti·cum fe·nus [foe·nus] /nɔ́ːtɪkəm fíːnəs/《ローマ法・大陸法》海上貸借《貸主は航海が無事に終わった場合にのみ貸金の請求ができる海上冒険金銭貸借契約; cf. FOENUS NAUTICUM》. [L=naval interest]

na·val /néɪv(ə)l/ *a* **1** 海軍 (navy) の. **2** 船舶の; 海事の, 海運業の.

nával cóurt《英史》**海事審判所**《英国船の船員の(解任・解職・給料をめぐる)訴え, ある種の犯罪の略式裁判, 難破・遺棄などについて一定の場合に, 外国で船長・領事館員・高級船員などにより開かれた審判所》.

nával cóurt-mártial 海軍軍法会議.

nával láw 1《海軍の組織・規律に関する》**海軍法規**. **2**《英史》**海軍軍務法**《海軍を対象にした軍務法 (service law); ⇨ SERVICE LAW》.

nával próperty 海軍備品 (cf. MILITARY STORES).

návigable wáter 1 [ᵖ*pl*] 可航水域, 可航河川. **2**《英史》潮の干満のある水域《初期コモンロー上は潮の干満のある水域が可航水域か否かの基準とされた故》.

nav·i·ga·tion /nævəgéɪʃ(ə)n/ *n* **1 a** 航海, 航空, 航行. **b** 航海[航空]学術, 航法. **c** 航行船舶《集合的》. **d** 船舶交通, 海運, 水運. **e** 内水航行権. ▶ ACCIDENT OF NAVIGATION (航行事故) / AIR NAVIGATION (航空) / IMPROPER NAVIGATION (不適切航行) / INLAND NAVIGATION (内水航行) / OBSTRUCTION TO [OBSTRUCTING] NAVIGATION (航行妨害). **2**《人工の》水路, 運河. **~·al** *a* **~·al·ly** *adv*

Navigátion Àcts *pl* [the ~]《英史》**航海法**《英国の海運・貿易の保護・海上防衛のための制定法; 14世紀以来近世にかけて存したが, 歴史的には特に1660年法が著名; 19世紀半ばにすべて廃止》.

na·vy /néɪvi/ *n* **1** 海軍; [集合的に] 海軍軍人; 海軍省. ▶ ARTICLES OF THE NAVY (海軍軍律). **2**《一国の》全軍艦; 艦隊, 船隊. ▶ MERCHANT NAVY (商船). ★ **(1)** 米海軍の階級は上から順に次のとおり: Fleet Admiral (元帥), Admiral (大将), Vice Admiral (中将), Rear Admiral, Upper Half (少将), Rear Admiral, Lower Half (准将), Captain (大佐), Commander (中佐), Lieutenant Commander (少佐), Lieutenant (大尉), Lieutenant Junior Grade (中尉), Ensign (少尉), Chief Warrant Officer (上級兵曹長), Warrant Officer (兵曹長), Midshipman (候補生), Master Chief Petty Officer (上級上等兵曹), Senior Chief Petty Officer (上等兵曹), Chief Petty Officer (一等兵曹), Petty Officer First Class (二等兵曹), Petty Officer Second Class (三等兵曹), Petty Officer Third Class (四等兵曹), Seaman (一等水兵), Seaman Apprentice (二等水兵), Seaman Recruit (三等水兵). ★ **(2)** 英海軍の階級: Admiral of the Fleet (元帥), Admiral (大将), Vice Admiral (中将), Rear Admiral (少将), Commodore (准将), Captain (大佐), Commander (中佐), Lieutenant Commander (少佐), Lieutenant (大尉), Sublieutenant (中尉), Acting Sublieutenant (少尉), Midshipman (少尉候補生), Warrant Officer (兵曹長), Chief Petty Officer (一等兵曹), Petty Officer (二等兵曹), Leading Seaman (一等水兵), Able Seaman (二等水兵), Ordinary Seaman (三等水兵).

Návy Depàrtment [the ~]《米》海軍省《国防(総)省 (Department of Defense) の一部》.

nay /néɪ/ *adv* いな, いや (no) (opp. *yea*), 反対!《票決のときの返答》. — *n* (*pl* **~s**) [ᵖ*pl*] 否定の答え, 反対票 (no); **反対投票(者)**. ▶ YEAS AND NAYS (賛否).

na·ze·ran·na /næzərǽnə/ *n*《史》《公職・土地譲与の感謝のしるしとしての政府に対する》**自発的寄付金**.

N.B. [L *nota bene*] mark [note] well 注意せよ ♦ °**nulla bona** 財産不存在の復命.

NBA《米》°National Bar Association 全国法曹協会.

NCBE《米》°National Conference of Bar Examiners 法曹資格試験委員全国協議会.

NCC《英》°National Consumer Council 全国消費者協議会.

NCCUSL /nək(j)úːsəl/《米》°National Conference of Commissioners on Uniform State Laws 統一州法委員全国会議.

n.c.d., N.C.D. [L *nemine contradicente*] no one contradicting 全会[満場]一致.

NCIC《米》National Crime Information Center.

NCIS《英》°National Criminal Intelligence Service 全国犯罪情報部.

N.D.《米》Northern District 北部裁判区.

né /néɪ/ *a* もとの名は, 旧名は, 本名は《男子の現在名の後ろ, もとの名の前に置く; cf. NÉE》;《集団・物について》もとの名称は, 旧名は: Lord Beaconsfield, ~ Benjamin Disraeli.

N.E.《米》°North Eastern Reporter『ノース・イースタ

ン・リポーター』(第1次シリーズ).

N/E no effects 無財産, 預金皆無.

N.E.2d 《米》North Eastern Reporter Second Series『ノース・イースタン・リポーター』第2次シリーズ.

ne ad·mit·tas /nìː ædmítəs/《主教[司教]に対する》推挙聖職者承認禁止令状. [L=that you admit not]

néarest kín 最近親 (=next of kin).

néarest of blóod 最近親 (=next of kin).

néarest rélative《英》《精神健康法 (Mental Health Act 1983) 上》患者に対して一定権限を行使しうる》最も近い関係者. ★最近親 (next of kin) と混同しないことが必要.

néar móney 現金類似資産 (=current asset).

ne bai·la pas /nə béɪlə páː/《動産返還請求訴訟 (detinue) における被告の》受領否認訴答. [law F=he/she did not deliver]

nec clam, nec vi, nec pre·ca·rio /nɛk klǽm nɛk váɪ nɛk prɪkéəriou/ 秘密でもなく暴力によるのでもなくまた懇願に基づくものでもなく《時効による土地の権原を認めてもらうためには一定条件の下での長期間の使用が必要であるが, その条件を示す句; nec vi [per vim], nec clam, nec precario ともいう》. [L=neither secretly, nor by force, nor by entreaty]

necessárily inclúded offénse 必然的被包含犯罪《この犯罪を犯すことなしにはそれを包含する犯罪を犯しえない犯罪》; ⇒ lesser included offense.

nec·es·sary /nésəsəri; nésəs(ə)ri/ *a* **1** 必要な, なくてはならない (indispensable) 〈to, for sb〉. **2 a** 必然の, 避けがたい (inevitable): ~ evil 必要悪. **b** 義務づけられた, 必須の; 選択の自由のない, 強制的な. ~ **in a democratic society** 民主的社会において必要な《欧州人権条約 (European Convention on Human Rights) 上の用語》. — *n* **1** [*pl*] 必要なもの; [*pl*] 生活必需品《特に, 被扶養者の経済的・社会的地位の維持に必要なもの; cf. doctrine of necessaries, subsistence》; [*pl*]《船舶の》運航必要物《運航上必要な物品・労務など》, 必需品: daily *necessaries* 日用品. ▶ contract for necessaries (必需品契約/必需契約) / doctrine of necessaries (生活必需品の法理). **2** [the ~]《口》必要な行動; [the ~]《俗》先立つもの, 金: do *the* ~ 必要なことをする / provide [find] *the* ~ 金策する. **néc·es·sàr·i·ness** /; nésɪs(ə)rɪ-/ *n* [AF<L (*necesse* needful)]

nécessary and próper *a* 必要かつ適切な.

Nécessary and Próper Cláuse [the ~]《米》必要かつ適切条項《合衆国憲法第1編第8節18項のことで, この条項は, 連邦議会の立法権を単に絶対的な必要な措置だけでなく, 達成されるべき目標に役立ちかつ最も有効で実効を生じさせると思われるあらゆる適切な措置を講ずることができると, 広く解釈されている; Elastic Clause (弾力条項) とも呼ばれる》.

nécessary depósit 必要寄託《火災に際して見知らぬ人に物を預けるなど突然の緊急事態その他の必要からの寄託; 宿泊客による旅館主への所持品の寄託もこれに該当する》.

nécessary implicátion 必然的推定.

nécessary impróvement《資産価値低下防止のための》必要改良.

nécessary ínference 必然的推論《一定事実から論理必然的に結論を導き出すこと, またはその結果》.

nécessary párty 必要的当事者《その訴訟と密接な関係があるゆえに紛争解決のため訴訟当事者となることが必要ではあるが, 裁判権が及ばないなど正当理由がある場合には, その者を欠いていることを理由にして訴えが却下されるまでではないが; いかなる場合でも当事者にしなければならない不可欠当事者 (indispensable party) とはこの点で異なる; cf. compulsory joinder, indispensable party, proper party》.

nécessary repáir 必要な改良《資産価値低下防止のために必要な, あるいは時々の状況の下で適正な財産の改良》.

Ne·ces·si·tas est lex tem·po·ris et lo·ci. /nəsésɪteɪs ɛst lɛks témpərɪs ɛt lóusaɪ/ 緊急は(その)時および(その)場所の法である. [L=Necessity is the law of time and place.]

Necessitas in·du·cit pri·vi·le·gi·um quo·ad ju·ra pri·va·ta. /— ɪnd(j)úːsɪt prìvɪlídʒiəm kwóuæd dʒúːrə praɪvéɪtə/ 緊急は私権に関するかぎりでは特権を導き出す. [L=Necessity induces a privilege with regard to private rights.]

Necessitas non ha·bet le·gem. /— nán hébɛt líːdʒɛm/ 緊急は法を持たない (cf. jus necessitatis). [L=Necessity has no law.]

Necessitas pub·li·ca ma·jor est quam pri·va·ta. /— pÁblɪkə méɪdʒəːr ɛst kwæm praɪvéɪtə/ 公的必要は私的必要よりも大である. [L=Public necessity is greater than private necessity.]

Necessitas quod co·git de·fen·dit. /— kwad kóudʒɪt dɪféndɪt/ 緊急はそれが強いることを擁護する. [L=Necessity defends what it compels.]

ne·ces·si·tous /nɪsésətəs/ *a* 貧乏な, 窮乏している; やむをえない, 必然的な, 不可避の; 差し迫った, 緊急の. ~·**ly** *adv* ~·**ness** *n*

necéssitous círcumstances *pl* 窮乏情況 (=necessitous condition).

necéssitous condítion 窮乏状態 (=necessitous circumstances).

ne·ces·si·ty /nɪsés(ə)ti/ *n* 必然(性), 因果関係, 宿命. **2 a** 必要(性); 緊急の要: N~ knows [has] no law.《諺》必要の前には法も無力 / the ~ of [for] doing...する必要 / from [out of] (sheer) ~ (ただ)必要に迫られて / in case of ~ 必要とあらば, 緊急の場合に(は) / under the ~ of doing...する必要に迫られて, やむをえず...して / work of ~ (安息日にすることを許される)必要な仕事. **b** [*pl*] 必要不可欠なもの: Air [Water] is a ~. 空気[水]

は欠かせないもの / the *necessities* of life 生活必需品 / daily *necessities* 日用必需品. **c** やむを得ざる事情, やむを得ざる行為. ▶ AGENCY OF [BY] NECESSITY (必要的代理) / EASEMENT BY [OF] NECESSITY (必要地役権) / FLAGRANT NECESSITY (緊急の必要) / MANIFEST NECESSITY (明白な必要性) / RULE OF NECESSITY (必要性の準則) / WAY OF NECESSITY (必要的通行地役権). **3** 欠乏, 貧困, 窮乏. **4** 緊急避難, 二悪択一 (＝choice of evils, duress of circumstances) (cf. DURESS, UNDUE INFLUENCE, SELF-DEFENSE). ▶ MORAL NECESSITY (道徳的緊急避難) / PHYSICAL NECESSITY (物理的緊急避難) / PRIVATE NECESSITY (私的緊急避難) / PUBLIC NECESSITY (公的緊急避難). 〔OF＜L; ⇨ NECESSARY〕

néck vèrse〘史〙首の一節《聖職者の特権 (benefit of clergy) を要求し死刑を免れんとする被告人は, 文字を読める能力がある聖職者であることを証明しなければならなかったが, この聖職者判別法で用いられたのが聖書の通常は詩篇 51 編の Miserere mei Dominus (神よ…わたしをあわれみ) であった; ここから被告人の首がかかっている一節を読む能力という趣旨で, これら判別方法に用いられる一節を '首の一節' と呼んだ; cf. BENEFIT OF CLERGY》.

Nec tem·pus nec lo·cus oc·cur·rit re·gi. /nɛk témpəs nɛk lóukəs əkə́:rɪt ríːdʒàɪ/ 時も場所も国王を阻止せず. 〔L＝Neither time nor place bars the king.〕

Nec ve·ni·am ef·fu·so san·gui·ne ca·sus ha·bet. /nɛk véniæm ɛfjú:sou sǽŋgwɪnɛ kéɪsəs héɪbɛt/ 血が出た場合には事件は許されがたい. 〔L＝Where blood has been spilled, the case is unpardonable.〕

ne dis·tur·ba pas /nə dɪstə́:rbə pá:/〘聖職推挙権妨害排除訴訟 (quare impedit) における全面的否認訴答 (general issue) である〙**妨害否認訴答**(＝non impedivit). 〔law F＝he/she did not disturb〕

née, nee /néɪ/ *a* 旧姓は《既婚女性の旧姓に冠して; cf. NÉ》; 旧称は: Mrs. Jones, ～ Adams ジョーンズ夫人, 旧姓アダムズ. 〔F (fem pp)＜*naitre* to be born〕

need /ní:d/ *n* **1 a** 入用, 必要. **b**《直ちにまたは当面》必要なもの[こと], 要求, 要求[要望]されるもの. **2** 不足, 欠乏 (lack). **3** 難局, 窮乏. ▶《1-3 に関連》CHILD IN NEED (養護児童) / PRESSING SOCIAL NEED (差し迫った社会的必要) / REFEREE IN CASE OF NEED (万一の際の呈示先) / REFERENCE IN CASE OF NEED (万一の際の呈示先指定) / STANDARD OF NEED (必要性基準).
— *vt* 必要とする, 要する;…する必要がある,…しなければならない〈to do〉.

néedle tìme〘〖放送〗〙レコード放送時間, レコード音楽の時間.

needy /ní:di/ *a* ひどく貧乏な, 生活の苦しい, 困窮した.

ne ex·e·at /nì: éksiət, -æt/ **1** NE EXEAT REGNO [REPUBLICA]. **2** 管轄区域外移動禁止令状《裁判所管轄区域の外へ子供あるいは財産を動かすことを禁ずる, あるいは時に本人が管轄区域外に出ることを禁ずるエクイティー上の令状》. 〔L＝he/she shall not leave〕

nè éxeat rég·no [re·púb·li·ca] /-régnou [-rɪpáblɪkə]/ 離国禁止令状. 〔L＝he/she shall not leave the realm [the republic]〕

ne·gate /nɪgéɪt/ *vt* 否定[否認]する (deny); 打ち消す; 無効にする. — *n* 否定的[反対的]なもの.

Ne·ga·tio de·stru·it ne·ga·ti·o·nem, et am·bae fa·ci·unt af·fir·ma·ti·o·nem. /nɪgéɪʃiou dɛstrú:ɪt nɪgèɪʃióunɛm ɛt ǽmbi féɪʃiənt æfɪrmèɪʃióunɛm/ 否定が否定を壊すが, その二重の否定が肯定を作る. 〔L＝A negative destroys a negative, and both make an affirmative.〕

négative áct 不作為 (＝act of omission)《積極的行動をなす法的義務を有している行為をなさないこと》.

négative amortizátion《社債・債務の》逆定時償還, 逆の割賦償還《社債・債務の定時償還 (amortization) で, 変動金利上昇のため利率が上がって利息が償還金を上回り, その分逆に元本が増えてくること; cf. AMORTIZATION》.

négative avérment 否定事実の主張《相手方主張の単なる否認ではなく, 相手方主張を実質的に否認する別の事実の積極的主張; その事実の立証責任は負わねばならない; cf. TRAVERSE》.

négative cléarance《EU のかつての》競争妨害協定禁止規定無違反宣言(手続き), ネガティブ・クリアランス《共同市場内における競争を妨害・制限・歪曲する協定を禁止しているローマ条約 (Treaty of Rome) の規定に違反していない旨の欧州委員会 (European Commission) による宣言ないしはその宣言を求める協定当事者の手続き; 2004 年廃止》.

négative condítion 消極的条件《転貸の禁止など当事者に一定のことをしてはならないという条件; opp. *positive condition*》.

négative cóvenant 不作為特約《例えば 購入不動産に関するローン未払い中は, 同不動産を担保に入れたり譲渡したりすることを禁ずるなどの特約》. ▶ IMPLIED NEGATIVE COVENANT (黙示の不作為特約).

négative dúty 消極的義務 (＝passive duty)《あることをなさないことを要求する義務; cf. POSITIVE DUTY》

négative éasement 消極的地役権《採光地役権など承役地占有者に不作為を義務づける地役権; opp. *positive easement*》. ▶ RECIPROCAL NEGATIVE EASEMENT (相互的消極的地役権).

négative équity マイナスの純資産額《ある資産の現在の価額がその資産を担保としている負債額より下回っている場合の差額》.

négative évidence 消極的証拠《ある事実が存在しないことを示す証拠; opp. *positive evidence*; cf. DIRECT EVIDENCE, NEGATIVE TESTIMONY》.

négative externálity〘経済〙消極的外部性 (⇨ EXTERNALITY).

négative misprísion 消極的違法行為《開示す

る義務があるのに違法に隠しておくこと; ⇨ MISPRISION; cf. POSITIVE MISPRISION).

négative pléa 消極的答弁《エクイティー上の用語で、訴状 (bill) で述べられている重要事実を否認する被告の答弁》.

négative-plédge clàuse 担保提供制限条項《(1) 無担保で資金を借りた者が, 将来別の貸主から資金を借りる場合に, 最初の貸主の承諾なしで担保を提供することを禁ずる規定 (2) 通例は社債担保譲渡抵当 (bond indenture) 上の規定で, 社債発行会社は将来債券保持者にとって担保が減るようになる形でその資産を担保に入れない旨が述べられているもの》.

négative prégnant 肯定の意を含む否定《訴答において否定の形式をとっているが肯定の意を含むような表現による主張,「その車を昨日盗んだのではない」と主張するような否定; cf. AFFIRMATIVE PREGNANT》.

négative prescríption 消滅時効 (= extinctive prescription) (⇨ PRESCRIPTION).

négative próof 消極的証明《その事実と反対のことが真実ではない ないしは真実ではありえないことを示すことにより, ある事実を証明すること; cf. POSITIVE PROOF》.

négative resolútion《英》委任立法 (delegated legislation) を授権法規定に基づいて取り消すための議会のいずれかの院の》否定の決議 (opp. *affirmative resolution*).

négative státute 禁止的制定法《不作為を命じる制定法; opp. *affirmative statute*》.

négative téstimony 消極的証言《ある事実が存在しないことあるいは生じなかったことについての証言; cf. NEGATIVE EVIDENCE》.

ne·glect /nɪglékt/ *n* **1** 軽視, 無視. **2** 怠慢, (義務を) 怠ること, 懈怠(けたい)(を)(む); (ある行為を) 行なわないこと, **不作為; 不注意; 無頓着**. ▶ CULPABLE NEGLECT (責められるべき不注意) / EXCUSABLE NEGLECT (免責される不注意) / INEXCUSABLE NEGLECT (免責されない不注意) / WILLFUL NEGLECT (故意の不作為). **3** 顧みない [顧みられない]こと, **遺棄** (cf. ABUSE): The children had suffered from ~. ▶ CHILD NEGLECT (子供の遺棄・放任). — *vt* 無視[軽視]する, 顧みない, 看過する;〈義務・仕事などを〉怠る, おろそかにする; 怠って…しない〈*to do, doing*〉;〈子供などを〉遺棄する. **~·ed** *a* 顧みられない, 面倒を見てもらえない, 遺棄された. **~·er, -gléc·tor** *n* **~·ed·ly** *adv* **~·ed·ness** *n* **~·ful** *a*

negléc·ted child 遺棄・放任された子供, 放任児 (cf. DEPRIVED CHILD).

negléct hèaring《子供の》遺棄・放任審理《児童虐待 (child abuse), あるいは子供が親または監護権者により適正に保護されていない状況についての裁判所の審理; その結果その子供を里子 (foster) に出したり, 親の権利の終結 (termination of parental rights) も生じうる》.

neg·le·gen·tia, -li- /nɛglɪdʒénʃiə/《ローマ法》不注意 (cf. DILIGENTIA). [L]

neg·li·gence /néglɪdʒ(ə)ns/ *n* **1** 怠慢; 注意を怠ること, 無頓着. **2** 不注意 (opp. *diligence*),《不注意による》過失; ネグリジェンス,《私法上の》**過失**, 過失という不法行為;《刑法上の》**過失**《 » ordinary negligence, simple negligence ともいう; cf. DUE CARE, FAULT, INTENTIONAL TORT): an accident due to ~ 過失[不注意]による事故. ▶ ACTIVE NEGLIGENCE (積極的な行為に基づく過失) / ADVERTENT NEGLIGENCE (自覚的な過失) / COLLATERAL NEGLIGENCE (副次的な過失) / COMPARATIVE NEGLIGENCE (比較過失) / CONCURRENT NEGLIGENCE (競合過失) / CONTRIBUTORY NEGLIGENCE (寄与過失) / CRIMINAL NEGLIGENCE (刑事過失) / CULPABLE NEGLIGENCE (重い過失; 刑事過失) / DEGREE OF NEGLIGENCE (過失の程度) / DOCTRINE OF ULTIMATE NEGLIGENCE (最終的過失の法理) / GROSS NEGLIGENCE (重過失) / HAZARDOUS NEGLIGENCE (危険な過失) / IMPUTED NEGLIGENCE (転嫁過失) / INADVERTENT NEGLIGENCE (非自覚的な過失) / JOINT NEGLIGENCE (共同過失) / LEGAL NEGLIGENCE (法律上当然の過失) / ORDINARY NEGLIGENCE (通常の不注意) / PASSIVE NEGLIGENCE (不作為に基づく過失) / PRESUMPTION OF NEGLIGENCE (過失の推定) / SIMPLE NEGLIGENCE (単純過失) / SLIGHT NEGLIGENCE (軽過失) / SUBSEQUENT NEGLIGENCE (事後過失) / SUPERVENING NEGLIGENCE (続発過失) / TORT OF NEGLIGENCE (過失に基づく不法行為) / WANTON NEGLIGENCE (無謀な過失) / WILLFUL AND WANTON NEGLIGENCE (故意ないし未必の故意による無謀な過失) / WILLFUL NEGLIGENCE (認識ある過失; 故意の過失) / WRONG OF NEGLIGENCE (過失による権利侵害).

négligence per sé /-pər séɪ, -síː/ 行為自体で成立する過失, 法律上当然の過失 (= legal negligence)《通常は法令違反から生ずる》.

négligence rùle 過失の準則《流通証券 (negotiable instrument) に不注意から権限のないまま署名をしたり重大な変更をしてしまった者は, その後その証券を善意で移転したりその証券の支払いに応じた人に対して禁反言 (estoppel) でこの問題を主張することを禁じられるという原則》.

nég·li·gent *a* 怠慢な〈*of* one's duties〉; なげやりな, 無頓着な; 不注意な〈*of, in*〉: ~ act [omission] 不注意な行為[不作為]. **~·ly** *adv*

négligent entrústment《危険物》不注意預託《銃・自動車など危険になりうる物を, 相手方が危険な方法で用いる蓋然性について知りながら もしくは知るべきであったのにもかかわらず委ねる行為》.

négligent escápe 看守者過失逃走援助罪.

négligent hómicide 過失致死(罪) (cf. CRIMINAL NEGLIGENCE).

negligentia ⇨ NEGLEGENTIA.

Negligentia sem·per ha·bet in·for·tu·ni·am co·mi·tem. /— sémpər héɪbet ɪnfɔːr·t(j)úːniəm kámɪtèm/ 過失は常に不幸を仲間としている. [L = Negligence always has misfortune for a com-

négligent inflíction of emótional distréss 感情的苦しみを過失で加えること《不法行為として損害賠償の対象となりうる; ⇨ EMOTIONAL DISTRESS, ZONE OF DANGER RULE; cf. INTENTIONAL INFLICTION OF EMOTIONAL DISTRESS》.

négligent mánslaughter 過失故殺(罪), 過失致死(罪) (= INVOLUNTARY MANSLAUGHTER).

négligent misrepresentátion 過失不実表示 (= careless statement, negligent misstatement)《善意ではあるが不注意な事実の虚偽表示; 不法行為として損害賠償の対象となるか否かが問題となりうる》.

négligent misstátement 過失虚偽陳述 (= NEGLIGENT MISREPRESENTATION).

négligent tórt 過失による不法行為 (= tort of negligence) (cf. NEGLIGENCE, INTENTIONAL TORT).

ne·go·tia·ble /nɪgóuʃ(i)əb(ə)l/ *a* **1** (交渉などによって)協定できる, 交渉できる (cf. NONNEGOTIABLE). **2**《証券など》受渡し[譲渡, 換金]できる, 流通性のある (cf. ASSIGNABLE, NONNEGOTIABLE). **3** 通り抜けられる, 通行可能な; 乗り越えられる, 克服[処理]できる, さばきうる. **not ~** 指図禁止の[で], 譲渡禁止の[で], 譲渡を禁ず《小切手に記載される文句》. **ne·gò·tia·bíl·i·ty** *n* 譲渡可能(性);《証券などが》流通性のあること, 流通性.

negótiable bíll of láding 流通性のある船荷[運送]証券《当該証券の所持人に, ないしは証券名宛人の指図した者に運送物品の引渡しを命じている船荷[運送]証券; cf. ORDER BILL OF LADING, STRAIGHT BILL OF LADING》.

negótiable bónd 流通性のある金銭債務証書[債券].

negótiable chéck 持参人払い小切手.

negótiable cóupon 流通性のある利札.

negótiable ínstrument 流通証券 (= negotiable note, negotiable paper) (cf. BEARER, CHECK, HOLDER IN DUE COURSE).

negótiable nóte 流通性のある約束手形 (= NEGOTIABLE INSTRUMENT).

negótiable órder of withdráwal《米》譲渡可能払い戻し指図書《貯蓄預金の払い戻し指図書で譲渡性を有するもの; 略 NOW》.

negótiable páper 流通証券 (= NEGOTIABLE INSTRUMENT).

negótiable wórds *pl*《証券に流通性を与える》流通文言《指図文言・持参人払い文言の総称; cf. NEGOTIABLE INSTRUMENT》.

ne·go·ti·ate /nɪgóuʃièɪt/ *vt* **1** (交渉により)取り決める, 協定する: ~ terms and conditions = ~ a contract 契約条件につき取り決める. **2**《手形・証券・小切手などを》譲渡する, 金に換える, 売る. **3**《危険などを》うまく通り抜ける, 乗り越える,《困難などを》切り抜ける. — *vi* 交渉する, 協議する, 商議する〈*with* sb *for* [*over, about*] a matter〉: come to the *negotiating* table 交渉の席に着く / The management refused to ~ with the union. 使用者側は組合との交渉を拒否した. **ne·gó·ti·à·tor** *n* 交渉者, 商議者;《手形などの》譲渡人. **ne·gó·ti·a·tress** /-ʃiətrəs/, **-trix** /-trɪks/ *n fem* **ne·gó·ti·a·tò·ry** /; -t(ə)ri/ *a* 交渉の. [L (*negotium* business (*neg*- not, *otium* leisure))]

negótiated pléa《被告人の》取引答弁《答弁取引 (plea bargaining) で訴追側と取引し合意した被告人の(有罪)答弁; cf. BLIND PLEA, PLEA BARGAIN, PLEA BARGAINING》.

negótiating bànk 手形買取り銀行.

negótiating commìttee《賃金交渉を行なう労働者・使用者側それぞれの》労使交渉委員会.

ne·go·ti·a·tion /nɪgòuʃiéɪʃ(ə)n/ *n* **1** [*pl*] 交渉, 折衝, 商議, 商談, 取引: enter into [open, start] ~s with... と交渉を始める / be in ~ with... と交渉中である / under ~ 交渉[話し合い]中で / resume ~s 交渉を再開する / break off ~s 交渉を打ち切る. ▶ PAY NEGOTIATIONS (賃金交渉). **2** 流通, 流通証券の譲渡 (cf. HOLDER IN DUE COURSE, NEGOTIABLE INSTRUMENT).

negotiátion of a bíll 為替手形の譲渡.

ne·go·ti·o·rum ges·tio /nɪgòuʃió:rəm ʤéstiou/《ローマ法・大陸法》事務管理《英米法系には事務管理の制度はない; しかし準契約 (quasi contract) の形での求償例はある》. [L = management of affairs]

negotiórum géstor /-ʤéstər/《ローマ法・大陸法》事務管理人 (⇨ NEGOTIORUM GESTIO). [L = a manager of affairs]

n.e.i., N.E.I. °non est inventus (本人)所在不明復命.

neigh·bor | **-bour** /néɪbər/ *n* **1** 隣人, 近所[近隣]の人. **2** 隣国人. **3** 同胞.

néighbor·hòod *n* **1** 近辺, 近所, 近隣; 地区, 地域. ▶ PRIORITY NEIGHBORHOOD (優先近隣住宅地整備地区). **2**《市・町などの》地域住民, 近隣住民.

néighborhood láw cènter《英》近隣の無料法律相談所 (cf. LAW CENTER).

néighborhood wàtch《防犯のための》近隣住民による警戒.

néighboring ríghts *pl*《実演家・レコード製作者・放送事業者に認められる》著作隣接権.

néighbor prínciple 隣人原則《人はその隣人に損害を及ぼすと合理的にみて予見できる作為・不作為を回避すべく合理的な注意を払うべきであるとする過失責任法の注意義務の基本原則; その隣人とは, この原則を初めて一般的法命題として定式化した 1932 年のドナヒュー対スティーヴンスン事件 (Donoghue v. Stevenson) での常任上訴裁判官 (Lord of Appeal in Ordinary) (James Richard) Atkin 卿 (1867–1944) によれば, 問題となっている作為・不作為により影響を受けるものと合理的にみて予見されねばならないほどに近接かつ直接的に影響を受ける者である》.

néither párty 両当事者訴訟不追行《原告・被告両

当事者が訴訟を継続しない旨合意したことを示す事件要録 (docket) 上の文言; これでこの訴訟は訴えの取下げ (dismissal) と同じになる》.

nem. con. °nemine contradicente 満場[全会]一致で.

nem. dis(s). °nemine dissentiente 満場異議なく.

ne・mi・ne con・tra・di・cen・te /néməni kàntrədɪsénti/ *adv* 満場[全会]一致《(略 nem. con.)》: The motion was adopted ~. [L=no one contradicting]

némine dis・sen・ti・én・te /-dɪsèntiénti/ 満場異議なく《(略 nem. dis(s).)》. [L=no one dissenting]

Ne・mi・nem opor・tet es・se sa・pi・en・ti・o・rem le・gi・bus. /nímɪnèm apóːrtɛt ɛ́sɛ sæpiɛnʃióurɛm líːdʒɪbəs/ 何びとも法よりも賢明であるべきではない. [L=No one ought to be wiser than the laws.]

Ne・mo ad・mit・ten・dus est in・ha・bi・li・ta・re se・ip・sum. /níːmou ædmɪténdəs ɛst ìnhabìltéɪre siípsəm/ 何びともみずからを無能力にすることを許されるべきではない. [L=No one is allowed to incapacitate himself/herself.]

Nemo agit in se・ip・sum. /— éɪdʒɪt ɪn siípsəm/ 何びともみずからに対して訴えない. [L=No one acts against himself/herself.]

Nemo ali・quam par・tem rec・te in・tel・li・ge・re po・test, an・te・quam to・tum ite・rum at・que ite・rum per・le・ge・rit. /— ǽlɪkwæm páːrtɛm rékti ɪntɛlídʒɛre pátɛst ǽntɛkwæm tóutəm íterəm ǽtkwɛ íterəm pɛrlédʒerɪt/ 何びとも全体を繰返し通読するまでは部分を正しく理解することはできない. [L=No one can rightly understand any part before he/she has read through the whole again and again.]

Nemo al・le・gans su・am tur・pi・tu・di・nem au・di・en・dus est. /— ǽlɛgænz súːæm təːrpɪtjúːdɪnɛm ɔːdiéndəs ɛst/ 何びとであれみずからの卑劣さを主張する者は傾聴されるべきではない. [L=No one alleging his/her own turpitude is to be heard.]

Nemo co・gi・tur rem su・am ven・de・re, eti・am jus・to pre・tio. /— kóudʒɪtər rɛm súːæm vɛ́ndɛre íːʃiæm dʒǽstou príːʃiou/ 何びとも, たとえ正当な代価であったとしても, みずからの物を売却することを強いられない. [L=No one is compelled to sell his/her property, even at a just price.]

Nemo con・tra fac・tum su・um (pro・pri・um) ve・ni・re po・test. /— kàntra fǽktəm súːəm (próupriəm) vɛnáɪre pátɛst/ 何びとも自分(自身)の捺印証書に反する行動はとりえず. [L=No one can go against his/her (own) deed.]

Nemo dat quod [qui] non ha・bet. /— dǽt kwad [kwaɪ] nán héɪbɛt/ 何びとももみずからが所有せざるものを与えず / 所有せざる者は何びとも(何も)与えず《(後半は Nemo dat qui ... とした場合の訳)》. [L=No one gives that which he/she has not. / No one gives who has not.《(後半は Nemo dat qui ... とした場合の訳)》]

Nemo de・bet bis pu・ni・ri pro uno de・lic・to. /— débɛt bís pjunáːraɪ prou úːnou delíktou/ 何びとも一つの権利侵害に対して2度罰せられるべきではない. [L=No one ought to be punished twice for one wrong.]

Nemo debet bis ve・xa・ri (pro ea・dem cau・sa). /— — vɛkséɪraɪ (prou iérdəm kɔ́ːzə)/ 何びとも, (同一の事件のために)2度にわたり悩まされるべきではない (⇨ DOUBLE JEOPARDY). [L=No one ought to be twice vexed for the same cause.]

Nemo debet es・se ju・dex in pro・pria cau・sa. /— — ɛ́sɛ dʒúːdɛks ɪn próupriə kɔ́ːzə/ 何びともみずからの事件の裁判官たるべからず (⇨ NEMO JUDEX IN CAUSA SUA). [L=No one ought to be a judge in his/her own case.]

Nemo debet lo・cu・ple・ta・ri ali・e・na jac・tu・ra. /— — lakjùːplɪtɛ́ːraɪ ɛlíːnə dʒæktjúːrə/ 何びとも他人の損失によって利得すべきではない. [L=No one ought to be enriched by the loss of another.]

Nemo de do・mo sua ex・tra・hi de・bet. /— dɛ dóumou súːə ɛkstráːhaɪ débɛt/ 何びともみずからの家から引きずり出されるべきでない. [L=No one ought to be dragged out of his/her own house.]

Nemo est hae・res vi・ven・tis. /— ɛst híːriz vaɪvéntɪs/ 何びとも生存者の相続人たることなし. [L=No one is the heir of a living person.]

Nemo est su・pra le・ges. /— — súːprə líːdʒiz/ 何びとも法の上にあることなし. [L=No one is above the laws.]

Nemo ex do・lo suo pro・prio re・le・ve・tur aut au・xi・li・um ca・pi・at. /— ɛks dóulou súːou próupriou rèlɛvíːtər ɔːt ɔːkzíliəm kéɪpiæt/ 何びともみずからの詐欺によって負担を軽減された援助を得ることのないように. [L=Let no one be relieved or aided by his/her own fraud.]

Nemo ex pro・prio do・lo con・se・qui・tur ac・ti・o・nem. /— — próupriou dóulou kansékwɪtər ǽkʃióunɛm/ 何びともみずからの詐欺に基づき訴権を得ず. [L=No one obtains a cause of action by his/her own fraud.]

Nemo ex suo de・lic・to me・li・o・rem su・am con・di・ti・o・nem fa・ce・re po・test. /— — súːou dɛlíktou mɛlióurɛm súːæm kandɪʃióunɛm féɪsɛre pátɛst/ 何びともみずからの権利侵害行為によってみずからの立場をよりよいものとなしえず. [L=No one can improve his/her position by his/her own wrongdoing.]

Nemo ju・dex in cau・sa sua. /— dʒúːdɛks

Nemo militans Deo implicetur

ɪn kɔ́ːzə súːə/ 何びともみずからの事件の裁判官たりえず (=Nemo debet esse judex in propria causa, **Nemo judex in pro·pri·a cau·sa** /— — próupriə kɔ́ːzə/) (⇨ NATURAL JUSTICE) (cf. RULE AGAINST BIAS). 〔L=No one (may be) a judge in his/her (own) case.〕

Nemo mi·li·tans Deo im·pli·ce·tur se·cu·la·ri·bus ne·go·ti·is. /— mílitænz díːou ɪmplísitər sèkjulérībəs nɛɡóuʃɪɪs/ 何びとであれ神のために戦っている者は俗事に巻き込まれるべきでない。〔L=No one warring for God should be entangled with secular business.〕

Nemo nas·ci·tur ar·ti·fex. /— nǽsitər áːrtɪfɛks/ 何びとも熟練者として生まれるものではない。〔L=No one is born an expert.〕

Nemo pa·tri·am in qua na·tus est ex·u·ere, nec li·ge·an·ti·ae de·bi·tum eju·ra·re pos·sit. /— péɪtriæm ɪn kweɪ néɪtəs ɛst ɛksóːɛrɛ nɛk lìdʒɛǽnʃìː díːbɪtəm èdʒuréɪrɛ pásɪt/ 何びともみずからが生まれた国を放棄することも忠誠義務を誓って棄てることもできない《この法諺は今日では妥当しない》。〔L=No one can cast off his/her native land nor abjure the obligation of allegiance.〕

Nemo plus ju·ris ad ali·um [ali·e·num] trans·fer·re po·test, quam ip·se habet [ha·be·ret]. /— pləs dʒúːrɪs æd ǽliəm [eɪlíːnəm] trænsférɛ pátɛst kwæm ípsɛ hérbɛt [héɪbɛrɛt]/ 何びともみずからが有している[有することになりうる]以上の権利を他人に移転しえず。〔L=No one can transfer to another a greater right than he/she himself/herself has [might have].〕

Nemo po·test con·tra re·cor·dum ve·ri·fi·ca·re per pa·tri·am. /— pátɛst kántreɪ rɛkɔ́ːrdəm vɛrìfɪkéɪrɛ pɛr pǽtriæm/ 何びとも記録に反する形で陪審により証明することはできない。〔L=No one can verify by the country against a record.〕

Nemo potest es·se si·mul ac·tor et ju·dex. /— — ɛ́sɛ símǝl ǽktɔːr ɛt dʒúːdɛks/ 何びとも同時に原告でありかつ裁判官でありえず。〔L=No one can be at once suitor and judge.〕

Nemo potest es·se te·nens et do·mi·nus. /— — ɛ́sɛ tɛ́nɛnz ɛt dámɪnǝs/ 何びとも保有者かつ領主ではありえず。〔L=No one can be tenant and landlord.〕

Nemo potest fa·ce·re per ali·um quod per se non po·test. /— — féɪsɛrɛ pɛr ǽliəm kwad pɛr si nán pátɛst/ 何びともみずからなしえぬことを他を通してなしえず。〔L=No one can do through another what he/she cannot do by himself/herself.〕

Nemo potest mu·ta·re con·si·li·um su·um in al·te·ri·us in·ju·ri·am. /— — mjutéɪrɛ kansíliəm súːəm ɪn æltériǝs ɪndʒúːriæm/ 何びともみずからの意図を他人の害になるように変えることはできない。〔L=No one can change his/her purpose to the injury of another.〕

Nemo potest plus ju·ris ad ali·um trans·fer·re quam ip·se ha·bet. /— — pləs dʒúːrɪs æd ǽliəm trænsférɛ kwæm ípsɛ hérbɛt/ 何びともみずからが有している以上の権利を他人に移転しえず。〔L=No one can transfer to another a greater right than he/she himself/herself has.〕

Nemo prae·su·mi·tur ali·e·nam pos·te·ri·ta·tem su·ae prae·tu·lis·se. /— prìzjúːmɪtər èɪlíːnæm pastɛrítéɪtɛm sjúːi pritalísɛ/ 何びともみずからの子孫よりも他人の子孫を優先させたとは推定されない。〔L=No one is presumed to have preferred another's posterity to his/her own.〕

Nemo praesumitur es·se im·me·mor su·ae ae·ter·nae sa·lu·tis, et ma·xi·me in ar·ti·cu·lo mor·tis. /— — — ɛ́sɛ ímmɛmɔ̀ːr sjúːi itérni sæljúːtɪs ɛt mǽksɪmì: ɪn aːrtíkjulou mɔ́ːrtɪs/ 何びとも、特に死の瞬間においては、みずからの永遠の幸せを忘れてはいないと推定される。〔L=No one is presumed to be forgetful of his/her eternal welfare and especially at the point of death.〕

Nemo praesumitur ma·lus. /— — mǽlǝs/ 何びとも悪いとは推定されない。〔L=No one is presumed to be bad.〕

Nemo pro·hi·be·tur plu·ri·bus de·fen·si·o·ni·bus uti. /— prə̀hɪbíːtər plúːrɪbəs dɛfɛnʃíounɪbəs átàɪ/ 何びとも複数の防御方法の援用を禁じられず。〔L=No one is forbidden to use several defenses.〕

Nemo pu·ni·tur pro ali·e·no de·lic·to. /— pjúːnɪtər prou èɪlíːnou dɛlíktou/ 何びとも他人の権利侵害のために罰せられず。〔L=No one is punished for the wrong of another.〕

Nemo punitur si·ne in·ju·ria, fac·to, seu de·fal·ta. /— — sáɪnɪ ɪndʒúːria fǽktou sju difǽltə/ 何びとも権利侵害, 行為あるいは懈怠なしには罰せられず。〔L=No one is punished without some injury, act, or default.〕

Nemo si·bi es·se ju·dex vel su·is jus di·ce·re de·bet. /— síbɪ ɛ́sɛ dʒúːdɛks vɛl súːɪs dʒúːs dáɪsɛrɛ débɛt/ 何びともみずからの裁判官であったり, あるいはみずからの近しい者に法を宣言すべきでない。〔L=No one ought to be his/her own judge or to administer justice for his/her own relatives.〕

Nemo te·ne·tur ad im·pos·si·bi·le [im·pos·si·bi·lia]. /— tɛní:tər æd ɪmpəsíbɪlɛ [ɪmpəsɪbília]/ 何びとも不可能事に拘束されない。〔L=No one is bound to an impossibility.〕

**Nemo tenetur ar·ma·re ad·ver·sa·ri-

um con·tra se. /— — ɑːrmérɛ ædvərséɪ-riəm kɑ́ntreɪ siː/ 何びともみずからに不利になるような形で相手方を武装させる義務はない。[L＝No one is bound to arm his/her adversary against himself/herself.]

Nemo tenetur di·vi·na·re. /— — dìvɪnéɪrɪ/ 何びとも予言する義務はない。[L＝No one is bound to foretell the future.]

Nemo tenetur pro·de·re se·ip·sum. /— — próʊdɛrɛ siːɪpsəm/ 何びとも(みずからの)秘密を暴露する義務はない。[L＝No one is bound to betray himself/herself.]

Nemo tenetur se·ip·sum ac·cu·sa·re. /— — siːɪpsəm ækəzéɪrɪ/ 何びともみずからを訴える義務はない (⇨ RIGHT AGAINST SELF-INCRIMINATION). [L＝No one is bound to accuse himself/herself.]

neo- /níːoʊ, -ə/ *comb form* 「新…」「新型の」「後期の」の意: a *neo*-Nazi organization. [Gk *neos* new]

nèo·colónial·ìsm *n* 新植民地主義《大国による他地域・他民族に対する影響を経済・思想を通して間接的に維持・拡大しようとする政策》. **-ist** *n*, *a* **-colónial** *a*

neo·na·ti·cide /nìːənéɪtəsàɪd/ *n* 新生児殺し《生後 24 時間内の子の殺害》; cf. FETICIDE, INFANTICIDE, PROLICIDE].

NEPA /níːpə/ 〖米〗°National Environmental Policy Act 全国環境政策法, ネパ.

neph·ew /néfjuː; névjuː, néf-/ *n* 1 甥《時に義兄弟・姉妹の息子も含めるし、遺言(書)では甥・姪の息子を含めることもある》; cf. NIECE. 2《史》孫. 3《史》子孫.

nep·o·tism /népətìz(ə)m/ *n* 親族重用主義、縁者〖身内〗びいき、《特に 官職任用・雇用の際の》縁故採用, 同族登用. **nep·o·tis·tic** /nèpətístɪk/ *a* [F＜It (*nepote* nephew)]

nérvous shóck 精神的衝撃《衝撃・ショックを原因とすることが明らかな精神医学上の病気で、正常な悲哀・悲嘆・不安とは区別されるもの》.

net, nett /nét/ *a* 1 正味の、純…(opp. *gross*): ~ weight 正味重量. 2 究極の、最終的な: the ~ result 最終結果 ⟨*of*⟩. — *n* 正味(の数量)(利益, 重さ, 値段など)). — *vt* (**-tt-**) 純益としてもたらす[得る];⟨人に…を⟩獲得させる[もたらす]. [F]

nét ássets *pl* 純資産 (＝NET WORTH).

nét ásset vàlue 純資産価値《株式会社の1株、あるいはミューチュアルファンド (mutual fund) の1株当たりの純資産額; 単に asset value ともいう》.

nét bóok vàlue 1《会計》正味帳簿価格, 正味簿価. 2 所有者の持分 (＝OWNER'S EQUITY).

nét éarnings *pl* 純所得(額) (net income).

nét estáte 純遺産 (1) 米国では, 調整総遺産額 (adjusted gross estate) から連邦および州の遺産関係の税金を差し引いたもの 2) 英国では, 総遺産 (gross estate) から遺産管理費・葬儀費用などを差し引いたもの; ≫ cf. GROSS ESTATE].

nét gáin 1 純利得. 2 純増議席数《選挙で失った議席を引いた獲得議席》: make a ~ of thirteen.

nét íncome 純所得(額) (＝net earnings). ▶ DISTRIBUTABLE NET INCOME《分配金からの純所得》.

nét léase 諸経費賃借人負担型(不動産)賃貸借.

nét lísting 手数料正味差額制の不動産仲介(契約)《手数料正味差額制の仲介契約 (net sale contract) による不動産仲介契約 (listing); cf. NET SALE CONTRACT].

nét óperating lòss 純営業損失, 正味営業損失《略 NOL; ⇨ CARRYBACK, CARRYOVER].

nét prémium 純保険料 (＝net valuation premium, pure premium)《いわゆる保険料すなわち営業保険料 (gross premium) から営業経費などに当てる付加保険料を控除した部分》.

nét príce 正価, 正味価格《割引・値引きなどを控除したあとの、これ以上引き下げられない価格》.

nét procéeds *pl* 《コストを差し引いた》純売上収入, 純収益.

nét prófit 純利益, 純益.

nét quíck ássets *pl* 正味当座資金《当座資産 (quick asset) から流動負債 (current liability) を引いた差額》.

nét rént 正味賃料《公租, 修理費, 電気・ガス・水道の利用費などを差し引いた後の賃借料》.

nét sálary 《税金などの控除額を差し引いた》純給与, 純所得(額).

nét sále còntract 手数料正味差額制の仲介契約《手数料は売主が設定した価格と売価との差額と設定する売主と仲介業者との契約; cf. NET LISTING].

nett ⇨ NET.

nét valuátion prèmium 純保険料 (＝NET PREMIUM).

nét wórth 純資産 (＝net assets)《総資産額から総負債額を差し引いた額》.

nét wórth mèthod《米税制》純資産方式《内国歳入庁 (Internal Revenue Service) が十分な記録を有していない納税者の課税所得額 (taxable income) を決定する手続きで, 非課税収入と税控除が認められない経費とを計算に入れた上で総所得 (gross income) を決定するもの》.

neu·tral /n(j)úːtrəl/ *a* 中立の; 中立国の; 不偏不党の, 公平無私の, 偏向のない: a ~ nation [state] 中立国. — *n* 中立国(民); 中立者. **~·ly** *adv* **~·ness** *n* [F or L＝of neuter gender]

néutral·ìsm *n* 中立主義[政策]; 中立, 中立の態度[表明]. **néutral·ist** *a*, *n* **nèu·tral·ís·tic** *a*

neu·tral·i·ty /n(j)uːtrǽləti/ *n* 1 中立(状態); 局外中立, 不偏(不党): armed ~ 武装中立. 2 中性である こと.

Neutrálity Àcts *pl* [the ~] 〖米〗中立法《1935, 36, 37 年に, 米国が国際紛争に巻き込まれるのを防ぐため,

交戦国への武器輸出および借款の供与を禁止した法律；第二次世界大戦開始後の1939年法で修正が施され、さらに41年にはこれが相互援助法（Lend-Lease Act）に代えられた；これは戦争に直接参加することなく同盟国を援助するものであったが、これにより大きく政策は変更されることになった）．

neutrálity làw 1《国際法》《中立国の義務などを中心にした》**中立法規，中立法．2**《米》**中立遵守法，中立法規**《中立国として交戦状態にある他国双方に対して国民の援助・阻害行為を禁じた法一般；Neutrality Acts（中立法）がその代表例》．

nèutral·izátion n **1 中立化，中立(状態)．2 中和，中性化．3**《証言の》**証明力の削減・否定** (cf. IMPEACHMENT)．

néutral prínciples pl **中立的原則**《個人的関心・信念に基づく原則とは対立する意味での，法に基礎づけられている原則》．

néutron activàtion anàlysis 中性子放射化分析《試料を中性子照射し生じた放射能で分析すること；例えば銃を発射した人の手に残る発砲の残留物を見つけるためなど犯罪捜査に用いられている》．

ne va·ri·e·tur /ni vèərií:tər/ **変更禁止**《通例は公証人（notary public）が流通証券を含む文書にその同一性認証のため記載する文言で，以後の変更禁止を指示すること》．[L=lest it be altered]

new /n(j)ú:/ a **新しい，最近の；不慣れの，未知の．**

néw assígnment《史》**請求原因の再陳述**（= novel assignment）《原告の最初の請求原因陳述が不十分であったため，あらためて請求内容を詳述すること》．

néw cáuse of áction 新訴訟原因 (cf. CAUSE OF ACTION)．

néw considerátion《米》**新しい約因**《統一商事法典（Uniform Commercial Code）上の用語で，一括売買（bulk sale）に関連して，競売による売却または売主のための清算によってなされた売買の時に，売られた資産に対して受理されるもの》．

néw cóntract dispùte《米》**新協約争議**（⇨ MAJOR DISPUTE）．

Néw Déal 1《米史》**a ニューディール**《米国大統領Franklin D. Roosevelt の下で大恐慌からの脱出・失業者救済・経済復興を目指した一連の革新的政策（1933-39）》．**b** ローズヴェルト政権．**2** [n- d-]《一般に》**革新的政策．**

néw débtor 新債務者《他の人によって前に締結された担保に関する合意（security agreement）により新たに債務者としての義務を負うことになる債務者》．

néw-for-óld n **新旧交換差益[差額](控除)《1》海上保険で保険目的が分損をこうむった場合に，損傷部分を新品と交換するときに，新旧交換差益が生じ被保険者が利益を得ることになるので，その差益を損害額から控除できる保険者の権利，またはその差益；実際には控除しないを約とする場合が多い；この契約を NEW-FOR-OLD POLICY という 2》一般に，財産に損害をこうむった者が，その財産を損害をこうむる前の状態に戻すのに必要な額だけを損害賠償として請求できるのであって，古く減価していたその財産を新品と交換しうる額を請求できるものではないという原則》．

néw-for-óld pòlicy 新旧交換差益[差額]補填保険契約[証券] (⇨ NEW-FOR-OLD)．

Néw Internátional Económic Órder《国際法》**新国際経済秩序**，ニエオ《1974年の国際連合総会で採択された総会決議に基づき，途上国の経済発展を主内容とした国際経済秩序樹立を目指すもの；略 NIEO》．

néw íssue 新規発行証券，新株，新発債．

néwly discóvered évidence 新たに発見された証拠《審理終了または判決後に発見され，したがって再審理（new trial）の理由となりうる証拠》．

néw mátter 1 新たな事項《訴答において両当事者のどちらからも主張されていなかった事項》．**2 新規事項**《特許法上出願書に示されていなかった事項》．

Néw Natúra Brévium《英史》『**新令状論**』（⇨ NATURA BREVIUM）．

néw prómise 新たな約束《出訴期間（limitation of actions）を過ぎるなどの理由で実現できない約束の履行を，あらためて引き受ける約束》．

néw rúle prìnciple《米》**新準則の原則**《州での囚人に対する有罪決定・刑の宣告が最終的になった後に新たに出された準則を理由にして，連邦裁判所はその囚人に対する身柄提出令状（habeas corpus）を出すことができないという法理；cf. HABEAS CORPUS, NEW RULING》．

néw rúling《米》**新決定**《被告人の有罪決定が最終確定した時点で存在した先例に従っておらず，したがってそれを根拠にしては身柄提出令状（habeas corpus）が遡及的に適用されえない合衆国最高裁判所の決定；cf. HABEAS CORPUS, NEW RULE PRINCIPLE》．

néws cònference = PRESS CONFERENCE．

Néw Scótland Yárd ロンドン警視庁（the London Metropolitan Police）《1890年にかつての所在地 Great Scotland Yard から New Scotland Yard on the Thames Embankment に移転した後の呼称；なお，さらに1967年には New Scotland Yard, Westminster に移っている；⇨ SCOTLAND YARD》．

néws còverage 報道，取材，報道[取材]範囲，プレスカバレッジ (cf. PRESS COVERAGE)．

néw séries《判例集などの定期刊行物の》**新シリーズ**，ニューシリーズ《略 n.s.》．

néws·man's prívilege /-mənz-/ **報道[新聞]記者の(取材源)秘匿特権**（⇨ JOURNALIST'S PRIVILEGE）．

néws relèase = PRESS RELEASE．

néw stýle 新暦《1582年教皇 Gregorius 13世により採用されたグレゴリオ暦のこと；イングランドおよびアメリカ植民地では遅れて1752年に採用；それまでのユリウス暦のことを旧暦（old style）と呼ぶのに対する呼称；⇨ REGNAL YEAR》．

néw tríal 再審，再審理《民刑事共に用いられるが，邦

審 (jury) の評決 (verdict) または判決が出た後に前の審理での過誤を正すため事実の一部または全部が同一裁判所で再度審理されること; cf. APPEAL, MOTION FOR (A) NEW TRIAL, REMAND, RETRIAL, TRIAL DE NOVO》.
▶ BILL FOR A NEW TRIAL (再審申立書) / MOTION FOR (A) NEW TRIAL (再審の申し立て).

néw válue 新価値《**1**) 新たに取得した現金・物品・信用など **2**) 新たに計算された価値 **3**) 債務に対して例えば副担保 (collateral) などの新たに得た保証・担保》.

Nèw Yórk ínterest ニューヨーク式利息 (＝BOSTON INTEREST).

Nèw Yórk rùle 《米》ニューヨーク準則《小切手取立てに関し、取立て依頼者から最初に依頼を受けた銀行のみがその者の代理人としての地位に立つという判例理論; 現在ではニューヨーク州もこの立場をとらず、統一商事法典 (Uniform Commercial Code) の採るマサチューセッツ準則 (Massachusetts rule) に従っている; cf. MASSACHUSETTS RULE》.

Nèw Yórk Stóck Exchànge [the ~] ニューヨーク証券取引所《Wall Street にある世界最大の取引所; 1792 年設立; 略 NYSE》.

Nèw Yórk Súpplement 『ニューヨーク州判例集』『ニューヨーク・サプルメント』《『アメリカ合衆国判例体系』(National Reporter System) の一部で New York 州主要判例集; 略 N.Y.S., 第 2 次シリーズでは N.Y.S.2d》.

Nèw Yórk Tímes rùle 《米》ニューヨークタイムズ事件の準則 (＝actual malice rule) (⇨ NEW YORK TIMES v. SULLIVAN (1964)).

Nèw Yórk Tímes v. Súl·li·van (1964) /-vɑ̀ːrsəs sʌ́ləvən, *-səz-/《米》ニューヨークタイムズ対サリヴァン事件《*New York Times* が黒人運動支持のための意見広告を掲載したところ、そこに含まれていた学生運動への警察の対応に関する表現が名誉毀損に当たると当警察の属する市の警察責任者が訴えた事件で、州裁判所は伝統的法理に従い名誉毀損による損害賠償を認めたが、しかし合衆国最高裁判所は、公職者がその公的職務に関して名誉毀損で賠償を得るには、表現者が虚偽であることを知っていたか虚偽であるかどうかについて無思慮にも全く無関心であったことの現実の害意 (actual malice) の存在を立証しなければならないと判示し、この件での名誉毀損の成立を否定した事件; この後ここで示された法理は、ニューヨークタイムズ事件の準則 (New York Times rule) とか現実の害意の準則 (actual malice rule) と呼ばれている》.

néxt evéntual estáte 次期発生不動産権《現存不動産権が終了したところで現実の効力を有することになる不動産権》.

néxt fríend [the ~] **1** 近友《未成年者 (かつては妻) などの行為無能力者に代わって訴訟を提起しこれを助ける者; 通例 親族がなる; PROCHEIN AMI ともいう; 英国では原告になる場合を指し、被告の場合は GUARDIAN AD LITEM (訴訟のための後見人) と呼んだが、guardian ad litem と同様この語も 1998 年法以後用いられず両語に

代わり LITIGATION FRIEND (訴訟のための近友) の語が使われている; また米国では、後見人 (guardian) あるいは訴訟のための後見人 (guardian ad litem) を欠く行為無能力者が原告だけでなく被告になる時にも、後見人とは違って訴訟当事者でないという意味で next friend の語が使われている》. **2** 近友《後見人など法的に特別な権能が与えられたわけではないが、第三者のためにある行為をなす人》.

néxt ín, fírst óut 次入れ先出し《法》《棚卸資産の原価計算方法の一つで、出荷・販売した棚卸資産を取得原価でなくその再調達価額によって評価する方法; 一般に認められる原則ではない; 略 NIFO; cf. FIRST IN, FIRST OUT; LAST IN, FIRST OUT》.

néxt of kín (*pl* ~) 《血縁関係での》近親者; 最近親 (＝nearest kin, nearest of blood)《特に 無遺言死亡者の遺産相続権のある最近親者》;《無遺言者の》**法定相続人**《血縁関係のない妻をも含めることがある》.

nex·us /nékṣəs/ *n* (*pl* ~·es, ~ /-səs, -sùːs/) 結びつき, 関係, つながり; 連結; 因果関係 (cf. CHAIN OF CAUSATION).

néxus tèst 《米》結びつきの基準《私人の行為が州政府の行為にきわめて密接に結びつき、その行為を行なおうとする選択は州の選択であったと公正に見て言えるほどである場合、その私人の行為は州の行為 (state action) であると判断されるという基準; 州の行為であるとされると、その州の行為が合衆国憲法の定める個人の権利を侵害しているか否かの責任を問うことができることになる; 共生関係の基準 (symbiotic relationship test) と異なり特定行為についての判断; ⇨ STATE ACTION; cf. JOINT PARTICIPATION, STATE-COMPULSION TEST, SYMBIOTIC RELATIONSHIP TEST》.

NG 《米》°National Guard 州兵.
NGO °nongovernmental organization 非政府組織.
NGRI °not guilty by reason of insanity 精神障害ゆえの無罪.
NHS 《英》°National Health Service 国民医療制度.

NHS Foundation Trust /énèɪtfés ——/《英》国民医療制度基金トラスト《2003 年法により創設された自治的病院で、国民医療制度 (National Health Service) の一つではあるが、中央政府の統制下にはなく、地方的なものである点で、国民医療制度トラスト (National Health Service Trust) と一線を画している; しばしば基金病院 (foundation hospital) ともいう》.

NHS Litigation Authority /—— —— ——/《英》国民医療制度訴訟機関《イングランド内の国民医療制度 (National Health Service) 諸団体に対してなされる過失 (negligence) をめぐる訴えの処理を担当する特別機関; 同機関はそれ以外にも患者のケア基準の改善推進および人権問題についての判例法についての情報提供サービスもその職務としている》.

NHS Trust /—— ——/《英》国民医療制度トラスト (＝NATIONAL HEALTH SERVICE TRUST).

NHS trust hospital /—— —— ——/《英》国民医療制度トラスト病院《国民医療制度トラスト (National

Health Service Trust) の下で地域の保健組織からは独立して運営される公的病院; trust hospital (トラスト病院) ともいう).

NI《英》°National Insurance 国民保険(制度).

Nice Trèaty /níːs-/ TREATY OF NICE.

nick /ník/《俗》*n* [the ～] ムショ, ブタ箱, サツ. — *vt* **1** だます,〈人〉から金を巻き上げる; 盗む, くすねる, かっぱらう. **2** 逮捕する, ぱくる.

niece /níːs/ *n* 姪《時に義兄弟・姉妹の娘も含めるし, 遺言(書)では甥・姪の娘を含めることもある; cf. NEPHEW》.

nient /niént, níː/ *adv* not (否定辞). 〔law F〕

niént com·príse /-kamprí:z/《史》含まれず;《転じて名詞的に》対象物非該当の抗弁. 〔law F=not included〕

niént cúlpable《史》無罪, 無責任, 不法行為責任なし. 〔law F=not guilty〕

niént de·díre /-dədí:r/ *v*《史》否認せず, 防御せず (not to deny, default)《被告の欠席などで防御されず請求認容の判決が下されること》. 〔law F〕

niént le fáit /-lə féɪ/《史》(証書)作成否認の答弁 (cf. NON EST FACTUM). 〔law F=not the deed〕

NIEO°New International Economic Order 新国際経済秩序, ニエオ.

NIFO /náɪfoʊ/ °next in, first out 次入れ先出し(法).

night /náɪt/ *n* 夜《かつてコモンロー上は夜盗 (burglary) などの定義として夜とは人の顔が判別できない暗い時間帯とされていた》.

níght ràte《電話などの》夜間割引料金.

níght·tìme *n*, *a* 夜間(の).

níght·wàlk·er *n* **1**《史》夜間うろつく者, 夜間徘徊者. **2** 街娼 (=cómmon níghtwalker).

níght wàtch 1 夜間警戒, 夜警. **2** 夜警員《集合的》.

níght·wàtch·man státe /-mən-/ 夜警国家《個人の財産と自由の保護を目的とした国家; cf. WELFARE STATE》.

níght·wòrk *n*《交替制の》夜間業務, 夜勤 (opp. *daywork*).

níght·wòrk·er *n* 夜間勤務者.

ni·hil /náɪhɪl, níː-, níː-/ *n* **1** 虚無, 無, 空(くう). **2** 無価値なもの. **3** NIHIL EST. 〔L=nothing〕

Nihil con·sen·sui con·tra·ri·um est quam vis at·que me·tus. /— kansénsuàɪ tæm kantréɪriəm ɛst kwæm vɪs ǽtkwɛ métjus/ 暴力と恐怖ほど同意に対立するものはない. 〔L=Nothing is so opposite to consent as force and fear.〕

Nihil dat qui non ha·bet. /— dǽt kwaɪ nán hέɪbət/ 有していない者は与え(ることができ)ない. 〔L=A person gives nothing who has nothing.〕

níhil dí·cit /-dísɪt, -dáɪ-/ **1** 無答弁. **2** 不答弁による判決 (=**níhil dícit** (**defáult**) **jùdgment**) (=NIL DICIT DEFAULT JUDGMENT). ★ nil dicit ともいう. ► JUDGMENT NIHIL [NIL] DICIT (応訴過怠). 〔L=he/she says nothing〕

níhil ést /-ɛst/《差し押えるべき物がなく》執行不能(の復命)《単に nihil ともいう; cf. NULLA BONA》. 〔L=there is nothing〕

Nihil fa·cit er·ror no·mi·nis cum de cor·po·re con·stat. /— féɪsɪt έrɔːr nóumɪnɪs kəm di kɔ́ːrpɔːrɛ kánstæt/ 名前の誤りは, 本体につき確定している場合には, なんら不都合はない. 〔L=A mistake as to the name has no effect when there is certainty as to the person.〕

níhil há·bet /-héɪbət, -bət/ 執行不能(の復命)《特に告知令状 (scire facias) その他の令状の送達不能を示す語》. 〔L=he/she has nothing〕

Nihil habet fo·rum ex sce·na. /— — fóurəm ɛks síːnə/ 裁判所は舞台からは何ももたない《この格言は一般に「裁判所は法廷に持ち出されないものには一切関知しない」という意味に理解されている》. 〔L=The court has nothing from the stage.〕

Nihil in·fra reg·num sub·di·tos ma·gis con·ser·vat in tran·qui·li·ta·te et con·cor·dia quam de·bi·ta le·gum ad·mi·nis·tra·tio. /— ínfrə régnəm sʌ́bdɪtòus méɪʤɪs kansérvæt ɪn trænkwɪlɪtéɪtɛ ɛt kankɔ́ːrdɪə kwæm débɪtə líːgəm ædmɪnɪstréɪʃioʊ/ 法を適切に司ること以上に王権に服している者を平穏と協調のうちに保つものはない. 〔L=Nothing more preserves those subject to the royal authority in tranquillity and concord than a due administration of the laws.〕

Nihil in le·ge in·to·le·ra·bi·li·us est (quam) ean·dem rem di·ver·so ju·re cen·se·ri. /— ɪn líːʤɛ ɪntàlɛrɛbíliəs ɛst (kwæm) iǽndɛm rɛm daɪvérsou ʤúːrɛ sɛnsíːràɪ/ 同一事件が異なった法によって評価されるほど法的に耐えられないことはない. 〔L=Nothing in law is more intolerable than that the same case should be estimated by different laws.〕

Nihil prae·scri·bi·tur ni·si quod pos·si·de·tur. /— prɪskríbɪtər náɪsàɪ kwad pàsɪdíːtər/ 占有される物でなければ時効によって取得されない. 〔L=Nothing is prescribed except what is possessed.〕

Nihil quod est con·tra ra·ti·o·nem est li·ci·tum. /— kwad ɛst kántrə rèɪʃióunɛm ɛst lísɪtəm/ 理に反しているもので適法であるものはない. 〔L=Nothing that is against reason is lawful.〕

Nihil si·mul in·ven·tum est et per·fec·tum. /— síməl ɪnvéntəm ɛst ɛt pərféktəm/ 考案されると同時に完成されてもいるものはない. 〔L=Nothing is invented and perfected at the same moment.〕

Nihil tam con·ve·ni·ens est na·tu·ra·li ae·qui·ta·ti quam unum·quod·que dis·sol·vi eo li·ga·mi·ne quo li·ga·tum est. /— tæm kanvíːnɪɛnz ɛst nèɪt(j)uréɪlàɪ iːkwitéitai kwæm jùːnəmkwádkwɛ disálvi íːou lıgéiminɛ kwou ligéitəm ɛst/ ものが結ばれたのと同じ絆によって解かれることほど自然の衡平に合致するものはない. [L=Nothing is so consonant with natural equity as that each thing should be dissolved by the same means as it was bound.]

Nihil tam conveniens est naturali aequitati quam vol·un·ta·tem do·mi·ni vo·len·tis rem su·am in ali·um trans·fer·re ra·tam ha·be·ri. /— — — — — — váləntéitɛm dámɪnài valɛ́ntɪs rɛm súːæm ɪn ǽliəm trænsférɛ réitəm hɛibíːrài/ みずからの物を他人へ移転したいと望む所有者の意思を有効と認めることほど自然の衡平に合致するものはない. [L=Nothing is so consonant with natural equity as to give effect to the will of an owner who desires to transfer his/her property to another.]

Nihil tam pro·pri·um im·pe·rio quam le·gi·bus vi·ve·re. /— — próupriəm ɪmpériou kwæm líːdʒɪbəs váivɛrɛ/ 法に従って生きることほど命令権にとって本来的なものはない. [L=Nothing is so characteristic of imperium as to live according to the law.]

nil /níl/ n 無, 零 (nihil). — a 無い, 存在しない; 何もない, 不能な. [L=nothing]

níl dé·bet /-débɛt, -bət/ 《史》債務不存在の答弁, 無債務の答弁. [L=he/she owes nothing]

níl dí·cit /-dísət, -dáɪ-/ **1** NIHIL DICIT. **2** NIL DICIT DEFAULT JUDGMENT. [L=he/she says nothing]

níl dícit deáult jùdgment 不答弁による判決 (=nihil dicit, nihil dicit (default) judgment, nil dicit, no-answer default judgment).

níl há·bu·it in te·ne·mén·tis /-hǽbjuɪt ɪn tènəméntis/《史》《賃貸人が賃借人に賃料を請求する訴訟における賃借人の賃貸人》**無権利の答弁**. [L=he/she has nothing in the tenement]

Ni·mia sub·ti·li·tas in ju·re re·pro·ba·tur. /nímiə səbtílitɛɪs ɪn dʒúːrɛ rèprouβéɪtər/ 極度の精緻さは法においては非難される. [L=Too much subtlety in law is condemned.]

Ni·mi·um al·ter·can·do ve·ri·tas amit·ti·tur. /nímiəm ǽltərkǽndou vérɪtɛɪs æmíttɪtər/ 極度に争論することにより真実は失われる. [L=By too much quarreling truth is lost.]

nim·mer /nímər/ n 小窃盗犯, こそ泥, すり.

Níneteenth Améndment [the 〜]《米》合衆国憲法第19修正《女性の選挙権を保障した条項; 1920年成立》.

1922 Committee /náintìːntwéntitúː/ — / [the 〜]《英国保守党の》**1922年委員会**《閣僚級幹部ではない下院平議員の集まり; 1922年10月の, Lloyd George 連立内閣に留まろうという党首 Austen Chamberlain の方針に反対の決議がなされた保守党議員集会

にちなむ; 労働党の Parliamentary Labour Party (労働党議員委員会) に対応》.

ninety-dày [90-day] létter《米制》**90日レター, 不足税額通知書**《申告税額が支払うべき税額より少ない場合の内国歳入庁 (Internal Revenue Service) からの更正通知書; 受領後90日以内に通知された額を納税するか租税裁判所 (tax court) に出訴しなければならない; cf. THIRTY-DAY LETTER》.

Ninth Améndment [the 〜]《米》**合衆国憲法第9修正**《憲法に列挙された権利は国民の他の権利を否定・軽視するものと解釈されてはならないとする条項; 1791年に権利章典 (Bill of Rights) の一部として成立》.

ni. pri., ni. pr. °nisi prius《米》民事事実審裁判所;《史》巡回陪審裁判.

NIRA《米》°National Industrial Recovery Act **全国産業復興法**.

ni·si /náɪsài, níːsi/ a【後置】一定期間内に当事者が異議を申し立てないで確定的効力を生ずる, (一定のことが起こる)のでなければ(有効の), 仮…の, 仮の. ▶ DECREE NISI (仮判決, 離婚仮判決) / JUDGMENT NISI (仮判決) / ORDER NISI (仮命令) / RULE NISI (仮決定). [L= unless]

Nisi per le·ga·le ju·di·ci·um pa·ri·um su·o·rum vel per le·gem ter·rae. /— pɛr lɛɡéɪlɛ dʒudíʃiəm péiriəm suóurəm vɛl pɛr líːdʒɛm téri/ その同輩の合法的裁判によるかまたは国法によらざるかぎり《《マグナカルタ》(Magna Carta) の条文 (1225年の第29条, 1215年の第39条) 中の文言》. [L=Unless by lawful judgment of his/her peers or by the law of the land.]

nísi prí·us /-práiəs/《略 ni. pri., ni. pr., n.p.》**1**《米》《一人の裁判官と陪審が審理する》**民事事実審裁判所** (=court of nisi prius, **nísi príus còurt**). ▶ COURT OF NISI PRIUS (民事事実審裁判所). **2**《史》**巡回陪審裁判**《英米司法の基本手続きであった陪審裁判は, 事件発生地の住民が陪審員になる必要があった; 他方, 中世イングランドでは国王裁判は, 巡回裁判こそ開かれていたが, 特に人民訴訟 (common plea) を主として管轄した人民訴訟裁判所 (Court of Common Pleas) はウェストミンスターに固定したままであったため極端に不便であった; この問題を解決したのがこの制度で, 中央裁判所で訴えの提起から争点決定までを行ない, 事実上の争点となったときには, ここで審理を中断し, 次に事件発生地へ巡回裁判に出かける裁判官を受命裁判官にして現地で陪審を召集し事実審理を終え, 中央ではその受命裁判官の持ち帰った結果を踏まえ, 判決を含む手続きに移るというやり方が整えられた; nisi prius とは 'unless before' の意のラテン語で, 一定の日までに巡回裁判官, すなわちアサイズ裁判官 (justice of assize) がその地に赴かぬ場合には陪審員を中央の裁判所に出頭させよというシェリフ (sheriff) 宛の令状の文言から生まれた (上記のごとく原則として陪審員が中央に出向くことはなかった); この制度は, 1285年法で明記されているが, それよりもかなり早くから慣行として

行なわれていたと考えられている; この制度のゆえに, 陪審員の負担が大幅に軽減され, 陪審制が根付く一つの原因になったとも言える; 英国ではアサイズ (assize) そのものが1971年法により廃止されたことに伴ない廃止; 米国ではかつて一人の裁判官の下での陪審審理による第一審裁判所 (⇨ 1) という意味で用いられていたが, 現在では一部少数州を除いてすたれている). ▶ COMMISSION OF NISI PRIUS (巡回陪審裁判官任命書). [L=unless before]

nísi príus rècord 《英史》巡回陪審裁判用記録《巡回陪審裁判 (nisi prius) を主宰する裁判官に渡される令状・訴答記録の写し; cf. NISI PRIUS》.

Níxon Tápes Decísion 《米》ニクソン・テープ判決《大統領の行政府特権 (executive privilege) は刑事裁判に必要な資料にまで及ぶぬと下級審判決を支持した合衆国最高裁判所の1974年の United States v. Nixon での判決). [Richard Milhous Nixon (1913-94) 米国第37代大統領 (1969-74)]

nka now known as 現在の別名(は).

n.l. °non liquet 《大陸法》明白でないゆえの判決回避;《国際法》判決回避.

NLRA 《米》°National Labor Relations Act 全国労働関係法.

NLRB 《米》°National Labor Relations Board 全国労働関係委員会.

NLRB v. Jones & Laugh·lin Steel Co. /ɛnɛlàːrbíː vàːrsəs ─ ən(d) lǽflən ─ kòːrpəréiʃ(ə)n, -láːflən-, -láːk-, -láːx-/ 《米》全国労働関係委員会対ジョーンズアンドラフリン鉄鋼株式会社事件《ニューディール政策の要の一つである労働立法と合衆国憲法の法の適正手続き条項 (Due Process Clause) との関連で, 1937年合衆国最高裁判所が1935年制定の全国労働関係法 (NLRA, 通称 ワグナー法 (Wagner Act)) の合憲性を支持し, その転換を決定づけた事件; Jones and Laughlin Steel 社は州際通商にたずさわっており, したがって連邦政府はこれを規制する立法権限を有するとの同委員会の訴えを認めたもの》.

NMB 《米》°National Mediation Board 全国調停委員会.

NMI no middle initial ミドルネーム[中間名]頭文字[イニシャル]なし.

NMW 《英》°national minimum wage 全国最低賃金.

no /nóu/ n (pl ~es, ~s /-z/) [°pl] 否定, 否認, 拒絶; 反対投票(者): The *noes* have it. 反対投票多数.

nó-áction clàuse 不訴訟条項, ノーアクション・クローズ《一般的には, 訴訟を提起しない旨の条項; しかし今日普通に用いられる用法では, 責任保険で, 訴訟は被害者・被保険者間の和解で損害賠償額が確定するまでは, 保険会社は保険者に対して責任を負わず, したがって被保険者は保険会社に対して訴訟を提起しない旨の条項》.

nó-áction lètter 訴訟不要意見書《(証券取引委員会 (Securities and Exchange Commission) などの行政機関所属者が具体的事件についてその機関から訴訟提起の是非を問われた時に, 不要と助言する書面》.

nó áctus réus /-ǽktəs ríːəs/ 悪しき行為不存在主張《刑事訴訟で, 被告人が犯罪関与を否認するか, あるいは被害は被告人に帰せられている犯罪行為とは余りにも関係が薄いものであるとの主張; cf. ACTUS REUS》.

nó-ánswer defáult jùdgment 不答弁による判決 (=NIL DICIT DEFAULT JUDGMENT).

nó arríval, nó sále 到着なければ売買なし《売買契約書中の文言》.

nó awárd 仲裁判断[裁定]不存在の答弁[抗弁] (=nul agard)《仲裁判断[裁定] (award) の実現を求める訴えにおいて被告側が有効な判断[裁定]の不存在を主張すること》.

nob·ble /nάb(ə)l/ vt 《俗》**1** 〈陪審員を〉不正手段で味方に引き入れる, 買収する: try to ~ some of the jurors. **2** 〈金などを〉くすねる, 盗む; 詐取する. **3** 〈犯人などを〉捕える. **nób·bler** n.

no·bi·le of·fi·ci·um /nóubəli əfíʃiəm/《スコットランド》《裁判所の》(補正正義を施す)高貴な権限《制定法など法に欠陥があり, 正義が保たれぬと判断される場合に上位裁判所が良心に従ってそれを補正する権限》. [L=noble office]

No·bi·li·o·res et be·nig·ni·o·res prae·sump·ti·o·nes in du·bi·is sunt prae·fe·ren·dae. /nəbàɪlióuriz ɛt bɛnɪgnióuriz prɪsὰmpʃióuniz ɪn djúːbiːs sənt priːfɛréndi/ 疑わしい場合にはよりすぐれかつ寛大な推定が優先されるべきである. [L=When in doubt, the more noble and generous presumptions are to be preferred.]

no·bil·i·ty /noubíləti/ n **1** 高貴の生まれ[身分]; [ᵘthe or a ~] 貴族(階層)《集合的》; 貴族, **貴族身分**. **2** 高貴, 高潔. [OF or L]

nó·bìll, nó-bìll vt 《米・英史》〈大陪審が〉…を原案否決にする《起訴状案を適正と認めない》.

nó bìll 《米・英史》原案否決, 起訴するに足る証拠なし, 不起訴(の決定) (=ignoramus, not found, no true bill)《大陪審 (grand jury) が起訴状案 (bill of indictment) を適正と認めなかったとき, その裏面に記す文句; cf. TRUE BILL》.

nó-bónus clàuse 割増金拒否条項《不動産賃貸借契約書上の政府による公用収用 (condemnation) に関する条項で, 賃借人が賃借物件に施した改良 (improvement) の価値に対する賠償を制限し, 賃料とその市場価格との差額にまで及ぶぬ旨を定めるもの》.

nó cáse to ánswer 答弁不要の申し立て《原告[訴追側]主張は実質的根拠を欠き不十分であり, したがって反証の要もなく答弁なしで原告敗訴になるはずとの被告の防御》.

nó-cláim n 権利主張がないこと.

nó-cláim(s) bònus 《保険》無事戻し, 無事故戻し《自動車保険などで一定期間保険金の支払いがなかったときに返還される一定割合の保険料》.

nó-cónfidence vòte 不信任投票 (=nonconfidence vote, vote of no confidence).

nó cóntest 不抗争の答弁（=nolo contendere, non vult (contendere)）《起訴事実を争わない旨の被告人の答弁》; cf. GUILTY, NOT GUILTY.

nó cóntest clàuse 不抗争条項《特に遺言の中で当該遺言を争う訴えを起こさないことを条件に遺贈するという条項》; cf. FORFEITURE CLAUSE, IN TERROREM CLAUSE, WILL CONTEST.

noc·u·men·tum /nàkjaméntam/ *n*《史》不法妨害, 生活妨害, ニューサンス（nuisance）. ［L＝*nocere* to harm］

nod /nád/ *v* (-dd-) *vi*《同意・諒承・感謝・注意・命令などを示して》うなずく, うなずいて承諾する. — *vt*《承諾などを》うなずいて示す. ~ **through** (1) 議論することなく全体の同意を得て承認する. (2)《英議会》《議員が登院しているが病気などで議場に出席できないような場合に》実際には投票をしないのに《議員の》投票を記録することに同意する. — *n* うなずき（同意・挨拶・合図・命令）; 同意[承諾]のしるし.

nó-dóc lòan 証拠書類無提示融資（⇨ LIAR'S LOAN）《no-doc は no documentation の略》.

nó-dùty *n* 無義務, 義務でないこと, 義務を負っていないこと.

nó-dúty dòctrine 無義務の法理（=no-duty rule）《不法行為法上, 1) 原告に義務を負っていない被告は原告の受けた権利侵害の責めを負わないという原則 2) 土地・建物の所有者ないしは占有者は招待者に対して明白な危険については警告ないしはそこから保護することの義務を負わないという原則》.

nó-dúty rùle 無義務の準則（=NO-DUTY DOCTRINE）.

Nóerr-Pén·ning·ton dòctrine /nó:rpéniŋtan-/《米》ノアー・ペニントンの法理《米国内の議会の立法や政府の行為を求めるまたはそれに影響を与えようとする企業側の努力は, その効果が取引制限または独占化にあるとしても, 請願権を保障する合衆国憲法第 1 修正によって反トラスト法（antitrust laws）の適用から免除されるという原則; この原則を決めた, 1961 年の Eastern Railroad Presidents Conference v. Noerr Motor Freight Inc. 事件と, 1965 年の United Mine Workers v. Pennington 事件の 2 つの合衆国最高裁判所判例の被告名に由来》; cf. SHAM EXCEPTION.

Nóes lóbby [the ~]《英議会庶民院》《反対投票議員が移動する》反対投票者ロビー（⇨ LOBBY）(cf. AYES LOBBY).

nó évidence 1 無証拠《文字通りの意味での証拠がないだけでなく, 主張された, 特に決定的に重要な事実が審理はされたが, それを確定するのに要する十分な証拠が提出されなかったという意味でも用いる》《There is ~ of his alibi for that night. 2 証明[認定]力のない証拠, 証拠にはいえない証拠.

nó-éyewitness rùle 目撃証人不存在の場合の準則《不法行為法の関連で, 死者の事故回避の努力を示す直接証拠がない場合に, 死者は自己の安全確保のため通常の注意を払っていただろうと推測すること; 多くの法域で廃止されている》.

nó-fàult* *a* 1 無過失の; 過失が不利な認定の根拠にならない. 2《自動車保険で事故の責任の有無に関係なく被害者が契約する保険会社からの補償を受けられる》無過失損害賠償制度の. 3 無責[破綻]離婚の《いずれかの配偶者の責任の有無に関係なく, 回復しがたい破綻に基づく離婚についていう》,《当事者双方が》結婚解消に責任のない. — *n* 1 無過失. 2 無過失損害賠償制度. 3《離婚における》破綻主義.

nó-fàult áuto insùrance 無過失責任自動車保険《自動車事故の責任に関係なくその人的・物的損害に対して被害者が契約する保険会社から一定の補償を受けられる自動車保険の一種》.

nó-fàult compensátion 無過失事故障害補償《制度》《英国の労災就業不能給付（金）（industrial injuries disablement benefit）などをさす》.

nó-fàult divórce 無責離婚, 破綻離婚《姦通など婚姻上の有責行為によるのでなく, 現実に婚姻が破綻しているという事実に基づいて認められる離婚》; cf. FAULT DIVORCE.

no funds ⇨ FUND.

nó-fúrther-representátion clàuse 将来の弁護禁止条項《通例は和解契約（settlement agreement）上の契約条項で, 将来現在の被告に対して同一ないし類似の請求がなされる場合に現在の原告側の弁護士がその将来の原告側の弁護をなすことを禁じるもの; 集団訴訟（class action）で多く見られるが, 公序良俗（public policy）に反するという理由で無効と考えられている》.

noise /nóiz/ *n* 騒音, 音.

nóise abàtement 騒音除去: a ~ notice 騒音除去通告(書).

nóise pollùtion 騒音公害.

nó-knòck* *a, n* 警察の無断立入り(を認める).

nó-knòck séarch《物についての》無断立入り捜索.

nó-knòck séarch wàrrant《物についての》無断立入り捜索(差押)令状 (cf. EXIGENT CIRCUMSTANCES, KNOCK AND ANNOUNCE RULE, SEARCH WARRANT).

NOL °net operating loss 純営業損失.

nol. con. °nolo contendere 不抗争の答弁.

no·lens vo·lens /nóulɛnz vóulɛnz/ *adv, a* 同意の有無を問わず[問わない], 欲すると否とにかかわりなく[ない]. ［L=unwilling willing］

no·li·tion /noulíʃ(ə)n/ *n* 気乗りがしないこと, …する意志がないこと, 不本意, 不賛成.

nol·le /náli, náli/ *n* NOLLE PROSEQUI. — *vt* 欲しない. ［L=to be unwilling］

nólle prós /-prás/ *vt, vi* (**nolle prossed; nolle pros·sing**) NOLLE PROSEQUI.

nólle prós·e·qui /-prásəkwaɪ/ *n* 訴えの取下げ, 起訴の取下げ（=withdrawal of charges）; 訴追打切りの表明, 訴え[起訴]取下げの記録《》略 nol. pros.; cf.

no-load

NON PROSEQUITUR, PROSEQUI). ▶ JUDGMENT OF NOLLE PROSEQUI (訴えの取下げの判決, 起訴取下げの判決). — *vt* 〈訴えを〉取り下げる, 〈訴追を〉打ち切る. — *vi* 訴えの取下げ (nolle prosequi) で訴えが却下される (しばしば nolle pros, nol-pro, nol-pros と略される): The state *nolle prosequied* the charges against Johnson. [L=to be unwilling to prosecute]

nó·lóad *a* 《投資信託などが》手数料なしの[で売りに出される]. — *n* 手数料なしで売りに出されるミューチュアルファンド (mutual fund).

no·lo con·ten·de·re /nóulou kənténdəri, -rèi/ 不抗争の答弁 (＝NO CONTEST)《略 nol. con., 単に **nolo** ともいう》. ▶ PLEA OF NOLO CONTENDERE (不抗争の答弁). [L=I do not wish to contend]

nol-pro /nálpróu/ _∠_‿_∠_/ *vt, vi* NOLLE PROSEQUI.

nol-pros* /nálprás/ _∠_‿_∠_/ *vt, vi* (**-ss-**) NOLLE PROSEQUI.

nol. pros. /nál prás/ /°nolle prosequi 訴えの取下げ.

No·lu·mus le·ges An·gli·ae mu·ta·ri. /nálǝmǝs líːʤiz æŋgliː mutáːri/《英式》われわれはイングランド法を変更することを欲せず《1236 年のマートン法 (Statute of Merton) の中の宣言文で, 両親の婚姻前に生まれた子をその婚姻により嫡出とするというカノン法上の原則 (⇨ LEGITIMATIO PER SUBSEQUENS MATRIMONIUM) を貴族たちが拒否したことを示している; その結果は 1926 年まで続いた》. [L=We will not have the laws of England changed.]

nom. cap. °nominal capital 名目資本.

NOM clause /énòuém _∠_‿_∠_/ 口頭変更禁止条項 (＝NO-ORAL-MODIFICATION CLAUSE).

no·men ju·ris /nóumǝn ʤúːrɪs/ *n* 1 正式名 (legal name). 2 法律術語, 法律用語. [L=name of law]

nó-mérit brìef 上訴無意味書面 (＝ANDERS BRIEF).

nom·i·nal /námǝnl/ *a* 1 名目(上)の; 〈金利・価格などが〉名目だけの, 有名無実の (opp. *real*); 名ばかりの, わずかな. 2 名前の, 名前を示す, 《株式が》記名の: ～ shares (of stock) 記名割当株. **～·ly** *adv*

nóminal cápital 名目[公称]資本《定款上会社が発行を予定している株式資本の総額; 授権資本 (authorized capital) と同義; 略 nom. cap.》.

nóminal considerátion 名目的約因, 象徴的約因 (＝peppercorn)《それが支持する約束の価値と比較して極端に価値の低い約因; しかし約因は約束との相当性を要求されていないので, 有効な約因である》.

nóminal dámages *pl* 名目的損害賠償(金)《権利侵害の事実は認められるが実損がない場合, あるいは被害者が損害額を証明する証拠を提出しない場合に課される少額の賠償金; cf. COMPENSATORY DAMAGES, CONTEMPTUOUS DAMAGES, PUNITIVE DAMAGES, SUBSTANTIAL DAMAGES》.

nóminal pártner 名目的組合員 (＝ostensible partner)《組合 (partnership) に実際の利害関係を有

748

していない名目のみの組合員 (partner)》.

nóminal párty 名目的当事者 (＝formal party) (cf. REAL PARTY IN INTEREST).

nóminal ráte 名目金利, 表面金利.

nóminal séntence《極端に軽い》名目的刑(の宣告).

nóminal trúst 名目的信託 (＝PASSIVE TRUST).

nóminal válue《株券・硬貨・紙幣などの》名目価格, 額面価格 (＝PAR VALUE).

nóminal wáges *pl* 名目賃金 (cf. REAL WAGES).

No·mi·na sunt mu·ta·bi·lia, res au·tem im·mo·bi·les. /nóumɪnǝ sǝnt mjùːtǝbíliǝ rɪz ɔ́ːtɛm ɪmmóubɪliːz/ 名称は変えられる. しかし物は変わらない. [L=Names are mutable, but things immovable.]

nom·i·nate /námǝnèɪt/ *vt* 〈人を〉指名(推薦)する 〈as chairman, *for* a post, *to* the board, *to* do〉, 《選挙・選考会などの》候補に挙げる; 〈日・場所を〉指定する. — *vi*《豪》選挙に立候補する; 〈・場所を〉指定する. 1 特定の名を持つ (cf. INNOMINATE). 2《スコットランド》《ある職に》指名された. **nóm·i·nà·tor** *n*

nóminate cóntract《大陸法》有名契約, 典型契約《売買などのようにそれぞれ特別の名称が付され, その類型ごとに特別の規定が設けられている契約; cf. INNOMINATE CONTRACT》.

nóminated cóurt 指定裁判所《外国の裁判所の要請に基づき証拠を取るよう指定された裁判所》.

no·mi·na·tim /nàmɪnéɪtǝm/ *adv*《ローマ法》名を明示して, 指名して: ～ exheredare 名を明示して相続廃除する(こと). [L=by name]

nom·i·na·tion /nàmǝnéɪʃ(ǝ)n/ *n* 1 指名(権); 指名されること. 2 指名された人.

nom·i·nee /nàmǝníː/ *n* 1 指名された人. 2《株券などの実質上の所有者でない》(単なる)名義人.

nominée accòunt《他人のための》名義人勘定.

nominée sharehòlder 名義人株主, ノミニー株主《みずからは実質上株主ではなくほかの実質上の株主のために株主名簿に株主として登録されている者; 信託の受益者がなることも多い》.

nominée trùst《米》1 匿名(受益者)信託《不動産に関して多くみられる信託で, 匿名の受益者 (beneficiary) の利益のために不動産の権原 (title) を保有する旨の信託宣言 (declaration of trust) で設定され, 信託は通常 公簿に登録される》. 2 受益者指示権限付き信託《受益者が信託財産 (trust property) に関する受託者 (trustee) の行動を指示する権限を有している信託》.

no·móg·ra·pher *n* 1 法起草者. 2 法起草技術に詳しい人.

no·mog·ra·phy /noumágrǝfi, ⁱⁱnɔ-/ *n* 1 法起草技術. 2 法(の起草)に関する論文. **nò·mo·gráph·ic** *a* **-i·cal·ly** *adv*

no·mol·o·gy /noumálǝʤi/ *n* 法·立法学.

no·mo·thet·ic /nàmǝθétɪk, nòu-/, **-i·cal**

/-ɪk(ə)l/ a **1** 立法の, 法律制定の. **2** 法に基づいた. [Gk *nomothetikos* of legislation]

NOMS 《英》°National Offender Management Service 全国犯罪者管理庁.

non /nάn, nóun/ *adv* 否, なし, あらず. [L=not]

non- /nάn/ *pref* 《自由に名詞・形容詞・副詞に付けて》「非」「不」「無」の意: *non*member 非会員.

nòn·abílity *n* **1**《法的》無能力. **2**《法的》無能力の答弁[異議].

nòn·accéptance *n* **1**《契約の申し込みの》不承諾 (cf. REJECTION). **2** 引受け拒絶;《契約と異なる売買目的物の》受領拒否; 不引受け. **3**《手形の》引受け拒絶.

non ac·cep·ta·vit /nάn æksɛptéɪvɪt/《為替手形 (bill of exchange) の》不引受け, 不引受けの答弁[抗弁]. [L=he/she did not accept]

nòn·áccess *n* 無交接《父子関係確定の訴訟などで防御として主張されることがある》.

Non ac·ci·pi de·bent ver·ba in de·mon·stra·ti·o·nem fal·sam, quae com·pe·tunt in li·mi·ta·ti·o·nem ve·ram. /nάn æksɪpaɪ débɛnt vɜ́rbə ɪn dèmənstréɪʃióunɛm fǽlsæm kwi kάmpətənt ɪn lìmɪtèɪʃióunɛm víːræm/ 真の限定[定義]と一致する文言は誤った意味で受け取られるべきではない. [L=Words which agree in a true limitation ought not to be accepted in a false sense.]

nòn·acquiéscence *n* 不服従《行政機関が, 最高裁判所の判断が出るまで, 下級審による関係判例に従うことを拒否すること》.

nòn·admíssion *n* **1** 不承認. **2** 不許可.

nòn·admítted ásset 《米》計上非承認資産《保険会社の財務状態を評価する場合に計上を法的に認められていない資産; 財政的損失なしでは迅速に現金化しにくい会社の設備・備品など; cf. ADMITTED ASSET》.

non·age[1] /nάnɪʤ, nóun-/ *n* 未成年(期), 成年に達していない状態; 未熟(期), 幼稚. [AF (*non-*, *age*)]

nonage[2] *n*《史》喜捨分 (=NONAGIUM).

nòn·aggréssion *n*《国際法》不侵略, 不可侵.

nonaggréssion pàct《国際法》不可侵条約 (=**nonaggréssion tréaty**).

no·na·gi·um /nounéɪʤiəm/ *n*《史》喜捨分 (=nonage)《死者所有の動産の9分の1で, かつて教会区司祭の用に供すために献じられた》. [L=a ninth]

nòn·alígned státe《国際法》非同盟国, 中立国.

Non alio mo·do pu·ni·a·tur ali·quis, quam se·cun·dum quod se ha·bet con·dem·na·tio. /nάn ǽliou móudou pjuːniéɪtər ǽlɪkwɪs kwæm sɛkʌ́ndəm kwάd si héɪbɛt kάndɛmnéɪʃiou/ 刑の宣告が命じていることに従う以外の方法で人は罰せられない. [L=A person may not be punished otherwise than according to what the sentence enjoins.]

Non ali·ter a sig·ni·fi·ca·ti·o·ne ver·bo·

---

non bis in idem

rum re·ce·di opor·tet quam cum ma·ni·fes·tum est, ali·ud sen·sis·se tes·ta·to·rem. /nάn ǽlɪtər eɪ sɪgnìfɪkèɪʃióunɛ vɜrbóurəm rɛsíːdaɪ apɔ́ːrtɛt kwæm kəm mǽnɪfɛstəm ɛst ǽliəd sɛnsíːsɛ tɛ̀steɪtóurɛm/ 遺言者が別のことを考えたことが明白であるとき以外は, 文言の(通常の)意味からはずれるべきではない. [L=There should be no departure from the (ordinary) significance of words unless it is manifest that the testator meant something different.]

nòn·appárent éasement 非明白地役権 (= DISCONTINUOUS EASEMENT).

nonappárent sérvitude 非明白の役権《外見上はその存在が容易には知りえない土地に対する役権; 大陸法上の用語; cf. APPARENT SERVITUDE》.

nòn·appéar·ance *n* 不参,《法廷への》不出頭, 不出廷 (cf. DEFAULT, NONSUIT): ~ of accused 被告人不出廷 / ~ of prosecutor 訴追者不出廷.

nòn·árbitrary *a* 裁量的でない, 覊束(𝑘)的な, 非恣意的な.

nòn·arrést·able offénse 逮捕状がなくては逮捕できない犯罪《英国では通例5年未満の自由刑に当たる犯罪であったが, 廃止; cf. ARRESTABLE OFFENSE》.

nòn·assértive cónduct 非確言的行為《証拠法上の用語で, 例えば 被疑者が尋問中に震え出すなど, 一定のことを表現しようとはしていないが証拠法上重要と思われる非言語行動; cf. ASSERTIVE CONDUCT》.

nòn·assést·able stóck 追徴不能株式, 追加払い込み請求不能株式《会社が倒産したり支払い不能となった場合にも株主に追加払い込み要求のできない株式; 現在では大多数の株式はこれに該当; cf. ASSESSABLE STOCK》.

nòn·assígn·able *a* 譲渡不能の.

nón assúmpsit 非引受け答弁《引受け訴訟 (assumpsit) における被告の全面的否認訴答 (general issue)》. [L=he/she did not undertake]

nòn·báil·able *a* 保釈不可能な, 非保釈対象の《被告人・犯罪》.

nòn·bánk *a*《米》ノンバンクの (⇨ NONBANK BANK): ~ lenders ノンバンクの貸主. **nòn·bánk·ing** *a*

nón·bànk bánk《米》ノンバンク・バンク《連邦法上 銀行 (bank) に当てはまらない銀行; 要求払い預金 (demand deposit) と商業貸出し (commercial loan) の双方を営むものを銀行と定義づけ, その営業規制を行なっていたが, したがってその双方を合わせて行なわない金融機関はこの規制を受けることなく業務の多様化・全国展開を行なっていたが, 定義の改正を通して逃げ道はほとんどふさがれている》.

nòn·bíll·able *a*《弁護士などの》報酬請求対象外の (cf. BILLABLE).

nonbíllable tíme 報酬請求対象外時間 (⇨ BILLABLE TIME).

nòn·bínd·ing *a* 拘束力をもたない (cf. BINDING).

nón bís in ídem /-bíːs ɪn áɪdəm/《大陸法》一事不

nonbreaching

再理《判決が確定した場合に同一事件について再訴を禁止すること；刑事訴訟においては，同一犯罪につき再度裁判されないことを意味する；cf. DOUBLE JEOPARDY》．[L＝not twice for the same]

nòn·bréach·ing *a* 違反していない．

nòn·cápital *a* 死刑を科しえない，死刑対象になっていない，非死刑対象の: a ~ case 非死刑対象事件．

noncápital críme 非死刑対象犯罪（＝noncapital offense）．

noncápital múrder 非死刑対象謀殺．

noncápital offénse 非死刑対象犯罪（noncapital crime）．

nòn·cásh *a* 非現金の，現金支出を伴わない．

noncásh chárge《減価償却など》現金支出を伴わぬ費用．

nón cé·pit /-sí:pit/《史》侵奪否認の答弁[抗弁]（⇨ NON CEPIT MODO ET FORMA）．[L＝he/she did not take]

Non cepit mo·do et for·ma. /— — móu-dou ɛt fɔ́:rmə/《史》主張された形での侵奪否認の答弁[抗弁]《動産占有回復訴訟（replevin）での被告の全面的否認答弁（general issue）の方式上の文言》．[L＝He/She did not take in the manner and form (alleged).]

nòn-cháritable púrpose trùst《英》非公益目的信託（⇨ PURPOSE TRUST）．

nòn·cítizen *n* 非市民．

nòn·cláim *n* 権利主張をしないこと，権利主張懈怠(けたい)《規定の期間内に権利主張をしないこと；cf. STATUTE OF LIMITATIONS》．▶ COVENANT OF NON-CLAIM（権利主張禁止約款）．

noncláim státute 権利主張期間制限法(1) 出訴期間法（statute of limitations）と同義 2) 権利主張を規定期間内に行なわないとその権利を消滅させることを定める法》．

non·clérgy·able, -clér·gi·a·ble《史》*a* 聖職者の特権適用不可能な（⇨ BENEFIT OF CLERGY）．

non·códe stàte《米史》非法典訴訟州（⇨ CODE STATE, COMMON-LAW STATE）．

nòn·cohabitátion òrder《英史》《妻に対する》同居免除命令（1978 年廃止）．

non·cómbatant /ーーーー/ *n*《国際法上の，また広義の》非戦闘員．── *a* 非戦闘員の，戦闘に従事しない；非戦闘用の．

nòn·commércial agréement 非商事契約．

noncommércial pártnership 非商業組合（＝NONTRADING PARTNERSHIP）．

nòn·competítion agrèement 競業禁止合意（＝NONCOMPETITION COVENANT）．

noncompetítion còvenant《雇用契約・営業譲渡・組合（partnership）などにおいて，その解消後も含めての》競業禁止約款（＝covenant not to compete, noncompetition agreement, restrictive covenant）．

non com·pos /nán kámpəs/ *a* NON COMPOS MENTIS.

nón cómpos méntis *a* 精神が健常[健全]でなく，精神障害で（＝non compos）(opp. *compos mentis*)．[L＝not having mastery of one's mind; not of sound mind]

nòn·cónfidence vóte ＝NO-CONFIDENCE VOTE.

nòn·confórm·ance *n* **1** 従わないこと: ~ with regulations. **2** 国教不遵奉．

nòn·confórm·ing *a* 従わない；国教を奉じない．

nonconfórming góods *pl* 契約に適合しない物品．

nonconfórming úse 非適合土地利用《地域地区規制（zoning）上不許可となる土地利用ではあるが，その規制以前から適法に利用していたゆえに存続が許可される利用》．

nòn·confórm·ist *n* **1** 既存[既定]の慣習・信仰などに従わない人．**2**《英》非国教徒．

nòn·confórmity *n* **1** 不一致，不調和，不適合．**2** 規範に従わないこと，契約に適合していないこと．**3** 国教不遵奉（cf. CONFORMITY）；[°N-] 非国教徒《集合的》; [N-] 非国教徒の教義．▶ CRIME OF NONCONFORMITY（非国教徒罪）．

nòn·consénsual *a* 合意の上でない，非合意の（cf. CONSENSUAL）: ~ sexual relations.

nòn·consént *n* **1** 不同意．**2**《特に強姦罪成立の要件である女性側の》拒絶．

non con·stat /nán kánstæt/ そのことは確立せず，そのことは確定されていない，明白でない．[L＝it is not established]

nòn·constitútion·al *a* 非憲法的な，憲法外の，憲法以外の法的根拠の（cf. UNCONSTITUTIONAL）．

nòn·consúmable *n* 非消費財《土地・自動車・家具・株券など；cf. CONSUMABLE》．

nòn·consummátion *n* 完成しないこと，不完行．

nonconsummátion of márriage 婚姻の不完行《性関係[肉の結合]の不成立；cf. CONSUMMATION OF MARRIAGE》．

nòn·contént *n*《英》NOT-CONTENT.

nòn·conténtious búsiness《英》《事務弁護士（solicitor）の》非争訟事務（⇨ CONTENTIOUS BUSINESS）．

nòn·contèst·ability clàuse 不可争条項（＝INCONTESTABILITY CLAUSE）．

nòn·contínuous éasement 非継続的地役権（＝DISCONTINUOUS EASEMENT）．

nòn·contráctual *a* 契約に基づかない，契約と関係のない: ~ obligations 契約に基づかぬ債務．

nòn·contríbutory *a* **1**《年金など》拠出制でない，全額雇用者[国庫]負担の．**2** 貢献しない，役に立たない；寄与していない，結果に影響していない．

noncontríbutory pénsion plàn

[schème"] 非拠出年金制度, 無拠出年金計画 (cf. CONTRIBUTORY PENSION PLAN [SCHEME]).

nòn·contrólling a 支配しない, 規制しない, 抑制しない.

nòn·córe a 非中核手続き (noncore proceeding) の [に関する].

noncóre procéeding 非中核手続き (=RELATED PROCEEDING).

nòn·críminal a 犯罪とならない, 非犯罪的; 刑事(上の)ではない: ~ conduct 犯罪とはならない行為 / ~ proceedings 刑事上のではない手続き.

nón cul·pá·bi·lis /-kʌ̀lpǽbɪlɪs/ 無罪(の答弁)《略 non cul.》. [L=not guilty]

nòn·cúmulative (preférred) stóck [sháre] 《優先配当の未払い分が累積され, したがって填補されない》非累積(的優先)株 (cf. CUMULATIVE (PREFERRED) STOCK).

noncúmulative vóting 非累積投票(制) (=straight voting) 《株主総会で取締役を選任する場合に選任取締役の数にかかわらず 1 株につき 1 票だけ投票権を与える投票方法; cf. CUMULATIVE VOTING》.

nòn·custódial a 1 〈親が〉(法的に) 子供の(第一次的)監護権 (custody) をもたない, 監護権のない. 2 拘束中に行なわれるのではない.

noncustódial interrogátion 《警察による》非拘束被疑者の取調べ.

noncustódial párent 《米》(第一次的)監護権を有しない親 (=POSSESSORY CONSERVATOR).

noncustódial séntence 《保護観察処分 (probation) など刑務所などに収容されない》非拘禁刑(の宣告).

nón dam·ni·fi·cá·tus /-dæ̀mnəfəkéɪtəs/《損害填補保証証書 (indemnity bond) に基づく金銭債務訴訟 (debt) での被告の》損害不存在の答弁[抗弁]. [L=he/she is not damaged]

non·dángerous spécies 《英》非危険種 (⇨ CLASSIFICATION OF ANIMALS).

Non dat qui non ha·bet. /nán dǽt kwaɪ nán héɪbɛt/ 持たざる者は与えず. [L=A person who does not have does not give.]

non·déadly fórce 1 非致死的暴力, 軽い傷害を与えようとした暴力 (=moderate force) (cf. DEADLY FORCE). 2 《ナイフを見せつけたりする》致死的暴力の脅威.

Non de·beo me·li·o·ris con·di·ti·o·nis es·se quam auc·tor me·us a quo jus in me tran·sit. /nán débɛoʊ mèlióʊrɪs kəndìʃióʊnɪs ɛ́sɛ kwæm ɔ́:ktɔ:r mí:əs eɪ kwoʊ ʤú:s ɪn mi trǽnsɪt/ 私に権利を移転する私の前主が私よりよい状況にあるべきではない. (cf. NEMO DAT QUOD [QUI] NON HABET). [L=I ought not to be in better condition than my assignor, from whom the right passes to me.]

Non de·bet al·te·ri per al·te·rum ini·

qua con·di·tio in·fer·ri. /nán débɛt ǽltɛrài per ǽltərəm ɪnáɪkwə kəndíʃioʊ ɪnfə́rràɪ/ 一方の者に対して別の者により不衡平な状況がもたらされるべきではない. [L=An inequitable condition ought not to be brought on one person by another.]

Non debet cui plus li·cet quod mi·nus est non li·ce·re. /— — kaɪ plʌs láɪsɛt kwəd máɪnəs ɛst nan láɪsɛrɛ/ より大きなことを許されている者がより小さなことを許されないということはあるべきでない. [L=A person who is permitted to do the greater thing ought not be forbidden to do the lesser.]

Non de·ci·pi·tur qui scit se de·ci·pi. /nán dɛsípɪtər kwaɪ sít si désɪpàɪ/ みずから欺かれていることを知っている者は欺されていない. [L=A person is not deceived who knows himself/herself to be deceived.]

nòn·dedúctible a 控除不能の, 控除不適格の, 控除対象外の, 税控除が認められない.

Non de·fi·ni·tur in ju·re quid sit co·na·tus. /nán dɛfáɪnɪtər ɪn ʤú:rɛ kwɪd sít kənéɪtəs/ 何が未遂であるかは法に定義されていない. [L=What an attempt is, is not defined in law.]

non·délegable a 〈権限・職務などが〉委任不能の.
nòn·delegabílity n

nondélegable dúty 委任不能義務 (1) 契約当事者みずから履行すべきで第三者に委任できない義務 2) 契約当事者から請負人 (independent contractor) に義務を委任することは許されるが, 後者により不適正な履行がなされた場合は前者が代理責任 (vicarious responsibility) でなく第一次的の責任を負うべき義務》.

nòn·delegátion dòctrine 授権制限の法理 (=DELEGATION DOCTRINE).

nòn·delívery n 引渡しのないこと, 引渡ししないこと (cf. DELIVERY).

nón dé·ti·net /-détɪnèt, -détənət/《史》不法留置否認訴答《動産返還請求訴訟 (detinue) での被告の全面否認訴答 (general issue)》. [L=he/she does not detain]

Non dif·fe·runt quae con·cor·dant re, ta·met·si non in ver·bis iis·dem. /nán dífərənt kwi kankɔ́:rdænt ri tæmétsài nán ɪn vɛ́rbɪs aíɪsdem/ たとえ同一のことばで表現されていなくとも実体において一致しているものは, 異なってはいない. [L=Those things that agree in substance, although they are not in the same words, do not differ.]

nòn·diréction n 《裁判官の陪審に対する》無説示, 不適切指示[説示]《指示[説示]が適切になされないこと; cf. DIRECTION).

nòn·dischárge·able débt 《滞納している税金などの》破産免責されない金銭債務.

nòn·disclósure n 不開示 (cf. DISCLOSURE); 不通知.

nondisclósure agrèement 《企業関係者が結

ぶ》情報不開示合意, 守秘義務合意 (=confidential disclosure agreement, confidentiality agreement, secrecy agreement): sign a ~.

nòn·discrétionary trúst 非裁量的信託 (= FIXED TRUST) (cf. DISCRETIONARY TRUST).

nòn·discrimination nòtice 〖英〗差別待遇禁止通知《人種平等委員会 (Commission for Racial Equality) や機会均等委員会 (Equal Opportunities Commission) が違法な人種的・性的差別をやめるよう違反者に出す通知》.

nòn·dispáragement cláuse 中傷禁止条項《1》一般に, 当事者が互いに相手方にとってマイナスになるようなことを公けにしない旨を約束する契約条項 2) 子供の面前で一方の親が他方の親を批判することを禁ずる離婚判決・離婚合意書・子育てについての合意書などの条項》.

nòn·divérse *a* 1 同種の. 2 〖米〗《訴訟において相手方当事者と》同じ州籍をもつ (cf. DIVERSE, DIVERSITY JURISDICTION).

Non est arc·ti·us vin·cu·lum in·ter ho·mi·nes quam jus·ju·ran·dum. /nán ɛst á:rkʃiəs vínkjuləm intər hámıniz kwam ʤùːsʤurǽndəm/ 宣誓ほど人間の間の固い絆はない. [L=There is no firmer bond among men than an oath.]

Non est dis·pu·tan·dum con·tra prin·ci·pia ne·gan·tem. /nán ɛst dìspjutǽndəm kɑntréɪ prɪnsípiə nɛgǽntɛm/ 原則を否認する者に対して議論すべきでない. [L=There is no disputing against a person who denies principles.]

nón est fác·tum /-fǽktəm/〖史〗証書(作成)否認の答弁 (cf. NIENT LE FAIT). [L=it is not his/her deed]

nón est in·vén·tus /-ɪnvéntəs/(本人)所在不明復命 (=non inventus)《令状により逮捕を命じられた人物が所管区内に見当たらない旨の復命をなすときシェリフ (sheriff) が令状に書き込む文句; 略 n.e.i., N.E.I.》. [L=he/she is not found]

Non est re·ce·den·dum a com·mu·ni ob·ser·van·tia. /-rèsədéndəm eɪ kəmjúːnàɪ àbsərvǽnʃiə/ 一般的慣行からは外れるべきではない. [L=There should be no departing from a common observance.]

nòn-Euclídean zóning 〖米〗非ユークリッドゾーニング《同一地区内に矛盾しないかぎり各種の土地利用の混在を認めるゾーニング; cf. EUCLIDEAN ZONING》.

nòn·exclúsive éasement 非排他的地役権 (=COMMON EASEMENT) (cf. EXCLUSIVE EASEMENT).

nonexclúsive lísting 非排他的不動産仲介(契約) (=OPEN LISTING).

nòn·exécutive diréctor 非常勤取締役[理事].

nòn·exémpt próperty 非差押禁止財産 (⇨ EXEMPT PROPERTY).

Non fa·ci·as ma·lum ut in·de ve·ni·at bo·num. /nán féɪʃiæs mǽləm ət índɛ vénɪæt bóʊnəm/ そこから善きことが出て来るようにと悪しきことをなさないように. [L=You are not to do evil that good may come thereof.]

non·fea·sance /nánfíːz(ə)ns/ *n* 不作為, 懈怠(けたい)《行為が不適切になされることや行為自体が違法であることと区別して, なすべき行為を全くしないことを指す; cf. MALFEASANCE, MISFEASANCE》. **non·féa·sant** *a* **non·féa·sor** *n*

nón fé·cit /-fíːsət/ 文書作成否認の答弁. [L=he/she did not make it]

nòn·fórfeit·able *a* 没収されえない, 失権されえない (⇨ FORFEITURE).

nòn·fórfeiture óption 〖保険〗不没収選択(権)《生命保険の保険料支払いを継続できなくなった場合に, 解約返戻金をもらうか, その返戻金を用いて減額払込済保険・延長定期保険 (extended term insurance) その他で契約を継続するかの選択》.

nòn·fundaméntal térm 《契約の》非基本的条項 (⇨ FUNDAMENTAL TERM, FUNDAMENTAL BREACH).

nòn·governméntal organizátion 非政府組織;〖国際法〗非政府間国際組織《》略 NGO》.

non-grántor-ówner trúst 非譲与者所有者信託《受益者 (beneficiary) が信託財産の本体あるいはその果実をみずからに帰属させうる無制限の権限を有している信託》.

Non im·pe·dit clau·su·la de·ro·ga·to·ria quo mi·nus ab ea·dem po·tes·ta·te res dis·sol·van·tur a qua con·sti·tu·un·tur. /nán ímpɛdɪt klɔ́ːsjulə dìrəgətóʊriə kwoʊ máɪnəs æb ìeɪdəm pàtɛstéɪtɛ rɪz dìsəlvǽntər eɪ kwɑ́ː kɑnstìtjuʌ́ntər/ 変更制限条項は事柄が設定されたのと同一権能によりその事柄が解消されることを妨げるものではない《例えばある法律上の同法を7年間廃止することを禁止した条項は, この法諺に反しているので, この条項は無効となるの意》. [L=A derogatory clause does not prevent things from being dissolved by the same power by which they were constituted.]

nón im·pe·dí·vit /-ìmpədáɪvɪt/ 妨害否認訴答 (=NE DISTURBA PAS). [L=he/she did not impede]

nòn·indíct·able offénse 正式起訴で訴追される要のない犯罪 (opp. *indictable offense*).

nòn·ínfamous críme 非破廉恥罪 (cf. INFAMOUS CRIME).

Non in le·gen·do sed in in·tel·li·gen·do le·ges con·sis·tunt. /nán ɪn lɪʤéndoʊ sɛd ɪn ɪntɛlɪʤéndoʊ líːʤɪz kɑnsístənt/ 法は読むことではなく理解することにある. [L=The laws consist not in reading but in understanding.]

nòn·insáne autómatism 非精神障害性自動症《精神障害 (insanity) のゆえでなく催眠による場合などなんらかの外因によりみずから意識することなしにある行為を

なすこと; 責任阻却事由となる; ただし飲酒などみずから招いた場合は防御とはならない; cf. INSANE AUTOMATISM).

nòn·intérpretivism n《米》非解釈主義 (⇨ INTERPRETIVISM). **nòn·intérpretivist** n

nòn·intervéntion will 不介入遺言(書)《独立的遺言執行者 (independent executor) を認める遺言(書)》.

nón invéntus =NON EST INVENTUS.

nòn·íssuable pléa《原告の訴答の手続き上の瑕疵(?)を問題とする訴え却下答弁 (plea in abatement) のような》非本案答弁.

nòn·jóinder n《ある訴訟に共同原告または共同被告とすべき人の》不併合, 当事者不併合 (cf. DISJOINDER, MISJOINDER).

nòn·judícial a 裁判[司法]外の, 裁判[司法]手続きによらない, 法廷外の; 裁判官にふさわしくない.

nonjudícial dáy《裁判・開廷が許されていない》休廷日, 非裁判日 (=dies non (juridicus), (legal) holiday) (opp. *juridical* [*judicial*] *day*).

nonjudícial foreclósure 裁判手続きによらない譲渡抵当権実行手続き (POWER-OF-SALE FORECLOSURE または STATUTORY FORECLOSURE; cf. JUDICIAL FORECLOSURE).

nonjudícial óath 1 法廷外宣誓 (=VOLUNTARY OATH). **2** 司法手続きによらない宣誓 (=EXTRAJUDICIAL OATH).

nòn·jurídical a (cf. JURIDICAL) **1** 裁判[司法]上のものではない, 裁判[司法]手続上の[に関する]ものでない, 裁判に関係ない, 裁判になじまない. **2** 法的なものでない, 法に関係ない.

nòn·júror n **1** 陪審員として務めぬ人. **2** 宣誓拒否者《一般的用法のほか,《史》国王など主権者に対して忠誠宣誓を拒絶する者, 特に《英史・スコットランド史》ジェームズ2世とその相続人への忠誠宣誓の破棄とオレンジ公ウィリアムが国王であることを認めることを拒絶する聖職者》.

nòn·júry, nòn·júry a 陪審を必要としない, 陪審抜きの: ~ trial 陪審抜きの事実審理, 無陪審審理.

nonjúry líst《英》無陪審審理リスト《裁判官のみで陪審なしで行なわれる高等法院 (High Court of Justice) の女王座部 (Queen's Bench Division) の審理リスト; cf. JURY LIST》.

Non jus, sed sei·si·na fa·cit sti·pi·tem. /nán dʒúːs sɛd síːsɪnə féɪsɪt stípɪtɛm/ 権利ではなく占有が(無遺言不動産相続の)幹を作る. [L=Not right, but seisin, makes a stock.]

nòn·jústiciable a 司法判断に適していない, 裁判に付せられるべきでない, 裁判になじまない (opp. *justiciable*). **nòn·justiciability** n

nòn·légal a 非法律的な, 法律の範疇外の (cf. ILLEGAL).

nòn·léviable a《破産などで》《家産 (homestead) などが》差押え・強制執行・売却などから免除されている (opp. *leviable*) (⇨ HOMESTEAD LAW).

Non omnium quae a majoribus

nón lí·cet /-láɪsɛt/ 許されず. ▶ VERDICT OF NON LICET (評議継続の評決). [L=not permitted]

nón lí·quet /-láɪkwɛt/ **1**《大陸法》「明白ならず」《事件審理後もなお事実関係が不明確なときに裁判官が記した文句》; 明白でないゆえの判決回避. **2**《国際法》《紛争に適用すべき法が不明確であることからの》判決回避.《》略 n.l.) [L=it is not clear]

nón mo·les·tán·do /-mòʊləstǽndoʊ/《史》国王の保護にもかかわらずお土地の占有を妨害されている者に対して出された》保護確保令状. [L=by not molesting]

nòn·molestátion òrder《英》《夫婦の一方・親・血族・同棲者に対する》暴行排除命令 (⇨ PERSONAL PROTECTION ORDER).

nòn·mónetary ítem《財産諸表の項目中の価格が固定していない》非貨幣項目.

non·móv·ant /nʌnmúːvənt/ n 申し立てをなした当事者でない方の訴訟当事者.

nòn·negótiable a **1** 交渉[協議, 協定]できない, 交渉[協議, 協定]の対象になりえない. **2**《証券などが》譲渡できない, 流通性のない, 非流通の.《》cf. NEGOTIABLE》.

nonnegótiable bíll of ládіng 流通性のない船荷[運送]証券 (=STRAIGHT BILL OF LADING).

nonnegótiable ínstrument 非流通証券.

Non ob·ser·va·ta for·ma, in·fer·tur ad·nul·la·tio ac·tus. /nán àbsɛrvéɪtə fɔ́ːrmə ɪnfértər ædnəléɪʃioʊ ǽktəs/ 方式が遵守されなければ訴訟の無効が惹き起こされる. [L=When the form is not observed, an annulment of the act is inferred.]

nón ob·stán·te /-ɑbstǽnti/ *prep* NOTWITHSTANDING. — n《英》《史》法適用特別免除許可《反対趣旨の法があるにもかかわらず (non obstante), 特定の者に一定行為を特別に許可する国王大権; 1689年の権利章典 (Bill of Rights) で禁止された; 略 **non obst.**). [L=notwithstanding]

nón obstánte ve·re·díc·to /-vèrədíktoʊ/ *adv*《陪審の評決にもかかわらず,《陪審の》評決と異なる《略 n.o.v.; cf. JUDGMENT NOTWITHSTANDING THE VERDICT》. ▶ JUDGMENT NON OBSTANTE VEREDICTO (評決無視判決). [L=notwithstanding the verdict]

nòn·óccupant vísitor《現に令状に基づき捜索されている企業の所有者・共有者・被用者・客のいずれかの》非占有者である訪問者.

nòn·occupátion·al a **1** 職業にかかわりのない. **2**《就業不能の障害者一般に給付金を交付する》障害者一般援助の.

nòn·óccupier n《特定の土地・建物の》非占有者《特に INVITEE または LICENSEE》.

Non om·ne quod li·cet ho·nes·tum est. /nán ámnɛ kwad láɪsɛt hɑnéstəm ɛst/ 許されていることのすべてが立派なものであるとは限らない. [L=Not everything that is permitted is honorable.]

Non om·ni·um quae a ma·jo·ri·bus

nos·tris con·sti·tu·ta sunt ra·tio red·di po·test. /nán ámniəm kwi eɪ mædʒóʊrɪbʌs nástrɪs kònstɪt(j)úːtə sənt réɪʃioʊ rédaɪ pátɛst/ 我々の祖先によって定められたことのすべての理由が与えられうるわけではない. [L=Reason cannot be given for all of those which have been constituted by our ancestors.]

nòn·oríginal bíll 《エクイティー上の》非初審訴状 (=bill not original) (⇨ ORIGINAL BILL).

nón·pár /ˌ-ˈ-/ a NONPARTICIPATING.

nòn·particípating a 1 非参加の. 2 無配当の: ~ insurance 無配当保険.

nonpartícipating preférred stóck [shàre] 《規定の優先配当のみを受け取る》非参加的優先株 (cf. PARTICIPATING STOCK).

nòn·pár válue stòck [shàre] 無額面株式.

nòn·páy·ment n 不払い: ~ of a debt.

nòn·perfórm·ance n 不履行 (cf. MISPERFORMANCE, PERFORMANCE).

nòn·perfórm·ing lóan 未済貸付け[融資, ローン], 不良債権.

non pla·cet /nàn pléɪsət, nòʊn-/ 反対(投票), 異議あり《会議体が投票の結果の否決を記録する時の決まり文句》. [L=it does not please]

Non pos·ses·so·ri in·cum·bit ne·ces·si·tas pro·ban·di pos·ses·si·o·nes ad se per·ti·ne·re. /nán pàzɛsóʊraɪ ɪnkámbɪt nɛsésɪtæs prabǽndɪ pazɛʃióʊniːs æd sɛ pɜ̀rtɪniːrɛ/ 占有がみずからに属していることを立証する必要性が, 占有者にはない. [L=The necessity of proving that his/her possessions belong to him/her does not fall upon the possessor.]

Non po·test ad·du·ci ex·cep·tio ejus·dem rei cu·jus pe·ti·tur dis·so·lu·tio. /nán pátɛst ædjúːsaɪ ɛksépʃioʊ idʒʌ́sdəm ríːaɪ kjúːdʒəs pétɪtər dìsaljúːʃioʊ/ その終了が求められている事柄に関する抗弁は提出されえない. [L=An exception cannot be adduced on the same matter whose determination is sought.]

Non potest pro·ba·ri quod pro·ba·tum non re·le·vat. /ˌ-ˈ-ˌ-/ proʊbéɪraɪ kwad prabéɪtəm nán rélɛvæt/ 立証されたとしても重要でないことは立証されえない. [L=That cannot be proved which, when proved, is irrelevant.]

Non potest rex gra·ti·am fa·ce·re cum in·ju·ria et dam·no ali·o·rum. /ˌ-ˈ-ˌ-/ réks grǽʃiæm féɪsərə kəm ɪndʒúːria ɛt dǽmnoʊ æliórəm/ 国王は他人に対する権利侵害や損害を伴う形で恩恵を施すことはできない. [L=The king cannot grant a favor attended with injury and loss to others.]

nòn·prívity n 直接的契約関係の欠如 (=~ of cóntract) (⇨ PRIVITY OF CONTRACT). ▶ HORIZONTAL NONPRIVITY (水平的な直接的契約関係の欠如) / VERTICAL NONPRIVITY (垂直的な直接的契約関係の欠如).

nòn·próbate a 1 遺言とは別の遺産処分方法(で)の: ~ distribution. 2 遺言とは別の遺産処分方法で処分された(財産の).

nonpróbate ásset 《例えば契約に基づくなど》遺言とは別の遺産処分方法で処分された資産.

nòn·prófit a 非営利的な. — n 非営利団体, 非営利組織, 非営利法人.

nónprofit associátion 非営利団体 (=association not for profit).

nónprofit corporátion 《米》非営利法人 (=not-for-profit corporation) (cf. BUSINESS CORPORATION).

nónprofit organizátion 非営利組織.

nòn·proliferátion trèaty 《国際法》核拡散防止条約 (=nuclear-nonproliferation treaty)《第1回は1968年に締結, 1970年発効; 正式には Treaty on the Nonproliferation of Nuclear Weapons (核兵器の不拡散に関する条約)という; 現在100か国以上が参加している》.

nòn·propríetary a 専有[独占]されていない, 独占販売権のない, 商標登録されていない (generic).

non-pros /nànprás/ v (-ss-) vt 《訴訟追行を怠る原告を》敗訴とする.

nón pro·sé·qui·tur /-prəsékwətər/ 訴訟不追行, 訴訟不追行ゆえの原告敗訴《訴訟手続きを怠る原告に対する敗訴判決; 略 non pros(.); cf. NOLLE PROSEQUI》. [L=he/she does not prosecute]

nòn·próvable débt 《破産手続き (bankruptcy proceeding)で請求しえない》立証資格を欠く債権 (cf. PROVABLE DEBT).

nòn·públic fórum パブリック・フォーラム (public forum)ではない公有地《表現活動の場として伝統的に認められているないしは指定されている場でない公有地; 例えば刑務所・軍事基地など》.

nòn·púrchase-mòney a 売買代金の担保でない, ローンで取得した財産の担保債務でない[に関するものでない]: ~ mortgage 売買代金担保でない譲渡抵当 (cf. PURCHASE MONEY MORTGAGE).

Non quod dic·tum est, sed quod fac·tum est, in·spi·ci·tur. /nán kwad díktəm ɛst sɛd kwad fǽktəm ɛst ɪnspísɪtər/ 言われたことでなくなされたことが考慮される. [L=Not what has been said but what has been done is regarded.]

nòn·recognítion provìsion 《米税制》《実現した利得または損失の》非認定規定《実現した利得 (realized gain)または実現した損失 (realized loss)のすべてないしは一部を課税目的上そのものとして認めないことを許す制定法上の規定; 一般にはこの規定は事実上単に認定延期を意味するだけである》.

nòn·ré·còurse, nòn- /ˌ-ˈ-, -rɪkóːrs/ a 《債務が》ニ

次的請求権なしの[のない]《その債務を保証している担保からのみ支払いがなされ、債務者の他の資産に対しては請求が及びえないこと; cf. NONRECOURSE LOAN, NONRECOURSE NOTE》.

nonrécourse lòan 二次的請求権なしの貸借《債務不履行の場合、債務者の責任は担保物に限定され、債権者はそれ以上に債務者の動産的資産 (personal asset) に対して請求権をもたないという条件の貸借; cf. RECOURSE LOAN》.

nonrécourse nòte 二次的請求権なしの約束手形《その約束手形 (note) を保証している担保によってのみその債務支払いが保証され、債務者の他の資産に対しては請求が及びえない約束手形; cf. RECOURSE NOTE》.

nòn·recúrring dívidend 臨時[特別]配当(金) (=EXTRAORDINARY DIVIDEND).

nonrecúrring ítem 臨時[特別]項目, 非経常項目.

Non re·fert an quis as·sen·sum su·um prae·fert ver·bis an re·bus ip·sis et fac·tis. /nán réfərt æn kwɪs æsénsəm sú:əm prí:fərt vɚ́bɪs æn rí:bəs ípsɪs ɛt fǽktɪs/ 人がその同意を文言で示すかあるいは行為そのものと捺印証書によって示すのかは、重要なことではない. [L=It matters not whether a person gives his/her assent by words or by acts themselves and deeds.]

Non refert quid no·tum sit ju·di·ci, si no·tum non sit in for·ma ju·di·cii. /—— —— kwɪd nóutəm sɪt ʤú:dɪsaɪ saɪ nóutəm nán sɪt ɪn fɔ́:rmə ʤù:díʃii/ それが裁判手続き上知られているのでなければ、裁判官に知られていることは重要ではない. [L=It matters not what is known to the judge if it is not known judicially.]

non·re·foule·ment /nɔ̀nrɪfáʊlmənt/ *n*《国際法》《難民の》追放・送還の禁止,《難民の》追放・送還されない権利, ノン・ルフルマン (cf. REFOULEMENT): the principle of ~ 難民追放・送還禁止原則, ノン・ルフルマン原則. [F]

nòn·re·fúnd·able *a* 払い戻されない; 借換え不可能な.

nòn·ré·fùnd annùity 無償還年金 (=pure annuity, straight life annuity)《年金受給権者の生涯の間の年金は保証されるが、その死亡によりいかなる者にも償還のない年金》.

nòn·renéwal *n*《賃貸借契約・保険契約などの》不更新.

nòn·résidence *n* **1**《教会》非居住聖職禄権者《聖職禄権者がその聖職禄内に居住していないこと; 通常は許されないことで、処罰対象となる》. **2** 非居住,《特に 会社などの》国内[州内, 域内]無住所.

nòn·résident *n*《管轄区域内》非居住者(略 n.r.).

nonrésident álien 非居住外国人.

nòn·residéntial párent《米》非居住親 (=POSSESSORY CONSERVATOR).

nonrésident párent《英》非同居親《子供と同居していない親で子供の扶養費を分担すべき親; かつては absent parent (不在親) といった; cf. CHILD SUPPORT MAINTENANCE, PARENT WITH CARE》.

nòn·resíst·ance *n*《権力・法などに対する》無抵抗(主義), 消極的服従.

nòn·retúrn·able *a* **1** 返却できない, 回収できない: ~ packing. **2** 復命不能の.

nonretúrnable contáiner* 使い捨て容器, 返却不要[不能]の容器.

nón sá·nae mén·tis /-séɪmi méntəs/ *a* 精神障害の. [L=not of sound mind]

non-sáne *a* 精神障害の, 精神が健常[正常]でない (cf. INSANITY).

nón sé·qui·tur /-sékwətər/ *a* 無関係の, 矛盾した, 論理的に結びつかない. — *n* **1**《前提と関連性のない》不合理な推論[結論]《略 non seq.》. **2**《今までの話題と》関係のない話. [L=it does not follow]

nòn·sérvice *n*《令状の》不送達.

nòn·skíp pèrson《米税制》世代飛越しをされていない者《世代飛越し移転 (generation-skipping transfer) との関連で飛び越されていない人; cf. DEEMED TRANSFEROR, GENERATION-SKIPPING TRANSFER TAX, SKIP PERSON》.

Non so·lent quae abun·dant vi·ti·a·re scrip·tu·ras. /nán sóulənt kwi æbándænt vìʃiéɪre skrɪptjú:reɪs/ 余分なこと[文言]は通例書面を無効にしない. [L=Surplusage is not wont to vitiate writings.]

nòn·sóvereign státe 非主権国家 (=dependent state) (cf. SEMISOVEREIGN STATE, SOVEREIGN STATE).

nónstock corporátion 非株式法人 (=membership corporation)《相互保険会社 (mutual insurance company)・労働組合・宗教団体のように非営利目的のために設立された法人で、加入者は株式でなく会員資格を有することになる》.

nón sub·mís·sit /-səbmísɪt/ 仲裁付託合意不存在の答弁[抗弁]. [L=he/she did not submit]

nòn·sufficient fúnds* *pl* 預金残高不足 (=NOT SUFFICIENT FUNDS)《略 NSF》.

nón súi júris *a* 行為能力のない (⇨ SUI JURIS). [L=not of one's own right]

nòn·súit *n* 訴え却下《原告が立証できなかったり手続きを進めなかったという理由で原告に対して訴訟を終了させる判決を広く指す; 原告が自発的に訴訟を取り下げる訴えの自発的取下げ (voluntary nonsuit) とそうでない裁判所による非自発的[強制的]却下 (involuntary [compulsory] nonsuit) とがある; 英国ではこの語はもはや用いられておらず代わりに自発的取下げに対しては discontinuance (《訴えの》取下げ) の語が用いられている; また米国でも連邦民事訴訟規則 (Federal Rules of Civil Procedure) 上では dismissal (《訴えの》却下; 取下げ) の語が

用いられている; cf. DEFAULT, DISCONTINUANCE, DISMISSAL, NONAPPEARANCE). ▶ COMPULSORY NONSUIT (訴えの強制的却下) / DISMISSAL AND NONSUIT (訴訟却下) / INVOLUNTARY NONSUIT (訴えの非自発的却下) / MOTION FOR (JUDGMENT OF) NONSUIT (訴え却下の申し立て) / VOLUNTARY NONSUIT (訴えの自発的取下げ).
— a 訴え却下の: to be ~ 訴えが却下される. — vt 〈原告の〉訴えを却下する. [AF]

nòn·súit·ed a 訴え却下の: to be ~.

non sum in·for·ma·tus /nán sÁm infɔːrméɪtəs/ 〖史〗防御指示なしの申し立てに基づく原告勝訴《被告弁護士が被告本人から防御について指示がない旨を申し立て, それに基づいて原告勝訴判決が出されること, また その判決》. [L=I am not informed]

nòn·suppórt n **1** 援助しないこと, 不支持. **2**〖米〗扶養義務不履行, 扶養懈怠(だいたい)《大部分の州では犯罪となり, criminal nonsupport (扶養義務不履行罪) ともいう》.

nòn·táriff bárriers pl 非関税障壁《関税以外の貿易障壁》.

nòn·táx·able a 非課税の.

nòn·ténure n 〖史〗不保有の答弁[抗弁]《物的訴訟 (real action) で, 被告が問題となっている土地の一部または全部の保有を否認する訴答》.

nòn·ténured a TENURE を得ていない[のない].

nón·tèrm n 〖史〗休廷期間 (=NON TERMINUS).

non ter·mi·nus /nàn táːrmɪnəs/ n 〖史〗休廷期間 (=nonterm)《開廷期 (term) と開廷期の間の期間》. [L=not the end]

nòn·tráding pártnership 非商業組合 (=noncommercial partnership)《売買を業としていない組合 (partnership); cf. TRADING PARTNERSHIP》.

nòn·únion a **1** 労働組合に属していない, 非組合員の: ~ workers. **2** 労働組合に好意的でない, 非[反]組合的な. **3** 労働組合員によって作られたものでない.

nòn·úse n **1**《権利の》不行使. ▶ PRESCRIPTION OF NONUSE (消滅時効). **2** 不使用, 不利用. **3**《特許権・著作権・商標権などの》放棄 (=ABANDONMENT).

nón·úser n《権利の》不行使 (cf. USER², MISUSER).

Non va·let con·fir·ma·tio, ni·si il·le, qui con·fir·mat, sit in pos·ses·si·o·ne rei vel ju·ris un·de fi·e·ri de·bet con·fir·ma·tio; et eo·dem mo·do, ni·si il·le cui con·fir·ma·tio fit sit in pos·ses·si·o·ne. /nán vǽlɛt kànfɪrméɪʃiou náɪsaɪ íːlɛ kwaɪ kanfírmæt sɪt ɪn pazɛʃíounɛ ríːaɪ vɛl ʤúːrɪs Ándɛ fáɪɛràɪ débɛt kànfɪrméɪʃiou ɛt ióudɛm móudou náɪsàɪ íːlɛ kaɪ kànfɪrméɪʃiou fɪt sɪt ɪn pazèʃíounɛ/ 権利確定行為は, 確定行為をなす者が確定されるべき物あるいは確定されるべき権利を占有しているのでないかぎり, 効力を有しない. そして確定がなされる相手方も占有しているのでないかぎり, 同様である. [L=Confirmation is not valid unless the person who confirms is in possession of the thing or of the right of which confirmation is to be made, and, in like manner, unless that person to whom confirmation is made is in possession.]

non·vérbal téstimony 非言語証言《写真・地図・絵など証人が証言する際に補助的に用いられるもの》.

Non vi·den·tur qui er·rant con·sen·ti·re. /nán vɪdéntər kwaɪ ɛrənt kànsɛntáɪrɛ/ 錯誤している人は同意しているとはみなされない. [L=They who err are not considered as consenting.]

Non vi·de·tur con·sen·sum re·ti·nu·is·se si quis ex prae·scrip·to mi·nan·tis ali·quid im·mu·ta·vit. /nán vɪdíːtər kansénsəm rɛtìnjuíːsɛ saɪ kwɪs ɛks prìskríptou mɪnǽntɪs ǽlɪkwɪd ɪmjutéɪvɪt/ 人が強迫者の指図で事を変更したのであれば, その同意を保持しているとはみなされない. [L=If a person has changed anything by the direction of a person threatening, he/she is not considered to have retained his/her consent.]

Non videtur quis·quam id ca·pe·re quod ei ne·ces·se est alii re·sti·tu·e·re. /— — kwískwæm ɪd kéɪpɛrɛ kwad íːaɪ nɛsɛsɛ ɛst ǽliàɪ rèstɪtjúːɛrɛ/ 人は, 他の人に返却せねばならない物を取得するとはみなされない. [L=A person is not considered to acquire that which he/she must restore to another.]

nòn·vóluntary euthanásia 《乳飲み子や植物人間になった人のようにみずからの意思表示のできない人の》無意思の安楽死 (cf. INVOLUNTARY EUTHANASIA, VOLUNTARY EUTHANASIA).

nonvóluntary infórmal pátient 〖英〗無意思の略式入院患者 (⇨ INFORMAL PATIENT).

nòn·vóter n 投票しない人, 投票棄権者, 投票権のない人.

nòn·vóting a 投票しない, 投票権のない;〈株が〉議決権のない《略 NV》.

nonvóting stóck [sháre"] 議決権のない株式, 無議決権株.

non vult (con·ten·de·re) /nán vÁlt (kəntɛ́ndəri, -dɛ̀rəri)/ 不抗争の答弁 (=NO CONTEST). [L=he/she does not wish (to contend)]

nòn·wáiver agrèement 〖保険〗不放棄合意《書》《責任保険契約の保険金請求に関連して行なう保険者の損害査定などが, 保険者・被保険者の保険契約上の権利を放棄したとは無効とすることを意味しないこと《査定をしても填補責任を認めたことにはならない など》を事故発生後に合意すること, またその書面》.

nó-óral-modificátion clàuse 口頭変更禁止条項 (=NOM clause)《両当事者が合意への口頭の変更をなすことができないと定める契約上の条項; cf. INTEGRATION CLAUSE》.

nó pár a《株式など》額面価格 (par value) のない. — n 無額面株式 (no-par stock).

nó-pár stóck＊ 無額面株式 (＝**nó-pár-válue stóck**)《額面価格 (par value) のない株式; 単に no par ともいう; cf. PAR STOCK [SHARE]》.

nó páss, nó pláy rùle《米》落第者参加拒否則《公立学校の生徒・学生に対して, スポーツや楽隊などの課外活動に参加するためには最低限度の学業平均値を維持していなければならないと定める州法》.

nó recóurse 頼るものがないこと;《特に》償還[弁済]をしてもらう手段がないこと[ない旨の表記].

nó-retréat rùle 退避不能の準則《正当防衛による殺人に関して, 被害者は侵害者の危害の危険に直面してそれを避ける他に合理的な選択肢がない場合には, 自己防衛のために死をもたらしうるような暴力を用いても許されるという準則; cf. RETREAT RULE》.

nó-ríght *n* 無権利.

norm /nɔ́:rm/ *n* 規範, 標準, 基準, 準. ▶ EURO NORM (欧州規準) / PEREMPTORY NORM (強行規範).

nórmal láw《行為能力を有する人に適用される》非行為無能力者法.

nórmal mínd 正常な精神.

nórmal schóol＊ 師範学校《公立学校教員の養成学校》.

Nórman Cónquest [the ~]《英史》ノルマン人の(イングランド)征服《ノルマンディー公 William によるイングランド征服 (1066)》.

Nórman Frénch ノルマンフランス語《中世ノルマン人の用いたフランス語; 1066 年から 14 世紀までイングランドの宮廷で用いられた公用語; これがもとになり法律フランス語 (law French) となり, 18 世紀に入るまで用いられていた》; LAW FRENCH.

nor·ma·tive /nɔ́:rmətiv/ *a* 規範を定めた, 規範的, 標準的, 標準[基準, 規準]を定める.

norm·ing /nɔ́:rmɪŋ/ *n* ノーミング《別基準の適用による特定グループ優遇》,《特に》RACE NORMING. ▶ RACE NORMING (人種間機会均等化).

Nor·ris-La Guár·dia Àct /nɔ́(:)rəs ləgwá:rdiə-, nɑ́r-/ [the ~]《米》ノーリス・ラガーディア法《争議行為を差止め命令 (injunction) により阻止することの大幅な制限および黄犬契約 (yellow dog contract) を強行することの否定が主内容; 1932 年成立の連邦法; ⇨ ANTI-INJUNCTION ACT》. [George William *Norris* (1861-1944) Nebraska 選出の下院議員 (1903-13), 上院議員 (1913-43); Fiorells Henry *La Guardia* (1882-1947) 共和党下院議員 (1917-21, 1923-33), New York 市長 (1934-45)]

Nórth Américan Frée Tráde Agrèement [the ~] 北米自由貿易協定《米国・カナダ・メキシコ 3 か国が関税撤廃を通して相互に市場を開放し, 一大貿易圏をつくるという構想実現のための協定; 1992 年調印, 1994 年発効; 略 NAFTA》.

Nòrth-Éastern Círcuit《英》北東部巡回裁判区《英国の 6 つの巡回裁判区 (circuit) の一; 中心地は Leeds; ⇨ CIRCUIT》.

Nòrth Éastern Repórter《米》『北東部諸州判例集』『ノース・イースタン・リポーター』《『アメリカ合衆国判例体系』(National Reporter System) の一部で, 米国北東部諸州の最高裁判所の判決のほとんど全部と中間上訴裁判所の判決の重要なものおよびごく少数の一審判決を収めるもの; 1885-1936 年の第 1 次シリーズ (略 N. E.), それ以後の第 2 次シリーズ (略 N.E.2d) がある》.

Nórthern Círcuit《英》北部巡回裁判区《英国の 6 つの巡回裁判区 (circuit) の一; 中心地は Manchester; ⇨ CIRCUIT》.

Nórthern Íreland 北アイルランド《アイルランド島の北東部, 全島の約 1/5 を占め, 英国 (United Kingdom of Great Britain and ~) の一部をなす; 首都 Belfast; プロテスタント多数派とカトリック少数派の紛争が激しい》.

Nórthern Íreland Assémbly [the ~]《英》北アイルランド議会《1998 年の Northern Ireland Act (北アイルランド法) で創設された 108 名の議員からなる議会で, 農業・環境・経済発展・健康・社会保険などについての立法権を有する》.

Nórthern Íreland Constitútion Àct [the ~]《英》北アイルランド基本法《北アイルランドの法的地位についての基本法で, 1973 年制定》.

Nórth Wéstern Repórter《米》『北西部諸州判例集』『ノース・ウェスタン・リポーター』《『アメリカ合衆国判例体系』(National Reporter System) の一部で, 米国の旧北西部(現在の中西部より北の)諸州の最高裁判所の判決のほとんど全部と中間上訴裁判所の判決の重要なものおよびごく少数の一審判決を収めるもの; 1879-1941 年の第 1 次シリーズ (略 N.W.), それ以後の第 2 次シリーズ (N.W.2d) がある》.

Nórthwest Órdinance [the ~]《米史》北西部(領地)条令《1787 年連合会議 (Congress) で制定された条令; Northwest Territory (北西部領地) に対する統治の基本方針を定めたもの; 正式名 An Ordinance for the Government of the Territory of the United States Northwest of the River Ohio; 連邦成立後も連邦議会で法律として成立; 自由成年男子 6 万人に達し, 共和主義に基づく憲法を制定すると, その地区は, 連邦への完全加入を求める権利を得る; このように合衆国は段階的連邦加入方式を採用して恒久的な植民地を作らずに領土拡張を果たし, この後の領土拡張方式に大きく影響を与えている; なお 同条令は奴隷制度を禁じ, 基本的人権を保障し, 教育を奨励している》.

Nos·ci·tur a so·ci·is. /nóusɪtər èi sóuʃiɪs/ それは仲間よりして知られる,《意義不明の語は》他の関連する語からわかる《不分明な語句の意味は, その直前直後の語によって決定されるべきであるという解釈上の原則; 不正確にもあるが, ejusdem generis と同義として用いられることもある; cf. EJUSDEM GENERIS, EXPRESSIO UNIUS EST EXCLUSIO ALTERIUS, INTERPRETATION OF STATUTES》. [L＝It is known from its associates.]

Noscitur ex socio qui non cog·no·sci·tur ex se. /— ɛks sóuʃiou kwai nɑ́n kɑgnóusɪtər εks síː/ その者だけでは知られない者でも、その仲間から知られる。[L＝A person who is not known by himself/herself is known by his/her associate.]

nó·strìke clàuse 《労働協約における》ストライキ禁止条項.

no·tar·i·al /noʊtéəriəl/ *a* 公証人の (⇨ NOTARY PUBLIC)；公証人が認証[作成]した．**~·ly** *adv* 公証人によって．

notárial áct 《公証人の》公証(行為). ▶ JOURNAL OF NOTARIAL ACTS (公正証書記録集).

notárial execútion 公正証書の作成.

notárial séal ＝NOTARY SEAL.

no·ta·ri·za·tion /nòʊtərəzéɪ(ə)n; -raɪ-/ *n* 《公証人による》公証, 公証行為.

no·ta·rize /nóʊtəràɪz/ *vt* 《公証人が》〈文書・署名などを〉認証する, 公証する；〈文書・署名などを〉《公証人に》公証してもらう： **~** a document.

no·ta·ry /nóʊtəri/ *n* **1** 公証人 (notary public). **2** 《古》書記. [L *notarius* secretary]

nótary públic (*pl* **nótaries públic, ~s**) 公証人(単に notary ともいう；略 NP, n.p.).

nótary [nótary's] séal 公証人の印鑑；公証人の印；(cf. EMBOSSED SEAL, RUBBER-STAMP SEAL).

no·ta·tion /noʊtéɪʃ(ə)n/ *n* **1**《文字・数字・記号・符号による》表記[表示]法. **2** 覚書；《特に》《英》《遺言検認状 (probate) や遺産管理状 (letters of administration) に特別に付せられる》覚書(作成).

notátion crèdit 要覚書信用状《信用状 (letter of credit) に基づいて振り出された為替手形 (draft) を買い取った者また信用状に基づく支払い請求に応じて支払いをした者が, その金額を信用状通知書に記入することを要求している信用状》.

nòt-contént *n*《英》《議会貴族院で》反対投票(者) (＝noncontent) (⇨ CONTENT).

note /noʊt/ *n* **1 a** 手控え, 覚書, メモ, 備忘録, ノート〈*for, of*〉；《講演などの》草稿,《論文などの》文案, 小論(文),《学会誌などの》研究ノート (＝comment) (cf. ANNOTATION): from [without] ~s [a ~] 草稿を見て[草稿なしで]《講演するなど》/ make a ~ of…を書き留める. **b**《略式の》短い手紙；《外交上の》通牒, 覚書, 通告書, 通知書: a thank-you ~ 礼状. **c**《詐欺防止法 (statute of frauds) 上一定の契約実現のために必要とされる》記録 (⇨ MEMORANDUM). ▶ ADVICE NOTE (物品到達通知書；発送通知書) / ALLOTMENT NOTE (船員給料受取先指図書) / BOUGHT AND SOLD NOTES (仲立人作成結約書) / BOUGHT NOTE (買入れ覚書) / CASE NOTE (判例要約) / CONSIGNMENT NOTE (航空貨物運送状；航空貨物受取証) / CONTRACT NOTE (契約覚書) / COVERING NOTE (添え状) / COVER NOTE (保険代理人仮保険証書) / CREDIT NOTE (貸方票) / DEBIT NOTE (借方票) / DELIVERY NOTE (貨物引渡し通知書) / EXCHANGE OF NOTES (交換公文) / JUDGE'S NOTES (裁判官の手控え) / MARGINAL NOTE (欄外記事) / PLAINT NOTE (訴訟申し立て受理書) / RISK NOTE (過失免責特約) / SALE NOTE (仲立人作成売買契約覚書) / SCOPE NOTE (《判例》要旨注意書) / SOLD NOTE (売渡し覚書). **2** 注, 注解, 評釈 〈*on*〉 (cf. ANNOTATE). ▶ ENDNOTE (巻末[章末]の注) / HEADNOTE (頭注；条文見出し). **3** 注意, 注目, 留意；重要, 顕著, 著名；評判；重要性: a thing worthy of ~ 注目すべき事柄 / a man of ~ 名士. **4** 約束手形, 手形, 預かり証 (cf. DRAFT),"紙幣 (bill*): a £5 ~ 5 ポンド紙幣. ▶ ACCOMMODATION NOTE (融通手形) / APPROVED ENDORSED NOTE (保証裏書付き約束手形) / BALLOON NOTE (風船型支払い約束手形) / BANK NOTE [BANKNOTE] (銀行券) / BILLS AND NOTES (手形；手形小切手) / CIRCULAR NOTE (循環信用状) / COGNOVIT NOTE (認諾文言記載約束手形) / COLLATERAL NOTE (担保付き約束手形) / DEMAND NOTE (一覧払い約束手形) / FEDERAL RESERVE NOTE (連邦準備《銀行》券) / FLOATING RATE NOTE (変動利付き債) / GOLDSMITHS' NOTE (銀行振出約束手形) / HALF-NOTE [HALVED NOTE] (半截約束手形) / HAND NOTE (担保付き約束手形保証付き約束手形) / INSTALLMENT NOTE (分割払い約束手形) / JUDGMENT NOTE (認諾文言記載約束手形) / LONG-TERM NOTE (長期手形) / MYSELF NOTE (自己受け約束手形) / NEGOTIABLE NOTE (流通性のある約束手形) / NONRECOURSE NOTE (二次的請求権なしの約束手形) / POST NOTE (期限付き銀行券) / PREMIUM NOTE (保険料支払い約束手形) / PROMISSORY NOTE (約束手形) / RECOURSE NOTE (二次的請求権付き約束手形) / RENEWAL NOTE (更新約束手形) / SECURED NOTE (担保付き約束手形) / SERIAL NOTE (分割払い約束手形) / TAX ANTICIPATION NOTE (徴税予期約束手形) / TIME NOTE (期限付き銀行券) / T-NOTE (財務省中期証券) / TREASURY NOTE (法定紙幣) / TREASURY NOTE (財務省中期証券) / UNITED STATES NOTES (アメリカ合衆国紙幣). **5** しるし；符号, 記号；音符.
— *vt* **1** 書き留める 〈*down*〉；注意する, 注目する. **2**…に注をつける；…について特に言及する: ~ a bill〈不渡り手形に〉不渡りになった理由を付す. **3** 意味する, 表わす. **4**《古》烙印[焼印]を押す (brand).

nóte bròker 商業証券仲立人.

nóte of a fíne《史》和解譲渡手続き摘要書 (⇨ FINE 4) (cf. FOOT OF THE FINE).

nóte of allówance《英史》不服申し立て許可状《法的判断の誤りについての当事者からの不服申し立てに対するコモンロー裁判所主事 (Master at Common Law) の許可状；1852 年法の下での手続き》.

nóte of cósts 請求書, 送り状.

nóte of hánd (*pl* **nótes of hánd**) 約束手形 (＝PROMISSORY NOTE の通称；今はほとんど使用しない).

nóte of prótest 拒絶覚書《流通証券が支払い拒絶された旨を通常は公証人 (notary public) が証券に記載すること, これがあればこの覚書の日付で後日拒絶証書 (protest) を作成することができる》.

nóte recéivable(*pl* nótes recéivable) 1 受取手形. 2 [*pl*] 受取手形勘定.

nót-for-prófit corporátion〚米〛NONPROFIT CORPORATION.

not found ⇨ FIND.

nót guílty 1 **a** 無罪 (cf. INNOCENT). **b**《被告人による》無罪の答弁 (cf. GUILTY, NO CONTEST). **c**《陪審による》無罪の評決. 2《不法行為 (tort) などについての》責任なし,《不法行為訴訟, 侵害訴訟 (trespass), 不動産占有回復訴訟 (ejectment) などでの》責任なしとの答弁.

nót guílty by réason of insánity 精神障害ゆえの無罪 [責任なし] (cf. GUILTY BUT MENTALLY ILL).

nót-guílty plèa 無罪 (の) 答弁.

no·tice /nóυtəs/ *n* **1** (cf. KNOWLEDGE) **a** 通知, 知らせ, 警告, 告知,《特に》《正式の》通告 (書), 通達,《解雇・解約の》予告, 警告; 通知書, 告知書: give a week's 〜《解約など》1 週間前に通告をする / at [on] short 〜 短時日の予告で, 急に / at [on] a moment's 〜 すぐに, 即刻 / at [on] ten days' [a month's] 〜 10 日 [1 か月] の予告で / give 〜 of...の通知をする / give 〜 to...に届け出る, ...に通知 [告知] する / under 〜 解雇を予告されて / NOTICE TO QUIT. **b** 告示 (文), 公示, 公告, 掲示, 貼り札, ビラ, プラカード: post [put up] a 〜 掲示を出す / put a 〜 in the papers 新聞に公告 [公示] する. **c**《事実・請求・権利主張などを》知っていること, 認識;《私法上の》悪意. ▶ ACTUAL NOTICE (現実の通知; 現実の認識) / ADEQUATE NOTICE (十分な通知) / APPLICATION NOTICE (申し立て通知書) / BANKRUPTCY NOTICE (破産告知) / BLIGHT NOTICE (強制収用予定地買上げ要求通知) / BUILDING PRESERVATION NOTICE (建物保存通知 (書)) / CONSENT TO NOTICE (通知の承諾) / CONSTRUCTIVE NOTICE (擬制認識) / CONTRIBUTION NOTICE (求償通知) / COPYRIGHT NOTICE (著作権表示) / DEFAULT NOTICE (債務不履行の告知) / DIRECT NOTICE (直接の通知) / DOCTRINE OF NOTICE (通知の法理) / DUE NOTICE (適切な通知) / ENFORCEMENT NOTICE (是正通知) / EXPRESS NOTICE (明示の通知, 現実の認識) / FAIR NOTICE (公正な通知; 公正な警告) / FIXED PENALTY NOTICE (交通事件反則金納付通告) / IMMEDIATE NOTICE (迅速な通知) / IMPLIED NOTICE (推定認識) / IMPROVEMENT NOTICE (改善要求通告書) / IMPUTED NOTICE (代位通知; 代位認識) / INQUIRY NOTICE (照会認識) / JUDICIAL NOTICE (裁判所による確知) / LEGAL NOTICE (適法な通知; 法定認識) / NONDISCRIMINATION NOTICE (差別待遇禁止通知) / OFFICIAL NOTICE (公式通知 (書); 公知 (の証拠)) / PENAL NOTICE (刑罰付き通知 (書)) / PERIOD OF NOTICE (告知期間) / PERSONAL NOTICE (対人的通知) / PRIORITY NOTICE (事前通知) / PROHIBITION NOTICE (禁止通告書) / PUBLIC NOTICE (公告) / RECORD NOTICE (記録による通知) / REMEDIATION NOTICE (環境汚染改善通告) / SHORT NOTICE (短期通知) / SIXTY-DAY NOTICE (六十日前通告) / SPECIAL NOTICE (特別通知) / STOP NOTICE (手続き停止命令; 活動停止命令) / THIRD-PARTY NOTICE (第三者への通知) / UNLAWFUL ACT NOTICE (違法行為通告書). **2** 注意, 注目, 着目; 認知; 厚遇; 引立て: beneath sb's 〜 人の注目するに値しない, 取るに足らない / bring...to [under] sb's 〜 ...を人の目に留めさせる, 注目させる / come into [to, under] 〜 注意をひく, 目に留まる / come to sb's 〜 人の目に留まる. **serve (a)** 〜 通知 [通告, 告知] する 〈*on, to*〉. **until [till] further [farther]** 〜 追って通知があるまで. **with** 〜 (**1**) 通告の上で, 通告して. (**2**)《英》通告の上での審判で (《訴訟当事者の一方が他方に審理の日時・場所を通告して双方が出廷しての審理を示す表現; 1999 年までは inter partes (当事者間で [の]) という語が用いられていた; cf. *without* NOTICE). **without** 〜 (**1**) 通告なしで, 無断で: absence *without* 〜 無届欠席 [欠勤] / *without* previous 〜 予告なしに. (**2**)《特に》《英》通告なしで [の], 通告なしの申し立てで [の]《一方当事者が他方当事者の出廷なしで裁判所へ申し立てることを示す表現; 通例高等法院 (High Court of Justice) の裁判官に司法審査手続き (judicial review) を求める申し立てや捜索許可命令 (search order) あるいは資産凍結差止命令 (freezing injunction) のように他方当事者に事前に知られたくない申し立てなどで用いられる; 1999 年までは ex parte (一方当事者で [の]) という語が用いられていた; cf. EX PARTE, *with* NOTICE. (**3**) 善意で, 認識なく《その物に対して第三者の権利主張があったり, 売主の権原 (title) に欠陥があることなどを知らずに購入したというような場合に用いる; cf. BONA FIDE PURCHASER). ▶ APPLICATION WITHOUT NOTICE (通知書なしの申し立て) / BONA FIDE HOLDER FOR VALUE WITHOUT NOTICE (正当所持人) / PURCHASER FOR VALUE WITHOUT NOTICE (善意有償の譲受人).

— *a*《不動産取引証書登録法 (recording act) の一つの型である》善意者保護の (⇨ NOTICE STATUTE, RECORDING ACT) (cf. PURE RACE, RACE-NOTICE).

— *vt*...に通告 [予告] する: He was 〜d to quit. 賃貸借終了予告 [立退きの通知] を受けた.

[OF＜L＝being known (*notus* known)]

nótice-and-cómment rúlemaking《行政機関による》予告・意見聴取に基づく規則制定 (手続き) (＝INFORMAL RULEMAKING).

nótice bòard 掲示板, 告示板, 立札.

nótice by publicátion 公告による通知 (＝PUBLIC NOTICE).

nótice dòctrine 通知の法理 (＝doctrine of notice)《不動産権 (estate) を新たに取得した者がその移転時に他の何者かがその不動産権に対して権利主張している旨の通知を受けていた場合には, その権利主張は, たとえコモンロー上は否定されようとも, エクイティー上は新所有者に対してその後も認められるという原則》.

nótice in páis 証書外認識《書面上に記載されていない認識》.

nótice of abándonment 1 委付の通知《海上保険において被保険者が保険者に保険目的物を委付し全損として処理することを求める通知》. 2 訴え不追行通知. 3《財産に対する権利主張の》放棄通知. 4《出願手続き不追行に伴う審査当局からの》特許出願放棄通知. 5《建設業者・請負人からの》建築工事不継続通知.

nótice-of-álibi rùle アリバイ通知の準則《刑事訴訟で被告人がアリバイ証人 (alibi witness) を呼ぼうとする場合には，訴追側の書面の要求に基づき，その証人が誰であるか，また嫌疑をかけられている犯行時に被告人がどこにいたのかについて知らせねばならないという原則》.

nótice of appéal《裁判所および相手方当事者に対して行なう》上訴通知.

nótice of appéarance 1《被告側から裁判所・原告への》応訴通知，出廷通知 (cf. NOTICE TO APPEAR). 2《弁護士が特定当事者の弁護を引き受けている旨の裁判所・相手方当事者への》弁護引受け訴答.

nótice of cópyright 著作権表示 (＝COPYRIGHT NOTICE).

nótice of discontínuance《裁判所および相手方への》訴え取下げの通知.

nótice of dishónor 拒絶の通知 (＝certificate of protest, memorandum of protest)《遡求要件の一つで，流通証券の引受け・支払いの拒絶があったとき，所持人から振出人・裏書人に出されねばならない通知; cf. NOTICE OF PROTEST, PROTEST》.

nótice of inténded prosecútion《英》《交通事故での》訴追通告書.

nótice of inténtion to defénd《被告側からの》防御意思の通告.

nótice of júdgment [órder] 1 判決[決定]の通知《1)判決[決定]が下されたとき両当事者に書記官から出される通知 2) 狭義では敗訴者への通知》. 2《英》《訴訟外関係者への》判決[決定]通知(書)《遺産管理 (administration of estate) などの訴訟で訴訟当事者でない者にも影響が出る判決[決定，命令]が出された場合に，その者に対して裁判所から出される判決[決定]通知(書)》.

nótice of lís péndens 訴訟係属の公示 (＝LIS PENDENS).

nótice of lóss《保険》《被保険者から保険者に対して一定期間内になされるべきとされている》損害発生の通知.

nótice of márriage《英》婚姻通知《婚姻予定の男女双方がその姓名・職業・住所などを事前に登録官 (registrar) に届出しなければならない通知》.

nótice of mótion 1《裁判所に対する》申立書. 2《裁判所に申し立てがなされる[た]旨の相手方当事者への》申し立て通知書.

nótice of opposítion《他の人の特許権申請に対する》反対申立書.

notice of order ⇨ NOTICE OF JUDGMENT.

nótice of péndency 訴訟係属の公示 (＝LIS PENDENS).

nótice of prótest 1 拒絶通知; 拒絶証書作成の通知《1) 流通証券が引受け・支払いを拒絶された旨の通常は公証人 (notary public) から振出人・裏書人への通知(書) 2) 流通証券の引受け・支払いを拒絶され，拒絶証書 (protest) が作成された旨の所持人から振出人・裏書人への通知(書)》. 2 海難通知《船主あるいは乗組員からの船舶ないし船荷の損害は海の危険 (peril of the sea) によるもので，したがって船主に損害の責任はないという旨の宣誓の上での宣言》.

nótice of remóval《米》《州裁判所から連邦裁判所への，被告からの》移送申し立て[申立書] (cf. SINGLE-DATE-OF-REMOVAL DOCTRINE).

nótice of títle 負担付き権原であることの認識《譲り受け権原に負担が付着している事実について譲受人が承知していること》.

nótice of tránsfer《英》移送通知《重大かつ複雑な詐欺 (fraud) 事件および子供の証人を含む一定事件で，訴追側が裁判所の同意を求めることなく事件を刑事法院 (Crown Court) に直接移送してもらうことができるが，その手続きおよび通知》.

nótice of tríal 1《裁判所による全当事者への》審理日通知(書). 2《史》《一定事件で原告側から被告側に一定期間内になされるべきとされていた》審理要請通知.

nótice or knówledge 十分認識していること，承知していること《通知[通告]を受けていたことと現実に知っていること》.

nótice pléading《米》通知訴答《訴答において訴答人が，みずからの権利主張を知らせるのに必要にして十分な短い明白な陳述のみをなし，すべての事実については詳述しないやり方; cf. FACT PLEADING》.

nótice-ráce státute《米》善意登録者保護型不動産取引証書登録法 (＝RACE-NOTICE STATUTE).

nótice státute《米》善意者保護型不動産取引証書登録法《不動産取引証書登録法 (recording act) の一つの型で，不動産の譲渡，担保権・用益物権等の設定などについて，先行する未登録取引については，善意での権利取得者がみずからの登録の有無・時期に関係なく保護されるという方法; ⇨ RECORDING ACT; cf. RACE-NOTICE STATUTE, RACE STATUTE》.

nótice to admít 自白要求通知書 (＝REQUEST FOR ADMISSION).

nótice to appéar《裁判所から被告に対する》出廷通告書 (cf. NOTICE OF APPEARANCE).

nótice to pléad《裁判所から被告に対する，一定期間内での》訴答要求通告《期間が過ぎる場合は欠席判決 (default judgment) が出されうるとの警告付き》.

nótice to prodúce《訴訟の一方当事者から他方当事者に対する》文書提出要求通告(書), 文書検証要求(書) (＝REQUEST FOR PRODUCTION).

nótice to quít 賃貸借終了予告[通告]; 賃貸借終了警告付き滞納賃料請求通告《滞納賃料 (back rent) を指定期間内に支払うこと，それが果たされぬ場合は立退くことを要求する貸主から借主への通告》: give [have] 〜 賃貸借終了予告[通告]を渡す[受け取る] / serve a tenant with ~ 借家人[借地人]に賃貸借終了を予告[通告]する.

nótice to tréat《英》《土地の公用収用 (compulsory purchase) に際して収用側が行なわなければならない》交渉通告(書).

no·ti·fi·able /nóutəfàɪəb(ə)l/ a 通知すべき; 届けるべき《伝染病 など》.

nótifiable offénse《英》《刑事法院 (Crown Court) で審理すべき》重大犯罪.

no·ti·fi·ca·tion /nòutəfəkéɪʃ(ə)n/ n 通知(を与えること), 通告(すること), 届け出; 通知書, 告示書, 届出書.

notificátion of bírth《英》出生届け出《出生登録 (registration of birth) とは別の, 保健所などへの届け出》.

no·ti·fied /nóutəfàɪd/ a 通知[通告]された.

no·ti·fy /nóutəfàɪ/ vt 1 …に(正式に)通知[通報, 通告]する, 知らせる, 届け出る. 2 "公告する, 掲示する.

not·ing /nóutɪŋ/ n《公証人 (notary public) による》拒絶覚書《note of protest》作成.

nóting a bíll 手形拒絶覚書作成《為替手形 (bill of exchange) が支払い拒絶された場合に公証人 (notary public) が拒絶証書 (protest) を作成する前に支払いの拒絶があった旨の覚書を作成することになっているが, その準備作業を指す》.

no·to·ri·e·ty /nòutəráɪəti/ n 1《特に悪い意味で》評判, 有名, 悪評, 悪名. 2 悪評の人, 悪名高い者.

no·to·ri·ous /noutɔ́:riəs, nə-/ a 1《特に悪い意味での》評判の, 悪名高い, 悪評のある. 2《事実など》よく知られた, 公然の;《特に財産を占有していることが真の所有者に知られている程度に》公然としている《取得時効成立のための要件として重要となる; cf. NOTORIOUS POSSESSION》. **OPEN and notorious**.

notórious cohabitátion 公然たる同棲《現在ではほとんど実施されていないが一定の制定法下では違法とされている》.

notórious fáct "周知の事実《裁判所による確知 (judicial notice) の対象の一つ; cf. COMMON KNOWLEDGE, JUDICIAL NOTICE》.

notórious insólvency《スコットランド史》破産(=notour bankruptcy)(⇒ APPARENT INSOLVENCY).

notórious posséssion 公然占有(=open and notorious possession)《取得時効成立のための要件の一つ》.

nó·tour bánkruptcy /nóutər-/《スコットランド史》破産(=NOTORIOUS INSOLVENCY).

nót próven [próved] n《史・スコットランド》証拠不十分評決(=Scotch verdict)《陪審の評決 (verdict) で結果的には無罪評決と同じであるが, 強く疑わしく思っている趣旨が含まれている; cf. not PROVEn [PROVEd]》.

nó trúe bíll 原案否決, 不起訴(の決定)(=NO BILL).

nót sufficient fúnds*pl 預金残高不足(=insufficient funds, nonsufficient funds)《請求された小切手に対して振出人の口座の残高が少なく支払えないこと; 略 NSF》.

not·with·stand·ing prep …にもかかわらず (in spite of). — adv それにもかかわらず, やはり. — conj …であるにもかかわらず.

n.o.v. °non obstante veredicto 陪審の評決にもかかわらず.

no·va cau·sa in·ter·ve·ni·ens /nóuvə kɔ́:zə ìntərví:nɪənz/《因果関係を中断する》新しい介在原因(=INTERVENING CAUSE). [L=new intervening cause]

Nova con·sti·tu·tio fu·tu·ris for·mam im·po·ne·re de·bet, non prae·te·ri·tis. /— kànstɪt(j)ú:ʃɪou fut(j)ú:rɪs fɔ́:rməm ɪmpóunərə débət nán prì:térɪtɪs/ 新しい制定法は未来のことに定式を課すべき[を規制すべき]であって過去のことに課すべき[を規制すべき]ではない. [L=A new law ought to impose form on what is to come, not on what is past.]

nóva dé·bi·ta /-débɪtə/ pl《スコットランド》《破産法上の》新債務. [L=new debts]

No·vae Nar·ra·ti·o·nes /nóuvi nərèɪʃióuniz/『新訴答集』《Edward 3世期 (1327-77) の訴答 (pleading) の標準方式についての法律フランス語 (law French) での著作》. [L=new counts]

nóva sta·tú·ta /-stət(j)ú:tə/《英史》新制定法《イングランドの制定法を Edward 2世治世末 (1327年) を基準にして新旧に分けたもので, 新制定法の下限は1483年; cf. ANTIQUA STATUTA》. [L=new statutes]

no·vate /nouvéɪt, ⎵⎴/ vt 1 新しいものに置き換える. 2《契約》を更改する,《特に》《契約》の当事者を代える. [L novo to make new]

no·va·tion /nouvéɪʃ(ə)n/ n《契約の》更改《本来はローマ法・大陸法の用語であったが, 英米法の用法では特にそのうちの一種である当事者代替契約を指す場合も多い; cf. ACCORD, SUBSTITUTED CONTRACT》. **no·va·to·ry** /nóuvətɔ̀:ri/, -t(ə)ri/ a

No·va·tio non prae·su·mi·tur. /nouvéɪʃiou nán prɪzjú:mɪtər/ 更改は推定されない. [L=A novation is not presumed.]

nov·el /náv(ə)l/ n 1《長編》小説. 2《ローマ法》a《勅法集を補正する》新勅法. b [N-; °pl]《ユスティニアヌスにより534年の改訂勅法彙纂 (Codex Repetitae Praelectionis) 発布からその死の565年までに発せられた》新勅法(=Novellae)《ローマ法大全 (Corpus Juris Civilis) の一部で, 改訂勅法彙纂後の新勅法ともいわれる》. **nov·el·is·tic** a **-ti·cal·ly** adv **nòvel·ésque** a [It novella new (storia story)<L]

nóvel assignment《史》請求原因の再陳述(=NEW ASSIGNMENT).

novel disseisin ⇨ ASSIZE OF NOVEL DISSEISIN.

No·vel·lae /nəvéli/ n 新勅法(=NOVELS). [L]

nov·el·ty /náv(ə)lti/ n 1 目新しさ, 珍しさ,《特許を受

No·vi·tas non tam uti·li·ta·te pro·dest quam no·vi·ta·te per·tur·bat. /nòuvitéis nán tǽm jutìlitéitɛ próudɛst kwæm nòuvitéitɛ pɚtɚ́ːrbæt/ 新規性はその有用性によって役立つというよりもむしろその新規性によって混乱を招く. [L=Novelty does not as much benefit by its utility as it disturbs by its novelty.]

no·vus ac·tus in·ter·ve·ni·ens /nóuvəs ǽktəs ìntɚrvíːniənz/《因果関係を中断する》新しい介入行為 (=INTERVENING ACT). [L=new intervening act]

NOW 〘米〙°negotiable order of withdrawal 譲渡可能払い戻し指図書.

now [NOW] account /náu ―/〘米〙ナウ口座, NOW アカウント, ナウ勘定, 利息付き小切手口座《小切手が切れてかつ利子もつく一種の当座預金口座; ⇨ NOW》.

nów cómes 《古》COMES now.

no win, no fee ⇨ WIN.

nox·ious /nákʃəs/ a **1** 有害な, 有毒な. **2** 不健全な; 不快な, いやな. **3**《古》有罪の, 有責の.

n.p. °nisi prius.

NP, n.p. °notary public 公証人.

n.r. new reports ♦ nonresident ♦ not reported.

NRA 〘米史〙°National Recovery Administration 全国復興庁.

NRC 〘米〙°Nuclear Regulatory Commission 原子力規制委員会.

n.s., NS °new series 新シリーズ.

NSC 〘米〙°National Security Council 国家安全保障会議.

NSF* °not sufficient [°nonsufficient] funds 預金残高不足.

NSF check /ɛ́nèsèf ―/ 預金残高不足小切手, 不渡り小切手.

NSL °national security letter 〘米〙国家安全保障状.

NT 〘英〙°National Trust ナショナルトラスト.

NTSB 〘米〙°National Transportation Safety Board 国家運輸安全委員会.

núclear-nonproliferátion trèaty =NON-PROLIFERATION TREATY.

Núclear Régulatory Commìssion [the ~] 〘米〙原子力規制委員会《1975年法で創設された原子力民間利用規制のための独立連邦機関; 略 NRC》.

Nu·da pac·tio ob·li·ga·ti·o·nem non pa·rit. /njúːdə pǽkʃiou əblìgèiʃióunɛm nán pǽrit/ 裸の合意は債務を生まず. [L=A naked agreement does not create an obligation.]

nude /n(j)úːd/ a **1** 裸の, 裸体の. **2** 約因のない. **3** 記述[説明]のない, 単なる. **~·ly** adv **~·ness** n [L nudus nude, naked]

núde cóntract 裸の契約 (=NUDUM PACTUM).
núde páct =NUDUM PACTUM.

nu·dum pac·tum /n(j)úːdəm pǽktəm/ 裸の合意 [約束, 契約] (=naked agreement, naked contract, nude contract, nude pact) **(1)** 〘ローマ法〙訴求することができない単なる無方式の合意 **2)** 約因 (consideration) を欠き, したがって捺印証書なしでは強制しえない契約; cf. CONSIDERATION, GRATUITOUS PROMISE). [L=nude agreement]

Nudum pactum est ubi nul·la sub·est cau·sa prae·ter con·ven·ti·o·nem; sed ubi sub·est cau·sa, fit ob·li·ga·tio, et pa·rit ac·ti·o·nem. /― ― ɛst júːbi nálə sábɛst kɔ́ːzə príːtɚr kənvènʃióunɛm sɛd júːbi sábɛst kɔ́ːzə fit əblìgéiʃiou ɛt pǽrit ækʃióunɛm/ 裸の合意は合意以外になんらの約因のない場合である. しかし約因がある場合には債務が生じ債権を生む. [L=Naked agreement is where there is no consideration besides the agreement; but when there is a consideration, an obligation is effected and it produces an action.]

nu·ga·to·ry /n(j)úːgətɔ̀ːri; -t(ə)ri/ a 無意味な, 無価値な, 役に立たない; 無効の, 法的に有効でない.

nui·sance /n(j)úːs(ə)ns/ n **1** 害, 有害物, 困った事情, 迷惑な行為; 不快な[厄介な, うるさい]人[もの, こと]. **2** 不法妨害, 生活妨害, ニューサンス《一般的には他人にとって有害・迷惑・不快・不便な行為または状態》: abate a ~《被害者が自力で》不法妨害を除去する. ▶ ABATABLE NUISANCE (自力除去可能不法妨害) / ABATEMENT OF NUISANCE (不法妨害の(自力)除去) / ABSOLUTE NUISANCE (絶対的不法妨害) / ANTICIPATORY NUISANCE (予期される不法妨害) / ASSIZE OF NUISANCE (不法妨害排除令状) / ATTRACTIVE NUISANCE (誘引的不法妨害) / COMMON NUISANCE (公的不法妨害) / CONTINUING NUISANCE (継続的不法妨害) / LEGALIZED NUISANCE (法的に正当化された不法妨害) / MIXED NUISANCE (混合不法妨害) / PERMANENT NUISANCE (永久的不法妨害) / PRIVATE NUISANCE (私的不法妨害) / PUBLIC NUISANCE (公的不法妨害) / QUALIFIED NUISANCE (限定的不法妨害) / STATUTORY NUISANCE (制定法上の不法妨害) / TEMPORARY NUISANCE (一時的不法妨害). [OF=hurt (nuis- nuire<L noceo to hurt)]

núisance at láw 当然の不法妨害 (=NUISANCE PER SE).

núisance in fáct 状況に基づく不法妨害 (=nuisance per accidens)《本質的不法妨害 (nuisance per se) と異なり, それ自体は不法妨害に当たるわけではないが, それが置かれている状況・環境によって不法妨害となるもの; 例えば合法的な店舗が, その置かれた特定場所にきわめてふさわしくなく不法妨害を構成する場合など; cf. NUISANCE PER SE).

núisance nèighbor 不法妨害隣人《不法妨害をしている近隣の人》.

nú·isance per ác·cidens 偶有性不法妨害 (= NUISANCE IN FACT).

nú·isance per sé /-pər séɪ/ 《その状況などにかかわらずそのもの自体から常に不法妨害とみなされる》**本質的不法妨害** (=absolute nuisance, nuisance at law) (cf. NUISANCE IN FACT).

nul agard /nʌ́l əgáːrd/ 仲裁判断[裁定]不存在の答弁[抗弁] (=NO AWARD). [law F=no award]

null /nʌ́l/ a **1** 無効な, 拘束力のない; 無益な; 価値のない, 無意味な: a ~ contract / render a decision ~. **2** 存在しない. **~ and void** 無効な《厳密性を欠くが, 時にこの表現で無効な (void) ではなく単に取り消しうる (voidable) の意で用いられることもある》: The contract was declared ~ *and void*. [F or L *nullus* none (*ne* not, *ullus* any)]

nul·la bo·na /nʌ́lə bóʊnə/ 財産不存在の復命《判決執行令状 (writ of execution) に対してその執行をなすシェリフ (sheriff) などが管轄区域内で差押え物件を発見しえなかった旨の復命; 略 N.B.; cf. NIHIL EST》. [L =no goods]

Nulla cu·ria quae re·cor·dum non ha·bet po·test im·po·ne·re fi·nem ne·que ali·quem man·da·re car·ce·ri; quia is·ta spec·tant tan·tum·mo·do ad cu·ri·as de re·cor·do. /— kjúːriə kwi rɛkɔ́ːrdəm nán hɛ́ɪbɛt pɑ́tɛst ɪmpɑ́nɛrɛ fíːnɛm nékwɛ ǽlikwɛm mændéɪrɛ káːrsɛri kwíə ístə spéktænt tǽntəmmóʊdoʊ æd kjúːriæs di rɛkɔ́ːrdoʊ/ 記録を有さぬ裁判所は罰金を科しえぬしたいかなる者の収監をも命じえない. なぜならこれらの権能は記録裁判所 (court of record) にのみ関係するものだからである. [L=No court that does not have a record can impose a fine or order any person to be imprisoned; because these powers look only to courts of record.]

Nulla im·pos·si·bi·lia aut in·ho·nes·ta sunt prae·su·men·da; ve·ra au·tem et ho·nes·ta et pos·si·bi·lia. /— ɪmpɑ̀sɪbíliə ɔːt ɪnhɑnɛ́stə sənt prɪzjuméndə víːrə ɔ́ːtɛm ɛt hɑnɛ́stə ɛt pɑ̀sɪbíliə/ 不可能なこと不名誉なことは推定されるべきではなく, 真実の, 名誉ある, 可能なこと(が推定されるべきである). [L=No impossible or dishonorable things are to be presumed; but things true, honorable, and possible.]

Nulla pac·ti·o·ne ef·fi·ci po·test ne do·lus prae·ste·tur. /— pǽkʃiʊnɛ ɛ́fɪsaɪ pɑ́tɛst ni dóʊləs prɪstíːtər/ 詐欺が責めを負わないようにということとはいかなる合意によってももたらされえない. [L=By no agreement can it be effected that fraud shall not be answered for.]

núl·la póe·na sì·ne lé·ge /-píːnə sàɪnɪ líːdʒi, -sìnɛɪ léɪgɛɪ/ 法律なければ刑罰なし. [L=no punishment without a law]

nul·li·fi·ca·tion /nʌ̀ləfəkéɪʃ(ə)n/ n 無効化, 無効にすること, 取り消し, 破棄; 無効, 無効の状態; [ºN-]《米》実施拒否《連邦が定めた法律のうち, 合衆国憲法に照らして違憲だと州が判断したものは, 州内での実施を拒否することができるとする州権論 (states' rights) に基づく連邦法効力の拒否; cf. ORDINANCE OF NULLIFICATION》. ▶ JURY NULLIFICATION (陪審による説示無視) / ORDINANCE OF NULLIFICATION (連邦法無効宣言).

núl·li·fi·er n 無効にする人, 破棄者; 《米》実施拒否権主張者 (⇨ NULLIFICATION).

nul·li·fy /nʌ́ləfàɪ/ vt 《法的に》無効にする, 破棄する, 取り消す (cancel); 帳消しにする, 無にする. [NULL]

nul·li·ty /nʌ́ləti/ n **1** 無効; 無効な行為[文書]. ▶ ABSOLUTE NULLITY (絶対無効) / DECREE OF NULLITY (婚姻無効判決) / RELATIVE NULLITY (相対無効). **2** 無, 皆無; つまらない人[もの].

núllity of márriage 1 婚姻の無効 (cf. ANNULMENT OF MARRIAGE), DECREE OF NULLITY, DIVORCE). **2** 婚姻無効訴訟 (nullity suit).

núllity súit 婚姻無効訴訟.

nul·li·us fi·li·us /nəláɪəs fíːliəs, náliəs-/ FILIUS NULLIUS.

Nullius ho·mi·nis auc·to·ri·tas apud nos va·le·re de·bet, ut me·li·o·ra non se·que·re·mur si quis at·tu·le·rit. /— hɑ́mɪnɪs ɔːktɔ́ːrɪtɛɪs ǽpəd nɑs vǽlɛrɛ débət ət mèliʊ́ərə nán sèkwɛríːmər saɪ kwɪs ǽtəlɛ́rɪt/ 何びとの権威も, 誰かがより良いことを提起した場合に, 我々がそれに従わないよう影響力を及ぼすべきものではない. [L=The authority of no person ought to prevail with us not to follow better (things) if anyone presents them.]

nullíus jú·ris /-dʒúːrɪs/《史》法的効力のない, 法的に無効の. [L=of no legal force]

Nul·lum cri·men (, nul·la poe·na,) si·ne le·ge. /nʌ́ləm krímɛn (nʌ́lə píːnə) sáɪni líːdʒi, -sínɛɪ léɪgɛɪ/ 法律なくして犯罪(も刑罰も)なし《罪刑法定主義のこと; ⇨ LEGALITY》. [L=No crime (and punishment) without a law.]

Nullum exem·plum est idem om·ni·bus. /— ɛgzɛ́mpləm ɛst áɪdɛm ɑ́mnɪbəs/ いかなる先例もすべてにとって同一であることはない. [L=No example is the same to all.]

Nullum ini·qu·um est prae·su·men·dum in ju·re. /— ɪníkwəm ɛst prɪːzjuméndəm ɪn dʒúːrɛ/ いかなる不衡平なことも法においては推定されるべきではない. [L=Nothing unjust is to be presumed in law.]

Nullum si·mi·le est idem. /— símɪlɛɪ ɛst áɪdɛm/ 類似するものは同じものではない. [L=No similar thing is the same.]

Nullum tem·pus aut lo·cus oc·cur·rit re·gi. /— témpəs ɔːt lóʊkəs əkə́ːrɪt ríːdʒaɪ/ 時も場所も国王を妨げはしない. [L=No time or place bars

Nullum tempus oc·cu·rit re·gi. /— — əkə́ːrɪt ríːdʒaɪ/ 時は国王を妨げず. [L＝No time runs against the king.]

Nul·lus com·mo·dum ca·pe·re po·test de in·ju·ria sua pro·pria. /nʌ́ləs kámədəm kéɪpɛrɛ pátɛst di ɪndʒúːriə súːə próupriə/ 何びともみずからの権利侵害行為によって利益を得ることはできない. [L＝No one can gain advantage by his/her own wrong.]

Nullus vi·de·tur do·lo fa·ce·re qui suo ju·re uti·tur. /— — vɪdíːtər dóulou fǽsɛrèɪ kwaɪ súːou dúːreɪ júːtɪtər/ みずからの権利を行使する者は何ぴとであろうとも詐欺でもってなしているとは見られない. [L＝No one is deemed to act by fraud who exercises his/her right.]

Nul pren·dra ad·van·tage de son tort de·mesne. /núːl próːndrə àːdvaːntáːʒ də sóːn tóːr dəmɛ́n/ 何びともみずからの権利侵害行為を利用すべきではない. [F＝No one shall take advantage of his/her own wrong.]

núl tíel corporátion /nʌ́l tíːl-, njuːl-/《相手方の主張している》法人不存在の答弁[抗弁]. [(F)＝no such corporation (exists)]

núl tíel récord《相手方の主張している》記録不存在の答弁[抗弁]. [(F)＝no such record (exists)]

númbers gàme*1 数当て遊び, 数当て富くじ, ナンバーズゲーム《恣意的に選ばれた情報源(例えば新聞発表の統計数値など)に由来する複数桁の数字を対象とする一種の賭博; cf. NUMBERS RACKET》. 2 数字のもてあそび《自説補強のためすぐ統計的数値などを持ち出すこと; しばしば欺瞞的》.

númbers ràcket 数当て違法賭博 (cf. NUMBERS GAME).

Númber Tén 英国首相官邸《London の Downing 街10番地にある》: move into ～《英国の》首相に選ばれる. ★「英国首相」あるいは「英国政府」の意で用いられる.

nu·me·ros·i·ty /n(j)ùːmərásəti/ n《集団訴訟の》集団構成員の多数さ《集団訴訟 (class action) が成立するためには, その集団 (class) に属する者が多く全員を当事者に併合することが困難であることが要件の一つになっているが, その人数の多さを指す》.

nun·cio /nʌ́nsiòu, *nʌ́n-/ n (pl -ci·os) 1 教皇(庁)大使: Papal N～. 2《古》使者 (messenger). [It ＜ L nuntius envoy]

nunc pro tunc /nʌ́ŋk prou tʌ́ŋk, núːŋk prou túŋk/ その時に代えて今, 本来の時にさかのぼって, 遡及的に《以前のある時になされるべきであったことについて現在からさかのぼって効果を与える場合の用語》: ～ order to correct a clerical error in the record 訴訟記録上の誤記補正命令. [L＝now for then]

núnc pro túnc júdgment 判決記録補正《誤っている判決記録が実際の判決通りに補正されること》.

nun·cu·pate /nʌ́ŋkjupèɪt/ vt 1《遺言などを》口述する. 2《史》指名する (designate). 3《著書などを》献呈する. 4 誓言する. **nùn·cu·pá·tion** n 口頭遺言 (nuncupative will). [L nuncupo to name]

nun·cu·pa·tive /nʌ́ŋkjupèɪtɪv, nʌ́n-, nʌ̀ŋkjúːpətɪv/ a《遺言などが》口頭の. ～**ly** adv

núncupative wíll《臨終の際などの》口頭遺言 (＝oral will, verbal will)《例外的な場合にのみ認められている; cf. PRIVILEGED WILL》.

Nun·quam cres·cit ex post fac·to prae·te·ri·ti de·lic·ti aes·ti·ma·tio. /nʌ́nkwəm krɛ́sɪt ɛks póust fǽktou prɪtérɪtàɪ dɪlíktàɪ ɪstɪméːʃɪou/ 過去の違法行為の評価はその後の事実によって決して増加しない. [L＝The estimation of a past delict is never increased by a subsequent fact.]

núnquam in·de·bi·tá·tus /-ɪndèbɪtéɪtəs/《史》《金銭債務訴訟 (action of debt) での被告による》無債務の答弁. [L＝never indebted]

Nunquam res hu·ma·nae pros·pe·re suc·ce·dunt ubi ne·gli·gun·tur di·vi·nae. /— rɪz hjuméɪni prǽspɛri sʌksíːdənt júːbi nèɡlɪɡántər daɪváɪni/ 人間に関する諸事は, 神に関する諸事がおろそかにされた時には, 決してうまく行かない. [L＝Human things never prosper when divine ones are neglected.]

nu·per obi·it /n(j)úːpər óubɪɪt/《史》相続財産共有保護令状《単純封土権 (fee simple) の共同相続人の一人が他の共同相続人の占有を侵害している時に発せられた; 本来は女子共同相続で用いられた; 英国では1833年法で廃止》. [L＝recently died]

nup·ti·ae /nʌ́pʃìː/ n《ローマ法》婚姻 (＝MATRIMONIUM). [L]

nup·tial /nʌ́pʃ(ə)l, -tʃ(ə)l/ a 婚姻の, 婚姻に関する, 婚姻に際しての, 結婚(式)の, 婚礼の (cf. POSTNUPTIAL, PRENUPTIAL).

núptial máss 婚姻式のミサ.

Nup·ti·as non con·cu·bi·tus sed con·sen·sus fa·cit. /nʌ́pʃìɛɪs nɑn kɑnkjúːbɪtəs sɛd kɑnsɛ́nsəs féɪsɪt/ 婚姻は同衾ではなくて合意がつくる. [L＝Not sharing a bed but consent makes marriage.]

Nú·rem·berg Trìals /n(j)úərəmbə̀ːrɡ-/ pl [the ～]《史》ニュルンベルク裁判《1945-46年に行なわれたナチス・ドイツの重大戦争犯罪人に対する国際軍事裁判; Nuremberg に設置》.

núrsing hòme 1 "個人病院, 《特に》個人産院. 2 養護ホーム, ナーシングホーム《老人などの養護を行なう主に個人の施設》.

nur·ture /nə́ːrtʃər/ vt 養育する; 養成する. ── n 養育; 養成; 滋養物. ▶ GUARDIAN BY [FOR] NURTURE (養育のための後見人).

N.W.《米》°North Western Reporter『ノース・ウェスタ

ン・リポーター』(第1次シリーズ).

N.W.2d 〖米〗 NORTH WESTERN REPORTER Second Series『ノース・ウェスタン・リポーター』第2次シリーズ.

N.Y.S. °New York Supplement『ニューヨーク・サップルメント』.

NYSE °New York Stock Exchange ニューヨーク証券取引所.

N.Y.S.2d °NEW YORK SUPPLEMENT Second Series『ニューヨーク・サップルメント』第2次シリーズ.

O

o. order ♦ overruled.

O. orders ♦ ordinance ♦ overruled.

O/A, o/a on ACCOUNT ♦ ON or about.

OAP °old-age pension 老齢年金 ♦ °old-age pensioner 老齢年金受給者.

OASDHI 〖米〗°Old Age, Survivors, Disability and Health Insurance 老齢・生残者・廃疾・健康保険.

OASDI 〖米史〗°Old Age, Survivors and Disability Insurance 老齢・生残者・廃疾保険.

OASI 〖米〗°Old-Age and Survivors' Insurance 老齢・生残者保険.

oath /óuθ/ *n* (*pl* ~**s** /óuðz, óuθs/) **1** 誓い, 誓約; 誓言, 宣誓 (cf. AFFIRMATION, PERJURY): administer an ~ to sb 人に宣誓させる. ▶ ASSERTORY OATH (確言的誓言) / COMMISSIONER FOR OATHS (宣誓供述管理官) / CORONATION OATH (戴冠式宣誓) / CORPORAL OATH (聖書に手を置いたうえでの宣誓) / EXECUTOR'S OATH (遺言執行者の宣誓) / EX OFFICIO OATH (職権による宣誓) / EXTRAJUDICIAL OATH (司法手続きによらない宣誓) / FALSE OATH (偽誓(罪)) / JUDICIAL OATH (裁判手続き上の宣誓) / LOYALTY OATH (忠誠宣誓) / MEMBER'S OATH ((庶民院)議員宣誓) / NONJUDICIAL OATH (法廷外宣誓; 司法手続きによらない宣誓) / OFFICIAL OATH (公職の(就任)宣誓) / PAUPER'S OATH (貧者の宣誓) / POOR DEBTOR'S OATH (貧困債務者の宣誓) / PROMISSORY OATH (約束宣誓) / SUPPLETORY OATH (補充的宣誓) / TEST OATH (審査宣誓) / VOLUNTARY OATH (自発的宣誓) / WITNESS'S OATH (証人の宣誓). **2** 神名濫用; ののしり, 悪罵《God damn you!《こんちくしょう》の類》. **on [under] (Bible)** ~ 宣誓して, 宣誓のうえの. **put sb on** (his/her) ~ 人に誓わせる. **take (an) [make (an), swear an]** ~ 誓う, 宣誓する〈*that, to* do〉. [OE *āth*; cf. G *Eid*]

óath ex offício〖史〗職権による宣誓 (＝ex officio oath)《かつて非コモンロー系の裁判所で, 刑罰の対象となる行為について被告人みずからが宣誓のうえ無責任あるいは有責の旨を述べることを強制されたが, その宣誓; 1661年廃止》.

óath hèlper〖史〗宣誓補助者 (＝COMPURGATOR).

óath of abjurátion〖英史〗放棄宣誓《英国の1701年の制定法で公職に就く者に要求された James 2 世の息子への忠誠の放棄およびその王位承継権否定の宣誓》.

óath of allégiance《(特定君主または国家・政府への)》忠誠宣誓 (＝loyalty oath, test oath)《高官・軍人などの公職就任や帰化の時に要求される》.

óath of cálumny〖史〗真実権利主張宣誓《訴訟当事者によるみずからの権利主張が真実である旨の宣誓; 特にかつてスコットランドの主教裁判所で馴合い訴訟を防ぐために用いられていた》.

óath of óffice《公職就任の要件である》公職の宣誓.

óath of suprémacy [the ~]《英国国王が政治上・宗教上 王国唯一の至上の統治者である旨の》国王至上性の宣誓.

Óath or Affirmátion Clàuse [the ~]〖米〗宣誓または確約条項《連邦議会・州立法部議員, 合衆国・州の行政官・司法官が宣誓または確約により合衆国憲法を支持する義務を負う旨を誓わねばならないことを定めている合衆国憲法第6編3項のこと》.

óath súppletory 補充的宣誓 (＝SUPPLETORY OATH).

óath·wòrthy *a* 宣誓能力のある; 宣誓(の上の証言)が信用できる.

OB〖英〗°Old Bailey オールドベイリー.

ob con·tin·gen·ti·am /ab kəntindʒén(i)əm/ **1** 関係あるゆえに. **2** 不測事態[偶発事故]の場合には. [L ＝on account of contingency [connection]]

obe·di·ence /oubíːdiəns, ə-/ *n* 従う[服する]こと〈*to*〉, 服従; 従順, 恭順, 遵奉, 遵守, 遵法 (opp. *disobedience*): in ~ to the law 法律に従って. ▶ DISOBEDIENCE (不服従). **obe·di·en·tial** /oubìːdiénʃ(ə)l, ə-/ *a*

Obe·di·en·tia est le·gis es·sen·tia. /oubɛdiénʃiə ɛst líːdʒɪs ɛsénʃiə/ 遵法は法の本質. [L ＝Obedience is the essence of the law.]

obediéntial obligátion《例えば親がその子供に対して負う保護義務のような, 法律上要求される》法定義務 (cf. CONVENTIONAL OBLIGATION).

ob fa·vo·rem mer·ca·to·rum /ab fəvɔ́ːrəm màːrkətɔ́ːrəm/ 商人に有利に, 商人のために. [L ＝in favor of merchant]

obi·it [obit] si·ne pro·le /óːbiːt [óubɪt] sáini

próuli/ 直系卑属なく死亡した《略 ob.s.p., o.s.p.》. [L=he/she died without issue]

obi·ter /óubɪtər/ *adv* **1** 通りがかりに. **2** ついでに, 傍論的に, 付随的に: The judge said, ~, that .... [L=by the way]

óbiter díc·tum /-díktəm/ (*pl* **óbiter díc·ta** /-díktə/) **1**《判決の中での裁判官の》付随的意見, 傍論, ディクタム《先例としての効力はもたない; 単に dictum ともいう; cf. JUDICIAL DICTUM, RATIO DECIDENDI》. **2**《一般に》付随的意見[感想], 付言. [L=thing said by the way]

ob·ject[1] /ábdʒɪkt/ *n* **1** 物, 物体, 物件. ▶FOREIGN OBJECT (異物) / NATURAL OBJECT (自然の境界). **2**《動作・感情などの》対象; 客体. ▶NATURAL OBJECT (当然の受取人). **3** 目的, 目標 (goal); 動機: for that ~ その趣意で, それを目当てに.

ob·ject[2] /əbdʒékt/ *vi* 反対する, 異議[不服]を唱える, 抗議する 〈*to, against*〉: ~ *to* the plan 計画に反対する / ~ *to* a clause in a contract 契約のある条項に異議を述べる / ~ *to* a juror ある陪審員選定に異議を申し立てる / I ~. 異議あり《英国庶民院用語》. — *vt* 反対理由として持ち出す, ...と言って反対する: I ~ed [It was ~ed (to us)] that he was lacking in experience. 彼は経験に乏しいという理由で反対した[反対が出た]. **ob·jéc·tor** *n*

ob·jec·tion /əbdʒékʃ(ə)n/ *n* **1** 反対, 異議[不服]申し立て; 反対動議: make [raise, voice] an ~ [take ~] to [against]...に異議[不服]を唱える, 反対する. **2** 反対理由, 異議, 異論, 反論 〈*to, against*〉; 異存, 不服: Have you any ~ *to* his [him] joining the party? 彼の入党に異議がありますか / see no ~ [not see any ~] *to* ...に反対する[異議を唱える]理由がない. ▶《語義 1 と 2 に関連》BATSON OBJECTION (バトソン事件の異議) / CONSCIENTIOUS OBJECTION (良心的兵役忌避) / CONTINUING OBJECTION (存続的異議) / GENERAL OBJECTION (概括的異議) / PARADE OF HORRORS OBJECTION (恐怖の行列的異議) / SPEAKING OBJECTION (不必要な情報提出異議) / SPECIFIC OBJECTION (特定的異議) / STATEMENT OF OBJECTIONS (異議表明書) / TARDY OBJECTION (時機を失した異議).

objéction in póint of láw《相手方主張の事実は認めた上での》法律問題についての異議(申し立て).

objéction to indíctment 正式起訴に対する法律問題に基づく異議(申し立て).

ob·jec·tive /əbdʒéktɪv, ab-/ *n* 目標, 目的(物): long-term [short-term] ~ 長期[短期]目標. ▶AIR QUALITY OBJECTIVES (大気保全目標) / MANAGEMENT BY OBJECTIVES (目標設定経営) / STATUTORY OBJECTIVE (制定法の目的条項) / WATER QUALITY OBJECTIVES (水質目標). — *a* **1** 目的の, 目的に関する. **2** 客観的な, 個人的感情を交えない事実による (opp. *subjective*).

objéctive méaning《文書の》客観的意味 (cf. SUBJECTIVE MEANING).

objéctive stándard 客観的基準《特定個人とは無関係な行為や認知に基礎を置いた法的基準; 例えば, 不法行為における通常人 (reasonable person) の基準は特定被告人がその時何を考えていたかは顧慮しないゆえに客観的基準である; cf. SUBJECTIVE STANDARD》.

objéctive théory of cóntract 契約客観説《契約とは両当事者の意思の主観的合致という意味での合意ではなく, 合意に客観的外観を与えている一連の外的行為であるという説; cf. MEETING OF THE MINDS, SUBJECTIVE THEORY OF CONTRACT》.

óbject of a pówer 指名対象者 (=PERMISSIBLE APPOINTEE).

óbject of a ríght 権利の客体, 権利の対象(物) (=subject of a right).

óbject offénse 目的犯罪 (=target offense)《未遂 (attempt), 教唆 (solicitation), 共同謀議 (conspiracy) の対象・目的となっている犯罪》.

óbject of státute 制定法[法律]の目的, 立法目的, 制定法の意図.

óbject of the pówer (of appóintment) =OBJECT OF A POWER.

óbjects cláuse《英》目的条項《基本定款 (memorandum of association) の中で会社の目的を定めた条項; cf. MAIN OBJECTS' RULE》.

OBL °order bill of lading 指図式船荷[運送]証券.

ob·li·gate *v* /áblɪgeɪt/ *vt* **1** [*pass*] ...に(法律[道徳]上の)義務を負わせる 〈*to do, to sb*〉: A witness in court is ~*d to* tell the truth. 法廷の証人は真実を語る義務がある. **2**《財産・収入などを》債務の保証に当てる. — *a* /áblɪgət, -ləgeɪt/ 避けられない, やむをえない,《法律上・道徳上》義務的な; 必須の. **ób·li·gà·tor** *n* 債務者. **~·ly** *adv*

ob·li·ga·tio /àblɪgéɪʃiou/ *n* (*pl* **ob·li·ga·ti·o·nes** /àblɪgèɪʃióuniz/)《ローマ法》債務関係, 債務, 債権. [L]

obligátio ci·ví·lis /-sɪváɪlɪs/《ローマ法》**1**《名誉法 (jus honorarium) に対する意味での》市民法上の債務関係. **2** 法的強制力を備えた債務関係. [L=civil obligation]

ob·li·ga·tion /àbləgéɪʃ(ə)n/ *n* **1** 義務, 責務; 負い目, 恩義, 義理, おかげ; 義務[恩義]を感じる対象[人]: be under an [no] ~ *to do*...する義務がある[ない] / lay sb under a ~ 人に義務を負わせる / of ~ 義務上当然の, 義務的な / put [place] sb under an ~ 人に義務を負わせる, 恩義を施す / repay an ~ 恩に報いる. **2** 債務, 債権, 債務関係; 履行義務を発生させるもの, (書面による)約束, 契約(書); 債務証書; 捺印金銭債務証書 (bond),《特に英》違約罰付き捺印金銭債務証書: two weeks' free trial without ~《物を買った客などが債務を免除される》2 週間の試用期間 / meet one's ~s 債務を履行する. ▶《1 と 2 に関連》ABSOLUTE OBLIGATION (絶対的義務) / ACCESSORY OBLIGATION (付従債務, 付随義務) / AL-

TERNATIVE OBLIGATION (選択債務) / COLLATERAL-IZED MORTGAGE OBLIGATION (譲渡抵当担保債券[社債]) / CONDITIONAL OBLIGATION (条件付き債務) / CONTRACTUAL OBLIGATION (契約上の義務[債務]) / CONVENTIONAL OBLIGATION (約定義務) / CURRENT OBLIGATION (現在の義務[債務]) / DIVISIBLE OBLIGATION (可分債務) / ERGA OMNES OBLIGATION (対世的義務) / IMPERFECT OBLIGATION (不完全債務) / (IN)HERITABLE OBLIGATION (相続可能債務) / INNOMINATE OBLIGATIONS (無名債務) / JOINT OBLIGATION (合同債務) / LAW OF OBLIGATIONS (債務法) / MORAL OBLIGATION (道徳上の義務; 道徳上の債務) / MUTUALITY OF OBLIGATION (債権債務関係の相互性) / NATURAL OBLIGATION (自然債務; 道徳的債務) / OBEDIENTIAL OBLIGATION (法定義務) / PRIMARY OBLIGATIO (主債務, 主たる義務) / SECONDARY OBLIGATION (二次債務, 二次的義務) / SEVERAL OBLIGATION (個別債務) / SIMPLE OBLIGATION (無条件債務) / SINGLE OBLIGATION (単純債務) / SOLIDARY OBLIGATION (連帯債務) / STATUTORY OBLIGATION (制定法上の義務) / SUPPORT OBLIGATION (支援的債務). **～·al** *a* **ób·li·gà·tive** *a*

obligátion bònd 〖米〗 一般財源(保証)債 (=GENERAL OBLIGATION BOND).

obligation erga omnes =ERGA OMNES OBLIGATION.

Obligátion of Cóntracts Clàuse [the ～] 〖米〗〖合衆国憲法第1編第10節1項の〗契約上の債権債務関係条項《州が契約上の債権債務関係を害する法律を制定することの禁》; cf. IMPAIRING THE OBLIGATION OF CONTRACTS〗.

obligátio ver·bó·rum /-vərbó:rəm/ 〖ローマ法〗 言語による債務関係. 〖L=verbal obligation〗

ob·lig·a·to·ry /əblígətò:ri, ab-, áblɪg-; əblígət(ə)ri/ *a* **1** 〖法的・道徳的に〗拘束力のある, 義務として負わされる; 強制的な, 強制力を有する, 義務的な, 〖科目など〗必須の, 必修の. **2** 債務〖義務〗に関する, 債務〖義務〗を生じさせる: BILL OBLIGATORY. **ob·lig·a·to·ri·ly** /əblìgətó:rəli, ab-; əblígət(ə)rɪli/ *adv*

ob·lige /əbláɪdʒ/ *vt* **1** …に強いる, …に義務〖債務〗を負わせる. **2** …に恩義〖恩恵〗を施す, 〖人の〗願いをいれてやる, ありがたがらせる; [*pass*] 恩義を受けている, 感謝している.

ob·li·gee /àblədʒí:/ *n* **1** 債権者, 〖特に〗捺印金銭債務証書の債権者, 〖他人の〗義務履行対象者 (opp. *obligor*) (cf. CREDITOR, PROMISEE). **2** 〖古〗 債務者.

ob·li·gor /àbləɡɔ́:r, -ɡɔ́:r, ⌐⌐⌐/ *n* **1** 債務者, 〖特に〗捺印金銭債務証書の債務者, 義務を負っている者 (opp. *obligee*) (cf. DEBTOR, PROMISOR). **2** 〖古〗 債権者.

ob·lique /əblí:k, ou-/ *a* **1** 斜めの. **2** それた; 曲がった; 〖血統が〗傍系の: an ～ heir. **3** 間接の, 遠まわしの, 状況上の.

oblíque évidence 間接証拠, 状況証拠 (=CIRCUMSTANTIAL EVIDENCE).

oblíque inténtion 間接故意 (=indirect intention)《みずからの行為からの不可避的結果を意図したのではないが, その結果が事実上確実でありかつ被告人もそれを認識していること》.

ob·lit·er·a·tion /əblìtəréɪʃ(ə)n/ *n* **1** 抹消, 除去, 喪失. **2** 〖遺言書中などの〗文字抹消; 〖文書の〗破棄.

ob·liv·i·on /əblíviən/ *n* **1** 忘却. **2** 恩赦 (pardon), 大赦 (amnesty). ▶ ACT OF OBLIVION (大赦法). 〖OF<L *obliviscor* to forget〗

ob·lo·quy /ábləkwi/ *n* **1** 悪評, 汚名, 不面目. **2** 〖世間による〗悪口, 誹謗.

ob·nox·ious /əbnákʃəs, ab-/ *a* **1** 気にさわる, 不快な, いやな: ～ behavior. **2** 反する, 反対の 〈*to*〉: ～ *to* the statute. **3** 〖古〗 〖危害・非難などを〗受けやすい 〈*to* attack etc.〉.

ob·rep·tion /əbrépʃ(ə)n/ *n* 〖教会法・スコットランド〗 詐取《特に 権威者から贈り物・特免 (dispensation) などの虚偽の陳述による詐取》; cf. SUBREPTION〗.

ob·ro·gate /ábrəgèɪt/ *vt* 〖大陸法〗 〖法を〗改正する, 廃止する (cf. ABROGATE). **òb·ro·gá·tion** *n*

ob·scene /əbsí:n, ab-/ *a* 猥褻な, 卑猥な, 劣情刺激的な; 〖出版物などが〗公序良俗に反する; 〖道徳的・倫理的に〗我慢のならない, 汚らわしい, 忌まわしい: ～ films 猥褻映画, ブルーフィルム. **～·ly** *adv* **～·ness** *n* 〖F or L *obsc(a)enus* abominable〗

obscéne publicátion 猥褻出版物.

obscéne télephone càlls 〖英〗 電話猥褻罪.

ob·scen·i·ty /əbsénəti, -sí:-, ab-/ *n* **1** 猥褻(性). **2** [ᵁ*pl*] 猥褻なこと〖もの〗《行為・ことば・話・写真など》; cf. CONTEMPORARY COMMUNITY STANDARDS, INDECENCY》. ▶ COMMERCIALIZED OBSCENITY (営利化された猥褻).

ob·serv·ance /əbzá:rv(ə)ns/ *n* **1** 〖法・規則・義務などを〗守ること, 遵守, 遵奉; 〖風習・儀式・祭・祝日などを〗しきたりどおりに行なう〖祝う〗こと. **2** 習慣, 慣例, しきたり, 行事; 儀式, 式典; 〖修道会の〗戒律.

ob·serve /əbzá:rv/ *vt* **1** よく見る, 観察する, 注意して見る; 監視する; 〖観察によって〗認める, …に気がつく. **2** 〖観察したあと〗〖感想として〗述べる. **3** 〖法・規則・慣習などを〗遵守〖遵奉〗する, 〖行為などを〗維持する, 続ける; 〖しきたりどおり〗挙行する, 〖慣習に従って〗祝う.

ob·sérv·er /əbzá:rvər/ *n* **1** 観察者; 監視者, 立会人, 参観者. **2** 〖会議の〗オブザーバー《正規の出席資格はないので, 議事に参加することは許されても投票権などはなく, 署名もできない者, あるいは出席して報告などを行なうが議事そのものには参加しない者》. **3** 〖国連により特定地域に派遣された〗監視団員.

ob·so·les·cence /àbsəlés(ə)ns/ *n* **1** 〖法などの〗不使用による廃止. **2** 廃用(化), 衰微, 陳腐化, 旧式化 (cf. DEPRECIATION). ▶ ECONOMIC OBSOLESCENCE (経済的陳腐化) / FUNCTIONAL OBSOLESCENCE (機能的陳腐化). **òb·so·lés·cent** *a*

ob·so·lete /ὰbsəlíːt, ⌐-⌐/ *a* すたれた, 廃用となった; 陳腐な, 老朽化した; 時代遅れの: The trial by battle had long been ~ before its formal abolition.

ob.s.p. °obiit sine prole 直系卑属なく死亡した.

ob·stric·tion /əbstríkʃ(ə)n/ *n*《古》(法的に)義務を負っている状態, 義務; 債務 (obligation); 捺印金銭債務証書 (bond).

ob·struct /əbstrʌ́kt/ *vt* 〈道などを〉ふさぐ, 遮断する; 〈進行・活動などを〉妨げる, 妨害する, じゃまする: attempt to ~ the passage of Bill. — *vi* 妨げ[じゃま]する.

obstrúct·ing a políce officer = OBSTRUCTION OF POLICE.

obstrúcting navigátion 航行妨害(罪) (obstruction to navigation).

ob·struc·tion /əbstrʌ́kʃ(ə)n/ *n* 妨害, 障害, 支障, 障り 〈to〉; 議事妨害; じゃま, 障害物.

obstrúction of híghway《英》1 公道妨害(罪). 2《公道に接している土地保有者が提起しうる》公道違法使用による侵害(訴訟).

obstrúction of jústice 司法妨害(罪)《証人の出廷妨害, 証人への不当圧力, 虚偽の情報提供, 証拠の隠蔽, 陪審員への脅迫など》.

obstrúction of políce《英》警察官職務執行妨害罪 (= obstructing a police officer).

obstrúction of recóvery of prémises《英》《占有者による裁判所職員に対しての》不動産占有回復執行妨害(罪).

obstrúction to navigátion 航行妨害(罪) (= obstructing navigation).

ob·struc·tive /əbstrʌ́ktɪv/ *a* 妨害する, じゃま[妨害]になる 〈of, to〉: the ~ behavior of some right-wingers. — *n* 1 妨害物, 障害. 2《議事》妨害者.

ob·tain /əbtéɪn/ *vt* 〈物を〉得る, 手に入れる, 獲得する, 入手する; 買う. — *vi* 〈習慣・見解などが〉行なわれる, はやる, 通用する.

obtáin·ing by decéption《英》詐取(罪).

obtáining crédit《英》《一定額を超えての》破産者債務負担(罪).

obtáining pecúniary advántage (by decéption)《英》《詐欺による》金銭上の利益取得(罪).

obtáining próperty by decéption《英》詐欺による財産取得(罪).

obtáining próperty by fálse preténses 動産詐取(罪) (= FALSE PRETENSE).

Ob·tem·pe·ran·dum est con·su·e·tu·di·ni ra·ti·o·na·bi·li tan·quam le·gi. /əbtèmpərǽndəm est kànsuitjúːdɪnàɪ reɪʃiounéɪbɪlaɪ tǽnkwæm líːdʒaɪ/ 合理的な慣習(法)は法と同様に従われるべきである. [L = A reasonable custom is to be obeyed like law.]

ob·test /əbtést/ *vt* 1 証人として呼ぶ. 2 ...に嘆願する. — *vi* 抗議する; 嘆願する.

ob·vi·ate /ɔ́bvièɪt/ *vt* 1 〈危険・困難などを〉事前に除去する, 未然に防ぐ, うまく回避する. 2 不要にする. **ob·vi·a·tion** /ɔ̀bviéɪʃ(ə)n/ *n* **ób·vi·à·tor** *n*

ob·vi·ous /ɔ́bviəs/ *a* 明らかな, 明白な: an ~ error. **~·ness** *n*

óbvious dánger 明らかな危険 (cf. HIDDEN DANGER).

o.c. [L *ope consilio* or *ope et consilio*]《大陸法》幇助・助言により (by aid and counsel) ◆《米》°orphan's court 孤児裁判所.

OC《英》°Order in Council 枢密院令.

oc·ca·sion /əkéɪʒ(ə)n/ *n* 1 《特定の》時, 場合; できごと; 機会, 好機, 折 〈*for, to do*〉: on all ~s [every ~] あらゆる場合に / for the ~ 臨時に, この[その]時のために [の]. ► SOLEMN OCCASION (厳粛な事態). 2 直接の原因, 誘因, きっかけ, 近因 〈*of*〉: the ~ of the riot 暴動のきっかけ. 3 理由, 根拠 (reason) 〈*for, to do*〉; [pl]《古》要求, 必要 (need); [pl]《廃》必要条件; [pl]《古》用事, 仕事. **on ~(s)** 折に触れて, 時折. **rise to the ~** 事に臨んで立つ, 臨機の処置をとる, 難局に対処する. **take [seize] (the) ~ to do** ...する好機をとらえる, 機に乗じて...する. — *vt* ...の誘因となる, ひき起こす;〈人に〉...させる: assault ~ing actual bodily harm 身体傷害となる暴行.

occásion·al *a* 1 **a** 時折の, たまの〈訪問・休暇など〉; 時々の, 随時の. **b** 特別な場合のための[に作った], 予備の, 臨時の; 特別の場合に[時たま]...する〈人〉, 臨時雇いの. 2 〈...の〉誘因となる 〈*of*〉; 偶然の; 副次的な. **oc·ca·sion·al·i·ty** /əkèɪʒ(ə)nǽləti/ *n*

occásional lícense《英》《特定の時期・場所での》臨時酒類販売許可.

Oc·cul·ta·tio the·sau·ri in·ven·ti frau·du·lo·sa. /ὰkəltéɪʃiou θesɔ́ːraɪ ɪnvéntaɪ frɔ̀ːdjulóusə/ 発見された埋蔵物の隠匿は詐欺に当たる. [L = The concealment of discovered treasure is fraudulent.]

oc·cu·pan·cy /ɔ́kjəpənsi/ *n* 1 占有, 保有, 領有; 現実占有;《無主物先占の》占有, 先占 (cf. ADVERSE POSSESSION); 居住, 入居: with immediate ~ 即時占有[居住]できる. ► ASSURED AGRICULTURAL OCCUPANCY (農業労働者保証居住(権)) / CERTIFICATE OF OCCUPANCY (建物使用許可証) / OPEN OCCUPANCY (非差別住宅制) / PROTECTED OCCUPANCY (保護居住(権)). 2 現有権利者無占有不動産の占有取得《英国では廃止》; ⇒ GENERAL OCCUPANT, OCCUPANT, SPECIAL OCCUPANT. 3 占有[入居]期間, 所有期間. 4 入居用建物, 入居[賃貸可能]部分《アパート・事務所など》. 5 《不動産》の用途, 占用目的.

óc·cu·pant *n* 1 《土地・建物・部屋・地位などの》占有者, 占拠者, 現住者, 入居者, 居住者;《特定の場に》いる人. 2 無主物先占者, 先占者. 3 現有権利者無占有不動産占有取得者《英国では廃止》. ► GENERAL OCCUPANT (一般占有者) / SPECIAL OCCUPANT (特別占有

oc·cu·pa·tio /ˌʌkjəˈpeɪʃioʊ/ n 《ローマ法》無主物先占, 先占. [L]

oc·cu·pa·tion /ˌʌkjəˈpeɪʃ(ə)n/ n **1** 従事すること, 活動, 仕事, 時間の過ごし方, する事《趣味など》; つとめ, 業務, 職業, 生業, 《生計の基礎である》仕事: men out of ～ 失業者. ▶ DANGEROUS OCCUPATION (危険業務). **2** 占有; 占拠; 占有権[期間]; 《地位・官職を》占めること, 在任[在職](期間); 居住; 無主物先占, 先占. ▶ ADVERSE OCCUPATION (敵対的占拠) / HOUSE IN MULTIPLE OCCUPATION (複数世帯居住家屋) / USE AND OCCUPATION (利用占有(訴訟)). **3** 《国際法》占領 (cf. CESSION, STATE SUCCESSION); 占領期間. ▶ BELLIGERENT OCCUPATION (軍事占領) / PEACEFUL OCCUPATION (平時占領). ～·less a [OF<L; ⇨ OCCUPY]

occupátion·al a **1** 職業(上)の, 職業から起こる. **2** 占領の. ～·ly adv

occupátional áccident 業務上の事故.

occupátional diséase 1 業務上の疾病, 職業病 (=industrial disease) (cf. OCCUPATIONAL HAZARD). **2** 職業(病)的気質[性癖].

occupátional házard 業務上の危険《肉体への偶発的権利侵害 (accidental injury), 業務上の疾病 (occupational disease) を含む特定業務特有の危険》.

occupátional pénsion 企業年金《企業・雇用主により運営される年金; 公的年金と区別される》.

occupátional pénsion schème 《英》企業年金制度 (cf. PERSONAL PENSION SCHEME).

Occupátional Sáfety and Héalth Àct [the ～]《米》職業安全衛生法《職場における安全と労働者の健康を維持するための諸基準とその実施を定めた連邦法; 1970 年制定; 略 OSHA /ˈoʊʃə/》.

Occupátional Sáfety and Héalth Administràtion [the ～]《米》職業安全衛生局《1970年の職業安全衛生法 (Occupational Safety and Health Act) で労働省 (Department of Labor) 内に設立され, 職場での安全と労働者の健康維持を目的とした行政部局; 略 OSHA /ˈoʊʃə/》.

occupátional stréss 職業上のストレス.

occupátional táx 《米》職業税 (=OCCUPATION TAX).

occupátion òrder 《英》居住に関する命令《状況に応じ種々ありうるが, 一般的なものとしては, 夫婦・同棲者の一方に対して住宅に居住し続けること, 他方が住宅から退去することなどを命ずるもの; cf. BATTERED SPOUSE [COHABITANT], DOMESTIC VIOLENCE》.

occupátion ròad 占有者専用道路, 私道.

occupátion tàx 《米》職業税 (=occupational tax)《小売業者・弁護士など一定の職業を営むことに対して課される州税》.

oc·cu·pa·vit /ˌʌkjəˈpeɪvət/ n 《史》戦時侵奪不動産占有回復令状. [L=he/she occupied]

óc·cu·pì·er n 《土地・建物の》占有者, 現実占有者, 《場所などを》占める[ふさぐ]もの, 占有物; "居住者, 入居者, 借地人, 借家人; 占領軍の一員. ▶ BENEFICIAL OCCUPIER (受益的占有者) / HARASSMENT OF OCCUPIER (居住者へのいやがらせ) / NONOCCUPIER (非占有者) / OWNER-OCCUPIER (土地[建物]所有者兼占有者) / RESIDENTIAL OCCUPIER (居住者).

óccupier's liabílity 《土地・建物の》占有者の責任《来訪者・侵入者を含め土地・建物内に入って来た者に対する責任; cf. COMMON DUTY OF CARE, DANGEROUS PREMISES, PREMISES LIABILITY》.

oc·cu·py /ˈʌkjəpaɪ/ vt **1** 占領する, 《政治要求などを掲げて》占拠する. **2** 占有する, 現実に占有する, 先占する, 領有する; 所持する; 居住[入居, 占用]する, 賃借する《占有・所持を》取得する. **4** 《場所・時間を》占める, とる, ふさぐ. **5** 《地位・役を》占める, 《職》に就く (hold). ― vi 《廃》占有する, 領有する; 賃借人になる. **óc·cu·pì·able** a [OF<L oc-(cupo=capio to take)=to seize]

óccupy·ing cláimant 占有不動産改良費償還請求者《みずからに権原があるものと信じ占有をしていた不動産に改良を施したが, のちに権原がないことが判明した占有者は, その改良費を取り戻すことが制定法上認められているが, その取戻しを請求する占有者; cf. BETTERMENT ACT》.

óccupying cláimant àct 不動産改良費償還法, 不動産有益費償還法 (=BETTERMENT ACT).

óccupying ténant 賃借権者, 借家人 (cf. OWNER-OCCUPIER).

oc·cur·rence /əˈkɔːrəns, əˈkʌr-; əˈkʌr(ə)ns/ n **1** 発生. **2** できごと, 事件《責任保険上では, 身体・財産に損害を及ぼす事態の継続または繰返しをも含み, 単一の occurrence とする》.

occúrrence pòlicy 期間内発生事件保険(約款)《発見・請求の時期にかかわらず保険期間内に生じた事件についてはすべて保障することを約した保険(約款); cf. CLAIMS-MADE POLICY》.

occúrrence rùle 発生時起算準則《出訴期間 (limitation of action) を権利侵害発見時ではなく権利侵害発生時から起算する原則; 大部分の契約違反などに適用される一般的の原則である; ⇨ STATUTE OF LIMITATIONS; cf. DISCOVERY RULE》.

ócean bíll of láding 海上船荷証券.

ócean maríne ínsurance 外洋海上保険, オーシャンマリン保険《外洋を輸送する人・貨物の危険に対する保険; cf. INLAND MARINE INSURANCE》.

O'Con·nor /oʊˈkɑːnər/ オコーナー **Sandra Day ～** (1930–)《米国の法律家; 1981 年 Reagan 大統領により連邦最高裁判所陪席裁判官に指名された女性初の合衆国最高裁判所裁判官 (–2006)》.

oc·to ta·les /ˈɑːktoʊ ˈteɪliːz, -ˈteɪlz/ 《史》八陪審員候補者追加(令状) (⇨ TALES). [L=eight such]

ódd lót 《証券》端株; 端数, 半端物 (cf. ROUND LOT).

ódd-lót *a* オッドロット[端数]の (⇨ ODD-LOT DOCTRINE): ~ workers.

ódd-lót dòctrine オッドロット法理《労災補償において、通常の労働市場では適当な雇用を見出しえない程度の大きな障害を受けた場合には、労働能力の一部不能としてではなく全部不能と認定して補償すべきであるとする理論》.

ódd-lót òrder 取引単位未満株の注文, **端株注文**.

odio et atia ⇨ DE ODIO ET ATIA.

odi·um /óudiəm/ *n* **1** 悪評, 汚名. **2** 嫌悪, 忌わしさ; 反感, 憎悪.   **odi·ous** /óudiəs/ *a* [L=hatred]

Of.com /áfkàm, ɔ́(:)f-/《英》オフコム, 情報通信事務所《正式名は Office of Communications (情報通信事務所) だが、一般にはオフコム (Ofcom) と通称で呼ばれている; 主にテレビ・ラジオなどの情報通信に関して消費者の利益を守り増進するために、既存の放送基準委員会 (Broadcasting Standards Commission) や、民放テレビ・ラジオ放送局の認可などを行なっていた独立テレビ委員会 (Independent Television Commission)・ラジオ機関 (Radio Authority), さらにはオフテル (Oftel) などが、2003年法で統合創設された機関》.

offence etc. ⇨ OFFENSE etc.

of·fend /əfénd/ *vt* 〈人〉の感情を害する, 立腹させる, 不快にさせる;《古》〈法・礼儀など〉に背く, 違反する;《廃》〈人〉に罪を犯させる.   — *vi* **1** 罪[あやまち]を犯す (sin); 〈法・礼儀など〉に背く, 犯す 〈*against*〉. **2** 困らせる, 傷つける, 不快感を与える; 反感をもたせる, 怒らせる.   **~·ed·ly** *adv*   [OF<L *of-* (*fens-*, *fendo*)=to strike against, displease]

offénd·er *n*《法律上の》**犯罪者**, 犯人, 違反者 〈*against*〉. ▶ ADULT OFFENDER (成人犯罪者) / CAREER OFFENDER (常習犯) / DANGEROUS OFFENDER (危険犯罪者) / FIRST OFFENDER (初犯者) / FUGITIVE OFFENDER (逃亡犯罪人; 英国内逃亡イギリス連邦犯罪人) / HABITUAL OFFENDER (常習犯) / JUVENILE OFFENDER (少年犯罪者) / PERSISTENT OFFENDER (常習犯) / REHABILITATION OF OFFENDERS (犯罪者の社会復帰) / REPEAT OFFENDER (再犯者) / SEX OFFENDER (性犯罪者) / SITUATIONAL OFFENDER (状況規定的犯罪者) / STATUS OFFENDER (虞犯(ぐはん)少年) / YOUNG ADULT OFFENDER (青年犯罪者) / YOUNG OFFENDER (青少年犯罪者) / YOUTHFUL [YOUTH] OFFENDER (青少年犯罪者; 非行未成年者).

of·fense | **of·fence** /əféns/ *n*《★検索の便宜上, 本辞典では英米を問わず offense の綴りで統一した》**1**《社会的・道徳的な規範》を犯すこと, 違反, 罪 〈*against*〉; 法律違反, **犯罪**《★ 重い犯罪, 軽い犯罪, さらにはルール違反に至るまで広く一般的に用いられる語; しかし crime に比べ特に比較的軽い犯罪に用いられる場合が多い; cf. CRIME》: commit an ~ *against* decency [good manners] 無作法なことをする. ▶ ACQUISITIVE OFFENSE (領得罪) / ALLIED OFFENSE (類似犯罪) / ARRESTABLE OFFENSE (逮捕状がなくても逮捕できる犯罪) / BAILABLE OFFENSE (保釈されうる犯罪) / BENEFIT OFFENSE (社会保障給付にかかわる犯罪) / CAPITAL OFFENSE (死刑を科しうる犯罪) / CIVIL OFFENSE (民事的違反) / COGNATE OFFENSE (同種犯罪) / COMPOUNDING AN OFFENSE (犯罪私和) / CONTINUING OFFENSE (継続的犯罪) / CUMULATIVE OFFENSE (反復犯罪) / DIVISIBLE OFFENSE (可分犯罪) / DUPLICATED OFFENSES (重複犯罪) / ECCLESIASTICAL OFFENSE (教会(法)上の犯罪) / EITHER-WAY OFFENSE (選択的審理方法の犯罪) / EXTRANEOUS OFFENSE (別個の犯罪) / FIRST OFFENSE (初犯) / GRADED OFFENSE (細密型化犯罪) / HYBRID OFFENSE (選択的審理方法の犯罪) / IMPEACHABLE OFFENSE (弾劾可能な犯罪) / INCHOATE OFFENSE (未完成犯罪) / INCLUDED OFFENSE (被包含犯罪) / INDEX OFFENSE (指標犯罪) / INDICTABLE OFFENSE (正式起訴(で訴追される)犯罪) / INDICTABLE-ONLY OFFENSE (正式起訴のみで訴追される犯罪) / INFAMOUS OFFENSE (破廉恥罪; 反自然的破廉恥罪) / INSOLVENCY OFFENSE (支払い不能・倒産関係犯罪) / INTERNATIONAL OFFENSE (国際犯罪) / JOINDER OF OFFENSES (犯罪の併合) / JOINT OFFENSE (共犯) / LESSER INCLUDED OFFENSE (被包含犯罪) / LIQUOR OFFENSE (酒類犯罪) / MATRIMONIAL OFFENSE (婚姻上の犯罪) / MERGER OF OFFENSES (犯罪の吸収) / MOTORING OFFENSES (自動車運転に伴う法律違反) / MULTIPLE OFFENSE (犯罪競合) / NECESSARILY INCLUDED OFFENSE (必然的被包含犯罪) / NONARRESTABLE OFFENSE (逮捕状がなくては逮捕できない犯罪) / NONCAPITAL OFFENSE (非死刑対象犯罪) / NONINDICTABLE OFFENSE (正式起訴で訴追する要のない犯罪) / NOTIFIABLE OFFENSE (重大犯罪) / OBJECT OFFENSE (目的犯罪) / OUTSTANDING OFFENSES (未決の類似の犯罪) / PARKING OFFENSES (駐車違反) / PETTY OFFENSE (軽犯罪) / POLICE OFFENSE (違警罪) / POLITICAL OFFENSE (政治犯罪) / PREDICATE OFFENSE (刑罰加重因犯罪; 被包含犯罪) / PUBLIC OFFENSE (犯罪) / PUBLIC ORDER OFFENSE (公共の秩序に対する犯罪) / PUBLIC WELFARE OFFENSE (社会生活維持ルール違反罪) / RACIAL HATRED OFFENSE (人種の憎悪罪) / RACIALLY AGGRAVATED OFFENSE (人種の加重犯罪) / RAPE OFFENSE (強姦罪) / REGULATORY OFFENSE (規制犯; 社会生活維持ルール違反罪) / RELIGIOUSLY AGGRAVATED OFFENSE (宗教的加重犯罪) / SAME OFFENSE (同一犯罪; 同種の犯罪) / SEPARATE OFFENSE (別罪) / SERIOUS OFFENSE (重犯罪) / SEXUAL OFFENSE (性に関する犯罪) / SPEEDING OFFENSE (最高速度違反) / STATUS OFFENSE (状態犯罪; 不良行為) / STATUTORY OFFENSE (制定法上の犯罪; 制定法上の性犯罪) / STREET OFFENSE (公道犯罪) / SUBSTANTIVE OFFENSE (独立犯罪) / SUMMARY OFFENSE (略式起訴で訴追される犯罪) / TARGET OFFENSE (標的犯罪) / TRAFFIC OFFENSE (交通違反) / UNNATURAL OFFENSE (反自然的犯罪) / UNRELATED OFFENSE (無関連な犯罪) / VIOLENT OFFENSE (暴力犯罪). **2**《ルイジアナ法》不法行為 (tort). **3** 人の感

情を害すること, 無礼, 侮辱; 気を悪くすること, 立腹; 不快[立腹]のもと[種]: No ~ (was meant). 悪気で言った[した]のではないんだ, 気を悪くしないでくれ, 悪く思うなよ / give [cause] ~ to...を怒らせる / take ~ 怒る, 気分を害する ⟨at⟩ / He is quick to take ~. すぐ怒る. **4** 攻撃 (opp. *defense*). ▶ WEAPON OF OFFENSE (攻撃の道具). [ME=stumbling (block), <L; ⇒ OFFEND]

offénse agàinst internátional láw and órder 国際法および国際秩序に対する犯罪《海賊行為 (piracy), ハイジャック (hijack), 戦争犯罪 (war crime)》.

offénse agàinst próperty 《他人の所有権・占有権などの》財産権に対する犯罪《窃盗・強盗・贓物収受・詐欺・放火・偽造や暴力による不動産占有侵奪など; ただし伝統的には不動産を対象にするものは含まれず, 人的財産 (personal property) を対象にするものに限定されていた; cf. CRIMES AGAINST PROPERTY》.

offénse agàinst públic jústice and authórity 司法に対する犯罪《訴訟援助・争訟教唆・脱獄・重罪隠匿・偽証教唆など》.

offénse agàinst the habitátion 住居に対する犯罪《放火・不法目的侵入など》.

offénse agàinst the pérson 人に対する犯罪《殺人・堕胎・強姦・傷害・誘拐など人の身体に対する犯罪; cf. CRIMES AGAINST PERSONS》.

offénse agàinst the públic héalth, sáfety, cómfort, and mórals 社会一般の健康・安全・安楽・道徳に対する犯罪《不法妨害・重婚など》.

offénse agàinst the públic órder [péace] 公共の秩序[治安]に対する犯罪 (=public order offense)《騒擾・闘争・不法集会など》.

offénse agàinst the státe 国家に対する犯罪《反逆・煽動・国家機密に関する犯罪など》.

offénse relàting to róad tràffic 道路交通に関する違反《不注意運転・無謀運転・無謀運転による死亡事故・飲酒運転・無保険運転・無免許運転・速度違反・信号無視・違法駐車など》.

offénse tríable éither wáy 〖英〗選択的審理方法の犯罪 (=either-way offense, hybrid offense)《正式起訴で訴追される犯罪 (indictable offense) としてか略式起訴で訴追される犯罪 (summary offense) としてかのいずれでも審理しうる犯罪類型で, 詐欺・窃盗・重婚や 16 歳未満の少女との性交などがこれに当たる》.

offénse tríable ónly on indíctment 〖英〗正式起訴のみで審理される犯罪《刑事法院 (Crown Court) でのみ審理される犯罪》.

offénse tríable ónly súmmarily 〖英〗略式起訴のみで審理される犯罪《治安判事裁判所 (magistrates' court) でのみ審理される犯罪》.

of·fen·sive /əfénsɪv/ *a* **1** 攻撃の[に関する], 攻撃用の. **2** 人を不快にする[憤らせる], 無礼な. ~·**ly** *adv* ~·**ness** *n*

offénsive and defénsive léague 〖国際法〗攻守同盟.

offénsive colláteral estóppel 〖米〗原告による争点効の主張《他の原告との関係でその事件の前に被告に不利に決定をされた争点について裁判所の判断に反する主張を被告が再びなすことを阻止しようとして原告が主張する禁反言; ⇨ COLLATERAL ESTOPPEL; cf. DEFENSIVE COLLATERAL ESTOPPEL》.

offénsive cóntact [tóuching] 許しがたい身体接触《通常人の感覚ではその尊厳を傷つけられたと感じる形での身体などへの故意の接触; 暴行 (battery); cf. BATTERY》.

offénsive lánguage 不快な言辞.

offénsive-úse wáiver 攻撃的利用のゆえの権利放棄《当事者の権利主張が秘匿特権によって守られる情報に決定的に依存しかつ相手方当事者が他の方法ではその情報が得られない場合に, 特権の放棄とみなされる弁護士依頼者間の秘匿特権 (attorney-client privilege) の放棄; cf. AT-ISSUE WAIVER》.

offénsive wéapon 凶器《用い方しだいで武器となるものを含む; cf. WEAPON OF OFFENSE, PROHIBITED WEAPON》: carrying ~ 凶器所持.

of·fer /ɔ́(ː)fər, ɑ́f-/ *vt* **1** 提供する, 持ちかける; 申し込む; ⟨...しようと⟩申し出る ⟨to do⟩; 結婚を申し込む ⟨oneself⟩; 提出する, 提案する: ~ one's services 役務を提供する / She ~ed to help us. 彼女はわたしたちに協力を申し出てくれた / ~ sb a job 人に仕事[職]を提供する. **2** ⟨ある値で品物を⟩売りに出す; ⟨ある金額を⟩払うと申し出る ⟨for⟩. **3** 提示する, 表わす (present); ⟨抵抗などの⟩気勢を示す: ~ battle 戦いを挑む. **4** ...しようとする, 企てる (attempt, threaten) ⟨to do⟩: He ~ed to strike me. わたしを打とうとした. — *vi* **1** 供物をささげる. **2** 現われる, 起こる (occur): as occasion ~s 機会があるとき / Take the first opportunity that ~s. どんな機会ものがすな. **3** 提案する, 申し入れをする, 申し込む, 《特に》求婚する.
— *n* **1** 提供, 提議, 申し出, 提案; 結婚申し込み;《契約の》申し込み《契約締結の意思表示で相手方が承諾すれば契約となるもの; cf. ACCEPTANCE, INVITATION TO NEGOTIATE [TREAT]》: an ~ of support 支援の申し出 / an ~ to help 援助しようとの申し出 / make an ~ 申し出る, 提議する; 申し込む; 提供する; 付け値する / make an ~ sb can't refuse 断わりようのない申し出を人に持ちかける. ▶ ACCEPTANCE OF OFFER (申し込みの承諾), CALDERBANK OFFER (コールダーバンク申し出) / CONTINUING OFFER (継続的申し込み) / COUNTEROFFER (反対申し込み) / CROSS-OFFER (反対申し込み) / FIRM OFFER (確定申し込み) / IRREVOCABLE OFFER (撤回権の制限された申し込み) / LAPSE OF OFFER (申し込みの失効) / PART 36 OFFERS (民事訴訟手続規則第 36 部の申し出) / REJECTION OF OFFER (申し込みの拒絶) / REVOCATION OF OFFER (申し込みの撤回) / STANDING OFFER (連続的申し込み) / TAKEOVER OFFER (株式公開買付け) / TENDER OFFER (株式公開買付け). **2** 《商品の》売出し,

申し込み値段, 付け値 (bid), 売り呼び値, 売り気配値: special ~s 特別売出し[提供品]. **3** 企て, 試み. **or near(est) ~** あるいは規定の[希望の]売り渡し価格に(最も)近い付け値価額(略 ono, o.n.o.).
~・able a ［OE *offrian* and OF＜L *of-(fero* to bring)＝to present; OE は宗教的意味で］

of・fer・ee /ɔ(:)fərí:, àf-/ *n* 《契約の》申し込みの相手方 (opp. *offeror*).

óffer for sále **1** 売買の申し込み. **2**《英》《証券の》売出し発行《株式・社債を発行受託会社 (issuing house) などが一般に売り出すこと; 米国では PUBLIC OFFERING (公募) がこれに当たる》.

óffer・ing *n* **1**《神への》奉納(物); 献金. ► EASTER OFFERINGS (イースター献金). **2** 提供, 申し出; 売り物. **3**《証券の》募集,《証券》申し込みの勧誘 (＝flotation¹¹). ► INITIAL PUBLIC OFFERING (第一次募集) / PRIMARY OFFERING (新発行証券募集) / PRIVATE OFFERING (私募) / PUBLIC OFFERING (公募) / RIGHTS OFFERING (引受権付き発行) / SECONDARY OFFERING (第二次募集).

óffering prìce*《証券の》売出し価格 (＝ASKING PRICE).

óffer of aménds《文書による名誉毀損行為に対する文書誹毀者 (libeler) からの》修正・謝罪文公表《および損害賠償金支払い》の申し出《原告がこの申し出を受諾すれば訴訟は終結し当事者間で示談することになる》.

óffer of cómpromise 和解の申し出.

óffer of júdgment《米》特定判決の申し出《相手方が拒絶し, 最終判決がこの申し出よりもその者にとって有利でない判決が出た場合, この申し出以後の訴訟費用はその拒絶当事者が負担する》.

óffer of perfórmance《契約の一方当事者による契約上の債務の》履行の提供, 履行能力の保証.

óffer of próof《米》記録のための証拠の提出 (＝avowal)《裁判所が証拠の許容性 (admissibility of evidence) への異議を認めた後に, その裁判所決定についての上訴審の判断のために証拠申立人が記録にその証拠をとどめてもらうこと; 陪審のいない所で行なわれる; 上訴審がこの決定を誤りとすれば, この記録が生き, 法廷で証拠が提出されたものとされる》.

óffer・or, -ró:r*/ *n* 申し出人, 提出者; 提議者;《契約の》申込者 (opp. *offeree*).

óffer prìce¹¹《証券の》売出し価格 (＝ASKING PRICE).

óffer to áll the wórld 世間一般への申し込み《広告を通じて一定のサービス提供に対して報酬を支払う旨の契約の申し込み; サービス提供がなされた瞬間に契約が成立する》.

of・fice /ɔ́(:)fəs, áf-/ *n* **1** 事務室, 事務所, 営業所, …所: a law [lawyer's] ~ 法律事務所 / ~ staff 事務員, 職員《集合的》. ► BRANCH OFFICE (支部, 支社, 支店) / GENERAL OFFICE (本部) / HEAD [MAIN] OFFICE (本部, 本社, 本店) / HOME OFFICE (本社) / LOCAL BETTER REGULATION OFFICE (地方規制活動効率化事務所) / OVAL OFFICE (大統領執務室) / REGISTERED OFFICE (登記上の事務所). **2** 役所, 官庁, 局, 庁; [O-]《米》《省の下の》局;《英》省: the War O-《英史》軍事省 / the (Government) Printing O-《米》《合衆国》(政府)印刷局. ► CABINET OFFICE (内閣官房) / CENTRAL OFFICE (主事中央局) / EMPLOYMENT OFFICE (職業安定所) / FOREIGN AND COMMONWEALTH OFFICE (外務連邦省) / FOREIGN OFFICE (外務省) / GENERAL ACCOUNTABILITY [ACCOUNTING] OFFICE ((連邦)会計検査院) / GOVERNMENT EQUALITIES OFFICE (政府平等省) / GOVERNMENT PRINTING OFFICE (政府印刷局) / HANAPER OFFICE (整理筐局) / HOME OFFICE (内務省) / INTELLECTUAL PROPERTY OFFICE (知的財産庁) / LAND OFFICE (公有地署) / ORDNANCE OFFICE (軍需品委員会) / PAPER OFFICE (公記録保存庁; 王座裁判所記録保管所) / PATENT AND TRADEMARK OFFICE (特許・商標局) / PATENT OFFICE (特許庁) / PUBLIC OFFICE (官公庁) / PUBLIC RECORD OFFICE (公文書館) / REGISTER OFFICE (登録所; 登録保管事務をしている所) / REGISTRY OFFICE (登録所) / SERIOUS FRAUD OFFICE (重大詐欺局) / STATE PAPER OFFICE (国家文書保管所) / STATIONERY OFFICE (政府刊行物出版局). **3** [the ~]《事務所の》全職員, 全従業員. **4** 官職, 公職 (post); 職務, 役職; 在職[在任](期間): be in ~ 在職する;《政党が政権を握っている》/ enter upon [accept] ~ 公職に就く / go [be] out of ~ 政権を離れる[離れている] / hold [fill] ~ 在職する / leave [resign (from)] ~ 《公職を》辞す, 辞任する / retire from ~ 《公職から》引退する / take ~ 就任する, 職務につく. ► CABINET OFFICE (閣僚職) / CIVIL OFFICE (文官(職)) / COLOR OF OFFICE (職務の外観) / COMPENSATION FOR LOSS OF OFFICE (取締役早期退任補償(金)) / CONSTITUTIONAL OFFICE (憲法上の官職) / CROWN OFFICE (王座裁判所刑事部; 刑事部) / INQUEST OF OFFICE (職務上の審問) / JUDICIAL OFFICE (司法官職) / MINISTERIAL OFFICE (事務的な官職) / MISBEHAVIOR IN OFFICE (公務員の義務違反行為) / MISFEASANCE IN OFFICE (公務における失当行為) / OATH OF OFFICE (公職の宣誓) / POLITICAL OFFICE (政治的官職) / PUBLIC OFFICE (公職) / SALE OF OFFICES (官職売買) / TERM OF OFFICE (任期). **5** 役目, 任務 (duty); 機能, はたらき; [°*pl*] 好意, 尽力, 斡旋, 世話: the ~ of chairman [host] 議長[主人]の役 / do the ~ of…の役目をする / by [through] the good [kind] ~s of…の好意[斡旋]で. ► GOOD OFFICES (周旋). **6**《史》職務上の審問, 国王帰属財産審問 (＝INQUEST OF OFFICE). ［OF＜L *officium* performance of a task (*opus* work, *facio* to do)］

óffice [offícial] còpy《公文書の》正式謄本, 官製謄本.

Óffice for Légal Compláints《英》法的苦情処理所《2007 年法により法律制度監察官 (Legal Services Ombudsman) に代わって 2010 年から職務を開始; 法務委員会 (Legal Services Board) の規制の下の独立機関で, 法曹に対する苦情処理を引き継ぐ》.

Óffice for Ténants and Sócial Lánd-lords
〖英〗賃借人および社会的不動産貸主のための事務所《2008年法で社会的住宅供給 (social housing) の規制・調整のため創設された法人で、同法規定の各種目的に添うように機能することが求められている; cf. LOW COST HOME OWNERSHIP ACCOMMODATION, LOW COST RENTAL ACCOMMODATION》.

Óffice for the Supervísion of Solícitors
[the ~]〖英史〗事務弁護士監督所《略 OSS; ⇨ SOLICITORS' COMPLAINTS BUREAU》.

óffice gránt
《保有者が任意に移転しないあるいはできない場合の不動産権の》公権力による譲与.

óffice hòurs
pl 執務[勤務]時間, 営業時間 (business hours); *診療時間, *《大学における》面会時間.

óffice làwyer
事務所業務弁護士 (= OFFICE PRACTITIONER).

Óffice of Communicátions
情報通信事務所, オフコム (⇨ OFCOM).

Óffice of Fáir Tráding
[the ~]〖英〗公正取引庁[所]《1973年公正取引法 (Fair Trading Act) で創設; 公正取引庁長官 (Director General of Fair Trading) を長として, 不公正な商慣行から一般の消費者を保護し消費生活の向上をはかる政府機関; 2002年法により2003年から同名のまま法人化されているので, 訳語は公正取引所とでもすべきであろう; ⇨ FAIR TRADING ACT 1973; 略 OFT》.

Óffice of hónor
《無報酬の》名誉職.

Óffice of Mánagement and Búdget
[the ~]〖米〗行政管理予算局《連邦予算編成や財政計画作成を補佐する大統領直属の行政機関; 1970年 Bureau of Budget (予算局) の改組により設置; 略 OMB》.

Óffice of Personnél Mànagement
〖米〗人事庁《1978年法で創設された連邦政府人事の任用・退職・評価などを担当する連邦の独立人事官庁; それ以前の Civil Service Commission ((公務員)人事委員会) の職務の一部を引き継いでいる; 略 OPM》.

óffice of prófit (ùnder the Crówn)
〖英〗(国王の下での)有給の官職《1701年制定の王位承継法 (Act of Settlement) は国王の下で収益を生ずる官職ないし地位を有している者は議会庶民院議員になることができない旨を定めた; この規程自体は1705年に廃されたが, 18世紀に種々の制定法が種々の官職保有者の議員資格を奪った; 現在は1975年の庶民院議員欠格法 (House of Commons Disqualification Act) に基づく; なお, 議員の合法的辞職手続きとして利用されているチルターンハンドレッズ (Chiltern Hundreds) の執事職就任も, この制度を根拠にしている; ⇨ CHILTERN HUNDREDS》.

Óffice of Públic Séctor Informátion
〖英〗公共部門情報局《公共部門 (public sector) の情報の調査発見・利用等にかかわる広範なサービスを提供するため2005年に創設された政府機関; 連合王国の近時の立法のすべてについてのオンラインでの提供を含め, 情報自由化のための指導的役割を果たしている; 略 OPSI》.

óffice of trúst
《職務を他人に代行させることのできない》信任ある官職 (opp. *ministerial office*).

óffice pràctice
《弁護士の》事務所業務《法廷での弁論活動とは別の法廷外での弁護士業務》.

óffice practitioner
《法廷での弁論活動をしない》事務所業務弁護士 (= chamber counselor, office lawyer, transactional lawyer).

of·fi·cer
/ɔ́(ː)fəsər, ǽf-/ *n* **1 a** 将校, 武官, 将官, 士官: an army [a naval] ~ 陸軍[海軍]将校. **b** 《ある種の勲位で》最下級を除いた階級の人;〖英〗大英帝国勲位 (OBE) 4級の人. ▶ LEGAL OFFICER (法務士官) / WARRANT OFFICER (准尉). **2** 公務員, 役人, 官公吏, 職員 (official); 警官, 巡査 (policeman, policewoman) 《呼びかけにも用いる》; 執行吏 (bailiff);《団体・組織・教会・会社などの》役員, 幹事 (cf. DIRECTOR): a customs ~ 税関吏 / a safety ~《ビルなどの》防火管理責任者 / an ~ of the law 警察官 / the company ~s = the ~s of a company 会社役員, 取締役. ▶ ADMINISTRATIVE OFFICER (行政官, 行政職員) / ATTENDANCE OFFICER (生徒出席担当) / CERTIFICATION OFFICER (労働組合認定官) / CHIEF EXECUTIVE OFFICER (最高経営責任者) / CHILD SUPPORT OFFICER (子の扶養監督官) / CIVIL OFFICER (文官) / COMPLIANCE OFFICER (法令遵守責任者) / CONCILIATION OFFICER (調停員) / CORPORATE OFFICER (法人[会社]役員) / COSTS OFFICER (訴訟費用査定官) / CUSTODY OFFICER (留置担当警察職員) / DE FACTO OFFICER (事実上の公務員; 事実上の役員) / DE JURE OFFICER (適法な公務員; 適法な役員) / ENVIRONMENTAL HEALTH OFFICER (環境保健担当官) / EXECUTIVE OFFICER (行政官; 経営責任者) / HEALTH OFFICER (保健衛生官) / HEARING OFFICER (聴聞職員; 裁判委任者; 聴聞官) / HIGH COURT ENFORCEMENT OFFICER (高等法院執行官) / IMMIGRATION OFFICER (入国審査[管理]官) / INTERIM OFFICER (残存期間任者) / JUDICIAL OFFICER (司法官; 裁判官委任者) / JUVENILE OFFICER (少年裁判所補導官) / LAW ENFORCEMENT OFFICER (法執行官) / LAW OFFICER (法務官) / LEGISLATIVE OFFICER ((立法府)議員) / MINISTERIAL OFFICER (事務的な役人) / PARISH OFFICER (教(会)区役人) / PEACE OFFICER (治安担当官) / POLICE OFFICER (警察官) / PRISON OFFICER (看守) / PROBATION OFFICER (保護観察官) / PUBLIC OFFICER (公務員) / RENT OFFICER (家賃査定官) / RESISTING AN OFFICER (公務執行妨害(罪)) / RETURNING OFFICER (選挙管理官) / REVENUE OFFICER (税務官) / TRUANCY OFFICER (生徒出席担当係) / UNITED STATES OFFICER (合衆国官吏).

ófficer de fácto, de fácto ófficer
1 事実上の公務員, 表見上の公務員. **2** 事実上の役員, 表見上の役員.

ófficer de júre, de júre ófficer
1 適法な公務員, 法律上の公務員. **2** 適法な役員, 法律上の役員.

officer of jústice 司法職員《通例 裁判官などは除く》.

ófficer of the cóurt 裁判所成員.

ófficer of the United Státes 《米》《合衆国憲法第2編第2節2項の定める合衆国の下で信任もしくは報酬を受けている》合衆国官吏 (＝United States officer).

of·fi·cial /əfíʃ(ə)l/ a **1** 職務上の, 公務上の, 官の, 公の, 正式の, 公式の (opp. *officious*); 官職[公職]にある, 官選の; 官憲[当局]から出た, 公認の: ～ affairs [business] 公務 / ～ documents 公文書 / ～ funds 公金 / an ～ note《外交上などの》公文 / an ～ residence 官舎, 官邸, 公邸 / OFFICIAL RECORD / ～ language 公用語 / The news is not ～. 公式報道でない. **2** 役人風の: ～ circumlocution お役所風のまわりくどい文句. ── *n* 公務員, 役人, 官公吏, 官吏; 《団体・組合などの》職員, 役員; [ᵁO-]《英》大執事裁判所裁判官 (⇨ COURT OF ARCHDEACON; cf. OFFICIAL PRINCIPAL): a government ～ 政府の役人, 官吏. ▶ PUBLIC OFFICIAL (公務員) / TRADE UNION OFFICIAL (労働組合職員). [L＝of duty; ⇨ OFFICE]

official bónd 1 公職用保証書《公職を誠実に果たすことを約す保証書》. **2** 受認義務保証書《後見人(guardian)・受託者 (trustee) 等の受認者 (fiduciary) が提出する保証書; cf. FIDUCIARY BOND》.

official cópy ⇨ OFFICE COPY.

official custódian for chárities 《英》慈善事業財産公的保管受託者《1960年法に基づく単独法人 (corporation sole)》.

Official Gazétte《米》『特許商標公報』《特許・商標についての週刊公報》.

official immúnity 公務員の免責特権《公務員が職務として行なった裁量行為から生じた不法行為に対する個人的責任を問われないという免責特権; cf. GOVERNMENT IMMUNITY》.

Official Jóurnal『オフィシャル・ジャーナル』《欧州連合 (EU) の公式機関誌; 各公用語で毎日発行; 略 OJ》.

official líst《英》取引公認証券一覧.

official·ly *adv* **1** 公務上, 職掌がら (opp. *individually*); 公式に, 正式に; 職権により. **2** [しばしば actually と対照して] 公式発表では, 表向きは.

official médiator 公的調停者《政府による正式の労働争議調停人》.

official miscónduct 公務員の義務違反行為[違法行為]《＝misbehavior in office》.

official néwspaper 官報, 官用新聞.

official nótice 1 公式通知(書). **2 a** 公知(の証拠)《＝judicial notice》. **b** 裁決機関による確知(の事実)《cf. JUDICIAL NOTICE》.

official óath 公職の(就任)宣誓《公職に就くに必要な宣誓》.

Official Petítioner [the ～]《英史》公的破産申立人《犯罪者破産命令 (criminal bankruptcy order)

の申請者としての資格での公訴(局)長官 (Director of Public Prosecutions); 1988年法でこの命令は廃止された》.

official príncipal [ᵁO- P-]《英》教会裁判所裁判官《主教[司教], 大主教[大司教]の代理官として訴訟当事者間の争訟を審理する教会の役人; 通例 主教[司教]総代理 (vicar-general) あるいは主教[司教](区)尚書 (chancellor) の役職をも有している; cf. OFFICIAL》.

official prívilege 公務上の免責特権《公務員が職務執行上別の公務員に対してなした言動について名誉毀損 (defamation) の免責を受ける特権》.

official recéiver《英》《破産財産の》公任管財人《大臣により選任され, その職務に関しては裁判所の役人とされる; 略 O.R.》.

official récord 公的記録; 公認記録.

official referée《英史》《最高法院 (Supreme Court of Judicature) の》審理官《民事訴訟の過程で生じた調査すべき専門的事項の審理などを任された; 1971年法で官職そのものは廃止; しかしなお **official referees' business** (審理官の職務) は 大法官 (Lord Chancellor) 指名の裁判官により果たされうる; 略 O.R.; ⇨ TECHNOLOGY AND CONSTRUCTION COURT》.

official repórts *pl* **1** 公的報告書, 公報. **2** 公式判例集, 公的判例集.

official séarch 公的調査《申請者の権原質疑書 (requisition on title) に基づく土地登録 (land register) 事項の, 登録官 (registrar) による調査》.

official sécret 国家秘密情報《cf. WHISTLEBLOWER》.

Official Sécrets Àct [the ～]《英》国家秘密情報法《1911年に制定され, 何度か更新されている》.

Official Solícitor [the ～]《英》公的事務弁護士《行為無能力者のために訴訟のための近友 (litigation friend) などとして行動する最高法院 (Supreme Court of Judicature) の役人》.

official stríke《労働組合全体により承認された》公式ストライキ《cf. WILDCAT STRIKE》.

official úse《史》職務付きユース《＝ACTIVE USE》.

of·fi·ci·ant /əfíʃiənt/ *n*《祭式などの》司式者.

of·fi·ci·na jus·ti·ti·ae /əfəsáinə dʒʌ̀stíʃiː/《史》司法の作業所《訴訟開始令状 (original writ) 発給所としての大法官府 (Chancery) の別名》. [L＝workshop of justice]

officio ⇨ EX OFFICIO, FUNCTUS OFFICIO.

of·fi·cious /əfíʃəs/ *a* **1** おせっかいな, さしでがましい; 専横な. **2**《外交など》非公式の, 形式ばらない (opp. *official*). **3**《古》親切な, 好意的な; 進んで義務を果たす, 義務[任務]に忠実な (dutiful).

officious interméddler おせっかいな介入者《大陸法でいう事務管理 (negotiorum gestio) 者を, その制度のない英米法系で呼ぶ時の名; Good Samaritan (よきサマリア人) ともいうし, 古風ではあるが volunteer ともいう; ⇨ GOOD SAMARITAN DOCTRINE》.

offícious téstament [wíll] 道義や自然の愛情に基づく遺言, (道徳的)義務を果たした遺言, 義務遺言《遺言者のもつべき自然な愛情や道徳的義務に基づき家族に財産を残すことを内容とする遺言; cf. INOFFICIOUS TESTAMENT [WILL]》.

Of·fi·cit co·na·tus si ef·fec·tus se·qua·tur. /əfísɪt kənéɪtəs saɪ ɛféktəs sɛkwéɪtər/ 結果が生ずる場合は未遂は有害なものとなる. [L=The attempt becomes harmful if the effect follows.]

Of·fi·ci·um ne·mi·ni de·bet es·se dam·no·sum. /əfíʃiəm níːmɪnaɪ débɛt ésə dæmnóʊsəm/ 職務はいかなる者に対しても損害をもたらすべきものではない. [L=An office ought to be injurious to no one.]

óff-license″ *n* 店内飲酒不許可条件付きの酒類販売許可(の店) (cf. ON-LICENSE).

óff-sàle [óff-prèmises] lícense* 持帰り許可条件付き酒類販売許可 (cf. ON-SALE LICENSE).

óff·sèt *v* /, *⸺́ ⸺́*/ (~ ; -sèt·ting) *vt* 差引勘定する, 相殺する: ~ the debt against a credit 債務を債権と相殺する. — *n* **1** 相殺(するもの), 差引き勘定 ⟨*to* a debt⟩; 埋め合わせ. **2** 派生物, 分枝, 支族.

óff·shóre *adv* 沖[沖合い]に, 沖に向かって; 海外[外国]で. — *a* /⸺́ ⸺́/ **1** 沖の, 沖合いの: ~ fisheries 沖合い漁業 / ~ installation 沖合い基地[施設] / an ~ oil field 沖合い[海底]油田. **2** 外国[国外]にある, 外国で登録された[行なわれる], オフショアの《法規制・税制面で有利な海外拠点で製造・登録された商品・資産などについていう》: ~ banking オフショア金融 / ~ investments 国外投資.

óffshore fúnd オフショア・ファンド, 海外投資信託《税制面で有利な他国に籍を置いて本国の規制・課税回避を狙った投資信託》.

óff·spring *n* (*pl* ~) **1** 子, 子孫 (child, children); 直系卑属: have two ~. **2** 生じたもの, 所産, 成果; 派生物.

Of·gem /áfdʒèm/《英》オフジェム《民営化されたガス・電気事業市場を監督する政府機関》. [*O*ffice of *G*as and *E*lectricity *M*arkets]

Of·lot /áflɑt/《英史》オフロット《1999年まで宝くじ事業を監督した政府機関》. [*O*ffice of the National *Lot*tery]

Of·sted /áfstèd/《英》オフステッド《学校での教育基準を監視・評価する政府機関》. [*O*ffice *f*or *S*tandards in *Ed*ucation]

OFT《英》°Office of Fair Trading 公正取引庁[所].

Of·tel /áftèl/《英史》オフテル《民営化された電話などの遠距離通信事業を監督規制していた政府機関であったが, 2003年法で新設されたオフコム (Ofcom) に統合されている》. [*O*ffice of *Tel*ecommunications]

Of·wat /áfwɑt/《英》オフウォット《民営化された水道事業を監督する政府機関》. [*O*ffice of *Wat*er Service]

Óg·den tábles /ɔ́(ː)gdən-, ǽg-; ɔ́g-/ *pl*《英》オグデン表《身体への権利侵害 (personal injury) と死亡事故 (fatal accident) に対する損害賠償事件で裁判所が損害賠償額を査定するために依存すべき最も詳細な公的基準表; 1995年法で使用が認められ版を重ねている; 同基準表の4版までの作成のための作業班の長であった勅選弁護士 Sir Michael Ogden の姓より; cf. MULTIPLIER》.

OHMS《英》On His [Her] MAJESTY's Service「公用」《公文書などの無料配達の印》.

óil-and-gás lèase 石油・天然ガス採掘権リース.

Oir·each·tas /érəkθəs, -təs/ *n*《アイルランド共和国の》議会《DÁIL (ÉIREANN) (下院) と SEANAD (ÉIREANN) (上院) よりなる》.

OJ °Official Journal『オフィシャル・ジャーナル』.

OK /oʊkéɪ, ⸺́ ⸺́/ オーケー《承認・同意・間違いなしの意で, 商取引・裏書などに広く用いられる》.

óld áge 老年[老齢](期).

Óld-Áge and Survívors' Insúrance《米史》老齢・生残者保険《1935年の連邦法である社会保障法 (Social Security Act) で創設された社会保障で, 退職期を超えた被保険者への退職給付金と, 被保険者死亡時に生残者への給付金を与える連邦政府助成の社会保険; 略 OASI; ⇨ OLD AGE, SURVIVORS, DISABILITY AND HEALTH INSURANCE》.

óld-àge pénsion 老齢[養老]年金(略 OAP).

óld-àge pénsioner 老齢年金受給者(略 OAP).

Óld Áge, Survívors, Disability and Health Insúrance《米》老齢・生残者・廃疾・健康保険《1935年に始まった老齢・生残者保険 (Old-Age and Survivors' Insurance) がその後拡張され, **Old Age, Survivors and Disability Insurance** (略 OASDI) (老齢・生残者・廃疾保険) を経ての現行名; 略 OASDHI》. ★米国で今日単に social security (社会保障) という場合にはほとんど常にこの制度のことを指す.

Óld Báiley [the ~]《英》オールドベイリー《刑事裁判所》《もとはきわめて古くから London およびその周辺地域で刑事事件を管轄したロンドン所在の裁判所名; 1834年法で中央刑事裁判所 (Central Criminal Court) が創設され, これに代わった後もその通称として残っている; 元来は裁判所が面している通りの名; 略 OB》.

Óld Natúra Brévium『旧令状論』(⇨ NATURA BREVIUM).

óld stýle 旧暦 (⇨ NEW STYLE).

Olé·ron /F ɔleʀɔ̃/ [Île d' ~] オレロン島《フランス西海岸沖 Biscay湾の東部にある島; 古代名 Uliarus》. the **Láws [Rúles] of ~** オレロン海法《Oléron島の海事裁判所の判決を集めたものとされ, 12世紀 Aquitaine 公女相続人 Eleanor (仏王 Louis 7世, その後イングランド王 Henry 2世の王妃) の編纂といわれる; customs of Oléron (オレロン海慣習法) ともいう; ヨーロッパ全土, 特にイングランドを含む大西洋岸に大きく影響し, 近代海法の基礎の一つをなした》.

ol·i·gar·chy /álɡərki, *óʊ-/ *n* **1 a** 寡頭制, 寡頭支配[政治], 少数独裁支配[政治]. **b** 寡頭制の国[社会,

団体, 企業, 教会]. **c** 寡頭制の執政者たち. **2***政府に圧力をかける一握りのグループ[関]. **òl·i·gár·chic, -chi·cal, ól·i·gàr·chal** *a*

ol·i·gop·o·ly /àləgápəli, ˚òʊl-/ *n* 《市場の》売手寡占, 寡占 (cf. MONOPOLY). **òl·i·góp·o·list** *n*

ol·i·gop·so·ny /àləgápsəni, ˚òʊl-/ *n* 《市場の》買手寡占, 需要寡占 (cf. MONOPOLY).

ol·o·graph /áləgræf; -grɑ̀:f/ *n* **1** 自筆証書 (holograph). **2***自筆遺書 (=HOLOGRAPHIC WILL). **olo·graph·ic** /òʊləgrǽfɪk/ *a*

olográphic wíll 自筆遺言 (=HOLOGRAPHIC WILL).

OMB 〖米〗°Office of Management and Budget 行政管理予算局.

om·buds·man /ámbʊ̀dzmən, ɔ́(:)m-, -bədz-/ *n* (*pl* **-men** /-mən/) **1** 行政監察官, 行政査察官, オンブズマン《北欧・英国などで立法機関に任命されて行政機関に対する住民の苦情を処理する; 英国での正式名は Parliamentary Commissioner for Administration (議会行政監察官)》. ▶ HEALTH SERVICE OMBUDSMAN (国民医療制度行政監察官, 国民医療制度オンブズマン) / HOUSING OMBUDSMAN (住宅行政監察官, 住宅オンブズマン) / INDEPENDENT HOUSING OMBUDSMAN (独立住宅行政監察官) / JUDICIAL APPOINTMENTS AND CONDUCT OMBUDSMAN (裁判官の選任および行為監察官) / LEGAL SERVICES OMBUDSMAN (法曹制度監察官 [オンブズマン]) / LOCAL GOVERNMENT OMBUDSMAN (地方行政監察官) / PARLIAMENTARY OMBUDSMAN (議会行政監察官, 議会オンブズマン). **2**《一般に》苦情処理係. ~**·ship** *n* **óm·buds·wòman** *n fem* [Swed =legal representative, commissioner]

omis·sion /oʊmíʃ(ə)n, ə-/ *n* **1** 省く[抜かす]こと, 省略; 遺漏, 看過, 漏れ, 脱落, 脱漏, 欠落: ERRORS and ~*s* excepted. ▶ MISLEADING OMISSION (人を誤らせるような省略). **2** 怠慢, 手抜かり, 不作為: sins of ~ 怠慢の罪 / There is a sin of ~ as well as of commission.《諺》遂行の罪もあれば怠慢の罪もある. ▶ ACT OF OMISSION (不作為) / CRIME OF OMISSION (不作為犯) / FAULT OF OMISSION (不作為に基づく過誤).

Om·ne cri·men ebri·e·tas et in·cen·dit et de·te·git. /ámnɪ krímɛn ɪbráɪətèɪs ɛt ɪnséndɪt ɛt ditédʒɪt/ 酩酊はすべての犯罪を燃え上がらせかつ露顕させる. [L=Drunkenness both inflames and reveals every crime.]

Omne jus aut con·sen·sus fe·cit, aut ne·ces·si·tas con·sti·tu·it, aut fir·ma·vit con·su·e·tu·do. /- dʒúːs ɔːt kansénsəs fíːsɪt ɔːt nɛsésɪtæs kànstɪtjúːɪt ɔːt fɪrméɪvɪt kànsuːɪtjúːdoʊ/ すべての権利は同意が作ったか, 必要性が設けたかあるいは慣習が確認したものかである. [L=Consent made, necessity established, or custom confirmed every right.]

Omne ma·jus con·ti·net in se mi·nus. /-

O

méɪdʒəs kántɪnèt ɪn siː máɪnəs/ より大きなものはすべてより小さなものを包含する. [L=Every greater thing contains in itself the less.]

Omne quod so·lo inae·di·fi·ca·tur so·lo ce·dit. /- kwad sóʊloʊ ɪnɪdɪfɪkéɪtər sóʊloʊ síːdɪt/ 土地に建てられるものはすべて土地に属する. [L=Everything that is built on the soil belongs to the soil.]

Omne sa·cra·men·tum de·bet es·se de cer·ta sci·en·tia. /- sækrəméntəm débɛt ésɛ di sértə saɪɛnʃɪə/ 宣誓[誓言]はすべて確実な知識に基づくものであるべきである. [L=Every oath ought to be of certain knowledge.]

Om·nes li·cen·ti·am ha·be·re his quae pro se in·dul·ta sunt re·nun·ci·a·re. /ámnɪz laɪsénʃɪəm heɪbíːrɛ hɪs kwi proʊ siː ɪndáltə sənt rɛnánʃɪɛɪrɛ/ すべての者はその利益のために与えられたものを放棄する自由をもつ(こと). [L=(That) all have liberty to renounce those things that are granted in their favor.]

Omnes so·ro·res sunt qua·si unus hae·res de una hae·re·di·ta·te. /- saróʊrɪz sənt kwéɪsaɪ júːnəs híːrɪz di júːnə hɪrìːdɪtéɪtɛ/ すべての姉妹は一つの法定相続不動産に関していわば一人の法定相続人のようなものである. [L=All sisters are as it were one heir of one inheritance.]

Om·ne tes·ta·men·tum mor·te con·sum·ma·tum est. /ámnɪ tɛ̀stəméntəm móːrtɛ kànsəmméɪtəm ɛst/ 遺言はすべて死亡によって完成される《遺言は死亡まで撤回できるという趣旨》. [L=Every will is consummated by death.]

Om·nia de·lic·ta in aper·to le·vi·o·ra sunt. /ámnɪə dilíktə ɪn æpértoʊ lèvióʊrə sənt/ 公然となされる犯罪はすべてより軽い. [L=All offenses committed openly are less serious.]

Omnia prae·su·mun·tur con·tra spo·li·a·to·rem. /- prìːzəmántər kántrə spàliɛɪtóʊrɛm/ すべてのことは略奪者に不利に推定される. [L=All things are presumed against a despoiler.]

Omnia praesumuntur le·gi·ti·me fac·ta do·nec pro·be·tur in con·tra·ri·um. /- - lɛdʒítɪmɛ fǽktə dóʊnɛk prəbíːtər ɪn kantréɪrɪəm/ すべてのことは反対のことが証明されるまでは適法になされたものと推定される. [L=All things are presumed to have been done legitimately until the contrary is proved.]

Omnia praesumuntur ri·te et so(l)·lem·ni·ter es·se ac·ta. /- - ráɪti ɛt salémnɪtɛr ésɛ ǽktə/ すべては正しく適切に行なわれたものと推定される (⇒ PRESUMPTION OF LEGALITY). [L=All things are presumed to have been done correctly and solemnly.]

Omnia quae ju·re con·tra·hun·tur

con·tra·rio ju·re pe·re·unt. /― kwi ɗú:re kɑ̀ntrəhántər kɑntréɪriou ɗú:re péreənt/ 法に従って契約されるすべてのものは反対の法に従って消滅する。[L＝All things contracted by law perish by a contrary law.]

om·ni·bus /ɑ́mnɪbəs/ *a* 乗合いの, 多数のもの[項目]の, 一括の, 総括的。

ómnibus bìll **1** 乗合い法案, 一括法案, 抱合わせ法案《種々の異なった別事項が抱合せ的に含まれている一法案で, 通例は行政府に対して含まれている小事を含めて賛成するか大事を反対するかを迫るための戦術として用いられる》. **2** 包括法案《特定事項に関する包括的提案をする法案; 例えば新たに問題となっている異なった犯罪をひとまとめで処理しようとする法案》. **3**《史》乗合い訴訟《訴訟の重複をさけるべく多数関係人の雑多な請求を一つにまとめたエクイティー上の訴状》.

ómnibus clàuse 1《保険》被保険者追加条項, オムニバスクローズ《特に自動車保険証券で, 記名被保険者以外の者でその承諾を得て自動車を使用する者にも被保険者の範囲が及ぶ条項; 船舶海上保険の同種の条項もこう呼ばれる》. ▶ STATUTORY OMNIBUS CLAUSE（制定法に基づく被保険者追加条項）. **2** 乗合い条項, 残余遺産遺贈条項（＝RESIDUARY CLAUSE）.

ómnibus còunt 包括訴因《民事訴訟の原告の一つの訴訟原因として, 金銭債務, 売渡し商品への請求, 労賃, 承認済み交互計算書に基づく請求など複数の請求が組み合わせて記載された訴因（count）》.

ómnibus hèaring 包括的準備確認審理《刑事訴訟において事件が迅速かつ適正に処理されるように実際の審理前に行なわれる準備的な審理; 開示（disclosure）が適正になされているか, 必要な証拠審理（evidential hearing）の予定が組まれているか, 決定の機が熟している争点がすべて決定されているか等の確認がなされる》.

ómnibus mòtion 包括的申し立て《例えば, 訴えの却下と明確陳述とを求めるなど複数の事項を要請する一つの申し立て》.

ómnibus resolùtion 一括決議.

Ómnibus Tráde and Compétitiveness Àct [the ~]《米》包括通商・競争力強化法《1988年制定の米国の包括的通商法で, 米国経済の競争力強化と不公正貿易国に対する報復措置に関して, 知的所有権から金融に至るまで包括的に規定している; いわゆるスーパー301条を含む》.

òmni·cómpetent *a* 全権を有する, 万事に関して法的権限を有する.

Om·nis ac·tio est lo·que·la. /ɑ́mnɪs ǽkʃiou ɛst lɑkwiːlə/ すべての訴訟は争論である。[L＝Every action is a complaint.]

Omnis con·clu·sio bo·ni et ve·ri ju·di·cii se·qui·tur ex bo·nis et ve·ris prae·mis·sis et dic·tis ju·ra·to·rum. /― kɑnklúːʃiou bóunaɪ ɛt víːraɪ ʤudíʃiaɪ sékwɪtər ɛks bóunɪs ɛt víːrɪs primísɪs ɛt díktɪs ʤùːreɪtóurəm/ 良きかつ真実の判決の結論はすべて, 陪審員たちの良きかつ真実の前提と評決とから生ずる。[L＝Every conclusion of a good and true judgment follows from the good and true premises and verdicts of jurors.]

Omnis con·sen·sus tol·lit er·ro·rem. /― kɑnsénsəs tɑ́lɪt ɛróʊrɛm/ 同意はすべて誤りを除去する。[L＝Every consent removes error.]

Omnis in·no·va·tio plus no·vi·ta·te per·tur·bat quam uti·li·ta·te pro·dest. /― ɪnævéɪʃiou pləs nɑ̀vɪtéɪtɛ pɛrtɑ́ːrbæt kwæm jutílɪtéɪtɛ próʊdɛst/ すべての革新は有用性により役立つよりも新規性により混乱させる。[L＝Every innovation disturbs by its novelty more than it benefits by its utility.]

Omnis in·ter·pre·ta·tio si fi·e·ri po·test ita fi·en·da est in in·stru·men·tis, ut om·nes con·tra·ri·e·ta·tes amo·ve·an·tur. /― ɪntɛrprɪtéɪʃiou saɪ fáɪɛraɪ pɑ́tɛst ítə faɪéndə ɛst ɪn ɪnstruméntɪs ət ɑ́mnɪz kɑntrɛ̀ɪriɛtéɪtɪz eɪmouviǽntər/ すべて解釈は, もし(なされることが)可能であるならば, 文書においてすべての矛盾が除去されるようになされるべきである。[L＝Every interpretation, if it can be done, is to be so made in instruments as that all contradictions may be removed.]

Omnis no·va con·sti·tu·tio fu·tu·ris for·mam im·po·ne·re de·bet, et non prae·te·ri·tis. /― nóʊvə kɑ̀nstɪtjúːʃiou futjúːrɪs fɔ́ːrmæm ɪmpóʊnɛrɛ débɛt ɛt nɑ́n prɪtérɪtɪs/ 新しい制定法はすべて未来のことに定式を課すべきであって過去のことに課すべきではない。[L＝Every new enactment should impose a form on future times, not past.]

Omnis pri·va·tio prae·sup·po·nit ha·bi·tum. /― praɪvéɪʃiou prìːsəpóʊnɪt hǽbɪtəm/ 剥奪はすべて所持を前提としている。[L＝Every privation presupposes possession.]

Omnis que·re·la et omnis ac·tio in·ju·ri·a·rum li·mi·ta·ta est in·fra cer·ta tem·po·ra. /― kwɛríːlə ɛt ― ǽkʃiou ɪnʤùːriéɪrəm lɪmɪtéɪtə ɛst ínfrə sértə témpərə/ 権利侵害の訴えと訴訟はすべて一定期間内に制限されている。[L＝Every plaint and every action for injuries is limited within certain times.]

Omnis ra·ti·ha·bi·tio re·tro·tra·hi·tur et man·da·to pri·o·ri ae·qui·pa·ra·tur. /― rɛ̀tɪhæbíʃiou rɛ̀troutrǽhɪtər ɛt mændéɪtou praɪóʊraɪ ìːkwɪpæréɪtər/ 追認はすべて遡って適用され, 事前の指図と同じとされる。[L＝Every ratification relates back and is equivalent to a prior command.]

Om·ni·um con·tri·bu·ti·o·ne sar·ci·a·tur quod pro om·ni·bus da·tum est. /ɑ́mniəm kɑ̀ntrɪbjuːʃióʊnɛ sɑ̀ːrʃiéɪtər kwɑd proʊ ɑ́mnɪbəs déɪtəm ɛst/ すべての者のために与えられたものは

すべての者の寄与によって償われる。[L=What is given for all is compensated by the contribution of all.]

OMPI [F *Organisation mondiale de la propriété intellectuelle*] 世界知的所有権機関 (=WIPO).

OMVI 〚米〛°operating a motor vehicle while intoxicated 酩酊運転.

OMVUI 〚米〛°operating a motor vehicle under the influence 酒・薬物を用いたうえでの運転.

on *prep* /ɑn, ən, *ɔ:n, *ɔ:n/ **1 a** [支持・接触・付属]…の上に、…に、…をおおって; …を支えとして. **b** [動作の方向・対象]…に向かって、…に: hit sb *on* the head 人の頭を打つ / trespass *on* sb's kindness 人の親切につけ込む. **c** [敵対・不利益・影響]…に対して (against); …の不利になるように: have [get] sth *on* sb 人に不利な証拠を握っている. **2** [日・時]…に: *on* Monday 月曜に / *on* time 時間どおりに、定時に / *on* and after April 3rd 4月3日以後は / *on* yesterday *昨日 / every hour *on* the hour 毎時0分に. **3** [関係・従事]…について、…に関して; …に関係して(いる)、…に従事して. **4** [方法・状態]…の状態で: *on* fire 燃えている / *on* SALE / be *on* strike ストライキ中. **5 a** [基礎・原因・理由など]…で、…に基づいて、…による: act *on* a plan 計画に基づいて行動する. **b** [依存]…によって;《口》〈薬などを〉常用して: be *on* drugs 麻薬をやっている. **on or about**…日ごろ、…またはその近く(において). **on or before**…日[時]以前に、…日[時]もしくはその前に. — *a* /—/ [従事・状態] 進行して、行なわれて、起こって; 〈事件・訴訟など〉取り上げられて.

on arríval dràft 到着払い為替手形《商品が到着した時に支払い・引受けが行なわれる為替手形》.

óne-bíte rùle 〚史〛一噛み準則《犬の飼主の責任に関するコモンロー準則; 現在では一般に過失責任を認めるが、かつては一度噛むまではその犬の危険性を飼主はわからないとして免責された》.

óne-dáy, óne-tríal mèthod《陪審員の》一日一審理制度《陪審員が実際に審理のための陪審員として選ばれた場合はその審理が続く限りのみ、しかし選定されなかった場合は一日のみを陪審員召集令状 (venire) に応じての任務を果たすべき期間とし、一日法廷に行けば陪審任務を遂行したことになり、一定年数陪審任務から免除されるという米国の数州で用いられているやり方; これ以前には一件終了後も任期中は別の事件を担当する義務があった》.

óne-líne whíp《英議会》《スケジュール表への》**1 本**下線《党議遵守期待を意味する; ⇨ WHIP》.

óne-màn corporátion [cómpany]《株主が一人だけの》一人会社.

óne mán, óne vóte 一人一票(原則)(=ONE PERSON, ONE VOTE).

óne mìnute spéech《米》《下院での》一分間スピーチ《一日の初めに下院議員の行なう短いスピーチ》.

óne-pàrty státe 一党制国家、単独政党国家.

óne pérson, óne vóte 一人一票(原則)(=one man, one vote)《選挙区割りの決定において各人の票が平等の価値をもつべきであり、人口に比例した議席分配分

すべきであるということ》. **óne-pérson óne-vóte** *a* 一人一票の.

one·ran·do pro ra·ta por·ti·o·nis /óunəræ̀ndou pròu réitə pɔ̀:rʃióunɪs/ [de ~] 〚史〛超過地代差押救済令状《合有不動産権者 (joint tenant), 共有不動産権者 (tenant in common) が自己の持分を超えた分の地代について自救的動産差押え (distress) を受けた時の救済手続き》. [L=(of) charging according to a ratable proportion]

one·ra·ri non (de·bet) /òunərɛ́əràɪ nán (dí:bət)/ 〚史〛《金銭債務訴訟における》請求否認訴答. [L=(he/she ought) not to be charged]

one·ra·tio /òunəréɪʃ(i)ou/ *n* 〚史〛《船舶の》積荷. [L]

on·er·ous /ánərəs, óu-/ *a* **1** 煩わしい、厄介な、面倒な (burdensome). **2** 負担付きの (cf. GRATUITOUS); 有償の, 対価のある. **3** 負担の方が大きい、不利な、一方的な. **~·ly** *adv* **~·ness** *n* [OF<L (ONUS)]

ónerous cáuse《大陸法》《契約上の義務の対価としての》有償原因.

ónerous cóntract《大陸法》有償契約 (cf. GRATUITOUS CONTRACT).

ónerous gíft 負担付き贈与.

ónerous títle 有償で取得された権原.

óne-satisfáction rùle 一弁済の準則《一つの損害には一つの救済しか与えられないという原則で、陪審が複数の救済手段を認めた場合にも原告はそのうちの一つのみを選択しなくてはならない; また、一つの損害に対して原告が既に賠償を得ている場合、被告はその額を減じた額の賠償金の評決を要求できるが、この原則が一根拠になっている》.

óne-síded *a* 片側の; 一方に偏した、片寄った、不公平な; 一方的な; 片務的な (unilateral): a ~ decision 一方的な決定 / a ~ contract 片務的な契約. **~·ly** *adv* **~·ness** *n*

ón-lìcense" *n*《店内での飲酒も認める》店内酒類販売許可(の店) (cf. OFF-LICENSE).

ono, o.n.o. or near(est) OFFER.

on·o·mas·tic /ɑ̀nəmǽstɪk/ *a* **1** 名 (name) の, 固有名詞の. **2**《別人の筆跡・ワープロなどによる文書への》〈署名が〉自署の、署名自署の (cf. HOLOGRAPHIC, SYMBOLIC). **-ti·cal·ly** *adv*

ón-sàle [ón-prèmises] lícense* 店内飲酒酒類販売許可 (cf. OFF-SALE LICENSE).

onus /óunəs/ *n* (*pl* ~·es) **1** 重荷 (burden). **2** 責務, 責任, とが, 責め; 汚名, 恥辱: The ~ is on you to do …するのはきみの責任だ / lay [put] the ~ on…に責任を帰する. **3** ONUS PROBANDI. [L *oner*- *onus* load]

ónus of próof [the ~] 証明[立証, 挙証]責任 (= BURDEN OF PROOF).

ónus pro·bán·di /-proubǽndàɪ, -dì/ 証明[立証, 挙証]責任 (=BURDEN OF PROOF)《しばしば単に onus とも略される》. [L=burden of proof]

op. operation ◆ operative ◆ opinion(s) ◆ opposite.
Op. Opinion(s).
op. cit. [L *opere citato*] 前掲, 前掲書, 前掲文献.
OPEC /óupèk/ Organization of Petroleum Exporting Countries 石油輸出国機構, オーペック.
open /óup(ə)n/ *a* (~·er; ~·est) **1** 開けたままの, 開放的な; 囲いのない, 開けた. **2**《議会など》開会中の. **3 a** 公開の, 出入り[通行, 使用]自由の;〈往復切符・招待状など〉日時の指定がない; 門戸を開放した;《商業》普通の〈小切手〉(cf. OPEN CHECK). **b***法律上の制限のない, 公許の; 関税[通行税など]のかからない; 解禁の;《人種[宗教]》的な)制約のない;*《飲酒・賭博など》禁止されていない, (法的)規制のない: ~ gambling. **4** 隠しだてしない, 公然の, 周知の; 率直な; 気前のよい, 寛大な, 偏見のない;《新しい考えなどを》直ちに受けいれる,《条理などに》容易に服する,《哀れみなどに》動かされやすい. **5**《軍事》〈都市など〉無防備の (⇒ OPEN CITY). **6 a** 空位[空職]の, 空きのある: The job is still ~. 仕事の口がまだ空いている. **b**《問題が》未決定の, 未解決の, 議論の余地がある; 未決算の,〈銀行勘定が〉(清算しないで)開けてある: an ~ question 未決問題; 異論の多い[結論の出せない]問題 / Let's leave it ~. そのことはまだ結論を出さずにおこう. **7**〈川・海が〉氷結しない: an ~ harbor 不凍港. **8** 利用可能な, 入手可能な. **~ and notorious**〈事実など〉よく知られた, 公然の (cf. OPEN AND NOTORIOUS ADULTERY, OPEN AND NOTORIOUS POSSESSION).
— *n* [the ~] **1 a** 広々とした[開けた]場所[土地]; 広々とした海, 開氷域. **b** 露天, 戸外, 露地. **2** 開口部. **3** [the ~] 周知の;《参加資格を問わない》オープン競技会. **come [bring, get,** etc.] **(out) into [in] the ~** 明るみへ出る[出す], 公表される[する],〈意志・計画など〉明らかになる[する],〈人が〉心を明かす, 率直に話す. **(out) in the ~** 公然と, 明るみに出て.
— *vt* **1** 開く, あける. **2** 開拓する, 開発する; 開通させる. **3** 公開[開放]する;〈心を〉打ち明ける;〈頭・心を〉もっと大きく[広く]する. **4** 開始する; 開業する: ~ a store [shop] 店を開く, 開店する. **5** 開会する;《法廷で》…の冒頭陳述をする;〈訴訟などを〉開始する: ~ Congress [Parliament] 議会の開会を宣する / ~ the case 訴訟を開始する, 冒頭陳述をする (cf. RIGHT TO BEGIN). **6**〈口座をなど〉開く: ~ an account 口座を設ける, 取引を始める. **7**〈決定を〉保留する, 取り消す. — *vi* **1** 開く; 割れる, 裂ける; 広く[大きく]なる. **2 a** 広々と見晴らされる, 展開する;〈戸・窓などが〉通ずる 〈*to, into, onto*〉; 展望が開けてくる. **b** 気持[考え, 知識]を打ち明ける, 心が開かれる. **3 a** 始まる, 開始する, 開店[開業]など]する;〈株式などが〉寄り付く: Steel ~ed high. 鉄鋼株が高寄りした. **b**〈会・コンサートなどが〉始まる. **~ up** (*vt*)〈商売・議論・調査などを〉始める, 開始する. (*vi*)〈景色が〉広がる, (よく)見えてくる;〈機会などが〉開ける, 利用できるようになる〈*to*〉;[°*impv*] ドアを開ける, 部屋に入れる, ドアを開けて警察官に捜索させる;《口》心を開く, 告白[白状]する〈*to*〉,〈案・人などを〉受け入れるようになる〈*to*〉.

ópen accóunt 1《商業》(定期)清算勘定, オープン勘定. **2** 未決済勘定, 未払い勘定. **3**《約束手形や担保なしで買主に信用を供与する》与信売買勘定.

ópen and notórious adúltery《古》公然姦通罪.

ópen and notórious posséssion《取得時効成立のための要件である》公然の占有 (= NOTORIOUS POSSESSION).

ópen bíd 競売.

ópen chéck〈crossed check (線引き小切手)に対して〉記名持参人払い式小切手, 普通小切手.

ópen cíty 1《国際法》開放都市, 無防守[無防備, 非武装]都市 (= open town, undefended city)《無防備を公式宣言して国際法により敵の攻撃から守られる》. **2**《古》防壁[城壁]のない都市.

ópen cóntract 特約のない契約《特に土地の譲渡契約に用いる; cf. NATIONAL CONDITIONS OF SALE》.

ópen corporátion*公開会社 (= public corporation)《株式が一般に公開されている会社; cf. CLOSE CORPORATION》.

ópen cóurt 1《一般人の傍聴が許される》公開法廷: in ~ 公開法廷[裁判]で. **2** 開廷.

ópen crédit 掛け売り勘定, 信用掛け売り, オープンクレジット (= REVOLVING CREDIT).

ópen dóor 1 入ることの自由, 公開, 入場無料; 門戸開放, 機会均等. **2**《貿易[移民受入れ]上の》門戸開放(政策). **3**《条約締結国だけでない第三国の》平等扱い, 門戸開放. **ópen-dóor** *a*

ópen-dòor láw 議事公開法 (= SUNSHINE LAW).

ópen-énd *a* **1** 中途変更が可能な. **2**《投資信託が》オープンエンド型の《追加出資と出資買い戻しが常時行なわれる; opp. *closed-end*》: OPEN-END INVESTMENT COMPANY. **3**《担保が》開放式の, オープンエンドの《同一の担保設定約定のもとで, 資金の追加借入れ, 返済金の再借入れ, または担保付き社債の追加発行を認める》: OPEN-END MORTGAGE. **4** 特定請負業者が一定期間特定製品に対する政府の要求数量を全部提供する: OPEN-END CONTRACT.

ópen-ènd cóntract 1《一定期間同一条件で物品を購入することを約する》未定数量契約. **2** 一部条項未定契約.

ópen-ènd crédit オープンエンド信用, 不特定目的信用《信用供与・金銭貸付けの際, 利用目的が特定されないもの; cf. CLOSED-END CREDIT》.

ópen-énd·ed *a* **1** 限度[範囲]を設定しない, 開放型の. **2**《多肢選択によらない》自由回答式の〈質問・インタビューなど〉. **3**《時間・人数などの》制限なしの〈討議など〉, 全面的な〈軍事介入〉. **4**《状況に応じて》変更[修正]のありうる. **~·ness** *n*

open-ènd indénture 開放式担保付き社債信託証書《開放式譲渡抵当付き社債 (open-end mortgage bond) 発行の際, 発行会社と受託会社間で作成される信託証書; cf. CLOSED-END INDENTURE》.

ópen-ènd invéstment còmpany〖米〗オープンエンド型[開放式]投資会社《米国の投資会社 (investment company) の一つで、管理型投資会社 (management company) の一類型; cf. CLOSED-END INVESTMENT COMPANY》.

ópen-ènd mórtgage 開放式譲渡抵当, オープンエンド・モーゲージ, 開放式モーゲージ《同一担保物件に対し追加貸付けが行なわれる型の譲渡抵当; cf. CLOSED-END MORTGAGE, FUTURE ADVANCE》.

ópen-ènd mórtgage bònd 開放式譲渡抵当付き社債 (cf. OPEN-END MORTGAGE, CLOSED-END MORTGAGE BOND).

ópen éntry《不動産への》公然たる立入り.

ópen fíelds dòctrine [rùle]《刑事手続き上令状なしで宅地外地域を捜索しうる》宅地外捜索の法理 [準則] (=PLAIN VIEW DOCTRINE).

ópen for sígnature〖国際法〗署名未済の《条約の締約は条約正文の作成・採択とその確認のための署名 (signature) という2段の手続きを経る; この採択段階を経て署名がなされていない条約の状況をいう》.

ópen fórum 開放フォーラム (=PUBLIC FORUM). ▶ LIMITED OPEN FORUM (限定開放フォーラム).

ópen guáranty 包括保証 (=CONTINUING GUARANTY).

ópen héaring 公開聴聞, 公開審理.

ópen hóusing〖米〗非差別住宅制, 住宅開放(制) (=open occupancy)《住宅・アパートなどを売る[貸す]際の人種や宗教などによる差別の禁止》.

ópen·ing n 1 開始, 開場, 開店, 開通; 始まり, 開幕, 初日, オープニング: the 〜 of a new office / 〜 hours 開店[営業]時間. 2 空き, 開き, 開口部, 隙間, 通路; 見開き; 空地, 広場; 入江; 明かり採り, 風窓; 就職口,《職・地位の》空き; もうけ口, 好機. 3〖証券〗寄付き. 4 冒頭陳述. 5*〖俗〗強盗, 強奪. — a 始めの, 開始の, 開会の, 冒頭の: an 〜 address [speech] 開会の辞 / bid 競売での最初の付け値 / an 〜 ceremony 開会[開校, 開通]式.

ópening árgument 冒頭陳述 (=OPENING STATEMENT).

ópening brìef 訴訟事件冒頭摘要書《訴訟の一定段階で訴訟当事者（特に原告）が提出する最初の事件摘要書; 時に **opening brief on the merits**（訴訟事件冒頭本案摘要書）ともいう》.

ópening dòor《機会の》誘導《相手方当事者の類似ないし関連した証拠提出により本来許されない証拠を提出できるようになること》.

ópening príce〖証券〗始値（はじめね）, 寄付き, 寄付き値（段）.

ópening spéech〖英〗冒頭陳述 (=OPENING STATEMENT).

ópening státement 冒頭陳述 (=opening argument, opening speech)《(1) 米国では事実審理 (trial) の冒頭において両当事者側（刑事訴訟では訴追側と弁護側）が陪審または裁判官に対して事件の性質, 証明すべき事実, 提出証拠などを展望するためになす陳述 2) 英国では刑事訴訟で訴追側が事件の概要を示すため証拠によって証明すべき事実を明らかにすること; 弁護側も証人を呼ぶ場合には行なうことができる; また民事訴訟では原告側が冒頭に行なう陳述》.

ópen létter of credit《為替手形の呈示のみで支払いが行なわれる》オープン信用状 (cf. LETTER OF CREDIT).

ópen lísting 非専属的不動産仲介(契約) (=non-exclusive listing)《複数の不動産仲介業者に物件仲介を依頼し, 取引を成立させた業者にのみ手数料を支払う取決め; cf. EXCLUSIVE AGENCY LISTING, EXCLUSIVE RIGHT TO SELL LISTING, MULTIPLE LISTING》.

ópen márket 自由市場 (=free market)《自由競争によって価格が決まる市場》: buy shares in the 〜 証券取引所 (stock exchange) で株を買う.

ópen mórtgage clàuse〖保険〗単純譲渡抵当権[モーゲージ]条項 (=simple loss payable clause, simple mortgage clause)《火災保険などでは, 抵当権者 (mortgagee) は焼失[滅失]した建物などの物件の保険金の範囲内で権利を得るが, 抵当権設定者 (mortgagor) の権利を超えた（例えば 保険料不払いなどで保険金支払い義務が消滅した）場合には保護を得られない旨の保険契約上の条項; cf. STANDARD MORTGAGE CLAUSE》.

ópen óccupancy〖米〗OPEN HOUSING.

ópen órder 1《証券・先物取引で注文に応ずるかまたは取消しまで有効な》保留注文, 未執行の注文, オープンオーダー. **2**《概略のみを示したうえで売主に細部を一任する》見計らい注文.

ópen-pèrils pòlicy 包括的財産保険(証券)《特に塡補しない旨除外したもの以外のすべての危険事故による損害を補償する, 財産についての保険(証券); cf. BROAD-FORM POLICY》.

ópen pólicy 1 未評価保険(証券) (=UNVALUED POLICY). **2** 包括予定保険(証券), オープンポリシー (=floating policy)《海上保険契約において, 一定期間に船積みされる貨物など所定の基準を満たす物件について自動的に付保されることとし, 不確定事項が後に確定されるに従って通告され, 具体的な契約内容となる保険》.

ópen príce オープン価格, 未定価格.

ópen procédure《欧州連合 (European Union) での公的調達 (public procurement) の一つの手続きで, 最も多用されているものである》公開手続き.

ópen-récords àct 公的記録公開法 (=**ópen-públic-récords àct**)《行政機関 (public agency) が保管している公文書の閲覧・複写の許可を一般の人に認めている制定法》.

ópen séa [the 〜] **1**〖国際法〗**a** 自由海(論) (=MARE LIBERUM) (cf. MARE CLAUSUM). **b** 海洋の自由 (=FREEDOM OF THE SEAS) (cf. CLOSED SEA). **c** 公海 (=HIGH SEAS) (cf. CLOSED SEA). **2** [pl]《一般に》外洋, 外海.

ópen séssion 1《直接の関係当事者でない者も出席[臨席]できる》**公開会議**[集会]（cf. CLOSED SESSION）. 2《全関係者が法廷に出席し一般的には公開もされる軍法会議（court martial）の》全体集会期日.

ópen shóp オープンショップ（＝merit shop）《労働組合に加入していない者でも雇用する事業所; cf. AGENCY SHOP, CLOSED SHOP, UNION SHOP》.

ópen spáce 保留空き地《都会・その近郊で農業・リクリエーション・自然保全などのために用途を限定し保留してある空き地》.

ópen théft 現行盗, 現行窃盗(罪).

ópen tówn《国際法》開放都市（＝OPEN CITY）.

ópen únion 開放組合《最小限の組合員資格しか要求しない労働組合; cf. CLOSED UNION》.

ópen vérdict 有疑評決《死因または殺害者について決定しないコロナー陪審（coroner's jury）の評決》;《コロナー陪審の》死因不明の評決.

ope·ra·ri·us /əpəréɪriəs/ n (pl -rii /-riaɪ/)《史》日雇, 労働奉仕保有者《1年の一定日数の労働提供を対価に荘園の僅少の地を保有していた者》. [L=laborer]

óp·er·àt·ing a 営業[運営]上の, 経常的な; 機能している, 運転[活動]中の.

óperating a mótor vèhicle ùnder the ínfluence《米》酒・薬物を用いたうえでの運転（⇨ DRIVING UNDER THE INFLUENCE）(略 OMVUI).

óperating a mótor vèhicle whìle in·tóxicated《米》(酒・薬物での)酩酊運転（⇨ DRIVING UNDER THE INFLUENCE）(略 OMVI).

óperating bùdget《会計》業務[営業]予算《その年度の営業収益と営業費用との予測に基づく予算》.

óperating còst 営業費, 運転経費, 経常的支出.

óperating expènse 営業経費, 営業費用.

óperating lèase 短期間賃貸借, オペレイティング・リース《特に設備・器具類である対象物件の耐用年数より短期間の賃貸借》.

óperating lìcense《英》賭博場許可《特にカジノの操業, ビンゴを行なう設備提供, 賭博機械の利用提供, 富くじ（lottery）を行なうこと等を被許可者に認める, 2005年法上で定める許可》.

óperating lòss 営業損失. ▶ NET OPERATING LOSS（純営業損失）.

óperating pròfit 営業利益.

óperating sỳstem《電算》オペレーティングシステム, OS, 基本ソフト《入出力やユーザーからの指示の解釈, ファイル管理など基本機能を受け持つ最も基本的なソフトウェア》.

óperating ùnder the ínfluence《米》酒・薬物を用いたうえでの運転, 酒気帯び運転（⇨ DRIVING UNDER THE INFLUENCE）(略 OUI).

óperating whìle intóxicated《米》(酒・薬物での)酩酊運転（⇨ DRIVING UNDER THE INFLUENCE）(略 OWI).

op·er·a·tion /àpəréɪʃ(ə)n/ n 1 運動, 運用, 操作; 施行, 実施; 操業; はたらき, 作用, 効力, 効験; 有効期間, 有効範囲: be in ~ 運動[活動]中である; 実施中である, 効力を有する / come into ~ 運転[操業]を始める; 実施される / put…into ~ …を実施[施行]する; …の運転[操業, 活動]を開始させる / ~s review《企業などの》事業遂行の見直し. ▶ ASSOCIATED OPERATIONS（連結操作）/ DUAL-SHOP OPERATION（二重事業所化）. 2 計画, 事業, 仕事; [pl] 作戦;《市場の》操作,《相場の変動を目標とする》売買: Stock Exchange ~ 証券取引所での証券取引 / a franchise ~ フランチャイズ事業《一定地域の一手販売の営業権を売る》. ▶ COVERT OPERATION（秘密工作）/ FARMING OPERATION（営農）/ TURNKEY OPERATION（完成品引渡し事業契約）. 3 手術〈on〉.

operátion·al a 操作上の; 作戦上の; 営業[事業, 操業]上の;《判断・裁量を必要としない》事務執行の, 事務的な（ministerial）; 運転[活動]中の: ~ budget《会社・官庁などの》事業[職務]遂行予算 / ~ costs《会社・警察などの》事業[職務]遂行費用 / ~ planning 事業遂行計画 / ~ research《費用効果を高めるための》事業遂行研究.

operátion of láw 法の作用, 法の適用. by ~ 当事者の意思とは関係なく法の作用として当然に. ▶ AGENCY BY OPERATION OF LAW（法の作用による代理）/ DOMICILE BY OPERATION OF LAW（法定住所）/ SURRENDER BY OPERATION OF LAW（法の作用としての放棄）.

op·er·a·tive /áp(ə)rətɪv, -rèɪ-/ a 《適切に》作用する, 機能する, 有効な, 効力のある; 効果をもたらす, 効力を発生する, 影響を及ぼす; 最も重要な: become ~ 実施される / OPERATIVE WORDS. — n 1 工員, 労働者,（特に）専門の職人, 熟練工. 2 *探偵, 捜査官, 刑事, 秘密諜報部員; *工作員, スパイ. **~·ly** adv **~·ness** n **òp·er·a·tív·i·ty** n

óperative fáct 法的に重要な事実《1）現在の法関係, 特に 権利主張に影響を与える事実 2）法律行為を構成している事実; 権利主張あるいは防御の基礎になっている事柄》.

óperative mistáke 効力に影響を及ぼす錯誤《その法律行為が無効となるような事実の基本的部分についての錯誤》.

óperative párt《捺印証書（deed）中の本文に当たる, その証書作成目的である》**法律行為表示部**（cf. RECITAL）.

óperative wórds pl 効力発生文言《convey, enfeoff, grant といった不動産移転を明示する文言; もとは不動産権の内容を限定する限定文言（words of limitation）を指していた》.

opi·ni·o ju·ris (si·ve ne·ces·si·tá·tis) /əpíniou dʒúːrɪs (sívi nəsesɪtéɪtɪs)/《国際法》**法的確信**《国家その他の国際法主体がその行為を国際法上必要または適合するものと認識し確信して行なうことで, 国際慣習法成立の主観的要因》. [L=whether the opinion of law is compulsory]

opin·ion /əpínjən/ *n* **1 a** 意見, 考え, 所信, 見解 (view): a difference of ～ 見解の相違 / in sb's ～ 人の意見では / in the ～ of …の意見では, …の説によれば. **b** 《証拠法上の》専門家の意見, 鑑定. **c** 《判決における裁判官・裁判所の》意見 (cf. HOLDING, JUDGMENT, RULING) 《★ わが国での判決中の「主文」が judgment, decree で,「理由」が opinion にほぼ相当). **d** 《弁護士の》意見書 (=LEGAL OPINION). ▶ ADVISORY OPINION (勧告的意見; ERISA についての勧告的意見) / ATTORNEY GENERAL'S OPINION (司法長官の意見) / CONCURRING OPINION (補足意見) / COUNSEL'S OPINION (法廷弁護士の意見) / DISSENTING OPINION (反対意見) / EVIDENCE OF OPINION (意見証拠) / EXPERT OPINION (専門家の意見) / EXPRESSION OF OPINION (意見表明) / EXTRAJUDICIAL OPINION (裁判外の意見) / FIXED OPINION (凝り固まった意見) / LEGAL OPINION (弁護士意見書) / MAJORITY OPINION (多数意見) / MEMORANDUM OPINION (裁判所の意見) / MINORITY OPINION (少数意見) / PER CURIAM OPINION (裁判所による意見) / PLURALITY OPINION (相対多数意見) / PUBLIC OPINION (世論) / QUALIFIED OPINION (限定意見付き監査報告(書)) / SEPARATE OPINION (個別意見) / SERIATIM OPINION (順繰りの意見) / SLIP OPINION (判決速報; 裁判所意見草案) / TITLE OPINION ((不動産)権原についての意見) / UNPUBLISHED OPINION (非公表意見). **2** 世論 (public opinion): an ～ poll [research, survey] 世論調査. **a matter of ～** 真実であるかないかわからないもの, 意見の一致をみないもの, 見解の問題[相違]. **be of the ～ that…** という意見[考え]である, と信ずる.

opínion èvidence 意見証拠 (=evidence of opinion)《事実ではなく意見を述べる証言; 専門家証人を除き一般に証人の意見を証拠とすることは許されない; ⇨ OPINION RULE).

opínion lètter 《弁護士》意見書 (=LEGAL OPINION).

opínion rùle 意見表明の準則《証人は一般に事実について証言すべきであって意見を述べることは許されないという準則; cf. OPINION EVIDENCE, OPINION TESTIMONY).

opínion tèstimony 《事実についてのではない》意見に基づく証言 (cf. EXPERT TESTIMONY, LAY OPINION TESTIMONY, OPINION EVIDENCE, OPINION RULE).

opi·um /óupiəm/ *n* アヘン.

OPM 《米》°Office of Personnel Management 人事庁.

opor·tet /əpɔ́:rtɛt/ 必要である, 適切である, …でなければならない, 当然である. [L=it is necessary]

Oportet quod cer·ta res de·du·ca·tur in ju·di·ci·um. /― kwad sə́rtə riz didjukéitər ɪn dʒudíʃiəm/ 裁判へは確定している事柄が持ち込まれるべきである. [L=A thing certain should be brought to judgment.]

op·po·nent /əpóunənt/ *n* 《試合などの》敵手, 競争相手; 反対者, 対抗勢力 (opp. *proponent*). **2** 《訴訟などの》相手方《当事者あるいは弁護士》.

opportúnity còst 1 機会原価《ある案を採択した場合に, 放棄される他案から得られたであろう最も大きな逸失利益). **2** 機会費用《ある財の生産のために生産要素を使うことで生産できなくなった他の財の最大の価額).

opportúnity for cómment 所見陳述の機会 (=opportunity to comment).

opportúnity to be héard 《手続き的法の適正手続き (procedural due process) の基本的要請である》審理[裁判]を受ける機会.

opportúnity to cómment =OPPORTUNITY FOR COMMENT.

op·pose /əpóuz/ *vt* …に対抗[対立]する, 反対[敵対]する, 反対する, 妨害する: We ～d his plan. 彼の案に反対した / The police ～d bail [～d the granting of bail]. 警察は《被疑者の》保釈に反対した. ― *vi* 反対[対立]する; 対抗する. **op·pós·er** *n* **op·pós·ing·ly** *adv*

ópposite párty 1 《訴訟の》相手方《当事者》. **2** 利害対立当事者.

op·po·si·tion /àpəzíʃ(ə)n/ *n* **1** 抵抗, 反対 〈*to*〉; 妨害; 障害, 敵対, 対抗, 対立, 対立状態: have an ～ to …に反対である / offer ～ to …に反対する. ▶ NOTICE OF OPPOSITION (反対申立書). **2** 《特許の出願, 商標の登録等に関連しての第三者からの》異議. **3** [°the O-] 反対党, 反対派, 野党; 対抗[敵対]する者, 反対勢力《グループ》, 競争相手, 対敵: Her [His] Majesty's Loyal O～ "女王[国王]陛下の忠誠なる野党《野党の改まった言い方; 与党と共に陛下を戴くという含み). ▶ HER [HIS] MAJESTY'S OPPOSITION (野党) / LEADER OF HM [THE] OPPOSITION (野党第一党党首). **3** 向かい合わせ, 対置; 対照.

op·press /əprés/ *vt* 圧迫する, 抑圧する.

op·pres·sion /əpréʃ(ə)n/ *n* **1** 圧迫, 圧制, 抑圧, 弾圧, 圧力《特に 契約締結の際の圧制 (⇨ UNCONSCIONABILITY), 少数派株主に対する会社役員等の圧制などにしばしば用いられる). **2** 《公務員による》職権濫用(罪).

op·pres·sive /əprésɪv/ *a* 圧制的な, 強圧的な, 抑圧的な, 酷な, 過酷な; 圧迫する. ～**·ly** *adv* ～**·ness** *n*

OPSI 《英》°Office of Public Sector Information 公共情報局.

opt /ápt/ *vi* 選ぶ, 決める 〈*for, to do*〉. ～ **in** 〈取決め・活動などへの加入を決める〈*to*〉. ～ **out** 〈活動・団体〉の不参加を選ぶ, …から脱退する, 手を引く 〈*of*〉.

Op·ti·ma est lex quae mi·ni·mum re·lin·quit ar·bi·tra·tio ju·di·cis; op·ti·mus ju·dex qui mi·ni·mum si·bi. /áptɪmə ɛst lɛks kwi mínɪməm rɛlíŋkwɪt a:rbítrioʊ dʒú:dɪsɪs áptɪməs dʒú:dɛks kwaɪ mínɪməm síbi/ 裁判官の裁量に最少のものしか残さぬ法律が最上の法律であり, 自身に最少のものしか残さぬ裁判官が最上の裁判官である. [L

Optima sta·tu·ti in·ter·pre·ta·trix est (om·ni·bus par·ti·cu·lis ejus·dem in·spec·tis) ip·sum sta·tu·tum. /— stæ-tjúːti ɪntə̀rprɪtéɪtrɪks ɛst (ámnɪbəs pɑːrtíkjulɪs ɛdʒʌ́sdɛm ɪnspéktɪs) ípsəm stætjúːtəm/ 制定法の最良の解釈者は、(そのすべての部分を考慮すれば、)その制定法自体である. [L=The best interpreter of a statute is (all of its particulars being considered) the statute itself.]
=It is the best law that leaves the least to the discretion of the judge; the best judge is he/she who leaves least to himself/herself.]

Op·ti·mus in·ter·pres re·rum usus. /áptɪməs ɪntɛ́rprɛs ríːrəm úːsəs/ 事物の最良の解釈者は慣行である. [L=The best interpreter of things is usage.]

Optimus in·ter·pre·tan·di mo·dus est sic le·ges in·ter·pre·ta·re ut le·ges le·gi·bus ac·cor·dant. /— ɪntɛ̀rprɪtǽndaɪ móudəs ɛst sɪk líːdʒɪz ɪntɛ̀rprɪtéɪrə ət líːdʒɪz líːdʒɪbəs ækɔ́ːrdənt/ 解釈の最良の方法は法が法に調和するように法を解釈することである. [L=The best mode of interpretation is so to interpret the laws that the laws may accord with the laws.]

Optimus le·gum in·ter·pres con·sue·tu·do. /— líːgəm ɪntɛ́rprɛs kənsuɪtjùːdou/ 法の最良の解釈者は慣習(法)である. [L=The best interpreter of laws is custom.]

op·tion /ápʃ(ə)n/ n **1 a** 取捨, 選択 (choice): make one's ~ 選択する. **b** 選択の自由; **選択権, オプション** (=privilege)《証券・通貨・商品などを契約時に定められた価格で一定期間中いつでも売りまたは買いうる権利; 購入する権利を CALL, 売却する権利を PUT と呼ぶ》; オプション付与契約;《保険》**オプション, 選択権**《保険契約者が保険金の支払い形態を選択する権利》: exercise [take up] an ~ 《提供された》オプションを行使する / ~ dealing [trading] オプション取引 / on ~ 選択権[オプション]を与えられて, 選択権[オプション]付きで[の]. ► CALL OPTION (買付け選択権) / COVERED OPTION (カバーのあるオプション) / DIVIDEND OPTION (利益配当金受取方法選択権) / DOUBLE OPTION (二重選択権) / FIRST OPTION (第一優先権) / FIXED AMOUNT OPTION (定額受給の選択) / FIXED PERIOD OPTION (確定期間受給の選択) / FUTURES OPTION (先物オプション) / INDEX OPTION (株価指数オプション) / INSTALLMENTS-FOR-A-FIXED-AMOUNT OPTION (定額分割受給の選択) / INSTALLMENTS-FOR-A-FIXED-PERIOD OPTION (確定期間分割受給の選択) / INTEREST-ONLY OPTION (利息のみの受給方法の選択) / JOINT AND LAST SURVIVORSHIP OPTION (共同生残者受給の選択) / LEASE OPTION (賃借物買取り選択権付与契約[条項]) / LIFE INCOME OPTION (保険金生涯受領選択権) / LOCAL OPTION (地方選択権) / LOCKUP OPTION (ロックアップ・オプション) / NAKED OPTION (裸のオプション) / NONFORFEITURE OPTION (不没収選択(権)) / PREOPTION (先に選択する権利) / PUT OPTION (売付け選択権) / SETTLEMENT OPTION (保険金受取り方法の選択権) / STOCK [SHARE] OPTION (株式買受権; 株式オプション). **2** 選択可能なもの, 選択肢, "選択科目; オプション《標準的な装備のほかに選択的に付け加えることのできるもの》: take the soft ~ 楽な選択をする, 安易な道を選ぶ. **3**《教会史》空位聖職自由選定権《新選定主教[司教]がみずからの新主教[司教]区内で新たに空位になる聖職禄 (benefice) への選定権を大主教[司教]に譲ること》. — vt **1** …に対するオプションを与える[受ける]. **2** …にオプションの装備をつける.
~·al a

óptional clàuse《国際法》**選択条項, 任意条項**《国際裁判は紛争当事国の合意を管轄権の前提とするが, 紛争発生前にあらかじめ裁判所の管轄を義務的であると宣言している国家間では, 義務的[強制]裁判管轄権が設定される; この宣言を可能とする条約中の条項を指す; その根拠規定である国際司法裁判所規程第36条2項のこともいう; cf. COMPULSORY JURISDICTION》.

óptional writ 選択的令状《訴訟開始令状 (original writ) の一類型で, 額まで確定している債務の支払いのように特定のことを訴求する場合に用いられ, それをしない場合にはその理由を示すよう命じる令状; 下知令状 (praecipe) と同一範疇; cf. ALTERNATIVE WRIT, PEREMPTORY WRIT》.

óption contract オプション付与契約, 選択権付与契約.

op·tion·ee /àpʃəníː/ n オプション保有者, オプション被付与者.

op·tion·or /ápʃənər, -nɔ̀ːr/ n オプション付与者.

óption to púrchase 購入オプション《特に土地所有者が合意されていた条件で土地をオプション保有者に売却せねばならないこと; 賃借人 (lessee) がこの権利を与えられる場合も多い; cf. REGISTRATION OF ENCUMBRANCES》. ► LEASE WITH AN OPTION TO PURCHASE (購入オプション付き賃貸借[賃借権]).

opus /óupəs/ n (pl **ope·ra** /áp(ə)rə, óup-/, **~·es**)《特に作家・芸術家などの》作, 作品, 仕事 (work). [L=work]

or /ɔːr, ər, ɔ́ːr/ conj **1** または, もしくは. **2** および, ならびに《通常の用法ではないが, 時に文脈・解釈上 and と同義に理解されなければならないこともある》. **3** すなわち, いいかえれば.

O.R. °official receiver 公任管財人 ♦ °《英史》°official referee 審理官 ♦ own recognizance ♦ on one's own RECOGNIZANCE 自己誓約に基づいて[基づく].

oral /ɔ́ːr(ə)l, ár-/ a 口頭の, 口述の (cf. PAROL): ~ pleadings [proceedings] 口頭での訴答[訴訟]手続き.
~·ly adv 口頭で. [L (or- os mouth)]

óral agréement 口頭での合意.

óral árgument《特に 法律審での》口頭弁論.

óral conféssion 口頭自白.

óral cóntract 口頭契約（=PAROL CONTRACT）.

óral deposítion 口頭質問に答えての証言録取書（cf. DEPOSITION ON WRITTEN QUESTION）.

óral évidence 口頭証言（=TESTIMONIAL EVIDENCE）.

oral·i·ty /ɔːrǽləti, ɑ-/ *n*《証拠調べの》**口頭主義**《宣誓供述書（affidavit）による証拠提出が許容されている場合以外は、証拠調べは、口頭によりしかも反対尋問の機会をも与えたうえでなされねばならぬという原則》.

óral trúst 1 口頭信託《口頭で設定される信託》. **2** 法の作用（operation of law）による信託《擬制信託（constructive trust），復帰信託（resulting trust）などがその例》.

óral will 口頭遺言（=NUNCUPATIVE WILL）.

or·a·tor /ɔ́(ː)rətər, ɑ́r-/ *n* (*fem* **or·a·tress** /-trəs/, **-trix** /-trɪks/) **1 a** 演説者，弁士，講演者；雄弁家. **b**《ローマ法》弁護人. **2 a** *原告，申立人. **b**《史》《大法官府裁判所（Court of Chancery）の》原告. ［L *orare* to pray］

or·deal /ɔːrdíːl, ⏑⏑/ *n* **1** 試練，苦しい体験. **2**《史》神判, 神明裁判（=dei judicium, judicium Dei, trial by ordeal）《有責か無責かを神が直接判断してくれるとの信仰の下で行なわれた呪術的な証明方法；刑事の裁判で用いられ，なんらかの苦痛を与える試験方法でなされた；1215年の第4回ラテラノ公会議（council）で聖職者の関与が禁止され，その結果イングランドではその後まもなく廃止. cf. COMPURGATION, PURGATION, TRIAL BY BATTLE》. ▶ TRIAL BY ORDEAL（神判）. ★神判には (1) cold-water ordeal=ORDEAL BY [OF] (COLD) WATER（冷水神判）(2) hot-iron ordeal=ORDEAL BY [OF] HOT IRON（熱鉄神判）(3) hot-water ordeal=ORDEAL BY [OF] (HOT) WATER（熱湯神判）(4) ORDEAL OF THE (CURSED) MORSEL（呪食神判）の4種が知られている. 水を使うものを water ordeal=ordeal by [of] water（水神判），熱鉄によるものを fire ordeal=ordeal by fire（火神判）ともいう. ［OE *ordāl*; cf. G *Urteil*］

ordéal by [of] (cóld) wáter《史》冷水神判（=cold-water ordeal）《手足を縛り川や池に吊り下げて一定時間水に潜っていられれば清い水が受け容れたとして無責、浮けば有責とする神判；1215年第4回ラテラノ公会議で禁止後まもなくイングランドでは用いられなくなった；⇨ ORDEAL》.

ordéal by fíre《史》火神判（=fire ordeal, hot-iron ordeal, judgment of the hot iron, ordeal by [of] hot iron）《熱した鉄を手で持つかあるいは熱した犂刀（⏑⏑）を裸足で歩くことによりやけどを作り、封印して一定日数後やけどの症状で有責か否かを判定した；1215年のラテラノ公会議で禁止後まもなくイングランドでは用いられなくなった；⇨ ORDEAL》.

ordéal by [of] hót íron《史》熱鉄神判（⇨ ORDEAL BY FIRE, ORDEAL）.

ordéal by [of] (hót) wáter《史》熱湯神判（=hot-water ordeal）《熱湯中に手を突っこませてやけどさせ、封印後一定日数後にやけどの症状で有責か否かを判定した；1215年のラテラノ公会議で禁止後まもなくイングランドでは用いられなくなった；⇨ ORDEAL》.

ordéal by [of] wáter《史》水神判（=judgment of water, water ordeal）《冷水神判（ORDEAL BY COLD WATER）あるいは熱湯神判（ORDEAL BY HOT WATER）；⇨ ORDEAL》.

ordéal of the (cúrsed) mórsel《史》呪食神判（=corsned）《通常の一口分よりは大きなパンまたはチーズ（これを呪食（corsned）という）を無理に飲み込ませ、喉にひっかかったりむせたりしなければ無責、逆であれば有責と判定した神判で、聖職者に用いられた；1215年の第4回ラテラノ公会議で禁止後イングランドではまもなく廃止. ⇨ ORDEAL》.

or·der /ɔ́ːrdər/ *n* **1 a** [*pl*] 命令，訓令，指示，指令，指図. **b**《裁判所・裁判官の》命令，決定. **c**《行政機関による立法としての》命令，規則. **d**《英》《裁判所規則の》条. ▶ ACCOUNT MONITORING ORDER（《銀行預金》口座追跡命令）/ ACTION PLAN ORDER（行動計画命令）/ ADJUDICATION ORDER（破産宣告）/ ADMINISTRATION ORDER（財産管理命令）/ ADMINISTRATIVE ORDER（行政命令）/ ADMISSION ORDER（入院命令）/ ADOPTION ORDER（養子決定命令）/ AFFILIATION ORDER（非嫡出子認知・扶養料支払い命令）/ AGREED ORDER（合意命令）/ ANTIHARASSMENT ORDER（いやがらせ防止命令）/ ANTISOCIAL BEHAVIOR ORDER（反社会的行為禁止命令）/ ANTON PILLER ORDER（アントン・ピラー命令）/ APPEALABLE ORDER（上訴の対象となりうる命令）/ AVOIDANCE OF DISPOSITION ORDER（処分取消し命令）/ BACKPAY ORDER（遡及賃金（支払い）命令）/ BALANCE ORDER（株金払い込み命令）/ BANKRUPTCY ORDER（破産命令）/ BANKRUPTCY RESTRICTION ORDER（破産に伴う行為制限命令）/ BANNING ORDER（サッカーフーリガン禁足令）/ BASTARDY ORDER（非嫡出子扶養料支払い命令）/ BEDDOE ORDER（ベドウ命令）/ BENJAMIN ORDER（ベンジャミン命令）/ BINDOVER ORDER（保証命令）/ BLANKET ORDER（包括的裁判所命令；包括的困惑防止命令）/ BULLOCK ORDER（ブロック命令）/ CARE CONTACT ORDER（保護接触制限命令）/ CARE ORDER（子供の保護命令）/ CEASE-AND-DESIST ORDER（排除命令）/ CHARGING ORDER（担保設定命令；組合財産持分負担賦課命令）/ CHILD ASSESSMENT ORDER（児童生活環境査定命令）/ CHILD SAFETY ORDER（児童安全対策命令）/ CLOSING ORDER（閉鎖命令）/ CLOSURE ORDER（閉店命令）/ COMBINATION ORDER（結合命令）/ COMMITTAL ORDER（拘禁命令）/ COMMUNITY ORDER（社会刑罰命令）/ COMMUNITY PUNISHMENT AND REHABILITATION ORDER（社会処罰・復帰命令）/ COMMUNITY PUNISHMENT ORDER（社会処罰命令）/ COMMUNITY REHABILITATION ORDER（社会復帰命令）/ COMMUNITY SERVICE ORDER（社会奉仕命令）/ COMMUNITY TREATMENT ORDER（社会治療命令）/ COMPENSATION ORDER（補償金支払い命令）/ COMPULSORY PUR-

order

CHASE ORDER (公用収用命令) / CONFISCATION ORDER (没収命令) / CONSENT ORDER (同意命令) / CONTACT ORDER (接触許可命令) / CONTROL ORDER (規制命令) / COSTS ORDER (訴訟費用支払い命令) / COURT ORDER (裁判所命令) / CRIMINAL BANKRUPTCY ORDER (犯罪者破産命令) / CURFEW ORDER (行動制限命令) / CUSTODIANSHIP ORDER (養護権者決定命令) / CUSTOMER INFORMATION ORDER (顧客情報提供命令) / DECRETAL ORDER (仮決定) / DEMOLITION ORDER (取り壊し命令) / DEPORTATION ORDER (国外退去命令) / DETENTION AND TRAINING ORDER (拘置・訓練命令) / DETENTION ORDER (拘置命令) / DISMISSAL ORDER (却下命令) / DISSOLUTION ORDER (法的共同生活解消命令) / DNAR [DNR] ORDER (蘇生法不要指示) / Do Not Attempt Resuscitation [do-not-resuscitate] ORDER (蘇生法不要指示) / DRIVING-TEST ORDER (運転免許試験命令) / DRUG TREATMENT AND TESTING ORDER (麻薬治療検査命令) / EMERGENCY PROTECTION ORDER (緊急保護命令) / EVICTION ORDER (占有剥奪命令) / EXCLUSION ORDER (排除命令; 立入り禁止命令) / EXECUTIVE ORDER (行政命令; 大統領令) / EX PARTE ORDER (一方当事者の申し立てのみに基づく命令) / EXPULSION ORDER (国外退去命令) / FAMILY ASSISTANCE ORDER (家族援助命令) / FILIATION ORDER (非嫡出子の父の決定) / FINAL ORDER (終局命令) / FINANCIAL PROVISION ORDER (資金給付命令) / FOREIGN TRAVEL ORDER (外国旅行禁止命令) / FOUR-DAY ORDER (四日間決定) / FREEZING ORDER (資産凍結命令) / GAG ORDER (報道禁止) / GARNISHEE ORDER (債権(仮)差押命令) / GENERAL DEVELOPMENT ORDER (一般開発命令) / Group Litigation Order (グループ訴訟命令) / GUARDIANSHIP ORDER (後見人命令) / HOLD ORDER (拘束継続命令) / HOSPITAL ORDER (医療施設強制収容命令) / INCOME-WITHHOLDING ORDER (所得天引き命令) / INTERIM ORDER (暫定的命令) / INTERLOCUTORY ORDER (中間命令) / JUDGE'S ORDER (裁判官命令) / JUDICIAL SEPARATION ORDER (裁判上の別居命令) / LANDING ORDER (荷揚げ指図書; 荷揚げ許可証) / LEGAL AID ORDER (法律扶助命令) / LOCAL DEVELOPMENT ORDER (地方開発命令) / MAINTENANCE ORDER (扶養料支払い命令) / MANAGEMENT ORDER (管理命令) / MANDATORY ORDER (職務執行命令) / MARRIAGE PROTECTION ORDER (婚姻保護命令) / MATRIMONIAL ORDER (婚姻生活関係命令) / Mimms ORDER (ミムズ事件の命令) / MINUTES OF ORDER (命令案) / NONCOHABITATION ORDER (同居免除命令) / NONMOLESTATION ORDER (暴行排除命令) / NOTICE OF ORDER (判決[決定]の通知, 判決[決定]通知(書)) / OCCUPATION ORDER (居住に関する命令) / PARENTAL ORDER (親子関係認定命令) / PARENTAL RESPONSIBILITY ORDER (親の責任についての決定) / PARENTING ORDER (子育て命令) / PENSION SHARING ORDER (年金分割命令) / PERSONAL PROTECTION ORDER (人身保護命令) / PLACE OF SAFETY ORDER (安全な場所への移動命令) / POSSESSION ORDER (占有回復命令) / PRECLUSION ORDER (排斥命令) / PREROGATIVE ORDER (大権命令) / PRESERVATION ORDER (保存命令) / PRETRIAL ORDER (事実審理準備命令) / PROBATION ORDER (保護観察命令) / PROHIBITED STEPS ORDER (特定行為禁止命令) / PROHIBITING [PROHIBITION] ORDER (禁止命令) / PROPERTY ADJUSTMENT ORDER (財産調整命令) / PROTECTION ORDER (保護命令; 財産保護命令; 営業継続許可命令) / PROTECTIVE ORDER (困惑防止命令; 保護命令) / PROVISIONAL ORDER (暫定的命令) / QUALIFIED DOMESTIC RELATIONS ORDER (適格な家事関係にあることについての命令) / QUASHING ORDER (破棄命令) / RECEIVERSHIP ORDER (財産保全管理命令) / RECEIVING ORDER (破産財産保全管理命令) / RECEPTION ORDER (収容命令) / RECOVERY ORDER (取戻し命令) / RE-ENGAGEMENT ORDER (再雇用命令) / REHABILITATION ORDER (修復命令) / REINSTATEMENT ORDER (復職命令) / RESIDENCE ORDER (子との同居命令) / RESTITUTION ORDER (盗品返還命令; 利益返還命令) / RESTRAINING ORDER (禁止命令; 一次的差止め命令; 停止命令) / RESTRICTION ORDER (退院制限命令) / RISK OF SEXUAL HARM ORDERS (性的害悪危険命令) / Sanderson ORDER (サンダーソン命令) / SCHEDULING ORDER (スケジュール命令) / SCHOOL ATTENDANCE ORDER (就学命令) / SEARCH ORDER (捜索許可命令) / SECTION 8 ORDERS (第 8 条命令) / SECTION 30 ORDER (第 30 条命令) / SECURE ACCOMMODATION ORDER (確実収容命令) / SECURE TRAINING ORDER (拘禁訓練命令) / SEPARATION ORDER (別居命令) / SERIOUS CRIME PREVENTION ORDER (重大犯罪予防命令) / SEXUAL OFFENSES PREVENTION ORDER (性に関する犯罪予防命令) / SHOW-CAUSE ORDER (理由開示命令) / SLIP ORDER (更生決定) / SPEAKING ORDER (説明的命令) / SPECIAL GUARDIANSHIP ORDER (特別後見命令) / SPECIAL PROCEDURE ORDER (特別手続き命令) / SPECIFIC ISSUE ORDER (特定問題命令) / SPLIT ORDER (分割命令) / STATUTORY RULES AND ORDERS (委任立法) / STOP ORDER (保留命令; 支払い停止指図) / STOP PAYMENT ORDER (支払い停止指図) / SUPERIOR ORDERS (上官の命令という答弁) / SUPERVISION AND TREATMENT ORDER (保護観察・治療命令) / SUPERVISION ORDER (子供の保護管理命令; 子供の保護観察命令) / SUPPORT ORDER (扶養料支払い命令) / TEMPORARY RESTRAINING ORDER (一時的差止め命令) / Third Party Debt Order (第三者に対する債務支払い命令) / TIME ORDER (猶予命令) / Tomlin ORDER (トムリン命令) / TREE PRESERVATION ORDER (樹木保全命令) / TURNOVER ORDER (引渡し命令) / UMBRELLA ORDER (雨傘裁判所命令) / UNLESS ORDER (制裁付き命令) / VESTING ORDER (財産帰属命令) / VIOLENT OFFENDER ORDER (暴力犯罪者命令) / VISITATION ORDER (訪問についての命令) / WINDING-UP ORDER (清算命令) / WIT-

NESS ANONYMITY ORDER (証人匿名命令) / WITNESS ORDER (証人出廷命令) / YOUTH COMMUNITY ORDER (少年社会刑罰命令) / YOUTH CUSTODY ORDER (青少年拘置命令) / YOUTH DEFAULT ORDER (青少年義務不履行命令) / YOUTH REHABILITATION ORDER (青少年社会復帰命令).

2 a 注文; 注文書, 指図書; 注文品. **b** 為替(証書). **c** 《手形・小切手における》指図. ▶ ALTERNATIVE ORDER (択一的注文) / BLANKET ORDER (包括注文) / DELIVERY ORDER (荷渡し指図書) / MONEY ORDER (為替証書) / NEGOTIABLE ORDER OF WITHDRAWAL (譲渡可能払い戻し指図書) / ODD-LOT ORDER (端株注文) / OPEN ORDER (保留注文, 見計らい注文) / PERCENTAGE ORDER (後付け注文) / POSTAL ORDER (郵便為替) / PURCHASE ORDER (仕入れ注文(書), 購入注文(書)) / SCALE ORDER (刻み注文) / SHIPPING ORDER (船積指図書) / SPLIT ORDER (分割注文) / STANDING ORDER (自動振替依頼) / STOP [STOP LIMIT, STOP LOSS] ORDER (逆指値(ぎゃくさしね)注文) / TASK ORDER (任務注文契約) / TIME ORDER (指定時注文).

3 順序; 序列. ▶ CITATION ORDER (引用の格付け). **4 a** 整理, 整列, 整頓. **b** 正常な状態. **c** 状態, 具合. **5** 《社会の》秩序, 治安; 体制: a breach of 〜 秩序の紊乱(びんらん) / an old [a new] 〜 旧[新]体制. ▶ LAW AND ORDER (法と秩序) / LEGAL ORDER (法秩序) / NEW INTERNATIONAL ECONOMIC ORDER (新国際経済秩序) / PUBLIC ORDER (公共の秩序). **6** 慣例, 慣習; 《立法議会・公けの集会の》規則, 礼法, 議事進行手続き, **議事規則**: O〜! O〜! 静粛に! 《議長が議場のルール違反者に向かって言う》 / call a meeting to 〜 開会を宣言する / bring a meeting to 〜 《休憩の後で》議事を再開する / rise to (a point of) 〜 《議員が起立して演説者の不謹慎を議長に抗議する. ▶ POINT OF ORDER (議事進行上の問題) / ROBERT'S RULES OF ORDER (ロバート式議事手続き規則) / STANDING ORDER (議院規則; 審理規則).

7 階層, 地位, 階級 (rank, class), 身分, 《同じような職業または身分の人びとの》集団: the higher [lower] 〜s 上流[下層]社会 / the military 〜 軍人社会 / all 〜s and degrees of men あらゆる階層の人たち. **8 a** 《キリスト教》《聖職者の》品級, 聖品, 聖職位階; [pl] 聖職(位); [pl] 《プロテスタント》聖職按手式, 聖職授与(式), 《カトリック》叙階, 叙品, 叙階《叙品式》: take 〜s 聖職に就く / His brother is in 〜s. 聖職についている. **b** [°O-] 《宗》教団, 修道会; [°O-] 騎士団: a monastic 〜 修道会. **c** [°the O-] ある同一の勲位に叙せられている一団の人, 勲爵士団; 結社, 組合: ORDER OF THE GARTER / ORDER OF THE BRITISH EMPIRE. ▶ HOLY ORDERS (品級; 聖職).

by 〜 of...の命(令)により. call...to 〜 《議長などが》...に《会進行上の》規則遵守を求める, 静粛を求める; ...の開会を宣言する (⇨ n 6). in 〜 順序正しく; 整っていて; 使える状態で; 具合よく; 規則にかなって, 合法で; 適切で: draw (up) in 〜 〜 整列する[させる] / keep...in 〜 ...を整

理しておく; ...の秩序を整える; ...に規律を守らせる / put papers in 〜 書類を整える / Court will be in 〜. 法廷では秩序を保つように《裁判長が言う》 / in bad 〜 雑然として, (調子を)乱して / in (good) running [working] 〜 《機械などが》順調に作動して, 使える状態で / A word here may be in 〜. ここで一言述べておいてもよかろう. in 〜 to do...=in 〜 that...may do...する目的で[ために]. in short 〜 直ちに, すぐさま. keep 〜 秩序を保つ, 治安を守らせる. on 〜 《品物が》発注済みで. out of 〜 乱れて; 狂って, 適切でない, 場違いで; 規則[ルール]から外れて, 違法で: get out of 〜 乱れる, 狂う, 故障が起きる. to 〜 注文に応じて, 特別あつらえで: PAYABLE TO ORDER. under 〜s to do...する命令を受けて. under the 〜s of...の命令で[のもとに]. until [till] further 〜s 追って指図があるまで.
— vt 命令する, 指図する: 〜 an attack 攻撃を命ずる / He 〜ed me to report the fact to the police. そのことを警察に届け出るように指図した / The king 〜ed that he (should) be banished. 王は彼を追放するよう命じた.
— vi 規制する, 律する; 命令を出す. 〜・less a
[OF < L ordin- ordo row, array, degree]

órder and dispositíon 《英史》管理と処分, 表見的所有《財産が真の所有者の同意の下に別の者の管理と処分に委ねられ, 後者と取引する者が後者の所有者であると判断しても合理的と思われる場合には, 後者を表見的所有者 (reputed owner) と呼び, 後者が破産した場合に破産管財人による処分対象となり, 換価金が破産債権者に配当された; 1986年法でこの法理は廃止された》.

órder bill of ládin 指図式船荷[運送]証券《裏書により譲渡可能な流通性のある証券; 略 OBL; cf. NEGOTIABLE BILL OF LADING, STRAIGHT BILL OF LADING》.

órder bòok 1 注文控え帳. **2** [°O- B-] 《英議会庶民院》動議通告簿; 議事予定表. **3** 《軍の》命令簿. **4** 《英》《年金などの引換証を綴じた郵便局の》引換証綴じ.

órdered, adjúdged, and decréed 《米》決定され判断され命ぜられた, 決定された《裁判所が決定判決をなす時の慣例的用語法で, しかもこれを読む時は ordered 一語だけを発音する》: It is therefore 〜 that the plaintiff take nothing by his suit.

órdered líberty* 秩序ある自由.

órder for accòunts and inquíries 《英》勘定調査命令《民事訴訟で, 手続きの間いつでも出されうる暫定的命令 (interim order) で, 一方当事者の他方当事者に対する債務額等を調査することを命ずること; 裁判所主事 (master) あるいは地方裁判官 (district judge) が通例行ない, 組合や信託に関連して多く用いられる》.

órder for fúrther informátion 《英》より詳細な情報要求命令 (⇨ REQUEST FOR FURTHER INFORMATION).

Órder in Cóuncil (pl Órders in Cóuncil) 《英》枢密院令, 勅令《国王が枢密院 (Privy Council) の助言に基づいて発する命令; 国会から委任をうけての委

任立法として，もしくは国王大権 (royal prerogative) の行使として発せられる；略 OC；⇨ STATUTORY INSTRUMENTS; cf. ORDER OF COUNCIL》．

órder nísi 仮命令 (＝DECREE NISI)．▶FORECLOSURE ORDER NISI (譲渡抵当戻し権喪失仮命令)．

órder of certiorári 《英史》移送命令 (⇨ CERTIORARI, QUASHING ORDER)．

órder of commíttal 《英》拘禁命令 (＝COMMITTAL ORDER)．

Órder of Cóuncil (*pl* **Órders of Cóuncil**) [the ～] 《英》枢密院による命令《制定法に基づき枢密院 (Privy Council) のみによって発布される従位立法；枢密院令 (Order in Council) は，国王が枢密院の助言に基づいて発布されるものであるのと区別しなければならない；現在では主として一定の職業・職業団体の規制目的で発せられる；cf. ORDER IN COUNCIL》．

órder of cóurse 当然命令 《一方当事者の申し立てに基づいて当然に出される命令》．

órder of díscharge 破産免責決定《破産免責 (discharge in bankruptcy) を命ずる裁判所の決定》．

órder of dismíssal 却下命令 (＝DISMISSAL ORDER)．

órder of filiátion 《米》非嫡出子の父の決定(命令) (filiation order)．

órder of sérjeants-at-láw [the ～]《英》上級法廷弁護士組合 (＝ORDER OF THE COIF)．

Órder of the Brítish Émpire [the ～]《英》大英帝国勲位《勲爵士団，勲章》《国家に勲功のある軍人と民間人に与えられる；1917年制定され，以下の5階級：Knight [Dame] Grand Cross (略 GBE), Knight [Dame] Commander (略 K[D]BE), Commander (略 CBE), Officer (略 OBE), Member (略 MBE)》．

órder of the cóif 1《英史》上級法廷弁護士 (serjeant-at-law) の身分[地位] (⇨ COIF, SERJEANT-AT-LAW)．2 [ᵁO- of the C-]《英史》上級法廷弁護士組合 (＝order of serjeants-at-law)．3 [ᵁO- of the C-]《米》(全米)優秀法学生会．

Órder of the Gárter [the ～] ガーター勲章, ガーター勲位《勲爵士[ナイト]の最高位》．▶CHANCELLOR OF THE ORDER OF THE GARTER (ガーター勲位尚書)．

órder pàper 1 指図式証券《受取人またはその指図人に支払いがなされる旨記載のある手形・小切手など》．2 [ᵁO- P-]《英議会庶院》議事日程．

Órder, Resolution, or Vóte Cláuse《米》命令，決議または表決条項《両院の同意を必要とする命令・決議・表決 (休会の決議を除く) は大統領に送付しその承認を得る要のあることを定めている合衆国憲法第1編第7節3項のこと》．

órder to accóunt《英》計算命令《相手方に計算責任を負う当事者に対して収支額を明らかにし支払責任を課す目的でなされる，計算報告を求める法的救済手段；損害賠償請求などとは別に付加的に訴求できるし，受認者 (fiduciary) が無権限で利得を得た場合や賄賂を得た場合などにも用いられうる》．

órder to páy 支払い命令 《(**1**) 通例は預けてある基金から第三者に対してその請求に応じて金銭を引き渡すよう命じる書面による命令 **2**) 債務を負っているかそれに対して責任を有している金銭を引き渡すよう命じる裁判所の命令》．

órder to shów cáuse 理由開示命令 (＝SHOW-CAUSE ORDER)．

or·di·nance /ɔ́ːrdnəns; -dɪ-/ *n* **1** (一般的に) 命令，法令，布告．**2 a** (地方公共団体の立法機関(議会)が制定する) 条例《★英国では BY(E)LAW のほうが多く用いられる》．**b**《英》属領 (dependency) 関係法．▶GREEN RIVER ORDINANCE (グリーンリヴァー条例) / MUNICIPAL ORDINANCE (条例) / ZONING ORDINANCE (地域地区規制条例, ゾーニング条例)．**3**《英史》《国王・貴族院・庶民院の承認を得た議会制定法 (Act of Parliament) に対して, その一つを欠いている》命令；《その典型例としての空位時代 (Interregnum) に国王の同意がないまま成立させた法律である》命令, 律令．**4**《米史》《独立後合衆国憲法成立までの連合会議 (Congress) 制定の若干法律名としての》条令．**5** 既存の決まり[方針, 実践法], しきたり．[OF＜L＝arranging]

Órdinance of Nullificátion [the ～]《米史》連邦法無効宣言《South Carolina 州議会が1832年の連邦関税法は違憲・無効であり, したがって同州民を拘束するものでないとした宣言 (1832)；州権論 (states' rights) の中心的主張である実施拒否 (nullification) の代表例として知られる；cf. STATES' RIGHTS》．

or·di·nan·di lex /ɔ́ːrdənǽndi léks/ 手続き法．[L＝law of procedure]

or·di·nar·i·ly /ɔ́ːrdnérəli, ⏑⏑⏑⏑⏑; ɔ́ːdn(ə)rəli/ *adv* 通常, たいてい, 普通は, いつもは; 普通[いつも]のやり方で, 普通(程度)に．**～ resident** ふだん住んでいる．

ordinárily prúdent pérson 通常分別[慎重]人, 通常の思慮分別をもった人, 合理人, 通常人 (＝REASONABLE PERSON)．

or·di·nary /ɔ́ːrdnèri; ɔ́ːdn(ə)ri/ *a* (cf. EXTRAORDINARY) **1** 通常の (usual), 普通の, 普段の, いつもの, 正規の: an ～ meeting 例会 / an ～ member 通常会員 / an ～ shareholder 普通株主．**2** 並みの, 平凡な, ありきたりの; 見劣りがする．**3**《大陸法・教会法》特別の授権に基づかない, 職権[職務]に直接由来する, 職権上当然の (cf. PECULIAR)．— *n* 1 普通のこと, 常事, 常例, "普通株 (ordinary share)．**2**《米》《一部の州での》(遺言)検認裁判官．▶ COURT OF ORDINARY (遺言検認裁判所)．**3** [the ～]《教会法》《特別の授権に基づかない》裁治権者《例えば大主教区における大主教, 主教区における主教；cf. PECULIAR》．▶ COURT OF ORDINARY (特別授権に基づかない正規の教会裁判所)．**4** [O-]《スコットランド》LORD ORDINARY．**5**《史》《死刑囚の》教誨(きょうかい)師．**in ～** 常任の, 常務の: a physician [surgeon] *in* ～ *to* the King 侍医．▶ LORD OF APPEAL IN ORDINARY (常任上訴裁判官)．**out of the ～** 普通[並, 尋常]でない (unusual), いつもと違った, 異例の, 特別の．**ór·di-**

nàr·i·ness /; -dn(ə)ri-/ *n* 普通；常態. ［AF and L =of the usual ORDER］

órdinary and nécessary expénse《税制》通常の必要経費（＝**órdinary and nécessary búsiness expénse**）.

órdinary annúity《各年金支給期間末に支給される》通常年金（cf. ANNUITY DUE）.

órdinary assáult 普通暴行(罪)（＝COMMON ASSAULT）.

órdinary cáre 通常の注意（＝REASONABLE CARE）.

órdinary cóurse (of búsiness) 通常業務（＝COURSE OF BUSINESS）. ▶ BUYER IN ORDINARY COURSE OF BUSINESS（営業の通常業務における買主）.

órdinary cóurt 1 通常の裁判所. 2 特別授権に基づかない正規の教会裁判所（⇨ ORDINARY）.

órdinary díligence 通常の注意[努力]《通常の分別力を有した人が当該状況下でみずからの財産の処理に対して払うと期待される注意[努力]》.

órdinary gáin《税制》通常利得《資本資産（capital asset）でない資産の売却その他の処分からの利得；cf. CAPITAL GAIN》.

órdinary góods *pl* 通常の物品《権原登録証書（certificate of title）で保証されている物, 移動物品（mobile goods）, 鉱物以外のすべて物品》.

órdinary íncome《税制》《課税対象となる》通常所得, 通常収入《米国では資本利得（capital gain）は除外される》.

órdinary (lífe) insúrance 普通生命保険《1) 終身保険（＝WHOLE LIFE INSURANCE）2) 団体生命保険（group life insurance）および産業簡易生命保険（industrial life insurance）を除いた一般の生命保険》.

órdinary lóss《税制》《資本資産（capital asset）でない資産の売却・交換による》通常の損失（＝business loss）.

órdinary méaning 通常の意味（＝PLAIN MEANING）.

órdinary méaning rùle 通常の意味の準則《1) 制定法その他の法的文書で文言が定義されてない場合には, その通常の意味で解釈すべきであるという解釈原則；plain meaning rule ともいう 2) PLAIN MEANING RULE》.

órdinary négligence 通常の不注意《通常の注意（ordinary care, ordinary diligence）を用いないこと；単に negligence ということもある》.

órdinary resolútion《株主総会などの》通常決議《単純過半数による決議；cf. EXTRAORDINARY RESOLUTION, SPECIAL RESOLUTION》.

órdinary's cóurt《米》《一部の州で》《遺言》検認裁判所（＝PROBATE COURT）.

órdinary sháre 普通株（＝COMMON STOCK*）（cf. PREFERENCE SHARE）.

ord·nance /ɔ́ːrdnəns/ *n* 1 兵器, 武器；軍需品. ▶ BOARD OF ORDNANCE（軍需品委員会）. 2 兵站部, 軍需品部.

Órdnance Òffice [the ~]《英史》軍需品委員会（Board of Ordnance）.

or·don·nance /ɔ́ːrd(ə)nəns; *F* ɔrdɔnɑ́ːs/ *n*《特にフランスの》命令. ［F］

ore·delf, -delfe /ɔ́ːrdèlf/ *n*《史》《自己の土地での》採鉱権.

óre-lèave /ɔ́ːr-/ *n* 鉱業権, 鉱物採掘免許.

ore te·nus /ɔ́ːri tíːnəs, óu-, -ténəs/ *adv, a* 口頭での): ~ evidence 口頭証拠. ▶ DEMURRER ORE TENUS（口頭による訴答不十分の抗弁[法律効果不発生訴答]）. ［L=by (word of) mouth］

óre ténus rùle《明白に違法・不当でないかぎり》原審事実認定は正しく覆しえぬという準則, 原審事実認定の拘束力.

or·gan·ic /ɔːrɡǽnɪk/ *a* 1 有機体の, 有機の. 2 器官の, 臓器の. 3 有機的な, 組織的な；系統的な. 4 本質的な, 根本的な；構造上の.《国家の》基本法の. **-i·cal·ly** *adv* 有機的に；組織的に；根本的に. **or·ga·nic·i·ty** /ɔ̀ːrɡənísəti/ *n*

orgánic áct 統治組織に関する議会制定法（＝ORGANIC STATUTE）.

orgánic diséase 器質性疾患（cf. FUNCTIONAL DISEASE）.

orgánic láw 1《国家などの》構成法, 基本法（fundamental law）, 憲法；統治組織法. 2《大陸法》判例法（＝CASE LAW）.

orgánic státute《米》統治組織に関する制定法（＝organic act）.

or·ga·ni·za·tion /ɔ̀ːrɡ(ə)nəzéɪʃ(ə)n, -naɪ-/ *n* 1 組織化, 系統化；組織的方法. ▶ REORGANIZATION（会社組織変更；会社更生）. 2 構成, 組成；体制, 機構；秩序. ▶ ARTICLES OF ORGANIZATION（基本定款；団体規約）. 3 組織, 団体, 機関, 機構, 《労働組合, 協会；*政党の組織, 党組織(の役員). ▶ CHARITABLE INCORPORATED ORGANIZATION（公益機関法人）/ CHARITABLE ORGANIZATION（公益団体）/ DIRECT LABOUR ORGANIZATION（直営実業機構）/ FRONT ORGANIZATION（隠れみのの組織）/ HEALTH-MAINTENANCE ORGANIZATION（健康維持機構）/ INTERNATIONAL CRIMINAL POLICE ORGANIZATION（国際刑事警察機構）/ INTERNATIONAL LABOR ORGANIZATION（国際労働機関）/ INTERNATIONAL ORGANIZATION（国際機構）/ LABOR ORGANIZATION（労働団体）/ MANAGED-CARE ORGANIZATION（健康管理機構）/ NONGOVERNMENTAL ORGANIZATION（非政府組織）/ NONPROFIT ORGANIZATION（非営利組織）/ PEER-REVIEW ORGANIZATION（専門家評価機構；病院評価機構）/ PREFERRED-PROVIDER ORGANIZATION（提携医療機関機構）/ PROSCRIBED ORGANIZATION（非合法組織）/ SELF-REGULATORY ORGANIZATION（自主規制機関）/ WORLD INTELLECTUAL PROPERTY ORGANIZATION（世界知的所有権機関）/ WORLD TRADE ORGANIZA-

TION (世界貿易機関). ~・al a 組織(体)の, 組織化された.

organizátional expénse 《会社などの》設立経費.

organizátional méeting 《会社の》設立会議.

organizátional pícketing 労働組合承認要求ピケ(ティング)《使用者側に団体交渉の相手方として認めさせるためのピケ》.

organizátional stríke 労働組合承認要求スト(ライキ)《=RECOGNITION STRIKE》.

Organizátion for Secúrity and Co-operátion in Éurope 欧州[全欧]安全保障協力機構《1975年に東西欧州にまたがる安全保障を協議する場として初発足した欧州安全保障協力会議(Conference on Security and Cooperation in Europe)を, 1995年に機構化したもの; 現在米国, ロシアを含む55か国が加盟; 旧ユーゴスラビアの停戦監視・選挙管理など, 中央アジアまでの欧州地域全体の紛争予防, 危機管理, 人権・民主主義の確立, 紛争後の復興などで活動しているが, とりわけ武力紛争の未然防止, 他地域への波及の防止のための予防外交体制の確立に取り組んでいる点が特徴的である; 略 OSCE》.

organizátion of corporátion 会社の設立.

órganized críme 1 組織犯罪 (cf. RACKETEERING). 2 組織犯罪者団[群], ギャング (cf. SYNDICATE).

órganized lábor 組織労働者《集合的》.

órgan tràfficking 臓器取引《人体の一部, 特に移植可能臓器の取引》.

or·i·gin /ɔ́(:)rədʒən, ɑ́r-/ n 1 始まり, 起こり, 発端; 起源, 源 (source); 原因, 源泉, 出所. 2 a [*pl*] 出自, 素姓, 生まれ, 血統. b 原産地, 生産地; 出生地. ▶ APPELLATION OF ORIGIN (生産地呼称) / CERTIFICATE OF ORIGIN (生産地証明書) / COUNTRY OF ORIGIN (本国; 生産地) / DOMICILE OF ORIGIN (出生住所) / NATIONAL ORIGIN (出身民族).

orig·i·nal /ərídʒənl/ a 1 原始[原初]の, 最初の, 第一の; オリジナル[原型, 原作, 原文, 原図, 原曲]の, 本物の. 2 独創的な, 創意に富む (creative); 新奇な, 奇抜な, 風変わりな. ─ n 1 原型, 原物; 原作, 原文, 原画, 原図, 原曲, オリジナル. 2 原本 (cf. DUPLICATE). ▶ SINGLE ORIGINAL (原本). 3 《史》ORIGINAL WRIT.

original acquisítion 《権利の》原始取得 (⇒ ACQUISITION).

original bíll 《エクイティー上の》初審訴状《ある事案を初めてエクイティー裁判所に訴える訴状; 救済を求めるものと証言の証拠保全や開示 (discovery) などの副次的目的で提起されるものとがある; これに対してその欠陥・欠如などを補う訴状である補充訴状 (supplemental bill) や, すでに判決が出た訴訟や係属中の訴訟に関連して出される訴状復活訴状 (bill of revivor), 再審査訴状 (bill of review) などは, 非初審訴状 (nonoriginal bill) および初審訴状類似訴状 (bill in the nature of an original bill) と呼ばれる. 後二者の型は英国では1873, 75年の裁判所法 (Judicature Acts) の前にすでに長く廃れていた》.

original cóntractor 元請け業者 (=GENERAL CONTRACTOR).

original convéyance 原不動産譲渡 (=PRIMARY CONVEYANCE).

original cóst 原初原価 (=ACQUISITIVE COST).

original dócument rúle 原本提出の準則 (=BEST EVIDENCE RULE).

original estáte 原初不動産権《同一不動産上に複数設定された不動産権の中の最初の不動産権で, のちに設定された不動産権(これを派生不動産権 (derivative estate) という)とは, 復帰権 (reversion) と部分不動産権 (particular estate) の関係に立つ》.

original évidence 1 直接証拠 (=DIRECT EVIDENCE). 2 原証拠, 書証原本, 最良証拠 (=BEST EVIDENCE).

original inténtions 1 《憲法・法律等の》起草者の意思, 原意. 2 《米》《憲法上の》起草者意思説, 原意主義《憲法起草者の意思と憲法の条文の文言のみによって解釈されるべきであるとする憲法上の保守的解釈理論; cf. JUDICIAL RESTRAINT, ORIGINALISM》.

original·ism n 《米》《憲法上の》原意主義, 起草者意思説《合衆国憲法はその起草者・採択者の意思に従って解釈されるべきであるという考え; cf. INTERPRETIVISM, NONINTERPRETIVISM, ORIGINAL INTENT》.

orig·i·nal·i·ty /ərìdʒənǽləti/ n 1 原物であること. 2 独創力, 創造力; 創意, 《著作権取得のための要件である》独創性.

original jurisdíction 第一審管轄権, 第一審裁判管轄権《訴えを受理し最初に審理する裁判権; cf. APPELLATE JURISDICTION》. ▶ COURT OF ORIGINAL JURISDICTION (第一審管轄権裁判所).

original páckage dòctrine 《米史》《州による》原包装輸入品無課税の法理《合衆国最高裁判所は1976年にこの法理を廃棄》.

original précedent 《新しい法準則を創出し適用した》新先例.

original prócess 始審令状《被告を召喚するため訴訟の初めに発行される訴訟手続き上の令状 (process); 訴訟係属後に発行される訴訟手続き上の令状である中間令状 (mesne process), 訴訟が終結し執行のために発行される訴訟手続き上の令状である終局令状 (final process) と区別して用いられる》.

original prómise 原初約束《主としてこの約束をした当事者の利益のためになされる, 他人の債務を保証する約束; したがって書面にする要はない; cf. COLLATERAL PROMISE, MAIN PURPOSE RULE》.

original títle 原初的権原《魚を獲った者がその魚に対する所有権を主張するように無主のものに対して最初に主張される権原, この魚をこの者から買った者は派生的権原 (derivative title) を有することになる》.

original wrít 1 《史》訴訟開始令状 (=breve originale)《コモンロー上訴訟を開始するために原則として必要

であった令状 (writ); 単に original ともいう; 国王裁判所に訴訟を提起しようとする者は、国王の書記官庁であった大法官府 (Chancery) に赴き、一定手数料を払い、その事件の裁判権を当該裁判所に与えることを事実上意味するシェリフ宛ての被告に対する命令状を得るのが原則であった; この令状は訴訟方式 (form of action) ごとに異なり、しかも管轄裁判所、手続き、判決の種類・執行方法まで異なった; その上この令状の選択は原告の責任であり、誤った選択は敗訴を意味した; 英国では 1875 年に訴訟方式の廃止と共に廃止され、一般的な召喚令状 ((writ of) summons) (1999 年以後は CLAIM FORM (訴状)) がこれに代わって用いられている; また、米国では厳密な意味では一度も採用されたことはない; しかし両国ともにこの影響はいまだに大きく残っている; ⇨ FORM OF ACTION, WRIT SYSTEM; cf. JUDICIAL WRIT). **2** 始審令状 (= ORIGINAL PROCESS).

original writing rule 文書原本提出の準則 (= BEST EVIDENCE RULE).

orig·i·nate /ərídʒənèit/ vt **1** 始める、起こす; 創設する. **2** 《譲渡抵当付き貸付け (mortgage loan) を第二次譲渡抵当市場 (secondary market) へと》売りに出す (cf. SERVICE).

originating application 《英》訴訟開始申立状 《州裁判所 (county court) での一定訴訟や雇用審判所 (employment tribunal) で訴訟を開始するための申立状》.

originating process 訴訟開始手続き(上の令状).

originating summons pl 《英》訴訟開始召喚状《高等法院 (High Court of Justice) における訴訟開始手続き令状の一種; 事実問題でなく法律問題で対立のある事件で、主に遺産管理・信託などについて大法官府部 (Chancery Division) で用いられた; 1999 年以来民事訴訟手続き規則第 8 部の訴状書式 (Part 8 claim form) に例外を除き代わった; ⇨ CLAIM FORM).

origination clause [the ~; °O- C-]《米》《歳入徴収法案についての》下院先議権条項 **(1)** 合衆国憲法第 1 編第 7 節 1 項のこと **2)** 州憲法での同趣旨の条項).

origination fee 貸付け実行[融資取組み]手数料、ローン手数料 (= loan origination fee)《利息とは別》.

Ori·gi·ne pro·pria ne·mi·nem pos·se vo·lun·ta·te sua exi·mi ma·ni·fes·tum est. /arígine próupriə ní:mɪnem pásse valəntéitɛ súːə éksɪmaɪ mænɪféstəm ɛst/ 何人ともみずからの意思によってみずからの生まれから解き放されえないことは明白である. [L= It is manifest that no one by his/her own will can free himself/herself from his/her proper origin.]

origin system [the ~]《英》生産地呼称制度《生産地保護のため他地域の生産者が例えば Stilton cheese といった地方名のついたものの製造・販売をすることを禁じている; cf. APPELLATION OF ORIGIN).

ornamental fixture 《賃借物件の取りはずし可能な》装飾用定着物 (cf. DOMESTIC FIXTURE).

or·phan /ɔ́ːrf(ə)n/ n **1** 孤児、みなしご. ▶ HALF ORPHAN (片親の子). **2** 片親の子《一方の親が死亡した子、正しくは half orphan》. **3** 親権者のいない子《養親も含め親の後見人のいない子》.

orphan's court 《米》孤児裁判所《一部の州にあり、孤児のためだけでなく一般的に遺言の検認、被相続人の遺産管理、未成年者の後見人選定などを行なう; probate court とほぼ同義; 略 o.c.》.

OSCE °Organization for Security and Co-operation in Europe 欧州安全保障協力機構.

OSHA /óuʃə/《米》°Occupational Safety and Health Act 職業安全衛生法 ◆《米》°Occupational Safety and Health Administration 職業安全衛生局.

o.s.p. °obiit sine prole 直系卑属なく死亡した.

OSS 《英史》°Office for the Supervision of Solicitors 事務弁護士監督所.

os·ten·dit vo·bis /əsténdɪt vóubɪs/《史》汝に示す《かつての訴答手続き (pleading) で被告が被告第一訴答をなす際に使われた文言). [L= it shows to you]

os·ten·si·ble /əstɛ́nsəb(ə)l/ a **1** 表向きの、うわべの; 表見的な、外観上の. **2** 紛れもない、顕著な.

ostensible agency 表見代理 (= APPARENT AGENCY, AGENCY BY ESTOPPEL).

ostensible agent 表見代理人 (= APPARENT AGENT).

ostensible authority 表見的権限 (= APPARENT AUTHORITY).

ostensible ownership 表見的所有権.

ostensible partner 表見的組合員 (= NOMINAL PARTNER).

os·ten·su·rus qua·re (form) /əstɛ̀ns(j)úːrəs kwέəri (fɔ́ːrm)/《史》理由開示(型)令状《訴訟開始令状 (original writ) の一類型で、被告に対して裁判所に出頭し、訴えられた権利侵害をなにゆえにしたかを示すべく (ostensurus quare) 召喚した令状; 侵害訴訟 (trespass) の令状がこの一つに当たる). [L= to show wherefore]

ostrich defense ダチョウの防御《刑事被告人が仲間の犯行について知らなかったと主張すること; ダチョウは追い詰められると砂に頭を突っ込んで隠れたつもりでいるという俗信から; cf. OSTRICH INSTRUCTION).

ostrich instruction 《俗》《刑事訴訟における》ダチョウの訓示《事実についての現実の認識を意図的に得まいとした被告人は、それを認識したうえで行動していると認定することができる旨を述べる裁判官による陪審への訓示 (instruction); ダチョウは追い詰められると砂に頭を突っ込んで隠れたつもりでいるという俗信から; cf. OSTRICH DEFENSE).

OTC 《証券》over the COUNTER¹ 店頭(市場)で ◆ over-the-counter 店頭市場(で)の: °over-the-counter market 店頭市場.

oth·er /ʌ́ðər/ a **1** ほかの、他の、別の; 他の同種の; 異なった《than,《古》from). **2** [the ~ +単数名詞]《2 つのう

óther considerátion その他の約因《契約条項による付加的約因で，煩雑さを避けるためあるいは約因全体の価額を公知させたくないために明記されないもの》．

óther íncome その他の収入《主たる事業からのではない収入；例えば，配当金・利子収入など》．

óther insúrance cláuse 他保険条項《同一保険目的に対して複数の保険契約がある場合の損害の分担を定めた保険契約上の条項，あるいは他の保険契約を禁止する条項；比例塡補条項 (pro rata clause)，免責条項 (escape clause) などがある》． ⇨ STANDARD OTHER INSURANCE CLAUSE (標準他保険条項).

óther pláce [the ~] 他院，上院 (⇨ PLACE).

oth·er·wise /ʌ́ðərwàɪz/ *adv, a* **1** 別な方法で[の], 別なふうに, 他の状態に[の], そうでなく: Tom Keith, ~ known as 'the Killer' トム・キースまたの名「殺し屋」/ except as ~ stated 別様に述べられている場合を除き[く]. **2** 他の(すべての)点では. **3** 〈*conj*〉そうでなかったなら (if not); さもなければ (or else). **unless otherwise** AGREE**d**.

Otis /óʊtəs/ オーティス **James ~ Jr.** (1725-83)《米国の独立戦争期の法律家・政治家；初め Massachusetts での国王の法律顧問官であったが, 本国政府の援助令状 (writ of assistance) による捜索に抗議して辞任, 1761 年の Writs of Assistance Case (援助令状事件) で弁護士としてその違法性を主張; また著書 *The Rights of The British Colonies Asserted and Proved* (1764) で英国人の権利は自然法に基づくものし, したがって植民地人も議会制定法に優る自然権を有すると説いた》.

OUI °operating under the influence 酒・薬物を用いたうえでの運転.

our féderalism [°O- F-]《米》我らが連邦主義, 我が国の連邦主義《連邦裁判所は, 州が州の裁判所で州自身の法を執行する州の権利を連邦裁判所判決が不当に侵すことになると考える場合には, 州の民事および特に刑事訴訟に連邦が干渉するようになる訴訟を審理すべきでないという法理; 1971 年の Younger v. Harris 事件での合衆国最高裁判所判決の中の文言から; cf. ABSTENTION》.

oust /áʊst/ *vt* **1** 〈場所・地位・官職などから〉追い出す〈*from*〉, ...に取って代わる. **2**〈人〉から剝奪する;〈占有・権利など〉を奪う, 取り上げる: ~ sb of [*from*] his right 人から権利を剝奪する. [AF=to take away<L *ob-(sto* to stand)=to oppose]

oust·er /áʊstər/ *n* **1** 《特に不動産の》**占有剝奪**, 占有侵奪 (dispossession), 不当占有 (cf. ADVERSE POSSESSION, EJECTMENT): an ~ order 占有剝奪命令. **2** *《地位・官職からの》追放, 追い出し, 放逐.

óuster cláuse《英》裁判権剝奪条項《一定事項について司法審査 (judicial review) などの裁判権を制限ないしは剝奪する制定法上の規定》.

óuster le máin /-lə méɪn/《史》[ousterlemain とも

つづる] **1** 国王占有財産引渡し令状[判決]《国王の直属受封者 (tenant in chief) が未成年の間, 国王が後見人として占有した不動産, あるいは国王が正当な権限なくして占有しているものを返還させる手続き, またはそのための令状あるいは判決; cf. MONSTRANCE DE DROIT》. **2**《未成年者が成年に達したゆえにその者への》**後見人からの不動産占有引渡し.** [F=remove the hand]

óuster of jurisdíction 管轄権喪失《裁判所がひとたび獲得した管轄は制定法・契約などがこれを剝奪しないという一般的推定があり, その解釈準則の一つとされている》.

óut·building *n* 付属建物《納屋・車庫など》.

óutcome-detérminative tèst《米》訴訟結果を決定するか否かのテスト《その争点が訴訟の結果に対して有する潜在的効果を調べることにより, エリー事件の法理 (Erie doctrine) を適用する目的的に争点が実体的か否かを決定する民事訴訟上のテスト》.

óuter bár [the ~]《英》柵外法廷弁護士 (=utter bar)《勅選弁護士 (King's Counsel), 上級法廷弁護士 (serjeant-at-law) になっていない法廷弁護士は法廷の手すり (bar) 内で弁論することが許されないことからこれら比較的下位の法廷弁護士の総称; cf. INNER BAR, JUNIOR BARRISTER》.

óuter bárrister《英》柵外法廷弁護士 (=utter barrister) (⇨ OUTER BAR).

Óuter Hóuse [the ~] スコットランド控訴院外院, スコットランド民事上級裁判所第一審部《スコットランド控訴院 [民事上級裁判所] (Court of Session) で, 上訴でなく第一審として裁判をする部門; cf. INNER HOUSE》.

óuter spáce 大気圏外(空間), **宇宙空間**.

Óuter Spáce Trèaty《国際法》**宇宙条約**《1966 年国連総会で採択, 67 年発効; 正式名は, 月その他の天体を含む宇宙空間の探査及び利用における国家活動を律する原則に関する条約 (Treaty on Principles Governing the Activities of States in the Exploration and Use of Outer Space, Including the Moon and Other Celestial Bodies)》.

óut·fang·thief /áʊtfæŋθìːf/, **-thef** *n*《英史》領外逮捕盗犯処罰権, ウトファングネセオフ (=utfangthief, utfangenetheof, utfangthef)《みずからの領地内で犯された盗犯は管轄外までをも追跡し連れ戻し処罰することのできる権利; アングロサクソン時代からの領主特権; cf. INFANGTHIEF》.

óut·gò *n* 支出, 出費 (opp. *income*).

óut·gò·ings *n pl* 必要な支出, 出費.

óut·làw 1《史》《法益を剝奪された》**法喪失者**, 法益被剝奪者, 法喪失[法外放置]宣告を受けた者 (=bandit, banni, bannitus, utlagatus, utlagus) (opp. *inlaw*). **2** 法からの逃亡者, 《逃亡中の》犯罪者, 無法者; 不逞のやから, 無頼の徒. ★語義 1, 2 共に lawless man ともいう. ── *vt* **1** ...に対して法喪失宣告をする, 法の保護の外に置く. **2** 禁止[非合法化]する; 法的に無効にする: propose a bill to ~ smoking in public.

3 裁判管轄からはずす, 法的効力を剝奪する. —a 1 outlaw の. 2 非合法な; ルール違反の. [OE *ūtlaga*＜ON]

óut·làwed *a* 1《史》法喪失宣告[法外放置宣告]を受けた, 法益を剝奪された. 2 法的効力を喪失した: an ~ claim 出訴期間を経過し請求しえなくなった請求権.

óut·làw·ry *n* 1《史》(法益を剝奪する)**法喪失宣告**, 法益剝奪, 法外放置 (＝utlagation) (opp. *inlawry*). 2 法の保護[恩典]を奪う[奪われる]こと; 禁止, 非合法化. 3 法喪失者 (outlaw) の身分[状態]. 4 法無視.

óutlaw stríke 非合法スト(ライキ) (wildcat strike).

óutline plánning permìssion《英》(不動産開発の)概要計画許可 (詳細が未定なので最終許可ではない; cf. PLANNING PERMISSION).

óut-of-cóurt *a* 法廷外の, 裁判外の (裁判手続きの一部としてなされたものでない; ⇨ EXTRAJUDICIAL; cf. *out of* COURT).

óut-of-cóurt séttlement《終局判決前の》法廷外[裁判外]の和解.

óut-of-pócket *a* 現金支出の, 現金払いの.

óut-of-pócket expénse (現金)支払い費用; 出費, 費用; 従業員立替金.

óut-of-pócket lóss (契約違反の場合に損害賠償の対象となりうる)支払い額と市場価格との差額, 現実に被った損害.

óut-of-pócket rùle 差額賠償準則 (＝**óut-of-pócket-lóss rùle**) (詐欺にかけられた買主は現実に支払った代価と市場価格との差額 (out-of-pocket loss) を売主に損害賠償として回復しうるという原則; cf. BENEFIT OF THE BARGAIN RULE).

óut·pùt *n* 産出, 生産; 生産[産出]高; 産出物, 生産品; 作品;《鉱山などの》産出物. —*vt* (-pùt·ted, ~) 産出する.

óutput còntract 生産物一括売買契約 (一定期間中の生産物を一定価額で一括売買する契約; cf. REQUIREMENTS CONTRACT).

óutput tàx 産出税, アウトプット税《供給する商品・サービスに販売時点でその価額に上乗せして課す付加価値税 (VAT) で, 付加価値税徴収義務者 (taxable person) が顧客から徴収し, 仕入れ代金に含まれていた投入税 (input tax) との差額を納税せねばならないもの; cf. INPUT TAX).

óut·rage /áʊtreɪdʒ/ *n* 1 不法(行為), 許しがたい不法, 無法, 非道, 侵害〈*against*〉; 乱暴, 暴行, 侮辱, 蹂躙, 非道な行為〈*upon*〉(cf. INTENTIONAL INFLICTION OF EMOTIONAL DISTRESS). 2《非道・不法を憎む》憤慨, いきどおり〈*at*〉. —*vt* 1〈法・徳義などを〉踏みにじる, 破る, 犯す. 2 …に暴行する, 虐待する; 陵辱する (rape). 3 侮辱する, 憤激させる, おこらせる.

óut·ra·geous /aʊtréɪdʒəs/ *a* 軌を逸した, 法外な; 狂暴な, 非道な. ~**·ly** *adv* ~**·ness** *n*

outrágeous cónduct 非道な行為, 常軌を逸した行為 (cf. EMOTIONAL DISTRESS).

outráging públic décency 社会秩序破壊共謀《コモンロー上の共同謀議(罪) (conspiracy) の一種で, 社会の正しい秩序・風俗を著しく踏みにじる行為の共謀》.

óut·ríght *adv* 1 徹底的に, 全く, 完全に; 公然と; 腹蔵なく. 2 すぐさま, 即座に; 即金で: be killed ~ 即死する. —*a* /⌣⌢/ 1 明白な, 徹底的な, 全くの: an ~ lie 明白なうそ / an ~ loss まる損 / give an ~ denial きっぱりと断る. 2 率直な. 3 無条件の, 即座の; 即金の.

out·side /⌣⌢; ⌣⌢/ 外側[外部]の; 外の; 外部 [よそ]からの: an ~ dealer《証券取引所の正会員でない》非会員ディーラー《取引することは許可されている》/ an ~ worker 外勤労働者. —*adv* /⌣⌢/ 外に, 外は, 外部に. —*prep* /⌣⌢, ⌣⌢/ …の外側に[へ, で, の], …の範囲を超えて, …以外[以上]に: ~ office hours 営業時間外に, 勤務時間外に.

óutside diréctor 社外取締役[重役].

óutsider jurisprúdence アウトサイダー法学 (＝CRITICAL RACE THEORY).

out·stánd·ing *a* 1 目立つ, 顕著な; 傑出した, すぐれた, 抜群の; 有名な, 重要な: ~ natural beauty 顕著な自然美. 2 存在する, 残存する. 3 未払いの, 未決済の; 未決着[未解決]の: ~ debt 未払い債務 / ~ orders《受けはしたが》未履行の注文. 4 流通している, 振り出され た, 発行済みの, 社外にある: half a million shares ~ 社外株式 50 万株.

outstánding ínterest 第三者の権利 (outstanding title).

outstánding offénses *pl*《審理中の事件での刑の宣告に影響を与えうる》未決の類似の犯罪.

outstánding stóck 社外株(式) (＝capital stock, shares outstanding)《発行会社自体が所有する金庫株 (treasury stock) を除いた株式》.

outstánding térm 残存定期不動産権《例えば, 担保など特別目的のために設定したものがその目的達成後にも残存する定期不動産権 (term of years); ⇨ SATISFIED TERM).

outstánding títle《担保物権などの》第三者の権原 (＝outstanding interest).

outstánding wárrant 未履行逮捕状.

òut·vóte *vt* …に得票数で勝つ: The chairman was ~d. 議長は投票で破れた.

óut·wòrk·er *n*《自宅などで》外注の仕事をする人, 内職者 (cf. TELEWORKING); 戸外で仕事をする人.

Óval Òffice《米》1 [the ~]《White House の》**大統領執務室**. 2 [the ~] 米国大統領の職[座].

over /óʊvər/ *prep* 1 …の上に (opp. *under*), …に押しかぶさって. 2 …を越えて《外へ[下へ]》, …の向こう側へ[に], …を渡って; …を乗り越えて. 3 a …を越える, …にまさって, …の上位に; …に優先して; …と比較して; …に対して: Are you ~ 19? 20 歳以上ですか. b …を支配して, …を制して. 4 …に関して (concerning). 5 …中, …の間, …

の終わりまで; …を通して. **6** …しながら, …に従事して. **～ all** 全体[全般]にわたって, 端から端まで.　**～ and above** …に加えて, …のほかに (besides).　— *a* **1** 上の; 外の; 過度の; 多すぎる; 終わって, 過ぎて: REMEDY OVER. **2** 《財産権が》先行財産権消滅後の: GIFT OVER / LIMITATION OVER.

over·age /óuvərɪdʒ/ *n* **1** 余分, 余分の量[金額], 余剰高, 過多量. **2**《小売業者が店舗所有者に定額の賃借料に上乗せして売上額に比例して支払う》**売上げ加算金**.

òver·bréadth dòctrine《米》**過度の広範性の法理**《表現規制立法が過度に広範な自由表現を阻害する場合, たとえ正当に禁止されるべき行為をも禁じているとしても, 保護されるべき表現に萎縮的効果を与えるために文面上無効となるという憲法上の法理; cf. VAGUENESS DOCTRINE》.

òver·bróad *a* 過度に広範な (⇨ OVERBREADTH DOCTRINE) (cf. VAGUE).

òver·come /òuvərkʌ́m/ *vt* **1** …に打ち勝つ, 負かす (defeat); 克服する, 乗り越える; 覆す. **2** [ʷpp] 圧倒する (overwhelm).

òver·crówd·ing *n* **1** 込みすぎ, 過密. **2**《英》《住宅政策上の》**居住者過密**《10歳を超えた男女が結婚していない者同士が, スペースがないために同じ部屋に寝ることを強いられる状態など》.

overcyted, overcyhsed *a*《史》有罪が認定された, 有罪と決定された (convicted).

óver·dràft *n* **1** 当座貸越し(額), 借越し(額); 《手形·小切手の》**過振り**(ふり). **2** 与信限度額.

òver·dráw *vt* (-dréw; -dráwn) 《預金口座》から超過引出しする, 《口座残高》に対して過振する. — *vi* 過振する.

òver·dúe *a* 満期の経過した, 未払いの, 滞納の, 支払い[返却]期限の過ぎた.

óver·flight *n* 特定地域の上空通過;《国際法》**領空飛行[侵犯]**.

òver·flý *vt* …の上空を[を越えて]飛ぶ;《外国領》の上空を偵察飛行する.　— *vi*《特定地域·国家などの》領空を飛ぶ, 領空侵犯する.

òver·héad *n*《英では *pl*》間接費, 諸経費, 一般経費《賃借料·光熱費·税金など》.

òver·inclúsive *a*《法律が》規制·保護対象者を越えての, 《法律が》救済目的に必要な範囲を越えた人に負担を課している (cf. UNDERINCLUSIVE). **～·ness** *n*

òver·insúrance *n* 超過保険《保険金額または重複保険の各保険金額の合計額が被保険財産の実際の価額を超過する保険》.

òver·íssue *n*《株式の》**超過発行**.

òver·pàyment *n* 過払い(金).

óver·plùs *n* SURPLUS.

òver·réach *vt* **1** …以上に広がる; 広く…に及ぶ. **2** …より行き過ぎる, 越える, 越す. **3** …に一杯食わせる, 出し抜く (outwit), 巧みにだます: **～ oneself** 体を伸ばしすぎて平衡を失う; 無理[努力]をしすぎる, 無理をして[やりす
ぎて]失敗する.

òver·réach·ing *n* **1** 行き過ぎ. **2** 出し抜き,《不正行為による》**不当利益獲得**. **3**《英》**a**《土地に対する権利の》**売却代金転換**. **b** 売却代金転換の原則《残余権 (remainder) や復帰権 (reversion) などの不動産権保有者が有する土地に対する権利, あるいは土地信託 (trust of land) に基づく土地に対する権利は, その土地の売却の瞬間にその売却代金に対するものに代わり, 土地そのものには及ばない; したがって土地購入者はこれらの権利から全く自由になった形でその土地に対する権利を取得するという1925年法の下での原則》.

overréaching cláuse 処分権留保条項《継承財産再設定 (resettlement) を行なう場合に, 最初の継承財産設定 (settlement) において現有権者とされている生涯不動産権者 (life tenant) に与えられた売却と賃貸をなす権能を, 再設定によっても残存することを定めた条項; 現在の英国では明示の規定がなくともこの権限は留保されることになっている》.

óver·ridden véto《米》**乗り越えられた拒否権** (⇨ OVERRIDE).

òver·ríde *vt* **1** 踏みにじる, 蹂躙(じゅうりん)する;《反対·忠告などを》無視する, 拒絶する, 押し切る;《決定などを》無効にする, 覆す;《拒否権》を乗り越える: **～ the President's veto** 大統領の発動した拒否権を乗り越える《米国の連邦議会では, 大統領の拒否した法案を上下両院本会議がそれぞれ出席議員の2/3以上の多数決で再可決した場合に, 法案は法律として成立する》. **2** …に優越する, …に優先する. **3**《総代理店·支配人》に歩合を支払う. — *n* /́—̀/ **1**《セールスマンの売上げにより支配人に支払われる》**歩合**,《不動産仲介契約 (listing) の終了後合理的な期間内に, その契約終了前に仲介業者が交渉した買手と売主が直接契約を成立させた場合に, 売主が仲介業者に支払う》**手数料**, コミッション (=**～ commission**). **2**《拒否権》を乗り越えること, **拒否権乗り越え**: **an ～ of the President's veto**. **3**《油田·鉱山の》**採掘料** (=overriding royalty) (cf. ROYALTY).

óver·rìd·er *n*《他のいかなる歩合よりも高い》**特別歩合**, 特別コミッション (=overriding commission).

òver·ríd·ing commíssion =OVERRIDER.

overríding ínterests *pl* **1**《英》《性質上》登録なくして対抗しうる土地に対する権利《例えば, コモンロー上の地役権 (easement), 土地収益権 (profit à prendre) や現実にその土地を占有している人の権利; なお, この用語は1925年法上のもので, 同法を廃した2002年法では用いられていないが, なお特定の権利は保護されている》. **2** 優越的権利, 優越的利益.

overríding róyalty 採掘料 (=OVERRIDE).

òver·rúle *vt* **1**《上位の権限などで》《決定·議論·方針·先例などを》覆す, 退ける;《上級審が下級審の判決などを》破棄する,《裁判所が異議などを》却下する (=overturn) (cf. FOLLOW, REVERSE): PROSPECTIVE OVERRULING. **2** …の無効を宣する (cf. VACATE);《人の決定·提案》を無効にする[退ける]. **3** …の上に支配[圧倒的影

響]を及ぼす, 圧倒する. **òver·rúl·er** *n* **-rúl·ing·ly** *adv*

óversea cómpany 《英》海外会社《英国内に営業地 (place of business) を有する外国会社 (foreign company)》.

óverseas bìll of láding 海外発送船荷証券《船舶・航空機による海外発送のための船荷証券》.

óverseas divòrce 《英》海外離婚《海外で得られた離婚・婚姻無効・別居; 本国におけるその効果はその海外離婚が裁判手続によるか否かなどのその方式により異なる; cf. EXTRAJUDICIAL DIVORCE》.

Óverseas Tánkship, Ltd. v. Míller Stéamship Co., 1967 《英》1967年の海外タンカー有限責任会社対ミラー汽船会社事件 (⇨ WAGON MOUND CASES).

Óverseas Tánkship, Ltd. v. Mórts Dóck & Enginéering Co. Ltd, 1961 《英》1961年の海外タンカー有限責任会社対モーツ・ドック工事有限責任会社事件 (⇨ WAGON MOUND CASES).

óverseer of the póor 《英史》貧民監督官《教区内の貧民行政官》.

overs·man /óuvərzmæn, -mən/ *n* 《スコットランド》裁定者, 裁決者.

overt /óuvərt, -́-/ *a* 《証拠など》明白な, 公然の, あからさまの, 表立った, 公開の, 外見に現われた, 行動に現われた (opp. *covert*). ▶ MARKET OVERT (公開市場). **～·ly** *adv* 明白に, 公然と. [OF (*pp*)〈*ovrir* to open＜L *aperio*]

óvert áct **1** 明白な行為, 顕示行為《正当防衛を成立させうる, 殺害ないしは重大な危害を与えようとする意思を表わしている行為》. **2** 明白な行為, 公然たる行為, 外的行為《それ自体は犯罪行為ではないが, 他の外的要因により反逆罪 (treason), 共同謀議 (conspiracy), あるいは未遂罪 (attempt) につながるような行為で, 犯意があったと認める根拠となりうるもの》. **3** 犯罪行為《犯罪の主観的要素である犯意 (mens rea) と共に犯罪成立要件をなす犯罪の客観的要素である悪しき行為 (actus reus)》.

óver-the-cóunter *a* **1** 《証券》店頭市場(で)の, 店頭取引(で)の (略 OTC): ～ transactions. **2** (医師の) 処方不要の: ～ drugs.

óver-the-cóunter márket 店頭市場《証券ブローカーが取引所以外において, 特に電話やコンピューターを通して, 相互間で顧客のために証券を売買する市場; 略 OTC》.

óver·tìme *n* 超過勤務(時間), 時間外労働, 残業; 超過勤務[時間外]手当, 残業代; 超過時間: work two hours' ～. — *a, adv* (規定)時間外の[に]: ～ pay 超勤手当 / work ～ 超過勤務[残業]をする.

òver·trý* *vi* 《事実審担当の弁護士が》《訴訟事件について》過剰に努力をする, 過剰に調査する《担当の訴訟事件について時間・労力などを注ぎ詳細に調査をし, 陪審など事実問題を審理するを同化しきれぬほどの証拠を提出し, 結果的にはしばしば相手方にその細部を批判する論点を与

えることになってしまうような場合にいう》.

òver·túrn *vt* ひっくり返す, 覆す (overrule): ～ a precedent 先例を覆す. — *vi* ひっくり返る; 覆る.

ow·el·ty /óuəlti/ *n* **1**《共同所有物の持ち分などの》均等; 平等, 均衡. **2**《不公平調整のための》調整金, 代償金. [AF *oelté* equality]

ówelty of partítion 共同所有物分割調整金.

OWI °operating while intoxicated《酒・薬物での》酩酊運転.

ow·ing /óuɪŋ/ *a* 未払いの, 借りとなって(いる), 支払い債務を負っている.

own /óun/ *vt* **1** 所有する, 所持する; 支配する (⇨ OWN-ERSHIP): a wholly-*owned* subsidiary 完全子会社. **2** 認める (admit); 《自分の子・作品であると》認める: ～ up すっかり[いさぎよく]白状する〈*to sth* [*sb*]〉.

own·er *n* 持主, 所有者, 所有権者, オーナー; 権利者; 《商》荷主, 船主 (⇨ OWNERSHIP): a house-～ 家の持主. ▶ ABSENTEE OWNER (不在所有主) / ABSOLUTE OWNER (絶対的所有者; 自己のために所有する者) / ADJOINING OWNER (隣接地所有(権)者) / BENEFICIAL OWNER (受益的所有者; 自己のために所有する者) / CO-OWNER [COOWNER] (共同所有(権)者) / COPYRIGHT OWNER (著作権所有者) / EQUITABLE OWNER (エクイティー上の所有者) / ESTATE OWNER (不動産権所有者) / GENERAL OWNER (一般所有者) / JOINT OWNER (合有権者) / LANDOWNER (土地所有者) / LEGAL OWNER (コモンロー上の所有(権)者, 法的所有(権)者) / LIMITED OWNER (制限付き権原保有者) / NAKED OWNER (裸の所有権者) / PAPER OWNER (名目上の所有(権)者) / PART OWNER (共同所有(権)者) / POLICYOWNER (保険証券所持人) / RECORD OWNER (記録上の所有者) / REPUTED OWNER (表見的所有者) / SHAREOWNER (株主) / SOLE AND UNCONDITIONAL OWNER (唯一無条件的所有者) / SOLE OWNER (単独所有者) / SPECIAL OWNER (特別所有者) / STATUTORY OWNER (制定法上の所有者) / ULTIMATE OWNER (真の所有者).

ówner-óccupier *n* 土地[建物]所有者兼占有者《英国の制定法上は長期固定期間不動産賃借権 (long tenancy) を有する者をも含む》, 持家に住んでいる人, 持家居住者.

ówner of récord 記録上の所有(権)者 (＝RECORD OWNER).

ówner pro hác více 一時的船舶所有者 (＝DE-MISE CHARTERER) (cf. PRO HAC VICE).

ówners' associàtion 所有者協会《区分所有共同住宅 (condominium) や計画的一体開発 (planned unit development) のための管理団体; homeowners' association ともいう》.

ówner's équity 所有者の持分 (＝book value, net book value) 《企業などの資産に対するその所有者の持分; 提供資金および利得分に当たる, 株式会社の場合は株主持分 (equity of shareholder [stockholder], shareholder's [stockholder's] equity) と呼ばれる》.

ówner·shìp *n* **1** 所有者たること[資格]; **所有権**, 《物・権利の》**所有**. ★ ローマ法・大陸法の物権法では物に対する恒久的絶対的排他的完全な支配権である所有権(dominium)の概念を中心に構成されているが、英米物権法は title (権原), tenure (不動産保有条件), estate (不動産権) の概念を中心に組み立てられ、そこでは ownership の概念も大陸法とは異なる; 不動産についてはこの語は一般には fee simple absolute (絶対単純封土権) を指す場合が多いが、例えば leasehold (定期不動産賃借権) や easement (地役権) についても用いられることが多く、own や owner という形で用いられる場合には特にこれが目立つ (⇨ ESTATE, FEE SIMPLE ABSOLUTE, LEASEHOLD OWNERSHIP, POSSESSION, TENURE, TITLE). ▶ ABSOLUTE OWNERSHIP (絶対的所有権) / BENEFICIAL OWNERSHIP (受益的所有権) / CLAIM OF OWNERSHIP (所有権の主張) / COLLECTIVE OWNERSHIP (従業員集団企業所有) / COMMON OWNERSHIP (共同所有権) / CONCURRENT OWNERSHIP (共同所有) / CONTINGENT OWNERSHIP (不確定所有権) / CO-OWNERSHIP (共同所有(権)) / CORPOREAL OWNERSHIP (有体物の現実所有(権)) / EQUITABLE OWNERSHIP (エクイティー上の所有権) / INCIDENT OF OWNERSHIP (生命保険証券所有に基づく付随的権利) / INCORPOREAL OWNERSHIP (無体物の所有(権)) / JOINT OWNERSHIP (合有(権)) / LEASEHOLD OWNERSHIP (定期不動産賃借権に基づく土地支配権) / MULTIPLE OWNERSHIP (複数者所有権) / OSTENSIBLE OWNERSHIP (表見的所有権) / PART OWNERSHIP (共同所有(権)) / PUBLIC OWNERSHIP (公有(制)) / QUALIFIED OWNERSHIP (制限的所有権) / REPUTED OWNERSHIP (表見的所有) / SOCIAL OWNERSHIP (公有) / STATE OWNERSHIP (国有(制)) / TRUST OWNERSHIP (信託所有権) / VESTED OWNERSHIP (確定的所有権). **2** 所有者グループ[組織].

ównership in cómmon 《会社・財産などの》共同所有(権) (＝common ownership).

ównership in indivísion 《大陸法》不分割共有 (cf. INDIVISION).

ówner's rísk 所有者危険負担, 荷主危険負担. **at ~** 〈貨物運送が〉荷主の危険負担で.

oyer /ɔ́ɪər, óujər/ *n* 《史》**1 刑事巡回裁判** (oyer and terminer). **2 a** 証書朗読の申し立て《コモンロー上の手続きで、証書を根拠とした当事者はその証書提出の用意がある旨を述べなければならなかったが、証書提出に反対する相手方によるその文書の朗読を求める裁判所への申し立て). **b**《相手方から求められた》証書の公開の法廷における朗読. [AF＝OF *oïr* to hear]

óyer and tér·mi·ner /-ən tɔ́ːrmənər/《史》**1 刑事巡回裁判官任命書**《特定地域の犯罪、時には特定犯罪について、訴えの受理から判決に至るまでを授権された刑事巡回裁判官 (justice of oyer and terminer) の任命書; 通常は アサイズ裁判官 (justice of assize) にその任命書と併せて発せられた; 正式には commission of oyer and terminer と呼ぶ; なお、未決囚として捕らわれている者の審理権は別の未決釈放裁判官任命書 (commission of gaol delivery) で授権されるので、これには含まれていない). ▶ COMMISSION OF OYER AND TERMINER (刑事巡回裁判官任命書) / COURT OF OYER AND TERMINER (刑事巡回裁判所) / JUSTICE OF OYER AND TERMINER (刑事巡回裁判官). **2**《史》**刑事巡回裁判(所)** (＝court of oyer and terminer)《刑事巡回裁判官任命書で授権されて開廷する巡回裁判所). **3**《米》《一部の州の上位の》**刑事裁判所** (court of oyer and terminer). [F＝to hear and determine]

oyez, oyes /oujés, -jéz, óujès, -jèz/ *int* **聴け！謹聴！静粛に！**《法廷で廷吏により注意喚起のため発せられることば). [AF (impv pl)〈*oïr* to hear＜L *audio*]

P

p. 〖英〗 penny (*pl* pence).

P plaintiff(s).

P. (*pl* **pp.**) °(court of) probate 検認(裁判所)◆Easter sittings〔★ P. は Paschal の略〕◆Easter term◆〖米〗°Pacific Reporter『パシフィック・リポーター』(第 1 次シリーズ)◆placitum◆〖英〗°President of the Family Division (of the High Court of Justice) (高等法院)家事部部長裁判官.

P.2d 〖米〗 PACIFIC REPORTER Second Series『パシフィック・リポーター』第 2 次シリーズ.

P.3d 〖米〗 PACIFIC REPORTER Third Series『パシフィック・リポーター』第 3 次シリーズ.

p.a. °per annum 1 年ごとに, 毎年.

PA, P.A. °particular average 単独海損◆°personal assistant 個人専属助手◆°power of attorney 委任状◆°professional association 専門的職業人の職能団体; 専門的職業人協同事業(所)◆〖米〗°prosecuting attorney 検察官◆°public accountant 公認会計士.

P/A °power of attorney 委任状.

Pac. 〖米〗°Pacific Reporter『パシフィック・リポーター』(第 1 次シリーズ).

PAC /pǽk/ 〖米〗°political action committee 政治活動委員会.

pace /péisi, páːtʃei/ *prep* 〔通例イタリック体で〕…にお許し願って, …には失礼ながら《人と意見を異にするときの前置き》: It is true, *pace* Falwell, that... ファルウェル氏には失礼ながら…ということは本当です. [L=by permission of]

PACE /péis/ 〖英〗 Police and Criminal Evidence Act 1984.

PACER °Public Access to Court Electronic Records 裁判所電子記録パブリックアクセス.

pac·i·fi·ca·tion /pæ̀səfəkéɪʃ(ə)n/ *n* **1** 講和, 和解, 和平工作, 紛争除去[解決]; 平定, 鎮定; 鎮静化, 平和回復. **2** 平和条約.

pacific blockáde 〖国際法〗 **平時封鎖**《平時に復仇の手段としてなされる相手方の海港或いは海岸の封鎖; ⇨ BLOCKADE》.

Pacific Repórter 〖米〗『**太平洋側諸州判例集**』『パシフィック・リポーター』(『アメリカ合衆国判例体系』(National Reporter System) の一つで, 太平洋岸諸州の最高裁判所の判決のほとんどすべてと重要な中間上訴裁判所判決, 少数の一審判決を収める; 1883–1931 年の第 1 次シリーズ (略 P., Pac.), その後 2000 年までの第 2 次シリーズ (略 P.2d), それ以後現在までの第 3 次シリーズ (略 P.3d) がある).

pac·i·fism /pǽsəfɪz(ə)m/ *n* 戦争[暴力]反対主義, 平和主義.

pac·i·fist /pǽsəfɪst/ 平和主義者 (cf. CONSCIENTIOUS OBJECTOR).

pack¹ /pǽk/ *n* **1** 包み, 束, 荷物. **2** 一箱, 一包み, 一組; 一かたまりの人[物, 動物], 一味, 群れ, 多数, 多量. ▶ HOME INFORMATION PACK (住宅情報書). **3** 〖商〗荷造り, 包装法. — *vt* **1** 包む, 束ねる, 梱包[包装]する, …の荷造りをする〈*up*〉; 詰める, 詰め込む, いっぱいにする. **2**〈馬など〉に荷を載せる;〈荷物〉をかついで[動物の背に載せて]運ぶ, 運搬する. **3** 急いで[さっさと]送る〈*off, away*〉.

pack² *vt* **1**〈陪審・政府機関など〉を自分に有利な人員構成にする, 有利に選ぶ, 抱き込む,〈裁判官・陪審員〉の選任[選定]を細工する: ~ a court 裁判所の人的構成を《自分に有利に》細工する (⇨ COURT PACKING). **2**《古》〈トランプ札〉の配列をごまかす. **3**〈自動車などの販売価格〉を水増しする. — *n* 《販売人による》不当な追加料金, 水増し分. [? *pact* (obs) to make a secret agreement; -*t* を過去形語尾と誤ったものか]

pack·age /pǽkɪdʒ/ *n* **1** 包み, 小包; 包装, パッケージ; 包装した商品. **2** 包装材[紙]; 荷造り料, 包装費. **3** ひとまとめのもの, 一括取引; ~ holiday [tour] パッケージ・ツアー, パック旅行. ▶ COMPENSATION PACKAGE (全給与). **4** 《英史》《かつてロンドン港で外国人・国籍取得者 (denizen) による輸出入の際に課せられた》貨物税.

páckage lìcensing 《特許権の》包括的実施契約.

páckage mòrtgage 《企業財産の一括担保のように不動産とそれに付随する動産を含んだ》包括的譲渡抵当.

páckage transáction 《いくつかの取引の》一括取引, パッケージ取引.

páck·ag·ing *n* **1 a** 荷造り, 梱包, 包装. **b** 梱包[包装]材料. **2** 抱合わせ, 一括取引.

páck·ing *n* **1** 荷造り, 包装; 包装用品, 詰め物, パッキング. **2** 選挙区包み込み区割り《選挙区区割りを自党に有利にする手法の一つで, 多数政党・多数人種が少数派

packing a jury

を最小限に押し込むために少数派をできる限り少数の地区に集中させるように線引きすること; cf. CRACKING, STACKING). **3**《裁判官・陪審員の人選に細工を施しての裁判所・陪審の》**抱き込み**. ▶ COURT PACKING 《裁判所抱き込み》.

pácking a júry 陪審員の選定を細工すること (= JURY PACKING).

pácking lìst 梱包品[包装荷物]内容一覧表.

pact /pǽkt/ *n* 約束, 契約, 条約, 合意, 協定, 約款. ▶ NONAGRESSION PACT《不可侵条約》/ NUDE PACT《裸の合意》/ SUICIDE PACT《心中の合意》. [OF<L *pactum* (neut pp)<*paciscor* to agree]

pacta PACTUM の複数形.

Pac·ta con·ven·ta quae ne·que con·tra le·ges ne·que do·lo ma·lo ini·ta sunt, om·ni mo·do ob·ser·van·da sunt. /pǽktə kɑnvέntə kwi nέkwɛ kɑ́ntrə líːʤiz nέkwɛ dóulou mǽlou ínitə sənt ɑ̀mni móudou ɑ̀bsərvǽndə sənt/ 法に反するものでもなくまた悪意でもって成立させられたものでもない合意は, あらゆる点で守られるべきである. [L=Agreements which are neither contrary to the laws, nor fraudulently entered into, must in all respects be observed.]

Pacta dant le·gem con·trac·tui. /─́ dǽnt líːʤɛm kɑntrǽktui/ 合意は契約に法を与える. [L=Agreements give law to the contract.]

Pacta pri·va·ta ju·ri pub·li·co de·ro·ga·re non pos·sunt. /─́ prɑivéɪtə ʤúːrɑɪ pǽblɪkou dὲrəgéɪrɛ nɑn pɑ́sənt/ 私的合意は公法を制限できない. [L=Private agreements cannot restrict public law.]

Pacta quae con·tra le·ges con·sti·tu·ti·o·nes·que vel con·tra bo·nos mo·res fi·unt, nul·lam vim ha·be·re, in·du·bi·ta·ti ju·ris est. /─́ kwi kɑ́ntrə líːʤiz kɑ̀nstɪtùːʃiounéskwɛ vɛl kɑ́ntrə bóunəs móurɛz fáɪənt nʌ́ləm vɪm həbíːrɛ ɪnd(j)ùːbɪtéɪti ʤúːrɪs ɛst/ 法および勅法に反してあるいは良き慣習に反してなされる合意がなんらの効力ももたないことは, 疑いのない法に属する. [L=It is undoubted law that agreements which are made contrary to the laws and constitutions or contrary to good morals, have no force.]

Pacta quae tur·pem cau·sam con·ti·nent non sunt ob·ser·van·da. /─́ tə́ːrpɛm kɔ́ːsæm kɑ́ntɪnɛnt nɑn sənt ɑ̀bsərvǽndə/ 不道徳な原因を含む合意は遵守されるべきではない. [L=Agreements containing an immoral cause are not to be observed.]

pacta sunt ser·van·da /─́ sɑ́nt sɛrvǽndə/ 合意[契約]は守られなければならない. [L=agreements must be kept]

Pacta ter·ti·is nec no·cent nec pro·sunt. /─́ tə́rʃiɪs nɛk nóusɛnt nɛk próusənt/ 合意は第三者を害することなくまた益することもなし. [L=Agreements do not create either obligations or rights for third parties.]

pac·tion /pǽkʃ(ə)n/ *n* 合意, 契約, 協定, 条約, 約定《特に 国際法上用いられる語で, 単一の行為で履行が完了する国家間の合意・契約をいう》.

Pac·tis pri·va·to·rum ju·ri pub·li·co non de·ro·ga·tur. /pǽktɪs prɑ̀ɪveɪtóurəm ʤúːrɑɪ pǽblɪkou nɑn dὲrəgéɪtər/ 私人の合意によっては公法は制限されない. [L=Public law is not restricted by agreements between private persons.]

Pac·to ali·quid li·ci·tum est quod si·ne pac·to non ad·mit·ti·tur. /pǽktou ǽlɪkwɪd lísɪtəm ɛst kwɑd sáɪni pǽktou nɑn ædmítɪtər/ 合意がなければ許されないものも合意によって許可される. [L=By agreement something is permitted that, without agreement, is not allowed.]

pac·tum /pǽktəm/ *n* (*pl* **pac·ta** /-tə/) 合意 (pact). ▶ NUDUM PACTUM《裸の合意》. [L]

pad /pǽd/ *vt* **1** …に詰め物をする, 当て物をする. **2** 詰め込む,《人員・経費などを》水増しする,《文章を》引きのばす.

pad·der /pǽdər/ *n*《徒歩で行動する》追いはぎ, 強盗犯人.

pád·ding *n*《弁護士の》報酬請求対象時間 (billable time) の水増し.

pád·lock làw /pǽdlɑ̀k-/ 施錠閉鎖法《アルコール飲料によって不法妨害 (nuisance) が発生した場合, 裁判所がその建物・敷地に場合によっては一定期間施錠ないしは閉鎖命令を出すことを授権している制定法》.

paedophile ⇨ PEDOPHILE.

page /péɪʤ/ *n* **1**《史》小姓, 近習;《史》騎士見習い. **2 a** 花嫁付添いの少年;《ホテル・劇場などの》給仕, 案内係. **b**《米》《連邦議会などで議員の使い走りなどをする》雑用係.

páid-ìn cápital* 払い込み資本, 拠出資本 (=paid-up capital [1])《株主が会社に拠出した現金その他の資産》.

páid-ìn fúnd 払い込み基金《相互保険会社 (mutual insurance company) が独自に不測の損失の支払いのために設ける現金での準備積立て基金 (reserve fund)》.

páid-ìn súrplus 払い込み剰余金 (=capital surplus)《払い込み資本 (paid-in capital) のうちの表示資本 (stated capital) を超える額で, 株式を額面を超えた額で売って得られるものなどの資本剰余金 (capital surplus) の一つ》.

páid-ùp *a* 払い込み済みの.

páid-ùp cápital[1] 払い込み資本, 払い込み済み株式資本 (⇨ PAID-IN CAPITAL).

páid-ùp insúrance 1 払い済み保険《生命保険の保険契約者が途中で保険料の払い込みを中止し, 解約払戻し金を一時払い保険料に充当し, 保険金額を減額した上で継続する保険契約》. **2** 保険料払い済みの保険.

páid-ùp stóck 全額払い込み済み株式 (=FULL-PAID STOCK).

pain /péin/ *n* **1** 罰, 刑罰 (punishment). **2**《身体的・精神的な》苦痛, 痛み. ▶ DECLARATION OF PAIN (苦痛に関する無宣誓陳述状). **on [under]** ~ **of**…《しなければ》…の罰を加えるとの条件で[とおどして]〈命ずる〉. ~**·less** *a* ~**·less·ly** *adv*

páin and súffering 《不法行為 (tort) による損害賠償の対象としての肉体的・精神的な》苦痛 (cf. DAMAGES).

Paine /péin/ ペイン **Thomas** ~ (1737–1809)《アメリカの独立戦争期の政治家・政治哲学者; イングランドより1774年渡米, 76年小冊子 *Common Sense* を著わし, アメリカが独立を宣言すべしと主張, 革命軍に参加し, 大陸会議 (Continental Congress) の外交委員会の Secretary などを務めた; フランス革命・共和政を擁護した *The Rights of Man* (1791–92) を公刊》.

paine forte et dure /F pɛn fɔrt e dyr/ = PEINE FORTE ET DURE.

pains and penalties ⇒ BILL OF PAINS AND PENALTIES.

pair /péər/ *n* **1** 一対, 一組; 一組の男女, 《特に》夫婦. **2**《議会》申し合わせて投票を棄権する対立党[与野党]の議員《2人》; 相互棄権協定 (pairing-off).

páir·ing-òff *n* 相互棄権協定《立法府で互いに対立する立場に立つ二人の議員が共に投票を棄権することを約束する協定》.

páir-or-sét clàuse ひとそろい条項《損害保険契約上の1条項で, ひとそろいのものの全部ではなくその一部が損害をこうむった場合に, 保険者が損害発生前の価格までそのそろいものを復旧するか, あるいは損害発生前後のその価格差を支払うかの選択権を有する旨を定めているもの》.

pais, pays /péɪ/ *n* **1** 国; 地域社会[共同体]; 陪審. ▶ CRY [CRI] DE PAIS [PAYS] (共同体の叫喚追跡) / TRIAL PER PAIS (地方住民による裁判). **2** 法廷外: IN PAIS. [F = country]

PAL passive activity loss.

Pálace Cóurt [the ~]《英史》宮殿裁判所 (= curia palatii)《City of London を除く Whitehall 宮から12マイル以内の地域内の人的訴訟 (personal action) で宮廷裁判所 (Court of the Marshalsea) および Westminster 在の諸裁判所の管轄外の事件を処理した, James 1 世設立の裁判所; 裁判官は名目上は宮廷執事卿 (Lord Steward of the King's [Queen's] Household), 宮廷軍務卿 (Marshal of the King's [Queen's] Household) であったが, 実際には裁判せず, 代理が行なった; 1849年法で廃止》.

pál·a·tine cóurt /pǽlətàɪn-/《英史》パラティニット裁判所, 王権州裁判所《パラティニット州 (county palatine) の特権裁判所; 1971年に高等法院 (High Court of Justice) にその裁判権が移譲されるまで独自の裁判権を有した; ⇒ COUNTY PALATINE; cf. VICE-CHANCELLOR》.

pal·i·mo·ny* /pǽləmòʊni/ *n*《裁判所命令により》別居した同棲相手に与える金・財産, パリモニー, 同棲解消に伴う扶助料[慰謝料], 同棲解消者の取得分. [*pal* + ALIMONY]

pal·lá·di·um of Énglish líberties /pəléɪdiəm-/ イングランド人の自由の守り神《通例はマグナ・カルタ (Magna Carta) または 陪審 (jury) のことをいう》.

pal·lio co·o·pe·ri·re /pǽliou kouàpəráiri/《史》マントで覆うこと, すでに両者の間の子を有している者の婚姻, マント婚, 嫡出化《pallium とは花嫁を覆う覆いで, 正式な婚姻前に生まれた子をその下に入れ結婚式を行ない, その場でそれを取ることによりその子を嫡出子とすることができるとみなされていた; cf. STATUTE OF MERTON》. [L = to cover with a pallium]

palm /pɑ́:(l)m; pɑ́:m/ *vt* ごまかして[だまして]〈人に〉…を押しつける. ~ **off** (**1**)にせものを〈人に〉つかませる, だまして〈…を〉売りつける〈*with*〉. (**2**) [~ oneself off] 自分が…であると偽る, 詐称する.

pálming óff だまして売りつけること, 詐称 (passing off). ▶ REVERSE PALMING OFF (逆詐称通用).

palm·ist·ry /pɑ́:məstri, *pɑ́:lm-/ *n* 手相占い.

pálm prìnt 掌紋 (cf. FINGER PRINT).

Páls·graf rùle /pɔ́:lzgræf-; -grɑ̀:f-/ ポールズグラフの準則 (⇒ PALSGRAF V. LONG ISLAND RAILROAD (1928)).

Pálsgraf v. Lóng Ísland Ráilroad (1928) ポールズグラフ対ロングアイランド鉄道会社事件《1928年》《不法行為 (tort) となる過失 (negligence) は, みずからの行為が被害者の権利を侵害することを相当な確実性をもって行為者が予見できた場合にのみ, 責任が生ずるとしたニューヨーク州最高裁判所の判決; 注意義務が世間一般の人に対して負っているのでなく, 損害が及ぶことが予見できる範囲内の人に対してのみ負うものであることを初めて判示したもの; この判決から導き出された上記原則をポールズグラフの準則 (Palsgraf rule) という》.

pan- /pǽn/ *comb form*「全…」(all)「総…」(universal)「汎…」の意: *Pan*-American. [Gk]

pan·dect /pǽndèkt/ *n* **1 a** [ᵁ*pl*] 法典, 法令全書. **b** [the P-s]《ユスティニアヌス法典 (Justinian Code) の》学説彙纂, デイゲスタ, パンデクテン (= DIGESTS). **2** 総論, 総覧.

pan·der /pǽndər/ *n* **1** 売春周旋者, ポン引き (= panderer, pimp), 女衒(ぜげん), 売春宿の主人; 情事の仲介者 (cf. PANDERING, PROSTITUTE). **2** 悪事に力を貸す者, 弱味につけいって食い物にする者. — *vt* …の取持ち[仲介]をする — *vi*〈欲情などに〉こびる〈*to*〉.

pánder·er *n* PANDER.

pánder·ing* *n* **1** 売春周旋(罪)《人に売春させること, 売春場所の提供, 売春勧誘などに関する犯罪; cf. PANDER》. **2** 劣情にこびた宣伝をした上での猥褻物頒布(罪).

P & I clause /pí: ən(d) áɪ —/ ピー・アイ条項, P アンド I 条項 (PROTECTION AND INDEMNITY CLAUSE《賠償責任保障条項》の略).

P & I club /pí: ən(d) áɪ —/ ピー・アイ・クラブ, P アン

ド I・クラブ《**PROTECTION AND INDEMNITY CLUB**(船主責任相互保険組合)の略称》.

P & L °profit and loss 損益.

pan·el /pǽnl/ *n* **1** 羽目板, パネル. **2 a**《昔名簿などに用いた》(一枚の)羊皮紙. **b**(登録)名簿. **c**《英国の National Health Service または以前の National Health Insurance 法による》保険医[被保険者]名簿: a ～ doctor 健康保険医. **d**(仲裁人など)専門家の名簿. **e** 陪審員候補者名簿(＝JURY PANEL). **3 a**《公開討論会などの》討論者団, 講師団. **b** 審査員[調査員]団, (専門)委員会, パネル《例えば PANEL ON TAKEOVERS AND MERGERS など》: a ～ of experts 専門家の一団. **c** 陪審候補者団, 陪審, 陪審団. **d**《特定事件担当として選定された裁判官・審判官の》合議体(cf. FULL COURT). **e**《クイズ番組の》解答者団. ▶《語義2と3に関連》BLUE-RIBBON PANEL (資質者陪審)／CHALLENGE TO (THE) PANEL (陪審員候補者全員に対する忌避)／CHILDREN'S PANEL (少年事件委員会)／CONSUMER PANEL (消費者委員会)／GENDER RECOGNITION PANEL (性転換審査員団)／INQUIRY PANEL (調査審問員団)／JURY PANEL (陪審; 陪審員候補者名簿)／LEGAL SERVICES CONSULTATIVE PANEL (法務諮問委員会)／SENTENCING ADVISORY PANEL (量刑助言委員会)／YOUTH COURT PANEL (少年法廷裁判官候補者名簿). **4**《スコットランド》刑事被告人 (the accused). **5 a** パネル調査《複数の人を対象として定期的・継続的に行なう調査》. **b** パネル調査の対象となる一群の人. **on the ～** (1)審査団[討論者団, 解答者団など]に参加して. (2)"《医師が》健康保険医名簿に登録されて,《患者が》保険医の診察をうけて. (3)《スコットランド》審理中で. ── *vt* (-l-, -ll-) **1** 陪審員候補者名簿に載せる,《陪審員を》選ぶ (impanel). **2**《スコットランド》起訴する. ［OF＝piece of cloth＜L］

pan·e·la·tion, pan·nel- /pǽn(ə)léiʃ(ə)n/ *n* 陪審員候補者名簿作成; 陪審員選出.

pánel attòrney 《米》貧困被告代理人《政府の費用での貧困な被告のための代理人 (private attorney)》.

Pánel on Tákeovers and Mérgers [the ～]《英》《証券自主規制組織である》買収・合併規制委員会(⇨ CITY CODE).

pánel-shòpping* *n* 裁判官選び《上訴を審理するのに最も好意的だと思われる裁判官を選ぶこと》.

pán·handle 《口》*vt* 道で呼び止め《金銭・食物を》恵んでもらう《物を》ねだる. ── *vi* 道で物乞いをする.
pán·hàn·dler *n*《道での》物乞い. **pán·hàn·dling** *n*《道での》物乞い(行為).

pan·nage /pǽnɪdʒ/ *n* **1 a**《入会森林内の》豚の放牧. **b**《史》《その》放牧権, 放牧料. **2** 放牧された豚が森林内で食べるドングリなどの》餌, 豚の飼料.

pannelation ⇨ PANELATION.

PAP personal automobile policy.

pa·per /péɪpər/ *n* **1** 紙, 用紙, 紙状のもの: two sheets of ～ 2枚の紙／wove(n) ～ 網目のある紙／commit to ～ 書き留める／carbon ～ カーボン用紙／duplicating ～ 複写用紙／headed ～ レターヘッド (letterhead)／lined ～ 罫線用紙／typing ～ タイプライター用紙／～ feed《プリンター・コピー機の》用紙送り装置. ▶ BALLOT PAPER (投票用紙)／ENGROSSMENT PAPER (裁判所正式文書用用紙)／JUDICATURE PAPER (裁判記録用紙)／VOTING PAPER (投票用紙). **2 a** 新聞(紙): today's ～s 今日の新聞／a daily ～ 日刊紙／be in the ～s 新聞に出ている／get into ～s 新聞種になる／a free [giveaway] ～ 無料新聞《広告収入でまかなう》. **b** ポスター(類), プラカード(類), ちらし(類). **3** 論文, 解説, 研究論文, レポート, 作文《*on*》; 概要, 大要を記した報告書. **4 a** [ᵘ/*pl*]書類, 書面, 文書, 公文書, 記録, 書簡集, 日記; 政府刊行文書 (cf. WHITE PAPER); [*pl*]《各種の》証明書, 証書, 身分[戸籍]証明書, 信任状; [*pl*]《黒人俗》婚姻許可証 (marriage license), 婚姻証明書 (marriage certificate). **b** [*pl*] 裁判所提出書類(＝COURT PAPERS). **c** *《俗》駐車違反に対する呼出し状. ▶ COMMAND PAPERS (議会討議資料)／COURT PAPERS (裁判所提出書類)／CROWN PAPER (刑事事件表)／FIRST PAPERS (第一書類)／GREEN PAPER (緑書)／MOVING PAPERS (申立書)／ORDER PAPER (議事日程)／PARLIAMENTARY PAPERS (議会討議資料; 法案; 議院報告書)／SEAL PAPER (法廷業務担当表)／SECOND PAPERS (第二書類)／SHIP'S PAPERS (船舶書類)／SPECIAL PAPER (弁論審理予定表)／STATE PAPER (国家文書; 官報)／SUIT PAPERS (裁判所提出書類)／VALUABLE PAPERS (重要文書)／WHITE PAPER (白書). **5** 証券, 手形, 為替手形, 小切手, 紙幣 (paper money); *《俗》偽造[不渡り]小切手, にせ札. ▶ ACCOMMODATION PAPER (融通証券)／BANKABLE PAPER (銀行受入れ証券)／BEARER PAPER (持参人払い(式)証券)／CHATTEL PAPER (動産抵当証券)／COMMERCIAL PAPER (商業証券)／DEMAND PAPER (一覧払い証券)／FICTITIOUS PAPER (空手形)／LONG-DATED PAPER (長期手形)／MERCANTILE PAPER (商業証券)／NEGOTIABLE PAPER (流通証券)／ORDER PAPER (指図式証券). **6**《俗》無料入場券, 招待券;《俗》無料入場者連. **cut** sb's **～s** [**orders**]*《俗》《逮捕状・令状・通達などの》書類を(…に宛てて)用意する. **in ～**《史》訴訟手続きが正式訴訟記録 (record) に記される前に[の]. **lay ～***《俗》空手形を振り出す, にせ金を使う. **lay the ～s**"書類を卓上に出す《大臣など議会報告のために》. **on ～** (1)紙上に, 紙上では[から判断すれば]. (2)紙に書いて[印刷して]: put...*on* ～ を紙に書く. (3)理論[統計]上では, 仮定的には. (4)額面では. **put** one's **～s in** *《俗》入学[入隊]申し込みをする; 辞任する, 引退する.
── *a* **1** 紙[ボール紙]製の, 張り子で作った; 紙表紙の: ～ bag 紙袋. **2 a** 手続き書類の, 机上事務の; 手紙[文書, 印刷物]の交換によって行なわれる: ～ warfare 紙上の論戦. **b** 名目上の, 実施[実行]されない, 空論の: PAPER PROFIT. **3** 紙幣として発行された.
── *vt* **1** 紙に包む, …に紙[壁紙など]を貼る, 色紙で飾る.

2《地区など》に《ちらしなどを》配る, まく, …に《ポスターを》貼る;《口》書類攻めにする;*《俗》…にニセ札をばらまく, 不渡り小切手を濫発する;*《俗》《警察が》…に違法駐車の件で呼出し状を出す. — vi (壁・壁のきずなどの上に)壁紙を貼る〈over〉. 〜 over〈不和・食い違いなどを〉取りつくろう, 糊塗する, 隠し. 〜 up〈窓など〉に紙を貼りつめる.

páper blockáde《国際法》《封鎖 (blockade) の実効性を伴わない》紙上封鎖, 擬制封鎖 (opp. *effective blockade*).

páper cúrrency 紙幣 (paper money).

páper dàys *pl*《英史》審理予定期日《裁判所法 (Judicature Acts 1873, 75) に至るまで, 各コモンロー裁判所で弁論を行なうためにあらかじめ登録されていた事件の審理を行なうよう定められた予定表登録事件弁論審理期日 (special paper days) や, 王座裁判所 (Court of King's Bench) で刑事事件を扱った刑事事件期日 (Crown Paper days) の総称》. ▶ CROWN PAPER DAYS (刑事事件期日) / SPECIAL PAPER DAYS (予定表登録事件弁論審理期日).

páperless tráding《インターネットを媒体にしての》ペーパーレス取引, コンピューター取引.

páper lóss 紙上損失, 架空損失 (=unrealized loss)《所有物の市場価格下落による未実現の帳簿上の損失》.

páper mìll《英史》王座裁判所記録保管所 (paper office).

páper móney 1 紙幣 (=paper currency) (opp. *specie*). **2** 有価証券《小切手・手形など》.

páper òffice《英史》**1** 公記録保存庁. **2** 王座裁判所記録保管所 (=paper mill).

páper ówner 名目上の所有(権)者《権原 (title) を有しているが, 現実に占有していない人》.

páper pátent 紙上の特許(権)《従来商業上一度も利用されなかった発見・発明についての特許(権)》.

páper prófit 紙上利益, 架空利益 (=unrealized profit)《有価証券など未売却所有物の, 値上がりによる未実現の帳簿上の利益》.

páper títle《不動産についての証書によって基礎づけられる》証書(上の)権原 (cf. RECORD TITLE).

páper tràil 文書足跡《ある人の過去の行動をたどったり意思を読み取ったりすることのできる証拠となる文書》.

Pa·pin·i·an /pəpíniən/ パピニアヌス《L Aemilius Papinianus》(c. 140–212 A.D.)《古代ローマの法学者で, パウルス (Paulus), ウルピアヌス (Ulpian) と並び称されているが, 中でもパピニアヌスの権威は高く, 諸説異なり支持する者の数が等しい場合にはパピニアヌスの与(くみ)する意見によるとさえされた; Septimius Severus 帝時代のローマで活躍し, 最高政務官である近衛府都督 (praefectus praetorio) に任じられた (203) が, Caracalla 帝により処刑された; 著作 *Quaestiones, Responsa* など; その著作から 601 の抜粋がユスティニアヌスのローマ法大全 (Corpus Juris Civilis) の学説彙纂 (Digests) に収録されている》.

par[1] /pá:r/ *n* **1** 同等, 対等, 均等; 等価, 同価; 同位 (equal). **2** 平価, 額面価値 (=〜 of exchánge); 額面価格 (=par value). ▶ NO PAR (無額面株式). **3** 基準(量), 標準(額). — *a* 平均の, 標準の; 平価の. [L=equal]

par[2] *a* PARTICIPATING.

paráde of hórrors objéction 恐怖の行列の異議 (=WEDGE PRINCIPLE).

par·age /pǽridʒ/ *n*《史》**1**《地位・身分》の対等 (cf. DISPARAGEMENT). **2**《共同相続人間の不動産》の対等保有.

pa·ra·gi·um /pəréidʒiəm/ *n*《史》PARAGE. [L]

pára·gràph *n*《文章の》段落, 項, 節.

para·legal[*] *a* /pæ̀rə—/ 弁護士補助職の. — *n* /—́ —̀/《弁護士資格は有しない》弁護士補助職員, パラリーガル (=legal assistant) (cf. CLERK).

paralégal·ize *vt*[*]《俗》《法律文書を》念入りにチェックする.

párallel citátion 併記引用《複数の判例集に載っている同一判例を併記して引用すること》.

párallel ímport 1 並行輸入《国内の総代理店などメーカー承認の販売経路以外の経路を通って, 例えば第三国にある同じメーカーの総代理店から, 輸入すること》. **2** [[*s*]*pl*] 並行輸入品.

par·a·mount /pǽrəmàunt/ *a* 最高の, 優越する (superior), 主要な; 主権[最高権力]を有する: LORD PARAMOUNT.

páramount cláuse 至上約款, パラマウント・クローズ《船荷証券がハーグルールズ (Hague Rules) を採り入れた国内法に従って効力を有する旨を示す約款のこと; 英米ではこの旨の記載が国内で発行される船荷証券にあることが法律で要求されている》.

páramount équity《複数のエクイティー上の権利のうちの》優越的なエクイティー上の権利.

páramount títle 1《同一物に対する他に比較して》優越する権原. **2**《廃》《当該権原に》先行する権原.

par·amour /pǽrəmùər, -mɔ̀:r/ *n* 愛人, 情人, 情婦, 間男.

par·aph /pǽrəf, pəréf/ *n* **1**《署名の終わりの》花押, 書き判(ばん). **2**《大陸法》署名;《多くはイニシャルでの》略署名. — *vt*《大陸法》署名する; 略署する.

par·a·pher·na·lia /pæ̀rəfərnéiljə/ *n pl* [[*s*]*sg*] **1 a** 身のまわり品,《個人の》持物. **b**《史》妻の所有品, 妻の特有調度品 (=paraphernal property)《主に衣服・装身具で, 夫が死亡した場合, 遺言で与えられた財産以外には寡婦産 (dowry) と共に妻がみずからのものとして権利主張できたもの》. **2**《俗》麻薬をやるのに必要な道具[物], 麻薬道具 (=drug paraphernalia). ▶ DRUG PARAPHERNALIA (麻薬道具).

par·a·phér·nal próperty /pæ̀rəfə:rnl-/《史》妻の特有調度品 (=PARAPHERNALIA).

par·a·vail /pæ̀rəvéil, —́ —̀/ *a*《史》《最》下級の,《他の不動産保有者からさらに》下封されて封有している: TENANT PARAVAIL. [F=at the bottom]

par·cel /pá:rs(ə)l/ *n* **1** 包み (package), 小包, 小荷

物: ~ paper 包み紙 / wrap up a ~ 小包を作る. ▶ BILL OF PARCELS (売渡し品目録; 送り状). **2** 一回の取引高,《売り物などの単位としての》一口, 一束, 一包, 一組, ひと塊り. **3** 一筆(ふで)[一区画]の土地;《不動産譲渡(捺印)証書 (deed) の頭書 (premises) にある》**不動産表示(文言)**, 不動産表示文言で表示されている土地;《廃》一部分. ▶ LARGER PARCEL (比較的大きな分地). ― *vt* (-l- | -ll-) **1** 分ける, 区分する; 分配する 〈*out*〉. **2** 包みにする, 小包にする〈*up*〉; 一まとめにする. ― *a* 部分的な, パートタイムの.

párcel ràte 小包料金.

par·ce·nary /páːrs(ə)nèri; -nəri/ *n* 相続財産共有(権) (=COPARCENARY). ▶ COPARCENARY (相続財産共有(権)).

par·ce·ner /páːrs(ə)nər/ *n* COPARCENER. ▶ COPARCENER (相続財産共有者).

parch·ment /páːrtʃmənt/ *n* 羊皮紙; 羊皮紙の文書[証書, 写本], 重要文書用用紙.

par·don /páːrdn/ *n* **1** 許すこと, 容赦, 許し, 許容. **2 a** 恩赦《司法手続きによらずに, 刑罰権を消滅・軽減させあるいは訴追権を消滅させる国王・大統領・州知事の権限に基づく作用; cf. AMNESTY, CLEMENCY, COMMUTATION, PAROLE, PROBATION, REPRIEVE》. **b** 恩赦状. ▶ ABSOLUTE PARDON (無条件恩赦) / BOARD OF PARDONS (恩赦委員会) / CONDITIONAL PARDON (条件付き恩赦) / EXECUTIVE PARDON (行政官恩赦) / FREE PARDON (恩赦) / GENERAL PARDON (大赦) / JURY PARDON (陪審による恩赦) / PARTIAL PARDON (部分的恩赦) / ROYAL PARDON (恩赦). **3**《カトリック》贖宥(しょくゆう), 免償 (indulgence) (を授ける儀式). ― *vt* **1** 容赦する. **2** 赦免する, 恩赦する, 免償する (cf. COMMUTE).

pa·rens pa·tri·ae /pɛ́ərənz pǽtriìː, -péi-, -triàɪ; páːrɛns páːtriàɪ/ 国父, 保護者としての国[州], 後見人としての国[州]《未成年者・身体障害者・精神病者などみずからを保護する能力に制限のある者を最終的に保護する立場にある, 英国では国王, 米国では州を指す》. [L=the parent of the country]

par·ent /pɛ́ərənt/ *n* **1 a** 親, [*pl*] 両親《★ 実父母だけでなく養父母, 非嫡出子の母だけでなく推定上の実父 (putative father) を含む場合がある》. **b** 後見人. **c** 先祖. ▶ ABSENT PARENT (不在親) / ADOPTIVE PARENTS (養親) / CHILD OF UNMARRIED PARENTS (未婚両親の子) / DISNEYLAND PARENT (ディズニーランド親) / FOSTER PARENT (里親, 養い親) / GODPARENT (教父, 教母) / NATURAL PARENT (実の親) / NONCUSTODIAL PARENT (監護権を有しない親) / NONRESIDENT [NONRESIDENTIAL] PARENT (非同居親) / SOCIAL PARENT (社会的親) / STEPPARENT (継親) / SURROGATE PARENT (親代理; 代理母). **2** 創始者, 創業者. **3** 親会社 (=PARENT CORPORATION) (cf. AFFILIATE). **pa·ren·tal** /pərɛ́ntl/ *a*

párent·age *n* **1** 親であること, 親である地位; 父性. ▶ DECLARATION OF PARENTAGE (親であることの宣言). **2** 生まれ, 家柄, 血統.

paréntal consént《未成年者の婚姻などの際に必要とされる》親の同意.

paréntal dúties *pl* 親の義務《子の特に監護・教育などの親としての義務》.

paréntal immúnity 1 親子間免責の原則《不法行為 (tort) に関して親と子は双方ともそれぞれの責任を訴求できないという原則》. **2**《子の過失に対する》親の免責原則《親が未成年の子の通常の過失については損害賠償責任を負わないという原則; cf. PARENTAL LIABILITY STATUTE》.

paréntal kídnapping 親による子の誘拐《一方の親の保護監護権あるいは訪問権 (visitation) を侵す形でみずからの子を誘拐すること》.

Paréntal Kídnapping Prevéntion Àct [the ~]《米》親による子の誘拐予防法《1980 年制定の連邦法で, 子の監護権 (child custody) を有していない一方の親によるみずからの子の誘拐の処罰などを定めた法律; 略 PKPA; cf. UNIFORM CHILD CUSTODY JURISDICTION ACT》.

paréntal léave《親に与えられる》育児休暇 (cf. ADOPTIVE LEAVE, PATERNITY LEAVE).

paréntal liabílity*《子の監護義務違反を伴う子の不法行為 (tort) についての》親の賠償責任 (=parents' liability") (⇨ PARENTAL LIABILITY STATUTE).

paréntal liabílity stàtute《米》親の賠償責任法《英米法上は子の不法行為 (tort) そのものについて親が責任を負うことはなく, 親が有する監護義務違反など親自身の過失が立証されねばならないが (⇨ PARENTAL IMMUNITY, PARENTAL LIABILITY), 特に立法で損害賠償の対象となる子の不法行為の種類と賠償額の上限を定めたうえで, 親に代位責任を課す州法; cf. PARENTAL-RESPONSIBILITY STATUTE》.

paréntal órder《英》親子関係認定命令 (=SECTION 30 ORDER).

paréntal-préference dòctrine《監護権者決定における》親優先の法理《離婚などで未成年の子の監護権者を決定する際に, その子の養育を希望しかつその能力のある点で適任と思われる一方の親が, 親でない第三者よりも優先して監護権者として選ばれるべきであるという原則》.

paréntal responsibílity 親の責任 (=~ for **child**)《子に対する親としての権利・権限と義務・責任の総体; 英国では 1989 年法でそれまでの (CHILD) CUSTODY ((子の)監護権) という語に代わってこの語が用いられている》.

paréntal responsibílity agrèement《英》親の責任についての合意《子の母と未婚の父との間での子に対する親の責任を父に課すという正式の合意》.

paréntal responsibílity òrder《英》親の責任についての決定《親の責任を未婚の父に課すという裁判所の決定》.

paréntal responsibílity stàtute《米》**1** 親の責任法《未成年の子が, 親が十分監督しなかったゆえに

犯罪を犯したことに対して親の責任を問い, 刑罰[罰金]を科する法; cf. PARENTAL LIABILITY STATUTE). **2** 親の賠償責任法 (=PARENTAL LIABILITY STATUTE).

paréntal ríghts *pl* 親の権利, 親権《子の監護・教育, 子の財産の管理を含む子に関するすべての決定権》; cf. TERMINATION OF PARENTAL RIGHTS). ► TERMINATION OF PARENTAL RIGHTS (親権の終結).

párent còmpany 親会社 (=PARENT CORPORATION).

párent corporàtion 親会社 (=parent company)《単に parent ともいう; cf. AFFILIATED CORPORATION, HOLDING COMPANY, SUBSIDIARY CORPORATION》.

par·en·te·la /pæ̀rəntíːlə/ *n pl* 共通の祖先から血статьが跡づけられる人びと, パレンテール.   **pàr·en·té·lic** /-tíːlɪk, -tél-/ *a* [L]

parentélic méthod [sýstem] パレンテール方式[制], 近祖血族優先制《相続順位などを決定するための血族の親近さを計る方式の一つ; 一組の夫婦の子孫が第 1 パレンテール, この夫婦の両親の子孫が第 2 パレンテール, その親(祖父母)の子孫が第 3 パレンテールとなる; 各順位パレンテール内の順位は種々ありえた; この方式は今日でも血族相続権の順位を規定している》.

pa·ren·ti·cide /pəréntəsàɪd/ *n* 親殺し《犯罪または行為者》.

párent·ing òrder《英》子育て命令《16 歳未満の子の親ないしは後見人に, 12 か月を超えない期間, 裁判所がその子の犯罪予防のため必要と判断した要求事項に従うよう命ずる裁判所決定; 1998 年法で導入》.

párents' liability 親の賠償責任 (⇨ PARENTAL LIABILITY).

párent with cáre《英》監護親《離婚・別居している両親のうち, 子を実際に監護している方の親; 他方を NON-RESIDENT PARENT (非同居親) という》.

pa·res /pǽrɪz/ *n pl*《地位・名声などでの》同等の者, 同格者, 同位者, 同輩. [L=peers, equals]

páres cú·ri·ae /-kjúːriìː/ 《史》裁判所での同輩 (=pares curtis)《自由不動産保有者 (free tenant) はその封建契約上の義務から領主の下での自由不動産保有者裁判所 (court baron) に出席し, みずからおよび同輩に関する裁判に携わらねばならなかったが, その観点からの名称》. [L=peers of the court]

páres cúr·tis /-kə́ːrtɪs/《史》PARES CURIAE. [L=peers of the court]

Pa·ré·to optimálity /pəréɪtou-/ パレート最適《ある資源配分につき, 他者の効用水準を減少させることなしにはある者の効用を増大させることができない状態》; cf. COASE THEOREM).   **Paréto óptimal** *a* [Vilfredo Pareto (1848-1923) イタリアの経済学者・社会学者]

Pa·ri·bus sen·ten·ti·is re·us ab·sol·vi·tur. /pǽrɪbəs sɛnténʃiɪs ríːəs æbsɑ́lvɪtər/《裁判官の》意見が同数の場合には, 被告人は放免される. [L=When opinions are equal, the defendant is acquitted.]

pari causa ⇨ IN PARI CAUSA.
pari delicto ⇨ IN PARI DELICTO.
pari materia ⇨ IN PARI MATERIA.

Par in pa·rem im·pe·ri·um non ha·bet. /páːr ɪn pǽrɛm ɪmpériəm nɑn héɪbɛt/ 同位者は同位者に対して権威を有しない. [L=An equal has no authority over an equal.]

pa·ri pas·su /páːri páːsu, pǽri pǽsu/ *adv, a* 並んで[だ], 同程度に[の], 平等に[の]. [L=with equal step]

par·ish /pǽrɪʃ/ *n* **1** 教(会)区, 小教区,《カトリック》聖堂区《主教[司教]区 (diocese) の下位区分で, 教会と聖職者[牧師]を有する》. **2 a**《伝道・宣教などの担当範囲を有する》地域[地元]教会. **b** 全教会区民,*一教会の全信徒. **c** 地元教会を中心とする共同体. **3**《英》教区, 地方行政区,《英史》救貧区 (=civil parish)《行政上の最小単位で, もともとは本来の教会区と一致; かつては救貧行政などの単位であった; 現在も住民集会(教区総会 (parish meeting)) を有し, 多くは選挙制の自治機関 PARISH COUNCIL (教区参事会) を有する》. ► CIVIL PARISH (教区, 救貧区). **4**《米》《Louisiana 州の》郡《他の州の county に相当》.

párish chùrch 教(会)区教会 (=parochial church).

párish cònstable《英史》教区治安官.

párish còuncil《英》教区参事会, 教区会, 地方行政区会 (parish の自治機関; 略 PC).

párish còurt 1《英史》教区裁判所. **2**《Louisiana 州の》郡裁判所《他州の county court に相当》.

párish mèeting《英》教区総会《年に 1 度開かれ, すべての有権者が集まる》.

párish òfficer 教(会)区役人《教(会)区内の役人である教(会)区委員 (churchwarden) やかつての貧民監督官 (overseer of the poor), 教区治安官 (parish constable) などの総称》.

párish púmp pòlitics《英》教区内政治, 田舎政治《教区内の小さな問題や人びとに関する地方的政治》.

párish règister 教(会)区教会登録簿《教(会)区教会で行なわれた婚姻・洗礼・埋葬の登録簿》.

Páris Tréaty [the ~]《史》パリ条約 (=Treaty of Paris)《欧州石炭鉄鉱共同体 (European Coal and Steel Community) を設立した条約; 1951 年 Paris で調印; 2002 年終了》.

par·i·ty /pǽrəti/ *n* **1** 等価, 等量; 同等, 同格, 平衡, 対応, 類似: ~ of treatment 均等待遇 / be on a ~ with...と均等である / stand at ~ 同位[同格]である. **2**《経》平価;*平衡(価格), パリティー《農家の生産物価格と農家の購入品価格の平衡; 米国では 1910-14 年を基準にして指数化》. [F or L *paritas*]

pa·ri·um ju·di·ci·um /pǽriəm dʒudíʃiəm/ 同輩による裁判 (=JUDGMENT BY THE PEERS). [L=judgment of the peers]

park /pάːrk/ *n* **1 a** 公園, 広場;《公有の》自然環境保全区域; *遊園地. **b**《地方在住の貴族・大地主などの邸宅を囲む》庭園. ► NATIONAL PARK (国立公園). **2**《英史》《王の特許による》狩猟園 (cf. CHASE, FOREST). **3** *駐車場;《自動車の自動変速機の》駐車位置, パーク. **4**《特定用途に使うように設計された》地区, …街: shopping ～ ショッピング街. ► INDUSTRIAL PARK (工業団地).
— *vt* **1** 公園にする. **2**《自動車を》駐車する. — *vi* 駐車する.

párk·ing *n* **1**《自動車の》駐車; 駐車用地. **2**《証券》**a** ストックパーキング《将来買い戻すことを条件にしての証券の売却》. **b**《投資対象検討中の余裕資金の》短期安全運用.

párking offénses *pl* 駐車違反.

Parl., parl. Parliament ♦ parliamentary.

par·le·men·taire /F parlemātεːr/ *n*《白旗を掲げて敵軍に赴く》軍使, 休戦交渉使節. [F < *parlementer* to discuss terms]

par·lia·ment /pάːrləmənt/ *n* **1** [ᵁP-]《英国などの》議会, 国会, 立法府;《特に 英国議会の》下院;《総選挙から次の総選挙までの構成を同じくする》議会: the Mother of *P*~s 議会制度の母《である英国議会》. ► ACT OF PARLIAMENT (議会制定法) / BILL IN PARLIAMENT (法案) / CLERK OF THE PARLIAMENTS (貴族院事務総長) / CONTEMPT OF PARLIAMENT (議会侮辱) / EUROPEAN PARLIAMENT (欧州議会) / HIGH COURT OF PARLIAMENT (議会高等裁判所) / HOUSES OF PARLIAMENT ((上下)両院; 議事堂) / IMPERIAL PARLIAMENT (帝国議会) / JOURNALS OF PARLIAMENT (議会日誌) / KING IN PARLIAMENT (議会における国王) / LORD OF PARLIAMENT (貴族院議員) / MEMBER OF PARLIAMENT (議会議員, 庶民院議員) / QUEEN IN PARLIAMENT (議会における女王) / ROLLS OF PARLIAMENT (議会記録集) / SCOTTISH PARLIAMENT (スコットランド議会) / SOVEREIGNTY OF PARLIAMENT (議会主権) / SUPREMACY OF PARLIAMENT (議会の至上性). **2**《史》《公式の》討議会, 会議, 会合. **3**《仏史》《フランス革命前の》高等法院, パルルマン (F Parlement)

Párliament Àct [the ～]《英》議会法《上院の権限を制限した 1911 年法と 1949 年法, 特に 前者》.

par·lia·men·tar·i·an /pὰːrləmèntέəriən/ *a* 議会(派)の. — *n* **1** 議院法学者, 議院法・議院慣行議会政治に通じた人, 老練な議会人. **2** [ˢP-]《英》議員,《特に》下院議員. **3**《米》議事進行助言官《連邦議会の各院に一人ずついる議事進行について法規・慣行などを司会者に助言する役人; 上院・下院のそれぞれで, the **Parliamentarian of the Senate** (上院議事進行助言官), the **House Parliamentarian** (下院議事進行助言官)という》. **4** [P-]《英史》議会派議員 (⇨ ROUNDHEAD). ～**ism** *n* PARLIAMENTARISM.

par·lia·men·ta·rism /pὰːrləmént(ə)rìz(ə)m/ *n* 議会主義[政治], 議院制度 (=parliamentarianism).

par·lia·men·ta·ry /pὰːrləmént(ə)ri/ *a* **1** 議会の; 議会で制定した; 議院法による. **2**《英史》議会派(議員)の. **3** ことばが議会に適した, 丁寧な.

parliaméntary ágent《英》私法律案助言者《私法律案 (private bill) の議会成立のため, ないしはそれを不成立に持ち込むために必要な専門的事務を報酬を得て行う通常は事務弁護士 (solicitor)》.

Parliaméntary cálendar《英》《各法案の審議日程などを含む》議会日程表.

Parliaméntary Commíssioner (for Administrátion) [the ～]《英》議会行政監察官, 議会オンブズマン (= Parliamentary Ombudsman)《政府の ombudsman (行政監察官, オンブズマン) の正式名称; 略 PCA, PC; ⇨ OMBUDSMAN》.

parliaméntary commíttee《英》議会の委員会《2つの院の一方ないし双方の議員で構成される議会内の委員会; 全体委員会・常任委員会・特別委員会・合同委員会などがある》.

parliaméntary cóunsel (to the Tréasury)《英》政府提出法案起草弁護士《政府提出法案の作成・修正などの仕事に従事する30名ほどの法廷弁護士 (barrister)・事務弁護士 (solicitor) の資格をもつ役人; 長は First Parliamentary Counsel という; parliamentary draftsman (政府提出法案起草官) ともいう》.

parliaméntary divórce《英史》議会[立法府] (の法律による)離婚 (= LEGISLATIVE DIVORCE).

parliaméntary dráftsman《英》政府提出法案起草官 (= PARLIAMENTARY COUNSEL).

parliaméntary fránchise《英》議会選挙権《議会下院議員選出の選挙権》.

parliaméntary góvernment 議会制政治《議院内閣制に基づく政治を典型とするが, 広く議会が国家の最高意思を決定する政治形態; cf. PRESIDENTIAL GOVERNMENT》.

Parliaméntary Lábour Pàrty [the ～]《英》労働党議員委員会《労働党の閣僚級幹部ではない下院平議員の集まり, 保守党の 1922 年委員会 (1922 Committee) に当たる; 略 PLP》.

parliaméntary láw 議事手続き法《立法府の議事手続きなどを定める法規の総称; *Robert's Rules of Order* (ロバート式議事手続き規則)《初版 1876 年》が有名》.

parliaméntary ómbudsman [ᴼP- O-]《英》議会行政監察官, 議会オンブズマン (= PARLIAMENTARY COMMISSIONER (FOR ADMINISTRATION)).

parliaméntary omnípotence《英》議会の万能(性) (= SOVEREIGNTY OF PARLIAMENT).

parliaméntary pápers *pl*《英》**1** 議会討議資料 (= COMMAND PAPERS). **2** 法案 (bill). **3** 議院報告書《議会両院の正式公刊文書で, 法案・正式議事録・委員会報告を含む》. 《》略 PP)

Parliaméntary Prívate Sécretary《英》大臣私設秘書議員《議会で特定大臣を助ける下院平議員,

⇨ SECRETARY)).

parliaméntary prívilege 1〖英〗議会の特権《議会の両院および各議員が，その職務を効果的にかつ外部からの干渉なしで遂行できるようにするために享有している特別の権利および免責特権の総称 (cf. LEGISLATIVE PRIVILEGE); 庶民院の場合, (1) 議長を通しての国王への接触権; 貴族院議員は各人がこの権利を有する (2) 民事上の (刑事には及ばず) 不逮捕特権; ただし金銭債務を理由としての投獄の廃止以後この特権の意味は薄れた (3) 議会内言論の自由・無答責 (4) 議事について完全な自律権; これには報道の制限や議員除名の権利なども含まれる (5) 特権違反・侮辱者に対する刑罰権 (これは議員以外の一般人にも及ぶ) などが主たるものである》: the breach of 〜 議会の特権の侵害. **2**〖米〗《立法機関における動議などの》**審議の優先順位**.

parliaméntary sécretary (of Státe) [ᵘP- S- (of S-)]〖英〗政務次官《主務大臣が Minister または Chancellor の場合の次官; 略 PS; ⇨ SECRETARY; cf. MINISTER OF STATE, PARLIAMENTARY UNDERSECRETARY(OF STATE)》.

parliaméntary sóvereignty〖英〗議会主権 (=SOVEREIGNTY OF PARLIAMENT).

parliaméntary suprémacy〖英〗議会の優位 (=SOVEREIGNTY OF PARLIAMENT).

parliaméntary undersécretary (of Státe) [ᵘP- Under-Secretary (of S-)]〖英〗政務次官《主務大臣が Secretary of State の場合の次官; ⇨ SECRETARY; 略 PUS; cf. PARLIAMENTARY SECRETARY (OF STATE)》.

parliaméntary wíll《俗》議会遺言《無遺言者の遺言, 無遺言相続法のこと; 無遺言死亡者に代わって議会が法律でもってその者のための相続方法を定めているという趣旨から》.

Párliament Rólls pl〖英史〗議会記録集, 議会録 (=Rolls of Parliament)《議会の手書きの議事録集; 特に 1278–1503 年の議会議事録集である『議会議事録集』(Rotuli Parliamentorum) を指す; 主として請願 (petition) とそれに対する議会の審議および国王の回答, 議会が裁判所として機能していた時代に困難な法律問題についての議会の回答などが含まれている; 前者は議会終了後制定法として整えられ,『制定法記録集』(Statute Roll) に登録された; cf. ROTULI PARLIAMENTORUM》.

pa·ro·chi·al /pəróukiəl/ a 教(会)区 (parish) の[に関する]; 地方的な.

paróchial chúrch〖英〗教(会)区教会 (parish church).

paróchial chúrch còuncil 教(会)区教会協議会《かつて教(会)区会 (vestry) が有していた教(会)区の諸々の事項処理や教会の再建・修理などを管轄する法人》.

paróchial schóol《米・スコットランド》教(会)区校, パローキアルスクール《宗教団体 (特に カトリック) 経営の小学校・中学校・高等学校》.

Parratt-Hudson doctrine

par·o·dy /pǽrədi/ n パロディー, 諷刺的もじり(作品).

pa·rol /pəróul, pǽrəl/ n **1 a** 口頭陳述. **b**〖史〗(口頭)訴答. **2** [今は次の成句で] ことば. **by** 〜 口頭で. — a 口頭の, 口述の; 捺印証書によらない (cf. FORMAL). [OF parole word]

paról agréement 口頭合意 (=PAROL CONTRACT).

paról arrést《裁判官の》口頭命令による逮捕《法廷内の秩序を乱したような場合 (⇨ CONTEMPT) が該当事例》.

paról cóntract 1 口頭契約 (=oral contract, parol agreement, verbal contract). **2**《書面による契約ではあるが》捺印証書によらない契約 (=informal contract, simple contract) (cf. DEED, FORMAL CONTRACT) (⇨ PAROL-EVIDENCE RULE).

pa·role /pəróul/ n **1 a** 仮釈放, 仮出獄 (=release on license)《自由刑の執行を受けている者を刑期満了前に先立って条件付きで釈放すること; cf. PARDON, PROBATION》: 〜 violation 仮釈放条件違反. **b** 仮釈放許可証 (=license, ticket of leave). **c**《特別事情のある者について特別配慮に基づく》特別一時釈放《特にこの場合は parole on compassionate grounds という》. **d** 仮釈放[仮出獄]期間. ▶ JUVENILE PAROLE (少年犯罪者の仮釈放) / REPAROLE (再仮釈放). **2**《米国の移民法で》臨時入国許可. **3** PAROL. **4** 誓言;〖軍〗捕虜の条件付き釈放;〖軍〗捕虜釈放宣誓 (=〜 **of hónor**)《釈放後も一定期間捕えた国に対する戦線に立たぬ, または逃亡しないとの誓い》; 《捕虜の》条件付き釈放[解放]. **5** *〖軍〗合ことば, 暗号. **break** one's 〜 仮釈放期間が過ぎても刑務所に戻らない. **on** 〜 **(1)** 仮釈放[宣誓釈放]されて. **(2)**《口》監視されて. — a 仮釈放[宣誓釈放](人)の. — vt **1** 仮釈放する, 宣誓釈放する. **2**《米国で》〈外国人に〉臨時入国を許可する. **pa·ról·able** a [F parole (d'honneur) word (of honor)<L parabola speech]

paróle bòard 仮釈放審査委員会.

pa·rol·ee /pəròulíː; —⸺⸻/ n 仮釈放者, 仮出獄者.

paróle revocàtion 仮釈放[仮出獄]撤回.

paról évidence 口頭証拠, 正式文書以外の証拠 (cf. EXTRINSIC EVIDENCE).

paról évidence rùle 口頭証拠準則《契約当事者の最終合意の内容を文書化した書面内容を, それに先立つないしはそれと同時の合意についての他の口頭ないし文書証拠を用いて変更ないしそれに付加してはならないという原則; 文書も含まれていることに注意; cf. COLLATERAL CONTRACT DOCTRINE, FOUR CORNERS RULE, INTEGRATION, INTEGRATION RULE, MERGER》.

paról léase 口頭賃貸借(契約), 捺印証書によらない賃貸借(契約).

Pár·ratt-Húdson dòctrine /pǽrət-/〖米〗パラット・ハドソン事件の法理《州の公務員等がその権限に基づくことなく恣意的に財産権を侵害した場合にも, もし州がその後に救済手段を十分に講ずれば, 憲法上の法の適正

手続き条項違反にはならないという原則; 合衆国最高裁判所の2つの判例, Parratt v. Taylor (1981) と Hudson v. Palmer (1984) の原告名から].

par·ri·cide /pǽrəsàid/ *n* **1 a** 親殺し《行為または行為者; コモンロー上 親殺しは特別の犯罪類型になっておらず, 謀殺 (murder) か故殺 (manslaughter) となる; cf. MATRICIDE, PATRICIDE》. **b** 父殺し (=PATRICIDE). **2** 近親者殺し; 首長殺し; 反逆者. **pàr·ri·cí·dal** *a*
[L *parricida* killer of a close relative]

par·son /pɑ́ːrs(ə)n/ *n* **1**《英国教会の》《聖職者である》教(会)区主任司祭 (⇨ RECTOR, VICAR) (cf. LAY RECTOR, IMPROPRIATOR). **2**《口》《一般に》聖職者,《特にプロテスタント教会の》牧師. [OF<L PERSON]

párson·age *n* **1** 司祭館. **2**《正式には, 司祭館のほか教会領地 (glebe), 十分の一税 (tithe) などを含む》教(会)区聖職禄 (=ecclesia).

part /pɑ́ːrt/ *n* **1 a** 部分, 一部(分), 若干. **b** [(a) ~] 重要部分, 要素, 成分; [*pl*] 資質, 才能 (abilities). **c** 部品, (予備の)部品, パーツ; [*pl*] 体の部分, 器官: a spare ~. **d** 取り分. ▶ ACCUSATORY PART (罪名明示部分) / COMPONENT PART (構成部分) / COUNTERPART (副本) / DEAD MAN'S PART (死者分) / DEAD'S PART (死者分) / OPERATIVE PART (法律行為表示部) / PARTY OF THE FIRST PART (第一記名当事者) / PARTY OF THE SECOND PART (第二記名当事者) / POCKET PART (補遺) / REASONABLE PART (相当の取り分) / STATING PART ((エクイティー訴状)主部) / VINDICATORY PART (制裁規定部分) / WITNESSING PART (本文; 認証文言). **2** [*pl*] 地方, 地域. **3** 関係, 関与;《仕事などの》分担, 役目, 本分. **4** 一方, 側, 味方 (side). in ~ (全部でなく)一部, 一部分, いくぶん: contribute *in* ~ to the costs / pay the costs *in* ~. [F<L=to share (*part-pars* piece, portion)]

Part 8 claim form /— éit — —/《英》民事訴訟手続き規則第 8 部の訴状書式《法律上の争点あるいは文書の解釈が争点となりそうな事件で用いられる訴訟開始手続き上の令状 (originating process) の書式; 事実問題が含まれている場合には用いられない; ⇨ CLAIM FORM》.

Part 20 claim /— twénti —/《英》民事訴訟手続き規則第 20 部の訴権《原告から被告に対しての訴え以外の訴え, 具体的には (1) 被告から原告への反訴 (2) 被告から第三者への通常は原告を共同被告としての訴え (3) 第三者ないしは当事者からの免責ないしは分担を理由にした被告の訴え; (2) と (3) で被告より訴えられる第三者は, 民事訴訟手続き規則第 20 部の被告 (Part 20 defendant) と呼ばれる》.

Part 20 defendant /— twénti —/《英》民事訴訟手続き規則第 20 部の被告 (⇨ PART 20 CLAIM).

Part 36 offers and payment /— θə:rtisíks — —/《英》民事訴訟手続き規則第 36 部の申し出と供託《民事訴訟手続き規則 (Civil Procedure Rules) 第 36 部で定められたもので, 裁判外の和解を奨励するために事実審理前に当事者からなされる和解申し出と供託; かつて, 申し出の方はコールダーバンク書状 (Calderbank letter), 供託の方は和解申し出供託 (payment into court) と呼ばれていたもの》.

pàrt-exchánge|| *n* 下取り (=trade-in): give...in ~ 下取りに出す. —— *vt* 下取りに出す.

par·tial /pɑ́ːrʃ(ə)l/ *a* **1** 一部分の, 一局部の; 不完全な. **2** 不公平な, 偏頗(ヘンパ)な;〈…〉をえこひいきする.

pártial accéptance《為替手形の支払人による》一部引受け (cf. GENERAL ACCEPTANCE, QUALIFIED ACCEPTANCE).

pártial accóunt《遺産処分についての》予備的会計報告《遺言執行者 (executor) ないしは遺産管理人 (administrator) の遺産処分についての予備的会計報告》.

pártial áverage《海上保険》単独海損 (=PARTICULAR AVERAGE).

pártial bréach 部分的契約違反《相手方の契約違反が部分的・軽微なものにすぎず, 契約解除権が発生しないないしは解除権を行使するまでもない契約違反; cf. MATERIAL BREACH, SUBSTANTIAL PERFORMANCE, TOTAL BREACH》.

pártial defénse 部分的防御《訴えの一部に対する, あるいは原告が損害の拡大防止 (mitigation of damages) に努めなかったという防御; cf. COMPLETE DEFENSE》.

pártial disability《業務上の障害による》部分的労働能力喪失.

pártial emancipátion《未成年の子に対する》部分的(行為)能力付与 (=limited emancipation).

pártial evíction《不動産の》一部占有剥奪.

pártial évidence 一部事実についての証拠《一連の事実のうち一つについての証拠》.

pártial fáilure of considerátion 一部約因の滅失, 一部約因の不成就《複数の約因からなる契約の場合の一部約因が価値喪失・滅失・履行のないこと; その範囲内で無効となるが, 残余の約因が相当である限り, その範囲で契約として有効; cf. FAILURE OF CONSIDERATION, TOTAL FAILURE OF CONSIDERATION》.

pártial incapácity《業務上の傷害による》労働能力の一部欠損.

pártial insánity 部分的精神障害 (=DIMINISHED CAPACITY).

pártial integrátion《契約書面の》部分的完結性《契約書面が当事者の意思を完全には表示しておらず, したがって口頭証拠 (parol evidence) で変更可能なこと; cf. COMPLETE INTEGRATION, INTEGRATION, PAROL EVIDENCE RULE, PARTIALLY INTEGRATED CONTRACT》.

pártial interdíction《大陸法》準禁治産宣告《手続き》(=limited interdiction) (cf. FULL INTERDICTION).

pártial intéstacy 部分的無遺言《遺産全部についてではなくその一部についてのみの遺言; cf. TOTAL INTES-

pártial lóss 《保険》《全損 (total loss) に至らぬ》**分損** (cf. TOTAL LOSS).

pártially disclósed príncipal 半分隠れた本人《取引相手に代理人として行動していることは明らかにされているが、本人が誰かはわからぬ場合の本人; cf. DISCLOSED PRINCIPAL, UNDISCLOSED PRINCIPAL》.

pártially íntegrated cóntract 部分的に完結した契約書 (cf. COMPLETELY INTEGRATED CONTRACT, INTEGRATED CONTRACT, PARTIAL INTEGRATION).

pártially suspénded séntence 《英史》刑の執行一部猶予宣告《一定条件の下比較的な短期の自由刑の一部を猶予する旨の宣告; 1991年法で廃止》.

pártial párdon 《減刑, 刑の執行免除などの》部分的恩赦.

pártial reléase 部分的権利放棄《財産に対する債権者の権利の部分的放棄; 特に, 譲渡抵当権者 (mortgagee) が一括譲渡抵当 (blanket mortgage) の設定された不動産の中の特定不動産に対する抵当権を放棄し消滅させること》.

pártial responsibílity 部分的責任能力 (=DIMINISHED CAPACITY).

pártial súmmary júdgment 《事件の一定の争点について限定して事件全体の一部分についてのみなされる》部分的略式判決(手続き) (⇨ SUMMARY JUDGMENT).

pártial vérdict 一部のみ有罪の評決《数個の犯罪あるいは複数の被告人のうちの一部についてのみ有罪と認める陪審評決》.

par·ti·bíl·i·ty /pàːrtəbíləti/ *n* 分割できること (cf. PARTITION, PARTITION OF CHATTELS).

par·ti·ble /páːrtəb(ə)l/ *a* 分割できる.

pártible lánd 分割可能の土地; 分割相続可能の土地.

par·ti·ceps /páːrtəsèps/ *n* **1** 参与者, 関係者. **2** 共同所有(権)者. [L=partner]

párticeps crí·mi·nis /-krímənɪs/ (*pl* **par·tí·ci·pes crí·mi·nis** /paːrtísəpiz-/) **1** 悪事加担者, 共犯者, 共同不法行為者 (ACCOMPLICE in crime) (cf. ACCESSORY). **2** 共同不法行為者の法理《共同不法行為者は他の共同不法行為者に対してその行為による損害賠償請求訴訟を起こすことができないという民事責任をめぐる原則》. [L=partner in crime]

par·tic·i·pat·ing /paːrtísəpèitɪŋ/ *a* **1** 参加する, 参加的な. **2**《保険》配当付きの. ★ **1**, **2** 共に par ともいう.

participating insùrance **1** 配当付き保険. **2**《他の保険契約との》分担保険契約.

participating préference shàre" 参加的優先株 (=PARTICIPATING PREFERRED STOCK).

participating preférred stóck* 参加的優先株 (=participating preference share") 《所定の優先配当を受けた後も, 普通株が所定の配当を受ける 場合に, それと並んで追加配当を受ける優先株 (preferred stock) の一つ; cf. NON PARTICIPATING PREFERRED STOCK》.

par·tic·i·pa·tion /paːrtìsəpéɪʃ(ə)n/ *n* **1** 参与, 関係, 参加. **2**《利益などに》あずかること, 分け前;《従業員などの》利益参加(制) (=profit sharing). ▶《**1**, **2** に関連》EQUITY PARTICIPATION (資本参加) / JOINT PARTICIPATION (共同参加) / LOAN PARTICIPATION (参加融資).

participátion lòan 参加融資, 協調融資《複数貸主による貸付け[融資, ローン]; cf. LOAN PARTICIPATION》.

participátion stòck《利益・剰余金への参加を認められた》参加株.

par·tíc·i·pà·tor *n* **1** 関係者, 参与者. **2**《英》《閉鎖会社》構成員《閉鎖[非公開]会社 (close company) の構成員》.

par·ti·ci·pes cri·mi·nis /paːrtísəpiz krímənɪs/ PARTICEPS CRIMINIS の複数形.

par·tic·u·lar /pərtíkjələr/ *a* **1** 特にこの[その], 特定の, 特別の, 特殊の, (opp. *general*). **2** 詳細な: a full and ~ account 詳細な説明. **3** 個々の, 各自の. **4** 部分不動産権(者)の. ― *n* **1**《…の》件, 事項,《…の》点, 箇条: exact in every ~ あらゆる点で正確な, 寸分違わぬ, このうえなく正確な. **2** [*pl*] 詳細, 顛末, 明細書(類); [*pl*]《英》《民事訴訟での》主張内容詳細,《特に》《英史》原告請求内容明示訴答書 (=STATEMENT OF CLAIM): give ~s 詳述する / go [enter] into ~s 詳細にわたる / take down sb's ~s 人の名前・住所などを書き留める. ▶ BILL OF PARTICULARS (請求明細書; 犯罪事実明細書) / LISTING PARTICULARS (上場会社明細目論見書) / REQUEST FOR FURTHER AND BETTER PARTICULARS (詳細情報要求). **in ~** 特に, とりわけ; 詳細に.

particular áverage《海上保険》単独海損 (=partial average, petty average, simple average)《航海上の非常事故により船舶・積荷などに生じた部分的損害で直接の被害者の負担とされるもの; 略 PA; cf. GENERAL AVERAGE》.

particular áverage lóss《海上保険》単独海損犠牲損害 (⇨ PARTICULAR AVERAGE) (cf. GENERAL AVERAGE LOSS).

particular cústom 特定地域慣習法, 特定地域慣習 (=LOCAL CUSTOM).

particular estáte 部分不動産権, 先行不動産権《生涯不動産権 (life estate) や定期不動産権 (estate for years) のように, 残余権 (remainder) や復帰権 (reversion) などの将来権 (future interest) に先行する単純封土権 (fee simple) より小さな不動産権》.

particular jurisprúdence 特定法域法学《特定の法域 (jurisdiction) の法制度についての専門研究》.

particular légacy《大陸法》特定遺贈 (cf. UNIVERSAL LEGACY).

particular líen 特定的リーエン, (特定的)留置権

particular malice (=special lien)《ある特定物との関係で生じた債権に関してその物の上に存するリーエン; ⇨ GENERAL LIEN》.

particular málice 特定犯意《特定の人に向けられた犯意》(malice); cf. GENERAL MALICE》.

particular pówer 1《権利帰属者指名権の一類型である》特定指名権 (=SPECIAL POWER OF APPOINTMENT). 2 特定権限 (=SPECIAL POWER).

particulars of cláim pl《英》原告請求内容明示《民事訴訟の原告による請求の根拠となる事実の詳細な主張; ⇨ STATEMENT OF CLAIM》.

particulars of sále pl 売却物件明細書.

particular succéssor《大陸法》特定承継者《譲渡された特定物に付着している権利・義務の承継者; cf. UNIVERSAL SUCCESSOR》.

particular ténant 部分不動産権者, 先行不動産権者 (⇨ PARTICULAR ESTATE).

particular títle《大陸法》特定取得権原《被相続人の死亡の前後を問わず被相続人から譲り受け (purchase) あるいは贈与・遺贈により取得した特定財産に対する権原; cf. PARTICULAR LEGACY, UNIVERSAL TITLE》.

par‧ti‧tion /pɑːrtíʃ(ə)n, pər-/ n 1 仕切ること, 分割. 2 共同所有物分割. ▶ DEED OF PARTITION (共同所有不動産分割(捺印)証書) / OWELTY OF PARTITION (共同所有物分割調整金). 3 会社分割. 4《国家の》分割.
— vt 分割する.

partition of cháttels 共同所有動産分割.

párt‧ly adv 部分的に, 一部分は, 少しは, いくぶんか, ある程度までは: 〜-paid capital 一部払い込み資本 / 〜-secured creditors 一部不担保債権者.

part‧ner /pɑ́ːrtnər/ n 1 a 分かち合う人, 仲間, 相棒, 同類〈with sb, in [of] sth〉. b 配偶者《夫, 妻》. ▶ CIVIL PARTNER (法的共同生活者). 2《民法上の組合の》組合員,《合名会社の》社員, パートナー, パートナーシップのメンバー (⇨ PARTNERSHIP);《法律事務所 (law firm) の》パートナー (cf. ASSOCIATE): an acting [a working] 〜 勤務組合員[社員] / become a 〜 in a firm of solicitors. ▶ ACTIVE PARTNER (業務担当組合員) / COPARTNER (組合員) / DORMANT PARTNER (休眠組合員) / EQUITY OF PARTNERS (組合員持分) / GENERAL PARTNER (無限責任組合員) / JUNIOR PARTNER (下級組合員) / LIMITED PARTNER (有限責任組合員) / LIQUIDATING PARTNER (清算担当組合員) / NAME PARTNER (組合名組合員) / NOMINAL PARTNER (名目的組合員) / OSTENSIBLE PARTNER (表見的組合員) / QUASI PARTNER (準組合員) / RETIRING PARTNER (脱退組合員) / SALARIED PARTNER (給与組合員) / SECRET PARTNER (秘密組合員) / SENIOR PARTNER (上級組合員] / SILENT PARTNER (無言組合員) / SLEEPING PARTNER (睡眠組合員) / SPECIAL PARTNER (特別組合員) / SURVIVING PARTNER (生残組合員). — vt 1 組ませる, 仲間にする〈up [off] with〉. 2 …と組む, …の組合員[社員, パートナー]である. — vi 組む, partner をつとめる〈up [off] with〉.

pártner in com‧mén‧dam /-kəméndəm/《大陸法》有限責任組合員[社員] (=LIMITED PARTNER).

pártner‧shìp n 1 共同, 協力, 提携; 組合営業. ▶ CIVIL PARTNERSHIP (法的共同生活) / DOMESTIC PARTNERSHIP (同棲関係). 2《民法上の》組合《契約》, 合名会社, パートナーシップ《複数の者が営利目的で金銭・動産・不動産その他の財産権・労務・技術などを出資して事業を行なう契約関係またはこれらの団体; この団体は法人格を有しない; わが国の民法上の組合および合名会社に当たる; cf. CORPORATION, JOINT VENTURE, SOLE PROPRIETORSHIP, STRATEGIC ALLIANCE》: dissolve a 〜 組合を解散する. ▶ AGGREGATE THEORY OF PARTNERSHIP (組合組合員集合体説) / ARTICLES OF PARTNERSHIP (組合定款) / COLLAPSIBLE PARTNERSHIP (折りたたみ組合) / COMMERCIAL PARTNERSHIP (商業組合) / CO-PARTNERSHIP (組合) / DISSOLUTION OF PARTNERSHIP (組合の解散) / ENTITY THEORY OF PARTNERSHIP (組合法主体説) / ESTATE IN PARTNERSHIP (組合の不動産権) / FAMILY PARTNERSHIP (家族組合) / GENERAL PARTNERSHIP (無限責任組合) / IMPLIED PARTNERSHIP (黙示の組合) / LIMITED-LIABILITY PARTNERSHIP (有限責任組合) / LIMITED PARTNERSHIP (有限責任組合) / MASTER LIMITED PARTNERSHIP (公開取引持分有限責任組合) / MERCANTILE PARTNERSHIP (商事組合) / MINING PARTNERSHIP (鉱業組合) / NONCOMMERCIAL PARTNERSHIP (非商業組合) / NONTRADING PARTNERSHIP (非商業組合) / PUBLICLY TRADED PARTNERSHIP (公開取引持分組合) / SECRET PARTNERSHIP (秘密組合) / SPECIAL PARTNERSHIP (特別組合) / SUBPARTNERSHIP (副次組合) / TENANCY IN PARTNERSHIP (組合不動産権) / TRADING PARTNERSHIP (商業組合) / UNIVERSAL PARTNERSHIP (全資産拠出組合). in 〜 with …と組合[合名]で; …と協力して.

pártnership agréement《組合員間の権利・義務を定める》組合[合名会社, パートナーシップ]契約, 組合[合名会社, パートナーシップ]定款 (=articles of partnership).

pártnership àssets pl 組合[合名会社]資産, パートナーシップ資産《それぞれの組合員のではなくて組合自体に帰属する資産; 組合の債権者に対して第一次的な責任を負う》.

pártnership associàtion《米》パートナーシップ・アソシエイション《有限責任構成員と閉鎖会社 (close corporation) の二つの性格を有する企業形態; 米国で数州でしか認められていない》.

pártnership at wíll《存続期間の定めがないため》任意に解散しうる組合[合名会社, パートナーシップ].

pártnership by estóppel 禁反言による組合[合名会社, パートナーシップ] (=implied partnership)《第三者にある組合[合名会社, パートナーシップ] (partnership) の構成員であるとみずから表示したまたは表示されることに同意した場合には, 法がその表示を信じた第三者との関係でのみ黙示の組合の成立を認めて, 組合の法理を適

用することになるが、その組合)).

pártnership in comméndam〘大陸法〙有限責任組合(＝LIMITED PARTNERSHIP).

pártnership insùrance パートナーシップ保険《パートナー[組合員, 社員](partner)の死亡あるいは健康を保険事故とする生命保険・健康保険; 受取人にはパートナーシップ[組合, 合名会社](partnership)自体もしくは他のパートナーがなり, 就業不能となった当該パートナーの持分買い取りの財源に当てられる》.

Pártnership Làw Améndment Àct [the ~]〘英史〙組合法修正法(⇒ BOVILL'S ACT).

pártnership pròperty 組合[合名会社, パートナーシップ]財産《合名会社, パートナーシップ]契約(partnership agreement)に基づき組合[合名会社, パートナーシップ]のためにのみその構成員が保有し用いる財産》.

pártnership ròllup 組合巻き上げ(＝LIMITED PARTNERSHIP ROLLUP TRANSACTION).

pártner's líen 組合員[社員, パートナー]のリーエン(1)組合(partnership)の債務は組合資産(partnership assets)から弁済されるべきであるという組合員の権利 2)各組合員がその持分について組合資産に有するリーエン》.

párt òwner 共同所有(権)者《同一財産の共同所有(権)者(co-owner)の一人》.

párt òwnership 共同所有(権)《同一財産を共同で所有していること; または共同所有(権)者の一人が有している権利》.

párt pàyment 一部弁済, 一部支払い.

párt perfórmance 1《契約の》一部履行. 2 一部履行の法理(＝PART PERFORMANCE DOCTRINE).

párt perfórmance dòctrine 一部履行の法理《単に part performance ともいう; 特に詐欺防止法(statute of frauds)の定める方式違反のため裁判上救済を得られない契約も一部履行がなされていれば, エクイティー上は効力を認めるというエクイティー上の法理; ただし英国では1989年に土地の売買は書面によらない限り無効となっているので, 現在は書面によらない土地売買契約に効力を認めることはない》.

párt-tìme a 非常勤の, パートタイムの, 短時間制の, 定時制の (cf. FULL-TIME): a ~ employee 非常勤被用者 / a ~ teacher 非常勤[時間]教師 / a ~ worker 短時間労働者, 定時制労働者, パートタイム労働者 / on a ~ basis 時給で.

párt-tímer n 短時間被用者, 定時制被用者, パートタイマー (cf. FULL-TIMER).

Par·tus se·qui·tur ven·trem. /pá:rtəs sékwɪtər véntrɛm/ 出生子は母胎に従う.［L＝The offspring follows the womb.］

par·ty /pá:rti/ n 1 一行, 連中, 仲間; 味方, 側; 一味, 共犯者〈to〉. ▶ CONCERT PARTY (隠密株式買い占め(団)/ FIRING PARTY (銃殺執行隊)/ WORKING PARTY (作業班). 2 《訴訟》当事者, 相手方;《一般に》関係者, 当事者〈to〉: be (a) ~ to…に関係する, …の当事者であ

party of the second part

る. ▶ ACCOMMODATED PARTY (被融通者)/ ACCOMMODATION PARTY (融通署名者)/ ADVERSE PARTY (相手方当事者)/ AGGRIEVED PARTY (被害者; 不服当事者)/ COPARTY (共同(訴訟)当事者)/ DEFECT OF PARTIES (訴訟当事者不足)/ FICTITIOUS PARTY (架空当事者)/ FORMAL PARTY (形式的当事者)/ HIGH CONTRACTING PARTIES (条約締結当事者)/ IDENTITY OF PARTIES (当事者の同一性)/ IMMEDIATE PARTIES (直接当事者)/ INDISPENSABLE PARTY (不可欠当事者)/ INJURED PARTY (被害者(側))/ INNOCENT PARTY (善意の当事者)/ INTERESTED PARTY (利害関係者)/ JOINDER OF PARTIES (当事者の併合)/ MISJOINDER OF PARTIES (当事者の誤った併合)/ NECESSARY PARTY (必要的当事者)/ NEITHER PARTY (両当事者訴訟不追行)/ NOMINAL PARTY (名目的当事者)/ OPPOSITE PARTY (相手方(当事者); 利害対立当事者)/ POTENTIALLY RESPONSIBLE PARTY (潜在的有責当事者)/ PREVAILING PARTY (勝訴当事者)/ PROPER PARTY (適格当事者)/ REAL PARTY IN INTEREST (実質的利益当事者)/ SECONDARY PARTY (二次的義務者; 共犯者)/ SECURED PARTY (担保権者)/ SUBSTITUTION OF PARTIES (訴訟当事者の交替)/ THIRD PARTY (第三者). 3 a 派, 党派; 政党 (political party); [the P-]《特に》共産党: ~ government 政党政治 / a ~ government 政党内閣. b 派閥, 党派心. ▶ POLITICAL PARTY (政党).
— a 1 [pred]〈…と〉関係する, 関与する〈to〉. 2 [attrib] 共有[共用]の, 共同の: a ~ verdict 共同意見[答申]. 3 政党の, 党派(心)の.

párty aggríeved 被害者, 不服当事者 (＝AGGRIEVED PARTY).

párty and párty básis (of taxation)〘英史〙当事者間訴訟費用査定基準, 訴訟費用当事者負担方式《かつての訴訟費用算定基準の一つで, 敗訴当事者が勝訴当事者分の費用をも合理的範囲内で負担する場合の基準; その後この方式は, 標準訴訟費用算定方式(standard basis of taxation)に代わり, さらに現在については ⇒ ASSESSMENT OF COSTS; cf. STANDARD BASIS OF TAXATION》.

párty concérned ＝PARTY INTERESTED.

párty in ínterest 1 利害関係人. 2 利害関係当事者 (＝REAL PARTY IN INTEREST).

párty ínterested 利害関係人, 訴訟関係者 (＝party concerned).

párty jùry〘史〙二国語陪審, 外国人陪審 (＝JURY DE MEDIETATE LINGUAE).

párty lìst sỳstem 政党名簿式比例代表制《選挙権者は個々の候補者ではなく政党に投票し, 政党が事前に用意した名簿順に配分議席数まで当選者を決定する選挙方式》.

párty of the fírst párt [the ~]《古》第一記名当事者《契約書上最初にその名が記載される当事者; 通例では所有者ないしは売主》.

párty of the sécond párt [the ~]《古》第二記

名当事者《契約書上第2順位でその名が記載される当事者; 特に買主》.

párty oppónent《訴訟での》**相手当事者**. ▶ ADMISSION BY PARTY OPPONENT (相手当事者による自白).

párty to be chárged 責任当事者《詐欺防止法 (statute of frauds) の要件に該当する契約の執行を求める訴訟での被告》.

párty wáll 界壁,《隣地との》共用障壁, 共有壁 (= common wall, communis paries).

párty whìp《議会》《党の》**院内幹事** (=WHIP).

Pa·rum est la·tam es·se sen·ten·ti·am, ni·si man·de·tur exe·cu·ti·o·ni. /pǽrəm ɛst léitæm ɛ́sɛ senténʃiæm náisài mændí:tər ɛ̀ksɛkəʃióunài/ 判決が執行に委ねられるのであれば, 判決が下されることは不十分である. [L=It is not enough that judgment be given unless it is committed to execution.]

Parum pro·fi·cit sci·re quid fi·e·ri de·bet si non cog·nos·cas quo·mo·do sit fac·tu·rum. /― práfisit sáirɛ kwɪd fáiɛràɪ débɛt saɪ nɑn kɑgnóuskæs kwoumóudou sɪt fæktú:rəm/ 為されるべきことを知っていても, それがいかにして為されるかを知らなければ余り役立たない. [L=It profits little to know what ought to be done, if you do not know how it is to be done.]

pár válue /pá:r-/《株式・証券・硬貨・銀行券などの》**額面価格**, 券面額, 額面額, 額面 (=face amount, face value, nominal value)《単に par ともいう; cf. STATED VALUE》.

pár-vàlue stòck [shàre] 額面株式 (cf. NO-PAR STOCK).

Pasch /pæsk, pá:sk/, **Pas·cha** /pǽskə, pá:skə/ n 過越し (Passover); 復活祭, イースター (Easter). [L<Gk<Aram]

pass /pæs; pá:s/ vi 1 通る, 通行する, 過ぎる, 通過する, 通り過ぎる, 進む〈along, through, etc.〉;〈車などが〉追い越しをする: No ~ing.*追い越し禁止《道路標識》. 2《次第に》消失[消滅]する〈from〉; やむ, 終わる; 死ぬ. 3 a 合格[及第]する;〈議案などが〉通過する. b 通用する (be current);〈…と〉みなされる, 認められる,〈…として〉通る〈as, for〉. 4《財産など人手に》渡る〈to, into〉;《順序・権利などによって当然》帰属する〈to〉; 渡る, 広まる, 伝わる. 5 a〈判決が〉下される〈for, against〉,〈意見などが〉述べられる,〈鑑定が〉下される. b〈陪審員が〉審理に立ち会う, 審理する, 評決を下す, 意見を述べる〈on〉.

— vt 1 a 通り過ぎる, 通り[追い]越す. b 通す, 通過させる, 行進して通らせる. 2 a …に合格[及第]する;〈法案が〉議会を〉通過する: the bill ~ed the House. b《議案を》承認する, 可決する;《試験官が受験者を》合格とする; 大目にみる, 見のがす: the House ~ed the bill. 3 a 渡す,〈財産などを〉譲る,〈不動産権などを〉移転する, 譲渡する; 流通[通用]させる;〈にせ金を〉使う;〈不渡り小切手を〉うまく換金する. b〈情報・命令などを〉送る, 伝える;〈判決を〉宣告する, 言い渡す,〈判断を〉下す〈on〉,〈意見を述べる〈on〉, 表明する,〈ことばを〉発する;《古》誓う: ~ an opinion on…について意見を述べる / ~ sentence on sb 刑を宣告する. 4 超える, 超過する, …にまさる. 5 飛ばす, 省く, 支払わない; 拒絶する, はねつける, 無視する: ~ a dividend 配当を一回抜かす, 無配にする.

~ off〈にせものなどを人に〉つかませる〈on [to] sb; as〉(cf. PASSING OFF);〈…で通す: He ~ed himself off as a doctor. 医者になりすました / ~ sth off as sth else あるのを別のものと偽って人をだます. **~ on** (vi)《財産などが》人手に渡る〈to〉. (vt) 譲る; 遺贈する〈to〉. **~ the chair**《議長・市長などの》椅子を去る, 任期を完了する.

— n 1 a 通行, 通過 (passage). b《試験の》合格,《英大学》《優等 (honours) でない》普通及第. c *《俗》麻薬を買い取る[売り渡す]こと, 薬の売買. 2 a 通行証,《出入りなどの》**許可証**,《軍》出入許可証, (臨時)外出許可証. b 合格証. ▶ DROVER'S PASS (家畜商用無料パス). 3 道, 峠,《山あいの》隘路; 水路.

páss·a·ble a 1 通用[流通]する〈貨幣〉; 可決[通過]できる〈法案〉; 合格できる. 2 まずまずの, 一応満足できる, 無難な.

pas·sage /pǽsɪdʒ/ n 1 a 通行, **通過**; 移住, 移動, 渡航, **通航**; 輸送, 運搬; 旅行, 航海. b 経過, 推移, 変遷. c 通行権, 渡航権, **通航権**; 通行料, 運賃, 乗車[乗船]賃. d 通行地役権, 通行の自由. ▶ COURT OF PASSAGE (リヴァプール市通過商品裁判所) / INNOCENT PASSAGE (無害通航(権)) / RIGHT OF ARCHIPELAGIC SEA LANES PASSAGE (群島航路帯通航権) / RIGHT OF FREE PASSAGE (自由通航権) / TRANSIT PASSAGE (通過通航(権)). 2《議案の》通過, 可決 (passing). 3 出入口, 通路, 水路. 4《権利などの》移転.

pássage mòney 乗船料, 船賃.

páss·bòok n 銀行《預金》**通帳**, 預金通帳 (=bankbook); 掛売り通帳, 通い帳;"住宅金融組合 (building society) の通帳.

pas·sen·ger /pǽs(ə)ndʒər/ n **乗客**, 旅客, 船客.

pas·sim /pǽsəm, -sìm, pá:sì:m/ adv《引用書などの》諸所に, 方々に, 各所(に). [L (passus scattered < pando to spread)]

pássing óff《営業上の》**詐称通用** (=palming off)《他人の商号・商標・包装などと同一または類似のものを用い他人の営業・製品であるかのように見せかけて, 取引ους をあざむき取引する行為; cf. MISAPPROPRIATION, PASS off》. ▶ REVERSE PASSING OFF (逆詐称通用).

pas·sion /pǽʃ(ə)n/ n **熱情**, **激情**; 激怒; 情欲 (⇒ HEAT OF PASSION). ▶ CRIME OF PASSION (激情犯) / HEAT OF PASSION (激情状態) / SUDDEN PASSION (不意の激情).

pas·sive /pǽsɪv/ a 1 受動的な, 受身の, 消極的な. 2 活動的でない; 無利息の. **~·ly** adv **~·ness** n

pássive actívity《米税制》**受動的企業活動**《不動産企業外の者が不動産の所有主・貸主である場合のよう

pássive bónd 無利息捺印金銭債務証書, 無利息債券《会社整理の際に発行されるか, 非営利目的の資金調達時に使われるもの; opp. *active bond*》.

pássive concéalment 消極的秘匿, 黙秘, (事実の)不告知《告知しなければならない義務を有している者が沈黙を続けること; cf. ACTIVE CONCEALMENT》.

pássive débt 無利息(金銭)債務 (opp. *active debt*).

pássive dúty 受動的義務 (=NEGATIVE DUTY) (cf. ACTIVE DUTY).

pássive íncome 受動的収入《著作権からの収入のように, 収入を得た者が直接参与していない ないしは直接支配権を有していない企業活動からの収入; cf. PASSIVE ACTIVITY》.

pássive négligence 不作為に基づく過失, 消極的過失 (cf. ACTIVE NEGLIGENCE).

pássive trúst 受動信託 (=bare trust, dry trust, ministerial trust, naked trust, nominal trust, simple trust)《受託者は信託財産のコモンロー上の権原を保有するにすぎず, その権原を保全し受益者の指示に従ってそれを移転すること以外信託財産の管理・運用・処分について積極的義務を負わない名目的信託; opp. *active trust*》.

pássive úse 《史》受動ユース《ユース付き封譲受人 (feofee to uses) にユースが設定されている不動産の管理・運用・処分につき義務を負わない名目的ユース; ユース法 (1535 年) (Statute of Uses (1535)) の適用対象で, コモンロー上の不動産に転換された; opp. *active use*; cf. PERMISSIVE USE》.

Páss·òver *n* 過越し(の祭)《ユダヤ暦の Nisan 月 14 日の晩に始まるユダヤ人の祭で, 先祖がエジプトの奴隷身分から救出されたことを記念する; 神がエジプトのすべての初子を襲ったとき, イスラエル人の家を通り過ぎたことにちなむ; Pasch, Pascha ともいう; *Exod* 12》.

páss·pòrt *n* **1** 旅券, パスポート;《一般に》許可証. ▶ LAPSED PASSPORT (失効旅券). **2**《国際法上の》中立国船舶[中立船]証明書 (sea letter), 通航証. **3** 安全通行証, 安導券 (safe conduct).

páss-thròugh *a* 〈売主や貸主の手数料が〉《買主・借主に》転嫁されうる.

páss-thròugh secúrity [certíficate] パススルー証券《債務者が返済する元本・利息が証券所有者に渡される仕組みの証券; cf. COLLATERALIZED MORTGAGE OBLIGATION, REAL ESTATE MORTGAGE INVESTMENT CONDUIT》.

páss-thròugh taxátion《米税制》通り抜け課税《組合 (partnership) および S 節会社 (S corporation) の所得に対する課税の方式で, 直接当該団体に課税せずその所有者に課税するもの》.

pást considerátion 過去の約因《契約の一方当事者が与えた約束が他方当事者の過去の行為や約束を対価としている場合は, 契約が基本的には交換に基づくという考えから原則として真の約因には当たらず, 契約は無効となる; しかし近年この原則には例外が認められ出している; cf. FUTURE CONSIDERATION》.

pást débt《契約成立以前の》過去の金銭債務 (=ANTECEDENT DEBT).

pást recolléction recórded 過去の記憶の記録《証人が過去には知っていたがその時点では記憶にない事柄についての記録; 一定条件の下で証拠として許容されうる; cf. PRESENT RECOLLECTION REFRESHED》.

pas·ture /pǽstʃər, pάː-/ *n* **1** 牧草地, 放牧地; 牧草. **2** 放牧; 放牧権《他人の土地・入会地に頭数, 動物の種類を限定して放牧させることのできる権利; cf. ADMEASUREMENT OF PASTURE, COMMON OF PASTURE》. ▶ ADMEASUREMENT OF PASTURE (放牧入会権頭数査定令状) / COMMON OF PASTURE (放牧入会権). — *vt* 〈家畜を〉放牧する.

pat patent.

pat·ent /pǽtnt, péɪ-/ *n* **1 a** 開封勅許状 (=LETTERS PATENT), 特許状 《*for*》. **b** 特許(権), パテント, (専売)特許証 (cf. COPYRIGHT, TRADEMARK); 特許権を得た物件[発明(品)], (専売)特許品: forfeit a ~《使用料不払いのため》特許使用権を失う / infringe a ~ 特許(権)を侵害する / ~ applied for 特許出願中 (=PATENT PENDING) / a ~ examiner 特許審査官 / ~ specification 特許内容明細書. ▶ BASIC PATENT (基本的特許) / CLAIM OF PATENT (特許請求項) / COMBINATION PATENT (結合特許) / COMPULSORY LICENSE OF PATENT (特許権の強制実施許諾) / DESIGN PATENT (意匠特許) / EUROPATENT (欧州特許) / FENCING PATENT (囲い込み特許(権)) / GRANT OF PATENT (特許権の譲与) / IMPROVEMENT PATENT (改良特許) / INFRINGEMENT OF PATENT (特許権侵害) / INTERFERING PATENT (抵触する特許権) / PAPER PATENT (紙上の特許(権)) / PIONEER PATENT (開拓的特許) / PLANT PATENT (植物特許) / PROCESS PATENT (方法特許) / REGISTER OF PATENTS (特許登録簿) / REISSUE PATENT (再発行特許) / UTILITY PATENT (有用発明特許). **2 a** *公有地譲渡[下付]証書 (land patent). **b** *公有地譲渡[下付]証書により譲渡[下付]された土地. ▶ CALL PATENT (境界標土地表示公有地譲渡証書) / FEE PATENT (公有地譲渡証書により譲渡された絶対単純封土権; 絶対単純封土権譲渡証書) / LAND PATENT (私人公有地譲渡証). **3** 独特のもの[やり方], しるし, 特徴. — *vt* **1 a** …の特許(権)を取る, …に特許権を与える: ~ an invention. **b** 自己のものとして確立する. **2** *公有地譲渡[下付]証書により譲渡[下付]する. — *a* **1** 特許権をもつ. **2** 開放されている, 利用できる; 開封の, 公開の: LETTERS PATENT. **3** 明白な, 歴然たる, 判然とした, 見え透いた (cf. LATENT): a ~ lie. **~·able** *a* 特許権を受ける資格のある, 特許権を受けられる, 特許できる, 特許性のある. **~·abílity** *n* 特許資格. **~·ly** *adv*

patentable invention

[OF<L (*pateo* to lie open); (n) は *letters patent* open letters から]

pátentable invéntion 特許権を受ける資格のある発明.

pátent àgent 弁理士.

pátent ambigúity 明白なる意味不明確《文書の文言自体によるあいまい性; cf. LATENT AMBIGUITY》.

Pátent and Cópyright Cláuse [the ~]《米》特許権および著作権条項《合衆国憲法第1編第8節8項のこと》.

Pátent and Trádemark Óffice [the ~]《米》《商務省 (Department of Commerce) の》特許・商標局《略 PTO》.

pátent appéal《特許出願拒絶に対する》特許審判.

pátent applicàtion 特許の出願: file a ~ 特許を出願する.

pátent cláim 特許請求項, 特許請求範囲 (= claim of patent)《特許明細書の結論である, 特許権により保護を請求する主題・事項・範囲を記載する部分; 単に claim ともいう; cf. READ *into* [*on*]》.

Pátent Cooperátion Trèaty [the ~] 特許協力条約《工業所有権保護のため, 1970年作成, 78年発効の条約》.

pátent deféct 明白な瑕疵(かし) (=apparent defect)《通常の注意深さを有する人であれば容易に発見できるような瑕疵; opp. hidden defect, latent defect》.

pátent·ed *a* 特許で保護された.

pat·en·tee /pætntíː, pèɪ-/ *n* 特許権者 (=patent holder).

pátent hòlder 特許権者, 特許(権)保有者 (patentee).

pátent infríngement 特許権侵害 (=infringement of patent).

pátent médicine 特許医薬品《処方箋なしで購入できる商標登録された薬品》.

pátent nùmber 特許(権)取得番号.

pátent òffice [⁰the P- O-] 特許局《略 PO, Pat. Off.; 米国での公式名称は United States Patent and Trademark Office; 英国ではかつては Patent Office であったが, 現在は Intellectual Property Office (知的財産局)》.

pátent of précedence 優位付与開封勅許状《特に, かつて英国で法廷弁護士 (barrister) に対して勅選弁護士 (King's Counsel) と同等の地位を与える旨の開封勅許状 (letters patent)》.

pat·en·tor /pǽtntər, pætntɔ́ːr, ˈpéɪtnər, ˈpeɪtntɔ́ː r/ *n* 1 特許権授与者. 2《誤用》PATENTEE.

pátent pénding《新案》特許出願中《略 pat. pend.》.

pátent pòoling 特許権集中《多数の関連特許が複数人より保有されている場合に, 市場制限・競争回避の目的で特許権を譲渡ないし実施権の設定により一か所に集中すること》.

pátent rìght 特許権.

pátent ròlls *pl*《英》開封勅許状録 (letters patent の公式記録簿).

Pátents Cóunty Cóurt [the ~]《英》特許権州裁判所《特許・意匠権をめぐる争訟に関わる州裁判所; 1988年法で創設》.

Pátents Còurt [the ~]《英》特許権裁判所《特許権州裁判所 (Patents County Court) と高等法院特許審判部 (Patents Court of the High Court) の総称》.

Pátents Còurt of the Hígh Cóurt [the ~]《英》高等法院特許審判部《高等法院 (High Court of Justice) の大法官府部 (Chancery Division) に所属する特別裁判所で, 大法官府部で特許法に特別の経験を有する2名の普通裁判官により構成される》.

pátent wrìt《史》開封令状《開封されたままの令状, 通常の令状はこの方式をとる; cf. CLOSE WRIT》.

Pa·ter est quem nup·ti·ae de·mon·strant. /péɪtər ɛst kwɛm nǽpʃiː dɛmánstrənt, péɪtər-/ 父は婚姻が指示する者である. [L=The father is the man whom the nuptials indicate.]

pa·ter·fa·mil·i·as /pèɪtərfəmíliəs, pæ̀tər-/ *n* (*pl* **pa·tres-** /pèɪtriːz-/) 1《ローマ法》家長, 家父 (cf. MATERFAMILIAS); 家長権. 2《ローマ法》《他人の家長権下にない》自権者 (sui juris). [L=father (i.e. master) of the household]

pa·ter·nal /pətə́ːrnl/ *a* 父の (opp. *maternal*); 父方の; 父から継いだ; 父系の: a ~ aunt 父方のおば.

patérnal·ism *n* 家長的保護統制主義, パターナリズム. ▶ LEGAL PATERNALISM《法的家長的保護統制主義》. **pa·ter·nal·ís·tic** *a*

patérnal líne 父系, 父方の系統 (cf. MATERNAL LINE).

patérnal pówer《史》父権《父が子に有した権利》, cf. PATRIA POTESTAS.

pa·ter·ni·ty /pətə́ːrnəti/ *n* 1 父たること,《特に生物学上の意味での》父性; 父子関係; 父としての義務. ▶ PRESUMPTION OF PATERNITY《父性の推定》. 2 父系. 3 [*fig*]《著作・考え・事件などの》起源, もと; 著作者たること.

patérnity àction =PATERNITY SUIT.

patérnity lèave 父親の育児休暇 (cf. PARENTAL LEAVE, STATUTORY PATERNITY PAY).

patérnity sùit 父子関係確定訴訟, 婚外子扶養請求訴訟 (=bastardy proceeding, bastardy process, paternity action)《通例は特に婚外子の母親から父子関係を確定し, その子の扶養を請求するために提起される訴訟》.

patérnity tèst《血液型, DNA などによる》父子関係確定検査 (⇨ BLOOD GROUPING TEST, DNA IDENTIFICATION, HLA TEST).

pathológical intoxicátion 病理学的異常反応酩酊《アルコール・薬物等の病理学的に異常反応を示し酩酊状態に陥ること; 予見できないものであった場合にはみずか

らの意思に基づかない酩酊 (involuntary intoxication) として扱われることがありうる).

pa·thol·o·gist /pəθάlədʒɪst/ *n* 病理学者, 病理医. ► HOME OFFICE PATHOLOGIST (内務省病理医).

pa·thol·o·gy /pəθάlədʒi/ *n* 病理学. ► FORENSIC PATHOLOGY (法病理学). **path·o·log·i·cal** /pæ̀θəládʒɪk(ə)l/ *a*

pa·tient /péɪʃ(ə)nt/ *n* 患者, 受診者. ► BROADMOOR PATIENT (ブロードムア施設患者) / COMMUNITY PATIENT (社会治療命令患者) / COMPETENT PATIENT (同意能力のある患者) / INCAPACITATED PATIENT (同意能力を欠いた患者) / INFORMAL PATIENT (略式入院患者) / MENTAL PATIENT (精神病患者) / PLEASURE PATIENT (御宴にかなう間の収容患者).

pátient lácking capácity 同意能力を欠く患者 (=INCOMPETENT PATIENT).

pátient-lítigant excéption 訴訟当事者が患者である場合の例外 (患者が過失 (negligence) あるいは業務過誤 (malpractice) で医師を訴えた場合に医師患者間情報の秘匿特権 (doctor-patient privilege) がなくなること).

pátient-physícian prívilege 患者医師間情報の秘匿特権 (=DOCTOR-PATIENT PRIVILEGE).

pátient's bíll of ríghts 患者の権利章典 (医療機関により任意に採用された, あるいは制定法により命じられた患者の権利の一般的な表明で, ケアを受ける権利, 身体の安全, 患者の人としての尊厳と秘密の保持, 治療行為への承認, 請求金額の説明などが含まれている).

Pátient Sélf-Determinátion Àct [the ~] 《米》患者自己決定法 (患者が回復見込みのない状態になった場合に生命維持医療を望むか否かについて, あらかじめ患者に意思表示させるよう, 連邦から基金を得ている健康管理施設に義務づけた 1990 年制定の連邦法).

pátient with capácity 同意能力のある患者 (= COMPETENT PATIENT).

Pat. Off. °Patent Office 特許局.

pat. pend. °patent pending 特許出願中.

pa·tria /péɪtriə, pά:-, pǽt-, pά:triə:/ *n* 1 《ローマ法》母国, 祖国; 故郷. 2 《史》近隣, 隣人. 3 《史》陪審員. [L=native country]

pa·tri·al /péɪtriəl/ *a* 1 a 母国の. b 《英史》《英国生まれの(祖)父母の関係などで》英国居住権をもつ. 2 《語の》《国名・地名に由来して》国民[種族]を示す. — *n* 《英史》英国居住権をもつ人, 永住権者. **pa·tri·al·i·ty** /pèɪtriǽləti/ *n*

Patria labo·ri·bus et ex·pen·sis non debet fatigari. /— læbóʊrɪbəs ɛt ɛkspénsɪs nan débət fǽtɪgéɪrài/ 陪審は労力や出費で疲れるべきではない. [L=A jury ought not to be fatigued with labors and expenses.]

pátria potéstas /-pətéstəs, -poʊtésta:s/ 1 父権. 2 《ローマ法》家長権 (家構成員・財産に対する家長 (paterfamilias) の支配権; 単に potestas ともいう). [L=fatherly power]

pa·tri·arch /péɪtriὰ:rk/ *n* 1 家長, 族長; 長老. 2 《教団・学派の》創始者, 開祖, 鼻祖. 3 a 《カトリック》ローマ教皇; 総大司教. b 《東方正教会》総主教.

pa·tri·ate /péɪtrièɪt/ *vt* 《カナダ》《憲法》の制定権限を自治国家に委譲する.

pa·tri·a·tion /pèɪtriéɪʃ(ə)n/ *n* 《カナダ》憲法制定権委譲, ペイトリエーション 《憲法制定権を自治国家へ移すこと; 1867 年の British North America 法に具現しているカナダの憲法に対する責任を英国議会からカナダ議会に移すこと》.

pat·ri·cide /pǽtrəsàɪd/ *n* 父(親)殺し 《行為または行為者; cf. MATRICIDE, PARRICIDE》. **pàt·ri·cí·dal** *a* [L; ⇨ PARRICIDE]

pat·ri·mo·ni·um /pæ̀trəmóʊniəm/ *n* 《ローマ法》家産. [L]

pat·ri·mo·ny /pǽtrəmòʊni; -məni/ *n* 1 世襲財産, 家督, 家産; 家伝のもの, 伝承; 歴史的遺産. 2 《史》教会[修道院]基本財産. **pat·ri·mo·ni·al** /pæ̀trəmóʊniəl/ *a* [OF<L]

pa·trol /pətróʊl/ *n* 巡視, 警邏《ɪ》, 偵察, 哨戒, パトロール: a police ~ / on ~ / on foot ~.

patról càr パトロールカー (=SQUAD CAR).

patról·man /-mən/ *n* 1 巡視者. 2 《外勤巡査, パトロール警官 (受持ち区域を巡回する), 《巡査 (constable《ɪɪ》). 3 《道路パトロール員.

pa·tron /péɪtr(ə)n/ *n* 1 後援者, 支援者, パトロン, 保護者, 奨励者, 恩人. 2 《商店・旅館などの》客, 《特に》常連客, 常連, ひいき客; 《図書館など施設の》利用者. 3 《古代ローマ》a 保護者 《解放奴隷の旧主人など》. b 《法廷または審判人の前で訴訟手続きをする人を補佐する》弁護人 (advocatus). 4 《カトリック・英国教》聖職推挙権者 (=ADVOCATUS). **pátron·al** /; pətróʊnl/ *a* **pá·tron·ess** *n fem* [OF<L=defender<pater father]

pa·tron·age /pǽtrənɪdʒ, péɪ-/ *n* 1 後援, 支援, 保護, 奨励, 引立て, 後見(的)行為; ひいき, 愛顧. 2 a [°*derog*] 《特に官職の》任命権, 官職推挙権; 《カトリック・英国教》聖職推挙権 (=ADVOWSON). b 役職[恩典]の分配, 《官職任命・推薦などの》恩典授与(権). c 授与された役職 (集合的). ► DISTURBANCE OF PATRONAGE (聖職推挙権妨害).

Pátronage Sècretary 《英》政府の役職人選担当官 《首相付きの政務次官 (Parliamentary Secretary to the Prime Minister) が担当する》.

pátronizing a próstitute 売春をさせること[罪], 買春(罪) (cf. PROSTITUTION, SOLICITATION).

pat·tern /pǽtərn/ *n* 1 型, 種類, パターン; 行動[思考]様式. 2 原型, ひな型. 3 見本, 模範, 手本.

páttern júry chàrge, páttern (júry) instrùction 《米》《裁判官による陪審への》定型的説示 (=MODEL JURY INSTRUCTION).

páttern of rackettéering actívity《米》《暴力団などの恐喝・買収・財物強要・詐欺・殺人などの継続的犯罪行為となる ないしはなりうる》複数の関連犯罪行為 (cf. RACKETEER INFLUENCED AND CORRUPT ORGANIZATION ACT, RACKETEERING).

Pau·lus /pɔ́:ləs/ パウルス **Julius** ~《2–3 世紀のローマの法学者で, パピニアヌス (Papinian), ウルピアヌス (Ulpian) と並び称されている; Septimius Severus, Caracalla 両帝の顧問会の一員, Severus Alexander (在位 225–235) の下で最高政務官である近衛都督 (praefectus praetorio) となる; 編著に *Institutiones* があり, ローマ法学を集大成し, 後世の法学に大きな影響を与えた; ユスティニアヌス法大全 (Corpus Juris Civilis) の学説彙纂 (Digests) の約 6 分の 1 に当たる 2081 の抜粋がその著作からの引用といわれている》.

pau·per /pɔ́:pər/ *n* **1** 貧乏人, 困窮者; 貧民, 細民; 乞食. **2 a**《史》《救貧法 (poor law) の適用をうける》貧困者. **b** 生活保護者. ▶ CASUAL PAUPER (臨時被救済者). **3**《訴訟費用の援助を受ける》貧者 (⇨ IN FORMA PAUPERIS) (cf. DIVES). ~·**age** *n* ~·**dom** *n* 貧窮; 貧民, 細民. ~·**ism** *n*《救済の必要のある》貧困状態. ~·**ize** *vt* 貧乏にする, 貧民[被救済民]にする. [L=poor]

páuper cósts *pl* 貧者の訴訟費用 (cf. IN FORMA PAUPERIS) (opp. *dives costs*).

páuper's affidávit 貧者の宣誓供述書 (= POVERTY AFFIDAVIT).

páuper's óath 貧者の宣誓 (⇨ POVERTY AFFIDAVIT).

pawn /pɔ́:n/ *n* **1** 質, 動産質 (pledge) (cf. ANTICHRESIS, BAILMENT). **2** 質入れ, 入質. **3** 質物, 質草 (pledge). — *vt* 質に入れる, 入質する.

páwn·bròker *n* 質屋.

pawn·ee /pɔ:ní:/ *n* 動産質権者《質を取る者》.

páwn·er, pawn·or /pɔ́:nər, pɔ:nɔ́:r/ *n* 動産質入れ者.

páwn·shòp *n* 質店, 質屋《看板は 3 つの金色の玉》.

pax re·gis /pǽks ríːdʒɪs/《史》**1** 国王の平和 (= KING'S PEACE). **2** 王室裁判管区 (= VERGE). [L= the king's peace]

pay /péɪ/ *n* 支払い; 給料, 給与, 俸給, 賃金, 報酬, 手当: unemployment ~ 失業給付金. ▶ BACK PAY (遡及賃金《裁定》) / BASIC PAY (基本給) / DEFERRED PAY (据置き払い金) / EQUAL PAY (男女同一賃金) / FRONT-PAY (フロントペイ) / HALF-PAY (給料の半分; 休職給) / HAZARD PAY (危険手当) / HOLIDAY PAY (休日賃金) / PORTAL TO PORTAL PAY (入出構時基準運賃金) / REPORTING PAY (出勤者最低保証賃金) / SEPARATION [SEVERANCE] PAY (解雇手当) / SICK PAY (疾病給付金) / STATUTORY ADOPTION PAY (制定法上の養子縁組休暇手当) / STATUTORY MATERNITY PAY (制定法上の出産手当) / STATUTORY PATERNITY PAY (制定法上の父親の育児休暇手当) / STRIKE PAY (スト手当) / TAKE-HOME PAY (手取り給料). — *v* (**paid** /péɪd/) *vt*《給料・賃金・代金などを》支払う, 支給する;《人》に《報酬を》支払う: be *paid* by the hour 時間給で支払われる / be *paid* at piece-work rates 出来高払いで支払われる / ~ cash 現金で支払う / ~ a dividend 配当を支払う / ~ interest 利息を支払う. — *vi* 支払いをする, 代金を支払う; 借金(など)を返す; 弁済[弁償]する: ~ on demand 要求のあり次第支払う / ~ in installments 分割払い[割賦払い]で支払う. ~ **back** 払い戻す;《借りた金などを》返す; …に返報する〈*for*〉; お返しにやる[する]. ~ **down** 即金で支払う;《分割払いの》頭金として払う. ~ **in** (1)《金を》銀行に(口座)に振り込む. (2) PAY money into court. ~ **into** …《銀行口座など》に振り込む. ~ **money into court** 裁判所へ金を供託する (⇨ PAYMENT INTO COURT). ~ **off** (*vt*) (1) 全額支払う, 皆済する; …に全部支払う. (2) 給料を渡して解雇する. (3)《口》《人を》買収する, …に金をつかませる. ~ **up** 全額支払う, 皆済する.

páy·able *a* **1** 支払うべき (due)〈*to*〉; 支払える, 支払われるべき; 支払い満期の: ~ in advance 前払いすべき / ~ on delivery 引渡し時支払うべき / ACCOUNT PAYABLE / BILL PAYABLE. **2** 採算のとれる, もうかりそうな. — *n* ACCOUNT PAYABLE. -**ably** *adv* 有利に.

páyable àfter síght *a* 一覧後支払いの (cf. SIGHT DRAFT).

páyable on demánd *a* 要求払いの, 一覧払いの.

páyable through bánk *a* 銀行経由払いの.

páyable to béarer *a* 持参人払いの.

páyable to cásh *a* 持参人払い式となる.

páyable to órder *a* 指図式払いの.

páy ány bánk 銀行渡し.

páy as you éarn 1《英税制》源泉課税,《税の》源泉徴収 (pay-as-you-go*)《略 PAYE》. **2**《俗》割賦払い式販売法.

páy-as-you-gó *n* **1** 即金主義, 現金払い. **2*** 源泉課税[徴収] (pay as you earn").

páy·bàck *n, a* 払い戻し(の), 返却(の); 見返り(の); 元金回収(の); 返報の.

páyback clàuse《ローンの》返却期間条項.

páyback pèriod 1《ローンの》返却期間. **2**《投資額の》回収期間.

páy chèck 給料支払い小切手.

páy clàim 賃上げ要求; 賃金支払い要求.

páy dày 給料日.

PAYE PAY AS YOU EARN.

pay·ee /peɪí:/ *n*《手形・小切手などの》受取人, 払い受け人, 支払先 (cf. DRAWEE, DRAWER). ▶ FICTITIOUS PAYEE (架空受取人) / JOINT PAYEE (共同受取人) / LOSS PAYEE (保険金受取人).

páy·er *n* 支払人 (= payor). ▶ RATEPAYER (地方税納付者) / TAXPAYER (納税者).

PAYE week number /píːèɪwàɪí:一 一/《英》源泉徴収用週番号《課税年度の各週に通し番号を振り,

その番号と被用者の租税コードを関連づけて、雇用者が課税前の当該年度の賃金を決め、そこから払うべき税額を計算する》.

páy-if-páid clàuse 代金受領条件支払い条項 《建築契約で、総建築請負業者 (general contractor) は、下請け(契約)人 (subcontractor) が履行した仕事に対する支払いを、みずからがその分の代金支払いを受けたならばなすことを定めている契約条項; cf. PAY-WHEN-PAID CLAUSE》.

Páymaster Géneral (pl **Páymasters Géneral**) [the ~]《英》出納長官.

páy·ment n **1** 支払い, 納入, 払い込み; 弁済, 償還, 弁償 (compensation); 支払額, 支払高, 報酬 ~ in cash ~=cash ~ 現金払い / ~ by cheque 小切手支払い / ~ by installment(s) 分割払い / ~ of interest = interest ~ 利息の支払い / ~ in part [on account] 内払い, 一部払い / full ~=~ in full 全額払い, 全払い, 皆済 / ~ on invoice インボイス受取り払い / back ~ 借金の返済. ▶ADVANCE PAYMENT (前払い) / APPROPRIATION OF PAYMENTS (弁済の充当) / BALLOON PAYMENT (風船式支払い) / BEREAVEMENT PAYMENT (生存配偶者給付(金)) / CONDITIONAL PAYMENT (条件付き支払い) / CONSTRUCTIVE PAYMENT (擬制支払い) / DEFERRED PAYMENT (繰延べ払い) / DIRECT PAYMENT (無条件支払い; 直接支払い) / DOWN PAYMENT (頭金) / EXCEPTIONAL NEEDS PAYMENT (緊急必要品支払い) / EX GRATIA PAYMENT (好意に基づく支払い) / EXTRA-AUTHORITY[-BOROUGH, -DISTRICT] PAYMENTS (管轄区域外当局への支払い) / GIVING IN PAYMENT (代物弁済) / GUARANTEE PAYMENT ((給与)支払い保証(金)) / GUARANTOR OF PAYMENT (債務支払い保証人) / GUARANTY OF PAYMENT (債務支払い保証) / HOME LOSS PAYMENT (住宅喪失補償) / IMPUTATION OF PAYMENT (弁済の充当) / INDEFINITE PAYMENT (債務を特定しない弁済) / INTERIM PAYMENT (暫定的支払い命令) / INVOLUNTARY PAYMENT (真の意思に基づかない支払い) / LUMP-SUM PAYMENT (一括払い) / MAKING OFF WITHOUT PAYMENT (代金不払いの逃亡) / MORTGAGE PAYMENT (譲渡抵当払戻金) / NONPAYMENT (不払い) / OVERPAYMENT (過払い(金)) / PART 36 PAYMENT (民事訴訟手続き規則第 36 部の供託) / PART PAYMENT (一部弁済) / PERIODIC(AL) PAYMENTS (定期的支払い) / PRESENTMENT FOR PAYMENT (支払いのための呈示) / REDUNDANCY PAYMENT (人員整理退職手当) / STOP PAYMENT (支払い停止指図) / TOKEN PAYMENT (一部支払い) / TRANSFER PAYMENT (移転支出) / VACCINE DAMAGE PAYMENT (ワクチン障害に対する損害賠償金支払い). **2** 報復, 報い, 懲罰, 復讐.

páyment bònd 総建築請負業者債務支払い保証証書《総建築請負業者 (general contractor) の債務不履行のため下請人や資材業者に支払いがなされない金額をてん補することを約する保証人による保証捺印金銭債務証書》.

páyment by póst 郵便による支払い《紛失の場合は、債権者が郵便によることを指示し債務者が宛先を正しく書いたことが証明されぬかぎり、履行したことにならない》.

páyment guaránteed 《手形・小切手の》支払い保証 (cf. GUARANTOR OF PAYMENT).

páyment in dúe cóurse 正当な支払い《証券満期以後権原に瑕疵ある所持人に対する善意の支払い; ⇨ HOLDER IN DUE COURSE》.

páyment intángible 《米》売り掛け債権からなる無形財産[無体動産]《その主たる義務が金銭支払いである売り掛け債権からなる一般無形財産[無体動産] (general intangible); ⇨ GENERAL INTAGIBLE》.

páyment into cóurt **1**《和解あるいは裁判所判決に基づいて手続き後になされる処分対象の金銭ないし財産の》裁判所への供託. **2**《英史》和解申し出供託《契約や損害賠償請求訴訟で被告が請求を一定額認諾しその額を裁判所に供託したうえで和解提案すること; 原告が拒否し、判決でこの額を上回らぬ結果が出ると、原告は訴訟費用を負担しなければならない; 1999 年の民事訴訟手続き規則 (Civil Procedure Rules) では民事訴訟手続き第 36 部の供託 (Part 36 payment) と呼ばれるようになっている; ⇨ PART 36 OFFERS AND PAYMENT》.

páyment on arríval 到着払い《物品の到着と引換えに代金を支払うこと》.

páyment out of cóurt 供託金払い戻し[支払い]《裁判所へ供託した供託金の払い戻し》.

páyment ùnder prótest 異議留保付きの支払い.

páy negotiàtions pl 賃金交渉 (=pay talks).

páy·òff n **1** 支払い. **2** 全額支払い, 完済. **3**《解雇時に払う》給料, 退職金. **4** 不当戻し金 (kickback);《口》贈賄, 賄賂;《俗》利益, もうけ;《一切の》清算, 返報, 報復.

pay·o·la /peióulə/ n *《口》裏金, 付け届け, 賄賂, 口利き料.

páy-on-déath accóunt 死亡時払い口座《銀行口座の所有者が銀行に対してその死亡に伴い口座残金を指定受取人に渡すよう指示しておくもの; 略 POD account》.

pay·or /péiər, peió:r/ n PAYER,《特に》《手形・小切手などの》支払人 (cf. DRAWEE).

páyor bànk 支払銀行 (=drawee bank)《為替手形などの流通証券の支払い人である銀行》.

páy restràint 賃金抑制 (wage restraint).

páy·ròll n 給与[賃金]台帳, 被用者給与[賃金]表,《一期当たりの》給与[賃金]総額.

páyroll dedúction [gíving] schème《英》被用者給与天引き寄付制《雇用者が被用者の賃金から一括して一定の金額を天引きして慈善団体に寄付する方式; これによって被用者は税金の控除を受ける》.

páyroll tàx《税制》**1** 給与税, 賃金税《被用者への給与台帳 (payroll) を課税基準にして雇用者が支払う, 米国の社会保障 (social security) のための税金や失業保

pays

険税 (unemployment tax) など]. **2** 《被用者への給与総額から雇用者が天引き徴収する》**給与源泉徴収税** (cf. WITHHOLDING TAX).

pays ⇨ PAIS.

páy stàtement 給与支払い明細書 (⇨ ITEMIZED PAY STATEMENT). ▶ ITEMIZED PAY STATEMENT (項目別給与支払い明細書).

páy tàlks *pl* 賃金交渉 (pay negotiations).

páy-when-páid clàuse 代金受領後支払い条項《建築契約で総建築請負業者 (general contractor) は, みずからが代金の支払いを受けた後一定期間内に下請け(契約)人 (subcontractor) に対して支払いをなすことを定めている契約条項; cf. PAY-IF-PAID CLAUSE》.

PBGC 〖米〗°Pension Benefit Guaranty Corporation 退職年金保証公社.

PC, P.C. 〖英〗°parish council 教区参事会◆〖英〗 parliamentary cases ◆〖英〗 Parliamentary Comissioner 議会行政監察官 ◆ patent cases ◆ °penal code 刑事法典 ◆〖英〗°plea of the Crown 国王の訴訟 ◆ °police commissioner ◆〖英〗°police constable 巡査 ◆ °political correctness 政治的公正 ◆ °politically correct 政治的に公正な ◆ practice cases ◆〖英〗°Privy Council 枢密院 ◆〖英〗°Privy Councillor 枢密顧問官 ◆ °prize court 捕獲審検所 ◆ °probate court (遺言)検認裁判所 ◆ °professional corporation 専門的職業法人.

PCA 〖英〗°Parliamentary Commissioner for Administration 議会行政監察官 ◆ °Permanent Court of Arbitration 常設仲裁裁判所 ◆〖米〗°Posse Comitatus Act 郡民兵法.

PCC 〖英〗°Press Complaints Commission 新聞苦情(調査)委員会.

PCIJ °Permanent Court of International Justice 常設国際司法裁判所.

PCR action /píːsìːáːr ━/〖米〗有罪決定[宣告]に対する非常救済訴訟 (= POSTCONVICTION RELIEF PROCEEDING).

PCT 〖英〗°Primary Care Trust 一時医療トラスト.

PD, P.D. 〖英〗Law Reports, Probate, Divorce and Admiralty Division ◆〖米〗police department ◆ property damage ◆〖米〗°public defender 公費選任弁護人 ◆〖米〗°public domain 公有地 ◆ °public-domain software パブリックドメイン・ソフトウェア.

p.e. °personal estate 人的財産.

peace /píːs/ *n* **1** *a* 平和, 泰平 (opp. *war*): in time of ~ 平時には / in ~ and war 平時にも戦時にも / ~ at any price 《特に 英国議会での》絶対平和主義. **b** [ᵁP-] 和平, 講和, 和睦, 講和[平和]条約 (peace treaty). ▶ CRIME AGAINST PEACE (平和に対する罪). **2** [ᵁthe ~] 治安, 秩序, 無事: break [keep] *the* ~ 治安を破壊する[維持する] / public ~ 治安. ▶ ARTICLES OF THE PEACE (平和保証申立書) / BILL OF PEACE (濫訴防止訴状) / BREACH OF (THE) PEACE (平和破壊罪) / CLERK OF THE PEACE (治安書記) / COMMISSION OF THE PEACE (治安判事任命書; 治安判事) / CONSERVATOR OF THE PEACE (治安維持担当官; 治安維持官) / DISTURBANCE OF THE PEACE (平和攪乱(%)(罪)) / JUSTICE OF THE PEACE (治安判事) / KEEPER OF THE PEACE (治安維持官) / KEEPING THE PEACE (治安の維持) / KING's [QUEEN's] PEACE (国王[女王]の平和) / OFFENSE AGAINST THE PUBLIC PEACE (治安に対する犯罪) / SESSIONS OF THE PEACE (治安裁判所) / SUIT OF THE (KING's) PEACE (刑事訴追) / SURETY OF THE PEACE (平和保証) / SWEARING THE PEACE (宣誓のうえでの平和保証請求). **3** 平穏, 無事, 安心, 安全. **against the** ~ 平和に反して (cf. CONTRA PACEM)《★ **against the** ~ **of (our Lord) the King** [**the Commonwealth**] ともいう》. DISTURB **the** ~.

péace・able *a* **1** 平和を好む, 温和な. **2** 泰平[平和]な, 無事な. **péace・ably** *adv*

péaceable posséssion 平穏な占有《他人から占有を奪われるような敵対的な試みのない占有; cf. ADVERSE POSSESSION, SCRAMBLING POSSESSION》.

péace bònd 《治安破壊者ないしは破壊のおそれのある者からの》平和保証証書.

Péace Còrps 〖米〗平和部隊《教育・農業・保健・産業・環境・情報技術等の発展のため他国で働くボランティアを送り, 世界の平和・友好を推進することを目的とした独立連邦機関; 1961年法で創設され, 88年に独立化》.

péaceful assémbly 平和的集会. ▶ FREEDOM OF PEACEFUL ASSEMBLY (平和的集会の自由).

péaceful coexístence 平和共存.

péaceful enjóyment of posséssions 財産の平和的享有.

péaceful occupátion 平時占領《平時において, 国際的取決めの履行手段または復仇や干渉の手段として行なわれる占領; cf. BELLIGERENT OCCUPATION》.

péaceful pícketing 平和的ピケ(ティング).

péace òfficer 治安担当官, 治安官, 警察官, 保安官.

péace of the kíng [quéen] 〖史〗国王[女王]の平和, 治安 (= KING's PEACE).

péace trèaty 講和条約, 平和条約.

péace wàrrant 治安判事発行逮捕状 (= JUSTICE's WARRANT).

Pec・ca・ta con・tra na・tu・ram sunt gra・vis・si・ma. /pɛkéɪtə kántrèɪ neɪtjúːræm sənt grævísɪmə/ 自然に反する犯罪は最も重大である. [L = Offenses against nature are the most serious.]

Pec・ca・tum pec・ca・to ad・dit qui cul・pae quam fa・cit pa・tro・ci・ni・um de・fen・si・o・nis ad・jun・git. /pɛkéɪtəm pɛkéɪtou ǽdɪt kwaɪ kʌ́lpi kwæm féɪsɪt pæ̀troʊsíniəm dɪfɛ̀nʃíounɪs ædʤʌ́ndʒɪt/ みずから犯す罪過に防御の保護を加える者は, 罪に罪を加える. [L = A person adds one offense to another, who, when he commits a wrong, joins the protection of a defense.]

pec·u·late /pékjəlèɪt/ vt 《公金や受託金を》使い込む, 横領する.

pec·u·la·tion /pèkjəléɪʃ(ə)n/ n 《特に役人による》公金[委託金]横領, 公金[委託金]費消, 官物[受託物]私用 (cf. DEPECULATION). **péc·u·là·tive** /; -lə-/ a **péc·u·là·tor** n

pe·cu·liar /pɪkjúːljər/ a **1** 独特の, 特有の《to》; 特別の, 特殊な, 固有の. **2** 特別教区[教会]の (cf. ORDINARY); ~ jurisdiction 特別教区の裁判管轄権. — **1** 私有財産, 特権. **2**《教会史》《裁治権者 (ordinary)の管轄権の及ばない》特別教区, 特別教会. ▶ COURT OF PECULIARS (特別教区裁判所).

pecúliar bénefit 特別利益 (=SPECIAL BENEFIT).

pecúliar rísk dòctrine 特有な危険の法理《依頼人が認識すべき請負人 (independent contractor)の仕事に特有の危険に対して依頼人が予防措置を講じなかった場合は, 請負人が生じしめた権利侵害に依頼人が責任を負うべきであるという法理》.

pe·cu·li·um /pɪkjúːliəm/ n **1**《ローマ法》《唯一の財産主体である家長以外の家長権力服従者である奴隷・家子に管理収益を許す》特有財産. **2** 私的財産. [L= private property < *pecu* cattle]

pe·cu·ni·ary /pɪkjúːnièri; -niəri/ a **1** 金銭(上)の: ~ embarrassment 財政困難. **2** 罰金(刑)の: a ~ offense 罰金刑を科せられる犯罪 / a ~ penalty 罰金刑. **pe·cù·ni·ár·i·ly** /; pɪkjúːniərəli/ adv [L (*pecunia* money < *pecu* cattle)]

pecúniary advántage 《不正に得た》金銭上の利益[利得]. ▶ OBTAINING PECUNIARY ADVANTAGE (BY DECEPTION) ((詐欺による)金銭上の利益取得(罪)).

pecúniary bénefit 金銭上の利益.

pecúniary bequést 金銭遺贈 (cf. LEGACY).

pecúniary compensátion 金銭補償, 金銭賠償, 金銭による救済 (=pecuniary remedy).

pecúniary considerátion 金銭約因《直ちにあるいは将来支払う金銭からなる約因 (consideration)》.

pecúniary dámages pl 金銭的損害, 損害の金銭評価額; 金銭的損害賠償.

pecúniary gáin 金銭の取得; 金銭上の利益.

pecúniary ínjury 金銭的損害[被害] (=PECUNIARY LOSS).

pecúniary légacy 金銭遺贈.

pecúniary lóss 金銭的損害, 金銭的被害 (=pecuniary injury).

pecúniary rémedy 金銭的救済 (=PECUNIARY COMPENSATION).

péd·al posséssion /pédl-, píːdl-/ 足下(あと)占有《その土地に住むとか改良工事を施していることなどによる現実の占有 (actual possession)》.

ped·dler, ped·lar /pédlər/ n 行商人 (hawker); 《麻薬の》売人. ▶ INFLUENCE PEDDLER (政治ブローカー).

ped·er·ast /pédəræst, píː-/ n 肛門性交者, 男色家.

ped·er·as·ty /pédəræsti, píː-/ n 肛門性交(罪), 男色(罪), 鶏姦(罪) (cf. SODOMY) (⇨ INFAMOUS CRIME AGAINST NATURE).

ped·i·gree /pédəgrìː/ n **1** 系図, 家系図. **2 a** 家系, 系統, 血統. **b** りっぱな家柄. ▶ DECLARATION CONCERNING PEDIGREE (血統に関する供述).

ped·lar /pédlər/ n PEDDLER.

pe·do·phile, pae- /píːdəfaɪl, pédə-/ n《子供を性愛対象とする》小児(性)愛者.

pè·do·phíl·ia /-fíliə/ n 小児(性)愛《大人が子供を性愛の対象とする性的倒錯, またそうした性愛行為》.

Péep·ing Tóm 性的好奇心でのぞき見をする者, 出歯亀, のぞき魔 (voyeur)《11世紀アングロサクソン時代のCoventryの領主の妻ゴダイヴァ (Godiva)が裸で白馬に乗って街を通れば領民に課している重税をやめると夫に約束され, これを実行した時にひとりTomだけがゴダイヴァの裸姿をのぞいたという伝説から》.

peer /píər/ n **1**《社会的・法的に》地位の等しい人, 同等者, 対等者; 同僚, 同輩;《廃》仲間: ~ group 仲間集団, ピアグループ《年齢・地位のほぼ等しい, 同一価値観をもつ社会学上の集団》. ▶ JUDGMENT BY [OF] THE PEERS (同輩による裁判). **2** 貴族,《特に》英国の貴族《爵位は上から順に duke (公爵), marquess (侯爵), earl (伯爵), viscount (子爵), baron (男爵)の5つ》. ▶ HEREDITARY PEER (世襲貴族) / LAY PEER (世俗貴族) / LIFE PEER (一代貴族) / SCOTTISH PEER (スコットランド貴族) / SPIRITUAL PEER (聖職貴族) / TEMPORAL peer (世俗貴族).

péer·age n **1** [the ~] 貴族, 貴族身分; 貴族階層, 貴族社会; 貴族の爵位. ▶ LIFE PEERAGE (一代貴族身分). **2** 貴族名鑑.

Péerage Àct 1963 [the ~]《英》1963年の貴族法《同法により世襲爵位の放棄が可能になり《庶民院議員として立候補することが可能》, 女性貴族が貴族院議席を占めることが可能になった》.

péer·ess n 貴族の夫人[未亡人]; 有爵夫人, 女性[婦人]貴族.

péer of the réalm (pl péers of the réalm) 《英》王国の貴族 (=hereditary peer)《かつては成年になれば貴族院 (House of Lords)に列する権利が生じた世襲の貴族; cf. LIFE PEER; ⇨ HOUSE OF LORDS ACT 1999》.

péer-revíewed jóurnal 専門家評価済み論文掲載誌《掲載のため提出された論文の内容を第三者の専門家に審査・評価してもらった上で公刊している雑誌》.

péer-revíew organizátion 専門家評価機構;《特に》《米》病院評価機構《公的資金を要請している私立病院が保健法規を遵守しているか否かを評価する政府機関; 略PRO》.

péer-revíew prívilege 医療行為評価不開示特権《医療施設の患者の世話・医療行為を評価する専門家委員会の議事録・報告書を開示することを拒否しうる特権》.

peine forte et dure /F pɛn fɔrt e dyr/《史》苛酷な苦痛 (=paine forte et dure)《コモンロー刑事手続きで, 罪状認否で有罪の答弁をしなかった場合に, 陪審審理が本人の選択によるたてまえ上, 被告人にいかなる方法で審理を受けたいかを問うたが, その際に小反逆罪 (petit treason) と重罪 (felony) で起訴された者が陪審審理と答えなかった場合には審理方法がなくなることから, その答弁を強要するために科した悪名高い拷問で, 時にはこれにより死に至ることもあった; しかし有罪判決による死刑であれば付加刑としての財産没収があったが, これで死ねば無実のまま死ぬことになり没収は免れたので, 有産階級にはこの道をあえて選んだ者もいた; 1772 年廃止》. [F=strong and hard punishment]

peles *n* 果実.

pe·nal /píːnl/ *a* 刑罰の, 刑の; 刑罰としての; 刑事上の, 刑事法上の; 刑罰を受くべき, 刑罰に相当する; 刑場としての: BILL PENAL / a ~ offense 刑事犯罪 / a ~ colony [settlement] 犯罪者植民地. **~·ly** *adv* 刑として, 刑罰で; 刑法上, 刑事上. [OF or L (*poena* penalty)]

pénal áction 1 刑事訴訟. 2 制裁金訴訟《刑罰制定法 (penal statute) の違反者から罰金ないしは没収物を取り, 国家ないしは一般人たる略式起訴者 (common informer) がそれ(ないしはその一部)を得ることのできる訴訟; 英国では廃止》. 3 制裁金請求民事訴訟《例えば, 懲罰的損害賠償金 (punitive damages) を求める訴訟のように, 制定法で認められた制裁金を被害者が求める民事訴訟》.

pénal bíll 違約金付き債務証書 (=bill penal)《債務不履行の場合に一定額の違約金 (penal sum) を支払うことを合意した債務証書; cf. BILL SINGLE, PENAL BOND》.

pénal bònd 懲罰的(捺印)金銭債務証書《債務不履行の場合に違約罰として特定金額を支払うことを明示した(捺印)金銭債務証書; cf. PENAL BILL, SINGLE BOND》.

pénal còde 刑事法典, 刑法典 (=criminal code)《略 PC; cf. CRIMINAL STATUTE, MODEL PENAL CODE》.

pénal cústody 刑罰としての拘束.

pénal institútion* 受刑施設 (=PRISON).

pe·nal·ize /píːnəlaɪz/ *vt* 1 罰する. 2 …に有罪を宣告する, …に刑[罰金]を科す.

pénal jurisdíction 刑事裁判権.

pénal láw 1 刑罰法《1》犯罪とその刑罰について定めている法 2》[the P- L-s] 英国史上はそのうち特に宗教改革のあとイングランドとアイルランドでローマカトリック教徒に対して適用された一連の差別法; その撤廃は段階的に実現された》. 2 刑罰制定法 (penal statute). 3 刑事法典, 刑法典 (penal code).

pénal nótice 刑罰付き通知(書)《差止め命令 (injunction) に付される通知(書)で, これを無視して差止め命令に違反した被告は裁判所侮辱 (contempt of court) として拘禁されうる》.

pénal sérvitude《英史》《重労働の》懲役(刑), 重懲役《もと 流刑に代えて科したもの; 1948 年法で廃止》: do (ten years') ~ 《10 年の》懲役をつとめる / ~ for life 終身懲役刑.

pénal státute 刑罰制定法《1》犯罪とその刑罰について定めている制定法; cf. COMMON-LAW CRIME 2》その違反者に刑罰を定めていた制定法で略式起訴 (information) によっても審理に付されることを認めるとともに, その違反者から徴収される罰金の全部ないしは一部を一般人たる略式起訴者 (common informer) に与えることを定めている制定法; 英国では廃止; cf. PENAL ACTION》.

pénal súm《違約の場合支払うべきとあらかじめ定められた》違約金 (cf. PENAL BOND).

pénal sỳstem [the ~] 刑罰法体系《犯罪類型とその刑罰の全体系》.

pen·al·ty /pén(ə)lti/ *n* 1 罰, 制裁; 刑罰, 罰金, 科料: The ~ for disobeying the law was death. その法律に違反すれば死刑だった. **b**《不当に過大な違約金で無効とされる》違約罰; 違約金; 民事罰, 制裁金; 過料. **c** 因果応報, たたり. ▶ CIVIL PENALTY (民事罰) / CUMULATIVE PENALTY (重複罰) / DEATH PENALTY (死刑; 資格剥奪刑; 訴訟追行権剥奪制裁) / MONEY PENALTY (罰金) / PREPAYMENT PENALTY (期限前弁済違約金) / RETROSPECTIVE PENALTY (遡及刑罰) / STATUTORY PENALTY (制定法に基づく刑罰; 制定法に基づく制裁金 / TREBLE PENALTY (三倍罰). 2 違約罰条項 (=PENALTY CLAUSE). **on [under] ~ of** … 違反すれば…の刑に処する[罰[制裁]を受ける]条件で. **pay the ~** 罰金を払う, 罰[報い]をうける. [AF<L (PENAL)]

pénalty clàuse 1 違約罰条項《契約条件不遵守の場合の, 特に不当に過大な違約金である違約罰を規定している条項; 大部分は無効; cf. LIMITATION-OF-DAMAGES CLAUSE, LIMITATION-OF-REMEDIES CLAUSE, LIQUIDATED-DAMAGES CLAUSE》. 2 制裁罰条項《制定法や判決の中で一定の行為や不作為に対して制裁罰を定めている条項》.

pénalty phàse 科刑段階《刑事訴訟で有罪と認定された被告人に対して事実認定者が刑罰を決定する段階; cf. GUILT PHASE》.

pénalty pòint《交通法規違反者に対する》違反点数, 罰点《違反内容に応じて点数化された点数を運転者に与え, 一定期間内に累積点数が一定数に達するとそれに応じた期間免許を停止するなどの処分がなされる; ⇨ TOTTING UP》.

pen·ance /pénəns/ *n* 1 **a** 罪の償い, 苦行. **b**《教会法》贖罪刑《宗教上の犯罪に対して教会裁判所が科す刑罰》. 2《カトリック》悔悛(の秘跡), 告解, 悔い改め, 悔悟. — *vt* …に償いの苦行を課する; 罰する. **~·less** *a*

pend /pénd/ *vi* 1 ぶらさがる. 2《訴訟が》未決である, 係争中である.

pen·dant /péndənt/ *n* 1 たれさがったもの. 2 付録, 付属物. 3 補足的陳述, 補足的事項 (=pendent).

pen·den·cy /péndənsi/ *n* 1 垂下, 懸垂. 2 未決, 未

定; 訴訟係属, 係属中: during the ~ of...が未決[未定]の間, 訴訟係属中に. ▶NOTICE OF PENDENCY (訴訟係属の公示).

pen·dens lis /péndəns lís/ 〖英〗係争中の訴訟 (= PENDING ACTION). [L]

pén·dent n PENDANT. — a 1〈訴訟・問題など〉未決[未定]の, (訴訟)係属中の, 宙ぶらりんの (pending): a ~ action. 2 付随的管轄権の[に関する]: PENDENT JURISDICTION / PENDENT PARTY JURISDICTION. 3 ...しだいの, ...に依存する. 4 今にも起こりそうな, 差し迫った. **~·ly** adv

pen·den·te li·te /pɛndénti láiti, pɛndénter lí:teɪ/ adv 訴訟が係属している間(に), 訴訟中(に), 係争中(に) (=lite pendent) (cf. LIS PENDENS). ▶ ADMINISTRATION PENDENTE LITE (訴訟係属中の遺産管理(手続き)) / ADMINISTRATOR PENDENTE LITE (訴訟係属中の遺産管理人) / ALIMONY PENDENTE LITE (訴訟中扶助料) / ALLOWANCE PENDENTE LITE (訴訟中扶養手当) / RECEIVER PENDENTE LITE (係争物保全管理人). [L=while the lawsuit is pending]

Pendente lite ni·hil in·no·ve·tur. /— — — níhil ìnəvíːtər/ 訴訟が係属している間は, 何一つ新たに変更されないように. [L=During litigation, let nothing be changed.]

péndent jurisdíction 《それ自体ではその裁判所の管轄に属さないが, 管轄している事項との関連で生ずる》付随的管轄権[裁判権] (cf. ANCILLARY JURISDICTION, SUPPLEMENTAL JURISDICTION).

péndent párty jurisdíction 《本来は管轄に属さない》当事者にかかわる付随的管轄権[裁判権] (pendent jurisdiction) (cf. SUPPLEMENTAL JURISDICTION).

pénd·ing a 未決定の, 宙ぶらりんの; 切迫した, 係争中の, 係属中の; 決定前の;〈特許などが〉出願中の: the ~ lawsuit / PATENT PENDING. — prep ...の間, ...中 (during); ...まで (until); ...を待ちながら (while awaiting).

pénding áction〖英〗《特に土地に関して》係争中の訴訟 (=lis pendens, pendens lis) 《原告は土地登録簿にこのことを訴訟開始と共に登録しておかないと善意の第三者に対抗できなくなる》.

pénding súit a 訴訟(係属)中の, 係属中の ▶ ADMINISTRATION PENDING SUIT (訴訟係属中の遺産管理(手続き)) / ADMINISTRATOR PENDING SUIT (訴訟係属中の遺産管理人) / ALIMONY PENDING SUIT (訴訟中扶助料) / MAINTENANCE PENDING SUIT ((離婚)係争中扶養料).

Pén·dle·ton Àct /péndltən-/ [the ~] ペンドルトン法《連邦政府公務員の任命に政治的影響が及ばぬよう に人事委員会 (Civil Service Commission) の設置, 採用競争試験の導入などを定めた 1883 年の連邦政府公務員法; 提案者の連邦上院議員 George H. Pendleton (1825–89) の名から》.

pen·i·ten·tia·ry /pènəténʃ(ə)ri/ n 1 a〖カトリック〗聴罪師. b (ローマ聖庁の) 内赦院; 悔罪所, 苦行所. 2 a*(州・連邦の)(重罪犯)刑務所 (=PRISON)《英国では「刑務所」の意味では廃語》, 監獄, 懲治監, 感化院 (cf. HOUSE OF CORRECTION, HOUSE OF DETENTION, JAIL, LOCKUP). b〖英史〗(かつての売春婦の) 更生所. ▶ MILLBANK PENITENTIARY (ミルバンク監獄). — a 1 後悔の. 2 懲治の. 3*(罪が)刑務所行きの.

Pen·nóy·er rùle /pənɔ́iər-/ [the ~]〖米〗ペノイヤー事件の準則《州の裁判所の管轄権はその領域内にある人と財産に及ぶが, 領域外には及ばないということを, 対人管轄権に関して認めた 1877 年合衆国最高裁判所の判決により確立された準則; 1945 年のインターナショナル靴会社事件 (Internaional Shoe Case) で変更された; ⇒ MINIMUM CONTACTS.

Pennsylvánia rùle [the ~]〖米〗ペンシルベニア準則 (1) INTACT VALUE PRINCIPLE 2) 権利侵害をなしている過程で制定法に違反した不法行為者は, その違反がその権利侵害を生ぜしめなかったことの立証責任を負うという原則》.

Pennsylvánia sỳstem ペンシルヴェニア方式《1820 年代に Pennsylvania 州で導入された刑務所方式; 終始独居房に拘禁した; cf. AUBURN SYSTEM, ELMIRA SYSTEM》.

penny (pl (価格) **pence**, (個数) **pennies**)〖英〗ペニー, ペンス《1) 1971 年までの英国の通貨単位: =1/12 シリング (shilling), 1/240 ポンド (pound); 記号 d. [L denarius] 2) 1971 年からの英国の通貨単位: =1/100 ポンド (pound); 記号 p.》. ▶ TITHING-[TEDING-, TETHING-]PENNY (十人組金).

pénny bànk〖英〗1 ペニー貯蓄銀行, 貯蓄銀行《1 ペニーから預け入れができる》.

pénny stóck*〖証券〗低額株, ペニー株《大規模な証券取引所では扱われていない, 典型的には投機的で低額 (1 株 5 ドル未満) の株式》.

penol. penology.

pe·nol·o·gy, poe- /pɪnálədʒi/ n 刑罰学, 《特に》行刑(ぎょう)学 (cf. CRIMINOLOGY). **pe·nól·o·gist, poe-** n **pè·no·lóg·i·cal, pòe-** /pìːnə-/ a [L poena penalty]

pén règister《電話局にある》加入者の電話利用状況記録装置 (cf. BUGGING, EAVESDROPPING, ELECTRONIC SURVEILLANCE, WIRETAPPING).

pen·sion /pénʃ(ə)n/ n 年金, 恩給 (⇒ ANNUITY), 《特に》老齢[養老]年金 (old-age pension). ▶ CONTRIBUTORY PENSION (拠出年金) / DEPARTMENT FOR WORK AND PENSIONS (労働年金者) / EARNINGS-RELATED PENSION (所得比例年金) / GRADUATED PENSION (累進年金) / OCCUPATIONAL PENSION (企業年金) / OLD-AGE PENSION (老齢年金) / RETIREMENT PENSION (退職年金) / SIMPLIFIED EMPLOYEE PENSION (簡易被用者年金) / STAKEHOLDER PENSION (預かり人年金) / STATE SECOND PENSION (第二公的年金

(制度)).

pén·sion·able *a* 年金受給資格のある.

pénsionable áge 年金受給年齢.

Pénsion Bénefit Guáranty Corporàtion [the ~]《米》退職年金保証公社《個人年金制の退職年金の給付を保証する連邦機関; 略 PBGC》.

pénsion contribùtions *pl*《雇用者・被用者が年金基金に積み立てる》年金基金分担金.

pénsion éarmarking《英》年金の配分指定《離婚ないしは裁判上の別居が認められた場合に, 主たる生計維持者の配偶者の年金が支払われるようになった時に, その給付金の一部が他方配偶者に支払われるようにする; 主たる生計維持者たる配偶者が死亡すると, 他方配偶者の年金を含め, 年金給付は終了する; cf. PENSION SHARING ORDER》.

pénsion entítlement 1 年金受給権. 2 年金(額).

pénsion·er *n* 年金受給者; 恩給生活者. ▶ OLD-AGE PENSIONER (老齢年金受給者).

pénsion fùnd 年金基金.

pénsion plàn 年金制度 (=pension scheme). ▶ CONTRIBUTORY PENSION PLAN (拠出年金制度) / NONCONTRIBUTORY PENSION PLAN (非拠出年金制度) / PERSONAL PENSION PLAN (個人年金制度).

pénsions appéal tribùnal《英》軍人恩給不服審判所.

pénsion schème 年金制度 (pension plan). ▶ CONTRIBUTORY PENSION SCHEME (拠出年金制度) / GRADUATED PENSION SCHEME (累進年金制度) / NON-CONTRIBUTORY PENSION SCHEME (非拠出年金制度) / OCCUPATIONAL PENSION SCHEME (企業年金制度) / PERSONAL PENSION SCHEME (個人年金制度) / STAKE-HOLDER PENSION SCHEME (預かり人年金制度) / State Earnings-Related Pension Scheme (所得比例公的年金制度).

pénsion sháring òrder《英》年金分割決定《離婚が認められる際に裁判所が下す決定で, 無年金ないしは僅少の年金しかない一方の配偶者に主たる生計維持者たる他方の配偶者の年金の一部をその人自身の権利で給付されるようにするか, あるいはその人自身の年金の中に一定割合を移して受け取れるようにすること; 年金の配分指定 (pension earmarking) と違い裁判上の別居にはこの制度は適用されない》.

pénsion trùst 年金信託. ▶ INDIVIDUAL POLICY PENSION TRUST (個人生命保険年金信託).

Pen·ta·gon /péntəgàn/ [the ~] ペンタゴン《1》Virginia 州 Arlington にある外郭五角形の庁舎; 陸軍司令部・国防総省がある 2》米国国防総省・米軍当局の俗称》.

pént róad /pént-/ 袋小路.

pe·num·bra /pənʌ́mbrə/ *n* (*pl* ~**s**, **pe·num·brae** /pənʌ́mbriː/) 1《太陽黒点周辺や日食月食の》半影(部). 2 周辺部;《保障対象である》半影[周縁]的権利《米国で, 特にプライバシー権 (right of privacy) について, 権利章典 (Bill of Rights) の明示的規定は明示的にそれよりも広い権利の保障をしている周縁部をもっているという合衆国裁判所の判断を示すのに用いられる》. **pe·núm·bral** *a*

penúmbra dòctrine《米》半影[周縁]部理論《明文での準則の周辺に黙示の準則が存在すること; 特にアメリカ合衆国憲法の権利章典 (Bill of Rights) の人権保障規定の周辺に黙示の権利の保障, 特にプライバシーの権利の保障が含まれているという法理》.

pe·on /píːən, -àn/ *n* (*pl* ~**s**, **-o·nes** /peióuniz/)《中南米で, 単純作業の》労働者, 日雇い人;《メキシコ・米国南西部の》債務強制労働者. [Port and Sp<L=walker]

peon·age /píːənidʒ/ *n* 債務強制隷属労働.

peo·ple /píːpl/ *n* 1 人びと, 世人; 国民, 民族;《一地方の》住民; 人民, 庶民; 従者, 仲間. ▶ CONGRESSPEOPLE (下院議員) / INDIGENOUS PEOPLE (原住民) / LAY PEOPLE (俗人; 素人; 陪審員) / SOVEREIGN PEOPLE (主権たる国民). 2 [ᴾP-]《米》《刑事裁判の》検察側, 訴追側: *P*- v. John Smith (検察側対)ジョン・スミス事件. [AF<L *populus*]

Péople's Chárter [the ~]《英史》人民憲章《1837年に始まるチャーティスト運動 (Chartism) の呼称のきっかけにもなったロンドン労働者協会 (London Working Men's Association) の議会改革要求 (1838 年公表) で, 男子普通選挙権, 無記名投票, 議員への歳費支給, 財産による議員資格制限の撤廃, 選挙区の均等有権者数制, 議会の毎年開会の6項目を掲げた; ⇨ CHARTISM》.

péople's cóurt 1《一般の人びとが簡易手続きで紛争を解決してもらえる》小事件裁判所 (cf. SMALL CLAIMS COURT). 2 人民裁判; 人民裁判所. 3 [P- C-]《史》《ドイツの, ナチ下での》国事裁判所.

péople-smùggling *n*《報酬を得ての》違法入国援助(罪) (cf. HUMAN TRAFFICKING, SMUGGLING).

PEP《英》°personal equity plan 個人株式投資プラン(**Pep** /pép/ ともいう》.

pépper·còrn *n* 1 胡椒の実. 2 **a** "名目的地代 (peppercorn rent). **b** 名目的約因 (=NOMINAL CONSIDERATION).

péppercorn rènt" 名目的地代: pay a ~ / lease a property for [at] a ~.

per /pər, pɚːr/ *prep* 1 ...につき, ...ごとに: $10 ~ [WEEK] 1 人[1 週]につき 10 ドル. **2 a** ...で, ...によって, ...に託して: ~ post [rail] 郵便[鉄道]で. **b** ...による執筆の: ~ Justice Smith スミス裁判官による執筆の(多数意見)《合議体を構成する裁判官の多数が同意した意見であるが, 執筆者はスミス裁判官であることを示す判例引用の慣例的用法; cf. PER CURIAM, PER CURIAM OPINION》. **c** ...により, ...に従って (=AS PER): ~ your request ご要求どおりに(). [L=through, by, for, for each]

per·am·bu·la·tion /pəræmbjəléɪʃ(ə)n/ *n* 1 巡

回, 巡視,《土地境界の》踏査. **2** 巡回[踏査, 測量]区. **3** 踏査報告書.

per an·num /pər ǽnəm/ *adv* 1 年につき, 1 年ごとに, 毎年 (yearly)《略 **per an(n).**, p.a.》: The rent is $3000 ～. ［L＝by, for, or in each year］

P/E ratio /píːíː/ 一/《証券》株価収益率 (=PRICE-EARNING RATIO).

per au·tre vie /pər óutrə víː/; *F* pεr otr vi/ 他人の生涯の間 (⇨ PUR AUTRE VIE). ▶ESTATE PER AUTRE VIE (他生涯不動産権). ［F＝for another's life］

per cap·i·ta /pər kǽpətə/ *adv, a* 一人当たり(の), 頭割りで(の) (=by heads) (cf. IN CAPITA, PER STIRPES, SHARE AND SHARE ALIKE): average income ～＝～ income 個人の平均収入 / ～ expenditure 一人当たりの費用. ［L＝by (the) heads］

per cápita tàx 人頭税 (poll tax).

per cápita with represèntátion 代襲相続人を含めての均等分割で《相続する》《遺言者よりも先に死亡した受遺予定者の代襲相続人を含めて受遺者間で遺産を均等分割すること; 例えば 遺言者に 3 人の子がいて, その中の 1 人が 2 人の子を残して遺言者より先に死亡している場合, 孫に当たる 2 人も親の分 (全体の 3 分の 1 の 2 分の 1, すなわち 6 分の 1 ずつ) を配分されるという趣旨》.

percéntage deplètion《米税制》割合法減耗償却, 比率法減耗控除《石油・天然ガス資産に対する課税所得計算で総所得から減耗償却 (depletion) として控除される額を決定する一方式; 一定率を総所得に乗じて定める》.

percéntage lèase 割合賃料による(不動産)賃貸借, 歩合制リース［賃貸借契約］《劇場・ショッピングセンター内の小売店などで多く利用されるが, その賃貸料が定額でなく, 典型的には最低額を定めた上で売上高や利益の一定割合であるもの》.

percéntage òrder 後付け注文《証券売買の注文方法の一つで, 特定銘柄が一定数取引された後に, その売買注文を執行するよう指示すること》.

per·cep·tion /pərsépʃ(ə)n/ *n* **1 a** 知覚(力); 認知,《鋭い》理解(力), 直覚(力). **b** 知覚されたもの, 心像, 概念. **2**《ローマ法・大陸法》《賃借料・作物・利益金などの》収受, 取立て. ～**·al** *a*

per·cíp·i·ent wítness /pərsípiənt-/ 知覚証人《自分の五感で知覚したことを証言している人; ⇨ EAR-WITNESS, EYEWITNESS》.

pér·co·la·ting wàter /pə́rkəlèitiŋ-/ 一定の水路によることなく流れる水《雨水など; 原則として土地の一部とみなされる》.

per con·tra /pər kántrə/ *adv* **1** 他方, 一方 (on the other hand). **2** これに反して, 反対に (on the contrary). **3** 相手方に. **4**《簿記》対照として, 見返りとして (=as per contra)《相対記入 (contra entry) がなされた場合を示す語》. ［L＝by contrast］

per cur. °**per curiam** 裁判所により［よる］, 全裁判官により［よる］.

per cu·ri·am /pər k(j)úəriàːm/ *adv, a* 裁判所によ り［よる］, 全裁判官(一致)により［よる］ (by the COURT)《無記名の判決・意見についていう; 略 **per cur.**; cf. PER》: a ～ decision. — *n* PER CURIAM OPINION. ［L＝by the court］

per cúriam opínion 裁判所による意見《合議体を構成する裁判官全員一致の意見; しかし意見執筆者は匿名; 単に **per curiam** ともいう; cf. PER》.

per di·em /pər díːəm, -dái-; pə díːèm, -dái-/ *adv* 一日につき, 日割りで. — *a* 一日当たりの, 日割りの; 日当制の: ～ interest 日歩. — *n* **1** 日当, 旅費日当; 日給. **2** 一日当たりの賃料. ［L＝by the day］

per·du·el·lio /pə̀ːrd(j)uélio/ *n*《ローマ法》謀反(罪), 反逆(罪), 国家[政府]に対する敵意 (treason). ［L (*perduellis* enemy)］

per·dúrable /pər-/ *a* **1** もちのよい, 永続する; 不変の, 不朽の. **2**《不動産権》永続的な, 恒久的な.

pe·remp·tion /pərémp(ʃ)(ə)n/ *n*《大陸法》滅効(期間)《一定期間の経過によって一定行為の効力が, それを基礎づける権利に影響を与えることなく消滅すること, またはその期間; cf. PRESCRIPTION》.

pe·remp·tive /pərém(p)tɪv/ *a*《大陸法》滅効の[した], 滅効に関わる, 滅効させる.

pe·remp·to·ry /pərém(p)t(ə)ri, *péremptɔ̀ːri/ *a* **1** うむを言わせぬ, 断固たる《命令など》. **2** 決定的な, 絶対の; 理由不要の, 恣意[専断]的な; 圧制的な, 独断的な, 横柄な. — *n* PEREMPTORY CHALLENGE. **pe·rémp·to·ri·ly** *adv* -**ri·ness** *n* ［AF＜L＝deadly, decisive (*perempt- perimo* to destroy)］

perémptory chállenge 理由不要の(陪審員)忌避, 専断的忌避 (=challenge without cause, peremptory strike)《陪審員候補者から陪審員を選ぶに当たり理由を示さずに一定数まで忌避できる両当事者の権利; 英国では 1988 年廃止; 米国でも人種・民族を理由にしているとの申し立てがある場合には, 差別でない理由を示さねばならなくなっている; cf. CHALLENGE FOR CAUSE, SIGHT STRIKE》.

perémptory dáy《裁判所が指定した》変更不能期日, 不変期日.

perémptory defénse 無訴権の防御《原告の訴権を否定するないしは訴権が消滅したことを主張する防御》.

perémptory excéption 訴え棄却抗弁《原告主張の権利侵害には法的救済手段が存在しないとか, 不可欠な当事者が含まれていないとか, 既判力ないし時効を理由にした抗弁》.

perémptory instrúction 終局的説示《裁判官による陪審に対する説示 (jury instruction) で, 一方当事者の勝訴を指示するなど, 陪審が従わなければならない明示的指示》.

perémptory mandámus 最終的職務執行令状《選択的職務執行令状 (alternative mandamus) に対し, 被告が履行をしなかった場合あるいはその十分な理由を示さなかった場合に発せられる令状で, 被告に当該行為を行うように無条件で絶対的に命ずること》.

perémptory nórm 〖国際法〗強行規範 (＝JUS COGENS).

perémptory pléa 決定的答弁 《訴えの本案に対する訴え棄却答弁》.

perémptory rúle 《応答する機会もなしに絶対的に従うことを命ずる裁判所の》確定的命令.

perémptory stríke ＝PEREMPTORY CHALLENGE.

perémptory wrít 非選択的令状, 絶対[無条件]令状《訴訟開始令状 (original writ) の一類型で, 通常の損害賠償請求訴訟のように被告に原告の訴えに答えるべく裁判所に出廷することを命ずる令状; cf. ALTERNATIVE WRIT, OPTIONAL WRIT》.

per・fect /pə́:rfikt/ *a* 完全な. — *vt* /pərfékt, *pə́:rfikt/ 仕上げる; 遂行する; 完成する; …のすべての必要な法的手続きを完了する: ～ a SECURITY INTEREST / ～ the title 権原を完全にする (➡ PERFECT TITLE).

pérfect attestátion cláuse 《遺言状に完全履行された旨が証人により付記される》完全履行証明条項.

pérfect defénse 完全な正当防衛《法的要件を完全に満たした正当防衛; cf. PERFECT SELF-DEFENSE, IMPERFECT DEFENSE》.

perféct・ed *a* 1 完成した, 完了した. 2《担保権が》対抗力を具備した.

perfécted secúrity ìnterest 対抗力具備担保権《第三者に対する対抗力を具備すべく制定法上の手続き要件をすべて満たした担保権; cf. *perfect a* SECURITY INTEREST; opp. *unperfected security interest*》.

pérfect équity エクイティー上の完全な権利《例えば, 不動産権購入者が代金全額を支払ったがいまだその捺印証書 (deed) を得ていない場合のエクイティー上の権原のように, コモンロー上の権原・権利としてはただ正式の不動産譲渡(手続き) (conveyance) や占有付与 (investiture) が欠けているエクイティー上は完全な権利》.

perféct・ing báil 《裁判所による》保釈保証人適格証明 (cf. JUSTIFICATION, *justify* BAIL).

pérfect ínstrument 《作成・交付され, かつ公けに登録された》完全法律文書[証書].

per・féc・tion /pərfékʃ(ə)n/ *n* 1 完全(無欠), 完璧; 完備; 完成, 完了, 仕上げ. ➤ IMPERFECTION (不完全). 2《担保権の》対抗力の具備,《対抗力の具備による》担保権設定手続きの完了[具備] (cf. ATTACHMENT). 3 熟達, 完徳, 円満, 極致, 理想, 卓越. 4 完全な人[もの].

pérfect ríght 《裁判所によって強行可能な》完全な法的権利 (opp. *imperfect right*).

pérfect sélf-defénse 《法的要件を完全に満たした》完全な正当自己防衛 (cf. PERFECT DEFENSE, IMPERFECT SELF-DEFENSE).

pérfect ténder 完全な履行の提供, 完全な弁済の提供《売主・債務者が買主・債権者と結んだ契約条件に完全に一致した形での履行の提供をすること》.

pérfect ténder rùle 完全な履行の提供の準則《売主・債務者の完全な履行の提供 (perfect tender) でない限りは買主・債権者はこれを拒否できるという原則; cf. SUBSTANTIAL PERFORMANCE DOCTRINE》.

pérfect títle 完全権原 (1) 単純封土権 (fee simple) 2) 不動産に対する絶対的権原を有するのにそれ以上に一つ法的行為を要しないような権原, 例えば未抹消の担保物権などのない権原 3) 争訟の原因となるような明白な瑕疵のない権原 4) コモンロー上の権原とエクイティー上の権原の双方をそなえた権原 5) あらゆる合理的な疑問をはさむ余地のない有効な権原》.

pérfect trúst 完成信託 (＝EXECUTED TRUST).

per・fórm /pərfɔ́:rm/ *vt* 1 する, なす, 行なう,《儀式など》執り行なう. 2《任務・約束・契約など》果たす, 実行する, 履行する, なし遂げる, 遂行する. 3 実演する;《劇》を公演する;《役》を演ずる; 演奏する. — *vi* 1 実行する, 行なう, 成し遂げる. 2《契約など》履行する. 3《聴衆・観衆の前で》演ずる.

perfórm・ance *n* 1 **a** する[行なう]こと, 実行,《契約・債務などの》履行, 成就 (cf. MISPERFORMANCE, NONPERFORMANCE): discharge by ～ 契約の履行による責任解除), 債務履行. **b** 仕事, 作業, 動作, ふるまい. **c** 善行, 功績, 偉業. ➤ COURSE OF PERFORMANCE (履行過程) / DEFECTIVE PERFORMANCE (瑕疵ある履行) / DELEGATION OF PERFORMANCE (履行の委任) / FUTURE PERFORMANCE (将来の履行) / IMPOSSIBILITY OF PERFORMANCE (履行不能) / IMPRACTICABILITY OF PERFORMANCE (実行困難性) / MISPERFORMANCE (誤った履行) / NONPERFORMANCE (不履行) / OFFER OF PERFORMANCE (履行の提供, 履行能力の保証) / PART PERFORMANCE (一部履行; 一部履行の法理) / PLACE OF PERFORMANCE (履行地) / SIMULTANEOUS PERFORMANCE (同時履行) / SPECIFIC PERFORMANCE (特定履行) / SUBSTANTIAL PERFORMANCE (実質的履行) / SUBSTITUTED PERFORMANCE (代替履行) / TENDER OF PERFORMANCE (履行の提供) / VICARIOUS PERFORMANCE (代理履行). 2 実演 [演奏, 演技, 公演, 上演](の手際[巧拙, でき]); 興行, 余興; 芸当. 3 目標達成能力, 遂行能力, パフォーマンス. 4《機械などの》性能;《投資などの》成果, 投資収益.

perfórmance bònd 履行保証証書《一般に, 契約を時機を失せず履行する旨の保証証書を指すが, 特に建設工事などの請負業者が契約を誠実に履行することを保証し, 履行しなかった場合みずからが履行するかあるいは記載された額までの損害賠償金を支払う旨の第三者の保証証書; 後者の場合は completion bond (工事完成保証証書) と同義となる; cf. CONTRACT BOND, GUARANTY BOND, SURETY BOND》.

perfórmance of cóntract 契約の履行.

perfórm・er *n* 1 実行[遂行, 成就]者, 履行者. 2 名人, 選手. 3 実演家, 役者, 演者, 演奏者, 歌い手, 軽業師.

perfórmer's ríght 《著作権法の》実演家の権利.

perfórming ríght 《著作権のある作品の》実演権.

Perfórming Ríght Tribúnal [the ～]《英史》

実演権審判所《演劇・音楽等の放送を含む実演 (performance) の許可をめぐる紛争を裁くために 1956 年法で創設された審判所; 1988 年法で著作権審判所 (Copyright Tribunal) となった》.

Pe·ri·cu·lo·sum est res no·vas et inu·si·ta·tas in·du·ce·re. /pεrɪkjulóυsəm εst ríːz návæs εt ɪnəsitáːtèɪs ɪndjúːsεrε/ 新しく通例でないことを導入することは危険である. [L＝It is dangerous to introduce new and unusual things.]

Pe·ri·cu·lum rei ven·di·tae, non·dum tra·di·tae, est emp·to·ris. /pεrík(j)υləm ríːaɪ véndɪti nándəm trǽdɪti εst εmptóʊrɪs/ 売却されいまだ引き渡されていない物の危険は, 買主に属する. [L＝The risk for a thing sold, but not yet delivered, is that of the buyer.]

per·il /pérəl/ n **1** 危険, 危難《danger よりも差し迫って起こる可能性のある危険》. ▶ DISCOVERED PERIL (発見された危険(の法理)) / IMMINENT PERIL (急迫した危険) / INESCAPABLE PERIL (のがれがたい危険). **2**《保険契約における損害発生事由としての》危険(事実) (cf. RISK). ▶ EXCEPTED PERIL (除外危険) / MARINE [MARITIME] PERIL (海(固有)の危険).

péril of the séa《海上保険》海(固有)の危険 (＝danger of the sea, marine peril, maritime peril)《海洋または航海中の船舶に固有の危険で船主またはその使用人が通常 予想できず防止しえない出来事; 沈没・坐礁・衝突などがその例; 時に海賊による捕獲・略奪も含む》.

per in·cu·ri·am /pər ɪnkjúəriəm/ adv, a《裁判官などの》不注意のために[の], 不注意によって[よる]. [L＝through carelessness]

per in·for·tu·ni·um /pər ɪnfərt(j)úːniəm/ a, adv 偶発事故による[よって]. ▶ HOMICIDE PER INFORTUNIUM (偶発事故による殺人). [L＝by misfortune]

pe·ri·od /píəriəd/ n 期間; …時, 時代; 時期; 周期. ▶ ACCOUNTING PERIOD (会計年度; 課税年度) / ADMINISTRATION PERIOD (遺産管理期間) / COOLING-OFF PERIOD (冷却期間; クーリングオフ期間) / DEFERRAL PERIOD (猶予期間) / ESCAPE PERIOD (労働組合脱退許容期間(条項)) / GAP PERIOD (時間差) / GRACE PERIOD (猶予期間) / HOLDING PERIOD (保有期間) / PAYBACK PERIOD (返却期間; 回収期間) / PERPETUITY PERIOD (引延ばし処分期間) / QUALIFYING PERIOD (受給資格期間) / REHABILITATION PERIOD (社会復帰期間) / RENTAL PERIOD (賃貸料支払い単位期間) / TRIAL PERIOD (試用期間) / WAITING PERIOD (待機期間).

pe·ri·od·ic /pìəriádɪk/ a 周期的な, 定期の, 定時の.

pe·ri·od·i·cal /pìəriádɪk(ə)l/ a 定期刊行の; 定期刊行物(用)の; 周期的な, 定時の. — n《日刊新聞を除く》定期刊行物, 雑誌.

periódic álimony 定期払い離婚[別居]扶助料 (＝PERMANENT ALIMONY).

periódic(al) páyments pl 定期的支払い《例え ば, 離婚した配偶者への週ないしは月毎になされる扶養料などの支払い; 単数形はその一回分》.

periódic estáte 自動更新定期不動産権 (＝PERIODIC TENANCY).

periódic ténancy《年単位・月単位・週単位でのアパートの賃貸契約などの》自動更新定期不動産権, 自動更新借家権 (＝periodic estate) (cf. MONTH-TO-MONTH LEASE, RENTAL PERIOD, WEEKLY TENANCY). ▶ STATUTORY PERIODIC TENANCY (制定法上の自動更新借家権).

périod of nótice《退職・解雇などの》告知期間.

pe·ríph·er·al ríght /pəríf(ə)rəl-/ 周辺的権利, 派生的権利.

pe·riph·ra·sis /pərífrəsəs/ n (pl **-ses** /-sìːz/) **1** 迂言法. **2** 迂言的表現, 冗長な表現. **peri·phras·tic** /pèrəfrǽstɪk/ a

pér·ish·able góods /pérɪʃəb(ə)l-/ pl 腐敗性物品 (＝bona peritura)《性質上腐敗ないしは減価が速い物》.

pérished góods pl 損傷(物)品《完全に壊れているか契約で定められた物とは言えないほど損傷されている物》.

peri·wig /périwɪɡ/ n《特に法律家 (lawyer) のかぶる男性用》かつら. **péri·wigged** a

per·jure /pə́ːrdʒər/ vt [ʊrflx] 偽誓させる: ~ oneself 偽誓[偽証]する. **pér·ju·ror, pér·jur·er** n 偽証者, 偽証人. [OF＜L (juro to swear)]

pér·jured a 誓いを破った, 偽誓した, 偽証した; 偽証の: a ~ witness 偽誓証人 / ~ testimony 偽誓証言.

per·ju·ri·ous /pərdʒúəriəs/ a PERJURED, 偽誓の, 偽証の: ~ statements. **~·ly** adv

per·ju·ry /pə́ːrdʒ(ə)ri/ n **1** 偽誓(罪), 偽証(罪) (＝false oath, forswearing)《不実証言 (false testimony) と異なり, 宣誓したにもかかわらず知りながら意図的に不実陳述 (false statement) をすることで, 犯罪; cf. FALSE STATEMENT, FALSE SWEARING》: on a charge of ~ ＝ on a ~ charge 偽誓罪で. ▶ SUBORNATION OF PERJURY (偽誓教唆(罪)). **2** 誓約[約束]を破ること.

pérjury tràp dòctrine 罠としての偽誓罪の法理《訴追側が偽誓罪 (perjury) に対する証拠を得ようとしてある人を大陪審の証人として呼び, その証言自体を偽誓罪として訴えた場合に, 特にその証言が先の大陪審の調査の重要問題に関連してない時には, その起訴を棄却せねばならないという法理》.

perk /pə́ːrk/ n [ʊpl]《口》PERQUISITE.

per le·gem ter·rae /pər líːdʒəm tériː/ 国法により. [L＝by the law of the land]

pérmanency hèaring《米》《子供の》恒久的身分決定審理《里子 (foster) として養育されている子供の将来の恒久的身分を決定するための裁判所での審理手続き; かつては disposition hearing (最終処分決定審理) と呼ばれていた》.

pérmanent abóde 永久的所在地 (⇨ DOMICILE).

pérmanent álimony 永久的離婚[別居]扶助料 (=periodic alimony)《一方が死亡するまでまたは裁判所が定めた時まで週・月ごとに定期的に支払われる離婚[別居]扶助料 (alimony); ⇨ ALIMONY》.

pérmanent commíttee 常任委員会 (= STANDING COMMITTEE).

Pérmanent Cóurt of Arbitrátion [the ~] 『史』常設仲裁裁判所《1899年のハーグ平和会議 (Hague Peace Conference) で採択された国際紛争平和的処理条約 (Convention for the Pacific Settlement of International Disputes) に基づき1901年オランダの The Hague に設立; 常設の裁判官名簿から当事国が協議して裁判官を選び紛争解決の付託する; ハーグ仲裁裁判所 (Hague Tribunal) とも通称される; 1921年の常設国際司法裁判所 (Permanent Court of International Justice) の成立以来利用されなくなった; 略 PCA》.

Pérmanent Cóurt of Internátional Jústice [the ~]『史』常設国際司法裁判所《1921年国際連盟規約 (Covenant of the League of Nations) に基づいてその付属機関としてオランダの The Hague に設置; 1940年に活動停止し, 第二次大戦後1946年に国際連盟と共に消滅したが, 国際連合の主要機関である国際司法裁判所 (International Court of Justice) にわずかな改正が加えられただけで実質的に継承されている; 略 PCIJ》.

pérmanent disabílity 永続的労働能力喪失.

pérmanent emplóyment 恒久的雇用.

pérmanent estáblishment 恒久的施設《国際的二重課税を防止するための租税条約上 事業所得をいずれの国が課税するのかを決める基準となる語で, 企業がその事業の全部または一部を行なっている一定の場所である恒久的施設に帰属する事業所得が, その施設の存する国の課税所得となる》.

pérmanent guárdian 永続的後見人 (⇨ PERMANENT WARD).

pérmanent injúnction 本案的差止め命令, 終局的差止め命令 (=final injunction, perpetual injunction)《本案について最終的審理をした後に出される差止め命令で, 差止め訴訟の終局判決》.

pérmanent ínjury 1 結果永続的権利侵害《権利侵害行為自体は終わったが, その結果が例えば永続的労働能力喪失 (permanent disability) を招くなど永続して救済されないような権利侵害》. 2 土地への永続的権利侵害《その結果土地は譲与者 (grantor) に復帰するが, あるいは残余権者 (remainderman) が直ちにその占有権を与えられることになる》.

pérmanent núisance《合理的な費用では除去しきれないような》永久的不法妨害[ニューサンス]《例えば土壌の化学物質による汚染など; cf. TEMPORARY NUISANCE》.

Pérmanent Sécretary《英》事務次官《略 PS; ⇨ SECRETARY》.

pérmanent státute 永続的制定法 (=PERPETUAL STATUTE).

pérmanent tréspass 継続的侵害《同一性質の侵害が継続してなされ, 一連の侵害が全体で一つのより悪質の侵害になるもの》.

pérmanent wárd 永続的被後見人《自然の後見人 (guardian by nature) である親の親権 (parental rights) が裁判所により消滅させられたため永続的後見人 (permanent guardian) が付けられている被後見人; cf. TEMPORARY WARD》.

per mí·nas /pər mínəs/ 脅しによる. ▶ DURESS PER MINAS (脅しによる強迫). [L=by menace]

permíssible appointée 指名権許容対象者, 指名対象者, 指名権の対象者, 被指名権者 (=object of a power, object of the power (of appointment)) (⇨ POWER OF APPOINTMENT).

per·mis·sion /pərmíʃ(ə)n/ n 許可, 免許, 許容, 許諾, 認可: without ~ 許可なく / ask for ~ 許可を求める / grant ~ 許可を与える, 認可する. ▶ LICENSEE BY PERMISSION (許可に基づく立入り被許可者) / PLANNING PERMISSION (計画許可).

per·mis·sive /pərmísiv/ a 許す, 許可する; 大目に見る, 寛大な, 許容する; 許された, 許可に基づく; 黙認の; 任意の; 土地所有者の許可[許容]に基づく通行できる〈道〉. **~·ly** adv **~·ness** n

permíssive cóunterclaim 任意的反訴《反訴 (counterclaim) のうち提起するか否かが被告の意思に任されているもの; たとえ提起しなくとも後に別の訴訟に提起できる; cf. COMPULSORY COUNTERCLAIM》.

permíssive ínference 許容的推論 (=PERMISSIVE PRESUMPTION).

permíssive intervéntion《裁判所の》許可に基づく訴訟参加 (cf. INTERVENTION OF RIGHT).

permíssive jóinder《請求内容ないしは法律・事実問題が共通している》当事者の任意的併合 (cf. COMPULSORY JOINDER, JOINDER OF PARTIES).

permíssive presúmption 許容的推定 (=permissive inference)《事実認定者が一定の事実から推認するか否かの自由を有している推定; cf. CONCLUSIVE PRESUMPTION》.

permíssive státute 許容的制定法《権限を付与はするが, その行使を強制しない制定法; cf. DIRECTORY STATUTE, MANDATORY STATUTE》.

permíssive úse 1『史』許容ユース《死手譲渡 (mortmain) や封建法上の没収 (forfeiture) など保有者にとって不利な封建法を脱法する手段としてユース法 (1535年) (Statute of Uses (1535)) までエクイティー上許容されていた受動ユース (passive use); ⇨ PASSIVE USE》. 2《不動産の所有者による》許可の下での使用[利用].

permíssive wáste 不作為による《不動産》毀損《不動産の保有者, 特に賃借人が通常の修繕をしなかったための不動産毀損; cf. COMMISSIVE WASTE》.

per·mit v /pərmít/ vt 1 許す, 許可する. 2 …させて

おく, 黙認[容認, 許容]する. — vi 許す, 差しつかえない, 認める, 容れる. — n /pá:rmit, *pərmít/ 許可; 許可証, 免許状; 証明書. ▶ BUILDING PERMIT (建築許可(証)) / ENTRY PERMIT (入国許可証) / ENVIRONMENTAL PERMIT (環境許可証) / EXIT PERMIT (出国許可証) / EXPORT PERMIT (輸出許可証) / IMPORT PERMIT (輸入許可証) / INTERNATIONAL DRIVING PERMIT (国際自動車運転免許証) / RESIDENCE PERMIT (在留許可証) / SPECIAL PERMIT (特別許可) / SPECIAL USE PERMIT (特別利用許可証) / WORK PERMIT (労働許可(証)).

pérmit bònd 許可保証証書 (=LICENSE BOND).

per·mu·ta·tion /pə̀:rmjutéiʃ(ə)n/ n 1《ローマ法・大陸法》交換, 物々交換. 2 入れ換え, 交代, 並べ替え. 3 変更.

per my et per tout /pər mí: ei pər tú:(t); F pεr mi εt pεr tu/ 合有状態の[で] (⇒ JOINT TENANCY). [F=by the half (moiety), and by the whole]

per·nan·cy /pá:rnənsi/ n《史》取得, 取立て, 受領, 《特に》土地収益の取得[受領]《地代その他, 土地からの利益を得ること》. [AF (prendre to take)]

per·nor /pá:rnər, -nɔ̀:r/ n《史》(利益)取得[受領]者, 《特に》土地収益取得[受領]者. [AF (prendre to take)]

per·pe·trate /pá:rpətrèit/ vt《悪事・過失などを》犯す, 行なう, なす, しでかす.

per·pe·tra·tion /pə̀:rpətréiʃ(ə)n/ n《犯罪の》遂行.

pér·pe·trà·tor n 犯罪実行者.

per·pét·u·al annúity /pərpétʃuəl–/ 永続年金 (=perpetuity)《(1) 期間の限定のない永続的年金 2) 年金受給権者として最初に定めた人の生涯を超えて存続する年金》.

Per·pe·tua lex est nul·lam le·gem hu·ma·nam ac po·si·ti·vam per·pe·tu·am es·se; et clau·su·la quae ab·ro·ga·ti·o·nem ex·clu·dit ab ini·tio non va·let. /pεrpétjuə léks εst nálam léʤəm huméinəm æk pàzitáivəm pεrpétjuəm εsə εt klɔ́:sələ kwi æbrəgéiʃíounεm εksklú:dit æb iníʃiou nan vǽlεt/ いかなる人定の実定法も永遠ではないというのが永遠の法である. それで廃止を排除する条項は最初から無効である. [L=It is a perpetual law that no human and positive law is to be perpetual; and a clause that excludes abrogation is void from the beginning.]

perpétual fréehold 永久的自由土地保有(権)《ある人に生涯の間譲与し, その残余権 (remainder) をその人の法定相続人 (heir) に生涯の間譲与し, その残余権をその法定相続人の法定相続人に生涯の間譲与するという形で無限に同一家門に不動産が残るように設定される土地保有権; 限嗣封土権 (fee tail) の事実上の代替物》.

perpétual injúnction 本案的[終局的]差止め命令 (=PERMANENT INJUNCTION).

perpétual léase 1《存続期間に限定がなく義務違反がない限り存続する》永久的不動産賃貸借[賃借権]. 2 地代支払い義務付き封土権(授与) (=FEE FARM).

perpétual státute 永続的制定法 (=permanent statute)《効力期間の定めのない制定法; cf. TEMPORARY STATUTE》.

perpétual succéssion《法人構成員が変更しても法人が法的に存続する限りの法人としての》継続的存続.

perpétual trúst 永久信託《信託目的達成に必要な限り存続する信託; ⇒ RULE AGAINST PERPETUAL TRUSTS; cf. LIMITED TRUST》. ▶ RULE AGAINST PERPETUAL TRUSTS (永久信託禁止の準則).

per·pet·u·ate /pərpétʃuèit/ vt 永続させる, 永存させる, 不朽[不滅]にする. **per·pèt·u·á·tion** n

perpetuátion of téstimony《事実審理の時には出廷できなくなりそうな証人の》証言の証拠保全 (⇒ BILL TO PERPETUATE TESTIMONY).

per·pe·tu·i·ty /pə̀:rpət(j)ú:əti/ n 1 永続, 永久, 永存, 不滅, 永劫. 2 永続物, 永代物, 永続的地位[位階]; 永続年金 (=PERPETUAL ANNUITY). 3《財産権の》永久拘束, 永久拘束禁止の準則に違反する権利(設定). ▶ RULE AGAINST PERPETUITIES (永久拘束禁止の準則). 4 単利が元金と同一になる年数. **in [to, for]** ~ 永久に, 不朽に, 終期の定めなく: a lease in ~ = PERPETUAL LEASE.

perpetúity of the kíng [quéen]《英》国王の永続性《国王は死なず (the KING never dies) の法諺が示しているものと同じ内容で, 現実に国王が死んでもその瞬間に次の国王が即位するという法構成をとり, 王位の永久連続性を述べたもの》.

perpetúity pèriod 引延ばし処分期間《永久拘束禁止の準則 (rule against perpetuities) で許可されている, 将来権 (future interest) が確定的権利 (vested interest) になりうる期間; すなわち, 将来権設定時に生きている人の死後 21 年間以内; ただし, 権利者となる人はその胎児期間を加えうる; また英国では 1964 年法でこのコモンロー準則が緩和され, 形勢観望の原則 (wait and see principle) の導入, さらには処分者が 80 年を超えない範囲内で特定することも許されている; ⇒ RULE AGAINST PERPETUITIES, STATUTORY LIVES IN BEING》.

per pro·cu·ra·ti·o·nem /pər pràkjərèiʃíounεm/ adv 代理にて[として], 代理人として (=**per procurátion**)《略 **per proc., per pro.**, p.p.》: A per pro. B A に代わって B 代署す. [L=by proxy]

per·qui·site /pá:rkwəzət/ n 1《職務から生ずる》給与以外の利益《福利, 便宜》, 手当, 心付け, 役得《しばしば perk(s) という》. 2《史》《荘園領主の》不定期得利《僯憫罰 (amercement)・移転許可料 (fine for alienation)・不動産復帰 (escheat)・相続料 (relief)・後見権 (wardship) など》. 3《史》相続外(獲得)財産《相続以外の方法で得た財産》.

per quod /pər kwád/ adv, a それによって[よる] (cf. PER SE). ▶ ACTIONABLE PER QUOD (特定損害の立証を

要件として賠償請求しうる）/ DEFAMATION PER QUOD（特別の事情の立証により成立する名誉毀損）/ LIBEL PER QUOD（特別の事情の立証により成立する文書毀損）/ SLANDER PER QUOD（実害が伴えば成立する口頭毀損）．［L＝whereby］

per qúod consórtium (et ser·vi·ti·um) ami·sit /-(ɛt sərvíʃiəm) əmáɪzɪt, -sɪt, -əmíːsɪt/《史》配偶者権侵害（訴訟）(cf. CONJUGAL RIGHTS, CONSORTIUM, SERVICES OF WIFE) (⇨ TRESPASS PER QUOD CONSORTIUM (ET SERVITIUM) AMISIT). ［L＝whereby he has lost her society (and services)］

per qúod ser·ví·ti·um amísit /-sərvíʃiəm-/《史》家事労働力侵害（訴訟）(cf. LOSS OF SERVICES) (⇨ TRESPASS PER QUOD SERVITIUM AMISIT). ［L＝whereby he/she has lost his/her service］

per se /pər séɪ, -síː/ *adv, a* それ自体が[で]，それ自体，本質的に[な]，本来(的に)，〔法律上〕当然に[の] (cf. PER QUOD). ▶ ACTIONABLE PER SE（他の要件なしに賠償請求しうる）/ CONTRABAND PER SE（本質的禁制品）/ DEADLY WEAPON PER SE（それ自体で死をもたらしうる凶器）/ DEFAMATION PER SE（言辞自体で成立する名誉毀損，実害(の証明)なしに成立する名誉毀損）/ ILLEGAL PER SE（それ自体で違法な）/ LIBEL PER SE（文書の記述自体で成立する文書毀損）/ NEGLIGENCE PER SE（行為自体で成立する過失）/ NUISANCE PER SE（本質的不法妨害）/ SLANDER PER SE（実害(の証明)なしに成立する口頭毀損）．［L＝by itself］

per·se·cu·tion /pə̀ːrsɪkjúːʃ(ə)n/ *n*（特に宗教上の）迫害．

per sé rùle 1 当然適用準則 (＝flat rule)（特定状況を顧慮することなく適用される準則）．**2**《米》当然違法準則（米国の反トラスト法ではカルテル (cartel) と再販売価格維持 (resale price maintenance) はその事実があれば，その効果のいかんを問わずそれだけで違法とされるが，その原則; cf. RULE OF REASON).

persístent crúelty″《配偶者に対する》持続的虐待，執拗な虐待 (⇨ CRUELTY).

persístent offénder《史》常習犯 (＝RECIDIVIST).

persístent végetative státe（大脳機能が全く示されない）遷延性植物状態（略 PVS）．

per·son /pə́ːrs(ə)n/ *n* **1** 人，人間；（法人格をもった）人：the ~s named in the contract 契約記載人．▶ AGGRIEVED PERSON（利益を侵害された者）/ ARTIFICIAL PERSON（法人）/ ASSISTED PERSON（法律扶助を受けている人）/ ASSOCIATED PERSON（関係者）/ CHAIRPERSON（議長）/ COMMITTEEPERSON（委員，選挙区選挙対策委員長）/ CONGRESSPERSON（下院議員）/ CONNECTED PERSONS（関係者）/ CUSTOMER'S PERSON（証券販売員）/ DISABLED PERSON（(心身)障害者）/ DISAPPEARED PERSON（失踪者）/ DISORDERLY PERSON（治安[風紀]紊乱者）/ DISPLACED PERSON（強制移住者；流民）/ DIVERSITY OF PERSON（人違いの申し立て）/ FICTITIOUS PERSON（法人；架空の人）/ FOREPERSON（陪審長）/ HANDICAPPED PERSON（障害者）/ HOMELESS PERSON（ホームレス）/ INCAPACITATED PERSON（無能力となった[された]者）/ INSANE PERSON（精神障害者）/ INTERESTED PERSON（利害関係人）/ JURIDICAL PERSON（法人）/ JURISDICTION OF [OVER] THE PERSON（対人管轄権）/ JURISTIC PERSON（法的人格；法人）/ LAW OF PERSONS（人の法）/ LAYPERSON（素人，陪審員；俗人）/ LEGAL PERSON（法人）/ MAINTENANCE AGREEMENT BY DECEASED PERSON（配偶者であった死者による扶養取決め）/ MIDDLEPERSON（仲介者）/ MISSING PERSON（行方不明者）/ MORAL PERSON（法人）/ NATURAL PERSON（自然人）/ NONSKIP PERSON（世代飛越しをされていない者）/ PROTECTED PERSON（特別警護されている人；保護民）/ PRUDENT PERSON（分別人）/ REASONAL PERSON（通常人）/ SKIP PERSON（世代を飛び越された受益者）/ SPOKESPERSON（スポークスパーソン）/ STATELESS PERSON（無国籍者）/ SUSPECTED PERSON（被疑者）/ TAXABLE PERSON（付加価値税徴収義務者）/ THIRD PERSON（第三者）/ TRANSIENT PERSON（住所不確定者）/ TRANSSEXUAL PERSON（性転換願望者；性転換者）/ UNBORN PERSON（胎児；未生児）/ UNITY OF PERSON（夫婦一体(の原則)）/ VENIREPERSON（陪審員候補者）/ YOUNG PERSON（青少年）．**2** 身体．▶ CRIMES AGAINST PERSONS [THE PERSON]（人に対する罪）/ EXPOSURE OF PERSON（公然猥褻）/ LARCENY FROM THE PERSON（人からの窃盗）/ MALICIOUS INJURY TO THE PERSON（人に対する故意の権利侵害）/ OFFENSE AGAINST THE PERSON（人に対する犯罪）/ TRESPASS TO THE PERSON（人に対する侵害）．**3**《神学》ペルソナ，位格．**in ~ (1)**《代理でなく》自分で，本人が，みずから出頭して (opp. *by attorney*)：He had better go *in* ~．本人が行ったほうがよい．▶ LITIGANT IN PERSON（本人訴訟の訴訟当事者）．**(2)**《写真でなく》実物で，本人の．**in one's own [proper]** ~ ＝in PERSON．**in the ~ of** …の代わりに，…の代理で，…の名で．［OF＜L PERSONA］

per·so·na /pərsóunə/ *n* (*pl* *-nae* /-ni, -nàɪ/) 人，人間；（法人格をもった）人 (person)．［L＝actor's mask］

pérson·able *a* **1** 容姿[器量，性格]のよい，魅力のある，人柄のよい，人好きのする．**2**（法的）能力を有する：a ~ entity．

Persona con·junc·ta ae·qui·pa·ra·tur in·ter·es·se pro·prio. /-— kəndʒʌ́ŋktə ìkwìpərɛ́ɪtər ɪ̀ntərɛ́s prɔ́upriou/ 結びついている人格はその人自身の利益と同視される《血縁などで結びついている人の利益は本人の利益と同視されるの意》．［L＝A personal connection is equivalent to one's own interest.］

persóna de·sig·ná·ta /-dèzɪgnéɪtə/（明示的に）指定された個人．［L］

pérson aggríeved 利益を侵害された者《被害者，判決・処分などに対する不服当事者; aggrieved party と

persóna grá·ta /-grá:tə; *-gréitə/ (*pl* **persónae grá·tae** /-gréiti, -grá:-, -gréiti/) 好ましき人物, ペルソナ・グラータ《特に外交において, 接受国にとって容認しうる人物[外交官]; 略 p.g.; ⇨ AGRÉMENT; cf. PERSONA NON GRATA》. [L]

pérson·al *a* **1**《物と区別して》人の, 人格的な. **2** 個人の, 一身上の, 私の, 個人的な, 個人に向けられた; 本人の, 当人の, 当人だけの: a ~ matter 私事 / a ~ letter 私信 / ~ remarks 人身攻撃 / a ~ interview 個人面接, 直接面接. **3** 対人の, 人的な, 動産の (opp. *real*) (cf. IN PERSONAM). **4** 身体の, 人身の, 身体的な. — *n* [*pl*] 動産, 人的財産 (personal property). **~·ly** *adv* [OF<L; ⇨ PERSON]

pérsonal áct《英》人的特別議会制定法《特定個人に関する議会制定法; cf. SPECIAL STATUTE, ACT OF PARLIAMENT》.

pérsonal áction 人的訴訟, 対人訴訟 (=actio [action] in personam)《契約違反者・不法行為者などの特定人に対する人的請求原因に基づく訴訟で, 物自体の取り戻しを目的とする real action (物的訴訟) の対語; cf. MIXED ACTION》.

pérsonal allówances *pl*《英》《個人の所得税に関する》個人課税所得控除(額)《原則として英国内に住所を有するすべての個人を対象とする所得控除のほか, 年齢・婚姻・盲人であることを理由とする課税所得控除》.

pérsonal appéarance 本人出頭[出廷].

pérsonal ásset [°*pl*] 動産的資産, 人的財産, 動産的遺産 (cf. REAL ASSET).

pérsonal assístant 個人専属助手[アシスタント]《略 PA》.

pérsonal bías 個人的偏向.

pérsonal bónd 1 刑事被告人自身による無担保保釈保証証書 (cf. BAIL BOND). **2** 債務証書. **3**《スコットランド》無担保債務証書.

pérsonal cháttel =CHATTEL PERSONAL.

pérsonal chéck 個人小切手《個人が自分自身の口座から支払うものとして振出す小切手》.

pérsonal cóntract 1 人的財産(に関する)契約. **2** 一身専属契約《著述契約など, 契約当事者のみが履行しうる契約》. **3** 個人契約.

pérsonal cóvenant 人的約款《物的約款 (real covenant) の対語で契約当事者間のみに適用のある, 債権的性格しかもたない通常の約款; ⇨ COVENANT RUNNING WITH THE LAND》.

pérsonal crédit agréement《英》個人信用合意[契約]《会社などへの金融ではなく個人が債務者となる; cf. CONSUMER CREDIT AGREEMENT》.

pérsonal dáta 個人情報, ► PROCURING DISCLOSURE OF PERSONAL DATA (個人情報開示獲得) / SENSITIVE PERSONAL DATA (機密性個人情報).

pérsonal defénse 人的抗弁《特定の人に対してのみ主張しうる抗弁; 例えば流通証券の正当所持人に対し

て債務者は支払い拒否ができないが, その原因となった契約が無効であれば, 契約相手方に対してのみはその無効を理由に支払い拒否ができる; これに対して例えば必要な署名が偽造されているとか無能力者が発行した流通証券などの抗弁で, 上例の正当所持人を含むすべての権利主張に対して主張できる抗弁を物的抗弁 (real defense) という》.

pérsonal éasement 人的地役権 (=EASEMENT IN GROSS).

pérsonal efféct *pl* 身のまわり品, 所持品.

pérsonal équity plàn《英史》個人株式投資プラン《一定限度額までの個人の株式・株式信託投資に対しては, そのキャピタルゲインや配当金に課税しないとする投資奨励プラン; 1987 年導入; 1999 年以後は新規には認めず; 個人貯蓄口座 (Individual Saving Account) に代わっている; 略 PEP, Pep》.

pérsonal estáte 人的財産 (=PERSONAL PROPERTY)《略 p.e.》.

pérsonal évidence 人的証拠 (=TESTIMONY).

pérsonal exémption《税制》《所得控除のうち基礎控除・配偶者控除・扶養控除などの》人的控除.

pérsonal expénse《税制》個人的支出《業務上の必要経費 (business expense) と区別され課税の控除対象とならない; cf. BUSINESS EXPENSE》.

pérsonal góodwill 人的のれん (=individual goodwill, professional goodwill, separate goodwill)《企業を成功させるのに貢献している個人の技能・知識・訓練・努力・評判など》.

pérsonal hólding còmpany《米》同族持株会社, 同族会社《5 人以下の個人株主が会社の社外株式の 50% 以上を所有し, かつ所得の 60% 以上が投資・役務契約などの収入からなっている会社; 特別の罰則的課税対象となる》.

pérsonal íncome《税込みの》個人総所得.

pérsonal ínjury 1 身体への権利侵害, 人身被害. **2** 個人的権利に対する侵害.《》略 PI》

per·son·al·i·ty /pə̀:rs(ə)nǽləti/ *n* **1 a**《人に印象を与える表にあらわれた》個性, 人格, 人柄, 性格, パーソナリティー. **b** 人好きのすること; 魅力. **c** [°*pl*] 個人攻撃, 人物批評. **2** 個人, 人間; 特異な人;《ある方面の》有名人, 名士, パーソナリティー: a TV [radio] ~. **3**《場所・ものなどの》雰囲気. **4**《ある人物の》実在, 正体; 人としての存在, 人間; 法人格 (=LEGAL PERSONALITY). ► CORPORATE PERSONALITY (法人格) / LEGAL PERSONALITY (法人格) / UNITY OF PERSONALITY (夫婦一体(の原則)). **5**《まれ》人的財産, 動産 (personalty) (opp. *realty*). [OF<L (PERSONAL)]

personálity cùlt《政治的指導者に対する》個人崇拝.

pérsonal júdgment 人的判決 (1) 被告に人的責任 (personal liability) を課す判決; したがって被告の全財産に対して執行可能 2) 人的管轄権 (personal jurisdiction) を有する裁判所での判決 3) 物・権利・身分[地位]についての判決と区別される, 人に対する判決; judgment in personam (対人判決) ともいう).

pérsonal jurisdíction 対人(裁判)管轄権, 人的裁判権 (=in personam jurisdiction, jurisdiction in personam, jurisdiction of [over] the person)《特定の裁判所が特定の人に対して裁判をなしうる管轄権; cf. IN REM JURISDICTION, QUASI IN REM JURISDICTION, SUBJECT MATTER JURISDICTION, TERRITORIAL JURISDICTION》. ▶ GENERAL PERSONAL JURISDICTION (一般的対人管轄権) / SPECIFIC PERSONAL JURISDICTION (特定的対人管轄権).

pérsonal jústice《背後にあるより大きな原理には無関係な》当事者間のみの正義 (cf. SOCIAL JUSTICE).

pérsonal knówledge《人づてに得たことから信じたのではない》個人的知識[情報], 直接の認識[知識].

pérsonal láw 属人法《人がいかなる場所に行っても追随して適用される法; territorial law (属地法) に対する語》.

pérsonal liabílity 人的責任《人的に負うべき責任; したがってその者から権利侵害を受けた者は加害者のいかなる財産からも補償を得ることができる》.

pérsonal líberty 人身の自由 (=individual liberty)《公共の福祉を守るための法に触れない範囲で自分の意思のままに行動する自由; 特に 正当な手続きによらなければ身体を拘束されない自由や居住・移転の自由》.

pérsonal nótice 対人的通知《代理人を経ることなく直接・現実になされる通知》.

pérsonal pénsion plàn 個人年金制度.

pérsonal pénsion schème〖英〗個人年金制度 (cf. OCCUPATIONAL PENSION SCHEME).

pérsonal prívilege〖議会〗《議会議員個人にかかわる》議員の個人特権.

pérsonal próperty 1 人的財産(権), 動産 (=movable estate, movable preperty, movables, personal estate, personalty, things personal)《もともとは人的訴訟 (personal action) で保護される財産権で, 物自体の取り戻しを認める物的訴訟 (real action) で保護された物的財産(権) (real property) の対語; これには純粋動産 (chattel personal) と不動産的動産 (chattel real) が含まれる; しばしば前者の純粋動産の一つである動産 (movables) のみを指す》. ▶ TANGIBLE PERSONAL PROPERTY (有形人的財産). **2**〖税制〗《税金支払い者の営業などに用いられていない》個人財産.

pérsonal próperty tàx 動産財産税 (=personal tax).

pérsonal protéction òrder〖英史〗人身保護命令《妻や子供を家族の暴力から護るための裁判所命令; 1996 年法で暴力排除命令 (nonmolestation order) に代わった》.

pérsonal recógnizance 本人の誓約(による保釈)《保証人・保証金なしで刑事被告人みずからが期日に出廷することを誓約して身柄の拘束を解除してもらうこと, またはその誓約; cf. BAIL IN ONE'S OWN RECOGNIZANCE, O.R., RELEASE ON RECOGNIZANCE》.

pérsonal replévin 身柄取戻し訴訟《収監中あるいは他人が拘束中の人の身柄を取り戻す訴訟; 現在では身柄提出令状 ((writ of) habeas corpus) が多くこれに取って代わってしまっている》.

pérsonal represéntative 人格代表者 (=lawful representative)《遺産についての遺言執行者 (executor) および遺産管理人 (administrator) の双方を合わせた概念で, 死者の物的・人的財産すべてについてその人格を代表しているとみなされることからこう呼ばれる; cf. LEGAL REPRESENTATIVE; 略 PR》. ▶ LEGAL PERSONAL REPRESENTATIVE (法律上の人格代表者) / SPECIAL PERSONAL REPRESENTATIVE (特別人格代表者).

pérsonal ríght 1《その人の財産権からではなく個人としての身分・地位に基づく》人的権利. **2** 対人的権利 (=RIGHT IN PERSONAM).

pérsonal sécretary 個人秘書.

pérsonal secúrity 1 個人の安全, 身体の安全. **2**《債務履行を保証する債務者本人または保証人の》人的担保, 人的保証《物的担保 (real security) の対語》.

pérsonal sérvice 1《令状・訴訟書類などの》交付送達. **2** 人的奉仕(義務), 労務提供(義務).

pérsonal sérvice còntract《例えば 著述契約などの契約者自身による履行を要する》個人的役務提供契約.

pérsonal sérvitude 人役権《特定の人に対してのみ与えられる役権》.

pérsonal státute 属人制定法 (⇨ PERSONAL LAW).

pérsonal táx 1 人税《じんぜい》《所得税・相続税など主として人的側面に着目して課される租税; tax on goods and possessions (物税) の対語》. **2** 人頭税 (=POLL TAX). **3** 動産財産税 (=PERSONAL PROPERTY TAX).

pérsonal títhe 人的十分の一税《農業・牧畜以外の漁業・商業その他の人手を要する仕事からの収益に対する十分の一税; cf. MIXED TITHES, PREDIAL TITHE》.

pérsonal tórt《財産に対するのではなく人に対する》人的不法行為 (cf. PROPERTY TORT).

pérsonal trúst 個人信託 (=PRIVATE TRUST).

pérson·al·ty n 人的財産(権), 動産 (=PERSONAL PROPERTY) (opp. *realty*). ▶ QUASI PERSONALTY (準人的財産(権)). [AF < PERSONALITY]

pérsonal únion 同君連合, 人的国家結合《スコットランド国王 James 6 世がイングランド国王位に就き James 1 世となった 1603 年以降のイングランドとスコットランドのように同一君主が複数の国の王位を兼ねること; この段階では両国はそれぞれまだ独立国であり, 結合国家は国際法人格 (international legal personality) を有しない; ちなみに上記両国は 1707 年に初めて一つの国家となった; cf. REAL UNION》.

pérsonal wárranty 人的保証《他人の金銭債務の全部ないし一部を支払う約束から生ずる保証》.

persóna non grá·ta /-nən grɑ́ːtə, *-grǽtə/ (*pl* persónae non grá·tae /-grɑ́ːti, *-grǽti/) 好ましからぬ

ざる人物，ペルソナ・ノン・グラータ《特に外交において，接受国にとって容認できない人物[外交官]；略 p.n.g.；⇨ AGRÉMENT; cf. PERSONA GRATA》．[L]

per·son·ate /pə́ːrs(ə)nèit/ vt IMPERSONATE.

per·son·a·tion /pə̀ːrsənéiʃ(ə)n/ n 詐称，氏名[身分]詐称，偽称 (impersonation). ▶ FALSE PERSONATION (詐称罪).

pérson-en-dánger·ing státe of mínd 人を危険に陥らせんとする精神状態．

pérson in authórity 権限[支配権力]を有する人《特に自白 (confession) との関連で重要となる》．

pérson in lóco paréntis 親代わりの人《学校の先生のような一時的な場合も，継親 (stepparent) のような永続的な場合も含め，養子縁組をせずに親の義務を負っている人を指す；cf. IN LOCO PARENTIS》．

pérson of íncidence 義務負担者．
pérson of inhérence 権利帰属者．
pérson ùnder disabílity (法的)無能力者．

Per·spí·cu·a ve·ra non sunt pro·ban·da. /pərspíkjuə vérə nan sənt prəbǽndə/ 明白な真実は立証される要はない．[L＝Plain truths are not to be proved.]

per stir·pes /pər stə́ːrpiːz, pər stírpeɪs/ adv, a 株分による，代襲によって[よる] (＝by ROOTS)《相続に際して同順位の相続人中死亡者がいる場合は，死亡者の相続分をその直系卑属が代襲して取得する権利を有すること；cf. PER CAPITA, PER CAPITA WITH REPRESENTATION》．▶ HEIR PER STIRPES (代襲相続人). [L＝by roots [stocks]]

per·suade /pərswéid/ vt 説得する，説得して[説き伏せて，承伏させて]…させる〈to do, into doing〉．

persuáded conféssion 説得されてなした自白《犯罪について何も知らないがみずからの有罪を信じてなした虚偽の自白》．

persuáding to múrder 〘英〙謀殺説得罪《人に謀殺するよう説得したり勧めたりすることで，制定法上の犯罪》．

per·sua·sion /pərswéiʒ(ə)n/ n 説得，説き伏せる[承服させる]こと．▶ BURDEN OF PERSUASION (説得責任) / UNFAIR PERSUASION (不公正な説得).

persuásion bùrden 説得責任 (＝BURDEN OF PERSUASION).

persuásive authórity 説得的法源，参考的法源《同位ないし下位裁判所の判例，他の法域の判例や著書・論文などで，当該裁判所を拘束する効力はもたないが，裁判所を説得するために引用され，参照され判断の基礎となりうる典拠；cf. PERSUASIVE PRECEDENT, PRIMARY AUTHORITY, SECONDARY AUTHORITY》．

persuásive bùrden 説得責任 (＝BURDEN OF PERSUASION).

persuásive précedent 説得的[参考的]先例《他法域などの判例で，当該裁判所を拘束する効力はもたないが，裁判所を説得するために引用され，参照され判断の基準となりうる判例；cf. BINDING PRECEDENT, PERSUASIVE AUTHORITY》．

per·tain /pərtéin/ vi 1 付属する，属する〈to〉. 2 適する，似合う〈to〉. 3 関係する〈to〉: the law ～ing to social security 社会保障に関する法．[OF＜L pertineo to belong to]

per tes·tes /pər téstiːz/ adv 証人による．▶ PROBATE PER TESTES (証人による遺言検認). [L＝by witness]

per·ti·nent /pə́ːrt(ə)nənt/ a 1 直接関係のある，関連性のある: ～ testimony. 2 適切な，当を得た〈to〉. ── n [ᵖl] 〘主としてスコットランド〙従物，従たる権利，付属物[品]: parts and ～s 従物．[OF or L; ⇨ PERTAIN]

per to·tam cu·ri·am /pər tóutəm kjúəriəm/ 裁判官全員(の一致した意見)により．[L＝by the whole court]

Per va·ri·os ac·tus le·gem ex·pe·ri·en·tia fa·cit. /pər vǽriəs ǽktəs líːdʒem ekspèriénʃiə fǽsɪt/ 種々の行為を通じて経験は法を作る．[L＝By various acts, experience makes the law.]

per·verse /pərvə́ːrs, *pə́ːrvəːrs/ a 1 a 片意地な，ひねくれた，強情な．b 証拠に反する；裁判官の指示に違反した〈評決〉．2 邪悪な；〈態度が〉正道を踏みはずした，よこしまな．～·ly [OF＜L (pervers -verto to turn the wrong way)]

pervérse vérdict 逸脱評決，指示違反評決，説示無視評決《法律問題についての裁判官の指示あるいは証拠に明白に反し，したがって再審(理)の対象となりうる陪審の評決》．

per·vert vt /pərvə́ːrt/ 1 誤解[曲解]する，歪曲する，誤用する；逆用[悪用]する．2 邪道に導く，誤らせる，誘惑する．── n /pə́ːrvəːrt/ 1 邪道に陥った人，誤った宗教への改宗者，背教者．2 倒錯者，変質者，性欲倒錯者，性的変質者．

pervérting the cóurse of jústice 裁判誤導(罪)《虚偽の証拠を出したり，証人・陪審員を買収・脅迫したりすること；cf. INTERFERING WITH WITNESS》．

PET 〘英〙°potentially exempt transfer 潜在的相続税非課税移転．

pet·it /péti, pətít/ a 小さい，重要でない (petty) (opp. grand). ★ 主に法律用語で複合語の一要素として用いられる．[F＝minor, small; petty と二重語]

pétit assíze ＝PETTY ASSIZE.

pe·ti·tion /pətíʃ(ə)n/ n 1 a 請願，嘆願，陳情，懇請，申請；《裁判所への》申し立て: get up a ～ 請願を起こす / divorce ～ ＝PETITION FOR DIVORCE / winding up ～《会社などの》清算申し立て．b 請願[嘆願，陳情]書，申請書，申立書；《エクイティ・教会法やローマ法系での》訴状；《裁量的上訴の》上訴状: a ～ of appeal 上訴状 / a ～ of revision 訂正申請書．c 〘米〙《若干の州における》原告の最初の訴答 (complaint). ▶ ACT ON PETITION (海事裁判所略式訴訟手続き) / BANKRUPTCY PETITION (破産申し立て) / ELECTION PETITION (選挙に関す

る異議申し立て) / INVOLUNTARY PETITION (非任意的破産申し立て[申立書]) / JUVENILE PETITION (少年非行申し立て[申立書]) / RIGHT TO [OF] PETITION (請願権) / VOLUNTARY PETITION (自己破産の申し立て[申立書]). **2** 嘆願事項. **3**《米》《全国労働関係委員会 (National Labor Relations Board) に対する交渉単位内の》選挙要請書. — *vt* …に請願する, 申請[懇請]する, 申し立てる, 訴える ⟨for sth, to do, that…(should) be done⟩. — *vi* 請願する, 懇願する, 申し立てる ⟨for sth to be allowed to do⟩: ~ *for divorce*. **petítion·àry** /; -(ə)ri/ *a* [OF<L (*petit- peto* to ask)]

petítion·er *n* **1** 請願者, 申立人, 《特に》離婚[破産]申立人 (cf. RESPONDENT). ▶ OFFICIAL PETITIONER (公的破産申立人). **2**《エクイティーの訴訟などでの》原告. ▶ CO-PETITIONER (共同原告). **3**《裁量的上訴の》上訴人. ▶ CO-PETITIONER (共同上訴人). **4** [ˢP-]《英史》請願派《1679 年 Charles 2 世に対する議会招集の請願に署名した国王批判派》.

petition for divórce 離婚申し立て[申立書].
petition in bánkruptcy 破産(の)申し立て[申立書]《米国では bankruptcy petition, voluntary petition と違い, 債務者自身だけでなく債権者の申し立ても含む》.

petítioning crèditor 破産申立債権者.
Petition of Ríght 1 [the ~]《英史》権利請願《1628 年議会が国王 Charles 1 世に請願の形式で主張し, 国王が私法律案 (private bill) の裁可の形式で同意した英国憲法の一つ; 議会の承認なき課税の禁, マグナカルタ (Magna Carta) の定める国法と同輩の裁判によらない人身の自由の剥奪の禁, 軍隊の民家宿泊強制の禁などが規定されている; Sir Edward COKE が起草》. **2** [p- of r-]《英史》権利請願《英法上は, 国王はいかなる権利侵害もなしえず (The KING can do no wrong.) という原則があり, 個人としてのまた機関としての国王を相手どっての訴訟はなく, 国王への請願の形か国王の良心に訴えるだけの類似の手続きしかなかった; この権利請願を国王が適当と考えれば, 権利が与えられるべしという命令が国王から与えられ, その後は権利請願は事実上原告 (suppliant (嘆願者) という) と法務長官の間で争われる訴訟となった; 1947 年の国王訴訟手続法 (Crown Proceeding Act 1947) で廃止され, 現在はこれに代わる手続きが同法に定められている; ⇨ CROWN PROCEEDINGS》.

Petition of Ríght Àct [the ~]《英史》権利請願法《権利請願 (petition of right) の手続きを規定している 1860 年の通称ボウヴィル法 (Bovill's Act) のこと》.

pétit júror 小陪審員.
pétit júry 小陪審, 審理陪審, 判決陪審 (=common jury, petty jury, traverse jury, trial jury)《通例 12 人の陪審員からなり, 事実問題の認定をする; cf. GRAND JURY》.

pétit lárceny 軽窃盗(罪) (=petty larceny)《英国ではコモンロー上 12 ペンスの価値の財産の窃盗を境界に重窃盗 (grand larceny) と軽窃盗を分けていたが, 最終的に

1861 年法で廃止; 米国では州により異なるが, 現在も二分し, 境界は一定額 (多くは 100 ドル) の価値の財産にしている所が多い; opp. *grand larceny*》.

pét·i·to·ry áction /pétətɔ̀ːri-; -t(ə)ri-/《特にローマ法・大陸法で》本権訴訟《占有権とは区別される権原をめぐる訴訟; cf. POSSESSORY ACTION》.

pétitory súit 本権訴訟 (=PETITORY ACTION)《特に海事裁判所における船舶などの本権訴訟》.

pétit sérjeanty [sérgeanty] 小奉仕保有 (=petty serjeanty)《不動産保有条件 (tenure) の一つで, 弓矢・剣・槍などの提供といった比較的軽微の確定的非戦闘義務を対価にして国王から不動産を保有している不動産保有, および国王以外の者を領主としての非軍事的奉仕を条件にしての自由な不動産保有のすべても含む; 事実上自由鋤奉仕保有 (free socage) と区別がつけられなくなって行く; 1925 年の財産権法 (Law of Property Act) による不動産法の大改革にもかかわらず, この義務は残っている; cf. GRAND SERJEANTY》.

pétit théft 小窃盗(罪) (=PETTY THEFT).
pétit tréason《史》《領主・高位聖職者・主人・夫など目上の者を殺害する》小反逆罪 (=petty treason)《英国では 1828 年謀殺 (murder) に含められ, 廃止; cf. HIGH TREASON》.

petn petition.
petróleum révenue tàx《英》石油収益税.
pet·ti·fog /pétɪfɔ̀(ː)g, -fàg/ *vi* 屁理屈をこねる, 詭弁的弁護をする, 三百代言をやる.
pet·ti·fòg·ger *n* **1** 三百代言, いんちき弁護士. **2** 屁理屈を言うやつ. **pét·ti·fòg·gery** *n*
pet·ty /pétɪ/ *a* 小さい, 重要でない, わずかな, 微々たる, 軽微な (=petit) (opp. *grand*): ~ *crime* 軽微な犯罪 / ~ *expenses* 雑費 / ~ *farmers* 小農. **pét·ti·ly** *adv*
pét·ti·ness *n* [F PETIT]

petty assíze《史》小アサイズ《12 世紀 Henry 2 世期に制定法 (アサイズ (assize) という) で導入された訴訟方式 (form of action) の一つで, 不動産の占有 (seisin) 侵奪に対しての一種の陪審 (これをもアサイズという) を用いての簡便かつ合理的な救済手段の総称; また, その訴訟方式で用いられる陪審裁判・陪審をも指す; 新侵奪不動産占有回復訴訟[令状] (assize of novel disseisin), 相続不動産占有回復訴訟[令状] (assize of mort d'ancestor), 聖職推薦権回復訴訟[令状] (assize of darrein presentment) が代表例; 当時は決闘審判 (trial by battle) などの非合理的証明方法での煩瑣な手続きによる権利 (title) をめぐる訴訟しかないところへの陪審による簡便な不動産の占有保護方法の導入により, これを独占的に用いえた国王裁判所の裁判権の急激な拡大, ひいてはコモンロー成立の大きな原因の一つとなった; 英国では 1833 年正式廃止; 権利をめぐるアサイズを用いての訴訟である大アサイズ (grand assize) と対比して, 小アサイズと呼ばれた; かつては占有訴訟 (possessory assize) ともいわれたが, 現在では seisin が possession であったか否かについて争いもあり, あまり用いられていない; ⇨ ASSIZE, GRAND ASSIZE》.

pétty áverage《海上保険》小海損 (1) 水先料・灯台料・停泊料・検疫料など通常の航海で規則的に支払われる必要経費で，原則として保険の対象にならない航海付帯雑費; average, average accustomed ともいう 2) 単独海損 (＝PARTICULAR AVERAGE)).

Pétty Bág (Òffice)《英史》小袋(こくろ)局《大法官府裁判所 (Court of Chancery) のコモンロー部門の主要局で, 小袋局書記 (Clerk of the Petty Bag) が統轄; 1873年法で高等法院 (High Court of Justice) の部局となる; すべての訴訟開始令状 (original writ) をはじめ多くの令状はここから発せられた; 1888年小袋局書記が1879年法および1884年法に基づいて廃止; 小袋局の名称は, 国王が関係した訴訟記録か, 他の訴訟記録の巻物形式での保管ではなく, 小袋に (in parva baga) 入れられ保管することから出ている). ▶ CLERK OF THE PETTY BAG (小袋局書記).

pétty cásh 小口現金.

pétty cónstable《英史》小治安官(ハンドレッド治安官 (high constable) の監督の下, 教区 (parish) ないし村落共同体 (township) 内の治安維持・令状執行などを職務とした役人で, 治安判事 (justice of the peace) により任命された; しかし地方警察機構が徐々にとって代わり, 1873年を最後に任命されていない; cf. HIGH CONSTABLE).

pétty júry 小陪審 (＝PETIT JURY).

pétty lárceny 軽窃盗(罪) (＝PETIT LARCENY).

pétty offénse《米》軽犯罪《通常は6か月以下の自由刑か500ドル以下の罰金またはその併科の対象犯罪; cf. SERIOUS OFFENSE).

pétty sérjeanty 小奉仕保有 (＝PETIT SERJEANTY).

pétty séssional cóurt《英史》小治安裁判所, 治安判事小法廷 (＝PETTY SESSIONS).

pétty séssional divísion《英史》治安判事裁判所管轄区域 (＝PETTY-SESSIONS AREA).

pétty sèssions pl 《英史》1 治安判事小会議《治安判事四季会議 (quarter sessions) ではない, 複数の治安判事 (justice of the peace) の集会; cf. QUARTER SESSIONS). 2 小治安裁判所, 治安判事小法廷 (＝court of petty sessions, petty sessional court)《比較的軽罪を陪審なしで略式に裁判したり, 非嫡子に関する権限を行使した 2, 3 名 (都市部では 1 名) の治安判事による略式裁判所; 現在では magistrates' court (治安判事 [下級判事]裁判所) と呼ばれている; cf. COURT OF QUARTER SESSIONS, GENERAL SESSIONS, QUARTER SESSIONS, SPECIAL SESSIONS). ▶ SPECIAL PETTY SESSIONS (特別小治安裁判所).

pétty-séssions área《英史》治安判事裁判所管轄区域 (＝petty sessional division) (cf. MAGISTRATES' COURT).

pétty théft 小窃盗(罪) (＝petit theft)《一定額までの窃盗; cf. GRAND THEFT).

pétty tréason《史》小反逆罪 (＝PETIT TREASON).

pew /pjúː/ n 《教会の)座席,《特に》《教会内の仕切りのある)専用席.

PF《スコットランド》° procurator fiscal 地方検察官.

pfd. preferred.

PG《英》《映画》parental guidance 要保護者指導《1981年までは A).

p.g. ° persona grata ペルソナ・グラータ.

Ph. & M Philip and Mary.

phán·tom stóck plàn /fǽntəm-/ 幻影持株制度, 株式時価払い制度《被用者に将来の一定時に市価で換価できる一定数の計算上の株式相当物を割り当てて与えるが, そのものは通常の株式と違いその一定時までは譲渡・換価はできず株主としての投票権なども有していない点で, 従業員持株制度とは異なる制度).

Philadélphia láwyer* [° derog] フィラデルフィアの法律家, やり手の法律家, すご腕の弁護士, 《特に》法的な技巧を弄するのが得意な弁護士《★ 現在ではこの語は肯定的・否定的双方の意味で用いられているが, 当初, 植民地時代には, アメリカの法曹界の中心としてのフィラデルフィアの優秀な弁護士という積極的な意味のみで用いられた).

phil·an·thróp·ic púrpose /fìlənθrɑ́pɪk-/ 博愛目的《BENEVOLENT PURPOSE より狭く CHARITABLE PURPOSE よりも広義; ⇨ BENEVOLENT PURPOSE).

philósophy of láw 法哲学 (legal philosophy).

phó·no·rècord /fóunou-/ n (レコード盤・カセットテープ・コンパクトディスクを含む)録音物.

photográphic évidence 写真証拠.

PHS《米》° Public Health Service 公衆衛生局.

p.h.v. ° pro hac vice この時[場合]のために[の].

phýsical crúelty《離婚原因となる)身体的虐待 (⇨ CRUELTY).

phýsical cústody 1 身柄拘束. 2 《子の監護権をもつ者の)子供との同居(権). 3《米》《子の監護権をもたない親が訪問権 (visitation) 行使中の)子供を手元に置く権利.

phýsical disabílity 身体的能力欠缺(けんけつ) (cf. CIVIL DISABILITY).

phýsical évidence 物理的証拠 (＝REAL EVIDENCE).

phýsical examinátion《医師による)肉体の診察 (cf. MENTAL EXAMINATION).

phýsical fáct 物理的事実《犯行現場に残された指紋のように物理的存在をもった事実).

phýsical fácts rùle 物理的事実に関する準則《証言が物理的証拠 (physical evidence) と矛盾する場合は, 裁判所はその判断を陪審に委ねることなく無視できるという証拠法上の原則).

phýsical fórce 物理的な力, 腕力 (＝ACTUAL FORCE).

phýsical hárm 《人・不動産・動産の)物理的損害.

phýsical házard《保険》物理的危険, 物的危険《保険目的の物としての性質や内在的要因から生ずる危険; 火災保険の建物の構造・材料, 生命保険の身体の危

phýsical ínjury 1 人身被害 (＝BODILY INJURY). 2 財産の有形被害.

phýsical necéssity 《刑事法・不法行為法上免責理由となりうる》物理的緊急避難 (cf. MORAL NECESSITY).

phýsical présence 現実の所在《自然人に対する裁判管轄権の基礎として，その人が現実に当該裁判所の土地管轄内に所在すること》.

phýsical proxímity tèst 犯罪完遂近接度テスト《未遂罪 (attempt) が成立するか否かのコモンロー上の基準のくらい行為をなすことが必要であったかを問うことにより判断すること; cf. ATTEMPT》.

phýsical shóck 身体的打撃, 身体的ショック (cf. MENTAL SHOCK).

phýsical táking 現実の収用 (＝actual taking) 《公用収用権 (eminent domain) に基づいて所有者の財産を現実に公用徴収すること; cf. REGULATORY TAKING》.

physícian-clíent prívilege 医師患者間情報の秘匿特権 (＝DOCTOR-PATIENT PRIVILEGE).

physícian-pátient prívilege 医師患者間情報の秘匿特権 (＝DOCTOR-PATIENT PRIVILEGE).

PI, P.I. °personal injury 身体への権利侵害; 個人的権利に対する権利侵害 ◆ °private investigator 私立探偵.

píck·er n 1 つつく人[鳥], 摘み手, 選別する人. 2《俗》すり (pickpocket), 《すり一味の》すり取り役 (cf. RUNNER), 泥棒.

píck·et /píkət/ n 小哨, 哨兵, スト破り監視員, ピケ隊(員); ピケ; デモ隊(員). — vt …に小哨を配置する, 小哨につかせる; 《商店・工場・労働者を》監視する, …にピケを張る: ~ a factory. ~·er n

pícket·ing n ピケ(ティング) (＝labor picketing)《工場などの門[入口]にあって見張りをし, 労働者の就労を妨げたり労働争議の宣伝をすること; cf. BOYCOTT, LOCKOUT, STRIKE》. ▶ COMMON-SITUS PICKETING (共通の場所ピケ(ティング)) / DISORDERLY PICKETING (治安紊乱的ピケ(ティング)) / INFORMATIONAL PICKETING (情報宣伝ピケ(ティング)) / LABOR PICKETING (ピケ(ティング)) / ORGANIZATIONAL PICKETING (労働組合承認要求ピケ(ティング)) / PEACEFUL PICKETING (平和的ピケ(ティング)) / SECONDARY PICKETING (第二次ピケ(ティング)) / UNLAWFUL PICKETING (違法ピケ(ティング)).

pícket líne ピケ(ライン).

píck·pòcket n すり《人》. — vt …の懐中をする.

píck·pùrse n 《古》すり《人》(pickpocket).

píece·wòrk n 出来高払い仕事, 請負仕事.

pie·pou·dre, pie·pow·der /páɪpàudər/ n 《中世の》旅行者, 行商人. ▶ COURT OF PIEPOUDRE [PIEPOWDER] (埃足(ほこりあし)裁判所). [AF＝dusty foot]

píepoudre còurt, píepowder còurt《史》COURT OF PIEPOUDRE.

pierce /píərs/ vt 1 …に穴をあける. 2 見抜く, 洞察する.

píercing the córporate véil《米》会社ヴェールの穴あけ, 会社法人格の否認の法理 (＝disregarding (the) corporate entity, lifting the (corporate) veil)《会社と株主とは法的に別人格となり, したがって株主は会社の行為については免責されるのが原則 (⇒ CORPORATE VEIL); しかし法人格を利用した契約回避や債権者詐害行為などから第三者を保護する場合など特定の事案については, 会社の法人格を無視して会社と株主を同一人格者として取り扱うことがあり, この場合を指す; cf. ALTER-EGO DOCTRINE [RULE], CORPORATE IMMUNITY, CORPORATE VEIL, INSTRUMENTALITY RULE》.

pig·no·rate /pígnərèɪt/ vt 1 質入れする. 2 質として取る. **píg·no·rà·tive** a

pignórative cóntract《大陸法》買戻権付き偽装売買の金銭貸借契約.

pig·nus /pígnəs/ n (pl **pig·no·ra** /pígnərə/)《ローマ法》質 (pawn, pledge). [L＝pledge, stake]

pil·fer /pílfər/ vi, vt《常習的に》こそ泥をはたらく, ちょろまかす, くすねる〈from〉.

pílfer·age n 1 こそ泥《行為; cf. LARCENY, THEFT》. 2 盗品.

pílfer·er n こそ泥《人》.

pílfer·ing n こそ泥《行為》.

pil·lage /pílɪdʒ/ n《国際法》**a**《戦地または占領地で兵または軍隊が行なう違法な》略奪 (plunder). **b** 略奪品 (plunder), ぶんどり品, 戦利品. — vt, vi 略奪する, ぶんどる.

pil·lo·ry /píl(ə)ri/ n《史》1 さらし台《板に設けた穴から頭と手を突き出させ, 固定してさらし者にする刑具; cf. STOCK》. 2 さらし《刑》. — vt さらし台にさらす.

pi·lot /páɪlət/ n 1 水先案内人, 水先人. ▶ BRANCH PILOT (河川水先案内人). 2《航空機の》操縦士, パイロット. 3《航路》案内書, 水路誌. 4 指導者, 案内人 (guide). — vt 〈船〉の水先案内をする;〈航空機を〉操縦する; 案内する. [F＜L (Gk *pēdon* oar)]

pílot·age n 水先案内; 水先案内料.

Pílotage Commìssion [the ~]《英》水先委員会《水先人・水先業務などに関して管轄官庁・港湾当局・水先人・船主などに助言・勧告などを行なう》.

pimp /pímp/ n 売春仲介者, 売春周旋人, 女を引っ張る男, ポン引き, ヒモ (＝PANDER). — vi ポン引きをする.

pinch /píntʃ/ vt 1 奪い取る《money etc. *from* [*out of*] sb》;《口》盗む, くすねる. 2《口》逮捕する, しょっぴく〈for〉. — n 1《口》《警察の》急襲, 不意打ち;《口》逮捕. 2《口》盗み.

Pín·ker·ton rùle /pínkərt(ə)n-/《米》ピンカトン事件の準則《共同謀議 (conspiracy) に基づく犯罪については, たとえその犯罪が実際には複数の共同謀議者により実行されたとしても, ひとりの共同謀議者に全犯罪の責任を課しうるという, 1946年の合衆国最高裁判所のPinkerton v. United States 事件で確立された法理》．[*Pinkerton* Detective Agency 米国初の私立探偵社]

pín mòney 《衣服・装飾品の購入などの個人的出費に充てるために夫から妻に対して認める》妻のこづかい銭.

pínpoint citátion 引用文掲載ページ精確引用 (ページ)《当該判例・論文の冒頭のページではなく，当該引用文・節が載っている正にそのページが引用されていること，またはそのページ》．

pionéer pàtent 開拓的特許, パイオニアパテント (= basic patent)《既存のものの改良・完成とは区別される，先行技術 (prior art) とは全く異なった新規な発明で，将来の技術開発の基本となるようなものに対して与えられる特許，これに対して前者の，改良的発明ではあるが新規で有用なものに対しては，改良特許 (improvement patent) が与えられる》．

Pípe Ròll [the ~; ᵁthe~s]《英史》パイプ・ロール《各州の国王財政担当官であるシェリフ (sheriff) などが毎年財務府 (Exchequer) で受けた会計監査の記録; 冊子でなく巻物で保管された; 財務府大ロール (Great Roll of the Exchequer) が正式名で大パイプ・ロール (Great Roll (of the Pipe)) ともいう; 12世紀半ばから1833年の廃止までほとんど連続的に残存する; 略 PR》．

PIR《米》°presentence investigation report 量刑前調査報告書.

pi·ra·cy /páɪərəsi/ *n* **1** 海賊行為 (= piracy jure gentium)《公海またはその上空を航行・航空機・人・財産に対して私有の船舶または航空機の乗組員・旅客が私的目的に行なうすべての不法な暴力行為・抑留・略奪行為; 敵国に対する復仇 (reprisal) の一つとして国際法上許されている私的拿捕 (privateering) や同一航空機内の乗客・乗員によるハイジャック (hijack) との違いに注意; ただし後者の点は AIR [AIRCRAFT] PIRACY (航空機海賊行為) という用法ではハイジャックも含んでいるので, 必ずしも厳密にあてはまらない》. **2 a**《海賊版などによる》**著作権[特許権]侵害**, 剽窃, 盗用 (cf. COPYRIGHT): laws to ban book ~ 海賊版禁止法 / literary ~ 剽窃. **b** もぐり行為《海賊放送など》. **3**《暴徒などによる》略奪. [⇨ PIRATE]

píracy júre géntium 国際法上の海賊行為 (= PIRACY). [L=piracy by the law of nations]

Pi·ra·ta est hos·tis hu·ma·ni ge·ne·ris. /pɪréɪtə ɛst hǽstɪs hʊméɪnàɪ ʤénɛrɪs/ 海賊は人類の敵. [L=A pirate is an enemy of the human race.]

pi·rate /páɪərət/ *n* 海賊; 海賊船. **2** 盗む人, 略奪者; 剽窃者, 著作権[特許権]侵害者: a ~ copy of book 海賊版 / a ~ radio station 海賊放送局. **3** もぐりのバス《他車の乗客を横取りして不当な運賃を取るなどする》; 海賊放送者[局]. — *vt, vi* **1**《…の》海賊をはたらく. **2** 略奪する. **3** 剽窃する, 《…の》著作権[特許権]を侵害する; 無断で販売する (cf. BOOTLEG): a ~d edition 海賊版. **4**《他社の従業員を》引き抜く. **pi·rat·ic, -i·cal** /paɪrǽtɪk(əl), pə-/ *a* [L<Gk (*peiraō* to attempt, assault)]

pis·ca·ry /pískəri/ *n* **1** 漁労入会権 (= COMMON OF PISCARY). **2** 漁業権, 漁場 (fishery). ► COMMON OF PISCARY (漁労入会権).

pix /píks/ *n* PYX.

PJ, P.J. °police justice 警察裁判所治安判事 ◆ presiding judge 裁判長; 裁判所長; 巡回裁判区統轄裁判官 ◆ °probate judge 検認裁判官.

PKPA《米》°Parental Kidnapping Prevention Act 親による子の誘拐予防法.

pl. placitum 訴訟事件(番号) ◆ plaintiff 原告.

Pl placitum 訴訟事件(番号) ◆ plaintiff 原告 ◆ pleas.

PL plaintiff 原告.

PL, P.L. °public law 公法; 一般法律 ◆ public liability.

PL, P/L °product(s) liability 製造物責任.

place /pléɪs/ *n* **1 a** 場所, 所: the meeting ~ 待ち合せ場所 / the ~ of meeting 《株主総会・取締役会などの》会議場所. **b** 地方; 市, 町, 村. ► CONSPICUOUS PLACE (顕著な場所) / DANGEROUS PLACE (危険な場所) / LAW OF THE PLACE (場所の法) / PUBLIC PLACE (公共の場所) / TRAVELED PLACE (旅行地). **2 a**《特定の目的に使用される》場所, 建物, …場[店, 屋], 室, 事務室: the ~ of work 仕事場. **b** 住所, 住居, 家. ► SAFE WORKING PLACE (安全な仕事場). **3**《地名の一部として; P-》広場, 広小路, 通り, 街. **4** 立場, 環境. **5** 地位, 身分, 順位, 座; 高い地位; 官職; 役; 仕事, 務め口 (job). **6** 席, 座席, 定位置. **the other ~ = another ~**《英》他院, 上院《★ 庶民院議員は慣行上 貴族院のことを指す時は必ずこの語を用いる》. — *vt* **1** 置く, 配置する. **2**《審議などのために》《計画・案などを》提出する, 議題として出す; 《問題》を提起する. **3** 投資する; 《注文を》出す; …の注文を出す, 申し込む. **4**《商品・株式などを》売りさばく, 振り当てる, はめ込む (cf. PLACING). **5** …の場所を定める; 職に就かせる, …に家(など)を見つけてやる; 《ある立場・状況に》置く: ~ sb *with* a law firm 人に法律事務所の職を斡旋する. **6**《信頼を》置く, 《希望などを》かける. — *vi* …番になる, *(特に競馬で)* 2番になる.

pláce·man ᵁ/-mən/ *n* [°*derog*] 官吏, 役人, 《特に18世紀の英国の, 私利をはかるためや政治的理由から任命された》役人.

pláce·ment *n* **1** 置くこと, 配置, 配合. **2**《証券の》募集, 発行, 《株式などの》売却, 《ローンや担保などの》設定. ► DIRECT PLACEMENT (直接振り当て) / PRIVATE PLACEMENT (私募). **3** 職業紹介, 就職斡旋. **4**《米》《貨物の積み上げ積み降ろしのため, 鉄道の》貨車の側線停留. **5**《子供などの》**保護監督(権)の移動**. ► DIRECT PLACEMENT (直接的養子縁組) / FOSTER-CARE PLACEMENT (養い子[里子]として預けること) / PRIVATE PLACEMENT (私的養子縁組).

pláce of abóde [the ~] 住所, 宛所 (cf. RESIDENCE, DOMICILE). ► USUAL PLACE OF ABODE (現住宅地).

pláce of búsiness [the ~] 営業地 (cf. DOMICILE). ► PRINCIPAL PLACE OF BUSINESS (主たる営業

地).

pláce of cóntracting [the ～] 契約締結地.
pláce of delívery 《商品の》引渡し地.
pláce of emplóyment 雇用地, 雇用場所.
pláce of perfórmance 《契約の》履行地.
pláce of sáfety òrder [the ～]《英》《危機にある子供の, 裁判所による》安全な場所への移動命令 (⇨ EMERGENCY PROTECTION ORDER).
plác·er clàim /plǽsər-/《米》砂鉱床採鉱権, 砂鉱採掘権 (cf. MINING CLAIM).
plac·ing /pléɪsɪŋ/ n《発行受託会社などによる自己の顧客に対する発行会社の株式・社債の》振り当て, はめ込み: the ～ of a line of shares 株式の大口買受人への振り当て[はめ込み].
placita PLACITUM の複数形.
plac·i·ta·bi·le /plǽsətéɪbəli/ a 訴えうる, 訴訟に適した (pleadable). [L]
plácita com·mú·nia /-kəmjúːniə/ pl 人民訴訟 (⇨ COMMON PLEA). [L=common pleas]
plácita co·ró·nae /-kəróuni/ pl《英》国王の訴訟 (⇨ PLEA OF THE CROWN). [L=pleas of the Crown]
plac·i·tum /plǽsətəm/ n (pl **plac·i·ta** /plǽsətə/)《略 pl.》《史》**1**《国王が主宰する》大評議会. **2** 判決. **3** 裁判所. **4** 訴訟(事件). **5** 罰金 (fine). **6** 訴答. **7**《年書 (Year Books) 上の》訴訟事件(番号)《略 pl., Pl.》. **8**《法要録 (abridgment) などでの》判決要録. [L=opinion, decision]
pla·gia·rism /pléɪdʒ(i)ərìz(ə)m/ n **1** 剽窃, 盗作 (cf. INFRINGEMENT). **2** 剽窃物. **plá·gia·rist** n 剽窃者. **plà·gia·rís·tic** a
pla·gia·rize /pléɪdʒ(i)əràɪz/ vt, vi〈人の文章・説などを〉盗む, 剽窃[盗用]する.
plai·do·yer /plɛ̀dwɑjéɪ/ n《史》《弁護士による》陳述, 弁論 (pleading). [F=to plead]
pláin·clóthes a 私服[平服]の: a group of ～ police.
pláin clóthes pl 私服, 平服.
pláin érror 明白な誤謬 (=fundamental error) (⇨ PLAIN ERROR RULE).
pláin érror rùle 明白な誤謬の準則《明白でかつ実質的権利に影響し, それを正さないならば当事者は法の適正手続き上の権利を侵害されかつ裁判手続きの信用・権威を傷つけるような誤りは, 当事者による時宜にかなった異議が出されない場合でも上訴裁判所による破棄理由となるという原則》.
pláin féel dòctrine《米》明白な感触の法理《警察官が衣服の上から手でたたいて身体を調べている際に, 感触によって明らかに違法ないし犯罪の原因となりうるものと判断しうる禁止物はこれを押収しうるという法理》.
pláin lánguage làw《米》平易用語法《住宅賃貸・保険などの消費者契約においては非専門用語や容易に理解しうる平易な用語を用いることを要求する立法》.

pláin lánguage mòvement 1 平易用語運動《法的文書において正確さを維持しつつも難解な法律専門語を用いずに平易な用語で簡潔・明確な文を書くことを推進する運動; cf. LEGALESE》. **2**《集合的に》平易用語運動者.
pláin méaning 明白な意味 (=ordinary meaning)《文書における用語の通常の意味での常識的用法に基づいた意味; ⇨ PLAIN MEANING RULE》.
pláin méaning rùle 明白な意味の準則《**1**》解釈原則の一つで, 文面上意味が一義的に明白である場合には, その文書自体から意味を決定すべきで, その他の資料を参考に別の意味に解釈してはならないという原則; ordinary meaning rule ともいう; cf. EQUITY OF THE STATUTE RULE, GOLDEN RULE, LITERAL RULE, MISCHIEF RULE, SOCIAL POLICY RULE, STRICT CONSTRUCTION; ⇨ INTERPRETATION OF STATUTES **2**》ORDINARY MEANING RULE》.
pláin síght rùle《米》明視の準則 (=PLAIN VIEW DOCTRINE).
plaint /pleɪnt/ n **1**《英史》《州裁判所 (county court) などへの》訴訟申し立て, 訴訟申立書《1999年以来 claim form (訴状) に代わっている》. **2** 苦情 (complaint). **3**《古》悲しみ, 嘆き. [OF<L planct- plango to lament]
plain·tiff /pléɪntəf/ n《民事訴訟上の》原告《略 P, pl., Pl, PL, plf, plff, pltf; opp. *defendant*; ★英国では1999年以後 claimant の語に代えられている》. CALLING THE PLAINTIFF (原告呼上げ) / COPLAINTIFF (共同原告) / CROSS-PLAINTIFF (交差請求原告) / LESSOR OF THE PLAINTIFF (原告の賃貸人) / PLEA TO THE PERSON OF PLAINTIFF (原告の訴訟能力についての答弁) / THIRD-PARTY PLAINTIFF (第三者引込みの訴えをした被告) / USE PLAINTIFF (訴訟受益原告). **for the ～** 原告に有利な, 原告勝訴の.
pláintiff in érror《史》誤審審理申立人; 上訴人 (appellant, petitioner).
pláint nòte《英史》《州裁判所 (county court) による》訴訟申し立て受理書.
pláin víew 明視 (⇨ PLAIN VIEW DOCTRINE).
pláin víew dòctrine《米》明視の法理 (=clear view doctrine, plain sight rule)《刑事手続上の法理で, 捜査官が正当な権限に基づいて現在する位置から明視できるものは, 令状なしで押収し証拠とすることができること; 公道上から見える私有地内, 自動車内にあるもの, 適法権限に基づいて家宅内に立ち入った際に見えたものなど; cf. FRUIT OF THE POISONOUS TREE, IMMEDIATELY-APPARENT REQUIREMENT, INADVERTENT DISCOVERY, OPEN FIELDS DOCTRINE》.
plan /plæn/ n **1** 計画, 企画, 案, 考え; 方式, 手順: the government's economic ～ 政府の経済計画. ▶ ASSIGNED RISK PLAN (強制割当危険保険方式) / BUSINESS PLAN (事業計画) / CARE PLAN (子供の保護計画) / COMMISSION PLAN (委員会方式) / COMPENSATION

PLAN (損失補償方式) / COMPREHENSIVE ZONING PLAN (包括的地域地区規制計画) / CONTINGENCY PLAN (不測事態対応計画) / CREDIT PLAN (クレジット返済計画) / DEFINED BENEFIT PLAN (確定給付年金制度) / DEFINED CONTRIBUTION PLAN (確定拠出年金制度) / DEVELOPMENT PLAN (開発計画) / DIVIDEND REINVESTMENT PLAN (配当金再投資制度) / FRONT FOOT PLAN (間口フィート準則) / H. R. 10 PLAN (下院第 10 計画) / INCENTIVE PAY PLAN (奨励給計画) / INCOME-BASED PLAN (所得に基づく計画) / INSTALLMENT PLAN (割賦法) / INSURED PLAN (保険給付計画) / KEOGH PLAN (キーオープラン) / MASTER PLAN (総合基本計画) / MISSOURI PLAN (ミズーリ方式) / PENSION PLAN (年金制度) / PERSONAL EQUITY PLAN (個人株式投資プラン) / REORGANIZATION PLAN (会社更生計画) / SITE PLAN (用地計画) / SPLIT-FUNDED PLAN (分割基金計画) / STRUCTURE PLAN (構造計画) / WAGE-EARNER'S PLAN (賃金取得者更生計画). **2** 破産行動計画 (= BANKRUPTCY PLAN). ▶ BANKRUPTCY PLAN (破産行動計画). **3** 被用者福利制度 (= EMPLOYEE BENEFIT PLAN). ▶ EMPLOYEE BENEFIT PLAN (被用者福利制度) / EMPLOYEE STOCK [SHARE] OWNERSHIP PLAN (被用者持株制度) / 401(K) PLAN (401 条 k 項計画) / MEDICAL-EXPENSE REIMBURSEMENT PLAN (医療費返済制度) / PHANTOM STOCK PLAN (幻影持株制度) / RETIREMENT PLAN (個人退職金積立て計画) / STOCK BONUS PLAN (自社株賞与制度) / STOCK OPTION PLAN (株式買受権制度) / SURVIVOR-INCOME BENEFIT PLAN (生残者収益福利制度). **4** 図面, 図, 『建』平面図; 略図; 設計図. ▶ FILED PLAN (登録図面) / PLOT PLAN (土地利用(計画)図面).
— vt (-nn-) **1** 計画する, 立案する; 工夫する; もくろむ. **2** 設計する.

plank /plǽŋk/ *n* **1** (政党の) 綱領の (重要)項目: Rural development is the central ~ of the party's platform. 農村開発が党の綱領の中心項目である. [OF < L *planca* board]

plánned ecónomy 計画経済 (cf. FREE ECONOMY).

plánned únit devèlopment 《土地利用計画の》計画的一体開発 (略 PUD; cf. CLUSTER ZONING, RESIDENTIAL CLUSTER).

plán·ning *n* (特に経済的・社会的な) 計画, 立案: economic ~ 経済計画 / ~ authority (地方自治体の) 開発担当局 / ~ department (地方自治体の) 開発計画認可部. ▶ CONCURRENT PLANNING (二方面計画) / ESTATE PLANNING (計画的遺産処分(法)) / FLOOR PLANNING (在庫商品担保融資) / LAND-USE PLANNING (土地利用計画) / TAX PLANNING (租税軽減計画) / TOWN AND COUNTRY PLANNING (都市田園計画) / TOWN PLANNING (都市計画) / TWIN-TRACK PLANNING (両道計画).

plánning appèal 《英》《計画許可 (planning permission) 申立者に対する環境大臣への》開発不服審査請求.

plánning contribùtion 《英》開発拠出《2004 年法により地方計画当局 (local planning anthority) 管轄内の土地開発・利用に関連して一定条件の下政府から認められる金銭その他の補助》.

plánning inquìry 《英》《開発不服審査請求 (planning appeal) の決定手続きにおいてなされる》開発審問.

plánning inspèctorate 《英》開発計画監督官《開発不服審査請求 (planning appeal) 手続きや地方開発計画の審査等を担当する役人》.

plánning permìssion 《英》計画許可《不動産開発の際に地方計画当局 (local planning authority) から得なくてはならない許可》. ▶ OUTLINE PLANNING PERMISSION (概要計画許可).

plant /plǽnt; plá:nt/ *n* **1** 植物, 草木; 作物, 収穫. **2** 機械装置, 工場設備; 機械一式; 製造工場, プラント; 設備, 建物, 施設. ▶ MACHINERY AND PLANT (機械とプラント). **3** 隠れ家, 《盗品・麻薬(用品)の》隠し場所.
— *vt* **1** 《木を》植える, 移植する; 《カキなどを》養殖する; 《思想などの》種子をまく, 植えつける. **2** 置く, 据える, 配置する; 《人を》配備する, 《特に》スパイとして配置する. **3** 《俗》《何かおもわくをからめて》情報を流す; 《盗品・にせの証拠品などを》隠す《*in*》, 《人に嫌疑がかかるように》こっそり置く《入れる, 仕込む》《*on*》; 《詐欺をたくらむ》: ~ evidence 《別人を犯人に仕立てるため 犯行後に犯行の行なわれた場所に犯罪の》証拠となるものを置く. **4** …に植民する, 《人を》植民させる, 《都市・教会などを》創立 [建設] する.

plan·ta·tion /plæntéɪ(ə)n/ *n* **1** 栽培場, 農園, プランテーション《特にアメリカ南部などでの, 労働者 (かつては黒人奴隷) 住み込みの大規模なもの》, 大農場, 大農園. **2** 植民(地), 開拓地.

plánt pàtent 《米》《園芸変種などの》植物特許.

plat /plǽt/ *n* **1** 《仕切った》小地面 (plot). **2** *《土地の境界・区画・道路・地役権などを表示した》土地図, 土地測量図. **3** *地図.

plat·form /plǽtfɔ:rm/ *n* **1** 《駅の》乗降場, 《プラット》ホーム. **2** 演壇, 講壇; [the ~] 演説, 講演; [the ~] 壇上の講演者; 討論会(場). **3** 《政党の》綱領, 政綱; 主義; 《行動・決定などの》基盤, 根拠, 基準; *綱領の宣言 [発表]: electoral ~ 選挙公約.

plát màp* 土地図《不動産の区画・街路・街番などによりその法的同一性を示す文書》.

pláy·rìght *n* 上演権, 興行権; 《作品の》製作権《★ playwright (脚本家) と copyright (著作権) からの造語》.

plc, PLC, Plc 《英》°public limited company 公開有限責任会社《会社名の後につける略語》.

PLC 《英史》°Poor Law Commissioner 救貧法委員.

plea /plí:/ *n* **1** 嘆願, 請願; 訴え, 訴訟; 祈り: make a ~ for …を嘆願 [主張] する / hold ~s 訴訟を扱う. **2** 弁解, 口実, 言い抜け: on [under] the ~ of [that]…

plea agreement

を[…ということを]口実に. **3**《被告(人)の》最初の訴答, 被告第一訴答, 訴答, 答弁, 抗弁 (cf. DECLARATION, DEMURRUR¹). ► ALFORD PLEA (アルフォードの答弁) / ANOMALOUS PLEA (変則答弁) / BARGAINING FOR PLEA (答弁取引) / BARGAIN PLEA (答弁取引のための有罪答弁) / BLIND PLEA (盲目的有罪答弁) / COMMON PLEA (人民訴訟) / COUNTERPLEA ((付随的)反対答弁) / DECLINATORY PLEA (裁判権否認答弁) / DEMURRER TO PLEA (答弁不十分の抗弁) / DILATORY PLEA (遷延的答弁) / DOUBLE PLEA (二重答弁) / FALSE PLEA (虚偽訴答) / GENERAL PLEA (全般的否認答弁) / GUILTY PLEA (有罪(の)答弁) / ISSUABLE PLEA (本案答弁) / JURISDICTIONAL PLEA (管轄権欠缺答弁) / MOTION TO WITHDRAW A PLEA (答弁撤回の申し立て) / NEGATIVE PLEA (消極的答弁) / NEGOTIATED PLEA (取引答弁) / NONISSUABLE PLEA (非本案答弁) / NOT-GUILTY PLEA (無罪(の)答弁) / PEREMPTORY PLEA (決定的答弁) / PURE PLEA (純粋答弁) / ROLLED-UP PLEA (公平な論評答弁) / SHAM PLEA (虚偽訴答) / SPECIAL PLEA (特別棄却訴答). **cop a ~** *《俗》《被告人が答弁取引 (plea bargaining) の結果, 疑われている罪よりも軽い犯罪を犯したという訴えで》有罪であると認める[自白する]. [AF *plaid* agreement, discussion<L *placitum* decree]

pléa agrèement 《答弁取引 (plea bargaining) における》答弁についての合意 (⇨ PLEA BARGAINING) (cf. NEGOTIATED PLEA).

pléa and cáse mànagement hèaring 〘英〙答弁および刑事事件処理手続き審理〘刑事法院 (Crown Court) に送付・付託・移送されたすべての事件において行なわれる事実審理前審理 (pretrial hearing); ここで被告人は有罪か否かの答弁をなし, 裁判所はそれに基づき当該事件の処理手続きを決めることになる〙.

pléa bàrgain 答弁取引による合意(事項), 答弁取引 (⇨ PLEA BARGAINING).

pléa bàrgaining 答弁取引 (=bargaining for plea)《刑事事件での被告人側と訴追側の取引で, 被告人が一部訴因についてあるいはより軽い罪でのみ有罪の答弁をし, 訴追側はその一部訴因ないしは軽い罪以外は訴えぬなどの譲歩をすることに合意すること; 裁判所はその答弁の任意性を確認しただけで刑の宣告手続きに移る; 一般に「司法取引」の訳語が使われているが, 厳密性に欠け好ましいとはいえない; ⇨ CHARGE BARGAIN, SENTENCE BARGAIN; cf. NEGOTIATED PLEA, PLEA AGREEMENT, *cop a* PLEA〙. **pléa-bàrgain** *vi*.

pléa before vénue 〘英〙裁判地決定前の答弁《刑事裁判における治安判事裁判所 (magistrates' court) での最初の審理段階で, ここで被告人はみずからが行なうつもりの答弁を示すことになる; それが有罪というのであればそのまま治安判事裁判所での略式手続きによる審理 (summary trial) に移るが, 無罪というのであれば審理方法決定手続き (mode of trial proceedings) に移る〙.

plead /plíːd/ *v* (**~ed, plead** /pléd/, 《米・スコットランド》**pled** /pléd/) *vt* 弁論する, 弁護する; 答弁する, 抗弁する; 〈訴訟事実などを〉申し立てる, 訴答として提出する: ~ ignorance of the law 法を知らなかったと弁解する / ~ insanity 精神障害のゆえであると答弁する, 精神障害を理由として申し立てる / ~ the cause of sb 人のために弁論[弁護]をする. — *vi* **1** 嘆願する《with sb》 for [*against*] sth〉. **2** 弁論する, 説きつける; 答弁する, 抗弁する, 訴答する; 《廃》訴訟を起こす: ~ against…を反駁する, …せぬよう人に説く / ~ for…を弁護する, …のために弁ずる, …の支持を訴える / NOTICE TO PLEAD. **fit** [**unfit**] **to** ~〈人が〉(精神的能力の点で) 訴答能力がある[ない], 裁判に堪えうる[堪ええない]. **~ guilty** [**not guilty**]〈刑事被告人が〉有罪[無罪]の答弁をする, 罪を認める[無罪を主張する]〈*to* smuggling〉《★ plead innocent [innocence] (無罪[身の潔白]を主張する) は一般には用いられるが, 正しい用法ではない〙: The accused *~ed not guilty* to the charge of murder, but *~ed guilty* to the lesser charge of manslaughter. **~ over** (**1**) 相手方訴答の不備を看過して訴答する. ► AIDER BY PLEADING OVER (看過訴答による治癒). (**2**)《史》《被告が遷延的答弁 (dilatory plea) に失敗したのちに》全面的否認訴答 (general issue) を改めて行なう. **~ the Fifth** [**a five**] (合衆国憲法第 5 修正 (Fifth Amendment) を援用して) 自己に不利益となる供述を拒否する (⇨ TAKING THE FIFTH). **~ to…**〈罪状〉を認める. **~·able** *a* [AF *pleder*<PLEA]

pléad·er *n* **1** 訴答者. **2**《本人に代わって答弁をする》訴答人 (=advocatus); 訴答作成者, 〘史〙訴答作成専門弁護士 (=SPECIAL PLEADER). ► SPECIAL PLEADER (訴答作成専門弁護士).

pléad·ing *n* **1** 弁論, 弁解. **2** 訴答手続き; [°*pl*] 訴答, 訴答書面, プリーディング; 訴答術: itemize the damage in the ~ 損害を訴答書面に箇条書きする. ★ 訴訟において審理に入る前に争点を決定するため訴答当事者間でそれぞれの主張を交換する手続き. コモンロー上は元来法廷で口頭で行なわれ, 原告第一訴答 (declaration)・被告第一訴答 (plea) から始まり, きわめて厳格な方式や多くの規則にのっとる必要があり, 法廷弁護士の主たる仕事であった. 15・16 世紀中に書面の交換に代わったが, その後も 19 世紀半ば以降の改革までその重要性の多くをもち続け, 訴訟方式 (form of action) と共に法発展の枠組をなしただけでなく, 現在もなおその影響を色濃く残している. ► ACCUSATORY PLEADING (起訴(状)) / ALTERNATIVE PLEADING (選択的訴答) / AMENDED PLEADING (修正された訴答) / ANOMALOUS PLEADING (変則訴答) / ARTFUL PLEADING (狡猾訴答) / ARTICULATED PLEADING (箇条書き訴答) / BURDEN OF PLEADING (訴答責任) / CLOSE OF PLEADINGS (訴答の終結) / CODE PLEADING (フィールド法典の訴答手続き; 事実の訴答) / COMMON-LAW PLEADING (コモンロー訴答) / DEFECTIVE PLEADING (瑕疵ある訴答) / DEMURRER UPON PLEADING (訴答不十分の抗弁) / DOUBLE PLEADING (二重訴答) / DUPLICITY IN PLEADING (主張事実の複合) / EQUITY PLEADING (エクイティー上の訴答) / FACT PLEADING (事

実の訴答) / FRIVOLOUS PLEADING (ふまじめな訴答) / ISSUE PLEADING (争点形成訴答手続き) / MISPLEADING (誤った訴答) / NOTICE PLEADING (通知訴答) / RESPONSIVE PLEADING (応答的訴答) / SHAM PLEADING (虚偽訴答) / SHOTGUN PLEADING (散弾銃訴答) / SPECIAL PLEADING (訴答(をなすこと); 特別棄却訴答(をなすこと)) / SUPPLEMENTAL PLEADING (補充的訴答). **on the ~s** 訴答のみに基づいて(の)(言い渡す判決)《証拠あるいは実体に関する審理をすることなく、訴えと答弁の文言上明白な理由から判決を言い渡す場合に用いる》. ▶ JUDGMENT ON THE PLEADINGS (訴答に基づく判決). **strike (out)** ~ 《不適法・不適式な全部または一部について》訴答を排斥[削除]する. —— *a* 申し立てをする. **~·ly** *adv* 嘆願的に.

pléading guílty by póst《英》《法廷に出頭することなく》郵送による有罪の認諾《最高3か月の禁固刑の多くは交通違反での略式起訴による刑事事件に適用される》.

pléading in the altérnative〚選択的訴答 (= ALTERNATIVE PLEADING*).

pléading the baby act ⇨ BABY ACT.

pléading the Fífth (Améndment)《米》《合衆国憲法》第5修正の援用 (= TAKING THE FIFTH).

pléa in abátement《原告訴答の手続き上の瑕疵(かし)ゆえの》訴え却下答弁 (= plea of abatement).

pléa in bár《原告訴えの本案にかかわる》訴え棄却答弁, 妨訴抗弁. ▶ GENERAL PLEA IN BAR (訴え棄却概括的否認答弁) / SPECIAL PLEA IN BAR (訴え棄却特別棄却答弁).

pléa in díscharge 弁済による債務消滅の答弁.

pléa in équity エクイティー上の答弁《一般的には2種あり、一つは訴状の主張にのっとりつつもその外部にある新事実を積極的に主張する純粋答弁 (pure plea) であり、他は原告の主張の肯定と否認の双方を含む、すなわち一部は承認と異議 (confession and avoidance)、一部は否認 (traverse) の答弁である変則答弁 (anomalous plea) である》.

pléa in estóppel 禁反言の答弁《相手方の主張そのものを承認もせずまたそれに異議も申し立てず、ただ相手方の主張と矛盾する過去の行為・主張・否認を答弁し、訴えあるいは防御を維持できなくすること》.

pléa in mitigátion 刑罰軽減を求める答弁.

pléa in reconvéntion《大陸法》反訴の答弁.

pléa in suspénsion 停止の答弁《例えば相手方の未成年を申し立てるなどの理由を示して、その時点では訴訟手続きを進めるべきではなく停止すべき旨の答弁》.

pléa of abátement 訴え却下答弁 (= PLEA IN ABATEMENT).

pléa of guílty 有罪の答弁.

pléa of néver indébted [the ~]《無債務の答弁《単純契約 (simple contract) に基づく金銭債務訴訟で、被告の債務の前提となる事実関係の全面的否認の答弁》.

pléa of nólo conténdere 不抗争の答弁《⇨ NOLO CONTENDERE》.

pléa of nót guílty 1 無罪の答弁: enter a ~ 無罪の答弁を行なう. 2 責任なしとの答弁.

pléa of prégnancy《史》懐胎の答弁《死刑言い渡しを受けた女性が懐胎している旨を主張し執行停止を求める答弁》.

pléa of prívilege《米》土地管轄の答弁《管轄違いの主張; cf. CHANGE OF VENUE》.

pléa of reléase 権利放棄の答弁《相手方の権利主張を認めながらも、権利者からのその権利を放棄する旨の文書による免責を申し立てること》.

pléa of ténder 履行提供の答弁.

pléa of the Crówn《英》国王の訴訟《国王が当事者ないし利害関係・関心をもつ訴訟を指し、人民訴訟 (common plea) の対語; 刑事訴訟や財政にかかわる訴訟に該当したが、漸次刑事訴訟とほぼ同じ内容のものになっている; 略 PC; ⇨ COMMON PLEA》.

pléa púis dár·rein continuance /-pwís dáerɪn-/ 最初の訴答手続き終了後の新防御事実発生の答弁《訴答はすべて記録され、最初の訴答手続きの記録後に記載される記録を CONTINUANCE (訴訟手続き延期続行記録) というが、いったん訴答手続きが終わったのちに新しい事情が生じたためになされる答弁をいう; 訴えの開始後訴答手続きが終了前になされる同種の答弁は、最初の訴答手続き終了前の新防御事実発生の答弁 (further maintenance of the action) と呼ぶ》. [F = plea since the last continuance]

pléa róll《英史》訴訟記録集.

pléa síde 1《裁判所の》民事部門, 民事関係, 民事裁判権. 2 民事事件, 民事裁判. ★ 1, 2 共に CIVIL SIDE と同義.

plea·sure /pléʒər/ *n* 1 喜び, 愉快, 楽しみ, 満足, 快感. 2 楽しいこと, 喜びの種;《特に》肉体的快楽; 慰み, 娯楽: Stolen ~s are sweetest.《諺》盗んだ快楽は最も甘い / a man of ~ 道楽者, 放蕩者 / a woman of ~ 快楽を追う女 / a lady of ~ 売春婦. **at** (one's) ~ 随時に, 随意に, (人の)都合で[によって]. **during [at] His [Her] Majesty's ~ = during the ~ of the King [the Queen]**《英》御意にかなう間《1》任命権者がいつでも任意に罷免しうる官職の保有条件を示し、身分保障がないことを意味する慣用句 **2)** 精神障害 (insanity) を根拠にして無罪とされた被告人に対して課される収容期間を示す句で、この収容を'御意にかなう間の収容' (detention during His [Her] Majesty's pleasure), 被収容者を'御意にかなう間の収容者' (pleasure patient) という》. **It is our ~ to do**…することを望む《君主の文句》;《俗》われわれは喜んで…する. — *vt* 満足させる, 楽します (please),《特に》…に性的快感を与える. — *vi* 楽しむ (delight)《*in* sth, *in* doing, *to* do》;《口》《休暇などを取って》娯楽を求める、遊ぶ. **~·ful** *a*

pléasure appóintment《いつでも理由・通告等の要件なしで解任できる》随意任用 (= at-pleasure appointment).

pléasure pátient《英》御意にかなう間の収容患者

(⇨ *during His* [*Her*] *Majesty's* PLEASURE).

pléa to the declarátion 原告第一訴答への答弁《原告第一訴答 (declaration) の手続き上の瑕疵に対する訴え却下答弁 (plea in abatement)》.

pléa to the jurisdíction 管轄権欠缺(ホァ)の答弁 (jurisdictional plea).

pléa to the pérson of defendánt 被告の訴訟無能力についての答弁《被告が訴訟能力を欠いていることを理由にした訴え却下答弁 (plea in abatement); cf. PLEA TO THE PERSON OF THE PLAINTIFF》.

pléa to the pérson of the pláintiff 原告の訴訟無能力についての答弁《原告が訴訟能力を欠いていることを理由にした訴え却下答弁 (plea in abatement); cf. PLEA TO THE PERSON OF DEFENDANT》.

pléa to the wrít 令状にかかわる答弁《令状・召喚状の方式・執行方法に瑕疵があることを理由にした訴え却下答弁 (plea in abatement)》.

plebes PLEBS の複数形.

plebiscita PLEBISCITUM の複数形.

pleb·i·scite, pleb·e- /plébəsàɪt, -sət/ *n* **1** 国民 [住民, 一般] 投票 (referendum), 直接国民投票: decide by ~ to lower the voting age to eighteen 選挙権取得年齢を 18 歳に引き下げることを国民[住民]投票で決定する. **2**《国際法》(一定領土の最終的帰属の決定などの際に行なわれる)住民投票, 人民投票. **3** PLEBISCITUM. **ple·bis·ci·tary** /pləbísətèri, -t(ə)ri/ *a* [F < L *scisco* to voice for)]

pleb·i·sci·tum /plèbəsáɪtəm, plì-:/ *n* (*pl* -ta /-tə/) **1**《ローマ法》平民会議決. **2** PLEBISCITE. [L]

plebs /plébz/ *n* (*pl* **ple·bes** /plí:biz/)《ローマ法》**1** 平民, プレブス. **2** 民衆, 大衆. [L=common people]

pledge /pléʤ/ *n* **1** 誓約, 言質, (首領の, 政治的な)公約, 約束;《慈善などに対する》寄付の約束,《そうした》寄付(金); *《友愛会などへの》入会約束[誓約];*入会約束[誓約]者, 未公認会員: make a ~ 誓約[公約]をする; 寄付を約束する[申し出る] / give a ~ for...に言質を与える / be under ~ 誓いを立てている / take a ~ 誓う. **2** 質入れ, 抵当; 動産質, 質 (pawn);担保;質草, 質物 (pawn);担保物 (cf. CHATTEL MORTGAGE, LIEN): be in ~ 質入れしてある / give [lay, put]...to [in] ~ を担保に入れる, 質におく / redeem a ~《利息を添えて貸借金を返済して》担保物[質草]を受け戻す / take...out of ~ ...を質受けする. ▶ DEAD PLEDGE (死に質) / UNREDEEMED PLEDGE (受け戻されていない(動産)質). **3** 保証人;《史》十人組 (frankpledge) の一員, 十人組組員;《史》人質;《史》保釈保証人. ▶ FRANKPLEDGE (十人組) / SAFE-PLEDGE (出頭保証人). **4** 保証, かた, 保証のしるし. **5**《史》《原告のための》訴訟維持保証人. — *vt* **1 a** 言質を与える, 確約する, 約する;《施設・基金などに》...を寄託[提供する]約束をする〈*to*〉: I ~ (you) my honor. 名誉にかけて誓います / P~ (me) your word. わたしに誓いなさい / we mutually ~ to each other our lives, our fortunes, and our sacred honor 我々は,

我々の生命, 我々の財産および我々の神聖なる名誉を互いに捧げることを誓う《米国の 1776 年の独立宣言 (Declaration of Independence) の末尾の文言》. **b** 誓約させる〈*to*〉: ~ oneself to secrecy [to do] 固く秘密に[...することを]誓う. **2** 質におく, 担保に入れる: ~ share certificates 借金の形(ホ)に株券を預ける. **~·able** *a* 質[担保]に入れることができる; 保証[誓約]できる. [OF < L *plebium* security<Gmc]

pledg·ee /plɛʤí:/ *n* (動産)質権者.

plédge·hòld·er *n* 質物保管者.

pledg·er /pléʤər/, **pledg·(e)or** /plɛʤɔ́:r/ *n* 質入れ主, 質権設定者, 動産質入れ者.

pledg·ery /pléʤəri/ *n*《古》保証 (=SURETYSHIP).

plédges to restóre *pl*《史》財産回復保証人《第三者占有財産仮差押え (foreign attachment) の手続き執行のため, 執行対象財産を原告敗訴の場合被告に返還することを保証すべく原告が立てねばならなかった 2 名の保証人》.

ple·na·ry /plí:nəri, plén-, plí:neɪri/ *a* **1** 十分な, 完全な, 絶対的な; 正式の, 本式の (opp. *summary*). **2** 全員出席した. **3** 全権を有する, 全権の. — *n* **1** 本会議, 総会 (plenary session). **2** 聖餐式で朗読される福音書[使徒書簡]と説教を載せた書. **plé·na·ri·ly** *adv* [L (*plenus* full)]

plénary áction 本訴訟 (=plenary suit)《本案 (merits) についての正式の訴答 (pleading) および事実審理 (trial) による通常の民事訴訟; summary proceeding (略式手続き) の対語》.

plénary conféssion《争う余地のない》完全な自白.

plénary pówer《正しく提起された事件に対する裁判所の》無制約な権限.

plénary séssion 本会議, 総会.

plénary súit 本訴訟 (=PLENARY ACTION).

ple·ne ad·min·i·stra·vit /plí:ni ædmìnəstréɪvɪt/《史》完全管理の答弁《遺言執行者 (executor) あるいは遺産管理人 (administrator) の, 全遺産管理は終了し原告の請求に応じるための遺産が残っていない旨の答弁》. [L=he/she has fully administered]

pléne administrávit práe·ter /-prí:tər/《史》一部を除く完全管理の答弁《遺言執行者 (executor) あるいは遺産管理人 (administrator) の, 遺産管理は一部を除いて終了し原告の請求に応じるためには不十分にしか残されていない旨の答弁; 原告は残留分に権利主張できず, 残りは判決後に戻ってくる遺産に対してのみ請求できる》. [L=he/she has fully administered except]

pleni·po·ten·ti·ary /plènəpətén∫(ə)ri, *-ˈ*fìɛri/ *a* **1** 全権を有する; 全権委員[使節, 大使, 公使]の: MINISTER PLENIPOTENTIARY. **2** 全権を付与する;〈権力など〉絶対的な. — *n* 全権委員, 全権大使[公使], 全権使節.

Ples·sy v. Fer·gu·son (1896) /plésɪ və̀:rsəs fə́:rgəs(ə)n, -vì:-/《米史》プレッシー対ファーガソン事件

(1896年)《1896年合衆国最高裁判所が下した人種差別に関する判決; 鉄道の黒人客と白人客に対し分離されども平等な (separate but equal) 別車輛を提供することは合衆国憲法第14修正 (Fourteenth Amendment) の「法の平等な保護」(equal protection of the laws) の条項に違反しない、というもの; ブラウン対トピーカ教育委員会事件 (1954年) (Brown v. Board of Education of Topeka (1954)) で最高裁が人種差別を禁ずる判決以後一連の判決で破棄された》.

plev·in /plévən/ n《古》保証 (assurance, warrant), 誓約 (pledge).

plf, plff plaintiff 原告.

plot /plát/ n **1** 陰謀(事件); 策略, 計画. **2**《詩・小説・脚本などの》筋, 構想, プロット, 骨組. **3** 小区画地 (lot), 地所. **4** 土地図面, 地図.

plót plàn《土地区画, 特に住宅地の》土地利用(計画)図面.

plot·tage /plátɪdʒ/ n **1** 敷地. **2**《土地の》合筆(ガ). **3** 合筆による価値増加, 総合的開発可能性により増大する価値.

plót·ting n **1** 製図. **2** 区画整理.

plóugh·bòte, plów·bòte /pláu-/《史》犂(カ)用採木権《採木(入会)権 (estovers) の一つで犂をはじめ農器具の作製・修理のためのもの》.

plów·bàck n《利益の》再投資, 収益再投資, 再投資金.

Plow·den /pláudn/ プラウデン **Edmund** ~ (1518-85)《イングランドのコモンロー法律家; カトリック教徒であったため法曹としての出世は阻まれたが, 当時の最も学識ある法律家; その ローフレンチでの判例集 *Commentaries* (1571, 79)《一般には *Plowden's Reports* として引用されている》は正確かつ決定的問題点に焦点を合わせたもので, 英訳もされ, 繰り返し印刷に付され, 高く評価されている》.

plów·lànd n《英史》CARUCATE.

PLP《英》°Parliamentary Labour Party 労働党議員委員会.

PLR《英》°public lending right 公貸権.

pls. plaintiffs 原告.

pltf plaintiff 原告.

Pluck·nett /pláknət/ プラックネット **Theodore Frank Thomas** ~ (1897-1965)《英国の法制史家; Harvard大学助教授を経て, London大学で教授; その主著 *Concise History of the Common Law* (1st ed., 1929) は, 一部邦訳もされた英国法制史の概説書; ほかに多くの著作があるほか, 英国法制史学会 Selden Society の史料編集事業に大きく貢献した》.

plun·der /plándər/ vt, vi《場所・人びと》から略奪[収奪]する, ぶんどる; 《物を》盗む, 私消する. — n **1** 略奪(品) (=pillage). **2**《口》利益, もうけ. **~·er** n **~·ous** a [LG *plündern* to rob of household goods (MHG *plunder* bedding, clothing)]

plún·der·age n **1** 略奪. **2** 船上横領, 船荷横領;

横領船荷.

plu·ral·ism /plúərəlìz(ə)m/ n **1** 多元論, 多元主義; 社会的多元性, 社会的多元主義《一社会内に人種・宗教などを異にする集団が共存する状態》. **2** 複数存在する状態, 複数性, 複数状態. **3**《教会》《2つ以上の(聖職禄付き)聖職の》兼職, 聖職兼務, 聖職禄兼有. **plu·ral·is·tic** a

plúralist státe 多元的国家《権力集中や全体主義的傾向ではなく国内に多数の政治的社会集団が存在して, 政府に影響を与えるような国家》.

plu·ral·i·ty /pluəræləti/ n **1** 複数であること, 複数状態; 多数であること, 多数状態. **2 a**《大》多数, 過半数. **b***《票の》相対多数 (cf. MAJORITY)《相対多数の》次点者との得票差. **3** 数職兼任, 兼職;《教会》聖職禄兼有, 兼有聖職禄(の一つ).

plurálity opínion《判決の》相対多数意見.

plúral márriage 複婚 (=POLYGAMY).

Plu·res co·hae·re·des sunt qua·si unum cor·pus, prop·ter uni·ta·tem ju·ris quod ha·bent. /plúːriz kəhíːrɛdìːz sənt kwéɪsaɪ júːnəm kɔ́ːrpəs prɑ́ptər jùːnɪtéɪtɛm dʒúːrɪs kwɑd héɪbənt/ 数人の共同相続人はその有する権利の一体性のゆえにいわばひとりの主体のようなものである. [L=Several coheirs are one body, as it were, by reason of the unity of right that they have.]

Plures par·ti·ci·pes sunt qua·si unum cor·pus in eo quod unum jus ha·bent. /— paːrtíːsɪpìːz sənt kwéɪsaɪ júːnəm kɔ́ːrpəs ɪn íːou kwɑd júːnəm dʒúːs héɪbənt/ 数人の共有者は一つの権利を有している点でいわばひとりの主体のようなものである. [L=Several sharers are as one body, as it were, in that they have one right.]

plu·ri·es /plúərìːz/ a 第三の (cf. ALIAS). — n 第三令状 (pluries writ). [L=many times]

plúries wrít 第三令状《第一および第二令状 (alias writ) が効力をもたず戻って来たのち以降に出される令状; 単に pluries ともいう》.

Plus va·let unus ocu·la·tus tes·tis quam au·ri·ti de·cem. /plʌ́s vǽlɛt júːnəs àkəléɪtəs téstɪs kwæm ɔ́ːrɪtaɪ désɛm/ ひとりの目撃証人は10人の直聞証人よりも価値がある. [L=One eyewitness is better than ten earwitnesses.]

Plus valet vul·ga·ris con·su·e·tu·do quam re·ga·lis con·ces·sio. /— — — vəlgéɪrɪs kànswɪt(j)úːdou kwæm rɛgéɪlɪs kansɛ́ʃiou/ 一般の慣習法の方が国王の譲与よりも優る. [L=Common custom has more power than royal grant.]

PM °Police Magistrate 警察裁判所治安判事 ◆ post-mortem 死後の; 検屍(の) ◆ °Prime Minister 首相.

PMI °private mortgage insurance 個人譲渡抵当保険.

p.n.g. °persona non grata ペルソナ・ノン・グラータ.

PO, P.O. °Patent Office 特許局◆°postal order 郵便為替◆post office 郵便局◆°probation officer 保護観察官◆purchase order 仕入れ注文(書).

poach·ing /póʊtʃɪŋ/ n **1** 密猟, 密漁. **2**《特に 密猟・密漁のための》不法侵入, 他人の権利の侵害. **3** 人材スカウト, 引き抜き.

PoCA list〖英〗児童養護職不適者名簿《=list of those unable to work with children》《児童養護職に雇われることが不適とみなされた人の名簿; 1999 年法は一定の児童養護職に就こうとする者はすべて雇用前にこの名簿により適格性審査がなされることを要求している; この名簿記載に不満の者は児童養護上訴審判所(Care Standard Appeals Tribunal) に訴えることができる; Protection of Children Act list の略; cf. SUITABILITY FOR WORK WITH CHILDREN》.

pócket bòrough〖英史〗ポケット自治都市, ポケット選挙区(自治)都市《特定の個人または一族が議員選出の実権を牛耳る選挙区である自治都市; 1832 年選挙法改正で廃止; cf. ROTTEN BOROUGH》.

pócket immúnity〖米〗非公式刑事免責《保障[特権]》《訴追側に有利な証言をすることを約束させたうえで訴追側が訴追しないことを非公式に保障すること, またはその特権》.

pócket mòney ポケットマネー；〖英〗《子供の》こづかい銭 (allowance*).

pócket pàrt 補遺, 追録, ポケット・パート《法律書・注釈付き法令集・判例集の裏表紙内側のポケット内に挿入され, 本体の記述を補遺・追録するパンフレット》.

pócket shèriff〖英史〗不正規任命シェリフ《シェリフ(sheriff) は正規には 3 名の被指名者の中から国王が任命していたが, 国王がこの 3 名以外の者を任命した場合のシェリフをこう呼んだ》.

pócket vèto n〖米〗**1**《大統領の》放置による拒否権行使, 議案握りつぶし《合衆国憲法上は, 法律案が大統領に送付されたのち日曜を除く 10 日以内にこれを議会に還付しなければ大統領が署名をしたと同じ法律になるが, 議会休会前 10 日以内に署名を求められた議案を休日まで保留することにより不成立とすること》. **2**《州知事などによる》放置による拒否権行使, 議案握りつぶし. — vt〈議案を〉握りつぶす《=pócket-vèto》.

POD, P.O.D. payable on death 死亡時払いの◆pay on death 死亡時払い◆pay on delivery 現物引替え払い.

POD account /píːòʊdíː–/ PAY-ON-DEATH ACCOUNT.

poe·na /píːnə/ n《刑》罰, 罰金. [L=punishment, penalty]

Poe·nae po·ti·us mol·li·en·dae quam exas·pe·ran·dae sunt. /píːni páʃiəs mɑliéndi kwæm ɛksæspərǽndi sənt/ 刑罰は重くよりもむしろ軽くすべきである. [L=Punishments should rather be softened than aggravated.]

Poena ex de·lic·to de·func·ti hae·res te·ne·ri non de·bet. /– ɛks dɛlíktoʊ dɛfʌ́ŋkti híːriz tɛníːri nɑn débət/ 死者の違法行為による罰に相続人が拘束されるべきではない. [L=The heir ought not to be bound by a penalty for the wrong done by the defunct.]

poenology ⇨ PENOLOGY.

poind /póɪnd/〖スコットランド〗vt《判決(に基づく)債権者 (judgment creditor) が債務者の動産を競売目的で》差し押える. — n 動産差押え(distraint). [OE pyndan to impound]

point /póɪnt/ n **1** 尖頭, 剣先, 針頭, 針,《麻薬の》注射針; 先端, 先; 突き出たもの. ▶ GUNPOINT (銃口). **2** 一点, 部分, 局部, 地点; 時点, 瞬間. ▶ CHECKPOINT (検問所) / TAX POINT (課税対象日). **3**《個々の》事項, 問題, 事柄, 論点, 法律上の論点, **問題点**,《特に》POINT OF ERROR; 主張, 意見: a ~ of controversy 論争点. ▶ MOOT POINT (未解決の問題(点); 現実の訴訟と関係のない問題(点); 仮想問題(点)). **4** 問題の点, 主眼点, 眼目, 核心;《話・警句などの》急所, 勘所, おち, 真意; 特徴, 特質; 採点標準; 目的, 趣旨, 意味. **5** 一単位, 点(数), ポイント《例えば不動産ローンにおける融資額の 1% に当たる手数料の単位など》. ▶ PENALTY POINT (違反点数). in ~=on POINT. in ~ of FACT. off ~ 的はずれの, 不適切の, 関連性のない(opp. on point). on ~ 的を射た, 当を得た, きわめて適切な(=in point) (opp. off point): his opinion is not on ~ as authority. [F<L (punct- pungo to prick)]

póint-and-clíck agréement ポイント・クリックによる使用許諾合意《コンピューターのソフトウェアの収縮包装開封による使用許諾(書) (shrink-wrap license) の電子版ともいうべきもので, マウスを動かしポインターを画面の特定箇所に動かしクリックすることにより, 電子的に示されたソフトウェア使用許諾条件の遵守を約束の上で使用することに合意したことになる使用許諾合意》.

póint of érror《下級審の》誤り, 誤った点《上訴理由として主張されている下級審の誤り; 単に point ともいう; cf. ERROR, WRIT OF ERROR》.

póint of fáct 事実上の論点《訴訟で争われる事実問題》. ★ ⇨ in point of FACT.

póint of láw 法律上の論点《訴訟で争われる法律問題》. ▶ OBJECTION IN POINT OF LAW (法律問題についての異議) / PRELIMINARY POINT OF LAW (先決すべき法律上の論点) / RESERVED POINT OF LAW (法律上の留保論点).

póint of órder 議事進行上の問題; 議事進行に関する異議.

póint resérved 留保論点《=RESERVED POINT OF LAW》.

póints and authórities brìef 問題点と典拠摘要書《=BRIEF ON THE MERITS》.

póint sỳstem 1 点数制, ポイント制《例えば道路交通法違反点数の累計が一定期間内に一定数に達すると運転免許停止などの処分をすることなど》. **2**《経営》《作業

評価の) 点数制.

poi·son /pɔ́ɪz(ə)n/ *n* **1 a** 毒, 毒物, 毒薬. **b** POISON PILL. ▶ ADMINISTRATION OF POISON (毒物投与). **2** 害毒, 弊害, 有害な主義[説, 影響]. — *a* 有毒[有害]な, 悪意のある; 毒を塗った[入れた]. — *vt* …に毒を入れる[塗る]⟨*with*⟩;《有害物質で》汚染する;…に毒を盛る, 毒殺[薬殺]する⟨*with*⟩. ~·**ous** *a* 有毒な, 有害な. [OF<L=drink]

póisonous trée dòctrine [the ~] 毒樹の(果実の)法理 (=FRUIT OF THE POISONOUS TREE DOCTRINE).

póison pìll 1 即効性毒薬錠《スパイが自殺用に持ち歩く青酸カリなど》. **2** 毒薬錠, ポイズンピル, (会社)乗っ取り防止のための株式廉価取得権付与《企業買収の防衛策で, 特に 乗っ取りをはかる者が一定割合以上の株式を取得したときは現株主に株式配当の形で転換優先株を発行するなどの旨をあらかじめ定めておくことにより買収コストを高くすること; 単に poison ともいう; cf. PORCUPINE PROVISION, SHARK REPELLENT》.

Pol·e·mis, In re (1921) /pɑ́ləməs/ — 一/ ポレミス号事件 (1921 年)《不法行為の損害賠償の範囲に関する英国控訴院 (Court of Appeal) の判例で, 不注意な行為をした者はその行為の直接的結果である損害すべて (予見可能か否かを問わず) の責任を負うとの準則を示した; 英国ではワゴン・マウンド号事件 (Wagon Mound Cases) で予見可能な損害に限定するよう変わったが, 米国ではなおこの立場が現在でも取られている》.

po·lice /pəlíːs/ *n* **1** 警察; [the ~] 警察官(集合的), 警官隊 (police force)《個別的には police officer, policeman, policewoman》; 警察庁; ~ area 警察管轄区域 / the military ~ 憲兵 (集合的), 憲兵隊 / ~ cordon (警察による)警戒線, 非常線 / ~ secret ~ 秘密警察. ▶(LONDON) METROPOLITAN POLICE (ロンドン警視庁) / OBSTRUCTION OF POLICE (警察官職務執行妨害罪) / STATE POLICE (州警察) / TRAFFIC POLICE (交通課). **2 a** 治安, 公安; 福祉 (⇨ POLICE POWER). **b**《一般に》警備[保安]隊[組織], 取締まり組織, 監視集団; [⟨*pl*⟩] 警備(隊)員. ▶ INTERNAL POLICE (州内の治安福祉維持権能). ★ 米英の警察の階級は下から順に次のとおり(括弧内の訳語は一応のめやす) **(1)** 米国《州または都市により階級制度が異なる; 次はその一例である》: police officer, patrolman (巡査) — sergeant (巡査部長) — lieutenant (警部補) — captain (警部) — deputy inspector (警視) — inspector (警視正) — deputy chief of police (本部長補佐) — assistant chief of police (副本部長) — chief of police (警察本部長)《inspector の上が deputy superintendent (副本部長) — superintendent (警察本部長) となる場合もある》. **(2)** 英国: constable (巡査) — sergeant (巡査部長) — inspector (警部補) — chief inspector (警部) — superintendent (警視) — chief superintendent (警視正) — この上は, **(1)** Metropolitan Police Force (首都警察, ロンドン警視庁) では, commander (警視長) — dep-

police magistrate

uty assistant commissioner (副警視監) — assistant commissioner (警視監) — deputy commissioner (警視副総監) — Commissioner of Police of the Metropolis (警視総監), **(2)** City of London Police Force (ロンドン市警察) では, assistant commissioner (副本部長) — Commissioner of Police (警察本部長), **(3)** ほかの自治体[地方]警察では, assistant chief constable (警察次長) — deputy chief constable (警察副本部長) — chief constable (警察本部長). ★ 英国では, 警察官は厳密な法的意味では国王の役人でも地方当局に雇われた者でもない独立の官職で, コモンローと制定法のもとで一定の権力をもっている. 警察は地域組織で, 各地域は独立して警察力を機能させている. ロンドンおよびその周辺地域は内務大臣の直接監督のもとでロンドン警視庁が管轄権をもつ. ロンドン以外では地方警察当局が当たり, 日々の業務の管理はすべて警察本部長が当たる. — *vt* …に警察を置く, …の治安を維持する, 警備する; 管理 [支配]下に置く, 監視[規制]する. [F<L POLICY¹]

políce authòrity《英》地方警察当局. ▶ METROPOLITAN POLICE AUTHORITY (ロンドン警視庁維持機関).

políce blòtter 1《警察の》逮捕記録(簿). **2**《累犯者の》逮捕歴記録. ★ 1, 2 共に ARREST RECORD と同義.

políce commìssioner《略 PC》**1** 公安委員会委員, 公安委員. **2**《米》《市の》警察部長. **3** [P- C-]《英》警視総監, 警察本部長 ▶ METROPOLITAN POLICE COMMISSIONER (ロンドン警視庁総監). **4**《スコットランド》警察事務監督委員.

Políce Compláints Authòrity [the ~]《英史》警察不服審査機関《1984 年法で設立された, 警察に対する苦情の調査を監督する独立組織体; 2002 年法で新設された警察不服独立委員会 (Independent Police Complaints Commission) がとって代わった》.

políce cónstable《英》巡査, 警官《最下級; 略 PC》: a woman ~ 女性警官.

políce còurt 警察裁判所《軽微な犯罪の裁判などを管轄; 英国では治安判事裁判所 (magistrates' court) に統一された》.

políce fòrce [the ~] 警官隊, 警察. ▶ METROPOLITAN POLICE FORCE (ロンドン警視庁).

políce héadquarters *pl* [⁰⟨*sg*⟩] 警察本署.

políce inspéctor《米》警視正;《英》警部補 (⇨ POLICE).

políce júdge 警察裁判所裁判官 (=POLICE MAGISTRATE).

políce júry《米》《Louisiana 州の郡 (parish) の》郡政監理委員会《他州の BOARD OF SUPERVISORS に当たる》.

políce jústice 警察裁判所治安判事 (=POLICE MAGISTRATE)《略 PJ》.

políce mágistrate 警察裁判所治安判事 (=police justice, police judge) (⇨ MAGISTRATE)《略 PM》. ▶ METROPOLITAN POLICE MAGISTRATE (ロンドン警察

裁判所治安判事).

police·man /-mən/ n (pl -men /-mən/) 警察官, 警官, 巡査.

police offense* 違警罪《警察裁判所 (police court) が審理し陪審審理の権利のない軽微な犯罪》.

police òfficer 警察官, 警察職員, *巡査 (⇨ POLICE). ▶ OBSTRUCTING A POLICE OFFICER (警察官職務執行妨害罪).

police pòwer 福祉権能, 福祉機能, 規制権限, ポリスパワー《社会一般の安全・健康・道徳・福祉の維持・増進のために, 必要かつ適切な法律を制定・執行する権能; ここからさらに, この種の法律で認められている範囲内で, 法域内の人の権利を制限する政府の権能をも指す; 基本的人権との関係でその限界が問題となりうる; 特に米国では, この権能は合衆国憲法第10修正で, 連邦政府は憲法で明示・黙示で与えられた権限のみを有し, 他は州に留保されている; cf. EMINENT DOMAIN》. ▶ STATE POLICE POWER (州の福祉権能).

police prècinct 《米》地区警察本署管区《都市内の地区警察本署 (police station) の管轄区域》.

police protéction of chíldren 《英》子供に対する警察の保護《救済しないと重大な危害が子供に加えられると思われる時, 裁判所の命令なしで警察が72時間以内に限って救済できる; cf. EMERGENCY PROTECTION ORDER》.

police rècord 1 《警察の》被疑・検挙記録. 2 《裁判所による個人の》有罪決定記録.

police règister 警察記録《警察の日々の業務記録簿》.

police sèrgeant 巡査部長.

police stàte 警察国家《警察が市民の日常生活のすみずみにまで介入できる権力をもった国家》.

police stàtion 地方[地区]警察本署.

police·wòman n (pl -wòmen) 女性警(察)官.

pol·i·cy¹ /pάləsi/ n 《政府・政党・政治家・経営者などの》政策, 方策, 方針: a business ~ 営業方針 / government ~ on wages＝government wages ~ 政府の賃金政策 / the government's prices ~ 政府の価格政策 / the country's economic ~ 国の経済政策 / make a ~ statement＝make a statement of ~ 政策を発表する / budgetary ~ 財政政策. ▶ COMMON AGRICULTURAL POLICY (共通農業政策) / COMMON FISHERIES POLICY (共通漁業政策) / COMMON FOREIGN AND SECURITY POLICY (共通外交安全保障政策) / COMPETITION POLICY (競争政策) / CRIMINAL POLICY (刑事政策) / FOREIGN POLICY (外交政策) / PRICING POLICY (価格決定方針) / PUBLIC POLICY (公序良俗, 政策) / WILSONIAN POLICY (ウィルソン政策) / ZERO-TOLERANCE POLICY (容認ゼロ方針). [OF＜L *politia* POLITY]

pol·i·cy² n 1 保険証券[証書], 保険約款, 保険(契約) (insurance policy). ▶ ACCIDENT POLICY (傷害保険(証券)) / ALL-RISKS POLICY (全危険担保保険) / ANNUITY POLICY (年金保険証券) / BASIC-FORM POLICY (基本型保険(証券)) / BLANKET POLICY (包括保険(証券)) / BROAD-FORM POLICY (広範囲型保険(証券)) / CLAIMS-MADE POLICY (期間内請求保険(約款)) / CLOSED POLICY (固定的保険(約款)) / COMMERCIAL GENERAL LIABILITY POLICY (商業総合責任保険) / COMPREHENSIVE GENERAL LIABILITY POLICY (企業総合責任保険) / CONCURRENT POLICY (同位保険) / CONTINGENT POLICY (未確定条件付き保険(約款)) / DISCOVERY POLICY (期間内発見事故保険(約款)) / ENDOWMENT POLICY (養老保険(証券)) / FLOATER POLICY (包括保険(証券)) / FLOATING POLICY (予定保険証券; 包括保険(証券)) / GAMBLING POLICY (賭博保険(証券)) / HOMEOWNER'S POLICY (住宅所有者総合保険(証券)) / HONOR POLICY (名誉保険(証券)) / INCONTESTABLE POLICY (不可争条項付き保険証券) / INDEMNITY POLICY (損害保険(証券); 先履行型責任保険(証券); ファースト・パーティー保険(証券)) / INSURANCE POLICY (保険契約; 保険証券) / LAPSED POLICY (失効保険(証券)) / LIFE POLICY (生命保険契約[証券]) / LIMITED POLICY (制限的保険(証券); 基本型保険(証券)) / MANUSCRIPT POLICY (特約条項付き保険(証券)) / MASTER POLICY (一括保険証券) / MULTIPERIL POLICY (多種危険担保保険(証券)) / NEW-FOR-OLD POLICY (新旧交換差益補填保険契約) / OCCURRENCE POLICY (期間内発生事件保険(約款)) / OPEN-PERILS POLICY (包括的財産保険(証券)) / OPEN POLICY (未評価保険(証券); 包括予定保険(証券)) / SOLVENCY POLICY (信用保険(証券)) / STANDARD POLICY (標準保険証券) / TERM POLICY (長期保険(証券); 定期(生命)保険(証券)) / TIME POLICY (期間保険(証券)) / TONTIN POLICY (トンチン保険(契約)) / UMBRELLA POLICY (雨傘保険(証券)) / UNVALUED POLICY (未評価保険(証券)) / VALUED POLICY (評価済み保険(証券)) / VOYAGE POLICY (航海保険(証券)) / WAGER [WAGERING] POLICY (賭博保険(証券)). 2 数当てくじ[賭博], くじ番号賭博. [F *police* certificate＜L (Gk *apodeixis* proof)]

pólicy·hòld·er n 保険証券所持人 (＝policy-owner).

pólicy of insúrance [assúrance] 1 保険(契約). 2 保険証券. ★1, 2共に insurance policy ともいう. ▶ COURT OF POLICIES OF INSURANCE [ASSURANCE] (保険裁判所).

pólicy·òwn·er n POLICYHOLDER.

pólicy próof of ínterest 被保険利益不問保険証券, 名誉保険証券《主に海上保険で, 保険証券自体以外には被保険利益を証明するものを要せずという特別条項を入れて契約する保険; 法律上は賭博保険証券 (gambling policy) とされ無効となるが, 保険者は自己の名誉にかけて支払いを約束する; このため名誉保険証券 (honor policy) ともいう; 英国では1906年法で無効, 1909年法で犯罪としている; 略 PPI》.

pólicy resérve 保険準備金《保険会社の当該年度

の純保険料 (net premium) と予想保険金支払額の差額で, 将来の保険金支払いのため留保される準備金》.

pólicy vàlue 解約払戻[返戻]金《保険契約解約の際に払い戻されるはずの金額》.

Po·li·ti·ae le·gi·bus, non le·ges po·li·ti·is, adap·tan·dae. /pəlíʃiː léɡibəs nan líːdʒiz pəlíʃiis ædæptǽndi/ 政治が法に適合させられるべきで, 法が政治に適合させられるべきではない.［L = Politics are to be adapted to the laws, not the laws to politics.］

po·lit·i·cal /pəlítik(ə)l/ *a* **1** 政治(上)の; 政治的な; 政治にたずさわる; 政治組織を有する; 政治学(上)の. **2** 政党(政治)の; 政略(上)の. **3** 国家の［に関する］, 国政に関する, 行政に関する［関与する］: POLITICAL CORPORATION. **4** 反政府［反体制］運動にかかわる: POLITICAL PRISONER.

polítical áction commìttee 〘米〙政治活動委員会《企業・労働組合などが, 自分たちの利益を高めてくれそうな候補者の選挙運動資金を調達・献金するために結成する団体; 略 PAC /pǽk/》.

polítical asýlum《国際法》《政治的亡命者に対する》政治的庇護, 外国政治犯の庇護 (cf. ASYLUM SEEKER): seek [ask for] ～ 政治的庇護［亡命］を求める.

polítical corporátion 公法人; 公共団体, 《特に》地方公共団体 (» public corporation).

polítical corréctness [ᵈ*derog, joc*] 政治的公正, 政治的妥当性［正当性］, ポリティカル・コレクトネス《特に人種・性別に関して他人の政治的感情を害する言動・教育内容を排除しようとすること; 略 PC》. **polítically corréct** *a* 政治的に公正な《略 PC》.

polítical críme 政治犯罪, 国事犯 (= political offense).

polítical ecónomy 政治経済学.

polítical fúnd 1 政治資金《政治活動に必要な資金》. **2**〘英〙政治基金《労働組合が政治目的を達成するために金銭支出をすることのできる独立の基金》.

polítical líberty 政治的自由《個人が政治的意見をもちこれを表明し, 国家の意思決定に参加する自由または権利》.

polítical offénse 政治犯罪 (= POLITICAL CRIME).

polítical óffice 政治的官職, 政治的職務《(1) 司法職以外の文官職 (2) 選挙で選ばれる官職 (3) 大統領, 各省の長のように文官職一般に適用される法でその在職期間を保障されていない官職》.

polítical ófficer 植民地駐在外交官.

polítical párty 政党《単に party ともいう》.

polítical pówer 政治権力, 政権.

polítical prísoner 政治囚, 政治犯.

polítical quéstion 統治行為, 政治的問題《条約の締結など行政府・立法府の裁量権の範囲内にあるとの理由から裁判所が司法判断を控える国家行為; 特に 司法審査 (judicial review) との関連で問題となる; cf. JUDICIAL QUESTION》.

polítical quéstion dòctrine 統治行為論, 統治行為の法理《行政府・立法府の裁量権の範囲内にある統治行為 (political question) については裁判所は司法判断を控えるべきであるという原則》.

polítical ríght [ᵒ*pl*] 政治的権利《表現の自由, 集会の自由, 参政権, 公職就任権など政府の政策決定に直接間接に参与しうる諸権利》.

polítical scíence 政治学 (politics). **polítical scíentist** 政治学者.

polítical subdivísion 地方統治区分《国家の地方統治上の区分》.

polítical tríal 1 政治犯審理. **2** 政治的審理[裁判]《特に 刑事裁判で, 訴追側あるいは被告人側もしくはその双方がその裁判をみずからの特定政治信条の宣伝の場として利用する裁判; cf. SHOW TRIAL》.

pol·i·ti·cian /pàlətíʃ(ə)n/ *n* **1** 政治家; 政党政治家. **2***策士, '政治家'.

pol·i·tics /pálətiks/ *n* **1** [⟨*sg*/*pl*⟩] 政治; 政治学; 政治運動, 政界〘党員活動〙: local [national] ～ 地方［国内］政治 / international ～ 国際政治 / party ～ 党のための政治(行動), 党派政治, 党略. ► CONSENSUS POLITICS (合意政治) / PARISH PUMP POLITICS (教区内政治) / POWER POLITICS (権力政治, 武力外交) / PRESSURE POLITICS (圧力政治). **2** 政策, 政略, 駆引き. **3** 〘党派的・個人的の〙利害, 動機, 目的; [⟨*pl*⟩] 政綱, 政見. **4** [⟨*pl*⟩] 〘行政・法の執行に対して〙政策立案; [⟨*pl*⟩] 〘軍機能に対して〙政府の文民機能. **5** [⟨*sg*⟩] 経営.

pol·i·ty /pálətiy/ *n* **1** 政治組織[形態], 政治組織体, 政体, 国家, 政府: ecclesiastical ～ 教会組織. ► CIVIL POLITY (国家組織; 民政). **2** 政治, 行政; 政策.

pólity appròach 教会組織調査先決方法《教会財産をめぐる紛争を解決する方法で, その教会が独立制か教階制をとっているかを決定すべく教会組織を調べ, そのうえでその教会固有の統治機関の決定に沿う形で決着をつけるやり方》.

poll /póul/ *n* **1 a**〘選挙などの〙**投票**; 得票集計, 投票記録; 投票結果, 投票数;*選挙投票時間; [*pl*] 投票所: a heavy [light] ～ 投票多数［少数］ / at the head of the ～ (投票)最高点で / declare the ～ 選挙結果を公表する / go to the ～s 投票所へ行く; 選挙に打って出る / The ～s opened half an hour ago. 投票は 30 分前に始まった / The ～s close at 8 o'clock. 投票は 8 時に締め切られる. **b** 納税者[選挙人]名簿(登録者); **陪審候補者名簿**; 名簿掲載者[登録者], 〘数人の中の〙ひとり, 個人. **c** 世論調査(の質問表)《〘一般に〙数え上げること》: an OPINION ～. ► CHALLENGE TO THE POLL (特定陪審員忌避) / EXIT POLL (出口調査) / STRAW POLL (模擬投票). **2** 頭; 人頭税 (poll tax). ── *vt* **1** 人名簿に登録する; …の世論調査をする; ⟨…票⟩の票を得る; ⟨票⟩を投ずる; ⟨選挙人⟩に投票を命ずる; [*pass*] ⟨特定選挙区⟩の票を集計する. **2***陪審・委員会などの一人一人に評決[票決]の言明を求める, ⟨陪審⟩に評決確認手続きを行なう:

POLLING JURY. **3**〈証書など〉の切取り線を平らに切る. **―** *vi* 投票する《*for, against*》. **~・able** *a* 投票できる. **~・er** *n* [? LDu *polle* (hair of) head]

póll・bòok *n* **1** 選挙人名簿. **2**〖史〗投票記録簿.

pol・lic・i・ta・tion /pɑ̀lisəteɪʃ(ə)n/ *n* **1**〖ローマ法〗片約, 一方的約束《一方的な債務負担の意思表示を要件とする法律行為》. **2**《約束の》申し込み.

pólling bòoth "《投票場の》投票用紙記入所 (voting booth*).

pólling dày 投票日.

pólling júry 評決確認手続き, 陪審員点検《陪審の答申評決につき各陪審員に個別的にその評決に同意しているかを確認する手続き》.

pólling plàce* 投票所 (polling station").

pólling stàtion" 投票所 (polling place*).

Pol・lock /pɑ́lək/ ポロック Sir **Frederick ~** (1845-1937)《英国の法学者; 分析法学・歴史法学者; London 大学法理学教授を経て, Oxford 大学で Sir Henry MAINE の後継者となり, Lincoln's Inn でも教鞭を執る; 枢密顧問官 (Privy Councillor) (1911), 五港海事裁判所裁判官 (Judge of the Admiralty Court of the Cinque Ports) (1914), 勅選弁護士 (King's Counsel) (1920), 公文書王立委員会委員長 (Chairman of the Royal Commission on the Public Record); 主著 *Principles of Contract* (1876), *Digest on the Law of Partnership* (1877), *The Law Torts* (1887) のほか, F. W. MAITLAND との共著の *The History of English Law Before the Time of Edward I* (1895) があり, 現在も続く雑誌 *Law Quaterly Review* の創刊・編集 (1885-1919), *Law Reports* (判例集) の編集 (1895-1935) など, 法学界に大きな足跡を残した》.

póll・ster *n*《口》《職業的な》世論調査員, 世論調査屋.

póll tàx [the **~**] 人頭税 (=capitation, capitation tax, head money, head tax, per capita tax, personal tax).

pol・lu・tant /pəlúːt(ə)nt/ *n* 汚染物質, 汚染物, 汚染質: air [atmospheric] **~** 大気[空気]汚染物質.

pol・lute /pəlúːt/ *vt* **1** よごす, 不潔にする; 汚染する. **2**《道徳的に》汚す; 冒瀆する.

pol・lút・er *n* 空気[大気]を汚染する人[会社など], 汚染者, 汚染源.

pollúter páys prìnciple [the **~**] 汚染者費用負担の原則《環境などの汚染原因をつくり出した者[会社など]がその責任を負い賠償・改善費用を負担すべしとする原則; 略 PPP》.

pol・lu・tion /pəlúːʃ(ə)n/ *n* よごすこと, よごれ, 汚染, 環境汚染, 公害, 汚濁, 不潔; 汚染物質 (pollutant): **~** charges 環境汚染防止[修復]費用 / **~** control 汚染規制. ▶ AIR POLLUTION (大気汚染) / ATMOSPHERIC POLLUTION (大気汚染) / ENVIRONMENTAL POLLUTION (環境汚染) / HER MAJESTY'S [HM] INSPECTOR OF POLLUTION (汚染監督官) / NOISE POLLUTION (騒音公害) / SOIL POLLUTION (土壌汚染) / WATER POLLUTION (水質汚染).

Pollútion Prevéntion Contról Àct [the **~**]《英》《1991 年制定の》汚染予防規制法 (⇨ INTEGRATED POLLUTION PREVENTION CONTROL).

pollútion tàx 環境汚染税, 公害税.

póll wàtcher《選挙投票所における政党・候補者側からの》投票立会人《単に watcher ともいう》.

poly・an・dry /pɑ́liæ̀ndri, ⎯ ⎯ ⎯ ⎯/ *n* 一妻多夫(制) (cf. POLYGYNY).

po・lýg・a・mist *n* **1** 複婚者. **2** 複婚論者.

po・lyg・a・mous /pəlígəməs/ *a* 複婚の, 《特に》一夫多妻の: a **~** society. **actually ~** 現実的複婚の. **potentially ~** 潜在的複婚の《単一の配偶者のみしか存在していないが, 複婚 (polygamy) を認めている法制度の下で婚姻した場合を指す》.

po・lyg・a・my /pəlígəmi/ *n* 複婚 (=plural marriage)《同時に複数の配偶者をもつこと; BIGAMY は重婚すなわち二重婚姻のみを指すが, これは 2 つ以上の婚姻を指す; cf. DIGAMY, MONOGAMY》,《特に》一夫多妻 (polygyny).

póly・gràph *n*〖医〗多用途(記録)計, ポリグラフ《心拍・血圧・呼吸運動などを同時に記録する機器で, 感情の反応を反映する》; うそ発見器 (lie detector). **pòly・gráph・ic** *a* **po・lyg・ra・phy** /pəlígrəfi/ *n*

po・lyg・y・ny /pəlídʒəni/ *n* 一夫多妻(制) (cf. POLYANDRY).

po・ne /póuni/ *n*〖史〗**1**《下位裁判所から上位裁判所への》移審令状. **2** 出廷保証令状《訴訟開始令状 (original writ) で出廷しなかった被告に対して保証ないし保証人を提出して出廷させるよう命ずる令状; 正式には令状の文書に pone per vadium et salvos plegios (保証および保証人による出廷保証令状) とあることから, **po・ne per vadium** (保証による出廷保証令状) という》. [L=put]

Pón・zi schème /pɑ́nʤi-/ ポンジー式詐欺《利殖性の高い架空の投資対象を考え出し, それに先に投資した人が後から投資する投資金によって利を得る方式の一種のネズミ講的な詐欺; 考案者であるイタリア生まれの米国の詐欺師 Charles A. Ponzi (c. 1882-1949) の名から; cf. PYRAMID SCHEME》.

pool /púːl/ *n* **1** 企業連合, カルテル;〖金融〗買占め連合; 共同出資[投資]; 共同計算, 共同管理, プール. ▶ INSURANCE POOL (保険連合). **2 a**《共同目的のために》出し合ったもの[金], **共同資金**;《共同で利用し合う》要員[便宜など]のたくわえ: the labor **~**《共同で利用し合う》労働要員. **b** 共同で利用し合うグループ. ▶ JURY POOL (陪審員候補者名簿). **3 a**《総》賭け金. **b** 賭け, 賭博, 《特に》サッカー賭博, トトカルチョ. **―** *vt, vi* 共同利用するためにたくわえる, 共同出資[負担]する, プールする; 共同の利権にする: **~***ed* security 〖政〗集団保障 / **~***ing* of capital 資本の合同. [F *poule* stake, (orig) hen]

póol clèrk 共同利用調査官《単一の裁判官ではなく

数名ないしは裁判所全体の裁判官が共同で利用する調査官; cf. ELBOW CLERK).

póoled íncome fùnd 〚米〛合同収益基金《公益残余権信託 (charitable remainder trust) の一種で, 公益団体への寄付を行なおうとする者が, 他の者と共に公益団体に財産権を移し, 団体はそれを合同運用し, 収益を寄付財産の割合に応じ各寄付者の指名する受益者 (beneficiary) に配分し, 受益者死亡後その残余権 (remainder) の寄付を受ける方式のもの).

póoling agrèement 議決権協定, 議決権契約 (=shareholder control agreement, voting agreement) 《株主が株主総会での議決権行使に関して会社支配に影響を及ぼすために, 合意された内容により共同して議決権を行使する協定).

poor *a* **1** 貧乏な, 貧困な; [the ~, 〈*n pl*〉] (救済を必要とする)貧民, 貧困者. **2** 乏しい, 貧弱な; 〈土地が〉やせた. **3** 哀れな, かわいそうな.

póor débtor's óath 〚米史〛貧困債務者の宣誓 《債務者の拘禁が認められていた時代に一部州法で, 拘禁される債務者が無資産であること宣誓し, 拘禁を免れえたが, その宣誓).

póor láw 〚史〛(各種の) 救貧法, 貧民救助法《貧民に関する, あるいは貧民にして救済を要する者の保護に関する法の総称; 英国では乞食を取り締まる法は 14 世紀末からあるが, 1572 年法で慈善としての寄付ではなく強制的課税である救貧税 (poor rate) を導入したことが画期的であり, それ以後の一連の法を体系化した 1601 年の Elizabeth 1 世の救貧法が有名; これを旧救貧法 (old poor law) と呼ぶ; 次の大画期は 1834 年の Poor Law Amendment Act (改正救貧法)で, これを新救貧法 (new poor law) と呼ぶ; 1948 年の NATIONAL ASSISTANCE ACT (国民扶助法)により廃止).

Póor Làw Améndment Àct 〚英史〛改正救貧法 (⇨ POOR LAW).

Póor Làw Bòard [the ~]〚英史〛救貧法委員会 《1847 年法によりそれまでの救貧法委員 (Poor Law Commissioner) に代わり中央で救貧法行政を統轄した委員会; 1871 年に地方統治委員会 (Local Government Board) に責任が移り廃止).

Póor Làw Commíssioner 〚英史〛救貧法委員 《1834 年法で創設された救貧法行政の中央における統轄委員; 1847 年法で廃止; 略 PLC).

póor làw únion 〚英史〛救貧法教区連合, 救貧区連合《1834 年の改正救貧法 (Poor Law Amendment Act) により救貧法 (poor law) 行政改革の一環としてその地域単位を約 15,000 の救貧区 (parish) からいくつかの救貧区からなる約 600 の救貧法教区連合に構成し直したもの; 単に union ともいう).

póor ràte 〚史〛救貧税《救貧法 (poor law) に基づいて土地占有者に救貧区 (parish) ごとに課した地方税).

póor relíef 貧困者救済.

Póor Relíef Àct (1601) /-síkstì:nòuwán/ [the ~] 貧民救済法 (1601 年) (⇨ POOR LAW).

pop·u·lar /pápjələr/ *a* **1** 評判のよい, 人気のある. **2 a** 庶民の, 民衆の; 世間一般の; 民間に普及している, ポピュラーな. **b** 大衆的な, 通俗な. — *n* 大衆紙, 大衆誌. [AF or L (*populus* PEOPLE)]

pópular áction **1** 一般人(による制裁金請求)訴訟 《公私混合訴訟 (qui tam action) と同義; 略式起訴 (information) をした私人に罰金の一部を請求する権能を認めた制定法上の訴訟; ⇨ PENAL STATUTE, COMMON INFORMER; 英国では一般人たる略式起訴者 (common informer) の起訴手続きは 1951 年法で廃止). **2** 民衆訴訟《行政訴訟において自己の法律上の利益にかかわらない資格で提起することが認められている訴訟; 選挙訴訟・住民訴訟など).

pópular cóurt 〚英史〛人民裁判所《ハンドレッド裁判所 (hundred court) などの地域の住民集会による裁判所).

pópular frónt 人民戦線.

pópular jústice 《人民裁判などで表出される》民衆的正義 (cf. SOCIAL JUSTICE).

pópular náme làw 通称名の法律, 法律の通称.

pópular náme tàble 〚米〛《法律の》通称名一覧表.

pópular státute 一般人(による制裁金請求)訴訟法 (⇨ POPULAR ACTION).

pópular vóte 一般投票, 国民による直接投票, 国民投票, 人民投票.

pop·u·list /pápjəlɪst/ *n* 人民主義者, 民衆主義者; [ᴾP-] 人民党員. — *a* **1** [ᴾP-] 人民主義[民衆主義] の. **2** 一般大衆の, 一般向きの.

pórcupine provísion 〚米〛ヤマアラシ規定《取締役会の承認のない企業買収の阻止を定める会社の基本定款や通常定款上の規定; cf. POISON PILL, SHARK REPELLENT).

pórk-bàrrel legislátion 〚米〛豚肉保存樽立法 《政府資金・基金を, 例えば高速道路の建設など特定地域の経済的利益あるいは特定地域議員の政治的利益となる計画に配分するための法律・立法).

por·nog·ra·phy /pɔːrnágrəfi/ *n* 猥褻文書, 好色 [エロ, 猥褻] 文学, ポルノ(グラフィー), エロ本, 猥本, ポルノ写真[映画]. ▶ CHILD PORNOGRAPHY (児童ポルノ(グラフィー)) / HARD-CORE PORNOGRAPHY (ハードコア・ポルノグラフィー). **por·nóg·ra·pher** *n* **pòr·no·gráph·ic** *a* **-gráph·i·cal·ly** *adv*

por·rect /pərékt, pɑ-/ *vt* 〚教会法〛提出する, 授与する.

por·ridge /pá(:)rɪdʒ, pár-/ *n*《俗》刑務所; 入獄, 刑期: do ~ 刑期を務める.

port /pɔːrt/ *n* **1** 港, 商港, 貿易港. ▶ CINQUE PORTS (五港) / FOREIGN PORT (外国[州外]港) / FREE PORT (自由港) / HOME PORT (船籍港) / REGISTRY PORT (船籍港) / SAFE PORT (安全港) / SURVEYOR OF THE PORT (輸入品検査官). **2** 《特に 税関のある》港町, 港湾都市 (=~ tòwn [cìty]). **3** 〚英史〛都市. ~·less *a* [OE<L *portus*]

pórtable búsiness 移動可能業務《弁護士が依頼者との関係をほとんどそこなうことなしに、ある法律事務所ないしは場所から他の法律事務所・場所へ移すことのできる法律事務》.

pórt alért〖英〗全港警報 (⇨ ALL-PORTS WARNING SYSTEM).

Por·ta·lis /F pɔrtalis/ ポルタリス **Jean-Étienne-Marie ~** (1746–1807)《フランスの法律家・政治家; 元老院議員・議長 (1795–97); Code Napoléon を起草した 4 人のうちの最重要メンバー》.

pórtal to pórtal páy 入出構時基準計算賃金 (⇨ PORTAL-TO-PORTAL PAY ACT).

Pórtal-to-Pórtal Páy Àct [the ~]〖米〗入出構時基準計算賃金法, 拘束時間払い賃金制限法, 作業場勤務時間法《1947 年の連邦法; 前年に合衆国最高裁判所が実際に労働している時間だけでなく、工場・事業所における作業開始前・終了後の本務外の従事時間をも労働時間としてとらえ、その間の賃金請求 (これを portal-to-portal claim という) を認容したのに対して、判例趣旨を覆し原則としては労働時間は実際に労働している時間に限ると定めた法律》.

pórt authòrity 港湾当局, 港湾管理委員会.

pórt dúes 港税(ぜい) (=HARBOR DUES).

por·ter¹ /pɔ́ːrtər/ *n* 1〖英史〗裁判官職杖持ち. 2 ポーター, 運搬人, かつぎ人夫, 赤帽. 3〖米〗(寝台車などの)(鉄道の)客室係,《ビルなどの》清掃員, 用務員. 4 ポーター《焦がした麦芽を使った黒ビール; もとロンドンの荷役夫が好んで飲んだ》.

porter² *n*〖ホテル・集合住宅・大学などの〗守衛, 門番, 受付.

port·fo·lio /pɔːrtfóuliòu/ *n* (*pl* **-li·òs**) 1 a 紙ばさみ, かばん; 政府省庁の書類を運ぶかばん. b〖金融〗ポートフォリオ《特定の個人・機関投資家が保有する各種有価証券(の明細一覧表)》,《投資・運用のために保持する》有価証券一覧表, 金融資産の総体. 2 大臣[閣僚]の地位[職務]: Minister without *P~* 各省大臣としての行政事務を担当していない大臣, 無任所大臣.

portfólio íncome ポートフォリオ所得《利息・配当・賃料・ロイヤリティー (royalty) や資本利得 (capital gain), その他の投資源からの所得》.

por·tion /pɔ́ːrʃ(ə)n/ *n* 1 一部, 部分 (part), 一部分: a ~ of land 少しばかりの土地. 2 分け前 (share); 分与産《生前贈与・遺贈または継承財産設定 (settlement) により、親が特に長男以外の子供に継承させる財産》. ▶ DISPOSABLE PORTION (遺贈自由な財産(部分)) / DOUBLE PORTIONS (二重の分与産) / FALCIDIAN PORTION (ファルキディウス分) / LEGITIMATE PORTION (遺留分) / MARITAL PORTION (配偶者分) / MARRIAGE PORTION (嫁資). — *vt* 1〈土地などを〉分割する, 分配する〈*out*〉. 2〈人に〉分け前を与える; 分与産として与える. **~·less** *a* 分け前のない, 分与産のない. [OF<L *portion- portio*]

pórt·man /-mən/ *n*〖英史〗1 市民. 2 五港 (cinque ports) の市民, 五港市民. 3 市政参与市民.

pórt of éntry《入国者・輸入品の》通関(手続き)地, 通関港, 入国管理事務所のある港[空港].

pórt of régistry 船籍港 (=registry port).

pórt-rísk insùrance 港内危険保険, 港内保険, 係船保険《船舶が港内にいる場合のその間の危険についての保険; 海洋航行の保険料率よりは低い》.

pórt tranquíllity dòctrine〖国際法〗港の平穏の法理《外国の私船はその沿岸国ではなく船籍国 (flag state) の管轄権に服するが、入港中の外国私船に対しては沿岸国が領域主権に基づくいくつかの管轄権を有する; 特に港の公安・安全が脅かされる場合は沿岸国が強制措置をとりうるという法理》.

po·si·tion /pəzíʃ(ə)n/ *n* 1 a 位置; 場所, 所, 所在地. b《社会的な》立場, 地位, 職位, (高い)身分. c 勤め口, 職 (job). ▶ DOMINANT POSITION (支配的地位). 2 姿勢; 状勢, 局面,《問題などに対する》立場, 態度; 見解, 論拠. ▶ BARGAINING POSITION (交渉での立場) / CHANGE OF POSITION (状勢の変化) / END POSITION (最後の立場). 3《証券や外国為替などの》持ち高. [OF or L (*ponere* to place)]

position of the United Státes [the ~]〖米〗合衆国政府の立場《特に裁判への平等機会法 (Equal Access to Justice Act) にかかわる訴訟事件における連邦政府の法的立場; 先例に照らしてこの立場が合理的であったか否かによって、政府が相手方の弁護士などの報酬の責任を負うか否かが決定されることになる; ⇨ EQUAL ACCESS TO JUSTICE ACT》.

pos·i·tive /pázətiv/ *a* 1 決定的な, 明確な;〈約束・規則が〉明確に定めた, 実定的な; 絶対的な, 無条件の; ***〈政府などが〉統制的な,〈品物などが〉統制下の. 2 確信している, 自信のある, 独断的な, 自信過剰な. 3 a 肯定的な, 積極的な (opp. *negative*), 前向きの, 建設的な. b 実際的な, 現実的な, 実在の; 実証的な. 4 陽性の: The breath test was ~.《飲酒テストで》呼気は陽性だった.

pósitive condítion 積極的条件《当事者に積極的な作為義務を課す条件; opp. *negative condition*》.

pósitive discriminátion〖英〗積極的優遇《差別を受けてきた側を積極的に優遇すること; このこと自体は一般には, 差別であるゆえ違法であるが、特定グループを鼓舞することは合法とされる; したがって女性・少数民族からの応募歓迎という求人広告は合法であるが、性・民族を唯一の理由として候補者を選ぶことは違法とされる; cf. REVERSE DISCRIMINATION》.

pósitive dúty 積極的義務 (=active duty)《ある特定の行為をなすことあるいは特定の継続的な行為をし続けることを要求する義務; cf. NEGATIVE DUTY》.

pósitive éasement 積極的地役権 (=AFFIRMATIVE EASEMENT).

pósitive évidence 実証的証拠, 直接証拠, 積極的証拠 (=DIRECT EVIDENCE) (opp. *negative evidence*).

pósitive externálity〖経済〗積極的外部性 (⇨

EXTERNALITY).

pósitive fráud 積極的詐欺 (＝ACTUAL FRAUD).

pósitive jústice 実定的正義《実定法 (positive law) により不完全ながらも表現されている正義》.

pósitive láw 実定法《現実に存在し実効性を有するないしはかつて存在し実効性を有した法; 一般には現行法を指す; cf. NATURAL LAW, POSITIVE MORALITY》.

pósitive misprísion 積極的違法行為《例えば政府に対する煽動行為など; ⇨ MISPRISION; cf. NEGATIVE MISPRISION》.

pósitive moralíty 実定道徳《理想としての道徳ではなく現実に存在し社会規範として機能しているないしは機能した道徳; cf. POSITIVE LAW》.

pósitive prescríption 取得時効 (＝acquisitive prescription) (⇨ PRESCRIPTION).

pósitive próof 積極的証明《積極的・肯定的にある事実を証明すること; cf. NEGATIVE PROOF》.

pósitive téstimony 実証的証言 (＝AFFIRMATIVE TESTIMONY).

pósitive vétting 《機密情報を扱う人の》事前綿密身元調査.

pósitive wróng 積極的違法行為《故意になされた違法行為》.

pós·i·tiv·ism *n* **1** 実証主義《真の知識はすべて思弁・推論ではなく観察されうる現象から得られるという立場; したがって法学上は, 実定法の分析に限り, 自然法的アプローチや社会学的背景の研究も一般には排除される; 英米では John AUSTIN の分析法学 (analytical jurisprudence) がこの代表; cf. LEGAL POSITIVISM, LOGICAL POSITIVISM, POSITIVIST JURISPRUDENCE》. ▶ LEGAL POSITIVISM (法実証主義) / LOGICAL POSITIVISM (論理実証主義). **2** 積極性, 明確性; 確信; 独断(論). **-ist** *n*, *a*   **pòs·i·tiv·ís·tic** *a*

pósitivist jurisprúdence 実証主義法学 (＝**positivístic jurisprúdence**) (⇨ POSITIVISM).

pos·se /pɑ́si/ *n* **1 a** 州[郡]民兵 (＝POSSE COMITATUS). **b**《共通の関心をもつ》群衆, 集団; 仲間. **2**［次の句で］可能性, 潜在力: IN POSSE. [L＝to be able]

pósse com·i·tá·tus /-kɑ̀mətéɪtəs, -tá:-/《治安維持, 外敵侵入からの防衛, 犯人逮捕などのためシェリフ (sheriff) が召集・指揮した》州[郡]民兵, 民警団 (＝power of the county)《警察制度が充実するまで重要な役割を演じたが, 英国では 19 世紀に警察の発展と共に用いられなくなり 1967 年に正式廃止, 米国では今日でもシェリフまたは警察による召集がある; 単に posse ともいう》. [L＝power of the county]

Pósse Comitátus Àct [the ~]《米》郡民兵法《陸軍・空軍が逮捕・捜索・証拠押収などの一般の法執行に直接関わることを原則禁じている連邦法で, 1878 年のが最初の法律; 海軍, 州兵 (National Guard), 沿岸警備隊 (coast guard) には通常適用されない; 略 PCA》.

pos·sess /pəzés/ *vt* **1** 占有する; 所有する (own). **2**〈能力・性質などを〉もつ (have). **3** 手に入れる, 入手する.

pos·ses·sio /pəzéʃioʊ, -si-/ *n*《ローマ法》占有. [L]

posséssio ci·ví·lis /-səválɪs, -sívɪlɪs/《ローマ法》《ローマ》市民法上の占有 (＝CIVIL POSSESSION). [L＝civil possession]

pos·ses·sion /pəzéʃ(ə)n/ *n* **1 a** 占有《**1**》自己のためにする意思をもって物に対して事実上の支配をすること **2**》SEISIN と区別する意味で, ローマ法・大陸法的意味での占有; cf. OWNERSHIP, TITLE》;《一般的用語法で》所有: be in ~ of…を占有[所持]している / be in the ~ of…に占有されている, …が占有している / come into sb's ~〈物が〉人の手に入る / come into ~ of sth〈人が〉物を手に入れる / get [take] ~ of…を手に入れる, 占有[占領]する. ★ これらの用法は 1a 以外の語義にも関係する. **b** 所持,《口》麻薬の不法所持; 入手; 占拠, 占領. **c** 占有権,《一般的用語法で》所有権. ▶ ACT OF POSSESSION (占有行為) / ACTUAL POSSESSION (現実の占有) / ADVERSE POSSESSION (敵対的占有; 取得時効) / BONA FIDE POSSESSION (善意の占有) / CHAIN OF POSSESSION (占有の連鎖) / CHOSE IN POSSESSION (有体動産) / CIVIL POSSESSION (市民法上の占有) / CONSTRUCTIVE POSSESSION (擬制占有) / CORPOREAL POSSESSION (有体物の占有) / COVENANT FOR POSSESSION (占有引渡し約款) / CRIMINAL POSSESSION (不法所持) / DEBTOR IN POSSESSION (管理処分権保持倒産債務者) / DERIVATIVE POSSESSION (他主占有) / ENTRY INTO POSSESSION (不動産への立入り(権)) / ESTATE IN POSSESSION (現有不動産権) / EXCLUSIVE POSSESSION (排他的占有) / FEE SIMPLE ABSOLUTE IN POSSESSION (現有絶対単純封土権) / FEUDAL POSSESSION (封建的占有) / HOSTILE POSSESSION (自主占有) / IMMEDIATE POSSESSION (直接占有) / INCORPOREAL POSSESSION (無体物の占有) / INTEREST IN POSSESSION (現に享有しうる権利) / MEDIATE POSSESSION (間接占有) / MORTGAGEE IN POSSESSION (抵当物件占有譲渡抵当権者) / NAKED POSSESSION (裸の占有) / NATURAL POSSESSION (有形的占有) / NOTORIOUS POSSESSION (公然占有) / OPEN AND NOTORIOUS POSSESSION (公然の占有) / PEACEABLE POSSESSION (平穏な占有) / PEDAL POSSESSION (足下(あしもと)占有) / PRECARIOUS POSSESSION (容仮占有) / PRIVITY OF POSSESSION (継続占有関係) / QUIET POSSESSION (平穏占有) / RECENT POSSESSION (最近の占有) / REDUCTION INTO POSSESSION (債権の実現) / REPOSSESSION (取戻し) / RIGHT OF POSSESSION (占有権) / SCRAMBLING POSSESSION (奪い合い占有; 不穏な占有) / UNITY OF POSSESSION (占有の同一性; 占有混同) / VACANT POSSESSION (空占有) / WALKING POSSESSION (歩く占有) / WRIT OF POSSESSION (土地占有回復令状). **2** 占有物, 所持品, 所有物; [*pl*] 財産: a man of great ~s 大財産家 / lose one's ~s 全財産を失う. ▶ PEACEFUL ENJOYMENT OF POSSESSIONS (財産の平和的享有) / TAX ON GOODS AND POSSESSIONS (物税). **3** 領地, 属国: the French ~s in Africa アフリカのフランス領. ▶ INSULAR POSSESSION (島嶼領土). **4**《悪霊など

に）取りつかれること. **vested in ～** 現に占有されている，現有の (cf. ESTATE IN POSSESSION, *vested in* INTEREST)．［OF or L］

posséssio na·tu·rá·lis /-nætʃəréɪlɪs/《ローマ法》自然的占有《取得の効果も占有の保護をも受けない物の単なる事実上の占有》.

posséssion in déed 現実の占有 (possession in fact).

posséssion in fáct 現実の占有 (＝possession in deed).

posséssion in láw 1 法的占有《現実の占有 (possession in fact) で合法的に認められているもの，および現実の占有ではないが法的には占有と認められているもの；みなし占有を含む》. 2 みなし占有 (CONSTRUCTIVE POSSESSION (擬制占有) は類義語；cf. POSSESSION IN FACT).

posséssion of a ríght 権利の享有[保持]: *possession of the right* to demand a trial by jury 陪審審要求権の享有.

posséssion òrder 占有回復命令《所有者等に占有を回復させる裁判所命令》.

pos·ses·sive /pəzésɪv/ *a* 占有(権)を主張[要求]する，占有(権)の；《一般的用語法で》所有権を主張[要求]する，所有(権)の．

posséssive áction《土地・建物の》占有回復訴訟．

pos·sés·sor *n* 占有者；《一般的用語法で》所有主. ▶ LEGAL POSSESSOR (法的占有者) / THIRD POSSESSOR (第三占有者).   **pos·se·so·ri·al** /pɑ̀zəsɔ́ːriəl/ *a*

posséssor bóna fíde 善意の占有者《みずからに優る占有権保持者はいないと信じている占有者》.

posséssor mála fíde 悪意の占有者《みずからに優る占有権保持者がいることを知っている占有者》.

posséssor·shìp *n* 1 占有者であること，占有権. 2 《一般的用語法で》所有者であること，所有権．

pos·ses·so·ry /pəzés(ə)ri/ *a* 1 占有の，占有にかかわる；占有から生ずる．2《一般的用語法で》所有(者)の，所有に基づく；所有権のある．

posséssory áction 占有訴訟, 占有回復訴訟, 占有保全訴訟 (cf. PETITORY ACTION).

posséssory assíze《史》占有訴訟, 占有令状《petty assize (小アサイズ) と同義に用いられる；⇨ PETTY ASSIZE》.

posséssory cláim《米》払い下げ公有地占有権《公有地に対して払い下げ手続きは済ませたがいまだその対価支払いを済ませていない払い下げ公有地権利主張者の権原》.

posséssory consérvator《米》《(第一次的)》監護権を有しない後見人 (＝noncustodial parent, nonresidential parent)《子の監護権 (child custody) に関する若干の州法で, 訪問権 (visitation right) は有しているが, 第一次的な監護権を有していない方の親を指す；cf. MANAGING CONSERVATOR》.

posséssory estáte 占有付き不動産権《保有者がその財産に対する所有権の有無にかかわりなく占有権を与える不動産権の総称》.

posséssory ínterest 1 a 現実に占有しうる権利, 占有に対する現在ないし将来の権利. b《受寄者 (bailee) が有するような》一時的・制限的占有に基づく権利. 2《例えばある物の占有・利用をなす賃借人が有する》占有に基づく利益.

posséssory júdgment《スコットランド》《占有についての適法判決が出されるまでの間の》占有許与判決.

posséssory líen 占有リーエン, 留置権 (＝retaining lien)《債権者が債権発生の因となった債務者の所有物を債務履行まで留置しうる権利；目的物の占有喪失で消滅する；cf. LIEN》.

posséssory títle 取得時効権原《一定期間土地などを自己のものとして占有することにより時効取得される権原；cf. ADVERSE POSSESSION, SQUATTER'S TITLE》.

posséssory wárrant 占有回復令状《不法に奪われた財物を原占有者に戻すための民事上の捜査・差押え令状》.

pos·si·bil·i·ty /pɑ̀səbíləti/ *n* 1 可能性；[*pl*] 見込み, 将来性. ▶ BARE POSSIBILITY (裸の可能性) / NAKED POSSIBILITY (裸の可能性) / REMOTE POSSIBILITY (遠い可能性). 2 不確定権《権利の発生が起こるかどうか未確定の事実の発生に依存している権利》. ▶ REMOTE POSSIBILITY (重複未確定事実依存不確定権) / RULE AGAINST DOUBLE POSSIBILITY (重複不確定事実禁止の準則).

possibility cóupled with an ínterest 権利と結びついた可能性, 可能性のある権利《A の生涯の間 A に, A 死亡時に C が生存している場合には B に譲与するというような形での不動産譲渡での B の権利がこれに該当するが, 遺贈による将来権 (executory devise) などにおいて発生する, 法的に権利として認められ譲渡可能な期待権》.

possibílity of íssue extínct 子孫可能性消滅. ▶ ESTATE TAIL AFTER POSSIBILITY OF ISSUE EXTINCT (子孫可能性消滅後の限嗣封土権).

possibílity of revérter 復帰可能性, 復帰可能権《解除条件付き単純封土権 (fee simple determinable) を譲与し, その権利終了条件が発生した時には自動的に権利が譲与者に復帰することを定めた場合などの, 譲与者が有する復帰に対する将来権 (future interest)；単に reverter ともいう；cf. POWER OF TERMINATION, REVERSION》.

possibílity on (a) possibílity 1 重複未確定事実, 二重の可能性. 2 二重未確定事実依存不確定権《権利の発生が二重の未確定事実の発生に依存していること, またはそのような形で設定された不確定権利；cf. REMOTE POSSIBILITY》.

pos·si·ble /pɑ́səb(ə)l/ *a* 1 可能な, 実行できる《(かぎりの)；起こりうる. 2 [*attrib*] 可能性のある (⇨ LIKELY).

post[1] /póʊst/ *n* 柱, 門柱. — *vt* 1《ビラなどを》柱[壁]に貼る〈*up*〉. 2 掲示する, 告示する, 公告する, 公示する, 公表する．［OE＜L *postis*］

post² *n* **1** 地位, 持ち場; 勤め口, 職; 官職, ポスト;《証券所内の》ポスト. ► ESTABLISHED POST (常設ポスト). **2** 軍隊駐屯地,《兵隊などの》配置場所, 部署. **3** 哨兵; 駐在部隊; *守備隊. ― *vt* **1**〈見張りなどを〉配置する, 配属する. **2***〈保釈金などを〉支払う, 供託する. [F<It<L (*ponere* to place)]

post³ *n* **1** 郵便 (the mail), 郵便制度; 郵便物《集合的》; …便. ► FREEPOST (料金受取人払い) / PAYMENT BY POST (郵便による支払い) / PLEADING GUILTY BY POST (郵送による有罪の認諾) / REGISTERED POST (書留郵便) / SERVICE BY POST (郵便送達). **2** 郵便局 (post office); 郵便箱, ポスト (mailbox*). **3**《史》郵便集配人. **4**《史》飛脚, 早馬. **5**《史》(駅馬などが途中交代する)駅, 宿場. ― *vt* **1**"郵送する, 投函する (mail*);《史》急派する. **2**《元帳》に記入する, 転記する. [F<It *posta* (<L *ponere* to place)]

post⁴《俗》*n* 検屍解剖, 剖検. ― *vt* 検屍(解剖)する (cf. POSTMORTEM).

post⁵ /pòust/ *adv* (opp. *ante*) **1**(空間的に)後ろの方へ, 後ろで. **2**(時間的に)後に, 以後に. [L]

post- /pòust/ *pref*「後」の意 (opp. *ante-*).

póstage cùrrency《米史》切手通貨 (= POSTAL CURRENCY).

póstage mèter*《料金別納郵便物などの》郵便料金メーター (= franking machine", postal meter*)《証印を押し料金を集計する器機》.

póstal cúrrency《米史》切手通貨 (= postage currency)《切手を複写した南北戦争期の小額紙幣》.

póstal méter* = POSTAGE METER.

póstal órder" 郵便為替 (money order) (略 PO).

póst-ánswer defáult jùdgment 答弁後欠席判決《被告が答弁提出後, 審理段階で欠席するかあるいは本案について防御を行なわなかった場合の原告勝訴の判決》.

póst·còde" *n* 郵便番号 (zip code*).

pòst-convíction *a* 有罪決定後の[に生じた]: ~ review 有罪決定後の再審査.

pòst-convíction relíef [rémedy] pro·cèeding《米》有罪決定[宣告]に対する非常救済手続き (= PCR action)《通常の上訴による救済が不可能な場合ないし不可能となったのちに, 被告人・囚人が有罪決定あるいは宣告を取り消すないしは改めることを裁判所に求める手続き》.

pòst·dáte *vt* 〈文書・小切手など〉の日付を実際より遅らせる, 先の日付をつける (cf. ANTEDATE, BACKDATE).

pòst·dáted *a* 先日付の, 事後日付の, 将来日付の.

postdáted chéck 先日付小切手《実際の振出日より後の日付の小切手》.

póst·ea /póustiə/ *n*《史》《事実審法廷での》(訴訟)手続き事後登録. [L=afterward]

pòst·éntry *n* 追加記入[記帳], 訂正.

pòst-éntry agréement 採用後加入協定《クローズドショップ協定 (closed shop agreement) の一種で, 雇用開始後一定期間内に特定労働組合員になることを要求しているもの; cf. CLOSED SHOP, PRE-ENTRY AGREEMENT》.

pos·te·ri·or /pɑstíəriər/ *a* **1** あとの, 次の, 事後の (opp. *prior*). **2** 後ろの, 後方の.

posteriori ⇨ A POSTERIORI.

pos·te·ri·or·i·ty /pɑstìrió(:)rəti, -ár-/ *n*《位置的・時間的に》あと[であること], 劣位, 後位, 後順位 (opp. *priority*).

pos·ter·i·ty /pɑstérəti/ *n* 子孫, 後代, 後世《集合的; opp. *ancestry*》.

pòst fácto *a*, *adv* 事後の[に]: EX POST FACTO. [L=after the fact]

post-fac·tum /poustfǽktəm/ *n* 事後行為. [L=an after act]

Pòst-glóssators《史》《ローマ法の》後期注釈学派 (= COMMENTATORS).

posth. posthumous.

post hoc /póust hák/ *adv*, *a* **1** このあとで[の], このあとに[の], 事後に[の]. **2**《a》前後即因果の虚偽の (= POST HOC, ERGO PROPTER HOC). [L=after this]

pòst hóc, ér·go próp·ter hóc /-ɔ́:rgou prɑ́ptər-/ このあとにゆえにこのために, 前後即因果の虚偽の(誤りを犯して)《時間的前後関係を直ちに因果関係と同視する誤りを犯している意; 単に post hoc ともいう》. [L=after this, therefore because of this]

post·hu·mous /pástʃəməs/ *a*《父の》死後生まれた; 死後出版の; 死後の, 死後生じた: one's ~ name おくり名 / confer ~ honors 贈位[追叙]する 〈on〉. **~·ly** *adv* 死後に; 遺作として. **~·ness** *n* [L *postumus* last; *-h-* は L *humus* ground との連想]

pósthumous chíld《父》親の死後に生まれた子, 遺児《医学の発達により母親の死後生まれた子も含まれるようになっている》.

pósthumous wórk 遺著, 遺作, 死後出版物.

póst·ing¹ *n* **1** 公示, 公告, 公表. ► DUE POSTING (適正な公示). **2** 公告送達《訴状などを他の送達方法によって送達できなかった場合, 例えば裁判所の掲示場に掲示するなど代替送達すること》.

posting² *n* **1** 郵便に付すること. **2**《職務・軍務への》任命. **3**《簿記》《仕訳(しゎ)帳から元帳への》転記, 記入.

pòst·júdgment discóvery 判決後の開示(手続き)《判決言い渡し後, 通例 判決債務者 (judgment debtor) の資産の性質を決定し, あるいは将来の手続きで利用されうる証言を得るために行なわれる開示(手続き)》.

post-lim·i·nary /poustlímənəri/, **-n·(ə)ri/** *a* **1** POSTLIMINIUM の[に関する]. **2** 続いて起こる, 後の (cf. PRELIMINARY). [L *limin- limen* threshold]

post·li·min·i·um /pòustləmíniəm/, **post·lim·i·ny** /-límənɪ/ *n* **1 a** 帰順, 帰国. **b**《ローマ法・大陸法》《権利・身分の》復旧, 回復, 帰国権 (= JUS POSTLIMINII). **2**《国際法》復旧, 財産権回復 (= jus postliminii)《(1) 戦時中敵国に奪われた人や財産が自国

統治下に戻った時にもとに復する権利）2）占領終了後占領国によるすべての違法な行為を無効とし、不当に改められた法状態を回復すること、特に財産権をもとの正当所有者に戻すこと）． [L=beyond the threshold]

post lí·tem mó·tam /pòust láitəm móutəm/ 訴訟が開始した後に；訴訟が予期された後に、法的紛争が生じた後に（» cf. ANTE LITEM MOTAM）． [L=after the lawsuit was put in motion]

póst·man /-mən/ n (pl **-men** /-mən/) **1** 郵便配達人, 集配人. **2** 《史》《財務府裁判所 (Court of Exchequer) の》優先申し立て弁護士《申し立てに優先権を有した財務府裁判所の法廷弁護士 (barrister)》． [法廷における席が長さ測定用の post の脇にあったことから]

pòst·márital a 婚姻解消後の.

Póstmaster Géneral (pl **Póstmasters Géneral, Póstmaster GéneraIs**) 《米》郵政公社総裁；《米史》(1971年までの) 郵政長官；《英》郵政公社総裁；《英史》(1969年までの) 郵政大臣.

post·mor·tem /pòustmɔ́:rtəm/ a (**post mortem** ともつづる; 略 **PM**) **1** 死後の；検屍[検死](用)の. ▶ INQUISITIO POST MORTEM (死後審問). **2** 事後の. ― n **1** 検屍 (=POSTMORTEM EXAMINATION); 死後(に生じる事柄). **2** 事後の検討[分析, 評価]. [L=after death]

postmórtem examinátion 検屍, 検死, 検屍解剖, 剖検, 死体解剖 (autopsy).

postmórtem inquisítion 死後審問 (=INQUISITIO POST MORTEM).

post·na·tus /pòustnéitəs/ n (pl **post·na·ti** /-néitai/) 《ある時点より》以後に出生した者 (cf. ANTENATUS). [L=born after]

póst nóte 期限付き銀行券 (=TIME NOTE).

pòst·núptial a 婚姻後の (cf. PRENUPTIAL).

postnúptial agréement [séttlement] 1 婚姻後夫婦財産合意 (cf. MARITAL AGREEMENT, MARRIAGE SETTLEMENT, PRENUPTIAL AGREEMENT). **2** 婚姻後継承財産設定(証書), 婚姻後継承的不動産処分(証書) (⇒ MARRIGE SETTLEMENT) (cf. PRENUPTIAL AGREEMENT).

pòst·óbit n POST-OBIT BOND. ― a 《人の》死後に効力を生ずる. [post-obitum]

post-óbit bònd 死後支払い捺印金銭債務証書, 期待される相続後に（貸付金を上回って）一括して支払う約束の(捺印)金銭債務契約.

post ob·itum /pòust ɔ́:bətùm/ adv 死後(に). [L=after death]

post·pone /pous(t)póun, pəs-/ vt **1** 延期する (put off), 〈支払いや手続きなどを〉延期する, 先送りする, あとまわしにする. **2** 《本来の位置よりも》あとに置く, 文尾(近く)に置く; 次位に置く <to>. **3** 《担保などについて》…の順位を繰り下げる, 後順位とする, 劣後的に扱う, 下位に置く. **post·pón·able** a

postpóne·ment n **1** 延期, あとまわし：～ of trial 審理延期. **2** 《担保などの》順位の繰下げ, 後順位にすること.

pos·tre·mo·gen·i·ture /pəstrì:moudʒénɪtʃər, -tʃùər/ n 《英史》末男相続(制) (=ULTIMOGENITURE). [L postremus last]

pòst·términal sítting 開廷期後の開廷 (通常の裁判所開廷期後の開廷).

pòst·tríal mótion 審理後の申し立て《再審 (new trial) の申し立てのように、判決登録後になされる申し立て》.

poténtial exístence 潜在的存在《現実には存在していないが存在する可能性はあるもの；売買契約の目的物に関して用いられる場合は、その目的物の天然果実など期待しうる増加物, 売買された土地で発見された油田など》.

poténtially exémpt tránsfer 《英税制》潜在的相続税非課税移転《贈与時に相続税 (inheritance tax) が課されない、個人から個人への財産の移転；移転者が死亡しないで7年が過ぎた場合は課税されず、その間に死亡した場合には課税されることになっている；略 PET；cf. ACCUMULATION AND MAINTENANCE SETTLEMENT》.

poténtially respónsible párty 《米》潜在的有責当事者《環境法 (environmental law) 上 汚染地の浄化を要求される可能性のある個人ないしは法人；具体的には、その地の所有者あるいはその地での操業者, その地での有害物質の処分を決めた者および運搬した者, その他なんらかの方法でその地の汚染の一因をなした者である；略 PRP》.

po·tes·tas /pətéstəs, -tæs/ n (pl **-tes·ta·tes** /pòutestá:teis, pàtəstéitiz/) **1** 力, 権力；支配(権). **2** 《ローマ法》家長権 (=PATRIA POTESTAS). **po·tés·tal** a [L=power]

Potestas su·pre·ma se·ip·sum dis·sol·ve·re po·test, li·ga·re non po·test. /― suprí:mə síipsəm dɪsálvεrε pátest lɪgéirε nan pátest/ 最高の権力はみずからを解放することはできるが, 拘束することはできない. [L=Supreme power can dissolve, but cannot bind, itself.]

pó·tes·ta·tive condítion /póutεstèitiv-; -tə-/ 《大陸法》随意条件《条件の成否が法律行為の当事者の一方の意思によって決定されるもの；債務者が欲しさえすれば成就しうる純粋随意条件を付した法律行為（例えば気が向いたら指輪を与えるなど）は無効である；cf. RESOLUTORY CONDITION, SUSPENSIVE CONDITION》.

Po·ti·or est con·di·tio de·fen·den·tis. /páʃiɔ:r est kandíʃiou dεfεndéntɪs/ 防御する者の地位はより優る. [L=Stronger is the condition of the defendant.]

Potior est conditio pos·si·den·tis. /― ― pasidéntɪs/ 占有する者の地位はより優る. [L=Stronger is the condition of the possessor.]

pound[1] /páund/ n (pl ~**s**, ~) **1** ポンド, 封度《常用ポンド；質量の単位；記号 lb；常衡は16 オンス、約454 g

ラム; 金衡は 12 オンス, 約 373 グラム》. **2** ポンド《英国の通貨単位; 十進法が採用される 1971 年 2 月まではポンドは 20 シリング (shilling) (240 ペンス (pence)); その後シリングはなくなり, 100 ペンス; その他の国でも通貨単位としている国は多い; 記号はラテン語 libra の頭文字にちなむもので, 数字の前に £, あるいは数字の後に l.)》; [the ～] イギリスポンド制.

pound[2] *n* 《差押え家畜・野犬などの》動物収容所; 野獣をわなにかけるための囲い; 留置場; 押物場[レッカー移動した駐車違反車などの]保管所. ▶ BREACH OF POUND ((動物)収容所破り). — *vt* おりに入れる; 閉じ込める, 拘禁する 〈*up*〉.

Pound パウンド **Roscoe** ～ (1870-1964) 《米国の教育者・法学者; 若いころは植物学の業績もある; Nebraska 大学 (1899-1901, 1903-07), Northwestern 大学 (1907-09), Chicago 大学 (1909-10) を経て Harvard 大学 (1910-47) で教授・法学部長 (1916-36); プラグマティズムの影響をうけ, 法を社会技術としてとらえるべきだとして社会学的法学 (sociological jurisprudence) を提唱; *The Spirit of Common Law* (1921), *An Introduction to the Philosophy of Law* (1922), *Interpretation of Legal History* (1923), *Law and Morals* (1926), *Jurisprudence* (5vols., 1959) など著書多数》.

póund·age[1] *n* 《金額・重量》**1** ポンド当たりの料金[手数料, 税金], (純益)歩合; 従価手数料; 執行手数料 (= POUNDAGE FEE); ポンドの単位による重量, ポンド数; 《英史》ポンド税《全輸出入品, 特にブドウ酒以外の輸入品に課された従価税 (ad valorem duty); 1787 年廃止; cf. TONNAGE DUTY》.

poundage[2] *n* **1** 《家畜などの》収容; 留置, 収監, 監禁. **2** 《収容家畜の》引取手数料.

póundage fèe 執行手数料《司法手続きで回復される金銭に対して比率に応じてシェリフ (sheriff) に支払われる手数料; 単に poundage ともいう》.

póund-brèach *n* 《史》《動物》収容所破り (= breach of pound)《差押え家畜などを収用施設から違法に運び出す行為》.

póund of lánd 《土地面積単位としての》ポンド《通常は 52 エーカーとされているが, 不確かな土地面積単位》.

pour /pɔ́:r/ *vt* 注ぐ, つぐ, 流す. ～ **out** 《俗》《原告に》救済手段を否定する[考慮しない, 問題外とする]《訴訟において原告に損害賠償その他の救済手段を否定すること》. ～ **over** (*vi*) 《遺産・信託 (trust) から別の信託へ》注ぎ込まれる. (*vt*) 《特に注ぎ込み信託 (pourover trust) へ》注ぎ込む.

póur·òver *n* 注ぎ込み《条項》《遺言において生前信託 (inter vivos trust) へ一定相続財産を追加すること, またはそれを定めた条項》.

pourover trúst 注ぎ込み信託《遺言者の死亡に伴い遺言によって一定遺産 (通常は残余遺産 (residuary estate)) を受け入れる生前信託 (inter vivos trust)》.

pourover will 注ぎ込み遺言《書》《生前に有効に設定されている信託 (trust) に金銭・財産を注ぎ込む (pour

over) ことを指示する遺言《書》》.

pourparty ⇨ PURPARTY.
pourpresture ⇨ PURPRESTURE.
pour·sui·vant /F pursɥivɑ̃/ *n* 《英》《国王の》伝令使《現在でも紋章院 (Heralds' College) には 4 名の同名の役人がいる》.

pov·er·ty /pávərti/ *n* **1** 貧乏, 貧困. **2** 欠如, 不足.

póverty affidávit 貧困の宣誓供述書 (= in forma pauperis affidavit, pauper's affidavit)《訴訟費用の援助などの公的扶助を要請する人によってなされる, みずからが有資格者の貧困者である旨の宣誓供述書 (affidavit); cf. PAUPER'S OATH》.

póverty làwyer 《貧困線 (poverty line) を下回る人のための》法律扶助弁護士 (= legal services lawyer).

póverty lìne [lèvel] [the ～] 貧困線《貧困であるか否かを区別する基準》.

POW °prisoner of war 捕虜.

pow·er /páʋər/ *n* **1** 力, 能力. ▶ BARGAINING POWER (交渉力) / MANPOWER (人的資源) / WATERPOWER (水力). **2** 権力, 勢力, 支配力; **権能, 権限** 〈*over*〉; 政権 (political power); 委任された権限[権能]; **委任状** (power of attorney); **権利帰属者[取得者]指名権** (power of appointment): the full ～ of the law 法的全権能 / the ～ of Congress 議会の権限 / the ～s of the President 大統領の権限 / The Swiss executive has no ～ *to* veto. スイス行政府には拒否権がない / come to [into] ～ 政権を握る, 勢力を得る / fall from ～ 政権[権力]を失う / have ～ *over*...を支配する[自由にする] / put into ～ 政権につかせる. ▶ ADMINISTRATIVE POWER (行政権限) / APPENDANT POWER (付随的指名権) / ARBITRARY POWER (裁量権, 専断的権力) / AVOIDING POWER (倒産法上の否認権) / BANKING POWERS (銀行業務を営む権能) / BARE POWER (権利帰属者指名権) / BENEFICIAL POWER (自益的指名権) / COLLATERAL POWER (単独的指名権) / COMMERCE POWER (通商規制権限) / CONCURRENT POWER (競合的権限) / CONTEMPT POWER (侮辱制裁権) / DELEGATION OF POWERS (権限の委任) / DISCRETIONARY POWER (裁量権) / DISPENSING POWER (法の適用免除権能) / DIVISION OF POWERS (権力の配分) / DONEE OF POWER (権利帰属者指名権受贈者) / EMERGENCY POWERS (非常事態対処権能) / ENABLING POWER (認可権能; 権利帰属者指名権能) / ENFORCEMENT POWER (実施権能) / ENUMERATED POWER (明示的授与権能) / EXECUTIVE POWER (執行権能) / EXERCITORIAL POWER (船長の権限) / FRAUD ON A POWER (権利帰属者指名権の不正行使) / FULL POWERS (全権委任状) / GENERAL POWER (一般権限; 一般的権限) / HYBRID POWER (混成的指名権) / IMPLIED POWER (黙示的権限) / INCIDENT POWER (付随的権能) / INHERENT POWER (固有権能) / JUDICIAL POWER (裁判権能; 司法権能) / LEGISLATIVE POWER (立法権能) / MARKET POWER (市場支配力) / MEDIATE POWERS (付随権能) /

MERE POWER（権利帰属者指名権）/ NAKED POWER（裸権限）/ OBJECT OF A [THE] POWER（指名対象者）/ PARTICULAR POWER（特定指名権; 特定権限）/ PATERNAL POWER（父権）/ PLENARY POWER（無制約な権限）/ POLICE POWER（福祉権能）/ POLITICAL POWER（政治権力, 政権）/ PREROGATIVE POWERS（国王大権上の権限）/ PRESIDENTIAL POWER（大統領の権能）/ PRIMARY POWERS（主たる権能）/ PRIVATE POWER（私的権能）/ PROPRIETARY POWER（財産権の付与を伴う権能）/ QUASI-JUDICIAL POWER（準司法的権限）/ QUASI-LEGISLATIVE POWER（準立法的権限）/ RELATIVE POWER（土地関連権能）/ RESERVED POWER（留保権限）/ RESULTING POWER（合成的権能）/ SEPARATION OF POWERS（権力分立）/ SOVEREIGN POWER（主権）/ SPECIAL POWER（特定指名権; 制限的不動産権譲渡権; 特定権限）/ SPENDING POWER（歳出権限）/ STOCK POWER（株式譲渡委任状）/ SUSPENDING POWER（法の停止権能）/ TAXING [TAX] POWER（課税権）/ TESTAMENTARY POWER（遺言による権利帰属者指名権）/ TREATY POWER（条約締結権）/ TRUST POWER（受託的指名権; 受託者保有指名権）/ VETO POWER（拒否権）/ WAR POWER（戦時権限）/ WATERPOWER（用水使用権）. **3** 有力な人［もの］, 権力者, 強国. **4**《史》軍隊. **be-yond [out of]** one's **～(s)** 力の及ばない, 不可能な; 権限外で. **in [out of] ～** 政権を握って［離れて］, 権限のある［ない］: the party *in [out of] ～* 与党［野党］. ［AF *poer*＜L; ⇨ POSSE］

pówer appéndant [appúrtenant] 付随的指名権（＝appendant power）《生涯不動産権者（life tenant）が定期不動産賃借権（leasehold）を有する者を指名する権能をもつ場合のように, 指名権者が当該不動産に不動産権を有し, 指名権行使が自己の不動産権の行使・処分に当たる場合でかつその指名権が自己の不動産権を超えぬ場合をいう; ⇨ POWER OF APPOINTMENT; cf. COLLATERAL POWER, POWER IN GROSS》.

pówer cóupled with an ínterest 権利対象物に対する権利付与を伴う権能（＝power given as security, proprietary power）《権利帰属者指名権（power of appointment）や代理権に関して, その権限の行使対象である財産そのものについての一定の権利をも与えられている場合の権能; 例えば遺言執行者が遺言対象不動産の一部の遺贈を受けていたり, 不動産売却を依頼された代理人が, その物についての不動産権を与えられているような場合の, 遺言執行者・代理人の権能; cf. AGENCY COUPLED WITH AN INTEREST, NAKED POWER》.

pówer elíte [the ～] 権力エリート, パワーエリート《軍や政財界のえり抜きの権力者たち》.

pówer gàme 権力争い［抗争］, 権力［支配力］獲得競争, パワーゲーム.

pówer gíven as secúrity 保証として与えられている権能（＝POWER COUPLED WITH AN INTEREST）.

pówer in gróss 非付随的指名権（⇨ POWER OF APPOINTMENT）（cf. COLLATERAL POWER, POWER APPENDANT）.

pówer in the náture of a trúst 信託の性質を帯びた指名権（＝TRUST POWER）.

pówer in trúst 信託的指名権（＝TRUST POWER）.

pówer of accéptance 承諾権《契約の申し込みを承諾することにより申込者を拘束しうる申し込みの相手方の権能》.

pówer of adváncement 信託財産の前渡し権《受託者（trustee）は信託財産に対して権利を有する人に対して例えばその人の婚姻・家の購入・事業立ち上げなどの場合に, 反対の意思が示されていないかぎり, 適当と思えば信託財産から金銭の前渡しをすることができるが, その権能をいう; ただし, その額は当該受益者（beneficiary）が有している権利の半分を超えてはならず, 前渡し分はその持分の一部の前渡しとして計算される; cf. ADVANCEMENT》.

pówer of alienátion《財産・権原の》移転権《単に alienation ともいう》.

pówer of appóintment 1《授与者の財産の権利帰属先の》権利帰属者［取得者］指名権（＝bare power, enabling power, mere power, power）《財産権を有する者が遺言（will）や捺印証書（deed）によりある者に付与したその財産の権利帰属者指名権, または信託設定などの財産処分に際して信託設定者が留保するそうした権利; 被指名者（appointee）となりうる者の範囲が限定されている special power (of appointment)（特定指名権）と自分自身をも含めて限定のない general power (of appointment)（一般指名権）さらには一定範囲の人を除外する以外に限定をしない hybrid power（混成的指名権）に分類される; また権利帰属者指名権受贈者（donee）が当該財産に権利を有するか否かにより, 何ら権利を有しない collateral power（単独的指名権）, 自己の保有する権利の範囲内で行使される power appendant（付随的指名権）, 権利を有するが指名権の行使が自己の権利に影響を与えない power in gross（非付随的指名権）に分類される》. ▶ GENERAL POWER OF APPOINTMENT（一般指名権）/ LIMITED POWER OF APPOINTMENT（限定的指名権）/ OBJECT OF THE POWER OF APPOINTMENT（指名対象者）/ SPECIAL POWER OF APPOINTMENT（特定指名権）/ TESTAMENTARY POWER (OF APPOINTMENT)（遺言による権利帰属者指名権）. **2**《公職などの》指名権, 選任権.

pówer of appóintment trùst《米》指名権信託《配偶者控除（marital deduction）の適格性を得る信託の一つで, 生残配偶者にその生涯の間 信託収益を与えると同時に信託財産の一般指名権（general power (of appointment)）を与える信託》.

pówer of arrést 逮捕権能.

pówer of attórney (*pl* pówers of attórney) 委任状（＝letter of attorney, warrant of attorney）（cf. ADVANCE DIRECTIVE）（略 PA, P/A）;《委任状により》委任された権限. ▶ DURABLE POWER OF ATTORNEY（継続的効力をもつ委任状）/ ENDURING POWER OF ATTORNEY（継続的効力をもつ委任状）/ GENERAL POWER practice book

OF ATTORNEY (包括的委任状) / IRREVOCABLE POWER OF ATTORNEY (撤回不能の委任状) / LASTING POWER OF ATTORNEY (持続的効力をもつ委任状) / SPECIAL POWER OF ATTORNEY (特定事項委任状).

pówer of dispositíon (財産・財産権の)処分権.

pówer of modificátion 修正権《信託 (trust) 設定の証書などで, その内容を特定方法で修正する権利が留保されている場合の修正権》.

pówer of revocátion 撤回[取消し]権《例えば信託 (trust) 設定の証書などで, 本人が創設した法的関係あるいは不確定権を撤回するないしは取り消す権利をみずからに留保している場合の権利》.

pówer of sále 1 (裁判手続きによらずに)売買による譲渡抵当権実行権(条項) (cf. REPOSSESSION). 2 (生計費・教育費調達などのための)(生涯不動産権)処分権. 3 (代理人・受託者・人格代表者 (personal representative) などに与えられた)売却権.

pówer-of-sále cláuse (譲渡抵当証書 (mortgage) や担保のための信託証書 (deed of trust) 中の)売買による譲渡抵当権実行権条項.

pówer-of-sále foreclósure (譲渡抵当権設定証書 (mortgage deed) および制定法に基づき, 裁判手続きによらない)売買による譲渡抵当権実行手続き (= nonjudicial foreclosure, statutory foreclosure) (cf. STRICT FORECLOSURE).

pówer of séarch (警察などのもつ)捜索権能.

pówer of terminátion 終了権 (=right of entry, right of reentry)《解除権の定めのある不動産権 (estate subject to condition subsequent) の設定者(またはその相続人)が, あらかじめ定めた解除権発生事由の発生により解除権を行使し, その不動産権を消滅させうる権利で, 設定者の保持する将来権 (future interest) の一つ; cf. POSSIBILITY OF REVERTER, REENTRY》.

pówer of the cóunty 州[郡]民兵 (= POSSE COMITATUS).

pówer polítics 《sg/pl》権力政治, 武力外交, パワーポリティックス (cf. REALPOLITIK).

pp pages ♦ personal property ♦ public property.

p.p. °per procurationem 代理にて[として]. ─ vt /píːpíː/ …に代理で署名する; ~ a receipt [a letter].

p.p. per person 一人当て ♦ postpaid ♦ prepaid ♦ propria persona みずから. **PP** 《英》parliamentary papers 議会討議資料, 法案; 議院報告書.

p.p.a. per power of attorney 委任状により.

PPI °policy proof of interest 被保険利益不問保険証券, 名誉保険証券.

PPO 《米》°preferred-provider organization 提携医療機関機構.

PPP °polluter pays principle 汚染者費用負担の原則.

pq 《議会》°previous question 先決問題.

PQ parliamentary question ♦ Province of Quebec ケベック州.

PR parliamentary reports ♦ °personal representa-tive 人格代表者 ♦ °Pipe Roll パイプ・ロール ♦ °proportional representation 比例代表制 ♦ °public relations 広報.

prac·tic /pra̐ktɪk/ n 1《古》実行, 実践 (practice);《古》行為. 2 [ᵁpl]《スコットランド史》慣習(法),《スコットランド控訴院 (Court of Session) による》判例法.

prac·ti·ca·ble /pra̐ktɪkəb(ə)l/ a 実行できる, 現実に可能である; 実際的な, 実利的な; 実用向きな, 有用な. **reasonably** ~ 無理なく実行できる.

prac·ti·cal /pra̐ktɪk(ə)l/ a 1 実際的な, 実行上の, 実施上の; 実際に役立つ, 実用的な; 実地の, 実地を踏んだ. 2 実質的な, 事実上の.

práctical constrúction 《契約・制定法の関係者による》実際的解釈 (= CONTEMPORANEOUS CONSTRUCTION).

práctical jóke (ことばだけでない)悪ふざけ, (悪質な)いたずら《ひっかかった人が実際に迷惑するもの》.

prac·tice, -tise /pra̐ktəs/ n 1 実施, 実行, 実践, 実際; theory and ~ 理論と実際 / put [bring]…into [in] ~ …を実行する. ▶ CODE OF PRACTICE (実施規程; 服務規程) / REDUCTION TO PRACTICE (実施化). 2 (個人の)習慣, 常習行為;(社会の)慣例, 慣行, 習俗: a matter of common [daily] ~ 日常茶飯の事 / labor ~s 労働[労使]慣行. ▶ ANTICOMPETITIVE PRACTICE (反競争的行為) / COMMERCIAL PRACTICE (商業行為) / CONCERTED PRACTICE (協力行為) / CONSUMER TRADE PRACTICE (消費者物品供給・サービス行為) / CORRUPT AND ILLEGAL PRACTICES (選挙不正行為) / CORRUPT PRACTICES (腐敗行為) / EXCLUSIONARY PRACTICE (排他行為) / RESTRICTIVE PRACTICES (競争制限行為) / RESTRICTIVE TRADE PRACTICES (取引制限行為) / SHARP PRACTICE (抜け目のない行動) / UNFAIR CONSUMER PRACTICES (消費者に対する不正行為) / UNFAIR LABOR PRACTICE (不当労働行為) / UNFAIR PRACTICE (不公正慣行; 不正競争) / UNFAIR TRADE PRACTICE (不公正な取引行為). 3 a《弁護士・医師などの》業務, 営業;(法律)事務 (⇨ 3c); 事務所, 診療所. b 事件依頼人, 患者: have a large ~〈弁護士・医師が〉はやっている. c 訴訟手続き,《厳密な意味での規則だけでなくより広く非公式なものも含んだ》訴訟手続きの進め方, 訴訟実務,《法廷の》実務; 法実務, 法律事務 (practice of law). ▶ ACCOUNTING PRACTICE (会計実務) / COUNTY COURT PRACTICE (州裁判所訴訟手続き) / LAW PRACTICE (弁護士業務) / MALPRACTICE (業務過誤) / OFFICE PRACTICE (事務所業務) / PRIVATE PRACTICE (個人営業) / SUPREME COURT PRACTICE (最高法院訴訟手続き) / THIRD-PARTY PRACTICE (第三者の訴訟への引込み). REDUCE **to** ~. ─ v (《英》では -tise) vt 1 業とする; ~ law [medicine] 弁護士[医者]を開業している. 2〈特許対象の発明を〉実施する. ─ vi 弁護士[医者など]を開業する. **prác·tic·er, -tis·er** n

práctice àct 訴訟手続き議会制定法.

práctice bòok (特定裁判所の)訴訟手続き書《特

定裁判所ないしは特定種類の裁判所における訴訟手続き・訴訟実務に関する書物》．

Práctice Còurt 1《英史》**訴訟手続き法廷**《王座裁判所 (Court of King's Bench) に付属し、訴答[訴訟]手続き上の問題を処理した；訴訟保証人 (special bail) の問題を主として扱ったので、訴訟保証人法廷 (Bail Court) とも呼ばれた；1830年法で創設、54年廃止》． **2** [p- c-] **模擬法廷**, 模擬裁判 (moot court).

Práctice Diréctions pl《英》**1 法廷実務指示**《通例 裁判所ないしは裁判所内の部 (division) の長により発行される文書で、そこでの手続きや一定事件でのその裁判所の方針などが示されるが、制定法上の根拠はもたない》． ▶ CONSOLIDATED CRIMINAL PRACTICE DIRECTION (統合刑事法廷実務指示). **2 訴訟実務指示**《民事訴訟手続き規則 (Civil Procedure Rules) にあってその規則を補充しその解釈を助けるための指示》．

práctice màster《英》《(最高法院の)》**訴訟実務主事**《最高法院主事 (Master of the Supreme Court) のうち一人が毎日主事中央局 (Central Office) に臨み、そこでの業務を統轄するとともに、特にそこでの業務に関する訴訟手続き上の問題に対し必要な指示を出す；この当番の主事を指す》．

práctice of láw 法律実務, 法律事務 (cf. LAW PRACTICE). ▶ UNAUTHORIZED PRACTICE OF LAW (権限なしの法律実務).

práctice stàtement《英》**実務声明**《裁判実務に関して英国貴族院の出す声明；特に1966年の厳格な先例拘束性を緩和する実務声明は重要》．

Prácticing Láw Ínstitute [the ~]《米》**法律実務教育協会**《1933年創立》．

practise ⇨ PRACTICE.

práctising certíficate《英》**事務弁護士免許証**《事務弁護士協会 (Law Society) から毎年事務弁護士 (solicitor) に対して発行される業務許可の免許証》．

prac·ti·tion·er /præktíʃ(ə)nər/ n 従業者, 開業者, 実務家, 《特に》開業医, 開業弁護士, **法実務家**: a general ~ 一般開業医. ▶ INSOLVENCY PRACTITIONER (倒産士) / MEDICAL PRACTITIONER (医師) / OFFICE PRACTITIONER (事務所業務弁護士) / SOLE [SOLO] PRACTITIONER (個人開業弁護士).

prae·ci·pe, pre- /présəpìː, príː-/ n **1 下知令状**《シェリフ (sheriff) 宛に、被告に対し一定行為を命じ、もし行なわない場合はその理由を裁判所で開示することを命令させる令状》． ▶ TENANT TO THE PRAECIPE (下知令状被告). **2**《裁判所に提出する》**関係事項申立書**《英国では現在州裁判所 (county court) 宛てのものは REQUEST と呼ばれている》． [ME *precipe* < ML *praecipe*, imper. of *praecipere* to take beforehand, to command]

práecipe in cápite《史》**直属受封者下知令状**《国王から直接受封している者がその土地の占有を奪われた場合の救済手段としての下知令状 (praecipe); cf. IN CAPITE》．

práecipe quod re·cí·pi·at ho·má·gi·um /-kwad risípiət haméɪdʒiəm/《英史》**臣従の誓受理下知令状**． [L=command that he/she receive homage]

práecipe quod réd·dat /-kwad rédət/《史》**引渡し下知令状**《被告に対して特定財産の引渡しを命じさせる下知令状 (praecipe); 馴合い不動産占有回復訴訟 (common recovery) はしばしばこの令状で開始された》． [L=command that he/she render]

praedial ⇨ PREDIAL.

prae·dia sti·pen·di·a·ria /príːdiə stɪpèndiéəriə/《ローマ法》**上納地**《属州において占有を許された個人が地租上納の義務を履行するかぎりその使用収益を認められた土地》． [L=estate liable to tax]

prae·di·um do·mi·nans /príːdiəm dámənænz/《ローマ法》**要役不動産**． [L=dominant estate]

práedium sér·vi·ens /-sə́ːrviɛnz/《ローマ法》**承役不動産**． [L=servient estate]

prae·fec·tus prae·to·rio /priféktəs pritóuriòu/《ローマ史》《最高政務官である》**近衛都督**． [L=pretorian prefect]

praeféctus úr·bi /-ə́ːrbaɪ/《ローマ法》**市長**． [L=prefect of the city]

prae·mu·ni·re, pre- /prìːmjənáɪəri/ n《英史》**1 教皇尊信罪**《ローマ教皇が英国国王に優越すると直接・間接に主張する犯罪；刑罰は国王の保護の喪失・没収 (forfeiture) と国王の御意にかなう間の拘禁；後には例えば議会は国王なしで単独で立法しうるとの主張など教皇と関係しない王権侵犯にも拡張適用された；1967年法で完全廃止》；この犯罪を裁く際の令状が praemunire facias (=that you cause to be forewarned) という語で始まったことからの呼称》． **2 教皇尊信罪糾問令状**．**3 教皇尊信罪に対する刑罰**． [L *praemoneri* to be forewarned]

prae·po·si·tu·ra /prìːpəzìt(j)úːrə/ n《スコットランド》**代理権**《特に、日常家事に関して夫が認めていると推定される妻の代理権；1984年にこの推定は廃された》． [L=management]

prae·po·si·tus /prìːpázətəs/ n《史》**1 管理者**, 長. **2** ハンドレッド (hundred) **代官**. **3 荘司**. **4**《無遺言不動産相続順位則 (canons of descent) の基準となる》**祖**． [L=head]

Prae·sen·tia cor·po·ris tol·lit er·ro·rem no·mi·nis, et ve·ri·tas no·mi·nis tol·lit er·ro·rem de·mon·stra·ti·o·nis. /prɪzénʃiə kɔ́ːrpərɪs tálɪt ɛróʊrɛm námɪnɪs ɛt vérɪtèɪs námɪnɪs tálɪt ɛróʊrɛm dèmənstrèɪʃióʊnɪs/ **体の存在は名称の誤謬をなくし、また名称の真実は表示の誤謬をなくす**． [L=The presence of the body cancels an error in the name; the truth of the name cancels an error in the description.]

prae·ses /príːsiz/ n **1**《ローマ法》**属州長官**． **2**《大学の》**学長**． [L=president]

Prae·stat cau·te·la quam me·de·la. /príːstæt kɔːtíːlə kwæm medélə/ 予防は治療[救済]に優る. [L=Precaution is better than cure.]

prae·sump·tio /prizÁmpʃiou/ *n* 推定 (presumption). [L=presumption]

Praesumptio vi·o·len·ta va·let in le·ge. /—— vioulénta vælet ɪn líːdʒe/ 強い推定は法において有効である. [L=Forceful presumption is effective in law.]

prae·tor, pre- /príːtər, ‐toːr/ *n* 《ローマ法》**法務官**, プラエトル《共和制時代の主に裁判を司った, consul (執政官) の次位の政務官; その告示がローマ法発展で重要な役割を演じた》. [L=one who goes before]

praetor fi·de·i·com·mis·sa·ri·us /—— faɪdiaɪkaməsǽəriəs/《ローマ法》信託遺贈掛法務官.

prag·ma·tism /prǽgmətìz(ə)m/ *n* **1**《哲》**プラグマティズム**《米国の C. S. Peirce, William James, John Dewey たちによって発展させられた, 観念の意味や真理性は, それを行動に移した結果の実践的な有用性から明らかになるとする哲学上の立場; 法学上は社会学的法学 (sociological jurisprudence) およびリアリズム法学 (legal realism) の基礎となっている》. **2** 実用主義, 実際的な考え方 [見方].

pra·tique /prətíːk, prǽtɪk/ *n*《船舶に対する》**検疫済み証**.

prax·is /prǽksəs/ *n* (*pl* **prax·es** ‐sìːz/, **~·es**) 練習, 実習; 実践; 習慣, 慣行. [Gk=deed, action]

pray /préɪ/ *vi* 祈る; 懇願する, 嘆願する, 請う. — *vt* …に祈願[懇願, 嘆願]する. **~ a TALES**. **~ in aid (of…)** (…の)助けを頼む; (…の)援助を請願[懇請]する (⇒ AID PRAYER); (…を)援用する.

prayer /préər/ *n* 祈り, 祈禱; 懇願, 請願, 嘆願, 願いごと;《英国庶民院への》嘆願;《英国庶民院の国王に対する》**命令** (statutory instrument) **取消し懇請の動議**; 救済懇請, 請求趣旨申し立て (=PRAYER FOR RELIEF): an unspoken ~ ひそかな願い. ▶AID PRAYER (援助懇請) / GENERAL PRAYER (一般的救済懇請) / SCHOOL PRAYER ((公立)学校(での)祈禱) / SPECIAL PRAYER (特定救済懇請). **~·less** *a* [OF<L]

práyer for relíef 救済懇請, 請求趣旨の申し立て (=demand for relief, request for relief)《裁判所に対して, 訴答の最後に述べる救済, 特に 特定の救済内容や損害賠償の懇請・申し立て (これを特定救済懇請 (special prayer) という); もともとはエクイティー上の用語; 単に prayer ともいう; cf. GENERAL PRAYER, SPECIAL PRAYER》.

práyer of prócess 訴訟手続き上の令状懇請《被告が訴状 (bill) に応じない場合には罰金付き召喚令状 (subpoena) を発行してくれるよう要請するエクイティー上の訴状の末尾の文言》.

PRC《米》Postal Rate Commission.

pre- /prìː, pri/ *pref* **1**《時間的に》前…, …前の; あらかじめ. **2**《空間的に》…の前にある. **3** 上位の, すぐれた.

pre-áction prótocols *pl*《英》訴訟前協議書《訴訟手続きの前段階の迅速化を目的に両当事者に情報を交換し合うことを求める, 1998 年の民事訴訟手続き規制 (Civil Procedure Rules) で導入された訴訟手続き開始前手続き; 単に protocols ともいう》.

pre·am·ble /príːæmb(ə)l; ‒́‒‒́/ *n* **1** 前口上, 序言, 序文;《憲法・法律・条約・特許請求項 (patent claim) などの》**前文**《*to, of*》, [P-] 米国憲法の前文. **2** 序幕, 前兆, 前触れ. — *vi* 前口上《など》を述べる.

pre·am·bu·lar /priǽmbjələr/ *a* **pre·am·bu·lary** /priǽmbjəlèri, ‐ləri/ *a* [OF<L=going before]

prè·appóint·ed évidence 事前指定証拠《一定事実の立証のために事前に, 例えば 制定法などで定められている証拠》.

pre·áudience *n*《英》《法廷での, 弁護士の》**先言権**.

preb·end /prébənd/ *n*《主教[司教]座聖堂参事会員 (canon) の》**聖職給**; 聖職給基礎財産.

preb·en·dary /prébəndèri, ‐d(ə)ri/ *n*《主教[司教]座聖堂参事会》**聖職給受給(有資格)者**.

pre·but /príːbət/ *v* (**-tt-**)《俗》《相手方の議論に》先回りして反論をする, 先走って論駁する.

pre·car·i·ous /prɪkéəriəs/ *a* 不安定な; あてにならない; 危険な, あぶない; 根拠の不確かな; 他人(の気持)しだいの, 相手任せの.

precárious posséssion《ローマ法・大陸法》容仮占有《本来は法律関係というよりは事実関係で, 物権も債権も発生せず, いつでも貸主から取り上げられうる占有; ただし占有訴権は有する》.

precárious ríght《相手任せの》**不安定な権利**.

prec·a·to·ry /prékətɔːri, ‐t(ə)ri/ *a* 嘆願の, 懇願の, 懇請の.

précatory trúst 懇願的信託《信託目的・信託財産は明確な指定があるが受託者 (trustee) に対して信託意思が懇願的文言 (precatory words) で表示されている信託; 通常は遺言書に現われる; 一般的には裁判所は受遺者に受託者の義務は課しえないが, 信託意思を認めることがある》.

précatory wórds *pl* 懇願的文言, 懇願的なことば, 要望的文言《beg, desire, hope, request, wish などの語を信託設定・遺言で用いると, 財産権処分の法的効力を否定されるのが通常であるが, 特に 遺言では目的・対象が明確な場合は信託意思を認めることがある》.

prec·e·dence /présəd(ə)ns, prisíː‐/ *n* **1**《時間・順序などの》**先立つこと** (priority), 先行. **2**《順位・地位・重要性などの》**優先, 優位**, 上席(席次), 上位, **優先権**. ▶PATENT OF PRECEDENCE (優位付与開封勅許状)

prec·e·dent /présəd(ə)nt/ *n* **1** 前例, 先例; 判決例, 判例 (cf. DOCTRINE OF PRECEDENT); 慣例: follow a ~ 先例に従う / make a ~ of sth ある事を先例とする / set [create] a ~ for… の先例をつくる / without ~ 先例 [前例]のない. ▶AUTHORITATIVE PRECEDENT (権威的先例) / BINDING PRECEDENT (拘束力をもつ先例) / DECLARATORY PRECEDENT (宣言的先例) / DOCTRINE OF

PRECEDENT (先例拘束性の法理) / JUDICIAL PRECEDENT (判例) / ORIGINAL PRECEDENT (新先例) / PERSUASIVE PRECEDENT (説得的先例) / SUPERPRECEDENT (超先例). **2**《訴答や譲渡証書の》雛型, 書式. — *a* /prisí:d(ə)nt, présə-/ 先立つ, 先行の, 先行する: CONDITION PRECEDENT. **prec·e·den·tial** /prèsədénʃ(ə)l/ *a* 先例の; 先行の.

précedent condítion 停止条件 (= CONDITION PRECEDENT).

précedent·ed *a* 先例のある, 先例によって支持される (opp. *unprecedented*).

précedent sub si·lén·tio /-səb səlénʃiou/ 黙示の先例《判決内で主張されることもまた明示的に論じられることもなかったが, なお暗黙裡に基準とされ, それゆえ先例として扱われうる法律問題についての判断》.

pre·cénsor *vt* 〈出版物などを〉事前検閲する. ~·**ship** *n*

pre·cept /prí:sèpt/ *n* **1** 教訓, 教え, 戒律, おきて; 格言 (maxim);《技術などの》規則, 指針: Practice [Example] is better than ~.《諺》実行[実例]は教訓にまさる. **2 a** 命令, 指令, 指示. **b** 命令書, 令状, 指令書, 指示書. **c**《英》シェリフ (sheriff) からの議会議員選挙命令書. **d**《英》地方税徴収命令書. [L=maxim, order (*prae-*, *capio* to take)]

précepting authórity《英》地方税徴収命令当局.

précepting bòdy《英》地方税徴収命令執行機関.

pre·cinct /prí:sìŋ(k)t/ *n* **1 a**《政治・行政などの目的による都市その他の》地区, 区域, 管轄区域, 管区; *選挙区 (election district),《選挙の》投票区 (election district),《警察》管区, 校区, 行政区;《歩行者天国・買物通りなど》指定地区: a pedestrian ~ / a shopping ~. **b**《管轄区域の》所轄警察署, 分署. ► ELECTION PRECINCT (投票区) / MAGISTERIAL PRECINCT (治安判事管轄区) / POLICE PRECINCT (地区警察本署管区). **2 a** [*pl*] 境界(線). **b** 周辺部, 郊外. **3 a**《裁判所などの》構内. **b**《教会の》境内.

precipe ⇨ PRAECIPE.

pré·cis /preisí:, présí/ *n* (*pl* ~ /-z/) 大意, 概略, 抜粋, 要約 (summary). [F]

pre·clude /priklú:d/ *vt* **1**《あらかじめ》排除する, 除外する. **2** 禁止する, 阻止する, 妨げる.

pre·clú·sion *n* 排斥, 排除, 除外; 阻止, 防止, 禁止. ► CLAIM PRECLUSION (請求遮断効) / ISSUE PRECLUSION (争点遮断効). **pre·clú·sive** *a*

preclúsion òrder《米》排斥命令《開示 (discovery) 命令に従わない訴訟当事者に一定の攻撃・防御の主張立証を排斥する命令》.

prè·cognítion *n* **1** 予知, 前知, 事前認知. **2**《スコットランド》予備証人尋問(書), 予備審問. **pre·cógnitive** *a* 前もって知らせる.

prè·condémn *vt* 審理せずに有罪と決める.

prè·condítion *n* 前提条件, 必要条件, 先決条件. — *vt* あらかじめ調整する; あらかじめ…の条件を整える.

pre·cóntract *n* 先約, 予約 (cf. LETTER OF INTENT): IMPEDIMENT of ~. — *vt, vi* /⌣⌣⌣́/ 先約する, 予約する.

precóntract inquíries *pl*《英》契約前照会(状) (= PRELIMINARY INQUIRIES).

pre·da·tion /prɪdéɪʃən/ *n* **1** 捕食; 略奪. **2** 略奪的価格決定 (= PREDATORY PRICING).

pred·a·to·ry /prédətɔ:ri, -t(ə)ri/ *a* 略奪する, 略奪を目的とする.

prédatory intént 略奪的意図《反トラスト法上の用語で, 不当な手段を用い競争相手から仕事を奪いその権利を侵害する意図のこと》.

prédatory prícing《商》略奪的価格決定 (= predation)《競争相手を市場から追い出すような安い価格決定》.

prè·decéase *vt* 〈ある人〉より先に死ぬ, 先立つ: ~*d* one's father.

pred·e·ces·sor /prí:dəsesər, préd-, ⌣⌣⌣́⌣/ *n* **1** 前任者 (opp. *successor*); 先輩; 前のもの. **2** 先祖 (ancestor). [OF<L (*decessor* retiring officer; ⇨ DECEASE)]

prédecessor in ínterest 前権利者, 前利害関係者.

pre·di·al, prae- /prí:diəl/ *a* 土地の[からなる, に関する, に付随する].

prédial sérvitude《大陸法》土地付随役権 (= SERVITUDE APPURTENANT).

prédial títhe《土地からの直接的収穫物に対する》農事十分の一税 (cf. MIXED TITHES, PERSONAL TITHE).

pred·i·cate /prédəkèɪt/ *vt* **1** 断定する, 断言する. **2**《属性として》断定する〈*of*〉. **3** 意味する, 内包する, 含意する, 言外に意味する. **4**〈言明・行動などを…に〉基づかせる, 依拠させる〈*on*〉. — *-kət/ a* **1** 基礎[前提]となる. **2**《複数の犯罪が重大な一つの犯罪を構成することになる》被包含犯罪の[に関する]; 刑罰を加重することになる.

prédicate áct 1《米》犯罪構成行為《事業への犯罪組織などの浸透取締まり法 (RICO) の下で, そこで規定する犯罪類型を構成するのに必要な複数のゆすり (racketeering) の一つの行為》. **2** 被包含犯罪行為 (= LESSER INCLUDED OFFENSE).

prédicate fáct 1 推定基礎事実 (⇨ EVIDENTIARY FACT). **2** 準則適用前提事実《証拠法上の準則を適用するための前提となる事実; 例えば共謀者に関する例外 (co-conspirator's exception) を認めるためには現実に共同謀議 (conspiracy) が存在せねばならないが, この場合の共同謀議の存在》.

prédicate offénse 1 刑罰加重因犯罪《時系列的に後に犯した犯罪に対して科される刑罰を加重するための根拠となりうる過去に犯した犯罪》. **2** 被包含犯罪 (= LESSER INCLUDED OFFENSE).

predíction thèory 予言説 (**1**) 法予言説 (predictive theory of law) **2**) 悪人法正確把握説 (bad-man theory)).

predíctive théory of láw 法予言説 (=prediction theory)《法とは所定の状況下で裁判所が決定するであろうことの予言であるにすぎないという見解; Oliver Wendell HOLMES を代表とする考え方; cf. BAD-MAN THEORY》.

pre·dis·pose /prì:dɪspóuz/ vt …の素地をつくる,〈人を〉…に傾かせる; 前もって処置[処分]する.

prè·disposítion n 傾向, 性向, 質《to do》.

pre·empt /priémpt/ vt **1** 先買(さきがい)権によって獲得する. **2** 〈公有地を〉先買(さきがい)権を得るため占有する; *専占する (⇨ PREEMPTION). **pre·émp·tor** n 先買権獲得[所有]者. **pre·emp·to·ry** /priém(p)t(ə)ri/ a 先買(権)の; 専占の. [逆成く↓]

pre·emp·tion /priémp(p)ʃ(ə)n/ n **1 a** 先買(さきがい)権, 優先買取権 (⇨ RIGHT OF PREEMPTION). ▶ RIGHT OF PREEMPTION (先買権). **2**《米》先買権を得るための公有地占有. **3**《米》《連邦法による》専占《合衆国憲法および連邦の法律・条約は国の最高法規であり, それに反する州憲法・州法は効力を有しない旨を合衆国憲法第 6 条 2 項は定めているが, 連邦の法律が制定されたことがその分野の法規制はすべて連邦法による趣旨に解釈されるときは, たとえ連邦法に州法と明示的に抵触する規定がなくても, その分野の法規制を連邦法が専占し州法は無効とされること; ⇨ COMPLETE PREEMPTION DOCTRINE, DORMANT COMMERCE CLAUSE; cf. INTERGOVERNMENTAL IMMUNITY DOCTRINE》. ▶ FEDERAL PREEMPTION (連邦法による専占). **4**《国際法》先買権《自国を通過する外国人の商品を抑留し買い取りうる国家の権利; かつては一般的に用いられたが, 現在では戦時のみ, しかも目的国の手に移ると自国に著しく不利益となるおそれがある場合のみ認められる). [L *prae-*(empt- emo to buy)]

Preémption Àct [the ~]《米史》土地先買(さきがい)権法《1841 年米国連邦議会を通過; 西部開拓者たちに対して, 1 エーカーにつきわずか 1.25 ドル払い, 6 か月間(通常は 5 年間)居住すれば 160 エーカーまでの公有地を所有する権利を与えるとした法律; 後年 投機家たちの悪用するところとなり, 1891 年撤廃).

preémption cláimant《米》公有地先買(さきがい)権を得るための占有者.

preémption ríght **1**"新株引受権 (=PREEMPTIVE RIGHT). **2**"公有地先買(さきがい)権.

pre·emp·tive /priémp(p)tɪv/ a 先買(さきがい)権の, 先買(さきがい)権のある. **~·ly** adv

preémptive ríght 1 第一先買(さきがい)権 (=RIGHT OF FIRST REFUSAL)《特に, 譲渡予定株式に対する株主の先買権についていう場合がある》. **2**《株主の》**新株引受権**, 新株買受権 (=preemption right", stock right) (cf. SUBSCRIPTION RIGHT).

prè·engáge vt **1** 先約[予約]する; 先取りする;《結婚の》先約で縛る. **2** …の先入主となる, …の心を傾かせる. **~·ment** n 先約, 予約.

prè·éntry agrèement 採用前加入協定《クロー

ズドショップ協定 (closed shop agreement) の一種で, すでに関係労働組合の組合員でないかぎりその者の雇用を雇用者に禁ずるもの; cf. CLOSED SHOP, POST-ENTRY AGREEMENT》.

prè·exíst·ing dúty 既存義務, 先在義務《すでに法的義務を有している義務》.

preexísting dúty rùle 既存(法的)義務の準則 (=preexísting légal dúty rùle)《当該当事者がすでに法的に負っている作為義務ないしは不作為義務を重ねて負うことを約束する場合には, 後の約束は約因 (consideration) 欠如のゆえに拘束力をもたないという原則》.

pref. preference.

pre·fer /prɪfə:r/ vt (-rr-) **1** むしろ…の方を好む, むしろ…の方を選ぶ. **2**〈特定債権者などに〉優先権を与える. **3** 昇進[昇任]させる, 登用する, 抜擢する《特に 教会用語》. **4**〈…に対して〉持ち出す, 提出する《*to, against*》;《特に》《大陪審 (grand jury) が》〈起訴状・告発状などを〉提出[提起]する: ~ a claim to property 財産の権利を主張する / ~ a charge *against*…を起訴[告発]する. **pre·fér·rer** n

pref·er·ence /préf(ə)rəns/ n **1** 好み, 選択; ひいき; 選好; 優先, **優先権**, 特恵: in ~ to…に優先して, …よりはむしろ / offer [afford] a ~ 優先権[特恵]を与える. ▶ IMPERIAL PREFERENCE (帝国内特恵関税). **2 a** 偏頗(へんぱ)行為 (=FRAUDULENT PREFERENCE). **b** 詐害的優先弁済 (=PREFERENTIAL TRANSFER). ▶ FRAUDULENT PREFERENCE (偏頗行為) / INSIDER PREFERENCE (内部者への偏頗行為) / UNDUE PREFERENCE (不当な偏頗行為) / VOIDABLE PREFERENCE (取り消しうる偏頗行為).

préference shàre" 優先株 (=PREFERRED STOCK*) (cf. ORDINARY SHARE). ▶ CUMULATIVE PREFERENCE SHARE (累積的優先株) / PARTICIPATING PREFERENCE SHARE (参加的優先株) / REDEEMABLE PREFERENCE SHARE (償還優先株).

pref·er·en·tial /prèfərénʃ(ə)l/ a 優先の, 優先権のある; 選択的な; 偏頗(へんぱ)的な, 差別制の;〈関税法など〉特恵の;"英国とその自治領に特恵を与える. **~·ism** n 特恵(主義). **~·ist** n 特恵論者. **~·ly** adv

preferéntial assígnment 偏頗(へんぱ)的の譲渡 (=PREFERENTIAL TRANSFER).

preferéntial créditor" 優先債権者 (=PREFERRED CREDITOR*).

preferéntial débt 優先債権[債務] (=preferred debt)《清算》《破算》会社・個人の債務のうち担保の付いていない財産および浮動担保 (floating charge) のみが付いた財産から優先的に支払いを受けることのできる債権; 被用者の賃金, 国の債権など).

preferéntial dúty =PREFERENTIAL TARIFF.

preferéntial nónunion shòp 非《労働》組合員優先(取扱い)事業所 (cf. PREFERENTIAL (UNION) SHOP).

preferéntial rúle 優先証拠則《裁判所がある種の証拠 (例えば 証書のコピー) を, 他の種の証拠 (例えば その

preferential shop ⇨ PREFERENTIAL (UNION) SHOP.

preferéntial táriff 特恵関税 (=preferential duty).

preferéntial térms *pl* 優遇条件, 優遇扱い (=preferential treatment).

preferéntial tránsfer 偏頗(ぱ)的移転 (=preference, preferential assignment, voidable preference [transfer])《債務者が一部特定債権者を優遇して弁済すること; 破産法上問題となり, 一定条件の下で取り消し可能となる; cf. FRAUDULENT CONVEYANCE, FRAUDULENT PREFERENCE, UNDUE PREFERENCE》.

preferéntial tréatment 優遇扱い (preferential terms).

preferéntial (únion) shòp (労働)組合員優先(取扱い)事業所 (cf. PREFERENTIAL NONUNION SHOP).

preferéntial vóting 順位付き連記投票, 順位づけ投票, 選好投票.

prefér·ment *n* 1 a 昇進, 昇級, 昇任, 抜擢. b 高位, 栄誉ある地位[官職]. 2 選択. 3 優先権. 4 提出, 提起; 起訴[告発]すること: ~ of charges 起訴, 告発.

preférred créditor" 《他の債権者より優先的に弁済を受けることのできる》優先債権者 (=preferential creditor").

preférred débt" 優先権[債務] (=PREFERENTIAL DEBT).

preférred dócket 先決予定順未決訴訟事件表.

preférred-províder organizàtion 《米》提携医療機関機構《提携医療機関の中から選べば低料金で医療を受けることができる任意加入の団体(健康保険); 略 PPO; cf. HEALTH-MAINTENANCE ORGANIZATION, MANAGED-CARE ORGANIZATION》.

preférred rísk 《保険》優良危険《平均よりも損害発生の確率が低いとみなされ, したがって保険料も安くなる被保険者[物]》.

preférred sháre" 優先株 (=PREFERRED STOCK*). ▶ CUMULATIVE PREFERRED SHARE (累積の優先株) / NONCUMULATIVE PREFERRED SHARE (非累積の優先株) / NONPARTICIPATING PREFERRED SHARE (非参加の優先株).

preférred stóck" 優先株 (=preference share", preferred share") (opp. *deferred stock*) (cf. COMMON STOCK). ▶ ADJUSTABLE-RATE PREFERRED STOCK (変動配当率優先株) / CALLABLE PREFERRED STOCK (償還優先株式) / CUMULATIVE PREFERRED STOCK (累積優先株) / NONCUMULATIVE PREFERRED STOCK (非累積の優先株) / NONPARTICIPATING PREFERRED STOCK (非参加の優先株) / PARTICIPATING PREFERRED STOCK (参加の優先株).

preg·nan·cy /prégnənsi/ *n* 1 妊娠, 懐胎 (cf. MATERNITY RIGHTS); 妊娠期間: a ~ test 妊娠テスト. ▶ ADOPTIVE PREGNANCY (養子妊娠) / PLEA OF PREGNANCY (懐胎の答弁) / WRONGFUL PREGNANCY (不法行為妊娠). 2 豊富; 含蓄, 意味深長.

prégnancy per áli·um /-pər ǽliəm/ 別の男性による妊娠《英国では結婚時に別の男性によって妻が妊娠していて, 夫がそれを知らなかった場合, 結婚は無効にできる》. [L *per alium* by another]

prég·nant *a* 1 妊娠した 〈*of, with*〉: be six months ~ 妊娠6か月である. 2 含みのある: AFFIRMATIVE PREGNANT / NEGATIVE PREGNANT.

pré·hèar·ing *a* 審理前の, 審理の準備としての.

préhearing asséssment 《英》審理前訴訟費用負担決定《雇用判断所 (employment tribunal) で訴訟開始申立状 (originating application) とそれへの回答である応訴通知 (notice of appearance) でのそれぞれの主張を本審理前に審査する手続き; この結果, 一方当事者が勝訴しそうにない場合に, もしそのまま本審理までの追行に固執すれば, 他方当事者の訴訟費用負担を命じられる可能性があることを警告することができる; 本審理に入った場合に審判所はこの警告を受けていない側には濫用などがないかぎり一般的には訴訟費用負担を命ずることはしない》.

préhearing cónference 《米》審理前協議《複雑な上訴事件での手続き上・実体上の問題を討議する任意の協議で, 典型的には当該事件の弁護士と裁判官などの裁判所の代表とで行なわれる》.

preimplantátion genétic diagnósis 《体外受精 (IVF) で作られた胚子の》着床前遺伝子診断.

prè-incorporátion còntract 会社設立前の契約《設立前の会社の発起人などが会社のために第三者と結ぶ契約》.

pre·júdge *vt* …に早まった判断を下す, 早計に判断する; 審理せずに…に判決を下す. **~·ment** *n*

prejúdgment ìnterest 判決前利息《不法行為・契約違反に基づく損害の発生時あるいは訴えの提起時から最終的に判決が登録されるまでの間に発生した利息で, 約定利息 (conventional interest) と異なり制定法に基づくもの; cf. MORATORY INTEREST》.

pre·ju·di·cá·tion /priːdʒùːdɪkéɪʃ(ə)n/ *n* 1 予断. 2 先例. 3 《ローマ法》《本訴訟の本案に直接含まれていない争点を確認決定しておくための》先決(訴訟).

prej·u·dice /prédʒədəs/ *n* 1 偏見, 先入観, 予断: racial ~ 人種的偏見. ▶ LOCAL PREJUDICE (地方の偏見) / UNDUE PREJUDICE (不当な偏見). 2 侵害, 損傷 (injury); 害すること, 不利益. ▶ LEGAL PREJUDICE (法的権利侵害) / UNFAIR PREJUDICE (不公正な権利侵害). in [to the] ~ of…の侵害[損傷]となるように. without ~ (1) 偏見なしに[のない]. (2) 権利関係に不利益を与えることなしに《例えば, 示談交渉でこの語を付して解決のための提案をした場合の交渉不成立時などに生ずるが, この語を付して行なった言動を後日法廷で引用したり証拠にすることができないという趣旨》. (3) 実体的な効果をもつことなく《裁判所の判断が実体的な判断として既判力 (res judicata) をもたないという趣旨). ▶ DISMISSAL WITHOUT PREJUDICE (実体的効果を伴わぬ訴えの却下). with ~ 実体的効果を伴う, 権利関係に不利益を与える (cf. *without* PREJUDICE). ▶ DISMISSAL WITH PREJUDICE (実体的効果を伴う訴えの棄却). — *vt* **1**〈人〉に偏見をいだかせる, ひがませる. **2**〈権利・利益などを〉犯す, 傷つける; …に損害を与える. ~d *a* 偏見[先入観]に基づく[をもった]. ~·less *a* [OF<L *prae*- (*judicium* judgment); ⇨ JUDGE]

prej·u·di·cial /prèdʒədíʃ(ə)l/ *a* **1** 偏見をいだかせる. **2** 有害な, 侵害[不利]となる, そこなう (hurtful) <*to*>.

prejudícial érror 有害な誤謬 (=REVERSIBLE ERROR).

prejudícial publícity 偏見をいだかせるマスメディアの注目[関心]《公正な審理を妨げる恐れが問題となる》.

prel·ate /prélət/ *n* 高位聖職者 (bishop, archbishop, abbot など). ~·**ship** *n* 高位聖職者の地位[権限, 職務]. [OF<L (PREFER)]

pre·láw* *a, n* 法学勉学準備(中)(の), 法学勉学の基礎(をなす), 法科大学院 (law school) 入学準備(中)(の).

pre·lim·i·nary /prɪlímənèri; -n(ə)ri/ *a* (cf. POSTLIMINARY) 予備的な; 置き, 序文の; 暫定的な, 仮の: a ~ discussion 予備討論 / ~ negotiations 予備交渉 / ~ expenses《会社の》設立費用 / a ~ meeting 予備会議. ~ **to** …に先立って. — *n* 予備行為, 準備;《学位取得などの》予備試験: without *preliminaries* 前置きなしに, 単刀直入に. **pre·lim·i·nár·i·ly** /; prɪlímɪn(ə)rɪli/ *adv* [F or L (*limin- limen* threshold)]

prelíminary áct《英史》《船舶衝突に伴う損害賠償訴訟で訴答提出前に双方の事務弁護士 (solicitor) から封印の上提出されねばならなかった》衝突顛末書《1998年の民事訴訟手続き規則 (Civil Procedure Rules) 上では衝突顛末陳述書 (collision statement of case) となっている》.

prelíminary compláint《米》予備的訴追請求(状)《被疑者に対する予備審問 (preliminary hearing) あるいは刑事訴追進行 (binding over) 上の審理のための裁判管轄権を得る目的で裁判所が発する訴追請求状》.

prelíminary évidence 予備的証拠《審理を開始するのに必要な証拠で, その事件の争点に結びつく他の証拠を見越したうえで条件付きで受理されうるもの》.

prelíminary examinátion **1** 予備審問 (=PRELIMINARY HEARING). **2**《申請特許についての特許局 (patent office) における》予備審査.

prelíminary héaring 予備審問 (=preliminary examination, probable cause hearing)《刑事事件の被疑者に対して公判 (trial) に付すだけの証拠があるか否かを(通常は治安判事 (magistrate) などによって)審査する手続; 英国では, 陪審審理付託決定手続き (committal proceedings) なしで刑事法院 (Crown Court) に送付されてきた事件で裁判官がその事件の処理手続きの指示をするための事実審理前審問 (pretrial hearing) をいう; cf. ARRAIGNMENT, INITIAL APPEARANCE》.

prelíminary injúnction 暫定的差止め命令, 仮差止め命令 (=interim injunction, interlocutory injunction, provisional injunction, temporary injunction)《裁判所が最終判断を示す前に回復不能の損害が生じないように審理前ないしはその最中に発せられる暫定的な行為差止め命令; cf. TEMPORARY RESTRAINING ORDER》.

prelíminary inquíry《英》**1** 予備審問 (=PRELIMINARY INVESTIGATION). **2** [*pl*] 予備的照会(状) (=precontract inquiries)《土地・財産の取引において購入予定者が売主に対して契約前に提出する物件の照会(状); 権原よりもむしろ物件の状況についての問い合わせで, 定型書式もあり, 虚偽ないし誤りに導くような回答は不実表示 (misrepresentation) の責めを負う可能性がある》. **3**《米》予備審問《軍事裁判法典 (Uniform Code of Military Justice) 違反についての最初の審査手続》.

prelíminary investigátion《英》予備審問 (=preliminary inquiry)《刑事法院 (Crown Court) に送付するだけの理由があるか否かを決定するために治安判事裁判所 (magistrates' court) で行なわれる》.

prelíminary íssue 先決すべき争点 (=PRELIMINARY POINT OF LAW).

prelíminary póint of láw″《事実問題を審理する前に審理を要する》先決すべき法律上の論点 (=preliminary issue)《この手続きは通常その法律問題の決着がその訴訟において決定的意味を有する場合に採られる》.

prelíminary prospéctus《証券》《証券勧誘のための》仮目論見書, 予備目論見書 (=red herring, red-herring prospectus).

prelíminary rúling《欧州司法裁判所の》先決裁定《欧州共同体構成国内裁判所に係争中の事件において共同体法上の問題が生じた場合, 当該裁判所が欧州司法裁判所 (European Court of Justice) から事前に得て適用すべき, 法に関する有権的裁定》.

prelíminary státement《米》《弁護士による訴訟事件摘要書の前置きに当たる》前付け要約.

prelíminary wárrant《米》予備審問のための出廷令状《刑事事件の被疑者を, 相当に理由があると考えられる場合に, 予備審問 (preliminary hearing) のために裁判所へ出頭させるための令状》.

pre·márital *a* 婚姻前の (antenuptial, prenuptial).

premárital agréement 婚姻前夫婦財産合意 (=PRENUPTIAL AGREEMENT).

premárital cóntract 婚姻前夫婦財産契約 (=PRENUPTIAL AGREEMENT).

prematúre delívery 未熟分娩, 早産《妊娠28週以後; cf. MISCARRIAGE》.

prematúre recognítion《国際法》尚早の承認《国家性の要件(領土・恒久的住民・政府・外交能力)を備えていない実体を新国家として承認すること; 国際法上は本国に対する内政干渉となり, 国際法違反行為とされ

pre·ma·túrity *n* **1** 未成熟性《原告の訴えの基礎となる事実が司法判断を受けるのに十分な程度に成熟していないこと; cf. RIPENESS》. **2** 未成熟性に基づく積極的防御.

pre·méditate *vt, vi* 前もって計画する, 予謀する.

pre·méd·i·tàt·ed *a* 前もって計画した, 予謀した (=aforethought), 計画的な (opp. *unpremeditated*): with ~ malice 計画的犯意をもって. **~·ly** *adv*

preméditated kílling [múrder] 予謀殺《予謀をもってなされた殺人[謀殺]》.

pre·meditátion *n* あらかじめ考えること, 前もって計画すること; 予謀.

pre·mier /prɪm(j)ír, -míːər, príːmiər; prémiər, príː-/ *n* **1** 首相 (prime minister)《特に新聞用語》. **2**《カナダ・オーストラリアの》州首相《連邦政府の prime minister に対する》. — *a* 第一位の, 首位の. **~·ship** *n* 首相の職[任期]. ［OF＜first＜L PRIMARY］

Prémiers' Cónference イギリス連邦[英連邦]首相会議 (⇨ IMPERIAL CONFERENCE).

prem·ise /prémǝs/ *n* **1**《議論などの》前提,《三段論法の二つの》前提 (cf. MAJOR PREMISE, MINOR PREMISE), 根拠. ▶ MAJOR PREMISE (大前提) / MINOR PREMISE (小前提). **2** [*pl*] **a**《捺印証書 (deed) などの》頭書, 不動産譲渡証書冒頭部. **b**《史》《エクイティー上の》**訴状主部** (=stating part)《訴えの基礎となる事実, 請求の趣旨, 救済相手方などを示した部分》. **3** [*pl*] 前述の言, 既述事項, 前記事項;《不動産譲渡証書で》前記不動産 [財産]. **4** [*pl*] 不動産, 土地, 家屋; [*pl*] 家屋敷《土地および付属物付きの》, 構内, 敷地, 屋敷,《労働法上の》仕事場: No alcohol may be consumed on the ~s. 店内[敷地内]での飲酒を禁ずる. ▶ BUSINESS PREMISES (事業所) / DANGEROUS PREMISES (危険な土地・建物) / DEFECTIVE PREMISES (欠陥家屋敷) / DEMISED PREMISES (賃貸借された不動産) / DOMESTIC PREMISES (家屋敷) / LICENSED PREMISES (酒類販売許可店) / LICENSING OF PREMISES (店内酒類販売許可) / RECOVERY OF PREMISES (不動産占有回復). — *vt, vi* /, primáɪz/ 前置きする[として述べる]; 前提(条件)とする, 仮定する: be ~d on…に基づく. ［OF＜L *praemissa* set in front (*miss- mitto* to send)］

prémises liabílity 敷地内責任《土地所有者ないしは土地保有者 (landholder) がその土地内にいる人の安全に対して負う不法行為上の責任; cf. OCCUPIER'S LIABILITY》.

prem·iss /prémǝs/ *n* PREMISE.

pre·mi·um /príːmiəm/ *n* **1** 賞, 賞金, 賞品; 奨励金, 報償(金), 割増(金), 景品, プレミアム. **2** 打歩(うちぶ), プレミアム, 額面超過額: exchange ~ 為替の打歩. SHARE PREMIUM (株式のプレミアム). **3**《保険》**保険料**, 掛け金. ▶ ADDITIONAL PREMIUM (付加保険料) / ADVANCE PREMIUM (前払い保険料) / EARNED PREMIUM (既経過保険料) / GROSS PREMIUM (営業保険料) / INSURANCE PREMIUM (保険料) / NET PREMIUM (純保険料) / NET VALUATION PREMIUM (純保険料) / PURE PREMIUM (純保険料) / UNEARNED PREMIUM (未経過保険料) / WRITTEN PREMIUM (保険料). **4**《証券》逆日歩, 品借り料. **5**《オプション》プレミアム, オプション価格. **6**《金融》プレミアム《直物相場より先物相場が高い場合》. **7** 謝礼, 指導料. **8** 権利金《不動産賃貸借 (lease)・不動産の保有あるいはその更新の際に賃借人・保有者から一括支払いがなされる金額》.

prémium bònd プレミアム付き債券《売出し価格が額面価格より高い債券》.

prémium nòte 保険料支払い約束手形.

premunire ⇨ PRAEMUNIRE.

prenátal tórt 1 胎児への不法行為《生きて生まれればその子が誕生前の不法行為に対して訴権をもつ》. **2**《広く》**生殖に関する不法行為**《例えば違法に妊娠させられたこと, 出産に伴う不法行為など》.

pre·núptial *a* 婚姻前の (=antenuptial, premarital) (cf. POSTNUPTIAL).

prenúptial agréement 婚姻前夫婦財産合意[契約] (=antenuptial agreement [contract], premarital agreement [contract], marriage settlement)《婚姻後の夫婦の財産権の確定, 離婚・別居・死別した場合の扶養・財産分与などをあらかじめ定める婚姻前の取決め; cf. COHABITATION AGREEMENT, POSTNUPTIAL AGREEMENT》.

prenúptial gíft 婚姻前贈与 (=antenuptial gift)《婚姻前に夫婦となる一方から他方へなされる財産贈与; 夫婦共有財産制 (community property) の下ではしばしばその財産を特有財産 (separate property) とするためにこの方法が用いられる》.

prenúptial séttlement 1 婚姻前継承財産設定(証書), 婚姻前継承的不動産処分(証書). **2** 婚姻前夫婦財産契約. ★1, 2 共に ANTENUPTIAL SETTLEMENT と同義.

prenúptial wíll 婚姻前遺言 (=antenuptial will)《婚姻前に作成した遺言; コモンロー上は婚姻により遺言は自動的に撤回されることになっているが, 制定法で反対の趣旨が定められている場合や, 遺言作成時に特定の相手との婚姻が決まっている場合, 婚姻後の遺言が効力をもち続けることが示されている場合などには, この原則の適用はない》.

pre·óccupancy *n* **1** 先占, 先取. **2** 没頭, 夢中.

pre·óption *n* 先に選択する権利, 第一番選択権.

pre-páckaged bánkruptcy 事前協議破産《債務者が破産申し立てをする前に債権者と協議をしている破産計画》.

pre·páid expénse《会計》《賃料・利息・保険料などの》前払い費用.

prepáid íncome《会計》《次期以降に提供する役務に対する》前受け収益.

prepáid ínterest 前払い利息.

prepáid légal sérvices *pl*《米》先払い法的サービス, 弁護士費用保険《将来受ける法的サービスのためあらかじめ保険料を支払っておく保険; 労働組合員・消費者グ

prep·a·ra·tion /prèpəréɪʃ(ə)n/ *n* **1** 準備[用意](すること), 備え; [*pl*] 準備(したこと[もの]), 手はず ⟨*for*⟩. **2**《刑法上の》予備 (cf. ATTEMPT).

pre·par·a·to·ry /prɪpǽrətɔːri, -pɛ́r-, prép(ə)r-; -pǽrət(ə)ri/ *a* 予備の, 準備の, 前置きの ⟨*to*⟩. **~ to**【副詞句として】…の準備として, …に先立って.

prepáratory héaring《英》《刑事事件で特に詐欺罪のような事件の複雑さ・延引の可能性などを理由にして当事者の申請あるいは裁判所自体の判断で開かれる陪審審理前の》予備審理《法的には正式の審理はこの予備審理から始まったことになり, 罪状認否手続き (arraignment) もこの冒頭で行なわれる》.

pre·páy *vt*《料金・利子などを》前払いする, 前納する.

pre·páy·ment *n*《料金・利子などの》前払い, 前納; 期限前弁済.

prepáyment clàuse 期限前弁済条項《ローン契約の一条項で, 借主が, 通常は違約金 (prepayment penalty) なしで, 期限前に全債務を返還することを認めるもの》.

prepáyment pènalty 期限前弁済違約金《全債務の弁済期限前の弁済に対して課される違約金; 金利低下期の借換え防止などのためにあらかじめ定められるもの》.

pre·pense /prɪpéns, príːpɛns/ *a*【後置】《まれ》熟慮の上で, 計画的な, 故意の: MALICE PREPENSE.

prè·petítion *a*《特に破産の》申し立て前の: ~ debts 破産申し立て前の金銭債務.

pre·pon·der·ance /prɪpɑ́nd(ə)rəns/ *n* **1** 重さ[力, 重要性, 数量など]でまさること, 優勢, 優位. **2** 多数.

prepónderance of próof 証明の優越 (= PREPONDERANCE OF THE EVIDENCE).

prepónderance of (the) évidence 証拠の優越 (= balance of probability, preponderance of proof)《争点事実について完全に証明されるには至らないが, 証拠の証明力が相手方のよりもまさっていること; 刑事事件では合理的疑いの余地のない証明 (proof beyond (a) reasonable doubt) が要求されるが, 民事事件ではこれでもって事実の認定をしてよいとされている; cf. CLEAR AND CONVINCING PROOF, REASONABLE DOUBT, WEIGHT OF (THE) EVIDENCE》.

pre·pón·der·ant *a* 重さ[数量, 勢力など]でまさる, 優勢な, 優位にある.

pre·pón·der·ate /prɪpɑ́nd(ə)rèɪt/ *vt* 重さ[数量, 勢力など]でまさる, …より優位である ⟨*over*⟩. — *a* /-rət/ PREPONDERANT.

pre·préference *a* 最優先の《株・債券など》.

pre·réquisite *a* 前もって必要な, 前提となる, 欠くことのできない, 前提として必須の ⟨*to, for*⟩. — *n* 前もって必要なもの, 先行条件, 必要条件, 前提条件 (cf. REQUISITE).

pre·rog·a·tive /prɪrɑ́gətɪv/ *n* **1**《英国の》国王大権 (= jura regalia, regalia, royal prerogative). **2**《一般に》特権, 特典; 優先投票権. — *a* 大権[特権]を有する, 特権の: PREROGATIVE POWERS.

prerógative cóurt 1《英史》大権裁判所《本来は国王が特別の裁判を司りうる国王大権 (prerogative) を有していたことに基づいて創設された裁判所の意で, その意味では特にテューダー朝に多く生まれた国王評議会の裁判所 (conciliar court) と同義で, コモンロー裁判所である通常の裁判所 (ordinary court) と対比される; しかし, 特にステュアート朝の下での憲法・政治上の危機の時には王政と密接に結びつき, 大権による統治のための牙城になったことから, むしろ悪名として用いられるようになった; 星室裁判所 (Court of Star Chamber), 請願裁判所 (Court of Requests), 高等宗務官裁判所 (Court of High Commission) などが代表的なもの》. **2**《史》《教会法上の》検認裁判所. **3**《米》《New Jersey 州の》検認裁判所.

prerógative of mércy [the ~] 恩赦大権.

prerógative órder《英》大権命令《下位裁判所・審判所その他の機関を監督する目的で高等法院 (High Court of Justice) が発給する命令; 破棄命令 (quashing order), 職務執行命令 (mandatory order), 禁止命令 (prohibiting order) がある; 1938 年までは大権令状 (prerogative writ) と呼ばれていた》.

prerógative pówers *pl*《英》《国王の名において議会の賛同なしに政府が行使しうる宣戦布告, 裁判官・大臣の指名, 議会解散などの》国王大権上の権限.

prerógative wrìt 大権令状 (= extraordinary writ)《上位裁判所から下位裁判所・役人に対し権限踰越行為をやめさせたり, 法に従っての職務執行を命じたりした令状; 身柄提出令状 (habeas corpus), 移送令状 (certiorari), 職務執行令状 (mandamus), 禁止令状 (prohibition) などがこれに入ったが, 英国では 1938 年法で, 身柄提出令状以外がすべて令状 (writ) から命令 (order) に変えられた; ⇨ PREROGATIVE ORDER》.

pre·scríb·able *a* 時効によって取得できる; 時効によって消滅されうる.

pre·scribe /prɪskráɪb/ *vt* **1** 命令する, 指図する, 指示する; 規定する, 《法準則・規則・方針などを》定める; 《薬・療法などを》処方[指示]する. **2** 時効によって取得する, 時効取得する; 《消滅》時効で消滅する. — *vi* **1** 命令[指図, 規定]する; 処方を書く. **2** 取得時効《による取得》を主張する ⟨*to, for*⟩; 《消滅》時効で消滅する. **~d by law** 法律で定める《欧州人権条約 (European Convention of Human Rights) 上の用語で, 権利侵害が法律で定められ認められていないかぎり違法となるということ》.

pre·scríb·er *n*　[L *prae-* before + *script- -scribo* to direct, write]

prescríbed límit 規定限度, 許容限度《例えば, 飲酒運転者が運転違反に問われない血中アルコール量など》. ▶ DRIVING OVER THE PRESCRIBED LIMIT《酒気帯び運転》.

pre·scrip·tion /prɪskrípʃ(ə)n/ *n* (cf. PROSCRIPTION) **1 a** 規定すること; 規定, 規範, おきて. **b** 処方; 処方箋, 処方箋調剤, 処方薬. **2** 時効, 消滅時効《英米法上の時効 (prescription) は厳密には取得時効のみで,

消滅時効はむしろ本来の権利者の出訴期間 (limitation) の経過によって訴権の消滅という法構成をとる; したがって消滅時効に当たる語のうち negative prescription は, 権利者の訴権喪失により占有者が権利を取得した消極的取得時効とでも訳すのが適当なほどである (これに対せば positive prescription は積極的取得時効とでも訳すことになろうか; また extinctive prescription は大陸法上の消滅時効を指し, それと同じものである); cf. ADVERSE POSSESSION, LIMITATION OF ACTION, LOST MODERN GRANT). ▶ EASEMENT BY PRESCRIPTION (時効によって取得された地役権) / NEGATIVE [EXTINCTIVE] PRESCRIPTION (消滅時効) / POSITIVE [ACQUISITIVE] PRESCRIPTION (取得時効) / TITLE BY PRESCRIPTION (取得時効に基づく権原). **3** 《一般に》長年の使用[慣習]に基づいて認められた権利[権威]. **4**《国際法》《領土の》時効取得; 時効.

prescríption in a qué estáte /-ɑː kíː-/《他人の土地に対する付属地役権 (easement appurtenant) や土地収益権 (profit à prendre) などの》**土地付随権の取得時効**《権利主張者本人および他人の土地から便益を得る土地の前保有者たちの連続使用による取得時効で, 土地保有とは無関係に権利主張者本人および被相続人たちの連続使用による取得時効 (これを人的取得時効 (prescription in gross) という) に対応》. [E+F=prescription in whose estate]

prescríption in gróss 人的取得時効《他人の土地に対する土地収益権 (profit à pendre) などの, 土地保有とは無関係に権利主張者本人および被相続人たちの連続使用による取得時効; ⇨ PRESCRIPTION IN A QUE ESTATE》.

prescríption of nónuse《大陸法》消滅時効《権利の不行使に基づく》.

pre·scrip·tive /prɪskríptɪv/ a **1** 規定する, 命令する, 規範的な. **2** 時効による, 時効取得された: PRESCRIPTIVE RIGHT. **3** 慣例の.

prescríptive éasement 時効取得された地役権 (=easement by prescription).

prescríptive ríght 時効取得された権利.

pres·ence /préz(ə)ns/ n **1** 存在, 現存, 実在, 所在. ▶ PHYSICAL PRESENCE (現実の所在). **2** 出席, 臨場, 参列; 面前, 人前: He signed the will in the ~ of four witnesses.

présence of deféndant rúle《米》被告人出席の準則《重罪 (felony) 事件での被告人はその訴訟のすべての重要段階に出席する権利があるという原則》.

présence of the cóurt《米》裁判所の面前《裁判所侮辱 (contempt of court) に対して裁判官の裁量のみで制裁を科すための要件として, 法廷内またはそれに近接した場所でその行為がなされかつ裁判を妨げる目的でなされることが求められる法域があるが, その場所的限定としての裁判官または法廷内の他の人の視野内》.

présence of the testátor rúle 遺言者面前の準則《遺言者は証人が遺言に署名しつつあることをみずから知覚していなければならないという原則; 米国の統一遺産管理法典 (Uniform Probate Code) はこの要件をはずしている》.

pres·ent[1] /préz(ə)nt/ a **1** [ᵁpred] **a** 居る, 在る; 出席している, 参列した (opp. absent). **b**《心・意識などに》ある 〈to〉, 胸に浮かんでいる. **2** [attrib] 現在の, 現…の, 今の, 今日の; 当面の: at the ~ time [day]=in the ~ day 現今では / the PRESENT CASE. ― n **1** [ᵒthe ~] 現今, 現在: at ～目下, 現今は / this ～ 現今 / up to the ~ 今に至るまで. **2** [these ~s]《古》本文, 本証書, この書類. Know all men by these ~s that…. 本書により…であることを証する《証書などの決まり文句; ラテン語の 'noverint universi per praesentes' の訳》. [OF<L praesent- praesens (pres p) prae-(sun to be)=to be before, at hand]

pre·sent[2] /prɪzént/ vt **1** 贈呈する, 与える, もたらす, 〈敬意などを〉捧げる〈to〉; 述べる; 提出する, 差し出す〈to〉; 〈受領証などを〉(手)渡す〈to〉; 〈手形などを〉呈示する; 告発[告訴]する〈to〉: ~ a bill for acceptance 手形を引受けのために呈示する / ~ a petition to the authorities 当局へ請願書[申請書, 訴状]を提出する. **2**〈人〉を紹介する, 拝謁させる, 披露する;〈劇〉を上演する,〈役〉を演ずる, 〈映画〉を公開する,〈新製品・新説〉を発表する;『教会』〈聖職者〉を推薦[推挙]する. **3** 見せる〈to〉,〈資質などを〉示す, 呈する. **4**《武器》を向ける〈at〉. ~·er n [OF<L to exhibit, offer: ⇨ PRESENT[1]]

pres·en·ta·tion /prèz(ə)ntéɪʃ(ə)n, ˌpriːzèn-/ n **1** 贈呈, 奉呈《of credentials》, 授与; 授与式; 贈り物, 贈呈品. **2 a** 紹介, 披露; 拝謁, 伺候《at court》. **b** 提示, 提出, 発表; 説明, 売込み, プレゼンテーション; 公開, 上演, 発表, 上映. **c**《手形などの》呈示 (=presentment): check payable on ~. **d**《教会》聖職推薦権,《聖職への》推薦, 推挙 (cf. PATRONAGE, QUARE IMPEDIT). ▶ FAIR PRESENTATION (公正開示; 公正提示).

présent cáse [the ~] 本件, この場合 (=CASE AT BAR).

pre·sen·tee /prèz(ə)ntíː, prɪzèn-/ n 聖職被推薦者.

prè·séntence héaring 量刑前審理手続き (=sentencing hearing)《裁判官ないしは陪審が, 刑の言い渡し前に量刑のための適正な資料蒐集目的として, 有罪宣告を受けた被告人および関係犯罪についての関連する全資料を受理し調査する手続き》.

preséntence investigátion 量刑前調査《量刑前調査報告書 (presentence investigation report) を作成するための保護観察官 (probation officer) の調査》.

preséntence investigátion repórt 量刑前調査報告書 (=presentence report)《刑の言い渡し前に量刑のために有罪宣告を受けた被告人の犯罪歴・前歴・家庭環境などについて裁判所の要請に基づいて特に保護観察官 (probation officer) が提出する詳細な報告書; 略 PIR, PSI》.

preséntence repórt 量刑前報告書 (1)《米》PRESENTENCE INVESTIGATION REPORT **2**《英》presentence report とも綴る; 有罪決定者に裁判所がいかなる処分をすべきかを決定するための助けとして, 保護監察官 (probation officer) などがその犯罪・有責性, その者をとりまく環境, 再犯可能性, 社会への危険性などを本人との面談を通して調べ, 特定刑の適性についての意見を含め裁判所に提出する報告書; social inquiry report ともいう)).

présent enjóyment 《(不動産の)》現有.

présent・er n 1 贈与者; 提出者,《(手形などの)》呈示者; 申告者, 告発[告訴]者; 推薦者. 2《ニュース番組総司会者》,《(学会などの)》報告者.

présent・ing bánk 呈示銀行《(手形・小切手などを呈示 (presentation) する銀行; 支払い銀行は除かれる)).

présent ínterest 現在権(1)土地その他の財産に対して占有し収益享受する権利を現在有している状態; cf. FUTURE INTEREST 2)受益者 (beneficiary) が信託 (trust) からの収益を現在享受できること 3)受託者 (trustee) が信託財産の支配・管理権を現在有していること.

présent・ment n 1 表示, 陳述, 叙述, 描写 ⟨of⟩. 2 上演, 演出; 提出, 呈示. 3《(大陪審による)》告発 (cf. INDICTMENT). 4《教会》a《犯罪・罪などについて教区委員 (churchwarden) などから主教[司教] (bishop) などへなされる正式な》訴え, 報告. b 推薦, 推挙, 聖職推薦(権). ▶ DARREIN PRESENTMENT 《聖職推薦権回復訴訟[令状]》. 5《(手形などの)》呈示 (presentation). 6《英史》臣下報告(書)《(荘園法裁判所 (court customary) でなされた臣下たち (homage) からなる陪審により提出された報告書; 特に 同裁判所外でなされた謄本保有権 (copyhold) の移転報告はこの報告がなされないと効果を有しなかった)).
[present²]

préséntment for accéptance 《(手形などの)》引受けのための呈示.

préséntment for páyment 《(手形などの)》支払いのための呈示.

préséntment of Énglishry 《英史》イングランド人の開示 《デーン人 特に ノルマン人の征服 (Norman Conquest) の後, 征服民族の保護のため, イングランドで死体が発見され 殺害者が提出されない場合に, 死体発見場所であるハンドレッド (hundred) が被害者はイングランド人であることを立証しないかぎり罰金 (殺人罰金 (murdrum) と呼んだ) を科せられた; 1340 年廃止)).

préséntment wárranty 呈示時の保証《(証券の権原 (title) およびそれが信用できるものであることについて, 支払いあるいは引受けのために証券を呈示する際に支払人・引受人に対してなす暗黙の約束)).

présent recolléction refréshed 呼び戻された現在の記憶 (=**présent recolléction revíved**) 《関連事項を記述した文書を証人に見せることによって呼び戻された証人の記憶; cf. PAST RECOLLECTION RECORDED, REFRESHING MEMORY [RECOLLECTION]).

présent sénse impréssion 現場での感覚印象《事実発生中ないしはその直後に得られたその事実ないしはその状況の認知; 証拠法上用いられる述語で, 伝聞証拠

(hearsay) であっても許容されうる; cf. EXCITED UTTERANCE, RES GESTAE, SPONTANEOUS DECLARATION).

présent válue 1《原初原価 (original cost) と対比される》現在価値. 2 現在価値 (present worth).

présent wórth 《将来支払われる金額の》現在価値 (=present value).

pres・er・va・tion /prèzərvéiʃ(ə)n/ n 保存, 保蔵, 貯蔵, 保護, 保管, 維持; 保存状態.

preservátion òrder 保存命令《建物・樹木などの保存を命ずる裁判所命令)).

pre・serve /prizə́ːrv/ vt 1《(危害・腐朽などから)》保護する⟨from, against⟩, 保存する;《ある状態を》保つ. 2 保蔵する, 貯蔵する. 3 心に留める.

presérved cóunty 《英》残存州(機能)《(州 (county) が地方行政区画として廃止されたのちも 一部法的目的のためには残存している州ないしは州の機能・権限)).

pre・side /prizáid/ vi 議長[座長]をする, 司会をする; 主宰する⟨at, over⟩; 統轄する, 管理する: ~ at the meeting 司会する / PRESIDING JUDGE.

pres・i・den・cy /prézəd(ə)nsi/ n 1 PRESIDENT の職[地位, 任期]: during Reagan's ~ =during the Reagan ~ レーガン政権時代には. ▶ IMPERIAL PRESIDENCY (帝王的大統領制). 2 統轄, 主宰.

prés・i・dent n 1 [ºP-] 大統領; 社長, *頭取; 総裁; 学長, 総長; 会長, 座長, 議長, 司会者;《(州・植民地などの)》長官, 知事. ▶ LAME-DUCK PRESIDENT (レイムダック大統領) / VICE PRESIDENT (副大統領). 2《英》《裁判所などの》長, 長官;《高等法院 (High Court of Justice) の》部長裁判官,《特に》家事部部長裁判官 (President of the Family Division);《英史》検認・離婚・海事部部長裁判官 (President of the Probate, Divorce and Admiralty Division). ▶ LORD PRESIDENT (スコットランド控訴院長) / VICE PRESIDENT (副部長裁判官).
~・ship n

pres・i・den・tial /prèzədénʃ(ə)l/ a 1 PRESIDENT の: the US ~ elections. 2 主宰[支配, 監督, 指揮]する.
~・ly adv

presidéntial góvernment 大統領制《大統領が立法府から憲法上独立している政治政体; cf. PARLIAMENTARY GOVERNMENT).

Presidéntial méssage 《米》《連邦議会への》大統領教書 (=State of the Union).

presidéntial pówer 大統領の権能[権限].

presidéntial-style a 《米国のような》大統領式[型]の: a ~ election campaign 大統領選挙方式の選挙戦[運動]《政党の政策より政党の党首個人を重視する)).

President of the Council ⇨ LORD PRESIDENT OF THE COUNCIL.

President of the Courts of England and Wales 《英》イングランドおよびウェールズ全裁判所の長 (⇨ LORD CHIEF JUSTICE OF ENGLAND).

Président of the Fámily Divìsion [the ~]《英》《高等法院 (High Court of Justice) の》家事部部長裁判官(略 P.).

Président of the Próbate, Divórce and Ádmiralty [the ~]《英史》《高等法院 (High Court of Justice) の》検認・離婚・海事部部長裁判官.

Président of the Quéen's Bénch Divìsion《英》《高等法院 (High Court of Justice) の》女王座部部長裁判官 (⇨ LORD CHIEF JUSTICE OF ENGLAND).

Président of the Sénate [the ~]《米》《連邦議会の》上院議長《副大統領が当たる》.

Président of the Supréme Cóurt (of the United Kíngdom)《英》《連合王国》最高裁判所長官 (⇨ SUPREME COURT (OF THE UNITED KINGDOM)).

Président of the United Státes [the ~] 合衆国大統領.

presìding júdge [the ~] [°P- J-] (略 PJ) **1** 裁判長. **2** 裁判所長. **3**《英》巡回裁判区統轄裁判官《例外はあるが各巡回裁判区 (circuit) に 2 名ずつ任命され、巡回裁判区管理官 (circuit administrator) と共に巡回裁判区の管理に携わる裁判官》; ⇨ CIRCUIT.

presìding júror 陪審員長 (=foreman (of the jury), foreperson).

press /prés/ n **1** 押すこと、圧迫. **2** 押し寄せること; ひしめき、群集、雑踏; 切迫; 多忙. **3** 印刷機 (printing press); 印刷(術); 印刷所, 発行所, 出版部[局, 社]. **4** [the ~] 出版物, 定期刊行物, 新聞、雑誌; [the ~] 報道機関, マスコミ; [the ~] 記者団, 報道関係者, 報道陣; 新聞・雑誌に出る批評, 《マスコミの》論評, 論調, 報道, ニュース. ▶ FREEDOM OF THE PRESS (出版の自由) / FREE PRESS (自由な出版(物)) / LIBERTY OF THE PRESS (出版の自由) / NATIONAL PRESS (全国紙). **5**《史》一葉の羊皮紙《これをつないで、訴訟記録用の巻物 (roll) などを作る》. [OF<L (freq)<press premo to press]

Préss Compláints Commìssion [the ~]《英》新聞苦情(調査)委員会《1953 年に新聞の自由と規準維持のための協議会 Press Council として発足, 91 年に現在の形に改組された独立団体; 新聞・雑誌の報道活動に対する苦情を調査し、調査結果を公開している; 略 PCC》.

préss cònference (共同)記者会見, プレスコンフェレンス (=news conference).

préss còverage (新聞)報道[取材], (新聞)報道[取材]範囲, プレス カバレッジ (cf. NEWS COVERAGE).

préss gàllery 新聞記者席; 《そこの》議会記者団.

prèssing sócial néed 差し迫った社会的必要《欧州人権裁判所 (European Court of Human Rights) が条件付きの権利 (qualified right) の侵害が民主的社会において必要であるか否かを判断する際に用いられる基準の一つ》.

préss làw [ᵘpl] 出版法, 新聞法.

préss relèase 新聞発表, プレスリリース (=(news) release)《報道関係者に対する政府などによる発表》.

préss sècretary 報道担当(官).

pres·sure /préʃər/ n **1** 圧すること; 圧力. **2** 圧迫, 強制, 圧制; 心を圧迫すること, 困難, プレッシャー; [pl] 窮境: financial ~ 財政難, 金融逼迫. **3** 緊急, 切迫.

préssure gròup 圧力団体.

préssure pòlitics 圧力政治《圧力団体が政治決定に影響力を及ぼそうとする活動, ないしはその影響下にある政治》.

pres·ta·tion /prestéɪʃ(ə)n/ n **1**《史》封建地代(の支払い). **2**《スコットランド》義務履行, 義務.

pre·sume /prɪzúːm, -z(j)úːm/ vt 推定[想定]する,《反証がないとき》真実と推定する (cf. ASSUME): The accused is ~d (to be) innocent until he or she is proved (to be) guilty. 被疑者・被告人は有罪と証明されるまでは無罪と推定する. — vi 推定[想定]する.
pre·súm·er n 推定者, 想定者. [OF<L praesumpt- -sumo to anticipate]

presúmed bías 推定される偏向 (=IMPLIED BIAS).

presúmed dámages pl 法的に推定される損害賠償(金)《ある不法行為から自然・必然的に発生すると法的に推定されている損害に対する賠償(金)で、それゆえ証明する必要がないとされるもの》.

presúmed fáct《立証事実からの》推定事実.

presúmed fáther 推定上の父.

pre·sump·tion /prɪzám(p)ʃ(ə)n/ n **1** 想定, 推定: There is a general ~ that... ということが一般的に想定されている / on the ~ that he knew it 彼がそれを知っていたとの想定[推定]に基づき. **2 a**《事実の》推定《他の既知ないしは証明された事実から一定事実を推定すること; これが成立すると、立証責任は他方へ移ることになる; cf. PRESUMPTION OF FACT, PRESUMPTION OF LAW》. **b** 推定の根拠; ありそうなこと, 見込み. ▶ ABSOLUTE PRESUMPTION (絶対的推定) / ARTIFICIAL PRESUMPTION (法律上の推定) / CONCLUSIVE PRESUMPTION (確定的推定, みなし) / CONDITIONAL PRESUMPTION (条件付き推定) / CONFLICTING PRESUMPTION (矛盾する推定) / DISPUTABLE PRESUMPTION (争いうる推定) / EQUITABLE PRESUMPTION (エクイティー上の推定) / FACTUAL PRESUMPTION (事実上の推定) / HEEDING PRESUMPTION (警告留意の推定) / IRREBUTTABLE PRESUMPTION (反証を許さない推定) / LEGAL PRESUMPTION (法律上の推定) / MANDATORY PRESUMPTION (命令的推定) / MIXED PRESUMPTION (混合推定) / MORGAN PRESUMPTION (モーガンの推定) / NATURAL PRESUMPTION (当然の推定) / PERMISSIVE PRESUMPTION (許容的推定) / PRIMA FACIE PRESUMPTION (一応の推定) / REBUTTABLE PRESUMPTION (反証を許す推定) / STATUTORY PRESUMPTION (制定法上の推定) / THAYER PRESUMPTION (セアの推定) / VIOLENT PRESUMPTION (強力な推定). [OF<L (PRESUME)]

presúmption júris et de júre 反証を許さない法律上の推定, みなし (=CONCLUSIVE PRESUMPTION) (cf. JURIS ET DE JURE).

presúmption júris tán·tum /-tǽntəm/ 反証を許す法律上の推定 (⇨ PRESUMPTION OF LAW). [L *juris tantum*=only of law]

presúmption of adváncement 《英》《父が子の名義で, 親代わりの人 (person in loco parentis) がその保護下にある人の名義で, あるいは夫が妻の名義で土地を購入するなど, 一定条件の下で他人名義で財産を譲り受けた場合などの》生前贈与の推定《したがってこれら以外の場合には生ずる贈与者のための復帰信託 (resulting trust) は, これらの場合には成立しない》.

presúmption of déath 《コモンロー上は7年間不在で生死について消息のない者の》死亡の推定 (cf. ENOCH ARDEN LAW, PRESUMPTIVE DEATH, SEVEN-YEARS'-ABSENCE RULE).

presúmption of déath and dissolútion of márriage 死亡の推定と婚姻の解消《裁判所は死亡の推定 (presumption of death) がなされうる場合は, その宣告とそれに伴なう婚姻の解消を命ずることができるが, これにより配偶者は再婚が許され, しかも死亡を推定されたかつての配偶者がたとえ後に出現しても後の婚姻は有効となる》.

presúmption of dúe execútion 《遺言状》適正作成の推定《文面上遺言状が適正に作成されていると思われる場合には, 裁判所は反対の信頼しうる積極的証拠がないかぎり, 作成状況について調査せず, すべての形式的要件が正しく満たされていると推定すべきであるということ》.

presúmption of fáct 事実上の推定 (=factual presumption)《証明された前提事実から一定の事実を推定すること, 特に 法律上の推定 (presumption of law) と区別して, それ以外の, 事実上推論できることを指す》.

presúmption of ínnocence 無罪の推定《何人も有罪が証明されるまでは無罪と推定されるという基本的原則; したがって有罪の立証責任は国側が負う; cf. BURDEN OF PROOF》.

presúmption of inténd 意思の推定《ある行為を犯した刑事被告人はそれを犯す意思を有していたと推定すること; 許容的推定 (permissive presumption) の一つ》.

presúmption of láw 法律上の推定 (=artificial presumption, legal presumption)《事実のいかんにかかわらず特定の前提事実が証明されれば法によって真実とする推定; 反証を許さない PRESUMPTION JURIS ET DE JURE (反証を許さない法律上の推定) ないし CONCLUSIVE PRESUMPTION (確定的推定, みなし) と, 反証を許す PRESUMPTION JURIS TANTUM (反証を許す法律上の推定) ないしは REBUTTABLE PRESUMPTION (反証を許す推定) とがある》.

presúmption of legálity 適法[合法]性の推定《制定法・証書などがすべて正当かつ適正に制定・作成されたと推定すること; cf. OMNIA PRAESUMUNTUR RITE ET SOLEMNITER ESSE ACTA》.

presúmption of legítimacy 嫡出の推定 (=presumption of paternity)《母が婚姻している場合, その婚姻中に出生した子はすべてその母の夫の嫡出子であると推定すること》.

presúmption of márriage (valídity) 有効婚姻の推定《婚姻の儀式の後の同棲の証拠があれば, その二人は有効な婚姻をなしたと推定されること》.

presúmption of nátural and próbable cónsequences 自然的蓋然的結果からの《犯意の》推定《犯罪の主観的要素である犯意 (mens rea) は被告人の行為の立証からも引き出せるという推定》.

presúmption of négligence 過失の推定 (⇨ RES IPSA LOQUITUR).

presúmption of patérnity 父性の推定 (=PRESUMPTION OF LEGITIMACY).

presúmption of regulárity《公務員の公務履行, 行政機関の規則・命令作成や決定についての》正規性の推定 (cf. OMNIA PRAESUMUNTUR RITE ET SOLEMNITER ESSE ACTA).

presúmption of sánity 精神的健常[正気]の推定《**1** 刑事責任を問われている者がすべて, 犯行時とされる時に, 刑事責任を問える精神状態であるとの推定; cf. INSANITY **2** 一般に, 反証がなされるまで人は精神的に健常であると推定されること》.

presúmption of survívorship 1 死亡順位の推定《同一事故で2人以上が死亡した際, 相続について死亡の前後が問題になる場合に, 年齢・健康状態などから死亡の前後を推定すること; ⇨ COMMORIENTES》. **2** 生存[生残]の推定《ある時点で生存していたことが証明された人は反対のことが立証されるか, あるいはその立証がなされぬ場合は反対のことが推定されるまで, 生き続けていると推定されること》.

pre·súmp·tive /prɪzʌ́m(p)tɪv/ *a* **1** 推定に基づく. **2** 推定の根拠を与える. **〜·ly** *adv*

presúmptive dámages *pl* 懲罰的損害賠償(金) (=PUNITIVE DAMAGES).

presúmptive déath 推定死亡 (⇨ PRESUMPTION OF DEATH).

presúmptive évidence 1《反証がないかぎり真実とみなされる》推定効果を有する証拠 (=prima facie evidence). **2**《古》《目撃証人 (eyewitness) の証言 (testimony) に対する》推定証拠 (=CIRCUMSTANTIAL EVIDENCE). ★ 1, 2 共に probable evidence ともいう.

presúmptive héir 推定相続人 (=HEIR PRESUMPTIVE).

presúmptive séntence《特定犯罪類型に対する基準となる, 平均的な》推定量刑.

presúmptive séntencing 法定推定量刑《特定犯罪類型に対して制定法が基準として定めている平均的な量刑ないしは量刑の幅》.

presúmptive títle 推定権原《表見上の権利・主

presúmptive trúst 推定信託 (=implied trust)《設定意思は明示的に示されていないが当事者の行為や情況から信託意思が推定され、裁判所が設定を認めた信託; cf. CONSTRUCTIVE TRUST, EXPRESS TRUST, RESULTING TRUST》.

張もなく財産を単純に占有していることに基づく権原; 侵害者 (trespasser) に対する訴権はもつし, 時効により, 無効とできない権利に変わりうる》.

prè·táx *a* 税引き前の, 税込みの: ~ profit 税引き前利益.

pre·tense | pre·tence /prɪténs, príːtèns/ *n* **1** 見せかけ, 仮面, ふり, まね, 虚偽 (cf. FALSE PRETENSE). ▶ FALSE PRETENSE (詐取(罪); 虚偽の表示). **2** 口実, 言いわけ. **3** (根拠のない) 主張, 要求 <*to*>; 不当な主張〔要求〕をすること.

pret·er·i·tion /prèṭərɪ́ʃ(ə)n/ *n* **1** 看過, 省略, 脱落. **2**《大陸法》(遺言者による遺言からの) 法定相続人脱漏 (=PRETERMISSION). [L=passing over]

pre·ter·légal /prìːtər-/ *a*《まれ》法を超える, 法によらない: ~ customs.

pre·ter·miná·tion héaring《雇用・給付金などの》終了前聴聞.

prèter·míssion *n* 法定相続人脱漏 (=preterition)《遺言者により遺言から法定相続人が脱漏させられること, または法定相続人を遺言者が遺言から脱漏すること; ⇨ PRETERMITTED HEIR》.

pre·ter·mit /prìːtərmít/ *vt* 無視する, 怠る, 省略する, 脱落する, 脱漏する; 看過する, 黙過する.

pretermítted defénse 逸機防御《適正な時機に応訴すべきであり, その時機を逸すると権利放棄されたとみなされる防御》.

pretermítted héir 脱漏法定相続人《配偶者または直系卑属かつ遺言者により遺言から脱漏され言及されていない者; 配偶者・子については米国の多くの州で, その脱漏が意図的でない限りは無遺言相続則上の持分は認められている; 子の場合は **pretermitted child**, 配偶者の場合は **pretermitted spouse** ということがある; ⇨ PRETERMITTED HEIR STATUTE》.

pretermítted héir státute《米》脱漏法定相続人法《脱漏法定相続人 (pretermitted heir) に一定条件の下, 無遺言相続則上の持分と同じ割合の相続権を認める州法; ⇨ PRETERMITTED HEIR》.

pre·text /príːtèkst/ *n* 口実, 弁解. **pre·tex·tu·al** /pritékstʃuəl/ *a*

prétext arrèst = PRETEXTUAL ARREST.

pretéxtual arrést 別件逮捕 (=pretext arrest)《重い犯罪の容疑について逮捕要件が欠けているのに, その取調べに利用する目的で, 要件の整っている通常はより軽い別件で逮捕すること; cf. SUBTERFUGE ARREST》.

pre·ti·um af·fec·tio·nis /príːʃiəm əfèkʃióunəs/ (*pl* **pré·tia affectiónis** /príːʃiə-/)《大切な人の形見や贈り物など所有者にとってその所有物に対する主観的な》愛着的価値. [L=price of affection]

Pretium suc·ce·dit in lo·cum rei. /— səksíːdɪt ɪn lóukəm ríːàɪ/ 代価は物に代わる. [L=The price takes the place of the thing.]

pretor ⇨ PRAETOR.

prè·tríal *a* 事実審理〔公判〕前の. — *n* 事実審理前協議 (=PRETRIAL CONFERENCE).

prétrial cónference 事実審理前協議, 事実審理準備のための会合《米国においては, 事実審理 (trial) に先立っての双方の弁護士・裁判官の非公式協議で, 争点 (issue) の整理, 証拠など事件処理についての必要事項を話し合うこと; **pretrial hearing** ともいう》.

prétrial deténtion 公判前拘置, 未決勾留 = temporary detention) (cf. DETENTION HEARING).

prétrial discóvery 事実審理前の開示(手続き), 事実審理前の証拠開示 (⇨ DISCOVERY).

prétrial divérsion ダイバージョン・プログラム (⇨ DIVERSION PROGRAM).

prétrial héaring 事実審理前審理, 事実審理前打合わせ (⇨ PRETRIAL CONFERENCE).

prétrial intervéntion 審理前事件処理 (=DIVERSION PROGRAM).

prétrial órder《米》事実審理準備命令《事実審理前協議 (pretrial conference) での結果を裁判所の命令の形でまとめたもので, これにより事実審理 (trial) での行動が規制される》.

prétrial publícity《訴訟事件が》審理前に知れわたること《報道の自由と刑事被告人の公正な裁判を受ける権利との兼ね合いが問題となりうる》.

prétrial review《英》事実審理前審理《1998 年の民事訴訟手続き規則 (Civil Procedure Rules) の下で, 高額・複雑な民事訴訟の手順に当たる多重手順 (multi-track) に配分された事件では, 一裁判官の指揮の下で事実審理前に予備的審理手続きに入ることができるが, この審理を指す; そこでは審理日程・証人尋問の期限・専門家証人 (expert witness) などの事柄が決定されるだけでなく, 被告が欠席したり防御しなかったような場合には最終的判決さえ出せる; ⇨ MULTI-TRACK》.

pre·vail /privéɪl/ *vi* **1** 勝つ, 克服する, まさる; 勝訴する <*over*, *against*>. **2** 優勢である, 有力である, 支配的である; 流行する, 普及する, はびこる, 流布している, 広く行なわれている. **3** 効を奏する, うまくいく, 効く. **4** 説き伏せる, うまく説得する <*on*, *with*>.

preváiling párty 勝訴当事者.

pre·var·i·cate /privǽrəkèɪt/ *vi* **1** 言い紛らす, 言いのがれる, ごまかす; [*euph*] うそをつく. **2**《ローマ法・大陸法》**a** 犯罪を隠す. **b** (弁護士などが) 訴訟の相手方と通謀して虚偽の訴え〔防御〕をする. **3**《英史》**a**《特に 略式起訴者 (informer) とその相手方である被告人について》相手方と通謀して虚偽の訴えを追行する. **b** 信頼をひそかに破る. **4** 言いのがれとなるような証拠などで事実をごまかす. **pre·vár·i·cà·tor**

pre·var·i·ca·tion /privæ̀rəkéɪʃ(ə)n/ *n* **1** 言いのがれ, 逃げ口上, ごまかし, うそ; あいまいに, ことばをにごすこと.

2《ローマ法・大陸法》裏切り,《特に弁護士などによる相手方との》通謀.

pre·vent /privént/ vt 防ぐ,妨げる,予防する,妨げて…させない,阻止する,止める. **~·able, ~·ible** a 止められる,妨げられる,予防できる. **~·ability, ~·ibility** n [ME=to anticipate<L praevent- venio to come before, hinder]

pre·vént·a·tive láw /privéntətɪv-/ ⇨ PREVENTIVE LAW.

pre·ven·tion /privénʃ(ə)n/ n **1** 止めること,防止,阻止《of fire》; 予防; 妨害: ~ of corruption 瀆職[買収,腐敗]防止; ~ of terrorism テロ防止. ▶ WRIT OF PREVENTION(訴訟差止め令状). **2** 予防策[薬] 《against》.

prevéntion dòctrine 妨害の法理《契約当事者は相手方の義務履行を妨げるようなことをしてはならないという黙示の義務を負っているという原則》.

Prevéntion of Térrorism Àct [the ~]《英》テロ防止法《1974年成立》.

pre·ven·tive /privéntɪv/ a **1** 予防的な,防止的な: take ~ measures against…〈窃盗など〉に対する防止手段を講ずる. **2**《密輸取締まりにかかわる》税関[沿岸警備隊]の. ― n 予防法[策,薬]《for》; 避妊薬.

prevéntive cústody 予防拘束《犯罪防止のための身柄の拘束》.

prevéntive deténtion 予防拘禁 **(1)**《史》常習者などの犯罪を予防するため,矯正的措置として判決により拘禁すること **2)** 被疑者の逃亡・犯罪を予防するため,審理以前に保釈せず拘留すること》.

prevéntive injúnction 防止的差止め命令《将来の権利侵害ないしは損害を防止するために出される差止め命令; cf. REPARATIVE INJUNCTION》.

prevéntive jústice 予防司法《違法行為・犯罪を直接防止するための司法制度》.

prevéntive láw 1 犯罪予防を目的とする法. **2** 予防法学《法的紛争の発生を予防し,万が一発生した時に解決しやすいような措置をとっておこうとすること》. ★時に **preventative law** の語が用いられることもあるが,好ましくはない.

prevéntive púnishment《犯人を不具にして犯行を繰り返さないようにする》予防的刑罰.

pre·vi·ous /prí:viəs/ a 先の,以前の;前もっての,あらかじめの,先行する: ~ engagement 先約. **~·ly** adv

prévious convíctions pl 過去の有罪決定,有罪決定歴,前科.

prévious mótion《議会》先決動議《⇨ PREVIOUS QUESTION》.

prévious quéstion《議会》先決問題《当該問題の即時採決をするか否かの採決をあらかじめ求める動議; 略 pq》.

prévious státements pl《証拠法上問題となりうる証人の》過去の陳述: inconsistent ~《証人提出の》証拠と矛盾する証人の過去の陳述.

price /práɪs/ n **1** 価格,代価;相場,市価,物価: all-in ~ すべて込みの値段. ▶ AGREED PRICE(合意価格)/ ARM'S-LENGTH PRICE(独立当事者間の価格)/ ASKED PRICE(売り呼び値)/ ASKING PRICE(提示値段)/ BID PRICE(買い呼び値)/ CLOSING PRICE(終値)/ COST PRICE(費用価格)/ EXERCISE PRICE(権利)行使価格)/ FAIR PRICE(適正価格)/ FICTITIOUS PRICE(掛け値)/ FIXED PRICE(固定価格)/ FORWARD PRICE(先物価格)/ FUTURE PRICE(先物価格)/ GOING PRICE(現行価格)/ INTERVENTION PRICE(介入価格)/ ISSUE PRICE(発行価格)/ LIST PRICE(カタログ記載価格)/ MARKET PRICE(市場価格;相場)/ MISLEADING PRICE(人を誤らせるような価格)/ NET PRICE(正価)/ OFFER(ING) PRICE(売出し価格)/ OPENING PRICE(始値)/ OPEN PRICE(オープン価格)/ PURCHASE PRICE(買入れ価格)/ PUT PRICE((権利)行使価格)/ REDEMPTION PRICE(買戻し価格,償還価格)/ RESERVE PRICE(最低競売価格)/ RETAIL PRICE(小売価格)/ SPOT PRICE(現物渡し価格)/ STRIKE [STRIKING] PRICE((権利)行使価格)/ SUPPLY PRICE(供給価格)/ SUPPORT PRICE(支持価格)/ TRANSFER PRICE(移転価格)/ UPSET PRICE(最低売り値). **2** 代償,犠牲;報償,懸賞金. **3**《賭け事で》賭け金の歩合;《競馬などの》払い戻し金. ― vt …に値段[値札]をつける. [OF<L pretium price, value; cf. PRIZE¹]

price contròl 価格統制,物価統制.

price discriminàtion《地域・買主による》価格差別(cf. DIFFERENTIAL PRICING, ECONOMIC DISCRIMINATION).

príce-éarnings ràtio《証券》株価収益率, PER(=P/E ratio)《株価を1株当たり利益額で割った商》.

príce-fíx·ing n 価格決定,価格協定《自由市場によるのでなく人為的に価格を決定すること;通例違法となる; cf. ECONOMIC DISCRIMINATION》. ▶ HORIZONTAL PRICE-FIXING(水平的価格協定)/ VERTICAL PRICE-FIXING(垂直的価格協定).

price léadership 価格先導制,プライス・リーダーシップ《特定産業内の一社が価格設定・変動の先導者になり,他企業が一定期間内に追随すること》.

price máintenance agrèement 価格維持協定,《特に》再販売価格維持協定.

price squèeze 価格しめつけ,価格圧搾《みずからの競争相手業者に原材料あるいは製品の供給をもしている製造業者・卸売業者がその相手業者の小売利益を削減させるため卸値を上げ,競争から排除すること;価格差別(price discrimination)による競争阻害の一種》.

price suppòrt《経済政策による》価格支持.

price wàr 価格戦争《同一製品を供給している企業間での持続的ないしは繰り返しての値引き・価格切下げ競争》.

pric·ing /práɪsɪŋ/ n 価格決定,価格設定,値付け. ▶ COMMON PRICING(同一価格決定)/ DIFFERENTIAL PRICING(差別価格決定)/ DRAMA-PRICING(劇的価格決定)/ PREDATORY PRICING(略奪的価格決定)/

TRANSFER PRICING (移転価格操作) / UNIT PRICING (単位価格表示).

pri‧cing pol‧i‧cy 《商品に対する》価格決定[設定]方針, 値付け方針.

priest-pénitent prívilege 聖職者悔悛者間情報の秘匿特権《聖職者に対してなした告解[懺悔] (confession) についてその聖職者が証言を拒む権利》.

pri‧ma‧cy /práɪməsi/ n 1 第一, 首位, 最高位; 卓越. 2《キリスト教》教皇[大主教, 大司教]の職[権限], 首位権.

pri‧mae im‧pres‧si‧o‧nis /práɪmi ɪmprèsióʊnɪs, -ʃi-/ 先例のない: case ～＝CASE OF FIRST IMPRESSION. [L=of first impression]

pri‧ma fa‧cie /práɪmə féɪʃə, -ʃi, -si/ adv 1《他の情報・証拠なしで》一見したところ(では) (cf. EX FACIE). 2 明白に. —a 1 一応の,《反証のないかぎり》推定可能な. 2 明白な; 自明の. [L=first appearance]

príma fácie cáse 《反証がないかぎり申し立てどおりになる》一応の証明がある事件[主張], 一応有利な事件.

príma fácie évidence 一応の証拠 (＝PRESUMPTIVE EVIDENCE)《反証がないかぎり事実の立証・推定に十分とされる証拠; cf. REBUTTAL EVIDENCE》.

príma fácie presúmption 一応の推定 (＝REBUTTABLE PRESUMPTION).

príma fácie tórt 《米》準用不法行為《それ自体は合法的な行為により他人に意図的かつ不正に害を与え損害を及ぼすこと; 従来の不法行為 (tort) 法上は訴えることができないが, 特に 企業・取引関係で法域によっては救済策を与える所がある》.

pri‧mage /práɪmɪdʒ/ n《海運》1 運賃割増金, 海上運送運賃割増し. 2 船長謝礼金, 船長・船員への謝礼《かつては荷主が積荷の世話に対して船長などに与えた心づけであったが, 現在では船主が運賃割増し金 (⇨ 1) として受け取り, 船長などへは給料の一部として与えている; hat money ともいう》.

pri‧mar‧i‧ly /praɪmérəli, práɪmèrə-; práɪmərɪ-/ adv 1 第一に, 最初に; 初めは, 本来 (originally). 2 主として.

pri‧mary /práɪmèri, -m(ə)ri; -məri/ a 1 首位の, 主要な, 第一位の, 第一次の. 2 最初の, 原始的な; 初歩の, 初等の, 初等教育の; 予備の. 3 本来の, 根源の, 根本の, 基本的な; 直接的な. — n 1 第一の[最初の, 主要な]物事, 第一原理. 2《米》a 予備選挙 (＝PRIMARY ELECTION). b (地区)党員集会 (caucus). [L primarius chief]

prímary allegátion 1 主たる主張《訴訟で相手方に対する主たる主張[訴え]》. 2《教会法》第一訴答 (cf. ALLEGATION).

prímary authórity 《裁判の際依拠すべき》一次的法源《制定法・判例など; cf. PERSUASIVE AUTHORITY, SECONDARY AUTHORITY》.

prímary benefíciary 第一順位保険金受取人 (cf. CONTINGENT BENEFICIARY).

prímary bóycott 一次的ボイコット, 第一次ボイコット《労働争議相手方の雇用者の商品の購買・使用などをしないよう呼びかける; cf. SECONDARY BOYCOTT》.

Prímary Cáre Trùst 《英》一次医療トラスト《国民医療制度 (National Health Service) における地域の一般医療のための公的機関; 略 PCT》.

prímary convéyance 一次的不動産譲渡 (＝original conveyance)《不動産権を創設する不動産譲渡; cf. SECONDARY CONVEYANCE》.

prímary éasement 主たる地役権, 第一次地役権 (⇨ SECONDARY EASEMENT).

prímary eléction 《米》予備選挙《公職候補や政党の代表・役員・議員などの指名・推薦が行なわれる選挙; 単に primary ともいう; cf. GENERAL ELECTION》.

prímary évidence 一次的証拠 (＝BEST EVIDENCE) (cf. HEARSAY, SECONDARY EVIDENCE).

prímary fáct 主事実《証人の証言あるいは実物証拠 (real evidence) や書証 (documentary evidence) により確定されうる事実でかつそこからの推論によって究極事実 (ultimate fact) に達しうるもの》.

prímary insúrance 第一次保険《損害が発生した場合それに対して直接責任を負うべき保険; cf. EXCESS INSURANCE》.

prímary insúrance còverage 第一次保険担保範囲.

prímary jurisdíction 《行政機関の》第一次的管轄権《裁判所と行政機関の双方が競合的に管轄権を有している事項につき, 裁判所が, 行政機関が第一次的に管轄した方がより実際的であると決定した場合には行政機関に第一次的管轄権を認めることができるという第一次的管轄権の法理 (primary jurisdiction doctrine) に基づき, 行政機関が有することになる第一次的管轄権; cf. EXHAUSTION OF REMEDIES》.

prímary jurisdíction dòctrine 《行政機関の》第一次的管轄権の法理 (⇨ PRIMARY JURISDICTION).

prímary liabílity 第一次責任《ある法的結果に対して直接負う責任; ⇨ SECONDARY LIABILITY》.

prímary-líne ínjury 第一段階侵害, 売手段階における競争阻害《ある売手が特定地域・顧客に対して価格差別 (price discrimination) を行ない, それによって競争関係にある他の売手に侵害効果を与えること; cf. SECONDARY-LINE INJURY》.

prímary márket 1 証券発行市場《新規公募の株式・証券を投資家が購入する市場》. 2 一次市場《製造業者・生産者が売手となっている市場》.《▶ cf. SECONDARY MARKET》.

prímary méaning 《語の》一次的意義《語の普通の本来的な意義; ⇨ SECONDARY MEANING》.

prímary obligátion 主債務, 主たる義務 (cf. ACCESSORY OBLIGATION, SECONDARY OBLIGATION).

prímary óffering 《証券》新発行証券募集.

prímary pówers pl《本人から代理人に付与され

る）主たる権能[権limit] (cf. MEDIATE POWERS).

prímary ríght 第一次的権利《実体法 (substantive law) により規定されている権利で、例えば名誉を毀損されない権利、暴行を受けない権利など、その権利の実現[強制]を特定の実現[強制] (specific enforcement) という; cf. REMEDIAL RIGHT, SECONDARY RIGHT, SUBSTANTIVE RIGHT).

prímary stríke 第一次的ストライキ《紛争中の雇用者に対する被用者のストライキ》.

prímary térm 第一次賃貸借期間《石油・天然ガス採掘権リース (oil-and-gas lease) で定められる期間で、この間は賃借人 (lessee) にはその土地の調査・開発、からの産出の権利が認められる; cf. SHUT-IN ROYALTY).

prí·mate /práimeit, -mət/ n [ᴼP-]《英国教》首席主教,《カトリック》首座司教; 大主教, 大司教.

Prímate of Áll Éngland [the ~] 全イングランドの首位聖職《Canterbury 大主教の称号》.

Prímate of Éngland [the ~] イングランドの首位聖職《York 大主教の称号》.

prime /práim/ a 1 首位の, 主な; 最重要な; 最良の, 優良な, 第一等の;《金融》信用格付が最高の. 2 第一の, 最初の; 原始的な, 根本(的)の. — n 1《金融》PRIME RATE. 2 PRIME CONTRACTOR. — vt …に優先する, 優先権を有する.

príme cóntractor 第一請負業者 (=GENERAL CONTRACTOR).

príme cóst 1 主要費用 (=first cost¹¹))《原材料費, 燃料動力費, 賃金, 可変的減価償却費など, 生産物の生産量の大きさと共に変化する費用》. **2** 仕入れ原価.

príme ínterest ràte =PRIME RATE.

príme máker 主たる責任を負う証券作成者, 主たる責任を負う(約束手形の)振出人.

prìme mínister [ᴼP- M-]《内閣》総理大臣, 首相, 内閣首班《略 PM; cf. PREMIER》. ▶ DEPUTY PRIME MINISTER (首相代理). **príme ministérial** a **príme mínister·shíp** n **príme mínistry** n

prím·er /prímər, prái-/ a FIRST, PRIMARY. [F]

príme ráte /ǁ ―ǁ―/《金融》最優遇貸出し金利, プライムレート (=prime interest rate)《優良顧客に対する(最)低レベルの貸付金利, 特に米国大銀行の優良大企業に対する短期貸付金利; 単に prime ともいう》.

prímer séisin《英史》先占(権)《封建法上 領主 (lord) がその保有地 (tenant) の死亡後最初に保有地の占有 (seisin) を得る権利; この権利は後に否定されるに至るが, 国王の直属受封者 (tenant in chief) が死亡した場合のみ, 領主たる国王は最初に保有地の占有を得る権利を持ち, 法定相続人 (heir) が成年の場合には相続料 (relief) を支払い, 臣従の誓い (homage) をするまでそれを占有し続ける権利を有した; この権利を指した; 後に相続料の他にが国王がその土地の一年分の収益を得る権利に転換し, 1660 年に廃止).

Prí·mo ex·cu·ti·en·da est ver·bi vis, ne ser·mo·nis vi·tio ob·sru·a·tur ora·tio,

sí·ve lex sí·ne ar·gu·men·tis. /práimou ɛkskjùːʃíendə ɛst vérbài vis nɛ sɛrmóunis víʃiou əbstruéitər əréiʃiou sáive lɛks sáini àːrguméntis/ 表現の誤りにより文が妨げられたり法が論じられないままにされたりしないように、まず語の意味が吟味されるべきである.〔L=The meaning of a word is to be first examined, lest by the fault of expression the sentence be stifled or the law be without arguments.〕

pri·mo·gen·i·ture /pràimoudʒénətʃər, -tʃʊər, -ət(j)ʊər/ n 1 長子[第一子]であること, 長子の身分, 長子たる地位. 2《男子第一子が財産を相続する》長子相続(制)[権], 長男子(単独)相続(制)[権]《英国では 1925 年法で廃止, ただし貴族称号は現在も; 米国では植民地時代も含め比較的早くに廃止; cf. ULTIMOGENITURE》. ▶ RIGHT OF PRIMOGENITURE (長子相続権). **pri·mo·gen·i·tàry** /; -t(ə)ri/, **-gén·i·tal** a 〔L (primus first, genitura birth)〕

prí·mo lo·co /práimou lóukou/《史》第一に, まず; 初めは. 〔L=in the first place〕

prí·mus ìn·ter pa·res /práiməs ìntər pǽriz; -páːriz/ (pl prí·mi inter páres /príːmàiː-/) 同輩中の第一人者, 同輩中の首席《英国では総理大臣 (Prime Minister) が他の大臣 (minister) と法律上は同等で特別の地位は認められないことを示す》.〔L=first among equals〕

prince /príns/ n 1 君公《王国 (kingdom) より下位の領域の主権者・君主》;《公国・小国の》君主, 公;《封建時代の》君公, 諸侯;《文》《一般に》王, 君主. ▶ RESTRAINT OF PRINCES (AND RULERS) = RESTRAINT OF PRINCES, RULERS AND [OR] PEOPLES (公権力による抑止). 2 王子, 親王, プリンス; 王家[皇族]の男子. 3《英国以外の》公爵;《公文書などで》英国の duke, marquess, earl に対する敬称.〔OF<L princip- princeps first man, chief〕

prínce cónsort (pl prínces cónsort) 女王[女帝]の夫君(称号).

Prínce of Wáles [the ~] プリンス・オヴ・ウェールズ《英国王位の法定推定相続人 (heir apparent) である長男に国王によって通常授けられる皇太子の称号; もともとはウェールズ王の称号だったが、現用の意味はウェールズを征服した Edward 1 世がのちの Edward 2 世にこの称号を授けた (1301 年) ことに由来する》.

prin·ci·pal /prínsəp(ə)l, -s(ə)pəl/ a 1 主な; 第一の, 先頭に立つ; 重要な; 主体の: a ~ cause 主要な原因 / the ~ offender 正犯者 / ~ penalty 主刑. 2 元本の, 元金の. — n 1 頭(ﾄｳ)(chief), 長, 長上, 支配者, 上役, 上司; 社長, 会長, 業主 (cf. EMPLOYER); 校長,《特に英国で college の》学寮長; 長官;《英》《官庁で section を担当する》課長. 2《代理人に対して》本人 (cf. AGENT). ▶ COPRINCIPAL (共同の本人) / DISCLOSED PRINCIPAL (明示されている本人) / PARTIALLY DISCLOSED PRINCIPAL (半分隠れた本人) / UNDISCLOSED PRINCIPAL (隠れた本人) / VICE-PRINCIPAL (監

督代理者). **3** 正犯, 主犯 (cf. ACCESSORY, ACCOMPLICE): the ~ and accessory 正犯と共犯. ▶COPRINCIPAL (共同正犯). **4**《保証債務などの》主たる債務者, 主債務者 (=principal debtor). **5** [a ~]《利息に対しての》元本, 元金;《利息・収益・利益を含まない》基本財産, 《果実に対して》信託財産[遺産]の本体;《従物に対しての》主物: ~ and interest 元利. **6**《史》法定相続動産 (heirloom).　~·ship *n*　［OF<L=first, chief; ⇨ PRINCE］

príncipal chállenge《忌避理由が事実であるとすれば裁判所の裁量の余地のない》**絶対的理由付き**(陪審員)**忌避**《これには, **1)** 陪審員選定責任者の不正・不公平ゆえの忌避 **2)** 血族・利害関係者などを理由として一見して偏見を有しているという疑惑をもたせる陪審員の忌避が含まれる》.

príncipal cóntract　主たる契約《付随的契約 (accessory contract) に対応する語; cf. ACCESSORY CONTRACT》.

príncipal débtor　主たる債務者 (=PRINCIPAL).

príncipal in the fírst degrée [the ~] 第一級正犯《犯罪をみずから実行した者》.

príncipal in the sécond degrée [the ~] 第二級正犯 (=accessory at the fact)《犯行時犯罪の実行を助けた者; cf. ABET》.

prin·ci·pal·i·ty /prìnsəpǽləti/ *n* **1 a**《PRINCE の統治する》君公領, 諸侯領, 領邦, 公国, 侯国: the P~ of Monaco モナコ公国. **b** [the P-]《ウェールズ (Wales) の俗称》. **2** 君公[公国君主]の地位; 君公[公国君主]の支配権[主権], 君公[公国君主]による君公領[公国, 小国]の支配. **3** 首位; 卓越, 傑出.

príncipal mánsion hòuse《英》(1925年までの不動産継承財産設定 (settlement) における)**主邸宅**《農場主の居宅以外に供されているものか一定の広さ以上のものを生涯不動産権者 (life tenant) が処分する場合には原則として受託者 (trustee) か裁判所の許可が必要となる; 1926年以降に設定されたものについては明示的にその旨が規定されていないかぎりその要はない》.

príncipal merídian《米》主要経線 (⇨ BASELINE).

príncipal pláce of búsiness [the ~]《米》《州籍の基準となる》主たる営業地.

Prin·ci·pi·o·rum non est ra·tio. /prɪnsìpióʊrəm nán ɛst réɪʃiʊm/ 原則の根拠は存在しない. ［L=There is no reasoning of principles.］

prin·ci·ple /prínsəp(ə)l, -s(ə)pəl/ *n* **1** 原理, 原則, 基本原理: in ~ 原則として, 大体 / agreement in ~ 基本的合意. **2**《法》原則 (=legal principle), 準則 (rule) より抽象度の高い一般的法原則; cf. DOCTRINE, RULE》. ▶ LEGAL PRINCIPLE (法原則) ／ NEUTRAL PRINCIPLES (中立的原則). **3** 主義, 根本方針; 道, 正道, 正義; [*pl*] 道義, 節操. **4** 本源, 本質; 生来の傾向, 性向.

prínciple of legálity [the ~] 罪刑法定主義 (=LEGALITY).

prínciple of rebus sic stantibus ⇨ REBUS SIC STANTIBUS.

prínciple of subsidiárity　補完原則, 補完性の原則《欧州共同体 (European Community) は, その排他的権限に属さない分野においては, 加盟国レベルで十分に達成できずかつ共同体レベルの方がより良く達成できる目的に適う場合にのみ行動するという原則; 単に subsidiarity ともいう》.

prínted mátter《特別料金で郵送できる》印刷物《書籍・新聞・広告誌など》.

Prínter's Ínk Stàtute [the ~]《米》虚偽広告規制法《1911年に作られた模範法律 (model act) に従い多数州で制定された消費者保護のための州法; *Printer's Ink* は広告雑誌名》.

prínt·òut *n*《コンピュータによる》印刷出力, プリントアウト(した紙).

pri·or /práɪər/ *a* **1** 前の, 先の, 事前の (opp. *posterior*): a ~ engagement 先約. **2**《…より前の, 上席の, 重要な, 〈…に〉優先する〈*to*〉: PRIOR LIEN.　— *n*《俗》前科.

príor appropriátion dòctrine《米》流水先行私的利用者優先の法理《水路に面している土地所有者のうち最初にその水を利用しだした者は, 他の者が利用権を有するに至る前に利用しえたすべてを有する権利をもつという原則; cf. RIPARIAN RIGHTS DOCTRINE》.

príor árt《特許法》先行技術《出願発明の新規性・非自明性の基準となる先行技術》.

príor consístent státement《証人による審理時の証言と》一致する過去の陳述 (cf. CONSONANT STATEMENT, PRIOR INCONSISTENT STATEMENT).

príor inconsístent státement《証人による審理時の証言と》矛盾する過去の陳述 (cf. PRIOR CONSISTENT STATEMENT).

pri·or·i·ty /praɪɔ́(ː)rəti, -ár-/ *n* **1** 前[先]であること, 先行すること,《リーエン (lien), 譲渡抵当 (mortgage), 発明などの》**先順位** (opp. *posteriority*). **2 a**〈…より〉重要なこと, 優先, 優先性, 優位〈*over*〉; 優先順位; **優先権**,《裁判所間の》優先管轄権: according to ~ 優先順位によって ／ a creditor by ~ 優先債権者 ／ have [take] ~ over…よりも優先権がある[より重要である] ／ give ~ to…を優先する. **b** 優先事項: a top ~ 最優先事項. **3 a**《自動車などの》優先(通行)権. **b**《不足物資配給などの》優先権.　— *a* **1** 優先権を有する, 優先する: a ~ creditor. **2** 優先順位の[に関する]: a ~ contest.

priórity dàte [the ~]《特許法》《特許についての》**優先権基準日**《米国は発明日, 英国その他の国では特許出願日を基準としている》.

priórity lìen　先順位リーエン (PRIOR LIEN).

priórity nèighborhood《英史》優先近隣住宅地整備地区《住宅当局 (housing authority) が居住環境整備計画地区 (housing action area) とほぼ同じと指定した地区; 典型的には居住環境整備計画地区または既

priórity nòtice 《英》《土地登録 (land registration) に関する予備的な》事前通知.

priórity of assígnment 《無体財産 (chose in action) の》譲渡の順位, 譲渡の先順位(性) 《譲渡通知受領時の前後で決定される》.

priórity of invéntion 《特許法》発明の先順位性 [優先性].

priórity of mórtgages 譲渡抵当の順位, 譲渡抵当の先順位(性).

priórity of tíme 時間的優先性 《エクイティー上の原則で, 複数のエクイティー上の権利の中では時間的に先行する権利が優先するという原則; cf. QUI PRIOR EST TEMPORE, POTIOR EST JURE》.

príor jéopardy 《二重の危険 (double jeopardy) が生じる》以前の危険 (⇨ DOUBLE JEOPARDY).

príor líen 先順位リーエン (=priority lien).

príor restráint 《米》《政府による言論や出版の》事前抑制《合衆国憲法第1修正で原則禁止; cf. CENSORSHIP, FREEDOM OF SPEECH》.

príor séntence 《別件での》過去の刑の宣告.

Pri·or tem·po·re, po·ti·or ju·re. /práɪər témpəri póʊʃiər ʤúəri/ 時間的に先順位のものが権利において優先する (=Qui prior est tempore, potior est jure). [L=Earlier in time, stronger in right.]

príor úse dòctrine 事前供用財産の法理《すでに公用に供している財産は立法によらないかぎり公用徴収してはならないという原則》.

pri·sage /práɪsɪʤ, -seɪʤ/ n 《英史》《国王の》輸入品廉価購入特権; ブドウ酒輸入税.

pris·on /príz(ə)n/ n **1** 刑務所, 監獄 (penitentiary, penal institution, adult correctional institution などともいう (⇨ JAIL); ★米国では特に州刑務所 (state prison) をいう): open ~ 開放型の刑務所 / a ~ governor 刑務所長 / a top security ~ 厳重警備刑務所 / be [lie] in ~ 刑務所に入っている / break (out of) ~ 脱獄[破獄]する / send [take] sb to ~ 投獄する. ▶BREACH OF PRISON (脱獄) / BUREAU OF PRISONS (刑務所局) / DEBTORS' PRISON (債務者監獄) / FLEET PRISON (フリート監獄) / KING'S BENCH PRISON (王座裁判所監獄) / MARSHALSEA PRISON (マーシャルシー監獄) / MILLBANK PRISON (ミルバンク監獄) / PRIVATE PRISON (私的監獄) / QUEEN'S BENCH PRISON (女王座裁判所監獄) / QUEEN'S PRISON (女王監獄) / STATE PRISON (州刑務所). **2** 拘置所; 拘禁所, 監禁所. **3** 禁固, 幽閉.

príson brèach 《特に暴力を用いての》脱獄(罪) (=**príson brèaking**) (=breach of prison) (cf. ESCAPE).

príson càmp 1 模範囚労働施設《模範囚を最小限の拘束で公的事業などに従事させる施設》. **2** 捕虜[政治犯]収容所.

príson·er n **1** 囚人, 在監者, 被拘置者, 拘禁施設被収容者, 被拘束者; 捕虜 (prisoner of war); 捕らえられた[自由を奪われた]者: a ~ of State=POLITICAL PRISONER / hold sb ~ 人を捕虜にしておく / make [take] sb ~ 人を捕虜にする / a ~'s camp 捕虜収容所. ▶CALENDAR OF PRISONERS (被告人事件表) / CATEGORY 'A' PRISONER (A 級囚人); CATEGORY 'B' PRISONER (B 級囚人) / CATEGORY 'C' PRISONER (C 級囚人) / CATEGORY 'D' PRISONER (D 級囚人) / POLITICAL PRISONER (政治囚) / REMAND PRISONER (再勾留囚人). **2** 刑事被告人, 被告人. ▶CALLING UPON A PRISONER (最終弁明の要請).

prísoner at the bár 《古》公判中の被告人.

prísoner of cónscience 良心の囚人《特に政治上・宗教上の信念にかかわる理由から拘束をうけている人》.

prísoner of wár 捕虜 (=captive) 《単に prisoner ともいう; 略 POW》.

prísoner on remánd =REMAND PRISONER.

príson mùtiny 《英》刑務所内共同抗令(罪).

príson òfficer 看守, 刑務官.

príson rùle 刑務所規律.

príson vísitor 《英》**1** 《収監者への無償援助のための》刑務所友好訪問者. **2** 刑務所査察官[視察官].

pri·va·cy /práɪvəsi, prív-/ n **1** 他者の同伴[観察, 監視]がない状態; 私生活, プライバシー (⇨ RIGHT OF PRIVACY). ▶EXPECTATION OF PRIVACY (プライバシーの期待) / INFORMATIONAL PRIVACY (情報プライバシー) / INVASION OF PRIVACY (プライバシーの侵害) / RIGHT OF [TO] PRIVACY (プライバシー権) / ZONE OF PRIVACY (プライバシー権の保護範囲). **2** 隠遁, 隠居. **3** 人の耳目をはばかる状況, 内密; 個人的な秘め事: in strict ~ 極秘に, 内々で.

prívacy àct プライバシー法《プライバシー保護を目的とする法律》.

prívacy ìnterest プライバシー自由権《国家権力によりプライバシー (privacy) に関する自由を侵害されない権利》.

prívacy làw プライバシー法.

pri·vate /práɪvət/ a (opp. public) **1** 私の, 個人に関する[属する]; 私用の: ~ business 私用 / a ~ letter 私信, 親展書 / one's ~ life 私生活 / ~ effects 私物《個人の持物》. **2 a** 秘密の (secret), 内密の (confidential); 秘密を守る: keep…~ …を内密にしておく / for sb's ~ ear 内密に. **b** 非公式の, 非公開の, 私有(地)の, 専用の(無断)立入[使用]禁止の, 内輪[仲間内](だけ)の, 会員制の. **3** 官職をもたない, 平民の, ''《下院議員が》平の, 非閣僚の; 兵士[兵卒]の; 民間の, 私営の, 私立[私設]の: a ~ citizen《官職をもたない》普通の市民, 一般人, 私人 / a ~ railway 私鉄. **go** ~ 私有[民営, 非公開]化する. ▶GOING PRIVATE (非公開会社化). **—** n **in** ~ 内々で, 内密に, 非公式に, 私生活において. [L=taken away (from public affairs) (pp)<*privo* to deprive, bereave]

private act 《主に英》私法律, 個別法律《特定地域および特定個人・団体のみに関する法律; 米国では special statute (特別制定法) と一般にいうが, special act (特別議会制定法), private statute (個別制定法) ともいう; opp. *public act*》.

private Áct of Párliament [the ~]《英》議会私制定法 (private act).

private adóption 《米》私的養子縁組 (=private-placement adoption)《(時には実の父と共に)生母が養親と公的免許を受けた私的紹介機関を介さずに行なう養子縁組》.

private attórney 《米》《私人に依嘱された, 弁護士でない》代理人 (⇨ ATTORNEY) (cf. PUBLIC ATTORNEY).

private attórney géneral 《米》私的司法長官《自分のためでなく社会一般のために訴訟を提起する人; その訴訟に関してのみは, 国・州を代表して司法上の職務を担当する司法長官 (attorney general) の仕事に類似しているので, こう呼ばれる》.

private attórney géneral dòctrine 《米》私的司法長官の法理《自分のためでなく多数の人びとの利益や社会一般の利益のために訴訟提起をする人は, 代理人としての報酬を回復しうるというエクイティー上の原則》.

private bánk 1 個人銀行《法人化されていない個人または組合 (partnership) が経営する銀行》. 2《英》ロンドン手形交換所非加盟銀行 (cf. CLEARING BANK). 3《英》《中央銀行に対しての》民間銀行, 市中銀行.

private bánker 《米》銀行業類似の業務を営む個人 (=individual banker). ★このうち州から免許を得ているものを INDIVIDUAL BANKER と呼び, 州から免許を得ていないものを private banker と呼ぶ用法もある.

private bíll [ᴼp- B-]《主に英》私法律案, 個別法律案《特定個人・団体のみに関する法律案; ⇨ PRIVATE ACT; cf. PARLIAMENTARY AGENT, PUBLIC BILL》.

private cárrier 私的運送人 (=contract carrier)《特定の人のための運送人であって, 一般の人を対象とした公共運送人 (common carrier) でない者, したがって任意で運送の引受けを拒絶できる; opp. *common carrier, public carrier*》.

private cómpany 《英》私会社《公開会社 (public company) でない会社; 有限・無限責任いずれでも可; 株式や社債の公募は禁じられている; cf. PUBLIC COMPANY》.

private cómpany límited by guarantée 《英》保証有限責任私会社 (⇨ COMMONHOLD, COMPANY LIMITED BY GUARANTEE, PRIVATE COMPANY》.

private cómpany límited by sháres 《英》株式有限責任私会社 (⇨ PRIVATE COMPANY, PUBLIC COMPANY, TABLE B) (cf. COMPANY LIMITED BY SHARES).

private corporátion 私法人《私人により私的目的で設立された法人 (corporation); public corporation (公法人) の対語》.

private cóurt 私的裁判所.

private defénse 《人および財産を守るための合理的範囲での》私的防衛《不法行為 (tort) 訴訟での防御となりうる》.

private detéctive 私立探偵 (private investigator).

private divórce bíll 《史》離婚私法律案《一般には離婚が認められていなかった時代の離婚のための私法律案 (private bill); cf. LEGISLATIVE DIVORCE》.

private énterprise 私企業, 民間[個人]企業.

pri·va·teer /prὰɪvətíər/《史》n 1 私掠船《戦時に国家により捕獲免状状 (letters of marque) を得て敵国船舶の捕獲・押収権を与えられた私有の船舶》. 2 私掠船長[船員]. — *vi* 私掠船として行動する.

privatéer·ing *n* 私掠船で巡邏すること, 私的拿捕 (⇨ PIRACY).

private éye 私立探偵 (private investigator).

private fáct 私事, 私的事実 (opp. *public fact*).
▶ PUBLIC DISCLOSURE OF PRIVATE FACTS (私事の一般開示).

private foundátion 《米》私設財団《もっぱら宗教・教育・研究・慈善など公益目的のために単一の財源により設立された財団で, その収入は寄付からではなくその財源の投資により得, その収益を他の公益団体に寄付するもの; 私人に利益を与えたり政治活動に携わることはない; 一般には免税対象となる; cf. CHARITY》.

private góods *pl* 私的財《市場での売買の対象となる通常の財; cf. PUBLIC GOODS》.

private héalth 《英》個人負担医療《国民医療制度 (National Health Service) の対象外の医療サービス; 費用はすべて個人負担》.

private internátional láw 国際私法 (⇨ CONFLICT OF LAWS). ▶ HAGUE CONFERENCE ON PRIVATE INTERNATIONAL LAW (ハーグ国際私法会議).

private invéstigator 私立探偵 (=private detective, private eye)《略 PI》.

private júdging 私的審判 (=rent-a-judging)《紛争当事者が私人によって紛争を解決してもらうこと; 国が認めている場合に当事者間の契約で生じうる》.

private jurisdíction 私的裁判権.

private jústice 私的な裁判.

private lánd gránt 私人への公有地払い下げ.

private láw 1 私法 (=jus privatum) (opp. *public law*). ▶ INTERNATIONAL PRIVATE LAW (国際私法). 2《米》個別法 (=SPECIAL LAW).

private létter rùling 納税者への書面回答 (= LETTER RULING).

private lífe 私生活.

private límited cómpany 《英》有限責任私会社, 非公開有限責任会社《株主の責任が所有株式の額面金額に限られる有限責任会社で, 公開有限責任会社 (public limited company) でないもの; 株式を公募することは禁じられている; 社名の末尾に Limited または

Ltd(.)を付ける; ⇨ LIMITED COMPANY; cf. PUBLIC LIMITED COMPANY》.

prívately fóstered chíld《16歳未満で,血縁や法的親子関係のない人に養育されている》私的養育子.

prívate mémber's Bíll《英》議員提出法案.

prívate morálity 個人道徳 (cf. PUBLIC MORALITY).

prívate mórtgage insúrance 個人譲渡抵当保険 (= MORTGAGE INSURANCE)(略 PMI).

prívate necéssity《不法行為 (tort) 成立の免責事由となる被告自身に対する損害などのための》私的緊急避難《緊急避難 (necessity) の中では免責条件はきびしく,避難根拠となる損害の重大性が要求される; cf. PUBLIC NECESSITY》.

prívate núisance 私的不法妨害,私的ニューサンス《他人の土地利用に対する実質的かつ不合理な妨害で,侵害 (trespass) は含まないもの; 例えば過度の騒音・臭気など》.

prívate óffering《証券の》私募 (= private placement)《公募 (public offering) によらずに証券を売り付けること; ⇨ PUBLIC OFFERING》.

prívate pérson 1《公職・軍職を有さぬ》民間人. 2 私人. 3《大陸法》私法人 (cf. PUBLIC PERSON).

prívate plácement 1《公的機関を媒介としない》私的養子縁組 (= direct placement). 2《証券》私募 (= PRIVATE OFFERING).

prívate-plácement adòption《米》私的養子縁組 (= PRIVATE ADOPTION).

prívate pówer《国の代理人としてではなく,私的目的で行使される》私的権能.

prívate práctice《英》《弁護士や,特に個人負担医療 (private health) を扱う医師などの》個人営業 [開業, 経営](の事務所[医院]).

prívate príson《米》私的刑務所《政府機関でなく私的な会社が管理している刑務所》.

prívate prívilege 私的な秘匿特権 (⇨ PRIVILEGE OF WITNESS).

prívate próperty 1 私有財産, 私有物 (cf. PUBLIC PROPERTY). 2 私有財産権.

prívate prosecútion《米史・英》私的訴追《刑事訴追を職務とする公務員以外の者の刑事訴追; 英国では証拠をもってさえすれば犯罪の容疑者を誰でも訴追できるたてまえになっている》.

prívate prósecutor《私人である犯罪の》私的訴追者.

prívate réprimand《弁護士に対する実務活動の制限を伴わない》私的譴責 [処分]《公表せず本人にのみ知らせる, ないしは固有名詞を挙げずに行なうもの; cf. PUBLIC REPRIMAND》.

prívate ríght 私権, 私的権利 (= jus privatum)《私法関係において認められる権利; cf. PUBLIC RIGHT》.

prívate róad 私道《私人の土地に私人の申請で私人の維持・管理責任で開設される道路》.

prívate sále 相対(㌀)売買《公示されることなくまた代理人を介さず,売主と買主が相対しての売買》.

prívate schóol 私立学校 (cf. PUBLIC SCHOOL).

prívate séal《法人や個人の》私印 (opp. *public seal*).

prívate séarch《捜査機関によらない》私人による捜索《刑事訴訟の証拠法上私人による捜索中に見出された物件は,その私人が捜査機関の指示の下で捜索したのでないかぎり一般に証拠となりうる》.

prívate séctor [the ~] 民間部門, 私企業部門, 私的セクター《企業や家計などのことで, 公共部門 (public sector) とともに経済全体を構成する》.

prívate sérvitude 特定人に対する役権《例えば隣接地の所有者に対して認める通行権とか,特定人に対して認める自己の池で釣りをする権利など; cf. PUBLIC SERVITUDE》.

prívate sígnature《大陸法》単独署名《証人や公証人の認証のない文書への署名》. **under** ~《証人・公証人の認証なしの》単独署名の下で(の).

prívate státute 1《英》私法律 (= PRIVATE ACT). 2《米》個別制定法 (= SPECIAL STATUTE).

prívate tréaty《財産譲渡についての》私的取決め. ★ 特に英国においては一般的に用いられる語法.

prívate trúst 私益信託 (= personal trust)《公益のためでなく特定個人の利益のために設定される信託; 公益信託 (charitable trust) 以外の信託の総称として用いられることもある》.

prívate wáy 1 **a** 私道, 私通路. **b** 公設私道. 2《他人の土地の上の》通行権, 通行地役権 (right of way).

prívate wróng 私的権利侵害 (cf. PUBLIC WRONG).

prívate zóning 私的ゾーニング《土地利用を制限するために私的合意の形で種々の制限を設けるゾーニング》.

pri·va·tion /praɪvéɪʃ(ə)n/ *n* **1** 喪失, 欠如;《衣食住における》欠乏, 窮乏, 不自由. **2** 奪うこと, 剥奪, 没収.

Pri·va·tis pac·ti·o·ni·bus non du·bi·um est non lae·di jus cae·te·ro·rum. /praɪvéɪtɪs pækʃióʊnɪbəs nán djúːbiəm ɛst nán líːdaɪ dʒúːs sìːtəróʊrəm/ 私的合意によって他人の権利が害されないことは疑いのないことである. [L=There is no doubt that the rights of others are not prejudiced by private agreements.]

pri·va·ti·za·tion /pràɪvətəzéɪʃ(ə)n; -taɪ-/ *n*《国営産業などの》民営 [民有] 化, 私営 [私有] 化.

pri·va·tize /práɪvətàɪz/ *vt* **1**《公的なものを》私的目的に使う, 私物化する. **2**《公有 [国有] の企業・財産などを》民営 [民有] 化する, 私営 [私有] 化する.

Pri·va·to·rum con·ven·tio ju·ri pub·li·co non de·ro·gat. /praɪveɪtóʊrəm kənvénʃiou djúːraɪ pʌ́blɪkou nan dérəgæt/ 私人の合意は公法の一部修正をしない. [L=An agreement between private persons does not derogate from public law.]

Pri·va·tum com·mo·dum pub·li·co ce-

dit. /práivētəm kámədəm públıkou síːdıt/ 私益は公益に屈する。[L=Private good yields to public.]

Privatum in·com·mo·dum pub·li·co bo·no pen·sa·tur. /— ınkámədəm públıkou bóunou pɛnséitər/ 私的不利益は公益によって償われる。[L=Private inconvenience is compensated by public good.]

priv·i·lege /prív(ə)lıdʒ/ n 1 特権《特に官職・地位などに伴う特権; cf. IMMUNITY》; [the ~] 国王大権; 特典, 特別扱い;《個人的な》恩典,《特別な》恩恵, 名誉: the ~s of birth 名門の特権 / It was a ~ to attend the ceremony. 式典列席は特別な名誉だった. ▶ABSOLUTE PRIVILEGE (絶対的免責(特権)) / ATTACHMENT OF PRIVILEGE (特権を有している特定裁判所への特権による召喚手続き) / BREACH OF PRIVILEGE (議会特権侵害) / CLAIM OF PRIVILEGE (特権(行使)の主張) / COMMITTEE FOR PRIVILEGES ((貴族院)特権審査委員会) / COMMITTEE OF PRIVILEGES ((貴族院)特権審査委員会; 特権審査委員会) / CONDITIONAL PRIVILEGE (条件付き免責(特権)) / CROWN PRIVILEGE (証拠文書不開示国王特権) / DEFAMATION PRIVILEGE (名誉毀損免責特権) / DELIBERATIVE PROCESS PRIVILEGE (審議過程不開示特権) / DIPLOMATIC PRIVILEGE (外交特権) / FAIR-REPORT PRIVILEGE (公正報告免責特権) / FRANKING PRIVILEGE (無料送達特権) / HUSBAND-WIFE PRIVILEGE (夫婦間の特権) / JUDICIAL PRIVILEGE (裁判手続き上の特権; 訴訟関連情報免責特権) / JUDICIAL PROCEEDING PRIVILEGE (司法手続き上の免責特権) / LEGISLATIVE PRIVILEGE (立法府の特権) / LITIGATION PRIVILEGE (訴訟関連情報免責特権) / MARITAL PRIVILEGE (婚姻関係に基づく特権) / MENTAL PROCESS PRIVILEGE (意思決定過程不開示特権) / MILL PRIVILEGE (水車設置特権) / OFFICIAL PRIVILEGE (公務上の免責特権) / PARLIAMENTARY PRIVILEGE (議会の特権) / PERSONAL PRIVILEGE (議員の個人特権) / PLEA OF PRIVILEGE (土地管轄の答弁) / QUALIFIED PRIVILEGE (限定的免責(特権)) / SPECIAL PRIVILEGE (特権; 議員の個人特権) / TESTIMONIAL PRIVILEGE (証言拒否特権) / THERAPEUTIC PRIVILEGE (治療上の特権) / VIATORIAL PRIVILEGE (旅行中の特権) / WAIVER OF PRIVILEGE (絶対的免責特権の放棄) / WATER PRIVILEGE (用水使用特権) / WRIT OF PRIVILEGE (特権遵守令状). **2** 秘匿特権《一定の情報を裁判所で求められてもその開示を拒否することのできる特権で, 特にその情報が当初専門職業上信頼関係に基づいて得られたものである場合に用いられる》. ▶ACCOUNTANT-CLIENT PRIVILEGE (会計士依頼者間の秘匿特権) / ACCOUNTANT PRIVILEGE (会計士秘匿特権) / ATTORNEY-CLIENT PRIVILEGE (弁護士依頼者間の秘匿特権) / COMMON INTEREST PRIVILEGE (共通利害関係の秘匿特権) / DOCTOR-PATIENT PRIVILEGE (医師患者間情報の秘匿特権) / EDITORIAL PRIVILEGE (編集過程秘匿特権) / EXCESS OF PRIVILEGE (秘匿特権対象陳述の不当開示; 開示権の濫用) / EXECUTIVE PRIVILEGE (行政府特権) / GOVERNMENTAL PRIVILEGE (国家機密秘匿特権) / INFORMANT'S [INFORMER'S] PRIVILEGE (情報提供者秘匿特権) / JOINT DEFENSE PRIVILEGE (共同防御の秘匿特権) / JOURNALIST'S PRIVILEGE (ジャーナリストの特権) / LEGAL ADVICE PRIVILEGE (法的助言秘匿特権) / LEGAL PROFESSIONAL PRIVILEGE (法書秘匿特権) / LITIGATION PRIVILEGE (訴訟関連情報秘匿特権) / MARITAL COMMUNICATIONS PRIVILEGE (婚姻関係に基づく内密情報秘匿特権) / MARITAL PRIVILEGE (婚姻関係に基づく特権) / NEWSMAN'S PRIVILEGE (報道[新聞]記者の(取材源)秘匿特権) / PATIENT-PHYSICIAN PRIVILEGE (患者医師間情報の秘匿特権) / PEER-REVIEW PRIVILEGE (医療行為評価不開示特権) / PHYSICIAN-CLIENT [PHYSICIAN-PATIENT] PRIVILEGE (医師患者間情報の秘匿特権) / PRIEST-PENITENT PRIVILEGE (聖職者悔悛者間情報の秘匿特権) / PRIVATE PRIVILEGE (私的な秘匿特権) / PSYCHOTHERAPIST-PATIENT PRIVILEGE (心理療法医患者間情報の秘匿特権) / PUBLIC INTEREST PRIVILEGE (公益のための秘匿特権) / PUBLIC POLICY PRIVILEGE (公けの政策に関する秘匿特権) / REPORTER'S PRIVILEGE (リポーターの秘匿特権) / SELF-CRITICAL-ANALYSIS PRIVILEGE (自己批判的分析結果の秘匿特権) / STATE SECRETS PRIVILEGE (国家機密秘匿特権). **3**《米》《動議の》優先順位: the motion of the highest ~《米》最優先動議. ▶PARLIAMENTARY PRIVILEGE (審議の優先順位). **4** [the ~]《米》《憲法で保障されている》特権, 基本権: the ~s of citizens 市民の特権. **5***《証券》選択権, オプション (=OPTION). — vt …に特権[特典]を与える;《禁じられているものを》特別に許可[認可]する; 特権として免除する (exempt)《from》: He was ~d to come at any time. 彼にはいつ来てもよい特典が与えられていた / ~ sb from some burden ある負担から人を特に免除する. [OF<L=bill or law relevant to rights of an individual (PRIVY, leg- lex law)]

prívilege agàinst sèlf-incrimin´átion 自己負罪拒否特権 (=RIGHT AGAINST SELF-INCRIMINATION).

priv·i·leged a《opp. unprivileged》**1** 特権を有する, 特典のある, 特別許可[免除]された: the ~ classes 特権階級 / a ~ motion 優先動議 / a ~ question《米》審議の優先順位を有する動議. **2**《名誉毀損 (defamation) の訴えで言説が犯意 (malice) ないなどの理由で》特権により免責される発言・情報》; 証言拒否できる, 特別に開示をしなくてもよい, 秘匿特権で守られている: ~ meeting [occasion]《会議内容が外部に出されない》特別不開示会議; 名誉毀損免責特権付きの会議. **3**『海事』《船舶が》優先通行権をもつ.

prívileged communicátion 1 秘匿特権付き情報《1》弁護士に依頼者が伝えた情報, 夫婦間の情報, 聖職者悔悛者間の情報など; =CONFIDENTIAL COMMUNICATION **2**》開示が公益 (public interest) に反するゆえに秘匿されうる公的な秘密情報; cf. CONFI-

DENTIAL COMMUNICATION, PUBLIC INTEREST PRIVILEGE). **2**《名誉毀損に当たらない》**免責特権情報**[発言]（＝CONDITIONALLY PRIVILEGED COMMUNICATION）. ▶ ABSOLUTELY PRIVILEGED COMMUNICATION（絶対的免責特権により免責された情報）/ CONDITIONALLY PRIVILEGED COMMUNICATION（条件付き免責特権情報）.

privileged cópyhold《史》特権的謄本保有(権)（＝CUSTOMARY FREEHOLD）.

privileged débt 優先権付き債務[債権]《担保付き債務や葬儀費用、被用者の給料、直近の治療代など遺産管理人・破産管財人が他に優先して支払うことのできる債務》.

privileged évidence 秘匿特権で守られている証拠（⇨ PRIVILEGED COMMUNICATION）.

privileged villeinage《史》特権的隷農保有（⇨ CUSTOMARY FREEHOLD）.

privileged will 特権的遺言《交戦中の兵士や航海中の船員などが行なうもので、形式的要件を満たしていなくても意思を示せば遺言として認められる; cf. NUNCUPATIVE WILL, SAILOR'S WILL, SOLDIER'S WILL》.

privilege from arrést《議会議員などが有する》不逮捕特権.

privilege of pálace《英》宮殿の特権《国王[女王]の住居として使用されている宮殿は法の手続き(legal process)の執行対象にならないという特権; 宮殿のうちでも Westminster Palace は 1965 年に国王の手から離れているので、これには該当しない》.

privilege of witness 1 証人の秘匿特権《証人が法に定められた特定利益のため一定の質問に対して回答を拒否する権利で、2 種ある; 一つは公益のための秘匿特権(public interest privilege)で、国王その他の者が国家その他公務遂行上不可欠の機密に関するもので、他は私的な秘匿特権(private privilege)で、自己負罪拒否特権(privilege against self-incrimination)および秘匿特権付き情報(privileged communication)に関わる法曹秘匿特権(legal professional privilege)などである》. **2** 証人の免責特権《証人が証人尋問(examination)中に述べたことについては名誉毀損(defemation)の対象にならないこと》.

Prívileges and Immúnities Cláuse [the ~]《米》特権および免除条項（＝COMITY CLAUSE）《合衆国憲法第 4 編第 2 節 1 項にある、各州の市民は他州においてもその市民と同じ特権および免除を享受することを保障した条項》.

Prívileges or Immúnities Cláuse [the ~]《米》特権または免除条項《合衆国憲法第 14 修正第 1 節にある、合衆国市民の特権または免除を制約する法律を州が制定・実施することを禁じた条項; cf. DUE PROCESS CLAUSE, SLAUGHTER-HOUSE CASES (1873)》.

pri·vi·le·gi·um /prìvəlíːdʒiəm/ *n*《ローマ法》**1** 例外法規. **2** 特権. [L].

privilégium cle·ri·cá·le /-klèrəkéɪli/《史》聖職者の特権（＝BENEFIT OF CLERGY）. [L].

Privilegium est be·ne·fi·ci·um per·so·na·le et ex·tin·gui·tur cum per·so·na. /— ɛst bènɛfíʃiəm pərsənéɪlɛ ɛt ɛkstíŋgwɪtər kəm pərsóʊnə/ 特権は人的な利益であり、したがって人と共に死滅する. [L＝A privilege is a personal benefit and it is extinguished with the person.]

Privilegium est qua·si pri·va·ta lex. /— ɛst kwéɪsaɪ praɪvéɪtə léks/ 特権はいわば私的な法のようなものである. [L＝A privilege is, as it were, a private law.]

Privilegium non va·let con·tra rem·pub·li·cam. /— nán vǽlɛt kɑ̀ntrə rɛmpʌ́blɪkəm/ 特権は国家に対しては効力をもたない. [L＝A privilege has no force against the state.]

priv·i·ty /prívəti/ *n* **1** 内々に関与[関知]すること ⟨*to* a crime⟩; 内々の知識; 《関係者間で》秘密の知識: without the ~ of...に知らせずに、...の不知の間に. **2**《主に財産上の利益に対する相互の》**関係, 当事者関係**. ▶ HORIZONTAL PRIVITY（水平的関係）/ NONPRIVITY（直接的契約関係の欠如）/ VERTICAL PRIVITY（垂直的関係）. [OF *privité*; ⇨ PRIVATE]

prívity of blóod 血縁関係《特に 法定相続人(heir)と被相続人(ancestor), 相続財産共有者(coparcener)同士間の血縁関係》.

prívity of cóntract 直接的契約関係, 契約関係《同一契約の当事者である関係; ⇨ JUS QUAESITUM TERTIO》.

prívity of estáte 同一不動産保有関係, (直接的)不動産権保有関係《賃貸人と賃借人, 生涯不動産権者(life tenant)と復帰権者(reversioner)との関係のように同一不動産に対して同時的あるいは時系列的にそれぞれの権利を保有する当事者間の関係》.

prívity of posséssion《不動産の》継続占有関係《敵対的占有(adverse possession)による取得時効を主張する場合にこの占有の継続関係が問題となりうる》.

privy /prívi/ *a* **1**〈...に〉内々に関与[関知]する, 関係のある ⟨*to*⟩: I was made ~ *to* it. 内々その事情を明かされていた. **2** 一個人の; 私的な. ― *n* (*pl* **priv·ies**) 当事者関係人, (利害)関係者, 承継人. [OF *privé* < L PRIVATE]

Prívy Cóuncil《英》**1** [the ~] 枢密院《国王に助言を与える機関; 全閣僚のほか国王が任命する高官からなる; 枢密院令(Order in Council)を出すことなどの権限があるが、現在では枢密院司法委員会(Judicial Committee of the Privy Council)を除けば、形式的なもの; 略 PC》. ▶ LORD OF THE PRIVY COUNCIL（枢密顧問官）. **2** [p- c-]《行政府・国王などの》顧問団[会議], 諮問機関.

prívy cóuncillor 1 私的問題に関する顧問[相談役]; 顧問(官). **2** [P- C-]《英》枢密顧問官（＝lord of the (Privy) Council）《枢密院構成員; 略 PC》.

prívy púrse《英》内帑(ど)金《国王・王室の私的目的

prívy séal 1《英史》**a** [the ~] 王璽(ぎょうじ)《国璽 (Great Seal) 押捺の授権のため、または国璽を必要としない文書に用いた重要印璽; 1884年法で廃止; 略 PS》. **b** 王璽を押した文書. ▶ KEEPER OF THE PRIVY SEAL (王璽尚書). **2** [the P- S-] 王璽尚書 (=the Keeper of the Privy Seal)《今は Lord Privy Seal と呼ばれる; 略 PS》. ▶ LORD PRIVY SEAL (王璽尚書).

prívy sígnet《史》御璽 (=SIGNET).

prívy títhe 小十分の一税 (small tithe) (⇨ GREAT TITHE).

prívy vérdict《史》内報評決, 非公式評決, 秘密評決《法廷外で裁判官に知らせた評決; のちに開廷後公開法廷で読み上げられなければ効果をもたない; 閉廷後に陪審の評議成立の時などに用いられたが、現在では密封評決 (sealed verdict) が代わって用いられている》.

prize¹ /práɪz/ n 賞, 褒美, 賞品;懸賞金,《くじなどの》景品, 当たりくじ. [ME pris prize, PRICE]

prize² n 獲物; 戦時捕獲物, 戦時捕獲船[機] (=prize of war) (cf. BOOTY). [OF]

príze bòunty《英史》戦時捕獲報奨金 (=droits of the Crown).

príze còurt 捕獲審検所, 捕獲審検裁判所《戦時海上における捕獲の効力を確定するための国内法による特別裁判所; 略 PC》.

príze fíght [fíghting] 懸賞試合,《特に》プロボクシング.

príze of wár 戦時捕獲物, 戦時捕獲船[機] (prize).

pro¹ /próʊ/ adv 賛成して (for): ~ and con [contra] 賛否共々に, 賛成および反対の; …に賛否を表明して[表明する] (for and against). — n (pl ~s) 賛成(論); 賛成投票者; 賛成者: ~s and cons 賛成投票と反対投票, 賛否両論; 利点と欠点. — prep /proʊ/ **1** …に賛成して. **2** …に代わって, …の代表として. [L=for, on behalf of]

pro²《俗》n 保護観察 (probation); 保護観察中の人.

pro-¹ /proʊ/ pref (1)「…の代わり(に)」「副…」: pronoun. (2)「…賛成の」「…ひいきの」(opp. anti-): pro-communist, proslavery / pro-Japanese (group) 知日派. [L]

pro-² /prə, proʊ, prɑ/ pref (1)「前へ」: produce, proceed. (2)「前」: profane. (3)「公けに」: proclaim, pronounce. (4)「…に応じて」: proportion. (5)「前…」《学術用語》: prodrome, prognathous. [OF<L and Gk pro]

PRO《米》°peer-review organization 病院評価機構 ♦《英》°Public Record Office 公文書館 ♦ PUBLIC RELATIONS officer.

prob. probate ♦ probation ♦ problem.

prob·a·ble /prɑ́bəb(ə)l/ a ありそうな, まず確実な, 蓋然的な (⇨ LIKELY).

próbable cáuse《特に 逮捕, 捜索・押収を行なうために必要な, 犯罪を犯したことあるいは捜索場所に目的物が存在することについての》相当の根拠[事由] (=reasonable cause, reasonable excuse, sufficient cause) (cf. FOURTH AMENDMENT, REASONALBLE SUSPICION).

próbable cáuse hèaring 1 相当の根拠についての審問 (=PRELIMINARY HEARING). 2《米》相当の根拠についての審理 (=SHELTER HEARING).

próbable cónsequence 蓋然的結果 (cf. NATURAL AND PROBABLE CONSEQUENCE, NATURAL CONSEQUENCE). ▶ NATURAL AND PROBABLE CONSEQUENCE (自然の蓋然的結果).

próbable desístance tèst 蓋然性テスト《コモンロー上の未遂 (attempt) 罪成立のためのテストの一つで, 被告人が犯罪遂行の蓋然性を示す危険な行為を公然と示したか否かを基準とすること》.

próbable évidence 蓋然証拠 (=PRESUMPTIVE EVIDENCE).

Pro·ban·di ne·ces·si·tas in·cum·bit il·li qui agit. /prəbǽndaɪ nɛsésɪtèɪs ɪnkʌ́mbɪt ílaɪ kwaɪ éɪdʒɪt/ 証明する必要は訴える者にある. [L=The necessity of proving lies on the one who sues.]

probata PROBATUM の複数形.

pro·bate /próʊbeɪt, -bət/ n **1 a**《裁判所による》(遺言)検認 (手続き) (=proof of will). **b**《英》《裁判所による》(遺言)検認状, 遺言執行状, 検認済み遺言書. ▶ ANCILLARY PROBATE (副次的遺言検認状) / COURT OF PROBATE (検認裁判所) / COURT OF PROBATE (検認裁判所) / DOUBLE PROBATE (第二検認状) / FACSIMILE PROBATE (複製遺言状付き検認(状)) / GRANT OF PROBATE (遺言検認状の発給) / INFORMAL PROBATE (略式検認) / RENOUNCING PROBATE (遺言執行者の就任拒否) / RESEALED PROBATE (再封印遺言検認状) / REVOCATION OF PROBATE (遺言検認撤回) / SMALL ESTATE PROBATE (小遺産検認). **2 a** (遺言)検認裁判所 (probate court). **b** (遺言)検認裁判所管轄事項. — vt **1** *〈遺言書を〉検認する, 〈遺言書の〉検認を受ける; 〈遺産を〉管理する. **2** 保護観察に付する. — a 遺言検認(裁判所)の. [L probat- probo TO PROVE]

próbate àction (遺言)検認訴訟.

próbate còde《米》検認法典《遺言についての実体法・手続き法を定めた制定法集》.

próbate còurt (遺言)検認裁判所, 検認法廷 (= court of ordinary*, ordinary's court, surrogate('s) court) (cf. COURT OF PROBATE, ORPHAN'S COURT)《略 PC》.

Próbate, Divórce and Ádmiralty Divìsion [the ~]《英史》検認・離婚・海事部《高等法院 (High Court of Justice) の一部門; 1970年法により廃止され, 家事部 (Family Division) がその後身として創設された》. ▶ PRESIDENT OF THE PROBATE, DIVORCE AND ADMIRALTY (検認・離婚・海事部長裁判官).

próbate dùty 遺言検認税, 動産相続税《英国では 1894年法で廃し, 遺産税 (estate duty) に統合》.

próbate estàte 人格代表者管理遺産《人格代表者

(personal representative) によって管理される遺産 (decedent's estate)》.

próbate hòmestead《米》**相続外家産(権)**《死者の配偶者・未成年子の保護のため(遺言)検認裁判所 (probate court) によって遺産から取り除かれる家産(権) (homestead)》.

próbate in cómmon fórm《米史・英》《(遺言)検認登録所 (probate registry) での手続きのみで完了する》**通常方式による遺言検認** (cf. PROBATE IN SOLEMN FORM).

próbate in sólemn fórm《米史・英》《遺言の効力や遺産管理権について争いのある場合に裁判所の審理の上で》**厳格方式による遺言検認，訴訟形式による遺言検認**(＝probate per testes) (cf. PROBATE IN COMMON FORM).

próbate jùdge《遺言検認・相続・後見などを管轄する》**検認裁判官**(＝register, registry, surrogate)《略 PJ》.

próbate jurisdìction (遺言)**検認管轄権**，検認裁判所の裁判権《遺言・遺産管理 (時に後見 (guardianship)・未成年者養子縁組をも含む) についての裁判管轄権》.

próbate làw (遺言)**検認法**《(遺言)検認裁判所 (probate court) の管轄事項全体に関する制定法・準則・判例法》.

próbate per téstes /-pər téstiz/ **証人による遺言検認**(＝PROBATE IN SOLEMN FORM) (cf. PER TESTES).

próbate règister (遺言)**検認登録官**《英国では(遺言)検認登録所 (probate registry), 米国では検認登録所 (probate court) において検認登録事務を担当する役人》.

próbate règistry《英》(遺言)**検認登録所**《高等法院 (High Court of Justice) の家事部 (Family Division) に所属》.

pro·ba·tion /proʊbéɪʃ(ə)n/ n **1 試験, 検定; 見習(期間), 実習(期間); 試用(期間). 2 保護観察(処分), 保護観察期間**《多くは保護観察官 (probation officer) の監督の下における刑の宣告や執行の条件付き猶予処分; cf. PARDON, PAROLE, DIVERSION》: place [put] an offender on [under] two years' ~ **犯罪者を2年間保護観察処分に付す**. ▶ BENCH PROBATION (裁判官による保護観察) / DEFERRED ADJUDICATION PROBATION (保護観察処分判決) / SHOCK PROBATION (ショック療法的保護観察). **3 遺言検認.** on ~ **試験のため; 見習いに; 保護観察下に**. **~·al** a **~·al·ly** adv **~·ship** n [OF<L (PROBATE)]

probátion·able a **保護観察処分に付しうる**: a ~ offense.

probátion·àry /; -(ə)ri/ a **1 試みの, 試験の, 見習い中の, 試用期間中の. 2 保護観察(下)の.**

probátion befòre júdgment 判決登録前の保護観察(処分)(＝DEFERRED JUDGMENT).

probátion·er n **1 見習い生, 仮採用者; 試補; 仮入**会者. **2 保護観察(処分)に付された者. ~·ship** n

probátion hòstel《英》**保護観察宿泊施設**《社会復帰命令 (community rehabilitation order) によってそこに宿泊を命じられている者に宿泊の便宜をはかる施設; cf. BAIL HOSTEL》.

probátion òfficer 保護観察官《略 PO; ⇨ PROBATION; cf. COMMUNITY REHABILITATION ORDER》.

probátion òrder《英史》**保護観察命令**(⇨ COMMUNITY REHABILITATION ORDER).

probátion terminàtion 保護観察終了.

probátion withòut júdgment 判決登録なしの保護観察(処分)(＝DEFERRED JUDGMENT).

Pro·ba·tis ex·tre·mis, prae·su·mi·tur me·dia. /proʊbéɪtɪs ɛkstríːmɪs prizʌ́mɪtər míːdiə/ **両極端が証明されれば, その中間のことは推定される.** [L＝The extremes being proved, the mean is presumed.]

pro·ba·tive /próʊbətɪv, prʌ́b-/ a **試す; 証明[立証]する, 証明力のある, 証拠を提供する. ~·ness** n

próbative évidence 証明力ある証拠.

próbative fáct 証明力ある事実.

próbative válue 証拠価値, 証明力 (cf. WEIGHT OF THE EVIDENCE).

pro·ba·tum /proʊbéɪtəm, -bá:-/ n (pl **-ba·ta** /-tə/) **証明されたもの** (cf. ALLEGATUM). [L]

prob·lem /prʌ́bləm/ n **問題, 難問.** — a **問題の多い, 手に負えない: ~ area 問題の(多い)分野[領域].**

próblem-órient·ed polícing 問題解決指向型警察政策《現に発生した犯罪についての情報収集よりもむしろ犯罪の根源的原因を突きとめ矯正することによって犯罪を減少させようとする警察政策》.

próblem-sòlving cóurt 問題解決裁判所《民刑事共にありうるが, 地域資源をそこから利益が得られそうな訴訟当事者に適合的に用いる特別の裁判所; 例えば刑事関係では, 違法行為を犯しがちな潜在的な行動問題を抱えている人を投獄するのではなく, 薬物濫用や精神的健康のための治療施設の利用により解決しようと努力すること; あるいは民事関係では, 当事者が訴訟ではなくカウンセリングや調停でもって紛争を解決するよう援助することなどを行なう裁判所》.

pro bo·no /proʊ boʊnoʊ/ a, adv **公共の利益のための[に], 公益のために活動する, 公共の利益のために寄贈された, (無料)奉仕の[により]** (⇨ PRO BONO PUBLICO).

prò bóno et má·lo /-ɛt mǽloʊ/ adv **良かれ悪しかれ.** [L＝for good and evil]

prò bóno púb·li·co /-pʌ́blɪkoʊ/ a, adv《史》**公共の利益[公益]のための[に]**: to take the case pro bono (publico) **公益のために弁護活動をする.** [L＝for the public good]

proc. procedure ♦ proceedings ♦ process ♦ proclamation ♦ proctor.

pro·ce·den·do /proʊsədéndoʊ/ n (pl **~s**)《史》**1 差戻し令状**《上位裁判所の下位裁判所に対する判決

procedendo ad judicium

[審理]命令). **2** 判決促進令状《正式には procedendo ad judicium という》. [L=for proceeding]

procedéndo ad ju·dí·ci·um /-æd ʤudíʃiəm/《史》《下位裁判所に発する》判決促進令状《単に procedendo ともいう》. [L=for proceeding to judgment]

pro·ce·dur·al /prəsíːʤ(ə)r(ə)l/ *a* 手続きの, 手続き上の (cf. SUBSTANTIVE): a ~ problem [question] 手続き上の問題. **~·ly** *adv*

procédural defáult 手続き上の懈怠(かいたい)(げたい).

procédural defáult dòctrine《米》手続き上の懈怠の法理《身柄提出令状 (habeas corpus) 請求者が州裁判所の合理的な請求手続きに従わなかったことを理由にして同令状を与えられなかったことを理由に連邦裁判所への再審査手続きにおいては, 連邦裁判所は同請求の実体的事項再審査権原を有しないという原則》.

procédural dúe prócess《実体の保障とは区別されるものとしての》手続き的法の適正手続き, 手続き的デュープロセス, 手続き的適正な過程 (⇨ SUBSTANTIVE DUE PROCESS).

procédural láw 手続き法, 訴訟法 (cf. ADJECTIVE LAW, SUBSTANTIVE LAW).

procédural ríght 手続き的権利《法的・行政的手続きから生ずる権利で, 実体的権利 (substantive right) を保護・実現するために役立つ権利; cf. SECONDARY RIGHT, SUBSTANTIVE RIGHT》.

procédural unconscionabílity《契約の》手続き上の非良心性《契約内容が不当に一方当事者に有利な場合 (これを実体上の非良心性 (substantive unconscionability) という) に対して, 難解な文言の使用, 契約内容検討時間の不足, 交渉能力の差等々, 契約作成時において一方当事者に契約内容をきちんと理解させ, そのうえで自由な意思で選択をする余地を与えないような手続き上の不適正さから生ずる非良心性; ⇨ UNCONSCIONABILITY》.

pro·ce·dure /prəsíːʤər/ *n* **1**《行動・状態・事情などの》進行. **2**《進行上の》手順; **手続き, 訴訟手続き**, 議事手続き; 処置: follow the ~ 手続きに従う / the code of civil [criminal] ~ 民事[刑事]訴訟法典. ▶ ACCUSATORIAL PROCEDURE (弾劾(主義)手続き) / ADMINISTRATIVE PROCEDURE (行政手続き) / ADVERSARY PROCEDURE (当事者対抗(主義)手続き) / ASSENT PROCEDURE (同意手続き) / CIVIL PROCEDURE (民事訴訟手続き) / CODECISION PROCEDURE (共同決定手続き) / COMPLAINTS PROCEDURE (不服申し立て(手続き)) / COOPERATION PROCEDURE (協力手続き) / CRIMINAL PROCEDURE (刑事(訴訟)手続き) / DISCIPLINARY PROCEDURE (懲戒手続き) / DISMISSAL PROCEDURES (解雇手続き) / GRIEVANCE PROCEDURE (苦情(処理)手続き) / INQUISITORIAL PROCEDURE (糾問(主義)手続き) / LEAPFROG PROCEDURE (跳び越し手続き) / LIFE-PROLONGING PROCEDURE (延命処置) / LIFE-SUSTAINING PROCEDURE (生命維持処置) / OPEN PROCEDURE (公開手続き) / RECOGNITION PROCEDURE (労働組合の団体交渉権承認手続き) / REVENUE PROCEDURE ((内国歳入庁)手続き通達) / SCHOOL ATTENDANCE PROCEDURE (就学手続き) / SPECIAL PARLIAMENTARY PROCEDURE (特別議会手続き) / SPECIAL PROCEDURE (FOR DIVORCE) ((離婚訴訟における)特別手続き) / SPLIT TRIAL PROCEDURE (分割審理(手続き)) / SUMMARY PROCEDURE (略式の手続き) / THIRD-PARTY PROCEDURE (第三者の訴訟への引込み) / VOLUNTARY BILL PROCEDURE (任意的正式起訴状案手続き). [F(↓)]

pro·ceed *vi* /prəsíːd, prou-/ **1** 前進する; …へ移る, (さらに)…し始める. **2** 続行する,《中断のあと》続けて言う. **3**《事が行なわれる, 進行する. **4** 手続きをとる, 処分する〈*in, with*〉; 訴訟手続きをとる; 訴える〈*against*〉: ~ against sb 人を訴える. — *n* /próusiːd/ [*pl*]《取引・投資などによる》**収益**, 収入, 売上高, 売上収入, 運用利益, 純益, 正味手取金. ▶ NET PROCEEDS (純売上収入). [OF<L *pro-*²(*cess- cedo* to go)=to advance]

pro·ceed·ing *n* **1 a** 進行; やり方, 手順, **手続き**; 法的手続き, **訴訟手続き**; 訴訟行為; 訴訟, 審理; 措置, 処置, 取引: an illegal ~ 違法手続き / the ~ of a claim for insurance 通常の手続きによる保険の支払い請求 / take [start] ~s 訴訟を起こす〈*against*〉. **b** [*pl*]《一連の》できごと, 成り行き; 事件. ▶ ADMINISTRATIVE PROCEEDING (行政手続き) / ADOPTION PROCEEDINGS (養子決定手続き) / ADVERSARY PROCEEDING (当事者対抗手続き) / AFFILIATION PROCEEDING (非嫡出子認知・扶養料支払い手続き) / ANCILLARY PROCEEDING (付随的訴訟手続き) / BANKRUPTSY PROCEEDING (破産手続き) / BASTARDY PROCEEDING (非嫡出子扶養手続き) / CARE PROCEEDINGS (子供の保護を地方自治体に委ねるための裁判手続き) / CERTIFICATION PROCEEDING (交渉代表認証手続き) / CIVIL PROCEEDING (民事訴訟手続き) / COLLATERAL PROCEEDING (付帯的手続き) / COMMITTAL PROCEEDINGS (陪審審理付託決定手続き) / COMPETENCY PROCEEDING (能力判定手続き) / CONTEMPT PROCEEDING (侮辱審理手続き) / CORE PROCEEDING (中核手続き) / CRIMINAL PROCEEDING (刑事訴訟(手続き)) / CROWN PROCEEDINGS (国王訴訟手続き) / DISCIPLINARY PROCEEDING (懲戒手続き) / DISPOSSESS PROCEEDING (賃貸不動産占有回復略式手続き) / DOMESTIC PROCEEDINGS (家事事件) / EX PARTE PROCEEDING (一方当事者のみに対する訴訟手続き) / FAMILY PROCEEDINGS (家庭事件) / FILIATION PROCEEDING (父の決定手続き) / GARNISHEE PROCEEDING (債権(仮)差押通告手続き) / IN CAMERA PROCEEDING (裁判官室での(訴訟)手続き) / INFORMAL PROCEEDING (簡易審理手続き) / INTERIM [INTERLOCUTORY] PROCEEDINGS (中間訴訟手続き) / JUDICIAL PROCEEDING (司法手続き; 裁判官の面前での司法手続き) / L-CLAIM PROCEEDING (L 項請求に基づく手続き) / LEGAL PROCEEDING (法的手続き; コモンロー上の手続き) / MATRIMONIAL PROCEEDINGS (婚姻解消手続き) / MODE OF

TRIAL PROCEEDINGS（審理方法決定手続き）／ MULTIPLICITY OF PROCEEDINGS（訴訟の重複；多重訴追）／ NONCORE PROCEEDING（非中核手続き）／ POSTCONVICTION RELIEF [REMEDY] PROCEEDING（有罪決定に対する非常救済手続き）／ RELATED PROCEEDING（関連手続き）／ SHOW-CAUSE PROCEEDING（理由開示命令手続き）／ SPECIAL PROCEEDING（特別訴訟手続き）／ STAY OF PROCEEDINGS（訴訟手続きの停止(命令)）／ SUMMARY PROCEEDING（略式手続き）／ SUPPLEMENTARY PROCEEDING（補足手続き）／ TERMINATION PROCEEDING（資格剥奪手続き）／ THIRD-PARTY PROCEEDINGS（第三者に対する訴訟手続き）／ TRANSFER OF PROCEEDINGS（訴訟の移送）／ UNLAWFUL DETAINER PROCEEDING（不法占有回復手続き）／ UNOPPOSED PROCEEDINGS（反対のない訴訟）／ VEXATIOUS PROCEEDING（濫訴）．
2 [pl] 議事(録)，(講演)集録，会報：conference ~s．

procéedings belòw 原審手続き陳述（＝STATEMENT OF THE CASE）．

pro·cess /prásès, próu-; próu-/ n **1** 進行，過程，経過，プロセス⟨of⟩；変遷；(一連の)作用．**2** 方法，手順，工程，製法；処置，操作；《特許》(特許対象としての) 方法：PROCESS PATENT. ▶ ELECTORAL PROCESS（選挙(の手順)）／ SECRET PROCESS（秘密の製法）．**3 a** 手続き；訴訟手続き．**b** 被告召喚(令)状，訴状，訴訟手続き上の令状（＝JUDICIAL PROCESS）：serve a ~ on...に令状を送達する．▶ ABUSE OF PROCESS（訴訟手続き濫用）／ ADJUDICATORY PROCESS（裁決過程）／ ADMINISTRATIVE PROCESS（行政過程；行政手続き；行政審査手続き）／ ADVERSARY PROCESS（当事者対抗手続き）／ ANCILLARY PROCESS（付随的訴訟手続き）／ BASTARDY PROCESS（非嫡出子扶養手続き）／ COMPULSORY PROCESS（証人出頭強制手続き）／ CRIMINAL PROCESS（刑事出廷令状；刑事(手続き)過程）／ DUE PROCESS（(法の)適正手続き）／ FACTORIZING PROCESS（第三者による債務者財産の差押え(手続き)）／ FINAL PROCESS（終局令状）／ IRREGULAR PROCESS（手続き上瑕疵ある被告召喚(令)状）／ JUDICIAL PROCESS（裁判手続き；被告召喚(令)状）／ JURY PROCESS（陪審員召喚手続き；陪審員召喚(令)状）／ LEGAL PROCESS（法の手続き，合法的手続き）／ MALICIOUS USE OF PROCESS（民事訴訟手続き濫用）／ MESNE PROCESS（中間令状）／ ORIGINAL PROCESS（始動令状）／ ORIGINATING PROCESS（訴訟開始手続き(上の令状)）／ PRAYER OF PROCESS（訴訟手続き上の令状懇請）／ REGULAR PROCESS（正規の被告召喚(令)状）／ SERVICE OF PROCESS（訴訟手続き上の令状の送達）／ SUMMARY PROCESS（略式の訴訟手続き；略式不動産回復手続き）／ TRUSTEE PROCESS（受託者による債務者財産の差押え(手続き)）． — vt **1** 加工する，処理する；⟨資料などを⟩調査分析する，処理する．**2 a** 訴える．**b** ⟨人⟩に召喚(令)状を出す．[OF＜L (PROCEED)]

prócess àgent 《他人に対する訴状の》送達受領代理人．

pro·ces·sion /prəséʃ(ə)n/ n 行進，行列；(行列の)進行，前進．▶ PUBLIC PROCESSION（公共の場での行進）．

prócess of augmentátion《スコットランド》教区牧師俸給増加訴訟《単に augmentation ともいう》．

prócess pàtent 方法特許《物の生産方法・製法を含む有用な新方法に対して与えられる特許》．

prócess sèrver 令状送達者，送達吏，執達吏．

pro·cès-ver·bal /prousèɪvərbáːl; F prɔsɛverbal/ n (pl -ver·baux /-z; F -verbo/) **1**《議事》報告書，公式記録．**2**《フランス》調書．[F＝verbal trial]

pro·chein ami [amy] /próuʃɛn əmí:/ 近友（＝NEXT FRIEND）．[ME prochein amy＜AF prochein ami＝near friend]

pro·chóice a 母親の(妊娠中絶)選択権尊重の，妊娠中絶合法化支持の (opp. pro-life)．**pro·chóic·er** n

pro·claim /proukléɪm, prə-/ vt **1**《公けに》宣言する，布告する，公布する；⟨君主⟩の即位を宣する：~ (a state of) war 宣戦する／ The people ~ed him king. 国民は彼を王と宣言した／ They ~ed him to be [~ed that he was] an outlaw. 彼を法喪失者と布告した．**2** 罪人であると布告する；非難する；《古》⟨地域など⟩に禁令をしく，⟨集会など⟩の禁止を布告する．— vi 布告[宣言，声明]する．~·er n 布告者．[L pro-²(CLAIM)＝to cry out]

proc·la·ma·tion /prὰkləméɪʃ(ə)n/ n **1** 布告，宣言，発布，布令，告示 (cf. DECLARATION, EXECUTIVE ORDER): the ~ of war 宣戦布告．**2** 布告書，宣言書，声明書：issue [make] a ~ 布告(書)[宣言(書)]を出す．▶ ROYAL PROCLAMATION（国王布告，国王大権状）．

pro·clam·a·to·ry /prəklæmətɔ̀:ri, -t(ə)ri/ a 布告の，宣言の；布告[宣言，声明]書の[に関する]；宣言的な．

prò·compétitive a《企業間の》競争を増進[促進]する，競争を維持する (opp. anticompetitive)．

pro con·fes·so /pròu kənfésou/ adv (, a) 自白[自認，承認]したと同様に[の]：be taken ~ 自白したと(同様に)みなされる．▶ DECREE PRO CONFESSO（承認判決）．[L＝as (if) confessed]

pro·cre·a·tion /pròukriéɪʃ(ə)n/ n 出産，生殖．▶ WORDS OF PROCREATION（出産についての文言）．

proc·tor /prάktər/ n **1** 代理人，代訴人，《特に》《史》《教会裁判所・海事裁判所での》代訴人《ATTORNEY, SOLICITOR に当たる事務弁護士；のちに solicitor に統合された》．▶ DIVORCE PROCTOR（離婚代訴人）／ KING'S [QUEEN'S] PROCTOR（国王[女王]代訴人）．**2**《英国教》《聖職者会議の》代議員，地区教会代表（＝procurator）．**3**《特に》オックスフォード大学・ケンブリッジ大学の学生監；*試験監督官．— vt, vi 見張る，監視[監督]する．~·ship n **proc·to·ri·al** /prɑktɔ́:riəl/ a [短縮＜procurator]

Proculian a, n 《紀元 1 世紀のローマ法学者》プロクルス (Proculus) の；《サビヌス学派 (Sabinians) と対立した》プロクルス学派(の)，プロクルス学派の法学者(の)．

proc·u·ra·cy /prɑ́kjərəsi/ *n*《古》**1** 代理職; 代理. **2** 代理権授与証書.

proc·u·ra·tion /prɑ̀kjəréɪʃ(ə)n/ *n* **1** 獲得; 売春婦周旋(罪), 不純性交のための婦女提供: ～ of women 売春婦周旋(罪). **2** 貸金周旋(料), 手数料: ～ fee [money] 貸金周旋料. **3**《英》《教区教会が巡回の主教などに初めは接待の形で後には金納化された形で贈った》巡錫(じゅんしゃく)費. **4 a** 委任, 代理権授与行為; 委任状, 代理権授与状. **b** 代理業. **5**《古》代理, 代行. by ～ =PER PROCURATIONEM.

proc·u·ra·tor /prɑ́kjərèɪtər/ *n* **1** 代理人; 代訴人, 訴訟代理人,《スコットランド》弁護士, 代訴人. **2**《大陸法諸国の》検事. **3**《ローマ法》委託事務管理人 (cf. COGNITOR);《属州での》財務・行政管理官, プロクラトル. **4**《英国教》PROCTOR. ～·ship *n* **proc·u·ra·to·ri·al** /prɑ̀kjərətóːriəl/ *a* 代理人の, 代訴の. [OF or L; ⇨ PROCURE]

prócurator físcal《スコットランド》地方検察官《略 PF; 単に fiscal ともいう》.

Prócurator Général《英》国王代理人 (⇨ HM Procurator General, Treasury Solicitor).

proc·u·ra·to·ry /prɑ́kjərətɔ̀ːri, -t(ə)ri/ *n*《スコットランド・大陸法》代理権授与(状), 委任(状) (power of attorney). — *a* **1** PROCURATOR の. **2** PROCURATION の.

pro·cure /prəkjúər, proʊ-/ *vt* **1** 獲得する《*from, for*》; 手に入れる,〈物品・サービスを〉調達する. **2**〈売春婦を〉かかえる, 周旋する. **3** 勧めて…させる, 来たす, 招来する, 引き起こす, 生じさせる. — *vi* 売春を周旋する. **pro·cúr·able** *a* [OF<L *pro-²* (*curo* to look after)=to take care of, manage]

procúre·ment *n* **1** 獲得,《物品・サービスの》調達; 周旋. ▶ PUBLIC PROCUREMENT (公的調達). **2**《女性に対する》売春勧誘(罪),《女性・子供に対する》違法性交の勧誘 (=procuring).

procurement cóntract 調達契約 (=government contract)《政府が, 特にそのための物品・サービスを調達するために, 一方当事者となる契約; cf. PUBLIC COMPANY》.

procúrement of bréach of cóntract 契約違反勧誘 (=PROCURING BREACH OF CONTRACT).

procúrement regulàtions *pl* 調達規則《政府が調達契約 (procurement contract) をする際の手続きを定める行政規則》.

pro·cúr·er *n* 獲得者; 周旋人,《特に》売春周旋屋, ポン引き (pander, pimp). **pro·cúr·ess** *n fem*

pro·cúr·ing *n* PROCUREMENT.

procúring bréach of cóntract 契約違反勧誘 (=inducement of breach of contract, inducement to break contract, inducing breach of contract, interference [interfering] with contractual relations, interfering with subsisting contract, procurement of breach of contract, tortious interference with contractual relations)《契約違反・契約不履行などを人にそそのかすことで, 不法行為として損害賠償の対象となりうる; ⇨ INTERFERENCE [INTERFERING] WITH CONTRACTUAL RELATIONS; cf. CAUSING LOSS BY UNLAWFUL MEANS》.

procúring cáuse 1 招来因 (=PROXIMATE CAUSE). **2**《不動産売買の》周旋《不動産売買を成立させしたがって手数料を得る権利のある仲介業者の努力》.

procúring disclósure of pérsonal dáta 個人情報開示獲得(罪)《獲得個人情報周旋(罪)を含む》.

prod·i·gus /prɑ́dɪɡəs/ *n*《ローマ法》消費者.

prod·i·tor /prɑ́dətər/ *n*《ローマ法》反逆犯 (traitor); 裏切り者, 内通者. [L]

pro·di·to·rie /pròʊdətɔ́ʊri/ *adv* 反逆的に (treasonably). [L]

pro·duce *v* /prəd(j)úːs, proʊ-/ *vt* **1** 生ずる, 産する; 製造する, 生産する〈*from*〉, 産出する,〈作品を〉創作する,〈利子などを〉生む. **2** ひき起こす, 招来する. **3** 取り出す; 呈示する,〈証拠・文書などを〉提出する, 示す, 出す. **4**〈劇・本・CD などを〉世に出す, 発表する, 上演する. — *vi* 産出する. — *n* /prɑ́d(j)uːs, próʊ-/ 生産額[高]; 農産物, 天然の産物; 生産物, 製品, 作品; 結果. **pro·dúc·er** *n* 生産者, 制作者. **pro·dúc·ible** *a* **pro·duc·ibíl·i·ty** *n* [L *pro-²* (*duct- ducto* to lead) =to bring forward]

prodúcer gòods *pl*《経済》《道具類・原材料などの》生産財, 生産者財.

prodúcer príce ìndex 生産者価格指数 (cf. CONSUMER PRICE INDEX).

prodúcing cáuse 直接因: the workplace accident was a ～ of her disability. ★ 主として労働災害補償や消費者保護と関連して用いられる語で, 近因 (proximate cause) にはある予見可能性の要素を欠き, より直接的に事実上の因果関係が重視されている.

prodúcing évidence 証拠提出. ▶ BURDEN OF PRODUCING EVIDENCE (証拠提出責任).

prod·uct /prɑ́dəkt/ *n* 産出物, 産物, 生産品, **製品**, **製造物**; 所産; 結果, 成果: end [final, finished] ～ 最終製品, 完成品. ▶ CONSUMER PRODUCT (消費者品) / DEFECTIVE PRODUCT (欠陥製品) / EXCLUSIVE RIGHT TO MARKET A PRODUCT (製品販売独占権) / GROSS DOMESTIC PRODUCT (国内総生産) / GROSS NATIONAL PRODUCT (国民総生産) / TIED PRODUCT (抱き合わされる製品) / TYING PRODUCT (抱合わせ製品) / WORK PRODUCT (職務活動成果).

próduct deféct 製造物[生産物]の欠陥《製造過程上の欠陥, デザインの欠陥, 不十分な使用上の説明や警告に伴う過失などを含む》.

pro·duc·tion /prədʌ́kʃ(ə)n/ *n* **1** 生産, 産出, **製造**, 著作, 製作. ▶ REPRODUCTION (再建; 生殖; 複製). **2** 製品, 生産物; 著作物, 制作物, 作品; 生産高 [量]. **3** 提供, 提出, 呈示. ▶ BURDEN OF PRODUCTION (証

提出責任)/ REQUEST FOR PRODUCTION(文書提出要求通告(書)). **4** 上演, 制作.

prodúction bùrden 証拠提出責任(＝BURDEN OF PRODUCTION).

prodúction of dócuments 文書の提出《文書提出要求通告(書) (notice to produce) に従って訴訟の一方当事者が相手方ないしは裁判所に対してなすもの》.

prodúction of súit《史》原告証人の提出(Edward 3 世期には単なる形式のみになった；⇨ SUIT).

próduct màrket 製品市場(⇨ RELEVANT MARKET).

próducts liabìlity 製造物責任, 生産物責任(＝manufacturer's liability)(＝**próduct liability**)《製造物の欠陥によって生じた損害を受けた者に対してその物の製造者, 卸売業者・小売業者などが賠償責任を負うこと》; 略 PL, P/L; cf. CAVEAT EMPTOR, Greenman v. Yuba Power Products, Inc.》. ▶ STRICT PRODUCTS LIABILITY(厳格製造物責任).

próducts liabìlity insùrance 製造物責任保険《製造者・販売業者が負う製造物責任を担保する責任保険》.

próduct tèst (精神障害の)結果のテスト(＝DURHAM RULE).

pro·fáne /prəféɪn/ *a* 不敬の, 冒瀆する, 冒瀆的な〈言辞・行為〉: 〜 language 冒瀆的な表現.

pro·fért /próufərt/ *n*《史》記録[書類]などの提出, 書証提出の申し出. [L＝he/she produces]

prófert in cúria《史》裁判所に対する書証提出の申し出(＝**prófert ad cúria** /-æd-/)《訴答での定式文言；後に形式化し, 英国では 1852 年法で廃止》. [L＝he/she produces in court]

pro·féss /prəfés/ *vt* **1** 公言[明言]する, 告白する. **2** …を職とする；…の教授となる. ― *vi* **1** 公言[明言]する, 告白する. **2** 大学教授をする.

pro·fés·sion /prəféʃ(ə)n/ *n* **1 a** 〈頭脳を用いる〉**専門的職業**, 知的職業, 《一般に》職業《もとは神学・法学・医学の 3 職業を the (learned) 〜s といった》: He is a lawyer by 〜. 職業は弁護士です. **b** [the 〜, 集合的に] 同業者仲間, 専門的職業人；**法曹**, 法律専門家《集合的》 (legal profession). ▶ ETIQUETTE OF THE PROFESSION (法曹道義) / LEGAL PROFESSION (法曹). **2** 公言, 宣言, 告白: in practice if not in 〜 公言しないまでも事実上. [OF＜L＝public declaration]

proféssion·al *a* **1** 専門的[知的]職業の[にふさわしい], 職業上の；(専門的[知的])職業に従事する, 専門職の, 法曹の: a 〜 witness 専門家証人. **2** 職業的な, くろうとの, プロの. ― *n* (専門的[知的]職業人, (技術)専門家；本職, くろうと, プロ；《口》商売女, 売春婦.
〜·ly *adv*

proféssional associátion 1 専門的[知的]職業人の職能団体《弁護士・医師などの団体；弁護士会・医師会など；⇨ BAR ASSOCIATION》. **2** 専門的職業人協同事業(所)《複数の弁護士が協同してその職業を行なうための組織体；法人 (corporation) や組合 (partnership) になる要はない》. 《》略 PA》

proféssional cónduct 専門的職業人倫理適合行為；法曹倫理適合行為《》 cf. UNPROFESSIONAL CONDUCT.

proféssional corporátion《米》専門的[知的]職業法人, 職能法人《弁護士・医師など免許を受けて営業する個人が専門のサービスをするために設立する法人；税制上の優遇措置を受ける；略 PC》.

proféssional éthics (専門的職業人の)職業倫理；法曹倫理, 弁護士倫理 (cf. LEGAL ETHICS). ▶ CANONS OF PROFESSIONAL ETHICS (弁護士倫理典範).

proféssional góodwill 専門家的のれん(＝PERSONAL GOODWILL).

proféssional miscónduct《法曹・医師としての不適格性を示す》専門的職業人としての不適格行為；法曹不適格行為.

proféssional responsibílity 専門的職業人としての責任；法曹としての責任, 弁護士の(倫理)責任.

proféssional sérvice 専門的職業人としてのサービス；法曹としてのサービス.

proféssor-màde láw (法学)教授がつくった法, 教授作成法 (cf. JUDGE-MADE LAW).

prof·fer /práfər/ *vt* 申し出る；提供する, 納入する；〈証拠などを〉提出する. ― *n* 申し出；提出；提供, 納入.

próffered évidence 1《文書などの》提出証拠. **2**《許容されるか否かいまだ未決定状態の》未許容提出証拠.

prof·it /práfət/ *n* **1** [°*pl*] **収益**, もうけ, **利益**, 利潤, 利得 (gain)；利益率《》 cf. EARNINGS, INCOME). ▶ ACCOUNTING FOR PROFITS (利得返還計算請求訴訟) / ACCOUNT OF PROFITS (利得計算請求) / ASSOCIATION NOT FOR PROFIT (非営利団体) / CAPITALIZATION OF PROFIT (利益の資本組入れ) / EXCESS PROFITS (超過利得) / GROSS PROFIT (売上総利益) / LOST PROFITS (失われた収益) / MESNE PROFITS (中間利得) / NET PROFIT (純益) / OFFICE OF PROFIT (有給の官職) / OPERATING PROFIT (営業利益) / PAPER PROFIT (紙上利益) / SECRET PROFITS (秘密利益) / SHORT-SWING PROFIT (短期売買差益) / UNDISTRIBUTED PROFIT (内部留保) / UNDIVIDED PROFIT (未処分利益) / UNREALIZED PROFIT (未実現利益). **2** 得, 益 (advantage). **3** 不動産果実《土地から得られる農作物・魚・鉱物・地代などを含めた収益》. ▶ ISSUES AND PROFITS (土地の果実). **4** 土地収益権, 採取権 (＝PROFIT À PRENDRE). **with 〜s**《英》《保険》《年度決算での剰余金の》配当付き. [OF＜L *profectus* advance, progress]

prófit·abílity *n* 収益性, 利潤率: measurement of 〜 利潤率の測定.

prófit·able *a* 収益の多い, 有利な；有益な.

prófit and lóss 損益《略 P & L》.

prófit-and-lóss accóunt [státement] 損

pro·fit à pren·dre /F prɔfi a prɑ̃:dr/ (*pl* **profits à prendre** /—/) [ᵁ*pl*]《他人の土地からの》**土地収益権**, 採取権《単に profit ともいう; cf. À PRENDRE, COMMON, EASEMENT》. [AF＝profit to take]

prof·i·teer /prɑ̀fətíər/ *vi*《物資不足に乗じて》暴利をむさぼる, 不当な利得者になる. ── *n* 暴利をむさぼる者, 不当な利得者. **~·ing** *n*

prófit màrgin **1** 粗(㋚)利益, 利鞘, マージン. **2** 売上利益率(粗利益の総売上高に対する比率). ★ 1, 2 共に単に margin ともいう.

prófit shàring 利潤分配, 利益分配(制),《被用者に対する》利益参加(制) (participation).

pro for·ma /prou fɔ́:rmə/ *a*, *adv* **1** 形式上(の), 形式としての;《手続き上の問題として(の). **2**《商業》見積もりの, 仮の. ── *n*《商業》見積もり送り状 (＝**pro fór·ma invoice**). [L＝for form]

prog·e·ny /prɑ́dʒ(ə)ni/ *n* **1** 子孫. **2 a** 信奉者, 後継者. **b** 指導的判例に従った判例系列: In an Erie ~ イーリー事件(の法理)に従った判例系列の中の 1 事例において. **3** 結果, 所産.

prog·no·sis /prɑgnóusəs/ *n* (*pl* **-ses** /-sì:z/) 病気についての見通し, 予後(**1**) 病気の経過見通し **2**) 病気からの生存と回復についての見通し;》 cf. DIAGNOSIS). [L＜Gk＝knowledge beforehand]

prógram [**prógramming**] **làngu age**《電算》プログラム言語.

prógram [**prógramme**] **requìrement**《英》計画行動要求《刑の執行猶予宣告 (suspended sentence) や英国の社会刑罰命令 (community order) の中で, 宣告裁判所が被告人に課す, 例えば無報酬労働や麻薬更生などの一定の行動要求》.

pro·gres·sive /prəgrésɪv/ *a* **1** 前進する; 漸進的な; 累進的な. **2** 進歩する, 進歩的な, 進歩主義の.

Progréssive Consérvative Pàrty《カナダ》進歩保守党(単に Conservative Party ともいう).

progréssive táx 累進税 (＝graduated tax)《課税標準の増大に伴って税率が上がる租税; cf. FLAT TAX, REGRESSIVE TAX》.

progréssive taxátion 累進課税.

pro hac vi·ce /próu hæk váɪsi, -ví:tʃeɪ, -ví:si/ *adv*, *a* この時[場合]のために[の], この場合に限って(の), この事に関してのみ(の), 当該事件にのみ(の)(略 p.h.v.). ▶ ADMISSION PRO HAC VICE (特定事件限定の弁護士の資格付与) / OWNER PRO HAC VICE (一時的船舶所有者). [L＝for this occasion]

pro·hib·it /prouhíbət/ *vt* 禁ずる, 妨げる, 予防する: ~ed articles [goods] 禁制品.

prohíbited actívity requìrement《英》特定行動禁止要求《社会刑罰命令 (community order) などの中で宣告裁判所が被告人に課す特定行動の禁止要求》.

prohibited degrée 禁婚親等 (＝forbidden degree) (＝**prohibited degrée of relátionship**)《法的に婚姻を禁じられている血族・姻族の範囲; 原則的には, 英国で三親等, 米国で三ないし四親等まで》.

prohibited stéps òrder《英》特定行為禁止命令《第 8 条命令 (section 8 orders) の一つで, 例えば特定の子を海外に連れて行くなどの特定の行為を裁判所の同意なしで行なうことを禁止する裁判所命令》.

prohibited wéapon 禁止武器《軍隊以外では一般に使用を禁じられている武器; cf. OFFENSIVE WEAPON》.

prohíbit·ing òrder《英》禁止命令《かつて prohibition (禁止令状, 禁止命令) と呼ばれていたものを 1999 年に改称したもの; cf. PREROGATIVE ORDER》.

pro·hi·bi·tion /pròu(h)əbíʃ(ə)n/ *n* **1 a** 禁止, 禁制〈against smoking〉. **b** 禁命令. **c** 禁止令状, 禁止命令《上位裁判所から下位裁判所などに出す権限踰越行為を禁ずる令状; 英国では 1938 年法で令状 (writ) でなく命令 (order) に変えられ, 1999 年に禁止命令 (prohibiting order) に改称》. ▶ WRIT OF PROHIBITION (禁止令状). **2 a** [ᴼP-] 酒類醸造販売禁止 (cf. DRY LAW). **b** [P-]《米史》禁酒法 (⇨ EIGHTEENTH AMENDMENT); [P-]《米史》禁酒法時代[期間] (1920-33). **~·àry** /; -(ə)ri/ *a*

Prohibítion Améndment [the ~]《米》禁酒を定めた憲法第 18 修正 (＝EIGHTEENTH AMENDMENT)《1933 年第 21 修正で廃止》.

Prohibítion Enfórcement Àct [the ~]《米史》(1919 年成立の) 禁酒法実施法 (＝VOLSTEAD ACT).

prohibítion nòtice《英》禁止通告書《労働健康安全法 (Health and Safety at Work Act) により, 検査官が重大な労働災害の危険があるとみなした活動を改善されるまで禁止する通告書; cf. IMPROVEMENT NOTICE》.

prohibítion òrder《英史》禁止命令 (⇨ PROHIBITION, PROHIBITING ORDER).

Prohibítions del Róy (1607) /-del rɔ́ɪ/《英史》国王に由来する禁止令状事件 (1607 年)《James 1 世が, コモンロー裁判所と高等宗務官裁判所 (Court of High Commission) との間の管轄権争いに介入しみずから決定しようとしたことに対して, 当時人民訴訟裁判所首席裁判官 (Chief Justice of the Common Pleas) であった Edward COKE が, コモンロー全裁判官の同意の下, 国王みずからはいかなる事件も裁判することができず, 裁判官によってのみ裁判はなされるべきであると述べて反対した; この際 Coke が BRACTON を引用して「国王は人の下には立つことがないが神と法の下に立たねばならない」と述べた言は有名で, これを含め, 司法権の独立にとって法制史上の大事件であった; 禁止令状事件 (Case of Prohibitions) ともいう》.

pro·hib·i·tive /prouhíbətɪv/ *a* **1** 禁止する, 禁制の. **2**〈値段が〉ひどく高い,〈税が〉極端に重い. **~·ly** *adv* **~·ness** *n*

pro·hib·i·to·ry /prouhíbətɔ̀:ri; -t(ə)ri/ *a* PROHIB-

ITIVE.

prohíbitory injúnction 禁止的差止め命令（= restrictive injunction）《一定行為を禁止する差止め命令; cf. MANDATORY INJUNCTION》.

pro in·di·vi·so /proʊ ìndəváɪzoʊ/ *a, adv* 不分割のまま(の), 分割することなく所有[占有]して(いる). [L = as undivided]

pro in·ter·es·se suo /proʊ ìntərési s(j)úːoʊ/ みずからの権利のために, みずからの権利について; みずからの権利に応じて(の), みずからの権利の範囲内で(の). [L=for [as to] his/her interest]

pro·jet /proʊʒéɪ, ˌ-ˈ-/ *n* (*pl* ~s /-(z)/) **1** 計画, 設計 (project). **2**《条約・法律などの》草案 (draft). [F = project]

pro·li·cide /próʊləsàɪd/ *n* わが子を殺すこと, 子殺し《行為または行為者》,《特に 出産前後の》胎児殺し, 新生児殺し (cf. INFANTICIDE, NEONATICIDE). **prò·li·cí·dal** *a*

pro-life *a*《胎児の》生存権尊重の, 妊娠中絶合法化に反対する (opp. *pro-choice*). **pro-líf·er** *n*

pro·lix·i·ty /proʊlíksəti/ *n* **1** 冗長, 冗漫. **2**《訴答 (書面)や証言における冗長・繰り返しなどの》不要陳述.

pro·loc·u·tor /proʊlάkjətər/ *n* **1** 議長, 司会者. **2**《英》聖職者会議 (convocation) 下院議長. **3**《英史》貴族院 (House of Lords) 議長《長い間大法官 (Lord Chancellor) がこの任に当たっていたが, 現在では貴族院議長 (Lord Speaker) に変わっている》.

prom·ise /prάməs/ *n* **1 a** 約束, 契約; 約束した事[もの]. **b** 保証, 裏づけ. ▶ ALEATORY PROMISE (射倖的約束) / ALTERNATIVE PROMISE (選択的約束) / BREACH OF MARRIAGE PROMISE (婚姻約束違反) / BREACH OF PROMISE (約束違反, 婚姻約束違反) / COLLATERAL PROMISE (従たる約束) / CONCURRENT PROMISES (同時履行的約束) / CONDITIONAL PROMISE (条件付き約束) / COUNTERPROMISE (反対約束) / DEPENDENT PROMISE (依存約束) / FALSE PROMISE (虚偽の約束) / GRATUITOUS PROMISE (無償の約束) / ILLUSORY PROMISE (擬似約束) / IMPLIED PROMISE (黙示約束) / INDEPENDENT PROMISE (独立した約束) / MUTUAL PROMISES (相互約束) / NAKED PROMISE (裸の約束) / NEW PROMISE (新たな約束) / ORIGINAL PROMISE (原初約束) / RELIANCE ON PROMISE (約束に対する信頼) / UNCONDITIONAL PROMISE (無条件の約束). **2** 見込み, 有望. — *vt, vi* 約束[契約]する, 請け合う.

prom·is·ee /prὰməsíː/ *n* 受約者, 被約束者 (opp. *promisor*) (cf. OBLIGEE). ▶ DETRIMENT TO A PROMISEE (受約者側の法的不利益).

prómise implíed in fáct《特定事実・行為から推論される》事実に基づく黙示約束 (cf. IMPLIED PROMISE).

prómise implíed in láw《法的に強制しうる義務を基礎にしての》法に基づく黙示約束.

próm·is·er *n* 約束者 (=PROMISOR).

prom·i·sor /prὰməsɔ́ːr, ˌ-ˈ-/ *n* 約束者, 約諾者, 諾約者, 契約者 (=promiser) (opp. *promisee*) (cf. OBLIGOR, OFFEROR).

prom·is·so·ry /prάməsɔ̀ːri, -s(ə)ri/ *a* 約束の; 支払いを約束する.

prómissory estóppel 約束的禁反言《**1**》《米》約因 (consideration) のない約束で, もし約束者が受約者が約束を守るであろうという合理的期待をもつべきでかつ受約者が実際にも約束を守ったとするならば, その約束に拘束力を与えなければ生ずる不正義を避けるために, その約束は拘束力を与えられるべきでありしかるべき救済策を認められるべきであるという法理; equitable estoppel ともいう; cf. DETRIMENTAL RELIANCE》《英》約束者が相手方に対して契約上のみずからの権利を強行しないと約束し, 受約者はその約束を信じて行動した場合, この約束は約因がないにもかかわらず約束者を拘束し, 約束者は契約に基づく訴えを起こすことができないという法理; 財産権の禁反言 (proprietary estoppel) に対応する語で, エクイティー上の禁反言 (equitable estoppel) の一種》. ★ 時に quasi estoppel ということもある.

prómissory fráud 約束上の詐欺《約束者が約束履行の意思なくして結んだ約束》.

prómissory nóte 約束手形.

prómissory óath 約束宣誓《将来において一定行為をなすという約束をする宣誓》.

prómissory representátion 約束的表示《将来の行為についての表示, 特に 保険において保険期間中に起こりうることについて被保険者によって事前に約束としてなされる表示》.

prómissory wárranty 確約担保 (=continuing warranty)《保険契約上被保険者が将来においても一定事実・条件が存在し続けないしは不存在であり続けることを保証すること; 違反は保険者の責任免除となる; cf. AFFIRMATIVE WARRANTY》.

pro·mote /prəmóʊt/ *vt* **1** 昇進[昇格, 進級]させる (opp. *demote*): He has been ~d major [*to* be major, *to* the rank of major, *to* majority]. 少佐に昇進した. **2** 進める, 増進[促進]する, はかどらせる; 奨励する; 助長する;〈法案〉の通過に努める. **3**〈株式会社〉を発起する: ~ a new company. **4**＊《俗》詐取する, ちょろまかす. **pro·mót·able** *a*　**pro·mòt·abíl·i·ty** *n*　[L PRO-² *mot--moveo* to move forward]

pro·mot·er /prəmóʊtər/ *n* **1** 増進者, 増進するもの, 助長者; 後援者, 奨励者, 促進者, 振興者,《計画の》発案・推進者,《特に 私法律案 (private bill) の成立のための》推進者. **2**《新会社の》発起人, 創立者《わが国の発起人と違い法定の設立行為をなす要はない》: a company ~. **3 a**《英》《教会関係事件の枢密院 (Privy Council) への》上訴人. **b**《古》一般人たる略式起訴者 (common informer).

prompt /prάmpt/ *a* 迅速な, 機敏な; すぐ[喜んで]...する〈*to* do〉; てきぱきした, 即座の;《商》即時[直(ぢき)]払いの: failing ~ payment 支払いが速やかになされない場合には.

— *vt* 〈人を〉刺激する, 鼓舞する; 〈人に〉言うことを吹き込む, 指令する. — *n* (*pl* ~s /prám(t)s, prámps/) **1** 支払い期日,《延べ取引の》引渡し日; 即時払い(手形); 支払い期限付き契約. **2** 刺激するもの, 促すもの; 助言, 注意. ~·ly *adv*

prom·ul·gate /prámǝlgèɪt, *proumʌ́lgeɪt/ *vt* 〈法令を〉公布する, 発布する, 公表する; 〈信条などを〉広める, 宣伝する; 〈秘密などを〉世間にばらまく. **próm·ul·gà·tor** /, *proumʌ́lgèɪtǝr/ *n* **pròm·ul·gá·tion** *n*
[L (*mulgeo* to milk, cause to issue forth)]

pro·nounce /prǝnáuns/ *vt* **1** 発音する. **2** 宣言する, 言明する, 表明する 〈*on, for, against*〉; 断言する, 公言する 〈*to be*〉: ~ judgment *for* [*against*] sb …の勝訴[敗訴]判決を言い渡す / ~ sentence of death *on* [*upon*] sb …に死刑宣告を下す. — *vi* 発音する; 意見を述べる, 判断を下す 〈*on*〉. ~·**ment** *n*

proof /prúːf/ *n* **1 a** 証明, 立証, 挙証 (cf. ALLEGATION, ARGUMENT): afford ~ of …を証明するに足る / in ~ of …の証拠に. ★ 厳密には evidence は証明の手段となる証拠, proof は evidence により証明された結論を指すが, 区別せずにも用いられる (⇨ b). **b** 証拠, 根拠; [°*pl*] 証拠書類, 証言. **c** 証明書, 認定書, 確認書. **d**《英》証言準備書(証言予定者にあらかじめその事務弁護士 (solicitor) が面談し, 証言内容を書面化したもの(これは **proof of evidence** (証言準備書) あるいは **proof of witness** (証人の証言準備書)とも呼ばれる); その写しが担当法廷弁護士 (barrister) に渡され証人尋問の備えとする). ▶ AFFIRMATIVE PROOF (肯定的証明) / BURDEN OF PROOF (立証責任) / CERTIFICATE OF PROOF (署名の真正性証明(書)) / CLEAR AND CONVINCING PROOF (明白かつ確信をいだかせるに足る証明) / CONCLUSIVE PROOF (確定的証拠) / CONDITIONAL PROOF (条件付き証明) / CONVINCING PROOF (確信をいだかせるに足る証明) / DEGREE OF PROOF (証明度) / DISPROOF (反証) / DOUBLE PROOF (二重の証明) / FAILURE OF PROOF (証明失敗) / FULL PROOF (完全証明) / HALF-PROOF (半証明) / INDUBITABLE PROOF (疑いをいれえない証明) / LITERAL PROOF (書証) / NEGATIVE PROOF (消極的証明) / OFFER OF PROOF (記録のための証拠の提出) / ONUS OF PROOF (証明責任) / POSITIVE PROOF (積極的証明) / PREPONDERANCE OF PROOF (証明の優越) / SATISFACTORY PROOF (十分な証明) / STANDARD OF PROOF (証明の基準). **2**《スコットランド》《陪審でなく》一名の裁判官による事実問題の審理. **3**《製品などの》試験, テスト, 吟味 (trial); 試験済み強度[品質]. **4** 校正刷り,《版画などの》試験刷り. **5** プルーフ《酒類のアルコール含有量の強度の単位: 100% アルコールを米国では 200°, 英国では 175° と示す》: above [below] ~ 標準強度以上[以下]で. — *a* **1** 試験を経た; 検査済みの, 保証付きの; 試験用の, 基準となる. **2** …の効かない, …に耐える. **3**《酒類が》標準強度の. **come up to ~**《英》〈証人が〉証言準備書に沿って証言する (⇨ *n* 1 d).
— *vt* **1**《製品などを》試験[テスト]する; 校正する. **2** 耐久的にする,〈布を〉防虫[防水]にする, 防弾にする.
[OF < L *proba*; ⇨ PROVE]

próof beyònd (a) réasonable dóubt 合理的疑いの余地のない証明 (⇨ REASONABLE DOUBT) (cf. MORAL CERTAINTY). ★ 不定冠詞 a が付くのは《米》.

próof brìef 上訴準備書面《上訴 (appeal) に際して裁判所書記により上訴のための規則にのっとっているか否かを審査してもらうために提出される準備的な書面》.

próof of acknówledgment 署名の真正性証明(書) (=certificate of proof)《第三者の証言に基づき権限をもった役人による署名の真正性と自由になされたことの証明(書)》; cf. ACKNOWLEDGMENT.

próof of áge 年齢の証明《通常は出生証明書 (birth certificate) による》.

próof of bírth 出生の証明《通常は出生証明書 (birth certificate) による》.

próof of cláim (*pl* próofs of cláim)《遺産処分手続きおよび特に破産手続き上の債権者による》請求権の証明(書). ▶ INFORMAL PROOF OF CLAIM (請求権の略式証明(書)).

próof of débt《破産者の資産や遺産からの債権回収の前提としての債権者による》債権の証明.

próof of hándwriting 筆跡の証明.

próof of identificátion 同一であることの証明 [立証];《特に》身分[身元]証明: The policeman asked me for ~.

próof of lóss《保険》損害証明書, 損害の証明.

próof of márriage《婚姻証明書 (marriage certificate) などによる》婚姻の証明.

próof of sérvice 送達証明書《1》訴訟手続き上の令状 (process) を正しく送達した旨のシェリフ (sheriff) などの担当官による証明書; return of service ともいう **2**》CERTIFICATE OF SERVICE》.

próof of wíll 遺言の検認 (=PROBATE).

próof pósitive (*pl* próofs pósitive) 確証 (=CONCLUSIVE EVIDENCE).

prop. property ♦ proprietor.

prop·er /prápǝr/ *a* **1 a** 適当[妥当, 適切, 適格]な, 相応な, ほどよい, 正しい. **b** 礼儀正しい, きちんとした. **2 a** 独特な, 固有の,〈…に〉特有な 〈*to*〉. **b** 正確な, 厳密な; [後置] 厳密な意味での, 本来の, 本当の. ~·**ly** *adv*
[OF < L *proprius* one's own]

pro per /prou páːr/ *adv, a* PRO PERSONA. — *n* **1** PRO SE. **2** PROPRIA PERSONA.

próper cáre 適切な注意 (=REASONABLE CARE).

próper évidence 適格証拠 (=ADMISSIBLE EVIDENCE).

próper féud《史》固有封(土), 固有封土権《軍事奉仕義務に基づき保有されている起源的・純粋単純な封(土), 封土権》; ⇨ IMPROPER FEUD).

próper láw プロパー・ロー《英国で発展させられた国際私法上の概念で, 特に 契約などの準拠法を決定する際 当事者に準拠法の指定が許され, しかも明示的指定が存

しない場合は、具体的事件ごとにあらゆる関連事情を考慮して最も密接な関係に立つ法を適用すべきであるという法理、またはそれにより決定された準拠法》.

próper láw of a cóntract 《国際私法における》契約についてのプロパー・ロー.

próper lóokout 適切な注意《自動車などの運転者がこれを欠く場合走行中の過失責任を負うことになる》.

próper párty 適格当事者, 任意的共同当事者, 可能的共同訴訟人《訴訟目的に利害関係を有し, したがって当事者となりうる者; 不可欠当事者 (indispensable party) やそれよりも要請度の低い必要的当事者 (necessary party) と異なりその者を欠いても本案判決が下されうるが, その訴訟の利害関係者の紛争を一つ訴訟で解決するためにはその者を共同訴訟人とすることが合目的的である場合の当事者・共同訴訟人; cf. INDISPENSABLE PARTY, NECESSARY PARTY, PERMISSIVE JOINDER》.

pro per·so·na /pròu pərsóunə/ *adv*, *a* (自分)自身で(の), 代理によらずに[よらない]《時に pro per と略記》. [L=for one's own person]

prop·er·ty /prάpərti/ *n* **1** 財産, 資産, 所有物 (possessions), 財物, 所有地, 地所 (estate): a man of ~ 資産家 / He has a ~ in the country. 田舎に資産をもっている / a ~ company 不動産会社 / a ~ developer 不動産開発業者. **2** 所有, 所有本能, 物欲; **財産権**, 所有権 (ownership): ~ *in* copyright 著作権所有. ▶《語義 1 と 2 に関連》ABANDONED PROPERTY (遺棄物) / AFTER-ACQUIRED PROPERTY (事後取得財産(権)) / COMMON PROPERTY (共有(物的)財産権; 共有部分) / COMMUNITY OF PROPERTY (財産の共有) / COMMUNITY PROPERTY (夫婦共有財産(制)) / CO-PROPERTY (共同財産権) / CORPOREAL PROPERTY (有体財産(権)) / CRIMES AGAINST PROPERTY (財産に対する罪) / CRIMINAL DAMAGE TO PROPERTY (財産損壊罪) / CROWN PROPERTY (国王の土地) / DEFENSE OF PROPERTY (財産防衛の防御) / DISPARAGEMENT OF PROPERTY (品質不良との中傷; 権原についての中傷) / DISTRESSED PROPERTY (換価財産) / DOMESTIC PROPERTY (家庭用財産) / DOTAL PROPERTY (嫁資) / DURESS OF PROPERTY (財物強迫) / ENEMY'S PROPERTY (敵産, 敵貨) / EQUITABLE DISTRIBUTION OF PROPERTY (財産の衡平な分配) / EXEMPT PROPERTY (差押禁止財産; 配偶者専用除外遺産) / FIXED PROPERTY (固定資産) / FRONTING AND ABUTTING PROPERTY (改良沿道[沿岸]隣接地) / FUTURE ACQUIRED PROPERTY (担保設定後取得財産(権)) / FUTURE PROPERTY (将来財産) / HERITAGE PROPERTY (文化遺産) / IMMOVABLE PROPERTY (不動産(権)) / INCORPOREAL PROPERTY (無体財産(権)) / INDIAN TRIBAL PROPERTY (インディアン部族の財産) / INDIVIDUAL PROPERTY (個別財産) / INDUSTRIAL PROPERTY (工業所有権, 産業財産権) / INSPECTION OF PROPERTY (財産の検分) / INSURABLE PROPERTY (被保険財産) / INTANGIBLE PROPERTY (無形財産) / INTELLECTUAL PROPERTY (知的財産(権); 知的所有権) / LANDED PROPERTY (不動産; 土地不動産権) / LAW OF PROPERTY (財産権法) / LIKE-KIND PROPERTY (同種財産) / LITERARY PROPERTY (文書の財産(権)) / LOST PROPERTY (遺失物) / MALICIOUS INJURY TO PROPERTY (財産に対する故意の権利侵害) / MARITAL PROPERTY (夫婦財産) / MISDESCRIPTION OF PROPERTY (不動産の誤記) / MISLAID PROPERTY (置き忘れ物) / MIXED (SUBJECTS OF) PROPERTY (混合財産) / MOVABLE PROPERTY (動産) / NAVAL PROPERTY (海軍備品) / NON-EXEMPT PROPERTY (非差押禁止財産) / OFFENSE AGAINST PROPERTY (財産権に対する犯罪) / PARAPHERNAL PROPERTY (妻の特有調度品) / PARTNERSHIP PROPERTY (組合財産) / PERSONAL PROPERTY (人的財産(権); 個人財産) / PRIVATE PROPERTY (私有財産) / PUBLIC PROPERTY (公的財産) / QUALIFIED PROPERTY (制限的財産権; 限定的所有権) / QUALIFIED TERMINABLE INTEREST PROPERTY (キューティップ財産) / REAL PROPERTY (物的財産(権)) / RIGHT OF PROPERTY (財産権) / SCHEDULED PROPERTY (明細表記載財産) / SEPARATE PROPERTY (特有財産) / SETTLED PROPERTY (継承財産設定財産) / SPECIAL PROPERTY (特別財産) / SPECIALTY PROPERTY (特殊資産) / STOLEN PROPERTY (盗品) / TANGIBLE PROPERTY (有形財産) / TERMINABLE PROPERTY (期限・条件付き財産権) / TRANSFER OF PROPERTY (財産権の移転) / TRUST PROPERTY (信託財産) / UNCLAIMED PROPERTY (権利主張者なき財産) / VALUABLE PROPERTY (貴重品) / WASTING PROPERTY (減耗財産(権)). **~·less** *a* [OE<L *proprietas*; ⇒ PROPER]

próperty adjústment òrder 《英》《離婚・別居・婚姻無効訴訟で裁判所が出す子供も含めての夫婦間の》**財産調整命令**.

próperty in góods 動産所有権.

próperty ìnterest 財産自由権《国家権力により法の適正手続き (due process of law) によらないかぎりは侵害されることのない個人の財産に関する自由権》.

próperty làw 財産法, 物権法.

próperty règister 《英》土地[財産]の表示《土地登録証明書 (land certificate) に記載される土地およびそれに付随する, 例えば通行権 (right of way) などの表示》.

próperty rìght 財産上の権利, 財産権.

próperty sèttlement 1 夫婦間財産処理合意 (=MARITAL AGREEMENT). **2**《離婚事件における》夫婦財産 (marital property) 処分判決. **3**《離婚に際しての》夫婦間財産分割合意 (=integrated property settlement).

próperty tàx 財産税 (cf. INCOME TAX, EXCISE).

próperty tòrt 財産に対する不法行為 (cf. PERSONAL TORT).

pro·phy·lac·tic /pròufəlǽktik, prɔ̀f-; prɔ̀f-/ *a* 病気を予防する, 《害悪を》予防する, 予防的な.

prophyláctic rúle 《米》**予防のための準則**《憲法の規定そのものから直接出てくる準則ではなく, 憲法違反を

予防するための準則; 例えばミランダ準則 (Miranda rule) は合衆国憲法第5修正に定める自己負罪拒否特権 (privilege against self-incrimination) を実質的に保障するための予防とされる).

pro·phy·lax·is /ˌproʊfəˈlæksəs, ˌprɑf-; ˈprɒf-/ n (pl -lax·es /-ˌlæksiːz/) 予防薬, 予防器具, 予防法[措置].

pro·pin·qui·ty /prəˈpɪŋkwəti/ n 《時・場所の》近いこと, 近接, 近所; 近似, 類似; 《特に》血統の近いこと, 近親関係.

pro·pone /prəˈpoʊn/ vt 提議[提案]する, 提起する; 〈弁解などを〉持ち出す.

pro·po·nent /prəˈpoʊnənt/ n 1 提議者, 提案者. 2 弁護者, 支持者, 賛成者 (opp. opponent). 3 《遺言》検認申立人, 検認請求者 (=PROPOUNDER). 4 立証責任者 (⇨ BURDEN OF PROOF), 説得責任者 (⇨ BURDEN OF PERSUASION), 証明[説得]責任を負う側.

pro·por·tion /prəˈpɔːrʃ(ə)n/ n 1 割合, 比 (ratio); 比例. 2 釣合い, 調和, 均衡, 均斉. 3 割り前, 割り当て, 部分, 分. — vt 1 釣り合わせる, 比例[調和]させる 〈to, with〉. 2 割り当てる, 配当する. [OF or L=for one's portion]

propórtion·al a 比例した 〈to〉; 釣り合った, 均衡のとれた.

pro·por·tion·al·i·ty /prəˌpɔːrʃ(ə)ˈnæləti/ n 1 均衡(性). 2《国際法》《目的とそれを実現するための手段の》均衡の原則.

proportionálity review 均衡性再審査《刑事事件の上訴審で, 過去に死刑が是認されあるいは否認された同種事件と当該事件とを比較することにより, 当該事件での死刑宣告が恣意的ないしは気まぐれ的であるか否かを判定するやり方》.

propórtional representátion 比例代表制《略 PR》.

propórtional táx 比例税 (=FLAT TAX).

propórtion·ate a /-nət/ 比例した, 釣り合った 〈to〉; 適当な 〈to〉. — vt /-ˌneɪt/ 釣り合わせる 〈to〉. ~·ly adv 比例して, 釣り合って. ~·ness n

pro·pos·al /prəˈpoʊzəl/ n 1 PROPOSE すること; 提議, 建議, 提案; 企画, 計画, 案, もくろみ: lay a ~ before the House 議院に新法案を提出する. ▶ STATE OF FACTS AND PROPOSAL (実情と提案). 2 申し込み, 申し出, 申し込みの誘引,《特に》結婚の申し込み, プロポーズ.

propósal fòrm 《保険加入の際に個人情報や保険対象物の詳細を記して保険会社に提出する》申込用紙.

pro·pose /prəˈpoʊz/ vt 1 申し込む, 申し出る; 発議[建議, 提案]する 〈to〉,〈動議などを〉提出する: ~ a motion 動議を提出する. 2 もくろむ, 企てる 〈to do, doing〉. 3 推薦する, 指名する. — vi 提案する, 建議する, 発議する, 結婚を申し込む 〈to a woman〉. **pro·pós·er** n 申込人, 提議[提案]者. [OF proposer<L PRO²pono to put forth]

pro·pos·i·ta /proʊˈpæzətə/ n (pl -tae /-tiː/) 女性 PROPOSITUS.

propositi n PROPOSITUS の複数形.

prop·o·si·tion /ˌprɑpəˈzɪʃ(ə)n/ n 1 a 提案, 提議, 発議, 建議; 計画, 案, 企画,《口》《性交渉の》誘い. b 取引条件の提示. 2 陳述, 叙述, 主張; 命題. 3 a《扱うべき》事, 仕事, 問題, 事業, 企て. b*提供品, 商品. ~·al a   ~·al·ly adv

pro·pos·i·tus /prəˈpæzətəs/ n (pl -ti /-taɪ/) 1《家系の》出発点に位置する人, 創始者. 2 当該者, 本人. 3 遺言者 (testator). [L]

pro·pound /prəˈpaʊnd/ vt 1 提出する, 提議する, 提起する; 申し込む. 2《検認などの》手続きをとる,《検認のため》〈遺言状を〉提示する: ~ a will. [C16 propo(u)ne<L PROPONE]

propóun·der n 提出者;《特に》《遺言》検認申立人 (=proponent)《検認のため遺言などを提示する遺言執行者あるいは遺産管理人》.

propr proprietor.

pro·pria per·so·na /ˈproʊpriə pərˈsoʊnə/ a, adv みずから, 代理人によらずに (=PRO SE)《略 p.p.; 時に proper と略記》. [L=in his/her own person]

pro·pri·e·tary /prəˈpraɪəˌteri/, -t(ə)ri/ a 1 所有者の, 所有権者の; 所有, 所有権の(な), 所有権に基づく; 私有の, 私有財産として所有される, 私営の,《自治体の》私経済的な; 財産(権)的な, 財産のある: the ~ classes 資産家階級; 地主階級. 2 独占[専有]の, 専売の, 登録商標[著作権]をもつ: ~ medicine 専売薬 (⇨ PROPRIETARY DRUG) / a ~ name [term]《商品の》登録商標, 商標名. 3 領主の. — n 1 所有者 (owner), 所有権者, 所有者団体: the landed ~ 地主《集合的》. 2 所有権. 3 所有物, 不動産, 財産. 4《史》《領主植民地の》領主 (=PROPRIETOR). 5 専売薬品. 6*CIA の秘密企業. [L; ⇨ PROPERTY]

propríetary áct《自治体の》私経済的行為, 非権力的行為 (=PROPRIETARY FUNCTION) (cf. GOVERNMENTAL ACT).

propríetary áction 所有権訴訟.

propríetary capácity 私経済的資格, 非権力的資格《自治体が私経済的[非権力的]機能 (proprietary function) を行使している時の資格》.

propríetary cápital 個人企業出資金《個人企業 (sole proprietorship) への出資金》.

propríetary clúb 私営クラブ《クラブ (club) のうちクラブ財産が経営者であるその所有者に帰属するもの; cf. MEMBERS' CLUB; ⇨ CLUB》.

propríetary cólony《史》領主植民地《英国国王が個人に特許を与えた形の植民地の形態で, 領主が形式的には封建的・領主的特権をもって統治する形式をとった; アメリカの Maryland, New York などがこの形で始まり, 独立戦争時代には Pennsylvania, Delaware, Maryland の3つがこれに該当する; ⇨ PROPRIETARY GOVERNMENT》.

propríetary cómpany 1 管理会社《他会社を支配できる程度以上の株式を所有する》. 2"土地《興業》

会社. **3** 私会社《英国の私会社 (private company) に当たるオーストラリア・南アフリカ共和国などの用語; cf. PRIVATE COMPANY》.

propríetary drúg《一般の人が薬局で医師の処方なしで買える商品登録され包装済みの》専売薬 (cf. ETHICAL DRUG).

propríetary dúty《自治体の》私経済的義務, 非権力的義務 (cf. GOVERNMENTAL DUTY).

propríetary estóppel〘英〙財産権的禁反言, 物権的禁反言《土地権利者が明示的・黙示的に他人がその土地の権利を取得したと信じさせるような行為をした場合, その土地権利者は後にその権利付与の効果はなかったと主張することができないという法理; この場合裁判所は被害者の不利益に応じて自由に救済策を与えうる; 約束的禁反言 (promissory estoppel) に対応する語で, エクイティ上の禁反言 (equitable estoppel) の一種》.

propríetary fúnction《自治体の》私経済的機能, 非権力的機能 (=proprietary act) (cf. GOVERNMENTAL FUNCTION).

propríetary góvernment〘史〙領主的統治《国王が, かつてパラティニット州 (county palatine) にあったような, 国王個人に属する権利以外の無制限の国王の封建的権利を個人に与えることによって生じた統治; アメリカ植民地のうちの領主植民地 (proprietary colony) などはこの形をとった》.

propríetary informátion 財産権的情報《企業秘密 (trade secret) など, その持主が保護されるべき権利をもっている情報; cf. TRADE SECRET》.

propríetary ínterest 所有権に基づく権利.

propríetary léase 所有権的賃借権《共同組合方式による集合住宅 (cooperative) の実質的に所有権に近い賃借権》.

propríetary pówer 財産権の付与を伴う権能 (=POWER COUPLED WITH INTEREST).

propríetary ríght 所有権的権利.

pro·pri·e·tas /prəpráɪətəs/ *n*《ローマ法・大陸法・史》所有権 (cf. OWNERSHIP). [L]

propríetas nú·da /-n(j)úːdə/〘ローマ法・大陸法・史〙《所有権者がその財産の使用・収益権を伴わない》裸の所有権. [L=bare ownership]

propríetas plé·na /-plíːnə/〘ローマ法・大陸法・史〙完全所有権《所有権者がその財産の権原だけでなく使用・収益権をも有する所有権》. [L=full ownership]

pro·pri·e·tor /prəpráɪətər/ *n* 1 持主, 所有者, 所有権者, 排他的権利者, 経営者, 事業主: a landed ~ 地主. ▶ CO-PROPRIETOR (共同所有権者) / REGISTERED PROPRIETOR (登録上の所有権者) / RIPARIAN PROPRIETOR (河岸所有者) / SOLE PROPRIETOR (単独所有者). **2** [the ~] 家主,《旅館の》亭主,《学校の》校主《など》. **3**〘史〙《領主植民地 (proprietary colony) の》領主.

pro·pri·e·tress /-trəs/ *n fem* [変形 ◆ *proprietary*]

pro·pri·e·to·ri·al /prəpràɪətɔ́ːriəl/ *a* 所有(者)の, 所有(権者)の: ~ rights 所有権者の権利. **~·ly** *adv*

所有権者として, 所有権により.

propríetor·shìp *n* **1** 所有, 所有権. **2** 個人企業 (=SOLE PROPRIETORSHIP). ▶ SOLE [INDIVIDUAL] PROPRIETORSHIP (個人企業; 企業の単独所有).

propríetorship règister〘英〙《土地登録証明書 (land certificate) に記載される》権原の種類および権利者の表示.

pro·prio vi·go·re /próupriou vɪɡóureɪ, -ri/ みずからの力で, それだけで, 自動的に. [L=by its own strength]

prop·ter /prɑ́ptər/ …のために, …によって. [L=because of, for, on account of]

própter af·féc·tum /-əféktəm/ *adv* 偏見[偏愛]ゆえに (⇨ CHALLENGE PROPTER AFFECTUM). [L=because of partiality]

própter de·féc·tum /-dɪféktəm/ *adv* 欠陥のゆえに (⇨ CHALLENGE PROPTER DEFECTUM). [L=because of a defect]

pro ra·ta /prou réɪtə, -rɑ́ː-, -rǽtə/ *adv* 比例して, 按分に: pay sb ~. — *a* 比例した (cf. RATABLE): a ~ payment 按分支払い / FREIGHT PRO RATA. [L=in proportion]

pro ráta clàuse 比例塡補条項 (=standard other insurance clause) (=**pro ráta liabílity [distribútion] clàuse**)《同一保険目的に対して複数の保険契約がある場合に, 発生損害のうち当該保険契約の保険金額の保険金額合計額に対する割合のみの損害を塡補をなす旨を定める他保険条項 (other insurance clause) の一種で標準的なもの》.

pro ráta fréight 按分運送料 (=FREIGHT PRO RATA). [L=proportioned freight]

pro·rate /prouréɪt, ⏑ —/ *vt, vi* 比例配分する, 按分する, 割り当てる: on the ~*d* monthly basis 月割り計算で. **pro·rá·tion** *n*

pro·ro·gate /próːrəɡeɪt/ *vt* PROROGUE.

prò·ro·gá·tion *n* **1**《議会の》閉会. **2** 延会. **3** 延期.

pro·rogue /prəróuɡ/ *vt* **1**《特に 英国で》〈議会を〉閉会にする《首相の助言により国王[女王]が宣する》. **2** 延期する. — *vi* 〈議会が〉閉会になる. [OF<L *prorogo* to extend]

pros. prosecuting ◆ prosecutor.

Pros. Atty ºProsecuting Attorney 検察官, 検事.

pro·scribe /prouskráɪb/ *vt* **1** …に対して法益を剥奪する (outlaw), 追放する. **2** 禁止する, 非合法化する; 非難する. **3**〘ローマ法・大陸法〙〈人の〉死刑および財産没収を公告する;〈財産への〉強制執行を公告する. **pro·scríb·er** *n* [L=to publish in writing]

proscríbed organizátion〘英〙非合法組織《特に, テロ活動に関する2000年法により, 非合法化された組織を指す; その組織成員であること自体が犯罪となり, また組織財産が没収対象となることなどが同法で定められている》.

pro·scrip·tion /prouskrípʃ(ə)n/ *n* 《cf. PRESCRIPTION》 **1** 法益剝奪[追放, 死刑, 財産没収]人名の公告. **2** 破門, 追放, 排斥. **3** 禁止, 非合法化; 規制. **pro·scríp·tive** *a* 法益を奪う, 追放の; 禁止の.

pro se /prou séi, -síː/ *adv*, *a* (自分)自身で(の), 代理[弁護士]によらずに[よらない], 弁護士なしで(の)(=in propria persona, pro persona). — *n* 《弁護士を頼まず自分で訴訟行為をする》本人訴訟, 当事者訴訟; 本人訴訟当事者(=self-represented litigant). ★ pro per ともいう. [L=for oneself]

pros·e·cute /prásikjùːt/ *vt* **1** 起訴する, 訴追する, 法に訴えて〈権利を〉要求[強行]する. **2** 遂行する, 追行する, 追求する. **3**〈商売などを〉営む,〈研究などに〉従事する; 実行する. — *vi* 起訴する, 訴追する, 訴訟追行する.
prós·e·cùt·able *a* [L *prosecut- prosequor* to pursue]

prós·e·cùt·ing attórney《米》検察官, 検事 (= DISTRICT ATTORNEY)(略 PA).

prósecuting wítness《被害者など訴追のきっかけを作った訴えの提起者で》訴追の決め手となる証人.

pros·e·cu·tion /pràsikjúːʃ(ə)n/ *n* **1** 犯罪訴追(手続き). ▶ CRIMINAL PROSECUTION (刑事訴追) / DEFERRED PROSECUTION (訴追猶予) / DIRECTOR OF PUBLIC PROSECUTIONS (公訴(局)長官) / DIRECTOR OF SERVICE PROSECUTIONS (軍務関係者訴追機関長官) / FLIGHT FROM PROSECUTION (訴追からの逃避) / IMPEDING APPREHENSION OR PROSECUTION (逮捕あるいは犯罪訴追の妨害(罪)) / MALICIOUS PROSECUTION (犯罪訴追) / NOTICE OF INTENDED PROSECUTION (訴追通告書) / PRIVATE PROSECUTION (私的訴追) / SELECTIVE PROSECUTION (恣意的・選択的訴追) / SHAM PROSECUTION (擬装訴追) / STIFLING OF A PROSECUTION (訴追の握りつぶし) / VINDICTIVE PROSECUTION (懲罰的訴追). **2** [the ~]《犯罪訴追を行なう》訴追当事者, 訴追者, 検察官; 訴追者側, 検察当局 (cf. *the* DEFENSE, *the* DEFENSIVE). ▶ COUNSEL FOR THE PROSECUTION (訴追側弁護士). **3**《民事を含めての》訴訟追行. ▶ WANT [LACK] OF PROSECUTION (訴訟不追行). **4** 特許出願(手続き). **5** 遂行, 実行; 続行, 追求; 従事.

prosecútion cóunsel 訴追側弁護士[弁護人] (=counsel for the prosecution).

prosecútion hístory estóppel 特許権出願過程の禁反言 (=file wrapper estoppel)《特許権保有者が特許権の出願過程中に放棄した分の特許権の要素は, これをその権利主張から削除し, その部分につき特許権者が均等物の法理 (doctrine of equivalents) を援用することを制限するという法理》.

pros·e·cu·tive /prásikjùːtiv/ *a* PROSECUTION の[に関する].

prós·e·cù·tor *n* **1** 遂行者, 追行者. **2** 訴追者; 検察官 (cf. ATTORNEY GENERAL, DISTRICT ATTORNEY, UNITED STATES ATTORNEY). ▶ COPROSECUTOR (共同訴追者) / CROWN PROSECUTOR (公訴官) / PUBLIC PROSECUTOR (地区検事, 公訴官; 公訴(局)長官) / SPECIAL PROSECUTOR (特別検察官). **pró·se·cù·trix** /-trɪks/ *n fem*

pros·e·cu·to·ri·al /pràsikjutóːriəl/ *a* **1** PROSECUTOR の. **2** PROSECUTION の.

prosecutórial discrétion《刑事事件において起訴するか否か, 答弁取引 (plea bargaining) をするか否か, あるいは求刑などにおける》訴追者の裁量権, *検察官の裁量権.

prosecutórial miscónduct 訴追者[検察官*]の違法行為《特に 職権濫用》.

pros·e·cu·to·ry /prásəkjətɔ̀ːri; -t(ə)ri/ *a* PROSECUTORIAL.

pros·e·qui /prásəkwài/ *vt* 追う, 追跡する; 追行する, 訴追する: NOLLE PROSEQUI. [L=to prosecute]

prospéctant évidence 予期証拠《実際に行為をなす前にその行為をするないしはしないということを示唆する証拠; 行為者の性格・習慣など》.

pro·spec·tive /prəspéktiv/ *a* **1** 予想される, 将来の, …になる予定の; 見込みの(ある): a ~ buyer. **2**《法律など》将来についての, 遡及効果をもたない, 不遡及的 (opp. *retroactive, retrospective*). ~**·ly** *adv* 将来を見越して, 予期して, 将来(に関して). ~**·ness** *n*

prospéctive dámages *pl* 予想損害に対する損害賠償(金), 将来生ずべき損害に対する損害賠償(金)《原告により主張・証明された事実に基づけば合理的に考えて将来生ずべき損害に対する損害賠償(金)》.

prospéctive héir 予定法定相続人 (=expectant heir, heir expectant, heir prospective)《推定法定相続人 (heir apparent) および推定相続人 (heir presumptive) を合わせた概念》.

prospéctive óverruling 不遡及的判例変更 (=sunbursting)《先例を覆す判例法を確立する際, 法的安定性を確保するために, 将来に向かってのみ適用する判例変更方法》.

prospéctive státute 不遡及的制定法《制定法施行後の将来の事柄にのみ適用される制定法; opp. *retrospective statute*》.

prospéctive wáiver《いまだ発生していないことについての》将来の権利の放棄.

pro·spec·tus /prəspéktəs/ *n* (*pl* ~**·es**)《設立・創立・証券発行などの》趣意書, 発起書,《事業・計画などの》綱領;《発行の》目論見書《証券の募集・売出しに当たり, 発行者や証券の内容・売出し条件などを説明した, 投資者に交付する文書または放送による情報提供; cf. REGISTRATION STATEMENT, SALES LITERATURE》. ▶ PRELIMINARY PROSPECTUS (仮目論見書) / RED-HERRING PROSPECTUS (赤ニシン(目論見書)). [L=prospect]

pros·ti·tute /prástət(j)ùːt/ *n* 売春婦, 娼婦; 男娼(《 cf. PANDER). ▶ PATRONIZING A PROSTITUTE (売春をさせること, 買春). — *vt* 売春させる,〈身を〉売る;〈名誉などを〉利益などのために売る,〈才能などを〉卑しい目的に供する, 悪用する: ~*d* child 売春をさせられている子供.

prós·ti·tù·tor *n*

pros·ti·tu·tion /prɑ̀stət(j)úːʃ(ə)n/ *n* **1** 売春 (cf. PATRONIZING A PROSTITUTE, SOLICITATION). **2**《利のための》変節; 堕落. **3** 悪用.

pro tan·to /proʊ tǽntoʊ/ *adv* それだけ, その程度まで, その限度で: a ~ payment. ［L=for so much, to a certain extent］

pro·tect /prətékt/ *vt* **1** 保護する, 守る〈*against, from*〉;〈国内産業を〉保護する. **2**《手形·ローン》の支払い準備をする: ~ a bill. **3**〈保険契約が〉保障する: ~ sb *against* fire. — *vi* 保護する, 防ぐ〈*against*〉.
~·able, **~·ible** *a*

protéct·ed actívity《憲法ないしは制定法により》保障されている行為.

protécted chíld《英》要保護の子《ある人が養子にしようとしている子で地方当局が監督をしなくてはならない子; 通常は唯一の養子縁組機関である養子縁組斡旋機関 (adoption agency) を介さずに養子縁組をしようとする場合にのみ, この種の監督が必要となる》.

protécted cláss 保護階層《制定法の保護規定により利益を得る人びと, 例えば人種·性·宗教などによる差別を禁止している市民権法 (civil rights act) によって保護されている少数民族や女性など》.

protécted cóin《英》保護貨幣《いずれかの国で通貨として通常使用されているか, あるいは大蔵省 (Treasury) の命令で指定されている貨幣》.

protécted góods *pl*《英》保護対象商品《1974年の消費者信用法 (Consumer Credit Act) 上は, 規制されている買取り選択権付き賃貸借合意 (hire purchase agreement) あるいは条件付き売買 (conditional sale) の契約を結んだ債務者が, 契約違反をしたが既に代金全体の 3 分の 1 以上の額を債権者に支払っていた場合, その物の所有権をもち続けている債権者は, 債務者がその契約を終了させていないかぎり, 裁判所の命令なしではその物の占有は回復しえないことが法定されている; この保護の対象となる商品》.

protécted óccupancy《英》保護居住(権)《農業労働者が雇人用貸家 (tied cottage) を保護借家(権) (protected tenancy) 類似の制定法上の保護により占有居住する権利; この保護居住権は 1988 年の住宅法 (Housing Act) で農業労働者保証居住(権) (assured agricultural occupancy) に代えられたが, 既存のものは存続することになっている》.

protécted pérson 1《大統領·首相などの重要人物で》特別警護をされている人. **2**《英》保護民. ▶BRITISH PROTECTED PERSON (連合王国保護民).

protécted shórthold ténancy《英》短期保護借家(権)《1977 年法で創設された保護借家(権) (protected tenancy) の一種で, 1 年以上 5 年未満の期間の定まった借家契約に基づく借家権; 特別な保護が与えられていたが, 1988 年法で廃され, 短期保証借家(権) (assured shorthold tenancy) に代わった》; ⇨ ASSURED SHORTHOLD TENANCY》.

protécted síte 保護用地《移動住宅を据えるための計画許可が与えられている用地》.

protécted státe《国際法》被保護国《国際的に保護関係 (⇨ PROTECTORATE) を委ねている国; cf. PROTECTING STATE》.

protécted ténancy《英》保護借家(権)《1977 年法による公正家賃·権利の保証のある借家権; 1988 年法により保証借家権 (assured tenancy) に代わった; cf. FURNISHED TENANCY》.

protécting státe《国際法》保護国 (=protector)《保護関係 (⇨ PROTECTORATE) を委ねられている国; cf. PROTECTED STATE》.

pro·tec·tion /prəték ʃ(ə)n/ *n* **1** 保護, 擁護, 庇護, 防護〈*against, from*〉: police ~ 警察による保護[警護]. ▶ADEQUATE PROTECTION (十分な保護) / CIVIL PROTECTION (市民保護(対策)) / CONSUMER PROTECTION (消費者保護) / COURT OF PROTECTION (保護法廷) / DATA PROTECTION (データ保護) / DIPLOMATIC PROTECTION (外交的保護) / ENVIRONMENTAL PROTECTION (環境保護) / MINORITY PROTECTION (少数派保護). **2** 保護する人[もの];《保険》保険保護, 担保範囲 (coverage); 保護貿易[保護関税]制度[論, 策] (cf. FREE TRADE). **3** 通行券, 旅券;*国籍証明書. **4**《英史》保護令状 (=WRIT OF PROTECTION); 不訴追の特権. **5 a** 目こぼし料 (=PROTECTION MONEY);《賄賂などを通して不正取得した》訴追されない恩典. **b**《口》《暴力団などが徴収する》保護料, みかじめ料 (=PROTECTION MONEY).

protéction and indémnity associàtion [clùb] 船主責任相互保険組合, ピー·アイ·クラブ《船舶海上保険でカバーされない損害の填補を目的とした船主間の相互保険組合組織; 略称 P & I club》.

protéction and indémnity clàuse 賠償責任保障条項, ピー·アイ条項《船主責任相互保険組合 (protection and indemnity association [club]) に加入できないヨットや建造中船舶に対してそれと同様の保険保護を特約する条項; 略称 P & I clause》.

protéction·ism *n* 保護貿易主義 (cf. FREE TRADE). **-ist** *n*

protéction mòney 1《暴力団員などが警察·政治家などに渡す》目こぼし料. **2**《暴力団などが徴収する》保護料, みかじめ料. ★ 1, 2 共に単に protection ともいう.

protéction òrder 1 保護命令 (=protective order, restraining order)《家庭内暴力 (domestic violence) 事件などで, 相手方に暴力やいやがらせを加えたり, 加えるといって脅したり, 時には相手方に接触したり近づいたりすることを裁判所が禁ずる命令》. **2**《史》《遺棄された妻の》財産保護命令. **3**《英》《店内酒類販売許可 (licensing of premises) を譲り受けた人に対する》営業継続許可命令.

pro·tec·tive /prətéktɪv/ *a* 保護する; 保護貿易(政策)に基づく. — *n* 保護するもの. **~·ly** *adv*
~·ness *n*

protéctive awárd〘英〙保護裁定《被用者代表と協議することなく人員整理された被用者に一定期間賃金を支払い続ける雇用者に対して雇用審判所 (employment tribunal) が出す裁定; cf. REDUNDANCY》.

protéctive cústody 《証人などの身の安全を守るためあるいは危害を及ぼすおそれのある無能力者の》保護留置.

protéctive órder 1 困惑防止命令, 開示制限命令《開示 (discovery) の濫用など訴訟の相手方あるいは第三者たる証人を不当な困惑から保護するための裁判所命令》. 2 保護命令 (＝PROTECTION ORDER). ▶ MOTION FOR PROTECTIVE ORDER (保護命令を求める申し立て).

protéctive prínciple 〘国際法〙保護主義《犯罪の行為者・行為地にかかわりなく, 犯罪行為が基本的国家法益に対して重大な侵害を及ぼすことを根拠にその犯罪の裁判管轄権を決定する立場; 1931年の国際法学会 (Institut de Droit International) の決議によれば, 内乱, 外患誘致, 通貨偽造, 出入国管理法違反, 在外公館襲撃などのほか, 通貨・有価証券偽造などの経済的基本秩序を害する罪などがその適用対象》.

protéctive séarch 保護のための捜索《逮捕を行なっている役人の安全および時には証拠保全のために, 隠された武器を捜すなどの目的で拘束されている被疑者の身体およびその直接支配地域を捜索すること; 令状なしで可能; cf. WARRANTLESS SEARCH》.

protéctive swéep 保護のための見渡し捜査《警察官が敷地内に合法的に入ったあとに, みずからの身の安全あるいは他人を危険から守るために必要であると合理的に考えられる範囲内での人が隠れていそうな場所の迅速かつ限定的な捜索》.

protéctive táriff 保護関税.

protéctive trúst 保護信託 (＝alimentary trust) 《受益者 (beneficiary) に一生涯あるいは一定事実 (例えば 受益者の破産) 発生で終了するそれより短期間の信託収益を与え, 終了時には受託者 (trustee) は絶対的裁量権により, 受益者およびその家族の生活維持のために収益を用いるよう指示する信託》.

pro·téc·tor n 1 a 保護者, 擁護者, 庇護者; 後援者; 保護国 (＝PROTECTING STATE). b [the P-]〘英史〙保護者卿, 護国卿 (⇨ LORD PROTECTOR, PROTECTORATE). ▶ CRIMINAL PROTECTOR (犯人庇護者) / LORD PROTECTOR (保護者卿). 2 保護するもの, 保護[安全]装置, プロテクター. ~·al a ~·ship n **pro·téc·tress** /-trəs/ n fem

protéctor·ate /-rət/ n 1 〘国際法〙《他の国家に主権, 時には外交関係の全部または一部を委ねる》保護関係《委ねる国を被保護国 (protected state) (これをも保護国と呼ぶこともある), 委ねられる国を保護国 (protecting state) という》. 2 〘国際法〙被保護国 (protected state); 保護領 (cf. PROTECTED STATE). ▶ BRITISH PROTECTORATE (連合王国保護領). 3 保護者卿の職[任期, 政治]; [the P-]〘英史〙《空位時代 (Interregnum) の Oliver & Richard CROMWELL 父子の》保護者卿[護国卿]政治[体制, 時代] (1653-59) (⇨ LORD PROTECTOR).

protéctor of the [a] séttlement 〘英史〙継承財産設定保護者, 継承的不動産処分保護者《限嗣封土権 (estate in tail) の残余権者 (remainderman) が安易に限嗣封土権廃除 (disentailing) をできないようにする目的で, 設定者により廃除のための承諾を与えることができる者として指定された人; 承諾なしの廃除は制限封土権 (base fee) になった》.

pro tem. PRO TEMPORE. ★ しばしば口語で pro tem /prou tém/ として用いる.

pro tem·po·re /prou témpəri/ adv, a 一時的に(選任された), 臨時に[の], 暫定的に[な], 当座(の), さしあたって(の) 《略 pro tem., p.t.》. [L＝for the time being]

pro·test v /prətést/ vt 1 *…に異議を申し立てる;《手形》の拒絶証書を作る, 引受け[支払い]を拒絶する. 2 断言する, 主張する; 証言する, 誓う. 3《古》証人とする, …に訴える. — vi 1 抗議する, 異議を申し立てる《about, against》. 2 言い張る, 断言する. — n /próutest/ 1 a 異議申し立て, 抗議(書);《まだなされていない行為の履行を求める》催告《against》: a ~ march 抗議デモ / sit-down ~ すわり込み抗議 / without ~ 異議を唱えずに, 反対もしないで. b《債務・課税などに対する》異議留保(書)《のちに返還を求める権利を留保しつつも不利益処分を回避するために支払う旨を表明すること; 多くは文書でなされる; cf. TAX PROTEST》. c《流通証券の引受け・支払いの》拒絶《手形・小切手の》拒絶証書.〘英貴族院〙《通過議案に対して議事録に載せる》少数意見書, 異議表明. ▶ ACCEPTANCE SUPRA PROTEST (引受拒絶証書作成後の参加引受け) / CERTIFICATE OF PROTEST (拒絶証書) / MEMORANDUM OF PROTEST (拒絶覚書) / NOTE OF PROTEST (拒絶覚書) / NOTICE OF PROTEST (拒絶通知; 拒絶証書作成の通知) / TAX PROTEST (課税異議留保(書)) / WAIVER OF PROTEST (拒絶証書作成免除). 2《船長からの》海難報告書, 海難証明 (＝MARINE PROTEST). ▶ CERTIFICATE OF PROTEST (海難通知) / MARINE PROTEST (海難報告書). 3 断言, 確言. go to ~《手形・小切手などが》(引受け[支払い]を拒絶されて)不渡りになる. under ~ 異議を申し立てて, 異議を留保して, いやいや. ▶ APPEARANCE UNDER PROTEST (異議留保付き出廷) / PAYMENT UNDER PROTEST (異議留保付きの支払い). **protést·able** a **protést·er, pro·tés·tor** n [OF＜L protestor to declare formally]

pro·tes·tant /prətéstənt/ n 1 〘キリスト教〙プロテスタント, 新教徒. 2 異議申立て人.

prot·es·ta·tion /pràutəstéɪʃ(ə)n, pròu-, -tès-/ n 1 断言, 公言《of, that》. 2 抗議, 異議; 異議の申し立て《against》. 3〘史〙留保付き答弁《一つの訴訟である事実を認めるないしは否認すると, のちにそのことから導き出される結果が不利益に用いられることを防ぐために, **protestando** (L＝I protest) (わたしは異議を申し立てる) という語を

加えながら、その事実の存否を留保すること)).
prótest strìke 抗議ストライキ.
pro·thon·o·tary /proυθάnətèri, pròυθənóυtəri; -t(ə)ri/, **pro·ton·o·tary** /proυtάnətèri, pròυt(ə)nóυtəri; -t(ə)ri/ n 《裁判所の》首席書記, 主任書記. **pro·tho·no·tar·i·al** /proυθὰnətέəriəl/ a ［L<Gk (NOTARY)］

pro·to·col /próυtəkɔ̀(ː)l, -kòυl, -kὰl, -kəl/ n **1 a** 外交儀礼, 典礼, 儀典. **b** [the P-] 《フランス外務省などの》儀典局. **2** 《文書の》原本; 《文書・条約の》原案; 《文書・条約の》要旨, 摘要; 《議事録; 《多く条約などの修正・補完に用いられる》議定書, 付属書; 《条約・協定の》改正 《案》, 修正 《条項》. **3** 《英》 **a** [pl] 訴訟前協議書 （＝PRE-ACTION PROTOCOLS). **b** 公証人の記録, 《特に》《公証人による教会裁判所》手続き開始記録. ► PRE-ACTION PROTOCOLS （訴訟前協議書）. **4** 《電算》プロトコル《対話に必要な通信規約; メッセージの頭か末尾につける》. — vt, vi (-l-｜-ll-) 《…の》議定書を作る. ［OF, <Gk ＝flyleaf glued to binding of book (*kolla* glue)］

protonotary ⇨ PROTHONOTARY

prov·a·ble /prúːvəb(ə)l/ a 立証[証明]できる (opp. *unprovable*). **~·ness** n **próv·a·bly** adv

próvable débt 立証資格のある債権[破産債権]《債権者が破産者に対して破産債権として立証し返済要求することができる債権; cf. NONPROVABLE DEBT》.

prove /prúːv/ v (**~d; ~d, prov·en** /prúːv(ə)n/) vt **1 a** 証明する, 立証する: These papers will ~ *to you that he is innocent*. この書類が彼の無実を証明しよう. **b** 《遺言》の検認を受ける, 検認する: ~ *a will*. **c** 試す, 試験する. **2** 破産債権として請求する: ~ *a debt*. — vi **1** 《…であることがわかる, 《…と》判明する (turn out) 《*to be*》; 証明[立証]される. **2** 《破産財団などに対し》請求する: ~ *against the estate*. **3** 遺言の検認を受ける. **It goes to ~** 《*that*...》ということの証明になる. **not ~d** ＝not PROVEN. **~ up** (1) 《ある権利を得る》条件を完了する 《*on a claim*》. (2) すべての証拠を提出する, 完全に立証する (cf. PROVE-UP). ［OF<L *probo* to test, approve (*probus* good)］

prov·en /prúːv(ə)n/ v PROVE の過去分詞《主に法律用語》. — a 証明された, 立証[証明]済みの (opp. *unproven, unproved*). **not ~** [後置]《史・スコットランド》証拠不十分な （＝not proved) (⇨ NOT PROVEN (n)). **~·ly** adv

próve-úp n 《一応の証明のある (prima facie) 権利主張の》完全立証 (cf. PROVE *up*).

pro·vide /prəváid/ vt **1** 与える, 供給する, 提供する (supply); 用意[準備]する, 支給する, あてがう. **2** 規定する, 定める 《*that*》. **3** 任命する; 《教会》就任させる, 叙任する; 《史》 未充位聖職に《教皇が》直任する. ［L PRO-² *vis*- *video* to see ahead, foresee］

pro·víd·ed conj ［~ *that*...の形で］…との条件で, もし…とすれば《*if* よりも文語的で強意, *providing* と同じことも*that* を略すこともある》. ★ 証書では ~ always *that* の

形がよく用いられる. **unless otherwise ~** 別段の定めがないかぎり.

provident society ⇨ INDUSTRIAL AND PROVIDENT SOCIETY.

pro·víd·ing conj …という条件で, …という場合には (⇨ PROVIDED).

prov·ince /prάvəns/ n **1 a** 《カナダの》州; 《史》《英領インドの》州. **b** [the P-] アルスター, 北アイルランド; 《史》《英領カナダ・米国独立以前の一部の》英領植民地; 《古ローマ》《イタリア国外の》属州, プロウィンキア. **c** 《教会・修道会の》管区; 《大主教[大司教]》管区, 首都大司教区. **2** [the ~s]《首都・大都会に対して》地方, 田舎: London and *the ~s* 首都ロンドンと地方 / in *the ~s* 地方で, 田舎. **3**《学問・専門などの》範囲, 分野; 職分, 本分.

províncial cóurt 大主教[大司教]裁判所《英国では Canterbury と York の大主教区にある教会裁判所》.

próving a wíll 遺言検認.

pro·vi·sion /prəvíʒ(ə)n/ n **1 a** 供給, 支給, 給付; 支給量. **b** [pl] 糧食, 食料の蓄え), 貯蔵品. ► FAMILY PROVISION (遺族遺産分与) / FINANCIAL PROVISION (資金給付) / LUMP SUM PROVISION (離婚[別居]資金一括給付). **2 a** 用意, 準備, 設備 《*for, against*》: make ~ 準備する. **b** 引当金. **3** 規定; 条項; 但し書き (proviso);《英》条令. ► ANTI-AVOIDANCE PROVISION (租税回避行為阻止規定) / CURTAIN PROVISION (カーテン規定) / DIRECTORY PROVISION (任意規定) / DROP-DEAD PROVISION (頓死規定) / ENTRENCHED PROVISION (硬性規定) / Exon-Florio PROVISION (エクソン・フロリオ規定) / FORCE-THE-VOTE PROVISION (投票強要規定) / GAP-FILLING [GAP FILLER] PROVISION ((契約内容)補充規定) / GRANTBACK PROVISION (戻し特許(条項)) / MANDATORY PROVISION (強行規定) / NON-RECOGNITION PROVISION (非認定規定) / PORCUPINE PROVISION (ヤマアラシ規定). **4**《教会》聖職(禄)叙任;《史》教皇による未充位聖職直任. **~·er** n **~·ment** n **~·less** a ［OF<L (PROVIDE)］

pro·vi·sion·al a 仮の, 暫定的な, 臨時の, 応急の. **~·ly** adv

provísional cóurt 臨時裁判所《特にアメリカの南北戦争下で占領地に置かれた連邦の臨時裁判所》.

provísional dámages pl 暫定的損害賠償金《受けた傷害が将来 身体的・精神的に重くなることも考慮して現状に基づいて暫定的に決定する損害賠償金》.

provísional éxit 《出廷・治療などのための, 囚人の》一時的出獄, 外出.

provísional injúnction 暫定的差止め命令 （＝PRELIMINARY INJUNCTION).

provísional líquidator 《英》《裁判所による会社の強制清算 (compulsory winding-up by the court) の場合に裁判所が清算人 (liquidator) 選任までの間暫定的に任命する》暫定的清算人, 仮清算人.

provísional órder 1 暫定的命令《裁判所や行政機関の発する命令で, 暫定的効力のみを有するもの》. **2**

provísional remedy

〘英〙暫定的命令《大臣によって発せられる命令であるが, のちに議会制定法(Act of Parliament)により確認がなされて初めて法となるもの; したがって委任立法(delegated legislation)に含まれない; かつては地方当局への権限授与のために多く用いられた》.

provísional rémedy 仮の救済手段.

provísion·àry /-n(ə)ri/ *a* **1** PROVISIONAL. **2** 規定の, 規定に関する. **3**〘古〙**a** 将来に備えた, 先見の明ある. **b** 食糧供給の, 糧食の. **c** 教皇による未空位聖職直任の.

Províșions of Óxford *pl* [the ~]〘英史〙オックスフォード条例《1258年 Oxford で開かれた狂乱議会 (Mad Parliament) で国政改革のため, 国王と貴族が選ぶそれぞれ12名の24名からなる委員会が作成し Henry 3 世に提示された条項; 王は15名の常任顧問による評議会を置くこと, 年に3回議会を開催することなどを規定したもの; 王は一旦これを認めたが間もなく承認を取り消しバロン戦争 (Barons' War) (1263-67) をひき起こした》.

pro·ví·so /prəváɪzoʊ/ *n* (*pl* ~**s**, ~**es**) 但し書き, (付属)条項, 条件 (=provision). ▶ ~ (IN) CASU PROVISO (寡婦産復帰権保護令状). ★ 但し書きは通例 provided (always) that で始まる. [L=it being provided; ⇒ PROVIDE]

Proviso est pro·vi·de·re prae·sen·tia et fu·tu·ra, non prae·te·ri·ta. /— est prəvidí:rɛ prizénʃiə ɛt fətjú:rə nɑn prítéritə/ 但し書きは現在および将来のために規定するのであって過去のために規定するのではない. [L=A proviso is to provide for the present and future, not for the past.]

prov·o·cá·tion /prɑ̀vəkéɪʃ(ə)n/ *n* 怒らすこと, じらすこと, 挑発, 刺激(となるもの), 誘発《★ 挑発に基づく激怒状態 (heat of passion) での殺人は, 謀殺 (murder) でなく故殺 (manslaughter) となる》: angry at [on] the slightest ~ 些細なことで怒って / feel ~ 怒る, 挑発される / give ~ 怒らせる / under ~ 挑発されて, 憤慨して. ▶ ADEQUATE PROVOCATION (十分な挑発) / HEAT OF PASSION ON SUDDEN PROVOCATION (突然の挑発による激情状態). **pro·vóc·a·tive** /prəvɑ́kətɪv/ *a* 刺激的な, 挑発的な.

pro·vóke /prəvóʊk/ *vt* **1** 怒らせる, じらす (vex); 挑発する, 刺激する: ~ sb to anger [to do..., into doing...] 人を怒らせる[挑発して...させる]. **2** ひき起こす, 誘発する: ~ indignation [laughter] 怒り[笑い]をひき起こす / ~ a riot 暴動を起こさせる. **pro·vók·er** *n* **pro·vók·able** *a* [OF or L PRO²*voco* to call forth]

prov·ost /prɑ́vəst, *prόʊvòʊst/ *n* **1**〘英〙学長, 学寮長. **2**〘米〙学務担当副学長, 大学事務局長. 〘スコットランド〙市長. **3**〘教会〙聖堂参事会長, 首席司祭, 修道(副)院長; 〘ドイツの都市のプロテスタントの〙大教会牧師. **4**〘史〙(中世荘園の)荘官, 執事; 典獄. ~**·ship** *n* provost の職[地位, 任期]. [OE and AF<L *propositus* (*pono* to place)]

pró·vost còurt /próʊvoʊ-; prəváʊ-/ 占領地軍事裁判所《占領地域内で通常は軽犯罪を即決裁判する》.

próvost màrshal /próʊvoʊ-; prəváʊ-/ **1** 憲兵司令官, 憲兵隊長. **2**〘英海軍〙《軍法会議が開かれる艦船の衛兵長が臨機的に任命される》未決監長.

prówl càr* パトロールカー (=SQUAD CAR).

prox. proximo.

prox·i·mate /prɑ́ksəmət/ *a* **1** 最も近い, すぐ近[前後]の, 直前[直後]の. **2** 近似の (approximate). ~**·ly** *adv* ~**·ness** *n* [L (*proximus* nearest)]

próximate cáuse [the ~] 近因, 主原因, 主因 (=causa proxima, direct cause, efficient cause, legal cause, procuring cause, producing cause)《ある結果をもたらした原因の中で法的に判断して(通例は予見可能性と結びつけて)直接原因 (direct cause) と考えられるもの; cf. REMOTE CAUSE》.

próximate cónsequence 直接的結果.

próximate dámages *pl* 直接損害賠償(金), 近接損害賠償(金)《侵害行為から直接に発生した損害に対する賠償(金); cf. REMOTENESS OF DAMAGE, SPECULATIVE DAMAGES》.

prox·im·i·ty /prɑksíməti/ *n* 近いこと, 近接. [F or L; ⇒ PROXIMATE]

prox·i·mo /prɑ́ksəmòʊ/ *a* 来月の, 来月における《通例 商業文や公文書で用いる; 略 prox.; cf. INSTANT, ULTIMO》: on the 10th *prox.* 来月10日に. [L *proximo* (*mense*) in the next (month)]

proxy /prɑ́ksi/ *n* **1** 代理, 代理権: vote either in person or by ~ 本人みずからあるいは代理をもって投票する. **2** 委任状. **3** 代理人; 代理となるもの, 代用品: act as ~ for sb 人の代理として行動する. — *a* 代理の[による]: a ~ vote 委任[代理]投票 / a ~ war 代理戦争. [ME *procuracy* procuration; ⇒ PROCURE]

próxy còntest 委任状合戦 (=**próxy fight**)《株主総会での議決権行使のための委任状集めの競争》.

próxy decìsion 代理決定《完全な法的能力を欠く人を助けてその人と共にあるいはその人に代わって行なう医療行為への同意または拒否》.

próxy hòlder 代理権者, 代理人.

próxy màrriage《軍役で一方当事者が海外にいて出席できない場合などに代理人を立てての》代理結婚式《米国の大部分の州では禁止されている》.

próxy rùles *pl*〘米〙委任状規則《株主総会での議決権行使のための委任状の勧誘を公正・公平に行なうために証券取引委員会 (Securities and Exchange Commission) が制定した規則》.

próxy sìgnature 代理人による署名, 代理署名.

próxy solicitàtion 委任状勧誘《株主総会での議決権行使のための委任状を勧誘すること》.

próxy stàtement 委任状説明書《株主総会での議決権行使のための委任状の勧誘の際に株主に議案の内容などを説明する文書; 日本の参考書類に当たる》.

PRP °potentially responsible party 潜在的有責当事者.

pru·dence /prú:d(ə)ns/ n 思慮分別, 慎重, 注意深さ, 抜け目なさ.

pru·dent /prú:d(ə)nt/ a 思慮分別のある, 慎重な, 用心深い, 細心な. **～·ly** adv

Pru·den·ter fa·cit, qui prae·cep·to le·gis ob·tem·pe·rat. /pruːdéntər fǽsɪt kwaɪ priséptou líːdʒɪs ɑbtémpərət/ 法の命ずるところに従う者は分別をもって行動する. [L=A person acts prudently who obeys the precept of law.]

prúdent invéstor rùle 分別ある投資家の準則 (=prudent person [man] rule)《信託財産の投資運用についての準則で, 受託者 (trustee) は分別ある人が元本の安全性と同様に収益をも十分考慮した上で購入する証券のみに投資せねばならないという原則; 別名マサチューセッツ準則 (Massachusetts rule) ともいう; cf. LEGAL LIST RULE》.

prúdent pérson 分別人, 通常人 (=REASONABLE PERSON). ▶ ORDINARILY PRUDENT PERSON (通常分別人) / REASONABLY PRUDENT PERSON (合理的分別人).

prúdent pérson [mán] rùle 分別人準則, 慎重人準則, ブルーデント・パーソン・ルール (=PRUDENT INVESTOR RULE).

pru·ri·ent /prúəriənt/ a 好色の, 性的関心が過剰な; 色情をそそる, 猥褻な. **prú·ri·ence** n **～·ly** adv

prúrient ínterest《猥褻的表現の基準の一つである》好色の興味.

p.s. °public sale 公売 ♦ °public statute 一般制定法.

PS《英》°parliamentary secretary 政務次官 ♦《英》°Permanent Secretary 事務次官 ♦ postscript ♦《英史》°privy seal 王璽 ♦《英》°Privy Seal 王璽尚書 ♦《米》°public school 公立学校.

PSBR《英》°public sector borrowing requirement 公共部門借入需要.

pse·phol·o·gy /sifálədʒi; sɪ-, sɛ-/ n 選挙学. **pse·phól·o·gist** n **pse·pho·log·i·cal** /sìːfəládʒɪk(ə)l/ a [Gk *psēphos* pebble, vote]

pseu·do /súːdou; sjúː-/ a 偽りの, にせの, えせ…, もったいぶった, まがいものの, 見せかけの. [Gk (*pseudēs* false)]

pseudo-fóreign corporátion《米》擬似州外法人, 擬似州外会社《収益の大半がその州からのものあるいは株主の大半がその州の人である州外法人[会社] (foreign corporation); 州内法人[会社]と同じ規則を受ける》.

psèudo-fóreign-corporátion státute《米》擬似州外法人法《擬似州外法人 (pseudo-foreign corporation) を規制する州法》.

PSI《米》°presentence investigation report 量刑前調査報告書.

psy·chi·át·ric examinátion /sàɪkiǽtrɪk-/ 精神医学的診察 (cf. INSANITY DEFENSE).

psychiátric ínjury 精神医学的権利侵害《通常の悲しみ・心痛とは区別される突然の衝撃を原因とする心的外傷後ストレス障害のような一種の精神病で, これに対しては一般的な注意義務 (duty of care) はない》.

psy·cho·path /sáɪkəpæθ/ n **1** 精神病質者. **2** 社会病質者 (=sociopath)《しばしば攻撃的・異常・犯罪的行動に出る極端に反社会的人格を特徴とする精神病質者》. **psỳ·co·páth·ic** a **psy·chop·a·thy** /saɪkɑ́pəθi/ n

psychopáthic disórder 精神病質障害.

psychothérapist-pátient prìvilege 心理[精神]療法医[療法士]患者間情報の秘匿特権.

p.t. °pro tempore 一時的に[な], 臨時に[の], 暫定的に[な].

PTO《米》°Patent and Trademark Office 特許・商標局.

PTP °publicly traded partnership 公開取引持分組合.

Pty《オーストラリア・南アフリカ共和国などで》Proprietary《社名のあとに付けて, 私会社 (proprietary company) であることを表示する》.

pub /páb/ n《口》酒場, 居酒屋, 飲み屋, パブ, バー (=PUBLIC HOUSE).

pub. public ♦ publication ♦ publish ♦ published ♦ publisher ♦ publishing.

pu·ber·ty /pjúːbərti/ n **1** 思春期, 春期発動期; (性的)成熟. **2**《史》婚姻適齢 (⇒ AGE OF PUBERTY). ▶ AGE OF PUBERTY (婚姻適齢).

publ. publication.

pub. l., Pub. L. °public law 一般法律.

pub·lic /páblɪk/ a (opp. *private*) **1** 公けの, 公的な; 公共の, 公衆の, 人民の, (国民)一般の; 公立の;《まれ》国際的な: ～ affairs 公共の事柄, 公事 / ～ benefit 公益. **2** 公設の, 公開の; (世間)周知の, 評判の, 公然の, 知れわたっている; 有名な, 著名な (prominent): a ～ scandal だれもが知っている醜聞 / make a ～ protest 公然と抗議する〈against〉. **3**《英大学》大学全体の, 全学の《各学寮に対して》: a ～ lecture 全学共通講義. **go** ～《会社が》株を公開する;《秘密などを》公表する, おおっぴらにする〈with〉. ▶ GOING PUBLIC (公開会社化). **make** ～ 公表する, 公刊する. **take** sth ～《事を》公表する;《会社の》株を公開する. — n **1** [the ～, 〈sg/pl〉] 人民, 国民, 公衆, 社会, 世間: the British ～ 英国民 / the general ～ 一般大衆 / *The* ～ *is* [are] *requested not to enter the premises.* 構内に立ち入らないようお願いします. **2**《ある階層の》人びと, …界, …仲間. **3**《口》PUBLIC HOUSE. **in** ～ 公然と, 人前で (opp. *in private*). **～·ly** adv [OF or L *publicus* (PUBES=adult); 一説に《変形》(*populus* people)]

Públic Áccess to Cóurt Electrónic Récords《米》裁判所電子記録パブリックアクセス[閲覧]《申込者が連邦裁判所での特定事件についての情報をオンラインで得ることのできるコンピューターシステム; 略 PACER》.

públic accommodátion《宿泊・飲食・娯楽などを一般に提供する》公共施設.

públic accóuntant 公認会計士《略 PA》.
▶ CERTIFIED PUBLIC ACCOUNTANT (公認会計士).

Públic Accóunts Commìttee [the ~]《英》公費調査委員会《省庁の経費をチェックする議会庶民院の委員会》.

públic áct 1《英》公法律 (=public statute)《特定地域および特定の人・団体にのみ適用されるのでなく, 一般的に適用される議会制定法で, 裁判所による確知 (judicial notice) の対象となるもの; opp. *private act*; cf. PUBLIC BILL》. 2《米》一般議会制定法 (=GENERAL STATUTE).

públic adjúster《保険》公共損害査定人《保険者・被保険者のいずれからでも依頼を受けて保険目的の損害査定を業としている人; 独立損害査定人 (independent adjuster) が通例保険会社のためであるのに対し, 被保険者のために保険会社との間で損害査定交渉を行なう場合が多い; cf. INDEPENDENT ADJUSTER》.

públic administrátion 1 行政; 行政府. 2 行政学. 3《米》公的遺産管理(手続き)《遺産管理状 (letters of administration) 申請者がいない場合や予定されていた人格代表者 (personal representative) が拒絶した場合に無遺言者の遺産を管理すべく州が任命する役人である遺産管理人 (これを公的遺産管理人 (public administrator) という) による遺産管理(手続き); 若干の州で行なわれる制度》.

públic admínistrator《米》公的遺産管理人 (⇨ PUBLIC ADMINISTRATION).

públic ádvocate 公共的活動家《公共料金・環境問題などの社会問題で公衆一般の声を代弁しようとしている社会活動家》.

públic ágency 行政機関 (agency).

públic ágent 公務員.

públic assémbly 公開集会.

pub·li·ca·tion /pʌ̀bləkéɪʃ(ə)n/ *n* 1 a 出版, 刊行, 発行. b 刊行物, 出版物. ▶ GENERAL PUBLICATION (一般的発行) / LIMITED PUBLICATION (限定的発行) / OBSCENE PUBLICATION (猥褻出版物) / REPUBLICATION (再発行; 更新). 2 発表, 公表, 公布, 公示, 公告. ▶ NOTICE BY PUBLICATION (公告による通知) / REPUBLICATION (再発表) / SERVICE BY PUBLICATION (公告送達). 3 発表《名誉を毀損する言説を第三者に表示すること》. 4《自筆遺言以外の遺言が有効となるために英国でかつて要求され, 現在も米国のわずかな州で要求されている》遺言の公示 (cf. PUBLISH (v)). 5《英》《特許出願の完全明細書の》公告. [OF; ⇨ PUBLISH]

públic attórney* 弁護士 (⇨ ATTORNEY) (cf. PRIVATE ATTORNEY).

públic authórity 1 公的機関, 政府機関. 2 公的権限, 政府の権限.

públic bénefit 公共の利益.

públic bíll 1 [p- B-]《英》公法律案. 2《米》一般議会制定法案. (》cf. PRIVATE BILL, PUBLIC ACT)

públic bódy 公共組織, 公共団体《私的収益のためでなく公益のため権限を行使する組織・団体》.

públic bónd 公債.

públic cárrier 公共運送人 (=COMMON CARRIER) (opp. *private carrier*).

públic cháracter 公的人物, 公人 (=PUBLIC FIGURE).

públic cháritable appéal《公共の場所での, あるいは訪問による》公衆への慈善的寄付の懇請.

públic chárity 公共のための慈善事業《不特定多数の者を受益者とする貧困救済・教育など社会一般の利益のための慈善事業》.

públic cómpany《英》公開会社《株式が証券取引所を通して公開されている会社; 株式会社 (company limited by shares) または 株式資本を有する保証有限会社 (company limited by guarantee) であって基本定款・登記[登録]上公開会社としているもの; ただし後者の新設は 1980 年以来禁止されている; 商号の末尾に PUBLIC LIMITED COMPANY (公開有限責任会社) またはその略号 plc, PLC, Plc を付さねばならない; cf. PRIVATE COMPANY》.

públic cómpany límited by guarantée《英》保証有限責任公開会社 (cf. TABLE D).

públic cómpany límited by sháres《英》株式有限責任公開会社 (cf. TABLE F).

públic cóntract 公的契約《公的資金を対価にして結ぶ契約; 私人により履行され, また私人の利益のための場合もありうる; cf. PROCUREMENT CONTRACT》.

públic cóntroversy 1 公的論争《公けの場でなされかつその当事者以外の人にとっても実質的影響が波及する問題が含まれている論争; 論争当事者はこの論争から生じる名誉毀損 (defamation) 訴訟に関して公人 (public figure) とみなされる; cf. PUBLIC FIGURE, PUBLIC FIGURE TEST》. 2 物議.

públic-convénience-and-necéssity stàndard 公的便益性および公的必要性の基準《政府機関が特定の要請や企画が社会一般の利益に適合しているか否かを判断するために用いられる一般的基準》.

públic corporátion 1 公法人; 公共団体,《特に》地方公共団体《》 political corporation ともいう; private corporation (私法人) の対語》. 2 公共企業体, 公社, 公団, 政府関係法人 (=government corporation). 3《株式が一般に公開されている》公開会社 (=OPEN CORPORATION).

públic débt《政府・地方公共団体が負っている》公的債務, 公共債務.

públic décency 風紀, 風俗. ▶ OUTRAGING PUBLIC DECENCY (社会秩序破壊共謀).

públic defénder《米》《貧困のため弁護人を雇えない人のための》公費選任弁護人, 公設[国選, 州選]弁護人《略 PD; cf. ASSIGNED COUNSEL》.

públic disclósure of prívate fácts 私事の一般開示《個人の私的生活に関する事実を正当な公的事由なしで一般に明らかにすること; プライバシーの侵害 (invasion of privacy)となりうる)．

públic dócument《公的機関作成ないしは公的業務に関する》公的文書 (cf. PUBLIC RECORD).

públic domáin 1《米》公有地《政府，特に 州政府の所有地；略 PD；cf. PUBLIC LAND》．**2**《特許・著作などの》権利消失[不在]状態，公有：in the 〜〈情報などが〉だれでも許可なく使用できる状態に．**3** 公有著作物[発明]．

públic-domáin sóftware《電算》パブリックドメイン・ソフトウェア《著者が著作権を放棄するなどした結果，著作権で保護されていないソフトウェア；略 PD》《俗》 SHAREWARE.

públic dúties *pl* 公務《特に 英国では治安判事 (magistrate)，参事会成員 (councillor)，公共医療実施機関 (Health Authority) の成員などは，他の被用者であってもその公務のために休暇を取りうることが法定されている；ただし，その休暇期間の給与支払いを受ける権利はない；この法定された公務を指す》.

públic dúty dòctrine 公務の法理 (＝public duty rule)《国や地方公共団体を含む公的主体は，その役人ないしは被用者の公的義務違反行為から生じた特定個人への損害に対しては責任を負わないという原則；cf. SPECIAL DUTY DOCTRINE》.

públic dúty rùle 公務の準則 (＝PUBLIC DUTY DOCTRINE).

públic éasement《一般公衆が利用できる》公共地役権《道路の通行権など》.

públic educátion 公教育，学校教育．

públic énemy 1 社会[公衆]の敵，公敵《**1**) 社会の脅威となっている悪名高い犯罪者，特に公開捜査中の犯人を含めて訴追を免れそうな者を指す場合が多い **2**) 社会一般に影響を与え，しかも規制がむずかしい社会的・経済的あるいは保健上の問題》．**2**《交戦中の》敵国．

públic éntity 公的法主体，公法人《国・地方公共団体・公的機関などすべての行政機関・公的団体を含む》.

públic examinátion 公的調査《破産清算手続きにおいて裁判所で行なわれる，債務者の経営・取引・資産の調査》.

públic expénditure 公共支出 (＝public spending)《国・地方自治体やその他の機関などによる支出》.

públic fáct 公的事実《プライバシー侵害が問題となる場合において公的な記録上にある事実，あるいは保護すべき権利が消滅している状態の事実；opp. *private fact*》.

públic fígure 公人，公的人物 (＝public character)《良い意味でも悪い意味でも評判になっている人，あるいは特定の公的論争 (public controversy) への参加者；cf. PUBLIC OFFICIAL》．▶ LIMITED PUBLIC FIGURE (限定公人) / LIMITED PURPOSE PUBLIC FIGURE (限定の公人).

públic fígure tèst 公人テスト，公的人物テスト《名誉毀損・プライバシー侵害事件で用いられる判断基準で，公人 (public figure) の場合の保護の程度を私人に対してより低くしている；cf. PUBLIC CONTROVERSY》.

públic fínance 財政《国や地方公共団体による目的達成のための資金の調達と支出》

públic fórum パブリック・フォーラム (＝open forum)《伝統的な表現活動の場である道路・歩道・公園などの公有地；ここでの表現活動は権利として承認され，ただ時間・方法・態様のみが合理的規制対象となる；cf. NONPUBLIC FORUM, TIME, PLACE, OR [AND] MANNER RESTRICTION》．▶ DESIGNATED PUBLIC FORUM (指定パブリック・フォーラム) / LIMITED PUBLIC FORUM (限定パブリック・フォーラム) / RIGHT TO PUBLIC FORUM (パブリック・フォーラム利用権) / TRADITIONAL PUBLIC FORUM (伝統的パブリック・フォーラム).

públic fúnction tèst 公的機能基準《もし私人が，伝統的には国家に留保されてきている機能を果たしているとすれば，その私人の行為は国家の行為とみなされるべきであるという原則》.

públic fúnd [*ʰpl*] **1** 政府の財源，政府の資金．**2** [the 〜] 公債，国債．

públic gállery《議会・法廷などの》傍聴席 (＝stranger's gallery).

públic géneral áct《英》一般公法律《形式的には，公法律案 (public bill) として提案され制定法となったもののうち暫定的命令 (provisional order) 確認のためのものを除くすべての議会制定法 (Act of Parliament)；内容的には社会一般に適用されるもの；⇨ ACT OF PARLIAMENT, GENERAL ACT》.

públic góod 1 公共善《猥褻出版物 (obscene publication) とされるものの防御として主張される科学・文学・芸術・学問的立場からの善であるとの正当化事由》．**2** [*ʰpl*] 公共財《国防・警察などの政府が提供する財・サービスで，私的財 (private goods) と異なり，ある人の消費で他の人の消費を減少させたり，対価を支払わない人を消費・受益から排除できないもの》.

Públic Gúardian《英》公的後見人《2005 年法で創設された役人で大法官 (Lord Chancellor) が選任；職務は授権者が無能力となった後も持続的効力をもつ委任状 (lasting power of attorney) の登録のほか，それにかかわる仕事を保護法廷 (Court of Protection) と連携して行なうこと》.

públic héalth 公衆衛生．

Públic Héalth Sèrvice [the 〜]《米》公衆衛生総局《連邦の保健福祉省 (Department of Health and Human Services) の一局；略 PHS》.

públic héaring 公開審理，公開聴聞．

públic hóliday《土曜・日曜以外の》一般公休日 (legal holiday*, bank holiday")，祭日，祝日．

públic hóuse 1《酒場，大衆酒場，パブ (＝pub)．**2** *宿屋，イン (inn).

públic hóusing*《低所得者向けの》公営[公共]住宅．

pub·li·ci ju·ris *a* /pʌ́blsàɪ ʤʊ́ərɪs, púːbliːsiː júːrɪs/ 公共的権利の[に関する]；公共に属する，公共に関する． [L＝of public right]

públic ímage《会社・官庁や個人に対していだく》(一般)大衆のイメージ[印象].

públic ínterest [the ~] **1** 公益, 公共の利益. ▶ BUSINESS AFFECTED WITH A PUBLIC INTEREST (公益関連企業). **2** 公的関心, 社会的関心.

públic ínterest excéption 公益のある事件についての例外《上訴裁判所は一般的に争訟性を喪失している訴訟 (moot case) について判示することを禁じられているが, かなり公的重要性をもち, 将来も発生しうる可能性があり, かつ今まで上訴審が判断を避けてきた問題については, これを取り上げ判決することが許されるという原則》.

públic ínterest immúnity《英》公益に基づく免責(特権) (=public policy privilege)《証拠として文書を開示・提出することが公益 (public interest) を損なうという理由で国王がそれを拒否する権利; 文書に関係している人ではなく国王すなわち具体的には関係大臣のみが主張ないしは権利放棄できるもので, 裁判所はこの権利主張を審査し拒否することもできる; ⇨ CROWN PRIVILEGE》.

públic ínterest làw《米》公益法《人権・環境問題など公共の利益を保護するための事件処理に力点を置く法実務の分野; これに関連する場合は集団訴訟 (class action) が多く用いられる》.

públic ínterest làwyer 公益(のために活動する)法律家 (cf. PUBLIC INTEREST LAW).

públic ínterest prìvilege 公益のための秘匿特権 (⇨ PRIVILEGE OF WITNESS, PUBLIC INTEREST IMMUNITY).

públic internátional láw 国際公法, 国際法《条約と国際慣習法からなる国際社会の法; 国際私法 (private international law) に対して, 従来国際公法と呼ばれてきたが, 前者は国内法の一種なのでこの呼称は適当でなく, 今では国際公法という名称はほとんど使われず, 単に国際法 (international law) と呼ぶ》.

públic intoxicátion《アルコール・薬物による》公共の場での酩酊《米国の大部分の法域では軽罪 (misdemeanor) となる》.

públic invitée《ホテル・食堂・劇場などの》一般客.

pub·li·cist /pʌ́blɪsɪst/ *n* **1** 時事評論家, 政治評論家, 政治記者. **2** 宣伝係. **3** 国際法学者. **4** 公法学者. **púb·li·cìsm** *n* 国際法論, 公論; 政論. **pùb·li·cís·tic** *a*

pub·lic·i·ty /pəblɪ́səti/ *n* 知れわたること, 周知; 広報, 公表, パブリシティー, 宣伝, 広告, 公示, 公開; 世間[マスコミなど]の注目[関心], 評判 (⇨ PRETRIAL PUBLICITY). ▶ PREJUDICIAL PUBLICITY (偏見をいだかせるマスメディアの注目) / PRETRIAL PUBLICITY (審理前に知れわたること) / RIGHT OF PUBLICITY (パブリシティーの権利).

públic lánd 公有地, 国有地, 州有地《特に米国の公有地払い下げ法により処分されるものを指す; cf. PUBLIC DOMAIN》.

públic láw 1 公法 (=jus publicum) (opp. *private law*)《略 P.L.》. **2**《米》一般法律 (=GENERAL STATUTE)《略 pub. l., Pub. L., P.L.》. **3** *憲法 (constitution). **4**《まれ》《国際私法 (private international law) と区別して》国際法 (international law).

públic lénding rìght [°P- L- R-]《英》公貸(⚲)権, 図書等貸出し補償請求権《公共図書館における貸出しに対し著作権者が補償を要求できる権利; 略 PLR》.

públic liabílity insùrance 一般責任保険 (=LIABILITY INSURANCE)《被保険者がみずからの財産あるいは事業から生じた被用者以外の第三者に対して負うべき損害の責任を填補する保険の総称》.

públic líbel 公表された文書誹毀(⚲)[誹毀文書].

públic límited cómpany《英》公開有限責任会社《株式が公開されている有限責任会社 (limited company); 商号の末尾に, 会社の種類を明示するためにこの語を付すことが要求されている; plc, PLC, Plc の略記の表示でも可; ⇨ LIMITED COMPANY; cf. PRIVATE LIMITED COMPANY》.

públicly héld corporátion 株式公開会社《株式が公衆によって所有されている会社; cf. CLOSELY HELD CORPORATION》.

públicly tráded pártnership 公開取引持分組合 (=master limited partnership)《その持分権が店頭市場 (over-the-counter market) あるいは証券市場 (securities market) で公開取引の対象となっている組合 (partnership); 略 PTP》.

públic méeting" 公開集会. ▶ DISTURBANCE OF A PUBLIC MEETING (公開集会妨害).

públic mínister 公的使節《大使 (ambassador), 公使 (envoy), 弁理公使 (resident) など政府を代表する高位の外交使節で, 通商事務などを担当する領事 (consul) などは含まない》.

públic míschief《英史》公的迷惑(罪)《警察への虚偽の通報など社会一般の人の迷惑となるような行為; かつてはコモンロー上の軽罪 (misdemeanor) であったが, 現在では独立の犯罪ではない》.

públic morálity 公衆道徳, 社会道徳, 公徳 (cf. PRIVATE MORALITY).

públic mórals 公共道徳 (cf. CORRUPTION OF PUBLIC MORALS). ▶ CORRUPTION OF PUBLIC MORALS (公共道徳違反(罪)) / OFFENSE AGAINST THE PUBLIC HEALTH, SAFETY, COMFORT, AND MORALS (社会一般の健康・安全・安楽・道徳に対する犯罪).

públic necéssity 公的緊急避難 (不法行為 (tort) 成立の免責事由で, 火事が街中に広がるため他人の家を壊す行為など; 私的緊急避難 (private necessity) と違い条件はゆるい; cf. PRIVATE NECESSITY》.

públic nótice《新聞などを通しての》公告 (=notice by publication).

públic núisance 1《個人でなく社会全体に共通の権利に対する》公的不法妨害, 公的ニューサンス (=common nuisance)《公道の通行妨害, 大気汚染・騒音・悪臭公害など; cf. PRIVATE NUISANCE, MIXED NUI-

SANCE). 2《口》みんなの厄介者.

públic offénse 犯罪.

públic óffering《米》《証券の》公募《幹事引受会社を通して株式または社債などの証券を不特定多数の者に対し売り付ける行為またはその勧誘行為; 証券取引委員会(SEC)に登録等を要する; cf. OFFER FOR SALE, PRIVATE OFFERING》.

públic óffice 1 公職, 官職. ▶ MISFEASANCE IN PUBLIC OFFICE (公務における失当行為). **2** 官公庁, 官庁.

públic ófficer 1 公務員, 公職者 (=public official). **2**《英》《株式会社などの》役員.

públic offícial 公務員, 公職者 (public officer) (cf. PUBLIC FIGURE).

públic opínion 世論《単に opinion ともいう》.

públic órder 公共の秩序. ▶ OFFENSE AGAINST THE PUBLIC ORDER (公共の秩序に対する犯罪).

públic órder offénse 公共の秩序に対する犯罪 (=OFFENSE AGAINST THE PUBLIC ORDER).

public or general rights ⇨ DECLARATION CONCERNING PUBLIC OR GENERAL RIGHTS.

públic ównership《産業の》公有(制), 国有(制).

públic pérson《大陸法》公法人 (cf. PRIVATE PERSON).

públic pláce [the ~上] 公共の場所《公園・公道など》.

públic pólicy 1 公序良俗, 公の秩序, 公序, 公益. **2** 公けの政策, 国の政策.

públic pólicy limitátion《税法》公けの政策からの制限《例えば, 買収費用など公けの政策に反する活動についての所要経費を課税対象から控除することは許されないという判例上認められる税法上の原則》.

públic pólicy prívilege 公けの政策に関する秘匿特権 (=PUBLIC INTEREST IMMUNITY).

públic procéssion 公共の場での行進.

públic procúrement《公共部門 (public sector) のための物品・サービスの》公的調達.

públic próperty 1 公的財産 (cf. PRIVATE PROPERTY). **2** 公的財産権.

públic prósecutor 1《米》公訴官, 検察官, 検事. **2**《米》地区検事 (=DISTRICT ATTORNEY). **3**《英》公訴(局)長官 (=Director of Public Prosecutions).

públic púrpose 公的目的.

públic récord《公的機関が保管を義務づけられている》公文書, 公的記録 (cf. PUBLIC DOCUMENT).

Públic Récord Óffice [the ~]《英》《London の》公文書館《前身は保管書類収蔵所 (the Rolls); 略 PRO》.

públic récords excéption 公文書の例外《一定の公文書 (public record) の内容, あるいは通常は公的保管所に保管されているはずの記録の欠如についての伝聞証拠が, 伝聞証拠排除則 (hearsay rule) の例外として, 民刑事訴訟において政府に対する証拠として用いることができるという例外原則》.

públic relátions 1[U(sg)] 広報, 広報活動[業務], 宣伝[広告]活動, パブリックリレーションズ, ピーアール《企業・組織・個人などが, みずからの活動内容などを一般に理解し関心をもってもらうために行なうはたらきかけ; また, その結果得ることのできた一般の人びとの関係; 略 PR》. **2** 広報部, 広報担当組織: a ~ officer 広報官[係], 広報部職員.

públic réprimand《弁護士に対する実務活動の制限を伴わない》公的譴責(処分)《通常は法曹関係の雑誌・新聞などで公表するもの; cf. PRIVATE REPRIMAND》.

públic ríght [U pl] 公権, 公共的権利 (=jus publicum)《公法上認められる権利; cf. GENERAL RIGHT, PRIVATE RIGHT》. ▶ DECLARATION CONCERNING PUBLIC OR GENERAL RIGHTS (公共ないし共同的権利に関する供述).

públic róup《スコットランド》競売, 公売.

públic sáfety 公共の安全.

públic sáfety excéption 公共の安全のための例外《公共の安全を守るために警察が必要である情報についての被告人の陳述は, その他の場合には許されないものであっても証拠として採用しうるというミランダ準則 (Miranda rule) の例外; 例えば 被害者が警察に加害者は銃を持っていると告げ, 被疑者を捕えたところ銃でなくピストルのケースしか持っていなかったので, 警察が銃はどこかと直ちに尋ね, 被疑者がそのありかを答えたような場合, これは身柄を拘束された被疑者尋問には先立ってミランダ準則にのっとってなされるミランダ警告 (Miranda warnings) が不可欠という準則に違反していることになるが, この場合は公共の安全を守るという観点から許容されること》.

públic sále 公売, 競売 (auction)《略 p.s.; cf. PRIVATE SALE》.

públic schóol 1《英》パブリックスクール《中上流子弟などの大学進学または公務員養成の, 通例 全寮制の私立中等学校; 人格教育を重視する; Eton, Harrow, Rugby, Winchester など》. **2** 公立学校《米国・スコットランド・カナダなどの公費で運営される初・中・高等学校; 略 PS; cf. PRIVATE SCHOOL》.

públic séal《公的機関・官庁の》公印 (opp. *private seal*).

públic séctor《経済》公共部門, 公的セクター《混合経済 (mixed economy) で, 中央政府と地方公共団体による経済活動の総体; cf. PRIVATE SECTOR》.

públic séctor bórrowing requírement《英》公共部門借入需要, 公共部門財政赤字《政府・地方自治体・公的企業が財政赤字を補填するために必要な額; 略 PSBR》.

públic secúrity [U pl] 公債.

públic sérvice 1 公益事業《ガス・電気・水道・電話・鉄道など》. **2** 公務, 行政事務, 公職, 公的サービス; [the ~] 公務員《集合的》.

públic sérvice commíssion《公益事業 (public service) を監督・規制する》公益事業委員会.

públic sérvice corporátion《米》《公益事業

(public service)を行なう》公益事業法人，公益事業会社．

públic sérvitude 公的役権《例えば私有地上の公道の通行権など，世間一般ないしは不特定個人に開放されている役権(servitude); cf. PRIVATE SERVITUDE》.

públic spénding 公共支出(＝PUBLIC EXPENDITURE).

públic státute 1《英》公法律(＝PUBLIC ACT). 2《米》一般制定法(＝GENERAL STATUTE)《略 p.s.; cf. PRIVATE STATUTE; ⇨ PRIVATE ACT》.

públic stóre 公的倉庫《軍需品・輸入品などの保管のため政府により維持管理されている保管倉庫》.

públic tórt 公的不法行為(＝civil offense)《駐車違反など刑罰の対象にはなるが，自然犯(malum in se)ではなく法定犯(malum prohibitum)にすぎないため民事的違反(civil offense)であるとされる軽微な法違反; cf. PRIVATE WRONG》.

públic tránsport 公共輸送機関(public transportation*).

públic transportátion* 公共輸送機関(＝public transport)《バス・電車など》.

públic tríal 公開審理, 公開裁判(⇨ RIGHT TO PUBLIC TRIAL). ▶ RIGHT TO PUBLIC TRIAL (公開審理を受ける権利).

públic trúst 公共信託(＝CHARITABLE TRUST).

públic trúst dòctrine《米》公共信託の法理《元来は，可航水域は公共の用(public use)のために保有されるべきであるので州は一般の人の使用権を保護する責があるという判例上の原則; この法理が近年拡張され，大気・水等々の環境資源は州が住民の利益のために信託的に保有し，したがって住民は受託者である州に環境保全のための措置を訴求できるとする環境保護理論にまで発展し，若干の州では立法化もされている》.

públic trustée 1［*P-* *T-*］《英》公的受託官《1906年法で創設された役人で，受託者を見出しにくい場合に信託財産の保管受託者(custodian trustee), 裁判所選任受託者(judicial trustee), 通常の受託者(trustee)のいずれかとして行動しうる単独法人(corporation sole)》. 2 公共信託[公益信託]受託者《公共信託(public trust)ないし公益信託(charitable trust)の受託者; 特に米国で公共信託の法理(public trust doctrine)上は大気・水などの環境資源は住民の利益のために州が信託的に保有していることになるが，ここから住民は受益者(beneficiary), 州は受託者(trustee)であるという発想が生ずる; この場合の受託者である政府機関を指す》.

pub·li·cum jus /pʌ́blɪkəm ʤʌ́s/ JUS PUBLICUM.

públic úse 1《私有財産の公用収用(eminent domain)が許される前提条件としての》公共の用(cf. EMINENT DOMAIN, TAKING). 2《特許法上, 特許の対象とならなくなる特許出願前の》公然使用.

públic utílity 1《電気・ガス・水道・電話などの》公益事業[企業]. 2［*pl*］公益企業株.

públic utílity dìstrict《地方自治体の》公益事業部門, 公益事業法人(＝MUNICIPAL UTILITY DISTRICT)《略 PUD》.

públic vérdict 公開法廷での評決《陪審(jury)により公開法廷で答申された評決》.

públic wélfare 公共の福祉《社会一般の安全・秩序・健康・道徳・経済などの公共的利益》.

públic wélfare offénse 社会生活維持ルール違反罪(＝regulatory offense)《例えばウィンカーが壊れたまま自動車を運転するなど, 行為自体には道徳的違法性は含まれていないが社会生活一般の利益を守る立場からは規制対象とすべく禁止されている軽い犯罪》.

públic wróng 公的権利侵害, 公的違法行為(cf. PRIVATE WRONG).

pub·lish /pʌ́blɪʃ/ *vt* 1〈書籍・雑誌などを〉出版する, 発行する. 2 **a** 発表[公表]する, 公示する, 広める. **b**〈法令・布告などを〉公布する. **c**〈遺言を〉(真意に基づくものであると)公示する(⇨ PUBLICATION). **d**〈名誉毀損となる言説を〉発表する. — *vi* 出版する; 著作を発表する. — **able** *a* 発行[公表]価値のある; 公けにできる.　［OF *publier*＜L *publico* to make PUBLIC］

públish·er *n* 発表者, 公表者, 公布者, 公示者; 出版(業)者, 発行者, 出版社; *新聞発行業者, 新聞社主.

públish·ment *n*《古》PUBLICATION.

PUC Public Utilities Commission.

PUD °planned-unit development 計画的一体開発 ◆ °public utility district 公益事業部門.

pu·er·il·i·ty /pjùərɪ́ləti/ *n* 1《大陸法》幼年《男子は7-14歳, 女子は7-12歳》. 2 幼稚, おとなげないこと, 稚気(ちき).

Pu·fen·dorf /G pú:fndɔrf/ プーフェンドルフ Samuel von ～, Freiherr von ～ (1632-94)《ドイツの法学者・歴史家; ハイデルベルク大学の自然法・国際法教授; Severinus de Monzambano の偽名で発表した *De Statu Imperii Germanici* (ドイツ皇帝の身分, 1667)で神聖ローマ帝国の変則的国制を批判, また大著 *De jure naturae et gentium* (自然法と万民法, 1672)では, Hugo GROTIUS の著作に基づきそれを発展させ, 自然法に基づく公法・私法・国際法を体系化した; Thomas HOBBES に反対して自然状態を平和的なものと見, また国際法をキリスト教徒に限らず全民族に適用されるものとの見解を述べた; ほかに *De officio hominis et civis juxta legem naturalem* (自然法に基づく人と市民の義務, 1673)がある》.

puff /pʌ́f/ *n* 1 ぷっと吹くこと. 2 大げさな賞賛, ほめやし, 誇大宣伝.

púff·er *n* 空(から)入札者, 《競売人の》サクラ(by-bidder).

púff·ery *n* 1《口》大げさな賞賛, ほめやし. ▶ SALES PUFFERY (誇大宣伝). 2 空(から)入札(by-bidding).

púff·ing *n* 1 誇張表現(＝SALES PUFFERY). 2 空(から)入札(by-bidding).

puis darrein continuance ⇨ PLEA PUIS DARREIN CONTINUANCE.

puis·ne /pjú:ni/ *a* 1 下位の, 劣位の, 平(ひら)の; 後輩の,

年下の: MULIER PUISNE. **2** 後の, その次の〈*to*〉. — *n* **1** 下位の人; 後輩. **2** 陪席裁判官. [OF=younger (*puis* after, *né* born)]

púisne júdge 1《英》《首席裁判官 (chief justice) 以外の》普通裁判官, 平裁判官. **2** 陪席裁判官 (＝ASSOCIATE JUDGE).

púisne mórtgage 1 劣位の譲渡抵当権 (＝JUNIOR MORTGAGE). **2**《英》権原証書不寄託譲渡抵当(権)《未登録の土地に対するコモンロー上の譲渡抵当(権)で, コモンロー不動産権に関する証書の寄託により保護されている譲渡抵当(権)でない譲渡抵当(権); 通例 第一順位の譲渡抵当権者がこの証書を保管してしまうので, 次位以下は登録によってのみ保護される》. **3**《英史》《1926 年より前は》コモンロー上の不動産権の譲渡抵当に後れる譲渡抵当(権).

Púll·man absténtion /púlmən-/・《米》ブルマン事件型の裁判権行使回避《州裁判所がその事件の基礎にある州法上の問題を解決する機会があり, その決着が連邦の憲法上の問題を決定する必要を回避しうると連邦裁判所が判断し, みずから裁判権を行使することを回避すること; 裁判権行使回避の最も一般的な型である; 1941 年の判例の被告の会社名から》.

pun·ish /pánɪʃ/ *vt* **1**〈人・罪を〉罰する, 処罰する, 懲らしめる, 刑をもって処する, 処分する〈*for* (*do*ing) sth〉. **2**〈相手を〉ひどいめにあわせる, 手荒に扱う, 酷使する. **～·er** *n*

púnish·able *a*〈人・犯罪・違法行為が〉罰す[懲らす]べき, 処罰の対象となる (opp. *unpunishable*): a ～ offense. **pùnish·abílity** *n*

púnish·ment *n* **1** 処罰, 処分; 刑罰, 罰, 懲罰〈*for* a crime, *on* a criminal〉: disciplinary ～ 懲戒. ▶ ARBITRARY PUNISHMENT (裁量刑; 恣意的な刑罰) / CAPITAL PUNISHMENT (死刑) / COLLECTIVE PUNISHMENT (集団的処罰) / CORPORAL PUNISHMENT (身体刑) / CRUEL AND UNUSUAL PUNISHMENT (残酷かつ異常な刑罰) / CUMULATIVE PUNISHMENT (常習加重刑) / DEGRADING TREATMENT OR PUNISHMENT (品位を傷つける取扱いもしくは刑罰) / DETERRENT PUNISHMENT ((犯罪)抑止的刑罰; 抑止的懲罰) / EXCESSIVE PUNISHMENT (過重な刑罰) / INFAMOUS PUNISHMENT (不名誉刑, 破廉恥刑の刑) / INHUMAN TREATMENT OR PUNISHMENT (非人道的刑罰もしくは刑罰) / MITIGATION OF PUNISHMENT (刑罰の軽減) / PREVENTIVE PUNISHMENT (予防的刑罰) / REFORMATIVE PUNISHMENT (矯正刑) / RETRIBUTIVE PUNISHMENT (応報刑) / SCARLET-LETTER PUNISHMENT (緋文字刑) / UNUSUAL PUNISHMENT (異常な刑). **2**《口》虐待, 酷使.

pu·ni·tive /pjúːnətɪv/ *a* 罰の, 刑罰の, 懲罰の; 応報の. **～·ly** *adv* **～·ness** *n*

púnitive dámages *pl* 懲罰的損害賠償(金)(＝exemplary damages, presumptive damages, smart money, speculative damages, vindictive damages)《不法行為に対する損害賠償は被害の塡補(これを損害塡補賠償(金)(compensatory damages)という)を目的とするが, 不法行為の悪性が高く, その責任を加重させるべきと判断される場合には, 懲罰および一般的抑止効果を目的として, 現実に被った損害を大きく超える損害賠償金を命ずることがあるが, その損害賠償(金); cf. AGGRAVATED DAMAGES, NOMINAL DAMAGES》.

púnitive segregátion《刑務所などの収容者の》懲罰的隔離.

pu·pil /pjúːp(ə)l/ *n* **1** 生徒《多く小・中学生をいう》; 弟子. **2**《スコットランド・大陸法》幼年者, 被後見子. **～·less** *a* [OF or L *pupillus* ward, orphan]

pu·pil·(l)age /pjúːp(ə)lɪdʒ/ *n* **1** 幼年者[生徒]の身分[期間]. **2**《英》法廷弁護士見習い期間《1 年間》.

pu·pi(l)·lar·i·ty /pjùːpəlǽrəti/ *n*《スコットランド・大陸法》幼年期, 被後見年齢.

pú·pil·lary substitútion /pjúːpəlèri-; -ləri-/《ローマ法》未成熟者補充指定 (⇨ SUBSTITUTION 3 (2)).

pu·pil·lus /pjupíləs/ *n*《ローマ法》未成熟者 (cf. TUTELA, TUTOR). [L]

pur au·tre [au·ter] vie /pər óʊtrə víː, -óʊtər-, -váɪ/ 他人の生涯の間 (＝per autre vie). ▶ ESTATE PUR [PER] AUTRE VIE (他生涯不動産権) / LIFE ESTATE PUR AUTRE VIE (他生涯不動産権) / TENANCY PUR AUTRE VIE (他生涯不動産権) / TENANT PUR AUTRE VIE (他生涯不動産権者). [F=for another's life]

pur cause de vi·ci·nage /pur kóʊz də vísɪnaː3/ 隣接を理由にして, 隣接ゆえの. ▶ COMMON PUR CAUSE DE VICINAGE (隣接地入会権). [MF=because of vicinage]

pur·chase /páːrtʃəs/ *vt* **1** 購入する, 買う (buy), 仕入れる; 買収する;《努力や犠牲を払って》獲得する, 得る. **2**《無遺言相続以外の方法で》譲り受ける, 取得する (⇨ PURCHASER). — *n* **1** 購入, 買入れ, 仕入れ; 取得, 獲得: make a good [bad] ～ 安く[高く]買う. ▶ COMPULSORY PURCHASE (公用収用) / HIRE PURCHASE (買取り選択権付き賃貸借) / REPURCHASE (買戻し). **2**《無遺言相続以外の方法による》譲り受け (⇨ PURCHASER) (cf. DESCENT). ▶ CERTIFICATE OF PURCHASE (譲り受け証書) / WORDS OF PURCHASE (譲受人表示文言). **3** 購入物, 買い物. **4**《土地などからの》上がり高, 年収: at ten years' ～ 10 年間の上がり高に相当する値で. **púr·chas·able** *a* 買うことのできる; 買収できる; 譲り受けることのできる.

púrchase agrèement 売買契約, 購入契約. ▶ BLANKET PURCHASE AGREEMENT (包括売買契約).

púrchase mòney 売買代金, 購入代金, 買受け代金, 購入代価.

púrchase mòney mórtgage 売買代金担保譲渡抵当《売買代金の未払い分担保のために売買の目的物に設定される譲渡抵当; cf. NON-PURCHASE-MONEY》.

púrchase mòney resúlting trúst 売買代金復帰信託《復帰信託 (resulting trust) の一種で, 財産の売買に関して, 代金支払い者とその財産権取得者が

別人であり、しかも両者間に夫婦・親子関係のごとく贈与がなされる特別の関係がない場合には、財産権取得者はコモンロー上の権原を取得するが、その者はその権原を代金支払い者を受益者(beneficiary)として復帰信託で保有するものと推定されるが、その信託をいう; 真の信託(trust)というよりはむしろ裁判所が与えるエクイティー上の救済手段(equitable remedy)》.

púrchase mòney secúrity ìnterest 売買代金担保権《代金支払いまで未払い代金につき売主が売買目的物に対して有する担保権、または売買代金を貸し付けた第三者が売買目的物に有する担保権》.

púrchase of its ówn sháres 自社株購入.

púrchase on crédit クレジットによる購入.

púrchase òrder《売主に対して後日代金を支払うことを約して物品の引渡しを求める》仕入れ注文(書)、購入[買入れ]注文(書)《略 P.O.》. ▶ BLANKET PURCHASE ORDER (包括仕入れ注文).

púrchase price 買入れ価格、購入価格、仕入れ値.

púr·chas·er n 1 購入者、買受け人、買手、買主、購買者(=buyer). 2 譲受人、取得者《一般には有償で取得・買受けした人を意味するが、不動産については厳密には、無遺言相続以外の理由で任意に権原を移転された者》.
▶ BONA FIDE [GOOD-FAITH, INNOCENT] PURCHASER (善意譲受人) / FIRST PURCHASER (最初の譲受人).

púrchaser for válue withòut nótice 善意有償の譲受人[第三者](=BONA FIDE PURCHASER).

púrchase tàx《英税制史》購買税《食料などの非課税品目以外の消費財の卸売価格に課せられた間接税; 贅沢品ほど税率が高かった; 1940年以来1973年に付加価値税(value-added tax)導入まで存した》.

pure /pjúər/ a 1 純粋な、純然たる; まじりけのない、単一の、生粋の. 2 高潔な、潔白な. 3 純正の、理論的な. 4 全くの、単なる. 〜**·ly** 〜**·ness** n [OF<L *purus*]

púre áccident 全くの事故、避けえない事故(=UNAVOIDABLE ACCIDENT).

púre ánnuity 純粋年金(=NONREFUND ANNUITY).

púre compárative négligence dòctrine 純粋比較過失の法理《不法行為上の過失責任は、事実認定者が認定した各当事者の過失の比率に応じて相対的に認定し、損害賠償額もそれに応じて減額されるべきであり、被害者にも過失があることを理由に全面的に損害賠償を否定してはならないという原則; cf. 50-PERCENT RULE, COMPARATIVE NEGLIGENCE, COMPARATIVE NEGLIGENCE DOCTRINE, MODIFIED COMPARATIVE NEGLIGENCE DOCTRINE》.

Púre Fóod and Drúg Àcts pl [the 〜]《米史》純正食品・薬品法《不当表示をしたあるいは不純物を混入した食品・薬品の製造、ならびにそのような食品・薬品を州際・対外通商の対象とすることを禁止する1906年法を中心とした一連の連邦法; cf. FOOD, DRUG, AND COSMETIC ACT》.

púre pléa 純粋答弁《エクイティー上の答弁の一種; ⇒ PLEA IN EQUITY》.

púre prémium 純保険料(=NET PREMIUM).

púre ráce a《米》《不動産取引証書登録法(recording act)の一つの型である》先順位登録者単純保護の(⇒ RACE STATUTE, RECORDING ACT) (cf. NOTICE, RACE-NOTICE).

púre ráce stàtute《米》先順位登録者単純保護型不動産取引証書登録法(=RACE STATUTE).

púre rísk《必ず損害が生ずる》純粋危険[リスク] (cf. SPECULATIVE RISK).

púre spéech 純粋な言論《思想の伝達に必要なかぎりでの、すなわち行動を伴わない口頭・文書あるいは動作による言論; 米国では憲法上最大限の保護の対象となる; cf. COMMERCIAL SPEECH, SYMBOLIC SPEECH》.

púre théory (of láw) 純粋法学《法を法外的な倫理的考察からまた社会学的考察から切り離して実定法の純粋な認識をめざすべきとする Hans KELSEN が提唱した法学派》.

púre vílleinage《英史》純粋隷農保有《不確定の、したがって領主の命ずるままに提供すべき隷農的奉仕を条件としての土地保有; 謄本保有(copyhold)が典型》.

pur·ga·tion /pə:rgéɪʃ(ə)n/ n 1 浄化、《カトリック》《煉獄での》魂の浄化、浄罪、罪障消滅. 2《史》《宣誓や神判(ordeal)による》雪冤(せつえん)、無実の証明 (cf. COMPURGATION). ▶ CANONICAL PURGATION (カノン法上の雪冤宣誓) / VULGAR PURGATION (世俗的雪冤).

purge /pə:rdʒ/ vt 1《悪いものを》一掃する《out, away, off》;《組織などから》《不要分子を》追放[粛清]する《of》;《...から人を》追放する《from》. 2 ...の嫌疑を晴らす、...の無実を証明する;《罪》をあがなう: 〜 *oneself of* suspicion みずから嫌疑を晴らす / 〜 *a contempt of* court [*one's* contempt] 《謝罪恭順の意を表すなどにより》裁判所侮辱を償う. ─ n 1 清め、浄化; 追放、粛清、パージ. 2 *《俗》新しく収容された捕虜(のグループ). **púrg·er**
[OF<L *purgat- purgo* to cleanse, make PURE]

pur·lieu /pə́:rl(j)u/ n 1《英史》御料林違法組入れ地《違法に御料林に組み入れられ、森林憲章(Charter of the Forest)によりもとに復された森林境界地》. 2 自由に出入りできる場所; 行きつけの場所、なわばり; [pl] 近隣(地区); 郊外、場末. [ME *purlew*<AF *puralé* perambulation (*aller* to go); 語形は *lieu* に同化]

pur·loin /pərlɔ́ɪn, pə́:rlɔɪn/ vt 盗む(steal)、くすねる.

pur·part /pə́:rpà:rt/ n PURPARTY.

pur·par·ty /pə́:rpà:rti/, **pour-** /púər-/ n 共有地分割における各共有者の持分、分割によって具体化された持分、持分.

pur·port n /pə́:rpɔ̀:rt/ 1 意味、趣意、趣旨. 2 目的、目標、意図. ─ vt /pərpɔ́:rt, ′′pə:pət/ 1 意味する; ...の趣旨を有する. 2 表明する、主張する、...と称する. 3 志す、もくろむ. [AF<L]

purpórt·ed a ...といううわさの、...と言われている、...とされている.

pur·pose /pə́:rpəs/ n 1 a 目的(aim)、意図; 用途.

b 趣旨, 意味; 論点: ~s of a corporation 会社の目的 / to this ~ この意味に / to the ~ 適切に[な]. ▶BENEVOLENT PURPOSE（公益目的）/ CHARITABLE PURPOSE（慈善目的）/ CONDITIONAL PURPOSE（条件付き故意）/ CORPORATE PURPOSE（会社の目的）/ FITNESS FOR A PARTICULAR PURPOSE（特定目的適合性）/ FITNESS FOR PURPOSE（目的適合性）/ FRUSTRATION OF PURPOSE（契約目的の達成不能の法理）/ GOVERNMENTAL PURPOSE（統治目的）/ PHILANTHROPIC PURPOSE（博愛目的）/ PUBLIC PURPOSE（公的目的）. **2** 意志, 決心, 決意. **3** 成果, 効果: There is no ~ in opposing. 反対してもむだに. **on** ~ 故意に, わざと (opp. *by accident*): ACCIDENTALLY on ~ / on ~ to do …するつもりで. **to little [no]** ~ ほとんど[全く]無駄に. **to some [good]** ~ かなり[よく]成功して. — *vt* …しようと思う 〈*to do*, *do*ing, *that* …〉; 決意する. **be ~d to do** [doing, that …]〈古〉…(しよう)と決意している. [OF<L *propono* to PROPOSE]

púrpose·ful *a* **1** 目的のある; 意図的な, 意図をもった; 故意の, 計画的な (deliberate). **2** きっぱりした, 果断な. **3** 意味のある, 意味深い, 重要な. ~·ly *adv* ~·ness *n*

púrpose·ly *adv* 故意に, 意図的に (intentionally).

púrpose trùst 目的信託（**1**）信託財産 (trust property) の配分のためとは違って例えばスポーツ振興のためといった特定目的のための信託; 公的·公益目的の場合には認められる 2）受益対象が確認可能な人間以外のものであるため一般に強制力がなく無効となるが, 特定動物の保育, 墓の保存のためなどでは有効である; 非公益目的信託 (non-charitable purpose trust) と同義; またこの意味では徳義的信託 (honorary trust) と同義となる）.

pur·pres·ture /pərpréstʃər/, **pour-** /puər-/ *n* 公有地侵害, 王領侵害《王領·公道·公水路などを建築物などで不法に侵害すること》.

purs·er /pə́ːrsər/ *n*《客船·旅客機の》事務長, パーサー.

púrse snàtching《ハンドバッグなどの》ひったくり.

pur·su·ant /pərsúːənt; -sjúː-/ *a* 準ずる, 従った, 拠った〈*to*〉. ~ **to**…に従って, 準じて: ~ to Article 82 第82条により / ~ to commitment 約定に従って. ~·**ly** *adv* 従って, 〈…に〉準じて〈*to*〉.

pur·sue /pərsúː; -sjúː/ *vt* **1** 追跡する, 追う, 狩る. **2**〈目的〉を追求する;〈仕事·実験など〉を遂行する, 従事する, 続行する. **3**〈道〉をたどる, とる;〈方法〉に従う;〈計画〉に従う. **4** 訴追する,〈訴訟〉を追行する, …の司法手続きをとる. — *vi* **1** 追う, 追跡する〈*after*〉. **2** 訴える〈*for*〉. **pur·sú·able** *a* [OF<L PROSECUTE]

pur·sú·er *n* **1** 追跡者, 追っ手. **2** 追求者, 遂行者, 続行者. **3** 研究者, 従事者. **4**《スコットランド·教会法》原告 (plaintiff), 訴追者, 検察官 (prosecutor).

pur·suit /pərsúːt; -sjúːt/ *n* **1** 追跡, 追撃; 追求〈*of*〉. ▶FRESH PURSUIT（即時追跡（権））/ HOT PURSUIT（即時追跡（権）; 緊急追跡）. **2** 続行, 遂行, **追行**. **3** 従事, 営業〈*of*〉; 職業, 仕事, 学業, 研究; 趣味, 楽しみ. **4**《スコットランド·教会法》訴追. [OF (*pur-*, SUIT); ⇒ PURSUE]

pursúit of háppiness 幸福の追求《米国独立宣言中の文言》; ⇒ RIGHT TO PURSUE HAPPINESS).

pur·vey·ance /pərvéɪəns/ *n* **1**《食糧などの》調達〈*for* the army〉. **2**《英史》徴発（権）《国王の物資強制買上げ·車馬強制借上げ大権; 1660年廃止》.

pur·view /pə́ːrvjuː/ *n* **1**《法令·文書·活動·関心など》の）範囲; 権限; 視界, 視野: within [outside] the ~ of…の範囲内[外]に. **2**《法律の, 前文·付則などを除いた》基幹部分, 主部, **本文**;《法律の》趣旨, 基本方針: fall within the ~ of Act 1 第1条に該当する. [AF]

PUS《英》° Parliamentary Undersecretary 政務次官.

put /pút/ *vt* **1** 置く. **2** 付与する: ~ a good [bad] CONSTRUCTION on…. **3** 強いて…させる (compel)〈*to do*〉. ~ **aside**（一時）わきへやる, 片付ける; たくわえて[取って]おく;〈不和·憎しみなど〉を無視する, 忘れる;〈判決·命令など〉を撤回する, 破棄する, 取り消す, 無効にする. ~ **away** 刑務所[精神病院など]に入れる[放り込む]. ~ **down** (1) 下に置く. (2)〈乗客など〉を下ろす,〈飛行機など〉を着陸させる. (3) たくわえて[しまって]おく, 保存する. (4)《力などで》押さえつける, 静める. (5) 切り詰める, …の値段を下げる. (6) 書き記す, 記入する; …の代金を〈…の勘定に〉つける. (7)〈…と〉考える, みなす. (8) 帰する〈*to*〉. (9) 即金で支払う. (10)〈仕事〉をやめる. (11)〈動議〉を上程する, 審議に付す. ~ **in** (*vt*) (1) 入れる, 差し込む. (2)《書き物などに》付け加える, 含める;〈電話〉を入れる;〈…に金〉を出す, 醵出[寄付]する. (3)《正式に》提出する, 申請する〈*for*〉: ~ in a claim *for* damage [loss]《保険会社などに》損害の補償請求をする. (4) 任命する;〈政党〉を政権につかせる, 選出する. (5)〈品物〉を仕入れる. (6)〈仕事など〉を行なう,〈努力など〉を投入する, 費やす〈*on*, *to*〉. (7)〈時〉を使う, 費やす. (8)《俗》〈人〉をはめる, 密告する, 有罪にする, 刑務所へ送る. (*vi*) 入港する; 寄港する. ~ **on** (1) 載せる. (2) 身につける, 着る. (3)〈体重·スピードなど〉を増す,〈時計〉を早める. (4)〈劇など〉を上演する, 催す. (5)〈人〉を《試合·舞台などに》登場させる, 出す;《代わって》電話に出る, …の電話をつなぐ. (6)〈水·ガスなど〉の栓を開いて出す,〈ライト·ラジオなど〉をつける;〈食事の用意〉を始める;〈ブレーキ〉をかける. (7)〈税金〉を課す,〈金〉を賭ける. (8)*〈口〉だます. — *n*《証券》**売付選択権**, プットオプション (=put option)《特定の証券·通貨·商品などを一定期限まで所定の価格で相手方に売り付けることができる選択権; cf. CALL》.

pu·ta·tive /pjúːtətɪv/ *a* 推定(上)の, 推定されている, うわさに伝わる, 一般にそう言われて[思われて]いる. ~·**ly** *adv* [OF or L (*puto* to think)]

pútative fáther 推定の実父.

pútative márriage 有効と推定されてなした婚姻, 想定婚, 誤想婚《婚姻障害 (impediment) が存在するとか法的手続きに欠陥があるなどで法的には無効な婚姻だが, 少なくとも当事者の一人が善意で有効であると信じて

なした婚姻; この善意の配偶者には一定の効果が与えられる; cf. DE FACTO MARRIAGE)).

pút òption 売付け選択権, プットオプション, プット (= PUT) (cf. CALL OPTION, DOUBLE OPTION).

pút prìce 〖証券〗(権利)行使価格 (=STRIKE PRICE).

pútting in féar 《暴力を用いて》恐怖に陥らせること, 恐怖させること《コモンロー上 強盗 (robbery) 成立の要件の一つ》.

PVS °persistent vegetative state 遷延性植物状態.

pyr·a·mid /pírəmìd/ *n* **1** ピラミッド型持株会社, 持株会社ピラミッド (⇨ PYRAMIDING). **2** 利乗せ (= PYRAMIDING). **3** ピラミッド販売方式 (=PYRAMID SCHEME). ― *a* ピラミッド販売方式の[に関する]. ― *vi* 利乗せする (⇨ PYRAMIDING). ― *vt* **1** 〈利益を〉利乗せに用いる. **2** 〈税金などを〉価格に上乗せする.

pýramid·ing *n* **1** 利乗せ《信用取引・先物取引で計算上の利益を証拠金に充当して取引を拡大する手法》. **2** 持株会社ピラミッド《持株会社またはその連鎖により比較的少額の資本で多数の会社の支配権を握ること》. **3** 保険の累積《信用供与の条件として債権者がみずからを保険金の受取人とする債務者の死亡・傷害保険加入を要求している場合に, 債務者側が返済期限の延期・再融資を求めると再び同一保険に加入させ保険契約を累積すること; 法律で禁止されている》. **4** ピラミッド販売 (=PYRAMID SCHEME).

pýramid schème ピラミッド販売方式 (=chain referral scheme, pyramiding, pyramid selling)《紹介販売契約 (referral sales contract) により, 商品購入者が新しい購入者を誘引した場合, またさらにその新購入者が別の購入者を誘引した場合に, それを理由に金銭その他の利益を受け取る仕組みの販売方式; 英国および米国の多くの州で規制されている; 単に pyramid ともいう; cf. PONZI SCHEME》.

pýramid sèlling" ピラミッド販売, ねずみ講式販売 (=PYRAMID SCHEME).

pyx /píks/ *n* **1** 〖教会〗聖体容器, 聖体匣(³⁄₄). **2** 《造幣局の》見本貨幣検査箱, 硬貨検査箱 (=∼ chèst). ★ 1, 2 共に pix ともいう. the **trial of the** ∼ 《造幣局の》鋳造貨幣検査.

Q

Q, Q. quarterly ♦ Queen ♦ question ♦ quorum.
qa·di, ca·di, ka·d(h)i /káːdi, kéːi-/ *n* 法官, カーディー《イスラム教諸国で特にイスラム教宗法を解釈しつかさどる裁判官》. [Arab＝judge].
Q-and-A question-and-answer.
QB, Q.B. 〖英〗°Queen's Bench 女王座部, 女王座裁判所.
QBD 〖英〗°Queen's Bench Division 女王座部.
QC 〖英〗°Queen's Counsel 勅選弁護士《姓の後に付けて記す: J. Smith *QC*》♦ quitclaim.
q.c.f. °quare clausum fregit いかなる理由で囲みを侵害したか.
Q.D. quasi dicat あたかも彼[彼女]は…と言うがごとし. [L＝as if he/she should say]
QDRO /kwádrou/ 〖米〗°qualified domestic relations order 適格な家事関係にあることについての命令.
Q.E.D. °quod erat demonstrandum 証明さるべきであった〈こと〉, 以上が証明されるべきことであった《特に数学上の証明の末尾で「証明終わり」の意で用いられる》.
qmv °qualified majority voting 特定多数決(投票制).
qq.v. quae vide (⇒ QUOD VIDE).
q.s., QS °quarter sessions 四季裁判所.
Q.T. °qui tam (action) 公私混合訴訟.
QTIP /kjúːtìp/ °qualified terminable interest property キューティップ財産.
QTIP trust /－－/ キューティップ信託《夫婦間で一方が死亡した場合に資産が他方に移転すると遺言で設定される信託; この資産をキューティップ財産 (qualified terminable interest property) と呼ぶが, これは, 一定要件を満たせば夫婦のうちの生残者の財産とみなされ, したがって死亡者の遺産にかかる相続税の対象にならない; その生残者死亡の場合にはその遺産に含められる》.
qu. query.
qua /kwáː, kwéɪ/ *prep* …として, …の資格で: ～ trustee 受託者として. [L＝(in the way) in which (abl fem sg)〈*qui* who]
quack /kwǽk/ *n*《特に医学上の》知識[技能]があると詐称する者, にせ医者, いんちき療法士 (＝～ dòctor); 食わせ者, 山師, いかさま師, はったり屋.
qua·cum·que via da·ta /kweɪkámkwi vàɪə déɪtə/ いずれにしても, いずれをとるにしても. [L＝which-

ever way given]
Qua·dra·ges·i·ma /kwàdrəʤésəmə/ *n* **1** 四旬節 (Lent) の第一日曜日 (＝～ Súnday). **2**〖史〗四旬節《40 日間》. [L＝fortieth]
Quad·ra·gesms /kwàdrəʤésmz/『治世第 40 年代の部』《Edward 3 世治世第 40–50 (1366–77) 年の間の判例を含む年書 (Year Books) の一般的名称》.
quad·ri·par·tite /kwàdrəpáːrtaɪt/ *a*〖史〗〈捺印証書など〉4 部からなる, 同文 4 通の, 4 部に分かれている; 4 人からなる, 4 者[4 国]間の: a ～ pact 四国(間)協定.
Quae ab ini·ti·o in·u·ti·lis fu·it in·sti·tu·tio, ex post fac·to con·va·les·ce·re non po·test. /kwi æb iníʃiou ɪnáːtɪlɪs fɑ́ːɪt ìnstɪtjúːʃiou ɛks pást fǽktou kànvəlɛ́sɛrɛ nán pátɛst/ 最初から無効であった制度は後の行為によって有効なものにされえない. [L＝An institution which was void from the beginning cannot be strengthened by a subsequent act.]
Quae ac·ces·si·o·num lo·cum ob·ti·nent, ex·tin·gu·un·tur cum prin·ci·pa·les res pe·remp·tae fu·e·rint. /kwi æksɛ̀sʃióunəm lóukəm ɑ́btɪnɛnt ɛkstɪŋgúntər kəm prìnsɪpéɪliz rɪz pɛrɛ́mpti fɑ́ːɛrɪnt/ 従物の地位を占めている物は, 主物が消滅することになる時には消失する. [L＝Those things which hold the accessory position are extinguished, when the principal things are destroyed.]
Quae ad unum fi·nem lo·cu·ta sunt, non de·bent ad ali·um de·tor·que·ri. /kwi æd júːnəm fínɛm lɑkúːtə sənt nɑn dɛ́bɛnt æd ǽliəm dɛ̀təːrkwíːraɪ/ ひとつの意味で言われたものは他(の意味)に曲解されるべきではない. [L＝Those things which are spoken to one purpose ought not to be twisted to another.]
Quae com·mu·ni le·gi de·ro·gant stric·te in·ter·pre·tan·tur. /kwi kəmjúːnaɪ líːʤaɪ díːrəgænt stríktɛ ɪntɛrprɪtǽntər/ コモンローを制限するもの[制定法]は厳格に解釈される. [L＝Those (statutes) that derogate from the common law are strictly interpreted.]
Quae con·tra ra·ti·o·nem ju·ris in·tro-

duc·ta sunt, non de·bent tra·hi in con·se·quen·ti·am. /kwi kántrə ræʃióunɛm dʌ́:rɪs ɪntroʊdʌ́ktə sənt nan débənt tréɪhaɪ ɪn kànsɛkwénʃiæm/ 法の理に反して導入されたものは先例に入れられるべきでない。[L=Things which have been introduced contrary to the reason of law ought not to be drawn into a precedent.]

Quae du·bi·ta·ti·o·nis cau·sa tol·len·dae in·se·run·tur com·mu·nem le·gem non lae·dunt. /kwi dəbɪtèɪʃíóʊnɪs kɔ́:zə talɛ́ndi ìnsɛrʌ́ntər kamjú:nɛm lí:dʒɛm nan lí:dənt/ 疑いを除くために挿入されるものはコモンローを害しない。[L=Those things which are inserted for the purpose of removing doubt do not hurt the common law.]

Quae dubitationis tol·len·dae cau·sa con·trac·ti·bus in·se·run·tur jus com·mu·ne non lae·dunt. /— — talɛ́ndi kɔ́:zə kantrǽktɪbəs ìnsɛrʌ́ntər dʒú:s kamjú:nɛ nán lí:dənt/ 疑いを除くために契約に挿入されるものはコモンローを害しない。[L=Those things which are inserted in contracts for the purpose of removing doubt do not hurt the common law.]

quae est ea·dem /kwi ɛst iérdəm/《史》同じことである、変わりはない、いずれも同じ事柄である (=que est le mesme)《かつて侵害 (trespass) 訴訟で原告が被告の主張した事実を否認する代わりに、被告主張が事実であったとしても同じことになる旨の主張などとして用いられた》。[L=which is the same matter]

Quae in cu·ria re·gis ac·ta sunt ri·te agi prae·su·mun·tur. /kwi ɪn kjú:riə rí:dʒɪs ǽktə sənt ríte éɪdʒaɪ prì:zəmʌ́ntər/ 国王裁判所においてなされることは方式通りになされているものと推定される。[L=Things that are done in the king's court are presumed to be done in the right way.]

Quae in tes·ta·men·to ita sunt scrip·ta ut in·tel·li·gi non pos·sint, per·in·de sunt ac si scrip·ta non es·sent. /kwi ɪn tèstaméntoʊ íta sənt skríptə ət ɪntélɪdʒàɪ nan pásɪnt perínde sənt æt saɪ skríptə nán ésɛnt/ 遺言書において理解できぬように書かれている事柄は、ちょうどそれが書かれなかった場合と同じようである。[L=Things that are so written in a will that they cannot be understood are as if they had not been written.]

Quae·li·bet con·ces·sio for·tis·si·me con·tra do·na·to·rem in·ter·pre·tan·da est. /kwí:lɪbɛt kansɛ́ʃioʊ fɔ:rtísɪmi kántrə dòʊneɪtóʊrɛm ɪntèrprɪtǽndə ést/ 譲与はなんであれ贈与者に最大限不利に解釈されるべきである。[L=Every grant is to be interpreted most strongly against the grantor.]

Quaelibet poe·na cor·po·ra·lis, quam·vis mi·ni·ma, ma·jor est qua·li·bet poe·na pe·cu·ni·a·ria. /— píːnə kɔ̀:rpəréɪlɪs kwǽmvɪs mínɪmə mǽdʒə:r est kwǽlɪbɛt píːnə pɛkənɪéɪriə/ 身体刑はいかなるものでも、たとえどれほど軽いものであっても、いかなる罰金刑よりも威力を有する。[L=Every corporal punishment, even the least, is greater than any pecuniary punishment.]

Quae ma·la sunt in·cho·a·ta in prin·ci·pio vix est ut bo·no pe·ra·gan·tur ex·i·tu. /kwi mǽlə sənt ɪnkéɪtə ɪn prɪnsípioʊ víks ést ət bánoʊ pərəgǽntər ɛ́ksɪtjù:/ 始めに悪しきものが良き結末で終わることはほとんどない。[L=Things which are bad in the commencement are seldom carried through to a good ending.]

Quae non va·le·ant sin·gu·la, junc·ta ju·vant. /kwi nan vǽliənt síŋgjələ dʒʌ́ŋktə dʒú:vənt/ それだけでは有効でない[意味をもたない]もの[語]も結合されると有効となる。[L=Things which are of no effect separately are effective when combined.]

quae plu·ra /kwi plúərə/《英史》死後審問補充令状、補充調査令状《死後審問 (inquisitio post mortem) がなされたが、そこから洩れた対象の土地があると信じられた時に発せられた；後見裁判所 (Court of Wards (and Liveries)) の廃止で事実上廃止》。[L=what more]

quae·re /kwíəri, kwéri/ *vt* [*impv*] 問え、調べよ、審問せよ (inquire); 疑義あり。★ ⇨ QUERY. — *n* 疑問、疑義、問題、質問 (question). [L *quaerere*: *quaero* to inquire の命令形]

qua·le jus /kwéɪli dʒʌ́s, kwá:li-/《史》適法性確認令状《土地が死手に移ることを禁じる死手法 (mortmain statute) の脱法を防ぐため、聖職者が欠席裁判で土地を得た場合に判決執行前にいま一度権利を実際に確認することを命ずる裁判所令状 (judicial writ)》。[L=what kind of right]

qual·i·fi·ca·tion /kwàləfəkéɪʃ(ə)n/ *n* **1 a** [⁰*pl*]《地位・職務を得たり、権利を行使したりするための》資格、適格性、要件 〈*for, to do*〉. **b** 資格付与[証明]、免許. **c** 資格証明書、免許状. ▶ ADVOCACY QUALIFICATION (弁護人資格) / BONA FIDE OCCUPATIONAL QUALIFICATION (真正な職業要件(の抗弁)) / CERTIFICATE OF QUALIFICATION (州内営業資格付与書) / DEATH QUALIFICATION (死刑判決忌否認陪審員排除) / DISQUALIFICATION (資格剥奪；失格事由；除斥). **2 a** 制限(を加えること)、条件(をつけること)、《文言の》限定 (restriction); 修正、留保. **b** 留保条件、但し書き. **3**《国際私法》法律関係の性質決定 (=CLASSIFICATION).

qualificátion shàre 資格株《取締役の資格要件として所有すべき持株(数)》.

quál·i·fied *a*《opp. *unqualified*》**1** 資格のある、適任の (competent, fit) 〈*for, to do*〉; 免許された、検定を経た: highly ~《試験で》良い成績をあげて. **2** 制限[限定]された、条件付きの. **~·ly** /-fàɪədli, -fàɪdli/ *adv*

quálified accéptance 1《契約における》制限付

き承諾《反対申し込み (counteroffer) とみなされる》. **2** 不単純引受け《呈示された為替手形の内容を変更しての引受け; 手形所持人は引受け拒絶とみなすことができる; cf. GENERAL ACCEPTANCE, PARTIAL ACCEPTANCE》.

quálified áuditor's [áudit] repòrt 限定意見付き監査報告書 (=qualified opinion*).

quálified cháritable remáinder trùst 条件付き公益残余権信託《年金式公益残余権信託 (charitable remainder annuity trust) か単一式公益残余権信託 (charitable remainder unitrust) かのいずれかを指す》.

quálified dedicátion《財産, 特に土地の公用への》制限付き提供, 条件付き(公有地)供与.

quálified discláimer 1 限定的権利拒否. **2**《米》適格な権利拒否《遺産税・贈与税を免れるために一定期間内に書面で行なう権利取得の拒否》.

quálified doméstic relátions òrder《米》《配偶者・子の扶養などの家事問題について》適格な家事関係にあることについての命令《州裁判所の命令; 略 QDRO /kwádrou/》.

quálified endórsement 1 条件付き裏書《法が一般的に定めている為替手形・約束手形の裏書人の責任を制限したり拡大したりする旨の裏書; 典型的には次の2の無担保裏書を指す; cf. UNQUALIFIED ENDORSEMENT》. **2**《手形・小切手上の》無担保裏書《1 の意味のうち特に, 一般には without RECOURSE (遡求なし(で)) などの文言の裏書をして担保責任[遡求義務]を負わない旨を付記した裏書》.

quálified fée 制限付き封土権 (=base fee, determinable fee)《不確実な事実の発生により消滅する封土権》.

quálified géneral deníal 制限的否認《明示的に認めた主張以外のすべてを否認する; cf. GENERAL DENIAL, SPECIFIC DENIAL》.

quálified immúnity 限定的免責《公務員が裁量行為を行なっている場合には明白に定められた憲法・制定法上の権利侵害を犯したものでなければ民事責任を免ぜられること; cf. ABSOLUTE IMMUNITY, MALICE EXCEPTION》.

quálified majórity vòting 特定多数決(投票制), 加重多数決《欧州連合 (European Union) の機関, 特に欧州連合閣僚理事会 (Council of Ministers) などで用いられている表決方式で, 加盟国の人口比などを考慮して国あたりの持ち票を定め投票で決める方法; 略 qmv》.

quálified núisance 限定的不法妨害[ニューサンス]《それ自体は合法的であるが, きわめて不注意な形で存続させたため不合理な危害の危険をもたらし, かつ時間の経過とともに現実にも他人の権利を侵害するに至るような不法妨害; cf. ABSOLUTE NUISANCE》.

quálified opínion* 限定意見付き監査報告(書) (=qualified auditor's [audit] report).

quálified ównership 制限的所有(権)《共有され

ていたり, 特定の使用目的に限定されていたり, あるいは享有の程度を制限されている所有(権)》.

quálified prívilege 限定的免責(特権) (=conditional privilege)《法的・道徳的義務を適正に行使している場合には免責されること; 特に 名誉毀損 (defamation) 訴訟において, 対象の言説がたとえ真実でなくても, 公益・私益擁護のためで, しかも現実の害意 (actual malice) をもってなされたものでない場合などには免責されること; cf. ABSOLUTE PRIVILEGE, REPORTAGE》.

quálified próperty 1 制限的財産権, 制限物権《受寄者 (bailee) の受寄物に対する権利のような, 特に動産についての所有権以外の物権》. **2**《野生動物に対してのように現実に支配しているかぎりでの》限定的所有権.

quálified résidence ínterest《米税制》適格住宅資金利息《自己のための住宅購入・建築・改築などを目的にした住宅によって担保されている金銭債務に対して支払う利息; その分が所得の控除対象となる》.

quálified ríght 条件付きの権利 (cf. ABSOLUTE RIGHT).

quálified términable ínterest pròperty キューティップ財産《略 QTIP》. ⇨ QTIP TRUST.

quálified términable ínterest pròperty trúst キューティップ信託 (⇨ QTIP TRUST).

quálified títle《英》限定付き権原《土地登録 (land registration) された土地についてのその登録上で特定された瑕疵(か)付きの権限; cf. ABSOLUTE TITLE》.

quálified véto《米》限定的拒否権(行使)《立法府の特別多数によれば乗り越えられうる拒否権; 連邦議会両院がそれぞれ3分の2以上の多数で再可決することにより大統領が拒否権行使をした法律案が法律となると定められている米国大統領のもつ法律案に対する拒否権がその例》.

quálified wítness 有資格証人《会社の事業記録 (business records) 作成・保存の態様について説明することにより, 伝聞証拠排除則 (hearsay rule) の例外としてその事業記録を証拠として許容してもらうための根拠を示しうる証人; ⇨ BUSINESS RECORDS EXCEPTION》.

qual・i・fy /kwάləfàɪ/ vt **1** ...に資格[権限]を与える〈for, as, to be, to〉, 適任とする, 適格にする: I qualified myself for the office. その職の資格を取得した / be qualified as [to be] a lawyer 弁護士資格がある. **2** 制限する, 限定する; (限定を加えるなどして)修正する.
— vi **1** 資格を得る, 免許[認可]を受ける. **2** 適任である; 適格性を有する, 適格となる.

quálify・ing a **1** 適格者選抜のための, 予選の. **2** 資格のある, 適格な. **3** 資格[適格性]を与える.

quálifying chíld《英》非同居親の子の扶養費分担対象子《非同居親の子の扶養費分担(額) (child support maintenance) の対象となりうる子》.

quálifying distribútion《英史》適格利益配当《会社に利益が出た際, まず前払い法人税 (advance corporation tax) を支払わなければならなかったが, それを納めて配分可能となった利益配当; 1999年で前払い法人税は廃止》.

quálifying evént 受給資格継続[付与]事件《給付や担保の継続ないしは増大を認める原因となる事件; 特に団体健康保険で保障されている被用者の保障が, 特別の継続保障の規定がないかぎりは, 終了するような場合に用いられる; 米国では特に 1985 年の統合包括予算調整法 (Consolidated Omnibus Budget Reconciliation Act of 1985) の規定で定められている雇用の終了, 被用者の別居・離婚, 死亡, 破産など, その事件発生後一定期間の保障が継続されることに関連して用いられる語》.

quálifying pèriod 受給資格期間《社会保険・年金受給などのために必要な加入期間》.

quálifying shàre 資格株《株式の無償交付の受給資格や取締役の資格要件として必要な株式(数)》.

qual·i·ty /kwάləti/ *n* **1** 質, 素質, 資質, 品質,《品質の》良否 (cf. QUANTITY); 高い質, 優良性. ▶ AIR QUALITY (大気清浄度) / MERCHANTABLE QUALITY (商品性) / SATISFACTORY QUALITY (満足できる品質). **2** 特質, 本質, 性質, 特性, 特色. **3** (高い)社会的地位, 身分; 素養. **4** 不動産権の質 (＝QUALITY OF ESTATE). — *a* **1** 上流社会の, 貴族(的)の, 上流(向き)の. **2** 良質の, 上質の, すばらしい (excellent).

quálity of estáte 不動産権の質《不動産権 (estate) が現在占有中のものであるか将来のものであるか, あるいは単独・共有・合有のいずれかなどの態様な; 単に quality ともいう; cf. QUANTITY OF ESTATE》.

quam·diu be·ne se ges·se·rint /kwǽmdiju bíːni si ʤésərɪnt/ 罪過なきかぎり (＝during GOOD BEHAVIOR)》. [L＝as long as they shall behave themselves properly]

quamdiu se be·ne ges·se·rit /— si bíːni ʤésərɪt/ 罪過なきかぎり (＝during GOOD BEHAVIOR) (cf. DURANTE BENE PLACITO). [L＝as long as he/she shall behave himself/herself properly]

Quam lon·gum de·bet es·se ra·ti·o·na·bi·le tem·pus, non de·fi·ni·tur in le·ge, sed pen·det ex dis·cre·ti·o·ne jus·ti·ci·a·ri·o·rum. /kwæm lángəm débɛt ɛsɛ rèɪʃiounéɪbɪlɛ témpəs nan dɛfáɪnɪtər ɪn líːʤɛ sɛd péndɛt ɛks dɪskrɛʃíóunɛ ʤəstɪʃiæríóurəm/ 合理的期間がどのくらいの長さであるべきかは法には定められておらず裁判官の裁量による. [L＝How long a reasonable time should be is not defined by law, but depends on the discretion of the judges.]

Quan·do ali·quid man·da·tur, man·da·tur et om·ne per quod per·ve·ni·tur ad il·lud. /kwéndou ǽlɪkwɪd mændéɪtər ɛt ámnɛ pər kwad pərvénɪtər æd íləd/ あることが命じられている時には, そのことに達する際に用いられるすべてのこともまた命じられている. [L＝When anything is commanded, everything by which it can be achieved is also commanded.]

Quando aliquid pro·hi·be·tur fi·e·ri, di·rec·to pro·hi·be·tur [prohibetur ex directo] et per ob·li·qu·um. /— — pròuhɪbíːtər fáɪɛrɑɪ dɪréktou pròuhɪbíːtər [pròuhɪbíːtər ɛks dɪréktou] ɛt pər ɑblíkwəm/ あることをなすことが禁止されている時には, そのことを直接的にも間接的にもなすことが禁じられている. [L＝When the doing of anything is forbidden, then the doing of it directly or indirectly is forbidden.]

Quando aliquid prohibetur, pro·hi·be·tur et om·ne per quod de·ve·ni·tur ad il·lud. /— — — pròuhɪbíːtər ɛt ámnɛ pər kwad dɛvénɪtər æd íləd/ あることが禁じられている時には, そのことに到達する際に用いられるすべてのこともまた禁じられている. [L＝When anything is prohibited, everything by which it is arrived at is also prohibited.]

Quando duo ju·ra in una per·so·na con·cur·runt, ae·qu·um est ac si es·sent di·ver·sis. /— ʤúːou ʤúːrə ɪn júːnə pɛrsóunə kɑnkɜ́ːrənt íːkwəm ɛst æk saɪ ɛsɛnt dɪvɛ́rsɪs/ 二つの権利が一人の者において競合する時には, それらがあたかも別々の者の下に存するごとき場合と同じである. [L＝When two rights concur in one person, it is the same as if they were in different persons.]

Quando jus do·mi·ni re·gis et sub·di·ti con·cur·runt, jus re·gis prae·fer·ri de·bet. /— ʤúːs dάmɪnaɪ ríːʤɪs ɛt sʌ́bdɪtaɪ kɑnkɜ́ːrənt ʤúːs ríːʤɪs prifɛ́rraɪ débɛt/ 主君たる国王の権利と臣民の権利が競合する時には, 国王の権利が優先するべきである. [L＝When the rights of the Lord King and of a subject concur, the right of the King is to be preferred.]

Quando lex ali·quid ali·cui con·ce·dit, con·ce·de·re vi·de·tur id si·ne quo res ip·sa es·se non po·test. /— léks ǽlɪkwɪd ǽlɪkaɪ kɑnsíːdɪt kɑnsíːdɛrɛ vɪdíːtər ɪd sáɪnɪ kwou ríːz ípsə ɛ́sɛ nan pátɛst/ 法がある物をある人に譲与する時には, それなしではその物自体が存在しえない物も譲与するものとみなされる. [L＝When the law grants anything to anyone, it is considered to grant that without which the thing itself cannot be.]

Quando lex est spe·ci·a·lis, ra·tio au·tem ge·ne·ra·lis, ge·ne·ra·li·ter lex est in·tel·li·gen·da. /— — ɛst spɛ̀ʃiéɪlɪs réɪʃiou ɔ́ːtɛm ʤɛ̀nɛréɪlɪs ʤɛ̀nɛréɪlɪtər léks ɛst ɪntɛ̀lɪʤɛ́ndə/ 法は特定的であるがしかしその理が一般的である場合には, その法は一般的に理解されるべきである. [L＝When a law is special, but its reason is general, the law is to be understood generally.]

Quando plus fit quam fi·e·ri de·bet, vi·de·tur eti·am il·lud fi·e·ri quod fa·ci·en·dum est. /— pləs fít kwæm fáɪɛraɪ débɛt vɪdíːtər ɛ́ʃiəm íləd fáɪɛraɪ kwad fæʃiɛ́ndəm ɛst/ なされるべきこと以上のことがなされる時には, なされるべきこともまたなされる[なされた]とみなされる. [L＝

When more is done than ought to be done, then that which ought to be is considered to be done.]

Quando res non va·let ut ago, va·le·at quan·tum va·le·re po·test. /-― ríːz nán vælɛt ət éɪgou vǽliæt kwǽntəm vǽliːrɛ pátɛst/《契約書などの》物事が私がそうしようとするようには効力をもたない場合には、それがもちうるかぎりの効力をもたせるべきである。[L=When the thing is of no force as I do it, let it have as much as it can have.]

Quando ver·ba sta·tu·ti sunt spe·ci·a·lia, ra·tio au·tem ge·ne·ra·lis, ge·ne·ra·li·ter sta·tu·tum est in·tel·li·gen·dum. /-― vɜ́ːrbə stætjúːtaɪ sənt spèʃiéɪlɪə réɪʃiuóːtɛm ʤènəréɪlɪs ʤènəréɪlɪtər stætjúːtəm ɛst ɪntɛlɪʤéndəm/制定法の文言は特定的であるが、しかしその理が一般的である場合には、その制定法は一般的に理解されるべきである。[L=When the words of a statute are special, but its reason is general, the statute is to be understood generally.]

quan·go /kwǽŋgou/ *n* (*pl* ~**s**)《英》準公的独立事業団体、特殊法人《政府から財政援助と上級職員の任命を受けるが独立した権限のある機関》.[*quasi-autonomous nongovernmental organization*]

quántitative rúle 証拠量の準則《一定種類の証拠は、それだけでは危険ないしは弱点があるため、訴訟終結までに追加証拠が付加されなければ証拠として不十分であるとする証拠法上の原則》.

quan·ti·ty /kwántəti/ *n* **1** 量 (cf. QUALITY);《特定の》分量、数量;総数、全量.**2** [⁰*pl*] 多量、大量、多数.**3**《存続期間からみた不動産権 (estate) の態様である》不動産権の存続期間 (=QUANTITY OF ESTATE). — *a* 量的な、数量の: ~ production 大量生産.[OF<L; ⇨ QUANTUM]

quántity of estáte 不動産権の存続期間《存続期間から見た不動産権の態様》;単に quantity ともいう;cf. QUALITY OF ESTATE).

quan·tum /kwántəm/ *n* (*pl* **-ta** /-tə/) 量 (quantity, amount);特定量;総量;分け前 (share). — *a* 画期的な、飛躍的な.[L (neut)《*quantus* how much》]

quántum dam·ni·fi·cá·tus /-dæmnəfəkéɪtəs/《史》損害額(決定)《エクイティー裁判所は損害賠償責任とは別にして、原告の被った損害額をコモンロー裁判所で陪審 (jury) によって決定してもらっていた;その手続きおよび額》.[L=how much damnified]

quántum mé·ru·it /-mɛ́r(ə)jʊɪt/ *adv* 彼[彼女]が受けるに値しただけ、相当に. — *n* 提供役務相当額(の請求)《契約違反に基づく損害賠償請求ではなく、準契約 (quasi contract) に基づく現状回復的な役務相当額(の請求)》《契約どおりに役務が提供されなかった場合に、役務提供者は契約金額の支払を受けることができないが、なお一定の場合には提供済みの役務に相当する金額の支払の

請求権を有する;また 役務提供契約が報酬額を約定せずに結ばれ、約定どおり役務が提供された場合には、提供者は役務相当額を請求できる;cf. IMPLIED IN LAW CONTRACT, QUASI CONTRACT, UNJUST ENRICHMENT).[L=as much as he/she has deserved]

quántum va·lé·bant /-vəliːbænt, -bənt, -vɑːléɪbɑːnt/ **1**《物品の》相当額.**2** 提供物相当金額(の請求)《例えば 売買契約が結ばれ、売主が誤って別の物品を提供し買主が拒否せずに受け取ったような場合に、相手方に引き渡された物品の(契約代金とは異なる)価額相当金額(の支払)を請求すること);準契約 (quasi contract) に基づく救済とされる;売主が訴えを起こすと quantum valebant に基づいて訴えたといわれる》.[L=as much as they were worth]

quar·an·tene /kwɔ́(ː)rənti:n, *kwár-/ *n*, *v*《古》 QUARANTINE.

quar·an·tine /kwɔ́(ː)r(ə)nti:n, *kwár-/ *n* **1 a**《伝染病地からの旅行者・貨物に対する》隔離、交通遮断;検疫;《史》検疫停船期間 (40日間);《まれ》40日間: in [out of] ~ 隔離中で[検疫済みで]. **b** 隔離所;検疫停船港、検疫局.**2**《史》寡婦滞在権《寡婦が夫の死後 40日間家屋敷にとどまれるコモンロー上の権利;この間に寡婦産 (dower) が与えられた》.**3**《史》クオランティン《40 パーチ (perch) の土地面積》. — *vt* **1**《船・乗客を》検疫する;…に検疫停船を命ずる.**2**《伝染病患者などを》隔離する;《地域を》検疫して隔絶する. — *vi* 検疫する.

quár·an·tin·able *a* [It=forty days (*quaranta* forty)]

qua·re /kwɛ́əri, kwɑ́:ri/ *adv* なぜ、なにゆえに、いかなる理由で. [L=why]

quáre cláu·sum fré·git /-klɔ́:zəm fríːʤɪt/ いかなる理由で囲みを侵害したか《他人の不動産の不法侵害を指す語;略 qu. cl. fr. あるいは q.c.f.》. ▶ TRESPASS QUARE CLAUSUM (FREGIT) (不動産不法侵害(訴訟)). [L=why he/she broke the close]

quáre eje·cit ín·fra tér·mi·num /-ɪʤíːsɪt ínfrə tɔ́ːrmənəm/《史》賃貸借期間中に奪われた土地の回復のための令状《期間終了前に立ち退かされた賃借人 (lessee) のための救済手段;英国では 1833 年法で正式廃止》.[L=why he/she ejected within the term]

quáre ím·pe·dit /-ímpədɪt/《史》聖職推挙権妨害排除令状[訴訟]《英国で 1860 年法で廃止;cf. ADVOWSON, PRESENTATION).[L=why he/she hinders]

quar·en·tine /kwɔ́(ː)rənti:n, *kwár-/, **-taine** /-tèɪn/ *n*, *v*《古》 QUARANTINE.

quar·rel /kwɔ́(ː)l, kwɑ́r-/ *n* **1**《口での》けんか、口論、言い争い、いさかい、いざこざ、争い;《古》訴訟. ▶ DOUBLE QUARREL (二重の訴え).**2** けんか[口論]の原因、文句〈*against*, *with*〉、けんかの言い分. — *vi* (**-l-** | **-ll-**) 言い争う、けんかする〈*with* sb *about* [*for*, *over*] sth〉; 不和になる;文句を言う、異議を唱える、争う〈*with*〉. **quár·rel·(l)er** *n* [OF<L *querela* (*queror* to complain)]

quar·ry /kwɔ́(ː)ri, kwári/ *n* 石切場, 採石場.

quar·ter /kwɔ́ːrtər/ *n* **1 a** 4分の1, 四半分. **b** 一年の1/4（3か月）; **四半期, 一季**《四半期支払い期の一つ; cf. QUARTER DAY》; 四半期ごとの支払い. ▶ FIRST QUARTER（第一四半期）/ FOURTH QUARTER（第四四半期）/ SECOND QUARTER（第二四半期）/ THIRD QUARTER（第三四半期）. **2**《米・カナダ》1/4 ドル（25 セント）, 25 セント硬貨《もと銀貨》. **3**"クォーター"《穀量の単位; 1/4 ton; 8 bushels》. **4** 1/4 ポンド（=4 ounces）; 1/4 hundred weight（*25 lb.,* ″28 lb.）. **5** 獣[鳥]の四肢の一つ; [*pl*] 四裂き死体. **6**（都市などの特定の）地区, …街; 地区居住者: the Jewish ～ ユダヤ人街. **7**《軍》寛大, 慈悲 (clemency); 軽減, 猶予;《降服者の》助命: give no ～ to…［*fig*］…を容赦なく攻撃する / give [receive] ～ 助命を許す. ［OF<L=fourth part (of a measure)<*quartus* fourth］

quárter dày 四季支払い日《賃料など年4回弁済することになっている債務の各支払い日》. ★《米》は1月, 4月, 7月, 10月の各第1日（ただし現在ほとんど用いられていない）.《英新式》は Lady Day（3月25日）, Midsummer Day（6月24日）, Michaelmas Day（9月29日）, Christmas Day（12月25日）.《英旧式》は Old Lady Day（4月6日）, Old Midsummer Day（7月6日）, Old Michaelmas Day（10月11日）, Old Christmas Day（1月6日）.《スコットランド》は Candlemas（2月2日）, Whitsunday（5月15日）, Lammas（8月1日）, Martinmas（11月11日）.

quárter·ing *n* **1** 四分すること. **2**《史》四つ裂き刑《特に 大逆罪（high treason）の犯罪者を絞首の後に, 死体を4つに切り裂く刑; cf. DISMEMBERING, DISMEMBERMENT, DRAWING AND QUARTERING; HANGED, DRAWN AND QUARTERED; HANGING》. ▶ DRAWING AND QUARTERING（引きまわしのうえ四つ裂き（刑））. **3**（兵士などへの）宿舎割当て, 宿営.

quárter·ly *a, adv* 年4回(の), 3か月おきの[に], 四半期ごとの[に]: a ～ charge.

quárter sèssions *pl*《英史》**1** 治安判事四季会議《年4回, 特に制定法により課された職務を果たすため, 州においては全治安判事が集会した会議体, 自治都市においては市裁判官一人出席の会; cf. GENERAL SESSIONS, PETTY SESSIONS, SPECIAL SESSIONS》. **2** 四季裁判所（=COURT OF QUARTER SESSIONS）《略 q.s., QS》. ▶ COURT OF QUARTER SESSIONS（四季裁判所）.

quar·to die post /kwɔ́ːrtou dáii póust/《史》《復命（提出）日（return day）を含めて4日後の被告の》**出廷期日**. ［L=on the fourth day after］

quash¹ /kwάʃ, *kwɔ́ːʃ/ *vt* **1**〈反乱などを〉鎮圧する, 抑える. **2**〈うわさなどを〉打ち消す, つぶす. ［ME=to smash］

quash² *vt*〈判決などを〉**破棄する, 却下する**: MOTION TO QUASH. ～**·al** *n* ［OF *quasser* to annul<L *cassus* null, void)］

quáshing òrder《英》**破棄命令**《1999年に移送命令（order of certiorari）を改称したもの; 高等法院（High Court of Justice）が下位の裁判所等にその判決・決定の移送を命じ, それに権限踰越や記録の文面から明らかな誤りがあった場合には破棄するもの; cf. PREROGATIVE ORDER》.

qua·si /kwéɪzaɪ, -saɪ, kwάːzi, -si/ *adv* **1** いわば. **2** ある意味で, ある程度. —— *a* 類似した, 擬似の, ある意味での; 法運用[解釈]上の, 準…. ［L=as if］

qua·si- /kwéɪzaɪ, -saɪ, kwάːzi, -si/ *comb form*「ある程度」「ある意味で」「擬…」「準…」の意: a *quasi*-public corporation（電力会社などの）準公法人.

quàsi admíssion 準自白《みずからの当該の権利主張または提出証拠と多かれ少なかれ矛盾する, ないしはその価値を減ずる, 通常は裁判外での言説や行為》.

quàsi árbitrator 準仲裁人《厳密な意味での仲裁人（arbitrator）として選ばれたのではないが, 会計士・建築士などの専門家としての知識・技術が紛争解決のために役立つとして判断を委ねられた人》.

quàsi cóntract 準契約（=constructive contract, contract implied in law, implied contract, implied in law contract）《当事者間の純然たる合意契約はないが, 法的に契約による債権債務関係があるかのように擬制して救済を与える法理; 不法行為・契約と並んで債権債務の発生原因をなし, 不当利得（unjust enrichment）の返還を目的としているといわれている; cf. NEGOTIORUM GESTIO》.

quàsi corporátion 準法人《完全な法人格は与えられていないが法人機能のいくつかを果たしている団体で, 米国の郡（county）や学校区（school district）などがこれに当たる》.

quàsi críme 準犯罪《**1**》犯罪（crime）として訴追されはしないが, 公共に対する違法な行為として制裁金（penalty）や没収（forfeiture）を科されるもの; 公私混合訴訟（qui tam action）対象の違法行為なども含まれる **2**）実際の犯罪実行者はその者以外の者の命令を受けて実行しているにすぎず, その背後の者が責任を負っていると考えられる犯罪》.

quàsi críminal 準犯罪者《準犯罪（quasi crime）を犯した者》.

quàsi dérelict 準遺棄船舶《厳密な意味での遺棄船舶（derelict）ではないが, 種々の事情で一時的あるいは止むをえず遺棄された船舶》.

quàsi éasement 準地役権《**1**）ある人が保有している土地のために同一人保有の別の土地に対して享有されている地役権（easement）類似の権利; それぞれの土地保有者が別人である場合は地役権である **2**）例えば隣地との間の垣根・柵を維持する義務などで, 真の意味の地役権ではないが, 土地に関連した義務ないしはそれに対応する権利》.

quàsi entáil 準限嗣封土権[不動産権]; 準限嗣相続; 準限嗣相続財産《ある人およびその直系卑属たる法定相続人（heir of the body）に譲与された他生涯不動産権（estate pur autre vie）; 英国では1926年以降はこの

権利はエクイティー上のものとされている》.

quàsi estóppel 準禁反言《**1**》ある人の行為・主張を合理的に信頼した人を害するような形でその行為・主張を否認することないしはそれと矛盾することをなしてはならないというエクイティー上の法理 **2**》EQUITABLE ESTOPPEL あるいは PROMISSORY ESTOPPEL の別名として用いることもある》.

quàsi ex con·trác·tu /-kəntræk(t)juː/ *a, adv* 《史》あたかも契約から生じているかのような[に], 準契約上(の), 準契約に関する[関して] (cf. QUASI CONTRACT). [L]

quàsi-governméntal ágency 準政府機関 (=government-controlled corporation)《例えば米国の連邦全国譲渡抵当協会 (Federal National Mortgage Association) のような, 政府が後援している企業ないし法人》.

quàsi in rém *a, adv* 準対物的な[に], 準対物の《当該裁判所管轄区域内にある財産に対する利害関係を有している人の権利をめぐる の意; cf. IN PERSONAM, IN REM》. ▶ ACTION QUASI IN REM (準対物訴訟) / JUDGMENT QUASI IN REM (準対物判決) / JURISDICTION QUASI IN REM (準対物管轄権). [L=as if against a thing]

quàsi in rém jurisdíction 準対物管轄権, 準対物裁判権 (=jurisdiction quasi in rem)《裁判所の管轄区内にある財産に対する権利によってその人に対して生ずる裁判権で, 厳密には対人管轄権にも対物管轄権にも当たらない; 原告勝訴の時はその財産の限度で満足を得られる; cf. IN REM JURISDICTION, JUDGMENT QUASI IN REM, PERSONAL JURISDICTION, SUBJECT MATTER JURISDICTION》.

quàsi insúrer 準保険者《旅館主 (innkeeper), 公共運送人 (common carrier) などサービス提供について厳格責任 (strict liability) を負っているサービス業者》.

quàsi-judícial *a* 〈行為・機能・権限などが〉準司法的な《**1**》行政官が行なう司法的な性質をもった(行為の) **2**》裁判官が裁判官としての資格ではなく行なう》: ～ function 準司法的機能. **～·ly** *adv*

quàsi-judícial áct 準司法的行為《**1**》裁判官でない行政官による司法的行為 **2**》裁判官によりなされる行為ではあるが, 厳密な意味での裁判官としての資格ではなくなされる行為》.

quàsi-judícial pówer 準司法的権限《厳密な意味では裁判所でない行政審判所 (administrative tribunal) や行政委員会 (administrative board) などが有する法的紛争を審理する権限》.

quàsi-législative *a*《行政機関の》準立法的な《機能をもつ》.

quàsi-législative pówer 《行政機関の有する》準立法的権限.

quàsi offénse 《大陸法》過失による不法行為《コモンロー上の過失 (negligence) による不法行為 (tort) に当たる》.

quàsi pártner 準組合員《組合 (partnership) ではないがそれ類似のもので準組合とでも呼ぶべき企業, 例えば合弁事業 (joint venture) に参加した人》.

quàsi pérsonalty 準人的財産(権)《実際にあるいは擬制的に物的財産(権) (real property) に付着しているが, 法的観点からは動産 (movables) であるもの; 例えば耕作物 (emblements), (不動産)定着物 (fixture) あるいは定期不動産賃貸借(権) (lease for years)》.

quàsi-púpillary substitútion 《ローマ法》準未成熟者補充指定 (⇨ SUBSTITUTION 3 (3)).

quàsi réalty 準物的財産(権)《例えば法定相続動産 (heirloom) や(不動産)権原証書 (title deed) のように法的観点からは物的財産(権) (realty) に付着しているがそれ自体は動産 (movables) であるもの》.

quàsi státute 《行政機関が制定する》準制定法的命令[規則].

quàsi-súspect classificátion 《米》準疑わしい区分, 違憲の疑いのある分類 (⇨ SUSPECT CLASSIFICATION) (cf. INTERMEDIATE SCRUTINY).

quàsi tórt 準不法行為《例えば, 被用者の犯した不法行為の責任を雇用者が負うように, 直接的な行為を行なってはいない人がその行為の責任を取らねばならない不法行為; cf. RESPONDEAT SUPERIOR, VICARIOUS LIABILITY》.

quàsi trustée 準受託者《信託違反により無権原のまま大きな利益を得たことにより受託者 (trustee) として責任を負うこととなった者》.

qua·tu·or ma·ri·a /kwǽtuəːr mǽriə/《英》四海 (=FOUR SEAS). ▶ EXTRA QUATUOR MARIA (四海外に) / INTRA QUATUOR MARIA (四海内に). [L=four seas]

quátuor mária rùle 《英史》四海内の準則《夫が四海内に (intra quatuor maria) いる間に受胎した妻の子は, 夫の性的不能 (impotence) を証明しないかぎり, 嫡出とみなされるという初期コモンロー上の法理》.

qu. cl. fr. °quare clausum fregit いかなる理由で囲みを侵害したか.

Que·béc Àct 1774 /kwibék-/ 1774 年のケベック法《1763 年のパリ条約に基づきフランス領からイギリス領となったケベック地方でカトリックを合法と し適用法をフランス法とするなどの規定を含む 1774 年のイングランド議会制定法; 同地方への進出を望んでいた北米植民地の住民の多くが強く反発し, アメリカ独立戦争の勃発の一因にもなった》.

queen /kwíːn/ *n* **1** 女王 (cf. CROWN, KING): *Queen* Elizabeth II. ▶ PEACE OF THE QUEEN (女王の平和). **2** 王妃, 皇后, きさき; 皇太后. **The Q~ can do no wrong.** =The KING can do no wrong. — *vt* 女王にする. **～ it** 君臨する, 女王らしくふるまう, 尊大にする〈*over*〉 (cf. KING [LORD] *it*). [OE *cwēn*＜Gmc (OS *quān*, ON *kvæn*, Goth *gēns* wife)]

Quéen Ánne's Bóunty 《英史》女王アン下賜金《もともとは Henry 8 世により国王のものとされた, 教皇への初年度収益 (first fruits) と十分の一税 (tenth) から得られた収入を, Ann 女王が比較的貧しい聖職者の生計の足しのために下賜したもの; 1703 年法により創設, 1947

年法により統廃合; cf. CHURCH COMMISSIONERS, TENTH).

quéen cónsort (*pl* quéens cónsort) 国王の妻, 王妃, 皇后.

quéen dówager 国王の未亡人, 皇太后, [the Q- D-] 太后《英国でもこの語を用いる》.

Quéen in Cóuncil [the ~]〖英〗枢密院[評議院]における女王 (⇨ KING IN COUNCIL).

Quéen in Párliament〖英〗議会における女王 (⇨ KING IN PARLIAMENT).

Quéen's ádvocate ⇨ KING'S ADVOCATE.

Quéen's Bénch [the ~]〖略 QB, Q.B.〗**1**〖英〗(高等法院 (High Court of Justice))女王座部. **2**〖英史〗女王座裁判所 (=COURT OF QUEEN'S BENCH) (⇨ KING'S BENCH) (*L* Bancus Reginae). ▶(1と2に関連) CHIEF JUSTICE OF THE QUEEN'S BENCH (女王座部首席裁判官; 女王座裁判所首席裁判官) / MARSHAL OF THE QUEEN'S BENCH (女王座裁判所典獄).

Quéen's Bénch Divísion [the ~]〖英〗《高等法院 (High Court of Justice) の》女王座部 (⇨ KING'S BENCH DIVISION)《略 QBD》. ▶ PRESIDENT OF THE QUEEN'S BENCH DIVISION (女王座部部長裁判官).

Quéen's Bénch Màster〖英〗女王座部主事《最高法院主事 (Master of the Supreme Court) のうち女王座部 (Queen's Bench Division) に所属している者で, 中間訴訟手続き (interim proceedings) の指揮などを執っている; 大法官府部主事 (Chancery Master) と異なり通例 法廷弁護士 (barrister) の中から選ばれる; ⇨ MASTER OF THE SUPREME COURT; cf. CHANCERY MASTER》.

Quéen's Bénch Príson [the ~]〖英史〗女王座裁判所監獄《London の Southwark にあった債務不履行者収容所; 1842年法で女王監獄 (Queen's Prison) に統廃合》.

Quéen's Chámbers *pl* [the ~]〖英〗女王の内海 (⇨ KING'S CHAMBERS).

Quéen's Chámpion [the ~]〖英史〗女王の闘士 (⇨ KING'S CHAMPION).

Quéen's Cóunsel〖英〗勅選弁護士《略 QC; ⇨ KING'S COUNSEL》.

Quéen's évidence〖英〗女王の証拠, 国側の証拠 (⇨ KING'S EVIDENCE).

Quéen's péace〖史〗女王の平和, 治安 (⇨ KING'S PEACE).

Quéen's Príson [the ~]〖英史〗女王監獄《1842年法で女王座裁判所監獄 (Queen's Bench Prison), フリート監獄 (Fleet Prison), マーシャルシー監獄 (Marshalsea Prison) を統廃合したもの; 1862年法で廃止》.

Quéen's Próctor 女王代訴人 (⇨ KING'S PROCTOR).

Quéen's Regulátions *pl* [the ~]〖英〗女王規則《軍務法 (service law) を補足する規定で陸・海・空軍のそれぞれにある; 海軍については, 海軍訓令 (Admiralty Instructions) の名称を有していたが, 現在は同じく女王規則と呼ばれている; cf. SERVICE LAW》.

Quéen's Remémbrancer [the ~]女王付き国王収入管理官 (⇨ KING'S REMEMBRANCER).

Quéen's Spéech [the ~, ˢthe Q- s-]〖英〗議会開会の勅語 (⇨ KING'S SPEECH).

que estate /kíː —/ 他人の土地から便益を得る土地 (dominant estate) (⇨ PRESCRIPTION IN A QUE ESTATE). [Norman French=whose estate]

que est le mesme /kjúː èɪ lə mém/ 同じことである, 変わりはない, 前と同じ事柄である (=QUAE EST EADEM). [F=which is the same]

quem red·di·tum red·dit /kwém rédətəm rédɪt/〖史〗地代徴収権移転確認令状《地代奉仕 (rent service) でない地代 (rent) の徴収権を譲り受けた者が借地人にその移転を認めさせるための令状; 英国では1833年法で廃止》. [L=which return he/she made]

que·re·la /kwɜrí:lə/ *n* (*pl* -lae /-li/)〖史〗**1** 訴え. ▶ DUPLEX QUERELA (二重の訴え). **2** 原告第一訴答. **3** 訴因. **4** 民事訴訟. [L=complaint]

que·ry /kwíəri/ *n* **1** 疑問, 質問, 問い, 疑い, 疑義. **2** [particle として疑問句の前後に用い, 通例 qu., qy と略す] あえて問うが, そこで問うが; はたしてそうか (Is this true?). ★ query, whether…; query, shall a person be… とか whether…, query という形で用いる. query の代わりにラテン語 QUAERE を用いることも多い. — *vt* …について問いただす, 尋ねる 〈whether, if〉〈人〉に質問する[伺いを立てる]. — *vi* 質問する, (…と)問う, 尋ねる. **qué·ri·er** *n* [*quere*<QUAERE (*impv*)]

ques·tion /kwést(ə)n/ *n* **1 a**(略 Q, Q.) 問い, 質問, 質疑 (opp. *answer*); 詮義, 探究 (inquiry): put a ~ to …に質問する. **b** 審問, 尋問, 取り調べ (interrogation); [the ~]〖史〗拷問: put sb to the ~ 人を拷問にかける. **c** 疑義, 疑問(の余地); 可能性. ▶ CATEGORICAL QUESTION (誘導尋問; 範疇的質問) / CROSS-QUESTION (反対質問) / DIRECT QUESTION (主質問) / HYPOTHETICAL QUESTION (仮説的質問) / INCRIMINATING QUESTION (負罪的質問) / LEADING QUESTION (誘導尋問) / SUGGESTIVE QUESTION (誘導尋問) / SUPPLEMENTARY QUESTIONS (補足質問). **2**〖解決[論議, 検討]すべき〗問題; 《軽い意味で》問題, 事, 事情 (matter) 〈*of*〉;《採決すべき》議題, 論点, 決議案; 採決; 案件: the ~ at [in] issue 争点, 争点となっている問題; 係争問題, 懸案事項 / the ~ of unemployment 失業問題. ▶ ACADEMIC QUESTION (抽象的問題; 学術上の問題) / CABINET QUESTION (閣議事項) / CERTIFIED QUESTION (意見確認問題) / CONSTITUTIONAL QUESTION (憲法問題) / EXTRANEOUS QUESTION (別個の問題) / FACT QUESTION (事実問題) / FEDERAL QUESTION (連邦問題) / HYPOTHETICAL QUESTION (仮説的問題) / JUDICIAL QUESTION (司法問題) / JURY QUESTION (陪審問題) / LAW QUESTION (法律問題) / MEDIATOR OF QUESTIONS (商

人間紛争調停人) / MIXED QUESTION (法律と事実の混合問題; 混合問題) / MOOT QUESTION (未解決の問題(点); 現実の訴訟と関係のない問題(点); 仮想問題(点)) / POLITICAL QUESTION (統治行為) / PREVIOUS QUESTION (先決問題) / VEXED QUESTION (争いのある問題).

call the ～ (1) 〈会議の成員が〉討議終了の動議を提出する. (2) 〈会議が〉討議終了の動議を採択する. **divide the ～** 問題を分割する《会議などで複数の問題に及ぶ長いないしは複雑な動議を短なものに分け, 個別に審議できるようにする》. **in ～** 問題の, 該…, 当の, くだんの; 問題になって: the person [matter] *in ～* 当人[本件]. **put the ～** 〈議長が〉決を採る.

— *vt* **1** …に質問する(ask), …について問う《まれ》尋問する (inquire of): ～ the governor *on* his politics 知事にその政策について質問する. **2** 疑問に思う, 疑う〈*if, etc*.〉, …に疑義を唱える. — *vi* 質問をする.

～·er *n* 質問者, 尋問者. [OF＜L]

quéstion-and-ánswer *n* 質疑応答 (1) 証拠調べ手続きで証人に対しての尋問と応答 2) 証拠調べ調書での尋問と応答の部分の記録; Q-AND-A と略す 3) 法学講義上のケース・メソッド (casebook method) で多く用いられる教師と学生との質疑応答形式での教授法; **question-and-answer method** (質疑応答式教授法)ともいい, Socratic method と同義に使われる》.

quéstion in chíef 主尋問質問《主尋問 (direct examination) で証人に対してなされる質問》.

quéstion·ing *n* 質問, 尋問: ～ by police 警察による質問. — *a* 質問する(ような), 不審げな; 探究心の旺盛な; せんさく好きな.

quéstioning of súspects 《警察による》被疑者に対する質問 (cf. INTERROGATION, RIGHT OF SILENCE).

quéstion of fáct 事実問題 (＝fact question) (cf. ISSUE OF FACT, JURY QUESTION, QUESTION OF LAW).

quéstion of láw 法律問題 (＝law question) (cf. ISSUE OF LAW, QUESTION OF FACT).

quéstion tìme [ˢQ- T-]《英国庶民院の》質問時間《議員が大臣に所轄官庁の状態について質問するためにあらかじめ取っておく時間》.

ques·tus est no·bis /kwéstəs ɛst nóʊbɪs/《史》承継人不法妨害令状《家屋・障壁による不法妨害 (nuisance) はもともとその建造者に対してのみ訴えることができたが, 1285 年法で相続・譲渡でそれを得た承継人に対してもこれを拡張した; その承継人に対する訴えの令状》. [L＝he/she has complained to us]

quia /kwía, kwí:a:, kwáɪə/《史》…のゆえに (because), …であるのだから (whereas). [L]

Quía Emp·tó·res /-ɛm(p)tɔ́:riz/《史》不動産移転法, 不動産権譲渡法 (＝**Quía Emptóres Ter·rá·rum** /-tərérrəm/)《封建法上 不動産移転方法としては再下封 (subinfeudation) と代置 (substitution) があり, 前者が原理的にも一般的であったが, 封建制が物化・変質し封建関係的経済的利益が中心に考え出されて

quia timet injunction

くると, この再下封の場合は, 例えば譲渡人が未成年者の相続人を残して死去した場合譲渡人の領主の有した後見権 (wardship) の対象は, 被後見人に対する人的なものを除けば, 譲受人が譲渡人に対して負う主たる義務である奉仕義務 (service) のみであるので, 譲渡人が生前に年にコショウ一粒の地代で再下封していれば, 領主はコショウ一粒の地代にのみ後見権を有したにすぎなくなる; そのうえこの不動産そのものが不動産復帰 (escheat) する見込みも, 多くの保有者が鎖状に下に連なれば減少した; そこで, 上例のような脱法行為を防ぎここでの後見権のような封建的付随条件 (feudal incident) の実質を領主が失わないようにするため, 再下封を廃止し, 移転はすべて代置によるべしとし, しかも代置による移転に必要である移転許可料 (fine for [on] alienation) も徴収しないことにしたのがこの 1290 年の不動産移転法である《ただし国王の直属受封者 (tenant in chief) についてはその封土移転に対する国王の許可・許可料が残った》; したがって以後は不動産保有が新設されることはなくなり, 最終的には土地はすべて国王から直接保有される方向に向かい出し, こうして封建的な不動産保有形態・封建的不動産法ひいては封建制が大きく変質することになった》.

[L＝since purchasers (of lands)]

Qui ali·quid sta·tu·e·rit par·te in·au·di·ta al·te·ra, ae·qu·um li·cet dix·e·rit, haud ae·qu·um fe·ce·rit. /kwaɪ ǽlɪkwɪd stætjúːerɪt páːrtɛ ɪnɔ́ːdɪtə ǽltɛrə íːkwəm láɪsɛt díksɛrɪt hɔːd íːkwəm fésɛrɪt/ 他方当事者が審理を受けることなく決定を下した者は, たとえ公正に適うことを判断したとしても, 決して公正ではなかった. [L＝One who has decided anything without hearing the other party, even though he/she has decided what is just, has by no means acted justly.]

Qui al·te·ri·us ju·re uti·tur, eo·dem ju·re uti de·bet. /kwaɪ ǽltɛrɪəs dʒúːrɛ ʌ́tɪtər ɛóʊdɛm dʒúːrɛ ʌ́taɪ débɛt/ 他人の権利を享有するものはそれと同一の権利を享有すべきである. [L＝A person who enjoys the right of another ought to enjoy the same right.]

Qui ap·pro·bat non re·pro·bat. /kwaɪ ǽprəbæt nɑn réprəbæt/ 是認する者は否認しない. [L＝A person who approbates does not reprobate.]

quia ti·met /kwíə tíːmɛt, kwáɪə táɪmɛt/ *a* 予防的な, 予防的に救済を与える. ▶ BILL QUIA TIMET (予防的訴訟訴状). —— *n* **1** 予防的救済の法理, 予防的救済権《特定の権利・権益を将来害される蓋然性の高い人にエクイティー上の救済を予防的に与えるという法理, あるいはその法理に基づき救済・保護されうる権利; cf. WRIT OF PREVENTION》. **2 a** QUIA TIMET ACTION. **b** QUIA TIMET INJUNCTION. [L＝because he/she fears]

quía tímet áction 予防的訴訟, 事前訴訟《単に quia timet ともいう》.

quía tímet injúnction 予防的差止め命令, 事前差止め命令《重大な侵害が差し迫っているか事前に差

quibble

止めておかないと回復不可能な重大な損害が生じると予想される場合に、あらかじめ予想加害者に対して侵害行為を差し止めるよう命ずる裁判所の差止命令 (injunction); 単に quia timet ともいう].

quib·ble /kwíb(ə)l/ *n* ささいな難点, 難くせ; 言い抜け, 言い逃れ (evasion), 逃げ口上, 屁理屈; こじつけ, あら探し, 揚げ足取り, つまらぬ批評. ― *vi* つまらぬことで議論をする ⟨*about, over*⟩; 言い抜ける, 逃げ口上を言う, 屁理屈を言う; あら探しをする, 揚げ足取りをする. **quib·bler** *n* **quib·bling** *a, n* **quib·bling·ly** *adv*

quíck ásset [°*pl*]《会計》**1** 当座資産《流動資産 (current asset) のうち現金および短期間に容易に換金しうる資産で, 支払い手段として充当しうるもの; ⇨ LIQUID ASSET》. ▶ NET QUICK ASSETS《正味当座資金》. **2** 流動資産 (current asset).

quíck ásset ràtio《会計》当座比率 (= ACID TEST RATIO).

quíck condemnátion 速決公用収用(手続き)《現実の補償金を確定することができるまで合理的な評価補償額を被収用者に仮払いするかあるいは第三者預託 (escrow) することによって行なう迅速な公用収用(手続き)》.

quíck·en·ing *n*《妊娠中期ごろの》胎動初感, 初胎動.

quíck·ie (divórce) /kwíki(-)/《俗》《裁判所の特別迅速な手続きで決定される》速決離婚.

quíckie stríke 突発ストライキ, 山猫スト (= WILDCAT STRIKE).

quíck ràtio《会計》当座比率 (= ACID TEST RATIO).

Qui con·ce·dit ali·quid, con·ce·de·re vi·de·tur et id si·ne quo con·ces·sio est ir·ri·ta, si·ne quo res ip·sa es·se non po·tu·it. /kwaɪ kənsíːdɪt ǽlɪkwɪd kɑːnsíːdɛrɛ vɪdíːtər ɛt ɪd sáɪni kwou kɑːnséʃiou ɛst irítə sáɪni kwou riz ípsə ɛ́sɛ nɑn pǽtuɪt/ ある物を譲与する者は, それなしでは譲与が無効となる, すなわちそれなしではその物自体が存在しえないものも譲与するものとみなされる. [L = A person who concedes anything is deemed to concede also that without which the concession is invalid, without which the thing itself could not be.]

Quic·quid de·mon·stra·tae rei ad·di·tur sa·tis de·mon·stra·tae frus·tra est. /kwíkkwɪd dèmənstréɪti ríːaɪ ǽditər sǽtis dèmənstréɪti frʌ́strə ɛst/ 十分に叙述されていることに付け加えられた叙述はなんであれ, 無益である. [L = Whatever is added to the description of a thing sufficiently described is of no effect.]

Quicquid plan·ta·tur so·lo, so·lo ce·dit. /― plæntéɪtər sóulou sóulou síːdɪt/ 土地に据えられたものは土地に属する (cf. FIXTURE). [L = Whatever is affixed to the soil belongs to the soil.]

Quicquid sol·vi·tur, sol·vi·tur se·cun·dum mo·dum sol·ven·tis; quic·quid re·ci·pi·tur, re·ci·pi·tur se·cun·dum mo·dum re·ci·pi·en·tis. /― sɑ́lvɪtər sɑ́lvɪtər sɛkʌ́ndəm móudəm sɑlvɛ́ntɪs kwíkkwɪd rɛsípɪtər rɛsípɪtər sɛkʌ́ndəm móudəm rɛsɪpiéntɪs/ 支払われるものはすべて支払う者の態様[意図]に従って支払われる; 受領されるものはすべて受領する者の態様[意図]に従って受領される. [L = Whatever is paid, is paid according to the manner of the payer; whatever is received, is received according to the manner of the recipient.]

Qui cum alio con·tra·hit, vel est vel de·bet es·se non ig·na·rus con·di·ti·o·nis ejus. /kwaɪ kəm ǽliou kɑ́ntrəhɪt vɛl ɛst vɛl débɛt ɛ́sɛ nɑn ɪgnéɪrəs kɑndɪʃióunɪs íːʤəs/ 他の人と契約を結ぶ者はその人の状況について不知ではないしまた不知であるべきではない. [L = A party who contracts with another either is not or ought not to be ignorant of that party's condition.]

quid pro quo /kwíd pròu kwóu/ (*pl* ~**s, quíds prò quó**) 対価《約束の見返りに相手方から得るなんらかの価値あるもの; ⇨ CONSIDERATION》; 代償(物) (compensation), 相当物, 対応物 ⟨*for*⟩, 報償; しっぺ返し. [L = something for something.]

quíd prò quó séxual harássment 対価型性的いやがらせ[セクシュアルハラスメント, セクハラ]《例えばデートすることを拒絶した被用者を免職したり降格させる場合など, 性的要求を満足させることが雇用・在学関係などの決定の基礎として用いられている性的いやがらせ; cf. HOSTILE ENVIRONMENT SEXUAL HARASSMENT》.

qui·et /kwáɪət/ *a* **1** 静かな. **2** 穏やかな; 平穏な, 平和な. **3** 控えめな. **5** 内密の, ひそかな. ― *vt* **1 a** 静かにさせる ⟨*down*⟩; なだめる, 慰める, 安心させる (soothe) ⟨*down*⟩. **b**《騒ぎ・恐怖などを》和らげる, 鎮める (pacify). **2**《権原・権利などの瑕疵(か)を除去して》《不動産》権原などの享有を平穏化[確認]する (cf. CLOUD ON TITLE).

Qui·e·ta non mo·ve·re. /kwíːtə nán mouvíːrɛ/ 平穏なるものを動かさぬこと. [L = Not to move what is quiescent.]

qui·e·ta·re /kwàɪətéəri/ *vt*《史》放棄する, 手放す; 免除する;《債務を》履行する;《享有を》平穏化する. [L]

quíet diplómacy 1 秘密外交 (secret diplomacy). **2** 穏やかな交渉[駆け引き]; 平和的外交交渉.

quíet enjóyment 平穏享有《より優位の権原 (title) によって享有を妨げられないと保証されている不動産享有》: ~ of land 土地の平穏享有《妨害を受けることなく土地を享有すること[権利]》. ▶ COVENANT FOR [OF] QUIET ENJOYMENT (平穏享有担保約款).

quíet posséssion《売却商品の買主による》平穏占有《契約には, 逆のことが売主により明示されないかぎりは, 当然にこの保証が黙示的に含まれている》.

quíet-títle àction《不動産》権原確認訴訟 (= ACTION TO QUIET TITLE).

qui·e·tus /kwaıíːtəs/ *a*《史》免除された;〈享有が〉平穏化された. ── *n*《英史》国王債務の免除《もともとは財務府裁判所裁判官 (Baron of the Exchequer) 宛てのある人の債務を免除すべき旨の令状;のちに一般的に国王に債務を負っている人に対する国王による債務免除を示す語となった;特に シェリフ (sheriff) に対して用いられた》. [L=acquitted]

quiétus réd·di·tus /-rédətəs/《史》免役地代 (= QUIT RENT). [L=quit rent]

Qui ex dam·na·to co·i·tu nas·cun·tur, in·ter li·be·ros non com·pu·ten·tur. /kwaı ɛks dæmnéıtou kɑːáıtju næskántər íntər líbɛrəs nɑn kɑ̀mpjuténtər/ 違法な性交から生れた者は子として数えられないように. [L=Those who are born from illicit intercourse should not be counted among children.]

Qui fa·cit per ali·um fa·cit per se. /kwaı féısıt pər áeliəm féısıt pər síː/ 他人によって行為する者は自身によって行為する《本人が代理人の行為の責任を負う》. [L=A person who acts through another acts by himself/herself.]

Qui hae·ret in li·te·ra, hae·ret in cor·ti·ce. /kwaı híːrɛt ın lítɛrə híːrɛt ın kɔ́ːrtısɛ/ 文字に拘泥する者は皮に拘泥する《証書の文字のみに拘泥する者はその意味を理解できない》. [L=One who sticks to the letter sticks to the bark.]

Qui in jus do·mi·ni·um·ve al·te·ri·us suc·ce·dit ju·re ejus uti de·bet. /kwaı ın ʤuːs dɑmìniámvɛ æltériəs səksédıt ʤuːrɛ íːʤəs úːtı débɛt/ 他人の権利あるいは所有権を承継する者はその人の権利を享有すべきである. [L=One who succeeds to another's right or ownership ought to enjoy that person's right.]

Qui ju·re suo uti·tur ne·mi·nem lae·dit. /kwaı ʤúːrɛ súːou útıtər némınɛm líːdıt/ みずからの権利を行使する者は誰をも害さない. [L=A person who uses his/her right harms no one.]

Qui jus·su ju·di·cis ali·quod fe·ce·rit non vi·de·tur do·lo ma·lo fe·cis·se, quia pa·re·re ne·ces·se est. /kwaı ʤásu ʤúːdısıs áelıkwɑd fésɛrıt nɑn vıdíːtər dóulou máelou fɛsísɛ kwíə pæréri nɛsésɛ ɛst/ 裁判官の命令で事をなした者は, 従うことが必要であるゆえに, 悪意でなしたものとみなされない. [L=A person who has done anything by command of a judge is not deemed to have acted from an evil motive, because it is necessary to obey.]

Qui·li·bet po·test re·nun·ci·are ju·ri pro se in·tro·duc·to. /kwáılıbɛt pátɛst rɛnànʃíɛırɛ ʤúːraı prou sı ıntrədáktou/ いかなる者も自分自身のためにもたらされた権利を放棄しうる. [L=Anyone may renounce a right introduced for himself/herself.]

Quín·lan, In ré (1976) /kwínlən-/ クインラン事件 (1976 年)《薬物中毒で昏睡状態に陥ったまま 10 年以上生き続けた米国の女性 Karen Ann Quinlan (1954-85) の生命維持装置をはずす許可を求めた後見人としての両親の訴えを許可する New Jersey 州最高裁判所の判決が下され, 尊厳死の権利を患者に, 患者がそれを行使できない場合には後見人に認める世界最初の判決として注目を集めた》.

Qui non im·pro·bat(,) ap·pro·bat. /kwaı nɑn ímprɑbæt æproubæt/ 否認しない者は是認する. [L=A person who does not disapprove approves.]

Qui non ob·stat quod ob·sta·re po·test, fa·ce·re vi·de·tur. /── ɑ́bstæt kwɑd æbstíːrɛ póutɛst fǽsɛrɛ vıdíːtər/ 妨げることができることを妨げない者は行為するものとみなされる. [L=A person who does not prevent what he/she can prevent is considered to act.]

quin·que por·tus /kwínkwɛ póːrtəs/ 五港 (= CINQUE PORTS). [L=five ports]

Qui om·ne di·cit(,) ni·hil ex·clu·dit. /kwaı ámnə dísıt níhıl ɛksklúːdıt/ すべてのものをと言う者は何も除外しない. [L=A person who says all excludes nothing.]

Qui pec·cat ebri·us, lu·at so·bri·us. /kwaı pékæt íːbriəs ljúːæt sóubriəs/ 酔って罪を犯す者は醒めて罰を受けるように. [L=A person who offends while drunk should be punished when sober.]

Qui per ali·um fa·cit per seip·sum fa·ce·re vi·de·tur. /kwaı pər áeliəm féısıt pər síːpsəm féısɛrɛ vıdíːtər/ 他人によって行為する者は自分自身によって行為するものとみなされる. [L=A person who acts through another is deemed to act by himself/herself.]

Qui pri·or est tem·po·re, po·ti·or est ju·re. /kwaı práıɔːr ɛst témpərɛ póuʃıɔːr ɛst ʤuːrɛ/ 時間的に先順位の者が権利において優先する (= Prior tempore, potior jure) (⇨ PRIORITY OF TIME). [L=A person who is first in time is stronger in right.]

Qui ra·ti·o·nem in om·ni·bus quae·runt ra·ti·o·nem sub·ver·tunt. /kwaı ræʃióunɛm ın ámnıbəs kwíːrənt reıʃióunɛm səbvértənt/ あらゆることに理を求める者は理を覆えす. [L=They who search for reason in all things subvert reason.]

Qui sen·tit com·mo·dum sen·ti·re de·bet et onus; et e con·tra. /kwaı séntıt kámədəm sɛntáırɛ débɛt ɛt óunəs ɛt ɛ kántrə/ 利益を感ずる者は負担をも感ずべきであり, そして逆もまたそうである. [L=A person who feels the benefit ought also to feel the burden, and vice versa.]

quíst·close trùst /kwístklòus-/《英》クイストクロウ

quit

ス信託《特定目的のために財産を移転したが、その後その目的が消失している状態の信託 (trust); この信託は、通例は金銭である信託財産の使途限定効果を有しているので、通例は債権者である第三者の請求から保護されている; その性質の分類については、復帰信託 (resulting trust) の一種とするものなど、学説は一致していない》．[Barclays Bank Ltd v Quistclose Investment Ltd (1970) の被告名より]

quit /kwít/ v (quit, quit·ted; quit·ting) vt **1** やめる, よす〈doing〉; 手放す, 放棄する, 明け渡す (let go). **2** 去る (leave), …から離れ去る, 立ち退く; 〈人〉と別れる. **3** [rflx] **a** 免れる〈of〉. **b** ふるまう (behave). **4**〈借金を〉返済する, 帳消しにする. — vi (…のことがもとで)仕事をやめる, よす, 辞職する〈over〉; 立ち去る (go away), 〈借地人などが〉立ち退く; 降伏する, 屈する; 止まる, 故障する. NOTICE TO QUIT. — a 許されて, 放免されて (free); 〈責任などを〉免れて, 免除されて (rid)〈of〉. — n **1** 辞職, 退職. **2** 離すこと, 放棄. [OF<L QUIET]

Qui ta·cet con·sen·ti·re vi·de·tur. /kwaɪ tǽsɛt kànsɛntáɪre vɪdíːtər/ 沈黙する者は同意しているとみなされる. [L=A person who is silent is deemed to consent.]

qui tam /kwàɪ tǽm/ a 公私混合訴訟の[に関する]: ~ plaintiff 公私混合訴訟原告. ★ラテン語の本来の語義は「…と同様に…もまた…する人」. — n QUI TAM ACTION. [L=who as well [much]]

qui tam action 公私混合訴訟, 刑事的民事訴訟 (=popular action)《略式起訴 (information) をした私人に罰金の一部を請求する権能を認め, 残りを国が徴収する制定法上の訴訟; 英国では 1951 年法で一般人の略式起訴者 (common informer) の略式起訴手続きを廃止; しばしば qui tam (略 Q.T.) と略される》; ⇒ PENAL STATUTE). [L *qui tam pro domino rege quam pro se ipso sequitur* =who as well for our Lord the King as for himself sues: 最初の 2 語から]

quit·claim n《略 QC》**1** 権利放棄. **2** QUITCLAIM DEED. — vt〈土地などの〉権利を放棄する, …の権利放棄捺印証書 (quitclaim deed) を作成・交付する.

quitclaim deed 権利放棄捺印証書《権原担保 (warranty) をせず, すなわち権原 (title) が有効であることを保証することなく, 譲渡人が有しているすべての権利を譲受人に放棄・譲渡する捺印証書; 単に quitclaim ともいう; cf. WARRANTY DEED》.

quit rent《史》免役地代 (=quietus redditus, reditus quietus)《荘園の自由土地保有権者 (freeholder) または謄本保有権者 (copyholder) が毎年領主に支払う固定地代で, これにより他の奉仕義務を免除されていたのでこう呼ばれる; chief rent (少額固定地代) ともいうが, これは自由土地保有権者が支払う場合の地代のみを指すので, quit rent のほうが広義》.

quit·tance /kwítns/ n **1**《債務などの》免除, 免責, 解除〈from〉: Omittance is no ~. 催促せぬのは帳消しとは別もの《Shakespeare, *As You Like It* 3.5.133》. **2**

《債務などの》免除証書, 債務消滅(確認)証書 (=ACQUITTANCE).

Qui vult de·ci·pi, de·ci·pi·a·tur. /kwaɪ vált désɪpàɪ dɪsìpɪéɪtər/ 欺かれんことを望む者が欺かれるように. [L=Let one who wishes to be deceived be deceived.]

quo·ad hoc /kwóʊæd hák/ これに関しては, これに関するかぎり, ここまでは. [L=as far as this (is concerned)]

quo an·i·mo /kwóʊ ǽnɪmoʊ/ いかなる意思で, いかなる意図で, いかなる動機で (⇒ ANIMUS). ★誤用で名詞的に「意図」「犯意」(intent) の意に用いられることもある. [L=with what intent]

Quod ab ini·ti·o non va·let, (in) trac·tu tem·po·ris non con·va·les·cit. /kwad æb ɪníʃiou nan vǽlɛt (ɪn) trǽktu témpərɪs nan kànvælésɪt/ 最初から効力をもたないものは, 時の経過によって有効なものとならない. [L=What is not valid from the beginning will not gain strength by passage of time.]

Quod ae·di·fi·ca·tur in area le·ga·ta ce·dit le·ga·to. /kwad ɪdɪfɪkéɪtər ɪn ǽrɛə lɪgéɪtə síːdɪt lɪgéɪtoʊ/ 遺贈された土地に建てられているものは受遺者に移る. [L=That which is built on the ground devised passes to the devisee.]

Quod ap·pro·bo non re·pro·bo. /kwad ǽprəbou nan rɛpróʊbou/ 私が是認することを私は否認しない. [L=That which I approbate I do not reprobate.]

Quod con·stat cu·ri·ae, ope·re tes·ti·um non in·di·get. /kwad kánstæt kjúːriː ápɛrɛ téstiəm nan índɪdʒɛt/ 法廷にとってよく知られていることは証人の助けを要しない. [L=What is well known to the court needs not the help of witnesses.]

Quod con·tra le·gem fit, pro in·fec·to ha·be·tur. /kwad kántrə líːdʒɛm fít prou ɪnféktou hæbíːtər/ 法に反してなされることは, なされなかったものとみなされる. [L=What is done contrary to law, is considered as not having been done.]

quod cum /kwád kəm/ 以下のような事情であるから《引受け訴訟 (assumpsit) の訴答 (pleading) などで説明の初めに用いられる》. [L=for that]

Quod·cun·que ali·quis ob tu·te·lam cor·po·ris sui fe·ce·rit ju·re id fe·cis·se vi·de·tur. /kwadkánkwe ǽlɪkwɪs ab tətíːlæm kóːrpərɪs súːaɪ fésɛrɪt dʒúːrɛ id fɛsíse vɪdíːtər/ ある者がみずからの身体を守るためになしたことは, 何であれ, 適法になしたものとみなされる. [L=Whatever anyone has done in defense of his/her person is deemed to have done legally.]

Quod du·bi·tas, ne fe·ce·ris. /kwad dúːbɪtɛɪs nɛ fésɛrɪs/ 疑いを持っていることは, しないように. [L

quod erat de·mon·stran·dum /kwad érət dèmənstrǽndəm/ 証明さるべきであった《こと》, 以上が証明されるべきことであった《略形 Q.E.D. は, 特に数学上の証明の末尾で「証明終わり」の意で用いられる》. [L=which was to be demonstrated]

Quod est in·con·ve·ni·ens aut con·tra·ra·ti·o·nem non per·mis·sum est in le·ge. /kwad ɛst ìnkənvéniənz ɔːt kántrə ræʃíóunəm nan pərmísəm ɛst ɪn líːdʒɛ/ 不都合なことあるいは理に反することは法において許されていない. [L=What is inconvenient or contrary to reason is not permitted in law.]

Quod fi·e·ri de·bet fa·ci·le prae·su·mi·tur. /kwad fáiərài débɛt fǽsɪlɛ prizʌ́mɪtər/ なされるべきことは容易に推定される. [L=What ought to be done is easily presumed.]

Quod fieri non de·bet, fac·tum va·let. /— — nan débɛt fǽktəm vǽlɛt/ なされるべきではないことも, なされた場合には有効である. [L=What ought not to be done, when done, is valid.]

Quod in mi·no·ri va·let, va·le·bit in ma·jo·ri; et quod in ma·jo·ri non va·let, nec va·le·bit in mi·no·ri. /kwad ɪn mainóurài vǽlɛt vǽliːbɪt ɪn mædʒóurài ɛt kwád ɪn mædʒóurài nan vǽlɛt nɛk vǽliːbɪt ɪn mainóurài/ より小さなものにおいて効力を有するものはより大きなものにおいて効力を有する; また, より大きなものにおいて効力を有さぬものはより小さなものにおいても効力を有さぬ. [L=What is valid in the less will be valid in the greater; and what is not valid in the greater will not be valid in the less.]

Quod me·um est si·ne fac·to meo vel de·fec·tu meo amit·ti vel in ali·um trans·fer·ri non po·test. /kwad méəm ɛst sáini fǽktou méou vɛl difɛ́ktu méou æmítài vɛl ɪn ǽliəm trænsférài nan pátɛst/ 私のものであるものは私の行為あるいは私の懈怠なしでは失われないしまた他人へ移転されえない. [L=That which is mine cannot be lost or transferred to another without my act or my default.]

Quod ne·ces·sa·rie in·tel·li·gi·tur id non de·est. /kwad nèsəséiriɛ ɪntɛlídʒɪtər id nán déɛst/ 必要上理解されることは欠けているのではない. [L=That which is necessarily understood is not lacking.]

Quod non ap·pa·ret non est. /kwad nan æpǽrɛt nan ɛst/ 明らかになっていないものは存在しない. [L=That which does not appear does not exist.]

Quod non ha·bet prin·ci·pi·um non ha·bet fi·nem. /— — héɪbɛt prɪnsípiəm nan héɪbɛt fáinɛm/ 始めを有さざるものは終わりを有さず. [L=What has no beginning has no end.]

Quod non le·gi·tur non cre·di·tur. /— — lɛdʒítər nan krédɪtər/ 読まれないものは信じられない. [L=What is not read is not believed.]

Quod nul·li·us est, est do·mi·ni re·gis. /kwad nəláiəs ɛst ɛst dámɪnài ríːdʒɪs/ 誰のものでもないものは, 主君たる国王のものである. [L=That which belongs to no one belongs to our Lord the King.]

Quod nul·li·us est id ra·ti·o·ne na·tu·ra·li oc·cu·pan·ti con·ce·di·tur. /— — ɛst id rèɪʃíóunɛ nætjuréɪlài àkjupǽntài kansíːdɪtər/ 誰のものでもない物は自然の理によって先占者に譲与される. [L=That which belongs to no one is by natural reason granted to the occupant.]

Quod per me non pos·sum, nec per ali·um. /kwad pər mi nan pásəm nɛk pər ǽliəm/ 私がみずからなしえないことは他の者を通してもなしえない. [L=What I cannot do in person, I also cannot do through another.]

quod per·mit·tat /kwad pərmítat/ 《史》許容下知令状《被告は原告が主張している通行権・放牧権などの権利を原告が享有することを許容すべきことを命じた令状; 英国では 1833 年法で廃止》. [L=that he/she permit]

quód permíttat pro·stér·ne·re /-proustéːrnəri/《史》(不法侵害)自力除去許容令状 (cf. QUOD PERMITTAT). [L=that he/she permit to abate]

Quod per re·cor·dum pro·ba·tum non de·bet es·se ne·ga·tum. /kwad pər rɛkóːrdəm proubéɪtəm nán débɛt ɛ́sɛ nɛgéɪtəm/ 記録によって証明されているものは否認されるべきではない. [L=What is proved by the record ought to be denied.]

Quod pri·us est ve·ri·us est; et quod pri·us est tem·po·re po·ti·us est ju·re. /kwad príəs ɛst vériəs ɛst ɛt kwád príəs ɛst témpɔːrɛ páʃiəs ɛst dʒúːrɛ/ より前にあるものがより真実である, また時間的により前にあるものが権利においてより強い. [L=What is prior is truer; and what comes ealier in time is stronger in right.]

quod re·cu·pe·ret /kwad rək(j)úːpərɪt/《史》回復容認(判決)《人的訴訟 (personal action) での通常の原告勝訴判決; 終局判決としてでなく, 損害賠償額決定問題前の中間判決としてもありうる》. [L=that he/she do recover]

Quod re·me·dio de·sti·tu·i·tur ip·sa re va·let si cul·pa ab·sit. /kwad rɛmédiou dɛstitjúːɪtər ípsə ri vǽlɛt sai kálpə ǽbsɪt/ 救済手段を欠いているものは, もし過失がないのであれば, その事実自体によって効力を有する. [L=What is without a remedy is by that very fact valid if there is no fault.]

Quod se·mel aut bis ex·is·tit prae·te-

re·unt le·gis·la·to·res. /kwɑd sémɛl ɔːt bís ɛgzístɪt prítérɛənt lɛdʒíslətóːriz/ 一度ないしは二度生じる(だけの)ことを立法者は看過する. [L=Legislators pass over what happens (only) once or twice.]

Quod semel me·um est am·pli·us me·um es·se non po·test. /― ― méəm ɛst ǽmpliəs méəm ésɛ nɑn pátɛst/ いったん私のものであるものはそれ以上に完全に私のものであることはできない. [L=What is once mine cannot be more fully mine.]

Quod semel pla·cu·it in elec·ti·o·ne, am·pli·us dis·pli·ce·re non po·test. /― ― plǽkuɪt ɪn ɪlékʃiòunɛ ǽmpliəs dɪsplísɛrɛ nɑn pátɛst/ いったん選択して決めたことはもはやそれを気にいらないとすることはできない. [L=That which in making his/her election a person has once decided, he/she cannot afterwards disavow.]

Quod sub·in·tel·li·gi·tur non de·est. /kwɑd səbɪntɛllídʒɪtər nɑn déɛst/ 了解されていることは欠けていない. [L=What is understood is not lacking.]

Quod va·num et inu·ti·le est, lex non re·qui·rit. /kwɑd vǽnəm ɛt ɪnátɪlɛ ɛst léks nɑn rɛkwáɪrɪt/ 空虚で無益なことを法は要求しない. [L=The law does not require what is vain and useless.]

quod vi·de /kwɑd váɪdi, -víːdeɪ/ それを見よ, …参照 (略 q.v.). ★参照箇所が2つ以上のときは **quae vide** (略 qq.v.). [L=which see]

Quo li·ga·tur, eo dis·sol·vi·tur. /kwóu lɪgéɪtər éou dɪsálvɪtər/ 結ばれるように解かれる. [L=As a thing is bound, so it is loosened.]

quo·mi·nus /kwóuməns, kwoumáɪ-/ n 《史》**1** クオーミヌス(令状)《財務府裁判所 (Court of Exchequer) はもともと, 国王の債務者が第三者に対する債権が債務不履行でありそれだけ不十分にしか (quominus sufficiens existit) 国王に支払うことができないと主張する者からの金銭債務訴訟 (action of debt) をも, 国王の訴訟 (plea of the Crown) として他のコモンロー上の金銭債務訴訟より原告 (国王の債務者) に有利な手続きで認めていたが, この訴訟を指した; 16世紀にコモンロー裁判所間の管轄争いの激化の下, 同裁判所は, 国王に対する支払いに必要な額だけでなくその全請求の皆済を認めるという形で, さらに国王に対して債務を負っているか否かにかかわらず実質的にはすべての金銭債務に伴う損害賠償請求訴訟に擬制的に拡大しコモンロー訴訟手続きを原告に有利に変えていき, それを通してコモンローの近代化の一役を果たした; 1832年法で廃止》. **2**《家屋修理材・薪採取(入会)権 (housebote), 垣根修繕用材採取権 (haybote) を有している者が材木採取地を荒廃させている権利譲与者に対しておこす》木材採取権毀損禁止令状. [L *quo minus* by which the less]

Quo·mo·do quid con·sti·tu·i·tur eo·dem mo·do dis·sol·vi·tur. /kwoumóudou kwɪd kɑnstɪtjúːɪtər ɛóudɛm móudou dɪsálvɪtər/ ものは存立させられるのと同じ方法で解消される. [L=A thing is dissolved in that mode by which it is constituted.]

quor·ate /kwɔ́ːrət/ a 定足数 (quorum) に達している.

quo·rum /kwɔ́ːrəm/ n (pl ~s) **1**《議事進行・議決に要する》定足数,《合議などの》必要員数. **2**《史》《治安判事 (justice of the peace) が一定の権限を行使するのに不可欠な》必要員, 必要員治安判事 (justice of the quorum);《のちにすべての治安判事が quorum に指名されたことから, 一般に》治安判事《集合的》; 選抜者集団. [L=of whom]

quo·ta /kwóutə/ n 分け前, 分担分, 割当て,《政府管理下での生産・輸出入などの》割当て数[量];《受け入れる移民・会員・学生などの》割当て数, 定員. ▶ EXPORT QUOTA (輸出割当て(制)) / IMPORT QUOTA (輸入割当て(制)) / RACIAL QUOTA (人種割当て(制度)). [ML (fem)<*quotus* (*quot* how many)]

Quóta Làw [the ~]《米》移民数割当て法《特定国からの米国への移民数を制限する法律; cf. QUOTA SYSTEM》.

quóta sỳstem 割当て制度《**(1)** 移民・輸入枠などの受け入れ枠・分担分などを定める制度 **2)**＊教育や雇用において一定数[割合]の黒人などの少数民族や女性などを優先的に受け入れさせる制度》.

quo·ta·tion /kwoutéɪʃ(ə)n/ n **1** 引用; 引用文[句, 語]〈*from*〉. **2** 相場 (付け), 時価, 取引値[価格], 現行価格, 市場相場 (=quote);《証券》気配, 気配値, 呼び値; ~ on the Stock Exchange=Stock Exchange ~ 株式市況 / yen ~ 円相場. ▶ FORWARD QUOTATION (先物相場) / MARKET QUOTATION (市場相場表). **3**《証券》上場. **4**《請負い仕事の》見積もり, 見積り価格.

quote /kwóut/ vt **1** 引用する; 例証として挙げる, 引合いに出す;〈ことばなどを〉引用符で囲む. **2**〈商品・株式など〉の取引値[相場]を言う, …に値をつける,〈人に値[価格]を〉言う;〈値段・費用などを〉見積もる, …について正確に知らせる. ― vi **1** 引用する〈*from*〉. **2** 値[相場]を言う, 見積もりを出す. ― n《口》**1** 引用文[句] (quotation). **2** 相場, 取引値, 付け値; 気配(値); 見積もり. **quót·er** n [L *quoto* to mark with numbers (*quot* how many)]

quót·ed cómpany《英》株式上場会社 (=LISTED COMPANY).

Quo·ti·ens idem ser·mo du·as sen·ten·ti·as ex·pri·mit, ea po·tis·si·mum ex·ci·pi·a·tur quae rei ge·ren·dae ap·ti·or est. /kwóuʃiɛnz áɪdɛm sérmou djúːæs sɛnténʃiæs ɛksprímɪt ɛə patísməm ɛksɪpiéɪtər kwi réaɪ dʒɛréndi ǽpʃiːr ɛst/ 同一語が2つの意味を表現している場合は常に, 事柄を成すことにより適合している意味のほうが特に取り出される[より適合している意味で理解される]べきである. [L=Whenever the same words express two meanings, that is to be taken especially which is more apt for effecting the object matter.]

quó·tient vérdict /kwóuʃ(ə)nt-/ **平均額評決**《民事訴訟で損害賠償額を査定する際に, 陪審員が一人ずつ賠償額を書きその合計額を陪審員数で割って平均値を出し, それを評決 (verdict) として提出すること; 評議の材料としては認められても, あらかじめ拘束力をもたせる合意をなしたうえで提出した評決は再審 (new trial) の理由となる》.

Quo·ti·es in ver·bis nul·la est am·bi·gu·i·tas, ibi nul·la ex·po·si·tio con·tra ver·ba ex·pres·sa fi·en·da est. /kwóuʃiɛs ɪn vɜ́rbɪs nálə ɛst æ̀mbɪgjúːɪtæs íbɪ nálə ɛkspəzíʃiou kántrə vɜ́rbə ɛksprésə faɪéndə ɛst/ 文言においてなんらの曖昧さが存在しない場合には常に, 表明された文言に反する解釈はなされてはならない. [L=Wherever there is no ambiguity in the words, then no exposition contrary to the expressed words is to be made.]

quo·us·que /kwouʌ́skwi/ *adv*《史》いかに長く, いつまで, どの程度に; …まで. [L=until when, how far]

quo war·ran·to /kwóu wɔ(ː)rǽntou, -wɑr-, -wə-, -ráːn-/ **1 権限開示令状**《職権・特権などの不法保有・行使者にいかなる権限に基づいているかの弁明を求めた令状; 英国では廃止》. **2 権限開示訴訟**《英国では廃止》. [L=by what warrant]

Qu·um prin·ci·pa·lis cau·sa non con·sis·tit, ne ea qui·dem quae se·qu·un·tur lo·cum ha·bent. /kwəm prìnsɪpéɪlɪs kɔ́ːzə nɑn kənsístɪt ni ɛə kwídɛm kwi sɛ̀kwʌ́ntər lóukəm hɛ́ɪbɛnt/ 主たる原因が存立しない場合には, そこから生ずるものもまた存在しない. [L=When the principal cause does not stand, neither do those which follow it have a place.]

q.v. (*pl* **qq.v.**) /kjúːvíː/ °quod vide それを見よ, …参照. ★ which see とも読む.

qy query.

R

r. repeal ◆ repealed ◆ repealing ◆ rescinded ◆ respondent ◆ reversed ◆ revoked ◆ rule.

R. range ◆ record ◆ [L *Regina*] Queen, [L *Rex*] King (★ 訴訟の当事者を表わす時に用いられる: *R.* v. *Johnston Ltd.* 女王[国王]対ジョンストン社)） ◆ registered reports ◆ Republican ◆ resolved ◆ revision ◆ revoked ◆ rolls ◆ Royal ◆ rule.

Ⓡ registered trademark (登録商標) の記号 (通例右肩か脚部に付す).

race[1] /réɪs/ *n* **1** 速さくらべ, レース (競走・競泳・ボート[ヨット]レース・競馬・ドッグレース・競輪・自動車レースなど). **2** 選挙戦; (一般に)競争, 競り合い. **3** (登記の)競争 (cf. RACE STATUTE). **4** 早瀬, 急流. **5** (工業用・水車用の)水路, 用水; (水路の)水流. ─ *vi* 競争する 〈against, with〉. ─ *vt* …と競争する; 〈動物・車などを〉レースに出場させる; 〈議案などを〉大急ぎで通過させる. [ON *rás* running, race; OE *r̄æs* rush と同語源]

race[2] *n* **1 a** 人種, 種族; 民族, 国民: ~ relations 人種関係. **b** [the ~] 人類 (human race). **2** 氏族, 家族, 家系; 子孫; 血統, 続柄. **3** (性向・関心・活動などを同じくする人の)集団, 同類. **4** 類, 品種. **5** (特定の人種の)特性, 特徴. [F < It *razza* < ? Arab]

Ráce Diréctive 人種命令 (人種・民族を理由にしての差別を禁止する, 2000年の欧州連合 (European Union) の命令 (directive)).

ráce nòrm·ing 人種間機会均等化, レース・ノーミング (雇用などに際し特定の(少数)民族に優先枠を設けるなどの優遇措置を講じ結果的に機会均等を実現させること).

ráce-nòtice *a* 《米》(不動産取引証書登録法 (recording act) の一つの型である)善意登録者保護の (⇨ RACE-NOTICE STATUTE, RECORDING ACT) (cf. NOTICE, PURE RACE).

ráce-nòtice státute 《米》善意登録者保護型不動産取引証書登録法 (=notice-race statute) 《不動産取引証書登録法 (recording act) の一つの型で, 不動産の譲渡, 担保権・用益物権等の設定などについて, 先行する未登録の取引については, 善意で権利取得者であってそれを先行取引の登録前に登録した者が保護されるという方法》; ⇨ RECORDING ACT; cf. NOTICE STATUTE, RACE STATUTE.

Ráce Relátions Àct (1976) [the ~] 《英》人種関係法 (1976年) 《1976年の議会制定法; 英国においては, 皮膚の色・人種・国籍のいかんにかかわらず人は平等に扱われるべきとし, 同法実施のため, 旧来の人種関係委員会 (Race Relations Board) を改組拡大して人種平等委員会 (Commission for Racial Equality) 設立を定めた》.

Ráce Relátions Bòard [the ~] 《英史》人種関係委員会 《1965年および1968年の旧人種関係法 (Race Relations Acts) 上の同法実施機関; 1976年の人種関係法 (Race Relations Act) で人種平等委員会 (Commission for Racial Equality) に拡大改組された; 略 RRB》.

ráce státute 《米》先順位登録者保護型不動産取引証書登録法 (=pure race statute) 《不動産取引証書登録法 (recording act) の一つの型で, 不動産の譲渡, 担保物権・用益物権の設定などについて, 取引の前後, 先行取引に関する善意・悪意に関係なく, 登録がなされた順序のみによって対抗力を決定するという方法》; ⇨ RECORDING ACT; cf. NOTICE STATUTE, RACE-NOTICE STATUTE.

ráce to the cóurthouse 裁判所への先駆け競争 《1) 裁判沙汰になることが不可欠と考えた紛争両当事者が自分にとってより有利・便宜な裁判所に係属することを求めて他方当事者よりも早くそこに訴えを提起すること 2) 破産者の資産から少しでも有利な形で債務回収を得ようとしての債権者間の請求競争》.

ra·cial /réɪʃ(ə)l/ *a* 人種(上)の, 民族(間)の, 人種の違いに基づく, 人種の違いを理由とする: on ~ grounds 人種(の違い)を理由にして / ~ preference 人種的優先[特恵] / ~ prejudice 人種的偏見. **~·ly** *adv* 人種的に, 人種上, 人種の点で. [*race*[2]]

rácial aggravátion 《英》人種的加重事由 《加害者が犯行時あるいはその直前直後に被害者に対する人種的敵意を示していたり, 特定人種に対する敵意が動機となっている場合には, その犯罪責任の加重事由になるということ; 1998年法で定められている; この種の犯罪を人種的加重犯罪 (racially aggravated offense) といい, 刑罰が加重される》.

rácial discriminátion 人種差別.

rácial gróup 人種グループ.

rácial harássment 人種上のいやがらせ (cf. RACIST ABUSE).

rácial hátred 人種的憎悪. ▶ INCITEMENT TO RACIAL HATRED (人種的増悪煽動).

rácial hátred offénse 〖英〗人種的憎悪罪《人種的憎悪 (racial hatred) の煽動を意図する，あるいは情況を考慮すると人種的憎悪が煽動される蓋然性のある犯罪；1986 年法で新設》.

rácial·ism n RACISM. **rácial·ist** n **rà·cial·ís·tic** a

rácially ággravated offénse 〖英〗人種的加重犯罪《⇨ RACIAL AGGRAVATION》.

rácial quóta 《雇用や大学入試などでの》人種割当て《制度》.

rac·ism /réɪsɪz(ə)m/ n **1** 人種主義《人種が人間の性質・能力を決定し，異なった人種は異なった扱いを受けるべきであるとする》. **2** 人種差別 (racial discrimination).
★ racialism ともいう. **rác·ist** n [race²]

rácist abúse 人種上の攻撃《これにより身の安全を脅かす者英国では 5 年以下の自由刑，無上限の罰金で処罰され，それに至らぬ場合は 6 月以下の自由刑，5000 ポンド以下の罰金で処罰される》.

rack /rǽk/ n [the ~]〖史〗拷問台《中世の責め具，その上に人を寝かせ手足をろくろ仕掛けで反対方向に引っ張って関節をはずした》: put on [to] the ~ 拷問台にかける.
—vt 拷問台にかける. **~·er** n **~·ful** a [Du, MLG＝rail, framework⇦?recken to stretch]

rack·et /rǽkət/ n **1** 騒ぎ，騒音，騒動. **2 a** 不正，いかがわしい商売[やり口]，《密売・詐欺・脅迫・ゆすり・横領などによる》不正利得行為. **b**《俗》職業，仕事，商売，'しのぎ'；《俗》楽なもうけ口，ぼろい商売. **c** [the ~s] 組織的非合法活動；暴力団，シンジケート，マフィア. ▶ NUMBERS RACKET (数当て不法賭博).

rack·e·teer /rækətíər/ n 不正な商売[詐欺，恐喝など]で利を得る者，ゆすり；非合法活動組織の一員，ギャング組員，暴力団員. —vi, vt 不正な商売[やり口]で利を得る，恐喝する，ゆする.

Racketeér Ínfluenced and Corrúpt Organizátions Àct [the ~] 〖米〗事業への犯罪組織等の浸透取締法《犯罪組織による組織犯罪 (organized crime)，組織的非合法活動・ゆすり (racketeering) を取り締まる 1970 年制定の連邦法，略 RICO /ríːkoʊ/；⇨ RACKETEERING》.

racketéer·ing n 恐喝，ゆすり；組織的非合法活動《特に 米国では単なるゆすりだけでなく，恐喝・財物強要はもちろん賭博・贈賄・売春・密輸・麻薬取引・詐欺・悪徳貸付け商法・殺人をも含む不正手段を用いて事業活動に浸透・支配し，利潤を上げる組織犯罪 (organized crime) を広く指す；cf. PATTERN OF RACKETEERING ACTIVITY, RACKETEER INFLUENCED AND CORRUPT ORGANIZATIONS ACT》.

ráck rènt 全額地代[家賃]《その土地[家屋]の 1 年の収益金額に(ほとんど)等しい額の地代[家賃] (rent)；《時に》法外な地代[家賃].

ráck-rènt vt **1** …から全額地代[家賃]を取る. **2** …か

ら法外な地代[家賃]を取る.

Ra·din /réɪdən/ レイディン **Max** ~ (1880–1950)《ポーランド生まれの米国の法制史学者；New York 大学卒業，弁護士実務，Columbia 大学での教職を経て 1919 年から California 大学教授；主著 *Handbook of Roman Law* (1927), *Handbook of Anglo-American Legal History* (1936), *The Law and Mr. Smith* (1938), *Law as Logic and Experience* (1940), *The Law and You* (1947) のほかに，死後編集・出版された *Radin Law Dictionary* (1955, 2nd ed. 1970) がある》.

radioáctive matérial 放射性物質.

raid /réɪd/ n **1**《戦争行為などして，または略奪・加害などを目的とした》急襲，襲撃，不意の侵入；《警察などの》手入れ，踏み込み，強制捜査〈on〉: make a ~ on …を急襲する. ▶ DAWN RAID (暁の急襲). **2**《競争相手からの，従業員・組合員の》人材引き抜き. **3**〖証券〗売り崩し《相場を下落させる目的で一斉に売ること》. **4** 公金流用[横領]. —vt …を急襲する；《警察が》…に踏み込む，強制捜査を行なう. —vi 急襲する〈on〉；《警察が》手入れする〈into〉.

ráid·er n《企業》乗っ取り屋 (＝CORPORATE RAIDER) (cf. WHITE KNIGHT). ▶ CORPORATE RAIDER (企業乗っ取り屋).

ráil·ròad n **1** *鉄道線路，鉄道 (railway¹¹)；鉄道施設. **2** 鉄道会社. —vt **1** *…に鉄道を敷設する；鉄道で輸送する. **2**《口》**a** せかせて[強引に]〈人に〉…させる；〈議案を〉審議する時間がないほど急いで通過させる〈through a committee〉. **b**《特にでっちあげの罪で，あるいは証拠不十分のまま》急いで有罪とする.

ráil·wày n ¹¹鉄道 (railroad*)；*軽便[市街，高架，地下鉄]軌道.

ráin·màker n **1** 魔術で雨を降らせる人；《口》人工降雨専門家《科学者》. **2** *《俗》仕事呼び込み[やり手]弁護士《実業界に広いつながりを有しそれを通して所属法律事務所に大量の仕事をとってくる弁護士》，仕事呼び込み人，多くの顧客を得る人[弁護士，実業家]. **ráin·màking** n

raise /réɪz/ vt **1** 上げる，揚げる，〈倒れているものを〉起こす，立てる；〈建築物などを〉建てる. **2** 増す，高める，〈値段・給料などを〉上げる；増額する: ~ a check (cf. RAISED CHECK). **3** 昇進[進級]させる，向上させる. **4** 育てる，養育する；飼育する. **5**〈軍隊を〉集め，召集[徴募]する. **6**〈資金を〉集める，調達する，〈税を〉徴収する. **7**〈反乱などを〉起こす；〈ある疑問・疑念などを〉起こさせる. **8**〈声を〉出す，張り上げる；〈問題を〉提起する，持ち出す，〈抗議などを〉提出する；〈争点を〉作る，設定する，形成する (cf. RAISING AN ISSUE)；〈訴訟を〉起こす: ~ one's voice against…に抗議する / ~ the question [issue] of…という問題を提起する / ~ an objection 異議を唱える. **9** *任命する.

ráised chéck 券面額変造小切手.

ráising an ínstrument 証券変造,《特に》小切手変造.

ráising an íssue 争点形成.

rai·son d'état /F rɛzɔ̃ deta/ (*pl* **rai·sons d'état** /—/) レーゾン・デタ, 国家理性, 国家的理由《至上の存在と考えられる国家を維持・強化するために他のすべての動機をこれに従属させるべきだとする国家行動基準; ここから国王・政府の不要・違法な行為を正当化するための口実としても用いられる》. [F=reason of state]

rake /réɪk/ *vt*《人・金》を苦労して集める, かき集める 〈*together, up*〉. ― *vi* 骨折って集める. ― **off**《稼ぎの一部》リベート, 手数料》を取る, 上前をはねる.

ráke-òff *n* 《胴元の》取り分;《口》《特に不法な取引の》上前(⎾⌈), 手数料, リベート, 寺銭, 口銭.

Rám·bo làwyer /ræmboʊ-/《俗》ランボー弁護士《依頼人を弁護するのに攻撃的・非倫理的・不法な手段を用い, 他の弁護士に対しても礼・職業意識を欠く弁護士; 1980年代の米国アクション映画『ランボー』三部作のヴェトナム帰りのもと特殊部隊員の主人公名より; 単に Rambo ともいう》.

rank /ræŋk/ *n* **1 a** 地位, 順位;《動物などの》順番; 等級. **b** 高位, 貴顕. **2** 列, 並び. **3** 過重請求《十分の一税 (tithe) の特別方式 (modus) のような慣例上の支払いで過重なものの請求; 無効となる》.

ránk and fíle 1《将校でない》兵隊たち. **2** [*fig*]《組織・団体, 特に労働組合の》平の構成員, 一般の人, 庶民.

ran·som /rǽnsəm/ *n* **1**《捕虜・誘拐された人などの》代価を支払っての解放, 身請け, 請戻し,《押収された財産などの》代価を支払っての取戻し[回復], 買い戻し. **2**《捕虜[誘拐された人]》の解放や財産回復などを得るための》代価, 請戻し[身請け]金, 身代金.《史》《重罪赦免の代償としての》贖金.《国際法》海上捕獲物受戻し賠償金; ~ note《誘拐犯からの》身代金要求書. ▶ KIDNAPPING FOR RANSOM (身代金目的誘拐(罪)). ― *vt* **1 a**《代価を支払って》《捕虜などを》解放する, 身請けする,《財産を》請け出す, 買い戻す. **b**《代価の支払いを受けて》《捕虜などを》解放する,《財産を》手放す. **2** …を人質にとって[抑えて]解放[返還]の見返りを要求する.

rap /ræp/ *n*《俗》**1** 犯罪に対する法的責任,《刑事上の》責任. **2** 起訴, 告発, 告訴: a robbery ~. **3** 有罪決定,《特に》自由刑の宣告, 懲役刑: a 10-year ~ for burglary. **4** 面通し, 首実検.

rape[1] /réɪp/ *vt* **1** 強姦する. **2** 強奪[略奪]する;《古》掠奪する. ― *n* **1** 強姦(罪), 婦女暴行, レイプ (cf. SEXUAL ABUSE, SEXUAL ASSAULT, SEXUAL BATTERY, STATUTORY RAPE) (⇨ UNLAWFUL SEXUAL INTERCOURSE). ▶ ACQUAINTANCE RAPE (知人強姦) / COMMAND RAPE (上官強姦) / DATE RAPE (デート強姦) / MARITAL RAPE (配偶者強姦) / RELATIONSHIP RAPE (関係者強姦) / STATUTORY RAPE (制定法上の強姦). **2 a** 強奪, 略奪〈*of a city*〉;《国土などの》破壊. **b**《古・詩》《婦人などを》奪い去ること, 掠奪. **3** 侵犯〈*of*〉;《史》森林侵害 (= RAPE OF THE FOREST). **ráp·ist, ráp·er** *n* [AF<L *rapt- rapio* to seize]

rape[2] *n*《英史》レイプ《Sussex 州を6分したここの行政区の単位で, ハンドレッド (hundred) はこの下位区分になる》. [OE *rāp* rope; 境界に用いた]

rap·ee /reɪpí/ *n* 強姦の被害者, 被強姦者.

rápe of a chíld under 13 /-θi:rtí:n/《英》13歳未満の子供の強姦(罪)《同意の有無は無関係で成立》.

rápe offènse《未遂・謀議・教唆などを含む広い意味での》強姦罪.

rápe of the fórest《史》森林侵害《実力による森林の侵害 (trespass) 行為; 国王のみが裁判権を有した; 単に rape ともいう》.

rápe-réeve *n* レイプ・リーヴ《レイプ (⇨ RAPE[2]) の長たる役人》.

rápe shíeld làw《米》強姦被害者保護法 (=**rápe shíeld stàtute**)《性犯罪の被害者の過去の性体験を証拠として使用することを禁止ないしは制限する法; 過去の性体験から当該事件の場合も同意した蓋然性があるという立証方法を禁ずるため; cf. SHIELD LAW》.

rap·ine /rǽpən, -àɪn/ *n* **1** 強奪, 略奪, 強取. **2**《史》強姦 (rape). [OF or L; ⇨ RAPE[1]]

rap·por·teur /ræpɔ:rtɜ́:r/ *n* 委員会報告者《委員会の報告書を準備作成し議会などに提出する議会などの役人》. [F]

rap·proch(e)·ment /ræproʊʃmɑ̃:, -rɔ̀:ʃ-, ræpróʊʃmɑ̃:; ræprɔ́ʃmɑ̃:, -róʊʃ-; F raproʃmɑ̃/ *n*《特に国家間の》友好関係樹立[回復], 和解, 親善. [F]

ráp shèet《俗》前科記録, 'まえ'.

ra·sure /réɪʃər, -ʒər/ *n* 抹殺, 削除 (erasure), 文言抹消による変造.

rat /ræt/ *n* **1** ねずみ. **2**《俗》脱党者, 裏切り者;《俗》組合協定より安く働く労働者;《俗》スト破りの労働者 (scab);《俗》《警察などへの》密告者, スパイ, イヌ (stool pigeon). **3**《俗》卑劣漢, 恥知らず, いやなやつ.

rat·able, rate·able /réɪtəb(ə)l/ *a* **1** 比例した, 一定の比率に応じた (cf. PRO RATA). **2 a** 評価できる, 見積もりのできる. **b** 地方税を負担すべき, 課税すべき (taxable). **rát·ably** *adv*

rátable distribútion《破産手続きなどにおいて債権額に応じての》比例配当, 按分配当.

rátable válue《英》《地方税の》課税対象価格, 課税評価額, 課税標準価格.

rátch·et thèory /rǽtʃət-/《米》爪車(⌈⌉)の理論《合衆国憲法第14条修正に規定されている連邦議会の同条修正規定執行権限は, 合衆国最高裁判所によって過去に定められた保障範囲を拡げることはできても削減することはできず, したがって爪車装置 (ratchet) のように逆行のない拡大の方向への一方向にのみ動くことができるという憲法上の理論》.

rate /réɪt/ *n* **1 a**《一定の》割合, 率, 比率, 歩合: error ~ 誤り率. **b** 利率 (interest rate). ▶ ANNUAL PERCENTAGE RATE (《実質》年率) / BANK RATE (公定歩合) / BASE RATE (基準利率) / BASIC RATE (基本税率) / CONTRACT RATE (契約利率) / CONVICTION RATE (有罪決定率) / DISCOUNT RATE (公定歩合; 手形割引歩合) /

EFFECTIVE RATE (実効利率) / EXCHANGE RATE (為替相場) / EXPERIENCE RATE (経験的保険料率) / FIXED RATE (固定利率) / FLAT RATE (固定料金[賃金]) / FLOATING RATE (変動金利) / FORWARD RATE (先物相場) / FREIGHT RATE (運賃率) / ILLEGAL RATE (違法金利) / INSURANCE RATE (保険料率) / INTEREST RATE (利率) / LEGAL RATE (法定利率; 最高利率) / LENDING RATE (貸出し金利) / LOAN RATE (貸付け利息) / LOCK RATE (確定利率) / MONEY RATES (金利) / MORTGAGE RATE (譲渡抵当利率) / NOMINAL RATE (名目金利) / PRIME (INTEREST) RATE (最優遇貸出し金利) / REAL RATE (実質金利) / SHORT RATE (短期料率) / TAX RATE (税率) / VARIABLE RATE (可変金利). **2** 進度, 速度. **3** 《一定の基準による》料金, 値段《公共料金・運賃など》. ▶ ALL-IN RATE (全費用込み料金) / FIXED RATE (固定料金) / FLAT RATE (定額料金[賃金]) / FREIGHT RATES (貨物運送料) / FULL RATE (完全料金) / JOINT RATE (共同運賃) / LETTER RATE (書簡郵便料金) / NIGHT RATE (夜間割引料金) / PARCEL RATE (小包料金) / REDUCED RATE (割引料金) / THROUGH RATE (通し運賃) / UNION RATE (組合規定最低賃金基準). **4 a** 《不動産評価額に基づく》課税額, 課税査定額. **b** [ʊpl] 《英》地方税《地方自治体に納付する不動産税;居住用の自宅保有者により支払われていたいわゆる人頭税 (poll tax) は, 地方行政費用負担金 (community charge) に取って代わられ, それもさらに地方自治体参事会税 (council tax) に代わっているが, 事業用ないしは自宅保有者以外の不動産保有者には統一事業用財産税 (Uniform Business Rate) が課されている》. ▶ BUSINESS RATE (事業税) / CHURCH RATE (教会税) / COUNTY RATE (州税; 郡税) / HIGHWAY RATE (公道維持税) / POOR RATE (救貧税) / UNIFORM BUSINESS RATE (統一事業用財産税). **5** 等級, 種類, 格付け. **6** 評価. ── vt **1** 見積もる, 評価する, 査定する: ~ sb highly. **2 a** [ʊpass] 《不動産を》課税目的で評価する《at》; [ʊpass] 《人に》課税する. **b** 《貨物》の輸送料金を決める; …の保険料率を定める.

rateable ⇒ RATABLE.

ráte bàse 《特に公益事業 (public utility) の財産全体の相当な価額で, 公共料金算定の基準として用いられる》**公益事業全財産相当額**.

ráte màking [fíxing] 《特に電気・ガス・運賃などの》料金決定[協定].

ráte of exchánge 為替相場, 為替レート (exchange rate).

ráte of ínterest 利率 (interest rate) (⇒ RATE). ▶ BASE RATE OF INTEREST (基準利率).

ráte of retúrn 1 利益率, 収益率《利益・収益に関する比率の総称だが, 通例は資本利益率すなわち, 当期の利益額を投下資本額で除して算定した比率を指す; この場合は RETURN ON INVESTMENT と同じ》. ▶ FAIR RATE OF RETURN (適正収益率) / INTERNAL RATE OF RETURN (内部利益率). **2** 《証券の》利回り《《株式の》総合利回り《株式の購入価格に対する年間配当金の割合である株式の利回りに, 価格の値上がり益を投資期間に応じて年率換算して加えたもの》.

ráte・pày・er n **1** 《地方税 (rates) 納付者. **2** 《《電気・水道・電話などの》公共料金支払い者.

rat・i・fi・ca・tion /ræ̀təfəkéɪʃ(ə)n/ n **1 a** 《契約などの》追認. **b** 《条約の》批准. **c** 《米》《憲法修正案の, 州議会または州の憲法会議 (convention) による》承認. 《》cf. CONFIRMATION》 **2** 実証.

rat・i・fy /rǽtəfàɪ/ vt **1** 追認する, 承認する, 批准する. **2** 実証する. **rát・i・fi・er** n 追認者, 承認者, 批准者. [OF<L].

rat・ing /réɪtɪŋ/ n **1** 格付け, ランク(付け), 等級, 格, 評定(結果), 評価(額), 評点, 《個人・会社などの》信用度(評価); 《ラジオ・テレビの》視聴率, 人気度. ▶ CREDIT RATING (信用格付け[等級]) / INVESTMENT GRADE RATING (投資適格格付け) / MERIT RATING (業績考課). **2 a** 《地方》税賦課(額), 《地方》税税率. **b** 保険料率算定 (insurance rating). ▶ EXPERIENCE RATING (経験的保険料率算定) / INSURANCE RATING (保険料評価) / MERIT RATING (実績基準料率算定方式) / ZERO RATING (付加価値税免税(商品)). **3 a** 《船舶・乗組員などの》等級 (class), 級別. **b** 《船舶・自動車・機械などの》格付け. **c** 《児童・未成年者の保護のための映画の》レーティング. [RATE].

ra・ti・o・ci・na・tion /ræ̀tiòʊsənéɪʃ(ə)n, ræ̀ʃi-, -às-/ n 推論. **rà・ti・ó・ci・nàte** vi **rà・ti・ó・ci・nà・tive** a

ra・tio de・ci・den・di /réɪʃ(i)òʊ dèsədéndaɪ, -dèɪsidéndi/ (pl ra・ti・ó・nes de・ci・dén・di /rèɪʃióʊniːz-/) 判決理由, レイシオ・デシデンダイ, ラティオ・デキデンディ **1** 判決が根拠にしている原則・準則 **2** 先例による判決のなかで判例法として規範的効力をもつ部分; cf. OBITER DICTUM》. [L=the reason for deciding]

rátio lé・gis /-líːdʒəs/ 法の根拠, 立法目的, 立法理由. [L=the reason of the law]

Rátio légis est ánima légis. /— — ɛst ǽnɪmə líːdʒəs/ 法(律)の根拠[立法目的]はその法(律)の精神である. [L=The reason of the law is the soul of the law.]

ra・tio・nal /rǽʃnəl, rǽʃənl/ a 理性のある, 理にかなった, 合理的な. **ra・tio・nal・i・ty** /ræ̀ʃənǽləti/ n ~・ly adv

rátional básis 合理的根拠.

rátional básis tèst 《米》合理性を基準とするテスト, 合理的根拠規準 (=rational relationship test) 《憲法性の審査基準として, 当該立法や行政行為の内容の価値判断にまで踏み込まず, それが正当な統治目的の達成に合理的関係を有していれば合憲とするもの; きわめてゆるやかな規準 (minimal scrutiny) とほぼ同じ; cf. INTERMEDIATE SCRUTINY, STRICT SCRUTINY》.

rátional chóice thèory 《犯罪》合理的選択の理論《犯罪を犯す人は犯罪を犯すことの危険よりもそこから得られる利益のほうが大きいと判断した時に犯すのであるという理論; cf. CONTROL THEORY, ROUTINE-ACTIVITIES

THEORY, STRAIN THEORY］．

rátional dóubt 合理的疑い（＝REASONABLE DOUBT）．

rátional relátionship tèst 合理的関係を規準とするテスト（＝RATIONAL BASIS TEST）．

rationes decidendi RATIO DECIDENDI の複数形．

ra・ti・o・ne so・li /rèɪʃióuni sóulaɪ, ræʃ-/ *a, adv* 土地のゆえの［に］，土地に対する権利のゆえの［に］．［L＝by reason of the soil］

ratióne té・nu・rae /-ténjəri/ *a, adv* （不動産）保有（権）のゆえの［に］．［L＝by reason of tenure］

rave /réɪv/ *n* 〖英〗夜間集団狂騒音楽会《夜間無許可で少なくとも一部は野外に 100 名以上の者が集まり拡声器を用いて音楽などを演じ住民に大きな迷惑をかける行為，規制対象となり，またそれに従わぬ場合は処罰対象ともなる》．

rav・ish /rǽvɪʃ/ *vt* **1** …の心を奪う，うっとりさせる，狂喜させる〈*by, with*〉．**2** 強奪する，ぶんどる．**3** 強姦する，陵辱する（rape）．**4** 〈人，特に女性を〉奪い去る，掠奪する．**～・er** *n* **～・ment** *n* ［OF＜L RAPE¹］

RCJ 〖英〗°Royal Courts of Justice 王立裁判所．

RCRA /ríkrə/ 〖米〗Resource Conservation Recovery Act 資源保護回収法《1976 年成立》．

r.d. °running days 継続日数．

R/D, RD 〖銀行〗refer to DRAWER 振出人回し．

RDC 〖海上保険〗°running-down clause 衝突約款．

re /réɪ, ríː/ *prep* …に関して，…に関する；…（の件）について（concerning）（⇨ IN RE）: *re* your letter of the 10th of April 4 月 10 日付の貴簡に関して．［L (abl)＜*res* thing］

re- /riː, ri, ríː/ *pref* 《自由に動詞またはその派生語に添える》「再び，さらに，新たに」「…しなおす，…し替える」「もとへ…する」「…し戻す」などの意: *re*act, *re*adjust, *re*capture, *re*cover, *re*enter, *re*assure．［L *re-, red-* again, back, etc.］

rea ⇨ REUS．

reach /ríːtʃ/ *vt* **1** …に到着［到達］する（arrive at [in]）；…に届く．**2** …にわたる，広がる；〈結果・結論（として…）〉に達する: ~ an agreement 合意に達する / ~ a unanimous decision 全員一致の結論に達する．**3** 〈手などを〉出す，伸ばす．**4** 〈法などが〉…に効力を及ぼす；〈人の心などを〉得る，動かす；《俗》…に贈賄する，買収する．— *n* **1** 手を伸ばすこと；伸びる［届く］範囲，リーチ；適用範囲；勢力範囲．**2** 理解力．**～・able** *a*

read /ríːd/ *v* (read /réd/) *vt* **1** 読む；読んで知る；朗読する．**2** 解釈する，読み取る．**3** 《特に大学で》勉強する，研究する．**4** [ᵁ*pass*] 読会にかける: The bill was ~ for the first time. 法案は第一読会にかけられた．— *vi* **1** 読む，読書する，朗読する；読んで知る．**2** 研究［勉強］する: He is ~*ing* for the bar. 弁護士になるために勉強中だ．**3** …と解される，…と書いてある: It ~*s* as follows. その文言は次のとおり．~ (oneself) in 〖英国教〗《39 箇条（Thirty-nine Articles）を朗読するなどして》聖職に就く．~ into [on]〈特許請求項（patent claim）が〉先行技術（prior art）の特徴すべてと同一のものを含んでいる；〈特許請求項が〉他の製品・製法の侵害を示している．~ law (1)"《特に大学で》法学を学ぶ．(2) *法科大学院で法を学ぶ；*みずからも法を勉強しながら法律事務所で法修習生（clerk）として勤める．

réad・er *n* **1** 読者，読書家．**2** 〖英〗《一部の大学の》副教授，リーダー《professor の下，lecturer の上》；〖米〗大学助手，採点助手．**3 a** 〖英史〗《インズ・オヴ・コート（Inns of Court）の》講師《過去にインズ・オヴ・コートで講演（reading）をすべく選ばれたことのある人》．**b** 〖英〗テンプル教会講師《日曜の午後にテンプル教会（Temple Church）で説教する人；インズ・オヴ・コートのイナーテンプル（Inner Temple）とミドルテンプル（Middle Temple）の評議員により選ばれる》．

réad・ing *n* **1** 読むこと，読書，朗読；朗読会．▶ MISREADING（誤って読み聞かせること）．**2** 〖議会〗《法案の》読会（とつ）（＝**réadings of a Bíll**）《法案が議院を通過するまでに 3 回の議院全体の読会を経る手続きになっている: (1) 英国では，第一読会（first reading）は形式的で，名称と番号のみで法案提出がなされ，その後法案は印刷され，第二読会（second reading）で法案の骨子につき討議がなされて投票に付され，次いで庶民院の場合は委員会に，貴族院の場合は全体委員会に，付託される；第三読会（third reading）は委員会からの審議報告を受け，最終的に議院としての結論を出す (2) 米国では，第一読会では法案の名称あるいは番号（⇨ BILL NUMBER）だけが読み上げられ法案が提出される；この後に法案は委員会に付託される；第二読会では委員会からの審議報告を受け，議院全体で審議に必要な場合は修正を加える；第三読会では浄書された法案が名称のみ読み上げられ，投票に付される》．▶ FIRST READING（第一読会）／ SECOND READING（第二読会）／ THIRD READING（第三読会）．**3** 〖英史〗講演《かつてインズ・オヴ・コート（Inns of Court）でその長老構成員である評議員（bencher）の中から毎年 1 名の講師（reader）が選ばれ，制定法の一つを選んで成員に対して講演し，その後で討議をした行事；教育の一環であると同時に講師に対する検定試験でもあった》．

re・adjúst・ment *n* 《会社の》自主整理: ~ of debts《破産法上の種々の》債務整理．**rè・adjúst** *vt, vi*

ready /rédi/ *a* 用意［準備］のできた．**～, willing, and able** 直ちに…する用意ができて；《購入予定者が》法的にも財政的にも購入しうる準備が整って．

réady móney 現金，即金: pay ~ 現金で払う．

reae *n* REUS の複数形．

rè・affírm *vt* 再び断言［肯定，是認］する，再確認する．

rè・affirmátion *n* **1** 再確認，再確約．**2** 破産申し立て前金銭債務返済合意《債務者が本来ならば破産終了時に破産免責されるはずの破産申し立て前の金銭債務を返済することを約する債務者・債権者間の合意》．

reaffirmátion hèaring 破産申し立て前金銭債

務返済合意審理《破産事件で, 債権者・債務者が破産申し立て前金銭債務返済合意 (reaffirmation) を提示し裁判所の承諾を得る手続き; 通例は破産免責審理 (discharge hearing) と同時に行なわれる; ⇨ DISCHARGE HEARING》.

re·al /ríː(ə)l, ríəl/ *a* **1** 真の, 本物の, 本当の (genuine);〈収入・賃金などが〉実質的な, 実勢の《物価変動の影響を除いて購買力の大きさで計った》; opp. *nominal*): in ~ terms 実際, 本当は, 実は. **2** 実在する, 実存する, 現実の, 実際の. **3** 物に関する, 物的な, 不動産に関する, 不動産の (opp. *movable*, *personal*). [AF and L *realis* (*res* thing)]

réal áction 物的訴訟, 不動産訴訟 (=actio [action] in rem)《損害賠償などでなく, 物自体の取り戻しを目的とする訴訟; ⇨ PERSONAL ACTION》.

réal àsset 1 不動産資産, 物的資産, 不動産遺産 (cf. PERSONAL ASSET). **2** 有形資産 (=TANGIBLE ASSET).

réal cháttel 不動産的動産 (=CHATTEL REAL).

réal cóntract《ローマ法・大陸法・史》要物契約《当事者の合意以外に金銭や物の引き渡しが要件とされる契約; cf. CONSENSUAL CONTRACT》.

réal cóvenant 物的約款, 不動産約款 (=COVENANT RUNNING WITH THE LAND)《人的約款 (personal covenant) の対語》.

réal defénse 物的抗弁 (=absolute defense) (⇨ PERSONAL DEFENSE).

réal estáte 1 物的財産, 不動産 (=realty)《土地・家屋および土地と一体となった定着物 (fixture); cf. REAL PROPERTY》. **2** 物的不動産権, 不動産財産権, 不動産に対する物権的権利《もとは物的訴訟 (real action) によって物そのものを取り戻すことのできたもの, およびそれに対する権利 (real property, realty); 英国では 1926 年に至るまでは定期不動産賃借権 (leasehold) を除く不動産権; それ以後は相続との関係では不動産的動産 (chattel real) を含むすべての不動産権; ただし, 売却信託 (trust for sale) 下の土地からの収益金と土地を担保にした金銭は含まない》. **3** 不動産販売業.

réal estáte invéstment trùst《米》不動産投資信託《不動産投資, 不動産の譲渡抵当 (mortgage) 融資などをする投資信託; 略 REIT; cf. REAL ESTATE MORTGAGE TRUST》.

réal estáte mórtgage invéstment cónduit《米》不動産譲渡抵当投資導管, レミック (=REMIC)《譲渡抵当 (mortgage) あるいは譲渡抵当権付き証券 (mortgage-backed security) を保有しその持分を証券の形で投資家に発行し, その利息を投資家に支給し, 収益を投資に移転することにより税制上の優遇措置を受ける主体; 1986 年法で導入され, 組織は法人 (corporation), 組合 (partnership), 信託 (trust) のいずれかでありうる; cf. PASS-THROUGH SECURITY, REAL ESTATE INVESTMENT TRUST》.

réal estáte mórtgage trùst《米》不動産譲渡抵当投資信託《不動産そのものよりむしろ不動産の譲渡抵当 (mortgage) の売買をする不動産投資信託 (real estate investment trust); 略 REMT; cf. REAL ESTATE INVESTMENT TRUST》.

réal estáte ówned 債権者取得物的財産[不動産権]《金銭債務 (debt) の弁済として, 通常は譲渡物の受戻し権喪失 (foreclosure) を通して貸主が取得した不動産[物的不動産権]; 略 REO》.

réal estáte sýndicate《不動産開発・投資を目的とした》不動産共同投資団[グループ], 不動産シンジケート.

réal estáte tàx 不動産税, 固定資産税.

réal évidence 1《凶器・ナイフ傷などの》実物証拠 (=demonstrative evidence, physical evidence) (cf. TESTIMONIAL EVIDENCE). **2** 展示証拠 (=DEMONSTRATIVE EVIDENCE).

re·align·ment /rìːəláinmənt/ *n*《米》再調整《通常は州籍の相違に基づく裁判権 (diversity jurisdiction) を決定する際に, 裁判所が訴訟当事者の究極的利益を基準にして原告・被告としての当事者を確認し, 例えば被告の一人を原告にするなどの再調整をすること》. **re·alígn** *vt* 再調整する.

réal íncome《現金収入をインフレ・デフレによる購買力の変化について修正した》実質所得.

réal·ism *n* **1** 現実主義; 写実主義, リアリズム; 実在論, 実念論; 実学主義. **2** リアリズム法学 (⇨ LEGAL REALISM). ▶ LEGAL REALISM (リアリズム法学). **-ist** *n* 現実主義者; リアリズム法学者, リアリズム法学派の人.

re·al·i·ty /riǽləti/ *n* **1** 現実(のもの); 実体《*of*》; 実在(性); 現実性, 現実味. **2** 物的財産(権), 不動産, 物的不動産権 (=REALTY).

re·al·iz·able /ríːəlàizəb(ə)l/ *a* **1** 十分理解できる, 了解できる; 実感できる. **2** 実現できる, 現実化できる. **3** 現金化できる, 換金できる: ~ assets 現金化可能な資産 [遺産].

re·al·i·za·tion /rìːələzéiʃ(ə)n, rìə-, -làɪ-/ *n* **1** 本当だと思う[感づく, わかる]こと, 実情を知ること, 理解, 実感. **2** 実現, 現実化; 実現したもの: ~ of a project 計画の実現. **3** 現金化, 換金,《金・財産の》取得: ~ of assets 資産[遺産]の現金化. **4**《米税制》《売却・交換など利得(または損失)を実現する》財産処分行為 (cf. RECOGNITION).

re·al·ize /ríːəlàɪz, ríə-/ *vt* **1** 十分に理解する, 了解する, 悟る, 実感する. **2** 実現する, 現実化する. **3**《利益を》得る, もうける; 現金に換える, 換金する;《ある金額に》売れる. **4**《米税制》《財産を売却等の処分により》利得(ないし損失)を実現する.

réalized gáin《米税制》《財産の処分により》実現した利得.

réalized lóss《米税制》《財産の処分により》実現した損失.

réal láw 1 物的財産法 (cf. REAL PROPERTY). **2**《大陸法》物権法.

realm /rélm/ *n* **1** 王国, 国土: abjure the ~ 退国[永

久離国]宣誓をする(⇨ ABJURATION OF THE REALM) / the laws of the ～ 王国の法, イングランド法, 英国法. ▶ ABJURATION OF THE REALM (退国宣誓) / ESTATES OF THE REALM (王国の(三)身分) / GENERAL CUSTOM OF THE REALM (王国の一般慣習(法)) / PEER OF THE REALM (王国の貴族). **2** 範囲, 領域;《学問などの》分野: the ～ of politics 政治の領域.

réal párty in ínterest 実質的利益当事者(= interesse, party in interest), 適格当事者《訴求されている権利を実体法上行使できる権利を有する当事者; 必ずしもその訴訟の結果から実際に利益を得る者である必要はない; 原告がこれに該当しない場合は訴えは却下される; cf. NOMINAL PARTY》.

re·al·po·li·tik /reiá:lpoulitì:k/ n [°R-]《主義・理想に固執しない》現実[実際]的政策[政治], レアルポリティーク (power politics (武力外交) の婉曲表現). [G]

réal próperty 物的財産(権), 不動産(= REALTY)《もともとは物自体の取り戻しを認める物的訴訟 (real action) で保護された権利で, 人的財産(権) (personal property) の対語; 物的訴訟の保護対象でなかった定期不動産賃借権 (leasehold) がこれに含まれていないことに注意; cf. REAL ESTATE, REALTY》.

réal ráte 実質金利, 実質利息率(= **réal ráte of ínterest**)《名目金利に対してインフレ・デフレの影響を物価指数などで修正した金利》.

réal represéntative《英》物的代表者, 物的財産の人格代表者, 物的遺産代表者《1897 年法以後その不動産について被相続人を代表する人を指す; 1925 年法以後現在では動産・不動産ともに人格代表者 (personal representative) にいったん移るので, 人格代表者がこれに該当していることになる》.

réal ríght **1**《大陸法》物権. **2** 対物権(= RIGHT IN REM).

réal secúrity **1** 物の財産上の担保, 不動産担保. **2**《より広く動産質 (pledge) などをも含めた》物的担保《人的担保 (personal property) の対語》.

réal thíngs pl 物的財産, 不動産(= things real)《土地・建物・その定着物 (fixture) およびその利用権とこからの収益権; cf. CHATTEL REAL》.

Re·al·tor /rí:(ə)ltər, -tɔ̀:r/ **1**《米・サービスマーク》全国不動産業者協会 (National Association of Realtors) 公認業者, 全国不動産業者協会員. **2** [r-] 不動産業者.

réal·ty n 物的財産(権), 不動産, 物的財産権(opp. *personalty*)《厳密には REAL PROPERTY (物的財産(権)) と同義であるが, 広義では不動産の動産 (chattel real) をも含む REAL ESTATE (物的不動産(権)) と同義にも用いている》. ▶ QUASI REALTY (準物的財産(権)).

réal únion 物上連合, 物的国家結合《複数の国家が条約によって一つの国際法人格 (international legal personality) となるために結合すること; 単一国家となるのではないし, またその構成国はその解消によりみずからの国際法人格の復活が可能; 1814 年から 1905 年までのスウェーデンとノルウェーおよび 1867 年から 1918 年までのオーストリアとハンガリーがその実例; 同君連合 (personal union) に対する語》.

réal wáges pl 実質賃金《インフレ・デフレの影響を物価指数などを用いて修正した購買力から見た賃金; cf. NOMINAL WAGES》.

réal wróng 物的財産権利侵害《自由土地保有権 (freehold) への権利侵害》.

re·appórtion·ment n *議員定数是正[変更], 選挙区割変更, 選挙区再編成, 議席数再配分(= redistribution of seats", redistricting) (cf. APPORTIONMENT, GERRYMANDERING, LEGISLATIVE DISTRICTING, MALAPPORTIONMENT). ▶ LEGISLATIVE REAPPORTIONMENT (立法府議員定数是正). **re·appórtion** vt

re·árgument n 再弁論《最初の弁論で見落とされていた先例や事実の誤解を裁判所に示すための弁論; cf. REHEARING》. **re·árgue** vt

re·arrést n 再逮捕《身柄拘束されている間の逃亡者, 仮釈放 (parole)・保護観察 (probation) 中の者の条件違反者, 命令通り出廷しない者の令状なしの逮捕》.

rea·son /rí:zn/ n **1** 理由(= cause), 根拠, 原因, 動機. ▶ BONA FIDE COMMERCIAL REASON (善意の商業上の理由) / GENUINE COMMERCIAL REASON (真正な商業上の理由) / INADMISSIBLE REASON (非容認理由). **2** 合理(性), 条理, 道理, 理屈. ▶ RULE OF REASON (合理性の準則). **3** 論拠; 前提;《特に》小前提. **4** 理性, 判断力, 正気, 思慮, 分別. ▶ AGE OF REASON (責任能力年齢). **5** 理由づけ, 弁明, 言い訳, 説明.

réason·able a《opp. *unreasonable*》**1** 道理をわきまえた, わけのわかる. **2** 道理に合った, 筋の通った, 合理的な (rational). **3** 相当な, 妥当な; 手ごろな価格で; 応分の. **commercially ～** 一般的に認められている商慣習に合致して善意かつ公正になされた. **-ably** adv **～·ness** n

réasonable accommodátion 相当な措置《例えば被用者の勤務スケジュールの変更, 無給休暇の付加など心身障害者のためあるいは被用者の宗教上の必要・礼拝のために講ぜられる, 雇用者に不当な負担とならぬ程度の相当な措置》.

réasonable áct 合理的な行為《具体的状況下での妥当な行為》.

réasonable and próbable cáuse 合理的かつ相当な根拠.

réasonable belíef 合理的確信, 合理的認識《事実誤認が通常人 (reasonable person) であればやむをなかったか否かを判断するための基準となる概念》.

réasonable cáre 相当の注意(= adequate care, due care, ordinary care, proper care)《通常程度に慎重な人が当該状況下で払う程度の注意》.

réasonable cáuse 合理的根拠(= PROBABLE CAUSE).

réasonable cértainty 相当の確実性《不法行為

による傷害に伴う将来の苦痛に対する損害賠償を認めるための基準に用いられる概念で、認められるためには苦痛がその傷害から相当の確実性をもって生ずることが要求される》.

réasonable contemplátion 相当の予期《契約違反に対する損害賠償責任に関する原則・基準に用いられる概念で、賠償は、損害がその契約違反自体から当然に、すなわち通常の成り行きに従って生じたと公正かつ合理的に考えられるもの、あるいは契約時に契約違反の蓋然的結果であるとして両当事者が予期すべきであったと合理的に思われるものに対してのみ認められるべきであるということ》: ～ test 相当の予期テスト.

réasonable díligence 相当の注意[努力]《(1) 通常の分別力を有した人が当該状況の下で払うと期待される注意[努力] 2) DUE DILIGENCE》.

réasonable dóubt 合理的疑い (=rational doubt)《理性ある人ならば誰もがいだく疑い; 刑事訴訟においては訴追側が合理的疑いの余地のない程度に被告人の有罪を証明する必要がある; cf. BURDEN OF PERSUASION, CLEAR AND CONVINCING, MORAL CERTAINTY, PREPONDERANCE OF (THE) EVIDENCE》. **beyond (a) ～** 合理的疑いの余地なく《有責の証拠が十分であることにいう》. ▶ PROOF BEYOND (A) REASONABLE DOUBT (合理的疑いの余地のない証明).

réasonable excúse 合理的理由 (=PROBABLE CAUSE).

réasonable expectátion(s) dòctrine 合理的期待の法理《契約中の不明瞭な語は、たとえその明示的なことばづかいがそれを支持するものでなくとも、弱い立場にある人の、契約から客観的に見て合理的な期待に有利な形で解釈されるべきであるという原則; 保険契約や消費者契約、その他の附従契約 (adhesion contract) できわめてしばしば適用されている》.

réasonable fináncial provísion 〖英〗相当の資金給付《遺産から死亡者の扶養家族が受け取って当然と思われる生計費などの支給; 死者がこのことにつき遺言などで定めずに死亡した場合は、被扶養者が裁判所に支給を要求しうる; 配偶者は生計費が十分であってもこの権利を認められる; cf. FINANCIAL PROVISION ORDER》.

réasonable fórce 相当の実力《みずからの身体・財産を防衛するためあるいは犯人を逮捕するために必要な過度にならない程度の適当な実力》.

réasonable ínference rùle 合理的推論の準則《陪審が事件を審理する場合に、事実審理の際に提出された証拠から導き出されるなんらかの合理的推論をも正しく考慮しうるという証拠法上の原則; cf. RULE AGAINST PYRAMIDING INFERENCE》.

réasonable mán 通常人, 合理人 (=REASONABLE PERSON).

réasonable médical probabílity 医学上の合理的蓋然性《傷害原因の立証に際しては、その傷害が一般的な医学上の意見で当該刺激によって生じた蓋然性が高いことを示す必要がある》.

réasonable párt 〖英史〗相当の取り分《死者の人的財産 (personal property) のうち遺言で処分できない妻子の取り分で、古いコモンロー上は寡婦・直系卑属それぞれが3分の1、計3分の2がこれに当たるとされていたが、時と共に廃れた; cf. DEAD MAN'S PART》.

réasonable pérson 通常人, 合理人 (=ordinarily prudent person, reasonably prudent person, reasonable man)《不法行為上や刑事上の責任 (特に過失) の有無を判定するための基準とされる仮定的人物で、平均的な注意力・判断力・行動力をもって行為する人》.

réasonable probabílity《証明の程度としての》合理的蓋然性《高度の主観的確実性 (moral certainty) および合理的疑い (reasonable doubt) の余地のない程度よりは劣る》.

réasonable suspícion 合理的嫌疑《犯罪を犯したと疑う具体的かつ客観的根拠に基づいた嫌疑; cf. PROBABLE CAUSE, STOP AND FRISK》.

réasonable tíme 相当な期間《契約などで時期が定められていない場合の費やしてもよいとされる期間》.

réasonable úse 1《みずからの財産・流水などの》合理的利用. 2 流水合理的利用の理論 (=REASONABLE USE THEORY).

réasonable úse thèory 流水合理的利用の理論《河岸土地所有者は下流の河岸土地所有者の流水利用に影響しないかぎり、その流水の合理的利用をすることができるという法理》.

réasonably equívalent válue 合理的同等の価値《(特に破産した) 債務者により移転された財産が詐害的財産譲渡 (fraudulent conveyance) にならないための判断基準で、その対価が公正であること》.

réasonably prúdent pérson 合理的分別人 [慎重人], 合理的思慮分別をもった人, 通常人, 合理人 (=REASONABLE PERSON).

réa·soned *a* 道理に基づいた, 道理をわきまえた, 道理を尽くした, 論考した, 筋の通った; 詳細な理由を付した. **～·ly** *adv*

réason·ing *n* **1** 推理, 推論, 論究; 理論, 論法; 推理力, 推論しうる能力: legal ～ 法的推論. **2**《判決などの》理由づけ; 論証, 証明. — *a* **1** 推理の: ～ power 推論しうる能力, 推理力. **2** 理性のある: a ～ creature 人間.

réason to knów 知るべき根拠《一定の事実・情報などから、通常の知能を有するものであるならば、ある事実を合理的に推論・推知・認識すべき基礎がある場合の、その基礎となる根拠》.

rè·assúrance *n* REINSURANCE.

re·bate /ríːbeɪt, rɪbéɪt/ *vt*《金額を》割り戻す;《請求額から》割引きする;《人に》割戻しを与える. — *vi* 割戻しをする. — *n*《支払われた金額の》一部払い戻し, 払い戻し, 還付, 割戻し, リベート; 割引き; 戻し税, 還付金, 報奨金. ▶ RENT REBATE (地方自治体住宅家賃割引き) / TAX REBATE (還付).

reb·el /rébəl/ *n* 謀反人, 反逆者〈against, to〉. — *a* 謀反の. **2** 謀反人の, 反徒の; 反抗的な. — *vi*

/ribél/ (-ll-) **1** 謀反を起こす, 反逆する〈against, at〉. **2**〈権威・習慣などに〉反抗する.

re·bel·lion /ribéljən/ *n* **1** 謀反; 反乱, 暴動;《権力者に対する》反抗 (cf. AFFRAY, CIVIL COMMOTION, RIOT, ROUT, TREASON, UNLAWFUL ASSEMBLY, VIOLENT DISORDER). ▶ COMMISSION OF REBELLION (謀反人逮捕状) / SEPOY REBELLION (セポイの反乱). **2 a** [the (Great) R-]《英史》(大)反乱《1642-46年, 1648年の内乱 (Civil War)》. **b** [the R-]《米史》反乱《南北戦争 (Civil War) (1861-65); 北軍側から南軍側の行動をいう》.

re·bus sic stan·ti·bus /ríːbəs sɪk stǽntəbəs/ *adv* 事情がそうであるならば, 関連する事実[状況]が基本的に同じであるかぎり. **principle of ~ 事情不変更原則, 事情変更の原則**《もともとは国際法上条約についての原則で, 条約締結当時の事情がそのまま存続する限りで有効であるとする原則; 逆にその事情に大きな変化が生じ, 締結当時当事国がそのような変化を予見していたならば条約の締結をしなかったと考えられる場合には, 条約を終了させるか, 一方当事国に条約からの脱退を認めるべきであるという原則; 普通は後者の意で用いられる; その後国際法だけでなく, 国内私法に適用され, 契約を文字どおりに履行させることが著しく衡平に反する場合などにこの原則が用いられている; ⇨ CLAUSULA REBUS SIC STANTIBUS). ▶ CLAUSULA [CLAUSA] REBUS SIC STANTIBUS (事情不変更原則, 事情変更の原則). [L=things standing so]

re·but /rɪbʌ́t/ *v* (-tt-) *vt* 論駁[反駁]する, ...に反論する, ...に反証を挙げる, 反証する; やりこめる; 退ける.
— *vi* **1** 反証を挙げる. **2**《被告が》第三訴答をする (⇨ REBUTTER). ~·ment *n* **re·bút·ta·ble** *a* **re·bút·ta·bly** *adv* [AF *rebuter*]

rebúttable presúmption 反証を許す推定 (= conditional presumption, disputable presumption, presumption juris tantum, prima facie presumption) (⇨ PRESUMPTION OF LAW) (opp. *conclusive presumption*).

re·bút·tal *n*《相手当事者提出の証拠への》反証(の提出), 反証提出 (cf. CASE IN CHIEF). ▶ EVIDENCE IN REBUTTAL (反証) / SURREBUTTAL (再反証).

rebúttal évidence 反証 (=rebutting evidence) (cf. PRIMA FACIE EVIDENCE).

rebúttal wítness 反証のための証人, 反証人.

re·bút·ter *n* **1** 被告第三訴答《原告第三訴答 (surrejoinder) に対する被告の第3回目の訴答; cf. REJOINDER》. ▶ SURREBUTTER (原告第四訴答). **2** REBUT する人, 反証[反論, 反駁]者. [AF *rebuter* to rebut]

rebútting évidence 反証 (=REBUTTAL EVIDENCE).

re·call /rɪkɔ́ːl/ *vt* **1** 思い出す, 想起する〈from〉;〈物事を〉思い出させる〈to mind, sb〉. **2 a** 呼び戻す〈from〉;《大使など外交使節を》解任[召還]する. **b***《公職にある者を》リコールする. **3**《欠陥商品を》回収する. **4**《判決・命令・恩赦などを》取り消す, 撤回する. — *n* /ríːkɔːl/

回想, 想起. **2 a** 呼び戻し;《大使など外交使節の》解任, 召還: letter of ~ 解任状. **b***リコール《一般投票による公職者の解任(権)》. **3**《欠陥商品の》回収. **4**《判決・命令・恩赦などの》取消し, 撤回. **re·cáll·able** *a* **re·càll·abíl·i·ty** *n* **re·cáll·er** *n*

recáll of wítness 証人の再召喚《証人を再度証人台に呼び出すこと》.

re·cant /rɪkǽnt/ *vt*《信念・主張などを》《公けに》取り消す, 撤回する;〈言明・陳述・意見・証言などを〉《正式に》取り消す, 否認する;《約束などを》取り消す. — *vi* 自説を取り消す[誤りと認める]. **re·can·ta·tion** /rìːkæntéɪʃ(ə)n/ *n* 取消し, 撤回, 変説.

re·càpi·tal·izátion *n* 資本再構成《会社の株式・社債などの証券からなる資本構成を調整・再構成すること; cf. REORGANIZATION》. **re·cápi·tal·ize** *vt*

re·cap·tion /rɪkǽpʃ(ə)n/ *n* **1**《不法に侵奪された財産・妻子・雇人の》自力取戻し, 占有の自力回復. **2** 第二次(自救的)差押え (=SECOND DISTRESS).

re·cápture *vt* **1** 奪い返す, 取り戻す. **2***《政府が》再徴収する;《税の申告額の増額更正分を》徴収する. — *n* **1** 奪還, 回復. **2***《政府による》再徴収;《税の申告額の増額更正分の》徴収, 再取立て, 追加徴収. **3** 取り返したもの[人]; **再徴収額**, 税の増額更正分, 追加徴収額. **4**《国際法》捕獲物取戻し.

recápture clàuse 1 条件付き商品回収条項《価格の限界を定め, もし市場関連の変動数値が予想から大きく変わった場合に商品の取戻しを認める契約条項》. **2 解除権付き賃料スライド条項**《賃料の基礎収益を超えて賃借人が利益を得た場合賃貸人にその一定割合を与え, かつその利益が低すぎる場合は賃借権を解除しその財産の占有を取り戻す権利を与える, 割合賃料による《不動産》賃貸借 (percentage lease) などの営業上の不動産賃貸借契約 (lease) の条項》.

recd received.

Re·ce·di·tur a pla·ci·tis ju·ris po·ti·us quam in·ju·ri·ae et de·lic·ta ma·ne·ant im·pu·ni·ta. /rɛsédɪtər eɪ plǽsɪtɪs dʒúːrɪs póʊʃiəs kwæm ɪndʒúːriː ɛt dɛlíktə mǽnɛənt ɪmpjúːnaɪtə/ 権利侵害や違法行為が罰せられぬままにしておくよりは法の定めるところから逸(⁼)れるほうがよい. [L=One departs from the forms of law rather than let injuries and delicts remain unpunished.]

re·ceipt /rɪsíːt/ *n* **1** 受取り, 領収, 受領. ▶ CONSTRUCTIVE RECEIPT (擬制受領) / KNOWING RECEIPT (知りながらの受領) / LIABILITY FOR RECEIPT (受領責任) / TRUST RECEIPT (担保荷物貸渡し). **2** 受領証, 領収証, 領収書, 預り証: ~ book =book of ~s 受取帳《受領証のつづり》. ▶ ACCOUNTABLE RECEIPT (計算[清算]約束付き受領証) / AMERICAN DEPOSITARY [DEPOSITORY] RECEIPT (アメリカ預託証券) / BINDING RECEIPT (保険会社仮保険証書) / DEPOSIT RECEIPT (預託金領収証; 預金証書) / DOCK RECEIPT (埠頭倉庫預り証) / MATE'S RECEIPT (航海士受領証書) / TRUST RECEIPT (担

保荷物保管証) / WAREHOUSE RECEIPT (倉庫預り証, 倉庫証券). **3** [*pl*] 受け取ったもの, 受領高. ▶ GROSS RECEIPTS (総収入額). — *vt* …に受取り済みと書く; …に受領証を出す. — *vi* *受領証を出す.

re·céipt·or *n* 受領者; 〖米〗差押え物受寄者.

re·céiv·a·ble *a* 受け取られる; 受け取るべき, 受け取りうる, 支払いを要求できる, 信ずべき: a ~ evidence 受け取りうる証拠 / a ~ certificate 信用できる証明書 / ACCOUNT RECEIVABLE / BILL RECEIVABLE. — *n* [*pl*] 受取勘定, 受取手形. ▶ UNREALIZED RECEIVABLE (未実現の受取勘定).

re·ceive /rɪsíːv/ *vt* **1** 受ける, 受け取る, 受領する; 得る. **2** 〈申し出などを〉受け付ける, 受理する. **3** 〈盗品を〉買い入れる, 故買する; 蔵匿する. **4** 迎え入れる; 受け入れる; 受容する.

recéived bíll (of láding) 受取り船荷証券 (= **recéived for shípment bíll (of láding)**)《受け取っていまだ船積みしない段階で運送品を船積みのために受け取ったことを表示し発行する船荷証券; cf. SHIPPED BILL (OF LADING)》.

re·céiv·er *n* **1 a** 受取人; 〈運送品の〉荷受人. **b** 収入役. **c**《種々の関連で一時的に財産保全・収益収受のために裁判所により任命される》財産保全管理人 (⇒ EQUITABLE EXECUTION) (cf. CONSERVATOR, LIQUIDATOR); 〈破産〉管財人, 収益管理人. **d** 盗品譲り受け者, 贓物(ﾌﾞﾂ)収受者, 故買者; 蔵匿者. ▶ ADMINISTRATIVE RECEIVER (浮動担保管理人) / ANCILLARY RECEIVER (副財産保全管理人) / OFFICIAL RECEIVER (公任管財人). **2** 接待者. **3** 受信機, 受話器, レシーバー, 〖テレビの〗受像機.

recéiver géneral (*pl* **recéivers géneral**) **1** 〖英〗〈州の〉収入役《現在は Duchy of Lancaster にのみ残る》. **2**《Massachusetts 州などの》収入役《公選職》.

recéiver of wrécks 〖英〗難破船処理官《管轄内の難破船の法的処理に当たる政府の役人》.

recéiver pendénte líte《訴訟係争中の物件・金銭の》係争物保全管理人 (⇒ PENDENTE LITE).

recéiver's certíficate 〖米〗財産保全管理人証書《破産裁判所 (bankruptcy court) の管理下にある資金から支払いを受ける権利を証する財産保全管理人 (receiver) 発行の証書》.

recéiver·shìp *n* **1** 財産保全管理人の職[任期, 任命手続き]. **2** 財産保全管理を受けること, 財産保全管理 (cf. BANKRUPTCY): in ~ 財産保全管理を受けて. ▶ EXPENSES OF RECEIVERSHIP (財産保全管理費用).

recéivership òrder 財産保全管理命令《財産保全管理人 (receiver) の手中に財産を移管するよう命じる裁判所命令》.

re·céiv·ing *n* 受け取ること; 盗品譲り受け, 贓物(ﾌﾞﾂ)収受 (= RECEIVING STOLEN PROPERTY), 故買; 蔵匿.

recéiving òrder 破産財産保全管理命令(書)《英国では現在は bankruptcy order (破産命令) となっている》.

recíprocal insurance

recéiving stólen próperty [góods] 盗品譲り受け(罪), 贓物(ﾌﾞﾂ)収受(罪)《単に receiving ともいう》; cf. FENCE).

récent posséssion《犯行直後の盗品の》最近の占有《占有者自身が窃盗・盗品譲り受け・贓物(ﾌﾞﾂ)収受の推定を受ける》.

re·cep·tion /rɪsépʃ(ə)n/ *n* **1** 受け取ること; 受容. **2** 《他国の法の》継受: ~ of Roman Law ローマ法の継受.

recéption òrder 〖英〗《精神障害者などの》収容命令.

re·cess /ríːses, rɪsés/ *n* **1** 休み, 休憩. **2**《議会の》休会; 閉会期間《議会の会期と会期との間の》: go into ~ 休会する / in ~ 休会中で. **3***《法廷の》休憩, 休廷《訴訟手続きの短時間の中断; cf. CONTINUANCE》. — *vt* 中断する, 休会[休廷]にする. — *vi* 休会[休廷]する (adjourn).

récess appóintment 〖米〗《裁判官等の大統領による》上院休会中の任命《ただし上院の追認が必要》.

re·ces·sion[1] /rɪséʃ(ə)n/ *n* **1** 退去, 退出, 後退. **2**《一時的な》景気後退, リセッション (cf. DEPRESSION). **3**《壁などの》くぼみ, 引っ込んだ所.

recession[2] *n*《土地などの》返還, 還付, 再譲与.

recéssion·al *a* **1** 退去の, 退場の. **2***《議会の》休会の; *《法廷の》休憩の; 休暇の.

re·cid·i·vate /rɪsídəveɪt/ *vi* 常習性をもつ, 常習化する.

re·cid·i·vism /rɪsídəvìz(ə)m/ *n* **1** 累犯, 常習的犯行. **2**〖精神医〗常習性, 累犯性.

re·cid·i·vist /rɪsídəvɪst/ *n* 累犯者, 再犯者, 常習犯 (=career offender [criminal], habitual offender [criminal], persistent offender, repeater, repeat offender). — *a* 累犯[再犯](者)の, 常習(犯)の.
re·cid·i·vís·tic *a*

re·cid·i·vous /rɪsídəvəs/ *a* 罪を重ねやすい; 常習犯的な.

re·cip·ro·cal /rɪsíprək(ə)l/ *a* **1** 相互の (mutual); 互恵的な (cf. BILATERAL): ~ holdings《会社間の》相互株式保有[持ち合い] / ~ trade 互恵通商. **2** 仕返しの, 報いの, 代償的な. **3** 相反する. **~·ly** *adv*

recíprocal cóntract 双務契約 (= BILATERAL CONTRACT).

recíprocal déaling 互恵取引《買主が売主よりも大きな経済力を有している場合の営業取引に用いられる方法で, 取引の見返りとして買主の商品を売主が購入する場合にのみ買主が売主の商品を購入することに合意すること; cf. TYING ARRANGEMENT》.

recíprocal exchánge 〖米〗交互[協同]保険団体, レシプロカル(エクスチェンジ) (=interinsurance exchange, reciprocal (inter)insurance exchange)《個人・会社などの加入者が交互保険 (reciprocal insurance) に参加できるように設立される, 法人格をもたない交互保険組織》; ⇒ RECIPROCAL INSURANCE).

recíprocal insúrance 〖米〗交互保険, 協同保

険 (＝interinsurance)《個人・会社などが交互[協同]保険団体 (reciprocal exchange) を組織し、その加入者が相互間で各自の保険を相互に引き受け合うもの》.

recíprocal insúrance exchànge《米》交互[協同]保険団体 (＝**recíprocal interinsúrance exchànge**) (＝RECIPROCAL EXCHANGE).

recíprocal négative éasement 相互的消極的地役権《土地を住居用に分譲する場合などに全体の利益のためにその用途を制限する協定などにより生じる消極的地役権 (negative easement) で、購入者・売主共に、さらにそれぞれの承継者にも拘束力を有するもの》.

recíprocal tráde agréement 互恵貿易[通商]協定《2国間の貿易につき優遇関税など他国より有利な条件を定める協定; 略 RTA》.

recíprocal trúst 相互信託《多くは夫婦・親子間で互いに相手方を受益者 (beneficiary) として設定する; 遺産税軽減策として用いられる》.

recíprocal will [ᵘpl] 互恵的遺言(書)(の一方) (＝MUTUAL WILL).

re·cip·ro·cate /rɪsíprəkèɪt/ vt, vi 1 交換する、やりとりする. 2 報いる、返礼する. 3 一致する、相当する〈with〉. **re·cíp·ro·cà·tor** n

rec·i·proc·i·ty /rèsəprásəti/ n 1 相互関係、相互依存状態; 相互性、双務性、互恵性; 交換. 2 相互利益、互恵主義、互恵取引. 3《国際法上の》**相互主義 (1)** 国家が負う法的義務・負担や国家が得る権利・権益の均衡を維持させること、またさせるべきであるという国際法上の基本原則の一つ 2) 外国人に権利を与えるにつき、その外国人の本国が自国民に同様の権利を与えることを条件とすること》.

re·ci·sion /rɪsíʒ(ə)n/, **re·cis·sion** /-ʃ(ə)n/ n RE-SCISSION.

re·cit·al /rɪsáɪtl/ n 1 詳説、詳述. 2《証書・法律文書などの》**事実の説明(部)**、書出し部分、説明部《通常 whereas (…であるがゆえに) という語で始まる; cf. OPERATIVE PART》. ▶ MISRECITAL (誤った事実の説明). 3《訴答手続きにおいて不完全なものとされる》間接的陳述、説明的陳述. 4《判決中の》裁判管轄を基礎づける事実の陳述. 5 リサイタル. **～ist** n

re·cite /rɪsáɪt/ vt, vi 1 暗唱する、朗吟[朗誦]する; 物語る. 2 列挙する; 〈事実を〉文書で具陳する. **re·cít·er** n

réck·less a むこうみずな、無謀な、無思慮な、(行為の)結果を顧みない、無責任な、未必の故意ないし認識ある過失による (cf. CARELESS, WANTON). **～ly** adv

réckless disregárd 未必の故意ないし認識ある過失による無視、《他人の権利に対する》無謀な無視.

réckless disregárd of [for] the trúth 真実性についての未必の故意ないし認識ある過失による無視《それが虚偽である蓋然性を強く意識しているないしはそれが真実であることに重大な疑問を有している人による、あるいはその出所の真実・正確性を疑うべき明白な理由がある場合による、名誉毀損となる言説の真実性ないし虚偽性の無視》.

réckless dríving《未必の故意ないし認識ある過失による》無謀運転. ▶ CAUSING DEATH BY RECKLESS DRIVING (無謀運転致死(罪)).

réckless endángerment 未必の故意ないしは認識ある過失による生命・身体危険罪《未必の故意ないしは認識ある過失により他人を生命・身体の危険に陥らせる罪》.

réckless hómicide 未必の故意ないし認識ある過失による殺人 (cf. MANSLAUGHTER).

réckless knówledge 未必の故意ないし認識ある過失《結果発生そのものの可能性を認識しながらも、その危険を冒すこと》.

réck·less·ness n 1 未必の故意ないし認識ある過失 (⇨ WANTONNESS). 2 無謀、無思慮、《行為の結果への》無顧慮. 《》 cf. HEEDLESSNESS, NEGLIGENCE, WANTONESS》

re·claim /rɪkléɪm/ vt 1 矯正する、更生させる、立ち直らせる; 飼いならす、しつける、改善する. 2 …に土地改良を施す、耕地化する、開拓する. 3 廃物から得る[回収する]、〈廃物を〉再生[利用]する. 4 RE-CLAIM.

re·cláim vt …の返還を要求する、取り戻す、回収する; 再要求する. [re-]

rec·la·ma·tion /rèkləméɪʃ(ə)n/ n 1 土地改良; 地化、開拓、干拓. 2《廃物の》再生[利用]; 更生、矯正. 3 取戻し(請求)《特に破産手続きで真の所有者がその財産を取り戻すこと》. 4《野生動物の》先占、馴致.

recognisance, recognise, etc. ⇨ RECOGNIZANCE, RECOGNIZE, etc.

rec·og·ni·tion /rèkəgníʃ(ə)n, -kɪg-/ n 1 見分けがつくこと、見てわかること、認識(すること)、認知、見憶え; 挨拶、目礼、会釈; 再認. 2 a《権利などの》承認、許可、認定、認諾、認知;《国際法》《新政府・国家の》**承認** (⇨ RECOGNITION OF STATE): grant a government ～ 《外国》政府を(正式に)承認する / grant a trade union ～ (特定)労働組合を承認する. **b**《史》《アサイズ裁判陪審員 (recognitor) による》認定 (⇨ RECOGNITOR). **c** *発言の許可: seek ～ by the chair 議長に発言の許可を求める. **d**《功労などを》認める[多とする]こと、表彰、顕彰;《力量などを》認めること、注目. ▶ DERECOGNITION (労働組合の団体交渉権否認) / PREMATURE RECOGNITION (尚早の承認). 3《米税制》**課税所得認定**《連邦所得税制上、実現した利得 (realized gain) または実現した損失 (realized loss) を認定し、賦課すること; cf. NONRECOGNITION PROVISION, REALIZATION》. 4 [R-]《英》王位承認法《1603年 Elizabeth 1 世の死去の後スコットランド王 James 6 世がイングランド国王 James 1 世として即位することを承認した議会制定法》. **re·cog·ni·to·ry** /rɪkágnətɔ̀:ri/, -t(ə)ri/, **re·cog·ni·tive** /rɪkágnətɪv/ a

recognítion ìssue 労働組合承認紛争《特定の労働組合が賃金や雇用条件などの団体交渉権をもつことが雇用者に認められるかどうかをめぐる争い》.

recognítion of belligerency《国際法》交戦

団体の承認《内戦の際反乱団体が国内の一定地域を占拠し事実上の政府を樹立したとき、この団体に一定の国際法上の主体としての地位を認めること；外国が承認する場合は自国権益・自国民・その財産保護のため交渉の要がある故であり、国内合法政府が承認するのは、内戦での残虐行為を避けるため交戦法規の適用の要がある場合、反乱団体支配地域での外国権益侵害に対してその国からの責任追及を免れるためである》.

recognítion of bellígerent commúnities =RECOGNITION OF BELLIGERENCY.

recognítion of státe 《国際法》国家承認《新たに成立した国家を国際社会の既存の国家が国際法主体[法人格]として認定すること；この国家承認の法的性質・効果については、学説上創設的効果説 (constitutive theory) と宣言的効果説 (declaratory theory) とが対立している；前者は、承認が国際法上国家成立の要件であるとし、後者は、国家性の要件（領土・恒久的住民・政府・外交能力）を充足した新国家みずからが判断した時に国際法上国家は成立し、承認はこの事実を確認するものにすぎないとする；19世紀後半までは前者が、現在では後者が有力である》.

recognítion procèdure 労働組合の団体交渉権承認手続き (cf. DERECOGNITION).

recognítion strìke 労働組合承認要求スト(ライキ)[同盟罷業] (=organizational strike)《使用者側に団体交渉の相手方として認めさせるためのストライキ》.

re·cog·ni·tor /rɪkágnɪtər/ n **1** 《史》アサイズ裁判陪審員、認定者《新侵奪不動産占有回復訴訟 (assize of novel disseisin) などのアサイズ（裁判）や不法妨害排除令状 (assize of nuisance) における陪審員 (juror)》. **2** 《まれ》誓約者 (recognizor).

re·cog·ni·zance, -sance" /rɪká(g)nəzəns/ n **1 a** 誓約(書), 正式誓約書: on one's own ~ 自己誓約に基づいて[基づく] (略 O.R.). **b** 《裁判所や治安判事 (magistrate) の面前で書面でしかも保証金付きで行なう》誓約(書), 誓約(された)義務, **誓約保証金** (cf. BAIL, KEEPING THE PEACE). ▶ BAIL IN ONE'S OWN RECOGNIZANCE (自己誓約書による保釈) / PERSONAL RECOGNIZANCE (本人の誓約（による）保釈) / RELEASE ON RECOGNIZANCE (自己誓約保釈). **2** 《古》RECOGNITION.

rec·og·nize, -nise" /rékəgnàɪz, -kɪg-/ vt **1 a** 見憶えがある、(見て)思い出す；明確に理解する. **b** 〈人を〉知り合いであると認める、(認めて)会釈する. **2 a** 〈事実として〉受け入れる、容認する；認める、承認する (acknowledge)；〈新政府・国家を〉承認する；認可[公認]する；《史》〈アサイズ裁判陪審員 (recognitor) が〉認定する. **b** 〈非嫡出子を〉認知する: ~ a government (外国)政府を(正式に)承認する. **b** 〈非嫡出子を〉認知する: ~ the paternity 父子関係を認知する. **3** *…の発言を認める. **4** 〈功労などを〉認める、表彰[顕彰]する. **5** 誓約させる. —— vi *誓約する、誓約書を出す. **réc·og·nìz·er** n

récognized gáin 《米税法》《所得税の対象となる》認定利得 (⇨ RECOGNITION) (cf. BOOT).

récognized márket 公認市場《類似商品が多数売買され、競争入札や値段交渉が一般に行なわれず、しかも同等品の市場相場が公表されている市場；証券取引所や商品取引所などがこれに当たる》.

re·cog·ni·zee, -see /rɪkà(g)nəzíː/ n 受誓約者、被誓約者.

re·cog·ni·zor, -sor /rɪkà(g)nəzɔ́ːr/ n 誓約者 (=recognitor).

rec·ol·lect /rèkəlékt/ vt, vi 思い出す、想起する.

rec·ol·lec·tion /rèkəlék(ʃ)ən/ n 思い起こすこと、回想、想起、記憶(力); [ºpl] 思い出したこと、思い出. ▶ PAST RECOLLECTION RECORDED (過去の記憶の記録) / PRESENT RECOLLECTION REFRESHED [REVIVED] (呼び戻された現在の記憶) / REFRESHING RECOLLECTION (記憶の新鮮化).

rec·om·mend /rèkəménd/ vt 推薦[推奨]する、薦める；勧める、促す、忠告する (advise). **~·able** a 推薦できる、勧められる. **~·er** n **rèc·om·ménd·a·tò·ry** /, -t(ə)ri/ a.

rec·om·men·da·tion /rèkəməndéɪ(ʃ)ən/ n **1 a** 推薦、推奨、推挙. **b** 推薦状 (=letter of ~). **c** 長所、取り柄. **2** 勧告、勧め；勧められた方途、提案.

recommendátion of mércy 減刑勧告《陪審が有罪評決 (guilty verdict) に付して裁判所に対して刑の宣告 (sentence) で減刑するよう勧告すること；cf. MERCY》.

rè·commít vt **1 a** 再び委託する[委ねる]. **b*** 〈議案などを〉再び委員会に付託する. **2** 〈罪などを〉再び犯す. **3** 再投獄する.

rè·commít·ment, rè·commíttal n **1 a** 再委託. **b** 〈議案などの〉再付託. **2** 再犯. **3** 再投獄.

rè·compensátion n 《スコットランド》相殺対象不能主張《金銭債務 (debt) の訴訟で、被告に負っていた債務は返済ずみしたがって原告に認められている金額との相殺 (compensation) 対象にはならないという原告の主張》.

rec·om·pense /rékəmpèns/ vt **1** …に報いる、返報する、…の仕返しをする. **2** 〈損害などを〉償う、報償する、補償する、代償する. —— vi 報いる；償う. —— n 返報；報酬 (reward)；償い、賠償、報償、**補償**、代償.

récompense of recóvery in válue 《史》馴合い不動産回復訴訟目的物相当分の補償《限嗣封土権 (fee tail) を廃止し単純封土権 (fee simple) に転換する擬制的な馴合い不動産回復訴訟 (common recovery) において、常習権原担保者 (common vouchee) の欠席という擬制で限嗣封土権を失うことになる当事者が、擬制的に失った土地と同価値の土地を権原担保者から回復し補償される権利がある旨を宣言するこの訴訟の判決部分、ないしはその補償する土地に対する権利；もちろんこの擬制では権原担保者には資力はなく、補償は名目的権利のみとなる；⇨ COMMON RECOVERY, COMMON VOUCHEE》.

rec·on·cile /rékənsàɪl/ vt **1** 和解させる；〈争いを〉調停する；両立させる[調整がつく、折り合いがつく]ようにする、

調和させる: ~ persons *to* each other = ~ a person *to* [*with*] another 二人を仲直りさせる / ~ one view *to* [*with*] another 甲と乙の見解に調整をつける. **2** 甘んじさせる, あきらめさせる, 承諾させる. **3**《計算書を》照合確認する, …の帳尻を合わせる, 調整する. — *vi* 和解する.
~·ment *n* RECONCILIATION. **réc·on·cíl·er** *n*
rec·on·cíl·able /rèkənsáɪləb(ə)l/ *a*
rec·on·cíl·i·a·tion /rèkənsìliéɪʃ(ə)n/ *n* **1 a** 和解; 調停; 仲裁. **b** 服従, あきらめ. **2 a** 調和, 調整;《契約中の矛盾条項の》調和的解釈;《陪審の》意見調整. **b**《会計》《本来一致すべき 2 項目間の差異についての》調整. **3** 婚姻関係修復,《夫婦別居後の》再同居: ~ agreement 婚姻関係修復合意. **rec·on·cíl·i·a·to·ry** /rèkənsíliətɔ̀ːri, -ljə-; -t(ə)ri/ *a*

reconciliátion státement《会計》調整報告書《本来一致すべき 2 項目間の差異についての原因とその調整についての報告書》.

rè·condúction *n* **1**《国際法》《外国人の》強制送還 (=renvoi). **2**《大陸法》賃貸借の更新.

rè·consíder *vt, vi* 再考する, 考え直す; 再び審議する.

rè·considerátion *n* 再考; 再審議.

rè·constrúction *n* **1 a** 再建, 再構成, 復興; 再建[復元]されたもの. **b** 改造. **c** 再現: ~ of a crime 犯罪の再現. **2** [R-]《米史》再建《南北戦争中から戦後にかけての南部 11 州との連邦統一回復策; 合衆国憲法第 13-15 修正はその成果》.

reconstrúction of (a) cómpany《英》会社改造《会社株主が新会社の株式その他の利益を得る形の債務整理計画 (scheme of arrangement) の下で, 会社資産を新会社に移転すること; cf. SCHEME OF ARRANGEMENT》.

rè·contínuance *n* **1** 取り戻すこと, 回復. **2**《史》《不法に侵奪された》無体法定相続産回復 (cf. INCORPOREAL HEREDITAMENT).

rè·convéntion *n*《大陸法》反訴 (COUNTERCLAIM に相当する). **~·al** *a*

reconvéntional demánd《大陸法》反訴請求《コモンロー上の COUNTERCLAIM に相当》.

rè·convérsion *n* エクイティー上の転換の取消し《エクイティー上の財産形態の転換 (equitable conversion) が取り消され, 最初の状態に戻ること》.

rè·convéy *vt*《土地などを》前の保有者に戻す, 再譲渡する.

rè·convéy·ance *n*《譲受人から譲渡人への》再譲渡.

rè·convíct *vt* 再び有罪とする, 再び有罪と決定する.

rè·convíction *n* 再び有罪にすること, 有罪の再決定.

re·cord /rɪkɔ́ːrd/ *vt* **1 a** 記録する〈*in, on*〉; 登録する (register);《正式》《公式》記録に残す; 公式に述べる[発表する]; …のしるし[証拠]を示す;《証書の原本·謄本などを》《当局に》預ける〈*in*〉: ~ a deed *in* the county property office. **b** 録音[録画]する. **2** 示す, 告げる;《計器などが》表示する. — *vi*《廃》熟考する〈*on*〉. intended to be ~ed《証書などが》登録予定の《いまだ公的には登録は済ませていないが, 権原連鎖 (chain of title) の一環にはなっている》. — *n* /rékərd, -ɔːd/ **1** 記録; 登録; 正式記録; 訴訟記録;《そこに記載されていることを争うことが許されなかった, 記録裁判所 (court of record) の》《正式訴訟》記録 (⇒ COURT OF RECORD); 議事録. ▶ ACCOUNTING RECORD (会計記録) / ADMISSIBILITY OF RECORDS (記録の許容性) / ARREST RECORD (逮捕記録(簿); 逮捕歴記録) / ATTORNEY NOT OF RECORD (記録上の弁護人とみなされない弁護人; 委任状に記載されていない代理人) / ATTORNEY OF RECORD (記録上の弁護人, 委任状記載代理人) / BIRTH RECORDS (出生資料) / BUSINESS RECORD (事業記録) / CONGRESSIONAL RECORD (連邦議会議事録) / CONTRACT OF RECORD (記録契約) / COURT OF RECORD (記録裁判所) / CRIMINAL RECORD (犯罪歴) / CUSTODY RECORD (留置記録) / DATE OF RECORD (基準日) / DEBT OF RECORD (《正式訴訟》記録金銭債務) / DEFECTIVE RECORD (上訴規則に定める要件に適っていない事実審記録; 記録瑕疵ある不動産権原) / ERASURE OF RECORD (《有罪》記録の消去) / ESTOPPEL BY [OF] RECORD (記録による禁反言) / EXPUNGEMENT OF RECORD (《有罪》記録の削除) / FACE OF THE RECORD (一件記録) / FAILURE OF RECORD (記録不提出) / FALSIFYING A RECORD (記録改竄《ざん》《罪》) / HEALTH RECORD (健康記録) / INSPECTION OF RECORDS (記録閲覧権) / JUDGMENT RECORD (判決記録) / JUDICIAL RECORD (裁判手続記録) / MAKING RECORD (記録に留めること) / MATTER OF RECORD (記録事項) / NISI PRIUS RECORD (巡回陪審裁判用記録) / NUL TIEL RECORD (記録不存在の答弁) / OFFICIAL RECORD (公的記録) / OWNER OF RECORD (記録上の所有(権)者) / PHONORECORD (録音物) / POLICE RECORD (被疑·検挙記録; 有罪決定記録) / PUBLIC RECORD (公文書; 公的記録) / REMITTUR OF RECORD (事件記録移送) / SEALING OF RECORDS (記録の密封) / SILENT RECORD (無記載記録) / STOCKHOLDER OF RECORD (登録株主) / TITLE OF RECORD (記録権原) / TRIAL BY RECORD (記録による審理). **2**《廃》証人 (witness); 証拠. **for the ~** 記録してもらうために (言えば), 公式に[の]. **off the ~** 公表を目的としない, 非公式で[の], オフレコで[の]. **of ~** 記録上の,《正式訴訟》記録に記載された, 登録された, 《正式訴訟》記録を有した (cf. COURT OF RECORD). **on (the) ~** 記録されて[た], 公表されて[た], 広く知れわたって[た].

re·cor·dal /rɪkɔ́ːrdl, rékər-/ *n* 記録, 登録 (=RECORDATION).

re·cor·da·ri fa·ci·as lo·que·lam /rìːkɔːrdéərài féɪ(i)əs ləkwíːləm/《英史》非記録裁判所《州裁判所》記録移送令状《記録裁判所 (court of record) でない下位裁判所, 特に州裁判所 (county court) の記録の上位裁判所への移送を命ずる令状》. [L=that you cause the plaint to be recorded]

re·cor·da·tion /rèkɔːrdéɪʃ(ə)n, -ər-/ n 記録(すること), 登録(すること).

récord dàte 〘証券〙基準日, 登録日 (=date of record)《その時の株主名簿記載者に議決権行使・利益配当・新株割当てなどの権利が与えられる基準となる日》.

recórded delívery 書留郵便.

récord·er n 1 記録係, 登録者, 録音係. ▶ COURT RECORDER (訴訟手続き記録係). 2 a 〘英〙非常勤裁判官, レコーダー《資格取得後10年を経過した法廷弁護士 (barrister), 事務弁護士 (solicitor) で, 非常勤裁判官をつとめるよう指名された者; 通常は刑事法院 (Crown Court) の裁判官となるが, 州裁判所 (county court) や高等法院 (High Court of Justice) の裁判官にもなりうる》. b 〘英史〙市裁判官, レコーダー《かつては都市の四季裁判所 (quarter sessions) での非常勤の単独裁判官; 5年以上の経験をもつ法廷弁護士が有資格者; 1971年法で廃止》. 3 〘米〙市裁判官《治安判事 (magistrate) ないしは警察裁判所治安判事 (police magistrate) の刑事裁判権, 時には一定の民事裁判権を有する都市の裁判官》. 4 〘米〙記録保管官《証書・判決などの公文書保管を職とする都市ないしは郡 (county) の役人》.

~·ship n

récord·ing n 録音, 録画; レコード, 録音[録画]テープ. ▶ EPHEMERAL RECORDING (一時的記録) / SOUND RECORDING (録音) / VIDEO RECORDING (ビデオ録画).

recórding àct [làw, stàtute] 〘米〙不動産取引証書登録法《通常は不動産について譲渡抵当権・用益権設定等の権利変動証書の登録制度を定め, 登録者ないし登録者と特に時系列に先行する無登録権利取得者との対抗関係を定める制定法; 善意者保護型 (notice statute), 善意登録者保護型 (race-notice statute), 先順位登録者保護型 (race statute) の3種がある》.

récord nòtice 記録による通知《不動産の権原 (title) や譲渡抵当 (mortgage) に関する証書などを適正に登録することによりその内容が通知されていると擬制されること》.

récord of convíction 有罪決定(記)録《陪審による有罪の評決 (verdict) と刑の宣告 (sentence) を記録した訴訟記録》.

récord of decísion 〘米〙決定記録《包括的環境対策・補償・責任法 (Comprehensive Environmental Response, Compensation, and Liability Act) 上の用語で, 特定の環境問題に関して考慮された救済手段, そのうちの最良の手段等を含めて連邦政府行政機関が決定した内容が示されている公的文書; 略 ROD》.

récord on appéal 1 上訴用記録《上訴裁判所に再審査のため提出される事件の記録》. 2 《上訴用記録に残された》事実審の正式手続き.

récord òwner 記録上の所有(権)者 (=owner of record)《公的記録 (public record) にその者の名で権原 (title) が表示されている財産権所有者》.

récord títle 記録(上の)権原 (=title of record)《不動産の権原 (title) に関する証書が適正に登録された後の公的記録 (public record) 上のないしは公的記録によって基礎づけられる権原》; cf. PAPER TITLE.

re·coup /rɪkúːp/ vt 1 差し引く, 控除する. 2 〈人〉に償う, 埋め合わせる; 取り戻す: He ~ed me for the loss. わたしに損失を弁償してくれた / ~ oneself 入費[損失]を取り戻す. ── vi 1 失ったものを取り戻す. 2 控除請求をする, 請求額の減殺を請求する (⇒ RECOUPMENT). ── n 差し引き, 控除, 請求額減殺; 埋合わせ, 取戻し (recoupment). **~·able** a [F re-(couper)=to cut back]

recóup·ment n 1 取戻し, 《特に》出費取戻し. 2 差し引き, 控除. 3 a 《被告側も同一取引からの反対債権を有していることを理由にしての》請求額減殺 (cf. SET-OFF). b 請求額減殺請求権. c 請求額減殺の抗弁. ▶ EQUITABLE RECOUPMENT (エクイティー上の減殺(の法理); エクイティー上の請求額減殺の法理》.

recours ⇒ SANS RECOURS.

re·course /ríːkɔːrs, rɪkɔ́ːrs/ n 1 たよること, 依頼, 《助力》を訴えること; 頼りとするもの[人]: have ~ to... によう, ...を用いる / ~ to law 法に訴える, 訴えを起こす. 2 a 遡求(きゅう), 償還請求; 遡求権, 償還請求権. b 二次的請求権《債務不履行の場合, 債務を保証している担保だけでなく債務者の動産的資産 (personal asset) からも返済を求めうる権利》. ▶ NO RECOURSE (償還をしてもらう手段がないこと). **without ~** 遡求なし(で), 遡求を排除し, 二次的支払い義務なし(で), 償還義務を負わず(に)《手形・小切手などの裏書に付される句で, 本来の支払い義務者が支払い拒絶の場合 裏書人は二次的支払い義務を負わない趣旨の特約; sans recours とも記す; ⇒ QUALIFIED ENDORSEMENT》. **without ~ to me** わたしに遡求しない(で). **with ~** 遡求あり, 二次的支払い義務あり. [OF<L=a running back]

recóurse lòan 二次的請求権付き貸借《債務者が債務不履行の場合には担保物の差押えだけでなく, 債務者ないし保証人の動産的資産 (personal asset) に対する判決をも求めることを認めている貸借; cf. NONRECOURSE LOAN》.

recóurse nòte 二次的請求権付き約束手形《支払いがされなかった場合に手形を保証している担保物に加えて債務者の他の資産からも返済を求めうる手形; cf. NONRECOURSE NOTE》.

re·cov·er /rɪkʌ́vər/ vt 1 取り戻す, 回復する 〈from〉; 正常な位置[姿]に戻す. 2 再発見[再確認]する. 3 a 生き返らせる, 回復させる; 改心させる. b 埋め立てる; 回収する, 再生する. 4 〈損失〉を償う; 〈損害賠償〉を取る, 〈土地〉の権原を獲得する. ── vi 1 《力・落ちつきなどを》取り戻す, もとどおりになる 〈from〉; 復旧する, 復興する. 2 訴訟に勝つ, 勝訴する. **~·er** n

recóver·able a 《特に 法的に》取り戻せる, 回復可能な. **recòver·abílity** n

re·cov·ery /rɪkʌ́vərɪ/ n 1 取り戻すこと; 《石油・天然

ガスなどの)回収, 採取, 再生. ▶ CAPITAL RECOVERY (資本回復) / COST RECOVERY (原価回収). **2 a** 回復, 復旧; 景気回復; 平癒. **b** 権利の回復; 勝訴; 財産回復, 不動産回復. **3**《史》馴合い不動産回復訴訟 (=COMMON RECOVERY). ▶ COMMON RECOVERY (馴合い不動産回復訴訟) / FEIGNED RECOVERY (仮装不動産回復訴訟) / SUFFERING A RECOVERY (馴合い不動産回復訴訟の容認). **4**《判決で認められた》(損害)賠償; 損害賠償額, 実際徴収額. ▶ DOUBLE RECOVERY (超過賠償; 重複賠償).

recóvery by [with] dóuble vóucher《史》二重の権原担保者の訴訟参加請求による不動産回復訴訟 (二重に権原担保者の訴訟参加を求める擬制的訴訟であることから, 馴合い不動産回復訴訟 (common recovery) の別名).

recóvery of cósts《英》事務弁護士費用回収 (事務弁護士費用明細書 (bill of costs) に基づく).

recóvery of prémises (不法に占有を奪われた者による, あるいはそれについての判決を執行するための裁判所職員による)不動産占有回復 (cf. OBSTRUCTION OF RECOVERY OF PREMISES). ▶ OBSTRUCTION OF RECOVERY OF PREMISES (不動産占有回復執行妨害).

recóvery òrder《英》(不法に連れ去られたり, 家出をしたり, 行方不明になっている児童の)取戻し命令 (情報提供の要求などをも含む).

rec·re·ant /rékriənt/《文·詩》a 臆病な, 卑怯な; 変節した, 不誠実な. — n 臆病者, 卑怯者, 裏切り者, 不忠者. ★ a, n 共にかつて決闘審判 (trial by battle) で敗北した側を表現する語として用いられた.

recreátional chárity 余暇活動振興公益信託.

rè·credéntial n 信任答状 (大使などの外交使節が解任 (recall) されて帰国する際, 接受国元首が使節派遣国元首に宛てて出す友好不変を記した書状; cf. LETTER OF CREDENCE).

re·crim·i·nate /rɪkrímənèɪt/ vi, vt 非難し返す, 反訴する. [L re-(criminor to accuse〈CRIME)]

re·crìm·i·ná·tion n **1**《相手の非難に対する》やり返し;《被告訴人による》反対告訴. **2**《離婚の訴えに対する》(相手方[相互]有責の抗弁 (離婚有責主義の下では, 原告側が有責でない場合にのみ被告の有責を理由にしての離婚を主張でき, みずから有責である場合は請求を否定できず, 有責主義の廃止によってこの抗弁の意味はなくなり, 廃れている; cf. COMPENSATIO CRIMINIS [CRIMINUM]). **re·crím·i·na·to·ry** /-nətɔ̀ːri, -nèɪt(ə)ri/, **re·crím·i·nà·tive** a

rè·cróss-examinátion /ríː-/ n 再反対尋問 (=**re·cróss**)(再主尋問 (redirect examination) のあとになされる相手方証人に対する尋問; cf. CROSS-EXAMINATION).

rec·ti·fi·ca·tion /rèktəfəkéɪʃ(ə)n/ n 補正, 改正, 修正, 矯正, 訂正.《裁判所による契約書·制定法の文言の)補正 (裁判所が, 契約書の文言が両当事者の真の意思を表現していないと判断する場合にそれに沿う形で修正したり, 制定法の文言を立法趣旨に合わせてわずかな部分を

変えたりすること; 例えば 後者では and を or と読んだり, shall を may に読み代えたりすること; cf. REFORMATION).

rectificátion of wíll《英》(裁判所による遺言者の真意に沿う形での)遺言の補正.

rec·ti·fy /réktəfàɪ/ vt 補正する, 改正[修正]する, 直す, 訂正する.

rec·ti·tude /réktət(j)ùːd/ n 正しさ, 正直, 廉直;《判断·方法の》正確さ. ▶ COMPARATIVE RECTITUDE (相対的方正).

rec·ti·tu·do /réktət(j)úːdou/ n **1** 正しさ; 廉直 (=rectitude). **2**《史》貢納金, 賦課金. [L=rectitude]

recto n ⇨ DE RECTO.

recto de do·te /ー di dóutə/《史》寡婦産回復権利令状 (=WRIT OF RIGHT OF DOWER). [L=of right of dower]

rec·tor /réktər/ n **1 a**《英国教》(教(会)区)主任司祭, レクター《教(会)区を管理する聖職禄 (benefice) 付きの司祭; かつては教区の十分の一税 (tithe) の全収入を受領し, 一般には聖職者である者を修飾語なしで指すが, 俗人もこの地位を占めることができ, その場合にはこの俗人に代わって聖職者である教(会)区主任代行司祭 (vicar) が聖務を果たす; 俗人の場合は lay rector あるいは impropriator (俗人である教(会)区主任司祭) と呼ばれる一方, 聖職者の場合は parson ((聖職者である)教(会)区主任司祭) と呼ばれる; cf. VICAR). **b**《聖公会など監督派教会の》(教(会)区司祭[牧師];《カトリック》主任司祭,《イエズス会などの》神学校長, 修道院長;《米国の教会の》主任牧師. **2** 院長, 校長, 学寮長, 学長, 総長. **3**《やや古》指導者, 監督;《廃》統治者. ~**ate** /-rət/ n RECTOR の職[任期].

rec·to·ri·al /rektɔ́ːriəl/ a ~**shìp** n rector の職. [OF or L=ruler (rect- rego to rule)]

rec·to·ry /rékt(ə)ri/ n **1**《主任司祭 (rector) が管理する付属の教会領地 (glebe) その他の権利·利益を含めての)教(会)区教会. **2** 司祭館.

rec·tum /réktəm/ n《史》**1** 権利 (right). **2** 裁判 (trial). **3** 起訴, 告訴 (accusation). [L=right]

réc·tus in cúria /réktəs-/ a《史》**1** 法廷で潔白が証明された. **2** 法喪失宣告が解かれた. [L=right in the court]

re·cu·sa·ble /rɪkjúːzəb(ə)l/ a **1** 拒絶できる,《当事者みずからの意思に基づきしたがって)拒むこともできる, 否定しうる (cf. IRRECUSABLE). **2**《裁判官を)忌避できる;《裁判官が)辞退できる.

re·cu·sal /rɪkjúːz(ə)l/ n **1**《裁判官などへの)忌避. **2**《裁判官·政策立案者などが, ある特定問題への関与からみずから身を引く)辞退. 《》cf. CHALLENGE, RECUSATION).

rec·u·sant /rékjəz(ə)nt/ a, n 権力[規則, 命令, 社会慣行など]への服従を拒む(人),《権威に対する》抗拒(者)(の). **2**《英国)国教忌避(者)(の).

rec·u·sa·tion /rèkjəzéɪʃ(ə)n/ n **1**《裁判官などの)忌避《特に 大陸法上の用語). **2**《裁判官などの)辞退.

re·cuse /rɪkjúːz/ vt 〈裁判官・陪審員などを〉忌避する;[rflx]《特定の事件において》〈裁判官などが〉みずからを不適格とする;[rflx]《特定事件において担当の裁判官などを》辞退する. — vi 《特定事件において担当の裁判官などを》辞退する. ~·ment n ［L recuso to refuse］

re·dac·tion /rɪdǽkʃ(ə)n/ n 《特に内密なことや侮辱的なものを除くべく注意深くなされる》文書の編集;《上述のごとくなされた》編集済み文書. **re·dact** /rɪdǽkt/ vt ~·al a

réd bág 《英》赤袋《法廷弁護士 (barrister) が法服を入れる布袋》; よい仕事をした主任でない法廷弁護士 (junior barrister) に勅選弁護士 (Queen's Counsel) が与える; cf. BLUE BAG》.

Réd Bóok of the Exchéquer 『財務府赤書』《1230年ごろ編集された財務府 (Exchequer) の諸記録集で, その後補充され, 長く利用されていた》.

réd bóx 《英》レッドボックス《閣僚に配布される政府関係書類を入れる赤革製のスーツケース》.

réd-còw cáse *《俗》赤牛先例 (=WHITEHORSE CASE).

Red·den·do sin·gu·la sin·gu·lis. /rɛdéndou síŋgjələ síŋgjəlɪs/ 各々にそれぞれを与え《文書解釈の準則の一つで, 例えば I devise and bequeath all my real and personal property to my wife. と遺言で述べられている場合に, devise (不動産を遺贈する) の語は real property (物的財産) にかかり, bequeath (動産を遺言で譲る) の語は personal property (人的財産) にかかると理解すべきで, 文書作成者の意図を汲んである部分の語のそれぞれを他の部分の別のそれぞれの語に対応させて解釈すべきであるという準則》. ［L=by rendering each to each］

red·den·dum /rədéndəm/ n (pl -da /-də/)《賃貸借証書の中の一条項で賃料とその支払い時期を定め, それを条件とする意の》賃料条項, 留保条項. ［L=that which is to be rendered］

red·di·dit se /rédɪdɪt síː/《史》本人身柄引渡し(1) 保釈保証人の責任解除のため被告みずからが出頭しその身柄を拘禁されること 2) 保釈保管によるその旨の保釈記録への裏書). ［L=he/she has rendered himself/herself］

red·di·tion /rədíʃ(ə)n/ n 1 引渡し, もとに戻すこと. 2 《史》原告所有物認諾《請求されている財産はみずからのものでなく原告のものであると法廷で認めること》.

redditus ⇨ REDITUS.

re·deem /rɪdíːm/ vt 1 〈名誉などを〉(努力して)取り返す, 回復する; 修復する; 改良する, 改善する: ~ one's honor 名誉を挽回する. 2 〈債務などを〉償還[償却]する, 〈紙幣などを〉回収する, 兌換(だん)する; 換金する; 現金[景品]と引き換える. 3 買い戻す, 質受けする, 受け戻す; 身受けする (ransom); 助ける, 救い出す (save); 解放する, 放免する; 免責する: ~ one's pawned watch [one's watch *from* pawn] 時計を質受けする / ~ a mortgage

redemption price

譲渡抵当権を消滅させる, 抵当物を取り戻す / ~ oneself [one's life] 身代金を出してわが身[生命]をあがなう. 4 〈欠点などを〉補う, 償う, 埋め合わせをする; 価値あるものにする, 建てなおす. 5 〈約束・義務を〉履行する. 6 埋め立てる: ~ land. ~ **up**《後順位の抵当権者が》先順位抵当権を(代位弁済により)消滅させる (cf. FORECLOSE DOWN). ~ **up, foreclose down** 先順位抵当権を消滅させるとすれば, 後順位抵当権も消滅させよ《後順位の譲渡抵当権者 (mortgagee) が先順位の譲渡抵当権 (mortgage) を代位弁済により消滅させる (redeem up) ことを裁判手続きで行なうには, 後順位の抵当権者および譲渡抵当権設定者 (mortgagor) の受戻し (redemption) の権利をも消滅させることが必要であるが, その原則についての格言; なお, この原則・格言は裁判外の手続きには適用されない》. ~·**able** a 買い戻し[質受け]できる, 受け戻せる; 償還[償却]できる; 兌換可能な; あがなわれる. ~·**ably** adv

redéemable bónd《証券》任意[随時]繰上げ償還可能社債 (=callable bond).

redéemable préference shàre〞《証券》償還優先株 (=CALLABLE PREFERRED STOCK*).

redéemable stóck [shàre]〞《証券》償還株式 (=callable stock [share])《一定期日後に償還を予定された株式で, 通常は優先株》.

rè·delívery n 返還, 再引渡し, (原状)回復.

redelívery bónd 差押え物再引渡し保証証書 (=REPLEVIN BOND).

rè·demíse n 不動産賃借権の再設定,《不動産の》再賃貸《賃借した不動産に再び他人ないしは貸主の賃借権を設定すること; ⇨ DEMISE). ▶ DEMISE AND REDEMISE (不動産賃借権の設定と再設定). — vt 〈不動産を〉再賃貸する.

re·demp·tion /rɪdém(p)ʃ(ə)n/ n 1 償還, 回収, 兌換(だん); 引換え;《証券》《株式・社債の》償還 (cf. STOCK REDEMPTION). ▶ STOCK REDEMPTION (株式の償還). 2 買戻し, 請戻し,《抵当物の》受戻し (=dismortgage);《税の滞納による差押え物件の》取戻し (=tax redemption); 質受け; 身受け; 救出,《身代金の支払いによる》解放,《自由・名誉などの》回復. ▶ EQUITY OF REDEMPTION (エクイティー上の受戻し権 / 譲渡抵当設定者残有権) / RIGHT OF REDEMPTION (受戻し権) / STATUTORY REDEMPTION (制定法に基づく受戻し延長(権)) / STATUTORY RIGHT OF REDEMPTION (制定法に基づく受戻し延長権) / TAX REDEMPTION (税金滞納に伴う差押え物件の取戻し). 3 履行;《約束の》実行: ~ before due date 履行期日前の履行. 4 補償, 償うもの; 贖罪. ~·**al** a **re·démp·tive** a

redémption·er n REDEEM する人《特に, エクイティー上の受戻し権 (equity of redemption) や制定法に基づく受戻し延長権 (statutory right of redemption) により不動産を取り戻す人》.

redémption prìce 1 買戻し価格, 買入れ価格. 2《債券の償還期日前の》償還価格.

redémption vàlue《証券の》償還価値.
rè·devélop·ment *n*（都市）再開発（事業）.
réd-hánd·ed *a, adv* 手を血だらけにした[して], 現行犯の[で].
réd hánds *pl* 血に染まった手; [*fig*] 殺人罪: with ~ 殺人を犯して.
réd hérring 1《深塩で長期燻煙処理した》燻製ニシン, 赤ニシン; [*fig*] 人の注意をほかへそらすもの. 2 *《証券俗》赤ニシン（目論見書）, 仮［予備］目論見書, レッドヘリング（=réd-hérring prospéctus）（= PRELIMINARY PROSPECTUS）《記載内容変更の可能性を赤インキで印刷し, これが赤ニシンに似ていたことから》.
red·hi·bi·tion /rèd(h)əbíʃ(ə)n/ *n*《大陸法》売買契約解除《商品にそれを使用不能とするような欠陥がある場合または買手がそれを前もって知っていれば購入しなかったであろうような欠陥があった場合の売買契約の解除》. red·hib·i·to·ry /rɛdhíbətɔ̀ːri, -t(ə)ri/ *a*
redhíbitory défect《大陸法》売買契約解除原因となる瑕疵(*か*)（= redhíbitory více）.
rè·dirèct *vt* 向けなおす；…の宛名を書き変える, 転送する. — *a* *再主尋問の. — *n* 再主尋問（redirect examination）. rè·diréction *n*
rediréct examinàtion *再主尋問（= reexamination"）《反対尋問（cross-examination）に続いて自己申請証人に対する再度の尋問; 単に redirect ともいう; cf. DIRECT EXAMINATION, RECROSS-EXAMINATION》.
rè·disséisin *n* 1 不動産占有再侵奪. 2 再侵奪不動産占有回復令状. rè·disséise *vt*
rè·distribútion of séats" 選挙区割りの改定, 議席再配分 (= REAPPORTIONMENT*).
rè·district *vt, vi* 新たに区割りする;《特に》選挙区割を変更する.
rè·district·ing *n* 選挙区割変更 (= REAPPORTIONMENT).
re·di·tus, red·di·tus /rédətəs/ *n*《古》地代, 賃料 (rent). ▶ QUIETUS REDDITUS (免役地代). [L = return]
réditus ál·bus /-ǽlbəs/ (*pl* réditus ál·bi /-ǽlbàɪ/)《史》白地代 (= WHITE RENT). [L = white return]
réditus ca·pi·tá·lis /-kæ̀pətéɪliz/ (*pl* réditus ca·pi·tá·les /-liz/)《史》少額固定地代 (= CHIEF RENT). [L = capital return]
réditus ní·ger /-nídʒɛr/ (*pl* réditus ní·gri /-nígràɪ/)《史》黒地代 (= BLACK RENT). [L = black return]
réditus qui·e·tus /-kwaɪíːtəs/ (*pl* réditus qui·é·ti /-tàɪ/)《英史》免役地代 (= QUIT RENT). [L = quiet return]
réditus síc·cus /-síkəs/ (*pl* réditus síc·ci /-síkàɪ/)《史》自救的差押え不能地代 (= RENT SECK). [L = dry return]
réd·lìning *n* 赤線引き, レッドライニング《1》都市内の老朽化地域・荒廃地域の住民に対して銀行・保険会社などが担保融資・保険引受けを拒否すること; 現在では人種差別等の理由から通常は違法; この地域を赤線で囲んだことから 2）文書案作成過程で, 原案で修正された部分を明示するために赤線を引いたうえで新しい文案を示すこと》. réd·line *vt* 赤線引きする.
rè·dráft /,ーーー; ーーー/ *n* 戻り為替手形, 戻し手形《不渡りになった為替手形の所持人が振出人または裏書人宛に振り出す為替手形で, 手形金額には拒絶証書作成費用などの経費が加わる》.
re·dress /rɪdrés/ *vt* 1〈不正・不均衡などを〉直す, 是正する; 補う, 埋め合わせる;〈苦情〉の原因を取り除く. 2〈損害などを〉賠償する. — *n* /,*ríːdrɛs/ 1 救済; 救済策; 是正, 矯正(手段), 不正の除去. ▶ SELF-REDRESS（自力救済). 2 補償; 報い. ~·able *a* ~·er *n*
redréss of grìevances 苦情[苦痛]の救済《合衆国憲法第1修正にある語で, 政府への国民の請願権を保障したもの》.
réd tápe お役所風, 繁文縟礼(じょうれい), 官僚的形式主義, 官僚主義. réd táp·ism お役所的形式主義 (legalism). ［かつて英国で役人・法律家が文書を赤ひもで結んだことから］
re·duce /rɪd(j)úːs/ *vt* 1 縮める, 縮小する, 短縮する; 圧縮する, 縮約する. 2〈ある形に〉変える, 変換する《to》; 単より単純な形にする, 還元する《to》. 3 a〈ある状態に〉余儀なく至らせる《to》; 鎮定する, 服従させる, 征服する. b 適応させる, 一致させる. 4〈もとの状態に〉戻す, 復させる《to》;〈人を〉正道に戻す, 救う. 5《スコットランド》無効にする, 廃止する. ~ to practice（特許対象の発明を〉実施する（⇨ REDUCTION TO PRACTICE). re·dúc·ible *a* re·dúc·ibly *adv* re·duc·ibíl·i·ty *n* re·dúc·tion /rɪdʌ́kʃ(ə)n/ *n*
redúced ráte 割引料金.
re·duc·tio ad ab·sur·dum /rɪdʌ́kʃioʊ æd əbsə́ːrdəm, -tioʊ-/ 1 帰謬(きびゅう)法, 背理法, 間接証明法《ある命題の否定を真とすれば不条理な結果が生じることを証明することによりその命題が真であることを証明するやり方》. 2 議論倒れ, 行き過ぎ. [L = reduction to absurdity]
redúction into posséssion 債権の実現《請求権を行使して無体動産（chose in action）を有体動産（chose in possession) に転換すること; 転じて債権の実現一般を指す》.
redúction of cápital 資本減少, 減資.
redúction to práctice 実施化《特許対象の発明が意図した目的どおりに正しく作動することを示すこと; この実施化の時点が発明の優先性を決定する; 現実に実施する actual reduction to practice（現実の実施化）と発明を開示した特許の出願による constructive reduction to practice（擬制的実施化）とがある》.
re·dun·dan·cy /rɪdʌ́ndənsi/ *n* 1 a 余剰, 余分, 余分な部分[量]; 過剰, あり余ること. b"（合理化などによる）労働力の余剰, 余剰人員; 余剰人員の削減[解雇], 人員

整理 (cf. PROTECTIVE AWARD). ▶ COLLECTIVE REDUNDANCY (集団的人員整理). **2** 冗長, 重複; 冗語; 《情報などの》冗長性[度]; 訴答に加えられた余計な事項《裁判所により削除を命ぜられうる》.

redúndancy pàyment 《英》人員整理退職手当, 余剰人員整理手当.

re·dún·dant *a* 余剰な, 余分の; 冗長な, 重複する; "〈労働者が〉余剰人員として(一時)解雇された〟; 豊富な, たくさんの: make sb 〜 人を余剰人員として扱う / 〜 staff 余剰人員. **〜·ly** *adv*

rè·enáct *vt* 再び制定する, 再び法律で定める.
〜·ment *n* 再制定.

reenáctment rùle 再制定の準則《制定法解釈準則の一つで, 法を再制定する場合に立法府がそれに関する法の確立した司法解釈・行政解釈を暗黙裡に採用しているという原則》.

rè·engágement òrder 《英》《雇用審判所 (employment tribunal) による雇用者に対する不当解雇被用者の》再雇用命令 (cf. REINSTATEMENT ORDER, UNFAIR DISMISSAL).

re·énter *vt* **1** 再び入れる; …に再び入る. **2** 再記入する. — *vi* **1** 再び入る. **2** (土地に)再び立ち入る, 不動産占有を回復する.

re·éntrance *n* REENTRY.

re·éntry *n* **1** 再び入る[入れる]こと; 再入国. **2** (土地への)再立入り, 不動産占有回復《特に不動産賃貸借において賃料不払いなどの理由での賃借権消滅による賃貸人の占有回復を指す場合が多い; ⇨ POWER OF TERMINATION; cf. EVICTION, FORFEITURE). ▶ RIGHT OF REENTRY (不動産占有回復権).

reeve /ríːv/ *n* 《英史》代官, リーヴ《中世に国王・領主の代理として司法・行政などの権利を行使した地方役人; shire-reeve (州代官) とも呼ばれたシェリフ (sheriff) から荘園 (manor) の役人まで含む》. ▶ RAPE-REEVE (レイプ・リーヴ) / SHIRE-REEVE (州代官). [OE]

rè·examinátion *n* **1** 再調査, 再検査, 再審査. **2** "再主尋問" (= REDIRECT EXAMINATION*).

rè·exámine *vt* **1** 再調査[再検査, 再審査]する. **2** 再主尋問する.

rè·exchánge *n* **1** 戻し為替(金額)《手形振出地または裏書地とは異なった国で引受け・支払い拒絶があった場合に生ずる手形所持人の損害額; この場合 遡求義務者宛ての為替手形で遡求できる》. **2** 再交換, 再交易.

rè·execútion *n* **1** 証書再作成《喪失ないしは破棄された証書を再作成するためのエクイティー上の救済手段》. **2** 同一遺言の再作成 (= REEXECUTION OF WILL).

reexecution of wíll 同一遺言の再作成《有効な遺言または撤回 (revocation) などで無効となった遺言の再作成; 遺言を新たに作成するのと同形式でなされねばならない; 単に reexecution ともいう》.

rè·extént *n* 《史》第二財産評価令状; 第二財産差押令状《》最初の extent (財産評価令状; 財産差押令状)が不適正であったとの申し立てに基づき同一債務に関して再度発せられる財産評価令状または財産差押令状; cf. EXTENT).

re·fer /rɪfə́ːr/ *v* (-rr-) *vi* [〜 to として] **1** 言及する, 口に出す; 引合いに出す; <…を…と>呼ぶ. **2** <人物・技量などについて…に>問い合わせる, 照会する; 参照する, たよる. **3** 指示する, 注目させる. **4** 関連している, あてはまる (apply). — *vt* **1 a** <人をX…に>差し向ける, 照会させる. **b** 参照させる; <事実など>に注目[留意]させる. **2** <事件・問題などを>任せる, 委託する, 付託する. **3** <起源・原因などを…に>あるとみなす, <…の>せいにする, 帰する (assign) <to>. 〜 **to DRAWER**. **re·fér·rer** *n* [OF<L *re-(lat- fero* to bring)= to carry back]

ref·er·ee /rèfərí:/ *n* **1** 問題解決を付託[委任]された人, 仲裁人. **2** 人物・身元の照会を受ける人, 身元保証人. **3** 審判員, レフェリー; 論文審査員, 査読者. **4** 《英》私法律案担当審判議員《私法律案 (private bill) 審議の際一般の人で法案に反対する人の反論提出資格 (locus standi) についての問題を下院から付託される下院議員団の一人》. **5** 審理人《係属中の訴訟事件で, 裁判所により証人尋問をしてその内容を報告することなど一定目的に限って補助的司法権限を付託された人; cf. MASTER). ▶ OFFICIAL REFEREE (審理官) / SPECIAL REFEREE (特別審理人). — *vt* 審判する; <争いを>仲裁する, 調停する. — *vi* 仲裁[審判]をする.

referée in bánkruptcy 《米史》破産審理人《破産手続きをつかさどる連邦の役人で, 裁判所が任命; その権限は裁判官と同じで, 裁判官の再審査 (review) に服した; 1978 年法で破産裁判官 (bankruptcy judge) に代わった》.

referée in cáse of néed 万一の際の呈示先, 予備支払人 (⇨ REFERENCE IN CASE OF NEED).

ref·er·ence /réf(ə)rəns, *réfərns/ *n* **1 a** 参考, 参照 <to>; 言及, 論及 <to>; 関連, 関係 <to>. **b** 参照文献[箇所], 典拠; 引用文[箇所]; 参照事項; 参照指示, 出典指示. ▶ ADOPTION BY REFERENCE (参照による組込み) / INCORPORATION BY REFERENCE (参照による組込み). **2** 照会, 問合わせ <to>; 《前歴・身元などの》証明書, 推薦状; 照会先, 身元保証人. **3** 委託, 付託 <to>; 《仲裁人 (arbitrator), 審理人 (referee), 補助裁判官 (master) に対する》事件付託; 事件付託書[命令]; 仲裁の合意. ▶ ARTICLE 234 REFERENCE (234 条付託) / GENERAL REFERENCE (包括的事件付託) / SPECIAL REFERENCE (特別事件付託) / TERMS OF REFERENCE (付託事項).

reference in cáse of néed 《英》万一の際の呈示先指定, 予備支払人指定《為替手形の振出人・裏書人が書き込める引受けまたは支払い拒絶の場合の呈示先の指定》.

réference státute 他法組込み制定法《他の既存の法に言及しそれを組み入れた制定法》.

ref·er·en·dum /rèfəréndəm/ *n* (*pl* 〜**s**, **-da** /-də/) **1** 国民[州民*, 住民, 一般]投票(制度), レファレンダム (cf. INITIATIVE). **2** 請訓書, レファレンダム《外交使節が特定問題に対する指示を求めるために本国政府に

送る文書）．［L］

ref·er·én·tial séttlement /rèfərénʃəl-/《英》先行設定参照付き継承財産設定(証書)《参照の形で時間的に先行する継承財産設定 (settlement) を組み込んだ継承財産設定(証書)；両者の内容に矛盾がある場合に問題が生じる).

re·fer·ral /rɪfɔ́ːrəl/ n 1 参照; 照会, 紹介, 推薦; 付託, 委託. 2 a 面接後求職者を求人先に回付すること; 診察後患者を専門医などに紹介する[差し向ける]こと. b 紹介された[差し向けられた]人.

referral sáles còntract [agréement] 紹介販売契約《見込み顧客を紹介し、その人が実際に契約をしたときには一定の割戻し金などが支払われるという約束のもとに行なわれる売買；ピラミッド販売方式 (pyramid scheme) などの詐欺的取引となる場合には違法とされる場合が多い).

rè·finánce /, -fáinæns/ vt, vi …の財政を立て直す; (…のために)再度の資金調達をする, 再融資を行なう[受ける]; 〈ローンを〉借り換える; 〈証券〉の借換えをする《償還財源を新規証券の発行により調達する).

rè·fináncing n 1 再融資; 借換え. 2 財政立て直し.

re·form /rɪfɔ́ːrm/ vt 1 a 改正[改革, 改善]する; 修正[訂正]する (correct), 補正する. b 〈弊害・混乱などを〉救済する, 除く. 2 改心させる[する], 矯正する. — vi 改心する, 行ないを改める. — n 1 改正, 改革, 改善, 訂正: electoral ~ 選挙制度改革. ▶LAW REFORM (法改正) / TORT REFORM (不法行為法改正) / WOOLF REFORMS (ウルフ改革). 2 矯正, 改心; 救済. ~·able a refòrm·abílity n ［F or L (re-)］

Refórm Àct [the ~]《英史》選挙法改正法, 選挙制度改革法《1832年の改正で, 選挙権が拡大, 腐敗選挙区 (rotten borough) が廃止され, 新興都市に議席が与えられた; 第2次改正 (1867) で, 都市労働者などに選挙権が与えられた; 第3次改正 (1884) で, 農業・鉱山労働者も有権者となった; 第4次改正 (1918) で成年男性の普通選挙権と(財産資格が付されたが) 30歳以上の一部女性選挙権とが認められた; 第5次改正 (1928) で成年女性に選挙権が与えられ, 普通平等選挙権が実現した; その後1948年法で複数投票権の全廃と全選挙区が1人区となり, 1969年法で有権者の下限年齢が18歳に引き下げられている. 単数形では一般に 1832年法を指す).

ref·or·ma·tion /rèfərméɪʃ(ə)n/ n 1 改心, 矯正, 感化. 2 改善, 改良; 改革, 維新. 3 [the R-] 宗教改革《ローマカトリックの一部の教理・制度を拒否・修正し, プロテスタント教会を設立した16世紀の宗教運動). 4《当事者の真の意思に沿うように変える》文書訂正《裁判所によるエクイティー上の救済手段; cf. RECTIFICATION).

Reformátion Párliament [the ~]《英史》宗教改革議会《Henry 8世により1529年召集され1536年まで続いた議会で, 宗教改革 (Reformation), イングランド国教会を成立させたことで有名; ほかに小修道院解散, ユース法 (Statute of Uses) の成立など多くの歴史的役割を果たした).

refórmative púnishment 矯正刑《犯罪者の性格を改善することを意図している刑罰).

re·for·ma·to·ry /rɪfɔ́ːrmətɔ̀ːri; -t(ə)ri/ a 改革[改善, 矯正, 感化]のための. — n 矯正院, 少年院.

refórm schòol 教護院, 少年院 (reformatory).

re·foule·ment /rɪfáulmənt/ n《国際法》《難民の》追放・送還 (cf. NONREFOULEMENT). ▶NONREFOULEMENT (追放・送還の禁止, ノン・ルフルマン). ［F］

re·frain /rɪfréɪn/ vi 断つ, やめる, 控える, 我慢する. ~·ment n ［OF<L (frenum bridle)］

re·fresh /rɪfréʃ/ vt 1《飲食・休養などで》生気[元気, 力]を回復させる, 〈記憶などを〉新たにする (renew), よび起こす (arouse): ~ the memory 記憶を新たにする / REFRESHING MEMORY. 2《補給によって》維持[更新]する, 回復させる, …に補給する. — vi《飲食・休養などで》元気を回復する, 生き返ったようになる; 飲み食いする, 一杯やる. ［OF; ⇒ FRESH］

refrésh·er n 1 元気を回復させる人[もの]; 思い出させるもの. 2 再教育. 3《英》追加謝礼《事件が長引いたとき弁護士に追加的に支払う報酬).

refrésh·ing mémory [recolléction] 記憶の新鮮化《証人がメモなどを見ることによって記憶を新たにすること; cf. PRESENT RECOLLECTION REFRESHED).

ref·u·gee /rèfjudʒíː,*ˉ ˉ ˊ/ n 避難者, 難民, 亡命者; 逃亡者: a ~ government 亡命政権 / ~ camps 難民キャンプ. ▶UNITED NATIONS HIGH COMMISSIONER FOR REFUGEES (国連難民高等弁務官).

refugée·ism n 難民の状態[であること], 亡命[避難, 逃亡]者の状態[身分].

re·fund¹ vt, vi /rɪfʌ́nd, ríː—/〈金を〉払い戻す, 返金する, 還付する, …の代金を払い戻す; 〈人に〉払い戻す. — n /ríː—/ 払い戻し, 返金(額), 還付(金). ▶TAX REFUND (還付). ~·able a refùnd·abílity n ~·ment n ［ME=to pour back<OF or L (fundo to pour)］

re·fúnd² vt 新たに積み立てる;《金融》〈社債・公債・債務などを〉借り換える. ［re-］

réfund annùity 死亡時払い戻し金付き年金, 償還式年金《年金受給権者死亡の場合に, 生前に得た年金総額と年金受給権取得代金との差額を受給権者の遺産に払い戻す形での年金).

refúnd·ing¹ n 払い戻し.

refúnding² n 借換え.

refúnding bònd 1 借換え債《満期時に償還財源を得るために発行される債券). 2 返還保証証書《受遺者 (legatee) が遺言執行者 (executor) に対して, 万が一残存遺産が他の遺贈分を支払うのに不足が生ずるようであればみずからの遺贈分を返還する旨を保証する証書).

re·fus·al /rɪfjúːz(ə)l/ n 1 拒絶, 拒否, 辞退, 謝絶 (opp. acceptance): give sb a flat ~ きっぱりと断わる. ▶BLANKET REFUSAL (包括的拒否) / WILLFUL REFUSAL (意図的拒絶). 2 [ᵒthe ~] 取捨選択(権), 優先権, 先買権: buy the ~ of… 手付金を渡して…の優先権を得

re·fuse[1] /rɪfjúːz/ *vt* 断わる, 拒絶する, 拒否する (opp. *accept*); …するのを断わる, …しようとしない ⟨*to do*⟩. — *vi* 断わる, 拒絶[拒否]する.

ref·use[2] /réfjùːs, -z/ *n* 廃物, 廃棄物, かす, ごみ. — *a* 廃物の; 無価値の, 無用の.

réfuse dispósal ごみ処理, 廃棄物処理.

re·fute /rɪfjúːt/ *vt* ⟨陳述・人⟩の誤り[偽り]を証明する, 反証する; 論駁する, …に反論する.

reg /rég/ *n* [°*pl*] 《口》規則 (regulation): follow the ~s 規則に従う / company ~s 社則.

reg., Reg. register ◆ registered ◆ registrar ◆ registration ◆ regulation ◆ regulatory.

Reg. Regina (現)女王 (⇨ REGINA).

régal fish 《英》王魚 (=FISH ROYAL).

re·ga·lia /rɪgéɪljə/ *n pl* **1 a** 王家の表章, 即位の宝器,《王冠・笏(しゃく)などの》王位象徴物. **b**《官位・協会の》記章, 勲章; 正装. **2** 王権, 国王大権 (=PREROGATIVE). ▶ MAJORA REGALIA (大王権) / MINORA REGALIA (小王権). [L=royal privileges]

re·gard /rɪgάːrd/ *n* **1** 注意, 関心; 心配, 心づかい ⟨*for*⟩; 考慮, 顧慮; 注視, 注目. ▶ DISREGARD (無視). **2** 尊重, 尊敬 ⟨*to*, *for*⟩; 敬意, 好意: have a great [have no] ~ *for*…を重んずる[重んじない], 尊敬する[しない] / with best [kind] ~*s to*…《手紙の結びに》…によろしく / Give him my best ~*s*. あの人によろしく. **3** 点, 事項; 関係, 関連: in this [that] ~ このその事[点]について(は). **4** 行動の基礎となるもの, 動機 (motive). **5**《英史》森林査察, 森林査察官職; 森林査察官管轄区域. **in ~ of** [*to*]…=**with ~ to**…に関しては.

re·gen·cy /ríːdʒənsi/ *n* **1** 摂政政治; 摂政の任, 摂政職, 摂政の執権; 摂政団; 摂政期; 摂政の統治区. **2** [the R-] 摂政時代《特に英国では George 3 世の治世末期に皇太子 George (のちの 4 世) が摂政をつとめた時期 (1811–20)》. — *a* **1** 摂政の. **2** [R-]《英国の》摂政時代風の《家具・服装など》. [L *regentia*; ⇨ REGENT]

re·gent /ríːdʒənt/ *n* **1** [the R-]《英》摂政 (cf. COUNSELLORS OF STATE). **2**＊州立大学評議員, 理事;＊学生監. ▶ BOARD OF REGENTS (州立大学評議会). **3**《古》統治者;《古》支配原理[勢力]. — *a* [後置] 摂政する,《古》統治する. **~·al** *a* ~**·ship** *n* [OF or L *rego* to rule]

Régents of the Univérsity of Califórnia v. Bákke (1978) カリフォルニア大学理事会対バッキ事件 (⇨ BAKKE CASE).

reg. gen. [L *regula generalis*] °general rule 一般の準則.

Reg.-Gen.《英》°Registrar-General 登録本署長官.

reg·i·cide /rédʒəsàɪd/ *n* **1** 国王殺し, 国王殺害, 弑逆(しぃぎゃく); 王殺し《人》, 弑逆者. **2** [the R-s] 弑逆者《特に **1**》《英史》Charles 1 世を死刑に処した裁判官たち

2)《フランス史》Louis 16 世を死刑に処した国民公会のメンバー. **règ·i·cíd·al** *a* [L (*reg*- *rex* king)]

re·gime, ré·gime /reɪʒíːm, rɪ-, -dʒíːm/ *n* **1** 制度, 体制, 組織. **2** 統治制度, 支配体制, 管理形態, 統治形態, 政体. **3** 政権; 統治[支配]期間, 政権維持期間.

re·gi·na /rɪdʒáɪnə/ *n* [称号として用いるときは R-] 女王, 女皇 (reigning queen) (cf. REX): Elizabeth R~ エリザベス女王. ★ R. と略し布告などの署名に用いる: E. R. [ER] (=Queen Elizabeth). また Reg. と略し, 国が一方の当事者となる訴訟事件に称号として: (the case of) *Reg.* v. Jones 女王対ジョーンズ(事件). [L=queen; ⇨ REX]

re·gion /ríːdʒ(ə)n/ *n* **1 a**《一定の境界[特徴]をもつ》地域, 地方, 地区, 地帯, 地方;《the ~s》《都会から離れた》地方. **b**《英》地域《1998 年法ではイングランドを East Midlands, Eastern, London, North East, North West, South East, South West, West Midlands, Yorkshire and Humber の 9 地区に分けた》. ▶ COMMITTEE OF THE REGIONS (地域委員会). **2** 行政区, 管区, 区. **3**《史》地域《1975–96 年の間存したスコットランドを 9 つに分けた地方行政区分; cf. COUNTY》. [OF<L=direction, district (*rego* to rule)]

région·al *a* **1** 地域(全体)の, 地帯の. **2** 地方主義の; 方言の, 地方言語の. — *n* 地方支部; 地方版;＊地方の証券取引所.

Régional Cóuncil《史》《スコットランドの》地域参事会.

régional devélopment àgency《英》地域開発機関《地域 (region) の経済的発展と再生を促進すべく 1998 年法で創設された官庁; イングランドに 9 つの地域がある》.

Régional Devélopment Plàn《英》《衰退地域に対する政府の》地域開発計画.

Régional Héalth Authórities *pl* [the ~]《英史》地域公共医療実施機関《国民医療制度 (National Health Service) の一環としてイングランド・ウェールズを 14 地域に分けた地域医療制度の中心であったが, 1996 年に改組された; 略 RHAs》.

régional plánning bòdy《英》地域計画機関《2004 年法で創設; 特定地域 (region) の計画に責任を有する機関として大臣により認められる; その成員の 60% 以上は地区参事会 (district council), 州参事会 (county council), 大都市圏地区参事会 (metropolitan district council) 等の指定機関の成員が占める要件がある; 職務の中には地域空間戦略 (regional spatial strategy) の検討やその実行の監視, さらには地域開発に影響を与える事柄の検討, 地域空間戦略実行援助者への助言などが含まれている》.

régional spátial strátegy《英》地域空間戦略《2004 年法で各地域 (region) はその土地開発・利用につき 15–20 年間の戦略をもつことが要求されている; 略 RSS》.

reg·is·ter¹ /rédʒəstər/ n **1** 記録, 記入, 登録, 登記. ▶ CONSUMER CREDIT REGISTER (消費者信用業[企業]登録). **2** 登録[登記]簿, 名簿 (=~ book); 表, 目録; 登録[記載]事項; 船舶名録. ▶ ADOPTION CONTACT REGISTER (養子接触登録簿) / CAUTIONS REGISTER (予告登録簿) / CHARGES REGISTER (負担の表示) / COMPANIES REGISTER (会社登記簿) / DEBENTURE REGISTER (社債権者登録簿) / ELECTORAL REGISTER (選挙人名簿) / LAND REGISTER (土地登記簿) / Lloyd's REGISTER (ロイズ船名録) / LOCAL LAND CHARGES REGISTER (地方的物上負担登録簿) / PARISH REGISTER (教(会)区教会登録簿) / POLICE REGISTER (警察記録) / PROPERTY REGISTER (権原の種類および権利者の表示) / PROPRIETORSHIP REGISTER (土地の表示) / SHARE REGISTER (株主名簿). **3** 記録装置; 金銭登録器. ▶ PEN REGISTER (加入者の電話利用状況記録装置). — vt **1** 正式に記載する, 登録[登記]する ⟨as⟩; 選挙人名簿に登録する; ⟨広く⟩記録する: ~ oneself 選挙人名簿に登録する / ~ the birth [death] of a child 子供の出生[死亡]を登録する. **2** 書留にする. **3** ⟨商船を⟩船名録で証明する. — vi **1** 記名する, 署名する. **2** 入会手続きをとる, 登録する ⟨for, in⟩; 選挙人名簿に登録する; ⟨警察に⟩名前・住所などを届ける ⟨with the police⟩. ~·able a REGISTRABLE. ~·er n [OF or L (regest- regero to transcribe, record ⟨ gero to carry)]

register² n **1** 登録[登記]官, 記録係[官] (registrar). ▶ LORD CLERK REGISTER (登録書記卿) / PROBATE REGISTER ((遺言)検認登録官). **2** 検認裁判官 (=PROBATE JUDGE). [? < ME registrer registrar]

régister chèck = REGISTERED CHECK.

rég·is·tered a 登録[登記]した; 書留の; 記名の; 公認の: a ~ user 登録商標 (registered trademark) 使用権者.

régistered ágent 《米》登録代理人 (=resident agent) 《特定の法域で多くは会社である他者のため訴状の送達などを受けるための代理人; 登録が必要》.

régistered bónd 1 登録金銭債務証書《政府・会社の金銭債務証書で, 単一の証書が債権者に渡され, 証書保有者名は債務者側の帳簿に登録されるもの》. **2**《米》登録(式)債券, 登録債, 記名(式)債券, 記名社債《権利の譲渡は発行者・受託会社の原簿の書き換えによりなされ, また原簿に登録されている者のみに元利金の支払いがなされる債券; cf. BEARER BOND》.

régistered chéck レジスター小切手 (=register check)《口座がなくても小額の手数料を払えば銀行窓口で購入できる送金為替》.

régistered cómpany《英》登記会社《会社法にのっとって登記をした会社; cf. STATUTORY COMPANY》.

régistered corporátion《米》登録会社《証券募集につき証券取引委員会 (Securities and Exchange Commission) に証券登録説明書 (registration statement) を提出し, その規制を受けている株式公開会社 (publicly held corporation)》.

régistered desígn 登録意匠 (cf. DESIGN RIGHT).

régistered dispositión 登録済み処分 (⇨ REGISTRABLE DISPOSITION).

régistered lánd《英》登録済みの土地 (⇨ LAND REGISTER).

régistered létter 書留郵便 (registered mail).

régistered máil 書留郵便 (=registered letter, registered post¹¹) (cf. CERTIFIED MAIL).

régistered náme《英》(登記会社 (registered company) の) 登記名, 登記会社名 (=COMPANY NAME).

régistered óffice《英》(会社の) 登記上の事務所[住所]《登記会社 (registered company) の公的住所 (所在の事務所) で, 書簡箋や注文用紙に記載されなければならない. ▶ COMPANY'S REGISTERED OFFICE (会社の登記上の事務所).

régistered póst¹¹ 書留郵便 (=REGISTERED MAIL).

régistered propríetor 登録上の所有権者.

régistered represéntative《米》登録代理人《証券取引所会員証券会社の従業員で, 所定の有価証券販売者資格をもつ, かつては証券販売員 (customer's man [person]) と呼ばれていた》.

régistered secúrity 登録済み証券 (**1**) 権利者の氏名が発行者の登録簿に記載されている証券 **2**)《米》証券取引委員会 (Securities and Exchange Commission) に登録済みの証券; 登録済み株式 (registered stock) はその一種; cf. RESTRICTED SECURITY).

régistered shíp 登録船《船舶登録がなされている船舶》.

régistered stóck《米》《証券取引委員会 (Securities and Exchange Commission) に登録した》登録済み株式 (cf. REGISTERED SECURITY).

régistered trádemark 登録商標《®の記号を通例右肩か脚部に付して登録商標であることを示す》.

régistered vóter 登録選挙人.

régister of chárities《英》公益団体登録簿.

Régister of Cómpanies《英》会社登記[登録]簿 (=companies register).

régister of debéntures 社債権者登録簿 (=debenture register).

régister of déeds 不動産証書登録官《不動産譲渡証書 (deed), 譲渡抵当証書 (mortgage), 不動産にかかわるその他の証書を登録する役人》.

régister of diréctors《英》役員名簿《登記会社 (registered company) はその登記上の事務所 (registered office) に備え付けておかなければならず, また記載事項の変更は 14 日以内に届け出なければならない》.

régister of eléctors《英》選挙人名簿[登録簿] (=electoral roll [register]).

régister òffice 1《英》登録所, レジスターオフィス (=registry office)《民事婚 (civil marriage) が行なわれ, 住民の出生・死亡・婚姻の登録・証明書発行を行なう役所》.

marriage at a ～＝marriage at a REGISTRY. ▶ GENERAL REGISTER OFFICE (FOR BIRTHS, DEATHS AND MARRIAGES)((出生・死亡・婚姻)登録本署). **2**＊《職業紹介所など》登録保管事務をしている所.

régister of ménbers 《英》《登記会社の》株主名簿 (＝register of shareholders, share register)《氏名・住所・保有株式を記したもので, 登記上の事務所 (registered office) で公開されていなければならない》.

régister of pátents 特許登録簿.

régister of sháreholders 《英》株主名簿 (＝REGISTER OF MEMBERS).

régister of shíps 船舶登録簿. ★登録済みの船舶は registered ship (登録船) という.

Régister of the Tréasury 《米》財務省登録官《公金収支計算の管理, 国債の記録, 政府機関債の署名・発行などを職務とする》.

régister of wílls 《米》遺言登録官《検認済み遺言の登録, 遺言執行状 (letters testamentary), 遺言管理状 (letters of administration) の発行のほか, (遺言)検認裁判所 (probate court) の書記としての一般的事務を担当》.

régister of wríts 令状方式書, 令状登録簿《訴訟開始令状 (original writ) の方式集; 中世イングランドの民事訴訟は大法官府 (chancery) 発行の訴訟開始令状により開始されるのが原則だったが, それは早くから定式化され標準方式があった; 新しい方式が必要な場合は初めのうちは新たに作成され, それが先例となった; 原告・法律家はしたがってみずからの事件を既知の定式に適合させるか特別に新しい型を案出してもらうべく申請する要があった; この法律家にとって決定的に重要なその標準方式の抜粋が含まれている先例集・方式集; 法律家はほとんどすべてこれを手書き写本の形で有していたものと思われるが, 13 世紀ごろのものは知られていない; 初めて印刷されたのは 1531 年; regis-trum brevium とも記された》.

régister's cóurt 《米史》(Pennsylvania 州などの)(遺言)検認裁判所 (probate court).

reg·is·tra·ble /rédʒəstrəb(ə)l/ *a* **1** 登録[登記]できる. **2** 書留にできる.

régistrable disposítion 登録可能処分《登録済みの不動産権 (estate) あるいは登録済みの物上負担 (charge) の処分で, その処分が登録されぬ場合は, コモンロー上の効力をもたず, ただエクイティー上の権利 (equitable interest) としてのみ効力を有することになる; cf. REGISTERED DISPOSITION》.

reg·is·trant /rédʒəstrənt/ *n* 登録者, 記載者.

reg·is·trar /rédʒəstrɑ:r/ ～－－／ *n* **1**《主としてアメリカの学校・大学の》登録事務係, 学籍係, 教務係. **2** 登録官, 登録係, 登記官, 記録係, REGISTER OFFICE の役人 [職員]. ▶ SUPERINTENDENT REGISTRAR (登録監督官). **3**《裁判所・議会・枢密院などの》公認の》記録官;《英》《高等法院 (High Court of Justice) の一部, 州裁判所 (county court) の》補助裁判官, レジストラー. ▶ DISTRICT REGISTRAR (地方補助裁判官). **4**《信託銀行など

の》証券登録係, 株式係, 株主記録係;＊《株主や社債権者の名簿を管理する》証券登録機関, 証券登録代理人. **5**《病院の》入院[診療]受付係;《臨床研修医. ～·ship *n* [ME registrer＜L REGISTER¹]

Régistrar-Géneral (of Bírths, Déaths and Márriages) 《英》《London の》《出生・死亡・婚姻》登録本署 (General Register Office) 長官《略 Reg.-Gen.》.

régistrar of cómpanies 《英》会社登記官《法人格ある会社の登記事務を主管する役人》.

reg·is·tra·tion /rèdʒəstréɪ(ə)n/ *n* **1 a** 記載, 登録, 登記; 学籍登録, 選挙人登録. **b** 書留; 記名. ▶ CAUTION AGAINST FIRST REGISTRATION (最初の登録に対する予告登録) / CERTIFICATE OF REGISTRATION (登録[登記]証明書) / DRAFT REGISTRATION (徴兵(予備)登録) / LAND REGISTRATION (土地登録(制度)) / MARRIAGE REGISTRATION (婚姻登録) / MERCHANT SHIPPING REGISTRATION (商船登録) / RENT REGISTRATION (公正家賃登録; 限定契約家賃の登録) / REREGISTRATION (再登録) / SHELF REGISTRATION (発行一括登録) / TITLE REGISTRATION (権原登録(制度)). **2 a** 登録[記載]事項. **b** 人名簿, 登録された氏名; REGISTRATION NUMBER; 登録された人たち《学生など》; 登録者数. **3** 登録物件, 登記物件. **4** 登録証. ～·al *n*

registrátion as cítizen (or súbject) 市民(または臣民)としての登録 (cf. NATURALIZATION).

registrátion bòok 《自動車の》登録証.

registrátion certíficate 登録[登記]証明書, 登録[登記]証 (certificate of registration).

registrátion dòcument 車両登録証《車のナンバー・エンジン形式・所有者名などを記す》.

registrátion nùmber 1 登録番号, 学籍番号. **2**《車・バイクの》登録番号 (＝**registrátion màrk**)《ナンバープレートに示される数字と文字の組合わせ》. **3**《軍用機などの》機体番号.

registrátion of (a) cómpany 会社の登記 (cf. INCORPORATION).

registrátion of álien 外国人登録.

registrátion of bírth 出生登録, 出生証明書登録 (cf. NOTIFICATION OF BIRTH).

registrátion of cómmons 入会地登録 (cf. COMMON LAND).

registrátion of company ⇨ REGISTRATION OF A COMPANY.

registrátion of déath 死亡登録, 死亡証明書登録 (cf. DEATH CERTIFICATE).

registrátion of encúmbrances 土地に対する負担の登録 (cf. ENCUMBRANCE).

registrátion of lánd 土地[不動産]登録 (cf. LAND REGISTRATION).

registrátion of márriage 婚姻登録 (＝marriage registration).

registrátion of mérchant shìps 商船登録

(merchant shipping registration).

registrátion of secúrities 《米》《証券取引委員会 (Securities and Exchange Commission) への》証券の登録 (cf. REGISTRATION STATEMENT).

registrátion of stóck 《会社の帳簿への》**株式の登録**.

registrátion of títle 権原の登録[登記] (cf. TITLE REGISTRATION).

registrátion of tréaties 《国際法》条約の登録《国家締結の条約を国際機構に登録すること; 国際連合憲章で現在は加盟国締結の条約・国際協定は加盟国内のものに限らずすべて国際連合事務局に登録する要があると定められており、未登録に対する制裁としては、締結当事国はいかなる国際連合機関に対しても援用できないとされている》.

registrátion of vóters 選挙人登録.

registrátion stàtement 《米》証券登録説明書, 証券発行届出書, 登録届書《株式・社債発行前に証券取引委員会 (Securities and Exchange Commission) に提出・登録することを義務づけられている会社・目的などについての申告書; cf. PROSPECTUS》.

re·gis·trum bre·vi·um /rɪdʒístrəm bríːviəm/ 令状方式集, 令状登録簿 (⇨ REGISTER OF WRITS).

reg·is·try /rédʒəstri/ n **1** 記載, 登録, 登記; 書留; 登録簿, 登記簿; 登録[登記]事項: ~ fee*書留料. ▶ SEX OFFENDER REGISTRY (性犯罪者登録簿). **2** 検認裁判官 (＝PROBATE JUDGE). **3** 《登録された》船籍《外国との通商用の船舶の登録国籍; 国内の沿岸・内水航行用の船舶には enrollment (登記) の語が用いられる; cf. CERTIFICATE OF REGISTRY, ENROLLMENT OF VESSELS》: a ship of Liberian ~ リベリア船籍の船. ▶ CERTIFICATE OF REGISTRY (船舶登録証書) / PORT OF REGISTRY (船籍港). **4** 登録所, 登記所; 《教会内の》記録(簿)保管室[所]《教(会)区教会登録簿 (parish register) を保管する》: marriage at a ~ (office) 登録所婚《宗教的儀式を挙げない届け出結婚》/ ~ of deeds 不動産譲渡証書登録所. ▶ COMPANIES REGISTRY (会社登記所) / DISTRICT REGISTRY (地方登録所) / DIVORCE REGISTRY (離婚登録所) / LAND REGISTRY (土地登録庁) / MIDDLESEX REGISTRY (ミドルセックス登録所) / PROBATE REGISTRY (《遺言》検認登録所) / YORKSHIRE DEED REGISTRY (ヨークシァ捺印証書登録所).

régistry òffice 《英》登録所 (＝REGISTER OFFICE).

régistry pòrt 船籍港 (port of registry).

Ré·gi·us Proféssor (of Cívil Láw) /ríːdʒ(i)əs-/ 《英》ローマ《市民》法欽定講座教授《Henry 8世によりローマ法学興隆のために Oxford 大学と Cambridge 大学に 1540 年と 1546 年に創設された教授講座担任の教授》.

rég·nal yéar /régnl-/ 《英》治世年《即位日から数えて, 治世第 1 年, 2 年と数える; したがって原則として暦年と異なるので, 西暦に換算するときは注意を要する; なお 1962 年までは制定法制定年は治世年で示し, Henry 8 世治世第 27 年法律第 10 号 (27 Hen. VIII, c 10) のように示した; 1963 年以後は治世年でなく暦年で表示する; cf. LEGAL YEAR》. ★ 治世年は特に制定法の制定年を西暦に換算するのに決定的に重要であるので, ノルマン人の征服 (Norman Conquest) 以後の歴代の国王即位日・退位日を次頁の表に示す. なお, 1752 年 9 月からはグレゴリオ暦である新暦 (new style) が採用されているのでそれに従っている. すなわち, George 2 世治世第 26 年は西暦 1752 年 6 月 11 日に始まり, 9 月 2 日まではユリウス暦である旧暦 (old style) であったが, 翌日が新暦の 9 月 14 日となり, 11 日間の差が生じている. したがって, 治世第 26 年は旧暦 1752 年 6 月 11 日に始まり, 新暦 1753 年 6 月 21 日まで続いたことになる.

Reg·num non est di·vi·si·bi·le. /régnəm nán ɛst dìvɪsíbɪlɛ/ 王国は分割できない《女子相続人のみの場合にも王国に関してはコモンロー上の相続財産共有 (coparcenary) の適用がなく, 長女が王国・王位を相続するという原則》. [L＝The kingdom is not divisible.]

re·grate /rɪgréɪt/ vt 《史》**1** 《穀物・食料品などを》買い占める. **2** 買い占めて高値で売りさばく.

re·grát·ing n 《史》**1** 《価格吊り上げのための穀類などの》買占め《かつては犯罪とされた》. **2** 買占め品を高値で売りさばくこと.

re·gress n /ríːgrès/ **1** あと戻り, 復帰, 遡及; 《土地への》再立入り(権) (cf. INGRESS, EGRESS, AND REGRESS). **2** 《貸した土地などの》取り戻し. **3** 《史》払い戻し権, 償還権. — v /rɪgrés/ vi あと戻りする, 復帰する, 退行する.

regréssive táx 逆進税《課税標準の増大に伴って税率が下がる租税; cf. FLAT TAX, PROGRESSIVE TAX》.

reg·u·la·ble /régjələb(ə)l/ a 整理のできる, 調整のできる; 規定される, 規制されうる; 取り締まれる; 制限できる.

reg·u·lae ge·ne·ra·les /régjúːli dʒènəréɪliːz/ 《英史》一般訴訟規則《各裁判所がみずからのために発した訴訟手続き上の規則; 1873, 75 年の裁判所法 (Judicature Acts) 以来この名称は最高法院規則 (Rules of the Supreme Court) を指したが, 現在ではこれは 1998 年の民事訴訟手続規則 (Civil Procedure Rules) により大部分取って代わられている》. [L＝general rules]

Re·gu·la est, ju·ris qui·dem ig·no·ran·ti·am cui·que no·ce·re, fac·ti ve·ro ig·no·ran·ti·am non no·ce·re. /régjúːlə ɛst dʒúːrɪs kwídəm ìgnəræn̂ʃiæm káɪkwɛ nəsíːrɛ fæ̂ktaɪ vérou ìgnəræn̂ʃiæm nán nəsíːrɛ/ 確かに法の不知はすべての人に害をもたらすが, 他方事実の不知はもたらさないというのが原則である. [L＝It is the rule that ignorance of the law certainly is prejudicial to anyone, but ignorance of a fact is not.]

reg·u·lar /régjələr/ a **1** 規則的な, 規則正しい; 規則[手続き]を守る; 修道会に属する (opp. *secular*): the ~ clergy 律修聖職者, 修道士. **2** 定期的な, 定例の; 不変の, 常の, 定まった; 標準[規格, 型]どおりの; 通例の, いつもの, 通常の, 慣例に従った: ~ service 定期運航[運航]. **3** 正規の, 正式の, 法にのっとった, ルールどおりの;《軍》常

イギリス国王在位年表 (ノルマン人の征服以後)

王　朝	王　名	在　　位	在位年数
Norman	William I	1066・12・25……1087・9・9	21
	William II	1087・9・26……1100・8・2	13
	Henry I	1100・8・5……1135・12・1	36
	Stephen	1135・12・22……1154・10・25	19
Plantagenet (Angevin)	Henry II	1154・12・19……1189・7・6	35
	Richard I	1189・9・3……1199・4・6	10
	John	1199・5・27……1216・10・19	18
	Henry III	1216・10・28……1272・11・16	57
	Edward I	1272・11・20……1307・7・7	35
	Edward II	1307・7・8……1327・1・20	20
	Edward III	1327・1・25……1377・6・21	51
	Richard II	1377・6・22……1399・9・29	23
Lancaster	Henry IV	1399・9・30……1413・3・20	14
	Henry V	1413・3・21……1422・8・31	10
	Henry VI	1422・9・1……1461・3・4	39
York	Edward IV(1)	1461・3・4……1483・4・9	23
	Edward V	1483・4・9……1483・6・25	1
	Richard III	1483・6・26……1485・8・22	3
Tudor	Henry VII	1485・8・22……1509・4・21	24
	Henry VIII	1509・4・22……1547・1・28	38
	Edward VI	1547・1・28……1553・7・6	7
	Mary I(2)	1553・7・6……1558・11・17	6
	Elizabeth I	1558・11・17……1603・3・24	45
Stuart	James I	1603・3・24……1625・3・27	23
	Charles I	1625・3・27……1649・1・30	24
	Charles II(3)	1649・1・30……1685・2・6	37
	James II	1685・2・6……1688・12・11	4
	William and Mary II(4)	1689・2・13……1702・3・8	14
	Anne	1702・3・8……1714・8・1	13
Hanover	George I	1714・8・1……1727・6・11	13
	George II	1727・6・11……1760・10・25	34
	George III(5)	1760・10・25……1820・1・29	60
	George IV	1820・1・29……1830・6・26	11
	William IV	1830・6・26……1837・6・20	7
	Victoria	1837・6・20……1901・1・22	64
Saxe-Coburg and Gotha	Edward VII	1901・1・22……1910・5・6	10
Windsor	George V	1910・5・6……1936・1・20	26
	Edward VIII	1936・1・20……1936・12・11	1
	George VI	1936・12・11……1952・2・6	15
	Elizabeth II	1952・2・6……	

(1) 1470・10・9 から 1471・4・11 までは Henry VI が在位.
(2) 1553・7・6 から 1553・7・19 までは Jane が在位. ただし一般には在位しなかったこととされることが多い. また Mary は 1554・7・25 にスペイン王 Philip II と結婚したため, 以後 Philip and Mary.
(3) Charles II は 1660・5・29 までは事実上国王ではなく, Interregnum であった. しかし法的には Charles II は父 Charles I の死んだ日に即位したものとされ, 真の王政復古の年は Charles II の即位第 12 年とされる.
(4) Mary は 1694・12・27 に死亡, 以後 William III が単独君主.
(5) 1811・2・5 以降は皇太子であった次の George IV が摂政.

備の, 正規の;『国際法』正規戦闘要員, 正規兵の;『米政治』党公認の: a [the] ～ army 正規軍 / a ～ marriage 正規の婚姻, 正規の手続にのっとった婚姻 / ～ employ 常雇い / a ～ member 正会員 / a ～ soldier 正規兵. ━ n 1 [ʊpl] 正規兵. 2『米政治』自党(候補者)に忠実な党員, 選挙における政党の目玉候補. 3 修道士. [OF<L (regula RULE)]

régular cóurse (of búsiness) 通常業務 (= COURSE OF BUSINESS).

régular cóurt 通常裁判所.

régular eléction 通常選挙 (= GENERAL ELECTION).

régular fórces pl 正規軍 (cf. RESERVE FORCES).

régular íncome《定期的に受け取る》定収入.

régular méeting 通常会, 定時会, 定例会; 年次(株主)総会 (= ANNUAL MEETING).

régular prócess 正規の被告召喚令状 (cf. IRREGULAR PROCESS).

régular séssion 定例会, 例会, 常会.

régular térm 正規の開廷期.

reg·u·late /régjəlèit/ vt 1 規制する, 統制する,《規則により》管理(指導)する, 取り締まる; 規則で定める, 規定する: government-～d price 政府統制価格. 2 調節する, 調整する.

rég·u·làt·ed agréement《英》規制合意, 規制契約《1974 年の消費者信用法 (Consumer Credit Act) で規制されている消費者信用合意[契約] (consumer-credit agreement) ないしは消費者賃貸合意[契約] (consumer-hire agreement)》.

régulated mórtgage《英》規制譲渡抵当《譲渡抵当権者 (mortgagee) に規制借家権 (regulated tenancy) の制約がかかる土地の譲渡抵当で, 通常は 1965 年 12 月 8 日より前のもの》.

régulated ténancy《英史》規制借家権《契約期限終了時までは保護借家権 (protected tenancy), 以後は制定法上の借家権 (statutory tenancy) になる借家権; 1988 年法により assured tenancy (保証借家権) に代わった》.

reg·u·la·tion /règjəléɪʃ(ə)n/ n 1 規制, 取締まり. 2 a 規則, 規定, 法規; 指導原理. b 行政規則《行政機関によって発せられる従位的立法 (subordinate legislation)》;《地方政府の発する》規則;《法人・組合などの》規則. c《欧州共同体[欧州連合]の》規則 (⇒ REGULATION OF THE EU). ▶《語義 1 と 2 に関連》DEREGULATION (規制緩和) / LAND-USE REGULATION (土地利用規制) / PROCUREMENT REGULATIONS (調達規則) / QUEEN'S REGULATIONS (女王規則) / SECURITIES REGULATION (証券規制) / TRAFFIC REGULATION (交通規則) / TREASURY REGULATION (財務省規則). ━ a 正規の; 規定の, 標準の; 尋常の, 普通の: a ～ cap [sword, uniform] 制帽[制剣, 制服] / the ～ speed 規定[法定]速力.

Regulation A /-— éɪ/《米》規則 A, レギュレーション A《証券の少額発行について簡略な登録手続きを定める証券取引委員会 (Securities and Exchange Commission) の規則》.

Regulation D /-— díː/《米》規則 D, レギュレーション D《証券の私募 (private offering) などについての登録手続き免除要件を定める証券取引委員会 (Securities and Exchange Commission) の規則》.

Regulation J /-— dʒéɪ/《米》規則 J, レギュレーション J《銀行による小切手・現金などの取立てについて定める連邦準備制度理事会 (Federal Reserve Board) の規則》.

regulation of the EU /-— — — ìːjúː/ [the ～] 欧州連合の規則《加盟国全体において直接適用され国内法として拘束力を有する; 単に regulation ともいう; ⇒ COMMUNITY LEGISLATION, DECISION OF THE EU》.

Regulation Q /-— kjúː/《米》規則 Q, レギュレーション Q《銀行や他の貯蓄機関が貯蓄性預金に対して支払える金利の上限などを定めた連邦準備制度理事会 (Federal Reserve Board) の規則; この上限規則は 1986 年までに撤廃された》.

Regulation T /-— tíː/《米》規則 T, レギュレーション T《有価証券購入のために証券業者が顧客に融資できる金額などを規制する連邦準備制度理事会 (Federal Reserve Board) の規則》.

Regulation U /-— júː/《米》規則 U, レギュレーション U《有価証券の証拠金購入のために銀行が融資できる金額を規制する連邦準備制度理事会 (Federal Reserve Board) の規則》.

Regulation X /-— éks/《米》規則 X, レギュレーション X《家屋購入者に権原移転完了費用についての情報を与えることを資金貸主に要求している不動産権原移転完了手続き法 (Real Estate Settlement Procedures Act) を実施するための住宅都市開発省 (Department of Housing and Urban Development) の規則》.

Regulation Z /-— zíː; -zéd/《米》規則 Z, レギュレーション Z《消費者信用保護法 (Consumer Credit Protection Act) を実施するための連邦準備制度理事会 (Federal Reserve Board) の規則》.

reg·u·la·tor /régjəlèɪtər/ n 規定者, 規則制定者, 規制者, 取締り人, 管理[指導]する人; 調整者.

rég·u·la·tòry /-lətɔ̀(ə)ri/ a 1 規制する, 統制する, 取締まりの. 2 取締まりを受ける, 規制対象の.

régulatory ágency 1《特定の立法を実施するための》行政機関 (agency, administrative agency). 2《英》《民営化企業の, 公的な》監督機関《例えばテレビ・ラジオ・情報通信事業のオフコム (Ofcom), ガス・電気事業のオフジェム (Ofgem), 水道事業のオフウォット (Ofwat) など》.

régulatory offénse 1《コモンロー上の犯罪 (common-law crime) に対して, 特に, 一般刑法典ではなく特別の制定法による》規制犯, 行政犯 (= **régulatory crìme**). 2 社会生活維持ルール違反罪 (= public-welfare offense).

régulatory séarch 規則遵守のための捜索 (=ADMINISTRATIVE SEARCH).

régulatory táking 規制対象収用《規則 (regulation) に基づく公用収用 (taking) ではあるが、正当性を欠きしたがって所有者がなんらかの救済を求めうるような収用; cf. PHYSICAL TAKING》.

reh rehearing.

re·ha·be·re fa·ci·as sei·si·nam /rɪhəbíːri féɪʃɪəs síːsɪnəm/《史》自由土地保有権占有返還令状《自由土地保有権占有付与令状 (habere facias seisinam) を執行したシェリフ (sheriff) が必要以上に引き渡してしまった場合に発せられた裁判所令状 (judicial writ)》. [L=you cause him/her to have back his/her seisin]

re·ha·bil·i·tate /rìː(h)əbílətèɪt/ vt 1 復職[復位, 復権]させる; …の名誉回復を行なう,《特に》《証人の》信用性を回復する (cf. IMPEACH). 2 回復[修復]する, 復興する. 3《患者・障害者・受刑者などを》社会復帰できるようにする, 更生させる.

re·ha·bil·i·ta·tion /rìː(h)əbìlətéɪʃ(ə)n/ n 1 a 復職, 復位, 復権. b 回復; 修復. c《倒産者の》更生. d 名誉回復[挽回];《証人の》信用性回復. 2 社会復帰《のための治療[訓練]》, リハビリテーション (cf. DETERRENCE, RETRIBUTION); 生活再建. 3《カトリック》聖職遂行資格回復, 復権. **re·ha·bil·i·tà·tive** a

Rehabilitátion Àct [the ~]《米》社会復帰法《連邦政府資金にかかわる企業, 連邦の資金援助を受けている機関などは雇用・入学許可などの面で身体障害を理由とする差別をしてはならないと定めた 1973 年制定の連邦法》.

rehabilitátion of offénders 犯罪者の社会復帰.

Rehabilitátion of Offénders Àct 1974 [the ~]《英》1974 年の犯罪者社会復帰法《一定の刑例えば終身刑などを除き, 宣告刑にもよるが有罪決定から例えば 5 年とか 10 年の間 (この期間を社会復帰期間 (rehabilitation period) と呼ぶ) 重大な犯罪につき再び有罪と決定されずに社会復帰した者の過去の有罪決定は消滅し, 特別な場合を除き開示の要がなくなることを定めた法律; cf. SPENT CONVICTION》.

rehabilitátion òrder《英史》修復命令《除去地区 (clearance area) で 1974 年 12 月 2 日より前に地方住宅当局によって取得されていた建物で, 当局の判断によればなお 15 年間は住宅として使用できるように改修できるものに対する修復命令; かつては取りこわすのが当局の義務であったが, 修復義務に変わった》.

rehabilitátion pèriod《英》社会復帰期間 (⇒ REHABILITATION OF OFFENDERS ACT 1974).

rehabílitative álimony 社会復帰援助離婚[別居]扶助料《一方配偶者が社会復帰するのに必要な援助額を義務づける扶助料》.

re·héar vt 1 再び聞く, 聞きなおす. 2 再度審理する, 再度聴聞する.

re·héar·ing n 1 再度の審理, 再審理, 再聴聞; 再弁論《》口頭弁論終結後または判決後再度弁論・審理を行なうこと, あるいは行政機関などで再度聴聞すること; 略 reh, reh'g; cf. REARGUMENT). 2《英》覆審《治安判事裁判所 (magistrates' court) の刑事裁判で有罪決定後刑事法院 (Crown Court) に上訴がなされた場合の, 全証拠が再度審理され, 新証拠も許可の要なく自由に提出しうる形の審理》. 3 続審《例えば, 英国での控訴院 (Court of Appeal) の審理形態がこれに当たり, 原審で提出された全証拠が必要なかぎり原則書面で再審理され, 新証拠提出も許可されうる》.

rei n REUS の複数形.

re·ifi·ca·tion /rìːəfəkéɪʃ(ə)n, *reɪə-/ n 1 具体化, 具象化, 物象化. 2《権利の流通証券などへの》化体 (たい). 3《米》所在地の具体化《対物管轄権 (jurisdiction in rem) ないし準対物管轄権 (jurisdiction quasi in rem) にかかわる民事訴訟でその係争物を同定し, 裁判管轄決定の基礎としてそれが州内のある所在地にあると特定すること》. **re·ify** /ríːəfàɪ, réɪə-/ vt

reign /réɪn/ n 1《王の》治世, 御代: in the ~ of Queen Victoria ヴィクトリア女王の治世に. 2 統治, 支配; 統治[支配]権, 力, 勢力: the ~ of law 法の支配 / hold the ~s of government 政権を握る / under the ~ of Anne アン女王の統治下に[で]. ― vi 1 王権を握っている,《王・最高権力者として》統治[支配]する, 君臨する 〈over〉; 君主[王, 女王]である; 勢力をふるう: The king ~s but does not rule [govern]. 国王は君臨すれども統治せず. 2《事態が》支配的である, 支配する (prevail). [OF<L regnum; ⇒ rex]

re·im·burse /rìːəmbə́ːrs/ vt 返済する, 払い戻す, 償還する; …に弁済[賠償]する: ~ sb for the expenses = ~ the expenses to sb 人に経費を返済する.

reimbúrse·ment n 返済, 払い戻し, 返還, 弁償, 賠償.

reimbúrsement àlimony 弁償的離婚[別居]扶助料《例えば 弁護士の夫が弁護士資格を取得するまで妻が働いてその教育費・生活費を稼いでいたような場合に, その後の別居・離婚の際にはその財政的貢献に対する弁償を払い戻すべく通例よりも高額に義務づけられる扶助料》.

rè·inscríbe vt 再登録する. **rè·inscríption** n

rè·in·státe vt もとどおりにする, 復旧する, 復活させる, 回復させる; 修復する; 復職させる, 復帰させる.

rè·in·státe·ment n 1《状態を》もとに戻すこと, 現状回復, 復旧, 復活, 復元, 修復. 2《被雇用者の》復職, 原職復帰. 3《却下事件の》復活;《会社の》復活;《失効契約の》復活;《被保険物の》現物補填.

reinstátement òrder《英》《雇用審判所 (employment tribunal) による雇用者に対する不当解雇した被雇用者の》復職命令 (cf. RE-ENGAGEMENT ORDER, UNFAIR DISMISSAL).

rè·insúrance n 1 再保険 (=reassurance)《保険者がみずから引き受けた保険契約による保険金支払い責任の全部または一部を他の保険者が塡補することを内容とす

る保険; cf. DIRECT INSURANCE). ▶ FACULTATIVE REINSURANCE (任意再保険) / TREATY REINSURANCE (特約再保険). **2** 再保険額.

re·insure vt …に再保険をつける, 再保険する.

re·insured n 再被保険者, 元受保険者 (= CEDENT).

re·insur·er n 再保険者.

re·invest vt 再投資する.

re·issue vt 〈証券・通貨・書籍などを〉再発行する, 〈物を〉再支給する; …に〈…を〉再発行[再支給]する〈with〉. — vi 再び出る[現われる]. — n 再発行; 新版. **2** 権利要約書証明書《権原要約書 (abstract of title) の正確さを認証する要約書作成者の証明書》. **3** 特許(権)再発行; 再発行特許(権) (= REISSUE PATENT).

reissue patent 再発行特許(権)《原特許が過誤により実施不能ないしは無効の場合の, それを放棄し補正した上原特許の残余期間のみ認められる特許(権); 単に reissue ともいう》.

REIT /ríːt/《米》°real estate investment trust 不動産投資信託.

re·ject vt /rɪdʒékt/ 退ける, 拒否する, 拒絶する, 認めない, 無用[不採用]とする, 否決する, 却下[棄却]する (cf. REVOKE). — n /ríːdʒekt/ 拒否された人[もの], 不合格者[品], きず物. ~·**able** a 拒絶できる, 退けるべき. ~·**er** n 拒絶者. ~·**ing·ly** adv **re·jec·tive** a [L re-(ject- icio=jacio)=to throw back]

re·jec·tion /rɪdʒékʃ(ə)n/ n **1** 排除. **2 a**《契約申し込みの》拒絶, 拒否. **b**《契約履行提供の》受領拒絶. **c**《特許出願の》拒絶.《》cf. NONACCEPTANCE, REPUDIATION, RESCISSION, REVOCATION》 **3** 却下, 否決, 不認可.

rejection of offer《契約の申し込みをした相手方からの》申し込みの拒絶 (cf. LAPSE OF OFFER, REVOCATION OF OFFER).

re·join /rɪdʒɔ́ɪn/ vi **1** 応答[答弁]する. **2**〈被告が〉第二訴答を行なう (⇨ REJOINDER). — vt …と(きっぱり)応答する, 答弁する, 言い返す. [OF REjoindre]

re·join·der /rɪdʒɔ́ɪndər/ n **1** 答弁, 返答, 応答,《特に》答弁に対する答弁, 再答弁, 再答弁, 再答弁; 言い返し: in ~ 返答に, 答えて, 返答して. **2** 被告第二訴答《被告の第2回目の訴答; cf. REBUTTER, REPLICATION》. ▶ SURREJOINDER (原告第三訴答). [AF (↑)]

re·judge vt 判断しなおす, 改めて裁く, 新判決を下す.

re·late /rɪléɪt/ vt **1** 話す, 物語る. **2** 関係[関連]づける, 結び付ける〈to, with〉. — vi **1** 関連する, つながりがある〈to, with〉. **2** さかのぼって適用される, 遡及(そきゅう)する〈to〉. ~ **back** 遡及する〈to〉(cf. RELATION BACK). **relating to**…に関して.

re·lat·ed a 関係のある, 関連している; 相関している: EARNINGS-RELATED PENSION / EARNINGS-RELATED SUPPLEMENT [BENEFIT]. **2** 同類の; 同族の, 血族の, 縁続きの, 血縁の, 姻戚の.

related company 系列会社, 関連会社.

related proceeding《米》関連手続き (= non-core proceeding)《破産財団 (bankruptcy estate) の管理に関連する請求を含む訴訟手続きではあるが, 破産法 (bankruptcy law) の下で生じたものでなく, したがって州裁判所で裁判しうるもの; 破産裁判所 (bankruptcy court) は限定的権限しか有しない; cf. CORE PROCEEDING》.

re·la·tion /rɪléɪ(ə)n/ n **1** 関係, 関連; 間柄; [pl] 利害関係,《国家・民族などの間の》関係; [pl] 交際, 交友; [pl] 性関係: be out of all ~ to…= bear no ~ to…と全く関係がない / have ~ to…と関係がある. ▶ CONFIDENTIAL RELATION (信頼関係) / FOREIGN RELATIONS (外交関係) / ILLICIT RELATION (違法な(性的)関係) / INDUSTRIAL RELATIONS (労使関係) / INTERNATIONAL RELATIONS (国際関係; 国際政治; 国際関係論) / LABOR-MANAGEMENT RELATIONS (労使関係) / LABOR RELATIONS (労働関係) / PUBLIC RELATIONS (広報) / SEXUAL RELATIONS (性交; 性的肉体的接触) / SPECIAL RELATION (特別な関係). **2** 親族関係, 縁故; 親族, 血族, 姻族,《「親族」の意では relative のほうが普通》;《無遺言相続の場合の》相続権者. **3** 話, 陳述: make ~ to…に言及する. **4**《利害関係人 (relator) による》略式起訴[告発]. **5** 効力遡及, 遡及効, **遡及**〈to〉(cf. TRESPASS BY RELATION). ▶ TRESPASS BY RELATION (占有権原行使前の侵害; 遡及占有に基づく侵害訴訟). **in [with]** ~ **to**…に関して. ~·**less** a 無関係の, 縁のない; 身寄りのない, 孤独な.

relation back 遡及(させること), 遡及効の付与, 効力遡及 (cf. RELATE back).

re·la·tion·ship n **1** 関係, 関連, つながり, 結びつき. ▶ CONFIDENTIAL RELATIONSHIP (信頼関係) / FIDUCIARY RELATIONSHIP (信認関係) / LANDLORD-TENANT RELATIONSHIP (不動産貸主と借主の関係) / MOST SIGNIFICANT RELATIONSHIP (最も有意義な関係) / SIGNIFICANT RELATIONSHIP (有意義な関係) / SPECIAL RELATIONSHIP (特別な関係). **2** 親族[血縁, 婚姻]関係. ▶ ADOPTIVE RELATIONSHIP (養子縁組関係) / BLOOD RELATIONSHIP (血族関係) / DEGREE OF RELATIONSHIP (親等). **3** 交際[交友]関係.

relationship rape 関係者強姦《被害者となんらかの親密な関係を有する者による強姦; 関係者とは短時間の行きずりのものを除く血縁者・友人・デート相手・同棲者・配偶者などを含む広い概念である; cf. ACQUAINTANCE RAPE, DATE RAPE》.

rel·a·tive /rélətɪv/ n 親族, 血族, 姻族 (= relation, kin, kinsman); 関係者. ▶ ADOPTIVE RELATIVE (養子縁組による親族) / BLOOD RELATIVE (血族) / COLLATERAL RELATIVE (傍系親族) / NEAREST RELATIVE (最も近い関係者). — a 比較上の; 相対的な, 関係的な (opp. absolute); 関係[関連]する, 関連性のある, 相互的な, 相関的な. ~·**ly** adv

relative by affinity 姻族.

relative confession《史》関連自白《被告人が有責である旨を自白し, 同時に共犯者を私訴すること; この共

犯者私訴 (approvement) が成功すれば恩赦を与えられ，失敗すればみずからの自白に基づき有罪と宣告される).

rélative convénience dòctrine 相対的便宜の法理《差止め命令 (injunction) などのエクイティー上の救済手段は，それがもし救済されるべき権利侵害よりもより大きな害悪ないし権利侵害をもたらすようであるならば，否認されうるという原則》.

rélative fáct 関connecting ある事実.

rélative impédiment 近親者間の婚姻障害 (＝IMPEDIMENT of consanguinity)《血族関係の婚姻障害》.

rélative núllity《大陸法》相対無効《追認 (confirmation) を行なえば治癒し有効となしうる無効; cf. ABSOLUTE NULLITY》.

rélative pówer 土地関連権能.

rélative ríght 関係的権利《社会の構成員としての関係に付随して他者との関係で生ずる権利; 家族関係・労働関係・取引関係などにおいて法的に保護されるべき私生活上の権利; cf. ABSOLUTE RIGHT》.

Re‧la‧ti‧vo‧rum cog‧ni‧to uno, cog‧nos‧ci‧tur et al‧te‧rum. /rɛlætívóuərəm kágnɪtou júːnou kagnásɪtər et æltərəm/ 関連し合うもののうち一方が知れれば，他方もまた知れる．［L＝Of things relating to each other, one being known, the other is also known.］

re‧la‧tor /rɪléɪtər/ n **1** 物語る人．**2** 利害関係人, 略式起訴者; 告発者《訴えを起こす権利は別人にありながらも，その者の有している情報・知識・事実との関連に基づき訴えが起こされる，原告以外の者; ここから次の 3 者を指す: (**1**) 公私混合訴訟 (qui tam action) の提起者，略式起訴者 (informer) (**2**) その人の要請で，英国の法務長官 (Attorney General) あるいは米国の州ないしは司法長官 (Attorney General) が提起する公的問題にかかわる訴訟の真の利害関係人; 英国ではこの場合の訴訟を, Attorney General at the relation of X, 米国では suit EX REL. [EX RELATIONE] と表記する (**3**) その者のために国が原告となって，特に職務執行令状 (mandamus), 禁止令状 (prohibition), 権限開示令状 (quo warranto) などの令状を求める場合の申請者》.

re‧la‧trix /rɪlétrɪks/ n《古》RELATOR の女性形.

re‧lax /rɪlǽks/ vt ゆるめる; くつろがせる;《規則などを》ゆるめる, 寛大にする, 緩和する．— vi《きびしさなどが》弱くなる, 緩和する〈in one's power〉.

re‧lax‧a‧tion /rìːlækséɪʃ(ə)n, rɪ-, ˈrèlək-/ n 弛緩《体》; くつろぎ, 休養;《罰・義務の》軽減.

re‧láxed a ゆるんだ;《法などが》ゆるい, 寛大な, ゆるやかな.

re‧léas‧able a **1** 釈放[解放, 解除]できる; 免除できる．**2** 権利放棄できる, 譲渡できる．**3** 公表[公開]できる．
-**ably** adv **re‧lèas‧abíl‧i‧ty** n

re‧lease /rɪlíːs/ vt **1**《手を》放つ, 離す;《囚人などを》釈放[放免]する, 自由にする;《苦痛・心配などから》解放する,免除させる, 免責する〈from〉; 免除する．**2**《情報・レコード・新刊書などを》公開[発表, 発売]する;《食料・物資・汚染物などを》放出する．**3** 放棄する, 権利を放棄する, 譲渡する．— n **1** 解放．**2 a** 釈放, 放免, 免責; 免除, 解除;《船舶・積荷に対する》仮差押の解除; 救出, 救済〈from〉; 慰藉;《苦痛からの》解放．**b** 免除認可書, 釈放命令書．**c**《鉱工業・農業の副次的産物である汚染物質の環境への》放出, 投棄．▶ CONDITIONAL RELEASE (条件付き釈放) / INDETERMINATE CONDITIONAL RELEASE (不確定的条件付き釈放) / STUDY RELEASE (勉学のための釈放) / UNCONDITIONAL RELEASE (無条件釈放) / WORK RELEASE (施設外通勤)．**3** 公開(物), 発表(物), リリース; 新聞発表 (press release); 公表[公開]許可(書); 放出(品[物])．▶ PRESS [NEWS] RELEASE (新聞発表)．**4**《要求などの》放棄; 権利放棄(の合意), 義務の免除, 債務免除,《不動産権の》放棄,《特に》占有者のための不動産権の放棄, 権利放棄, 譲渡; 権利放棄証書, 譲渡証書．▶ CONDITIONAL RELEASE (条件付き義務[債務]免除) / DEED OF RELEASE (権利放棄証書) / LEASE AND RELEASE (不動産賃貸借と復帰権放棄) / PARTIAL RELEASE (部分的権利放棄) / PLEA OF RELEASE (権利放棄の答弁)．**5**《信託・後見などの終了時に受益者・被後見人などから受託者・後見人などに対してなされる》最終計算承認書.

rè‧léase vt《不動産などを》転貸する．— n **1**《不動産の》転貸 (cf. LEASE)．**2** 転貸された不動産[財産].

re‧leas‧ee /rɪlìːsíː/ n **1** 被釈放者;《義務の》被免除者．**2** 権利放棄を受けた人,《権利・財産の》譲受人.

reléase of mórtgage《債務弁済に伴う》譲渡抵当消滅証書.

reléase on lícense《英》仮釈放, 仮出獄(許可) (⇒PAROLE), 仮釈放[仮出獄]許可証.

reléase on recógnizance《米》自己誓約保釈《審理前に保証人・保証金なしで勾留中の者みずからが後の審理期日に出廷することを誓約して身柄の拘束を解除してもらうこと; 略 ROR, r.o.r.; cf. BAIL IN ONE'S RECOGNIZANCE, PERSONAL RECOGNIZANCE》.

reléase to úses ユース付き権利放棄《譲渡人または第三者の利益のためのユースを付けての権利放棄証書 (deed of release) を用いて財産を譲渡すること; cf. USE》.

re‧léa‧sor, re‧léas‧er n **1** 釈放者．**2** 権利放棄者,《権利・財産の》譲渡人.

rel‧e‧gate /rélɪgèɪt/ vt 左遷する, 追放する, 流罪にする．**2** 所属させる, 帰属させる;《事件などを》移管する, 付託[委託]する, 任せる, 委任する.

re‧le‧ga‧tio /rèləgéɪʃiou/ n《ローマ法》軽流刑.

rel‧e‧ga‧tion /rèləgéɪʃ(ə)n/ n **1** 有期追放[流罪] (cf. ABJURATION (OF THE REALM))．**2** 委任, 付託.

rel‧e‧vance /réləvəns/ n 関連性; 適切性, 妥当性.

rel‧e‧van‧cy /réləvənsi/ n **1** RELEVANCE．**2** 関連性 (relevance) (を有するもの).

rel‧e‧vant a 関連性のある,《争点となっていることを証明ないしは否定するために論理的に》関連する〈to〉(cf. MATERIAL)．〜**ly** adv

rélevant évidence《争点にとって》関連性のある証拠 (=competent evidence) (cf. IRRELEVANT EVIDENCE, MATERIAL EVIDENCE).

rélevant fácts pl 関連する事実 (⇨ RELEVANT).

rélevant márket 関連市場《独占や合併などの違法性を反トラスト法 (antitrust act) 上判断する場合には、それらによって一定市場での競争が制限されることを証明しなければならないが、この市場を指す；一般には特定商品のすべての代替品を含めての製品市場 (product market) と競争圏の地理的広がりである地理的市場 (geographic market) に分けられる》.

rélevant próperty trùst《英税制》関連財産信託《相続税 (inheritance tax) との関連で 2008 年 4 月から用いられ出した用語で、現に享有しうる権利付き信託 (interest in possession trust)、18 歳から 25 歳未満信託 (18-25 trust)、あるいは未成年遺族や心身障害者のために設定された信託でない信託のこと；上記 3 種の信託を除き関連財産信託は、設定時、受益者 (beneficiary) に対する分配時、設定後 10 年ごとの時期に課税されることになっている》.

rélevant tránsfer《英》《雇用契約の》関連移転《企業の全部または一部の所有が変更される企業の移転 (transfer of undertakings) が生じた場合には、それが 1981 年法に該当するかぎり、被用者の雇用契約も自動的に移転するということ》.

re·li·able /rɪláɪəb(ə)l/ *a* 確かな、信頼できる、信頼性のある．**re·li·abil·i·ty** *n* 信頼性、確実性；信頼度．

re·li·ance /rɪláɪəns/ *n* **1 a** 信頼、信用、信任〈*on, in*〉；《約束・表示への》信頼、依存．**b** 信頼利益 (=RELIANCE INTEREST). ▶ DETRIMENTAL RELIANCE (不利益的信頼). **2** 頼みとする人[もの]、よりどころ．

relíance dàmages pl 信頼に基づく損害賠償(金)《契約を信頼してこうむった損害に対する賠償(金)》.

relíance ìnterest 信頼利益《契約が履行されるものと信頼した当事者がその不履行によって失われた利益；相手方に何らの利益が生じなかった場合でも救済される；単に reliance ともいう；cf. EXPECTATION INTEREST, RESTITUTION INTEREST》.

relíance lòss 信頼違背に基づく損害 (cf. EXPECTATION LOSS).

relíance-lòss dámages pl 信頼違背損害賠償(金)《契約上の約束を信頼したがその違約によってこうむった損害に対する賠償(金)》.

relíance on promìse 約束に対する信頼．

rel·ict /rélɪkt/ *n*《古》寡婦、未亡人 (widow)；鰥夫(かんぷ)、やもお (widower)；残存配偶者．— *a*《古》寡婦となった；配偶者が死亡した．

re·lic·ta ve·ri·fi·ca·ti·o·ne /rəlíktə vèrəfəkèɪʃíóuni/《史》真実確認取り下げ《被告が被告第一訴答を提出しその末尾でそこで述べたことが真実であると確言したが (この確言が真実確言 (verification) である)、原告がこれを不十分だと抗弁した場合には、被告はその答弁をこの語を用いて撤回することが許され、これにより原告の請求を認諾したことになり、原告勝訴の判決が下った；⇨ VERIFICATION》. [L=the verification being abandoned]

re·lic·tion /rɪlíkʃ(ə)n/ *n* **1 a**《海面・湖面などの》水位減退による土地の増大、減水増地 (cf. ACCRETION, ALLUVION, AVULSION, DELICTION, DERELICTION, EROSION). **b** 水位漸減．**2** 水位減退増大地《沿岸地所有権者の所有となる》. [L *relictio* act of leaving behind]

re·lief /rɪlíːf/ *n* **A 1 a**《苦痛・厄介・心配などの》除去、軽減、慰藉、安心、安堵．**b** 気分転換、気晴らし、息抜き．**2 a**《貧民・難民などの》救助、救済；生活保護；《税金の》軽減、減免；《英税制》所得控除、税額軽減[減免]；《包囲された町などへの》救援、解放〈*of*〉；《訴訟上の、特にエクイティー上の》救済(手段)、《特に》不動産賃借権没収からの救済 (relief from forfeiture)：~ works 失業救済事業《土木工事など》. **b** 救済寄金、救援物資．▶ AFFIRMATIVE RELIEF (被告に与えられる救済) / AGRICULTURAL PROPERTY RELIEF (農業用財産相続税軽減) / ALTERNATIVE RELIEF (択一的救済(手段)；選択的救済(手段)) / ANCILLARY RELIEF (付随的救済) / BUSINESS PROPERTY RELIEF (営業用財産税額軽減) / CLAIM FOR RELIEF (救済の申し立て) / COERCIVE RELIEF (強制的救済) / DECLARATORY RELIEF (宣言的救済) / DEMAND FOR RELIEF (救済要求) / DOUBLE TAXATION RELIEF (二重課税控除) / ENTREPRENEURS' RELIEF (企業家免) / EQUITABLE RELIEF (エクイティー上の救済) / EXTRAORDINARY RELIEF (特別救済) / FINANCIAL RELIEF (財政的救済) / GROUP RELIEF (企業グループ税額軽減) / HOLDOVER RELIEF (持越し減免) / INJUNCTIVE RELIEF (差止め命令による救済) / INTERIM RELIEF (一時的救済(手段)) / INTERLOCUTORY RELIEF (暫定的救済(手段)) / MORTGAGE INTEREST RELIEF (住宅取得用譲渡抵当利息控除) / POOR RELIEF (貧困者救済) / PRAYER FOR RELIEF (救済懇請) / REQUEST FOR RELIEF (救済要請) / ROLLOVER RELIEF (更新投資課税繰延べ) / TAPER RELIEF (逓減減免) / TAX RELIEF (所得控除；課税減免) / THERAPEUTIC RELIEF (治療的救済). **3 a**《代代による》任務からの解放、交代．**b**《史》《封(土)を特に成人相続人が相続する場合に領主 (lord) に支払う》相続料、相続上納金 (⇨ FEUDAL INCIDENT). **B 1** 浮彫り；起伏．**2** 際立つこと、鮮明さ；他との対照による強調、強勢．**on** ~ 生活保護を受けて．

relíef from fórfeiture 不動産賃借権没収からの救済《賃借料不払いなどを理由にしての賃貸人による不動産賃借権没収 (forfeiture of lease) に対して賃借人が裁判所に求め、その裁量により与えられる救済》.

re·lieve /rɪlíːv/ *vt* **1** 救い出す、救助する、救済する；《攻囲された町を》解放する．**2**《苦痛・不安などを》取り除く、軽減[緩和]する；[~ *sb of* sth として]《人を》《重荷・苦痛などから》解放する、楽にさせる；《人を》《負担・義務・責任・圧力などから》解放[放免]する、法的に救済する．**3** …と交代する、当番を代わる；解職[解任]する．

re·li·gion /rɪlídʒ(ə)n/ *n* 宗教；信教、信仰．▶ AR-

TICLES OF RELIGION (信仰箇条) / FREEDOM OF RELIGION (信教の自由).

Relígion Cláuse [the ~]《米》宗教(の自由)条項《合衆国憲法第 1 修正》.

relígious affinity fráud 宗教的類縁者詐欺 (⇨ AFFINITY FRAUD).

relígious corporátion 宗教法人《なんらかの宗教上の目的を達成すべく創設された法人；英国では ECCLESIASTICAL CORPORATION (教会法人) と同義で, 構成員は聖職者に限られるが, 米国ではたとえ構成員全員が俗人であってもさしつかえない》.

relígious discriminátion 宗教上の差別《宗教・信仰を理由にした差別》.

relígious harássment 宗教上のいやがらせ《宗教・信仰を理由にしてのいやがらせ》.

relígious líberty 宗教(活動)の自由 (cf. FREEDOM OF RELIGION, FREE EXERCISE CLAUSE).

relígiously ággravated offénse〖英〗宗教的加重犯罪《2001 年法で, 既存の犯罪をより重い刑で罰すために導入された犯罪類型で, 犯意傷害 (malicious wounding), 重大な身体傷害 (grievous bodily harm), 身体傷害 (actual bodily harm), 一般暴行 (common assault) で, 犯行時あるいはその直前直後に犯人が被害者の宗教グループに対する敵意を示した場合あるいは犯行動機が特定宗教グループへの敵意である場合に, 刑罰が加重されるもの》.

relígious úse《宗教的目的のための》宗教的ユース (cf. USE).

re·lin·quish /rɪlíŋkwɪʃ/ vt **1** やめる, あきらめる, 棄てる；〈権利・地位などを〉放棄[譲渡]する, 手放す. **2**《まれ》〈故国などを〉あとにする, 退去する, 棄てる.

relínquish·ment n **1**《権利・地位の》放棄, 譲り渡し, 辞退. **2**《英国教》聖職退任.

re·lítigate /ri-/ vt〈事件などを〉再び訴える, 再度法廷で争う. **re·litigátion** n

rè·locátion n **1** 移転, 移住, 転勤. **2** 採鉱権の再設定. **3**《米史》《強制収容所への》強制移転. **4**《スコットランド》賃貸借の更新.

relocátion cènter [càmp]《米史》《第二次大戦中の日系人の》強制収容所.

re·ly /rɪláɪ/ vi 信頼する, 頼みにする, あてにする〈on〉.

rem ⇨ IN REM.

re·main·der /rɪméɪndər/ n **1** 残りのもの[人びと], 残余 (the rest)；《引き算の》残り, 差；《割り算の》余り, 剰余. **2**《特定的に遺贈されていない》遺贈対象外遺産. **3** 残余権 (=estate in remainder)《不動産権者がその権利の一部を他人に設定し, 同一文書で残余の権利の一部または全部を第三者に設定した場合の第三者の不動産権のように, 先行する単純封土権 (fee simple) より小さな不動産権[部分不動産権 (particular estate)] の消滅により, その部分不動産権の設定者ないしはその相続人以外の第三者の現有不動産権 (estate in possession) となる将来不動産権 (future estate)；設定者・相続人に戻る場合は復帰権 (reversion) という；cf. EXECUTORY INTEREST, FUTURE INTEREST, POSSIBILITY OF REVERTER, REVERSION》. ▶ ACCELERATED REMAINDER (早期実現残余権) / ALTERNATIVE REMAINDER (代替残余権) / CHARITABLE REMAINDER (公益残余権) / CONTINGENT REMAINDER (未確定残余権) / CROSS REMAINDER (交互残余権) / DEFEASIBLE REMAINDER (消滅条件付き残余権) / EXECUTED REMAINDER (確定残余権) / EXECUTORY REMAINDER (未確定残余権) / INDEFEASIBLE REMAINDER (消滅条件付きでない確定残余権) / VESTED REMAINDER (確定残余権). **in ~** 残余権として, 残余権という形で. ▶ ESTATE IN REMAINDER (残余不動産権).

remáinder ìnterest 残余権利《例えば不動産を信託し, そこからの収益を A に生涯の間与え, その後を B に与える場合の B の権利》.

remáinder·man /-mən/ n (pl **-men** /-mèn, -mən/) 残余権者 (⇨ REMAINDER). ▶ ULTERIOR REMAINDERMAN (隠された残余権者).

remáinders on a contíngency with a dóuble áspect 非両立的未確定残余権 (=CONTINGENCY WITH A DOUBLE ASPECT).

remáinder súbject to ópen 保留付き確定残余権 (=remainder vested subject to open)《例えば「A に生涯の間, その後は B の子供たち全員に平等に譲与する」という条件で不動産権を設定した場合の, 譲与時には人数が確定していない B の子供たちの有する確定残余権 (vested remainder)》.

remáinder vésted súbject to ópen 保留付き確定残余権 (=REMAINDER SUBJECT TO OPEN).

rémake rìghts pl 再映画化権.

re·mand /rɪmǽnd; -máːnd/ vt **1**〈人を〉(...に)送りかえす, ...に帰還を命ずる《over》to sb》. **2**《審理・再取調べのため》再勾留[再拘束]する《in custody》；再勾留釈をする《on bail》. **3**《米》〈事件を別の裁判所・審理機関に〉移送する,《特に》原審に差し戻す (cf. AFFIRM, REMOVAL). — vi《原審に》差し戻す；《別の裁判所へ》移送する: MOTION TO REMAND. — n **1** 送返, 帰還(を命じられた人). **2** 再勾留[再拘束](者)；再勾留保釈(者): on ~ 再勾留[再勾留保釈]中の. ▶ PRISONER ON REMAND (再勾留囚人). **3**《米》差戻し. **~·ment** n [L re- (mando to commit)=to send back word]

remánd cènter〖英〗《14 歳以上 21 歳未満の者の》未成年者拘置所.

remánd hòme〖英〗《17 歳未満の》少年拘置所《1967 年以後 COMMUNITY HOME (保護児童収容施設) と名称変更された》.

remánd in cústody 再勾留.

remánd on báil 再勾留保釈.

remánd prìsoner 再勾留[再勾留保釈]囚人[被拘束者, 被告人] (=prisoner on remand).

re·ma·nent pro de·fec·tu emp·to·rum /rɛmǽnɛnt proʊ dɪfékt(j)u ɛmptóːrəm/《史》買手不

在につき残存《動産執行令状 (fieri facias) に対するシェリフ (sheriff) の差押動産換価不能の復命》．［L=they remain for want of purchasers］

rem·a·net /rémənèt/ *n* **1** 残部，残り，残物 (residue)．**2** 審理延期訴訟事件．**3**《次の会期までの》《審議》延期議事．

re·márry *vi, vt* 再婚する[させる]．**re·márriage** *n*

re·me·di·a·ble /rɪmí:diəb(ə)l/ *a*《特に法的に》救済[矯正]できる．**re·me·di·abil·i·ty** /rɪmì:diəbíləti/ *n*

re·me·di·al /rɪmí:diəl/ *a* **1** 治療のための，治療上の．**2** 救済的な，修正的な；矯正[改善]する(ための)，是正する．**3** 救済(手段)に関する《既存の実体的権利 (substantive right) を実現する手段を与える法の[に関する]； cf. PROCEDURAL》: REMEDIAL RIGHT. **4** 治療(教育)の，補習の，治療教育[補習]を受ける[必要とする]．**~·ly** *adv*

remédial áction 1 救済的訴訟《損害賠償あるいは補償を求める訴訟で，刑事上の処罰を求めるものでないもの》．**2**《米》環境保全[改善]を求める訴訟 (cf. REMOVAL ACTION)．

remédial constrúctive trúst 救済手段としての擬制信託《擬制信託 (constructive trust) のうち，不公正に対する救済手段として裁判所の裁量により認められる信託；英国では認めていない；cf INSTITUTIONAL CONSTRUCTIVE TRUST》．

remédial láw 1 救済手段に関する法．**2** 修正法《既存法を修正する法；特に現行救済手段が不十分である場合に新しい別の救済手段を提供する法》．

remédial ríght 救済の権利《例えば，損害賠償請求権のように，第一次的権利 (primary right) が侵害された場合に生じてくる，それを救済するための権利》．

remédial státute 1《既存法の》修正的制定法．**2** 救済手段を提供する制定法．

re·me·di·ate /rɪmí:dièɪt/ *vt*《特に環境汚染地を》改善する．

re·me·di·a·tion /rɪmì:diéɪʃ(ə)n/ *n* **1** 矯正，改善；治療教育，補習．**2**《環境汚染地の》汚染改善．

remediátion nòtice《英》環境汚染改善通告《地方自治体が《環境》汚染地 (contaminated land) あるいは《環境汚染》特別地 (special site) と認定した場合に，地方自治体あるいは《環境汚染》特別地の場合は環境庁 (Environment Agency) が関係責任者に出す通告で，その地の改善すべき内容と改善期限が特定される；違反は原則として刑事上の犯罪となる；cf. CONTAMINATED LAND, SPECIAL SITE》．

rém·e·di·less *a* 救済[矯正，改善，補修]できない，救済手段のない．**~·ly** *adv* **~·ness** *n*

rem·e·dy /rémədi/ *n* **1** 医療，治療，療法；治療薬．**2 a** 救治；救済手段，救済策，救済方法，矯正法《for, against》: There is no ~ but to cut down expenses. 費用削減よりほかに方法がない．**b** [*pl*] 救済手段法(学)《法的な救済手段にかかわる法(学)分野》．▶ ADMINIS-TRATIVE REMEDY (行政上の救済(手段)) / ALTERNATIVE REMEDY (択一的救済(手段)；選択的救済(手段)) / APPRAISAL REMEDY (株式査定・買取り請求による救済) / CIVIL REMEDY (民事上の救済(手段)) / CONCURRENT REMEDY (競合的救済(手段)) / CUMULATIVE REMEDY (重複的救済(手段)) / EFFECTIVE REMEDY (効果的救済(手段)) / ELECTION OF REMEDIES (救済手段の選択) / EQUITABLE REMEDY (エクイティー上の救済(手段)) / EXHAUSTION OF LOCAL REMEDIES (国内的救済(手段)を尽くすこと) / EXHAUSTION OF REMEDIES (他の救済(手段)を尽くすこと) / EXHAUSTION OF STATE REMEDIES (州内的救済(手段)を尽くすこと) / EXTRAJUDICIAL REMEDY (裁判外の救済(手段)) / EXTRAORDINARY REMEDY (特別救済(手段)) / JOINDER OF REMEDIES (救済手段の併合) / JUDICIAL REMEDY (裁判手続きによる救済(手段)) / LEGAL REMEDY (コモンロー上の救済(手段)) / MARSHALING REMEDIES (救済手段行使順位決定(則)) / MUTUALITY OF REMEDY (救済手段に関する相互主義) / PECUNIARY REMEDY (金銭的救済) / PROVISIONAL REMEDY (仮の救済(手段)) / SELF-HELP REMEDY (自力救済(手段)) / SPECIFIC REMEDY (特定履行による救済) / SPEEDY REMEDY (迅速救済(手段)) / SUBSTITUTIONAL REMEDY (代替救済(手段))．**3**《造幣》《貨幣の》公差 (=TOLERANCE)．── *vt* **1** 治療する，治す．**2** 補修する；矯正する，改善する．**3** 除く，軽減する．**4** 賠償する．［AF<L *remedium* (*medeor* to heal)］

rémedy óver 求償(権)．

re·mem·branc·er /rɪmémbrənsər/ *n* **1** 思い出させる人[もの]，記念物，かたみ(の品)；備忘録．**2**《英》国王収入管理官；[R-] 国王付き国王収入管理官 (=KING's [QUEEN's] REMEMBRANCER). ▶ KING's [QUEEN's] REMEMBRANCER (国王[女王]付き国王収入管理官) / LORD TREASURER's REMEMBRANCER (大蔵卿付き国王収入管理官). **2** [R-]《英》ロンドン市備忘官 (=REMEMBRANCER OF THE CITY OF LONDON). ▶ CITY REMEMBRANCER (ロンドン市備忘官).

Remémbrancer of the Cíty of Lóndon [the ~] ロンドン市備忘官 (=City Remembrancer)《現在では，議会の委員会，大蔵委員会，政府などに対してロンドン市を代表し，かつ一定の儀典での役割を演ずるロンドン市の役人》．

Remémbrancer of the Fírst Frúits [the ~]《英史》初年度収益国王収入管理官《初年度収益 (first fruits) および十分の一税 (tithe) 等に関与した財務府 (Exchequer) の役人；1838年法で廃止》．

REMIC /rémɪk, ríː-/ *n* レミック，不動産譲渡抵当投資導管 (=REAL ESTATE MORTGAGE INVESTMENT CONDUIT).

re·mise /rɪmáɪz, rəmíːz/ *vt*〈権利・財産などを〉放棄する，譲渡する，移転する，返却する．── *n* **1**《古》権利放棄．**2**《廃》送金 (remittance)．［OF (*remettre* to put back)］

re·mis·sion /rɪmíʃ(ə)n/ *n* **1**《罪の》赦し，赦免，容

赦;《債務・刑罰などの》免除, 放免, 刑の免除;"《刑期の》短縮, 減刑, 恩赦, 特赦. **2** 軽減, 和らぐ[弱まる, 薄らぐ]こと, 鎮静,《病気などの》寛解, 軽快, 小康状態. **3 a**《上訴裁判所から原審への》差し戻し (remit). **b**《まれ》送金 (remittance). **re·mis·sible** *a* [REMIT]

re·mis·sive /rɪmísɪv/ *a* 赦免する, 免除する, 寛大な; 軽減する, ゆるめる. ~**·ly** *adv* ~**·ness** *n*

re·mit /rɪmít/ *v* (-tt-) *vt* **1**《金銭を》送る, 送金する; 送達する, 送付する, 移送する〈*to*〉. **2**《事件の決定を》付託する〈*to*〉;《事件を》差し戻す (remand). **3** もとに戻す〈*to, into*〉; 延期する〈*to, till*〉;《廃》再び投獄[監禁]する. **4** 引き渡す, 譲渡する. **5**《神が罪を》許す, 赦免する;《債務・刑罰などを》免除する, 軽減する;《廃》放免する, 解放する. **6** 緩和する;《注意・努力を》ゆるめる, やめる. — *vi* **1** 送金する. **2** 減退する, ゆるむ, 休む, やめる〈*from*〉;《病気・異常などが》一時軽くなる. **3** 旧態に復する. — *n* /ríːmɪt, rɪ-mít/ **1 a**《上訴裁判所から原審への》差し戻し (=remission); 事件記録移送, 付託. **b** 付託されるもの《事項・手続など》. **2 a**《一群の》指示, 指令. **b**"責任 [判断, 権威]の及ぶ領域, 権限. ~**·ment** *n* **re·mít·ta·ble** *a* [L REmiss- -*mitto* to send back]

re·mít·tance *n* 送金; 送金額; 送金手段: make (a) ~ 送金する,《為替手形などを》振り出す.

remíttance advìce 送金通知.

re·mit·tee /rɪmɪtíː/ *n* 送金受取人, 送金名宛人.

re·mít·ter *n* **1** 送金者. **2**《訴訟事件の下級裁判所への》差し戻し, 移送. **3** 原権遡及回復, 原権回復《土地に対して真の保有権を有する者が占有を失い, その後瑕疵ある権原 (title) でその占有を回復した場合に, 法律上当然に遡及して元の完全な権利によって占有していたものとされること》.

remítting bánk 送金銀行《送金またその仲介をする銀行》.

re·mit·ti·tur /rɪmítɪtər/ *n* **1** 損害額縮減決定《陪審裁定の損害額が過大であるとして裁判官が再審 (new trial) ないしは減額決定かのいずれかを原告に選択させること, またはその命令; cf. ADDITITUR》. **2**《上訴裁判所から原審への》差し戻し. [L=it is remitted]

remíttitur for jurisdíction 管轄権に合わせた請求縮減《管轄権との関係による請求の縮小《原告の請求が訴え出た裁判所の管轄より大きすぎた場合に, その管轄に合わせてみずからの請求を縮減すること》.

remíttitur of récord 事件記録移送《上訴裁判所による判決後原審へ写して移送する》.

re·mónetize /riː-/ *vt*《金属貨幣を》再び法定貨幣とする, 再び通貨として用いる. **re·monetizátion** *n*

re·mon·strance /rɪmánstrəns/ *n* **1** 諫言(かん), 忠言, 忠告. **2** いさめ, 抗議, 陳情〈*at, against*〉. **3** 抗議書, 陳情書. ▶ GRAND REMONSTRANCE (大抗議文).

re·mon·strate /rɪmánstrèɪt, rɪmán-/ *vi, vt* 諫言する, いさめる, 抗議する, 忠言する.

re·mote /rɪmóʊt/ *a* (-mót·er; -mót·est) **1** 遠く離れた, 遠隔(地)の, 遠い, 遠方の〈*from*〉; 人里離れた, へ

んぴな〈*from*〉. **2** 遠い昔の[先の]〈*from*〉; 法定期間を越えた《永久拘束禁止の準則 (rule against perpetuities) が定める, 将来権 (future interest) がその期間内に確定的権利 (vested interest) になることが確実となるために必要な期間である, 設定時に生きている特定の人のうち最後まで生き残った人の死後21年以内を越えてしまっているの意; cf. RULE AGAINST PERPETUITIES》. **3** 縁の遠い, 関係の薄い〈*from*〉; 大いに異なった, かけ離れた, 別種の〈*from*〉; 間接的な〈*原因*〉. **4** 気持の離れた, 疎遠な. — *adv* 遠く離れて[隔たって] (far off). ~**·ly** *adv* ~**·ness** *n* [L=far removed]

remóte cáuse 遠因《=causa remota》《過失による不法行為において損害を発生せしめた原因ではあるが, 近因 (proximate cause) とは考えられないもの; 近因・直接原因を誘発した原因》.

remóte dámages *pl* 疎遠関係にある損害賠償(金)《=SPECULATIVE DAMAGES》.

remóteness of dámage《原因行為と》損害の疎遠性, 損害と行為との間の疎遠性《原因行為の責任とはならない; cf. PROXIMATE DAMAGES》.

remóteness of évidence《証明しようとしている事実からの》証拠の遠さ《当該証拠は却下される》.

remóte possibílity《実現することの》遠い可能性, わずかな可能性; 重複未確定事実依存不確定権《権利の発生が複数の未確定事実の発生に依存して設定されること, またはそのように設定された権利; cf. POSSIBILITY ON (A) POSSIBILITY》. ▶ RULE AGAINST REMOTE POSSIBILITIES《遠い将来の特定事実の発生を条件とする不確定権禁止の準則》.

Re·mo·to im·pe·di·men·to, emer·git ac·tio. /rɪmóʊtoʊ ɪmpèdɪméntoʊ ɪmɜ́rdʒɪt ǽkʃioʊ/ 障害が除かれれば訴権は現れる. [L=The impediment being removed, the action emerges.]

re·móv·al *n* **1** 移動, 移転, 移送; 引っ越し, 転居, 移住. **2**《事件の》移送, 移管;《特に》《米》《州裁判所から連邦裁判所への》事件の移送 (cf. REMAND, TRANSFER). ▶ CIVIL RIGHTS REMOVAL (市民権事件の移送) / NOTICE OF REMOVAL (移送申し立て). **3 a** 除去, 撤去, 撤退. **b** 解任, 免職, 解職. **c** [*euph*] 殺害.

remóval àction 汚染除去を求める訴訟《有毒物質 (toxic substance) の除去・処理などによる環境汚染の短期間での除去を求める訴訟; cf. REMEDIAL ACTION》.

remóval cènter《英》移送センター《移民 (immigration)・庇護 (asylum) の管理を目的として被拘禁者を拘禁するための施設; 監獄 (prison) あるいはその一部ではない; cf. DETENTION CENTER》.

remóval of (a) cáse [(a) cáuse, (an) áction]" 事件の移送, 事件の移管 (transfer, transfer of (a) case [(a) cause, (an) action] と同義にも用いるが, 特に米国では州裁判所から連邦裁判所への事件の移送の場合にこの語が用いられ, 単に removal だけでもこの意に用いられることがある; cf. SEPARABLE CONTROVERSY》.

re·move /rɪmúːv/ *vt* **1 a** 取り去る[払う], 片付ける (take away); 取り除く; 脱ぐ, はずす (take off); 一掃[除去]する, 抹殺する. **b** [*euph*] 殺害する, 片付ける ⟨*by* poison⟩; 取って行く, 盗む. **2** 立ち退かせる, 追い出す; 解任[免職, 解雇]する: He was ~*d for* grafting. 彼は収賄で免職になった. **3** 移す, 移転[転居]する, 動かす. **4** ⟨事件を⟩移送[移管]する (⇨ REMOVAL OF (A) CASE). **re·móv(e)·able** *a* **re·mov·abil·i·ty** /rɪmùːvəbíləti/ *n*

re·móv·er *n* **1** 移転者, 転居者; "引っ越し屋, 運送屋. **2** (事件の)移送[移管].

REMT 〘米〙° real estate mortgage trust 不動産譲渡抵当投資信託.

re·mu·ner·ate /rɪmjúːnəreɪt/ *vt* ⟨人⟩に報酬を与える, 返済する ⟨*for*⟩; ⟨労働などに⟩報いる, ⟨損害などを⟩償をする.

re·mu·ner·a·tion /rɪmjùːnəréɪʃ(ə)n/ *n* **1** 報いること, 報酬[報償, 代償](行為) ⟨*for*⟩. **2** 支払い, 給与 (pay) ⟨*for*⟩.

re·mu·ner·a·tive /rɪmjúːnərətɪv, *-rèɪt-/ *a* 報酬のある, 利益[収益]のある; 引き合う, 有利な.

ren·con·tre /rɛnkántər, *F* rākɔ̄ːtr/, **ren·coun·ter** /rɛnkáʊntər/ *n* **1** めぐり会い, 出会い. **2** 遭遇(戦), 会戦, 決闘; 応酬; 論争, 論戦.

ren·der /réndər/ *vt* **1** [目的補語を伴って] ⟨人などを⟩…にする (make). **2 a** ⟨奉仕を⟩する, 尽くす; ⟨援助を⟩する, 与える, ⟨サービスなどを⟩提供する. **b** ⟨恭順の意・敬意などを⟩示す, 表する, 払う; ⟨敬礼・挨拶などを⟩する. **3** 返報[返礼]として与える; ⟨当然払うべきものを⟩納める, 納付する; ⟨借りたものを⟩返す, 戻す (give back), 返還する; ⟨賃料などを⟩支払う. **4** ⟨計算書・理由・回答などを⟩差し出す, 提出する (submit), 手渡す, 交付する; ⟨陪審が評決を⟩答申する; ⟨判決などを⟩下す, 言い渡す, 伝える, 宣告する; ⟨裁判を⟩行なう (administer): ~ an account 決算報告する (⇨ ACCOUNT) / ACCOUNT RENDERED / ~ a judgment 判決を言い渡す / ~ justice 裁判する / ~ a verdict ⟨陪審が評決を答申する. **5** 明け渡す, 譲渡する, 放棄する (give up); 引き渡す, 与える. **6** 解釈して表現する, 描写する, 演出[演奏]する; 翻訳する. ─ *n* 〘史〙 **1** (封建法上の)地代, ⟨地代・相続上納物 (heriot) などの⟩納付(義務); ⟨鉱山などの不動産賃貸借 (lease) で⟩賃料として渡される採掘鉱物の⟩現物納付: lying in ~ 納付義務のある. **2** ⟨和解譲渡 (fine) における被譲与者から譲与者への⟩返還のための不動産譲渡 (conveyance). **3** 〘計算書・陳述書などの⟩提出. ▶ ACCOUNT RENDER 〘計算提出請求訴訟〙. **~·able** *a* **~·er** *n* [OF < Romanic (L *reddo* to give back; *red-*=*re-*)]

ren·di·tion /rɛndíʃ(ə)n/ *n* **1** 解釈, 演奏, 演出. **2** 返還, 与えること, 交付; 〘古〙 放棄 (surrender). **3** ⟨他法域への逃亡犯罪人の, 特に 米国では逃亡犯罪人の起訴されている州への⟩引渡し (cf. EXTRADITION); ⟨一般的用語法では⟩ EXTRAORDINARY RENDITION. ▶ EXTRAORDINARY RENDITION 〘特別引渡し〙 / INTERSTATE RENDITION 〘州際逃亡者引渡し〙. [F; ⇨ RENDER]

rendítion of júdgment 判決の言い渡し (cf. ENTRY OF JUDGMENT).

rendítion wàrrant ⟨ある法域から他の法域への逃亡犯罪人の引渡しを求める⟩ 逃亡犯罪人引渡し令状 (cf. EXTRADITION WARRANT).

re·nege, 〘英〙 **-negue** /rɪníɡ, -néɡ, -níːɡ, -néɪɡ; -níːɡ, -néɪɡ/ *vi* 手を引く, 約束に背く, 取り消す ⟨*on*⟩.

rè·negótiable *a* 再交渉[再調整]できる, 再交渉[再調整]を条件としての.

rè·negotiátion *n* **1** 再交渉. **2** ⟨特に 国防用資材にかかわる契約で請負人の過剰利益を削減するための⟩ 契約の)再調整, 再調査. **rè·negótiate** *vt, vi* 再交渉する; ⟨戦時契約などを⟩再調整する.

re·new /rɪn(j)úː/ *vt* **1 a** 一新する, 新たにする. **b** ⟨契約・手形などを⟩書き換える, 更新する, …の貸出し[借入れ]期限を延長する: ~ a bill 為替手形を書き換える (期限を延ばす). **2** 更生[蘇生]させる; 回復する, 復活させる; 再興[再建]する. **3** 再び始める, 再び論ずる, 再開する. ─ *vi* 新しくなる, 回復する; 再び始まる[起こる]; 更新する, 書換える. **~·able** *a* **re·nèw·ability** *n* **~·er** *n*

renéw·al *n* **1** 新しくすること, 一新, 更新; 復興, 復活; 再生, 生き返り; 再開, やりなおし; ⟨都市などの⟩ 再開発. ▶ URBAN RENEWAL 〘都市再開発〙. **2** ⟨契約・不動産賃貸借・特許権などの期限満了に伴う⟩ 更新, ⟨手形などの⟩ 書換え, 期限延長 (cf. EXTENSION, REVIVAL); 更新された契約; ⟨契約の⟩更新費用: a ~ certificate 〘保険契約の⟩更新証明書 / a ~ notice 〘保険会社が契約切れの際に契約者に送る⟩契約更新案内状 / a ~ premium 更新保険料 / ~ of bill and note 手形の書換え / ~ of contract 契約の更新 / ~ of patent 特許権の更新 / ~ of policy 保険(契約)の更新. ▶ NONRENEWAL 〘不更新〙.

renéwal àrea 〘英〙 再開発地区 ⟨1989年法で, それまでの居住環境整備計画地区 (housing action area), 住宅環境改良地区 (general improvement area) に代わって導入されたもので, 貧困な私的住宅地区を再開発するために, 住宅当局 (housing authority) が地区指定をし, 土地を取得し改良(ないし改良の援助)をする権限を有する; cf. GENERAL IMPROVEMENT AREA, HOUSING ACTION AREA⟩.

renéwal nòte 更新約束手形.

renéwal of (a) mótion 動議のやりなおし.

renéwal of léase 不動産賃貸借契約[不動産賃借権]の更新.

re·nounce /rɪnáʊns/ *vt* **1** 〘正式に⟩放棄する, 棄権する: ~ war 戦争を放棄する / ~ one's right 権利を放棄する. **2** ⟨習慣などを⟩やめる, 絶つ; 宣誓して捨てる[絶つ]; 否認する, 拒絶する, 拒否する; …との縁を切る, 関係を断つ, 勘当する: ~ one's friend 絶交する / ~ a son 息子を勘当する / ~ a treaty 条約を破棄する / ~ the world

隠遁する. — *vi* 放棄[断念]する; 権利《など》を放棄する. ★ ⇨ RENUNCIATION *n*.　~・able *a*　~・ment *n*
re・nóunc・er *n*　[OF<L (*nuntio* to announce)]

renóuncing próbate 遺言執行者の就任拒否《遺言者が死亡した後 遺言中で指定された遺言執行者 (executor) が就任を拒否すること; 他に遺言執行者がない場合は遺産管理人 (administrator) 選任手続きに移る》.

rent /rént/ *n* **1** 《保有者 (tenant) が定期的に支払う》**地代**, 小作料, **家賃**, 間代, **賃料**, 賃借料, 使用料, レンタル料: income from ~ = ~ income 家賃収入, 地代収入 / nominal ~ 名目だけの家賃[地代] / ~ action 家賃[地代]支払請求訴訟 / for ~ *貸すための. ▶ ASSISE [AS-SIZE] RENTS (定額地代) / BACK RENT (滞納地代) / BLACK RENT (黒地代) / CASTLE-GUARD RENT (城塞勤務応納金) / CEILING RENT (最高限度額家賃[地代]) / CHIEF RENT (少額固定地代) / CROP RENT (収穫物による農地使用料) / DEAD RENT (固定鉱山地代) / DISTRESS FOR RENT (未払い賃料確保のための自救的動産差押え) / DOUBLE RENT (倍額賃料) / DRY RENT (自救的差押え不能地代) / ECONOMIC RENT (経済地代; 経済的地代[家賃]) / FAIR RENT (公正地代[家賃]) / FEE FARM RENT (単純封土権地代) / FOREHAND RENT (前払い地代; 権利金) / GRAIN RENT (穀物による農地使用料) / GROUND RENT (敷地代; 永久的地代; 借地料) / GUILD RENT (ギルド地代) / INTERIM RENT (暫定的賃料) / MONEY RENT (貨幣賃料) / NET RENT (正味賃料) / PEPPERCORN RENT (名目的地代) / QUITRENT (免役地代) / RACK RENT (全額地代[家賃]) / TOKEN RENT (名目的賃料) / TONNAGE-RENT (トン当たり賃料) / WHITE RENT (白地代). **2**《経済》地代《一定の耕作地の収穫の生産費を超えた部分》; 超過利潤. **3**《廃》収益, 収入. **4**《犯罪・ホモ行為で稼いだ》金. — *vt* **1** …に対して賃料[家賃, 地代]を払う, 〈土地・家・車などを〉賃借する 〈*from* sb〉. **2** …に対して地代[家賃]を課す, 〈土地・家・車などを〉賃貸する 〈(*out*) *to* sb〉. **3** 犯罪[ホモ]行為によって〈人〉から金を取る. — *vi* **1**〈家などが〉賃貸される 〈*at* [*for*] $1,000 a year; high, low〉. **2**〈人が〉賃借[賃貸]する. ~・able *a*　**rènt・abílity** *n*

Rént Áct [the ~] 《英》家賃法《1977 年の Rent Act など同名の法律は複数あるが, ある評価額以下の住宅に対し一定の公正な家賃水準の遵守や借家人の権利保護を定めた法律; cf. RENT OFFICER》.

rént・age *n* RENT; RENTAL.

rént-a-júdging /-ə-/ *n* 私的審判 (= PRIVATE JUDGING).

rént・al *n* **1 a** 賃料, レンタル; 総賃料[総地代, 総家賃]収入, 地代[賃料, 家賃]の上がり高[収益]; 支払い賃料[地代, 家賃]総額: ~ income = income from ~s 賃料収入. **b** 貸付台帳 (rent roll), 地代帳, 家賃帳, 地代登録簿. **2** *賃貸用の家[部屋, 車]. **3** 賃貸業務; 賃貸[レンタル]会社[店]. — *a* **1** 賃貸[賃借](用)の, レンタル(用)の; 賃貸業の. **2** 地代[家賃]の.

rént allòwance《英》《地方自治体がその地方自治体住宅以外の住宅に住む低所得者に支給した》家賃補助 (⇨ HOUSING BENEFIT) (cf. RENT REBATE).

réntal pèriod《年・月・週などの単位で支払う》賃貸料支払い単位期間 (cf. MONTH-TO-MONTH *lease*, PERIODIC TENANCY).

réntal vàlue 賃貸価値《賃貸に出した場合の市場価値; 損害賠償額などの計算基準となる》.

rént asséssment commìttee《英》家賃査定委員会《家賃査定官 (rent officer) の決定への不服の審査, 家賃の適正市場価額の決定などを担当する行政審判所; cf. RENT OFFICER, RENT TRIBUNAL, RESIDENTIAL PROPERTY TRIBUNAL》.

rént bòok 賃貸帳簿《家賃・地代などの支払い状況を記したもので, 借手が保管する》《特に 英国では週払い家賃で住居を借りている者に対して貸主が渡すことを義務づけられている》家賃支払い帳.

rént・chàrge *n* 地代負担, 不動産によって担保された定期的収入《制定法・捺印証書・遺言書によって不動産の負担とされた地代で, 支払いを受ける権利者が土地の復帰権 (reversion) を有しない, したがって賃借権や不動産権 (tenancy) に基づく地代請求権を有しない場合の地代, および利息として支払われるものでない地代; 地代不払いの場合は自救的動産差押え (distress) の権利が与えられている; 米国では発展せず, 英国でも 1977 年法で原則として新たに創設することができなくなり, 現存のものも 60 年間のみ有効とされた; cf. RENT SECK》. ▶ ESTATE RENT-CHARGE (土地用益保持のための地代負担).

rént contròl《中央・地方政府による》家賃統制, 地代・賃料統制 (= rent restriction") 《しばしば 立退き要求に対する規制も含まれる》.　**rént-contròlled** *a*

rente /F rā:t/ *n* (*pl* ~**s** /—/) **1** 定期収入, 年金, 年収, 定所得; 定期収入[年金]証書. **2** [*pl*]《フランス政府発行の長期の》国債の利息, 国債.　[F = dividend]

rent・ee /rentí:/ *n*《まれ》賃借人, 借地人, 借家人 (tenant).

rént・er, rén・tor *n* **1** 賃借人, 借地人, 借家人,《広く》借りる人. **2** 賃貸人;《一般に》貸す人.

rént-frée *adv, a* 賃料[地代, 家賃]なしで[の].

ren・ti・er /F rātje/ *n* 不労所得生活者《金利・地代・配当などで暮らす人》.　[F (RENTE)]

rént in kínd 現物地代 (cf. RENT IN MONEY).

rént in móney 貨幣地代 (money rent) (cf. RENT IN KIND).

rentor ⇨ RENTER.

rént rèbate《英》地方自治体住宅家賃割引き《地方自治体がその住宅に住む低所得者に認めた; ⇨ HOUSING BENEFIT; cf. RENT ALLOWANCE》.

rént registràtion《英》**1**《家賃査定官 (rent officer) および家賃査定委員会 (rent assessment committee) が決定し家賃査定官が登録する》**公正家賃登録**《新たにこの手続きがなされることはなくなっている》. **2**《家賃審判所 (rent tribunal) あるいは家賃査定委員会が決定し, 地方自治体が登録する》**限定契約 (restricted contract) 家賃の登録**(⇨ RESTRICTED CONTRACT).

rént restrìction ″ 家賃統制 (=RENT CONTROL).

rént revìew《賃貸期間内の》**賃料[家賃, 地代]の見直し**.

rént ròll 1 貸付台帳, 地代帳, 小作帳, 家賃帳. **2** 地代[家賃など]の総額.

rént séck [séc] /-sék/ **(pl rénts séc(k))**《史》**自救の差押え不能地代** (=dry rent, reditus siccus)《捺印証書によって留保された地代であるが, 自救の動産差押え (distress) に関する特約がなく, したがって権利者は自救の差押えができなかったもの; 英国では 1730 年以降できるようになった; cf. RENTCHARGE》.

rént sèrvice **地代奉仕(義務)**《《領主 (lord) に対して保有者 (tenant) が地代 (貨幣・現物・労役地代) 支払いを条件にして不動産保有している場合の地代支払い (義務); 支払いを怠れば自救の動産差押え (distress) で強制される》.

rénts, íssues, and prófits **賃料・収穫・収益**《財産, 特に不動産所有・占有から生ずる総収益を表現する慣用句》.

rénts of assíse [assíze] **pl**《史》**定額地代** (=assise [assize] rents)《荘園 (manor) 内の自由土地保有権者 (freeholder) および謄本保有権者 (copyholder) が支払う定額の地代》.

rént-stábilized **a** **安定家賃の**《家賃の値上げが法律によって一定限度内に規制されている》. **rènt-stabilizátion** **n** 家賃安定化.

rént stríke **賃料[家賃, 地代]ストライキ, 家賃不払い運動**.

rént tribùnal《英史》**家賃審判所**《限定契約 (restricted contract) の合理的家賃の裁定などを担当したが, 現在ではその管轄権は家賃査定委員会 (rent assessment committee) に移っている; cf. RENT ASSESSMENT COMMITTEE》.

re·nun·ci·a·tion /rɪnʌnsiéɪʃ(ə)n/ **n 1**《権利・責任などの》**放棄, 棄権; 否認, 拒絶; 断念, 中止;**《特に犯罪遂行意思の》**放棄**. ▶ LETTER OF RENUNCIATION (株式申し込み割当て棄権通知書). **2** 放棄[拒絶]声明(書), 放棄承諾状, 否認状. **re·nún·ci·a·tive** /-siə-/, **re·nún·ci·a·tò·ry** /-siə-; -t(ə)ri/ **a** 放棄する, 棄権の; 否認[拒絶]の; 中止の. 〔OF or L, ⇨ RENOUNCE〕

ren·voi /rɛnvɔ́ɪ, -ꟷ/ **n 1**《国際私法》**反致**《国際私法・抵触法上の問題をどちらの国[州]の法を準拠とするかが統一されていないため, A 国[州]裁判所に係属している事件が, A 国[州]では B 国[州]の法が準拠法とされるのに, B 国[州]法では A 国[州]法が準拠法とされることがある; これを反致という; この場合 A 国[州]法が B 国[州]へ送った, 送り返されたものとして, B 国[州]法が準拠法とされる主義を反致主義という》. **2**《国際法》《外国人の》**強制送還** (reconduction),《外交官などの》**国外退去**. 〔F (*renvoyer* to send back)〕

REO °real estate owned 債権者取得物的財産.

re·ópen **vt** 再び開ける[開く]; 再び始める, 再開する; …の交渉を再開する: ~ an action. — **vi** 再開する.

re·ópen·er **n** 再交渉条項 (=REOPENING CLAUSE).

reópening (a) cáse 1 事件審理再開《新たな証拠提出を許し, 事実上再審理を開始すること》. **2** 事件取調べ再開《警察による新証拠に基づく取調べの再開》.

reópening clàuse 《労働協約 (collective bargaining agreement) 中の, 賃金などの》**再交渉条項** (=reopener).

reorg. reorganization.

re·organizátion **n 1** 再編成, 改造. **2**《特に財政の》**立て直し. 3**《米》**会社組織変更** (corporate reorganization)《内国歳入法典 (Internal Revenue Code) 上の法人所得税の扱いを有利にするために合併 (merger)・資本再構成 (recapitalization) などによって会社組織を変更すること; その内容によりいくつかの型に分けられる; 下記例語の A-G reorganization の項を参照; cf. RECAPITALIZATION》. ▶ A REORGANIZATION (A 型会社組織変更) / B REORGANIZATION (B 型会社組織変更) / CORPORATE REORGANIZATION (会社組織変更) / C REORGANIZATION (C 型会社組織変更) / D REORGANIZATION (D 型会社組織変更) / E REORGANIZATION (E 型会社組織変更) / F REORGANIZATION (F 型会社組織変更) / G REORGANIZATION (G 型会社組織変更). **4**《米》**会社更生** (corporate reorganization). ▶ CORPORATE REORGANIZATION (会社更生). **5**《米》行政組織変更.

reorganizátion of corporátion 会社組織の変更; 会社更生《共に corporate reorganization とも, 単に reorganization ともいう; ⇨ REORGANIZATION》.

reorganizátion plàn《米》**会社更生計画**《破産法典 (Bankruptcy Code) に基づき破綻会社がその再建のために裁判所に提出する計画》.

rep. repeal(ed)♦report♦reporter♦representative♦representing♦reprint♦republic.

re·pair /rɪpéər/ **vt 1** 直す; 修繕[修補]する; 治療する; 回復する; 訂正[矯正]する: ~ a defect 欠陥を正す. **2** 償う, 埋め合わせる, 補償する. — **vi** 修繕[修理, 補修]する: full ~*ing* lease 修繕費全額賃借人[借家人]負担(不動産賃貸[借家])契約 / COVENANT TO REPAIR. — **n 1 a** 修繕, 修理, 補修, 手入れ; 回復; 手入れ[修理]状態: under ~ (*s*) 修繕中 / beyond ~ 修理不可能で; 取返しのつかない. **b** [°*pl*] 修繕[修理, 復旧]作業; [°*pl*] 修繕部分; [*pl*] 修繕費 (=reparations). ▶ EXTRAORDINARY REPAIR (特別修繕) / GOOD REPAIR (適正な修繕) / NECESSARY REPAIR (必要な改良) / TENANTABLE REPAIR (必要な補修) / WANT OF REPAIR (補修の必要). **2** 償い. **~·er** **n** 修繕者. 〔OF<L (*paro* to make ready)〕

repáirer's líen 修繕者のリーエン《修繕費の支払い

が終わるまでその物に対して修繕者が有するリーエン (lien)』.

rep·a·ra·ble /rép(ə)rəb(ə)l/ *a* **1** 修繕のできる. **2** 償いのつく, 補償[賠償]できる; 取り返せる.

réparable ínjury 補償可能権利侵害《金銭で適切に補償されうる権利侵害》.

rep·a·ra·tion /rèpəréɪʃ(ə)n/ *n* **1** 償い, 賠償, 補償: make ~ for...を賠償する. **2** [*pl*] 賠償金《物件にもいう》;《国際法》《国際的な権利侵害に対する現物の返還ないし金銭による》賠償;《国際法》《一国が他国に支払う戦争被害の》(戦時)賠償. **3** 修繕, 修復, 回復; [*pl*] 修繕費 (repairs). [OF<L (REPAIR)]

re·pár·a·tive injúnction /rɪpǽrətɪv-/ 修復的差止め命令《被告に対して, 権利侵害をなす前に原告が占めていた状態に戻すよう命ずる差止め命令; cf. PREVENTIVE INJUNCTION》.

rè·paróle *n*《同一自由刑の下での最初の仮釈放の後の》再仮釈放.

re·páss *vt* 再び通る;〈議案などを〉再提出して通過させる. **re·páss·age** *n*

re·pa·tri·ate *v* /riːpéɪtrieɪt, -pǽt-/ *vt*〈捕虜・難民などを〉本国へ送還する. — *vi* 本国に帰還する, 故国に引き揚げる. — *n* /-triət, -trieɪt/ 本国に送還された人. [L (*patria* native land)]

re·pà·tri·á·tion *n* **1** 本国帰還[送還] (cf. DEPORTATION). **2** 国籍回復.

re·peal /rɪpíːl/ *vt* **1**《立法などにより》〈法などを〉廃止する, 無効にする, 撤回する, 取り消す. **2**《廃》追放先から呼び戻す. — *n* 廃止, 撤回, 取消し;《特に》《立法による既存の法の》廃止, 取消し. ▶ EXPRESS REPEAL (《法の》明示的廃止) / IMPLIED REPEAL (《法の》黙示的廃止). **2** [ᵁR-]《史》《1830年ごろからのアイルランドでの英国 (Great Britain) とアイルランドの》連合撤回運動. ~·**able** *a*〈法律など〉廃止できる, 撤回できる, 取消しできる. [OF (*re-*, *apeler* to call, APPEAL)]

repéal·er *n* **1** 廃止する人; 廃止論者. **2** [ᵁR-]《史》《英国とアイルランドの》連合撤回論者. **3**《前法の》廃止 (行為), *《前法の》廃止法[条項].

repéal·ing cláuse《制定法中の前法の》廃止条項.

re·peat /rɪpíːt/ *vt* **1 a** 繰り返して言う, 反復する. **b**〈秘密を〉他言する. **2** 繰り返す, 再度やる[経験する]: ~ an offense 犯罪を繰り返す. **3**〈商品を〉補給する. — *vi* **1** 繰り返す, 繰り返して言う; 再び起こる[現われる]. **2** *《不法に》二重投票する. — *n* **1 a** 繰返し, 反復. **b** 再供給, 再注文. **2** 写し, 複製. ~·**able** *a* ~·**ability** *n* [OF<L (*peto* to ask)]

repéat·er *n* **1 a** 繰り返すもの; 繰り返す人, リピーター, 再来客. **2** *二重投票する不正投票者. **3** *再犯者, 累犯者 (=RECIDIVIST).

repéat offénder 再犯者, 累犯者 (=RECIDIVIST).

re·pel·lent /rɪpélənt/ *n* 忌避剤《特に 敵対的買収 (hostile takeover) を防止・阻止するための手段》. ▶

SHARK REPELLENT (鮫よけ).

Re·pel·li·tur a sa·cra·men·to in·fa·mis. /rɪpélɪtər eɪ sækrəméntoʊ ɪnféɪmɪs/ 名誉剝奪 (infamy) に処せられた者は宣誓をなすことを拒否される. [L=An infamous person is repelled from taking an oath.]

rep·e·ti·tion /rèpətíʃ(ə)n/ *n* **1 a** 繰返し, 反復; 再説; 復唱. **b** 繰り返されたもの; 複写, 模写, 控え. **2**《大陸法・スコットランド》《法的原因なくしての支払い金・引渡し物の》返還(請求). ~·**al**, ~·**ary** /; -(ə)ri/ *a* [F or L (REPEAT)]

re·pe·ti·tum na·mi·um /rəpétətəm néɪmiəm/《史》再(自救的)動産差押え (=WITHERNAM). [L=repeated distress]

re·place·ment /rɪpléɪsmənt/ *n* **1** 置き換え, 取替え, 交替; 代わりの人[もの], 後任(者)〈*for*〉; 交替要員. **2** もとへ戻すこと, 返還; 復職, 復位.

replácement còst 1 取替原価, 再調達価額 (=CURRENT COST). **2** 再建設費用 (=REPRODUCTION COST).

replácement-còst accóunting 取替原価会計 (=CURRENT COST ACCOUNTING).

replácement insúrance 取替原価保険, 再調達額保険《対象財産の取替原価 (replacement cost) を損害額とする保険》.

re·pléad *vi*, *vt* **1** 再び弁論する. **2**《最初の訴答の欠陥を改めて》再訴答する. **3** 再訴答命令 (repleader) を出す.

re·pléad·er *n* **1**《最初の訴答に欠陥があるための裁判所による》再訴答を命ずる命令, 再訴答命令 (=judgment of repleader). ▶ JUDGMENT OF REPLEADER (再訴答命令) / MOTION FOR A REPLEADER (再訴答申立て). **2** 再訴答の権利.

re·plev·i·able /rɪpléviəb(ə)l/ *a*〈不当に占有されている動産が〉取戻しできる,《動産占有回復訴訟 (replevin) によって》占有回復可能な.

re·plev·in /rɪplévən/ *n*《違法に占有を奪われた, あるいは違法に留置されている》動産占有回復訴訟, 被差押動産取戻し手続き; 動産占有回復訴状, 動産占有回復申立書 (cf. DETINUE, TROVER). ▶ PERSONAL REPLEVIN (身柄取戻し訴訟). — *vt* REPLEVY. [AF]

replévin bònd 1 占有回復保証証書 (=replevy bond)《動産占有回復訴訟 (replevin) の原告が被告占有の動産を判決前に取り戻すために担保として提出する保証証書 (bond)》. **2** 差押え物再引渡し保証証書 (=redelivery bond, replevy bond)《動産占有回復訴訟 (replevin) の被告が訴訟係属中に差押え物の差押えを解いてもらいそれを取り戻すために提出する代わりの保証証書; cf. FORTHCOMING BOND》.

replévin in cépit《違法に占有を侵奪されかつ留置されている動産を取り戻すための》侵奪動産占有回復訴訟.

replévin in détinet《占有自体は合法的に移動さ

replevisable

れたがその後違法に留置されている動産を取り戻すための》留置動産占有回復訴訟.

re·plev·i·sa·ble /rɪplévəsəb(ə)l/ *a* REPLEVIABLE.

re·plev·ish /rɪplévɪʃ/ *vt* REPLEVY.

re·plev·i·sor /rɪplévəsər, -sɔ̀:r/ *n* 動産占有回復訴訟原告.

re·plevy /rɪplévi/ *vt* **1** REPLEVIN で動産の占有を回復する,(動産占有回復訴訟で)取り戻す. **2**《古》保釈する. — *vi* replevin で動産を回復する. — *n* REPLEVIN.

replévy bònd = REPLEVIN BOND.

re·pli·ant /rɪpláɪənt/ *n* 原告第二答弁をなす原告(⇨ REPLICATION)(**re·pli·cant** /rɪpláɪkənt/ ともいう).

rep·li·cate /réplǝkèɪt/ *vi*〈原告が〉第二の答弁をする. **rép·li·cà·tor** *n* [L; ⇨ REPLY]

re·pli·ca·tio /rèplɪkéɪʃɪou/ *n*《ローマ法》再抗弁(抗弁(exceptio)の否認, コモンロー上の原告第二答弁(replication)に当たる; cf. DUPLICATIO, EXCEPTIO, TRIPLICATIO). [L]

rep·li·ca·tion /rèplǝkéɪʃ(ǝ)n/ *n* 応答; 答弁に対する答弁; 原告第二答弁《被告の答弁に対する原告の第2回目の訴答; cf. REJOINDER, SURREJOINDER). [AF]

re·ply /rɪpláɪ/ *vi* **1 a** 返事をする, 返答[回答]する 〈*to*〉. **b**《ある反応の仕方で》応じる, 応答する 〈*with*〉. **2**《原告が被告の答弁に対して重ねて》第二の答弁をする, 原告第二答弁を行なう. — *vt* 答える, 言い返す, 答えて言う. — *n* **1** 答, 回答, 返事, 反応, 応答; 応戦: right of ~ 反論権. ★ answer よりも堅い語. **2** 原告第二答弁(replication). **3**《米》原告の反対答弁《被告の反訴(counterclaim)に対する, あるいは裁判所が被告ないしは第三者の答弁に対して命じた場合の原告の反対の答弁》.
re·plí·er *n* [OF<L *replico* to fold back]

replý brìef(上訴人》回答摘要書《特に上訴で, 相手方が提出した上訴趣意書(brief)で提起した主張・争点に対応して上訴人側が回答する書面).

re·po /rí:pòu/ *n* (*pl* ~s) **1** 取戻し (repossession). **2** 買戻し条件付き証券売却 (repurchase agreement).

re·pone /rɪpóun/ *vt*《スコットランド》復職[復権]させる;《欠席裁判で敗訴した人を改めて防御を許すべく》復権させる.

re·port /rɪpɔ́:rt/ *n* **1**《調査・研究の》報告(書)〈*on*〉; 公報;《新聞などの》報道, 記事;《裁判所などの》審査[調査]報告書: a confidential ~ 極秘報告書 / a progress ~ 経過報告書, 進度報告書 / a ~ in a newspaper=a newspaper ~ 新聞記事, 新聞報道 / the treasurer's ~ 財務報告書. ▶ ANNUAL REPORT (年次営業報告書) / ANTECEDENTS REPORT (身元報告書) / AUDITOR'S REPORT (会計監査人の監査報告書) / AUDIT REPORT (会計監査報告書) / CREDIT REPORT (信用調査機関報告; 興信所報告) / DIRECTORS' REPORT (取締役報告書) / ENVIRONMENTAL IMPACT REPORT (環境影響報告書) / FALSE REPORT (虚偽通報罪) / FINAL REPORT (最終報告) / FINANCIAL REPORT (財務報告; 財務報告書) / FRANKS REPORT (フランクス報告書) / GAP REPORT (差異報告書) / HOME CONDITION REPORT (住宅状況報告書) / INSIDER REPORT (内部者持株報告書) / MASTER'S REPORT (裁判所主事報告書) / OFFICIAL REPORTS (公的報告書) / PRESENTENCE (INVESTIGATION) REPORT (量刑前(調査)報告書) / QUALIFIED AUDITOR'S [AUDIT] REPORT (限定意見付き監査報告書) / SOCIAL INQUIRY REPORT (社会生活調査報告書) / SUSPICIOUS ACTIVITY REPORT (疑わしい行為についての報告書) / SUSPICIOUS TRANSACTION REPORT (疑わしい取引についての報告書) / UNIFORM CRIME REPORTS (統一犯罪報告) / WOOLF REPORT (ウルフ報告(書)). **2** うわさ, 風評, 評判, 評判. **3** 判決録; [*pl*] 判例集 (law reports) (cf. ADVANCE SHEETS) (⇨ REPORTS); 議事録,《講演・討論などの》速記, 記録. ▶ AUTHORIZED REPORTS (公認判例集) / CIVILIAN REPORTS (ローマ法判例集) / COURT-MARTIAL REPORTS (軍法会議判例集) / LAW REPORTS (判例集) / NAMED REPORTS (人名付き判例集) / OFFICIAL REPORTS (公式判例集) / SIDE REPORTS (非公式判例; 公式判例集未掲載判例集). on ~《規律違反などで》上官に呼び出されて, 懲戒処分を受けて.
— *vt* **1** 報告する, 伝達する;〈事件・迷惑[不法]行為などを〉通報する, 届け出る〈*to* the police〉. **2**〈人を〉訴え出る, 届け出る: ~ sb *to* the police *for* sth [*doing*] …のことで人を警察に訴える. **3**〈付託案件の〉結論を提示する, 委員会報告をする〈*out*〉. **4**〈講演などを〉記録する; 報道する: ~ a trial [speech] 公判の記事を書く[演説を記録する]. **5** [*rflx*] 届け出る, 報告する; 出頭する. — *vi* **1** 報告する, 復命する; 報告書を作成[提出]する; 記者をつとめる, 報道する: He ~s for The Times. タイムズの記者である. **2** 出頭する; 自分は…だと届ける;〈人の直属[部下]である〈*to*〉: ~ for jury duty 陪審員としてのつとめで出頭する / ~ *to* the police 警察へ出頭する. **move to ~ progress**《英庶民院》(しばしば妨害の目的で》審議打切りの動議を提出する. **~ out***《しばしば 修正の上で》〈議会の委員会が法案を〉本会議に戻す. **~ progress** 経過を報告する.

repórt·able *a* 報告[申告]義務のある; 報告[報道]できる, 報告[報道]価値のある.

re·por·tage /rɪpɔ́:rtɪdʒ, rèpɔ̀:rtá:ʒ/ *n* 報道, 報道記事, ルポルタージュ《主張の選定・潤色のない中立的報道には, 名誉毀損 (defamation) に関して限定的免責特権 (qualified privilege) が適用される; ⇨ QUALIFIED PRIVILEGE).

repórt càlendar《議会》報告のための議事日程《票決のためではなく, 情報提供・報告のための議事日程; cf. CALENDAR》.

repórted cáse《先例としての重要性から判例集 (law reports) に》載録された判例.

repórt·er *n*(略 rptr(.)) **1** 報告者, 届け出る者. **2**(報道記者, 通信員〈*for* The Times〉,《ラジオ・テレビの》ニュースアナウンサー. **3**《裁判所規則・リステートメント (Restatement) のような公的・準公的文書の草案を作成

する》法専門家顧問. **4 a** 議事記録係; 速記係. **b** 訴訟手続き記録者; 証言記録者; 判決[判例]報告者 (＝REPORTER OF DECISIONS). ▶ COURT REPORTER (証言記録者; 判決報告者). **5**《判例集の》編者, 編纂者. **6** 判例集 (cf. ADVANCE SHEETS).

repórter of decísions 判決[判例]報告者 (＝court reporter)《単に reporter ともいう》.

repórter's prívilege リポーターの秘匿特権 (＝JOURNALIST'S PRIVILEGE).

repórting pày 出勤者最低保証賃金《出勤従業員に仕事がなくても支払われる賃金》.

repórting restríctions *pl*《特に未成年者犯罪などの》報道規制: lift the ~ 報道規制を解除する.

Re·ports [The ~]『判例集』『ザ・リポーツ』《Sir Edward COKE 編集の判例集; 13 巻のうち初めの 11 巻 (1600-15) が彼自身の編纂; law French で書かれており, 英訳は 1658-59 年に出版された; 当初からきわめて大きな権威を有しただけでなく, コモンローの発展にもきわめて大きな影響を与えた; それまで当時の判例集がすべて編者名付きであるのに, この判例集のみは定冠詞を付した形で表記されていることにも示されている》.

repórt stàge [the ~]《英庶民院》《第三読会前に行われる, 委員会での修正案を含めての》委員会報告の審議.

Repórt to the Nátion 「国民への報告」《英国政府が 2 週間ごとに一流新聞に発表する主に経済・時事問題に関する情報》.

re·pose /rɪpóuz/ *n* **1** ひと休み, 休息, 休止; 静止. **2**《出訴期間限定法 (statute of repose) に基づく》限定出訴期間 (⇨ STATUTE OF REPOSE). ▶ STATUTE OF REPOSE (出訴期間限定法).

re·pos·i·to·ry /rɪpázətɔːri; -t(ə)ri/ *n*《貯蔵用》容器; 貯蔵所.

re·pos·séss *vt* **1** 再入手する, 取り返す;《割賦販売契約などの不履行のため》〈引渡し商品を〉取り戻す,《占有》回復する. **2**〈人にものを〉回復してやる, 取り戻してやる〈*of*〉.
rè·pos·sés·sor *n*

rè·pos·sés·sion *n* 占有回復, 取戻し《特に割賦販売等の条件付き売買や譲渡抵当 (mortgage) において買主または設定者が売主または抵当権者との間の占有取得権につき定める契約の遵守を怠ったため売主または抵当権者がその動産の占有を取り戻すこと; 略 repo; cf. FORECLOSURE, POWER OF SALE, RESCUE》.

rep·re·sent /rèprɪzént/ *vt* **1 a** 表現[描写]する; 思い描く. **b** 表わす, 象徴する; 体現する; 意味する. **c** …になる[相当する];…の代わりになる; 代襲する, 地位を承継する: an heir ~s his/her ancestor 法定相続人は被相続人の地位を承継する. **2** 代理する, 代表する; 代弁する, 弁護する〈*in court*〉;…の代議士[代表者]となる: Each party is ~*ed* at the committee. その委員会は各党から代表が出ている. **3** 表明[提示]する, 表示する, 指摘する;〈強く〉説く;〈…だと〉述べる, 申し立てる, 主張する: ~ the importance of the bill 法案の重大性を説く. — *vi* 抗議[陳情]する. **~·er** *n* **~·able** *a* **repre·sènt·abílity** *n*

rep·re·sen·ta·tion /rèprɪzèntéɪʃ(ə)n, -z(ə)n-/ *n* **1** 表示, 表現, 描写; 想像(力), 概念作用; 表象; 上演, 演技. **2** 代表, 代表行為; 代理, 代理行為; 代弁, 弁護; 代表が出ていること, 代表参加; 代表制, 代議制; 代表団, 議員団: No taxation without ~. 代表なければ課税なし《米国独立戦争のときのモットー; 英本国の議会に植民地側の代表が出ていないのに植民地に課税が行なわれることに対する抗議で, Taxation without ~ is tyranny. (代表なしの課税は専制政治である)《James Otis のことばとされる》としても知られる》/ regional ~ 地域代表制. ▶ CHAIN OF REPRESENTATION (人格代表者の連鎖) / FAIR REPRESENTATION (公正な代表) / FULL REPRESENTATION (全面的弁護業務援助) / GRANT OF REPRESENTATION (人格代表者への遺産管理権の付与(状)) / MINORITY REPRESENTATION (少数代表制) / PROPORTIONAL REPRESENTATION (比例代表制). **3**《訴訟において実際には当事者になっていない人が当事者になっているかのごとく考えられるほどの実際の当事者との利害の》緊密な連帯関係. ▶ ADEQUATE REPRESENTATION (十分に緊密な連帯関係) / VIRTUAL REPRESENTATION (仮想代表(訴訟)). **4** 代襲相続, 代襲《生存していたならば相続するはずの推定相続人の直系卑属が代わって相続すること; ⇨ PER STIRPES). **5 a**《事実などの》提示, 説明; [*ᵒpl*] 申し立て, 抗議(声明), 陳情; 表示《契約を締結させるべくそれに関する事実についてなされる陳述; cf. MISREPRESENTATION》: make ~s *to* [*against*]…に申し立てを行なう. **b**《保険》告知《保険者が危険を正確に予測するために知らされていなければならない, 保険引受けに関連する事実・状況についての告知; cf. WARRANTY》. ▶ AFFIRMATIVE REPRESENTATION (肯定的表示) / ESTOPPEL BY REPRESENTATION (表示による禁反言) / FALSE REPRESENTATION (不実表示) / FRAUDULENT REPRESENTATION (詐欺的表示) / MATERIAL REPRESENTATION (重要表示) / MISREPRESENTATION (不実表示) / PROMISSORY REPRESENTATION (約束的表示).

Representátion of the Péople Àct [the ~]《英》人民代表法《庶民院 (House of Commons) 議員選出に関する法律名で, 同名の法律が1867, 1884, 1918, 1969 年など複数ある》.

rep·re·sen·ta·tive /rèprɪzéntətɪv/ *n* **1** 代理人, 代人 (agent), 代表(者)〈*of, from, on, at*〉, 代表権をもつ者, 代議員, 使節 (delegate); 代議士,《米》下院議員 (cf. SENATOR, CONGRESSPERSON). ▶ ACCREDITED REPRESENTATIVE (公認代表者[代理人]) / BARGAINING REPRESENTATIVE (交渉代表) / CLASS REPRESENTATIVE (集団代表) / COMMITTEE OF PERMANENT REPRESENTATIVES (常駐代表委員会) / HOUSE OF REPRESENTATIVES (下院) / LAWFUL REPRESENTATIVE (法定相続人, 人格代表者; 法律上の代理人) / LEGAL REPRESENTATIVE (法律上の代表者) / NAMED REPRESENTATIVE (指名代表) / OFFICE OF THE UNITED STATES

TRADE REPRESENTATIVE (合衆国通商代表部) / PERSONAL REPRESENTATIVE (人格代表者) / REAL REPRESENTATIVE (物的代表者) / REGISTERED REPRESENTATIVE (登録代理人) / SAFETY REPRESENTATIVE (被用者安全代表) / UNITED STATES TRADE REPRESENTATIVE (合衆国通商代表). **2** 販売員, 販売代理人. **3** 後継者 (successor); 法定相続人 (heir). **4** 見本, 標本, 典型; 類似物. — *a* **1 a** 代表する, 代理の, 代表による, 代理人の; 代議制の: the ～ chamber [house] 代議院 / ～ democracy 代議民主制 / ～ government 代議政体. **b** 典型的な. **2** 表示する, 描写する, 象徴する; 表象の; 対応する. be ～ of …を代表する, …を表わす: The Congress *is* ～ *of* the people. ～**·ly** *adv* ～**·ness** *n*
rèp·re·sèn·ta·tív·i·ty *n*

represéntative áction 代表訴訟 (=representative suit)《CLASS ACTION (集団訴訟) および DERIVATIVE ACTION (派生訴訟) の双方の意味で用いる; cf. REPRESENTATIVE CLAIM》. ▶ STOCKHOLDERS' [SHAREHOLDERS'] REPRESENTATIVE ACTION (株主代表訴訟).

represéntative capácity 代理人[代表者]としての資格.

represéntative cláim 《英》代表訴え《1998 年の民事訴訟手続き規則 (Civil Procedure Rules) 上の用語で, 比較的大きなグループ·集団の代表 (representative) としての原告あるいは被告として提起するあるいは提起される訴え (claim); 代表される人全員が同一の権利を有さねばならないし, この訴えに基づく判決は全員を拘束する; cf. DERIVATIVE CLAIM, GROUP LITIGATION, REPRESENTATIVE ACTION》.

represéntative súit 代表訴訟 (⇒ REPRESENTATIVE ACTION). ▶ STOCKHOLDERS' [SHAREHOLDERS'] REPRESENTATIVE SUIT (株主代表訴訟).

rep·re·sen·tee /rèprɪzentíː/ *n* **1** 表示対象者, 被表示者. **2** 代理[代表]される人. **3**《廃》《議会への》代議員.

rep·re·sen·tor /rèprɪzéntər/ *n* **1** 表示者. **2** 代理人, 代表者; 代議員.

re·prieve /rɪpríːv/ *vt* **1** [*pass*]〈死刑囚などの〉刑の執行を停止[延期]する. **2** 一時的に救う, しばし軽減する.
— *n* **1 a**《刑, 特に 死刑の》執行停止, 《死刑》執行延期 (cf. CLEMENCY, COMMUTATION, PARDON). **b**《特に, 死刑》執行停止[延期]命令. **2** 一時的軽減[解放], 救済, 猶予. **re·príev·al** *n* [C16 *repry*<AF and OF RE-*pris* -*prendre* to take back]

rep·ri·mand /réprəmænd; -màːnd/ *n* **1**《団体構成員, 特に弁護士の不適当行為に対する》譴責《処分》, 懲戒《処分》《ただし弁護士の場合は実務活動の制限が伴わない》. ▶ PRIVATE REPRIMAND (私的譴責) / PUBLIC REPRIMAND (公的譴責). **2** 非難, 叱責. — *vt* 譴責する, 懲戒する; 叱責する〈*for*〉. [F<Sp<L]

re·pri·sal /rɪpráɪz(ə)l/ *n* **1** [*pl*]《国際法》復仇《国際法違反の中止または救済のために被害国が一方的に行なう強力な報復的行為; それ自体本来は違法行為である点で報復 (retortion), 返報 (retaliation) と異なる; ⇒ RETORTION》. **2**《史》報復的拿捕《捕獲, 復仇》; 奪還. ▶ LETTER(S) OF MARQUE AND REPRISAL (他国船拿捕許状). **3**《一般に》仕返し, 報復: make ～(*s*) 仕返しする. **4** [*pl*] 補償金. **5**《正当な自力救済としての》報復奪取, 自救の取戻し.

re·prise /rɪpríːz/ *n* **1** 再開, 反復. **2** [*pl*] /, rɪpráɪz/ 土地の年々の諸経費. [F (REPRIEVE)]

Re·pro·ba·ta pe·cu·nia li·be·rat sol·ven·tem. /rèprəbéɪtə pɛkjúːniːə líbɛræt salvéntɛm/《受領》拒絶された金銭は支払者を解放する. [L=Money refused releases the person paying.]

rep·ro·bate /réprəbeɪt/ *vt* **1** とがめる, 非難する. **2** 退ける, 拒絶する;〈証書を〉否認する, 拒否する (cf. APPROBATE). — *a* **1** 邪悪な, 堕落した; 節操のない. **2** 非難をこめた. ～**·ness** *n* [L; ⇒ PROVE]

rep·ro·ba·tion /rèprəbéɪʃ(ə)n/ *n* **1** 反対, 排斥, 異議〈*against*〉; 非難, 叱責. **2**《証人または証拠の適格性[能力]への》異議.

rép·ro·bà·tive *a* 非難する, 排斥的な.

rep·ro·ba·to·ry /réprəbətɔ̀ːri; -t(ə)ri/ *a* REPROBATIVE.

rè·pro·dúction *n* **1** 再生, 再現, 再生産, **再建**; 生殖, 繁殖. ▶ HUMAN ASSISTED REPRODUCTION (医学的補助を受けた妊娠·出産). **2 a** 複写, 翻刻, **複製**. **b** 複写物, 翻刻物, 複製品.

reprodúction còst *n* **1** 再建設費用 (=replacement cost)《同一施設の再建設に必要な費用》. **2** 再建設費用による資産評価《再建設に必要な費用を基準にした資産評価の方式》.

reprodúction ríght《著作権 (copyright) に含まれる》複製権. ▶ MECHANICAL REPRODUCTION RIGHT (機械的複製権).

reprodúctive clóning 生殖クローニング (⇒ CLONING).

re·pub·lic /rɪpʌ́blɪk/ *n* **1** 共和国, 共和制, 共和体. **2** …社会, …界, …壇. [F<L (*res* thing, PUBLIC)]

re·pub·li·can /rɪpʌ́blɪkən/ *a* **1** 共和国の, 共和制[政体, 主義]の. **2** [R-]《米》共和党の (cf. DEMOCRATIC). **3** [R-]《米史》民主共和党 (Democratic-Republican party) の, リパブリカン(党)の, 共和派の (cf. FEDERAL, FEDERALIST). — *n* **1** 共和制論者[主義者]. **2** [R-]《米》共和党員 (cf. DEMOCRAT). **3** [R-] **a** [～s] 民主共和党, リパブリカン(党), 共和派. **b** 民主共和党[リパブリカン党, 共和派]党員[支持者]. **4** [R-] アイルランド共和軍 (IRA) の一員[支持者].

repúblican fórm of góvernment [the ～] 共和政体.

repúblican góvernment 共和政体.

Repúblican párty [the ～] **1**《米》共和党《二大政党の一つ; 1854 年奴隷制拡大に反対する党として結

成；シンボルは象；cf. DEMOCRATIC PARTY). **2**《米史》《独立戦争後の》民主共和党, リパブリカン党, 共和派 (= DEMOCRATIC-REPUBLICAN PARTY)《★ 現在の共和党 Republican party とは系譜的につながっていない点に注意；cf. FEDERALIST PARTY》.

re·pub·li·cá·tion *n* **1** 再版(物), 翻刻(物); 再発表；再発布, 再発行. **2**《遺言の》更新, 復活 (⇨ REPUBLICATION OF WILL). ▶ EXPRESS REPUBLICATION (《遺言の》明示的更新).

republicátion of will [the ~] **1**《既存の有効な遺言を改めて作成しなおすこと, すなわち同一遺言の再作成 (reexecution of will) ないしは遺言補足書 (codicil) を用いた》**遺言の更新**《この時点に当該遺言は作成されたことになる；cf. REVIVAL OF WILL》. **2**《同一遺言の再作成 (reexecution of will) ないし遺言補足書 (codicil) を用いての, 撤回・無効となった》**遺言の復活** (REVIVAL OF WILL と同義に近くなる).

re·púb·lish *vt* **1** 再発布する, 再発行する；再版[翻刻]する. **2**〈遺言を〉更新する, 復活する (⇨ REPUBLICATION OF WILL). **~·er** *n*

re·pú·di·ate /rɪpjúːdièɪt/ *vt* **1 a** 退ける, 拒絶する, 否認する；〈教義・権威などを〉拒否する；〈嫌疑・非難を〉否認する. **b**〈契約・義務などの〉履行を拒む；〈公債の〉支払いを拒む：~ an agreement [a contract] 合意[契約]の履行を拒む. **2**《古》〈妻を〉離婚する；〈息子・友人・女と〉縁を切る, 放棄する. [L (*repudium* divorce)]

re·pu·di·a·tee /rɪpjùːdièɪtíː, -ətíː/ *n* 履行を拒絶された契約当事者.

re·pu·di·a·tion /rɪpjùːdiéɪʃ(ə)n/ *n* **1 a** 放棄, 拒絶, 否認. **b**《公債などの》支払い拒絶. **c** 履行拒絶 (cf. REJECTION, RESCISSION, REVOCATION). **d**《教会法》聖職禄受領拒否. ▶ ANTICIPATORY REPUDIATION (履行期前の履行拒絶) / TOTAL REPUDIATION (完全履行拒絶). **2**《古》離婚, 離縁. **re·pu·di·a·to·ry** /rɪpjúːdiətɔːri, -t(ə)ri/ *a* **re·pu·di·able** /rɪpjúːdiəb(ə)l/ *a*

re·pú·di·à·tor *n* 離婚者；放棄者, 拒絶[拒否]者；履行拒絶者, 支払い拒絶者.

re·pug·nan·cy /rɪpʌ́gnənsi/, **-nance** /-nəns/ *n* **1** 嫌悪, 嫌気, 強い反感. **2**《契約・法律などの文書における》矛盾, 抵触 (cf. MAIN PURPOSE RULE).

re·púg·nant *a* **1** とても不愉快, 気に食わない. **2** 矛盾した 〈*to*〉；一致[調和]しない 〈*with*〉.

repúgnant vérdict 矛盾評決《被告人が同一要素を有している別個の犯罪で, 一方は有罪 他方は無罪とされているため矛盾している評決；cf. LEGALLY INCONSISTENT VERDICT》.

re·púrchase /ríː-/ *vt* 買い戻す. — *n* 買戻し,《特に》自社株の買戻し.

repúrchase agrèement 買戻し条件付き証券売却《特定日に特定価格で買い戻す条件付きで証券を売却する短期資金調達のための契約；repo と略する》.

rep·u·ta·ble /répjətəb(ə)l/ *a* 評判のよい, 令名の高い, りっぱな, 信頼できる.

request for further information

rep·u·ta·tion /rèpjətéɪʃ(ə)n/ *n* **1** 評判, 世評；うわさ. **2** 好評, 令名, 名望, 名声, 信望 (fame). **~·al** *a* 評判[名声]についての.

reputátion èvidence 証拠としての評判 (= **reputátional èvidence**)《評判は伝聞証拠 (hearsay evidence) であるので原則として証拠として許容されないが, 例えば証人の証言の信用性を問題にするような場合は例外として許容される；cf. CHARACTER EVIDENCE》.

reputátion tèstimony 評判についての証言.

re·pút·ed *attrib a* **1** …と称せられる, …という評判のある；表見上の, 外観上の, 一般にそう思われている. **2** 有名な, 評判のよい, 定評のある. **~·ly** *adv* 世評によれば, 評判では.

repúted mánor《史》表見上の荘園 (⇨ SEIGNIORY IN GROSS).

repúted ówner 表見的所有者《外見上の所有者；⇨ ORDER AND DISPOSITION》.

repúted ównership 表見的所有 (⇨ ORDER AND DISPOSITION).

re·quest /rɪkwést/ *n* **1** 願い, 頼み, 依頼, 要求, 要請, 懇請, 求め 〈*for*〉；需要 (demand). ▶ COURT OF REQUESTS (少額債権裁判所) / COURT OF REQUESTS (請願裁判所) / LETTER OF REQUEST (嘱託書；大主教[大司教]裁判所管轄要請状) / MASTER OF REQUESTS (請願裁判所裁判官). **2** 願いごと, 頼みごと；請求[要求]物, 需要品；懇請文, 依頼文, 請願書；要求書, 要請書,《英》《州裁判所 (county court) への》関係事項申立書 (⇨ PRAECIPE). — *vt*《丁寧に, 正式に》頼む, 要請[懇請]する (ask) 〈*from* [*of*] sb, an office〉；…に〈…するように〉要請[懇請]する. **~·er, ~·or** *n* 依頼人, 懇請者. [OF < L (REQUIRE)]

requést for admíssion 自白要求(書) (= **requést for admíssions**)《= notice to admit, request to admit》《民事訴訟の相手方に対して事実審理前の開示手続き (pretrial discovery) で事実あるいは法への事実の適用について自白することを書面で要求すること；裁判所の許可なく要求しうる》.

requést for fúrther and bétter partículars《英史》《民事訴訟で一方当事者から他方当事者に対してなされる権利主張ないし防御についての》**詳細情報要求**《現在は REQUEST FOR FURTHER INFORMATION という》.

requést for fúrther informátion《英》より詳細な情報要求(書)《1998 年の民事訴訟手続き規則 (Civil Procedure Rules) 上では, 民事訴訟の原告は訴えに際して権利主張の根拠となる事実を詳細に明示する原告請求内容明示 (particulars of claim) をしなければならないし, 被告も防御についての根拠事実を提示しなければならないが, それが不十分だった場合に, 他方当事者が裁判所を通して書面で行なうより詳細な情報の要求；これを受けて裁判所は必要と判断すれば, より詳細な情報要求命令 (order for further information) を出すことになる；かつては REQUEST FOR FURTHER AND BETTER PARTICU-

LARSといった)．

requést for instrúctions 〖米〗説示要求(書)《事実審理中に当事者が裁判所に対して陪審(jury)に書面中にある法についての説示(instruction)をするよう書面で要求すること)．

requést for prodúction 《訴訟の一方当事者から他方当事者に対する》文書提出要求通告(書), 文書検証要求(書) (=demand for document inspection, notice to produce)．

requést for relíef 救済要請 (=PRAYER FOR RELIEF)．

requést to admít 自白要求(書) (=REQUEST FOR ADMISSION)．

re‧quire /rɪkwáɪər/ *vt* **1** (権利・権限によって)要求する, 強く要請する⟨*of* [*from*] sb⟩; ...に⟨...するように⟩要求する, 義務づける, 強制[命令]する: You are ~*d* to report to the police. 警察まで出頭されたい. **2 a** 必要とする (need), ...が欠かせない. **b** ⟨...する)必要がある⟨*to do*⟩. **re‧quír‧able** *a* **re‧quír‧er** *n* [OF<L REQUISIT- *quiro* to seek]

requíred récords dòctrine 記録強制提出の法理 《自己負罪拒否権 (right against self-incrimination) は, 政府の規制に従って保管されている業務上の記録でしかも公的性質を帯びているものの提出を命じられた場合には適用されないという原則》．

require‧ment *n* 要求, 必要; 必要物, 必需品; 必要条件, 要件, 資格 ► ACTIVITY REQUIREMENT (行動要求) / ALCOHOL TREATMENT REQUIREMENT (アルコール依存症治療要求) / CASE-OR-CONTROVERSY REQUIREMENT (事件あるいは争訟の要件) / COMMON CHARACTER REQUIREMENT (共通性質の要件) / CURFEW REQUIREMENT (行動制限要求) / DIRECTORY REQUIREMENT (任意的要請) / DRUG REHABILITATION REQUIREMENT (麻薬更正要求) / EXCLUSION REQUIREMENT (排除要求事項) / FAIR AND EQUITABLE REQUIREMENT (公正かつ衡平であるという要件) / FAIR-CROSS-SECTION REQUIREMENT (公正な縮図の要件) / GENERAL SAFETY REQUIREMENT (一般的な安全性の要件) / IMMEDIATELY-APPARENT REQUIREMENT (一見明白の要件) / MENTAL HEALTH TREATMENT REQUIREMENT (精神的健康のための治療要求) / MINI-MIRANDA REQUIREMENT (小型ミランダ要件) / MINIMIZATION REQUIREMENT (最小限度の要) / PROGRAM [PROGRAMME] REQUIREMENT (計画行動要求) / PROHIBITED ACTIVITY REQUIREMENT (特定行動禁止要求) / PUBLIC SECTOR BORROWING REQUIREMENT (公共部門借入需要) / RESIDENCE REQUIREMENT (居住要件) / RESIDENCY REQUIREMENT (居住要件) / SUPERVISION REQUIREMENT (保護観察要求) / UNPAID WORK REQUIREMENT (無償労働要求)．

requírements còntract 必要量全量購入契約 《売主が一定期間内に買主が必要とする物・サービスの全量を供給し, 同時に買主はその物・サービスをその売主からのみ得るという約束を含む契約; cf. EXCLUSIVE DEALING ARRANGEMENT, OUTPUT CONTRACT)．

req‧ui‧site /rékwəzət/ *a* 必要な, 必須の⟨*for, to*⟩.
— *n* 必要物, 必需品; 要素, 要件 (cf. PREREQUISITE)．

req‧ui‧si‧tion /rèkwɪzíʃ(ə)n/ *n* **1 a** (権力などによる)正式な要求[請求, 要請], 正式申し入れ, 公式要求, 強請, **徴発**, 徴用(令), 接収; 〖米〗(大統領による)州兵 (militia) の提供・分遣要請: ~ of vessel 船舶の徴発. **b** (正式な)要求書, 要請書. **2** (他国・他州への逃亡犯罪人の)**引渡し要求**. **3** 〖米〗(原告の弁護士によって準備され, 動産占有回復令状 (replevin) に代わり, 同じ目的を果たす)動産占有回復要求書. **4** "REQUISITION ON TITLE. **5** 入用, 需要: be in [under] ~ 需要がある. **bring** [**call, place**]...**into** ~=**put**...**in** ~=**lay**...**under** ~ ...を徴発[徴用]する. — *vt* **1** (特に正式命令によって)徴発[徴用, 接収]する⟨*from* farmers⟩. **2 a** (...に)要求する⟨*to do*⟩; ...に(供出を)要求する⟨*for* food⟩. **b** ...の履行[実施]を要求する. ~**‧er** *n* ~**‧ist** *n* [F or L; ⇒ REQUIRE]

requisítion on títle 〖英〗権原質疑(の)《土地取引において譲受人あるいは譲渡抵当権者になる人が相手方提供の権原要約書 (abstract of title) を検討した結果生じた疑義についての質問あるいはその書面)．

re‧registrátion *n* 再登録, 再登記 《特に英国では登記会社 (registered company) が, 有限責任から無限責任へ, 公開会社 (public company) から私会社 (private company) へのように, その形態を変えて再登記をすること)．

Re‧rum pro‧gres‧su of‧fen‧dunt mul‧ta, quae in ini‧tio prae‧ca‧ve‧ri seu prae‧vi‧de‧ri non pos‧sunt. /rérəm prəgrésju əfέndənt máltə kwi ɪn ɪníʃiou prìːkəvíːraɪ sju prìːvɪdíːraɪ nɑn pásənt/ 事態の進展によって当初は予防・予見されえなかった多くの害悪が生じてくる. [L=In the progress of events many mischiefs come up that in the beginning could not be guarded against or foreseen.]

Re‧rum su‧a‧rum qui‧li‧bet est mo‧de‧ra‧tor et ar‧bi‧ter. /rérəm suérəm kwάɪlɪbɛt ɛst mὰdɛréɪtɔːr ɛt άːrbɪtɛr/ いかなる者もみずからのものの管理者・支配者である. [L=Everyone is the manager and master of his/her own matters.]

res /réɪs, ríːz; réɪz, réɪs, ríːz/ *n* (*pl* ~) **1** 物, 実体. **2** 物件; 財産. ► MATRIMONIAL RES (婚姻財産). **3 a** 事件. **b** 訴訟物, 訴訟の目的物. **c** (信託・遺言などの)対象物, 目的物. ► JURISDICTION OF THE RES (対物管轄権) / MATRIMONIAL RES (婚姻関係) / TRUST RES (信託財産). [L=thing.]

rés ac‧ces‧só‧ria /-ækseśːriə/ (*pl* rés ac‧ces‧só‧ri‧ae /-sóːriː/) 〖大陸法〗従物. [L=accessory thing]

Res accessoria se‧qui‧tur rem prin‧ci‧pa‧lem. /— — sékwɪtər rém prìnsɪpéɪlɛm/ 従

物は主物に従う. [L=The accessory thing follows the principal thing.]

rés ad·ju·di·cá·ta /-ɔdʒùːdɪkáːtə; -kéɪtə/ RES JUDICATA. [L=a thing adjudicated]

ré·sàle /, -́-́/ n **1** 再び売ること, 再売却 (⇨ RIGHT OF RESALE). ▶ RIGHT OF RESALE (再売却の権利). **2** 転売; 再販, 再販売;《買手への》追加販売. **re·séll** vt, vi

résale príce màintenance 再販売価格維持《売手が複数の別個の買手に対してその商品の再販売価格を指定する行為; 英米共に当然ないし原則違法とされている; 略 RPM》: ~ agreement 再販売価格維持協定.

re·scind /rɪsínd/ vt **1**《法律・条約など》無効にする, 廃止する: ~ a law. **2**《命令などを》撤回する,《一方的にあるいは合意によって》《契約・合意を》解除する, 取り消す (cf. CANCEL, TERMINATE). ~·**able** a ~·**er** n ~·**ment** n [L REsciss- -scindo to cut off]

re·scis·sion /rɪsíʒ(ə)n/ n **1** 無効にすること, 廃止. **2**《命令などの》撤回, 取消し;《契約・合意の》**解除**, **取消し**,《契約・合意の合意による》**合意解除** (cf. DISSOLUTION, REJECTION, REPUDIATION, REVOCATION). ▶ EQUITABLE RESCISSION (エクイティー上の契約解除) / LEGAL RESCISSION (コモンロー上の契約解除). **3**《特定目的支出計上法案 (appropriation bill) 中の》予算取消し[廃棄]項目. **re·scis·so·ry** /rɪsízəri, -sís-/ a [L; ⇨ RESCIND]

rescíssion of cóntract 契約解除[取消し, 合意解除] (⇨ RESCISSION).

rés com·mú·nis /-kəmjúːnɪs/ (pl **res com·mu·nes** /-kəmjúːniz/) **1**《国際法》共有物, 国際公域《いずれの国家の領域主権にも服していない領域で, 公海 (high seas), 宇宙空間 (outer space) がその適例》. **2**《通例 res communes [L=common things] と複数形で用いて》共有物《光, 空気などすべての人のもので, いかなる人も専有できないもの》. [L=common thing]

res·cous /réskəs/ n 奪還 (=RESCUE).

re·script /ríːskrɪpt/ n **1** 答書, 指令, 詔勅, 詔書, 布令,《特にローマ時代の》《皇帝の》指令[回答書],《カトリック》《教皇》答書. **2**《米》《裁判官がその事務官へ, または上訴裁判所から下級裁判所への》指示書. **3** 書き直し[したもの]; 写し, 副本. [L re-(script- scribo to write)=to reply in writing]

res·cue /réskjuː/ vt **1**《危険・包囲・監禁・災難から》救う, 救出する, 解放する (deliver). **2**《戦利品・被占領地などを》奪還[奪回]する;《囚人・押収[差押え]財産を》奪還する. —— n **1** 救出, 救援, 救助: go [come] to the [sb's] ~ 人を救助する. **2**《囚人・差押え物件の》**奪還** (=rescous) (cf. REPOSSESSION). **rés·cu·able** a **rés·cu·er** n ~·**less** a

réscue càse 救助事件《救助の法理 (rescue doctrine) の適用が問題となりうる事件》.

réscue clàuse《海上保険》損害防止約款 (=SUE-AND-LABOR CLAUSE).

réscue dòctrine 救助の法理 (=danger-invites-rescue doctrine)《他人を過失により危険に陥らしめた不法行為者は, その人を救助せんとしたと合理的に見て考えられる人に生じた権利侵害の責任をも負うべきであるという原則; cf. EMERGENCY DOCTRINE, GOOD SAMARITAN DOCTRINE》.

re·séaled próbate 再封印遺言検認状《一国で発給した遺言検認状 (probate) を他の国の裁判所が承認・再封印した検認状》.

re·séize vt **1** 再び捕える, 再び占有[占領]する, 奪い返す. **2**《侵奪された土地》の占有を回復する. **re·séizure** n 再入手, 再占有, 奪回, 回復.

resell ⇨ RESALE.

re·séntencing n **1**《刑の》**再宣告(手続き)**,《刑事訴訟の》刑の再言い渡し, 判決の再言い渡し. **2** 再量刑 (⇨ SENTENCE, SENTENCING). **re·séntence** vt

res·er·va·tion /rèzərvéɪ(ə)n/ n **1 a** 取っておくこと, 残しておくこと. **b** 保留; 留保(の条項), 留保権. **c**《国際法》留保《多数国間の条約への署名・批准に際して, 宣言を通して特定規定の自国への適用を免除・変更すること, またはその宣言》: make ~s《条約などに》留保を付ける. **d** 差し控えること, 条件[制限, 限定]を付けること. **e** [°pl] (限定)条件, 但し書き, 例外(事項), 懸念. **f** 一部留保的権利の新設定《不動産譲渡においてその対象不動産への譲与者によるかつ譲与者のための新たな, 例えば地役権 (easement) などの権利の設定; cf. EASEMENT BY [OF] NECESSITY, EXCEPTION》. ▶ AUTOMATIC RESERVATION (自動的留保) / IMPLIED RESERVATION (黙示的留保) / MENTAL RESERVATION (心裡留保). **2**《部屋・席などの》予約, 予約席[室]. **3**《アメリカ先住民・オーストラリア先住民などのための》政府指定保留地, **特別保留地**, 居留地 (cf. INDIAN TITLE);《学校・森林などに用いる》公共保留(地); *禁猟[休猟]地, 保護繁殖地;《車道の》中央分離帯. ▶ INDIAN RESERVATION (インディアン保留地). **off the ~** 束縛から自由で, 枠からはみ出して, 造反して; *自党の候補者を支持することを拒んで. **on the ~** *《口》特定政党[政治グループ]にとどまって. **under ~** 留保付きで. **without ~** 留保なしで, 無条件で.

reservátion of títle 権原留保(条項) (=RETENTION OF TITLE).

re·serve /rɪzə́ːrv/ vt **1**《他日の用に》取っておく, 残しておく. **2**《席などを》予約しておく. **3** 保有する《to [for] oneself etc.》, 留保する;《権利を》留保する (cf. WAIVE): all rights ~d 全著作権保有 / ~ judgment 判断を保留する / POINT RESERVED. ~ **an** EXCEPTION. —— n **1 a** 保留, 保存, 予備. **b** 制限, 除外, 留保. **c** 最低競売価格 (=RESERVE PRICE). **2 a** たくわえ《of》; 保存物, 予備品; [pl]《石炭・石油などの》埋蔵量, 鉱量. **b** 準備[予備]金, 積立金, 引当金, 留保金: cash ~ 現金準備, 支払い準備 / currency ~s 保有外貨 / excess ~《銀行の》超過準備金 / foreign currency ~ (金·)外貨準備, 外貨準備高. **c**《軍》予備軍, 予備隊; 予備兵(力). ▶ BAD DEBT RESERVE (貸倒れ引当金) / BANK RESERVE (銀

行準備金) / CAPITAL REDEMPTION RESERVE (資本償還準備金) / CONTINGENCY RESERVE (不測出費準備金) / DEPRECIATION RESERVE (減価償却引当金) / HIDDEN RESERVE (隠匿積立金) / LEGAL RESERVE (法定準備金) / LOSS RESERVE (支払い準備金) / POLICY RESERVE (保険準備金) / UNDISTRIBUTABLE RESERVES (分配不能積立金) / UNEARNED PREMIUM RESERVE (未経過保険料準備金). **3** 自制, 慎み, 遠慮; 隠しだて, 沈黙. **4** 特別保留地 (reservation), 保護区: a forest 〜 森林保護区, 保護林. **in** 〜 取っておいた, 蓄えてある, 予備の. **place to** 〜 準備金[積立金]に繰り込む. **without** 〜 無条件で; 最低競売価格付きでな[ない]: sale without 〜 最低競売価格付きでない競売 (= AUCTION WITHOUT RESERVE). ▶ AUCTION WITHOUT RESERVE (無留保競売). **with** 〜 条件付きで; 最低競売価格付きで[の]. — *a* 取っておいた, 予備の, 準備の. **re·sérv·a·ble** *a* **re·sérv·er** *n* [OF<L RE*servo* to keep back]

resérve bànk 1《米》準備銀行 (= MEMBER BANK). **2**《他の諸国の》準備銀行.

resérve càpital《英》留保資本, 準備資本《有限責任会社 (limited company) の払い込み未催告株式資本 (uncalled capital) のうち, 会社の清算目的以外に払い込み催告をしないと特別決議で定めた部分》.

resérve clàuse 選手保有条項, 留保条項《プロ野球などプロスポーツ選手の契約条項で, チーム側には自動的に契約を更新する権利が留保され, 選手は契約失効後もトレードにならないかぎり移籍できない旨が定められている; 現在ではまれ; cf. FREE AGENCY》.

resérve cùrrency 準備通貨《ドル・ポンド・ユーロのように他国間決済に使用される国際的に信用度の高い通貨; 対外支払いの準備のため金と並んで保有することから国際通貨 (international currency) ともいう》.

resérved lánd 留保地;《特に米国で》先住民のための》保留地 (cf. INDIAN RESERVATION).

resérved póint of láw 法律上の留保論点 (= point reserved)《事実審理の途中で生じた重要ないし困難な法律上の論点で, 裁判官はこの点の判断を留保し証拠調べを続行することができるもの; のちに改めて再考できる》.

resérved pówer 留保権限, 留保された権限《一般的用法のほか特に米国では, 連邦政府に委ねられることなく州または人民のために憲法によって留保されている権限をいう; cf. ENUMERATED POWER》.

resérve fòrces *pl* 予備軍 (cf. REGULAR FORCES).
Resérve Fòrces Appéal Tribúnal《英》予備軍上訴審判所《予備兵あるいは予備軍被用者が国防省の決定に不満のある者の上訴のため 1996 年法で創設された審判所》.

resérve fùnd 準備積立て基金, 準備基金, 積立て資金, 準備資金.

resérve príce 最低競売価格《公示される場合もされない場合も含まれる; 単に reserve ともいう; cf. UPSET PRICE, *with* RESERVE, *without* RESERVE》.

re·sét *vt*《廃·スコットランド》**1**《罪人を》かくまう. **2**《盗品を》《そうと知りながら》受け取る. — *n* **1**《古·スコットランド》《罪人などを》かくまうこと, かくまう人, かくまい場所. **2**《スコットランド》盗品を受け取ること. [OF<L (*re-cipio* to receive)]

re·séttle·ment *n* **1** 再植民, 再定住. **2** 再鎮定. **3** 継承財産再設定(証書), 継承的不動産再処分(証書)《同一財産に継承財産設定 (settlement) を再度行なうこと, またそのための証書; 継承財産設定において, それを取り巻く状況が変わるたびに, 特に 家族構成の変化に応じた調整を加えつつ 一世代ごとに[息子が誕生するごとに]親子が協力して, 再設定を繰り返し, 特に土地を恒久的承継家産として同一家系に結びつけること; ⇨ SETTLEMENT》.

rés ex·tínc·ta /-ɪkstíŋktə/ 消滅したもの, 消滅物《契約対象物が消滅しており, 双方共それを知らなかった場合は, 契約は無効となるという法理などで用いられる》. [L = matter that has ceased to exist]

rés fun·gí·bi·les /-fənʤíbəliːz/ *pl*《大陸法》代替可能物 (= fungibles, fungible goods)《重さないしは量と一般的性質とで限定され個別的には同一性を確認されない動産》. [L = fungible things]

rés fúr·ti·vae /-fɔ́ːrtɪviː/ *pl* 盗品. [L = stolen goods]

Res ge·ne·ra·lem ha·bet sig·ni·fi·ca·ti·o·nem, quia tam cor·po·rea, quam in·cor·po·rea, cu·jus·cun·que sunt ge·ne·ris na·tu·rae si·ve spe·ci·ei, com·pre·hen·dit. /ríːz ʤènərèɪləm héɪbət sɪgnìfɪkèɪʃíóunəm kwìə tæm kɔːrpóurɪə kwæm ìnkɔːrpóurɪə kjùːʤəskʌ́nkwɛ sʌnt ʤénɛrɪs nætjúːrɪ sáɪvɛ spɛʃíìaɪ kɑ̀mprɛhéndɪt/ 物 (という語) は一般的な意味を有している. というのはそれはいかなる種類・性質・形質のものであれ有体のものも無体のものをも含むからである. [L ='Thing' has a general signification, because it comprehends the corporeal as well as the incorporeal, of whatever sort, nature, or species.]

rés gés·tae /-ʤésti, -ʤéstaɪ, -ʤéstaɪ/ *pl* なされた事, 同時的発言, なされた事の一環, **現場の付帯状況**《当該事項と同時になされた事またはその前後になされた言動はその事件の一部とみなされ, 通例は伝聞証拠 (hearsay evidence) 排除則の適用を受けず証拠能力を有する; cf. DYING DECLARATION, EXCITED UTTERANCE, PRESENT SENSE IMPRESSION, SPONTANEOUS DECLARATION》. [L = things done]

rés géstae wítness 現場付帯状況証人 (⇨ RES GESTAE).

res·i·ant /réziənt/《古》*a* 居住している. — *n* 居住者.

res·i·dence /rézəd(ə)ns/ *n* **1 a** 住所, 居住地, 現住地, 居所《現実に住んでいる場所; cf. ABODE, DOMICILE》: have [keep] one's 〜 居住する. **b**《会社などの》所在地. **c** 住居, 居宅, 邸宅; 公邸, 官邸; 寄宿舎: an official ~ 官邸. **d**《権力などの》所在(seat)《*of*》. ▶HA-BITUAL RESIDENCE (常住所, 定住地, 定住国) / LEGAL RESIDENCE (法律上の住所) / MAIN RESIDENCE (主たる居住地) / NONRESIDENCE (非居住聖職禄権者の). **2 a** 居住, 在住, 居留, 駐在; 滞在, 在留: R~ is required. 任地に居住するを要す. **b** 在留[滞在, 駐在]期間;《大学での》研究[教育]期間. **c** 居住者の身分. **in ~** (実際に)居住して;(任地に)駐在していて, 官邸[公邸]住まいで;《大学関係者が》構内寄宿で[の]: a diplomat *in* ~ 官邸住まいの外交官, 駐在外交官. **take up** one's **~ in...** に居を定める.

résidence òrder《英》子との同居命令《第8条命令 (section 8 orders) の一つで, 子供と同居すべき人についての裁判所の命令; 両親が別居し子供の生活場所について合意がない場合や親のいない子供の場合などが典型例》.

résidence pèrmit《外国人に対する》**在留許可(証)**.

résidence requìrement《英》**居住要件**《社会刑罰命令 (community order) の一部としてあるいは刑の執行猶予宣告 (suspended sentence) に伴う命令として宣告裁判所が犯罪者に一定期間一定場所での居住を要求すること》.

rés·i·den·cy *n* **1** 住居,《特に》公館. **2** 居住.

résidency requìrement《選挙権, 公職保有資格, 手当受給資格, 弁護士資格, 離婚判決申請資格などのための》**居住要件**. ▶DURATIONAL RESIDENCY REQUIREMENT (継続の居住の要件).

rés·i·dent *a* **1 a** 居住する, 在住の〈*at, in*〉; 駐在の;住込みの; 常勤の. **b** 定在の〈鳥獣〉: a ~ bird 留鳥. **2** 内在する, 固有の〈*in*〉. **ordinarily ~** 通常居住する. — *n* **1 a** 居住者, 在住者, 住民 (cf. CITIZEN, DOMICILIARY); 居留民: foreign ~s 在留外国人. **b** 定住性の動物, 留鳥. ▶NONRESIDENT (非居住者). **2** 外地駐在事務官, **駐在使節**, 駐在外交官, 弁務官; **弁理公使** (minister resident). **3**《旧インドなどの保護国の地方政府における, 宗主国の》総督代理,《旧オランダ領東インドの》知事. **4**＊専門医学実習生, レジデント; 実習生.

résident ágent 居住代理人, 送達受領代理人 (= REGISTERED AGENT).

résident álien 居住外国人, 在留外国人 (cf. NONRESIDENT ALIEN).

résident fréeholder 現住自由土地保有権者《陪審員などの資格要件とされることがある》.

residéntial cáre hòme《英》介護ホーム《身体障害者・老人・精神障害者のための居住施設; 病院・養護ホームはここには含まれない》.

residéntial clúster《土地利用計画》**房状住宅団地**《住宅の集合と共用空地とが一体的に開発された房状の住宅団地》; cf. CLUSTER ZONING, PLANNED-UNIT DEVELOPMENT.

residéntial commúnity tréatment cènter 地域援護収容センター (= HALFWAY HOUSE).

residéntial óccupier《英》居住者《契約・制定法上その他法的権利に基づいて家屋敷に居住している人; 地主・家主などからのいやがらせや不法な立退き要求から制定法により保護されている》; cf. ADVERSE OCCUPATION, EVICTION, FORCIBLE ENTRY, HARASSMENT OF OCCUPIER》.

Residéntial Próperty Tribùnal《英》居住用財産審判所《2004年法で創設; 住宅当局 (housing authority) が一定権能を行使するに際しここに諮問をせねばならないとされているだけでなく, この権能行使に関する紛争の仲裁をも行なう》; cf. RENT ASSESSMENT COMMITTEE; 略 RPT》.

residua RESIDUUM の複数形.

re·sid·u·al /rɪzídʒuəl/ *a* 残りの, 残余の. — *n* **1** 残余, 残留物. **2** [ᵖ*pl*] 後遺症, 後遺障害. **3** [ᵘ*pl*] 再放送料《特にテレビの再放送に際して作者・出演者に支払われる》. **~·ly** *adv* ［L RESIDUUM］

residual estáte 残余遺産 (= RESIDUARY ESTATE).

re·sid·u·ary /rɪzídʒuèri; -djuəri/ *a* **1** 残りの, 残余の. **2** 残余財産[遺産]の. — *n* **1** 残余(財産) (residue). **2** 残余動産遺贈 (= RESIDUARY LEGACY).

residuary bequést 残余(人的)財産遺贈《遺産のうち, 金銭債務, 動産遺贈 (legacy), 特定(人的)財産遺贈 (specific bequest) の処分が終わった後に残った(人的)財産の遺贈; cf. BEQUEST, RESIDUARY LEGACY》.

residuary bódy 残務機関《地方当局 (local authority) の廃止事務を処理し, 他の機関に引き渡していないその機能を処理するための機関》.

residuary cláuse 残余遺産遺贈条項[文言] (= omnibus clause)《特定の遺贈がなされた後にも残っている遺産の処分について規定された条項[文言]》.

residuary devíse 残余不動産遺贈, 残余遺産遺贈.

residuary devisée 残余不動産受遺者, 残余遺産受遺者.

residuary estáte 残余遺産 (= residual estate, residue, residuum)《**1** 特定遺贈の対象にならなかった遺産 **2** 金銭債務の返済に第一次的に当てられる人的財産 **3** 葬儀・遺産管理費用および税金の支払い後に残る遺産》; cf. GENERAL ESTATE.

residuary gíft 残余遺産《残余遺産 (residuary estate) の遺贈, または残余遺産遺贈条項 (residuary clause) で遺贈する遺産》.

residuary légacy 残余動産遺贈《遺産のうちすべての債権, すべての特定動産遺贈 (specific legacy)・不特定動産遺贈 (general legacy)・指示的動産遺贈 (demonstrative legacy) の処分が終わった後に残った動産の遺贈; cf. RESIDUARY BEQUEST》.

residuary legatée 残余動産受遺者.

res·i·due /rézəd(j)ùː/ *n* **1** 残余, 残余部分. **2** 残余財産; 残余遺産 (= RESIDUARY ESTATE). ［OF＜L RESIDUUM］

re·sid·u·um /rɪzídʒuəm/ *n* (*pl* **-sid·ua** /-dʒuə/) **1** 残余, 残り物, 残余部分. **2** 残余財産; **残余遺産** (= RESIDUARY ESTATE). **3**《まれ》最下層民, 人間のくず. [L=remaining]

resíduum rùle《米》残余部分準則《部分的伝聞証拠 (hearsay evidence) に基づく行政機関による決定は, 少なくとも他の部分が許容可能な証拠に基づいていれば司法審査 (judicial review) で支持されうるという原則; 連邦および大部分の州裁判所で認められている》.

re·sign /rɪzáɪn/ *vi*《特に 正式に》辞任[辞職]する, 〈王座〉を譲位する 〈*from, as*〉: ~ *as* chief executive officer 最高経営責任者を辞任する. **2** 服する, 従う 〈*to*〉. — *vt* **1**〈地位・官職など〉を辞する, やめる. **2**〈仕事・財産など〉を譲り渡す, 託す, 委ねる, 任せる; 〈権利・希望など〉を放棄[断念]する, あきらめる; [*rflx*] 身を任せる, 従う 〈*to*〉. **~·er** *n*

Re·sig·na·tio est ju·ris pro·prii spon·ta·nea re·fu·ta·tio. /rèzɪgnéɪʃɪoʊ ɛst dʒúːrɪs próʊpriaɪ spɑːnténɪə rèfətéɪʃɪoʊ/ 辞任はみずからの権利の自発的拒絶である. [L=Resignation is the spontaneous rejection of one's own right.]

res·ig·na·tion /rèzɪgnéɪʃ(ə)n/ *n* **1** 辞任, 辞職, 《国王の》譲位; 辞表 (=a letter of ~): give in [hand in, send in, tender] one's ~ 辞表を出す. **2** 放棄, 断念; 服従, 甘受, 忍従, あきらめ 〈*to*〉.

re·sile /rɪzáɪl/ *vi* **1**〈契約などから〉手を引く 〈*from*〉; ひるむ. **2**〈前言などを〉撤回する, 取り消す. **3** もとの位置[形状]にかえる.

rés ín·te·gra /-íntəgrə, rèɪs(ə)ntégrə/ 未決定事項 (⇒ RES NOVA). [L=thing untouched]

rés in·ter áli·os ác·ta /-ɪntər áːlioʊs æktə, -éɪli-, -áːlioʊs áːktɑː/ **1** 他者でなされた事柄, 無関連事項. **2** 無関連証拠(排除則)《訴訟において当該事件に無関係の第三者の行為・陳述, または当事者の行為であっても当該事件と無関係と認定されたもの; または裁判ではこれら無関連証拠は許容されないとする証拠上の準則》. **3** 契約非当事者無影響則《契約はその当事者でない人の権利を不利にするような形で影響を及ぼさないというコモンロー上の法理》. [L=thing done among others]

Res inter alios acta al·te·ri no·ce·re non de·bet. /— — æltɛraɪ nɑːsíːrɛ nɑːn débɛt/ 他者でなされた事柄はその他の者を害すべきでない. [L=A thing done between others should not injure another party.]

rés íp·sa (ló·qui·tur) /-ípsə (lóʊkwətʊər, -tər)/ 事実推定則, 過失推定[推論]則《事故の原因が被告が排他的管理 (exclusive control) をしている事態の下に発生し, かつその事故が過失なしには通常は発生しないということが証明されれば, 反証がないかぎり被告の過失が推定されるとする準則》. [L=the thing speaks for itself]

rés ípsa lóquitur tèst 事実推定テスト《未遂 (attempt) 罪が成立するか否かの判断基準で, 被告の行為自体が被告が意図していることを観察者に示していたかどうかに基づいて, 被告は単に予備 (preparation) 行為をなしていただけでなく, 実際にもその犯罪の未遂段階にまで達したと判断する方法; cf. ATTEMPT》.

re·sist /rɪzíst/ *vt* **1** …に抵抗[反抗, 敵対]する (oppose), 逆らう (disobey); 妨害する, 阻止する. **2** …に耐える, 侵されない. **3** [ᵁneg] 我慢する. — *vi* 抵抗[反対]する; [neg] 我慢する. — *n* 防腐剤; 防染剤; 絶縁塗料. **~·ing·ly** *adv* [OF or L *re*-(*sisto* to stop ⟨*sto* to stand=to stand still, oppose]

resísting an ófficer 公務執行妨害(罪)《令状執行, 逮捕などの職務を執行する治安担当官 (peace officer) の職務執行妨害(の犯罪)》.

resísting arrést 逮捕抵抗(罪) (=**resisting láwful arrést**)《合法的に逮捕しようとしているのに対して抵抗すること; 警察官による合法的逮捕に抵抗することはもちろん, 一般市民が犯罪阻止のため実力を行使する権利義務を認めている英国では, その合法的逮捕に抵抗することも犯罪を構成する》.

resísting unláwful arrést 不法逮捕抵抗《警察官の不法逮捕に抵抗する行為については, 米国の多くの法域で逮捕される者が警察官の逮捕であると認識しているかぎりで実力行使を禁じているが, 若干の法域では死に至らぬ程度の実力行使を認めている; 英国では不法逮捕に抵抗するために合理的な範囲で実力を行使することは認められているが, 警察官が制服着用か否かにかかわらず職務上逮捕を行なおうとしているかぎりは, それへの抵抗は犯罪となる; ⇒ RESISTING ARREST》.

re·sítting *n*《議会などの》再開.

rés ju·di·cá·ta /-dʒuːdɪkáːtə, -júː-/ 既判事項, 既判力 (=action estoppel, claim preclusion, res adjudicata)《判決された事項; 判決が以後当事者間の法律関係を律する最終的規準としての効力をもつこと; 刑事訴訟では刑罰関係が裁判上確定すること; cf. COLLATERAL ESTOPPEL, FORMER ADJUDICATION, LAW OF THE CASE》. ▶ ESTOPPEL PER REM JUDICATAM《既判事項による禁反言》. [L=a thing adjudicated]

Res judicata pro ve·ri·ta·te ac·ci·pi·tur. /— — proʊ vèrɪtéɪtɛ æksípɪtər/ 既判事項は真実と認められる. [L=A matter adjudicated is accepted as truth.]

rés nó·va /-nóʊvə/ **新事項**, 新たな問題 (=res integra)《(**1**) 法律に規定がなく, しかも従来の判例などでも触れられていないため, それについての法準則が明らかでない事項 **2**) 先例のない初判例事件; case of first impression ともいう》. [L=new thing]

rés nul·lí·us /-nəláɪəs/ **無主物**《それについての所有権者のいない動産》. [L=thing of no one]

res·o·lu·tion /rèzəlúːʃ(ə)n/ *n* **1** 決意, 決心; 決定. **2**《立法機関・審議機関・取締役会などの》**決議**, 決議案, 議決; 決議文 〈*on*〉. ▶ AFFIRMATIVE RESOLUTION (肯定的決議) / CONCURRENT RESOLUTION (両院共同決議) / ELECTIVE RESOLUTION (選択的決議) / EXTRAORDINARY RESOLUTION (非常決議) / GAG RESOLUTION

(請願受理禁止決議) / JOINT RESOLUTION (両院合同決議) / NEGATIVE RESOLUTION (否定の決議) / OMNIBUS RESOLUTION (一括決議) / ORDINARY RESOLUTION (通常決議) / SHAREHOLDER RESOLUTION (株主の決議) / SIMPLE RESOLUTION (議院決議) / SPECIAL RESOLUTION (特別決議) / UNITING FOR PEACE RESOLUTION (平和のための結集決議) / WAR POWERS RESOLUTION (戦争権限決議) / WRITTEN RESOLUTION (書面決議). **3**《疑問・問題などの》解決, 解明, 解答. ▶ DISPUTE RESOLUTION (紛争解決策). **4** 分離, 分解. **~・er, ~・ist** *n* 決議に参加[署名]する人, 決議賛成者.

re·sol·u·tive /rɪzáljətɪv, rézəlù:-/ *a* 溶解できる, 分解力のある;《契約・義務などを》解除[解消]させる, ~ clause 解除条項.

resólutive condítion《大陸法》解除条件 (= RESOLUTORY CONDITION).

Re·so·lu·to ju·re con·ce·den·tis, re·sol·vi·tur jus con·ces·sum. /rèzəlú:tou dʒú:rɪ kànsidéntɪs rɛzɔ́lvɪtər dʒú:s kansésəm/ 譲与者の権利が消滅すると譲与された権利は消滅する. [L=When the right of grantor has been extinguished, the right granted is extinguished.]

re·sol·u·to·ry /rɪzáljətɔ̀:ri, rézələ-, rèzəlú:-; -t(ə)ri/ *a* 無効にする[消滅させる](ための), 解除[破棄, 廃棄]する(ための): a ~ clause 解除条項.

resólutory condítion《大陸法》解除条件 (= resolutive condition)《条件が成就すると法律行為がその効力を失う条件》; cf. POTESTATIVE CONDITION, SUSPENSIVE CONDITION).

re·solve /rɪzálv/ *vt* **1** 決意[決心]する, 決める 〈*to do*〉; 〈会議が〉決議する, 決定[票決]する: It was ~*d* that...と決議した / R~*d*... 右決議する. **2** 〈問題などを〉解く (solve), 〈疑いなどを〉晴らす, 除く, 説明する, 解明する, 解決する. **3** 分解[分析, 還元]する; 分離する. ― *vi* **1** 決意する, 決定[決議]する 〈*on*〉. **2** 分解[還元]する; 帰着する, 変ずる 〈*into*〉. **3** 無効となる, 消滅する. ― *n* **1** 決意. **2**《会議の》決議. **3**《廃》解決. [L *re-*(*solut-solvo* to solve)=to unfasten, reveal]

re·sort /rɪzɔ́:rt/ *vi* **1** 行く, しばしば[よく]行く 〈*to*〉; 滞在する. **2** たよる, 助けをもとめる,《ある手段に》訴える 〈*to*〉. ― *n* **1** よく行くこと; 人出; 人のよく行く[集まる]所;《特に》行楽地, リゾート. **2** たより, 頼り 〈*to*〉; たよりにする人[もの], 〈訴える〉手段: have ~ *to* violence 暴力に訴える / without ~ *to*...にたよらずに. ▶ COURT OF LAST RESORT (最終審判所) / LAST RESORT (最終審) / LENDER OF THE LAST RESORT (最後の貸手). **as a [one's] last ~** 最後の手段として. **in the last ~ (1)** =as a last RESORT **(2)** 結局(のところ), つまるところ, つまり. [OF (*sortir* to go out)]

re·spect /rɪspékt/ *vt* **1** 重んずる, 尊敬する, ...に敬意を払う. **2** 尊重する;《規則など》守る. **as ~s...** に関して (は), ...について(は). ― *n* **1 a** 敬意 〈*for*〉: have ~ *for*...を尊敬する / have ~ of...に敬われる. **b**

[*pl*] 挨拶, ご機嫌伺い. ▶ DISRESPECT (失礼). **2** 尊重, 重視 〈*for*〉; 注意, 関心 〈*to*〉: have [pay] ~ *to*...に関心をもつ, ...を顧慮する. **3** 点, 箇所, 細目; 関係, 関連: in all [many, some] ~*s* すべての[多くの, いくつかの]点で / in every ~ あらゆる点で / in no ~ いかなる点においても [全然]...でない / in this [that] ~ この[その]点で / have ~ *to*...に関係がある. **in ~ of**...に関して, ...について (with regard to);《商業通信文で》...の代価[支払い]として. **in ~ to**...に関して (in respect of). **pay one's ~s** 敬意を表する 〈*to*〉. **~ of persons** 特別待遇, えこひいき. **without ~ to**...を顧慮せずに[かまわずに]. **with ~ to**...に関して(は), ...について(は) (as regards, concerning).

Res pe·rit [pe·ri·it] (suo) do·mi·no. /rí:z périt [périɪt] (suou) dámɪnou/ 物は(その)所有者にとって滅失する《物の滅失はその所有者の損失であるの意》. ★ Res perit [periit] domino suo. とすることもある. [L=The thing is lost to the [its] owner.]

Re·spi·ci·en·dum est ju·di·can·ti ne·quid aut du·ri·us aut re·mis·si·us con·sti·tu·a·tur quam cau·sa de·pos·cit; nec enim aut se·ve·ri·ta·tis aut cle·men·ti·ae glo·ria af·fec·tan·da est. /rèspɪʃiéndəm ɛst dʒù:dɪkǽntài nékwɪd ɔ:t dʒú:riəs ɔ:t rimísiəs kànstɪtʃuéɪtər kwæm kɔ́:zə dɛpɔ́sɪt nɛk énɪm ɔ:t sɛvɛrɪtéɪtɪs ɔ:t klɛménʃìi: glɔ́:ria æfɛ́ktændə ɛst/ 裁判をする者にとっては, 事態が要求する以上に何事も苛酷あるいは寛容に決せられないよう顧慮されるべきである. なんとなれば, 厳格さの名声も寛大さの名声も求められるべきではないからである. [L=It is a matter for consideration to the person judging that nothing should be either more harshly or more mildly construed than the cause demands; neither for the glory of severity nor clemency should be affected.]

res·pite /réspət, "-pàɪt/ *n* **1** 一時的中止, 休止. **2** 猶予, 延期, **弁済の猶予**《期間・期限の》**延長**, 法の適用延期; 刑の[特に死刑の]**執行停止**: ~ of appeal 上訴期間の延長 / ~ of homage《史》臣従の誓いの猶予. ▶ FORCED RESPITE (強制的弁済猶予) / VOLUNTARY RESPITE (自主的弁済猶予). **put in ~** 猶予する, 延期する. ― *vt* **1**...に刑の執行を停止する. **2**《債務の弁済を》猶予[延期]する.

re·spond /rɪspánd/ *vi*《口頭で》返答[応答]する 〈*to*〉. **2** 反応する, 応ずる 〈*to*〉. **3**＊責任を果たす, 賠償する: ~ *in* damages 損害を賠償する. [OF＜L *re-*(*spons- spondeo* to promise)=to promise in return, answer]

re·spón·de·at óuster /rɪspándɪæt-/ ＝**再答弁命令**《民事では遅延的答弁 (dilatory plea) が却下された後, 刑事では一事不再理の申し立て (autrefois acquit) が却下された後などに, 被告に訴答 (pleading) 再開を命ずる裁判所の命令; 今日では英国を含め廃止されている所が多

い)．[L (*respondeat*)+law F (*ouster* over, further)=let him make further answer]

respóndeat supérior 上位者責任, 代位責任, 使用者責任《使用者または本人は, 被用者または代理人が業務執行中に第三者に損害を加えた場合, みずからの過失の有無にかかわらず, その責任を負うべきであるという法理; ⇨ SCOPE OF EMPLOYMENT; cf. MASTER AND SERVANT, VICARIOUS LIABILITY》．[L=let the superior answer]

re·spon·dent /rɪspándənt/ *a* **1** 応ずる, 感応[反応]する⟨*to*⟩; 返答[応答]する．**2** 被告の立場にある．— *n* **1** 応答者, 答弁者,《調査などの》回答者．**2** 申し立てを提起された人 (cf. PETITIONER),《特に 離婚訴訟の》被告 (cf. CORESPONDENT);《エクイティー上の訴訟などでの》被告, 被上訴人, 被控訴人, 被上告人,《米国ではしばしば裁量的上訴 (certiorari) あるいは誤審令状 (writ of error) の》被上訴人 (appellee) (cf. DEFENDANT IN ERROR)．▶ CORESPONDENT (共同被告, 共同被上訴人; 姦通を理由とする離婚訴訟の被告配偶者の姦通相手).

re·spon·den·tia /rìːspʌndénʃiə, rès-/ *n*《海事》積荷担保冒険貸借《積荷が無事目的地に届いた時にのみ返済する, 船荷だけを担保とした融資; これに対して BOTTOMRY (船舶担保冒険貸借) は 船舶(および積荷の双方)を担保とする冒険貸借; さらに HYPOTHECATION は双方いずれの意味でも用いられる》．[L *respondens* answering]

respondéntia bònd 積荷担保冒険貸借証書[証券] (cf. BOTTOMRY BOND, HYPOTHECATION BOND).

res·pon·sa·lis /rɪspænséɪləs/ *n* (*pl* **-les** /-leɪs/)《史》《初期コモンロー上, 訴訟には被告本人の出頭が要求されていたが, 特別の場合に国王の許可を得て本人に代わって出廷し訴訟進行した》代訴人 (cf. ATTORNEY). [L]

re·spon·si·bil·i·ty /rɪspànsəbíləti/ *n* **1 a** 責任, 義務, 責務, 義理⟨*for, of, to*⟩;《具体的な》責任, 負担, 重荷: a sense of ~ 責任感．**b** 責任があること, **有責性**．**c**《刑事責任を問える》《刑事》**責任能力**．**d** 義務遂行能力, 支払い能力．▶ ACCEPTANCE OF RESPONSIBILITY (責任の是認) / CIVIL RESPONSIBILITY (民事責任) / COLLECTIVE RESPONSIBILITY (共同責任) / COMMAND RESPONSIBILITY (指揮責任) / CRIMINAL RESPONSIBILITY (刑事責任(能力)) / DIMINISHED RESPONSIBILITY (限定責任能力) / MINISTERIAL RESPONSIBILITY (大臣の責任, 内閣の責任) / PARENTAL RESPONSIBILITY (親の責任) / PARTIAL RESPONSIBILITY (部分的責任能力) / PROFESSIONAL RESPONSIBILITY (専門的職業人[法曹]としての責任) / STATE RESPONSIBILITY (国家責任) / VICARIOUS RESPONSIBILITY (代理責任). **2** 信頼性[度], 確実度 (reliability).

re·spon·si·ble /rɪspánsəb(ə)l/ *a* **1 a** 責任[責め]を負うべき, 責任がある, 有責である⟨*for* sth⟩; 監督責任がある⟨*for* sth [do*ing*], *for* sb⟩;《人に対して報告義務のある, 《人の》監督下にある⟨*to* sb⟩;《政治的に》責任ある,《議会に対して》責任を有する⟨内閣⟩;⟨地位など⟩責任を伴う, 責任の重い, 責任ある: ~ cabinet government 責任内閣(制) / a ~ job 責任ある仕事．**b** …の原因である⟨*for*⟩．**2** 責任を取れる, 信頼できる (reliable); 理非をわきまえた, 責任能力がある; 支払い能力のある．**re·spón·si·bly** *adv* 責任をもって, 確実に．**~·ness** *n* [F; ⇨ RESPOND]

respónsible clinícian《英》責任臨床医療従事者《1983 年の精神健康法 (Mental Health Act) 上, 拘禁されているあるいは社会治療命令 (Community Treatment Order) に服している患者に対して全般的な責任を負っている認可臨床医療従事者 (approved clinician); cf. APPROVED CLINICIAN》．

respónsible góvernment 責任政府《議会に対して責任を負い, その支持を失った場合は総辞職するか議会の解散を求めるかのいずれかをしなければならない政府》．

re·spon·sive /rɪspánsɪv/ *a* 答える, 応答する (answering); 反応する, 敏感な: not ~ to the question.

respónsive pléading 応答的訴答《相手方の訴答に答える訴答》．

respónsive vérdict《ルイジアナ》応答的評決《正式起訴(状) (indictment) に答えて, 制定法に従い特定の起訴内容につき有罪・無罪・被包含犯罪 (lesser included offense) で有罪の認定をする陪審の評決 (verdict)》．

rés súa /-s(j)úːə/ みずからの物, 自己の財産《双方が錯誤で自分の物を購入する契約を結んだ場合などに用いる語》．[L=one's own thing]

Res sua nem·i·ni ser·vit. /— — némɪnɪ sɜ́ːrvɪt/ 自己の財産は何びとにも役権としては役立たない《何びとも自己の財産に役権を設定することはできない》．[L=One's own thing is not subject to his/her servitude.]

rest[1] /rést/ *vi* **1** 休む; 横になる．**2** 落ち着いている．**3** 休止[静止]する．**4** 弁論[立証]を終える: After that testimony, the defense ~*ed*. その証言の後 被告(人)側は弁論を終了した．**5 a** ある, 位置を占める;⟨目・視線が⟩注がれる⟨*on*⟩; 載って[支えられて]いる．**b**⟨…に⟩基づく, 依存している⟨*on*⟩．— *vt* 休ませる; 休止させる, 止める;⟨訴訟事件⟩の弁論を終える: R~ the matter there. この件はもうそれまで[にしなさい]. I ~ my case. (以上で)本件に関する立証[弁論]を終わります;《常套句として》わたしの言い分は以上であります, これ以上言うことはありません．**~ a case** 立証を終了する．

rest[2] *n* **1** [the ~] 残り, 残余 (residue), 残部 (remainder)⟨*of*⟩．**2** [the ~]《銀行》積立金, 準備金．**3** [the ~] 差引残高．**4**《英》**a**《利息計算のための, 帳簿などの定期的な》貸借対照, 収支計算．**b** [*pl*] 精算期間, 決算期(間)．

Re·státement (of the Láw)《米》リステートメント, 法の再述《アメリカ法律協会 (American Law Institute) が, 米国法の主要分野で特にいまだ判例法への依存度の高い領域の最良の法理・原則・準則と思われるものを

法典の条文の形でまとめ, 説明・例を付けたもの; そのものが裁判所を拘束する法源ではないが, 裁判所によってもしばしば引用されるし, アメリカ法の統一・発展に一定の役割を演じている》.

re·stát·er *n* 法の再述 (Restatement) の著者[編者].

res·ti·tú·tio in in·te·grum /rèstət(j)úːʃiou ɪn íntəgrəm/《主としてローマ法・大陸法》原状回復《有効な契約・法律行為を取り消し, 当初の状態に戻すこと》. [L＝the restitution of a thing in its entirety]

res·ti·tú·tion /rèstət(j)úːʃ(ə)n/ *n* **1 a** 返却, 返還, 償還 <*of, to*>: make ～ 返還[償還, 賠償]する. **b** 不当利得の返還, 原状回復; 不当利得返還救済手段; 不当利得法. **c** 損害の賠償, 被害の補償,《特に刑事裁判で保護観察処分 (probation) の条件などとして課される犯罪被害者への》損害填補 (cf. FINE). ► WRIT OF RESTITUTION (侵奪不動産返還令状; 原状回復令状). **2 a** 復位, 復職; 復旧,《財産などの》回復, 取戻し. **b**《海商法》《投荷行為 (jettison) により他の積荷が海難を免れた場合の》損失分担補償, 不当利得の回復. ～·**al** *a* **res·ti·tú·tion·ary** /rèstət(j)úːʃənèri/, -n(ə)ri/ *a* **rés·ti·tù·tive** *a*

restitutionary interest ⇨ RESTITUTION INTEREST.

restitútion dàmages *pl* 不当利得返還金.

res·ti·tu·ti·o·ne ex·trac·ti ab ec·cle·sia /rèstət(j)ùːʃíouni ɛkstrǽktai æb ɛklíːʒiə/ [de ～]《史》教会から連れ出された者の返還令状《聖域 (sanctuary) である教会に逃げ込んだ犯罪者が強制的に連れ出された場合にもとに戻すことを命ずる令状》. [L＝(of) the restitution of the extracted from a church]

restitutióne tem·po·rá·li·um /-tèmpəréiliəm/ [de ～]《教会法》俗権返還令状《主教[司教]にその俗権 (temporalities) を返還すべきことをシェリフ (sheriff) 宛に命ずる令状》. [L＝(of) the restitution of the temporalities]

restitútion [restitútionary] ìnterest 不当利得返還権[利益], 原状回復利益《契約に基づき相手方に一定の利益を供与したが, その後の契約の拘束力がなくなるなどして相手方が不当な利益を得ることになった場合, 相手方はその不当利得 (unjust enrichment) を返還し, 契約前の原状に復さねばならないが, それを求めうる権利あるいはその利益を指す; cf. RELIANCE INTEREST, EXPECTATION INTEREST》.

restitútion of cónjugal ríghts《配偶者に対する》同居請求訴訟《英国では1970年法で廃止》.

restitútion òrder《英》**1** 盗品返還命令. **2** 利益返還命令《金融サービス機関 (Financial Services Authority) の申し立てに基づき, 投資業務を規制する2000年法に違反して利益を得た当事者にその額の返還を命ずる高等法院 (High Court of Justice) の命令》.

res·to·ra·tion /rèstəréiʃ(ə)n/ *n* **1** 回復, 復活, 復旧, 復帰, 復原, 再生; 修復; 原状回復;《文書・証券の》再作成. **2** 返還, 還付; 賠償. **3** 復職, 復位; [the R-]

《英史》王政復古《1660年 Charles 2世の即位》, 王政復古の時代, 王政復古期《1660-85年の Charles 2世の治世, 時に1702年の Anne の即位までを含める》.

restórative jústice 修復的司法《刑事裁判で, 被害者側の心情を加害者の謝罪・賠償・社会奉仕などを通して癒やすという考え方》.

re·store /rɪstɔ́ːr/ *vt* もとに戻す, 返還する, 回復する, 復帰させる <*to*>; 復職させる, 復位させる; 復旧[再建, 修復]する, 復興[再興, 復活]する: PLEDGES TO RESTORE.

re·strain /rɪstréin/ *vt* **1** 制止[防止, 抑止]する; 抑制[規制]する, 差し止める; 制限する; 禁止する. **2** 拘束する, 検束する, 監禁する, …の身体の自由を奪う.

restráin·ing òrder 1 禁止命令 (＝PROTECTION ORDER). **2** 一時的差止め命令 (＝TEMPORARY RESTRAINING ORDER). ► TEMPORARY RESTRAINING ORDER (一時的差止め命令). **3**《行政機関が出す》停止命令.

re·straint /rɪstréint/ *n* **1 a** 制止, 抑制, 制限, 禁止; 拘束, 束縛, 検束, 監禁. **b**《船舶の》出禁[入港]禁止. ► ANCILLARY RESTRAINT (付随的制限) / DISABLING RESTRAINTS (財産権移転能力の制限) / FELONIOUS RESTRAINT (重罪たる束縛) / HORIZONTAL RESTRAINT (水平的取引制限) / JUDICIAL RESTRAINT (裁判所の抑制) / JUDICIAL SELF-RESTRAINT (裁判所の自己抑制) / PAY RESTRAINT (賃金抑制) / PRIOR RESTRAINT (事前抑制) / VERTICAL RESTRAINT (垂直的取引制限) / WAGE RESTRAINT (賃金抑制). **2** 抑制[拘束]力; 抑制[拘束]手段. **3** 気がね, 遠慮, 自制. **be put [kept] under ～** 拘束[監禁]される[されている],《特に精神障害者用施設に》収容される[されている]. **in ～ of** …を抑制するために.

restráint of márriage 婚姻制限《特に遺言・贈与において, 婚姻・再婚したら無効にするとか特定の者以外の者と婚姻したら違約金を払うといった婚姻についての制限(条項), 特に 全面的な婚姻制限は婚姻の自由を犯すことになるため公序良俗に反するという理由で一般的には無効となる》.

restráint of prínces《海上保険》公権力による抑止 (＝**restráint of prínces and rúlers [prínces, rúlers and [or] péoples]**)《海上運送契約や保険契約の免責事由としての, 船舶の出入港禁止や通商停止, 検疫を理由にした抑留など公権力の行使による処分一般; cf. EMBARGO》.

restráint of tráde 取引制限, 営業制限《本来は営業上の競争制限行為; ここから米国の反トラスト法 (antitrust law) 上独占行為と対比して, カルテル (cartel) や再販売価格維持 (resale price maintenance) などの取引制限を内容とする協定や共謀 (conspiracy) を指し, これが一般化している》. ► COMBINATION IN RESTRAINT OF TRADE (取引制限の結合) / CONSPIRACY IN RESTRAINT OF TRADE (取引制限の共謀) / CONTRACT IN RESTRAINT OF TRADE (取引制限の特約) / HORIZONTAL RESTRAINT OF TRADE (水平的取引制限) / UNREASONABLE RESTRAINT OF TRADE (不相当な取引制限) / VERTI-

CAL RESTRAINT OF TRADE (垂直的取引制限).

restráint on alienátion 移転[譲渡]禁止(条項)《移転・譲渡禁止ないしはそれを定める条項一般を指すが,特に通常は, (1) 不動産譲渡証書 (conveyance) 中の譲受人による再譲渡禁止条項, または (2) 信託上の規定で受託者 (trustee) による信託財産の譲渡を禁ずる条項をいう》.

re·strict /rɪstríkt/ vt 制限する, ...に限定する〈to, within〉; 抑える, 禁止する.

restríct·ed a 1 限られた, 制限[限定]された (limited)〈to〉;《空間・範囲などが》狭い;《利用などが》特定の集団・階層に限られる, 特定の民族・集団を排除する; 一般非公開の. 2《米政府・軍》一般には公表[配布]されない, 部外秘の (⇨ CLASSIFICATION).

restrícted cóntract《英》限定契約, 制限契約《家具使用および一定のサービスに対する報酬を含む賃料で賃貸住宅の居住権を与える契約; 1988 年法以降新契約は認められていない; cf. RENT REGISTRATION》.

restricted endorsement ⇨ RESTRICTIVE ENDORSEMENT.

restrícted interpretátion 制約解釈 (= RESTRICTIVE INTERPRETATION).

restrícted secúrity《米》譲渡制限証券 (= letter bond, letter security, letter stock, restricted stock, unregistered security*)《証券取引委員会 (Securities and Exchange Commission) に未登録の証券; 自由な譲渡および譲渡の登録が制限されている; ⇨ REGISTERED SECURITY》.

restrícted stóck《譲渡の自由が制限されている》譲渡制限株式 (= RESTRICTED SECURITY).

restrícted-úse crédit agréement《英》《消費者信用法 (Consumer Credit Act) の下での》規制消費者信用合意《以下の融資が規制されている消費者信用合意 (consumer credit agreement): (1) 債務者・債権者間の取引への融資 (2) 債務者と債権者以外の者との取引への融資 (3) 債務者の既存債務のための再融資》.

re·stric·tion /rɪstríkʃ(ə)n/ n 1 制限, 限定; 制約; 拘束; 制限[限定]するもの, 規定. ▶ CONTENT-BASED RESTRICTION (内容に基づく規制) / DECLARATION OF RESTRICTIONS (制限文書) / RENT RESTRICTION (家賃統制) / REPORTING RESTRICTIONS (報道規制) / SINGLE-DWELLING RESTRICTION (一家族用一戸建て住宅制限) / TIME, PLACE, OR [AND] MANNER RESTRICTION (時・場所・態様の制約). 2《英》不動産取引制限(登録)《土地登録された土地あるいはその物上負担 (charge) について登録されている所有権者が取引することの制限ないしはその登録; 例えば受益者 (beneficiary) の同意なしで土地の売買を禁じる信託の場合, 受益者は受託者 (trustee) はかかる制限を登録することができた; 制限は登録された所有権者によっても登録でき, また自動的に登録されることもある》.

restríction òrder《英》退院制限命令《医療施設強制収容命令 (hospital order) によって収容されている精神障害のある犯罪者に対して収容施設からの退院を期限付きないしは期限なしで特別に制限する刑事法院 (Crown Court) の命令》.

re·stric·tive /rɪstríktɪv/ a 制限する, 限定する, 制約する. ~·ly adv ~·ness n

restríctive cóvenant 1 不作為約款《契約当事者が特定の行為を行なわないとの約定; 種々の内容のものが含まれうるが, 特に次の 2, 3 が重要》. **2** 制限的不動産約款 (= equitable easement, equitable servitude)《不動産の占有・使用を制限する私的な約款で, その効果が第三者にも及ぶもの; 元来はエクイティー上のもの; 用途制限, 一区画の広さ, 建物の建築線・建築様式を特定することなどがその例; なお,「黒人には当該不動産を賃貸せぬこと」などの人種差別的制限約款は, その契約全体を必ずしも無効とはさせないが, その約款自体は法的拘束力を有さず, 強行しえない; **restrictive covenant in equity** (エクイティー上の制限的不動産約款) ということもある》. **3** 競業制限約款 (= NONCOMPETITION COVENANT).

restríctive [restrícted] endórsement 制限的裏書《例えば for deposit only (預金のためのみ) とか pay to A only (A のみに支払うこと) など, 条件を含んでいる裏書あるいは譲渡禁止などその後の手形移転や流通についての制限が付されている裏書; cf. CONDITIONAL ENDORSEMENT, SPECIAL ENDORSEMENT, UNRESTRICTIVE ENDORSEMENT》.

restríctive injúnction 制限的差止め命令 (= PROHIBITORY INJUNCTION).

restríctive interpretátion 制約解釈 (= limited interpretation, restricted interpretation)《解釈される対象の字句外の原理に縛られての法律・法律文書の解釈(方法); cf. UNRESTRICTIVE INTERPRETATION》.

restríctive práctices‖ pl 競争制限行為《価格・賃金維持のために商品供給や労働力の自由競争を排除すること》.

Restríctive Práctices Còurt [the ~]《英史》取引制限裁判所《英国における独占禁止法関係の専門裁判所として 1956 年法で創設されたが, 1998 年法で廃止され, その機能は公正取引庁 (Office of Fair Trading) に移されている》.

restríctive théory of sóvereign immúnity 制限的主権免除論 (⇨ ABSOLUTE THEORY OF SOVEREIGN IMMUNITY) (cf. SOVEREIGN IMMUNITY).

restríctive tráde pràctices‖ pl 取引制限行為《複数の供給者によるカルテル・再販売価格維持協定など独占禁止法上問題となるような, 自由な競争を阻害する行動; cf. ANTICOMPETITIVE PRACTICE》.

re·strúcture vt, vi 再構成[再編成, 再構築]する, 改造する;《債務などの》条件を変更する, 繰延べる.

re·strúc·tur·ing n《特に 会社・株式構成などの》再編成, 再構成,《企業の》リストラ; 構造改革.

re·sult /rɪzʌ́lt/ n 結果, 成り行き, 結末; 成果, 好結果;《計算・調査などの》答. — vi 1 結果として生ずる, 起因[由来]する〈from〉;〈...に〉帰着する, 終わる (end)〈in〉,

2 ⟨…に⟩復帰する ⟨to sb⟩.

resúlting pówer 《米》合成的権限《憲法の直接授権あるいはそこから派生するものではないが、明示的・黙示的に授権された権限を合成することによりそこから導き出される政府の権限》.

resúlting trúst 復帰信託《信託財産の移転者がその受益権を被移転者に与える意思がないと想定される状況下で移転がなされた場合に、法によって移転者側に受益権があるものと推定される信託；受益権が信託設定者側に戻ることからこの名がある；推定信託 (presumptive trust)、黙示信託 (implied trust) に類似ないしはその一種と考える；cf. CONSTRUCTIVE TRUST》. ▶ PURCHASE MONEY RESULTING TRUST (売買代金復帰信託).

resúlting úse 《英史》復帰ユース (=implied use) 《コモンロー上の不動産権は移転されたが、明示的にユース (use) である旨の宣言がないかあるいは約因 (consideration) のないユース；したがって受益権は移転者に依然残ると推定される；ユース法 (Statute of Uses) で、設定と同時にコモンロー上の権利に転換されることになった》.

ré·su·mé, re·su·me, re·su·mé /rézəmèɪ, réɪ-, -´-`-/, réz(j)ʊmèɪ, réɪ-/ n 1 要約、摘要、概要、レジュメ (summary) ⟨of⟩. 2 *履歴書 (curriculum vitae").

re·súmmon vt 再び召喚[召集]する.

re·súmmons n 再召喚状.

re·súmp·tion /rɪzʌ́m(p)ʃ(ə)n/ n 1 再開. 2 《銀行》正貨兌換復帰. 3 取り戻すこと、取戻し、回収、回復、再占有；《土地所有者による》占有回復.

re·táil /ríːtèɪl/ n 1 小売り[業] (opp. *wholesale*): at [by] ~ 小売りで. 2 小売店. ─ *a* 小売りの、小売りする: ~ sales 小売販売 / ~ trade 小売業. ─ *adv* 小売りで: sell ~ 小売りする. ─ *vt* 1 小売りする. 2 /, rɪtéɪl/ 詳しく話す；受け売りする、言い触らす ⟨to⟩. ─ *vi* ⟨商品が…で⟩小売りされる ⟨at [for] $10⟩. [OF (*taillier* to cut)]

rétail déaler 小売商 (retailer).

ré·tail·er /, -´-`-/ n 小売り (=retail dealer).

rétail príce 小売価格.

rétail shòp [stòre] 小売店.

re·táin /rɪtéɪn/ vt 1 保持する、保有する、保し続ける、保留する、持ち続ける、維持する；《使用のために》確保しておく. 2 《ある場所に》保つ、あるいは位置に保つ、保持する. 3 《廃止しないで》実行[使用]し続ける. 4 《人を》雇っておく、かかえる、《特に弁護料を払って》《弁護士を》雇う、《弁護士に》委任契約をする. 5 忘れないでいる、記憶している.

re·táin·age n 留保歩合金《工事が無事完成しすべての建築工事に関する職人のリーエン (mechanic's lien) が解除されるまで留保される、土地所有者から工事請負人に支払われるべき金額の歩合金》.

retáined éarnings *pl* 留保利益、留保剰余金 (=earned surplus, undistributed profit)《企業の営業活動による利益の過去からの累積額から株主への分配額と資本組入れ額を控除した額》.

retáined íncome 《株主に配当されない》留保収益.

retáin·er¹ *n* 保持[保有]者[物]；《史》召しかかえの者、郎党、従者、家臣、家来；召使、使用人、従業員、被用者 (employee).

retáiner² *n* 1 **a** 《弁護士などを》雇っておく[かかえておく]こと、雇われて[かかえられて]いること、弁護約束、訴訟依頼(書)、弁護士委任契約. **b** 《弁護士・コンサルタント・建築家など専門家の》依頼料、《個々の事件またはより包括的に将来一定期間そのサービスが必要になることを予期しての、さらには事件の相手方にサービスを提供しない約束に対する》弁護士依頼料[報酬] (=retaining fee) (cf. ATTORNEY'S FEES); 着手金. ▶ GENERAL RETAINER (包括的弁護士委任契約(報酬)) / SPECIAL RETAINER (特定事件弁護士委任契約(報酬)). 2 保留権《遺言執行者 (executor) あるいは遺産管理人 (administrator) が遺産から葬式費用などの優先弁済すべき費用支払い後残ったものから、みずからの債権に対して他の一般債権者に優先して弁済に当てる財産を留保しうる権利；英国では 1971 年法で廃止》. 3 "《保留目的での》不在時の割引家賃.

retáin·ing fèe 抱え入れ料；《弁護士》依頼料、弁護士報酬、弁護士顧問料 (=RETAINER²); 着手金.

retáining líen 1《債権者が目的物を占有する》留め置きリーエン、留置権 (=POSSESSORY LIEN). 2《弁護士報酬を確保するため、事件依頼後に弁護士が保管することになった依頼人所有の書類・財物に対する》弁護士のリーエン.

re·tál·i·ate /rɪtǽlièɪt/ *vi* 《同一手段で》報いる、返報する、報復する、仕返しをする、応酬する、報復関税を課する ⟨against, by doing⟩. ─ *vt* 仕返しに《危害などを》加える；…に報復する. **re·tál·i·à·tive** *a*

re·tàl·i·á·tion *n* 返報、報復 (=RETORTION); 同害報復 (⇨ LEX TALIONIS): in ~ of [for]…の報復として.

re·tál·i·a·to·ry /rɪtǽljətɔ̀ːri, -tǽliə-/, -t(ə)ri/ *a* 報復的な、返報的な、仕返しの、復讐の: ~ measures 報復措置.

retáliatory díscharge《例えば雇用者の違法な活動を政府に通報したといったような被用者の行為に対する》報復解雇《ほとんど常に損害賠償の対象となる》.

retáliatory dúties *pl* 報復関税.

retáliatory evíction 《米》報復的占有剥奪《手続き》、報復的占有剥奪の抗弁《不動産賃貸人により賃借人に対して報復の目的でなされる占有剥奪 (eviction)、またはその旨の抗弁；ほとんど常に違法とされる》.

retáliatory láw [státute] 《米》報復《制定》法《他国または他州から、そこで営業する自国[自州]人に対して課すのと同一の条件で、その他国[他州]の人・法人に自国[自州]民以上に不利な形で課税・営業規制などを行うことを定めた《制定》法》.

retáliatory táriff 報復関税.

re·ten·tion /rɪténʃ(ə)n/ *n* 1 保留、保有、維持. ▶ TITLE RETENTION (権原留保). 2 留置、監禁；《スコットランド》留置権. 3 保持力、維持力. 4 記憶、記憶力.

5《保険》保有(額)《再保険 (reinsurance) に出さずみずからの計算で保有する部分》.

reténtion of títle 権原保留(条項)(=reservation of title)《売買契約で,買主が売主に対するすべての義務を完了するまで買主に商品の権原が移転しないことを定めること,またはその条項;略 ROT;英国では,この条項は判例名をとり Romalpa clause ともいう;cf. TITLE RETENTION》.

re·tir·al /rɪtáɪərəl/ *n* 《米・スコットランド》退職 (retirement).

re·tire /rɪtáɪər/ *vi* **1**(職・任を)退く〈*from*〉,(一定の年限が来て)退職[退官]する,引退する,退役する,廃業する;隠居する. **2**《陪審が評決決定のため》退席する. **3** 立候補を断念する. — *vt* **1** 退職[引退, 退役]させる. **2**〈手形・紙幣などを〉回収する,〈証券を〉受け戻す,〈債務を〉支払う,〈債券・株式などを〉償還する,消却する: ~ a loan / ~ stock. **re·tír·er** *n*

rétire·ment *n* **1** 退職, 退官, 退役, 引退; 隠居. ▶ COMPULSORY RETIREMENT (強制退職). **2** 退職年齢, 定年, 停年. **3**《発行済み株式, 自社発行の社債などの》消却, 償還,《証券の》受戻し,《紙幣などの》回収. ▶ BOND RETIREMENT (債券の償還) / DEBT RETIREMENT (債務償還).

retirement àge 退職年齢 (=RETIRING AGE).

retirement allówance 退職金.

retirement annùity 退職年金.

retirement-íncome insùrance 退職所得保険《約定の退職年齢に達すると,年金給付が行なわれ,それに達する前に死亡した場合には指定受取人に約定保険金額か解約価額のいずれか大きい方が支払われる保険》.

retirement of júry《事実審理を終え評決 (verdict) 決定のため評議室への》陪審の退廷《以後は証拠提出は許されない》.

retirement of secúrities 証券の消却《発行済みの株式などの証券を会社が消滅させる行為》.

retirement of trustées 受託者の退任《もとは認められなかったが,英国では現在は特別の場合に裁判所命令,受益者 (beneficiary) の承諾などにより許されている》.

retirement pènsion 退職年金.

retirement plàn 個人退職金積立て計画[制度]《雇用者が被用者のために,あるいは自営業者がみずからのために,退職金を計画的に積み立てる制度;税制上の優遇措置が講じられるのが通例》.

retíring àge 退職年齢, 定年, 停年 (=retirement age)《英国では一般に男性 65 歳,女性 60 歳であるが,2010 年から漸次男女ともに 65 歳にする予定;なお年金制度上は,退職年金 (retirement pension) の受領資格の始まる年齢ということになる》.

retíring pártner 脱退組合員《脱退前の組合の債務についての責任は脱退そのものによっては消滅しない》.

retnr retainer.

re·tor·na bre·vi·um /rətɔ́:rnə brí:viəm/ *pl* 令状の復命;令状復命権. [L=returns of writs]

re·tor·sion /rɪtɔ́:rʃ(ə)n/ *n*《国際法》RETORTION.

re·tor·tion /rɪtɔ́:rʃ(ə)n/ *n* **1** 曲げ返し,ねじり. **2**《国際法》報復,返報 (=retaliation, retorsion)《自国がうけた不当な行為に対して同様に外交関係の断絶などの不当な行為を行なうこと;それ自体としては不当な行為にとどまり合法的な措置である点で,違法行為である復仇 (reprisal) とは異なる; ⇨ REPRISAL》.

re·tour sans frais /*F* rətu:r sã frɛ/ 無費用償還《手形・小切手の引受け・支払い拒絶があった場合に拒絶証書 (protest) の作成なしで償還義務を負う旨の文言; cf. RETOUR SANS PROTÊT, WAIVER OF PROTEST》. [*F* =return without charges]

retour sans pro·têt /*F* -sã prɔtɛ/ 拒絶証書不要償還 (cf. RETOUR SANS FRAIS, WAIVER OF PROTEST). [*F* =return without protest]

re·trac·ta·tion /rì:træktéɪʃ(ə)n/ *n*《遺言執行者 (executor) の》就任拒否撤回.

re·trac·tion /rɪtrǽkʃ(ə)n/ *n* **1** 引っ込めること,撤回, 取消し: a ~ of a confession. **2**《名誉毀損となる表現の》取消し[撤回](声明), 謝罪. **3**《遺言などの》《放棄の》撤回[取消し]. **4**《契約で承諾前の》申し込みの撤回.

re·tract /rɪtrǽkt/ *vt*, *vi*

re·trax·it /rɪtrǽksɪt/ *n* 訴えの取下げ《同一訴因での再訴は認められない》. [L=he/she has withdrawn]

re·treat /rɪtríːt/ *n* **1** 退却, 後退. **2 a** 引きこもること,隠退, 隠遁. **b** 避難; 退避(義務). **c** 隠棲の地[場所], 隠遁所, 隠宅; 隠れ家, 避難所, 潜伏所;《精神障害者・病人などの》保護収容所,《泥酔者などの》一時収容所. — *vi* 退く, 引きこもる. — *vt* 退かせる; 隠退させる. ~·**er** *n*

retréat rùle 退避の準則《正当防衛による殺人に関して,侵害者の危害に直面しても被害者は二つの例外の場合,すなわち (1) 被害者が自宅ないしは職場にいる場合 (⇨ CASTLE DOCTRINE), (2) 侵害者は被害者が逮捕しようとしている人である場合 を除き, 自己防衛のために死をもたらしうるような暴力を用いることは許されず, その代わりに安全な退避をすべきであるという準則; cf. FLEE TO THE WALL, NO-RETREAT RULE, RETREAT TO THE WALL》.

retréat to the wáll 壁への退避(の原則)《自宅以外の場所で危害を受けた者が,その攻撃からのがれる途があるかぎり攻撃者の生命を奪うことを許されないという正当防衛による殺人についての原則; **retreat to the ditch**(溝への退避(の原則))も同様な意味で用いられる; cf. FLEE TO THE WALL, RETREAT RULE》.

rè·tríal /ˌ- ́-/ *n* 再度の事実審理; 再審理, 再審《trial (事実審理) をあらためて行なうこと; new trial (再審) とほぼ同義に用いられるが, 必ずしも熟語になりきっていない; cf. NEW TRIAL, TRIAL DE NOVO》. **rè·trý** *vt*, *vi* 再び試みる; 再度事実審理をする, 再審理する.

ret·ri·bu·tion /rètrəbjúːʃ(ə)n/ *n* **1** 返報, 報い〈*for*〉. **2** 応報, 報復 (cf. DETERRENCE, REHABILITATION); 懲罰. **re·trib·ute** /rɪtríbjut, rétrə-/ *vt*

re·trib·u·tive /rɪtríbjətɪv/ *a* 返報[報復]の, 報復的

な, 応報の: ~ justice 応報的正義. ~**·ly** adv

retríbutive dánger 報復的危険《土地占有者が侵害者 (trespasser) に対して危害を加えようとしてつくり出す隠された危険; 落とし穴とかばね銃を仕掛けることを含むが, 侵害者に対して土地所有者がみずからまたは直接危害を加えたものでないかぎりは違法となり, したがって落とし穴などは違法とされる; cf. DETERRENT DANGER》.

retríbutive púnishment 応報刑《犯罪に対する社会の報復感情を満足させるための刑罰》.

re·trib·u·tiv·ism /rɪtríbjutɪvìz(ə)m/ *n* 応報刑主義, 応報刑論《刑罰の本質を応報とする説; cf. UTILITARIAN DETERRENCE THEORY》. -**ist** *n, a*

rétro·àct *vi* **1** 反動する; 反対に作用する, 逆にはたらく. **2** 既往にさかのぼる, 《法令などが》遡及(*そきゅう*)力がある.

rètro·áction *n* **1** 反動; 反作用, 逆働. **2** 《法・税金などの》遡及(効).

rètro·áctive *a* 《制定法・規則などが》遡及する, 遡及効を有する (=retro-operative, retrospective) (opp. *prospective*); 《ある期日に》効力がさかのぼる: ~ *to* May 1 5月1日にさかのぼって / a ~ tax 遡及税. ~**·ly** adv **rètro·actívity** *n*

retroáctive láw 遡及法 (=RETROSPECTIVE LAW).

retroáctive legislátion 遡及立法 (=RETROSPECTIVE LEGISLATION).

ret·ro·ces·sion /rètrouséʃ(ə)n, rètrəséʃ(ə)n/ *n* **1** 《領土・裁判権などの》返還. **2** 《財産に対する権原・権利の正しい, あるいは前の所有者への》返還. **3** 《保険》再々保険《再保険者が引き受けた危険のすべてまたは一部を他の保険者の再保険に付すること》. **4** 後退.

rètro·óperative *a* 過去にさかのぼって適用される[発効する], 遡及的な (retroactive).

retrospéctant évidence 遡及的証拠《それ自体は行為がなされた後に生じたものではあるが, その行為をなしたと主張されている人がその行為を実際になしたことを示す証拠; 例えば, 窃盗を疑われている人がその盗品を保持していることなど》.

ret·ro·spec·tive /rètrəspéktɪv/ *a* **1** 回顧の, 過去を振り返る. **2** 遡る, 遡及する (retroactive) (opp. *prospective*): ~ force 遡及効. ~**·ly** adv

retrospéctive láw 遡及法 (=retroactive law) (cf. RETROSPECTIVE LEGISLATION).

retrospéctive legislátion 遡及立法 (=retroactive law)《その立法施行以前に生じた事柄にまで遡及効をもつ立法; 原則として法律不遡及の原則上許されない; cf. RETROSPECTIVE STATUTE, PROSPECTIVE STATUTE》.

retrospéctive pénalty 遡及刑罰《実行時には犯罪とされていなかった行為に対して刑事法で科される刑罰; 罪刑法定主義に反する》.

retrospéctive státute 遡及的制定法 (⇒ RETROSPECTIVE LEGISLATION) (opp. *prospective statute*).

retry ⇒ RETRIAL.

re·turn /rɪtə́ːrn/ *vi* **1** 帰る, 戻る. **2** 答える, 答弁する, 言い返す. — *vt* **1** 返す, 戻す, 返却する. **2** …に報いる, 答礼する; 《同様に》…を返す, 返報する. **3**《利益などを》生む. **4**《公式に》報告する, 申告する, 復命する; 《陪審が》答申する: The liabilities were ~ed at £100,000. 負債額は10万ポンドと報告された / The jury ~ed a verdict of not guilty. 陪審は無罪の評決を答申した / The accused was ~ed guilty. 被告人は有罪と評決された. **5**《選挙区が》選出する; 再選する: ~ a member *to* Parliament 議会議員を選出する.
— *n* **1** 帰る[戻る, 復する]こと《*to*》; 帰還, 帰国. **2** 回帰, 再発, 復帰. **3** 返却, 収返, 還付; [*pl*]《小売商また購買者からの》返品, 戻り品: the ~ of a loan ローンの返済. ▶ SALE AND RETURN (返還権付き売買) / SALE OR RETURN (返還権付き売買). **4** 返礼, 応答; 返報; 返事, 返答. **5** [⁰*pl*] 報酬, 収入, **収益**, 利益; 収益率《生産工程における単位コスト当たりの利潤率》; [*pl*] 結果: bring in a good ~ [good ~ *s*] かなりの収益をもたらす / Small profits and quick ~*s*. 薄利多売《商売の標語; 略 SPQR》. ▶ CAPITAL RETURN (資本償還収益) / RATE OF RETURN (利益率; 利回り; 総合利回り). **6** 報告(書), 申告(書); 所得税[確定]申告書, **納税申告書** (tax return); 課税対象財産目録(簿). ▶ AMENDED RETURN (修正納税申告(書)) / ANNUAL RETURN (年次報告書) / CONSOLIDATED RETURN (連結納税申告(書)) / FALSE RETURN (虚偽申告; 虚偽報告) / INFORMATION RETURN (情報報告書) / JOINT RETURN (共同申告(書)) / SEPARATE RETURN (夫婦個別申告(書)) / TAX RETURN (納税申告(書)) / VAT RETURN (付加価値税申告(書)). **7** [⁰*pl*]《投票の》開票報告[結果], 選挙結果報告(書); 〝選出 (election); 《令状などの》執行報告, 復命(書); [⁰*pl*] 統計表: running ~*s* 開票速報 / secure a ~ 《代議士に》当選する. ▶ ELECTION RETURNS (選挙報告). **8**《令状などの》復命(提出)日 (return day); 《英史》復命提出期《各裁判所開廷期 (law term) に定められていた4ないし5日の令状の復命日 (return day) を基準に開廷期を各1週間単位で細分した期間》. **by** ~ (**of post [mail**⁎**]**) 折返し(便で), 大至急. **in** ~ 返しに, 返報に, 返報; その代わりに. **without** ~ もうけなしで.
— *a* **1 a** 帰りの, 戻りの; 送り返すための: the ~ half 《往復の》帰りの切符 / a ~ cargo 返り荷 / a ~ voyage [journey] 帰航[帰り旅]. **b** 〝往復の《切符・料金》. **2** 返答の, 返礼の, 再度の: a ~ visit 返礼訪問.

retúrn·able *a* 返却できる; 返還すべき, 返還できる; 報告すべき, 報告義務のある, 復命すべき; 回付すべき.
 retúrn·abílity *n*

retúrnable contáiner 返却可能容器, 通い容器《**1**》丈夫なドラム缶や船積用のケースのように何度も使用に耐える容器 **2**》牛乳瓶のように洗浄・詰め換え可能な容器で小売店に返却できるもの; 特に環境破壊防止目的で, 販売価格に一定の預かり金額を上乗せし容器返却の際に預かり金を払い戻す方式の対象となっている容器》.

retúrn addréss 差出人住所, 返送先.

retúrn dày [dàte] 1《裁判所などの命令に対する》復命(提出)日,《送達などの》結果報告日;《令状などで指定された》被告出廷日; 被告答弁提出日 [⇨ RETURN].
 ▶ COMMON RETURN DAYS (出廷定例日). 2 選挙結果確定日.

retúrning òfficer〘英〙選挙管理官.

retúrn of sérvice 送達証明書 (= PROOF OF SERVICE).

retúrn of the allótment〘英〙《会社登記所 (Companies Registry) への》《株式》割当報告書.

retúrn of wrít 令状の復命.

retúrn of wríts〘史〙令状復命権 (= returnus brevium)《本来は令状を執行し復命すべきシェリフ (sheriff) などの国王役人に代わってみずからの特権領内において令状をみずから執行・復命する不入特権; この場合令状はシェリフ経由で特権領役人に手交され, 復命はその逆をたどる; 私人の特権領だけでなく自治都市が多く有した; liberty of return of writs ともいう》.

retúrn on cápital (emplóyed) = RETURN ON INVESTMENT.

retúrn on invéstment 資本利益率, 投資収益率, 投資利益率 (= return on capital (employed)) [⇨ RATE OF RETURN].

re·túr·nus bre·vi·um /rətáːrnəs bríːviəm/〘史〙令状の復命; 令状復命権 (= RETURN OF WRITS). [L = return of writs]

re·us /ríːəs/, **rea** /ríːə/ n (pl **rei** /ríːài/, **re·ae** /ríːiː/) 1《ローマ法》被告 (defendant) (opp. actor); 被告人 (accused). 2《訴訟》当事者;《契約》当事者.

rev'd reversed.

reve /ríːv/ n〘英史〙REEVE.

re·ven·di·ca·tion /rɪvèndəkéɪʃ(ə)n/ n 1《公式の》財産回復(要求). 2《大陸法》《所有権に基づく》取戻し訴訟[訴権], 所有物返還請求訴訟[訴権]. **re·ven·di·cate** /rɪvéndəkèɪt/ vt **re·ven·di·ca·to·ry** /rɪvéndəkətɔ̀ːri/ -t(ə)ri/ a

re·venge /rɪvéndʒ/ n 復讐, 報復, 仕返し (cf. LEX TALIONIS).

rev·e·nue /révən(j)ùː/ n 1 a 収入, 収益, 所得. b 歳入, 租税収入;《会社などの, また 投資・不動産などによる》収入, [pl] 総収入. c 収入の出所, 収入項目[細目], 歳入内訳; [pl] 財源. 2 税務関係局, 国税庁, 税務署.
 ▶《1と2に関連》INLAND REVENUE (内国税収入委員会) / INTERNAL REVENUE (内国税庁).

Révenue and Cústoms〘英〙歳入・関税委員会 (= HM Revenue and Customs)《政府の直接税・間接税・関税等の担当部局として 2005 年内国税収入委員会 (Board of Inland Revenue) 他の委員会が統合して創設された新部局》.

révenue bìll〘米〙歳入法案 (= MONEY BILL).

révenue bònd 特定財源債, レベニューボンド, 歳入担保債《地方公共団体が有料道路などの建設資金調達のために発行し, その収入で償還するもの; cf. IMPROVE- MENT BOND》.

révenue expénditure 収益的支出《支出した会計年度内に消費される財またはサービス取得のための支出; 資本的支出 (capital expenditure) の対概念》.

révenue làw 租税収入法.

révenue òfficer 1 税務官. 2 密輸監視官.

Révenue Procédure〘米〙《内国歳入庁 (Internal Revenue Service) が定める税に関する》《内国歳入庁》手続き通達 (略 Rev. Proc.).

Révenue Rùling〘米〙《内国歳入庁》個別通達《内国歳入庁 (Internal Revenue Service) が税に関する個別問題に対して内国歳入法典 (Internal Revenue Code) の解釈を示すために定める通達; 略 Rev. Rul.》.

révenue shàring〘米〙《連邦政府から各州・地方自治体への財政補助のための》歳入交付(制度), 歳入の交付.

révenue stàmp 収入印紙, 納税印紙 (= fiscal stamp, tax stamp).

révenue státute 歳入(制定)法《課税に関する議会制定法》.

re·ver·sal /rɪváːrs(ə)l/ n 1 反転, 逆(にすること), 逆転; 不運, 失敗. 2《下級審判決などを》覆すこと,《原判決の》破棄, 取消し.

revérsal of júdgment《上訴審での》原判決の破棄[取消し].

re·verse /rɪváːrs/ n 1 [the ~] 逆, 反対《of》. 2 転倒, 逆転. 3 不運, 失敗, 敗北. 4 裏, 背面. — vt 1 逆(向き)にする, 反対にする, 逆転させる, 裏返す. 2 a 完全に変える, 一変させる,《方針などを》(180 度)方向転換する. b 覆す; 破棄する, 取り消す;《下級審の判決などを》覆す (cf. AFFIRM, OVERRULE). ~**d and remanded**《上訴審での原判決の》破棄[取消し]差戻し. **re·vérs·i·ble** a

revérse annúity mòrtgage 逆年金譲渡抵当 (= home equity conversion mortgage, reverse mortgage)《通例は老齢の借り主に定期収入を与えるために住宅などを担保にして長期にわたり金銭を貸し与え, 貸金は借り主が死亡その他の理由で担保物件が売却されたりした場合に一括して返還される約束の譲渡抵当 (mortgage)》.

revérse búrden of próof 逆立証責任《刑事事件において立証責任 (burden of proof) が, 例外的にではあるが, 被告人に置かれること》.

revérse chárge càll〘英〙《料金》受信人払い通話 (collect call*).

revérse discriminátion 逆差別《伝統的に差別を受けてきた少数派優先による多数派への差別, 特に白人種や男性に対する差別; cf. AFFIRMATIVE ACTION, POSITIVE DISCRIMINATION》.

revérse enginéering 逆分析(工学), リヴァース・エンジニアリング (= decompilation)《他社の特に新しい製品を分解・解析し, 組み込まれているその原理・構造・技術などを自社製品に応用する手法; 他社の企業秘密を

見出す手段として用いられ，通常のエンジニアリングの逆であることに由来；コンピューター・プログラムについては，プログラム著作物を分析しそのアルゴリズム[解法]を抽出すること)．

revérse-enginéer *vt*

revérse mórtgage 逆譲渡抵当(＝REVERSE ANNUITY MORTGAGE)．

revérse pálming óff ＝REVERSE PASSING OFF．

revérse pássing óff 逆詐称通用《他人の製品を自分の製品であるかのように偽って表示して買い手に売るないしは売ろうとすること；cf. PASSING OFF》．

revérse stóck splít 株式の併合《2株を1株に，5株を3株にというように株式を従来より少数にすること；cf. STOCK SPLIT》．

revérse tákeover 逆企業買収，逆乗っ取り，逆テイクオーバー《企業買収された[乗っ取られた]会社が最終的に買取した[乗っ取った]会社を買収する[乗っ取る]こと，または小会社による大会社の，または非公開会社による上場会社の買収[乗っ取り]》．

revérsible érror 取消し[破棄]事由となる誤謬(＝fatal error, harmful error, prejudicial error)《当事者の実体上の権利や事件の結果に影響を与えるような実質的誤謬で，当事者が適正に異議申し立てをすれば取消し[破棄]事由となる瑕疵；cf. HARMLESS ERROR》．

re·ver·sion /rɪváːrʒ(ə)n, -ʃ(ə)n/ *n* **1** 反転，逆転，転換．**2** 逆戻り，逆コース，復帰〈*to*〉．**3 a** 復帰権(＝estate in reversion, reverter)《不動産権の所有者が他人に例えば生涯不動産権(life estate)や定期不動産権(tenancy for a term)のような部分不動産権(particular estate)を譲与した場合に，その生涯不動産権者の死亡のような先行不動産権の消滅により法の作用に基づき部分不動産権設定者ないしはその相続人の現有不動産権(estate in possession)となる土地に対する将来権(future interest)；なお，厳密な法学上の用法としては誤りであるが，部分不動産権の設定者ないしはその相続人以外の第三者の現有不動産権となる将来不動産権である残余権(remainder)を指すこともある；cf. POSSIBILITY OF REVERTER, REMAINDER》．**b**《財産(権)の》復帰，復帰財産権，財産復帰．**c** 復帰財産．**4** 将来享有すべき権利；将来[(特に)死後]支払いを受けるべき金《生命保険の受取金など》；《保有者の死後・退職後その職などの》継承権．**5**『スコットランド』譲渡抵当物の受戻し権．**in ～** 復帰権として，復帰権という形で，復帰を条件にして．▶ESTATE IN REVERSION (復帰不動産権)．[OF or L；⇨REVERT]

revérsion·àry /; -(ə)ri/, **revérsion·al** *a* **1** 逆戻りの．**2** 復帰権を有する，復帰権の；将来復帰すべき，将来享有しうる．**revérsion·al·ly** *adv*

revérsionary annúity 生残(ざん)(者)年金《被保険者の死後，受給資格者が生存している間支払われる年金》．

revérsionary ínterest 復帰権的権利；復帰権，将来権《》厳密な意味での復帰権(reversion)という意味から復帰権や残余権(remainder)類似の権利，さらには将来権(future interest)という広い意味にまで拡大されて用いられる；したがって土地に対してだけでなく動産に対しても用いられる》．

revérsionary léase 1 将来賃借権《設定時でなく将来現実の権利となる賃借権．**2** 復帰権的賃借権《先行賃借権終了後に現実の権利となる賃借権》．

revérsionary ríght 《著述家の死後の》相続人の有する著作権．

revérsion·er *n* 復帰権者；復帰権的権利者；将来権者《》⇨ REVERSION, REVERSIONARY INTEREST．

re·vert /rɪváːrt/ *vi* **1**《もとの習慣・意見・状態・話題などに》戻る，立ち返る，旧に復する，逆戻りする〈*to*〉．**2** 復帰する，帰属する〈*to*〉．**～·ible** *a*《財産など》復帰すべき〈*to*〉．[OF＜L (*vers- verto* to turn)]

re·vert·er /rɪváːrtər/ *n* **1** 復帰可能性(＝POSSIBILITY OF REVERTER)．▶ POSSIBILITY OF REVERTER (復帰可能性)．**2** REVERSION．

revérter of sítes『英』敷地の返還《学校・図書館・博物館・教会などの慈善事業の敷地用に提供されていた土地の使用目的が終了して寄贈者またはその相続人に返還されること》．

rè·vést *vt*《権利・地位などを》再び授ける[与える，付与する]〈*in*〉．― *vi* 再び授ける，《権利などが》復帰する〈*in*〉．

rev'g reversing．

re·view /rɪvjúː/ *n* **1** 見直し，(再)検討，再考；総覧，概観：salary [wage] ～ 給与[賃金]見直し．▶RENT REVIEW (賃料の見直し)．**2** 検査，調査，視察：financial ～ 財務検査．**3** 再審査，審査，審理．▶ADMINISTRATIVE REVIEW (行政(不服)審査，行政決定に対する司法審査) / APPELLATE REVIEW (上訴審による再審査) / BILL OF REVIEW (再審査訴状) / CONSTITUTIONAL REVIEW (違憲審査) / COURT OF REVIEW (再審査裁判所) / DIRECT REVIEW (直接的再審査) / DISCRETIONARY REVIEW (裁量的再審査) / JUDICIAL REVIEW (司法審査(権)，裁判所による違憲審査(権)；司法審査手続き) / PRETRIAL REVIEW (事実審理前審理) / PROPORTIONALITY REVIEW (均衡性再審査) / WRIT OF REVIEW (再審査のための記録移送令状)．**4** 評論，論評，批評；評論誌，批評欄．▶LAW REVIEW (法律雑誌)．― *vt* **1** 見直す，(再)検討する，再考する；概観する，概説する．**2** 再審査する；審査[審理]する．**3 a** 精密に調べる；吟味する．**b** 論評[批評]する．**～·able** *a* **～·ability** *n*

re·vise /rɪváɪz/ *vt* 見直す，修正[訂正，改定，改訂]する，改正する，変更する．― *n* 見直し，修正，訂正，改正，変更；改定，改訂(版)．**revís·able** *a* **revís·al** *n* 見直し，訂正，改正．

revised státutes *pl*『現行制定法集』『リヴァイズド・スタテューツ』《改廃・改正を組み込んだ現行制定法集；米国の連邦・若干州で編纂され，Revised Statutes と固有名詞として用いられる；略 Rev. St(at)., R.S．；英国では類似のものとして STATUTES REVISED (改正制定法集)という名の現行制定法集が存したが，1972年に加除式の

Revísed Úniform Pártnership Àct [the ~] 《米》改正統一組合法 (⇨ UNIFORM PARTNERSHIP ACT).

re·vi·sion /rɪvíʒ(ə)n/ n **1** 校訂, 校閲, 改訂; 訂正, 修正; 改正, 改定. ▶ STATUTE LAW REVISION (制定法整備). **2** 改訂版, 改訂; [the R-] 改訳聖書. **~·àry** /; -(ə)ri/, **~·al** a

re·viv·al /rɪváɪv(ə)l/ n **1** 生き返り, 再生, 復活; 《意識・体力の》回復, 復調. **2 a** 《法的効力の》**復活**, 回復 (cf. RENEWAL); 更新. **b** 《遺言の》復活 (⇨ REVIVAL OF WILL). **3** 復興, 再興.

revíval of wíll 遺言の復活《撤回・無効となった遺言を, 同一遺言の再作成 (reexecution) や遺言補足書 (codicil) を用い, あるいは撤回・無効とした遺言をあらためて撤回・無効とするなどして, 再び有効なものとすること; 英国では前2者の方法のみが認められている; cf. REPUBLICATION OF WILL》.

revíval stàtute 復活制定法《訴権・遺言・文書の法的効力などの復活を規定する制定法》.

re·vive /rɪváɪv/ vi, vt **1** 生き返る, 生き返らせる; 復活する, よみがえる; 有効になる. **2** 復興[再興]する.

re·ví·vor n 《一方当事者の死亡等で終了していた訴訟の》復活手続き. ▶ BILL OF REVIVOR (訴訟復活訴状) / WRIT OF REVIVOR (判決復活令状).

rev·o·ca·ble /révəkəb(ə)l/ a 廃止できる, 撤回しうる, 撤回可能の, 取消しできる. **-bly** adv **rèv·o·ca·bíl·i·ty** n

révocable guáranty 《他方当事者の承諾なしで保証人が撤回できる》撤回可能保証《契約》(cf. IRREVOCABLE GUARANTY).

révocable trúst 撤回可能信託《信託の設定者 (settlor) が明示的・黙示的に撤回権を留保している信託》.

revocandi ⇨ ANIMUS REVOCANDI.

rev·o·ca·tion /rèvəkéɪʃ(ə)n/ n **1** 廃止, 取消し. **2** 《契約申し込み・遺言などの》**撤回**, 取消し (cf. REJECTION, REPUDIATION, RESCISSION). ▶ BAIL REVOCATION (保釈の取消し) / DEPENDENT RELATIVE REVOCATION (《遺言の》依存相対的撤回《の原則》) / PAROLE REVOCATION (仮釈放撤回) / POWER OF REVOCATION (撤回[取消し]権). **rev·o·ca·to·ry** /révəkətɔ̀:ri; -t(ə)ri/ a [OF<L; ⇨ REVOKE]

revocátion hèaring 仮釈放撤回審理《仮釈放者 (parolee) が釈放遵守条件に違反したゆえに再収容すべきか否かについての審理》.

revocátion of ágency 《本人による代理人に与えていた》代理権の撤回.

revocátion of óffer 《契約の申し込みをした者からの》申し込みの撤回 (cf. LAPSE OF OFFER, REJECTION OF OFFER).

revocátion of próbate 《遺言執行者 (executor) の法的無能力, 不正行為による検認 (probate) 獲得などによる遺言の》検認撤回.

revocátion of wíll 遺言の撤回《遺言の全部または一部の効力を失わせること; 遺言者の意思に基づく場合と法の推定による場合がある; 前者は遺言者による文書による撤回, 抵触する内容の新しい遺言の作成・焼却・破損・署名抹消など; 後者には, 婚姻解消, 新たな婚姻, 子の誕生, 養子縁組などがあるが, その範囲は法域によって異なる》.

révocatory áction 《大陸法》詐害行為取消し訴訟《債務者の支払い不能 (insolvency) の程度を増すことになる契約の取消しを求める債権者の訴訟》.

re·voke /rɪvóuk/ vt, vi 撤回する, 取り消す, 廃止する, 無効にする, 解約する (repeal, annul) (cf. REJECT). — n 撤回, 取消し, 廃止. **re·vók·er** n [OF or L re-(voco to call) = to call back, withdraw]

revolútion n 革命 (⇨ COUP D'ÉTAT). ▶ GLORIOUS REVOLUTION (名誉革命) / RIGHT OF REVOLUTION (革命権).

re·vólv·er lòan /rɪválvər-/ 回転融資《複数の融資先からの融資に代えて受ける単一の融資で, 一定間隔での審査・承認を得るもの; cf. REVOLVING CREDIT》.

revólving chárge accòunt 《売主と買主との間のリヴォルヴィング貸付け (revolving credit) についての取決めで, 割賦支払いを前提に売り掛け金額が限度内であれば何度でも掛け売りに応ずる》回転掛け売り勘定, 回転売り掛け勘定, リヴォルヴィング売り掛け勘定.

revólving crédit 1 回転信用《勘定》, リヴォルヴィング貸付け[与信] (=open credit)《未返済の融資金額が限度内であれば何度でも融資に応ずる; cf. REVOLVER LOAN》. **2** リヴォルヴィング信用状, 回転信用状《リヴォルヴィング貸付けの信用供与をなす旨の信用状》.

revólving fúnd リヴォルヴィング基金, 回転基金《一定限度まで自由に引き出し利用ができ, 一定時期までごとに返済する合意の下で設けられる基金》.

revólving lóan リヴォルヴィング融資《満期に自動的に更新される融資》.

Rev. Proc. 《米》°Revenue Procedure (内国歳入庁)手続き通達.

Rev. Rul. 《米》°Revenue Ruling (内国歳入庁)個別通達.

Rev. St(at). °Revised Statutes『現行制定法集』.

re·ward /rɪwɔ́:rd/ n **1 a** 報酬, 褒美, 見返り. **b** 報い, 返報. **c** 《遺失物の返還, 犯罪者の逮捕などに対する》報奨金, 懸賞金, 謝礼金. ▶ BAILMENT FOR REWARD (有償寄託). **2** 利益. — vt, vi **1** 《…に》報いる 《with》; 《…に》報酬[賞, 褒美]を与える 《for》. **2** 《…に》返報する; 罰する. **~·able** a **~·er** n **~·less** a 無報酬の.

rex /réks/ n (pl **re·ges** /rí:dʒi:z/) 国王, 王《英国では刑事訴訟その他で国が訴訟当事者となる場合に当事者名として国王 (Rex) (通例 R. と略) が用いられる》; [R-] 現国王《略 R.》; ⇨ REGINA》. [L=king]

Rex est le·ga·lis et po·li·ti·cus. /réks ɛst lɛɡéɪlɪs ɛt pəlítɪkəs/ 王は法的存在であるとともに政治的存在である. [L=The king is both legal and political.]

Rex est lex vi·vens. /━━ léks váivɛns/ 国王は生ける法である。[L=The king is the living law.]

Rex non po·test fal·le·re nec fal·li. /réks nán pátɛst fǽlɛrɛ nɛk fǽlài/ 国王は欺くことも欺かれることもできない。[L=The king cannot deceive or be deceived.]

Rex non po·test pec·ca·re. /━━ nán pátɛst pɛkérɛ/ 国王はいかなる権利侵害もなしえず (⇨ The KING can do no wrong). [L=The king cannot do wrong.]

Rex nun·quam mo·ri·tur. /━━ nánkwæm máritər/ 国王は決して死なず (⇨PERPETUITY OF THE KING [QUEEN]). [L=The king never dies.]

Rex quod in·jus·tum est fa·ce·re non po·test. /━━ kwad ɪndʒástəm ɛst fǽsɛrɛ nán pátɛst/ 国王は不正をなしえず。[L=The king cannot do what is unjust.]

Reyn·olds v. Sims (1964) /rénldz vɜ:rsəs símz/《米》レノルズ対シムズ事件(1964年)《合衆国憲法第14修正の平等保護条項の下で各人が有している一票は、選挙区間でその影響力に不平等があることは許されず、一人一票原則は連邦議会下院だけでなく州議会の上院・下院の双方にも適用され、州議会が不均衡是正の責任を果たさぬ場合には裁判所が是正を行なってもよいとする合衆国最高裁判所の判決》.

re·zóne vt …のゾーニングの境界・規制を変更する、地域地区規制を更改する、再区分する (⇨ZONING).

r.g. [L *regula generalis, regulae generales*] general rule, general rules (⇨ RULE).

rhad·a·man·thine /rædəmǽnθən, -θàin; -θàin/ a [°R-]《ギリシア神話の》ラダマンテュス (Rhadamanthus) の;〈特に 裁判官が〉厳酷で柔軟性を欠いている: ~ interpretation 柔軟性に欠けた厳格な解釈.

RHAs《英史》Regional Health Authorities 地域公共医療実施機関.

Rhó·di·an láw /róudiən-/ ロードス海法《(1) 地中海にあり早くから商業の栄えたロードス島の住民により紀元前900年ごろに編纂されたとされる海事法典; ローマに継受され、皇帝により世界中で通用すべき旨宣告された; 特に 共同海損投荷に関する法 lex Rhodia de jectu (投荷に関するロードス海法) が有名 2) 多くの手書本にあった海法を7-8世紀ごろにビザンティンでギリシア語により編纂したもの; わが国では前者と区別して '偽ロードス海法' などと訳されている》.

Ric. (King) Richard.

Ríchard Róe /-róu/ 1 リチャード・ロウ, 乙 /3/《英》かつての不動産回復訴訟 (ejectment) における仮想の被告名 2)《米》訴訟で、当事者の氏名を伏す要のあるときに用いる男性の仮名; ⇨ JOHN DOE. 2*普通の男 (John Doe).

RICO /rí:kou/《米》°Racketeer Influenced and Corrupt Organizations Act 事業への犯罪組織等の浸透取

right

締法.

rid·er /ráidər/ n 1 乗り手, 騎手. ▶FREE RIDER (非組合員労働者). 2 追而書(おって), 添え書;《議案などの》付加条項;"《陪審の評決の》副申書《かつては死刑減刑の勧告など》;《契約書の最終条項に付加される》補足条項;《手形などの》補箋: by way of ~ 追加として, 添付して〈to〉. ~·less a

ri·ding /ráidiŋ/ n 1 [°R-]《英史》区, ライディング《1974年4月までのイングランド Yorkshire を東・西・北に3分した行政区画; 早くに消滅したが Lincolnshire にも同じ名の3つの行政区画が存した》: the Three *R~s* 全ヨークシァ. 2 a《カナダ》《議会の》選挙区. b《ニュージーランド》《地方自治体の》選挙区. [OE *thriding<ON= third part; *th-* の消失は前にある eas*t* [nor*th*, etc.] との同化より]

rig /ríg/ n 1"術計, 計略, いたずら. 2"詐欺, 瞞着. 3 市場[相場]操作. ━━ *vt* (-gg-) …(の結果)を不正に操作する,《望みの結果となるよう》あらかじめ仕組む, …に八百長をする: ~ an election 選挙結果を操作する / ~ the market (株式)市場を操作する. [C19=to swindle <?]

ríg·ging n 1"詐欺. 2"不正操作; 市場[相場]操作. ▶BALLOT-RIGGING (投票不正操作) / BID RIGGING (入札談合).

rígging the márket 株式市場操作 (cf. MANIPULATION).

right /ráit/ a 1《道徳的に》正しい, 正当な, 正義の (opp. *wrong*), 正義に合する;〈人が〉善良な; *《俗》*警察とかかわりのない. 2 正確な (correct), 正しい. 3 適切[適当]な, 当を得た, 申し分のない. 4 健康な; 健全な, 正常の, 正気の. 5 (opp. *left*) a 右の, 右方[右側]の. b《政治的・思想的に》右派の, 保守的な, 反動的な.
━━ n 1 正当; 正義, 正道, 公正, 正しさ, 正当性. 2 正確さ. 3 a 権利: ~s and duties 権利(と)義務 / assert [stand on] one's ~s 自己の権利を主張する / be within one's ~s to do …する権利がある / foreign ~s 海外での販売権 / claim a ~ *to* the use of the land その土地の使用権があると主張する / ~s of man 人権 (human rights). b [°*pl*] 権益, 利権; 著作権, 版権. c [°*pl*]《増資株の》買増し権, 新株引受権[証書]. d [*pl*] *《口》*市民権, 公民権 (civil rights). ▶ABSOLUTE RIGHT (絶対的権利) / ACCESS RIGHT (通行権) / ACQUIRED RIGHT (取得した権利) / ADAPTATION RIGHT (翻案権) / AIR RIGHT (空中権) / APPEAL AS OF RIGHT (権利上訴) / APPEAL BY RIGHT (権利上訴) / AQUATIC RIGHT (水利権) / ASSIGNMENT OF RIGHT (権利の譲渡) / BELLIGERENT RIGHT (交戦権) / BILL OF RIGHTS (人権宣言) / BILL OF RIGHTS (権利章典) / BIRTH RIGHT (生まれながらにしてもつ権利) / BUNDLE OF RIGHTS (諸権利の束) / CIVIL RIGHTS (市民権; 市民的自由) / CLAIM OF RIGHT (権利の主張) / CLASS RIGHTS (株式の種類に従ってそれに付属する権利) / CONJUGAL RIGHTS (夫婦の権利) / CONSTITUTIONAL RIGHT (憲法

上の権利) / CONVENTION RIGHT (人権条約上の権利) / COPYRIGHT (著作権) / CORRELATIVE RIGHT (相関的権利; 合理的配分利用権) / DATABASE RIGHT (データベース権) / DECLARATION OF RIGHT (権利確認) / DECLARATION OF RIGHTS (権利確認; 宣言的判決) / DECLARATION OF RIGHTS (権利宣言) / DESIGN RIGHT (意匠権) / DEVELOPMENT RIGHTS (不動産開発権) / DISPLAY RIGHT (展示権) / DISSENTER'S RIGHT (反対株主の権利) / DISTRIBUTION RIGHT (頒布権) / DIVINE RIGHT (OF KINGS) (神授王権) / DRAINAGE RIGHT (排水権) / DRIP RIGHTS (滴下権) / DUE PROCESS RIGHTS (法の適正手続きにより保障されている諸権利) / ENVIRONMENTAL RIGHT (環境権) / EQUITABLE RIGHT (エクイティー上の権利) / EXCLUSIVE RIGHT (独占的権利) / EXHAUSTION OF RIGHTS (権利消尽) / EXTRALATERAL RIGHT (鉱脈追求権) / FULL RIGHT (完全な権利) / FUNDAMENTAL RIGHT (基本権) / GAY RIGHTS (同性愛者の権利) / GENERAL RIGHT (共同体権利) / HEADRIGHT (頭割権) / HOME RIGHTS (住居に対する権利) / HOMOSEXUAL RIGHTS (同性愛者の権利) / HUMAN RIGHTS (人権) / IMPERFECT RIGHT (不完全な法的権利) / IMPRESCRIPTIBLE RIGHT (時効により消滅させられない権利) / INALIENABLE RIGHT (不可譲の権利) / INCHOATE RIGHT (未完成権利) / INDEFEASIBLE RIGHT (消滅条件付きでない確定的権利) / INHERENT RIGHT (固有の権利) / INSPECTION RIGHT (物品検査権; 開示手続きに伴う文書閲覧権; 記録閲覧権) / INTRALIMINAL RIGHT (地表延長区域内鉱業権) / JUNIOR RIGHT (非長男子相続権) / LEGAL RIGHT (法的権利; コモンロー上の権利) / LITTORAL RIGHT (沿岸権) / MARITAL RIGHTS (夫の権利; 配偶者の権利) / MASK RIGHT (マスクワーク権) / MATERNITY RIGHTS (出産に伴う諸権利) / MECHANICAL RIGHT (機械的複製権) / MERE RIGHT (単なる権利) / MINERAL RIGHT (鉱業権) / MIRANDA RIGHTS (ミランダ権利) / MORAL RIGHT (著作者人格権) / MORTGAGEE'S RIGHTS (譲渡抵当権者の権利) / MORTGAGOR'S RIGHTS (譲渡抵当権設定者の権利) / NATURAL RIGHT (自然権; 土地自然権) / NEIGHBORING RIGHTS (著作隣接権) / NO-RIGHT (無権利) / OBJECT OF A RIGHT (権利の客体) / PARENTAL RIGHTS (親権) / PATENT RIGHT (特許権) / PERFECT RIGHT (完全な法的権利) / PERFORMER'S RIGHT (実演家の権利) / PERFORMING RIGHT (実演権) / PERIPHERAL RIGHTS (周辺的権利) / PERSONAL RIGHT (人的権利; 対人的権利) / PETITION OF RIGHT (権利請願) / PLAYRIGHT (上演権) / POLITICAL RIGHT (政治的権利) / POSSESSION OF A RIGHT (権利の享有) / PRECARIOUS RIGHT (不安定な権利) / PREEMPTION RIGHT (新株引受権; 公有地先買(さきがい)権) / PREEMPTIVE RIGHT (第一先買(さきがい)権; 新株引受権) / PRESCRIPTIVE RIGHT (時効取得された権利) / PRIMARY RIGHT (第一次的権利) / PRIVATE RIGHT (私権) / PROCEDURAL RIGHT (手続き的権利) / PROPERTY RIGHT (財産上の権利) / PROPRIETARY RIGHT (所有権的権利) / PUBLIC LENDING RIGHT (公貸(こうたい)権) / PUBLIC RIGHT (公権, 公共的権利) / QUALIFIED RIGHT (条件付きの権利) / REAL RIGHT (対物権) / RELATIVE RIGHT (関係的権利) / REMAKE RIGHTS (再映画化権) / REMEDIAL RIGHT (救済的権利) / REPRODUCTION RIGHT (複製権) / REVERSIONARY RIGHT (相続人の有する著作権) / RIPARIAN RIGHT (河岸所有者の権利) / RULE OF RIGHT (権利付与準則) / SECONDARY RIGHT (第二次的権利) / SHOP RIGHT (被用者発明の雇用者実施権) / SOVEREIGN RIGHT (統治権; 主権的権利) / SPOUSAL RIGHTS (配偶者の権利) / SQUATTER'S RIGHT (不法占拠者の占拠地権原取得権; 公有地定住者の定住地権原取得権) / STATES' [STATE] RIGHTS (州権; 州権論) / STOCK APPRECIATION RIGHT (株式評価益権) / STOCK RIGHT (新株引受権; 新株引受権証書) / SUBJECT OF A RIGHT (権利の主体; 権利の対象) / SUBSCRIPTION RIGHT (新株引受権証書) / SUBSIDIARY RIGHTS (副次的権利) / SUBSTANTIAL RIGHT (実質的権利) / SUBSTANTIVE RIGHT (実体的権利) / SURFACE RIGHT (地表権) / TENANT RIGHT (改良費償還請求権) / TIMBER RIGHT (立木伐採権) / TITLE OF RIGHT (権利の根源としての判決) / VESTED RIGHT (確定的権利; 既得権) / VISITATION RIGHT (訪問権; 臨検権) / VOTING RIGHTS (投票権; 議決権) / WATER RIGHT (用水権) / WOMAN'S [WOMEN'S] RIGHTS (女性の権利) / WRIT OF RIGHT (権利令状; 当然令状). **4** [^upl] 真相; [pl] 本来の[正しい]状態[秩序]. **5** 右, 右側. **6** [^othe R-] (議長から見て) 議場の右側, 右翼 (欧州大陸諸国で保守派が占める); [^uthe R-] 右派 (勢力), 保守派, 保守党 (議員) (cf. *the* LEFT, *the* CENTER); 右派[保守]的立場; 反動的[超保守的]立場[見解]. **as of** ~ (当然の)権利として; (法的に)正しく, 正当に: APPEAL AS OF RIGHT. **of** ~ 当然の権利のある; 当然の権利として. ▶INTERVENTION OF RIGHT (権利としての訴訟参加). **reserve the** ~ **to** do...する権利を留保する.

— *vt* **1** 〈不正・誤りなどを〉直す; 正す; ...に権利を得させる[回復させる]; 正当に扱う, 救う. **2** 直立させる, 立てる, 起こす; もとどおりにする, 整頓[整理]する. ~ one**self** 立ち直る; 常態にかえる; 名誉を回復する, 復権する; 弁明する, あかしを立てる.

~·**able** *a* 直す[正す]ことのできる. [OE *riht*; (n)〈(a); cf. Du and G *recht*, L *rectus* straight, right]

ríght agàinst sèlf-incrimínátion 自己負罪拒否権 (=privilege against self-incrimination) 《みずからに刑事責任を負わせるような供述を強制されない権利; 刑事手続き上だけでなく議会での証人などにも適用がある; cf. NEMO TENETUR SEIPSUM ACCUSARE, RIGHT OF SILENCE, PLEADING THE FIFTH》.

ríght and wróng tèst 正邪のテスト (=McNAGHTEN RULES).

ríght·ful *a* **1** 正しい, 正義に基づく. **2** 正当な権利を有する; 適法の, 合法的な; 正当な, 正当な理由に基づく; 当然の, ふさわしい, 適切な: ~ CLAIMANT / ~ owner 正

当な所有(権)者 (legal owner). **~・ly** *adv*

ríght héir 正統法定相続人 (1)《史》限嗣封土権 (estate tail) 設定時に限定され, それを一般の相続人に優先して相続できる法定相続人 2) 法定相続人 (＝HEIR)).

ríght in gróss 《特定の土地に付着するのではなく人に付着している》人的権利 (⇒ *in* GROSS).

ríght in per・só・nam /-pərsóunəm/ [the ~] 対人権, 対人的権利 (＝jus in personam, personal right)《債権のように特定人に対してのみ法的義務を課す権利; cf. RIGHT IN REM). 　[⇨ IN PERSONAM]

ríght in rém [the ~] 対物権, 対世的権利, 対物的権利 (＝jus in re, jus in rem, real right)《対世的にすべての人ないしは特定人を除くすべての人に対して法的義務を課す権利; cf. RIGHT IN PERSONAM). 　[⇨ IN REM]

ríght of abóde [the ~]《英》《なんらの制約なしに連合王国に入国・居住・労働できる》居住権.

ríght of áccess [the ~] **1** 取得権, 面接権, 立入り権《特定の物・人・場所・情報などへアクセスする権利一般). **2** アクセス権《市民がマスメディアを利用して意見主張を行なう権利; マスメディアによる一方的な情報の流れに対して市民側が主体となることを目指すもの; 意見広告掲載請求権などがその典型). **3** アクセス権, 情報取得権, 知る権利《国の安全保障, 他人のプライバシーに関わる情報など一定の場合を除いて市民が政府・公共団体などの有する情報・文書・記録などの開示を求める権利). **4** 私的公道利用権《公道 (highway) に面した土地所有者が, 一般の人と同じ公道利用権をもつことは当然であるが, それに加えて財産権としてその公道を出入りのために利用しうる私的権利; したがって, なんらかの形でこれが妨害されれば, 訴えることができる). **5 a**《別の所で保護・養育されている子の親への, あるいは親・祖父母の子・孫への》面会権. **b**《英》《子に対する監護権 (custody), 親の責任 (parental responsibility) を有しない離婚配偶者の, 子への》訪問権. **6** 裁判を受ける権利 (＝**ríght of áccess to cóurts**).

ríght of áction [the ~] **1**《特定事件を裁判所に訴え出ることのできる》訴権, 法的権利. **2** 訴訟による実現可能財産, 無体動産 (＝CHOSE IN ACTION).

ríght of appéal [the ~] 上訴権.

ríght of archipelágic séa lànes pássage [the ~]《国際法》群島航路帯通航権《群島水域内の航路帯とその上空の航空路を継続的かつ迅速に通過する外国の船舶や航空機に認められた通過の権利).

ríght of assémbly [the ~] 集会の権利 (＝freedom of assembly, freedom of meeting) (cf. FREEDOM OF ASSOCIATION, UNLAWFUL ASSEMBLY).

ríght of asýlum [the ~]《国際法》庇護権《本国での迫害・危難を逃れるため他国領域内に保護を求めることを庇護 (asylum) というが, 保護を求められた国家がそれを許しうる権利を庇護権という; 国家は庇護を与えるか否かの決定権をもつ).

ríght of áudience 1《主に英》弁論権《単に audience ともいう》: A barrister has a ~ in any court. **2** 謁見を受ける権利.

ríght of cómmon [the ~] 入会権 (＝COMMON).

ríght-of-cónscience làw 良心の権利法《医療にたずさわる専門的職業人がみずからの良心に照らして道徳的に許されないと判断する医療の拒否を認める制定法).

ríght of dówer《史》寡婦産権《単に dower ともいう; ⇨ DOWER).

ríght of eléction [the ~]《配偶者の》選択権《死亡者の配偶者が, 遺言による遺産分を取得するか, 制定法に定められた相続分による相続を受けるかを選択できる権利; cf. ELECTION BY SPOUSE, ELECTION DOWER, ELECTION OF REMEDIES, ELECTIVE SHARE, WIDOW'S ELECTION).

ríght of éntry [the ~] **1**《不動産への》立入り権 (entry). **2** 不動産占有(の自力)回復権. **3**《不動産の》終了権 (＝POWER OF TERMINATION). **4**《外国人の》入国権.

ríght of estáblishment [the ~] 開業の権利《欧州共同体 (European Community) 加盟国国民の, 域内で自由に事業を行ないうる権利).

ríght of fírst refúsal 1 第一先買(せんばい)権 (＝preemptive right)《A が B の所有の特定物に対するこの第一先買権を有している場合に, B が C の一定額でのその物の購入申し込みを受諾しようとした時に, A はこの申し込みに対抗し C がこれを購入することを阻止し, 同額ないしはあらかじめ定めておいた額で購入しうる権利; cf. RIGHT OF PREEMPTION). **2** 子の監護についての優先権《離婚あるいは別居の男女間の子の監護にかかわる一方の親の権利で, 通常の訪問権 (visitation) の期間中以外に一方の親が病気や仕事上の旅行などで監護ができなくなった時に, 第三者に子の世話を委ねる前に他方の親が優先的に監護の依頼の申し出をしてもらえる権利).

ríght of frée pássage [the ~]《国際法》自由通航[航行]権《船舶が公海を自由に通航しうる権利).

ríght of hót pursúit《国際法》緊急追跡権《違法外国船に対して緊急追跡をなし, 拿捕しうる権利; 領海外の公海に逃亡した場合も追跡はできるが他国領海には侵入できない; 航空機にもこの法理は適用される).

ríght of ínnocent pássage [the ~]《国際法》無害通航[航行]権《船舶が, 沿岸国の平和・秩序・安全を害さずに他国の領海を通航しうる権利; 領海海面下の潜水による航行は含まれない; 単に innocent passage ともいう).

ríght of líght [the ~] 採光権, 採光地役権 (cf. ANCIENT LIGHTS, LIGHT).

ríght of petítion《米》請願権 (＝RIGHT TO PETITION).

ríght of posséssion 占有権 (cf. DROIT DROIT, RIGHT OF PROPERTY).

ríght of preémption 先買(せんばい)権 (＝first option to buy)《他人所有の特定物を一定期間内一定額で購入しうる先買権; A が B 所有の特定物に対してこの権利を有している場合, B がその期間内にその物を売却しようとした場合に, A はそれを一定額で購入するか購入を拒

否するかの選択権を有し, もし拒否した場合は B はそれを他の者に売却することが許される; 単に preemption ということもある; cf. RIGHT OF FIRST REFUSAL》.

right of primogéniture [the ~] 長子相続権 (=PRIMOGENITURE).

right of prívacy [the ~] プライバシー権 (=right to privacy)《(1) 私事決定の自由, 自己決定権 2) 個人的な事柄・私生活への侵入・公表からの自由; cf. GRISWOLD V. CONNECTICUT, INVASION OF PRIVACY, PRIVACY INTEREST, PRIVACY, ZONE OF PRIVACY》.

right of próperty 財産権, 所有権 (cf. DROIT DROIT, RIGHT OF POSSESSION).

right of publícity パブリシティーの権利《自分の名前・写真・肖像の利用を管理し, 承諾なしで他人に商業目的で利用させない権利》.

right of redémption 受戻し権《(1) EQUITY OF REDEMPTION 2) STATUTORY RIGHT OF REDEMPTION》.

right of reéntry [the ~] 不動産占有回復権 (=POWER OF TERMINATION).

right of resále [the ~] 再売却の権利《売買契約を結んだ後に売主が別の買主へ売却する権利; 例えば, 買主が契約どおりに代金を支払わない場合などに売主はこの権利を有し, 売主がその物を所持している場合には再売却しうるとともに, 第一の買主からの損害賠償の請求権をも有する》.

right of resístance 抵抗権, 反抗権《政治権力の圧制や専制的な行使に対して人民が抵抗しうる権利》.

right of revolútion 革命権《統治機関が市民の信託に反した圧制に及んだ場合には, 市民が最終的に革命に訴えることができる権利》.

right of séarch [the ~]《国際法》臨検・捜索権, 臨検権, 捜索権 (=right of visit [visitation] (and search))《(1) 公海上で交戦国が中立国の船舶を停止させ取締まりの理由の有無を確かめるために船舶等備え付けの書類を検査すること, また この臨検により嫌疑が生じた場合にはさらに積荷を捜索すること 2) 平時においては海賊行為・奴隷取引・国旗濫用・無許可放送などを確かめるための備え付け書類の検査(・捜索) 3) 航行機の臨検・捜索》.

right of sèlf-determinátion [the ~]《人民・民族の》自決権《人民みずからがその政治的地位を自由に決定し, その政治的・経済的・社会的・文化的な発展を自由に追求する権利》.

right of sílence [the ~] 黙秘権《被告人または被疑者が, 捜査機関の取調べや公判などで供述あるいは証拠提出をしない権利; cf. INTERROGATION, QUESTIONING OF SUSPECT, RIGHT AGAINST SELF-INCRIMINATION》.

right of suppórt [the ~] 1《建物を隣地や隣家に支えてもらう》支持権《地役権 (easement) の一種》. 2《土地の》支持自然権《隣地や基盤によりみずからの土地が支えられている状態を保持し続ける土地所有者の権利で, 土地自然権 (natural right) の一つ; ⇨ NATURAL RIGHT》.

right of survívorship [the ~] 生残者への権利

帰属権 (=jus accrescendi)《合有不動産権 (joint tenancy) は, 共有不動産権 (tenancy in common) と異なり, 権利者の中の一人が死亡した場合はその者の権利はその者の相続人に承継されずに残存合有権者の権利に吸収されるが, その生残者の権利を指す》.

right of tránsit pássage [the ~]《国際法》通過通航権《国際海峡において, 継続的かつ迅速な通過に限ってすべての船舶・航空機に認められている通過の権利; 単に transit passage ともいう》.

right of úse [the ~]《ローマ法・大陸法》《不動産の完全な享有 (enjoyment) には至らぬ特定的な》使用権 (cf. USUFRUCTUS).

right of vísit [visitátion] (and séarch) [the ~]《国際法》臨検(・捜索)権 (=RIGHT OF SEARCH).

right of wáter [the ~] 1 流水権《自分の土地への流水を利用したり, 他人の土地に排出したり, あふれるのを防ぐべく水門を開けるために他人の土地に入ったりしうる流水についての地役権》. 2 流水自然権《みずからの土地に流れてくる水を利用しうる土地自然権 (natural right) の一種》.

right of wáy (pl **ríghts of wáy**) [the ~]《略 row, ROW》 1 a 通行権《他人の私有地あるいは公道・公水路を通行する権利》. b《道路交通上, 歩行者と車両あるいは車両間の》優先権, 優先通行権 〈over〉. c 通行地役権 (=ACCESS EASEMENT). 2《発言などにおける》優先権. 3 通行権のある通路; 公道用地, 鉄道用地, 線路用地, 送電線[天然ガス輸送管]用地;《それらの》敷設権.

right of whárfing óut 埠頭建設権.

rights arbitrátion《労働協約に基づく》権利問題処理仲裁 (=GRIEVANCE ARBITRATION).

rights ìssue"《新株の》引受権付き発行 (=RIGHTS OFFERING*).

rights òffering* 引受権付き発行 (=rights issue")《既存の株主に新株引受権 (preemptive right) を付与して新株を発行すること》.

rights of the accúsed pl [the ~]*被疑者[被告人]の権利《米国では主として合衆国憲法第 5, 第 6 修正で刑事裁判に関連して保障されている諸権利; 陪審による起訴の保障, 二重の危険の禁止, 法の適正手続きの保障, 自己負罪拒否権の保障, 陪審による迅速公開の裁判, 事件の性質・原因の告知, 自己に不利な証人との対質(✝), 自己に有利な証人を得る権利, 弁護士の援助など》.

rights ón a 権利付きの (cum rights).

right to áir [the ~] 空気流通権《隣地・隣家から自分の土地や建物への空気の流れについての権利; 隣地所有者との契約で, 十分明確に規定されれば地役権として設定することができる; 例えば, 特別の換気装置を通しての通風など. ただし, 建物の煙突からの空気の通常の流れなどは地役権の対象にならない》.

right to assístance of cóunsel 弁護士の援

right to bear arms [the ~]《米》武器保持権《合衆国憲法第2修正で規定》.

right to begín [the ~]《英》訴訟開始権《訴訟において一方当事者が冒頭陳述をし証拠を提出しみずからの主張を初めて法廷に提起する権利; 通常は立証責任 (burden of proof) を負う側にあり, したがって刑事訴訟では常に訴追側に, 民事訴訟では通例 原告側にある; cf. OPEN the case》.

right to búy 《英》買取り請求権《地方公共団体などの公的機関から居住用に賃借している家屋などを一定条件の下で市場価格より安く優先的にしかも譲渡抵当 (mortgage) 付きで買い取れる権利; cf. SECURE TENANCY》.

right to cóunsel [the ~] 弁護士の援助を受ける権利 (=right to assistance of counsel) (1) 刑事被告人 [被疑者] に合衆国憲法第6修正が保障している基本的権利; cf. ASSISTANCE OF COUNSEL 2) 親権の終結 (termination of parental rights) をめぐる訴訟で被告が弁護士に依頼する経済的余裕がない場合に, 裁判所により弁護士を選任してもらえる被告の権利; 米国若干州で採用している》.

right to die 《末期患者の》死ぬ権利 (cf. ADVANCE DECISION (TO REFUSE TREATMENT), ADVANCE DIRECTIVE, DURABLE [ENDURING, LASTING] POWER OF ATTORNEY, LIVING WILL, NATURAL DEATH ACT).

right to educátion 教育に対する権利, 教育を受ける権利, 教育権.

right-to-knów a 知る権利の[に関する].

right-to-knów àct 《米》知る権利法《化学薬品など有害物質を生産・輸入している企業に対してその物質についての情報を近隣社会および従業員などの取扱い関係者双方に開示することを要求する連邦および州の制定法》.

right to life [the ~] 生命に対する権利, 生命権, 生きる権利《妊娠中絶 (abortion) 反対運動は胎児のこの権利を根拠とする》.

right-to-life a 1 生命に対する権利の. 2 胎児の生きる権利を主張する, 妊娠中絶反対[禁止論]の. 3《不治の病をもって生まれた新生児の生きる権利を主張する》新生児生命権論の.

right to mánage 《英》管理権《(フラット) (flat) 式共同住宅の賃借人たちが, その管理人に落度があることを立証することなしに, また割増金を支払うことなしに, みずからが居住している建物を管理しうる共同の権利; この権利はその目的のために賃借人により設立される特別の会社 (これを管理権会社 (RTM company) という) を通して行使されねばならない; cf. MANAGEMENT ORDER; 略 RTM》.

right to márry 婚姻の権利.

right to petítion 請願権 (=right of petition)《英国では権利章典 (Bill of Rights) で, 米国では合衆国憲法第1修正で保障》.

right to prívacy プライバシー権 (=RIGHT OF PRIVACY).

right to públic fórum [the ~] パブリック・フォーラム利用権 (⇒ PUBLIC FORUM).

right to públic trial 《合衆国憲法第6修正に規定されている刑事被告人の》公開審理を受ける権利.

right to pursúe háppiness 《米》幸福追求権《米国独立宣言中にもうたわれている憲法上保障されている権利で, 他人の平等権を侵さぬ形でその人に最高の享楽を生み出し, 繁栄を増加し, あるいは能力の発展を許すような合法的営業ないし活動遂行権を保障すること; cf. PURSUIT OF HAPPINESS》.

right to róam 《英》《2000年法で指定地に認められた》遊歩権 (cf. ACCESS LAND).

right to strike ストライキ権, スト権.

right to trável [the ~]《米》移転の権利《合衆国憲法上明文規定はないが, 第4編第2節1項の特権および免除条項 (Privileges and Immunities Clause) で認められているとされる州境を越えて移動する自由》.

right to vóte [the ~] 投票権, 選挙権 (suffrage).

right to wórk [the ~]《米》労働権《クローズドショップ (closed shop) およびユニオンショップ (union shop) に反対しあるいはそれを禁止し, 雇用の取得・維持に関する労働者の権利を認めること》.

ríght-to-wórk làw 《米》労働権法《雇用継続のためには組合に加入しなければならないという条件を禁止する州法》.

ríght-wróng tèst 正邪テスト (=McNAGHTEN RULES).

rig·or mor·tis /rígər mɔ́:rtəs, ˈráigɔː-/ 死後[死体]硬直. [L=stiffness of death]

ring¹ /ríŋ/ n 1 環, 指輪. 2《私利的な》徒党, 一味; 買占め[売崩し]同盟,《特に》競売同盟 (=AUCTION RING).

ring² vt 1《鐘などを》鳴らす,《音を》出す. 2《不正に》自動車のナンバープレート[車体・エンジンナンバー]を付け替える.

rínging the chánges 釣銭詐欺.

rínging úp 計算上の履行《穀物取引所などで一群の商品ディーラーがそれぞれの将来の引渡し契約上の義務を, 現物の引渡しをせずに相殺・解約・価格調整などを用いて履行すること》.

ri·ot /ráiət/ n 1 暴動, 一揆; 騒動, 混乱. 2 騒擾 (そうじょう) 《罪》《3人以上の者が互いに協力する意思で法的権限なしで集会し目的達成のため暴力的に行動しないしは行動を開始し, もって公衆に脅威を与え平穏を乱すこと; コモンロー上は軽罪 (misdemeanor); 英国ではコモンロー上の騒擾は廃止され, 1986年法で12名以上の者の集合が要件となっている; cf. AFFRAY, CIVIL COMMOTION, CIVIL DISORDER, REBELLION, ROUT, UNLAWFUL ASSEMBLY, VIOLENT DISORDER》. — vi 騒擾[暴動]を引き起こす, 騒ぐ. ~**·er** n 騒擾者, 暴徒, 暴民.

Ríot Àct [the ~]《英史》騒擾 (そうじょう) 法《1715年ジャコバイトによる十五年反乱の直後に制定; 12人以上の不穏な集合に対し国王布告を読み上げて解散を命じたのち1時間継続して集合することを, 重罪 (felony) とした; 1967年

廃止). **read** (sb) **the ~** 騒擾行為禁止の布告を読み上げる.

ríot gùn《殺傷力の低い》騒擾(そうじょう)鎮圧用小型銃[散弾銃].

ríot·ous *a* **1** 騒擾の, 暴動の. **2** 騒擾[暴動]に加わっている. **~·ly** *adv* **~·ness** *n*

ríotous assémbly《騒擾罪を構成するような》暴徒の集まり, 騒擾的集会.

Río Tréaty /rí:ou-/ [the ~] リオ(・デ・ジャネイロ)条約, 米州相互援助条約《1947 年 Rio de Janeiro で採択・署名された米州諸国の相互援助朱と共同防衛条約; 米州の一国に対する侵略は全米州諸国に対する侵略とみなすことを規定》.

ri·par·i·an /rəpέəriən, raɪ-/ *a* 河岸の, 流域の, 水辺[岸辺]の (cf. LITTORAL). — *n* **1** 河岸に住む人. **2** 河岸(土地)所有者. [L (*ripa* bank)]

ripárian lánd 河岸地, 沿岸地.

ripárian propríetor 河岸[河岸地]所有者, 沿岸所有者.

ripárian ríght [the ~] [*°pl*] 河岸所有者権, 河岸地所有者権, 沿岸権 (=water right).

ripárian ríghts dòctrine《米》流水平等私的利用権の法理《河岸所有者 (riparian proprietor) は, その土地内ないしはそれに沿って流れている水の利用に関して平等の権利を有するという原則; cf. PRIOR APPROPRIATION DOCTRINE》.

ripe /ráɪp/ *a* **1** 熟した, よく実った. **2** 盛りの; 成熟した; 爛熟した, 円熟した, 老練な. **3** すっかり準備の整った (ready), 機が熟した; 判決の機が熟した (cf. MOOT). **~ for judgment** (**1**) 判決の機が熟した. (**2**) 紛争が司法判断を受けるに十分成熟している (⇒ RIPENESS DOCTRINE).

rip·en /ráɪp(ə)n/ *vi* 熟す. — *vt* 熟させる, 成熟させる; 円熟させる.

ripe·ness *n* **1** 成熟, 円熟. **2** 成熟性《紛争が司法判断を受けるのに十分な程度に成熟していること; cf. JUSTICIABILITY, PREMATURITY》.

rípeness dòctrine 成熟性の法理《司法判断をするのには紛争が十分成熟していなければならないという原則; cf. MOOTNESS DOCTRINE》.

rísing of cóurt《古》**1**《開廷期 (term) 末の》閉廷. **2** 休廷《一日の法廷の終了あるいは一時的閉廷》.

rísing vòte《特に 米国連邦議会下院の》起立表決 (=division vote, standing vote)《記録には残さない; cf. VOICE VOTE》.

risk /rísk/ *n* **1** 危険 (danger), 冒険, 危険性[度], 損傷[損害]のおそれ, リスク; 危険要素. **2**《保険対象としての》危険,《保険》事故《火災・海難など; cf. PERIL》; 危険率; 保険金(額); 被保険者, 被保険物. ▶《1 と 2 に関連》ASSIGNED RISK (強制割当危険) / ASSUMPTION OF (THE) RISK (危険の引受け; 危険の引受けの抗弁) / ATTACHMENT OF RISK (危険移転(の時期)) / FIRE RISK (火災の危険) / OWNER'S RISK (所有者危険負担) / PRE-FERRED RISK (優良危険) / PURE RISK (純粋危険) / SHIFTING RISK (変動危険) / SPECULATIVE RISK (投機的危険) / TRANSFER OF RISK (危険の移転) / WAR RISK (戦争危険). **~ averse**《投資家などが》危険[リスク]回避的な, 不確実性を好まない. **~ neutral**《投資家などが危険愛好的でも危険回避的でもない》危険[リスク]中立的な. — *vt* **1** 危くする, 危険にさらす; 賭ける 〈on〉. **2** …の危険を冒す. **3** 敢行する,《危険覚悟で》やってみる. **~·less** *a* **~·er** *n*

rísk àrbitrage 危険裁定取引, 危険鞘取り, リスクを伴う裁定取引, リスクアービトラージ《企業買収の対象会社の株式を買い持ち, 買収会社の株式を売り持ちにすることを指す場合が多い》.

rísk càpital 1 冒険資本 (=VENTURE CAPITAL). **2** 危険資本, リスクの大きい資本, リスクキャピタル.

rísk nòte《英》《鉄道会社・運河会社などの運送貨物に対しての》過失免責特約.

rísk of lóss 危険負担《売買契約成立後にその目的物が両当事者の責めに帰しえない事情で滅失・毀損した場合にいずれの当事者がその不利益を負担するかについての原則; 伝統的には権原 (title) の移転時期により定めてきているが, 移転時期の確定自体が問題となりうる; cf. ATTACHMENT OF RISK》.

rísk of séxual hárm òrders *pl*《英》性的害悪危険命令《2003 年法で認められた警察の申し立てに基づく裁判所命令で, 子供の前で行なう性行為 (engaging in sexual activity in the presense of a child) あるいは性的事項を含む会話を子供となすことなどの一定行為を少なくとも 2 度行なった証拠のある者 (性に関する犯罪 (sexual offense) で有罪決定の前歴は問わない) に対して, 裁判所が合理的にみて必要と信じれば, 子供一般あるいは特定の子をその者から保護するために必要と考える特定行為を最低 2 年間禁じる命令; 違反は刑事犯罪となる》.

rísk utìlity tèst 危険・有用性テスト《製造物責任 (products liability) を製造者に課すか否かの基準の一つで, 当該製造物の設計に代わるより安全な設計可能性に対するその製造物設計の利点と, もとの設計に内在する危険とを比べた場合に, 利点が危険よりも重要ではないことが証明されるならば, 製造者の責任を問うというもの; cf. CONSUMER CONTEMPLATION TEST》.

riv·age /rívɪʤ/ *n*《英史》河川通行税.

riv·er /rívər/ *n* 川, 河川. ▶ INTERNATIONAL RIVER (国際河川). **thence down the ~** 河の流れを下って《公有地測量のフィールド上の用語で, 測量が測量曲線 (meander line) に従ってなされていることを示している; cf. MEANDER LINE》.

ríver·bèd *n* 河床, 川床.

road /róʊd/ *n* **1** 道, 路, 道路; 街道 (highway); 車道,《都市の主要道路名を用いての》街. ▶ ACCOMMODATION ROAD (特設道路) / BRIDLE ROAD (乗馬道) / OCCUPATION ROAD (占有者占有道路) / PENT ROAD (袋小路) / PRIVATE ROAD (私道) / RAILROAD (鉄道) / RULE OF THE ROAD (交通規則; 海上衝突予防規則) /

SPECIAL ROAD (高速(幹線)道路). **2** *鉄道 (railroad); ''線路. **3** 進路, 道筋; 方途, 方法, 手段 ⟨*to*⟩. **4** [⁰*pl*] 《港外の》停泊地, 錨地.

róad·blòck *n* 《特に検問などのための》道路封鎖(物), 道路バリケード.

róad ràge 《自動車》運転中の激高《それ自体は特別な犯罪ではないが, 他の犯罪を含む場合が多い》.

róad tàx 〖英〗《自動車の》道路利用税《通例 年単位で課される》.

róad tráffic àccident〟 自動車道路交通事故, 路上事故.

rob /ráb/ *v* (-bb-) *vt* …から奪う[強奪する, 略奪する]; ぬすむ (steal): ~ *sb of his purse* [*name*] 人から財布[名声]を奪う / ~ *a bank* 銀行強盗をはたらく. ― *vi* 強盗をする, 略奪をする.

rób·ber *n* 強盗, 泥棒, 強奪者, 略奪者.

rób·bery *n* 強盗(罪), 強奪, 略奪 (cf. BURGLARY, LARCENY, THEFT): commit ~ 強盗をはたらく. ▶ AGGRAVATED ROBBERY (加重強盗) / ARMED ROBBERY (持凶器強盗) / CONJOINT ROBBERY (多人数強盗) / HIGHWAY ROBBERY (追いはぎ; 法外な利益) / SIMPLE ROBBERY (単純強盗).

róbbery with víolence 強盗傷害(罪).

robe /róub/ *n* **1** [⁰*pl*] 式服, 官服, 法服; [*pl*]《古》衣類, 服. ▶ MISTRESS OF THE ROBES (衣裳管理女官). **2** [the ~]法曹《もとは裁判官・弁護士の法服》; これを着用する裁判官・弁護士を指す; cf. LONG ROBE): follow the ~ 法律家になる. ▶ LONG ROBE (法律家).

Róbert's Rúles of Órder [the ~]『ロバート式議事手続き規則』《アメリカの陸軍技官 Henry Martyn Robert (1837-1923) による会議の進め方に関する規則についての著; 初版は 1876 年》.

Róbinson-Pátman Àct, 1936 [the ~]〖米〗1936 年のロビンソン=パットマン法《クレイトン反トラスト法 (Clayton Antitrust Act) の第 2 条を強化する連邦法; 1936 年制定; 競争制限的ないしは独占を生むような価格差別を禁止した; ここから Robinson-Patman Amendment (ロビンソン=パットマン修正法) と呼ばれ, さらに Anti-Price Discrimination Act, Anti-Chain Store Act ともいう; 共同提案者の Joseph Taylor Robinson (1872-1937) 上院議員と Wright Patman (1893-1976) 下院議員にちなむ》.

rócket dòcket 1 紛争の迅速解決手続き (cf. FAST TRACKING). **2** 迅速裁判所; 迅速裁判区. **3** 迅速行政手続き.《▶ cf. DOCKET》

ROD 〖米〗°record of decision 決定記録.

Roe ⇒ RICHARD ROE.

Roe v. Wade (1973) /róu və̀ːrsəs wéid/ ロウ対ウェード事件《1973 年》《女性の妊娠中絶 (abortion) 権を認める州法の合憲性が争われ合衆国憲法第 14 修正を根拠に合憲判決の出た 1973 年の合衆国最高裁判所事件》.

ro·ga·tion /rougéiʃ(ə)n/ *n* **1** 連禱, 嘆願. **2**《古ロー

マ》《民会・平民会の議決を求める》法案(の提出), 提議. ~**·al** [L (*rogo* to ask)]

ro·ga·tio tes·ti·um /rəgéiʃiou téstiəm/ 証人立会い要請《口頭遺言 (nuncupative will) をしようとする者が, その成立要件である複数証人の立会いのため証人の立会いを要請すること》. [L=a request of witnesses]

róg·a·to·ry létter /rágətò:ri-, -t(ə)ri-/ LETTER ROGATORY.

rogue /róug/ *n* 悪党, ごろつき, 無頼(漢), ならず者; 浮浪人, 宿無し: ~*s and vagabonds* 浮浪している乞食, 浮浪人.

rógue jùry 無頼(漢)陪審《法および証拠を無視し当てにならない評決に達する陪審》.

roll /róul/ *vi* **1** ころがる, ころげて行く; 回転する. **2**《船・飛行機が》横揺れする;《波などが》うねる. ~ **over** (*vt*) (1)《債務》の支払いを延期する, 繰り延べる: ~ *over* credit 債務の支払いを延期する. (2)《融資契約》の条件を再交渉する. (3)《投資した資金を》《同種の投資対象に》再投資する, 買い換える. (4) 回転貸付けを受ける, 《資金を》借りつなぎする. (*vi*) (5) 転がる;《車などが》反転する. (6) *《俗》犯罪仲間に情報をもらす. ― *n* **1 a** 巻物, 巻軸, 軸. **b** 公文書; 文書. **c** 写本; 記録(簿);《特に》課税台帳 (tax roll). ▶ CLAUSE [CLOSE] ROLLS (封緘勅許状録) / CORAM REGE ROLL (王座裁判所録) / COUNTER-ROLL (監査用記録集) / COURT ROLL (裁判所記録集; 荘園用記録集) / DE BANCO ROLL (人民訴訟裁判記録) / ELECTORAL ROLL (選挙人名簿) / EXANNUAL ROLL (超年度未徴収額記録集) / EYRE ROLL (《大》巡察録) / GREAT ROLL (OF THE EXCHEQUER) (《財務府》大ロール) / GREAT ROLL (OF THE PIPE) (大パイプ・ロール) / JUDGMENT ROLL (判決記録集) / KEEPER OF THE ROLLS (治安判事記録保管者) / MANOR ROLL (荘園記録集) / PARLIAMENT ROLLS (議会記録集) / PATENT ROLLS (開封勅許状録) / PAYROLL (給与台帳) / PIPE ROLL (パイプ・ロール) / PLEA ROLL (訴訟記録集) / RENT ROLL (貸付台帳) / TAX ROLL (課税台帳). **2** [the R-s]《英史》《記録長官 (Master of the Rolls) 所管記録の》保管書類収蔵所《今は公文書館 (Public Record Office) となっている》. ▶ MASTER OF THE ROLLS (記録長官). **3** 目録; 表 (list); 名簿; [⁰*pl*]"弁護士名簿, 弁護士録. ▶ MUSTER ROLL (総員名簿; 乗組員名簿) / STRIKING OFF (THE ROLL) (《弁護士名簿からの》登録抹消).

róll càll 1 点呼, 出席調べ (cf. CALL);点呼の合図[らっぱ], 点呼時刻. **2** 点呼投票[表決]《氏名を呼んで賛否を問う表決方法; 特に国際機関などにおいて, 個々の加盟国をアルファベット順に呼び上げ, 賛否の意思表示をさせる方式》.

rólled-ùp pléa 公平な論評答弁《名誉毀損 (defamation) 訴訟で, 被告がみずからの言論は事実と意見の陳述からなり事実については真実を述べ, 意見の部分は公けの興味をひく事実についての悪意のない公平なものであり, したがって名誉毀損に当たらぬと答弁すること》.

róll·òver *n* **1** 債務支払い延期, 決済繰延べ. **2** 融資条件再交渉. **3**《投資資金の》再投資. **4** 借りつなぎ.

róllover relíef《英税》更新投資課税繰延べ《固定資産処分で生じる資本利得税 (capital gains tax) あるいは法人税 (corporation tax) の賦課を, 処分代金を新資産への再投資に充てることにより認められる課税繰延べ; 更新資産処分の時点で再投資がなされぬかぎりはその分が増額されるので, 減免というよりは繰延べである》.

Rólls Còurt [the ~]《英史》記録長官法廷《記録長官 (Master of the Rolls) は大法官府 (Chancery) の役人の長として, 大法官府裁判所 (Court of Chancery) が生成してくるにつれ, その裁判権を行使すべく授権されることがあったが, 1833 年には常設的に裁判権を行使することが定められたため, この裁判所・法廷がこう呼ばれた; この裁判所からの上訴が大法官 (Chancellor) へ, 1851 年からは大法官府控訴裁判所 (Court of Appeal in Chancery) へと認められていた; 1875 年に廃止; cf. MASTER OF THE ROLLS》.

Rólls of Párliament [the ~]《英史》議会記録集, 議会録 (⇒ PARLIAMENT ROLLS)《この名で『議会記録集』(Rotuli Parliamentorum) を指すことも多い》.

róll·ùp *n* 巻き上げ (＝LIMITED PARTNERSHIP ROLL-UP TRANSACTION). ▶ PARTNERSHIP ROLLUP (組合巻き上げ).

Ro·mál·pa clàuse /roumǽlpə-/《英》ロマルパ条項 (⇒ RETENTION OF TITLE)《Aluminium Industrie BV v. Romalpa Aluminium Ltd (1976) の判例名から》.

Róman-Dútch láw オランダ・ローマ法, ローマ法系オランダ法, オランダ古法《15 世紀から19 世紀初期までのオランダ法で, オランダの法律家が解釈したローマ法とゲルマン慣習法の混合物; 旧イギリス植民地のうち南アフリカおよび南部のアフリカ諸国・スリランカの法の基礎になっている》.

Róman·ist /-nɪst/ *n* ローマ法学者. —— *a* ローマ法の, ローマ法に関する.

Róman láw ローマ法 (＝civil law)《古代ローマに発する法制で, ローマ法系・大陸法系 (civil law system) の基礎をなしている》.

Rom·a·ny /rǽməni, róu-/ *n* ロマニー(人), ジプシー (⇒ GYPSY); ロマニー語.

Róme Trèaty [the ~] ローマ条約 (＝TREATY OF ROME).

root /rúːt/ *n* **1** 根. ▶ GRASS ROOTS ('草の根'). **2** [*pl*] 出自;《大陸法》直系卑属 (descendant). **by ~s** ＝PER STIRPES.

róot of títle 権原の基礎[根拠]《特に不動産について問題となる権原 (title) の基礎; 権原の正当性の淵源を過去に遡りその最初の権利付与またはそれについての文書; 米国では遡るべき年数は地域によって異なるが通例 40 年, 英国では現在最低 15 年とされている; ⇒ CHAIN OF TITLE, TITLE SEARCH》.

ROR, r.o.r.《米》°release on recognizance 自己誓約保釈.

ROT °retention of title 権原保留(条項).

ro·ta·tion /routéɪʃ(ə)n/ *n* **1** 回転, 旋回; 一回転. ▶ SHERIFF'S ROTATION (シェリフ巡回裁判). **2** 循環; 交替, 輪番 *of duties*. **in** [**by**] ~ 順に, 輪番制で. **~·al** *a*

Roth IRA /rɔ́(ː)θ —, rɑ́θ-/ ロス型個人退職積立て勘定《個人退職積立て勘定 (individual retirement account, 略 IRA) のうち積立金についての課税控除は認められないもの; この型の IRA 創設法を提案した上院議員 William Roth (1921–2003) の名から》.

rót·ten bórough /rɑ́tn-/ **1**《英史》腐敗選挙区(自治)都市《有権者の激減により実質は少数の有力者の意向で議員が選ばれていた選挙区(自治)都市 (borough); 1832 年の選挙法改正法 (Reform Act) で廃止; cf. POCKET BOROUGH》. **2** 腐敗選挙区《人口に基づく割当て以上に代表を出している選挙区》.

Ro·tu·li Par·lia·men·to·rum /rətúːli pɑ̀ːrlɪəmɛntɔ́ːrəm/『議会記録集』《特に 1278–1503 年の議会記録集 (Parliament Rolls) がこの名称で 1767–77 年に本文 6 巻, 索引 1 巻 (1832 年) にまとめられ公刊されたので, それを指す》. [L＝rolls of Parliaments]

Róund·hèads *n pl*《英史》円頂派《1642–51 年の内乱で王党派である騎士派 (Cavaliers) と対立した議会派の蔑称; 当時一般的であった長い巻毛の王党派が頭髪を短く刈った者のいた議会派をからかったことから》.

róund lót《証券》取引単位, 単位株 (＝even lot) (cf. ODD LOT).

róund·ùp *n*《家畜の》駆り集め; 駆り集め逮捕, …狩り (＝DRAGNET ARREST).

roup /rúːp, rúːp/ *n*《スコットランド》競売 (auction). ▶ PUBLIC ROUP (競売).

rout /ráʊt/ *n* **1** 混乱した群集[会合]; 騒ぎ. **2** 不穏集会《3 人以上の者が暴力犯罪を犯す目的で, あるいは合理的な人であるならばそれが治安を乱すものと考えるようなことをなす目的で集合し, しかも実際にその実行に向かって動き出すこと; 不法集会 (unlawful assembly) と騒擾 (riot) との間にある犯罪; 英国では 1986 年法で廃止; cf. AFFRAY, CIVIL COMMOTION, REBELLION, RIOT, UNLAWFUL ASSEMBLY, VIOLENT DISORDER》. **3** 総くずれ, 潰走, 敗走; 大敗. —— *vt* 総くずれにする, 敗走させる; 大敗北させる; 駆逐する. [OF＜Romanic＝broken (company)]

róutine actívities thèory《犯罪》機械的活動理論《犯罪は, (1) 犯行の動機を与えられること (2) 攻撃されやすい対象者がいること (3) 犯行阻止のための防備が不十分であること, の 3 つがそろった時に生ずるという理論; cf. CONTROL THEORY, RATIONAL CHOICE THEORY, STRAIN THEORY》.

row /róʊ/ *n* 列, 並び;《数表などの》横列 (opp. *column*); 通り, 地域. ▶ DEATH ROW (死刑囚監房区) ▶ HEDGEROW (低木生垣の列).

row, ROW °right of way 通行権; 優先通行権; 敷設権.

roy /F rwa/ *n* 国王. [F＝the king]

roy·al /rɔ́ɪ(ə)l/ *a* **1** 王の, 国王たる; 王室の; 国王から出

た[与えられた]: the blood 〜 王族 (royal family) / a 〜 palace 王宮. **2** 王に仕える; 国王の保護のある, 王権の下にある, 勅許を受けた, 王立の. ★ 公共的機関・施設・団体の名称中では「王立」とは限らない. —— *n*《口》王家の人, 王族.

róyal assént [the 〜; ˢR- A-]《英》《議会を通過した法案が発効するのに必要な》国王の裁可, 国王の同意.

róyal cólony 直轄植民地;《史》王領植民地《英国王が任命した総督が参事会 (council) の協力を得て治めた国王直轄領としての植民地; 独立戦争当時の Massachusetts, New Hampshire, New York, New Jersey, Virginia など 8 州; cf. CHARTERED COLONY》.

róyal commíssion [ᴼR- C-]《英》王立委員会《法律の運用状況, 社会問題などについて調査・勧告するために国王が任命した委員によって構成される国王への助言のための独立の常設委員会; カナダなどにも同名の委員会がある》.

Róyal Cóurts of Jústice *pl* [the 〜]《英》王立裁判所《London の Strand 地区にある上級法院 (Senior Court) (最高法院) (Supreme Court of Judicature)) の施設; 略 RCJ》.

róyal demésne《英》国王直領地, 王領地 (= demesne land of the Crown).

róyal fámily [the 〜] 王家, 王室.

róyal fish《英》国王の魚 (= FISH ROYAL).

róyal fishery《英》国王の漁業権《公有の航行可能な河川での漁業を営む権利で, 国王に排他的に属する; 私人に与えることも許される》.

róyal fórest《英史》御料林《国王の狩猟用の鳥獣のための用地; 特別法・特別裁判所が存したが, 16 世紀末ごろから廃れている》.

róyal gránt《英》国王による譲与.

róyal·ism *n* 王制, 王制体; 王制主義.

róyal·ist *n* **1 a** 王制主義者, 王党員. **b** [R-]《英史》《Charles 1 世を支持した》王党員,《米史》《独立戦争当時の》英国派. **2** 保守主義者, 旧弊家. —— *a* 勤王主義(者)の; 王制(体)の. **róy·al·ís·tic** *a*

róyal jurisdíction 国王裁判権《裁判権が国家[国王]に独占されるに至った近代国家の前までは, 国王の有する裁判権は州 (county) などの共同体の裁判権 (communal jurisdiction), 私人が有した封建的裁判権 (feudal jurisdiction) などの私的裁判権 (private jurisdiction), さらには教会裁判権 (ecclesiastical jurisdiction) と並ぶ自生的裁判権の一つにすぎなかった; この並存状態を国王裁判権が漸次打破し, The King is the fountain of justice. (国王は裁判権の唯一の源である) という法格言に示されるようになる過程こそが中央集権化と近代国家の成立過程であり, またコモンローの生成過程でもある》.

Róyal Marínes *pl* [the 〜] 英国海兵隊.

Róyal párdon《英》恩赦.

róyal prerógative [the 〜]《英》国王大権 (= PREROGATIVE).

róyal proclamátion《英》国王布告, 国王大権状《例えば議会の召集・解散など一定の国王大権 (royal prerogative), さらには例えば非常事態 (state of emergency) の宣言など制定法が国王に授与した権利を国王が行使する際の文書; cf. EMERGENCY POWERS》.

róyal stándard [the 〜]《英》国旗[女王]旗《英海軍軍艦の将旗として用いたり, 英国王滞在を示すために掲げたりする》.

róyal títle《英》国王[女王]の称号.

róyal·ty *n* **1 a** 王位, 王権; 王の尊厳, 王威《の具現化》, 王者の風, 尊貴, 荘厳. [ᵁ*pl*] 国王大権, 王の特権; 王領, 特権階級. **b** 王族 (royal persons); 王族の一員. **2 a**《国王から移譲された》管轄権; 貨幣鋳造税; 採掘権 (cf. OVERRIDE). **b** ロイヤルティ, 使用料, 実施料, 許諾料, 特許権使用料, 鉱山[鉱区, 油田]使用料, 採掘料,《著書・作曲などの》印税,《戯曲の》上演料. ▶ HAULAGE ROYALTY (地下運搬通行料) / OVERRIDING ROYALTY (採掘料) / SHUT-IN ROYALTY (閉鎖期間使用料).

róyalty ínterest 採掘料としての分け前《石油・天然ガス採掘権リース (oil-and-gas lease) に伴い実際に産出された場合にその採掘料 (royalty) として支払われる産出量の一定割合あるいはその価額》.

róyal wárrant《英》王室御用達権授与書.

RPM ºresale price maintenance 再販売価格維持.

RPT《英》ºResidential Property Tribunal 居住用財産審判所.

rptr(.) reporter.

RRB《英》ºRace Relations Board 人種関係委員会.

R.S. ºRevised Statutes『現行制定法集』.

RSC ºRules of the Supreme Court《英史》最高法院規則,《米》最高裁判所規則.

RSS《英》ºregional spatial strategy 地域空間戦略.

rt. right.

RTA ºreciprocal trade agreement 互恵貿易協定 ♦ Road Traffic Act 道路交通法.

RTM ºright to manage 管理権.

RTM company /ɑːrtiːém —/《英》管理権会社 (⇨ RIGHT TO MANAGE).

RTN registered trade name 登録商号.

RTRA Road Traffic Regulation Act 道路交通規制法.

rúbber chéck《口》不渡り小切手, 不良小切手 (= BAD CHECK).

rúbber-stámp sèal ゴム印; ゴム印の印影 (» cf. EMBOSSED SEAL, NOTARY SEAL).

ru·bric /rúːbrɪk/ *n* **1 a** 朱書, 朱刷り, 赤文字. **b** 注解, 注釈, 解説; 序言, 序文. **c** 慣例, 確立している準則 [法], 規程;《キリスト教》典礼法規, 式次, ルーブリック, ルブリカ《典礼書には赤文字で記された典礼執行規定》. **2**《書物の章・節の》題名, 項目《昔は朱書き[朱刷り]にした》,《法令などの》題目,《制定法・法典の》表題, 名称. **rú·bri·cal** *a* **-cal·ly** *adv* [OF or L *rubrica* (*terra*) red (earth) 朱色インキの材料]

rule /rúːl/ *n* **1 a** 規則, 規定, 法規; ルール, (法)準則《原則 (principle) や法理 (doctrine) よりも抽象度が低く, 具体的な法律問題の解決にそのまま役立ちうるような法規範; cf. DOCTRINE, PRINCIPLE》;《団体の》規程,《裁判所の》決定, 命令;《議院・裁判所・行政機関の》規則: company 〜s (and regulations)《会社の》就業規則. **b** 定則, 通則; 法則, 法式; 原則, 格律, 規範. ▶ ADMINISTRATIVE RULE (行政規則) / APPELLATE RULES (上訴規則) / COMMON-LAW RULE (コモンロー準則) / COURT RULES (裁判所規則) / CROSS RULES (対立仮決定) / DISCIPLINARY RULE (懲戒規程) / FINAL RULE (決定規則) / GAG RULE (発言制限的規則) / GENERAL RULE (一般的準則) / HOME RULE (地方自治規定) / INTERPRETATIVE RULE (解釈準則) / JUDGES' RULES (裁判官規則) / LEGAL RULE (コモンロー準則) / LEGISLATIVE RULE (立法的規則) / LOCAL RULE (地方の規則, 裁判所地方規則) / PEREMPTORY RULE (確定的命令) / PRISON RULE (刑務所規則) / PROPHYLACTIC RULE (予防のための準則) / PROXY RULES (委任状規則) / SIDEBAR RULE (サイドバー決定) / SPECIAL RULE (特別準則) / SUBSTANTIAL ACQUISITION RULES (大量株式取得規則) / SUBSTANTIVE RULE (実体的規則) / TEN MINUTE(S) RULE (十分間規則) / WORK-[WORKING-]TO-RULE (順法闘争). **2** 支配, 統治(期間): the 〜 of force 武力政治 / during the 〜 of Queen Victoria ヴィクトリア女王の治世に / under foreign 〜 外国に支配されて. ▶ HOME RULE (地方自治) / MAJORITY RULE (多数決原理) / SELF-RULE (自治). **3** [the 〜]《米》全証人退廷則《他の証人が証言をしている間は他の全証人は法廷外に出ていなければならないという証拠法・手続法上の準則; この語そのものは南部・南西部で主として使われにすぎないが, その内実は普遍的準則である》. **4** [*pl*] 申し立て審理期間《裁判所の休廷期間中であろうと開廷期間中であろうと申し立て (motion) が審理される期間》. **5** [the 〜s, ˢthe R-s]《英史》**a** ルール区域《囚人が特定の条件で居住を許可された刑務所付近の区域; 特に London の Fleet, King's Bench, Marshalsea 監獄近くの区域; この自由をルール区域内の自由 (liberty of the rules) といった; 1842年法で廃止》. **b** ルール区域の自由 (liberty of the rules). **work to 〜** "《労働組合員が》順法闘争を行なう.
— *vt* **1** 支配[統治]する; 制御する, 抑える; 指図[指導]する; [ᵁ*pass*] 従わせる, 左右する. **2** 規定する,〈裁判官が〉判示する, 判決する, 裁定する;〈裁判所が〉決定する, 命令する (⇨ HOLD *vt* 9 ★): The court 〜*d* that he should be exiled. 裁判所は彼を流刑に処すべしと判決した / 〜 sb [sth] out of order 人[事]を違反と判定する. — *vi* **1** 支配[統治]する 〈*over* the land〉; 支配的である, 最重要[最高]である;〈ある状態の〉ままである, 持ち合う. **2** 判示する, 裁決する, 決定する, 裁定する 〈*on* a case〉: The judge 〜*d against* [*in favor of, for*] him. 裁判官は彼の敗訴[勝訴]の判決を下した.
[OF<L *regula* straight edge]

Rule 10b-5 /-́- ténbìːfáɪv/《米》ルール 10b-5《1934年の証券取引所法 (Securities Exchange Act of 1934) 10条(b)項の下で証券取引委員会 (Securities and Exchange Commission) が定めた規則で, 証券市場における重要事実の不実表示 (misrepresentation) や不開示のような詐欺的行為を禁止するもの》.

rule 11 /-́- ɪlévǝn/《米》ルール 11《連邦民事訴訟手続き規則 (Federal Rules of Civil Procedure) 11条の意; 弁護士[本人訴訟の場合は当事者本人]は裁判所に提出する訴答・申し立て書面などにその書面が合理的調査の上での善意のものであることを示すために署名することを要求している条文; いやがらせ・訴訟遅延などの目的や根拠薄弱なものの場合には提出者は制裁を科せられう》.

rúle ábsolute 確定的決定 (=DECREE ABSOLUTE) (cf. RULE NISI).

rúle agàinst accumulátions [the 〜] 永久収益積立て禁止の準則《信託設定・遺贈・譲渡により不動産権 (estate) を設定する者がそこからの収益を消費することなく基礎財産に組み入れることを条件とする期間を限定する準則; コモンロー上は永久拘束禁止の準則 (rule against perpetuities) のみが関連準則であったが, 英国ではテラソン (Thellusson) の事件をきっかけにした1800年法 (⇨ STATUTE OF ACCUMULATIONS) 以来制定法で規制がなされている; cf. THELLUSSON》.

rúle agàinst bías [the 〜] 偏向禁止の準則《裁判官職を占める者は公平な裁きをすべきであるという自然的正義の要請; ⇨ NATURAL JUSTICE; cf. NEMO JUDEX IN CAUSA SUA》.

rúle agàinst dóuble pléading《史》二重訴答禁止の準則《当事者が一つ以外の訴答の提出を禁ずる準則; 法律問題と事実問題を混合した問題は審理不可能であるという理由と, 多くの争点をつくり出し訴訟を長引かすべきでないという理由であったが過酷な結果を招くことがわかり, 早くにゆるめられた; ⇨ DOUBLE PLEADING》.

rúle agàinst dóuble pórtions [the 〜] 二重分与産禁止の準則《同一人からの継承財産設定 (settlement) と遺贈を受ける子供たちの間の平等をできるだけ保とうとするための準則; 例えば, 父が子の中のある者に事前に一定額を与えると約束し履行せぬまま死亡; しかし遺言でその子は他の子と同じだけ遺贈を受けることになっていた場合, その子は前の約束分の金額と遺贈分の合計を得ることになることも十分考えられるが, この準則の下では二つは一体として考えるべきであるということ》.

rúle agàinst dóuble possibílity《史》重複不確定事実禁止の準則《いまだ生まれていない子への生涯権 (life interest) を譲与し, その残余権 (remainder) をさらにその子の生まれていない子に譲与するというように, 不確定事実を重複する形の財産権の移転を無効とするもの; 英国では1925年法まで禁止されていたが, 永久拘束禁止の準則 (rule against perpetuities) を犯さぬかぎりで同法でこの禁止則は廃止された》.

rúle agàinst inalienabílity [the 〜] 移転不能禁止の準則《永久拘束禁止の準則 (rule against perpetuities)で定められている期間, すなわち権利設定時に生きている人の死後21年間の財産権の移転を不可能とすることを禁ずる準則; この間の移転を禁ずる形の贈与は無効となる; cf. RULE AGAINST PERPETUAL TRUSTS).

rúle agàinst perpétual trústs [the ~] 永久信託禁止の準則《永久拘束禁止の準則 (rule against perpetuities) で定められている期間, すなわち権利設定時に生きている人の死後21年間を越えて存続する非公益信託を禁止する準則; cf. RULE AGAINST INALIENABILITY》.

rúle agàinst perpetúities [the ~] 永久拘束禁止の準則, 財産権不当引延ばし処分禁止則 (= rule against remoteness of future vesting)《以下に定める一定期間内に将来権 (future interest) が確定的権利 (vested interest) になることが確実でないかぎりは設定当初から無効であるという準則; その期間とは (1) 設定時に生きている特定人 (⇨ LIFE IN BEING) のうち最後まで生き残った人の死後21年以内 (2) 胎児期間は加えうる (3) 始期は証書作成時, ただし遺言の場合は遺言者の死亡時; この準則の目的は土地の権利帰属者が長く不確定のままにしておくことを防ごうとしたものである; なお, 英国では1964年法がこれを緩和し, 権利の有効性の判断時点を設定時でなく遅らせ, 実際にその期間内に権利が確定すればこれを有効とする形勢観望の原則 (wait and see principle) を導入し (⇨ STATUTORY LIVES IN BEING), さらに, 処分者が80年を超えない範囲で引延ばし処分期間 (perpetuity period) を特定してもよく, この期間内であれば処分は自由であるとしている; なお, この準則は限嗣封土権 (entail) による将来権, 公益目的のための将来権などについては適用がない》. ▶ STATUTORY RULE AGAINST PERPETUITIES (永久拘束禁止に関する制定法による準則).

rúle agàinst pýramiding ínference 推論積み重ね禁止の準則《事実認定をする者は推論で得た結論の上にさらに推論を重ねて結論を得てはならないという準則; 今日では若干の法域でのみ適用; cf. REASONABLE INFERENCE RULE》.

rúle agàinst remóteness of fúture vésting [the ~] 将来権の確定が遠い将来であることの禁止の準則 (= RULE AGAINST PERPETUITIES).

rúle agàinst remóte possibílities 遠い将来の特定事実の発生を条件とする不確定権禁止の準則 (⇨ RULE AGAINST PERPETUITIES).

rúle·bòok n 1 (就業)規則書. 2 [the ~] 規則集.

rúle for concílium 〖史〗誤審審理開始命令《刑事事件の誤審令状 (writ of error) 手続き上, 訴追側から誤審であることの否認書面が提出されたときに出される命令で, 審理のため事実を書面に記載させるもの》.

rúle in Héy·don's Cáse /-héɪdənz-/ ヘイドン事件の準則《制定法解釈の準則の一つで, 除去すべき害悪の準則 (mischief rule) はこの判例での準則を一般化したもの; 1584年の判例名から》.

rúle in Hówe v. Dárt·mouth /-háʊ vɚːrsəs dáːrtməθ/ 〖英〗ハウ対ダートマスの事件準則《信託(trust) 証書が明示的に別様に定めているか信託財産が受益者 (beneficiary) 間の均分の扱いを不可能にしている場合を除き, 受託者 (trustee) は複数の継続的受益者を公平に扱わねばならないという原則》. [Howe v. Earl of Dartmouth (1802)]

rúle in Kéech v. Sándford 〖英〗キーチ対サンドフォード事件の準則《不動産賃借権 (lease) が信託 (trust) で保有されていた場合, その受託者 (trustee) はみずからの名で更新されている賃借権の利益を保持できないという原則; この場合受託者はもとの受益者 (beneficiary) のための擬制信託 (constructive trust) の受託者であるとみなされるというわけである》. [Keech v. Sandford (1726)]

rúle in Re Pett·it /-pétət/ 〖英制〗ペティットに関する事件の準則《税抜きで一定額を支払うという合意のある場合, 支払者はその額を支払うことになるが, 受取人の方の所得はそれに課税額を加えた分を取得したものとみなされるという準則; 1922年の判例名から》.

rúle in Rý·lands v. Flétch·er /-ráɪləndz vɚːrsəs flétʃər/ [the ~] ライランズ対フレッチャー事件の準則《逸失したら危険なもの (物質や動物) を自分の土地に持ち込み, その逸失により他に損害や危害をひき起こした場合, 持ち込んだ者にすべての責任があるとして, 土地の非自然的利用により他人に損害を生じさせた場合には土地所有者の過失の有無を問うことなく厳格責任 (strict liability) があるとする準則; 1868年の英国貴族院での判例名より》.

rúle in Sáun·ders v. Vau·tier /-sɔ́ːndərz vɚːrsəs vɔ́ːtjeɪ/ ソーンダーズ対ヴォーティエ事件の準則《信託の受益者 (beneficiary) が全員成年で正常な精神の持主でかつその者だけで信託財産のすべての受益権を有している場合には, 受託者 (trustee) に対して当該信託を終了し, 信託財産を受益者である自分たちに完全に移転することを命ずることができるという法理; 1841年の判例名から》.

rúle in Shél·ley's Cáse /-ʃéliz/ シェリー事件の準則《自由土地保有権 (freehold) の移転に際し, 同一証書である人に生涯不動産権 (life estate) を設定し同時に残余権 (remainder) をその法定相続人 (to one's heirs) に譲与するという限定を付した場合には, そのある人への不動産権の付与の時点でその人の単純不動産権 (fee simple) が設定されたものとみなすという1581年の同旨の判例名から名付けられた準則; 換言すればこの場合の法定相続人の語は譲与不動産権の内容 (この場合は単純不動産権であること) を表示するだけの限定文言 (words of limitation) であって譲受人表示文言 (words of purchase) ではないとする; これにより不動産権の相続による取得の機会を増やし, よって当時大きな問題となっていた封建的付随条件 (feudal incidents) の潜脱を防ぎ, かつ不動産権の永久的拘束を回避しようとしたといわれる; 英国では1925年法で廃止; 米国でもほとんどの州で廃止されている》.

rúle in Stróng v. Bírd 〖英〗ストロング対バード事件の準則《1874年の事件そのものは, 死亡した債権者がそ

の債務者を遺言で遺言執行人 (executor) に選任していたが、裁判所はその債権の支払いを訴求する権利は債務者を遺言執行人に選任した時点で債権者が自発的に放棄したと結論したものである; その後この準則は拡張され、意図された受贈者が間接的方法で受贈物を取得する不完全な贈与 (gift) の完全化のための準則になっている; ただし贈与者死亡時に贈与をなすという意思が現在している状況に限られ、将来の贈与をなすという意思の場合には適用されない》.

rúle in Wild's Cáse ワイルド事件の準則《ある人とその子供たちに不動産権 (estate) を譲与するという遺言があった場合、遺言発効時点末すなわち遺言者死亡時点で、子供が一人もいない場合にはその人に限嗣封土権 (fee tail) を設定したと推定し、子供がいる場合はその人と遺言者死亡時に生存している子供たちとの合有不動産権 (joint tenancy) を譲与したものと推定するという、遺言の文言解釈準則; 1599年の判例名から; 米国では大部分の州で限嗣封土権が廃されているので、廃止》.

rúle in Wílkinson v. Dównton 《英》ウィルキンソン対ダウントン事件の準則《被告が例えば虚偽の話で相手に精神的ショックを与えるなど、物理的損害 (physical harm) を及ぼしそうな行為あるいは陳述を故意になし、その結果現に精神医学的権利侵害 (psychiatric injury) を含む物理的侵害が生じた場合には、不法行為 (tort) となり、訴えの対象になりうるという原則》. [*Wilkinson v. Downton* (1897)]

rúle·màking *n, a* 規則制定(手続き)(の)《裁判所・行政機関が適用規則をみずから制定・改正・廃止すること、またはその手続き; cf. ADMINISTRATIVE ADJUDICATION》. ▶ ADMINISTRATIVE RULEMAKING (行政規則制定) / FORMAL RULEMAKING (規則正式制定(手続き)) / HYBRID RULEMAKING (混合型規則制定(手続き)) / INFORMAL RULEMAKING (規則略式制定(手続き)) / NOTICE-AND-COMMENT RULEMAKING (予告・意見聴取に基づく規則制定(手続き)).

rúle nísi 仮決定 (=DECREE NISI) (cf. RULE ABSOLUTE).

rúle of cápture [the ~] 1 一般指名権者財産権取得の準則《授与財産の権利帰属者指名権 (power of appointment) の一般指名権 (general power) を与えられた者がみずからの目的のためその財産権の支配権を取得する意思を示した場合には、その財産権はその者のものとなるという法理》. 2 野生動物捕獲者所有の準則《野生動物は他人の土地にいたものであってもそれを捕獲した者の所有となるという原則》. 3 土地所有者地下水取得権の準則《土地所有者は、たとえ他人の井戸などを涸らすことがあってもみずからの土地の地下水を汲み上げみずからのものとすることができるという原則》. 4 石油・天然ガス自由採取の準則《石油・天然ガスの類の鉱業権 (mineral right) を有する者は、同じ地下層の他の区画の鉱床に対する他の鉱業権者による同じ物の優先ないしは同等権に従えすれば、自由に (すなわち隣地地下にあった物が流れ出てくるものを) 採掘・汲み出しができるという準則; cf. CORRELATIVE RIGHTS DOCTRINE》.

rúle of complèteness [the ~] 全体証拠の準則 (=RULE OF OPTIONAL COMPLETENESS).

rúle of conjéctural chóice [the ~]《米》推測的選択の準則《因果関係についてのすべての理論が推測のみに基づいている場合には、陪審に付託すべき権利回復のための根拠は全く提出されていないことになるという原則》.

rúle of convénience [the ~] 便宜の準則《贈与を受けることになっている一群の (例えば直系卑属の) 人々の範囲は、便宜・公正のため、元金の実際の分配がなされるまでは限定される必要がないというコモンロー上の準則》.

rúle of cóurt [the ~]《特定裁判所のある一つの》裁判所規則 (cf. COURT RULES, LOCAL RULE).

rúle of decísion [the ~] 判断[判決]の基礎になる準則.

rúle of fóur [the ~]《米》4名賛成の準則《合衆国最高裁判所が裁量上訴である移送令状 (certiorari) の申し立てを受理する場合には、同裁判所の9名の裁判官のうち少なくとも4名の裁判官の賛成がなければならないという慣行》.

rúle of inconvénience [the ~] 不都合回避の準則《制定法解釈の準則の一つで、やむをえない場合を除き重要な公益を危うくするような、あるいは人に重大な困難を招くような形では制定法を解釈すべきではないという準則》.

rúle of láw [the ~] 1 法準則,《特に》実体法準則 (cf. COMMON-LAW RULE). 2 法の支配《人が支配するのではなく法が支配する、ないしは支配すべきこと; 恣意的な力の支配に対する対語; したがって、統治される者だけでなく統治する者も法に従うべきであるとする原則》.

rúle of lénity [the ~] 寛大な刑罰の準則《複数のあるいは相反するような刑罰を規定している不明瞭な刑事制定法を裁判所が解釈する場合には、立法意図に反しないかぎり、その不明瞭さをより寛大な刑罰の方向で解釈すべきであるという解釈準則》.

rúle of márshaling ássets [the ~] 財産衡平配分の準則 (=MARSHALING ASSETS).

rúle of márshaling líens 分割売却不動産担保権行使順位の準則 (=inverse order of alienation doctrine) (⇨ MARSHALING LIENS).

rúle of márshaling rémedies 救済手段行使順位決定の準則 (=MARSHALING ASSETS).

rúle of márshaling secúrities [the ~] 担保権行使順位決定の準則 (=MARSHALING ASSETS).

rúle of necéssity [the ~] 必要性の準則《裁判官あるいは他の役人が審理をなすべき時に、偏向 (bias) あるいは利益抵触 (conflict of interest) がある場合は、本来その者はその審理を担当すべきではないが、その者を不適格とすると権限を有する裁判所がなくなってしまうような場合には、それにもかかわらずその事件の審理をなさせよという準則》.

rúle of óptional complèteness [the ~] 選択的全体証拠提示の準則 (=doctrine of completeness, rule of completeness)《裁判における証拠法上の

準則で，一方当事者が文書あるいは発言の一部を証拠として提示した場合に，それのみでは不公正と考える相手方当事者は残りの部分も提示し全体の文脈を示すことを要求しうるという準則）．

rúle of réason [the ~]《米》合理性の準則《反競争的行為が独占禁止法違反に当たるのは，その行為が取引に不合理なほどの制限を課している場合のみである；したがって当然違法とされるカルテル (cartel) と再販売価格維持 (resale price maintenance) を除き，原告がこの準則に従って不合理性を立証する必要がある；cf. PER SE RULE）．

rúle of ríght [the ~]権利付与準則《ある権利の源泉である準則》．

rúle of the lást antecédent [the ~] 直前の先行語句の準則（＝doctrine of the last antecedent, last antecedent rule [doctrine]）《英文の法文・法律文書の解釈をする場合には，意味を限定する語ないし句は，その直前の語ないし句を限定するのであって，文脈上ないし全文の趣旨から必要でないかぎり，それよりも前に遡った語や句までをも限定させてはならないという解釈上の原則）．

rúle(s) of the róad [the ~] **1** 交通規則．**2** 海上衝突予防規則．

rúle of the thálweg [the ~] 国境線河川主要航行水路中央線の準則《国境としている航行可能な河川に新たに中島ができた場合の原則で，この場合国境は新たな主要航行水路の中央線，すなわち最も流れの強い水路の中央線になり，したがって新たにできた中島はいずれかの国に属することになる；これに対して航行可能でない河川が国境になっている場合は新島ができても従来の中央線が国境であることには変更がなく，したがって新島は時には部分的に分割して両国に属することもある》．

rúl·er /rúːlər/ *n* 支配者，統治者，主権者．

rúles commíttee 1《立法府の》議事運営規則委員会．**2** 裁判所規則制定委員会．

rúles of appéllate procédure *pl* [the ~] **1** 上訴手続き規則，上訴審手続き規則．**2** [R- of A-P-]《米》連邦上訴手続き規則（⇨ FEDERAL RULES OF APPELLATE PROCEDURE）．

rúles of cívil procédure *pl* [the ~] 民事訴訟手続き規則．

rúles of cóurt *pl* [the ~] 裁判所規則（＝COURT RULES）．

rúles of críminal procédure *pl* [the ~] 刑事訴訟手続き規則．

rúles of descént *pl* CANONS OF DESCENT．

rúles of évidence *pl* **1** 証拠法準則（⇨ EVIDENCE）．**2**《米》連邦証拠規則（⇨ FEDERAL RULES OF EVIDENCE）．

Rúles of Olérón *pl* [the ~] オレロン海法（⇨ OLÉRON）．

Rules of Professional Conduct ⇨ MODEL RULES OF PROFESSIONAL CONDUCT．

Rules of the Supréme Cóurt *pl* [the ~]《略 RSC》**1**《英史》最高法院規則（⇨ CIVIL PROCE-

DURE RULES, WHITE BOOK）．**2**《米》最高裁判所規則．

rúle to shów cáuse 1 理由開示決定（＝SHOW-CAUSE ORDER）．**2** 理由開示決定手続き（＝SHOW-CAUSE PROCEEDING）．

rul·ing /rúːlɪŋ/ *a* 支配[統治]する，優勢[有力]な，支配的な，主たる，〈相場など〉一般の：RULING CASE / the ~ classes 支配階級 / the ~ party 与党 / the ~ spirit 主動者；首脳 / the ~ price 通り相場，時価．— *n* **1** 支配，統治．**2**〈裁判所などの〉決定，裁定，判断，判決，審決〈on〉（cf. DECISION, DISPOSITION, FINDING, HOLDING, JUDGMENT, OPINION, VERDICT）．▶ BENCH RULING（裁判官席上の口頭決定）/ PRELIMINARY RULING（先決裁定）．**3** 通達，回答 ▶ LETTER RULING（書面回答）/ REVENUE RULING（《内国歳入庁》個別通達）．

rúling cáse 典拠判例（⇨ LEADING CASE）．

rúling lètter 決定通知（＝DETERMINATION LETTER）．

run /rʌ́n/ *v* (**ran** /rǽn/; **run**; **rún·ning**) *vi* **1** 走る；急ぐ，《支援・救援のため[を求めて]》駆けつける〈to〉．**2** 逃亡[逃走]する (flee)．**3** 立候補する，選挙に出る：~ as a Democrat．**4 a**〈機械などが〉動く，作動する，運転する．**b**〈生活などが〉うまく営まれる，〈事が〉進む．**5**〈水・血などが〉流れる．**6**〈時が経つ，経過する (elapse)（cf. TOLL）；〈期間が〉及ぶ，継続する：the statute of limitations has *run* 出訴期間が過ぎてしまった．**7**〈契約など〉効力がある，効力をもつ，有効である；〈権利・義務が〉伴う〈with〉，ともに[物権的に]移転する，随伴する．**8** 流布，伝わる；通用する．— *vt* **1** 走らせる；運行[航行]させる．**2** 立候補させる．**3** 運営[経営，管理]する (manage)，指揮[支配]する，取り仕切る (conduct)．**~ with the** LAND．— *n* **1** 走ること；疾走；逃走；《銀行の》取り付け〈on〉；《弱い通貨などの》売り投機．▶ HIT AND RUN（ひき逃げ，あて逃げ）．**2** 方向，趨勢，気配，成り行き〈on〉，進行．**3** 流れること；流れ．**4** 操業(時間)，運転(時間)；作業(高)，仕事量．**5 a** うち続くこと；流行(期間)．**b** 大需要，注文殺到，大売れ行き〈on〉．**6** 種類，階級；《人・物の》並み：the common [ordinary, general] ~ of men 普通の人間，十人並み．**7** 出入り[使用]の自由：give sb the ~ of one's books 人に自由に蔵書を利用させる．

rún·awày *n* **1 a** 逃亡者，脱走者，家出人，《特に》逃亡少年《許可なくして後見人 (guardian) の下から逃亡し合理的期間内に戻って来ない者，通常は少年》．**b** 逸走動物，逸走馬．**2** 逃亡，逃走，脱走．**3** 楽勝．

rúnaway gránd júry《米》逸走大陪審《訴追側が求めている起訴を執拗に認めないなど，訴追基本的には反対している大陪審》．

run·ner /rʌ́nər/ *n* **1 a** 走り使い，小使；《銀行・仲買業者・法律事務所などの》使い走り，使者，注文取り，外交員；集金人，《英史》巡査．**b** 弁護勧誘者《弁護士に雇われ法律事務の勧誘や訴訟を煽動する人》．**2** 逃走者；密輸業者 (smuggler)；《麻薬などの》密売人，売人，密輸船；《俗》《すり一味の》すった物(等)を持って逃げ役 (cf. PICKER)．**3**"《俗》逃走．

rúnning accòunt 継続勘定, 未決済相互勘定, 交互計算 (current account).

rúnning accòunt crédit 《英》継続勘定クレジット《銀行の当座貸越しやクレジットカードのように債務者が債権者あるいは第三者から一定期間内に一定限度額まで融資を受けることができるような個人信用合意 (personal credit agreement) による便宜》.

rúnning dáys *pl* 継続日数, 連続日数《日曜・休日を含む; 傭船契約においては荷役開始より終了までの日数; 略 r.d.; cf. LAY DAYS》.

rúnning-dówn clàuse 《海上保険》衝突約款 (=collision clause)《過失により他船と衝突し相手方に与えた損害の賠償責任について定める船舶保険条項; 略 RDC》.

running with the land ⇨ COVENANT RUNNING WITH THE LAND.

rún-ùp *n* **1** *急騰, 急増; *《口》《株価の》（急）上昇. **2** [the ~]"〈あることに向けての〉準備期間, 前段階〈*to*〉: the ~ *to* an election.

rúral déan ルーラル・ディーン《**1**》《カトリック》数聖堂区の首席司祭 **2**)《英国教》主教区内の数個の教会区 (parish) の主管者で, 主教 (bishop) や大執事 (archdeacon) の補佐》.

rus·ti·cum ju·di·ci·um /rʌ́stɪkəm ʤudíʃiəm/ **1** 粗雑な裁判[裁判所]. **2**《海法》《双方の責任による船舶の衝突に伴う》損害責任(折半)分担. [L=a rustic judgment]

rus·tle /rʌ́s(ə)l/《口》*vi* 家畜を盗む. — *vt* 〈牛・馬などを〉盗む. — *n*《家畜, 特に牛馬の》盗み.

rús·tler *n*《口》牛[馬]泥棒, 家畜泥棒: a cattle ~.

rús·tling *n*《口》家畜[牛, 馬]を盗むこと. ▶ CATTLE RUSTLING (家畜泥棒).

Rý·lands v. Flétch·er (1868) /ráɪləndz vəːrsəs flétʃər/ ライランズ対フレッチャー事件(1868年) (⇨ RULE IN RYLANDS V. FLETCHER).

S

s. (*pl* **ss.**) section ◆ see ◆ shilling(s) ◆ statute.
S., S section ◆ Senate 上院 ◆ °senate bill 上院審議中法案 ◆ Statute.
S2P 〖英〗°State Second Pension 第二公的年金(制度).
Sab·bath /sǽbəθ/ *n* 安息日 (=~ **dày**)《ユダヤ教では土曜日、キリスト教では日曜日、イスラム教では金曜日; cf. SUNDAY TRADING》.
Sábbath·brèak·ing *n* 安息日の遵守に関して規則や違反すること、安息日破り, **日曜安息法違反**.
Sábbath láw 日曜安息法 (=BLUE LAW).
Sa·bin·i·an /səbíniən/ *a*, *n* 紀元 1 世紀のローマの法学者》サビヌス (Massurius Sabinus) の;《プロクルス派 (Proculians) と対立した》サビヌス学派(の), サビヌス学派の法学者(の).
sab·o·tage /sǽbətɑ̀:ʒ, *ˌ--ˈ-/* *n* 1《特に争議中の労働者による》工場設備・機械などの破壊, **生産妨害** (cf. CRIMINAL SYNDICALISM, SEDITION). ★ 日本語の 'サボタージュ' (怠業) は slowdown*, go-slow". 2《被占領国側の工作員・地下運動家による》破壊[妨害]活動, 《一般に》破壊[妨害]行為. — *vt*, *vi* 故意に破壊[妨害]する.
sab·o·teur /sæ̀bətə́:r/ *n* 破壊[妨害]活動家. [F]
sac /sǽk/ *n* 通例 **sac and soc** /sǽk/ または **sac, soc, toll** /tóul/ **and team** として用いる》〖英史〗領主裁判権, サク, サク・(エンド・)ソク, サク・ソク・トール・ティーム《4 つの語 (sac, soc, toll, team) ともある時期からは事実上は同じ意味で, 領主の有した私的裁判権を意味したと考えられている; cf. SOKE》. [OE]
Sác·co-Van·zét·ti càse /sǽkouvænzéti-/ [the ~] サッコ-ヴァンゼッティ事件《1920 年代の米国における保守反動の時代を象徴する裁判事件; ともにイタリア移民の労働者で無政府主義者 Nicola Sacco (1891-1927) と Bartolomeo Vanzetti (1888-1927) が Massachusetts 州で発生した強盗殺人事件 (1920) で有罪とされ処刑された (1927), のち (1977) に汚名をすすがれることになった》.
Sach·sen·spie·gel /zá:ksənʃpì:gəl/ 〖ザクセンシュピーゲル〗『ザクセンの鏡』《1220-35 年に東ザクセン地方の騎士・参審員 Eike von Repgow (d. 1235 以降) がラテン語および中低ドイツ語で書いた, 中世ザクセンの最も重要な法書, ドイツの多くの法書の基礎となった》.

sack /sǽk/ *n* 1《ズックの》麻袋, 大袋; *《一般に》袋, バッグ. ▶ WOOL SACK (貴族院議長席). 2 [the ~]《口》解雇, 免職, 首; [the ~]《口》拒絶, 肘鉄. **get** [**have**] **the ~**《口》首になる; 肘鉄を食う. **give the ~ to sb** =**give sb the ~** 人を首にする; 人に肘鉄を食わせる. — *vt* 1 (麻)袋に入れる. 2《口》首にする; "《口》...に肘鉄を食わせる;《口》打ち負かす. **~·ing** *n* 解雇, 首, 馘首.
sac·ra·men·tum /sæ̀krəméntəm/ *n* (*pl* **-men·ta** /-tə/) 1《ローマ法》神聖賭金《法律訴訟の型の一つにおいて, 訴訟の両当事者が賭金を賭け, 敗訴者の神殿のちに国庫に帰属した》. 2《ローマ史》《新兵による》忠誠宣誓. 3 宣誓, 誓約 (oath).
Sacramentum si fa·tu·um fu·e·rit, li·cet fal·sum, ta·men non com·mit·tit per·ju·ri·um. /— saɪ fǽtjuəm fú:erɪt láɪsɛt fǽlsəm tǽmen nɑn kɑmítɪt pərʤú:riəm/ もし宣誓がばかげたものである場合には, たとえそれが虚偽であったとしても, 偽誓を犯すものではない. [L=A foolish oath, though false, does not make perjury.]
sac·ri·lege /sǽkrəlɪʤ/ *n* 1〖史〗聖所侵犯《教会など神聖な場所への侵入, 聖物窃取など重罪 (felony) を犯すこと》. 2 神聖を汚すこと, 瀆聖(ǧ), 汚聖; 冒瀆, 侮辱.
SAD °single administrative document 単一行政文書.
SAET °substance-abuse evaluation and treatment 薬物濫用評価治療プログラム.
safe /séɪf/ *a* **1 a** 安全な, 危険のない ⟨*from*⟩ (opp. *dangerous*); [arrive, bring, keep などの補語として] 安全に, 無事に[で]. **b** 逃げられる心配のない, (捕えられて)加害のおそれのない. **2** 間違いのない, 無難な; 確実な. — *n* (*pl* **~s**) 金庫; [the ~]"《スリ仲間で》チョッキの内ポケット. **~·ness** *n* 安全; 無事; 確実; 大事をとること.
sáfe àrea 安全地帯《戦闘地域近くの軍事攻撃から護られている地帯》.
sáfe cónduct *n* 1《戦時の》**安全通行権**. 2《安全通行の》**安導券**, 安全通行証, (戦時)航海証 (=passport). ▶ LETTER OF SAFE CONDUCT (安全保証状). 3 護送. — *vt* [safe-conduct] **1** ...に旅券を与える. **2** 護送[護衛]する. [OF *sauf-conduit*]
sáfe depòsit 貴重品保管所.

sáfe-depòsit bòx《銀行の金庫室の》貸金庫.
sáfe・guàrd *vt* 保護する; 護送する, 護衛する. ― *n* **1** 保護, 防衛; 保護[防衛]手段, 安全装置, 保障措置. **2** 保障条項, 免責条項, セーフガード (escape clause).
sáfe hárbor 1 安全港《戦時やしけの際に船舶が安全に停泊できる港》. **2** 安全な場所, 避難所;《責任や罰則から》保護してくれるもの《制定法の規定など》.
sáfe háven 1 安全な避難場所. **2** 安全避難所《1》非常時に少数民族・非戦闘員・非戦闘車両・物資を退避させる指定地域 **2)** 核物質の極秘輸送のための一時的貯蔵所》.
sáfe háven làw 安全避難所法《病院・消防署など特定場所に捨て子をした親を, その身元を公的に確認したり訴追したりすることなく, 捨て子に対して緊急医療措置を施すなど保護を加えることを定める法; 米国では多数の州が定めている》.
sáfe pláce to wórk 安全な仕事場 (＝SAFE WORKPLACE).
sáfe-plédge *n*《史》出頭保証人.
sáfe pòrt《貨物積載船にとっての, 航海上・治安上の》安全港.
sáfe sýstem of wórk(ing) 安全な勤務体制 (cf. SAFETY AT WORK).
sáfety at wórk 職場[仕事場]における安全性《コモンロー上雇用者は被用者の職場における健康・安全・福祉に対して合理的な注意義務が課せられている; 制定法によりその義務は強化されている; 他方 被用者もまたみずからの健康・安全に対する注意義務を負っている; cf. SAFE SYSTEM OF WORKING, SAFE WORKPLACE》.
sáfety commìttee〖英〗被用者安全委員会《労働災害・疾病の監視, 安全にかかわる規則・安全な勤務体制等の改善などの職務を果たすべく期待されている1974年法上の委員会; 雇用者は最低2名の被用者安全代表 (safety representative) から要請があればこの委員会を設立しなければならない》.
sáfety represèntative〖英〗被用者安全代表《被用者の健康・安全・福祉について同僚たる被用者の利益を代表すべく労働組合によって指名された1974年法上の被用者代表》.
sáfe wórkplace 安全な仕事場 (＝safe place to work) (＝**sáfe wórking plàce**) (cf. SAFETY AT WORK).
said /séd, (弱) səd/ *v* say (言う) の過去・過去分詞. ― *a* /séd/ [通例 the を冠して] 前記の, 上述の (aforementioned), 当該…: *the* ~ *person* 上述の人, 当該人物, 本人.
sáilor's wíll《航海中の船員に許される特別方式の》船員遺言 (＝mariner's will, seaman's will) (cf. SOLDIER'S WILL).
Saint-Ger・man /seɪntdʒɚːrmən/, **-Ger・main** /-meɪn/ セント・ジャーマン[ジャメイン] Christopher ~ (1460?–1540)《イングランドの法律家, 請願裁判所 (Court of Requests) の裁判官; なによりも *Doctor and Student* (博士と学徒, 1530) の著者として著名かつ重要; その他 Thomas More との間での聖権と俗権をめぐる論争でも有名; ⇨ DOCTOR AND STUDENT》.
sai・sie-ar・rêt /*F* sɛziarɛ/ *n*《債権者による》第三者占有物差押え.
sake (and soke) /séɪk (ənd sóʊk)/ SAC (and soc).
sal・able, sale・able /séɪləb(ə)l/ *a* **1** 販売に適した, 売れる, 商品として通用する. **2**〈値段が〉売りやすい (merchantable); すぐ売れる. **sàl・abíl・i・ty** *n* 販売可能性; 商品性.
Sál・a・din tìthe [tènth] /sǽlədən-/《英史》サラディン十分の一税《1188年エルサレム奪還を目的にスルタンの Saladin (1137/38–93) に対する十字軍をおこすために Henry 2世により全動産・収入の十分の一を徴収した税; 最初の動産課税といわれている》.
sálaried pártner 給与組合員《報酬として利益の分配を受け取るのではなく給与 (salary) を受ける組合員; 給与外に利益に応じてボーナスなどを得ることは妨げない》.
sal・a・ry /sǽl(ə)ri/ *n*《公務員・会社員などの特に 専門的・準専門的役務に対する》給与, 俸給, 給料《年俸・月給・週給など; cf. WAGE》. ▶ BASIC SALARY (基本給) / NET SALARY (純給与). ― *vt* …に給与を支払う, 俸給を与える. **sál・a・ried** *a*《時間給でなく》給与の支払いを受ける, 有給の. **~・less** *a* 無給の.
sale /séɪl/ *n* **1** 売ること, 販売; 売買, 取引; 売却, 現実売買《売買契約, 代金支払い, 権原の移転を含む概念; それらが同時に行なわれる売却, 現実売買を指す場合も多い》; 売買契約. **2** 売れ行き, 需要. **3** [*pl*] 販売(促進)活動. **4** [*pl*] 売上げ(高). **5** 競売 (だいきとう), 競り売り (auction); 売立て; 安売り, 特売, セール. ▶《1–5 に関連》ABSOLUTE SALE (絶対的売却) / ACCOUNT SALES (売上計算書) / ACT OF SALE (売買公記録) / AGREEMENT OF SALE (売却の合意) / APPROVAL SALE (承認権付き売買) / AUCTION SALE (競売) / BARGAIN AND SALE (売買契約と売却) / BARGAIN SALE (格安売却) / BILL OF SALE (動産売買証書) / BULK SALE (一括売買, 事業用資産一括譲渡) / CASH AGAINST DOCUMENTS SALE (権原証券引換え即金払い売買) / CASH SALE (現金売買; 当日決済取引) / CERTIFICATE OF SALE (売却証明書) / CHILLING A SALE (売買妨害) / COMPULSORY SALE (強制売却; 海上運送品の競売) / CONDITIONAL SALE (条件付き売買) / CONDITIONS OF SALE (売買条件; 売却条件; 競売条件) / CONTRACT FOR SALE (売買契約) / CONTRACT OF SALE (売買契約) / DISTRESS SALE (投げ売り; 債権者の利益のための換価) / DOCUMENTARY SALE (権原証券による売買, 船積書類による売買) / DOOR-TO-DOOR SALE (訪問販売) / EXECUTED SALE (既履行売買契約) / EXECUTION SALE (強制執行売却) / EXECUTORY SALE (未完成売買契約) / FORCED SALE (強制売却; 公売) / FORECLOSURE SALE (譲渡担保受戻し権喪失手続き上の売却) / FORWARD SALE (先物売買) / HANDSALE (握手売買契約(手付金)) / INSTALLMENT SALE (割賦販売) / JUDICIAL SALE (司法上の売却) / MINISTERIAL

SALE (執行のための売却) / MORTGAGEE'S STATUTORY RIGHT OF SALE (譲渡抵当権者の制定法上の抵当物件売却権) / OFFER FOR SALE (売出し発行) / PARTICULARS OF SALE (売却物件明細書) / POWER OF SALE (売買による譲渡抵当権実行権;(生涯不動産権)処分権) / PRIVATE SALE (相対(稍)売買) / PUBLIC SALE (公売) / RESALE (再売却;再販売) / SAMPLE SALE (見本売買) / SHERIFF'S SALE (シェリフによる売却) / SHORT SALE (空売り) / SIMULATED SALE (仮装売却) / TAX SALE (換価処分) / TRUST FOR SALE (売却信託) / WASH SALE (仮装売買;(株式の)買換え) / WHOLESALE (卸売り). **for ～** 売り物として、売りに出した. **on ～**=for sale; 特価で、特売で. **put up for ～** 競売に付す.

Sale *n* 乙村《英国における法律文書中に用いられる架空の地名; cf. DALE》.

saleable ⇨ SALABLE.

sale against the box ⇨ SHORT SALE AGAINST THE BOX.

sále and léaseback 賃貸借契約付き売却, 借戻し付き売却 (=LEASEBACK).

sále and retúrn 返品可能な売買 (=SALE OR RETURN).

sále as ís 現状のまま売却 (=sale with all faults)《売主の担保のない売買; ⇨ AS *is*, AS IS CLAUSE》.

sále by áuction 競売による売買.

sále by descríption 説明付き販売《目的物と説明が合致している担保責任が売主に生じる》.

sále by sámple 見本売買 (=sample sale)《目的物と見本が合致している担保責任が売主に生じる》.

sále in gróss 一括売買《主として不動産の売買で面積を正確に明示せずに行なわれる売買》.

sále-léaseback =SALE AND LEASEBACK.

sále nòte 仲立人作成売買契約覚書《売買契約条件につき仲立人が作成し、売主・買主双方に渡す覚書; cf. BOUGHT AND SOLD NOTES》.

sále-of-búsiness dòctrine 《米史》事業譲渡の法理《事業譲渡に付随しての株式の譲渡は証券譲渡に当たらないとする法理; 1985年の合衆国最高裁判所の判例 Landreth Timber Co. v. Landreth ほかはこの法理の採用を拒否した》.

sále of góods 動産売却, 動産売買, 物品売買.

Sále of Góods Àct [the ～]《英》動産売却法《1893年および1979年の法律; 1893年法はそれまでの動産の売買[売却]に関する判例法の法典化といえる; 1979年法はそれを基礎に買主の保護の拡大、規定の詳細化などの変更がある》.

sále of lánd 土地の売却《土地の権原(title)の売主から買主への現実の移転》. ▶ CONTRACT FOR SALE OF LAND (土地売買契約).

sále of óffices 《史》官職売買《特に絶対王政期に多くみられた公職を私人が購入すること; 英国では1551年法で一定の官職について禁止がなされ、1809年法で全官職について禁止が拡張された》.

sále on appróval 承認権付き売買 (=approval sale)《買主が引渡しを受けた物品を試した上で任意に返品することが契約上認められる売買; cf. SALE OR RETURN》.

sále on crédit クレジット売買, 信用売買, 掛売り.

sále or exchánge 売買[売却]または交換《1》金銭または有価物を対価にしての財産権の移転 2》米国連邦税法上の用語で、譲渡所得課税の要件である利益または損失の結果をもたらす(贈与と区別しての)対価を得ての財産権の任意の移転》.

sále or retúrn 返還権付き売買 (=sale and return, sales guaranteed) (cf. SALE ON APPROVAL). **on sale or [and] return** 残品引受け条件付き売買[契約]で.

sáles agrèement 売却[売買]の合意, 売買契約《物の権原(title)がその場で引き渡される売買と将来引き渡される売買の双方の契約を含む》.

sáles chèck 《小売店の》売上伝票, レシート (=sales slip).

sáles còntract 売買契約.

sáles fìnance còmpany 販売金融会社, 割賦販売金融会社《消費者と直接にではなく小売業者から売掛代金、特に割賦契約債権を割引して購入する金融会社》.

sáles guarantéed 《史》返還権保証付き売買 (=SALE OR RETURN).

sáles lìterature 販売文書《商品の販売促進、特に証券募集のための手段として作成される文書; 目論見書(prospectus)はこのうちの法定要件を満たしたものを指す》.

sáles lòad 《証券などの》販売手数料 (load).

sáles pùffery 《販売の際の》誇大宣伝, 誇張表現 (=puffing).

sáles slìp* 売上伝票, レシート (sales check).

sáles tàx 《米税制》売上税, 取引高税《物品・サービスの売買代金に対して売主に課される税》.

sále with áll fáults 瑕疵引受け売買[売却], 返品不可の売買[売却] (=SALE AS IS).

Sál·ford Húndred Còurt of Récord /só:lfərd-, ˈsól-/《英史》ソルフォード・ハンドレッド記録裁判所《古来のハンドレッド裁判所 (hundred court) が記録裁判所 (court of record) として、例外的に残存していた例; 1971年法で廃止》. [*Salford* イングランド北西部 Manchester の運河港市域]

Sál·ic láw /sǽlɪk-/《史》**1** サリカ法典《サリー・フランク人の部族法典; 部族法典中きわめて古く (6世紀初頭成立) かつ最も有名》. **2** サリカ順位法《サリカ法典に示されている不動産法定相続順位則で、女性および女系排除に特徴がある; フランス国王位の承継はこれに従って行なわれた》. ★ 1, 2 共に Lex Salica ともいう.

Sá·lique láw /sǽlɪk-, sǝ́ɪ-, sǽli:k-, sɪ́-/ SALIC LAW.

sa·lí·va tèst /səláɪvə-/ 唾液検査《自動車運転の違反関係で、体内に薬物あるいはその影響が残っているかを決定

するための予備検査としての唾液あるいは汗の試料検査; cf. SWEAT TEST.

salt·ing /sɔ́ːltɪŋ/ *n* *《俗》組織工作《反労働組合の雇用者の下に有給の組合員を送り込み組織化しようとする労働組合戦術; この組合員を salt (組織工作員) と呼ぶ》.

Sa·lus po·pu·li (est) su·pre·ma lex. /sǽləs pápjəlàɪ (ɛst) səprímə lɛ́ks/ 人民の安寧が最高の法(である). [L = The welfare of the people is the supreme law.]

Sálus pópuli supréma léx és·to. /-ɛ́stou/ 人民の安寧が最高の法であれ. [L = Let the welfare of the people be the supreme law.]

sal·vage /sǽlvɪdʒ/ *n* **a** 海難救助, 遭難船舶貨物救助《海難に遭遇した船舶または積荷の救助; 契約に基づく場合と基づかぬ場合があるが, 商事法上は後者のみを指す》; 《沈没船の》引揚げ(作業), 救済, 《火災での》人命救助, 《特に》(被保険)財貨救出. **b** 廃物利用, 回収. **2 a** 救助された船舶[貨物]; 《一般に》救出財貨; 《廃物からの》回収資源. **b** 《損害額填補により保険者が得る》被保険残存物 (cf. ABANDONMENT). **3** 《海難》救助料《海難救助をなした者が受けるべき報酬; 原則として救助の結果を得た場合のみ請求しうる》; 救助謝礼額. **4** 保険金控除額. — *vt* 〈難破船・火災などから〉救い出す, 救助する〈*from*〉; 〈沈没船を〉引き揚げる. ～**·able** *a* ～**·abílity** *n*　**sál·vag·er** *n*

sálvage agrèement 海難救助合意 (⇨ SALVAGE).

sálvage chàrges *pl* 《海難》救助料 (⇨ SALVAGE).

sálvage lòss 1 救出損《損害額》《救出により全損を免れえた分》. **2** 救助物売得金差引き填補《海上保険で, 被保険貨物が担保危険によって損傷しやむをえず売却された場合の填補額算出の一方式で, 保険価額から売得金を控除したものを填補額とすること》.

sálvage of trúst pròperty 《英史》信託財産保存《1925年法まで認められていたもので, たとえ信託設定文書で禁じていた場合でも信託財産の保存のための費用支払を裁判所が認めることができた権利; 同法により裁判所は適当と思われる措置を認めうるより広い権限を与えられた》.

sálvage sèrvice 海難救助(作業)《契約に基づくか基づかぬかにかかわらず, 海難に遭遇した船舶または積荷の救助作業》.

sálvage vàlue 残存価値[価額], 廃物価値, 残余(財産)価値 (= scrap value)《耐用年数終了時や災害による損傷の結果資産に残された残余価値》.

sal·vo /sǽlvou/ *n* (*pl* ～**s**) **1** 《英》留保条項, 但し書き (proviso). **2** 言いわけ, ごまかし; 慰め, 気休め; 《名誉などの》保全手段. — *prep* 《史》…のほかは, …を除いて, …を留保して. — *adv* 《史》安全に. [L *salvus* safe の奪格]

sal·vo ju·re /sǽlvou dʒúəri/ 権利を害することなく. [L = without prejudice to]

sal·vor /sǽlvər/ *n* **1** 救助人, 《海難》救助者. **2** 救助具, 救助装置; 救難船. [L]

same /séɪm/ *a* **1** [ᵁthe ～] 同じ, 同一の, 同様の. **2** [this, that, these, those に続いて]《やや古》[ᴼ*derog*] 例の, あの, その, …とかいう: *this* ～ *man* (ほかならぬ)こいつ. — *adv* [the ～] 同様に. — *pron* **1** [ᵁthe ～] 同一のもの[こと], 同様のこと[もの]. **2** 《今は法・商・俗》[*joc*] he [him], she [her], they [them], it, this, etc. 《商用語・俗には the を省くことがある》: We have heard from Mr. Jones and have written to ～. ジョーンズ氏より来信あり, 同氏に返信す.

sáme-évidence tèst 同一証拠テスト《ある事件で被告に対して主張された事実が前の事件で主張された事実と基本的に同一であるか否かのテスト; もし同一とされることになる, 二重の危険 (double jeopardy) の禁止に反することになる; cf. DOUBLE JEOPARDY》.

sáme invéntion 《特許》同一発明《**1**》複数の者の同一発明; 同一発明については, 米国では先発明者に, 英国では先願者に特許を与えている **2**》原特許に新しい要素を加えての申請の場合には新規性がなく新たな特許権の授与に値しないものを指す》.

sáme offénse 1 同一犯罪 (⇨ DOUBLE JEOPARDY). **2** 《常習犯に対する刑の加重をする場合の》同種の犯罪.

sáme-sèx (séxual) harássment 《特に上司である》同性による性的いやがらせ[セクシャルハラスメント].

sáme-sèx márriage 同性婚.

sam·ple /sǽmp(ə)l, sáːm-/ *n* 見本, 標本, 試供品, サンプル; 試料. ▶ BLOOD SAMPLE (血液試料) / DNA SAMPLE (DNA 試料) / SALE BY SAMPLE (見本売買) / TRIAL SAMPLE (試供品). — *vt* **1** …の見本を取る, 見本に…の質を試す. **2** …の見本になる. — *a* 見本の: a ～ *copy* 書籍の見本.

sámple sàle 見本売買 (= SALE BY SAMPLE).

sa·na·tion /sænéɪʃ(ə)n/ *n* **1** 治癒. **2** 《教会》婚姻の遡及的有効化 (= **sanatio in radice**)《無効であった婚姻を結婚時までさかのぼって有効にすること, またはその手続き》.

sanc·tion /sǽŋ(k)ʃ(ə)n/ *n* **1** 認可, 裁可, 是認, 承認, 認許; 《一般に》許容, 賛成, 支持: We have the ～ *of the law to do so.* そうすることは法的に認められている / *give* ～ *to*…を裁可[是認]する. **2** 拘束力(を与えるもの). **3** [ᵁ*pl*] サンクション, 法の強制力, 制裁; 制裁手段, 制裁措置; 制裁規定; 《国際法》《国際法違反国に対する通例数か国共同の》制裁(措置): a punitive [vindicatory] ～ 刑罰 / *impose military* [*economic*] ～ *s on*…に軍事[経済]制裁を加える / *take* ～ *s against*…に対して制裁手段をとる. ▶ CRIMINAL SANCTION (刑事制裁) / DEATH-PENALTY SANCTION (訴訟追行権剥奪制裁) / ECONOMIC SANCTION (経済制裁) / SHAME SANCTION (不名誉制裁). **4** 道徳的拘束力, 《良心の》制裁. — *vt* **1** 認可[裁可]する, 是認する, 承認する, 認許する. **2** …にサンクション[制裁]を加える. **3** 《法令などに》制裁規定を設ける.

sánction·able *a* 〈行為が〉サンクション[制裁, 是認]

される資格[適格性]のある, サンクション[制裁, 是認]の対象となる, サンクション[制裁, 是認]適用の: ～ conduct. ★一般的には「制裁に値する」の意で用いられるが, 時には逆に「是認に値する」の意で用いられることもある.

sánctions tòrt 開示手続き濫用制裁《開示(discovery)手続きでの相手方の濫用により不利益をこうむった者に対して裁判官が濫用者に命ずることのできる制裁金支払い; 厳密な意味での不法行為(tort)ではない》.

sánc·ti·ty of cóntract /sǽŋ(k)təti-/ 契約の尊厳《適法に結んだ契約の当事者は, そこで定められた義務を遵守せねばならないということ; 合意[契約]は守られなければならない (pacta sunt servanda)という法格言で示される》.

sanc·tu·ary /sǽŋ(k)tʃuèri-; -tjuəri/ n 1 神聖な場所, 聖地《神殿・寺院などの》特に神聖な場所, 聖所. 2 a 聖域《中世に教会が有した世俗権力からの免除特権; 犯罪者がこの地域に入ると世俗国家は通常手続きでは逮捕が許されなかった; 英国では1624年法で廃止; cf. ASYLUM》. b《教会などの》罪人庇護権, 保護, 避難所. 3 鳥獣保護区域, 禁猟区; 自然保護区, サンクチュアリー《動植物などを含む》.

sánd·bàgging n 猫かぶり行為《事実審での誤りを裁判所が修正しない場合には上訴で利用しようという思惑から, 弁護士が抜けめなく指摘しないでおくこと》.

Sán·der·son òrder /sǽndərs(ə)n-; sáː-n-/《英》サンダーソン命令《複数の被告相手の民事訴訟で一方のみ有責, 他方が無責とされた事件で, 敗訴被告に対して直接勝訴被告の訴訟費用の負担をも命ずるもの; ブロック命令 (Bullock order)が, 原告に対して勝訴被告分の訴訟費用を一旦負担させ, 原告が敗訴被告からみずからに支払わるべき訴訟費用の中にその費用を含めうることを命ずるのと対比》. [Sanderson v Blyth Theatre Co, 1903]

S & L《米》°savings and loan association 貯蓄貸付組合.

sánd·pàper·ing n*《俗》証人磨き《証言録取 (deposition)・事実審理を前にして弁護士が証人に対して行なう準備; cf. HORSESHEDDING》.

sándwich lèase《不動産》転貸借 (sublease) がなされた場合の》原貸借.

sane /séɪn/ a 精神的に健全な, 正気の, 正邪の判断のできる (opp. insane); 責任能力のある.

sàn·i·prác·tor /sǽnəprǽktər/ n《薬剤を用いずに治療を施す》衛生療法士.

sán·i·tary códe /sǽnətèri-; -t(ə)ri-/《食品・健康管理産業を規制対象とした》衛生法規, 衛生基準(法).

san·i·ty /sǽnəti/ n《精神・思想などの》健全, 穏健; 正気, 気の確かなこと (cf. DIMINISHED CAPACITY, INSANITY);《肉体的な》健康: lose one's ～ 気が狂う. ▶ PRESUMPTION OF SANITY (精神的健常の推定).

sánity hèaring 1 精神状態審理《刑事裁判を受けるにたる精神状態か否かを調べる審理》. 2《精神障害者の強制入院許否判定のための》措置入院前審理.

sans im·peach·ment de wast /sǽnz ɪmpíːtʃmənt də wéɪst/《不動産》毀損の責めに問われることなく (=without IMPEACHMENT OF WASTE). [law F =without impeachment of waste]

sans re·cours /F sɑ̃ r(ə)kuːr/ 遡求なし(で), 二次的支払い義務なし(で) (=without RECOURSE). [F = without recourse]

SAP《英》°statutory adoption pay 制定法上の養子縁組休暇手当.

SAR《米》°stock appreciation right 株式評価益権 ♦《米》°suspicious activity report 疑わしい行為についての報告書.

SARs《英》Substantial Acquisition Rules 大量株式取得規則《公開会社 (public company) の実態を左右しうる相当数の株式を取得することを規制するシティーコード (City Code) 上の規則; cf. CITY CODE on Takeovers and Mergers, CONCERT PARTY, DAWN RAID》.

sa·sine /séɪsən/ n《スコットランド史》1 占有 (seisin). 2 占有 (seisin) 引渡し(行為), 占有引渡し証書.

sátellite litigàtion 1《主たる訴訟にかかわる別の裁判所での》衛星訴訟. 2《訴訟追行中になされる》周辺の小論争.

sat·is·fac·tion /sæ̀təsfǽkʃ(ə)n/ n 1 満足させる[すること]; 満足, 本望. ▶ JUST SATISFACTION (正当な満足). 2 満足感, 得心, 納得;《事実認定者が》十分証明されたと判断すること. ▶ CONTRACT TO SATISFACTION (満足感条件付き契約). 3 弁済, 満足; 債務の履行, (借金の)返済 〈for〉; 賠償 〈for〉;《遺贈を定めていた相方への生前贈与による, あるいは債務者が債権者に遺贈することによる, エクイティー上の》弁済, 弁済証書 (= SATISFACTION PIECE); 弁済受領記入《★ performance (履行) は約束したそのもの, これに対し satisfaction は, その代替物ないしは等価物を与えて法的義務を消滅させることを指す》. ▶ ACCORD AND SATISFACTION (代物弁済) / ADEMPTION BY SATISFACTION (弁済に伴う遺贈撤回) / MEMORANDUM OF SATISFACTION (弁済覚書). 4 謝罪, 償い;《名誉回復の》決闘: demand ～ 償いを要求する; 謝罪[決闘]を求める / give ～ 償いをする; 決闘の申し込みに応ずる / in ～ of…の償い[支払い]として / make ～ for …に対して償いをする. enter (up) ～ 命じられた弁済の完了を裁判所記録に登録する.

satisfáction còntract 満足感条件付き契約, 確認条件付き契約 (=contract to satisfaction)《一方当事者が他方当事者の履行に満足することを条件にした契約》.

satisfáction of júdgment 1《弁済・執行などにより》判決が(実際に)満足されること. 2 判決執行済み証書.

satisfáction of líen 弁済に基づくリーエンの消滅(証書).

satisfáction of mórtgage 譲渡抵当消滅(証書).

satisfáction pìece 弁済証書《一方当事者が債務を弁済し他方が受理した旨の証書; 単に satisfaction ともいう》.

sat·is·fac·to·ry /sǽtəsfǽkt(ə)ri/ *a* 満足な, 満足のいく, 申し分のない, 十分な ⟨*to*⟩.

satisfáctory évidence 十分な証拠 (＝**satisfáctory próof**) (＝SUFFICIENT EVIDENCE).

satisfáctory quálity 《商取引での黙示条件 (implied condition) に含まれているとされる商品の 通常人 (reasonable person) にとって》満足できる品質.

sátisfied térm 目的達成定期不動産権《担保など特別目的のために設定した場合に生じる, 当初設定の期限前にその目的が達成され消滅する定期不動産権 (tenancy for a term); これに対して目的達成後も消滅せず残っているものを残存定期不動産権 (outstanding term) という》; ⇨ ATTENDANT TERM].

sat·is·fy /sǽtəsfài/ *vt* **1 a**《人を》満足させる;《人の意を満たす; [*pass*] 満足する, 甘んずる ⟨with sth, with do*ing*, *to* do⟩. **b** 納得させる, 確信させる. **2 a**《欲望を》満足させる;《要求に》応ずる,《本望を》遂げる. **b**《規則・規格などに》合う;《必要・条件などを》満たす. **3**《義務を》果たす, 履行する;《債務を債権者に》支払う, 弁済する;《人に》償い[補償]をする, 賠償する: ~ a creditor. ― *vi* 満足を与える, 十分である. **sát·is·fi·able** *a* 満足できる; 償いのできる. **sát·is·fi·er** *n*

Sáturday nìght spécial[1] 安物の小型拳銃 (＝**Sáturday nìght pístol**)《土曜の夜の外出に携帯したことから》. **2** *《俗》*週末にベッドと食事を求めて病院にやってくる者《しばしばアル中》. **3**《会社乗っ取りのための例えば一週間といった, 限定期間内の》予告なしに行なわれる株式の公開買付け《現在は禁止》.

Saunders v. Vautier ⇨ RULE IN SAUNDERS V. VAUTIER.

save[1] /séiv/ *vt* **1 a**《危険などから》救う, 救助する, 助ける, 免れさせる. **b**《名誉などの》毀損[損失]を免れる;《窮状などを》うまく切り抜ける: ~ one's honor [name] 名誉[名声]を保つ. **2** たくわえる, 貯蔵する, 取っておく ⟨*up*⟩, 保留する. **3**《労力などを》節約する; 大切に扱う. **4**《金銭・苦労などを》省く,《出費などを》減ずる. ― *vi* **1** 救う. **2** たくわえる, 貯金する ⟨*up*⟩; 倹約する[して暮らす]. ~ the statute 出訴期間[期限]法 (statute of limitations) の定める期限前に提訴することにより同法の適用を免れる. **sáv·able, ~·able** *a* 救える; 節約[貯蓄]できる.

save[2] /seiv, sèiv/ *prep* …を除けば, …を除いて, …のほかは, …は別として (except)《米では except に次いで普通だが, 英では古語または文語》.

sáve-hármless agrèement《(第三者に対する)》賠償責任免除特約 (＝HOLD-HARMLESS AGREEMENT).

sáve-hármless clàuse《(第三者に対する)》賠償責任免除条項 (＝INDEMNITY CLAUSE).

Sa·vi·gny /*G* závinji/ サヴィニー Friedrich Karl von ― (1779–1861)《ドイツの法律家・ローマ法学者・政治家; 歴史法学の創始者で, 法は言語と同じく民族精神の発露であり, 民族の歴史的発展とともに発展するものであり, 抽象的思弁によって人為的に作り出されるものではないと主張し, 自然法論を排斥した; 主著: *Vom Beruf unserer Zeit für Gesetzgebung und Rechtwissenschaft* (1814), *Geschichte des römischen Rechts im Mittelalter* (6 Bde., 1815–31), *System des heutigen römischen Rechts* (8 Bde, 1840–49)》.

sav·ing /séiviŋ/ *a* **1** 救いの, 救助[救済]となる; 取柄[埋合わせ]となる; 倹約する; 労力の省ける. **2** 除外的な, 保留の. ― *n* **1** 救い, 救助, 救済. **2** 節約, 倹約, 省力. **3** [*pl*] 貯金, 貯蓄(額). ▶ NATIONAL SAVINGS (国民貯蓄). **4** 除外, 保留. ― *prep* …を除いて(は), …の外は (except, save);《古》…に敬意を表しながら. ~·ly *adv* 倹約[節約]して, つましく. [save[1]]

sáving clàuse, sávings clàuse 1 除外規定, (適用)免除規定; 留保条項, 但し書き. **2** SAVING TO SUITORS CLAUSE. **3** SEVERABILITY CLAUSE.

sávings accòunt 貯蓄預金, 貯金勘定 (＝thrift account*)《貯蓄目的で通常利子がつき小切手が使えない銀行などへの預金; check(ing) account (小切勘定)と対比》.

sávings accòunt trùst 預貯金信託 (＝TOTTEN TRUST).

sávings and lóan associàtion《米》貯蓄貸付け組合 (＝loan association, savings and loan bank, thrift)《元来は組合員から受け入れた預金を原資とし土地・住宅購入のための融資を行なう協同組合 (co-operative) あるいは相互会社 (mutual company) 形式の金融機関だが, 現在では商業銀行同様の小切手勘定と消費者ローン・企業金融も扱う; 英国の building society (住宅金融組合)に相当; 略 S & L; cf. BUILDING AND LOAN ASSOCIATION》.

sávings and lóan bànk《米》貯蓄貸付け銀行 (＝SAVINGS AND LOAN ASSOCIATION).

sávings bànk 貯蓄銀行《米国では預貯金を受け入れそれに利息を払い, ある種の貸付けをも行なうが, 小切手業務は行なわない銀行; ただし近時は小切手業務も行なうこともある; 英国では主として貯蓄目的の小額預金受入れの銀行》. ▶ NATIONAL SAVINGS BANK (国民貯蓄銀行).

sávings bànk trùst 預貯金信託 (＝TOTTEN TRUST).

sávings bònd《米》《(譲渡性のない)》合衆国貯蓄券, 貯蓄国債

savings clause ⇨ SAVING CLAUSE.

sáving(s) stàtute 適用除外制定法《特定分野の法の一般的適用から特定の事項を明示的に除外している制定法》.

sáving-to-súitors clàuse《米》海事裁判除外条項 (＝saving clause)《海事民事事件は連邦地方裁判所が専属的第一審裁判権を有する旨定められているが, 原告が州の裁判所に特定種類の訴えを提起した場合にはそれを認めるとする但し書きがついている; この除外条項を指す; この場合 州の裁判所は連邦地方裁判所のと同一の実体法を適用せねばならない》.

sa·vor | sa·vour /séivər/ *vi* ⟨(…の)⟩性質を帯びている, ⟨…と⟩密接な関係にある, ⟨(…に)⟩類似している, ⟨(…と)⟩な

ころがある⟨*of*⟩: personal interests derived from land are said to ~ *of* the realty.

say /séɪ/ *adv*【数詞の前で】まあ…ぐらい: ~ about…まあ［ほぼ］…ぐらい, 約….

S.B. °senate bill 上院審議中法案.

SBA【米】°Small Business Administration 小規模企業庁.

sc. scilicet.

s.c., SC, S.C. same case 同一事件.

SC, S.C. °Security Council (国連)安全保障理事会 ♦ Sessions Cases ♦ °Supreme Court【米】最高裁判所;【英】最高法院.

scab *n* **1** かさぶた. **2**[*derog*] 労働組合不参加者, 非組合員, スト破り (blackleg, strikebreaker), スキャブ (rat);《口》いやなやつ, げす野郎. — *vi* (-bb-) [*derog*]*非組合員として働く, スト破りをする⟨on strikers⟩.

scac·ca·ri·um /skəkéɪriəm/ *n*【英史】財務府(裁判所) ((Court of) Exchequer). [L]

scaf·fold /skǽfəld, -fòuld/ *n* **1**(建築現場などの) 足場. **2**[the ~] 絞首[断頭]台, [*fig*] 死刑: go to [mount] *the* ~ 死刑に処せられる / send [bring] sb *to the* ~ 死刑に処する.

scale *n* **1** 目盛り, 尺度; ものさし, スケール. **2** 縮尺; 比例, 度合い;《税などの》率, 税法; 率を定めた表, 等級表; 最低賃金 (minimum wage): a reduced ~ 縮尺; 縮小 / a ~ of charges [wages] 料金[賃金]率(表). ► BAIL-POINT SCALE (保釈可能日数表) / HIGHER AND LOWER SCALES (高率および低率の手数料基準) / STANDARD SCALE (標準等級表). **3** 規模: *on* a large [gigantic, grand, vast] ~ 大規模に / *on* a small [modest] ~ 小規模に, 控えめに. ► ECONOMY OF SCALE (規模の経済). **4** 階級, 等級. **5**《古》はしご, 階段. **in** ~ 一定尺度に応じて, 釣合いがとれて⟨*with*⟩. **out of** ~ 一定尺度からはずれて, 釣合いを失して⟨*with*⟩. **to** ~ 一定の比例に拡大[縮小]して⟨描かれたなど⟩. — *vt* **1** 率に応じて定める, ⟨…に合わせて調整[デザイン]する⟨*to*⟩. **2**《人物・品物などを》評価する. **3** 概算する. — *vi*《数量など》共通の尺度をもつ, 比例する. **~ down** 率に応じて減ずる, 縮小[削減]する. **~ up** 率に応じて増額する, 拡大する. **scál·able** *a* 大規模に実現可能な《大規模にしても費用などがそれほど増加しない》.

scále òrder【証券】刻み注文《ある銘柄の売買総数を示したうえで同数ずつ一定の値幅で数回にわたって売る[買う]注文; 売買価額平均化の一方法》.

scalp /skǽlp/ *n* **1** 頭皮. **2**《口》利鞘. — *vt, vi* **1** (…の)頭皮を剥ぐ. **2**《口》《株・入場券など》売買して)利鞘稼ぎをする.

scálp·er *n*《口》利鞘稼ぎをする人, ダフ屋.

scálp·ing *n* **1**《口》利鞘稼ぎ, ダフ屋稼業. **2**【証券】投資顧問 (investment adviser) が顧客に証券購入を勧める前にみずから同一証券を購入すること《顧客がこの助言で購入すれば値上がり, その時点で顧問が売却すれば利

鞘を稼げることになる; 職業倫理にもとるとされる》. **3** マーケットメーカー (market maker) による証券の極端な幅の値上げ[値下げ]《米国ではガイドライン違反とされる》.

scam /skǽm/《俗》*n* ぺてん, 詐欺, かたり, 計略, 計画倒産; 話, うわさ, 情報. ► TELESCAM (電話詐欺).
— *v* (-mm-) *vt* …にぺてん[詐欺]をはたらく, だます.
— *vi* ぺてん[詐欺]をはたらく⟨*on*⟩.

scan·dal /skǽnd(ə)l/ *n* **1** 恥辱, 不面目; 醜聞, 疑獄, 汚職[不正]事件[行為]: Watergate ~ ウォーターゲート疑獄. **2**《醜聞に対する世間の》騒ぎ, 反感, 憤慨, 物議; 中傷, 陰口, 悪評: cause [create, give rise to] ~ 世間の物議をかもす / to *the* ~ *of the* citizens 市民が憤慨したことには. **3** 事件と無関係かつ中傷的で裁判の権威を落とすような申し立て, 中傷的申し立て (scandalous matter).

scán·dal·ous mátter /skǽndələs-/ 中傷的申し立て《民事訴訟で訴答 (pleading) で申し立てられた訴えや防御に関係のないしかもきわめて不名誉な申し立て事項; 裁判所はこれを訴答から削除することを命じうる; cf. IMPERTINENT MATTER》.

scándalous státement 中傷的陳述《事件の陳述や宣誓供述書 (affidavit) で, 事件に関係のないしかも人を罵倒するような陳述; 裁判所[裁判官]が削除を命じうる》.

scárlet-létter púnishment 緋文字刑《姦通者の衣服に姦通 (adultery) を示すAの字をつける刑を科した Nathaniel Hawthorne の小説 *The Scarlet Letter* (1850) に由来する不名誉刑[制裁]; 同種のことが 1980 年代の米国のいくつかの地方で保護観察処分 (probation) の条件にされることもあった》.

scátter-pòint anàlysis 散点分析《少数者集団の人口変化が投票様式に与える影響を研究する一方法で, 特定人種が投票総数の中で占める割合の変化に従って投票率が増減するかどうかを決定するために, 各候補者の獲得投票率を図示することなどを行なう》.

SCB【英】°Solicitors' Complaints Bureau 事務弁護士苦情処理部.

scé·nic éasement /síːnɪk-, sén-/ 美観保存地役権《美観保護のために設定される地役権 (easement)》.

Schéch·ter Póultry Còrp. v. Uníted Státes (1935) /ʃéktər-/ シェクター養鶏会社対合衆国事件 (1935 年)《1933 年制定の(全国産業復興法 (National Industrial Recovery Act, 略 NIRA)を違憲とした 1935 年の合衆国最高裁判所判決; シェクター養鶏会社は最長労働時間・最低賃金についての NIRA の規定に違反したとして起訴されていたが, 最高裁は逆に, 特定業種について公正な取引基準を承認する権限を大統領に付与している NIRA の中核規定こそが裁量基準を欠く立法権の委任であり違憲であるなどとして下級審判決を逆転し, その結果 Roosevelt 大統領のニューディール (New Deal) 政策は大きな打撃をうけた; cf. NATIONAL INDUSTRIAL RECOVERY ACT》.

schédular sỳstem【英税制】所得源別税率表《所

schedule

得税 (income tax) 賦課のための所得源上の分類方式; 2002年まで用いられたが, 現在もなお法人税 (corporation tax) に関しては適用される; ⇨ SCHEDULE A から SCHEDULE F までの各項参照).

sched·ule /skédʒul, ʃédjul/ n **1** 予定(表), スケジュール, 計画(案), 日程, 段取り; 時間割, 時間表; *時刻表: (according) to ~ 予定どおりに / behind [ahead of] ~ 予定に遅れて[定刻より早く]. **2** 表, 一覧表, 目録; 箇条書, 条目, 調査票. ▶ LOAN-AMORTIZATION SCHEDULE (貸付け金割賦・償還明細表) / MINIMUM FEE SCHEDULE (最低報酬基準). **3** 《文書に付属した》別表,《法律の》付則, 別表; 明細書,《法律文書の》付属明細書. ▶ SCOTT SCHEDULE (スコット明細表) / TAX RATE SCHEDULE (税率明細表). **4** [S-] 《英税制》所得税率表 《財政法で定められている各種所得への税率表; AからF表まである (SCHEDULE A-F の各項参照); このうち, B, C 表はそれぞれ1988年と1996年に廃止され, また2005年法で, A, D, F 表は所得税に関しては廃止され, A, D, F 表の代わりに新たに取引所得 (trading income), 資産所得 (property income), 貯蓄・投資所得 (savings and investment income), 雑所得 (miscellaneous income) の4つに区分されているが, 法人については A, D, F 表は残存; なお E 表の改正については SCHEDULE E を見よ). ▶ TAX SCHEDULE (税率表). **5** 《同一の法規制を受ける》薬物のリスト[一覧表]. **on ~** 時間表どおりに; 時間を正確に. — vt **1** 《特定の日時に》予定する. **2** …の表[一覧表, 目録, 明細書, 別表, 付則, 時間割]を作る; 表に載せる[入れる]. 《建物を》保存リストに載せる. **sched·ular** a **sched·uled** a **sched·ul·er** n

Schedule A /-éɪ/ 《英税制》《財政法上の土地・建物からの所得への税率が定められている》A 表 (⇨ SCHEDULE).

Schedule B /-bíː/ 《英税制史》《財政法上の, 森林所得への税率が定められている》B 表 (⇨ SCHEDULE).

schédule bònd 特定的身元保証(証書) 《雇用者に対して被用者の不正行為による損害を填補する身元保証(証書) (fidelity bond) のうち, 対象被用者全部ではなく (これを包括損害填補保証(証書) (blanket bond) と呼ぶ), 対象被用者が氏名や職名で特定されているもの; cf. BLANKET BOND, INDEMNITY BOND).

Schedule C /-síː/ 《英税制史》《財政法上の, 国債からの所得への税率が定められている》C 表 (⇨ SCHEDULE).

Schedule D /-díː/ 《英税制》《財政法上の, 営業・専門職業・利息その他雇用以外からの所得への税率が定められている》D 表 (⇨ SCHEDULE).

schéduled ínjury 補償給付額等級化傷害 《労働者災害補償関係法上給付補償額があらかじめ定められている労働者の業務上の傷害》.

schéduled próperty 《保険》財産明細書, 明細表記載財産 《損害保険で, 保険対象の財産およびその価額の明細書, ないしはその財産》.

schéduled térritories pl [the ~] 《史》指定地域, ポンド為替管理地域《英国の為替管理法上指定されていた英ポンドと結びつきの強いいわゆるポンド地域; sterling area (ポンド地域) ともいった》.

Schedule E /-íː/ 《英税制史》《賃金・給与・年金所得の税率が定められている》E 表 《2003年法で廃止され, 被用者所得 (employee income), 年金所得 (pension income), 社会保障所得 (social security income) に3分されている; ⇨ SCHEDULE》.

Schedule F /-éf/ 《英税制》《財政法上の, 配当所得への税率が定められている》F 表 (⇨ SCHEDULE).

schéduling òrder 《米》スケジュール命令 《民事訴訟で事実審理 (trial) を円滑に進めるため, 当事者併合・訴答修正・申し立て・開示の手続きの完了日などに関するスケジュールを定める裁判所の命令》.

scheme /skíːm/ n **1** 《組織立った・公的な》計画, 企画; 制度; 計略, たくらみ, 策略, 陰謀; 非現実的な計画. ▶ BUILDING SCHEME (建築制限) / BUSINESS EXPANSION SCHEME (新企業育成計画) / CHAIN REFERRAL SCHEME (連鎖式紹介販売) / CORPORATE VENTURING SCHEME (事業会社による冒険資本投下計画) / CRIMINAL INJURIES COMPENSATION SCHEME (犯罪被害者補償制度) / EMPLOYEES' SHARE SCHEME (被用者利益配分制度) / ENTERPRISE INVESTMENT SCHEME (新企業投資促進計画) / GRANT-AIDED SCHEME (政府助成金付き制度) / LEGAL AID SCHEME (法律扶助制度) / PAYROLL DEDUCTION [GIVING] SCHEME (被用者給与天引き寄付制) / PENSION SCHEME (年金制度) / PONZI SCHEME (ポンジー式詐欺) / PYRAMID SCHEME (ピラミッド販売方式). **2** 組織, 機構, 体制; 概要, 大略; 要綱. **3** 図式; 略図; 地図. — vi, vt [° ~ out] 計画する, 立案する; たくらむ, 陰謀を企てる.

schéme of arrángement 《英》債務整理計画 《債務者・債権者間の和議 (arrangement) において債務者を破産させることなく債務の一部免除などにより債権者を満足させる計画; 会社の場合には, 財政困難の場合だけでなく企業買収 (takeover) の場合にも用いられ, また債権者だけでなく一定割合の会社構成員の賛同も必要となる》.

Schén·gen Agréement /ʃéŋɡən-/ [the ~] シェンゲン協定 《英国を除く EU 内の多くの国が国境規制を廃止する協定; 1995年3月26日発効》.

schira ⇨ SCYRA.

schism /síz(ə)m, skíz/ n **1** 分離, 分裂, 不和; 離教,《教会の》分離, 宗派分立. **2** 分立した宗派[教派].

schis·mat·ic /sɪzmǽtɪk, skɪz-/ a 離教の,《教会の》宗派分立の. — n 離教者, 教会分離[分派]者.

schís·ma·tist ⇨ SCHISMATIC.

school /skúːl/ n **1** 学校. ▶ APPROVED SCHOOL (内務省認可学校) / DISTRICT SCHOOL (学校区公立学校) / INDEPENDENT SCHOOL (独立私立学校) / LAW SCHOOL (法科大学院) / MAINTAINED SCHOOL (公立学校) / NORMAL SCHOOL (師範学校) / PAROCHIAL SCHOOL (教(会)区校) / PRIVATE SCHOOL (私立学校) / PUBLIC SCHOOL (パブリックスクール; 公立学校) / REFORM SCHOOL (教護院). **2** 授業, 学業. **3** 科;*大学, 学部,

大学院. **4** [the ~] 全校生徒(および教師). **5**《学問・信条などの》流派, 学派, 一派. ▶HISTORICAL SCHOOL(歴史(法)学派).

schóol atténdance commìttee〘英史〙就学委員会《初等学校委員会(school board)管轄下にない地区の学校において児童を就学させる目的で1876年法で創設された委員会;1902年法でその権限は地方教育委員会に移された》.

schóol atténdance òrder〘英〙就学命令(⇨ SCHOOL ATTENDANCE PROCEDURES).

schóol atténdance procèdures〘英〙*pl* 就学手続き《子供が法定通りに就学登録・通学しない場合に, 地方教育当局は親に就学命令(school attendance order)を出すが, それにも従わぬ場合には親は罰金刑を科される; さらに子供がきちんと通学していないことを親が知っている場合には親は3月以下の自由刑にも処せられうる; この一連の手続きを指す》.

schóol bòard 1〘米〙学校委員会, 教育委員会《地方の公立学校を監督する委員会; cf. BOARD OF EDUCATION》. **2**〘英史〙初等学校委員会《1870年法で, 宗教団体や私人による以外の公立の初等教育のために創設された委員会; 1902年法で地方教育委員会に権限は移行》.

schóol dìstrict 学校区 **(1)**〘米〙州の下位区分で州法に基づいてその区域内の公立学校(学校区公立学校(district school)という)の建設・維持・管理その他で州の教育行政を支援する地方公共団体 **2)**〘英史〙1870年法でイングランド全体に創設され, 1902年法で名称自体は廃止されその機能は地方教育委員会の管轄に引き継がれた地方教育区》.

schóol lànd* 公立学校維持用地《公立学校設立・維持のために州により売却ないし開発用にとってある公有地》.

schóol pràyer 公立学校での祈禱, 学校(で)の祈禱《米国ではエンゲル対ヴィターリ事件(1962年)(Engel v. Vitale (1962))により公立学校での神の祝福を祈る非宗派的な祈禱も違憲とされた》.

Schú·mer bòx /ʃúːmər-/ [the ~]〘米〙シューマー表《クレジットカード(credit card)契約においてカード保有者が負うべき費用のすべてを要約している表; これを求めた上院議員 Charles Schumer (1950-) の名から》.

sci·en·ter /saiéntər, si-/ *adv* 意図的に, 故意に, 知ってて(cf. WELL-KNOWING). ── *n* 認識; 故意《⇨ cf. INTENT, KNOWLEDGE, MENS REA》. [L=knowingly]

sciénter rùle《飼いならされた動物がもたらした損害に関する》認識則(⇨ CLASSIFICATION OF ANIMALS).

Sci·en·tia utrim·que [utrin·que] par pa·res con·tra·hen·tes fa·cit. /saiénʃiə ətrímkwɛ paːr pǽriz kɑ̀ntrəhéntiz fǽsit/ 双方における対等の知識は契約当事者を対等にする. [L=Equal knowledge on both sides makes the contracting parties equal.]

scientífic évidence 科学的証拠《科学上の専門的知識を利用したものか, あるいはその証拠価値が科学の原理に依存している証拠事実ないしは意見証拠(opinion evidence)》.

scientífic knówledge 科学的知識《証拠法上の用語で, 十分な検証によって支持されている科学的方法に基づく知識》.

sci. fa. °scire facias 告知令状.

sci·li·cet /skíːlikèt, sáiləsèt, síləsèt/ *adv* すなわち, 言い換えれば (to wit, namely)《略 sc., scil.》. [L *scire licet* it is permitted to know]

scin·til·la /sintílə/ *n* (*pl* ~s, -til·lae /-liː/) 火花; 生気; 微量, かすかな痕跡 ⟨*of*⟩: SCINTILLA OF EVIDENCE. [L=spark]

scintílla jú·ris /-dʒúərəs/〘史〙権原の生気, 権利の残片《ある者がAに対してBへのユース(use)を付け, しかも将来一定条件が達成された場合はCがそのユースを与えられるという条件で土地を譲渡した場合, ユース法(Statute of Uses)の効果としてBがその土地のコモンロー上の権利を有することになった; しかもユース法の趣旨は, Bのユースがコモンロー上の権利に転換した時点ですべての占有がAから流出してBに移り, Cの不確定なユースを付してその土地の占有を有する者はいなくなり, またCの不確定残余権が不確定である間はユース受益者が誰であるか確認できないので, この不確定権がコモンロー上の権利に転換することもないというものであった; その後Cの権利が現実のものとなるための条件が成就したとすると, Cのための不確定なユースを付してその土地を占有する者がいなくなっているわけであるから, Cへ権利が移るための導管もなくなってしまっていることになる; しかしCの将来権はなんとかこれを有効なものとしたいというのが当時の裁判所の判断であった; そこで当時の法学上この場合Cの将来権がコモンロー上のものになるまでは権原の生気が依然としてAに残りあるいは少なくとも空中に漂っており, その生気の作用でCのエクィティー上の権利は支えられ, 条件成就とともにユース法の効果としてコモンロー上のものとなるという法構成をしたが, その後この法的擬制を媒介として, Oliver Cromwell をして「神を恐れぬごたまぜ」と呼ばしめた多くの混乱が生じた; 英国では1860年法でこの擬制は廃止》. [L=a spark of right]

scintílla of évidence 証拠の細片, 微少証拠(⇨ SCINTILLA-OF-EVIDENCE RULE).

scintílla(-of-évidence) rùle 証拠の細片準則《コモンロー上は, 争点についてたとえわずかでも相手方に有利な証拠が存している場合は, 陪審抜きの略式裁判や指示評決(directed verdict)を求める申し立て(motion)は認められるべきではなく, その争点は陪審に委ねられねばならないというのが原則であるが, この原則を指す; ただしこの原則は, 米国の数州を除いて適用されていない》.

scira ⇨ SCYRA.

sci·re fa·ci·as /sáiəri féiʃiəs/ 告知令状《による手続き》(=writ of scire facias)《申立人が判決や開封勅許状(letters patent)等の公的記録を利用してはならない理由を示せという趣旨の令状; 英国では不用に帰しており, 民事手続きとしては1947年に廃止; 米国でも大部分廃止; 略 sci. fa.》. ▶WRIT OF SCIRE FACIAS (告知令状). [L=that you cause to know]

scíre fácias ad au·dién·dum er·ró·res /-əd ɔ:diéndəm ərəríz/《史》誤審審理告知令状《誤審令状 (writ of error) を得てその理由申し立てを行なうよう、相手方に対して発せられ、それに対する答弁を求める令状》. [L=that you cause to know to hear errors]

scíre fácias ad re·ha·bén·dam tér·ram /-rì:həbéndəm térəm/《史》差押土地回復告知令状《判決債務者 (judgment debtor) が判決で言い渡された債務を完済したのちに差し押えられている土地の回復を求める令状》. [L=that you cause to know to recover the land]

scíre fácias quá·re res·ti·tu·ti·ó·nem nón /-kwéəri rèstət(j)ù:ʃiúunəm nán/《史》執行財産回復告知令状《判決債務者 (judgment debtor) が判決による強制執行を受け財産を差し押えられたが、債務弁済前にその判決が上訴で取り消された場合の差押財産取り戻しのための令状》. [L=that you cause to know why restitution not]

scíre fácias sur mórt·gage /-sər mɔ́:rgɪdʒ/《史》譲渡抵当実行告知令状《債務不履行の譲渡抵当権設定者 (mortgagor) に対して譲渡抵当 (mortgage) が実行され抵当財産が執行のため売却されてはならない理由を示すよう命ずる令状》. [L=that you cause to know on mortgage]

scíre fé·ci /-fí:saɪ/《史》告知済み復命書《告知令状 (scire facias) を送達した旨のシェリフ (sheriff) の復命書; 送達できない時は執行不能 (nihil habet) と復命》. [L=I have caused known]

scíre fie·ri inquiry /-fáɪəràɪ-/《史》遺産管理審問令状《遺言者の債務に関して遺言執行者 (executor) に対して強制執行令状を出したところその執行官であるシェリフ (sheriff) から財産不存在の復命 (nulla bona) があったため遺言執行者が遺産管理義務違反 (devastavit) を犯したと思われる時に、遺言執行者から遺言者の遺産の所在・失当な管理の有無などを審問するための令状》. [L+E=scire (facias)+fieri (facias)+inquiry]

SCL student in [of] the civil law.

scóff·làw n《口》《特に容易に実施・執行しにくい》法 [規則, 習慣] をばかにし無視する者《常習的な交通法 [禁酒法] 違反者, 裁判所の出頭命令に応じない者, 罰金 [借金] を支払わない者など》.

scold /skóuld/ vt 《子供などを》しかる〈sb about sth, sb for (doing) sth〉. — vi しかる, 小言を言う, ののしく〈at〉. — n 1 口やかましい人,《特に》がみがみ女, 口論常習者. ▶ COMMON SCOLD (喧嘩口論常習者). 2 しかること (scolding), 喧嘩.

scope /skóup/ n 1《知力・研究・活動などの》範囲, 領域, 視野: beyond [within] one's ~ 自分の力の及ばない [及ぶ] (ところで) / outside the ~ of ...の範囲外で. 2 見通し, 余地, 機会.

scópe nòte（判例）要旨注意書《判例要旨集 (digest) の標題のあとにあり, 扱っている主題と扱っていない主題を簡単に記述した部分》.

scópe of authórity 権限の範囲,《特に合理的範囲内での》代理権の範囲 (cf. SCOPE OF EMPLOYMENT, RESPONDEAT SUPERIOR).

scópe of emplóyment 職務範囲《上位者責任 (respondeat superior) により雇用者が被用者 (employee) の不法行為の責任を負うべき被用者の合理的で予見しうる職務活動範囲; cf. COURSE OF EMPLOYMENT, MASTER AND SERVANT, ZONE OF EMPLOYMENT; ⇨ RESPONDEAT SUPERIOR》.

scórched-éarth defénse /skɔ́:rtʃt-/ 焦土防衛作戦《買収標的企業が資産売却などを行ない, 買収の魅力をなくす防衛作戦》.

S corporation /és —/《米》S 節会社, 特別小規模会社 (=subchapter S corporation)《内国歳入法典 (Internal Revenue Code) の第 1 章 S 節 (subchapter S) に関連規定があるための名称; その純利益が団体としての会社自体に課税されず株主に帰属する段階で課税される株主 35 人以下などの条件付きの小規模会社; 課税対象を会社とするか株主とするか選択できることから, tax option corporation (課税対象選択会社) ともいう; cf. C CORPORATION》.

scot /skát/ n《史》税 (⇨ LOT).

scót and lót《史》税 (⇨ LOT).

Scótch márriage スコットランド式婚姻《一切の儀式を必要とせず男女の合意のみによって成立する婚姻; 1940 年に至るまでスコットランドで有効であったことから; cf. COMMON-LAW MARRIAGE, GRETNA GREEN MARRIAGE》.

Scótch vérdict 1《史・スコットランド》《陪審の》証拠不十分評決 (=NOT PROVEN). 2 確定的でない決定, 要領を得ぬ声明.

Scótland Yárd スコットランド・ヤード, ロンドン警視庁《かつて London の Whitehall に通ずる短い通り Great Scotland Yard にあったことに由来; 移転後は New Scotland Yard と呼ぶ; 別称 the London Metropolitan Police; 特にその刑事部 (the Criminal Investigation Department of the London Metropolitan Police) を指す; ⇨ NEW SCOTLAND YARD》.

Scóts láw スコットランド法《もともとは大陸法系に属する法; 1707 年のイングランドとの合併後もスコットランド法は原則維持され, 英国議会の法律は, 特別の規定がある場合のみスコットランドに適用される》.

Scóttish Párliament [the ~] スコットランド議会《1998 年法で創設され一院制で選挙区選出と選挙区比例代表双方からの 129 名の選挙により選出された議員で構成; 保健衛生・学校教育など限定された事項の立法権とスコットランドでの所得税率を一定限度まで変更する権限などを有する》.

Scóttish péers pl スコットランド貴族《1707 年のイングランドとの合併前のスコットランド貴族の承継者; その中から 16 名が貴族院「House of Lords」議員に選ばれていたが, 1963 年法で全員議員となることになった; しかし英国貴族院自体が世襲貴族による互選議員の創設など大き

Scótts·boro cáse (1931) /skátsbɔ̀:rə-/《米》スコッツボロ事件 (1931 年) 《Alabama 州 Scottsboro 近郊で 9 人の黒人青年が貨物列車上で 2 人の白人女性に暴行を加えたとして, 1931 年に起訴された事件; Scottsboro における裁判では全員有罪とされ, うち 8 人は死刑を宣告されたが, 裁判当日 2 名の弁護士が援助を申し出るまでは弁護人もないままに裁かれた結果であった; 最初の Powell 対 Alabama 事件は 1932 年に合衆国最高裁判所に上訴され, 被告に対して十分な弁護人を用意しなかったことは合衆国憲法第 14 修正違反であるとして, 上記有罪判決が覆された; 3 年後に Norris 対 Alabama 事件が合衆国最高裁判所に持ち込まれた結果, 起訴の是非を決定する大陪審 (grand jury) および審理をする小陪審 (petit jury) の双方から黒人が除外されていたとして, 再度有罪判決が覆された; 結局, 逃亡していた 1 名を除く被告全員が釈放されたが, 最後の釈放は 1950 年であった).

Scótt Schèdule [the ~]《英》スコット明細書《主として高等法院 (Supreme Court of Judicature) の審理官 (official referee) の職務 (official referees' business) に関して訴えが大量の項目にわたる場合にその事実の主張内容詳細 (particulars) を記述する文書を指す; 官職そのものはすでに廃止されてはいるが, かつて審理官であった人の名に由来).

Scott v. San(d)·ford Case /-sǽn(d)fərd-/ スコット対サンフォード事件 (⇨ Dred Scott Case).

scrámbling posséssion 1《占有が合法的なものか否かではなく, 誰が現実に占有しているかをめぐって紛争のある》奪い合い占有, 占有争奪. 2《正当占有者が許容できない》不穏な占有 (cf. peaceable possession).

scráp vàlue 廃物価値, 残存価値[価額], 残余(財産)価値 (=salvage value).

scratch /skrǽtʃ/ vt 1 ひっかく;〈…から〉はがし取る, 掻き消す. 2 走り書きする. 3 *〈候補者〉の名を取り消す,〈候補者〉の支持を拒絶する (⇨ scratching the ticket).
— vi 候補者名を消す;《競争から》手を引く, 企てをやめる (give up), 出場を取り消す《from》.

scrátch·ing the tícket *特定候補者名抹消《選挙の際あらかじめ候補者名が書き込まれている投票用紙からある政党支持者がその政党の特定候補者の名を抹消することで, 自党候補者支持拒絶《ある政党支持者が選挙で部分的に他党候補者に投票して自党候補者の支持を拒絶すること); 反対党候補者支持, **反対党候補者への投票**.

scrawl /skrɔ́:l/ n《署名などのあとに書く印影に代わる》書き判, 飾り書き (=scroll).

screen /skrí:n/ n 1 ついたて; 障壁. 2《コンピューター・テレビなどの》画面, スクリーン. 3 a《窓などの》網. b 審査[選別]制度. c 1 ふるいにかける. 2《志願者を》審査[選別]する《out》, 《一定の方法により》予備選別する.

scréen·ing n 1 ふるいにかけること. 2《適格》審査, 選抜, スクリーニング. — a 審査する.

scréening gránd júry 起訴審査大陪審《事件を起訴とするか不起訴とするかを決定することを主な職務とする最も一般的な大陪審; cf. investigative grand jury).

screw /skrú:/ n 1 ねじ. 2《俗》看守;《俗》警官, ポリ公.

Scri·be·re est age·re. /skráɪbɛrɛ ɛst éɪdʒɛrɛ/ 書くことは行なうことである. [L=To write is to act.]

scrip /skríp/ n 1 a 仮証券, 仮株券, 仮社債, 仮証書, 端株券, スクリップ (=~ certificate)《集合的にも用いる). b《借用》証書. 2 代用紙幣 (=~ mòney);《昔米国で発行された, 1 ドル以下の》紙幣;*《俗》1 ドル札, ぜに;《占領軍の》軍票.

scríp dìvidend 証書配当, 手形[仮証券]配当, スクリップ配当《現金でなく将来の一定期日に金銭または証券で支払うという約束が記載された証券の形での配当).

scríp ìssue《英》株式配当《新株の無償配当; cf. bonus issue, capitalization issue, stock dividend).

script /skrípt/ n 1 手書き (handwriting), 筆記文字. 2 原稿;《放送・映》台本, スクリプト, 脚本;《脚本の》書抜き; 筋書; 行動予定. 3《証書または文書の》原本, 原文書, 正本 (cf. copy); 遺言(補足)書, 遺言(補足)書の下書き. ▶ transcript (記録の騰本). — vt《映画など》のスクリプトを書く; 脚本化する;〈計画など〉の筋書を決める, 立案する.

Scrip·tae ob·li·ga·ti·o·nes scrip·tis tol·lun·tur, et nu·di con·sen·sus ob·li·ga·tio con·tra·rio con·sen·su dis·sol·vi·tur. /skrípti əblɪgèɪʃíoʊniz skríptɪs talǽntər ɛt nú:daɪ kansénsəs əblɪgéɪʃiou kantréɪriou kansénsu dɪsálvɪtər/ 書面による債務は書面により取り消され, 裸の同意の債務は反対趣旨の(裸の)同意によって解消される. [L=Written obligations are undone by writing, and an obligation of naked consent is dissolved by a consent to the contrary.]

scriv·en·er /skrív(ə)nər/ n 1 代書人, 代書士; 公証人 (notary). 2《史》金貸し (=money scrivener).

scrívener's érror 書き誤り, 誤写 (=clerical error). ▶ doctrine of scrivener's error (書き誤りの法理).

scrívener's excéption 代書人的業務の除外《弁護士が依頼人のために定型文書作成のような事務的な仕事だけを依頼された場合には, 弁護士依頼者間の秘匿特権 (attorney-client privilege) の適用を受けることができないという例外).

scroll /skróʊl/ n 1 巻物, 巻き軸, スクロール. 2《計画》素案, 草案. 3《古》表, 名簿, 目録, 一覧表 (list);《古》書簡. 4 書き判, 飾り書き (scrawl).

Scrópe's [Scróop's] Ínn /skrú:pz-/《英史》スクループス・イン《一時期 London の Holborn にあった上級法廷弁護士 (serjeant-at-law) のイン; ⇨ Serjeants' Inn).

scru·ti·ny /skrú:t(ə)ni/ n 1 精密[綿密]な吟味[調

査], 精査, 審査, 検査; 監視. **b** STRICT SCRUTINY. ▶ INTERMEDIATE SCRUTINY (中程度の厳格審査) / MINIMAL SCRUTINY (きわめて穏やかな審査) / STRICT SCRUTINY (厳格審査). **2**〘(選挙における)〙有効票の審査.

S.Ct.°Supreme Court〘米〙最高裁判所;〘英〙最高法院♦°Supreme Court Reporter 合衆国最高裁判所判例集.

scur·ri·lous /skə́ːrələs; skʌ́r-/ *a* 下卑た, 下品な; 卑しい; 口の悪い, 口ぎたない.

scu·tage /skj(j)úːtɪʤ; skjúː-/ *n*〘英史〙スキューテッジ, 楯金, 軍役代納金 (= escuage, king-geld)《国王から騎士奉仕 (knight service) を条件に保有している直属受封者 (tenant in chief) が, 騎士奉仕に代えて支払った一定率の金額; 主君たる国王が課す場合のみを指し, 家臣側の事情での代納金は含まない; 1660年に騎士奉仕保有が廃されたが, スキューテッジ は 14 世紀には廃れていた》. [L (*scutum* shield)]

scut·tle /skʌ́tl/ *vt* 船底[船側, 甲板]に穴をあけて〈船を〉沈める.

scút·tl·ing *n*〘保険金詐取目的などでの船舶自沈のため〙船底穿孔, 〈船〉海水流入.

scy·ra, schi·ra, sci·ra /ʃáɪrə/ *n*〘英史〙**1** 州 (shire); 州民; 州民会 (shire-mote). **2** 州民会欠席罰金. [L = shire]

s.d.°sine die 無期限に[の].

s.d., SD short delivery 揚げ(荷)不足, 不足引渡し.

S.D.〘米〙Southern District《南部裁判区》.

sdbl, S/D B/L sight draft bill of lading attached 船荷証券付き一覧払い為替手形.

SDLT〘英〙°stamp duty land tax 土地取引印紙税.

SDRT〘英〙°stamp duty reserve tax 印紙税代替税.

SE, S/E°stock exchange 証券取引所.

S.E.〘米〙°South Eastern Reporter『サウス・イースタン・リポーター』(第1次シリーズ).

S.E.2d〘米〙SOUTH EASTERN REPORTER Second Series『サウス・イースタン・リポーター』第2次シリーズ.

sea /síː/ *n* **1 a** [the ~] 海 (opp. *land*), 海洋《一般に海は, 内水 (internal waters), 領海 (territorial seas), 公海 (high seas) に区別》; 大海, 大洋. **b** 〘固有名に付けて〙…海 (塩水・淡水の大湖): Black *S*~ 黒海 / Dead *S*~ 死海. ▶ ARM OF THE SEA (入江) / CARRIAGE OF GOODS BY SEA (海上物品運送) / CLOSED SEA (閉鎖海(論); 海洋開鎖; 領海) / DANGER OF THE SEA (海(固有)の危険) / FOUR SEAS (四海) / FREEDOM OF THE SEAS (公海の自由, 海洋の自由) / HIGH SEAS (公海; 海事裁判所管轄水域) / LAW OF THE SEA (海洋法) / MAIN SEA (公海) / NARROW SEA (海峡) / OPEN SEA (自由海(論); 海洋の自由; 公海) / PERIL OF THE SEA (海(固有)の危険) / TERRITORIAL SEAS (領海). **2** [the ~] (大)波, 波浪. **3** [the ~] 船乗り業, 船員生活. **at ~** 航海中で[の], 海上で[の], 港外で[の]《(特権的遺言) (privileged will) の要件に関して, 帰船義務のある船員が休暇中に上陸している場合も含むものとされている》. ▶ TAKING AT SEA (海上での拿捕).

beyond (the) ~s〘人が〙海外に, 国外に, *州外に.

SEA°Single European Act 単一欧州議定書.

seal /síːl/ *n* **1 a**《文書の真正性を保証する》印章, 紋章, 証印, 封印《封蠟(ろう)・鉛・紙片におしたものを文書に添える》, 印影. **b** 判, 印, 印鑑, 璽. **c** [ᵛthe ~s (of office)]〘英〙大法官 (Lord Chancellor) [国務大臣 (Secretary of State)] の官職: receive [return] *the ~s* 国務大臣に就任する[を辞職する]. **d**《確認・保証・確定・固めの》しるし. ▶ BROAD SEAL (国璽) / COLLATION OF SEALS (印影の照合) / COMMON SEAL (会社印, 法人印) / CORPORATE SEAL (法人印, 会社印) / EMBOSSED SEAL (打出し印鑑; 打出し印影) / GREAT SEAL (国璽; 州璽) / HALF-SEAL (半璽) / KEEPER OF THE SEAL (国璽尚書) / NOTARY [NOTARIAL, NOTARY'S] SEAL (公証人の印鑑; 公証人の印影) / PRIVATE SEAL (私印) / PRIVY SEAL (王璽) / PUBLIC SEAL (公印) / RUBBER-STAMP SEAL (ゴム印; ゴム印の印影) / STATE SEAL (州璽). **2** 封をするもの, 封印紙, 封蠟, 封鉛, シール;《共同募金用などの》シール. **under ~** 捺印[押印]して. ▶ CONTRACT UNDER SEAL (押印契約).

— *vt* **1**〈証文・条約など〉に捺印[押印, 調印]する; 固める; 確実にする〈*with*〉; 証明する, 保証する;〈運命などを〉定める, 指定する. **2** …に封印を施す,〈手紙〉に封をする〈*up*〉.

séa làwyer [*joc*]《法律に詳しく権利問題などにうるさい》問題船員;《広く》うろうるさい論争好きな人.

séal dày〘英史〙大法官府裁判所申し立て審理日《当日は大法官管理の国璽 (Great Seal) が法廷に持ち込まれ, 申立書に捺印することから; ここから *the Seal is closed* は当日の申し立て受理終了を意味した》.

sealed /síːld/ *a* **1** 封印された; 封をした. **2** 捺印[押印]された.

séaled bíd 密封入札, 封緘入札.

séaled-contáiner rule 封印容器の準則《販売者が製造者から製造物を受け取り, それに欠陥があることを知らずにあるいはその検査の合理的機会をもつことなくそのまま販売した場合には, 製品の欠陥についての責任を負うことはないという原則》.

séaled cóntract 押印契約 (= CONTRACT UNDER SEAL).

séaled ínstrument 捺印文書《通常は捺印者がそこに記されている債務の有効性について争うことができない証拠となることを認めたものとされるが, 例外も多いし, 統一商事法典 (Uniform Commercial Code) 上は捺印文書に関する法が動産売却契約等に適用されないことが明記されている; cf. CONTRACT UNDER SEAL》.

séaled vérdict 密封評決《評決は原則陪審員から直接公開法廷で答申されるが, 閉廷中に陪審が評決に達した場合, 書面に記し封印のうえ, 陪審員は解散できる》.

séal·er *n* 捺印者, 捺印機; 捺印官《特に英国では大法官府裁判所 (Court of Chancery) の Sealer; 1852年法で廃止》; 検印者.

séa lètter〘史〙《通常は戦時にのみ発行される》中立国

船舶[中立船]証明書 (=passport).

séaling of récords 記録の密封, 記録の極秘扱い (cf. EXPUNGEMENT OF RECORD).

séaling úp 1《裁判で証拠として提出を命じられた文書の一部が事件と関係がなかったり不開示[秘匿]特権を得ているものである場合に》文書の一部を封じておくこと. **2** 封印すること.

Séal Pàper《英史》《裁判所法 (Judicature Acts (1873, 75)) に至るまで大法官府裁判所 (Court of Chancery) 関係で用いられた各日ごとの》法廷業務担当表.

séa·man /-mən/ n 船員, 水夫, 船乗り (=mariner); 水兵. ▶ ABLE(-BODIED) SEAMAN (有資格船員).

séaman's lìen 船員リーエン (=MARINER'S LIEN).

séaman's wìll 船員遺言 (=SAILOR'S WILL).

Sean·ad (Éir·eann) /ʃænə:d (ɛərən); ʃænəd(-)/ n 《アイルランド共和国議会》上院 (⇨ Oireachtas). [Ir =Senate (of Ireland)]

SEAQ /síːæk/《英》Stock Exchange Automated Quotations System 証券取引自動通報システム, 気配入力通報システム, 証券取引所自動相場表示制度, シアック《株価を表示し, 取引を記録する電子システム; Big Bang 以後のイギリス証券取引所の心臓部; cf. NASDAQ; ⇨ STOCK EXCHANGE ELECTRONIC TRADING SYSTEM》.

search /sə́ːrtʃ/ vt 〈場所(の中)を〉捜索する, 捜しまわる〈for〉;〈人を〉ボディーチェックする, …の身体を捜検する (cf. FRISK); くまなく調べる. ― vi 捜す, 求める〈for, after〉; せんさくする, 調査する〈into〉.
― n **1** 捜索, 探索, 探究, 追求〈for〉;《刑事訴訟法上の》捜索 (cf. FRISK);《国際法》《捜索権による, 特に交戦国による船舶の》捜索. ▶ ADMINISTRATIVE SEARCH (行政上の捜索) / BORDER SEARCH (国境での捜索) / CHECKPOINT SEARCH (検問所での捜索) / CONSENT SEARCH (同意に基づく捜索) / EMERGENCY SEARCH (緊急捜索) / EXIGENT SEARCH (緊急事態捜索) / INVENTORY SEARCH (逮捕者収監前の身体捜査; 保管物品捜査) / NO-KNOCK SEARCH (無断立入り捜索) / POWER OF SEARCH (捜索権能) / PRIVATE SEARCH (私人による捜索) / PROTECTIVE SEARCH (保護のための捜索) / REGULATORY SEARCH (規制遵守のための捜索) / RIGHT OF SEARCH (臨検・捜索権) / RIGHT OF VISIT [VISITATION] (AND SEARCH) (臨検(・捜索)権) / SHAKEDOWN SEARCH (拘置室での違法物捜索) / SKIN SEARCH (裸我捜索) / STOP AND SEARCH (停止・捜索) / STRIP SEARCH (裸体捜索) / UNREASONABLE SEARCH (不合理な捜索) / VISITATION [VISIT] AND SEARCH (臨検(・捜索)) / VOLUNTARY SEARCH (任意捜索) / WARRANTED SEARCH (令状による捜索) / WARRANTLESS SEARCH (令状なしの捜索) / ZONE SEARCH (区分捜索). **2** 調査, 吟味〈after, for, of〉. ▶ OFFICIAL SEARCH (公的調査) / TITLE SEARCH (権原調査). **3**《情報》の検索. **in ~ of**…を捜して, …を求めて (=in the [a] ~ for…). **make a ~** 捜索する〈for〉.

~·**able** a 捜せる, 捜索できる, 調査できる, 検索可能な.
~·**er** n

séarch and séizure 捜索押収, 捜索抑留《主として刑事手続上, 捜索機関が人の身体や所持品・住居などを捜索し, 発見された目的物の押収・対象者の身柄拘束をすること》.

séarch and séizure wàrrant 捜索押収令状 (=SEARCH WARRANT).

séarch befòre Crówn Cóurt [the ~]《英》刑事法院の捜索《刑事法院 (Crown Court) により罰金その他金銭の支払いを命じられた時にその人物をその命に従って捜索すること; 捜索し所持金から必要額が徴収される》.

séarch bòok 法律資料検索書.

séarch of shíp《国際法》《戦時において交戦国が行なう中立国の》船舶捜索権.

séarch of títle 権原調査 (=TITLE SEARCH).

séarch òrder《英》捜索許可命令《民事訴訟で原告側が被告の家に入り, 被告が原告の請求を無に帰させるために移動・破棄するかもしれない証拠物を捜索し持ち出すことなどを許可する高等法院 (High Court) の命令; ビデオフィルム・テープ・コンピューターソフトの著作権侵犯事件などに普通用いられる; 1999 年までは ANTON PILLER ORDER (アントン・ピラー命令) と呼ばれたもの》.

séarch wàrrant《裁判官による捜査官等に対する家宅・人体などの》捜索令状, 捜索差押令状 (=search and seizure warrant). ▶ ANTICIPATORY SEARCH WARRANT (予期捜索(差押)令状) / BLANKET SEARCH WARRANT (包括捜索(差押)令状, 白地捜索(差押)令状) / NO-KNOCK SEARCH WARRANT (無断立入り捜索(差押)令状).

séarch wàrrant affidávit 捜索(差押)令状宣誓供述書《通例は警察官である法執行官が裁判官に対して捜索(差押)令状 (search warrant) を発行してもらうべくそれが必要な相当の根拠 (probable cause) を示す宣誓供述書 (affidavit)》.

séa·shòre n 海岸, 前浜(ぜんぴん) (=foreshore)《通常の高水位線 (high-water mark) と低水位線 (low-water mark) との間の地域》.

séason·able a 季節の; 合意された期間内の, 時宜を得た, 適時の, 都合のよい, 適当な. -**ably** adv

séasonal emplóyment 季節的雇用.

seat /síːt/ n **1** 座席, 席; 議席, 議員席, 議員[委員など]の地位; 選挙区(民);《証券取引所などの》会員席; 王座, 王権, 主(司)教座, 主(司)教権;《有限責任会社の》取締役の地位: take a ~ すわる, 着席する; 地位を占める / take one's ~ in the House of Commons《英》庶民院議員当選後初めて登院する / keep [have, hold] a [one's] ~ 席に着いたままでいる; 地位[議席]を保つ / lose one's ~〈議員が議席を失う, 落選する / win one's ~ 議席を獲得する, 当選する / a ~ on the bench 裁判官の席 / a safe ~ 当選確実の選挙区. ▶ EURO-SEAT (欧州議会議員選挙区) / HOT SEAT (電気椅子) / REDISTRIBUTION OF SEATS (選挙区割りの改定). **2**《ある活動・機

関)) 所在地, 中枢: SEAT OF GOVERNMENT. ▶COUNTY SEAT (郡庁所在地).
— *vt* 着席させる; 〈候補者を〉議席に着ける, 当選させる: ~ a candidate 候補者を当選させる.

séat bèlt 《飛行機・自動車などの》座席ベルト, シートベルト, 安全ベルト: fasten [unfasten] a ~ シートベルトを締める[はずす].

séated lánd 既利用地.

seat of góvernment 政府所在地, 首府, 州都.

séa wáybill 海上貨物運送状 《海上運送人が運送を引き受けた際に荷送人に渡す, 運送品受領・運送引受条件・荷受人などを明示した書面》.

séa·wòrthy *a* 《船舶が》航海に適する[耐える], 堪航能力のある, 海上(作業)に向いた (opp. *unseaworthy*).
séa·wòrthiness *n* 航海に適すること, 堪航能力, 耐航性.

séaworthy véssel 堪航能力のある船舶.

sec. section ◆ secundum.

SEC 〖米〗 Securities and Exchange Commission 証券取引委員会.

se·cede /sɪsíːd/ *vi* 〈政党・教会から〉脱退する, 分離する 〈*from*〉.

se·ces·sion /sɪséʃ(ə)n/ *n* 《政党・教会などからの》脱退, 分離; [S-] 〖米史〗《南部 11 州の》(連邦)分離, 脱退: the War of S~ 〖米史〗南北戦争 (the Civil War) 《南部 11 州の分離から起こった》. ~**·al** *a* 分離[脱退] の.

Sec. Gen., Sec-Gen. °secretary general 事務総長.

seck /sék/ *a* 〖史〗自救の動産差押え不能の: RENT SECK.

sec. leg. °secundum legem 法[法律]に従って.

sec. nat. °secundum naturam 自然に(従って).

sec·ond /sék(ə)nd/ *a* (略 2d, 2nd) **1** 第二の, 2番目の; 二等の; 次位の. **2** 年下の, 若いほうの. **3** [a ~] もうひとつの (another), 別の; 付加の, 補助の, 副の, 代わりの. — *adv* 第二に, 2番目に, 次に. — *n* **1 a** 《地位・試験・競争などで》第二位[等]の人[もの, 名誉など]; 2番, 2着. **b** 二級[二流]品; 二等車; [*pl*] 二等品. **2** 〖議会〗支持[賛成](の表明), 動議支持者. — *vt* 後援する, 援助する; 〈動議・決議に〉賛成する, 支持する.

Sécond Améndment [the ~] 〖米〗合衆国憲法第2修正《民兵を維持する必要上, 市民が銃砲を保持・携行することを権利として保障する条項; 1791年, 権利章典 (Bill of Rights) の一部として成立》.

sec·ond·ary /sék(ə)ndèri, -d(ə)ri/ *a* **1** 第二位の, 二流[二級]の, 次の, 二次的な, 副の, 従の, 副次的な, 代理の, 従属的な 〈*to*〉, 補遺の: of ~ importance 第二次的に重要な. **2** 派生的な, 間接的な; 〈産業が〉第三次の. — *n* 二次的なもの; 代人, 代理者, 補佐.

sécondary áction 〖英〗二次的争議行為 《例えば, 労働争議行為が争議当事者である雇用者にではなく, 争議当事者である雇用者の取引業者に対するものなど, 当該争議の直接当事者でない者への争議行為; cf. SECONDARY BOYCOTT, SECONDARY PICKETING》.

sécondary authórity 1 二次的法源, 副次的法源《法学上の論文・注釈など, それ自体は法ではないが, 法を説明するもの; cf. PRIMARY AUTHORITY, PERSUASIVE AUTHORITY》. **2** 二次的資料.

sécondary beneficiary 第二順位保険金受取人 (= CONTINGENT BENEFICIARY).

sécondary bóycott 二次的ボイコット, 第二次ボイコット《争議中の組合を支援するため, 争議当事者である雇用者の取引業者の商品の購買・使用などをしないよう圧力をかけること; cf. PRIMARY BOYCOTT, SECONDARY ACTION》.

sécondary convéyance 二次的不動産譲渡 (= derivative conveyance)《(一次的不動産譲渡 (primary conveyance) を確認・補正・拡大・復活などをするためだけの不動産譲渡 (conveyance); cf. PRIMARY CONVEYANCE》.

sécondary distribútion 〖証券〗第二次分売 《(1) 既発行証券の大量の売りさばき; = SECONDARY OFFERING 2) 立会い時間終了後の株式の大量取引》.

sécondary éasement 副次的地役権, 第二次地役権《例えば流水のための地役権を有している者が水路の修繕・掃除のため立ち入る地役権をも有する場合, 第一のを主たる地役権 (primary easement) というのに対し, それを享有するために必要な従たる権利である後者を指す》.

sécondary évidence 二次的証拠 (= mediate evidence, substitionary evidence)《(一次的証拠 (primary evidence) ないしは最良証拠 (best evidence) に劣る証拠で, 具体的には原本以外の他の写し, 内容についての証言などの媒介的証言 (mediate testimony); 前者の証拠がなくなった時, 手に入れられない時などにのみ提出しうる; ⇨ BEST EVIDENCE RULE》.

sécondary liability 第二次責任《第一次責任 (primary liability) が, なんらかの理由で果たされなかった場合に課せられる直接当事者以外の派生的責任》.

sécondary-líne ínjury 第二段階侵害, 買手段階における競争阻害《例えばあるメーカーが2人の小売業者に価格差別をすると, 高価額で仕入れた方は小売の際不利益をこうむり, 競争を侵害されることになる; このように売手とその競争者間でなく (この場合が第一段階侵害 (primary-line injury) の問題), 買手とその競争者間に生じている侵害を指す; cf. PRIMARY-LINE INJURY》.

sécondary márket 1 既発行証券市場 (cf. PRIMARY MARKET). **2** 第二次譲渡抵当[モーゲージ]市場《既存の譲渡抵当 (mortgage) の売買》. **3** 二次市場 《いったん売買の対象になった商品ついての市場; cf. PRIMARY MARKET》.

sécondary méaning 二次的意義《もともとの意味では普通名詞や地理的名称であったものが, 特定の人により特定の企業や商品・サービスについて用いられ, その結果その商号・標章がその特定人の商号・標章であると一般に

認識されるようになった段階で，本来の一次的意義 (primary meaning) に加え二次的意義が追加されたとみなされ，その商号・標章は未登録でも商標登録・不正競争防止の法的保護の対象となる)．

secondary obligátion 二次債務, 二次的義務 (《主債務, 主たる義務 (primary obligation) に付随する債務・義務で, 特に契約違反に対する賠償義務); cf. ACCESSORY OBLIGATION, PRIMARY OBLIGATION).

secondary óffering〘証券〙第二次募集 **(1)** 証券発行会社による第一次募集後の募集; cf. INITIAL PUBLIC OFFERING **2)** 既発行証券の発行会社以外の者による大量の売りさばき; secondary distribution (第二次分売) ともいう).

secondary párty 1 二次的当事者, **二次的義務者(1)** 手形・小切手の第一次的義務者でなく, 遡求義務を負う裏書人・振出人 **2)** 保証人のような, 証券に一次的義務を負っていない者. **2** 共犯者 (accessory).

secondary pícketing〘労〙二次的ピケ(ティング) (《当該紛争に直接関与していない関連・同業会社・工場に対する, あるいは争議当事者である雇用者に雇用されていない者による応援ピケ; cf. SECONDARY ACTION).

secondary ríght 第二次的権利 (《契約違反に対する損害賠償請求権などがその例で, 実体的権利 (substantive right) を実現するための, 手続き法 (procedural law) により規定されている権利; cf. PRIMARY RIGHT, PROCEDURAL RIGHT).

secondary stríke 二次的ストライキ, 第二次ストライキ (＝sympathy strike)(《争議当事者である雇用者に対してではなく, その雇用者の取引業者に争議当事者の雇用者と取引しないよう圧力をかけ争議を支援するための取引業者の被用者によるストライキ).

secondary úse 二次的ユース (＝SHIFTING USE).

sécond bállot 決選[第二回]投票 (cf. ALTERNATIVE VOTE).

sécond cháir 次席；(特に主任弁護士 (lead [leading] counsel, leader) に次ぐ) **副主任弁護士, 次席弁護士**. **sécond-cháir** v〈人を副主任弁護士に就かせる；…の副主任弁護士をつとめる〉.

sécond-cláss cítizen 二級市民 (《ないがしろにされ, 十分な権利の与えられていない人；特に 社会的差別を受けている少数民族).

sécond degrée [the ～] 第二級 (《特に, 同一類型の犯罪の中で罪状などが第一級のものに次ぐことを示している): assault in the ～ 第二級暴行. ▶ MURDER IN [OF] THE SECOND DEGREE (第二級謀殺) / PRINCIPAL IN THE SECOND DEGREE (第二級正犯).

sécond-degrée a FIRST-DEGREE に次ぐ, 第二次[度]の; *(特に 罪状などが)第二級の: SECOND-DEGREE MURDER.

sécond-degrée múrder 〘米〙第二級謀殺 (＝murder in [of] the second degree, murder two) (《第一級謀殺 (first-degree murder) の加重条件の加わらぬ謀殺, ただし THIRD-DEGREE MURDER も参照; ⇨ murder; cf. FIRST-DEGREE MURDER).

sécond delíverance〘史〙第二動産引渡し令状 (《動産占有回復訴訟 (replevin) で訴え却下 (nonsuit) されいったんは確保した動産を被告に引き渡した原告への救済手段で, この場合原告は 1285 年のウェストミンスター法 (Statute of Westminster) 第二法により新たな動産占有回復訴訟の提起を禁じられ代わりにこの裁判所令状 (judicial writ) が認められた；これにより以前と同様保証提出のうえ再度占有を確保できた; cf. DELIVERANCE).

sécond delívery 二次的引渡し (《第三者預託 (escrow) として捺印証書 (deed) を第三者に預託することにより相手方に交付されたことになる法的引渡し).

sécond distréss 第二次(自救的)動産差押え (＝recaption) (《債務履行をさせるための最初の自救的動産差押えをしたが, その差押え動産が債務弁済に不十分だったために認められる補充的な自救的動産差押え).

sécond·er *n* 後援者, (特に 動議の)賛成者.

sécond estáte [the ～, ºthe S- E-]〘史〙第二身分 (《中世ヨーロッパの三身分のうちの(世俗)貴族).

sécondhand évidence 伝聞証拠 (＝HEARSAY).

sécond líen (《同一物に対する第一リーエン (first lien) には劣る第 2 順位の)**第二リーエン**[先取留置権, 先取特権, 留置権] (cf. FIRST LIEN).

sécond-lóok dòctrine 二目(ふた)の法理, 事後事情考慮法理 **(1)** WAIT-AND-SEE PRINCIPLE **2)** 当該裁判所が先に出した命令の継続的効果を監視する裁判のやり方で, 例えば連邦裁判所が先に違憲とした法を議会が再度通過させた場合その法の違憲性を再度審理したり, 家事裁判所が先に認めた妻の扶助料の権利放棄を見直すことなど).

sécond mórtgage 第二順位譲渡抵当(権), 第二抵当.

sécond pápers *pl*〘米史〙〘口〙第二書類 (1952 年に至るまでの米国市民権取得のための書類で, 第一書類 (first papers) 提出 2 年後でかつ 5 年間合衆国に居住した時点で提出する公式申請書; cf. FIRST PAPERS).

sécond quárter 第二四半期.

sécond réading〘議会〙第二読会(どっかい) **(1)**〘英〙委員会へ細部の審議を付託する前に議院全体で法案の骨子を審議し, 委員会 (貴族院の場合は全体委員会) に付託する **2)**〘米〙委員会の審議報告を受け法案の全面的審議・修正を行なう; ⇨ READING).

sé·cre·cy agréement /síːkrəsi-/ 情報秘匿合意 (＝NONDISCLOSURE AGREEMENT).

sec. reg. ºsecundum regulum 準則に従って.

se·cret /síːkrət/ *a* **1** 秘密の, 機密の; 公表していない, 非公開の (《米政府・軍》極秘の (⇨ CLASSIFICATION). **2** こそこそする, 隠密の. **3**〈場所などが〉隠れた, 人目につかない. ── *n* **1** 秘密；機密; [*pl*] 奥義, 秘密: an open ～ 公然の秘密 / industrial ～s 産業機密 / keep a [the] ～ 秘密を守る / make a [no] ～ of sth あることを秘密にする[しない] / keep sth a ～ ある事を秘密にする / let sb into a [the] ～ 人に秘密を明かす. ▶ GOVERNMENTAL SECRET (国家機密) / OFFICIAL SECRET (国家秘密情報) / STATE SECRET (国家機密) / TRADE SECRET (企業秘密). **2** 秘訣, 秘伝, 極意; 解決の鍵, 真義: The ～ of success is to work hard. 成功の秘訣はよく働くことだ. **in ～** 秘密に. **in the ～** 秘密を知って(いる) **～·ly** *adv* 秘密に, こっそりと, ひそかに.

sécret ágent 《政府所属の》諜報部員, 諜報員, 密偵, スパイ.

sec·re·tar·i·at(e) /sèkrətéəriət/ *n* **1** SECRETARY(-GENERAL) の職. **2** 事務局; 国際連合事務局 (Secretariat of the United Nations); 秘書課, 文書課; 官房 (室). ▶ COMMONWEALTH SECRETARIAT (イギリス連邦事務局). **3** [*U*S-] 《共産党などの》書記局. **4** [*°*the ～] secretariat の職員たち. **5** secretariat の建物. [F<L]

sec·re·tary /sékrətèri; -tri/ *n* **1** 《個人の》秘書. ▶ LEGAL SECRETARY (法律事務所秘書) / PARLIAMENTARY PRIVATE SECRETARY (大臣私設秘書議員) / PERSONAL SECRETARY (個人秘書). **2** *《会社の》秘書役, セクレタリー 《スタッフ機能を果たす役員の一人で, 株主総会・取締役会の議事録の記録・保管などに当たり, しばしば法務部長(室長) (general counsel) を兼ねる; 日本の '秘書' よりはるかに地位が高い》. ▶ COMPANY SECRETARY (総務担当重役). **3** 書記(官), 事務官, 秘書官. ▶ PATRONAGE SECRETARY (政府の役職人選担当官) / PRESS SECRETARY (報道担当(官)). **4** 《協会等の》事務局長, 幹事. **5** 《米》《省の》長官, 《英》大臣; 《英》次官 (undersecretary): the S～ of Agriculture [Defense, the Interior] 《米》農務[国防, 内務]長官. ▶ DEPUTY SECRETARY (局長) / FOREIGN SECRETARY (外務大臣) / HOME SECRETARY (内務大臣) / PARLIAMENTARY SECRETARY (政務次官) / PERMANENT SECRETARY (事務次官) / TREASURY SECRETARY (財務長官) / UNDERSECRETARY (局長). ★ 英国では, 大臣はそれぞれの歴史的事情を背景に多くの官職名で呼ばれてきたが, 近時は secretary がふえ一般化している. しかし歴史的には概して Minister は Secretary よりも歴史が浅い官職名. また大臣の総称としては Minister の語が用いられる: Every act of the Crown must be done through *Ministers*. Secretary あるいは Secretary of State は次のように使われる. (**1**) 米国では連邦政府の省の長は secretary (長官) と呼ばれる: the *Secretary* of Defense (国防長官) / the *Secretary* of Commerce (商務長官) / the *Secretary* of State (国務長官) / the *Secretary* of the Treasury (財務長官). (**2**) 英国でも政府の省の長は通例 minister ではなく, secretary of state (国務大臣) と呼ばれるようになっており, ふつうは内閣 (cabinet) を構成し, cabinet minister (閣僚) と呼ばれる: the *Secretary of State* for Defense (国防大臣) / the *Secretary of State* for the Home Department (内務大臣) / *Secretary of State* for Foreign and Commonwealth Affairs (外務・イギリス連邦大臣) / the *Secretary of State* for Justice (司法大臣). 閣僚以外で政府を構成する者には閣僚以外の大臣 (minister) のほか PARLIAMENTARY SECRETARY (OF STATE) と PARLIAMENTARY UNDERSECRETARY (OF STATE) (共に政務次官) がおり, 後者の Undersecretary の語はその省の長が Secretary of State の肩書を有する場合に用い, 他は Secretary の語を用いる. PARLIAMENTARY PRIVATE SECRETARY (大臣私設秘書議員) は議会で大臣を補佐する庶民院議員をいう. (**3**) 英国政府の省を掌握するのは Permanent Secretary (事務次官) でその下に数人の Deputy Secretaries と Undersecretaries (局長) がおり, これらは狭義の公務員・事務官であって議員ではない. 英国の文民制度は以前は, Permanent Secretary, Deputy Secretary, Assistant Secretary, Principal Secretary という序列であったが, G1, G2, G3 など数字で表わす方式に代わった. (**4**) 《米》《英》ともに, 大臣を示す場合の Secretary という語は省名を付けて短縮した形で用いられる. 例えば, 《英》の the Secretary of State for Education あるいは《米》の the Secretary of Education はどちらでも Education Secretary と短縮される. 《米》では Secretary は肩書としても用いられる: *Secretary* Smith. **6** 《豪》《公益事業団の》長官, 総裁. **7** 書記体 (= ～ hànd) 《15-17 世紀の手書き書体》; 《印》草書体活字, スクリプト (script).

sec·re·tar·i·al /sèkrətéəriəl/ *a* **～·ship** *n* 書記官 [秘書官, 大臣など]の職[任務].

sécretary-géneral *n* (*pl* **sécretaries-géneral**) [*U*S- - G-] 事務総長, 事務局長; 国際連合事務総長 (Secretary-General of the United Nations) 《》 略 Sec. Gen., Sec-Gen, SG》.

Sécretary of Státe [the ～] **1 a** 《米》国務長官 《略 SS》. **b** 《英》国務大臣 《略 SS》. ★ ⇨ SECRETARY. **2** [*U*s- of s-] 《米》《州政府の》州務長官, 文書局長 《文書の記録・保管, 法令頒布, 選挙管理などを行なう》.

Sécretary of the Tréasury [the ～] 《米》財務長官 (= Treasury Secretary) 《財務省 (Treasury Department) の長》.

Sécretary to the Cábinet [the ～] 《英史》内閣官房長官 (Cabinet Secretary).

Sécretary to the Sénate 《米》上院事務総長.

sécret bállot 秘密投票.

sécret detaínee 秘密被拘禁者 (= ghost detainee) (⇨ SECRET DETENTION).

sécret deténtion 秘密拘禁《被疑者を正規の訴え・審問あるいは弁護士依頼権なしでしかも官憲以外誰にも拘禁事実を知らないままで秘密の場所に拘禁すること》.

sécret diplómacy 秘密外交 (quiet diplomacy).

se·crete /sikríːt, síːkrət/ *vt* **1** 秘匿にする, 隠す: ～ oneself 姿を隠す. **2** 着服する.

sécret équity 隠れたエクイティー上の権利 (= LATENT EQUITY).

sécret líen 秘密リーエン《記録に記載されておらず譲受人に知らされていないリーエン; 動産の売主がそれを買主

に交付した後に代金支払い確保のため第三者に隠して有しているリーエン》.

sécret of tráde [the ~] 企業秘密, 営業秘密, 業務上の秘密 (=TRADE SECRET).

sécret pártner 秘密組合員, 匿名組合員 (= sleeping partner)《組合 (partnership) との関係が隠れている組合員》.

sécret pártnership 秘密組合《秘密組合員 (secret partner) の含まれている組合 (partnership)》.

sécret prócess 《企業秘密である》秘密の製法[工程] (cf. TRADE SECRET).

sécret prófits pl 秘密利益《代理人 (agent) が代理の過程で, 本人 (principal) の授権なしでまたは本人が知らないうちに得た利益; 本人が代理人に対しその会計報告を要求することができる》.

sécret sérvice 1《政府の》機密調査部, 諜報部, 機密機関, 諜報機関. 2 [S- S-] (略 SS) a《米》連邦シークレット・サービス《正副大統領護衛・通貨偽造摘発などを行なう; 1865年の創設であるが, 2002年法により財務省から新設の国土安全保障省 (Department of Homeland Security) に移設》. b《英》内務省秘密検察局. 3 秘密活動, スパイ活動.

sécret téstament《大陸法》秘匿遺言[書] (= MYSTIC WILL).

sécret trúst 秘密信託《遺言その他で信託 (trust) の存在もまたその内容も明示していない信託; 例えば A が B にある財産を遺贈し, かつ B はその財産を C を受益者とする信託として保有する旨 A 生存中に AB 間で別途約束するような信託; cf. HALF-SECRET TRUST》.

sécret wíll《大陸法》秘匿遺言[書] (=MYSTIC WILL).

sec·ta /sékta/ n《史》pl 1 原告証人《原告が有利な証言をさせるため法廷に伴う人びと》. 2 [⟨sg⟩] 訴訟《事件》. 3 [⟨sg⟩] 出仕《義務》(⇨ SECTA CURIAE). [L=suit]

sécta cú·ri·ae /-kjúəriì:/《史》出仕《義務》(=SUIT OF COURT). [L=suit of court]

Secta quae scrip·to ni·ti·tur a scrip·to va·ri·a·ri non de·bet. /— kwi skríptou nítitər ɑː skríptou vɛ̀əriɑ́ːrài nɑn débət/ 書面に基づく訴訟はその書面から異なるべきではない. [L=A suit that rests on a writing ought not to vary from the writing.]

sécta re·gá·lis /-rigéiləs/《英史》国王への出仕《義務》《すべての者が年2回のシェリフ巡回裁判 (sheriff's tourn) に出席すべき義務》; シェリフ巡回裁判は理論上国王のリート裁判所 (court leet) であったためである》. [L=suit of the King]

sec·tion /sékʃ(ə)n/ n 1《物の》部分, 区分, 区画, 節. 2《米》《町などの》一区域, 地区, 地方;《米》セクション (= section of land)《政府の測量単位で1マイル四方[1平方マイル, 640エーカー]の土地; TOWNSHIP の 1/36 に当たる》. 3《新聞の》欄, …の部;《書物・文書・法律などの》節, 段落, 項,《法律の》条《略 sec., s. 複数は secs., ss.,

記号 §, 複数は §§; cf. ARTICLE》. ▶ INTERPRETATION SECTION (解釈条項) / SUBSECTION (項). ★ section の語は成立した制定法の条項を指すが, 法案段階では clause という. 但し clause を section と同義に使う場合も多い. 同様に subsection, sub-clause にもこの使い分けがある. 4《官庁・警察・会社などの》部門, 部, 課, 室. ▶ LEGAL SECTION (法務室). 5 断面[図]. — vt 1 区分する, 区画する, 細かく分ける. 2 [ᵒpass]《英》《1983年の精神健康法 (Mental Health Act 1983) に従って》《人を》精神病院に強制入院させる. — vi 部分に分かれる, 部分に切断される.

section 8 orders /— éit —/ pl《英》第8条命令《1989年の子供法 (Children Act 1989) 第8条にある裁判所命令で家事審判で子供の保護・養育に関して実務上の細目を解決するもの; この命令には, 具体的に接触許可命令 (contact order), 子との同居命令 (residence order), 特定行為禁止命令 (prohibited steps order), 特定問題命令 (specific issue order) が含まれる》.

section 30 order /— θɔ́ːrti —/《英》第30条命令 (=parental order)《1990年の人受胎生法 (Human Fertilization and Embryology Act) 第30条による裁判所命令で, 妻以外の女性に医学的補助を受けて妊娠・出産させた場合の子供を夫婦の子として法的に扱うことを命ずるもの》.

section 37 investigation /— θɔ́ːrtisév(ə)n —/《英》第37条調査《裁判所が子供の養育に重大関心をもった場合に, 地方自治体によって実施されるべく命ずる子供の情況の調査; この命令はすべての家庭事件 (family proceedings) の過程で生じうる》.

section 47 enquiry /— fɔ́ːrtisévən —/《英》第47条諮問《1989年の子供法 (Children Act 1989) 第47条に基づき地方自治体が行なう, 特定の子供の福祉の保全・推進のため行動をとるべきか否かを決定するための審問; その結果必要に応じて, 緊急保護命令 (emergency protection order), 子供の保護命令 (care order), 子供の保護管理命令 (supervision order), 児童生活環境査定命令 (child assessment order) を裁判所に申請するか否かを決定することになる; またその過程で地方自治体が子供に接触することを拒まれた場合には, 直ちに緊急保護命令を申請すべきことになる》.

séction of lánd《米》セクション (⇨ SECTION).

sec·tor /séktər,*-tɔ̀:r/ n 1 扇形. 2 地区, 区域. 3 分野, 方面, 部門, 領域. ▶ PRIVATE SECTOR (民間部門) / PUBLIC SECTOR (公共部門). **~·al** a [L=cutter]

séctor thèory《国際法》扇形理論, セクター理論《南北両極地の帰属を画定するための基準としての一つの立場; 極点を頂点として二つの子午線[経度線]と一つの緯度線に囲まれる扇形部分の全領域が一つの関係国家の領土とするもの; 当初北極についてカナダとソ連が主張, 南極については初め英国が主張したが, いまだ国際慣習法の原則になっていない》.

séc·u·lar búsiness /sékjələr-/ 世俗的活動《労働や手形の支払いなど日曜休業法 (blue law) で禁止されて

いる行為)．

se·cun·dum /sɪkándəm, sɛkúndʊm/ *prep* **1** …に
より，…に応じて，…に従って(according to)(略 sec.). **2**
…のために，…に有利に (in favor of): ~ actiorem 原告
のために，原告に味方して．[L]

secúndum bónos móres /-bóunous
mó:riz/ 良き慣習に従って．[L=according to good
usages]

secúndum con·sue·tú·di·nem ma·né·ri·i /-kɑnswət(j)ú:dənəm məní:riaɪ/ 荘園の慣習(法)
に従って．[L=according to the custom of the
manor]

secúndum fór·mam chár·tae /-fɔ́:rməm
ká:rti/ 特許状に従って; 不動産譲渡捺印証書に従って．
[L=according the form of the charter]

secúndum fórmam dó·ni /-dóunaɪ/ 贈与捺
印証書に従って．[L=according to the form of the
gift]

secúndum fórmam sta·tú·ti /-stət(j)ú:taɪ/
制定法の定めに従って．[L=according to the form
of the statute]

secúndum lé·gem /-lí:dʒəm/ *adv* 法[法律]に
従って(略 sec. leg., s.l., S.L.). [L=according to
law]

secúndum légem com·mú·nem
/-kəmjú:nəm/ コモンローに従って．[L=according to
the common law]

secúndum na·tú·ram /-nɑ:t(j)ú:rəm/ 自然に
従って，自然に(略 sec. nat.). [L=according to nature]

**Secundum naturam est com·mo·da
cu·jus·que rei eum se·qui quem se·quen·tur in·com·mo·da.** /— — ɛst
kámədə kjuʤáskwe rí:aɪ íəm sékwai kwɛm
sɛkwéntər ɪnkámədə/ 物の利益が，不利益がついて行く
人について行くのは，自然に従っている．[L=It is according to nature that the advantages of anything
should follow the person whom the disadvantages
will follow.]

secúndum ré·gu·lam /-régjələm/ 準則[法]に
従って(略 sec. reg.). [L=according to the rule]

se·cure /sɪkjúər/ *a* **1** 安全な〈against, from〉; 安心
な，心配のない; [*pred*] 保証されて; 確保した; 逃亡のおそ
れのない; 確実な．**2** 確信して(いる), 確かな〈of〉. — *vt*
1 確保する，つかまえる; 確実にする: ~ the Blessing of
Liberty 自由の恵沢を確保する．**2** 安全にする，護る，固
める〈against〉; 保証する，請け合う; …に担保[保険]をつ
ける，担保を提供する; 保障する．**3** 〈犯人を〉監禁する，縛
り上げる． — *vi* 安全である[になる]． **se·cúr·a·ble**
a 手に入れられる; 確保できる; 安全にしうる． **se·cúr·ance** *n* **secúre·ly** *adv* 確かに，疑いなく; しっかりと;
《古》安心して．

secúre accommodátion òrder 《英》確実

収容命令《地方自治体にその世話をしている子供を逃亡
の恐れのない施設に収容し子供の自由を制限することを認
める命令》．

secúre chíldren hòme 《英》拘禁子供収容施
設《誘惑に最も弱い性格の青少年犯罪者 (young offender) でしばしば保護されたかあるいは精神健康上の問
題がある可能性のある者の施設で，地方自治体が運営し，
肉体的，感情・行動上の側面を中心にした運営がなされる》;
cf. SECURE TRAINING CENTER, YOUNG OFFENDER INSTITUTION.

secúred *a* **1** 〈債務が〉保証された．**2** 〈債権者が〉担保
を有する[で保証された], 抵当のある．

secúred bónd 担保付き債券 (cf. DEBENTURE).

secúred créditor 《当該債権につき担保権を有して
いる》担保債権者，担保権者 (=secured party) (opp.
unsecured creditor).

secúred dèbt 担保付き債務 (opp. *unsecured
debt*).

secúred lóan 担保付き貸付け (opp. *unsecured
loan*).

secúred nóte 担保付き約束手形 (=collateral
note).

secúred párty 担保権者 (=SECURED CREDITOR).

secúred transáction 担保付き取引 (cf. SECURITY AGREEMENT).

secúre ténancy 《英》安定借家(権)《地方公共団
体その他公的機関から自己の居住の目的で家屋を賃借し
ている借家人が保有する，法的保護をうけた借家権; 家主
は賃借人の同意もしくは裁判所命令のいずれかがなければ占
有を回復できず，また借家人が死亡した場合，借家人と同
居していた配偶者もしくは同居家族の一員が借家権を引き
継ぐことができる; また一定条件のもと市場価格より安く買
い取れる権利もある》; cf. INTRODUCTORY TENANCY,
RIGHT TO BUY, STARTER TENANCY.

secúre ténant 《英》(secure tenancy を保有する)
安定借家権者[借家人].

secúre tráining cènter 《英》拘禁訓練所
《17 歳までの誘惑に弱い性格の青少年犯罪者 (young
offender) で拘禁を宣告された者の社会復帰・再犯予防
を目的として詳細な運用要件契約の下での教育中心の民
間委託収容施設; イングランド全体で 4 か所ある》; cf. SECURE CHILDREN HOME, YOUNG OFFENDER INSTITUTION.

secúre tráining òrder 《英史》拘禁訓練命令
《12 歳から 14 歳までの少年で成人ならば自由刑で処罰さ
れるような重大な犯罪を犯し有罪決定をされた者を施設に
6 か月から 2 年間の間で収容することを命ずる 1994 年法
上の命令; 2000 年に拘禁・訓練命令 (detention and
training order) に代わり，廃止》．

Secúrities Àct of 1933 [the ~]《米》1933 年の証
券法 (=Federal Securities Act)《1929 年の株価暴
落・大恐慌の経験に基づき，1933 年に成立した連邦法;
州の会社法・証券法の不備を補うための連邦議会制定の

証券市場規制法の最初のもの; 証券真実法 (truth-in-securities law) というその俗称が示すように、その骨子は、公募の際の登録や目論見書 (prospectus) の交付義務など証券発行の際の情報開示を確保することにあった; 単に **Securities Act** ともいう》.

secúrities àcts *pl* 〚米〛証券法《New Deal 期以降連邦議会が制定した投資家保護を目的とする法律および州法の総称; 特に Securities Act と単数形で, 1933 年の証券法 (Securities Act of 1933) を指すこともある; その運用機関として連邦に証券取引委員会 (Securities and Exchange Commission) が置かれている》.

Secúrities and Exchánge Commìssion [the ~]〚米〛証券取引委員会《投資者保護の目的で証券市場の規制を行なう証券法 (securities acts) 執行担当の 5 名の委員で構成される連邦行政委員会; 1934 年設立; 略 SEC》.

Secúrities and Invéstments Bòard (Límited) [the ~]〚英史〛証券投資委員会《貿易産業大臣から権限を委任された半官組織; 1986 年法以降金融・投資活動を監督・規制, 98 年からは銀行監督の業務が加わった; 1997 年に正式名は金融サービス機関 (Financial Services Authority) という名称に変わっている; 略 SIB》.

secúrities bròker 証券ブローカー《手数料を取って証券を受託売買する仲立人; 自己勘定で売買する証券ディーラー (securities dealer) および双方を兼ねるブローカー・ディーラー (broker-dealer) とに対する》.

secúrities dèaler《自己勘定で証券を売買する》証券ディーラー (⇨ SECURITIES BROKER).

secúrities exchànge 証券取引所 (= stock exchange); 証券取引業者《集合的》.

Secúrities Exchánge Àct of 1934 [the ~]〚米〛1934 年の証券取引所法《証券流通市場の規制および証券取引委員会 (SEC) の設立を規定した証券法 (securities acts) の一つ; 単に Exchange Act ともいう》.

Secúrities Invéstor Protéction Àct [the ~]〚米〛証券投資者保護法《倒産証券業者の顧客保護のための 1970 年制定の連邦法; 略 SIPA》.

secúrities màrket [the ~] 証券市場《証券の発行・分売が行なわれる発行市場と発行証券の流通市場の総称》.

secúrities-òffering distribútion 証券の募集・分売 (offering).

secúrities regulàtion 証券規制.
secúrities tràder 証券取引業者.

se·cu·ri·tize /sɪkjúərətaɪz/ *vt*《債権を》証券化する.
se·cù·ri·ti·zá·tion *n*

se·cu·ri·ty /sɪkjúərəti/ *n* **1 a** 安全, 無事; 安心. **b** 安全確保, 安全保障, 防護, 防衛, 保安, 警備《*against*》. **c** 防護物;《スパイ活動・犯罪・攻撃・逃亡などに対する》防護手段, 防衛手段, 保安措置; 警備組織: ~ industry 保安警備産業 / airport ~ 空港警備 / office ~ オフィス警備 / a ~ printer 紙幣や政府の極秘文書を刷る印刷工 / a top ~ prison 厳重警備刑務所《A 級囚人 (category 'A' prisoner) を収容する》. ▶ COLLECTIVE SECURITY (集団(的)安全保障) / INTERNAL SECURITY (国内安全保障) / PERSONAL SECURITY (個人の安全) / SOCIAL SECURITY (社会保障). **2** 保証〈*against, from*〉; 担保〈*for* a loan〉; 担保(物件), 保証金, 敷金; 保証人 (surety)〈*for*〉. ▶ COLLATERAL SECURITY (副担保; 担保権の目的物) / COUNTER-SECURITY (逆担保) / FLOATING SECURITY (浮動担保) / MARSHALING (OF) SECURITIES (担保権行使順位決定(則)) / PERSONAL SECURITY (人的担保) / POWER GIVEN AS SECURITY (保証として与えられている権能) / REAL SECURITY (物の財産上の担保; 物的担保). **3** [*ᵖpl*] 有価証券, 証券 (cf. SHARE, STOCK). ▶ ADJUSTMENT SECURITY (調整証券) / ASSET-BACKED SECURITY (資産担保証券) / AUTHORIZED SECURITIES (授権投資証券) / BEARER SECURITY (未登録持参人払い(式)証券) / CERTIFICATED SECURITY (証券のある証券) / CONCEALMENT OF SECURITIES (有価証券秘匿) / CONSOLIDATED SECURITY (統合証券) / CONVERTIBLE SECURITY (転換証券) / COUPON SECURITY (利札付き証券) / DEBT SECURITY (債務証券) / DERIVATIVE SECURITY (金融派生商品) / DIVISIONAL SECURITY (特定目的証券) / EQUITY SECURITY (持分証券) / EXEMPTED SECURITY (免除証券) / EXEMPT SECURITY (免除証券) / FIXED-INCOME SECURITY (確定利付き証券) / GILT-EDGED SECURITIES (金縁証券) / GOVERNMENT SECURITY (政府証券; 連邦機関証券) / HYBRID SECURITY (混合証券) / INVESTMENT SECURITY (投資証券) / LETTER SECURITY (投資目的確認付き証券) / LISTED SECURITY (上場証券) / MARGINABLE SECURITY (証拠金取引可能証券) / MARKETABLE SECURITY (市場性のある証券) / MORTGAGE-BACKED SECURITY (譲渡抵当担保付き証券) / MUNICIPAL SECURITY (地方債証券) / PASS-THROUGH SECURITY (パススルー証券) / PUBLIC SECURITY (公債) / REGISTERED SECURITY (登録済み証券) / REGISTRATION OF SECURITIES (証券の登録) / RESTRICTED SECURITY (譲渡制限証券) / RETIREMENT OF SECURITIES (証券の消却) / SHELF SECURITY (棚上げ証券) / SHORT-TERM SECURITY (短期証券) / SPECULATIVE SECURITY (投機的証券) / TREASURY SECURITY (金庫証券; 財務省発行証券) / UNCERTIFICATED SECURITY (証券化されていない証券) / UNREGISTERED SECURITY (未登録証券) / WHEN-ISSUED SECURITY (発行日取引証券).

secúrity agrèement 担保に関する合意(書), 担保契約 (cf. SECURED TRANSACTION).

Secúrity Còuncil [the ~]〚国連〛(国際連合)安全保障理事会《略 SC, S.C.》. ★ 安全保障理事会は 15 の理事国で構成され, 中国・フランス・ロシア・英国・米国の 5 か国は常任理事国 (permanent members) と呼ばれ, 残る 10 か国は非常任理事国 (temporary members) で任期 2 年, 総会で毎年 5 か国ずつ選出される. 常任理事国には理事会決議に対する拒否権が与えられ

ている。

secúrity dèed 〖米〗担保証書《おそらくは Georgia 州だけのもので, 債務の担保として渡される土地の権原証書》.

secúrity depòsit 敷金; 保証金.

secúrity for cósts 訴訟費用の担保《原告・申立人が, 敗訴の場合の訴訟費用支払いのための保証として裁判所に渡す現金その他の担保》.

secúrity guàrd 《現金輸送やビルなどの》警備員, ガードマン.

secúrity ìnterest 担保権 (cf. CHATTEL MORTGAGE). ▶ PERFECTED SECURITY INTEREST (対抗力具備担保権) / PURCHASE-MONEY SECURITY INTEREST (売買代金担保権) / UNPERFECTED SECURITY INTEREST (対抗力不具備担保権). **perfect a ~** 担保権に対抗力を具備させる (⇒ PERFECTED SECURITY INTEREST).

secúrity of emplóyment 雇用の保証.

secúrity of ténure 1 保有の安定《特に》不動産賃借権の安定《不動産賃借人が十分な事由なくして賃借権を剥奪されることのないように定めた法制上の保護》. 2 在職期間の保証 (cf. TENURE).

Secúrity Sèrvice 〖英〗国家保安局.

se·cus /síːkəs/ *adv* それと反対に (to the contrary), 別の方法で[具合に], それと異なって (otherwise). [L]

se de·fen·den·do /síː dèfendéndou, -dɪ-/ *adv, a* 自衛のため(の), 防衛のための(の), 正当防衛による[の] (in self-defense). ▶ HOMICIDE SE DEFENDENDO ((正当)防衛殺人). [L]

se·de·runt /sɪdíərənt, -dér-/ *n* 会議, 会合, 集会; 開廷; 会議出席者. ▶ ACT OF SEDERUNT (手続き規則).

se·di·tion /sɪdíʃ(ə)n/ *n* 1 (動乱)煽動, 煽動罪 (cf. CRIMINAL SYNDICALISM, SABOTAGE, TREASON). 2 煽動演説, 煽動文書. **~·ist** *n*

Sedítion Àct [the ~] 〖米史〗煽動防止法 (1) 1798年フランス革命思想の伝播をおそれ, 交戦中のフランスの支持派を抑える目的の立法; cf. ALIEN AND SEDITION ACTS 2) 1918年第一次世界大戦遂行を妨害する者に対して重罰を科した立法).

se·di·tious /sɪdíʃəs/ *a* 煽動の, 煽動的な; 煽動罪の. **~·ly** *adv*

sedítious conspíracy 〖米〗煽動共同謀議(罪).

sedítious líbel 文書煽動罪; 煽動的文書《》略 s.l., S.L.; cf. SEDITIOUS SPEECH》.

sedítious spéech 煽動的言論 (cf. SEDITIOUS LIBEL).

se·duc·tion /sɪdʌ́kʃ(ə)n/ *n* 1 誘惑, そそのかし. 2 婦女誘惑(罪)《暴力によることなく説得・懇請・甘言・約束・金銭授与等によって女性をみずからと性交するよう誘惑することで, コモンロー上の不法行為; 英国では 1970 年法で女性被害者の親からの不法行為の訴えは廃止; また一定条件下では犯罪を構成したが, 近時廃止の方向にある》; 〖英〗《軍隊における》離反使唆(ˇ)罪.

see /síː/ *n* 主教区, 司教区; 主教座, 司教座. [AF *se(d)*<L *sedes* seat]

seek /síːk/ *v* (**sought** /sɔ́ːt/) *vt* 1 捜す, 捜し求める; 探る, 調べる; …しようと努める, 〈名声・富などを〉得ようとする; 〈…に助言・説明など〉求める, 要求する 〈*from*〉: ~ the house through = ~ through the house 家中くまなく捜す / Nothing ~, nothing find.《諺》求めずんば得ず / ~ sb's life 人を殺そうと謀る / ~ sb's advice 人の意見を求める. 2 …へ(しばしば)行く. — *vi* 捜索[探索]する; 求める, 欲しがる 〈*after, for*, fame〉: She is much sought after. 売れっ子だ. **~ out** 捜し出す, 見つけ出す.

séek·er *n* 捜索者; 請求者; 探究者, 求道者. ▶ ASYLUM SEEKER (庇護許与請求者) / MIGRATORY DIVORCE SEEKER (仮住離婚希求者).

seg·re·gate *v* /ségrɪgèɪt/ *vt* 〈人・団体を〉分離する, 隔離する 〈A *from* B〉; 〈ある人種・社会層に対する分離政策を実施する[差別待遇をする]; 〈地域・国家に〉差別政策を実施する. — *vi* 分離する, 離脱する, 隔離される 〈*from*〉; 人種分離[差別]政策を実施する. — *a* /-gət, -gèɪt/ 分離した, 独立した. — *n* /-gət, -gèɪt/ 分離差別]されたもの[人, 集団]. **ség·re·ga·ble** *a* **ség·re·gà·tive** *a* **ség·re·gà·tor** *n* [L (*se-, greg- grex* flock)]

seg·re·ga·tion /sègrɪgéɪ(ə)n/ *n* 1 隔離, 分離; 隔絶. ▶ PUNITIVE SEGREGATION (懲罰的隔離). 2 人種分離, 人種隔離, 人種差別 (cf. DESEGREGATION). ▶ DE FACTO SEGREGATION (事実上の人種分離) / DE JURE SEGREGATION (法による人種分離) / DESEGREGATION (人種差別撤廃). 3 人種分離[差別]を規定した法律. 4 《ものを特定するための》区別, 区分. **~·ist** *n* 人種分離主義者, 隔離論者, 人種差別主義者. **~·al** *a*

sei·gneur /seɪnjɔ́ːr, sɛ-, síːnjər/, **sei·gnior** /seɪnjɔ́ːr, ´—, sɛ´—, síːnjər/ *n* 1 [ºS-] 領主 (lord). 2 《17 世紀仏領カナダで勅許で土地を与えられた》地主. 3 [尊称として] …さま, 殿.

séi·gn(i)or·al /síːnjərəl-/ [**sei·gnió·ri·al** /seɪnjɔ́ːriəl-, sɪ-/] **jurisdíction** 領主裁判権《封建的土地保有の法理の一つとして, 領主 (lord) はすべて不動産保有によってつくり出された主従関係に基づき, その保有者 (tenant) に対して裁判権を有したが, その裁判権を指す; cf. COURT BARON, COURT CUSTOMARY, FEUDAL COURT, MANORIAL COURT》.

sei·gn(i)ory /séɪnjəri, síː-/ *n* 〖史〗1 領主の権力, 領主権. 2 《領主の》領地. 3 領主階層, 領主 《総称》.

séigniory in gróss 〖史〗属人的領主権《《荘園》 (manor) が解体し, 領主直轄地 (demesne) と領主への奉仕義務が分離し, 領主権が土地と分離し領主に人的にのみ帰属している場合の領主権; このようになった場合の荘園を表見上の荘園 (reputed manor) と呼ぶ》.

seise, seised ⇒ SEIZE, SEIZED.

sei·sin, -zin /síːz(ə)n/ *n* 〖封建法上の〗占有, シーズン《土地ないし法定相続産 (hereditament) を自由土地保有権 (freehold) に基づいて現に占有している場合の占有;

ローマ法・大陸法上の意味で所有権 (dominium) と対照される占有 (possessio), さらには中世ドイツの Gewere, フランスの saisina との関連については多くが論じられているが, いずれも定説化したとは言いがたい). ▶ABEYANCE OF THE SEISIN (占有の現有者不存在) / COVENANT OF SEISIN (不動産権保有担保約款) / DARREIN SEISIN (最終占有の抗弁) / DISSEISIN ((不動産)占有侵奪) / EQUITABLE SEISIN (エクイティー上の占有) / LEGAL SEISIN (法的占有) / LIVERY OF SEISIN (占有引渡し) / PRIMER SEISIN (先占(権)) / UNITY OF SEISIN (占有混同). [OF (*saisir* to seize)]

sei·si·na /sáːsɪnə, sɪzáɪnə/ *n* SEISIN. [L]

Seisina fa·cit sti·pi·tem. /-fǽsɪt stípɪtem/ 《史》占有が(無遺言不動産相続の)系図を作る《土地について無遺言で死亡した場合, 土地は最後にそれを占有していた (seized) 者の法定相続人に相続されるというかつてのコモンロー上の原則》. [L=Seisin makes the stock (of descent).]

séisin in déed《自由土地保有権 (freehold) に基づいて保有されている土地の》実際上の占有, 事実占有 (=seisin in fact) (cf. SEISIN IN LAW).

séisin in demésne《封の》直領地としての占有《封建制の下では土地を保有する者は, 典型的には自分自身の利用のために留保する土地を除き, 他をみずからの保有者 (tenant) に(再)下封した; 前者の留保分を直領地 (demesne, demesne land) と呼び, この者はその部分を seized in demesne (直領地として占有する) といい, その者を tenant in demesne (直領地としての保有者) と呼んだ; 後者の土地については, この者は土地を直接支配しているのではなく, みずからが領主 (lord) となって, 彼に対して保有者から与えられる各種の奉仕 (service) やその他の利益から成り立っている領主権 (seignory) を有しているにすぎなかったので, この者はその部分を seized in service (奉仕の形で占有する) (⇒ SEISIN IN SERVICE) といい, その者を tenant in service (奉仕の形での保有者) と呼び, その土地を直接支配している保有者がその部分を直領地として占有すると呼んだ》.

séisin in demésne as of fée 封として直領地としての占有《単独で単純封土権 (fee simple) を下封することなく直接に現に占有していること; 訴訟・法律文書で, 特に動詞形で SEIZED IN (HIS/HER) DEMESNE AS OF FEE として多用する》.

séisin in fáct 事実占有, 実際上の占有 (=SEISIN IN DEED).

séisin in láw 法上の占有, 法的占有 (=equitable seisin, legal seisin)《例えば法定相続人 (heir) が相続したがまだ占有していない場合のごとく, 自由土地保有権 (freehold) を占有すべき権利はあるが現実には占有していない場合の占有; cf. SEISIN IN DEED》.

séisin in sérvice《封の》奉仕の形での占有 (⇒ SEISIN IN DEMESNE).

sei·sor /síːzɚ, -zɔːr/ *n* SEIZOR. ▶DISSEISOR ((不動産占有)侵奪者).

seize /síːz/ *vt* **1 a** ぐいとつかむ, 握る, 捕える〈*up*〉; 逮捕する, 身柄を拘束する: ~ a thief by the collar 泥棒の襟首をぐいとつかむ. **b**〈意味などを〉つかむ, 把握する, 了解する. **2** 差し押える, 押収[没収]する;〈土地を〉占有する. **3** 強奪する, 奪う: ~ the throne [scepter] 王位を奪う. **4** [seise /síːz/ とも書き *pp* で]《(土地の)占有を取得させる: be [stand] seised of... を占有している. **séiz·able** *a*

séized *a* 占有している, 占有した.

séized in (his/her) demésne as of fée 封として直領地として占有する[した] (⇒ SEISIN IN DEMESNE AS OF FEE).

seizin ⇒ SEISIN.

sei·zor /síːzɚ, -zɔː/ *n*《特に不動産の》占有者; 差押人, 押収者. ▶DISSEIZOR ((不動産占有)侵奪者).

sei·zure /síːʒɚ/ *n* **1** 捕えること, つかむこと. **2** 逮捕, 抑留. ▶SEARCH AND SEIZURE (捜索抑留). **3** 押収, 差押え, 没収,《史》《特にイングランドで, 謄本保有権者 (copyholder) の債務不履行に基づく領主による》謄本保有地の没収. ▶SEARCH AND SEIZURE (捜索押収). **4** 強奪. **5** 占領; 占有.

Sel·borne /sélbɔːrn, -bərn/ セルボーン **Roundell Palmer, 1st Earl of** ~ (1812–95)《英国の法律家; 法務次官 (Solicitor-General) (1861–63), 法務長官 (Attorney-General) (1863–66) を経て, 大法官 (1872–74, 80–85); 大法官として司法制度改革をはかり, 裁判所法 (Judicature Acts) (1873, 75) 制定に主導的役割を演じた; 賛美歌集 *The Book of Praise* (1863) も編集している》.

Sel·den /séldən/ セルデン **John** ~ (1584–1654)《英国の法律家・法学者・政治家・歴史学者; 庶民院の反国王派指導者の一人として Buckingham 公弾劾や権利請願 (Petition of Right) 作成に積極的に参加; しかし Charles 1 世処刑に反対し公的生活から引退;『十分の一税史』(*History of tythes*, 1617), Hugo GROTIUS の『自由海論』(*Mare liberum*) に反対した『閉鎖海論』(*Mare clausum*, 1636) などの著作がある》.

Sélden Society セルデン協会, セルデンソサエティ《英法史学発展のため 1886 年に F. W. MAITLAND などによって創設, John SELDEN にちなんで命名された英国の法制史学会で, 英米をはじめ世界中に会員を有し, 毎年貴重な序説を付した法制史料集を公刊している》.

se·lect /səlékt/ *vt, vi* 選ぶ; 選択する, 選抜する; 抜粋する. ― *a* 選んだ; より[えり]抜きの, 精選した, 極上の; 抜粋した. ― *n* [*pl*] 精選品, 極上品.

seléct commíttee 1《英議会》《広義で》選抜委員会《問題を慎重・詳細に審議する議会の両院はそれぞれ委員会を設置しうるが, 委員会には院全体で構成する全院委員会 (Committee of the Whole (House)) と議員の中から委員を選抜するものとの 2 種があり, その後者を指す; 一院のみによってだけでなく両院が共同して一委員会を選抜・構成する場合もある》. **2**《英議会》《狭義で》特別委員会《特定問題を審議・提案するため特別に設置される委員会で常置委員会 (standing committee) に対置される

もの; 米国でも用いられるが, 米国では SPECIAL COMMITTEE という語がより一般的に用いられる): ad hoc ~ 特定問題特別委員会 / departmental ~《各省の担当問題についての》省別特別委員会 / sessional ~《会期毎に設置される》会期特別委員会《多くのものがあるが, 例えば特権審査委員会 (Committee of Privileges), 委員会設立[選出]委員会 (committee of selection), 委任立法審査両院委員会 (Joint Committee on Statutory Instruments)(両院共同の委員会)等がある》.

seléct cóuncil《米》《一部の都市の市議会の》上院 (cf. COMMON COUNCIL).

seléctive disclósure 選択的開示《秘匿特権付き情報 (privileged communication) のうちその情報提供当事者にとって有利な部分を開示し不利な部分を不開示とすること; この結果開示部分と同一テーマについての全情報についての秘匿特権の限定的権利放棄が生じることがある》.

seléctive enfórcement《人・時・事例に関しての法の》恣意的・選択的執行 (＝selective prosecution) (cf. VINDICTIVE PROSECUTION).

seléctive incorporátion 選択的組込み[編入] (⇨ INCORPORATION THEORY)(cf. TOTAL INCORPORATION).

seléctive incorporátion dòctrine《米》《連邦人権規定の州への》選択的組込み[編入]論, 部分的適用の法理 (⇨ INCORPORATION THEORY)(cf. TOTAL INCORPORATION DOCTRINE).

seléctive prosecútion 1 恣意的・選択的執行 (selective enforcement). **2** 恣意的・選択的訴追《担当訴追官の恣意に基づく訴追で, 類似事件で訴追がなされなかったとすれば, 米国では合衆国憲法第 14 修正の法の平等な保護規定に反することになる; cf. SELECTIVE ENFORCEMENT》.

seléctive prospectívity 新法の選択的見越し適用《新たに法準則が定められそれに該当する事件のうち, その新準則が公知された時点で係属中のあるいはその新準則公知前に事実が発生していたすべての他の事件では古い準則を適用しようとするにもかかわらず, ある特定事件に対してのみは新準則を適用しようとする裁判所の判断》.

Seléctive Sérvice Sỳstem [the ~]《米》選抜徴兵局《選抜徴兵をつかさどる連邦政府機関; 略 SSS》.

seléct·man /-mən, (ニューイングランド) sɪlèk(t)mǽn, ーーー/ *n*《ニューイングランドの town の》理事, 行政委員《Rhode Island 以外の諸州の town で選出された行政官; 理事会を構成し, town 行政を執行する》.

sèlf-appl‎ý·ing *a*《法令などが》《意味が》自明な, 解釈不要の.

sèlf-asséssment *n* **1**《税法》自主申告, 申告納税. **2** 自己評価, 自己査定.

sèlf-authenticátion *n*《その認証自体が問題とならないかぎりは他の認証証拠を必要とされない》自己認証《公証人 (notary) の認証した文書・公文書の認証謄本 (certified copy) などは, それ以外の証拠・証明なしの自己認証のみで真正なものとして証拠能力をもつ》.

sèlf-build socíety《英》自己建築協会《自己の住居を建築[改築]・購入させることを目的とした住宅供給協会 (housing association)》.

sèlf-convíct·ed *a* みずから有罪と決定した[を認めた].

sèlf-crítical-análysis prívilege 自己批判的分析結果の秘匿特権《法規を遵守しているか否かについての評価が内部的なもので, 初めからその結果は内密とされ, それが万が一開示されうるものであるとすれば削除されていたであろう性質の情報である場合には, そのごまかしのない評価の結果を開示しなくてもよいという秘匿特権 (privilege)》.

sèlf-déal·ing *n* 自己取引《受託者・代理人・取締役・弁護士など受託者 (fiduciary) の立場にある者が, その資格で個人としての自己となす取引; 会社・取締役間の取引が典型例; cf. FAIR DEALING》. ― *a* 自己取引の.
sélf-déal *vi*

sèlf-defénse | sèlf-defénce *n* **1** 自衛, 自己防衛;《国際法》自衛(権). ▶ ANTICIPATORY SELF-DEFENSE (先制的自衛). **2**《自己, 自己の家族, 自己の財産を現実の攻撃ないしは明白・緊迫した攻撃から守るための》正当自己防衛(の権利[主張])(cf. ADEQUATE PROVOCATION, NECESSITY): kill sb *in* ~ 正当自己防衛で人を殺す. ▶ IMPERFECT SELF-DEFENSE (不完全な正当自己防衛) / PERFECT SELF-DEFENSE (完全な正当自己防衛). **sélf-defénd·er** *n*

sèlf-destrúction *n* 自壊, 自滅,《特に》自殺 (suicide); 自爆.

sèlf-determinátion *n* **1** 自決(権), 自発的決定(能力) (cf. ERGA OMNES OBLIGATIONS). ▶ RIGHT OF SELF-DETERMINATION (自決権). **2** 民族自決(権).

sèlf-emplóyed *a*《給料生活でなく》自家営業の, 自営(業)の.

sèlf-emplóy·ment tàx 自営業者税《本人の社会保障のために自営業者に課される税》.

sèlf-enfórcing *a* みずから執行[施行]力を有している〈命令・条約〉.

sèlf-éxecuting *a*《法律・条約・証書などが》他の実行手続きをまたず直ちに実行される, 自動発効の.

sèlf-éxecuting júdgment《執行のために判決以外の裁判所の積極的行為を要しない》自力執行できる判決.

sèlf-éxecuting tréaty《国内法の裏付けなしに国内的効力を有する》自動発効条約.

sèlf-góvern·ment *n* **1** 自治 (＝self-rule). **2** 自主管理; 自制.

sèlf-hélp *n* **1** 自助, 自立: a ~ group 自助グループ《アルコール依存者の会など》. **2** 自力救済 (＝self-redress).

sèlf-hélp rémedy 自力救済(手段) (＝EXTRAJUDICIAL REMEDY).

sèlf-in·críminating *a* みずから罪あるものとする, 自己負罪的な: a ~ statement.

sèlf-in·criminátion *n* 自己負罪《自己に刑事責任を負わせるような供述をすること; cf. CONFESSION, INCRIMINATING STATEMENT》. ▶ PRIVILEGE AGAINST SELF-INCRIMINATION（自己負罪拒否特権）/ RIGHT AGAINST SELF-INCRIMINATION（自己負罪拒否権）.

Sèlf-Incriminátion Clàuse [the ~]《米》自己負罪(拒否特権)条項《合衆国憲法第5修正のこと》.

sèlf-indúced frustrátion《契約の一方当事者による》契約目的の自己責任不達成. ★ frustration（契約目的の達成不能）の語が用いられているが、これは単なる契約違反（breach of contract）に当たり、用語法としては誤解を招きやすい（⇨ FRUSTRATION）.

sèlf-insúrance *n* 自家保険《保険に入る代わりに、その資金を内部的に積み立てて損害の填補・給付の資金に当てるもの; 保険（insurance）の語が用いられているが、実質は保険でなく積立金にすぎない》.

sèlf-insúre *vt* …に自家保険（self-insurance）をつける, 自家保険で保証する. — *vi* 自家保険をする, 自家保険を用意する. **sèlf-insúrer**

sélf-próved *a* SELF-PROVING.

sèlf-próved wíll 自己証明遺言（書）《証人の証言に代えて遺言書に付される遺言者自身の宣誓供述書（affidavit）により証明される遺言（書）》.

sèlf-próving *a* 自己証明付きの, みずから証明している.

sèlf-próving affidávit 自己証明宣誓供述書《遺言書に付される宣誓供述書（affidavit）で、遺言者および証人が遺言の形式的要件が満たされている旨を証明して署名されたもの》.

sèlf-redréss 自力救済, 自救行為（= SELF-HELP）.

sèlf-régulatory organizátion 自主規制機関《特に証券界の業界団体で、会員の法規遵守の督励や自主的行動規範の確立などにより顧客保護をはかる非政府組織（nongovernmental organization）; 略 SRO》.

sèlf-represénted lítigant 本人訴訟当事者（= PRO SE）.

sélf-rúle *n* 自治（self-government）.

sélf-rúling *a* 自治の.

sélf-sérving declarátion《訴訟当事者による》自己に利益となる法廷外の供述《証拠としては原則的には伝聞証拠（hearsay evidence）になり、許容されない; cf. DECLARATION AGAINST INTEREST》.

sélf-sérving évidence 自己に利益となる証拠.

sèlf-séttled trúst 自己設定信託《信託設定者がその信託の受益者となるような信託で、通常は債権者から信託財産を守るために設定される; この意味では資産防護信託（asset protection trust）と同義となるが、大部分の法域ではこの信託を設定しても、設定者の債権者から信託財産を守ることはできない》.

sèlf-stultificátion *n*《精神障害などを理由にしての》無能力自己証明［申し立て］（⇨ STULTIFY）.

sèlf-sufficiency *n* **1**（自給）自足. **2** 自信（過剰）.

sèlf-sufficient *a* **1**（自給）自足できる, 経済的に独立した, それ自体で完全な, 自立した. **2** 自信の強すぎる.

sell /sél/ *v* (**sold** /sóuld/) **1**〈物を〉売る, 売り渡す, 売却する; 売りに出す, 商う. **2** …の売れ行きを助ける, 売れるようにする; 売り込む. — *vi* **1** 売る, 商う: buy and ~ 売買する. **2**〈いくらで〉売れる, さばける, 売れ行きが…である〈at, for〉;〈よく〉売れる. **~ forward**《外貨・商品を》先付けで売る, 先物売りをする. **~ off** (*vt*) 売り払う, 売却する, 見切り売りする. (*vi*) 値下がりする. **~ out** (*vt*) すっかり売り払う, 売り尽くす, 売り切る;〈債務者〉の所有物を売り立てる;《証券》処分売りをする;《口》〈人・主義を〉売る. (*vi*) 全商品を売り払う, 事業を手放す;〈人・店が×品物を〉売り切る〈of〉;〈品物が〉売り切れる. **~ over** 売り渡す; 転売する. **~ short** 空（ヵ^ラ）売りをする: ~ stocks *short* 株式を空売りする. **~ up**"〈破産者などの〉所有物・店などを〉売却する,〈債務者〉に返済のため全財産を売り払わせる, 事業を売り渡す. — *n* **1** 販売(法), 売り込み(法). ▶ HARD SELL（強引販売）/ RESELL（再売却; 再販売）. **2**《株式売買の》売り株. **3** 市場; 市場性.

séll·er *n* 売主, 売り手, 販売人 (opp. *buyer*). ▶ LOST VOLUME SELLER（売上高減少請求売主）/ UNPAID SELLER（代金未受領の売主）.

séller's líen 売主のリーエン《代金の支払いを受けていない売主が、目的物を引き渡していないかぎり、それに対して有するリーエン》.

séller's màrket 売手市場《需要が供給を上回っているため売方に有利な市場; cf. BUYER'S MARKET》.

Séller's Próperty Informátion Fòrm《英》売主による対象財産についての情報提供書式《住宅に対する権利の譲渡手続きで用いられる譲渡証書のほかに作成されるべき調査書類の一つで、売主が対象物件の詳細について記述したもの; これが予備的照会（preliminary inquiry）手続きに代わりうる》.

séll·ing *a* **1** 売れている; 売却の, 売りの: a ~ price 売価. **2** 販売に従事する. — *n* 売り, 売却; **販売(活動), 販売業務**. ▶ BABY SELLING（子売り）/ BLIND SELLING（無点検売り）/ DISTANCE SELLING（隔地者間販売）/ INSTALLMENT SELLING（割賦販売）/ INSTITUTIONAL SELLING（機関筋の売り）/ PYRAMID SELLING（ピラミッド販売）.

sélling agàinst the bóx = SHORT SALE AGAINST THE BOX.

sélling àgent 不動産販売代理業者《不動産販売の仲介ではなく販売そのものを委ねられている業者; 前者は listing agent（不動産仲介業者）という》.

sélling shórt《株式などの》空売り (short sale).

sem·ble /sémb(ə)l/ *vi*《主として判例集で判決内での付随的意見 (obiter dictum) や著作で不確実な解釈・考えを示すために、その前に付して》…のようである, …と思われる (it seems). [F *sembler* の三単現]

semicondúctor topógraphy《知的財産権 (intellectual property) の保護対象である》半導体チップ・トポグラフィー.

sèmi-sécret trúst 半秘密信託（= HALF-SECRET

semisóvereign státe 半主権国家 (cf. SOVEREIGN STATE, NONSOVEREIGN STATE).

Sem·per in du·bi·is be·ni·gni·o·ra prae·fe·ren·da sunt. /sémpɛr ɪn dú:biɪs bɛnɪgnióurə prì:fɛréndə sənt/ 疑わしい場合には常により有利な(解釈の)ほうが優先されるべきである。[L=In dubious cases, the more favorable (constructions) are always to be preferred.]

Semper in ob·scu·ris quod mi·ni·mum est se·qui·mur. /—— —— abskjú:rɪs kwad mínɪməm ɛst sékwɪmər/ あいまいなことにおいては我々は常に最もあいまいでないことに従う。[L=In obscure matters we always follow what is least obscure.]

Semper ita fi·at re·la·tio ut va·le·at dis·po·si·tio. /—— ítə fáɪæt rɛléɪʃiou ət vǽliæt dìspouzíʃiou/ 関連づけは常に処分が有効になるようにされるように。[L=Let a reference always be so made that the disposition may avail.]

sem·per pa·ra·tus /—— pəréɪtəs, -rá:-/ 1 《史》《引受け訴訟 (assumpsit) における》履行提供の答弁, 履行用意完了の答弁. 2 常に準備はできている《米国沿岸警備隊の標語》. [L=always prepared]

Semper prae·su·mi·tur pro le·gi·ti·ma·ti·o·ne pue·ro·rum. /—— prizú:mɪtər prou lɛdʒìtɪməʃíóunɛ pù:ɛróurəm/ 推定は常に子供の嫡出性を認めるのに有利になるようにはたらく。[L=The presumption is always in favor of the legitimacy of children.]

Semper praesumitur pro ne·gan·te. /—— —— —— nɛgǽntɛ/ 推定は常に否定するほうに有利になるようにはたらく。[L=The presumption is always in favor of the negative.]

Semper spe·ci·a·lia ge·ne·ra·li·bus in·sunt. /—— spɛʃíɛliə dʒɛnərélɪbəs ínsənt/ 特殊は常に一般に内在する。[L=Specialities are always included in generalities.]

sen·ate /sénət/ n 1 [S-]《米国・フランス・カナダ・オーストラリア, 米国の州などの, 二院制議会の》上院 (略 S.);《一般に》議会. ★ 米国連邦議会の上院の議席は100で, 各州から2人の議員が一般投票で選ばれる. 上院には, 財政関係を除く法案が提出される. 上院には条約を批准する権限と大統領が任命した連邦政府の一定公務員の任命承認権および弾劾裁判権とを有する. ▶ PARLIAMENTARIAN OF THE SENATE (上院議員進行助言官)/ PRESIDENT OF THE SENATE (上院議長)/ SECRETARY TO THE SENATE (上院事務総長). 2《Cambridge 大学などの》評議員会, 理事会, 評議会. 3 a《古代ローマの》元老院. b《中世自由都市の》行政府. 4 議事堂, 議場. [OF<L *senatus* (*senex* old man)]

sénate bíll [ºS- B-]《米》上院審議中法案《上院 (Senate) 審議中の法案; 略 S., S.B.; cf. HOUSE BILL》.

Sénate of the Ínns of Cóurt and the Bár [the ~]《英史》インズ・オヴ・コート連合評議会, 法曹学院連合評議会《1974年から1987年まで英国の法廷弁護士 (barrister) を統括していた管理機関; 現在は1974年までと同様法廷弁護士総評議会 (General Council of the Bar) が再編され, これを引き継いでいる》.

sen·a·tor /sénətər/ n 1《米》上院議員 (cf. CONGRESSPERSON, REPRESENTATIVE). 2《大学の》評議員, 理事. 3《古代ローマ》元老院議員. 4 [S-]《スコットランド》SENATOR OF THE COLLEGE OF JUSTICE.　~·ship n 上院議員の職[任期]. [OF<L; ⇨ SENATE]

sen·a·to·ri·al /sènətɔ́:riəl/ a 1 上院(議員)の; 上院議員らしい. 2《大学》評議員会の. 3《古代ローマ》元老院(議員)の.　~·ly adv 上院議員らしく.

senatórial cóurtesy《米》上院儀礼, 上院(議員)への礼譲《1) ある州への[からの]大統領が任命する高位の連邦公務員について, 当該州選出の両上院議員または当該州の大統領の所属する党の先任上院議員に反対された場合に, 上院でこれを拒否する慣例 2) 広く, 上院議員間における礼譲》.

Sénator of the Cóllege of Jústice《スコットランド》スコットランド民事最高法院裁判官 (=Lord of Council and Session, Lord of Session) (⇨ COLLEGE OF JUSTICE, COURT OF SESSION).

Sen·chus Mor /ʃénəxəs mó:r, sénkəs-/『大古法』『シャンカス・モー』《古代アイルランドの慣習法であるブリーハン法 (brehon law) を収録した現存の最大かつ最重要史料; 5世紀に St. Patrick の協力によりキリスト教に適合するよう改められたものと伝えられる》. [MIr (*senchas* ancient law, history, *mōr* great)]

sénd·er n 送り主, 発送人, 出荷者, 荷主, 送金人, 振込依頼人, 発信人, 差出人.

sénding distréssing létters《英》迷惑手紙送付(罪)《相手を困らせるないしは不安に陥れる目的で, 猥雑なあるいは人を大きく傷つけるような, さらには虚偽であることを知りながらの情報などを内容とする手紙類を送付することないしは犯罪; 1988年法で罰金刑の対象となっている》.

sénding for tríal《英》審理のための移送《正式起訴で訴追される犯罪 (indictable offense) が, 治安判事裁判所 (magistrates' court) での審理付託のための審理の必要なしで刑事法院 (Crown Court) に付託される手続き; cf. COMMITTAL FOR TRIAL, INSTANT COMMITTAL》.

se·nile /sí:naɪl/ a 老衰の, 老年の, 高齢の.　— n 老人, おいぼれ人.

sénile deméntia 老年認知症.

se·nil·i·ty /sɪníləti/ n 老齢,《特に精神・認知上の》老化, 耄碌. ★ 法的な意味では, 契約締結能力・遺言作成能力を欠く者に対して用いられる.

sen·ior /sí:njər/ a (opp. *junior*; cf. MAJOR) 1《略 Sr, 時に sr》年上の: Thomas Jones(,) Sr 年上の方のトマス・ジョーンズ《同名の父子について》父のトマス・ジョーンズ. 2 先任の, 古参の, 先輩の, 上級の: a ~ man 古参

者, 上級生 / ～ classes 上級 / a ～ examination 進級試験. **3**〈債権・担保権や有価証券などが〉他に優先して支払いを受ける権利のある, 先順位の, 上位の. ── *n* **1** 年上の人, 年長者; 古老, 長老; 高齢者, 年寄り. **2 a** 先任者, 古参者, 先輩. **b** 上級者, 上官, 上役, 首席者. **c**《英国の大学の学寮の》上級評議員 (senior fellow).

sénior cóunsel 1 主任弁護士 (＝LEAD COUNSEL); 上位の弁護士. **2**《英》勅選弁護士 (＝KING'S COUNSEL). (》 cf. JUNIOR COUNSEL)

Sénior Cóurt [the ～]《英》上級法院《2005年法の施行後は連合王国の最終審裁判所 (supreme court) は新設の連合王国最高裁判所 (Supreme Court of the United Kingdom) に変更となった関係で, それまでの最高法院 (Supreme Court of Judicature) がこの名称に変更;cf. SUPREME COURT OF THE UNITED KINGDOM》. ▶ MASTER OF THE SENIOR COURT (上級法院主事).

sénior créditor 先順位債権者 (opp. *junior creditor*).

sénior débt 先順位債権《他の債権に優先して弁済を受けうる債権; しばしば担保で保証されている; cf. SUBORDINATE DEBT》.

sénior exécutive 上級管理者 (＝SENIOR MANAGER).

se·nior·i·ty /sɪnjɔ́(ː)rəti, -njár-/ *n* **1** 年長, 年上; 先輩であること, 先任者の地位, 年功. **2** 先任権, 年功権《一時解雇や昇進などにおける, 勤続期間の長い者の優先権》. ▶ DOVETAIL SENIORITY (接合先任権).

seniórity sỳstem 1 先任順位制, 年功(序列)制. **2**《米》先任権利(度), 古参制《米国の労働関係で, 昇進・配置換え・一時解雇などについて同様の条件であれば勤続年数の長さによって労働者間に優先順位をつけ, 長い者を優遇するやり方》.

sénior júdge 1（最）先任裁判官. **2**《米》継続勤務引退裁判官《引退裁判官継続勤務資格 (senior status) を有しかつそれを選択した連邦裁判官》. **3**[*pl*]《英》上級裁判官《2005年法上の呼称で, 連合王国最高裁判所 (Supreme Court of the United Kingdom) の裁判官, 首席裁判官 (Lord Chief Justice), 記録長官 (Master of the Rolls), スコットランド控訴院長 (Lord President of the Court of Session), 北アイルランド首席裁判官 (Lord Chief Justice of Northern Ireland), 裁判所首席書記 (Lord Chief Clerk), 女王座部部長裁判官 (President of the Queen's Bench Division), 家事部部長裁判官 (President of the Family Division), 大法官府部の部長裁判官である高等法院大法官 (Chancellor of the High Court) の総称》.

sénior líen《同一財産上の》先順位リーエン (cf. JUNIOR LIEN).

sénior mánager 上級管理者[取締役] (＝senior executive).

sénior mórtgage 先順位譲渡抵当(権) (cf. FIRST MORTGAGE). (opp. *junior mortgage*).

sénior pártner《民法上の組合の》上級組合員, 上級社員 (opp. *junior partner*).

Sénior Président of Tribúnals《英》審判所総長《2007年法で創設された新しい裁判官職で, これも新設の第一層審判所 (First-tier Tribunal) と上訴審判所 (Upper Tribunal) の運用にかかわる種々の権能および職務を有する審判所 (tribunal) 制度全体の長官に当たる官職》.

sénior státus《米》引退裁判官継続勤務資格《引退した裁判官が, 望みかつその能力があると判断されれば, 一定の裁判上の職務を担当し続けるべく任用されうる資格, ないしはその任用形態》.

sénior úser《商標 (trademark) の》第一使用者 (cf. JUNIOR USER).

sénsitive pérsonal dáta 機密性個人情報《人種・民族的出自, 政治的意見, 信仰, 労働組合員か否か, 性生活, 犯罪歴等が含まれうるが, その情報処理はそのための特別条件に合致したうえでなければ認められない; 英国では1998年法で規制》.

sen·si·tív·i·ty tràining [sèssion] /sènsətívəti-/ 感受性訓練, センシティヴィティートレーニング《職場において特に女性や少数民族の者に対して無神経な扱いをする管理者や従業員のやり方を改めるべくグループを作って教育・訓練を行なうこと》.

sen·su ho·nes·to /séns(j)u hounéstou/ 公正な[正しい]意味で[に従って] (⇨ SENSUS). ［L＝in an honest sense］

sen·sus /sénsəs/ *n*《史》意味 (sense). ★ 多くの場合奪格に修飾語を付して用いる: malo *sensu* 悪しき意味で (in a bad sense) / (in) mitiori *sensu* よりゆるやか[有利]な意味で (in a milder sense) / SENSU HONESTO. ［L］

sen·tence /sént(ə)ns/ *n* **1** 文. **2**《民事・刑事での》判決の言い渡し, 判決,《特に》《刑の》宣告, 刑の言い渡し (cf. CONVICTION); 刑(罰): be under ～ of…の宣告を受けている; …の刑に処せられる / reduce a ～ to…に減刑する / serve one's ～ 刑に服する / pass [give, pronounce] ～ upon…に刑を言い渡す. ▶ ACCUMULATIVE SENTENCES (累積的刑の宣告) / AGGREGATE SENTENCE (併合的刑の宣告) / ALTERNATIVE SENTENCE (代替刑の宣告; 選択的刑の宣告) / COMMITTAL FOR SENTENCE (刑の宣告のための事件付託) / COMMUNITY SENTENCE (社会刑罰の宣告) / CONCURRENT SENTENCES (同時執行の刑の宣告) / CONDITIONAL SENTENCE (条件付きの宣告) / CONSECUTIVE SENTENCES (逐次執行の刑の宣告) / CUMULATIVE SENTENCES (重複的刑の宣告) / CUSTODIAL SENTENCE (拘禁刑) / DEATH SENTENCE (死刑宣告) / DEFERMENT OF SENTENCE (刑の宣告の猶予) / DEFERRED SENTENCE (刑の宣告猶予; 刑の宣告猶予後の宣告) / DEFINITE SENTENCE (定期刑(の宣告)) / DEFINITIVE SENTENCE (定期刑(の宣告); 終局判決) / DELAYED SENTENCE (刑の宣告延期) / DETERMINATE SENTENCE (定期刑(の宣告)) / DETERRENT SENTENCE ((犯罪)抑止的刑(の宣告)) / EXCESSIVE SENTENCE (過重な刑

の宣告) / EXTENDED SENTENCE (加重刑(の宣告)) / FIXED SENTENCE (定期刑(の宣告); 絶対的法定刑(の宣告)) / FLAT SENTENCE (定期刑(の宣告)) / GENERAL SENTENCE (包括的刑の宣告) / INDETERMINATE [INDEFINITE] SENTENCE (不定期刑(の宣告)) / INTERMITTENT SENTENCE (間欠的自由刑(の宣告)) / LIFE SENTENCE (終身刑(の宣告)) / MANDATORY SENTENCE (絶対的法定刑(の宣告)) / MAXIMUM SENTENCE (法定刑の最高刑(の宣告)) / MINIMUM SENTENCE (法定刑の最低刑(の宣告); 最低服役期間) / MULTIPLE SENTENCES (複数刑(の宣告)) / NOMINAL SENTENCE (名目的刑(の宣告)) / NONCUSTODIAL SENTENCE (非拘禁刑(の宣告)) / PRESUMPTIVE SENTENCE (推定量刑) / PRIOR SENTENCE (過去の刑の宣告) / SPLIT SENTENCE (分割科刑(の宣告)) / STRAIGHT SENTENCE (定期刑(の宣告)) / SUSPENDED SENTENCE (刑の執行猶予宣告) / SUSPENSION OF SENTENCE (刑の宣告猶予; 刑の執行猶予).
━ vt …に宣告する, …に判決を下す; 刑に処する: be ~d to a fine [to death] for the crime 罰金刑[死刑]を宣告される. sén·tenc·er n

séntence bàrgain 刑の取引《答弁取引(plea bargaining)により, 被告人側が有罪答弁をなすことなどを条件に訴追側が軽い刑罰を要求することに合意すること; 一部訴因をはずしたり訴因より軽い罪で訴えることに合意する起訴内容取引(charge bargain)と対比; ⇨ PLEA BARGAINING》.

séntenced to tíme sérved 服役刑期満了(の宣告)《刑事被告人が自由刑を言い渡され, 同時に未決囚としての収監期間が宣告刑の刑期と同じであるゆえにそれを刑期に算入すると刑に服する期間なしとされ, 釈放されること; cf. BALANCE OF SENTENCE SUSPENDED》.

séntence in abséntia 被告人欠席のままでの刑の宣告 (⇨ IN ABSENTIA).

séntence-páckage rùle 刑の宣告一体の準則《一つの起訴状上に複数の訴因がある場合にそれらについて有罪決定され一つの併合的刑の宣告(aggregate sentence)がなされた場合に, その後被告人がそのすべての訴因ではなく一部訴因についてだけ有罪決定に異議を申し立てそれが認められた場合に, 一部についてだけではあっても, 先の併合的刑の宣告全体について再度刑の宣告を受け直すことができるという原則》.

sén·tenc·ing n 1 刑の宣告(手続き), 刑の言い渡し(手続き), 《刑事訴訟の》判決言い渡し(手続き). ▶ INDETERMINATE SENTENCING (不定期刑の宣告) / RESENTENCING ((刑の)再宣告(手続き)). 2 量刑. ▶ PRESUMPTIVE SENTENCING (法定推定量刑) / RESENTENCING (再量刑).

Séntencing Advísory Pànel《英式》量刑助言委員会《元来は控訴院(Court of Appeal)へ助言をなしていたが, 2003年法以後2010年まで量刑基準評議会(⇨ SENTENCING GUIDELINES COUNCIL)に量刑基準(sentencing guidelines)につき助言をしていた独立機関》.

séntencing bòard《米》量刑委員会《刑の量定を中心にした犯罪者処遇のための法律家その他の専門家の委員会; 一部州に存在》.

séntencing còuncil 1《米》量刑協議会《量刑のための3名以上の裁判官による協議機関; 単独裁判官による量刑のほうがより一般的》. **2** ⇨ SENTENCING GUIDELINES COUNCIL.

séntencing dispárity 量刑較差, 量刑のばらつき.

séntencing gúidelines pl 量刑基準(表)《量刑較差をなくし一貫性を保つ目的の基準(表); 米国では連邦および数州にあり, 英国でもこれについての勧告が出ている》.

Séntencing Gúidelines Còuncil《英式》量刑基準評議会《学識に基づきかつ一般に受け入れられている原則に基礎づけられた量刑基準(sentencing guidelines)を発行する役割を負っていた独立機関; 2010年4月に SENTENCING ADVISORY PANEL と統合して **Sentencing Council** (for England and Wales) ((イングランドおよびウェールズ)量刑評議会)となった》.

séntencing héaring 量刑審理手続き (= PRESENTENCE HEARING).

Séntencing Refórm Àct of 1984 [the ~]《米》1984年の量刑改善法《連邦の裁判所で用いられる量刑基準(sentencing guidelines)を作成するため連邦裁判所裁判官とその他の役人からなる委員会を立ち上げることにより, 連邦裁判所で科される刑罰の量刑により一層の一貫性・均一性をもたらすことを目的とした連邦制定法》.

Séntencing Táble《米》量刑表《連邦裁判所で利用されているもので, 特定犯罪の重大性およびその有罪決定者の犯罪歴を考慮に入れた場合に量刑基準(sentencing guidelines)上適切と思われる刑罰を導き出すための手引き表》.

Sen·ten·tia con·tra ma·tri·mo·ni·um nun·quam tran·sit in rem ju·di·ca·tam. /sɛnténʃiə kántrə mætrimóuniəm nʌ́ŋkwæm trǽnzit in rɛm dʒùːdikéitæm/ 婚姻に反対する判決は決して判決された事項[既判事項]とならない. [L=A sentence against marriage never becomes a final judgment.]

Sententia in·ter·lo·cu·to·ria re·vo·ca·ri po·test, de·fi·ni·ti·va non po·test. /─ intərlàkutóuriə rèvəkéiri pátɛst dɛfinitáivə non pátɛst/ 中間判決は撤回されうるが, 終局判決は撤回されえない. [L=An interlocutory judgment can be revoked, but a final one cannot.]

Sententia non fer·tur de re·bus non li·qui·dis. /── nan fɛ́rtər dɛ ríːbəs nan líkwidis/ 明白でない事柄については判決は与えられない. [L=Judgment is not rendered on matters that are not clear.]

sentiméntal válue《市場価格では計れない個人的な思い出などのために生まれる》感情価値, 主観的価値.

SEP° simplified employee pension 簡易被用者年金.

separabílity cláuse 可分条項 (=SEVERABILITY CLAUSE).

separabílity thésis 分離可能論《実定法 (positive law) は超経験的・形而上学的・道徳的にそうあるべき法すなわち自然法 (natural law) とは分けて考えるべきであるとする法実証主義 (legal positivism) の基本的考え方》.

sep·a·ra·ble /sép(ə)rəb(ə)l/ a 分離できる, 可分の. **sép·a·ra·bly** adv ～·ness n **sèp·a·ra·bíl·i·ty** n

séparable cóntract 可分契約 (=SEVERABLE CONTRACT).

séparable cóntroversy 分離できる法的紛争《米国で州の裁判所から連邦の裁判所へ移送 (removal) する場合に, いくつかの権利主張の中で他の権利主張と分離でき独立している一つの権利主張が連邦裁判所の管轄内にある場合には, それと併合して請求されているそれ自体としては本来連邦裁判所の管轄内にない他の権利主張を含む訴え全体を移送することができることが制定法上認められているが, その関連で主として用いられる語; cf. REMOVAL OF (A) CASE》.

sep·a·rate v /sép(ə)rèɪt/ vt **1 a** 切り離す, 分離する. **b** 選別する, 抽出する. **c** 隔離する 〈*from*〉; 解雇する, 退学させる. **2 a** 分割する; 分類する. **b**〈境界となって〉分ける, 隔てる. **c**〈夫婦・友人などを〉別れさせる, 仲たがいさせる. **3** 区別 [識別] する: ～ two arguments 二つの論点を区別して考える. — vi **1** 分かれる, 切れる. **2** 別れる, 離れる, 関係を断つ, 〈夫婦が〉別居する (cf. DIVORCE). **3** 意見の相違をきたす. — a /sép(ə)rət/ 分かれた, 別れた, 分離した, ばらばらの, 別々の, 異なる, 別途の, 単独の, 独立した, 隔離した, 個別の: SEPARATE AND APART.

séparate áction 個別訴訟《**1**》一つの取引・法律行為に関係していた複数の人が全員共同で訴訟を提起するのではなくそれぞれが個別的にみずからのためだけに提起する訴訟 **2**) 同一の事件について複数のしかも全員が責任を負っている人の一人に対して個別的に提起する訴訟; 1) 2) の双方の意味で SEVERAL ACTION ともいい, また共に全員あるいは複数の者が共同で原告・被告となる訴訟である共同訴訟 (joint action) が対語》.

séparate and apárt〈特に夫婦が〉別れ別れに [で], 別居して: LIVING SEPARATE AND APART.

séparate but équal〚米〛分離すれども平等な, 別々ではあるが平等な《教育・乗物・職業などに対する同等の機会・施設が提供されていれば, 黒人と白人の分離を認めてもよいとする人種政策についていう; 1896 年合衆国最高裁判所によって憲法に違反しないと判示されたが, 1954 年になって違憲の判断が下された; ⇨ BROWN v. BOARD OF EDUCATION OF TOPEKA (1954), PLESSY v. FERGUSON (1896)》.

séparate-but-équal dòctrine〚米史〛「分離すれども平等」の法理 (⇨ SEPARATE BUT EQUAL).

séparate cóunt 別個訴因《別々に起訴されれば被告人それぞれについて審理されるべき複数の別々の訴因 (count) が, 一つの起訴状に含まれている場合のそれぞれの訴因》.

séparate cóvenant 個別約定, 可分約款 (=SEVERAL COVENANT).

sép·a·ràt·ed a 〈特に夫婦が仲たがい [別居] している.

séparate estáte 1 妻の特有財産 (=～ of wife)《コモンロー上は夫婦一体の原則 (unity of personality) に基づき夫婦は一つの人格とされしかもその一つの人格とは夫であるとされたため, 妻の動産は婚姻前に有した物を含め, また妻の不動産からの収益も夫に所属した; しかし 18 世紀までにエクイティー上妻のための特有ユース (separate use) を設定することによりその財産は独身女性と同じく妻の独立的処分・収益権の対象となった; この妻の財産を特に指しては, 英国では 1882 年法などによる妻の財産法上の地位の向上により, この制度は不要となり, 1935 年法で上述の法理そのものが廃止されたうえ, 妻の財産は独身女性の場合と全く同じに妻に属することになっている》. **2** 特有財産《夫婦あるいはなんらかの事業に携わっている二人の人間のそれぞれ別個の個別財産; cf. SEPARATE PROPERTY》.

séparate examinátion 隔離尋問《**1**) 同一事件での他の証人と隔離して証人を尋問すること **2**) 妻を夫から隔離して尋問すること; 特に妻署名の証書が夫の強制下で作成されたものでないことを確認する目的で行なわれる》.

séparate góodwill 個別的のれん (=PERSONAL GOODWILL).

séparate máintenance《一方配偶者から別居中の他方配偶者に与える》別居扶養料, 別居手当, 別居扶養《命令》.

séparate offénse[°pl] 別罪, 独立した別個の罪《全く別の事件での犯罪を指す場合も, 別の犯罪と現象的には同一事件の中で生じ, しかも裁判の対象としては独立した別の犯罪を構成する場合も含む》.

séparate opínion 個別意見《合議体裁判で多数意見になってはいない単独ないしは少数裁判官の反対意見 (dissenting opinion) あるいは結論には同意の上での補足意見 (concurring opinion)》.

séparate próperty 特有財産《**1**》配偶者が婚姻前から有する財産および婚姻中に相続ないし第三者からの贈与で得た財産, あるいは法域によっては婚姻中の取得財産で, 別居の合意をし別居後に取得ないしは一方配偶者が離婚訴訟を開始した後に取得したもの; individual property ともいう; cf. COMMUNITY PROPERTY, MARITAL PROPERTY **2**) ある法域では, 一方配偶者が権原を有する財産あるいは婚姻中に一方配偶者が個別的に取得した財産 **3**) 婚姻中に 1) および 2) の意味での separate property を対価にして取得した財産》.

séparate retúrn〚米税制〛夫婦個別申告《書》(cf. JOINT RETURN).

séparate sóvereigns rùle 別個主権者の準則《コモンロー上, またそれを受けて合衆国憲法第 5 修正は二重の危険 (double jeopardy) を禁じているが, 例えば合衆国と州あるいは 2 つの個別の州が同一行為についてそれぞれの法律に従って犯罪とみなし訴追することは二重の危険禁

séparate tríal [ˢ*pl*] 分離審理《1》刑事訴訟では，併合起訴された複数の被告人の事件を，各別にないしは一部被告人のみを他と分離して審理すること 2)民事訴訟では，一つの訴訟で訴求された複数の請求の併合審理をやめて，各別にないしは一部の請求のみを他と分離して審理すること；cf. SEVERANCE OF ACTIONS).

séparate úse 妻のための特有ユース(の法理)(⇨ SEPARATE ESTATE).

sep·a·ra·tion /sèpəreɪʃ(ə)n/ *n* 1 分離, 独立, 離脱；分類, 選別. 2 (夫婦)別居 (=separation from bed and board)《合意または判決による；cf. (ABSOLUTE) DIVORCE, DIVORCE A MENSA ET THORO, JUDICIAL SEPARATION). ▶ DEED OF SEPARATION (別居捺印証書) / JUDICIAL SEPARATION (裁判上の別居) / LEGAL SEPARATION (法的別居) / TRIAL SEPARATION (試験的別居). 3 **a** 離職, 退職, 退役. **b**《米》免職, 解雇, 退学.

separátion agrèement 別居合意《夫婦間での別居そのものについての合意, およびそれと共に別居するに関しての別居手当・財産分割・子の扶養などについての合意, さらには裁判所の命令による別居の場合には裁判所の別居命令 (separation order) により承認された後者 (別居手当など) についての合意をも含む；cf. DEED OF SEPARATION).

separátion a ménsa et thóro〘史〙卓床離婚 (=DIVORCE A MENSA ET THORO).

separátion from béd and bóard 1 (夫婦)別居 (=SEPARATION). 2〘史〙卓床離婚 (=DIVORCE A MENSA ET THORO).

separátion of chúrch and státe 教会と国家の分離《米国では合衆国憲法第 1 修正で定められている》.

separátion of júry 陪審の解散《帰宅などのため陪審員を役人が一か所に集合しえない状態》.

separátion of pówers 権力分立，(行政・立法・司法の)三権分立 (cf. CHECKS AND BALANCES, DELEGATION DOCTRINE, DIVISION OF POWERS).

separátion of wítnesses 証人の隔離《原告と被告以外の証人に他人の証言を聞かせぬようにするため法廷から排除すること》.

separátion òrder《夫婦の一方からの申し立てに基づく裁判所による》別居命令《別居手当・財産分割・子の扶養等についての定めも含まれるのが一般；cf. SEPARATION AGREEMENT). ▶ JUDICIAL SEPARATION ORDER (裁判上の別居命令).

separátion pày 解雇〔退職〕手当 (=SEVERANCE PAY).

sep·a·rat·ism /sép(ə)rətɪz(ə)m, -pərɪtɪz-/ *n*《政治・人種・宗教上の, 特に国教からの》分離主義〔状態〕.

sép·a·rat·ist /, -pərɪt-/ *n* [ᵒS-] 分離主義者者; 離脱〔脱退〕者. —— *a* [ᵒS-] 分離主義者の；分離主義的な；分離主義を唱える. **sèp·a·ra·tís·tic** /-rə-/ *a*

Sé·poy Mútiny [Rebéllion] /síːpɔɪ-/ [the ~]〘史〙セポイの反乱 (=INDIAN MUTINY).

Sep·tén·ni·al Áct /septénɪəl-/ [the ~]〘英史〙七年議会法《1716 年英国議会で可決した法律；一つの議会は 7 年を超えて続いてはならないとした；三年議会法 (Triennial Act) に代わって制定されたもの；1911 年法で 5 年間に短縮された》.

se·que·la /sɪkwíːlə, -kwélə/ *n* (*pl* **se·que·lae** /-kwíːliː/)〘史〙訴訟 (suit)；訴訟手続き (process)；訴追 (prosecution). [L=that which follows]

sequéla cúriae /-kúːrɪiː/〘史〙出仕《義務》(=SUIT OF COURT). [L=suit of court]

se·ques·ter /sɪkwéstər/ *vt* 1 **a** 引き離す, 隔離する；〈陪審・証人を〉隔離する. **b**《廃》《教会法》破門に処す. 2 **a** 〈財産を〉一時差し押える. **b** 〈財産を〉供託する. **c**《教会法》〈聖職禄 (benefice) が空位になった場合などに〉〈聖職禄を〉管理させる. **d**《国際法》〈敵の財産を〉接収[押収]する. —— *n* 1 (部局内での政府支出の)一律[全面的]削減. 2 供託物保管者, 供託所. **~ed** *a* 一時差し押えられた. **se·qués·tra·ble** *a* [OF<L=to commit for safe keeping (*sequester* trustee)]

sequéstered accóunt《共同名義の銀行口座などで裁判所命令により》分離・凍結・差押えされた口座.

se·ques·trate /sɪkwéstreɪt, síːkwə-, sék-/ *vt* SEQUESTER. [L；⇨ SEQUESTER]

se·ques·tra·tion /sìːkwəstréɪʃ(ə)n, sèk-/ *n* 1 **a** 隔離, 隠退：SEQUESTRATION OF JURY / ~ of witness《他人の証言を聞かせぬための》証人の隔離. **b**《まれ》《教会法》破門. 2《係争物の第三者への》供託 (cf. ATTACHMENT, GARNISHMENT). 3 《遺産の人格代表者 (personal representative) になり手がいない場合の》被相続人動産の別保管. 4《民事訴訟で欠席したり裁判所侮辱 (contempt of court) を犯した被告などに対して裁判所が発する》動産(一時)差押令状；《同令状に基づく》動産(一時)差押え. ▶ WRIT OF SEQUESTRATION (一時差押令状). 5《債権者のために裁判所が命ずる》破産財産の差押え. 6《国際法》《敵国資産の》接収, 押収. 7《政府機関による》資金支出の凍結. 8《教会法》《聖職禄 (benefice) が空位になった場合などに主教[司教] (bishop) から教(会)区委員 (church warden) に対して命ぜられる》聖職禄管理.

sequestrátion of júry《買収を含め外的な影響を受けることなくみずからの判断で審理できるようにするための》陪審の隔離.

se·qués·tra·tor *n* 1 差押官. 2 SEQUESTRATION されている財産の管理者, 差押財産管理者.

ser·en·díp·i·ty dòctrine /sèrəndípəti-/ セレンディープの法理, 掘出し上手の法理《合法的な捜査の過程で発見された証拠はすべてこれを事実審の証拠として許容するという原則；Serendip とはもとは Ceylon の古称で，ペルシアのおとぎ話 The Three Princes of Serendip に由来し, その主人公は思わぬ発見をする才能の持主》.

serf /sə́ːrf/ *n* 《史》農奴 (=villein)《中世農民の一身分で，土地に緊縛され，土地と共に売買され，その領主 (lord) に人的に隷属したが，奴隷とは異なり生命・身体については法的保護を受けた）．[OF<L *servus* slave]

ser·geant, ser·jeant /sáːrdʒ(ə)nt/ *n* **1**《史》奉仕人, 奉公人（語源の意味）. ▶ ANCIENT SERJEANT（最年長国王奉公人). **2**《史》奉仕保有(権)者（封建制下で奉仕保有 (sergeanty) で封土を保有している者; ⇨ SERGENTY). **3** SERGEANT AT ARMS. **4**《英史》上級法廷弁護士 (=SERJEANT-AT-LAW)《英国ではこの意にはserjeant を多く用いる). ▶ KING'S SERJEANT（勅選上級法廷弁護士). **5**《史》(判決・命令などの) 執行者[官]《特にハンドレッド (hundred) の執行吏 (bailiff), および London 市の役人など). ▶ COMMON SERJEANT (OF LONDON)（ロンドン市法務官). **6** 軍曹, 曹長. **7** 巡査部長《米国では captain [時に lieutenant] の下，patrolman の上; 英国では inspector の下, constable の上; ⇨ POLICE). ▶ POLICE SERGEANT（巡査部長). [F<L *servient- serviens* servant; ⇨ SERVE]

sérgeant(-)at(-)árms *n* (*pl* **sérgeants(-)at(-)árms**)（英国王室・議会・法廷などの）守衛官《この肩書の役人は複数いるが，議会の両院，特に下院の者が重要; cf. BLACK ROD).

sérgeant-at-láw *n* (*pl* **sérgeants-at-láw**) SERJEANT-AT-LAW.

sér·jeanty,《英》**-jeanty** *n*《英史》奉仕保有(権)《兵役・農役以外の役務による，自由な封建的土地保有形態で，GRAND SERJEANTY (大奉仕保有) と PETIT [PETTY] SERJEANTY (小奉仕保有) の 2 種がある). [OF; ⇨ SERGEANT]

ser·genty /sə́ːrdʒ(ə)nti/ *n* SERGEANTY.

sé·ri·al bónd /síəriəl-/《証券》連続償還債券[社債, 公債]《発行は同時であるが発行額の一定割合を異なった時期に連続して償還する債券[社債, 公債]).

sérial múrder 連続殺人 (cf. MASS MURDER).

sérial nóte 分割払い約束手形 (installment note).

sérial nùmber (製品や, 特許・商標申請などの確認のために用いられる）通し番号．

sérial violátion 常習的違反《特に雇用者の被用者に対する差別扱いについていう; cf. SYSTEMATIC VIOLATION).

se·ri·a·tim /sìəriéitəm, -é-, sèr-/ *adv*, *a* 逐次[順次]に[の], 続いて[続く]. [L *series*]

seriátim opínion (合議体の判決で法廷を代表する意見ではなく各裁判官が述べる) 順繰り意見, 逐次意見.

sé·ries bònd /síəriz-/ 分割[連続]発行債券《同一の信託証書 (trust indenture) に基づいて発行されるが数年にわたって発行され償還日・利息も異なる).

se·ri·ous /síəriəs/ *a* **1** まじめな, 沈着な; 厳粛な; 本気な, 真剣な. **2** 油断のならない, 容易ならぬ; 重大な, 深刻な, ゆゆしい; 重い, 危篤な, 重症の, 危険の: ~ damage 甚大な被害 / a ~ question 冗談ではない[大事な]問題 / in ~ trouble ゆゆしき事件にかかわって, 殺人の疑いをかけられて / in a ~ condition 重態で．

sérious and wíllful miscónduct 意図的違法行為《重大な損害が起こりうるという認識をもったあるいは起こりうることについて通常の過失を超えて全くの無思慮だった行為).

sérious bódily hárm 重大な身体傷害 (=SERIOUS BODILY INJURY).

sérious bódily ínjury 肉体への重大な権利侵害 (=great bodily harm, great bodily injury, grievous bodily harm, serious bodily harm; cf. MAYHEM).

sérious críme prevéntion òrder《英》重大犯罪予防命令《重大犯罪を未然に防ぐために 2007 年法により導入された新種の民事の差止め命令 (injunction) で, 例えば旅行とか金融取引の禁止や制限などが考えられる; この命令の違反は犯罪となる; 高等法院 (High Court of Justice) は, ある人物が重大犯罪に関与していることを確信しかつ命令がその人物の犯罪への一層の関与から一般の人々を守ることができると信じる合理的理由を有する場合にこの命令を出すことができる; なお, 刑事法院 (Crown Court) は過去に重大犯罪で有罪決定されたことのある者にこの命令を出す権能を有している).

sérious félony《米》重大な重罪《具体的には住居への不法目的侵入 (burglary) や傷害を負わせた暴行 (assault) などで, 多くの法域でその後に別の犯罪を犯した際に斟酌され加重に罰せられることになる).

Sérious Fráud Òffice [the ~]《英》重大詐欺局《重大・複雑な詐欺事件を捜査・告発する政府部局; 1987 年法の下で設置されたもので, 法務長官 (Attorney-General) 指名の局長 (Director) が長; 略 SFO).

sérious íllness《生命保険・医療保険などに加入する際に告知すべき過去および現在の）重大な疾病《健康を永続的に阻害するかもしくはしているまたはその蓋然性の高い疾病のこと).

sérious misdeméanor《米》重大な軽罪《軽罪 (misdemeanor) ではあるが他の軽罪より重い刑罰を科されるものとされているもの; 若干の法域では重罪 (felony) あるいは軽罪のいずれとして扱ってもよいとされている; ⇨ HIGH MISDEMEANOR; cf. GROSS MISDEMEANOR).

sérious offénse《米》重犯罪《通常は 6 月を超える自由刑の対象犯罪; cf. PETTY OFFENSE).

Sérious Órganised Críme Àgency《英》重大組織犯罪機関《2005 年法で, それまで存した全国広域犯罪対策本部 (National Crime Squad) および全国犯罪情報部 (National Criminal Intelligence Service) などを統合し, 麻薬・密輸・人身売買・詐欺などの犯罪を重点に英国内の重大組織犯罪の予防・捜査・訴追を目的としている; 略 SOCA).

serjeant ⇨ SERGEANT.

sérjeant at árms =SERGEANT(-)AT(-)ARMS.

sérjeant-at-láw *n* (*pl* **sérjeants-at-láw**)《英史》上級法廷弁護士《一般の法廷弁護士 (barrister) から選ばれたその上位の法廷弁護士で, 1846 年法までは人

民訴訟裁判所 (Court of Common Pleas) においての弁論権を独占していたし, 1873 年法による廃止まではコモン・ローの上位裁判所 (superior court) 裁判官になるための前提としてこの身分を有さねばならなかった; 独自の組織である上級法廷弁護士組合 (order of serjeants-at-law) と独自のイン SERJEANTS' INN を有し, また独特の頭巾 (coif) をつける権利を有した; ここからその身分・組合は別名で ORDER OF THE COIF とも呼ばれた; 1921 年に最後の上級法廷弁護士が死亡後イングランドでは新たな任命はない; アイルランドでは 1959 年に最後の上級法廷弁護士が死亡した; 略 SL]. ► ORDER OF SERJEANTS-AT-LAW (上級法廷弁護士組合).

Sérjeants' Ínn 《英史》上級法廷弁護士のイン《かつて上級法廷弁護士 (serjeant-at-law) が形成していた組織で, 法廷弁護士 (barrister) の組織であるインズ・オヴ・コート (Inns of Court) に対応する; 法廷弁護士が上級法廷弁護士に任命されるとインズ・オヴ・コートを出てこのインに入る; 建物は London の Fleet Street (現在も Serjeants' Inn という名で呼ばれている) と Chancery Lane (Old Serjeants' Inn という) にあった》.

serjeanty ⇨ SERGEANTY.

se·ro·lóg·i·cal tést /sìərəládʒɪk(ə)l-/ 血清試験 (=serológical blóod tèst, serológic tést) 《特に米国では婚姻申請をした男女に性病の有無を調べるべく多くの州政府が要求している; cf. BLOOD TEST》.

SERPS, Serps /sə́ːrps/ 《英》 State Earnings-Related Pension Scheme 所得比例公的年金制度 《退職年齢に達した人に職業生活期間中に得た収入に基づいて年金を支払う政府の制度; 2002 年から漸次新制度第二公的年金(制度) (State Second Pension) に移行》.

ser·vage /sə́ːrvɪdʒ/ n 《英史》《封建的土地保有条件 (tenure) 上 地代支払いのほか領主に提供すべき》労務奉仕.

ser·vant /sə́ːrvənt/ n **1** 使用人, 召使い, 下僕, しもべ, 奉公人; 家来, 従者; 被用者, 雇い人 (opp. *master*) (cf. EMPLOYEE). ► DOMESTIC SERVANT (家事労働者) / FELLOW SERVANT (共働者) / INDENTURED SERVANT (年季契約奉公人) / LOANED SERVANT (借入れ被用者) / MASTER AND SERVANT (雇い主と雇い人; 雇用関係) / SUBSERVANT (被用者の代理人). **2** 公僕, 公務員;《鉄道などの》従業員, 事務員, 社員. ► CIVIL SERVANT (文官) / CROWN SERVANT (国家公務員).

serve /sə́ːrv/ vt **1** 〈人〉に仕える, 奉仕する. **2**〈任期・年季・職務などを〉つとめる: ~ one's apprenticeship 徒弟の年季をつとめる / ~ one's time 年季をつとめる /〈囚人が〉服役する / ~ a sentence〈囚人が〉服役する / ~ two terms as President 大統領を 2 期つとめる / ~ one's mayoralty 市長をつとめる. **3** …の役に立つ, …に間に合う,〈目的に〉かなう; …の要求を満たす. **4 a** 供給する;〈飲食物を〉出す, 供する, 配膳する. **b**〈令状などを〉送達する, 執行する: ~ a summons *on* [*to*] sb = ~ sb (*with*) a summons 人に召喚状を送達する. **5** 取り扱う, 待遇する, 報いる.
— vi 仕える, 奉仕する, 勤務する; 任期[年季]をつとめる, 任務を果たす; 給仕をする, もてなす;《店で》客の注文を聞く. [OF *servir* < L *servio* (*servus* slave)]

serv·er /sə́ːrvər/ n **1** 奉仕者, 給仕する人. **2** 送達人 [吏], 執行吏. ► PROCESS SERVER (令状送達者).

ser·vice /sə́ːrvəs/ n **1** 勤め, 奉職, 奉公; 雇用. CONDITIONS OF SERVICE (雇用条件) / CONTRACT OF SERVICE (雇用(契約)) / DEATH IN SERVICE (死亡給付金[年金]). **2**《公的な》勤務, 服務; 軍務, 兵役;《政府などの》施政, 行政, 官公庁の業務, 公務;《役所などの》部門 (department), 局, 庁; 勤務の人びと,《部局の》職員《集合的》: enter [be in (the)] government ~ 公務員になる[をしている]. ► ADOPTION SERVICE (養子縁組斡旋(部門)) / ADVISORY CONCILIATION AND ARBITRATION SERVICE (調停・仲裁機関) / ARMED SERVICES (軍) / CHILDREN AND FAMILY COURT ADVISORY AND SUPPORT SERVICE (子供および家族に関する裁判所助言・援助庁) / CIVIL SERVICE (文官勤務) / CIVIL SERVICE (文官) / CONCILIATION SERVICE (調停・仲裁機関) / CONSUMER COMPLAINTS SERVICE (消費者苦情処理部門) / CRIMINAL DEFENSE SERVICE (刑事事件弁護提供機関) / CROWN PROSECUTION SERVICE (公訴局) / DIPLOMATIC SERVICE (外交官勤務; 外交部) / EX OFFICIO SERVICE (職務上当然の公務) / FEDERAL MEDIATION AND CONCILIATION SERVICE (連邦調停庁) / FOREIGN SERVICE (外交部; 外務職員局) / HEALTH SERVICE (国民医療制度) / IMMIGRATION AND NATURALIZATION SERVICE (移民帰化局) / INTERNAL REVENUE SERVICE (内国歳入庁) / LEGAL COMPLAINTS SERVICE (法的苦情処理部門) / MILITARY SERVICE (兵役) / NATIONAL CRIMINAL INTELLIGENCE SERVICE (全国犯罪情報部) / NATIONAL HEALTH SERVICE (国民医療制度) / NATIONAL OFFENDER MANAGEMENT SERVICE (全国犯罪者管理庁) / PUBLIC HEALTH SERVICE (公衆衛生総局) / PUBLIC SERVICE (公共事業; 公務; 公務員) / SECRET SERVICE (機密調査部; シークレット・サービス; 内務省秘密検察局) / SECURITY SERVICE (国家保安局) / TRIBUNALS SERVICE (審判所庁). **3** 神に仕えること; [*pl*] 礼拝(式);《一般に》式. **4**《保有者 (tenant) の》領主 (lord) への》奉仕, 奉仕義務. ► DIVINE SERVICE (礼拝奉仕) / FORINSEC [FOREIGN] SERVICE (封建契約上間接負担奉仕義務) / FREE SERVICE (自由奉仕) / HONORARY SERVICES (名誉奉仕義務) / INTRINSIC SERVICE (封建契約上直接負担奉仕義務) / KNIGHT [KNIGHT'S] SERVICE (騎士奉仕, 騎士奉仕(保有) / MILITARY SERVICE (軍事的奉仕(義務)) / RENT SERVICE (地代奉仕(義務)) / SEISIN IN SERVICE (奉仕の形での占有) / TENANT IN SERVICE (奉仕の形での保有者). **5 a** 役に立つこと, 有用, 助け; 便宜, 恩恵. **b** [*pl*] 奉仕, 尽力, 骨折り, 世話; [*pl*]《経》用役(えき), 役務(えき), サービス; 事務, 功労, 勲功: goods and ~s《経》財とサービス / a supply of ~ 役務の提供. ► ADOPTION

SUPPORT SERVICES (養子縁組支援) / COMMUNITY LEGAL SERVICE (地域法律扶助提供) / COMMUNITY SERVICE (社会奉仕) / DEBT SERVICE (債務元利返済額,償還金額) / FREEDOM TO PROVIDE SERVICES (サービス提供の自由) / GROUP LEGAL SERVICES (弁護士の団体的利用) / HOURS OF SERVICE (労働時間) / JURY SERVICE (陪審としてのつとめ) / LAWYER REFERRAL (AND INFORMATION) SERVICE (弁護士紹介(・情報提供)サービス) / LOOSELEAF SERVICE (加除式) / LOSS OF SERVICES (家事労働力の喪失) / PERSONAL SERVICE (人的奉仕(義務)) / PREPAID LEGAL SERVICES (先払い法的サービス) / PROFESSIONAL SERVICE (専門的職業人[法曹]としてのサービス) / SALVAGE SERVICE (海難救助(作業)) / SOCIAL SERVICE (社会福祉事業) / SUPPORT SERVICES (支援サービス) / THEFT OF SERVICES (役務の盗) / TIED SERVICE (抱き合わされるサービス) / TYING SERVICE (抱合わせサービス) / UNSOLICITED GOODS AND SERVICES (注文していない物品・役務) / WIFE'S SERVICE (妻の奉仕). **6** 給仕(の仕方);《ホテル・レストランなどの》接客, もてなし, サービス, SERVICE CHARGE. **7**《郵便・電信・電話などの》公共事業, 施設;《列車・船・バス・飛行機などの》便, 運行, 運航;《ガス・水道などの》配給, 供給, 配水, 敷設; [pl] 付帯設備. **8**《令状その他 訴訟書類の》送達 〈on sb〉. ▶ ACCEPTANCE OF SERVICE (送達の受理) / ACKNOWLEDGEMENT OF SERVICE (受領の確認; 被告の回答) / ADDRESS FOR SERVICE (送達のための宛先) / AFFIDAVIT OF SERVICE (送達宣誓供述書) / CERTIFICATE OF SERVICE (送達証明書) / CONSTRUCTIVE SERVICE (みなし送達) / ENDORSEMENT OF SERVICE (送達済みの記載) / NONSERVICE (不送達) / PERSONAL SERVICE (交付送達) / PROOF OF SERVICE (送達証明書) / RETURN OF SERVICE (送達証明書) / SEWER SERVICE (下水道への送達) / SUBSTITUTED SERVICE (代替送達).

On His [Her] Majesty's S~《英》公用《公文書などの無料送達の印; 略 OHMS》.

— vt **1** 便利にする. **2** …に助力[情報]を与える. **3 a**〈債務の〉利息を支払う. **b**《特に, 第二次譲渡抵当市場 (secondary market) へ譲渡抵当付き貸付け (mortgage loan) を売り出した後に》〈貸付けに対する支払いを徴収し支払い予定を守る (cf. ORIGINATE): ~ the deficit. [OF or L *servitium* (*servus* slave)]

sérvice by máil [post] 郵便送達《名宛人に直接交付せずに郵便に付す送達方法; 代替送達 (substituted service) の一つ》.

sérvice by publicátion《不在者または住民でない者に対する新聞その他類似のメディアを通しての》**公告送達**.

sérvice chàrge 手数料, サービス料,《アパートなどの》管理費; 役務料, (信用)手数料《銀行が口座開設時にその維持費用として, あるいは消費者売買における信用供与の費用として徴収する手数料》.

Sérvice Civílian Còurt《英》軍関係民間人裁判所《イギリス諸島の外で軍人の家族などの一定の民間人が犯した比較的軽い犯罪を裁くため, 2006年法で規定されている裁判所》.

Sérvice Compláints Commìssioner〘英〙軍関係不服申し立て処理委員《2006年法で創設された独立的な役人で, 国防大臣により選任される; 軍人が軍務から生じた不服申し立てを有していると信じている者からの訴えを受け, 不服申し立てを受理後に軍の関係役人にこれを付託し, その後の経過を監視せねばならない; 毎年大臣と議会に報告義務を負っている》.

sérvice còntract 1 役務提供契約《一般に一定サービスを提供する旨の契約; 伝統的には雇い主 (master) と雇い人 (servant) 間の役務提供についての契約》. ▶ PERSONAL SERVICE CONTRACT (個人的役務提供契約). **2** サービス契約《特に 一定期間にわたって器具の維持・修理の保証をするという内容のもの》. ▶ EXTENDED SERVICE CONTRACT (拡大サービス契約).

sérvice còurt〘英〙軍務裁判所《軍務に服している人を管轄している裁判所; cf. SERVICE LAW》.

sérvice diréctor" 常勤取締役《非常勤取締役 (nonexecutive director) に対する》.

sérvice estàblishment 役務提供施設《理髪店・洗濯屋・自動車修理業など主として公衆への役務提供業を営む事業所; 米国では労働基準法上小売業と同じ扱いをされる》.

sérvice inquìry〘英〙軍務関係調査委員会《2006年法で創設された陸・海・空軍当局の下の調査委員会で, 軍務関係者の死亡・重大な権利侵害あるいは軍務関係財産の損失・破壊などの事実を調査・報告し, 再発防止のための助言をなすことが任務》.

sérvice làw〘英〙《軍人の行為を規制する》軍務法《海軍規律法 (Naval Discipline Act 1957), 陸軍法 (Army Act 1955), 空軍法 (Air Force Act 1955) からなり, 補充的法源として, 陸・海・空軍それぞれの女王規則 (Queen's Regulations) があったが, 2006年に上記三法を事実上統合した単一の軍務法である軍法 (Armed Forces Act) が成立している》.

sérvice lìfe《経済的な》耐用年数, 使用期間.

sérvice màrk 役務標章, サービスマーク《ホテル・輸送業など役務・サービス提供を業とする企業が自社の役務・サービスを他から区別するために用いるシンボルマークなど; 略 SM; 単に mark ともいう; cf. TRADEMARK》.

sérvice occupàtion tàx《米》サービス職業税《職業税 (occupation tax) の一つで, サービスのために顧客に移転した物品の価格を基準に課す》.

sérvice of cláim〘英〙訴状の送達.

sérvice of prócess 訴訟手続き上の令状の送達.

sérvice òut of the jurisdíction 裁判管轄外への《令状の》送達《英国では特定の場合に裁判所の許可を得なければならない》.

Sérvice Prósecuting Authòrity〘英〙軍務関係者訴追機関《軍法会議 (court-martial) および軍関係民間人裁判所 (Service Civilian Court) へのすべての軍務関係の訴追に責任を有する機関で, 軍務関係

services of wife

者訴追機関長官 (Director of Service Prosecutions) がその長; 略 SPA).

sérvices of wífe *pl* 妻のサービス, 妻の助力 (cf. CONJUGAL RIGHTS, CONSORTIUM, PER QUOD CONSORTIUM AMISIT).

sérvice ténancy〖英〗雇い人用借家権《家主が借家人の雇い主で, 被用者が住宅(これを tied cottage (雇い人用貸家)という)を雇用の一条件として貸借している不動産権 (tenancy)》.

serviens narrator ⇨ NARRATOR.

ser·vi·ent /sə́:rviənt/ *a* 下位の, 従属する;《他の土地の便益のために》負担を負っている.

sérvient estáte《他の土地の便益のために》負担を負う土地,《特に》承役地 (=servient tenement)《地役権 (easement) を受けている土地; cf. DOMINANT ESTATE》.

sérvient ténement =SERVIENT ESTATE (cf. DOMINANT TENEMENT).

Ser·vi·tia per·so·na·lia se·quun·tur per·so·nam. /sɛrvíʃiə pə̀rsounéiliə sɛkwʌ́ntər pərsóunəm/ 人的奉仕(義務)は人に従う.〔L=Personal services follow the person.〕

ser·vit·i·um /sərvíʃiəm/ *n*〖史〗《特に 領主 (lord) への》奉仕(義務)(service). ▶ LIBERUM SERVITIUM(自由奉仕)/ (TRESPASS) PER QUOD SERVITIUM AMISIT(家事労働力侵害(訴訟)).〔L〕

servítium líberum /-líbərəm/〖史〗自由奉仕(義務) (=FREE SERVICES).〔L=free service〕

ser·vi·tude /sə́:rvət(j)ù:d/ *n* 1 役権《土地その他の不動産をそのものを占有することなく限定的に利用する権利し, 地役権 (easement), 土地収益権 (profit à prendre), 立入り権 (license), 土地とともに移転する約款 (covenant running with the land) の総称》. ▶ ACQUIRED SERVITUDE(特別取得役権)/ ADDITIONAL SERVITUDE(付加的役権)/ APPARENT SERVITUDE(明白な役権)/ EQUITABLE SERVITUDE(制限的不動産約款)/ LEGAL SERVITUDE(法的役権)/ MINERAL SERVITUDE(採掘役権)/ NATURAL SERVITUDE(自然的役権)/ NONAPPARENT SERVITUDE(非明白的役権)/ PERSONAL SERVITUDE(人役権)/ PREDIAL SERVITUDE(土地付随役権)/ PRIVATE SERVITUDE(特定人に対する役権)/ PUBLIC SERVITUDE(公的役権)/ URBAN SERVITUDE(都市役権). 2 奴隷であること, 隷属; **苦役**, 労役. ▶ INVOLUNTARY SERVITUDE(意に反する苦役)/ PENAL SERVITUDE(懲役(刑)).〔OF<L (*servus* slave)〕

sérvitude appúrtenant 土地付随役権 (=predial servitude)《一方の土地上の建物を支持するための隣地への役権のように, 双方の土地に付随している役権で, 要役地 (dominant estate) と共に移転し分離してそれのみを処分することはできず, 逆に承役地 (servient estate) への役権は恒久的に役権に服する》.

sérvitude in gróss 人的役権《特定の要役地 (dominant estate) に付着するのではなく単に承役地 (servient estate) がそれに服さねばならない役権》.

ses·sion /séʃ(ə)n/ *n* 1《議会・会議が》開会(していること),《議会の》会期;《裁判所が》開廷(していること), 開廷期, 開廷(日時); 会期;《取引所の》立会い: a long ~ 長い会期 / go into ~ 開会する / in ~ 開会[開廷, 議会]中 / in full ~ 総会で / have a ~ 会合を開く[開いている]. ▶ BIENNIAL SESSION(隔年会期)/ CLOSED SESSION(非公開会議)/ COUNTY SESSIONS(州四季裁判所)/ COURT OF SESSION(スコットランド控訴院; 軽罪裁判所)/ EXECUTIVE SESSION(議院指導者会議)/ EXTRAORDINARY SESSION(臨時会(期))/ JOINT SESSION(両院合同会議)/ LAME-DUCK SESSION(レイムダック会期)/ LEGISLATIVE SESSION(立法会議)/ OPEN SESSION(公開会議)/ PETTY SESSIONS(治安判事小会議)/ PLENARY SESSION(本会議)/ QUARTER SESSIONS(治安判事四季裁判)/ REGULAR SESSION(定例会)/ SPECIAL SESSION(特別会期). 2 [*pl*]〖英〗《裁判所[法院]の》開廷(期); [*pl*]〖英〗治安裁判所[治安裁判所判事裁判所]の開廷(期))(=SESSIONS OF THE PEACE). ▶ BOROUGH (QUARTER) SESSIONS(都市四季裁判所)/ BREWSTER SESSIONS(酒類販売免許会議)/ GENERAL SESSIONS(一般治安裁判所)/ JUSTICES OF THE SESSIONS(治安裁判所判事)/ PETTY SESSIONS(小治安裁判所)/ QUARTER SESSIONS(四季裁判所)/ SPECIAL SESSIONS(特別治安裁判所). 3《長老派教会》《牧師と長老からなる管理機関である》長老会議. 4"学年;《米・スコットランド》学期《通例 大学で7か月》; 授業時間: a morning [an afternoon] ~ 午前[午後]の課業. 5《ある集団活動を行なう》集まり, 会合(時間). ▶ SENSITIVITY SESSION(感受性訓練). ~·al *a* 会期(中)の; 会期中のみの; 会期ごとの.〔OF or L (*sess- sedeo* to sit)〕

séssion láws *pl*〖米〗会期別法律集, 制定順法律集 (=Blue Book)《略 SL》.

séssions of the péace [the ~] 治安裁判所, 治安裁判所《複数の治安判事 (justice of the peace) によって開かれる; 単に sessions ともいう》.

set /sét/ *v* (~; sét·ting) *vt* 1 a 置く, 据え付ける, 取り付ける. b《人を》配置する, 役につける. 2《印などを》おす,〈署名などを〉添える, しるす: ~ one's hand [name] *to* a document 書類に署名する. 3〈値を〉つける;〈場所・日時などを〉決める, 指定する,〈限界を〉設ける (fix);〈規則を〉定める. ~ **aside** (1)《将来のために》取っておく《*for*》. (2) 無視する, 拒絶する;《敵意・儀礼などを》退ける, うち棄てる;〈判決・命令などを〉撤回する, 解除する, 破棄する, 取り消す, 無効にする: ~ *aside* the earlier judgment. ~ **back** あと戻りさせる; 妨害する, 遅らせる; くじく; 負かす; [ʷpass]《家屋などを道路などから》引っ込めて建てる《*from*》. ~ **down** (1) 下に置く, 据え置く. (2) 座らせる, 着席させる. (3) 書き留める, 記録する. (4) 規定する,〈原則を〉立てる. (5)《未決訴訟事件表 (docket) に》〈事件を〉記載する[記載して審理日を指定する]. (6) …のことにする, …に帰する《*to*》. ~ **forth** (*vt*) 示す;(十分に)述べる, 説く; 公にする, 発布する. ~ **off** (*vt*) (1) 相殺(ᵗᵃ)する, 埋め合わせる (offset). (2) 相殺請求する.

out (*vt*) 〈事実または状況を〉(逐語的に)述べる[申し立てる], 詳しく説く, 文言をそのまま引用する. **～ over** 〈財産などを〉譲る, 渡す. **～ up** (*vt*) (**1**) 立てる, 建てる. (**2**) 入念に企画[計画]する; 〈理論などを〉提示する; 始める, 創設[設立]する. (**3**) 〈抗議を〉申し立てる, 〈大声を〉上げる; 〈抗弁・根拠などを〉申し立てる, 主張する. (**4**) 〈商売などで〉…に身を立てさせる; 開店[開業]させる. (**5**) 上げる, 進める; 高位につける; 成功させる. (**6**) 〈人を〉はめる, 陥れる. (**7**) 〈会議などの〉日時を決める, 設定する 〈*for*〉.

sét-aside *n* 《特定の目的のために》取り分けておくもの, 保留物[分, 枠, 資金], 保留地;《政府の命令による軍用などの原料・食糧などの》使用差止め, 保留; 休耕; 使用差止め[保留]物.

sét·bàck *n* **1**〈進行などの〉妨げ, 停止; 後退, 挫折; 逆行, 逆転. **2** セットバック(**1**) 建築線を土地の境界線・道路線より一定の幅で後退させること; 後退建築(規制) **2**) 採光・通風のため高層建築物の上層部分の壁面を下部よりも段階的に後退させること; 段形後退(規制).

sétback lìne 後退建築線, セットバック線 (⇨ BUILDING LINE, SETBACK).

sét of bílls =BILLS IN A SET.

sét of exchánge =BILLS IN A SET.

sét·òff, sét-òff *n* **1**〈借金の〉棒引き; 差し引き, 相殺(さい)(=stoppage)〈*against, to*〉(cf. RECOUPMENT). ► EQUITABLE RIGHT TO SETOFF (エクイティー上の相殺権) / JUDGMENT SETOFF (判決債権の相殺). **2** 相殺請求.

sétoff of júdgments 判決債権の相殺 (=judgment setoff)《確定判決のある債務相互の相殺》.

SETS 《英》○Stock Exchange Electronic Trading System 証券取引所電子取引システム.

sét·ting *n* 《審理日時の》設定. ► SPECIAL SETTING (特別設定).

sétting asíde 《他の命令・判決・当事者の行為などの裁判所による》取消し[撤回, 破棄]命令.

sétting dówn for tríal 《英史》裁判手順の決定《高等法院 (High Court of Justice) において令状で開始された民事訴訟の中間手続きの最終段階で, その訴訟のその後の手順を決定すること; 1999 年以後は新規則でこの段階を手順配分 (allocation) と呼んでいる》.

set·tle /sétl/ *vt* **1**〈動かないように〉置く, 据える. **2**〈制度などを〉安定させる, 確立する. **3**〈住居に〉落ちつかせる, 定住させる; …に植民する, 移住する. **4**〈日取りなどを〉決める; 決定する, 決心する;〈問題・争議・紛争などを〉解決する, 処理する; 調停する, 示談にする, (訴訟で)和解する. **5**〈勘定などを〉支払う, 清算する, 決済する〈*up*〉 *with*〉; 弁済する. **6**…の片を付ける, 処分する. **7**〈財産の〉制限的処分をする, …の継承財産設定をする. **8**〈文書を〉正規のものにする: the deed ～*d* by counsel. **9**〈特に不動産取引を〉完了する: ～ the property sale. **～ up** 精算する〈*with*〉.

sét·tled *a* **1** 清算[勘定, 決算]済みの; 解決済みの, 調停された. **2** 継承財産設定をされた. **3**《移民関係の法との関係で》定住している. **4** 居すわっている《病気など》.

séttled accóunt《当事者間で内容が承認の上決済された》清算済み《取引》勘定(書).

séttled estáte 継承財産設定された不動産(権), 継承財産設定不動産(権) (⇨ SETTLEMENT).

séttled insánity《アルコール常用による組織破壊が生じている者の禁断から生ずる》宿疾(しゅくしつ)的精神障害.

séttled lánd 継承財産設定地 (⇨ SETTLEMENT).

Séttled Lánd Àct trustées *pl*《英》継承財産設定地法上の受託者 (=trustees of the settlement)《継承財産設定地法 (1925) に定められている継承財産設定地の受託者 (trustee) である複数の個人あるいは銀行のような信託法人 (trust corporation)》.

séttled próperty 継承財産設定財産.

séttle·ment *n* **1 a** 定住, 定着; 入植, 植民, 移民. **b** 定住地, 入植地, 植民地, 居留地; 新開地, 開拓地. **c**《英史》《救貧法 (poor law) 上の救済を受けうる資格を与えてくれる特定教区 (parish) 内の》居住(地), 定住(地)《居住地区からの, 救貧法に基づく救済を受ける権利. **d**《貧しい人びとの多い地域に住みついて生活改善・教育などに当たる》隣保事業, セツルメント; 隣保館, セツルメント (=～ hòuse)《隣保事業に当たる団体・施設》. **2** 解決, 処理, 決定, 決着; 和解《契約》(=settlement agreement): come to [reach] a ～ 決まりがつく, 和解する, 示談になる. ► FAMILY SETTLEMENT (家産処分についての家族取決め) / INTEGRATED PROPERTY SETTLEMENT (夫婦間財産分割完結合意) / OUT-OF-COURT SETTLEMENT (法廷外の和解) / PROPERTY SETTLEMENT (夫婦間財産処理合意; 夫婦間財産処分判決; 夫婦間財産分割合意) / STRUCTURED SETTLEMENT (系統的和解). **3** 清算, 決済, 弁済: in ～ of…の支払いとして, 決済に. **4**《財産の》正式かつ永久的な譲与[譲渡]; *《特に不動産取引の》完了, *不動産売買最終手続き (=closing). **5** 遺産の配分確定. **6 a** 継承財産設定(証書), 継承的不動産処分(証書)《土地あるいはその他の財産権を, 多くは家族・親族の中の設定者が指定する者を受益者 (beneficiary) としてかつその受益形態も設定者が定めて, 証書・遺言などで移転すること; 家産を代々存続させるため, 家族に資産を与えるため, 租税をできる限り低く抑えるためなどに用いられ, きわめて多くの形態がある; 英国では 1997 年以後新たに設定することはできなくなり, その代わり土地信託 (trust of land) として保有されることになっている; cf. RESETTLEMENT). **b** 継承財産設定された財産. ► ACCUMULATION AND MAINTENANCE SETTLEMENT (蓄積・扶養継承財産設定) / ACT OF SETTLEMENT (王位承継法) / ANTENUPTIAL SETTLEMENT (婚姻前継承財産設定(証書); 婚姻前夫婦財産契約) / COMPOUND SETTLEMENT (複合継承財産設定) / DEED OF SETTLEMENT (継承財産設定(捺印)証書) / EQUITY TO A SETTLEMENT (妻のための継承財産設定(請求権)) / FAMILY SETTLEMENT (家族継承財産設定(証書)) / MARRIAGE SETTLEMENT (婚姻継承財産設定(証書); 婚姻前夫婦財産契約; 夫婦間財産処理合意) / MUTUAL SETTLE-

MENT (相互継承財産設定(証書)) / POSTNUPTIAL SETTLEMENT (婚姻後夫婦財産合意; 婚姻後継承財産設定(証書)) / PRENUPTIAL SETTLEMENT (婚姻前継承財産設定(証書); 婚姻前夫婦財産契約) / PROTECTOR OF THE [A] SETTLEMENT (継承財産設定保護者) / REFERENTIAL SETTLEMENT (先行設定参照付き継承財産設定(証書)) / RESETTLEMENT (継承財産再設定(証書)) / STRICT SETTLEMENT (厳格継承財産設定(証書)) / TRUSTEES OF THE SETTLEMENT (継承財産設定受託者) / VOLUNTARY SETTLEMENT (無償継承財産設定(証書)) / WIFE'S SETTLEMENT (妻のための継承財産設定).

séttlement agrèement 和解契約《単に settlement ともいう》. ► MEDIATED SETTLEMENT AGREEMENT (調停による和解契約).

séttlement clàss 集団訴訟で和解をした集団《一定の請求をしている権利主張者集団の代表とその相手方のために、権利主張者と同じ立場に置かれている多数の人びとのためにその集団全体の請求について判断する場合の集団を指す; 多数の被害者を出した大規模な不法行為 (mass tort) 訴訟の被告側が, 将来権利主張者となりうる多数の人の請求をも排除する目的でこのやり方を用いる場合がある; cf. CLASS ACTION》.

séttlement crèdit 〖米〗和解斟酌《原告がすでに前の被告その他の責任を負うべき者から受領している和解金を斟酌して陪審による評決賠償額を裁判所が減額すること, あるいは和解をしていない被告に対する評決の効果を減ずること》.

séttlement dàte 1 決済日; 受渡し日. **2** *不動産売買最終手続き日.

séttlement-fírst mèthod 〖米〗和解第一方式《陪審の評決に対して和解斟酌 (settlement credit) を適用する場合に, まず初めに原告がその請求に関してすでに得ているすべての和解金額を減じ, 次いでその残額から原告側の責任程度に応じた額を減ずるというやり方; このやり方と逆に最初に原告の過誤責任程度に応じた額を減じ, 次いでその残額からすでに得ている和解金額を減ずるやり方を過誤責任第一方式 (fault-first method) という; cf. FAULT-FIRST METHOD, SETTLEMENT CREDIT》.

séttlement of áction 訴訟の和解.

séttlement òption 《生命保険契約での》保険金受取り方法の選択《即時一括払いとするか年金方式とするかなど》; 保険金受取り方法の選択権.

sét·tler *n* **1** 《紛争などを》解決する人, 調停人. **2** 移住者, 開拓者, 入植者. **3** SETTLOR.

séttling dày 〖英〗決済日《証券取引所で口座取引が決済される日》.

set·tlor /sétlər, -lɔ́:r/ *n* 《継承財産設定 (settlement) や信託 (trust) の》設定者 (= donor, founder, grantor, settler).

Seventéenth Améndment [the ~]〖米〗合衆国憲法第17修正《各州から任期6年の2名の上院議員を直接選挙で選出することを定めた条項; 1913年成立》.

Séventh Améndment [the ~]〖米〗合衆国憲法第7修正《民事事件における陪審裁判を保障した条項; 1791年, 権利章典 (Bill of Rights) の一部として成立》.

séven-yéars'-ábsence rùle 七年不在の準則《7年間以上の失踪者・行方不明者 (disappeared person) を法的に死亡した者と推定するという原則; cf. ENOCH ARDEN LAW, PRESUMPTION OF DEATH, PRESUMPTIVE DEATH》.

sev·er /sévər/ *vt* **1** 切断する, 切る; 分ける; 隔てる〈A and B, A from B〉. **2**〈共有物・請求・事件などを〉分離する. [AF<L *separo* to separate]

severabílity clàuse 可分条項 (= saving clause, separability clause)《契約や制定法上の条項で, その契約・制定法の一部条項がなんらかの事情で無効と判断されても, 他の条項の効果には影響がない旨を定めているもの; cf. SEVERABLE CONTRACT, SEVERABLE STATUTE》.

severabílity of cóntract 契約の可分性 (opp. *entirety of contract*) (⇨ SEVERABLE CONTRACT).

séver·able *a* **1** 切断できる. **2**〈契約・制定法などが〉分離できる, 可分の (divisible) (cf. ENTIRE). **séverabílity** *n*

séverable cóntract 可分契約 (= divisible contract, separable contract, several contract)《履行すべき給付が可分である複数の約束からなり, したがってその中の一つが履行されなかった場合必ずしも契約全体の違反にならない契約; opp. *entire contract, indivisible contract*; cf. ENTIRETY OF CONTRACT, SEVERABILITY CLAUSE》.

séverable státute 可分性のある制定法《一部条項が無効と判断されても他の条項・制定法全体までは無効とならない制定法; 米国では法律の司法審査 (judicial review) が認められているので, 可分性の問題は重要である; cf. SEVERABILITY CLAUSE》.

sev·er·al /sév(ə)rəl/ *a* **1**《1, 2ではなく》いくつかの, 数名の, 数個の, 数度の《a few より多く many よりは少なく通例5, 6ぐらい》. **2** いろいろの, 別々の, それぞれの, おのおのの, 各自の. **3**《joint に対して》単独の, 個別の (cf. JOINT AND SEVERAL); 分割の, 可分の; 私有の, 専有の, 排他的な: JOINT AND SEVERAL LIABILITY / ~ estate 個別[個人専有]財産. **~·ly** *adv*

séveral áction 個別訴訟 (= SEPARATE ACTION).

séveral cóntract 可分契約 (= SEVERABLE CONTRACT).

séveral cóvenant 個別約定, 可分約款 (= separate covenant)《契約した人が複数いる場合にその全員が合同してではなく個別的に義務を負い, 他人の義務の消長に関係のない個別的責任を負う約定; 合同して責任を負う場合の合同約定 (joint covenant) と対比》.

séveral físhery 個別的漁業権《みずからの土地における, あるいは土地所有者である他人から権利を得てその土地の所有者をも排除しての漁業権》.

séveral inhéritance 個別法定相続不動産《二人の人に例えば半分ずつ個別的に相続される法定相続不動産》.

séveral liability 《他人の責任から独立して別個の訴訟の対象となりうる》個別責任, 可分な責任 (cf. JOINT LIABILITY, JOINT AND SEVERAL LIABILITY).

séverally líable 個別的に責任のある (⇨ SEVERAL LIABILITY) (cf. JOINTLY LIABLE, JOINTLY AND SEVERALLY LIABLE).

séveral obligátion 個別債務 (1) 複数の債務者が債権者に対して個別的に履行すべき債務 (2) 複数の債権者に対して債務者が個別的に履行すべき債務.

séveral-rémedies rùle 複数救済手段の準則《複数の法廷地 (forum) を有している原告が, その一つで適正な時機に訴えを提起していれば, のちに別の法廷地で訴訟を遂行する場合にも, 被告の利益が損われない限りで, 出訴期間 (statute of limitations) の進行は停止しているという原則》.

séveral táil 《2つの系列の直系卑属に別々に設定された》個別承継限嗣封土[不動産]権 (cf. FEE TAIL, TAIL).

séveral ténancy 《他人と共にではない》(不動産)個別保有.

séveral・ty *n* **1** 個別性[状態]. **2 a** 個別保有, 単独保有, 単独所有. **b** 個別保有不動産. ▶ ESTATE IN SEVERALTY (個別不動産権).

sev・er・ance /sév(ə)rəns/ *n* **1** 断絶, 分離, 隔離. **2** 《合有物・共有物の》分割《特に共有不動産権 (tenancy in common) への》合有不動産権 (joint tenancy) の解消[転換] (cf. WORDS OF SEVERANCE). ▶ WORDS OF SEVERANCE (非合有不動産文書). **3** 《土地の定着物の》分離. **4** 《請求・事件・訴訟の》分離; 訴訟の分離 (= SEVERANCE OF ACTIONS). **5** 《雇用などの契約に基づく結びつきの》解消 (cf. SEVERANCE PAY); SEVERANCE PAY. **6** 《契約上》契約を無効にするような要素の分離.

séverance dàmages *pl* 《一体として利用していた[しうる]土地の一部収用に伴う》残地損害賠償(金).

séverance of áctions 訴訟の分離《複数当事者によるあるいは複数の独立した訴因・請求が含まれる単一訴訟を裁判所により分離し個別の訴訟とすること; 単に severance ともいう; cf. BIFURCATED TRIAL, SEPARATE TRIAL》.

séverance pày 解雇手当, 退職手当 (=dismissal compensation, separation pay)《単に severance ともいう》.

séverance tàx 《米》分離資源税《石油・天然ガス・材木などの自然資源に対する税金》.

sevére disáblement allòwance 《英史》重度廃疾手当《1999年法で廃止》.

sevére impáirment 重度障害《日常生活に必要な普通の動作をなす精神的・肉体的能力の重度の障害》.

sevére méntal impáirment 《英史》重度精神障害 (⇨ MENTAL IMPAIRMENT).

---

sew・er /súːər, súər/ *n* 下水(道), 下水溝, 下水渠. — *vt* 《町などに》下水設備を施す. — *vi* 下水設備を施す.

séwer sèrvice 1 下水施設. **2** *下水道への送達《債権者が欠席判決 (default judgment) を得る目的で債務者に対して欺瞞的に令状を送達すること; 下水道へ流し込んだような送達という趣旨》.

sex *n* **1** 《男女の》性, 性別: a member of the same [opposite] ~ 同性[異性]の人 / without disitinction of age or ~ 老若男女の別なく / the equality of the ~es 男女平等. **2** 性現象, 性行動, 性本能, 性欲; 性器;《口》性交, セックス (sexual intercourse); 性的肉体的接触 (sexual relations): have ~ with…《口》…と性交する. — *a* 性の差による;《口》SEXUAL: SEX DISCRIMINATION.

séx chànge 《手術による》性転換 (cf. TRANSSEXUAL).

séx discriminátion 性差別 (=gender discrimination, gender-based discrimination, sexual discrimination).

Séx Discriminátion Àct [the ~]《英》性差別法《1975年および1986年に, 職業・教育などにおける性差別の排除を目的として制定された法律; cf. EQUAL OPPORTUNITIES COMMISSION》.

séx offénder 性犯罪者 (⇨ SEXUAL OFFENSE).

séx offénder règistry 《米》性犯罪者登録簿《性犯罪者として収監されたことがあり釈放されている人の氏名・住所のリストで, 一般に利用可能; しばしばインターネット上で公開され, 州によっては写真の公表まで求めている; cf. MEGAN'S LAW; なお英国でも性犯罪者は警察に自宅住所等の登録義務が課せられている》.

séx seléction 性による選択《体外受精 (IVF) で作られた胚子を子宮に着床させる前に行なう性による胚子の選択》.

sex・u・al /sékʃuəl, -sjuəl/ *a* 男女の, 性の, 性的な.

séxual abúse 1 《特に成年による未成年者に対する》性的虐待 (carnal abuse): ~ of children 児童性的虐待. **2** 強姦 (rape).

séxual actívity with a chíld 《英》《16歳未満の》子供との性行為《被害者の承諾の有無と無関係に成立する犯罪》.

séxual assáult 1 《コモンロー上は強姦を除く承諾なしの》性的暴行, 強制猥褻(罪), 強制的性犯罪 (=indecent assault);《広義では, 胸・臀部をさわることから強姦までを含む》性的暴行, 性犯罪. **2** 《米》強姦 (rape)《米国の数州では RAPE (強姦) という犯罪類型をなくしこの語でそれを示している》.

séxual assáult of a chíld under 13 《英》13歳未満の子供に対する性的暴行《被害者の承諾の有無と無関係に犯罪として成立する》.

séxual báttery 性的暴行;《特に》強姦 (⇨ RAPE).

séxual discriminátion 性差別 (=SEX DISCRIMINATION).

séxual exploitátion 性的搾取《特に子供を売春・ポルノその他重大な情緒的被害をもたらすような性を売り物にする活動に従事させること》.

séxual gróoming 〖英〗性的仕込み《2003年法で創設された, インターネットや携帯電話による通信の濫用を含む性犯罪; 過去に少なくとも2度会うか連絡をとった16歳未満の子供と, 性犯罪 (sexual offense) に当たる行為を犯す意図で会うかあるいは会うために出かけること; また子供が成人とそのような連絡の後にその者と会うつもりで出かけ, 成人が現にその子供と会うこと; この2類型の成人の行為は共に最高7年の自由刑を科される犯罪を構成する》.

séxual harássment 性的いやがらせ, セクシャルハラスメント, セクハラ《性的性質の行動・態度・言語による権利・地位濫用を通じての就業などにおける性差別》. ▶ HOSTILE ENVIRONMENT SEXUAL HARASSMENT (環境破壊型性的いやがらせ) / QUID PRO QUO SEXUAL HARASSMENT (対価型性的いやがらせ) / SAME-SEX SEXUAL HARASSMENT (同性による性的いやがらせ).

séxual íntercourse 性交. ▶ UNLAWFUL SEXUAL INTERCOURSE (違法性交).

séxual offénse 《広く》性に関する犯罪《犯罪とされている限り売春・近親相姦・男色・公然猥褻罪などをも含む; cf. SEX OFFENDER》. ▶ FAMILIAL SEXUAL OFFENSES (家族内性犯罪).

séxual offénses prevéntion òrder 〖英〗性に関する犯罪予防命令《警察が, 一般の人々がその者からの重大な性的危害に直面していると証拠に基づき申請した場合に, 裁判所が出すことのできる民事的命令で, その者の性犯罪の有罪決定歴は問わない; 期間は最低5年で一般の人々の保護に必要と思われる特定行動の禁止命令を出しうる》.

séxual orientátion 性的志向[方向性]《一個人の同性愛・異性愛・両性愛などへの志向》.

séxual orientátion discriminátion 〖英〗性的志向差別《主として雇用および職業訓練における性的志向に基づく差別; 違法とされる》.

séxual orientátion harássment 〖英〗性的志向いやがらせ《性的志向に基づくいやがらせ; 2003年法で規定》.

séxual relátions *pl* **1** 性交. **2** 《必ずしも性交にまで至らぬ》性的肉体的接触.

SF °sinking fund 減債基金.

S/F °statute of frauds 詐欺防止法.

SFAS 〖米〗Statement of Financial Accounting Standards 財務会計基準《書》.

SFO 〖英〗Serious Fraud Office 重大詐欺局.

SG °secretary-general 事務総長 ♦ °solicitor general 法務次官 ♦ 〖米〗°Surgeon General 軍医総監; 医務総監.

SHA 〖英〗°Strategic Health Authority 戦略的医療実施機関.

shad·ow /ʃǽdou/ *n* **1 a**《(はっきりした)》(物の)影, 投影; 人影. **b**《ぼんやりした》物影, 陰, [*pl*] 暗がり, 闇. **2** ″影の内閣の閣僚. **3** 影のようなもの; (影のように)付きまとう者; 《口》尾行者(探偵・刑事など). — *attrib a* 影の(内閣の). — *vt* **1** 陰にする, 陰でおおう. **2** ぼんやり[かすかに]示す[表わす]. **3** …に(ひそかに)付きまとう, 尾行する. **4** ″影の内閣で…の任務を担当する.

shádow càbinet [the ~] 〖英〗影の内閣《野党が政権を取ったときの閣僚候補で構成し, 政府批判・次期政権準備などの機能の中心となる》.

shádow diréctor 〖英〗影の取締役《正規の取締役ではないが, その指示・命令に従って会社の取締役たちがつねづね行動している者; 一定の制定法に関連して, 正規の取締役と同じ規制を適用されることがある》.

shádow ecónomy 影の経済, 隠れた経済, 隠し所得経済(=black economy, black market, underground economy)《賭博・売春・麻薬取引から物々交換・内職など税務申告されない合法・非合法的経済活動で, 国民総生産(gross national product, GNP)に貢献しているものの, 実態把握がされていないために政府の発表する国民所得統計には反映されていないもの》.

shádow jùry 影の陪審(員)《みずから陪審員になったかのように審理を見守り, 一方当事者に雇われている陪審コンサルタントに対してみずからの反応を報告すべく雇われている者たち; 弁護士はこれを通して実際の陪審の反応についての情報・予想を得ることになる》.

shady /ʃéidi/ *a* **1** 陰の多い, 陰になった; 日陰の; 薄暗い, ぼんやりした. **2** 秘密の; 疑しい, あやしい, うさんくさい; 明るみに出せない, よからぬ, いかがわしい: a ~ transaction [deal] うしろ暗い取引, 闇取引.

sháke·dòwn *n* **1** *°SHAKEDOWN SEARCH. **2**《(暴力でおどして, 警察官の場合には逮捕するとおどして)金を巻き上げること, ゆすり, たかり, 恐喝(extortion).

shákedown sèarch 拘置室での違法物捜索《武器・麻薬などの違法・禁制品を囚人拘置室で通常は予告も令状もなしで捜索すること; 単に shakedown ともいう》.

shall /ʃ(ə)l, ʃæl, ʃǽl/ *v aux*(現在形 **shall**, 否定 **shall not, shan't** /ʃǽnt, ʃɑ́:nt/, 〖古〗thou **shalt** /ʃ(ə)lt, ʃǽlt, ʃǽlt/; 過去形 **should** /ʃəd, ʃùd, ʃúd/, 否定 **should not, should't** /ʃúdnt/, 〖古〗thou **shouldst** /ʃədst, ʃùdst, ʃúdst/, **should·est** /-əst/) **1**[法律・規則・契約書等の文言の中で may よりも強い意味で現在ないし未来の義務・命令を表わして]…ねばならない, …すべし. **2** …するものとする. **3**《許容的に》…できる, …かもしれない(may).

sham /ʃǽm/ *n* **1** にせもの; ごまかし, でっちあげ(hoax). **2** ほら吹き, 詐欺師; 仮病つかい. **3** *《俗》サツの野郎, デカ(policeman). — *a* にせの, まがいの; ごまかしの, 擬装の; いかさまの. — *v* (-mm-) *vt, vi* (…の)ふりをする, 偽る, そらとぼける.

shám áction 〖米〗擬装訴訟(=sham law suit [litigation], sham petiotioning)《訴えの主たる目的は相手競争企業を妨害するための客観的には根拠のない訴訟; cf. SHAM EXCEPTION》.

shám defénse 虚偽の防御[答弁, 抗弁]

sháme sánction 不名誉制裁[刑]《晒し・引回し・入墨・烙印など有罪決定者に汚名をきせさせ恥辱を与える制裁・刑罰》.

shám excéption 《米》擬装に基づく例外《政府に請願する会社の真の請願意図が, みずから好意的な政府の行動を得ることではなくてむしろその競争相手を害することにある場合には, 合衆国憲法第1修正に基づく保護あるいはそれから導き出されているノーアーペニントンの法理 (Noerr-Pennington doctrine) に基づく反トラスト法 (antitrust law) の適用免除を受けることはないという当該法理の例外; cf. SHAM ACTION》.

shám láwsuit [litigátion] ＝SHAM ACTION.

shám márriage 擬装婚姻《例えば一方の配偶者が国籍を取得する目的のみの婚姻のように, 婚姻の形式的要件はすべて満たしているが, 当事者自身真に婚姻する意思を有していない婚姻; cf. MARRIAGE OF CONVENIENCE》.

shám petítioning 《米》擬装に基づく請願[申し立て]《⇨ SHAM ACTION, SHAM EXCEPTION》.

shám pléa 虚偽訴答《＝SHAM PLEADING》.

shám pléading 虚偽訴答《＝false plea, sham plea》《一見して不十分で, 単にいやがらせや遅延を目的とした訴答; cf. FALSE ANSWER》.

shám prosecútion 《米》擬装訴追《二重主権の法理 (dual sovereignty doctrine) を巧みに利用して被告人の二重の危険 (double jeopardy) 禁止の原則からの保護を回避するために, すでに同一犯罪で訴追した主権 (州あるいは連邦) が外見上は別の主権に基づいて行なう訴追》.

shám transáction 《特に脱税目的での》擬装取引.

shám trúst 《破産 (bankruptcy) や支払い不能 (insolvency) の場合に債権者から財産を守るための》擬装信託.

shang·hai /ʃæŋháɪ/ *vt* 1 麻薬を使って[酔いつぶして, その他違法手段で]船にむりやり連れ込む《水夫にするため》. 2《口》誘拐する, 拉致する. 3《口》だましていやなことをさせる, むりやりいやなことをさせる. [*Shanghai* 上海]

share /ʃéər/ *n* 1 分け前, 割り前, 一部分; 相続分. ▶ DISTRIBUTIVE SHARE (分配分) / ELECTIVE SHARE (選択的相続分) / FORCED SHARE (権利としての相続分) / STATUTORY SHARE (制定法による相続分). 2 市場占有率, シェア (market share). ▶ MARKET SHARE (市場占有率). 3 出し分, 割当, 分担. 4 役割, 参加. 5《会社・共有物などへの》出資;《財産・資本などの》分担所有, 共有持分,《会社の》株, 株式 (stock*); [*pl*]"株式(資本の), "株券 (share certificate). ▶ AMERICAN SHARE (アメリカ株式) / 'A' SHARES (A 株式) / AUTHORIZED SHARES (授権株式) / BEARER SHARE (無記名株式) / BLANK SHARE (白地株式) / BONUS SHARE (無償株, 景品株) / 'B' SHARES (B 株式) / CALLABLE SHARE (償還株式) / CANCELLATION OF SHARES (発行済み株式の消却) / CERTIFICATE OF SHARE (記名株券) / COMPANY LIMITED BY SHARES (株式会社) / CONTROL SHARES (支配株式) / CUMULATIVE PREFERRED [PREFERENCE] SHARE (累積的優先株) / CUMULATIVE SHARE (累積株) / DEFERRED SHARE (劣後株) / DIRTY SHARE (汚染株式) / DISCOUNT SHARE (割引株) / EARNINGS PER SHARE (1株当たりの利益) / FORFEITURE OF SHARE (株式の失権) / FOUNDERS' SHARES (発起人株) / FRACTIONAL SHARE (端数株) / GOLDEN SHARE (黄金の株式保有) / GROWTH SHARES (成長株) / ISSUED SHARE (発行済み株式) / LIEN ON SHARES (株式上のリーエン) / MANAGEMENT SHARES (経営者株) / NONCUMULATIVE (PREFERRED) SHARE (非累積(的優先)株) / NONPAR VALUE SHARE (無額面株式) / NONVOTING SHARE (無議決権株) / ORDINARY SHARE (普通株) / PAR-VALUE SHARE (額面株式) / PREFERENCE [PREFERRED] SHARE (優先株) / PURCHASE OF ITS OWN SHARES (自社株購入) / QUALIFICATION SHARE (資格株) / QUALIFYING SHARE (資格株) / REDEEMABLE SHARE (償還株式) / STOCKS AND SHARES (株式) / SURRENDER OF SHARE (株式の引渡し) / TERM SHARE (住宅金融組合定期預け入れ金) / TIMESHARE (タイムシェアリング) / TRANSFER OF SHARES (株式の譲渡) / TRANSMISSION OF SHARES (株式の移転) / TREASURY SHARE (金庫株) / UNDIVIDED SHARE (IN LAND)((土地の)不分割持分権) / VOTING SHARE (議決権株式). — *vt* 1 分かつ, 共にする,《費用などを》分担する; 分ける, 分割する;《部屋などを》共有[分有]する; 共同で使う. 2 分配する《*between, among*》. — *vi* 分配を受ける; 分担する; 共にする, 参加する.

sháre accòunt 出資金勘定, シェアアカウント (＝SHARE DRAFT ACCOUNT).

sháre and sháre alíke 平等の割合で《資産などの分割の場合の一つの分け方; cf. PER CAPITA》.

sháre càpital" 株式資本《時に単に capital ということもある》. ▶ ALTERATION OF SHARE CAPITAL (株式資本の変更) / ISSUED SHARE CAPITAL (発行済み株式資本).

sháre certìficate" 株券, 記名株券 (stock certificate*) (cf. SHARE WARRANT).

sháre·cròpping *n* 分益小作, シェアクロッピング《地主から土地・耕作道具・種子などを借り, 収穫物の一定割合 (通例 3 分の 1 から 2 分の 1) を地代として納めた小作方式; 南北戦争後の米国南部で解放された奴隷や貧窮白人間に発生し広がった》. **sháre·cròpper** *n* 分益小作人.

sháred cùstody 共同監護(権) (＝JOINT CUSTODY).

sháre dràft 出資金払い戻し指図書, 振替指図書, シェアドラフト《出資金払い戻し指図書勘定 (share draft account) を引当てに振り出される支払い指図書》.

sháre dràft accòunt 出資金払い戻し指図書勘定, シェアドラフト勘定《消費者信用組合 (credit union) の組合員が組合に有している口座で, 第三者に対する出資金払い戻し指図書 (share draft) の使用を通じて引き出すことができるもの; 銀行の小切手勘定 (checking account）と同じような機能を有している；単に share account（出資金勘定）ともいう）．

sháre·hòld·er n 出資者，《特に》株主（＝stockholder）(cf. BONDHOLDER). ► CONTROLLING SHAREHOLDER (支配株主) / DUMMY SHAREHOLDER (名目上の株主) / EQUITY OF SHAREHOLDER (株主持分) / INTERESTED SHAREHOLDER (利害関係株主) / MAJORITY SHAREHOLDER (多数派株主) / MINORITY SHAREHOLDER (少数派株主) / NOMINEE SHAREHOLDER (名義人株主) / REGISTER OF SHAREHOLDERS (株主名簿).

sháreholder contról agrèement 株主会社支配協定（＝POOLING AGREEMENT）．

sháreholder resolútion 株主の決議《取締役会 (board of directors) による特定行為ないしは要求する決議で，原則は年次株主総会 (annual (general) meeting) において議決権を行使しうる出席株式の過半数の賛成で成立》．

sháreholder('s) derívative súit [áction] 株主派生訴訟（⇨ DERIVATIVE ACTION）．

sháreholder's équity 株主持分（＝OWNER'S EQUITY）．

sháreholder's liabílity 株主の責任（＝stockholder's liability）《1》株式について全額払込みをしたにもかかわらず，会社の債務につき株主が負わねばならない付加的ないし二重の，制定法上の義務 2》実際に全額を払込みしていないのに全額払込み済みとして株券発行を受けた株主が負う払込み責任》．

sháreholders' méeting＊株主総会（＝general meeting"，stockholders' meeting＊）．

sháreholders' represéntative áction [súit] 株主代表訴訟（⇨ DERIVATIVE ACTION）．

sháre·hòld·ing n 出資；《特に》株式保有．

share option ⇨ STOCK OPTION．

sháre·òwn·er n SHAREHOLDER．

sháre prèmium 株式のプレミアム《額面株式の発行価額のうち額面額を上まわった額；英国ではこれを株式プレミアム勘定 (share premium account) と呼ばれる特別勘定に入れることになっていて，株式資本 (share capital) に準ずるものとなる；米国では資本剰余金 (capital surplus) の一部となり，配当財源に当てることを認めている州が多い》．

sháre prèmium accóunt 株式プレミアム勘定（⇨ SHARE PREMIUM）．

sháre·pùsh·ing n 証券投資の戸別勧誘；(株の)押し売り．

sháre règister 〖英〗株主名簿（＝REGISTER OF MEMBERS）．

sháres outstánding 社外株(式)（＝OUTSTANDING STOCK）．

sháre split 株式分割（＝STOCK SPLIT）．

sháre tránsfer 1 "株式の譲渡〖移転〗 (transfer of shares). 2 〖英史〗株式譲渡証書（＝stock transfer）《名義書換えのため会社に提出したが，現在では電子化されている；cf. BLANK TRANSFER, STOCK TRANSFER FORM》．

sháre·wàre n 〖電算〗シェアウェア《無料あるいは低価格で体験版から配布されるソフトウェア；気に入って継続使用する場合には規定の料金を払う必要がある》．

sháre wàrrant (to béarer) 無記名株券《その所持人を表示されている一定数の払込み済み株式の権利者とする会社発行の証券で，流通性がある；cf. SHARE CERTIFICATE》．

shar·ing /ʃɛərɪŋ/ n 分かち合うこと，分配(法)，配分(法)．► GAIN-SHARING (生産性向上分賃金割増制) / PROFIT SHARING (利益参加(制)) / REVENUE SHARING (歳入交付(制度)) / TIME-SHARING (タイムシェアリング) / WORKSHARING (ワークシェアリング)．

shárk repèllent＊1 鮫(さめ)よけ，企業買収防止策（＝takeover defense)《企業買収者をサメとみなしたもの；cf. POISON PILL, PORCUPINE PROVISION》．2《会社定款などの》鮫よけ規定．

sharp /ʃɑːrp/ a 1 鋭い，鋭利な；とがった；険しい．2 鋭敏な，敏感な；〈監視など〉油断のない；気のきいた，賢い；抜け目のない，ずるい．3 〈行動が〉活発な，敏活な，迅速な；《債務不履行の場合などに》〈債権者が〉直ちに担保権利行使(など)ができる（⇨ SHARP CLAUSE）．— n《口》狡知のはたらくやつ，詐欺師．

shárp clàuse 懈怠(けたい)(げたい)条項《担保権設定契約などにおいて債務不履行の場合には直ちに担保権者が権利行使をしうる旨を定めている条項；cf. DROP-DEAD PROVISION》．

shárp práctice《特に 弁護士による》抜け目のない[破廉恥な]行動[取引]，《違法ではないが》ずるいやり方，詐欺的行為．　**shárp práctitioner** n

shave /ʃeɪv/ v（~d; ~d, shav·en /ʃéɪv(ə)n/) vt 1 そる，そく．2《価格などを》(少し) 割り引く，下げる，《時間などを》短縮する，削減する；＊《手形を》高利割引で買う，高利で割引する；搾取する．— n《手形などの》高利割引；《俗》買いたたき．

shéep·skìn n 1 羊皮，ヤンピー．2 羊皮紙，羊皮紙の書類；捺印証書《かつて羊皮紙を用いていたことから》．3 ＊《口》[joc]《特に 大学の》卒業証書 (diploma)．

shélf còmpany 棚上げ会社（＝shelf corporation)《特定目的なしで作られた会社で，その存在目的が出てくるまで，すなわち通常は買い手がつくまで，現実には機能しない；買い手にとってのこの会社の利点は，会社を立ち上げる時間の節約，会社の形式的存続期間，信用の得やすさなどがある》．

shélf corporàtion ＝SHELF COMPANY．

shélf ìssue 〖米〗棚上げ証券発行《(shelf registration) はしたが，公募を延期していた棚上げ証券 (shelf security) を発行すること》．

shélf registràtion 〖米〗発行一括登録《証券公募に必要な登録 (registration) を，その時点で公募予定のない証券について将来の公募のために一括して登録を受けておくこと》．

shélf secùrity 〖米〗棚上げ証券《発行一括登録

(shelf registration) はしたが, 将来公募するために棚上げしてある証券).

shéll còmpany =SHELL CORPORATION.

shéll corporàtion ペーパーカンパニー, ダミー会社, 幽霊会社 (=shell company)《資産も営業実体もない名目会社; 別会社のダミーや脱税目的の場合などが多い).

Shelley's Case ⇨ RULE IN SHELLEY'S CASE.

Shélley v. Kráe·mer (1948) /-kréɪmər(-)/《米》シェリー対クレイマー事件 (1948 年)《ある地域の土地を黒人に譲渡しないという土地所有者間の申し合わせに基づき, 土地取得をした黒人に他の所有者が差止めを州裁判所に求めた事件; 合衆国最高裁判所は, この契約自体は合衆国憲法第 14 修正の直接違反ということではないが, その履行を州裁判所が強制することは州の行為 (state action) にあたり, 同修正の定める法の平等保護に違反するとした; ⇨ STATE ACTION).

shel·ter /ʃéltər/ n **1** 避難所, 避難場所, 隠れ場, 雨宿り所, 風よけ, シェルター; 防護するもの, 遮蔽(し^へ)物,《ホームレスの人などの》収容施設. **2** 住みか, 住まい, 家. **3** [S-] シェルター《英国の慈善活動組織; 住むところのない貧窮者向けの宿泊施設の確保のために活動している; 1966 年創設). **4** 保護, 庇護, 擁護, 避難. **5** 節税対策 (tax shelter). ▶ TAX SHELTER (節税対策; 租税回避国[地]).
— vt 保護[庇護]する. — vi 避難する, 隠れる.

shélter dòctrine 庇護[シェルター]の法理《商業証券 (commercial paper) の正当所持人 (holder in due course) が証券を譲渡した相手方およびその後の譲受人はその最初の正当所持人の権利を承継するという原則; この原則が商業証券の流通性を保証していることになる; 譲受人が正当所持人の権利の庇護下に入るという趣旨).

shélter hèaring《米》《子供の》庇護審理 (=detention hearing, probable cause hearing)《児童虐待 (child abuse) や子供の遺棄・放任 (child neglect) の疑いが生じた子供を州が親または監護権者のもとから連れ出した直後に, その子を州が保護し続けるべきか否かを決定する目的でなされる審理).

shélter trùst 課税よけ信託 (=BYPASS TRUST).

shep·ard·ize /ʃépərdaɪz/ vt [ºS-]《米》〈特定の判例や成文法条文の歴史を〉『シェパーズ・サイテーションズ』(Shepard's Citations) で調べる,《一般に同様の方法で》〈判例〉の先例性を調べる. **shèp·ard·izá·tion** n **shép·ard·iz·ing** n

Shépard's Citátions /ʃépərdz-/《米》『シェパーズ・サイテーションズ』《米国の特定判例や成文法条文の歴史の検索書およびその電子媒体で, 最も完備しているもの; McGraw-Hill, Inc. 刊).

sher·iff /ʃérəf/ n **1 a**《英》州長官, シェリフ (=high sheriff)《アングロサクソン時代に起源をもつ地方役人で, 州 (county) ごとに王から任命され, 州の主たる役人; 現在でも議会選挙・令状の執行などを委任されているが, 実務はおおむねシェリフ補佐 (undersheriff) が代行する; また 2003 年法により現在では高等法院 (High Court of Justice) の判決債務 (judgment debt) および土地の占有をめぐる判決の執行は高等法院執行官 (High Court enforcement officer) の職務となっている). **b**《米》郡保安官, 法執行官, シェリフ《郡 (county) 民に選出される郡の最高官吏で, 通例 裁判所の令状の執行権と拘置所 (jail) を管轄する). ▶ BAIL TO THE SHERIFF (出廷保証人) / DEPUTY SHERIFF (シェリフ(臨時)代理) / HIGH SHERIFF (シェリフ) / INQUEST OF SHERIFFS (シェリフ審問) / POCKET SHERIFF (不正選任命シェリフ) / UNDER-SHERIFF (シェリフ補佐). **2**《スコットランド》シェリフ裁判所 (sheriff court) の裁判官. 〔OE scīr-gerēfa (SHIRE, REEVE)〕

shériff('s) còurt《スコットランド》シェリフ裁判所《古くからあるスコットランドの地方にある主たる下位の民刑事裁判所).

Shériff's Còurt (in Lóndon)《英》《ロンドン市》シェリフ裁判所《1867 年法までのロンドン市裁判所 (City of London Court) の古名; 現在は名目だけが残っている).

shériff's dèed シェリフ売却証書《シェリフによる売却 (sheriff's sale) により購入した不動産権が買主に移転する旨を証する執行官であるシェリフからの証書).

shériff's interpléader シェリフによる競合権利者確定手続き《シェリフ (sheriff) が提起する競合権利者確定手続き; ⇨ INTERPLEADER¹; cf. STAKEHOLDER'S INTERPLEADER).

shériff's jùry《史》シェリフ陪審《シェリフ (sheriff) が種々の目的で審問するために召集した陪審の総称).

shériff's rotátion《英史》シェリフ巡回裁判 (=SHERIFF'S TOURN).

shériff's sàle シェリフによる売却 (**1**) 判決に基づく強制執行としての債務者の財産の, 役人による強制売却; execution sale (強制執行売却) ともいう **2**) 1) よりも広義で, 裁判所命令により役人によって行なわれる強制売却; judicial sale (司法上の売却) ともいう).

shériff's tóurn /-túərn/《英史》シェリフ巡回裁判 (=sheriff's rotation)《かつて年 2 回シェリフ (sheriff) が州内のハンドレッド (hundred) を巡回し主宰したハンドレッド裁判所の特別集会で, これがハンドレッド民大会 (great hundred) である; ここでは十人組検査 (view of frankpledge)《これは年 1 回》など地方行政の監査のほか陪審による重大犯罪の告発, 軽い犯罪の処罰もなされた; 16 世紀末までには廃れたが, これを行なう権利が都市・私人の特権として残ったため《これを court leet (リート裁判所) と呼ぶ》, その後も理論的には長く残存した; cf. COURT LEET, GREAT HUNDRED, HUNDRED COURT, VIEW OF FRANKPLEDGE.

Shér·man Àct /ʃɑ́ːrmən-/ [the ~]《米》シャーマン法《1890 年のシャーマン反トラスト法 (Sherman Antitrust Act, 1890) のこと).

Shérman Ántitrust Àct, 1890 [the ~] 1890 年のシャーマン反トラスト法 (=Sherman Act)《1890 年成立の, 米国の独占禁止法中最古かつ最も基本的な連邦制定法; 1914 年制定のクレイトン反トラスト法 (Clay-

Sherman-Sorrells doctrine

ton Antitrust Act) などで補完されている). [John Sherman (d. 1900) Ohio 州選出の上院議員]

Shér·man-Sór·rells dòctrine /-só(:)rəlz, -sár-/《米》シャーマン・ソレルズの法理《刑事被告人が役人(特におとり捜査員)によってそそのかされるまではその犯罪を犯すつもりがなかったという抗弁をなすことは許されるという原則; Sherman v. United States (1958) と Sorrells v. United States (1932) で発展した法理; cf. ENTRAPMENT, HYPOTHETICAL-PERSON DEFENSE》.

shew·er /ʃóuər/ n《英》検証立会人(＝SHOWER).

shield làw《米》1 取材源守秘特権法《ジャーナリストが取材源を明かさない権利を保障する法律; cf. JOURNALIST'S PRIVILEGE》. 2 性犯罪被害者保護法《強姦(rape), 性的暴行 (sexual assault) 事件で, 被害者の過去の性的行状についての証拠の利用を禁止・制限する法律; ⇨ RAPE SHIELD LAW》. ▶ RAPE SHIELD LAW (強姦被害者保護法).

shift·ing a 1〈地位・場所など〉移動する, 移行する, 移転する, 変わる. 2 策を弄する, ごまかしの. — n ごまかし, 言い抜け, 術策, 小細工, 移動, 移行, 移転, 移り変わり, 転移; 取換え, 更replaced, 変化. ▶ INCOME SHIFTING (所得移動).

shifting clàuse (継承財産設定)移転条項《継承財産設定 (settlement) において, 一定条件が発生した場合には, 最初に規定した承継順序系列から第二の承継順序系列に移る旨を定めている条項; cf. SHIFTING USE》.

shifting rìsk《保険》変動危険《仕入れ・販売により種類・数量の変わる在庫品について包括的に保険契約を締結した場合の担保されている危険》.

shifting stóck of mérchandise《仕入れ・販売により》変動する商品の在庫.

shifting the búrden of próof 立証[挙証, 証明]責任の転換 (cf. BURDEN OF PROOF).

shifting trúst 移転信託《特定の不確定事実が発生した場合には, 指定された別の受益者 (beneficiary) に移ることがあらかじめ定められている明示信託 (express trust); cf. CONDITIONAL LIMITATION》.

shifting úse 移転ユース (=secondary use)《土地がBへのユース (use) を付して, しかし一定の不確定事実が発生した場合にはCに移る旨を定めてAに移転した場合のCのユースのように, 先行するユースを消滅させる一定事実の発生から生ずるように設定行為で定められたユース; cf. CONDITIONAL LIMITATION, SHIFTING CLAUSE》.

shift·wòrk n 交替勤務(制), シフト制.

shil·ling /ʃílɪŋ/ n シリング (1) 1971 年まで用いられた英国の通貨単位: =1/20 pound (=twelve pence); 記号 s. 2) (もと)英連邦内の諸国で用いられた通貨単位: 1/20 pound》. 2 1 シリング硬貨.

shingle thèory《米》《証券》看板理論《証券業者はその看板を掲げることより公衆に公正な取引する旨を表示したものとする判例法上の理論; したがって適正な説明をしないこと自体が証券法の詐欺になりうる》.

ship n 船舶, 船. ▶ ARREST OF SHIP (船舶の差押え) / ARRIVED SHIP (着船) / CARTEL SHIP (カーテル船) / FREE SHIP (自由船) / GENERAL SHIP (雑品運送船) / MANAGING OWNER OF SHIP (船舶管理人; 管理船主) / MERCHANT SHIP (商船) / REGISTERED SHIP (登録船) / REGISTER OF SHIPS (船舶登録簿) / SEARCH OF SHIP (船舶捜索権). FLAG a ～. — vt (-pp-) 1 船に積む, 船で送る[輸送する]. 2 出荷[発送]する.

shíp bròker 船舶仲立人, シップブローカー《傭船仲立人, 船舶売買仲立人など船主と買主・傭船者・荷主との間の交渉の仲立を業とする者》.

ship·ment n 1 船積み;《貨物・商品などの》発送, 出荷. ▶ DROP SHIPMENT (生産者直送) / TRAN(S)SHIPMENT (積み替え). 2 船積貨物, 船荷, 積荷, 積荷委託貨物, 輸送貨物, シップメント.

shípment còntract 船積地渡し契約《売主が船積地まで責任を負担する契約; cf. DESTINATION CONTRACT》.

shípped bíll (of láding) 船積船荷証券《特定の船舶に貨物の船積みがなされたことを記載した船荷証券; cf. RECEIVED BILL (OF LADING)》.

shíp·per n 荷送り人《積荷の所有者ではなくその代理として運送契約を締結する者を指す》; 荷主; 船積み人, 船積会社, 積出し人;《広く》運送人. ▶ DROP SHIPPER (直送卸商).

shíp·ping n 1 船舶 (集合的); 船舶トン数. 2 (出荷) 船積み, 出荷, 積送り, 積出し, 輸送, 発送; 海運; 回漕業, 海運業, 運送業. ▶ MERCHANT SHIPPING (海運).

shípping àrticles pl 海員雇用契約書, 船員契約書《船長と海員との間で締結される契約》.

shípping còmpany 海運会社 (shipping line).

shípping dòcuments pl 船積書類, 積荷書類《運送物品についての商用書類の総称で, 送り状・船荷証券・保険証券などからなる; 陸上運送にも用いられる》.

shípping líne 海運会社 (shipping company).

shípping òrder 船積指図書《海上運送人から船長に対し記載貨物の船積みを指示するもの; 海上運送人が荷送り人に交付し, 荷送り人が貨物と共に本船に提出する》.

shíp's húsband 船舶管理人《船舶が共有されている場合の船舶の通常業務一般の代理人; cf. EXERCITOR》.

shíp's pápers pl 船舶書類, 船舶備え付け書類《船舶国籍証書・海員名簿・航海日誌・積荷目録・船荷証券などの必要書類》.

Shipton [Shepton] v. Dogge ⇨ DOIGE'S CASE.

shíp·wreck n 1 難破, 難船《単に wreck ともいう》. 2 難破船(の残骸), 難破物.

shire /ʃáɪər/ (語末では) -ʃɪər, ʃər/ n 1《英地名以外では古》州 (county). ★英国の州名には Devon (shire) のように -shire を略しうるもの, Essex, Kent のように -shire の付かないものもある. ▶ KNIGHT OF THE SHIRE (州の騎

士). **2** [the S-s]〖英〗《Hampshire, Devon から北東に広がる》-shire の付くあるいは以前 -shire の付いた諸州, イングランド中部の諸州. ［OE *scīr* office］

shíre clèrk 〖英史〗州書記《旧来の州裁判所 (county court) 主宰者としてのシェリフ (sheriff) のこと》.

shíre-mòot /-mùːt/, **shíre-mòte** /-mòut/ *n* 〖英史〗州民会《アングロサクソン時代からの最大の地方行政区画である州 (shire) の自由な住民による州統治全般にかかわる民会で, エアルドルマン (ealdorman), のちにシェリフ (sheriff) が主宰した; ノルマン人の征服 (Norman Conquest) 以降一般に州裁判所 (county court) と呼ばれるようになる》.

shíre-rèeve *n* 〖英史〗《シェリフ (sheriff) の前身ないしは古名である》州代官.

shíre tòwn 〖米〗**1** 郡庁所在地 (county seat). **2** (New England で巡回裁判所や陪審つきの裁判など》上位の裁判所が開廷する町.

shock /ʃák/ *n* 衝撃, 打撃, ショック. ▶ MENTAL SHOCK (精神的打撃) / NERVOUS SHOCK (精神的衝撃) / PHYSICAL SHOCK (身体的打撃) / SHORT SHARP SHOCK (短期厳格ショック療法の処分).

shóck incarcerètion ショック療法的拘禁《有罪決定者を通常 3–6 か月間軍隊の施設に拘禁のうえ教練・重労働に従事させること; その課程を無事修了した者は保護観察 (probation) のもとに釈放される; cf. BOOT CAMP, SHOCK PROBATION》.

shóck probàtion ショック療法的保護観察(処分)《有罪決定者を短期間刑務所などに拘禁したのちに保護観察のもとに釈放する処分; cf. SHOCK INCARCERATION, SPLIT SENTENCE》.

shoe *n* **1** 靴, 短靴. **2** [*pl*]《経済的・社会的な》地位; 立場: stand in sb's 〜s …の地位に代わって立つ; …の権利[義務]を引き受ける.

shop /ʃáp/ *n* **1** 〖商店, 小売店, 店 (store*); 専門店;《大きな店の中の》各専門部門. ▶ BEERSHOP (ビール販売店) / BUCKET SHOP (空(ﾞ)取引(店)) / HEAD SHOP (ヘッドショップ) / RETAIL SHOP (小売店) / TRUCK SHOP (トラック・ショップ). **2 a** 仕事場, 作業場: a carpenter's 〜 大工の仕事場 / a barber's 〜 理髪店, 床屋 (barbershop*). **b** 製作[工作]所, 工場 (workshop): an engineering 〜 機械工場 / a repair 〜 修理工場. **c** 事業場, 事業企. ▶ AGENCY SHOP (エイジェンシーショップ) / CHOP-SHOP (解体屋) / CLOSED SHOP (クローズドショップ) / MERIT SHOP (オープンショップ) / OPEN SHOP (オープンショップ) / PAWNSHOP (質店) / PREFERENTIAL NONUNION SHOP (非組合員優先(取扱い)事業所) / PREFERENTIAL (UNION) SHOP (組合員優先(取扱い)事業所) / SWEATSHOP (搾取事業所; 所属の弁護士を酷使する法律事務所) / UNION SHOP (ユニオンショップ).

shóp bòok 営業原簿 《=account book, accounting record, book of account》《通常の取引・営業活動などについての商人その他企業家により継続的に記録保管されている原簿》.

shóp-bòok rùle 営業原簿の準則《営業原簿 (shop book) あるいは会計帳簿 (account book) は, 伝聞証拠排除則 (hearsay rule) の例外として, 営業の通常過程で記入された原本でその保管義務者から提出されたものである限り証拠能力を認めるという原則》.

shóp committèe 事業所委員会《事業所の被用者の不満を解消するための委員会で, 労働組合員から選出される委員で構成される》.

shóp·lìft *vt, vi* 万引きをする.

shóp·lìft·er *n* 万引き《人》.

shóp·lìft·ing *n* 万引 (cf. MAKING OFF WITHOUT PAYMENT).

shóp ríght 被用者発明の雇用者実施権, ショップライト (⇒ SHOP-RIGHT DOCTRINE).

shóp-ríght dòctrine 被用者発明雇用者実施権の法理《被用者の発明が勤務中に雇用者の資金・装置・資材などを用いてなされたものである場合には雇用者が代償なしでその発明を使用する権利を有するが, その権利は排他的なものでなく, また発明者はその発明についての特許権者としての地位はこれを維持できるという原則》.

shóp stéward《個別職場で労働組合を代表する》職場代表, 職場委員 (steward).

shore /ʃɔ́ːr/ *n* **1 a**《一般的に海・河川・湖の》岸, 浜, 磯. **b** 岸 (＝shore land)《厳密には海水の高潮線と低潮線との間の地; また 潮の干満のない場合は通常の高水位線より下の露出部分》. ▶ FORESHORE (前浜) / SEASHORE (海岸). **2** 陸(地), 陸(ﾞ) (land) (opp. *water*); [*pl*] 国, 土地.

shóre lánd 岸, 海岸地, 河岸地, 湖岸地 (＝SHORE).

short *a* **1**《長さ・距離・時間などが》短い, 近い〔opp. *long*〕; 低い; 簡潔な. **2** 品不足の;《商業》空(ﾞ)売りの (cf. LONG). SELL 〜. ─ *n* **1 a** 短いもの. **b** [*pl*] 短期債券. **2** 不足, 欠損; [*pl*] 不足分. **3 a** [*pl*]《商業》空(ﾞ)取引, 空相場. **b** 空売りされたもの[証券, 商品].

shórt bíll 1 短期手形《30 日, 時に 10 日以内に満期となるもの; cf. LONG BILL》. **2**《起訴状・訴答・訴状などの》簡易方式.

shórt cáuse 短時間審理事件《審理時間が短時間で終了すると見込まれる事件; 英国では 4 時間以内》.

shórt cáuse càlendar 〖米〗短時間審理事件表《相手方に通知をした後 10 日目に事実審理が予定されている短時間審理事件 (short cause) の審理事件表 (trial calendar)》.

shórt cáuse lìst 〖英〗短時間審理事件リスト《4 時間以内に審理が終了すると見込まれる事件のリスト》.

shórt committàl 〖英〗刑事法院 (Crown Court) への簡略陪審審理付託 (＝INSTANT COMMITTAL).

shórt delívery 揚げ(荷)不足, 不足荷渡し, 不足引渡し, 引渡不足, ショートデリバリー《海上運送において荷渡された貨物の個数[重量]が送り状など書類記載に不足すること; また一般に物品の引渡しが契約内容上不足していることもいう; 略 s.d., SD》.

shórt-fórm *a*〈契約書などが〉略式の;〈手続きなどが〉

簡易の.

short-form mérger《米》簡易吸収合併《子会社の株の大部分を所有している親会社がその子会社を吸収合併する場合に通常許可される, 通常の吸収合併手続きに比べて手続きが簡略で費用も時間もかからない制定法上の吸収合併》.

shórt·hànd n 速記法; 略式伝達(法), 省略表現(法), 略記(法). — a 速記の, 速記で書いた.

shórthand tỳpist [wrìter] 速記者 (stenographer*).

shórt-hòld ténancy《英》短期借家(権)(⇨ ASSURED SHORTHOLD TENANCY, PROTECTED SHORTHOLD TENANCY). ► ASSURED SHORTHOLD TENANCY (短期保証借家(権)) / PROTECTED SHORTHOLD TENANCY (短期保護借家(権)).

shórt léase《しばしば 6 か月以下の》短期(不動産)賃貸借(契約)[賃借権] (opp. long lease).

shórt nótice 1 短期で不十分な通知. 2《英》短期通知《株主総会の開催通知が法定通知期間よりも短い期間でなされるもの; 年次株主総会 (annual general meeting) の場合出席権者全員の同意を要するなどのきびしい条件が課されている》. 3 短期召喚状 (＝SHORT SUMMONS).

shórt ràte《保険》短期料率 (＝short term)《保険期間が 1 年未満の短期損害保険契約に適用されるもの》.

shórt róbe [the ~] 短衣《軍人の服; cf. LONG ROBE》; [the ~] 軍人《集合的》.

shórt sále* 《株式などの》空(⁂)売り (＝selling short).

shórt sále agàinst the bóx《米》《保有中の証券と》同種の証券の空売り (＝selling against the box)《株価が下がればその下がった値で買って売れば儲かるし, 上がれば手持ちの株を引き渡すことで損を免れることができる; 株を手持ちしていることを秘しておきたい時や手持ち株が簡単には手元に戻せない時などにも行なわれる; しばしば sale against the box と略される》.

shórt shárp shóck《英史》短期厳格ショック療法的処分《青少年の有罪決定者を厳格ショック療法的に短期間青少年拘置所 (detention center) に拘禁するかつての処分方法》.

shórt súmmons《通常の召喚状よりは短期間の猶予しかない》短期召喚状 (＝short notice)《欺瞞的なあるいは居住していない債務者に対して通常は用いられる》.

shórt-swíng a*《金融》《6 か月以内の》短期決済の.

shórt-swìng prófit《米》短期売買差益, 短期利益《1934 年の証券取引法 (Securities Exchange Act) に基づいて登録されている持分証券 (equity security) の発行会社の役員・取締役または主要株主がその会社の持分証券の買付け・売付け後 6 か月以内に逆に売付け・買付けをして得た利益; その利益は会社に返還することが定められている》.

shórt térm 1 短期間. 2《保険》短期料率 (＝SHORT RATE).

shórt-tèrm cápital gáin 短期資本利得, 短期キャピタルゲイン《通常 1 年未満の間保有していた資産の売却その他の処分による利益》; opp. long-term capital gain.

shórt-tèrm débt 短期債務, 短期借入金 (＝current liability)《1 年以内に支払い期限となる債務で, 貸借対照表では流動負債に入る; cf. LONG-TERM DEBT》.

shórt-tèrm lóan《1 年以内の》短期貸付け[ローン, 融資, 貸借].

shórt-tèrm secúrity 短期証券《短期間に, しばしば 1 年以内に満期が到来する証券》.

shórt títle《法律の》略称《他の法律などで正式に引用する際に用いられるある法律の略称; 現代英国では法律に必ず当該法律の略称を定める条項が挿入されている; cf. LONG TITLE》.

shótgun pléading 散弾銃[ショットガン]訴答《通常は漠然とした事実の主張に支えられた, 広範囲の論点をも包み込むような訴答》.

show /ʃóu/ v (~ed /ʃóud/; shown /ʃóun/,《まれ》~ed) vt 1 a 見せる, 示す. b 展示する, 出品する; 公演する. 2 a 案内する, …の供をする. b 説明する, 教える. 3 a 指示する, 表示する: the balance sheet ~s a substantial loss 貸借対照表は大損失であることを示している. b 証明する, 立証する (prove); 申し立てる;《事実として》提示する: I can ~ that the man is innocent [~ the man to be innocent]. 男が潔白だと証明できる. ~ CAUSE. ~ up (vt) …(の正体[欠点])を暴露する, ばらす. (vi)《自然に》あらわれる, 見える, 目立つ;《口》《会合などに》顔を見せる, 出る, 来る,《ある場所に》やって来る, 出頭する, 現われる.

shów-cáuse mòtion 理由開示の申し立て《訴訟当事者を出廷させ, 法的要求に従わぬ理由の説明をさせるよう裁判所に求める申し立て》.

shów-cáuse òrder 理由開示命令, 理由提示命令 (＝order to show cause, rule to show cause)《当事者に出廷して命令あるいは処分がなされるべきでない理由を開示するよう命じる裁判所の命令で, 命令・処分により不利益を受ける相手方に防御の機会を与えるためのもの; 開示が適時になされねば命令・処分は確定的となる; cf. show CAUSE》.

shów-cáuse procéeding 理由開示命令手続き (＝rule to show cause, summary process)《理由開示命令 (show-cause order) に基づく, 通常は略式の手続き》.

show·er /ʃóuər/ n 検証立会人 (＝shewer)《裁判所により陪審の検証が命じられた場合に, 原則として当事者の関係者の中から裁判所が指定する検証の立会人》.

shów·ing n 1 見せること, 表示; 展示, 展覧(会). 2 外観, 体裁, 状況. 3 できばえ, 成績. 4 申し立て, 主張, 立証, 証明: a prima facie ~ 一応の立証.

shów of hánds《賛否を問う》挙手;《挙手による》採決: by a ~ 挙手で / The motion was carried on a ~. 動議は挙手採決で通過した.

shów trìal《主として世論操作や主義・思想宣伝目的

のための)見世物裁判 (cf. POLITICAL TRIAL).

shów・ùp* n 1 《被害者・証人による被疑者一人に対する》面(%)通し (cf. LINEUP). 2《被疑者などの》面通しの列 (=~ line, lineup).

shrínk・age /ʃríŋkɪdʒ/ n 1 縮み, 収縮(量), 縮小(量), 減少(量), 減価(量), 目減り. 2 減耗, 減耗損, 減損, 歩減り《盗難・破損・紛失などによる棚卸資産数量と実際数量との差》.

shrínk-wràp lìcense 収縮包装[シュリンクラップ]開封による使用許諾(書)《コンピューターのソフトウェアの包装収縮フィルムを破って開封することにより, その外面に印刷されているソフトウェアの使用許諾条件遵守を購入者が法的に約束の上で使用することになるようにした使用許諾(書); BOX-TOP LICENSE, TEAR-ME-OPEN LICENSE も同種; cf. POINT-AND-CLICK AGREEMENT》.

shút・dòwn n 一時休業[閉店], 閉鎖;《特に工場の》操業休止; 活動[機能]停止; 運転停止.

shút-ìn róyalty 閉鎖期間使用料《石油・天然ガスの鉱業権リース (mining lease) において, 市場の状況により採掘が行なわれない場合に, リースを継続するために賃借人から賃貸人に対して本来の採掘料 (royalty) に代わるものとして支払われる使用料; この支払いがなく実際に採掘が再開されていないかぎり, 一般的には第一次賃貸借期間 (primary term) 終了時にリースは終了する》.

shý・ster /ʃáɪstər/ n *《口》いかさま師, いんちき弁護士 [政治家など], 三百代言. [? Scheuster 1840 年ごろの New York のいかさま弁護士]

SI《英》statutory instrument 命令 ◆《英》°Statutory Instruments『命令集』.

SIB《英》°Securities and Invenstments Board 証券投資委員会 ◆°survivor-income benefit plan 残存者収益福利制度.

sic /sík, síːk/ adv 原文のまま, ママ《疑わしい[誤った]原文をそのまま引用した際に引用語句のあとに [sic] または (sic) と付記する; 書体はしばしばイタリックで示す》. [L=so, thus]

síck lèave 病気休暇[欠勤]《有給・無給双方の場合に用いる》.

síckness bènefit [°pl]《英史》《社会保障法 (Social Security Act) に基づく》疾病給付(金)《1995 年廃止, 就労不能給付(金) (incapacity benefit) に代わっている》.

síck pày《雇用者が支給する》病気休暇中の手当, 疾病給付金. ▶ STATUTORY SICK PAY (法定疾病給付金).

síc・ut álias /síkət-/《史》再発行令状《最初の令状が執行されなかった場合に発行された令状》. [L=as at another time]

Sic ute・re tuo ut alie・num non lae・das. /sɪk júːtɛrɛ t(j)úːoʊ ət eɪlíːnəm nɑn líːdəs/ 他人の物を害さないように自己の物を使用すべし. [L=Use your own property so as not to injure another's.]

side /sáɪd/ n 1 a 側面, 面. b《左右・南北などの》側, 方, 方面. c《敵方・味方の》方, 側, 党, 派. 2 a《血統の》系, ...方(%),《家族の》系: on the paternal [maternal] ~ 父[母]方で[の]. b《学科目の》系統, 系, 部門. 3《裁判所などの》部門, 事物管轄: equity ~《コモンロー部門 (law side) に対しての》エクイティー部門 / law ~《エクイティー部門 (equity side) に対して》コモンロー部門. ▶ CIVIL SIDE (民事部門) / CROWN SIDE (刑事部門) / ENGLISH SIDE (英語部門) / LATIN SIDE (ラテン語部門) / PLEA SIDE (民事部門). **keep on the right ~ of the law** 法に反しない.

síde・bàr n 1《英史》サイドバー《かつて上位裁判所 (superior court) のあった Westminster Hall にあった仕切りで, そこで開廷期間中は毎朝それぞれの法廷に向かう弁護士が裁判官に手続き上の申し立て (motion) を行ない, 裁判官がサイドバー決定 (sidebar rule) を下していた》. 2 サイドバー, 裁判官席脇《ここでは陪審員に聞かれることなく弁護士と裁判官が協議できる; cf. BAR, BENCH, DOCK, JURY BOY, STAND》. 3 サイドバー協議, 裁判官席脇協議 (=SIDEBAR CONFERENCE). 4 側面的評言 (=SIDEBAR COMMENT). 5《主なニュースの》補足情報, 付随[関連]記事;《印刷体裁を変えた》補足[添えもの]記事欄. — a 副次的な, 補助的な.

sidebar còmment 側面的評言 (=sidebar remark)《事実審理あるいは証言録取中における弁護士・証人による不必要な, しばしば議論のためだけの評言; 単に sidebar ともいう》.

sidebar cònference サイドバー協議, 裁判官席脇協議 (**1**) 通常は証拠についての異議をめぐっての裁判官と弁護士たちによる, 陪審のいない場所である裁判官席での協議 (bench conference) **2**) 特に予備尋問 (voir dire) 手続き中の裁判官と陪審員ないしは陪審員予定者との協議》. ★ 単に sidebar ともいう.

sidebar remàrk 側面的評言 (=SIDEBAR COMMENT).

sidebar rùle《英史》サイドバー決定《Westminster Hall のサイドバー (sidebar) で弁護士が正規の形ではなく裁判官に申し立て, 裁判官によって下された手続き上の決定》.

síde jùdge《古》《2 人の裁判官のうち》下位の裁判官.

síde repòrts pl 1 非公式判例集. 2 公式判例集未掲載判例集.

sight /sáɪt/ n 1 視力; 見ること, 一覧. ▶ BILL OF SIGHT (輸入品点検申請書). 2 見地, 見解; 視野. 3 眺め, 光景;観光地. **after ~** 一覧後《手形面に at ... days after ~ pay ...のように記され, 一覧後[手形呈示後]記載期間経過の支払日を示す; 略 A/S, A/s》. **at ~** 提示のありしだい, 一覧で, 一覧払い(で)[の]《A/S, A/s》: a bill payable at ~ 一覧払いを替手形. **~ unseen** 現物を見ないで《買う》(cf. UNSIGHT). **— a**《手形などの》一覧払いの: SIGHT DRAFT.

síght bìll =SIGHT DRAFT.

síght dràft 一覧払い為替手形 (=demand draft, sight bill).

síght strìke 外観(陪審員)忌避《外観のみに基づいて

陪審員候補者(veniremember)を陪審員候補者名簿から削除すること; cf. PEREMPTORY CHALLENGE).

sign /sáin/ *vt* **1** 署名する,〈名を〉サインする; …に署名調印する; 署名して認証する: ~ one's name *to* a check 小切手に署名する / SIGNED, SEALED, AND DELIVERED. **2** 署名して譲り渡す[処分する], 〈証書を作成して〉譲渡する〈*away*, *off*〉. — *vi* **1** 署名する, 署名調印する〈*to*〉. **2** 契約する; 認証する. **sign·er** *n* 〖OF<L *signum* mark, token〗

sig·nal /sígnl/ *n* **1** 信号, 合図; 送信[合図]の手段《旗・信号など》. ▶ DISTRESS SIGNAL (遭難信号) / IGNORING TRAFFIC SIGNALS (交通標識無視). **2** しるし. **3**《特に 法源・典拠を示す場合に当該命題とその法源・典拠との関係を示す》略語・記号などによる表現法《例えば see を用いる場合は当該法源がその命題を直接的に述べているないしは支持していることを示し, cf. は類似していることを支持しているがわずかながら異なっていることを示すなど》.

sig·na·to·ry /sígnətɔ̀ːri; -t(ə)ri/ *a* 締約[加入]調印した: the ~ powers *to* a treaty 条約締結[加入]国. — *n* **1** 署名者, 調印者. ▶ COSIGNATORY (連署人). **2** 締約国. 〖L=of sealing; ⇨ SIGN〗

sig·na·ture /sígnətʃər/ *n* 署名(すること), サイン: OPEN FOR SIGNATURE. ▶ COUNTERSIGNATURE (副署) / DIGITAL SIGNATURE (デジタル署名) / ELECTRONIC SIGNATURE (電子署名) / FACSIMILE SIGNATURE (複写署名; ファクシミリ通信文書への署名) / PRIVATE SIGNATURE (単独署名) / PROXY SIGNATURE (代理署名) / UNAUTHORIZED SIGNATURE (権限なしの署名).

sígnature càrd 署名カード《金融機関が顧客の同一性を確認するために保持している顧客の署名その他本人確認のための情報のカード》.

sígnature crìme 固有特徴犯罪《前にあった犯罪と類型・手口などその特徴がきわめて類似しているので, 特定の被告人が犯人であると識別しうる犯罪》.

sígnature èvidence 固有特徴証拠《特定の人の過去の悪行のきわめて特徴的な証拠; この種の証拠は一般的に許容されないが, 双方の犯罪の計画・手口などが同一で, 双方とも被告人の犯したものと間違いなく識別できるほどである場合などには例外的に証拠能力を有する》.

sígnature lòan 信用貸し, 無担保貸付け[ローン]《債務者の約束ないし署名だけでの貸付け》.

sígnature of trèaty《条約文の確定ないしはそれへの拘束に同意する国家の明示的意思を示す》**条約署名**.

sígnature of wìll 遺言書への署名《遺言書を有効なものとするのに必要な本人(あるいは代理人)および証人の署名; cf. EXECUTION OF WILL》.

sígned, séaled, and delívered 署名捺印のうえ(相手方へ)交付済み, 署名・捺印・交付済み.

sig·net /sígnət/ *n* **1** 印形(いんぎょう), 印; (指輪などに彫った)認印. **2**《英史》御璽(ぎょじ) (=privy signet)《国璽 (Great Seal), 王璽 (privy seal) に次ぐ国王[女王]の印璽で, 後の国務大臣 (Secretary of State) に当たる国王の秘書 (secretary) が保管》. **3**《スコットランド史》御璽《スコットランド控訴院 (Court of Session) における民事事件の召喚状を認証するのに用いられた印璽》. ▶ WRITER TO THE SIGNET (事務弁護士). — *vt* …に印をおす. 〖OF or L (dim)〈SIGN〗

significant relátionship [cóntact]《米・国際私法》**有意義な関係**, 実質的関係 (=CENTER OF GRAVITY).

significant relátionship [cóntact] thèory《米・国際私法》**有意義な関係の理論** (=CENTER-OF-GRAVITY DOCTRINE).

sígn mánual (*pl* **signs mánual**) 自署,《特に 国王の》親署; 独特の署名.

si·lence /sáiləns/ *n* **1** 沈黙, 無言; 沈黙を守ること, 秘密厳守, 口止め, 箝口(かんこう)〈*on*〉; 黙秘. ▶ ADMISSION BY SILENCE (沈黙による自白) / ESTOPPEL BY SILENCE (沈黙による禁反言) / RIGHT OF SILENCE (黙秘権). **2** 静粛; 静寂.

silent *a* **1** 静かな. **2 a** 黙っている, 無言の; 暗黙の〈同意〉. **b** 沈黙を守る; 黙秘の; 記載がない, 黙秘した; 音信不通の. **c** 不活動の, 休止している. **3** 表立たない, 隠れた.

sílent pártner" 無言組合員 (=dormant partner)《出資し利益の配分は受けるが, 表面に現われず運営にも積極的に参加しない組合員》.

sílent récord 無記載記録《当該記録上刑事被告人が進んであるいは自発的に答弁したあるいは弁護人の援助を受ける権利を放棄したといった, 被告人保護のための権利にかかわる行動を任意で行なったということが示されていない記録》.

sílent wítness thèory 無言証人の理論《写真のような証拠で, その証拠が変更されていないことを含めて証拠提出過程の信頼性を十分に示すことができれば, その真正性についての証人を必要としないという証拠の真正性証明・証拠能力に関する原則》.

silk /sílk/ *n* **1** 絹; 絹の衣服. **2**"《勅選弁護士 (King's [Queen's] Counsel) の着用する》絹のガウン, 絹法服 (silk gown): wear the ~ 勅選弁護士である. **3**"勅選弁護士, 絹法服 (King's [Queen's] Counsel). **take** ~ 勅選弁護士になる.

sílk góun" **1** 絹法服《勅選弁護士 (King's [Queen's] Counsel) のガウン》: wear the ~ 勅選弁護士である. **2** 勅選弁護士 (cf. STUFF GOWN).

sílver certíficate《米史》銀証券《1878-1963年の間 米国財務省発行の銀兌換紙幣》.

sílver párachute 銀の落下傘, 銀色のパラシュート, シルバーパラシュート (=TIN PARACHUTE).

sílver plátter dòctrine《米史》銀盆の法理《不合理な捜索・逮捕・押収を禁止している合衆国憲法第4修正に反し州の警察が違法に得た証拠であっても, 連邦の役人がその捜索・押収に参加あるいはそれを要請したものでない限り, 連邦の裁判所で証拠として許容されるという原則; 1960年に合衆国裁判所はこの法理を廃棄した》.

similar-fáct èvidence" 類似事実の証拠《当事者(特に 刑事被告人)が, 現在その者が犯したとして裁判

されているような悪事に類似したやり方で過去にも悪事をはたらいたことがあるという証拠；しばしば過去の有罪決定 (previous convictions) の形をとる；訴追側は，陪審に付託された争点との関連が示されないかぎり一般には，この証拠を提出できない；現在英国では 2003 年法がこの証拠の許容性につき定めている》．

símilar háppenings *pl* 類似のできごと《争われている事件の時とは異なった時に発生した類似のできごと；それゆえ例えば問題となっている日の状況といったようなかなり恒常的な関連情報を提供するものを除き，通常は証拠能力をもたない事実》．

sim·i·lar·i·ty /sìməlǽrəti/ *n* 類似(性)⟨*to*⟩；類似点《 » 特に知的財産権 (intellectual property) 侵害に関して問題となる》：substantial 〜《著作物間の》の実質的一致．

si·mil·i·ter /səmílətər/ *adv* 同様に．— *n* 争点承認《コモンローの訴答手続きにおいて，訴答を交換し合い争点決定がなされた時に，原告がその問題を陪審審理に付すよう懇請するが，その後に被告側も「同様である」旨を訴答して終了したことから，この意味で用いられるようになった》．[L=similarly]

si·mo·ny /sáiməni, *sím-/ *n* **1** 聖物・聖職・教会特権売買，沽聖(͜こしょう)．**2**《史》聖職売買(罪)；不正聖職禄推挙．[OF<L；サマリアの魔術師 *Simon* Magus /méigəs/ が聖霊を与える力を買い取ろうとした故事から (*Acts* 8 : 18)]

sim·ple /símp(ə)l/ *a* (-pler; -plest) **1** 簡単な，単純な；簡素な，飾りのない；純然たる，全くの；純粋な；ごく普通の．**2** 純真な，無邪気な；だまされやすい，お人好しの；つまらない，取るにたらない；《素姓・身分などが》卑しい，低い．**3 a**《犯罪が》加重されていない，単純な (cf. AGGRAVATED)：SIMPLE LARCENY．**b**《不動産が》限嗣封土権設定がなされておらず法定相続可能な，相続について制限のない，絶対的な (cf. TAIL)：FEE SIMPLE．**c**《契約が》無方式の，捺印証書によらない，口頭による：SIMPLE CONTRACT．

sím·ply *adv*

símple agréement 単純合意《有効なものとして効力を有するのに当事者が合意したこと以外に一切の方式を必要としない合意；cf. SIMPLE CONTRACT》．

símple assáult 単純暴行(罪) (assault) (cf. AGGRAVATED ASSAULT)．

símple áverage《海上保険》単独海損 (=PARTICULAR AVERAGE)．

símple báttery 単純暴行(罪) (⇨ ASSAULT, BATTERY) (cf. AGGRAVATED BATTERY)．

símple bónd 無条件捺印金銭債務証書 (**1**) 記載債権者に一定の日あるいは請求のあり次第一定額を支払うという捺印金銭債務証書 **2**) 違約罰などの条件付きでない捺印金銭債務証書)．

símple chárter 単純傭船(契約)《傭船契約 (charter) の通常の方式で，船主が占有・支配を有し傭船者 (charterer) の主たる権利は船荷の積み込みと寄航港の選択に限られるもの；これに対し占有・支配の移転があり，いわば船舶の貸切りのような方式での傭船契約を bareboat charter (裸傭船(契約)) あるいは demise (charter) (船舶賃貸借) という；cf. BAREBOAT CHARTER, DEMISE (CHARTER)》．

símple cóntract 単純契約《口頭契約などの，捺印証書によらない契約；⇨ PAROL CONTRACT》．

símple ínterest 単利 (cf. COMPOUND INTEREST)．

símple kídnapping 単純誘拐(罪)《加重要因のない誘拐(罪)；cf. AGGRAVATED KIDNAPPING》．

símple lárceny 単純窃盗(罪)《暴力を伴わない動産の窃盗のように加重要因のない窃盗(罪)；⇨ LARCENY；cf. AGGRAVATED LARCENY, MIXED LARCENY》．

símple lóss páyable cláuse《保険》単純保険金受取人条項 (=OPEN MORTGAGE CLAUSE)．

símple mórtgage cláuse《保険》単純譲渡抵当権《モーゲージ》条項 (=OPEN MORTGAGE CLAUSE)．

símple négligence 単純過失 (**1**) INADVERTENT NEGLIGENCE **2**) NEGLIGENCE)．

símple obligátion 無条件債務《条件付きでない債務》．

símple resolútion《米議会》議院決議《一議院のみが，その意見表明のためないしは当該院の内部事項に関して行なう決議；法的効力はもたない》．

símple róbbery 単純強盗(罪) (cf. AGGRAVATED ROBBERY)．

símple trúst 単純信託 (**1**) 受動信託 (PASSIVE TRUST) のこと **2**) 指示信託 (mandatory trust) のこと；» cf. COMPLEX TRUST)．

Sim·plex com·men·da·ti·o non ob·li·gat. /símpleks kàmendéiʃiou nan ábligæt/ 単なる推薦は義務を負わせない．[L=A simple commendation does not bind.]

símplex díctum 単なる言明《証明されていない，あるいは独断的な陳述》．

sim·pli·ci·ter /simplísətər/ *adv* **1** 絶対的に，無条件に，無制限に，全面的に，全然，全く；それ自体で (per se)．**2** 単純に，略式に (simply)．[L]

sím·pli·fied employée pénsion /símpləfaid-/ 簡易被用者年金《雇用者拠出か給与天引きの基金のもと，他の制度よりも雇用者の事務負担を減じ，かつ随時雇用者の拠出金減額，被用者の受け出し可能にしている年金制度；略 SEP》．

símplified plánning zòne《英》簡易計画地域《不動産開発の計画許可 (planning permission) を無条件あるいは制度内で定められうる条件の下で認める制度の対象地域；略 SPZ；cf. ENTERPRIZE ZONE》．

Símpson-Ro·dí·no Àct /-roudí:nou-/ [the ~]《米》シンプソン-ロディノ法 (=IMMIGRATION REFORM AND CONTROL ACT)．

sim·u·late /símjəlèit/ *vt* まねる，仮装する；…のふりをする；擬態する．

sím·u·làt·ed *a* まねた，似せた，擬態の，模造の；《行為・感情などを》らしく見せた，偽りの，虚偽の，仮装の．

símulated cóntract 〖大陸法〗仮装[通謀虚偽]契約 (=simulation).

símulated fáct 捏造事実, 嘘.

símulated sále 《差押えを免れる目的などのための》仮装売却.

sim·u·la·tion /sìmjəléɪʃ(ə)n/ *n* **1** 見せかけ, 偽装. **2**〖大陸法〗偽装行為, 虚偽表示. **3**〖大陸法〗仮装契約 (simulated contract) (cf. DISGUISED DONATION).

si·mul cum /sáɪməl kəm/ …とともに, …と同時に. [L=together with]

simultáneous déath 同時死亡《複数の人が同一の事故・災害などで同時に死亡すること; 特に相続などで複雑な問題が生じうる; ⇨ COMMORIENTES》.

simultáneous-déath àct 同時死亡法 (⇨ COMMORIENTES) (cf. Uniform Simultaneous Death Act).

simultáneous-déath clàuse 同時死亡条項《遺言の中の一条項で, 遺言者と受益者が同時死亡 (simultaneous death) の場合には, 遺言者が受益者よりもあとから死亡したと推定するという趣旨のもの; ただし, 受益者が配偶者の場合はその配偶者の方が逆に生存していたと推定するという明示的除外規定もしばしば付されることがある》.

simultáneous perfórmance 《互いの債務の》同時履行 (cf. CONCURRENT CONDITION).

sin *n* **1**《宗教上・道徳上の》罪, 罪業. **2**《礼儀作法に対する》あやまち, 過失, 違反〈against〉.

si·ne /sáɪni, sínеɪ/ *prep* …なしに, …なく (without). [L]

si·ne an·i·mo re·ver·ten·di /sáɪni ǽnəmoʊ rìːvərténdaɪ/ 帰還する意思なしに. [L=without the intention of returning]

si·ne con·si·de·ra·ti·o·ne cu·ri·ae /sáɪni kənsìdəreìʃióʊni kjúəriàɪ/ 裁判所の判断に委ねることなく, 裁判所の判断[判決]によらないで. [L=without the judgment of the court]

si·ne·cure /sáɪnɪkjùər, sínɪ-/ *n*《待遇のよい》閑職, 名誉職;《教会》聖務を伴わない聖職禄.

si·ne die /sáɪni dáɪi, -dáɪ, sínеɪ díːeɪ/ *adv*, *a* 無期限に[の],《審理[会議]再開の》予定日なしで[の], 終局的に[な]《略 s.d.; cf. GO HENCE WITHOUT DAY》. ▶ ADJOURNMENT SINE DIE (無期延期) / EAT (INDE) SINE DIE (即日放免; 請求棄却). [L=without day]

si·ne mas·cu·la pro·le /sáɪni mǽskjələ próʊli/ *adv*, *a* 男子子孫なしで[の]《略 s.m.p.》. [L=without male issue]

si·ne pro·le /sáɪni próʊli/ *adv*, *a* 子孫なしで[の]《死ぬ》《略 s.p.》. [L=without issue]

síne próle le·gí·ti·ma /-liʤítɪmə/ 嫡出の子孫なしで[の]《略 s.p.l.》. [L=without legitimate issue]

síne próle máscula =SINE MASCULA PROLE《略 s.p.m.》.

si·ne qua non /sáɪni kweɪ nán, sínеɪ kwɑː/ *noun*/ *n* ぜひ必要なもの, 不可欠なもの[条件], 必須条件. ━ *a* 絶対に必要な: CAUSA SINE QUA NON. [L=without which not]

single-àct státute 単一行為法 (=LONG-ARM STATUTE).

single administrative dòcument 単一行政文書《欧州連合 (EU) 内に輸入される場合に, それまで必要とされていた多くの書類に代わって用いられるようになった, EU 内の国への輸入であることを宣言している行政文書; 略 SAD》.

single adúltery 一方姦通《姦通者の一方のみが既婚者である場合の姦通; cf. DOUBLE ADULTERY》.

single bíll 単純債務証書 (=BILL SINGLE) (cf. SINGLE BOND).

single bónd 単純捺印金銭債務証書 (=BILL OBLIGATORY) (cf. BILL SINGLE, DOUBLE BOND).

single chámber 《議会の》一院制 (cf. BICAMERAL, UNICAMERAL).

single créditor 単一引当て財産債権者《複数の引当て資産を有している債務者の一つの資産のみを引当てとしている債権者; これに対して 2 つの資産を引当てとしている債権者を double creditor (二重引当て財産債権者) という》.

single-dàte-of-remóval dòctrine 〖米〗移送のための単一期限の法理《民事訴訟の原告が州裁判所を選択し訴訟提起した場合, 当該州裁判所所在地の連邦地方裁判所に移送 (removal) する選択権が被告に与えられているが, その移送のための申し立ての期限は被告が州裁判所への訴状送達を受理した後 30 日であり, 複数の被告がいる場合には一番早くに送達を受けた被告の送達受理日から起算するという原則; ⇨ NOTICE OF REMOVAL》.

single-dwélling restríction 一家族用一戸建て住宅制限《土地譲渡・賃貸契約内に含まれる約款上の制限で, その土地にはアパートなどの複数家族用の住宅を建築せず一家族用の一戸建て住宅のみの建築に限るというもの》.

single éntry 〖簿記〗単式簿記, 単式記入法 (=**single-éntry bóokkeeping**) (cf. DOUBLE ENTRY).

Single Európean Àct [the ~] 単一欧州[ヨーロッパ]議定書《欧州共同体 (EC) 設立を規定したローマ条約 (1957) を大きく改正した条約 (86 年署名, 87 年発効); 欧州理事会 (European Council) を正式認知し, 欧州共同体閣僚理事会 (Council of Ministers of the European Communities) の決定を迅速化する制度を導入し, また 1992 年末までに EC 市場統合を完成して, 単一市場 '国境なき欧州' を実現しようとした; 略 SEA》.

single-júror instrùction 一人の陪審員《の反対意見》に関する説示《原告の証拠に陪審員の一人でも合理的疑問をもつ者がいる場合は, 陪審全体が原告有利の評決を出すべきではない旨の, 裁判官による陪審への説示》.

síngle-lárceny dòctrine 単一窃盗罪の法理《同じ時・場所での一人の人あるいは異なった人の所有物の窃盗が、例えば連続行為であったとか、その財物の管理が同時的であった場合などにみられるようにその窃盗行為が一つ犯意でなされたとみなされる場合には、単一の窃盗罪を構成するという原則》.

Síngle Márket 単一市場《単一欧州議定書 (Single European Act) に規定されている欧州共同体・欧州連合内通商の基礎である人・物・資本・サービスの完全自由移動を含む単一の市場》.

síngle-mémber còmpany〘英〙一人会社《社員一人の私会社 (private company)》.

síngle obligátion 単純債務《不履行の場合の違約罰について定めのない債務》.

síngle oríginal 原本.

síngle prémium (lífe) insúrance 一時払い生命保険.

síngle publicátion rùle 1 出版単一訴訟の準則《出版社に対するその出版物に関わる文書誹毀 (libel) 訴訟においては、発行部数・流通場所数にかかわらず1 出版全体につき一つの訴えしか認められないという法理》.

síngle transférable vóte 単記委譲投票《有権者が全候補者リストに好ましい順に順位をつけ、獲得票が規定数に達した候補者から当選とし、規定数を上回るその票および最下位者に投じられた票は、選挙順位に応じて再配分され、全議席確定までこれが繰り返えされる投票方式;北アイルランドの地方選挙で用いられている; 略 STV》.

síngle-únion agrèement 単一組合協約《団体交渉 (collective bargaining) のためには一企業単一組合とする労使間の協約; 労働者個人がこの組合以外の組合に所属することあるいは全く所属しないことまでは制限しないが、団体交渉はこの組合のみと行なわれる》.

sin·gu·lar /síŋɡjələr/ *a* **1** まれな、珍しい、異常な; 非凡な; 風変わりな、奇異な; 無二の. **2** 個別の、単一の、単独の. **3** 各別の、各自の、別々の. ALL **and singular**.

síngular títle 単独権原《唯一の承継者として財産権を取得しうる権原》.

sínking fùnd 減債基金, 償還基金, 負債償却積立金《長期債務償還のために積み立てられる基金; 略 SF》.

sínking-fùnd debénture《社債発行会社が社債償還のための減債基金 (sinking fund) 留保を社債発行条件として定めている》減債基金付き社債.

sín tàx *《口》*'罪悪' 税《酒・タバコ・賭博などの税; cf. LUXURY TAX》.

SIPA /síːpɑː/〘米〙°Securities Investor Protection Act 証券投資者保護法.

Si qui·d(em) in no·mi·ne, cog·no·mi·ne, prae·no·mi·ne(, ag·no·mi·ne) le·ga·ta·rii tes·tat·or er·ra·ve·rit, cum de per·so·na con·stat, ni·hi·lo·mi·nus va·let le·ga·tum. /saɪ kwíd(ɛm) ɪn nóʊmɪnɛ kɑɡnóʊmɪnɛ prinóʊmɪnɛ (æɡnóʊmɪnɛ) liːɡeɪtéɪriaɪ tɛstéɪtɔːr ɛrǽvɛrɪt kəm dɛ pɛrsóʊnə kánstæt nɪhɪləmáɪnəs vǽlɛt liɡéɪtəm/ もし遺言者が受遺者の氏名、家族名、個人名、(添え名) を誤ったとしても、その人につき確定しているのであれば、遺贈は有効である. [L = If a testator has erred in the name, cognomen, (or) praenomen(, or agnomen) of the legatee, when there is certainty about the person, the legacy is nonetheless valid.]

Si quid uni·ver·si·ta·ti de·be·tur, sin·gu·lis non de·be·tur, nec quod de·bet uni·ver·si·tas sin·gu·li de·bent. /saɪ kwɪd júːnɪvɛrsɪteɪti dɛbíːtər síŋɡjʊlɪs nɑn dɛbíːtər nɛk kwɑd débɛt juːnɪvɛrsɪtɛɪs síŋɡjʊlaɪ débɛnt/ もし組織総体[法人]に対して債権があったとしても、それは(構成員)各個人に対してではない. また組織総体[法人]が債務を負っているものも(構成員)各個人は責任を負わない. [L = If anything is owed to a corporation, it is not owed to the individual member nor do the individual member owe what the corporation owes.]

Si quis unum per·cus·se·rit cum ali·um per·cu·te·re vel·let, in fe·lo·nia te·ne·tur. /saɪ kwɪs júːnəm pɛrkʌ́sɛrɪt kəm ǽliəm pɛrkúːtɛrɛ vɛ́lɛt ɪn fɛlóʊniə tɛníːtər/ もしある者が人を殺そうとして別人を殺した場合には、重罪とみなされる. [L = If a person kills one when he/she meant to kill another, he/she is held for felony.]

sir /sə́ːr/ *n* **1 a** あなた、先生、閣下、だんな《男子に対する敬称》. **b** [目下に意見するとき] おい、こら. **c** *《口》* [性別に関係なく肯定・否定を強めて]: Yes, ~. そうですとも / No, ~. 違いますよ. **d** 拝啓《手紙の書き出し; cf. MADAM》: Dear S~s 各位, 御中《米国では代わりに Gentlemen を用いる》. **2** [S-] サー《英国で準男爵 (baronet) または勲爵士 (knight) の人に姓名と併用; ただし日常の呼びかけには名に付け、姓のみには付けない》. **3**〘敬称〙 **a** 《古》[職業・地位などに付ける]: S~ knight 騎士殿. **b** [°S-] [職業などに付ける]: ~ critic 批評家氏. **4** 貴紳.

síster corporàtion 姉妹会社.

sit /sít/ *v* (sat /sǽt/; sat; sit·ting) *vi* **1 a** すわる; 腰をかける、着席する. **b**〘《試験などを》受ける、〘ある資格のために》受験する〘*for*》. **c** 看護する、…の世話をする. **2**《裁判官・聖職者などの公的な》地位を占める、地位に就く;《委員会・議会などの》一員である《*in, on*》: ~ *on* a committee 委員である / ~ *in* Congress [Parliament] 議会議員である / ~ *for* Ohio [a constituency]《議会で》オハイオ州[選挙区]を代表する. **3**《議会・裁判所が》開会[開廷]する、議事[審理]を行なう: The court ~s next month. 開廷は来月.

sít-dòwn (stríke) すわり込みスト(ライキ), 職場占拠.

síte plàn /sáɪt-/ 用地計画.

síte vàlue 更地価格 ★英国では建物付き土地の強制収用の補償費用は、良好な管理のあるいは自己使用している建物等の場合を除き建物の価格ではなく更地価格によるという原則がある.

sít·in *n*《人種差別・大学運営などに対する抗議としての》すわり込み, シットイン; すわり込みストライキ (sit-down (strike)).

sít·ting *n* **1** 着席; 列席. **2** 席について[仕事をして]いる時間. **3** 開会, 開廷;《議会》開期 (session), 開廷期間. ▶ GUILDHALL SITTINGS (ロンドン法廷) / IN [EN] BANC SITTING (大法廷); 上位裁判所裁判官全員会議) / IN CAMERA SITTING (裁判官室での開廷) / POST-TERMINAL SITTING (開廷期後の開廷) / RESITTING (再開) / VACATION SITTING (休廷期間中の開廷). ★ 英国の議会は通常午後2時半 (金曜日は午前11時) に始まり, 真夜中まで続く. 時には重要事項の検討の際, または議論の必要な時には夜通し行なわれることもある. 英国の法律年 (legal year) には4つの開廷期間がある (⇒ SIT-TINGS). — *a* 在職中の, 現職の.

sítting en bánc = IN BANC SITTING.
sítting in bánc [in bánk] = IN BANC SITTING.
sítting in cámera = IN CAMERA SITTING.
sítting of cóurt 開廷(期間).
sít·tings *n pl*《英》(裁判所)開廷期間 (=law sittings)《一年のうち裁判所が開廷する期間で年4回ある; 1875年までは (law) term (裁判所開廷期間) と呼ばれていたが, 1873年法で sittings に改められた; 年4回であることは変わらず, HILARY SITTINGS (ヒラリー開廷期間), EASTER SITTINGS (イースター開廷期間), TRINITY SITTINGS (トリニティー開廷期間), MICHAELMAS SITTINGS (ミクルマス開廷期間) の4期である; ⇒ LAW TERM). ▶ LAW SITTINGS (裁判所開廷期間) / LONDON SITTINGS (ロンドン法廷).

sit·u·ate /síʧueɪt/ *vt* [ᵁ*pass*] …に位置を与える, …の位置を定める.

sít·u·àt·ed *a* **1** 位置している, ある, 敷地が…の. **2** …の立場[状態, 境遇]にある.

situátional offénder 状況規定的犯罪者, その場のでき心からの犯罪者《将来再犯のおそれのない初犯者で, その場の状況でたき心から犯したと思われる犯罪者》.

si·tus /sáɪtəs, síː-, -tùs/ *n* (*pl* ~) **1** 位置, 場所. **2** 所在地《裁判管轄・準拠法・課税法などの決定基準となる場所; cf. LOCUS》. ▶ LEX SITUS (所在地法). [L=site]

Six Articles ⇒ ACT OF SIX ARTICLES.

Síx Clérks *pl*《英史》六書記《大法官府 (Chancery) の古くからの役人で, 大法官府主事 (Master in Chancery) の補佐役; この下に六十書記 (Sixty Clerks) が所属していた; 大法官府裁判所 (Court of Chancery) と事務弁護士 (solicitor) の媒介機関であったが, 1842年法で廃止され, その任務は大法官府裁判所書記 (Clerk of Records and Writs) などに移った》.

Síxteenth Améndment [the ~]《米》合衆国憲法第16修正《連邦議会の所得税の賦課徴収権を定めた条項; 1913年成立; cf. TAXING POWER》.

Síxth Améndment [the ~]《米》合衆国憲法第6修正《刑事裁判での公平な陪審による迅速公開の裁判, 事件の性質と理由の告知, 自己に不利な証人との対質, 自己に有利な証人の喚問, 弁護士の援助を受ける権利を保障した条項; 1791年に権利章典 (Bill of Rights) の一部として成立》.

Síxty Clérks *pl*《英史》六十書記《大法官府 (Chancery) の古くからの役人で, 大法官府主事 (Master in Chancery) の補佐役である六書記 (Six Clerks) のさらに下に位する補佐の書記; のちに, そのうちの一部の者が大法官府宣誓書記 (sworn clerks in Chancery) と呼ばれた》.

síxty-dáy nótice《米》六十日前通告《労働協約の終了または改訂を望む当事者による協約期間満了の事前通知》.

s.j. °sub judice 審理中(で).

SJC《米》°supreme judicial court 州最高裁判所.

S.J.D°Doctor of Juristic [Juridical] Science 法学博士. [L = Scientae Juridicae Doctor]

skél·e·tal legislátion /skéləṭl-/ 骨格立法 (= barebones legislation, skeleton legislation)《正確・明確な準則を定めずただ大雑把な目的と基準だけを定めている基礎段階の立法; 通例は立法機関以外の機関で詳細化されることを予想している》.

skél·e·ton àrgument /skélət(ə)n-/《英》骨格弁論, 弁論骨子《民事訴訟において, 当事者が法に基づくすべての議論を含めみずからの弁論の基礎を記述する書面; 裁判所はみずからと相手方に事実審理前にこれを提出するよう求めることができる》.

skéleton bìll 白地手形《白地のまま振り出し, 裏書き・引受けがなされた手形》.

skéleton bill of excéptions 略式異議趣意書《証拠や事実審での裁判所の判断内容については直接触れずに, 裁判所書記に対して上訴記録中に必要書類を複写ないしは挿入するようにとの裁判所の指示のみが記載されている異議趣意書 (bill of exceptions)》.

skéleton legislàtion 骨格立法 (= SKELETAL LEGISLATION).

skilled wítness 専門家証人 (= EXPERT WITNESS).

skin impréssion 皮膚の印象《人間の足あるいは身体の他の部分の全体あるいは一部の皮膚の型あるいはその他の肉体的特徴の記録; ただし指紋は除く》.

skín sèarch 裸捜索 (= STRIP SEARCH). **skín-sèarch** *vt*

skíp pèrson《米税制》世代を飛び越された受益者《節税などのため世代飛越し移転 (generation-skipping transfer) で相続・移転を一代を越えて飛ばされその受益権のみを得ている者; ⇒ GENERATION-SKIPPING TRANSFER, GENERATION-SKIPPING TRANSFER TAX; cf. DEEMED TRANSFEROR, NONSKIP PERSON》.

skíp tràcer*《口》《行方をくらました債務者等の》探索人.

skíp·tràcing *n*《債務取立て目的等での債務者などの》探索(業)《単に tracing ともいう》.

skíptracing àgency《行方不明となっている債務

者・相続人あるいはわからなくなった銀行預金口座などの)》探索請負い業.

sl °statutory law 制定法.

s.l. °suo loco 適所に.

s.l., S.L. °secundum legem 法[法律]に従って ◆ °seditious libel 文書煽動罪.

SL 《保険》°salvage loss 救出損失; 救助物売り得金差引き埋補 ◆ sea level 海水面 ◆ serjeant-at-law 上級法廷弁護士 ◆ °session laws 会期別法律集.

S.L. °statutory law 制定法.

Sláde's Càse (1602) /sléɪdz-/ 《史》スレード事件 (1602年)《近代イギリス契約法の起点を画する1602年の判例; 非方式の契約については金銭債務訴訟 (debt) が古くから存在していたが, これには被告側が古い雪冤宣誓 (wager of law) によることができた; 一方一種の不法行為訴訟であるゆえにそれによれない引受け訴訟 (assumpsit) は, 金銭債務訴訟が成立する場合には王座[女王座]裁判所 (Court of King's [Queen's] Bench) は選択権を認めていたが, 人民訴訟裁判所 (Court of Common Pleas) はこれを許さず利用することができず, 債務負担行為だけでなく, その行為後に一定額の金銭を支払うという明示の引受けがなければならないとされた; この両裁判所の不統一を解決すべくコモンロー全裁判官による熟考ののち本判例で, 金銭債務訴訟が存在する場合も引受け訴訟は成立しうること, すべての債務負担行為はそれ自体の中に履行の引受けをも暗黙裡に含むことが認められた; これにより引受け訴訟が広くほとんどすべての非方式契約の救済方法になっただけでなく, 不要式契約が引受け訴訟を基礎に発展することになったのである; ⇨ ASSUMPSIT, INDEBITATUS ASSUMPSIT).

slam /slǽm/, **slám·mer** n 《俗》刑務所, ブタ箱, ムショ.

slam·ming /slǽmɪŋ/ n スラミング《長距離電話会社が顧客の同意を得ないなどの不正な方法で別会社から権利を得ること》.

slan·der /slǽndər; slɑ́:n-/ n 1 中傷, 悪口. 2 誹謗(³⁄₅); 口頭誹毀(罪), 口頭による名誉毀損《名誉毀損 (defamation) の一種. ★ 本来は文書・口頭いずれの方法による名誉毀損 (defamation) をも含んでいる語であったが, 近代以後はそのうちの口頭での発言など消えやすい方式での名誉毀損を slander, 書面など永続的方式での名誉毀損を libel と呼ぶようになった; cf. DEFAMATION, LIBEL); SLANDER PER QUOD / SLANDER PER SE. ▶ LIBEL AND SLANDER (文書・口頭による名誉毀損). 3 虚偽の宣伝. ― vt 中傷する, …の名誉を毀損する; …について虚偽の宣伝をする. ― vi 中傷する, そしる. [OF esclandre (scandal と二重語)]

slánder·er n (口頭)誹毀者.

slander of góods 商品誹謗(³⁄₅)《他人が製造あるいは販売している商品に対する虚偽の悪意ある陳述で, 口頭でも文書によってもよい; 実害があれば訴えることができる; cf. DISPARAGEMENT).

slánder of títle 権原誹毀(³⁄₅)(=defamation of title, disparagement of title, disparagement of property [goods], jactitation)《他人の財産権について疑problemsをいだかせるような虚偽の悪意ある陳述を第三者になし実害を与えること; 口頭でも書面でもよい; 文書の時には libel in the nature of slander of title (権原毀損の性質をもつ文書毀損) ともいう; cf. DISPARAGEMENT).

slánder·ous a 中傷的な, 誹毀的な: a ~ tongue 毒舌. ~**·ly** adv ~**·ness** n

slánder per quód 実害が伴えば成立する口頭誹毀 (cf. DEFAMATION PER QUOD, LIBEL PER QUOD, SLANDER PER SE).

slánder per sé 実害(の証明)なしに成立する口頭誹毀《道徳的に卑しい犯罪, 性病, 職業に悪影響を及ぼす行為, みだらなどを相手に対して言い立てること; cf. DEFAMATION PER QUOD, LIBEL PER SE, SLANDER PER QUOD).

SLAPP /slǽp/ n 対市民参加戦略的訴訟 (=~ sùit) 《企業や選挙で選ばれた役人あるいは個人が開発事業などへの反対をやめさせる目的で反対者などを相手に名誉毀損・営業妨害などで訴訟を起こしたり, それらの者からの訴訟に対して逆提訴すること). ― vt 〈人を〉対市民参加戦略的訴訟によって提訴する. [strategic lawsuit against public participation]

slate /sléɪt/ n 1 《指名》候補者名簿. 2 《試合などの》予定表.

sláugh·ter·hòuse /slɔ́:təɾ-/ n 屠殺場.

Sláughter-Hòuse Càses (1873) pl 《米》屠殺場事件 (1873年)《合衆国憲法第14修正にある特権または免除条項 (Privileges or Immunities Clause) は, 州の市民と区別された意味での合衆国市民としての特権・免除を規定したものであり, したがって市民が本来もっている特権・免除ではなく, 「その存在が連邦政府, その全国的性格, その憲法ないし法」に由来する権利のみを保護すると, その適用範囲を狭めた合衆国最高裁判所判決; またこの判決は第14修正をもっぱら黒人差別に対する保護規定であると狭く限定した判決としても重要).

sláughter·màn n 1 屠殺者, 食肉処理業者. 2 死刑執行人.

sláve còde 《米史》奴隷法《南北戦争まで南部の奴隷州で, 奴隷の法的地位を規制した州法; ⇨ BLACK CODE).

slav·ery /sléɪv(ə)ri/ n 奴隷であること[の身分]; 奴隷制度[所有]《米国は合衆国憲法第13修正で, 英国は欧州人権条約 (European Convention on Human Rights) 第4条の禁止を人権法 (Human Rights Act) で国内法化); 隷属; 苦役. ▶ BADGE OF SLAVERY (奴隷制の痕跡) / WHITE SLAVERY (売春強要).

sláve stàte 1 全体主義国家. 2 [ᵁS-S-]《米史》奴隷州《南北戦争前の奴隷制容認州; cf. FREE STATE).

slay /sléɪ/ vt 殺す, 殺害する. ★ 特に闘争の過程で殺害に用いるが, それ以外では kill と同義.

sláyer rùle 殺人者の準則《人を殺害した者または殺害者の法定相続人は殺害された人の遺産は相続できないとする原則).

SLC 《英》°Statute Law Committee 制定法委員会.

SL/C °stand-by letter of credit スタンドバイ信用状.

sléeping pártner 《睡眠組合員, 匿名組合員 (= SECRET PARTNER)》.

sléeping róugh 《浮浪者などの》野宿.

sléep·wàlk·ing *n* 夢遊症.

slíght cáre 軽度の注意《**1**》重要性の低いものに対して人が払う注意の程度)**2**) あまり責任のない人が払う注意の程度)).

slíght díligence 軽微な注意[努力]《通常よりも劣った分別力しか有していない人がみずからの問題を処理する際に払う注意[努力]》.

slíght évidence わずかな証拠《特に, 主張事実からある推定を取り除くのに十分なだけのわずかな証拠, あるいは合理的事実認定者ならば本質的事柄が合理的疑いの余地のないまでには証明されていないとの結論を得るのに十分なだけのわずかな証拠; cf. SLIGHT-EVIDENCE RULE》.

slíght-évidence rùle 《共同謀議罪 (conspiracy) における》わずかな証拠の準則《**1**》被告人と複数の人との共同謀議の存在を証明する証拠があれば, 被告人を有罪にするためには訴追側は, 被告人が共同謀議に知りながら参加したかあるいは故意に関わったというわずかな証拠 (slight evidence) だけを提出するだけでよいという法理 **2**) 共同謀議の共犯者が伝聞証拠排除則 (hearsay rule) に該当するので排除せよと主張している共犯者の法廷外での陳述を証拠として許容するためには, 被告人が共同謀議に参加したというわずかな証拠さえあれば必要十分であるという法理》.

slíght négligence 軽過失《特別すぐれた分別力を有する人が払う高度の注意を欠き, その結果例えば寄託 (bailment) とか運送人 (carrier) の場合などの特定状況の下においてのみは, 通常の場合では責任が発生しないような通常の注意 (ordinary care) を払っただけで生じてしまった過失の責任をも負うような過失; 通常人 (reasonable person) はここまでの注意義務は負わない》.

slip[1] *n* **1 a** すべること. **b** 《価格などの》下落, 低下. **2** 脱走: get the ~ うまくまかれる[逃げられる] / give sb the ~ うまく人をまく[まいて逃げる]. **3 a** すべりころび, 踏みはずし, つまずき;《突然の》災難, 事故. **b** あやまち (mistake), しくじり; 言いそこない, 書き損じ.

slip[2] *n* **1**《土地・材木・紙などの》細長い一片. **2** 紙片, 票, 伝票, 券《通例 長方形》. ▶ BINDING SLIP (保険会社仮保険証書) / ENGAGEMENT SLIP (別件先約覚書) / SALES SLIP (売上伝票). **2**《海上保険》海上保険仮契約書.

slíp-and-fáll càse 1《被告の管理財産内での》転倒事故による損害賠償請求訴訟. **2**《一般に》少額不法行為損害賠償請求訴訟.

slíp làw 《米》《1 件ごとに刊行される》法令速報.

slíp-làw prínt 《米》 SLIP LAW.

slíp opínion 1 判決速報 (=slipsheet)《判決直後に 1 件ごとに刊行される速報; 通例 典拠として使用可能; cf. ADVANCE SHEETS》. **2**《古》《いまだ発表準備ができていない》裁判所意見草案 (cf. UNPUBLISHED OPINION).

slíp òrder 《英》《判決・命令の》更生決定《判決・命令上の書き損じなどの形式的誤謬を申し立てなどに基づいて略式的に修正すること》.

slíppery-slópe prínciple すべりやすい坂道の原則 (=WEDGE PRINCIPLE).

slíp rùle 《英》更生決定準則《判決などの書き損じなどには略式で更正決定 (slip order) をなしうるという準則; cf. MISTAKE IN JUDGMENT》.

slíp·shèet *n* 判決速報 (=SLIP OPINION).

slów·dòwn *n* **1** 減速; 景気後退. **2**《労働組合の戦術としての》怠業, スローダウン, のろのろ戦術.

slówdown stríke 怠業ストライキ.

slúm cléarance スラム街撤去《政策》, スラム街取壊し事業.

slúm·lòrd[*] *n* 《特に 自分は別の地域に住む》スラム街住宅の家主,《特に》スラム街住宅の悪徳家主. **~ship** *n*

slúsh fùnd /sláʃ-/《口》《買収・贈賄資金などの》不正目的資金, 不正政治資金.

SM senior magistrate ◆ °service mark サービスマーク ◆《英史》°stipendiary magistrate 有給治安判事.

smáll agréement 1 《英》少額合意, 少額契約《**1**》消費者信用法 (Consumer Credit Act) の規制を受けるが, 一部規制外となる少額の合意[契約] **2**) 企業間競争抑止的行為として一部規制対象からはずされる少額の合意[契約]》.

smáll bánkruptcy 《英》《破産財団が小規模で略式破産手続きの対象となる》小破産.

smáll búsiness 小規模企業 (=smáll búsiness concèrn).

Smáll Búsiness Administràtion [the ~]《米》小規模企業庁《1953 年法で設立された連邦政府の独立官庁で, 小規模企業に対する指導や低利の金融援助を担当している; その他小規模企業と政府との事業契約の促進, 少数民族所有の会社の援助などを担当; 略 SBA》.

smáll búsiness corporàtion 《米》小規模会社《**1**》原則 75 名以下の株主の会社 **2**) 払い込み資本 100 万ドル未満の会社》.

smáll cláim 少額請求, 少訴額.

smáll cláims còurt 少額事件裁判所 (=small debts court)《少額の訴訟を簡易手続きで処理する簡易裁判所》.

smáll cláims tràck 《英》少額訴額手順《民事訴訟で原則訴額が 5000 ポンド以下の事件の手続き; 審理は公開・非公式で, 仲裁を重視; 専門証人 (expert witness) は用いず, 訴訟費用もかからない; ⇨ CASE MANAGEMENT, TRACK ALLOCATION》.

smáll cómpany 《英》《会社法上特例措置のある》小規模会社.

smáll débts còurt 少額事件裁判所 (=SMALL CLAIMS COURT).

smáll estáte pròbate 小遺産検認《通常は弁護

small loan act 〖米〗小口貸付け法《少額短期貸付け金の最高利息制限等を規制する州法》.

small tithe 小十分の一税 (=privy tithe) (⇨ GREAT TITHE).

smart money 1 a 《最小危険で最大利潤を得ると思われている目先のきく大相場師の》目先の利く投資金; 情報通投資家投資金; 内部情報を有する者の投資金. **b** 《内部》情報通投資家[相場師]. **2** 〖米〗懲罰的損害賠償金 (=PUNITIVE DAMAGES). **3** 《兵役》免除金. **4 a** 〖英〗軍人負傷手当. **b** 《雇用者から被用者への》傷害手当.

smash-and-grab *a, n* 《俗》《ショー》ウィンドー破り《の》.

SMEs 〖英〗small and medium enterprises 中小企業《保護対象となる従業員数 500 人未満, 資本金 7500 万ユーロ未満の会社》.

Smith Act [the ~] スミス法《1940 年に成立した米国の連邦法である外国人登録法 (Alien Registration Act) の別称; 政府の暴力的転覆を提唱したり, それを提唱する集団に所属したりすることを刑事犯とみなすもの; 共産党指導者たちを有罪とするために制定されたが, 同時に外国人の登録・指紋押捺をも義務づけるものであった; 提案者の Howard W. Smith 下院議員の名にちなむ》.

Smoke Ball Case スモーク・ボール事件 (=CARILL v. CARBOLIC SMOKE BALL CO. (1893)).

smoking gun [**pistol**] 《相手方の決定的論点や信用性を疑問視する》決定的物証[書証], 《特に 犯罪の》決定的証拠.

s.m.p. °*sine mascula prole* 男子子孫なしで[の].

smug·gle /smʌ́g(ə)l/ *vt, vi* 密輸入[輸出]する, 密輸する 〈*in, into, out*〉 *over* [*across*] the frontier〉; 密航する, ひそかに持ち込む[持ち出す] 〈*in, out*〉; 隠す 〈*away*〉: ~ drugs [weapons] 薬物[武器]密輸する / ~ a lot of opium past the customs 大量のアヘンを税関で見つけられずにこっそり持ち込む. **smúg·gler** *n* 密輸業者; 密輸船. [LG; cf. OE *smūgen* to creep]

smug·gling *n* 密輸《禁制品の輸出入および関税を支払わない輸出入》; cf. CONTRABAND, PEOPLE-SMUGGLING, TRAFFICKING》. ▶ ALIMENTARY-CANAL SMUGGLING (消化管内隠匿密輸) / PEOPLE-SMUGGLING (違法入国援助).

s. n. °*sub nomine* …の名で.

Snail in the Bottle Case 瓶の中のカタツムリ事件 (⇨ DONOGHUE V. STEVENSON).

snitch /snɪtʃ/ 《俗》*n* 密告者, 通報者 (informer); 共犯者証人 (King's [state's] evidence). — *vi* **1** 密告[通報]する 〈*on* sb〉. — *vt* 盗む.

So. 〖米〗°Southern Reporter 『サザン・リポーター』《第 1 次シリーズ》.

So.2d 〖米〗SOUTHERN REPORTER Second Series『サザン・リポーター』第 2 次シリーズ.

So.3d 〖米〗SOUTHERN REPORTER Third Series『サザン・リポーター』第 3 次シリーズ.

so·ber /sóubər/ *a* (~·er; ~·est) **1** 酒を飲んでいない, しらふの (opp. *drunken*); 節酒している: a ~ house アルコール依存症・麻薬中毒症を回復させるための集団居住施設《a sober living (residence) ともいう》. **2** 穏健な《批評など》, 理にかなった; 誇張[偏見]のない, ありのままの《事実など》(: in ~ fact); 落ちついた, 冷静な; 《人が》謹直な, まじめな. — *vt* …の酔いをさます〈*up*〉; 落ちつかせる, まじめにする〈*down, up*〉; 陰気にする〈*down*〉. — *vi* 酔いがさめる〈*up, off*〉; 落ちつく, まじめになる〈*down, up*〉.

so·bri·e·ty checkpoint /soubráiəti-, sə-/ 飲酒運転検問所.

sobriety test 飲酒検知《法》(cf. BLOOD ALCOHOL CONTENT, Breathalyzer, DRUNKOMETER, HORIZONTAL GAZE NYSTAGMUS TEST). ▶ FIELD SOBRIETY TEST (現場での飲酒検知《法》).

soc /sák/ *n* 〖英史〗ソク (⇨ SAC).

soc. social ♦ society ♦ sociological ♦ sociology.

SOCA 〖英〗°Serious Organised Crime Agency 重大組織犯罪機関.

soc·age /sákɪʤ, sóu-/ *n* 〖史〗鋤(すき)奉仕保有, ソケージ (=socage tenure)《軍役・宗教的奉仕義務以外の農業労働あるいは貨幣地代支払いを条件とした土地保有; その奉仕が自由な自由鋤奉仕保有 (free socage) と隷農的な隷農的鋤奉仕保有 (villein socage) との 2 種に分かれ, 自由鋤奉仕はさらに一般鋤奉仕保有 (common socage) とその他のものに分けられたが, 英国では 1925 年以後ごく一部例外を除き common socage のみが不動産保有条件 (tenure) として唯一残存している; ⇨ FREE SOCAGE》. ▶ COMMON SOCAGE (一般鋤奉仕保有) / CUSTOMARY SOCAGE (地方慣習法的鋤奉仕保有) / FREE AND COMMON SOCAGE (自由兼一般鋤奉仕保有) / FREE SOCAGE (自由鋤奉仕保有) / GUARDIAN IN SOCAGE (未成年鋤奉仕保有権者の後見人) / VILLEIN SOCAGE (隷農的鋤奉仕保有).

soc·ag·er *n* 〖史〗鋤奉仕保有者 (socman).

sócage tènure 鋤奉仕保有 (=SOCAGE).

so·cial /sóuʃ(ə)l/ *a* **1** 社会の, 社会的な, 社会に関する, 社会奉仕事業の. **2 a** 人づき合いの, 社交の, 社交的な. **b** 社交界の.

social care worker 社会事業従事者.

Social Chapter [the ~] 社会政策の章《欧州共同体条約に付属するものとして構成国により採択された社会政策議定書; これは共同体レベルにおける社会政策の遂行の承認とその目的達成のための法規採択のための共同体の機関・手続の使用の承認をするもの; 英国は当初ただ一国これに同意しなかった; 1997 年のアムステルダム条約はこの議定書を欧州共同体条約の中に入れ, 英国もこれを承認; Social Protocol (社会政策議定書) とも呼ばれる》.

Social Charter [the ~] 社会憲章《1989 年英国を除く欧州共同体条約すべての加盟国により採択された, 正式名労働者の基本的社会権に関する共同体憲章 (Community Charter of Fundamental Social

Rights of Workers); 欧州社会憲章 (European Social Charter) とも呼ばれる; 移動の自由, 就労の権利, 生活および労働条件, 結社の自由および団体交渉などのほか児童・青少年・老人・障害者の保護などを扱っている》.

sócial cóntract 1 社会契約《特に 17-18 世紀の思想家が盛んに唱えた社会・国家を成立させる個人相互間の契約; Thomas Hobbes, John Locke, Jean-Jacques Rousseau の説がその代表》. 2 [the S- C-]《英史》社会契約《1974 年英国労働党政権と労働組合会議の間に結ばれた非公式な協定で, 組合に対する制限を撤廃しながら, なお組合は, その, 特に賃金引上げ要求を, あたかも制限が存続しているかのように自主規制するというもの》.

sócial cóst 社会の費用《公害・生活環境破壊・交通渋滞など発生源者である企業など以外の市民全体が大部分負担しなければならない損失;「社会原価」とも訳される》.

sócial démocracy 社会民主主義《本来は, 形式的な政治的民主主義に対して社会・経済領域にも実質的な民主主義を実現しようとしてマルクス主義者自身がみずから呼んだ名称; しかしその後は暴力革命・プロレタリア独裁によってではなく民主主義的手法で社会変革を果たすべきであるという革命的マルクス主義とは相容れない主張・主義を指している》.

sócial engineéring 社会工学《社会システムを工学システムに見たて現代の社会問題を工学と同様の技術的方法で分析・解決しようとする学問ないし学問上の方法; 英国の哲学者 Karl (Raimund) Popper (1902-94) が出発点》.

sócial fáct thèsis 社会的事実説《法的有効性はそれが由来する社会的事実の一機能であるという法実証主義 (legal positivism) が通例持っている考え方; cf. CONVENTIONALITY THESIS》.

sócial fúnd [the ~]《英》社会基金《1986 年の社会保障法 (Social Security Act) で創設された, 出産・葬儀の費用あるいは寒冷時の暖房費等のための個人への給付金・貸付金のために政府が留保しておく資金》.

Sócial Fúnd Commíssioner《英》社会基金委員《大臣選任の役人で, 社会基金 (social fund) の裁量的支払いについての監督が職務》.

sócial guést 社交客《招待者が家内でのその安全について相当の注意 (reasonable care) 義務を負うべき客》.

sócial hárm 社会的害悪《刑法により保護されている社会の法益に反すること》.

sócial hóst 社交上の主人(役), 社交的主人《酒類販売の許可を得ている店の主人としてではなく, 社交上他人にアルコール類を供する人; 未成年者や既に明らかに酩酊状態の客にアルコール類を供することなどは, 時に民刑事上の責任を問われることがある》.

sócial hóusing《英》社会的住宅供給《2008 年法上では低費用賃貸居住施設 (low cost rental accommodation) と低費用住宅所有居住施設 (low cost home ownership accommodation) の 2 つが対象となっている; ⇨ OFFICE FOR TENANTS AND SOCIAL LANDLORDS》.

sócial inquíry repòrt《英》《被告人の》社会生活調査報告書 (⇨ PRESENTENCE REPORT).

sócial insúrance 社会保険《社会政策の一つとして, 失業・疾病などの特定の危機あるいは障害・老齢などの一定の状況にあるために生活を維持しがたい社会構成員に対して, 一定基準の給付を行なう公的保険制度》.

sócial jústice 社会正義《例えば, 人間の平等性といった理念を基礎として社会構成員全体に対して実現されるべき正義; cf. PERSONAL JUSTICE, POPULAR JUSTICE》.

sócial lándlord《英》社会的不動産貸主《住宅供給協会 (housing association) など社会的不動産貸主として登録をした団体》. ▶ OFFICE FOR TENANTS AND SOCIAL LANDLORDS (賃借人および社会的不動産貸主のための事務所).

sócial legislátion 社会立法《教育・住宅・健康・失業・福祉・年金その他の社会保障 (social security) など社会的目的で制定される立法一般》.

sócial ównership 公有, 公営.

sócial párent 社会的親《= de facto carer》《継親 (stepparent), 里親 (foster parent) のように, 生物学上の親あるいは養親 (adoptive parent) ではないが, 子を保護しその教育に関心のある人; 裁判所の決定がなければ親の責任 (parental responsibility) を有することはないが, 子の安全を守り福祉を促進することのみはできる》.

sócial pólicy rùle 社会政策実現の準則《法解釈準則の一つ; 制定法を解釈する場合には, その法の基礎にある社会政策実現のために最も都合のよいように解釈すべきであるという準則; 英国貴族院はこの準則の存在を否定している; cf. EQUITY OF THE STATUTE RULE, GOLDEN RULE, LITERAL RULE, MISCHIEF RULE, PLAIN MEANING RULE, STRICT CONSTRUCTION; ⇨ INTERPRETATION OF STATUTES》.

Sócial Prótocol 社会政策議定書 (⇨ SOCIAL CHAPTER).

sócial secúrity 1 社会保障. 2 [°S- S-]《米》社会保障制度《1935 年連邦政府が社会保障法 (Social Security Act) の成立をうけて導入した; 略 SS》. 3 社会保障手当: be on ~ 社会保障を受けている.

Sócial Secúrity Àct 1 [the ~]《米》社会保障法《もとは 1935 年ニューディール (New Deal) 立法の一環として成立した連邦法; 老齢・遺族・疾病給付を中心にした社会保険の樹立, その執行のための社会保障局 (Social Security Administration) の創設などを定めている; cf. OLD-AGE AND SURVIVORS' INSURANCE》. 2《英》社会保障法《英国の現代の社会保障法は 1946 年の国民保険法 (National Insurance Act) により導入された国民保険 (Nation Insurance) 制度に始まり, 現在は 1975-96 年の Social Security Acts が社会保障関係法の根幹をなしている》.

Sócial Secúrity Administràtion [the ~]《米》社会保障庁《連邦社会保障制度の監督官庁; 略 SSA》.

Sócial Secúrity Appéal Tribùnal [the ~]

『英』社会保障上訴審判所《1983年法により、それまで存した国民保険地方審判所 (national insurance local tribunal) と補足給付上訴審判所 (supplementary benefit appeal tribunal) とを併せて新設された審判所で、給付拒否などに関する訴えを審理する; 法律問題についての上訴は社会保障委員 (Social Security Commissioner) の一人に提起されうる; 現在は単に上訴審判所 (Appeal Tribunal) と呼ばれている》.

sócial secúrity bènefits pl 〖英〗社会保障給付(金)《社会保障法 (Social Security Act) の下で支給される、例えば所得援助 (income support)、就労不能給付(金) (incapacity benefit)、退職年金 (retirement pension) などの総称》.

Sócial Secúrity Commìssioner 〖英〗社会保障委員《社会保障関係の社会保障上訴審判所 (Appeal Tribunal) などからの法律上の問題をめぐる争いについて上訴を審理する委員; ここからの上訴は控訴院 (Court of Appeal) に提起されうる》.

sócial secúrity contribùtions pl 社会保障負担金.

sócial secúrity nùmber [ᴼS- S- n-]〖米〗社会保障番号, 社会保険番号《身分証明番号・納税番号としても広く利用されている; 略 SSN》.

sócial secúrity sỳstem 社会保障制度.

sócial secúrity tribùnals pl 〖英〗社会保障審判所《社会保障法 (Social Security Act) 上の各種裁判所の総称; かつては国民保険審判所 (national insurance tribunals) と呼ばれていた》.

sócial sérvice 1《教会・病院・慈善団体などの組織的な》社会福祉事業, 社会奉仕, ソーシャルサービス. 2 [pl]〖英〗政府・地方政府の社会福祉事業.

sócial wòrker 社会福祉者, ソーシャルワーカー《専門的な立場から貧困者・非行者など弱者に対する援助・対策・調査などの社会福祉活動を行なう者》.

So·ci·e·tas Eu·ro·paea /səsáɪətəs jùərəpíːə/ 欧州会社 (= European company)《欧州連合 (European Union) 内の異なった国に住所を有する複数の会社が2001年の欧州連合の規則 (regulation of the EU) に基づき合併 (merger) 設立される会社》.

societas le·o·ni·na /— liːənáɪnə/〖ローマ法〗獅子組合 (=leonina societas)《ライオンに当たる組合員のみが利益を得、その他の組合員は損失についてのみ負担する組合; 違法で無効》. [L=partnership with a lion: 利益を得る組合員が lion's share (獅子の分け前) を得ることから]

societas na·va·lis /— nəvéɪləs/〖史〗航海組合《複数の船舶が相互の安全確保のため一団となって航海をすること》. [L=naval society]

so·cié·té d'acquêts /F səsjete dakɛ/〖大陸法〗《婚姻中に取得した財産についての》婚姻後取得財産夫婦共有契約[制], 後得財産組合契約. [F]

so·cié·té en com·man·dite /F səsjete ã kɔmãdit/ 合資会社《無限責任社員と有限責任社員の双方からなる会社; フランス法に由来; 英語の limited partnership (有限責任組合) に当たる》. [F]

so·ci·e·ty /səsáɪəti/ n 1 社会, 社会集団. ▶ FEUDAL SOCIETY (封建(制)社会). 2 社交界, 上流社会 (= high 〜). 3 社交, 交友, つきあい, 交際; 仲間; 世間. 4 会, 協会, 団体, 組合, 学会. ▶ ADOPTION SOCIETY (養子縁組協会) / BENEFIT SOCIETY (互助協会) / BENEVOLENT SOCIETY (相互扶助協会) / BUILDING SOCIETY (住宅金融組合) / FRATERNAL SOCIETY (友愛会) / FREEHOLD LAND SOCIETY (自由土地保有地協会) / FRIENDLY SOCIETY (共済会) / INDUSTRIAL AND PROVIDENT SOCIETY (産業共済組合) / LAW SOCIETY (事務弁護士協会) / LOAN SOCIETY (勤労者貸付け組合) / MUTUAL BENEFIT SOCIETY (相互共済会) / MUTUAL SOCIETY (相互組合) / SELF-BUILD SOCIETY (自己建築協会). 5〖米〗教会法人《会衆派の組織で各教会建物の所有権や牧師の報酬の決定権を有する》. 6《家族がお互いに持ち合う愛情を基調にした》家族関係, 《特に》配偶者権 (⇨CONSORTIUM).

Society of Géntleman Práctisers (in the Cóurts of Láw and Équity)〖英法〗《コモンローとエクイティーの裁判所で》実務を執っている紳士の協会《その晩期は代訴人 (attoney) のための協会になっていたインズ・オヴ・チャンセリー (Inns of Chancery) が衰滅後、1739年に創設された代訴人・事務弁護士 (solicitor) のための職業組合; 1810年まで活動; その後曲折はあるが 1825年に事務弁護士協会 (Law Society) が生まれ、1831年に法人格を与えられた》.

Society of Solícitors at Láw in Édinburgh [the 〜]〖スコットランド史〗エディンバラ下位裁判所弁護士協会《18世紀末以来スコットランド Edinburgh の下位裁判所で排他的な実務独占権を有していた事務弁護士 (solicitors) の協会; 19世紀末に衰滅した》.

So·cii mei so·ci·us me·us so·ci·us non est. /sóu ʃiaɪ míːaɪ sóu ʃias míːəs sóu ʃius nán ɛst/ 私のパートナーのパートナーは私のパートナーではない. [L=The partner of my partner is not my partner.]

socioló·gical jurisprú·dence 社会学的法学《法を社会的諸目的・諸利益調節のための道具として社会工学 (social engineering) 的にとらえる立場; Oliver Wendell HOLMES, Louis (Dembitz) BRANDEIS, Benjamin Nathan CARDOZO, Roscoe POUND などがその代表者; プラグマティズム (pragmatism) 法学と呼ばれることもある; cf. LEGAL REALISM].

sociólogy of láw 社会法学《法および法制度の起源・性質・作動過程を他の社会現象と関連づけつつ社会科学的方法で考察する学問》.

sócio·páth n 社会病質者 (=PSYCHOPATH). **sò·cio·páthic** a **so·ci·op·a·thy** /sòusiápəθi/ n [psychopath にならったもの]

so·ci·us cri·mi·nis /sóu ʃiəs krímənəs/ 共犯(者). [L=partner in crime]

soc·man /sákmən, sóuk-/ n (pl -men /-mən/)〖史〗

鋤奉仕保有者 (=socager) (⇨ SOCAGE).

Socrátic méthod [the ~] ソクラテスの問答教授法, ソクラテス的方法, 問答法による授業, 問答方式の法学教育《米国ロースクールでの主要な法学教育方法であるケースメソッド (casebook method) あるいは QUESTION-AND-ANSWER method (質疑応答方式教授法)の別名; cf. HORNBOOK METHOD》.

SODDI defense /sádi ー/《俗》誰か別人がやったという防御《通常は犯人はわからないが誰か別の者がその犯罪をやったという刑事被告人の主張》. [Some-other-dude-did-it.]

sod·omy /sádəmi/ n 反自然的性交(罪)《口唇性交・肛門性交, 同性間の性行為, あるいは獣姦 (bestiality); CRIME AGAINST NATURE あるいは UNNATURAL OFFENSE とほぼ同義》;《特に》肛門性交, 男色 (cf. BUGGERY, PEDERASTY). ▶ AGGRAVATED SODOMY (加重反自然的性交罪). **sod·om·ize** /sádəmàɪz/ vt …と反自然的性交を行なう. **sod·om·it·ic** /-sàdəmítɪk/ a 反自然的性交の, 男色の, ソドミーの. **sódom·ist, sod·om·ite** /sádəmàɪt/ n 反自然的性行為者, 男色者, 獣姦者.

SOF °statute of frauds 詐欺防止法.

SOFA °statement of financial affairs 財産状態陳述書.

sóft cúrrency 1 軟貨《発行国の国際収支が不安定なため金やドルやユーロと自由に交換できない通貨; opp. hard currency》. 2 *《俗》連邦選挙委員会の規制をうけない選挙運動寄付金.

sóft góods pl 非耐久消費財《特に 繊維製品; cf. DURABLE GOODS, HARD GOODS》.

sóft láw ソフト・ロー《1》厳密な意味で法的拘束力を有していないが, 同時に法的意義を完全には欠いておらず実質的になんらかの拘束力が認められる, 法と非法との境界領域に存在する法的規範の総称 2）国際法上の, 条約・国際慣習法の中には入らず, したがってそれ自体法的拘束力を有さないが, しかしまた単なる願望・抱負などとはちがってなんらかの拘束力がうかがえるもの; 非法律的合意, プログラム法, ガイドライン, 強制力を有さぬ行為準則, 形成途上の法など; 例えば国際連合諸機関で採択された決議・文書, 国際会議で採択された最終文書・宣言など; cf. HARD LAW》.

sóft lóan《金融》ソフトローン《会社が従業員へ, また特に一政府から他の政府へ貸し付ける無利息ないしは低利で貸付け条件の緩やかな (例えば借入国の通貨での返済を認めるなどの) 融資・借款; opp. hard loan》.

sóft·wàre n 1《電子工》ソフトウェア《1》コンピューターにかけるプログラム・規則・手続きなどの総称, 特に《製品化された》プログラム; cf. HARDWARE 2) 視聴覚機器に使用する教材の類》. ▶ COMPUTER SOFTWARE (コンピューターソフトウェア) / PUBLIC-DOMAIN SOFTWARE (パブリックドメイン・ソフトウェア). 2《軍》a ロケット・ミサイルなどの図面・燃料. b ソフトウェア《武器によらない戦略; cf. HARDWARE》.

so help me God ⇨ HELP.

sóil bànk《米》1 土壌銀行, 減反助成金制度《価格維持のため余剰作物の栽培をやめて耕地の地味保全に努めた者に政府が報償金を出す連邦の制度; 1956 年制定》. 2 土壌銀行制度による休耕地.

sóil pollùtion 土壌汚染.

Soit baile aux com·mons. /F swa bajl o kɔm3/《英》庶民院に送付せよ《貴族院から庶民院に送付される法案の裏書の文言》. [law F=Let it be delivered to the Commons.]

Soit baile aux sei·gneurs. /F swa bajl o sɛɲœːr/《英》貴族院に送付せよ《庶民院から貴族院に送付される法案の裏書きの文言》. [law F=Let it be delivered to the Lords.]

Soit fait comme il est dé·si·ré. /F swa fɛ kɔm ilɛ dezirɛ/ 希望せられたるごとくにせよ《私法律案 (private bill) への女王[国王]の裁可》. [law F=Let it be done as it is desired.]

sok /sák/ n《英史》ソク (=SOC).

soke /sóʊk/ n《英史》1 領主裁判権, ソク (=SOC). 2 領主裁判権管轄区域. [AL soca <OE sōcn inquiry, jurisdiction]

sóke·man /-mən/ n《史》SOCMAN

sol. solicitor.

sólar dáy 1 太陽日《5》《太陽が子午線を通過して次に通過するまでの時間》. 2 昼間《日の出から日没までの期間》.

sólar easement 日照地役権《要役地を日影にするような建築物を承役地に建てないようにする目的などで設定される地役権; cf. LIGHT-AND-AIR EASEMENT》.

so·la·ti·um /soʊléɪʃiəm/ n (pl -tia /-ʃiə/) 慰藉料, 見舞金, 涙金; 賠償金. [L=solace]

sóldier's wíll 軍人遺言 (=military testament, military will)《実際に軍務に服している軍人に対しては遺言は書面によるという原則の例外として認めている口頭ないしは正規の方式にのっとっていない遺言; cf. SAILOR'S WILL; ⇨ PRIVILEGED WILL》.

sóld nóte 売渡し[売却]覚書 (⇨ BOUGHT AND SOLD NOTES).

sole /sóʊl/ a 1 ただ一つの, 唯一の, たった一人の. 2 単独の, 独占的な, 総[一手]…: the ~ agent 総代理人. 3 独身の, 未婚の (cf. FEME SOLE).

sóle áctor dòctrine 本人・代理人同視の法理《代理人の行為の認識は本人のものと同一視するという原則; したがって代理人が自らの利益のために本人をあざむいて行為をしたとしても, それは本人承知の上の行為とされる》.

sóle and uncondítional ówner《保険》《被保険財産の》唯一無条件の所有者.

sóle cáuse《権利侵害などの》唯一の原因 (cf. SUPERCEDING CAUSE).

sóle corporátion 単独法人 (=CORPORATION SOLE).

sóle cústody 単一監護(権)《離婚した[別居中の]両

sol·emn /sáləm/ *a* 厳粛な, まじめな; 正式の: a ~ oath 正式の宣誓.

sólemn and bínding agréement 《法的拘束力こそないが全関与者が遵守をする》まじめで拘束力のある合意.

sólemn fórm 方式にのっとった[正式な]やり方, 正規の手続き; 《特に遺言検認などの》厳格方式 (cf. COMMON FORM). ▶ PROBATE IN SOLEMN FORM 《厳格方式による遺言検認》.

so·lem·ni·ty /səlémnəti/ *n* **1** 厳粛, 荘厳, 荘重, 謹厳, 勿体(ぶり). **2** 《法令・契約などを有効にする》正規の方式, 正規の手続き.

solémnity of cóntract 契約方式の充足.

solemnizátion of márriage 《婚姻成立のための》婚姻の挙式.

sol·em·nize /sáləmnàɪz/ *vt* 〈式, 特に結婚式を〉挙げる; 契約を方式どおり結ぶ; 厳粛にする. **sòl·em·ni·zá·tion** *n*

sólemn occásion 《米》《助言を要する》厳粛な事態 《数州では, 例えばその立法部が提案されている立法の合法性に疑問をもっておりその疑問解決が適正な権限行使のために不可欠であると判断されるような場合などに, 州最高裁判所が立法部あるいは行政部に対して助言を与えうることが州憲法上認められているが, そのような助言が必要でかつ許されるような重大かつ非常事態》.

sólemn wár 〔国際法〕正規の手続きを踏んで始められた戦争《国際法上戦争には事前の宣戦布告あるいは最後通牒が必要とされている; cf. UNSOLEMN WAR》.

sóle ówner 《企業の》単独所有者.

sóle practítioner 個人開業弁護士 (=solo, solo practitioner).

sóle propríetor =SOLE OWNER.

sóle propríetorship 1 個人企業《単に proprietorship ともいう; cf. CORPORATION, PARTNERSHIP》. **2** 企業の単独所有. ★1, 2 共に individual proprietorship ともいう.

sóle solícitor 〔英〕個人開業事務弁護士.

sóle ténant 《他人と共にではない》《不動産》単独保有者.

sóle tráder 個人事業(主).

so·lic·it /səlísət/ *vt* **1** 懇請する, せがむ, 勧誘する〈*for*〉: ~ advice 助言を求める / ~ members *for* donation 会員に寄付を求める / ~ the court 裁判所に申し立てる. **2** 〈主義・主張などに〉熱心に説く. **3** 《よからぬ目的で》〈人を〉〈に近づく, 《贈賄したりして》悪事に誘う (cf. COERCE, CONSPIRE, IMPORTUNE); 《売春婦が客を》誘惑する, 引く. ― *vi* **1** 懇請する〈*for*〉. **2** 勧誘する; 〈売春婦が〉客を引く. **3** SOLICITOR として働く.

so·lic·i·ta·tion /səlìsətéɪʃ(ə)n/ *n* **1** 懇願, 懇請; 勧誘. ▶ PROXY SOLICITATION 《委任状勧誘》. **2 a** 《犯罪の》教唆 (cf. ATTEMPT, CONSPIRACY, INCITEMENT). **b** 《特に》贈賄教唆: ~ of bribe. **3** 売春・買春勧誘;《売春婦の》袖引き, 客引き (cf. PATRONIZING A PROSTITUTE, PROSTITUTION). **4** 顧客・依頼人の勧誘: attorney's ~ of potential clients.

so·lic·i·tee /səlìsətí:/ *n* SOLICITATION を受ける者.

so·lic·it·ing *n* **1** 懇願[懇請](すること). **2**《売春婦の》客引き, 勧誘;《男が買春目的で女性に行なう》勧誘.

solíciting to múrder 謀殺教唆.

so·lic·i·tor /səlís(ə)tər/ *n* **1**〔英〕事務弁護士, ソリシター《LAW SOCIETY の資格試験に合格した法曹で, 最高法院 (Supreme Court of Judicature) の役人; 原則として上位裁判所での法廷弁論権はもたないが《ただし, ⇨ ADVOCACY QUALIFICATION, SOLICITOR ADVOCATE》, 弁論の前提となる訴訟手続きの代行権を独占し, また訴訟依頼者は直接 barrister に依頼できず必ず solicitor を媒介しなければならない; 下位裁判所の弁論権は有する; cf. BARRISTER》. ▶ CROWN SOLICITOR 《法務官, 公訴担当弁護士》/ DUTY SOLICITOR 《当番事務弁護士》/ OFFICE FOR THE SUPERVISION OF SOLICITORS 《事務弁護士監督所》/ OFFICIAL SOLICITOR 《公的事務弁護士》/ SOLE SOLICITOR 《個人開業事務弁護士》/ TRAINEE SOLICITOR 《事務弁護士実務訓練生》/ TREASURY SOLICITOR 《大蔵省付き事務弁護士》. **2**〔米〕《官庁, 市町村などの》主任法務職員. ▶ CITY SOLICITOR 《市法務官》. **3**〔米〕《South Carolina 州などの》訴追官. **4** 代理人. **5** 懇願者, 求める人, 口説く人; *勧誘人, 注文取り; 選挙運動員. **6** 保険勧誘員 (=SPECIAL AGENT). INSTRUCT a ~. ~·ship *n*

solícitor ádvocate 〔英〕事務弁護士弁護人, ソリシター弁護人《弁論権を認められ法廷で弁論活動をする事務弁護士 (solicitor) および登録済みの欧州法曹; cf. ADVOCACY QUALIFICATION》.

solícitor and ówn clíent básis of cósts 〔英〕事務弁護士と依頼人間の訴訟費用査定基礎《訴訟費用査定 (assessment of costs) の一基礎で, 訴訟当事者がみずからの事務弁護士 (solicitor) に支払うべき金額がこれに基づいて査定される; 合理的範囲内のものであるかぎり全費用がこれに含まれる; ⇨ ASSESSMENT OF COSTS》.

solícitor géneral (*pl* solicitors géneral) [°S- G-] **1 a** 《米国の》法務次官, 訟務長官 (attorney general (司法長官) に次ぐ官職でそれを補佐する行政官; 合衆国最高裁判所などにおいて連邦政府の代理人として訴訟追行に当たる; cf. DEPUTY ATTORNEY GENERAL). **b** 《若干の州の》法務次官. **2** 《英国の》法務次官《イングランド・ウェールズでは Attorney General (法務長官) の次位, スコットランドでは Lord Advocate (法務長官) の次位 (**Solicitor General for Scotland** が正式名)》.

Solícitors at Láw 《スコットランド史》エディンバラ下位裁判所弁護士協会 (⇨ SOCIETY OF SOLICITORS AT LAW IN EDINBURGH).

Solícitors' Códe of Cónduct 〔英〕事務弁護士行動準則《事務弁護士協会 (Law Society) 内の規制委員会である事務弁護士規制機関 (Solicitors Regulation Authority) が, 事務弁護士業務規則 (Solicitors Practice Rules) に代えるべく2007年に制定した, 事務弁護士 (solicitor) の法曹倫理適合行為 (professional conduct) や規律を規制する規範》.

Solícitors' Compláints Bùreau [the ～]
《英》事務弁護士苦情処理部《事務弁護士(solicitor)に対する依頼人の苦情を聴いて裁定を下す機関; 略 SCB; 1996年から事務弁護士監督府 (Office for the Supervision of Solicitors) がその仕事を引き継ぎ, さらに後者は2004年から消費者苦情処理部門 (Consumer Complaints Service) と名称変更し, 現在は法的苦情処理部門 (Legal Complaints Service) という名称を用いている》.

Solícitors Dísciplinary Tribúnal [the ～]
〘英〙事務弁護士懲戒審判所《1974年法で創設の, 事務弁護士 (solicitor) への苦情処理機関; 資格の剥奪・一時停止の権限まで有する; 記録長官 (Master of the Rolls) 任命の審判官により構成され, 上訴も認められる》.

solícitor's líen 〘英〙事務弁護士のリーエン《事務弁護士 (solicitor) がその依頼人から弁護士報酬の支払いを受ける担保として依頼人の書類・財産を保持する権利; すでに弁護士が保持しているものに対するリーエンと, 裁判で依頼人が取り戻すことないしは保持することが認められたものに対するリーエンの2つがありうる》.

Solícitors Práctice Rùles *pl* [the ～]〘英史〙事務弁護士業務規則《1974年の事務弁護士法 (Solicitors Act) により授権され, 記録長官 (Master of the Rolls) の同意の下で事務弁護士協会 (Law Society) の評議会が制定した規則; 事務弁護士の業務規制・懲戒などを定めていたが, 2007年に Solicitors' Code of Conduct (事務弁護士行動準則) が新設され, 廃止; ⇨ SOLICITORS' CODE OF CONDUCT》.

Solícitors Regulátion Authòrity 〘英〙事務弁護士規制機関《略 SRA; ⇨ SOLICITORS' CODE OF CONDUCT》.

sol·i·dár·i·ty /sàlədǽrəti/ *n* **1 a** 結束, 団結, 《意見・利害などの》一致, 協同一致. **b**《利害・感情・目的などの》共有, 連帯. **2** 連帯責任.

sol·i·dar·y /sáladəri/ *a*〈責任が〉連帯の, 連帯責任の (⇨ JOINT AND SEVERAL).

sólidary liability〘大陸法〙連帯責任 (=liability in solido)《コモンロー上の joint and several liability (連帯責任) に当たる》.

sólidary obligátion〘ローマ法・大陸法〙連帯債務《複数の債務者が同一給付を目的とする債務を各自独立に負い, そのうちのひとりがそれを履行すれば他の債務者の債務が消滅する関係》.

sól·i·tary confínement /sálətèri-, -t(ə)ri-/ 独居拘禁, 独房監禁: be kept in ～.

so·lo /sóulou/ *n* (*pl* ～s) SOLE PRACTITIONER.

sólo practítioner 個人開業弁護士 (sole practitioner).

so·lum /sóuləm/ *n* 土壌体; 土地. [L=land]

Sol·um rex hoc non fa·ce·re po·test, quod non po·test in·jus·te age·re. /sóuləm réks hóuk nan féɪsɛrɛ pátɛst, kwad nan pátɛst ɪndʒʎstɛ éɪdʒɛrɛ/ 国王は不正を行うことはできないので, 国王もこれだけはなしえない. [L=This alone the king cannot do, because he cannot act unjustly.]

só·lus agrèement /sóuləs-/《英》単独仕入れ合意《例えばガソリンを一つの石油会社からのみ購入すると約束するように, 小売業者が唯一の業者から仕入れを行なうという契約》.

sólus tíe 単独の結びつき《しばしばガソリンスタンドや酒場などの店舗を取得するための譲渡抵当 (mortgage) と一体となっている取引制限 (restraint of trade) の一種で, 譲渡抵当権設定者 (mortgagor) に定められた期間その仕入先選択権を限定する規定を置くもの; 資金調達者に過度の制約を課す取引制限と考えられるが, 譲渡抵当契約に限らず広く用いられている》.

so·lu·tion /səlúːʃ(ə)n/ *n* **1**《問題などの》解決; 解答. **2** 分解, 解体, 崩壊. **3** 溶かすこと, 溶解; 溶剤, 溶液. **4**《債務などの》弁済, 解除.

So·lu·tio pre·tii emp·ti·o·nis lo·co ha·be·tur. /sóuljúːʃiou préʃiaɪ ɛmpʃíounɪs lóukou heɪbíːtər/ 代価支払いは購入場所でなされる. [L=The payment of the price stands in the place of the purchase.]

sol·ven·cy /sálvənsi/ *n* 支払い可能; 支払い能力, 資力 (cf. INSOLVENCY). ▶ DECLARATION OF SOLVENCY (支払い可能宣言).

sólvency pòlicy 信用保険(証券)《信用保険 (credit insurance) の保険証券[契約]》.

sol·ven·do es·se /salvéndou ési/《史》支払い可能(な状態にある). [L=be solvent]

sól·vent *a* **1** 支払い能力のある. **2** 溶解力がある, 溶かす〈*of*〉. — *n* 溶剤, 溶媒〈*for, of*〉; 解決策, 解答.

sólvent abúse《幻覚剤となる》溶剤濫用.

sólvent débtor 支払い能力のある債務者.

sol·vit ad di·em /sálvət æd dáɪəm/《史》期日支払いの答弁. [L=He/She paid at the day.]

Sol·vi·tur in mo·dum sol·ven·tis. /sálvɪtər ɪn móudəm salvéntɪs/ 支払者のやり方で支払われる《支払金は支払者の意向に従って充当されるの意》. [L=Money paid is applied according to the wish of the person paying it.]

Sóm·er·sett's Càse (1772) /sʎmərsèts-/ サマセット事件 (1772年)《西インド諸島から主人によりイングランドに連れて来られたサマセットという黒人奴隷からの身柄提出令状 (writ of habeas corpus) 請求事件 (1772年); その判決の中でマンスフィールド卿 (Lord Mansfield) はイングランド法上奴隷は認められないと判示していることで有名》.

som·nam·bu·lism /sɑ(m)nǽmbjəlìz(ə)m/ *n* 夢遊(症), 夢遊病《この間に犯した犯罪の責任阻却事由とな

る; cf. AUTOMATISM). **-list** n 夢遊症(患)者.

som·no·len·tia /sɑ̀mnəlénʃiə/ n 傾眠《正常な精神活動が妨げられている限りで、その間の犯罪の責任阻却事由となりうる》.

son assáult demésne /sɑn-/ 自己防衛(の防御)《暴行 (assault and battery) による不法行為 (tort) 訴訟での被告の防御で、原告のいう侵害は自己防衛のために加えたものであったと主張するもの; cf. SELF-DEFENSE》. [F=his/her own assault]

Són of Sám Làw 《米》サムの息子法《有罪決定を受けた犯罪者がみずからの話を出版者・映画制作者に売り利益を得ることを禁じている州法; 1977年 New York 州で初めて制定され、その利益を没収し被害者に分配しようとした; 'サムの息子' と自称する連続殺人犯 David Berkowitz に出版社が多額の金銭を申し出たことから; しかしこのニューヨーク州法は合衆国最高裁判所により 1992 年に違憲とされ、他の多くの州法にも影響が出ている》.

soon /súːn/ adv **1** もうすぐ、間もなく、近いうちに. **2** 早く、早めに; 速やかに. **as ～ as possible** できるだけ早く、遅滞なく、可及的速やかに.

so·ror·i·cide /sɔ́rə(ː)rəsàɪd, -rɑ́r-/ n **1** 姉[妹]殺し(犯). **2** 姉[妹]を殺す人. **so·ror·i·cí·dal** a

sound[1] /sáʊnd/ vi **1** 音がする、音を出す、鳴る、響く. **2** 〈訴訟など〉…に関する、…と関連する、…の性質をもつ、…で訴えうる、…で回復できる《in》: ～ in damages 損害賠償の形でのみ償われる、損害賠償請求訴訟の性質をもつ.

sound[2] a **1 a** 〈身体が〉健全な、健常な、正常な; 《精神的に》健全[健常]な、穏健な、信頼できる. **b** 〈商品などが〉良い、上等な (good); 取引適格のある、市場性のある (marketable). **2** 〈行為などが〉堅実な、まっとうな; 〈財政状態などが〉健全な; 資産〔支払い能力〕がある. **3** 有効な.
～·ness n

sóund and dispósing mínd and mémory 正常かつ財産処分能力を有する精神と記憶力《特に遺言(作成)能力のこと; ⇨ DISPOSING MIND, SOUND MIND》.

sóund héalth 《特に保険申込者の》正常な健康状態; 良好な健康状態 (good health).

sounding in damages ⇨ SOUND[1] in.

sóund mínd 正常な精神(状態) (cf. SOUND AND DISPOSING MIND AND MEMORY, UNSOUND MIND). **of ～** 正常な精神(状態)の、正常な精神を有している; 《特に》遺言 (will) (作成)能力を有している.

sóund recòrding 録音.

sóund títle 優良権原 (⇨ MARKETABLE TITLE).

sóund válue 正品価額《損害保険で、目的財産の損傷のない状態の、したがって保険事故直前の価額; 損傷状態における価額 (これを damaged value (損傷価額) という) に対する; 海上保険 特に積荷保険で多く用いられ、その場合は運賃・関税・陸揚げ費用なども含む》.

soup /súːp/ n **1**《料理》スープ; どろどろしたもの、混合(溶)液. **2**《俗》《特に金庫破りの》ニトロ (nitroglycerin)、ゼリグナイト、ダイナマイト. **3**《俗》《かつての》即席弁護依頼 [報酬] (⇨ DOCK BRIEF). **4**《俗》慈善スープ的訴追依嘱《英国では刑事訴追も弁護士に依嘱して行なわれるが、その選任の際当該裁判所と関係のある弁護士に依嘱されることが多い; ここからこの訴追依嘱、特に 比較的売れない弁護士たちへの訴追依嘱を、慈善事業での貧困者・失業者への無料スープの提供にひっかけていう》.

source /sɔ́ːrs/ n **1** もと、源、原因《of》; 起点、始まり; 創始者、原型: the ～ of the conflicts 争いの原因. ▶ INDEPENDENT SOURCE (独立的源泉). **2**《情報の》出所、情報源、出典: a news ～ ニュースの出所 / historical ～s 史料. ▶ CONFIDENTIAL SOURCE (秘密情報源).

sóurce of〈**the**〉**láw** 法源、法の淵源《一般には、成文法・判例法・慣習法・条理・学説などの、広義では法の存在・表現形式、認識源または成立形式を、狭義では裁判の基準を指す; しかし神・主権者の意思・民意などの法の究極的妥当根拠を指すことも、また法令集・判決録・法書など過去の法の認識素材〔法史料〕を指す場合もある》.

Sòuth-Éastern Círcuit [the ～]《英》南東部巡回裁判区《英国の 6 つの巡回裁判区 (circuit) の一つ; 中心地は London; ⇨ CIRCIUT》.

Sóuth Éastern Repòrter《米》『南東部諸州判例集』『サウス・イースタン・リポーター』(『アメリカ合衆国判例体系』(National Reporter System) の一つで、南東部諸州の最高裁判所判決のほとんどすべてと、重要な中間上訴裁判所判決、少数の一審判決を収めたもの; 1887-1939 年の第 1 次シリーズ、その後の第 2 次シリーズがある; 略語は、第 1 次シリーズが S.E., 第 2 次シリーズが S.E. 2d).

Sóuthern Repòrter《米》『南部諸州判例集』『サザン・リポーター』(『アメリカ合衆国判例体系』(National Reporter System) の一つで、南部諸州の最高裁判所判決のほとんどすべてと、重要な中間上訴裁判所判決、少数の一審判決を収めたもの; 1887-1941 年の第 1 次シリーズ、その後 2009 年までの第 2 次、それ以後現在までの第 3 次シリーズがある; 略語は、第 1 次シリーズが So., 第 2 次、第 3 次シリーズが So.2d, So.3d).

Sóuth Sèa Búbble [the ～]《英史》南海泡沫会社事件, 南海泡沫事件《1711 年に英国で創立され中南米スペイン植民地との貿易独占権を得て奴隷貿易を行なっていた South Sea Company が株価の下落のため 1720 年多数の破産者を出し英国経済界を混乱させた事件》.

Sóuth Wéstern Repòrter《米》『南西部諸州判例集』『サウス・ウエスタン・リポーター』(『アメリカ合衆国判例体系』(National Reporter System) の一つで、南西部諸州の最高裁判所判決のほとんどすべてと、重要な中間上訴裁判所判決、少数の一審判決を収める; 1886-1928 年の第 1 次シリーズ, 1928-1999 年の第 2 次シリーズ、それ以後の第 3 次シリーズがある; 略語は、第 1 次シリーズが S.W., 第 2 次、第 3 次シリーズが S.W.2d, S.W.3d).

sov·er·eign /sɑ́v(ə)rən, sʌ́v-, -vərn/ n **1** 主権者; 元首、君主、国王 (monarch)、支配者. **2** 独立国、主権国、主権国家. **3**《英》ソヴリン《1 ポンド金貨》. ― a 主権を有する、君主の、君臨する; 絶対的な; 独立の、自主

sóvereign ácts dòctrine〚米〛主権的行為の法理《合衆国は,主権者としての資格でなした行為に対しては契約上の責務を免除されるという法理》.

sóvereign authórity 主権.

sóvereign immúnity 主権免除[免責](特権)《1》外国国家に対する訴訟に関しては国内裁判所は管轄権を有しないという国際法の原則; ⇨ ABSOLUTE THEORY OF SOVEREIGN IMMUNITY 2》国家・州はその同意なくしてはみずから国内[州内]裁判所で訴えられないという国内法の原則; 英国は1947年の国王訴訟手続き法 (Crown Proceedings Act), 米国は連邦不法行為請求法 (Federal Tort Claims Act) でこの同意を一般的に与えたことになっている 3》〚米〛州が州民から連邦裁判所で訴えられないという原則; 2) および 3) につき cf. CROWN IMMUNITY, GOVERNMENT IMMUNITY, STATE IMMUNITY, LIMITATION-OF-LIABILITY ACT》. ▶ ABSOLUTE THEORY OF SOVEREIGN IMMUNITY (絶対的主権免除論) / RESTRICTIVE THEORY OF SOVEREIGN IMMUNITY (制限的主権免除論).

sóvereign péople 主権者たる国民, 主権の存する国民.

sóvereign pówer 主権.

sóvereign ríght 1 統治権. 2 [ᵁ~s]《国際法》主権的権利《国家の主権そのものではないが, それに付随して国家に認められている諸権利; 特に海洋法で沿岸国が大陸棚および排他的水域に対して有する権利を指し, これらは領域主権ではないが, 経済的目的に限定された範囲内の権利である》.

sóvereign státe 主権国家, 独立国 (cf. NONSOVEREIGN STATE, SEMISOVEREIGN STATE).

sóvereign·ty *n* 1 主権, 統治権; 支配力: external ~ 対外主権 / internal ~ 対内主権. ▶ STATE SOVEREIGNTY (州自治権) / TERRITORIAL SOVEREIGNTY (領域主権). 2 独立; 独立国. 3 君主の身分[地位].

sóvereignty of Párliament [the ~]〚英〛議会主権 (=parliamentary omnipotence, parliamentary sovereignty, parliamentary supremacy)《法的には主権は議会 (正式には議会における国王 (King in Parliament)) にあるという英国の憲法原理; このことは一方では議会の立法権の無制約性 (米国と異なり裁判所に違憲立法審査権がない), 他方では議会と競合する立法権者の不在を意味するが, しかし 1973 年英国の欧州共同体 (EC) の加盟以後,「EC 法の優位性」の下で, 古典的な議会主権は維持できなくなっており, EC 法, EU 法との調和が大きな問題となっている》.

sov·ran /sávrən/ *n, a* SOVEREIGN.

sov·ran·ty /sávrənti/ *n* SOVEREIGNTY.

sp. special ♦ specialist ♦ (*pl* **spp**) species ♦ specific ♦ specimen ♦ spirit.

s.p. same point 同じ論点 ♦ same principle 同一原則 ♦ °sine prole 子孫なして ♦ supra protest.

SPA〚英〛°Service Prosecuting Authority 軍務関係者訴追機関.

spáce láw 宇宙法《宇宙開発によって生ずる諸問題に関する国際法》.

spa·do /spéɪdoʊ/ *n* (*pl* **spa·do·nes** /speɪdóʊneɪz/) 1 去勢された人[動物]. 2 生殖不能者, 性的不能者. [L<Gk]

spar·sim /spá:rsɪm/ *adv*〚史〛あちこちに, ばらばらに, まばらに, まれに. [L]

SPC〚英〛°Summons Production Centre 召喚状作成センター.

spéak·er *n* 1 話す人; 語り手, 演説者; 代弁者. 2 [the ~; °S-]《議会の》議長: Mr. *S*~ [*voc*] 議長! ▶ DEPUTY SPEAKER (副議長) / LORD SPEAKER (貴族院議長; 大法官). **~·ship** *n* 議長の職[任期]. ★ 英国の下院[庶民院]の議長は下院議員によって選ばれた下院議員がなり, 上院[貴族院]の議長は長く大法官 (Lord Chancellor) が務めていたが, 現在では貴族院議長 (Lord Speaker) に変わっている. 米国の下院の議長は下院議員によって選ばれた下院議員がなり, 上院では副大統領が議長となる.

Spéaker of the Hóuse of Cómmons [the ~]〚英〛庶民院議長 (⇨ SPEAKER).

Spéaker of the Hóuse of Lórds [the ~]〚英〛貴族院議長 (⇨ SPEAKER).

Spéakers of the Hóuses of Párliament *pl* [the ~]〚英〛(議会の)両院議長 (⇨ SPEAKER).

spéaking demùrrer 未主張事項提出による抗答不十分の抗弁《最初の訴えには含まれていなかった新事実を取り上げ, 主張し, それゆえ認められない訴答不十分の抗弁 (demurrer)》.

spéaking mòtion 未主張事項提出申し立て《訴答 (pleading) で取り上げたことのない新事項を考慮しなければならなくなるような申し立て》.

spéaking objéction 不必要な情報提出異議《裁判官が認めたり却下したりするのに必要なこと以上の情報を含む, しばしば議論の形でなされる異議 (objection); 多くの裁判官は, 陪審に対する影響の可能性のゆえに, 弁護士がこの種の異議を唱えること, さらに時には異議の根拠を述べることも禁じる》.

spéaking òrder〚史〛《当該命令の内容の説明が含まれている》説明的命令.

spéaking státute 口語的制定法《そこでの用語が解釈時の一般的な意味に照らして解釈される制定法》.

spec /spék/ *vt* (**speccd, spec'd** /spékt/; **speccing** /spékɪŋ/) …の明細書を書く. ── *n* [*pl*] 明細書, 設計書, 仕様書 (specifications).

spe·cial /spéʃ(ə)l/ *a* 1 特別の, 特殊の (opp. *general*). 2 独特の, 固有の; 専用の; 個別の; ある特定の. 3 格別の; 並はずれた, 例外的な. ── *n* 特別の人[もの], 臨時の人[もの]; 特派員, 特使. **~·ly** *adv*

Special 301 /─ θríːòʊwán/〚米〛スペシャル 301 条《米国 1988 年制定の包括通商・競争力強化法 (Omnibus Trade and Competitiveness Act)の, 米国企業所有の知的所有権を十分に保護していない国の認定と制裁に関する条項).

spécial accéptance (of a bíll of exchánge)《支払地を特定した》《為替手形の》特別引受け.

spécial áct《米》特別議会制定法(＝SPECIAL STATUTE) (opp. *general act*).

spécial administrátion 1 特別遺産管理(手続き), 個別的遺産管理(手続き)《遺産全体のではなく遺産の特定部分についてのみの管理; cf. GENERAL ADMINISTRATION》. 2 ADMINISTRATION PENDENTE LITE. 3《英》LIMITED ADMINISTRATION.

spécial administrator 特別遺産管理人《1》無遺言者の遺産の特定部分についてのみの管理のために選任された人 2) 例えば遺言の有効性についての訴訟が係属しているなど異常な事情ないしは緊急事態のゆえにのみ遺産管理人としてつとめるべく選任された人; » cf. GENERAL ADMINISTRATOR).

spécial ágency 特定代理《包括的代理ではなくある特定の単一ないしは一連の行為取引のみにおける代理; cf. GENERAL AGENCY》.

spécial ágent 1《米》《FBIの》特別捜査官. 2 特定代理人 (⇒ SPECIAL AGENCY) (opp. *general agent*). 3 保険勧誘員 (＝local agent, solicitor)《勧誘し最初の保険料を徴収し保険証券を渡すだけの限定的権限のみを有する》.

spécial appéarance 1 限定的出廷《被告に対する人的裁判管轄権を有しているという裁判所の主張に対して争う目的だけのために被告が出廷すること; cf. APPEARANCE UNDER PROTEST, GENERAL APPEARANCE》. 2《被告の》限定的出廷抗弁《被告が裁判所は被告に対する人的裁判管轄権を有していない旨を主張する, あるいは被告召喚状の送達が不適正であったことに異議を述べる訴答》.

spécial asséssment《米》《公共事業の利益を受ける施設・財産に対する》特別負担金, 特別課税 (cf. GENERAL TAX, SPECIAL BENEFIT).

spécial assúmpsit 特別[個別]引受け訴訟《特定の明示の引受け・約束があったにもかかわらずそれが破られたことを根拠として提起される訴訟; cf. GENERAL ASSUMPSIT》.

spécial authórity 特定的代理権《特定行為・取引のためだけの代理権》.

spécial báil《史》訴訟保証人 (⇒ BAIL).

spécial bástard 特別非嫡出子《両親の結婚前に生まれた子; 教会法上は後の婚姻による準正 (legitimatio per subsequens matrimonium) で嫡出となるが, コモンロー上は非嫡出のままとされた》.

spécial bénefit 特別利益 (＝peculiar benefit) (⇒ GENERAL BENEFIT) (cf. SPECIAL ASSESSMENT).

spécial bónd《米》特別保証書《船舶の差押えを解除するために船主が提供する保証書; cf. GENERAL BOND》.

spécial búsiness《英》特別議案《年次総会 (annual general meeting) および臨時総会 (extraordinary general meeting) においてのみ, その一般的性質が開催通知で明示されれば, 議題にし処理することができる問題》.

spécial cálendar《米》特別審理事件表《特別に設定されている訴訟事件審理予定表》.

spécial cáse 1《英史》特別事実記載書《1》民事訴訟の両当事者により合意され, 事件そのものの審理とは別にその法律問題についての裁判所の意見を求めて提出される事実記載書 2) 高等法院 (High Court of Justice) の意見を求めて提出される仲裁人 (arbitrator) の認定事実記載書; 現在は法律問題についてのみの上訴 (appeal) の一形式に代わっている》. 2《米》判断留保事実記載書 (＝CASE RESERVED).

spécial chárge《陪審に対する》特別説示 (＝SPECIAL INSTRUCTION).

spécial círcumstances *pl* 特別事態; 特別事態の準則. ★ EXIGENT CIRCUMSTANCES と同義.

Spécial Commíssioner of Íncome Táx《英》所得税特別審判官 (⇒ INCOME TAX COMMISSIONER).

spécial commíttee《議会》特別委員会 (⇒ SELECT COMMITTEE).

spécial cónstable《英》特別警察官《主に週末か特定のないしは緊急の場合に治安判事 (magistrate) に選任されて任務に就く非常勤の警察官》.

spécial cóntract 特別契約《1》同種の契約には通例見出すことのできない特異な規定を含む契約 2) 要式契約 (formal contract) ないしは押印契約 (contract under seal) 3) 明示契約 (＝express contract)》.

spécial cóntract débt 特別契約 (special contract) に基づく債務 (＝specialty debt).

spécial cóunsel 1《米》《連邦・州・自治体の》特別法務官, 臨時法務官《特別に必要とされる場合に臨時に弁護士の中から任命される; 特別検察官 (special prosecutor) もその特別例; cf. INDEPENDENT COUNSEL》. 2《米》特別検察官 (＝SPECIAL PROSECUTOR). 3 特別助言者, 顧問.

spécial cóunt 訴因特別陳述《民事訴訟の答弁の中で原告の権利主張が特別に詳細に述べられていること, またはその部分; 通常は特に求められた時にのみ行なわれる; cf. GENERAL COUNT》.

spécial cóurt-màrtial《米》特別軍法会議《中位の軍法会議; cf. GENERAL COURT-MARTIAL, SUMMARY COURT-MARTIAL》.

spécial cóvenant against encúmbrances《米》負担不存在特別保証約款《負担不存在保証約款 (covenant against encumbrances) のうち, 譲渡人自身が設定した負担の不存在のみについての保証, 前任者については保証の外に置く保証約款; cf. COVENANT AGAINST ENCUMBRANCES, SPECIAL WARRANTY》.

spécial cróssing 特定線引き(＝crossed specially)(⇨ CROSSED CHECK)(cf. GENERAL CROSSING).

spécial dámages *pl* **1** 特別損害賠償(＝consequential damages, indirect damages)《不法行為・契約違反の結果、通常・当然に発生するものと推定される損害ではなく、したがって原告が特別に主張し証明しなければならない損害に対して与えられる損害賠償; cf. GENERAL DAMAGES》. **2** 金銭的損害賠償《過失による傷害でこうむった、身体上の傷害とは区別される金銭的損失・出費; 入院治療費・失われた収入・手伝い人のための費用など; opp. *general damages*》. **3** [s- damage] 実害《文書誹毀(libel)のような他の要件なしに賠償請求しうる(actionable per se)不法行為以外の不法行為成立の要件で、精神的損害でない金銭または金銭的に評価できる物質的利益の損失; これが存在し不法行為が認定されれば、精神的損害についても損害賠償の対象となりうる》.

spécial defénse 1 個別的防御(方法)《個々の犯罪ごとに通常は制定法で認められている防御(方法); 例えば名誉毀損(defamation)訴訟における言説の真実性の証明による正当化など; opp. *general defense*》. **2**《英史》特別抗弁《州裁判所(county court)で被告が相殺・反訴・無能力・時効など一定の事柄を防御方法として援用しようとする場合は、あらかじめ原告に通告しなければならず、それを怠ると次の訴訟の時にこの防御方法を再び援用できなくなるという手続き; 1936 年以来廃止された》.

spécial delívery 速達郵便(物)(express delivery")*.

spécial demúrrer 訴答方式不十分の抗弁, 相手方訴答の方式に対する抗弁, 特定的法律効果不発生訴答, 特別妨訴抗弁《相手方の訴答(pleading)の特定部分が訴答方式の準則にのっとっていないゆえ、それに答える義務はないと主張する訴答; cf. GENERAL DEMURRER, SPECIAL EXCEPTION;⇨ DEMURRER》.

spécial depósit 寄託, 特定寄託《寄託した特定物を返還する寄託; opp. *general deposit*》.

spécial detérrence 犯罪の特別予防《有罪決定・刑罰は、応報のためでなく、犯罪者本人の犯罪反復の防止のためであるということ; cf. GENERAL DETERRENCE》.

spécial dístrict《米》特別地区《上[下]水道や公共旅客輸送など単一の公共事業のために通常区画を無視して特別に設定された一州内の行政区》.

spécial dúty dòctrine 特別義務の法理(＝special duty exception)《国や地方公共団体を含む公的主体が、社会一般に対してではなく特定個人に対して義務を負っている場合には、その個人に対する損害の責任を負わなばならないという原則; 一般的には公務の法理(public duty doctrine)が適用されるが、その例外》.

spécial dúty excèption 特別義務の例外(＝SPECIAL DUTY DOCTRINE).

spécial eléction《米》特別選挙《欠員補充等のため通常選挙(general election)の間に実施される選挙; 英国では by-election(補欠選挙)ということが多い》.

spécial employée 特別被用者(＝BORROWED EMPLOYEE).

spécial emplóyer 特別雇用者《特別被用者(special employee)(派遣労働者(borrowed employee))の派遣先である雇用者》.

spécial endórsement 1 記名式裏書(＝full endorsement)《証券の支払いを受けるべき者もしくは証券記載の物品を受け取るべき者の名を、またはその者の指図した者が支払いを受けるべきもしくは物品を受け取るべきその指図人の名を明記した裏書; opp. *blank endorsement*; cf. CONDITIONAL ENDORSEMENT, IRREGULAR ENDORSEMENT, RESTRICTIVE ENDORSEMENT》. **2**《英史》《召喚令状(writ of summons)裏面における》請求の記載(＝ENDORSEMENT OF CLAIM).

spécial érrand dòctrine 特別使命の法理(＝SPECIAL MISSION EXCEPTION).

spécial excéption 1 特別異議《訴訟において相手方の権利主張の内容ではなく形式面についての、例えば不明確であるというような当事者の異議; cf. DEMURRER, GENERAL EXCEPTION, SPECIAL DEMURRER》. **2** 特例的許容(＝conditional use)《ゾーニング(zoning)規制において不可欠でかつ当初の規制と必ずしも大きく矛盾しないと考えられる特別の利用を特に許容すること; cf. VARIANCE》.

spécial execútion 特定財産に対する強制執行,《判決に付した》特定財産執行文(cf. GENERAL EXECUTION).

spécial exécutor《遺言者の》特定財産遺言執行者(cf. GENERAL EXECUTOR, LIMITED EXECUTOR).

spécial extradítion arràngements *pl* 特別犯罪人引渡し協定《一般的な犯罪人引渡し(extradition)協定がない国との間でなされる犯罪人引渡し手続きについての協定》.

spécial fácts rùle [dòctrine]《米》特別事実の準則[法理]《例えば会社の役員・取締役が株式売買をすすめたといった特別の事実がある場合には、当該役員・取締役はその株式の売買において株主に対して会社の内部情報を開示すべき信認義務(fiduciary duty)を負うという判例法上の原則; 開示義務を否定する'多数説'(majority rule)の例外; cf. MAJORITY RULE》.

spécial fínding 1《陪審による》個別的事実認定《陪審の評決(verdict)は一般には結論のみを示す一般評決(general verdict)の形をとる; しかし時には個々の事実の存否を認定する特別評決(special verdict)の形をとることもある; 個別的事実認定はこの後者とも違い、常に一般評決といっしょになされ、しかも実体的争点のすべてについてなされる必要がない点で異なり、裁判所からの特別質問(special interrogatory)に対する回答としての事実認定をいう》. **2** 決定的事実の認定(1) ['pl*] 一方当事者勝訴の判決を支える必要かつ究極的事実の認定; cf. GENERAL FINDING **2**) 軍事裁判所が有罪か無罪かを決定するのに直接関係するその軍法上の事実認定》.

spécial fránchise 特別特権《公共性を有する事業団体に政府から与えられる公的財産の公益のための使用

特権; cf. GENERAL FRANCHISE).

spécial gránd júry《米》特別大陪審《通常は正規の大陪審 (grand jury) が任務終了したり選ばれていなかったりした場合に特別に召集される，限定的権限しかしない大陪審》.

spécial guáranty 特定人保証(契約)《cf. GENERAL GUARANTY》《1》特定の人だけを対象にし，したがってこの者だけしか実現[強制]できない保証(契約) 2》特定の人を債権者として明示し，したがってその者によってのみ認められうる保証契約).

spécial guárdian 特別後見人《1》被後見人の人あるいは財産に対して限定された権限しか有しない後見人，例えば，財産の後見人は有するが人の後見人を有しないとかその逆，あるいは訴訟のための後見人 (guardian ad litem) 2》英国で2002年法で導入された，養子縁組 (adoption) に若干永続性では劣るが同様に子供の世話に永続性と安定性を与えるための特別後見制における後見人で，裁判所により命令(この命令を **special guardianship order** (特別後見命令)という)で親の責任 (parental responsibility) を含む親権の多くを与えられる人；養子縁組と違い，子供は生みの親との関係は持ち続ける).

spécial házard rùle 特別危険準則《通勤途上準則 (going and coming rule) の例外で，通勤経路が一般には用いられていないものでかつ特別の危険があるものを雇用者との約束のうえで利用している場合には，被用者が通勤途上で受けた被害でも労働者災害補償 (workers' compensation) の対象となるという原則; cf. GOING AND COMING RULE, SPECIAL MISSION EXCEPTION).

Spécial Héalth Authòrity《英》国民医療制度特別機関《地方共同体だけでなくイングランド全体に対してそれぞれ特定分野での公共医療業務を提供すべく1977年に創設された各種の機関；例えば国民医療制度訴訟機関 (NHS Litigation Authority); 独立機関ではあるが，他の国民医療制度上の諸団体と同じように行政的指示に従うことはありうる).

spécial hóspital《英》特殊病院《危険・暴力的あるいは罪を犯すおそれのある精神障害者を収容・介護する病院).

Spe‧ci‧a‧lia gen‧e‧ra‧li‧bus der‧o‧gant. /spèʃiǽliə dʒènərǽlibəs dérəgænt/ 特別の事柄は一般的な事柄をそこなう《語順を変えて Generalibus specialia derogant. ともいう). [L=Special things derogate from general things.]

spécial injúnction《史》特別差止め命令《不法妨害 (nuisance) や不動産毀損 (waste) などのように，裁判所により阻止されない場合には取返しのできない権利侵害が生じうる場合に，その唯一かつ究極的な救済策はその行為自体の阻止となるから，そのような場合に出された差止め命令).

spécial instrúction《事件の特定の問題についての，陪審に対する》特別説示 (=special charge).

spécial interrógatory《米》《裁判所からの，陪審に対して一般評決 (general verdict) を補充するものとして求められる》特別質問(書)，特別質問事項 (=special issue) (cf. JURY QUESTION, SPECIAL FINDING).

spécial íssue 1 特定争点《訴答の中の特定主張から生ずる争点；大部分の法域ですたれている). **2**《史》個別否認訴答《全面的否認訴答 (general issue) に対する語で，訴えの要素である特定の主張を否認する訴答；新事実の提起でなく否認のみの訴答ではあるが，成功すれば勝訴に導きうるもの). **3** 特別質問(書) (=SPECIAL INTERROGATORY).

spé‧cia‧li‧té /F spesjalite/ *n* SPECIALTY.

spe‧ci‧al‧i‧ty″/spèʃiǽləti/ *n* SPECIALTY.

Spécialized Ágency《国際連合と連携する》専門機関《経済・社会・文化などの各分野で広い国際的責任を有し，特に連携協定を結んで国際連合と連携関係をもたされる国際組織；国際連合食糧農業機関 (FAO), 国際労働機関 (ILO), 国際通貨基金 (IMF), 国際連合教育科学文化機関 (UNESCO), 世界保健機関 (WHO), 世界知的所有権機関 (WIPO) など多数ある).

spécial júdge 特別裁判官《正規の裁判官の不在・資格剥奪など特別の事態に選ばれて担当する裁判官).

spécial jurisdíction 特別管轄権 (=LIMITED JURISDICTION). ▶ COURT OF SPECIAL JURISDICTION (特別管轄裁判所).

spécial júry 特別陪審《1》当該事件のためだけに特別に作成された陪審員候補者名簿 (panel) から選ばれた陪審; **struck jury**(選別陪審)ともいう 2》特別の資質のあるあるいは特別の身分ないし職業にある人から構成される陪審；英国では原則廃止；米国でも現在ではあまり用いられない; **good jury**(優良陪審)ともいう; ⇨ BLUE-RIBBON JURY; ≫ cf. COMMON JURY).

spécial láw 1《広義には》特別法 (=private law) 《特定の事件・人・場所・事物にかかわる法で, LOCAL LAW (地域的特別法), PERSONAL ACT (人的特別議会制定法) などを含む概念; 広義の local law (特別法) と同義; opp. *general law*). **2**《狭義には》地域的特別法《狭義の local law (地域的特別法) と同義).

spécial légacy 特定(動産)遺贈 (=SPECIFIC LEGACY).

spécial lícense 1 例外的特権を認める許可証《酒類販売・薬局・行商人などの許可もこれに含まれる). **2**《英》特別婚姻許可(状) (=**spécial lícense for márriage**) (⇨ MARRIAGE LICENSE).

spécial líen 1 特定のリーエン (=PARTICULAR LIEN). **2**《弁護士の》報酬請求権のためのリーエン[先取特権] (=CHARGING LIEN).

spécial limitátion (不動産権の)特別限定《特定の事柄の発生により不動産権 (estate) が自動的に消滅し，譲与者に復帰することが定められていること; cf. FEE SIMPLE DETERMINABLE).

spécial mánager《英》特別管財人《会社が清算 (liquidation) 手続きに入った場合に裁判所が選任する).

spécial máster 特別裁判所主事《特定事項・事件について裁判所を補助すべく選任される主事・補助裁判

官).

spécial mátter 特別問題《コモンロー訴答手続きで、被告が全面否認訴答 (general issue) の答弁をした場合には本来訴えに対して個別的な理由を付して争うことは行なわれないが、特に原告に通告したうえで、事実審理過程で証拠として提出することが認められている特別問題》.

spécial méasures pl 《英》特別措置《法廷で被告人と証人の間を仕切るスクリーンのように、証人を保護するあるいはその匿名性を確保するような措置; 1999年法で定められた》.

spécial méeting 特別会《特別目的のために定例の会議の間に臨時的に開かれる会; cf. ANNUAL MEETING》.

spécial míssion excéption 特別使命の例外 (=special errand doctrine)《通勤途上準則 (going and coming rule) の例外で、被用者が、その通常の職務に含まれるものであっても雇用者のための旅行・特別任務のために職場を離れている時にこうむった被害については、労働者災害補償 (workers' compensation) の対象となるということ; cf. GOING AND COMING RULE, SPECIAL HAZARD RULE》.

spécial mórtgage《特定財産にのみ設定される》特定財産譲渡抵当.

spécial mótion 特別申し立て《当然に認められるのではなく、裁判所の審理のうえでの裁量を特別に要する申し立て》.

spécial néeds anàlysis《米》特別な必要の分析《刑事訴訟手続きで捜査が個人の権利を不合理な形で侵していないかどうかを決定するために、合衆国最高裁判所によって用いられている較量テスト》.

spécial nótice《英》《議題の》特別通知《登記会社 (registered company) の総会 (general meeting) で取締役の解任など一定の決議を提案しようとする場合には、少なくとも28日前に提案する旨の通知が会社宛になされねばならず、次いで会社は少なくとも21日前にその提案を社員・株主に通知せねばならないと定められているが、その通知のこと》.

spécial óccupant《現有権者無占有不動産の》特別占有者《他生涯不動産権者 (⇨ ESTATE PUR AUTRE VIE) が死亡したのち権利設定時における基準生存者 (measuring life) たる人の死亡前までの中間的状況における土地の占有者である当該他生涯不動産権者の法定相続人; 他生涯不動産権設定時にその法定相続人への承継を定めておくことによって生ずる. 英国では廃止; cf. GENERAL OCCUPANT》.

spécial-òrder cálendar《議会》特別順位議事日程.

spécial ówner 特別所有者《受寄者 (bailee) が有している物に対する権利のように財産に対する限定された権利を有している人; ⇨ OWNERSHIP; cf. GENERAL OWNER》.

spécial páper《英史》《コモンロー裁判所、のちに王座部 (King's Bench Division) での》弁論審理予定表.

spécial páper dàys pl 《英史》予定表登録事件弁論審理期日 (cf. PAPER DAYS, SPECIAL PAPER).

spécial parliaméntary procédure《英》特別議会手続き《特に、特別手続命令 (special procedure order) が服さなければならないと定められている議会手続き; ⇨ SPECIAL PROCEDURE ORDER》.

spécial pártner* 特別組合員 (=LIMITED PARTNER).

spécial pártnership* 特別組合《1》LIMITED PARTNERSHIP 2) 一回限りの事業のために設立する組合》.

spécial pérmit 特別許可 (=SPECIAL USE PERMIT).

spécial pérsonal represéntative 特別人格代表者《継承財産設定地 (settled land) に関してのみ行為すべく選任される特別のあるいは追加的な人格代表者 (personal representative)》.

spécial pétty séssions pl 《英》特別小治安裁判所, 治安判事特別小法廷《⇨ SPECIAL SESSION》.

spécial pléa 特別棄却訴答《訴えの法的根拠を単に否定し争うだけでなく、新しい事実 (例えば民事訴訟で時効・無能力、刑事訴訟では一事不再理の申し立てなど) を提出する訴答; 全面的否認訴答 (general issue) 以外のすべての訴答がこれに含まれる; cf. GENERAL ISSUE》.

spécial pléader《史》訴答作成専門弁護士《必ずしも弁護士資格を有していなくてもよかった; 単に pleader ともいう》.

spécial pléading 1 訴答; 訴答をなすこと, 訴答作成. 2 訴答術, 訴答作成術. 3 特別棄却訴答 (special plea) (をなすこと). 4《口》自己に不都合なことを省き有利な事だけを述べる(一方的な)陳述[議論].

spécial pléa in bár 訴え棄却特別棄却訴答《訴えの本案に対して主張された事実を否定して防御するのではなく、例えば恩赦の主張、一事不再理の申し立てなど外的事項を主張して被告人が起訴犯罪で審理されるべきではないと主張する訴答; cf. GENERAL PLEA IN BAR》.

spécial pléa in érror 誤審令状特別棄却訴答《コモンロー上 誤審令状 (writ of error) に対抗する理由として、例えば誤審手続きの期限が過ぎているといった外的事項を主張する訴答》.

spécial pówer 1《権利帰属者指名権の一類型である》特定指名権 (=SPECIAL POWER OF APPOINTMENT). **2**《単純封土権 (fee simple) ではなくそれより劣る不動産権を移転することのみの負担を付したのであるいは不動産権の被移転者を制限する》制限的不動産譲渡権. **3**《代理人の特定的行為のみの、あるいは特定制限付きの》特定権限 (=particular power).

spécial pówer of appóintment《権利帰属者指名権の一類型である》特定指名権 (=limited power of appointment, particular power, special power) (⇨ POWER OF APPOINTMENT).

spécial pówer of attórney 特定事項委任状 (cf. GENERAL POWER OF ATTORNEY).

spécial práyer 特定救済懇請, 特定請求申し立て

(⇨ PRAYER FOR RELIEF).

spécial prívilege 1 特権, 特殊権益, 特典《特定の個人や特定階層の人びとに対してのみ、一般の人には与えられずかつ一般の人の権利をそこなう形で与えられる権益》. 2 議員の個人特権 (＝PERSONAL PRIVILEGE).

spécial procédure (for divórce)〖英〗(離婚訴訟における)特別手続き《1973年に導入され77年に拡大適用された迅速・簡単・廉価な離婚手続き；離婚の訴えに対して相手方が争う意思がない場合に、裁判官は離婚申立書を確認し、離婚理由が記入されていればその旨の証明書が出され、次いでそれに基づいて離婚が公開の法廷で言い渡される；両当事者共に出廷の義務もない；裁判上の離婚 (judicial divorce) の形をとってはいるが実質的には協議離婚で、1977年の拡大適用後は大部分の離婚で用いられている方式》.

spécial procédure lìst 特別手続きによる離婚事件簿 (⇨ SPECIAL PROCEDURE (FOR DIVORCE)).

spécial procédure matérial〖英〗要特別手続き資料《営業・専門職業・無給官職などの執務中に得たり作り出されたジャーナリズムやその他の秘密資料で、法的な秘匿特権により保護されているものではないが秘密にしておくべき暗黙の義務が付着しているもの；この種の資料を捜索 (search) 対象とする場合には特別の捜索令状が必要とされている》.

spécial procédure òrder〖英〗特別手続き命令《大臣により作成される命令からなる委任立法 (delegated legislation) の一形式で、授権制定法 (enabling statute) によって明示的に特別議会手続き (special parliamentary procedure) に服する命令により実施される旨定められているもの》.

spécial procéeding 特別訴訟手続き《1》係属中の訴訟とは独立して始めることのできる、したがってそれについての最終判決も他を待たず直ちに上訴しうる訴訟手続き；例えば公用収用手続き (condemnation)・法曹資格剝奪を求める訴訟手続きなど 2) 通常の訴訟で得られるものとは違った民事上・制定法上の救済策を求める訴訟手続き；例えば養子縁組を承認してもらうための手続き》.

spécial próperty 特別財産権《その保有者が限定的・一時的権利しか有していない財産権；例えば受寄者 (bailee) の立場から見た寄託物に対する権利などがこれに含まれる》.

spécial prósecutor〖米〗特別検察官《ウォーターゲート事件 (Watergate Affair) の捜査などの特定任務のためまたは検察官補佐のために制定法に基づいて任命される弁護士; cf. INDEPENDENT COUNSEL》.

spécial réference 特別事件付託《裁判所が特定の事実問題の決定を審理人 (referee) に付託すること；審理人 (これを **special referee** (特別審理人) という) は認定事実を事実審理の裁判官に報告するが、裁判官はそれに拘束される要はなく、参考にするのみ; cf. GENERAL REFERENCE》.

spécial relátionship 特別の関係 (＝**spécial relátion**)《相当な注意を払ってくれるであろうことを信用し、また第三者もその信頼関係を知っているかまたは知るべきである場合に生ずる、一種の信頼関係の要素を帯びた非信認関係; cf. FIDUCIARY RELATIONSHIP》.

spécial relátionship dòctrine 特別関係の法理《国[州]がある人を、例えば強制的入院・拘禁でその管理下に入れた場合には、国[州]はその人を保護する積極的義務をもち、その人に対して第三者が加える不法に対して責任を負うという原則；これは一般の人が国[州]の被用者に対して第三者の不法から保護してもらえなかったことを訴えることを禁じている一般原則への例外である; cf. DANGER CREATION DOCTRINE》.

spécial resolútion〖英〗特別決議《英国の会社において基本定款の目的条項、通常定款の変更、株式資本の減少などの重要事項の決定に必要とされる株主総会 (general meeting) の決議；通例21日以上前の通知と投票した議決権の4分の3以上の賛成で有効となる; cf. EXTRAORDINARY RESOLUTION, ORDINARY RESOLUTION》.

spécial retáiner 特定事件[問題]弁護士委任契約; 特定事件[問題]弁護士委任契約報酬[依頼料] (» cf. GENERAL RETAINER).

spécial róad 高速(幹線)道路.

spécial rúle《(特定の事例・状況のみに適用される)》特別準則[規則, 規範], 特則, 特例 (cf. GENERAL RULE).

spécial séssion (略 SS) 1〖米〗(議会の)特別会期[開会] (＝extraordinary session)《立法府が重要事項審議のために定例期以外に特別に召集され開かれる会期》. 2 [pl]〖英〗(州 (county) 内の一地域の特別業務のための地域内の2人以上の治安判事の下で開かれる) 特別治安判所, 治安判事特別裁判所《時に **special petty sessions** (特別小治安裁判所) とも呼ぶ; 酒類販売免許会議 (brewster sessions) もその一つ; cf. GENERAL SESSIONS, QUARTER SESSIONS》.

spécial sétting《(審理日時の)》特別設定《当事者の申し立てあるいは裁判所独自の判断で当事者が例えば70歳を超えている事件などを特別優先的に審理すべく審理日程を設定すること；法律上優先性を認めている場合もある》.

spécial síte〖英〗(環境汚染)特別地《地方自治体は(環境)汚染地 (contaminated land) のうち大臣が定めた基準に合っているものを特別に指定し、その汚染地改善 (remediation) の決定責任を環境庁 (Environment Agency) に委ねることが認められているが、その特別指定地を指す; cf. CONTAMINATED LAND, REMEDIATION NOTICE》.

spécial státute〖米〗特別制定法 (＝private act", private statute, special act*)《特定の人びとまたは特定地域に適用される制定法; opp. general statute; cf. PERSONAL ACT》.

spécial táil 特定限嗣(権) (＝TAIL SPECIAL).

spécial táx 特別税《1》特別の目的のために課される税, 目的税 2) 相続税のように普通税に加算される税; » cf. GENERAL TAX》.

spécial térm 《米》特別開廷期, 特別法廷《通常開廷期 (general term) 以外で, 多くは単独裁判官によって, 特別業務遂行のために開かれる開廷期; opp. *general term*》.

Special 301 ⇨ SPECIAL の位置.

spécial tráverse 特別[個別]否認訴答《コモンロー訴答において相手の訴答の一つの重要事実を否認する訴答; この訴答は二つの部分からなり, 初めの部分は予備的陳述 (inducement) で, その後 absque hoc (これがなければ) という語を冒頭にした部分から否認がなされる; ここから ABSQUE HOC を '否認部分' とも呼ぶ; 英国では 1852 年法で廃止; cf. GENERAL TRAVERSE》.

spécial trúst 特別信託, 特定目的信託 (＝ACTIVE TRUST).

spe·cial·ty /spéʃ(ə)lti/ *n* 1 捺印債務証書, 捺印契約証書, 捺印証書; 捺印証書契約, 押印契約 (＝CONTRACT UNDER SEAL). 2《国際法》特定の法理 (＝DOCTRINE OF SPECIALTY). ▶ DOCTRINE OF SPECIALTY (特定の法理). 3 特殊資産 (＝specialty property)《教会・墓地のような本質的に市場性のない資産; 公用収用 (condemnation) の場合のその価額は, 作り直し費用から減価償却分を引いた額によって決定される》.

spécialty bàr 特別法曹協会《特別な関心, 特定の経歴・背景, 共通の業務内容などをもった有志弁護士により設立・維持されている任意の法曹協会》.

spécialty còntract 捺印(証書)契約, 押印契約 (＝CONTRACT UNDER SEAL).

spécialty dèbt 捺印債務証書に基づく債務 (special contract debt).

spécialty dòctrine《国際法》特定の法理 (＝DOCTRINE OF SPECIALTY).

spécialty pròperty 特殊資産 (＝SPECIALTY).

spécial úse pèrmit 特別利用許可 (＝special permit)《ゾーニング (zoning) 規制の特例的許容 (special exception) と同じようなやり方で, 特定の土地利用方法をゾーニング担当部局が特別に許可すること》.

spécial úse valuàtion《米》遺産の特定利用評価基準《遺産税 (estate tax) に対応する遺言執行者 (executor) の選択の一つで, 遺産の中の不動産の価額評価に関して, 例えば農業地などをその潜在的最高価ではなく現在の利用方法を続けた場合の比較的低い価額で評価すること》.

spécial vérdict 特別評決, 個別評決, 特定的評決 (⇨ GENERAL VERDICT).

spécial wárranty 特定の権原担保(責任)《一定の人あるいは瑕疵に対してのみ保証する不動産の権原担保(責任); 最も一般的なものは, 譲渡人が当該不動産保有中に発生した瑕疵その他譲渡人との関係で生じた瑕疵のみに対するもの; 一般の権原担保は譲渡人の不動産権原保有前の瑕疵をも含め, すべての人・瑕疵に対してなされ, これを一般的権原担保(責任) (general warranty) と呼ぶが, これに対するもの; cf. SPECIAL COVENANT AGAINST ENCUMBRANCE》.

spécial wárranty dèed 1 特定の権原担保捺印証書《特定の権原担保 (special warranty) を約した捺印証書 (deed); cf. GENERAL WARRANTY DEED, WARRANTY DEED》. 2《若干の法域で》権利放棄捺印証書 (＝QUITCLAIM DEED).

spe·cie /spíːʃi, *-si/ *n* 正金, 正貨 (opp. *paper money*): ～ payment 正金支払い / ～ shipment 正貨現送. in ～ (1) 種類としては, 本質的には. (2) 同じ形で(の), 同様で[の], 規定されたとおりに[の]. (3) 正貨で(の), 正金で(の) (in actual coin). [*in specie*＜L＝in kind]

spe·cies /spíːʃiz, *-siz/ *n* (*pl* ～) 1《生物分類上の》種(しゅ). ▶ CANDIDATE SPECIES (絶滅危惧候補種) / DANGEROUS SPECIES (危険種) / ENDANGERED SPECIES (絶滅危機種) / LISTED SPECIES (絶滅危惧候補リスト記載種) / NONDANGEROUS SPECIES (非危険種) / THREATENED SPECIES (絶滅危惧種). 2 形式, 体裁.

spe·cif·ic /spɪsífɪk/ *a* 1 a 特定の, 特定の目的[意味]をもつ, 一定の, 特有の, 固有の, 独特の〈*to*〉. b 種の, その種に特有な. 2 明確な, 具体的な, 明細な〈陳述など〉. 3《税制》《課税が》従量の. — *n* 1 特定のもの; 特性, 特質. 2 [*pl*] 詳細, 細目; [*pl*] 明細書 (specifications). spe·cif·i·cal·ly *adv* spec·i·fic·i·ty /spèsəfísəti/ *n*

spe·ci·fi·ca·tio /spèsəfɪkéɪʃioʊ/ *n*《ローマ法・大陸法》《他人所有の材料に対する》加工.

spec·i·fi·ca·tion /spès(ə)fəkéɪʃ(ə)n/ *n* 1 詳述; 列挙; [*pl*] 明細書, 設計書, 仕様書(しょう); [*pl*] 仕様; 明細, 内訳;《特許出願の際の》発明明細書. 2 明確化, 特定化; 特性を有する状態[こと]. 3《他人のものである材料の新しく異なったものへの》加工(品)《例えば大麦からビールを造ること; 新製品は加工した人の所有物となり, 原料の持主はそのもとの価額の請求権のみを有する》. 4《軍法》《軍法違反で起訴された者への》起訴状, 起訴事実明細(書).

specífic bequést 特定(人的)財産遺贈《特定の腕時計というように特定された(人的)財産の遺贈》.

specífic delívery 特定物引渡し (cf. WRIT OF SPECIFIC DELIVERY). ▶ WRIT OF SPECIFIC DELIVERY (特定物引渡し令状).

specífic deníal 特定的否認《原告の主張の中の特定のものに対しての否認; cf. GENERAL DENIAL, QUALIFIED GENERAL DENIAL》.

specífic devíse 特定不動産[特定物]遺贈, 特定遺贈.

specífic diréctions *pl*《英》特定指示《地域法律扶助提供 (Community Legal Service) の下で, 特定の訴え, 例えば集団訴訟 (class action), 試験訴訟 (test case) などに対しては大法官 (Lord Chancellor) が特に支援を指示することが認められているが, その指示をいう》.

specífic disclósure《英》特定文書開示《文書の開示と閲覧 (disclosure and inspection of documents) 手続きで標準的文書開示 (standard disclosure) がなされた後になお一層情報を得たいと思う当事者

は、特定文書の開示を裁判所に求め、裁判所はそれを認めることができる; cf. GENERAL DISCLOSURE, STANDARD DISCLOSURE).

specífic dúty 従量税 (=specific tariff)《SPECIFIC TAX と同じで数量を課税標準とする税だが、特に 輸入関税についていうことが多い; cf. AD VALOREM DUTY》.

specífic enfórcement 特定的実現[強制] (⇒ PRIMARY RIGHT).

specífic góods pl 特定物《この馬を購入するというように取引において当事者が特に指定した物; cf. ASCERTAINED GOODS, UNASCERTAINED GOODS》.

specífic guáranty 特定保証(契約)《特定の単一債務についての保証(契約)》.

specífic ímplement《スコットランド法上の契約の》特定履行 (cf. SPECIFIC PERFORMANCE).

specífic inténtion 特定意思《法により禁止されている行為を行なう '一般的意思' (general intent) を超えて、加害者が特定の犯罪成立のために要求される特定の危害・結果の発生を意識していること; 不法目的侵入・夜盗罪 (burglary) 成立のためには、他人の住居への実力による侵入の証明だけでなく、重罪 (felony) を犯す特定の意思の証明も必要であるごとし; cf. GENERAL INTENT》.

specífic inténtion defénse 特定意思欠如の防御《刑事被告人が精神障害・酩酊などで、主張されている犯罪を実行するのに必要な意思形成能力をその時有していなかったという主張》.

specífic íssue òrder《英》特定問題命令《第 8 条命令 (section 8 orders) に含まれる命令の一つで、例えば教育・治療など子供の養育に関する特定問題についての命令; ⇨ SECTION 8 ORDERS》.

specífic jurisdíction 特定的管轄権、特定的裁判権《被告の住所などから一般的管轄権 (general jurisdiction) を有するのではなく、被告が当該裁判所の土地管轄と一定の最小限の関係を有していることを根拠にその関係がある問題についての事件はこれを裁判しうる裁判所の管轄権; cf. GENERAL JURISDICTION》.

specífic légacy 特定(動産)遺贈 (=special legacy) (opp. general legacy).

specífic legatée 特定(動産)受遺者.

specífic líen 特定物リーエン、特定物留置権《契約あるいは判決などの法的手続きによって特定物に対して認められるリーエン; cf. GENERAL LIEN》.

specífic objéction 特定的異議《根拠を示しながらの異議; cf. GENERAL OBJECTION》.

specífic perfórmance 特定履行《(1) 義務、特に契約上の義務の完全・正確な履行 2) 義務不履行、特に契約不履行に対する救済が損害賠償ではなく、契約条件どおりの義務履行を裁判所が強制すること; もともとはエクイティ (equity) 上の救済方法であった; cf. INJUNCTION, SPECIFIC IMPLEMENT》.

specífic pérsonal jurisdíction《米》特定的対人(裁判)管轄権《ある人が法廷地である州と最小限の接触 (minimum contacts) がある州において、この接触から

生じたあるいはそれと関連した訴えはこの事実に基づきその州に裁判管轄権が認められるが、その裁判管轄をいう; cf. GENERAL PERSONAL JURISDICTION, PERSONAL JURISDICTION》.

specífic rémedy 特定履行による救済(手段)《特に契約違反の場合に損害賠償ではなく、契約した特定の履行をなすべしとするごとき救済》.

specífic táriff 従量税 (specific duty).

specífic táx 従量税《個数・重量など商品の一定数量当たりいくらと定めた税金; cf. AD VALOREM TAX, SPECIFIC DUTY》.

specífic tráverse 個別的否認訴答 (=COMMON TRAVERSE).

spec·i·fy /spésəfàɪ/ vt 1 明細に記す[述べる]、明記する、明確に述べる; 特定する; 明細を示す; 明細書[設計書、仕様書]に記入する。2 条件として指定する。— vi 明記する.

spec·i·men /spés(ə)mən/ n 1 見本、適例; 例、実例。2《生物・医学》標本、試験片、試料、供試体、検体。▸ BLOOD SPECIMEN (血液試料) / BREATH SPECIMEN (呼気試料) / URINE SPECIMEN (尿試料).

spécimen of blóod 血液試料、血液検体 (= blood sample, blood specimen)《特に飲酒運転検査のため、医学的理由から呼気試料 (specimen of breath) が採取できないときに用いられる》.

spécimen of bréath 呼気試料、呼気検体 (= breath specimen)《飲酒運転検査のために採取される呼気》.

spécimen of úrine 尿試料、尿検体 (=urine specimen)《特に飲酒運転検査のため、呼気検査や血液検査の代わりに採取される尿》.

spe·cious /spíːʃəs/ a 見かけのよい、見かけ倒しの、もっともらしい、まことしやかな.

specs /spéks/ n pl SPECIFICATIONS.

spéctro·gràph n 1 分光写真機、スペクトログラフ。2 音響スペクトログラフ《いわゆる声紋 (voiceprint) の形を記録する装置; cf. VOICEPRINT》.

spec·u·late /spékjəlèɪt/ vi 1 思索する; 臆測[推測]する〈about, as to, how, that, etc.〉。2 投機をする、おもわく売買をする: ~ in stocks [shares"] 株に手を出す / ~ on a rise [a fall] 騰貴[下落]を見越してやまを張る. **spéc·u·là·tor** n

spec·u·la·tion /spèkjəléɪʃ(ə)n/ n 1 思索、思弁、考察; 推測、臆測 (guess)。2 投機、おもわく売買、おもわく買い、やま、あてこみ: buy land as a ~ 土地のおもわく買いをする / on ~ 投機で、やまで.

spec·u·la·tive /spékjəlɪtɪv, -lèɪ-/ a 1 思索的な; 推論的な、臆測での。2 投機的な、おもわくの; 投機好きな[に手を出す]; 危険な (risky), 不確かな: ~ importation 見越し輸入 / ~ buying おもわく買い / ~ stock 仕手株.

spéculative dámages pl 1《賠償を認めてもらえるか否かきわめて不確実な》裁定不確実損害賠償(金) (=

speculative risk remote damages) (cf. PROXIMATE DAMAGES). **2** 懲罰的損害賠償(金) (=PUNITIVE DAMAGES).

spéculative rísk《損害が発生するか利益が生ずるかいずれかの》投機的危険[リスク] (cf. PURE RISK).

spéculative secúrity 投機的証券.

speech /spíːtʃ/ *n* **1**《一般に》言語, ことば; 話すこと[能力]; 話し方, 話しぶり; 国語, 方言. **2** 話, 談話; せりふ; 陳述, 言論; 弁論; 演説〈*on*〉, (…の)辞, 挨拶, スピーチ: a farewell ~ 告別の辞 / make [deliver] a ~ 演説をする. ► CLOSING SPEECH (最終弁論) / COMMERCIAL SPEECH (商事的言論) / CONCLUDING SPEECH (最終弁論) / CORPORATE SPEECH (法人の言論) / FINAL SPEECH (最終弁論) / FREEDOM OF SPEECH (言論の自由) / FREE SPEECH (自由な言論) / HATE SPEECH (憎しみの言論) / KING's [QUEEN's] SPEECH (議会開会の勅語) / LIBERTY OF SPEECH (言論の自由) / MAIDEN SPEECH (処女演説) / ONE MINUTE SPEECH (一分間スピーチ) / OPENING SPEECH (冒頭陳述) / PURE SPEECH (純粋な言論) / SEDITIOUS SPEECH (煽動的言論) / SYMBOLIC SPEECH (象徴的言論). **3**《英》《法官貴族(Law Lord)の裁判での》意見 (=judgment).

Spéech from the Thróne [the ~]《英》議会開会の勅語 (=KING'S SPEECH).

Spéech or Debáte Cláuse [the ~]《米》発言または討議の条項 (=Speech and Debáte Cláuse)《合衆国憲法第1編第6条1項のことで, 上下院議員に議院における発言と討議について免責を与えている条項; cf. CONGRESSIONAL IMMUNITY》.

spéech-plús *n* 言論プラス (=SYMBOLIC SPEECH).

spéed·ing *n* 高速進行, 猛スピードの運転; スピード違反, 最高速度違反: He was arrested for ~. スピード違反で逮捕された.

spéeding offénse 最高速度違反.

spéedy rémedy 迅速な救済(手段)《特に, 被害者が損害を受ける前に迅速に与えられる救済》.

spéedy tríal 迅速な裁判《合衆国憲法では第6修正がこれを保障している》.

Spéedy Tríal Àct 1974 [the ~]《米》1974年の迅速裁判法《連邦裁判所の刑事事件で, 起訴状の提起・審理開始などについて期限を定め迅速裁判を保障している連邦法》.

spénd·ing pòwer《米》歳出権限《統治機関に与えられている歳出権限; 特に 合衆国憲法第1編第8節1項で, 連邦議会に与えられている債務支払い・共同防衛・一般的福祉のための支出の権限が重要》.

spend·thrift /spéndθrɪft/ *a* 金を浪費する, 金づかいの荒い. ― *n* 金づかいの荒い人, 浪費者.

spéndthrift trùst《米》浪費者信託《未成年者や浪費者などの受益者(beneficiary)の生活保護のための信託で, 受益者自身による受益権の処分を禁止するとともに, 受益者の債権者による受益権への強制執行も禁止または制限するもの; 英国では無効とされているが, 米国では大部分の州で有効》.

spént convíction《英》有罪決定の消滅《社会復帰期間(rehabilitation period)の無事満了によりもはや法的効果を有しなくなり, したがって特別の場合を除き開示の要がなくなった過去の有罪決定; ⇨ REHABILITATION OF OFFENDERS ACT 1974》.

spes suc·ces·si·o·nis /spíːz səksèʃíóunɪs/ 承継[相続]の期待《生存している者が死亡した場合にその者の財産権を相続しうるという単なる期待・可能性; 厳密な意味での権利ではない》. [L=hope of succeeding]

sphére of ínfluence /sfíər-/ 勢力範囲, 支配圏《一国が他国に対して及ぼす政治経済上の影響; そのような影響をうける国・地域; 個人・団体についても用いる》.

Spíel·berg dòctrine /spíːlbə̀ːrg-/《米》スピールバーグ事件の法理《労働法上の法理で, すでに仲裁人の判断(arbitrator's award)が出された段階で全国労働関係委員会(National Labor Relations Board)に申し立てられた紛争は, (1) 仲裁手続きが公正であったこと, (2) 判断内容が全国労働関係法(National Labor Relations Act)に矛盾しないこと, (3) すべての当事者が仲裁判断に拘束されることに同意していることを条件に, 仲裁判断に従うという原則; cf. COLLYER DOCTRINE》. [*Spielberg* Manufacturing Company (1955)]

spíll·òver *n* **1** あふれこぼれること, 溢出(いっしゅつ). **2** 外部効果 (=EXTERNALITY).

spíllover thèory《米》溢出(いっしゅつ)理論《共同被告人がいる刑事訴訟において, 共同被告人との審理が, 例えば陪審が被告人にとって不利な証拠を不法に用いる可能性があるなど, 被告人にとって実質的不利益をもたらすことを証明しうる場合にのみ, 分離裁判が認められるべきであるという原則; cf. BRUTON ERROR》.

spin-òff *n* **1** ᵃスピンオフ《会社分割の一方法で, 親会社がその資産の一部を新設の子会社に移転し, その株主に子会社の株を分配すること; cf. SPLIT-OFF, SPLIT-UP》. ᵇ スピンオフによって設立された(子)会社. **2**《産業・技術開発などの》副産物, 副次的効果, 波及効果.

spin·ster /spínstər/ *n* **1** 未婚婦人 (cf. BACHELOR);《婚期を過ぎた》独身女性, オールドミス (old maid); 結婚しそうもない女性. **~·hòod** *n*《女性の》独身, 未婚.

spir·it /spírət/ *n* **1** 精神, 霊, 魂; 元気, 気魄. **2** [⁰*pl*] 酒精, アルコール; [*pl*] 蒸留酒, スピリット.

Spírit of Láws [The ~]『法の精神』《Montesquieuの主著(1748); 法・法制度の原理を社会の諸条件との関係でとらえた比較研究; 特に三権分立論の主張はフランス革命・合衆国憲法への影響の点で重要; 原題 *De l'esprit des lois*》.

spírit of the láw [the ~] 法の精神《法の字義どおりの意味に対する法の目的; その法によって実現されるべき理念・価値; cf. LETTER OF THE LAW》.

spir·i·tu·al /spírɪtʃuəl/ *a* **1** 精神(上)の, 心の (opp. *material*). **2** 霊の, 霊的な; 神聖な, 宗教的, 宗教上の, 教会(関係)の (opp. *secular*, *temporal*); 教会法上の (canonical).

spíritual corporátion《聖職者のみからなる》聖職

者法人《単独法人 (corporation sole) でも集合法人 (corporation aggregate) でも可》.

spíritual cóurt 宗教裁判所 (＝ECCLESIASTICAL COURT).

spir·i·tu·al·i·ty /spìrɪtʃuǽləti/ *n* **1** 精神性, 霊性; 敬神, 崇高. **2** 霊的権威, 聖職者《集合的》. **3** [*pl*] 霊的なもの[財産], 教会[聖職者]の収入, 聖職禄, 教会の財産. **4** [*pl*]《聖職の》教権 (opp. *temporalities*). ▶ GUARDIAN OF THE SPIRITUALITIES (教権後見人).

spíritual lórd (*pl* ~s)《英》聖職貴族 (＝LORD SPIRITUAL).

spíritual péer 聖職貴族 (＝LORD SPIRITUAL) (opp. *lay* [*temporal*] *peer*).

spíritual ténure 宗教的不動産保有《条件》《不動産保有 (tenure) の条件がミサを捧げること等の宗教上の奉仕義務であるもの; cf. LAY TENURE》.

spite /spáɪt/ *n* 悪意, 意地悪; 恨み, 遺恨.   **in ～ of**... …にもかかわらず, …を無視して.

spíte fènce* いやがらせの塀《通風・採光・景観などを害して隣家を困らせたり, その資産価値をおとしめるためだけを目的に悪意で建てた塀または壁》.

s.p.l.° *sine prole legitima* 嫡出の子孫なして.

split /splít/ *v* (**split; split·ting**) *vt* **1 a** 裂く, 割る; 分割する〈between〉, 分離する. **b**《訴訟原因をいくつかに》分割する. **2** 分裂[分離]させる. **3** 分ける, 分配する (divide), 共にする (share);*《株式を》分割する. ― *vi* **1** 裂ける, 破れる. **2**《党などが》分裂する〈up〉; 関係を絶つ《口》不和になる, 別れる〈with, in, into, on〉; 分割投票をする. **3**《口》分かち合う, 共有する. **4**《俗》秘密を漏らす, 密告する, さす〈on sb〉.   **～ one's vote [*ticket, ballot*]**《連記投票で》相反する党の候補者に票を分割する. ― *a* **1** 裂けた, 割れた, 分離した, 分裂した. **2***《証券》分割の; 分割(投票)の. ― *n* **1 a** 裂ける[裂く]こと, 割れる[割る]こと. **b** 裂け目, 割れ目, ひび, すじ. **2** 分裂, 仲間割れ, 不和〈in〉; 分流; 分派, 党派. **3**《俗》通報者, 密告者; 刑事, 警官. **4** 株式分割;《口》《もうけ・略奪品などの》分配, 分け前. ▶ STOCK [SHARE] SPLIT (株式分割).

splít cústody 分裂監護(権)《離婚した[別居中の]両親間で複数の子を双方に分け, それぞれにその下にいる子の監護権を与えること; cf. JOINT CUSTODY, SOLE CUSTODY》.

splít-fúnd·ed plán 分割基金計画《生命保険と投資の双方の要素を組み合わせた個人退職金積立て計画 (retirement plan)》.

splít gíft《米》分割贈与 (＝gift splitting)《実際には夫婦の一方が第三者に贈与するが, 課税上は二人の贈与税控除を利用するために夫婦が半分ずつ贈与した形をとる贈与; なお連邦の贈与税は贈与者にかかる》.

splít íncome《米》等分所得《夫婦が所得税のためにそれぞれの所得の合算分割 (income splitting) をし共同申告 (joint return) した場合の夫婦の等分の所得》.

splít ínterest trùst《米》公益私益併合信託, 分割利益信託《公益目的と私益目的の双方を同一の信託財産で達成しようとする信託; 二つの目的を同時にはかろうとするものと, いずれかを先行させるものとがある; 後者のうち, 公益を先行させるものが公益先行信託 (charitable lead trust), 私益を先行させるものを公益残余権信託 (charitable remainder trust) という; 一般には最後のもののみを指す》.

splít lével stàtute 段違い制定法《公式に公布されている説明資料と結びつけられている制定法で, したがって裁判所が段階・質の違うそれぞれの文書の解釈を委ねられるに至るもの》.

splít-òff *n* **1** 切り離すこと, 分離, 分割. **2 a**《米》スプリットオフ《会社分割の一方法で, 親会社の資産の一部を新設の子会社に移し, 子会社の全株式あるいは支配株式 (control stock) を親会社の株式の一部と引き換えに親会社株主に分配する形をとるもの; cf. SPIN-OFF, SPLIT-UP》. **b** スプリットオフによって創られた子会社.

splít òrder 1《証券》分割注文《株式仲買人に大口注文をいくつかの小口注文に分けて行なうこと》. **2**《英史》分割命令《離婚の場合に裁判所によって子供の監護について, 一方の親に法的監護権, 他方の親に実際に監護する権利を与える命令; 1889年法により不用に帰した》.

splít séntence 分割科刑(の宣告)《有罪決定者を一定期間拘禁し残りの期間を保護観察処分 (probation) にするという組み合わせの刑(の宣告); cf. SHOCK PROBATION》.

splítting a cáuse of áction《単一の訴訟原因の》分割訴訟, 訴訟原因の分割《禁止されている》.

splít tríal (procèdure)《英》分割審理(手続き)《責任問題と有責の場合の損害賠償額の問題とを分けて別個に行なう審理(手続き); 主として高等法院 (High Court of Justice) での手続き》.

splít-ùp *n* **1** 分割, 分裂, 分解, 解体; けんか別れ, 物別れ. **2**《米》スプリットアップ《会社分割の一方法で, 親会社の全資産を複数の子会社に移転し, 親会社は解散しその株主は新設会社の株式の分配を受ける形をとるもの; cf. SPIN-OFF, SPLIT-OFF》.

splít vérdict 分割評決《(1) 民事訴訟で一つの請求では一方当事者の主張が認められ, 他の請求では他方当事者の主張が認められる陪審評決 **2)** 刑事訴訟で同一被告人を一部の訴えに関しては有罪, 他の訴えに関しては無罪と認定する評決 **3)** 共同被告人のいる刑事訴訟で, 一人の被告人には有罪, 他の被告人には無罪と認定する評決》.

s.p.m.° *sine prole mascula* 男子子孫なして.

spoil /spɔ́ɪl/ *v* (**~ed** /spɔ́ɪld/; **spoilt, spoilt** /spɔ́ɪlt/《英》は spoilt が普通) *vt* **1** 害する, 損ずる, だいなしにする. **2**《人・物を》そこなう (ruin),《特に》あまやかしてだめにする, スポイルする. **3***《俗》バラす (kill). **4**《古》〈敵〉から武器をぶんどる;〈人〉から掠奪する, ぶんどる. ― *vi* 悪くなる, いたむ, 損ずる, だいなしになる,《特に》腐敗する. ― *n* **1** [*pl*] ぶんどり品, 略奪品, 戦利品; [*pl*]*《政権を獲得した政党の権利としての》官職, 役得, 利権 (cf. SPOILS SYSTEM): the ～*s* **of office** 役得. **2**

spoilation [pl]《努力などの》成果, 見返り《of》. **3** 発掘[浚渫(しゅん)・採掘など]で廃棄される土[石など], 廃石, 廃土, ぼた; 不良品, まずいもの.

spoil·a·tion /spɔɪléɪʃ(ə)n/ *n* SPOLIATION.

spóils of wár 戦利品 (= BOOTY).

spóils sỳstem* 猟官制, スポイルズ・システム《政権を獲得した政党が貢献度や情実で官職の任免を決める慣行》; cf. MERIT SYSTEM.

spóilt bállot pàper 無効投票紙《投票者が正しく記入しなかった投票用紙》.

spokes·man /spóuksmən/ *n* 代弁者, 代表者, スポークスマン; 演説家.

spókes·pèople *n pl* 代弁者たち, スポークスピープル《spokesmen, spokeswomen の性別を避けた語》.

spókes·pèrson *n* 代弁者, スポークスパーソン (spokesman)《性差別を避けた語》.

spo·li·ate /spóulièɪt/ *vt* 略奪する. **spó·li·à·tor** *n*

spo·li·a·tion /spòuliéɪʃ(ə)n/ *n* **1**《特に 交戦国の中立国船舶に対する》略奪, ぶんどり; 横領, 強奪;《徹底的な》破壊, ぶちこわし. **2**《教会》《他人の聖職禄の》奪取. **3 a**《第三者による遺言などの》文書の変造, 文書偽造 (cf. ALTERATION, MUTILATION). **b**《特に自己の事件の》証拠隠滅. **spo·li·a·to·ry** /spóuliətɔ̀:ri; -t(ə)ri/ *a* 略奪の; 略奪的な.

Spo·li·a·tus de·bet an·te om·nia re·sti·tui. /spàliéɪtəs débət ǽnti ámniə rɛstítjuàɪ/ 略奪された者はすべてに先立って返却されるべきである. [L = The despoiled ought first of all to be restored.]

spon·sa·lia /spansélɪə/ *n*〖ローマ法〗婚姻約束《その結果許嫁(いいなずけ)となった男女の夫となる側の男を sponsus, 妻となる側の女を sponsa という》.

sponsália per vér·ba de fu·tú·ro /-pər vá:rbə di f(j)ʊt(j)úərou/《史》未来形のことばを用いての婚姻約束《いわゆる婚約; しかしその後肉体的結合があればその時点で婚姻となった》.

sponsália per vérba de prae·sén·ti /-prizéntaɪ/《史》現在形のことばを用いての婚姻約束《非方式的のしかし有効な婚姻》.

spon·sion /spánʃ(ə)n/ *n* **1**《人のためにする》保証, 請合い. **2**《国際法》《特に戦時における将軍等による権限外の》保証.

spon·sor /spánsər/ *n* **1** 保証人 (surety)《*of, for*》;〖キ教〗教父[母], 代父[母], 名親: stand ~ to sb 人の名親になる. **2** 発起人, 後援者,《選挙立候補者の》後援会;*《商業放送の》広告主, スポンサー《*to*》: a ~ program スポンサー提供番組. **3** 法案提出議員. ▶ CO-SPONSOR《共同提出者》. ── *vt* …の発起人[後援者, スポンサー]となる; 主催する; …の保証人[教父, 教母]となる, 保証する: to ~ an MP 議員の選挙費用の一部を負担する. **~·shìp** *n* 保証人[名親, スポンサー]であること; 後援.

spon·tá·ne·ous declarátion /spantéɪnɪəs-/ 無意識的供述, 自然発生的供述 (=spontaneous ex-clamation, spontaneous utterance)《体験した事柄の発生状況について思案したり加工したりする間のない形でなされた言明; 証拠法上用いられる術語で, 伝聞証拠排除則 (hearsay rule) の例外として許容されうる; cf. EXCITED UTTERANCE, PRESENT SENSE IMPRESSION, RES GESTAE》.

spontáneous exclamátion 無意識的叫び (=SPONTANEOUS DECLARATION).

spontáneous útterance 無意識的発言 (= SPONTANEOUS DECLARATION).

spórting thèory 訴訟スポーツ観《訴訟を原告・被告間で争うスポーツと見立て, 裁判官はその審判に徹するべきであるという考え方》.

spot /spát/ *n* **1**《特定の》地点, 所, 現場. **2** [pl]〖取引〗現金売り物, 現物, 現地品 (= ~ goods). ── *a* 即座の; 現金の; 現金取引に限る; 現物の: ~ cash 即金 / ~ delivery 現場渡し / ~ exchange 直物(じきもの)為替 / a ~ transaction 現金取引.

spót còntract 現金取引契約.

spót màrket 直物(じきもの)市場, 現金取引市場, スポット市場.

spót prìce 現物渡し価格, 直物(じきもの)価格, スポット価格 (cf. FUTURE PRICE).

spót zòning 部分ゾーニング, スポットゾーニング《一部の区画の土地について, 他の広い周辺部分とは異なった利用規制をすること; cf. VARIANCE》.

spóu·sal abúse /spáuz(ə)l-/ 配偶者虐待《一方配偶者による肉体的・性的・精神的虐待; cf. BATTERED WOMAN('S) SYNDROME》.

spóusal allówance《米》配偶者割当て分 (= widow's [widower's] allowance)《被相続人の配偶者が遺言処分ないしは競合する請求権にもかかわらず優先的に遺産の一定割合を法的に取得しうる分; 一般の債権者よりも優先し, 法域によっては遺産管理費・葬儀費用・最後の医療費請求にも優先する》.

spóusal ríghts *pl* 配偶者の権利《特に 婚姻生活のための住居に対する権利 (matrimonial home rights) などにいう》.

spouse /spáus, -z/ *n* 配偶者《英国では 2005 年末から租税関係法上は同性の法的共同生活者 (civil partner) も含まれることになった》. ▶ BATTERED SPOUSE (被虐待配偶者) / ELECTION BY SPOUSE (配偶者による選択(権)) / EVIDENCE OF SPOUSES (配偶者による証拠) / INNOCENT SPOUSE (善意の配偶者) / SURVIVING SPOUSE (生残配偶者).

SPP《英》°statutory paternity pay 制定法上の父親の育児休暇手当.

SPQR small profits and quick RETURNS 薄利多売.

spray /spréɪ/ *vt* 噴霧する, …に吹きかける, 吹きつける《*on, onto, over*》.

spráy trùst 散布信託 (=SPRINKLING TRUST).

spread /spréd/ *v* (**spread**) *vt* **1** 広げる, 伸ばす. **2**《報道・うわさなどを》流布させる, 広げる; 公けにする (publish). — *vi* **1** 広がる, 延びる. **2** 広まる, 流布する, 普及する. — *n* **1** 広げること; 広がり(の程度), 間隔. **2** 広まり, 流布, 普及, 伝播. **3 a** 値開き《原価対売価など》; 値幅. **b**《銀行》《預入れ利率と貸付け利率の》利益差. **c**《証券》《買い呼値と売り呼値の》差額, スプレッド. **d** スプレッド《価額差からの利益を求めてのオプション (option) の同時売買, あるいは同一証券を同時的に売買する先物契約》. **e** 発行差額 (= GROSS SPREAD). ▶ GROSS SPREAD (発行差額). **4**《新聞・雑誌などの》見開きページ.

spríng·bòard dòctrine〘英〙跳躍台の法理《知的財産権 (intellectual property) をめぐる訴訟で, その侵害行為の結果として被告が商業活動開始時に得る優位を阻止するための法理; 例えば秘密情報が違法に利用され裁判所によりその利用が禁止された場合, その情報が後に公有著作物[発明] (public domain) になった後でも, 当該被告は裁判所によってその情報をすぐに利用することを禁止され, 利用延期期間は, 侵害がなければその情報を商業目的用に開発するのに合理的に見て予想される期間に及びうるということ》.

sprínging úse 発生ユース《将来の事件の発生時点で発生するユース (use); cf. EXECUTORY USE》.

sprin·kle /sprínk(ə)l/ *vt* **1**《水などを…に》まく, 振りかける;《場所・物に…を》(まき)散らす 〈*with*〉. **2** 散在させる 〈*on, over*〉.

sprínkling trùst〘米〙散布信託 (= spray trust)《複数の受益者 (beneficiary) のそれぞれへの配分をどの程度にするかが受託者 (trustee) の裁量に任されている信託》.

spu·ri·ous /spjúəriəs/ *a* **1**《古》庶出の, 私生児の. **2** にせの, まぎらわしい, 偽造の. **3**《品質の》疑わしい, あやしげな, 見せかけの; 擬似の. [L *spurius* false]

spúrious cláss àction〘米史〙不真正集団訴訟[クラス・アクション]《集団訴訟[クラス・アクション] (class action) の一類型で, 共通の法律・事実問題があるが, 個別的権利の救済を求めるもの; 1966年区別自体が廃止》.

spu·ri·us /spjúːriəs/ *n* (*pl* **spu·rii** /-riaɪ/)〘ローマ法〙庶子 (bastard).

spy /spáɪ/ *n* 軍事探偵, 間諜, 密偵, スパイ; 斥候(せっこう); 探偵; 産業スパイ; 探偵[偵察, スパイ]行為; 精査. — *vt, vi* ひそかに探る, 探偵する, スパイをはたらく; 見つける: ~ *into* a secret 秘密をひそかに探る / ~ *on* sb [sb's conduct] 人[人の行状]を監視する. **I ~ STRANGER**s.

spý·ing *n* スパイ行為, 偵察;《国・企業などの》スパイによる諜報活動.

SPZ〘英〙°simplified planning zone 簡易計画地域.

squad /skwád/ *n* **1**《米軍》分隊;《英軍》班; 小勢, 隊, 団. ▶ FIRING SQUAD (銃殺執行隊). **2**《警察》分隊, 班, 係: a sex crime ~《警察の》性犯罪班 / the Homicide [Murder] S~《警察の》殺人班. ▶ DRUG SQUAD (麻薬担当係) / FLYING SQUAD (特別機動隊) / FRAUD SQUAD (詐欺取締班) / NATIONAL CRIME SQUAD (全国広域犯罪対策本部). — *vt* *分隊に編成[編入]する.

squád càr《本署との連絡用無線設備のある》パトロールカー (= cruise car*, patrol car, prowl car).

square /skwéər/ *n* **1** 正方形; 四角なもの[面];《市街にある》四角な広場, スクエア, 広場を囲む建物; *《都市で四辺を街路に囲まれた》一区画, 街区《の一辺の距離》(block). **2** *スクエア《土地測量の単位: 24 平方マイルの土地面積》. **3** スクエア《100 平方フィート; 床・屋根・タイル張りなどを測る単位》. — *a* **1 a** 正方形の, 方形の. **b** 直角の〈*with, to*〉. **2 a** まっすぐな, 水平の, 平行している〈*with*〉. **b** 同等の (even); 同点の. **c** 整頓した, きちんとした; 貸借のない, 勘定済みの〈*with*〉: get one's accounts ~ *with* sb 人と貸借を清算する. **d** 率直な, きっぱりした《拒絶など》. **3** 公明正大な, 公平な, 正直な, 正しい. — *vt* **1** 正方形[直角]にする. **2** 適合[適応]させる, 一致させる〈*with, to*〉,《規範などによって》正す, 規制する. **3** 決済する, 清算する〈*up*〉; 報復する. **4**《口》買収する, 賄賂で片をつける. — *vi* **1** 一致する, 調和する, 適合する〈*with*〉. **2** 清算する, 決済する〈*up*〉. **~·ly** *adv*

squat /skwát/ *v* (**squát·ted,** ~**·ing**) *vi* **1**《他人の土地[官有地]を》不法に占拠する, 不法居住[定住]する. **2**《米・豪》《条件を満たした上での所有権獲得のため法に従って》公有地に定住する. — *vt* …を不法に占拠する. — *n* **1** 占拠した土地; "不法居住者に占拠された空き家. **2** "不法占拠.

squát·ter *n* **1**《公有地・未開地・建物の》不法占拠者, 不法居住者, スクウォッター. ▶ CYBERSQUATTER (ドメイン先占者). **2**《米・豪》《条件を満たした上での所有権獲得のため法に従っての》公有地定住者.

squátter's right 1 不法占拠者の占拠地権原取得権 (cf. ADVERSE POSSESSION, ADVERSE TITLE, POSSESSORY TITLE). **2**《米・豪》公有地定住者の定住地権原取得権 (cf. SQUATTER).

squátter's títle"《敵対的占有による取得時効 (adverse possession) により得た》不法占拠者の権原 (cf. ADVERSE POSSESSION, ADVERSE TITLE, POSSESSORY TITLE).

squeal /skwíːl/ *vi* **1** キーキー言う[泣く]. **2** 泣きごとを言う,《俗》反対する, 抗議する. **3**《俗》《…を》裏切って密告する〈*on* sb〉. — *n* **1** 悲鳴. **2**《俗》裏切り, 密告. **3**《俗》裏切り者, 密告者, たれ込み屋. **4**"《警察俗》援助[捜査]要請; 捜査報告(書).

squéeze·òut *n* 少数株主追い出し《少数派株主の持株手放しになんらかの形で圧力をかけるなどの方法を用いて少数派株主の影響力を削ぐないしはなくす試み; cf. FREEZEOUT; 時に freezeout の同義語として用いられる》.

squire /skwáɪər/ *n* **1**《史》騎士の従者である若い貴人; 郷士, スクワイアー, イスクワイヤー《ナイト (knight) のすぐ下で, ジェントルマン (gentleman) の中の上位階層》. **2**《英国の地方の》地主, 地方の名士, [the ~]《その土地の》大地主. **3** 治安判事, 裁判官, 弁護士《敬称として》. [OF *esquier* ESQUIRE]

sr., Sr. senior.

SRA〘英〙°Solicitors Regulation Authority 事務弁護士規制機関.

SRO°self-regulatory organization 自主規制機関.

SRO, SR & O 《英史》°statutory rules and orders 委任立法(集).

ss[1] ss.《古くから判例集などで多用されていながら語源不明の略語ないしは記号; scilicet (すなわち) の略語 sc., scil. とも、王座裁判所首席裁判官の官職のしるしとしての鎖についていた文字だったともいうが、不明; しかし実際の使用はパラグラフマーク (¶) と同じに使うことから、区切りのしるしとも考えられている).

ss[2] [F *sans*] without ◆《誤用で》[L *scilicet*] to wit, namely ◆ sections ◆ [L *subscripsi*] signed below ◆ °suspended sentence 刑の執行猶予宣告 ◆ °sworn statement 宣誓のうえでの供述.

SS °Secretary of State《米》国務長官;《英》国務大臣 ◆ °Secret Service《米》連邦シークレットサービス;《英》内務省秘密検察局 ◆《米》°social security 社会保障制度 ◆ °special session 特別会期 ◆ special sessions 特別治安裁判所.

SSA《米》°Social Security Administration 社会保障庁.

SSAPs《英》°Statements of Standard Accounting Practice 会計実務基準(書).

SSI《米》°supplemental security income 補足的保障所得.

SSN《米》°social security number 社会保障番号.

SSP《英》°State Second Pension 第二公的年金(制度) ◆《英》°statutory sick pay 法定疾病給付金.

SSS《米》°Selective Service System 選別徴兵局.

St. Saint ◆ State ◆ Statute(s) ◆ Street.

ST °summer time サマータイム.

Sta·bit prae·sump·tio do·nec pro·be·tur in con·tra·ri·um. /stéɪbɪt prɪzʌ́mpʃɪoʊ dóʊnɛk proʊbíːtər ɪn kəntréɪriəm/ 推定は反対であると証明されるまでは効力を持ち続ける. [L = A presumption will stand until proof is given to the contrary.]

stáble stànd《英史》一応の密猟証拠《森林法で狩猟を禁止されている国王の鹿を盗もうとしていた意思の証拠となる、森林で矢をつがえ弓を引いていたとか木の近くで猟犬を放そうとしていたことなど》.

stáck·ing *n* **1**《保険》積み重ね給付《第一の保険契約だけでは補償が十分でないと思われる場合に同一請求に基づき第二の保険契約から給付金を得ること). **2** 選挙区積み重ね区割り《選挙区割りを自党に有利にする技術の一つで、ある大きな政治グループあるいは人種グループが同一地区により大きな反対グループと併存するように線引きをすること; cf. CRACKING, PACKING).

stáff attórney《米》**1** 裁判所補佐弁護士《裁判所のため、通常は恒常的な地位を得て、例えば申し立ての審査、事件記録などを調べるが、申し立ての決定・判決などには関与せず、もっぱらそれらの事実上・法律上の問題点を審査・研究し裁判官への結論の提案または決定の草案作成などの業務を行なう弁護士). **2** 社内弁護士.

stag /stǽɡ/ *n* "利食い新株買い、スタッグ《短期利食いが目的で新株買いをする投機家).

stag·gered /stǽɡərd/ *a* 時間[場所]を少しずつずらして配列した、時差的な.

stággered bóard of diréctors《期差選任制をとる》期差選任制取締役会 (= classified board of directors) (⇨ STAGGER SYSTEM).

stággered térms *pl* 期差任期, ずらし任期 (⇨ STAGGER SYSTEM).

stágger sỳstem 期差選任制(度)《ある役職の任期が 6 年である場合に、2 年ごとに 3 分の 1 が改選されるように一部の者の任期が他の者の任期とずれる制度; 特に 株式会社の取締役につき、例えば取締役の任期が 3 年の場合、取締役を 3 組に分け年次ごとに一組ずつ選任する制度、取締役の組分け (classification of directors) を指す; 株買占めによる取締役の交替をむずかしくし、支配を維持する有効な方法とされている; 米国では大部分の州で認められている; この制度が採用されている取締役会を期差選任制取締役会 (staggered board of directors) または組分け取締役会 (classified board of directors) という).

stake /stéɪk/ *n* **1 a**《境界標識などの》杭、棒、支柱. **b** 火刑柱; [the ~] 火刑、火あぶり: suffer [be burnt] at the ~ 火刑に処せられる. **2 a** 賭け (wager). **b** 賭け物、賭け金、元手; [*pl*] 賞金. ▶SWEEPSTAKES (総賭け金賭け競馬[賭け事]); 賭け物. **3** 第三者が預かる係争物 (cf. INTERPLEADER, STAKEHOLDER'S INTEREPLEADER). **4** 利害(関係), (個人的)関与. — *vt* **1**《金・名誉・生命などを》賭ける《on》. **2 a** 杭につなぐ; 杭で囲う《up, in》; 杭を打って区画する[仕切る]《out, off, in》;《土地・利益などの》分け前を確保[要求]する《out》. **b**《俗》《警官などがある場所を》張る. **~ out**《口》《容疑者などを》見張る;《口》《警官・刑事などを》張り込ませる、張らせる《on》. **~ (out) one's [a] claim to [on]** …に対する権利を主張[明確に]する、…を自分のものであると言う.

stáke·hòld·er *n* **1** 賭け金・賭け物預かり人. **2** 係争物保有者[受寄者](じゅきしゃ)《複数の者が所有権を主張している財産[金銭]を保管している利害関係のない第三者; ⇨ INTERPLEADER. **3**《事業などの》利害関係者.

stákeholder pénsion (schème)《英》預かり人年金(制度)《2001 年に始められた新年金制度; 毎週・毎月ないしは定期的に積み立て人みずからが定めた額の積み立てを受け、受託者 (trustee) あるいは認可を受けた運営者が運用するが、優遇税制や低額の手数料などが特徴).

stákeholder's interplèader 係争物保有者による競合権利者確定手続き (⇨ INTERPLEADER[1]) (cf. SHERIFF'S INTERPLEADER).

stale /stéɪl/ *a* **1**《食物など》新鮮でない、古い (opp. *fresh*). **2** 時機を失した、《権利などが行使されなかったため》失効した.

stále chéck 時機を失した[時期遅れ]小切手《小切手には呈示期間は法定されていないが、合理的期間《米国統一商事法典 (UCC) 上は 6 か月》を過ぎている場合は満期が過ぎたものと認められ、その譲渡人が有した以上の権利

を取得することはない》.

stále cláim 失効請求権 (=stale demand)《出訴期間法 (statute of limitations) や懈怠 (laches) により時機を失した請求権》.

stále demánd 失効請求権 (=STALE CLAIM).

stalk /stɔ́ːk/ *vt, vi* **1**《敵・獲物など》に》忍び寄る;そっと(...の)跡をつける;《獲物を求めて》...を歩きまわる, あさる 〈*for*〉. **2**《時に犯意をもって》《人》にしつこく近づく《電話する》. — *n* 獲物に忍び寄ること, そっと追跡すること.
〜**er** *n* しつこく《人》をつけまわす者, ストーカー《ストーキング (stalking) をする者》.

stálk·ing *n* ストーキング《**1**》そっと追跡すること **2**》いやがらせあるいは暴行などのより悪質な犯罪を犯す目的で他人をしばしばつけ回したりその周辺をうろついたりすること;なお, 無言などの迷惑電話をかけることをも含めることがある; cf. CYBERSTALKING》. ▶CYBERSTALKING (サイバーストーキング).

stall·age /stɔ́ːlɪdʒ/ *n*《米史・英》《市(%)などでの》売店設置権(料).

stamp /stǽmp/ *n* **1** 切手, 印紙, 《各種の》証紙, 《特に》収入印紙 (revenue stamp). ▶DOCUMENTARY STAMP (証書用印紙) / FISCAL STAMP (収入印紙) / INSURANCE STAMP (保険印紙) / REVENUE STAMP (収入印紙) / TAX STAMP (納税印紙) / TRADING STAMP (交換スタンプ). **2**《口》国民保険料. **3** 押印, 捺印, 押捺;切手[印紙]の貼付;捺印によってできたしるし. ▶INSPECTION STAMP (検査済印). **4** 印章, 刻印, 極印;公印, 証印. **5** [*U sg*] 特質, 特徴;[*U sg*] 性格, 種類, 型.

stámp àct《税制》**1** 印紙税法《一般的な語》. **2** [the S-A-]《史》印紙税法《アメリカ植民地で発行される商業・法律関係の書類・新聞・パンフレットなどすべてに印紙を貼付することを規定した英国議会制定法 (1765);植民地人の 'No taxation without representation' (代表なければ課税なし) というスローガンの下, 大反対にあって 1766 年廃止》.

stámp dùty《税制》印紙税 (=STAMP TAX).

stámp dùty lánd tàx《英税制》土地取引印紙税《2003 年法で導入された土地取引にかかる印紙税;略 SDLT》.

stámp dùty resérve tàx《英税制》印紙税代替税《株式の移転が書面なしであるいはその書面が連合王国外に保管されている場合に課される税;現在の株取引は大部分電子化されている;略 SDRT》.

stámp tàx《税制》印紙税 (=stamp duty). ▶DOCUMENTARY STAMP TAX (証書用印紙税).

stand /stǽnd/ *v* (**stood** /stʊ́d/) *vi* **1 a** 立つ, 立ち上がる;"立候補する. **b** 立っている. **2** 立ち止まる, 静止したまま. **3 a**《物が》直立している;位置している, ある. **b**《...の状態にある,《ある立場》にある:〜 **accused** 起訴されている / 〜 **convicted of** ...の罪で有罪と決定される. **4 a** しっかりしている;自己の立場[見解]を守る;抵抗する. **b** もとのままである, 耐える. **c** 有効である, 変更されない, 実施中である: The regulation still 〜. その規定は今でも

有効である. **as matters [affairs]** 〜=**as it** 〜**s** 現状では;そのままで(は). 〜 **by** かたわらにいる;傍観する;待機する;...を支援[味方]する;《約束など》を守る;《言明》を曲げない;排除される, 《特に陪審員が忌避されて》陪審からはずれる. 《史》《国王・訴追側が法的には認められていない理由不要の陪審員忌避 (peremptory challenge) に代わる脱法的手段としての陪審員候補者選定留保 (standing aside a juror) の方法により》《陪審員候補者》を陪審員候補者名簿 (panel) から《理由を示すことなく》はずす.
〜 **down**《1》証人台から降りる. 《2》《役職・選挙など》から》おりる. 〜 **for**《1》...を表わす. 《2》...を代理[代表]する. 《3》《主義・階級など》のために公然と戦う. 《4》...の味方をする. 《5》"《議員・役職》に立候補する[している]. 〜 **good** 依然として有効[真実]である. 〜 **in** 代理[代役]をつとめる 〈*for*〉(cf. STAND-IN). 〜 **in** JUDGMENT. 〜 **in** sb's SHOES. 〜 **in with**...と一致する, ...に味方する, ...を助ける;《口》...と仲がいい, ぐるになる;...の割り前を持つ. 〜 **MUTE**. 〜 **on**...に基づく, かかっている, ...次第である (depend on); ...を主張[固執]する: I'm 〜*ing on* my legal right. 法的権利を主張します. 〜 **over**...を監視[監督]する;延期になる[する], 延会[休会]になる[する]. 〜 **still** 動かずに[じっとして]いる;現状を維持する;"...を我慢する 〈*for*〉. 〜 **to**《条件・約束など》を守る;《申し立てなど》の真実を主張[固執]する. 〜 **TRIAL**. 〜 **under**《告発など》を受ける(に値する). 〜 **up for**...を擁護[弁護]する, ...の味方をする: 〜 *up for* one's own rights. 〜 **upon**...を主張[固執]する. 〜 **up to**...に勇敢に立ち向かう[対抗する];《ものが》...に耐える, 《文書・議論などが》吟味・分析などに耐える. 〜 **with**...に賛成する, ...を主張する. — *n* **1** 立場;見解, 根拠, 主張. **2** 台, スタンド;屋台. **3** 観客席, スタンド;*《法廷の》証人席[台] (witness-box", witness stand*) (cf. BAR, BENCH, DOCK, JURY BOX, SIDEBAR). ▶WITNESS STAND (証人席). **take the** 〜*証人台に立つ;《...を》保証する 〈*on*〉.

stan·dard /stǽndərd/ *n* **1** [°*pl*] 標準, **基準**, 規格;規範, 模範. ▶AIR QUALITY STANDARDS (大気保全基準) / CLEAR REFLECTION OF INCOME STANDARD (所得明白反映基準) / DOUBLE STANDARD (二重基準) / FINANCIAL REPORTING STANDARDS (財務報告基準(書)) / GENERALLY ACCEPTED AUDITING STANDARDS (一般に認められた監査基準) / INTERNATIONAL ACCOUNTING STANDARDS (国際会計基準) / INTERNATIONAL MINIMUM STANDARD (国際最低基準) / LOCAL STANDARD (地方的基準) / NATIONAL TREATMENT STANDARD (相互内国民待遇基準) / OBJECTIVE STANDARD (客観的基準) / STATEMENT OF FINANCIAL ACCOUNTING STANDARDS (財務会計基準(書)) / SUBJECTIVE STANDARD (主観的基準) / TITLE STANDARDS (不動産権原の基準) / WATER QUALITY STANDARDS (水質基準). **2**《造幣》本位;《硬貨の》法定成分;《金・銀の》規定純度. ▶GOLD STANDARD (金本位制). **3** 旗, 軍旗. ▶ROYAL STANDARD (国王旗). — *a* **1** 標準の;

普通の; 一般的な, 広く使われている, 広く知られている; 規格に合った. **2** 公認の, 権威のある.

stándard básis《英》《(訴訟費用の)標準的査定基準《英国の民事訴訟の訴訟費用を原告・被告のいずれが負担するかは裁判所の完全な自由裁量により決定されることになっているが, 原則は1999年までの原則である「訴訟費用は判決結果に従う」(costs follow the event), すなわち訴訟費用敗訴者負担の原則が実質的に生きていて, 敗訴者は勝訴者が負担した合理的範囲内の全費用の合理的部分を負担するのが標準となっている; この基準をいう; ⇨ ASSESSMENT OF COSTS; cf. INDEMNITY BASIS》.

stándard básis of táxation [the ～]《英史》標準訴訟費用算定方式《1999年民事訴訟手続き規則 (Civil Procedure Rules) 実施による新手続き導入までの英国での標準的な訴訟費用算定方式で, 敗訴当事者が勝訴当事者の支払った合理的範囲内の全費用をも負担した; 米国と異なり弁護士報酬も含む; 現在については ⇨ ASSESSMENT OF COSTS; cf. COMMON FUND BASIS, PARTY AND PARTY BASIS OF TAXATION》.

Stándard Condítions of Sále *pl*《英》標準土地売却条件《国内の商業上土地売買の標準条件として利用されるべく公表されているいくつかの売却条件; 全国標準土地売却条件 (National Conditions of Sale) などに代わるものであるが, 後者も広範に用いられている; cf. NATIONAL CONDITIONS OF SALE, STATUTORY FORM OF CONDITIONS OF SALE》.

stándard dedúction《税制》標準控除(額)《課税対象所得を決定する場合に所得から控除項目・控除額の明細を示すことなく一括して控除しうる一定額控除; cf. ITEMIZED DEDUCTION》.

stándard disclósure《英》標準的文書開示《文書の開示と閲覧 (disclosure and inspection of documents) 手続きでの一般的標準的な文書開示; その後に生じうる当事者の申し立てと裁判所の命令に基づく特定文書開示 (specific disclosure) に対する語》.

stándard fórm cóntract 標準書式契約, 標準約款契約《一方当事者により作成された標準約款による契約; 大量取引を定型的に行なう場合に多く用いられ, 他方当事者には通例個別条項について交渉の余地は残されておらず, 一方当事者が用意した標準書式の約款全体で契約するか全く契約しないかのいずれか選択の自由のない契約; しかも電気・ガスの供給, 運送についての契約など生活必需品については事実上この選択の自由すらない; 附従[附合]契約 (adhesion contract) とも呼ぶ》.

stándard instrúction 標準的説示《ある特定法域で標準的に用いられてきている陪審への裁判官の説示 (instruction) の型》.

stándard invéstment critéria《英》標準的投資基準《⇨ GENERAL POWER OF INVESTMENT》.

stándard móney 本位貨幣.

stándard mórtgage cláuse《保険》標準譲渡抵当権[モーゲージ]条項 (=union mortgage clause)《火災保険などにおいて譲渡抵当権者 (mortgagee) が譲渡抵当権設定者 (mortgagor) の権利を超えて, すなわち被保険者である譲渡抵当権設定者が保険料不払いなどの保険契約を無効にするような行為をした場合にも譲渡抵当権者の権利を保護する旨の保険契約上の条項; これは事実上保険者と譲渡抵当権者との別契約をなしている; cf. OPEN MORTGAGE CLAUSE》.

stándard of cáre 注意の標準《不法行為法上, 過失の有無判定の基準とされる通常人 (reasonable person) が払うべき注意; ⇨ CARE》.

stándard of néed 必要性基準, 窮乏基準《生活保護関係で公的扶助を受けるための, 個人およびその家族の総生計費の不足基準》.

stándard of próof 証明の基準, 証明度《特定事件で要求される証明の程度・基準; 例えば, 刑事事件では合理的な疑いの余地のない証明 (proof beyond (a) reasonable doubt) が必要であるが, 民事事件では証拠の優越 (preponderance of (the) evidence) による証明で事実認定をしてよいなど; cf. BURDEN OF PROOF, CLEAR AND CONVINCING EVIDENCE; ⇨ BURDEN OF PERSUATION》.

stándard óther insúrance cláuse 標準他保険条項 (=PRO RATA CLAUSE).

stándard pólicy 標準保険証券《(1) 米国では州法ないしは州の保険庁で承認あるいは推奨された保険証券の様式 (2) 同種の保険証券で全国的に用いられている標準的内容・条件を含む保険証券》.

stándard scále《英》標準罰金等級《略式起訴で訴追される犯罪 (summary offense) に対して科される標準的の罰金の等級表; 5段階に分けられている》.

stándard tíme 標準時.

stánd-by létter of crédit スタンドバイ信用状 (=guaranty letter of credit)《発行者がその顧客の債務不履行の場合に受益者に支払いをなすと保証する目的で発行する信用状; 略 SL/C》.

stánd-dòwn *n* STAND down すること.

stánd-ìn *n* 代人, 代役; 替え玉.

stánd·ing *a* **1** 直立の, 立っている; 動かない, 静止している; 固定した. **2** 持続[永続, 継続]的な; 常備の, 常任の〈委員など〉, 常置の, 常設の〈委員会など〉. **3** 慣習的[法的]に確立された; 現行の, 現在もなお有効な, 廃れていない. — *n* **1** 立っていること. **2** 身分, 地位 (status); 順位, 評価; 名声, 名望. **3** 経歴, 資格. **4 a** 当事者適格, 原告適格性, 訴えの利益 (=standing to sue)《特定の権利または法律関係についてみずからの名において本案判決を求めるのに必要な資格および訴えの利益; 特に米国憲法との関連で問題とされる; cf. JUSTICIABILITY》. **b** 主張の利益, 主張適格. ▶ BAD STANDING (資格に瑕疵のあること) / THIRD-PARTY STANDING (第三者の訴訟担当適格). **5** (継続[存続, 持続])期間 (duration): a custom of long ～ 長年の慣習(法).

stánding aside a júror《史》陪審員候補者選定留保《追訴側は理由を示すことなく陪審員を忌避 (challenge) することが許されなかったが, これを脱法するため

に陪審員候補者名簿 (panel) から理由を示すことなく候補者をはずして留保し、規定の数に候補者が満たなくなった場合にのみ留保者からも選んだ追訴側の慣行》.

stánding bý **1** 待機. **2** 拱手(きょうしゅ)傍観；沈黙 (⇒ ESTOPPEL BY SILENCE). ▶ ESTOPPEL BY STANDING BY 《拱手傍観による禁反言》.

stánding civílian cóurt《英》常設在外民間人裁判所《連合王国外で例えば軍人の家族などの一定民間人によって犯された比較的軽い犯罪を審理するための裁判所; 1976年の軍隊法 (Armed Forces Act) で規定されている》.

stánding commíttee《議会, 英国議会では庶民院の》常置委員会, 常任委員会, 常設委員会 (= permanent committee) (cf. SELECT COMMITTEE, COMMITTEE OF THE WHOLE HOUSE).

Stánding Commíttee on Rúles of Práctice and Procédure [the ~]《米》訴訟手続き検討常置委員会《合衆国司法会議 (Judicial Conference of the United States) に対して, 連邦裁判所の手続きの改正につき、また連邦裁判所の運用に関するその他の問題につき助言をするために, 合衆国最高裁判所首席裁判官により選任された裁判官・弁護士・法学者からなる委員会; cf. JUDICIAL CONFERENCE OF THE UNITED STATES》.

stánding máster 常任裁判所主事 (cf. MASTER).

stánding mórtgage 持続的譲渡抵当《利息は定期的に支払い元金は一括して返済する内容の譲渡抵当》.

stánding múte 不答弁, 黙秘《訴えに対する不答弁・黙秘, または反対しないこと, 異議申し立てをしないこと; 特に刑事訴訟の被告人の起訴に対する不答弁についていう; 故意に答弁しない (mute of malice) 場合は, 無罪 (not guilty) の答弁があったものとされる; 肉体的・精神的障害に基づき答弁しない (mute by visitation of God) 場合にはその事実の確認手続きに移る; 通常は故意の不答弁のみを指す》.

stánding óffer《契約の》連続的申し込み《契約の一連の継続的申し込み; 個別的承諾することにより一つずつの独立した契約に転換することになる》.

stánding órder **1** [ʰpl]《英》議院規則《各議院独自の議事規則》. **2**《米》審理規則《各裁判官がみずからの将来の審理に向けて決めている規則》. **3**《銀行への》自動振替依頼.

stánding séised to úses《史》ユース付き占有継続, 信託保有の〈捺印〉契約 (⇒ COVENANT TO STAND SEISED (to uses)).

stánding to súe 原告 (としての当事者)適格, 原告適格性 (⇒ STANDING).

stánding vòte《米》起立採決 (= RISING VOTE).

stándstill agrèement 自粛協定, 現状維持協定《特に公開買付けをやめ企業買収の試みを一定期間中止するとか, 金融機関が弁済期が到来している債券やローンの支払い催告をやめるといった内容の協定》.

stan·na·ries /stǽnəriz/ n pl すず鉱区; [the ~]

《英》《Cornwall と Devon の》すず鉱区[鉱山], すず鉱業地. ▶ COURT OF STANNARIES OF CORNWALL AND DEVON (コーンウォール・デヴォンの錫鉱裁判所) / VICE-WARDEN OF THE STANNARIES (錫鉱裁判所裁判官).

stán·na·ry còurt /stǽnəri-/《英史》錫(すず)鉱裁判所《Cornwall と Devon のすず鉱区[鉱山]における採鉱に関わる民事事件を扱った Court of Stannaries of Cornwall and Devon (コーンウォル・デヴォンの錫鉱裁判所); 1896年法で廃止され, その権限は州裁判所 (county court) に移った》.

sta·ple /stéip(ə)l/ n **1 a** 主要産物, 重要商品；必需品料,原料 〈for〉. **b**《英史》ステイブル, 主要輸出品. **2 a** 主要産品の集散地, 中央[重要]市場; *供給地, *供給源. **b**《英史》ステイブル, 指定市場, 交易指定都市《中世, イングランドの特産物を輸出するために設けられた排他的取引市場(都市); ⇒ COURT OF THE STAPLE, LAW OF THE STAPLE). ▶ COURT OF THE STAPLE (ステイブル裁判所) / LAW OF THE STAPLE (ステイブル法) / STATUTE STAPLE (交易法上の捺印金銭債務証書).

stáple còurt《英史》ステイブル裁判所 (= COURT OF THE STAPLE).

Stáple Ínn ステイブル・イン《かつてのインズ・オヴ・チャンセリー (Inns of Chancery) の一つ; ⇒ INNS OF CHANCERY》.

stáple tòwn《英史》ステイブル都市 (⇒ COURT OF THE STAPLE).

stár·bòard n《海事》右舷 (cf. LARBOARD).

Stár Chàmber **1** [the ~]《英史》星室; 星室における国王評議会; 星室裁判所《》もとは Westminster 宮殿内の星の間 (Camera Stellata) のこと; この部屋は会議 特に裁判に適していたために, 中世以来ここで国王評議会 (King's Council) が多く開かれ, したがってここで開かれた評議会 King's Council in the Star Chamber をも指した; さらに, この評議会が他の国政のほか, コモンロー裁判所で処理できない法的紛争をコモンロー手続きによらずに処理し, 裁判所の機能も果たした; これが星室裁判所 (Court of Star Chamber) の起源である; 星室裁判所は1540年には独自の書記・記録をもち, 独立した存在になるが, 国王評議会成員に王座裁判所 (Court of King's Bench), 人民訴訟裁判所 (Court of Common Pleas) の首席裁判官 (chief justice) を加え, 陪審を含むコモンロー手続きによらずに新時代が要求していた類型の犯罪 (暴力犯罪・共同謀議・文書誹毀, 国王の布告違反事件など) の審理, 陪審にからむ犯罪などを含め既存裁判所の後見的役割を果たし, 16世紀まではきわめて評判もよかったが, 革命前夜に革命推進派の弾圧機関としての役割を強め, その開戦前夜1641年に制定法で廃止された; 俗説では, この最後の局面から専断的・恣意的で残酷な刑を科した裁判所として有名で; cf. CUSTOS MORUM, PREROGATIVE COURT. ▶ COURT OF STAR CHAMBER (星室裁判所). **2** [ˢs-c-] [fig] 専断恣意的圧制の不公平な裁判所[委員会など].

Stár Chàmber Àct 1487 [the ~]《英史》1487

年の**星室裁判所法**《一般には長く星室裁判所創設法と信じられ、同裁判所を廃止した1641年法にもその位置づけられている; しかし現在ではむしろ星室裁判所と別個の比較的短期間存在した特別の、星室裁判所類似の裁判所に関する法律であったと理解されている; cf. STAR CHAMBER》.

sta·re de·ci·sis /stéəri dɪsáɪsəs/ 先例拘束性の原則, 先例法理 (=DOCTRINE OF PRECEDENT). [L =to stand by decided matters]

stár pàge スターページ, アステリスク (*) を付してページを表記したページ《多数の版のある書物(特に Sir William BLACKSTONE の *Commentaries on the Laws of England*) の後の版で, 欄外ないしは本文中に初版あるいは権威あるとされている版のページ数を示すために用いられている表記法》.

stár pàging [paginàtion] アステリスク (*) 付きページ数[ページを示す数]を付けること[表記法] (⇨ STAR PAGE).

stárter ténancy 〖英〗手始め借家権〖登録済みの社会的不動産貸主 (social landlord) により導入された試行的借家権の一種で, 借主は安定借家権 (secure tenancy) を有さず単に短期保証借家権 (assured shorthold tenancy) のみを有する; cf. INTRODUCTORY TENANCY, SECURE TENANCY〗.

stash /stǽʃ/ vt 〈金(塊)・財産などを〉隠す, 隠匿する.

stat. statute(s) ◆ statutory.

Stat. at L. °Statutes at Large 〖米〗『合衆国制定法全集』.

state /stéɪt/ n 1 状態, 形勢: ~ of war 戦争[交戦]状態; 交戦期間 / the married [single] ~ 婚姻[独身]状態. 2 a 身分, 地位, 《特に》高位, 階層. b [pl]《貴族・聖職者・平民等の》議会内に勢力を有する支配階層. 3 威厳; 儀式. 4 a [ᵁthe S-] 国家, 国; 国土, 国の領土: head of ~ 国家元首. b 国務, 国政, 国事; [the S-]《口》国務省 (=the Department of State);《しばしば church に対し》国家, 政府: Church and S~ 教会と国家, 政教. ▶ ACT OF STATE (主権的行為; 統治行為) / ARCHIPELAGIC STATE (群島国) / ASYLUM STATE (庇護国) / CONFEDERATION OF STATES (国家連合) / CORPORATE [CORPORATIVE] STATE (協調組合国) / COUNCIL OF STATE (国務会議) / COUNSELLORS OF STATE (臨時摂政) / DEPARTMENT OF STATE (国務省) / DEPENDENT STATE (従属国) / EQUALITY OF STATES (国家平等(の原則)) / FEDERAL STATE (連邦(国家)) / FLAG STATE (船籍国) / LANDLOCKED STATE (内陸国) / MEMBER STATE (加盟国) / MINISTER OF STATE (副大臣) / NATION STATE (民族国家) / NIGHTWATCHMAN STATE (夜警国家) / NONALIGNED STATE (非同盟国) / NONSOVEREIGN STATE (非主権国家) / OFFENSE AGAINST THE STATE (国家に対する犯罪) / ONE-PARTY STATE (一党制国家) / POLICE STATE (警察国家) / PROTECTED STATE (被保護国) / PROTECTING STATE (保護国) / RECOGNITION OF STATE (国家承認) / SECRETARY OF STATE (国務長官; 国務大臣) / SEMISOVEREIGN STATE (半主権国家) / SEPARATION OF CHURCH AND STATE (教会と国家の分離) / SOVEREIGN STATE (主権国家) / SUZERAIN STATE (宗主国) / UNITARY STATE (単一国家) / VASSAL STATE (付庸国) / WELFARE STATE (福祉国家). 5 [ᵁS-]《米国やオーストラリアなどの, 自治権をもった》州. ▶ ARM OF THE STATE (州の機関) / CODE STATE (法典訴訟州) / COMMON-LAW STATE (コモンロー州) / COMMUNITY-PROPERTY STATE (夫婦共有財産制採用州) / DEFERRAL STATE (訴え猶予対象州) / DRY STATE (禁酒州) / FREE STATE (自由州) / LAWS OF THE SEVERAL STATES (それぞれの州の法) / NONCODE STATE (非法典訴訟州) / SECRETARY OF STATE (州務長官) / SLAVE STATE (奴隷州) / WARD OF THE STATE (州の被後見人). ★米国の state は, 1776年の米国の独立から1788年の合衆国憲法の成立までの間は「州」ではなく「邦」と訳されている; この間の United States は連邦ではなく国家連合であったゆえである; cf. UNANIMOUS DECLARATION OF THE THIRTEEN UNITED STATES OF AMERICA.
— attrib a 1 大礼[儀典]用の, 公式の: ~ apartments《宮殿などの》儀典室, 大広間 / a ~ chamber 儀典室 / a ~ visit《国家元首による》公式訪問. 2 [ᵁS-] 国家の, 国事に関する. 3 [ᵁS-] 州の (cf. FEDERAL, NATIONAL).
— vt 《はっきり[詳細に]》述べる, 申し立てる, 言う; 陳述する, 供述する: as ~d above 上述のとおり.

státe àction 〖米〗州の行為, 国の行為 (1) 特に憲法との関連で, 政府, 特に州政府による個人の権利の侵害行為; これには政府による直接の侵害行為だけでなく, 政府の行為によってのみ実施・強制されうる私的な行為をも含む; ⇨ SHELLY V. KRAEMER (1948) 2) 州が規制して競争を排除しようとする行為, すなわち州による, あるいは州監督下の独占的企業経営).

státe àction dòctrine 〖米〗州の行為の法理《反トラスト法 (antitrust law) は州による反競争的行為は禁止していないという原則; ⇨ STATE ACTION》.

státe áid (州)政府補助(金). **státe-áid·ed** a 政府補助(金)を受けている.

státe-àll-fácts interrógatory 全事実陳述要請質問書 (=IDENTIFICATION INTERROGATORY).

státe appéal 〖米〗州上訴裁判所への上訴 (cf. FEDERAL APPEAL).

státe attórney 〖米〗STATE'S ATTORNEY.

státe áuditor 〖米〗州会計検査長.

státe bánk 1 国立銀行. 2 〖米〗州法銀行, 州免許銀行《州法により設立される銀行; cf. NATIONAL BANK》.

státe bár associàtion 〖米〗州法曹協会, 州法律家協会.

státe cítizenship 1 〖米〗州の市民権; 〖米〗州籍 (» cf. FEDERAL CITIZENSHIP). 2 〖EU〗欧州連合 (European Union) の)加盟国の市民権[国籍] (cf. EUROPEAN CITIZENSHIP).

státe compúlsion tèst 〖米〗州の強制の基準《私

人が行なった差別 (discrimination) が州の強制によるか否かを基準に州の責任の有無を判断すること；例えば仮にレストラン所有者が少数民族の客を受け入れないように州法で求められている場合に、その州法に従って行動している私人が犯している人種差別に対して、州は責任を負わなければならないという原則；⇨ STATE ACTION; cf. JOINT PARTICIPATION, NEXUS TEST, SYMBIOTIC RELATIONSHIP TEST).

state constitútion〘米〙州憲法.
state court〘米〙州裁判所 (cf. FEDERAL COURT).
state críminal 1 国事犯, 政治犯. 2〘米〙州法犯罪者〘州法の下での犯罪を犯した者〙.
stat·ed /stéitəd/ a 1 定まった, 定期の, 定例の, 所定の；確定した, 決まった: ACCOUNT STATED / CASE STATED. 2 公認の, 公式の. 3 明白に規定された, 表示された.
státed accóunt 確定勘定 (= ACCOUNT STATED).
státed cápital 表示資本 (1) 発行済み額面株式の額面総額または無額面株式の場合は取締役会が定めた額に相当; legal capital ともいう 2) 貸借対照表上の総純資産額).
státed cáse〘米〙合意事実記載書 (case stated).
Státe Depártment [the 〜]〘米〙国務省 (= DEPARTMENT OF STATE).
státed-íncome lòan 主張収入融資 (⇨ LIAR'S LOAN).
státed méeting〘株主総会などの〙定時[定例]会, 定時総会 (= ANNUAL MEETING).
státed térm〘米〙定期開廷期 (= GENERAL TERM).
státed válue〘特に無額面株の〙表記価格, 表示価格 (cf. PAR VALUE).
Státe Éarnings-Reláted Pénsion Schème [the 〜]〘英史〙所得比例公的年金制度 (⇨ SERPS).
státe·hòuse n〘米〙州議会議事堂 (= Capitol).
státe immúnity 国家免責[免除],〘米〙州免責[免除] (⇨ SOVEREIGN IMMUNITY).
státe láw〘米〙州法 (cf. FEDERAL LAW). ▶ UNIFORM STATE LAW (統一州法(案)).
státe·less·ness n〘国際法〙無国籍(状態).
státe·less pérson〘国際法〙無国籍者.
státe liabílity〘加盟〙国家の責任《欧州共同体司法裁判所 (Court of Justice of the European Communities) の判例で確立された欧州連合 (European Union) 加盟国の責任原則で, 共同体法 (Community law) に違反して個人の権利を侵害した加盟国はその個人に損害賠償の責任を負うべきであるということないしはその責任》.
státe matérnity allówance〘英〙政府産休手当〘出産予定週の直前66週の間に少なくとも26週雇用あるいは自営で一定以上の所得の稼ぎ手でありかつ当該週につき制定法上の産休手当 (statutory maternity pay) 受給資格を有していない女性に対して, 出産予定前の11週週開始日より一定割合で与えられる国からの給付金；単

に maternity allowance ともいう; cf. STATUTORY MATERNITY PAY).

státe·ment n 1 言うこと, 所説, 言い方；言明, **陳述**, **供述**, 申告, 声明 (cf. CONFESSION, HEARSAY). ▶ CARELESS STATEMENT (不注意発言) / CLOSING STATEMENT (最終弁論) / CONSONANT STATEMENT (過去の関連供述) / EXTRAJUDICIAL STATEMENT (法廷外の陳述) / FALSE STATEMENT (不実陳述) / INCRIMINATING STATEMENT (有罪証明陳述) / MISSTATEMENT (誤って述べること) / MOTION FOR MORE DEFINITE STATEMENT (明確陳述を求める申し立て) / OPENING STATEMENT (冒頭陳述) / PRACTICE STATEMENT (実務声明) / PREVIOUS STATEMENTS (過去の陳述) / PRIOR CONSISTENT STATEMENT (一致する過去の陳述) / PRIOR INCONSISTENT STATEMENT (矛盾する過去の陳述) / SCANDALOUS STATEMENT (中傷的陳述) / SWORN STATEMENT (宣誓のうえでの供述) / UNSWORN STATEMENT (非宣誓陳述) / VICTIM IMPACT STATEMENT (被害者への影響についての陳述) / VOLUNTARY STATEMENT (任意供述). 2 声明書, 記事, 供述書, 陳述書；報告書, 説明書；計算書, 勘定書, 賃借書, 一覧表, 明細書. ▶ ANNUAL STATEMENT (年次報告書) / AUTUMN STATEMENT (秋期報告書) / BANK STATEMENT (銀行預金口座報告) / CASE STATEMENT (判例要約報告書) / CASH FLOW STATEMENT (現金収支計算書) / CLOSING STATEMENT (不動産取引最終経費内訳書) / COMMONHOLD COMMUNITY STATEMENT (共同保有団体規則) / COMPLETION STATEMENT (最終計算書) / CONSOLIDATED STATEMENTS (連結財務諸表) / DEFENSE STATEMENT (防御陳述書) / DISCRETION STATEMENT (裁量感請陳述書) / DISMISSAL STATEMENT (解雇理由書) / ENVIRONMENTAL IMPACT STATEMENT (環境影響報告書) / FINANCIAL STATEMENT (財務報告書) / FINANCIAL STATEMENTS (財務諸表) / FINANCING STATEMENT (融資説明書) / GENERAL AVERAGE STATEMENT (共同海損清算書) / HUD-1 SETTLEMENT STATEMENT (住宅都市開発省第1号書式不動産売買最終手続き書) / INCOME STATEMENT (損益計算書) / PAY STATEMENT (給与支払い明細書) / PRELIMINARY STATEMENT (前付け要約) / PROFIT-AND-LOSS STATEMENT (損益計算書) / PROXY STATEMENT (委任状説明書) / RECONCILIATION STATEMENT (調整報告書) / REGISTRATION STATEMENT (証券登録説明書) / SWORN STATEMENT (下請け・関連事業者一覧リスト) / VICTIM PERSONAL STATEMENT (被害者の個人的陳述書) / WITNESS STATEMENT (証人陳述書).

Státement and Accóunt Cláuse [the 〜]〘米〙《公金収支の》報告および決算条項《合衆国憲法第1編第9節7項のこと》.

státement of accóunt 1《銀行・商人から顧客への通例月ごとの定期的な》**取引勘定書**, (交互)計算書. 2 銀行預金口座報告 (= BANK STATEMENT).

státement of affáirs 財産状態陳述書《(1) 破産

(bankruptcy) 開始にあたって債務者が原則として提出すべきものとされているその財務状態の詳細な陳述書; statement of financial affairs ともいう) **2)** 支払い不能が切迫した時に用意される現在の財務状態を示す貸借対照表).

státement of arrángement for children 〘英〙子供のための協定書《離婚決定前に裁判所に提出すべき両親による協定書》.

státement of cáse 〘英〙《民事訴訟での双方当事者による》主張書《民事訴訟で双方の当事者が相手方に送達する審理で証明しようとしている事実の主張と求めている救済手段などを内容とする正式文書; 1998年の民事訴訟手続き規則 (Civil Procedure Rules) で改められるまでは訴答 (pleading) と呼ばれていたもの; cf. STATEMENT OF TRUTH). **strike out a ~**《事件の不適法・不適式な全部または一部についての》主張を排斥する, 主張書から削除する.

státement of cláim 1〘米〙請求原因の陳述. **2**〘英史〙《高等法院 (High Court of Justice) で召喚令状 (writ of summons) に基づいて始まる訴訟での》原告請求内容明示訴答書, 原告最初の訴答 (=particulars)《原則として被告が防御する意思表示後14日以内に送達しなくてはならなかった; 1998年の民事訴訟手続き規則 (Civil Procedure Rules) 以後は原告請求内容明示 (particulars of claim) と名称が変わっている; 原告第一訴答 (declaration) ともいった》.

státement of condítion 貸借対照表 (=BALANCE SHEET).

státement of conféssion 請求認諾書 (cf. CONFESSION OF JUDGMENT).

státement of defénse 答弁書 **(1)** 一般には被告の答弁書 **2)** 特に英国では1998年の民事訴訟手続き規則 (Civil Procedure Rules) まで原告による statement of claim (原告請求内容明示訴答書) に対応する被告の答弁書; 同規則以後はこれも主張書 (statement of case) の一つで, 単に defense (答弁書) と呼ばれている).

státement of fácts 事実陳述書《訴訟の一方当事者による紛争事実に関わる陳述書で, 通常は訴訟事件摘要書 (brief) の初めにある; cf. STATEMENT OF THE CASE). ▶AGREED STATEMENT OF FACTS (合意事実陳述書).

Státement of Finàncial Accóunting Stàndards 〘米会計〙財務会計基準(書)《財務会計基準審議会 (Financial Accounting Standards Board) が設定する財務会計基準(書); 略 SFAS).

státement of fináncial affáirs [°S- of F-A-] 財産状態陳述書《略 SOFA; ⇨ STATEMENT OF AFFAIRS).

státement of íncome 損益計算書 (=INCOME STATEMENT).

státement of inténtion 〘米〙意思表明書《破産法典第7章該当事例 (chapter 7) で債権者会議に先立って債務者から提出される, 財産のうち引き渡すものと保留したいものとを分けて申告するもの).

státement of méans 資産報告書《(法律扶助 (legal aid) を申請する場合などに提出する).

Státement of Objéctions 異議表明書《ローマ条約 (Treaty of Rome) の競争法に関わる条項違反企業に対して欧州委員会 (European Commission) から発せられる文書で, 期限付きの回答が要求される).

státement of réasons for dismíssal 〘英〙解雇理由書《1996年法の下で, 一年以上継続雇用された被用者が使用者に要求しうる理由書).

státement of the cáse 〘米〙訴訟事件陳述 (=proceedings below)《上訴趣意書 (appellate brief) の中での, 当該訴訟のそれまでの手続きおよび上訴に至るまでの経過等の陳述; cf. STATEMENT OF FACTS).

státement of trúth 〘英〙真実性の言明《「ここに述べられた事実が真実であることを私は信じています」という言明で, 文書の認証に必要なもの; 特に民事訴訟での主張書 (statement of case) および証人陳述書 (witness statement) はすべて署名とこの真実である旨の確認が必要とされている).

státement of válue 〘英〙金額の陳述《原告 (claimant) が主張書 (statement of case) で金銭の請求をする場合には訴状 (claim form) 中にその金額についての陳述が含まれていなければならない; その額により手順配分 (track allocation) をするためである; もちろん裁判所が判決で裁定する金額を制限するものにはならない).

Státements of Stándard Accóunting Pràctice pl 〘英会計史〙会計実務基準(書), 標準会計実務ステートメント《会計基準委員会 (Accounting Standards Committee) が1971-90年に制定した企業会計の基準(書); 91年以降は財務報告基準(書) (Financial Reporting Standards) がこれに代わっている; 略 SSAPs).

státe of emérgency 非常事態 (cf. EMERGENCY POWERS): declare a ~ 非常事態を宣言する.

státe of fácts and propósal 〘英史〙実情と提案《心神喪失者 (lunatic) であると認定された場合に, 次の手順として, その者の経済状況, 近親者, その扶養のために拠出される年額などを示す文書が, 心神喪失問題主事 (Master in Lunacy) と呼ばれる大法官 (Lord Chancellor) 管轄下の役人に提出され, 主事がそれに基づいて報告書を作成し, 手続きが開始されたが, この文書をいう).

státe of mínd 精神状態 **(1)** 特に犯行時の犯罪者の精神状態 (=MENS REA) **2)** 行為[特に 犯行]の動機). ▶DECLARATION OF STATE OF MIND (精神状態についての無宣誓供述) / PERSON-ENDANGERING STATE OF MIND (人を危険に陥らせんとする精神状態).

státe of mínd excéption 《(供述者の)精神状態についての例外《(供述者自身の供述時の精神状態についての法廷外の供述は, たとえ供述者みずからが証言できない場合であっても, 証拠として許容されるという原則; 伝聞証拠排除則 (hearsay rule) の例外).

státe of náture 自然状態《Thomas HOBBES, John LOCKE などが想定した政治的に組織化されていない

原始的状態》.

state of the art [the ~]《特定技術・装置などの》現状, 到達水準《製造物責任を問われる際の抗弁として問題になりうる》. **state-of-the-árt** *a* 最先端技術を用いた, 最高技術水準の, 最新式の.

state of the case《ある時点での》訴訟の状態(・情況).

State of the Únion [the ~]《米》大統領教書(= PRESIDENTIAL MESSAGE).

state-ówned" *a* 国有の: a ~ industry 国有産業.

state ównership《英》《一産業の》国有(制).

state páper 1 国家[政府](関係)文書. 2 官報.

Státe Páper Òffice《英史》国家文書保管所.

state police《米》州警察.

state police pòwer 州の福祉権能.

state príson《米》州刑務所《特に重大犯罪を犯した者を拘禁するため州によって維持されている刑務所; 単に prison ともいう》.

state responsibílity《国際法》国家責任《国家による国際義務違反に対するその事後救済義務; cf. ESPOUSAL OF CLAIM》.

state ríghts *pl* STATES' RIGHTS.

state's attórney《米》州検察官, 州法務官(= state attorney) (cf. UNITED STATES ATTORNEY).

state séal《米》州璽(じゅう)(= GREAT SEAL).

Státe Sécond Pénsion [the ~]《英》第二公的年金(制度)《2002年に導入された公的年金制度で, 所得比例公的年金制度(SERPS)を改めたもの; 前制度より障害者・低所得者等一定の人びとにより有利となっている; 略 SSP, S2P》.

state sécret 国家機密 (cf. STATE SECRETS PRIVILEGE).

state sécrets prívilege 国家機密秘匿特権《国家機密を漏洩することになりかねない情報の開示を政府が拒む特権》.

state's évidence《米》国側の証拠, 共犯者証人(⇒ KING'S EVIDENCE). **turn** ~ ⇒ turn KING'S EVIDENCE.

states·man /-mən/ *n* 1《特に指導的な》政治家; 経世家. 2《方》自作農.

state sóvereignty《米》州自治権, 州主権, 州統治権.

state-spónsored térrorism 国家支援テロ行為(= STATE TERRORISM).

states' ríghts *pl*《米》1 州権《合衆国憲法で連邦政府への委任を規定しておらず, また 各州に禁じていない権限(第10修正)》. 2《*sg*》州権論《合衆国憲法上州が排他的に有していると考えられる事項についての連邦政府の干渉に対して州が抵抗することを正当化するため, 州権(states' rights)を基礎においている理論; 特に19世紀の奴隷制・南部11州の連邦分離問題などと関連して主張された; cf. FEDERALISM, ORDINANCE OF NULLIFICATION》. **states'-right·er** *n* 州権拡大論者.

state succéssion《国際法》国家承継《一定の地域を統治していた国家が, 併合・割譲・分離などによって新しく統治する国家に地域の全部または一部を承継されること; 先行国の権利・義務が承継国に承継するか否かが問題となる; 慣行は一様でなく, 継続するというのが一般的であるが, 植民地からの独立国などの場合例外もある; cf. CESSION, OCCUPATION》.

state táx《米》州税 (cf. FEDERAL TAX, LOCAL TAX).

state térrorism 国家テロ行為 (= state-sponsored terrorism)《1》主権国家による, 特に自国民に対するテロ行為 **2**》主権国家により支援されて行われる国際テロ (international terrorism)》.

state tríal 国事犯裁判.

Státe Tríals《英》『国事犯裁判判決集』『ステイト・トライアルズ』《英国憲法・刑事法など国家に関わる重大事件の判例集; 1407-1710年の事件を扱った1719年刊の最初の版から, いくつかあるが, 1809-26年刊の33巻の5版は1163-1820年の事件を含む大部なもので, その後の1820-58年のを扱った1885年の8巻本の new series と共に重要》.

státing an account《取引》勘定書の開示, 《交互》計算書の開示 (cf. STATEMENT OF ACCOUNT).

státing pàrt《史》《エクイティー訴状》主部(= PREMISES).

sta·tion /stéɪʃ(ə)n/ *n* **1** 駅, 停留所; 駅舎. **2** 署, 本署, 本部, 局, 所;《地域を対象とする》営業所, 公益事業所; 消防署; 警察署 (police station);《(郵便局の)支局. ▶ POLICE STATION (地方警察本部). **3** *a*《人・物が立つ[設置される]特定の》位置, 場所; 持ち場, 部署; 警備区域. **b** 駐屯地;《海軍》根拠地. **4** 身分, 地位; 高位. —— *vt* 部署につかせる, 配置する, 駐在させる, 置く 〈at, on〉.

sta·tio·ner /stéɪʃ(ə)nər/ *n* **1** 文房具商. ▶ LAW STATIONER (法律家用書類商兼代書人). **2**《古》書籍商, 出版業者.

Státioners' Còmpany [the ~]《英史》印刷出版業組合《1403年 London に設立され1557年勅許を与えられた印刷業者・書籍商・製本業者・文具商などからなる同業者組合で, 17世紀までは検閲・出版統制を行なっていた; なお, その事務所である STATIONERS' HALL の項も参照》.

Státioners' Háll《英史》印刷出版業組合会館《London にあり, 1911年法まで出版書は1842年法によりすべてここに届け出をすることによって著作権侵害訴権を得ることになっていた》: Entered at ~ 著作権登録済み.

sta·tio·ne·ry /stéɪʃ(ə)nèri, -n(ə)ri/ *n* **1** 文房具《紙・ノート・インクペンなど》. **2**《通例 封筒のついた》書簡紙, 便箋.

Státionery Òffice [the ~]《英》政府刊行物出版所《1996年に HER [HIS] MAJESTY'S STATIONERY OFFICE (HMSO) (政府刊行物出版局) の機能を引き継ぎ, 議会制定法その他の立法関連資料などを販売する私企業; 略 TSO; HMSO は国の機関として存続しており, 英

国政府・英国議会の著作権の管理などを行なう》.

stat·ist[1] /stéɪtɪst/ *n* **1** 国家主義者, 国家統制主義者. **2**《古》政治家 (statesman, politician).

stat·ist[2] /stǽtɪst/ *n* 統計学者, 統計(専門)家 (statistician).

sta·tis·ti·cal /stətístɪk(ə)l/ *a* 統計(学上)の, 統計的な.

statístical decísion thèory《陪審員候補者の》統計的決定論《陪審員候補者を単なる偶然によって選抜していたことが統計的な確率に合致しているか否かを分析し, 特定グループから一定数の陪審員が選ばれる確率を計算することにより, その社会の公正な縮図に合うよう陪審員候補者を選び決定しようとすること; cf. ABSOLUTE DISPARITY, COMPARATIVE DISPARITY, DUREN test, FAIR-CROSS-SECTION REQUIREMENT》.

sta·tis·ti·cian /stætətíʃ(ə)n/ *n* 統計学者, 統計(専門)家 (=statist).

sta·tis·tics /stətístɪks/ *n* **1** 統計学. **2**《*pl*》統計, 統計表. ▶ VITAL STATISTICS (人口(動態)統計).

sta·tus /stéɪtəs, stǽt-/ *n* **1** 身分, 地位; 資格: the ~ of (a) wife 妻の身分(地位). ▶ LAW OF STATUS (身分法) / SENIOR STATUS (引退裁判官継続勤務資格). **2** 状態, 現状.［L=standing］

státus crìme 状態犯罪 (=status offense)《人が一定の状況・状態にいること自体が犯罪となること; 例えば, 放浪 (vagrancy) など》.

státus offènder 虞犯(ぐはん)少年《不良行為 (status offense) を行なっている少年; cf. JUVENILE DELINQUENT, JUVENILE OFFENDER, YOUTHFUL OFFENDER》.

státus offènse 1 状態犯罪 (=STATUS CRIME). **2** 不良行為《例えば家出, 学校の無断欠席など, 成人が行なった場合には違法にはならないが, 親の監督に服していないことを示す少年の違法行為; cf. JUVENILE DELINQUENCY》.

státus quó /-kwóu/ [the ~] 現状 (cf. STATUS QUO ANTE): maintain *the* ~ 現状を維持する.［L=state in which］

státus quó án·te /-ǽnti/ [the ~] 原状 (cf. STATUS QUO).［L=state in which previously］

stát·ut·able *a* **1** 制定法の, 法令の. **2** 制定法による［基づく］. **3**〈違反・罪などが〉制定法により処罰されるべき. **-ably** *adv* 制定法に基づいて, 制定法上.

stat·ute /stǽtʃut, -tʃət/ *n* **1** 制定法 (=STATUTORY LAW),《特に》議会制定法, 法律, 法令, 法規《略 s., stat.》). ▶ AFFIRMATIVE STATUTE (命令的制定法) / ANNOTATED STATUTES (注釈付き法律集) / ANTI-DESTRUCTIBILITY STATUTE (反消滅可能性法) / ANTI-LAPSE STATUTE (反失効法) / AUTOMOBILE GUEST STATUTE (好意同乗者法) / BORROWED STATUTE (借用法律) / BORROWING STATUTE (法律借用法) / CODIFYING STATUTE (法典化制定法) / COMPILED STATUTES (編纂制定法集) / CONSOLIDATED STATUTES (統合的制定法) / CONSOLIDATING STATUTE (統合的制定法) / CREATURE OF STATUTE (制定法の創造物) / CRIMINAL STATUTE (刑事制定法) / DEAD MAN'S [PERSON'S] STATUTE (死者法) / DEATH STATUTE (死亡法) / DECLARATORY PART OF A STATUTE (法律の宣言的部分) / DECLARATORY STATUTE (宣言的制定法) / DIRECTORY STATUTE (任意法規) / DISABLING STATUTE (権利制限制定法) / DIVORCE BY STATUTE (制定法による離婚) / DOING BUSINESS STATUTE (営業活動法) / DOOR-CLOSING STATUTE (門戸閉鎖法) / ENABLING STATUTE (授権制定法) / ENOCH ARDEN STATUTE (イーノック・アーデン法) / EQUITY OF A STATUTE (制定法の衡平, 制定法の目的) / EXPOSITORY STATUTE (説明的制定法) / FAMILY EXPENSE STATUTE (家族の生活費に関する法律; 家族用出費法) / FEDERAL STATUTE (連邦制定法) / GENERAL STATUTE (一般制定法) / GOOD-TIME STATUTE (善行刑期短縮特典法) / GUARDIAN BY STATUTE (制定法に基づく指定後見人) / GUEST STATUTE (好意同乗者法) / HEARTBALM STATUTE (慰藉請求権廃止法) / HIT-AND-RUN STATUTE (ひき逃げ・あて逃げ禁止法) / HOMESTEAD EXEMPTION STATUTE (家産差押免除制定法) / IMPERFECT STATUTE (不完全制定法) / INDIVISIBLE STATUTE (不可分の制定法) / INSOLVENCY STATUTE (倒産法) / INTERPRETATION OF STATUTES (制定法の解釈) / LONG-ARM STATUTE (ロングアーム法) / MANDATORY STATUTE (強行法規) / MISCHIEF OF THE STATUTE (制定法が除去しようとした害悪) / MODEL STATUTE (模範制定法) / MORTMAIN STATUTE (死手法) / NEGATIVE STATUTE (禁止の制定法) / NONCLAIM STATUTE (権利主張期間制限法) / NOTICE-RACE STATUTE (善意登録者保護型不動産取引証書登録法) / NOTICE STATUTE (善意者保護型不動産取引証書登録法) / OBJECT OF STATUTE (制定法の目的) / ORGANIC STATUTE (統治組織に関する制定法) / PARENTAL LIABILITY STATUTE (親の賠償責任法) / PARENTAL RESPONSIBILITY STATUTE (親の責任法; 親の賠償責任法) / PENAL STATUTE (刑罰制定法) / PERMISSIVE STATUTE (許容的制定法) / PERPETUAL [PERMANENT] STATUTE (永続的制定法) / PERSONAL STATUTE (属人制定法) / POPULAR STATUTE (一般人(による制裁金請求)訴訟法) / PRETERMITTED HEIR STATUTE (脱漏法定相続人法) / PRINTER'S INK STATUTE (虚偽広告規制法) / PRIVATE STATUTE (私法律; 個別制定法) / PROSPECTIVE STATUTE (不遡及的制定法) / PSEUDO-FOREIGN-CORPORATION STATUTE (擬似州外法人法) / PUBLIC STATUTE (公法律; 一般法律) / PURE RACE STATUTE (先順位登録者単純保護型不動産取引証書登録法) / QUASI STATUTE (準制定法の命令) / RACE-NOTICE STATUTE (善意登録者保護型不動産取引証書登録法) / RACE STATUTE (先順位登録者保護型不動産取引証書登録法) / RAPE SHIELD STATUTE (強姦被害者保護法) / RECORDING STATUTE (不動産取引証書登録法) / REFERENCE STATUTE (他法組込み制定法) / REMEDIAL STATUTE (修正的制定法; 救済手段を提供する制定法)

/ RETALIATORY STATUTE (報復制定法) / RETROSPECTIVE STATUTE (遡及制定法) / REVENUE STATUTE (歳入 (制定) 法) / REVISED STATUTES (現行制定法集) / REVIVAL STATUTE (復活制定法) / SAVING(S) STATUTE (適用除外制定法) / SEVERABLE STATUTE (可分性のある制定法) / SINGLE-ACT STATUTE (単一行為法) / SPEAKING STATUTE (口語的制定法) / SPECIAL STATUTE (特別制定法) / SPLIT LEVEL STATUTE (段違い制定法) / STOP AND FRISK STATUTE (停止・捜検法) / STOP NOTICE STATUTE (建築工事費用請求法) / SURVIVAL STATUTE (訴権存続法) / TAXING STATUE (課税法) / TEMPORARY STATUTE (時限の制定法;対応的制定法) / TOLLING STATUTE (出訴期間進行停止(法)) / UNIFORM STATUTE (統一制定法(案)) / VALIDATING STATUTE (合憲化制定法) / WRONGFUL DEATH STATUTE (不法行為死亡法). **2** 〘法人などの〙規則, 定款 ⟨*of*⟩. **3** 〘国際法〙〔条約などとほとんど同じ意味の〕規程〔特に国際機関設立文書;例えば,国際司法裁判所規程 (Statute of the International Court of Justice) など〕. **4** 〘英史〙 **a** STATUTE MERCHANT. **b** STATUTE STAPLE. **c** STATUTE FAIR. against the form of the ～ 制定法の定めに反して. SAVE¹ the ～. [OF＜L *statut-statuo* to set up; ⇨ STATUS]

státute-bárred *a* 法定出訴期間[期限]を過ぎて訴権を失った.

státute-bárred débt 《法定出訴期間[期限]を過ぎた》訴権喪失(金銭)債務.

státute bòok [the ～; ᵒS-B-; ᵒ*pl*] 制定法全書: on the ～ 法律として制定されて.

Státute de Dónis (Conditionálibus) 《英史》条件付き贈与法 (⇨ DE DONIS (CONDITIONALIBUS)).

Státute de Mer·ca·tó·ri·bus /-di mɛrkətóʊrɪbəs/ 《英史》商人法《1285年の制定法で, 商取引契約上の債権に迅速な救済手段を認めたもの;単に De Mercatoribus ともいう》. [E＋L＝statute about merchants]

státute fàir 《英史》《かつて英国の町や村で年1回開かれた》農業労働者や召使の雇用契約を行なうための集まり, 制定法市《ここで制定法 (statute) にのっとって賃金表が布告された;法的意味での市 (fair, market) ではない; mop (fair) (モップ市), あるいは単に statute とも呼ばれた》.

státute làw 制定法, 成文法 (＝STATUTORY LAW).

Státute Làw Committee 《英》制定法委員会《制定法改正を管轄するために1868年に創設された委員会で, *Chronological Table* 『年代順表』, *Index to the Statutes in Force* 『現行制定法索引』を公刊;また, 多くの統合的法律も提案してきた;1891年以来 *Chronological Table of the Statutes* 『年代順制定法表』, *Index to the Statutes* 『制定法索引』, *Statutes Revised* 『改正制定法集』, *Statutes in Force* 『現行制定法集』, 年刊の *Statutory Instruments* 『命令集』の編集準備の責任を委員会に対して負う Statutory Publications Office (制定法公刊局) が設立されている;略 SLC》.

Státute Làw Repéal Àct 《英》制定法廃止法《制定法廃止のための制定法;英国では1965年に法律委員会 (Law Commission) が創設されて以後, 実用性を失ったきわめて多数の制定法が制定法全書 (Statute Book) から取り除かれている》.

státute làw revísion 《英》制定法整備《時代遅れとなった制定法ないしはその一部を取り除くため Statute Law Revision Act (制定法整備法) が制定され組織的に整備されてきたが, その成果としての同制定法は1856年を最初に1861年から数年ごとに制定されてきた;1965年法で法律委員会 (Law Commission) が常設され, この任務を担当している》.

státute-máking *n, a* 立法 (legislation) (の).

státute mérchant 《英史》商人法上の捺印金銭債務証書[債務証書]《1285年の商人法 (Statute de Mercatoribus) に従って交易都市当局の面前で作成されて国王の印影まで押印され, 債務不履行の場合には直ちに債務者が拘禁され, 債務者の財産が差し押えられうる捺印金銭債務証書 (bond); 1864年法で廃止; 単に statute ともいわれた; cf. STATUTE STAPLE》.

Státute of Accumulátions 《英史》永久収益積立て禁止法《永久収益積立て禁止の準則 (rule against accumulations) を定めた1800年制定の法律; 俗称 'Thellusson Act' (テラソン法) ともいう; ⇨ THELLUSSON》.

státute of distribútion* 遺産分配法《無遺言の法定相続人・血族間での分配法》.

státute of fráuds 詐欺防止法《本来は詐欺 (fraud) を防止する目的で, 一定契約では書面・署名のないものを裁判所によって救済を与えない (無効ではない) とした1677年の英国の制定法《この制定法を指す場合は the Statute of Frauds と表記》. その後米国でも立法・判例を通じて広く継受されている; 略 S/F, SOF; cf: MAIN PURPOSE RULE, PART PERFORMANCE DOCTRINE》.

Státute of Fráuds Améndment Àct 1828 1828年の詐欺防止法改正法 (⇨ TENTERDEN'S ACT).

Státute of Glóuces·ter /-glástər, -gló(:)-/ [the ～] 《英史》グロスター法《1278年の広範な内容の制定法;勝訴し損害賠償を認められた原告に訴訟費用の取り立てを初めて認めた条項や特に地方の裁判所の民事裁判管轄権の制限と解釈されるに至る規定, 特権の権限調査に関する規定などを定めた》.

státute of limitátions 出訴期間[期限]法, 出訴期間[期限], 《コモンロー上の》消滅時効 (＝nonclaim statute, **státute of limitátion**) 《出訴できる期間[期限]を定めている法で, 民事では損害発生あるいは発見した時を基準にし, 刑事では犯罪発生時を基準とする; なお, 英米法の消滅時効は出訴期間が過ぎたことによる訴権消滅という法構成をとる; cf. DISCOVERY RULE, LACHES, LIM-

Statute of Merton

ITATION OF ACTION, NONCLAIM, OCCURRENCE RULE, STATUTE OF REPOSE, TIME-BAR)).

Státute of Mérton [the 〜]『英史』マートン法《1235 年制定で、時に英国議会制定法の最初のものとされるが、正確ではない; とりわけ後の婚姻による準正 (legitimatio per subsequens matrimonium) を拒否したことで著名; ⇨ NOLUMUS LEGES ANGLIAE MUTARI; cf. PALLIO COOPERIRE)).

státute of mórtmain 死手法 (= MORTMAIN STATUTE).

státute of repóse 出訴期間限定法《たとえ訴訟原因がまだ発生していなくともある一定行為ないしは事実 (例えば製品の引渡し) から始まる期間経過後は訴えることができないように定めている制定法; 例えば、家の建築契約にこの種の制定法が存在していたとすれば、その家の欠陥が数年間発見できなかった場合でも家の完成・引渡しと共に制定法に定める期間が始まり、法定年数後はその欠陥についての訴えが認められなくなるというような場合; cf. STATUTE OF LIMITATIONS)).

Státute of the Internátional Cóurt of Jústice [the 〜]『国際法』国際司法裁判所規程《1945 年採択・発効; 国際司法裁判所の構成・管轄・手続き等を規定)).

Státute of Úses (1535) 『英史』ユース法 (1535 年)《ユース (use) による封建的付随条件 (feudal incident) の潜脱を防止することを目的にした制定法で、ユース受益者 (cestui que use) の有しているエクイティー上の権利を特別な場合を除いて原則コモンロー上の権利に転換することを定めた法; この後 1540 年の不動産遺言法 (Statute of Wills) の制定、ユース法の脱法行為としての信託 (trust) の考案・公認など、以後の財産法の分野に大きな影響を残した; 英国では 1925 年法で廃止; cf. CESTUI QUE USE, GRANT TO USES, USE)).

Státute of Wáles [the 〜]『英史』ウェールズ法《ウェールズの武力征服後の 1284 年、Edward 1 世治下にその統治のために制定された法; これによりウェールズをイングランドに併合し、イングランドと同一の法・制度 (特に地方制度) を導入しようとしたが、古来の慣習法が最終的に廃止されるのは 16 世紀になってからである)).

Státute of Wéstminster [the 〜]『英史』ウェストミンスター法《同名の制定法で重要なものは 4 つある: その中の 3 つは英国のユスティニアヌスとも言われる Edward 1 世治下のもので、コモンロー形成上重要な意義をもつ; **1)** ウェストミンスター第一法は 1275 年制定; 51 条の広範な法律で、刑事手続きで国王役人から人民を保護する規定が中心; 特に陪審審理を、それを拒否する者を拷問にかけ強制したことなどで有名 **2)** 第二法は 1285 年制定; 50 条の広範な法律で、限嗣封土権 (fee tail) を作り出した条件付き贈与法 (De Donis Conditionalibus)、類似令状 (casu consimili) にかかわる条文、巡回陪審裁判 (nisi prius) を基礎づけた条文などで有名 **3)** 第三法は 1290 年制定; この法律は最初の 2 語から QUIA EMPTORES (不動産移転法) と呼ばれ、封建的付随条件 (feudal incident) の潜脱を防ぐ目的から再下封 (subinfeudation) を禁止し、移転はすべて代置 (substitution) によることを定め、不動産法ひいては封建制を大きく変質させたもの **4)** 1931 年制定の第 4 の法は、植民地と異なる自治領 (dominion) の地位を明確にし、自治領が実質的に国家として機能することを認めたもので、「ウェストミンスター憲章」とも訳される)).

Státute of Wílls 1 [the 〜]『英史』不動産遺言法《1540 年の制定法で、それまでは無遺言不動産相続しか認められていなかった自由土地保有権 (freehold) の遺贈を初めて認めた法律; 封建的付随条件 (feudal incident) の潜脱防止のためのユース法 (Statute of Uses) (1535 年) を制定したが、土地所有者層の反発を招いた Henry 8 世の妥協の産物; これにより騎士奉仕保有 (knight service) で不動産を保有している直属受封者 (tenant in chief) はその不動産の 3 分の 1 までの遺贈が認められ、国王は残りの 3 分の 2 からの封建的付随条件を享受することになった; 1660 年法による軍事的不動産保有条件の廃止を経て、同法は 1837 年法で廃止)). **2** [s- of w-]『米』遺言に関する法律《通常は上記の英国の法律をコモンローの一部として継受した米国の州法で、遺贈・遺言に関する制定法)).

Státute Róll [the 〜]『英史』『制定法記録集』《1278-1431 年および 1445-68 年の間のイングランド議会制定法および制定法としての効力を有しなかった多くの文書の記録集; cf. INROLLMENTS OF ACTS OF PARLIAMENT)).

státutes at lárge 1 制定法全集. **2** [S- at L-] **a**『英』『英国制定法全集』《いくつかの同名の編纂物があるが、Pickering (109 vols; 1225-1869) と Tomlins & Raithby (10 vols; 1225-1850) が代表的)). **b**『米』『合衆国制定法全集』《連邦議会で成立した制定法と決議を会期ごとに年代順に集めた公式の編纂物; 略 Stat. at L.)).

Státutes in Fórce [the 〜]『英』『現行制定法集』(⇨ REVISED STATUTES).

Státutes of Améndment and Jéofail pl [the 〜]『英史』誤訴答法, 誤訴答修正法《訴答中の小さな誤りや書き誤りを修正できるようにし、また一定の誤訴答 (jeofail) は評決 (verdict) を出したことにより異議を申し立てられないことなどを定めた 1413, 1540, 1545 年の制定法の総称)).

Státutes of Lábourers pl [the 〜]『英史』労働者規制法《1348 年イングランドを襲ったペストは全人口の 20% とも半分近くともいわれる死者を出した; その結果賃金・物価の高騰という大きな経済問題が生じ、政府はこの緊急事態処理のため 49 年に勅令 (ordinance) を、次いで 51 年にその補足である議会制定法 (statute) を発し、治安維持・賃金規制・物価統制をはかり、その実施のための制度を定めた; この 2 つの法を指す; これが英米法制度の特色の一つともいわれている治安判事 (justice of the peace) 制度成立に大きな影響を与えている; なお、労働者規制法の専任執行官である労働者判事 (justice of laborers)は52年に初めて出現し59年まで存続した; cf. JUSTICE OF LABORERS).

Statutes Revised〖英史〗『改正制定法集』『スタテューツ・リヴァイズド』(⇨ REVISED STATUTES).

statute staple〖英史〗交易法上の捺印金銭債務証書《交易指定都市(staple)の市長の面前で承認された, STATUTE MERCHANT(商人法上の捺印金銭債務証書)と同様の効力をもつ証書; 1353年 Statute Staple(交易法)で創設された; 単に statute ともいわれた》. ▶ ESTATE BY STATUTE STAPLE(交易法上の債務証書に基づく不動産権).

statutorily protected tenancy 制定法で保護された不動産賃借権《不動産賃借権の安定(security of tenure)および時に賃借料が制定法によって保護されている不動産賃借権》.

stat·u·to·ry /stǽtʃətɔ̀ːri, -t(ə)ri/ *a* 制定法の, 制定法上の, 制定法に基づく, 制定法によって定められた, 制定法に関する, 法定の. **stàt·u·tó·ri·ly** /; stǽtʃut(ə)rıli/ *adv*

statutory adoption pay〖英〗制定法上の養子縁組休暇手当《養子縁組休暇(adoption leave)をとる被用者の大部分に対しては雇用者が最長で39週分まで支払うことが制定法で定められている手当; 略 SAP; cf. ADOPTION LEAVE》.

statutory agent〖米〗制定法で定められた代理人《住所を州内に有していない法人に代わって訴訟上の文書その他法的な通知を受け取るべく法によって定められた代理人; 大部分の州では州務長官(secretary of state)》.

statutory assignment〖英〗制定法方式による債権譲渡《1925年の財産権法(Law of Property Act)で定められた債権譲渡方式で, エクイティー上の債権譲渡(equitable assignment)が無方式なのに対して, 条件付きでなく絶対的なものであること, 書面によること, 債務者に書面で通知することの3つが要件とされている; cf. ASSIGNMENT, EQUITABLE ASSIGNMENT, LEGAL ASSIGNMENT》.

statutory bond **1** 制定法上の債務証書《ある制定法が定めた要件にのっとった債務証書》. **2** 制定法にのっとった債券.

statutory books *pl*〖英〗法定帳簿《会社が制定法によって備え付けを義務づけられた株主名簿・取締役名簿などの帳簿》.

statutory company〖英〗制定法設立会社《会社法による一般的な設立ではなく特別の私法律(private act)に基づいて設立された会社で, 多くは公益事業会社; cf. REGISTERED COMPANY》.

statutory construction 制定法の解釈 **(1)** ある特定制定法の解釈 **2)** 一般に制定法を解釈するための原則》.

statutory corporation" 制定法設立法人《議会制定法で設立された法人; ほとんどの公共企業体(public corporation)がこれに含まれる》.

statutory crime 制定法上の犯罪 (⇨ COMMON-LAW CRIME).

statutory declaration〖英〗制定法上の無宣誓供述(書)《宣誓の代わりに, 治安判事(justice of the peace)または宣誓受理官のもとで法廷ではなく司法手続き外で行なわれる宣言であるが, 宣誓に基づく供述(書)と同じ効力を有する》.

statutory dedication 制定法上の公用地供与《制定法上の手続きを踏んだ公用地供与; cf. COMMON-LAW DEDICATION, DEDICATION》.

statutory deed 制定法上の権原担保捺印証書《権原担保捺印証書(warranty deed)のうち制定法で規定されている方式で, 印刷された定型の中には含まれていない場合であっても, 一定の権原担保(warranty), 約款(covenant)を含んでいるもの; cf. GENERAL WARRANTY DEED, SPECIAL WARRANTY DEED, WARRANTY DEED》.

statutory derivative action〖英〗制定法上の派生訴訟《2006年法で導入; 会社重役の背任等への訴えで, 訴えの実体は会社のものであるが, 別の者が原告となり, 会社は名目的被告として参加》.

statutory demand〖英〗制定法上の債務支払い請求方式《金銭債務の支払い要求をする場合に用いられる標準方式; これに従った請求に応じないことは債務者が支払い不能に陥っていることの証拠とされ, 強制清算(compulsory winding-up)の申し立てを支持するために用いられうる》.

statutory duty 制定法上の義務. ▶ BREACH OF STATUTORY DUTY(制定法上の義務の違反).

statutory employee〖米〗制定法上の被用者《雇用者加入の労働者災害補償保険(workers' compensation insurance)の対象となっている被用者; したがって雇用者の故意によらざる権利侵害に対しては, 不法行為法の独立の損害賠償請求権を持たない; cf. STATUTORY EMPLOYER》.

statutory employer〖米〗制定法上の雇用者《制定法上の被用者(statutory employee)を雇用している人, すなわち労働者災害補償関係などの制定法に従ってその被用者に対して責任を負っている雇用者; cf. STATUTORY EMPLOYEE》.

statutory exception 制定法上の例外規定.

statutory exposition《(不明確な語の)制定法による(特定)解釈》.

statutory foreclosure〖米〗制定法上の譲渡抵当権簡易実行手続き(＝POWER-OF-SALE FORECLOSURE).

Statutory Form of Conditions of Sale〖英〗土地売却条件についての制定法上の標準方式《1925年法で定められた土地売却・譲り受け契約の標準方式; cf. NATIONAL CONDITIONS OF SALE, STANDARD CONDITIONS OF SALE》.

statutory guardian 制定法に基づく指定後見人(guardian by statute).

statutory holiday 法定休日(＝LEGAL HOLIDAY).

statutory instrument〖英〗(略 SI) **1**《行政機

statutory interpretation

関が制定する委任立法としての)命令,制定法的文書. ▶ JOINT COMMITTEE ON STATUTORY INSTRUMENTS (委任立法監査両院委員会). **2** [S- I-s]『命令集』.

státutory interpretátion (議会)制定法の解釈 (=INTERPRETATION OF STATUTES).

státutory láw 制定法,成文法 (=statute law)(議会制定法・法律が典型であり,それを指す場合が多いが,広義ではコモンロー (common law),判例法 (case law),不文法 (unwritten law) の対語として用いられ,行政機関による命令,地方公共団体の定める条例をも含む;また,特に米国では憲法 (constitution) や憲法上の判例と区別して議会制定法を指す用法もある;略 sl, S. L.; cf. CASE LAW, CODE, COMMON LAW, CONSTITUTIONAL LAW, UNWRITTEN LAW].

státutory légacy〘英〙制定法上の動産遺贈《1925年法に基づき無遺言死亡者の生残配偶者 (surviving spouse) が遺産から与えられる動産遺贈 (legacy); 子供がいる場合は残余遺産 (residue) 配分前に配偶者 25 万ポンド,子供がいない場合は 45 万ポンドがその対象額》.

státutory líen《当事者の合意に基づくのではない》制定法上のリーエン.

státutory líves in béing *pl*〘英〙制定法上の生きている人《永久拘束禁止の準則 (rule against perpetuities) により長く財産権の帰属を不確定のままにしておくことが禁止され,コモンロー上は権利設定時に生きている人 (life in being) の死後 21 年以内に確定的権利となることが要求され,これを越える可能性のある場合は当初から無効とされるというのが原則だが,1964 年法でこれを緩和し,権利の有効性の判断時点を遅らせ,実際にその期間内に権利が確定すればこれを有効とする形勢観望の原則 (wait and see principle) を導入した;このための基準となる生存者を同法上で新たに決めているが,この制定法上の生存者; cf. LIFE IN BEING, MEASURING LIFE, RULE AGAINST PERPETUITIES》.

státutory matérnity pày〘英〙《雇用者からの》制定法上の出産手当《原則として 2003 年 3 月までは 18 週分,4 月からは 26 週分; cf. STATE MATERNITY ALLOWANCE》.

státutory mérger 制定法上の吸収合併《制定法に基づいてなされる》.

státutory núisance〘英〙制定法上の不法妨害《制定法により規定されている不法妨害 (nuisance); 1990 年の環境保護法 (Environmental Protection Act) のほか,これを定めている制定法がある》.

státutory objéctive 制定法の目的条項《当該議会制定法の,あるいはその一部分の立法目的を述べている条項》.

státutory obligátion《契約などに基づくのではない》制定法上の義務.

státutory offénse **1** 制定法上の犯罪 (statutory crime). **2**《特に STATUTORY RAPE などの》制定法上の性犯罪.

státutory ómnibus clàuse〘保険〙制定法に基づく被保険者追加条項 (⇨ OMNIBUS CLAUSE).

státutory ówner〘英〙制定法上の所有者《直接の受益者 (beneficiary) が 18 歳未満である場合あるいは直接の受益者のいない間の継承財産設定地 (settled land) について直接の受益者の権限を有する者;継承財産設定 (settlement) でそのように定められた成年者,継承財産設定地の受託者 (trustee),あるいは 18 歳未満の受益者への遺言による継承財産設定の場合は一時的に遺言者の人格代表者 (personal representative)》.

státutory patérnity pày〘英〙《雇用者からの》制定法上の父親の育児休暇手当《父親の育児休暇 (paternity leave) 期間となる 1 週あるいは 2 週分;略 SPP; cf. STATUTORY MATERNITY PAY, PATERNITY LEAVE》.

státutory pénalty 制定法に基づく刑罰;制定法に基づく制裁金《特に,制定法に違反したことにより被害が生じたか否かにかかわらず違反者に自動的に科される制裁金》.

státutory periódic ténancy〘英〙制定法上の自動更新借家権《固定期間 (fixed term) での保証借家権 (assured tenancy) が裁判所の命令あるいは借家人の権利放棄 (surrender) によらないで期間終了した場合に自動的に開始する自動更新借家権 (periodic tenancy) で,終了条件を除いてそれまでの借家権と原則同一条件となる; cf. ASSURED SHORTHOLD TENANCY》.

státutory presúmption 制定法上の推定《制定法により定められている推定で,反証を許す推定 (rebuttable presumption),確定的推定[みなし] (conclusive presumption) の双方に対して用いる》.

státutory rápe〘米〙制定法上の強姦,法定強姦《コモンロー上の強姦 (rape) とは別に制定法 (statute) で定められた強姦;その制定法が定める同意年齢 (age of consent) に満たない人に対する違法な性交;被害者の意思とは無関係に犯罪となる》.

státutory redémption〘米〙制定法に基づく受戻し延長(権)《債務不履行の譲渡抵当権設定者 (mortgagor) が受戻し権喪失手続き (foreclosure) 終了後ないしは租税滞納に基づく換価処分 (tax sale) 後の一定期間債務および手数料を支払って受戻し (redemption) できる制定法上の権利》.

státutory ríght of redémption〘米〙制定法に基づく受戻し延長権 (=statutory right to redeem)《単に right of redemption ともいう; ⇨ STATUTORY REDEMPTION》.

státutory ríght to redéem〘米〙STATUTORY RIGHT OF REDEMPTION.

státutory rúle agàinst perpetúities 永久拘束禁止に関する制定法による準則 (cf. RULE AGAINST PERPETUITIES).

státutory rúles and órders *pl*〘英史〙委任立法(集)《1946 年法により委任立法は以降 STATUTORY INSTRUMENTS (命令) と呼ばれている;略 SRO, SR & O》.

státutory sháre 制定法による相続分 (=ELECTIVE

státutory síck pày 《英》法定疾病給付金《疾病のため休職する被用者に対し雇用者が支払う法定給付金; 有給休職期間は最高28週; 略 SSP》.

státutory ténancy 《英》制定法上の借家権《保護借家権 (protected tenancy) の契約期限がきて, しかも同じ個人の借家人が住み続ける場合に, その限りで存続する (ただし配偶者および直前2年間同居の家族は同じ権利を有し, この両者の権利を承継による制定法上の借家権 (statutory tenancy by succession) という), もともとの契約上の借家権と同一内容の制定法上の借家権; 1988年法で新しく保護借家権の設定ができなくなったので, 自然消滅していくことになる; cf. ASSURED TENANCY》.

státutory ténancy by succéssion 《英》承継による制定法上の借家権 (⇨ STATUTORY TENANCY).

státutory ténant 《英》制定法上の借家権者 (⇨ STATUTORY TENANCY).

státutory trúst 《英》制定法上の信託《制定法の効果として一定状況の下で自動的に成立する信託: **1)** 英国の売却信託 (trust for sale) がこれに当たった; ただし土地に関する売却信託は1996年法により土地信託 (trust of land) に代わっている **2)** 無遺言死亡者の一定の遺産で遺産管理人 (administrator) により保管・売却され, 死亡時に生存していた子供に均分されるもの; ただしこれも土地が含まれている場合には, 1996年法により土地信託になる》.

státutory undertáker 《英》法定企業《法律で設立・義務を定められた企業; 鉄道業・ガス・電気・水道供給業など》.

Sta·tu·tum af·fir·ma·ti·vum non de·ro·gat com·mu·ni le·gi. /stætjúːtəm æfɪrmətáɪvəm nan díːrəɡæt kámuːnài líːɡɪ/ 命令的制定法はコモンローの一部修正をしない. [L=An affirmative statute does not derogate from the common law.]

stay /stéɪ/ vt (**~ed**, 《古》**staid** /stéɪd/) **1** 止まらせる, 停止させる, 阻止する. **2** 延期する, 猶予する, 見送る. ― n **1** 止まること; 逗留, 滞在. ▶ TOUCH AND STAY (寄港および停泊). **2** 《手続き・判決などの》**停止**, 延期, 猶予, 中止 (cf. CEASE-AND-DESIST ORDER, INJUNCTION, MANDAMUS, SUPERSEDEAS). ▶ AUTOMATIC STAY (自動的停止) / MOTION TO LIFT THE STAY (停止命令解除の申し立て). **3** 《手続き・判決の全部または一部の》停止[猶予]命令. **~·able** a

stáy làw 《米史》停止法《強制執行の停止 (stay of execution) あるいは訴訟手続きの停止 (stay of proceedings) を定めている制定法; 19世紀の米語》.

stáy of execútion 1 強制執行の停止《命令》. **2** 刑《特に》死刑》の執行停止《命令》.

stáy of procéedings 訴訟手続きの停止《命令》《通常は原告側のなんらかの違反行為に基づくもの》.

STB °Surface Transportation Board 地表運輸委員会.

steady /stédi/ a **1** しっかりした, 安定した; 《海》《荒高な

など》方向[針路, 進路]の変わらない. **2** 不変の, 一様の; 定期的な, いつもの, 常習の. **3** 堅実な, 着実な; 節度のある, 規律正しい. ― adv **1** しっかりと; 堅実に; 落ちついて. **2** 《海》一定方向に.

stéady cóurse 《海事法》定常針路《船舶が一定針路にあるかあるいは現在の位置・動きから容易に将来の位置を確定しうること》.

steal /stíːl/ v (**stole** /stóʊl/; **sto·len** /stóʊlən/) vt 盗む 〈from, off〉; 《窃盗・横領・詐欺などの》違法手段で手に入れる; こっそり取る, うまく手に入れる; 無断借用する: ~ an election 不正な手段で選挙に勝つ. ― vi 盗みをする, 窃盗をはたらく 〈from〉; 《他人の財物を》違法に入手する. ― n **1 a** 盗み, 窃盗; 《他人の財物の》違法入手; 剽窃(ひょうせつ). **b** 盗品. **2** いかがわしい《政治》取引.

stéal·ing n 盗み, 盗(とう); 窃盗 (theft). ▶ CHILD STEALING (未成年者誘拐《罪》) / GOING EQUIPPED FOR STEALING (盗用工具所持).

stéering commíttee 議院[議事]運営委員会.

stel·lion·ate /stéljənət, -nèɪt/ n 《ローマ法・大陸法・スコットランド法》二重売買, 詐欺的転売, 二重担保権設定; 詐欺的行為, 欺瞞罪.

ste·nog·ra·pher*/stənáɡrəfər/, **-phist*** n 速記者 (shorthand typist [writer]).

step- /stép/ comb form 「親などの再婚によって縁続きとなった自分とは血縁のない…」「まま…」「継(けい)…」「義理の」の意.

stép·chìld n 継子, まま子.

stép·fàther n 継父, まま父.

Ste·phen /stíːv(ə)n/ スティーヴン Sir James Fitzjames ~, 1st Baronet (1829–94) 《英国の法律家; 高等法院女王座部 (Queen's Bench) 裁判官 (1879–91); Henry MAINE の後任としてインド総督諮議会法律委員 (1869–72) としてインドの契約法・証拠法・刑事訴訟法の法典化を達成; 英国帰国後, 英国法の法典化運動に従事するも, 立法化に至らなかった; 主著に History of the Criminal Law, 3 vols. (1883) など》.

stép-in-the-dárk rùle 暗夜歩行に関する準則《暗夜に全く不慣れな土地に入る者は, 特別な切迫事情がないかぎり, 危険な妨害物がないかをまず確認する義務があり, それを怠った場合には寄与過失 (contributory negligence) が問題になりうるという原則; ⇨ CONTRIBUTORY NEGLIGENCE》.

stép·mòther n 継母, まま母.

stép·pàrent n 継親, まま親《継父または継母》.

stépped-úp básis 《米税制》増額取得価額《ある財産の改良による増額や減価による調整以外の, 公正な市場価額などの変動により増加した価額; 現在では多くの相続の場合の取得価額はこれに当たる; ⇨ BASIS》.

stép transáction dòctrine 《税制》段階的取引の法理《最終的結果を達成するためにとられた途中段階の個別的取引は無視して, 課税目的上は一連の取引全体を単一取引とみなすという原則; 米国の内国歳入庁 (Internal Revenue Service) はこの原則に従っている》.

ster·il·iza·tion /stèrəlaɪzéɪʃ(ə)n; -lə-/ n 1 滅菌. 2 不妊手術.

ster·ling /stə́ːrlɪŋ/ a 1 ポンドの, 英貨の. 2 真正の, 確かな, 信用のおける.

stérling àrea ポンド地域 (⇨ SCHEDULED TERRITORIES).

stet /stét/ n 1《米》手続き停止命令《特に Maryland 州で用いる》. 2 イキ《いったん抹消した語句を生かすための指示》. [L=let it stand]

stét bílla《英史》当初訴状効力保持の申し立て《かつてのロンドン市長裁判所 (Mayor's Court of London) での原告が, その訴訟で被告の財産を仮差押え (attachment) し第三者債務者 (garnishee) に対する強制執行を行なうことを認めてもらった後に, 被告がこれを争うための手続きを開始したが, その手続きの唯一の目的が原告の被告に対する債権であるため, 原告がその被告開始の手続きでみずからの最初の訴えが生き続けること (stet billa) を申し立てること; その結果, 仮差押えの手続きがなかったかのように, 通常の手続きどおりに最初の訴えが進行することになった》. [L=let the bill stand]

stét pro·cés·sus /-prəsésəs/《史》1 訴訟手続き停止《訴訟両当事者が合意して手続きを停止すること; 典型的には原告が訴え却下 (nonsuit) を免れるために用いられた》. 2 訴訟手続き停止登録, 訴訟終結記載《その旨を記録に登録すること》. [L=let the process stand]

steve·dore /stíːvədɔ̀ːr/ n 港湾労働者,《沖》仲仕, 荷役人足, ステベ; 荷役業者, 荷役会社 (» cf. LONGSHOREMAN).

stew·ard /st(j)úːərd, st(j)úərd/ n 1《国王や領主の》執事, 家令《食卓および所領管理の最高責任者》; 代理人, 財産管理人: a ~ of a manor 荘園執事 / a ~ of Chiltern Hundreds チルターンハンドレッズ執事 (⇨ Stewardship of the CHILTERN HUNDREDS). ▶ (LORD) HIGH STEWARD (OF ENGLAND)《イングランド執事卿》/ LORD STEWARD (OF THE (KING'S [QUEEN'S]) HOUSEHOLD)《宮廷執事卿》. 2《組合・団体などの》会計係;《労働組合の》職場代表, 職場委員 (shop steward). ▶ HEAD STEWARD《筆頭代表》/ SHOP STEWARD《職場代表》. 3《クラブ・大学などの》給仕長. 4《旅客機・客船などの》乗客係, 客室乗務員, スチュワード. 5《船の》司厨《ちゅう》長, 賄い長. 6《クラブなどの》支配人, 事務長. 7 世話役, 幹事.

St. Ex.°Stock Exchange 証券取引所.

stick·ler /stíklər/ n 1《規則・正確さなどに》やかましい[こだわる]人, 厳格主義者, うるさ型〈for punctuality〉. 2 難問, 難題. 3《史》仲裁人; 審判人. 4《英》《御料林の》樹木伐採官.

stick·úp n《銃を使用した》強盗,《ピストル》強盗 (=holdup) (cf. ARMED ROBBERY).

stífling of a prosecútion《対価を得るなど利益と引き換えのうえでの》訴追の握りつぶし.

stíll·bòrn chíld 死産児.

stil·li·cide /stíləsàɪd/ n 滴下権 (=drip rights, stillicidium)《屋根の雨水を他人の隣地に落とす権利 (servitude)》. [L (stilla a drop, cado to fall)]

stil·li·ci·di·um /stìləsídiəm/ n《ローマ法》滴下権 (=STILLICIDE). [L (stilla a drop, cadere to fall)]

sting /stíŋ/ vt 1 針で刺す. 2 刺激する, 駆って…させる. 3《口》だます,《人》に《法外な金を》ふっかける[払わせる]〈for〉. 4*《俗》おとり捜査で《わなにかけて》逮捕する. — n 1*《俗》a 手の込んだ背信詐欺 (confidence game). b おとり捜査. c 強窃. ▶ TAKE-BACK STING《ブローカーおとり捜査》. 2*《俗》犯罪で得た金, 上がり, 盗品.

stint /stínt/ vt 1〈金・食料などを〉出し惜しみする, 切り詰める. 2〈人〉に仕事を割り当てる, 制限する, 割り当てる. — vi つましく暮らす, 倹約する;〈…を〉けちけちする〈on〉. — n 1 制限, きびしい節約. 2 定量, 定額, 定限, 割当て;《一定量の》割り当てられた仕事, 一定期間の仕事[勤務], 勤め; 勤務期間: a ~ of common《例えば入会地に放牧しうる家畜の頭数・期間などの》入会権による割当て分. ▶ CATTLE STINT《割当て放牧権》.

sti·pend /stáɪpènd, -pənd/ n 固定給,《聖職者の》聖職給;《年金・奨学金などの》給付金.

sti·pén·di·ary mágistrate /staɪpéndièri-, -diəri-/《英史》有給治安判事, 有給下級判事《治安判事 (justice of the peace) は長く無給の名誉職で地方名望家がなっていたが, 大都市で漸次有給制が採用されてきた; 有給治安判事は法廷弁護士 (barrister)・事務弁護士 (solicitor) 実務経験 7 年以上を資格要件とする専任・有給法律専門職であり, 一人だけで裁判をする権限を有する; 略 SM; 1999 年法で 2000 年 8 月から治安判事裁判所地方裁判官 (district judge (magistrates' court)) に名称変更; cf. LAY MAGISTRATE》. ▶ METROPOLITAN STIPENDIARY MAGISTRATE《ロンドン有給治安判事》.

stip·u·late /stípjəlèɪt/ vt, vi 1 約定する, 契約する, 合意する, 約束する〈to do〉. 2《契約書・条項などが》規定する, 明記する, 明文化する〈that…〉,《条件として》明記する. 3《ローマ法》〈契約を〉問答形式にする (⇨ STIPULATIO). 4 約定の条件として要求する〈for〉. **-là·tor** n 約定者, 契約者. [L stipulor; 約束を確認するとき stipule (托葉) を折ったことからといわれる]

stípulated authórity 約定代理権 (=EXPRESS AUTHORITY).

stípulated dámages pl あらかじめ約定された損害賠償額 (=LIQUIDATED DAMAGES).

stip·u·la·tio /stìpjəléɪʃioʊ/ n《ローマ法》問答契約《もともとは口頭で形どおりの, しかも間を置くことのない問答形式で結ばれる片務契約》. [L]

stip·u·la·tion /stìpjəléɪʃ(ə)n/ n 1 約定《ピッ》, 契約, 協定; 規定, 明文化; 条項, 条件. 2 訴訟上の合意《両訴訟当事者間の手続きに関する合意》. 3《海事関係の裁判所での》出廷保証誓約. 4《ローマ法》問答契約 (⇨ STIPULATIO).

stipulation pour au·trui /— pùər outruíː/

『大陸法』第三者に対する約定《契約の両当事者が第三者の利益のために結ぶ約定》．［F＝stipulation for other persons］

stíp·u·la·tive definítion /stípjəlèɪtɪv, -lə-/ 約定上の定義《当該文書中での用語の定義》．

stirpes n STIRPS の複数形．

stir·pi·tal /stɚːrpətəl/ a 代襲相続によって配分される［た］, 代襲相続の（⇨ PER STIRPES）．

stirps /stɚːrps, *stírps/ n (pl **stir·pes** /stɚːrpiz, *stírpèɪs/) **1** 家系；先祖．**2** [pl] 株分け, 代襲（⇨ PER STIRPES）．［L＝stock］

stk stock.

stock /stάk/ n **1 a** 貯蔵, たくわえ. **b** 在庫品, ストック: running ～ 正常［運転］在庫. **2** 家畜 (cattle);《農場・牧場などの》全資産. ▶ LIVESTOCK (家畜). **3**《史》《債権者, 特に財務府 (Exchequer) に金銭を支払った者に対して領収書として渡された割符(ワリフ)》の一片, 合札(アイフダ). **4** 《略 stk》**a** [the ～s]《公債, 国債；借金, 負債: have money in the ～s 国債に投資している / a ～s and share broker 公債株式仲買人. **b** *株式, 株(券) (share‖) (cf. SECURITY). **c**《英》不定額面株式《いかなる金額にも分けることのできる株式；英国会社法上認められている制度で, 全額払い込み済みの株式 (share) の全部または一部を, この stock に転換することができる；額面 1 ポンドの株式 (share) を 55 ポンド 1 stock に転換したとすれば, 従来 1100 株 (share) の株主は 20 stock の株主となる》. **d** 資本(金)；《古》基金. ▶ ASSENTED STOCK (交換同意預託株) / ASSESSABLE STOCK (追徴可能株式) / AUTHORIZED STOCK (授権株式) / BAILOUT STOCK (ベイルアウト株式) / BLANK STOCK (白地株式) / BLUE-CHIP STOCK (優良株) / BONUS STOCK (無償株；景品株) / CALLABLE STOCK (償還株式) / CANCELLATION OF STOCK (発行済み株式の消却) / CAPITAL STOCK (授権株式；株式額面額・表記価額資本総額；普通株；社外株(式)) / CERTIFICATE OF STOCK (記名株券) / CHEAP STOCK (割引株) / COMMON STOCK (普通株) / CONTROL STOCK (支配株式) / CONVERTIBLE STOCK (転換株式) / CORPORATE STOCK (株式) / CUMULATIVE STOCK (累積株) / DEBENTURE STOCK (ディベンチャーストック；確定利付き株式) / DEFERRED STOCK (劣後株) / DISCOUNT STOCK (割引株) / DONATED STOCK (寄贈株) / EXCHANGE OF STOCK (株式の交換) / FULL-PAID STOCK (全額払い込み株式) / GLAMOUR STOCK (魅力株) / GROWTH STOCK (成長株) / GUARANTEED STOCK (配当保証株) / GUARANTEE STOCK (引出し不能株) / GUARANTY STOCK (ギャランティ) / HOT STOCK (人気新銘柄) / INSCRIBED STOCK (登録株式) / ISSUED STOCK (発行済み株式) / LETTER STOCK (投資目的保有付き株式) / LOAN STOCK (社債) / MANAGEMENT STOCK (経営者株) / MARGIN STOCK (証拠金取引可能株式) / NONASSESSABLE STOCK (追徴不能株) / NONCUMULATIVE STOCK (非累積(的優先)株) / NONPAR VALUE STOCK (無額面株式) / NO-PAR(-VALUE) STOCK (無額面株式) / NONVOT-ING STOCK (無議決株) / OUTSTANDING STOCK (社外株(式)) / PAID-UP STOCK (全額払い込み済み株式) / PARTICIPATION STOCK (参加株) / PAR-VALUE STOCK (額面株式) / PENNY STOCK (低額株) / PREFERRED STOCK (優先株) / REDEEMABLE STOCK (償還株式) / REGISTERED STOCK (登録済み株式) / REGISTRATION OF STOCK (株式の登録) / RESTRICTED STOCK (譲渡制限株式) / SUBSCRIBED STOCK (未払い込み株式勘定) / TAINTED STOCK (汚れを帯びた株式) / TREASURY STOCK (金庫株) / UNISSUED STOCK (未発行株式) / VOTING STOCK (議決権株式) / WATERED STOCK (水割り株). **5 a** 幹, 茎. **b** 親株. **c** 系統, 血統, 家系, 直系, 家柄；始祖, 先祖: of Polish [farming] ～ ポーランド系[農家の出]の / He comes of (a) good ～. よい家柄の出である. **d**《人類学》系株；人種, 種族. **6** [the ～s]《史》《足を板の間にはさむ足かせ(と手かせ)の付いた》さらし台（＝cippi）(cf. PILLORY): sit in the ～s さらし台にさらされる. — a **1** 持合わせの, 在庫［ストック］の；在庫管理の. **2** 家畜の；家畜飼育の. **3**″公債［国債］の；*株(式)の.

stóck appreciátion rìght《米》株式評価益権, 株価値上がり益享受権《特に会社役員に対する報奨制度の一つで, この権利を得た日から権利行使の日までの株価値上り分を通例現金で受け取れる権利；典型的には株式享受権 (stock option) を与えられている者がそのオプションを放棄しその時の価額で支払いを受ける形をとる；課税時期を遅らせる意味もある；略 SAR》．

stóck attribùtion 株式帰属(手続き) (＝ATTRIBUTION).

stóck bónus plàn 自社株賞与制度《利益参加制 (profit sharing) の一種で, 被用者に自社株を与える形で利益を分配する方式》．

stóck·bròker n 株式仲立人, 株式仲買人, 株式ブローカー, 証券ブローカー, 株屋《他人の委託によりその計算で株式・証券を売買し手数料を得る仲立人；⇨ JOBBER》．

stóck·bròking, -bròker·age n 株式仲立(業).

stóck certíficate 1 *株券, 記名株券 (share certificate‖) (＝certificate of stock* [share‖]). **2** 国債証券.

stóck clèaring 株式の清算《成立した株式売買について, 株式の引渡し, 代金の支払いの決済》.

stóck contròl 在庫管理.

stóck corporàtion 株式会社.

stóck dívidend 株式配当, 株券配当；配当株式 (》 cf. BONUS ISSUE, CAPITALIZATION ISSUE, SCRIP ISSUE).

stóck exchànge [ᵒS- E-] **1** 証券取引所, 株式取引所（＝stock market）(securities exchange)《略 St. Ex., SE, S/E》. ▶ AMERICAN STOCK EXCHANGE (アメリカン証券取引所) / LONDON STOCK EXCHANGE (ロンドン証券取引所) / NEW YORK STOCK EXCHANGE (ニューヨーク証券取引所). **2** 証券取引所会員[株式仲立人]組合: He is on the S～ E～.《London の》証券取引所会員組合員[株式仲立人組合員]である. **3** [the ～]

取引所の商い[値, 取扱高, 取引値など].

Stóck Exchànge Áutomated Quotátion Sỳstem [the ~]《英》証券取引所自動通報システム (⇨ SEAQ).

Stóck Exchànge Electrónic Tráding Sỳstem《英》証券取引所電子取引システム《ロンドン証券取引所 (London Stock Exchange) の電子取引システム; 仲立人 (broker) が売買注文を直接システムに入力し, 売り手と買い手の条件が合えば自動的に取引が成立する; 1997年に導入され, その後対象証券を拡張; 従前のシステムであるシアック (証券取引自動通報システム) (SEAQ) は用いられなくなる可能性がある; 略 SETS》.

Stóck Exchànge listing 証券取引所上場.

stóck·hòld·er *n* 株主 (=SHAREHOLDER). ▶ CONTROLLING STOCKHOLDER (支配株主) / DUMMY STOCKHOLDER (名目上の株主) / EQUITY OF STOCKHOLDER (株主持分) / INTERESTED STOCKHOLDER (利害関係株主) / MAJORITY STOCKHOLDER (多数派株主) / MINORITY STOCKHOLDER (少数派株主).

stóckholder of récord (株主名簿)登録株主.

stóckholder('s) derívative súit [**áction**] 株主派生訴訟 (=DERIVATIVE ACTION).

stóckholder's équity 株主持分 (=OWNER'S EQUITY).

stóckholder's liabílity 株主の責任 (=SHAREHOLDER'S LIABILITY).

stóckholders' méeting* 株主総会 (=SHAREHOLDERS' MEETING).

stóckholders' represéntative áction [**súit**] 株主代表訴訟 (⇨ DERIVATIVE ACTION).

stóck·hòld·ing *a* 株式を所有する. ━ *n* 株式保有, 株式所有.

stóck índex 株価指数《ある時点を基準にして特定グループの株価の動向を指数化したもの》.

stóck insúrance còmpany 株式保険会社《株式会社組織の保険会社; cf. MIXED INSURANCE COMPANY, MUTUAL INSURANCE COMPANY》.

stóck in tráde 1 手持ち品, 在庫品. 2 商売道具; 職業上の必要物; 必要手段, 常套手段.

stóck·jòbber *n* 1 [°*derog*]*相場師, 投機屋. 2 a (証券[株式])ディーラー (jobber). b《英史》ジョッバー (= JOBBER).

stóck manipulàtion 株式市場操作 (manipulation).

stóck màrket 1 株式市場, 証券取引所 (stock exchange). 2 株式売買. 3 *株価, 株式相場. 4 家畜市場.

stóck màrket valuàtion 株式市場株価評価額.

stóck òption*, **sháre òption**" 1 株式買受権, 株式選択権, ストックオプション《一定株数の自社株を通常市価より安い一定値段で会社から買い取る権利; 会社役員などへ報奨として与えられる》. ▶ INCENTIVE STOCK OPTION (報奨的自社株買受権). 2 株式オプション《株式を対象とするオプション》.

stóck òption plàn 株式買受権制度《一定期間の任意の時に一定価額で自社株を買い取る権利を被用者特に会社役員への報酬として与える方式》.

stóck pòwer 株式譲渡委任状《株式名義人を第三者に書き換えることを認める委任状》.

stóck redémption 株式の償還 (⇨ REDEMPTION).

stóck rìght 1《株主の》新株引受権 (=PREEMPTIVE RIGHT). 2《株主の》新株引受権証書 (=SUBSCRIPTION RIGHT).

stócks and sháres *pl*《普通の会社の》株, 株式.

stóck splìt 株式分割 (=share split)《1株を2株に, 3株を5株にというように株式を細分化すること; 額面は減少する; cf. REVERSE STOCK SPLIT》. ▶ REVERSE STOCK SPLIT (株式の併合).

stóck trànsfer 1 株式の譲渡[移転] (transfer of shares). 2《英史》株式譲渡証書 (=SHARE TRANSFER).

stóck trànsfer fòrm《英史》株式名義書換申込用紙 (⇨ SHARE TRANSFER).

stóck trànsfer tàx 株式取引税《単に transfer tax ともいう》.

stóck valuàtion《期末の》在庫評価.

stóck wàrrant 株式買受権証券, ワラント (=WARRANT).

stólen próperty 盗品, 贓品(ぞうひん), 贓物. ▶ RECEIVING STOLEN PROPERTY (盗品譲り受け(罪)), 贓物収受(罪)).

stóne·wàll *vi* 1 妨害工作をする;《特に》"議事妨害をする (filibuster*). 2《特に証言や求められた資料を拒み》捜査協力を執拗にことわる, 捜査妨害をする. ━ *vt* 1 "(議事を)妨害する (filibuster*). 2〈捜査などの〉妨害をする, …に対する協力を拒む.

stóol pìgeon《俗》1《警察などの》スパイ. 2《詐欺・かけなどでの, あるいは警察が逮捕する時の》おとり.

stop /stάp/ *v* (**-pp-**) *vt* 1 **a**〈…するのを〉やめる, 終える〈*doing*〉, 中止する; 中断する, 停止する. **b**〈供給などを〉止める, 差し止める; [°*pass*]〈税金などを〉差し引く〈*out of pay*〉: ~ gas supplies ガスの供給を止める / ~ a check 銀行に小切手の支払いを停止させる. 2 **a**〈動いているものなどを〉止める, 抑える; 停止させる, …に停止を命ずる: She was *stopped* by the police for speeding. 彼女はスピード違反のため警察に(運転車両の)停止を命じられた / ~ the way 進行を妨害する. **b** 妨げる (check), 思いとどまらせる, 抑制する〈*sb from doing*, *sb's doing*〉; 困惑させる. 3《証券》…の逆指値(ね)注文をする. ━ *vi* 止まる, 停止する; 中止する. ~ **out** 遮断する;《証券》逆指値注文 (stop order) に従って〈顧客の〉有価証券を売る. ━ *n* 1 **a** 中止, 休止; 停止 (cf. ARREST) (⇨ STOP AND FRISK, STOP AND SEARCH); 終わり: be at a ~ 停止している / bring [come] to a ~ 止める[止まる, 終わる, やむ] / put [give] a ~ to…を止める, 中止させる, 終わらせる /

without a ~ 絶えず, 止まらずに. **b**《小切手などの》支払い停止通知;《証券》逆指値注文 (=STOP ORDER). ▶ INVESTIGATORY [INVESTIGATIVE] STOP (取調べのための停止) / TERRY STOP (テリー事件の停止). **2** 停車, 停泊, 着陸; 停車場, 停泊所, 停泊地, 着陸場. **3** 妨害(物), 障害(物); 防止, 阻止. **4** *《俗》*盗品受取人, 故買人.

stóp and frísk《米》停止・捜索 (=investigatory [investigative] stop, stop and search", Terry stop)《犯罪を犯したという証拠は必ずしもないが, 挙動不審で犯罪の疑いのある者を停止させ, 短時間職務質問・武器携帯の有無を調べる警察官の行為; 合理的理由がある時は令状なしでも許されるというのが合衆国憲法についての合衆国最高裁判所の判例 (Terry v. Ohio (1968) 解釈; cf. ARREST, REASONABLE SUSPICION》.

stóp and frísk státute《米》停止・捜索法《警察官に停止・捜索 (stop and frisk) を認める州制定法》.

stóp and séarch《英》《英国で1984年法で警察官に一般的に認めている》停止・捜検 (=STOP AND FRISK*).

stóp lìmit òrder《証券》逆指値注文 (=STOP ORDER).

stóp lòss òrder《証券》逆指値注文 (=STOP ORDER).

stóp nòtice《英》**1** 手続き停止命令《会社の株主としての登録はしていないがその株式に利害関係を有する者を保護するために, 株式の名義書換えや配当支払いをその者に知らせることなく行なわないことを会社に命ずる裁判所通知》. **2** 活動停止命令《都市田園計画法 (Town and Country Planning Act) 違反に対して出される是正通知 (enforcement notice) 中に特定されている活動が, 是正通知によって与えられている応諾のための猶予期間終了よりも前に停止されることが相当であると関係地方当局が考えた場合に出される停止のための通知》.

stóp nòtice státute 建築工事費用請求法《建築工事の請負人, 資材・労働提供者に対して職人のリーエン (mechanic's lien) に代わる救済手段として規定している制定法で, 建築資金融資者などに対してみずからの費用請求を認めるもの》.

stóp òrder 1《証券》逆指値(さしね)注文 (=stop limit order, stop loss order)《ある値以上になれば買い, 以下になれば売る仲買人に対する指図; 単に stop ともいう》. **2**《米》保留命令《虚偽あるいは不完全な情報, さらには誤解を招くような情報を含む登録事項を証券取引委員会 (Securities and Exchange Commission) が一時保留する命令》. **3**《銀行に対する顧客からの特定小切手の》支払い停止指図 (=stop payment (order)).

stop·page /stápɪdʒ/ *n* **1** 止める[止まる]こと,《特に 検査・調査のために人・物を》止めること, 差止め, 停止, 障害, 故障, 支障. **2**《大陸法》相殺 (=SETOFF). **3** 作業中止, ストライキ. ▶ WORK STOPPAGE (作業停止). **4**《給料からの》天引き(額); 支払い停止(高).

stóppage in tránsitu 運送差止め(権) (=**stóp-page in tránsit**)《買主が支払い不能に陥った場合など の売主による運送中の物品の運送差止め》; cf. IN TRAN-SITU.

stóp páyment《銀行に対する顧客からの特定小切手の》支払い停止指図 (=stop order) (=**stóp páyment òrder**).

store /stɔ́ːr/ *n* **1 a** *店, 商店 (shop);"*大型店, 百貨店, デパート; [○~s, *sg/pl*]"雑貨店: a general ~(s) 雑貨屋[店]. **b**《a》*既製の, できあいの, 市販の, 量産品の: ~ clothes 既製服. ▶ RETAIL STORE (小売店) / TRUCK STORE (トラック・ショップ). **2 a** [○pl] たくわえ, 貯蔵,《食料などの》備蓄, 備え: have ~s [a great ~] of wine ワインをたくさん貯蔵している. **b** [pl] 用品, 備品. **c** 倉庫, 貯蔵所. **d**"《電算機の》記憶設置 (memory). **e** [○~, 《a》] 倉庫の, 貯蔵用の, 在庫の. ▶ BILL OF STORE (船舶用品積込み許可書) / MILITARY STORES (《陸》軍備品) / PUBLIC STORE (公的倉庫). — *vt* **1** たくわえる, 蓄積する《*up, away*》; …に備える, 備蓄する; 倉庫に保管する, しまう;《電》蓄電する;《電算》記憶装置に入れる[入れておく]. **2**《倉庫・容器などが》入れる (余地がある). — *vi* たくわえておく; たくわえておる.

storm /stɔ́ːrm/ *n* あらし.

Sto·ry /stɔ́ːri/ ストーリー **Joseph** ~ (1779–1845)《米国の法律家, 連邦議会下院議員 (1808–09); 合衆国最高裁判所裁判官 (1811–45); John Marshall 長官と共に, 連邦権限の拡大に有利な憲法解釈を示した; Harvard 大学教授 (1829–45) を兼ね, 同ロースクールを立て直した; 特定州のではなくアメリカ法全体を対象に, しかも判例法と私法を重視したその法学教育観は長くアメリカ法学教育に影響を残した; 主著, *Commentaries on the Law of Bailments* (1832), *Commentaries on the Constitution of the United States* (1833) を始めとして9分野にわたる Commentaries と名の付く書物などで, 同世代の James KENT と共に米国の法と法学, 特にエクイティー (equity) の確立に大きく貢献した》.

stow·age /stóuɪdʒ/ *n* **1** 積むこと, 積込み; 積み(込み)方, 積付け. **2 a** 収容場所, 収容施設. **b** 収容能力. **3** 積込み品, 荷積み料, 積付け料.

stów·awày *n* 密航者.

STR《米史》*°*suspicious transaction report 疑わしい取引についての報告書.

strad·dle /strǽdl/ *n* **1** 両足をふんばること, またがること; 去就不明の態度. **2**《商業》同一行使価額売付け買付け両選択権の組合わせ, 売付け選択権と買付け選択権, ストラドル《同一基礎資産に対する同一行使価額・同一満期の売付け選択権 (put) と買付け選択権 (call) を同数同時に買いまたは売ること》.

straight /stréɪt/ *a* **1 a** まっすぐな; 直立の; 水平な. **b** 連続した. **2** 清算済みの,《口》貸し借りなしの. **3 a** ひたむきな; 率直な; きっすいの. **b**《俗》まともな, 正常な,《特に》麻薬をやらない, 中毒にかかっていない, ホモ[同性愛]でない, 犯罪者でない;《口》保守的な, 型どおりの. **4 a** 正直な, 公明正大な; 貞淑な; 筋立った, 正確な;《口》確かな, 信頼できる. **b** 変更[改変]を加えてない; 純粋な; 単純明快な, 二者択一の. **c**《ジャーナリズム》客観的な, 私見・

論評を含まない〈ニュースなど〉. **d** 《売買の数量に関係なく》均一値[掛け値なし]で[の]; 《給料の支給形態が》単一の: a salesman on ～ commission 歩合だけ[で固定給なし]のセールスマン. — *adv* **1 a** まっすぐに; 垂直に; 直接に. **b** 続いて, とぎれずに. **2** 率直に, きっぱりと; 誠実に; ありのままに, 客観的に, 変更[粉飾, 修正など]なしに; きちんと, 正しく. — *n* **1** まっすぐ, 一直線. **2** [the ～]*真相. **3** 《俗》まともなやつ, ヒッピーでない男, 薬(?)をやらないやつ, ホモでないやつ; 《俗》堅物; 《俗》《麻薬の入らない》ふつうのタバコ.

stráight annúity 定額年金《定期に定額を支払う年金》; cf. VARIABLE ANNUITY》.

stráight bíll of láding 直接引渡し船荷[運送]証券《=nonnegotiable bill of lading》《運送人が契約により運送物品を荷受人に引き渡すことが特に定められていて, したがって流通性を欠く船荷[運送]証券; cf. NEGOTIABLE BILL OF LADING, ORDER BILL OF LADING》.

stráight dedúctible 《保険》保険金減額条項特定基準額《保険金減額条項 (deductible clause) で特定されている基準額; ⇒ FRANCHISE CLAUSE》.

stráight lífe annùity 終身定額年金《=NONREFUND ANNUITY》.

stráight lífe insùrance 終身生命保険《=WHOLE LIFE INSURANCE》.

stráight-line *a* **1** 直線の. **2** 《会計》《償却方法が毎期》定額の.

stráight-line depreciátion 《会計》《減価償却資産の》定額減価償却《⇒ STRAIGHT-LINE DEPRECIATION METHOD》.

stráight-line depreciátion mèthod 《会計》《減価償却の》定額法, 直線法, 定額[直線]減価償却法《減価償却資産の耐用期間を通じて毎期同額の減価償却費を計上する方法; ⇒ DEPRECIATION METHOD》.

stráight sèntence 定期刑(の宣告)《=DETERMINATE SENTENCE》.

stráight vóting 《株主総会での》一株一投票(制)《=NONCUMULATIVE VOTING》.

stráin thèory (犯罪)極度緊張原因論《犯罪を犯す人は, みずからの生活の現状と社会がその者にいだかせた願望との間の乖離によって生み出されたストレスを解消しようとして犯すのであるという理論; cf. CONTROL THEORY, RATIONAL-CHOICE THEORY, ROUTINE-ACTIVITIES THEORY》.

stra·min·eus ho·mo /strəmíniəs hóumou/ STRAW MAN. [L=straw man]

strand /strǽnd/ *n* 《海・湖沼・河川などの》岸辺, 浜, 磯.

stránd·ing *n* 坐礁《船舶が岩礁その他に乗り上げ容易に引き降ろせない状態; 砂地・浅瀬などへの乗り上げである膠沙(?) (grounding) も含む》. ▶ ACCIDENTAL STRANDING (事故による坐礁) / VOLUNTARY STRANDING (任意の坐礁).

stran·ger /stréindʒər/ *n* **1 a** (見)知らぬ人, 他人; 訪問者, 客, 闖入者, よそ者. **b** 外国人(居住者). **2** 不案内者; しろうと, 不慣れな人. **3** 第三者, 非当事者, 外部者《to》. **I spy** [see] ～s. 《英下院》《議長に対して》傍聴禁止を求めたい.

stránger in blóod 1 《配偶者・養子・姻族を含めて》血族でない人, 血族外の人, 非血族者. **2** 血縁的愛情対象外の人《血のつながりから生ずる自然の愛情という約因 (consideration) とは無関係な人; cf. GOOD CONSIDERATION》.

stránger's [strángers'] gállery [the ～]《議会・法廷などの》一般傍聴席 (public gallery), [the S- G-]《英国議会上院・下院の》一般傍聴席.

strat·a·gem /strǽtədʒəm, -dʒèm/ *n* **1** 戦略, 軍略, 策略, 術策. **2** 計略[策略]の才. **strat·a·gém·i·cal** *a* [F, <Gk (*stratos* army, *agō* to lead)]

stra·té·gic allíance /strətí:dʒɪk-/ 戦略的提携, 戦略的同盟《共通目的達成のための企業間提携で時に合弁事業 (joint venture) と同義とされることもあるが, 通例は比較的結合がゆるく, 各企業が競争上の独立性を失っていない場合をいう; cf. JOINT VENTURE, PARTNERSHIP》.

Stratégic Héalth Authòrity《英》戦略的医療実施機関《2002年法で設立され, 地方で国民医療制度 (National Health Service) を管理し, 保健省 (Department of Health) と国民医療制度とを結ぶ中心制度になっている; 略 SHA》.

stráw báil《史》擬制[名目]出廷保証人《⇒ BAIL》.

stráw bónd わら人形の保証証書《保証金を支払う資力のない人ないしは架空の人の名前が記載されている保証証書 (bond); 特に保釈保証証書 (bail bond); 広く無益な[不十分な]保証証書》.

stráw màn 1 わら人形《=man of straw, stramineus homo》**(1)** 特に弱いあるいは欠陥のある仮想の人 **2)** 訴訟を提起するだけの価値のない無資力者 **3)** ある種の取引で本人には許容されていない事柄をなし遂げるために一時的被移転者として利用される第三者; 名目的当事者 **4)** 被告人保釈のための無益の出廷保証を行なうために雇われた, 雇われ出廷保証人. **2** わら人形の議論[弁論]《=STRAW-MAN ARGUMENT》.

stráw-màn àrgument わら人形の議論[弁論]《弁護士が反駁することだけを目的にして提出する根拠薄弱で誇張された反論; 単に straw man ともいう》.

stráw póll" =STRAW VOTE.

stráw vòte*《投票前に行なう》模擬投票, 紙上投票, 非公式世論調査《=straw poll"》.

stréam of cómmerce thèory 通商の流れの理論 **(1)** 米国で裁判管轄を決定する原則の一つで, 被告が法廷地の州内の一般市場に製品を置きその製品が損害をもたらした場合には, 被告がその州で例えば広告をしたとか販売代理人を雇ったとかのそれ以外の行為でその州となんらかの関係を有した限りで, その州が被告に対する人的裁判管轄権を有するという原則 **2)** 欠陥製品を一般市場に置くことに関与した者は, その製品が招いた損害に対して厳格責任 (strict liability) を負うという原則》.

street /stríːt/ *n* 街路, 通り; 道路. ▶ DOWNING STREET (英国政府).

stréet crìme 路上犯罪《窃盗 (theft), 強盗 (robbery) などのうち公衆の中にいる人を対象にしてなされる犯罪; 目につきやすい犯罪 (visible crime) ということもある》.

stréet nàme《証券》仲立人名義, 証券業者名義, 名義貸し, ストリート・ネーム《譲渡手続きを簡素化するためまたは担保として, 顧客名義ではなく仲立人名義となっている有価証券を表わす語; ニューヨーク証券取引所の所在する Wall Street の street から》.

stréet offènse《英》公道犯罪《警察官による交通規制無視・違反, 売春・買春勧誘 (solicitation), 公道上でのスキー・スケート・たき火など公道利用にかかわる犯罪》.

stréet tìme《俗》《仮釈放 (parole) などで》シャバにいられる間 (cf. DEAD TIME).

strétch-òut *n*《応分の賃金増加を伴わない》労働強化.

strict /stríkt/ *a* **1** きびしい, 厳格な; 厳密な, 精密な: STRICT CONSTRUCTION. **2** 全くの, 完全な, 徹底的な: in the ~est confidence ごく内密に / in ~ secrecy 極秘で. **~·ly** *adv*

strict bíll of interpléader 厳密な意味での競合権利者確定訴状 (＝BILL OF INTERPLEADER) (cf. BILL IN(THE) NATURE OF INTERPLEADER).

strict constrúction 1《憲法・法律・契約などの》厳格解釈, 狭義解釈 (＝literal construction [interpretation], narrow construction, strict interpretation)《文言を厳格に[狭義に, 文字どおりに]解釈し, 推量や衡平の考慮から意味を拡張すべきでないとする態度; opp. *liberal construction*; cf. PLAIN-MEANING RULE; ⇨ INTERPRETATION OF STATUTES》. **2** 厳格解釈主義 (＝STRICT CONSTRUCTIONISM).

strict constrúction·ism 厳格解釈主義《裁判官は, 特に刑事制裁を含む法律・証書などを字義どおりに解釈し, その意味を確定するために他の要素に留意するべきでないという考え方; 時に strict construction ともいう; cf. LITERAL RULE》. **strict constrúction·ist** *n*

strict foreclósure《米》厳格受戻し権喪失手続き《競売手続きを経ずになされる受戻し権喪失手続き (foreclosure); 裁判所が定める一定期間内に譲渡抵当 (mortgage) を付した債務の弁済がなされぬ場合, その設定者は受戻し権を喪失し抵当権者が担保物の完全な所有権を取得すること; 英国では競売手続きに付されない場合を foreclosure というが, 米国ではこの手続きは一部の州のみで一般的に用いられる以外は特別な状況下で用いられる例外的手続きとなっている; そのため strict という限定詞を付す; 日本でもこれに '古典的' 受戻し権喪失手続きという訳語を付す場合もある》.

stric·ti ju·ris /stríktaɪ dʒúərəs/ *a* (, *adv*) 厳格に法(律)による[より], 厳格に解釈される法律による[より], 法のみに基づく[基づき]. ― *n* 厳格解釈(の準則). [L＝of strict law]

strict interpretátion 厳格解釈《**1**) STRICT CON-STRUCTION **2**) 作成者がその文作成時に意図していたと信じられることのみに依存する解釈》.

stric·tis·si·mi ju·ris /stríktɪsəmaɪ dʒúərəs/ *a*(, *adv*) 最厳格に法律に従って(いる), 最厳格に解釈される法律による[より]. [L＝of the strictest law]

strict liability 厳格責任, 無過失責任 (＝absolute liability, liability without fault)《**1**) 不法行為責任に関して, 発生した事故などについて, 故意・過失の立証を要することなく行為者に負わせられる責任; 製造物責任 (product liability) がその一例; cf. GREENMAN V. YUBA POWER PRODUCTS, INC. **2**) 刑事で, 故意過失の犯罪の主観的要素 (mens rea) の立証を要さずに刑事的制裁を受ける責任; 例えば 速度違反運転, 武器を航空機に持ち込むことなど》. ▶ WRONG OF STRICT LIABILITY (厳格責任の権利侵害).

strict liability contémpt《英》厳格責任裁判所侮辱《特定訴訟事件の司法運営が大きく妨げられないしは害される現実の危険を生み出すような情報を, いかなる手段であれ一般に公表することによる裁判所侮辱; 1981 年法で規定; 裁判妨害の意思は要件でないので, 厳格責任 (strict liability) の語が付されている》.

strict próducts liability 厳格製造物責任《厳格責任を課される製造物責任》.

strict scrútiny《米》厳格審査《立法の合憲性を判断する基準の一つで, 憲法の法の平等な保護 (equal protection of the laws) 条項に関連して人種のような疑わしい区分 (suspect classification), および法の適正手続き保障に関連して基本権 (fundamental right) が問題になっている場合に適用される基準; この基準の下では合憲性推定は覆され政府が合憲性の立証責任を負うことになる; 単に scrutiny ともいう; ⇨ COMPELLING-STATE IN-TEREST TEST; cf. INTERMEDIATE SCRUTINY, MINIMAL SCRUTINY, RATIONAL BASIS TEST》.

strict séttlement《史》厳格継承財産設定(証書), 厳格継承的不動産処分(証書)《継承財産設定(証書) (settlement) のうち, 例えばある者にその生涯の間だけ不動産権を与え, その死後は限嗣封土権 (fee tail) の形の残余権 (remainder) をその子供たちに順次連続的に与えるといった形を世代ごとに繰り返すことにより, 土地承継を男子直系卑属の血統に固定させ, 家産維持をはかる目的で設定されたもの; これには残余権を保護するため, さらには承継からはずされた寡婦への年金, 次子以下の子供への分与産 (portion) の供与のための信託 (trust) も多く組み合わされていた; 17 世紀に完成し長く続いて用いられたが, 英国では 1997 年以後は土地信託 (trust of land) として存在している》.

strict tèst 厳格基準《文書に適用される弁護士依頼者間の秘匿特権 (attorney-client privilege) は, たとえ不注意による開示であっても開示されてしまえば, 開示に対してその文書をまもるために可能なあらゆる用心がなされたものでない限りは, 結果的に特権放棄があったものとされるという原則; cf. LENIENT TEST, HYDRAFLOW TEST》.

strife /stráɪf/ *n* 争い, 抗争, 不和, 敵対; 競争 (contest. ▶ CIVIL STRIFE (内紛).

strike /stráık/ v (**struck** /strák/; **struck**,《古》**strick·en** /strík(ə)n/) vt **1** 打つ, なぐる,〈人〉に一撃をくらわす. **2** 突き当てる; 攻撃する;[ᵁpass]〈病気・死が〉襲う, 悩ます. **3** …に衝突する[させる]; …に偶然に会う, ばったり出会う, 遭遇する, 不意に出会う. **4**〈人に印象を与える (impress), 思わせる; 感心[感動]させる;〈考えが人の〉心に浮かぶ. **5**〈工場など〉でスト(ライキ)をする,〈雇用者〉に対してストをする, ストで〈仕事〉を放棄する. **6 a** 決済する, 計算[算定]する: ～ a balance 貸借決算する, 収支決算する. **b**〈協定・条約などを〉取り決める[結ぶ], 批准する, 確定する: ～ an agreement 合意する. **7**〈表・記録などから〉削除する〈from〉(cf. STRIKE off [out]), 抹消する. **8**〈忌避 (challenge) により〉〈特定陪審員候補者を〉陪審員候補者名簿 (panel) からはずす;〈陪審員候補者名簿から一定数の名前を抹消することによって〉〈陪審〉を選ぶ, 陪審などを構成する, 選定する (cf. CHALLENGE, STRUCK JURY).
— vi **1 a** 打つ, なぐる〈at, againt〉; 戦う, 攻撃する〈at〉. **b**〈災難が〉襲う, 見舞う. **c** 削除する, 消す: MOTION TO STRIKE. **2** 衝突する. **3** ストライキをする: ～ for [against]…を要求して[…に反対して]ストをする / RIGHT TO STRIKE. ～ **down**〈制定法などを〉無効にする, 無効と宣言する (annul, nullify). ～ **off (1)**〈裁判所がある事件を〉〈未決訴訟事件表 (docket) から〉削除する, 却下する. **(2)** 削除する; 除く;〈違法行為などのため〉〈弁護士・医者などの〉名を〈〈名簿〉から〉削除する, 除名する. **(3)**〈競売 (auction) で競売人が槌を打って〉競落を宣言する. **(4)**〈英〉〈有限責任会社 (limited company) の〉登記を抹消する. **(5)**〈利息を〉割り引く. ～ **out (1)**〈記録・動議・訴答 (pleading) などから〉削除する, 排除する, 取り除く;〈原告不出頭などの理由で〉〈訴訟・訴訟手続き上の行為を〉却下する, やめさせる: ～ out a STATEMENT OF CASE (cf. STRIKING OUT). **(2)**〈新たな方向に[独り立ちして]〉活動し始める: MOTION TO STRIKE OUT. ～ **up** 取引を結ぶ〈with〉; 手打ちする, 約定を取り決める.
— n **1 a** 打つこと, 打撃, 殴打; ゆすり, 恐喝. **b** 不利な点[立場], ハンディ〈against〉. **2 a** 同盟罷業, ストライキ (cf. BOYCOTT, JOB ACTION, LOCKOUT, PICKETING): go [be] (out) on ～ [a ～*] ストライキをする[ストライキ中である]. **b** [joc] 就業[参加]拒否, 'ストライキ'. ▶ ECONOMIC STRIKE (経済要求によるストライキ) / GENERAL STRIKE (総罷業) / HUNGER STRIKE (ハンガーストライキ) / ILLEGAL STRIKE (違法ストライキ) / JURISDICTIONAL STRIKE (縄張争いストライキ) / OFFICIAL STRIKE (公式ストライキ) / ORGANIZATIONAL STRIKE (労働組合承認要求スト(ライキ)) / OUTLAW STRIKE (非合法スト(ライキ)) / PRIMARY STRIKE (第一次的ストライキ) / PROTEST STRIKE (抗議ストライキ) / QUICKIE STRIKE (突発ストライキ) / RECOGNITION STRIKE (労働組合承認要求スト(ライキ)) / RENT STRIKE (賃料ストライキ) / SECONDARY STRIKE (二次的ストライキ) / SIT-DOWN STRIKE (すわり込みストライキ) / SLOWDOWN STRIKE (怠業ストライキ) / SYMPATHY STRIKE (同情ストライキ) / TOKEN STRIKE (警告ストライキ) / UNCONSTITUTIONAL STRIKE (違反スト(ライキ)) / UNFAIR LABOR PRACTICE STRIKE (不当労働行為ストライキ) / UNOFFICIAL STRIKE (非公式ストライキ) / WILDCAT STRIKE (山猫ストライキ). **3**《陪審員候補者名簿 (panel) から》特定陪審員候補者の削除 (⇨ vt 8) (cf. CHALLENGE). ▶ PEREMPTORY STRIKE (理由不要の(陪審員)忌避) / SIGHT STRIKE (外観(陪審員)忌避). **4**《米議会》《他の動議 (motion) の》文言の削除.

stríke bènefit ＝STRIKE PAY.

stríke·brèak·er n スト破り(労働者) (blackleg, scab)《ストライキ中の労働者に替えて雇われる労働者》; スト破り労働者周旋屋. **stríke·brèak·ing** n スト破り.

stríke fùnd ストライキ基金《ストライキ中の労働者やその他ストライキ関連活動のための支払い用に労働組合により積み立てられる基金》.

stríke pày《労働組合が出す》スト手当 (＝strike benefit).

stríke prìce《証券》《権利》行使価格 (＝exercise price, put price, striking price)《オプション契約でオプションの権利を行使するための価格としてあらかじめ約定されている価格》.

stríke sùit 会社荒し訴訟, いやがらせ訴訟《しばしば根拠の少ない権利主張に基づいて会社を害する目的で, あるいは高額の和解金を得る目的でなされる多くは株主の派生訴訟 (derivative action)》.

stríking a docket ⇨ *strike* a DOCKET.

stríking a jùry 陪審の選定,《特に》特別陪審の選定 (⇨ SPECIAL JURY, STRUCK JURY).

stríking óff 1《弁護士・医師などの》登録抹消, 除名(処分). **2**《英》《有限責任会社 (limited company) の》登記抹消.

stríking óff (the róll)《弁護士名簿からの》登録抹消, 弁護士資格剥奪《英国では事務弁護士 (solicitor) についていう》.

stríking óut《英》《主張書 (statement of case) からの》主張排除(命令) (⇨ STATEMENT OF CASE).

stríking prìce《証券》《権利》行使価格 (＝STRIKE PRICE).

strip¹ /stríp/ v (**-pp-**; **stript** /strípt/) vt **1**〈外皮・外衣などを〉はぐ, むく, 取り除く〈off, away〉;〈人の服[着衣]をはぐ[脱がす], 裸にする. **2** …から奪う[取る, 除去する];〈タイトル・権利・名声などを〉剥奪する〈of〉. **3**〈元本部分と利札部分に〉〈債券を〉分割する. — vi 衣服を脱ぐ〈off; for a shower〉; 裸になる. — n **1** ストリップショー. **2**《証券》元本部分と利札部分を分けて別々に売ること (⇨ STRIP). **3** 毀損行為《土地に対して制限的な権利(例えば生涯権)しか有していない者が不法に行なうその土地の毀損》.

strip² n 細長い土地, 街区; [ᵒthe S-] 各種商店の立ち並ぶ街路[通り].

STRIP /stríp/ n (pl **STRIPs**)《米》ストリップ債《separate trading of registered interest and principal of securities の略; 1985 年から米国で国債の元本部分と利

札部分の切り離しを認めたことから生じた；本債は発行されず登録制)).

strip search 裸体捜査 (＝skin search) 《裸にして武器・密輸品などの違法行為あるいは麻薬注射の跡の有無を調べること). **strip-search** vt

strong-arm clause 《米》《破産管財人に対する》強力権能付与条項, ストロング・アーム条項《破産管財人に, 破産手続き開始時点で担保権者または不動産の善意有償の取得者の地位を与え, この地位に対抗できない権利の法的効力を否認することができる権能を与える破産法の条項》.

strong·box n《貴重品を入れる》金庫, 金箱.

strong hand 不法な実力. with ～ 不法な実力を用いて(の)《特に不動産への立入りについていう》.

strong mark 強い標章《商標 (trademark) やサービスマーク (service mark) がユニークで他と区別しやすく, 製品・サービスに関連して奇抜・仮想的に独自性を示しているため顧客吸引力にすぐれていること；弱い標章 (weak mark) に比べて強い法的保護を受ける; cf. WEAK MARK).

strong room 1 安全庫, 金庫室, 貴重品室, ストロングルーム. 2 重症精神病患者を入れる部屋.

strong trademark 強い商標《⇨ STRONG MARK》(cf. WEAK TRADEMARK).

struck /strÁk/ a *ストライキの対象にされている, スト(ライキ)をやられている.

struck jury 《米》選別陪審 (1) 両当事者が交替で好ましくないと思う人物を候補者名簿から定められた人数 (伝統的には 12 名) にはずして行くことを許すやり方で選ばれた陪審；⇨ STRIKING A JURY 2)⇨ SPECIAL JURY).

structural alteration 《建物・構造物の基本的な》構造変更.

struc·ture /strÁktʃər/ n 1 構造, 構成, 組織, 組立て, 体系；社会構造. ▶ CAPITAL STRUCTURE (資本構成). 2 構造物, 建造物, 建築物, 工作物《建物・ダム・橋・大型機械など》；建築様式. — vt 構造化[組織化]する；構築する.

structured settlement 系統的和解《被告が原告に対して一定期間定期的に一定金額を支払うことに合意する内容での訴訟の和解；重い傷害の被害をこうむった人への一時金に加えての損害賠償としてしばしば用いられる).

structure plan 構造計画《環境改善と交通政策を含む地方公共事業機関による開発・土地利用のための計画案》.

Stubbs /stÁbz/ スタッブズ William ～ (1825-1901)《英国の聖職者兼歴史家；聖職者としては Chester (1884) および Oxford (1889) の主教 (bishop)；歴史家としては Oxford 大学の近代史欽定講座教授 (1866-84)；しかしなによりも大著 Constitutional History of England down to 1485, 3 vols. (1873-78) の著者として, また史料集 Select Charters and Other Illustrations of English Constitutional History from Earliest Times to the Reign of Edward I (1870) 中世史料集である

Rolls Series の多数の編纂物の編者として, 多大の貢献をなし近代における英国中世国制史学の鼻祖と言われる).

study release 勉学のための釈放《囚人が近くの大学や専門学校で勉強するために一回につき数時間釈放するプログラム；cf. FURLOUGH).

stuff gown‖ 1 《一般の》法廷弁護士 (barrister), すなわち非勅選弁護士 (junior barrister) が着る》ラシャのガウン, ラシャ法服. 2 《一般の》法廷弁護士, 非勅選弁護士 (junior barrister) (cf. SILK GOWN).

stul·ti·fy /stÁltəfài/ vt 1 ばからしく見せる, 無意味にする；だいなしにする；鈍らせる: ～ oneself 恥をさらす. 2 [～ oneself の形で] 自己矛盾をきたす, 自家撞着《どうちゃく》に陥る. 3 [通例 ～ oneself の形で] …の(精神的)無能力を申し立てる[証明する]. [L (stultus foolish)].

stump·age *n 1《市場価値のある》立木《ぼく》《たち》. 2 立木の価値. 3 立木伐採許可[認可], 立木伐採権. 4 立木伐採料.

stu·prum /st(j)úːprəm/ n《ローマ法・大陸法》淫蕩(罪)《通例は処女・寡婦・男性との違法な性交》. [L]

STV°single transferable vote 単式委譲投票.

style /stáil/ n 1 a《一般に》やり方, 流儀, 方式, 仕方；…流, …式；構え, 態度, 様子, 風采. b でき, 格好, 形, 型, 類, たち, 風《ふう》. ▶ NEW STYLE (新暦) / OLD STYLE (旧暦). 2 文体, スタイル. 3 様式. 4 書式；《スコットランド法》《不動産譲渡の際に用いられる》証書[令状]の書式. 5 a 称号, 肩書, 商号. b 判例名 (cf. CAPTION): the ～ of the rule is Brown v. Board of Education of Topeka. — vt 1 称える, 呼ぶ, 称する, …の称号で呼ぶ. 2 様式[書式]に合わせる.

Styles ⇨ WILLIAM STYLES.

s.u. 《米》straight up. ★検察官が被告人のファイルに s.u. と記した場合は通例検察官は審理まで持って行く, つまり答弁取引 (plea bargaining) に応ずる意図のないことを示す.

su·able /súːəb(ə)l; sjúː-/ a 1 訴訟の対象となりうる. 2 履行を強制できる: a ～ contract. **su·abíl·i·ty** n [sue]

sua spon·te /s(j)úːə spánti, -spóuntei/ 自発的に, 求められたゆえではなく, 《裁判所が》職権で (of one's own ACCORD). [L＝of one's own accord]

sub- /sÀb, sÁb/ pref「下」「下位」「以南」「副」「やや」「半」の意.

sub·agent /‒ ‒́ ‒̀/ n 復代理人 (＝underagent)《代理人がさらに他人をみずからの代理人に選んだ場合の代理人；cf. SUBSERVANT).

sub·chapter n《特に法律の章・条などの下位区分としての》節.

subchapter C /‒ ‒̀ síː/《米》《内国歳入法典 (Internal Revenue Code)》第 1 章 C 節 (⇨ C CORPORATION).

subchapter C corporation /‒ ‒̀ síː ‒ ‒̀/《米》C 節会社 (＝C CORPORATION).

subchapter S /‒ ‒̀ és/《米》《内国歳入法典 (Internal Revenue Code》》第1章S節 (⇨ S CORPORATION).

subchapter S corporation /⼀́és ⼀́/《米》S節会社, 特別小規模会社 (＝S CORPORATION).

súb·clàuse n 《clause の》下位条項;《制定法として成立した段階で項 (subsection) となる法案段階での》項 (⇨ SECTION 3 ★).

sub co·lore ju·ris /səb kəlóːri ʤúərəs/ 権利[法]の外観のもとに (cf. COLOR OF LAW). [L＝under color of right [law]]

súb·commìttee n 小委員会.

sub con·di·ti·o·ne /səb kəndìʃióuni/ 条件付きで. [L＝under condition]

sùb·cóntract n 下請け契約, 下請負, 従属契約. — vt, vi /⼀⼀́⼀́/ 下請け(契約)する.

sùb·cóntractor n 下請(契約)人, 下請契約者, 下請け会社[業者, 工場] (cf. GENERAL CONTRACTOR).

sub·délegated legislátion 再委任立法《委任立法 (delegated legislation) または再委任立法でさらに委任されて (この場合厳密には再々委任立法 (sub-subdelegated legislation) という) 成立した法; cf. DELEGATED LEGISLATION》.

sùb·divíde vt 1 さらに分ける, 再分する, 細別する, 下位区分する〈into〉. 2*〈土地を〉分譲する,《分譲用に》区画割りする. — vi さらに細かく分かれる, 下位区分される.

sùb·divìsion n 1 再分, 小分け, 細別; 下位区分, 一部分の一部. ▶ POLITICAL SUBDIVISION (地方統治区分) 2 a*〈土地の〉分筆, 土地区分, 区画[敷地]割り, 宅地割り. b*分譲地. ▶ ILLEGAL SUBDIVISION (違法土地区分) / LEGAL SUBDIVISION (正式土地区分).

súbdivision màp《土地開発の際の》土地再分化 (計画)地図.

súbdivision trùst《米》土地分譲信託 (＝conveyancing trust)《開発予定地の権原 (title) を信託する土地所有者, 開発販売を担当する開発業者, 開発資金を提供し分譲地の譲渡手続きをする信託会社の3者が合意し, 設定する土地開発分譲のための信託; Arizona を中心に米国西部で発達》.

sub·in·feud /sàbɪnfjúːd/ vt, vi SUBINFEUDATE.

sub·in·feu·date /sàbɪnfjúːdèɪt/ vt, vi《史》…に封(土)をさらに分け与える, 再下封する.

sùb·infeudátion n《史》1 再下封《みずからの封主から授与された封[封土]を, 新たに封建関係を設定してさらにみずからの保有者 (tenant) に授与すること; ⇨ SUBSTITUION, QUIA EMPTORES, STATUTE OF WESTMINSTER; cf. INFEUDATION》. 2 再下封関係. 3 再下封保有権; 再下封封土.

sub·in·feu·da·to·ry /sàbɪnfjúːdətɔ̀ːri; -t(ə)ri/ n《史》再下封によって与えられた封[封土]の保有者. — a 再下封の.

sub·ja·cent /səbʤéɪsnt/ a 下にある; 基礎[基盤]をなす;《山などに接して》直下にある.

subjácent suppórt《土地・建物が下部から受ける》垂直支持(権), 垂直支持地役権 (＝vertical support) (cf. LATERAL SUPPORT).

sub·ject /sʌ́bʤɪkt/ n 1 a 主題, 問題; 題目. b 主体; 実体, 物自体. c 起因, 対象. ▶ DATA SUBJECT (個人情報主体). 2 臣, 家臣; 臣民《共和国では citizen という》, 国民. ▶ BRITISH SUBJECT (イギリス連邦臣民) / LIBERTY OF THE SUBJECT (臣民の自由) / NATURAL-BORN SUBJECT (生来の臣民) / REGISTRATION AS CITIZEN OR SUBJECT (市民または臣民としての登録). 3《保険》《生命保険の》被保険者 (cf. BENEFICIARY, INSURED, POLICYHOLDER). — a 1 服従する, 従属する; …の支配下にある, 属国[領]の〈to〉. 2 [pred] 受ける, 受けやすい, こうむりやすい,〈…に〉なりやすい〈to〉. 3 [pred]《承認などを》受けねばならない, …を仮定して, ただし…を必要とする〈to〉. 4《同業者間で》上述の, 上記の, 今問題の: the ～ property. ～ to (1)…に服する, …に従う, …の支配下に. (2)…を(得ること)を条件として, …を仮定して, ただし…を受けねばならぬ. ～ to open 権利帰属者の構成が確定していない, すべてのメンバーが確定していない《例えば遺言者死亡時に生存しているAの子あるいは孫全員への遺贈のように, 権利帰属者の構成がいまだ確定していない場合の将来権 (future interest) を示す語として用いられる; 上例では遺言者が死亡し権利帰属者が確定することを close という》. ▶ REMAINDER (VESTED) SUBJECT TO OPEN (保留付き確定残余権). — vt /səbʤékt/ 服従[従属]させる〈to〉.

sub·jec·tion /səbʤékʃ(ə)n/ n 1 服従(させること), 従属; 征服; 臣下. 2 服すべきこと;《影響などを》受けやすいこと〈to〉.

sub·jec·tive /səbʤéktɪv/ a 1 主観の, 主観的な (opp. objective); 個人的な. 2 実体のない, 現実性に乏しい. 3 本来的な, 本質的な. 4《史》臣民の, 家臣の; 被征服者の.

subjéctive méaning《法的文書に対してその作成時・交付時などに当事者がいだいた》主観的意味 (cf. OBJECTIVE MEANING).

subjéctive récklessness mánslaughter 主観的に未必の故意ないし認識ある過失による故殺.

subjéctive stándard 主観的基準《特定の人に特有な基準でその人の個人的な考えや経験を基礎を置いた法的規準; 例えば, 刑法上 予謀 (premeditation) の有無は被告人の精神的状態に依存するゆえに主観的基準により決定される; cf. OBJECTIVE STANDARD》.

subjéctive théory of cóntract 契約主観説《契約とは両当事者の意思の主観的合致という意味での合意であるという説; 現在では時代遅れとなっている; cf. MEETING OF THE MINDS, OBJECTIVE THEORY OF CONTRACT》.

súbject màtter 1《著作などの形式・文体に対し》内容; 主題, 題目. 2 素材, 材料. 3 係争物, 訴訟物, 目的物. ▶ JURISDICTION OF THE SUBJECT MATTER (事物管轄権).

súbject màtter jurisdíction 事物管轄権[裁判権], 事物管轄 (= jurisdiction of the subject matter)《裁判所がある事項について管轄しうる権限; cf. IN REM JURISDICTION, PERSONAL JURISDICTION, QUASI IN REM JURISDICTION, TERRITORIAL JURISDICTION》.

súbject màtter tèst 主題によるテスト《弁護士依頼者間の秘匿特権 (attorney-client privilege) で保護される範囲を確定するための基準で, 会社の被用者でその支配グループ (control group) に属していない者であっても, その者が上司の指示でしかもその者の雇用契約の過程・範囲内で会社の弁護士にもたらした情報であったのか否かで決定するという方法; cf. CONTROL GROUP TEST》.

súbject of a ríght 1 権利の主体, 権利者, 権利所有者. **2** 権利の対象(物) (= OBJECT OF A RIGHT).

sub ju·di·ce /səb dʒúːdɪsɪ-, sub júːdɪkeɪ/ *adv* 審理中(で), 訴訟係属中(で)《略 s. j.》. [L = under a judge]

sub júdice rùle《英》訴訟係属中の準則 (1) 争点について早まった判断をしたり陪審員に影響を与えることを予防して, 裁判所は訴訟係属中の事件についての意見や情報開示を制限しうるという原則; なお 1981 年法では, 特定の訴訟の裁判過程を著しく妨げたりゆがめる危険のある情報の公表を制定法上の裁判所侮辱 (contempt of court) としている **2)** 議会の両院の議長は, 裁判所に係属中の民刑事事件について議院内での討議や質問を許さないという議会の慣例; ただし, 民事事件については議長は国益に関わる場合にはこの準則適用を控える権限も有している》.

sub·ju·ga·tion /sʌ̀bdʒəɡéɪʃ(ə)n/ *n*《国際法》征服 (= DEBELLATIO).

Sub·la·to fun·da·men·to, ca·dit opus. /səblěɪtou fʌ̀ndəméntou kǽdɪt óʊpəs/ 基礎が取り去られると建物は崩壊する. [L = When the foundation has been removed, the structure falls.]

Sub·la·to prin·ci·pa·li, tol·li·tur ad·junc·tum. /səbléɪtou prìnsɪpéɪlàɪ tálɪtər ædʒʌ́ŋktəm/ 主たるものが取り去られると付随的なものは[も]取り去られる. [L = When the principal has been removed, the adjunct is (also) removed.]

súb·lèase *n* /ˈ-ˌ-/ **1** 転貸, また貸し; 転借, また借り. **2** 不動産転貸借 (= subtenancy, underlease")《賃借人がみずからの賃借期間を超えない期間で第三者に賃貸すること; cf. ASSIGNMENT OF LEASE, HEAD LEASE, MASTER LEASE》. — *vt* /ˌ-ˈ-, ˈ-ˌ-/〈不動産を〉また貸しする, また借りする.

sùb·lessée *n* (不動産の)また借り人, 不動産転借人 (= subtenant).

sub·lés·sor /ˌ-ˈ-/ *n* (不動産を)また貸しする人, 不動産転貸人.

súb·lèt /ˌ-ˈ-/ *vt*, *vi* **1** 転貸[転借]する,〈不動産を〉転貸する (sublease). **2** 下請けに出す (subcontract). — *n* /ˈ-ˌ-, -ˈ-/ 不動産転貸借, 不動産転借; 不動産転貸; 転貸用の家; 転借した家.

súb·lét·ting *n* 不動産転貸.

sùb·lícense *n* 二次ライセンス, 二次認可[許諾, 許可], サブライセンス《ライセンスを受けた者が第三者にそのライセンスの全部または一部を与えること; ⇨ LICENSE》. — *vt* …に二次ライセンスを与える.

sùb·límit *n* 二次限度, 副次制限《例えば損害保険で責任限度額が定められているが, 特定の危険に関してはそれよりも低い限度額が定められている場合の限度など》.

sub·mis·si·ble /səbmísəb(ə)l/ *a* 事実認定者 (trier of fact) に付託できる.

sub·mis·sion /səbmíʃ(ə)n/ *n* **1** 服従; 降服; 従順 〈to〉: in ~ to…に服従して / with all due ~ うやうやしく. **2** 提出(物), 提示(案), 意見, 提案,《意見の》開陳, 具申: in my ~ 私見では. **3**《弁護士の》弁論. **4 a** 付託, 依頼. **b** 仲裁付託合意. under ~《裁判所で》審理中(の). [OF or L; ⇨ SUBMIT]

submíssion of cóntroversy《米》紛争事実具申訴訟《紛争決着にとって決定的と思われる事実について両当事者が合意してその事実を裁判所に提出したうえで, 紛争解決を求める訴訟; 裁判所は事実問題が確定しているので, 法律問題についてのみ決定をすることになる; cf. AGREED CASE》.

submíssion to a fínding《有罪認定を十分正当化するような》有罪認定事実の承認.

submíssion to the júry《証拠提出・弁論終了・説示 (instruction) 終了後の裁判官による事件の》陪審への付託.

sub·mít /səbmít/ *v* (-tt-) *vt* **1** 服従[降服]させる: ~ oneself to insult 侮辱を甘んじてうける. **2 a**《正式に》提出[提示]する;《意見・検討などを求めて》提起する〈to〉; 付託する, (他人の判断に)委ねる〈to〉;《証拠提出を終了し》判決[決定]を委ねる: ~ a question to the court 問題を裁判所に提起する / case submitted, Your Honor 裁判官閣下, 証拠提出・弁論は終了しました, 判決をお願いします. **b**《失礼ながら》…ではないかと思う(と言う), 具申する, 意見として述べる, 申す〈that〉. — *vi* **1** 服する, 服従する, 降参する, 屈伏する. **2**〈人の意見などに〉従う, 甘受する〈to〉. **sub·mít·ta·ble** *a* **sub·mít·tal** *n* **sub·mít·ter** *n* [L *sub-*(*miss- mitto* to send) = to lower]

sub mo·do /sʌ̀b móʊdoʊ/ *adv* 一定の条件[制限]下に, 条件付きで; ある意味では, ある程度は. [L = under a qualification]

sùb·mórtgage *n* 転譲渡抵当《譲渡抵当権者 (mortgagee) が第三者に対するみずからの債務の担保としてみずからの抵当物について譲渡抵当権 (mortgage) を設定すること》.

sùb·mortgagée *n* 転譲渡抵当権者 (cf. SUBMORTGAGE).

sùb·mortgagór *n* 転譲渡抵当権設定者 (cf. SUBMORTGAGE).

sub nom·i·ne /sʌ̀b námənɪ, -nóʊ-, -nìː/ *adv* 名[題]の下に, …の名で《略 s.n., **sub nom.**》. [L =

subordinate

under the name]

sub·or·di·nate /səbɔ́ːrd(ə)nət/ *a* **1** 下位の, 次位の, 劣った, 劣後的な. **2** 従属[付随]する, 依存する ⟨*to*⟩; 従位の ⟨*to*⟩; 二次的な, 副次的な, 補助的な. ━ *n* 従属者, 部下, 属官. ━ *vt* /-nèɪt/ **1** 下[下位]に置く. **2** 従属[服従]させる ⟨*to*⟩.

subórdinated bónd 劣後債(券) (junior bond).

subórdinate(d) debénture 劣後債(券)《他の一定債務者に遅れて元本・利息の支払いを受ける旨約定されている債券》. ▶ CONVERTIBLE SUBORDINATED DEBENTURE (転換劣後債(券)).

subórdinate débt 劣後債権 (=junior debt)《他の型・類の債権の下位に属する債権; 無担保であるかあるいは他の金銭債務証書 (debt instrument) で保証されている財産に関しては劣位の債権; cf. SENIOR DEBT》.

subórdinate legislátion 従位的立法 **(1)** 委任立法 (=DELEGATED LEGISLATION) **2)** 行政規則, 規則 (=REGULATION)》.

sub·or·di·na·tion /səbɔ̀ːrd(ə)néɪʃ(ə)n/ *n* **1**《権利・権利主張などを》下位に置くこと; 従属, 従位, 後順位(ごじゅんい). ▶ INSUBORDINATION (不服従). **2** 債権劣後, 後順位(化), 劣後化《返済順位が一般の債務より後順位にあること, またはそうすること》. ▶ EQUITABLE SUBORDINATION (エクイティー上の後順位(化)).

subordinátion agrèement《権利(主張)の》後順位化の合意.

sub·orn /səbɔ́ːrn/ *vt* **1**《賄賂などを与えて》…に偽誓[偽証]させる, …に偽誓[偽証]を教唆する. **2**《証言を》不法な手段によって手に入れる, 〈偽証〉を引き出す. **3** そそのかす, 買収する. **4** 秘かに準備[調達]する. **～·er** *n* 偽誓[偽証]教唆者, 偽誓[偽証]させる人; 買収者. [L *sub-*(*orno* to equip) = to incite secretly]

sub·or·na·tion /sʌ̀bɔːrnéɪʃ(ə)n/ *n* **1** 偽誓[偽証]させること; 偽誓[偽証]教唆 (subornation of perjury). **2** 教唆, 買収.

subornátion of pérjury 偽誓[偽証]教唆(罪)《単に subornation ともいう》.

sùb·pártner·shìp *n* 副次組合《組合員と非組合員との間で当該組合員の得る利益および損失を分け合うとを合意している場合の関係を指す; 真の意味での組合 (partnership) ではない》.

sub pe·de si·gíl·li /sʌb píːdi sədʒílaɪ/ 捺印のもとに. [L=under the foot of the seal]

sub·poe·na, -pe- /sə(b)píːnə/ *n* (*pl* **~s**) 罰金[罰則]付き召喚令状, 召喚令状 ⟨*to*⟩《従わぬ時の罰金[罰則]の警告付き令状; 大法官府裁判所 (court of chancery) はコモンロー手続きとは違ってこの召喚令状によって開始されていた; 英国では1999年法により証人召喚令状 (witness summons) に代わっている; cf. SUMMONS]. ▶ ADMINISTRATIVE SUBPOENA (行政上の罰金付き召喚令状) / ALIAS SUBPOENA (第二回罰金付き召喚令状) / FRIENDLY SUBPOENA (友好的罰金付き召喚令状).

━ *vt* (**~ed, ~'d**) **1** 罰金[罰則]付きで召喚する, 呼び出す, …に罰金[罰則]付きの召喚状を発する ⟨*sb to do*⟩. **2**《米》〈文書・記録などを〉罰金[罰則]付きで証拠として法廷に提出させる. **sub·póe·nal** *a* [L=under penalty]

subpóena àd tes·ti·fi·cán·dum /-æd tèstəfəkændəm, -ɑːd tèstifikáːndʊm/ 罰金[罰則]付き証人召喚令状《英国では1999年法により証人召喚 (witness summons) に代わっている》. [L=under penalty to give testimony]

subpóena dú·ces té·cum /-d(j)úːsəs tíːkəm, -téɪkəm/ 罰金[罰則]付き証人指定書類[指定物件]携帯召喚令状《単に duces tecum ともいう; 英国では1999年法で証人召喚 (witness summons) に代わっている》. [L=under penalty you shall bring with you]

sub·príme lòan /sʌbpráɪm/ 最優遇貸出し金利[プライムレート]以下融資, サブプライムローン《財政状況が良くなく信用度も低い債務不履行となる危険の高い人に対する譲渡抵当 (mortgage) あるいは住宅担保付きの融資; 通例は融資直後は金利が低く, 財政状況の良くない人にも利用しやすくし, 融資期間が経つにつれ金利が上昇する仕組みになっている》.

sub·rep·tion /səbrépʃ(ə)n/ *n* **1**《ローマ法》盗(とう). **2**《教会・ローマ法・スコットランド法》《教皇庁・主権者への特に事実の隠蔽による》詐取 (cf. OBREPTION). **3**《目的を達するための》事実の隠蔽, 虚偽の申し立て(に基づく推論).

sub·rep·ti·tious /sʌ̀brɛptíʃəs/ *a*

sub·ro·gate /sʌ́brougèɪt/ *vt* 代位する, 代位弁済する, 肩代わりする;《一般に》…の代わりをする.

sub·ro·ga·tion /sʌ̀brougéɪʃ(ə)n/ *n* **1** 代位, 代位弁済, 弁済の代位 **(1)** 法または契約に基づき第三者が債務者に代わり債務履行をした場合には, その第三者が, 債権者が債務者に対して有している権利を, 債務者に対して代位行使できること **2) 1)** の代位がなされる場合のエクイティー上の救済手段);《一般に》肩代わり. ▶ EQUITABLE SUBROGATION (エクイティー上の代位) / EQUITY OF SUBROGATION (エクイティー上の代位権) / LEGAL SUBROGATION (法定代位). **2** 保険者の代位《保険者 (insurer) が保険契約に基づいて保険金を支払った場合には, 被保険者が保険契約で担保されている損害に関して第三者に対して有しているすべての権利およびその救済手段を代わって有することになるという原則; cf. EQUITY OF SUBROGATION》.

sub·ro·gee /sʌ̀brougíː, -dʒíː/ *n* 代位者 (⇨ SUBROGATION).

sub·ro·gor /sʌ̀brougɔ́ːr/ *n* 被代位者 (⇨ SUBROGATION).

sub ro·sa /sʌb róuzə/ *adv* 内密に (privately), 公けにしないで. [L=under the rose]

sub·scribe /səbskráɪb/ *vt* **1**《寄付などを》〈記名〉承諾する; 引き受ける. **2** 寄付する, 寄付約束をする. **3**《株式などを》申し込む, 応募する, 予約する;《予約金を払って》購読者となる. **4** …に賛成(署名)する;〈名前を〉書く,〈証書などに〉署名する. **5**〈他人の考えに〉同意する. ━ *vi* **1**

寄付簿に署名する, 寄付[出資](を約束)する 〈to a fund, for an object〉. **2** 同意する 〈to〉; 署名する 〈to〉. **3** 〈本などを〉予約する 〈for〉, 〈新聞・雑誌の〉購読契約[申し込み]をする, 《前もって》購読料を支払う 〈to a newspaper, magazine〉; 〈株式などを〉申し込む, 応募する 〈for〉. **4** 理解[好意]を示す 〈to〉.

subscríbed stóck 未払い込み株式勘定《株式分割払い込み制の下で, 株式の発行価額のうち払い込みがなされればそれが会社の資本となることを示す株主持分勘定》.

sub·scríb·er *n* **1** 寄付者, 寄付約束者. **2** 申込者, 応募者, 予約者, (株式)引受人, 加入者; 定期購読者, 《定期演奏会などの》会員. **3** 署名者. **4** 同意者, 賛成者.

subscríbing wítness 署名証人《証書上の署名が真正であることを認証し, その証拠にみずからも証書末尾に署名する人》.

sub·scríp·tion /səbskrípʃ(ə)n/ *n* **1 a** (予約)申し込み, 応募, 《株式などの》引受け (cf. WARRANT); 定期購入[購読]契約(の有効期間), 定期購読, 定期会員の申し込み; 予約(代)金, 定期購読料, 《会員制クラブ・学会などの》会費 〈to〉; 《本などの》予約販売; *勧誘販売. **b** 寄付申し込み; 寄付金, 出資金, 基金. ► MINIMUM SUBSCRIPTION (最低引受額). **2 a** 下方[末尾]に書かれたもの; **署名**(したもの), 署名承諾, 同意, 賛成. 《古》忠誠. **b** 《教会》《統一のための》教義の受諾《英国教》(39信仰箇条 (1563) と祈禱書の》正式受諾. **c**《ローマ法》《皇帝の》指令《法源の一つ》. **d**《カトリック》《教皇の》答書. **3** 調薬処方(箋). **by ~** 予約で; 寄付で.

subscríption còntract 《特に証券類の》引受け[購入]契約, 寄付契約, 定期購入契約 (subscription).

subscríption ríght 《株主の》新株引受権証書, 新株買受権証書 (=stock right)《会社の有償増資の際に, 現在の株主がその保有株数に応じて公募の前に新株を買い取る権利を証する証書; これ自体が市場価値を有し取引対象となる; cf. PREEMPTIVE RIGHT》.

subscríption wàrrant 株式買受権証書, ワラント (=WARRANT).

súb·sèction /ˌ–ˈ–/ *n* **1** 《section の》小分け, 小区分, 細別, 款(ﾎﾟ),《条 (section) の下位の》項 (⇨ SECTION 3 ★). **2** 下位区分, 分課, 係, 班.

sub·se·quent /sʌ́bsɪkwənt/ *a, n* 後の(人[もの]), その後の, 次の(事), 続いて起こる, 二次の 〈to〉; 結果として[伴って]起こる (consequent) 〈*upon*〉: CONDITION SUBSEQUENT. **~ to** ...以後, ...のあとで.

súbsequent condítion 解除条件 (=CONDITION SUBSEQUENT).

súbsequent créditor 事後債権者《証書の登録等の一定事実あるいは法律行為の後に存在することになった債権を有する者》.

súbsequent négligence 事後過失 (=supervening negligence)《本人の過失があり被害者側にも寄与過失 (contributory negligence) があった後に, 被害者が危険な状態にあることを知りないし知るべきであったに

もかかわらず, 被害者の被害を防ぐために当然払うべき注意 (due care) を払わなかった過失; cf. LAST CLEAR CHANCE DOCTRINE》. ► DOCTRINE OF SUBSEQUENT NEGLIGENCE (事後過失の法理).

súbsequent négligence dòctrine 事後過失の法理 (=LAST CLEAR CHANCE DOCTRINE).

súbsequent remédial méasure [*pl*] 事後救済手段《実際は事件後に採った措置であるが, 仮に事件の前に同じ措置を採っていたならば事件の発生の可能性を減らすことができたと思われる行為》.

súb·sèrvant /ˌ–ˈ–/ *n* 被用者の代理人《復代理人 (subagent), 代理人の被用者を含む概念》.

sub·si·dence /səbsáɪd(ə)ns, sʌ́bsə-/ *n* 《特に地盤の》沈下, 沈降, 沈没; 沈澱.

sub·sid·i·ar·i·ty /səbsìdiérəti/ *n* **1** 補助的[副次的, 従属的]であること. **2** 補完原則, 補完性, サブシディアリティー (=PRINCIPLE OF SUBSIDIARITY). ► PRINCIPLE OF SUBSIDIARITY (補完原則).

sub·sid·i·ar·y /səbsídièri, -sídəri, -diəri/ *a* **1** 補助の; 従属的な, 補足的な, 補助的な, 副次的な 〈to〉. **2** 助成金[補助金]の[による]. **3** 《議決権のある株の過半数を有することなどにより》親会社に支配された[が所有する]. — *n* **1** 補助者, 付属物. **2** 従属会社, 子会社 (subsidiary corporation) (cf. AFFILIATE). ► WHOLLY-OWNED SUBSIDIARY (完全子会社).

subsídiary corporátion [cómpany] 従属会社, 子会社 (cf. AFFILIATED CORPORATION, HOLDING COMPANY, PARENT CORPORATION [COMPANY]).

subsídiary mótion 《延会などの》副次的動議; 副次の申立て.

subsídiary ríghts *pl* 副次的権利, 副次的著作権《小説などを原作に基づいた別形態で発行・上演する権利; 小説の映画化やハードカバー版の原作をペーパーバック版で出版する場合など; この権利自体が保護対象となる; cf. DERIVATIVE WORK》.

sub·si·dize /sʌ́bsədàɪz/ *vt* 〈政府が〉...に助成[補助, 奨励]金を支給する; 報酬を払って...の助力[協力]を得る; 買収する (bribe).

sub·si·dy /sʌ́bsədi/ *n* **1**《公的利益にかかわる事業に対する通例政府からの》助成(金), 補助金 (=grant); 交付金, 寄付金. ► HOUSING SUBSIDY (住宅助成金). **2**《国家間の軍事援助[中立]に対する》報酬金. **3**《英史》臨時税《慣習的徴収金とは別に議会の同意の上で徴収した税》. ► CLERICAL SUBSIDY (聖職者臨時税).

sub silén·tio /sʌ̀b səléntʃiou, -sar-, sùb siléntiou/ *adv* 無言にて, 黙って, 通知をせずに, 明示的言及なしで. ► PRECEDENT SUB SILENTIO (黙示の先例). [L=under or in silence]

sub·sist·ence /səbsístəns/ *n* **1** 生活, 生存, 存続. **2** 生計の道, 最低限の生活のかて (cf. NECESSARIES).

sub·stance /sʌ́bst(ə)ns/ *n* **1 a** 物質, 物. **b**《特に》薬物. ► CONTROLLED SUBSTANCE (規制薬物) / FOREIGN SUBSTANCE (異物) / HAZARDOUS SUBSTANCE (有

害物質) / TOXIC SUBSTANCE (有毒物質). **2 a** 実質, 内容; 実体. **b** 実体法 (substantive law). ▶ DEFECT OF SUBSTANCE (実体不備) / DEMURRER TO SUBSTANCE (実体不十分の抗弁) / MATTER OF SUBSTANCE (実質問題). **3** [the ~] 要旨, 大意 (purport).

súbstance-abúse evaluátion and tréatment《米》薬物濫用評価治療プログラム《酒・薬物を用いたうえでの運転 (DUI) を犯した者に一般的に裁判所が強制的に課すもので, 薬物からのリハビリテーション・プログラム; 略 SAET》.

sùb·stándard *a* 標準以下の, 標準に達しない, 低水準の; 〈製品が〉規格はずれの; 標準下体の (⇨ SUBSTANDARD INSURANCE).

substándard insúrance 標準下体保険《被保険者の健康状態が標準体を対象にしている普通保険には適合しない場合にこの被保険者を標準下体と呼び, 特殊な条件を付した保険》.

sub·stán·tial /səbstǽnʃ(ə)l/ *a* **1** 実のある, 内容のある; 重要な, 価値のある (cf. DE MINIMIS); 資産のある; 金銭上の信用のある, 実力のある. **2** 実質の, 実体の, 実在する, 本当の; 実質的な, 本質的な, 事実上の. — *n* [*pl*] 実体のあるもの, 実質のあるもの, 重要な価値のあるもの. **sub·stan·ti·al·i·ty** /səbstæ̀nʃiǽləti/ *n* **~·ly** *adv* 大体は, 要点は, 実質上; 十分に, しっかりと.

Substántial Acquisítion Rùles *pl* [the ~] 大量株式取得規則 (⇨ SARs).

substántial capácity《米》実質的能力 (⇨ SUBSTANTIAL CAPACITY TEST).

substántial capácity tèst《米》実質的能力テスト (= American Law Institute test, ALI test, Model Penal Code test, MPC test)《刑事訴訟における精神障害の防御 (insanity defense) に対するテストで, 人が精神上の疾患・欠陥の結果みずからの行為の犯罪性を認識するないしはみずからの行為を法に適合させる実質的能力 (substantial capacity) を欠いている場合には, その人の刑事責任を問えないということ; アメリカ法律協会 (American Law Institute) の模範刑事法典 (Model Penal Code) が最初に方式化し, 多くの法域で採用されている; cf. DIMINISHED CAPACITY, INSANITY DEFENSE》.

substántial cáuse tèst 実質的原因テスト (= substantial factor test)《不法行為法で, 人の行為が被害者の受けた権利侵害に対して重大あるいは意味のある寄与をしている場合には, 両者の間に因果関係があったとみなすべきであるという原則; cf. BUT-FOR TEST》.

substántial complíance《制定法・契約の基本的要件についての》実質的遵守 (= SUBSTANTIAL PERFORMANCE).

substántial complíance rùle《制定法・契約の基本的要件についての》実質的遵守の準則 (= SUBSTANTIAL PERFORMANCE DOCTRINE).

substántial dámages *pl* 実質的損害賠償(金)《権利侵害により現実に損害が発生した, その実質的損害に相応するものとして認められた損害賠償金; cf. NOMINAL DAMAGES》.

substántial évidence 実質的証拠《合理的精神の持主であれば, 結論を支持するのに十分なものとして納得する証拠》.

substántial évidence rùle 実質的証拠の準則《行政機関による決定を裁判所が審査する場合の原則で, 行政機関がその決定を行なうに当たり合理的に基づくことができた証拠によって支持されている場合には, その決定は支持されるべきであるとする》.

substántial fáctor 実質的要因; (⇨ SUBSTANTIAL FACTOR TEST) (cf. CAUSE IN FACT).

substántial fáctor tèst 実質的要因テスト (= SUBSTANTIAL CAUSE TEST).

substántial jústice 公正な本案裁判《訴訟当事者の実体権に影響を与えないような手続き上の誤りを無視し, 実体法準則に則して正しくなされた裁判で, 本案についての公正な裁判》. ▶ FAIR PLAY AND SUBSTANTIAL JUSTICE (公正な扱いと公正な本案裁判).

substántial perfórmance《制定法の定めや契約内容の》実質的履行 (= substantial compliance) (⇨ SUBSTANTIAL PERFORMANCE DOCTRINE) (cf. MATERIAL BREACH, PARTIAL BREACH).

substántial perfórmance dòctrine 実質的履行の法理 (= substantial compliance rule)《善意での履行が合意ないしは制定法の定めどおりの完全な履行ではなかった場合でも, 基本的目的が達成されていたならば, 履行が果たされたとみるエクイティー上の原則; substantial compliance rule と同義ではあるが, この語は特に契約についていう; コモンロー上は契約の履行にたとえわずかな違反でもあれば契約は解除され損害賠償の対象となったが, これを緩和し, 履行の不足分についてのみの賠償が認められる; cf. PERFECT TENDER RULE》.

substántial ríght《技術的・形式的・手続き的なものでない》実質的権利.

substántial stép tèst《米》実質的踏み出しのテスト《刑法上の未遂罪 (attempt) 成立決定のための基準で, 犯罪実行のための準備の程度, 示された犯意, 行為に関係のあるみずからの発言に基づき未遂罪成立の有無を決定すべきであるという模範刑事法典 (Model Penal Code) の採用するテスト; cf. ATTEMPT》.

sub·stan·ti·ate /səbstǽnʃièit/ *vt* 実体化する; 強固にする;《特に証拠能力のある証拠 (competent evidence) により》事実を確定する, 実証する (prove); 具体化する. **sub·stàn·ti·á·tion** *n* 実証, 立証; 実体化; 証拠.

sub·stan·tive /sʌ́bstəntiv, səbstǽntiv/ *a* **1** 実在を示す, 実在的な; 本質的な; 現実の; 実質的な; 実体の, 実体的な, 実体法上の (cf. PROCEDURAL); 明文化された. **2** 独立の, 自立の. **~·ly** *adv* 独立に; 実質的に. **~·ness** *n*

súbstantive críme 独立犯罪 (= SUBSTANTIVE OFFENSE).

súbstantive dúe prócess《米》実体的法の適正手続き, 実体的適正過程, 実体的デュープロセス《合衆国憲法の第 5, 第 14 修正の法の適正手続き, デュープロセスの規定は, 手続きだけでなく, 立法が実体面でも適正なものであることを求めているという憲法解釈の考え方; 19 世紀末から 1930 年代まで合衆国最高裁判所はこの立場に立ち, 多くの経済立法・社会立法を違憲とした; cf. PROCEDURAL DUE PROCESS》. ▶ ECONOMIC SUBSTANTIVE DUE PROCESS (経済的実体的法の適正手続き)》.

súbstantive évidence 実体に関する証拠, 実質証拠《他の証拠の証明力を争うあるいは補強する証拠に対して, 係争事実そのものの存否の証明に用いられる証拠》.

súbstantive láw 実体法《権利を創造し, 内容を定め, 規制をする法; 手続き法に対する; cf. ADJECTIVE LAW, PROCEDURAL LAW》.

súbstantive mótion 実体的動議; 実体上の申立て.

súbstantive offénse 独立犯罪, 非従属犯罪 (= substantive crime)《それ自体犯罪としての完結性を有し, 他の犯罪に依存していないもの; cf. ACCESSORY, CONSPIRACY》.

súbstantive ríght 実体的権利, 実体権《生命・自由・財産・名誉などの, 実体法 (substantive law) 上の権利; cf. PRIMARY RIGHT, PROCEDURAL RIGHT》.

súbstantive rúle 実体的規則 (= LEGISLATIVE RULE).

súbstantive unconscionabílity《契約の》実体上の非良心性《契約締結手続き上の非良心性 (procedural unconscionability) に対する語で, 契約内容が一方当事者に不当に有利で他方当事者に圧制的ないし不利となるような実体的非良心性; ⇨ UNCONSCIONABILITY》.

sub·sti·tute /sʌ́bstət(j)ùːt/ vt 代える, 取り換える 〈for〉, 代用する, 代理させる 〈for another〉: ~ A for B B の代わりに A を用いる. — vi 代わりになる, 交替する 〈for〉. — n 1 a 代わりの者, 代行者, 代人, 身代わり; 補欠. b《スコットランド法》代理人 (deputy). 2 代位物, 代わりの物. ▶ WILL SUBSTITUTE (遺言代替物). 3 兵役義務身代わり履行者. 4《ローマ法・大陸法・スコットランド法》補充指定相続人《遺贈の場合に, 第一次的に指定された者が被相続人より先に死亡したりあるいは相続を拒絶したりすることなどを理由に補充的に次の相続人を指定しておくことが可能であるが, その補充指定相続人; ⇨ SUBSTITUTION》. — a 代理[代用, 代替]の, 代わりの. **súb·sti·tùt·able** a **sùb·sti·tùt·abíl·i·ty** n ［L (pp)〈sub-(stituo=statuo to set up)=to put in place of］

súbstituted básis《米税制》1 代替取得価額《同種の財産を無税で交換取引した場合などの取得価額》. 2 繰越し取得価額 (=CARRYOVER BASIS).《⋙ cf. BASIS》

súbstituted cóntract 更改による新契約《既存の契約の両当事者による既存契約に代えての契約; cf. ACCORD, NOVATION》.

súbstitute deféndant《同一訴訟での》交替被告 (⇨ SUBSTITUTION OF PARTIES).

súbstituted exécutor 代理遺言執行者《遺言執行者 (executor) が職務を果たせないないしは果たす意思のない場合に指名される遺言執行者》.

súbstituted júdgment 代行判断《治療行為に際して本人が判断能力を欠くないしは判断不能の場合に本人に代わって例えばその家族などの代わりの者がなす判断・決定; cf. BEST INTEREST》.

súbstituted júdgment dòctrine 代行判断の法理《通常は, かつては判断能力を有していたがこれを失ってしまっている患者が, もし能力を有していたならばなしたであろう決定の最大限正確な明示の試みを判断代行者に許す原則》.

súbstituted perfórmance 代替履行《約束した履行に代えてなす履行; 米国の統一商事法典 (Uniform Commercial Code) 上は, 売買で当事者の責めに帰すべからざる事情により約束した方法で履行できずかつ取引上合理的代替履行が可能とされる場合には, 代替履行が認められる》.

súbstituted sérvice 代替送達 (=constructive service)《訴状などの送達で直接名宛人に交付する方法以外でそれに代えることが法的に認められている送達方法; 公示送達, 郵便による送達など》.

súbstitute gíft 代替受遺者遺贈 (=substitutional gift)《遺贈を受けるべき者がなんらかの理由でその対象物を受け取れない場合に, その者に代わる者への遺贈》.

sub·sti·tu·tion /sʌ̀bstət(j)úːʃ(ə)n/ n 1 a 代えること, 取替え, 交替; 代理, 代用 〈for〉; 代わりの人[もの]. b 訴訟当事者の交替 (⇨ SUBSTITUTION OF PARTIES). c《契約の》更改 (cf. NOVATION). 2 代置《封の譲渡人が封建関係から脱落し譲受人が直接譲渡人の封主から封を保有する形になること; 封建受人が譲渡人の代わりに同じ位置づけで封を保有することからそう呼ばれる; 封建法上は元の封主受封者関係はそのままにして, その受封者を新たな封主にして譲受人がその受封者になる形での新しい封建契約を結ぶやり方 (これが再下封 (subinfeudation)) が正規のものであったが, イングランドでは封建的付随条件の潜脱防止のため, 1290 年法で再下封が禁止され, 代置のみが認められ, 封建関係が大きく変質した; ⇨ SUBINFEUDATION, QUIA EMPTORES, STATUTE OF WESTMINSTER; cf. FINE FOR ALIENATION》. 3《ローマ法》(相続人の) 補充指定《遺言では相続人を指定するが, その特別な場合になされる補充相続人の指定があり, これを指した; 補充指定には 3 つのものがあった: (1) 被指定人が相続人にならない時に相続人になるべきことを命ずる通常補充指定 (vulgar substitution, substitutio vulgaris) (2) 家長がその未成熟の自権相続人が未成熟のまま死亡した場合にその未成熟者の相続人になるべきことを命ずる未成熟者補充指定 (pupillary substitution, substitutio pupillaris) (3) 精神障害者である卑属に対して尊属が (2) に準じて行なう準未成熟者補充指定 (quasi-pupillary substitution, substitutio quasi pupillaris); cf. SUB-

STITUTE). **4**《ローマ法・大陸法》信託遺贈上の補充《信託遺贈 (fidei commissum) 設定の際になす補充指定》.

sub·sti·tu·tion·al, sub·sti·tu·tion·ary /; -(ə)ri/ *a* 代替的な, 代替(受贈)可能な; 代わりの, 代位の; 身代わりの.

substitútional gíft 1 SUBSTITUTE GIFT. **2** SUBSTITUTIONAL LEGACY.

substitútional légacy 代替動産遺贈《**1**》遺贈に際して遺言者より先に受遺予定者が死亡した場合にその者の直系卑属やその他の者に与えられる動産遺贈　**2**》すでに受遺者に与えられていた遺産に代わって与えられる動産遺贈》.

substitútional rémedy 《契約違反の場合に約束した特定履行の代わりに損害賠償の支払いを命ずるがごとき》代替救済(手段).

substitútionary évidence 代替的証拠 (= SECONDARY EVIDENCE).

substitútion of párties 訴訟当事者の交替《訴訟の途中で当事者が代わること; 当事者の死亡, 資格・能力喪失, 訴訟物譲渡などで生じうるが, いずれの場合も新訴訟原因 (new cause of action) が入らぬことが必要で, また 裁判所によっての許可される》.

sub·strac·tion /səbstrǽkʃ(ə)n/ *n* 《特に死者の遺産からの》秘かな横領.

sub·sume /səbsú:m; -sjú:m/ *vt* **1** 包摂[包含]する, 組み入れる, 組み込む 〈*into, under*〉. **2** 《一般原理に照らして》〈個別的な事例を〉判断する, 一般的準則の下に入れてみる.　**sub·sump·tion** /səbsǽmpʃ(ə)n/ *n* ［L (*sumpt- sumo* to take)］.

sub suo pe·ric·u·lo /sʌ̀b s(j)ú:ou pərík(j)əlou/ 自己の責任で.　［L=at his/her own risk］

sub·sure·ty /səbʃúrəti, -ʃúərti/ *n* 副保証人.

subsúrety·shìp *n* 正・副保証人制.

sub·súrface interest 地下権《土地所有権者およびその者から譲られた者が地下に有する鉱物・水などに対して有する権利; cf. MINERAL INTEREST, SURFACE INTEREST》.

sùb·ténancy *n* **1** 不動産転貸借 (=SUBLEASE). **2** 《史》(再下封 (subinfeudation) に基づく不動産の) 陪臣有(権), 転保有(権) (=undertenancy).

sùb·ténant *n* **1**《家屋・土地の》転借人, また借り人 (sublessee). **2**《史》陪保有者, 転保有者 (=undertenant).

sub·ter·fuge /sʌ́btərfjù:dʒ/ *n* 逃げ口上, 口実; ごまかし.　［F or L (*subter* beneath, *fugio* to flee)］

súbterfuge arrèst 別件口実逮捕《ある犯罪の証拠を得るためとの名目の被疑者の逮捕ではあるが, 実質は別の犯罪の証拠を得るためのもの; cf. PRETEXTUAL ARREST》.

sub·tract /səbtrǽkt/ *vt* 減ずる, 引く, 控除する.
~·er *n*

sub·trac·tion /səbtrǽkʃ(ə)n/ *n* **1** 引くこと, 減ずると, 控除. **2**《史》義務不履行《特に 不動産保有条件 (tenure) に基づく義務についていう》.

sùb·trùst *n* 子信託 (=derivative trust)《A と B が受託者になって C と D 均等の持分である基金の信託が設定されているが, C と D もまたみずからの子供たちのためにその持分の受託者になっている場合のように, ある信託からさらに信託が創設されること; 最初の信託設定者から見て 2 つ目の信託が sub-trust になる》.

sùb·únder·wrìter *n* **1** 保険下引受人; 保険下引受担当者. **2** 証券下引受人. ★ ⇨ UNDERWRITER.

sub ver·bo /sʌ̀b vá:rbou, sub wɛ́rbou/ …の語の下に, …という語を見よ (=sub voce)《略 s.v.》.　［L= under the word］

sub·ver·sion /səbvə́:(r)ʒ(ə)n, -ʃ(ə)n; -ʃ(ə)n/ *n* 転覆, 崩壊, 破壊, 壊滅; 政府転覆(計画); 転覆[破壊]するもの, 滅亡のもと.　**subvérsion·àry** /; -(ə)ri/ *a*

sub·ver·sive /səbvə́:rsɪv/ *a* 転覆する, くつがえす, 打倒の, 滅亡させる 〈*of, to*〉. ─ *n* 破壊活動分子.
~·ly *adv*　**~·ness** *n*

subvérsive actívity 破壊活動《暴力その他違法手段により政府転覆を画る行為》.

sub vo·ce /sʌ̀b vóusi, sub wóukɛ/ SUB VERBO《略 s. v.》.　［L］

suc·ceed /səksí:d/ *vi* **1** 成功する. **2** 続く, 続いて起こる. **3** 後任となる, 跡を継ぐ; 承継する, 承継[相続]する 〈*to*〉: ~ *to* an estate 土地を承継する / ~ *to* the throne 王位を継ぐ, 即位する. **4**《廃》〈財産などが〉相続される. ─ *vt* **1** …に続く, …のあとに来る[従う]. **2** …の跡を継ぐ, …に代わる, …の後釜(跡)にすわる: Mary I was ~*ed* by Elizabeth I. メアリー1 世のあとはエリザベス 1 世が継いだ. **3**《廃》継承する, 承継[相続]する. ~ onesélf*再選される, 留任する.

succéss fèe 成功賞与《弁護士や代理人が好結果を得るために特別な貢献をしたことに対して支払われる特別賞与; なお英国では contingent fee (全面成功報酬)と同義でも用いられる》.

suc·ces·sion /səksɛ́ʃ(ə)n/ *n* **1 a** 継起, 継続: a ~ of 一連の, 相次ぐ, 歴代の. **b** 連続物, 一連のもの. **2 a** 継承, 承継 〈*to* the throne〉; 承継取得;《権利・財産などの》相続: the law of ~ 相続法. **b** 承継[相続]権, 王位承継権. **c** 相続順位(の人びと), 子孫 (posterity): settle the ~ 後継者を決める. ▶ DOMICILE OF SUCCESSION (相続住所) / HEREDITARY SUCCESSION (法定相続) / INTESTATE SUCCESSION (無遺言相続) / IRREGULAR SUCCESSION (変則的承継) / LEGAL SUCCESSION (法定承継) / NATURAL SUCCESSION (自然人による承継) / PERPETUAL SUCCESSION (継続的存続) / STATE SUCCESSION (国家承継) / STATUTORY TENANCY BY SUCCESSION (承継による制定法上の借家権) / TESTATE SUCCESSION (遺言による承継) / UNIVERSAL SUCCESSION (包括承継) / VACANT SUCCESSION (相続人不存在(相続財産)). **by** ~ 承継によって.　**in** ~ 連続して[さらに], 引き続いて[引き続いた]: *in* quick ~ 矢継ぎばやに, 間断なく. **in** ~ **to**… を承継[相続]して.

succéssion·al *a* **1** 連続的な, 連綿とした. **2** 法定相続の[に関する], 承継の[に関する]. ～**·ly** *adv* 連続して, 連綿と.

succéssion tàx [dùty] **1** 相続税 (＝INHERITANCE TAX). **2** 遺産税 (＝ESTATE TAX).

suc·ces·sive /səksésiv/ *a* **1 a** 連続する, 継続的な, 継時[経年]的な. **b**《特に》身柄提出令状連続申し立ての[に関する] (⇨ ABUSE-OF-THE-WRIT DOCTRINE, SUCCESSIVE WRIT DOCTRINE). **2** 次の. **3** 承継[相続]の. ～**·ly** *adv* 引き続いて, 連続的に, 逐次. ～**·ness** *n*

succéssive cárriage 相次(ぎ)運送《同一の運送品を複数の運送人が相次いで行なう運送》.

succéssive ínterests *pl* 連続的移転権利《信託 (trust) 上の受益権が一定事項発生により連続的に次々と移転する権利; 例えば A が生涯の間, その死後その子 B が 30 歳まで, その後は孫の C が受益者となる場合の権利など》.

succéssive tórtfeasors *pl* 連続的不法行為者《同一人に対して複数の者がそれぞれ別の異なった時期にしかし比較的短い間に別々の過失に基づく損害を与えた場合の不法行為者; cf. CONCURRENT TORTFEASORS, CONSECUTIVE TORTFEASORS, JOINT TORTFEASORS》.

succéssive wrít dòctrine 身柄提出令状連続申し立ての法理《刑事訴訟上の原則で, 身柄提出令状 ((writ of) habeas corpus) の 2 度目ないしは補充的申し立ての場合には, それより前に行なった申し立てで本案につき審理され決定された主張を再度提起することはできないという原則; cf. ABUSE-OF-THE-WRIT DOCTRINE》.

suc·cés·sor *n* **1** 後任, 後釜(がま), 後継者, 継承者 (opp. *predecessor*). **2** 承継者[人], 相続人, 承継会社. ▶ PARTICULAR SUCCESSOR (特定承継者) / UNIVERSAL SUCCESSOR (包括承継者). **3** 取って代わるもの 〈*to*〉. ～**·al** *a*

succéssor in ínterest 権利承継者.

succéssor trustèe《前任の受託者を承継する》承継受託者《通常は信託設定の際に定められている手続きに従って選任される》.

Suc·cur·ri·tur mi·no·ri; fa·ci·lis est lap·sus ju·ven·tu·tis. /səkʌ́ːrɪtər maɪnóʊraɪ fǽsɪlɪs ɛst lǽpsəs ʤùːvɛntjúːtɪs/ 未成年者には援助が与えられる; 若者のあやまちは容易に生ずる. ［L＝Aid is given to a minor; easy is the fault of youth.］

such /sʌ́tʃ, sətʃ/ *a* **1** このような, こんな, その[あの]ような, そんな, あんな; 同様の, 類似の. **2** [法律または商業文体] 前述の, 上記の, 上記の種類の: Whoever shall make ～ return.... 前記の申告をなすものは.... — *pron* [〈*sg*/ *pl*〉] **1** こんな[そんな]人[もの], かような人, ...の人: S～ were the results. 結果は次のようであった. **2**《俗・商》上述の事物, それ, これ, 彼ら: We note your remarks, and in reply to ～ (＝your remarks).... ご高見承りましたがそのお答えとして....

súdden ánger 突然の激怒 (＝HEAT OF PASSION).

súdden emérgency dòctrine 突然の緊急事態の法理 (⇨ EMERGENCY DOCTRINE).

súdden héat (of pássion) 突然の激情 (＝HEAT OF PASSION).

súdden ónset rùle 突然発症の準則《外傷を伴う事故に直接続いて発症した明白な傷害症状の原因を立証するためには, 医学上の証言は不要であるという原則》.

súdden pássion 不意の激情 (＝HEAT OF PASSION).

súdden péril dòctrine 突然の危険の法理 (⇨ EMERGENCY DOCTRINE).

sue /súː; s(j)úː/ *vt* **1**〈人を〉訴える;〈訴訟を〉起こす: ～ sb *for* libel 文書毀損(き)で人を訴える. **2**《まれ》...に懇願する: ～ the enemy *for* peace 敵に和を請う. **3**《古》〈女性〉に求婚する. — *vi* **1** 訴える〈*for*〉. **2** 懇願する, 請う〈*to* sb, *for* a favor〉: ～ *for* peace 講和を求める. **3**《古》求婚する. — **out** (**1**)〈令状・裁判所命令などを〉発するよう〉申し立てる, 申し立てて取得する, 請願して手に入れる. (**2**)《被告に》〈原告の最初の訴答 (complaint)〉を送達する.

súe-and-lábor clàuse《海上保険》損害防止約款 (＝rescue clause, suing and laboring clause)《海上保険契約で, 保険事故の場合被保険者は損害拡大防止義務を負うが, この義務を明示し, そのために要した費用の塡補・負担範囲を定める約款》.

súe fàcts *pl* 訴訟の基礎事実《当事者が訴えを提起すべきか否かを決定するための事実, 特に 株主による派生訴訟 (derivative action) をその法域の法の下で開始すべきか否かを決定するための事実》.

suf·fer /sʌ́fər/ *vt* 〈苦痛・不快なこと・変化などを〉経験する, こうむる, 受ける, ...に遇う: ～ death 死ぬ / ～ losses 損害をこうむる. **2**《文》[しばしば否定語と共に] 忍ぶ, 辛抱する;《古・文》許容する, 容認する, 黙って...させる (allow), 黙認する, 認容する. **3**《古》(刑罰を)受ける, (死刑に)処せられる. — *vi* **1** 苦しむ, 悩む; 病気になる, 罹災する〈*from*〉;〈...で〉傷つく, 損害をこうむる;〈...を〉欠点としてもつ,〈...に〉ふける(傾向がある)〈*from*〉. **2** 罰せられる;〈既決囚が〉死刑に処せられる; 殉教する, 殉死する.

súffer·ance *n* 黙許, 容認, 許容. ▶ BILL OF SUFFERANCE (沿岸回漕許可書) / TENANCY [ESTATE] AT [BY] SUFFERANCE (容認不動産権) / TENANT AT [BY] SUFFERANCE (容認不動産権者).

súfferance whàrves *pl*《英史》公許埠頭《関税支払い前に陸揚げを認められていた税関指定の埠頭》.

súffer·ing *n* 苦しみ, 苦労;《身体的・精神的な》苦痛をこうむること, 受難, 被害; [*pl*] 災害, 難儀, 苦痛. ▶ MENTAL SUFFERING (精神的苦痛) / PAIN AND SUFFERING (苦痛).

súffering a recóvery《史》馴合い不動産回復訴訟 (common recovery) の容認《この擬制的訴訟で敗訴することにより譲受人は限嗣封土権 (fee tail) を廃止し単純封土権 (fee simple) への転換, あるいは不動産権の簡便な移転を受けることができた; cf. COMMON RECOVERY》.

suf·fi·cien·cy /səfíʃ(ə)nsi/ *n* 十分(性), 適切, 妥当.

▶SELF-SUFFICIENCY ((自給)自足).

sufficiency of évidence 証拠の十分性 (⇨ SUFFICIENCY OF EVIDENCE TEST).

sufficiency of (the) évidence tèst 証拠の十分性のテスト《1》大陪審 (grand jury) が被疑者を起訴するか否かを決定するためのガイドラインで, 提出されたすべての証拠が否認・説明されなかったとすれば, 事実認定者により有罪決定されることが間違いないだけの十分な証拠があること《2》刑事事件の上訴審で有罪決定を再審査 (review) する際の基準で, 事実認定者の有罪認定を正当化する, 合理的疑いを超える程度の十分な証拠があるか否かで判断すること).

suf·fi·cient *a* 十分な. **facially** ～ 文面上は十分な. **～·ly** *adv*

sufficient cáuse 十分な根拠[事由]《1》GOOD CAUSE 2》PROBABLE CAUSE].

sufficient considerátion 《契約を有効に成立させるため法的に見て》十分な約因 (＝due consideration) (cf. ADEQUATE CONSIDERATION).

sufficient évidence 十分な証拠 (＝satisfactory evidence, satisfactory proof).

suf·fra·gan /sʌ́frəɡən/ *n* 《教会》補佐主教[司教], 属主教[司教].

suf·frage /sʌ́frɪdʒ/ *n* **1** 投票 (vote), 選挙, [*pl*]《投票の示す》賛意, 同意. **2** 選挙権 (＝right to vote), 参政権: manhood ～ 成年男子参政[選挙]権. ▶UNIVERSAL SUFFRAGE (普通選挙権) / WOMAN [WOMEN'S] SUFFRAGE (婦人参政権).

sug·gest /sə(ɡ)dʒést; sədʒést/ *vt* **1** 提唱する, 提案する. **2** 暗示する, 示唆する; …に暗示を与える, 思いつかせる; 触発する, …の動機となる. **3**《廃》そそのかす,《誤った考えを》吹き込む, 誘惑する.

sug·ges·tio fal·si /sə(ɡ)dʒéstʃioʊ fɔ́ːlsaɪ; sədʒésti-/ 虚偽の暗示[表示], 積極的不実表示 (cf. MISREPRESENTATION, SUPPRESIO VERI). [L＝suggestion of falsity]

sug·ges·tion /sə(ɡ)dʒéstʃ(ə)n; sədʒés-/ *n* **1** 提議, 提案, 提示, 提言: make [offer] a ～ 提案する / at sb's ～ 人の提案で / He made the ～ that the prisoners (should) be set free. 被告人[囚人]を釈放するように提言した. **2** 暗示, 示唆; 思いつかせること, 入れ知恵; 連想. **3** 動機, 誘因; 〈劣情〉誘発.

suggéstion of bánkruptcy 《当事者からの》破産申し立て中との訴答 (一方当事者が, みずからの破産を申し立て中であるので当該訴訟はこれ以上手続きを進めるべきでないと申し立てる訴答).

suggéstion of déath 訴訟当事者死亡の訴答.

suggéstion of érror 過誤の異議 《裁判所が誤りを犯した, あるいは特定争点の再審理を望んでいる旨の, 訴訟当事者による異議》.

sug·ges·tive /sə(ɡ)dʒéstɪv; sədʒés-/ *a* 連想させる, 思い起こさせる, 暗示する, 示唆する; 示唆に富む; 〈劣情を〉誘発するような: ～ mark 《消費者に製品やサービスを容易に連想させるような》示唆に富んだ標章.

suggéstive interrogátion 誘導質問[尋問] (＝LEADING QUESTION).

suggéstive quéstion 誘導尋問 (＝LEADING QUESTION).

su·i·cide /súːsàɪd; s(j)úːɪ-/ *n* **1** 自殺 (＝self-destruction) 《英国では1961年法までは犯罪とされていた》; 自殺行為, 自滅: commit ～ 自殺する. ▶ASSISTED SUICIDE (自殺関与(罪)) / ATTEMPTED SUICIDE (自殺未遂). **2** 自殺者. — *vi* 自殺する. — *vt* 〈自分を〉殺す〈one*self*〉. **su·i·ci·dal** /sùːəsáɪdl; s(j)ùːɪ-/ *a*

súicide clàuse 《保険》自殺条項《生命保険契約で, 被保険者が一定期間内に自殺をした場合には保険者の保険金支払い義務を免除する旨ないしは減ずる旨を定める条項》.

súicide pàct 心中[集団自殺]の合意 《この合意に基づき他人を殺害した人が生き残った場合は故殺 (manslaughter) の罪に問われる》.

sui ge·ne·ris /s(j)úːàɪ dʒénərəs, sùːi-/ *n* [*pred* / 後置] それだけで独立の種類をなす, それ自体に特有の, 無類の, 独自の. [L＝of its own kind]

súi júr·is /-dʒúərəs, -dʒúːrɪs/ *a* 法律上の能力を十分にもった, 行為能力を有する (opp. *alieni juris*) (cf. NON SUI JURIS); すべての市民権を享受する資格のある. — *n* **1** 《ローマ法》自権者 《他者の家権力に服していない者, すなわち家長; opp. *alieni juris*》. **2** 行為能力者. [L＝of one's own right]

súing and láboring clàuse 《海上保険》損害防止約款 (＝SUE-AND-LABOR CLAUSE).

suit /súːt; s(j)úːt/ *n* **1** 三つぞろい, スーツ; ぞろい. **2** 訴訟, エクイティー上の訴訟 《★ suit は本来民事訴訟に対して用いられるが, 時には刑事訴訟に対しても用いることがある》; ⇨ ACTION): a criminal ～ 刑事訴訟 / bring (a) ～ against…を訴える. ▶ABATEMENT OF SUIT (訴訟の中断) / ADMINISTRATION SUIT (遺産管理訴訟) / AMICABLE SUIT (友誼的訴訟) / ANCILLARY SUIT (付随的訴訟) / BLACKMAIL SUIT (いやがらせ訴訟) / CITIZEN SUIT (市民訴訟) / CIVIL SUIT (民事訴訟) / CLASS (ACTION) SUIT (集団訴訟) / COUNTERSUIT (反訴) / CREDITOR'S SUIT (債権者のための補充執行訴状; 債権者訴訟) / DEFICIENCY SUIT (担保不足金回復請求訴訟) / DERIVATIVE SUIT (派生訴訟) / FRIENDLY SUIT (友誼的訴訟) / FRIVOLOUS SUIT (ふまじめな訴訟) / IMMUNITY FROM SUIT (訴訟免除) / INTEREST SUIT (遺産管理人決定訴訟) / LAWSUIT (訴訟) / MULTIPLICITY OF SUITS (訴訟の重複; 多重訴訟) / NONSUIT (訴え却下) / NULLITY SUIT (婚姻無効訴訟) / PATERNITY SUIT (父子関係確定訴訟) / PETITORY SUIT (本権訴訟) / PLENARY SUIT (本訴訟) / REPRESENTATIVE SUIT (代表訴訟) / SLAPP SUIT (対市民参加戦略的訴訟) / STRIKE SUIT (会社荒し訴訟) / VEXATIOUS SUIT (濫用的訴訟). **3** 請願, 懇願,《主君・上位者への》訴え;《文》求婚: have a ～ to …に請願がある / make ～ 懇願する / press [push, plead] one's ~ しきりに嘆願[求婚]する / reject sb's ~ 求婚を断わる. **4**〖史〗**原告証人**《もとは原告に付き添うその主張の証人たち; 後には訴答中で言及されるだけの単なる形式的な語となった》. ▶ PRODUCTION OF SUIT (原告証人の提出). **5**〖史〗**a 出仕**(義務) (=SUIT OF COURT). **b 製粉所使用義務** (=MILL-SUIT). ▶ MILL-SUIT (製粉所利用義務). **6**〖古〗**追跡**, 追求 (pursuit). ▶ FRESH SUIT (即時追跡). ─ put...in ~ …に基づいて訴えを提起する: *put* a promissory note *in* ~ 約束手形に基づいて訴えを提起する. [ME=act of following, set of thing<AF *suite*<Romanic]

suitabílity for wórk with chíldren 〖英〗児童養護職適格性 (⇨ PoCA LIST).

súit for exonerátion 履行請求訴訟《保証人 (surety) から主たる債務者に対して債権者に債務弁済をなすことを要求するエクイティー上の訴訟》.

súit mòney 〖米〗**1**《裁判所によって査定された》**弁護士および裁判所の費用**. **2**《特に》**離婚訴訟費用負担金**《いくつかの法域では, 離婚訴訟での妻の支払うべき弁護士費用のうち夫が負担する費用》.

súit of cóurt 〖史〗**出仕**(義務) (=*secta curiae*, *sequela curiae*)《単に suit ともいう》: **1**)封建法上の保有者 (tenant) の義務としての君主・領主 (lord) の邸への出仕義務; これには領主裁判所への出仕も含まれている; cf. MANORIAL INCIDENTS **2**)地域住民のその地域で開かれた住民集会・裁判所への出仕義務》.

súit of the (Kíng's) péace 〖英史〗**刑事訴追**《国王の平和 (King's peace) に関わる訴訟の意》.

súit·or /súːtər/; s(j)úː-/ *n* **1 訴えを提起する者**, 訴人, 原告 (plaintiff); 訴訟当事者; 《まれ》請願人, 懇願者. **2 企業買収をはかる者**[企業]. **3 求婚者**. **4**〖史〗**出仕者** (⇨ SUIT OF COURT).

Súitors' Depósit Accóunt 〖英史〗**訴訟当事者供託金勘定**《もとは大法官府裁判所 (Court of Chancery) の訴訟当事者が供託した金銭を運用し利息を付けた制度; 1872 年法で定められたもの》.

Súitors' Fée Fùnd 〖英史〗**大法官府裁判所訴訟当事者手数料基金**, 大法官府裁判所基金《大法官府裁判所 (Court of Chancery) の手数料収入と同裁判所の基金からの収益からなる基金, そこから同裁判所の役人の給料その他の必要経費が支払われていた; 1869 年法以後これら経費は他の多くの部局と同様に統合基金 (Consolidated Fund) から支出されることになって廃止》.

súit pàpers *pl* **裁判所提出書類** (=COURT PAPERS).

suit·ress /súːtrəs/ *n* SUITOR の女性形.

súit to quíet títle 権原確認訴訟 (=ACTION TO QUIET TITLE).

sum /sʌ́m/ *n* **1 合計**, 和, 総額, 総数; 量, 額, 金額; 合計すべき一連の数(量): SUM TOTAL / a good [round] ~ かなりの大金, まとまった金 / a large [small] ~ of money 多額[少額]の金 / do a ~ 計算する. ▶ LUMP SUM (一括払い) / PENAL SUM (違約金). **2** 総和, 全体.

3 概要, 大意, 大要; **要旨**, 要点, 骨子. ─ in ~ 要するに. ─ the ~ and substance 要旨, 要点, 根本 《*of*》. ─ *v* (-mm-) *vt* 総計[合計]する《*up*》; 要約する《*up*》 (⇨ 成句 SUM up); …の大勢を判断する, 即座に判断[評価]する《*up*》: ~ sb *up* as a fool. ─ *vi* **1 要約**[概説]する《*up*》 (⇨ 成句 SUM up). **2 合計すると…になる** 《*to*, *into*》. ─ ~ up (*vt*, *vi*)《両当事者側が裁判所・陪審に対して》《証拠を》要約する, 《弁論終結時に裁判官が》《証拠を》概説し陪審に対して法律上の論点 (point of law) につき指示する, SUMMING-UP を行なう, 最終弁論を行なう. ─ to ~ up 約言[要約]すれば.

súm cértain 確定金額《特に流通証券上支払い約束・支払い指図されている確定的な金額》.

Sum·ma ra·tio est quae pro re·li·gi·o·ne fa·cit. /sʌ́mə rέɪʃiou ɛst kwi prou rɛlìdʒióuneɪ féɪsɪt/ 宗教のためになす理は最高のものである. [L=The highest reason is that which makes for religion.]

sum·ma·ry /sʌ́məri/ *n* **1 一覧**, 摘要(書); **概要**, 要約, 梗概. **2**《裁判所への》**略式の申し立て**. ─ *a* **1 要約した**, 手短かな (brief). **2 略式の**, 《特に》**陪審によらない**. **3**《人・罪が》**略式起訴で訴追される**《べき》(cf. INDICTABLE). **4 即決の** (opp. *plenary*); 手っ取り早い, 即座の.

sum·mar·i·ly /səmérəli; sʌ́məri-/ *adv* 略式で, 陪審審理によらずに; 即決で; 即座に, たちどころに. [L]

Súmmary Appéal Còurt 〖英·軍〗**略式上訴裁判所**《軍隊の部隊指揮官は部下の軽微な犯罪を略式で処理する権限を有しており, この決定に対する不服は本来は軍法会議管轄であるが, 略式に 1 名の軍法務官 (judge advocate) と 2 名の士官あるいは准士官により裁判をする上訴裁判所; ここからの上訴ももちろん認められている》.

súmmary arrést 略式逮捕《令状なしの逮捕》.

súmmary asséssment (of cósts) 〖英〗《訴訟費用の》略式査定《手続き》 (⇨ ASSESSMENT OF COSTS).

súmmary convíction 《陪審によらない》**略式手続きによる有罪決定**《通例は軽罪 (misdemeanor) などについての手続き》.

súmmary cóurt-màrtial 〖米·軍〗《将校 1 人による最下位の》**略式軍法会議** (cf. GENERAL COURT-MARTIAL, SPECIAL COURT-MARTIAL).

súmmary dismíssal 即時解雇《雇用契約で定めた通知手続きを踏まない解雇》.

súmmary distribútion 略式遺産分配《例えば制定法により認められている分け前を主張している家族など上位の権利主張者に分け与える分だけしかない資産を示す財産目録 (inventory) を提出後に, 遺産分配を認める簡略な遺産管理形態; cf. COLLECTION BY AFFIDAVIT》.

súmmary evíction 〖米〗《略式手続きによる土地・賃貸不動産の》**略式占有剥奪手続き** (cf. SUMMARY PROCESS).

súmmary fináncial státement 〖英〗要約財務報告書《年次計算書類 (annual accounts) から抽

súmmary júdgment 略式判決(手続き)《原告あるいは被告の訴えないしは防御の成功の現実的可能性がなく、他にも正式な審理に付すだけの理由がないと裁判所が判断した場合に、裁判所が正式な審理に付さずに略式で下す判決、またはその手続き;事件全体だけでなく一部争点についても行なわれうるが、これを PARTIAL SUMMARY JUDGMENT (部分的略式判決(手続き))という; 米国では、当事者の申し立てに基づき法的問題以外には(重要な)事実問題に関する真正な争点 (genuine issue of (material) fact) がないと判断した場合に陪審審理を経ずに略式で下す判決を指す; ⇨ JUDGMENT AS A MATTER OF LAW》.
▶ MOTION FOR SUMMARY JUDGMENT (略式判決を求める申し立て).

súmmary jurisdíction 略式裁判権《1) 略式手続き (summary proceeding) を用いて裁判しうる裁判所の裁判管轄権 2) 例えば裁判所侮辱 (contempt of court) などの裁判で、正式の審理を経ることなくみずから即決しうる裁判所の権限 3)《英》治安判事 (magistrate) が正式審理のため事件を刑事法院 (Crown Court) に移送したり陪審審理をすることなくみずから裁判を行なう権限》. ▶ COURT OF SUMMARY JURISDICTION (略式裁判所).

súmmary júry tríal 略式の陪審審理《和解 (settlement) 手続きの一つのやり方で、両当事者が模擬陪審(員) (mock jurors) の前で弁論を行ない、それに拘束力のない評決 (verdict) を出してもらい、その評決を参考にして和解を進めるやり方; cf. MINITRIAL, MOCK TRIAL》.

súmmary jústice 略式裁判.

súmmary offénse 略式起訴で訴追される犯罪、略式起訴犯罪 (cf. INDICTABLE OFFENSE, OFFENSE TRIABLE EITHER WAY).

súmmary procédure《略式手続き (summary proceeding) で用いられる》略式の手続き.

súmmary procéeding [°pl] 略式手続き《1) 一般には通常手続きに比べて簡略化された迅速な訴訟手続き;特に陪審 (jury) を用いない場合に多く用いられる 2) 英国では特に略式起訴で訴追される犯罪 (summary offense) あるいは一定犯罪で治安判事 (magistrate) が被告人の同意を得て裁判所に決定することに決定した犯罪に対する治安判事裁判所 (magistrates' court) での略式裁判手続きを指す; ⇨ PLENARY ACTION; cf. SUMMARY TRIAL》.

súmmary prócess 1 即時発行の訴訟手続き上の令状. 2 略式の訴訟手続き;略式手続きをもたらす文書. 3《被告欠席ゆえの》略式不動産回復手続き (cf. SUMMARY EVICTION). 4 理由開示命令手続き (= SHOW-CAUSE PROCEEDING).

súmmary trial《陪審によらない》略式手続きによる《事実》審理 (⇨ SUMMARY PROCEEDING).

sum·ma·tion /səmˈeɪʃ(ə)n/ n 最終弁論 (= CLOSING ARGUMENT).[L]

súmmer tìme《英》夏時間, 夏時刻, サマータイム《時計を1時間早める;略 ST》: double 〜二重夏時間《2時間早める》.

súmming-úp n (pl súmmings-úp) 1 要約, 摘要;略述. 2《裁判官が陪審に与える》事件要点および法律上の論点の説示 (⇨ SUM up). 3 最終弁論 (= CLOSING ARGUMENT).

sum·mit /ˈsʌmɪt/ n 頂上;首脳会談[外交], サミット.

súmmit·ry n 《外交問題における》首脳会談《にたること[の運営]》.

sum·mon /ˈsʌmən/ vt 1 a《召喚状 (summons) の送達により》裁判所への出頭を命じる, 召喚する (= summons); 呼び出す, 呼びつける 〈to〉: be 〜ed to appear in court 裁判所に召喚される. b《議会などを》召集する. 2《人に》命令する, 要求する 〈to do〉. 〜·able a 〜·er n 召喚人; 《史》《裁判所の》召喚係.

súm·mons n (pl 〜·es) 1 召喚, 呼出し; 呼出しの合図《らっぱ・ノックなど》. ▶ MISFEASANCE SUMMONS (失当行為に関する召喚) / VENDOR AND PURCHASER SUMMONS (売主および買主の召喚). 2 勧告, 命令 〈to do〉. 3《議会などの》召集, 召集状. ▶ WRIT OF SUMMONS (召集令状). 4 召喚状,《裁判所への》出頭命令;《英史》召喚令状 (writ of summons) (cf. SUBPOENA): serve a 〜 on sb 人に召喚状を送達する. ▶ ADJOURNED SUMMONS (持ち越し召喚状) / ALIAS SUMMONS (第二召喚状) / DEFAULT SUMMONS (簡易取立て手続き開始の通告) / FIXED-DATE SUMMONS (日時固定召喚状) / INTERPLEADER SUMMONS (競合権利者確定手続き召喚状) / JOHN DOE SUMMONS (ジョン・ドウ召喚状) / JUDGMENT SUMMONS (判決債務者召喚状) / ORIGINATING SUMMONS (訴訟開始召喚状) / RESUMMONS (再召喚状) / SHORT SUMMONS (短期召喚状) / WITNESS SUMMONS (証人召喚状) / WRIT OF SUMMONS (召喚令状).
— vt (〜ed) …に召喚状を送達する, 裁判所に召喚する (summon).[OF somonse (semondre to warn)]

súmmons for diréctions《英》審理準備指示のための召喚状《かつて大部分の民事訴訟の手続きの初めの段階で用いられた当事者の召喚状で、裁判所側が訴訟の追行を適切・効率的に行なうために書類の開示・調査、審理の方法・場所等審理準備のための指示を当事者に与えるための召喚状; 1999年以後は裁判所がより積極的に訴訟の指揮をとることになっているので当然のこととしてなされている; cf. DIRECTION》.

Súmmons Prodúction Cèntre《英史》召喚状作成センター《州裁判所 (country court) の大規模・大量利用者, 特に公益事業が発する召喚状 (summons) 作成のための州裁判所管理部門の特別機構;現在は Claim Production Centre (訴状作成センター) と改称;略 SPC》.

sum·mum jus /ˈsʌm(m)əm ˈdʒuːs, ˈsʌmə ˈdʒʌs/ 最高の法;最高に厳格な法《権利》.[L=highest law]

Summum jus, sum·ma in·ju·ri·a. /─ ─ sʌ́m(m)ə ɪndʒúːriə/ 法の極は不法の極。［L=Extreme law is extreme injury.］

súm páyable 《特に流通証券上の》支払金額.

súmp·tu·ary láw /sʌ́m(p)tʃuèri-; -(ə)ri-/ **1** 奢侈（し゛ゃ）禁止法［令］, ぜいたく禁止法. **2**《より広く売春・賭博・薬物の禁止などの》倫理規制令.

súm tótal 総計；[the ~] 全体, 総合的結果；要旨.

sún·bùrst·ing *n* 不遡及的判例変更（=PROSPECTIVE OVERRULING）《これを認めた合衆国最高裁判所の最初の判例 Great Northern Ry. Co. v. Sunburst Oil & Refining Co. (1932) の被告名から》.

Súnday (clósing) láw 《米》日曜(休業)法（= BLUE LAW）.

Súnday tràding 日曜営業《英国では, 日曜営業は 1994 年法で大規模店の日曜営業の禁止などを撤廃して変更されたが, 例えば日曜勤務を希望しない被用者の保護などを含め, 規制はある》.

súnk cóst 《会計》**1** 埋没費用, 回収不能原価《投入資本のうち生産縮小または撤退のときに回収しえない資産額》. **2** 埋没原価《複数の代替案選択の意思決定に関係しない原価》.

súnset làw 《米》サンセット法《統治機関あるいは政府関係事業は定められた期間後更新手続きがとられぬかぎり当然に廃止されるべきことを規定する法》.

sún·shìne *a* 非公開議事を禁ずる[制限する]: SUNSHINE LAW.

súnshine committee サンシャイン委員会, 議事公開委員会《その議事を公開している政府委員会ないしはそれに準ずる委員会》.

súnshine làw 《米》サンシャイン法, 議事公開法（= open-door law）《統治機関・行政部局がその会議およびその記録を公開すべきことを定める制定法; cf. GOVERNMENT IN THE SUNSHINE ACT》. ［Florida（=Sunshine State）で最初に施行された］

suo ju·re /s(j)úːou dʒúəri, -júərei/ その者自身の権利に基づいて. ［L=in one's own right］

súo ló·co /-lóukou/ 適所に《略 s.l.》. ［L=in its (proper) place］

súo nóm·i·ne /-námənɪ/ 自己の名において. ［L=in one's own name］

sup. ct. °superior court 上位裁判所 ♦ °supreme court 最終審裁判所, 高位裁判所.

Sup. Ct. °superior court 上位裁判所 ♦ °Supreme Court 最高裁判所, 最高法院.

Super 301 /─ ─ θríːòuwʌ́n/《米》スーパー 301 条《米国の 1988 年制定の包括通商・競争力強化法（Omnibus Trade and Competitiveness Act）1302 条の略称; 1974 年の通商法（Trade Act）301 条（不公正貿易慣行への報復）を強化するものであるので, この名がある; 合衆国通商代表（United States Trade Representative, USTR）が不公正貿易慣行を有すると判断した国とその撤廃を求めて交渉し, 交渉不調の場合に報復措置をとるとするもの; 期間 2 年の時限立法で 1990 年に失効したが, 94 年復活した》.

súper ál·tum má·re /-æltəm méəri/ 公海上で. ［L=upon the high sea］

sùper·cárgo /, ─ ─ ─/ *n* (*pl* ~s, ~es)《海商法》上乗（のり）り, 貨物上乗り人《船荷監督・目的地でのその売却などのための船舶乗組み代理人》. ［C17 *supracargo* < Sp *sobrecargo* (*sobre* over)］

su·per·fice /súːpərfəs; s(j)úː-/ *n* SUPERFICIES.

su·per·fi·ci·es /sùːpərfíʃ(i)ìːz; s(j)ùː-/ *n* (*pl* ~) **1** 表面, 外面. **2**《本質に対して》外観, 外貌. **3** 面積. **4**《ローマ法・大陸法》**a** 地表, 地上；地上物. **b** 地上権. ［L］

Superficies só·lo cé·dit. /-sóulou sɛ́dɪt/ 地上物は土地に従う. ［L=Anything attached to the land goes with the land.］

Su·per·flua non no·cent. /supə́rfluə nʌn nóusɛnt/ 余分なものは害をなさない. ［L=Superfluities do no injury.］

su·per·flu·ous /supə́ːrfluəs; s(j)u-/ *a* 余分の, 余計な, あり余る；不必要な, むだな. ［L=running over (*fluo* to flow)］

supérfluous lánds *pl*《英》《収用目的である事業の必要を超えた》超過収用地.

súper·fùnd *n* **1** 大型基金, スーパーファンド《膨大な費用のかかるプロジェクトのための大型資金；特に次の 2 をいう》. **2** [S-]《米》放置有害物質除去基金（**1**）1980 年制定の包括的環境対策・補償・責任法（Comprehensive Environmental Response, Compensation, and Liability Act）で設立された放置有害物質除去のための基金 **2**）合衆国政府による同基金計画 **3**）同計画の基になっている 1980 年法の通称》.

súper·gràss *n*《俗》**1**《大勢の人物についての情報あるいは重大な情報を提供する》大物密告者[情報屋]（cf. GRASS）. **2*** 上質のマリファナ.

sù·per·in·ténd·ent *n* **1** 監督者, 指揮者, 管理者. **2** 長官, 部長, 局長, 院長, 校長, 教育長. **3**《英》警視；《米》警察本部長, 警察署長（⇒ POLICE）. **4***《建物の》管理人.

superinténdent régistrar 《英》登録監督吏《出生・婚姻・死亡の登録を管理する, 地区の責任者》.

su·pe·ri·or /supíəriər; s(j)uː-/ *a* (*opp. inferior*) **1** すぐれた, まさった 〈*to*〉；優秀な, 上等の；優勢な, 多数の 〈*to*〉: ~ persons 優秀な人びと；[*iron*] お偉方 / the ~ numbers 優勢. **2** 上位の, 上級の, 上官の, 〈…より〉上の 〈*to*〉. **3** 超越した, 左右されない 〈*to*〉: rise ~ *to*…に動かされない / ~ *to* bribery [temptation] 賄賂[誘惑]に動かされない. **4** 上部の, 上方の. ── *n* すぐれた人, 優越者, うわて；上位者, 上官, 上役, 目上の人, 長上, 先輩. ▶ RESPONDEAT SUPERIOR（上位者責任）.

supérior ágent 上位代理人《法人[会社, 企業]の方針を作成し, あるいは被用者を指図する権限を有する法人[会社]の代理人（corporate agent）》.

supérior ágent rùle 上位代理人の準則《法人[会社]に刑事責任を負わせうるためには、その行為が会社の行為であるとみなしうるほどに責任のある地位にある者のものでなければならないという原則》.

supérior cóurt 上位裁判所《限定的でない一般的管轄権 (general jurisdiction) を有する裁判所；英国では高等法院 (High Court of Justice), 刑事法院 (Crown Court), 控訴院 (Court of Appeal), 貴族院 (House of Lords), 枢密院司法委員会 (Judicial Committee of the Privy Council) など；米国では州により多様で、若干の州では一般的管轄権を有する事実審裁判所を指す；opp. *inferior court*；略 sup. ct., Sup. Ct.》.

supérior fórce 不可抗力 (＝FORCE MAJEURE).

supérior knówledge 上位の知識[認識]《特にある人に不利な情報に対するその本人自身よりも多くの情報を有していること》.

supérior órders *pl* 上官の命令という答弁《特に通常は軍隊での上官の命令に従って行動したゆえに犯罪を構成しないという答弁；英国ではこの答弁を防御とみなしていない；命令が明白に違法なものであれば兵士の義務は不服従であるべきだとするのである；ただし、命令の違法性が明白でない場合には、犯意 (mens rea) がなかったことにはなりうる》.

supérior sérvant rùle 上位被用者の準則《コモンロー上は他の同僚被用者の過失によって生じた労働災害に対しては雇用者は損害賠償の責任を負わないという共働者の準則 (fellow servant rule) が原則であったが、その例外として、職場での上司の指揮管理の下で過失なく自己の職務遂行中に上司の過失により被害をこうむった者は、その上司が雇用者の代理として職務権限を行使しているかぎりで、雇用者に対して損害賠償請求ができるという原則》.

súper·lien *n* 最優先リーエン《同一財産上の既存のリーエンのみならず後に設定されるないしは成立するリーエンすべてに優先する制定法による特別リーエン；米国のいくつかの州で環境保護機関に与えられることがある》.

súper·majòrity *n* 超多数《議案を通すのに当たり 2/3 とか 60% 以上の賛成票を要するとされている場合の、過半数を超える一定の割合以上の票数；圧倒的多数》.

súper·prècedent *n* 超先例 (**1**) その後の同種事実に関する法的決定をする際にそれと異なるような判断を許さぬほどに、あるいは紛争当事者をして訴訟するまでもなくそれに従って解決に至らしめるほどに、実効力を有している先例 **2**) 長い間にいくども確認されているが覆すことが困難な先例；特にいくどとなく確認されたが、したがって事実が似ているが、時には全く関係のない事実である場合にまでもそこでの理論が拡張・援用されてきているという先例 **3**) 先例拘束性の法理 (doctrine of precedent) **4**) 先例が冊子の形で編集され弁護士が同種のものを作成する場合の手引きとして使っているような、訴答 (pleading) の方式、あるいは不動産譲渡証書 (conveyance) の書式》.

su·per·sede, -cede /sù:pərsíːd; s(j)ùː-/ *vt* **1** …に取って代わる, …の地位を奪う. **2** 廃棄する, すたれさせる, 破棄する, 廃止する, 無効にする. **3** 手続き停止[執行停止]を申し立てる (cf. SUPERSEDEAS). **4** 取り替える, 置き換える, 更迭(ڰ)する. **-séd·er** *n* **-séd·ence** *n* SUPERSEDURE.

su·per·se·de·as /sù:pərsíːdiəs; s(j)ùː-/ *n* (*pl* ～, ～·es) **1** 訴訟休止令状, 手続き停止令状《通常の訴訟の進行さらには一般にある行為・手続きを止めることを命ずる令状；上訴を理由にその間勝訴判決を得た債権者に対して強制執行を停止することを命ずる場合などが一例；cf. STAY》. **2** 執行停止保証証書 (＝SUPERSEDEAS BOND). [L＝you shall desist]

supersédeas bònd 執行停止保証証書《上訴人が上訴を理由に原判決の執行停止を求めて提出する保証証書；単に supersedeas ともいう；cf. BAIL, APPEAL BOND》.

superséding cáuse 《因果関係の》中断原因 (＝efficient intervening cause)《ある行為とその結果の間に介在する原因で、最初の行為の自然の成り行きを中断するもの；不法行為と損害との因果関係を調べる際に重要となり、この原因により最初の行為と損害との因果関係が法的に見て十分に中断されたと判断される場合には、最初の行為者はその不法行為責任を免れる；cf. CONCURRENT CAUSE, INTERVENING ACT, INTERVENING CAUSE, SOLE CAUSE》.

su·per·se·dure /sù:pərsíːdʒər; s(j)ùː-/ *n* 取って代わること；取り替えること；交替.

su·per·ses·sion /sù:pərséʃ(ə)n; s(j)ùː-/ *n* **1** 取って代わること；取り替えること；交替. **2** 廃棄, 破棄, 廃止.

superstítious úse 迷信ユース《法の許認しない宗教や儀式の宣伝のための贈与・遺贈によるユース；無効となる》.

súper·tàx *n* **1** 《通常の課税額に付加して課される》付加税. **2** 《英史》高額所得特別付加税《1918 年法上用いられた術語で, 1927 年法により surtax (所得税特別付加税) に代わった；cf. SURTAX》.

Super 301 ⇨ SUPER の位置.

su·per·vene /sù:pərvíːn; s(j)ùː-/ *vi* 続いて[付随して]起こる, 続発する, 併発する；思いがけなく起こる.

su·per·vén·ing cáuse 続発原因 (＝INTERVENING CAUSE).

supervéning négligence 続発過失 (＝SUBSEQUENT NEGLIGENCE).

supervéning négligence dòctrine 続発過失の法理 (＝LAST CLEAR CHANCE DOCTRINE).

su·per·vise /sú:pərvàiz; s(j)úː-/ *vt* 監督[指図, 指揮]する, 取り締まる, 監察する, 保護観察する, 管理する.

su·per·vi·sion /sù:pərvíʒ(ə)n; s(j)ùː-/ *n* 監督, 指揮, 監視, 監察, 保護観察, 管理：under the ～ of …の監督[保護観察]下に. ▶ COURTESY SUPERVISION (優遇監察).

supervísion and tréatment òrder《英》保護観察・治療命令《被告人が精神障害 (insanity) のため無罪との特別評決 (special verdict) が出されたり、あるい

は被告人は法的に無能力のゆえに訴えられている行為・不作為を犯したことにはならないとの認定がなされた場合に、裁判所は被告人に対して医療施設強制収容命令 (hospital order)、子供の保護観察命令 (supervision order) または無条件免責釈放 (absolute discharge) 命令を出すことができる；cf. ADMISSION ORDER》.

supervísion òrder 《英》**1** 子供の保護管理命令《子供を地方自治体あるいは保護観察官 (probation officer) の保護管理下に置くことの裁判所命令；裁判所は一定の限界基準 (threshold criteria) を満たしている場合のみ発することができる》. ▶ EDUCATION SUPERVISION ORDER (教育に関する子供の保護管理命令). **2** 保護観察命令；（特に）《少年社会刑罰命令 (youth community order) の一つとしての》子供の保護観察命令 (⇨ YOUTH COMMUNITY ORDER). ▶ SUSPENDED SENTENCE SUPERVISION ORDER (刑の執行猶予に伴う保護観察命令).

supervísion requìrement 《英》保護観察要求《社会刑罰命令 (community order) あるいは刑の執行猶予宣告 (suspended sentence) の一部として課される命令で、16 歳以上の犯罪者を保護観察官 (probation officer) その他の役人の保護観察下に置くこと》.

sú・per・vì・sor n **1** 管理者, 監督者[員], 監視者[員], 保護観察者, 検定員, 主任；取締まり人, 管理人；《米教育》指導主事；《英大学》指導教官. **2** 《米》**a** 監督者《雇用者のために独立した判断で、他の被用者の採用・配置・解雇・昇進などを行ない、苦情処理をする被用者で、全国労働関係法 (National Labor Relations Act) の保護対象からはずされる者の一つ》. **b** 《民選の》町政執行者；郡政執行委員会 (board of supervisors) 委員. ▶ BOARD OF SUPERVISORS (郡政執行委員会). **su・per・vi・so・ri・al** /sùːpərvàɪzɔ́ːriəl/ a

su・per・vi・so・ry /sùːpərváɪz(ə)ri; s(j)úːpəvàɪ-/ a 監督の、管理の、保護観察の、監視する.

supervísory contról 監督統制《下位裁判所に対して上位裁判所が管轄外の行動を差し止めたり破棄したりすることを通して行なう統制；cf. MANDAMUS》. ▶ WRIT OF SUPERVISORY CONTROL (監督統制令状).

supervísory jurisdíction 監督管轄権《下位裁判所に対して規則を制定・実施したり、一定行為を命じたり禁止したりして監督する上位裁判所の権能；法域によっては下位裁判所だけでなく裁判権を行使する行政的の役人や行政審判所に対しても及ぶことがある》.

su・per・ví・sum cor・po・ris /súːpər váɪsəm kɔ́ːrpərəs/ 死体を調べてみると、検屍すると《コロナー (coroner) の検屍について用いられる句》. [L=on view of the body]

supp. supplement ♦ supplementary.

sup・ple・ment /sʌ́pləmənt/ n 補充[補完]するもの, 補充、補足、追加；付録、追録、補遺；栄養補助食品[補給剤]. ▶ BILL OF REVIVOR AND SUPPLEMENT (訴訟復活・補完訴状) / EARNINGS-RELATED SUPPLEMENT (所得比例給付) / FAMILY INCOME SUPPLEMENT (世帯所

得補足手当).

sup・ple・men・tal /sʌ̀pləméntl/ a **1** 補充[補足, 補完]する, 補充[補足, 補完]的な：〜 rules. **2** 不定期の《便》. **〜・ly** adv

supleméntal appropriátions pl 《米》《通常の特定目的支出計上法案（歳出予算案）(appropriation bill) 通過後の》補充的特定目的追加支出計上、追加歳出予算, 補正予算 (=deficiencies).

suppleméntal bíll 補充訴状《エクィティー上の手続きで、初審訴状 (original bill) の追加・補正をするための訴状》. ▶ BILL IN THE NATURE OF A SUPPLEMENTAL BILL (補充訴状類似訴状).

suppleméntal cláim 補充的請求.

suppleméntal compláint 《当初の訴えを修正あるいは補充する》補充的訴え.

suppleméntal déed 補完的捺印証書《時間的に前に成立している捺印証書を補完し、二つで一つの証書とみなされる捺印証書；後の方の証書に特定証書を補完するものであることが明記されていなければならない》.

suppleméntal jurisdíction 補足的管轄権《裁判権》《当該裁判所が本来管轄権を有している別の事項と同種の事件・紛争が含まれているという関連で生ずる管轄権[裁判権]》；cf. ANCILLARY JURISDICTION, PENDENT JURISDICTION》.

suppleméntal pléading 補充的訴答《前に行なった訴答の欠陥を修正したり、その後に生じた事実を補充する訴答》.

Suppleméntal Secúrity Ìncome 《米》補足的保障所得《65 歳を越えた困窮者・身障者に対する連邦政府による月々の生活扶助；略 SSI》.

suppleméntal súrety 二重保証人《保証人 (surety) を保証する人, 保証人の保証人》.

sup・ple・men・ta・ry /sʌ̀pləmént(ə)ri/ a 補足の, 追加の, 補充の. ━ n **1** 補足, 追加, 補充. **2** [pl] 《英》補足質問 (supplementary questions).

suppleméntary bénefit appéal tribúnal 《英史》補足給付上訴審判所 (⇨ SOCIAL SECURITY APPEAL TRIBUNAL).

suppleméntary bénefits pl 《英史》補足給付（金）《1966-88 年の間の社会保障給付；所得援助 (income support) に変わった；⇨ NATIONAL ASSISTANCE》.

suppleméntary procéeding 補足手続き《判決の執行に関連してあるいは判決を満足させうる債務者の資産確認・所在確認のため、その他すでに出されている別の判決をなんらかの形で補足する手続き》.

suppleméntary quéstions pl 《英》補足質問 (supplementaries ともいう).

sup・ple・to・ry /səplíːtəri, sʌ́plətɔ̀ːri, -t(ə)ri/ a 《やや古》補充の, 補遺の.

supplétory óath 補充的宣誓 (=oath suppletory) 《1》大陸法・教会法上は完全な証明となるには二人の証言が必要であり、一人の証人の証言しか得られぬ場合に当事者本人が宣誓のうえ証言することが求められる、その証

言 2) 当事者提出の証書の真正性を保証する当事者の宣誓).

sup·pli·ant /sápliənt/ *a* 嘆願[哀願]する, 懇願する; 折り入って頼むような, すがりつくような. —*n* **1** 嘆願者, 哀願者. **2**《英》嘆願者《権利請願 (petition of right) 手続きの事実上の原告》; ⇨ PETITION OF RIGHT.

sup·pli·er /səpláiər/ *n* 供給する人[もの]; 供給国[地]; 供給[納入]業者, 《物品・商品の》**供給者**.

sup·ply /səplái/ *vt* **1**《必要物などを》供給する, 与える; ...に<...を>供給する, 納入する <with>. **2**《必要などを》満たす, 補う; <地位などを>代わって占める, ...の代役[補欠]をする; ...で代理をつとめる: ~ a need [want] 必要を満たす, 不足を補う / ~ the demand 需要を満たす / ~ the place of... の代わりをする[となる]. —*n* **1 a** 供給, 支給, 配給, 補給; 供給量; 供給品, 支給物, 備え: ~ and demand 需要と供給. **b** [*pl*]《消耗品の》たくわえ, 《貯蔵》生活必需品; [*pl*]《軍隊・探検隊などの》食糧, 装備, 生活用品; 《軍》兵站(ﾍｲﾀﾝ): the Ministry of S~《英》軍需省. ▶ EXEMPT SUPPLY (付加価値税非課税商品) / MONEY SUPPLY (通貨供給量) / TAXABLE SUPPLY (付加価値税課税対象(商品)) / ZERO-RATED SUPPLY (付加価値税免税商品). **2** [*pl*] 議会譲与金, 《政府の》歳出, 経費; [*pl*]《個人の》支出, 仕送り, 送金: S~ Bill 《英》議会譲与金法案, 歳出予算法案 / cut off the supplies 仕送りをやめる. ▶ COMMITTEE OF SUPPLY (議会譲与金委員会). **3** 補欠, 《特に 牧師・教員の》代理(人). —*a* 補助となる; 供給する.

supplý price [*経済*] **供給価格**《ある商品の任意の数量を得るのに必要な価格》.

sup·port /səpɔ́ːrt/ *vt* **1** 支える; <価格を>維持する, ...の価格を維持する; 持続[継続]させる. **2** 精神的に支える, 元気づける; ...の生命を維持する, ...の存続を支える. **3** ...の生活を支える, 扶養する;《施設などを》財政的に援助する, 維持する; 支持する, 援助する, 支援する, 応援する. **4**《陳述などを》証拠立てる, 支える, 裏書きする, 裏づける, 確認する. **5** ...に耐える, 我慢する, 辛抱する. —*n* **1** 支え, **支持**; 維持; **扶養**; **援助**, 支援: give ~ to...を支持[支援]する. ▶ CHILD SUPPORT (子の扶養) / DUTY OF SUPPORT (扶養義務) / INCOME SUPPORT (所得援助) / NONSUPPORT (扶養義務不履行) / PRICE SUPPORT (価格支持) / VISIBLE MEANS OF SUPPORT (明らかな生計の手段). **2 a** 支え[たより]となるもの, 支持物, 支柱, 土台 <*of*>; 衣食, 生活費. **b** 援助[支援]者. **3 支持(権)**, 支持地役権《地盤・建物を隣地や隣家などに支えてもらう権利》. ▶ LATERAL SUPPORT (水平支持(権)) / NATURAL SUPPORT (自然の支持) / RIGHT OF SUPPORT (支持権; 支持自然権) / SUBJACENT [VERTICAL] SUPPORT (垂直支持(権)). **4**〔証券〕SUPPORT LEVEL. **in** ~ 支持[支援]して: speak *in* ~ of a motion 動議の賛成演説をする.

suppórt fùnding《英》**援助資金提供**《地域法律扶助提供 (Community Legal Service) の下で, 訴訟費用が高額となる部分の費用でなく部分的な資金援助をするもの》; cf. COMMUNITY LEGAL SERVICE).

suppórt lèvel [*証券*]《値下がり市場の》**買い支え値**, 支持線《単に support ともいう》.

suppórt obligàtion 支援的債務《売掛債権 (account receivable), 動産抵当証券 (chattel paper), 一般無形財産 (general intangibles), 文書・証書等の支払いないし履行を確認・支援する二次的な債権債務関係ないし信用状上の権利》.

suppórt òrder《米》**扶養料支払い命令**《離婚手続きあるいは父子関係確認・婚外子扶養請求手続きの一方当事者に配偶者あるいは子供の医療費・教育費を含めた扶養料の支払いを命ずる裁判所命令》.

suppórt prìce《農業維持のため特定農産物について政府が最低価格を保証する》**支持価格**.

suppórt sèrvices *pl*《英》**支援サービス**《養護児童 (child in need) およびその家族に対して地方自治体が提供を義務づけられている各種の支援サービス; その主たる目的の一つは子供の保護命令 (care order) の申請などの強制的措置をとらざるをえない状況を回避するためである》.

suppórt trùst 扶養信託, 生活維持信託《受託者 (trustee) がその裁量に基づき受益者 (beneficiary) の生活維持のほか教育など広くその扶養のためしかしそれのみに信託収益および元本を給付することを目的とする信託; 扶養の程度は最低限の生活ではなく受益者の地位に応じた生活の保障を意味すると解釈されている; 受益者の権利は譲渡できず, またその債権の担保にもなりえない》.

sup·press /səprés/ *vt* **1**《反乱などを》**抑圧**[鎮圧, 鎮定]する. **2** やめさせる,《慣行などを》廃止する. **3**《本を》発売[出版]禁止にする;《本の一部を》削除[カット]する. **4**《証拠・事実・姓名などを》隠す (cf. BRADY MATERIAL). **5** 抑制する, 抑える. —*vi* 証拠を隠す, 証拠を排除する: MOTION TO SUPPRESS. **~·ible** *a*

sup·pres·sion /səpréʃ(ə)n/ *n* **1** 抑圧, 鎮圧, 弾圧. **2** 止めること, 抑制, 抑止. **3** 隠蔽. **4** 発売[出版]禁止; 削除.

suppréssion hèaring 証拠排除の申し立てに対する審理《刑事被告人が違法に取得されたと主張する特定証拠の排除を求めたことに対する公判前の審理手続き》; cf. MOTION TO SUPPRESS).

suppréssion of dócuments 文書破毀・隠蔽(罪)《有価証券・遺言類, さらには行政府・裁判所の書類の原本類を破壊・隠蔽・摩損すること; その結果みずから利得したり何者かに損害を与えんとする目的をもってなされた場合は犯罪となる》.

suppréssion of évidence 1 証拠の排除(決定)《違法取得されたことを理由に特定証拠を排除すること, またはそのことの裁判官の決定》; cf. MOTION TO SUPPRESS, SUPPRESSION HEARING). **2** 証拠の破毀, 証拠提出拒否《刑事手続きにおける証拠の破壊ないしは証拠提出の拒否; それ自体が犯罪を構成する》; cf. OBSTRUCTION OF JUSTICE). **3** 証拠の留め置き《被告人にとって有利な証拠を訴追側により防御側に利用させぬこと》.

sup·pres·sio ve·ri /səprésiou vérai; -víərai/ 真実

の隠蔽, 消極的不実表示《詐欺となりうる; cf. MISREPRESENTATION, SUGGESTIO FALSI》. [L=suppression of truth]

sup·pres·sive /səprésɪv/ *a* **1** 抑える, 抑圧する, 鎮圧する; 抑圧[抑制]に有効な. **2** 隠す, 隠蔽する. **3** 禁止する, やめさせる.

Supp. Rev. Stat. Supplement to the Revised Statutes『現行制定法集補遺』(⇨ REVISED STATUTES).

su·pra /sú:prə; s(j)ú:-/ *adv* ((opp. *infra*; cf. IDEM)) **1** 上に, 上方に. **2** 以前に, 前述[前掲]のとおり, 上述のとおり. [L=above]

sùpra prótest *a* 《(手形の)》引受け拒絶証書が作成されている, 引受け拒絶証書作成を受けて (⇨ ACCEPTANCE FOR HONOR)《略 S.P.》.

súpra ripárian *a* 上流の川岸の.

su·prem·a·cy /səprémasi, su-; s(j)u-/ *n* 至高, 至上, 無上; **至上性**, 最高位, 主権, 大権; [the ~]《英国国王が政治上・宗教上王国唯一の至上の統治者であるという》至上性, 至上権. ► ACT OF SUPREMACY (国王至上法) / JUDICIAL SUPREMACY (司法権の優越) / OATH OF SUPREMACY (国王至上性の宣誓).

Suprémacy Clàuse [the ~; ˢs- c-]《米》最高法規条項, 連邦法規優越条項《合衆国憲法第6編2項のこと; ⇨ SUPREME LAW OF THE LAND》.

suprémacy of Párliament [the ~]《英》議会の至上性 (⇨ SOVEREIGNTY OF PARLIAMENT).

su·preme /səprí:m, su-; s(j)u-/ *a* 《裁判所・権力・権利・地位などが》最高の, 至高の, 至上の, 無上の;《程度・質などが》最高の; 極度の, 最主要な; 最終の, 最後の.

supréme cóurt 1 最終裁判所《略 sup. ct.; ⇨ SUPREME COURT OF THE UNITED KINGDOM, SUPREME COURT OF THE UNITED STATES》; [the S- C-]《国または州などの》最高裁判所, 最高法院《略 SC, S. C., S. Ct., Sup. Ct.》. ► MASTER OF THE SUPREME COURT (最高法院主事) / RULES OF THE SUPREME COURT (最高法院規則). **2** [the ~] 高位裁判所《New York 州で, 一審の一般的管轄裁判所 (court of general jurisdiction); 略 sup. ct.》.

Supréme Cóurt Àct 1981 [the ~]《英》1981年の最高法院法《最高法院 (Supreme Court of Judicature) に関する法律を統廃合し, 同法務組織の合理化を図った同法院の基本的法律》.

Supréme Cóurt of Appéals [the ~]《米》《West Virginia 州の》最高上訴裁判所.

Supréme Cóurt of Júdicature [the ~]《英》最高法院《HIGH COURT OF JUSTICE (高等法院), COURT OF APPEAL (控訴院), CROWN COURT (刑事法院) からなる; 2005年法施行後から上級法院 (Senior Courts) と名称変更; ⇨ SUPREME COURT OF THE UNITED KINGDOM》.

Supréme Cóurt (of the United Kíngdom)《英》《連合王国》最高裁判所《2005年法の施行後にそれまでの連合王国の最終審裁判所 (supreme court) であった貴族院 (House of Lords) と枢密院司法委員会 (Judicial Committee of the Privy Council) に代わり連合王国の最終審裁判所となった裁判所; 当初は現職の常任上訴裁判官 (Lord of Appeal in Ordinary) がそのまま裁判官 (Justice) となり, そのうち1名が長官 (President of the Supreme Court), 1名が副長官 (Deputy President of the Supreme Court) である》.

Supréme Cóurt of the Uníted Státes [the ~] 合衆国最高裁判所 (=United States Supreme Court).

Supréme Cóurt pácking bìll《米》最高裁判所抱き込み法案《最高裁判所の構成を変更し, 自分と同じ思想をもつ者を多く最高裁判所に送り込むことを目的として議会に提出される法案; 米国史で最も重要なのは, New Deal 政策を骨抜きにするような一連の判決に直面して Franklin D. Roosevelt 大統領が1937年に提出したもので, 70歳に達して退官しない裁判官がいた場合, その数まで大統領が新たに裁判官を追加任命できるとしたが, 上院で否決された; cf. COURT PACKING》.

Supréme Cóurt Pràctice [the ~]《英史》最高法院訴訟手続き《ホワイトブック (White Book) の正式名; ⇨ WHITE BOOK》.

Supréme Cóurt Repòrter [the ~]《米》『合衆国最高裁判所判例集』《『スープリーム・コート・リポーター』(West Publishing Co. の *National Reporter System* (ナショナル・リポーター・システム) の一つ; 略 S. Ct.》.

Supréme Cóurt Rúle Committee [the ~]《英史》最高法院規則制定委員会《大法官 (Lord Chancellor) により選任される委員会で, 大法官自身, 記録長官 (Master of the Rolls), 高等法院 (High Court of Justice) の各部の長たる裁判官, 4名の法実務家からなった; 1999年に改廃された最高法院規則 (Rules of the Supreme Court) はその成果であった》.

Supréme Judícial Cóurt《米》(Massachusetts 州, Maine 州の) 州最高裁判所《略 SJC》.

supréme láw of the lánd《米》国の最高法規《州の憲法・法律に優先する合衆国憲法, 連邦の法律, 合衆国が締結した条約; 合衆国憲法第6編2項の文言; cf. SUPREMACY CLAUSE》.

supréme legislátion 至上の立法, 最上立法《一国の至上権・主権から直接引き出された立法で, したがって他の立法権では改廃しえぬもの》.

sur /F syr/ *prep* …を基に, …に関して (on). ★ かつては物的訴訟 (real action) の訴権の基礎を示すために, 例えば surdisseisin は不動産占有侵奪 (disseisin) に基づき侵奪者から不動産を回復するためのものであることを示すのに, 用いられた: writ of entry sur disseisin 占有侵奪に基づく不動産占有回復訴訟 (writ of entry). [AF]

sur- /sə:r/ *pref*「過度に」「上に」の意.

sur. surety ♦ surplus.

sur·charge /sə́:rtʃɑ:rdʒ/ *n* **1** 追加料金, 割増金, 課

徴金, 上乗せ課金; 不足金;《課税財産の不正申告に対する》追徴金(を課すこと), 加算税;《義務違反を犯した受認者 (fiduciary) への》追徴金. ▶ IMPORT SURCHARGE (輸入課徴金) / INVESTMENT INCOME SURCHARGE (投資所得加重税). **2** 計算書の脱漏. **3** 郵便切手の価格訂正印, 訂正印付きの切手; 紙幣の額面金額訂正印. **4** 積みすぎ, (載)過重. **5** 第二(あるいはそれ以上に設定された)譲渡抵当権 (mortgage). **6** 超過数家畜放牧《入会地への許容範囲[入会権]を超えた数の家畜放牧》, 家畜の詰め込み過ぎ. — vt /—´—, —´—/ **1** …に追加料金[追徴金]を課する; 追加料金[追徴金]として《ある金高を》課する. **2**《計算書》の脱漏を指摘する;《計算書》を無効にする. **3**《切手》に価格訂正印をおす. **4** …に積み過ぎる (overload). **5**《入会地など》に家畜を許容されている以上に入れる. **~ and falsify**《計算書の脱漏・誤記入を》主張・立証する.

sure·ty /ʃúrəti, ʃúərti/ n《略 sur.》**1** 保証, 抵当; 保証金; 保証書 (cf. BAIL, RECOGNIZANCE). **2** 保証人, 引受人, 保釈保証人, *連帯保証人 (cf. BAIL, GUARANTOR): stand [go] ~ for …の保証人になる. ▶ COMPENSATED SURETY (保証会社) / COSURETY (共同保証人) / SUBSURETY (副保証人) / SUPPLEMENTAL SURETY (二重保証人). **3** 自信[安全]の根拠; 確信, 自信.

súrety bònd《契約・義務遂行の》**債務保証書**《特に工事の請負い契約の保証の場合を指し, この場合は工事完成保証証書 (completion bond) と同義になる; cf. FIDELITY BOND, GUARANTY BOND, PERFORMANCE BOND》.

súrety còmpany 保証会社 (=guaranty company)《保釈保証証書 (bail bond), 身元保証証書 (fidelity bond) の発行などの保証業務を行なう会社》.

súrety of góod behávior《英》良きふるまいについての保証[書[人]]《暴力をふるう危険は立証されないが, なお法に違反するおそれのある, あるいは秩序を常時的に乱している者が将来の良きふるまいを保証すること, あるいはその保証書および保証人; この保証は平和保証 (surety of the peace) を含むゆえに, 他人への暴行を行なえばこの保証に違反したことになる; 逆に平和保証をした者が単純な軽い法違反を犯しても平和保証違反にはならない》.

súrety of the péace《英/米史》**平和保証[書[人]]**《将来犯罪を犯す蓋然性の高い者が犯罪を犯さぬことを保証すること, あるいはその保証書および保証人; ⇨ SURETY OF GOOD BEHAVIOR; cf. ARTICLES OF THE PEACE》.

súrety·shìp n **1**《他人の債務・懈怠などに対する》保証, 保証関係, 保証契約 (=pledgery). **2** 保証人の地位, 保証人の責任.

sur·face /sə́:rfəs/ n **1** 表面, 外面; 外部, そと; 表層;《物体の》面; うわべ, 外観, 外見: on the ~ 外観上. **2** 地表, 水面; 地表運輸, 陸上輸送, 水上輸送. — attrib.a **1** 表面だけの, 外観の, 皮相の. **2** 表面の, 外面の, 地表の, 水面の. **3** 陸上の, 路面の, 水上の, 地表運輸の.
súr·fac·er n

súrface ìnterest 地表権 (=surface right)《土地所有権者が地表およびその地下にあって鉱物とされない物すべてに対して有する権利; cf. MINERAL INTEREST, SUBSURFACE INTEREST》.

súrface ìssue《訴訟において多くの具体的事実を示すことなく抽象的で簡潔な形で述べられる》**表面的な争点** (cf. DEEP ISSUE).

súrface right =SURFACE INTEREST.

Súrface Transportátion Bòard《米》**地表運輸委員会**《運輸省 (Department of Transportation) 内に創設されている3名の委員からなる委員会で, 州間地表運輸, 特に鉄道運賃などの経済的規制を行なうもの; 略 STB》.

Súrgeon Géneral (pl Súrgeons Géneral) [the ~]《米》《略 SG》**1** 軍医総監. **2**《連邦の Public Health Service (公衆衛生総局) の》**医務総監**.

sur·mise /sərmáiz, sə:rmáiz; sə:màiz/ n **1** 推量, 推測, 臆測. **2**《史》《特に根拠のない》**主張**, 訴え, 意見, 示唆. **3**《史》《教会法上, 原告の》**最初の訴答での主張**.

sur·name /sə́:rnèim/ n **1** 姓, 氏, 名字. **2**《かつて居住地・職業・父親名・個人的特徴などからつけられた》異名, 添え名, あだ名. — vt /, *sər —´/ **1** …にあだ名をつける. **2** 姓で呼ぶ. **súr·nàmed** a

sur·plus /sə́:rpləs/ a **1** 余りの, 余剰の, 過剰の. **2** 黒字の. **3** *《連邦の価格支持計画によって政府が買い上げる》余剰の《農作物など》. — n 余り;《会計》**剰余(金)** (cf. UNDIVIDED PROFIT); 黒字 (opp. deficit); *余剰農作物《》 overplus ともいう; 略 sur.》. ▶ ACCUMULATED SURPLUS (積立て剰余金) / ACQUIRED SURPLUS (取得剰余金) / CAPITAL SURPLUS (資本剰余金, 払い込み剰余金) / EARNED SURPLUS (利益剰余金) / PAID-IN SURPLUS (払い込み剰余金).

súrplus·age n **1** 余分, 剰余, 余剰, 過剰. **2** 剰余金. **3** 余計な文句[事項など],《訴答 (pleading) における》**余計な言及**.

Sur·plu·sa·gi·um non no·cet. /sə̀:rplju-séidʒiəm nɑn nɑ́sət/ 余計なものは害をなさない. [L=Surplusage does no harm.]

súrplus éarnings pl **剰余利益**《一定の期間 (通例は1年) 内での会社の資産が負債を上回っている額》.

súrplus líne insúrance《米》**越境保険**《危険が存在する州で営業する許可を得ていない保険者による保険; 特別の場合にのみ許される》.

sur·prise /sərpráiz/ vt **1** 驚かす. **2** 奇襲[で占領]する, 不意討ちにする, …の油断を襲う. **3** 思いがけなく…に出くわす; …の現行中を捕える. — vi 驚く. — n **1** 驚き, びっくり, 驚愕; びっくりさせるもの, 驚くべき事件[報道], 意外な事, 思いがけない贈り物, 番狂わせ. **2** 不意討ち, 奇襲, 虚をつくこと, 虚に乗ずること《契約・譲渡などで熟慮の足りなかったり, あるいは契約書中の大量の中にある約定を紛れこますことによる手続き的に非良心的な行為》; [〈a〉] 不意討ちの, 思いがけない. **3**《特に訴訟手続き上の》**不意討ち**. ▶ UNFAIR SURPRISE (不公正な不意討ち).

surr. surrender ♦ surrogate.

sur·re·but /sə:r(r)ɪbʌ́t, sʌ̀rɪ-/ *vi* (-tt-) 〈原告が〉第四訴答をする (⇨ SURREBUTTER).

sùr·re·bút·tal *n* 再反論, 再抗弁, 再反証《反証 (rebuttal) に対する反論》.

sùr·re·bút·ter *n* 原告第四訴答《被告第三訴答 (rebutter) に対する原告の訴答》.

sur·re·join /sə̀:r(r)ɪdʒɔ́ɪn; sʌ̀rɪ-/ *vi* 〈原告が〉第三訴答をする (⇨ SURREJOINDER).

sur·re·join·der /sə̀:r(r)ɪdʒɔ́ɪndər; sʌ̀rɪ-/ *n* 原告第三訴答《被告第二訴答 (rejoinder) に対する原告の訴答; cf. REPLICATION》.

sur·ren·der /səréndər/ *vt* **1**〈身柄・財産・有価証券などを〉引き渡す, 手渡す, 明け渡す: ~ *oneself to justice* [*the police*] 自首する. **2**〈職業・希望・自由・権利など〉放棄する, 辞職する. **3**〈賃貸権を〉期限切れ以前に放棄する;〈払い込み保険料の一部払い戻しを受けて〉〈保険を〉解約する. — *vi* **1** 降参[降伏, 陥落]する 〈*to*〉. **2**〈議論・感情などに〉屈する, 負ける 〈*to*〉. ~ *to one*'s BAIL.
— *n*（略 surr.）**1**（身柄・財産・有価証券などの）引渡し, 明渡し, 譲渡: ~ *of a fugitive*《国際法》逃亡犯罪人の引渡し. **2** 権利放棄, 特許権の放棄,《特許状などの》返還,《不動産権の》放棄: SURRENDER AND ADMITTANCE. **3**《国際法》降伏, 陥落 (cf. CAPITULATION).
▶ UNCONDITIONAL SURRENDER（無条件降伏）. **4** 自首, 出頭. **5** 保険解約.

surrénder and admíttance《史》《謄本保有権 (copyhold) の移転方式としての》**権利放棄と権利付与**《かつて謄本保有権はコモンロー上は任意不動産権 (tenancy at will) であり, したがって移転できぬものとされていたが, 譲渡しようとする者（この者を surrendor, surrenderer という）が相手方（この者を surrenderee という）のために荘園領主に対して権利放棄 (surrender) をし, その相手方を領主が新権利者として承認 (admittance) するという形で移転がなされた; cf. SURRENDER, ADMITTANCE》.

surrénder by báil 保釈保証人による（被告人）引渡し.

surrénder by operátion of láw 法の作用としての**放棄**, 法定の放棄《生涯不動産権者 (life tenant) や定期不動産権者 (tenant for years) などが権利放棄を前提にしたようなみずからの保有権と矛盾するような行動をとった場合などに, 法的には放棄 (surrender) があったものとみなすこと》.

surrénder of chárter [the ~] 特許状の返還《特許状 (charter) により設立された法人・会社が特許状を返還し法人・会社を解散すること; cf. CHARTER》.

surrénder of sháre《株主からの会社への自主的な》株式の引渡し.

surrénder of ténancy 不動産権の終了《特に不動産賃借権 (lease) の権利放棄による終了をいう》, 不動産賃借権の権利放棄.

surrénder to cústody 収監されるための出頭《保釈 (bail) された人がその条件として定められた日時・場所へ本人みずから出頭すること》.

surrénder válue 解約返戻(ヘンレイ)金, 解約返還金額, 解約払い戻し金 (= CASH SURRENDER VALUE).

sur·rep·ti·tious /sə̀:rəptíʃəs, sʌ̀r-; sʌ̀rɪ-/ *a*〈行為が〉秘密の, 内密の, こそこそする; 不正目的のために秘密にされた; 不正な.

surreptítious éntry wàrrant 秘密立入り令状《捜査機関にひそかに立ち入り犯行現場を観察・傍聴することを許可する令状; 違法薬物犯罪などで使われる》.

sur·ro·ga·cy /sʌ́rəgəsi/ *n* **1** 代理人 (surrogate) の役目[任務], 代理制. **2** 代理母 (surrogate mother) をつとめること, 代理母制度.

súrrogacy arràngement∥ 代理母取決め (= SURROGATE-PARENTING AGREEMENT*).

sur·ro·gate /sə́:rəgèit, sʌ́rə-, -gət; sʌ́rəgɪt/ *n*（略 surr.）**1** 代理, 代用物 〈*for, of*〉. **2**《英国国教》婚姻予告 (banns) なしに結婚の許可を与える》主教代理. **3** *検認裁判官* (= PROBATE JUDGE). **4** 代理母 (= SURROGATE MOTHER). — *vt* /-gèit/ 代理に任命する; 自分の後任に指名する; 代える, 取り換える (substitute).
~·ship *n*

súrrogate còurt《米》《遺言》検認裁判所 (= PROBATE COURT).

súrrogate decísion màker 意思決定代理人《不治の傷病の際の延命処置は拒否するとの事前の明確な意思表示がある場合, その本人が判断能力を失ったときに本人に代わって生命維持装置取り外しなどの意思決定をする人》.

súrrogate móther 代理母 (= surrogate parent)《通常の妊娠・出産ができない男女に代わりその男女の間の受精卵をみずからの子宮に移植することにより, または人工授精により, 他人のために子供を懐胎し, 出生後その子供を一切の監護権と共に引き渡すことを承諾した女性; 単に surrogate ともいう; cf. SURROGATE-PARENTING AGREEMENT》. **súrrogate móther·hood** *n*

súrrogate párent 1 親代理, 親代わり《裁判所で選任されたか任意で引き受けたかを問わず親の代わりをする者》. **2** SURROGATE MOTHER.

súrrogate-párent·ing agrèement* 代理母合意 (= surrogacy arrangement*)《女性と典型的には不妊症の夫婦との間の契約で, その女性が子宮を妊娠期間中胎児を育てるために提供するという内容の合意; 特に代理母が親になろうとしている人のための子を産むこととその子に対するすべての権利を放棄することとを両者の間で合意すること》.

súrrogate's cóurt《米》《遺言》検認裁判所 (= PROBATE COURT).

surróunding círcumstances *pl*《事件発生や行為がなされた際の》四囲の情況, 背景.

sur·tax /sə́:rtæks/ *n* **1** 付加税, 加算税. **2**《英》所得税特別付加税《英国では 1927 年法により supertax（高額所得特別付加税）に代わって導入され 1971 年法

より1973年に廃止された、一定額を超える額の所得者に課された付加税; cf. SUPERTAX). ― vt /ˌ-ˈ-/ …に付加税を課する.

súrtax exèmption 付加税免除(対象).

sur·veil, -veille /sərvéɪl/ vt 監視[監督]する. [surveillance からの逆成]

sur·veil·lance /sərvéɪləns/ n 監視《特に捜査機関が証拠収集のために多くはひそかに行なう観察・傍聴》; 見張り, 監督, 検視的監査, サーベイランス: be kept under ~ 監視される. ▶ ELECTRONIC SURVEILLANCE (電子機器を用いた監視). [F (sur-, veiller<L vigilo to watch)]

sur·véil·lant n 監視者; 監督者. ― a 監視[監督]する.

sur·vey v /sərvéɪ, sɔ́ːrvèɪ/ vt **1** 見渡す; …の概略を調べる, 概観する. **2** 調べる, 精査する, 検査する;〈建物を〉鑑定する;〈船の〉耐航性を調べる. **3**《データ収集のために》〈人〉にアンケート調査を行なう. **4** 測量する. ― vi 測量をする. ― n /sɔ́ːrvèɪ, sərvéɪ/ **1** 見渡すこと; 概観, 通覧. **2** 測量, 実地踏査; 測量部[局]; 測量図, 実測図. **3** 調査, 検査, アンケート調査, 実地[立会い]調査;《不動産などの》鑑定;《船舶の》耐航性検査, 調査表, 調査書;《統》標本調査. ▶ COURT OF SURVEY (船舶検査裁判所) / DOMESDAY SURVEY (ドゥームズデイ調査) / EXIT SURVEY (出口調査). **make a ~** 検分する, 測量する 〈of〉; 概観する〈of〉.

survéy·or n 測量士[技師];《不動産などの》鑑定士, 調査人, *(目)税査定官, *(税関の) 検査官, 《度量衡などの》検査官,《公道などの》監督官;《船の》耐航性検査官; 監視人, 監督者. **~·ship** n surveyor の職[地位, 身分].

survéyor of the pórt《米史》輸入品検査官 (1953年に廃止).

sur·viv·al /sərváɪv(ə)l/ n **1** 生き残り, 生残, 残存, 助かること, 生存. **2** 生存者, 生残者, 残存物. ― a 〈食料・衣類など緊急[非常]時用の.

survíval àct 訴権存続法 (=SURVIVAL STATUTE).

survíval àction 死後存続訴訟《死亡直前に死亡者がこうむった損害に対して死者の遺産を代表して人格代表者 (personal representative) により提起される訴訟; 死者が生存していたならば死者自身が有したはずの権利から派生しており, 生残近親者がみずからのために提起する不法行為死亡訴訟 (wrongful death action) とはこの点で異なる; cf. WRONGFUL DEATH ACTION).

survíval of cáuse of áction (on déath) 訴権の死後存続《コモンロー上は人的訴訟 (personal action) の訴権はすべて死亡とともに消滅するのが原則〔⇨ ACTIO PERSONALIS MORITUR CUM PERSONA〕であるが, 制定法 (⇨ SURVIVAL STATUTE) により名誉毀損 (defamation) ほか一定の損害賠償請求訴訟を除き, 死者に対しまた死者のために存続することが定められている; この存続をいう; cf. FATAL ACCIDENT].

survíval stàtute 訴権存続法 (=survival act)《本来訴訟を提起することができたはずの当事者の死亡後もその人格代表者 (personal representative) が訴訟を提起できることを認める制定法; コモンロー原則 (⇨ ACTIO PERSONALIS MORITUR CUM PERSONA) を, 特に死亡直前に死者がこうむった損害に対する賠償請求のような一定の場合に修正するもの; ⇨ SURVIVAL OF CAUSE OF ACTION (ON DEATH); cf. WRONGFUL DEATH STATUTE).

sur·vive /sərváɪv/ vt …より長生きをする; …にもかかわらず生きている, …から助かる, 生き延びる, 生き抜く. ― vi 生き残る, 生残する, 生きながらえる; 残存[存続]する.

sur·vív·ing a 生き残っている, 残存している.

survíving corporátion 存続会社《会社の吸収合併 (merger)・企業買収 (takeover) において存続する方の会社》.

survíving pártner 生残組合員《組合 (partnership) が組合員の死亡により解散した場合に, 組合の残務処理のための受託者として行動する組合員》.

survíving spóuse 生残配偶者.

sur·ví·vor n **1** 生き残った人, 生残者, 生存者; 遺族. **2** 同一権益共有者中の生残者. **3** 残存受託者《共同受託者の死亡・罷免・辞任後に信託 (trust) の管理を行なう》. **4** 残存物, 遺物.

survívor-íncome bénefit plàn 生残者収益福利制度《被用者 (employee) が退職前に死亡した場合に雇用者 (employer) は被用者の配偶者あるいは指定受取人に一定額を支給するという雇用者・被用者間の合意; 略 SIB》.

survívor·shìp n **1** 生き残り, 生残, 生存, 残存; 生存率. ▶ PRESUMPTION OF SURVIVORSHIP (死亡順位の推定; 生存の推定). **2** 生残者への権利帰属, 生残者権《合有関係にある権利者の死亡によりその者の権利が生き残った者に帰属すること, またはその権利》; ⇨ JOINT TENANCY, RIGHT OF SURVIVORSHIP). ▶ RIGHT OF SURVIVORSHIP (生残者への権利帰属権).

survívorship clàuse 生残者条項《遺言書 (will) 中である人への遺贈をその人が死者の死亡後一定期間生き残っていることを条件とする旨の条項; 同時死亡者 (commorientes) の諸準則の適用を避けるために用いられる; 英国では相続税 (inheritance tax) に関してはこの一定期間は6月を超えることができない》.

sús làw /sʌ́s-/《英史》不審者逮捕法, 被疑者捜検・逮捕法《逮捕状なしで逮捕できる犯罪を犯そうとしているのではないかと疑われる者を呼び止めて令状なしで捜検・逮捕する権限を警察官に認めた法; 1981年 Criminal Attempts Act によって廃止; ⇨ INTERFERING WITH VEHICLES; suss law ともつづる》. [suspect]

sus·pect v /səspékt/ vt **1 a**〈危険・陰謀などに〉感づく, 気づく, うすうす感ずる. **b** …ではないかと思う, 推測する (guess). **2**〈人〉に疑いをかける, 嫌疑をかける; 怪しむ, 疑う (doubt): ~ sb of murder 人に殺人の疑いをかける / He is ~ed of cheating. 彼はいんちきをやっていると疑われている. ― vi 疑いをかける, 邪推する. ― a /sʌ́spèkt, səspékt/ 疑わしい, 怪しい, 不審な, うさんな: His statements are ~. 彼の供述は怪しい / a ~ package 不審な包み. — n /sʌ́spɛkt/ **被疑者**, 容疑者, 不審者, 注意人物. ▶ QUESTIONING OF SUSPECTS (被疑者に対する質問).

súspect cláss 疑わしい区分[違憲の疑いの強い分類]に区分けされた類 (=suspected class) (⇨ SUSPECT CLASSIFICATION).

súspect classificátion 《米》疑わしい区分, 違憲の疑いの強い分類《ある法規が合衆国憲法の法の平等な保護 (equal protection of the laws) 条項に違反する差別を行なっていると強く疑われる区分・分類; その法規は裁判所の厳格審査 (strict scrutiny) の対象となり, どうしても必要というだけの不可欠な政府利益 (compelling state interest) が存しないかぎり, 違憲無効となるという合衆国最高裁判所の憲法判例理論; 人種・出身国・国籍による区分がこれに当たる; 一方, 性別・嫡出性による区分はこれに含まれず, 準疑わしい区分 (quasi-suspect classification) とされ, 裁判所の中程度の厳格審査 (intermediate scrutiny) の対象となるにすぎない; ⇨ STRICT SCRUTINY; cf. CLASSIFICATION TEST》.

suspécted bíll of héalth 罹患嫌疑証明書 (=TOUCHED BILL (OF HEALTH)).

suspécted cláss =SUSPECT CLASS.

suspécted pérson 被疑者 (suspect).

sus·pend /səspɛ́nd/ vt **1** 吊る, 掛ける, 吊り下げる; 宙ぶらりんの[不安な]気持にしておく. **2** 中止する; 不通にする, 見合わせる, 一時停止する, 保留する, 猶予する, 延期する, 停職にする, (しばらく)…の権利[特権]を停止する, 〈生徒を〉停学にする 〈from a post, team〉: ~ payment 《特に 支払い不能 (insolvency) のために》支払いを停止する / ~ one's judgment 決定を保留する / ~ the sentence 刑の宣告[執行]を猶予する / He has been ~ed from school. 停学になった / Thomas Smith, MP, was named by the Speaker and ~ed for five days. トマス・スミス下院議員は議長により指名議員退出手続き (naming a member) に付され, (投票の結果)5日間の登院停止とされた. — vi (一時)停止する, 中止する; 支払いを停止する, 負債が払えなくなる.

sus·pen·da·tur per col·lum /səspɛndéɪtər pər kálʌm/ 《史》絞首刑(の宣告)《囚人名簿上に裁判官により記載された文言; これが死刑執行の権限授与書となった; 略 sus. per coll.》. [L=Let him/her be hanged by the neck.]

suspénded séntence 刑の執行猶予宣告《自由刑の宣告を受けた者が裁判所が定める一定期間内に再び犯罪を犯さぬことなどを条件にその執行猶予を受けるとの宣告; 無事にこの期間が終了すると刑の言い渡し効力が失われる; 略 ss; cf. DEFERRED SENTENCE》. ▶ PARTIALLY SUSPENDED SENTENCE (刑の執行一部猶予宣告).

suspénded séntence supervísion òrder 《英》刑の執行猶予に伴う保護観察命令《執行猶予を受けた刑が6月を超える場合には, 裁判所は刑の執行猶予と共に保護観察処分 (probation) に付す命令を出すことができる; その命令違反の場合には罰金を科される; ⇨ SUSPENDED SENTENCE》.

suspénding pówer 法の停止権能.

sus·pense /səspɛ́ns/ n **1** 未決, 未定(状態), どっちつかず; 不安, 気がかり. **2** 《権利・判決の一時的》停止, 保留, 猶予: a ~ of judgment.

sus·pen·sion /səspɛ́nʃ(ə)n/ n **1** つるすこと; 吊り下げる支柱[装置], 吊り下げたもの. **2** 未決(定), 宙ぶらりん. **3** (一時的)中止, 停止, 猶予; 不通, 停職, 停学, 停権; 《法律・判決などの一時的な》(施行[執行])停止; 《取引資格などの》一時停止; 支払い停止; 《教会》聖職停止: ~ of an MP 《英》庶民院議員の登院停止(処分) (cf. NAMING A MEMBER). ▶ PLEA IN SUSPENSION (停止の答弁)

suspénsion of séntence 1 刑の宣告猶予 (=DEFERRED SENTENCE). **2** 刑の執行猶予 (⇨ SUSPENDED SENTENCE).

sus·pen·sive /səspɛ́nsɪv/ a 中止[停止, 保留]する, 未決定の; 保留[延期, 猶予, 停止]権のある; 不安な, 不安定な, 不確かな. **~·ly** adv **~·ness** n

suspénsive condítion 《大陸法》停止条件《条件が成就すると法律行為の効力が発生する条件; cf. POTESTATIVE CONDITION, RESOLUTORY CONDITION》.

suspénsive véto 保留的拒否権 (=SUSPENSORY VETO).

suspénsory véto 保留的拒否権 (=suspensive veto) 《立法府が法案を再審議し, 通常多数決で再度可決するまで, 行政府の長がその法案を法律にすることに同意しないこと》.

sus. per coll. °suspendatur per collum 絞首刑(宣告).

sus·pi·cion /səspíʃ(ə)n/ n 嫌疑《合理的嫌疑 (reasonable suspicion) に至らぬ明確な証拠に基づかない場合も含む》; 容疑, 疑い, いぶかり, 怪しみ; 感づくこと, 気づくこと: be looked upon with ~ 疑いの目で見られる / There is not a shadow of a ~. 一点の疑いもない / have ~s [a ~] about…=attach ~ to…=hold…in ~ =cast ~ on…に嫌疑をかける. ▶ REASONABLE SUSPICION (合理的嫌疑). **above ~** 嫌疑がかかっていない 〈of theft〉. **on (the) ~ of**…の嫌疑で. **under ~** 嫌疑をうけて: come [fall] under ~ 疑いをかけられる. **~·less** a

sus·pi·cious /səspíʃəs/ a **1** 疑い深い; 疑わしく[不審に]思う 〈of〉. **2** 嫌疑を起こさせる, 挙動不審の, 疑わしい, 怪しい. **3** 疑わしげな〈目つき・表情など〉.

suspícious actívity repòrt 《米》疑わしい行為についての報告書《通貨取引行為に関連して連邦法上の犯罪が発生したという疑いを銀行などの金融機関がいだいた場合に, 連邦の規制機関への提出が義務づけられている一定書式の報告書; 略 SAR; cf. SUSPICIOUS TRANSACTION REPORT》.

suspícious cháracter 不審者, 疑わしい人物《特に常習犯罪者として知られているないしはその嫌疑の強

suspícious transáction repòrt《米史》疑わしい取引についての**報告書**《銀行その他の金融機関は銀行秘密法 (Bank Secrecy Act) 違反あるいは資金洗浄 (money laundering), 脱税などに関連しそうな取引を報告すべきことを命じられていたが, それに従っての報告書; 1995 年で廃止され, 疑わしい行為についての報告書 (suspicious activity report) に代わった; 略 STR》.

suss law ⇨ SUS LAW.

sus·tain /səstéɪn/ *vt* **1 a** 下から支える; 〈重責などに〉たう; …に耐える. **b** 〈損害などを〉こうむる; 経験する; 〈役を〉演ずる: ~ a defeat 敗北する / ~ a great loss 大損害をこうむる. **2** 維持する, 持続させる; 継続する; …に栄養[食料, 必需品]を補給する, …の生命を維持する, 扶養する. **3** 支持する, 支援する; 励ます, 元気づける. **4** 正当と認める, 認可する, 認める; 確認する, 確証する, 根拠づける, 立証する. **~·able** *a*. **~·ment** *n*. **sus·ten·ta·tion** /sʌ̀stəntéɪʃ(ə)n/ *n*.

su·um cui·que tri·bue·re /s(j)úːəm k(w)áɪkwi trɪbjúːəri/ 各人に各人のものを与えること (cf. ALTERUM NON LAEDERE, HONESTE VIVERE). [L=to render to everyone his/her own]

sú·zer·ain státe /súːzərən-, -reɪn-/《国際法》《付庸国 (vassal state) を保護している》宗主国 (⇨ VASSAL STATE).

s.v. °sub verbo [voce] …の語の下に.

S.W. 《米》°South Western Reporter『サウス・ウエスタン・リポーター』(第 1 次シリーズ).

S.W.2d 《米》SOUTH WESTERN REPORTER Second Series『サウス・ウエスタン・リポーター』第 2 次シリーズ.

S.W.3d 《米》SOUTH WESTERN REPORTER Third Series『サウス・ウエスタン・リポーター』第 3 次シリーズ.

swámp and óverflowed lánd 沼地および冠水地.

Swánn v. Chár·lotte-Méck·len·burg Bóard of Educátion (1970) /swán vàːrsəs ʃáːrlətméklənbəːrg-/ スワン対シャーロット・メクレンバーグ教育委員会事件 (1970 年)《公立学校における人種差別を違憲としたブラウン判決 (Brown decision) (1954 年) をより一層現実化させる意味をもつ判決; 白人と黒人の居住地区が現実には隔離しているため, 単に近隣の学校に生徒を振り分けるだけでは人種統合は達成されず, 公立学校の白人と黒人の生徒の割合を均一にするためには生徒をバスで輸送して人種統合をはかるしか方法はないとした判決; この合衆国最高裁判所判決はいわゆる強制的バス通学制度を許容した判決であるが, 強制的バス通学まで裁判所が命じうるのかという批判もある》.

swap /swáp/ *n* **1**《特に証券の》**交換**. **2** スワップ《複数当事者が通例は仲介人を交えて一定期間一定条件のもと債務などの元金支払いまたは金利を交換し合う取引》.

SWAT /swát/《米》《警察の》特別機動隊, スワット. [Special Weapons and Tactics (Team)]

swát·ting *n* *《俗》 緊急事態にせ電話通報, スワティング《特に, 警察の特別機動隊 (SWAT) の出動を誘発させることを目的とするような, 重大犯罪あるいは緊急事態発生中との虚偽の電話通報》.

swear /swéər/ *v* (**swore** /swɔ́ːr/, 《古》**sware** /swéər/; **sworn** /swɔ́ːrn/) *vi* **1** 誓う, 誓いを立てる 〈by God, on the Bible, etc.〉. **2**〈…であると〉誓って言う[述べる], 誓って証言する 〈to〉: I will ~ to it [to having seen him there]. それを[彼をそこで見たことを]誓います. **3** みだりに神の名を呼ぶ, 悪口を言う, ののしる. ── *vt* **1** 誓う, 宣誓する; 神に誓う 〈to do〉; 誓って約束する, 誓って証言する, 誓いのうえ証言する: ~ an oath 宣誓する / ~ a charge against sb 宣誓のうえ人を訴える / Do you ~ to tell the truth, the whole truth, and nothing but the truth (so help you God)? あなたは, 真実, すべての真実を語り, 真実のみを語ることを誓いますか (神の御加護のあらんことを). **2**〈証人に〉誓わせる, 宣誓させる; 誓わせて守らせる: ~ a witness 宣誓のうえ証人とする / ~ sb to secrecy [silence] 人に秘密を誓わせる. **3** ののしって…に至らせる. **~ in** [ᵘpass]《新任者・証人に》所定の宣誓をさせる, 宣誓就任[入会]させる. **~ out** (1) 誓って〈飲酒などを〉断つ. (2)*宣誓供述のうえ〈逮捕状等を〉出してもらう, 〈逮捕状等を出してもらうために〉宣誓供述をする 〈against sb〉. **~ the peace against**…に危害を加えられる恐れがあるので犯罪を犯さぬよう保証をとってほしいと宣誓のうえ訴える (⇨ SWEARING THE PEACE).
── *n* 宣誓; ののしり, 悪口.

swéaring còntest 宣誓証言間の対決 (=SWEARING MATCH).

swéar·ing-ín *n* 宣誓就任(式).

swéaring màtch 宣誓証言間の対決 (=swearing contest)《事実認定のための決定的な事実につき, 一人の証人の証言と他の人の証言とが両立できないように矛盾ししかもそれ以外に証拠がないために, いずれの証言を信用すべきかの二者択一という形になっている紛争; この種の場合事実認定者は, 例えば有罪決定された薬物の売人よりも警察官をというように比較的に見て評判のよい方の証人を一般的に信用することになると考えられている》.

swéaring the péace 《史》宣誓のうえでの平和保証請求《治安判事 (magistrate) に対して証拠を提出したうえで, みずからの身体の安全について危惧しているので特定危険人物から犯罪を犯さぬことを保証する平和保証 (surety of the peace) をとってくれるよう宣誓のうえで求めること》.

sweat /swét/ *n* **1 汗**; [ᵖ*pl*]《運動後・病中などの》ひどい汗; [a ~] 発汗, ひと汗. **2** [a ~]《口》骨の折れる[つらい]仕事;*《俗》拷問,《口》冷や汗, 不安. ── *v* (~, ~·ed) *vi* **1** 汗をかく, 汗ばむ. **2** 汗水たらして働く, 低賃金で長時間働く, 搾取される 〈for〉;《口》苦労する, ひどく苦しむ, 心配する, ひどいめにあう,《古》罰をうける. ── *vt* **1** …に汗をかかせる. **2** 汗水流して[苦労して]動かす[処理する, 作り上げる, 得る]; 酷使する; 搾取する; *《俗》〈人からだまし取る, 奪う;《口》詰問する, 拷問にかける;《口》おどし[詰問]によって聞き出す 〈out of sb〉;《俗》…に圧力を

かける, 無理強いする《to do》;《口》…のことを心配する. **～ it out**《俗》きびしく[脅迫的に]問いただす, 拷問にかける.

swéat équity* 労働による増加純資産, スウェット・エクイティ《所有者が土地・家屋に施した改善による純資産額の増加》.

swéat·ing n《おどしなどを用いての》違法な詰問, 自白の強要.

swéat·shòp n **1**《低賃金で長時間労働をさせる》搾取事業所, スウェット・ショップ. **2**《業界語で》所属の弁護士を酷使する法律事務所.

swéat tèst 汗検査（⇨ SALIVA TEST）.

swéep·stàkes n [《sg/pl》] **1** 勝者が全賞金を取得する競走[勝負事], 総賭け金賭け競馬[賭け事];《勝者が得る》全賞金; 富くじ競馬, 賭け事; 富くじ, 宝くじ. **2**《一般に》競走, 競争, …戦.

swéet·en·er n **1** 甘くするもの, 甘味料, 甘味剤. **2**《口》賄賂, 鼻薬. **3***《俗》《証券発行の際の》甘味剤, 割増し条件（= KICKER）.

swéetheart dèal [agrèement, còntract] 馴合い協約, スイートハート協約《一般に, 真の団体交渉を経ずに雇用者と組合との間に結ばれる合意・協約で, 雇用者・組合自体には有利であっても被用者全体にとっては不利益な内容のもの; 特に組合代表への報酬を対価にしての雇用者と組合代表の馴合いで結ぶ低賃金労働協約》.

Swift v. Tyson (1842) /swíft vɚːrsəs táɪs(ə)n/《米》スウィフト対タイソン事件（1842 年）《連邦裁判所での一般コモンロー発展の基礎となった判例; 1938 年の ERIE R.R. v. TOMPKINS 判決で全面的に判例変更されている》.

swin·dle /swíndl/ vt, vi《人を騙(ﾀﾞﾏ)す》, 《金・財物を》詐取する: ～ sb out of his money = ～ money out of sb 人から金をだまし取る. — n **1** 詐取, 詐欺, 騙り; ペテン; 食わせもの, いかさま, いんちき, 見かけによらない人[もの]: This advertisement is a real ～. この広告は全くいんちきだ. **2***《俗》《商》取引, 仕事. **swín·dler** n 詐欺師, ペテン師.

swin·dling /swíndlɪŋ/ n 詐取, 騙り.

swíng lòan つなぎ融資（= BRIDGE LOAN）.

swíng vòte 投票結果決定票.

switch /swítʃ/ n **1** 交換, 切換え, 転換. ▶ BAIT AND SWITCH（おとりとすり替え）. **2** スイッチ, 電話交換台, 転轍機.

swórn clérks in Cháncery pl《英史》大法官府宣誓書記（⇨ SIXTY CLERKS）.

swórn státement 1 宣誓のうえでの供述[陳述]（cf. AFFIDAVIT, DECLARATION）. **2** 下請・関連事業者一覧表《融資を受けるための元請人作成のリスト》.

syl, syll. syllabus.

syl·la·bus /síləbəs/ n (pl ～·es, -bi /-bàɪ/) **1**《講義・論文などの》摘要, 大要, 要旨. **2** 判決要旨, 《判決の》頭注（= HEADNOTE）.

syl·lo·gism /síləʤɪz(ə)m/ n 三段論法, 推論式; 演繹法.

sym·bi·ót·ic relátionship tèst /sɪmbiátɪk-, -baɪ-/《米》共生関係の基準《私人と州政府の関係がきわめて密接で, 私人と政府とが共同で行動していると公正に見て言えるほどである場合には, その私人は州の行為者であると判断されるという基準; したがって合衆国憲法の定める個人の権利を侵害しているか否かの責任を問うことができることになる; 結びつきの基準（nexus test）が特定行為についての基準であるのに対し, この基準の対象は私人・州の両者の全般的関係である点が違っている》; ⇨ STATE ACTION; cf. JOINT PARTICIPATION, NEXUS TEST, STATE-COMPULSION TEST）.

sym·bo·le·og·ra·phy, -lae- /sìmbəliágrəfi/ n 法律文書作成法. [Gk (symbolaigraphos notary)]

sym·bol·ic /sɪmbálɪk/, **-i·cal** a **1** 象徴的な, 表象的な, 象徴主義的な. **2** 符号の, 記号の, 記号的な, 《特に》《署名などが》記号[符号]の[を用いた]（cf. HOLOGRAPHIC, ONOMASTIC）.

symbólic delívery 象徴による引渡し, 象徴的引渡し《物の引渡しが要求される場合に, 現実の引渡しが困難・不都合なときに, それに代えて倉庫内保管物の引渡しの際その倉庫の鍵や船荷証券（bill of lading）, あるいは古くに用いられたものとして土地の占有引渡し（livery of seisin）をその土地から採った一片の草土やそこにいったん置いて拾い上げたナイフといった権利の象徴物で行なう引渡し》.

symbólic spéech 象徴的言論（= speech-plus）《例えば国旗を燃やしたり喪章をつけたりして意見・思想を象徴的に表わそうとする行為; 純粋な言論（pure speech）よりは言論の自由の保護の程度において劣る; cf. COMMERCIAL SPEECH, PURE SPEECH》.

Sý·mond's Ínn /sáɪməndz-/《英史》サイモンズ・イン《古くに消滅したインズ・オヴ・チャンセリー（Inns of Chancery）の一つ》.

sýmpathy strìke 同情スト（ライキ）（= SECONDARY STRIKE）.

syn·al·lag·mat·ic, -a·lag- /sìnəlægmætɪk/ a《契約など》双務的な（bilateral）. [Gk alassō to exchange]

synallagmátic cóntract《大陸法》双務契約（= BILATERAL CONTRACT）.

syn·dic /síndɪk/ n **1**《もとはアンドラ（Andorra）などの》地方行政長官. **2**《政府・法人などの》管理者, 代理人;《大学などの》評議員, 理事;《Cambridge 大学の》特別評議員. **3**《大陸法》破産管財人, 管財人. [Gk syndikos court assistant, advocate]

sýndical·ìsm n サンディカリスム **(1)** 資本主義に対する闘争の主体としてサンディカ（F syndicat）すなわち労働組合を据え, ゼネスト・サボタージュなど直接行動で議会制民主主義を廃し政治の実権を労働組合の手中に収めようとするフランス起源の主義・運動 **2)** その理論に基づく経済体制 **3)** 地域代表よりも職能代表により政治を行なおうと

いう理論). ▶ CRIMINAL SYNDICALISM (犯罪的サンディカリスム). **-ist** n, a **sỳn·di·cal·ís·tic** a [F (*chambre syndicale* trade union)]

syn·di·cate /síndɪkət/ n **1**《特定業務または一定取引のための》**企業合同(体)**, 合同企業体, 企業(家)連合, シンジケート, シンジケート団, シ団; **証券**[社債, 国債]**引受団体**[銀行団], (協調)融資(銀行)団, 保険共同引受け機構[団体]. ▶ REAL ESTATE SYNDICATE (不動産共同投資団). **2** 新聞雑誌用記事[写真, 漫画]配信企業; 同一経営の下にある新聞社グループ. **3** *組織暴力連合, 犯罪組織, シンジケート (cf. ORGANIZED CRIME). **4** SYNDIC の職[権限]; 《大学などの》(特別)評議員会. — v /-dəkèɪt/ vi シンジケートを作る. — vt **1** シンジケートの下に置く; シンジケート組織にする. **2**〈記事・写真などを〉多くの新聞[雑誌]に同時に売る[配信する]; *〈テレビのシリーズ番組などを〉地方局に直接売る. **sỳn·di·cá·tion** n **sýn·di·cà·tor** n

syn·graph /síngræf, -gràːf/ n 《教会法》割印証書 (＝CHIROGRAPH).

syn·od /sínəd, -àd/ n **1 教会会議**, 宗教会議, シノッド; 《イングランド教会の》**教会総会(議)** (＝GENERAL SYNOD (of the Church of England));《長老派において》地方長老会《長老会と総会の中間にある組織》. **2**《まれ》《一般に》会議. **3** synod の管轄区. **~·al** a [L ＜Gk *sunodos* meeting, assembly]

syn·od·ic /sənádɪk/, **-i·cal** a SYNOD の. **-i·cal·ly** adv

syn·op·sis /sənápsəs/ n (pl **-ses** /-sìːz/) **1** 梗概 (ふくがい), あらすじ, 大意, 概要 (summary), 一覧(表). **2** 頭注 (＝HEADNOTE).

syn·op·size* /sənápsàɪz/ vt …の概要[一覧]を作る; …に頭注をつける.

systemátic violátion 意図的(差別)違反《特に雇用者が被用者に対して政策的・計画的に行なう差別扱い; cf. SERIAL VIOLATION》.

T

T《史》**1** 窃盗犯の烙印《聖職者の特権 (benefit of clergy) を与えられた初犯の窃盗犯 (thief) の左手親指にその証拠として押された焼き印; cf. BENEFIT OF CLERGY, M》. **2**《米》T の縫い文字《かつて Pennsylvania で, 有罪決定された窃盗犯の衣服の左袖に衣服と別の色で縫い込まれた T 文字; 1698 年法で定められた》. **3** 受領 (tot) の印 (⇨ TOT²).

T. taxes ◆ term ◆ territory ◆ title ◆ traffic cases ◆《英》°Trinity sittings トリニティ開廷期間 ◆《英》°Trinity term トリニティ(開廷)期.

tab /tǽb/ n [pl]《英》タブ《法廷弁護士 (barrister) がネクタイ代わりに首に巻く白い帯》.

ta・ble /téɪb(ə)l/ n **1** テーブル, 卓《など》; 食卓. **2**《食事・ゲーム・会議など》テーブルを囲む人びと, 列座の人びと; 委員(会), 局, 部; 会議[交渉]の席: the peace 〜 和平交渉の席. **3** 表, 目録, 図表, 一覧表; [pl] 算数表《度量衡などの》: a 〜 of contents 目次 / a 〜 of interest [rates] 利率[税率]表 / a 〜 of weights and measures 度量衡表 / a genealogical 〜=a 〜 of descent 系図 / the 〜 of (prohibited [forbidden]) degrees 禁婚親等表. ▶ ACTUARIAL TABLE (平均余命表) / EXPERIENCE TABLE (生存表) / LIFE TABLE (生命表) / MORTALITY TABLE (死亡表) / OGDEN TABLES (オグデン表) / POPULAR NAME TABLE (通称名一覧表) / SENTENCING TABLE (量刑表). **4** [T-]《英》付表, テーブル《1985 年の会社法 (Companies Act) によって定められている会社の定款のためのモデル表; 会社法上の定款モデルは会社の種類により, 付表 A から G まである; 下記の Table A-G の各項参照》. **5** 銘刻文; [pl] 法典: the two 〜s=the 〜s of the law モーセの十戒 (Ten Commandments). ▶ AMALPHITAN TABLE (アマルフィ法典) / TWELVE TABLES (十二表法). **6** 索引《特に判例・法令の索引》. **get around the 〜**〈労使などが〉〈を〉交渉の席に着く[着かせる]. **lie upon the 〜**《請願》が庶民院に提出されている. **on the 〜**《議案など》検討用に提出されて; 議程[提案]されて;*〈議案など〉審議延期になって, 棚上げされて; 公開[公表]されて: lay...on the 〜"...を討議に付す /*...を棚上げにする / let a bill lie on the 〜 *法案を棚上げにする. **take from the 〜**〈棚上げされていたもの〉の検討[審議]を再開する. **under the 〜**《口》こっそりと, 袖の下で, 非合法に, 闇取引の[で].

— vt **1** 卓上に置く. **2** *〈議案などを〉棚上げにする; "〈議案などを〉上程[提案]する. **3** 表にする, 表に記入する. [OF<L *tabula* board]

Table A /— éɪ/《英》付表 A《会社法で定められている株式会社 (company limited by shares) の定款モデル; ⇨ TABLE》.

Table B /— bíː/《英》付表 B《会社法で定められている株式有限責任私会社 (private company limited by shares) の定款モデル; ⇨ TABLE》.

Table C /— síː/《英》付表 C《会社法で定められている株式資本を有しない保証有限責任会社 (company limited by guarantee) の定款モデル; ⇨ TABLE》.

Table D /— díː/《英》付表 D《会社法で定められている株式資本を有する保証有限責任公開会社 (public company limited by guarantee and having a share capital) の定款モデル; ⇨ TABLE》.

Table E /— íː/《英》付表 E《会社法で定められている株式資本を有する無限責任会社 (unlimited company having a share capital) の定款モデル; ⇨ TABLE》.

Table F /— éf/《英》付表 F《会社法に定められている株式有限責任公開会社 (public company limited by shares) の定款モデル; ⇨ TABLE》.

Table G /— dʒíː/《英》付表 G《会社法は, その株式が使用者によりかなりの程度ないしは使用者のために保有されている株式有限責任会社である組合会社 (partnership company) の定款を含む付表を, 大臣が規定することを認めているが, その付表を指す; ⇨ TABLE》.

táble of cáses 1 アルファベット順判例索引. **2** 典拠索引 (=INDEX OF AUTHORITIES).

Ta・bu・la Amal・fi・ta・na, -phi- /tǽbjələ əmælfətéɪnə/『タブラ・アマルフィタナ』(=AMALPHITAN CODE). [L=tablet of Amalfi]

ta・bu・la in nau・fra・gio /tǽbjələ ɪn nɔːfréɪdʒiou/ 難破船の厚板《譲渡抵当 (mortgage) で, 設定時に第二順位譲渡抵当権設定について知らなかった第三の譲渡抵当権者 (mortgagee) が第一の譲渡抵当権者からその地位を取得した場合には, 第二順位譲渡抵当権者に優先するという法理; 他人が溺れている間に難破船の厚板を使ってみずからは助かるというどぎつい比喩; 英国では 1925 年法で廃止; cf. TACKING》. [L=plank in the shipwreck]

ta·bu·la ra·sa /tǽbjələ rá:sə, -réısə, -zə/ (*pl* **ta·bu·lae ra·sae** /tǽbjəlàı rá:sàı, -lì:-, -zàı/) 文字の書かれていない書き板；白紙状態．[L=scraped tablet]

tac·it /tǽsət/ *a* **1** ことばに表わさない，暗黙の；《明示されていないが》黙示の；暗黙法による: a ～ agreement 黙示の合意，黙契 / ～ approval 黙認 / a ～ consent 黙諾 / a ～ understanding 暗黙の諒解．**2**《大陸法》法の作用によって生じた，擬制の．**～·ly** *adv* 暗黙のうちに．[L *tacit- taceo* to be silent]

tácit admíssion 暗黙の自白 (=IMPLIED ADMISSION).

tácit dedicátion 暗黙の公用地供与 (cf. DEDICATION, EXPRESS DEDICATION).

tácit láw 暗黙法《立法行為に基づかず国民により暗黙のうちに承認されている法；慣習法など》.

tácit mórtgage 《大陸法》法の作用による担保(権) (=LEGAL MORTGAGE).

tack[1] /tǽk/ *n* **1** 鋲；しつけ，仮縫い．**2** 針路，《特に》方向転換をした)方針，政策: be on the right [wrong] ～ 針路[方針]を誤っていない[いる] / try a new [different] ～ 新しい[別の]方針でやってみる / change ～ 方針を変える．**3** 付加(物)；加算；《英議会》付帯法案[条項], 法案[条項]付帯 (》⇨ TACKING). **4**《担保物権の》優先順位取得 (⇨ TACKING). — *vt* 付加する，くっつける〈sth *to* [*on, onto*] another〉；《英議会》〈付加条項を〉法案に付帯する (⇨ TACKING).

tack[2] 《スコットランド・北英》*n*《不動産の》保有(権),《特に》不動産賃借権, 不動産賃貸借(契約) (lease). — *vt* 〈不動産を〉賃借する．

táck·ing *n* **1**《前占有者占有期間の》加算《取得時効に必要な敵対的占有 (adverse possession) の期間を主張するために前占有者の占有期間をみずからの期間に加算すること》．**2**《法案・条項の》付帯《特に英国で，成立のあやぶまれる議案を財政法案に付帯し, 貴族院に送り，修正を回避しようとすること》．**3**《担保物権の》優先順位取得《後順位の担保物権を通常は第一順位の担保物権に結合させ, その間にある担保物権よりも優先する順位を取得すること；英国では 1925 年法がこれを大きく制限し，原則廃止した；cf. TABULA IN NAUFRAGIO》．**4** 一体化，結合，付合，付帯．

tácking disabílities 行為無能力期間の加算《例えば未成年の期間と成年後引き続き精神障害 (insanity) の期間があった場合，この 2 つの期間を合算すること；これにより出訴期間 (statute of limitations) の進行停止期間が長くなる》．

tácks·man /-mən/ *n* (*pl* **-men** /-mən/)《スコットランド》不動産賃借人, 借地人 (leaseholder, lessee),《特に Highlands で，不動産を転貸する》転貸貸付人 (sublessor) (⇨ TACK[2]).[*tack's man*]

tác·ti·cal vóting /tǽktık(ə)l-/ 戦術的投票《勝たせたい候補者に投票するのではなく，勝たせたくない候補者を落選させるように投票すること；A, B, C 3 人の候補者の世論調査の支持率がそれぞれ 45%, 30%, 25% である場合, C の支持者すべての票を B に投ずることによって A を落選させるようなやり方》．

Táft-Hárt·ley Àct /tǽfthá:rtli-, "tá:ft-/ [the ～] 《米》タフト-ハートリー法《労使関係を規定する連邦法 Labor-Management Relations Act (労使関係法) (1947) の通称；1935 年のワグナー法 (Wagner Act) が労働組合の権利保障や雇用者の行為の規制のみを定め, 組合の行為の規制を欠いていたことから, 交渉力の平等化の観点から組合の行為の規制 (例えばクローズドショップ (closed shop) 制の禁止, 組合による不当労働行為の新設など) を加え, また労働争議の調整手続き, 労働協約違反などに対する訴訟の規定などをも設けた；さらに全国的緊急事態のストライキ・工場閉鎖に対し, 政府が連邦裁判所を通じて 80 日間の中止を命ずることができることも定めている》．[R. A. *Taft* (1889-1953), F. A. *Hartley* (1903-69) 連邦下院議員]

Táft-Hártley fùnd《米》タフト-ハートリー基金 (=JOINT WELFARE FUND).

tail /téıl/ *n*《一定子孫のみへの》相続人限定, 限嗣《ｼ》(cf. ENTAIL, FEE TAIL). ▶ ESTATE IN TAIL (限嗣封土権) / GENERAL TAIL (一般限嗣(権)) / HEIR IN TAIL (限嗣相続人) / INTEREST IN TAIL (限嗣権) / SEVERAL TAIL (個別承継限嗣封土権) / SPECIAL TAIL (特定限嗣(権)) / TENANCY IN TAIL (限嗣封土権) / TENANT IN TAIL (限嗣封土権者). — *a* 相続人限定の, 限嗣的な, 限嗣封土権を設定された: ESTATE TAIL / ESTATE TAIL MAIL / FEE TAIL. [AF=cutting<OF *taillier* to cut]

táil·age *n*《史》**1** 負担, 負担金．**2** TALLAGE.

táil fémale《一定の女性子孫のみへの》女子限嗣(権)．

táil géneral《特定夫婦のではなく特定個人の子孫一般への》一般限嗣(権) (=general tail).

táil mále《一定の男性子孫のみへの》男子限嗣(権)．

tai·lor /téılər/ *vt* **1**〈服を〉仕立てる．**2**《目的や必要に合わせて》作る, 調整する〈*to*〉. **narrowly ～ed** 狭く限定された, 厳格に限定された《表現の自由の規制に関して指定パブリック・フォーラム (designated public forum) における内容中立的な時・場所・態様の規制が, その制限なしでは効果的には達成しえない重要な政府利益を促進するのに合理的に見て必要な限度であること》．

táil spécial《特定の直系卑属のみへの》特定限嗣(権) (=special tail).

tail·ye /téıl(j)i/ *n*, *vt* TAILZIE.

tail·zie /téıl(j)i, -zi/ *n*, *vt*《スコットランド》ENTAIL.

taint /téınt/ *n* **1** 汚点, 汚れ, しみ, きず, 汚名．**2 a**《重罪についての》有罪決定 (cf. ATTAINDER). **b**《重罪についての》有罪決定者 (cf. ATTAINT). — *vt* 汚す, 汚染する；[*pass*] ...に汚点をつける, 毒する, 腐敗[堕落]させる: TAINTED EVIDENCE. — *vi* 汚れる；汚染する；腐敗[堕落]する．

táinted évidence《違法性の》汚れを帯びた証拠《証拠能力は否定される；⇨ FRUIT OF THE POISONOUS

TREE DOCTRINE]).

táinted stóck 汚れを帯びた株式（＝dirty share）《派生訴訟 (derivative action) の原告になる資格のない者によって所有されている，あるいはその者から移転された株式；善意の取得者も含め派生訴訟の原告になりえない》．

táint hèaring 汚れを帯びた証拠の審理《刑事事件で訴追側の証拠がなんらかの形で違法性の汚れを帯びた証拠 (tainted evidence) であるゆえに証拠として許容されるべきではないのではないかということに関して決定をする審理》．

take /téik/ v (**took** /túk/; **tak·en** /téik(ə)n/) vt **1 a** 手に取る，持つ，つかむ，握る (seize, grasp). **b** 獲得する；〈財産・財産権を〉取得する；かせぐ．**c**《米》〈連邦政府・州政府が公用に〉収用する．**d** 無断で借用[利用]する，わが物とする，盗む: Who has *taken* the book *from* the library? **2 a** 捕える，逮捕[捕縛]する；捕虜にする，奪う，没収する；〈敵船を〉拿捕(蕊)[捕獲]する；《現場で》取り押える，見つける，…の不意を襲う；《俗》…に立ち向かう，攻撃する，殺す: The thief was *taken* in the act. その窃盗犯は現行犯でつかまった．**b**〈病気が〉冒す，〈発作が〉襲う．**3 a**《俗》〈人につけこむ，だます，かつぐ；《俗》…から〈金を〉だまし取る[巻き上げる]〈*for*〉: He was badly *taken*. まんまとしてやられた / ~ sb *for* all his/her money. **b**《俗》…から強奪する (rob). **4**〈物を〉持って行く，携帯[携行]する；運ぶ，連れて行く: ~ sb *to* court …を訴える，…に対して民事訴訟を提起する．**5**〈食事を〉取る，食べる；〈薬を〉飲む；吸入する．**6** 採る，〈手段を〉講ずる，選ぶ: ~ an appeal 上訴する / ~ the Fifth＝PLEAD the Fifth. **7**〈ある場所・位置〉に身を置く；〈官職・地位〉に就く；〈役目・職務などを〉つとめる，行なう: ~ the throne [crown] 王位につく．**8 a**〈人を〉採用する；弟子を取る，〈下宿人を〉置く；配偶者に迎える: ~ a woman to wife 女性を妻に迎える，妻とする．**b**〈責任などを〉負う，引き受ける，受け持つ: ~ the blame あやまちの責任をとる．**9**〈問題などを〉取り上げる，取り扱う；考慮する: *taken* all in all＝*taking* one thing with another あれこれ考え合わせると，全体としてみると．**10 a**〈与えられたものを〉もらう，受け取る，受納する．**b**〈忠告などを〉いれる，…に従う；〈非難・害などを〉受ける，こうむる，甘受する．**11** 取り除く，引き去る，[ᵁpass][fig]〈人の命を〉奪う: ~ the life of…を殺す．**12**〈根源から〉得る，取り出す，抜粋する〈*from*〉；引き写す，書き取る〈*from*〉．**13** [しばしば it を形式主語として]〈時間・労力・金などを〉要する，費やす．**14 a**〈言語・行動の意味をとる，解釈する．**b**〈…だと〉思う，みなす〈*to* be, *for*, *as*〉．**15**〈行動などを〉とる；〈注意などを〉はたらかす．── vi 取る，得る；獲得する；財産[所有権]を取得する[相続する]．

~ away (vt) 運び去る，取り去る，〈銃・特権などを〉取り上げる，剥奪する〈*from*〉；拐取する．(vi) 立ち去る，逃げる．**~ back** (1) 取り戻す，連れ戻す〈*from*〉．(2)《前言・約束を取り消す，撤回する．**~ by stealth** 盗む，くすねる，ちょろまかす．**~ CARE of** ….　**~ down**〈被告人を〉退廷させる．**~ EFFECT.　**~ in** (1) 取り入れる，受け入れる，〈収入などとして〉得る．(2)《俗》警察に連行する，逮捕

する．(3)《口》だます，ひっかける: I was nicely *taken* in. まんまとだまされた．**~ it out in…**《口》〈貸した金などの〉代償を〈品物など〉で帳消しにしてやる[もらう]: ~ *it out in* trade 現物で払ってもらう．**~ off** (…) (vt) (…から) 取り去る[はずす]; (…から) 移す，移送する；〈…へ〉連れて行く〈*to*〉；〈子供を〉誘拐する；〈刺客が〉殺す；*《俗》…から強奪する，襲う．(vi)《口》立ち去る，出かける〈*for*〉；追いかける〈*after*〉；飛び立つ，離陸する；〈…と[…について]〉論じ始める〈*on*〉；〈景気などが〉上昇し始める；〈商品などが〉売れ出す．**~ on** (1) 雇う，雇い入れる；〈仕事・役・敵・農場などを〉引き受ける，…とけんか[口論]する；仲間に入れる: She tends to ~ *on* too much and get exhausted. (2)《口》《警官が人を》止めて身体検査する，身元の証明を求める，きびしく尋問する．**~ out** (1) 取り出す，持ち出す，控除する，除外する；〈特許権・免許などを〉（申請して）取得する；〈召喚状などを〉取る，発給してもらう〈*against*〉；〈保険契約を〉手に入れる，〈保険に入る; (…に譲渡抵当権 (mortgage) を設定して)融資をうける〈*on*〉. (2)《俗》殺す，バラす，破壊[殲滅]する．**~ over** (vt) (1) 持って[連れて]行く，運ぶ〈*to*〉．(2)〈仕事・責任などを〉引き継ぐ，肩代わりする，〈人を〉引き受ける〈*from*〉；引き取る，接収する，乗っ取る: ~ *over* a company 会社を買収する．(3) 借用[採用，模倣]する．(vi)〈責任を〉引き継ぐ〈*from*〉；支配する，占有する；広まる，行き渡る．**~ public** 公開会社にする；株式公開する (cf. GOING PUBLIC). **~ SILK. ~ the WITNESS. ~ up** (vt) (1) 取り上げる，手に取る，拾い上げる．(2)〈寄せ〉集める；逮捕する；〈船が〉荷物を〉積み込む．(3)〈余計な時間・場所を〉とる，ふさぐ．(4)〈仕事などを〉始める，…に従事する，〈任〉に就く；〈問題などを〉取り上げる，論じる，処理する．(5) 続ける，再び始める．(6) 保護する，庇護する，後援する，援助する．(7)〈募債・挑戦・注文・招待などに応ずる，〈人の申し出に応ずる．(8)〈手形を〉引き受ける，〈借金を〉皆済する (pay off); 買い上げる，〈抵当・手形などを〉買い戻す．(9) *〈寄付金などを〉募る．

── n 獲得したもの；《口》売上高，《入場料などの》上がり(高)，収入，水揚げ，稼ぎ，もうけ，*《俗》盗んだ[巻き上げた]金；《俗》取り分，分け前；*《俗》賄賂．

táke-báck stíng《俗》ブローカーおとり捜査《秘密捜査員が薬物等の違法品の売り手と買い手になりすまして，標的にしたブローカーに違法取引の仲介をさせて逮捕するおとり捜査》．

táke-hóme pày《税金・保険料などを差し引いた》手取り給料[賃金]．

táke-nóthing jùdgment 原告完全敗訴判決《原告に一切の損害賠償あるいは救済を与えない被告勝訴判決》．

táke·óver n 企業買収，支配権取得，乗っ取り，経営支配権の取得，テイクオーバー (cf. CONCERT PARTY, DAWN RAID, TARGET COMPANY). ▶ FRIENDLY TAKEOVER (友好的企業買収) / HOSTILE TAKEOVER (敵対的企業買収) / REVERSE TAKEOVER (逆企業買収) / UNFRIENDLY TAKEOVER (非友好的企業買収).

tákeover bìd《買収をねらう企業の》**株式公開買付け**, テイクオーバービッド (=takeover offer, tender*, tender offer*)《経営権の獲得をねらって, 買付け価格・買付け数量・買付け期間などを公示して株式を不特定多数の株主から買い集める申し出》; 略 TOB.

tákeover defénse 企業買収防衛(策)(=SHARK REPELLENT).

tákeover òffer 株式公開買付け (=TAKEOVER BID).

tak·er /téɪkər/ *n* **1 a** 取る人; 取得者; 受取人, 受け手. **b**《特に 遺言・無遺言相続・権利帰属者指名権 (power of appointment) による》**財産取得者**. **c**《有価証券の》取得者. ▶ FIRST TAKER (最初の財産取得者). **2** 賃借人,《鉱区などの》租借者. **3** 挑戦[賭け]に応ずる人;《*pl*》《口》提供[申し出]を受ける人, 買手 (buyer); 購読者. **4** 飲用者,《薬の》服用者.

táker in defáult 指名権不履行の場合の財産取得者《権利帰属者指名権 (power of appointment) を付与された者がその権利を行使しなかった場合に, 贈与者によりそのものを取得すべき者として指定されている者》.

tak·ing /téɪkɪŋ/ *a* 魅力[愛敬]のある, 興味をそそる, 関心をひく. — *n* **1** 取ること, 取得, 獲得;《不動産(権)の》取得. **2** 領得, 占有奪取. ▶ AGGRAVATED VEHICLE TAKING (加重自動車無断使用) / CONSTRUCTIVE TAKING (擬制横領行為). **3**《公用》収用[使用] (cf. EMINENT DOMAIN);《政府による》財産権の公的侵害 (cf. CONDEMNATION, EMINENT DOMAIN). ▶ ACTUAL TAKING (現実の収用) / DE FACTO TAKING (事実上の収用) / PHYSICAL TAKING (現実の収用) / REGULATORY TAKING (規制対象収用). **4** 逮捕, 捕獲, 拘束. **5**《*pl*》収入, 売上げ, 事業所得.

táking at séa 海上での拿捕《海上保険契約で一般的に保険対象になっている危険で, 敵国あるいは海賊による船舶の拿捕》.

táking cáse from júry《裁判官が》陪審の判断に委ねる必要なしとすること (cf. DIRECTED VERDICT).

Tákings Clàuse [the ~]《米》私有財産公用収用条項 (=Eminent Domain Clause)《正当な補償なしての公用収用を禁じた合衆国憲法第 5 修正のこと; cf. EMINENT DOMAIN》.

táking the Fífth《米》《合衆国憲法》第 5 修正の援用, 黙秘権の行使 (=pleading the Fifth (Amendment))《自己負罪拒否権 (right against self-incrimination) を保障している合衆国憲法第 5 修正を援用すること; 日常用語としては黙秘権を行使することをいう; ⇨ FIFTH AMENDMENT, RIGHT AGAINST SELF-INCRIMINATION》.

ta·lak, -laq /təlɑ́ːk/ *n*《イスラム》《夫が証人の前で行なう宣言に基づき離婚手続きによらない》離婚,《夫の側からの》離婚宣言, タラーク (cf. EXTRAJUDICIAL DIVORCE).

tale /téɪl/ *n* **1 a**《事実または架空の》話, 物語. **b** むだ話; うわさ話; ありもしない話, 中傷; 作り話, うそ. **2**《古・文》計算, 総額, 算定, 総数. **3**《史》《口頭での》**原告**

第一訴答 (=NARRATIO).

ta·les /téɪliːz, téɪlz/ *n* (*pl* ~) 《*pl*》陪審員候補者追加, 陪審員候補者追加令状, 陪審員候補者追加命令《陪審員が不出頭・義務免除, さらには忌避 (challenge) などにより規定数に不足した場合に, 最初に陪審員候補者として召集された者と同様の者 (=tales=such (persons)) をシェリフ (sheriff) に命じて追加的に集めること, またはその令状・命令 (⇨ DECEM TALES, OCTO TALES); このような場合に巡回裁判では, 古くから裁判官が傍聴人の中からこの候補者を選ぶように命ずる権限が認められていた; この場合を傍聴人からの陪審員候補者追加(命令[令状]) (tales de circumstantibus) と呼ぶ; 英国では 1974 年法でさらに裁判所みずから近隣からのこの追加をなす権限を与えられている; ただし傍聴人からの追加陪審員候補者のみで陪審が構成されることは許されない》. ▶ DECEM TALES (十陪審員候補者追加) / OCTO TALES (八陪審員候補者追加). **grant [award] a ~**《裁判所が》陪審員の追加を認める. **pray a ~**《当事者が》陪審員の追加を懇請する. [L=such (persons)]

tales de cir·cum·stan·ti·bus /— dɪ sə̀ːrkəmstǽntəbəs/ 傍聴人からの陪審員候補者追加, 傍聴人からの陪審員候補者追加命令[令状]; 傍聴人からの追加陪審員候補者 (⇨ TALES). [L such (persons) of the bystanders]

tales-juror =TALESMAN.

táles·man /-mən/ *n* (*pl* **-men** /-mən/) **1** 追加陪審員候補者 (TALES の一員; しばしば傍聴人からの追加陪審員候補者を指す). **2** 陪審員候補者 (=VENIRE MEMBER). **3** 陪審員 (juror).

ta·lio /téɪliou/, **tal·i·on** /tǽliən/ *n* 同害報復法[刑法] (=LEX TALIONIS).

talk /tɔ́ːk/ *vi* **1 a** 口をきく, 話をする, しゃべる, 語る ⟨*about*⟩; 講演する, 話す ⟨*on* a problem; *to* the audience; *for* a club⟩. **b**《外国語などを》話す. **2**《人と》話す ⟨*to, with*⟩; 話し合う; 相談する. **3** うわさ話をする; 秘密を漏らす, 自白する, 口を割る, 密告する. — *vt* **1** 話す, 語る; 談ずる, 論ずる. **2** 話して《ある状態に》ならせる;《人を説得して...させる[...するように思とまらせる] ⟨*into [out of*⟩ doing⟩. **~ out (1)**《問題を》徹底的に論ずる, 論じ尽くす, 話し合いで解決[明らかに]する. **(2)**"閉会時刻まで討議を引き延ばして《議案を》葬る[廃案とする]. **~ ... through** 説き伏せて《議案などを》通す. **~ to death**《議案を》討論で時間切れにして葬る. — *n* **1** 話, 談話, 座談 (speech);《*pl*》会談, 協議;《短い》講演, 講義, 講話 ⟨*about, on*⟩;《ラジオ》話《会話体で短いもの》. ▶ PAY TALKS (賃金交渉). **2** うわさ, 風説; 話の種, 話題;《口》話, 空論. **3** 口調, 話し方;《特殊社会の》ことば, 用語. ▶ LAW TALK (法律専門用語; 法律家特有の言い廻し).

tal·lage /tǽlɪʤ/ *n*《英史》タレッジ (=tailage)《**(1)** 中世の領主が特に不自由民に恣意的に課した税 **(2)** 特に国王が固有王領 (ancient demesne), 王領都市などに課した税が歴史的に重要; これは 1312 年のものを最後に 1340 年に廃止》. — *vt* ...に tallage を課す.

tal·ly /tǽli/ n **1 a** 割符(ホ²)《かつて債権債務関係者が棒に刻み目をつけて計数を表わし、縦に2つに割ってそれぞれ所有し後日の証とした》. **b** 物品[金銭]授受などを記録[計算]する手段[道具]; 簿記用紙, 計算用紙;《手に持って操作する》計算器. **2** 書き[刻み]つけた記録[勘定, 計算]: keep a ~ 記録する, 憶える / pay the ~ 勘定を払う / make [earn] a ~ 得点する. **3 a** 符合する対の片方, 合札(ホ²), 割符, 半券; うりふたつ[そっくり]のもの. **b** 符合, 一致. **c**《植物・物品などに付ける》付札, 名札, プレート, ラベル;《船の機械類に付ける金属製の》使用法指示札. **4 a**《物品受渡しの》計算単位(1ダース, 1束など》, 計算単位の最後の数《12を単位とする場合10, 11, tally といえば tally は 12 ということになる》. **b** 物品・行為などの数を記録するしるし(5を区切りとする場合に用いる ⧻ (横水平) ⧻ (横斜め) など》. — vt《数を》割符に刻む,《計算などを》記録する;《貨物などを》数え上げる, 一つずつ表に記載する[表の記載事項と照合する];《得点を》記録する, 取る; 数え上げる, 計算[合算]する《up》; …に名札を付ける; 符合[一致]させる. — vi 割符[計算書, 記録]を作る; 符合する, 一致する《with》. **tál·li·er** n

Tal·mud /tɑ́ːlmùd, -məd, *táːlmùd/ n [the ~] タルムード《ユダヤ教の律法とその解説の集大成》.

TAM《米》°Technical Advice Memorandum 専門的助言集.

tam·per /tǽmpər/ vi **1** へたに手を加える,《器具・書類などを》いじくる,《包装された商品などに》(悪質な)いたずらをする《with》;《原文の文句などを》みだりに変更する, 改竄(ホ²)する《with》: ~ with evidence. **2**《人を》不正手段で動かす,《人に》不当圧力を加える,《事》に不当干渉をする;《贈賄・脅迫などによって》不正[闇]取引をする,《人を》買収する《with》: ~ with voters 有権者を買収する / ~ with a witness 証人に対して不当な圧力を加える. **3**《古》陰謀を企てる. — vt 不正に[みだりに]変更する, 改竄(ホ²)する. **~·er** n

támper·ing n **1**《悪質な》改変, いたずら, 改竄(ホ²). **2** 不当圧力, 不当干渉; 不正取引, 闇取引(cf. EMBRACERY, OBSTRUCTION OF JUSTICE, WITNESS TAMPERING). ▶ WITNESS TAMPERING (証人への不当圧力).

támpering with júry 陪審員への不当圧力, 陪審員抱込み(罪), 陪審員買収(罪).

támpering with wítnesses 証人への不当圧力, 証人への不当干渉(=witness tampering).

tam·quam /tǽmkwæm/ **1** …と同様に, …と同程度に. **2** あたかも…のように, いわば…のように. [L=as much as, as if]

Ta·ney /tɔ́ːni/ トーニー Roger Trooke ~ (1777-1864)《Andrew Jackson 大統領の下での司法長官(Attorney General) (1831-33) を経て, John Marshall を継いで合衆国最高裁判所首席裁判官 (1836-64); 1857 年のドレッド・スコット判決 (Dred Scott decision) における彼の意見は南部諸州の意見を最高裁判所が支持したものとして非難され, 南北戦争の勃発を早めたとされている》.

TANF《米》°Temporary Assistance for Needy Families 困窮家族一時的補助.

tan·gi·ble /tǽndʒəb(ə)l/ a **1** 触知できる; 実体的な, 具体的な, 有形の. **2** はっきりと把握[理解]できる, 明確な: ~ proof 明確な証拠. **3**《財産が》有形で金銭評価の可能な: ~ worth 有形資産価値. — n tangible なもの,《特に》有形資産.

tángible ásset 有形資産(=real asset)《有形かつ金銭評価可能な資産; cf. INTANGIBLE ASSET》.

tángible cháttel pàper《紙などの》有形の媒体による動産抵当証券(cf. CHATTEL PAPER, ELECTRONIC CHATTEL PAPER).

tángible évidence 有形物証拠(⇨ DEMONSTRATIVE EVIDENCE).

tángible pérsonal próperty 有形人的財産《触れることのできる人的財産 (personal property); 家具・調理具・書籍等々; cf. TANGIBLE PROPERTY》.

tángible próperty 有形財産, 有体財産《触れることのできる財産で, 動産・不動産のいずれについてもいう; 土地・建物・家具・宝石など; cf. INTANGIBLE PROPERTY》.

Taoi·seach /tíːʃəx/ n [the ~]《アイルランド共和国の》首相. [Ir=chief, leader]

táper relìef《英税制史》逓減減免《1998年4月6日以降に得た資本利得 (capital gain) に対する資本利得税 (capital gains tax) を計算する際に適用される減免措置; 非営業用資産の処分に対しては, 2年を超える期間保有していた資産につき各1年につき課税対象となる資産処分益 (chargeable gain) を 5% 減じ, 最高 40% まで減じる; また営業用資産の処分に対しては, 資産が 12 か月から 24 か月間保有されていた場合は課税対象となる資産処分益を 50% 減じ, 24 か月を超えて保有する場合は 75% 減じるというもの; 会社による資本利得税計算にはこの措置は適用されない; 2008 年法により企業家減免 (entrepreneurs' relief) に代わっている》.

tap·per /tǽpər/ n **1**《俗》乞食, たかり屋, せびり屋. **2** 泥棒, 盗っ人.

táp·ping n《電話[電信]》盗聴, 通信傍受, 電話傍受(=WIRETAPPING). ▶ TELEPHONE TAPPING (電話盗聴[傍受]) / TILL-TAPPING (レジからの窃盗) / WIRETAPPING (電信[電話]盗聴, 通信傍受).

tar·de ve·nit /tɑ́ːrdi víːnət/《史》遅達との復命《シェリフ (sheriff) への令状到達が遅すぎて執行できなかった旨の復命》. [L=it comes tardily]

tárdy objéction 時機を失した異議(申し立て).

tar·get /tɑ́ːrɡət/ n 的, 標的,《特に》標的会社 (target company).

tárget còmpany 買収対象会社, 標的会社, 公開買付け対象会社《単に target ともいう; cf. TAKEOVER》.

tárget deféndant 標的被告《複数の被告がいる訴訟で原告が損害賠償を得るための主たる標的にしている被告》.

tárget offènse 標的犯罪(=OBJECT OFFENSE).

tárget wìtness 標的証人《(1) 捜査当局が求めている

tariff

情報を有している者 2)《米》大陪審 (grand jury) の審理に証人として召喚された者で, しかも検索側がその者も起訴の対象にしようとしている者).

tar·iff /tǽrəf/ *n* **1 a** 関税率表, 関税表. **b** 関税率, 関税, 関税制度. ▶ ANTIDUMPING TARIFF (反ダンピング関税) / COMMON CUSTOMS TARIFF (共通関税) / COMMON EXTERNAL TARIFF (共通対外輸入関税) / MACKINLEY TARIFF (マッキンリー関税) / PREFERENTIAL TARIFF (特恵関税) / PROTECTIVE TARIFF (保護関税) / RETALIATORY TARIFF (報復関税) / SPECIFIC TARIFF (従量税). **2** 《公共料金・ホテル料金などの》料金表, 《レストランなどの》値段表; "料金算定方式;《保険業界などの》料率;*《口》料金, 値段. **3**《犯罪に対する》量刑表;《損害に対する》損害賠償額表. — *vt* **1** …に関税を課する. **2** …の料金を定める. **3** (表に従って) 量刑する, 損害賠償額を決める.
~·less *a*　[F<It *tariffa*<Turk<Arab=notification]

tásk òrder (còntract) 任意注文契約《売主が注文を受けるごとにサービス・製品を引き渡すことに合意した契約; 官庁などがその必要に応じてサービス・製品を得るためにしばしば用いられるが, 履行時期, 選択時期の回数, サービス・製品の最大・最少量は決められねばならない》.

tax /tǽks/ *n* 税, 税金, 租税〈on〉: after ～ 税引きで, 手取りで, 税引き後の / free of ～ 無税で / before ～ 税込みで, 税引き前の / lay [levy, impose, put] a ～ on …に課税する / pay $500 in ～*es* 税を500ドル払う. ▶ ACCRUED TAX (未払いの税金) / ACCUMULATED EARNINGS TAX (内部留保税) / AD VALOREM TAX (従価税) / ALLOWANCES AGAINST TAX (所得控除(額)) / ALTERNATIVE MINIMUM TAX (選択的最低税額) / ALTERNATIVE TAX (選択分離税) / AMUSEMENT TAX (遊興税) / BACK TAX (滞納税金) / BASIC RATE TAX (基礎税) / BASIS OF TAX (税務上の取得価額) / CAPITAL GAINS TAX (資本利得税) / CAPITAL TRANSFER TAX (資産譲渡税) / CAPITATION TAX (人頭税) / COMMUNITY TAX (コミュニティー税) / COMPROMISE OF TAXES (税務上の和解) / CONSUMPTION TAX (消費税) / CORPORATION TAX (法人税) / COUNCIL TAX (地方自治体参事会税) / DEATH TAX (相続税) / DELINQUENCY TAX (延滞税) / DELINQUENT TAX (未納付税額) / DEVELOPMENT LAND TAX (開発促進地税) / DIRECT TAX (直接税) / EMPLOYMENT TAX (雇用税) / ESTATE TAX (遺産税) / ESTIMATED TAX (予定納税) / EXCESS PROFITS TAX (不当留保税) / EXCISE TAX (消費税) / EXEMPTION FROM TAX (免租措置) / FEDERAL TAX (連邦税) / FLAT TAX (定率税) / FLOOR TAX (在庫蒸留酒税) / FRANCHISE TAX (事業免許税) / GASOLINE TAX (ガソリン販売税) / GENERAL TAX (普通税) / GENERATION-SKIPPING TAX (世代飛越し移転税) / GENERATION-SKIPPING TRANSFER TAX (世代飛越し移転税) / GIFT TAX (贈与税) / GRADUATED TAX (段階税) / GROSS INCOME TAX (総所得税額) / GROSS RECEIPTS TAX (総収入額税) / HEAD TAX (人頭税) / 入国税) / HIDDEN TAX (隠された税) / HIGHWAY TAX (道路税) / HOLDING COMPANY TAX (同族会社内部留保課税) / INCIDENCE OF TAX (税の帰着) / INCOME TAX (所得税) / INDIRECT TAX (間接税) / INHERITANCE TAX (相続税) / INPUT TAX (投入税) / INSPECTOR OF TAXES (所得査定官) / INSURANCE PREMIUM TAX (保険料税) / INTANGIBLE TAX (無形財産取引税) / INTEREST EQUALIZATION TAX (利子平衡税) / INTERNAL REVENUE TAX (内国税) / KIDDIE TAX (子供税) / LANDFILL TAX (ごみ埋立て税) / LAND TAX (土地税) / LEGACY TAX (遺産取得税) / LICENSE TAX (免許[許可]税) / LOCAL TAX (地方税) / LUXURY TAX (奢侈税) / MILEAGE TAX (走行税) / NANNY TAX (お手伝いさん税) / OCCUPATION [OCCUPATIONAL] TAX (職業税) / OUTPUT TAX (産出税) / PAYROLL TAX (給与税; 給与源泉徴収税) / PER CAPITA TAX (人頭税) / PERSONAL PROPERTY TAX (動産財産税) / PERSONAL TAX (人税; 人頭税; 動産財産税) / PETROLEUM REVENUE TAX (石油収益税) / POLL TAX (人頭税) / POLLUTION TAX (環境汚染税) / PROGRESSIVE TAX (累進税) / PROPERTY TAX (財産税) / PROPORTIONAL TAX (比例税) / PURCHASE TAX (購買税) / REAL ESTATE TAX (不動産税) / REGRESSIVE TAX (逆進税) / ROAD TAX (道路利用税) / SALES TAX (売上税) / SELF-EMPLOYMENT TAX (自営業者税) / SERVICE OCCUPATION TAX (サービス職業税) / SEVERANCE TAX (分離資源税) / SIN TAX ('罪悪' 税) / SPECIAL TAX (特別税) / SPECIFIC TAX (従量税) / STAMP DUTY RESERVE TAX (印紙税代替税) / STAMP TAX (印紙税) / STATE TAX (州税) / STOCK TRANSFER TAX (株式取引税) / SUCCESSION TAX (相続税; 遺産税) / SUPERTAX (付加税; 高額所得特別付加税) / SURTAX (付加税; 所得税特別付加税) / TONNAGE TAX (トン税) / TRANSFER TAX (移転税; 株式取引税; 世代飛越し移転税) / UNDISTRIBUTED EARNINGS TAX (内部留保税) / UNEMPLOYMENT TAX (失業保険税) / UNIFIED ESTATE AND GIFT TAX (統一不動産贈与税) / UNIFIED TRANSFER TAX (統一不動産移転税) / UNITARY TAX (統合企業合算課税) / UNRELATED BUSINESS INCOME TAX (非関連事業収入税) / USE TAX (利用税) / VALUE-ADDED TAX (付加価値税) / WINDFALL-PROFITS TAX (たなぼた利益税) / WINDOW TAX (窓税) / WITHHOLDING TAX (源泉徴収税).
— *vt* **1**〈人・収入・財産・物品・サービス〉に税を課する, 課税する;*《口》〈代金を人〉に請求する. **2**〈訴訟費用を〉算定する. **3**〈人を〉(…で) 非難する, とがめる〈with neglect〉.　[OF<L *taxo* to censure, compute<? Gk *tassō* to fix]

táx·able *a* **1** 課税できる; 課税対象となる: ~ items 課税対象品目. **2** 訴訟費用を負担させるべき.　— *n*
[*pl*] *課税対象. **tax·abil·i·ty** /tæksəbíləti/ *n*

táxable distribútion《米》課税対象となる移転《世代飛越し移転 (generation-skipping transfer) で, 直接の飛越し移転でもまた課税対象となる世代飛越し移転の終了 (taxable termination) でもない信託 (trust) か

ら受益者 (beneficiary) への元本ないしは収益の移転; cf. DIRECT SKIP, GENERATION-SKIPPING TRANSFER, GENERATION-SKIPPING TRANSFER TAX, GENERATION-SKIPPING TRUST, SKIP PERSON, TAXABLE TERMINATION》.

táxable estáte* 課税遺産額《総遺産 (gross estate) から遺産管理費用などの必要経費・法定控除額を差し引いた残り》.

táxable gíft 課税対象贈与《米国連邦法上は贈与は贈与者が税を負担する; そのため1年間に贈与した総額から受贈者1名当たりの所定控除その他の法定の控除をした贈与額が課税対象額となる; cf. GIFT TAX》.

táxable íncome 課税所得額《総所得額から法定の各種控除を差し引いた所得額》.

táxable pérson《英》付加価値税徴収義務者《付加価値税 (VAT) を顧客から徴収すべき義務者として登録してある者; cf. VALUE-ADDED TAX》.

táxable supplý《英》付加価値税課税対象(商品)《付加価値税 (VAT) の課税対象である物品・サービス; cf. VALUE-ADDED TAX》.

táxable termin átion《米》課税対象となる世代飛越し移転の終了《信託 (trust) の形で保有されている世代飛越し移転の財産が受託者により支払われるべき世代飛越し移転税 (generation-skipping transfer tax) の対象になる場合で, 以下3つの場合に生じる: (**1**) 世代を飛び越された受益者 (skip person) の親である権利所有者の死亡のように世代飛越し信託財産に対する権利が終了する場合 (**2**) 信託された権利が世代飛越しをされていない者 (nonskip person) によっては保有されていない場合 (**3**) 飛び越された受益者に移転がなされうる場合; cf. DIRECT SKIP, GENERATION-SKIPPING TRANSFER, GENERATION-SKIPPING TRANSFER TAX, GENERATION-SKIPPING TRUST, SKIP PERSON, TAXABLE DISTRIBUTION》.

táxable yéar 課税年度 (=TAX YEAR).

táx advíser 税務顧問 (=tax consultant).

táx allówances *pl*《税制》所得控除(額) (allowances against tax).

táx anticipátion nòte《米》徴税予期約束手形, 税収見返り手形《州・地方自治体政府が経常支出をまかなうために発行する短期の手形, 通例納税期に満期となる; 納税者はこれを納税に当てその間の利息を得る》.

táx asséssment 課税財産評価(額).

tax·a·tion /tækséɪʃ(ə)n/ *n* **1** 課税, 徴税; 税制, 租税制度:No ~ without REPRESENTATION. / be subject [liable] to ~ 課税される. ▶ DOUBLE TAXATION (二重課税) / DUPLICATE TAXATION (重複課税) / EQUAL AND UNIFORM TAXATION (公平かつ均一な課税) / EXEMPTION FROM TAXATION (免税措置) / INDIRECT TAXATION (間接課税) / PASS-THROUGH TAXATION (通り抜け課税) / PROGRESSIVE TAXATION (累進課税). **2 a** 税収. **b** 課税額, 税額; 税率. **3** 訴訟費用算定 (=TAXATION OF COSTS). ▶ PARTY AND PARTY BASIS OF TAXATION (訴訟費用当事者負担方式) / STANDARD BASIS OF TAXATION (標準訴訟費用算定方式). **~·al** *a* 課税の[に関する].

taxátion of cósts《米・英史》訴訟費用算定《英国では, 1999年に民事訴訟手続き規則 (Civil Procedure Rules) の実施によって訴訟費用査定 (assessment of costs) となった; 単に taxation ともいう》.

táx avóidance《合法的手段による》租税回避行為, 節税 (cf. TAX EVASION).

táx bàse 1 課税ベース, 税基盤《課税の基礎として用いられるある行政区域内の財産・所得などすべての課税対象》. **2**《行政機関にとっての》税収源. **3** 課税標準《特定の税の課税対象とされる財産の総額》(cf. BASIS).

táx bénefit rùle 租税負担減少分の総所得算入準則, 既往利益繰戻し準則《前の課税年度において控除が認められた貸倒れ損失などが回収された場合, その租税の減少分に限って当期の総所得に算入し課税対象にすべきであるという原則》.

táx bràcket 税率等級, 税率段階 (=income bracket)《課税所得の段階; 通例 上にあがるに従って累進的に高い税率が課される; cf. MARGINAL TAX RATE》: 25% ~ 税率25%等級.

táx certíficate《米》滞納処分地条件付き売却決定書 (=tax sale certificate)《財産税滞納処分のため公売に付された土地の買主に発行される決定書; 期間内に滞納額が支払われない場合, この証書の保有者が土地の所有権者となる; 滞納額が支払われればこの証書は無効となる; cf. TAX DEED, TAX SALE》.

táx còde《英》租税コード《ある人が有している所得控除額 (tax allowances) を示すために与えられるコード番号》.

táx colléctor 収税吏 (=collector (of tax)).

táx concéssion 租税割引き, 税の特別控除.

táx consúltant 税務コンサルタント (=TAX ADVISER).

Táx Còurt《米》**1** [the (U.S.) ~]《合衆国》租税裁判所《納税者と内国歳入庁 (IRS) との間の争いを裁決するために1942年租税不服裁判所 (Board of Tax Appeals) に代わって設立され, 1969年に名称を含め(冒頭に United States (合衆国) を付すことになった) 改められた連邦裁判所; 判決の多くはさらに連邦上訴裁判所に訴えることができる; 略 T.C.》. **2** [t- c-]《いくつかの州の非連邦税についての》租税裁判所.

táx crédit 税額控除《所得からの控除 (deduction) とは異なり, 税額そのものを控除するもの; 単に credit ともいう; cf. EXEMPTION, DEDUCTION》. ▶ CHILD- AND DEPENDENT-CARE TAX CREDIT (子・障害者扶養者税額控除) / CHILD TAX CREDIT (児童税額控除) / DISABLED PERSON'S TAX CREDIT (障害者税額控除) / FOREIGN TAX CREDIT (外国税額控除) / INVESTMENT TAX CREDIT (投資税額控除) / UNIFIED ESTATE AND GIFT TAX CREDIT (統一不動産贈与税額控除) / WORKING FAMILIES TAX CREDIT (勤労家族税額控除) / WORKING TAX

tax declaration

CREDIT《労働者税額控除》).
táx declarátion 納税申告(書)(=TAX RETURN).
táx dedúcted at sóurce 源泉課税.
táx-dedùct·ible *a* 課税控除の対象となる: Those expenses are not ~.
táx dedùction 課税控除(額)(=DEDUCTION).
táx dèed《米》土地公売証明書《租税滞納処分で公売された土地の買主に発行される，権利の移転を証明する証書》; cf. TAX CERTIFICATE, TAX SALE》.
táx-deférred *a* 課税繰延べの，課税猶予の《個人退職積立て勘定 (individual retirement account) や年金・変額生命保険などの投資プランで，積立金引出し時まで投資収益への課税を行なわないことについていう》.
táxed cósts *pl* 算定訴訟費用 (cf. FIXED COSTS).
táx·er *n* 課税者.
táx evàsion《不正申告による》脱税，逋脱(ほだつ)(=tax fraud) (cf. CIVIL FRAUD, TAX AVOIDANCE).
táx-exèmpt *a* 非課税の，免税の (=free of tax, tax-free); 利子が非課税の; 課税除外の: a ~ municipal bond. — *n* 非課税品, 免税品; 非課税有価証券.
táx exèmption 非課税措置，租税免除，免税，免税措置 (=exemption from tax).
Táx Exèmpt Spécial Sávings Accòunt《英》非課税特別貯蓄預金，テッサ《1991年から導入された，所得税 (income tax) および資本利得税 (capital gains tax) が非課税の少額貯蓄預金; 最高限度額のほか引出し制限などの条件がついている; 1999年4月以降口座新設できない; 略称 Tessa /tésə/》.
táx fèrret《米》《主として地方公共団体と請負い契約を結ぶ》未賦税物件探索請負業者.
táx foreclòsure 租税滞納者財産強制売却処分《官憲による租税滞納者の財産差押えとその売却》.
táx fráud 脱税, 逋脱 (=TAX EVASION).
táx-frée *a* TAX-EXEMPT.
táx-frée exchánge 免税交換《資産の交換に伴う利得は総所得に算入されるのが原則であるが，法律で特に除外して免税にしている交換; cf. 1031 EXCHANGE》.
táx hàven 租税回避国[地], 租税避難国[地], タックス・ヘイヴン, 軽課税国[地](=tax shelter)《外国の投資家からみた，低課税または無税の国[地域]》.
táx hòliday 免税[減税]期間, 一時的免税, 納税減免期間, タックス・ホリデー《例えば新設企業の，あるいは輸出[産業]振興のための関連企業の，法人税を一定期間減税あるいは完全に免除する優遇措置》.
táx hòme 租税支払い地《事業者が主に事業を行ない，それに伴って税金を支払う土地》.
táx identificátion nùmber《米》課税識別番号 (=(federal) employer identification number)《内国歳入庁 (Internal Revenue Service) から事業税申告をすべき企業に割り当てられる9桁の識別番号; 略 TIN》.
táx incéntive 租税優遇措置, 政策減税《特定の経済活動を奨励または抑制するための税制上の措置》.
táx·ing dìstrict 課税地区《特定の課税・課税評価がその住民に対してなされる行政地区》.
táxing màster《英史》《最高法院 (Supreme Court of Judicature) の》訴訟費用算定主事《現在は COSTS JUDGE《訴訟費用査定裁判官》に代わっている》.
táxing pòwer 課税権, 課税権限《米国では特に連邦議会の所得税賦課徴収権をいう; ⇒ SIXTEENTH AMENDMENT》.
táxing stàtute 課税法.
táx inspèctor《英》所得査定官 (=INSPECTOR OF TAXES).
táx làw 1《米》内国歳入法典 (=INTERNAL REVENUE CODE). **2** 税法, 《特に 学問分野としての》税法(学).
táx lèvy 租税の賦課徴収 (=LEVY).
táx liabìlity 負担税額; 未納税額.
táx lìen 租税優先弁済権, 租税リーエン, 租税先取り特権 (=lien for taxes)《すべての債権に優先して，滞納者のすべての動産・不動産に及ぶ; cf. TAX SALE》.
táx lòophole 租税の抜け穴[逃げ道]《租税法規の不備や解釈の余地を利用して合法的に租税負担を減らすこと》.
táx-lòss cárryback《米税制》損失の繰戻しによる納付税還付 (=CARRYBACK).
táx mònth《英》課税月《暦上の月の6日から次の暦上の月の5日までの期間; cf. TAX YEAR》.
táx on góods and posséssions 物税(ぶつぜい)《固定資産税のように，直接税のうち特定の財産や収益に対して，それが帰属する人とは関係なく課税される租税; opp. *personal tax*》.
táx òption corporátion《米》課税対象選択会社 (⇨ S CORPORATION).
táx·pày·er 納税者, 納税義務者 (cf. TAX PROTESTER). **táx·pày·ing** *n*
táxpayer's áction《米》納税者訴訟《行政官庁の公金の違法支出差止めを要求して，納税者が提起する訴訟; 米国で19世紀中葉から発達; 連邦については合衆国最高裁判所が長くこれを否定していたが，1968年に FLAST v. COHEN でこれを認めた; cf. TAXPAYER STANDING DOCTRINE》.
táxpayers' bìll of ríghts《米》納税者の権利章典《弁護士などの代理を認めること，強制執行30日前に通知を受ける権利などを認める連邦の立法》.
táxpayer stánding dòctrine 納税者当事者適格の法理《公金違法支出を理由にして納税者が行政官庁を相手取って訴えることは，当該納税者が個人的利害関係を示すかなんらかの直接的被害を証明しないかぎり，訴えの利益がないので当事者適格を欠くという原則; cf. TAXPAYER'S ACTION, FLAST v. COHEN》.
táx plànning《納税者側の》租税軽減計画, 節税計画, タックス・プランニング.
táx pòint《英》《付加価値税 (VAT) の》課税対象日《付加価値税の課税対象となる取引日》.

táx pòwer 課税権, 課税権限（＝TAXING POWER）.

táx préference ìtem〘米税制〙税優遇項目《通常の課税目的のためには控除される一定項目であっても, 選択的最低額税 (alternative minimum tax) 算定の場合には, 加えて計算されなければならないもの》.

táx prótest 課税異議留保(書)《課税・税の取立てについての通例は書面による正式の異議申し立て; のちに返還を求める権利を留保するための手続き; 単に protest ともいう》.

táx prótester 1 課税異議留保者 (⇨ TAX PROTEST). **2** 税制度抗議[反対]者.

táx ràte 税率. ▶ AVERAGE TAX RATE (平均税率) / EFFECTIVE TAX RATE (実効税率) / MARGINAL TAX RATE (限界税率).

táx ràte schèdule 税率明細表.

táx rèbate《税の》還付（＝TAX REFUND）.

táx redémption 《滞納分の税・利息・追徴金などの支払いによる》税金滞納に伴う差押え物件の取戻し.

táx rèfund《納付済み税の一部の》還付（＝tax rebate).

táx relíef〘(課税における)〙所得控除; 課税減免[軽減].

táx retùrn《納税のための》納税申告(書)（＝income tax return, tax declaration)《単に return ともいう》. ▶ INCOME TAX RETURN (所得税申告書).

táx ròll 課税台帳《単に roll ともいう》.

táx sàle《税金滞納処分としての》換価処分, 公売 (cf. TAX CERTIFICATE, TAX DEED, TAX LIEN).

táx sàle certíficate〘米〙滞納処分地条件付き売却決定書（＝TAX CERTIFICATE).

táx schèdule〘英〙税率表 (⇨ SCHEDULE A, SCHEDULE B, ...SCHEDULE F).

táx shèlter 1 税金のがれの対策, 節税対策, 節税手段, タックス・シェルター《単に shelter ともいう》. **2** 租税回避国[地]（＝TAX HAVEN). **táx-shèltered** *a*

táx stàmp 納税印紙（＝REVENUE STAMP).

táx títle 1 租税滞納のために公売された財産の買受人の得た権原. **2** 租税滞納処分として差し押えた財産に対する政府が保有する権原.

táx wàrrant〘米〙未納租税徴収・差押令状《未納の税金強制徴収のために発行される令状で, これに基づいて財産の差押えおよび換価処分ができる》.

táx wríte-òff 課税対象額控除《租税賦課に際しての減価償却・損失・経費の控除; 単に write-off ともいう》.

táx yèar 課税年度（＝taxable year)《米国では暦年か, 12月を除いた月の最後の日に終わる12か月; 英国では4月6日から翌年の4月5日までの一年で《グレゴリオ暦を採用した1752年》からの一年だった), fiscal year ともいう》. ただし, 会社が1会計年度 (financial year) 毎に支払う法人税の対象年度は4月1日から翌年の3月31日の一年; cf. TAX MONTH》.

TBC°trial before the court 非陪審審理.

T-bill /tíː ─/ *n*〘米〙財務省短期証券（＝TREASURY

BILL).

TBL°through bill of lading 通し船荷[運送]証券.

T-bond /tíː ─/ *n*〘米〙財務省長期証券（＝TREASURY BOND).

T.C.〘米〙(U.S.) TAX COURT (合衆国)租税裁判所.

T.C. memo /tiːsíː ─/〘米〙租税裁判所メモランダム判決 (memorandum decision).

TCPA〘英〙°Town and Country Planning Act 都市田園計画法.

TD〘アイルランド〙[IrGael *Teachta Dála*] member of the Dáil 《アイルランド共和国》下院議員 (cf. DÁIL).

TDA〘英〙°Trade Descriptions Act 商品表示法.

T.D.R.°transferable development rights 移転可能開発権.

Téa Àct [the ~]〘史〙茶法《1773年制定の英国の対植民地法律; 経営難に陥った東インド会社の救済策として同社に北米植民地への茶の直送と独占販売権を認め, 荷揚げ港での茶税を徴収することにしたもので, 植民地側では強力な反対運動を展開, ボストン茶会事件 (Boston Tea Party) をひき起こした》.

team /tíːm/ *n*〘英史〙ティーム (⇨ SAC).

téam·ster *n* **1** 連畜御者, (雇われている)荷馬車の御者. **2 a** *トラック運転手. **b** 全米トラック運転手組合員. **c** [the T-s]〘米〙全米トラック運転手組合 (the Teamsters Union).

téam·wòrk *n* チームワーク, 《馬など》一組の動物を使ってする仕事《耕作・至急運送・荷物運送など》.

téaring of wíll 遺言書の切り裂き《遺言の撤回 (revocation of will) の意思でこの種の行為をなすと遺言は撤回され, その遺言は失効する》.

téar-me-ópen lícense はぎ取り開封による[テアー・ミー・オープン]使用許諾(書) (⇨ SHRINK-WRAP LICENSE).

TECA /tíːkə/〘米史〙°Temporary Emergency Court of Appeals 暫定臨時控訴裁判所.

téch·ni·cal *a* **1** 専門の, 専門[技術]的な; (高度な)技法[手法, 技術, テクニック]の(ある[要る]). **2** 実用(上)の, 技術[設備, 装置]面の. **3** 厳密な(法)解釈に従った場合の, 法律[建前]上の, 細かい点の; 法[規則]によって成立する. **4**《証券》《証券市場の》内的原因による, 人為[操作]的な.

Téchnical Advíce Memoràndum〘米〙専門的助言集《税法の複雑な部分や改正部分などを納税者のために説明してある内国歳入庁 (Internal Revenue Service) 発行の出版物; 略 TAM》.

téchnical érror 技術的誤謬（＝HARMLESS ERROR).

tech·ni·cal·i·ty /tèknəkǽləti/ *n* 専門的性質; 専門語[技術など]の使用;《特に法律・法学上の》**専門的事項**[表現, 解釈]: on a ~ 細かな専門的事柄に基づいて.

téchnical mórtgage 狭義の譲渡抵当《譲渡抵当 (mortgage) の伝統的な要件を備えたもの; cf. EQUITABLE MORTGAGE).

Technology and Construction Còurt
[the ~]『英』科学技術・建築裁判所《1971 年法で官職そのものは廃止された審理官 (official referee) の果たしていた職務は、その後も審理官の職務 (official referees' business) として大法官 (Lord Chancellor) 指名の裁判官により果たされるが、その指名裁判官の裁判所をいう;またその裁判官を, judges of the Technology and Construction Court と呼ぶ; 1998 年創設》.

technólogy trànsfer 技術移転《特に 知的財産権 (intellectual property) の対象である技術の移転》.

téding-pènny n TITHING-PENNY.

teeth TOOTH の複数形.

télephone tàpping ''電話盗聴, 電話傍受 (= WIRETAP-PING).

téle·scàm n 電話詐欺, テレスキャム《電話を用いて悪用のために個人情報を引き出したり、金銭を送らせたりすること》.

téle·wòrk·ing n 通信勤務, テレワーク《コンピューターなど情報機器を使って自宅などで仕事をする勤務; cf. OUTWORKER》.

téll·er n 1《銀行の》金銭出納係 (bank clerk''), 窓口職員. 2《特に議会の》投票集計係, 投票計算係. 3『史』割符保管者《この意味では tallier とも綴った》. 4『英史』《財務府 (Exchequer) の》国王収納官, 勘定役《1834 年法で廃止》.

téller's chéck 銀行出納係小切手《銀行が他銀行に対して、または他銀行でもしくは他銀行を通して支払われる形で、振り出す小切手》.

tem·pest /témpəst/ n 大あらし, 暴風雨, 大荒れ.

Tem·plar /témplər/ 1『史』テンプル[神殿]騎士《団員》(= Knight Templar)《聖地巡礼者保護の目的で 1118 年ごろ Jerusalem に創立されたキリスト教軍事修道会テンプル騎士団 (Knights Templar(s)) の一員; 1312 年解散させられた》. ▶ KNIGHT TEMPLAR (テンプル騎士). 2 [ºt-] テンプル法曹《英国のインズ・オヴ・コート (Inns of Court) のうち, テンプル騎士団の London 拠点であった the Temple にあった Inner Temple, Middle Temple に所属する法律家・法学徒, 特に法廷弁護士 (barrister)》. 3《フリーメーソン系の》テンプル騎士団員 (= KNIGHT TEMPLAR).

tem·ple /témp(ə)l/ n 1 神殿, 聖堂, 寺院, 宮. 2 [the T-]『英』テンプル《London の四つのインズ・オヴ・コート (Inns of Court) のうち, Inner Temple あるいは Middle Temple をいう; ⇨ INNS OF COURT, TEMPLAR》. 3 [the T-]『史』テンプル騎士団の殿堂[拠点]《ヨーロッパにおける本部は Paris にあり, London にも拠点があった》. 4*友愛会[フリーメーソン団]の地方支部《集会所》. [OE temp(e)l and OF < L templum open or consecrated space]

tém·po·ral cóurt /témp(ə)rəl-/ 世俗裁判所 (opp. ecclesiastical court).

tem·po·ral·i·ty /tèmpəræləti/ n 1 一時性; 変化流動性; 時間性. 2 a 世俗的権化. b [pl]《聖職の》俗権《主教[司教]・大主教[大司教]がその主教[司教]職に付属するものとして有する国王などから与えられている俗権で, 具体的には土地や各種の世俗的収入; opp. spiritualities》. ▶ GUARDIAN OF THE TEMPORALITIES (俗権後見人).

témporal lórd『英』世俗貴族 (= LORD TEMPORAL).

témporal péer 世俗貴族 (= LORD TEMPORAL) (opp. spiritual peer).

témporal·ty n 1《古》俗人 (the laity). 2 [pl] 俗権 (= TEMPORALITIES).

tem·po·rary /témpərèri; -p(ə)rəri/ a 一時の, しばらくの, はかない; 仮の, 当座の, 臨時の, 間に合わせの, 暫定的: a ~ account 仮勘定. — n 間に合わせのもの; 臨時雇い. **tém·po·ràr·i·ness** /; -p(ə)rərınıs/.

temporary administrátion 暫定的遺産管理《手続き》《正規の遺産管理人 (administrator) ないし遺言執行者 (executor) が選任・就任するまでの間の遺産の管理《手続き》》.

temporary álimony《別居・離婚訴訟係属中の》《妻の》一時的扶助料, 訴訟中扶助料 (= alimony pendente lite, alimony pending suit, allowance pendente lite).

Témporary Assístance for Nèedy Fámilies『米』困窮家族一時的補助《困窮家族に対して限定的な財政援助を行なう州・連邦政府共同プログラム; その前から存した児童扶養家族援助 (Aid to Families with Dependent Children) に代わっているが, 援助が 5 年限度である点と州が対象家族選定権をより大きく有する点で, 前制度と異なる; 略 TANF》.

témporary cústody 一時的《子の》監護《権》《例えば離婚の最終判決が出されるまでの間の子の監護について裁判所が一時的に定める監護《権》》.

témporary deténtion 未決勾留 (= PRETRIAL DETENTION).

témporary disabílity 一時的労働能力喪失.

Témporary Emérgency Cóurt of Appéals [the ~]『米史』暫定臨時控訴裁判所《1971 年法で設けられた連邦の特別裁判所; 価額・経済統制関係事件について連邦地方裁判所 (district court) からの上訴を専管的に審理する; 最高裁判所首席裁判官指名の 8 名の裁判官からなる; '暫定' とされながらも 1992 年の廃止まで存続した; 略 TECA /tí:kə/》.

témporary emplóyment 一時雇用.

témporary frustrátion 契約目的の一時的達成不能《その間, 契約の履行を阻止し履行義務を法的に停止する形での達成不能; ⇨ FRUSTRATION》.

témporary injúnction 一時的差止め命令, 仮差止め命令 (= PRELIMINARY INJUNCTION).

témporary insánity《危機にのみ発現する》一時的精神障害[異常].

témporary júdge『米』臨時裁判官 (= VISITING JUDGE).

témporary núisance《合理的な費用・労力で除去しうる》一時的不法妨害 (cf. PERMANENT NUISANCE).

témporary restráining òrder〚米〛一時的差止め命令《暫定的差止め命令 (preliminary injunction) あるいは本案的差止め命令 (permanent injunction) の申し立ての審理がなされるまで現状維持をはかるために裁判所が発する命令; 特に緊急を要する場合には事前に相手方に通知せずに発せられることがあるが, この場合には一方的差止め命令 (ex parte injunction) の性質をももつ; 単に restraining order ともいう; 略 TRO; cf. INJUNCTION》.

témporary státute 1 時限的制定法《明示的に一定期間のみ有効と定められている時限立法; cf. PERPETUAL STATUTE》. **2** 対処的制定法《例えば特定の公用徴収のための制定法のように, 事柄の性質上単一の一時的目的で制定された法律》.

témporary tótal disability 一時的な労働能力全面的喪失.

témporary wárd 暫定的被後見人《裁判所の監督下にはあるが, なおその親の親権 (parental rights) が終了していない未成年者; cf. PERMANENT WARD》.

ten·an·cy /ténənsi/ *n* **1 a**《不動産の》保有, 保有権, 保有形態, 土地保有; 不動産権, 《特に》不動産賃借権, 借家権; 《土地・家屋の》賃借; 賃借人であること (⇨ TENURE). **b** 不動産権存続期間, 賃借期間, 借地[借家]期間. ▶ ASSURED TENANCY (保証借家(権)) / BUSINESS TENANCY (事業所用不動産権) / CONTRACTUAL TENANCY (契約上の不動産権) / CONTROLLED TENANCY (統制借家権) / CONVERTED TENANCY (転換借家権) / COTENANCY ((不動産)共同保有(権)) / DEMOTED TENANCY (格下げ不動産賃借権) / ENFRANCHISEMENT OF TENANCY (借家の買取りないしは賃借期間の延長) / ENTIRE TENANCY (単独保有) / FARM BUSINESS TENANCY (農業経営地賃借保有) / FURNISHED TENANCY (家具付き借家(権)) / GENERAL TENANCY (概括的保有) / HOLDOVER TENANCY (保有期間満了後保有) / HOUSING ASSOCIATION TENANCY (住宅供給協会住宅借家権) / IMPLIED TENANCY (黙示的不動産賃借権) / INTRODUCTORY TENANCY (初期借家権) / JOINT TENANCY (合有不動産権) / LIFE TENANCY (生涯不動産権) / LONG TENANCY (長期固定期間不動産権) / PERIODIC TENANCY (自動更新定期不動産権, 自動更新借家権) / PROTECTED TENANCY (保護借家権) / REGULATED TENANCY (規制借家権) / SECURE TENANCY (安定借家権) / SERVICE TENANCY (雇い人用借家権) / SEVERAL TENANCY ((不動産)個別保有) / SHORT-HOLD TENANCY (短期借家権) / STARTER TENANCY (手始め借家権) / STATUTORILY PROTECTED TENANCY (制定法で保護された不動産賃借権) / STATUTORY PERIODIC TENANCY (制定法上の自動更新借家権) / STATUTORY TENANCY (制定法上の借家権) / SUBTENANCY (不動産転貸借; 陪保有(権)) / SURRENDER OF TENANCY (不動産賃借権の権利放棄) / UNDERTENANCY (陪保有(権)) / WEEKLY TENANCY (週単位不動産賃借(権)) / YEARLY TENANCY (年単位定期不動産(賃借)権) / YEAR-TO-YEAR TENANCY (年極め不動産(賃借)権). **2**《古》借家, 借地, 小作地. **3**《地位・職などの》保有, 占有.

ténancy at súfferance 容認不動産権 (=estate at [by] sufferance, holdover tenancy, tenancy by sufferance)《合法的権原に基づく不動産権が終了した後も, 明渡しを求める権利をもつ人が意思表示をしていない場合に, その不動産を占有し続ける人がもつ不動産権; cf. HOLDING OVER》.

ténancy atténdant on the [an] inhéritance 相続に伴う(定期)不動産保有権《相続財産の所有権者のための信託受託者に帰属している定期不動産権 (tenancy for a term); cf. ATTENDANT TERM》.

ténancy at wíll 任意不動産権 (=estate at will)《不動産保有者の明確な承諾の下での保有であるが, その存続期間・賃料などについてきちんとした定めがなく, したがって双方の側から適正な通知を行なえばいつでも解約できるもの; 歴史的に重要なものとしては領主の意思に依存して保有していた非自由土地保有があった》.

ténancy by estóppel 禁反言に基づく不動産権《当該不動産権を譲与するコモンロー上の権利を有しない人が与えた不動産権; この場合譲与者・被譲与者間にのみ拘束力を有する不動産権が生ずる; 万が一その後に譲与者が当該不動産権を譲与しうるコモンロー上の権利を取得した場合には, この不動産権は自動的に完全なコモンロー上の不動産権になる; cf. AFTER-ACQUIRED-TITLE DOCTRINE, ESTOPPEL BY DEED, TITLE BY ESTOPPEL》.

ténancy by súfferance 容認不動産権 (=TENANCY AT SUFFERANCE).

ténancy by the cúrtesy 鰥夫(かんぷ)産不動産権 (⇨ TENANCY BY THE CURTESY OF ENGLAND, CURTESY). ▶ CONSUMMATION OF TENANCY BY THE CURTESY (鰥夫産(不動産)権の完成).

ténancy by the cúrtesy of Éngland イングランドにおける優遇措置に基づく不動産権《コモンロー上鰥夫産 (curtesy) は, 妻の死亡後妻との間に妻の有する不動産を相続しうる子が生まれた (妻の死亡時にすでに死去していても可) 夫が, 妻の不動産権を一生の間保有しうる権利であるが, イングランド法ではこの鰥夫の生涯権が再婚によっても消滅しないという点で他の法よりも鰥夫に対して courtesy (丁重さ) をもつないし慈悲深かったことからこの術語が生まれたともいわれているが, 疑問も多い; 英国では 1925 年法で廃止》.

ténancy by (the) entírety [entíreties] 夫婦全部保有(不動産権) (=estate by (the) entirety [entireties])《夫婦に対して一通の証書で不動産権が譲与され, しかもその証書に夫婦の権利について何も定められていないときの夫婦の不動産権; 夫婦はそれぞれその一部でなく全部に対する権利を有し, したがって一方が死亡した時には他方がすべての権利を取得する; また他方の同意を得ずに

tenancy for a term

譲渡も、また分割請求もできない；コモンロー上の夫婦一体の原則 (unity of personality) がこの基礎にあった；英国では 1882 年法によりこの不動産権は合有不動産権 (joint tenancy) とされ、さらに 1925 年法で廃止された；米国では少数ながら残存させている州もあり、合有不動産権として扱われている; cf. ENTIRE TENANCY.

ténancy for a térm 《存続期間の定まっている》定期不動産権, 定期不動産賃借権 (= estate for years, lease for years, tenancy for years, term for [of] years).

ténancy for life 生涯不動産権 (=LIFE ESTATE).

ténancy for yéars 定期不動産権 (=TENANCY FOR A TERM).

ténancy from mónth to mónth 月極め不動産(賃借)権, 月単位の定期不動産権《自動更新定期不動産権 (periodic tenancy) の一種で、一定の催告期間をおいた賃貸借終了予告 (notice to quit) がない限り同一条件で更新される》.

ténancy from yéar to yéar 年極め不動産(賃借)権, 年単位の定期不動産権, 年期不動産賃借権 (= estate from year to year, yearly tenancy, year-to-year tenancy)《自動更新定期不動産権 (periodic tenancy) の一種で、一定の催告期間をおいた賃貸借終了予告 (notice to quit) がない限り同一条件で更新される》.

ténancy in cómmon 共有不動産権, 共有財産権, 共有 (=estate in common)《複数の者が同一不動産を共有する場合 (持分は均等・不均等いずれでも可) の不動産権で、それぞれに相続もされうる独立の権利を有し、したがって生残者への権利帰属 (survivorship) は存在しない; cf. ENTIRE TENANCY, JOINT TENANCY》.

ténancy in gróss 独立(定期)不動産権《もとは相続財産に含まれていた定期不動産権 (tenancy for a term) が相続財産から切り離され、例えば当該相続と無関係の第三者の手に移ったもの; cf. TERM IN GROSS》.

ténancy in pártnership 組合不動産権《組合員 (partner) による組合財産 (partnership property) の使用を組合目的に限定し、しかもみずからのその権利の切り離し譲渡を認めない不動産権》.

ténancy in táil 限嗣封土権, 限嗣不動産権 (= FEE TAIL).

ténancy pur áutre víe 他生涯不動産権 (= ESTATE PUR AUTRE VIE).

ten·ant /ténənt/ n **1**《正当な権利による不動産[《時に》動産]の》保有者,《不動産の》権利者, 不動産権者,《財産的権利の》権利者, 封土権者, 受封者. ▶ BASE TENANT (不自由不動産保有者) / COTENANT (《不動産》共同保有(権)者) / CUSTOMARY TENANT (荘園法不動産権者) / FIEF-TENANT (封土権保有者) / FREE TENANT (自由不動産権者) / HOLDOVER TENANT (保有期間満了後保有者) / JOINT TENANT (合有不動産権者) / LAND TENANT (現実の土地占有者) / LIFE TENANT (生涯不動産権者) / MILITARY TENANT (軍事不動産保有者) / PARTICULAR TENANT (部分不動産権者) / SOLE TENANT (単独保有者) / SUBTENANT (陪保有者) / TERRE-TENANT [TERTENANT] (現実の土地占有者) / UNDERTENANT (陪保有者) / VERY LORD AND VERY TENANT (直属領主と直属保有者) / VILLEIN TENANT (隷農保有者). **2**《土地・家屋などの》借用者,《特に》《不動産》賃借人, 賃借権者, テナント (cf. LESSEE); 居住者 《of》. ▶ HYPOTHETICAL TENANT (仮想の借地人) / LANDLORD AND TENANT (不動産貸主と借主(の関係)) / OCCUPYING TENANT (賃借権者) / SECURE TENANT (安定借家権者) / STATUTORY TENANT (制定法上の借家権者) / SUBTENANT (転借人) / UNDERTENANT (転借人). **3**《古》《物的訴訟 (real action) の》被告《被告は当然現に不動産を保有している者になるはずであるので; cf. DEMANDANT》. — vt [ᵁpass]〈不動産〉を賃借する, 借りて住む. **～·ship** n TENANCY. **～·able** a〈土地・家屋など〉借用できる, 空き地の, 空き家の.

ténant·able repáir 必要な補修(義務)《賃貸不動産の利用価値・居住適性を維持するための補修; cf. HABITABILITY, IMPLIED WARRANTY OF HABITABILITY》.

ténant at [by] súfferance 容認不動産権者 (⇒ TENANCY AT SUFFERANCE).

ténant at will 任意不動産権者 (⇒ ESTATE AT WILL).

ténant by (the) entírety 夫婦全部保有不動産権者 (⇒ TENANCY BY (THE) ENTIRETY).

ténant fármer 1 小作農. **2**《史》地代付き封土権者 (⇒ FEE FARM).

ténant for lífe 生涯不動産権者 (=LIFE TENANT).

ténant for yéars 定期不動産権者 (⇒ TENANCY FOR A TERM).

ténant from yéar to yéar 年極め不動産賃借権者 (⇒ TANANCY FROM YEAR TO YEAR).

ténant in cáp·i·te /-kǽpəti/《史》直属受封者 (= TENANT IN CHIEF).

ténant in chíef《史》直属受封者 (=tenant in capite)《ある領主・封主 (lord) から直接封(土)を授けられている者; したがって騎士階層では直臣; 特に国王の直属受封者を指す場合が多い; cf. BARON》.

ténant in cómmon 共有不動産権者 (⇒ TENANCY IN COMMON).

ténant in demésne《史》直領地としての保有者 (⇒ SEISIN IN DEMESNE).

ténant in fée 1 封保有者 (⇒ FEE). **2** 単純封土権(保有)者 (⇒ FEE SIMPLE).

ténant in sérvice《史》奉仕の形での保有者 (⇒ SEISIN IN DEMESNE).

ténant in táil 限嗣封土権者 (⇒ TENANCY IN TAIL).

ténant in táil after possibílity of íssue extínct 限嗣封土権を有すべき直系卑属の可能性消滅後の限嗣封土権者《例えば、妻一般でなく特定の妻との間の直系卑属のみへと特定限嗣 (tail special) された限嗣

封土権で，しかもその妻が子を産むことなく死亡して限嗣封土権を相続すべき者がいなくなった場合などの最初の保有者の権利；英国では1925年法でこの限嗣封土権者は権利を保有するが，限嗣封土権廃除 (barring of entail) は許されないとされている；もちろん上例で特定限嗣でなく一般限嗣 (tail general) の場合には，別人の妻から子をもうける可能性があるから，この場合には該当しない）．

ténant pá·ra·vail /-pá:rəvèrl/《史》下位保有者 (⇨ MESNE LORD)．

ténant pur áutre víe 他生涯不動産権者 (⇨ ESTATE PUR AUTRE VIE)．

ténant ríght[1] 1 賃借権, 借地権；不動産賃借人の権利．2 《不動産賃貸借契約終了に際しての, 賃借人の農地の》改良費償還請求権, 償還改良費．3 賃貸借更新権．4 《英史》《北部イングランドに存した謄本保有権 (copyhold) に近い》慣習法的自由土地保有権．

ténants associàtion 借地借家人協会《居住環境の改善や借地・借家人の契約面での地位向上などを目的とする団体》．

ténants' chárter《英》借地借家人憲章《賃借権の保護など借地・借家人を保護する法的権利を一括したもの》．

Ténant Sèrvices Authòrity《英》賃借人へのサービス実施機関《2008年法で新たに定められた調整枠組を実施するために同法で創設された機関；これを通して地方自治体 (local authority) からの賃借人が，その住宅の管理方法，サービス方法の改善さらには買い取り権の改正などについての発言権がふやされている》．

ténant's fíxture《賃貸人が賃貸借終了時に撤去する権利を有する賃借人による》賃貸物件定着物《鏡とかブラインドなど, 建物を大きく傷つけることなく撤去できる可動性の定着動産；cf. TRADE FIXTURE》．

ténant to the práecipe《英史》下知令状被告《物的訴訟 (real action) での, 下知令状 (praecipe) が発せられた相手方》．

ten·der[1] /téndər/ a (∼·er, ∼·est) 1 柔らかい．2 a 軟弱な，こわれやすい；虚弱な．b 若い, 未熟な, 幼児の: TENDER YEARS．3《事態・問題など》微妙な, 扱いのむずかしい．4 優しい, 親切な．[OF tendre < L tener delicate]

tender[2] vt 1 差し出す, 提供する, 申し出る, 《謁見などを》許す, 賜う: ∼ sb a reception 人の歓迎会を開く / ∼ one's services 志願する / ∼ one's thanks [apologies] 礼[わび]を言う．2 履行の提供を行なう, 弁済の提供を行なう, 弁済[代償]として提供する, 《スコットランド》《被告が訴訟中に和解のため》示談金の提供を申し出る．— vi 入札する《for》．— n 1 a 提出, 提供, 申し入れ, 申し出; 申し込み; 履行の提供; 弁済の提供; 入札;《スコットランド》訴訟中の和解《示談》の申し出: put work out to ∼ 事業の入札を募る．b 引渡しの提供 (＝TENDER OF DELIVERY)．c 提供物, 弁済金[物]．▶ COMPETITIVE TENDER (競争入札) / PERFECT TENDER (完全な履行の提供) / PLEA OF TENDER (履行の提供の答弁)．2 貨幣, 通貨．▶ LEGAL TENDER (法定通貨)．3 《ある会社の支配権を握るための》株式公開買付け (＝TAKEOVER BID)．∼·er n [OF＝to extend]

ténder·able a 《金品が》支払い[弁済]として提供しうる．**ténder·ability** n

ténder befòre cláim [áction]《英》訴えの前の履行の提供《金銭債務 (debt), 確定金額債務 (liquidated debt) に関する訴えに対する被告側の防御で，被告は原告が訴えを提起する前に請求金額支払いの提供をしていたというもの；被告はその金額を裁判所に支払い，原告に支払い通知を出さねばならない；1998年制定の民事訴訟手続き規則 (Civil Procedure Rules) までは action の語を用いたが，同規則施行の1999年からは claim の語が用いられている；cf. PART 36 OFFERS AND PAYMENTS》．

ténder of aménds 賠償金の提供, 賠償金を提供したうえでの示談の申し出《特に訴訟が提起される前に被告側がすでに申し出を行なった旨の防御として用いられる》．

ténder of delívery《売主による買主に対する目的物の》引渡しの提供《単に tender ともいう》．

ténder òffer *株式公開買付け, テンダーオファー (＝TAKEOVER BID)．

ténder of íssue 争点の提出《コモンロー訴答において争点を最終的に確定する訴答》．

ténder of perfórmance 履行の提供．

ténder yéars 未成年 (infancy),《特に》幼年．

ténder yéars dòctrine《米》《幼児に関する》母親優先の法理《離婚の際の監護権 (custody) をいずれの親がもつべきかの争いにおいて, 幼児 (通例5歳以下) の監護は, その不適格性が示されない限りは, 一般に母親に与えられるべきであるという原則；現在この法理は米国の大多数の州で否定され, 共同監護(権) (joint custody) が原則になっている》．

ténder yéars (héarsay) excéption 幼児伝聞証拠排除則の例外《10歳以下の幼児がみずから受けた人身被害あるいは性的虐待 (sexual abuse) について法廷外でなした陳述は, その幼児が証言できずしかも裁判所がその陳述の時・場所・状況を信頼しうると判断した場合には, 伝聞証拠則 (hearsay rule) の例外として証拠として扱いうるという準則》．

ten·e·ment /ténəmənt/ n 1 a 保有不動産, 保有財産《TENURE (保有) の対象物；土地・家屋のみならず地代・入会権などの無体法定相続産 (incorporeal hereditament) を含む》．b 自由保有権．▶ DOMINANT TENEMENT (他人の土地から便益を得る土地, 要役地) / FRANK TENEMENT (自由土地保有(権)) / 自由土地保有権に基づき保有している[されている]土地) / SERVIENT TENEMENT (負担を負う土地；承役地)．2 住宅, 家屋 (dwelling), アパートの一戸分, フラット；TENEMENT HOUSE． **ten·e·men·tal** /tènəméntl/, **-men·ta·ry** /tènəmént(ə)ri/ a [AF＜L teneo to hold]

teneméntal lánd《史》下封(地)《領主保有地のうち領主みずからが保有・利用している直領地 (DEMESNE land) に対して, みずからの保有者 (tenant) に下封した

土地)．

ténement hòuse 共同住宅, アパート, 《特に》安アパート．

te·nen·dum /tənéndəm/ n 保有条件条項[文言] (=～ clàuse)《不動産譲渡証書中, 被譲与者が譲与対象財産をいかなる保有条件 (tenure) で保有するかを示している条項[文言]; 不動産保有条件の意義が薄れた現在ほとんど意味を失い保有財産条項 (habendum clause) と一体化している; ⇨ HABENDUM CLAUSE)． [L=to hold]

te·ne·re /təníːrə/ vt 保つ, 保有する, 保持する, 把握する, 物理的に保持する, 理解する． [L=to hold]

10-K /tén kéɪ/《米》《様式》10-K (報告書) (=FORM 10-K).

Tén Mínute(s) Rùle [the ～]《英》十分間規則《議員が法案提出の許可を得るための動議についての各人の演説を 10 分間に規制する庶民院の議院規則》．

Ténnessee Válley Authòrity [the ～]《米》テネシー川流域開発公社《ニューディール (New Deal) 政策の一つとして 1933 年に設立され, Tennessee 川にダムを建設して発電・治水・用水・生産工場・レクリエーション施設・自然保護などを目的とした総合開発計画のための公社; 略 TVA》.

ten·or /ténər/ n 1 進行,《動き・活動などの》流れ. 2《手形の発行日あるいは受領日から支払い日までの》手形期間《以後支払い可能となる》. 3《演説などの》趣意, 主旨,《文書の》大意, 趣旨, おもむき. 4 a《文書などの》《原文のままの》文面;《文書などの》正確な文言. b《文書などの》写し, 謄本, 写本． [OF<L (teneo to hold)]

Te·nor est qui le·gem dat feu·do. /— ɛst kwaɪ líːdʒɛm dǽt fjúːdou/ 封土権 (fee) に法を与えるのは《譲与文書の》趣旨である． [L=It is the tenor that gives law to the fee.]

téntative trúst《米》仮設信託 (=TOTTEN TRUST).

Tén·ter·den's Àct /téntərd(ə)nz-/ [the (Lord) ～]《英》テンターデン(卿)法《1828 年の詐欺防止法修正法 (Statute of Frauds Amendment Act 1828) のことで, 一般にはその推進者である時のイングランド首席裁判官 (Lord Chief Justice) のテンターデン卿 (Charles Abbot, 1st Baron Tenterden (1762–1832)) の名を付して呼ばれている; 金銭債務支払いの約束や承認, 信用・金銭・物品を得ようとしている他人の信用・能力, 資産の性質等についての表示が, 文書でかつ署名が付されていなければならないなどの規定が含まれる》．

tenth /ténθ/ n [pl] 《史》十分の一税 (1) 一般に評価額の 10 分の 1 を税金として徴収する税; 英国で中近世に議会が臨時的に動産に課した税; 特に都市に 10 分の 1, その他 15 分の 1 の割合で課した tenth and fifteenth (十分の一と十五分の一税) が代表的. 2) TITHE 3) 聖職禄収入の 10 分の 1 を宗教改革までは教皇に, 以後は英国国王に納めた上納金; 1703 年法により貧困聖職者の生計の足しのための女王アン下賜金 (Queen Anne's Bounty) として下賜された》. ▶ SALADIN TENTH (サラ

ディン十分の一税).

Ténth Améndment [the ～]《米》合衆国憲法第 10 修正《合衆国憲法によって連邦政府に委任されなかった権限は各州または国民に留保される, すなわち連邦の権限は憲法で与えられたものに限定されると規定した条項; 1791 年, 権利章典 (Bill of Rights) の一部として成立》．

1031 exchange /ténθəːrtiwán —/《米税制》1031 条交換《内国歳入法典 (Internal Revenue Code) 第 1031 条に規定されている, 所得税の対象にならない同種財産 (like-kind property) の交換; ⇨ LIKE-KIND EXCHANGE, TAX-FREE EXCHANGE》．

ten·ure /ténjər, -njùər/ n 1《不動産・地位・職などの》保有(権); 保有条件[形態], 不動産保有(条件[態様]), 土地保有条件[態様],《特に》不動産賃借権． ▶ BASE TENURE (不自由不動産保有(権)) / BURGAGE TENURE (都市土地保有) / COTENURE ((不動産)共同保有(権)) / CUSTOMARY TENURE (荘園法不動産権) / DISTURBANCE OF TENURE (不動産保有権妨害) / FEUDAL TENURE (封建的不動産保有条件) / FRANKALMOI(G)N TENURE (自由寄進保有) / FREEHOLD TENURE (自由土地保有(権)) / FREE TENURE (自由不動産保有(権)) / INCIDENT OF TENURE (不動産保有条件に伴う付随条件) / LAND TENURE (土地保有(権)) / LAY TENURE (世俗的不動産保有(条件)) / MESNE TENURE (中間領主からの不動産保有) / MILITARY TENURE (軍事的不動産保有(条件)) / NONTENURE (不保有の答弁) / SECURITY OF TENURE (不動産賃借権の安定) / SOCAGE TENURE (鋤奉仕保有) / SPIRITUAL TENURE (宗教的不動産保有(条件)) / UNFREE TENURE (非自由土地保有(権))． ★ 封建制の下では土地を中心とした封 (fee) は, 主君・領主 (lord) と封建契約を結んだ保有者 (tenant) が lord に対して一定の義務を履行することすなわち奉仕義務 (service) を対価・条件にして, lord から tenant に譲与された. したがって典型的封建制の下ではある人のその支配下にある土地に対する権利は, 封建制のピラミッドの最上位にいる国王の権利を除きローマ法・大陸法的な絶対的所有権ではなく, 常に条件付きの支配権であった. この条件付き権利を所有権と区別して tenure (保有(権)) と呼び, 動詞も own (所有する) でなく hold (保有する) を用いる. また, ある人の封に対する権利の内実を知り確定するためには, その権利がいかなる条件で保有されているか, すなわち軍事的奉仕を条件としているか非自由な隷農的奉仕を条件としているかといった問題が, 決定的に重要である. ここから封建制下での土地法はこの不動産保有条件 (tenure) を中心にして組み立てられることになる. コモンローは, たてまえ上はいまだ英国国王を唯一の絶対的所有権者である最高封主として土地はすべてが国王から直接・間接的に保有している (hold) 形をとっているといっても過言ではない. しかし, 英国では 1660 年法が騎士奉仕 (knight service) を条件にしての保有を廃止し, さらに 1925 年の財産権法 (Law of Property Act) を中心に謄本保有(権) (copyhold) を廃止し, 共に鋤奉仕保有 (socage) にしたゆえに, ごく一部を除いてすべての不動産保有条件 (tenure) は鋤奉仕保有

(socage)になった。このため tenure の意義は以後ほとんどなくなり、代わって主として時間的要素に注目しての不動産権の性質上のあるいは量的制限を基準にした estate (不動産権)という概念が重要となってきて、現在ではほぼこれのみで不動産権は表現されている。なお、米国では植民地時代に tenure 概念が導入されたが、多くの州で廃され、残っている所も英国同様実際上の意義はほとんどない。⇨ ESTATE. **2** 保有[在任]期間, 任期, 在職期間: during one's ～ of office 任期中. ▶FIXED TENURE (法定任期). **3** 《勤務年数など一定条件を満たした教職者・公務員などに与えられる》**在職権**, 身分保障, テニュア. **4** 持つ[つかむ]こと, 保持. **tén·ur·able** *a*   **ten·u·ri·al** /tenjúəriəl/ *a*   **tenúrial·ly** *adv*   〔OF (tenir to hold<L teneo)〕

ténure by divíne sérvice 〖史〗礼拝奉仕保有 《例えば、一定の日に寄進者の霊魂のためミサを捧げるといった確定されている宗教上の奉仕義務を保有者に課している宗教的な不動産保有(条件); 単に divine service ともいう; cf. FRANKALMOI(G)N, LAY TENURE》.

ténure by fránkalmoi(g)n [frée álms] 〖史〗自由寄進保有 (=FRANKALMOI(G)N).

ténure by kníght sérvice 〖史〗騎士奉仕保有 (⇨ KNIGHT SERVICE).

ténure in cápite 〖史〗(不動産)直属保有, (不動産)直接保有《特に国王から不動産を直接保有している関係をいう》.

ténure in vílleinage [víllenage] 〖英史〗隷農保有 (=VILLEINAGE).

term /tə́:rm/ *n* (略 T.) **1 a** 期間; 任期; 刑期: in [over] the long [short, medium] ～ 長[短, 中]期的に(見て) / a president's ～ of office 大統領[学長, 社長]の任期 / for ～s of life 終身, 一生涯. **b** 学期 (cf. QUARTER). **c** (裁判所)開廷期 (=term of court)《現在英国では SITTINGS ((裁判所)開廷期間)の語が用いられる; ⇨ LAW TERM; しかしインズ・オヴ・コート (Inns of Court) では依然としてその学期に当たる語としてこの term の語が用いられているが, 裁判所開廷期間よりは短い》. **d** 《議会の》会期. **e** 《権利の》存続期間, 賃貸借期間, 借地[借家]期間; 定期不動産権 (term of years). **f** 期日, 《支払い・契約などの》期日, 賃貸借期限; [°full ～] 出産予定日, 分娩日. ▶ADDITIONAL TERM (追加開廷期) / ADJOURNED TERM (延長開廷期) / ATTENDANT TERM (残余定期不動産権) / BENEFICIAL TERM (受益期間) / EASTER TERM (イースター(開廷)期) / EPIPHANY TERM (顕現日開廷期) / EQUITY TERM (エクイティー開廷期) / FIXED TERM (固定期) / GENERAL TERM (通常開廷期) / HILARY TERM (ヒラリー(開廷)期) / ISSUABLE TERMS (争点開廷期) / KEEPING TERM (開廷義務遵守) / LAW TERM (裁判所開廷期) / MICHAELMAS TERM (ミクルマス(開廷)期) / MINIMUM TERM (最短刑期) / NONTERM (休廷期間) / OUTSTANDING TERM (残存定期不動産権) / PRIMARY TERM (第一次賃貸借期間) / REGULAR TERM (正規の開廷期) / SATISFIED TERM (目的達成定期不動産権) / SHORT TERM (短期間) / SPECIAL TERM (特別開廷期) / STAGGERED TERMS (期差任期) / STATED TERM (定期開廷期) / TENANCY FOR A TERM (定期不動産権) / TRINITY TERM (トリニティ(開廷)期) / UNEXPIRED TERM (残余期間). **2** ことば, 《特に》用語, **術語**, 専門語: legal [scientific, technical] ～s 法律[科学, 専門]用語. ▶DEFINED TERM (定義された用語) / LAW TERM (法律(用)語). **3 a** [°*pl*] 《支払い・契約などの》**条件** ⟨*of*⟩, 《契約・合意の》**条項**; 要求額, 値段, 料金, 賃金 ⟨*for*⟩: T～s cash. 現金払い / T～s, two dollars a day. 料金 1 日 2 ドル / on even ～s with …と対等で, 五分五分で / set ～s 条件を定める[つける]. **b** [*pl*] 約定, 合意. ▶EXPRESS TERM (明示条項) / FUNDAMENTAL TERM (基本的条項) / IMPLIED TERM (黙示的条項) / INNOMINATE TERMS (無名約定) / INTERMEDIATE TERMS (中間約定) / MATERIAL TERM (重要契約条項) / NONFUNDAMENTAL TERM (非基本的条項) / SHORT TERM (短期料率) / UNFAIR CONTRACT TERM (不公正契約条項) / USUAL TERMS (通例条件). **4** [*pl*] 交際関係, 《親しい》間柄: on bad [equal, good, speaking, visiting] ～s 仲の悪い[同等の, 仲のよい, ことばを交わす程度の, 行き来する]間柄で ⟨*with*⟩. **be in ～s** 談判[交渉, 相談]中. **come to [make] ～s** ⟨人と⟩話がまとまる, 折り合う, 仲直りする ⟨*with*⟩. **keep ～** 《英》インズ・オヴ・コートの学期に当たる開廷期 (term) 中に所定回数その所属インで正餐(せいさん)を取る《現在でもなおこのことが法廷弁護士資格付与 (calling to the bar) の資格要件となっている》.

— *vt* …を…と称する, 名づける (name), 呼ぶ (call).

térm depòsit =TIME DEPOSIT.

térm·er /tə́:rmər/ *n* [°*compd*] **1** 任期[刑期]をつとめる人: a short-～. **2** 《廃》TERMOR.

térm for delíberating 熟慮期間《特に受益者 (beneficiary) が相続その他の承継を受けるか否かを決断するために与えられる期間》.

térm for yéars 定期不動産権, 定期不動産賃借権 (=TENANCY FOR A TERM).

ter·mi·na·ble /tə́:rm(ə)nəb(ə)l/ *a* 終止させることができる, 解約できる, ⟨契約など⟩期限付きの.

términable ínterest 期限・条件付き権利.

términable próperty 期限・条件付き財産権.

ter·mi·nal /tə́:rmən(ə)l/ *a* **1** 終端の, 終末の; 終点の, 終着駅の; 《駅などでの》貨物扱いの. **2** ⟨分割払いなど⟩が最終回の, 最後の. **3** 《医》⟨肺炎・癌など致命的な病気が⟩末期の, ⟨患者が⟩末期症状の: ～ illness 末期の病状. **4** 定期の, 一期間《ごと》の, 期末ごとの. — *n* **1** 《鉄道・バスなどの》終点, ターミナル, 終端駅《のある町》(terminus); エアーターミナル. **2** 末端, 終점. **～·ly** *adv*   [L; ⇨ TERMINUS].

términal cárrier 最終運送人《一つの運送契約の複合運送において最終区間を担当する》.

ter·mi·nate /tə́:rmənèit/ *vt* **1** 終わらせる, 終結させる; …の最後にくる[を締めくくる]; ⟨契約を⟩《特に相手方の

termination

違反以外の理由で)終了[解除]する(cf. CANCEL, RESCIND); 解雇する: ~ a contract 契約(関係)を終了[解除]する. **2** …の境界[終端, 限界]をなす. ― *vi* **1** 終わる, 落着する⟨*at, in, with*⟩. **2** ⟨列車・バスなどの⟩終点になる. **3** 尽きる, 期限切れになる. ― *a* /-nət/ 有限の. [L; ⇨ TERMINUS]

ter·mi·na·tion /tə̀ːrmənéɪʃ(ə)n/ *n* **1** 終了, 終結, 終止, 満了, 打切り;《特に相手方の違反以外の理由に基づく》(契約の)終了[解除]; (権利の)消滅, 廃止,《組合などの》解散: bring…to a ~ = put a ~ to…を終結させる / ~ of contract 契約(関係)の終了[解除]. ▶ EFFECTIVE DATE OF TERMINATION (満了日) / POWER OF TERMINATION (終了権) / PROBATION TERMINATION (保護観察終了) / TAXABLE TERMINATION (課税対象となる世代飛越し移転の終了). **2** 解雇: ~ of employment 雇用関係の終了, 解雇. **3**˝中絶; 結末, 結果; 終点, 終端, 末端, 限界. ― ˝**al** *a*

terminátion cláuse 契約終了[解除]条項《契約の終了条件・時期を規定している条項》

terminátion of paréntal ríghts 親権の終結《養子縁組などによって親の権利や責任が終結すること; cf. PARENTAL RIGHTS》

terminátion of paréntal ríghts hèaring 親権終結審理《通例は子供の養子縁組を可能にする目的で, 親と子の法的関係を断つための審理あるいは裁判手続き》

terminátion of trustéeship 受託者の終了《制定法が定める権能, すべての受益者(beneficiary)の同意, 裁判所の命令のいずれかにより, 受託者(trustee)はその職を解かれる; またその死亡の場合もその職責は終了するが, 複数受託者の一人が死亡した場合は生残者への権利帰属(survivorship)が生じ, 単独受託者の死亡の場合はその人格代表者(personal representative)に引き継がれる》

terminátion procèeding 資格剝奪手続き《人・法人・団体の身分・地位・関係を終了させる行政手続き; 例えば, 資金洗浄(money laundering)で有罪決定された外国銀行あるいはその国内代理機関・支店などに対して行なう》

térm in gróss《相続財産から切り離された》独立定期不動産権 (cf. TENANCY IN GROSS).

térm insùrance 定期(生命)保険 (= TERM LIFE INSURANCE). ▶ DECREASING TERM INSURANCE (逓減定期保険) / EXTENDED TERM INSURANCE (延長定期保険).

ter·mi·nus /tə́ːrmənəs/ *n* (*pl* **-ni** /-nàɪ, -nìː/, **~·es**) **1**《鉄道・バスなどの》終点, 起点, ターミナル; 終端駅(のある町) (terminal). **2** 先端, 末端. **3** 目標, 到達点, 目的地. **4** 境界, 限界; 境界標. [L = end, limit, boundary]

términus ad quém /-æd kwém/《議論・政策などの》到達点, 目標; 最終期限. [L = limit to which]

Ter·mi·nus an·no·rum cer·tus de·bet

es·se et de·ter·mi·na·tus. /tə́ːrmɪnəs ænóʊrəm sə́ːrtəs débət ésɛ ɛt dɛtərmɪnéɪtəs/ 定期不動産権(term of years)は確定的でかつ(期間が)限定的でなければならない. [L = A term of years ought to be certain and determinate.]

términus a quó /-eɪ kwóʊ/ **1**《議論・政策などの》出発点, 起点. **2**《2つ期限のうち》第一期限, 第二の起点. [L = limit from which]

Terminus et [ac] feo·dum non pos·sunt con·sta·re si·mul in una ea·dem·que per·so·na. /―ɛt [æk] fíːdəm nɑn pɑ́sənt kɑnstɛ́ːrɛ síməl ɪn júːnə ɛɛɪdɛ́mkwi pɜrsóʊnə/ 定期不動産権(term)と封土権(fee)は同一人物に同時に帰属しえない. [= Term and fee cannot be vested in one and the same person at the same time.]

térm life insùrance 定期生命保険 (= term insurance)《あらかじめ定めた保険期間中に被保険者が死亡したときに保険金が支払われる生命保険; cf. WHOLE LIFE INSURANCE》

térm lòan ターム・ローン《通例1年以上の特定された返済期限付きの多くは事業資金用の貸付金; 一般的には期限前返済は違約金の対象となる; cf. CALL LOAN》

térm of árt **1** 専門用語, 術語 (= word of art). **2** 職業語, 仲間ことば.

térm-of-árt cànon 専門用語則《制定法解釈における原則で, ある語が特定文脈では専門的ないしは特殊な意味をもつものであり, しかも当該制定法上はそのような文脈で使用されている場合には, その語はその専門的・特殊的意味を有しているものと推定しなければならないというもの》

térm of cóurt 裁判所開廷期 (= TERM).

térm of óffice 任期.

térm of yéars **1** 定期不動産権, 定期不動産借権 (= TENANCY FOR A TERM). **2** 2年以上の期間, 複数年間.

térm of yéars ábsolute 《英》絶対定期不動産権 (= estate for years absolute)《人の死亡以外を終期とする確定的な固定期間の定期不動産権; 1年未満の期間も含む; したがって, 「AにBが生存しているかぎり30年間の賃貸権を譲与する」という場合は, Bの死亡が終期の一つになるので, 該当しない; ⇨ ESTATE》

ter·mor /tə́ːrmər/ *n* 定期不動産権者 (⇨ TERM OF YEARS); 生涯不動産権者 (⇨ LIFE ESTATE).

térm pòlicy **1** 長期保険(証券)《保険期間が1年を超える, 主として損害保険契約(証券)》. **2** 定期(生命)保険 (= TERM INSURANCE); 定期(生命)保険証券.

térm shàre《英》《住宅金融組合(building society)への高金利での》住宅金融組合定期預け入れ金.

térms of réference˝ *pl*《委員会・検査官などへの》付託[委任]事項.

térm·tìme *n* 開廷期[学期](中の時期).

ter·ra /térə, -rɑː/ *n* 土地; 国, 地方. ▶ LEX TERRAE (国法). [L = land]

térra núl·li·us /-nʌliəs/《国際法》**無主地**《いずれの国家の領域にも帰属していない地域; 無主地先占の法理が支配するが, この法理対象の無主地の概念は厳密となっている》. [L=the land of no one]

terre-ten·ant /tέərtènənt, tɔ́ːr-/, **ter·ten·ant** /tɔ́ːr-/ n 現実の**土地占有者**(=land tenant)《**1**》ある土地の現実の占有者 **2**《米》判決債権者(judgment creditor)のリーエン(lien)が判決債務者(judgment debtor)の土地に設定された後のその土地に対する権利の所有者; 例えば, その後のその土地の購入者・譲受人》. [AF *terre tenaunt*＜OF *terre* land＋*tenant* holding]

ter·ri·er /tériər/ n **1**《史》保有地台帳《保有地・保有者・奉仕義務・地代などの明細帳》. **2**《廃》財産目録.

ter·ri·to·ri·al /tèrətɔ́ːriəl/ a **1**《広大な》土地の; 私有[占有]地の. **2** 領土の: the ～ air 領空. **3** 特定領域[地区, 管轄区]の; 指定[担当]区域の. **4** 地方の, 地域的な;《軍》地方守備の,《特に》国防(義勇軍)の; [T-]《米・カナダ・豪》準州の. — n《英》[T-] 国防義勇兵, [the T-s] 国防義勇軍. ～**·ly** adv [L;⇨TERRITORY]

territórial asýlum《国際法》**領土的[領域内]庇護**《一国の領域内に入りその領土主権に基づく庇護を求めること, または庇護を求めた人を庇護すること》.

territórial cláim [°pl]《他国の領地に対する》**領有権の主張**.

territórial cóurt《米》**準州裁判所**《合衆国領土のうち州(state)に属さない準州(territory)に設置された裁判所; ⇨TERRITORY》.

territórial·ìsm n **1** 地主制. **2** 支配者宗教領内宗教主義《1555 年のアウクスブルク宗教和議に典型的に示された, その地域の支配者の宗教がその領内で行なわれるとする考え方・主義》. **3** [°T-] ユダヤ人自治区獲得運動[主義]. **4** 属地主義(=TERRITORIAL PRINCIPLE). **5**《米》《州際私法で準拠法の選択(choice of law)における》属地法主義. **-ist** n

ter·ri·to·ri·al·i·ty /tèrətɔ̀ːriǽləti/ n **1** 領域権, 領土権. ▶ EXTRATERRITORIALITY (治外法権; 域外の管轄権). **2** 領土であること; 領土性, 領土の地位. **3**《国際法》属地性; 属地主義(⇨TERRITORIAL PRINCIPLE). **4** 地域性, 域内性, 内国性. **5** なわばり意識.

territórial jurisdíction **領域的(裁判)管轄権**, 土地管轄《単に jurisdiction ともいう; cf. PERSONAL JURISDICTION, SUBJECT MATTER JURISDICTION》.

territórial láw **属地法**《一定地域内において, 国籍等を問わずすべての人に適用される法; personal law (属人法)に対する語》.

territórial límits *pl* [the ～] **領域**《国家の主権の及ぶ領土・領空・領海》.

territórial prínciple **属地主義**(=territorialism, territoriality)《一般に, **1**) 国家権力は自国領域内に限定して行使するとする主義; ただし, 立法・司法については一定条件の下で域外行使も認められる **2**) 国際私法上,

属人主義に対して, 私法の場所的適用範囲画定について属地法の適用を原則とする主義 **3**) 刑法の場所的適用範囲画定について, 属地法の適用を原則とする主義; すなわち, 犯罪が自国内で行なわれたかぎり何びとに対しても自国刑法を適用するという考え方; この場合 船舶・航空機内はその所属国内として扱う》.

territórial séas *pl* [the ～]《国際法》**領海**《領海の幅(breadth of the territorial seas)としては, 伝統的に基線(baseline)から 3 海里; 1982 年の国連海洋法条約では沿岸国が 12 海里を超えない範囲で設定した海域;⇨CANNON SHOT RULE; cf. INTERNAL WATERS》. ▶ BREADTH OF THE TERRITORIAL SEAS (領海の幅).

territórial sóvereignty《国際法》**領域主権**, 領域権, 領土権, 領有権《一国がその領域に対してもつ排他的権利》.

territórial wáters *pl* [the ～] **領水** (=marine belt, maritime belt)《領海(territorial seas)と内水(internal waters)とを含める》. outside ～ 領水外に[で], (一国の)領有権の及ばない.

ter·ri·to·ry /térətɔ̀ːri; -t(ə)ri/ n《略 T.》**1 a 領域**《領土・領水・領空を含む》, 領土, 領地, 版図. **b**《本国から離れた所にある》**属領, 保護領, 自治領**: a leased ～ 租借地 / Portuguese ～ in Africa. **c** 国の第一級行政区の地位を得ていない行政区分; [T-]《米》**準州**, テリトリー, 連邦領, 連邦統治地域《Guam や米領 Virgin Islands など, いかなる州(state)にも属さず, 独立した立法府を有する地方行政区分; cf. COMMONWEALTH, DEPENDENCY, TRUST TERRITORY》; [T-]《カナダ・豪》**準州**, 連邦直轄地. ▶ BRITISH OVERSEAS TERRITORIES (連合王国海外領) / DEPENDENT TERRITORY (属領) / INDIAN TERRITORY (インディアン準州) / MANDATED TERRITORY (委任統治領) / TRUST TERRITORY (信託統治地域). **2**《外交員などの》受持ち区域, 担当地区;《動物の》なわばり. **3** 土地, 地域. ▶ SCHEDULED TERRITORIES (指定地域). **4**《芸術・科学などの》領域, 分野. [L=land surrounding a town (*dormitorium, praetorium* にならって *terra* から)]

térritory of a júdge《米》《特定裁判所の》**土地管轄** (cf. JURISDICTION).

ter·ror /térər/ n **1**《非常な》**恐怖**; 恐怖の種, 脅威, 恐るべきこと, 恐ろしい人[もの]. **2** 恐怖政治, 恐怖時代; テロ; テロ計画; テロ集団. ～**·ful** a ～**·less** a [F＜L (*terreo* to frighten)]

terrorem ⇨ IN TERROREM.

térror·ìsm n **1**《強制・制圧のための》**組織的暴力[脅迫手段], テロ行為**, テロル, テロ. ▶ BIOTERRORISM [BIOLOGICAL TERRORISM] (生物テロ) / ECOTERRORISM [ECOLOGICAL TERRORISM] (環境テロ) / ENVIROTERRORISM [ENVIRONMENTAL TERRORISM] (環境テロ) / INTERNATIONAL TERRORISM (国際テロ) / STATE-SPONSORED TERRORISM (国家支援テロ行為) / STATE TERRORISM (国家テロ行為). **2** テロ行為による恐怖(状態); 恐怖政治, テロリズム.

térrorism insùrance テロ保険《テロ行為による損害に対する保険》.

térror·ist *n* **1** TERRORISM の信奉[実行]者, 暴力革命主義者, テロリスト. **2** むやみに恐怖を起こさせる人, 人騒がせをする者. — *a* TERRORISTIC.

ter·ror·is·tic /tèrərístik/ *a* TERRORISM [TERRORIST] の. **-ti·cal·ly** *adv*

terrorístic thréat テロによる脅威.

térror·ize *vt* …に恐怖を起こさせる; 威嚇[脅迫]する; 威嚇[脅迫]によって…させる 〈*into*〉. **-ìz·er** *n* **tèrror·izátion** *n* 威嚇, 弾圧.

térror-strìcken, -strùck *a* 恐怖に駆られた, おびえた.

Tér·ry stóp /téri-/《米》テリー事件の停止 (=STOP AND FRISK). [合衆国最高裁判所の判例 *Terry* v. *Ohio* (1968) の原告名から]

tertenant ⇨ TERRE-TENANT.

Tes·sa /tésə/《英》テッサ《Tax Exempt Special Savings Account の略称》.

test /tést/ *n* **1 a** 試験, 検査, 考査, 審査, テスト: an oral ~ 口頭試問 / put…to the ~ …を試験[吟味]する / stand [bear, pass] the ~ 考査[検査]に合格する / a strength ~ 強度試験 / a ~ certificate 検査[試験]合格証. **b** [the T-]《英史》《審査法 (Test Act) による》就任宣誓: take *the T-*《英史》就任宣誓する. ▶ BLOOD GROUPING TEST (血液型検査) / BLOOD TEST (血液検査) / BREATH TEST (酒気検査) / HLA TEST (HLA 検査) / Law School Admission Test (法科大学院入学共通テスト) / LITERACY TEST (識字試験) / MOT TEST (車検) / PATERNITY TEST (父子関係確定検査) / SEROLOGIC(AL) TEST=SEROLOGICAL BLOOD TEST (血清試験) / SALIVA TEST (唾液検査) / SOBRIETY TEST (飲酒検知(法)) / SWEAT TEST (汗検査) / URINE TEST (尿検査). **2 a** 試すもの, 試金石, 試練; 試験の手段. **b**《判断・評価の》基準, 原則. **3** 試験結果, 評価. — *vt* **1** 試す, 試験[検査, 審査, テスト]する; …の価値[真偽など]を判断[検証]する; 分析する. **2** …に《審査法 (Test Act) などによる》宣誓を求める. — *vi* (…の有無に)試験[検査, 審査, 調査]する 〈*for*〉; 試験[検査]される, 試される; テストの結果[成績]が…と出る[判定される]: John ~ed positive [negative] for a prohibited drug. 禁止薬物の検査で陽性[陰性]反応を示した.

test. testament ♦ testamentary ♦ testator ♦ testimonial ♦ testimony.

tést·able *a* **1**〈仮説などが〉試された, 検証された. **2 a** 遺言能力がある. **b** 遺言で譲ることのできる. [cf. TESTATE]

Tést Àct [the ~]《英史》審査法《すべての文官・武官に対して官吏就任の際に国王への忠誠, 国王至上性の承認, 国教会での聖餐, カトリックの化体説への反対を義務づけた 1673 年の法律; カトリック教徒が公職に就くのを妨げることを主目的にしたが, 非国教徒にも大きく影響した; 1828 年実質的に廃止; cf. CORPORATION ACT》.

tést àction テスト訴訟, 試験訴訟 (=TEST CASE).

tes·ta·cy /téstəsi/ *n* 遺言してあること, 有言遺言 (cf. INTESTACY).

tes·ta·ment /téstəmənt/ *n* **1**《動産》遺言(ごん)(ごん); 遺言書《本来は不動産遺言を意味する WILL に対して, 動産・人的財産 (personal property) についての遺言; しかし現在は区別なく使う場合も多いが, 通例 one's LAST WILL AND TESTAMENT という; cf. BEQUEST, DEVISE》: make one's ~ 遺言(書)を作成する. ▶ INOFFICIOUS TESTAMENT (道義や自然の愛情を無視した遺言) / LAST WILL AND TESTAMENT (最終遺言書) / MILITARY TESTAMENT (軍人遺言) / MUTUAL TESTAMENT (相互遺言(書)) / MYSTIC TESTAMENT (秘匿遺言(書)) / OFFICIOUS TESTAMENT (道義や自然の愛情に基づく遺言) / SECRET TESTAMENT (秘匿遺言(書)). **2**《古・聖書》《神と人との間の》契約, 聖約; [the T-] (旧約[新約])聖書; [the T-]《口》新約聖書: New T~ 新約聖書 / Old T~ 旧約聖書. **3**《有形の》証拠, あかし(となるもの) 〈*to*〉. **4** 信仰告白, 信念[信条]表明. [L *testamentum* (⇨ TESTATE); 'covenant' の意は Gk *diathēkē* のラテン訳]

tes·ta·men·tal /tèstəméntl/ *a* TESTAMENTARY.

Tes·ta·men·ta la·tis·si·mam in·ter·pre·ta·ti·o·nem ha·be·re de·bent. /tèstəméntə lætísimæm ɪntɜrprɪtæʃíounɛm hæbíːrɛ débənt/ 遺言は最広義に解釈されるべきである. [L= Wills ought to have the broadest interpretation.]

tes·ta·men·ta·ry /tèstəmént(ə)ri/ *a* **1**《動産》遺言の[に関する]. **2**《動産》遺言による; 遺言で指定された, 遺言によって定められた.

testaméntary capácity《動産》遺言能力 (=disposing capacity)《法的に有効な《動産》遺言をなすための判断能力》.

testaméntary cláss 未確定遺言受益者《遺言中になんらかの類概念でくくられた人びとで, 遺言作成時には数は未確定であるが将来確定することになる, 遺言によって均等ないしは一定割合で遺贈を受ける人びと; 例えば遺産の 3 分の 1 を生存している孫に均等に, という場合の生存する孫たち》.

testaméntary dispositíon《死亡により初めて発効する》遺言による財産処分, 死因(財産)処分: make ~s 遺言により遺産を処分する.

testaméntary expénses *pl* 遺産管理費《遺産管理に際し死者の人格代表者 (personal representative) が負担した費用》.

testaméntary fréedom 遺言の自由 (=freedom of testation)《みずからの財産を自由に遺言で処分できるという原則; 現実には種々の法的制限がある》.

testaméntary gíft 遺贈, 死因贈与《遺言による贈与; 死亡によって初めて発効する; cf. GIFT CAUSA MORTIS, GIFT INTER VIVOS》.

testaméntary guárdian 遺言指定後見人《死亡した親によって子などのために遺言で指定された後見人》.

testaméntary héir《大陸法》遺言による相続人

(=heir testamentary).

testaméntary inténtent 遺言意思 (=animus testandi, testamentary intention)《遺言が有効となるために不可欠の, 遺言者が特定の遺言をなすという自由意思; 脅迫・詐欺などによる遺言が無効になるのはこの意思が欠けているゆえである; cf. INTENTION OF TESTATOR).

testaméntary inténtion" 遺言意思 (=TESTAMENTARY INTENT).

testaméntary pówer (of appóintment)《遺言により設定された》遺言による権利帰属者指名権 (⇨ POWER OF APPOINTMENT).

testaméntary trúst 遺言信託《遺言で設定され, したがって信託設定者である遺言者の死亡により効力の発生する信託; cf. INTER VIVOS TRUST, LIVING TRUST).

testaméntary trustée 遺言受託者《遺言により指名された受託者, または遺言により設定された信託の受託者).

tes·ta·men·ti fac·tio /tèstəméntài fǽkʃiou/ 『ローマ法』遺言作成能力 (=factio testamenti)《**1**) 能動的遺言権, すなわち遺言を作成できる能力 **2**) 受動的遺言権, すなわち遺言によって相続人・受遺者として指名される能力 **3**) 遺言の証人となれる能力). [L=capacity to make a testament]

tes·ta·men·tum /tèstəméntəm/ n (pl -ta /-tə/) 『ローマ法』遺言. [L=testament]

Testamentum om·ne mor·te con·sum·ma·tum. /— ámnə mɔ́ːrtɛ kànsəméitəm/ 遺言はすべて死亡により完成される. [L=Every will is consummated by death.]

tes·tate /téstèit, -tət/ a (cf. INTESTATE, TESTABLE) **1**《法的に有効な》遺言を残した: die ~ 遺言を残して死ぬ. **2**《財産が》遺言により処分される: a ~ estate. — n 遺言者 (testator). [L (pp) *testor* to be a witness]

téstate succéssion 遺言による承継 (cf. INTESTATE SUCCESSION).

tes·ta·tion /testéiʃ(ə)n/ n **1** 遺言による遺産処分, 死因贈与, 遺贈; 遺言による遺産処分権, 遺贈権. ▶ FREEDOM OF TESTATION (遺言の自由). **2**《廃》認証, 証明 (attestation);《廃》遺言, 証拠 (witness, evidence).

tes·ta·tor /testéitər, ⊥⊥⊥/ n 遺言者 (=testate) (cf. INTESTATE). ▶ INTENTION OF TESTATOR (遺言者の意図).

Tes·ta·to·ris ul·ti·ma vo·lun·tas est per·im·plen·da se·cun·dum ve·ram in·ten·ti·o·nem su·am. /tèstətóuris áltimə pèrimpléndə sɛkándəm víːræm intɛnʃiounəm súːæm/ 遺言者の最終意思はその真の意図に従って完全に成就されるべきである. [L=The last will of a testator is to be thoroughly fulfilled according to his/her true intention.]

tes·ta·trix /testéitriks, ⊥⊥⊥/ n (pl -tri·ces /tɛstéitrəsìːz, tɛstətráisiz/) 女性の遺言者.

tes·ta·tum /testéitəm/ n **1**『史』《捺印証書 (deed) などの》本文《かつてこの語から本文である法律行為表示部 (operative part) が始まったのでこういう; 現在では Now this deed witnesseth that.... あるいは単に witnesseth: that... と表記することから, WITNESSING PART とも呼ぶ; ⇨ WITNESSETH). **2**『史』裁判地外執行令状 (=TESTATUM WRIT). [L=testified]

testátum wrìt [bìll] 『史』裁判地外執行令状《裁判地外に被告ないしは被告の財産がある場合に, 裁判地執行令状 (ground writ) に次いで発せられた執行令状 (writ of execution); 単に testatum ともいう; ⇨ GROUND WRIT).

tést bàn 核実験禁止(条約)《特に 1963 年に発効した大気圏内, 宇宙空間および水中における部分的核実験禁止条約).

tést càse 1 試験訴訟, テスト訴訟, テストケース (=test action)《同様の事実・証拠に基づく訴訟, 同様の法律上の問題を提起している訴訟, 共通の原告・被告の訴訟が複数ある場合に, そのうちの一つを選んで裁判所の判断を求めるもの; 組織・団体が最高裁判所の憲法判断を求め, 訴訟当事者を支援して行なう場合も多い). **2** 友誼的訴訟, テストケース (=AMICABLE SUIT). **3**《一般に》先例となる[初めての]事例, テストケース.

tes·te /tésti/ **1** 証人...によって; ...により認証《teste meipso (私自身証人となって, 私自身の認証により) などと用いられた). **2**《文書, 特に令状の》認証者欄, 終結部《文書の最後に, 証人名を記し認証する部分). [L=tested by]

Tes·ti·bus de·po·nen·ti·bus in pa·ri nu·me·ro, dig·ni·o·ri·bus est cre·den·dum. /téstibəs dìːpounéntibəs in péiri nǽmərou dìgniɔ́ːribəs ɛst kridéndəm/ (両当事者側に)証人が等しい数証言をする場合には, よりふさわしい者が信じられるべきである. [L=When the witnesses have deposed in equal number (on each side), the more worthy are to be believed.]

tes·ti·fy /téstəfài/ vi **1** 証言する, 証人となる 〈to a fact〉; 宣誓証言をする: ~ before court 法廷で証言する / ~ to [against]...に有利[不利]な証言をする. **2**《事実などが...の》証拠となる 〈to〉. **3**《自己の信念を》宣言する. — vt **1** 証言する, ...の証人[証拠]となる, 証明[立証]する;《法廷などで》宣誓証言する. **2**《古》《信念などを》宣言する, 公言する;《同意・希望・遺憾などの意を》表する, ...の証拠を示す: ~ one's regret 遺憾の意を表明する. **tés·ti·fi·er** n **tes·ti·fi·cá·tion** n

téstify·ing éxpert 証言依頼予定専門家《一方当事者(の一人)によって証人として指名したいと考えられている専門家).

tes·ti·mo·ni·al /tèstəmóuniəl/ n **1** 証明, 証言;《人物・資格・品質などの》証明書; 推薦状. **2** 感謝状, 表彰状, 賞状; 感謝のしるし. — a **1** 証言の, 証明の, 証拠になる. **2** 感謝の, 表彰の. **~·ly** adv

testimónial évidence 証言証拠 (=communicative evidence, oral evidence) 《証言から得られる証拠; cf. DEMONSTRATIVE EVIDENCE, REAL EVIDENCE, TESTIMONY》.

testimónial immúnity 強要された証言に伴う刑事免責《官憲により強要された証言をその証言をした人に不利になる形で利用することからの刑事免責》.

testimónial incapácity 証言能力欠如, 証人能力欠如.

testimónial prívilege 証言拒否特権《特権を主張しての証言拒否権; 証人は一般にみずからの知るところを開示する義務を負っているが, その義務を回避しうる特権》.

tes·ti·mo·ni·um /tèstəmóuniəm/ n 証明文言 (⇨ TESTIMONIUM CLAUSE). [L=testimony, witness]

testimónium clàuse 証明文言《文書, 特に遺言 (will) の末尾の部分で, 当該文書の真正性を証明して署名年月日と共に署名している文言; 伝統的には In witness whereof (このことの証明として) という文言で始まる; 単に testimonium ともいう; cf. ATTESTATION CLAUSE》.

tes·ti·mo·ny /téstəmòuni; -məni/ n **1** 証言, 《法廷での》宣誓証言 (=personal evidence) (cf. TESTIMONIAL EVIDENCE); 《広く》言明; 《宗教体験・信念の》告白, 宣言, あかし: A witness gave ~ that... 一人の証人が…という証言をした / call sb in ~ 人を証人に立たせる / bear ~ 証言する ⟨to⟩. ▶ AFFIRMATIVE TESTIMONY (確言的証言) / BILL TO PERPETUATE TESTIMONY (証言の証拠保全訴状) / CUMULATIVE TESTIMONY (重複証言) / DROPSY TESTIMONY (落とし物証言) / EXPERT TESTIMONY (専門家の証言) / FALSE TESTIMONY (不実証言) / FORMER TESTIMONY (以前の証言) / INTERPRETED TESTIMONY (通訳を介しての証言) / LAY OPINION TESTIMONY (素人の意見に基づく証言) / MEDIATE TESTIMONY (媒介的証言) / NEGATIVE TESTIMONY (消極的証言) / NONVERBAL TESTIMONY (非言語証言) / OPINION TESTIMONY (意見に基づく証言) / PERPETUATING TESTIMONY (証言の証拠保全) / POSITIVE TESTIMONY (実証的証言) / REPUTATION TESTIMONY (評判についての証言) / WRITTEN TESTIMONY (書面化された証言). **2** 証拠, しるし, 証; 証明, 考証: ~ to [against] sb's character 人物[不品行]の証明 / produce ~ to [of] one's statement みずからの陳述の証拠を提出する / bear ~ that...ということをはっきり示している.

téstimony de béne ésse 条件付きの証言《通常は死が迫っている証人など審理の時まで待っていては得られなくなる危険のある人の証言をあらかじめ取っておき, 定められた審理の日に出廷できない場合に備えておくもの; cf. DE BENE ESSE, DEPOSITION DE BENE ESSE》. ▶ BILL TO TAKE TESTIMONY DE BENE ESSE (条件付き証言聴取訴状).

tes·tis /téstəs/ n (pl -tes /-tìːz/) 証人 (witness). [L]

Test·moi·gnes ne poent tes·ti·fi·er le ne·ga·tive, mes l'af·fir·ma·tive. /tɛstmwænjeɪ nə pi tɛstifieɪ lə nɛɡætiv meɪ læfirmætiv/ 証人は否定命題につき証言することはできず肯定命題につき証言せねばならない. [law F=Witnesses cannot testify to a negative, but they must testify to an affirmative.]

tést òath 審査宣誓 (=OATH OF ALLEGIANCE).

téthing-pénny n TITHING-PENNY.

TEU °Treaty on European Union 欧州連合条約.

text /tékst/ n **1** 《注釈・さしえ・付録・表紙などに対して》本文, テキスト. **2** 原文, 文, 字句, 文言(蕊); 《校訂した》本文, 版(本); 《発言者の》話したとおりのことば(の記録), 発言録: the original ~ 原文. **3** 典拠, 出典. **4** 《討論などの》題目, 主題. **5** TEXTBOOK.

téxt·bòok n 教科書, 教本, 教則本; 《特定領域についての法の体系的な》概説書; ⟨a⟩ 教科書的な, 模範[典型]的な.

téxtbook dìgest 法典拠要約書《特定分野の法を典拠を示しつつも, その批判や矛盾点の説明・解決のための議論をほとんどないしは全くせずに要約したもの》.

thal·as·soc·ra·cy /θæləsákrəsi/ n **1** 制海権. **2** 制海権をもつ王国, 海洋帝国. [Gk thalassa sea]

tha·las·so·crat /θəlǽsəkræt/ n 制海権をもつ者.

thal·weg /táːlvèɡ, -vèɪk/ n **1** 《地理》凹線(鷲), 谷線, 谷みち. **2** 《国際法》《国境線となる》河川主要航行水路の中央線 (⇨ RULE OF THE THALWEG). ▶ RULE OF THE THALWEG (国境線河川主要航行水路中央線の準則). [G]

Tháy·er presúmption /θéər-, θéɪər-/ セアの推定《一方当事者に不利な推定事実で, したがってその当事者にその推定の反証を許さなければならないが, しかしなおその当事者に立証責任を移すほどではない推定; 米国連邦裁判所の民事訴訟における推定は大部分このような推定であると解釈されている; cf. MORGAN PRESUMPTION》. [James B. Thayer, A Preliminary Treatise on Evidence (1898)]

theft /θéft/ n 《広く他人の動産の》盗み, 盗(ぬ) (cf. LARCENY, ROBBERY); 窃盗(罪) (=LARCENY). ▶ CYBERTHEFT (コンピューター窃盗) / GRAND THEFT (大窃盗) / IDENTITY THEFT (同一性窃盗) / PETTY [PETIT] THEFT (小窃盗). [OE thīefth, thēofth]

théft-bòte /-bòut/ n 《史》窃盗宥恕(ぬ)《盗みを受けた者が訴追しないことを条件に盗品返還を受けたり金品を受けること; 犯罪となった》.

théft by decéption 詐術を用いての盗.

théft by extórtion 強要による盗.

théft of próperty lóst, misláid, or delívered by mistáke 遺失物・置き忘れ物・誤認物の盗.

théft of sérvices 《詐術・脅迫・強要などによる, 他人の》役務(ぬ)の盗.

théft of wíld créatures 野生の生き物の盗《飼い馴らされてはいないあるいは通例は飼育されていない野生動物を盗むこと; ただしその動物が別の人によりあるいは別の人

Thel·lus·son /téləs(ə)n/ テラソン **Peter ~** (1737–97)《フランス生まれの英国商人；財産を家族に遺贈し，もそれらの収益は死亡時に生存している息・男孫・男曾孫の生存中積み立てられ，生残者死亡時に3人の息の長男子に3分して渡るよう定めたが，その遺言の有効性をめぐり法律論争が起きた；遺言そのものは有効とされ (1799), 1805年貴族院により承認されたが，テラソン法 (Thellusson Act) (1800) が成立して，永久収益積立て禁止の準則 (rule against accumulations) が定められ，不当に長期の収益積立てが禁止された》．

Thél·lus·son Àct [the ~]《英史》テラソン法 (= STATUTE OF ACCUMULATIONS).

then /ðén/ adv **1 a** その時，当時: ~ and there = there and ~ その場で，直ちに. **b** それから，そのあと；次いで（は）．**2** そういうわけで，（それ）では，さて；（しばしば if, when と相関的に）それなら（ば），その場合（に）は. **3** そのうえ，それにまた. ― a その時の，当時の: the ~ king 当時の国王.

thence /ðéns/《文》adv **1** そこから；その時から；その時以来. **2** それゆえ，かくて. **~ down the** RIVER.

the·oc·ra·cy /θiákrəsi/ n **1** 神権政治, 神政 **(1)** 神の直接指図に基づくと称する国政, ないしは神意を託宣すると称する神官〔祭司〕階級による国政 **2)** 神意を体現していると主張する統治者による国政）．**2**. 神政国.［Gk］

The·o·do·si·an /θi:ədóʊʃ(i)ən/ a **1** (東ローマ皇帝) テオドシウス1世[2世]の. **2** テオドシウス法典 (Codex Theodosianus) の.

théory of láw 法理論 **(1)** 法学, 特に法の本質論 **2)** ある事件が基礎を置いている法的前提, あるいは法原則）．
▶ COMMAND THEORY OF LAW (法命令説) / IMPERATIVE THEORY OF LAW (法命令説) / INTERPRETIVE THEORY OF LAW (法解釈説) / PREDICTIVE THEORY OF LAW (法予言説) / PURE THEORY OF LAW (純粋法学).

théory-of-pléading dòctrine《米区》訴答での法律構成拘束の法理, 訴答理論拘束の法理《米国の民事訴訟でのかつての法原則で, 訴答で主張した法律構成に正確にのっとって事実を証明すべきであるという原則で. したがってその法律構成からはずれた場合には, 別構成をとれば勝訴しえた場合であっても, 敗訴することになった；現在では用いられていない》．

théory of (the) cáse [the ~] 事件についての法理論的整序《訴訟の一方当事者が勝訴判決を得る目的で構成する法原則と事実双方についての総合的な整序；cf. CAUSE OF ACTION》．

ther·a·peu·tic abórtion /θèrəpjú:tik-/《母体の生命・健康維持のための》治療的流産．「ING．

therapéutic clóning 治療クローニング (⇨ CLON-

therapéutic prívilege 治療上の特権《例えば患者がそれを知ると深刻な意気消沈に陥りその結果直接かつ重大な危害が生じうると思われるときには, 医者はその情報の開示を控えることが許されるという特権》．

therapéutic relíef 治療的救済《被告に損害賠償金を支払わせる代わりに, なんらかの治療的手段を要求する救済で, 特に和解 (settlement) 手続きで用いる；例えば, 雇用上の差別を行なった会社である被告に対して担当者に感受性訓練 (sensitivity training) を受けさせるなど》．

thére·abòut(s) adv その辺[近所]に；その時分, そのころ；およそ, それくらい.

thère·áfter adv その後, それ以来.

thère·át adv そこで[に]；その時；その(理由の)ために.

thère·bý adv それによって, その方法によって；その結果, そのために；それについて, それに関して.

thère·fór adv **1** その[この]ために. **2** その代わりに.

there·fore /ðéərfɔ:r/ adv （それ）ゆえに, それ[これ]によって；その結果.

thère·fróm adv そこから, それ[これ]から.

thère·ín adv その中に, そこに；その点[時点]で.

thère·in·áfter adv《法律文書・演説などの》後文に, 以下に.

thère·in·befóre adv 前文に, 以上に.

thère·in·únder adv …標題下で[に].

thère·óf adv それの, それについて[のこと]から, その原因[理由]から.

thère·ón adv それに, そのうえに；それについて.

thère·tó adv それに(対して[加えて]), それへ, そこへ.

there·to·fore /ðèərtəfɔ́:r/ adv それ以前に, その前に, その時まで.

thère·únder adv その下に, 以下で, 以下に；そこに述べられた条件のもとで, それに従って.

thère·únto adv THERETO.

thére·upòn /, ――― ――/ adv **1** そこで；そこに直ちに, それに引き続き. **2** それゆえに, その結果 (therefore). **3** そのうえに；それについて, それに関して (thereon).

thère·wíth adv それと共に；そのうえ, それに加えて；その方法[手段]で, それをもって；そこで(直ちに).

thes·mo·thete /θézməθi:t/ n **1**《古ギリシア》テスモテテス（アテナイで, 法律を担当した6人の下位のアルコン (archon) の一人）．**2**《広く》立法者.［Gk］

Thíb·o·daux abstèntion /tíbədoʊ-, tì:bədóʊ-/《米》ティボドー事件型の裁判権行使回避《公的に重要でかつ困難な争点について, もしそれを連邦裁判所が判断してしまうと結果的に州と連邦との間に不必要な軋轢が生じる可能性がある場合に, 連邦裁判所が裁判権行使を控え州裁判所に判断を委ねること；1959年の判例 Louisiana Power & Light Co. v. City of Thibodaux から》．

thief /θí:f/ n (pl **thieves** /θí:vz/) 泥棒, ぬすっと, こそ泥, 盗人(ぬすっと), (盗)賊, 窃盗犯, 盗犯《人》: a petty ~ こそ泥. ▶ COMMON THIEF (窃盗常習犯) / INFANGTHIEF (領内逮捕盗犯処罰権) / OUTFANGTHIEF [UTFANG-THIEF] (領外逮捕盗犯処罰権).

thieve /θí:v/ vt 盗む (steal). ― vi 盗みをはたらく, 窃盗を犯す.

thín capitalizátion 低額資本出資《典型的には別の法域で設立された会社がその親会社からの借入金を得

thin corporátion 〖米〗**低額資本会社**《税法上の理由から, 営業規模のわりに過少資本しかもたず不足分を株主などの貸付けで補っている会社; 1958年の内国歳入法典 (Internal Revenue Code) 以後税法上の理由はなくなった》.

thing[1] /θíŋ/ *n* **1**《一般に》物, 事物. **2**[*pl*] 所持品, 携帯品; [*ᵁpl*] 衣服《主に 外套》, 外出着; [*ᵁpl*] 家財, 道具, 器具, 食器類. **3**[*pl*] 財産, 有体物 (cf. CHOSE, RES): ~ *s* mortgaged (讓渡)抵当物. ▶ CORPOREAL THING (有体物) / DANGEROUS THINGS (危険物) / INCORPOREAL THING (無体物) / LAW OF THINGS (物の法) / REAL THINGS (物的財産). 〔OE=assembly〕

thing[2] /θíŋ, θíŋk, tíŋ/ *n* [ᵒT-] DING. 〔ON〕

thíng in áction 訴訟による実現可能財産, 無体動産 (=CHOSE IN ACTION).

thíngs pérsonal *pl* 人的財産, 動産 (=PERSONAL PROPERTY).

thíngs réal *pl* 物的財産, 不動産 (=REAL THINGS).

thín skúll rúle [príncipe] こわれやすい頭蓋の準則[原則] (=EGGSHELL SKULL RULE [PRINCIPLE]).

third /θə́ːrd/ *a*《略 3d, 3rd》 **1** 第3の, 3番目の; 3等の. **2** 3分の1の: a ~ part 3分の1. ― *n* **1** 第三, 第三位;《月の》3日; [*pl*]〖商〗三等品;*〖俗〗過酷な取調べ (third degree). **2 a** 3分の1. **b** [*pl*]《まれ》寡婦遺留動産《寡婦に与えられるべき無遺言死亡の夫の動産の1/3; cf. DOWER》. **c** [*pl*] 寡婦産 (dower). ― *adv* 第三に, 3等で: finish ~ 3着になる.

Third Améndment [the ~]〖米〗**合衆国憲法第3修正**《兵士の民家宿営強制は平時は禁止, 戦時は特別の法律によってのみ許可するとした条項; 1791年, 権利章典 (Bill of Rights) の一部として成立》.

thírd·bòrough, thríd·bòrrow *n*〖英史〗十人組の組長;《村落共同体あるいは荘園の》小治安官 (petty constable).

thírd degrée [the ~] **1**《同一犯罪類型の中での》**第三級**. ▶ MURDER IN [OF] THE THIRD DEGREE (第三級謀殺). **2***過酷な取調べ,《警察による》拷問: give sb [get] *the ~*.

thírd-degrée *a*〈特に罪状などが〉第三級の: THIRD-DEGREE MURDER. ― *vt* *過酷に取り調べる.

thírd-degrée múrder 〖米〗**第三級謀殺** (=murder in [of] the third degree, murder three)《コモンロー上は謀殺 (murder) を構成しない行為の結果から生じた殺人で, 第一級・第二級謀殺よりは凶悪の程度が低い制定法上の謀殺; ⇨ MURDER; cf. FIRST-DEGREE MURDER, SECOND-DEGREE MURDER》.

thírd estáte [the ~, ᵒthe T- E-]〖史〗**第三身分**《中世ヨーロッパの三身分のうちの最下位で, 聖職者・(世俗)貴族を除く平民, 特に市民》.

thírd márket〖証券〗**第三市場**《証券の店頭市場》.

thírd párty 1《当事者以外の》**第三者. 2**《二大政党政界の》**第三政党**.

thírd-párty *a* 第三者の; 第三政党の. ― *vt*《俗》第三者を被告として訴訟に引き込む.

thírd-pàrty áction 第三者への訴訟《当該訴訟で直接訴えの対象になってはいないが, 原告の請求の全部または一部に対して被告に対して責任を負っていると考えられる者をその訴訟の一部として被告が訴える, 主たる訴えとは別の訴訟; 損害賠償責任の補償の時や共同債務者・不法行為者が他人の負担部分まで支払った者がその他人に対する求償の時などに生じうる》.

thírd-pàrty benefíciary《契約当事者ではない契約上の》**第三受益者,**《他人間の契約からの》受益者である第三者.

thírd-pàrty benefíciary còntract 第三受益者のための契約《直接に第三受益者 (third-party beneficiary) のための契約; 米国のほとんどの州では, 第三受益者が契約当事者を相手どって直接その違反を訴えることが認められている》.

thírd-pàrty chéck 第三者への裏書小切手《例えば, 顧客の小切手を受取人 (payee) がみずからへの納入業者に裏書譲渡するように, 受取人が別人に裏書譲渡する小切手》.

thírd-pàrty cláim 1 第三者被告に対する請求《第三者被告引込みの訴え (third-party complaint) において引き込んだ第三者に対する請求; cf. COUNTERCLAIM, CROSS-ACTION, CROSS-CLAIM》. **2 第三者による請求**《訴訟当事者以外の第三者で被害を被った者が提起する請求; 例えば被告のものとして差し押さえられた物件に対して第三者がみずからに権利があると主張する場合や, 労働者災害補償保険 (workers' compensation insurance) の第三者である受取人が保険者あるいは被保険者に対してなす保険金請求》.

thírd-pàrty compláint《被告による》**第三者被告引込みの訴え**.

thírd-pàrty consént 第三者の同意《例えば, 共同利用者の一方の名義で賃借しているアパートが家宅捜索を受けるような場合に, 他方共同利用者が与えるその捜索への同意のように, 官憲の捜索など他人の権利・利害に関係する政府の行為に対する同意; この同意は同意者が対象物に対する共同権利に基づいてなされたものでなければならない; ⇨ COMMON-AUTHORITY RULE》.

Thírd Pàrty Dèbt Òrder〖英〗**第三者に対する債務支払い命令**《かつて債権(仮)差押命令 (garnishee order) と呼ばれていた命令で, 1998年の民事訴訟手続き規則 (Civil Procedure Rules) で改められたもの; 判決債務者 (judgment debtor) に対して債務を負っているあるいは判決債務者のために金銭を保有している第三者に対して判決債権者 (judgment creditor) に金銭の支払いを命じる裁判所命令》.

thírd-pàrty deféndant《最初の被告により訴訟に引き込まれた》**第三者被告** (cf. THIRD-PARTY COMPLAINT, THIRD-PARTY PLAINTIFF).

third-party diréctions *pl* 《英史》第三者に対する訴訟手続きでの指示《かつて第三者に対する訴訟手続き (third-party proceedings) において、被告が出した第三者への通知 (third-party notice) が送達された後に被告がこの第三者への指示手続きのための召喚状 (summons) を発給してもらい、その召喚状による審理過程で本格的な手続きに入った；この手続きは 1998 年の民事訴訟手続き規則 (Civil Procedure Rules) により、民事訴訟手続き規則第 20 部の訴権 (Part 20 claim) に代わっている》.

third-party insúrance 第三者保険 (=LIABIL-ITY INSURANCE) (cf. FIRST-PARTY INSURANCE).

third-party nótice 《英史》第三者への通知《かつての第三者に対する訴訟手続き (third-party proceedings) の冒頭に、被告からその手続きの相手方になる者に出した通知；この通知の送達後に手続きが開始された；1998 年の民事訴訟手続き規則により第三者に対する訴訟手続き自体が民事訴訟手続き規則第 20 部の訴権 (Part 20 claim) に代わっている》.

third-party pláintiff 第三者引込みの訴えをした被告《第三者を訴訟に引き込みたい旨の訴答を提出した被告；引込みの訴えにとっては原告 (plaintiff) となるのでこの語が用いられる；cf. THIRD-PARTY COMPLAINT, THIRD-PARTY DEFENDANT》.

third-party práctice 第三者の訴訟への引込み (=IMPLEADER²).

third-party procédure 第三者の訴訟への引込み (=IMPLEADER²).

third-party procéedings *pl* 《英史》第三者に対する訴訟手続き《かつて民事訴訟の被告がその訴訟の当事者になっていない人に対して提起した訴訟手続き；1998 年の民事訴訟手続き規則 (Civil Procedure Rules) により現在は民事訴訟手続き規則第 20 部の訴権 (Part 20 claim) という名称に代わっている》.

third-party récordkeeper 第三者記録保持者《当事者のための会計上の記録を保持している者で、公認会計士や銀行などがこれに当たる；当事者の税務調査に関連してその保管記録を提出させられることがある；その場合当事者には通知を得かつ争う権利が認められている》.

third-party stánding 第三者の訴訟担当適格《ある権利または利益について実質的帰属主体である本人以外の者が自己の名で訴訟当事者として訴訟を追行する権利・資格；cf. BATSON CHALLENGE, STANDING》.

third pérson 第三者 (third party). ▶ CONTRACT FOR THE BENEFIT OF A THIRD PERSON (第三者のためにする契約).

third posséssor 《大陸法》第三占有者《譲渡抵当 (mortgage) によって担保されている債務につきみずからは責任を負っていない譲渡抵当物件取得者》.

third quárter 第三四半期.

third réading《議会》第三読会(読)《英国では、委員会での審議の報告を受けた議案を採否に付す前に議院全体で審議し投票に付す、議院としての最終段階；米国では、第二読会 (second reading) を経て浄書された議案を議院で名称だけ読み上げ、投票に付す議院としての最終段階；⇨ READING》.

thirl /θə́ːrl/ *n*《スコットランド》THIRLAGE.

thírl·age *n*《スコットランド史》**1**《一定の土地からの穀物を特定水車場で製粉し、利用料を支払うように義務づけた》水車利用義務《1800 年法で穀物での物納に代わった》．**2** 水車利用料.

Thírteenth Améndment [the ~]《米》合衆国憲法第 13 修正《奴隷制を禁止し、意に反する苦役を犯罪に対する処罰以外に禁止した条項；1865 年成立》.

30(b)(6) depositíon /θɔ́ːrtibíːsíks ―/《米》連邦民事訴訟手続き規則第 30 条 (b) (6) 項の証言録取書《連邦民事訴訟手続き規則 (Federal Rules of Civil Procedure) の下で会社のような機関がその指名を受けた代表により行なう証言の録取書》.

thirty-dáy [30-day] létter《米税制》30 日レター、更生予定通知書《内国歳入庁 (Internal Revenue Service) の調査あるいは納税者側の還付請求却下の結果として納税者に送付される書面で、納税者が 30 日以内に改めて不服手続きをとらなかった場合には更正通知書が送付されることを予告するもの；cf. NINETY-DAY LETTER》.

Thírty-nine Árticles *pl* [the ~]《英国教》三十九箇条《1563 年(最終的には 1571 年)に定められたイングランド教会の信仰箇条；現在もなお聖職に就くときにはこれに同意する旨を表明せねばならないが、1865 年以来一部ゆるめられている；⇨ ARTICLES OF FAITH》.

thirty-yéar rúle《史》30 年準則《公文書 (public record) ないしは国家文書 (state paper) の公開に関する原則で、それらは原則最低 30 年間(場合によってはそれ以上の期間)を経た後でなければ情報公開しないというもの；米国では連邦法として 1966 年に、英国でも 2000 年に情報自由法 (Freedom of Information Act) が成立し、例外はあるが公的機関の有する情報への一般的開示請求権を保障したので、この準則は現在では意味を失っている》.

thís dáy síx [thrée] mónths《英議会》6[3]か月後のこの日に《法案審議の第二読会 (second reading) の予定日をこのように設定すること；その時には議会会期は終了しているはずであるので、'to read the Bill ~' (その法案を 6[3] か月後のこの日に議会にかけること) とは事実上その法案は廃案にするという意味になる；'never' の議会での婉曲法》.

threat /θrét/ *n* おどし、脅迫、威嚇；脅威: make ~ おどす / confess under ~ of imprisonment 投獄するぞとおどされて自白する. ▶ TERRORISTIC THREAT (テロによる脅威) / TRUE THREAT (真の脅迫).

thréat·en *vt* おどす、脅迫する、威嚇する；…する[…を実行する]と言っておどす；…するおそれがある 〈*to do*〉；おびやかす、…にとって脅威となる: ~*ed* me with dismissal 首にするぞとおどした / ~*ed* to kill me 殺すぞとおどした / ~ a strike ストを打つぞとおどす. ── *vi* おどす、脅迫する、威嚇する. **~·er** *n* **~·ing** *a*

thréatened spécies《生物》絶滅危惧種 (cf.

thréatening behávior 脅迫行為《英国では犯罪類型の一; cf. INSULTING BEHAVIOR, CANDIDATE SPECIES, ENDANGERED SPECIES》.

thrée cértainties *pl* [the ~]《信託成立要件である》三つの確定性《信託(trust)成立のためには3つの確定性が要件となる; すなわち(信託設定)意思の確定性, (信託財産である)対象物の確定性, (信託の受益者である)目的の確定性である》.

three Cs /-síːz/ [the ~]《口》中央刑事裁判所(= CENTRAL CRIMINAL COURT).

thrée estátes *pl* [the ~; °T- E-] 三身分(⇨ ESTATES OF THE REALM).

thrée-júdge cóurt《米》三名合議法廷《特に連邦地方裁判所で違憲立法審査がなされる場合の; 1976年に, 制定法で特別に設置されるものを除き, 事実上廃止》.

thrée-line whíp《英議会》《スケジュール表への》**3本下線**《登院厳重命令兼採決の際の党議厳守指令を意味する; ⇨ WHIP》.

thrée-mile límit《国際法》《領海の幅(breadth of the territorial seas)としての》**3海里幅**(⇨ TERRITORIAL SEAS)(cf. TWELVE-MILE LIMIT).

thrée-strikes láw《俗》'三振アウト'法《約半数の州で定められている, 重罪で3度目に有罪決定された者に自動的に極端に重い刑 特に 終身刑を科す法律; **three-strikes-and-you're-out law** ともいう》.

thrée-tier sýstem (of Crówn Cóurt)《英》(刑事法院の)三層構造《組織上は一つしかない刑事法院(Crown Court)は, イングランド・ウェールズ全体を6つの巡回区(circuit)に分け, さらに全体で90余のセンター(center)があり, そこで開廷しうるが, そのセンターは, 構成する裁判官の型と管轄により三層に分かれている; 第一層は高等法院(High Court)普通裁判官(puisne judge), 巡回裁判官(circuit judge), 非常勤裁判官(recorder)からなり, 最重要事件を含め刑事事件全般と共に高等法院の民事事件も扱う; 第二層は同じ構成であるが, 民事は扱わず刑事事件のみを管轄; 第三層は巡回裁判官と非常勤裁判官からのみなり, 刑事のみを管轄する》.

thresh·old /θréʃ(h)òuld/ *n* **1** 敷居; 入口, 戸口. **2** 果て, 端; 境界(地); 限界, (許容)範囲, 最低基準. — *a* 敷居の; 限界をなす.

thréshold conféssion 入口での自白《逮捕直後に警察による取調べなしでなされる被疑者の自発的自白》.

thréshold critéria *pl*《英》限界基準《裁判所が子供の保護命令(care order)あるいは子供の保護管理命令(supervision order)を発する条件として満たしていなければならない最低基準; 具体的には子供が親による監護もしくは親の監護の欠如により, または子供の扱いが親の監護の限度を超えていることが理由となって, 重大な被害をこうむっているかこうむる危険があること; 1989年の子供法(Children Act)に定められている》.

thridborrow ⇨ THIRDBOROUGH.

thrift /θríft/ *n* **1 a** 倹約, 節倹. **b**《古》たくわえ. ▶ SPENDTHRIFT (浪費者). **2**《米》貯蓄機関,《特に》貯蓄貸付け組合(= SAVINGS AND LOAN ASSOCIATION). ★ **thrift institution** ともいう.

thríft accòunt＊ 預貯金勘定(= SAVINGS ACCOUNT).

thrithing ⇨ TRITHING.

throne /θróun/ *n* **1**《公けの式典などの際の》王[君主, 枢機卿, 司教など]の座席, 王座, 玉座, (教皇)聖座, 主教[司教]座. ▶ SPEECH FROM THE THRONE (議会開会の勅語). **2** [the ~] 王位, 帝権; 主教[司教]の職[権能]: ascend [mount, come to, sit on] *the* ~ 即位する. — *vt* throne にすわらせる; 玉座[王位]につかせる, ...に王権を与える. — *vi* throne にすわる, 玉座につく.

thróugh bíll of láding 通し船荷[運送]証券(= **through bill**)《運送人が荷送人から引き受けた運送品を, 積出し港[地]から最終仕向け港[地]に至るまで, 途中で他の運送人に接続した場合でも, 全区間にわたって引き受けたことを証する船荷[運送]証券; 略 TBL》.

thróugh lót《両側が通りに接する》通り抜け可能地.

thróugh ráte《複数運送人間を経る運送全体に対する》通し運賃(joint rate (共同運賃)とも呼ばれることがあるが, through rate は個別区間運賃の合計である場合もある; cf. JOINT RATE).

throw /θróu/ *v* (**threw** /θrúː/; **thrown** /θróun/) *vt* **1** 投げる, ほうる. **2**《票などを》投ずる. **3** 派遣する, 投入する, 送る. **4**《ある位置・状態に》陥らせる《*into*》: ~ sb *into* prison 人を投獄する / ~ a meeting *into* confusion 会を混乱に陥らせる. — *vi* 投げる, 投ずる, ほうる. **~ out** (1) 投げ出す; 捨てる, 処分する. (2) 拒否[廃棄]する,《法案を》否決する,《請求・訴えを》却下する, 棄却する(dismiss). (3) 追い出す, 追放する; 罷免する, 解雇する. (4)《案・考えなどを》持ち出す, 提案する.

thrówback rùle《米税制》投げ返しの準則, 持戻しの準則 (1) 信託(trust)からの分配金の節税対策として信託所得を数年間蓄積し低所得年度のみ受益者に分配することを防止し, 分配年度における分配金がその年度に分配すべき純所得を上回っている場合は, その超過分を過年度の分配金とみなし受益者に課税すること **2**) 売主の州では所得税の対象になっているが, 課税目的においては課税が属している州では課税対象になっておらずしかも売主の州でこの準則を採用している場合に, この売買を売主の州に投げ返し, そこで課税対象にすること》.

thrúst-upòn cónflict 急浮上利害抵触《2組の依頼人の代理を引き受けていた弁護士に途中で生じてきた利害の抵触で, 当初は存在せずまた合理的には予想できなかったもの》.

tick·et /tíkət/ *n* **1** 切符, 券, 入場券, 乗車券, チケット. **2**《商品に付ける》付け札, 下げ札, 値札, ラベル; くじ札;《俗》質札. **3**《口》《特に 交通法規違反者に対する》呼出し状, (違反)切符: a parking ~ 駐車違反のチケット. **4** ＊党公認候補者名簿 (slate); ＊党公認候補者《集合的》; ＊政見, 主義. ▶ SCRATCHING THE TICKET (特定候補者名抹消; 反対党候補者への投票). **5**《高級船員・飛行士などの》資格証明書, 免許状, 免状.

tícket of léave *n* (*pl* tickets of leave)《英》仮釈放許可証 (=PAROLE).

tícket-of-léave màn《英》仮釈放者.

tídal wáters *pl* TIDEWATER.

tíde·lànd *n* **1** 干潟. **2**[*pl*] 低潮線より海側の海面下にある領海内の地.

tíde·wàter *n* 潮水《潮汐(ちょうせき)と共に動く水, で上げ潮の時に地面をおおう水; 潮の差した海岸・河口の水》.

tíde·wày *n* **1** 潮路(を流れる速い潮流). **2**《河川の》潮の影響をうける部分. **3** 干潟 (tideland).

tíed cóttage《英》雇い人用貸家《通常は農業労働者の住宅として, 一種の雇い人用借家権 (service tenancy) の保有権者に貸し与えられる住宅》.

tíed próduct《抱合わせ取決め (tying arrangement) により》抱き合わされる製品《抱き合わせる方の製品を tying product (抱合わせ製品)という》.

tíed sérvice《抱合わせ取決め (tying arrangement) により》抱き合わされるサービス《抱き合わせる方のサービスを tying service (抱合わせサービス)という》.

tíe-in arrángement 抱き合わせ取決め (=TYING ARRANGEMENT).

tight /táit/ *a* **1** きっちりした, 堅い, 引き締まった; しっかり固定した. **2** きつい, 窮屈な, 狭い;《覚書・契約書・債務証書などが》簡潔な, 余計なもののない, 引き締まった. **3**《債務不履行時の債権者がとりうる救済手段が》手早い, きびしい, 厳格な;《統制などが》厳重な, 厳格な. **4**《金融が》逼迫した, 金詰まりの. **5**《商品が》入手難の, 品不足の, 売手市場の. **6**《扱いが》厄介な, 困難な.

TILA《米》°Truth in Lending Act 貸付真実法.

till·age /tílɪdʒ/ *n* 耕耘, 耕作; 耕地; 農作物.

till-tàpping *n*《俗》レジからの窃盗; 売上げ金着服[盗み].

tim·ber /tímbər/ *n* 建築用材木, 立木(たちき); 材木; 材料, 材.

tímber èasement《他人所有の土地の》立木伐採地役権, 立木伐採権 (=timber right).

tímber lèase《その地に生えている》立木伐採のための土地賃貸借[賃借権], 立木伐採権.

tímber rìght 立木伐採(地役)権 (=TIMBER EASEMENT).

time /táim/ *n* **1** 時, 時点. ▶ PRIORITY OF TIME (時間的優先性) / STANDARD TIME (標準時) / SUMMER TIME (サマータイム) / UNITY OF TIME ((設定)時点の同一性). **2** 時間, 期間;《俗》拘置[投獄]期間. ▶ BILLABLE TIME (報酬請求対象期間) / COOLING TIME (冷却期間; クーリングオフ期間; 冷却期間) / DEAD TIME (むだ時間) / EARNED TIME (刑期短縮特典) / EFFLUXION OF TIME (期間の経過) / ENLARGEMENT OF TIME (期間延長) / EQUAL TIME (同等時間) / EXTENSION OF TIME (期間の延長[猶予]) / FLAT TIME (短縮されない刑期) / FULL TIME (常勤; 基準労働時間) / GIVING TIME (履行期間の延長) / GOOD TIME (善行期短縮特典) / LAYTIME (停泊期間) / NEEDLE TIME (レコード放送時間) / NIGHT-

TIME (夜間) / NONBILLABLE TIME (報酬請求対象外時間) / OVERTIME (超過勤務(時間); 超過勤務手当) / QUESTION TIME (質問時間) / REASONABLE TIME (相当な期間) / STREET TIME (シャバにいられる間) / TERMTIME (開廷期) / WAITING TIME (待機期間) / WASTING POLICE TIME (警察時間空費(罪)) / WORKING TIME (労働時間; 勤務時間). **at any ~ prior to**...までならばいつでも, ...より遅れることなく. **out of ~** 時機を失した; 所定期間経過後の. **T~ is of the essence (of contract).** 時間は(契約の)本質的要素である《反対の意思が示されていないかぎり, 契約履行に関してその履行時は契約の本質的要素であるというコモンロー上の原則を指す句; ~ **as essence of a contract** (契約の本質的要素としての時間) という句も同様; 逆にエクイティー上の法理は, 時間は明示・黙示的にその旨が示されないかぎり本質的要素でないとされる》.

tíme and mótion stùdy 時間動作研究《作業時間と作業動作との相関を調べる研究》.

tíme-bàr *n* 権利主張に対する時間的障害《一定の時間の経過によって法的権利の主張がなしえなくなること; cf. STATUTE OF LIMITATIONS》. **tíme-bàrred** *a*

tíme bàrgain 定期取引《将来の一定期日に一定価額で一定量の株式などの証券を売買する契約; 実態は市価との差額支払いの一種の投機取引になっている》.

tíme bìll (of exchánge) 確定期払い為替手形 (=TIME DRAFT).

tíme chàrter《船舶・航空機の》定期[期間]使用契約 (cf. VOYAGE CHARTER).

tíme chàrterparty 定期傭船契約 (cf. TIME CHARTER, VOYAGE CHARTERPARTY).

tíme depòsit 定期預金; 通知預金 (cf. DEMAND DEPOSIT). ★ term deposit ともいう.

tíme dràft 確定期払い為替手形 (=time bill of exchange))《支払期日が特定されている為替手形》.

tíme immemórial *n* **1** 法的記憶の及ばぬ時代 (=time out of memory [mind])《コモンロー上具体的には Richard 1 世の即位日 (1189 年 9 月 3 日) より前; ⇨ LEGAL MEMORY, DE TEMPORE CUJUS CONTRARIUM MEMORIA HOMINUM NON EXISTIT; cf. LIVING MEMORY》. **2** 太古, 大昔. **from ~** 法的記憶の及ばぬ時代から《具体的には 1189 年 9 月 3 日の前より》. — *adv* 太古から, 長い長い間 (=for [from, since] ~).

tíme insùrance 期間保険 (⇨ TIME POLICY) (cf. VOYAGE INSURANCE).

tíme·ly *a* 時宜を得た, 時機に適った, 適時の, 期間内の. — *adv* 折よく, 時を得て, 適時に, 期間内に. **tíme·li·ness** *n*

tíme nòte《一覧払いでない》期限付き銀行券 (=post note) (cf. DEMAND NOTE).

tíme of (légal) mémory [the ~] 法的記憶の及ぶ時代 (cf. LEGAL MEMORY, TIME IMMEMORIAL, TIME OUT OF MEMORY [MIND]): This custom has existed from before *the time of legal memory.*

tíme òrder 1 〖証券〗指定時注文《指定した時点での相場ないしは逆指値での注文》. **2**《英》《消費者信用法 (Consumer Credit Act) 上》債務不履行の通知 (default notice) を受けた債務者等の申し立てに基づき裁判所が出す》猶予命令.

tíme òut of mémory [mínd] 法的記憶の及ばぬ時代 (＝TIME IMMEMORIAL).

tíme, pláce, or [and] mánner restríction 時・場所・態様の制約《表現活動に対する政府の規制対象で, 表現内容には立ち入らない》; ⇨ PUBLIC FORUM).

tíme pòlicy《一定の期間によって定める》期間保険(証券)《主に海上保険で一定期間でなく1航海を単位とする VOYAGE POLICY (航海保険証券) に対して用いる》.

tíme-príce differèntial 現金払い価格とクレジット払い価格の差額.

tíme provìsion in (a) cóntract 契約における履行時についての規定 (cf. TIME *is of the essence of contract*, TIME *as essence of a contract*).

tíme·shàre *vt*《別荘などを一定期間ずつの利用権をもって》共同所有[賃借]する. — *n* タイムシェアリング, 一定期間ずつの利用権の伴う共同所有[賃借](権)(＝TIME-SHARING).

tímeshare lèase タイムシェアリング不動産賃貸借[賃借権] (＝DISCONTINUOUS LEASE).

tíme-shàring *n* タイムシェアリング (＝timeshare)《一つ別荘などを複数の人が共同で賃借あるいは所有し, その利用期間を権利者間で調整配分し, みずからの割当て期間を排他的利用権をもって利用すること》.

tíme·shèet *n*《被用者一般の》勤務時間集計用紙;《特に》《弁護士の》勤務時間集計用紙《弁護士が依頼人に対して請求する報酬の基礎資料として用いるために毎日作成する報酬請求対象時間 (billable time) と対象外時間の記録用紙》; ⇨ BILLABLE HOUR, BILLABLE TIME, NONBILLABLE TIME).

ti·moc·ra·cy /taɪmάkrəsi/ *n* **1** 金権政治. **2** 名誉至上政治.

TIN《米》°tax identification number 課税識別番号.

tín párachute ブリキの落下傘, 錫色のパラシュート, ティンパラシュート (＝silver parachute)《会社の買収・合併などによる失職の場合, 特に幹部より下位の全従業員に対して金銭的補償を保証する雇用契約; cf. GOLDEN PARACHUTE).

tip /típ/ *n* **1** チップ, 心付け, 祝儀. **2**《ためになる》助言;《賭け・投機などの, 専門家による》情報,《特に》内報, 内部情報 (cf. INSIDE INFORMATION, INSIDER TRADING); 示唆, 警告: *the straight* 〜 信頼できる助言[内部情報]. **3** 良い思いつき, 秘訣, 実際に役に立つ基本的なこと, こつ. — *v* (**-pp-**) *vt* **1** …に贈る[与える]; …にチップをやる 〈*with a dollar*〉. **2** 人に予告をして知らせる,《秘密・陰謀などを》明かす, 漏らす;《口》…に内報する;《内密の情報》を与える. — *vi* チップを与える. 〜 **off**《口》 **(1)**〈人〉に秘密情報を提供する, こっそり知らせる, 内報する 〈*about, on*〉. **(2)**…に警告する.

tip·pee /típi, típíː/ *n* 株式の市場価格の内報を得る人, 内部情報受領者《不当な形で内部情報 (inside information) を得た人; cf. TIPPER).

tip·per /típər/ *n* 内報者, 密告者,《特に》株式市場の内部情報 (inside information) を漏らす者, 内部情報漏洩者 (cf. TIPPEE).

TIPS《米証券》財務省インフレ連動防衛長期証券. [*Treasury inflation-protected securities* の略]

TIPS bond《米証券》財務省インフレ連動防衛長期債権 (⇨ TIPS).

típ·stàff *n* (*pl* **-stàves**, 〜**s**) 廷吏《先端に金具のついた職杖を携帯していたことから; 法廷侮辱罪 (contempt of court) を犯した者を逮捕する》.

tit. title.

tithe /táɪð/ *n* [º*pl*] 十分の一税 (＝tenth)《**(1)** 教会および聖職者の生活維持のため教会区 (parish) 住民が年収の10分の1を教会区教会に物納 (のち金納) し, 英国では1977年法で廃止; ⇨ TENTH. **2**》〖史〗一般に評価額の10分の1を税金として徴収した税》. ▶ GREAT TITHE (大十分の一税) / MIXED TITHES (混合十分の一税) / PERSONAL TITHE (人的十分の一税) / PREDIAL TITHE (農事十分の一税) / SALADIN TITHE (サラディン十分の一税) / SMALL [PRIVY] TITHE (小十分の一税). [OE *teogotha* tenth]

tith·ing /táɪðɪŋ/ *n* **1** 十分の一税(の徴収)[納税]). **2**〖英史〗十人組《近隣の10人の自由土地保有者とその家族を一組とした一種の隣保組織; cf. FRANKPLEDGE). **3**〖英〗村区, 小字(°)), タイジング《かつてハンドレッド (hundred) を10分割した行政区画ともいわれ, 現在もその名残りとしてイングランドの一部にある地方行政区画》.

títhing·man〖史〗**1** 十人組組長 (＝BORSHOLDER). **2** 教区 (parish) 内の治安維持官, 小治安官 (petty constable).

títhing-pènny *n*〖英史〗十人組金《各十人組 (tithing) からシェリフ (sheriff) に支払っていた小額の上納金; teding-penny, tething-penny ともつづる》.

ti·tle /táɪtl/ *n* **1 a** (略 T., tit.) 表題, 標題, 題目, 題名, 題, 見出し, 書名, 曲名, タイトル; [º*pl*]《映画・テレビ》字幕, タイトル. **b**《法令や訴訟事件などの》表題, 法令名, 事件名,《特許権対象の発明の》表示. **c**《法令・法律文書などの》編, 章. ▶ FULL TITLE (完全な表題) / LONG TITLE ((法律の)正式名称) / SHORT TITLE ((法律の)略称). **2 a** 名称, 称号; 肩書《爵位・学位・官職名など》, 敬称. **b** 肩書のある人, 有爵者, 貴族 (＝a person of 〜). ▶ ROYAL TITLE (国王の称号). **3 a** 権原《財産権を基礎づける法的行為・事実またはそれによって得られた法的地位・根拠; したがって物を享有しうる権利, その権利の生じた原因, それを主張する手段をも指し, さらには権利の質・性質・範囲・限定などの内容を指す; 大陸法系の物権法は恒久的絶対的排他的な完全な支配権である所有権 (dominium) 概念を中心に構成されているが, 英米法では紛争当事者のいずれがより良い title を有しているか

という相対的次元で構成される; したがってこの title 概念は財産法上の最も基礎的なものである; ここから文脈により各種の具体的物権に当たるものを意味することも多い; ⇨ OWNERSHIP; cf. POSSESSION);《(財産的)権利, 物権;(土地)所有権: one's ～ *to* the land [a house] 土地[家屋]に対する権利. **b**(不動産)**権原証書** (title deed); 自動車登録証(＝CERTIFICATE OF TITLE). **c**《(権原に基づく)正当な権利, 主張しうる資格 <*to do; to, in, of*>: the ～ *to* the throne 王位請求権. **d**《英国教》聖職(就任)資格, 叙品名義, 聖職禄名義;《カトリック》名義聖堂. ▶ ABORIGINAL TITLE (先住民の権原) / ABSOLUTE LEASEHOLD TITLE (絶対的不動産賃借権) / ABSOLUTE TITLE (絶対的権原, 完全権原) / ABSTRACT OF TITLE (権原要約書) / ACTION TO QUIET TITLE (権原確認訴訟) / ADVERSE TITLE (敵対的権原) / AFTER-ACQUIRED TITLE (譲渡後取得権原(の法理)) / APPARENT TITLE (表見的権原) / BAD TITLE (不良権原) / BILL TO QUIET POSSESSION AND TITLE (権原確認訴状) / BOND FOR TITLE (権原保持契約) / BUYING TITLE (権原購入) / CERTIFICATE OF TITLE (権原登録証書; 自動車登録証, 権原証明書) / CHAIN OF TITLE (権原連鎖; 裏書の連鎖) / CLAIM OF TITLE (権原の主張) / CLEAR TITLE (曇りのない権原; 取引適合権原) / CLOUD ON TITLE (権原の曇り) / COLOR OF TITLE (権原の外観) / COVENANT FOR [OF] TITLE (権原担保約款) / DECLARATION OF TITLE (権原宣言判決) / DEDUCING TITLE (権原証明) / DEFAMATION OF TITLE (権原の誹毀) / DEFEASIBLE TITLE (消滅条件付き権原) / DEFECTIVE TITLE (瑕疵ある権原) / DERIVATIVE TITLE (派生的権原; 派生的権原の原則) / DISPARAGEMENT OF TITLE (権原についての中傷) / DOCUMENT OF TITLE (権原証券) / DORMANT TITLE (帰属者未確定権原) / DOUBTFUL TITLE (疑いのある権原) / ELDER TITLE (先行の権原) / EPITOME OF TITLE (権原要約書副本) / EQUITABLE TITLE (エクイティー上の権原) / EVIDENCE OF TITLE (権原についての証拠) / FAILURE OF TITLE (権原取得不成就) / FIRST-CLASS TITLE (第一級権原) / GOOD LEASEHOLD TITLE (有効性確認済み不動産賃借権) / GOOD RECORD TITLE (記録上の瑕疵なき権原) / GOOD TITLE (優良権原, 取引適合権原) / HISTORICAL TITLE (歴史的権原) / IMPERFECT TITLE (不完全権原) / INDEX TO RECORDS OF TITLE (権原登録索引) / INDIAN TITLE (インディアンの権原) / INDICIA OF TITLE (権原証書) / JUST TITLE (正当な権原) / LEGAL TITLE (コモンロー上の権原) / MARKETABLE [MERCHANTABLE] TITLE (取引適合権原) / MUNIMENT OF TITLE (権原証書) / NOTICE OF TITLE (負担付き権原であることの認識) / ONEROUS TITLE (有償で取得された権原) / ORIGINAL TITLE (原初的権原) / OUTSTANDING TITLE (第三者の権原) / PAPER TITLE (証書(上の)権原) / PARAMOUNT TITLE (優越する権原; 先行する権原) / PARTICULAR TITLE (特定取得権原) / PERFECT TITLE (完全権原) / POSSESSORY TITLE (取得時効権原) / PRESUMPTIVE TITLE (推定権原) / QUALIFIED TITLE (限定付き権原) / RECORD TITLE (記録(上の)権原) / REGISTRATION OF TITLE (権原の登録) / REQUISITION ON TITLE (権原質疑(書)) / RESERVATION OF TITLE (権原留保(条項)) / RETENTION OF TITLE (権原保留(条項)) / ROOT OF TITLE (権原の基礎) / SEARCH OF TITLE (権原調査) / SINGULAR TITLE (単独権原) / SLANDER OF TITLE (権原誹毀) / SOUND TITLE (優良権原) / SQUATTER'S TITLE (不法占拠者の権原) / SUIT TO QUIET TITLE (権原確認訴訟) / TAX TITLE (租税滞納のために公売された財産の買受人の得た権原; 租税滞納処分として差し押えた財産に対する政府が保有する権原) / TORRENS TITLE (トレンズ式登録土地権原) / UNITY OF TITLE (権原の同一性) / UNIVERSAL TITLE (包括取得権原) / UNMARKETABLE TITLE (取引不適合権原) / WARRANTY OF TITLE (権原の担保) / WORTHIER TITLE (相続権原優先). **try** ～ 権原を(裁判で)審理する. ▶ TRESPASS TO TRY TITLE (不動産占有侵害訴訟; 権原確定のための侵害訴訟). ─ *a* (表)題の[に関する, を含む]. ─ *vt* …に題[表題]を付ける, …と呼ぶ; …に称号[爵位など]を与える. [OF<L *titulus* placard, title]

Title VII of the Civil Rights Act of 1964
/-sév(ə)n-/ [the ～]《米》1964 年の**市民権法第 7 編**《雇用において人種・性・妊娠・宗教・出身国に基づく差別・いやがらせを禁止した連邦法; しばしば **Title VII** (第 7 編)と略称される》.

Title IX of the Educational Amendments of 1972
/-náin-/ [the ～]《米》1972 年の**教育改正法第 9 編**《連邦政府の財政援助を受けている教育施設における性差別・性的いやがらせの禁止を定めているもの; しばしば **Title IX** (第 9 編)と略称される》.

title by descént《法定相続人の》**無遺言不動産相続に基づく権原**.

title by devíse 遺贈に基づく権原.

title by estóppel 禁反言に基づく権原《権原保証付きで不動産譲渡(conveyance)をなした時点では権原(title)を有していなかった者がその後に権原を得た場合にその者から取得することになる権原; 権原は譲渡人の権原取得と同時に自動的に譲受人に帰属する; cf. AFTER-ACQUIRED-TITLE DOCTRINE, ESTOPPEL BY DEED, TENANCY BY ESTOPPEL》.

title by prescríption 取得時効に基づく権原.

title còmpany 不動産権原調査保険会社 (=title guaranty company)《不動産の権原調査(title search)を行ない, その上でその権原保険(title insurance)証書を発行する会社; ⇨ TITLE SEARCH》.

title còvenant 権原担保約款, 権原保証条項 (= COVENANT FOR TITLE).

title dèed (不動産)**権原証書**, (不動産)**権利証書** (= muniment deed). ▶ DEPOSIT OF TITLE DEEDS (権原証書寄託).

title defèctive in fórm 証書上に瑕疵(ﾞ)の存する権原.

title dòcument 権原証券 (=DOCUMENT OF

TITLE).

títle guáranty còmpany 権原保証会社 (= TITLE COMPANY).

títle informàtion dòcument 〖英〗(土地)権原情報文書《土地登録庁 (Land Registry) から土地の権原等の登録申請手続きが完了した時点で発行される文書; 法的効力は有しない》.

títle insùrance 〖米〗権原保険《不動産の買主などを, その権原の知られざる瑕疵(か)や負担に基づく損害から保護する保険》.

títle-óbject clàuse 〖米〗《制定法の》表題および目的条項《州憲法の条項で, もし州制定法の内容がその制定法の表題 (title) に合理的に反映されていなかったり, その制定法が複数の目的を有している場合には, その制定法を違憲とする旨の規定; 州民および立法府が立法内容について情報をもつことを保証するためである》.

títle of éntry 《土地への》立入り権原.

títle of récord 記録権原 (= RECORD TITLE).

títle of ríght 権利を基礎づける当然の権原, 権利の根源としての判決, 判決による権利《権利を創設・移転・消滅させる裁判所の判決・命令・決定; 離婚・別居判決, 破産宣告, 譲渡抵当物の受戻し権喪失 (foreclosure) 命令, 遺産管理状 (letters of administration) 付与などが例で, 判決がなんらかの救済手段として機能しているのではなく権利を基礎づける根源として機能している場合》.

títle opínion 《不動産》権原についての意見《弁護士あるいは不動産権原調査保険会社 (title company) による特定不動産の権原 (title) に関する瑕疵(か)の有無などについての意見; ⇨ TITLE SEARCH》.

títle registràtion 権原登録(制度)《土地・船舶・車両などの財産の公的登録・登記制度; cf. REGISTRATION OF TITLE》; 《特に》土地登記(制度) (⇨ TORRENS SYSTEM).

títle reténtion 権原留保《売買において代金請求権を担保するため代金完済まで売主がその物の権原を保留しておくこと; 割賦販売などに多く用いられる; cf. RETENTION OF TITLE》.

títle sèarch 《不動産》権原調査 (= search of title) 《不動産に対する未消滅抵当権や諸種の制限物権その他の負担などによる権原の瑕疵(か)の有無を公的な記録所の文書で調べること; cf. CHAIN OF TITLE, GRANTOR-GRANTEE INDEX, ROOT OF TITLE, WILD DEED》.

títle stàndards pl 不動産権原の基準《不動産権原に瑕疵(か)あるものかを取引に適合しうるかを判定する際の基準; 米国の多くの州では不動産譲渡を専門とする弁護士などの協会を通じてこの種の基準を採用している》.

títle théory 《譲渡抵当》権原移転説《譲渡抵当権者 (mortgagee) が取得する権利の性格をめぐる学説の一》; ⇨ LIEN THEORY.

títle transàction 土地権原にかかわる取引.

t.l., t/l, T/L 〖保険〗°total loss 全損.

TLATA ⇨ TOLATA.

TITLE).

TM trademark.

T-note /tí:-ー/ n 〖米〗財務省中期証券 (= TREASURY NOTE).

TOB°takeover bid 株式公開買付け.

To·bár dòctrine /toubá:r-/ 〖国際法〗トバル主義《一国の政府が非合法的手段で変更された時, その新政権が自由に選挙された議会により合憲的・民主的に正統化されないかぎり承認されないという主義; 新政権の統治体制を問わず支配が実効的であれば承認するというエストラーダ主義 (Estrada doctrine) に対比; 1907 年エクアドル前外相 Carlos Tobar が提唱したことに由来している; 米国が一時この主義を採用した後ウィルソン政策 (Wilsonian policy) とも呼ばれることがあったが, 近年米国をはじめ多くの国はエストラーダ主義を採っている》.

toft /tɔ́(:)ft, táft/ n 〖英〗家屋敷, 宅地; 崩壊家屋があった土地; 丘. [OE]

to-háve-and-to-hóld clàuse 保有財産条項 (= HABENDUM CLAUSE).

to·ken /tóukən/ n **1 a** しるし, 徴候, あらわれ 〈of〉; あらすもの, 象徴 〈of〉. **b** 特徴, 特色. **c** 証拠となるもの, 証明するもの. **2** 《私的な》代用硬貨, トークン《メダル状のバス乗車券など》; 《ゲーム機などに使う》メダル. **3** 硬貨, 通貨. ▶ FALSE TOKEN (偽造通貨). — a 証拠として与えられた; 内金としての; 実物の代用としての; 名ばかりの: a ~ charge 《少額で》名目的な代金[料金](請求).

tóken páyment 《債務を認める意思表示としての》一部支払い; 《債務返済の》内金.

tóken rént 《ごく少額の》名目的賃料.

tóken stríke 警告ストライキ《形だけの時限的ストライキ》.

tóken vóte 〖英議会〗暫定支出決議《その表示金額はのちに追加予算で変更の余地がある》.

Tókyo Tríals pl [the ~] 〖史〗東京裁判《第二次大戦後連合国が 1946–48 年に東京で行なった日本の重大戦争犯罪人を対象にした国際軍事裁判; 正式名は極東国際軍事裁判所 (International Military Tribunal for the Far East)》.

TOLATA, TLATA 〖英〗°Trusts of Land and Appointment of Trustees Act 1996 1996 年の土地信託および受託者指名法.

tol·er·ance /tál(ə)rəns/ n **1** 寛容, 容認; 包容力, 度量. ▶ ZERO TOLERANCE (容認ゼロ). **2** 許容. **3** 《造幣》(貨幣の)公差 (= remedy) 《法的に許容される, 量目・純分の差》.

tol·er·a·tion /tùləréiʃ(ə)n/ n 寛容 《特に宗教上の》.

Tolerátion Àct [the ~] 〖英史〗寛容法《非国教徒プロテスタントに宗教上の寛容を認めた名誉革命直後の 1689 年の制定法》.

toll[1] /tóul/ n **1 a** 使用料[税], 料金, 《道路・橋などの》通行料[税], 《市・縁日などの》場(所)代, 《役務に対する》報酬, 手間賃; 運賃, 送料; 送信料;°長距離電話料[通話料];°粉ひき賃として取る穀物の一部. **b** 使用料[税]徴収権, 通行税権; 使用料[通行税]免除権. **2** 租税, 関税,

年貢;〖英史〗トール(⇨ SAC). **3**〈災害などによる〉〈甚大な〉犠牲, 代償, 損害, 損失, 死傷者数. **take its [a (heavy)] ~ (on [of]…)**〈物事が〉(…に)〈大きな〉被害[損失]をもたらす, 〈人命などを〉〈大量に〉失わせる. ― vt 〈物の一部を料金として取る〉;〈物を〉料金として徴収する;〈人〉に使用料[税]を課する. ― vi toll を取る.
~・age n TOLL; toll の支払い; toll の徴収(権).〔OE <L *toloneum*<Gk (*telos* tax)〕

toll[2] vt **1**〈出訴期間法 (statute of limitations) の〉期間の進行を停止させる (cf. RUN). **2**〈土地への立ち入り権などを〉剥奪する; 撤回する, 無効にする: ~ an entry. ― vi〈出訴期間法の期間進行が〉停止する (cf. RUN).〔AF <L *tollo* to lift up〕

tóll brìdge 有料橋, 通行料金を取る橋.

tólling agrèement*《関係両当事者間による出訴期間法 (statute of limitations) の》**出訴期間進行停止合意**.

tólling stàtute*《出訴期間法 (statute of limitations) の》**出訴期間進行停止(法)**.

tóll thòrough〖英〗《道路・橋などの》**通行料金**, 通行税, 道路税, 橋税.

tóll tràverse〖英〗**私有地通行料**.

tolt /tóult/ n〖英史〗州裁判所移送令状《訴訟を自由不動産保有者裁判所 (court baron) から州裁判所 (county court) へ移送すべきことを命ずる令状》.〔AF <L *tollo* to take away〕

Tól・zey Còurt /tálzi-/〖英史〗《Bristol の》トルジー裁判所 (⇨ BRISTOL TOLZEY COURT).

Tóm・lin òrder /támlən-/〖英〗トムリン命令《1927年に当時高等法院大法官府部 (Chancery Division) 裁判官であった Tomlin 男 Thomas James Chesshyre (1867-1935) が定めたものに基づくもので, 民事訴訟の和解の際に用いられる裁判所命令の一つ; この命令は当事者間の同意により発せられ, 合意条件に基づいて合意条件の実行目的以外のそれ以後の全手続きの停止が述べられる》.

ton・nage /tʌ́nɪdʒ/ n **1 a**《100 立方フィートを 1 トンとした場合の, 船舶の》容積トン数, 積量, 《船舶**ま**たは貨物の》トン数. **b** 船舶, 船腹, 《一国・一港の》船舶総トン数. **2**《輸送・産出などの》《総》トン数. **3** トン税 (tonnage duty). ▶ DUTY OF TONNAGE (トン税).

tónnage dùty トン税 (=**tónnage tàx**) (=duty of tonnage)《**1**》通例船舶のトン数に応じて課す税; 米国では合衆国憲法上連邦議会の同意なくして州がこれを課すことを禁じている (第 1 編第 10 節 3 項) **2** 鉄道により運搬する荷物のトン数に応じて課す税金 **3**〖英史〗特に輸入ワインに課された関税; トンあるいは樽単位で課された; 1787 年法で廃止, ▶ POUNDAGE]

tónnage-rènt n トン当たり賃料《鉱業権リース (mining lease) で産出鉱物 1 トンごとに採掘料 (royalty) として支払う賃料》.

ton・tine /tántìːn, -´- / n トンチン年金(制度)《複数の者が資金を出し合い一定期間経過後生残者・存続者に元利金を分配あるいは年金形式で支払う方法で, 共同出

資者の死亡・脱落により, その受給権は生残者・存続者に分配される》. **2** トンチン(年金)受給権[金]. **3** トンチン保険(契約) (=**tóntine pòlicy, tóntine insúrance**)《保険契約者に対する利益配当に関してトンチン制度を利用する保険(契約)》. 〔Lorenzo *Tonti* 1653 年ごろフランスでこの方法を創始した Naples の銀行家〕

tool /túːl/ n **1 道具**, 工具; 工作機械 (machine tool); [°the ~s] TOOLS OF TRADE;"《俗》武器, 銃, ナイフ: carpenter's ~s 大工道具 / down ~s=throw down one's ~s"仕事をやめる, ストをする. ▶ BURGLARY TOOL (不法目的侵入用の道具). **2** [pl] 天性の能力, '道具立て': have all the ~s. **3**《目的のための》**手段, 方便**; 道具として使われる者, 手先.

tóols of tráde 職業上の必要道具[必需品], 商売道具《破産者 (bankrupt) も一定数までこれを保持し続ける; 単に tools ともいう》.

tooth /túːθ/ n (pl **teeth** /tíːθ/) **1 歯**. **2** [pl]《法的》**実効性**[力], 効力, 強制力, 威力. **put teeth in [into]** …を強化する, 〈法律など〉に実効性をもたせる.

tóp cópy《カーボンコピーに対して》**原本**.

tóp mánagement [集合的に] **最高経営者層**[経営陣], トップマネジメント.

tóp sécret a《主に軍》《情報・公文書など》**最高機密の, 国家機密の**; 最高機密文書の[に関する] (⇨ CLASSIFICATION).

To・rah, -ra /tóːrə/ n (pl **-roth** /touróut, -θ, -s/) [°the ~]《ユダヤ教》**律法**, トーラー《**1**》特に聖書のモーセ五書(の教え)をいう **2**》モーセ五書の巻物》.

tor・pé・do dòctrine /tɔːrpíːdou-/ **かんしゃく玉の法理** (⇨ ATTRACTIVE NUISANCE DOCTRINE).

Tor・que・ma・da /tɔ̀ːrkəmáːdə/ **1** トルケマダ **Tomás de** ~ (1420-98)《異教徒に対する非道な弾圧を実施したことで著名なスペインにおける宗教裁判所初代長官》. **2** [fig] 迫害者.

Tór・rens certíficate /tɔ́(ː)rənz-, tɑ́r-, tóu-/《TORRENS SYSTEM による》**トレンズ式土地権利証書** (⇨ TORRENS SYSTEM).

Tórrens sỳstem **トレンズ式(土地)権原登録制** (=**Tórrens títle sỳstem**)《最初オーストラリアで採用され, のちカナダ・英国・米国に広まった土地権利登録制度; 最初に土地を登録する際に権原要約書 (abstract of title) を得, 次いで裁判所に権利証書の発行を求め, 裁判所が審理後発行するトレンズ式土地権利証書 (Torrens certificate) が権利の最終的証拠となる; 裁判所が発行する土地権利証書に基づくので土地譲渡手続きが簡素化され確実化される》. [Sir Robert Richard *Torrens* (1814-84) South Australia でこの制度を導入した政治家]

Tórrens títle トレンズ式登録土地権原《トレンズ式土地権原登録制 (Torrens system) で登録された土地権原; ⇨ TORRENS SYSTEM》.

tort /tɔːrt/ n **1 不法行為, 不法侵害**《契約違反以外の民事上の権利侵害 (civil wrong) で, その救済は通常被害者に損害賠償金 (damages) 請求権を認めることによっ

てなされる; cf. CRIME, DELICT). ► ACTION IN TORT (不法行為訴訟) / BUSINESS TORT (営業への不法行為) / CONSTITUTIONAL TORT (憲法的不法行為) / CONTORT (契約法・不法行為法重複領域; 契約法・不法行為法重複領域上の権利侵害) / DIGNITARY [DIGNATORY] TORT (名誉不法行為) / ENVIRONMENTAL TORT (環境破壊不法行為) / EUROTORT (欧州共同体法上の不法行為) / GOVERNMENT TORT (政府の不法行為) / INTENTIONAL TORT (意図的不法行為) / MARITIME TORT (海事不法行為) / MASS TORT (大規模不法行為) / NEGLIGENT TORT (過失による不法行為) / PERSONAL TORT (人的不法行為) / PRENATAL TORT (胎児への不法行為; 生殖に関する不法行為) / PRIMA FACIE TORT (準用不法行為) / PROPERTY TORT (財産に対する不法行為) / PUBLIC TORT (公的不法行為) / QUASI TORT (準不法行為) / SANCTIONS TORT (開示手続き濫用制裁) / TOXIC TORT (有毒物質不法行為) / WAIVER OF TORT (不法行為訴権の放棄). **2** [*pl*] 不法行為法. [OF<L *tortum* wrong (pp)<*tort- torqueo* to twist]

tort·fea·sor /tɔ́ːrtfìːzər/ *n* 不法行為者. ► CONCURRENT TORTFEASORS (同時的不法行為者) / CONSECUTIVE TORTFEASORS (逐次的不法行為者) / JOINT TORTFEASORS (共同不法行為者) / SUCCESSIVE TORTFEASORS (連続的不法行為者). [F<OF (*tort* wrong, *faire* to do)]

tor·tious /tɔ́ːrʃəs/ *a* 不法行為 (tort) の, 不法行為に当たる, 不法の, 他人に損害を与える. ～·ly *adv*

tórtious cónduct 不法行為 (tort) となる作為・不作為.

tórtious convéyance 〚史〛加害的不動産譲渡 (⇨ INNOCENT CONVEYANCE).

tórtious interférence with contráctual relátions 契約関係への不法行為的干渉 (＝PROCURING BREACH OF CONTRACT).

tórtious interférence with prospéctive advántage 将来の利益に対する不法行為的干渉 (《顧客や雇用を得る機会など, 他人の業務関係の可能性に意図的に干渉し損害を及ぼすこと》).

tórtious liability 不法行為責任 (cf. TORT).

tórt of négligence 過失に基づく不法行為 (＝ NEGLIGENT TORT).

tórt refòrm 不法行為法改正 《不法行為訴訟件数を減らそうとする動きで, 一般には不法行為の救済手段を制限したり損害賠償金に上限を設けたり懲罰的損害賠償 (punitive damages) に対して》課す立法などを含む》.

tor·ture /tɔ́ːrtʃər/ *n* 拷問; [*pl*] 責め苦. ― *vt* 拷問にかける, 拷問して…させる<*sb into doing*>. **tór·tur·er** *n*

To·ry /tɔ́ːri/ *n* **1 a** 〚英史〛トーリー党員. **b** [the Tories] トーリー党 《もとはアイルランドの無法者たち (⇨ 4) を指す語が, 1679-81 年の, 後の James 2 世の王位継承権剝奪を目的とする王位排除法案 (Exclusion Bills) をめぐる争いの中で初めて政敵からの蔑称として使われたもの;

Charles 2 世時代に議会召集大権に臣民が干渉することに反対したグループ '憎悪派' (abhorrers) から発展し, 国教擁護と非国教徒排斥を唱えて WHIG 党と対立, 名誉革命後の衰微ののち George 3 世の御用党として再興し, 小 Pitt らの下で 1830 年まで 50 年間政権を維持した; のちに Peel の下で保守党 (Conservative Party) となる》. **c** 保守党員. **2**《米史》《独立戦争の際の独立派に対して》反独立派, 英国支持者, 国王派, トーリー, 忠誠派 (loyalist). **3** [ºt-] 《政治経済の考え方の》保守的な人, 保守主義者. **4**《アイルランド史》トーリー (17 世紀に, 財産を失ってイングランドからの入植者や兵士を襲った無法者で, のちにしばしば武装した教皇派[王党派]を指した》. ― *a* 1 トーリー党の(ような); 保守党の; 保守主義の. **2** [ˢt-] 保守的な. **Tóry·ism** *n* [C17＝Irish outlaw<?Irpursuer (*tóir* to pursue)]

tot¹ /tát/ *n* 足し算; 合計. ― *v* (-tt-) *vt* 加える, 締める<*up*>. ― *vi*《数・費用が》締めて…になる<*up to*…>; 《合計が》かなりになる<*up*>: TOTTING UP. [*total* or L *totum* the whole]

tot² *n* 受領, 承認《計算書の特定項目の前にこの語あるいはその略語 T を付し, その額の受領・承認を意味する語》. [L=so much]

to·tal /tóutl/ *a* **1** 全体の (whole), 総計[総体]の, 総…. **2** 全くの, 全面的な, 完全な. ― *n* 総計, 合計, 総額; 全体, 総量.

tótal bréach 全面的[完全な]契約違反 (＝**tótal bréach of cóntract**) (cf. MATERIAL BREACH, PARTIAL BREACH).

tótal disability 全面的労働能力喪失.

tótal evíction 完全な占有剝奪.

tótal fáilure of considerátion 約因の完全滅失 (cf. FAILURE OF CONSIDERATION, PARTIAL FAILURE OF CONSIDERATION).

tótal incorporátion 全面的組込み[編入] (⇨ INCORPORATION THEORY) (cf. SELECTIVE INCORPORATION).

tótal incorporátion dòctrine 《米》《連邦人権規定の州への》全面的組込み[編入]論, 全面的適用の法理 (⇨ INCORPORATION THEORY) (cf. SELECTIVE INCORPORATION DOCTRINE).

tótal intéstacy 全面的無遺言《遺言能力を欠く者の遺言, 遺言執行者 (executor) のみを指名し遺産処理については全く触れていない遺言, その他無効の遺言を含めて, 有効な遺言が全くないこと; cf. PARTIAL INTESTACY).

to·tal·i·tar·i·an /toutæ̀lətéəriən/ *a* 全体主義の, 一党独裁の: a ～ state 全体主義国家 / adopt ～ measures 全体主義政策を採用する. ― *n* 全体主義者.

totalitárian·ism *n* 全体主義.

totálity-of-the-círcumstances tèst 状況全体によるテスト《刑事訴訟法上, 例えば密告者のもたらした情報のような伝聞証拠 (hearsay) が逮捕状 (arrest warrant) あるいは捜索(差押)令状 (search warrant) を発行しうるだけの相当な理由 (probable cause) を証する

tótal lóss 1 〖保険〗全損《損害保険の目的物の完全な滅失、または修復に保険価額を超える費用がかかるほどの損害を受けた場合の損失; 略 t.l., t/l, T/L; cf. PARTIAL LOSS》. ▶ ACTUAL TOTAL LOSS (現実全損) / CONSTRUCTIVE TOTAL LOSS (みなし全損). 2《広く》完全な喪失, まる損. 3 まるでだめなやつ[もの].

tótal repudiátion 完全履行拒絶《契約による履行義務の無条件・完全な拒絶》.

to・ti・dem ver・bis /tóutɪdɛm və́ːrbəs, -ʃi-/ それだけの数の語で; そのとおりのことばで, 露骨に, あからさまに; ただことばを並べただけ(の), うわべだけ(の). [L=in so many words]

to・ti・es quo・ti・es /tóutièis kwóutièis, tóuʃìːz kwóuʃìːz/ そのたびごとに, 繰り返して. [L=as often as]

Tót・ten trùst /tátn-/ 〖米〗トッテン信託 (=bank account trust, savings account trust, savings bank trust, tentative trust)《預金名義人が他人の受託者であることを明示して預金口座をつくって開設する信託; これにより撤回可能信託 (revocable trust) の成立を認めた New York 州の判例 Matter of Totten (1904) の名から; 開設者は信託の解消・預金引出しの権利を有する; 受益者より先に死亡した場合に最終的に受益者に信託が設定されたと推定される》.

tótting úp〖英〗《交通違反による》違反点数の加算《違反点数 (penalty point) が限度に達すると運転免許資格を失う》.

tóuch and stáy〖海上保険〗寄港および停泊《海上保険で被保険者に航海の途中指定港での寄港・停泊を認めること, あるいはその約款》.

tóuched bíll (of héalth)《悪疫流行地の港で出す》罹患嫌疑証明書 (=suspected bill of health) (⇨ BILL OF HEALTH).

tóuch・ing n 接触《不法な肉体的接触は暴行 (battery) を構成しうる》. ▶ OFFENSIVE TOUCHING (許しがたい身体接触). ― a 接触する, 隣接する (contiguous).

tout・ing /táutɪŋ/ n 客引き, ダフ屋行為《英国では犯罪となる場合がある》.

tow・age /tóuɪdʒ/ n **1** 曳船(えいせん)(りょう), 曳航. **2** 曳船料.

to-wit, to・wit ⇨ to WIT[1].

town /táun/ n **1 a** 町, 都市, タウン《元来はその中に現にまたは過去に独自の教会堂を有しミサなど宗教儀式をなしうるないしはなした住居群を指したが, 一般に village より大きくしかも city の資格をもつ都市前にもしばしば town という; 米国の多くの州では郡 (county) の下位区分 (=township) であるが, ニューイングランドでは city よりも小さい地方自治体をいう; cf. GORE》. **b**《最寄りの》主要都市; 中心都市, 〘特に〙ロンドン: go up to ～ 都会へ出る / in ～

(この)町で[にいて], 在京[上京]して / out of ～ 町を離れて. **c**〘定期に市(いち)の〙立つ村. ▶ COMPANY TOWN (会社町) / COUNTY TOWN (州庁所在地; 郡庁所在地) / MARKET TOWN (市場町) / OPEN TOWN (開放都市) / SHIRE TOWN (郡庁所在地) / STAPLE TOWN (ステイプル都市). **2** 商業地区, 繁華街, 盛り場: go down ～ 町へ (買物に)行く. **3** [the ～]《田舎・郊外に対して》都会, 町; [the ～] 都市[町]の生活: leave *the* ～ for the country. **4** [the ～, 〈sg/pl〉] 町民[市民]たち, 《大学関係者と区別して》大学町の住民たち. ― *a* 町の. **～-less** *a* [OE *tūn* village, enclosure; cf. G *Zaun* hedge, fence]

tówn and cóuntry plànning〖英〗都市田園計画(制度)《総合的・基本的土地利用計画にかかわるもの》.

Tówn and Cóuntry Plànning Àct [the ～]〖英〗都市田園計画法《土地利用計画にかかわる法律で, 同名の法律がいくつかあるが, 一連の法を統合した 1971 年法と, 1990 年法が重要; 略 TCPA; cf. GENERAL DEVELOPMENT ORDER》.

tówn clérk 1〖英史〗市書記《かつての都市行政官の長; 1972 年法で設置義務はなくなり, 現在では一般に Chief Executive (地方首席行政官) と呼ばれる》. **2** 〖米〗タウン書記《ニューイングランドの town で記録の管理・town meeting の招集などに当たる, 最上位の行政官の一人》.

tówn còuncil〖英史〗市議会.

tówn cóunsel〖米〗タウン[町]弁護士 (⇨ CITY ATTORNEY).

tówn hàll 町庁舎, タウンホール (=town house[1])《庁舎・議事堂・裁判所・公会堂などを兼ねることもある》.

tówn hòuse 1《田舎に屋敷のある人の》町屋敷. **2** 長屋式集合住宅, タウンハウス (=tówn・hòme)《隣家と共通壁でつながった 2 階または 3 階建の一家族用の家屋》. **3** ''TOWN HALL.

tówn mèeting 1 町民大会, 町会. **2**〖米〗町民会, タウン・ミーティング《特にニューイングランドで, 有権者全員による町政に関する民会》. **3** タウン・ミーティング《政治家・行政官と市民との意見交換会》.

tówn plànning 都市計画. **tówn plànner** *n*

Tówn・shend Àcts /táunzənd-, -zənd-/ *pl* [the ～]〖史〗タウンゼンド諸法《1767 年英国蔵相 Charles Townshend (1725-67) が提案し, 英国議会を通過した 4 つの, 特にアメリカ植民地での課税に関する法律; ニューヨーク植民地議会の権能の停止, 鉛・ガラス・ペンキ・紙・茶などの輸入品に対するアメリカ植民地への課税などを内容とする; 植民地の反対にあい, 1770 年茶税を除いて撤廃された》.

tówn・ship *n* **1 a**〖米・カナダ〗郡区《米国では州により複雑であるが大体は郡 (county) の下位行政区分; カナダでは province の下位区分, 町》. **b**〖ニューイングランド〗TOWN. **c**〖英史〗村落共同体, 大字(おおあざ)《イングランドの古い地方行政区分およびそこの住民集団で, 教会区 (par-

toxic

ish)の外縁と一致, ないしは大きな parish の場合には その中の複数の村落共同体の外縁と一致するという; parish が教会側の行政区分であるのに対し township は世俗上の行政区分であったといえる; また社会・経済的基礎であった荘園 (manor) とも密接な関係にあった; ⇨ VILL》; 村落共同体住民《集合的》. **d**《豪・ニュージーランド》小さな町;《豪史》町建設用地;《南アフリカ史》《都市の中の》非白人用居住指定地区. **e**《スコットランド》共有農場. **2**《米》タウンシップ《政府測量の単位で 6 マイル四方 [36 平方マイル] の土地; ＝36 sections》.

tox·ic /táksɪk/ *a* 毒[毒素]の[による], 毒性の, 中毒(性)の; 有毒な, 毒性のある: ~ smoke 毒ガス. — *n* 有毒物質, 毒物.

tox·i·cant /táksɪkənt/ *a* 有毒な. — *n* 毒物,《特に》殺虫剤.

tóxic ásset 有毒資産 (＝TROUBLED ASSET).

tox·i·col·o·gy /tàksəkálədʒi/ *n* 毒物学, 毒理学, トキシコロジー. **-gist** *n* **tòx·i·co·lóg·ic, -i·cal** *a* 毒物学(上)の; 毒素の.

tóxic súbstance 有毒物質, 毒物.

tóxic tórt 有毒物質不法行為《アスベスト・放射線・有害廃棄物などにさらされたことから生じる不法行為; cf. ENVIRONMENTAL TORT, MASS TORT》.

tóxic wáste 有毒廃棄物.

tox·in /táksən/ *n* **1** 毒素, トキシン. **2**《広く》毒物.

trace /treɪs/ *n* **1**《否定構文以外は⁻*pl*》《人・動物の通った》跡 (track), 足跡, わだち;《犯人の》足取り: (hot) on the ~s of …を(激しく)追跡して. **2**《事件などの》痕跡(跡), 証跡; 影響. — *vt* **1** …の跡をたどる, 追跡する 〈*out*〉;《小道・足跡などを》たどる;《家系・うわさ・感情などの》出所[由来, 歴史]を明らかにする, さかのぼる 〈*back*〉. **2** 見つける, 突きとめる, 確証する. — *vi* 道をたどる; 歩く;《家系などが》さかのぼる 〈*to*〉. **~·able** *a*

trác·ing *n* **1** 追跡, 跡づけ,《特に》**行方探索(業)** (skiptracing). ▶ SKIPTRACING (探索業). **2**《特に, 受益者 (beneficiary) による信託財産ないしはそれが転換されたものに対する》**取戻し(権)**, 追求(権) (⇨ TRACING TRUST PROPERTY). **3**《原本の》透写, トレーシング.

trácing áction 信託財産取戻し訴訟, 信託財産追求訴訟 (⇨ TRACING TRUST PROPERTY).

trácing trúst próperty 信託財産取戻し(権), 信託財産追求(権) (＝following trust property)《受託者 (trustee) が信託の本旨に反し受益者 (beneficiary) の権利を侵害するような形で信託財産を処分する場合に, 受益者がそれまたはそれに代わって得たもの (金銭を含む) を, その善意購入者を除いてすべての人から取り戻すことあるいはその権利; cf. KNOWING RECEIPT, LIABILITY FOR RECEIPT, TRACING》.

track /træk/ *n* **1** 通った跡; 痕跡(跡). **2** 道, 進路; 線路. ▶ CYCLE TRACK (自転車道). **3**《英》《民事訴訟の》**手順**(⇨ CASE MANAGEMENT, TRACK ALLOCATION). ▶ ALLOCATION TO TRACKS (手順配分) / FAST TRACK (迅速手順) / MULTI-TRACK (多重手順) / SMALL CLAIMS TRACK (少訴額手順).

tráck allocàtion《英》**手順配分 (手続き)**《1998 年の民事訴訟手続き規則 (Civil Procedure Rules) で裁判所が能率的に業務を行なうことを目的に定められた 3 つの手順 (track) への配分: その第 1 は少訴額手順 (small claims track) で, £5,000 以下の訴額の訴え, 第 2 は迅速手順 (fast track) で, 訴額が £5,000 を超え £15,000 以下の訴えで 1 日以下の審理で終えられると予想されるもの, 第 3 は多重手順 (multi-track) で, 訴額が £15,000 を超え, しかも(あるいは)審理が 1 日を超えると予想されるもの; 通例 裁判官が, 被告が答弁 (defense) を提出した時点で両当事者に渡される両当事者の手順配分用質問表 (allocation questionnaire) への回答を基礎に, この 3 つのいずれの手順によるかを決める; ⇨ CASE MANAGEMENT》.

tract /trækt/ *n*《土地・海・鉱床などの, 通例 大きな》広がり, 地域, 水域, 域, 帯. **2**《限られた》地区, 区画,《特に》造成用地; *《西部》住宅団地. [L＝a stretching out (*trac-* traho to drag, pull)]

tráct index《米》《不動産登録簿の》**地区別索引**.

trade /treɪd/ *n* **1 a** 貿易, 交易, 通商 (commerce); 商業, 商い, 売買, 取引; 小売業: domestic [home] ~ 国内交易[販売]. **b**《政治上の》《不正》取引,《政党間の》妥協, 談合. ▶ BADGES OF TRADE (取引の徴憑) / BOARD OF TRADE (商務委員会) / CHAMBER OF TRADE (商業会議所) / COUNTERTRADE (見返り貿易) / COURSE OF TRADE (取引の傾向) / FAIR TRADE (公正取引) / FOREIGN TRADE (外国貿易) / FREE TRADE (自由貿易) / INLAND TRADE (国内取引) / INTERFERING WITH TRADE (営業妨害) / INTERSTATE TRADE (国際取引; 加盟国間の取引, 州際取引) / RESTRAINT OF TRADE (取引制限) / STOCK IN TRADE (在庫品) / USAGE OF TRADE (取引慣行). **2 a**《一般に》**職業**, 商売. **b**《熟練を要する大工・左官などの》**手職業**; **手職, 手仕事**. ▶ MARITIME TRADE (海運業) / SECRET OF TRADE (企業秘密) / TOOLS OF TRADE (職業上の必要道具). **3 a** [the ~] 同業者, 同業仲間, 業界; [the ~] 小売商人連,"《口》酒類販売を許可された飲食店主たち. **b**＊客, 顧客, 得意先, 取引先《集合的》. — *vi* 商う, 売買する 〈*in furs*〉;〈…と取引[貿易]する〉〈*with* China〉; 取引して買い入れる 〈*with, for*〉. **trád(e)·able** *a*

tráde accéptance 買主引受手形, 貿易引受手形, 商業引受手形《商品の売主が買主を支払人として振り出し買主が引き受けた商業手形 (trade bill); 主に貿易で用いる》.

tráde àct 通商法《一般的には国際貿易規制に関する法; 米国には Trade Act of 1974 (1974 年の通商法), Omnibus Trade and Competitiveness Act (包括通商・競争力強化法) (1988) など固有名詞としてこの名のついた法律もある》.

tráde agrèement 1《複数国家間の》**貿易協定**. **2 労働協約**, 団体協約 (＝COLLECTIVE-BARGAINING AGREEMENT).

tráde and cómmerce 商売, 商取引.

tráde associàtion《業界団体など事業者が集まって構成する》**事業者団体**, **同業組合**.

tráde bìll **商業手形**《商取引の決済のために売主が買主を支払人として振り出す為替手形 (bill of exchange)》.

tráde cùstom **取引慣習** (=TRADE USAGE).

tráde dèficit **貿易収支の赤字**, **貿易赤字**.

tráde descríption **商品表示**, **商品の記述** (cf. MERCHANDISE MARK, TRADEMARK). ▶ FALSE TRADE DESCRIPTION (虚偽的商品表示).

Tráde Descríptions Àct [the ~]《英》**商品表示法**《1968 年に英国で制定された法律; サービスを含む商品に関する誇大・虚偽の直接・間接表示を禁じ, 処罰対象にするもの; 略 TDA》.

tráde dirèctory《ある都市の》**事業者名簿**.

tráde dìscount **業者割引**, **取引割引**, **仲間割引** (1) 卸し・小売業者に対する希望小売価額からの割引 2) 建築業者に材料を割り引いて売るような, 小売業者による営業用の購入者に対する割引》.

tráde dispùte **1**《関税率など国際貿易にかかわる事柄をめぐる二国間の》**貿易上の紛争**. **2 労働争議** (=industrial dispute, labor dispute).

tráde drèss* **製品の表装**, **トレードドレス**《市場における製品の機能と無縁のラベル・デザイン・包装などによる全体的外観やイメージ; 商標法の保護対象となる》.

tráde fíxture《賃借物件に業務目的で備え付けた》**業務用定着物**《賃借物件定着物 (tenant's fixture) の一つ; 賃借人は賃借権終了時を含めいつでも撤去する権利をもつ; cf. TENANT'S FIXTURE》.

tráde-ìn *n* (*pl* ~s) **1 下取り品**. **2 下取り(取引)** (part-exchange). **3 下取り評価額**, **下取り価格**. — *a* **下取りの**.

tráde lìbel **取引物誹毀**《他人の製品・取引対象物の品質・評判を傷つけるような事実に反することの公表による不法行為; cf. DISPARAGEMENT》.

tráde·màrk, tráde màrk *n* **1 商標**, **登録商標**《単に mark ともいう; 略 TM; cf. MERCHANDISE MARK, SERVICE MARK, TRADE DESCRIPTION》. ▶ ARBITRARY TRADEMARK (恣意的商標) / CERTIFICATION TRADEMARK (証明商標) / COLLECTIVE TRADEMARK (団体商標) / COMMUNITY TRADE MARK ((欧州)共同体商標) / DESCRIPTIVE TRADEMARK (記述的商標) / FANCIFUL TRADEMARK (造語的商標) / REGISTERED TRADEMARK (登録商標) / STRONG TRADEMARK (強い商標) / WEAK TRADEMARK (弱い商標). **2 商標法** (cf. LANHAM ACT). — *vt* …に商標を付ける, 商標登録する.

tráde màrk àgent **商標登録代理人**《英国では代理人登録制がとられている》.

trádemark at cómmon láw **コモンロー上の商標**《法律にのっとった登録はしていないが, 特定商品のものと確認されることが慣行上認められている商標; その権利侵害に対しては詐称通用 (passing off) の訴訟を提起しうる》.

tráde nàme, tráde·nàme **1 商号**, **屋号** (=brand name, business name)《製品・サービスに付す商標 (trademark), サービスマーク (service mark) と異なり, 会社・企業について他と区別させるために用いられる名称・シンボルなど; その侵害から一定条件の下で保護される》. **2 商品名**《厳密には TRADEMARK や SERVICE MARK とは限らないが同義に用いることもある》. **3 商用名**《物品・物質に対する業界での呼称: copper sulfate (硫酸銅) に対する blue vitriol など》. — *vt* …に trade name を付ける.

tráde or búsiness《米税制》《事業費控除の対象となるあらゆる》**事業**.

trad·er /tréɪdər/ *n* **1 商人**, **取引[貿易]業者**. ▶ COMMODITY TRADER (商品取引業者) / FEME SOLE TRADER (独立婦人商人) / INSIDER TRADER (内部者[インサイダー]取引者) / SECURITIES TRADER (証券取引業者) / SOLE TRADER (個人事業(主)). **2 貿易船**, **商船**. **3 a** 《証券》《自分のおもわくで短期の証券売買を行なう》**手張り業者**, **トレーダー**. **b 投機家**. ▶ FLOOR TRADER (手張り会員).

tráde sècret **企業秘密**, **業務上の秘密**, **営業秘密** (=secret of trade)《その開示は差止め命令 (injunction) および損害賠償請求訴訟で保護されうる; cf. SECRET PROCESS》.

trádes·man /-mən/ *n* (*pl* -men /-mən/) **1 商人**,《特に》**小売店主**; **店員**. **2 職人**, **熟練工**.

trádes únion = TRADE UNION.

Trádes Únion Cóngress [the ~]《英》**労働組合会議**《英国の労働組合連合会; 1868 年設立; 略 TUC》.

tráde únion **労働組合** (labor union*),《特に》**職種別組合** (craft union). ▶ INDEPENDENT TRADE UNION (独立労働組合).

tráde únion offícial **労働組合職員**《労働組合職員になった被用者は一定目的のためには正規の賃金と休暇を与えられる》.

tráde ùsage **取引慣行** (=course of trade, trade custom, usage of trade)《当該地域・職業・取引の実務上の慣行; cf. COURSE OF DEALING, COURSE OF PERFORMANCE》.

trad·ing /tréɪdɪŋ/ *a* **商業に従事する**; **通商用の**; **売手や買手の出入りが盛んな**. — *n* **事業**, **営業**, **商売**, **取引**. ▶ FAIR TRADING (公正取引) / FRAUDULENT TRADING (詐欺的営業) / HORSE TRADING (政治的駆引き) / INSIDER TRADING (内部者[インサイダー]取引) / PAPERLESS TRADING (ペーパーレス取引) / SUNDAY TRADING (日曜営業) / WRONGFUL TRADING (不法な事業継続).

tráding certíficate《英》**営業証明書**《公開会社 (public company) は登記後も会社登記官 (registrar of companies) が発行するこの証明書を得るまでは営業あるいは金銭の借入権能を有しない; 登記官は割当て済み株式資本が最低額を下らないことなどを確認してこの証明書を発行することになっている》.

tráding corporàtion **商事会社**.

tráding estáte" 工業団地 (= INDUSTRIAL PARK).

tráding income《英税制》取引所得 (cf. BADGES OF TRADE).

tráding pàrtnership 商業組合 (= commercial partnership)《売買を主とする業とする組合; cf. NON-TRADING PARTNERSHIP》.

tráding stàmp 交換スタンプ《買物をした客に店が渡すサービススタンプで, 一定の数を集めると商品などと交換できる》.

Tra·di·tio lo·qui fa·cit char·tam. /treɪdíʃiou lákwaɪ féɪsɪt káːrtæm/ 引渡しは証書をして語らしめる《引渡しされていない証書は効力を有さないの意》. [L = Delivery makes a deed speak.]

tra·di·tion /trədíʃ(ə)n/ n **1** 伝統, 慣例, 慣行, ならわし, しきたり. **2** 伝承; 言い伝え, 伝説, 口碑. **3** 引渡し, 交付. [OF < L (tradit- trado to hand on, betray (trans-, do to give))]

traditional públic fòrum 伝統的パブリック・フォーラム《道路・歩道・公園などのように伝統的に表現活動の場として認められ使用されてきた公有地; ⇒ PUBLIC FORUM; cf. DESIGNATED PUBLIC FORUM》.

traditionary évidence 伝承証拠《死者の生前の陳述や言い伝えなどからの証拠; 家系, 昔からの土地境界などについて生存証人の証言が得られない場合に許容されうる》.

tra·duce /trəd(j)úːs/ vt そしる, 中傷する;《事実をまげて》悪く言う, 誣告(ぶこく)する;〈法律などを〉あざける, 愚弄する, 犯す, ...に背く. 〜**ment** n **tra·dú·cer** n [L = to disgrace (trans-, duco to lead)]

traf·fic /træfɪk/ n **1 a**《人や車の》往来, 交通, 通行; 人通り: control [regulate] 〜 交通を整理[規制]する. **b**《鉄道・船舶・航空機などによる》運輸(業); 交通機関; 交通量, 運輸量; 運賃収入. **c**《通信》トラフィック《通信路を通して送受信される通報》;《電話の》通話量,《電報の》取扱い量. ▶ AIR TRAFFIC (航空交通) / OFFENSE RELATING TO ROAD TRAFFIC (道路交通に関する違反). **2 a** 通商, 交易, 貿易 (trade); 取引, 売買, 商業; 不正取引; 取引量: the 〜 in liquor 酒の売買 / the 〜 in votes 投票の不正取引 / human 〜 人身売買. **b**《特定の時期における商店の》顧客数, 顧客規模. **c**《古》商品. ▶ WHITE SLAVE TRAFFIC (売春婦輸送). **3** 交渉, 関係〈with〉;《意見などの》交換. ― v (-ficked /-ɪkt/; -fick·ing) vi《特に不正な》取引[売買, 貿易]をする〈in drugs, guns, etc.〉: 〜 with the natives for opium 現地人とアヘンの取引をする. ― vt **1** 商う, 取引する; [fig] 犠牲にする,《名誉などを》売る〈away; for gain〉. **2**〈道路などを〉通行する. 〜 **in**...を違法取引[売買]する. **tráf·fick·er** n

tráffic còurt 交通裁判所《道路交通・自動車などに関する制定法・規則違反を扱う制限的管轄権 (limited jurisdiction) しか有さぬ地方の裁判所》.

tráf·fick·ing n 取引, 売買,《特に》《禁制品などの》不正取引,《麻薬の》密売 (cf. PEOPLE-SMUGGLING, SMUGGLING). ▶ DRUG TRAFFICKING (麻薬違法取引) / HUMAN TRAFFICKING (人身売買) / ORGAN TRAFFICKING (臓器取引).

tráffic offénse 交通違反, 交通法規違反.

tráffic políce《警察の》交通課.

tráffic regulàtion 交通規則.

tráffic sìgn 交通標識.

tráffic wàrden" 交通監視員《駐車違反の取締まりなどを行なう監視員》.

trail /treɪl/ n **1** 通った跡, 足跡, 痕跡; 手掛かり, 形跡. ▶ AUDIT TRAIL (監査証跡) / PAPER TRAIL (文書足跡). **2** 踏み分け道, 小道. ▶ BRIDLE TRAIL (乗馬道). **3** ひきずること;《災害・不幸などの》余波; 後遺症.

tráil·er 1 追跡者. **2** トレーラー, 自動車で引く移動住宅, トレーラーハウス (caravan").

train /treɪn/ n **1** 列車. ▶ FREIGHT [GOODS] TRAIN (貨物列車). **2** 列. **3** ひとつながり,《思考などの》連続. ― vt **1** 訓練する, 教育する. **2** 照準する〈on〉, 傾注する〈on, toward〉.

train·ee /treɪníː/ n 訓練をうけている者; 職業[軍事]訓練をうける人;《英》事務弁護士実務訓練生 (= TRAINEE SOLICITOR).

trainée solícitor《英》事務弁護士実務訓練生《事務弁護士 (solicitor) 事務所に雇われて法実務を学ぶ若者; 単に trainee ともいう; かつては articled clerk (事務弁護士事務修習生) といった》.

tráining lèvy 職業訓練税《政府による職業訓練計画の基金のために会社が負担する税金》.

trai·tor /tréɪtər/ n **1** 反逆犯《反逆罪 (treason) の犯人》. **2** 裏切り者, 反逆者; 国賊, 逆臣, 売国奴.

trámp corporàtion《米》放浪会社《実際には企業活動をしていない州で会社設立を認められた会社》.

trám·wày 路面鉄道[電車].

tranche /trænʃ/; F trɑ̃ʃ/ n **1** 薄片, 一部分. **2**《金融》トランシュ《分割発行[実行]される証券[融資]の一回分》, 一区分. [F = slice]

trans·act /trænsǽkt, trænz-, "trɑːns-/ vt **1**〈用事などを〉実行する,〈案件・議事を〉処理する,〈取引を〉行なう: 〜 business. **2**《大陸法》和解する.

transácting búsiness 営業活動を行なうこと, 取引行為を行なうこと.

trans·ac·tion /trænsǽkʃ(ə)n, trænz-, "trɑːns-/ n **1**《業務の》処理, 取扱い, 処置;《処理した》業務; 取引 (行為), 法律行為: business 〜 商取引 / cash 〜 現金取引 / exchange 〜 外貨取引 / fraudulent 〜 不正取引. ▶ ARM'S-LENGTH TRANSACTION (独立当事者間取引) / AUTOMATED TRANSACTION (自動化取引) / BOILER-ROOM TRANSACTION (ボイラールーム取引) / CASH-OPTION TRANSACTION (現金払い選択権取引) / CLOSED TRANSACTION (完了取引) / COLORABLE TRANSACTION (偽りの取引) / COMMERCIAL TRANSACTION (商事取引) / COMMERCIAL TRANSACTIONS (商取引法) / CONSUMER CREDIT TRANSACTION (消費者信用

取引) / CONSUMER GOODS TRANSACTION (消費者物品取引) / ELECTRONIC TRANSACTION (電子取引) / EXTORTIONATE CREDIT TRANSACTION (強要的信用取引) / GOING PRIVATE TRANSACTION (非公開会社化措置) / LIMITED PARTNERSHIP ROLLUP TRANSACTION (有限責任組合巻き上げ行為) / LINKED TRANSACTION (連結取引) / MARGIN TRANSACTION (証拠金取引) / PACKAGE TRANSACTION (一括取引) / SECURED TRANSACTION (担保付き取引) / SHAM TRANSACTION (偽装取引) / TITLE TRANSACTION (土地権原にかかわる取引) / UNCONSCIONABLE TRANSACTION (非良心的取引). **2** [^{U}pl] 契約, 商取引(額). **3** 《大陸法》和解. **4** [pl] 《学会などの会議の討議事項・講演・発表論文などを報告する》会報, 紀要, 議事録: Philosophical *T~s* 英国 Royal Society 会報. **~·al** *a*

transáctional immúnity 行為免責《証人が強制されてなした証言にかかわる犯罪について, その者の刑事訴追を免除する刑事免責; 証言者本人の刑事訴追に対するその証言の使用を不能とする使用免責 (use immunity) と異なり, 行為・犯罪そのものについて刑事免責する広い免責; 米国では州段階ではこの2つのいずれの免責も利用可能であるが, 連邦は使用免責のみを与えている; cf. USE IMMUNITY》.

transáctional láwyer 1 取引業務弁護士《主として特許権・商標権などの実施権, 企業買収, 合弁事業などの取引業務をなしている弁護士》. **2** 事務所業務弁護士 (=OFFICE PRACTITIONER).

transáction còst [^{U}pl] 取引費用《取引・交渉・和解・訴訟などに費やされる機会費用 (opportunity cost); 法と経済学 (law and economics) の基礎概念》.

transáction-or-occúrrence tèst《米》同一の取引または事件のテスト《連邦民事訴訟手続規則 (Federal Rules of Civil Procedure) は, 原告の請求と同一取引または事件から生じた反対請求 (counterclaim) は必ず反訴を提起しなければならないとしていることから, 必要・重要となるある特定の権利主張が同規則上の強制的反訴 (compulsory counterclaim) に当たるかのテスト; cf. COMPULSORY COUNTERCLAIM》.

transáction ré 要物法律行為《要物契約など物の引渡などの事実が要件となっているような法律行為》.

trans·car·ce·ra·tion /trænskɑːrsəreɪʃ(ə)n/ *n* 施設移動《収監者あるいは施設収容精神病患者を刑務所・収容施設から社会に復帰させるのではなく, 刑務所・施設から, 例えば中間施設 (halfway house) など他の刑務所・施設に移すこと》.

tran·scribe /trænskráɪb, "trɑːn-/ *vt* **1** 書き写す; 〈速記・録音した談話・発言・証言などを〉普通文字で書き表わす, 文字起こしする, タイプライターで打ち出す, 文書化する. **2** 書き換える, 要約して書く.

tran·script /trǽnskrɪpt, "trɑː́n-/ *n* **1** 写し, 写本, 謄本; 転写; 《証言・演説などの》筆記録. **2** 《裁判所における訴訟手続きの》記録の謄本; 上訴記録. **3** 翻訳したもの.

tran·scrip·tion /trænskrɪ́pʃ(ə)n, "trɑː-n-/ **1** 筆写; 書き換え, 文字起こし, 転写. **2** TRANSCRIPT.

trans·fer *v* /trænsfə́ːr, "trɑːns-, *trǽnsfə̀ːr*/ (**-rr-**) *vt* **1** 移す, 動かす, 運ぶ〈*from, to*〉;〈事件を〉移送する;〈別の乗物に〉乗り換えさせる, 積み換える〈*(on)to*〉; 伝える, 伝達[伝導]する. **2** 〈財産・権利を〉移転[譲渡]する〈*from, to*〉, 設定する. **3** 変える, 変形させる. — *vi* **1** 乗り換える〈*to a bus*〉; 移る, 移動する〈*from, to*〉. **2** 〈財産・権利〉が移転する. — *n* /trǽnsfə̀ːr/ **1** 移動, 移転, 転移;《事件の》移送 (cf. REMOVAL) (⇒ TRANSFER OF A CASE). ▶ FEDERAL TRANSFER (連邦地方裁判所の移送(権)) / NOTICE OF TRANSFER (移送通知). **2**《権利などの》移転, 譲渡,《物権の》変動, 引渡し;《株券などの》書換え; 譲渡証書;《商》振替: cable transfer*=telegraphic transfer"(外国)電信為替 / a ~ slip 振替伝票. ▶ BANK TRANSFER (他国銀行口座振替) / BLANK TRANSFER ((株式の)白地譲渡証書) / BULK TRANSFER (一括譲渡) / CONSTRUCTIVE TRANSFER (みなし移転) / CREDIT TRANSFER (銀行口座振替) / ELECTRONIC FUNDS TRANSFER (電子資金移動) / GENERATION-SKIPPING TRANSFER (世代飛越し移転) / INCOMPLETE TRANSFER (不完了移転) / INTER VIVOS TRANSFER (生存者間移転) / POTENTIALLY EXEMPT TRANSFER (潜在的相続税非課税移転) / PREFERENTIAL TRANSFER (偏頗的移転) / RELEVANT TRANSFER (関連移転) / STOCK [SHARE] TRANSFER (株式の譲渡, 株式譲渡証書) / TECHNOLOGY TRANSFER (技術移転) / VOIDABLE TRANSFER (取消しうる移転). **3** 転学[転属, 転任, 移籍](者); *転学証明書[許可書]の書式. **4**《鉄道》移送(点); 乗換え, 乗継ぎ; 乗換え地点; 乗継ぎ切符 (=~ ticket), 乗換え票. **trans·fér·al, -fér·ral** *n* [F or L (*lat- fero* to carry)]

trans·fér·able, -fér·ra·ble *a* **1** 移転可能な, 譲渡可能な. **2** 移転性[譲渡性]のある, 流通性のある. **tràns·fer·abíl·i·ty, -fèr·ra·bíl·i·ty** *n*

transférable devélopment ríghts *pl* [the ~] 移転[譲渡]可能開発権《歴史保全・自然環境保全などのため土地利用について容積率規制などがなされている場合に, その規制を受けている開発を最大限まで実現する潜在的権利を, その土地から分離して, 開発が許されている土地へ移転することを認める制度; 略 T.D.R.》.

tránsfer àgent 証券業務代行人, 名義書換え代理人.

tránsfer diréction 移送指示《自由刑で収監されている者に精神障害 (mental disorder) が生じた場合, その者を治療のために病院に移送しそこで拘禁することを命ずる指示》.

trans·fer·ee /trænsfəríː, "trɑːns-n-/ 被移転人, 譲受人, 被譲渡人.

transferée liabílity 被移転人の納税責任《例えば, 米国の内国歳入庁 (Internal Revenue Service) が贈与者が贈与税を支払わなかった場合, 受贈者にその支払いを強制しうる》.

trans·fer·ence /trænsfə́ːr(ə)ns, trǽnsf(ə)r-,

ˈtrɑːns-, ˈtrɑ́ːns-/ n **1** 移送; 移送. **2**《スコットランド》当事者引き継ぎ《訴訟係属中の当事者が死亡・破産・精神病などのため訴訟追行能力を失った場合に, 代わってその遺言執行者 (executor), 受託者 (trustee), 保佐人 (curator) などにより訴訟が引き継がれること》.

tránsfer hèaring 移送のための審理《少年裁判所 (juvenile court) で, 非行をはたらいたとされる少年 (juvenile) を成人として一般の刑事裁判所で審理すべく移送するか少年として審理するかを決定するための審理》.

tránsfer in fráud of créditors 債権者を欺くための移転《移転者に対する債権者がその物に対して権利主張をできないようにする目的での財産権の移転》.

tránsfer of (a) cáse 《他の裁判所への》事件の移送 (=tránsfer of (a) cáuse [(an) áction]"])《単に transfer ともいう; ⇨ REMOVAL OF (A) CASE》.

tránsfer of fúnd 銀行口座振替 (credit transfer).

tránsfer of procéedings 訴訟の移送《民事訴訟で最適の他裁判所へ事件を移送する手続き》.

tránsfer of próperty 財産権の移転.

tránsfer of rísk 危険の移転《対象財産が破壊したりそこなわれたりした場合の危険の負担者が売主から買主へ移ること; 英国では 1979 年法で, そのものの引渡し時期ではなく所有権の移転時期により危険の移転時期も決定される》.

tránsfer of sháres" 株式の譲渡[移転] (=share transfer) (cf. BLANK TRANSFER, SHARE [STOCK] TRANSFER, TRANSMISSION OF SHARES).

tránsfer of undertákings 《英》企業の移転 (⇨ RELEVANT TRANSFER).

tránsfer of válue 《英税法》価値の移転《遺産価値が移転され, その結果その移転直後に遺産価値が当該処分がなかったとした場合よりも減るような移転; この場合その移転は相続税 (inheritance tax) の対象となる; cf. ASSOCIATED OPERATIONS》.

tránsfer of vénue 裁判地の変更 (=CHANGE OF VENUE).

transferor ⇨ TRANSFER(R)ER.

tránsfer pàyment [ᵁpl] 移転支出, 振替支出, 無償給付, 譲与支払い《例えば, 失業救済・生活保護給付などの政府から個人への無償の給付; 政府の所得が単に個人の所得に移転・振替ただけなのでこう呼ぶ》.

tránsfer price 移転価格, 振替価格《親会社と子会社や多国籍企業など関連企業間または同一企業内の独立部門間の取引で用いられる価格》.

tránsfer prìcing 移転[振替]価格操作, トランスファー・プライシング《一会社の部門間, あるいは親会社・子会社間や多国籍企業などにおいて租税負担の回避・軽減のために行なう移転価格 (transfer price) の人為的操作》.

transférred inténd 移転故意《例えば, ある人を殺害しようとして別人を殺害した場合のように, 本来意図した犯罪行為と実際に犯した犯罪行為とが変わってしまった場合の故意》; ⇨ TRANSFERRED-INTENT DOCTRINE》.

transférred-intént dòctrine 移転故意の法理《例えば, ある人が A を傷つけようとして B を傷つけてしまったような移転故意 (transferred intent) があった場合に, B に対しては故意がなかったとするのではなく, 最初の A に対する故意が B に移転したという法構成をとるべきであるという原則》.

transférred málice 移転犯意《ある家の窓ガラスを割ろうとして小石を投げ別の家の窓を割ってしまったような場合の壊れた窓破壊に対して認められる犯意; 意図したものと結果が同種の害である必要がある; cf. TRANSFERRED-INTENT DOCTRINE》.

trans·fér·(r)er, -(r)or /, -fərɔ́ːr/ n **1** TRANSFER する人[もの]. **2** [ᵁ-feror] 移転人, 譲渡人. ▶ DEEMED TRANSFEROR (みなし移転者).

tránsfer tàx 1《不動産・証券などの》移転税, 譲渡税, 資産移転税, 資産取引税《米国では特に遺言・相続・贈与による財産権移転に課される税を指す; 連邦の UNIFIED TRANSFER TAX, GENERATION-SKIPPING TRANSFER TAX, STOCK TRANSFER TAX などがその例; cf. ESTATE TAX, GIFT TAX). **2** 株式取引税 (=STOCK TRANSFER TAX). **3** 世代飛越し移転税 (=GENERATION-SKIPPING TRANSFER TAX).

tránsfer wàrranty 1 移転権原担保《移転人から被移転人になされる証券の権原・信用についての黙示の権原担保 (warranty); もし移転が裏書きによりなされる場合には, 直接の被移転人に対してだけでなくその後の被移転人に対してもその担保は及ぶ》. **2** 権原証券担保《権原証券 (document of title) の被移転人による同証券の再移転に際してその被移転人が負う直接の被移転人に対する価額の担保》.

trans·for·ma·tion /trænsfərméɪʃ(ə)n/ n 《国際法》変型 (⇨ DOCTRINE OF INCORPORATION) (cf. INCORPORATION). ▶ DOCTRINE OF TRANSFORMATION (変型理論).

trans·gress /trænsgrés, trænz-, ˈtrɑːns-/ vt 《限界・境界を》越える;《法などを》犯す. — vi のりを越える; 違犯する, 罪を犯す.

trans·gres·sio /trænzgréʃioʊ/ n 侵害, 侵害訴訟 (trespass). [L=trespass]

trans·gres·sive /trænzgrésɪv, trænz-, ˈtrɑːns-/ a 法[制限など]を犯しやすい, 違反している.

transgréssive trúst 永久拘束禁止の準則違反信託《永久拘束禁止の準則 (rule against perpetuities) に違反して設定された信託》.

transhipment ⇨ TRANSSHIPMENT.

tran·sience /trǽnʃ(i)əns, -ziəns, -siəns, -ʒəns; trǽnziəns, -siəns, ˈtrɑ́ːn-/ n 一時的であること; 移動性; 流動性. **trán·sien·cy** n

trán·sient a **1** 一時の, 束(さ)の間の, 一過性の, 過渡的な. **2** しばらくとどまっては移動する, 滞在の短い; *短期滞在客のための《ホテルなど》. — n transient な人[もの]; TRANSIENT PERSON; 短期滞在者; 移動[渡り]労働者; *浮浪[放浪]者. **~·ly** adv

tránsient álien [fóreigner] 短期滞在外国人.

tránsient pérson《米》住所不確定者《州の裁判地を定める制定法に関連して州内に法律上の住所 (legal residence) をもたない者; 単に transient ともいう》.

trans・i・re /trænsáɪəri, ˈtrɑːn-/ n (pl ~s)《通常の通関手続きに代えて税関が沿岸貿易船に与える》**沿岸運送免状**, 貨物搬出許可証. 〔L=to pass〕

tran・sit /trǽnsət, -zət, ˈtrɑ́ːn-/ n **1** 通過, 通行, 横断; 移り変わり, 推移, 変遷: ~ passengers 通過旅客. **2 a** 運送, 運搬, 輸送. **b** 中継(??)《運送人に認められている, ある運送から他の運送に荷物を積み替える権利》. **c** *公共旅客輸送(機関の路線[乗物]). **d** 通路, 運送路. **in** ~ 通過中, 輸送中に, 運送中に, 移動中に (in transitu); 短期滞在の. — vt 横切る; 移動させる, 運ぶ. — vi 通過する; 横切る; 運ぶ. 〔L=a going across〕

Tran・sit in rem ju・di・ca・tam. /trǽnsɪt ɪn rém d͡ʒuːdíkeɪtəm/ **既判事項へ移行する(こと)**, 確定判決へ混同する(こと)《ある権利をめぐって訴訟を起こし勝訴判決を得た人は, その権利がその判決の既判事項 (res judicata) と混同するために, 同一権利について再度訴訟を起こすことができず, その勝訴判決執行の手続きをとるべきであるということ》. 〔L=It passes into a res judicata.〕

tran・si・to・ry /trǽnsətɔ̀ːri, -zə-, -t(ə)ri, ˈtrɑ́ː.n-/ a 一時的な, 移ろいやすい, 束(??)の間の.

tránsitory áction 非属地的訴訟, 地域性のない訴訟《土地に関する訴訟のようにその土地が属する管轄裁判所に訴えなければならないのと異なり, 被告自身に訴状が送達されるならばどこの裁判所に訴えてもよい訴訟; cf. LOCAL ACTION》.

tránsitory wróng 取消し不能な権利侵害《例えば, 名誉毀損 (defamation) のようにいったん犯されると取り消すことのできない過去のものとなる違法行為》.

tránsit pássage《国際法》**通過通航(権)**《⇒ RIGHT OF TRANSIT PASSAGE》. ▶ RIGHT OF TRANSIT PASSAGE (通過通航権).

Trans・it ter・ra cum one・re. /trǽnsɪt térə kəm óʊnɛre/ 土地は負担と共に移転する. 〔L=The land passes with its burden.〕

tran・si・tus /trǽnsətəs/ n《人・財物の》通過, 通行, 移動 (cf. IN TRANSITU). 〔L=passage, transit〕

trans・la・tion /trænsléɪʃ(ə)n, trænz-, ˈtrɑːns-/ n **1 a** 翻訳, 訳, 書き換え, 言い換え, 説明, 解釈. **b** 変質, 変容, 変形, 変換. **2** 移すこと;《遺産・遺品の》移転;《古》《財産権の》**移転**;《ローマ法・スコットランド》《占有・遺贈・後見の》移転;《教会》主教[司教]の転任. ~**・al** a ~**・al・ly** adv

trans・la・tive /trænsléɪtɪv, trænz-, ˈtrɑ́ːns-/ a **1** 財産移転の; 移転[移行, 移動, 転移, 転任]の. **2** 翻訳の, 翻訳に役立つ.

trans・mis・sion /trænsmíʃ(ə)n, trænz-, ˈtrɑːns-/ n **1** 渡すこと, 伝達, 伝播, 伝送. **2** 伝達[伝送]されたもの, メッセージ. **3** 移転, 《特に》相続に基づく移転. **4** 《ローマ法・大陸法》《家外相続人の》相続承認権の相続[移転]; 移転, 譲渡. **trans・mís・sive** a 伝える(のに役立つ), 伝えることのできる.

transmíssion of sháres《法の作用 (operation of law) による自動的な》**株式の移転**《株主の破産・死亡に伴う法律の適用上当然の移転》; cf. TRANSFER OF SHARES.

trans・mit /trænsmít, trænz-, ˈtrɑːns-/ v (-tt-) vt **1** 《品物などを》渡す, 送る, 伝達[送達]する;《知識・報道などを》伝える, 伝播[普及]させる, 行き渡らせる《from, to》. **2** 《病気を》うつす, 伝染させる. **3** 《性質などを》遺伝させる, 後世に伝える《to》;《財産などを子孫に》伝える, 譲る. — vi 子孫に伝わる. -**mít・ta・ble**, -**mít・ti・ble** a 伝えることのできる; 伝染性の; 遺伝性の. -**mít・tal** n TRANSMISSION. 〔L (miss- mitto to send)〕

transmíttal létter 添え状《=cover letter, covering letter》《特定訴答書面をファイルしてもらうために同封して送付する旨の文面の裁判所書記あての手紙のように, 同封書類の送付・引渡しを行なう旨の伝達文; 法実務上は現在もまだ "Enclosed please find, ..." (同封いたしますのでお受け取りください) という伝統的文言で始められているが, "Here is ..." とかやや丁寧に "Enclosed is ..." (同封いたします) も用いられている》.

trans・mu・ta・tion /trænsmjuːtéɪʃ(ə)n, trænz-, ˈtrɑːns-/ n **1** 変容, 変形, 変質, 変性. **2**《占有の》移転. **3**《夫婦間の合意によって夫婦共有財産 (community property) を特有財産 (separate property) に, またはその逆にする》**転換**. ~**・ist** ~**・al** a

trans・mute /trænsmjúːt, trænz-, ˈtrɑːns-/ vt ...の性質[形状]を変える, 転換する《from, in, into》.

trans・nátional corporátion 多国籍企業, 超国家企業 (multinational corporation).

transnátional láw トランスナショナル・ロー (1) 文明国家によって共通して認められている法の一般原理 **2)** 国境を越える活動や事象を規律する法; 国際公法・国際私法だけでなく, これら伝統的法の範疇に含まれぬ法をも含む広い概念; 例えば国家が外国の私企業と契約を結ぶ場合などは伝統的な法区分にはなじまないが, これらをも指している; cf. INTERNATIONAL LAW.

trans・par・en・cy /trænspǽr(ə)nsi, -péər-, ˈtrɑːns-/ n 透明, **透明性**.

trans・port vt /trænspɔ́ːrt, ˈtrɑːns-, *ˊˋ/ **1** 移動させる, 運ぶ, 輸送[運送]する《from, to》. **2**《史》《有罪決定者を》海外の流刑地に送る. — n /ˊˋ/ **1 a** 輸送, 運送, 運搬 (transportation). **b** **輸送機関**; 輸送船[列車, 自動車], 輸送機. ▶ PUBLIC TRANSPORT (公共輸送機関). **2**《史》流刑囚. **transpórt・able** a 〔OF or L (porto to carry)〕

trans・por・ta・tion /trænspərtéɪʃ(ə)n; -pɔː-, ˈtrɑːns-/ n **1** 輸送, 運送, 運輸, 運搬, 搬送. **2*****輸送[交通]機関**, 輸送[移動]手段; *輸送[運輸]業. ▶ PUBLIC TRANSPORTATION (公共輸送機関). **3***運賃, 交通費, 旅費; *旅行切符, 運送証明[許可]書. **4**《史》流刑《英

国では16世紀末に北米植民地への流刑に始まり, 1853年法での廃止まで存続; cf. DEPORTATION). **5** [the T-]《口》《米国の》運輸省 (Department of Transportation).

trans·séxual n 性転換願望者; 性転換者《》 transsexual person ともいう; cf. SEX CHANGE).
— a 性転換の[をした]; 性転換願望(者)の.

transséxual pérson =TRANSSEXUAL.

tran(s)·ship·ment /træn(s)ʃípmənt, trɑːn-/ n 《運送品の》積み替え.

trap /trǽp/ n **1**《特にばね仕掛けの》わな, 落とし穴;[fig]落とし穴, 計略, 策略; 待伏せ (ambush). ▶ DEATH TRAP (死の落とし穴) / MAN TRAP (人罠). **2**《敷地所有者あるいは占有者はそこへの立入り被許可者 (licensee) には知られていない敷地内の》隠れた危険《それによるけが等に関して不法行為法上の問題が生じうる》.

tra·vaux pré·pa·ra·toires /F travo preparatwɑːr/ pl 立法[条約]準備作業(資料)《協定・制定法・条約などの最終文を作成するために用いられた委員会報告などの公的資料; 立法経過を示す資料; なお英国では伝統的に裁判所が法律解釈にこれを用いることは禁じられてきている; cf. LEGISLATIVE HISTORY). [F=preparatory works]

trav·el /trǽv(ə)l/ v (-l- ǀ -ll-) vi《特に遠方または外国へ》行く, 旅行する;《乗物で》通う: RIGHT TO TRAVEL.
— vt《場所を》旅行する;《道を》たどる. — n **1** 旅, 旅行; [ᵘpl] (外国) 旅行. **2** 通勤, 通学. **3** 交通量, 往来.

trável-àccident insùrance 旅行事故保険《旅行中に生じた傷害に対する健康保険》.

Trável Àct [the ~]《米》旅行法《違法賭博, 売春, 財物強要, 買収, 麻薬・アルコール違法取引などを助長する州際通商のための旅行を禁ずる1961年制定の連邦法; 州際犯罪活動の増加に対応すべくそれまで州(裁判所)に任せていたその取締まりを連邦権限に移したもの》.

tráveled pláce《一般の人に開放されている》旅行地, 通行道.

tráveler(')s chèck 旅行(者)小切手, トラベラーズチェック.

tráveler's létter of crédit 旅行(者)信用状, トラベラーズ L/C《海外・国内への長期旅行者のために銀行が発行する信用状; 発行銀行に信用状金額に見合う金額を預託し, その本店・支店または取引銀行で信用状付与者であることを証明しさえすれば信用状枠内で支払いを受けられる》.

trável expènse《税制》《事業遂行中の》旅費《交通費・食事代・宿泊代など》.

tra·vers·able /trævə́ːrsəb(ə)l; trǽvə-/ a **1** 横切る[越える]ことのできる, 通過できる. **2** 否認できる[すべき].

tra·verse v /trævə́ːrs, trǽvərs/ vt **1** 横切る; 横断する, ...と交差する. **2** 注意深く[全面的に, 詳しく]考察[検討]する. **3 a** ...に反対[矛盾]する, 妨害する. **b** 否認する.
— vi 横切る, 横断する. — n /trǽvərs/ **1** 横断, 横

切ること. ▶ TOLL TRAVERSE (私有地通行料). **2 a** 障害, 妨害. **b**《相手方の事実の主張の》否認, 否認訴答 (cf. DEMURRER, DENIAL). ▶ COMMON TRAVERSE (通常否認訴答) / CUMULATIVE TRAVERSE (累積否認訴答) / GENERAL TRAVERSE (包括的否認訴答) / SPECIAL TRAVERSE (特別否認訴答) / SPECIFIC TRAVERSE (個別の否認訴答).

tráverse jùry 審理陪審 (=PETIT JURY).

tra·vérs·er n **1** 横断者. **2** 否認訴答者.

treach·ery /trétʃ(ə)ri/ n **1** 裏切り, 背信行為, 背信. **2** 利敵行為《英国では第二次大戦中の1940年に利敵行為法 (Treachery Act) が定められている》.

trea·son /tríːz(ə)n/ n **1** 反逆罪 (=high treason)《忠誠 (allegiance) 義務違反行為; 米国では武力を用いあるいは利敵行為により忠誠義務を負っている政府の転覆をはかる犯罪; 英国では時代によりかなりの変化があるが, 現在では (1) 国王[女王]・その配偶者・その法定相続人の殺害ないし重大な傷害の企て (2) 国王[女王]・政府に対する武力反乱 (3) 戦時における国王[女王]の敵への利敵行為を含む; かつては上述した3類型を中心とした大逆罪 (high treason) と, 小反逆罪 (petit treason) に分かれていたが, 英国では後者が1828年に謀殺 (murder) に含められたため, 現在では前者のみを指す; cf. PETIT TREASON, REBELLION, SEDITION). ▶ CONSTRUCTIVE TREASON (擬制反逆罪) / HIGH TREASON (大逆罪) / MISPRISION OF TREASON (反逆罪隠匿) / PETIT [PETTY] TREASON (小反逆罪). **2** 重大な背信, 裏切り. [AF treisoun<=a handing over; ⇨ TRADITION]

tréason·able, tréason·ous a 反逆罪の, 反逆罪的な, 背信的な (traitorous).

tréasonable misdeméanor《英》反逆罪的軽罪《国王[女王]を危険・恐怖に陥れるおそれのある, あるいは国王[女王]の面前での公共の治安を侵すおそれのある行為・犯罪; cf. TREASON FELONY》.

tréason fèlony《英》反逆罪的重罪《1848年の反逆罪的重罪法 (Treason Felony Act) で創設された犯罪で, 国王[女王]退位, 国王[女王]への武力行使, その政策変更強要, 議会議院への脅迫, 外国人に対する侵略教唆の(実行行為は伴わない)意図およびそれらの意図の文書・言動による表現からなる; 最高刑は終身刑; cf. FELONY, TREASONABLE MISDEMEANOR》.

Treas. Reg.《米》°Treasury Regulation 財務省規則.

trea·sure /tréʒər/ n 宝, 宝物, 財宝, 秘蔵[愛蔵]の品, 埋蔵物, 秘宝; 貴重なもの; 財貨, 財産, 富. ★ ⇨ TREASURE TROVE.

tréa·sur·er n **1** 財務[会計]担当者[役員, 官], 会計局長, 財務部長[課長], 経理部長[課長]. **2**《市町村の》収入役, 出納方. ▶ BOROUGH TREASURER ((自治)都市収入役) / CITY TREASURER (市収入役) / LORD (HIGH) TREASURER (OF ENGLAND) ((イングランド)大蔵卿). **3** [T-]《英》大蔵卿 (⇨ LORD (HIGH) TREASURER (OF ENGLAND)). **~·ship** n

tréasure tróve 1 埋蔵物 (=fortuna)《所有者不明の, 金銀・金銭など高価な発掘物; 中世では, 原則国王の所有となったが, 紛失ないし放棄された物である場合は発見者の物となった; 英国では1996年法によって改められ, 300年以上古くかつ5%以上の貴金属含有物が埋蔵物とされ, 国王の所有となるが, 発見者に報酬が支払われることになっている; 米国では真の所有権者以外のすべての者に対して発見者が権原を有する》. 2 貴重な掘出し物[収集品]; 貴重な発見. [AF *trové* (pp)〈TROVER]

trea·sury /tréʒ(ə)ri/ *n* 1 **a** 宝庫《財宝を保管する建物・部屋・箱など). **b** 《国・地方自治体・団体・企業などの》金庫(に保管されている資金[財源]). 2 [the T-] **a** 《英国などの》**大蔵省** (cf. CHANCELLOR OF THE EXCHEQUER, FIRST LORD OF THE TREASURY, LORD HIGH TREASURER (OF ENGLAND)); 《米国の》**財務省**《正式には the DEPARTMENT OF THE TREASURY). **b** 大蔵省[財務省]の庁舎[役人たち]. ▶ CHIEF SECRETARY TO THE TREASURY (大蔵省首席政務次官) / COMMISSIONER OF THE TREASURY (大蔵委員会委員) / DEPARTMENT OF THE TREASURY (財務省) / FIRST LORD OF THE TREASURY (大蔵委員会第一委員) / HM TREASURY (英国大蔵省) / LORD (COMMISSIONER) OF THE TREASURY (大蔵委員会委員) / PARLIAMENTARY COUNSEL (TO THE TREASURY) (政府提出法案起草弁護士) / REGISTER OF THE TREASURY (財務省登録官) / SECRETARY OF THE TREASURY (財務省長官). 3 [*Treasuries*]《米》財務省証券 (⇨ TREASURY BILL, TREASURY BOND, TREASURY CERTIFICATE, TREASURY NOTE).

Tréasury Bènch [the ~]《英国庶民院の》**大臣席**《議長右側の第一列で, 首相兼大蔵委員会第一委員 (First Lord of the Treasury) 他主要閣僚の議席になっている; cf. FRONT BENCH》.

tréasury bìll 1《英》**大蔵省短期証券**, 短期[割引]国債. 2 [T-b-]《米》**財務省短期証券** (=T-bill)《割引債; cf. TREASURY BOND, TREASURY NOTE》.

tréasury bònd《米》**財務省長期証券** (=T-bond)《期間10年以上, 通常30年; cf. TREASURY BILL, TREASURY NOTE》.

tréasury certíficate《米》**財務省債務証書**, 財務省短期債券《期間1年までの利札式短期証券》.

Tréasury Còunsel《英》**大蔵省付き弁護士**《中央刑事裁判所 (Central Criminal Court) での国王側弁護士; 法務長官 (Attorney General) 指名の法廷弁護士 (barrister) 団で, 同裁判所での訴追に当たる; 6名の上位の弁護士 (senior counsel) (ただし勅選弁護士 (Queen's Counsel) ではない) と10名の下位の弁護士 (junior counsel) からなる; その長に当たる者を First Treasury Counsel (首席大蔵省付き弁護士) という》.

Tréasury Depártment [the ~]《米》**財務省** (=DEPARTMENT OF THE TREASURY).

tréasury nòte 1《史》**法定紙幣**《1》英国で1914-28年に発行された1ポンドまたは10シリング紙幣; currency note ともいう; 現在は Bank of England note がこれに代

わっている 2) 米国で1890年から1894年まで銀買入れ代金を支払うために財務省が発行した紙幣》. 2 [T- n-]《米国の》**財務省中期証券** (=T-note)《期間2-10年; cf. TREASURY BILL, TREASURY BOND》.

Tréasury Regulàtion《米》**財務省規則**《内国歳入法典 (Internal Revenue Code) の条文解釈のため合衆国財務省 (Treasury Department) が発布した規則; 略 Treas. Reg.》.

Tréasury Sècretary [the ~]《米》**財務長官** (Secretary of the Treasury).

tréasury secùrity 1 **金庫証券** (=TREASURY STOCK). 2《米》**財務省証券**.

tréasury shàre 金庫株 (=TREASURY STOCK).

Tréasury Solìcitor [the ~]《英》**大蔵省付き事務弁護士**《大蔵省および独自の事務弁護士を有しない中央政府省庁の法的助言者で, 通常は一名の法廷弁護士 (barrister) が任命される; 法案について政府提出法案起草弁護士 (parliamentary counsel) に指示したり, 大蔵省関係のものを含む民事事件で国王に代わって出廷する弁護士に指示を与えたり, 法の解釈について助言したり, 国王代訴人 (King's [Queen's] Proctor) や捕獲審検所 (prize court) で国王代理人 (HM Procurator General) として行動する; 1883年から1908年までは公訴(局)長官 (Director of Public Prosecutions) の職をも兼ね公訴手続きをも担当していた; 現在は国王代理人を兼ねている》.

tréasury stòck* **金庫株** (=treasury security, treasury share)《発行済株式のうち会社が再取得している株式》.

treat·ing /tríːtɪŋ/ *n* **饗応**《公職選挙における饗応は英国では犯罪となる》.

trea·tise /tríːtəs, -z/ *n* 1《一定の専門分野を包括的に扱った》**著書**, **論文**, **論説**. 2 学術書, 学術論文, 専門書.

trea·ty /tríːti/ *n* 1 **a**《国家間の》**条約**, **協定** (cf. EXECUTIVE AGREEMENT); 条約[協定]文(書). **b**《一般に》約定, 取決め, 約束《*to do*》; 交渉: be in ~ 交渉[協議]中《*with* sb *for* an agreement》. ▶ COMMERCIAL TREATY (通商条約) / DOUBLE TAXATION TREATY (《国際的》二重課税防止条約) / EXTRADITION TREATY (犯罪人引渡し条約) / NONAGGRESSION TREATY (不可侵条約) / (NUCLEAR-)NONPROLIFERATION TREATY (核拡散防止条約) / PEACE TREATY (講和条約) / PRIVATE TREATY (私的取決め) / REGISTRATION OF TREATIES (条約の登録) / SELF-EXECUTING TREATY (自動発効条約) / SIGNATURE OF TREATY (条約署名). 2 [カナダ] インディアン部族と連邦政府との協定《援助の見返りとしてインディアンは土地の権利を譲る》.

Tréaty Clàuse [the ~]《米》**条約条項**《合衆国憲法第2編第2節の, 大統領が上院の助言と承認を得て条約締結権 (treaty power) を有する旨の規定》.

Tréaty of Accéssion [the ~]《英》**加盟条約**《1973年の連合王国・アイルランド・デンマークの欧州共同

体 (European Communities) への加盟のための条約; これにより構成国は合計 9 か国となった)).

Tréaty of Ámsterdam [the ~] アムステルダム条約 ((欧州共同体条約 (European Community Treaty) および 1992 年の欧州連合条約 (Treaty on European Union) すなわちマーストリヒト条約 (Maastricht Treaty) を改正した 1997 年の条約; 1999 年 5 月 1 日発効; Amsterdam Treaty ともいう)).

Tréaty of Níce [the ~] ニース条約 (=Nice Treaty) ((2004 年に欧州連合 (European Union) の加盟国が 25 か国に増加することを控え, 2001 年に加盟国が調印し, 2003 年に発効した条約; 全会一致から特定多数決制度の適用拡大, 構成国の持ち票の改定, 委員会委員数の変更, 欧州議会 (European Parliament) へ権能を与え, 共同決定手続き (codecision procedure) を用いうる政策領域の拡大などが定められている)).

Tréaty of Páris [the ~] パリ条約 (=PARIS TREATY).

Tréaty of Róme [the ~] ローマ条約 (=Rome Treaty) ((1992 年署名の欧州連合条約 (Treaty on European Union) すなわちマーストリヒト条約 (Maastricht Treaty) 以来欧州共同体 (European Community, EC) に改められている欧州経済共同体 (European Economic Community, EEC) および欧州原子力共同体 (European Atomic Energy Community) を設立した 1957 年にローマで署名された条約; 現在は欧州共同体条約 (European Community Treaty) と呼ぶ)).

Tréaty on Européan Únion [the ~] 欧州連合条約 (⇨ MAASTRICHT TREATY) ((略 TEU)).

tréaty pòwer 《米》((上院の助言と承認を得た上での大統領の)) 条約締結権 (⇨ TREATY CLAUSE).

tréaty reinsùrance 《保険》特約再保険 ((あらかじめ結んでおいた包括的特約に基づいて自動的に付せられる再保険; 申し込まれた契約ごとに個別的に引受けの判断をなす facultative reinsurance (任意再保険) の対語)).

tréble dámages pl 三倍(額)賠償(金) (=triple damages) ((制定法が定める, 一定の違法行為に対しての認定損害額の 3 倍の賠償(金))).

tréble pénalty 三倍罰 ((常習犯に対して科す初犯の 3 倍の刑罰)).

tre·buck·et /tríːbʌ̀kət/ n 《史》水責め具 (=CASTIGATORY).

trée preservátion òrder 《英》樹木保存命令 ((都市田園計画 (town and country planning) に基づき生活環境保護のため許可なく樹木を伐り倒したり枝切りしたりすることを禁ずる地方計画当局の命令)).

trench /trénʧ/ n 《軍》壕, 塹壕. — vi 塹壕[堀]を掘る; 侵害する 〈on〉. ~ to... 〈法律の効力が〉... に及ぶ.

tre·sail, tre·saiel, tre·sayle /trɪséɪ(ə)l/ n 高祖(祖父の祖父); cf. AIEL, BESAIL, COSINAGE.

tres·pass /tréspəs, *-pæs/ vi 侵入する, 侵害する 〈on〉; 煩わす, じゃまする, 立ち入る 〈on〉: put up "No T~ing" signs「立入禁止」の立札を掲げる / ~ on sb's privacy 他人のプライバシーを侵害する. — vt 犯す, 侵害する (violate). — n 1 ((他人の時間・私事などへの)) 干渉, 侵入, 侵害, じゃま 〈on〉. 2 a ((身体・財産・権利などに対する)) 侵害, トレスパス ((特に不動産侵害, 不法立入りを指すことも多い)). b 侵害訴訟. ▶ AGGRAVATED TRESPASS (加重侵害) / CATTLE TRESPASS (家畜による侵害) / COLLECTIVE TRESPASS (集団侵害(罪)) / CONTINUING TRESPASS (持続的侵害) / CRIMINAL TRESPASS (犯罪としての侵害) / PERMANENT TRESPASS (継続的侵害). 3 《史》軽罪 (misdemeanor) (⇨ TRESPASS CONTRA PACEM (DOMINI) REGIS). 4 《古》 ((宗教・道徳上の)) 罪, とが, 罪過, あやまち. [OF (n)〈(v)=to pass over〈L]

tréspass ab inítio 最初の立入りに戻っての侵害 ((初めは合法的権限に基づく逮捕・捜索など正当な権限に基づいて他人の土地に立ち入ったが, その権限の濫用ゆえに当初から侵害したものとみなされる立入り行為)). [E+L=trespass from the beginning]

tréspass by relátion 1 占有権原行使前の侵害 ((A が直ちに占有する権原を与えられたにもかかわらず時間を置いて実際に占有した土地に対して, その間に B が行なった侵害; この場合, 法的には土地占有者のみが侵害について訴えを提起しうることになっているので, A の実際の占有開始を占有の権原取得時に遡及させる擬制を用いて, 侵害訴訟を認めている)). 2 遡及占有に基づく侵害訴訟.

tréspass còntra pácem (dómini) régis 《英史》 ((主君たる)) 国王の平和違反侵害(訴訟) ((国王の平和 (King's peace) 違反の形でなされた侵害 (trespass) ないしその救済を求める訴訟; この訴訟は国王裁判所に係属し, 被告敗訴の場合は原告に損害の補償をその平和を侵された国王に対しては平和破壊の補償としての罰金を支払わねばならなかった; 最古の形態の trespass で, ここから種々の trespass 訴訟が生み出され, 国王裁判所の不法行為裁判権を急速に拡大させる主要因になっただけでなく, 罰金刑が科される軽罪 (misdemeanor) も民刑事未分化状態のこの trespass から発展したものである; cf. TRESSPASS VI ET ARMIS)). [E+L=trespass against the peace of (our lord) the king]

tréspass de bo·nis (as·por·ta·tis) /─ di bóʊnɪs (æ̀spɔːrtéɪtəs)/ 1 動産不法収去侵害 ((他人の動産の不法収去による侵害; この行為は同時にコモンロー上の窃盗罪 (larceny) の要素でもある)). 2 動産不法収去侵害訴訟 ((他人の動産の不法収去による侵害に対して侵害賠償を請求する訴訟)). [E+L=trespass of goods (carried away)]

tréspass de ejectióne firmae 《史》賃借不動産占有侵害(訴訟) (=(de) ejectione firmae, writ de ejectione firmae) ((定期不動産権 (tenancy for a term) は物そのものを取り戻す物的訴訟 (real action) の対象になっておらず したがって物的財産(権) (real property) ではなく), もとはその占有侵害に対して侵害訴訟 (trespass) による損害賠償のみが救済手段であったが, しかし定期不動産権の重要性が増したため, 1500 年までに賃借

不動産そのものの占有回復と損害賠償の双方を得ることができるようになり、かえって自由土地保有権(freehold)よりも手続きが簡便・有利になり、逆に自由土地保有権保護のためにも擬制(fiction)を用いて利用されることになった; 近代の不動産回復訴訟(ejectment)がこれである; ⇨ EJECTMENT, JOHN DOE; cf. REAL PROPERTY, TERM OF YEARS). [E+L=trespass of ejectment of farm]

tréspass·er *n* 侵害者, 不法侵入者, 侵入者(cf. INVITEE, LICENSEE): *T~s* will be prosecuted.《掲示で》侵害者は訴えられます. ▶ INNOCENT TRESPASSER (悪意のない侵害者).

tréspass on the cáse 特殊主張侵害訴訟(=action on the case)《初期コモンロー上訴訟開始に当たり当然令状(writ of course)がない場合も, 訴訟原因である特殊侵害事実を主張し特別の訴訟開始令状(original writ)を発行してもらい, 訴訟が開始されえた; この訴訟を指すが, 近代の多くの訴訟方式(form of action)はここから発展した点で重要である; 単に case ともいう》.

tres·pass·o·ry /tréspəsɔːri, -səri/ *a* 侵害の: ~ intrusion.

tréspassory assémbly《英》侵害的集会《土地占有者の許可なくして, 一般の人は出入りする権利のないあるいは限定的権利しか有さぬ土地の野外で 20 名以上の人々で開く集会で, 占有者がその催しに承諾を与えておらずかつ近隣の人々の生活に重大な妨害あるいはその土地, 記念物, 歴史的・科学的に重要な建築物等に大きな損害をもたらしそうな場合を指す; 警察は合理的に考えてこのような集会になりそうだと信じる場合には集会禁止の命令を求めうる; またそれと知りつつこのような集会を組織・推進することは略式起訴で訴追される犯罪(summary offense)として処罰の対象となり, またそれと知りつつ参加した者も罰金刑の対象となる》.

trespass per quod con·sor·ti·um (et ser·vi·ti·um) ami·sit /-́-- pər kwad kansɔ́ːrʃiəm (ɛt sərvíʃiəm) əmáɪzɪt/《史》配偶者権侵害(訴訟)《夫が妻に対する配偶者権(consortium)を第三者により不法に侵害されることおよびその救済手段; per quod consortium (et servitium) amisit ともいう》. [E+L=trespass whereby he has lost her society (and services)]

trespass per quod ser·vi·ti·um ami·sit /-́-- pər kwad sərvíʃiəm əmáɪzɪt/《史》《家事使用人・子に対して行なった第三者の権利侵害およびそれに対して主人・親が提起する》家事労働力侵害(訴訟)《per quod servitium amisit ともいう; 英国では 1982 年法で廃止; cf. LOSS OF SERVICES). [E+L=trespass whereby he/she has lost the benefit of his/her service]

tréspass quáre cláusum (frégit) 土地に対する不法侵入, 不動産不法侵害(訴訟)《他人の占有する土地への不法立ち入り, またはそれを訴える訴訟; 実害がなくても不法行為となる; cf. CLAUSUM FREGIT, QUARE CLAUSUM FREGIT). [E+L=trespass why he/she broke the close]

tréspass to cháttels [góods] 動産占有侵害《他人の動産占有を不法に侵害すること》.

tréspass to lánd 土地占有侵害《通常は許可なしでの立入りの形をとる; 例えば, 自分が権利者だと信じていたといった, 悪意のない侵害は防衛とは認められない》.

tréspass to the pérson 人に対する侵害《暴行(assault, battery), 不法監禁(false imprisonment)など, 人の身体に対する侵害; 故意および過失による場合がありうるが, 過失による身体への損害は過失(negligence)訴訟で救済されるので, 現在では故意に基づく場合に限られている》.

tréspass to trý títle〖米〗1 不動産占有侵害訴訟《不動産に対して直接占有する権利を有している者が, みずからの占有権を不法に奪っている者に対して占有と損害賠償を求めて提起する訴訟; 若干の州で認められている》. 2 権原確定のための侵害訴訟《権原についての争訟解決のため提起される訴訟; cf. COMMON SOURCE DOCTRINE).

tréspass ví et ár·mis /-váɪ ɛt áːrmɪs/ 暴力侵害(訴訟)《人・財産に対して物理的暴力を用いて不法に侵害行為をなすこと, またはその救済手段たる訴訟; 侵害訴訟の原初形態で, 暴力に間接的なものないしは擬制化されたものまで含めて, ここから多くの侵害訴訟の型, さらには損害賠償請求訴訟の型が生み出された; cf. TRESPASS CONTRA PACEM (DOMINI) REGIS). [E+L=trespass with force and arms]

tri·able /tráɪəb(ə)l/ *a* 審理に付すべき: OFFENSE TRIABLE EITHER WAY.

tri·al /tráɪ(ə)l/ *n* 1 裁判, 公判, 審理, 事実審理: go to ~ 裁判にかけられる / bring sb to ~=put sb on (his/her) ~ 人を告発する, 審理に付する / stand one's ~=take one's ~ 審理をうける. ▶ BENCH TRIAL (非陪審審理) / BIFURCATED TRIAL (二段階審理) / COMMITTAL FOR TRIAL (刑事法院への陪審審理付託) / CRACKED TRIAL (いかれた裁判) / DAYTON TRIAL (デイトン裁判) / DISPOSITION WITHOUT A TRIAL (審理なき処分決定) / FAIR AND IMPARTIAL TRIAL (公正公平な審理) / FAIR TRIAL (公正な審理) / FULL TRIAL (正式審理) / JOINT TRIAL (共同審理) / JURY TRIAL (陪審審理) / KANGAROO TRIAL (えせ審理) / LAW OF THE TRIAL (その審理における法) / LISTING FOR TRIAL (審理予定表への記載) / MINITRIAL (縮図審理) / MISTRIAL (無効審理) / MOCK TRIAL (模擬審理) / MONKEY TRIAL (モンキー裁判) / NEW TRIAL (再審) / NOTICE OF TRIAL (審理日通知(書); 審理要請通知) / NUREMBERG TRIALS (ニュルンベルク裁判) / POLITICAL TRIAL (政治犯裁判; 政治的審理) / PRETRIAL (事実審理前協議) / PUBLIC TRIAL (公開審理) / RETRIAL (再度の事実審理) / SENDING FOR TRIAL (審理のための移送) / SEPARATE TRIAL (分離審理) / SETTING DOWN FOR TRIAL (裁判手順の決定) / SHOW TRIAL (見世物裁判) / SPEEDY TRIAL (迅速な裁判) / SPLIT TRIAL (PROCEDURE) (分割審理(手続き)) / STATE TRIAL (国事犯裁判) / SUMMARY TRIAL (略式手続きによる(事実)審理) / TOKYO TRIALS (東京裁判) / TRI-

FURCATED TRIAL《三段階審理》／ TWO STAGE TRIAL《二段階審理》／ WRIT OF TRIAL《審理委任令状》. **2** 試験, 試み. **at ~** 審理中に．**on ~** 試験中で; 審理中で; 試してみると; 試しに; on APPROVAL. **stand ~**《特に刑事事件で》審理される, 審理に付される〈for〉. ― *a* **1** 試みの, 試験的な, 試行の; 試験用の; 予選の. **2** 審理の, 事実審理の. **~·ist** *n*

trial at bár《史》《単独裁判官によるのではない》合議制事実審《英国では 1971 年法で廃止》.

trial bálance《会計》試算表《複式簿記において元帳の勘定記録の正否を検証するために各勘定の金額を集計して作成する》.

trial befòre the cóurt 非陪審審理 (= BENCH TRIAL)《略 TBC》.

trial brief《米》審理摘要書《弁護士が裁判所に対して, 通常は事実審理の直前に, 法的争点を略述し, みずからの立場を論ずるために提出する書面》.

trial by báttle [bát·tel /bǽtl/]《史》決闘審判 (= duel, judicial combat, judicial duel, trial by combat, (trial by) wager of battle)《単に battle ともいう; 神は正しい者に味方するという信念の下, 訴訟両当事者を決闘させ, 勝利したものの主張が正しいとする中世西欧で一般的であった審理方式; イングランドには 1066 年のノルマン人の征服 (Norman Conquest) とともに導入され, 一時特に重罪私訴 (appeal of felony) や権利令状 (writ of right) に基づく不動産訴訟で多用されたが, 中世が進むにつれて用いられなくなり事実上数世紀廃れていた; しかし正式に廃止されるのは 1819 年; cf. COMPURGATION, ORDEAL, PURGATION》.

trial by certíficate《史》証明による審理《争点事実 (fact in issue) が特別の知識に属することである場合の審理方式で, そのことを個人として知っている証人の証明を証拠として争点事実が決定されるもの; 例えば London の慣習法についてその市長および長老参事会員 (alderman) の証明書に基づき審理したごとし》.

trial by cómbat《史》決闘審判 (= TRIAL BY BATTLE).

trial by country ⇨ TRIAL BY (THE) COUNTRY.

trial by inspéction《史》検証による事実審理《争点たる事実が五感で決定できるので, 裁判官が陪審によることなくみずからの感覚によって認定する事実審理》.

trial by júry 陪審審理[裁判] (= JURY TRIAL).

trial by ordéal《史》神判 (= ORDEAL).

trial by récord《史》記録による審理《陪審・証人を用いることなく記録のみによる審理; 一方当事者からみずからの主張の根拠としてある記録(特に裁判記録)が証拠として提出され他方当事者からそれが否認されたような場合に, 紛争解決のためにその記録のみが調べられる時の審理》.

trial by (the) cóuntry 地方住民による審理 (= TRIAL PER PAIS).

trial by wáger of báttle [báttel] 決闘審判 (= TRIAL BY BATTLE).

trial by wáger of láw《史》雪冤宣誓による審理 (⇨ COMPURGATION).

trial càlendar《米》審理事件表 (⇨ DOCKET).

trial còunsel 1《米》事実審弁護士 (cf. APPELLATE COUNSEL). **2**《軍法》《政府側の》訴追人.

trial còurt 事実審裁判所, 第一審裁判所 (= court of first instance, instance court) (cf. APPELLATE COURT).

trial de nо·vo /― di nóuvou/ 覆審《上級審であたかも第一審で審理がなかったかのように事実・法律問題双方について審理をやり直すこと; cf. MISTRIAL, NEW TRIAL, RETRIAL》.

trial dòcket* 未決訴訟事件表 (⇨ DOCKET).

trial exàminer《米》行政審判官 (= ADMINISTRATIVE LAW JUDGE).

trial jùdge 事実審判官, 第一審判官.

trial júdge ádvocate 訴追軍法務官《軍法会議 (court-martial) で訴追人としての任務に就く軍法務官 (judge advocate)》.

trial jùry 審理陪審, 小陪審 (= PETIT JURY).

trial làwyer* 事実審専門弁護士《事務所での仕事を主とするあるいは上訴審担当を主とする弁護士に対して, 主として第一審裁判所で原告のための事実審理を担当する弁護士》.

trial màrriage《期間を定めて行なう》試験婚, 足入れ婚.

trial on indíctment《英》正式起訴に基づく審理《刑事法院 (Crown Court) で陪審審理 (trial by jury) される》.

trial on the mérits 本案についての審理《申し立て (motion) や中間的事項についての審理の対語》.

trial pèriod《客が買う前に商品を試す》試用期間.

trial per pais /― pər péi/《古》地方住民による裁判 (= trial by (the) country)《陪審審理 (jury trial) のこと》. [E+law F = trial by the country]

trial sámple 試供品.

trial separátion 試験的別居《離婚するかしないかを決めるために期限を定めて行なう別居》.

tríb·al cóurt /tráib(ə)l-/ [*S*T- C-]《米》部族裁判所《インディアン部族の特に特別保留地 (reservation) における自治的裁判所で, 子の監護・養子縁組, 部族の土地の部族構成員による犯罪についての刑事裁判, 部族構成員と非構成員間の民事裁判権等 連邦が定めた裁判権を有する; この裁判管轄権に関する争いは連邦事項となる》.

tribe /tráib/ *n* **1 a** 部族, 種族, 一族, …族. **b**《古代イスラエルの》部族: the ~*s* of Israel《聖書》イスラエルの 12 部族《Jacob の 12 人の子の子孫》. **c**《インディアンの》部族. **2**《古ローマ》族, トリブス《3 段階の氏族制社会組織の最大単位: 最初は血縁的な 3 トリブスに区分されたが, のちに地縁的行政区分化となり数は 30, さらに最終的には 35 となった; cf. CURIA, GENS》. [OF or L *tribus*]

Tri·bo·ni·an /trəbóuniən/ トリボニアヌス (d.c. 545) (L *Tri·bo·ni·a·nus* /trəbòuniéinəs/)《ローマの法学者; 東ローマ皇帝 Justinian 1 世の大臣; ローマ法大全

(Corpus Juris Civilis) の編纂の中心的人物; Codex Vetus (旧勅法彙纂) 編纂委員の一人, Digests (学説彙纂), Institutes (法学提要), Codex Repetitae Praelectionis (改訂勅法彙纂) 作成では中心となった).

tri·bu·nal /traɪbjúːnl, trɪ-/ *n* **1** 裁判所, 法廷;《特に》(行政) 審判所, 裁定委員会, 審判委員会. ▶ ADMINISTRATIVE TRIBUNAL (行政審判所) / AGRICULTURAL LAND TRIBUNAL (農地審判所) / APPEAL TRIBUNAL (上訴審判所) / ARBITRATION TRIBUNAL (仲裁人団) / ASYLUM AND IMMIGRATION TRIBUNAL (庇護・移民審判所) / CARE STANDARD APPEALS TRIBUNAL (児童養護上訴審判所) / CHARITY TRIBUNAL (公益団体審判所) / CHILD SUPPORT APPEAL TRIBUNAL (子の扶養不服審判所) / COMPANY NAMES TRIBUNAL (会社名審判所) / CONSUMER CREDIT APPEALS TRIBUNAL (消費者信用上訴審判所) / COPYRIGHT TRIBUNAL (著作権審判所) / COUNCIL ON TRIBUNALS (行政審判所審議会) / DATA PROTECTION TRIBUNAL (データ保護審判所) / DOMESTIC TRIBUNAL (内部の司法機関) / EMPLOYMENT APPEAL TRIBUNAL (雇用上訴審判所) / EMPLOYMENT TRIBUNAL (雇用審判所) / FIRST-TIER TRIBUNAL (第一層審判所) / GAMBLING APPEALS TRIBUNAL (賭博上訴審判所) / HAGUE TRIBUNAL (ハーグ仲裁裁判所) / IMMIGRATION APPEAL TRIBUNAL (移民上訴審判所) / IMMIGRATION SERVICES TRIBUNAL (移民業務審判所) / INDUSTRIAL ARBITRATION TRIBUNAL (労働争議仲裁審判所) / INDUSTRIAL TRIBUNAL (産業審判所) / INTERNATIONAL MILITARY TRIBUNAL (国際軍事裁判所) / LANDS TRIBUNAL (土地問題審判所) / LEASEHOLD VALUATION TRIBUNAL (定期不動産賃借権評価審判所) / MEDICAL APPEAL TRIBUNAL (医療上訴審判所) / MENTAL HEALTH REVIEW TRIBUNAL (精神健康再審査審判所) / MILITARY TRIBUNAL (軍事裁判所) / MINISTERIAL TRIBUNAL (行政不服審判所) / NATIONAL INSURANCE LOCAL TRIBUNAL (国民保険地方審判所) / NATIONAL INSURANCE TRIBUNALS (国民保険審判所) / PENSIONS APPEAL TRIBUNAL (軍人恩給不服審判所) / PERFORMING RIGHT TRIBUNAL (実演権審判所) / RENT TRIBUNAL (家賃審判所) / RESERVE FORCES APPEAL TRIBUNAL (予備軍上訴審判所) / RESIDENTIAL PROPERTY TRIBUNAL (居住用財産審判所) / SENIOR PRESIDENT OF TRIBUNALS (審判所総長) / SOCIAL SECURITY APPEAL TRIBUNAL (社会保障上訴審判所) / SOCIAL SECURITY TRIBUNALS (社会保障審判所) / SOLICITORS DISCIPLINARY TRIBUNAL (事務弁護士懲戒審判所) / SUPPLEMENTARY BENEFIT APPEAL TRIBUNAL (補足給付上訴審判所) / UPPER TRIBUNAL (上級審判所) / WAR CRIMES TRIBUNAL (戦争犯罪裁判所). **2**《古ローマのバシリカ (Basilica) で》法務官 (praetor) の席がある高い壇 (tribune), 裁判官席. **3** [*fig*] 審判, 裁定を下すもの, 裁きの場《*of* public opinion》.

tribúnal of inquíry《英史》調査審問機関《1921 年法に基づいて, 全国的災害, 政府内瀆職事件等重要事件・法律問題を調査するために議会両院の決議で臨時的に設置された調査機関; 長は通例先任裁判官で, 証人の召喚・尋問・書類提出に関しては高等法院 (High Court of Justice) と同一権限を有したが, 2005 年法で 1921 年法が廃され, これに代わって調査審問員団 (inquiry panel) の設置が定められている》.

Tribúnals and Inquíries Àct [the ~]《英》審判所および審問に関する法律《1958 年制定, 1971 年全面改正の行政審判所 (administrative tribunal) に関する基本的な法律; 1957 年のフランクス報告書 (Franks Report) を基にしている》.

Tribúnals Sèrvice《英》審判所庁《憲法問題省 (Department for Constitutional Affairs) から現在は司法省 (Ministry of Justice) に属している行政部局で, 例えば上訴審判所 (Appeal Tribunal), 土地問題審判所 (Lands Tribunal), 庇護・移民審判所 (Asylum and Immigration Tribunal) などの中央の大きな行政審判所 (tribunal) 制度の支援を担当》.

trib·une /tríbjuːn, —́‿/ *n* バシリカ (Basilica) 内の法務官 (praetor) 席.

trib·u·tary /tríbjətèri; -t(ə)ri/ *n* **1** 貢納者, 進貢国, 属国. **2**《川の》支流.

trib·ute /tríbjuːt, -bjət/ *n* **1** みつぎ, みつぎ物, 貢納金;《納貢のために徴される》税, 貢租;過大な税. **2**《愛情・敬意・感謝などを示す》贈り物;弔意, 賛辞.

trick /tríːk/ *n* **1** たくらみ, 詐術, 策略, ごまかし, ペテン. ▶ CONFIDENCE TRICK (背信詐欺) / LARCENY BY TRICK (詐術を用いての窃盗). **2** いたずら, わるさ;卑劣なやり方. **3**《俗》売春婦の客;《俗》《売春婦による》性的取引, 性行為. — *vt* だます, かつぐ: ~ *sb into* doing sth 人をだまして…をさせる / ~ *sb out of* sth = ~ sth *out of* sb 人をだまして…を奪う.

tríck·ster *n* 詐欺師, ペテン師, "背信詐欺師 (confidence trickster). ▶ CONFIDENCE TRICKSTER (背信詐欺(師)).

triding ⇨ TRITHING.

Tri·én·ni·al Àct /traɪéniəl-/ [the ~]《英史》三年議会法《**1**) 1641 年 長期議会により制定された法律で, 議会は 3 年ごとに開かれなければならないとしたもの; 1664 年廃止 **2**) 1664 年法も同趣旨が定められていて, その意味では三年議会法の中に入れられるが, 国王に遵守を求める条項を欠いていた **3**) 1694 年の制定法; 議会は解散後 3 年以内に開かれねばならないとし, 存続期間は最長 3 年と定めた; 1716 年 七年議会法 (Septennial Act) に取って代わられた》.

tri·er /tráɪər/ *n* **1** TRY する人[もの], 判者, 審理に当たる者, 事実認定者 (trier of fact);試験者[官];《食品などの》検査員, テスト用サンプルを抽出する器具. **2** [*or* tri·or] **a**《史》陪審員忌避判定人《英国では 1948 年法以降裁判所自体が判定する》. **b** [ᵁ*pl*]《英史》《貴族院で貴族が裁判される場合の》同輩裁判人 (Lords triers ともいう).

trier of fáct 事実認定者（=factfinder, finder, finder of fact）《陪審（jury）による裁判のときは陪審を指し，陪審なしの裁判官による裁判のときは裁判官が事実認定をも行なうので裁判官を指す；単に trier ともいう》．

trí·fur·cat·ed tríal /tráɪfərkèɪtəd-, traɪfɜ́ːr-/ 三段階審理《例えば，損害賠償をめぐる審理が責任の有無，一般損害賠償（general damages），特別損害賠償（special damages）の3段階に分けられるような，三段階審理; cf. BIFURCATED TRIAL》．

trig·a·mist /trígəmɪst/ n 1 3人の妻[夫]のある人，三重婚者．2 3回結婚した人，再々婚者．

trig·a·mous /trígəməs/ a 1 三重婚(者)の．2 3度結婚している，再々婚の．

trig·a·my /trígəmi/ n 1 一夫三妻, 一妻三夫, 三重婚．2 3度の結婚，再々婚．[L<Gk (gamos marriage)]

Trin. 《英》°Trinity sittings トリニティ開廷期間 ◆《英》°Trinity term トリニティ(開廷)期．

Trin·i·ty /trínəti/ n 1 トリニティ開廷期間 (=TRINITY SITTINGS). 2 トリニティ(開廷)期 (=TRINITY TERM).

Trínity Hóuse 《英》水先案内協会, 三位一体協会, トリニティ・ハウス《灯台・航路標識などの建設維持や水先案内の責任など負う協会; 1514年設立; ⇨ ELDER BRETHREN》．

Trínity síttings pl 《英》トリニティ開廷期間《毎年聖霊降臨祭(Whitsunday)の後の第2火曜日に始まり7月31日に終わる高等法院(High Court of Justice)などの裁判所開廷期間 (sittings) で, 4開廷期間の一つ; 1875年までのトリニティ(開廷)期 (Trinity term) に当たる; 単に Trinity ともいう; 略 T., Trin.; ⇨ SITTINGS》．

Trínity tèrm 1 《英大学》4月中旬から6月終わりまでの第三学期. 2 《英》トリニティ(開廷)期 (略 T., Trin.: 1) 《史》1875年まで, 5月22日から6月12日までに開かれていた上位裁判所の裁判所開廷期 (law term); 単に Trinity ともいう; 4開廷期の一つ; ⇨ LAW TERM 2) TRINITY SITTINGS》．

tri·no·da ne·ces·si·tas /traɪnóʊdə nəsésɪtæs/ 《英史》三種の負担《アングロサクソン時代にすべての土地保有者に課された3つの義務: 具体的には, (1) フェルド (fyrd) への参加 (2) 城塞維持 (3) 橋梁維持; trinoda は trimoda (「3種の」という意味の trimodus 女性形) の誤りといわれている》．

trior ⇨ TRIER.

tri·par·tite /traɪpɑ́ːrtaɪt, trípərtaɪt/ a 同文3通の, 3部からなる, 3つに分かれた: a ~ agreement.

tri·ple /trípəl/ a 3倍の, 3重の; 3つの部分からなる; 三者間の; 3回繰り返される[述べられた, 使用された]; 《スパイなどが》三面的な関係[性格]をもった; 3種類の, 三様の. — n 1 3倍の数[量, 額]. 2 3部からなるもの, 三つ組, 三つぞろい, 三人組. — vt 3倍[3重]にする. — vi 3倍[3重]になる. [OF or L triplus<Gk].

tríple dámages pl 三倍(額)損害賠償(金) (=TREBLE DAMAGES).

trip·li·ca·tio /trɪ̀plɪkéɪʃioʊ/ n 《ローマ法》第三抗弁《被告の反再抗弁 (duplicatio) に対する原告の抗弁; コモンロー上の SURREJOINDER (原告第三訴答) に当たる; cf. DUPLICATIO, EXCEPTIO, REPLICATIO》．

trip·li·ca·tion /trɪ̀pləkéɪʃ(ə)n/ n 1 a 3倍[3重, 3部構成]にすること, 同文3通に作成すること; 3つのものを加え合わせること. b 3倍[3部構成]にしたもの, 3通に作成した文書. 2 《ローマ法・大陸法》《被告第二答弁 (duplication) に対する》原告第三訴答《コモンロー上の SURREJOINDER (原告第三訴答) に当たる》．

TRIPs, TRIPS °Agreement on Trade Related Aspects of Intellectual Property Rights 知的所有権の貿易関連の側面に関する協定．

tri·thing /tráɪðɪŋ/, **thri·thing** /θráɪðɪŋ/, **tri·ding** /tráɪdɪŋ/ n 《英史》RIDING 《古刑》

triv·i·al /tríviəl/ a 些細な, 取るに足らない, つまらない, 卑小な.

TRO 《米》°temporary restraining order 一時的差止め命令．

tróubled ásset 《回収不能ないしは回収不能となりそうな》不良債権資産 (=junk asset, toxic asset).

trough /trɔ́(ː)f, trɑ́f/ n 1 かいば桶. 2 二つの波間の谷; 景気の谷.

trove /tróʊv/ n 発見物 (cf. TREASURE TROVE); 貴重なコレクション[蒐集品]. ► TREASURE TROVE (埋蔵物).

tro·ver /tróʊvər/ n 1 《発見などによる》動産の取得, 拾得動産横領; 横領 (conversion). 2 拾得動産横領訴訟 (=action of trover) (= **tróver and convérsion**) 《もとは原告が遺失した動産を拾得し自己の用に供している者に対して損害賠償を求めるためにのみ用いられたが, 後には遺失・拾得の事実の擬制により受寄者さらには暴力により動産を奪った者にまで拡大されて, 不法に他人の物を留置している者一般に対する救済手段として (ただし物そのものの返還でなく損害賠償のみ) 用いられた; 英国では1852年法でこの擬制を廃し, 横領 (conversion) 訴訟となった; cf. CONVERSION, DETINUE, REPLEVIN》. ► ACTION OF TROVER (拾得動産横領訴訟). [AF trover to find]

tru·an·cy /trúːənsi/ n 責任回避, 《特に学校の》無断欠席, 登校拒否.

trúancy òfficer 生徒出席担当係 (=attendance officer)《義務教育対象者の就学に関する法の執行に責任を負っている役人》．

tru·ant /trúːənt/ n 仕事[務め]を怠る者,《特に》無断欠席の生徒, サボり屋. — a 無断で欠席する, サボる. — vi 無断欠席をする．

truce /trúːs/ n 休戦 (=armistice); 休戦協定. ► FLAG OF TRUCE (白旗).

Trúck Àcts /trʌ́k-/ pl [the ~] 現物給与禁止法《現物給与制 (truck system) を禁止する法律; 英国では1831年法以来1887, 1896, 1940年に同名法が存在したが, 1986年の賃金法 (Wages Act) で廃止され, 新たに賃金支払いと賃金からの控除についての労働者の保護がはか

られた；現在は雇用権利法 (Employment Rights Act 1996) に編入されている；米国でも公正労働基準法 (Fair Labor Standards Act) が現金またはそれと同視できるものによる賃金支払いを定めているし、州法にも同様の規定がある）。

trúck shòp [stòre]《史》トラック・ショップ《雇用者が所有経営する店舗で被用者が物品引換券で支払うかあるいは賃金の一定割合を必ずここで費消しなければならないことに定められている店》；⇨ TRUCK SYSTEM.

trúck sỳstem [the ~]《史》現物給与制《賃金を物品や物品引換券で支給したり、一定額までトラック・ショップ (truck shop) での購入を前提として現金を支給すること；被用者に不利益となるので法律で禁止されてきている；⇨ TRUCK ACTS》.

true /trú:/ *a* **1** 真実の、まことの、真の、本当の、事実どおりの (opp. *false*). **2** 本物の、正真正銘の；正当な、適法の. **3** 忠実な、誠実な. **4** 正確な、寸分違わない: TRUE COPY. **~ and correct** [**exact**] 真実かつ正確な《法律家が copy などの語の前に好んでつける形容詞》. ── *adv* 真実に；正確に. ── *n* [ᵘthe ~] 真実、現実.

trúe bíll **1**《米・英史》原案認可、起訴相当(の決定)《大陪審 (grand jury) が起訴状案 (bill of indictment) を適正と認めたときその表面に記す文句》；正式起訴状 (= billa vera) (cf. NO BILL, BILL OF INDICTMENT): find a ~〈大陪審が〉起訴状案を適正と認める、起訴相当と決定する. ▶ NO TRUE BILL (原案否決). **2** [*fig*] うそ偽りのない主張[申し立て].

trúe-bíll *vt*〈大陪審が〉…に対して正式起訴状を作成[提出]する、正式起訴する；〈正式起訴状に〉原案適正と裏書きして提出する、〈正式起訴状を〉原案適正とする.

trúe cásh vàlue 現価実価 (= FAIR MARKET VALUE).

trúe cópy 正確な写し.

trúe defénse 真実の防御《犯罪を犯したことは認めたうえで、精神障害の免責事由や正当防衛によるとの正当化事由に基づいて処罰を逃れようとする防御》.

trúe léase《担保に関する合意 (security agreement) に似ているが、(不動産)賃貸借の本来の属性を有している》本来的(不動産)賃貸借.

trúe thréat 真の脅迫《通常人 (reasonable person) ならば危害を加えるまじめな真の意思表示と解釈して当然の脅迫；言論の自由による保護対象外で刑事訴追の対象となりうる》.

trúe válue 実価 (= FAIR MARKET VALUE).

trúe-válue rùle 実価準則、実価主義《新株発行の対価として金銭の場合はもちろん、特に労務・財産出資の場合にはその評価が額面以上の価値を有していなければならないという原則；それ以下の場合には差額は未払い込みであるとされる；必ずしも一般的準則ではない》.

trúe vérdict 真の評決《陪審員・裁判所・裁判所役人によるなんらかの恣意的な命令や影響力のゆえではなく陪審員全体が自由に話し合ってその自由意思に基づいて到達した評決》.

trust /trʌ́st/ *n* **1 a** 信頼, 信任, 信用 ⟨*in*⟩《★ 関連形容詞: FIDUCIARY》; 強い期待, 確信 ⟨*in*⟩: have [place, put, repose] ~ *in* sb 人を信頼[信任]する. **b** 信頼する人[もの], たよりとする人[もの]. **2**《信頼・委託に対する》重い責任, 義務: hold [be in] a position of ~ 信頼される地位にある, 責任ある役をつとめる. ▶ ABUSE OF (A) POSITION OF TRUST (信頼される地位の濫用(罪)) / OFFICE OF TRUST (信任ある官職). **3** 委託, 保管, 保護. **4 a** 信託《第三者(受益者 (beneficiary)) の利益のために設定者 (settlor) の要請に基づいて受託者 (trustee) によって保有されている財産権で、受託者がコモンロー上の権利を有し、受益者がエクイティー (equity) 上の権利を有することになる；歴史的には、中世期に生じたユース (use) が 1535 年のユース法 (Statute of Uses) により原則的にコモンロー上の権利に転換されることが定められたことから、同様の目的達成のため考案・公認された脱法行為から始まったが、きわめて広く英米法の特徴的制度として利用されている；一般的に信託成立のためには、設定者・受託者・受益者の 3 者と信託財産が存在し、その上で信託設定意思の表示、特定された信託財産の譲渡(ただし設定者みずからが受託者になる場合は譲渡そのものはないが設定者の財産からの分離は同じく必要となる)、および合法的な信託目的が要件となる；cf. ESCROW》. **b** 信託関係、信認関係（⇨ FIDUCIARY RELATIONSHIP). **c** 委託物、預かり物、被保護者、《託された》任務. **d** 信託財産、信託物件. **e** 受託者[団体]；受託者の権利. ▶ ACCUMULATION TRUST (蓄積信託) / ACTIVE TRUST (能動信託) / ALIMENTARY TRUST (扶助料信託) / ALIMONY TRUST (離婚[別居]扶助料信託) / ANNUITY TRUST (年金式信託) / ASSET PROTECTION TRUST (資産防護信託) / BANK ACCOUNT TRUST (銀行預金口座信託) / BARE TRUST (受動信託) / BLIND TRUST (盲目信託) / BREACH OF TRUST (信託(義務)違反) / BUSINESS TRUST (事業信託) / BYPASS (SHELTER) TRUST (迂回路信託) / CAR TRUST (車両信託) / CESTUI QUE TRUST (信託受益者) / CHARITABLE LEAD TRUST (公益先行信託) / CHARITABLE REMAINDER TRUST (公益残余権信託) / CHARITABLE TRUST (公益信託) / CLAFLIN TRUST (クラフリン信託) / CLIFFORD TRUST (クリフォード型信託) / COMMON-LAW TRUST (コモンロー・トラスト) / COMMUNITY TRUST (地域社会信託) / COMPLETELY CONSTITUTED TRUST (完成信託) / COMPLEX TRUST (複合信託) / CONSTRUCTIVE TRUST (擬制信託) / CONTINGENT TRUST (未確定信託) / CONTROLLED TRUST (規制信託) / CONVEYANCING TRUST (不動産譲渡信託) / CREATION OF TRUST (信託の設定) / CREDIT SHELTER TRUST (税額控除信託) / DECLARATION OF TRUST (信託宣言；信託証書) / DECLARATOR OF TRUST (信託宣言者に対する訴訟) / DEED OF TRUST (信託証書；担保のための信託証書) / DERIVATIVE TRUST (派生信託) / DESTRUCTIBLE TRUST (脆弱的信託) / DIRECTORY TRUST (指示信託；確定信託) / DIRECT TRUST (直接的信託) / DISCRETIONARY TRUST (裁量信託) / DONA-

TIVE TRUST (贈与的信託) / DRY TRUST (空(から)信託) / 18-25 TRUST (18歳から25歳未満信託) / EQUIPMENT TRUST (設備信託) / ESTATE TRUST (遺産信託) / EX DELICTO TRUST (不法行為信託) / EXECUTED TRUST (完成信託) / EXECUTORY TRUST (未完成信託) / EXPRESS TRUST (明示信託) / FAILURE OF TRUST (信託の不成立[失効]) / FIXED TRUST (確定信託; 固定型投資信託) / GENERATION-SKIPPING TRUST (世代飛越し移転信託) / GIFT IN TRUST (信託付き贈与) / GRANTOR TRUST (譲与者信託) / HALF-SECRET TRUST (半秘密信託) / HONORARY TRUST (徳義的信託) / HOUSING ACTION TRUST (居住環境整備信託) / HOUSING TRUST (住宅供給信託) / ILLEGAL TRUST (違法信託) / ILLUSORY TRUST (偽装信託) / IMPERFECT TRUST (不完全信託) / IMPLIED TRUST (黙示信託) / INCOMPLETELY CONSTITUTED TRUST (不備信託) / INDENTURE OF TRUST ((社債)信託証書) / INDESTRUCTIBLE TRUST (期限前終了不能信託) / INFORMAL TRUST (略式信託) / INNS OF COURT AND BAR EDUCATIONAL TRUST (インズ・オヴ・コートおよび法廷弁護士教育信託) / INSURANCE TRUST (保険金信託) / INTEREST IN POSSESSION TRUST (現に享有しうる権利付き信託) / INTER VIVOS TRUST (生存者間信託) / INVESTMENT TRUST (証券投資信託; 投資信託発行式) / INVOLUNTARY TRUST (意思に基づかない信託) / IRREVOCABLE TRUST (撤回不能信託) / LAND TRUST (土地信託) / LIFE INSURANCE TRUST (生命保険信託) / LIMITED TRUST (期間確定信託) / LIQUIDATING [LIQUIDATION] TRUST (清算信託) / LIVE TRUST (能動信託; 生存者間信託) / LIVING TRUST (生存者間信託; 能動信託) / MANDATORY TRUST (指示信託) / MARITAL DEDUCTION TRUST (配偶者控除信託) / MARITAL TRUST (配偶者信託) / MASSACHUSETTS TRUST (マサチューセッツ・トラスト) / MEDICAID-QUALIFYING TRUST (メディケード受給資格取得信託) / MINISTERIAL TRUST (事務的信託) / MIXED TRUST (混合信託) / NAKED TRUST (裸信託) / NATIONAL TRUST (ナショナルトラスト) / NOMINAL TRUST (名目的信託) / NOMINEE TRUST (匿名(受益者)信託; 受益者指示権限付き信託) / NON-CHARITABLE PURPOSE TRUST (非公益目的信託) / NONDISCRETIONARY TRUST (非裁量的信託) / NONGRANTOR-OWNER TRUST (非譲与者所有者信託) / ORAL TRUST (口頭信託; 法の作用による信託) / PASSIVE TRUST (受動信託) / PENSION TRUST (年金信託) / PERFECT TRUST (完成信託) / PERPETUAL TRUST (永久信託) / PERSONAL TRUST (個人信託) / POUROVER TRUST (注ぎ込み信託) / POWER IN THE NATURE OF A TRUST (信託の性質を帯びた権能) / POWER IN TRUST (信託の指名信託) / POWER OF APPOINTMENT TRUST (指名権信託) / PRECATORY TRUST (懇願的信託) / PRESUMPTIVE TRUST (推定信託) / PRIVATE TRUST (私益信託) / PROTECTIVE TRUST (保護信託) / PUBLIC TRUST (公共信託) / PURPOSE TRUST (目的信託) / QTIP TRUST (キューティップ信託) / QUALIFIED TERMINABLE INTEREST PROPERTY TRUST (キューティップ信託) / QUISTCLOSE TRUST (クイストクロウス信託) / REAL ESTATE INVESTMENT TRUST (不動産投資信託) / REAL ESTATE MORTGAGE TRUST (不動産譲渡抵当投資信託) / RECIPROCAL TRUST (相互信託) / RELEVANT PROPERTY TRUST (関連財産信託) / RESULTING TRUST (復帰信託) / REVOCABLE TRUST (撤回可能信託) / SAVINGS ACCOUNT TRUST (預貯金信託) / SAVINGS BANK TRUST (預貯金信託) / SECRET TRUST (秘密信託) / SELF-SETTLED TRUST (自己設定信託) / SEMI-SECRET TRUST (半秘密信託) / SHAM TRUST (擬装信託) / SHELTER TRUST (課税よけ信託) / SHIFTING TRUST (移転信託) / SIMPLE TRUST (単純信託) / SPECIAL TRUST (特別信託) / SPENDTHRIFT TRUST (浪費者信託) / SPLIT INTEREST TRUST (公益私益併合信託) / SPRINKLING [SPRAY] TRUST (散布信託) / STATUTORY TRUST (制定法上の信託) / SUBDIVISION TRUST (土地分譲信託) / SUB-TRUST (子信託) / SUPPORT TRUST (扶養信託) / TENTATIVE TRUST (仮設信託) / TESTAMENTARY TRUST (遺言信託) / TOTTEN TRUST (トッテン信託) / TRANSGRESSIVE TRUST (永久拘束禁止の準則違反信託) / UNENFORCEABLE TRUST (強行しえない信託) / UNIT INVESTMENT TRUST (単位型投資信託) / UNIT TRUST (単一式信託) / UNIT TRUST (ユニット信託) / UNLAWFUL TRUST (違法信託) / VARIATION OF TRUST (信託の変更) / VENTURE CAPITAL TRUST (ベンチャーキャピタル・トラスト) / VOIDABLE TRUST (取り消しうる信託) / VOID TRUST (無効信託) / VOTING TRUST (議決権信託) / WASTING TRUST (費消信託). **5** 掛け, 掛け売り, 信用(貸し). **6** 《経》企業合同, トラスト. **7** 《英》トラスト(1) 国民医療制度トラスト (=NATIONAL HEALTH SERVICE TRUST) **2)** 一次医療トラスト (=PRIMARY CARE TRUST **3)** トラスト病院 (=TRUST HOSPITAL)). ▶ ACUTE TRUST (病院トラスト) / AMBULANCE TRUST (傷病者運搬車トラスト) / MENTAL HEALTH TRUST (精神健康トラスト) / NATIONAL HEALTH SERVICE TRUST [NHS TRUST] (国民医療制度トラスト) / NHS FOUNDATION TRUST (国民医療制度基金トラスト) / PRIMARY CARE TRUST (一次医療トラスト). **in ~** 《trustee の手に》委託[保管]されて, 信託されて: **give** [leave] sth *in* ~ **with sb** 人に事物を委託[信託]する[預ける] / **have** [hold] sth *in* ~ **for sb** 人のものを委託[信託]されて[預かって]いる.
— vt **1 a**〈人・言説を〉信頼[信任, 信用]する, …に信を置く, あてにする. **b** 安心して〈人に〉…させられる. **c**〈商売を人に〉信用貸し[掛け売り]をする. **2** 固く信ずる, 期待する. **3**〈大事なものを〉預ける,〈物を〉…に信託する, 任せる, ゆだねる: ~ sb *with* sth = ~ sth *to* sb 人に…を預ける[任せる]. — vi〈…に〉信を置き, 信頼[信用, 信任]する〈*in*〉; 信頼して任せる, あてにする〈*to*〉; 信用貸しをする, 掛けで売る.

trúst accòunt 1 信託勘定;《特に》訴訟依頼人信託勘定 (=CLIENT TRUST ACCOUNT). ▶ CLIENT TRUST ACCOUNT (訴訟依頼人信託勘定) / INTEREST ON

LAWYERS' TRUST ACCOUNTS (弁護士信託勘定利息(活用制度)). **2** 信託財産.

trúst agrèement 信託合意書 (=DECLARATION OF TRUST).

trúst·bùst·er *n* *トラスト解消をはかる人;《特に》《米国連邦政府の》反トラスト法違反取締官.

trúst·bùst·ing *n* 反トラスト[トラスト解消]のための訴訟追行[政治運動].

trúst còmpany《米》《信託 (trust) の引受けを業としている》信託会社 (=trust corporation)《商業銀行業務などをも行なうことがある》.

trúst corporàtion **1**《米》信託会社 (=TRUST COMPANY). ▶ DEPOSITORY TRUST CORPORATION (証券取引決済会社). **2**《英》信託法人《公的受託官 (public trustee), ないしは官職・法令・裁判所の任命などにより受託者となる法人》.

trúst dèed **1** 信託証書 (=DECLARATION OF TRUST). **2** 担保のための信託証書 (=DEED OF TRUST). ▶ DEBENTURE TRUST DEED (社債信託証書).

trúst de sòn tórt 自己の責めによる信託《擬制信託 (constructive trust) の一つ; ⇨ CONSTRUCTIVE TRUST; cf. TRUSTEE DE SON TORT》.[⇨ DE SON TORT]

trúst dòcument 信託文書《受託者 (trustee) が受託者として有している文書で,その中に受益者 (beneficiary) が知る権限を有する信託についての情報や受益者がそれに対して所有権に基づく権利を有している信託情報が含まれているもの》.

trust·ee /trʌstíː/ *n* **1 a** 受託者 (⇨ TRUST); 保管人, 管理人, 管理者; 保管委員, 財産人 (cf. LEGAL OWNER). **b**《特に》破産管財人 (=BANKRUPTCY TRUSTEE). ▶ BANKRUPTCY TRUSTEE (破産管財人) / BARE TRUSTEE (受動受託者) / CORPORATE TRUSTEE (法人受託者) / COTRUSTEE (共同受託者) / CUSTODIAN TRUSTEE (保管受託者) / DE FACTO TRUSTEE (事実上の受託者) / DISCHARGE OF TRUSTEES (受託者の責任解除) / HONORARY TRUSTEE (未確定残余権保護受託者; 徳義的信託受託者) / INDENTURE TRUSTEE ((社債)信託証書受託者) / JOINT TRUSTEE (共同受託者) / JUDICIAL TRUSTEE (裁判所選任受託者) / MANAGING TRUSTEE (事務執行受託者) / PUBLIC TRUSTEE (公的受託官; 公共信託受託者) / QUASI TRUSTEE (準受託者) / RETIREMENT OF TRUSTEES (受託者の退任) / SETTLED LAND ACT TRUSTEES (継承財産設定地法上の受託者) / SUCCESSOR TRUSTEE (承継受託者) / TESTAMENTARY TRUSTEE (遺言受託者) / UNITED STATES TRUSTEE (合衆国破産担当官). **2**《国連》信託統治国. **3** *第三債務者 (garnishee). **4**《学校・協会など法人の》評議員, 理事. ― *vt* **1**《財産を》受託者の手に移す. **2**《特に 破産者の財産の》受託者として《人を》選任する. **3**《債務者の財産を》第三者の手中に差し押える. ― *vi* trustee をつとめる.

trustée ad lítem 訴訟のための受託者《信託をめぐる訴えで, 裁判所が選任する受託者》.

trustée de sòn tórt 自己の責めによる受託者《法的な権原なしでみずから進んで他人の財産権を侵害する形で生存者の財産を管理する者; 擬制信託 (constructive trust) の一つとして法構成され, その財産の受託者としての義務を負わされる; cf. TRUST DE SON TORT》.[⇨ DE SON TORT]

trustée èx maleficio 違法行為による受託者《詐欺などの不正行為により不当な利益を得たことを理由に, 法の適用上その物の受託者の義務を負わされることになる者; 擬制信託 (constructive trust) の一つ; ⇨ CONSTRUCTIVE TRUST》.[E+L=trustee from wrongdoing]

trustée in bánkruptcy 破産管財人 (=BANKRUPTCY TRUSTEE).

trustée invèstment 受託者による投資 (⇨ AUTHORIZED INVESTMENT).

trustée pròcess《米》受託者による債務者財産の差押え(手続き) (=FACTORIZING PROCESS).

trustée·shìp *n* **1** TRUSTEE の地位[職, 権能, 職務]. ▶ TERMINATION OF TRUSTEESHIP (受託者の終了). **2**《国際法史》**a** 信託統治. **b** 信託統治地域 (=TRUST TERRITORY).

trustées of lánd *pl*《英》土地信託受託者 (⇨ TRUST OF LAND).

trustées of the séttlement *pl*《英》継承財産設定受託者 (=SETTLED LAND ACT TRUSTEES).

trúst endòrsement 信託裏書《払受人が第三者の受託者になる旨の裏書》.

trúst·er *n* **1** 信頼[信用]する人. **2**《特にスコットランド》信託設定者 (trustor).

trúst estáte 信託財産《用法に若干混乱があり, (1) 信託財産あるいは信託元本 (corpus) (2) 受託者 (trustee) の信託財産に対するコモンロー上の権原 (3) 受益者の信託財産に対するエクイティー上の権利[受益権]を指す場合があるが, 一般には (1) をいう》.

trúst èx delícto 不法行為による信託《擬制信託 (constructive trust) の一つ; ⇨ CONSTRUCTIVE TRUST; cf. EX DELICTO TRUST》.

trúst èx maleficio 違法行為による信託《擬制信託 (constructive trust) の一つ; ⇨ CONSTRUCTIVE TRUST》.

trúst for sále《英》売却信託《受託者 (trustee) が受益者 (beneficiary) のために信託財産を売却しその収益を保管する義務を負う信託: (1) これは土地が複数の人により合有 (joint tenancy) や共有 (tenancy in common) されている場合に, 制定法により制定されていた (⇨ STATUTORY TRUST); しかし 1996 年法でこれら土地を含む場合すべてが土地信託 (trust of land) になった (2) 無遺言死亡者の遺産で遺産管理人 (administrator) により売却のために保有されているもの; 制定法によるだけでなく明示の意思でも設定可能; しかしこれらも土地が含まれている場合には 1996 年法で土地信託となっている》.

trúst fùnd《信託 (trust) の対象である》信託基金, 信

信託財産 (=CORPUS). ▶COMMON TRUST FUND (共同信託基金).

trúst fùnd dòctrine 信託基金の法理 (=**trúst fùnd thèory** (信託基金の理論)) 《**1**》会社資産は株式の未払い込み部分を含めすべてが会社債権者のための信託基金であるという原則で, 米国判例法上の原則 **2**》広義では, 会社資産は株主および会社債権者のための信託財産で, したがって会社役員はそれを正しく扱う信認義務(fiduciary duty)を負うという原則).

trúst hòspital 《英》トラスト病院 (⇨ NHS TRUST HOSPITAL).

trúst indènture 1 信託証書 (=indenture of trust)《信託の受託者 (trustee) の行為および受益者 (beneficiary) の権利に関する条件を定めた文書). **2**《特に》社債信託証書 (社債発行の際に発行会社と受託会社の間で取り交わされる証書; 米国では1939年の連邦法 Trust Indenture Act (社債信託証書法) がこれにつき規定している). **3** 担保のための信託証書 (=DEED OF TRUST).

trúst ìnstrument 信託証書 (=DECLARATION OF TRUST).

trúst ìnter vívos 生存者間信託 (=INTER VIVOS TRUST).

trúst of lánd 《英》土地信託《1996年の土地信託および受託者指名法 (Trusts of Land and Appointment of Trustees Act 1996) で売却信託 (trust for sale), 受動信託 (passive trust), 継承財産設定 (settlement)に代わるものとして導入された信託 (trust) で, 土地からなる, あるいは土地を含む信託を指す; 同法施行の1997年以後複数の者ないしは複数の人が連続して継続的に土地を所有することになっている場合には, この信託が設定されたことになる; 共同所有 (coown) されている土地は4人を超えない個人ないしは信託法人 (trust corporation) である受託者 (trustee) により保有されねばならない; また例えば夫婦で家を共有する場合のように, しばしば受益者 (beneficiary) と受託者を同一人が兼ねることもある; 受託者はその土地に関して, 受益者に相談すべきではあるしまた受益者のために管理すべきではあるが, 所有権者と同一権利を有する).

trus·tor /trʌ́stər, trʌstɔ́ːr/ n 信託設定者, 委託者 (=truster).

trúst òwnership 信託所有権《受託者の信託財産 (trust property) に対する所有権).

trúst pòwer 1 信託的指名権 (=power in the nature of a trust, power in trust) (⇨ BENEFICIAL POWER). **2** 受託者保有指名権《受託者 (trustee) が保有する権利帰属者指名権 (power of appointment); その受託者は単純な指名権被授与者の義務ではない, 受益者たる権利を行使するか否かを考慮せねばならず, そのかぎりで指名対象者 (object of a power) の権利はこの信託下での信託の受益者の権利に類似してはいるがそれより弱いものである可能性がある).

trúst próperty 《信託 (trust) の対象である》信託財産 (=CORPUS). ▶FOLLOWING TRUST PROPERTY (信託財産追求(権)) / SALVAGE OF TRUST PROPERTY (信託財産保存) / TRACING TRUST PROPERTY (信託財産取戻し(権)).

trúst recèipt 1 担保荷物保管証, トラスト・レシート《輸入業者のような卸売業者である買主がその仕入代金につき金融機関から融資を受けている場合に, その物品を金融機関のために占有する旨を記載した書面; 動産担保の一種で, これにより業者は商品の占有を得てこれを販売し融資返済に充てることになる). **2** 担保荷物貸渡し(制度) 《担保荷物保管証を用いての商品担保金融取引; これにより物品の権原は売主から直接金融機関に移り, 所有権者である金融機関が業者に物品の占有を引き渡し, しかも融資完済後は権原自体も業者に移る法構成となる).

trúst rès 信託財産 (=CORPUS).

Trústs of Lánd and Appóintment of Trustées Àct 1996 [the ~]《英》1996年の土地信託および受託者指名法《略 TOLATA, TLATA, ⇨ TRUST OF LAND》.

trúst tèrritory 《国際法》《信託統治協定によって国連の信託統治制度下に置かれた》信託統治地域 (=trusteeship)《もと国際連盟の委任統治領であったものを, 修正を加えて引き継いだ制度; その後次々と独立を達成し, 1993年までの太平洋諸島パラオ地区を最後に, 現在はすべて解消; cf. TERRITORY).

trúst·wòrthy a 信頼に値する, 信用[信頼]できる, あてになる. **trúst·wòr·thi·ness** n

trústy n 《なんらかの特権的優遇に値する》模範囚.

truth /trúːθ/ n (pl ~s /trúːðz, trúːθs/) **1** [°T-] 真理, 真, 真実, まこと. **2** [the ~] 事実, 真実, 真相; 現実, 実際; 本当のこと. ▶HALF-TRUTH (半分真実). **3**《特に名誉毀損 (defamation) 訴訟における正当事由として》言説の真実 (の防御). ▶DEFENSE OF TRUTH (真実の防御). **4 a** 真実性,《事の》真偽. **b** 誠実, 正直. ▶RECKLESS DISREGARD OF [FOR] THE TRUTH (真実性についての未必の故意ないし認識ある過失による無視) / STATEMENT OF TRUTH (真実性の言明).

Trúth in Lénding Àct [the ~]《米》貸付真実法, 公正貸付法《1968年に制定された消費者信用保護法 (Consumer Credit Protection Act) の第1編; 消費者信用の取引業者に信用取引コストの正確で統一的方式での開示を強制し, 消費者に選択の機会を与え業者間の公正な競争を促進することを目的としたもの; 略 TILA).

Trúth-in-Páckaging Àct [the ~]《米》包装真実法 (FAIR PACKAGING AND LABELING ACT の別名).

try /trái/ vt **1** 試みる, 努力する 〈to do〉, やってみる 〈doing〉. **2** 試験する, 試す. **3 a** 〈事件・事案を〉審理する, 〈人を〉裁判する: ~ sb for murder 人を殺人容疑で審理する / ~ sb for his life 人を死罪に問う. **b** *〈弁護士が〉*…の裁判を担当する, 弁論する.

TSO 《英》°Stationery Office 政府刊行物出版所.

TUC 《英》°Trades Union Congress 労働組合会議.

tu·múl·tu·ous petítioning /t(j)umʌ́ltʃuəs-/

《史》騒擾(そうじょう)的請願《1661 年法により，20 名以上の者による国王，あるいは議会のいずれかの議院への請願はあらかじめその州の3名以上の治安判事 (justice of the peace) あるいは大陪審 (grand jury) の多数などの許可を得ていないかぎり，罰金と 3 月以下の投獄で処罰されると定められたが，その違反請願)．

tur·bary /tə́:rbəri/ n **1** 泥炭採掘場，泥炭田．**2**《英》《他人の所有地での》泥炭採掘権 (=COMMON OF TURBARY)《入会権の一種》．▶ COMMON OF TURBARY (泥炭採掘入会権)．

túrf and twíg /tə́:rf-/《史》草土と小枝《占有引渡し (livery of seisin) の際に移転対象の土地に対する占有の象徴的な物としてその土地の草土やそこに生えている樹木の小枝などの受渡しを含む儀式がなされたが，その際に用いられたもの》．⇨ LIVERY OF SEISIN).

turn /tə́:rn/ vt **1** 回す，回転させる．**2** …の方向[流れ]を変える〈…へ〉向ける〈to, into, on, at, toward〉．**3 a** 換える；言い換える，翻訳する．**b** 変える，変化させる．**c**〈人・物を〉…化する，…にする．～ KING'S EVIDENCE [Queen's evidence]《英》=《米》～ STATE'S EVIDENCE．～ on [upon]…に向ける，に反抗する；…に食ってかかる，急に…に襲いかかる；…しだいで定まる，…にかかる；…を中心[主題]とする．～ over くつがえす，倒す；調べる，熟考する；絞首刑に処す；〈仕事・責任などを〉引き継ぐ，委譲する〈to〉；〈警察に引き渡す〈to〉；転用する；取引する，〈金額を〉商う，〈資金を〉回転させる；"《俗》…から奪う[だまし取る]；"《俗》襲う，ぶんなぐる，《俗》ひっかきまわして捜索する[探す]．— n **1** 回ること，回転；旋回．**2** 曲がること，(方向)転換；それること，逸脱．**3**《病気などの》発作．**4** 一変，逆転，《情勢の》変化，《まれ》転化，変更；成り行き，傾向；新しい見方．**5** 順番，機会．**6** ひと巡り，ひと仕事．**7** 性向，才；癖，特性．**8**《特定の》目的，必要．**9**《資本の》回転(率)；売上高，利益，利鞘；手数料．

túrn·còat witness 裏切り証人《その者の証言がみずからに有利になると期待されていたが，通例は審理中に，みずからに敵意をもつ証人 (hostile witness) になってしまう証人》．

túrn·kèy n 牢番，《刑務所の》看守 (jailer)，《拘禁施設の》鍵保管者．— a 直ちに操作[作動]できる；ターンキー方式の．

túrnkey cóntract ターンキー契約，完成品引渡し契約 (=turnkey operation)《建築・建設・原油掘削などの契約で受注者が企画から完成まで包括的に請負い，発注者に渡す方式の契約，鍵を受け取って回せば居住・操業できる状態で引き渡すとの意》．

túrnkey operàtion 完成品引渡し事業契約 (=TURNKEY CONTRACT)．

túrn·òver n **1** TURN over すること．**2** 反対側への移動，方向転換；変節．**3** 取引高，総売上高，《証券》出来高．**4**《資金・商品の》回転(率)．《企業などの一定期間の》労働移動(率)．**5** 人事異動による再編成： staff ～ = ～ of staff 人事異動．

túrnover òrder 引渡し命令《判決債務者 (judg-

ment debtor) に対してその特定財産を判決債権者 (judgment creditor) あるいはその者の代わりにシェリフ (sheriff) などの執行官に引き渡すことを命じるもの》．

túrn·pìke n **1** *有料(高速)道路，ターンパイク；《史》《通行料金を徴収した》有料道路．**2**《道路の》料金所．

túrn·tàble dòctrine 転車台の法理 (⇨ ATTRACTIVE NUISANCE DOCTRINE)．

túr·pis cáu·sa /tə́:rpɪs kɔ́:zə, tʊ́rpɪs káʊsɑ:/ 不道徳な原因[約因]，不法な約因[原因]《訴権を根拠づけたり，契約を有効なものとする約因にはならない； cf. Ex TURPI CAUSA NON ORITUR ACTIO.)．[L=immoral cause]

Turpis est pars quae non con·ve·nit cum suo to·to. /— ɛst pá:rz kwi nɑn kɑnvi:nɪt kəm sú:oʊ tóʊtoʊ/ 全体と調和しない部分は見苦しい．[L=The part is ugly that does not accord with its whole.]

tur·pi·tude /tə́:rpət(j)ù:d/ n 卑しさ，卑劣，下劣，堕落，邪悪，破廉恥，卑しい行為． ▶ MORAL TURPITUDE (背徳の行為)．

tu·te·la /t(j)utí:lə/ n (pl -te·lae -tí:li/)《ローマ法》後見 (cf. CURA, PUPILLUS, TUTOR). [L=tutelage]

tu·te·lage /t(j)ú:təlɪdʒ/ **1** 後見，保護，監督．**2**《国際法》信託統治 (trusteeship). **3**《特に個人的な》指導；《指導による》感化，影響．**4** 後見[保護，監督，指導]を受けていること[期間]． [L tutela, E -age]

Tu·ti·us sem·per est er·ra·re in ac·qui·e·tan·do quam in pu·ni·en·do, ex par·te mi·se·ri·cor·di·ae quam ex par·te ju·sti·ti·ae. /tjú:ʃiəs sémpər ɛst ɛréɪrɛ ɪn ækwɪɛtǽndoʊ kwæm ɪn pʌniéndoʊ ɛks pá:rtɛ mɪsɛrɪkɔ́:rdiì: kwæm ɛks pá:rtɛ dʒəstíʃìː/ 罰することよりも放免することで誤り，正義の面よりも慈悲の面で誤る方が，常により安全である．[L=It is always safer to err in acquitting than in punishing, (and) on the side of mercy than of justice.]

tu·tor /t(j)ú:tər/ n **1**《時に住み込みの》家庭教師；《英大学》《割り当てられた特定学生の》個別指導教官，チューター，学生主事；*大学講師 (INSTRUCTOR の下位)；《学校には籍のない》受験指導教師．**2**《ローマ法・大陸法》後見人 (guardian) (cf. PUPILLUS, TUTELA)；保佐者．— vt …に tutor として教える[指導する]；個人指導する，じきじきに教える；後見[保佐，監督，指導]する，…の世話をする．— vi tutor としての仕事をする，《特に》家庭教師をする；家庭教師につく．～·ess n fem [OF or L (tut- tueor to watch)]

tútor·shìp n《大陸法》後見人の地位[職務，権限]．

tu·trix /t(j)ú:trɪks/ n (pl **tu·tri·ces** /t(j)utráɪsì:z; t(j)ú:trəsì:z/, **tu·trix·es** /-trɪksəz/) 女性 TUTOR．

TVA《米》°Tennessee Valley Authority テネシー川流域開発公社．

Twélfth Améndment [the ~]《米》合衆国憲法第 12 修正《大統領および副大統領の選出方法の改正

条項; 第 20 修正で補充; 1804 年成立》.

twélve-dày rùle《米》十二日準則《いくつかの法域の刑事訴訟上の準則で, 重罪 (felony) のかどで訴えられた者には最初の令状での罪状認否手続き (arraignment) 後 12 日を超えない時期に予備審問 (preliminary examination) がなされるべきであるということ》.

twélve-mìle límit《国際法》《領海の幅 (breadth of the territorial seas) として》**12 海里幅**《⇨ TERRITORIAL SEAS》(cf. THREE-MILE LIMIT).

Twélve Tábles [the ~]《ローマ法》十二表法《紀元前 5 世紀半ばの残存最古のローマ人の立法で, 貴族と平民との抗争の結果制定されたと伝えられる 12 表からなる法; ラテン語で Lex Duodecim Tabularum という》.

Twéntieth Améndment [the ~]《米》合衆国憲法第 20 修正《大統領・副大統領および連邦議会議員の任期の始期・終期についての修正, 議会の開催, 大統領・副大統領選出についての補充条項; なお, この修正条項は上記任期修正との関係でレイムダック修正 (Lame Duck Amendment) とも言われる; 1933 年成立; cf. LAME DUCK AMENDMENT》.

Twénty-fífth Améndment [the ~]《米》合衆国憲法第 25 修正《大統領の免職・死亡・辞職の場合, 副大統領がその職を承継し, 空位の副大統領職は新大統領の指名および連邦議会両院の確認により補充されること, 大統領が職務遂行不能の場合は副大統領が臨時大統領となることを定めた条項; 1967 年成立》.

Twénty-fírst Améndment [the ~]《米》合衆国憲法第 21 修正《アルコール飲料の醸造・販売・運搬を禁止した第 18 修正を廃止した条項; 1933 年成立》.

Twénty-fóurth Améndment [the ~]《米》合衆国憲法第 24 修正《大統領・副大統領選出に関する選挙あるいは連邦議会議員の選挙において人頭税を投票資格として用いることを禁じた条項; 1964 年成立》.

Twénty-sécond Améndment [the ~]《米》合衆国憲法第 22 修正《大統領の 3 選禁止を定めた条項; 1951 年成立》.

Twénty-séventh Améndment [the ~]《米》合衆国憲法第 27 修正《連邦議員の報酬を変更する法律は, 次の下院議員の選挙が行なわれた後でなければ, その効力を生じないことを定めた条項; 1992 年成立; 1789 年に James Madison によって提案されて 203 年後に成立》.

Twénty-síxth Améndment [the ~]《米》合衆国憲法第 26 修正《選挙権取得年齢を 18 歳に下げることを定めた条項; それまでは多くの州で 21 歳だった; 1971 年成立》.

Twénty-thírd Améndment [the ~]《米》合衆国憲法第 23 修正《コロンビア特別区 (District of Columbia) の市民に大統領選挙で投票する権利を認めた条項; 1961 年成立》.

twí·light zòne /twáilàit-/ **1** いずれともつかない領域, 中間帯;《米国での連邦と州の関係で》**境界不分明な領域**. **2**《都市の》老朽地区, たそがれ地区.

twin /twín/ n ふたごの一人; [pl] ふたご, 双生児. — v (-nn-) vt **1** ふたごとして生む. **2** 対にする; [しばしば pass]"姉妹都市とする"; …と対をなす. — vi **1** ふたごを生む. **2**"姉妹都市となる"〈with〉.

Twín·kie defénse /twíŋki-/ [the ~]*《口》トウィンキーの防御《ある人物の異常な行動は砂糖が多量に含まれたインスタント食品などによる栄養のバランスを欠いた食生活に由来するもので, 法律上の責任能力が限定されると主張するもの; 限定責任能力 (diminished capacity) の防御についての通俗語; 1978 年の San Francisco の殺人事件被告人が防御として用いたことから》.

twín·ning n《特に 2 国間の》姉妹都市提携.

twín-tráck plànning《英》両道計画 (=CONCURRENT PLANNING).

twist /twíst/ n《俗》《金銭よりも減刑を条件にして証言提供をする》**情報提供者**, 密告者 (cf. INFORMANT).

twíst·ing n《保険》乗り換え募集, 乗り換え契約《不実表示などによってだまして既存契約を解約させ他社の契約に乗り換えさせること》.

twó cóunsel rùle《英》二人法廷弁護士制《の準則》《勅選弁護士 (King's [Queen's] Counsel) が法廷で弁論する場合には必ずもう一人の非勅選法廷弁護士を伴い援助を受けるという法曹界のエチケット; 現在は廃止されているが, 実際には守られる場合も多い; この場合の勅選弁護士は LEAD COUNSEL, LEADER といい, 非勅選法廷弁護士を JUNIOR (COUNSEL) と呼ぶ》.

twó dismíssal rùle 二度の棄却の準則《訴えの取下げ通知が, 別の裁判所で同一請求について既に棄却されている原告によって提出された場合には, その通知は単に実体的効果を伴わぬ訴えの却下 (dismissal without prejudice) としてだけでなく, 請求の実体についての棄却判決として作用するという原則》.

twó íssue rùle 二つの争点の準則《複数の争点が審理陪審に提出され, そのうち少なくとも一つは事実の誤認をしてあった場合に, 上訴裁判所は陪審はその評決を正しい争点に基づいてなしたものと推定しその判断を追認すべきであるという原則》.

twó-lìne whíp《英議会》《スケジュール表への》**2 本下線**《当該事項はかなり重要である旨を示す; ⇨ WHIP》.

twó pàrty sỳstem 二党制, 二大政党制.

twó stàge tríal 二段階審理 (=BIFURCATED TRIAL).

twó wítness rùle 二人の証人の準則《特定犯罪の有罪決定をするためには少なくとも 2 名の証人が必要であるという原則; 特に (1) 偽誓 (perjury) の有罪決定を行なうには, その者が虚偽の証言をなしたことを確認する 2 名の独立的証人あるいは 1 名の証人に加えて補強証拠がなければならないという原則 (2) 反逆罪 (treason) の有罪決定をするためには, 公開法廷における自白の場合を除いて, 同一の明白な行為に対する 2 名の証人を要するという原則》.

ty·ing /táiiŋ/ a 結びつける;《特に》抱合わせの (⇨ TYING ARRANGEMENT).

týing arrángement 抱合わせ取決め, 抱合わせ契

約 (=tie-in arrangement)《買主がある商品・サービスを得るためには別の商品・サービスをも抱合わせで買うことを条件とする販売の取決め; 独占禁止法の規制対象となる; cf. RECIPROCAL DEALING》.

týing próduct 抱合わせ製品 (⇨ TIED PRODUCT).

týing sérvice 抱合わせサービス (⇨ TIED SERVICE).

Tyn·wald /tínwəld, táɪn-/ n マン島議会《Isle of Man の立法府》. [ON=assembly field]

tyr·an·ny /tírəni/ n **1** 専制政治; 暴政, 圧政; 専制国家. **2**《ギリシア史》僭主政治; 僭主制期; 僭主国家. **3** 圧制, 横暴, 暴虐; 横暴[暴虐]な行為; 苛酷.

ty·rant /táɪərənt/ n **1** 専制君主; 暴君, 圧制者. **2**《ギリシア史》僭主.

U

U3C /júːθríːsíː/ 〖米〗°Uniform Consumer Credit Code 統一消費者信用法典.

UAAC 〖米史〗°Un-American Activities Committee 非米活動委員会.

uber·ri·mae fi·dei /jubérəmì: fídiàɪ, ubérimàɪ fíːdeìː/ 最高信義の, 最大善意の: The insurance contract is ~. ★英語ではしばしば UBERRIMA FIDES と混用される. ▶ CONTRACT UBERRIMAE FIDEI (最高信義契約). [L=of the utmost good faith]

uber·ri·ma fi·des /jubérəmə fáɪdìːz/ 最高信義, 最大善意 (=UTMOST GOOD FAITH) (cf. BONA FIDES, GOOD FAITH): a contract requiring ~. ★ ⇨ UBERRIMAE FIDEI. [L=most abundant good faith]

Ubi ali·quid, con·ce·di·tur, con·ce·di·tur et id si·ne quo res ip·sa es·se non po·test. /júːbaɪ ǽlɪkwɪd kɑnsíːdɪtər kɑnsíːdɪtər ɛt ɪd sáɪni kwoʊ ríːz ípsə ésɛ nɑn pátɛst, úːbi-/ ある物が譲与される場合には, その物自体が存在するのに不可欠なものもまた譲与される. [L=Where anything is granted, that also is granted without which the thing itself is not able to exist.]

Ubi ces·sat re·me·di·um or·di·na·ri·um, ibi de·cur·ri·tur ad ex·tra·or·di·na·ri·um. /—̇ sésæt rɛmíːdiəm ɔːrdɪnéɪriəm íbi dɛkʌ́ːrɪtər æd ɛkstrɔːrdɪnériəm/ 正規の救済手段がとどまるところで, 例外的救済手段が頼りとされる. [L=Where an ordinary remedy ceases, recourse is had to an extraordinary one.]

Ubi dam·na dan·tur vic·tus vic·to·ri in ex·pen·sis con·dem·na·ri de·bet. /—̇ dǽmnə dǽntər víktəs víktòuràɪ ɪn ɛkspɛ́nsɪs kɑ̀ndɛmnéɪràɪ débət/ 損害賠償が与えられる場合には, 敗訴者は勝訴者にその訴訟費用を(も)払うよう判決されるべきである. [L=Where damages are given, the losing party ought to be adjudged to pay the costs of the victor.]

Ubi ea·dem ra·tio, ibi idem jus. /—̇ ɛéɪdɛm réɪʃioʊ íbi áɪdɛm ʤʌs/ 同一の理があるところ, そこに同一の法がある. [L=Where there is the same reason, there is the same law.]

Ubi jus, ibi re·me·di·um. /—̇ ʤúːs íbi rɛmíːdiəm/ 権利あるところ, そこに救済手段あり (cf. UBI REMEDIUM, IBI JUS). [L=Where there is a right, there is a remedy.]

Ubi lex ali·quem co·git os·ten·de·re cau·sam, ne·ces·se est quod cau·sa sit jus·ta et le·gi·ti·ma. /—̇ léks ǽlɪkwɛm kóʊʤɪt ɑsténdərə kɔ́ːzæm nɛsésɛ ɛst kwɑd kɔ́ːzə sɪt ʤʌ́stə ɛt líʤítɪmə/ 法が人に理由を示すように強いる場合には, その理由は正当かつ合法的であることが必要である. [L=Where the law compels someone to show cause, it is necessary that the cause be just and lawful.]

Ubi lex non dis·tin·gu·it, nec nos dis·tin·gue·re de·be·mus. /—̇ léks nɑn dɪstíŋgwɪt nɛk noʊs dìstɪŋgwérə dɛbíːməs/ 法が区別しないところは我々は区別すべきでない. [L=Where the law does not distinguish, we ought not to distinguish.]

Ubi non est prin·ci·pa·lis, non po·test es·se ac·ces·so·ri·us. /—̇ nɑn ɛst prìnsipéɪlis nɑn póʊtɛst ɛ́sɛ æksɛsóʊriəs/ 主たるものがないところでは従たるものもありえない. [L=Where there is no principal, there can be no accessory.]

Ubi nul·lum ma·tri·mo·ni·um, ibi nul·la dos. /—̇ nʌ́ləm mætrɪmóʊniəm íbi nʌ́lə dɑ́s/ 婚姻のないところには寡婦産もない. [L=Where there is no marriage, there is no dower.]

Ubi quid ge·ne·ra·li·ter con·ce·di·tur, inest haec ex·cep·tio, si non ali·quid sit con·tra jus fas·que. /—̇ kwɪd ʤɛnɛréɪlɪtər kɑnsíːdɪtər ínɛst hɪk ɛksépʃioʊ saɪ nɑn ǽlɪkwɪd sɪt kɑ́ntrə ʤʌ́ːs fǽskwi/ ある物が一般的用法で譲与される場合には次の留保条項が内在している. すなわち, 法および神法に反するものは何もないかぎりで, ということである. [L=Where a thing is granted generally, this exception is implied: if there is not anything contrary to law and right.]

ubiq·ui·ty /jubíkwəti/ *n* 遍在: the (legal) ~ of the king 〖英〗(全法廷における)国王の(法的)遍在《国王自身は現実に法廷にいなくとも法の見地からは常に在廷していると想定されていること》. [L]

Ubi re·me·di·um, ibi jus. /⎯ rɛmíːdiəm íbi ʤúːs/ 救済手段のあるところ、そこに権利あり《法発展の初期段階に当てはまる法格言; cf. UBI JUS, IBI REMEDIUM》. [L＝Where there is a remedy, there is a right.]

Ubi ver·ba con·junc·ta non sunt, suf·fi·cit al·ter·ut·rum es·se fac·tum. /⎯ vérbə kənʤʌ́ŋktə nɑn sənt sʌ́físit æltərʌ́trəm ésɛ fǽktəm/ 文言がつながっていない場合には、いずれか一方がなされていることで十分である. [L＝Where words are not conjoined, it is enough that one or another has been done.]

UBR 〘英〙°Uniform Business Rate 統一事業用財産税.

UCC, U.C.C. 〘米〙°Uniform Commercial Code 統一商事法典◆°Universal Copyright Convention 万国著作権条約.

UCCC /júːθríːsíː/ 〘米〙°Uniform Consumer Credit Code 統一消費者信用法典.

UCCJA 〘米〙°Uniform Child Custody Jurisdiction Act 統一子監護事件裁判管轄法.

UCCJEA 〘米〙°Uniform Child Custody Jurisdiction and Enforcement Act 統一子監護事件裁判管轄・執行法.

UCMJ 〘米〙°Uniform Code of Military Justice 統一軍事裁判法典.

UCP Uniform Customs and Practice for Commercial Documentary Credits 荷為替信用状に関する統一規則および慣行.

UCR 〘米〙°Uniform Crime Reports 統一犯罪報告.

U/D under deed (捺印)証書に基づいて[によって、よれば].

udal /júːdl/ n 〘英〙《土地の》**自由所有権**《封建制前に北欧で広く行なわれ、現在 Orkney, Shetland のみに残る, scat と呼ばれる一定の金銭支払い義務のみ課される土地所有形態; cf. ALLODIUM》. **údal·ler**, ~**·man** n 自由所有権者. [ON＝property held by inheritance]

UDI °unilateral declaration of independence 一方的独立宣言.

UDITPA 〘米〙°Uniform Division of Income for Tax Purposes Act 課税のための所得分配統一法.

UFCA 〘米〙°Uniform Fraudulent Conveyances Act 統一詐害的財産譲渡法.

UFTA 〘米〙°Uniform Fraudulent Transfer Act 統一詐害的移転法.

UGMA 〘米〙°Uniform Gifts to Minors Act 未成年者への贈与に関する統一法.

UIFSA 〘米〙°Uniform Interstate Family Support Act 統一州間家族扶養法.

UK °United Kingdom 連合王国.

ukase /juːkéis, -z, júː⎯, ukáːz; jukéiz/ n **1**《ロシア皇帝が発する》勅令;《ロシアで、国権の最高機関・大統領が発する》命令. **2**《絶対的な》命令, 布告 (decree). [Russ]

Ul·pi·an /ʌ́lpiən/ ウルピアヌス (L Domitius Ulpianus) (d.c. 223)《フェニキア生まれのローマ古典時代末期の法学者で、Alexander Severus 帝 (在位 222-235) に仕え、最高政務官である近衛都督 (praefectus praetorio) (222-223); パピニアヌス (Papinian)、パウルス (Paulus) と並び称されている、ローマ法学を完成に導いた一人; Ad edictum (告示註解), Ad Savinum (サヴィヌス註解) など多くの著作があるが、ユスティニアヌスのローマ法大全 (Corpus Juris Civilis) の学説彙纂 (Digests) のほぼ 3 分の 1 に当たる 2462 の抜粋が彼の著述からの引用とさえ言われている》.

Ul·ster /ʌ́lstər/ アルスター (**1**) NORTHERN IRELAND の口語別称 **2**) アイルランド共和国北部の Cavan, Donegal, Monaghan の諸州からなる地域 **3**) アイルランド共和国北部 3 州と Northern Ireland とを合わせた地域の旧称; 旧王国): ~ custom《特に 土地保有に関する》アルスター慣習法. ~·**man** /-mən/, ~·**wòman**, ~·**ite** n アルスター人.

ult. ultimo.

ul·te·ri·or /ʌltíəriər/ a 向こうの; あとの, 先々の, 将来の;《動機など》**隠された, 秘められた, 秘めの, 外面に表われない**, 表明された以外の: for the sake of ~ ends おもわくがあって / He has an ~ object in view. 肚に一物ある. ~·**ly** adv

ultérior inténtion 隠された意図《例えば, 不法目的侵入 (burglary)《不法目的を犯す目的で住居などへ侵入する犯罪》のような一定の犯罪は、その犯罪の客観的要素である悪しき行為 (actus reus)《この場合の侵入という行為》そのものを超えた, 結果をもたらす動機・意図をも要求している; この動機・意図に当たるもの; cf. BURGLARY, WOUNDING WITH INTENT》.

ultérior mótive 隠された動機《⇨ ULTERIOR INTENT》.

ultérior remáinderman 隠された残余権者《⇨ CROSS REMAINDER》.

ul·ti·mate /ʌ́ltəmət/ a **1** 最後の, 最終的な, 終局の, 究極の《目的など》. **2** 根本的な, 基本的な, 本源的な. **3** 最も遠い; 最大の, 極限の. ― n 究極, 極限, 結論, 最後のもの[手段], 最高点, 絶頂; 根本原理. ― vi, vt /, -mèit/ 終わる[終える] (end). ~·**ness** n [L ultimat- ultimo to come to an end (ultimus last)]

últimate consúmer 最終消費者《製品を現実に使用する消費者》.

últimate destinátion《運送の》**最終目的地**.

últimate fáct 究極事実《権利主張あるいは防御にとって本質的な事実; cf. EVIDENTIARY FACT, MEDIATE DATUM, PRIMARY FACT》.

últimate íssue 最終的争点.

últimate ówner 真[実際]の所有者.

ul·ti·ma·tum /ʌ̀ltəméitəm, -máː-/ n (pl ~**s**, -ta /-tə/) **1 最終提案, 最後通告**; 〘国際法〙**最後通牒**. **2**

究極(目的); 根本原理.

Ul·ti·ma vo·lun·tas tes·ta·to·ris est pe·rim·plen·da se·cun·dum ve·ram in·ten·ti·o·nem su·am. /ʌ́ltəmə vəlʌ́nteɪs tèstətóʊrɪs ɛst pɛrɪmpléndə sɪkʌ́ndəm víːrəm ɪntènʃíoʊnɛm súːəm/ 遺言者の最後の意思がその者の真の意図に従って完全に満たされるべきである. [L=The last will of a testator is to be fulfilled according to his/her true intention.]

ul·ti·mo /ʌ́ltəmòʊ/ a 先月の《通例 略して ult., ulto; cf. INSTANT, PROXIMO》: your letter of the 14th *ult.* 先月14日付の貴信. [L *ultimo* (*mense*) in the last (month)]

ul·ti·mo·gen·i·ture /ʌ̀ltəmoʊdʒénɪtʃər, *-ətʃər/ n 《英史》末男相続(制) (=borough English, postremogeniture)《1925年法による廃止まで一部地域で慣習法上認められていた; cf. PRIMOGENITURE》.

ul·ti·mum sup·pli·ci·um /ʌ́ltəməm səplíʃiəm/ 極刑, 死刑. [L=extreme punishment]

úl·ti·mus héres /ʌ́ltəməs-/ 最後の相続人,《すなわち》領主, 主君, 国王. [L=the final heir]

ulto ultimo.

ul·tra- /ʌ́ltrə/ pref 「極端に」「超…」「限外…」「過…」などの意. [L]

ùl·tra·ház·ard·ous a 極度に危険な.

ultraházardous actívity 極度に危険な活動[行為] (=ABNORMALLY DANGEROUS ACTIVITY).

ul·tra vi·res /ʌ̀ltrə váɪriːz, ʌ́ltrə víːrèɪs, -víːriːz/ adv, a 《個人・法人の》能力外で[の], 権能外で[の]; 権限を踰越(ゆえっ)して[した], 権限を逸脱して[した] (=extra vires) (opp. *intra vires*). [L=beyond (the) power]

últra víres áct 能力外の行為; 権限踰越行為.

ul·tro·ne·ous /ʌltróʊniəs/ a 《スコットランド》任意の, 自発的な《特に証人について用いる》.

umbrélla insùrance 雨傘保険 (⇨ UMBRELLA POLICY).

umbrélla òrder 雨傘裁判所命令 (=BLANKET ORDER).

umbrélla pòlicy 雨傘保険(証券), 包括保護保険(証券)《追加保険料を払うことにより基本となる責任保険に付加される, 通常の基本的責任範囲を超える損害をも填補することを約した保険(証券)》.

um·pir·age /ʌ́mpəɪrɪdʒ/ n 審判人 (umpire) の地位[権能]; 審判人裁決, 審判.

um·pire /ʌ́mpaɪər/ n 1《競技などの》審判員. 2審判人《仲裁人の意見が一致せず仲裁判断を出せなくなったときに, 最後の決定をする者》. 3《労使紛争などの》仲裁裁定人. ── vt 《競技などの》審判をする;《紛争などを》審判[仲裁裁定]する. ── vi 審判人[仲裁裁定人]をつとめる. **~·shìp** n

UN °United Nations 国際連合, 国連.

un- /ʌn/ pref 【用法に用いられる】1【形容詞・副詞・名詞】

に付けて「否定」の意を表わす】: kind → *un*kind, *un*kindly, *un*kindness. 2【動詞に付けてその「逆」の動作を表わす】: tie → *un*tie. 3【名詞に付けて名詞の表わす性質・状態を「取り去る」ことを意味する動詞をつくる】: *un*man 男らしさを失わせる / *un*crown 王位を奪う.

ùn·admítted a 《会員などとして》認められていない; 入場を拒まれた. **~·ly** adv

ùn·álien·able a 《権利などが》不可譲の (inalienable).

Ùn-Amér·ican Actívities Commìttee [the ~]《米史》非米活動委員会 (⇨ HOUSE UN-AMERICAN ACTIVITIES COMMITTEE)《略 UAAC》.

unan·i·mous /juːnǽnəməs/ a 1同意の, 合意の, 一説の《for, as, to, in》. 2全員[満場, 全会]一致の, 異口同音の, 異議のない, 反対のない: with ~ applause 満場の拍手喝采で. **~·ly** adv **~·ness** n [L (*unus* one, *animus* mind)]

Unánimous Declarátion of the Thirtéen United Státes of América [the ~]《米史》連合した13のアメリカの邦一致の宣言《1776年7月4日に大陸会議 (Continental Congress) で採択された独立宣言 (Declaration of Independence) の正式名称》.

ùn·ascertáined a 確かめられていない, 不確かな, 未確定の, 不特定の.

unascertáined dúty 未確定関税《輸入業者が関税徴収官に対して支払う関税の予備的な見積もり額; この支払いにより輸入品の陸揚げと売却の許可をもらうことになる》.

unascertáined góods pl 1 不特定物《小麦1トンの売買契約というように, 取引において個性を問わず取引対象にした物; cf. ASCERTAINED GOODS, SPECIFIC GOODS》. 2 確知されない物品.

ùn·attáched a 1 結びつけられていない, 連結していない. 2《廃》差し押えられていない;《廃》逮捕されていない. 3 無所属の, 中立の. 4 婚約[婚姻]していない.

ùn·attáint·ed a 1 汚されていない. 2 私権を剥奪されていない.

ùn·áuthorized a 権限のない; 認められていない, 許可されていない.

unáuthorized cámping《英》無許可キャンプ(罪)《土地占有者の許可なしの, あるいは公道や無占有地での地方当局の許可なしの, 車の野営(の犯罪)》.

unáuthorized endórsement 権限なしでの裏書.

unáuthorized práctice of láw 権限なしでの法律実務, 非弁活動, 無資格での弁護士活動.

unáuthorized sígnature 権限なしでの署名《偽造のものも含む》.

unáuthorized úse of a véhicle《一時的な》自動車無権限使用 (=joyriding).

ùn·aváil·abílity n 利用不可能性《特に証人が死亡・失踪したり, 裁判所命令で排除されその証言が利用

えないような場合に、伝聞証拠排除則 (hearsay rule) の例外として、その証人の過去の言明が証拠として許容されうる場合にいう》.

una vo·ce /júːnə vóusi, úːnə vóukeɪ/ *adv* 異口同音に、満場一致で (unanimously). [L=(with) one voice]

un·avóid·able *a* 不可避の、免れがたい; 無効にしえない. **-ably** *adv* ～·**ness** *n* **un·avòid·ability** *n*

unavóidable áccident 避けえない偶発事故、不可避的偶発事故、不可避的災害[災厄]《=inevitable accident, pure accident, unavoidable casualty》(cf. ACT OF GOD).

unavóidable áccident dòctrine 不可避的偶発事故の法理《=inevitable accident doctrine》《予見できずしたがって相当な注意を払っても阻止しえない偶発的事故については、何ぴとも責任を負わないという準則; 最近の判例の傾向はこの法理を無視し、義務・過失・近因 (proximate cause) といった基本概念に基づき処理される傾向が強い》.

unavóidable cásualty 不可避的災害[災厄]《=UNAVOIDABLE ACCIDENT》(cf. EXCUSABLE NEGLECT).

unavóidable cáuse 不可避的原因《相当な分別を有する人がその結果を予見しあるいはその危険を回避することのできないような原因》.

unavóidable dánger 不可避的危険《回避不能の危険一般を指すが、特に、内水船に関する保険で操船者の防止しえない危険を指すことも多い》.

un·báil·able *a* 保釈されない、保釈されえない、保釈不可能な、保釈対象外の.

un·bórn *a* **1**《まだ》生まれていない: an ～ baby 胎児. **2** 将来の、後世の、後代の: ～ generations＝generations as yet ～ 後世の人びと. **3** 生まれることなく存在する.

unbórn child [pérson] 1 胎児. **2** 未生子《いまだ受胎していない子も含めて、将来生まれてくる可能性のある子》.

unbórn wídow rùle 未確定寡婦の準則《永久拘束禁止の準則 (rule against perpetuities) との関連で用いられる法的擬制で、受益者 (beneficiary) として特定されていない寡婦は遺言者死亡時には生存していないと想定すること; 不動産権を受益者 A に生涯の間、その残余権 (remainder) をその名を特定することなく A 死亡時にその寡婦にその生涯の間付与する場合、A 死亡時にその寡婦は特定されず、理論上は権利設定時にはまだ生まれていないかもしれないで、生存していないとされ、したがって永久拘束禁止の準則の基準生存者 (measuring life) とはなりえず、かくして受益者の寡婦に続くものとして設定された不動産権は無効となるという原則》; ⇨ RULE AGAINST PERPETUITIES).

un·brók·en *a* **1 a** こわれていない、損じていない、完全な. **b** 間断のない、断絶のない、引き続く (continuous): ～ possession of the estate. **2**《約束など》守られた;《法な

ど》違反されていない. **3** 犁(き)をいれていない、未開墾の.

ùn·cálled cápital 払い込み未催告株式資本、未払い込み資本《分割払い込み式の株式のうち、会社が株主に払い込み催告をまだしていない部分》.

un·cértainty *n* 不確実性、不確定性、不明瞭. VOID for ～.

un·certíficated secúrity 証券化されていない証券《株式、持分など証券が発行されず発行者の帳簿にのみ登録されているもの; cf. CERTIFICATED SECURITY》.

un·chállenged *a*《証拠など》争われていない、問題にされていない.

un·chástity *n* 不貞、不身持ち、多情、淫乱、淫奔. ▶ IMPUTATION OF UNCHASTITY (不貞の非難).

UNCID ºUniform Rules of Conduct for Interchange of Trade Data by Teletransmission 遠隔伝送による取引電子データ交換のための統一行為準則.

UNCITRAL ºUnited Nations Commission on International Trade Law 国連国際商取引法委員会.

un·cláimed próperty 権利主張者なき財産《国王・州または連邦に帰属することとなる》.

un·cléan bíll of láding 故障付き船荷[運送]証券《=FOUL BILL OF LADING》.

uncléan hánds *pl* **1** 汚れた手、不潔、不純 (cf. CLEAN HANDS). **2** 汚れた手(の法理)《=UNCLEAN HANDS DOCTRINE》(cf. CLEAN HANDS).

uncléan hánds dòctrine 汚れた手の法理《=CLEAN HANDS DOCTRINE》.

UNCLOS ºUnited Nations Conference on the Law of the Sea 国連海洋法会議.

un·colléct·ed góods *pl*《寄託者 (bailor) による》未回収品《⇨ DISPOSAL OF UNCOLLECTED GOODS》. ▶ DISPOSAL OF UNCOLLECTED GOODS (未回収品の処分).

un·commítted *a* **1** なし遂げていない; 未遂の. **2** 言質[誓約]に縛られていない; 特定の立場[信条、思想]にとらわれていない、中立の、党派心のない. **3** 付託[委託]されていない、〈法案など〉委員会付託になっていない. **4**《刑務所・精神病院などに》拘禁[収容]されていない.

un·condítion·al 無条件の、無制限の、絶対的な (absolute). ～·**ly** *adv*

uncondítional delívery 無条件引渡し《占有・権原双方を即時に引き渡し、直ちに効力の発生する引渡し》.

uncondítional díscharge 1 無条件釈放. **2** 無条件的免責.

uncondítional héir 無条件相続人《=heir unconditional》《大陸法の用法で、相続の放棄や限定承認をすることなく、または財産目録を作らずに相続する者》.

uncondítional prómise 無条件的約束 (=independent promise)《契約を構成する約束の履行が相手方の履行を条件としない絶対的約束》.

uncondítional reléase 無条件釈放 (cf. CONDITIONAL RELEASE, INDETERMINATE CONDITIONAL RELEASE).

unconditional surrénder《国際法》無条件降伏《戦闘行為をやめ兵器・武器すべてを敵の権力下に置くこと; cf. CAPITULATION》.

ùn·confírmed *a* 確認されていない, 未確認の, 確証のない: ~ reports.

un·con·scio·na·bil·i·ty /ʌnkʌnʃənəbíləti/ *n* **1** 良心のなさ, 不条理, 不当, 法外. **2** 非良心性《特に法学上は, 契約に関して, 例えば, 一方当事者に不当に有利で他方当事者に圧倒的に不利となるような契約内容そのものが非良心的なものと, 契約作成時において一方当事者に契約内容をきちんと理解させるような自由な意思で選択をする余地を与えないような手続き上の不適正さから生ずる非良心性の2つを指し, 前者を実体上の非良心性 (substantive unconscionability), 後者を手続き上の非良心性 (procedural unconscionability) という; 共に裁判所がその契約に救済手段を与えることを拒否する根拠となりうる》. ▶ PROCEDURAL UNCONSCIONABILITY (手続き上の非良心性) / SUBSTANTIVE UNCONSCIONABILITY (実体上の非良心性).

ùn·cónscionable *a* **1**〈人が〉良心がない, 非良心的な, 恥知らずの. **2**〈行為・交渉・契約が〉非良心的な, とても不公正[不当]な, あくどい (cf. CONSCIONABLE).
-bly *adv* ~·ness *n*

uncónscionable agréement 非良心的合意 (=catching bargain, unconscionable bargain, unconscionable contract, unconscionable transaction)(⇨UNCONSCIONABILITY).

uncónscionable bárgain 非良心的取引 (=UNCONSCIONABLE AGREEMENT).

uncónscionable cóntract 非良心的契約 (=UNCONSCIONABLE AGREEMENT).

uncónscionable transáction 非良心的取引 (=UNCONSCIONABLE AGREEMENT).

ùn·cónscious *a* **1** 気づかない, 知らない. **2** 意識を失った, 意識不明の, 気絶した, 人事不省の. **3** 意識のない, 自意識のない, 無意識の, 故意でない.

ùn·constitútion·al *a* 憲法違反の, 憲法に反する, 違憲の (cf. NONCONSTITUTIONAL). ~·ly *adv*

unconstitútional condítions dòctrine 違憲的条件の法理《**1**》政府が市民になんらかの利益を供与する場合に受給者の憲法上保障されている権利, 特に信教・言論・出版・集会の自由および請願権を保障した合衆国憲法第1修正上の権利の放棄を条件にすることは許されないという原則 **2**》政府が被告(人)に対して2つの憲法上保障されている権利のいずれか一方を選択することを強要できないという原則》.

ùn·constitutionálity *n* 憲法違反, 違憲性.

unconstitútional stríke 違反スト(ライキ)《雇用者と労働組合の間で合意された争議手続きに違反するスト(ライキ)》.

ùn·contést·ed *a* **1** 争う者のない, 無競争の: ~ election. **2**〈当事者の一方が〉防御しない, 争わない. **3** 議論の余地がない.

uncontésted divórce 争いのない離婚 (⇨ CONTESTED DIVORCE).

ùn·contróllable ímpulse 制御不能の衝動《刑事上の責任無能力の根拠として主張される; cf. IRRESISTIBLE IMPULSE TEST》.

ùn·cópy·right·able *a* 著作権で保護できない[及ばない], 著作権対象外の.

un·core prist /ʌnkɔːr príst/《史》弁済提供用意完了の抗弁. [law F=still ready]

ùn·cóunseled *a* 弁護士を付されていない, 弁護士がついていない, 法的助言(者)を得ていない: an ~ defendant 弁護士がついていない被告(人).

ùn·cróssed chéck [chéque]《英》無線(引き)小切手 (cf. CROSSED CHECK).

UNCTAD /ʌŋ(k)tæd/°United Nations Conference on Trade and Development 国連貿易開発会議, アンクタッド.

ùn·defénd·ed *a* 防備のない; 擁護[弁護]されていない;〈被告人など〉弁護人のない; 防御のない, 争わない, 抗弁のない.

undefénded cáuse 1《民事訴訟で》防御のない訴訟. **2** 争わない申し立て《離婚・婚姻無効・別居の申し立てで, 相手方が争わないもの》.

undefénded cíty《国際法》無防守都市, 無防備都市 (=OPEN CITY).

un·de ni·hil ha·bet /ándi náɪhɪl héɪbət/《史》寡婦産請求令状 (=WRIT OF DOWER UNDE NIHIL HABET). [L=whereof she has nothing]

un·der /ándər/ *prep* **1** [位置] (opp. *over*) **a** …の下に[で]. **b** …の中[内側]に. **2 a** 〈年齢・時間・価格・価値・数量など〉…未満の. **b** 〈地位が〉…に劣る, …より下位の. **3** 〈拷問・刑罰など〉をうけて, …にゆだねられて: It is forbidden ~ pain of death. 禁を犯す者は死刑に処せられる. **4** …の支配[監督, 影響, 保護など]の下(に), …下に, …をうけて, …に従って; …の義務[責任]のもとに, …に制せられて: ~ Article 43 第43条によって / ~ the provisions of the law 法の定めるところに従って / give evidence ~ oath 宣誓の上証言する.

únder·àgent *n* 復代理人 (=SUBAGENT).

ùnder·cápitalized *a* 資本不足の.

ùnder·còver ágent 1 みずからが代理人であることを明らかにしていない代理人. **2** 秘密捜査官《身分を隠して証拠などの情報収集を行なう捜査官》.

únderground ecónomy 地下経済 (=SHADOW ECONOMY).

ùnder·inclúsive *a* 含めるべきものを含めていない, 《特に》法的に同じような立場の者に効力を及ぼしていない (cf. OVERINCLUSIVE). ~·ness *n*

ùnder·insúrance *n*《保険》**1** 一部保険《保険金額が保険価額に満たない損害保険契約》. **2** 付保(額)過少.

ùnder·insúred *a*《保険》一部保険の, 付保額が過少の.

underinsúred mótorist còverage 《保険》一部保険自動車運転者保険, 一部保険自動車運転者担保条項《自己の過失により被保険者に損害を及ぼしたがその損害を賠償する十分な責任保険を有していない自動車運転者の損害額を担保・支払うための保険; cf. UNINSURED MOTORIST COVERAGE》.

ùnder·insúrer n 《保険》一部保険者.

ùnder·lèase" n SUBLEASE. ── vt /⌣ ⌣/ SUBLEASE.

ùnder·lét vt 1 転貸する, また貸しする (sublet). 2 安い値で貸す.

ùnder·méntioned a 後述の, 下記の, 下掲の.

ùnder·sécretary n 1 次官. ▶ PARLIAMENTARY UNDERSECRETARY (政務次官). 2《英》《事務次官 (permanent secretary) の下位の》局長 (⇨ SECRETARY).

ùnder·shèriff n シェリフ補佐 (cf. DEPUTY SHERIFF, SHERIFF).

ùnder·sígned a 末尾に署名された[した]. ── n /⌣ ⌣/ (pl ~) [the ~] 署名者: I, the ~ 私儀, 署名者(は) / the ~ jointly and severally agree 署名者は連帯して責任を負う形で合意する.

understánd·ing n 1 a 理解, 了解. b 理解力, 知力; 分別. 2《個人的な》見解, 解釈. 3《意見・感情などの》一致; 意思疎通, 了解, 黙契; 合意, 協定, 協約; 取決め, 申し合わせ. ▶ MEMORANDUM OF UNDERSTANDING (了解覚書).

ùnder·táke vt 1 引き受ける, 請け負う, …の責任を負う. 2 …する義務を負う, 約束する 〈to do〉. 3 保証する 〈that〉. 4 企てる, …に着手する, 取りかかる. ── vi 《口》葬儀屋をする.

ùnder·táker n 1 a 引受人, 請負人. b 企業家, 事業家. ▶ STATUTORY UNDERTAKER (法定企業). 2 /⌣ ⌣/ 葬儀屋 (mortician*). 3《アイルランド史》植民事業請負人, アンダーテイカー《16-17世紀のアイルランドで没収した土地への植民を, アイルランド人を借地人にしないことを条件にしての土地分与を通して, 請け負ったイングランド人》. 4《英史》選挙工作請負人《1614年イングランドで国王が議会に課税を承認してもらうために国王支持派を当選させるべく選挙工作をした親国王派の人びと》. 5 [pl]《アイルランド史》イングランド政府方針実施請負人《18世紀アイルランドの在地有力者で, イングランド政府の方針が政府時にはアイルランド議会で行なわれるべく操作するよう利権を得て委ねられた人びと》.

ùnder·táking /, ⌣ ⌣/ n 1 引き受けること, 引受け. ▶ ACKNOWLEDGMENT AND UNDERTAKING (承認と引受け) / COLLATERAL UNDERTAKING (従たる引受け). 2 企て, 企業, 事業, 仕事. ▶ TRANSFER OF UNDERTAKINGS (企業の移転). 3 a 約束, 保証. b 保釈保証証書 (=BAIL BOND). 4 /⌣ ⌣/ 葬儀取扱い業.

únder·tènancy n 1 転借, また借り (sublease). 2《史》 再下封 (subinfeudation) に基づく不動産の陪臣有(権), 転保有(権) (=SUBTENANCY).

únder·tènant n 1 転借人, また借り人 (sublessee). 2《史》下位保有者, 陪保有者, 転保有者 (=SUBTENANT).

únder·wòrld n [the ~] a 社会の最下層, 下層社会. b 無法者の世界, 悪の世界, 暗黒街. ~·ling n *《口》暗黒街の住人, 暴力団員.

únder·wrìte /, ⌣ ⌣/ vt 1 …の下[末尾]に書く[記名する]; 記名承諾する, 同意する. 2 a …の費用の負担を引き受ける. b 《保険証券》に署名して保険契約を引き受ける, …の保険を引き受ける; 〈一定金額〉の保険を引き受ける. c《証券》《会社の発行証券・社債などの》応募者のない部分を引き受ける; 〈証券〉を分売目的で引き受ける, 買取り引受けをする. ── vi 1 下[末尾]に書く. 2 保険業を営む.

únder·wrìter n 1 保証人 (insurer). 2 a 保険引受人, 保険業者 (insurer). b 《保険契約を引き受けるか否かさらに保険料をいくらにするかの決定権を委ねられている》保険引受担当者. ★ 2a, b 共に insurance underwriter ともいう. ▶ INSURANCE UNDERWRITER (保険引受[保険引受担当者]) / LLOYD'S UNDERWRITER (ロイズ保険業者) / MARINE UNDERWRITER (海上保険業者) / SUBUNDERWRITER (保険下引受人, 保険下引受担当者). 3《株式・公債などの》引受業者, 証券引受人, 証券引受業者, アンダーライター. ▶ SUBUNDERWRITER (証券下引受人). 4 資金提供者, スポンサー.

únder·wrìting n 1 保険の引受け; 保険業. 2 証券の引受け; 証券引受業. ▶ FIRM COMMITMENT UNDERWRITING (買取り引受け).

únderwriting agrèement 証券引受合意《新証券発行の条件についてのその発行人と証券引受人 (underwriter) との合意》.

únderwriting còntract 証券引受契約 (=UNDERWRITING AGREEMENT).

ùn·desírable álien 《政府にとっての》好ましからざる外国人 (cf. ALIEN ENEMY, ALIEN FRIEND): He was declared an ~. 彼は好ましからざる外国人だと宣告された.

ùn·dischárged a 1 a 弁済されていない; 《義務など》履行されていない. b《支払い不能者など》免責されていない. 2 荷揚げされていない.

undischárged bánkrupt 《免責・復権されていない》未復権破産者《英国では, 議会議員・治安判事 (justice of the peace) などの一定役職就任資格がなく, また有限責任会社役員になることや一定額以上の債務を負う等にも条件が付けられる》.

ùn·disclósed a 明かされていない, 秘密に付された: an ~ place 某地.

undisclósed ágency 隠された代理, 非顕名代理《代理人として行為していることを隠したまま行なう代理; 英米法上この場合代理人の行為は原則として代理人と相手方の間だけでなく本人と相手方の間にも発生する; cf. UNDISCLOSED PRINCIPAL》.

undisclósed príncipal 隠れた本人, 非顕名代理の本人, (⇨ UNDISCLOSED AGENCY) (cf. DISCLOSED

undisputed fact

PRINCIPAL, PARTIALLY DISCLOSED PRINCIPAL).

ùn·dispúted fáct 争われていない事実.

ùn·distríbutable resérves *pl*《英》《会社が株主に配当として分配できない》分配不能積立金.

undistríbuted éarnings tàx《米税制》内部留保税, 不当留保税 (＝ACCUMULATED EARNINGS TAX).

undistríbuted prófit [°*pl*] 内部留保 (＝RETAINED EARNINGS).

ùn·divíded *a* 分配されていない, 共同の (cf. DIVIDED).

undivíded ínterest 不分割保有権, 共同保有権 (＝fractional interest)《複数の人が同一権原 (title) の下で保有している権利; その権利は同等でも不平等でもかまわない; cf. JOINT TENANCY, TENANCY IN COMMON》.

undivíded prófit [°*pl*]《企業の営業活動による利益の中の》未処分利益, 未配当利益 (＝accumulated surplus) (cf. SURPLUS).

undivíded sháre (in lánd) [°*pl*]《土地の》不分割持分権;《特に 1925 年法以後の英国では, 共有不動産権者 (tenant in common) のエクイティー上の》不分割持分権 (⇨ UNDIVIDED INTEREST).

un·dócument·ed *a* 文書で証明されていない, 証拠資料[典拠]のない;＊正式書類のない, 認可を受けていない;＊必要な法的書類を有していない, 査証を持たない.

undócumented álien＊不法入国者 (＝ILLEGAL ALIEN).

ùn·dúe *a* **1** 不相応な, 過度の, 過大な, はなはだしい. **2** 不当な, 不適当な: ～ use of power 権能の不当行使. **3**《古》《支払い》期限に達しない, 満期前の.

undúe búrden tèst《米》不当な負担テスト《妊娠中絶を規制する法が, 妊娠中絶を受ける女性の権利を実質的に妨害するものであれば無効とされるとする, 合衆国裁判所の 1992 年の判例で新たに打ち立てられた基準》.

undúe ínfluence 1 不当威圧《自由な判断を妨げるような不当な影響や非良心的強迫を行なうことで, エクイティー上その下での契約・財産処分は裁判所がこれを無効となしうる; cf. COERCION, DURESS, DUE INFLUENCE, NECESSITY》. **2**《英》《選挙において不当に投票させたり投票させなかったりする》不当圧力.

undúe préference《破産手続き上の》不当な偏頗行為 (⇨ FRAUDULENT PREFERENCE, PREFERENTIAL TRANSFER).

undúe préjudice 不当な偏見[先入観, 予断]《事実認定者が, 説得的ではあるが許容されない証拠や冷静・論理的推論ができないほど感情に訴える証拠にさらされていることから生じうる危険》.

un·du·ly /ʌ̀nd(j)úːli/ *adv* 不相応に, 過度に, はなはだしく; 不当に, 不正に.

ùn·dúplicated *a* 写しのない; 繰り返されない.

ùn·éarned íncome 1 不労所得, 資産所得, 投資所得 (＝investment income). **2**《いまだ働いていないことに対して前払いの形で受けた》前受け所得.《⇨》cf. EARNED INCOME).

unéarned ínterest 前受け利息, 天引き利息..

unéarned prémium 未経過保険料《保険料のうち, その契約期間の未経過分に対応する保険料》.

unéarned prémium resèrve 未経過保険料準備金《保険会社が受け取った保険料のうち未経過保険期間に対応する部分を, 決算期に次年度の準備金として計上するもの》.

ùn·emáncipated *a*《行為》能力をいまだ付与されていない, 親権から解放されていない: an ～ minor《行為》能力をいまだ付与されていない未成年者.

ùn·emplóy·ment *n* **1** 失業(状態); 失業者数[率]. **2**《口》失業手当 (unemployment benefit): be on ～ 失業手当を受けている.

unemplóyment bènefit 失業給付(金), 失業手当 (unemployment compensation)《英国では 1995 年法以来この語は用いられていない; ⇨ JOBSEEKER'S ALLOWANCE》.

unemplóyment compensàtion《米》《失業者, 特にレイオフ (layoff) された者への州政府による》失業(補償)手当, 失業補償 (＝unemployment benefit).

unemplóyment insúrance《米》失業保険《その責めによらない理由による労働者の失業に対して金銭が支払われる社会保険の一種; 州が雇主に対して課す給与税 (payroll tax) を基金にしている; ⇨ UNEMPLOYMENT TAX》.

unemplóyment tàx《米》失業保険税《失業保険 (unemployment insurance) の基金のため州法あるいは連邦法により雇用者に課される税》.

ùn·enáct·ed láw 非制定法, 不文法 (＝UNWRITTEN LAW)《判例法・慣習法など》.

ùn·encúmbered *a* **1** 妨げのない, じゃま[係累]のない. **2**《土地が地役権・抵当権などの》負担の付いていない (⇨ ENCUMBRANCE).

ùn·enfórce·able *a* **1** 施行できない, 執行できない. **2**《契約・権利など》強制しえない, 強行しえない, 法的拘束力のない《契約そのものは有効であるが, 訴えても出訴期間 (statute of limitations) 徒過などの理由で裁判所は救済してくれない状態を指す; cf. VOID, VOIDABLE》.

ùn·enfórce·abílity *n*

unenfórceable cóntract 強行しえない契約 (⇨ UNENFORCEABLE).

unenfórceable trúst 強行しえない信託《有効ではあるが受益者 (beneficiary) が直接的に強行することができない信託; ⇨ UNENFORCEABLE; cf. PURPOSE TRUST》.

ùn·enfránchised *a* 公民権[参政権, 選挙権]を与えられていない.

ùn·équal *a* **1** 同等でない; 不平等な. **2** …に不十分な, 不公平な, 不適当な 〈*to*〉.

ùn·equívocal *a* あいまいでない, 明白な, 明確な, 率直な, 無条件の, 決定的な, 確実な. **～·ly** *adv* **～·ness** *n*

UNESCO, Unes·co /juːnéskoʊ/ *n* ユネスコ, 国連

教育科学文化機関 (United Nations Educational, Scientific and Cultural Organization).

ùn·esséntial mistáke《契約の》非本質部分の錯誤《契約の本質部分の錯誤 (essential mistake) とは異なり, なんらかの周縁的部分の錯誤で, したがってその契約に効力を及ぼさないもの》.

ùn·éthical *a* 道義に反する, 非倫理的な, 倫理にもとる,《特に》職業倫理にもとる (opp. *ethical*)《⇨ LEGAL ETHICS》. **~·ly** *adv*

unéthical cónduct 職業倫理違反行為,《特に》法曹倫理違反行為.

ùn·excéption·able *a* 異を唱えるにあたらない, 異議をさしはさむ余地のない, 批判の余地のない.

ùn·expíred térm 残余期間《法定あるいは契約で定めた期間の残りの期間》.

ùn·fáir *a* 公正を欠く, 不公正な, 不公平な; 公明正大でない, ずるい;《商業的に》不正な, 不当な. **~·ly** *adv* **~·ness** *n*

unfáir competítion 1 不正[不当, 不公正]競争, 不正競業《事業活動で不正な競争方法を用いること; 特に 紛らわしい商標・企業名などの使用, 知的財産権の侵害, 模造品の製造・販売などによって自分の商品を他人の商品と混同させ市場拡大をはかる行為》. 2 不正競争防止法《不正競争を防止するための法の総称》.

unfáir consúmer pràctices *pl*《英》消費者に対する不正行為《消費者保護 (consumer protection) にかかわる法律違反に当たる》.

unfáir cóntract tèrm《英》不公正契約条項《1977 年の不公正契約条項法 (Unfair Contract Terms Act) および 1999 年の消費者契約不公正条項規則 (Unfair Terms in Consumer Contracts Regulations) に基づき無効または合理的範囲内でのみ有効とされ, 責任の排除ないしは限定に関する不公正な契約条項》.

unfáir dismíssal〔〕不公正解雇, 不当解雇《被用者の解雇についてはコモンローは, 使用者による正規の解約告知なしの場合など契約違反に基づく解雇について被用者に損害賠償請求権を認めており, これを違法解雇 (wrongful dismissal) と呼ぶ; 英国では制定法によって加えて不公正解雇制度が導入され, 被用者の能力・資格の欠如, 人員余剰など相当な理由がないかぎり解雇できなくなっている; しかもこの相当性の立証責任は使用者側にある; この件の裁判所は違法解雇の場合と違って雇用審判所 (employment tribunal) のみにあり, 救済手段は復職・再契約・補償である; cf. FAIR DISMISSAL》.

unfáir héaring 不公正審理《適法手続き (due process) に違反する審理》.

unfáir lábor pràctice《米》不当労働行為《雇用者・労働者・労働組合相互間の関係を規制する法律の違反行為》.

unfáir lábor pràctice strike《米》不当労働行為ストライキ, 不当労働行為への抗議ストライキ (cf. ECONOMIC STRIKE).

unfáir méthod of competítion 不公正な競争方法.

unfáir persuásion 不公正な説得《契約締結に際して, 事実上強い立場に立つ当事者が事実上弱い立場の他方当事者の自由な判断を大きく妨げるような方法の説得で, 不当威圧 (undue influence) の一つ; ⇨ UNDUE INFLUENCE》.

unfáir práctice 1 不公正慣行, 不公正な取引慣行; 不正[不当]な行為. 2 不正競争 (unfair competition).

unfáir préjudice《英》不公正な権利侵害《会社構成員 (company member), 特に 少数派株主に対しての会社経営陣の不公正な行為; 1985 年法で裁判所への提訴が認められている; 一般には原告の持株価額を大きく減ずるような行為をなすことで, 裁判所は公正価額での原告の株購入を命じうる; cf. MINORITY PROTECTION》.

unfáir surprìse《訴訟手続き上の》不公正な不意討ち.

unfáir tráde pràctice 不公正な取引行為《不正競争防止法 (unfair competition) で禁止されているような競争制限行為; ⇨ UNFAIR COMPETITION》.

ùn·fáthered *a* 父に認知されていない, 父がわからない, 非嫡出の.

ùn·fávorable wítness 証人申請側に不利な証言を行なう証人 (=adverse witness)《証人尋問を請求した側の当事者に敵意を示してはいないが不利な証言を行なう証人; この証人に対してはその当事者側からの反対尋問 (cross-examination) に許されるやり方での尋問は許されない; cf. HOSTILE WITNESS》.

UNFCCC °United Nations Framework Convention on Climate Change 気候変動に関する国際連合枠組条約.

ùn·fít *a* 不適当な, 不適任の, 不向きな〈for〉; 無資格の, 能力のない. **~ to PLEAD**. **~·ly** *adv*

ùn·fít·ness *n* 1 不適切, 不適任, 無資格, 無能力. 2 規格不適合, 基準不適合: ~ for human habitation 人の居住基準不適合. 3 社会不適合(性).

unfitness or incompetence ⇨ IMPUTATION OF UNFITNESS OR INCOMPETENCE.

unfitness to pléad 訴答無能力 (cf. *unfit to* PLEAD).

ùn·foresée·able *a* 予見できない, 予知できない. **-ably** *adv* **ùn·foresèe·abílity** *n*

ùn·foreséen *a* 予見[予知]できなかった, 不慮の, 不測の.

ùn·frée *a* 1 自由のない. 2《史》自由土地保有権でない.

unfrée ténure《史》非自由土地保有(権[条件])(= BASE TENURE).

unfríendly tákeover 非友好的企業買収 (= HOSTILE TAKEOVER).

ùn·hánged *a* 絞首刑に処せられていない.

UNHCHR °United Nations High Commissioner for Human Rights 国連人権高等弁務官.

UNHCR

UNHCR° United Nations High Commissioner for Refugees 国連難民高等弁務官.

ùn·húng *a* 絞首刑に処せられていない.

uni- /júːnə, (母音の前で) júːnɪ/ *pref*「単一」の意. [L (*unus* one)]

uni·cam·er·al /jùːnəkǽm(ə)rəl/ *a* 《議会が》一院(制)の (cf. BICAMERAL). ~**·ism** *n* 一院制. ~**·ly** *adv*

ùn·idéntified góods *pl* 未特定の物品《特に契約の目的物として特定されていないもの; cf. IDENTIFICATION OF GOODS》.

únified bár《米》統一法曹協会 (= INTEGRATED BAR).

únified crédit《米》統一不動産贈与税額控除 (= UNIFIED ESTATE AND GIFT TAX CREDIT).

únified estáte and gíft tàx 統一不動産贈与税 (= UNIFIED TRANSFER TAX).

únified estáte and gíft tàx crèdit《米》統一不動産贈与税額控除《連邦の統一不動産移転税 (unified transfer tax) に対する税額控除; 簡略に unified credit ともいう》.

únified tránsfer tàx《米》統一不動産移転税 (= unified estate and gift tax) (⇨ TRANSFER TAX).

uni·form /júːnəfɔːrm/ *a* **1** 変わることのない, 一定不変の; 一様な; 一貫した. **2** 同様な, 同一基準に一致する. **3** 統一法律 (uniform act) の[に関する, に基づく].

úniform áct《米》統一法律(案) (= UNIFORM STATUTE).

Úniform Búsiness Ràte [the ~]《英》統一事業用財産税《オフィス・店舗・工場などの業務・非居住用財産に課される税; 中央政府により統一的に定められるが評価は地方でなす; 略 UBR; cf. COUNCIL TAX》.

Úniform Chíld Cústody Jurisdíction Àct [the ~]《米》統一子監護事件裁判管轄法《州裁判所が特定の子の監護事件に対して裁判管轄を有しているか否か, あるいはまた他州裁判所により発せられた監護命令を認めねばならないか否かの基準を定めている, すべての州で適用されることを目的とした 1968 年の統一州法案; 1997 年に公表された統一子監護事件裁判管轄・執行法 (Uniform Child Custody Jurisdiction and Enforcement Act) がこれに代わっている; 略 UCCJA; cf. PARENTAL KIDNAPPING PREVENTION ACT》.

Úniform Chíld Cústody Jurisdíction and Enfórcement Àct《米》統一子監護事件裁判管轄・執行法《州間の監護命令および訪問についての命令 (visitation order) を迅速に発行できる統一方法を規定した統一州法案で, 1997 年に統一子監護事件裁判管轄法 (Uniform Child Custody Jurisdiction Act) に代わるものとして公表された; 略 UCCJEA》.

Úniform Códe of Mílitary Jústice [the ~]《米》統一軍事裁判法典 (略 UCMJ; **1**) 軍人の規律にかかわる実体法・手続法の集大成; Code of Military Justice ともいう **2**) 州軍が連邦に統一していない場合に適用されることを目的に 1974 年に作成された模範法典 (model code)》.

Úniform Commércial Còde《米》統一商事法典《各州の商事取引法を標準化するために 1951 年に作成された商事取引法の統一州法案; すべての州および District of Columbia (Louisiana は部分採用) で採用されている; 略 UCC, U.C.C.》.

Úniform Consúmer Crédit Còde [the ~]《米》統一消費者信用法典《消費者信用取引に関する州法を消費者保護の観点から時代に合わせ統一するために 1974 年に作成された統一州法案; いまだ多くの州で採用されていない; 略 U3C, UCCC; cf. CONSUMER CREDIT PROTECTION ACT》.

Úniform Contrólled Súbstances Àct [the ~]《米》統一規制薬物法《規制薬物の売買・使用・流通に関する統一法律 (uniform act) で, 連邦および多数州が採用》.

Úniform Críme Rèports *pl*《米》統一犯罪報告《年 1 回連邦捜査局 (FBI) が発行する犯罪統計報告; 8 種類の指標犯罪 (index offenses) についてデータを示す; ⇨ INDEX OFFENSE; 略 UCR》.

Úniform Decéptive Tráde Pràctices Àct [the ~]《米》統一欺瞞的取引方法法《小型連邦公正取引委員会法 (Baby FTC Act) の一種で, 例えば虚偽広告等の種々の不公正・詐害的行為に関するコモンロー上の知的財産権をめぐる不法行為を法典化し, それに対する金銭的救済手段や差止め命令による救済手段を提供する 1964 年作成の模範州法案》.

Úniform Division of Íncome for Táx Pùrposes Àct [the ~]《米》課税のための所得分配統一法《多州籍企業 (multistate corporation) の課税対象総所得額を関係州間に割り当て決定するための基準を定める統一法 (uniform law) で, いくつかの州が採用している; 略 UDITPA》.

Úniform Divórce Recognítion Àct [the ~]《米》統一離婚承認法《離婚の際に生じる十分な信頼と信用 (full faith and credit) 問題に関する統一法律 (uniform act) で若干州で採用している》.

Úniform Enfórcement of Fóreign Júdgments Àct [the ~]《米》統一他州判決執行法《他州の判決を有する者にその者が当該州で得た判決の場合と類似の執行権を与える統一州法 (uniform state law); 半数以上の州が採用している; cf. FULL FAITH AND CREDIT》.

Úniform Fráudulent Convéyances Àct [the ~]《米》統一詐害的財産譲渡法《支払い不能に陥っている者による詐害的財産譲渡 (fraudulent conveyance) から生じる問題を扱うために 1918 年に採用された模範法律 (model act); 1984 年に統一詐害的移転法 (Uniform Fraudulent Transfer Act) に取って代わられた; 略 UFCA》.

Úniform Fráudulent Tránsfer Àct [the ~]《米》統一詐害的移転法《1984 年に統一詐害的財産

譲渡法 (Uniform Fraudulent Conveyances Act) に取って代わるべく採用された模範法律 (model act) で, 詐害的移転の定義, それへの制裁について州法間の統一を図る目的のもの; 略 UFTA).

Uniform Gifts to Minors Act [the ~]《米》未成年者への贈与に関する統一法 (= UNIFORM TRANSFERS TO MINORS ACT)《略 UGMA).

Uniform Interstate Family Support Act《米》統一州間家族扶養法《一つの州で発せられた離婚[別居]扶助料 (alimony) あるいは子の扶養 (child support) についての命令を別の州に住む前の配偶者に対して執行するための一元的方法を確立しようとして 1992 年作成された模範法律; 全州で採用されている; 1996 年修正; 略 UIFSA).

uni・form・i・ty /jùːnəfɔ́ːrməti/ n 一定不変, 均一性, 統一性; 均等(性), 等質; 均一, 一律. ▶ ACT OF UNIFORMITY (礼拝形式統一法).

Uniformity Act [the ~]《英史》礼拝形式統一法 (= ACT OF UNIFORMITY).

Uniformity Clause [the ~]《米》均一条項《すべての関税 (duty), 賦課金 (impost), 消費税 (excise) が合衆国を通じて均一でなければならないと定めた合衆国憲法第 1 編第 8 節 1 項).

uniform law 1 統一されている法 (一般). **2**《米》統一法, 統一法案 (= uniform state law)《特定法分野の法について各州間の法の統一性を促進するために, 正確にそこに書かれているとおりに採用されることをすべての州に提案している非公式の模範法; cf. MODEL ACT).

Uniform Mandatory Disposition of Detainers Act [the ~]《米》統一拘禁者義務的処置法《拘禁者に関する州際合意法 (Interstate Agreement on Detainers Act) の下で, 州はすでに別の州で拘禁されている者を審理するために拘置することが許されるが, この場合第二の州の拘置者に対する未審理の起訴を当該拘置者の文書による要請に基づきան宜を得た形で処置することを, その州に要求する統一法案で, 1958 年に公表, 数州で採用されている; cf. INTERSTATE AGREEMENT ON DETAINERS ACT).

Uniform Partnership Act [the ~]《米》統一組合法《無限責任組合 (general partnership) および有限責任組合 (limited partnership) に関する州法を統一すべく 1914 年に公表された模範法典 (model code); ほとんどの州が採用されたが, 1994 年に全面改正した改正統一組合法 (Revised Uniform Partnership Act) ができて, 数州は後者を採用している; 略 UPA).

Uniform Principal and Income Act [the ~]《米》統一元本収益法《信託 (trust), 遺産 (estate) の元本と収益をどのように配分するかを規制する統一法; 1931 年承認, その後修正され, かなりの州が採用している).

Uniform Probate Code [the ~]《米》統一遺産管理法典《米国各州の遺言・遺産管理に関する法を近代化し統一することを目的とした統一州法案; 1969 年提案, 3 分の 1 ほどの州が採用; 略 UPC).

Uniform Reciprocal Enforcement of Support Act [the ~]《米史》統一扶養判決相互執行法《ある州により発せられた扶助料 (alimony), 子の扶養 (child support) にかかわる判決を他州に住む前の配偶者に対しても執行しうる手続きを定めた統一法; 1950 年に作成され, その後全州で採用された; 1958 年などの修正を経て, 1997 年に統一州間家族扶養法 (Uniform Interstate Family Support Act) に代わっている; 略 URESA).

Uniform Rules of Conduct for Interchange of Trade Data by Teletransmission [the ~] 遠隔伝送による取引電子データ交換のための統一行為準則《1988 年に国際商業会議所 (International Chamber of Commerce) により作成された電子データ交換 (electronic data interchange) のための準則集で, 契約当事者が望めば契約の中に組み込むことができる; 略 UNCID).

Uniform Sales Act [the ~]《米史》統一売却法, 統一動産売買法《英国の 1893 年の動産売却法 (Sale of Goods Act) を基礎に 1906 年に公表された統一法; そのほとんどの条項が, 多くは修正のうえ採り入れられた 1952 年の統一商事法典 (Uniform Commercial Code) が採択されるまで相当州で採用され, 統一的な売買法となっていた).

Uniform Simultaneous Death Act [the ~]《米》統一同時死亡法 (⇨ COMMORIENTES).

uniform state law《米》統一州法(案) (⇨ UNIFORM LAW). ▶ NATIONAL CONFERENCE OF COMMISSIONERS ON UNIFORM STATE LAWS (統一州法委員会全国会議).

uniform statute《米》統一制定法(案) (= model statute, uniform act)《すべての州あるいは少なくとも大部分の州によって採用されるものとして作成された制定法案, 特に UNIFORM LAW; cf. MODEL ACT).

Uniform System of Citation [A ~]《米》『統一引用方法』《米国で主な法律雑誌等で採用されている判例・法令・著書・論文などの引用方法統一のための冊子; かつてはこれが正式名であったが, 正式名は *The Bluebook: A Uniform System of Citation* に代わり, 通称は *The Bluebook* といわれる; cf. ALWD CITATION MANUAL).

Uniform Transfers to Minors Act [the ~]《米》未成年者への財産移転に関する統一法 (= Uniform Gifts to Minors Act)《1983 年公表, 1986 年修正の模範法律 (model act) で, 未成年者への財産移転と, その財産管理人 (custodian) が受託者としての資格 (fiduciary capacity) で投資をなしその収益をその未成年者の扶養に充てることを認めるもの; 大部分の州が採用している; 略 UTMA).

uni・lat・er・al a **1** 一方だけの, 片側のみの. **2** 一方を向いた. **3** 一方的な, 片務的な (cf. BILATERAL). **~・ly** adv **~・ness** n

uniláteral áct 単独行為, 一方行為《当事者の一方の意思表示のみによって成立する法律行為; 遺言, 取消しなど. cf. BILATERAL ACT》.

uniláteral cóntract 1 片務契約《契約当事者双方が対価となるような債務を負わない契約; 贈与がその例》. **2** 一方的契約《契約の一方当事者の約束 (promise) と他方当事者の約束以外のものが相互に約因 (consideration) になっている契約; 特定行為をした者に一定報酬支払いをすることを広告の方法で表示する懸賞広告がその例》.《▶ cf. BILATERAL CONTRACT》

uniláteral declarátion of indepéndence 一方的独立宣言《非自治地域が宗主国などの同意なしに行なう独立宣言; 略 UDI》.

uniláteral díscharge 一方的契約解消[消滅] (cf. ACCORD AND SATISFACTION, BILATERAL DISCHARGE).

uniláteral mistáke 一方的錯誤《契約当事者一方のみの錯誤; 英国では共通の錯誤 (common mistake) および相互の錯誤 (mutual mistake) と区別され, 申し込みの基本的性質にかかわる錯誤でかつ相手方が錯誤していることを知るあるいは知るべきであった場合には契約は無効となるが, その他の場合は, 不実表示 (misrepresentation) を理由に取り消しうる場合を除き, 錯誤に関しては契約は有効; 米国では通常は契約取消しの理由とならず, 諸般の事情を事後的に総合判断して取消しを認めることもある》.

ùn·impéach·able a 弾劾[告発, 非難]できない, 疑いをかける余地のない, 申し分のない. **-ably** adv ~**·ness** n

ùn·impróved lánd 1《自然のままで人手が一切加えられていない》未開地. **2** 未利用地《かつて人手が加えられたが現在は建物等が取り払われている土地》.

ùn·incórporat·ed a 合体[合併]されていない; 法人化されていない; 自治体として認可されていない; 組み込まれていない.

unincórporated área 1 自治体として認められていない地域;《特に》《米》《市・町・村などの》地方自治体のもとにない地域《郡 (county) には属するがどの地方自治体にも属していない地域》. **2**《米》未編入地《将来特定地方自治体に編入予定の地》.

unincórporated associátion 法人格のない社団, 権利能力なき社団 (= unincorporated body, voluntary association)《構成員と区別される法的人格を有しない社団 (association); クラブ (club) などがその例; 組合 (partnership) を含める場合も多い; 単に association ともいう; cf. CORPORATION》.

unincórporated bódy 法人格のない団体 (= UNINCORPORATED ASSOCIATION).

ùn·indíct·ed coconspírator 非起訴共謀者 (= **unindícted conspirátor**)《共同謀議 (conspiracy) に加わった仲間としては認められてはいるが, その共謀者の正式起訴状 (indictment) には仲間として名を挙げられていない者; この現象は, 典型的には, この者の共同謀議の過程の陳述が起訴されている共同謀議者に対する証拠として許容されうる場合に, 訴追側がこの者を非起訴共謀者とすることによって生ずる》.

ùni·nóminal a 一選挙区から一名の代表を選出する, 一区一人制の.

ùn·insúred a 保険を付けていない, 無保険の.

uninsúred mótorist còverage《保険》無保険自動車運転者保険, 無保険自動車運転者担保条項 (= **uninsúred mótorist insùrance**)《自動車保険の無保険者やひき逃げにより生じた人的・物的損害に対する補償を定めた担保条項で, 被害者の加入する自動車保険に組み込まれているもの; cf. UNDERINSURED MOTORIST COVERAGE》.

ùn·inténtional áct 非意図的行為, 故意にあらざる行為.

uninténtional defamátion 非意図的名誉毀損.

uninténtional múrder 非意図的謀殺《**1**) 重大な人身被害 (physical injury) を及ぼす意思をもって行動したかあるいはその行為が死ないしは重大な人身被害を及ぼすことは十分確実であったゆえに犯意が推定される殺人 **2**) DEPRAVED-HEART MURDER **3**) FELONY MURDER **4**) VOLUNTARY MANSLAUGHTER》.

ún·ion /júːnjən/ n **1 a** 結合, 合体, 合同, 団結, 合併, 合一. **b** 婚姻. ▶ CIVIL UNION (公認結合関係). **2**《国と国との政治的な》併合, 連合, 統合, 合邦: the ~ of two states 2 国の連合. ▶ EUROPEAN UNION (欧州連合) / PERSONAL UNION (同君連合) / REAL UNION (物上連合). **3**《英史》 [the U-] **a** イングランドとスコットランドの同君連合 (1603-1707 年). **b** イングランドとスコットランドの連合 (1707 年; cf. ACT OF UNION, ARTICLES OF UNION). **c** 大ブリテンとアイルランドの連合 (1801-1920 年). **d** 大ブリテンと北アイルランドの連合 (1920 年). ▶ ACT OF UNION (連合法) / ARTICLES OF UNION (連合箇条). **4** [the U-] **a** 連合国家, 連邦: the Union of Soviet Socialist Republics ソヴィエト連邦. **b** アメリカ合衆国《特に (**1**) 1787-90 年の 13 州による建国から 1861 年のアメリカ連合国 (Confederate States of America) の分離まで (**2**) 南北戦争時代の北部諸州で Federal Union ともいう》: the President's address to the U~ 米国民に対する大統領の演説 / the U~ Army《南北戦争における》北軍. **c** UNITED KINGDOM. ▶ STATE OF THE UNION (大統領教書). **5**《共同目的で結合した》同盟, 連合; 労働組合 (labor union*, trade union'): ~ dues [subscription] 労働組合費. ▶ AMERICAN CIVIL LIBERTIES UNION (アメリカ自由人権協会) / CLOSED UNION (閉鎖組合) / COMPANY UNION (会社組合; 御用組合) / CRAFT UNION (職種別労働組合) / CREDIT UNION (消費者信用組合) / CUSTOMS UNION (関税同盟) / ECONOMIC AND MONETARY UNION (経済・通貨連合) / EUROPEAN MONETARY UNION (欧州通貨連合) / FEDERAL LABOR UNION (連邦労働組合) / HORIZONTAL UNION (水平的労働組合) / INDEPENDENT UNION (無提携労働組合) /

INDUSTRIAL UNION (産業別労働組合) / INTERNATIONAL UNION (国際労働組合) / LABOR UNION (労働組合) / LOCAL UNION (労働組合地方支部) / MULTICRAFT UNION (多職能組合) / NATIONAL UNION (全国労働組合) / OPEN UNION (開放組合) / TRADE [TRADES] UNION (労働組合) / VERTICAL UNION (垂直的労働組合). **6**《英史》**a** 救貧法教区連合 (＝POOR LAW UNION);《同連合の設立による》救貧院. **b**《特に Baptist や Congregational 教会などプロテスタント諸派の》合同[連合]教会;《教会・聖職禄の》合併. ▶ POOR LAW UNION (救貧法教区連合). **7** 連邦国旗,《特に》英国国旗. **8**《欧州委員会 (European Commission) の》課 (⇨ DIRECTORATE GENERAL). — *a* **1**《労働》組合の, 組合を扱う[構成する]. **2** [U-]《南北戦争当時の》北部諸州側の. [OF or L *union*- *unio* unity (*unus* one)]

únion agrèement 労働協約 (＝COLLECTIVE BARGAINING AGREEMENT).

únion càlendar《米下院》財政法案のための議事日程 (cf. HOUSE CALENDAR).

únion certificàtion《米》《全国労働関係委員会 (National Labor Relations Board) ないしは州機関によるある特定労働組合に対しての排他的》交渉代表の認証.

únion còntract 労働協約 (＝COLLECTIVE BARGAINING AGREEMENT).

únion·ist *n* **1** 労働組合主義者,《特に》活動的な労働組合員. **2 a** [U-]《米史》《南北戦争当時南北分離反対の》連邦主義者. **b** [U-]《英史》《アイルランドと大ブリテンとの統一・連合を支持した》統一主義者, 統一党員, ユニオニスト. **c**《教会》《特にプロテスタント各派の統一・合同を主張する》合同主義者. — *a* 労働組合主義(者)の; 連邦主義(者)の; 統一主義の, 統一党の.

únion·ize *vt* **1** 連合する. **2** 労働組合化する, …に労働組合を結成する. **3** 労働組合規約に従わせる. — *vi* 労働組合を結成する; 労働組合に加入する. **ùnionizátion** *n*

únion·ìzed *a* 労働組合のある.

únion mèmbership 労働組合員資格.

únion mèmbership agrèement《英》労組組合員資格協定, ショップ協定《労働組合員資格の維持を雇用もしくは雇用維持の条件とする雇用者・労働組合間の協定; 1992 年法で協定自体は違法ではないが, 双方からその強制を求めることは許されない; cf. CLOSED SHOP, UNION SHOP》.

únion mórtgage clàuse《保険》標準譲渡抵当権[モーゲージ]条項 (＝STANDARD MORTGAGE CLAUSE).

únion ràte 組合規定最低賃金基準.

únion secùrity clàuse 組合保障条項《労働協約中の, 雇用者・非組合員被用者・競争相手である労働組合から当該組合の地位を維持し強化するための保障条項》.

únion shòp ユニオンショップ《雇用者は非組合員を採用しうるが, 雇用後一定期間内に労働組合に加入することを雇用継続の条件とする労働協約上の協定のある事業所; 米国では一定要件のもと許容, 英国については, ⇨ UNION MEMBERSHIP AGREEMENT; cf. AGENCY SHOP, CLOSED SHOP, OPEN SHOP, UNION MEMBERSHIP AGREEMENT》.

Únion with Íreland Àct 1800《英史》1800 年のアイルランドとの連合法 (⇨ UNION). ★ 1800 は eighteen hundred と読む.

Únion with Scótland Àct 1707 1707 年のスコットランドとの連合法 (⇨ UNION). ★ 1707 は seventeen oh seven と読む.

unìque vàlue かけがえのない価値, 無比の価値《その物の他のものとは違った性質に基づく特別の価値; 例えば, 個人の思い出の深いものとか著名な芸術家の作品のようにかけがえのない, ないしは代替しがたいもの》.

ùn·íssued stóck《定款に定めた授権株式 (authorized capital) のうちの》未発行株式.

unit /júːnət/ *n* **1** 単一体, 一個, 一人, 一団. ▶ VISUAL DISPLAY UNIT (ディスプレイ装置). **2** 編制[構成]単位, 単位, 取引単位 ▶ BARGAINING UNIT (交渉単位) / COMMERCIAL UNIT (取引単位). **3 a** 区分財産権 (⇨ COMMONHOLD). **b** 区分所有権 (⇨ CONDOMINIUM). ▶ COMMONHOLD UNIT (共同保有区分財産権). — *a* 単位の, 単位を構成する. [L *unus* one; *digit* にならった造語か]

unit·al /júːnətl/ *a*《法的関係が》2 人だけの, 二者間にのみ存在する (cf. MULTITAL).

uni·tary /júːnətèri/ *a*, -t(*ə*)ri/ *a* **1** 単位の; 一元の. **2** 一体の; まとまった; 統合された; 単一政府制の, 中央集権制の (cf. FEDERAL).

únitary authórity《英》一元的自治体, 単一自治体, ユニタリー・オーソリティー《州参事会 (county council) と地区参事会 (district council) が 2 段階で行なっていた行政に代わって一本化した行政が行なわれる地区; 1992 年法で創設され, 以後順次広がっている》.

únitary búsiness《米税制》統合企業, 統合事業《州外・国外に子会社を有する企業で, 統合企業合算課税 (unitary tax) の対象となっている統合事業を営んでいるもの; ⇨ UNITARY TAX》.

únitary státe 単一国家《連邦国家 (federal state) の対語》.

únitary táx《米税制》統合企業合算課税, ユニタリー・タックス《州内にある企業に利益が出ていなくても, 州外・国外の法的には別会社であってもグループとして統合的な事業を営む会社全体で利益があれば, グループ会社の全資産・報酬・売上高に対する州内企業分の比率に応じて課する税》.

uni·tas per·so·na·rum /júːnɪtəs pərsoʊnéɪrəm/ 人格の一体性, 人格の同一性, 人格の合一化《一定の事項について夫婦, 相続人・被相続人間などに認められる》. [L ＝unity of persons]

únit dèed 区分所有権[区分財産権]譲渡(捺印)証書.

United Kíngdom [the ～]《略 UK》**1** 連合王

United Nations

国, 英国, イギリス《公式名 the **United Kingdom of Great Britain and Northern Ireland** (大ブリテン島と北アイルランドの連合王国); マン島 (Isle of Man) およびチャネル諸島 (Channel Islands) は含まれない). ▶ SUPREME COURT OF THE UNITED KINGDOM (連合王国最高裁判所). **2**《英史》(1801年から1921年の) 連合王国, 英国, イギリス《公式名 the **United Kingdom of Great Britain and Ireland** (大ブリテン島とアイルランドの連合王国)》.

United Nátions [the ~, ⟨sg⟩] **1** 国際連合《1945年組織; 本部 New York 市; 略 UN; cf. LEAGUE OF NATIONS》. **2**《第二次大戦の枢軸国 (the Axis) に対する》連合国, 反枢軸国.

United Nátions Chàrter [the ~] 国際連合憲章, 国連憲章 (= CHARTER OF THE UNITED NATIONS).

United Nátions Commission on Húman Ríghts [the ~]《史》国連人権委員会《1946年に国連経済社会理事会の補助機関としてその下に設置; 同理事会に対する人権問題全般にわたる助言のほか基準定立と実施推進が主要任務; United Nations Human Rights Commission (国連人権委員会) ともいう; 2006年に United Nations Human Rights Council (国連人権理事会) に改編》.

United Nátions Commission on International Tráde Làw [the ~] 国連国際商取引法委員会《国際商取引法の漸進的調和および統一の促進を主目的とする国際連合総会直属の委員会; 略 UNCITRAL》.

United Nátions Cónference on the Láw of the Séa [the ~] 国連海洋法会議《国際連合が海洋法発展とその法典化のために開いた一連の会議; 1958年の第1次から1982年に終わった第3次まである; 略 UNCLOS》.

United Nátions Cónference on Tráde and Devélopment [the ~] 国連貿易開発会議, アンクタッド《1964年創設の国際連合総会の常設補助機関で, 発展途上国の経済開発のため, 一次産品・技術移転・製造・運輸など国際貿易の振興を目的とする; 略 UNCTAD》.

United Nátions Convéntion on Cóntracts for Internátional Sále of Góods [the ~] 国際物品売買契約に関する国連条約《1980年採択》.

United Nátions Convéntion on Internátional Multimódal Tránsport of Góods [the ~] 国際物品複合運送に関する国連条約《1980年採択》.

United Nátions Convéntion on the Láw of the Séa [the ~] 海洋法に関する国連条約, 国連海洋法条約《1982年採択, 1994年発効》.

United Nátions Frámework Convéntion on Clímate Chànge [the ~]《国際法》気候変動に関する国際連合枠組条約《1992年採択, 2004年発効の条約で, 地球温暖化の脅威を減らす目的の条約; その後1997年に京都で会議が開かれ, 京都議定書 (Kyoto protocol) が採択され, 2005年に発効している; 略 UNFCCC》.

United Nátions Hígh Commíssioner for Húman Ríghts《国連》国連人権高等弁務官《1993年創設; 国連事務総長の下国連の人権活動の主要責任を負う; 略 UNHCHR》.

United Nátions Hígh Commíssioner for Refúgees《国連》国連難民高等弁務官《1951年から活動を開始した, 難民保護を目的としている国連総会の補助機関; 略 UNHCR》.

United Nátions Húman Ríghts Commìssion《史》国連人権委員会 (⇨ UNITED NATIONS COMMISSION ON HUMAN RIGHTS).

United Nátions Húman Ríghts Còuncil 国連人権理事会《2006年に, それまでの国連人権委員会 (United Nations Commission on Human Rights) が改編されたもの》.

United Nátions Internátional Láw Commìssion [the ~] 国連国際法委員会《1947年設立の国際連合の常設委員会で, 国際法の漸進的発展および法典化の奨励のための中心的機関》.

United Nátions Láw of the Séa Trèaty 国連海洋法条約《1982年署名, 96年発効の, 海の憲法とまで呼ばれる, 海洋に関する包括的な法秩序の確定を目的とする条約》.

United Státes 1 [the ~, ᵁ⟨sg⟩] アメリカ合衆国, 米国《UNITED STATES OF AMERICA の略称; 略 U.S., US》. ▶ CHIEF JUSTICE OF THE UNITED STATES (合衆国最高裁判所首席裁判官) / JUDICIAL CONFERENCE OF THE UNITED STATES (合衆国司法会議) / POSITION OF THE UNITED STATES (合衆国政府の立場) / PRESIDENT OF THE UNITED STATES (合衆国大統領) / SUPREME COURT OF THE UNITED STATES (合衆国最高裁判所). **2** [a ~] (一般に) 連邦国家. — *a* 米国(から)の; 米国式の.

United Státes attórney《米》連邦検察官, 連邦法務官《合衆国地方裁判所裁判区において連邦法違反の刑事事件の検察官としてまた民事裁判で, 司法長官 (Attorney General) の指揮の下で連邦政府を代表するために各1名, 大統領によって任命される法律家; cf. DISTRICT ATTORNEY, STATE'S ATTORNEY》.

United Státes Cláims Còurt [the ~]《米史》合衆国請求裁判所《請求裁判所 (Court of Claims) を引き継ぎ1982年創設; 1992年現在の合衆国連邦請求裁判所 (United States Court of Federal Claims) と名称変更; 略 Cl. Ct.; ⇨ COURT OF CLAIMS, UNITED STATES COURT OF FEDERAL CLAIMS》.

United Státes Códe [the ~]《米》『合衆国法律集』『合衆国法典』《合衆国憲法・連邦議会制定法の中の現行法を系統的に配列した法律集; 略 USC》.

United States Code Annotated [the ~]
〖米〗『注釈合衆国法律集』『注釈合衆国法典』(『合衆国法律集』(United States Code) の各条項に判例要旨・立法経過・参照条文引用を付したもの; 略 USCA).

United States Commissioner 〖米史〗合衆国司法委員《合衆国地方裁判所 (United States District Court) により刑事事件の予備手続きを担当すべく任命された最下位の司法官; 現在その職務は合衆国下級判事 (United States magistrate judge) に移されている》.

United States court 〖米〗合衆国裁判所, 連邦裁判所 (= federal court) 《state court (州裁判所) に対する語》.

United States Court of Appeals [the ~] 〖米〗合衆国控訴裁判所《合衆国地方裁判所 (United States District Court) と合衆国最高裁判所 (Supreme Court of the United States) の中間にある控訴裁判所で, 13 の巡回区 (circuit) にそれぞれ 1 つある; 1948 年までは連邦巡回控訴裁判所 (circuit court of appeals) と呼ばれていたものが名称変更された; 一般には単に circuit court ともいう》.

United States Court of Appeals for the Armed Forces [the ~] 〖米〗合衆国軍法上訴裁判所《軍法会議 (court-martial) からの上訴を管轄する; かつては United States Court of Military Appeals (合衆国軍事上訴裁判所) といった》.

United States Court of Appeals for the Federal Circuit [the ~] 〖米〗合衆国連邦巡回区控訴裁判所《合衆国全体である連邦巡回区 (Federal Circuit) を土地管轄とし, 一定の関税・商標・特許をめぐる事件, 合衆国政府に対して損害賠償を求める各種訴訟にかかわる地方裁判所などからの控訴, 合衆国連邦請求裁判所 (United States Court of Federal Claims) や合衆国国際通商裁判所 (United States Court of International Trade) などの裁判所・機関からの控訴を管轄する中間上訴裁判所; しばしば Federal Circuit と短縮して用いられる; 略 Fed. Cir.)》.

United States Court of Appeals for Veterans Claims [the ~]《米〗合衆国退役軍人請求上訴裁判所《1998 年にそれまで存した合衆国退役軍人上訴裁判所 (United States Court of Veterans Appeals) が名称変更されたもので, 退役軍人省 (Department of Veterans Affairs) 内での再審査結果に対する退役軍人からの上訴を再審査する排他的管轄権を有している裁判所》.

United States Court of Federal Claims [the ~]〖米〗合衆国連邦請求裁判所《合衆国を相手取っての請求に対する全国的な土地管轄権を有する連邦裁判所; 1992 年にそれまでの合衆国請求裁判所 (United States Claims Court) が改称されたもの; 略 Cl. Ct.; ⇨ COURT OF CLAIMS》.

United States Court of International Trade [the ~] [米〗合衆国国際通商裁判所 《= International Trade Court》《1980 年にそれまであった合衆国関税裁判所 (United States Customs Court) の仕事を引き継ぎ, 創設; 国際貿易・関税問題で連邦政府に対する種々の民事事件に対して全国的な専属管轄権を有する連邦裁判所; 単に Court of International Trade ともいう; 略 USCIT, CIT; ⇨ FEDERAL CIRCUIT》.

United States Court of Military Appeals [the ~]〖米史〗合衆国軍事上訴裁判所《合衆国軍法上訴裁判所 (United States Court of Appeals for the Armed Forces) の旧称》.

United States Court of Veterans Appeals [the ~]〖米史〗合衆国退役軍人上訴裁判所 (⇨ UNITED STATES COURT OF APPEALS FOR VETERANS CLAIMS》.

United States Customs Court [the ~]〖米史〗合衆国関税裁判所《1890 年設立, 1926 年にこの名称となった; 関税に関する民事事件について専属管轄をもつ連邦の第一審裁判所; 1980 年に廃止され, United States Court of International Trade (合衆国国際通商裁判所) に引き継がれている; 単に Customs Court ともいう》.

United States District Court [the ~]〖米〗合衆国地方裁判所《各州に 1 つないし 4 つある連邦第一審裁判所で, 通常単独裁判官により主宰される; 略 U.S. D.C.》.

United States Foreign Service [the ~]〖米〗合衆国外務職員局《主として外交・領事関係の外務職員を担当する国務省内の一部局; しばしば Foreign Service と短縮して用いられる》.

United States International Trade Commission [the ~] 〖米〗合衆国国際通商委員会《1916 年法で設立された United States Tariff Commission (合衆国関税委員会) の後身として 1974 年の通商法 (Trade Act) で創設された連邦政府の独立機関; ダンピング問題を含む国際通商・関税に関する広範な事項を管轄》.

United States Law Week 〖米〗『合衆国法週報』《合衆国最高裁判所判決の全文などの速報と, 連邦議会の主要法律の全文などのルーズリーフ形式の速報; 電子媒体の速報が出現するまでの最速のアクセス手段であった》.

United States magistrate 〖米史〗合衆国治安判事 (⇨ UNITED STATES MAGISTRATE JUDGE》.

United States magistrate judge 〖米〗合衆国下級判事《民事・刑事の予備手続き, および民事裁判あるいは軽罪についての刑事裁判をも担当しうる連邦の裁判官; 1990 年に至るまでは United States magistrate といった》.

United States marshal 〖米〗合衆国執行官《連邦裁判所の命令を執行する連邦の役人で, 政府の行政部に属する; 各裁判区 (district) ごとに任命され, 各州のシェリフ (sheriff) に該当する任務を行なう》.

United States notes *pl*〖米〗アメリカ合衆国紙幣.

United States of America [the ~, ᵁ⟨sg⟩] アメリカ合衆国《首都 Washington, D. C.; 単に United States ともいう; 略 USA》. ★Washington, D. C. にある連邦政府は, 上下両院の議会による立法府, 大統領による行政府, それに最高裁判所による司法府からなる. 合衆国を構成する50州にはそれぞれの立法府と知事による行政府, さらに独自の法体系と憲法がある. ▶CONSTITUTION OF THE UNITED STATES OF AMERICA (アメリカ合衆国憲法).

United States officer〖米〗合衆国官吏 (=OFFICER OF THE UNITED STATES).

United States Reports〖米〗『合衆国判例集』《合衆国最高裁判所の公式判例集; 略 U.S., US》.

United States rule〖米〗合衆国利息計算法 (⇨ MERCANTILE RULE).

United States Sentencing Commission [the ~]〖米〗合衆国量刑基準委員会《連邦裁判所で用いられる量刑基準(表) (sentencing guidelines) に責任を負う連邦司法部の独立委員会; 大統領任命の7名の委員からなり, うち3名は連邦裁判所裁判官でなければならない》.

United States Supreme Court [the ~]〖米〗合衆国最高裁判所 (=SUPREME COURT OF THE UNITED STATES)《略 USSC(t), U.S. Sup. Ct.》.

United States Tax Court [the ~]〖米〗合衆国租税裁判所《略 (U.S.) Tax Court; ⇨ TAX COURT》.

United States Trade Representative [the ~]〖米〗合衆国通商代表《大統領直属の行政機関である合衆国通商代表部 (the Office of the United States Trade Representative) を統轄する長官; 閣僚ポストで, 大使 (ambassador) と同格; 略 USTR》.

United States trustee〖米〗合衆国破産担当官《担当地域での破産事件で種々の行政責任を負うべく司法長官 (Attorney General) によって選任・監督される連邦政府の役人》.

unit-holder *n* 区分財産権保有者 (⇨ COMMONHOLD) (cf. UNIT).

Uniting for Peace Resolution〖国際法〗平和のための結集決議《1950年採択の国際連合総会決議; 安全保障理事会が拒否権のために「国際の平和および安全の維持に関する主要な責任」を遂行できなくなったときに, それに代わって総会が一定の集団的強制措置をとりうることを定めたもの》.

unit investment trust〖米〗単位型投資信託《米国の投資会社 (investment company) の一種類; ⇨ INVESTMENT COMPANY》.

unit-ownership act〖米〗区分所有権法, コンドミニアム立法《区分所有権[コンドミニアム] (condominium) に関する州法》.

unit pricing 単位価格表示, 単位価格制《包装された商品などで容量と価格の関係が一見して不明確な商品について, 100 g … cents と一定単位ごとの価格を示すこと》.

uni·trust *n*〖米〗単一式信託, ユニトラスト《受益者 (beneficiary) が全資産の公正な市場価値の一定率を毎年受け取る信託》. ▶CHARITABLE REMAINDER UNITRUST (単一式公益残余権信託).

unit trust〖英〗ユニット信託, ユニット型投資信託, ユニットトラスト《英国の契約型オープンエンド型投資信託; 受託者 (trustee) が公衆から資金を集め, 基金運用者を通して運用し, 投資家はその投資額に応じて, 資産総額を受益権口数で割ったユニット数保有者としてこの信託の受益者 (beneficiary) となり, 実績に応じ利益配分にあずかる》.

uni·ty /júːnəṭi/ *n* **1** 単一(性), 唯一; 均一性; 統一(性), まとまり, 統合; 一致, 調和;《意図・行動の》一貫性, 不変性. **2** 単一[統一]体, 個体;〖数学〗1 (なる数); 単位元. **3**《JOINT TENANCY (合有不動産権, 合有) 成立のための》同一性の要件 (⇨ FOUR UNITIES). **at [in] ~** 仲よく: live *in* ~ 仲よく暮らす. [OF<L (*unus* one)]

unity of interest 不動産権の(内容の)同一性《JOINT TENANCY (合有不動産権, 合有) 成立要件の一つで, 合有不動産権者 (joint tenant) 全員の権利の性質・範囲・存続期間が同一であること; ⇨ FOUR UNITIES》.

unity of personality [person] 夫婦一体(の原則)《コモンロー上夫婦は法的に一体であるとする法理; この一体となった夫婦の権利は夫が行使するものとされ, 妻の行為無能力の正当化の根拠として用いられた; この法理は現在ではほぼ完全に廃棄されているが, 夫婦間の不法行為・共同謀議 (conspiracy) の不成立などで今日でもその根拠として用いられうる》.

unity of possession 1 占有の同一性《JOINT TENANCY (合有不動産権, 合有) 成立のための要件の一つで, 当該不動産全体に対して各合有不動産権者 (joint tenant) が占有する権利を有すること; ⇨ FOUR UNITIES》. **2** 占有混同《例えば, 定期不動産賃借権 (leasehold) を有した者がその後単純封土権 (fee simple) を取得することにより, それまで有した占有が後者の占有に吸収されるように, 同一物に対する一人の人による別個の権原に基づく占有の混同》.

unity of seisin 占有混同《すでにその土地に地役権 (easement) を有している者がその土地の占有 (seisin) をも得ること; これにより地役権は消滅する》.

unity of time (設定)時点の同一性《JOINT TENANCY (合有不動産権, 合有) 成立のための要件の一つで, すべての合有不動産権者 (joint tenant) の権利が同時に確定的なものとして設定されること; ⇨ FOUR UNITIES》.

unity of title 権原の同一性《JOINT TENANCY (合有不動産権, 合有) 成立のための要件の一つで, すべての合有不動産権者 (joint tenant) の権原 (title) が, 一つ証書で設定されるなど, 同一であること; ⇨ FOUR UNITIES》.

uni·ver·sal /jùːnəváːrs(ə)l/ *a* **1** 万国の, 万人(共通)の; 全部の, 全員の; すべてを含む, すべての, 全体の. **2** 全

般的な, 一般的な, 広く行なわれる, 普遍的な; 遍在する.
~・ly adv

univérsal ágency 総代理(権)(＝GENERAL AGENCY)(⇨ UNIVERSAL AGENT).

univérsal ágent 総代理人, 包括代理人《本人が法的になすことができ, かつ法的に他人に委任できるすべての行為について代わって行なうべく委任された人》.

Univérsal Cópyright Convèntion [the ~] 万国著作権条約《1952年署名, 1955年発効, 日本は1956年批准; 略 UCC, U.C.C.》.

Univérsal Declarátion of Húman Rights [the ~] 世界人権宣言《1948年12月国際連合総会で採択; 前文冒頭に「人類社会のすべての構成員の固有の尊厳と平等で譲ることのできない権利とを承認することは, 世界における自由, 正義及び平和の基礎を構成する」と述べている》.

univérsal fránchise 普通選挙権(＝UNIVERSAL SUFFRAGE).

univérsal légacy 《大陸法》包括遺贈《一人ないしは複数の人に全財産を与える遺贈; cf. PARTICULAR LEGACY》.

univérsal life insùrance 《米》ユニバーサル生命保険《定期生命保険の一種で, 従来の生命保険の貯蓄部分と保障部分を分解, 組み合わせたもの; 受取保険料のうち経営上の経費・利潤に充当される付加保険料を控除した残額を短期市場で運用し, その金利所得から死亡保障に必要な危険保険料を控除し, 残りが貯蓄部分として積み立てられる; 保険料や保険範囲の増減など保険内容を変更することも可能》.

univérsal málice 無差別的犯意《群衆に向かって発砲したり, わずかな挑発により犠牲者が誰であるかを知ることなしにあるいはそれに無頓着に他人の生命を奪おうとしている人の精神状態; 計画的犯意(malice aforethought)の一種》.

univérsal pártnership 《全組合員がその全資産を組合資金とすることに合意した》**全資産拠出組合**.

univérsal succéssion 包括承継《無遺言相続や破産の場合のように, 前の所有者の全権利・義務を包括的に承継すること》.

univérsal succéssor 包括承継者《1》無遺言相続や破産の場合のように, 前の所有者のすべての権利・義務を包括的に承継する人 2》《大陸法》死者の特定物ではなくその全部または特定比率の財産を承継する相続人ある いは受遺者; cf. PARTICULAR SUCCESSOR》.

univérsal súffrage 《全成年男女が選挙権を有する》普通選挙権(＝universal franchise).

univérsal títle 包括取得権原《譲渡人の死亡によりそのすべての財産権の特定比率について包括承継(universal succession)の形で取得される権原》.

univérsal váriable lífe insùrance ユニバーサル変額生命保険(＝VARIABLE UNIVERSAL LIFE INSURANCE).

uni·ver·si·tas /jùːnɪváːrsətæs, -vérsɪtèɪs/ n 《ローマ法》組織総体, 法人. [L].

Universitas vel cor·po·ra·tio non di·ci·tur ali·quid fa·ce·re ni·si id sit col·le·gi·a·li·ter de·li·be·ra·tum, eti·am·si ma·jor pars id fa·ci·at. /— vəl kɔ̀ːrpəréɪʃiou nɑn dísɪtər ǽlɪkwɪd féɪsɛrɛ náɪsɪ ɪd sɪt kəlìːdʒiélɪtər dɪlìbɛréɪtəm ɛ̀ʃiǽmsɪ méɪdʒɔːr páːrz ɪd féɪʃiæt/ 組織総体ないしは法人は, たとえその大部分の者がそれを実行したとしても, それが団体として審議されたものでないかぎりは, それを実行するとは言われない. [L＝A university or corporation is not said to do anything unless it is deliberated in a collegiate manner, even if a greater part of the body should do it.]

uni·ver·si·ty /jùːnəváːrs(ə)ti/ n 1《大学院を設置した》総合大学, 大学(cf. COLLEGE). 2《史》団体, 法人. 3全体, 総体.

univérsity còurt 《英》大学裁判所《Oxford, Cambridge 両大学は早くからその構成員に対する一定の自治的裁判権を有した; 現在では Oxford 大学に民事裁判権が残存している》.

Univérsity Tésts Àct [the ~]《英史》大学審査法《1871年の制定法; Oxford, Cambridge, Durham 大学で神学を除き, すべての学位取得者または大学教職者は三十九箇条(Thirty-nine Articles)の受容ならびに礼拝の義務も負わないとした》.

ùn·judícial a 裁判官にふさわしくない, 裁判官として不適切な.

ùn·júst a 不当な, 不正な, 不公平な, 不法の. ~・ly adv ~・ness n

unjúst enríchment 1 不当利得《他人の財産・役務により他人の犠牲において得た不当な利得で, そのまま利益を享受させることは正義・衡平に反するゆえに, 返還せられるもの; 詐欺などを原因とするだけでなく, 錯誤を原因とする場合も含む; ⇨ QUASI CONTRACT》. **2** 不当利得法, 不当利得返還の法理.

ùn·jústifiable a 正当化できない, 正当とみなされない, 理に合わない, 弁解できない. -ably adv

ùn·jústified a 正当化されない, 不当な: an ~ intrusion.

ùn·láw·ful a 不法の, 法が認めていない, 違法な, 法が禁じている(＝illegal). ~・ly adv ~・ness n

unláwful áct 法が認めていない行為; 法に反する行為, 違法行為.

unláwful áct mánslaughter 違法行為故殺(＝CONSTRUCTIVE MANSLAUGHTER).

unláwful áct nòtice 《英》違法行為通告書《調査の結果平等に関する立法違反の存したことが判明した場合に, 違反した個人あるいは機関に対して平等・人権委員会(Equality and Human Rights Commission)が送達する通告書; 対象者に対して行動計画の作成要求あるいは取るべき行動の勧告ができる》.

unláwful arrést 不法逮捕(＝FALSE ARREST)(cf. LAWFUL ARREST).

unláwful assémbly 不法集会(罪)《犯罪を行なうまたは治安を乱す目的で集合する3人以上の集会;集まるだけでコモンロー上の軽罪(misdemeanor)となり,実行に動きだすと不穏集会(rout),実行すれば騒擾罪(riot)となる;英国では1986年法でこのコモンロー上の犯罪は暴力治安紊乱罪(violent disorder)に代わった; cf. AFFRAY, CIVIL COMMOTION, REBELLION, RIOT, ROUT, VIOLENT DISORDER》.

unláwful combinátion 違法な結合《反トラスト法違反の共謀,犯罪実行のための結集など違法行為を実行するための結合・共同一般を指す》.

unláwful cónduct 《特に刑法上の》**違法な行為**.

unláwful detáiner 1《不動産の》**不法占有**《賃借期間終了後も賃借不動産を返還しないなど,適法に不動産の占有を開始した者がその法的根拠を失った後も不法に占有を継続すること》. 2《動産の》**不法留置**.

unláwful detáiner procéeding 不法占有回復訴訟手続き.

unláwful éntry 1 不法侵入. 2 不法入国.

unláwful fórce《刑事責任・不法行為責任を問われうる》**不法な力**, 不法な実力 (cf. LAWFUL FORCE).

unláwful hómicide《殺人罪に問われる》**違法な殺人** (cf. LAWFUL HOMICIDE).

unláwful pícketing《職場復帰を阻止すべく威嚇・暴力などを用いる》**違法ピケ(ティング)**, 非合法ピケティング.

unláwful posséssion of drúgs 規制薬物違法所持 (cf. CONTROLLED SUBSTANCE [DRUG]).

unláwful séxual íntercourse 違法性交《RAPE¹ と同義語として用いられることもあるが,同意能力の欠如している女性との性交をも含むより広い概念》.

unláwful trúst 違法信託 (=VOID TRUST).

unláwful wóunding 違法傷害《犯意をもって違法になされた傷害;この中には正当防衛にならないもの,あるいは警察官に与えられている制定法上の権限により正当化されない傷害も含まれる》.

un·less /ənlés, ʌn-/ *conj* もし…しなければ[でなければ], …のほかは; …でないかぎり. **~ otherwise** AGREEd. **~ otherwise** PROVIDED.

unléss léase《米》解除条件付き採掘権契約《石油・天然ガスなどの採掘のための土地利用契約で,定められた期間内に採掘を開始するか遅滞料支払い手続きをなさない場合には,契約が自動的に消滅するもの》.

unléss órder 制裁付き命令《当事者に特定の指示に従うことを命じるとともに,一定期間内にその命令に従わぬ場合の制裁が述べられている裁判所命令》.

unlicensed dispósal of wáste 廃棄物無許可処理《規制廃棄物を無許可で土地に置くこと;英国では1990年法で禁止》.

ùn·límit·ed *a* 限りのない; 制限のない, 限定のない; 無条件の.

unlimited cómpany《英》**無限責任会社**《登記会社 (registered company) の一つで,会社債務について株主などの社員も対外的に無限の責任を負う会社; cf. LIMITED COMPANY》.

unlimited liabílity 無限責任 (cf. LIMITED LIABILITY).

ùn·líquidated *a* 清算[決済]されていない,清算未決の; 未確定の, 未決定の.

unlíquidated cláim 未確定額請求《額が未確定の請求; cf. LIQUIDATED CLAIM》.

unlíquidated dámages *pl* 未確定損害賠償(金)《賠償請求権そのものは認められるがその額が未確定で,裁定権者に委ねられている損害賠償(金); cf. LIQUIDATED DAMAGES》.

ùn·lóad·ing *n* 1 荷降ろし, 荷揚げ. 2《商品・持株などの》(大量の)処分.

ùn·márket·able *a* 取引に適しない, 取引不適合の.

unmárketable títle 取引不適合権原 (=bad title) (opp. *marketable title*) (cf. DOUBTFUL TITLE).

ùn·márried *a* 1 未婚の, 独身の; 離婚した; 配偶者を失った. 2 [the ~] 未婚者, 非婚者.

ùn·nátural offénse 反自然的犯罪 (=CRIME AGAINST NATURE, SODOMY).

unnátural wíll 不自然な遺言(書)《明らかな理由して配偶者・血族に対しては相続から排除しあるいは不十分にしか遺贈せず他人に遺贈する遺言》.

unnécessary hárdship 不必要な困難《地域地区規制 (zoning) において,その規制に特定の土地あるいは土地利用を適合させることが不可能ないしは経済的に不可能なほど著しく費用がかかることを理由に規制適用除外にしてもらうための要件としての困難; cf. VARIANCE》.

uno ac·tu /júːnou ǽkt(j)uː/ 一つの行為により, 同一の行為により. [L=in one act]

ùn·offícial *a* 非公式な; 公認されていない, 非公認の, 〈ストライキが〉所属組合の承認を得ていない; 局方外の〈薬〉. **~·ly** *adv*

unofficial stríke 非公式ストライキ, 山猫スト (=WILDCAT STRIKE).

uno fla·tu /— fléɪt(j)uː/ ひと息に, 一気に; 同時に. [L=in one breath]

ùn·oppósed *a* 反対のない, 反対[敵対, 競争, 抵抗]する者のない.

unoppósed procéedings *pl* 反対のない訴訟《反対する権利を有する者がその機会を与えられたにもかかわらず反対のない訴訟》.

ùn·páid séller 代金(一部)未受領の売主《引受けのない小切手などの流通証券を受け取っている場合などを含めたとえ動産の所有権が買主に移転しても,売主はその物自体に対して一定の権利を有する》.

unpáid véndor's líen 土地売却代金(一部)未受領売主のリーエン《土地の売主が譲受人に対して売却代金全額を受け取る前にその土地の占有を移した場合に売主に与えられるエクイティー上の権利で,売主はその占有を取り戻す権利は与えられないが,裁判所から売却代金の支払いを保証する命令を得る権利を与えられている; cf.

VENDEE'S LIEN)).

unpáid wórk requìrement 《英》無償労働要求《社会刑罰命令 (community order) あるいは刑の執行猶予宣告 (suspended sentence) の一部として裁判所により課される要求の一種で、通例は慈善・社会事業のため 40-300 時間の無償労働をなすことを要求するもの; 2003 年法で導入; それまでの社会処罰命令 (community punishment order) に事実上代わるもの》.

ùn·parliaméntary *a* 議会の慣例に反する, 議会にふさわしくない: ～ language 議会にふさわしくない不謹慎[みだら]なことば[暴言, 悪口雑言].

ùn·pátent·able *a* 特許権を受ける資格のない, 特許権を与えられえない, 特許できない.

ùn·perféct·ed secúrity ìnterest 対抗不具備担保権《⇨ PERFECTED SECURITY INTEREST》.

ùn·pérjured *a* 偽誓していない, 偽証していない, 偽誓[偽証]罪を犯していない.

ùn·pólled *a* **1** *選挙人として登録されていない. **2** 投票していない, 投票されていない. **3** 世論調査対象者のうちに含まれていない.

ùn·précedent·ed *a* 先例[前例]のない, 空前の; 新しい, 新奇な (opp. *precedented*).

ùn·preméditated *a* 前もって計画したものではない, 予謀されたものではない, 非計画的な (opp. *premeditated*).

ùn·prívileged *a* 特権のない, 特別に許可[免責]されていない, 特権により免責されていない; 秘匿特権で守られていない (opp. *privileged*).

ùn·proféssional cónduct 専門的職業人倫理違反行為; 法曹倫理違反行為《» cf. PROFESSIONAL CONDUCT》.

ùn·próvable *a* 立証[証明]できない (opp. *provable*).

ùn·próven, ùn·próved *a* (いまだ)立証[証明]されていない (opp. *proven*).

ùn·públished opínion 非公表意見《公表目的でない旨を明示して特に示された裁判所の意見; 典拠として使用することは一般に禁じられている; cf. SLIP OPINION》.

ùn·púnish·able *a* 処罰できない, 処罰対象とならない (opp. *punishable*).

ùn·púnished *a* 処罰をうけていない, 罰されない(でいる).

ùn·quálified *a* **1** 資格のない, 不適格な; 不適任な, 不適当な. **2** 無制限の, 無限定の, 無条件の, 絶対的な. (» opp. *qualified*).

unquálified endórsement 無条件裏書《⇨ QUALIFIED ENDORSEMENT》.

ùn·quantifiable *a* 〈損失・損害が〉計算できない, 計量不能の, 数量化できない, 計りしれない.

ùn·réalized *a* **1** 実現[達成]されていない, 未実現の. **2** 販売して現金として回収していない, 未回収の〈利益〉. **3** 意識[認識, 理解]されていない, 認められていない.

unréalized lóss 未実現の損失 (＝PAPER LOSS).

unréalized prófit 未実現利益 (＝PAPER PROFIT).

unréalized recéivable 未実現の受取勘定, 未実現の売掛金.

ùn·réason·able *a* **1** 非合理な, 不合理な, 筋の立たない, 理に合わない. **2** 当を得ない, 不相当な, 不当な, 過度の, 常軌を逸した, 法外な〈値段・料金など〉. (» opp. *reasonable*) **ùn·réasonably** *adv* ～**ness** *n* ★ ⇨ *unreasonably* DANGEROUS.

unréasonable behávior 《婚姻の回復不能な破綻の原因とするに十分な》《配偶者として》あるまじき行為 (＝unreasonable conduct).

unréasonable compensátion 《税制》《役務に対する》不当な高額報酬《税法上必要経費として認められない》.

unréasonable cónduct 1 常軌を逸した行動. **2** 《配偶者として》あるまじき行為 (＝UNREASONABLE BEHAVIOR).

unréasonable decísion 《行政機関による》不合理な決定.

unréasonable restráint of tráde 《米》不相当な取引制限《重大な反競争的効果を生み、したがって反トラスト法 (antitrust act) 違反となる取引制限》.

unréasonable séarch 不合理な捜索《相当な根拠 (reasonable cause) ないしは法的に許容しうる理由のない捜索》.

ùn·rebúked *a* 譴責《けん》[懲戒]されていない, 叱責を受けていない.

ùn·rebúttable *a* 反証を許さない; 反証できない: an ～ presumption 反証を許さぬ推定.

ùn·récord·ed *a* 登録されていない, 公式記録に載っていない: ～ deed.

ùn·redéemed plédge 受け戻されていない(動産)質[担保(物)].

ùn·régistered *a* **1** 登録[登記]されていない, 未登録の: an ～ motor vehicle. **2** 書留にされてない.

unrégistered cómpany 《英》非登記会社《会社法にのっとった登記以外の方法で法人格を取得している会社; 制定法設立会社 (statutory company), 外国会社 (foreign company) を含む》.

unrégistered lánd 《英》非登録地.

unrégistered secúrity 《米》未登録証券 (＝RESTRICTED SECURITY) (cf. REGISTERED SECURITY).

unreláted búsiness íncome 《米税制》非関連事業収入《非課税機関の非課税とされる本来の目的と直接関連のない収益事業からの収入で、課税対象所得とされるもの》.

unreláted búsiness íncome tàx 《米税制》非関連事業収入税《例えば、その出版物上の広告収入等非課税機関の課税対象所得である非関連事業収入に対する税金》.

unreláted offénse 無関連な犯罪《訴えられている

犯罪と関係のない犯罪).

ùn·relíable *a* 信頼できない, 信用できない, あてにならない, 信じられない: an ~ witness.

ùn·remítted *a* 免除[軽減]されてない〈罪・債務〉; 途切れない, 不断の.

ùn·repórt·ed *a* 1 報告されていない. 2 《警察などに》通報されていない, 届け出ていない. 3 《判例集に》載っていない.

unrepórted cáse 未載録判決例《公刊されている判例集に載録されていない判例》.

ùn·represéntative *a* 1 …を代表していない〈*of*〉; 選挙民を代表していない. 2 典型的でない.

ùn·represént·ed *a* 1 代表されていない, 《立法府などに》代表を出していない. 2 例証[例示]されていない.

ùn·repríeved *a* 《刑の》執行を猶予されていない.

ùn·respónsive ánswer 《質問に対する証人の》筋違いの返答.

ùn·restríctive [un·restríct·ed] en·dórsement 無限定裏書, 無条件裏書 (cf. CONDITIONAL ENDORSEMENT, RESTRICTIVE ENDORSEMENT).

unrestríctive interpretátion 無制約解釈《特定の原理に関連させることなく, みずから公正と思うところに従っての法律・文書の解釈(方法); cf. RESTRICTIVE INTERPRETATION》.

ùn·revérsed *a* 破棄されていない, 取り消されていない.

ùn·revíew·able *a* 再審査できない, 審査できない: an ~ claim.

ùn·revísed *a* 改正[修正, 訂正, 校訂, 改訂]されていない.

ùn·sáfe *a* 1 安全でない. 2 [°~ and unsatisfactory] 〈評決・有罪決定が〉《きちんと証拠に基づいていないことなどを理由に》くつがえされる可能性がある.

ùn·sátisfied júdgment fùnd 〖米〗無保険者自動車事故被害者救済基金《自動車保険に入っていない者によるないしは入っていても付保範囲過少で保険ではカバーできない自動車事故による損害を補償するために州により設立された基金》.

ùn·séat *vt* 落馬させる; 免職させる; 〈議員・政治家〉から議席[政治的地位]を奪う, 失脚させる.

ùn·séat·ed *a* 1 議席のない. 2 *〈土地が〉人の住みついていない, 無人の.

ùn·séa·wòrthy *a* 〈船舶が〉航海に適さない, 堪航能力のない, 海上(作業)に向かない (opp. *seaworthy*).

ùn·secúred *a* 安全にされていない, 保証のない, 無担保の, 確保[確立]されていない.

unsecúred créditor 無担保債権者《=general creditor》(opp. *secured creditor*).

unsecúred débt 無担保債務 (opp. *secured debt*).

unsecúred lóan 無担保貸付け, 信用貸付け (opp. *secured loan*).

unsecúred lóan stòck 〖英〗無担保社債 (cf. DEBENTURE STOCK).

ùn·séntenced *a* 刑の宣告を受けていない, 刑の宣告がなされていない.

ùn·sérved *a* 〈令状などが〉送達されていない, 未送達の.

ùn·séttled *a* 1 不安定な; 不穏な; 変わりやすい. 2 動揺している; 決定していない; 決着していない; 未決済の. 3 住所が定まらない, 定住地のない. 4 〈不動産・訴訟等が〉法にのっとって処理されていない; 継承財産設定 (settlement) がなされていない.

ùn·síght *a* 調査[吟味]していない (cf. SIGHT UNSEEN): buy a PC ~, unseen.

ùn·sólemn wár 正規の手続きを踏まずに始められた戦争, 宣戦布告[開戦宣言, 戦争宣言]なしの戦争, 事変 (cf. SOLEMN WAR).

ùn·solícit·ed *a* 嘆願[懇願]されていない, 求められていない〈*for*〉; 頼まないのになされた[与えられた], おせっかいの.

unsolícited góods *pl* 注文していない(のに送られてきた)物[商品].

unsolícited góods and sérvices *pl* 注文していない物品・役務《注文していないのに送られてきた物に関して英国では 1971 年および 75 年に同名の制定法およびその改正法がある》.

ùn·sólved *a* 解決されていない, 未解決の, 未決の: ~ crime.

ùn·sóund *a* 1 健全[健常, 正常]でない, 不健全な; 精神障害の. 2 しっかりしていない; 根拠の薄弱な; 堅実でない. 3 信用できない. ~·ly *adv* ~·ness *n*

unsóund mínd 精神障害 (cf. SOUND MIND). **of** ~ 精神障害の: a person *of* ~.

ùn·státutable *a* 制定法に反する[従わない], 制定法で認められていない. -ably *adv*

ùn·stríkable *a* ストライキの対象にできない.

ùn·swórn *a* 宣誓させられていない, 宣誓に縛られていない; 宣誓陳述[証言]でない.

unswórn évidence 非宣誓証言《宣誓をせずになす証言; 英国では 14 歳未満の子供が刑事事件で証言を行なう場合は, 宣誓なしで行なう (1999 年法)》.

unswórn státement 非宣誓陳述《宣誓をせずになす陳述; 英国では刑事事件の被告人が宣誓なしで陳述することが 1898 年法でも明示的に認められていたが, この権利は 1982 年法で廃止された》.

ùn·ténant·able *a* 1 賃貸[賃借]に適しない. 2 住めない, 住居に適さない.

ùn·tíme·ly *a, adv* 時宜を得ない[得ず], 時機を失した[失して]; 場違いな[に]. **ùn·tíme·li·ness** *n*

ùn·tríed *a* 1 試みられていない, 確かめられていない. 2 未審理の, 公判に付せられていない: an ~ suspect.

ùn·trúe *a* 1 真実でない, 事実でない, 不実な, 真実性を欠く, 虚偽の: ~ statements in prospectus 目論見書中の不実記述. 2 正しくない, 公正でない. 3 忠実でない, 誠実でない, 不誠実な, 不貞な.

Unum·quod·que eo·dem mo·do quo col·li·ga·tum est dis·sol·vi·tur.

/ùːnəmkwádkwɛ ɛóudɛm mádou kwou kàlɪgéɪtəm ɛst dɪsálvɪtər/ 結ばれた仕方で解かれる. [L=In the same manner in which everything is made binding, it is loosened.]

ùn·úsual púnishment 異常な刑罰. ▶ CRUEL AND UNUSUAL PUNISHMENT (残酷かつ異常な刑罰).

ùn·válued pólicy 未評価保険(証券) (=open policy)《損害保険の目的物の価額が契約締結時に協定されておらず, 損害発生後に保険金額の範囲内で, 原則として損害発生地におけるそのときの価額により, 確定されることとされる保険(証券). cf. VALUED POLICY》.

ùn·wárrant·able *a* 正当と認めがたい, 擁護[是認]できない, 不当な, 無法な.

ùn·whípped *a* むち打たれていない, 罰せられていない.

ùn·wítnessed *a* **1** 気づかれない, (五感で)知覚されていない; 目撃されていない. **2** 証人の署名のない.

ùn·wórthy *a* **1** …に値しない ⟨*of*⟩, …にふさわしくない ⟨*to* do⟩;《大陸法》《法定相続人 (heir) につき》相続資格が欠ける: an ~ heir. **2** ⟨…に⟩あるまじき, ⟨人に⟩不似合いな ⟨*of*⟩. **3** 信用を落とす, 恥ずべき; 尊敬に値しない, くだらない, 下劣な. **4** 《処遇などが》不当な, 不相応な, 正当でな. **ùn·wórth·i·ness** *n*

ùn·wrítten *a* 文字に表わしてない, 記録していない, 成文にしてない, 不文の; 口頭での, 慣例による: an ~ agreement 口頭による契約.

unwrítten constitútion 不文憲法 (=customary constitution)《米国のような成文化した憲法典ではなく, 個々の制定法・判例法・慣習法・慣行からなる実質的憲法; 英国のがその例》.

unwrítten évidence 文書によらない証拠《口頭でなされる証言》.

unwrítten láw 1 不文法, 非制定法 (=jus non scriptum, lex non scriptum, unenacted law)《特に判例法を指す; cf. WRITTEN LAW, STATUTORY LAW》. **2** [the ~] 不文律.

up /ʌ́p/ *adv, a, prep, n, v* — *adv* (opp. *down*) **1 a** [移動・運動]《低い位置から》上へ[に], 上の方へ, 上がって. **b**《中心となる場所または人の方へ》近づいて, (…の)方へ, "都[大学または its 所在地]の方へ[に], …に(いて): go *up* to the University〈学生が〉大学に進む[帰って行く] / be [stay] *up* during [for] the vacation 休暇中大学(所在地)に残る / He is *up* on business. 仕事でロンドンにいる. **c** 時代をさかのぼって. **2 a**《勢い・数量などが》増して, 活気づいて, 《音・声・価格・水位・気温などが》上がって, 高くなって: Prices went *up*. 物価が上がった. **b**《地位・身分・評価などが》上がって, 出世して: come [move] *up* in the world 出世する / He is *up* at the head of his class. 首席を占める. **3** [動詞に付けて強意的に]すっかり[残らず](…してしまう), …し終わる[尽くす], …し上げる. **up for** …《選挙》に候補になって, 《売却》に出されて, …のつもりで; …で訴えられて出廷して (cf. *a* 4a). — *a* **1** 上へ向かう, 上方への. **2** 上向き[表向き]になって. **3 a** 《種々の増進・高揚などの観念で》⟨声・調子・価格・価値などが》上がって; 増して: 1,000 dollars *up* on the deal 取引で1000ドルもうけて. **b** [活動力の増加・事態の生起] 強く, 勢いよく, 盛んに, 活動して, 立ち上がって: The country was *up*. 人民が暴動を起こしていた / All the town is *up*. 町中が活気を呈している. **4 a**《裁判所などに》呼び出されて ⟨*in* court, *before* a judge⟩; ⟨…の罪で⟩裁かれて, 訴えられて ⟨*for*⟩. **b**〈賭け金が〉賭かって. **5**〈時間・期間などが〉終わって, 尽きて: The time is [Time's] *up*. 時間が切れた[尽きた] / The House is *up*. 議院は終了した. **up against it**《口》《特に経済的に》困窮して, 困って.
— *prep* /əp, əp/ **1 a**《低い位置・場所・地点から》…の高い方へ[に], …の上へ[に], …を上って[ところに]: He went steadily *up* the social scale. 着々と社会的地位を向上させていった. **b**〈流れを〉さかのぼって; …に逆らって. **c** …の奥へ. **2** …に沿って.
— *n* **1** 上昇; 向上; 値上がり. **2** 幸運, 出世; 高い[有利な]地位の人物.
— *v* (**upped** /ʌ́pt/, **up**; **úp·ping**) *vt*〈値段などを〉上げる, 〈生産などを〉高める.

UPA《米》°Uniform Partnership Act 統一組合法.

UPC《米》°Uniform Probate Code 統一遺産管理法典.

up·hold /əphóuld/ *vt* (**up·held** /-héld/) 持ち上げる, 支える; 支持[是認, 弁護]する;*《特に》合憲と認める: ~ a sentence. **~·er** *n*

úp·lift *n* 上乗せ費用《弁護士に対する成功報酬取決め (conditional fee agreement) などにおける基礎的な弁護士費用に上積みされる費用; cf. CONDITIONAL FEE AGREEMENT》.

Úpper Bénch [the ~]《英史》上座裁判所 (=Bancus Superior)《1649-60年の広義の共和制 (Commonwealth) 時代の王[女王]座裁判所 (King's [Queen's] Bench) の改称名》.

úpper chámber [the ~] 上院 (=UPPER HOUSE) (cf. LOWER CHAMBER).

úpper cóurt 上訴裁判所 (=COURT ABOVE).

úpper hóuse [the ~, °the U- H-]《二院制議会などの》上院 (=upper chamber)《英国の House of Lords, 米国の連邦議会の Senate, 英国の聖職者会議 (Convocation) の Upper House など; cf. LOWER HOUSE》.

Úpper Tribúnal《英》上訴審判所《2007年法で新設; 同法で統合新設された第一層審判所 (First-tier Tribunal) からの上訴を主として管轄する審判所であるが, 第一審としての裁判権も有する; ここからの上訴は関連する上訴裁判所が扱う》.

úp·sèt príce《競売などでの》最低売り値, 最低競売価格 (cf. RESERVE PRICE).

úp·strèam convérsion 上向転換《転換証券 (convertible security) の上位[先順位]への転換; cf. DOWNSTREAM CONVERSION》.

úpstream guáranty 上向保証《子会社による親

会社の債務の保証; cf. CROSS-STREAM GUARANTY, DOWNSTREAM GUARANTY).

úp·ward depárture 上方逸脱量刑, より重い量刑《量刑基準 (sentencing guidelines) に照らして重い量刑; opp. *downward departure*; cf. SENTENCING GUIDELINES》.

úr·ban blíght /ə́ːrbən-/ **1** 都市の荒廃. **2** 都市荒廃部《米国では都市再開発事業のための収用対象になりうるかが憲法問題となった》.

úrban dístrict 都市区, 町 (1)《英史》1888-1973 年にイングランドとウェールズに, また 1898-1973 年に北アイルランドに存した county 内の行政区分; 1 つ以上の人口の稠密な地域からなり, 参事会 (council) が住宅・衛生などの問題を管掌した, borough の特許状は有さず; それより行政の権限が狭かった **2)** アイルランド共和国の中規模の町で, 参事会 (council) が設けられている》.

úrban devélopment àrea 《英史》都市開発地区《1980 年法で, 土地・建物を効果的に利用したり魅力的な環境を創出したりすることなどにより地区再生をはかるべく環境大臣に指定される地区; 1993 年法でこれに代わって都市再生地区 (urban regeneration area) が生まれている》.

úrban regenerátion àrea 《英》都市再生地区《1993 年法で環境大臣が地区再生のための都市開発が適当と考え指定した地区; 1980 年法の都市開発地区 (urban development area) に取って代わっている》.

úrban renéwal 都市再開発(事業), 都市改造(事業).

úrban sérvitude 都市的役権《例えば採光や通風の権利のように都市において建物や家屋に付着する役権》.

URESA /jərí:sə/ 《米史》Uniform Reciprocal Enforcement of Support Act 統一扶養判決相互執行法.

urine /júərən/ *n* 尿, 小便. ▶ SPECIMEN OF URINE (尿試料).

úrine spècimen 尿試料, 尿検体 (=SPECIMEN OF URINE).

úrine tèst 《薬物・アルコール類の検知のための》尿検査.

U.S., US United States (アメリカ)合衆国・《米》°United States Reports『合衆国判例集』.

USA °United States of America アメリカ合衆国.

us·age /júːsɪdʒ, -zɪdʒ/ *n* 慣行, 慣習, 慣例, 習俗, ならわし (cf. CUSTOM, CONVENTION): social ~(s) 社会慣行 / come into [go out of] ~ 慣行となる[でなくなる]. ▶ CUSTOM AND USAGE (慣習法と慣行) / GENERAL USAGE (一般の慣行) / IMMEMORIAL USAGE (超記憶的慣行) / LOCAL USAGE (地方慣行) / TRADE USAGE (取引慣行). ★一般的用法としては, usage は単に一般に事実として行なわれている慣行を指すのに対し, convention は一般の人々による暗黙の承認のある慣行を指し, さらに custom はその慣行が法的効力を有するまでに至っているものを指す.

úsage of tráde 取引慣行 (=TRADE USAGE).

us·ance /júːz(ə)ns/ *n* **1 a** 慣習期間, 手形期間, ユーザンス《為替手形の振出地と支払地との間の取引慣行・慣習によって, 現在では通常 法によって定められた支払期間》: bills drawn at (double) ~ (2 倍の)慣習期間付の手形. **b** 富(の使用)から生ずる利益; 利息. **2** 慣習, 慣行, 慣例, 習慣.

USC 《米》°United States Code『合衆国法律集』.

USCA 《米》°United States Code Annotated『注釈合衆国法律集』.

USCIT 《米》°United States Court of International Trade 合衆国国際通商裁判所.

U.S.D.C. 《米》°United States District Court 合衆国地方裁判所.

use *v* /júːz/ *vt* **1** 用いる, 使う, 使用する, 利用する. **2** 消費する. **3** 遇する, 扱う, あしらう.
— *n* /júːs/ **1 a** 使用, 利用. **b** 使い方, 利用法; 用途. **c** 使用する力[能力]; 使用の必要[機会]; 使用の自由, 使用権. ▶ ACCESSORY USE (従たる用途) / ACTUAL USE (現実の使用) / BENEFICIAL USE (受益者としての利用(権); 有益な利用) / CONCURRENT USE (併存使用) / CONDITIONAL USE (条件付き土地利用) / DOUBLE USE (考案の単純使用) / ESTABLISHED USE (確認土地利用(権)) / EXCLUSIVE USE (排他的使用) / FAIR USE (公正利用) / HIGHEST AND BEST USE (最良最高限の利用) / INCIDENTAL USE (付随的利用; 付随的土地利用) / MATERIAL CHANGE OF USE (重大な用途変更) / MISUSE (誤用; 悪用, 濫用) / NONCONFORMING USE (非適合土地利用) / NONUSE (不行使; 放棄) / PUBLIC USE (公共の用; 公然使用) / REASONABLE USE (合理的利用) / RIGHT OF USE (使用権). **2** 有用, 効用, 効果, 利益. **3** 慣行, 慣習, 習慣. **4** ユース《信託の前身; 語源的には「…のために」の意味が AD OPUS (=to the use of) から生じた; 不動産権保有者がその権利を譲渡し, 同時にその譲受人が譲渡人の指名する者のために保有すべきことを命じることにより設定された; 譲受人をユース付き封譲受人 (feoffee to uses), 譲渡人をユース付き封譲渡人 (feoffor to uses), 受益者をユース受益者 (cestui que use) という; 中世後半から封建的付随条件 (feudal incident) の潜脱, 不動産権についての実質的遺贈権の獲得などの目的で用いられていたが, 法的には認められずしたがって保護されなかった; 15 世紀中に大法官 (Lord Chancellor) がこれを認め始め, 受益者は法的利益を有し出し, これが後のエクイティー上の不動産権 (equitable estate) となる; この結果大部分の土地にユースが付されるようになったとさえ言われている; しかしこれは封建的付随条件からの収入が大幅に減ることになる国王にとって, これを実質的に禁止しようとするユース法 (1535 年) (Statute of Uses (1535)) が制定されたが, その後 1540 年の不動産遺言法 (Statute of Wills) の制定, ユース法の脱法行為の考案による信託 (trust) の公認などにより土地法は大きく変化し, 中世法からの脱皮がなされる》. ▶ ACTIVE USE (能動ユース) / CESTUI QUE USE (ユース受益者) / CHARITABLE USE (公益ユース) / CONTINGENT USE (未確定ユース) / DEAD USE (無生気ユース) / DECLARATION OF USE (ユース宣言(書)) / DOU-

BLE USE (二重のユース) / ENTIRE USE (妻の特有ユース) / EXECUTED USE (既転換ユース) / EXECUTORY USE (未転換ユース) / FEOFFEE TO USES (ユース付き封譲受人) / FEOFFMENT TO USES (ユース付き封の譲渡) / FEOFFOR TO USES (ユース付き封譲渡人) / GRANT TO USES (ユース付き不動産権譲渡) / IMPLIED USE (黙示のユース) / OFFICIAL USE (職務付きユース) / PASSIVE USE (受動ユース) / PERMISSIVE USE (許容ユース) / RELEASE TO USES (ユース付き権利放棄) / RELIGIOUS USE (宗教的ユース) / RESULTING USE (復帰ユース) / SECONDARY USE (二次的ユース) / SEPARATE USE (妻のための特有ユース) / SHIFTING USE (移転ユース) / SPRINGING USE (発生ユース) / STATUTE OF USES (ユース法) / SUPERSTITIOUS USE (迷信ユース) / USE UPON A USE (二重のユース). **for ～ (1)** …の (利益の)ために. **(2)** …の使用のために. ▶ LOAN FOR USE (使用貸借).

úse and occupátion 利用占有 (訴訟), 土地利用占有代価請求訴訟《他人の土地を (時にはその人の許可を得て, しかし法形式にのっとらずに) 不動産賃貸借 (lease) 契約なしで) 占有・利用すること, またはその者に対して土地所有者がその地代 (rent) 相当の代価を求める訴え; 不動産賃貸借契約期間終了後も占有・利用している場合などに用いられる》.

úse cláss 〘英〙《都市計画法上の土地・建物の》用途区分.

usee /juzíː, ⌣⌣/ n 訴訟受益者 (=USE PLAINTIFF).

úseful life 《減価見積もりしうる固定資産の》使用可能期間, 耐用年数 (cf. DEPRECIATION METHOD).

úse immùnity 《刑事事件で強制された証言の証言者本人の刑事訴追に対する》使用免責 (⇨ TRANSACTIONAL IMMUNITY).

úseless gésture excéption 無用な挙動不要の例外《警察が逮捕状 (arrest warrant)・捜索(差押)令状 (search warrant) を執行するために住居に入る前に, 一般的にノックと告知の準則 (knock and announce rule) に従う義務があるが, 住居内にいる者にとって警察の権限・目的が周囲の状況から明白な場合にはその準則に従って目的を告知する義務から免除されること》.

úse of fórce 〘国際法〙武力行使.

úse pláintiff 《その者のために他人の名義で訴えが提起された》訴訟受益原告 (=usee).

user[1] /júːzər/ n 〘°compd〙 使用者, ユーザー, 利用者, 消費者. ▶ END USER (最終使用者) / EVIDENCE OF USER (使用者の癖の証拠) / JUNIOR USER (後順位使用者) / SENIOR USER (第一使用者).

user[2] n **1** 《権利・財産(権)などの》行使, 使用, 享受, 享有 (cf. MISUSER, NONUSER). ▶ MISUSER (濫用) / NONUSER (不行使). **2** 使用権. ［AF *user* to use の名詞化］

úser fèe 《特定の物・便益の》利用者[受益者]負担金《例えば, 地方自治体のごみ収集サービスなどについて受益者に課される料金》.

úser-fríend·ly a 〈機器・システムなどの〉使い[扱い]や

すい, ユーザーフレンドリーな. -**fríend·li·ness** n

úse tàx 〘米〙利用税, 使用税《他の州で購入して持ち込んだ物品に対する州税》.

úse upòn a úse 〘史〙二重のユース (=double use) 《ユース法 (1535年) (Statute of Uses (1535)) によりユース (use) は原則実質的には禁止されコモンロー上の権利に転換されたが, その脱法行為として編み出されたユースを二重に設定すること; これにより二重のユースのうち, ユース法は第一のユースのみをコモンロー上の権利に転換するが, 第二のユースが残ることになり, これを後に大法官 (Lord Chancellor) が認めることになった; この有効とされた第二のユースが後に信託 (trust) と呼ばれ, 発展することになった》.

úse vàlue 《交換価値 (exchange value) に対して》使用価値.

úse vàriance 土地利用規制適用除外.

ush·er /ʌ́ʃər/ n **1** 《裁判所などの》門衛; 案内係; 先導役. **2** 〘英〙廷吏 (法廷の秩序を維持する).

úsing máils to defráud 〘米〙郵便を使っての詐欺 (mail fraud).

us·que ad (me·di·um) fi·lum aquae /ʌ́skwi æd (míːdiəm) fáɪləm ǽkwiː/ 川の中央まで. ［L=as far as the (middle) thread of the water］

usque ad medium (filum) víae /⌣⌣ æd míːdiəm (fáɪləm) váɪiː/ 道路の中央まで. ［L=as far as the middle (thread) of the road］

USSC(t) 〘米〙° United States Supreme Court 合衆国最高裁判所.

U.S. Sup. Ct. 〘米〙° United States Supreme Court 合衆国最高裁判所.

U.S. Tax Court 〘米〙° United States Tax Court 合衆国租税裁判所.

USTR 〘米〙° United States Trade Representative 合衆国通商代表.

usu·al /júːʒuəl, -ʒəl/ a 通常の, 平常の, いつもの, 普段の; 通例の.

úsual búsiness hòurs pl 通常の営業時間.

úsual cóvenants pl 通常約款《不動産譲渡契約や, 特に 不動産賃貸借契約 (lease) で善良な不動産譲渡実務家ならばその契約の中で通常は入れているはずの約款; 例えば賃貸借契約の場合 特定契約の合意の中にその旨の条項がない場合には, この通常約款が黙示の形で含まれているものとされる; 具体的には一般的に貸主側の平穏享有 (quiet enjoyment) の約束, 借主側の賃貸料支払い・修繕義務の約束など》.

úsual pláce of abóde 現在住地《特に訴状送達に関して用いられる》.

úsual térms pl 通例条件《かつてのコモンロー上の訴答手続き (pleading) で, 被告に訴答の期間延長を認める時に付加された条件; 現在は非公式な形で敗訴上訴人による請求金額の仮払いなど上訴の際の付加条件に用いられる》.

Usu·ca·pio con·sti·tu·ta est ut ali·quis li·ti·um fi·nis es·set. /jùːsjuːkéɪpiou kànstɪtjúːtə ɛst ət ǽlɪkwɪs láɪʃɪəm fáɪnɪs ɛ́sɛt/ 使用取得[時効]は訴訟になんらかの終末があるようにと定められた．［L = Usucapion [Prescription] was instituted that there might be some end to lawsuits.］

usu·ca·pi·on /jùːzəkéɪpɪən, -sə-; -zjʊ-/, **-caption** /-kǽpʃ(ə)n/ *n*《ローマ法》**使用取得**《正当な原因に基づき善意で法の定める期間引き続き占有することによる取得時効》．［L (*usucapio* to acquire by prescription)］

usu·fruct /júːzəfrʌ̀kt, -sə-; -sjʊ-/ *n* **1**《ローマ法・大陸法》**用益権**（=usus fructus）《他人のものを，その実質をそこなうことなく，使用・収益する権利》．**2**《広く》《他人の土地・物などを毀損することなく》使用・収益する権利．
— *vt*〈土地など〉の用益権を行使[享受]する．［L (USE, FRUIT)］

usu·fruc·tu·ary /jùːzəfrʌ́ktʃuèri, -sə-; -sjufrʌ́ktjuəri/ *n*《ローマ法・大陸法》**用益権者**．— *a* 用益権の（ような）．

usu·ra ma·ri·ti·ma /jus(j)úːrə mərítəmə/ 海事利息(付き契約)（=FOENUS NAUTICUM）．［L=maritime usury］

usu·rer /júːʒ(ə)rər/ *n* 高利貸し，《史》金貸し．

usu·ri·ous /juʒúəriəs/ *a* USURY の；高利の；高利貸しの，高利を取る: a ~ contract. **~·ly** *adv* **~·ness** *n*

usurp /jusə́ːrp, -zə́ːrp/ *vt* **1**〈王座・権力などを〉(不当に)奪う，篡奪[強奪，奪取]する．**2** 不法に使用する．
— *vi* 侵害する〈on〉．**~·ing·ly** *adv* 篡奪[強奪, 奪取]によって．［OF<L=to seize for use］

usur·pa·tion /jùːsərpéɪʃ(ə)n, -zər-/ *n* **1 a 強奪, 奪取, 篡奪(ぎょ)**, 僭取, **不法使用. b**《無権利者による聖職推挙を通しての》**聖職推挙篡奪**《正しくは **usurpation of advowson** という》．**2** 権利侵害，《他者の権利・占有の》中断．**3** 王位篡奪，主権篡奪，僭取．

usúrp·er *n* **1**《王位・主権などの》**篡奪者. 2** 不法使用者．

usu·ry /júːʒ(ə)ri/ *n* **1**《史》**a**《もとは》利息, 利子 (interest); 利息を徴収すること，徴利．**b** 利息をとって金を貸すこと；**金貸し(業). 2**《議会制定法により一定利率以上の利息を禁じたことから転じて》**a 高利, 不法金利, 暴利. b 高利貸し**《行為》．

usus /júːsəs, -zəs/《ローマ法・大陸法》*n* 使用; 使用権．［L=use］

Usus est do·mi·ni·um fi·du·ci·a·ri·um. /— ɛst dəmínɪəm faɪdjùːʃiérɪəm/ ユースは信認上の所有権である．［L=Use is a fiduciary ownership.］

úsus frúc·tus /-frʌ́ktəs/《ローマ法・大陸法》用益権 (=USUFRUCT)．

uter·ine /júːtəràɪn, -rən/ *a* 同母異父の: a ~ brother．

ut·fang·thief /ʌ́tfæŋθìːf/, **utfangenetheof, -thef** *n*《英史》**領外逮捕盗犯処罰権**，ウトファングネセオフ (=OUTFANGTHIEF)．

U3C ⇨ U の位置．

util·i·tár·i·an detérrence thèory /jutìlətéəriən-/ 功利主義的抑止刑論, 目的刑論《刑罰は犯罪が行なわれないように科されるものとする説; Jeremy BENTHAM の功利主義 (utilitarianism) の影響下で説かれた刑罰理論》; cf. HEDONISTIC UTILITARIANISM, RETRIBUTIVISM.

utilitárian·ism *n* **1 功利主義**《いわゆる「最大多数の最大幸福」を人間行為の規範とする Jeremy BENTHAM, J. S. MILL などの学説》．▶ HEDONISTIC UTILITARIANISM (快楽説的功利主義)．**2** 実用主義; 功利的性格[精神, 性質]．

util·i·ty /jutíləti/ *n* **1 有用性** (usefulness), 有益; 効用, 実効, 実益; 功利(性), 最大多数の最大幸福; 福祉, 幸福. **2 a** [*pl*]《電気・水道・ガス・交通機関などの》**公益(事業)サービス**，公共サービス: pay for one's *utilities* 公共サービス料金[公共料金]を支払う．**b 公益事業[企業]** (=PUBLIC UTILITY). **c** [*pl*] 公益企業株．▶ PUBLIC UTILITY (公益事業)．— *a* 実用向きの, 実用本位の．

utility pàtent 有用発明特許(権)《意匠の考案である意匠特許 (design patent) と異なり，その発明が発明特許要件の一つである産業上の利用可能性を意味する有用性を有していることに基づく特許(権); 特許(権)のうち最も一般的なものである》; cf. DESIGN PATENT．

uti pos·si·de·tis /júːtaɪ pɑ̀sədíːtəs, úːti pòːsɪdéɪtɪs/ **1**《ローマ法》《訴訟当事者に対する訴訟継続中の》**不動産占有保護命令. 2**《国際法》**現状承認の原則**，ウティ・ポシデティス（**1**）戦時法では，平和条約が締結されない場合あるいは平和条約に別段規定がない場合，当事国間の法律関係は戦時終結時・平和条約締結時の状態がそのまま認められ，したがって戦時中の押収物はその国が所有することになるという原則 **2**）平時法では，植民地が複数の国家として独立する場合 旧行政区画線が独立後の諸国の国境として維持されるという原則》．［L=as you possess］

ut·la·ga·re /ʌ́tlægəri, ətləgéəri/ *vt*《史》〈犯罪者〉を法喪失宣告 (outlawry) をする (outlaw)．［L］

ut·la·ga·tion /ʌ̀tləgéɪʃ(ə)n/ *n*《史》《犯罪者を》**法の保護の外に置くこと** (=OUTLAWRY) (opp. *inlagation*)．［L］

ut·la·ga·tus /ʌ̀tləgéɪtəs/, **ut·lagh** /ʌ́tləː/, **utlagus** *n*《史》**法喪失者** (outlaw)．［L］

UTMA《米》Uniform Transfers to Minors Act 未成年者への財産移転に関する統一法．

útmost cáre 最高度の注意《義務》(=HIGHEST DEGREE OF CARE)．

útmost góod fáith 最高信義, 最大善意 (=uberrima fides)《保険契約などの締結にあたり, 当事者双方は通常の契約者に信義を守らねばならないとする原則, これに従い双方は契約に関連のあるすべての情報を自発的に開示しなければならないとされる; この原則が適用される契約を最高信義[最大善意]契約 (uberrimae fidei contract) という; cf. BONA FIDES, GOOD FAITH．

útmost resístance なしうる限りの抵抗《強姦罪(rape)成立の要件として要求されていることがある》.

Ut poe·na ad pau·cos, me·tus ad om·nes per·ve·ni·at. /ət píːnə æd pɔ́ːkəs métəs æd ámniz pɛrvéniæt/ 刑罰は少数の者に, (その)恐怖はすべての者に及ぶように. [L=So that punishment afflict few, (and) fear affect all.]

Ut res ma·gis va·le·at quam pe·re·at. /ət ríːz méɪdʒɪs vǽliæt kwæm périæt/ ことは無効となるよりも有効であるように《解釈原理の一つ》. [L=That the matter may have effect rather than fail.]

utrum ⇨ ASSIZE OF UTRUM.

ut·ter[1] /ʌ́tər/ *attrib a* **1** 全くの, 完全な, 徹底的な. **2** 無条件の, 断固とした〈拒絶など〉. [OE (compar) 〈 *ūt* out]

utter[2] *vt* **1 a** 〈声・ことばなどを〉口に出す, 〈音を〉発する; 発言する; ことばで表現する〈one*self*〉; 述べる, 言い表わす, 〈意見を〉表明する. **b**《古》〈本を〉著わす(publish). **2** 〈偽造証書・貨幣などを〉使用する, 流通させる, 発行する, 行使する. — *vi* 話す, 口をきく; 〈禁句など〉口にされる, 語られる. **~·able** *a* **~·er** *n* [MDu *ūteren* to make known; 語形は utter[1] に一致]

ut·ter·ance /ʌ́t(ə)rəns/ *n* **1** 口から[に]出すこと, 発言, 発声; 発表力, 話しぶり; 話された[書かれた]ことば, 言辞, 言説. ► EXCITED UTTERANCE (興奮状態での発言) / SPONTANEOUS UTTERANCE (無意識の発言). **2** 流通させること.

útter bár [°u- B-]《英》柵外法廷弁護士 (=OUTER BAR).

útter bárrister 1《史》下級法廷弁護士 (⇨ INNER BARRISTER). **2**《英》柵外法廷弁護士 (=OUTER BARRISTER).

útter·ing *n* 偽造証書[貨幣]使用(罪).

uxor /ʌ́ksɔ̀ːr, ʌ́gzɔ̀ːr/ *n* 妻 (wife), 既婚女性《略 **ux.**》. [L]

ux·or·i·cide /ʌ̀ksɔ́ːrəsàɪd, -sɑ́r-, ʌ̀gz-/ *n*《夫による》妻殺し《犯罪またはその夫である犯人; cf. MARITICIDE》.
ux·òr·i·cíd·al *a*

úxor in má·nu /-ɪn mǽnju/《ローマ法》手権に服する妻 (cf. MATERFAMILIAS).

Uxor non est sui ju·ris sed sub po·tes·ta·te vi·ri. /— nɑn ɛst súːaɪ dʒúːrɪs sɛd səb pɑ̀tɛstéɪte vírài/ 妻は行為能力を有さず夫の権能の下にある. [L=A wife is not in her own right, but under the power of her husband.]

V

v., v vacated ♦ versus ♦ vide ♦ volume.
v. vice².
VA《米》°Department of Veterans Affairs 退役軍人省《米》°Veterans Administration.
va·cant /véɪkənt/ *a* 空(席)の, 空席の, 空位の; 遊休の; 相続人のいない; 現住者のいない, 占有者のいない, 占有されていない. ［OF or L (*vaco* to be empty)］
va·can·tia bo·na /vəkǽnʃiə bóʊnə/ 無主財産 (= BONA VACANTIA).
vácant posséssion《英》1 現住占有者のいない不動産の所有権,《不動産の》無占有. 2《広告文で》即時入居可.
vácant succéssion《大陸法》相続人不存在(相続財産)《相続人が全くいないもしくは全相続人が相続を放棄した状態, またはその相続財産》.
va·cate /véɪkeɪt, ─́─; vəkéɪt/ *vt* 1 引き払う, 立ち退く, 立ち去る, 明け渡す: ~ a house 家を立ち退く. 2 取り消す, 無効にする (cf. OVERRULE). **vá·càt·able** /, ─́─── ; vəkéɪt-/ *a*
va·ca·tio /vəkéɪʃioʊ, veɪ-/ *n* 免除 (exemption), 免責 (immunity), 特権 (privilege). ［L］
va·ca·tion /vəkéɪʃ(ə)n, veɪ-/ *n* 1 a *休暇, バカンス (holiday¹)*; 休み, 休止(期間);《裁判所の》休廷期間; 休校期間: the Christmas [Easter, Whitsun] ~ クリスマス[復活祭, 聖霊降臨祭]休廷期間. **b**《俗》懲役[禁錮]刑, ムショ暮らし. ► LONG VACATION (長期休廷期間). 2 a 明け渡し, 立ち退き, 引払い, 辞職; 現住者が欠けていること[期間], 空位[空席]期間. **b**《教会》聖職·聖職禄(benefice) 空位. 3 取消し. ─ *vi* 休暇をとる, 休暇を過ごす. **~·er***, **~·ist*** *n* ［OF or L; ⇨ VACANT］
vacátion sítting《英》休廷期間中の開廷《長期休廷期間 (long vacation) 中 緊急事のために開廷される高等法院 (High Court of Justice) の法廷》.
va·ca·tur /vəkéɪtər/ *n* 1 取消し. 2《すでに出していた判決·命令あるいはなされた手続などの》取消し決定[命令]. ［L＝it is vacated］
vac·cíne dámage páyment /vǽksíːn-/《英》ワクチン障害に対する損害賠償金支払い《政府の行なったワクチン接種で重大な障害が生じた場合の 1979 年法に基づく補償》.
va·di·um /véɪdiəm/ *n* 1《史》動産質 (pledge), 質, 担保. ► ESTATE IN VADIO (担保不動産権) / MORTUUM VADIUM (死に質) / VIVUM VADIUM (生き質). 2 賃金, 給料 (wage, salary). ［L＝pledge, bail］
vádium mór·tu·um /-móːrtʃuəm/ 死に質 (= dead pledge, mortuum vadium)《担保として譲渡された不動産からの収益が債務支払いに充当されず(充当される質を生き質 (vadium vivum) と呼ぶ), 債務支払い不能により担保物に対する債務者の権利がすべて失われる担保物譲渡; 古典的な MORTGAGE がその例; opp. *vadium vivum*）. ［L＝dead pledge］
vádium ví·vum /-váɪvəm/ 生き質 (=vif-gage, vivum vadium)《担保として債務者が土地占有を債権者に移転し, そこからの収益を弁済のため債権者が取得することを約すことによって設定される質; 債務者にとり生きた状態にあるため死に質 (vadium mortuum) に対してこう呼ばれる). ［L＝living pledge］
vag /vǽg/《俗》*n*, *vt* (**-gg-**) 浮浪人(として逮捕する); 浮浪罪での告訴(をする); [the ~]《豪》浮浪人取締まり法. ［*vagrant*］
vag·a·bond /vǽgəbɑ̀nd/《古》*n* 浮浪人, 放浪者, 流浪者 (vagrant). ─ *a* 放浪する. ─ *vi* 放浪[流浪]する. ［OF or L (*vagor* to wander)］
va·gran·cy /véɪgrənsi/ *n* 放浪, 浮浪, 流浪 (=vagrantism)《vagrancy は一般に 1 回だけの行為ではなく生活様式を指す; cf. LOITERING).
vá·grant *a* 放浪[流浪]する, 転々とする, さまよう, さすらいの. ─ *n* 放浪者, 浮浪人, 無宿人 (=vagabond)《乞食などで軽罪の対象となった).
vágrant·ism *n* VAGRANCY.
va·grom /véɪgrəm/ *a*《古》VAGRANT.
vague /véɪg/ *a* ぼんやりとした, 漠然とした; はっきりしない, あいまいな, 不確かな, 紛らわしい (⇨ VAGUENESS DOCTRINE) (cf. OVERBROAD). **~·ly** *adv* ［F or L *vagus* wandering, uncertain］
vágue·ness *n* あいまい(さ), 漠然性 (cf. AMBIGUITY). VOID for ~.
vágueness dòctrine あいまいの法理 (=void-for-vagueness doctrine)《刑罰規定は, 公正な警告 (fair warning) をなしかつ恣意的適用を排除するために, 禁止行為を明示的かつ明確に述べるべきであるという法の適正手続き (due process) の要請に基づく原則; cf.

VOID for vagueness, OVERBREADTH DOCTRINE》.

val·id /vǽləd/ *a* **1** 根拠の確実な, 確かな, 正当な. **2** 有効な, 法的効力を有する, 拘束力のある (opp. *void*). **3** 妥当な, 前提から正しく推論できる.　~·ly *adv*
~·ness *n*　[F or L=strong]

val·i·date /vǽlədèit/ *vt* **1 a** (法的に)有効にする, 有効ならしめる, 批准する. **b** 認証する, 押印して認可する. **2** 〈当選〉を公認する; 〈人〉の当選を宣言する. **3** 実証[確認]する; 確認する, 検証する.　**vàl·i·dá·tion** *n* 確認, 批准.

vál·i·dàt·ing státute 《米》合憲化制定法《憲法に合わせて誤りを改めたり補充条項を加えたりして改正した法》.

va·lid·i·ty /vəlídəti/ *n* **1** 正当さ, 妥当性, 確実. **2** 有効性, 合法性; 効力: a period of ~ 有効期間. ► INVALIDITY (無効), PRESUMPTION OF MARRIAGE VALIDITY (有効婚姻の推定).

val·or ben·e·fi·ci·o·rum /vǽlər bènəfiʃióːrəm/《史》聖職禄評価(額)《初年度収益 (first fruits), 十分の一税 (tenth) 賦課基準となる各聖職禄 (benefice) についての評価》. [L=the value of benefices]

va·lo·re ma·ri·ta·gii /vəlóːri mǽrətèidʒìài/ [(de) ~]《英史》婚姻権相当額請求令状《婚姻権相当額 (valor maritagii) を訴求するための令状》. [L= (writ of) the value of the marriage]

válor ma·ri·tá·gii /-mǽrətèidʒìài/《封建法》婚姻権相当額《主君の有した婚姻権 (maritagium) 行使に際し, 主君が正当な婚姻相手を決定したにもかかわらず, 家臣である被後見人 (ward) がこれを拒否した場合に後者が主君に支払うべき上納金》. [L=the value of the marriage]

val·u·able /vǽlj(u)əb(ə)l/ *a* 金銭的価値のある, 価格を有する, 有価の; 高価な; 有益な, 貴重な〈情報など〉, 大切な〈友人など〉; 価値評価の可能な: a service not ~ in money 金で買えないサービス.　— *n* [~*pl*] 貴重品《特に金銀宝石類》.

váluable consideration 有価約因, 有約約因 (=good consideration, legal consideration, value)《受約者の損失または約束者の利得よりなり, 法的に有効な約因》.

váluable impróvement 《土地[不動産]の》価値改良(行為)《自由土地保有権に基づいて保有されている土地 (freehold) に対して永続的な改良を加えること》.

váluable pápers *pl* **1** 有価証券, 金銭的価値のある文書. **2** 重要文書《特に死者の意思を実行したり遺産を管理したりするために重要な文書, 例えば遺言状, 権原証書 (document of title), 株券, 委任状 (power of attorney) など》.

váluable próperty 貴重品 (valuables).

val·u·ate /vǽljuèit/ *vt* 評価する, 見積もる, 査定する.　**vál·u·à·tor** *n* 評価者, 査定人, 鑑定人.

val·u·a·tion /vǽljuéiʃ(ə)n/ *n* 評価, 値踏み; 見積り[査定]価格, 評価額. ► ALTERNATE VALUATION (代替評価) / ASSESSED VALUATION (公定評価額) / SPECIAL USE VALUATION (遺産の特定利用評価基準) / STOCK MARKET VALUATION (株式市場株価評価額) / STOCK VALUATION (在庫評価).

valuátion dàte《米税制》評価日 (⇨ ALTERNATE VALUATION DATE). ► ALTERNATE VALUATION DATE (代替評価日).

valuátion hèaring 財産評価審理《破産 (bankruptcy) 事件で債権者がリーエン (lien) あるいは担保権 (security interest) を主張している債務者の財産評価額を決定するための審理》.

val·ue /vǽlju/ *n* **1** 価値, 値打ち, 真価; 有用性. **2**《交換・金銭的》価値, 価格, 値段, 価額, 代価; 等価(の見返り), 対価(物); 市場価値 (market value): exchangeable = ~ in exchange 交換価値 (exchange value). ► ACTUAL VALUE (現実価格) / AGREED VALUE (合意額) / 協定保険価格) / ANNUAL VALUE (年間実質収入; 年間賃貸収入; 年度評価額) / ASSET VALUE (資産価値) / BEST VALUE (ベスト・ヴァリュー) / BOOK VALUE (帳簿価格) / CARRYING VALUE (帳簿価格) / CASH SURRENDER VALUE (解約返戻金) / CASH VALUE (市場価格; 解約価格; 時価) / DECLARED VALUE (申告価額) / DIMINUTION IN VALUE (価値の減少) / DOUBLE VALUE (倍額; 倍額賠償; 二倍額罰金) / EXCHANGE VALUE (交換価値) / EXPECTED VALUE (期待値) / FACE VALUE (券面額; 額面保険金額) / FAIR VALUE (相当な価格; 公正な市場価格) / GOING(-CONCERN) VALUE (継続企業価値) / HIGHEST PROVED VALUE (最高立証価格) / INSURABLE VALUE (保険価額) / LEASEHOLD VALUE (定期不動産賃借権の価値) / LIQUIDATION VALUE (清算価値) / LOAN VALUE (借入限度額; 融資限度額) / MARKET VALUE (市場価格) / NET ASSET VALUE (純資産価値) / NEW VALUE (新価値) / NOMINAL VALUE (名目価格) / PAR VALUE (額面価格) / POLICY VALUE (解約払戻金) / PRESENT VALUE (現在価値) / PROBATIVE VALUE (証拠価値) / RATABLE VALUE (課税対象価格) / REASONABLY EQUIVALENT VALUE (合理的同等の価値) / RECOMPENSE OF RECOVERY IN VALUE (馴合い不動産回復訴訟目的物相当分の補償) / REDEMPTION VALUE (償還価値) / RENTAL VALUE (賃貸価値) / SALVAGE VALUE (残存価値) / SCRAP VALUE (廃物価値) / SENTIMENTAL VALUE (感情価値) / SITE VALUE (更地価格) / SOUND VALUE (正品価額) / STATED VALUE (表記価格) / STATEMENT OF VALUE (金額の陳述) / SURRENDER VALUE (解約返戻金) / TRANSFER OF VALUE (価値の移転) / TRUE VALUE (実価) / UNIQUE VALUE (かけがえのない価値) / USE VALUE (使用価値). **3** 有効約因 (=VALUABLE CONSIDERATION). **4** 評価: set [put] much [a high, (a) great] ~ on…を高く評価する, 重んずる. ► IMPROVED VALUE (一体的不動産評価).　**for ~** 有償で; 有償の. ► BONA FIDE PURCHASER FOR VALUE (善意受人) / HOLDER FOR VALUE (有償所持人).　— *vt* 評

価する, …の値段を見積もる, …に値をつける. **~·less** *a*

válue-ádd·ed tàx /-́ -́ -́/《税制》付加価値税《略 VAT; cf. TAXABLE PERSON, TAXABLE SUPPLY》.

válued pólicy 評価済み保険(証券)《保険契約締結時に保険目的の価額が協定されている保険; cf. UN-VALUED POLICY》.

válued pólicy làw《米》評価済み保険法《保険会社が, 全損 (total loss) の場合には, 損害発生時の実際の損害額のいかんにかかわらず保険金額全額を被保険者に支払うべきであることを定めている法》.

vál·u·er *n* 評価者, APPRAISER.

válue recéived 対価受取り, 対価受取り《手形上に通常記載される文言であるが, 要件ではない》. **for ~** 対価受領済み.

van·dal /vǽndl/ *n* **1** [V-]《史》ヴァンダル人《5世紀に西ヨーロッパ・北アフリカに侵入し, 455年にローマ市を攻撃略奪したゲルマン部族の者》. **2**《転じて》《他人あるいは公共の物の》意図的破壊者,《文化・芸術・公共物等の》心なき破壊者.

ván·dal·ism *n* **1** [V-] ヴァンダル人風. **2**《公共施設などの》破壊(行為),《公共物などの》汚損, 器物損壊, 財産の破壊 (cf. MALICIOUS MISCHIEF). **3** 文化芸術破壊, 文化の破壊, 蛮行. **vàn·dal·ís·tic** *a*

ván·dal·ize *vt*《文化・施設などを》蛮行で破壊する.
vàndal·izátion *n*

Vanzetti ⇨ SACCO-VANZETTI CASE.

var·i·able /vέəriəb(ə)l/ *a* 変わりやすい, 変動する.
— *n* 変化する[変動する, 変わりやすい]もの; 変数; 変項.
vàri·abíl·i·ty *n* 変わりやすいこと, 変化性, 変動性.
~·ness *n* **vári·ably** *adv* 変わりやすく, 不定に.
[OF<L; ⇨ VARY]

váriable annúity 変額年金, 変動年金《基金の投資対象を主として価額変動のある株式等とし, したがって給付額が資金運用の実績により変動する年金; cf. CONVENTIONAL ANNUITY, STRAIGHT ANNUITY》.

váriable cóst 可変費用, 変動費, 変動原価《生産量の短期的変動と関連して変化する費用》.

váriable lífe insúrance 変額生命保険《最低の死亡保険金は保障されているが, 保険料 (premium) は投資され, したがって投資有価証券の市場価格により死亡保険金および解約返戻金が変動することになる生命保険》.

váriable ráte 可変金利《その時々の市場金利, 通例は最優遇貸出し金利 (prime rate) に応じて自動的に変動させる金利》. **váriable-ràte** *a*

váriable univérsal lífe insúrance 変額ユニバーサル生命保険《=universal variable life insurance》《変額生命保険 (variable life insurance) の投資要素を併せもったユニバーサル生命保険 (universal life insurance)》.

var·i·ance /vέəriəns/ *n* **1** 変化, 変動. **2 a**《意見などの》相違, 不一致, 食い違い; 主張と証拠との齟齬(͡ᵑ),《一致すべき文書間の》不一致. **b** 不和, 衝突, 争い, 反対. ► FATAL VARIANCE (致命的齟齬) / IMMATERIAL

VARIANCE (重要でない齟齬). **3**《個別事情に基づく行政規定の, 特にゾーニング (zoning) 規制における》適用除外, 特例的認可 (cf. SPECIAL EXCEPTION, SPOT ZONING, UNNECESSARY HARDSHIP). ► USE VARIANCE (土地利用規制適用除外). [OF<L=difference; ⇨ VARY]

var·i·a·tion /vὲəriéiʃ(ə)n/ *n* 変化, 変動; 変量; 変種: seasonal ~s 季節的変動. ► DEED OF VARIATION (変動〔捺印〕証書). **~·al** *a* **~·al·ly** *adv*

variátion of trúst《英》信託の変更《受託者 (trustee) は本来信託設定条件に従って信託を実行すべきであるが, 1958 年法によりいまだ生まれていない人, 同意する能力のない人, あるいは将来信託の利益を得ることになる人などがかかわる信託で, 裁判所が適当と考えた特定の場合には, 裁判所がその人びとの利益のために信託の変更を認めることが許されている》.

vary /vέəri/ *vt* 変える, 変更する, 改める; 多様にする.
— *vi* 変わる, 変化する; 異なる, 違う; それる, 逸脱する《from the law》. **~·ing·ly** *adv* [OF or L *vario*]

vas·sal /vǽs(ə)l/ *n* **1**《史》封臣, 家臣, 保有者, 家士《封建制のもとで, 一定の奉仕義務 (service) を条件に, 封主〔主君〕(lord) から封(土) (fief) を授与された者; この意味では tenant (保有者) と同義であるが, 一般にはそのうちの騎士奉仕 (knight service) を条件に封を保有している者を指す場合も多い》. ► ARRIÈRE VASSAL (陪臣). **2** 従属者, 配下; 召使. — *a* 封臣の(ような), 隷属的な.
[OF < L=retainer<Celt]

vással·age *n*《史》**1** 家士制, ヴァザリテート《ベネフィキウム (beneficium) と共に封建制の構成要素であり, その人的側面をなす; もともとはローマ支配下のガリアで一生間の勤務・服従を代償に主人の保護と権力に身を託した家士制がゲルマンの誠実宣誓で形成される従士制と融合して成立したと言われている; ⇨ BENEFICIUM; cf. BENEFICE》. **2** 封臣〔家臣〕身分, 封臣〔家臣〕であること. **3** 封臣, 家臣(集合的). **4** 封臣〔家臣〕に要求される奉仕義務. **5** 封土 (fief, fee). **6** 封臣〔家臣〕に対する封主の支配権. **7** 政治的服従.

vas·sal·lus /vǽsələs, væsǽləs/ *n* 封臣 (vassal). [L]

vással státe《国際法》付庸(ょぅ)国《宗主国 (suzerain state) に保護され, 国際法上の主体性を失っている国家》.

vas·tum /vǽstəm/ *n*《史》WASTE《1》荒廃 **2** 荒れ地; 入会地 (common land)》.

VAT /víːèitíː, vǽt/《略》value-added tax 付加価値税.

VAT declaration /-́ -́ -́/《税制》付加価値税申告(書).

VAT return /-́ -́ -́/《税制》付加価値税申告書.

vault /vɔ́ːlt/ *n* 地下貯蔵室,《教会・墓地の》地下納体所;《銀行の》金庫室, 貴重品保管室.

VC, V-C Vice-Chairman ♦ Vice-Chancellor 副大法官 ♦ Vice-Consul 副領事.

VCT° venture capital trust ベンチャーキャピタル・トラスト.

VD° venereal disease 性病.

VDU °visual display unit ディスプレー装置.
v.e. °venditioni exponas 売却令状.
ve·hi·cle /víːək(ə)l, *víːhìː-/ *n* 《人・物の》輸送手段, 乗物《自動車・列車・船舶・航空機・宇宙船など》,《特に》自動車 (motor vehicle). ▶ INTERFERING WITH VEHICLES (車両損壊(罪)) / MOTOR VEHICLE (自動車) / UNAUTHORIZED USE OF A VEHICLE (自動車無権限使用).

véhicle constrúction and máintenance" 自動車の構造および維持《例えばブレーキ・操縦装置からミラー・ワイパーなどに至るまでの自動車の構造・維持に関して、さらにはその使用についても、罰則付きの細かな規制がある; cf. MOT TEST》.

véhicle insùrance 自動車保険 (cf. LIABILITY INSURANCE, DRIVING WITHOUT INSURANCE).

véhicle interfèrence 《英》車両損壊(罪) (=INTERFERING WITH VEHICLES).

ve·híc·u·lar hómicide /vɪhíkjələr-/ 自動車殺人《自動車の違法運転ないしは過失運転による他人の殺害》.

véil of incorporátion 法人格付与のヴェール (⇨ CORPORATE VEIL).

vel non /vèl nán, -nóun/ …か否か, …が存在するか否か. ▶ DEVISAVIT VEL NON (遺言の有効性問題). [L=or not].

ve·nal /víːnl/ *a* 1《人が》金で動かされる, 買収できる, 腐敗した. 2金銭ずくの, 打算的の. 3金で買える. **~·ly** *adv* **ve·nal·i·ty** /vɪnǽləti/ *n* 金銭ずく, 金で動く[動かされる]こと;《金銭上の》無節操. [L (*venum* thing for sale)]

vend /vénd/ *vt* 1売る, 販売する; 行商する; 自動販売機で売る. 2《所有物を売(処分)する(★通例は不動産には用いないが、逆に VENDEE, VENDOR は通例 不動産に用いる). 3《まれ》公言する. — *vi* 売り物になる, 売れる; 商売をする. **~·able** *a* VENDIBLE. [F or L (*vendo* to sell)]

vend·ee /vɛndíː/ *n*《通例 不動産の》買主 (opp. *vendor*).

vendée's líen《通例不動産の》買主のリーエン《不動産の買主が購入した不動産に対して有するリーエン (lien) で, 売主がその優良権原 (good title) を移転してくれない場合に支払代金の払い戻しのために実行可能; cf. UNPAID VENDOR'S LIEN》.

Ven·dens ean·dem rem du·o·bus fal·sa·ri·us est. /véndɛnz ɛǽndɛm rɛm d(j)uóubəs fǽlsɛ́iriəs ɛst/ 同一物を二人の人に売る人は詐欺である. [L=A person who sells the same thing to two persons is fraudulent.]

vénd·er *n* VENDOR.

ven·det·ta /vɛndétə/ *n* 1血の復讐, 血讐, 血讐関係 (=BLOOD FEUD). 2《Corsica, Sicily などにおける》殺傷に基づく代々の仇討ち, 復讐. 3《一般》根深い反目[争い], 宿恨. **ven·dét·tist** *n* [It=revenge < L; ⇨

VINDICATE]

vend. ex. °venditioni exponas 売却令状.
vénd·ible *a* 売れる (sellable), さばける.

ven·di·ti·o·ni ex·po·nas /vèndɪʃióuni ɛkspóunəs/ 売却令状《シェリフ (sheriff) 宛てに動産執行令状 (fieri facias) が発せられ, これに対してシェリフからの動産差押えは完了したが買主がいないため換金ができないでいる旨の復命を受けて発せられる令状, それを売れる額で売却換価を命ずるもの; 略 vend. ex., v.e.》. [L=you are to expose for sale]

ven·dor /véndər, vɛndɔ́ːr; véndɔ̀ːr/ *n* 1売る人, 商人; 露天商人, 行商人. 2《特に 不動産の》売主 (opp. *vendee*). [OF or L; ⇨ VEND]

véndor and púrchaser sùmmons *pl*《英》売主および買主の召喚《土地の売買契約の遂行を妨げている不一致点を裁判官室 (chamber) に裁定してもらうべく両当事者が申し立てできる手続き; しばしば契約条項の解釈上の問題解決のために用いられる》.

véndor's líen 売主のリーエン《権原 (title) が買主 [被譲与者] に移転しているものについて売買代金の支払いが済むまで売主 [譲与者] 側に存在するリーエン (lien); 動産にも用いられるが、通常は不動産について用い、この場合は GRANTOR'S LIEN (譲与者のリーエン) ともいう》. ▶ UNPAID VENDOR'S LIEN (土地売却代金未受領売主のリーエン).

ve·né·re·al diséase /vəníəriəl-/ 性病 (略 VD).
ve·nia ae·ta·tis /víːniə itéitəs/ 年齢の特権《未成年者が一定の場合に成年者と同等に行為しうる特権》. [L=privilege of age]

Ve·ni·ae fa·ci·li·tas in·cen·ti·vum est de·lin·quen·di. /víːnii fæsílitèis ɪnsɛntáivəm ɛst dèlɪŋkwéndài/ 赦免の容易さは犯罪を犯すことの刺激である. [L=Facility of pardon is an incentive to committing crime.]

ve·ni·al /víːniəl/ *a*《罪・過失など》許しうる; 軽微な. [OF<L (*venia* forgiveness)]

ve·ni·re /vɪnáɪəri, -níː-, -níəri/ *n* 1 VENIRE FACIAS,《特に》陪審員召集令状 (=VENIRE FACIAS JURATORES). 2 陪審員候補者名簿 (=JURY PANEL). [L]

veníre de nóvo /-di nóuvou/ 新陪審員召集令状 (=VENIRE FACIAS DE NOVO). [L=to come anew]

veníre fá·ci·as /-féiʃiəs/《sheriff に対する》出廷令状,《特に》陪審員召集令状 (=VENIRE FACIAS JURATORES). ★ writ of venire facias ともいう. [L=that you cause to come]

veníre fácias ad re·spon·dén·dum /-ǽd rɪspɑndéndəm/《史》被告人出廷令状《軽罪 (misdemeanor) で訴えられた被告人の出廷をシェリフ (sheriff) に命ずる令状; 現在は令状 (warrant) がこれに代わって用いられている》.

veníre fácias de nóvo 新陪審員召集令状《最初の陪審の評決 (verdict) に誤りや瑕疵がありそれに基づいて判決が出せないために、別の陪審員候補者を新たに選

び直し召集することをシェリフ (sheriff) に命ずる令状; その結果新たな審理が行なわれることになる; 略して venire de novo ともいう》.

venire facias juratores /-ʤùərətóːriz/ 陪審員召集令状《陪審員召集をシェリフ (sheriff) に命ずる令状; 英国では 1852 年法で廃止; 単に venire, venire facias ともいう》.

veníre·man /-mən/ n (pl -men /-mən/) 陪審員候補者 (=VENIREMEMBER).

veníre·mèmber n 陪審員候補者 (=talesjuror, talesman, venireman, venireperson).

veníre·pèrson n 陪審員候補者 (=VENIREMEMBER).

ven·ter /véntər/ n 胎(兒), 腹, 母. in ~ 胎内にある. [L=belly, womb.]

ven·ture /véntʃər/ n 1 冒険; 冒険[おもわく]的事業, 投機, ベンチャー: a lucky ~ 当たったやま. ▶ JOINT VENTURE (合弁事業). 2 投機[やま]に賭けているもの《金・財産・生命・船など》, 投機の対象《船荷・商品など》. [ME aventure ADVENTURE.]

vénture càpital 冒険資本, 危険負担資本, ベンチャーキャピタル (=risk capital)《ベンチャービジネスへ投融資される資本》. **vénture càpitalist** n

vénture cápital trùst 〖英〗ベンチャーキャピタル・トラスト《投資家から集めた信託資金を一定条件を満たしている非上場企業に投資するロンドン証券取引所登録の投資会社; 投資家は危険分散ができ、また投資利益について所得税・資本利得税 (capital gains tax) 免除の特典を有する; 略 VCT》.

vén·tur·er n 1 冒険者, 投機家, 冒険的事業家. 2 合弁事業参加者 (coventurer) (⇨ JOINT VENTURE).

ven·ue /vénjùː/ n 1 訴訟原因発生地. 2 裁判地, 裁判籍《ある訴訟事件審理のための正しい, 通常はその事件となんらかのかかわりのある地域; cf. VICINAGE》. ▶ CHANGE OF VENUE (裁判地の変更) / LAYING (OF) THE VENUE (裁判地の申し出) / MISTAKE IN VENUE (裁判地の錯誤) / MOTION TO TRANSFER VENUE (裁判地変更申し立て) / PLEA BEFORE VENUE (裁判地決定前の答弁) / TRANSFER OF VENUE (裁判地の変更). 3 陪審が召集さるべき地域, 陪審召集地. 4《ある裁判所が管轄する》管轄区域, 土地管轄. 5《漠然と会合・会議の》開催地. 6《訴答 (pleading) での》裁判地指示. 7《宣誓供述書 (affidavit) の》作成場所表示. **change the ~**《裁判の公平などのため》裁判地を変える (⇨ CHANGE OF VENUE). [F=coming (L venio to come).]

vénue fàcts pl 裁判地決定事実《裁判地 (venue) が正しいか否かを決定するために審理で証明されるべき事実》.

ven·ville /vénvɪl/ n 〖英史〗林地入会権付き土地保有《Devonshire の Dartmoor 周辺において, 土地保有者が林地の利用権をあわせもつ特殊な土地保有形態》.

ver. versus.

ve·ra·cious /vəréɪʃəs/ a 事実を語る, 正直な (truthful); 本当の, 正確な (opp. mendacious). [L verac- verax (verus true).]

ve·rac·i·ty /vəræsəti/ n 1 真実(性), 真相. 2 正確さ, 正確度. 3 真実を語ること, 誠実; 正直さ.

Ver·ba ac·ci·pi·en·da sunt se·cun·dum sub·jec·tam ma·te·ri·am. /və́ːrbə æksìpiéndə sənt sɪkándəm səbdʒéktæm mətériæm, vérbə-/ 文言は主題に従って理解されるべきである. [L=Words are to be taken in accordance with the subject matter.]

Ver·ba ae·qui·vo·ca ac in du·bio sen·su po·si·ta in·tel·li·gun·tur dig·ni·o·ri et po·ten·ti·o·ri sen·su. /―ikwívəkə æk ɪn djúːbiou sénsju pázɪtə ɪntèlɪgántər dìgnióuraɪ ɛt pətènʃióuraɪ sénsju/ あいまいな文言および疑問のある意味で用いられた文言はより適切でより効果的な意味で理解される. [L=Equivocal words and those which are used in a doubtful sense are understood in the more worthy and more effective sense.]

Ver·ba ali·quid ope·ra·ri de·bent ― de·bent in·tel·li·gi ut ali·quid ope·ren·tur. /― ǽlɪkwɪd óupərèɪraɪ débənt ― débənt ɪntélɪdʒaɪ ət ǽlɪkwɪd òupəréntər/ 文言はなんらかの効果を有すべきであり, 文言はなんらかの効果を有するように理解されるべきである. [L=Words ought to have some operation ― words ought to be understood so as to have some operation.]

Ver·ba c(h)ar·ta·rum for·ti·us ac·ci·pi·un·tur con·tra pro·fe·ren·tem. /― kɑːrtéɪrəm fɔ́ːrʃiəs æksɪpiántər kántrə pròufəréntəm/ 証書の文言はそれを提出する者に対してより不利に理解される. [L=The words of deeds are taken more strongly against the person offering them.]

Ver·ba cum ef·fec·tu ac·ci·pi·en·da sunt. /― kəm ɪféktu æksìpiéndə sənt/ 文言は効果をもつように理解されるべきである. [L=Words are to be taken so as to have effect.]

Ver·ba de·bent in·tel·li·gi ut ali·quid ope·ren·tur. /― débənt ɪntélɪdʒaɪ ət ǽlɪkwɪd òupəréntər/ 文言はなんらかの効果を有するように理解されるべきである. [L=Words ought to be so understood that they may have some operation.]

Ver·ba ge·ne·ra·lia res·trin·gun·tur ad ha·bi·li·ta·tem rei vel ap·ti·tu·di·nem per·so·nae. /― dʒènəréɪliə rèstrɪŋgántər æd həbìlɪtéɪtəm ríːaɪ vɛl ǽptɪt(j)úːdɪnəm pərsóuniː/ 一般的文言は物の性能あるいは人の適性に限定される. [L=General words are restricted to the capability of the thing or the aptitude of the person.]

Ver·ba il·la·ta in·es·se vi·den·tur. /― ɪléɪtə ɪnésɪ vɪdéntər/ 引用された文言は組み込まれているものと見られる. [L=Words referred to are deemed to be incorporated.]

Verba in·ten·ti·o·ni, et non e contra, de·bent in·ser·vi·re. /— ɪntɛnʃióʊnaɪ ɛt nɑn i kántrə díːbənt ɪnsɛrváɪrɛ/ 文言は意図に従うべきで、逆であってはならない。 [L=Words ought to be subject to the intention, not the reverse.]

Verba ita sunt in·tel·li·gen·da ut res ma·gis va·le·at quam pe·re·at. /— ítə sənt ɪntɛlɪdʒéndə ət rɪz méɪdʒɪs vǽliæt kwæm píːriət/ 文言は、事が無に帰するよりはむしろ有効となるように理解されるべきである。 [L=Words are to be so understood that the matter may avail rather than fail.]

ver·bal /vɔ́ːrb(ə)l/ *a* **1** ことば (words) の[に関する]、ことばのうえの[に表わした]、ことばからなる、ことばのうえだけの、字句の、用語上の: a ~ dispute 口論。 **2** 文字どおりの、逐語的な (literal): a ~ translation 逐語訳、直訳。 **3** 話しことばで表わした、口頭の (oral): a ~ agreement 《電話などでの》口頭による取決め / a ~ message 伝言、口上 / a ~ promise 口約束 / a ~ report 口頭報告 / a ~ warning 口頭による警告。 — *n* **1**「陳述、"[*pl*]《特に 警察での》供述、自供、自白; [*joc*] 口論。 **2**《俗》侮辱、暴言、名誉毀損: give sb the ~。 — *vt*《俗》〈警察が〉…の犯行供述をでっちあげる、にせの自供で〈人〉に罪を負わせる。 **~·ly** *adv* 言語で、ことば(のうえ)で、口頭で; 逐語的に。

vérbal abúse 暴言、悪態。

vérbal áct 言語行為《口頭あるいは文書によるを問わずことばで表現される行為; 特に 証拠法上 伝聞証拠 (hearsay) ではなく直接証拠 (direct evidence) となりうる発言など》。

vérbal áct dòctrine 言語行為の法理《法的効果を与えようとなされる行為に付随してなされた発言が、その行為が争点にとって重要かつ性質上多義的であり、しかもその文言がその行為に法的意義を与えるのに役立つ場合には、許容されるという証拠法上の準則》。

vérbal cóntract 口頭契約 (=PAROL CONTRACT)。

vérbal wíll 口頭遺言 (=NUNCUPATIVE WILL)。

Ver·ba pos·te·ri·o·ra, prop·ter cer·ti·tu·di·nem ad·di·ta, ad pri·o·ra quae cer·ti·tu·di·ne in·di·gent, sunt re·fe·ren·da. /vɔ́ːrbə pastèrióʊrə prɔ́ptər sɛrtɪtʃ(j)úːdɪnɛm ǽdɪtə æd praɪóʊrə kwi sɛrtɪtʃ(j)úːdɪnɛ índɪdʒɛnt sənt rɛfəréndə, vɔ́rbə-/ 確実さのために付け加えられた後の文言は、確実さを必要としているその前の文言の参考とされるべきである。 [L=Later words added for the purpose of certainty are to be referred to the preceding words which need certainty.]

Verba re·la·ta hoc ma·xi·me ope·ran·tur per re·fe·ren·ti·am ut in eis in·es·se vi·den·tur. /— rɛléɪtə hoʊk mǽksɪmɛ òʊpərǽntər pər rèfəréɲʃiəm ət ɪn íːɪs ɪnɛ́sɛ vɪdéntər/ 参照を指示された文言は、その参照によって、その文言の中に内在するとみなされるような効果をもつ。 [L=

Words to which reference is made have, through the reference, the same operation as they are deemed to be incorporated in them.]

ver·ba·tim /vərbéɪtəm/ *adv, a* 逐語的に[な]; 全く同一のことばで[の], ことば通りに[の], 一字一句変えずに。 [L]

ver·bo·ten /vərbóʊtn, fər-; *G* fɛrbóːtən/ *a*《法·当局により》禁止された (forbidden)。

ver·der·er, -or /vɔ́ːrdərər/ *n*《英史》御料林官、ヴァーデラー。

ver·dict /vɔ́ːrdɪkt/ *n* **1 a**《陪審 (jury) の》評決、答申 (cf. FINDING, JUDGMENT): bring in [return] a ~ of guilty [not guilty] 有罪[無罪]の評決を下す / come to [reach] a ~ 評決に至る[達する]。 **b** 評決で裁定された損害賠償額。 **c** [不正確な用法で]《陪審を用いぬ裁判での裁判官による争点についての》決定、判断。 ► AIDER [AID] BY VERDICT (評決による治癒) / ALTERNATIVE VERDICT (代替評決) / CHANCE VERDICT (運任せの評決) / COMPROMISE VERDICT (妥協による評決) / CORRUPT VERDICT (瀆職評決) / CURE BY VERDICT (評決による治癒) / DEFECTIVE VERDICT (欠陥評決) / DIRECTED VERDICT (指示評決) / ESTOPPEL BY VERDICT (評決による禁反言) / EXCESSIVE VERDICT (失当評決、過大額評決) / FALSE VERDICT (不当評決) / GENERAL VERDICT (一般評決) / GUILTY VERDICT (有罪評決) / IMPEACHMENT OF VERDICT (評決攻撃) / INSTRUCTED VERDICT (指図評決) / JOINT VERDICT (共同評決) / JUDGMENT NOTWITHSTANDING THE VERDICT (評決無視判決) / JUDGMENT ON THE VERDICT (評決に基づく判決) / LEGALLY INCONSISTENT VERDICT (法的に矛盾する評決) / MAJORITY VERDICT (多数評決) / OPEN VERDICT (有疑評決) / PARTIAL VERDICT (一部のみ有罪の評決) / PERVERSE VERDICT (逸脱評決, 指示違反評決) / PRIVY VERDICT (内報評決) / PUBLIC VERDICT (公開法廷での評決) / QUOTIENT VERDICT (平均額評決) / REPUGNANT VERDICT (矛盾評決) / SCOTCH VERDICT (証拠不十分評決) / SEALED VERDICT (密封評決) / SPECIAL VERDICT (特別評決) / SPLIT VERDICT (分割評決) / TRUE VERDICT (真の評決)。 **2** 判断, 意見; 裁断, 裁定, 判定, 決定。 [AF *verdit* (*ver* true, *dit* (pp)〈*dire* to say); ⇒ DICTUM]

vérdict cóntrary to láw 違法評決《陪審が達した結論が証拠により正当とされず、したがって陪審が答申することは法的に認められない評決; cf. JURY NULLIFICATION》。

vérdict of nón lícet 評議継続の評決《疑義があるので結論を得るまでの評議延長を願う陪審評決》。 [L *non licet* it is not allowed]

vérdict súbject to opínion of cóurt 裁判所の意見に従う評決《事実審理に基づき裁判所が決定すべく留保されている法律問題についての裁判所の判断に従うことになっている陪審の評決; したがって最終判断は法律問題についての裁判所決定により登録されることになる》。

Ve·re·dic·tum qua·si dic·tum ve·ri·ta·tis; ut ju·di·ci·um qua·si ju·ris dic·tum. /vèrɛdíktəm kwéɪsàɪ díktəm vèrɪtéɪtɪs ət dʒudíʃiəm kwéɪsàɪ dʒúːrɪs díktəm/ 評決は，判決がいわば法の言明であるように，いわば真実の言明である．〔L= A verdict is, as it were, the dictum of the truth, in the same manner that a judgment is the dictum of the law (or right).〕

verge /vˊəːrdʒ/ n **1 a** 縁(ふち)，端；道端．**b** 境界内の地域，範囲．**2**《英史》王室裁判管区 (=pax regis)《国王が宮廷を有した場所の12マイル以内の地域で，この内側は国王の平和 (King's peace) が保たれており，また宮廷執事卿 (Lord Steward of the King's [Queen's] Household) の管轄区域で，その主宰する特別の裁判管轄とされ，特定事件について一般の裁判権からは独立していた》．**3 a**《権力または官職を象徴する》職杖，権標．**b**《英史》権杖《謄本保有権 (copyhold) の被付与者がその領主になる人に対して行なう誠実の誓い (fealty) をなす際に用いられる杖；その杖を握って宣誓をした；ここから謄本保有権者は時に tenant by the verge (権杖保有者) ともいう》．**4**《英史》VIRGATE．〔OF < L virga rod〕

ver·i·fi·ca·tion /vèrəfəkéɪʃ(ə)n/ n **1** 実証，立証，検証；確証，認証 (acknowledgment)．**2** 真実確言供述書 (=AFFIDAVIT OF VERIFICATION)．▶ AFFIDAVIT OF VERIFICATION (真実確言供述書)．**3** 真実確言《訴答 (pleading) 手続き上被告第一訴答の訴答末尾 (conclusion) で，もしその訴答で新事実を導入している場合には，被告はその事実が真実であると確言することを申し出，その上で判決を懇請せねばならなかったが，この確言をいう；英国では pleading に代わる主張書 (statement of case) でも同種のことが要求されている》；⇨ STATEMENT OF TRUTH．**4**《米》権限認定証書 (=CERTIFICATE OF AUTHORITY)．《》cf. JURAT．**～·al** a

vérified cópy 認証謄本 (=CERTIFIED COPY)．

ver·i·fy /vérəfàɪ/ vt **1** 証明する，実証[立証]する，証拠立てる；検証する：～ sb's statement with an eyewitness 人の陳述を目撃者で確かめる．**2**《証拠・宣誓により陳述・証書などの真実性・真正性を》認証する，確言[誓言]する (cf. JURAT)．**vér·i·fi·able** a 証明[認証]できる．**vér·i·fi·ably** adv **ver·i·fi·abíl·i·ty, vér·i·fi·able·ness** n **vér·i·fi·er** n 〔OF<L〕

ver·i·ly /vérəli/ adv 《古》まさに，確かに，事実，まさしく．

Ve·ri·tas ni·hil ve·re·tur ni·si ab·scon·di. /vérɪtæs níhɪl vɛríːtər náɪsàɪ æbskándàɪ/ 真実は隠蔽されること以外は何も恐れない．〔L=Truth fears nothing but to be hidden.〕

Veritas no·mi·nis tol·lit er·ro·rem de·mon·stra·ti·o·nis. /— nóumɪnɪs tálɪt ɛróurɛm dɪmɑnstrèɪʃióunɪs/ 名称の真実は表示の誤りを取り除く．〔L=The truth of the name takes away the error of the description.〕

ver·i·ty /vérəti/ n 真実性，真実，真実であること《of a statement》；真理の陳述；真理；事実．

ver·sus /vˊəːrsəs, *-z/ prep 《訴訟などで》…対(たい)，…に対する《略 v., ver., vs.》: Jones v. Smith ジョーンズ対スミス事件．★法学上は vs. の略語はあまり用いない．また英国では v. の略語を民事事件では and, 刑事事件では against と読むのが慣行．〔L=turned towards, against〕

vér·ti·cal agréement /vˊəːrtɪk(ə)l-/ 垂直的協定《納入業者と卸売業者間あるいは卸売業者と小売業者間のような異業種企業間の協定；cf. HORIZONTAL AGREEMENT》．

vértical competítion 垂直的競争《製造業者と卸売業者間など異業種間の競争；cf. HORIZONTAL COMPETITION》．

vértical efféct《欧州共同体法 (Community law) の直接的効果 (direct effect) のうちの》垂直的効果 (⇨ DIRECT EFFECT)．

vértical integrátion 垂直的統合 (=VERTICAL MERGER)．

vértical mérger 垂直的合併 (=vertical integration)《製造業者と小売業者間のように同一製品についての異業種企業間の合併；cf. HORIZONTAL MERGER》．

vértical nonprívity 垂直的な直接的契約関係の欠如《例えば小売りの金物屋から工具を購入した者とその工具の製造者のように，直接的な契約関係はないがその商品の流通経路内にある関係；cf. HORIZONTAL NONPRIVITY, PRIVITY OF CONTRACT》．

vértical príce-fixing 垂直的価格協定 (=vértical príce-fixing còntract)《ある製品の製造業者と小売業者のように同一流通経路内にある当事者間で結ばれる価格協定；cf. HORIZONTAL PRICE-FIXING》．

vértical prívity 垂直的関係《**1**》製造業者と販売業者のように，両当事者が製品の流通経路内で相接した関係にあること；cf. HORIZONTAL PRIVITY **2**》制限的不動産約款 (restrictive covenant) を含む契約の締結者とその負担のある財産権を取得した者との関係》．

vértical restráint 垂直的取引制限 (=**vértical restráint of tráde**)《製造業者と小売業者間のように流通経路上段階を異にした企業間で合意される取引制限；cf. HORIZONTAL RESTRAINT (OF TRADE)；⇨ RESTRAINT OF TRADE》．

vértical suppórt 垂直支持(権)，垂直支持地役権 (=SUBJACENT SUPPORT)．

vértical únion 垂直[縦断]的労働組合 (=INDUSTRIAL UNION)．

véry lórd and véry ténant /véri-/《史》直属領主と直属保有者《ラテン語の verus dominus et verus tenens の英訳として用いる》．

ves·sel /vés(ə)l/ n 船舶．▶ ENROLLMENT OF VESSELS (船舶登記) / INSPECTION OF VESSELS (船舶の検査) / MERCHANT VESSEL (商船) / SEAWORTHY VESSEL (堪航能力のある船舶)．

vest /vést/ vt 《人に》《権限・財産などを》授ける，付与する

⟨with⟩; ⟨権利・財産などを×人に⟩付与する, 帰属させる; ⟨権利の発生を⟩確定的なものとする. ── vi ⟨権利・財産などが⟩確定する, 帰属する (cf. MATURE). ～･ing n [F＜It＜L vestis garment]

vést･ed a ⟨権利などの現在ないし将来の享有が⟩確定している[した], 確定的; 既定の, 既得の. ～ in INTEREST. ～ in POSSESSION.

vésted estáte 確定的不動産権⟨現に享有しているないしは将来の享有が確定している不動産権⟩.

vésted gíft 確定的贈与⟨（条件付きでない, あるいは将来権利発生が起こるかどうか不確定なものでない絶対的贈与; 権利の享有が将来であっても確定しているものであればこれに含まれる⟩.

vésted ínterest 1 ⟨現在ないし将来享有することが停止条件 (condition precedent) に依存していない⟩確定的権利⟨復帰権 (reversion), 確定残余権 (vested remainder) などが含まれる⟩. 2 既得権益, 既得の利益, 既得権. 3 既得権者; [pl] 既得権益集団[階層], 既得権擁護グループ.

vésted légacy 確定的動産遺贈⟨例えば受遺者が成年に達した場合に特定金額を遺贈するという場合のように, 受遺者が, たとえいまだその享有はできないまでも, 確定的で取消し権が留保されていない権利を与えられる動産遺贈⟩.

vésted ównership 確定的所有権⟨権原 (title) が完全な, 絶対的所有権⟩.

vésted remáinder 確定残余権⟨＝executed remainder⟩⟨例えば「A に生涯の間その後は B に譲与する」というように, 設定時に条件が付されておらず最初から権利帰属者が確定している残余権 (remainder), あるいは停止条件 (condition precedent) 付きの残余権であったが, 条件の成就で権利帰属者が確定したのちの残余権⟩.

vésted ríght 1 確定的権利⟨完全・無条件に属している権利でその所有者の同意なくしては奪うこともそこなうこともできない権利⟩. 2 既得権⟨人がすでに獲得した権利: **1)** 自然法学は実定法上の権利に対して自然法上の権利として, 生得の権利のほか所有権など人の行為により獲得された一定の財産上の権利をも, 国家でも侵害することができないものと考えた; この後者の個人の財産権を指す; この考えに基づき, 米国では既得権剥奪・侵害には実体的には強い公けの利益が必要であり, また手続き的にも慎重さを要するとされてきたし, また英国では議会制定法 (Act of Parliament) の解釈に当たって, 補償なしでの既得権剥奪・侵害はないと推定されている **2)** 国際私法上, 外国法により適法に取得された権利; この既得権を他の国も尊重すべきことが国際私法の基本原則であるとする立場を既得権理論という **3)** 国際法上, 国家承継により国内法秩序が変更した時にその承継前の国内法下で外国人が取得していた権利; この既得権が継続し尊重されるべきであると唱えることを既得権尊重の原則と呼ぶが, この原則の有無については争いがある⟩.

ves･tíg･i･al wórds /vɛstídʒiəl-/ pl ⟨制定法上の⟩退化文言⟨改正がなされた結果, 無用ないし無意味になってしまっている制定法上の文言⟩.

vésting assént ⟪英⟫継承財産移転承認書⟨継承財産設定 (settlement) がなされている土地の生涯不動産権者 (life tenant) あるいは制定法上の所有者 (statutory owner) が死亡した場合, その人格代表者 (personal representative) からその後継者と定められている者へその土地を移転するための承認書⟩.

vésting dày ⟨権利・財産などの⟩帰属確定日.

vésting declarátion ⟪英⟫信託財産付与宣言⟨新しい受託者 (trustee) を任命する場合には先任受託者からの信託財産の移転が必要となるが, その任命証書中での信託財産が新受託者に付与される旨の任命権者による宣言; 任命証書中にこれが含まれる時には1881年法によって特別の譲渡行為を必要としないとされているし, さらに1925年法によって特定の場合を除きこの宣言なしでも同一の効力を有するとされている⟩.

vésting dèed ⟪英⟫継承財産付与捺印証書⟨継承財産設定地 (settled land) が生涯不動産権者 (life tenant) あるいは制定法上の所有者 (statutory owner) に譲渡される場合の捺印証書 (deed); 1925年法で必要とされるに至った; これにより被譲渡者がコモンロー上の権原 (title) を有していることが証明される; これには (1) 継承財産設定地の表示 (2) その土地が被譲渡人に信託付きで帰属すること (3) 受託者 (trustee) 名などが明示される; なお1997年以後土地からなるないし土地を含む継承財産設定は新たに設定できなくなっている⟩; ⇨ SETTLEMENT, TRUST OF LAND⟩.

vésting ìnstrument 継承財産付与証書⟨継承財産付与捺印証書 (vesting deed), 継承財産移転承認書 (vesting assent), 当該の土地が継承財産設定地のまま存続している場合の財産帰属命令 (vesting order) を含む概念⟩.

vésting òrder 財産帰属命令⟨コモンロー上の不動産権を帰属させたり譲渡・創設したりする裁判所命令; 例えばエクイティー上の譲渡抵当権者 (mortgagee) が抵当権を実行し抵当物を売却した場合の, その買主にその土地のコモンロー上の不動産権を帰属させるための命令⟩.

ves･ti･tive fáct /véstətiv-/ 権利変動の原因たる事実⟨＝DISPOSITIVE FACT⟩.

ves･try /vɛ́stri/ n 1 ⟨教会の⟩聖具室⟨祭具・聖餐用器物の保管場所⟩, 祭服室. 2 ⟪米国教会の⟫教会付属室⟨事務室・祈禱会室・日曜学校教室用⟩. 3 ⟪史⟫⟨英国教の⟩教会区会⟨かつて教会の vestry で開かれた; ⇨ PAROCHIAL CHURCH COUNCIL⟩; ⟪聖公会⟫教会区委員会.

ves･tral [AF＜L; ⇨ VEST]

ves･ture /vɛ́stʃər/ n ⟪史⟫ **1** ⟨立ち木以外の⟩地表生育植物⟨＝～ of lánd⟩⟨農作物・牧草・下草・刈り株など⟩. **2** ⟪古⟫衣類, 外被, 覆い. **3** 占有 (seisin); 占有付与 (investiture).

vet /vét/ v (-tt-) vt 綿密に調べる, 念入りに審査[検査]する, ⟨人⟩の身元を調査する.

Véterans Administràtion [the ～] ⟪米⟫退役軍人省⟨DEPARTMENT OF VETERANS AFFAIRS の旧称; 略 VA⟩.

Veterans Affairs ⇨ DEPARTMENT OF VETERANS AFFAIRS.

ve·te·ra sta·tu·ta /víːtərə stæt(j)úːtə, vét-/ *pl*《英》古制定法 (=ANTIQUA STATUTA). [L=old statutes]

ve·ti·tum na·mi·um /vétətəm néɪmiəm/ *n*《史》NAMIUM VETITUM.

ve·to /víːtoʊ/ *n* (*pl* **~es**) **1 a** 拒否権 (=veto power)《法案・決議の成立を阻止しうる権利で, 特に次のものが重要: (**1**) 米国で大統領が可決法案に対して有する拒否権; 連邦議会から送られた法案に対して受理後日曜日を除く 10 日以内ならば大統領は拒否権を行使でき, 行使した場合, 拒否理由を付して法案は再議のため議会に還付される; 上院と下院の両方の本会議でそれぞれ出席議員の 3 分の 2 の多数で再び可決されれば, 大統領の拒否にもかかわらず, その法律案は法律となる (**2**) 欧州連合 (European Union) で, 欧州連合理事会 (Council of the European Union) において全会一致制が定められている例外的な場合の加盟国に与えられている拒否権 (**3**) 同じく欧州連合で, 欧州委員会 (European Commission) 提案の立法を欧州議会 (European Parliament) が共同決定手続き (codecision procedure) を通して行なうことができる拒否権 (**4**) 国連の安全保障理事会で 5 か国の常任理事国それぞれに与えられている拒否権). **b** 拒否権の行使, 拒否. **c** *拒否権行使通告書 (=veto message). ▶ ABSOLUTE VETO (絶対的拒否権) / ITEM VETO (項目別拒否権) / LEGISLATIVE VETO (議会の拒否権) / LINE-ITEM VETO (項目別拒否権) / LOCAL VETO (地方拒否権) / OVERRIDDEN VETO (乗り越えられた拒否権) / POCKET VETO (放置による拒否権行使) / QUALIFIED VETO (限定的拒否権) / SUSPENSORY [SUSPENSIVE] VETO (保留的拒否権). **2**《広く》禁止(権), 禁制, 法度(はっと). **put [set] a [one's] ~ on**…に拒否権を行使する. ― *vt*〈法案・決議〉に対して拒否権を行使する, 拒否権で阻止する;〈提案・計画など〉の承認を拒否する, 否認する, 受けつけない. [L=I forbid]

véto·er *n* 拒否権行使者, 拒否者; 禁止者.

véto mèssage* 拒否権行使通告書《単に veto ともいう; ⇨ VETO》.

véto pòwer 拒否権 (⇨ VETO).

véto-pròof *a*〈法案・立法府など〉拒否権の行使に対抗できる: ~ majority《立法府の》拒否権行使に対抗しうる絶対多数.

vét·ting *n* 綿密な審査[調査]. ▶ JURY VETTING (陪審員資格審査) / POSITIVE VETTING (事前綿密身元調査).

vex /véks/ *vt* うるさがらせる, いらだたせる, じらす, おこらせる, 苦しめる; 悩ます: ~ one*self* じれる, おこる / be [feel] ~ed 腹が立つ, じれったがる〈*about, at* sth, *with* sb *for* doing sth〉. **~·er** *n* [OF<L *vexo* to shake, afflict]

vex·a·ta quae·stio /vɛkséɪtə kwɛ́stiou, vɛksɑ́ː-tɑː kwáɪstiou/ 争いのある問題, 論争されている問題, (議論の多い)厄介な問題 (=VEXED QUESTION). [L= vexed question]

vex·a·tion /vɛkséɪʃ(ə)n/ *n* **1** いらだたせること, 悩ませること; いらだたしさ; いらいら[悩み]のたね, 腹の立つこと. **2**《他人の策略や悪意によって生ずる》損害.

vex·a·tious /vɛkséɪʃəs/ *a* **1** いらいらさせる, じれったい. **2** いやがらせの; 訴訟濫用の, 濫訴の.

vexátious áctionⁿ 濫訴 (=VEXATIOUS SUIT).

vexátious láwsuit 濫訴 (=VEXATIOUS SUIT).

vexátious lítigant 濫訴者, 訴訟濫用者.

vexátious litigátion 濫訴 (=VEXATIOUS SUIT).

vexátious procéeding 濫訴 (=VEXATIOUS SUIT).

vexátious súit 濫用的訴訟, いやがらせ訴訟, 濫訴 (=vexatious actionⁿ, vexatious lawsuit, vexatious litigation, vexatious proceeding) (cf. FRIVOLOUS SUIT, MALICIOUS PROSECUTION).

véxed quéstion 争いのある問題 (=vexata quaestio)《**1**》議論が多く解決しそうもない問題 **2**》裁判所によリ異なった見解が示されていて未決着の問題》.

VI° Virgin Islands ヴァージン諸島.

vi·a·bil·i·ty /vàɪəbíləti/ *n* **1** 生存[生活](能)力,《特に胎児・新生児の》生育力, 生育可能(性). **2**《訴訟などの》存立[維持]可能性.

vi·a·ble /váɪəb(ə)l/ *a* **1**《胎児・新生児などが》生存[生育, 生活]能力のある, 生存可能な《英国で法的には受胎後 24 週とされているが, 医学的には現在それよりも前の胎児でも生存可能である》. **2**《計画など》存立できる, 現実味[実現性, 見込み]のある: a ~ alternative 見込みのある代案. **3**《訴訟などが》存立しうる, 維持されうる. **4**《国家として》独立[存続]可能な. **5**《環境などが》生存に適した. [F (*vie* life < L *vita*)]

via re·gia /váɪə ríːdʒ(i)ə/《英史》公道, 国王の道 (= KING's [QUEEN's] HIGHWAY). [L=king's way]

vi·át·i·cal séttlement /vaɪétɪk(ə)l-/《生命保険の》末期換金《生命保険の被保険者が末期患者となった場合に, その保険契約を第三者に割引売却しての医療費などに充てること》.

vi·a·tor /vaɪéɪtər, -tɔ̀ːr/ *n* **1** 旅人. ▶ CAVEAT VIATOR (通行人が注意せよ). **2**《ローマ法》補助吏 (=APPARITOR). **3**《生命保険の》末期換金者 (⇨VIATICAL SETTLEMENT). [L]

vi·a·tó·ri·al prívilege /vɪətɔ́ːriəl-/ 旅行中の特権《旅行中を理由に裁判所にみずから出頭し証言する義務を拒否できる特権》.

Via tri·ta est tu·tis·si·ma. /váɪə tráɪtə ɛst tjutísɪmə/ 踏みならされた道は最も安全である. [L= The beaten road is the safest.]

Via tri·ta, via tu·ta. /váɪə tráɪtə váɪə tjúːtə/ 踏みならされた道は安全な道. [L=The beaten road is the safe road.]

vic·ar /víkər/ *n* **1**《教会》**a**《神の》代理者, 教皇 (Vicar of Christ), 聖ペテロ; 代牧者. **b**《英国教》教(会)

区主任代行司祭), ヴィカー《宗教団体や俗人に聖職禄創設 (appropriation) されている聖職禄 (benefice) を与えられている者; 聖職禄創設のされていない聖職禄を有する PARSON 《聖職者である》教(会)区主任司祭)と対比される》; したがって vicar は俸給を与えられて宗教上の職務を代行する司祭である; ⇨ RECTOR》. **c**《米国聖公会など》教会区主任牧師. **d**《カトリック》代理, 代牧; 司教代理; 助任司祭. **2**《特に行政上の》代理; 代行者 (deputy). [AF<L *vicarius* substitute]

vícar·age *n*《英国教》教(会)区主任代行司祭 (vicar) の有する聖職禄 (benefice); 教(会)区主任代行司祭の住居[職, 職務].

vi·car·i·ous /vaɪkéəriəs, və-/ *a* 代理(職)の, 名代の; 身代わりの, 代償的な: ~ authority 代理権限. **~·ly** *adv* **~·ness** *n*

vicárious disqualificátion 代償的資格喪失《法律事務所に属する一人の弁護士がある依頼人に対する問題で弁護士倫理上弁護資格を喪失すると所属する残りのすべての弁護士も当該依頼人の弁護資格を失うこと》.

vicárious liabílity 代理責任, 代位責任, 使用者責任 (=vicarious responsibility)《通例は被用者などの別の人が犯した不法行為・犯罪につき個人としては過失がないのに負わねばならない法的責任; cf. RESPONDEAT SUPERIOR》.

vicárious perfórmance (契約の)**代理履行** (=**vicárious perfórmance of cóntract**).

vicárious responsibílity 代理責任 (=VICARIOUS LIABILITY).

Vi·ca·ri·us non ha·bet vi·ca·ri·um. /vaɪkéəriəs nɑn héɪbet vaɪkéɪriəm/ 代理人は代理人をもたない. [L=A deputy does not have a deputy.]

vice[1] /váɪs/ *n* **1 悪, 悪徳**; 非行, 堕落行為, 悪習; 売春: virtue and ~ 美徳と悪徳 / Drunkenness is a ~. **2**《組織・制度・性格の》欠陥, 瑕疵(*か*) (defect). ▶ INHERENT VICE (内在的欠陥). [OF<L *vitium*]

vi·ce[2] /váɪsi/ *prep* …の代わりに, …に代わって《略 v.》. [L (abl)<*vic*- change]

vice[3] /váɪs/ *attrib a* 副の, 次席の; 代理の. — *n*《口》「副」の地位にいる人《vice-president など》. [*vice*[2]]

vice- /váɪs/ *pref*「副…」「代理…」「次…」の意. [L]

více-ádmiralty còurt [°Vice-Admiralty C-]《史》植民地海事裁判所《英国植民地にあってその総督 (governor) か海軍司令長官代理 (vice-admiral) が当該地区の海事裁判権を行使した裁判所》.

více-cháncellor *n* [°V-C-]《略 VC, V-C》**1**《英史》**副大法官** (**1**) 大法官 ((Lord) Chancellor) の副[代理]の役人 (1813 年創設, 1873 年法で廃止; 1886 年でこの称号をもった者はいなくなった); 1970 年の復活後は高等法院 (High Court of Justice) の大法官府部 (Chancery Division) の副部長裁判官; 名目的長である大法官に代わって実質的責任を負っていたが, 2005 年法施行後は高等法院大法官 (Chancellor of the High Court) と名称変更し, 大法官府部の部長裁判官となっている **2**)パラティニット裁判所 (palatine court) の裁判官; 現在も称号のみは一部残存》. **2**《英》《大学の》副総長. **~·ship** *n*

vice-co·mes /váɪsəkóumiz/ *n*《史》**1** VISCOUNT. **2** シェリフ (sheriff). [L]

více-cónsul *n* 副領事《略 VC, V-C》. **vícecónsular** *a* **více-cónsulate** *n* **~·ship** *n*

více crìme 風俗犯罪《賭博・売春など道徳違反行為で犯罪とされているもの》.

vice-ge·ral /váɪsʤíərəl/ *a* 代理の, 代理人の.

vice-ge·ren·cy /váɪsʤíərənsi, -ʤér-/ *n* 代理人[代理官]の職[地位, 権限]; 代理人[代理官]の管轄区域.

vice-ge·rent /váɪsʤíərənt, -ʤér-/ *n* 代理人, 代行, 代理官: God's — 神の代理人《ローマ教皇》. — *a* 代理人の, 代行する. [L (*gero* to carry on)]

více président [°V- P-] **1**《米》副大統領. **2**《英史》《高等法院 (High Court of Justice) 大法官府部 (Chancery Division) の》**副部長裁判官** (⇨ VICE-CHANCELLOR). **3** 副総裁; 副会長; 副総長, 副学長; 副頭取, 副社長; 副議長, 副座長. **více présidency** *n* **více presidéntial** *a*

více-príncipal *n* **1** 副校長. **2**《他の被用者 (employee) に対して指示・監督の権限を有する》監督代理者《共働者の準則 (fellow servant rule) を適用させぬための法構成として, 労働災害をもたらした者が同僚ではなく監督代理者であったとする場合の概念》.

vice-roy /váɪsrɔɪ/ *n* 国王代理, 太守《インドなど旧英植民地などで王の名において統治した総督 (governor-general) などの通称》. [F (*vice*-, *roy* king)]

vi·ce ver·sa /váɪs(i) vɔ́ːrsə/ *adv* 逆に, 反対に;《省略文として》逆もまた同じ《略 v.v.》: call black white and ~ 黒を白と言い白を黒と言う. [L=the position being reversed (*verto* to turn)]

více-wárden of the Stánnaries《英史》錫(*すず*)鉱裁判所裁判官 (⇨ STANNARY COURT).

vic·i·nage /vís(ə)nɪʤ/ *n* **1** 近隣. **2** 裁判地; 陪審が召集されるべき地域, **陪審召集地**《犯罪が生じた地域であり, したがって被告人がその地域の住人から陪審員 (juror) を召集してもらう権利のある地域; cf. VENUE》. ▶ JURY OF THE VICINAGE (近隣住民からなる陪審). **3** 近隣保有者入会権《隣り合った荘園 (manor) 内の保有者 (tenant) や村落の住民あるいは隣り合った土地の保有者が相互に有した入会権 (common) で, その家畜が他方の土地や間に介在する荒蕪地に迷い込んで牧草を食むことを認めるもの; 正確には, common because of vicinage あるいは common by vicinage, common pur cause de vicinage, common causa vicinagii (隣接地入会権)という》. [OF<L *vicinus* (*vicus* district)]

Vi·ci·ni vi·ci·ni·o·ra prae·su·mun·tur sci·re. /vaɪsáɪnaɪ vaɪsàɪnióʊrə prìːzəmántər sáɪre/

近隣者は比較的近隣のことを知っているものと推定される。[L=Neighbors are presumed to know things of the immediate vicinity.]

vi·cious /víʃəs/ *a* **1** 悪意のある. **2** 邪悪な, 不道徳な, 悪い. **3**〈馬などが〉癖のある,〈動物が〉凶暴な: a ～ animal.

vícious intromíssion =VITIOUS INTROMISSION.

vícious propénsity〈家畜などある特定の動物の〉危険な性向.

vi·con·ti·el, -coun- /vaɪkántɪəl/ *a*〖英史〗**1** シェリフ (sheriff) の. **2** 子爵の.

Vict. (Queen) Victoria.

vic·tim /víktəm/ *n* 被害者; 犠牲者.

víctim ímpact státement〖米〗被害者への影響についての陳述〈刑の宣告において考慮してもらうために, 当該犯罪が被害者およびその家族に及ぼす財政的・肉体的・心理的影響について裁判官・陪審に知らせる陳述〉.

víctim·ize *vt* 犠牲にする; 不当に差別する; いじめる, 迫害する; だます, 欺く;〈みせしめに〉処罰[馘首(とゅ)]する.

vìctim·izátion *n* 犠牲にすること, 不当差別〈特に, 性・人種・宗教・年齢・障害等を理由にしての差別禁止法との関連では, 法的に認められている訴えをなしたりあるいは訴えをなした人を支援したことを理由に不利な扱いを受けている状況を指す〉.

víctim·less críme 被害者なき犯罪〈売春・賭博・薬物犯罪など, 成人関係者が通常は承知の上で参加しているが社会的な逸脱行為を犯罪としてみなしているもの〉.

vic·tim·ol·o·gy /vìktəmáləʤi/ *n* 被害者学〈犯罪における被害者の役割や犯罪の被害者への心理的影響などの研究〉. **-gist** *n*

víctim pérsonal státement〖英〗被害者の個人的陳述書〈犯罪の被害者あるいはその家族の一員による, その犯罪が及ぼした影響についての陳述書; 被告人の保釈の是非, 量刑に反映されうる〉.

víctim's státement as héarsay èvidence 伝聞証拠として許容される被害者陳述〈襲撃の際に加害者の名前・特徴等を証人に述べた被害者陳述についての伝聞証拠 (hearsay evidence); この陳述が作り事・歪曲である可能性を排除するのに十分自然でかつ襲撃と同時的なものであった場合には, 現場の付帯状況 (res gestae) の一つとして加害者の審理に証拠として許容される〉.

vid. vide.

vi·de /váɪdi, víːdèɪ/ *v* …を見よ, 参照せよ《略 v., vid.》: ～ [v] p. 30 30ページを見よ, 参照. [L (impv) v *video* to see]

vi·del·i·cet /vədéləsèt, -díː-/ *adv* すなわち《略 viz., viz.》. [L (*video* to see, *licet* it is allowed)]

víd·eo èvidence /vídiòʊ-/ ビデオ(テープ)による証拠.

vídeo recòrding ビデオ録画.

vi·du·i·ty /vɪd(j)úːəti/ *n*《古》寡婦であること, 寡婦

身, 寡婦である期間 (widowhood).

vie /víː/ *n* 生命, 命. ▶CESTUI QUE VIE (生命期間者) / PER AUTRE VIE (他人の生涯の間) / PUR AUTRE [AUTER] VIE (他人の生涯の間). [F=life]

Viénna Convéntion on the Láw of Tréaties [the ～]〖国際法〗条約法に関するウィーン条約, ウィーン条約法条約〈慣習法として形成されてきた条約の締結・適用・終了などに関する国際法上の規則を成文化したもので, 1969年に採択, 1980年発効〉.

vi et ar·mis /váɪ ɛt áːrmɪs/ *adv* 暴力を用いて (cf. MANU FORTI). ▶TRESPASS VIE ET ARMIS (暴力侵害(訴訟)). [L=with force and arms]

view /vjúː/ *n* **1** 見ること; 視察, 観察. **2** 視力; 視野, 視界. **3 a** 眺望, 見晴らし. **b**〈家屋の窓からの〉眺望権《コモンロー上の権利, および都市的役権 (urban servitude) の一つとしての眺望権》. **4** 検証, 実地検証, 検分 (=inspection by judge (and jury)) 〈裁判所ないし陪審が法廷外にある場所・事物について実際に検査・確認すること〉. **5** 証拠物の取調べ, 証拠物の検査. **6**〖国際法〗〈船舶・航空機の〉臨検 (=VISITATION). **7** 見解, 意見, 考え. **8** 考察, 概観. **9** 目的, 計画; 考慮. **in plain ～**〈捜索などの際に〉明視できて (cf. PLAIN VIEW DOCTRINE). **with a ～ to** (doing) (**1**) …する目的で, …をもくろんで; …するつもりで; …を期待して, …を(得ようと)望んで. (**2**) …を見込んで, 予想して. ― *vt* 見る; 調べる, 検分[検閲]する; 考察する: ～ the body〈陪審員が〉検屍する / ～*ing* the scene《裁判官・陪審の》現場検証. ― *vi* 検証する.

view·er *n* **1** 見物人, 観察者. **2** 検査官, 監督官. **3** 調査受命者《裁判所から検証などの調査を命じられた者》.

view of an ínquest 陪審の検証 (⇨ VIEW).

view of fránkpledge〖英史〗十人組検査《年に1回特に シェリフ巡回裁判 (sheriff's tourn) で地域住民を集めて行なわれた十人組 (frankpledge) の検査; 十人組に正しく登録されているか, 特に 義務違反がなかったかなどを調べた; cf. COURT LEET, FRITHSOKEN, GREAT HUNDRED, HUNDRED COURT, SHERIFF'S TOURN》.

vif-gage /víːfgèɪʤ, víf-/ *n* 生き質 (=VADIUM VIVUM). [law F=living gage]

vig·i·lance /víʤələns/ *n* 寝ずの番; 警戒, 用心. [F or L (*vigilo* to keep awake)]

víg·i·lant *a* 絶えず警戒を怠らない, 油断のない, 用心深い.

vig·i·lan·te /vìʤəlǽnti/ *n* 自警者; 自警団員. **vig·i·lán·tism** *n* [Sp=vigilant]

Vi·gi·lan·ti·bus, (et) non dor·mi·en·ti·bus, ju·ra sub·ve·ni·unt. /víʤɪlǽntɪbəs (ɛt) nan dɔːrmiɛ́ntɪbəs ʤúːrə səbvéniənt/ 法は目覚めている人は助けるが, 眠っている人を助けない (cf. LACHES). [L=The laws aid the vigilant, not those who sleep.]

vig·or | vig·our /víɡər/ *n* **1** 精力, 力, 活力. **2** (法的)拘束力, 有効性. **in ～**〈法が〉有効で. [OF < L (*vigeo* to be lively)〕

vill /víl/ *n* **1**〖英史〗村《(ハンドレッド (hundred), ワペンテイク (wapentake)) の下位の最小行政単位で, ほぼ township (村落共同体) と同義; ただし vill は地域に, township は住民共同体に力点が置かれていた》; ⇨ TOWNSHIP》. **2** 村 (＝VILLAGE).

vil·lage /vílɪdʒ/ *n* **1 a** 村, 村落, 集落《hamlet よりも大きく town よりも小さい集落; 米国では自治体のこともある》. **b** 村民《集合的》. **2** (city または town の 域内にある) 村的なまとまりをもった地域, …村, ヴィレッジ. 〔OF＜L〕

vil·lag·iza·tion /vìlɪdʒəzéɪʃ(ə)n/ *n*《アジア・アフリカにおける, 散在している住民の》中心地域への集中定住化; 土地の村有化.

vil·lain /vílən/ *n* **1** 悪党, 悪漢, 悪者: play the ～ 悪事をはたらく. **2**《警察俗》犯人. **3**《古》VILLEIN.

víllain·ous júdgment ＝VILLENOUS JUDGMENT.

víl·lainy *n* 悪事, 悪行.

vil·lein /vílən, vílɛn, vɪléɪn/ *n*〖英史〗隷農《領主に隷属または荘園 (manor) に繋縛された農民》.

vil·lein·age, vil·len·age /vílənɪdʒ/ *n*〖英史〗**1** 隷農保有 (＝tenure in villeinage)《不動産保有条件の一つで, 非自由な隷農的奉仕を条件としている保有》; ⇨ TENURE》. ▶ PRIVILEGED VILLEINAGE (特権的隷農保有) / PURE VILLEINAGE (純粋隷農保有) / TENURE IN VILLEINAGE [VILLEINAGE] (隷農保有). **2** 隷農身分, 隷農.

víllein in gróss〖英史〗属人的隷農《土地に繋縛されているのではなく領主 (lord) に人的に隷属している隷農; 荘園と切り離して隷農のみを譲与した場合に生じた》; cf. VILLEIN REGARDANT.

víllein re·gár·dant /-rɪgáːrdnt/〖英史〗土地繋縛隷農《保有している土地の属する荘園に繋縛され, したがってその権利移転と共にみずからの領主 (lord) も代わることになった》; cf. VILLEIN IN GROSS.

víllein sòcage〖史〗隷農的鋤奉仕保有《一定の隷農的労役の義務を負う土地保有》; ⇨ SOCAGE; cf. FREE SOCAGE.

víllein tènant〖英史〗隷農保有者 (⇨ VILLEINAGE).

villenage ⇨ VILLEINAGE.

víl·le·nous júdgment /vílənəs-/〖史〗隷農的判決 (＝villainous judgment)《この判決の結果, 自由を喪失し (⇨ LIBERAM LEGEM AMITTERE), 動産・不動産を没収され, 家は倒壊され, 樹木は根こぎにされ, 牢獄に監禁されるという刑の宣告; 共同謀議 (conspiracy) の場合などに出された》; cf. LIBERAM LEGEM AMITTERE.

Vim vi re·pel·le·re li·cet, mo·do fi·at mo·de·ra·mi·ne in·cul·pa·tae tu·te·lae non ad su·men·dam vin·dic·tam, sed ad pro·pul·san·dam in·ju·ri·am. /vím vaɪ rɛpélɛrɛ láɪsɛt móʊdoʊ fáɪæt mòʊdɛréɪmɪnɛ ɪnkʌlpéɪti tjutíːli nɑn æd sumɛ́ndæm vɪndíktæm sɛd æd proʊpʌlsændæm ɪndʒúːriæm/ 力を力でしりぞけることは許される; ただし復讐をするためではなくて侵害を撃退するためという非難の余地のない保護の節度をもってなされるように. 〔L＝It is allowed to repel force by force, but let it be done with the moderation of blameless safeguard not to take revenge, but to ward off injury.〕

vinculo matrimonii ⇨ A VINCULO MATRIMONII.

vin·di·cate /víndəkèɪt/ *vt* **1 a** 擁護[弁護]する;〈主張などの〉正しさ[すばらしさ, 存在]を証明[立証]する, 正当化する, 訴訟によって…の権利を主張する; 侵害に対して…の権利を防御する. **b** (証拠によって)…の嫌疑・非難を晴らす. **2**〖ローマ法・大陸法〗**a** …に対する権利を主張する, …の所有権を主張する. **b**《権利を主張して訴訟で》取り戻す, 返還請求する. **vìn·di·cá·tion** *n* **vín·di·cà·tor** *n* 〔L *vindico* to claim, avenge〕

vin·di·ca·tio /vìndɪkéɪʃioʊ/ *n*〖ローマ法〗所有権の主張; 取戻し訴権. 〔L＝claim〕

vín·di·ca·to·ry párt /víndɪkətɔ̀ːri-, vɪndík-; -kèɪt(ə)ri-/ 制裁規定部分《制定法中 刑罰・制裁を規定している部分》.

vin·dic·tive /vɪndíktɪv/ *a* 復讐的な; 懲罰的な; 悪意に満ちた. 〔L *vindicta* vengeance; ⇨ VINDICATE〕

vindíctive dámages *pl* 制裁的損害賠償(金) (＝PUNITIVE DAMAGES).

vindíctive prosecútion 懲罰的訴追《憲法で保護されている権利を行使した人の中から特定の人を選び出してその行為を理由に訴追すること》; cf. SELECTIVE ENFORCEMENT, SELECTIVE PROSECUTION》.

Vi·nér·ian Professor of Énglish Láw /vaɪnéəriən-/ ヴァイナー・イングランド法講座担当教授《法律家 Charles Viner (1678–1756) が Oxford 大学に基金を寄付して 1758 年に創設されたイングランドの大学で最初のイングランド法の教授講座の担当教授; 1753 年にすでに講義を始めていた William BLACKSTONE が初代教授 (1758–66) となった》.

Vi·no·gra·doff /vìːnəgrádəf, vìnəgrǽdɔ̀ːf/ ヴィーノグラードフ Sir **Paul Gavrilovitch** ～ (1854–1925)《ロシア生まれの英国の法制史家・法理学者・社会史家; 英国に移住 (1902), 帰化 (1918); Oxford 大学教授 (1903–25); 英国における歴史法学 (historical jurisprudence) 派の中心人物の一人; 勲爵士 (knight) を授けられ (1917), イギリス法制史学の創建者 Frederic W. MAITLAND を法制史学に導き入れたことでも有名; 著書 *Villeinage in England* (ロシア語版 1887, 英訳 1892), *The Growth of the Manor* (1905), *English Society in the Eleventh Century* (1908), *Roman Law in Medieval Europe* (1909), *Essays in Legal History* (1913), *Common Sense in Law* (1914), *Outlines of Historical Jurisprudence* (2 vols., 1920–22; 未完)》.

vi·o·late /váɪəlèɪt/ *vt* **1**〈法・約束などを〉犯す, 破る, …

に違反[違背]する. **2 a** …に侵入する, 侵犯する; 妨害する, 侵害する. **b** …に暴行を加える, 〈特に 女性を〉犯す (rape). **3**《俗》〈仮釈放中の人〉の仮釈放条件違反を見つける[告発する]. **ví·o·là·tive** /, -lətɪv/ *a* 犯す; 侵害する; 汚す. **ví·o·là·tor** *n* [L *violat- violo* to treat violently]

vi·o·la·tion /vàɪəléɪʃ(ə)n/ *n* **1** 違反, 違背; 侵害, 妨害〈*of* a contract, an oath, etc.〉(cf. INFRACTION): in ~ of …に違反して / ~ of aerial domain《国際法》領空侵犯. ▶ MOVING VIOLATION (走行中の交通違反) / SERIAL VIOLATION (常習的違反) / SYSTEMATIC VIOLATION (意図的違反). **2** 冒瀆. **3** 陵辱, 強姦 (rape). **4**《米》違反罰, バイオレーション《犯罪 (crime) とは区別して用いられ, 罰金・科料・没収など財産的不利益によってのみ罰せられる公共一般の利益に反する行為》. **5** (意味の)歪曲. **~·al** *a*

vi·o·lence /váɪələns/ *n* **1** 暴力(行為), 乱暴, バイオレンス; 暴力によるおどし[威嚇]: use [resort to] ~ 暴力を用いる. ▶ CRIME OF VIOLENCE (粗暴犯罪) / DOMESTIC VIOLENCE (家庭内暴力) / ROBBERY WITH VIOLENCE (強盗傷害). **2**〈特に 女性への〉暴行, 強姦 (rape). **3** 冒瀆, 害〈*to*〉. **4** (意味の)曲解, 歪曲; 改竄(ﷲ). do ~ to…に暴行を加える, …を害する;〈美など〉を損なう;〈事実など〉をゆがめる, …の意味を曲げる.

Víolence Against Wómen Àct《米》女性に対する暴力法《ジェンダー上の動機での暴力の被害者に対して刑事上の訴えなしで連邦上の市民権 (civil right) 訴訟を認めた連邦法; 2000年に合衆国最高裁判所が United States v. Morrison事件で, 合衆国憲法の通商条項 (Commerce Clause) もまた第14修正 (Fourteenth Amendment) も連邦議会に対して同法の民事上の救済手段 (civil remedy) 規定を制定する権限を与えていないと判示し, 同法を無効とする違憲判決を出した》.

víolence for secúring éntry《英》家屋敷立入り確保のための暴力使用(罪)《1977年法でコモンロー上の犯罪であった暴力による不動産占有侵奪 (forcible entry) に代えて導入された, 現行犯の場合は逮捕状がなくとも逮捕できる制定法上の犯罪》.

ví·o·lent *a* **1** 激しい, 猛烈な, 激烈な, 強暴な: a ~ attack 猛攻. **2**〈人・行為が〉狂暴な, 暴力的な; 狂暴性のある, 激した, 狂暴化した: in a ~ temper 激怒して. **3** 極端な, ひどい, 猛烈な: in ~ words. **4** 暴力[外部的な力]による〈死〉. **5** こじつけの.

Vi·o·len·ta prae·sump·tio ali·quan·do est ple·ne pro·ba·tio. /vàɪəléntɑ prɪsámpʃiou ælɪkwándou ɛst plíːni prəbéɪʃiou/ 強力な推定のときには完全な証明である. [L=Violent presumption is sometimes full proof.]

víolent críme 粗暴犯罪 (=crime of violence)《人・財産に対して暴力を用いたないし用いようとしたあるいは用いると脅してなされた犯罪》.

víolent déath 変死《殺害などによる死; cf. NATURAL DEATH》.

víolent disórder《英》暴力治安紊乱罪《3人以上が集合して, 通常人 (reasonable person) を恐怖せしめるような暴力を不法に行使するまたは行使しようとおびやかす犯罪; 1986年法によりそれまでの不法集会罪 (unlawful assembly) に取って代わった; cf. AFFRAY, CIVIL COMMOTION, REBELLION, RIOT, ROUT, UNLAWFUL ASSEMBLY》.

víolent félony 暴力重罪 (=VIOLENT OFFENSE).

víolent offénder òrder《英》暴力犯罪者命令《18歳以上の者が殺人 (manslaughter), 重大な身体傷害 (grievous bodily harm) 等特定の犯罪を犯し, (1) 最低12月以上の拘禁刑, (2) 医療施設強制命令 (hospital order), (3) 精神障害 (insanity) ゆえの無罪か無能力の認定のいずれかではあるが医療施設強制命令か子供の保護観察命令 (supervision order) に服した者に対して, 一般の人を重大な暴力による危害から守るために2年から5年の期間で出される民事的な命令; 2008年法で導入》.

víolent offénse 暴力犯罪 (=violent felony)《謀殺・強姦, 武器による傷害など極度の暴力を特徴とする犯罪》.

víolent presúmption 強力な推定 (⇒ VIOLENTA PRAESUMPTIO ALIQUANDO EST PLENE PROBATIO).

Vi·pe·ri·na est ex·po·si·tio quae cor·ro·dit vis·ce·ra tex·tus. /vàɪpəráɪnɑ ɛst ɛkspouzíʃiou kwi kəróudɪt vísɛrɑ tékstəs/ 法文の内臓をかじり破る解釈は毒蛇のように有害である. [L=An exposition which gnaws away the innards of the text is viperous.]

VIPER parade /váɪpər —´ —´/ ビデオ面通し(の列)《英国では面通し(の列) (identification parade) は現在実際には大部分ビデオで行なわれているが, その場合の面通し(の列); VIPER は *v*ideo *i*dentification *p*arades *e*lectronic *r*ecording の略》.

vir /víər/ *n* **1** 男, (成人)男性. **2** 夫 (husband). [L]

vire·ment /F virmɑ̃/ *n* **1**《財政》〈資金の〉移用, 流用, 費目変更: ~ of the budget 予算の移用[流用]. **2**《銀行》振替, 手形交換. [F (*virer* to turn)]

vi·res /váɪəriːz/ *n* **1** 力. **2**《与えられた》権能, 能力, 権限. ▶ INTRA VIRES (権限内で[の]) / ULTRA VIRES (権限外で[の]). [L=pl of VIS]

vír et úxor /-ɛt-/ 夫と妻, 夫婦 (=baron and [et] feme). [L=husband and wife]

Vir et uxor con·sen·tur in le·ge una per·so·na. / — — — kənséntər ɪn líːdʒe úːnə pɛrsóunə/ 夫と妻は法的には同一人格とみなされる. [L=Husband and wife are considered in law one person.]

vir·gate /váːrgət, -geɪt/, **vir·ga·ta** /vərgéɪtə/ *n*《英史》ヴァーゲート《かつてのイングランドの地積の単位, ハイド (hide) またはカルケート (carucate) の4分の1で, 地域により異なるが約20エーカーとも30エーカーともいわれ, 隷農 (villein) の保有地の標準面積であった; YARDLAND ともいった》. [L=a rod's measurement]

Vír·gin Íslands /vɔ́:rdʒən-/ pl [the ~] ヴァージン諸島《西インド諸島北東部の, Puerto Rico の東方に連なる島群で, British Virgin Islands と Virgin Islands of the United States とからなり, 後者は米国の準州 (Territory); 略 VI.》

vir·go in·tac·ta /vɔ́:rgou ɪntǽktə/ 触れられざる処女《性交経験のない女性》. [L=untouched virgin]

vír·ile sháre [pórtion] /vírəl-, -aɪl-/《ルイジアナ》《連帯責任の》分担額,《特に》均等分担額.

vír·tu·al representátion /vɔ́:rtʃuəl-, *-tʃəl-/ 仮想代表(訴訟), 実質的代表(訴訟), 観念的代表(訴訟)《集団訴訟 (class action) での集団代表のように, ある当事者が同様の利害関係を有する他の人の代わりに訴訟を維持すること》.

vírtual-representátion dòctrine 仮想代表訴訟の法理《訴訟当事者の一人が, ある非当事者がその当事者によって十分かつ実質的に代表してもらっているといえるほどに当該非当事者の利害と緊密に提携している場合には, そこでの判決が当該非当事者をも拘束するという原則; 例えば, 夫のみを当事者とした訴訟での判決がその妻にも拘束を有する場合など; cf. RES JUDICATA》.

vir·tu·te of·fi·ci·i /vərt(j)ú:tɪ əfíʃɪaɪ/ 役職によって, 役職の力で[おかげで]. [L=by virtue of office]

vis /vís/ n (pl **vi·res** /váɪəri:z/) **1** 力 (force). **2** 法の力, 法的効力: *vim* habere 法的効力を有する. [L=power]

vi·sa /ví:zə/ n 《旅券・書類などの》裏書, 査証, ビザ: apply for a ~ *for* the United States 米国へのビザを申請する. ▶ EXIT VISA (出国査証) / MULTIPLE ENTRY VISA (数次査証). — vt (**~ed**, **~'d**; **~·ing**) **1** …に裏書[査証]する (endorse): get [have] one's passport ~*ed* (by a consular officer). **2**〈人〉にビザを与える. [F<L (*vis- video* to see)]

vis-à-vis /vì:zəví:, -zɑ:-/ adv 差し向かいに, 相対して; いっしょに. — prep …と向かい合って; …に関して; …と比べて. — a 向かい合っている. [F=face to face (*vis* face)]

Visby ⇨ WISBY.

vis·cón·tiel wrít /vaɪkántɪəl-/《英史》シェリフ令状《特定事件をシェリフ (sheriff) が主宰する裁判所で, シェリフが国王の裁判官としての資格で裁判することを命ずる令状; この場合は州裁判所 (county court) の本来の裁判権を超えてシェリフは裁判権を行使した》.

vis·count /váɪkàunt/ n **1 a** 子爵, 子(ʹ) (⇨ PEER). **b**《英》伯爵 (earl) の嗣子(ʹ)に対する儀礼的敬称. **c**《史》伯代理. **2**《英史》SHERIFF. [AF<L (*vice-*, *count*²)]

víscount·cy, víscount·shìp n **1** VISCOUNT の身分[地位]. **2**《史》子爵領.

vi·sé /ví:zeɪ, vɪzéɪ/ n, vt (**~d**, **~'d**) VISA. [F]

vísible críme 目につきやすい犯罪 (=STREET CRIME).

vísible méans of suppórt 明らかな生計の手段《放浪 (vagrancy) に関する制定法上その定義に用いられている語で, 働く能力がありながらこの生計手段を欠く者という形で用いられる》.

vis·it /vízət/ n **1** 訪問; 一時的滞在, 逗留. ▶ CONJUGAL VISIT (配偶者の訪問). **2** 巡回, 視察. **3** 臨検 (=VISITATION). ▶ RIGHT OF VISIT (AND SEARCH) (臨検(・捜索)権).

vis·i·ta·tion /vìzətéɪʃ(ə)n/ n **1 a** 訪問. **b**《米》訪問権(による訪問), 訪問期間 (⇨ VISITATION RIGHT). **2**《監督官による病院・監獄・矯正院などの公的施設の》視察, 巡回, 巡察; 業務検査, 監査. **3**《国際法》《船舶・航空機の》臨検 (=visit). ▶ RIGHT OF VISITATION (AND SEARCH) (臨検(・捜索)権).

visitátion and séarch《国際法》臨検(・捜索) (=**visit and séarch**). ▶ RIGHT OF VISITATION (AND SEARCH) (臨検(・捜索)権).

visitátion òrder《米》訪問についての命令 **(1)** 別居中のあるいは離婚した監護権のない (noncustodial) 親がその子を訪問する時を定める命令 **2)** 子とその子と密接な関係のある人との間の訪問時を定める命令.

visitátion right 1《米》訪問権, 往訪権《離婚・別居の結果, 一方の親の監護 (custody) 下にある子に会う権利で, 監護権のない (noncustodial) 親ないしは祖父母に裁判所が認めたもの》. **2**《国際法》《船舶・航空機の》臨検権.

vis·i·ta·to·ri·al /vìz(ə)tətɔ́:riəl/ a VISITORIAL.

vísit·ing fórces pl《英》滞在外国軍隊《連合王国内に滞在するイギリス連邦 (Commonwealth) の軍隊および他国の軍隊は, その文民も含む成員に対してその所属国の法に従って裁判する権利を与えられているし, また一定の課税免除権も与えられている; ただし死刑は執行しえない》.

vísiting júdge《米》出向裁判官《その裁判管轄区域内で, 通常は裁判官が欠けたような場合に, その区域の裁判長から臨時的に指名され赴任する裁判官; temporary judge (臨時裁判官) ともいう》.

vis·i·tor /víz(ə)tər/ n **1 a** 来訪者, 来客 (⇨ OCCUPIERS' LIABILITY). **b** 滞在客, 観光客: a ~'s visa 短期滞在査証[観光ビザ]. ▶ BUSINESS VISITOR (顧客; 商用訪問者) / NONOCCUPANT VISITOR (非占有者である訪問者) / PRISON VISITOR (刑務所友好訪問者). **2**《訪問権 (visitation right) に基づく》訪問者, 訪問権行使者. **3** 視察員, 視察官, 巡視者, 巡察官, 査察官, 監察官, 監督官, 法人監査官. ▶ BOARD OF VISITORS (刑務所査察委員会). **vís·i·tress** n《古》VISITOR の女性形.

vis·i·to·ri·al /vìz(ə)tɔ́:riəl/ a **1** 巡回(者)の, 巡視[察, 査察](者)の, 臨検(者)の. **2** 巡視[臨検]権のある.

Vis le·gi·bus est ini·mi·ca. /vís lí:dʒɪbəs ɛst ìnɪmáɪkə/ 力は法にとって敵である. [L=Force is inimical to the laws.]

vís májor /vís-/ **1** 不可抗力 (=FORCE MAJEURE). **2** 不可抗力による損害. [L=superior force]

VISTA /vístə/ n《米》ヴィスタ, アメリカ貧困地域奉仕活動ボランティア団《1964 年に発足した, プエルトリコなどを含む国内貧困地域の生活向上援助を目的としてボラン

ティアを派遣する連邦政府の計画). [*Volunteers in Service to America*]

vísual displáy ùnit 《コンピューターの》ディスプレー装置《略 VDU》.

vítal statístics [⟨sg/pl⟩] 人口(動態)統計《生死・婚姻・疾病・移動などの統計》.

ví·ti·ate /víʃièɪt/ *vt* **1** 損ずる, そこなう; …の価値を低下させる. **2** 堕落させる, だめにする. **3** 無効にする, 取り消す. **vì·ti·á·tion** *n* **ví·ti·à·tor** *n*

vi·ti·os·i·ty /vìʃiásəti/ *n* **1** 《古》欠陥, 瑕疵(ﾞ); 堕落, 邪悪. **2**《スコットランド》瑕疵.

ví·tious intromíssion /víʃəs-/《スコットランド》死者の財産の不法処分 (=vicious intromission).

Vi·ti·um cle·ri·ci no·ce·re non de·bet. /víʃiəm klérɪsàɪ nəsíːrɛ nan débət/ 書記の誤りは害を及ぼすべきでない. [L=An error of a clerk ought not to prejudice.]

vi·va·ry /váɪvəri/《史》*n* 動物飼育園; 養魚池. [L *vivarium*]

vi·va vo·ce /váɪvə vóusi, -tʃi, víːvə vóutʃeɪ/ *adv* 口頭で (orally)《略 v.v.》: testify ~ 口頭で証言する. — *a* 口頭[口述]の. [L=with living voice]

vi·ver /víːvər/ *n*《史》養魚池.

vi·vos /váɪvəs/ *n pl* 生きている人, **生存者**. ▶GIFT INTER VIVOS (生存者間贈与) / INTER VIVOS (生存者間に[の]). [L=living people]

vi·vum va·di·um /váɪvəm véɪdiəm/ 生き質 (=VADIUM VIVUM).

Vix ul·la lex fi·e·ri po·test quae om·ni·bus com·mo·da sit, sed si ma·jo·ri par·ti pro·spi·ci·at, uti·lis est. /víks ʌ́lə léks fáɪerɪ pátɛst kwi ámnɪbəs kámoudə sít sɛd saɪ mædʒóurəɪ páːrtaɪ praspíʃiæt júːtɪlɪs ést/ すべての人に有益な法はほとんど作られえない; しかし法がより多くの部分を顧慮するのであれば, その法は有用である. [L=Scarcely any law can be made that is advantageous to all; but if it regards the greater part, it is useful.]

viz., viz /víz/ *adv* すなわち (videlicet, namely). ★ namely とも読む. [z はもと viet. と略した -et の飾り文字から]

vo·ca·tion /voukéɪʃ(ə)n/ *n* **1** 召命. **2 a**《特に献身を要するような》職業, 天職;《一般に》職業, 生業. **b** 職分.

voice /vɔ́ɪs/ *n* **1** 声, 音声;《識別しうる個人の》声. **2 a** 発言権, 発言[影響]力: have a [no] ~ in the matter その件に関して発言権がある[ない]. **b**《議会での》投票権. **c**《発せられた》意見, 希望, 声: My ~ is for peace. 平和に賛成. **d** 代弁者, 発表機関. ▶CASTING VOICE (決定票, キャスティングボート).

vóice exèmplar 音声標本《録音された話者の声の同一性を識別するための標本; cf. VOICEPRINT》.

vóice·less *a* 声のない, 無言の; 意見を表明しない; 発言[投票]権のない, 選択権のない.

vóice·prìnt *n* 声紋《音響スペクトログラフ (spectro-graph) により分析した, 音声の同定のために視覚的にパターン表示したもの; cf. VOICE EXEMPLAR》.

vóiceprìnt identificàtion 声紋の同一性識別《証言》.

vóice vòte 発声採決, 発声投票, 発声票決 (cf. RISING VOTE).

void /vɔ́ɪd/ *a* **1** 無効の (opp. *valid*) (cf. UNENFORCEABLE, VOIDABLE). **2**《厳密性は欠くが, しばしばより広く》取り消しうる (voidable). **facially ~**《証書などが》文面上明白に無効の. NULL and ~. **~ ab initio**《文書・契約などが》最初から無効の. **~ for uncertainty**《文書がその文言の》不確実性ゆえに無効な. **~ for vagueness** あいまいゆえに無効の, 漠然性ゆえに無効の 《(1) 財産法関係の証書で当該財産権の表示があいまい・不十分であるために無効であること **2**) 刑罰規定で禁止行為が明示・明確化されていないゆえに無効であること; ⇨ VAGUENESS DOCTRINE》. **~ on its face** 文面上無効 (=facially VOID). — *vt* 無効にする, 取り消す: ~ a contract 契約を無効にする[取り消す]. **~·er** **~·ness** *n* [OF=empty (L *vacuus*); ⇨ VACANT]

vóid·able *a* 取り消しうる, 無効にできる (cf. UNENFORCEABLE, VOID). **vòid·abíl·i·ty** *n* **~·ness** *n*

vóidable cóntract 取り消しうる[取り消し可能の]契約 (cf. VOID CONTRACT).

vóidable júdgment 無効にできる判決《外見上は有効な判決ではあるが, 重大な瑕疵がありしたがって無効にしうる判決; 特に管轄権を有する裁判所による判決ではあるが, 手続き上あるいは実質上誤りのある判決に用いる語; cf. VOID JUDGMENT》.

vóidable márriage 取り消しうる婚姻《効力を有しない婚姻ではあるが, 裁判所の命令により婚姻状態が終了させられるまでは存続しているもの; 裁判所命令は遡及的効果を有せずこの間に生まれた子は嫡出子となる; cf. VOID MARRIAGE》.

vóidable préference 取り消しうる[否認されるべき]偏頗行為 (=PREFERENTIAL TRANSFER).

vóidable tránsfer 取り消しうる[否認されるべき]移転 (=PREFERENTIAL TRANSFER).

vóidable trúst 取り消しうる信託《未成年者により設定された信託のように取り消すことのできる信託で, 取り消されないかぎりは有効な信託である; 詐欺・脅迫などの結果としてもこの信託が生じうる; cf. VOID TRUST》.

vóid·ance *n* 無効にすること, 取消し (=avoidance).

vóid cóntract 1《締結の時から》無効な契約 (cf. VOIDABLE CONTRACT). **2** 履行済みの契約. **3**《不正確に》取消しうる契約 (voidable contract).

vóid·ed *a* 無効にされた, 取り消された.

vóid-for-vágueness dòctrine あいまいゆえの無効の法理 (=VAGUENESS DOCTRINE) (cf. VOID *for vagueness*).

vóid júdgment 無効判決《法的効力を有しない無効の判決で, その無効性はその判決が直接・間接にみずからの権利と関係しているすべての人から主張しうる; cf. VOID-

ABLE JUDGMENT)).

vóid légacy 無効な動産遺贈《法的には存在しない無効な動産遺贈; 無効であるゆえにこれで遺贈された形のものは残りの遺産の一部となり, 遺言あるいは無遺言相続則に従って処分される》.

vóid márriage 無効な婚姻《法的に一切存在していない婚姻で, したがって配偶者は単なる同棲者であり, 生れた子も非嫡出となる; 近親者間の婚姻や一方当事者が既婚者である場合などがこれに当たる; cf. VOIDABLE MARRIAGE》.

vóid trúst 無効信託 (=unlawful trust)《例えば永久拘束禁止の準則 (rule against perpetuities) などに違反しているために無効な信託; 無効となる結果, 信託財産は通常信託設定者ないしはその遺産のための復帰信託 (resulting trust) として保有されることになる; cf. VOIDABLE TRUST》.

voir [voire] dire /vwá:r díər, wá:r-/ *n* **1** 《陪審員候補者や証人・証拠の適格性についての》予備尋問. **2** 《史》予備尋問における特別宣誓《予備尋問における質問に対して真実を述べる旨の宣誓》. — *vt* 予備尋問手続きで〈証人・陪審員候補者を〉尋問する. ［OF (*voir* truth, *dire* to say)］

vol. (*pl* **vols.**) volume ◆ voluntary ◆ volunteer.

vo·lens /vóuləns, -z/ *a* みずから望んだ, 自発的な (cf. NOLENS VOLENS). ［L=willing］

Vo·len·ti non fit in·ju·ria. /voulέntai nɑn fit indʒú:riə/ 望んだ者には権利侵害は生じない《結果の危険性を承知しているないしは意図的に危険を冒した者, 被害を受けても損害賠償の請求ができないという趣旨; ⇨ ASSUMPTION OF (THE) RISK》. ［L=To a willing person no injury is done.］

vo·li·tion /voulíʃ(ə)n, və-/ *n* 意思をはたらかせること, 意思作用, 意欲; 意思, 選択(力): of [by] one's own 〜 みずからの意思で. **〜·al** *a* ［F or L (*volo* to wish)］

Vól·stead Àct /válstèd-, vó:l-, vóul-/ [the 〜]《米史》ヴォルステッド法 (=Prohibition Enforcement Act)《1919年制定の連邦法で, 酒類の製造・販売・輸送を禁止したいわゆる禁酒法; 1933年の憲法改正(第21修正)でその根拠法第18修正が廃止され無効となった; 提案者である下院議員 Andrew John Volstead (1860–1947) の名から》.

Vólstead·ism *n* 酒類販売禁止主義; 禁酒(運動).

vólume dìscount 数量割引, 大口割引 (=bulk discount)《大量購入者に対する価格割引》.

vol·un·tary /váləntèri, -t(ə)ri/ *a* **1 a** 自発的な, 意思に基づく, 自由意思から出た; 任意の, 随意の: a 〜 act 自発的行為 / 〜 redundancy 希望退職. **b** 故意の: VOLUNTARY MANSLAUGHTER. **c** 〈人が〉自由意思で[無償]でつとめる, ボランティア[奉仕]の; 無償の〈仕事〉: a 〜 social worker. **2** 〈学校・病院などが〉篤志家の手で経営[維持]される, 任意の寄付貢献で成り立つ, 有志立の: a 〜 organization ボランティア組織. **3** 無償の, 有価約因なしの: VOLUNTARY CONVEYANCE. **4** 非訟(事件)の:

VOLUNTARY JURISDICTION. — *n* 自発的行為, 篤志の行為; 任意(の)寄付. **vól·un·tàr·i·ly** /ˌ-ˈ-ˌ-/, -t(ə)r-/ *adv* 自由意思で, 自発的に; 任意に. **vól·un·tàr·i·ness** /; -t(ə)rɪ-/ *n* ［OF or L (*voluntas* will)］

vóluntary accommodátion 《英》子供任意収容(施設)《親に見捨てられたり一時的に面倒を見てもらえない子供を地方自治体により施設に収容すること, またはそのための施設; 地方自治体に対して出される裁判所の子供の保護命令 (care order) に基づくものと異なり, 親の承諾を必要とするし, また親の責任 (parental responsibility) も移らない》.

vóluntary affidávit 自発的宣誓供述書《裁判手続きに必要でなく法的に要求されていないにもかかわらず任意で作成される宣誓供述書; cf. VOLUNTARY OATH》.

vóluntary appéarance 任意的出頭《出頭命令に基づかない自発的出頭; cf. COMPULSORY APPEARANCE》.

vóluntary arbitrátion 《双方当事者の合意に基づく》任意仲裁 (cf. COMPULSORY ARBITRATION).

vóluntary arrángement 《英》和議《支払い不能に陥って債務を弁済しえない債務者 (法人を含む) と債権者の間での債務支払いに関する取決め; 会社が債務者の場合には会社構成員 (company member) の会議での同意をも得る必要がある; cf. DEED OF ARRANGEMENT》. ▶ APPROVED VOLUNTARY ARRANGEMENT (承認済み和議) / INDIVIDUAL VOLUNTARY ARRANGEMENT (個人和議).

vóluntary assígnment 自発的譲渡 (=GENERAL ASSIGNMENT).

vóluntary associátion 任意団体, 自発的結社, 法人格のない社団 (=UNINCORPORATED ASSOCIATION)《ある特定の目的で設立されるが法人格のない社団》.

vóluntary bánkruptcy 《債務者自身の申し立てに基づく》自己破産(手続き), 任意破産(手続き) (cf. INVOLUNTARY BANKRUPTCY).

vóluntary bár 《米》任意加入制法曹協会《弁護士が実務活動を行なうのに必ずしも加入が条件となっていない法曹協会 (bar association); cf. INTEGRATED BAR》.

vóluntary bill procédure 《英》任意的正式起訴状案手続き《訴追側が高等法院 (High Court of Justice) の裁判官に対して被告人の起訴状案 (bill of indictment) 提出承認を得るための申請手続き; この手続きは通常治安判事裁判所 (magistrates' court) による刑事法院 (Crown Court) への陪審審理付託 (committal for trial) が否定された場合にとられる》.

vóluntary conféssion 《強制・誘導などのない》任意性のある自白 (cf. INVOLUNTARY CONFESSION).

vóluntary convéyance 有価約因なしの(不動産)譲渡, 無償(不動産)譲渡 (=voluntary disposition").

vóluntary cóurtesy 《事前の要請や報酬約束なしでの》任意の親切行為《ここからは黙示の報酬約束も認定されない》.

vóluntary depósit《両当事者合意の上での》任意寄託 (cf. INVOLUNTARY DEPOSIT).

vóluntary dismíssal《原告の申し立てないしは両当事者の合意に基づく》訴えの任意的取下げ《上訴の取下げにも用いる; cf. INVOLUNTARY DISMISSAL》.

vóluntary dispositíon〖英〗有価約因なしの土地処分[土地の権利移転] (=VOLUNTARY CONVEYANCE).

vóluntary dissolútion 任意解散《裁判によらない法人などの解散; 特に, 取締役会の提案・株主の同意による会社の解散; cf. INVOLUNTARY DISSOLUTION》.

vóluntary euthanásia 自発的安楽死 (cf. INVOLUNTARY EUTHANASIA, NONVOLUNTARY EUTHANASIA).

vóluntary expósure to unnécessary dánger 不必要な危険に自発的に身をさらすこと《その危険をみずから負担することを自覚しているとされる》.

vóluntary ígnorance 自発的不知, 責めに帰すべき不知《重大な知識を得るための相当の努力を怠ったことから生ずる不知》.

vóluntary indíctment〖英〗任意的正式起訴状《任意的正式起訴状案手続き (voluntary bill procedure) により, 高等法院 (High Court of Justice) の裁判官の承認を得て提出される正式起訴状 (indictment)》.

vóluntary intoxicátion みずからの意思に基づく酩酊, 自発的酩酊 (=culpable intoxication)《アルコール・薬物を用いれば酩酊状態になることを承知の上でその状態まで摂取すること; 一般には犯罪成立のための犯意 (mens rea) の防御にはならない; cf. INVOLUNTARY INTOXICATION》.

vóluntary jurisdíction 非訟事件管轄権《紛争を前提とせず, 当事者が任意に国家権力に服従する民事事件についての管轄権; cf. CONTENTIOUS JURISDICTION》.

vóluntary líen《債務者の承諾によって生ずる》意思に基づくリーエン (cf. INVOLUNTARY LIEN).

vóluntary liquidátion《会社の》任意清算, 自己清算, 自己解散 (=VOLUNTARY WINDING-UP) (cf. COMPULSORY LIQUIDATION).

vóluntary mánslaughter 故意殺殺 (=unintentional murder)《十分な挑発 (adequate provocation) によって生じた激情状態 (heat of passion) の下での殺人など, 故意はあるが謀殺 (murder) にまで達しない殺人; cf. INVOLUNTARY MANSLAUGHTER》.

vóluntary nónsuit 訴えの自発的取下げ (⇨ NONSUIT) (opp. *involuntary nonsuit*).

vóluntary óath 自発的宣誓 (=nonjudicial oath)《裁判手続きに必要でなく法的に要求されていないのに, したがって法廷外で行われる宣誓; cf. VOLUNTARY AFFIDAVIT》.

vóluntary petítion〖米〗《債務者自身による裁判所への》自己破産の申し立て[申立書] (cf. BANKRUPTCY PETITION, INVOLUNTARY PETITION, PETITION IN BANKRUPTCY).

vóluntary réspite《債権者全員による》自主的弁済猶予《債務者の弁済猶予の申し立てに対して全債権者が一致同意して行なう猶予措置; cf. FORCED RESPITE》.

vóluntary séarch 任意捜索《同意が強制されたのではない捜索; ⇨ CONSENT SEARCH》.

vóluntary séttlement 1《受益者 (beneficiary) からの有価約因 (valuable consideration) なしで設定される》無償継承財産設定《証書》. **2** 任意的解散《組合 (partnership) を裁判手続きによらずに構成員が自発的に行なう解散》.

vóluntary státement 任意供述.

vóluntary stránding 任意の坐礁《船舶がより大きな危険を回避するため, あるいは詐欺的目的で人為的に坐礁すること; cf. ACCIDENTAL STRANDING》.

vóluntary wáste《保有者 (tenant) の》作為による《不動産》毀損 (=COMMISSIVE WASTE).

vóluntary wínding-úp 任意清算, 自主清算 [解散] (=voluntary liquidation) (⇨ WINDING-UP). ▶ CREDITORS' VOLUNTARY WINDING-UP《債権者任意清算》/ MEMBERS' VOLUNTARY WINDING-UP《社員任意清算》.

Vo·lun·tas do·na·to·ris in char·ta do·ni sui ma·ni·fes·te ex·pres·sa ob·ser·ve·tur. /valántɛɪs dànɛɪtóːrɪs ɪn káːrtə dóunaɪ súːaɪ mænɪfésteɪ ɛksprésə əbzərvíːtər/ その贈与捺印証書で明示的に示された贈与者の意思は守られるように. 〔L=The will of the donor, clearly expressed in his/her deed of gift, should be observed.〕

Voluntas fa·cit quod in tes·ta·men·to scrip·tum va·le·at. /— féɪsɪt kwad ɪn tèstəméntou skríptəm vǽliæt/《遺言者の》意思は遺言書に書かれていることが有効であるようにする. 〔L=The will (of a testator) makes what is written in the testament effective.〕

Voluntas in de·lic·tis non exi·tus spec·ta·tur. /— ɪn dɛlíktɪs nan éksɪt(j)us spɛktéɪtər/ 犯罪においては意思が考慮されるのであって, 結果が考慮されるのではない. 〔L=In offenses, the will and not the result is looked to.〕

Voluntas re·pu·ta·ba·tur pro fac·to. /— rèp(j)utǽbətər prou fǽktou/ 意思が行為と考えられるべきである. 〔L=The will is to be taken for the deed.〕

Voluntas tes·ta·to·ris est am·bu·la·to·ria us·que ad ex·tre·mum vi·tae exi·tum. /— tèstətóurɪs ɛst æmb(j)ulətóuriə ʌ́skwe æd ɛkstríːməm váɪti éksɪtəm/ 遺言者の意思は生命の最後まで流動的である《遺言者はいつでも遺言書を変更しうるの意》. 〔L=The will of a testator is ambulatory down to the very end of his/her life.〕

Voluntas testatoris ha·bet in·ter·pre-

ta・ti・o・nem la・tam et be・nig・nam. /─ ─ hérbət ɪntɜrprɛtèɪʃíóʊnəm léɪtæm ɛt bənígnæm/ 遺言者の意思は広くかつ好意的に解釈される. [L= The will of a testator has a broad and benignant interpretation.]

vol・un・teer /vὰləntíər/ *n* **1 a** 志願者, 有志者, ボランティア; 無料奉仕者. **b** 任意行為者, 自発的行為者《他人の債務を法的・道徳的義務なくして弁済したり, 雇用契約・報酬の約束, さらには事前の同意なくして他人に役務を提供するなどの行為をなす者; 古風ではあるが officious intermeddler と同義に用いることもある》. **2** 志願兵, 義勇兵. **3** 有価約因なしの(**不動産**)譲受人, 無償(不動産)取得者 (⇨ VOLUNTARY CONVEYANCE). [F *volontaire* VOLUNTARY; 語尾は *-eer* に同化]

Volunteers in Service to America アメリカ貧窮地域奉仕活動ボランティア団, ヴィスタ (⇨ VISTA).

vot・able /vóʊtəb(ə)l/ *a* **1** 投票 (vote) できる, 投票権のある. **2** 投票で決定しうる.

vote /voʊt/ *n* **1**《発声・挙手・投票球・投票用紙などによる》賛否表示, **投票**, **採決**, 票決(の結果); 投票方法[手続き]: come [go, proceed] to the ~ 票決に付される / put [bring] a question [bill] to the ~ 問題[議案]を票決に付する / take a ~ on a question 問題につき決を採る / propose a ~ of thanks to sb 人に対する感謝決議を提案する《人に拍手などで感謝を表わすよう聴衆などに提案する》/ an open ~ 記名投票 / a secret ~ 秘密[無記名]投票 / a postal ~ 郵便[郵送]投票. ▶ ALTERNATIVE VOTE (選択投票法) / BLOCK VOTE (ブロック投票) / CARD VOTE (カード投票) / DIVISION VOTE (起立採決) / FAGGOT VOTE (薪束投票) / FREE VOTE (自由投票) / INFORMAL VOTE (無効の投票) / NO-CONFIDENCE [NONCONFIDENCE] VOTE (不信任投票) / ONE PERSON [MAN], ONE VOTE (一人一票(原則)) / POPULAR VOTE (一般投票) / RIGHT TO VOTE (投票権) / RISING VOTE (起立採決) / SINGLE TRANSFERABLE VOTE (単記委譲投票) / STANDING VOTE (起立採決) / STRAW VOTE (模擬投票) / TOKEN VOTE (暫定支出決議) / VOICE VOTE (発声採決). **2**《賛否を示す個々の》投票, **票**; 投票用紙: count the ~s 票数を数える / pass by a majority of ~s 過半数で通過する / a spoilt ~ 無効票 / canvass for ~s 票集めの運動をする / cast a ~ 1 票を投ずる《*for*, *against*》/ give [record] one's ~ 投票する《*to*, *for*》. ▶ CASTING VOTE (決定票, キャスティングボート) / FLOATING VOTE (浮動票(層)) / MAJORITY VOTE (過半数票) / SWING VOTE (投票結果決定票). **3** [the ~] 投票権, 選挙権, 参政権; [the ~] 議決票. **4** [ºthe ~] **a** 投票数, 得票(総数)《集合的》: a heavy [light] ~ 多数の[少ない]票. **b**《なんらかの共通面をもつ》一群の有権者(の支持[見解]), ...票《集合的》: *the* farm [labor] ~ 農民[労働者]票. **5** 議決事項, 議決額, (議決された)…費《*for*》; [ºthe V-s] 《英》庶民院日誌, 議事録. **6**《古》投票者, 有権者. **7**《廃》誓い; 祈願. **challenge the ~** (1) 投票の有効性に異議を申し立てる. (2) 票決を命じる. **doubt the ~** 票決を命じる. **get out the ~** *有権者を投票(所)に駆り出す.

─ *vi* 投票をする, 採決する《*for*, *in favor of*; *against*; *on* a matter》. ─ *vt* **1** 投票して決する, 票決する; 可決する; 投票で選出[支持]する; 票決により〈金額・権限を〉認める[授与する]; …にしたがって[のために]投票する. **2** *(特定の方法で)*〈人〉に投票させる. **~ down**〈議案などを〉投票で否決する. **~ for** …に(賛成)投票する,《口》…を提案する: I ~ *for* stopping. やめたらどうだ. **~ in** [**into**] office, power; law, being, etc.] (1)〈人を〉投票により選出[選任]する. (2)〈議案などを〉票決で成立させる, 可決する. **~ on** [**onto** a committee, etc.]〈人を〉投票によって選任する. **~ sb out** (**of** …) 人を投票によって(…から)追い出す,〈現職の人物を〉投票で免職にする[落選させる]. **~ … through**〈議案などを〉投票で通過させる, 可決する. **~・able** *a* VOTABLE. [L *votum* vow, wish (*vot- voveo* to vow)]

vóte dilùtion 選挙権の希釈化《単に dilution ともいう》.

vóte・less *a* 投票権[選挙権]のない.

vóte of cénsure 譴責(ﾀﾞﾝ)決議; 不信任投票.

vóte of cónfidence 信任投票.

vóte of nó cónfidence 不信任投票 (no-confidence vote).

vot・er /vóʊtər/ *n* **1** 投票者. ▶ ABSENT [ABSENTEE] VOTER (不在投票者) / FLOATING VOTER (浮動性投票者). **2** 選挙人, 有権者. ▶ MOTOR VOTER (モーターヴォーター) / NONVOTER (投票権のない人) / REGISTERED VOTER (登録選挙人) / REGISTRATION OF VOTERS (選挙人登録).

vót・ing /vóʊtɪŋ/ *n* 投票, 票決. ▶ ABSENTEE VOTING (不在(者)投票) / CARD VOTING (カード投票) / CLASS VOTING (種類別議決) / CUMULATIVE VOTING (累積投票(制)) / EARLY VOTING (投票日前投票) / MAJORITY VOTING (多数決投票制) / NONCUMULATIVE VOTING (非累積投票(制)) / PREFERENTIAL VOTING (順位付き連記投票) / QUALIFIED MAJORITY VOTING (特定多数決(投票制)) / STRAIGHT VOTING (一株一投票(制)) / TACTICAL VOTING (戦術的投票).

vóting àge 選挙権取得年齢, 投票年齢.

vóting agrèement 議決協定 (=POOLING AGREEMENT).

vóting bòoth*《投票所内の》投票用紙記入所 (polling booth")).

vóting dìstrict 選挙区; 投票区. ★ ELECTION DISTRICT と同義.

vóting gròup 1 議決権種類別株主分類《議決権に関する種類別株主の分類》. **2** 議決権種類別株主《総称》.

vóting lòbby《英議会庶民院》投票ロビー (⇨ LOBBY) (cf. AYES LOBBY, NOES LOBBY).

vóting machìne 《投票用紙を用いないで投票する》

投票機, 投票記録集計機.

vóting pàper 《特に 英議会選挙で用いる》**投票用紙** (ballot).

vóting rìghts *pl* **1** 投票権. **2** 《株主の》議決権.

Vóting Rìghts Áct [the ~] 《米》投票権法《黒人その他少数民族の投票を妨げている, 地方の法律・慣行 (識字テストなど) を排除する目的で制定された 1965 年の連邦法》.

vóting stòck*[**shàre**¹¹] 議決権(のある)株式《その所有者に議決権を与える株式》.

vóting trùst 《米》議決権信託《複数の株主が所有する議決権を受託者 (trustee) に期限を限って信託し受託者による議決権の一括行使を可能にする信託 (trust); 受託者はこの間議決権に関しては株主となるが, もとの株主は議決権信託証書 (voting trust certificate) を受け取り受益者 (beneficiary) として配当などを受ける権利を保持する; 多額出資をせずに会社を支配する手段などのため米国で多用されている》.

vóting trùst certíficate 議決権信託証書《略 VTC; ⇨ VOTING TRUST》.

vou. voucher.

vouch /váutʃ/ *vi* 保証する, 証人となる〈for〉;〈物事が〉〈ある主張の〉証拠となる〈for〉. — *vt* **1** 保証[証言]する, …の保証人となる. **2 a** 典拠として引用する, 典拠を引用して証明する, 立証する; 証拠書類を検討して〈取引を〉認証する;〈支払い〉の必要を立証する. **b** 《史》権原担保者(の訴訟参加)によって証明する. **3 a** 〈人を〉保証人[証人]として召喚する,(裁判所に)呼び出す. **b** 《史》権原担保者として…の訴訟参加を求める. **4** 《古》断言する, 確言する. ~ **over** 権原担保者として…に訴訟参加を求める,〈人を〉代わりに訴訟に引き込む. — *n* **1** 《廃》保証; 証言; 断言. **2** 《史》権原担保者の訴訟参加請求. [OF=to summon (L *voco* to call)]

vouch·ee /vautʃí:/ *n* **1** 被保証人. **2** 《史》訴訟参加を求められた権原担保者 (cf. VOUCHER). ▶ COMMON VOUCHEE (常ומ權原担保者). **3** 《古》保証人.

vouch·er /váutʃər/ *n* **1** 保証人, 証人; 保証《行為》; 確実な証拠; 証拠書類, 証明書, 受領証;《会計》取引証票, 証憑(ひょう)《収支取引を証明する伝票・領収書など》;《会計》バウチャー《仕入先からの請求書をもとに社内で作成される統一書式》. **2** 《特定の目的に使用できる》金券, 引換券, 商品券. **3** 《史》権原担保者の訴訟参加請求 (voucher to warranty). ▶ DOUBLE VOUCHER (二重の権原担保者の訴訟参加請求). **4 a** 《史》訴訟参加を求められた権原担保者 (=vouchee). **b** 権原担保者の訴訟参加請求者 (cf. VOUCHEE). — *vt* **1** 証明する. **2** 《商》…に対する取引証票を作る.

vóucher to wárranty 《史》権原担保者の訴訟参加請求.

vouch·ing *n* 《米》証人保証行為《検察側が陪審に対してみずからの証人の背後に政府の威光をちらつかせたり, その証人に対する検察側の信頼性を示唆したりすること; もちろん違法な行為である》.

vóuch·ing-ìn *n* **1** 訴訟告知《訴訟当事者である被告が当該訴訟の対象物につき被告に権原担保すべき第三者に当該訴訟の提起について知らせること; これにより第三者は当該訴訟の決定に拘束されることになる》. **2** 権原担保者の訴訟参加請求《被告に対して権原担保すべき責任を負っている者に当該訴訟に参加し防御することを請求すること; これに応えず被告が敗訴し, 被告が参加を求めた者に求償した場合, この後者は前の訴訟で裁判所が確定した事実に拘束されるものとされる》. **3** 第三者の訴訟への引込み (=IMPLEADER²).

vow /váu/ *n* 誓い, 誓約. — *vt* 誓う, 誓約する.
~·**er** *n*

Vox emis·sa vo·lat; li·te·ra scrip·ta ma·net. /váks imísa válæt lítera skríptə méinɛt/ 発せられた声は飛び去り, 書かれた文字は留まる. [L= The uttered voice flies; the written letter remains.]

voy·age /vɔ́iidʒ/ *n* 航海; 空の旅. ▶ CONTINUOUS VOYAGE (連続航海).

vóyage chàrter 航海傭船(契約)《定期ではなく, 特定の単複数の航海単位で船舶を借りる契約をすること; cf. TIME CHARTER》.

vóyage chàrterparty 航海傭船契約 (cf. TIME CHARTERPARTY).

vóyage insúrance 《海上保険》航海保険 (⇨ VOYAGE POLICY) (cf. TIME INSURANCE).

vóyage pòlicy 航海保険(証券)《保険期間の単位を 1 航海とする保険(証券); cf. TIME POLICY》.

voy·eur /vwɑːjɔ́ːr, vɔiɔ́ːr; F vwajœːr/ *n* 《人の性行為や性器をのぞいて性的満足感を覚える》窃視者, のぞき魔;《視覚的手段で性的刺激を求める人》;《いやらしいことやスキャンダラスなことを好んで追い求める》のぞき趣味の人. [F (*voir* to see)]

voyéur·ism *n* **1** 窃視症. **2** 窃視, のぞき行為《犯罪となりうる》; ⇨ VOYEUR). **voy·eur·is·tic** /vwàːjərístɪk, vɔ̀iə-/ *a*

vs. versus.

VTC° voting trust certificate 議決権信託証書.

vul·ga·ris pur·ga·tio /vəlgɛ́əris pərgéɪʃ(i)ou/ VULGAR PURGATION. [L=vulgar purgation]

vúlgar purgátion 《史》世俗的雪冤(せつえん)《具体的には熱鉄・熱湯・冷水などの神判 (ordeal) および決闘による神の裁判 (judicium dei) (⇨ TRIAL BY BATTLE) で, 当事者および宣誓補助者 (oath helper) の宣誓に基づくカノン法上の雪冤宣誓 (canonical purgation) と対比される; cf. COMPURGATION, ORDEAL, PURGATION, TRIAL BY BATTLE》.

vúlgar substitútion 《ローマ法・大陸法》通常補充指定 (⇨ SUBSTITUTION 3 (1)) (cf. INSTITUTED HEIR).

vúl·ner·a·ble benefíciary /válnə(ə)rəb(ə)l-/ 《英税制》脆弱(ぜいじゃく)受益者《2005 年法で対象脆弱者のための信託 (trust) として保有されている基金から生ずる所得および資本利得 (capital gain) は, 一定要件の下 受益者

により受け取られたものとしてそれに対する税査定が特別扱いされることが定められた; その対象受益者とは, (1) 精神障害 (mental disorder) のためみずからの財産管理不能あるいはみずからのことを自分で処理できぬ人, (2) 付添い手当 (attendance allowance) あるいは最高度もしくは中程度の障害者生活手当 (disability living allowance) を受領している人, (3) 18 歳未満で少なくとも一方の親が死亡している人である》).

vúlture fùnd ハゲワシ投資会社, ヴァルチャーファンド《破産・支払い不能会社を購入し再組織後売却し収益を得んとしている投資会社》).

v.v. °vice versa 逆に; 逆もまた同じ ♦°viva voce 口頭で.

W

W Wales ♦ west ♦ western ♦ Westminster ♦ widow.

W-2 form /dʌ́b(ə)ljutúː ―/《米税制》**W-2 書式**《米国の所得税の源泉徴収などに関連して用いられる書式で, 課税年度の所得と源泉徴収税の申告を被用者ごとに雇用者が用意し内国歳入庁 (Internal Revenue Service) に提出するもの; cf. W-4 FORM》.

W-4 form /dʌ́b(ə)ljufɔ́ːr /《米税制》**W-4 書式**《連邦所得税の源泉徴収に関連して用いられる書式で, 被用者が所得控除額を申請するもの; 雇用者はこれを基に連邦所得税の源泉徴収をする; Employee's Withholding Allowance Certificate (被用者源泉徴収控除票) ともいう; cf. W-2 FORM》.

wa °warrant of arrest 逮捕状.

WA °with AVERAGE 分損担保で.

wad /wǽd, wɑ́d/ n《スコットランド》担保. **in [to]** 〜 担保として.

Wáde hèaring /wéɪd-/《米》**ウェード審理**《刑事事件での公判前の審理で, ラインナップ (lineup) などで被告人が誰であるかを法廷外で確認した手続きの有効性を被告人が争うもの; 憲法上許されぬ方法でなされていたとすれば, 訴追側はこの身元確認を用いることはできない; 1967 年の合衆国最高裁判所の判例 United States v. Wade の被告人の名から》.

wad·set /wɑ́dsèt/ n, vt (-tt-)《スコットランド》**1 譲渡抵当(権)**《イングランドの MORTGAGE に当たる》. **2 担保, 質; 質物** (pledge, pawn). **wád·sèt·ter** n

wage /wéɪdʒ/ n [°pl]《通例 労働に対してその時間・日数・仕事量に応じて支払われる時給・日給・週給の》**賃金, 労賃, 給料** (cf. SALARY). ▶ ASSIGNMENT OF WAGES (賃金の譲渡) / ATTACHMENT OF WAGES (賃金差押え(令状)) / AWARD WAGE (法定最低賃金) / BACK WAGES (遡及賃金(裁定)) / BASIC WAGE (基本給) / MINIMUM WAGE (最低賃金) / NOMINAL WAGES (名目賃金) / REAL WAGES (実質賃金). ― vt **1**〈戦争・闘争などを〉遂行する, 行なう〈against, on〉. **2**《廃》担保に入れる (pledge); 賭ける (stake). 〜 **battle**《史》決闘によって主張を証明すると誓約する, 決闘裁判を行なうことを誓約する. 〜 **one's [the] law**《史》**(1)** 雪冤(ばっ)宣誓 (wager of law) によって主張を証明する(ことを申し出る). **(2)**《誤用》訴訟を起こす.

Wáge and Hóur Làw《米》賃金・労働時間法 (⇨ FAIR LABOR STANDARDS ACT).

wáge-and-price frèeze 賃金物価凍結(期間)《政府による賃金物価統制で賃上げ・値上げの禁止あるいはその期間》.

wáge assìgnment 賃金債権譲渡《賃金の一部を天引きの形で被用者がその債務弁済や年金基金への拠出などのために譲渡すること; 特に 債務不履行の際に債権者がその雇用主から賃金の支払いを受けることは消費者保護の観点から規制対象となりうる; cf. ATTACHMENT OF WAGES, GARNISHMENT, INCOME-WITHHOLDING ORDER》.

wáge-èarner's plàn《米》賃金取得者更生計画《債務超過になった者が定収入 (regular income) を得ている場合に裁判所認可の計画に基づいて一定期間内にその者の将来の収入から債務の全部または一部の弁済を行なう更生を助ける制度; 所得に基づく計画 (income-based plan) ともいい, 破産法典 (Bankruptcy Code) 第 13 章に基づく; cf. CHAPTER 13》.

wáge gàrnishment 賃金(仮)差押え《債権者による債務者の賃金債権の(仮)差押え》.

wa·ger /wéɪdʒər/ n **1 a** 賭け (bet), 賭け事, 賭博: lay [make] a 〜 賭け事をする〈on〉/ take up a 〜 賭けに応じる. **b** 賭けたもの, 賭け金; 賭ける対象 (馬など): a popular [poor] 〜. **c** WAGERING CONTRACT. **2**《史》《決闘・雪冤宣誓によって》主張を証明するという誓約 (⇨ WAGER OF BATTLE, WAGER OF LAW). ― vt, vi **1** 賭ける: I 〜 ten dollars on it. それに 10 ドル賭けよう. **2** 保証する. **3**《史》《正邪の決着をつけるため》〈決闘・雪冤宣誓に賭ける旨を〉誓約する[申し出る]. 〜**·er** n 賭ける人; 賭け事師 (bettor).

wáge restràint 賃金抑制 (=pay restraint).

wágering còntract 1 賭け事契約《特に 英国では gambling contract (賭博契約) が賭博参加人数に関係なく用いられるのに対して, 両当事者間のみの賭け事の契約を指す; 通例 無効; cf. GAMBLING CONTRACT》. **2 賭け契約**《不確実な事柄が営業取引に影響するかあるいはそこから生じてくるような契約》. ★ **1, 2** 共に単に wager ともいう.

wágering pòlicy‖=WAGER POLICY.

wáger of báttle [báttel]《史》**決闘審判** (=TRIAL BY BATTLE). ▶ TRIAL BY WAGER OF BATTLE

[BATTEL]（決闘審判）.

wáger of láw『史』雪冤(セツエン)宣誓, 免責宣誓 (= COMPURGATION). ▶ TRIAL BY WAGER OF LAW（雪冤宣誓による審判）.

wáger pòlicy 賭博保険証券 (=wagering policy¹¹) (=GAMBLING POLICY).

wáges còuncil『英』賃金評議会《1986年法で授権された制定法上の評議会で, 労使代表と中立委員からなり, 特定の産業の最低賃金率を定める権限を与えられているが, 1993年法で農業に関してを除き事実上廃止》.

Wág·ner Àct /wǽɡnər-/ [the ~]『米』ワグナー法 (= National Labor Relations Act)《労働者の団結権・団体交渉権を助成し全国労働関係委員会 (National Labor Relations Board) を設立させた1935年制定の全国労働関係法 (National Labor Relations Act) の通称; 1947年のタフト-ハートリー法 (Taft-Hartley Act) および1959年のランドラム-グリフィン法 (Landrum-Griffin Act) により改正; cf. MINI WAGNER ACT》.[Robert F. *Wagner* (1877-1953) New York州選出の上院議員で同法案提出者]

Wágon Móund Càses *pl*『英』ワゴン・マウンド号事件《過失 (negligence) による不法行為に対する損害賠償の範囲に関して, 不注意な行為をした者がその行為の直接的結果であるすべての損害に対して責任を負うというまでの判例法上の準則 (⇒ POLEMIS, IN RE (1921)) を退け, その行為の結果生ずるであろうと通常人 (reasonable person) が予見した種類の損害のみに対して責任を負うという予見可能説を採用した英国枢密院 (Privy Council) の1961年の判決 OVERSEAS TANKSHIP, LTD. v. MORTS DOCK & ENGINEERING CO. LTD., 1961とその関連の補足的判決 OVERSEAS TANKSHIP, LTD. v. MILLER STEAMSHIP CO., 1967の2事件名; シドニー港沖合で重油を多量に流出させ, その油に引火し火災が生じた事件の重油流出タンカーの名前から》.

waif /wéɪf/ *n* **1** 浮浪者, 浮浪児, 宿無し. **2**《権利者不明のまたは権利者のいない》拾得物; 漂着物. **3**[*ᵖpl*]《史》遺棄盗品 (=bona waviata)《《窃盗犯が逃亡中あるいは逮捕をおそれて放棄した》盗品。コモンロー上は国王のものとされたが, 現在の米国では通例州が預かり所有権者に返している》. **~s and strays** 浮浪児群, 帰るところのない動物たち;《がらくたの》寄せ集め. [AF=lost, unclaimed <?Scand]

wait /wéɪt/ *n* 待機. ▶ LYING IN WAIT（危害目的待伏せ）. **lie in** [lay] **~** 待伏せする.

wáit and sée 形勢観望(の原則) (=WAIT-AND-SEE PRINCIPLE).

wáit-and-sée prìnciple 形勢観望の原則 (= second-look doctrine)《単に wait and see ともいう》; ⇒ RULE AGAINST PERPETUITIES, STATUTORY LIVES IN BEING》.

wáiting pèriod 待機期間, 待ち期間 (=**wáiting time**)《ある手続がとられてから効力発生までの特定の期間; 例えば保険契約締結から発効まで, 結婚許可(状)

(marriage license) の申請から発給まで, ストライキの通告から適法にストライキをなしうるまで, 証券登録説明書 (registration statement) 提出後証券の公募開始が許されるまで, などの期間》.

waive /wéɪv/ *vt* **1**《権利・主張を》放棄[撤回]する;《要求を》差し控える;《規則などを》適用するのを控える (cf. FORFEIT, RESERVE). **2**《問題・議論などを》棚上げにする, 当分見送る.

waiv·er /wéɪvər/ *n* **1 a**《任意による, または自発的な》権利放棄 (cf. ESTOPPEL, FORFEITURE). **b** 権利放棄証書. ▶ AT-ISSUE WAIVER（争点ゆえの権利放棄）/ EXPRESS WAIVER（明示の権利放棄）/ IMPLIED WAIVER（黙示の権利放棄）/ OFFENSIVE-USE WAIVER（攻撃的利用ゆえの権利放棄）/ PROSPECTIVE WAIVER（将来の権利の放棄）. **2**《スポーツ》ウェーバー (**1**) 解雇される選手の公開移籍 **2**) 他チームからの要請があれば移籍するか, または自由契約となることが公表された選手》.

wáiver by eléction of rémedies 救済手段選択に伴う権利放棄《原告が2つの相矛盾する救済手段を求めていたが, その中の一方のみを決定的に選択し, かくして他方の救済手段請求を放棄した場合に生ずる被告側の防御》.

wáiver of cláims and deféfenses 請求権・防御の放棄(約款)《証券作成者 特に 約束手形振出人 (maker) あるいは契約上の債務者により, 債務者が譲渡人に対して有していた請求権ないしは防御を譲受人に対して主張する権利を任意で放棄すること; またはそのことを定めた約款》.

wáiver of cóunsel《刑事被告人による任意での》弁護人依頼権の放棄.

wáiver of deféses 防御放棄書 (=estoppel certificate)《譲渡抵当権設定者 (mortgagor) がその譲渡抵当 (mortgage) は譲渡抵当証書の記載通りの価値のある有効なものであると認めている書類》.

wáiver of exémption 免責放棄(約款)《債権者が司法手続により債務者の人的財産 (personal property) の全部または一部を差押えまたは売却することを免除してもらうことについての債務者による任意での権利放棄, またはそれについての契約上の明示の約款》.

wáiver of fórfeiture 不動産賃借権没収権の放棄《賃借料不払いなど一定の契約違反の場合に賃貸人による不動産賃借権の没収 (forfeiture of lease) の権利が発生するが, もし賃借権の没収が発生した段階で賃貸人が当該賃借権をなお存続するものとして扱った場合 没収権は放棄されたものとみなされるが, このことを指す》.

wáiver of immúnity 刑事免責権の放棄《自己負罪拒否権 (right against self-incrimination) をみずから任意で放棄し, 証言をすること》.

wáiver-of-prémium clàuse 保険料払い込み免除約款《例えば, 生命保険で被保険者が高度障害を負うなどの一定の場合には保険契約が保険料払い込みを要せずにそのまま有効に存続する旨を定める約款》.

wáiver of prívilege『英』絶対的免責特権の放

棄《絶対的免責 (absolute privilege) が与えられる議院での議員の発言であっても、名誉毀損 (defamation) 訴訟で提示される証拠を許容するためには、1996 年法により定められている一定の場合にその免責特権が放棄されうること》.

wáiver of prótest 拒絶証書作成免除《手形・小切手の支払い・引受け拒絶があった場合に拒絶証書 (protest) の作成なしで償還義務を負うこと; cf. RETOUR SANS FRAIS, RETOUR SANS PROTÊT》.

wáiver of tórt 不法行為訴権の放棄《不法行為 (tort) を根拠にしても準契約 (quasi contract) に基づいても訴えることができるような事例において、原告が不法行為に基づく損害賠償請求を選ばず、準契約に基づく不当利得返還請求をすること; 権利放棄 (waiver) という語は必ずしも正しくない; cf. IMPLIED IN LAW CONTRACT》.

Wáles and Chéster Círcuit 《英》ウェールズおよびチェスター巡回裁判区《英国の6つの巡回裁判区 (circuit) の一; 中心地は Cardiff; ⇨ CIRCUIT》.

walk /wɔ́:k/ *vi* **1** 歩く; 歩いて行く. **2**《口》職場を放棄する, ストに入る《**walk out** ともいう》. **3**《俗》放免《釈放》される, 罪をのがれる, おとがめなしである; *《俗》刑務所を出る;《俗》(うまく)逃げる.

wálking posséssion 歩く占有, 名目的差押え《合意に基づき債務者の動産を, 強制執行のためシェリフ (sheriff) ないしベイリフ (bailiff) が持ち出し売却する権利を留保しつつ, 債務者自身の家内に留め置くこと》.

wálk·òut *n* **1** 同盟罷業, ストライキ. **2**《抗議の意思表示としての》退場, 職場放棄.

Wálsh-Héa·ley Àct /wɔ:lʃhí:li-/ [the ~]《米》ウォルシュ-ヒーリー法《1936 年制定の連邦法で, 連邦政府との契約締結の条件として, 労働者をこの法が定める一定の労働基準以下で使用しないことを定めたもの; 1938 年の公正労働基準法 (Fair Labor Standards Act) の先駆けであり, その後 1970 年の労働安全衛生法 (Occupational Safety and Health Act) が定められている》.

wánt of considerátion《契約締結当初からの》約因の欠如, 約因の欠缺(けんけつ) (cf. FAILURE OF CONSIDERATION).

wánt of jurisdíction 管轄権の欠如, 裁判権の欠如 (=lack of jurisdiction)《全面的に権限を欠く場合も, ある特定当事者・事物についてのみの場合も含むむ; さらには先行要件が欠け, そのためにそれが満たされるまでの欠如も含む》.

wánt of prosecútion《訴訟当事者, 特に原告による》訴訟不追行 (=lack of prosecution)《略 w.o.p.》. ▶ DISMISSAL FOR WANT OF PROSECUTION (不追行ゆえの訴訟の却下).

wánt of repáir《高速道路・住宅などの》補修の必要.

wan·ton /wɔ́(:)nt(ə)n, wɑ́n-/ *a* **1** 奔放な, 気まぐれな, 勝手気ままな. **2** みだらな, 浮気な, わいせつな, (性的に)放縦な. **3** 無謀な, 未必の故意による (⇨ WANTONNESS) (cf. RECKLESS, WILLFUL). **~·ly** *adv*

wánton and réckless miscónduct 未必の故意による無謀違法行為 (=WANTON MISCONDUCT).

wánton miscónduct 未必の故意による無謀違法行為 (=wanton and reckless misconduct)《結果的に権利侵害が生ずる蓋然性のあることを知りながら, しかも他人の権利を無謀にも無視して行為をすること, あるいは義務があるにもかかわらずその行為を行なわないこと》.

wánton négligence 無謀な過失 (⇨ GROSS NEGLIGENCE).

wánton·ness *n* 未必の故意的無謀, 未必の故意的危険の度外視《自己の作為または不作為が他人の物・権利・安全などに対して危険を与えうることを意識しながらも, その結果については無関心なこと; 通例 RECKLESSNESS よりは責任の度合いは重く, 刑事法ではしばしば犯意 (malice) を意味する》.

wap·en·take /wɑ́pənteìk, wǽp-/ *n* 《英史》**1** ワペンテイク《イングランド北部および東部のデーンロー (Danelaw) 諸州で COUNTY の構成単位; 他州の HUNDRED に相当》. **2** ワペンテイク裁判所 (⇨ HUNDRED COURT).

war /wɔ́:r/ *n*《一般に》戦争(というもの), 交戦(状態), 戦い (opp. *peace*)《★ 関連形容詞: BELLIGERENT》;《個々の》戦争, 戦役; 戦い, 争い, 闘争 (conflict): declare ~ against [on]…《他国に対し宣戦を布告する / make [wage] ~ upon…に戦争を仕掛ける, …を攻撃する / the ~ to end ~ 戦争絶滅のための戦い《第一次大戦の際の連合軍のスローガン》. ▶ ACT OF WAR (戦争行為) / ARTICLES OF WAR (軍律) / BOOTY OF WAR (戦利品) / CIVIL WAR (内乱) / CONTRABAND OF WAR (戦時禁制品) / DECLARATION OF WAR (宣戦布告) / IMPERFECT WAR (不完全戦争) / INTERNATIONAL LAW OF WAR (戦時国際法) / JUST WAR (正戦) / LAW OF WAR (戦争法) / LEVYING WAR (戦いを起こすこと) / LIMITED WAR (限定戦争; 局地戦) / MUNITIONS OF WAR (軍需品) / PRICE WAR (価格戦争) / PRISONER OF WAR (捕虜) / PRIZE OF WAR (戦時捕獲物, 戦時捕獲船[機]) / SOLEMN WAR (正規の手続きを踏まって始められた戦争) / SPOILS OF WAR (戦利品) / UNSOLEMN WAR (正規の手続きを踏まずに始められた戦争). **at ~** 交戦中で; 不和で 〈*with*〉. **go to ~** 戦争を始める, 争う 〈*against*, *with*, *over*〉; 出征する. **have a good ~**《口》戦場で[戦時に]存分の活躍をする. — *vi* (**-rr-**) 戦争する, 戦う, 激しく争う 〈*with*, *against*〉: ~ over a contract 契約を取ろうと争う. [AF < OF *guerre* < Gmc (OHG *werra* strife)]

war. warrant.

Wár betwèen the Státes [the ~]《米史》南北戦争.

wár càbinet 戦時内閣.

Wár Cláuse [the ~]《米》戦争条項 (=War Powers Clause)《宣戦権限を連邦議会に付与した合衆国憲法第1編第8節11-14項; ⇨ WAR POWER》.

wár crime [ʰpl] 戦争犯罪《戦争に際して行なわれた国際法上の違法行為で, 狭義には捕虜の虐待などの戦時

法規違反, 広義にはそれに平和に対する罪 (crime against peace) および人道に対する罪 (crime against humanity) (集団殺害など) を加えたもの; cf. CRIME AGAINST PEACE).

Wár crìmes tribùnal 戦争犯罪裁判所《第二次大戦のニュルンベルク (Nuremberg) と東京で開かれた国際軍事裁判所や, 国際連合憲章第 7 章に基づいて設立された旧ユーゴスラヴィア (1993 年), ルワンダ (1995 年) に関する国際刑事裁判所 (International Criminal Court)》.

wár crìminal 戦争犯罪人, 戦犯.

ward /wɔ́ːrd/ n **1** 区, 地区, 選挙区《行政・選挙などのための市・町の区分》;《英史》ウォード《イングランド北部およびスコットランドの一部の county の旧行政区分》. **2** 病棟, 共同病室;《史》刑務所;《刑務所の》監房;《英史》救貧院. **3** 被後見人 (opp. *guardian*); 被後見人の身分;《広く》監督下[保護下]にある者. ▶ COURT OF WARDS (AND LIVERIES) (後見裁判所) / MASTER OF THE WARDS (後見長官) / PERMANENT WARD (永続的被後見人) / TEMPORARY WARD (暫定的被後見人). **4** 保護, 監督, 後見; 監視, 警戒; 抑留, 監禁: be in ~ to …に後見されている / be under ~ 監禁されている / put sb in ~ 人を監禁[抑留]する. ▶ CASTLEWARD (城塞勤務保有) / WATCH AND WARD (警邏). **5** 城壁,《城などの》中庭. **6**《廃》防御. **7**《古》守備隊. **8**《スコットランド史》軍事奉仕保有. — vt 後見する.

war·den /wɔ́ːrdn/ n **1** 管理者, 管理人, 監督者; 監視員, 巡視員;*刑務所長 (governor');《刑務所の》看守. ▶ ALLOTMENT WARDEN (割当地管理人) / CHURCHWARDEN (教(会)区委員) / GAME WARDEN (猟場管理者) / TRAFFIC WARDEN (交通監視員). **2 a**《学校・病院・福祉施設などの》長,"学長,"《大学の》学寮長;《ギルドなどの組織の》理事, 役員;《港湾・市場などの》長官, 所長,"五港長官((Lord) Warden of the Cinque Ports). **b** [W-]*総監, 総督;《Connecticut 州自治町村などの》首長; 知事;《史》摂政. **3** 教(会)区委員 (churchwarden);《古》門番. — vi 猟場管理者 (game warden) として狩猟鳥獣を管理保護する. **~·ry** n warden の職[管轄, 管理地区]. **~·ship** n warden の職[権力, 管轄]. [AN GUARDIAN]

Warden of the Cinque Ports ⇨ LORD WARDEN OF THE CINQUE PORTS.

wárd·er n (fem **wárd·ress**) **1** 見張り人, 番人, 門番. **2**《刑務所の》看守. **~·ship** n warder の職[地位, 職務]. [AF (*warde* act of guarding)<Gmc]

wárd in [of] cháncery《史》大法官府の被後見人《大法官府の後見下にある未成年者; 英国では 1949 年法まで未成年者およびその資産につき大法官府部 (Chancery Division) に訴えが提起されると親の有無にかかわらず自動的に直ちにこの未成年者は裁判所の後見下に入ったが, この未成年者をいった; 1949 年法で裁判所の命令によることに変わった》.

wárd of ádmiralty《史》海事裁判所の被後見人《船員 (seaman) のこと; 契約に関して海事裁判所 (Court of Admiralty) の後見的保護を受けることから》.

wárd of cóurt 裁判所の被後見人《**1**》親あるいは裁判所により選任された後見人 (guardian) の後見下にある未成年者 **2**) 特に 裁判所による後見 (wardship) が決定され, 裁判所の一般的後見に服している未成年者》.

wárd of the státe《米》州の被後見人《州政府により収容され保護されている人》.

wárd·shìp n **1** 被後見, 被後見人[未成年者]の身分[地位]; 後見: be under the ~ of …に後見されている / have the ~ of …を後見している. **2** 後見裁判権《未成年者を裁判所の後見人 (ward of court) にし保護しうる裁判権》. **3**《史》後見権 (= guardage)《保有者 (tenant) が未成年法定相続人を残して死亡した場合の領主 (lord) が有した未成年者相続人の後見権で封建的付随条件 (feudal incident) の一つ; 特にその保有条件が騎士奉仕 (knight service) であった場合には成年に達するまで保有地の管理収益権を得ることができたため重要で, これを含む封建的付随条件の潜脱方法の案出の模索が一つの原因となって土地法が大きく動いた; ⇨ FEUDAL INCIDENT》.

ware·house /wéərhàus/ n 倉庫, 貯蔵所,《税関の》上屋(うゎや). ▶ BONDED WAREHOUSE (保税倉庫). — vt /-hàuz/ 倉庫に保管する; 保税倉庫に預ける.

wárehouse bòok 倉庫台帳.

wáre·hòus·er, wárehouse·man /-mən/ n (-men /-mən/) **1** 倉庫係. **2** 倉庫業者.

wárehouse recéipt 倉庫預り証, 倉庫証券 (= warehouse warrant, wharfinger's warrant)《保管を依頼された者がその物の権原 (title) を証する書面; 特に倉庫業者が手数料を得て物品を保管する際の預り書で, 保管物の権原証券 (document of title) として流通証券 (negotiable instrument) の一つとなりうる》. ▶ FIELD WAREHOUSE RECEIPT (現場倉庫による倉庫証券).

wárehouser's [wárehouseman's] líen 倉庫業者のリーエン《倉庫業者が委託を受けた物品の保管費用に関して寄託者に対して有する預かっている物品またはその代金上のリーエン》.

wárehouse wàrrant 倉庫証券 (= WAREHOUSE RECEIPT) 《略 WW》.

wáre·hòusing n **1** 倉庫保管, 保税倉庫保管. ▶ FIELD WAREHOUSING (現場倉庫制). **2** *譲渡抵当保有《譲渡抵当金融銀行 (mortgage banker) が市場の改善まで譲渡抵当を保有すること》. **3** *《機関投資家への》株式公開買付けの事前通知《株式公開買付け (tender offer) に関連して, 会社が機関投資家にその事前通知を行なうこと; これによりその機関投資家は一般の人が企業買収に気づき買収対象会社の株価が上がる前に株を買うことができるようになる; cf. TAKEOVER BID》.

wár ínjuries pl 戦争による損害《英国においては戦争勃発に際して, ミサイル・爆弾・武器使用などにより生じた損害に対して民事上の責任を排除する法律を制定することが通例である》.

wárned líst /wɔ́:rnd-/《英》審理予定事件予告目録
《審理予定事件目録 (cause list) の一つ; 審理予定事件目録に記載される予定を予告する目録で, 審理予定事件日報 (Daily Cause List) の中に併せて載せられる》.

Warnerius ⇨ IRNERIUS.

warn·ing /wɔ́:rnɪŋ/ *n* 警告, 警戒; 警報; 訓戒; 徴候, 前兆; 予告, **通告**. ▶ ADEQUATE WARNING (十分な警告) / FAIR WARNING (公正な警告) / MIRANDA WARNINGS (ミランダ警告).

wárning of cáveat 予告記載に基づく通告 (⇨ CAVEAT).

wár of aggréssion《国際法》侵略戦争.

wár pòwer《米》戦時権限《連邦議会が宣戦布告をなし軍隊を維持することなど, また 大統領が最高司令官であることを定める合衆国憲法第1編第8節11-14項, 第2編第2節1項に基づく戦争遂行権限》.

Wár Pòwers Clàuse [the ~]《米》戦争権限条項 (= WAR CLAUSE).

Wár Pòwers Resolùtion [the ~]《米》戦争権限(制限)決議《合衆国ないしはその領土の一部が攻撃された場合を除き, 連邦議会の承認なしに大統領が外国との戦争行為に軍隊を動員する権限を制限する連邦議会の1973年の決議》.

war·ran·dice /wɔ́rəndəs/ *n*《スコットランド》保証 (warranty). [AF]

war·rant /wɔ́(:)rənt, wɑ́r-/ *n* **1** 正当な理由, 根拠; 権能 (authority); 保証(となるもの): have ~ for…の正当な理由[権能]がある. **2** 権限授与状[書]; 命令状, 令状《逮捕状・捜索令状・差押令状など》: a ~ to search a house 家宅捜索令状 / issue a ~ for sb's arrest 人に逮捕状を出す / The ~ against [for the arrest of] him is out. 彼に逮捕状が出ている. ▶ ADMINISTRATIVE WARRANT (行政関係令状) / ANTICIPATORY WARRANT (予期捜索(差押)令状) / ARREST WARRANT (逮捕状) / BACKING A WARRANT (令状の裏書) / BENCH WARRANT (裁判所発行勾引状) / COMMITMENT WARRANT (拘禁令状) / COMMITTAL WARRANT (収監令状) / DEATH WARRANT (死刑執行令状) / DISPOSSESSORY WARRANT (不動産占有奪取令状) / DISTRESS WARRANT (差押令状) / ENTRY WITHOUT WARRANT (令状なしの立入り) / ESCAPE WARRANT (逃走者逮捕状) / EXTRADITION WARRANT (犯罪人引渡し令状) / FUGITIVE FROM JUSTICE WARRANT (裁判逃避者発行逮捕状) / FUGITIVE WARRANT (逃亡犯罪人逮捕状) / GENERAL WARRANT (一般令状) / JOHN DOE WARRANT (ジョン・ドウ逮捕状) / JUSTICE'S WARRANT (治安判事発行逮捕状) / LANDLORD'S WARRANT (不動産貸主差押令状) / OUTSTANDING WARRANT (未履行逮捕状) / PEACE WARRANT (治安判事発行逮捕状) / POSSESSORY WARRANT (占有回復令状) / PRELIMINARY WARRANT (予備審問のための出廷令状) / RENDITION WARRANT (逃亡犯罪人引渡し令状) / SEARCH AND SEIZURE WARRANT (捜索押収令状) / SEARCH WARRANT (捜索(差押)令状) / SURREPTITIOUS ENTRY WARRANT (秘密立入り令状) / TAX WARRANT (未納租税徴収・差押令状) / WITNESS WARRANT (証人逮捕出廷令状). **3 a** 証明書, 免許状; 権原保証書. **b** 指図(書); 委任状; 権限証書, 権限証券. **c** 支払い命令書, 金銭支払い証券, 受領許可書. ▶ DIVIDEND WARRANT (明細書付き配当金支払い小切手) / DOCK WARRANT (埠頭倉庫証券) / LAND WARRANT (公有地証券) / ROYAL WARRANT (王室御用達権授与書) / SHARE WARRANT (無記名株券) / WAREHOUSE WARRANT (倉庫証券) / WHARFINGER'S WARRANT (埠頭管理人証券). **4 a** 短期公債. **b** 株式買受権証券, ワラント (= stock warrant, subscription warrant)《長期(通例5-10年間) 一定価額で会社から株式購入できる選択権 (option) を与えている証券; 通常は優先株 (preferred stock) や社債 (bond) に付く場合が多く, 市場性を有する; cf. SUBSCRIPTION). ▶ STOCK [SUBSCRIPTION] WARRANT (株式買受権証券, ワラント).
— *vt* **1**《品質・人物などを》保証する, 請け合う;《特に》《財産・土地などの》権原を保証する. **2** 正当化する, 正しいとする. **3** 権限を授与する, 認可する.
~·less *a* [ME=protector, warrant < AF *warant* < Gmc; cf. GUARANTY]

wárrant bàcked for báil 保釈命令裏書付き逮捕状 (= warrant endorsed for bail).

wárrant càrd《警察官などの》身分証明書, 身分証.

Wárrant Clàuse [the ~]《米》令状条項《捜索・逮捕・押収に対する令状は, 相当な理由に基づきかつ対象が特定されてのみ発せられるべきことが定められている合衆国憲法第4修正のこと》.

wárranted arrést 令状による逮捕.

wárranted séarch 令状による捜索.

war·rant·ee /wɔ̀(:)rəntíː, wɑ̀r-/ *n* 保証の相手方, 権限担保をされている人, 被保証人.

wárrant endórsed for báil 保釈命令裏書付き逮捕状 (warrant backed for bail).

wárrant in bánkruptcy《米史》破産者財産差押令状.

wárrantless arrést 令状なしの逮捕.

wárrantless séarch 令状なしの捜索 (cf. EXIGENT CIRCUMSTANCES, EXIGENT SEARCH, PROTECTIVE SEARCH).

wárrant of arrést 逮捕状 (= ARREST WARRANT).

wárrant of attáchment 出廷保証令状 (= WRIT OF ATTACHMENT).

wárrant of attórney 1 委任状 (power of attorney). **2**《史》認諾委任状《特定当事者のために出廷のうえ請求の認諾 (confession of judgment) をなすことを依頼人が弁護士に書面で授権すること; 実質的には簡易に債務名義を創出することが目的; cf. COGNOVIT》.

wárrant of commítment 拘禁[施設収容, 収監]令状 (= commitment warrant).

wárrant of deténtion 拘置令状.

wárrant of distréss《債務者の》動産差押令状.

wárrant of execútion 《英》《州裁判所による》判決執行令状 (writ of execution).

wárrant òfficer 《軍》(COMMISSION (将校任命辞令) でなく WARRANT (委任状) により任命される) 准尉, 准士官.

wár·ran·tor, wárrant·er *n* 保証人, 担保の提供者, 権限担保者.

wárrant sàle 《スコットランド史》押収物売却《債務弁済に当てるための押収家財等の売却》.

wárrant upòn indíctment or informátion 正式起訴または略式起訴に基づく逮捕状 (arrest warrant).

war·ran·ty /wɔ́(:)rənti, wár-/ *n* **1** 根拠, 正当な理由, 認可 ⟨for doing⟩. **2 a** 保証, (品質または権利の) 保証, 担保, 瑕疵担保; 権限担保, 権限担保責任: be under ~ 保証期間中にある. **b**《特に不動産の》権限担保(責任)《不動産譲渡において譲与者が被譲与者に対して権原を保証し, 万が一被譲与者がより良い権原を有する第三者により占有を剥奪された場合には被譲与者に補償する旨の約定で, 譲与者の相続人にも拘束力を有する》. **c** 保証(書)《契約目的物の品質またはその売主の正当な権原 (title) の保証(書); 元来は当事者間の明示または黙示の約束に基づくものと法構成されてきたが, しかし現在では製造者と直接取引をしていない消費者に対しても及ぶとされてきている; cf. CAVEAT EMPTOR》. ▶ AS IS WARRANTY (現状のまま担保) / BREACH OF WARRANTY (担保(約束)違反) / COLLATERAL WARRANTY (付随的権限担保(責任)) / CONSTRUCTION WARRANTY ((住宅)建築保証) / COVENANT OF WARRANTY ((権原)担保約款[条項]) / DECEPTIVE WARRANTY (欺瞞的保証) / DISCLAIMER OF WARRANTY (担保責任の排除) / EXPRESS WARRANTY (明示の担保(責任), 明示の品質保証) / EXTENDED SERVICE WARRANTY (拡大サービス保証) / EXTENDED WARRANTY (拡大保証) / FULL WARRANTY (全面的保証) / GENERAL WARRANTY (一般的権原担保(責任)) / HOME OWNERS [OWNER'S] WARRANTY (住宅瑕疵担保保証(制度)) / IMPLIED WARRANTY (黙示の担保(責任), 黙示の品質保証) / LIMITED WARRANTY (限定的保証) / PERSONAL WARRANTY (人的保証) / PRESENTMENT WARRANTY (呈示時の保証) / SPECIAL WARRANTY (特定的権原担保) / TRANSFER WARRANTY (移転権原担保; 権原証券移転) / VOUCHER TO WARRANTY (権限担保者の訴訟参加請求) / WRITTEN WARRANTY (保証書). **3**《保険》《被保険者による契約事項の》真実性の保証, 担保 (cf. REPRESENTATION). ▶ AFFIRMATIVE WARRANTY (確認担保) / BREACH OF WARRANTY (真実性の保証違反) / CONTINUING WARRANTY (継続担保) / EXECUTORY WARRANTY (将来の担保) / PROMISSORY WARRANTY (確約担保). **4**《英》《契約の》付随的条項《契約内容に関わる合意ではあるが契約の主目的に付随する意味しか有さぬため, その部分についての違反は損害賠償による救済対象にはなりうるが, 契約そのものの解除権を発生させないもの; 前者の契約の主目的にかかわるものを契約条項たる条件 (condition) と呼ぶ; 契約条項の該当部分がいずれによるかは原則的には当事者の意思による》. **5** 令状, 命令書 (warrant). — *vt*《メーカー・販売店が》《商品》に保証書を付ける, 保証書で品質保証する. [⇨ GUARANTY]

wárranty ab inítio 当初からの担保《本契約からは独立した付随的約束で, その違反は契約自体を解除することにはならないが, 損害を受けた側に損害賠償請求権を与える担保; cf. WARRANTY EX POST FACTO》.

wárranty dèed 権原担保捺印証書, 瑕疵(៌)担保証書 (cf. QUITCLAIM DEED, STATUTORY DEED). ▶ GENERAL WARRANTY DEED (一般的権原担保捺印証書) / SPECIAL WARRANTY DEED (特定的権原担保捺印証書).

wárranty èx pòst fácto 事後的担保《契約条件が破られたため損害をこうむった側の当事者が契約を取り消す権利を有するが, しかし条件が破られたことに対する損害賠償請求権を留保してなお契約自体は存続させる形での担保; cf. WARRANTY AB INITIO》.

wárranty of assígnment 譲渡についての保証《譲渡 (assignment) に際して譲渡人が行なうものとされる譲渡対象の権利を有すること, その権利に抵触する一切のことを将来行なわないこと, 譲渡の価値を害していることについては一切知らないことを保証する黙示の保証》.

wárranty of fítness (特定目的への)適合性についての保証 (⇨ IMPLIED WARRANTY OF FITNESS FOR A PARTICULAR PURPOSE).

wárranty of habitabílity 居住適性の保証 (⇨ IMPLIED WARRANTY OF HABITABILITY). ▶ IMPLIED WARRANTY OF HABITABILITY (居住適性についての黙示の保証).

wárranty of merchantabílity 商品適性についての保証 (⇨ IMPLIED WARRANTY OF MERCHANTABILITY). ▶ IMPLIED WARRANTY OF MERCHANTABILITY (商品適性についての黙示の保証).

wárranty of títle 権原の担保(責任)《売主ないしは譲渡人が当該財産に対する権原を有していること, 移転が正しくなされていること, 契約時に買主ないしは譲受人が知っているもの以上のリーエン (lien) その他の負担が付着していないことを保証し, その担保責任を負うこと; 動産の売買の場合にはこの担保責任は自動的に生ずる》.

war·ren /wɔ́(:)rən, wár-/ *n* **1** ウサギ (rabbits) の飼育場; ウサギ群生地; 入り組んだウサギの穴; 飼育場のウサギ《集合的》. **2** ごみごみした[密集な]地域[建物]; 迷路. **3**《主として ウサギなどの》野生鳥獣飼育特許地《での飼育・狩猟特権》; 野生鳥獣飼育特許地内の狩猟鳥獣. ▶ FREE WARREN (野生鳥獣飼育地保持特権). [AF *warenne* < Celt = fenced-off area]

Warren ウォレン **Earl** ~ (1891-1974)《米国の法律家・政治家; California 州司法長官 (Attorney General), 同州知事 (1943-53)《この間 1952 年の大統領選では共和党候補の指名も争っている》を経て, 合衆国最高裁判所 (Supreme Court) 首席裁判官 (Chief Justice)

Warren Court

(1953–69), 司法積極主義にのっとり社会的正義を求めての進歩的判決を多く出し, ウォレン・コート (Warren Court) といわれる一時代を築いた; また Kennedy 大統領暗殺事件調査委員会 (the 〜 **Commission**) の長 (1963–64)).

Wárren Còurt [the 〜]《米》ウォレン・コート《1953 年から 69 年まで合衆国最高裁判所 (Supreme Court) 首席裁判官 (Chief Justice) であったウォレン (Earl Warren) の下での最高裁判所; この時期の最高裁判所は司法積極主義にのっとり, 例えば公立学校における人種差別, 言論・思想の自由の保護問題などにおいて社会的正義を求めての進歩的立場から違憲立法審査権を多く行使し, 米国憲法をめぐる政治・社会に大きな影響を与えたが, それだけにまたその評価の対立も激しい》.

wár risk《保険》戦争から生じる危険, 戦争危険《保険に関して用いられる語で, 戦争行為・反乱・革命・内乱・海賊行為などから生ずる危険》.

wár risk insùrance 戦争保険《戦争危険 (war risk) をカバーする保険一般で, 船舶などの損害を塡補する損害保険と, 従軍者などの死傷に対する生命・傷害保険を含む》.

warrty warranty.

Wár·saw Convéntion /wɔ́ːrsɔ̀ː-/ [the 〜] ワルソー[ワルシャワ]条約《国際航空運送についてのある規則の統一に関する条約 (Convention pour l'unification de certaines règles relatives au transport aérien international) の略称; 航空機の国際線事故の際, 個人の損害に対する航空運送人・航空会社の責任・賠償金限度額を定めた 1929 年の多国間条約; 1933 年発効; 日本も英米両国も加入; 1955 年のハーグ議定書 (1963 年発効) などで改正されている》.

Wash·ing·ton /wɔ́(ː)ʃɪŋtən, wáʃ-/ **1** ワシントン《米国の首都コロンビア特別区 (District of Columbia); 州と区別するためにしばしば Washington, D.C. /-dìːsíː/ という; ⇒ DISTRICT OF COLUMBIA》. **2** 米国政府.

wásh sàle /wɔ́(ː)ʃ-, wáʃ-/ **1** 仮装売買, 偽装売却, 空(ホレ)取引《同一人が同一銘柄をほとんど同時に売り買いの注文を出し, 取引が活発であることを装うこと》. **2**《米税制》《株式の》買換え《値下がり損を伴った株式売却だが前後 30 日以内に同一または実質的に同一の株の購入があるもの; この場合売却は偽装とみなされ, 税法上譲渡損の控除は認められない》.

wast·age /wéɪstɪʤ/ n **1** 消耗, 損耗. **2**《定年・任意の退職による》労働者の目減り, 自然減 (natural wastage). ▶ NATURAL WASTAGE (自然減).

waste /wéɪst/ vt 浪費する; 荒廃させる;《家屋などを》毀損する: a country 〜d by war 戦争で荒廃した国. ── n **1** 浪費;《機会などを》逸すること. **2**[ᵒ/ᵖ] くず, 廃物, 廃棄物. ▶ CONTROLLED WASTE (規制廃棄物) / DIRECTIVE WASTE (欧州連合令上の廃棄物) / HAZARDOUS WASTE (有害廃棄物) / TOXIC WASTE (有毒廃棄物) / UNLICENSED DISPOSAL OF WASTE (廃棄物無許可処分). **3** 荒地, 原野, 荒蕪地;《広い》未開墾土地. ★歴史

的には waste の最も重要なものは荘園 (manor) に付属していた荒れ地であり, ここから荘園内で入会権 (common) の対象となる共有地 (common) を指すこともあるが, 厳密には正しくない. **4 a**《戦争・火災などによる》荒廃; 荒廃地. **b**《不動産》毀損. **c** 漸減, 消耗衰弱. ▶ AMELIORATING [AMELIORATIVE] WASTE (改良的現状変更) / COMMISSIVE WASTE (積極的《不動産》毀損) / DOUBLE WASTE (二重の《不動産》毀損) / EQUITABLE WASTE (エクイティー上の《不動産》毀損) / IMPEACHABLE WASTE (責任を問われるべき《不動産》毀損) / IMPEACHMENT OF WASTE (《不動産》毀損の責任を問うこと) / LEGAL WASTE (コモンロー上の《不動産》毀損) / PERMISSIVE WASTE (不作為による《不動産》毀損) / VOLUNTARY WASTE (作為による《不動産》毀損) / YEAR, DAY, AND WASTE (一年収益大権). without IMPEACHMENT OF WASTE.

wásted cósts òrder《英》浪費された訴訟費用支払い命令《訴訟費用のうち, 訴訟代理人あるいはその被用者の不適正・不合理なあるいは過失ある行為により生じた費用で, 裁判所が訴訟当事者に負担させることが相当でないと考えたものについて, その訴訟代理人個人に支払わせることを命じる命令》.

wáste disposàl 1 廃棄物処理, 廃棄物投棄. **2**″生ゴミ粉砕機, ディスポーザー.

wásting ásset 消耗(性)資産, 減耗資産《油井・鉱山に対する権利, 特許権 (patent), 不動産賃借権 (leasehold) など》.

wásting police tìme《英》警察時間空費《罪》《虚偽の犯罪通報や人・財産が危険に陥っている旨などの暗示により警察にむだな時間を空費させる犯罪》.

wásting próperty 減耗財産(権)《減耗資産 (wasting asset), あるいはそれに対する財産権》.

wásting trúst 費消信託《受益者 (beneficiary) に定期的に支払いをなし, かつ現実に生ずる収益がその配分額に不足する時には元本を取り崩してその不足額に充当する権限が受託者 (trustee) に与えられている場合や, 信託財産が減耗財産 (wasting property) からなる場合の, 信託財産 (trust property) が漸減して行く信託》.

watch /wάtʃ, *wɔ́ːtʃ/ n **1**《注意深く》見守ること; 警戒, 見張り, 監視. ▶ NEIGHBORHOOD WATCH (近隣住民による警戒) / NIGHT WATCH (夜警). **2**《一人または一組の》番人, 警備員, 警備隊. **3**《海事》《原則 時間交替の》当直(時間), 当直割;《船舶の乗組員を二分した》当直番: the port [starboard] 〜 左舷[右舷]当直.

wátch and wárd《史》昼夜の見張り, 自警, 警邏(ケイラ), 監視《英史上は治安官 (constable) による, watch は夜間の, ward は日中の監視義務を指した》.

wátch commìttee《英》公安委員会《正確には自治都市 (borough) の警察の統制機関であったが, 廃止, 現在では州 (county) 警察の統制機関に対して一般的に用いられている》.

wátch·dog bòdy 番犬機関, 監視団体《不正を監視する官庁や会社など》.

wátch·er n **1** 見張人; 当直者;《寝ずに病人に付き添

う)看護人. **2** 注視者, 観測者; 犯行観察者; [国名などのあとに用いて] …(問題)専門家, …消息通: a Kremlin ~ ロシア問題専門家. **3** *(選挙投票所における政党選任の)立会人, 投票立会人 (poll watcher).* ▶ POLL WATCHER (投票立会人).

wátch·ing bríef 〖英〗訴訟注視依頼(書)《訴訟当事者でない第三者が, 用心のためその訴訟を見守るよう法廷弁護士 (barrister) に対してなす依頼(書)》.

wa·ter /wɔ́ːtəɾ, *wát-/ *n* 水; 水域: W~ runs and ought to run as it is by nature accustomed to run. 水は本来いつも流れているように流れるしまた流れるべきである. ▶ ABSTRACTION OF WATER (取水) / COASTAL WATERS (沿岸海域) / DIVERSION OF WATER (引水; 水路変更) / HEADWATER (上流; 源流) / HISTORIC WATERS (歴史的水域) / INTERNAL [INLAND] WATERS (内水) / JUDGMENT OF WATER (水裁判) / MARINE WATERS (領海) / NAVIGABLE WATER (可航水域) / ORDEAL BY [OF] (COLD) WATER (冷水神判) / ORDEAL BY [OF] (HOT) WATER (熱湯神判) / ORDEAL BY [OF] WATER (水神判) / PERCOLATING WATER (一定の水路によることなく流れる水) / RIGHT OF WATER (流水権; 流水自然権) / TERRITORIAL WATERS (領海) / TIDEWATER [TIDAL WATERS] (潮水).

wáter báiliff 1 〖英史〗船舶捜査官. **2** 密漁見張人.

wáter·cóurse *n* **1** 水流《水源にある, あるいは水流途中にある泉・湖・沼沢地をも含む》, 川; **水路, 流水路, 運河**. ★ waterway ともいう. ▶ ANCIENT WATERCOURSE (昔ながらの流水路). **2** 流水権, 流水利用権 (right of water).

Wáter Cóurt 〖米〗《Colorado 州と Montana 州にある》水利権裁判所.

wáter díscharge consént 〖英〗《環境機関 (Environment Agency) の》排水承諾.

wáter dístrict 〖米〗給水区《給水のためだけに設けられた特別区》.

wátered stóck 《資産規模の過大評価に基づいて発行される》水割り株, 水増し株.

Wáter Frámework Diréctive [the ~] 水枠組欧州連合命令《2000 年の欧州連合命令 (directive) で, 湖沼・河川その他大規模な水資源の保護・維持のための枠組を定めたもの; 英国ではこれを受け, 2003 年に Water Act (水法) と Water Environment and Water Service (Scotland) (スコットランド水環境・給水法) が制定されている》.

Wáter·gàte Affáir [the ~] ウォーターゲート事件《米国共和党の Nixon 大統領の再選をはかるグループによる Washington, D.C. の Watergate Apartment and Hotel Complex 内の民主党全国委員会室侵入事件 (1972); これに端を発する盗聴など一連の違法行為の発覚で 1974 年 Nixon は, 米国史上初めて現職大統領を辞任した》.

wáter·gàvel *n* 〖史〗水利用料《流水権 (right of water), 漁業権に支払われる代価》.

wáter láw 水法《広義では水に関する法の総称, 狭義では公共の利益に関わる公水に関する法の総称; 具体的には水利・河川・船舶航行・水資源・温泉・上下水道・水防・埋立て・漁業・水質汚染等々水利用者間の権利関係を規律する私法的法規からダム・堤防, 水汚染規制の公法的法規までを広く含む》.

wáter·màrk *n* **1** 水位線, 水位標, 潮位線. ▶ HIGH-WATER MARK (高水位線) / LOW-WATER MARK (低水位線). **2** 《漉き入れによる紙の》透かし(模様).

wáter ordèal 〖史〗水神判 (= ORDEAL BY WATER).

wáter pollùtion 水質汚染, 水質汚濁.

wáter·pòwer *n* **1** 水力; 《水力用の》落水. **2** WATER PRIVILEGE.

wáter prívilege 〖米〗《特に動力源としての水に関する》用水使用権, 水利権 (= waterpower).

wáter quálity objéctives *pl* 《種々の目的のための》水質目標.

wáter quálity stándards *pl* 《飲用, 水泳用等のための》水質基準.

wáter ríght [the ~; *pl*] 用水権, 水利権, 川岸所有者権 (= aquatic right, riparian right).

wáter·scàpe *n* 導水管, 導水渠(¿), 水路.

wáter·wày *n* 水流; 水路. ★ WATERCOURSE と同義.

wáve·son /wéɪvsən/ *n* 〖史〗〖海法〗《難破船から流出した》漂流物 (cf. EJECTUM, FLOTSAM, JETSAM, LAGAN).

way /wéɪ/ *n* **1 a** 道, 道路, 街路; 通路; 進路; 過程. **b** 《他人の私有地などの》通行権 (= RIGHT OF WAY). ▶ BRIDLEWAY (乗馬道) / BYWAY (小道) / CARRIAGEWAY (車道; 自動車道) / DISTURBANCE OF WAYS (通行地役権妨害) / DRIFTWAY (家畜追い道) / FAIRWAY (航路) / FOOTWAY (歩道) / GANGWAY (幹部議員席と平議員席間の通路) / HIGHWAY (公道; 幹線道路; 幹線交通路) / PRIVATE WAY (私道; 公設私道; 通行権) / RAILWAY (鉄道) / RIGHT OF WAY (通行権; 優先通行権; 敷設権) / TIDEWAY (潮路; 干潟) / TRAMWAY (路面鉄道) / WATERWAY (水流; 水路). **2 a** 方針; 仕方; **方法**, 手段; 行動; 《口》職業. **b** [*pl*] 習慣, 風習; 流儀; OFFENSE TRIABLE EITHER WAY (選択的審理方法の犯罪). **3 a** 方向, 向き. **b** …の点[面], 事項.

wáy·bìll *n* **1** 乗客名簿. **2** 貨物運送状〖引換証〗《鉄道会社などが出す; 略 WB, W/B, w.b.; cf. BILL OF LADING》. ▶ AIR WAYBILL (航空貨物運送状) / SEA WAYBILL (海上貨物運送状).

way-going crop ⇨ AWAY-GOING CROP.

wáy·lèave *n* **1** 《他人の所有地を通って鉱物・採石などを搬出する, 通例 明示的合意に基づく》運搬通行権. **2** 《その》運搬通行料 (= ~ **rènt**).

wáy of necéssity 必要的通行地役権《一筆の土地を分筆譲渡するが一方の土地は他方の土地を通らないと公道に出られないような形になっているような袋地の場合に, 譲渡に際し黙示的に法によって奥の方の土地所有者に与

ways and means

えられたと推定される他方の土地の上の通行地役権; cf. IMPLIED EASEMENT]).

wáys and méans *pl* 収入調達方法《国・州の支出にとって必要な収入源および調達方法》;《議会でそれを管轄する》収入調達方法委員会(=WAYS AND MEANS COMMITTEE). ▶ CHAIRMAN OF WAYS AND MEANS (収入調達方法委員会委員長) / COMMITTEE OF [ON] WAYS AND MEANS (収入調達方法委員会).

wáys and méans committee [the ~] 歳入委員会, 収入調達方法委員会(=COMMITTEE OF WAYS AND MEANS).

WB, W/B, w.b. waybill.

WC°workers' compensation 労働者災害補償.

WCA Workmen's Compensation Act 労働者災害補償法.

W.D. Western District 西部裁判区.

weak /wíːk/ *a* **1** 弱い(opp. strong), 弱小の. **2** 不十分な; 証拠薄弱な, 説得力のない: a ~ case 証拠が薄弱な刑事事件.

wéak márk 弱い標章《商標 (trademark) やサービスマーク (service mark) が通常用語法での製品・サービスを示しているだけで独自性に欠け, したがって顧客吸引力の点で劣り, 強い標章 (strong mark) に比べて法的保護が弱いもの; cf. DESCRIPTIVE MARK, STRONG MARK》.

wéak trádemark 弱い商標(⇨ WEAK MARK) (cf. DESCRIPTIVE TRADEMARK, STRONG TRADEMARK).

wealth /wélθ/ *n* **1** 富, 財. **2** 富裕; 富者, 富裕階層《集合的》. [ME (well, -th); health ならったもの]

weap·on /wépən/ *n* 武器, 兵器, 凶器. ▶ BIOCHEMICAL WEAPONS (生物化学兵器) / CONCEALED WEAPON (隠し持っている武器) / DANGEROUS WEAPON (危険な凶器) / DEADLY WEAPON (死をもたらしうる凶器) / LETHAL WEAPON (凶器) / OFFENSIVE WEAPON (凶器) / PROHIBITED WEAPON (禁止武器).

wéapon of máss destrúction [*pl*] 大量破壊兵器《核兵器・化学兵器など, 略 WMD》.

wéapon of offénse 攻撃の道具《人を殺傷する武器だけでなく, 人を無力にするもの全般を指す; 例えば人を縛るロープやくしゃみをさせたり咳込ませたりするコショウなども状況により含まれる; cf. OFFENSIVE WEAPON》.

wear ⇨ WEIR.

wéar and téar /wéər ən(d) téər/《通常の合理的利用・使用や時間的経過による》老朽・損耗, 老朽・損耗による価値の低下. ★ しばしば fair wear and tear (適正損耗による価値の低下) あるいは natural wear and tear (自然の損耗による価値の低下) という句で用いる.

wéather wórking dày 好天荷役日《傭船契約 (charterparty) 上の用語で, 荷役可能な好天日を指す》.

Wébb-Póm·er·ene Àct [**Làw**] /wébpəmərìːn/ [the ~]《米》ウェッブ-ポメリーン法《初めは 1918 年制定; 反トラスト法の禁止条項から輸出業の適用免除を定めている; 輸出法 (Export Trade Act) ともいう》. [連邦下院議員 Edwin Y. Webb (1872-1955), 上院議員 Atlee *Pomerene* (1863-1937)]

Wébster v. Reprodúctive Héalth Sèrvices (1989) /-vɑːrsəs-/《米》ウェブスター対リプロダクティヴヘルスサービシズ判決 (1989 年)《妊娠中絶を多くの制限を課し実質的に禁止した Missouri 州の中絶制限法を合憲と認めた 1989 年の合衆国最高裁判決》.

wed /wéd/ *n*《古》**1** 担保; 人質. **2** 合意, 契約. in ~ 担保[人質]として.

wédge prìnciple くさびの原則 (=parade of horrors objection, slippery-slope principle)《憲法により課されている制約を特定の状況下で緩和することは, より広範な状況の下での緩和をも正当化しうるという議論; しばしば合法的安楽死 (euthanasia) との関連で取り上げられているが, 不当な捜索押収 (search and seizure) からの保護をめぐる問題などの別の関連でも用いられている》.

wed·lock /wédlɒk/ *n* 婚姻関係, 婚姻生活, 婚姻状態, 婚姻 (marriage). **born in (lawful)** ~ 嫡出の. **born out of** ~ 非嫡出の, 庶出の. ▶ CHILD BORN OUT OF WEDLOCK (婚姻外で生まれた子). [OE *wedlāc* marriage vow]

Wédnes·bury unréasonableness /wénzbèri-; -b(ə)ri-/《英》ウェンズベリ事件の非合理性《行政機関の裁量行為が司法審査 (judicial review) の対象となりうるためのコモンロー上の根拠の一つ; その行為が正道から極端にはずれているないしは非常識であった場合に対象となるとされている; 1948 年の判例 Associated Provincial Picture Houses Ltd v Wednesbury Corporation の被告名から; 時に **Wednesbury principle** [**test**] (ウェンズベリ事件の原則[基準]) ともいわれる; 最近では非合理性の程度に上下の動きが見られるとともに, unreasonableness に代えてより明確化するために irrationality (不合理性) の語も使われている》.

week /wíːk/ *n* 一週間, 週.

Wéekly Láw Rèports『週刊判例集』『ウィークリー・ロー・リポーツ』《英国の週刊判例速報; 略 WLR》.

wéekly ténancy 週単位不動産賃借(権)《自動更新定期不動産権 (periodic tenancy) の一つ》.

wéight of (the) évidence [the ~] 証拠の重さ《他の証拠に比較しての当該証拠の証明力 (probative value), 説得力の強さ; cf. BURDEN OF PERSUASION, MANIFEST WEIGHT OF THE EVIDENCE, PREPONDERANCE OF THE EVIDENCE, PROBATIVE VALUE》. ▶ MANIFEST WEIGHT OF THE EVIDENCE (明白な証拠の重さ). **against the** ~ 証拠の重さに反して.

wéights and méasures 度量衡. ▶ INSPECTOR OF WEIGHTS AND MEASURES (度量衡検査官).

weir, wear /wíər/ *n* **1**《川の》堰(せき), ダム《灌漑・流量測定用》. **2**《魚を捕えるための》梁(やな), 筌(うけ), 漁梁. [OE *wer* (*werian* to dam up)]

wel·fare /wélfeər/ *n* **1** 幸福, 福祉, 福利, 繁栄: social ~ 社会福祉. ▶ CHILD'S WELFARE (児童福祉) / GENERAL WELFARE (一般の福祉) / PUBLIC WELFARE (公共の福祉). **2 a** 福祉[福利, 厚生]事業; [the ~]

"[口] 福祉機関[事務所], ['UW-] 厚生省: the Ministry of W- 厚生省. **b** 福祉援助: be on ～ 福祉援助をうけている. ► CORPORATE WELFARE (会社(に対する)福祉援助).

Wélfare Clàuse [米] 福祉条項 (⇨ GENERAL WELFARE CLAUSE).

wélfare làw 福祉法 (社会保障(social security) など福祉全般に関わる法一般).

wélfare of the chíld 児童福祉 (＝child's welfare).

wélfare prìnciple [英] 福祉の原則 (子供の養育に関する決定をなす場合に、裁判所にとっては子供の最善の利益 (best interest of the child) が常に唯一の考慮事項であるべきで、親の権利等の他の要因はその子供のための最良の解決策を裁判所が確認するのに助けとなる範囲でのみ重要となるにすぎないということ; cf. BEST INTEREST OF THE CHILD).

wélfare stàte /; ━━/ 福祉国家 (政府が積極的に国民生活の安定と福利の増進を図り、その結果失業保険・医療保険・老齢年金・障害者への援助など各種社会保障の整った国; cf. NIGHTWATCHMAN STATE).

well[1] /wél/ *adv* よく、満足の行くように、申し分なく; じょうずに、うまく; 入念に; 法的に十分な形で、適切に、異議が出ない形で. **～ and truly** 誠実・入念かつ十分に〈職務を果たす〉.

well[2] *n* **1** 泉、井戸、くぼみ. **2** [英] 法廷の裁判官席前の一段低くなった場所、事務弁護士 (solicitor) 席.

wéll-knów·ing *a* 十分知った上での、意図的な、故意の (cf. SCIENTER).

wéll-pléad·ed compláint 法的に十分な形で訴答された訴え (原告による最初の訴答で、裁判所の管轄権の根拠、要求する救済の基礎、判決の要請を含めすべてにわたって救済の申し立てを法的に十分な形で述べ、したがってこれにより提起された争点につき被告が答弁をすることになりうるもの).

wéll-pléaded compláint rùle [米] 法的に十分な形で訴答された訴えの準則 (連邦法上の争点が正しく訴答された訴えの表面上に現われていない限りは、連邦問題に対する裁判権 (federal question jurisdiction) は取得できないという原則).

welsh /wélʃ/ *vi* (俗) **1** (競馬)(胴元が人に)配当金を支払わずにずらかる. **2** 〈人と〉の約束を破る 〈on〉; 〈約束を〉破る、〈義務を〉怠る、〈借金を〉踏み倒す 〈on〉. ━━ *n* **1** (義務の)不履行. **2** (賭け事の)借金踏み倒し. **～·er** *n*

Wélsh Assémbly [the ～] [英] ウェールズ議会 (＝National Assembly for Wales)(1998 年の Government of Wales Act に基づいて一定の権利と責任がウェールズに委譲されることにより、1999 年に第 1 回の選挙が行なわれた; 議席は 60; 立法権と課税権はないが、住宅・教育・経済・水害対策などの幅広い権限を有する).

Wélsh còmpany [英] ウェールズ会社 (登記上の事務所 (registered office) がウェールズ内にある会社; その名称の最後に付し有限責任会社であることを示すことに

なっている limited などの語も cyfyngedig とウェールズ語になり、英訳も付されることになっている).

wélsh·ing *n* (俗) **1** (賭け事の借金の)踏み倒し. **2** (競馬などの)配当金を支払わずとんずらすること.

Wélsh lánguage ウェールズ語 (英国の裁判手続き上、1993 年法によりウェールズおよび Monmouthshire において当事者・証人などのウェールズ語使用が認められている; また、ウェールズ議会 (Welsh Assembly) でも 1998 年法で同じ扱いになっている).

Wélsh mórtgage [英史] ウェールズ型譲渡抵当 (債務の担保として不動産を債権者に譲渡するが、不動産からの収益は債務の利息として充当され、また受戻し権喪失 (foreclosure) 手続きはなく、債務者はいつでも利息分抜きで債務を返済することによりエクイティー上の受戻し権 (equity of redemption) を行使しえた点で特徴があったが、1925 年法で廃止).

wer, were /wɔ́ːr, wéər, wíər/ *n* [英史] **1** 男. **2** 人命金 (＝WERGILD).

wer·gild, were·gild /wɔ́ːrgìld, wéər-/, **-geld** /-gèld/, **were·gil·dum** /-gìldəm/ *n* [英史] 人命金 (＝BLOOD MONEY) (cf. ERIC). [OE *wergeld* (*wer* man, *gield* tribute)]

Wéstern Círcuit [英] 西部巡回裁判区 (英国の 6 つの巡回裁判区 (circuit) の一; 中心地は Bristol).

West·law /wéstlɔ̀ː/ 『ウェスト・ロー』(米国の West Publishing Co. が 1975 年以来提供している法律情報のためのオンライン検索システム; 連邦・州の法令・判例や法学雑誌論文などが含まれている; 略 WL, W.L.).

West·min·ster /wés(t)mìnstər/ **1 a** ウェストミンスター (＝the **City of ～**)(London boroughs の一つ; 英国議会議事堂、Buckingham 宮殿、諸官庁および上流住宅地がある). ★ ⇨ STATUTE OF WESTMINSTER. **b** 英国議会議事堂 (Palace of Westminstrer); 議会政治: at ＝"議会で. **2** WESTMINSTER ABBEY; バッキンガム宮殿.

Wéstminster Ábbey ウェストミンスターアビー[修道院] (London の Westminster 区にあるゴシック式建築の教会堂、正式名 the Collegiate Church of St. Peter in Westminster; 歴代国王の戴冠式・葬儀や偉大な市民の国葬が行なわれる教会; 7 世紀ごろの教会跡に造られたベネディクト派の修道院 (1050-65) に始まり、13-15 世紀の増改築で今日に至る).

Wéstminster Háll ウェストミンスターホール (英国議会議事堂の一部をなす大ホール; Palace of Westminster の唯一の焼け残り部分で、ヨーロッパ中世の建築物の代表的なものの一つ; かつては王室の住居でもあったし、19 世紀末に移転するまではコモンロー上位裁判所 (superior court) が開廷していた).

W-4 form ⇨ W の位置.

wharf /(h)wɔ́ːrf/ *n* (*pl* ～**s, wharves** /(h)wɔ́ːrvz/) 波止場、埠頭(ふとう) (pier). ► SUFFERANCE WHARVES (公許埠頭).

whárf·age *n* **1** 波止場使用(料), 埠頭使用料. **2** 波

止場[埠頭](設備)《集合的》. 3 波止場[埠頭]での荷役.

wharf·in·ger /(h)wɔ́ːrfəndʒər/ n 波止場管理人[主]，埠頭管理人[主].

whárfinger's wárrant 埠頭管理人証券 (= WAREHOUSE RECEIPT).

Whárton's rùle /(h)wɔ́ːrtnz-/ ウォートンの準則 (= concert-of-action rule) (= **Whárton rùle**)《違法な賭博など犯罪成立に複数の人が必要となる犯罪について，これを犯そうとするこの者たちの合意を共同謀議 (conspiracy) としないという法理；ただし犯罪成立に論理的に必要な数を超えて人が加わった場合は全員に共同謀議があったとされる；米国の刑法学者 Francis Wharton (1820–89) に由来》.

whéel conspìracy 車輪状共同謀議《ハブに当たる 1 人[1 グループ]がスポークに当たる複数の人[グループ]に別々に接触合意して共同謀議 (conspiracy) をすること》.

when-íssued secúrity 発行日取引証券《未発行であるものであるにもかかわらず取引できる証券；もちろん，その場合も受渡し決済は発行後に行なわれることになる》.

where- /(h)wèər/ pref ▶ 前置詞をあとに付けて複合疑問副詞 (例えば whereby? = by what? 何によって) または複合関係副詞 (例えば whereby = by which それによって) を形成する. 今では大体《古》で形式ばった《文・詩》以外ではまれであるが, whereas, whereby, wherein, whereof, whereon, wheresoever などは法律文書ではよく用いられる.

whére·abòuts adv どのあたりに，どの辺に． — n 《sg/pl》所在，行方，ありか，消息.

where·ás conj 1 …であるのに(対して)，ところが(事実は). 2《特に 法律・条約・契約書の前文で》…であるがゆえに (since)，…という次第であるから，…という事実に照らして見れば． — n 1《whereas という語で始まる》前口上，但し書き. 2《法律・契約書の》前文 (preamble).

where·át《文》 adv 1《疑問詞》何によって，どうして，いかにして；何に対して. 2《関係詞》(それで)…するところの，(それに対して)…するところの；それによって，そこで.

where·bý《文》 adv 1《疑問詞》何によって，どうして，いかにして. 2《関係詞》それによって.

where·fore /(h)wéərfɔːr/ adv 1《疑問詞》なにゆえに，なぜ，何のために. 2《関係詞》そのゆえに. **～, premises considered** それゆえに，上記により《しばしば申し立て，判決，契約，合意の最後の文節の初めに置かれる句》.

where·fróm《文》 adv 1《疑問詞》どこから. 2《関係詞》そこから…する (from which)，そこから.

where·ín《文》 adv 1《疑問詞》どの点で[に]，どこに. 2《関係詞》その中に，そこに，その点で (in which).

where·óf adv 1《疑問詞》《文》何の，何について，だれの；《古》何で. 2《関係詞》《文》の，それについて，その人の；《古》それで，それと.

where·ón adv 《古》1《疑問詞》何の上に，だれに. 2《関係詞》その上に (on which).

whère·so·éver adv どこにも，どこへも《wherever の強調形》.

where·tó《文》 adv 1《疑問詞》何へ，どこへ，何のために. 2《関係詞》それへ，そこへ，それに対して.

whère·upón adv 1《疑問詞》《古》WHEREON. 2《関係詞》その上に；そこで，ここにおいて，すると，そのゆえに，その結果，その後.

where·with adv 1《疑問詞》《古・文》何で，何によって. 2《関係詞》それで，それによって.

Whig /(h)wíg/ n 1 a《英史》ホイッグ党員. b [the ～s] ホイッグ党《もとは Charles 2 世後継者問題をめぐる 1679–81 年の王位排除法案 (Exclusion Bills) をめぐる争いの中で支持派に対して反対派が付けた蔑称で，スコットランド語の whiggamore (牛追い) から；17–18 世紀に台頭した進歩的議会主義政党で TORY 党と対立；名誉革命はホイッグ党的原則の勝利ともいえる；19 世紀に今の Liberals (自由党) となった). 2《米史》ホイッグ党員(1) 独立革命当時の独立派 2) 1834 年ごろ Jackson 大統領に反対する人びとにより成立し，1850 年代半ばごろまで the Democratic party (民主党) と対立した政党). 3《スコットランド史》ホイッグ (17 世紀スコットランドの長老派の人). — a 1 ホイッグ党(員)の. 2 ホイッグ史観の.

whip /(h)wíp/ vt, vi 1 むち打つ，打擲(ちょうちゃく)する，折檻する. 2 励ます；〈議員などを〉結集[結束，集合]させる，駆り集める. 3 急激に動かす. — n 1《議会》《党の》院内幹事 (= party whip)《自党議員の登院などを督励する；米国連邦議会では院内総務 (floor leader) の補佐》. ▶ PARTY WHIP (院内幹事). 2《英議会》《党議員への》登院命令(書)，行動指令，《党の》紀律，指令《英国議会では毎週党員である議員にスケジュール表が送られ，その各項に重要度に応じ 1 本から 3 本の下線が付される；1 本下線 (one-line whip) は採決の際の党議遵守期待，2 本下線 (two-line whip) は当該項はかなり重要，3 本下線 (three-line whip) は当該項はきわめて重要で，全員登院し党議に従って投票することを意味・指令している》.

whíp·làsh ìnjury むち打ち症[傷害].

whíp·ping n 《史》むち打ち(の刑罰)，笞刑(ちけい)《英国では 1948 年法で完全に廃止》.

whístle·blòw·er /wíslo)l-/ n 告発者，密告者，《特に企業などの》内部告発者 (⇒ WHISTLEBLOWER ACT).

whistleblower àct 内部告発者保護法《雇用者の違法行為を告発[密告]された被用者に対する雇用者の報復から被用者を保護する法律》.

whístle-blòw·ing n 告発，密告，たれこみ，《特に企業などの》内部告発.

Whíte·àcre n 乙地《Blackacre (甲地) に対して，別のある仮定の土地》.

white book 1 白表紙本. 2 [W- B-]《英史》ホワイトブック，最高法院訴訟手続き《最高法院規則 (Rules of the Supreme Court) を含む最高法院 (Supreme Court of Judicature) での民事訴訟手続き規則について記述しているかつての Supreme Court Practice (最高法院訴訟手続き) の俗称；cf. CIVIL PROCEDURE RULES, GREEN BOOK》. 3 [W- B-]《英史》白書 (= ALBUS LIBER).

white·càpping *n*《米》白帽警団的脅迫《通例はマイノリティーに属する相手を立ち退かせるか一定の営業・職業に従事することをやめさせるかしようとして暴力でもって脅迫すること;'white cap' は暴力的制裁をも用いる自称自警団員》.

white-còllar críme ホワイトカラーの犯罪《詐欺・横領・脱税・贈収賄・不当広告・コンピューター犯罪・インサイダー取引などホワイトカラーの職務に関連した非暴力的犯罪》.

white glóves *pl*《英史》白手袋《昔 巡回裁判で刑事事件がないときシェリフ (sheriff) が慣行上巡回裁判官に贈った; cf. GLOVE MONEY》.

Whíte·hàll 1 ホワイトホール《(1) かつて Westminster にあった宮殿名; 1698 年焼失 2) Trafalgar 広場から議事堂に至る通りで, London の官庁街》. **2** 英国政府; 英国政府の政策.

whíte·hòrse càse*《俗》白馬先例 (=red-cow case)《当該事件の事実が実質的には同一の判例で, したがってその判例での決着が当該事件の結果をも決するはずのもの; cf. on ALL FOURS》.

Whíte Hòuse [the ~] **1** ホワイトハウス《Washington, D.C. にある米国大統領官邸の俗称》. **2**《口》米国大統領の職職権, 政策, 意見》; 米国政府.

white knight 白馬の騎士, ホワイトナイト《敵対的企業買収 (hostile takeover) を仕掛けられた企業をその企業の支配的持分の取得や対抗しての株式公開買付け (tender offer) などを通して救済する個人や企業; 白馬にまたがった正義の騎士に見立てた表現; cf. CORPORATE RAIDER》.

Whíte Pàper /; ─ ─/ [ºw- p-]《英》白書《議会計議資料 (Command Paper) の一種で, 提案する法案について政府の政策を述べた文書; 緑書 (Green Paper) と違い政府の改革案が示されている; cf. GREEN PAPER》: ~ on national defense 国防白書.

white rént《史》白地代 (=alba firma, blanche firme, blanch-farm, blanch-firme, reditus albus)《労働地代・現物地代および銀以外の貨幣地代に対して銀貨で支払われた地代; cf. BLACK RENT》.

white sláve 1 売春を強要されている(白人)女性, 強要された売春婦. **2**《古》白人奴隷.

white slávery《米》売春強要, 強制売春.

white sláve tráffic《米史》(白人)女性を売春婦として売買すること, 売春目的の婦女子の輸送, 売春婦輸送, 売春婦貿易 (⇨ WHITE SLAVE TRAFFIC ACT).

Whíte Sláve Tráffic Àct [the ~]《米》売春婦輸送法《最初は 1910 年制定の売春や不道徳目的で女性を国境・州境を越えて輸送することを処罰する連邦法; MANN ACT (マン法) ともいう; 1986 年に用語法の問題から改正》.

white·wàsh *vt* …の表面をごまかす[とりつくろう], 糊塗し; おざなりの調査で[都合のよいデータだけを報告して]免責し; [*pp*] 裁判手続きにより〈破産者〉に債務を免れさせる. **~·er** *n*

whole /hóul/ *a* **1 a** [the, his/her などを付けて] 全体の, すべての, 全…. **b** [単数には不定冠詞を付けて] まる…, ちょうど…, 満…: a ~ year まる 1 年 / It lasted (for) five ~ days. **2 a** 完全な (complete), 無きずの, そっくりそのままの; 手を加えてない, 加工しない. **b** 父母を同じくする, 全血の〈兄弟など〉(cf. WHOLE BLOOD).

whóle blóod 全血(血族関係) (=FULL BLOOD).

whóle láw《(国・州の)すべての法》《渉外事件に関して用いられる語で, 抵触法 (conflict of laws) を含めて, ある国ないしは州のすべての法を指す; cf. INTERNAL LAW》.

whóle life insùrance 終身保険 (=ordinary (life) insurance, straight life insurance)《被保険者の終身を保険期間とする生命保険; cf. TERM LIFE INSURANCE》.

whóle·sàle *attrib a* 卸しの, 卸売りの. ── *adv* 卸売りで. ── *n* 卸し, 卸売り (opp. *retail*).

whólesale arrést 一把一絡げ逮捕 (=DRAGNET ARREST).

whólesale dèaler 卸売商 (wholesaler).

whóle·sàl·er *n* 卸売業者, 卸売商.

whól·ly-ówned subsídiary /hóu(l)li-/《他の会社の》完全子会社.

wid·ow /wídou/ *n* 寡婦, 未亡人, やもめ, 後家 (cf. WIDOWER). ▶ KING'S WIDOW (王臣寡婦).

wid·ow·er /wídouər/ *n* 鰥夫(ヤモメ), やもお, (男)やもめ (cf. WIDOW).

wídower's allòwance《米》鰥夫割当て分 (⇨ SPOUSAL ALLOWANCE).

wídow's allòwance《米》寡婦割当て分 (⇨ SPOUSAL ALLOWANCE).

wídow's bénefit《英史》《国民保険の》寡婦給付(金)《2001 年より bereavement benefit (生存配偶者給付(金)) に代わった》.

wídow's eléction 寡婦の選択(権) (⇨ RIGHT OF ELECTION).

wífe's éarned íncome allòwance 妻の勤労所得控除(額).

wífe's équity《史》妻のためのエクイティ上の権利 (=EQUITY TO A SETTLEMENT).

wífe's sérvices *pl* 妻の奉仕《かつては, 妻に対して第三者が行なった権利侵害により夫が妻の奉仕を受けられなかったり配偶者権 (consortium) を侵された場合には, 夫自らからの蒙った損失を訴えることができた; 妻にはこれに対応する権利は認められていなかった; ⇨ PER QUOD CONSORTIUM (ET SERVITIUM) AMISIT》.

wífe's séttlement《史》妻のための継承財産設定 (=EQUITY TO A SETTLEMENT).

wig /wíg/ *n* **1** かつら. **2** かつらをつけた人; 高位の人, 高官; 裁判官, 法廷弁護士《法廷でかつらをつける》. **in ~ and gown** 〈裁判官・法廷弁護士が〉正装で. **wígged** *a* かつらをつけた.

Wig·more /wígmɔːr/ ウィグモア《**John Henry ~** (1863-1943)《米国の法学者; Harvard 大学学生時代に

Harvard Law Review 創刊に携わり、のちに慶應義塾大学教授 (1889–92), Northwestern 大学教授 (1893–1934), その間同大法学部長 (1901–29); 主著 *Treatise on the Anglo-American System of Evidence in Trials at Common Law* (1904–05); *Principles of Judicial Proof* (1913) に代表される証拠法研究のほか、比較法・法制史にも関心を示し、徳川時代の法制史料英訳刊行の計画を立て、のちに *Law and Justice in Tokugawa Japan* (1969–86) として結実》.

wíld ánimal 野生動物 (opp. *domestic animal*) (cf. CLASSIFICATION OF ANIMALS).

wíld·càt stríke 山猫スト(ライキ)(=outlaw strike, quickie strike, unofficial strike)《組合の一部が本部統制を受けずに勝手に、または労働協約違反に行なうストライキ》.

wíld déed 迷走譲渡証書, 野育ち譲渡証書, 不連続譲渡証書《登録済みの不動産譲渡捺印証書ではあるが、権原連鎖 (chain of title) の中の一つになっていないもの; 通例それ以前の取引が登録されなかったことから生じ、公示力を有しない; cf. CHAIN OF TITLE, GRANTOR-GRANTEE INDEX, TITLE SEARCH》.

Wild's Case ⇨ RULE IN WILD'S CASE.

wilful ⇨ WILLFUL.

will *v* /wíl/ *vt* **1** (~ed /-d/) **a** 意図する; 望む. **b** 遺贈する: He ~ed his property to his nephew. 甥(おい)に財産を遺贈した. **2** (would /wúd/)《古》望む, 欲する. — *n* **1** 意思, 意志; 意向, 意図; 願望. ▶ GOODWILL [GOOD WILL] (のれん). **2** 遺言(ゆいごん); 遺言書; 不動産遺言《通例 one's LAST WILL AND TESTAMENT という; ⇨ TESTAMENT; cf. BEQUEST, DEVISE》: make [draw up] one's ~ 遺言書を作成する. ▶ AMBULATORY WILL (変更可能遺言) / ANTENUPTIAL WILL (婚姻前遺言) / CONDITIONAL WILL (条件付き遺言) / CONJOINT WILL (合同遺言(書)) / CONTINGENT WILL (未確定遺言) / COUNTER WILL (対(つい)遺言(書)) / DOUBLE WILL (相互遺言(書)) / DUPLICATE WILL (同文2通の遺言書) / EXECUTION OF WILL (遺言(書)の作成) / FAILURE OF WILL (遺言不成立) / HOLOGRAPHIC [HOLOGRAPH] WILL (自筆遺言) / INOFFICIOUS WILL (道義や自然の愛情を無視した遺言) / INOPERATIVE WILL (無効の遺言) / INTERNATIONAL WILL (国際遺言書) / INTERPRETATION OF WILLS (遺言(書)の解釈) / INVALID WILL (無効の遺言書) / JOINT AND MUTUAL WILL (合同相互遺言(書)) / JOINT AND RECIPROCAL WILL (合同相互遺言(書)) / JOINT WILL (合同遺言(書)) / LAST WILL (最終遺言(書)) / LIVING WILL (尊厳死遺言) / LOST WILL (紛失遺言書) / MARINER'S WILL (船乗りの遺言) / MILITARY WILL (軍人遺言) / MUTUAL WILL (相互遺言(書)) / MYSTIC WILL (秘匿遺言(書)) / NONINTERVENTION WILL (不介入遺言(書)) / NUNCUPATIVE WILL (口頭遺言) / OFFICIOUS WILL (道義や自然の愛情に基づく遺言) / OLOGRAPHIC WILL (自筆遺言) / ORAL WILL (口頭遺言) / POUROVER WILL (注ぎ込み遺言(書)) / PRENUPTIAL WILL (婚姻前遺言) / PRIVILEGED WILL (特権的遺言) / PROOF OF WILL (遺言の検認) / PROVING A WILL (遺言検認) / RECIPROCAL WILL (互恵的遺言(書)) / RECTIFICATION OF WILL (遺言の補正) / REEXECUTION OF WILL (同一遺言の再作成) / REGISTER OF WILLS (遺言登録官) / REPUBLICATION OF WILL (遺言の更新; 遺言の復活) / REVIVAL OF WILL (遺言の復活) / REVOCATION OF WILL (遺言の撤回) / SAILOR'S WILL (船員遺言) / SEAMAN'S WILL (船員遺言) / SECRET WILL (秘匿遺言(書)) / SELF-PROVED WILL (自己証明遺言(書)) / SIGNATURE OF WILL (遺言書への署名) / SOLDIER'S WILL (軍人遺言) / STATUTE OF WILLS (遺言に関する法律) / TEARING OF WILL (遺言書の切り裂き) / UNNATURAL WILL (不自然な遺言(書)) / VERBAL WILL (口頭遺言). **against the ~** 意思に反して. **at ~** = **at one's (own sweet) ~** 意のままに, 随意に, 任意に, 裁量で. ▶ EMPLOYMENT AT WILL (解約自由の雇用契約) / ESTATE AT WILL (任意不動産権) / HIRING AT WILL (解約自由の雇用契約) / PARTNERSHIP AT WILL (任意に解散しうる組合) / TENANCY AT WILL (任意不動産権) / TENANT AT WILL (任意不動産権者). **do the ~ of**...の意思[命令]に従う. **of one's own free ~** みずからの自由な意思で.

Will. (King) William.

wíll·able *a* 望むことができる, 意思で決定できる.

wíll cóntest 遺言書の有効性について争う訴訟, 遺言書無効の申し立て(手続き), 遺言をめぐる争い (cf. NO CONTEST CLAUSE).

will·ful | **wil·ful** /wílfəl/ *a* 意図的な; 故意の《必ずしも犯意や害意 (malice) をもっているとは限らない; cf. WANTON》. ★ ⇨ WILLFULNESS.

wíllful and wánton áct 故意ないし未必の故意の行為.

wíllful and wánton miscónduct 故意ないし未必の故意の無謀違法行為.

wíllful and wánton négligence 故意ないし未必の故意による無謀な過失, 故意の注意義務違反 (⇨ GROSS NEGLIGENCE).

wíllful blíndness 犯罪の故意の無視《特に犯罪発生の蓋然性がきわめて高いことに気づきながら相当な調査をしないことなどによる犯罪についての認識の故意の無視》.

wíllful-blíndness instrúction 犯罪の故意の無視の説示 (=conscious-avoidance instruction)《被告人が犯罪についての認識を故意にしなかった場合には、その他の点で有責であればその犯罪について責任があることになるとの陪審説示 (instruction)》.

wíllful defáult《なすべき義務の》故意の不履行.

wíllful hómicide《法的正当性の有無にかかわらない》故意の殺人.

wíll·ful·ly *adv* 故意に, わざと, 意図して. **~ and knowingly** (事情を)知りつつ故意に. **~ and maliciously** 故意かつ犯意[害意]をもって. **~ and unlawfully** 故意かつ違法に.

willful misconduct 故意の違法行為[義務違反行為].

willful misconduct of an employée 被用者による故意の違法行為，被用者の意図的義務違反行為《就業規則・行動規範の無視を含む被用者による雇用者の利益の意図的無視で，その結果解雇されても失業手当 (unemployment compensation) が与えられなくなりうるもの》.

willful múrder 意図的謀殺《弁解・情状酌量の余地もない形で他人を違法かつ意図的に殺害すること》.

willful negléct 故意の不作為，故意の怠慢.

willful negléct to maintáin 《配偶者・子に対する》故意による扶養の放棄 (cf. FAILURE TO MAINTAIN).

willful négligence 1 認識のある過失 (=ADVERTENT NEGLIGENCE). 2 故意の過失 (⇨ GROSS NEGLIGENCE).

willful・ness n 1 故意, 意図《必ずしも犯意や害意 (malice) を意味しないが，単に知っている，知覚している以上のものは含まれている》. 2 故意の義務違反《法的義務と知っている義務の意識的・意図的違反》.

willful refúsal 《十分な理由なしでの》意図的拒絶.

willful refúsal to cónsummate 婚姻の完行の故意による拒絶《英国では，婚姻無効原因の一つ; 一時的なもの，恥ずかしさ，外科的には安全に治療できない肉体的異常を原因として性交を望まぬ場合は，これに該当しない; ⇨ CONSUMMATION OF A MARRIAGE》.

willful wróng 故意による権利侵害 (=INTENTIONAL WRONG).

Williams Àct 《米》ウィリアムズ法《1934年の連邦法証券取引所法 (Securities Exchange Act) を1968年に改正した連邦法で，会社の5％を超える株式を所有している株主に証券取引委員会 (Securities and Exchange Commission) への一定情報提供を義務づけ，かつ株式公開買付け (tender offer) を行なう場合には一定の条件に従うことを定めているもの》.

William Stýles 《英法》ウィリアム・スタイルズ《John Doe, Richard Roe などと同様，かつて訴訟などで用いられた仮想の人名》.

Wills Àct /wílz-/ 《英》遺言法《1》《史》1540年の不動産遺言法 (Statute of Wills) 《2》1837年の遺言法 Wills Act で，すべての財産権の遺言 (will) による処分を認め，すべての遺言に2名の証人が必要であるなどの形式的要件等を定めたもの》.

will sùbstitute 遺言代替物《信託 (trust), 生命保険などの遺言 (will) による遺贈と同様の効果をもつ財産処分を行なう文書》.

Wil・só・ni・an pólicy /wɪlsóunɪən-/ ウィルソン政策 (⇨ TOBAR DOCTRINE). [Woodrow *Wilson* 米国28代大統領 (在任 1913–21)]

win vt …に勝つ，《勝利などを》勝ち取る. — n 《口》勝利, 成功. **no ~, no fee** 成功なければ報酬なし, 成功報酬 (⇨ CONDITIONAL FEE AGREEMENT).

wind /wáɪnd/ vt **(wound** /wáʊnd/) 巻く; 回す. **~ up** 《店・会社などを》[が]たたむ, 閉鎖する, 解散する, 清算する; 《論・演説などを》結ぶ, 締めくくる, 終わりにする, 始末をつける, やめる 《with, by》.

wind・fàll /wínd-/ n 風で落ちた物[果物等]; 思いがけない授かりもの《遺産など》, たなぼた.

windfall-prófits tàx 《税制》たなぼた利益税《急激な増益に対して企業等に課される税》.

wind・ing-úp /wáɪndɪŋ-/ n 企業閉鎖, (整理)解散, 清算《会社 (company, corporation) などの法人または組合 (partnership) の清算・解散手続き (⇨ BANKRUPTCY); 英国での会社の清算には (1) 裁判所による清算 (winding-up by the court) ないしは強制清算 (compulsory winding-up) と (2) 任意清算 (voluntary winding-up) の2種があり, さらに後者には社員任意清算 (members' voluntary winding-up) と債権者任意清算 (creditors' voluntary winding-up) の2種がある; (1) は申し立てに基づく裁判所の清算命令 (winding-up order) に基づき公任管財人 (official receiver) など裁判所選任者が清算人 (liquidator) となる; (2) は社員総会の決議で開始され, 総会決議前の取締役会の支払い可能宣言の有無により2つに分かれ, 宣言がある場合は社員総会が清算人を選任する社員任意清算, 宣言がない場合は原則として債権者が選任する債権者任意清算になる; cf. DISSOLUTION, LIQUIDATION》: **~ of a company** / **a ~ sale** 閉店売出し. ▶ COMPULSORY WINDING-UP (強制清算) / JUST AND EQUITABLE WINDING-UP (公正を理由にした裁判所による清算) / VOLUNTARY WINDING-UP (任意精算).

winding-úp by the cóurt 《英》《会社の》裁判所による清算 (⇨ WINDING-UP). ▶ COMPULSORY WINDING-UP BY THE COURT (裁判所による強制清算).

winding-úp òrder 《裁判所による, 会社の》清算命令. ▶ COMPULSORY WINDING-UP ORDER (強制清算命令).

window-drèss・ing n 体裁づくり; ごまかし, 粉飾.

window tàx 《英法》窓税《一定数を超える窓を有する家の居住者に課された税; 1695年法で導入され, 最終的には1851年法で廃止》.

winner-táke(s)-áll a, n 《投票方式が》勝者ひとり占め(の), 勝者独占方式(の)《米国の大統領選挙で一つの州で最多投票数を得た候補者がその州の選挙人すべてを獲得することになる制度》: **~ vote** 勝者独占方式投票.

WIPO, Wipo /wáɪpoʊ/ °World Intellectual Property Organization 世界知的所有権機関 (=OMPI).

wíre fràud 電子的通信手段を用いた詐欺.

wíre・tàp vi, vt 電話[電信]盗聴をする, 通信を傍受する;《電話などに》盗聴器を仕掛ける. — n 電話[電信]盗聴(装置), 通信傍受(装置).

wíre・tàpping n 電話[電信]盗聴, 通信傍受 (=telephone tapping)《単に tapping ともいう; cf. BUGGING, EAVESDROPPING, ELECTRONIC SURVEILLANCE, PEN REGISTER》.

Wis·by /vízbi; G vísbi/, **Vis·by** /vízbi, víːsbi/ ヴィスビー《バルト海にあるスウェーデン領 Gotland 島の港町で, 14 世紀にはハンザ同盟の主要都市であった; ⇨ LAWS OF WISBY [VISBY]》. ▶ LAWS OF WISBY [VISBY] (ヴィスビー海法).

wit[1] /wít/ vt, vi《古》知る. **to ~**《古》すなわち《★ to-wit, towit ともつづる》.

wit[2] ⇨ WITE.

wit·an /wít(ə)n/ n pl《英史》1《アングロサクソン時代の国王評議会 (King's Council) に当たる》賢人会議 (witenagemot) の議員, 賢人. 2 [sg]賢人会議 (= WITENAGEMOT).

witch·craft /wítʃ-/ n 魔法, 魔術, 妖術; 呪術; 魔文罪.

wite, wit, wyte /wáɪt/ n《史》罰金《重大犯罪行為に対して, 被害者側に支払われる賠償金《⇨ WER (人命金)》ではなく, 生成しつつある国家権力に対して支払われたもの; ⇨ BLOODWITE》. ▶ BLOODWITE (殺人罰金); LAIRWITE (情事罰金). [OE wītan to blame]

wit·e·na·ge·mot(e) /wít(ə)nəgəmòut, ーーーー—́/ n《英史》賢人会議《アングロサクソン時代に, 行政・裁判・立法に関して国王に助言した, のちの国王評議会 (King's Council) に当たるもの》. [OE (witena of wise men, gemōt meeting)]

with·draw /wɪðdrɔ́ː, wɪθ-/ vt 1〈手などを〉引っ込める, 《場所·状況・組織などから》退かせる, 退出させる;〈軍隊を〉引き揚げさせる; 撤退する, 撤収する. 2〈訴訟を〉取り下げる. 3 撤回する, 取り消す. 4 …の払い戻しを受ける, 引き出す. 5 …の出走[出馬]を取り消す. 6〈陪審員を〉退出させる (⇨ WITHDRAWING A JUROR). — vi 1 引き下がる, 退出する;〈軍隊が〉撤退する. 2《会などから》脱退する, 退学する; 使用をやめる, 断念する《from》. 3 動議 [発言]を撤回する. **~·er** n

with·draw·al n 1 撤回, 取下げ, 取消し. 2 撤退, 撤収, 退出. 3《預金・出資金などの》受け出し, 引出し, 払い戻し. ▶ NEGOTIABLE ORDER OF WITHDRAWAL (譲渡可能払い戻し指図書). 4 断念, 中止;《犯罪遂行意思の》放棄: ~ from a conspiracy.

withdráwal of a júror 陪審員の退出 (= WITHDRAWING A JUROR).

withdráwal of chárges 訴えの取下げ, 起訴の取下げ (= NOLLE PROSEQUI).

withdráwal of cóunsel 弁護士の撤収《弁護士が通例は裁判所の許可を得て特定訴訟事件での弁護活動の任務を途中でやめること; cf. MOTION TO WITHDRAW》.

withdráwal of defénse《英》防御の懈怠(けたい)《高等法院 (High Court of Justice) における民事裁判手続きで被告が請求の全部ないしは一部の防御手続きを行なわない旨の通知送達を原告に対して行なうことを可能にする手続き; この結果原告は欠席判決 (default judgment) を得ることになる; ⇨ DEFAULT JUDGMENT》.

withdráwal of íssue from júry 陪審からの争点の取戻し《挙証責任を負っている側の当事者の主張を支持する証拠が十分でないと考えた裁判官が, その争点がその訴訟を決定するようなものである場合には陪審の任務を解き相手方有利の判決を出すか, あるいはその争点が訴訟全体を決定するものではない場合には陪審に対してその争点につき相手方有利の評決を出すよう指示する裁判官手続き》.

withdráwing a júror 陪審員退出[撤収] (= withdrawal of a juror)《陪審 (jury) が宣誓まで済ませた後で, 例えば事件が和解で処理されていたとか, その訴訟が裁判所の裁判にふさわしくないことが判明した時などに, 訴訟を途中で止めさせたり, あるいはなんらかの理由でその訴訟を延期続行させようとして, 陪審員の中の 1 名を離脱·退出させ陪審が機能できないようにし, それを理由に訴訟手続きを止めること》.

with·er·nam /wíðərnàːm/ n 再(自救的)動産差押え (= repetitum namium)《(自救的)動産差押え (distress) が不成功であったための 2 度目の動産差押え; cf. CAPIAS IN WITHERNAM》. [OE wither against + nām seizure]

with·hold /wɪðhóuld, wɪθ-/ (**-held** /-héld/) vt 1 抑える, 制する;〈承諾などを…に〉与えずにおく, 差し控える《from》; 留めておく, 使わせない. 2《税金などを》源泉徴収する, 天引きする. — vi 慎む, 控える; 源泉徴収する.

withhóld·ing n 源泉徴収, 天引き; 源泉徴収額.

withhólding of évidence 証拠隠蔽《その物が証拠として公的調査ないしは訴訟手続きで求められていることを知りながら隠蔽し, 裁判を妨害すること; ⇨ OBSTRUCTION OF JUSTICE》.

withhólding tàx《税制》源泉徴収税(額), 源泉課税(額) (cf. PAYROLL TAX).

with·in /wɪðín, wɪðín, wɪθ-/ prep 1 …を超えずに, …の範囲内で, 以内で[の]: a month 1 か月以内に / a task well ~ his power 彼の力で十分できる仕事 / ~ call 呼べば聞こえる所に / ~ hearing [earshot] of…から(呼べば)聞こえる所に / keep ~ bounds 制限を守る, 埒(らち)外に出ない / keep ~ the law 法からはずれないようにする / ~ reach of…から達しうる[手の届くほど近い]所に / ~ sight of…の見える所に. 2 …の内に, …の中に, …の内部に. — adv /—́—́/ (opp. without) 内に, 中に, 内部は. — a /—́—́/ 内部の. — n /—́—́/ 内部: from ~ 内側から.

with·out /wɪðáut, wɪθ-/ prep …がなく, …なしに, …を持たずに;《…されること》なく, …を免れて《being…》;《…することなしに, …せずに》《(sb's) doing》; …がなければ: ~ a day 日限なく, 無期限に / ~ regard for…をかまわずに, …を無視して / ~ taking leave いとま乞いもせずに / ~ a single word spoken 一言も物を言わずに. **not [never]…~ doing**…しないで…することはない, …すればきっと…する: They never meet ~ quarreling. 会えば必ず争う. —《古·文》adv /—́—́/ (opp. within) 外は[に], 外部は[に]; うわべは, 外面は. — n /—́—́/ 外部: from ~ 外から. — a /—́—́/ 資産[金, 物]を欠いた.

withòut nótice applicátion 通知書なしの申し立て (＝application without notice)《例えば他方当事者の資産凍結を求めるなどの民事訴訟手続きで、他方当事者に知らせることなく裁判所命令 (court order) を申し立てること; この例の場合 相手方に知られぬことが, 資産凍結のために決定的に重要となる》.

wit·ness /wítnəs/ *n* **1 a** 目撃者. **b** [裁判記録などではしばしば定冠詞省略] 証人;《法廷外で証言録取書 (deposition) の形で》証言をする者, 証人. **c**《証書作成などの》証人, 立会人, 署名人. ▶ACCOMPLICE WITNESS (共犯者である証人) / ADVERSE WITNESS (敵性証人; 不利な証言を行なう証人) / ALIBI WITNESS (アリバイ証人) / ATTESTING WITNESS (認証証人) / CHARACTER WITNESS (性格証人) / CHILD WITNESS (未成年者証人) / COMMISSION TO EXAMINE WITNESSES (証人尋問嘱託(書)) / COMPELLABLE WITNESS (証言を強制できる証人) / COMPETENT WITNESS (証言能力ある証人) / CORROBORATING WITNESS (補強証人) / CREDIBLE WITNESS (信用性を有する証人) / CROWN WITNESS (訴追側証人) / DISINTERESTED WITNESS (利害関係なき証人) / EAR-WITNESS (直聞証人) / EXPERT WITNESS (専門家証人) / EYEWITNESS (目撃証人) / GOING WITNESS (旅立とうとする証人) / GRAND JURY WITNESS (大陪審での証人) / HOSTILE WITNESS (敵意をもつ証人) / IMPEACHMENT OF WITNESS (証人の弾劾) / INTERESTED WITNESS (利害関係者証人) / INTERFERING WITH WITNESS (証人妨害(罪)) / JUDICIAL IMMUNITY OF WITNESS (証人に対する司法的免除) / LAY WITNESS (非専門家証人) / MATERIAL WITNESS (重要証人) / PERCIPIENT WITNESS (知覚証人) / PRIVILEGE OF WITNESS (証人の秘匿特権; 証人の免責特権) / PROOF OF WITNESS (証人の証言準備書) / PROSECUTING WITNESS (訴追の決め手となる証人) / QUALIFIED WITNESS (有資格証人) / REBUTTAL WITNESS (反証証人) / RECALL OF WITNESS (証人の再召喚) / RES GESTAE WITNESS (現場付帯状況証人) / SEPARATION OF WITNESSES (証人の隔離) / SKILLED WITNESS (専門家証人) / SUBSCRIBING WITNESS (署名証人) / TAMPERING WITH WITNESSES (陪審への不当圧力) / TARGET WITNESS (標的証人) / TURNCOAT WITNESS (裏切り証人) / UNFAVORABLE WITNESS (証人申請側に不利な証言を行なう証人) / ZEALOUS WITNESS (熱心な証人). **2** 証拠物, あかし〈*of, to*〉; 証拠, 証言; 証明, 立証《▶関連形容詞: TESTIMONIAL》: give ～ on behalf of …のために証言する / in ～ of …のあかしに. **bear** ～〈…の証言をする, 〈…の〉証人[証拠]となる〈*to, of, that*〉: *bear* false ～ うその証言をする. **bear** sb ～ 人の証人となる, 人の言ったことを証明する. **be a** ～ **to**…の目撃者である; …の証人となる; …の証拠となる. **call** [take] ～ **to**…に証明してもらう, …を証人とする. **in** ～ **whereof** 以上の証として, 以上を確認のうえで, 以上の証人として《▶捺印証書 (deed) や遺言書 (will) の終結部分である認証文言 (attestation clause) の慣用句の冒頭で, 'In *witness whereof* I have subscribed my name this … day of 20___.' のように記す》. **take the** ～ 証人に尋問してください《弁護士が法廷でみずからの証人尋問を終え, 次に相手方に尋問するように促すことば》.

with a ～ 明白に, 疑いもなく, 確かに.

— *a* 目標となる, 目印となる: a ～ corner [tree]《近接不能の土地への参照となる目標柱[目標の木]》/ a ～ mark 境界標《測量地点や土地の境界の角などに立てる標識》.

— *vt* **1**〈事故などを〉目撃する; …に立ち会う; …に証人として署名する, …の証人となる. **2**《古》立証[証明]する, 証言する. — *vi* 証明する, 証言する, 証拠となる, 立証する〈*to* a fact〉: ～ *for* [*against*]…に有利な[不利な]証言をする. ~·able *a* ~·er *n*

wítness agàinst onesélf 自己に不利な証人《自己に刑事責任を負わせかねないことを証言する証人; 自己負罪拒否特権 (privilege against self-incrimination) との関連で用いられる語で, 合衆国憲法第5修正では, 刑事事件において自己に不利な証人となることを強制されないと規定されている》.

wítness anonýmity òrder《英》証人匿名命令《刑事訴訟での証人に関して裁判所が必要と考えた場合に証人が誰であるかがわからぬようにしておくよう命ずること》.

wítness bòx《法廷の》証人席 (witness stand*).
wítness chàir《証人席の》証人用椅子.
wit·ness·eth /wítnəsəθ/ *vt* [主語は三人称・単数] 表わす, 示す, 記録する《通例 WITNESSETH と大文字で綴られ, 証書の本文 (testatum) を示す句である Now this deed witnesseth that… や This agreement witnessess that… などの省略形として用いられる; しかし近時は使われなくなりつつある; ⇨ TESTATUM》.

wítness fèe 証人の旅費 (＝conduct money").
wítness·ing párt 1《証書または文書の》本文 (＝TESTATUM). **2** 認証文言 (＝ATTESTATION CLAUSE).
wítness òrder《英史》証人出廷命令《刑事事件の証人として出廷を求めるかつての命令》.
wítness-protéction prògram《米》証人保護計画《重大な刑事事件で訴追側証人になった人を, その証言で有罪とされた人からの身体傷害や不当圧力による復讐を避けるために別の場所に移転させるなどして, 保護するための連邦あるいは州の計画》.
wítness's óath 証人の宣誓. ★英国での通例の宣誓時の文言: I swear by Almighty God that the evidence which I shall give shall be the truth, the whole truth and nothing but the truth. 私は, 全能の神にかけて, これから私が与えます証言が真実, すべて真実, 真実以外の何物でもないことを誓います.
wítness stànd*《法廷の》証人席, 証人台 (＝witness box")《しばしば単に stand と称す》.
wítness stàtement《英》証人陳述書《審理に召喚される予定の証人が審理の前段階でその証言内容を記載した署名付き陳述書; cf. STATEMENT OF TRUTH》.
wítness sùmmons《英》証人召喚状《命令違反

は裁判所侮辱 (contempt of court) となり, 処罰される; cf. DUCES TECUM).

wítness támpering 証人への不当圧力, 証人への不当干渉 (=tampering with witnesses)《証言の前後を問わず証人に対して脅迫・不当な圧力を加えたり, 干渉して裁判の正常進行を妨害する犯罪; ⇨ OBSTRUCTION OF JUSTICE》.

wítness wàrrant 〖英史〗証人逮捕出廷令状《刑事事件の証人としての出廷を求める証人出廷命令 (witness order) に従わず出廷しない証人を逮捕・拘束し, 出廷させて証言を得るために出される令状》.

WL, W.L. Westlaw.

WLR °Weekly Law Reports 『ウィークリー・ロー・リポーツ』.

WMD °weapon of mass destruction 大量破壊兵器.

wob·bler /wάb(ə)lər/ n 《俗》ぐらぐら罪《重罪・軽罪のいずれでも訴えられ[処罰され]る犯罪; 通例 " " を付し, しかも時にはその語の前に so-called (いわゆる) を付して用いる》.

wóman emplóyee 女性被用者, 女性従業員 (⇨ EQUALITY CLAUSE, EQUAL PAY, MATERNITY RIGHTS, SAFETY AT WORK, SEX DISCRIMINATION).

wóman's [wómen's] ríghts pl **1**《法的・政治的・社会的な》女性の権利, 女権. **2** 女権拡張運動.

wóman [wómen's] súffrage **1** 婦人参政権. **2** 女性票.

wóman-súffragist n 婦人参政権論者, 婦選運動家.

wómen's liberátion·ist 女性解放運動家.

wómen's liberátion mòvement [°W- L- M-] 女性解放運動, ウーマンリブ.

women's rights ⇨ WOMAN'S RIGHTS.

women's suffrage ⇨ WOMAN SUFFRAGE.

wóod·shèdding n 証言指導 (=HORSESHEDDING).

Wóolf Repòrt /wúlf-/ ウルフ報告(書)《英国で現在用いられている 1997 年の民事訴訟手続き法 (Civil Procedure Act) および 1998 年の民事訴訟手続き規則 (Civil Procedure Rules) の基礎になったウルフ卿 (Lord Woolf) を長とする委員会の報告書; この一連の民事訴訟手続きの大改革を **Woolf Reforms** (ウルフ改革) ともいう》. [Harry Kenneth *Woolf*, Baron *Woolf* (1933-) 英国の裁判官, イングランドおよびウェールズ首席裁判官 (1996-2000)]

Wóol·sàck n [the ~]《英》《大法官 (Lord Chancellor) が貴族院議長の資格で着席した》貴族院議長席《かつては羊毛を詰めた袋であったことから》: reach *the* ~ 貴族院議長になる / take seat on *the* ~ (議長として)貴族院の議事を始める.

w.o.p. °want of prosecution 訴訟不追行.

word /wə́:rd/ n **1** 語, 単語, ことば. **2** [°*pl*]《口で言う》ことば, 話, 談話; 文言; 言説. ▶ ACTIONABLE WORD (名誉毀損となる言説) / DESCRIPTIVE WORD (記述的こと

ば) / ENACTING WORDS (制定文言) / FIGHTING WORDS (けんかことば) / GENERAL WORDS (包括文言) / NEGOTIABLE WORDS (流通文言) / OPERATIVE WORDS (効力発生文言) / PRECATORY WORDS (懇願的文言) / VESTIGIAL WORDS (退化文言). **3** [*pl*] 口論, 論争. ── *vt* ことばで言い表わす, 述べる.

wórd·ing n ことばによる表現; ことばづかい, 語法, 用語, 言い方, 表現.

wórd of árt [°*pl*] 専門用語, 術語, 技術用語 (term of art).

wórds áctionable in themsélves *pl* その文言自体で誹毀(罪)として訴えることができる中傷的なことば (cf. LIBEL PER SE, SLANDER PER SE).

wórds of inhéritance *pl* 相続可能文言《一般的には不動産に関する権利が相続可能なものであることを示す限定文言 (words of limitation); 本来は譲与対象不動産権が被譲与者一代限りしか存続しない生涯不動産権 (life estate) などではなく, 相続可能なものであることを示すために「A およびその法定相続人に」 "to A and his heirs" 対して譲与するという形をとったことから始まったが, この「およびその法定相続人」 "and his heirs" という文言は法定相続人になんらの権利を付与するものでなく, 単に譲与対象の不動産権が法定相続されうるものであると限定したにすぎず, すなわち単純封土権 (fee simple) を与えたものと解釈され, したがって被譲与者はこれを処分することも可能であるとされるようになった》.

wórds of limitátion *pl*（不動産権)限定文言《不動産権 (estate) を譲与する文書中の文言で, 譲与対象の不動産権の範囲を限定するもの; 不動産権の被譲与者を示す譲受人表示文言 (words of purchase) と対比される; かつて単純封土権 (fee simple) の譲与の場合には「A およびその法定相続人に」 "to A and his heirs" 譲与するという語が重要になったが, この「およびその法定相続人」 "and his heirs" の文言がその代表例; これにより譲与対象不動産権が単純封土権であることを示しているからである; なお, この場合「A に」 "to A" が, 譲受人表示文言である; ⇨ OPERATIVE WORDS, WORDS OF INHERITANCE, WORDS OF PURCHASE).

wórds of procreátion *pl* 出産についての文言, 直系卑属限定文言《不動産権 (estate) 譲渡証書あるいは継承財産設定 (settlement) 証書中の文言で, 限嗣不動産権 (estate tail) を設定するために不可欠なもの; 具体的には「A およびの直系卑属たる法定相続人に」 "to A and his heirs of his body" というのが一般的; この「直系卑属たる」 "of his body" の語を欠き単に「A およびの法定相続人に」 "to A and his heirs" とすると, コモンロー上は単純封土権 (fee simple) の譲渡と解釈された; cf. WORDS OF INHERITANCE》.

wórds of púrchase *pl* 譲受人表示文言, 権利取得者表示文言《不動産権 (estate) を譲渡する証書や不動産遺言 (will) で用いられる文言で, その不動産権を受け取りみずからの権利とすべき人を示す語; 例えば「A に生涯の間, A の法定相続人にその残余権」 "to A for life, remainder, to A's heirs" を譲与するという文言; 譲与対象不動産権の範囲を限定する限定文言 (words of limitation) と対比される; ⇨ WORDS OF LIMITATION).

wórds of séverance *pl*《英》非合有不動産権文言《複数の人への土地の譲渡をしそれぞれの人が別々の持ち分を有するものとする趣旨の文言 (例えば「等分の持ち分で」"in equal shares", 「等分に」"equally" とか「…との間で分割して」"to be divided between…" といった文言) が示されていた場合には, 合有 (joint tenancy) ではなく共有 (tenancy in common) として譲渡されたものと解釈されるが, その趣旨の文言; cf. SEVERANCE.

work /wə́ːrk/ *n* **1 a** 仕事, 労働, 作業, 業務; 職, 商売. **b** 勤め先, 職場, 仕事場. ▶ ADDITIONAL WORK (追加工事, 契約外工事) / DAYWORK (昼間の仕事; 日雇い仕事) / EXTRA WORK (契約外工事) / HOURS OF WORK (労働時間) / NIGHTWORK (夜間業務) / PIECEWORK (出来高払い仕事) / SAFE SYSTEM OF WORK (安全な勤務体制) / SAFETY AT WORK (職場における安全性) / SHIFT-WORK (交替勤務制) / TEAMWORK (チームワーク). **2** 細工, 製作; 細工物, 製作品; 作品, 著作物. ▶ ARTISTIC WORK (芸術作品) / COLLECTIVE WORK (集合著作物) / COMPOSITE WORK (複合著作物) / COMPUTER-MADE WORK (コンピューター作成著作物) / DERIVATIVE WORK (二次的著作物) / DRAMATIC WORK (演劇的著作物) / JOINT WORK (共同著作物) / LITERARY WORK (言語著作物) / MASK WORK (マスクワーク) / MUSICAL WORK (音楽著作物) / POSTHUMOUS WORK (遺著). **3** [~s, <*sg*/*pl*>] 工場, 製作所. ▶ EX WORKS (工場渡し). **4** [*pl*] 工事, 土木; [*pl*] 建造物: clerk of ~*s* 建築物監督官 / public ~*s* 公共土木工事 / the Ministry of W~*s*《英国のかつての》建設省. ▶ ACCOMMODATION WORKS (便宜のための工作物).

wórk dóne [*史*] 履行済みの仕事《かつて債務負担支払い引受け訴訟 (indebitatus assumpsit) で標準化された一般訴因 (common count) の一つで, その支払いを請求するもの; ⇨ COMMON COUNT.

work done and materials supplied ⇨ CONTRACT FOR WORK (DONE) AND MATERIALS (SUPPLIED).

wórk·er *n* 仕事をする人; 使用人, 従業員; **労働者, 工員, 職工.** ▶ ADOLESCENT WORKER (弱年労働者) / AGENCY WORKER (代理業派遣労働者) / DAYWORKER (昼間勤務者; 日雇い労働者) / HOMEWORKER (在宅勤務者) / INSIDE WORKER (内勤の従業員) / MIGRANT WORKER (移住労働者) / NIGHTWORKER (夜間勤務者) / OUTWORKER (外注の仕事をする人) / SOCIAL CARE WORKER (社会事業従事者) / SOCIAL WORKER (ソーシャルワーカー) / YOUNG WORKER (弱年労働者).

wórkers' compensátion 労働者災害補償《金[制度]》, 労災補償 (=workmen's [workman's] compensation)《労災災害, すなわち労働者の業務上の傷害・疾病・死亡について雇用者側の過失の有無にかかわらず補償する制度; 導入後しばらくは雇用者に無過失責任を負わせるのみであったが, 後に公的な社会保険制度が重要となってきている; 労災補償がなされた場合, コモンロー上の不法行為に基づく損害賠償請求権は排除あるいは制限される; なお workmen's compensation の語がかつては用いられていたが, 現在は workman に代わって worker の語が用いられるのが通例; 略 WC; cf. EMPLOYER'S LIABILITY, WORKERS' COMPENSATION INSURANCE.

wórkers' compensátion àct 労働者災害補償法 (⇨ WORKERS' COMPENSATION LAW).

wórkers' compensátion insùrance《雇用者が加入するあるいは自家保険 (self-insurance) による》労働者災害補償保険 (=industrial insurance) (⇨ WORKERS' COMPENSATION) (cf. EMPLOYERS' LIABILITY INSURANCE).

wórkers' compensátion làw 労働者災害補償法《労災災害, すなわち労働者の業務上の傷害・疾病・死亡について雇用者に無過失の補償責任を定め, さらには社会保険制度の対象とする法一般を指す; かつては workmen's compensation law と呼ばれていたが, 現在では workman という語を worker に換えて用いられている; 1897 年に英国で特に危険な業種に限って労働者災害補償法 (workmen's compensation act) が制定されたのに始まり, のちに労働者一般に拡大された; 米国でも 1910 年代以来同名の法律が各州で制定された; cf. EMPLOYER'S LIABILITY ACT.

wórk·fàre *n* 福祉手当代償勤労制度《公的福祉手当の見返りに政府機関提供の仕事や社会奉仕または職業訓練を要求する制度》. [work+welfare]

wórk for híre 職務著作物 (=WORK MADE FOR HIRE).

wórk fùrlough 勤労時間仮出所《受刑者を日中社会に出て勤労させるために時間的に仮出所させること; cf. WORK-RELEASE PROGRAM). **wórk-fùrlough** *a*

wórk·hòuse *n* **1**《軽犯罪者の》労役所. **2**《英史》《1948 年に廃止された救貧法 (poor law) 関係の》労役場.

wórk-ìn *n* 被用者による工場管理《閉鎖されようとしている工場を占拠し被用者が自主管理すること; こうした行為は一般に侵害 (trespass) を構成し, 雇用者は工場の返還命令や差し止め命令 (injunction) を求めて裁判所に訴えることができる》.

wórking càpital《会計》**1** 運転資本; 《正味》運転資本《流動資産から流動負債を引いた差額》. **2** 流動資産.

wórking dày 1 a 仕事日, 就業日, 平日《土曜・日曜・銀行休日以外の金融活動が行なわれる日》. **b**《一日の》就労時間, 勤務時間. ▶ WEATHER WORKING DAY (好天荷役日). **2** 開廷日 (=JURIDICAL DAY).

wórking fámilies táx crèdit《英史》勤労家族税額控除《1999 年法の下でそれまでの低所得世帯給付金 (family credit) に代わって導入されたもので, 子供の養育に責任を有している者が一定額以下の所得・貯蓄額

working hours

でかつ報酬のある仕事に従事している場合に，与えられる税額控除; 2002 年法で変更・廃止; cf. CHILD TAX CREDIT, WORKING TAX CREDIT).

wórking hòurs *pl* 労働時間 (＝HOURS OF LABOR).

wórking ìnterest《石油・天然ガス採掘権リース (oil-and-gas lease)により与えられる》作業権 (＝leasehold interest) (cf. OVERRIDING ROYALTY).

wórking pàrty《専門家などによる》作業班，調査委員会.

wórking táx crèdit〖英〗労働者税額控除《障害労働者である者および未成年の子の扶養者を含む低所得労働者世帯に対する税額控除; 控除分は通常給料支払いの際に雇用者から渡される; 2002 年法で導入; これにより勤労家族税額控除 (working families tax credit) と障害者税額控除 (disabled person's tax credit) は廃止された》.

wórking tìme 労働時間; 勤務期間.

wórk·ing-to-rúle *n* WORK-TO-RULE.

wórk máde for híre 職務著作物 (＝work for hire)《雇用者の業務に従事する者が職務として作成した著作物; 雇用者が著作者となる》.

wórkmen's [wórkman's] compensátion ＝WORKERS' COMPENSATION.

wórkmen's compensátion àcts 労働者災害補償法 (⇨ WORKERS' COMPENSATION LAW).

wórk·òut *n* **1**《未払債務などのための》資金調達. **2**《特に破産手続きなどに代わる裁判外での》債務減額[免除]合意.

wórk pèrmit《外国人に対する》労働許可(証).

wórk pròduct《弁護士の訴訟あるいは訴訟準備のための》職務活動成果 (⇨ WORK PRODUCT RULE [DOCTRINE]).

wórk próduct rùle [dòctrine]《弁護士の訴訟あるいは訴訟準備のための》職務活動成果の準則[法理]《弁護士が依頼事件のため集め用意したものは相手方当事者側からの請求に基づく開示 (discovery) 対象から除かれるという法理; 弁護士の訴訟戦術を護るために確立した》.

wórk relèase《受刑者の》施設外通勤 (⇨ WORK-RELEASE PROGRAM). **wórk-relèase** *a*

wórk-relèase prògram《受刑者の》施設外通勤制度《主としては釈放が近い受刑者を刑務所外で仕事に従事させる矯正制度》; cf. HALFWAY HOUSE, WORK FURLOUGH).

wórk·shàring *n* 仕事の分かち合い，ワークシェアリング《雇用確保のため一つの仕事を複数の労働者がパートタイムで働き分かち合うこと》.

wórk stóppage 作業停止《ストライキ (strike) より小規模で自発的な被用者による抗議運動 (job action)》.

wórk-to-rúle *n*《労働者の》順法闘争 (＝working-to-rule). ★ ⇨ *work to* RULE.

Wórld Bánk [the ~] 世界銀行 (INTERNATIONAL BANK FOR RECONSTRUCTION AND DEVELOPMENT (国際復興開発銀行) の通称).

Wórld Cóurt [the ~] **1** 常設国際司法裁判所 (Permanent Court of International Justice)《通俗称》. **2** 国際司法裁判所 (International Court of Justice)《通俗称》.

wórld féderalism 世界連邦主義, 世界連邦運動.

wórld féderalist 世界連邦主義者, 世界連邦運動 (world federalism) 推進者, 世界連邦運動推進団体会員.

Wórld Intelléctual Próperty Organizàtion [the ~] 世界知的所有権機関《1967 年署名，70 年発効の条約により創設，74 年に国連の専門機関となった特許権・著作権など知的所有権の保護の促進をはかる国際機関; 本部 Geneva; 略 WIPO》.

Wórld Tráde Organizàtion [the ~] 世界貿易機関《GATT (関税及び貿易に関する一般協定) の発展的解消によって 1995 年に発足した国際貿易に関する中核機関; 略 WTO》.

wor·ship /wə́:rʃəp/ *n* **1** 礼拝(式); 崇拝; 崇拝の対象;《古》名誉，尊厳. ▶ DISTURBANCE OF PUBLIC WORSHIP (礼拝集会妨害). **2**『閣下《治安判事・市長などに対して呼びかけるまたは言及するときの敬称，時に反語的; Your [His, Her] W~ として用いる》.

worth /wə́:rθ/ *pred a* **1 a**《金銭的に》…の価値のある: This used car is ~ $1000. この中古車は 1000 ドルの価値がある. **b**《人が》財産が…の，…だけの財産を所有して: He is ~ a million. 百万長者だ. **2**《名詞・動名詞を伴って》…(する)に値する，…するに足る: ~ the trouble 骨折りがいがある. ── *n* **1** 価値，真価: of (great) (大いに)価値ある / of little [no] ~ 価値の少ない[ない]. ▶ COMPARABLE WORTH (同等価値; 同等価値の法理) / PRESENT WORTH (現在価値). **2**《ある金額・日数相当の》相当量，分. **3**《個人の》財産，資産，富. ▶ FINANCIAL WORTH (財務価値) / NET WORTH (純資産).

wórthier títle [°W- T-] 相続権原優先(の法理) (⇨ WORTHIER TITLE DOCTRINE [RULE]). ▶ DOCTRINE OF WORTHIER TITLE (相続権原優先の法理).

wórthier títle dòctrine [rùle] 相続権原優先の法理[準則] (＝doctrine of worthier title)《**1**》《史》不動産遺言 (will) の受益者 (beneficiary) が，無遺言不動産相続 (descent) であった場合にも法定相続人 (heir) として同一権利を取得するほうが正当である場合にも，その人は受益者としてでなく法定相続人としてその権利を取得すべきであるというコモンロー上の原則 **2**》譲与者 (grantor) がその法定相続人に生前に将来不動産権 (future estate) の譲与をなした場合，譲与者の意思は譲与者の法定相続人に対する残余権 (remainder) の設定よりも譲与者の復帰権 (reversion) の譲与であったと解釈すべきであるという原則; 無遺言不動産相続で得る権利のほうが贈与・遺贈による残余権よりも優位であるからである; 現在では通例 **2** の意味で用いられる; ⇨ REMAINDER, REVERSION》.

wórth·less chéck 無価値小切手 (=BAD CHECK).

wound /wúːnd/ n **1** 傷, 創傷, 負傷, けが, 傷害: a mortal [fatal] ~ 致命傷. **2**《名誉・信用・感情などの》損害, 痛手. — vt, vi **1** 傷つける: ~ sb in the head 人の頭を傷つける. **2**〈感情などを〉害する: willing to ~ 悪意のある. **~·ing·ly** adv

wóund·ed féelings pl 傷ついた感情.

wóund·ing n **1** 傷つけること, 傷害, 創傷, 傷害.
▶ MALICIOUS WOUNDING（犯意傷害）/ UNLAWFUL WOUNDING（違法傷害）. **2**《名誉・感情などを》傷つけること, 害すること, 毀損.

wóunding with intént〘英〙意図的重大傷害《罪》《違法に重大な身体傷害 (grievous bodily harm) を与えようとする意図あるいは合法的逮捕に抗しようとする意図をもって他人になす加重暴行(未遂) (aggravated assault); cf. ULTERIOR INTENT》.

w.p., WP without prejudice.

WPC" woman POLICE CONSTABLE 女性警官.

wrap /rǽp/ v **(wrapped, wrapt** /rǽpt/; **wráp·ping)** vt **1** 包む, くるむ, 巻く, おおう; 隠す, …の表面を装う〈up〉. **2** おしまいにする, 完了[終了]する, 上げる. — vi 巻く, 巻きつく〈around〉. ~ **up**《物を》包む;《真意を》…に隠して表現する〈in〉;《口》《協定・契約などを》うまくまとめる, 締めくくる, …に決着[けり]をつける. — n **1** 包む, 包装(紙), 外被, おおい. **2** [pl] 拘束, 抑制, 制約, 機密(保持): keep…under ~ …を拘束[制約]する;《計画・人などを》隠しておく, 秘密にする / take the ~s off 見せる, 現わす, あばく, 公開する. **3**"《俗》《麻薬である》クラック (crack) の一包み.

wráp-aròund mórtgage 先順位抵当債務巻きつけ譲渡抵当, 先順位抵当債務引受け譲渡抵当《後順位の抵当権設定者が先順位の債務の弁済を引き受け, その債務と付加的になされた融資双方に設定する譲渡抵当 (mortgage); 高金利時代における低金利時設定の譲渡抵当付き不動産を担保にしての再融資方法》.

wreck /rék/ n **1** 難破, 難船 (shipwreck). **2** 海岸に打ち上げられたもの, 漂着した難破船の残物, 難破物. ▶《1 と 2 に関連》RECEIVER OF WRECKS（難破船処理官）/ SHIPWRECK（難破船, 難船）.

wréck commìssioner〘英〙難破調査委員.

writ /rít/ n **1 a** 令状 (=breve, brief)《国王, 国王の役人, 裁判所が発給した一定書式の命令書》: serve a ~ on sb 人に令状を送達する. **b**《古》訴訟(方式)《コモンロー上, 訴訟は元来定められた特定の書式に基づいてのみ開始することができ, また それぞれの令状によりその後の訴訟手続きも定まっていたことから, 訴訟方式全体をも指した》; ⇨ ORIGINAL WRIT, FORM OF ACTION). ▶ ALIAS WRIT（第二令状）/ ALTERNATIVE WRIT（予備的理由開示命令を含む令状）/ CLERK OF RECORDS AND WRITS（大法官府裁判所書記官）/ CLOSE WRIT（封緘令状）/ CONCURRENT WRIT（重複令状）/ COUNTERPART WRIT（令状の写し）/ ENDORSEMENT OF WRIT（召喚令状裏書き） / EXTRAORDINARY WRIT（特別令状）/ GREAT WRIT (OF LIBERTY)（《自由の》大令状）/ GROUND WRIT（裁判地執行令状）/ JUDICIAL WRIT（裁判所令状）/ JUNIOR WRIT（後続令状）/ LIFE OF A WRIT（令状の有効期間）/ OPTIONAL WRIT（選択的令状）/ ORIGINAL WRIT（訴訟開始令状; 始審令状）/ PATENT WRIT（開封令状）/ PEREMPTORY WRIT（非選択的令状）/ PLEA TO THE WRIT（令状にかかわる答弁）/ PLURIES WRIT（第三令状）/ PREROGATIVE WRIT（大権令状）/ REGISTER OF WRITS（令状方式書）/ RETURN OF WRIT（令状の復命）/ RETURN OF WRITS（令状復命権）/ TESTATUM WRIT（裁判地外執行令状）/ VISCONTIEL WRIT（シェリフ令状）. **2**〘英〙《議会の》召集令状 (writ of summons). **3**《古》文書, 書き物, 書簡; [the ~] 聖書 (the holy [sacred] writ). [OE=writing]

wrìt de cúr·su /-də kə́ːrsjuː/ 当然令状 (=WRIT OF COURSE).

wrìt de ejectióne fírmae /-di-/ 賃借不動産占有侵害令状[訴訟] (=TRESPASS DE EJECTIONE FIRMAE).

wrìt de excommunicáto capiéndo /-di-/〘史〙被破門者逮捕令状《主教［司教］の証明に基づき大法官府 (Chancery) からシェリフ (sheriff) 宛に発行され被破門者の逮捕・投獄を命じた令状; 単に (de) excommunicato capiendo ともいう》. [E+L=writ of taking an excommunicated person]

wrìt de exoneratióne séctae /-di-/〘史〙国王被後見人免訴令状《国王の後見権 (wardship) に服している被後見人 (ward) をして人民訴訟裁判所 (Court of Common Pleas) より下位の裁判所《州裁判所 (county court), ハンドレッド裁判所 (hundred court)》などへの訴えからすべて免ぜられるべしとの令状; 1660 年法でこの後見権が廃止となり, 廃止; 単に (de) exoneratione sectae ともいう》. [E+L=writ for exemption from suit]

wrìt de hae·re·ti·co com·bu·ren·do /— di hirétikou kə̀mbjəréndou/〘史〙異端者焚刑(令)令状《教会裁判所で異端 (heresy) として有罪決定された者が, その後も異端信仰を捨てぬ場合あるいは再度異端者になった場合に教会裁判所の有罪決定を受け国王が焚刑 (burning) の執行を命ずる令状; 1677 年法で廃止; 単に de haeretico comburendo ともいう》. [E+L=writ of burning a heretic]

write /ráit/ vt **(wrote** /róut/, **《古》writ** /rít/; **writ·ten** /rítn/, **《古》writ) 1** 書く, 記す;〈書物を〉著わす, 記録する; …に手紙を書く;〈小切手などに〉書き入れる.
　2 書いて〈自分を…と〉称する;〈契約書などに〉署名する,《特に》〈保険証券に〉署名して保険を引き受ける (underwrite): ~ life insurance. **3**〈資産を〉売却する,〈証券〈オプション〉を〉売る. ~ **down** 書き留める, 記録する;〈資産などの〉帳簿価格を切り下げる. ~ **in [into] (1)** 書き込む,〈文書〉中に書き入れる. **(2)**"〈投票用紙に記載されていない人の〉名前を書き加えて投票する (cf. WRITE-IN).

ns **write-down**

(3) 照会[申し込み, 苦情など]の手紙を書き送る. ~ **off** 〈回収不能の債権・老朽資産を〉帳簿から抹消する, 〈資産を〉減価償却する. ~ **up** (1) 詳細に書く. (2) 掲示する. (3) …に召喚状を書く. (4) …の帳簿価額を引き上げる.

wríte-dòwn *n* 評価切下げ, 評価減, 償却 (⇨ WRITE *down*).

wríte-ín**a, n* **1** 書込み投票(の)《候補者リストに出ていない候補者の名前を投票用紙に記入して行なう》. **2** 書込み投票を獲得した[しようとする]候補者(の).

wríte-òff *n* **1**《会計》《回収不能の貸金や老朽資産の》帳簿からの抹消. **2** 課税対象額控除 (= TAX WRITE-OFF). ▶ TAX WRITE-OFF《課税対象額控除》.

wrít·er /ráɪtər/ *n* **1** 書く人; 著述家; 著者. ▶ LAW WRITER《法律専門著述家》/ LEGAL WRITER《法律問題論評家》/ SHORTHAND WRITER《速記者》. **2**《スコットランド》弁護士, 事務弁護士 (solicitor); 弁護士書記.

Wríter to the Sígnet《スコットランド》事務弁護士《スコットランドの最古で最重要な事務弁護士 (solicitor) 協会の成員; もとはこの名の者が国王の御璽 (signet) を保管し勅許状・令状の発行事務にたずさわった書記だったことに由来; 略 WS., W.S.》.

wríte-ùp *n* **1** 記事. **2** 評価引き上げ, 評価増 (⇨ WRITE *up*).

wrít·ing /ráɪtɪŋ/ *n* **1** 書くこと. ▶ BRIEF-WRITING《訴訟事件摘要書作成》/ HANDWRITING《筆跡》. **2** 書面, 文書《ハードコピー, オーディオ・ビデオテープ, E メールなど機器を介在させたものも含む》: a signed ~ 署名入り書面. ▶ ANCIENT WRITING《古文書》/ INTEGRATED WRITING《完結した契約書》/ MEMORANDUM IN WRITING《土地取引覚書》.

wrít of accóunt《史》計算令状《計算訴訟 (action of account) を提起するための訴訟開始令状 (original writ); ⇨ ACTION OF ACCOUNT》.

wrít of áiel《史》祖父不動産回復令状[訴訟] (⇨ AIEL).

wrít of assístance 援助令状《同名の令状で以下の 4 つの令状がある: (1) 土地の占有を認める判決を得た人に占有を得させるもので, 有価証券や文書などの特殊な動産を占有させるためにも用いられる (2) 英国で, 裁判官その他の法曹に貴族院出席を求めるもの (3)《史》国王の徴税官・債務者などが国王に負っている金銭の徴収を援助するようシェリフ (sheriff) に命じるもの (4)《史》アメリカのイギリス植民地で植民地裁判所が関税徴収官などの国王の役人に対して場所を特定することなく密輸品などの捜索・押収を命じるもの》.

wrít of attáchment 出廷保証令状 (= warrant of attachment) (⇨ ATTACHMENT).

wrít of attáint《史》陪審査問令状《陪審査問 (attaint) 手続きを命じる令状; 単に attaint ともいう; ⇨ ATTAINT》.

wrít of cápias 勾引令状 (= CAPIAS).

wrít of certiorári 移送[記録提出]令状 (= CERTIORARI).

wrít of córam nóbis《史》自己誤審令状 (⇨ CORAM NOBIS).

wrít of córam vóbis《史》他裁判所宛誤審令状 (⇨ CORAM VOBIS).

wrít of cósinage《史》高祖不動産回復令状[訴訟] (⇨ COSINAGE).

wrít of cóurse 当然令状 (= breve de cursu, breve de recto, writ de cursu, writ of right)《定型化されており, 従って特別の理由を示さず比較的安価な手数料で当然に発給された令状》.

wrít of cóvenant《史》捺印契約令状《捺印契約 (covenant) 違反の結果生じた損害の賠償を求めるための訴訟開始令状 (original writ); 英国では長く使用されていなかったが 1833 年法で廃止》.

wrít of débt 金銭債務令状《単に debt ともいう; ⇨ DEBT》.

wrít of delívery《動産》引渡し令状《動産を引き渡すことを命じる判決執行令状 (writ of execution); 特に特定物の引渡しを命じる令状 WRIT OF SPECIFIC DELIVERY《特定物引渡し令状》と呼ぶ》.

wrít of détinue 動産返還請求令状[訴訟]《単に detinue ともいう; ⇨ DETINUE》.

wrít of dówer únde níhil hábet《史》寡婦産請求令状《権利として有する寡婦産 (dower) を法定期間内に全く与えられなかった寡婦がそれを請求するための手続き; 単に unde nihil habet ともいう; cf. WRIT OF RIGHT OF DOWER》. [L *unde nihil habet* whereof she has nothing]

wrít of ejéctment 不動産回復令状《不動産回復訴訟 (ejectment) における令状》.

wrít of eléction《英》選挙実施令状; 補欠選挙実施令状.

wrít of éntry《違法に占有を奪われた》不動産占有の自力回復令状, 不動産占有回復令状[訴訟] (= de ingressu)《単に entry ともいう》.

wrít of érror 誤審令状《上位裁判所から下位裁判所に対して発せられる令状で, 再審査 (review) のため訴訟記録を送付するよう命じるもの; 英国では民事では 1873, 75 年法で, 刑事では 1907 年法で近代的上訴 (appeal) 手続きに代えられて, 廃止; 単に error ともいう; cf. ASSIGNMENT OF ERROR, POINT OF ERROR》.

wrít of érror córam nóbis 自己誤審令状 (⇨ CORAM NOBIS).

wrít of escheát《史》不動産復帰令状《不動産復帰権 (escheat) に基づき復帰した不動産の占有を認める令状》.

wrít of estrépement《史》毀損禁止令状 (= DE ESTREPAMENTO).

wrít of execútion 判決執行令状《単に execution ともいう; cf. WARRANT OF EXECUTION》.

wrít of extént《英史》財産評価令状 (⇨ EXTENT).

wrít of fálse júdgment《史》誤審修正令状《記録裁判所 (court of record) でない州裁判所 (county court), 封建裁判所 (feudal court) などが記録の文面上の誤りを犯していないかを確かめるための移送令状 (certiorari) 類似の手続きで、その非公式記録が人民訴訟裁判所 (Court of Common Pleas) に渡される手続き; 単に false judgment ともいう).

wrít of fórcible éntry ⇨ FORCIBLE ENTRY.

wrít of fórmedon〚史〛贈与捺印証書不動産回復令状《贈与捺印証書不動産回復訴訟 (action of formedon) を開始するための令状; 単に formedon ともいう; ⇨ ACTION OF FORMEDON》.

wrít of hábeas córpus 身柄提出令状 (=HABEAS CORPUS).

wrít of ínquiry〚史〛賠償額審問令状《被告の欠席または手続き懈怠(けたい)により原告に有利な中間判決が出されたのち、シェリフ (sheriff) 宛に陪審を用いて賠償額を決定するように命ずる令状; これに基づいて裁判所に報告がなされ、判決が出された; 単に inquiry ともいう》.

wrít of jústicies〚英史〛特別審判令状 (⇨ JUSTICIES).

wrít of mandámus 職務執行令状 (⇨ MANDAMUS).

wrít of posséssion 土地占有回復令状《シェリフ (sheriff) に対して当該土地に立ち入りその占有を請求者に引き渡すよう命ずる令状》.

wrít of prevéntion 訴訟差止め令状《訴えの提起を予防的に阻止するための令状; cf. QUIA TIMET》.

wrít of prívilege〚史〛特権遵守令状《特に、議会議員など不逮捕特権を有する者をその特権を無視して民事事件で逮捕した場合などに用いられる》.

wrít of prohibítion《下位裁判所などに対する》禁止令状《単に prohibition ともいう; ⇨ PROHIBITION》.

wrít of protéction 保護令状《単に protection ともいう: 1)〚英史〛国王への勤務で海外にいる臣民に対して発せられ、若干の民事訴訟を除き訴えの対象にならないよう保護した令状; 通例 重罪 (felony) も対象外; 1690 年を最後に用いられていない 2) 私的に捕えると脅迫されている訴訟での証人を保護するための令状》.

wrít of restitútion 1 侵奪不動産返還令状《暴力による不動産占有侵奪 (forcible entry and detainer) による民刑事の判決・評決に基づき当該不動産を返還させる手続》. **2** 原状回復令状《判決が破棄された場合に、その勝訴者が原判決の結果失ったすべてのものを回復するために発行されるコモンロー上の令状》.

wrít of revíew《下級裁判所への》再審査のための記録移送令状《コモンロー上の移送令状 (certiorari) に当たる》.

wrít of revívor〚史〛判決復活令状《コモンロー裁判所で、判決後 6 年間経過あるいは一方当事者が死亡した場合などに、判決の効力を復活させるための令状》.

wrít of ríght 1〚史〛権利令状 (=de recto, breve de recto), 権利令状訴訟《単純封土権 (fee simple) を侵害された者がその奪われた権利・不動産を回復するための令状ないしそれに基づく訴訟; もとの権利者に残っている

権利 (right) に基づく訴訟という意味で権利 (right) の語が用いられていた; 物的訴訟 (real action) の最も中心的な訴訟方式であったが、時の経過とともに徐々に新しいより便利な訴訟方式 (例えば 不動産占有回復令状 (writ of entry) など) が編み出され、廃れ、英国では 19 世紀に廃止》. **2** 当然令状 (=WRIT OF COURSE).

wrít of ríght clóse〚英史〛封緘(ふうかん)権利令状《固有王領 (ancient demesne) 内の保有者 (tenant) ないし は類似の人のための封緘された権利令状 (writ of right) で、その不動産に対する権利の裁判権を国王の裁判所のみに排他的に与えるもの》.

wrít of ríght of dówer〚史〛寡婦産回復権令状 (=(de) recto de dote)《みずからの寡婦産 (dower) の一部しか与えられていない寡婦のために亡夫の法定相続人に対して発せられた令状で、権利令状 (writ of right) の一種; cf. WRIT OF DOWER UNDE NIHIL HABET》.

wrít of ríght pátent〚英史〛開封権利令状《封建裁判権 (feudal jurisdiction) を有している領主宛に、その保有者 (tenant) が第三者によって不法占有されている不動産に関連してその保有者に対して直ちに正義を施すことを命じ、それを怠った場合にはシェリフ (sheriff) が封建裁判権を無視してその裁判を行なうことを併せて警告する開封の令状; 国王裁判所が封建裁判権を侵蝕しコモンローが成立して行く過程で歴史的に重要であった》.

wrít of scíre fácias 告知令状 (⇨ SCIRE FACIAS).

wrít of sequestrátion 一時差押令状《裁判所に物の保管を移すこと、あるいは物を裁判所の管轄外に持ち出さないことを命ずる令状; 通例 訴訟の途中に約束手形の担保財産 (collateral) などに対して用いられる》.

wrít of specífic delívery 特定物引渡し令状《動産引渡し令状 (writ of delivery) のうち、被告に当該動産を保持しその代価支払いを許す選択権を与えていない場合の令状》.

wrít of súmmons 1〚英〛《議会の、特に貴族院議員に個別的に送られる》召集令状. **2**〚英史〛召喚令状《単に summons ともいう; 現在は訴状 (claim form)》.

wrít of supervísory contról 監督統制令状《上訴 (appeal) がない場合、あるいは上訴が十分な救済にはならないため、その結果大きな不正義が生ずる場合に、下位裁判所がなした誤った判断を修正するために発せられる令状; cf. SUPERVISORY CONTROL》.

wrít of tríal〚英史〛審理委任令状《上位裁判所 (superior court) に提起された金銭債務訴訟 (debt) の決定された争点が 20 ポンド以下であった場合に、その審理を訴訟が提起された州のシェリフ (sheriff) または下位裁判所の裁判官に委ねる令状; 1833 年法で導入され、州裁判所 (county court) がこの種の裁判権を与えられており不要であるので、1867 年法で廃止》.

wrít of veníre fácias 出廷令状, 陪審員召集令状 (⇨ VENIRE FACIAS).

wrít sýstem [the 〜]〚史〛令状体系《コモンローの訴訟手続き制度で、原告はコモンロー上許容されている訴訟

範型の中から適当な型の訴訟開始令状 (original writ) をみずからの責任で選び訴訟を開始するやり方; ⇨ FORM OF ACTION, ORIGINAL WRIT》.

writ·ten /rítn/ *v* WRITE の過去分詞. — *a* 書いた, 書き物[書面]にした; 成文の: a ~ application 申込書, 願書, 依頼状.

wrítten cóntract 書面契約《契約条項すべてが書面にされている契約》.

wrítten ínstrument 文書, 書面, 証書.

wrítten láw 成文法 (=jus scriptum, lex scripta) (cf. UNWRITTEN LAW).

wrítten prémium《保険》保険料《保険契約に基づき特定期間, 特に毎年保険者 (insurer) が受け取る保険の引き受け料》.

wrítten resolútion《英》書面決議《私会社 (private company) においては, 一定条件の下で, 株主総会 (general meeting) で決定できる全事項につき株主総会を開かずに総会での投票権をもつ全株主からの署名を付した文書で, 株主総会を通ったものと同じ効力を有する決議をなすことが 1985 年法で認められているが, この決議をいう; その他の会社もその通常定款 (articles of association) で認めていれば同じことが許されうる》.

wrítten státement of térms of emplóyment《英》雇用条件明記書《1996年法により雇用者が雇用開始後 2 か月以内に被用者に渡さねばならない雇用条件の主たる内容を記載した文書; これには, 両者の名前・雇用開始日・給与条件・勤務時間・解雇通告期間などが含まれているが, 契約書そのものでなく証拠文書とされている》.

wrítten téstimony 書面化された証言 (**1**) 法廷外でなされた証言録取書 (deposition) による証言 **2**) 直接の会話的証言をそのまま書面にし, 伝統的形での反対尋問 (cross-examination) がなされる前の審理で証人がそれを宣誓のうえ認証した証言; 若干の行政機関・裁判所で用いられている》.

wrítten wárranty 保証書《特に消費者製品についての買主に対する品質保証, 無償修理・交換を定める保証書》.

wrong /rɔ́:ŋ, ráŋ/ *a* (more ~, ˢ~·er; most ~, ˢ~·est) (opp. *right*) **1** 悪い, 不正な. **2**《俗》信用できない, 疑わしい, 違法行為を犯した. **3** 誤った, 間違った. legally ~ 法的に間違った, 法に違反した. morally ~ 道徳的に間違った, 道徳に違反した. — *adv*《比較変化なし》悪く, 不正に; 誤って.

— *n* **1** 悪, 罪; 不正, 不法, 違法; 誤り, 過失, 誤解: distinguish [know] between right and ~ 正邪をわきまえる. **2** 不当な行為, 虐待; 損害; 非行; ルール違反行為; 権利侵害, 不法行為, 違法行為, 犯罪: do ~ 罪悪を行なう, 罪を犯す, 法に背く / suffer (a) ~《他から》害[虐待, 不法な扱い, 権利侵害など]をうける. ▶ CIVIL WRONG (民事上の権利侵害) / CONTINUING WRONG (継続中の権利侵害) / INTENTIONAL WRONG (故意による権利侵害) / LEGAL WRONG (法的権利侵害) / MORAL WRONG (道徳違反行為) / POSITIVE WRONG (積極的違法行為) / PRIVATE WRONG (私的権利侵害) / PUBLIC WRONG (公的権利侵害) / REAL WRONG (物的財産権侵害) / TRANSITORY WRONG (取消し不能な権利侵害) / WILLFUL WRONG (故意による権利侵害). do sb ~=do ~ to sb 人に悪いことをする, 人の権利を侵害する, 人を不当に遇する. in the ~ 誤って, 悪い; 不正で. The KING can do no ~.

— *vt* ...に悪いこと[不当な取扱い, 不正]をする, ...の権利を侵害する; ...から詐取する《*of*》; 誤解する; 中傷する; 虐待する.

~·er *n* ~·ly *adv* 悪く, 邪悪に; 不正に, 不法に, 違法に, 権利を害する形で, 不当に. ~·ness *n* [OE *wrang* injustice<ON=awry, unjust]

wróng·dò·er *n* 悪事をはたらく人, 道徳を破る者, 背徳者, 悪徳漢; 権利侵害者, 不法行為者, 違法[不正, 失当]行為者, 法違反者, 加害者, 犯罪人.

wróng·dò·ing *n* 悪事をはたらくこと; 道徳違反(行為), 法違反(行為); 悪行, 非行; 罪, 犯罪; 権利侵害行為.

wróng·ful *a* 悪い, 邪悪な, 有害な; 不当な, 不正な; 不法な, 違法の, (規範に)違反した, 権利侵害的な; 理不尽な. ~·ly *adv* ~·ness *n*

wróngful áct 不法な行為 (=WRONGFUL CONDUCT).

wróngful bírth 不法行為による出生, 不法行為出生 (⇨ WRONGFUL BIRTH ACTION).

wróngful bírth àction 不法行為による出生の訴訟, 不法行為出生訴訟《子供が先天性障害をもって生まれた場合に, その親が子がその障害をもって生まれることの危険についての適切な助言さえあれば妊娠を避けまた妊娠しても妊娠中絶の機会をもてたとして, 医師などの過失について不法行為責任を問う訴訟; 親が原告になる点で不法行為生命訴訟 (wrongful life action) と異なる》.

wróngful concéption 不法行為(による)妊娠[懐胎] (=WRONGFUL PREGNANCY).

wróngful concéption àction 不法行為妊娠[懐胎]訴訟 (=WRONGFUL PREGNANCY ACTION).

wróngful cónduct 不法な行為 (=wrongful act)《法的義務違反ないしは他人の権利を不法に侵害する行為一般を指す語; 犯罪から過失行為までをも含む》.

wróngful déath 不法行為による死亡, 不法行為死亡 (⇨ WRONGFUL DEATH ACTION).

wróngful déath àction 不法行為による死亡の訴訟, 不法行為死亡訴訟 (=death case)《不法行為により死亡した人の生残近親者が提起する訴訟; 死者への不法行為に対する損害賠償ではなく, 妻・親といった生残者自身に対する損害の賠償を求めるものである; コモンロー上はこの訴権は認められていなかったが, 不法行為死亡法 (wrongful death statute) の制定で認められるようになった; cf. SURVIVAL ACTION》.

wróngful déath stàtute 不法行為死亡法, 生残近親者訴権付与法《不法行為により死亡した人の生

残近親者がみずからのために提起する訴訟である不法行為死亡訴訟 (wrongful death action) を可能にした制定法; コモンロー上はこの種の訴訟は認められていなかった; 英国では 1846 年と 1976 年の死亡事故法 (Fatal Accidents Act 1846 and 1976) (前者は別名キャンベル〔卿〕法 (Campbell's Act)) が, 米国では連邦・州双方に通称 '不法行為死亡法' がある; ⇨ DEATH STATUTE; cf. SURVIVAL STATUTE).

wróngful díscharge 不当解雇.

wróngful díscharge àction 《もと被用者から, もと雇用者に対する》不当解雇訴訟.

wróngful dishónor 《手形・小切手の》不当引受け[支払い]拒絶.

wróngful dismíssal 違法解雇《雇用契約に違反した解雇; ⇨ UNFAIR DISMISSAL》.

wróngful gárnishment 不当な債権(仮)差押え(通告) (⇨ GARNISHMENT).

wróngful interférence with góods 〖英〗動産権利侵害《1977 年法で導入された動産に対する種々の不法行為 (tort) 概念; 横領 (conversion), 動産占有侵害 (trespass to chattels [goods]), 動産に損害を及ぼすあるいは動産に対する権利を損なう過失 (negligence) など, 動産に対する多くの不法行為が含まれている; 単に interference with goods ともいう》.

wróngful lévy 不当強制執行.

wróngful life 不法行為による生命, 不法行為生命 (⇨ WRONGFUL LIFE ACTION).

wróngful life àction 不法行為による生命の訴訟, **不法行為生命訴訟**《医師ないし地域医療当局である被告が助言を怠ったり過失ある助言をしなかったならば, 両親は妊娠しなかったし, また妊娠したとしても妊娠中絶をし, 先天性障害をもって生まれた子がその苦痛を避けえたはずだと主張する, その子供によるないしその子供のために提起される損害賠償請求訴訟; 不法行為出生訴訟 (wrongful birth action) と異なり, 請求者が子供本人である点に留意; 米国ではほとんどの法域でこの訴えを退けているし, 英国でも認めていない》.

wróngful prégnancy 不法行為(による)妊娠[懐胎] (=wrongful conception) (⇨ WRONGFUL PREGNANCY ACTION).

wróngful prégnancy àction 不法行為による妊娠[懐胎]の訴訟, **不法行為妊娠[懐胎]訴訟**《健康ではあるが子供を欲しない親が医師などに不妊手術・避妊処置・妊娠中絶処置などにおける過失があったとして不法行為責任を問う訴訟; その子の養育費についての損害賠償は, 米国で大多数の裁判所が認めていないが, 妊娠・出産に伴う医療費, 苦痛, その間に失われた賃金などについてはより一般的に損害賠償を認めている》.

wróngful tráding 〖英〗不法な事業継続《会社が支払い能力がなくなり, 合理的に判断して清算 (winding-up) を回避する見通しがないのを知りながらないしは知るべきであったにもかかわらず事業を継続すること; この場合 責任ある地位の取締役は, 清算手続き開始に当たって裁判所から, 支払い不能の情報取得後 会社債権者への損失を最小限にする努力を行なった旨の証明ができないかぎり, 会社資産へ個人的に支払いをなすことを命じられる; cf. FRAUDULENT TRADING》.

wrongo /rɔ́(ː)ŋ(g)ou, ráŋ(g)ou/ *n* (*pl* **wróng·os**) 《俗》 **1** 悪党, 無法者, ならず者, 悪いやつ. **2** 偽造硬貨. **3** 間違った[不当な, よくない]こと, 誤り, うそ, 偽り. ─ *a* 間違った, 不適当な.

wróng of négligence 過失による権利侵害《権利侵害の主観的要素 (mens rea) が単なる不注意 (carelessness), 過失 (negligence) であるにすぎないもの; cf. INTENTIONAL WRONG》.

wróng of strict liabílity 厳格責任の権利侵害《権利侵害の主観的要素 (mens rea) が必要とされないもの; 責任を問う条件として故意・過失の立証が必要とされず, 厳格責任が課されている権利侵害》.

wrong·ous /rɔ́(ː)ŋəs, rɔ́ŋ-/ *a* **1** 不法な, 違法な; 不当な. **2** 《古》 WRONGFUL. [ME *wrangwis*; *righteous* にならったもの]

WS(.), W.S. 《スコットランド》° Writer to the Signet 事務弁護士.

WTO ° World Trade Organization 世界貿易機関.

W-2 form ⇨ W の位置.

ww with warrants.

WW °warehouse warrant 倉庫証券 ♦ with warrants ♦ World War (: *WWI*, *WWII*).

w.w.a. with the will annexed.

wyte ⇨ WITE.

X

X, x /éks/ *n* (*pl* **X's, Xs, x's, xs** /éksəz/) **1** ×じるし《**1**》身体障害のためや字の書けない人が署名代わりに書くしるし **2**）投票用紙等で選択したものを示すしるし **3**）長さと長さの間に入れ，縦・横の寸法を示すしるし）. **2** *《口》署名，サイン. — *vt* (**x-ed, x'd, xed** /-t/ ; **x-ing, x'ing**) **1** …に X のしるしをつける: *x* one's ballot clearly 投票用紙にはっきりと × じるしをつける / *x in* the man of one's choice 選んだ人を × じるしをつけて示す. **2** ×じるしで消す: *x out* ×じるしで消す.

x, X. °ex distribution 分配落ちで[の] ♦ °ex dividend 配当落ちで[の] ♦ °ex rights 権利落ちで[の] ♦ °ex warrants 権利落ちで[の].

x.d., xd, XD.『証券』°ex dividend 配当落ちで[の].

XDIS. °ex distribution 分配落ちで[の].

x.r., xr, XR.『証券』°ex rights 権利落ちで[の].

x.w., xw, XW.『証券』°ex warrants 権利落ちで[の].

XYY-chromosome defense /éksdáb(ə)lwáiー ーー/ XYY 染色体防御《刑事訴訟で精神障害 (insanity) を主張する防御方法の一つで，男性被告人がみずからの犯行を，男性染色体 (Y 染色体) が一つ多いために制御できないほどの攻撃の衝動にかられるゆえであると遺伝的異常に起因するとするもの; 大多数の裁判所は，科学的根拠不確実を理由にこの主張を退けている; cf. INSANITY DEFENSE》.

Y

y. year.

YA °York-Antwerp (rules) ヨーク-アントワープ (規則).

yard /já:rd/ *n* [the Y-]"(New) SCOTLAND YARD: call in *the* Y~ ロンドン警視庁に捜査を依頼する.

yárd·lànd *n*『英史』ヤードランド (=VIRGATE).

yea /jéi/ *adv* はい (yes), さよう, 賛成《今日では口頭採決のときに用いる》. — *n* (*pl ~s*) [°*pl*] 肯定，賛成; 賛成投票(者).

yéa and náy, yáy/*náy* /-ən(d) néi/ 賛否, はいといいえ《特に古記録上は，宣誓を伴うことなく行なう肯定と否定の意思表示》.

year /jíər, "já:r/ *n* 年, 歳; 一年《略 y., yr; ★関連形容詞: ANNUAL》. ▶ CALENDAR YEAR (暦年; 1 年間) / ESTATE FOR YEARS (定期不動産権) / ESTATE FROM YEAR TO YEAR (年極め不動産(賃借)権) / EXECUTOR'S YEAR (遺言執行者の一年) / FINANCIAL YEAR (会計年度) / FISCAL YEAR (会計年度; 課税年度) / HALF A YEAR (半年間) / HALF-YEAR (半期, 半年) / LEAP YEAR (閏年) / LEASE FOR YEARS (定期不動産賃貸借, 定期不動産賃借権) / LEGAL YEAR (法律年) / LOST YEARS (失われた年) / REGNAL YEAR (治世年) / TAX [TAXABLE] YEAR (課税年度) / TENANCY FOR YEARS (定期不動産権) / TENANCY FROM YEAR TO YEAR (年極め不動産(賃借)権) / TENANT FOR YEARS (定期不動産権者) / TENANT FROM YEAR TO YEAR (年極め不動産賃借権者) / TENDER YEARS (幼年) / TERM FOR YEARS (定期不動産権) / TERM OF YEARS (定期不動産権).

yéar and a dáy 一年と一日, 満一か年《当日および最終日をも入れて正味 1 年と 1 日; コモンロー上 種々の目的での期間を示すのに用いられる; ⇨ YEAR AND A DAY RULE》.

yéar and a dáy rùle 一年と一日の準則《**1**》死亡が加害行為ののち 1 年と 1 日を超えて経過していればその死亡はその行為とは関係なくしたがって殺人罪は成立しないというコモンロー上の原則 **2**）逸走家畜 (estray), 難破物 (wreck) のもとの所有者は 1 年と 1 日以内であればみずからのものとして主張し取り戻せるという原則》.

yéar and theréafter from yéar to yéar 一年とその後は一年ごとに《借家契約などで時に用いられる語で, 借主が最初の 1 年間は固定期間 (fixed term) の定期不動産権[賃借権]を, その後は 1 年単位の自動更新定期不動産権[借家権] (periodic tenancy) を有するという趣旨を示すのに用いられる》.

Yéar Bòoks *pl* [the ~]『英史』年書, イヤーブックス《13 世紀末から 16 世紀までイングランドの裁判所の訴訟事件の訴答 (pleading) を中心にして当時の法廷口語であるロー・フレンチ (law French) で書かれたノート状の判例集; 著者は不明; 治世年とフォリオ数で引用されているのでこの名がある; 中世コモンローを知るための貴重な史料; 16 世紀以降法律家の個人名を記した別種の判例集 (これを人名付き判例集 (named reports) という) に代わり, 1865 年からは『ロー・リポーツ』(Law Reports) が公刊さ

yéar, dáy, and wáste〘史〙一年収益大権（＝F an, jour, et waste, L annus, dies, et vastum）《小反逆罪 (petit treason) および重罪 (felony) を犯した者が保有していた不動産を、その者の領主 (lord) が誰であるかを問わず、国王が 1 年と 1 日の間 保有・収益することができ、しかも不動産毀損 (waste) をなすことも許されるという国王の没収 (forfeiture) 権；この後 当該不動産は直属の領主に戻されることになっていた》.

yéar·ly *a* 年一回の；毎年の、年々の、例年の；一年間続く；一年限りの：a ～ income 年収 / a ～ plant 一年生植物. ― *adv* 年に一度；年ごとに，毎年. ― *n* 年一回の刊行物.

yéarly ténancy 年単位定期不動産（賃借）権（＝TENANCY FROM YEAR TO YEAR）.

yéars of discrétion *pl* 弁別〔弁識〕年齢（＝AGE OF DISCRETION）.

yéar-to-yéar ténancy 年極め不動産（賃借）権（＝TENANCY FROM YEAR TO YEAR）.

yéas and náys /jéɪz-/ 賛否（の投票数），賛成および反対投票.

yéllow bòok [the ～]〘英〙**1** 黄表紙本. **2** [Y- B-] イエローブック《英国などの黄色表紙の政府刊行物・公文書》.

yéllow-dóg còntract〘米〙黄犬契約《労働組合に入らないことを条件とする雇用契約；現在は連邦法・州法により違法》.

yéllow jóurnalism イエロージャーナリズム《低俗・煽情的で不正確な報道姿勢が特色；19 世紀末のこの種のものに黄色インクで印刷した漫画が掲載されたことから》.

yeo·man /jóʊmən/ *n* (*pl* **-men** /-mən/) **1**〘英〙自作農、小地主. **2**〘英史〙ヨーマン《ジェントルマン (gentleman) より下位の、もと議会議員選出権や陪審員 (juror) 資格などを有した年収 40 シリング〔2 ポンド〕以上の自由土地保有権者 (freeholder) で、法的には「良きかつ法にかなった人」(good and lawful man) と呼ばれた人の資格を有した》. **3**〘史〙《貴族・国王などの》侍者，従者；補佐官. **4**《米海軍》事務下士官．［ME *yoman*＜？*yongman* young man］

Yéoman of the Guárd〘英〙国王衛士.

yéoman·ry *n*〘英〙**1** ヨーマン階層の人びと、ヨーマン《集合的》. **2**〘史〙義勇騎兵団《初めは 1761 年創設の祖国防衛団》.

Yéoman Úsher of the Bláck Ród〘英〙《議会貴族院の》黒杖〔門衛〕官補佐（cf. BLACK ROD）.

Yíck Wó dòctrine /jík wóʊ-/ イック・ウォー事件の法理《合法的に営業を営むための許可について絶対的裁量権を人・機関に与える法は合衆国憲法第 14 修正に違反するという原則；1886 年の判例の原告名から》《この事件は木造の建物でクリーニング業を営むことを許可制にしていた市の条例のもとで中国系である原告のみが申請を認められなかったもので、合衆国最高裁判所が法の適用上差別があったとした判例》.

yield /jíːld/ *vt* **1** 生む、産する；《利益などを》もたらす；…の利益を生む、《作物・利息などの》果実を生む. **2** 許す、与える、譲る、《道路交通に関し》《相手方》に優先権を与える；譲り渡す、引き渡す、放棄する《up, over, to》： ～ submission 服従する / ～ consent 承諾する / ～ precedence [the right of way] to sb 人に先［道］を譲る. **3**《古》支払う、償う、報いる. **4**〘史〙《領主 (lord) に対して保有者 (tenant) が負っている奉仕義務 (service) を》履行する（⇨ YIELDING AND PAYING）. ― *vi* **1**《努力などに対して》報酬をもたらす、《土地などが》作物ができる、産する. **2 a** 屈服する、従う、《誘惑などに》負ける《to》；くずれる、降伏する、《…に》劣る［負ける］ことを認める《to》；《病気が治る《to treatment》： ～ to despair 失望する / ～ to conditions 譲歩して条件に従う / ～ to none だれにも譲らない［負けぬ］/ The door ~ed to a strong push. ぐいと押すとドアは開いた. **b** 譲歩する、譲る；道を譲る《to》；《議会での》発言権を譲る：Y～.*《道路標識で》譲れ (Give way)''. ― *n* 産出(力)；産出高，(生)産額，収穫(高)、収量；収益，利益；報酬；利回り；歩(ｪ)止まり：a large ～ 豊作. ▶ DIVIDEND YIELD《配当利回り》. ［OE *g(i)eldan* to pay; cf. G. *gelten* to be worth］

yíeld·ing and páying 賃料支払い文言《賃貸借条項の中の一条項で賃料とその支払い時期を定める賃料条項 (reddendum) の最初のだし文言；cf. REDDENDUM》.

Yórk-Ánt·werp rùles /jɔ́ːrk ǽntwə̀ːrp-/ *pl* [the ～] ヨーク・アントワープ規則《共同海損 (general average) の精算に関する国際的統一規則；法としての効力を有するものではないが、現在の船荷証券・傭船契約書・海上保険証券のほとんどがこれによることを定めている；共同海損の各国法が違っていることの不都合を避けるため、1860 年に Glasgow で関連団体代表が会合をもち協議し、その後 1864 年にそれを受けて York で 11 か条の規則を作成（これをヨーク規則という）、1877 年の Antwerp 会議でこれに修正を加え、以後ヨーク・アントワープ規則と呼んでいるが、その後 1890, 1924, 1950, 1974, 1990, 1994, 2004 年に改正があり、最後のものが現在行なわれているものである；略 YA》.

Yórkshire Déed Règistry [ˢY- d- r-]〘英史〙ヨークシア捺印証書登録所《Yorkshire の土地に関する捺印証書 (deed) および遺言 (will) の登録所；未登録のものはその後の有償の譲受人で登録した者に対して対抗できなかったが；1925 年法でコモンロー上の不動産権にかかわらない証書は登録不要とされ、また 1925 年の土地登録法 (Land Registration Act) の下で登録した土地はここでの登録を免除された；1969 年法で同所は閉鎖された》.

yóung adúlt offénder''《18–20 歳》の》青年犯罪者 (cf. JUVENILE OFFENDER; YOUNG OFFENDER).

Younger abstention〘米〙ヤンガー事件型の裁判権行使回避《**1**》連邦裁判所が州裁判所に係属中の刑事訴訟に対して、その訴追が害意をもってなされたり単なるいやがらせとしてなされたのでないかぎりは、差止め命令 (injunction) を発行したり宣言的救済 (declaratory relief) を

与えたりして干渉しないこと **2**)**1**)の拡張的用法で，例えば猥褻な不法妨害 (nuisance) 除去などの刑事法的問題解決のために用いられる州裁判所での民事訴訟に，連邦裁判所が干渉しないことにも用いる；cf. DOMBROWSKI DOCTRINE). 〔1971年の判例 Younger v. Harris から〕

yóung offénder 青少年犯罪者《(**1**)英国では2000年法により14歳以上18歳未満の青少年の犯罪者をいう；cf. JUVENILE OFFENDER, YOUNG ADULT OFFENDER **2**)《米》YOUTHFUL OFFENDER》.

yóung offénder institùtion 〘英〙青少年犯罪者拘置所《有罪とされた青少年犯罪者 (young offender) に対する主たる処置は，少年を一般成人の拘禁刑 (imprisonment) に代えて拘置し，矯正することであるが，そのための施設；若干の拘置所では21歳になるまでも収容することがある；cf. SECURE CHILDREN HOME, SECURE TRAINING CENTER》. ▶ DETENTION IN A YOUNG OFFENDER INSTITUTION (青少年犯罪者拘置所拘置).

yóung pérson 若い人，"青少年"(の一人)《英国では2000年法により，14歳以上18歳未満の者；cf. CHILD, JUVENILE).

yóung wórker 弱年労働者 (=adolescent worker)《英国では15-18歳の労働者のことで，その雇用には労働時間等に制限が設けられている；cf. CHILD EMPLOYEE》.

Yóur Hónor 〔裁判官・市長その他の高官に対しての呼びかけ語として〕閣下，裁判官殿，市長殿 (cf. HIS [HER] HONOR).

youth /júːθ/ *n* (*pl* ~s /júːðz, -θs; -ðz/) 若者，少年《通例 男の未成年者》；[°the ~；集合的] 若者 (young people)，青年(男女)，**少年，青少年**.

yóuth commúnity òrder 〘英〙少年社会刑罰命令《16歳未満の犯罪者に科される社会刑罰の宣告 (community sentence)；16歳以上の社会刑罰命令 (community order) に当たり，行動計画命令 (action plan order)，アテンダンスセンター (attendance center) へ通うことの要求，子供の保護管理命令 (supervision order)，行動制限命令 (curfew order) などを含む》.

Yóuth Corréction Authórity Àct [the ~] 〘米〙青少年矯正本部法《1940年に公表された模範法律 (model act) で，青少年犯罪者 (youthful offender) の適正処遇等を決定するための機関創設に責任をもつ州の中央委員会設立を提案しているもの；処罰よりも矯正に力点を置いている点に特徴がある》.

yóuth còurt 〘英〙少年法廷《1991年以後治安判事［下級判事］裁判所 (magistrates' court) において少年犯罪者 (juvenile offender) による犯罪および18歳未満の未成年者に関するその他の事項を管轄する；旧称 JUVENILE COURT；⇨ YOUTH COURT PANEL》.

yóuth còurt pànel 〘英〙少年法廷裁判官候補者名簿《少年法廷 (youth court) は3名の素人治安判事［下級判事］(magistrate)（少なくとも男女がそれぞれ1名含まれていなければならない）か，1名の治安判事［下級判事］裁判所地方裁判官 (district judge (magistrates' court))（と通常はその裁判官とは異性の1名の素人治安判事［下級判事］）で構成されるが，これらすべての裁判官がその時々に選出される母体集団を指す；この集団成員は少年を扱うための特別有資格者と考えられており，しかもこのための特別教育をも受けた者たちである》.

yóuth cústody 〘英史〙青少年拘置《15歳から20歳までの有罪男女の拘置；⇨ YOUTH CUSTODY ORDER》.

yóuth cústody òrder 〘英史〙青少年拘置命令《15歳以上21歳未満の男女の犯罪者に対する拘置命令；1988年法で青少年犯罪者拘置所拘置 (detention in a young offender institution) に代わっている》.

yóuth defáult òrder 〘英〙青少年義務不履行命令《2008年法で導入された命令で，罰金支払いを怠った青少年犯罪者 (young offender) に対して，無償労働要求 (unpaid work requirement)，行動制限要求 (curfew requirement)，アテンダンスセンター (attendance center) へ通うことの要求を命ずるもの》.

yóuth deténtion accommodàtion 〘英〙青少年拘置収容施設《青少年犯罪者拘置所 (young offender institution)・拘禁訓練所 (secure training center)・拘禁子供収容施設 (secure children home) など，拘置・訓練命令 (detention and training order) の拘留部分を担当する施設》.

yóuth·ful offénder*1 青少年犯罪者，犯罪少年 (=yóuth offénder)《米国では州により該当する年齢幅は異なるが，思春期後期から成人初期の者の犯罪有罪定者；一般成人に対する刑罰ではなく，特別の収容施設におけるよりゆるやかな，また矯正を重視した，さらには一定の条件を満たせば有罪決定そのものの取消を含む処分がなされうる；young offender ともいう；cf. JUVENILE DELINQUENT, JUVENILE OFFENDER, STATUS OFFENDER, YOUNG OFFENDER")。**2** 非行未成年者 (=JUVENILE DELINQUENT).

Yóuth Jústice Bòard [the ~] 〘英〙青少年裁判制度委員会《1998年法で創設された，青少年に対する裁判制度に関して監視と助言を任務とする委員会》.

yóuth jústice sỳstem 青少年裁判制度.

yóuth offénding tèam 〘英〙青少年犯行チーム《青少年犯罪者 (young offender) が必要としているものを広く提供し再犯予防の適切な計画を見出すために，警察・保護観察 (probation)・社会福祉事業・健康・教育などの分野から選ばれた人からなるチーム；イングランドおよびウェールズの全自治体が設置している》.

yóuth rehabilitátion òrder 〘英〙青少年社会復帰命令《2008年法で導入された命令で，社会刑罰の宣告 (community sentence) の一種；18歳未満の青少年で有罪決定された者に対して，行動要求 (activity requirement)，保護観察要求 (supervision requirement)，アテンダンスセンター (attendance center) へ通うことの要求，行動制限要求 (curfew requirement)，麻薬検査治療 (drug testing and treatment) 要求，教育要求を含む一つないしは複数の要求を課すもの》.

yr year.

Z

ZBA° zero bracket amount 課税最低控除額.
Z-bond /zí: ━ ; zéd-/ *n* 《米》Z 債券 (= ACCRUAL BOND).
zéal·ous wítness /zéləs-/ 熱心な証人《訴訟の一方当事者に不当に熱心または偏愛的で, その当事者に有利な質問に極端に進んで答えたりそのような情報を進んで提供しようとして偏向を示す証人》.
zé·bra cróssing /zí:brə-, ‖zéb-/ 太い白線の縞模様で示した横断歩道.
ze·ro /zíərou/ *n* (*pl* ~**s**, ~**es**) **1** 零, ゼロ; 《アラビア数字の》0. **2** ZERO-COUPON BOND.
zéro brácket amóunt 《米税制史》《連邦税における総所得からの》課税最低控除額, 非課税税区分額《すべての個人の納税者に認められていたが, 1944 年に標準控除(額) (standard deduction) に代わっている; 略 ZBA; cf. STANDARD DEDUCTION》.
zéro-cóupon bònd 割引債, ゼロクーポン債《利息が付かないため利札 (coupon) の付かない債券で, 額面から割引きで発行され満期に全額償還されるもの; 単に zero ともいう》.
zéro-ràted *a*《英税制》《商品が》付加価値税 (VAT) がつかない.
zéro-ràted supplý《英税制》付加価値税がつかない商品, 付加価値税免税商品《輸出品, 外食を除いた食糧品・書籍・雑誌・子供用衣料などのように, 本来 付加価値税 (VAT) 課税対象内にあるが, 0% にされる商品・サービス; 本来的に付加価値税の対象外の付加価値税非課税商品 (exempt supply) と異なるので注意; cf. EXEMPT SUPPLY》.
zéro ràting《英税制》付加価値税免税《商品》《《付加価値税 (VAT) がつかないこと[商品]》; ⇨ ZERO-RATED SUPPLY》.
zéro tólerance 容認ゼロ《⇨ ZERO-TOLERANCE POLICY》.
zéro-tólerance pòlicy 容認ゼロ方針《特に特定の犯罪行為について小さな違反に対しても法律・罰則を例外なくきびしく適用するという方針》.
zíp còde* 郵便番号, ジップコード (postcode‖). [*zone improvement plan*]
zípper clàuse《米》ジッパー条項《契約中の完結的契約書条項 (integration clause) と口頭変更禁止条項 (no-oral-modification clause) の双方を含む; 労働協約 (collective bargaining agreement) 中のものを指し, したがってこの場合その有効期間中に, そこに規定されていないことも含めて全事項につき交渉を拒否できる旨が定める標準条項》.
zone /zóun/ *n* **1** 地帯, 地域; 環状地帯;《都市内の》…(指定)地区[地域, 区域];《道路の》交通規制区間: the school [business, residence] ~ 文教[商業, 住宅]地区. ▶ AIR DEFENSE IDENTIFICATION ZONE (防空識別圏) / BUFFER ZONE (緩衝地帯) / CONTIGUOUS ZONE (接続水域) / DEVELOPMENT ZONE (開発促進地区) / DRUG-FREE ZONE (麻薬禁止地帯) / ENTERPRISE ZONE (産業振興地域) / EXCLUSION ZONE (立入り禁止区域) / EXCLUSIVE ECONOMIC ZONE (排他的経済水域) / EXCLUSIVE FISHERY ZONE (漁業専管水域) / FLOATING ZONE (浮動的特定土地利用地区用地積) / FOREIGN TRADE ZONE (外国貿易地帯) / FREE TRADE ZONE (自由貿易地帯) / FREE ZONE (自由地帯) / SIMPLIFIED PLANNING ZONE (簡易計画地域). **2***《大都市内の》郵便区; *《同一料金の》小包郵便区域;《鉄道・電話などの》同一料金区域. **3**《思想・議論などの》領域. ▶ TWILIGHT ZONE (境界不分明な領域). ─ *vt* **1** 帯[地帯, 区域]に分かつ;《特定の》区域[地帯]とする[に指定する]〈*as, for*; *off*〉. **2** 同一料金別の郵便区に分ける. [F or L < Gk *zōnē* girdle, belt]
zóne of dánger《他人の過失によって生み出された現実の物理的》危険領域 (⇨ ZONE OF DANGER RULE).
zóne of dánger rùle 危険領域の準則《原告が被告の過失によって生み出された危険領域におり, しかも被害をこうむる危険におびえさせられていた場合には, 被告が感情的苦しみを過失で加えること (negligent infliction of emotional distress) に対して損害賠償請求が認められるという法理; cf. INTENTIONAL INFLICTION OF EMOTIONAL DISTRESS, NEGLIGENT INFLICTION OF EMOTIONAL DISTRESS》.
zóne of emplóyment 雇用領域《労災補償 (workers' compensation) との関係で, 被用者がその領域内で労働災害に遭ったならば補償を受けることのできる場所的要件; 例えば通勤手段・通勤途上などもここに含まれうる; cf. COURSE OF EMPLOYMENT, SCOPE OF EMPLOYMENT》.
zóne of ínterest(s)《法律などの》規定対象領域《ある制定法あるいは憲法上の保障が保護・規制しようとしている対象の利害関係・関係事項, あるいはその範囲》.
zóne of prívacy プライバシー権の(保護)範囲《プライバシー権が, 特に明示的に及ぶとされている(保護)範囲; ⇨ PENUMBRA; cf. EXPECTATION OF PRIVACY, INVASION OF PRIVACY, PRIVACY, RIGHT OF PRIVACY》.
zóne sèarch 区分捜索《火事・爆発などの犯行現場

を区域に分けて捜索すること》.
zon·ing /zóunɪŋ/ *n* 『都市計画』《工場・住宅地帯などの》地帯設定, **地域地区規制**, 地域制, ゾーニング. ▶ CLUSTER ZONING (房状ゾーニング) / COASTAL ZONING (海浜開発規制) / CONDITIONAL ZONING (条件付きゾーニング) / CONTRACT ZONING (契約ゾーニング) / EUCLIDEAN [EUCLID] ZONING (ユークリッドゾーニング) / EXCLUSIONARY ZONING (排他的ゾーニング) / FLOATING ZONING (浮動ゾーニング) / NON-EUCLIDEAN ZONING (非ユークリッドゾーニング) / PRIVATE ZONING (私的ゾーニング) / SPOT ZONING (部分ゾーニング).

zóning òrdinance 地域地区規制条例, ゾーニング条例《都市の種々の地域内の土地を商業地区・住宅地区などに指定して利用規制をする市の条例》.

【以下, 数字で始まる見出し】
10-K ⇨ TEN-K の位置.
18-25 trust ⇨ EIGHTEEN の位置.
30(b)(6) deposition ⇨ THIRTY B SIX の位置.
50-percent rule ⇨ FIFTY の位置.
401(k) plan ⇨ FOUR OH ONE の位置.
419 fraud ⇨ FOUR ONE NINE の位置.
1031 exchange ⇨ TEN THIRTY-ONE の位置.
1922 Committee ⇨ NINETEEN TWENTY-TWO の位置.

和英対照表

(1) 本辞典中で太字表記した訳語 (⇨ 凡例 3.1) につき，対応する見出し語と対照させて五十音順に配列した．ただし長音符は配列上無視した．例えば「**ハーグ条約**」は「ハグじょうやく」として配列した．

(2) 「例語」(⇨ 凡例 VI) と違い，ここでは法令名・判例名・書名などの固有名詞も，太字である限り採録した．さらに，「例語」としては拾わなかった rule, doctrine, principle 等を語末にする見出し語も，ここでは拾っている．

(3a) 同一の訳語に対して複数の原語が対応する場合，それら原語間で同義関係がある場合は，一つ訳語の下に複数の原語を併記した．並べ順は，原則的に主見出しを最初に出し，あとは ABC 順とした．
例: **合弁事業**　joint venture; joint adventure; joint enterprise

(3b) 訳語が同一でも同義関係にないものの場合は，原語をまとめずにそれぞれ独立に扱った．
例: **絶対的権利**　absolute interest
　　絶対的権利　absolute right

(4) ( ) や [ ] を用いて複数の同義語を適宜一つにまとめた (⇨ 凡例 7.1)．
例: **破産免責**　discharge (in bankruptcy)
　　常習犯　career offender [criminal]

(5) 例えば「**(事実の)不告知**　concealment」のような場合，訳語は「事実の不告知」と「不告知」の 2 通りがあり，それぞれを本対照表の項目としているが，( ) 内をはずして「ふこくち」と読む場合でも，用語の意味を限定するために「(事実の)」の部分は残して表示してある．

和英対照表

ア

挨拶金　golden hello
愛情　affection
愛情　love and affection
愛情移転　alienation of affection(s)
相対勘定　contra account
相対記入　contra entry
相対売買　private sale
間に入ること　intervention
愛着的価値　pretium affectionis
相手方　adversary
相手方　opponent
相手方(当事者)　opposite party
相手方当事者　adverse party
相手方弁護士　adversary
相手方有責の抗弁　recrimination
相手捜し仲立人　matching broker
相手当事者　inspectator
相手当事者　party opponent
相手当事者による自白　admission by party opponent
相反する防御　inconsistent defense
あいまい(さ)　vagueness
あいまいさの法理　vagueness doctrine
あいまいなゆえの無効の法理　void-for-vagueness doctrine
アイルランド自由国法　Irish Free State Act
アイルランド総督　Lord Lieutenancy
アイルランド統治法　Government of Ireland Act
アイルランドとの連合法　Union with Ireland Act
アイルランド法　Ireland Act
アウトサイダー法学　outsider jurisprudence
青鉛筆テスト　blue pencil test
青鉛筆の準則　blue pencil rule
青空法　blue-sky law
青服の病欠スト　blue flu
青袋　blue bag
赤牛先例　red-cow case
赤線引き　redlining
暁の急襲　dawn raid
赤ニシン(目論見書)　red herring; red-herring prospectus
赤袋　red bag
空椅子の防御　empty-chair defense
空椅子の法理　empty-chair doctrine
明らかな危険　obvious danger
明らかな生計の手段　visible means of support
明らかにすること　definition
悪意　atia
悪意　bad faith
悪意　dolus
悪意　mala fides
悪意　malitia
悪意　spite
悪意ある通信　malicious communication
悪意ある動機　malicious motive
悪意の遺棄　malicious abandonment
悪意の横領　fraudulent conversion
悪意の虚偽　malicious falsehood
悪意の占有者　possessor mala fide
悪意の当事者併合　fraudulent joinder
悪意のない侵害者　innocent trespasser
悪意の秘匿　fraudulent concealment
悪意不実表示　fraudulent misrepresentation; deceit
握取行為　mancipatio
握手売買契約　handsale; handsel
握手売買契約手付金　handsale; handsel
アクセス　access
アクセス権　right of access
悪徳　vice
悪徳貸付け(商法)　loansharking
悪徳弁護士　hired gun
悪人法正確把握説　bad-man theory
悪用　misuse
アグレアシオン　agréation
アグレマン　agrément
揚げ(荷)不足　short delivery
明け渡し　vacation
アコメンダ　accomenda
アサイズ(裁判)　assize
アサイズ裁判開廷日　commission day
アサイズ裁判官　justice of assize
アサイズ裁判官任命書　commission of assize
アサイズ裁判所　court of assize
アサイズ裁判書記　clerk of assize
アサイズ裁判陪審員　recognitor
アサイズ裁判陪審員による認定　recognition
足跡　trail
足入れ婚　trial marriage
足かせ　fetter
足かせ　keep-friend
悪しき行為　actus reus
悪しき行為　malfeasance
悪しき行為不存在主張　no actus reus
悪しき性格　bad character
悪しき性格　bad moral character
悪しき訴訟動機　malicious motive
悪しき動機　bad motive
足下占有　pedal possession
唖者　mute
アシュワンダー準則　Ashwander rules
預かり人年金(制度)　stakeholder pension (scheme)
アースキン・メイ　Erskine May
明日の田園都市　Garden Cities of Tomorrow
汗検査　sweat test
アタッシェ　attaché
頭　head
頭数　head
頭金　head money
頭金　down payment
頭割均等額　head money
頭割権　headright
頭割権証書　headright certificate
頭割り譲与　capitation grant
アダムの手順　Code Adam
新しい介在原因　nova causa interveniens
新しい介入行為　novus actus interveniens
新しい約因　new consideration
新しくすること　renewal
(カンタベリー)アーチ裁判所　Court of Arches; Arches Court (of Canterbury)
アーチ裁判所裁判官　Dean of (the) Arches
悪化　aggravation
扱い　deal
圧制　oppression
圧力　pressure
圧力政治　pressure politics
圧力団体　pressure group
宛先　address
当て逃げ　hit and run
アテンダンスセンター　attendance center
後入れ先出し(法)　last in, first out
アド・オン金利　add-on interest
アド・オン条項　add-on clause
アド・オン方式貸付け　add-on loan
後腐れのない破綻　clean break
後腐れのない破綻の原則　clean break principle
あと知恵詐欺　fraud by hindsight
後付け注文　percentage order
『アトランティック・リポーター』　Atlantic Reporter
アナテマ　anathema
姉殺し　sororicide
アパートの一戸分　tenement
あぶく事業　bubble
雨傘裁判所命令　umbrella order
雨傘保険　umbrella insurance
雨傘保険(証券)　umbrella policy
甘やかし　lollipop [lollypop] syndrome
アマルフィ法典　Amalphitan Code [Table]; Laws of Amalfi
アーミン毛皮のガウン　ermine
アムステルダム条約　Treaty of Amsterdam; Amsterdam Treaty
アームチェア原則　armchair principle
アメニティー　amenity
アメリカ合衆国　United States (of America)

アメリカ合衆国憲法　Constitution of the United States of America
アメリカ合衆国紙幣　United States notes
『アメリカ合衆国判例体系』　National Reporter System
アメリカ株式　American share
アメリカ事実審弁護士協会　American Trial Lawyers Association; Association of Trial Lawyers of America
アメリカ司法協会　American Judicature Society
アメリカ13州連合　confederation
アメリカ自由人権協会　American Civil Liberties Union
アメリカ準則　American rule
アメリカ製品優先法　Buy American Acts
アメリカ大統領戦争権限法　American Presidential War Powers Act
アメリカ大陸法曹協会　Inter-American Bar Association
アメリカ知的財産権法協会　American Intellectual Property Law Association
アメリカ仲裁協会　American Arbitration Association
アメリカ貧窮地域奉仕活動ボランティア団　Volunteers in Service to America
アメリカ法科大学院協会　Association of American Law Schools
アメリカ法曹協会　American Bar Association
アメリカ法曹財団　American Bar Foundation
アメリカ法律協会　American Law Institute
アメリカ法律協会テスト　American Law Institute test; ALI test
アメリカ法律図書館協会　American Association of Law Libraries
アメリカ預託証券　American depositary [depository] receipt
アメリカ連合国　Confederate States of America; Confederacy
アメリカ労働総同盟　American Federation of Labor
アメリカ労働総同盟・産業別労働組合会議　American Federation of Labor and Congress of Industrial Organizations
アメリカン証券取引所　American Stock Exchange
『アメリカン・ダイジェスト・システム』　American Digest System
『アメリカン・ロー・リポーツ・アノテイテッド』　American Law Reports, Annotated
誤った印象　false light
誤った指示　misdirection
誤った事実の説明　misrecital

誤った召喚　miskenning
誤った説示　misdirection; mischarge
誤った訴答　mispleading
(法の適用を)誤った判決　erroneous judgment
誤った表記　false demonstration
誤った併合　misjoinder
誤った見方　false light
誤った履行　misperformance
誤って述べること　misstatement
誤って命じられた訴訟手続き延期　miscontinuance
誤って読み聞かせること　misreading
誤り　erratum
誤り　error
誤り　fallacy
誤り　mistake
誤り　miscarriage
誤り　point of error
あらかじめ定めてある上乗せ料　fixed fee
あらかじめ約定された額　liquidated amount
あらかじめ約定された損害賠償額　stipulated damages
あらかじめ約定された損害賠償(金)　liquidated damages
あらかじめ約定された損害賠償(金)条項　liquidated-damages clause
争い　contest
争い　strife
争いうる推定　disputable presumption
争いのある問題　vexed question; vexata quaestio
争いのない離婚　uncontested divorce
争っている離婚　contested divorce
争わない申し立て　undefended cause
争われていない事実　undisputed fact
争われている事項　matter in issue
新たな事項　new matter
新たな約束　new promise
新たに発見された証拠　newly discovered evidence
粗利益　(profit) margin
粗利益(率)　gross margin
アリバイ　alibi
アリバイ証人　alibi witness
アリバイ通知の準則　notice-of-alibi rule
歩く占有　walking possession
アルコール依存症治療要求　alcohol treatment requirement
アルコール飲料　liquor
アルコール性飲料　intoxicating liquor
アルファベット順判例索引　table of cases
アルフォードの答弁　Alford plea
あるまじき行為　unreasonable behavior; unreasonable conduct

荒れ地　waste
アレン説示　Allen charge
アーンアウト合意　earnout agreement
アングロサクソン法　Anglo-Saxon law
暗黒街　gangland
暗殺　assassinate
按察官法　jus aedilium
暗殺者　assassin
暗示　suggestion
安全　security
安全庫　strong room
安全港　safe harbor
安全港　safe port
安全通行権　safe conduct
安全通行証　passport
安全な勤務体制　safe system of work(ing)
安全な仕事場　safe workplace; safe working place; safe place to work
安全な場所への移動命令　place of safety order
安全避難所　safe haven
安全避難所法　safe haven law
安全保障　security
安全保証状　letter of safe conduct
安全保障理事会　Security Council
アンダーズ書面　Anders brief
安定借家(権)　secure tenancy
安定借家権者　secure tenant
安導券　safe conduct
アントン・ピラー命令　Anton Piller order
アンバー警報　Amber Alert
アンバー法　Amber's law
按分運送料　freight pro rata; freight pro rata itineris (peracti); pro rata freight
暗黙の公用地供与　tacit dedication
暗黙の自白　tacit admission
暗黙法　tacit law
暗夜歩行に関する準則　step-in-the-dark rule
安楽死　euthanasia

イ

居合わせた者　bystander
言い方を逆にしての無罪説示　affirmative converse instruction
言いのがれ　prevarication
委員　board
委員　commissioner
委員　committeeperson
委員会　board
委員会　commission
委員会　committee
委員会　panel
委員会行政　commission government
委員会審議　committee stage
委員会設立委員会　committee of selection; committee on commit-

tees
委員会の任務を解く動議のための議事日程　discharge calendar
委員会報告者　rapporteur
委員会報告の審議　report stage
委員会方式　commission plan
委員長　commissioner
家　family
家　home
家　house
家の侵害　hamsoken
家屋敷　domestic premises
家屋敷　messuage
家屋敷　premises
家屋敷立入り確保のための暴力使用（罪）　violence for securing entry
イエロージャーナリズム　yellow journalism
イエローブック　Yellow Book
位階　dignity
位階剥奪　degradation
威嚇　menace
威嚇　menacing
医学　medicine
医学上の合理的蓋然性　reasonable medical probability
医学的検査　medical inspection
医学的補助を受けた妊娠・出産　human assisted reproduction
医科大学　medical college
いかれた裁判　cracked trial
異議　avoidance
異議　demur
異議　exception
異議　objection
異議　reprobation
遺棄　abandonment
遺棄　dereliction
遺棄　desertion
遺棄　neglect
域外的管轄権　extraterritoriality
域外的裁判権　extraterritorial jurisdiction
生き質　vadium vivum; vif-gage; vivum vadium
遺棄者　deserter
異議趣意書　bill of exceptions
遺棄する意思　animus deserendi
遺棄船舶　derelict
息継ぎ場所　breathing room
生きている人　life in being
遺棄盗品　waif; bona waviata
域内市場　Internal Market
生き残り　survival
異議表明書　Statement of Objections
遺棄物　abandoned property
遺棄物　derelict
遺棄・放任された子供　neglected child
遺棄・放任審理　neglect hearing
異議申し立て　protest
異議申立人　contestant

異議申立人　exceptant
イギリス連邦　British Commonwealth (of Nations); Commonwealth
イギリス連邦会議　Commonwealth Conference
イギリス連邦協会　Commonwealth Institute
イギリス連邦市民　Commonwealth citizen
イギリス連邦市民権　Commonwealth citizenship
イギリス連邦事務局　Commonwealth Secretariat
イギリス連邦首相会議　Commonwealth Prime Ministers' meeting; Premiers' Conference
イギリス連邦臣民　British subject
異議留保(書)　protest
異議留保付き出廷　appearance under protest
異議留保付きの支払い　payment under protest
異議を留めぬ出廷　general appearance
育児休暇　parental leave
違警罪　police offense
生ける文書　living instrument
威厳　dignity
意見　dictum
意見　judgment
意見　opinion
意見　speech
意見　voice
意見確認　certification
意見確認問題　certified question
意見書　opinion
(弁護士)意見書　opinion letter
意見証拠　opinion evidence; evidence of opinion
違憲審査　constitutional review
違憲性　unconstitutionality
違憲的条件の法理　unconstitutional conditions doctrine
意見に基づく証言　opinion testimony
意見の分かれた法廷　divided court
意見表明　expression of opinion
意見表明の準則　opinion rule
以後に出生した者　postnatus
遺言　testamentum
遺言　will
(動産)遺言　testament
遺言意思　testamentary intent; testamentary intention
遺言検認　probation
遺言検認　probate
遺言検認　proving a will
遺言検認管轄権　probate jurisdiction
遺言検認裁判官　ordinary
遺言検認裁判所　probate court; court of ordinary; ordinary's court; surrogate('s) court
遺言検認裁判所　register's court
遺言検認状　probate
遺言検認状の発給　grant of probate
遺言検認税　probate duty
遺言検認争訟事務　contentious probate business
遺言検認訴訟　probate action
遺言検認登録官　probate register
遺言検認登録所　probate registry
遺言検認法　probate law
遺言作成能力　testamenti factio; factio testamenti
遺言執行者　executor
遺言執行者の一年　executor's year
遺言執行者の就任拒否　renouncing probate
遺言執行者の宣誓　executor's oath
遺言執行者の連鎖　chain of executorship
遺言執行者用資金　executor fund
遺言執行状　letters testamentary
遺言してあること　testacy
遺言指定後見人　testamentary guardian
遺言者　propositus
遺言者　testator; testate
遺言者動産執行令状　fieri facias de bonis testatoris
遺言者の意図　intention of testator
遺言者面前の準則　presence of the testator rule
遺言受託者　testamentary trustee
遺言書　will
遺言書の解釈　interpretation of wills
遺言書の切り裂き　tearing of will
遺言書の作成　execution of will
遺言書の有効性について争う訴訟　will contest
遺言書への署名　signature of will
遺言信託　testamentary trust
遺言代替物　will substitute
遺言付き遺産管理(手続き)　administration cum testamento annexo
遺言付き遺産管理状　letters of administration c.t.a.
遺言付き遺産管理人　administrator cum testamento annexo; administrator with the will annexed
遺言で特に有利に扱われた受益者　favored beneficiary
遺言登録官　register of wills
遺言とは別の遺産処分方法で処分された資産　nonprobate asset
遺言に関する法律　statute of wills
遺言による遺産処分(権)　testation
遺言による権利帰属者指名権　testamentary power (of appointment)
遺言による財産処分　testamentary disposition
遺言による承継　testate succession

遺言による相続人 testamentary heir; heir testamentary
遺言の意思 animus testandi
遺言の依存相対的撤回(の原則) dependent relative revocation
(動産)遺言能力 testamentary capacity
遺言の解釈 interpretation of wills
遺言の検認 proof of will
遺言の公示 publication
遺言の更新 republication of will
遺言の作成 execution of will
遺言の自由 testamentary freedom; freedom of testation
遺言の撤回 revocation of will
遺言の復活 republication of will
遺言の復活 revival of will
遺言の補正 rectification of will
遺言の明示的更新 express republication
遺言の有効性問題 devisavit vel non
遺言不成立 failure of will
遺言法 Wills Act
遺言補足書 codicil
居酒屋 alehouse
遺産 assets
遺産 decedent's estate
遺産 estate
遺産換価金 blended fund
遺産管理 administration; administration of estate
遺産管理期間 administration period
遺産管理義務違反 devastavit
遺産管理者 collector
遺産管理終了 closing of estate
遺産管理状 letters of administration
遺産管理状の発給 grant of (letters of) administration
遺産管理審問令状 scire fieri inquiry
遺産管理訴訟 administration action
遺産管理訴訟 administration suit
遺産管理調整申し立て bill of conformity
遺産管理手き administration of estate
遺産管理手続き estate administration
遺産管理人 administrator
遺産管理人決定訴訟 interest suit
遺産管理費 testamentary expenses
遺産管理費用 administration expense
遺産管理費用 expenses of administration
遺産管理保証(証書) administration bond
遺産毀損 devastation

遺産債務超過判決 decree of insolvency
遺産取得税 legacy tax; legacy duty
遺産処分計画業者 estate planner
遺産信託 estate trust
遺産審問令状 diem clausit extremum
遺産税 estate duty
遺産税 estate tax
遺産税 succession tax [duty]
遺産相続権者 distributee
遺産凍結 estate freeze
遺産の特定利用評価基準 special use valuation
遺産の配分確定 settlement
遺産の本体 principal
遺産配分命令 decree of distribution
遺産負担解除 exoneration
遺産不当譲渡 fraudulent alienation
遺産分配法 statute of distribution
遺産保有遺言執行者 executor lucratus
意思 animus
意思 intent
意思 intention
意思 mens
意思 will
維持 keeping
維持 maintenance
医師 medical practitioner
医師患者間情報の秘匿特権 doctor-patient privilege; physician-client privilege; physician-patient privilege
意識的回避 conscious avoidance
意識的回避の教示 conscious-avoidance instruction
意識的並行行為 conscious parallelism
意思決定 decision making
意思決定過程不開示特権 mental process privilege
意思決定者 decision maker
意思決定代理人 surrogate decision maker
維持地 fosterland
遺失物 lost property
遺失物・置き忘れ物・誤配物の盗 theft of property lost, mislaid, or delivered by mistake
意思と行為 animus et factum
意思に基づかない行為 involuntary conduct
意思に基づかない信託 involuntary trust
意思に基づくリーエン voluntary lien
意思の合致 consensus ad idem
意思の合致 meeting of the minds
意思の推定 presumption of intent
意思の表明 declaration of intention

意思の明示 manifestation of intention
意思表明書 statement of intention
医事法 medical law
医事法学 medical jurisprudence
慰藉請求権廃止法 heartbalm statute
慰藉料 solatium
移住 emigration
移住 migration
移住者 émigré
移住労働者 migrant worker
萎縮効果 chilling effect
委譲 devolution
意匠 design
衣裳管理女官長 Mistress of the Robes
意匠権 design right
異常事態 extraordinary circumstances
異常措置 extraordinary means
意匠特許 design patent
異常な刑罰 unusual punishment
異常に危険な活動[行為] abnormally dangerous activity
委嘱権者兼推挙権者聖職任命 collation to a benefice
異人種間婚姻 miscegenation
移審令状 pone
イスクワイアー esquire; armiger
イースター Easter
イースター(開廷)期 Easter term
イースター開廷期 Easter sittings
イースター献金 Easter offerings
イスラム教徒 Muslim, -lem
遺跡 historic site
遺跡記念物 ancient monument
異世代間愛情 intergenerational love
以前に出生した者 antenatus
以前の危険 prior jeopardy
以前の証言 former testimony
移送 removal
移送 transfer
(事件の)移送 remover
遺贈 bequest
遺贈 divisa
遺贈 testamentary gift
(動産)遺贈 legacy
遺贈可能分 legatory
遺贈減額 abatement of legacies
遺贈財産 bequest
移送指示 transfer direction
(不動産)遺贈者 devisor
遺贈者 benefactor
遺贈者 legator
遺贈自由な財産 disposable portion
遺贈自由な財産部分 disposable portion
遺贈人的財産 bequest

| 移送センター removal center
| 移送訴状 bill of certiorari
| 遺贈対象外遺産 remainder
| 移送通知 notice of transfer
| 遺贈撤回 ademption
| 移送手続き advocation
| 遺贈に基づく権原 title by devise
| 遺贈能力 disposing capacity
| 移送のための審理 transfer hearing
| 移送のための単一期限の法理 single-date-of-removal doctrine
| 移送命令 order of certiorari
| 移送申し立て notice of removal
| 移送申立書 bill of advocation
| 移送令状 certiorari; writ of certiorari
| 遺贈遺産分与 family provision
| 依存 dependency
| 依存契約 dependent contract
| (遺言の)依存相対的撤回(の原則) dependent relative revocation
| 依存的独立参入原因 dependent intervening cause
| 依存約束 dependent promise
| 遺体提供 anatomical gift
| 偉大なる反対意見者 Great Dissenter
| 板囲い hoarding
| 委託 consignation
| 委託 consignment
| 委託金不正流用 defalcation
| 委託者 consignor
| 委託売買人 commission agent
| 委託販売 consignment
| いたずら爆破予告 bomb hoax
| 異端 heresy
| 異端者焚刑令状 (writ de) haeretico comburendo
| 異端審問 inquisition
| 異端審問官 inquisitor
| 位置 location
| 市 market
| 一院制 single chamber
| 一応の証拠 prima facie evidence
| 一応の証明がある事件[主張] prima facie case
| 一応の推定 prima facie presumption
| 一応の密猟証拠 stable stand
| 位置確定 location
| 一家族用一戸建て住宅制限 single-dwelling restriction
| 一株一投票(制) straight voting
| 一区画 lot
| 一元的自治体 unitary authority
| 一元論 monism
| 一次医療トラスト Primary Care Trust
| 一時金融 interim financing
| 一時雇用 temporary employment
| 一時差押令状 writ of sequestration
| 一次市場 primary market

一時占有の合意 interim occupancy agreement
一時停止 suspension
一次的意義 primary meaning
一時的仮出所 furlough
一時的監護(権) temporary custody
一時的救済(手段) interim relief
一時的記録 ephemeral recording
一時的差止め命令 temporary injunction
一時的差止め命令 temporary restraining order; restraining order
一時的出獄 provisional exit
一次的証拠 primary evidence
一時的精神障害 temporary insanity
一時的船舶所有者 owner pro hac vice
一時的な労働能力全面的喪失 temporary total disability
一時的扶助料 temporary alimony
一次的不動産譲渡 primary conveyance
一時的不法侵害 temporary nuisance
一次的ボイコット primary boycott
一次的法源 primary authority
一時的労働能力喪失 temporary disability
一時払い生命保険 single premium (life) insurance
一時払い損害賠償額 lump sum award
一事不再理 non bis in idem
1 出版単一訴訟の準則 single publication rule
一代貴族 life peer
一代貴族身分 life peerage
単位 lot
一団地総合建築制限 general building scheme
一日 entire day
一日当たりの賃料 per diem
一日一審理制度 one-day, one-trial method
一人会社 one-man corporation [company]
一人会社 single-member company
1 年間 calendar year
一年収益大権 year, day, and waste; an, jour, et waste; annus, dies, et vastum
一年と一日 year and a day
一年と一日の準則 year and a day rule
一年とその後は一年ごとに year and thereafter from year to year
市場町 market town
位置表示 locative calls
一部事実についての証拠 partial evidence

一部支払い token payment
一部修正 derogation
一部勝訴評決 distributive finding (of the issue)
一部占有剥奪 partial eviction
一部のみ有罪の評決 partial verdict
一部払い戻し rebate
一部引受け partial acceptance
一部弁済 part payment
一部保険 underinsurance
一部保険自動車運転者保険 underinsured motorist coverage
一部保険者 underinsurer
一部約因の滅失 partial failure of consideration
一部履行 part performance
一部履行の法理 part performance (doctrine)
(不動産権)一部留保 exception
一部留保的権利の新設定 reservation
一部を除く完全管理の答弁 plene administravit praeter
一弁済の準則 one-satisfaction rule
一夜売り bed and breakfasting
一夜の響応 firma noctis
遺著 posthumous work
遺著管理遺言執行者 literary executor
一覧 sight
一覧払い為替手形 sight draft; sight bill; demand draft
一覧払い証券 demand paper
一覧払い証券 demand instrument
一覧払い約束手形 demand note
一律削減 sequester
1か月 calendar month
一括運送証券 bills in a set; set of bills; set of exchange
一括決議 omnibus resolution
一括譲渡 bulk transfer
一括譲渡抵当 blanket mortgage
一括適用除外 block exemption
一括取引 package transaction
一括売買 bulk sale
一括売買 sale in gross
一括払い lump sum
一括払い lump sum payment
一括払い離婚[別居]扶助料 alimony in gross; lump sum alimony
一括船荷証券 bills in a set; set of bills; set of exchange
一括保険証券 master policy
逸機防御 pretermitted defense
イック・ウォー事件の法理 Yick Wo doctrine
一見 first blush
一件記録 face of the record
一見失当評決の準則 first blush rule
一見明白の要件 immediately-apparent requirement
一件落着 breaking a case

一国政府　national government
一妻多夫(制)　polyandry
一蹴条項　kickout clause
溢出理論　spillover theory
一身専属契約　personal contract
一身専属的臣下　liegeman
一身専属的臣従の義務　ligeance, liegeance
逸走　escapium
逸走　escape
逸走家畜　estray
逸走大陪審　runaway grand jury
一足跳び審議　kangaroo
一足跳び討論終結　kangaroo closure
一体的不動産評価　improved value
逸脱　departure
逸脱　deviation
逸脱者　deviant
逸脱者　deviate
逸脱性行為　deviant sexual behavior
逸脱に関する法理　deviation (doctrine)
逸脱評決　perverse verdict
一致　accord
一致　conformity
一致する過去の陳述　prior consistent statement
一定の水路によることなく流れる水　percolating water
一手販売代理店　exclusive agency
一手販売地域　franchise
一党制国家　one-party state
一般遺言執行者　general executor
一般遺産　general estate
一般海事事件裁判所　instance court
一般開発命令　general development order
一般監査　general audit
一般慣習(法)　general custom
一般管理費　(general) administrative expense
一般議会制定法　general act
一般議会制定法　public act
一般議会制定法案　public bill
一般客　public invitee
一般金銭保証債務証書　common money bond
一般軍法会議　general court-martial
一般刑事裁判所　Court of General Sessions
一般経費　general expense
一般限嗣(権)　tail general; general tail
一般限嗣封土地　fee tail general
一般公休日　bank holiday; public holiday
一般公共のための職業　common calling

一般公法律　public general act
一般国際法　general international law
一般婚姻許可(状)　common license
一般財源　general fund
一般財源債　obligation bond
一般債権者　general creditor
一般財源保証債　general obligation bond; full faith and credit bond
一般財産　general estate
一般歳入財源　general revenue fund
一般債務　general debt
一般指名権　general power (of appointment)
一般指名権者財産権取得の準則　rule of capture
一般自由鋤奉仕保有　common free socage
一般所有者　general owner
一般人訴訟　popular action
一般人訴訟法　popular statute
一般人たる略式起訴者　common informer; promoter
一般信徒院　House of Laity
一般人による制裁金請求訴訟　popular action
一般人による制裁金請求訴訟法　popular statute
一般鋤奉仕保有　common socage
一般制定法　general statute; public statute
一般責任保険　public liability insurance
一般線引き　general crossing; crossed generally
一般占有者　general occupant
一般訴因　common count
一般訴訟規則　regulae generales
一般訴訟裁判所　Court of Common Pleas
一般損害賠償　general damages
一般大衆　mass
一般治安裁判所　general sessions
一般の安全性の要件　general safety requirement
一般的異議　general exception
一般的意思　general intent
一般的開発利益　general benefit
一般的管轄権　general jurisdiction
一般的管轄裁判所　court of general jurisdiction
一般的慣行　general usage
一般的救済懇請　general prayer
一般的強制執行　general execution
一般的権限　general power
一般的権原担保(責任)　general warranty
一般的権原担保捺印証書　general warranty deed
一般的準則　general rule
一般的対人管轄権　general personal jurisdiction

一般的投資権能　general power of investment
一般的土地改良　general improvement
一般的取引慣習(法)　general custom
一般的発行　general publication
一般的悪意　general malice
一般的犯罪成立阻却事由　general exception
一般的文書開示　general disclosure
一般的防御　general defense
一般的立法　general legislation
一般投票　popular vote
一般特権　general franchise
一般に認められた会計原則　generally accepted accounting principles
一般に認められた会計実務　generally accepted accounting practice
一般に認められた監査基準　generally accepted auditing standards
一般の福祉　general welfare
一般引受け訴訟　general assumpsit; common assumpsit
一般評決　general verdict
一般評決の準則　general verdict rule
一般福祉条項　General Welfare Clause
一般法　general law
一般法学　general jurisprudence
一般法学　legal theory
一般暴行　common assault
一般法市　general law city
一般傍聴席　stranger's [strangers'] gallery
一般法律　general law; public law
一般保証　general guaranty
一般保証書　general bond
一般無形財産　general intangible
一般令状　general warrant
一筆　parcel
一筆の土地　hereditament
一夫一婦制　monogamy
一夫多妻(制)　polygyny
一分間スピーチ　one minute speech
一方森通　single adultery
一方的契約　unilateral contract
一方的契約解消[消滅]　unilateral discharge
一方的錯誤　unilateral mistake
一方的差止め命令　ex parte injunction
一方的独立宣言　unilateral declaration of independence
一方的申し立て　ex parte motion
一方的連絡　ex parte communication
一方当事者のみに対する訴訟手続き　ex parte proceeding
一方当事者のみの審理　ex parte

hearing
一方当事者の申し立てのみに基づく命令 ex parte order
1 本下線 one-line whip
偽りの抵触 false conflict
偽りの取引 colorable transaction
偽りの法の抵触 false conflict of laws
移転 abalienation
移転 alienation
移転 relocation
移転 transfer
移転 translation
移転 transmission
遺伝 heredity
移転価格 transfer price
移転価格操作 transfer pricing
遺伝学上の父 genetic father
遺伝学上の母 genetic mother
移転可能開発権 transferable development rights
移転完了 completion
移転許可料 fine for alienation; fine on alienation; fine
移転禁止(条項) restraint on alienation
移転権 power of alienation
移転権原担保 transfer warranty
移転故意 transferred intent
移転故意の法理 transferred-intent doctrine
遺伝子鑑定法 genetic fingerprinting
遺伝子指紋 genetic fingerprint
遺伝子指紋法 genetic fingerprinting
移転支出 transfer payment
移転者 alienor
移転条項 alienation clause
(継承財産設定)移転条項 shifting clause
移転信託 shifting trust
移転税 transfer tax
移転とは逆順位での担保権行使の法理 inverse order of alienation doctrine
移転人 transfer(r)er, -(r)or
移転の権利 right to travel
移転の自由 freedom of movement
移転犯意 transferred malice
移転費用 moving expense
移転不能 inalienability
移転不能禁止の準則 rule against inalienability
移転ユース shifting use
意図 design
意図 intent
移動 movement
移動可能業務 portable business
移動許可 exeat
移動住宅 mobile home
移動性物品 mobile goods
移動ベイリフ bailiff errant

いとこ cousin
意図された受益者 intended beneficiary
意図的違反 systematic violation
意図的違法行為 serious and willful misconduct
意図的拒絶 willful refusal
意図的の行為 intentional act
意図的重大傷害(罪) wounding with intent
意図的不法行為 intentional tort
意図的謀殺 willful murder
意図的無関心 deliberate indifference
意図的無関心の説示 deliberate-indifference instruction
意図的誘導 deliberate elicitation
意図をもたずの不法目的侵入(罪) burglary without intent
意図をもっての不法目的侵入(罪) burglary with intent
イナーテンブル Inner Temple
意に反する苦役 involuntary servitude
委任 commission
委任 delegation
委任 entrustment
委任 mandatum
委任 mandate
委任 procuration
委任可能な義務 delegable duty
委任された権限 power of attorney
委任者 delegant
委任者 delegator
委任者 mandator
委任状 power (of attorney); letter of attorney; warrant of attorney
委任状 proxy
委任状 warrant
委任状合戦 proxy contest; proxy fight
委任状勧誘 proxy solicitation
委任状記載代理人 attorney of record
委任状規則 proxy rules
委任状説明書 proxy statement
委任状に記載されていない代理人 attorney not of record
委任統治 mandate
委任統治 mandatary
委任統治領 mandated territory
委任不能義務 nondelegable duty
委任立法 delegated legislation
委任立法 statutory rules and orders
委任立法監査両院委員会 Joint Committee on Statutory Instruments
委任立法精査両院委員会 Joint Scrutiny Committee
イヌ rat
命取りとなる[なった]病い last illness; last sickness

イーノック・アーデン法 Enoch Arden law [statute]
違反 breach
違反 contravention
違反 infraction
違反 violation
違反スト(ライキ) unconstitutional strike
違反点数 penalty point
違反点数の加算 totting up
違反罰 violation
委付 abandonment
異父兄弟 frater uterinus
異物 foreign substance [object]
委付の通知 notice of abandonment
委付物 abandum
違法 illegality
違法解雇 wrongful dismissal
違法金利 illegal rate
違法行為 delict
違法行為 illegality
違法行為 misconduct
違法行為 unlawful act
違法行為故殺 unlawful act manslaughter
違法行為通告書 unlawful act notice
違法行為による受託者 trustee ex maleficio
違法行為による信託 trust ex maleficio
違法収集証拠に関する事前審理 exclusionary hearing
違法収集証拠排除準則 exclusionary rule
違法傷害 unlawful wounding
異邦人 gentile
違法信託 illegal trust
違法信託 unlawful trust
違法侵入 illegal entrance
違法侵入(罪) illegal entry
違法ストライキ illegal strike
違法性交 unlawful sexual intercourse
違法性の汚れを帯びた証拠 tainted evidence
違法争議行為救済官 Commissioner for the Protection Against Unlawful Industrial Action
違法逮捕 false arrest
違法土地区分 illegal subdivision
違法な詰問 sweating
違法な契約 illegal contract
違法な結合 unlawful combination
違法な行為 unlawful conduct
違法な殺人 unlawful homicide
違法な性行為 carnal abuse
違法な性的関係 illicit relation
違法な利息 illegal interest
違法に得られた証拠 illegally obtained evidence; evidence obtained illegally

違法入国 illegal entrance
違法入国 illegal entry
違法入国援助 people-smuggling
違法入国者 illegal alien; illegal immigrant
違法ピケ(ティング) unlawful picketing
違法評決 verdict contrary to law
違法報酬請求 exaction
異母兄弟 frater consanguineus
意味 meaning
移民 emigrant
移民 immigrant
移民 immigration
移民および国籍法 Immigration and Nationality Act
移民改革・規制法 Immigration Reform and Control Act
移民帰化局 Immigration and Naturalization Service
移民業務監督委員会 Immigration Services Commission
移民上訴審判所 Immigration Appeal Tribunal
移民数割当て法 Quota Law
医務総監 Surgeon General
妹殺し sororicide
いやがらせ harassment
いやがらせ molestation
いやがらせ訴訟 blackmail suit
いやがらせの塀 spite fence
いやがらせ防止命令 anti-harassment order
違約金付き債務証書 bill penal
違約金 bond
違約金 penal sum
違約金 penalty
違約金付き債務証書 penal bill
違約罰 penalty
違約(罰)金没収 forfeiture of bond
違約罰条項 penalty clause
違約罰付き捺印金銭債務証書 obligation
卑しさ turpitude
依頼者 client
依頼(状) instructions
依頼人 client
依頼料 retaining fee
入会権 common; right of common
入会権侵害 disturbance of common
入会権評議会 commons council
入会地 common; common land
入会地登録 registration of commons
入江 arm; arm of the sea
入口での自白 threshold confession
イーリ・クラクソン事件の法理 Erie / Klaxon doctrine
イーリ事件の法理 Erie doctrine [rule]
イーリ鉄道会社対トムプキンズ事件 Erie R. R. v. Tompkins
イリノイ型土地信託 Illinois land trust
遺留分 legitime; legitimate portion
医療 medical treatment
医療過誤 medical malpractice
医療関係者による証拠 medical evidence
医療行為評価不開示特権 peer-review privilege
医療施設強制収容命令 hospital order
医療上回復の限界 maximum medical improvement
医療上緊急事態による例外 medical-emergency exception
医療上訴審判所 medical appeal tribunal
医療に対する同意能力 capacity to consent to medical treatment
医療費 medical expense
医療費返済制度 medical-expense reimbursement plan
医療報告書の交換 exchange of medical reports
医療保険 medical insurance
異例の悪行 exceptional depravity
異例の困苦 exceptional hardship
遺漏事項 casus omissus
異論なき法案のための議事日程 consent calendar
イン inn
印影の照合 collation of seals
因果関係 causality
因果関係 causation
因果関係の連鎖 chain of causation
印鑑 seal
イングランド大蔵卿 Lord (High) Treasurer (of England)
イングランドおよびウェールズ首席裁判官 Lord Chief Justice (of England and Wales)
イングランドおよびウェールズ全裁判所の長 President of the Courts of England and Wales
イングランドおよびウェールズ量刑評議会 Sentencing Council (for England and Wales)
イングランド教会 Church of England; English Church
イングランド教会婚 Church of England marriage
イングランド銀行 Bank of England
イングランド国教会制定法 measure
イングランド執事卿 High Steward; Lord High Steward (of England)
イングランド執事卿裁判所 Court of the Lord High Steward of England
イングランド首席裁判官 Lord Chief Justice (of England)
イングランド人たること Englishry
イングランド人の開示 presentment of Englishry
イングランド人の自由の守り神 palladium of English liberties
イングランドにおける優遇措置に基づく不動産権 tenancy by the curtesy of England
イングランドの首位聖職 Primate of England
『イングランド法提要』 Institutes of the Laws of England; Institutes
『イングランド法の礼賛について』 De Laudibus Legum Angliae
イングランド保健ケアの質委員会 Care Quality Commission for England
インコタームズ Incoterms, INCOTERMS
インサイダー取引 insider trading; insider dealing
インサイダー取引者 insider trader
印刷出版業組合 Stationers' Company
印刷出版業組合会館 Stationers' Hall
印刷出版許可 imprimatur
印刷物 printed matter
印紙 stamp
印紙税 stamp tax; stamp duty
印紙税法 stamp act
印紙税法 Stamp Act
飲酒あるいは薬物を用いたうえでの不注意運転致死(罪) causing death by careless driving when under the influence of drink or drugs
飲酒運転 drunk [drunken] driving
飲酒運転検問所 sobriety checkpoint
飲酒検知(法) sobriety test
印章 seal
印章 stamp
印象 impression
引水 diversion of water
インズ・オヴ・コート Inns of Court
インズ・オヴ・コートおよび法廷弁護士教育信託 Inns of Court and Bar Educational Trust
インズ・オヴ・コート評議員 Master of the Bench; bencher
インズ・オヴ・コート評議会 Council of the Inns of Court
インズ・オヴ・コート連合評議会 Senate of the Inns of Court and the Bar
インズ・オヴ・チャンセリー Inns of Chancery
姻戚(関係) affinity
姻族 affine
姻族 kinsman
姻族 relative
姻族 relative by affinity
姻族 in-law
姻族の姻族 affinitas affinitatis

和英対照表　　　1234

引退裁判官継続勤務資格　senior status
インターナショナル靴会社事件　International Shoe Case
インターネット　Internet
インチマリー約款　Inchmaree clause
インディアン　Indian
インディアン局　Bureau of Indian Affairs
インディアン市民権法　Indian Civil Rights Acts
インディアン準州　Indian territory
インディアンの権力　Indian title
インディアン部族の財産　Indian tribal property
インディアン部族の土地　Indian land
インディアン保留地　Indian reservation
インデックス運用　indexing
インデックスファンド　index fund
隠匿積立金　hidden reserve
隠匿捺印証書　latent deed
インド国民会議派　Indian National Congress
院内幹事　whip; party whip
院内仕切り　Bar of the House
院内総務　floor leader
院内総務　House leader
院内総務　Leader of the House
インファーミア　infamia
インフレ　inflation
隠蔽　suppression
陰謀　plot
引用　citation
引用　quotation
引用の格付け　citation order
引用文掲載ページ精確引用(ページ)　pinpoint citation
インランド・マリン保険　inland marine insurance

ウ

ヴァイナー・イングランド法講座担当教授　Vinerian Professor of English Law
『ウィークリー・ロー・リポーツ』　Weekly Law Reports
ヴィスタ　VISTA
ヴィスビー海法　Laws of Wisby [Visby]
ウィリアム・スタイルズ　William Styles
ウィリアムズ法　Williams Act
ウィルキンソン対ダウントン事件の準則　rule in Wilkinson v. Downton
ウィルソン政策　Wilsonian policy
ウィンドー破り　smash-and-grab
ウェストミンスター法　Statute of Westminster
ウェストミンスターホール　Westminster Hall
『ウェスト・ロー』　Westlaw

ウェッブ-ポメリーン法　Webb-Pomerene Act [Law]
ウェード審理　Wade hearing
ウェブスター対リプロダクティヴヘルスサービシズ判決　Webster v. Reproductive Health Services (1989)
ウェールズおよびチェスター巡回裁判区　Wales and Chester Circuit
ウェールズ会社　Welsh company
ウェールズ型譲渡抵当　Welsh mortgage
ウェールズ議会　Welsh Assembly; National Assembly for Wales
ウェールズ語　Welsh language
ウェールズ住宅公社　Housing for Wales
ウェールズ大裁判所　Court of Great Sessions (in Wales)
ウェールズ地方評議会　Council of Wales
ウェールズ辺境所領領主　lord marcher
ウェールズ辺境地方評議会　Council in the Marches of Wales; Council of the Marches
ウェールズ法　Statute of Wales
ウェンズベリ事件の基準　Wednesbury test
ウェンズベリ事件の原則　Wednesbury principle
ウェンズベリ事件の非合理性　Wednesbury unreasonableness
ウォーターゲート事件　Watergate Affair
ウォートンの準則　Wharton's rule; Wharton rule
ウォルシュ-ヒーリー法　Walsh-Healey Act
ヴォルステッド法　Volstead Act
ウォレン・コート　Warren Court
迂回路　diversion
迂回路信託　bypass trust
浮き荷　flotsam; estray; flotage
浮き荷と投げ荷　flotsam and jetsam
請負い　farm
請負い　letting
請負い契約の締結　letting contract
請負人　contractor
請負人　independent contractor
請負料　farm
受付局区域内配達郵便物　drop letter
受取確認通知書　letter of acknowledgment
受取勘定　account receivable
受取勘定　receivables
受取手形　bill receivable
受取手形　note receivable
受取手形勘定　notes receivable
受取人　beneficiary
受取人　payee
受取人　receiver
受取配当金控除　dividend-received deduction
受取り船荷証券　received bill (of lading)
受け取る意思　animus recipiendi
受け戻されていない質　unredeemed pledge
受け戻されていない動産質　unredeemed pledge
受戻し　redemption; dismortgage
請戻し　ransom
請戻し金　ransom
受戻し権　right of redemption
受戻し権喪失　foreclosure
受戻し権喪失訴状　bill for foreclosure
受渡延期金　backwardation
受渡日　account day
右舷　starboard
失われた稼得能力　lost earning capacity
失われた機会の法理　lost-chance doctrine
失われた収益　lost profits
失われた収入　lost earnings
失われた年　lost years
雨水地役権　eaves-drip, -drop
うそ　lie
うそつきの融資　liar's loan
うそ発見器　lie detector
疑い　doubt
疑いのある権原　doubtful title
疑いをいれない証明　indubitable proof
疑わしい区分　suspect classification
疑わしい区分テスト　classification test
疑わしい行為についての報告書　suspicious activity report
疑わしい取引についての報告書　suspicious transaction report
疑わしさの利益　benefit of the doubt
内金　binder
内金受領証　binder
打出し印影　embossed seal
打出し印鑑　embossed seal
打歩　agio
宇宙空間　outer space
宇宙条約　Outer Space Treaty
宇宙法　space law
打つこと　hit
写し　copy
写し　tenor
訴え　charge
訴え　claim
訴え　clamor
訴え　complaint
訴え　plea
訴え　querela
訴え棄却概括的否認訴答　general plea in bar
訴え棄却抗弁　peremptory exception
訴え棄却答弁　plea in bar

訴え棄却特別棄却訴答　special plea in bar
訴え却下　nonsuit
訴え却下答弁　plea in abatement; plea of abatement
訴え却下答弁却下判決　cassetur billa
訴え却下の申し立て　motion for (judgment of) nonsuit
訴え却下の申し立て　motion to dismiss
訴え取下げの通知　notice of discontinuance
訴えの強制的却下　compulsory nonsuit
訴えの自発的取下げ　voluntary nonsuit
訴えの取下げ　discontinuance of action
訴えの取下げ　discontinuance
訴えの取下げ　nolle prosequi; withdrawal of charges
訴えの取下げ　retraxit
訴えの取下げの判決　judgment of nolle prosequi
訴えの任意的取下げ　voluntary dismissal
訴えの非自発的却下　involuntary nonsuit
訴えの非任意的却下　involuntary dismissal
訴えの前の履行の提供　tender before claim [action]
訴えの利益　standing
訴え猶予対象州　deferral state
訴えられた者　chargee
訴えを起こしえぬ者についての法理　doctrine of contra non valentem
訴えを提起する者　suitor
腕　arm
奪い合い占有　scrambling possession
生まれながらにしてもつ権利　birthright
海　sea
海(固有)の危険　peril of the sea; danger of the sea; marine peril; maritime peril
埋立地　innings
右ъ　right
裏書　backing
裏書　endorsement
裏書条項　endorsement
裏書人　backer
裏書人　endorser
裏書の連鎖　chain of title
裏金　payola
裏切り　treachery
裏切り証人　turncoat witness
占い師　fortune-teller
上乗せ加算金　overage
売上計算書　account sales
売上税　sales tax

売上総利益　gross profit
売上高減少請求　lost volume claim
売上高減少請求売主　lost volume seller
売上伝票　sales check; sales slip
売上利益率　profit margin; margin
売り掛け勘定　charge account; credit account
売り掛け債権　account receivable
売り掛け債権からなる無形財産　payment intangible
売り掛け債権担保債務者　account debtor
売り崩し　raid
売出し価格　offering price; offer price
売出し発行　offer for sale
売付け選択権　put; put option
売手市場　seller's market
売主　seller
売主　vendor
売主および買主の召喚　vendor and purchaser summons
売主は注意せよ　caveat venditor
売主による対象財産についての情報提供書式　Seller's Property Information Form
売主のリーエン　seller's lien
売主のリーエン　vendor's lien
売り呼び値　asked price
売渡し覚書　sold note
売渡し品目録　bill of parcels
閏年　leap year
ウルフ報告(書)　Woolf Report
うろつくこと　loitering
上乗せ費用　uplift
上乗り　supercargo
上前　rake-off
運航必要物　necessaries
運送　forwarding
運送　transit
運送差止め(権)　stoppage in transitu; stoppage in transit
運送証券　bill of lading
運送中の貨物　goods in transitu
運送取扱人　freight agent
運送取扱人　freight forwarder; forwarder; forwarding agent
運送取次　forwarding
運送人　carrier
運送人のリーエン　carrier's lien
運送料　freight
運送料　freight charges
運送料込み　absorption; freight absorption
運送料のためのリーエン　lien for freight
運送料保険　freight insurance
運賃　fare
運賃　freight
運賃込み値段　cost and freight
運賃保険料込み契約　c.i.f. [CIF] contract; cost, insurance, freight

contract
運賃保険料込み値段　cost, insurance, and freight
運賃率　freight rate
運賃割増金　primage
運転資本　working capital
運転者　driver
運転中の激高　road rage
運転免許試験命令　driving-test order
運転免許(証)　driver's license; driving license
運転免許証裏書　endorsement (of driving license)
運動　movement
運搬通行権　wayleave
運任せの取引　chance bargain
運任せの評決　chance verdict
運輸省　Department for Transport
運輸省　Department of Transportation

エ

エアルドルマン　ealdorman; alderman
永遠の法　eternal law
映画　film
映画の一括配給方式　block booking
永久拘束　perpetuity
永久拘束禁止に関する制定法による準則　statutory rule against perpetuities
永久拘束禁止の準則　rule against perpetuities
永久拘束禁止の準則違反信託　transgressive trust
永久収益積立て禁止の準則　rule against accumulations
永久収益積立て禁止法　Statute of Accumulations
永久信託　perpetual trust
永久信託禁止の準則　rule against perpetual trusts
永久的自由土地保有(権)　perpetual freehold
永久的所在地　permanent abode
永久的地代　ground rent
永久的不動産賃貸借[賃借権]　perpetual lease
永久的不法妨害　permanent nuisance
永久的離婚[別居]扶助料　permanent alimony
営業　business
営業　trading
影響　effect
営業活動法　doing business statute
営業活動を行なうこと　doing business

営業活動を行なうこと transacting business
営業許可時間 licensing hours
営業継続許可命令 protection order
営業経費 operating expense
営業原簿 shop book
営業原簿の準用 shop-book rule
営業控除(額) business deduction
営業時間 business hours; office hours
営業資産 business asset
営業収入 active income
営業上の強制 business compulsion
営業上の中傷 business disparagement
営業証明書 trading certificate
営業損失 business loss
営業損失 operating loss
営業地 place of business
営業の通常業務における買主 buyer in ordinary course of business
影響の法理 affects doctrine
影響の法理 effects doctrine
営業費 operating cost
営業への不法行為 business tort
営業妨害 interfering with trade [business]
営業法人 business corporation
営業法人模範法 Model Business Corporation Act
営業保険料 gross premium
営業免許事件 License Cases
営業目的の法理 business-purpose doctrine
営業用財産税額軽減 business property relief
営業利益 operating profit
影響(力) influence
英国大蔵省 HM Treasury
英国会計検査院 National Audit Office
英国海兵隊 Royal Marines
英国規格協会 British Standards Institution
英国機関 crown agent
英国居住権をもつ人 patrial
英国国教会 Established Church
英国産業連合 Confederation of British Industry
英国首相官邸 Number Ten
英国準則 English rule
『英国制定法全集』 Statutes at Large
英国政府 Downing Street
英国図書館 British Library
英国内逃亡イギリス連邦犯罪人 fugitive offender
英国内逃亡犯(人) fugitive criminal
英国派 Royalist
英語部門 English side

衛士 gentleman-at-arms
エイジェンシーショップ agency shop
嬰児殺し infanticide; child destruction
永借権 emphyteusis
永借人 emphyteuta
衛星訴訟 satellite litigation
衛生法規 sanitary code
曳船 ⇨ ひきふね
永続 perpetuity
永続的後見人 permanent guardian
永続的制定法 perpetual statute; permanent statute
永続的被後見人 permanent ward
永続的労働能力喪失 permanent disability
永続年金 perpetual annuity
営農 farming operation
衛兵 guard
英米共同宣言 Anglo-American Joint Declaration
英米法 Anglo-American law
英米法法域 common-law jurisdiction
英米法法律家 common lawyer; common-law lawyer
営利化された猥褻 commercialized obscenity
営利法人 moneyed corporation
英領北アメリカ法 British North America Acts
益 avail
駅 station
役権 servitude
役務 service
役務提供契約 service contract
役務提供施設 service establishment
役務の盗 theft of services
エキュー ECU, ecu; European Currency Unit
液量 liquid measure
エクイティー aequitas
エクイティー equity
エクイティー開廷期 equity term
エクイティー裁判管轄権 equity jurisdiction
エクイティー裁判所 court of equity; court of chancery; chancery; equity court
エクイティー裁判所主事 master in chancery
エクイティー上の一般的担保 general equitable charge
エクイティー上の受戻し権 equity of redemption
エクイティー上の受戻し権喪失手続き equitable foreclosure
エクイティー上の受戻し権の妨害 clog on (the) equity of redemption; clogging equity of redemption; clog or fetter on the equitable

right to redeem
エクイティー上の寡婦給与 equitable jointure
エクイティー上の寡婦産 equitable dower
エクイティー上の完全な権利 perfect equity
エクイティー上の救済 equitable relief
エクイティー上の救済手段 equitable remedy
エクイティー上の禁反言 equitable estoppel
エクイティー上の契約解除 equitable rescission
エクイティー上の権原 equitable title
エクイティー上の減殺(の法理) equitable recoupment
エクイティー上の権利 equitable interest; equity; equitable right
エクイティー上の権利の譲渡抵当 equitable mortgage
エクイティー上の権利を背後に包んだコモンロー上の権利のカーテン curtain
エクイティー上の後順位(化) equitable subordination
エクイティー上の債権譲渡 equitable assignment
エクイティー上の財産権の形態転換(の法理) equitable conversion
エクイティー上の財産告知手続き equitable garnishment
エクイティー上の裁判(管轄)権 equitable jurisdiction
エクイティー上の詐欺 equitable fraud; fraud in equity
エクイティー上の差押え equitable attachment
エクイティー上の執行 equitable execution
エクイティー上の生涯権 equitable life estate
エクイティー上の生涯不動産権者 equitable life tenant
エクイティー上の譲渡 equitable assignment
エクイティー上の譲渡抵当 equitable mortgage
エクイティー上の所有権 equitable ownership
エクイティー上の所有者 equitable owner
エクイティー上の推定 equitable presumption
エクイティー上の請求額減殺(の法理) equitable recoupment
エクイティー上の制限的不動産約款 restrictive covenant in equity
エクイティー上の選択(の原則) equitable election
エクイティー上の占有 equitable seisin
エクイティー上の相殺権 equitable

right to setoff
エクイティー上の訴訟 action in equity; equitable action
エクイティー上の訴訟 suit
エクイティー上の訴状 bill in equity
エクイティー上の訴答 equity pleading
エクイティー上の訴答作成弁護士 equity draftsman
エクイティー上の代位 equitable subrogation
エクイティー上の代位権 equity of subrogation
エクイティー上の担保(権) equitable charge
エクイティー上の地役権 equitable easement
エクイティー上の転換の取消し reconversion
エクイティー上の答弁 plea in equity
エクイティー上の引当て遺産 equitable asset
エクイティー上の引当て資産 equitable asset
エクイティー上の不動産回復訴訟 equitable ejectment
エクイティー上の不動産毀損 equitable waste
エクイティー上の不動産権 equitable estate
エクイティー上の不動産賃貸借[賃借権] equitable lease
エクイティー上の防御 equitable defense
エクイティー上の補償 equitable indemnity
エクイティー上の補償の法理 doctrine of equitable indemnity
エクイティー上の優先弁済権 equitable levy
エクイティー上の養子縁組 equitable adoption
エクイティー上のリーエン equitable lien
エクイティー上の劣後的権利 mere equity
エクイティー上優越的な権利 better equity
エクイティー訴状主部 stating part
エクイティーのお気に入り equity's darling
エクイティーの結晶化 crystallization of equity
エクイティーの法格言 maxims of equity
エクイティー法学 equity jurisprudence
エクイティー法制 equity jurisprudence
エクセルシオ名簿 Excelsior list
エクソン-フロリオ規定 Exon-Florio provision
エクソン-フロリオ修正 Exon-Florio amendment
エクソン-フロリオ条項 Exon-Florio clause
エコラベル ecolabel
衛士 gentleman-at-arms
エスクロー escrow
エスコビードの準則 Escobedo rule
エズダ Esda
エスチーター escheator
エストラーダ主義 Estrada doctrine
えせ審理 kangaroo trial
えせ法廷 kangaroo court
越境保険 surplus line insurance
謁見 audience
エッジ法 Edge Act
エッジ法会社 Edge (Act) corporation
エディンバラ下位裁判所弁護士協会 Society of Solicitors at Law in Edinburgh; Solicitors at Law
エネルギー・気候変動省 Department for Energy and Climate Change
エネルギー省 Department of Energy
エリサ法 ERISA; Employee Retirement Income Security Act
エリート elite
エルキンズ法 Elkins Act
エール検査官 aleconner
エルサレム法 Assizes de Jerusalem; Assizes of Jerusalem
エルマイラ方式 Elmira system
遠因 remote cause; causa remota
延会 adjournment
遠隔伝送による取引電子データ交換のための統一行為準則 Uniform Rules of Conduct for Interchange of Trade Data by Teletransmission
沿岸 coast
沿岸運送免状 transire
沿岸海域 coastal waters
沿岸回漕許可書 bill of sufferance
沿岸警備隊 coast guard
沿岸権 littoral right
沿岸隣接地所有者[居住者] frontager
延期 continuance
延期 delay
延期 deferment
延期 extension
延期 postponement
演劇的著作権 dramatic copyright
演劇的著作物 dramatic composition
演劇的著作物 dramatic work
エンゲル対ヴィターリ事件 Engel v. Vitale
縁故採用 nepotism
援助 aid
援助 assistance
援助 facilitation
援助 help
援助 support
援助懇請 aid prayer
援助資金提供 support funding
援助と助力 aid and comfort
援助令状 writ of assistance
演説 speech
延滞税 delinquency tax
演壇 husting
演壇 platform
延長 enlargement
延長 extension
延長 respite
延長開廷期 adjourned term
延長定期保険 extended term insurance
円頂派 Roundheads
延長保険 extended insurance
沿道隣接地所有者[居住者] frontager
延命処置 life-prolonging procedure
援用 citation

オ

甥 nephew
追い打ち担保 cross-collateral
追い打ち担保(で保証すること) cross-collateralization
追い打ち担保条項 cross-collateral clause
追い出し ejection
追いはぎ highwayman
追いはぎ highway robbery
追いはぎ padder
王位 crown; corona
王位 throne
王位承継 demise
王位承継 demise of the Crown
王位承継法 Act of Settlement
押印契約 contract under seal; sealed contract
王冠 crown; corona
王魚 fish royal; regal fish
王家 royal family
王権 jura regalia; regalia
黄犬契約 yellow-dog contract
王権による支配 dominium regale
王権を傷つける犯罪 crimen (laesae) majestatis
王国 kingdom
王国 realm
王国大評議会 magnum concilium (regni); concilium magnum (regni); Great Council (of the Realm)
王国の一般慣習(法) general custom of the realm
王国の一般評議会 commune concilium regni
王国の貴族 peer of the realm
王国の(三)身分 estates of the

realm
王国の法と慣習法　lex et consuetudo regni
王国防衛法　Defence of the Realm Acts
黄金の握手　golden handshake
黄金の株式保有　golden share
黄金の手錠　golden handcuffs
黄金の落下傘　golden parachute
黄金律　golden rule
黄金律的弁論　golden rule argument
王座裁判所　Court of King's Bench; King's Bench
王座裁判所監獄　King's Bench Prison
王座裁判所記録保管所　paper office; paper mill
王座裁判所刑事部　Crown Office
王座裁判所首席裁判官　Chief Justice of the King's Bench
王座裁判所典獄　Marshal of the King's Bench; marshal
王座裁判所録　Coram Rege roll
王座部　King's Bench; King's Bench Division
王座部首席裁判官　Chief Justice of the King's Bench
王璽　privy seal
王璽尚書　Lord Privy Seal; Keeper of the Privy Seal
王室会計院　Green Cloth
王室御用達権授与書　royal warrant
王室裁判管区　verge
王室費　Civil List
押収　seizure
欧州　Europe
欧州安全保障協力機構　Organization for Security and Co-operation in Europe
欧州委員会　European Commission
欧州会社　Societas Europaea; European company
欧州議会　European Parliament
欧州議会議員　Member of the European Parliament
欧州議会議員選挙区　Euro-constituency; Euro-seat
欧州規準　Euro Norm
欧州共同市場　Common Market
欧州共同体　European Communities
欧州共同体　European Community
欧州共同体委員会　Commission of the European Communities
欧州共同体委員会委員　commissioner
欧州共同体閣僚理事会　Council of Ministers of the European Communities

欧州共同体司法裁判所　Court of Justice of the European Communities
欧州共同体商標　Community Trade Mark
欧州共同体条約　European Community Treaty; EC Treaty
欧州共同体総会　Assembly of the European Communities
欧州共同体に関する法律　European Communities Act
欧州共同体法　Community law; EC law; European Community law
欧州共同体法上の不法行為　euro-tort
欧州共同体立法　Community legislation
欧州経済共同体　European Economic Community
欧州経済社会委員会　European Economic and Social Committee
欧州経済地域［領域］　European Economic Area
欧州原子力共同体　European Atomic Energy Community
欧州航空管制機構　Eurocontrol
欧州国家免除［免責］条約　European Convention on State Immunity
欧州裁判所　European Court
欧州（司法）裁判所　European Court (of Justice)
欧州社会憲章　European Social Charter
欧州自由貿易連合　European Free Trade Association
欧州審議会　Council of Europe
欧州人権委員会　European Commission of Human Rights
欧州人権裁判所　European Court of Human Rights
欧州人権条約　European Convention on Human Rights
欧州石炭鉄鋼共同体　European Coal and Steel Community
欧州逮捕状　European arrest warrant
欧州中央銀行　European Central Bank
欧州通貨制度　European Monetary System
欧州通貨単位　European Currency Unit
欧州通貨連合　European Monetary Union
欧州電気通信規格協会　European Telecommunications Standards Institute
欧州投資銀行　European Investment Bank
欧州特許　Europatent
欧州特許条約　European Patent Convention
欧州復興開発銀行　European Bank for Reconstruction and Development
欧州法　European law
欧州理事会　European Council
欧州連合　Europe
欧州連合　European Union; EU
欧州連合委員会　Commission of the European Union
欧州連合閣僚理事会　Council of Ministers (of the European Union)
欧州連合基本権憲章　Charter of Fundamental Rights of the European Union
欧州連合行政官　Eurocrat
欧州連合憲法条約　Constitutional Treaty of the European Union
欧州連合司法裁判所　Court of Justice of the European Union
欧州連合市民　citizen of the European Union
欧州連合市民権　European citizenship; EU citizenship
欧州連合条約　Treaty on European Union
欧州連合の規則　regulation of the EU
欧州連合の決定　decision of the EU
欧州連合法　EU law
欧州連合命令　directive of the EU
欧州連合命令上の廃棄物　directive waste
欧州連合理事会　Council of the European Union
欧州労使協議会　European Works Council
王臣寡婦　king's widow
王制　royalism
王制主義者　royalist
王政復古　Restoration
応訴　appearance
応訴過怠　judgment nihil [nil] dicit
応訴管轄　forum prorogatum
応訴通知　notice of appearance
応訴のための勾引令状　capias ad respondendum
応訴のための身柄提出令状　habeas corpus ad respondendum
応訴日　appearance day
横奪　grab
王朝　dynasty
王党員　Royalist
応答の訴答　responsive pleading
王妃　queen consort
応報刑　retributive punishment
応報刑主義　retributivism
王立委員会　royal commission
王立裁判所　Royal Courts of Justice; Law Court(s)

横領 conversion
横領 embezzlement
王領植民地 royal colony
大当たり裁判 jackpot justice
大型基金 superfund
狼の頭 lupinum caput
大きな壺 big pot
大口割引 bulk discount
大蔵委員会(委員) Lords Commissioners of the Treasury
大蔵委員会委員 Commissioner of the Treasury
大蔵委員会委員 Lord (Commissioner) of the Treasury
大蔵委員会第一委員 First Lord of the Treasury
(イングランド)大蔵卿 Lord (High) Treasurer (of England); Treasurer
大蔵卿付き国王収入管理官 Lord Treasurer's Remembrancer
大蔵省 Treasury
大蔵省首席政務次官 Chief Secretary to the Treasury
大蔵省短期証券 treasury bill
大蔵省付き事務弁護士 Treasury Solicitor
大蔵省付き弁護士 Treasury Counsel
大蔵大臣 Chancellor of the Exchequer
大物密告者 supergrass
公けの政策 public policy
公けの政策からの制限 public policy limitation
公けの政策に関する秘匿特権 public policy privilege
丘 hill
おきて law
沖仲仕 longshoreman
置き忘れ物 mislaid property
臆測 speculation
奥地 backland
オグデン表 Ogden tables
臆病者 recreant
送り状 invoice; bill of parcels
送り状綴り invoice book
送り主 sender
教えること instruction
押しのけ bumping
オーシャンマリン保険 ocean marine insurance
オーストラリア裁判所法 Australian Courts Act
オーストラリア式投票制 Australian ballot
オーストラリア法 Australia Act
オーストラリア連邦憲法法 Commonwealth of Australia Constitution Act
おせっかいな介入者 officious intermeddler
汚染 pollution

汚染改善 remediation
汚染株式 dirty share
汚染監督官 Her Majesty's Inspector of Pollution; HM Inspector of Pollution
汚染者 polluter
汚染者費用負担の原則 polluter pays principle
汚染除去を求める訴訟 removal action
(環境)汚染地 contaminated land
汚染統合規制 integrated pollution control
汚染物質 pollutant
汚染予防規制法 Pollution Prevention Control Act
汚染予防統合規制 Integrated Pollution Prevention Control
オックスフォード条約 Provisions of Oxford
お告げの祝日 Lady Day; Annunciation; Annunciation Day
追而書 rider
夫 husband; vir
夫 man
夫 married man
夫と妻 vir et uxor
夫による強制(の推定) marital coercion
夫の権利 marital rights
夫の庇護下にある女性 feme covert
夫の庇護下にない状態 discoverture
オッドロット法理 odd-lot doctrine
乙村 Sale
お手伝いさん税 nanny tax
男 man
脅による強迫 duress per minas
落とし物証言 dropsy testimony
オートバイ motor cycle
おとり decoy
おとり agent provocateur
おとり広告 loss leader advertising
おとり捜査 sting
おとりとすり替え bait and switch
おとりの手紙 decoy letter
オーバーン方式 Auburn system
『オフィシャル・ジャーナル』 Official Journal
オフウォット Ofwat
オフコム Ofcom; Office of Communications
オブザーバー observer
オフジェム Ofgem
オフショア・ファンド offshore fund
オプション option
オプション付与契約 option contract
オプション付与者 optionor
オプション保有者 optionee
オフステッド Ofsted
オフテル Oftel
オフロット Oflot
オープンエンド型投資会社 open-end investment company

オープンエンド信用 open-end credit
オープン価格 open price
オープン勘定 open account
オープンショップ open shop; merit shop
オープン信用状 open letter of credit
オーペック OPEC
オペレーティングシステム operating system
覚書 memorandum
覚書 minute
覚書 notation
覚書 note
覚書帳 minute book
重い過失 culpable negligence
思いとどまる機会 locus poenitentiae
表看板 front
主な生活活動 major life activity
思惑売り going-short
思惑買い going long
親会社 parent corporation; parent company
親代わりの人 person in loco parentis
お役所的形式主義 red tapism
お役所風 red tape
親子関係認定命令 parental order
親子間免責の原則 parental immunity
親子権 consortium
親子権の喪失 loss of consortium
親殺し parenticide
親殺し parricide
親代理 surrogate parent
親であること parentage
親であることの宣言 declaration of parentage
親なし子 filius nullius
親による子の誘拐 parental kidnapping
親による子の誘拐予防法 Parental Kidnapping Prevention Act
親の義務 parental duties
(父)親の死後に生まれた子 posthumous child
親の責任 parental responsibility; parental responsibility for child
親の責任についての決定 parental responsibility order
親の責任についての合意 parental responsibility agreement
親の責任法 parental responsibility statute
親の同意 parental consent
親の賠償責任 parental liability; parents' liability
親の賠償責任法 parental liability statute; parental responsibility statute
親の免責原則 parental immunity
親不動産賃貸借[賃借権] master lease
親優先の法理 parental-preference

doctrine
オランダ式競売　Dutch auction
オランダ人式付け勇気　Dutch courage
オランダ・ローマ法　Roman-Dutch law
折りかばん　briefbag
オリジナル　original
折りたたみ会社　collapsible corporation
折りたたみ組合　collapsible partnership
『オール・イングランド・ロー・リポーツ』All England Law Reports
オールドベイリー　Old Bailey
オレロン海慣習法　customs of Oléron
オレロン海法　Laws [Rules] of Oléron
卸売り　wholesale
卸売業者　distributor
卸売業者　wholesaler
卸売商　wholesale dealer
終値　closing price; close
音楽著作物　musical work
音響スペクトログラフ　spectrograph
恩恵　favor, favour; gratia
恩恵授与(権)　patronage
恩赦　act of grace
恩赦　clemency
恩赦　free pardon
恩赦　grace
恩赦　pardon; oblivion
恩赦　Royal pardon
恩赦委員会　board of pardons
恩赦請願　benevolentia regis habenda
恩赦大権　prerogative of mercy
恩赦法　act of grace
音声標本　voice exemplar
女地主　landlady
女荘園領主主宰の荘園裁判所　lady court
女の森通者　adulteress
女家主　landlady
オンブズマン　ombudsman
隠密株式買い占め(団)　concert party; consortium

カ

課　union
会　meeting
害悪　harm
害悪　mischief
害意　bad faith
害意　malice
買入れ覚書　bought note
買入れ価格　purchase price
会員会社　member corporation
会員企業　member firm
海員雇用契約書　shipping articles

会員制クラブ　members' club
『ガイウス法学提要』Institutes of Gaius
海運　merchant shipping
海運　shipping
海運会社　shipping company; shipping line
海運業　maritime trade
海運法　Merchant Shipping Acts
外貨　foreign exchange
開会　session
開会　sitting
海外会社　oversea company
海外タンカー有限責任会社対ミラー汽船会社事件　Overseas Tankship, Ltd. v. Miller Steamship Co.
海外タンカー有限責任会社対モーツ・ドック工事有限責任会社事件　Overseas Tankship, Ltd. v. Morts Dock & Engineering Co. Ltd.
海外発送船荷証券　overseas bill of lading
海外不正行為防止法　Foreign Corrupt Practices Act
海外離婚　overseas divorce
(株式の)買換え　wash sale
改革　reform
買い掛け債務　account payable
買い掛け債務　bill payable
概括的異議　general objection
概括的否認　general denial
概括的法律効果不発生訴答　general demurrer
概括的保有　general tenancy
概括的有利事実認定　general finding
海岸　seashore
外観　color
外観　face
概観　survey
外観忌避　sight strike
外観陪審員忌避　sight strike
会期　session
会議　conference
会議　husting
会議　meeting
会期日　legislative day
会期別法律集　session laws
海峡　channel
海峡　narrow sea
開業の権利　right of establishment
開業の自由　freedom of establishment
街区　square
海軍　navy
海軍委員会　Admiralty
海軍委員会　Board of Admiralty
海軍委員会(委員)　Lords Commissioners of the Admiralty
海軍委員会委員　Lord (Commissioner) of the Admiralty
海軍委員会第一委員　First Lord of the Admiralty
海軍軍法会議　naval court-martial
海軍軍務法　naval law
海軍軍律　articles of the navy
海軍訓令　Admiralty Instructions
海軍省　Navy Department
海軍司令長官　Lord High Admiral; Admiral
海軍司令長官裁判所　Court of the Admiral; Court of the Lord High Admiral
海軍備品　naval property
海軍法規　naval law
海軍本部委員会　Admiralty Board
会計　accounting
会計監査　audit
会計監査委員会　audit committee
会計監査人　auditor
会計監査人の監査報告書　auditor's report
会計監査報告義務免除　audit exemption
会計監査報告書　audit report
会計期間　accounting period
会計基準委員会　Accounting Standards Committee
会計基準審議会　Accounting Standards Board
会計記録　accounting record
会計検査院　Court of Auditors
(連邦)会計検査院　General Accountability Office
会計検査官　comptroller
会計検査担当者　controller
会計検査長官　Comptroller and Auditor General
会計士　accountant
会計士依頼者間の秘匿特権　accountant-client privilege
会計実務　accounting practice
会計実務基準(書)　Statements of Standard Accounting Practice
会計士秘匿特権　accountant privilege
会計書類変造(罪)　false accounting; falsification of accounts
会計帳簿　account book; book of account
会計年度　financial year
会計年度　fiscal year
会計部長　accounts manager
会計報告　accounting
会計方法　accounting method
解決　settlement
解決　solution
外見上の変更　colorable alteration
戒厳(令)　martial law; law martial
解雇　discharge
解雇　dismissal
解雇　mittimus
解雇　sacking
解雇　termination
外交　diplomacy

(上院)外交委員会 Foreign Relations Committee
外交員 drummer
外交官 diplomat; diplomatist
外交官 diplomatic agent
外交官勤務 diplomatic service
外交関係 foreign relations
外交婚 diplomatic marriage
外交使節 envoy
外交使節団 diplomatic mission
外交使節団 embassy
外交使節団 mission
外交政策 foreign policy
外交団 diplomatic corps [body]
外交団首席 doyen of the corps diplomatique [diplomatic corps]
外交的庇護 diplomatic asylum
外交的保護 diplomatic protection
外交伝書使 diplomatic courier
外交特権 diplomatic privilege
外交部 diplomatic service
外交部 foreign service
外交封印袋 diplomatic pouch; diplomatic bag
外交免除 diplomatic immunity
外国 foreign country
外国会社 foreign company
外国からの報酬条項 Foreign Emoluments Clause
外国為替 foreign exchange
外国為替手形 foreign bill of exchange; foreign draft
外国勤労所得控除 foreign-earned-income exclusion
外国港 foreign port
外国裁判権 foreign jurisdiction
戒告状 monitory letter
外国商人特許状 Carta Mercatoria
外国人 foreigner
外国人居住者 denizen
外国人居住者としての認定 denization
外国人居住者としての認定 endenization
外国人事件特別陪審 de medietate linguae
外国人・煽動防止法 Alien and Sedition Acts [Laws]
外国人登録 registration of alien
外国人登録法 Alien Registration Act
外国人特権の裁判権合意[制度] capitulation
外国人不法行為請求法 Alien Tort Claims Act
外国人用陪審 half-tongue
外国税額控除 foreign tax credit
外国通貨 foreign currency
外国手形 foreign bill; foreign draft
外国での作成文書 foreign document
外国での離婚 foreign divorce

外国投資 foreign investment
外国の軍隊に籍を置くこと foreign enlistment
外国の裁判所 foreign court
外国の主権的行為の法理 act of state doctrine
外国判決 foreign judgment
外国判決執行 enforcement of foreign judgment
外国法 foreign law
外国貿易 foreign trade
外国貿易地帯 foreign trade zone
外国法準拠契約 foreign agreement
外国法人 foreign corporation; alien corporation
外国保険会社 alien carrier
外国旅行禁止命令 foreign travel order
介護者手当 carer's allowance
解雇通知 mittimus
解雇手当 severance pay; dismissal compensation; separation pay
解雇手続き dismissal procedure
解雇手続き協定 dismissal procedures agreement
介護ホーム residential care home
解雇理由書 dismissal statement
解雇理由書 statement of reasons for dismissal
外在証拠 extraneous evidence
外在的意味不明確 extrinsic ambiguity
外在的詐欺 extrinsic fraud
下位裁判所 inferior court; lower court
下位裁判所判決執行令状 executione judicii
買い支え値 support (level)
解散 dissolution
解散届出書 articles of dissolution
開始 commencement
開示 disclosure
開示 discovery
開示義務 disclosure of information
開示強制を求める申し立て motion to compel discovery
海事契約 maritime contract; marine contract
開示権の濫用 excess of privilege
海事高等裁判所 High Court of Admiralty
海事裁判権 admiralty and maritime jurisdiction; admiralty jurisdiction; maritime jurisdiction
海事裁判権除外条項 saving-to-suitors clause
海事裁判所 admiralty; maritime court
海事裁判所 Court of Admiralty; Admiralty Court
海事裁判所管轄水域 high seas

海事裁判所執行官 Marshal of the Admiralty (Court); marshal
海事裁判所の被後見人 ward of admiralty
海事裁判所略式訴訟手続き act on petition
開始されている紛争 lis mota
海事収益権 droits of admiralty
海事審判所 naval court
開示請求者 discoverer
開示請求状 bill of discovery
海事貸借 maritime loan
開示手続き discovery
開示手続きに伴う文書閲覧権 inspection right
開示手続き濫用 discovery abuse
開示手続き濫用制裁 sanctions tort
開示のための協議 discovery conference
開示の不履行 failure to make disclosure
開示被請求者 discoveree
開示不十分 discovery abuse
海事不法行為 maritime tort
開示文書宣誓供述書 affidavit of documents
海事法廷 admiralty court
海事法廷執行官 Marshal of the Admiralty (Court); marshal
買占め buyout
買占め coemption
買占め engrossing, in-
買占め engrossment
買占め regrating
買占め売り惜しみ hoarding
開示免除 discovery immunity
会社 company
会社 corporation
会社荒し訴訟 strike suit
会社印 common seal
会社印 corporate seal
会社ヴェールの穴あけ piercing the corporate veil
会社ヴェールのめくり lifting the (corporate) veil
会社運営に対する検査および調査 inspection and investigation of a company
会社運営に対する調査 investigation of a company
会社改造 reconstruction of (a) company
会社記録 corporate books
解釈 construction
解釈 exposition
解釈 interpretation
解釈学 hermeneutics
解釈規則 interpretative rule
解釈者 interpreter
解釈主義 interpretivism
解釈準則 canons of construction
解釈条項 interpretation clause
解釈条項 interpretation section

和英対照表

解釈方法	constructionism
会社組合	company union
会社経営幹部	company manager
会社更正	corporate reorganization
会社更生	reorganization of corporation; reorganization
会社構成員	company member
会社更生計画	reorganization plan
会社裁判所	Companies Court
会社支配権の取得	acquisition; corporate acquisition
会社住所	corporate domicile
会社責任	corporate liability
会社設立証書	certificate of incorporation; corporate charter; charter
会社設立申請書	corporate charter
会社設立宣言	declaration of association
会社設立前の契約	pre-incorporation contract
会社組織の変更	reorganization of corporation
会社組織変更	(corporate) reorganization
会社登記官	registrar of companies
会社登記所	Companies House; Companies Registry
会社登記簿	Register of Companies; companies register
会社特権	(corporate) franchise
会社トップの証言録取(書)	apex deposition
会社内共謀	intracorporate conspiracy
会社に対する福祉援助	corporate welfare
会社のヴェール	corporate veil
会社の解散	dissolution of corporation
会社の機会の法理	corporate opportunity doctrine
会社の吸収合併	merger of corporations
会社の構成員	member of a company
会社の商号	corporate name
会社の新設合併	consolidation of corporations
会社の設立	organization of corporation
会社の代理人	corporate agent
会社の登記	registration of (a) company
会社の登記上の事務所	company's registered office
会社の目的	corporate purpose
会社犯罪	corporate crime
会社福祉援助	corporate welfare
会社法	Companies Acts
会社法	company law
会社町	company town
会社名	company name
会社名裁定者	Company Names Adjudicators
会社名審判所	Company Names Tribunal
会社役員	corporate officer
会社役員の権限	corporate authority
会社役員の免責	corporate immunity
会社利益の準則	corporate benefit rule
回収	recall
回収期間	payback period
回収金	clawback
回収の確実な債権	good debt
回収見込みのない金銭債権	desperate debt
外出禁止令	curfew, curfeu
買春	patronizing a prostitute
買春処罰法	anti-john law
解除	dissolution
解除	rescission
解消	discharge
解消	dissolution
会場	floor
街娼	nightwalker
海上運送品の競売	compulsory sale
海上貨物運送状	sea waybill
海上衝突予防規則	rule(s) of the road
海上での拿捕	taking at sea
海上物品運送	carriage of goods by sea
海上物品運送(契約)	affreightment
海上船荷証券	ocean bill of lading
海上冒険	marine adventure
海上保険	marine insurance
海上保険仮契約書	slip
海上保険業者	marine underwriter
海上保険契約	marine insurance contract
介助犬	assistance dog
解除権付き賃料スライド条項	recapture clause
解除条件	condition subsequent; subsequent condition
解除条件	resolutory condition; resolutive condition
解除条件付き権利	determinable interest
解除条件付き採掘権契約	unless lease
解除条件付き単純封土権	fee simple determinable
解除条件付き地役権	determinable easement
解除条件付きの	defeasible
解除条件付きの	determinable
解除条件付き不動産	determinable estate
解除条件付き不動産譲渡(捺印)証書	defeasible deed
解除条件付き封土権	determinable fee
解除条件の定めのある単純封土権	fee simple subject to [on] (a) condition subsequent
解除条件の定めのある不動産	estate subject to condition subsequent; estate on condition subsequent
解除の意思	animus cancellandi
海事リーエン	maritime lien
海事利息	marine interest; maritime interest
開示を強制されない情報	confidential communication
害すること	impairment
改正	amendment
改正	reform
改正	revision
改正救貧法	Poor Law Amendment Act
『改正制定法集』	Statutes Revised
改正統一組合法	Revised Uniform Partnership Act
改正破産法	Bankruptcy Reform Act
概説書	textbook
開戦事由	casus belli
蓋然証拠	probable evidence
蓋然性	likelihood
蓋然性テスト	probable desistance test
蓋然性の優越	balance of probability
蓋然的結果	probable consequence
改善要求通告書	improvement notice
改造	reconstruction
海賊	pirate
海賊行為	piracy
海賊版	bootleg
海賊版作製	bootlegging
海賊版作製者	bootlegger
海損	average
海損精算	average adjustment
海損精算人	average adjuster
懈怠	default
懈怠	laches
懐胎期間	gestation
懈怠条項	sharp clause
懈怠による禁反言	estoppel by laches
懐胎の答弁	plea of pregnancy
懈怠判決	default judgment; judgment by [in] default
解体批判	deconstruction
解体屋	chop-shop
(2 年間の)懈怠を原因とする土地明渡し令状	cessavit (per biennium)
開拓的特許	pioneer patent
買いだめ	hoard

買いだめ hoarding
外注の仕事をする人 outworker
買付け選択権 call; call option
開廷 session
開廷 sitting
開廷期 session
開廷期 term
開廷期 termtime
開廷(期間) sitting of court
開廷期間 sittings
開廷期義務遵守 keeping term
開廷期後の開廷 post-terminal sitting
改訂勅法彙纂 Codex Repetitae Praelectionis
開廷日 dies juridicus; working day
開廷日 lage day; law day
開廷日 lawful day
買手市場 buyer's market
買手独占 monopsony
買手による約束値の値下げ(による契約締結約束の撤回) gazundering
買手不在につき残品 remanent pro defectu emptorum
回転融資 revolver loan
回転(率) turnover
回答 ruling
(上訴人)回答摘要書 reply brief
カイトマーク kitemark
ガイドライン guideline
買取り請求権 right to buy
買取り選択権付き賃貸借 hire purchase
買取り選択権付き賃貸借合意 hire purchase agreement
買取り引受け firm commitment underwriting
飼い馴らされた動物 animal domitae
飼い馴らされた動物 animal mansuetae naturae
飼い馴らされた動物 mansuetae naturae
飼い馴らされた野生動物 domesticated animal
海難救助 salvage
海難救助合意 salvage agreement
海難救助(作業) salvage service
海難救助者 salvor
海難救助料 salvage
海難救助料 salvage charges
海難通知 certificate of protest
海難通知 notice of protest
海難報告書 (marine) protest
介入価格 intervention price
介入者 intermeddler
介入(理論) interposition
解任 amotion
解任 recall
解任 removal
買主 buyer
買主 emptor
買主 vendee

買主が注意せよ caveat emptor
買主のリーエン vendee's lien
買主引受手形 trade acceptance
概念 concept
概念法学 jurisprudence of conceptions
下位の裁判官 side judge
下位の弁護士 junior counsel
開発 development
開発拠出 planning contribution
開発計画 development plan
開発計画監督官 planning inspectorate
開発者 developer
開発審問 planning inquiry
開発促進地 development land
開発促進地域 development area
開発促進地区 development zone
開発促進地税 development land tax
開発負担金 development charge
開発不服審査請求 planning appeal
回避 avoidance
開被窃盗 breaking bail [bale]; breaking bulk
回避的答弁 evasive answer
海浜開発規制 coastal zoning
開封権利令状 writ of right patent
開封勅許状 letters patent
開封勅許状録 patent rolls
開封令状 patent writ
回復 restitution
回復しがたい婚姻破綻 irremediable breakdown (of the marriage)
回復不能の権利侵害 irreparable injury
回復不能の権利侵害の準則 irreparable injury rule
回復不能の損害 irreparable damage; irreparable harm
回復容認(判決) quod recuperet
外部効果 spillover
外部証拠 extrinsic evidence
外部性 externality
回付令状 consultation
海兵隊 Marines
界壁 party wall
海法 admiralty law; maritime law
解放 deliverance
解放 enlargement
開放組合 open union
開放式譲渡抵当 open-end mortgage
開放式譲渡抵当付き社債 open-end mortgage bond
開放式担保付き社債信託証書 open-end indenture
解法抽出 decompilation
開放都市 open city; open town
解放奴隷 freedman
開放フォーラム open forum
開放野外レクリエーション指定地 ac-

cess land
解放令状 liberate
下位保有者 tenant paravail
買い待ち buying long
外務 foreign affairs
外務省 Foreign Office
外務職員局 foreign service
外務大臣 Foreign Secretary
外務連邦省 Foreign and Commonwealth Office
外面的行為 external act
買戻し buyback
買戻し buying in
買戻し repurchase
買戻し価格 redemption price
買戻し条件付き証券売却 repurchase agreement
解約 bumping
解約 cancellation, -cela-
解約価額 cash value
解約自由の雇用契約 employment at will; hiring at will
解約払戻金 policy value
解約返戻金 (cash) surrender value
概要 summary
概要計画許可 outline planning permission
海洋の自由 freedom of the seas
海洋の自由 open sea
海洋閉鎖 closed sea
海洋法 law of the sea
海洋法に関する国連条約 United Nations Convention on the Law of the Sea
買い呼び値 bid (price)
買い呼び値と売り呼び値 bid and asked
快楽説的功利主義 hedonistic utilitarianism
快楽損害賠償(金) hedonic damages
改良 amelioration
改良 betterment
改良 improvement
改良沿道[沿岸]隣接地 fronting and abutting property
改良的現状変更 ameliorating waste; ameliorative waste
改良特許 improvement patent
改良費償還請求権 tenant right
下院 common council
下院 House (of Representatives)
下院 lower house; lower chamber
下院議員 congressman
下院議員 congressperson
下院議員 member of Congress
下院議員 representative
下院議員選挙区 congressional district
下院審議中法案 house bill
下院第 10 計画 H.R. 10 plan
下院の政党党首 House leader
下院非米活動委員会 House Un-

American Activities Committee
ガヴェルカインド保有 gavelkind
買うこと buy
ガウン gown
カウンセリング counseling
家屋 house
家屋周旋人 house agent
家屋修理材・薪採取(入会)権 housebote
顔写真 mug shot
顔写真集 mug book
加害 damage feasant [faisant]
加害技術 malicious technology
加害ソフト malware
加害的不動産譲渡 tortious conveyance
加害物の自救的差押え distress damage feasant
価格 price
価格 value
価額 value
科学技術・建築裁判所 Technology and Construction Court
価格協定 price-fixing
価格決定 pricing
価格決定方針 pricing policy
価格差別 price discrimination
価格支持 price support
価格しめつけ price squeeze
価格戦争 price war
価格先導制 price leadership
科学捜査部門 forensics
科学的証拠 scientific evidence
科学的知識 scientific knowledge
価格統制 price control
価格表 list
かかわり implication
垣 garth
鍵 key
書き誤り clerical error; scrivener's error
書き誤りの法理 doctrine of scrivener's error
書換え renewal
書込み投票 write-in
鉤刺しの刑 ganch
鍵代 key money
書留郵便 recorded delivery
書留郵便 registered mail; registered letter; registered post
垣根 hedge
垣根修繕用材採取権 haybote
書き判 scrawl; scroll
鍵保管者 turnkey
下級管理職(者)層 junior management
下級組合員 junior partner
下級勲爵士 knight bachelor
可及的近似の法理 cy pres doctrine; doctrine of cy pres
下級の裁判所 inferior court; lower court
下級判事 magistrate; magistrate judge
下級法廷弁護士 junior barrister; junior counsel
下級法廷弁護士 utter barrister
家禽 fowl
家具 furniture
家具 household furniture
架空受取人 fictitious payee
架空当事者 fictitious party
架空の氏名 fictitious name
架空の人 fictitious person
核拡散防止条約 nonproliferation treaty; nuclear-nonproliferation treaty
閣議 cabinet meeting; cabinet council; cabinet
閣議事項 cabinet question
各月不動産賃貸借 month-to-month lease
確言的行為 assertive conduct
確言的証言 affirmative testimony
確言的誓言 assertory oath
確言的約款 assertory covenant
格下げ請求 demotion claim
格下げ不動産賃借権 demoted tenancy
隠された意図 ulterior intent
隠された詐欺 concealed fraud
隠された残余権者 ulterior remainderman
隠された税 hidden tax
隠された代理 undisclosed agency
隠された動機 ulterior motive
核実験禁止(条約) test ban
確実収容命令 secure accommodation order
確実性 certainty
確実な有罪決定 abiding conviction
隠し持っている武器 concealed weapon
家具・什器 fixtures and fittings
各州共通法曹資格試験 Multistate Bar Examination
学術上の問題 academic question
学術論文の準則 learned treatise rule
各種約款の相互独立性 independence of covenants
確証 proof positive
確信 belief
確信的証拠 moral evidence
確信をいだかせるに足る証拠 convincing evidence
確信をいだかせるに足る証明 convincing proof
学説彙纂 Digest(s); Pandects
拡大 enlargement
拡大解釈 extensive interpretation
拡大家族 extended family
拡大サービス契約 extended service contract
拡大サービス保証 extended service

warranty
拡大保証 extended warranty
隔地者間契約 distance contract
隔地者間販売 distance selling
拡張解釈 broad construction; broad interpretation
拡張解釈 extensive interpretation
家具付き休暇用宿泊施設 furnished holiday accommodation
家具付き借家(権) furnished tenancy
格付け rating
確定 authentication
確定額債務 liquidated debt
確定額債務支払い請求 liquidated demand
確定勘定 account stated; stated account
確定期間受給の選択 fixed period option
確定期間分割受給の選択 installments-for-a-fixed-period option
確定期払い為替手形 time draft; time bill (of exchange)
確定給付年金制度 defined benefit plan
確定拠出年金制度 defined contribution plan
確定金額 sum certain
確定金額支払い請求 liquidated claim
確定金額請求 money demand
確定残余権 vested remainder; executed remainder
確定事実記載書 case made
確定信託 fixed trust; directory trust
確定済み勘定 liquidated account
確定の決定 rule absolute
確定の権利 vested interest
確定の権利 vested right
確定的証拠 conclusive evidence; conclusive proof
確定所有権 vested ownership
確定の推定 conclusive presumption
確定の贈与 vested gift
確定の動産遺贈 vested legacy
確定の入札 firm bid
確定の不動産権 vested estate
確定の命令 peremptory rule
確定年金 annuity certain
確定判決 decree absolute
確定申し込み firm offer
確定利付き株式 debenture stock
確定利付き証券 fixed-income security
確定利付き投資 fixed-interest investment
確定利付き預金 fixed deposit
確定利率 lock rate
閣内内閣 inner cabinet

確認 acknowledgment	賭け契約 wagering contract	家産の免除(権) homestead exemption
確認 affirmance	賭け事 sweepstakes	
確認 affirmation	賭け事契約 wagering contract	嫁資 dot
確認 confirmation	賭けたもの wager	嫁資 dotal property
確認銀行 confirming bank	掛け値 fictitious price	嫁資 dower
確認信用状 confirmed letter of credit	影の経済 shadow economy	嫁資 dowry; dos; maritagium; marriage gift; marriage portion
確認担保 affirmative warranty	影の取締役 shadow director	瑕疵 defect
確認土地利用(権) established use	影の内閣 shadow cabinet	瑕疵 fault
確認物 ascertained goods	影の陪審 shadow jury	瑕疵 flaw
隔年会期 biennial session	賭元 bookmaker	瑕疵ある権原 defective title
学派 school	賭元業 bookmaking	瑕疵ある訴答 defective pleading
学部 faculty	過誤 fault	瑕疵ある履行 defective performance
革命権 right of revolution	囲い fence	
額面価格 par (value); face amount	囲い込み enclosure	貸方 credit
額面価格引渡し支払い手段 par item	囲い込み特許(権) fencing patent	貸方残高 credit balance
額面株式 par-value stock [share]	囲い地 defensum	貸方票 credit note
額面証書会社 face amount certificate company	囲い地 enclosure	下賜金 bounty
	囲い地 enclosed land	貸金庫 safe-deposit box
額面保険金額 face amount; face value	囲い地 exclosure	家事裁判 family justice
	過去1年内の和解譲渡 fresh fine	家事裁判長官 head of family justice
学問の自由 academic freedom	囲いのない荒蕪地 common land	
確約 affirmance	加工 specificatio	家事裁判評議会 Family Justice Council
確約 affirmation	加工 specification	
	可航水域 navigable water	家事事件 domestic proceedings
確約担保 promissory warranty	河口部 estuary	家事事件治安判事裁判所 domestic court
確約をする人 affirmant	過酷審査委員会 murder board	
格安売却 bargain sale	苛酷な苦痛 peine forte et dure; paine forte et dure	瑕疵指摘文書 deficiency letter
攪乱 disturbance		河岸所有者 riparian proprietor
隔離 quarantine	過酷な取調べ third degree	河岸所有者権 riparian right
隔離 segregation	過誤責任第一方式 fault-first method	家士制 vassalage
隔離 sequestration		貸倒れ引当金 bad debt reserve
隔離尋問 separate examination	過誤怠慢責任保険 errors-and-omissions insurance	貸倒れ引当金 loan loss reserve
確立 establishment		貸出し金利 lending rate
確立している準則 rubric	過誤の異議 suggestion of error	瑕疵担保 warranty
確立している法 rubric	過去の関連供述 consonant statement	河岸地 riparian land
閣僚 cabinet member		過失 culpa
閣僚 cabinet minister	過去の記憶の記録 past recollection recorded	過失 negligence
学寮 college		果実 exitus
閣僚職 Cabinet Office	過去の金銭債務 past debt	果実 fruit
隠れたエクイティー上の権利 latent equity; secret equity	過去の刑の宣告 prior sentence	過失虚偽陳述 negligent misstatement
	過去の陳述 previous statements	
隠れた瑕疵 hidden defect; latent defect	過去の約因 past consideration	貸付け loan
	過去の有罪決定 previous convictions	貸付(金) advance
隠れた危険 hidden danger		貸付金 loan
隠れた危険 trap	家財 household effects	貸付金割賦・償還明細表 loan-amortization schedule
隠れた本人 undisclosed principal	火災 fire	
隠れたる立法意図 dormant legislative intent	家財道具 household goods	貸付金受領合意 loan-receipt agreement
	火災による損害 fire damage	
隠れみの組織 front organization	火災の危険 fire hazard; fire risk	貸付け実行手数料 origination fee; loan origination fee
家訓 house law	火災避難装置 fire escape	
掛け credit	火災保険 fire insurance	貸付け者 loaner
賭け wager	加算 tack	貸付真実法 Truth in Lending Act
家系 genealogy	加算 tacking	
家系 line	家産 homestead	貸付台帳 rent roll; rental
家系 pedigree	家産 patrimony	貸付け比率 loan-to-value ratio; loan ratio; loan-value ratio
科刑段階 penalty phase	家産権 homestead	
掛け売り勘定 charge account	家産差押免除制定法 homestead exemption statute	貸付け約束 loan commitment
掛け売り勘定 open credit		貸付け利息 loan interest; loan rate
かけがえのない価値 unique value	家産差押免除法 homestead law	
過激派 extremist	家産処分についての家族取決め family settlement	過失故殺(罪) negligent manslaughter
賭け金 bet		
賭け金 stake	(免除)家産の宣言 declaration of homestead	過失責任の免責と限定 exclusion and restriction of negligence lia-

bility
過失致死(罪)　negligent homicide
果実と利息を相殺する特約　anti-chresis
過失に基づく不法行為　tort of negligence
過失による権利侵害　wrong of negligence
過失による不法行為　negligent tort
過失の準則　negligence rule
過失の推定　presumption of negligence
過失の程度　degree of negligence
過失不実表示　negligent misrepresentation
過失免責特約　risk note
貸主　letter
貸主　lender
嫁資の付与　dotation
瑕疵引受け売買　sale with all faults
家事部　Family Division
家事部部長裁判官　President of the Family Division
瑕疵保証証書　maintenance bond
貨車　freight car; goods wagon
貨車　freighter
加重刑(の宣告)　extended sentence
加重強盗　aggravated robbery
加重自動車無断使用　aggravated vehicle taking
加重事由　aggravation
加重侵害　aggravated trespass
過重請求　rank
加重窃盗　aggravated larceny
加重の損害賠償(金)　aggravated damages
過重な刑の宣告　excessive sentence
過重な刑罰　excessive punishment
過重な罰金　excessive fine
過重罰金禁止条項　Excessive Fines Clause
加重反自然的性交罪　aggravated sodomy
加重不法目的侵入　aggravated burglary
加重暴行　aggravated assault; atrocious assault and battery
加重暴行　aggravated battery
加重暴行未遂　aggravated assault
加重夜盗　aggravated burglary
加重誘拐(罪)　aggravated kidnapping
仮住離婚　migratory divorce
仮住離婚希求者　migratory divorce seeker
河床　riverbed
箇条　article
箇条書き訴答　articulated pleading
過剰公用収用　excess condemnation
加除式　looseleaf service
可処分所得　disposable income; disposable earnings

家事労働者　domestic (servant)
家事労働力侵害(訴訟)　(trespass) per quod servitium amisit
家事労働力の喪失　loss of services
瑕疵を知っている中間者　learned intermediary
瑕疵を知っている中間者の法理　learned intermediary doctrine
瑕疵を知らされている中間者　informed intermediary
家臣　subject
数当て違法賭博　numbers racket
数当て富くじ　numbers game
ガス室　gas chamber
課税　taxation
課税異議留保者　tax protester
課税異議留保(書)　tax protest
課税遺産額　taxable estate
課税額　rate
課税繰延べの　tax-deferred
課税権　taxing power; tax power
課税減免　tax relief
課税控除(額)　deduction; tax deduction
課税財産評価(額)　tax assessment
課税最低控除額　zero bracket amount
課税識別番号　tax identification number
課税者　taxer
課税所得額　taxable income
課税所得等級　income bracket
課税所得認定　recognition
課税対象価格　ratable value
課税対象額控除　(tax) write-off
課税対象選択会社　tax option corporation
課税対象贈与　taxable gift
課税対象となる移転　taxable distribution
課税対象となる資産処分益　chargeable gain
課税対象となる世代飛越し移転の終了　taxable termination
課税対象日　tax point
課税対象付加物　boot
課税台帳　(tax) roll
課税単位地区　assessment district
課税地区　taxing district
課税月　tax month
課税年度　accounting period
課税年度　fiscal year
課税年度　tax year; taxable year
課税のための所得分配統一法　Uniform Division of Income for Tax Purposes Act
課税の平準化　equalization
課税標準　tax base
課税平準化委員会　equalization board
課税ベース　tax base
課税法　taxing statute
課税よけ信託　shelter trust

課税率　assessment ratio
仮設信託　tentative trust
仮説的質問　hypothetical question
仮説的問題　hypothetical question
仮設人の抗弁　hypothetical-person defense
風で落ちた物　windfall
寡占　oligopoly
河川　river
河川主要航行水路の中央線　thalweg
河川中央線　filum aquae
河川通行税　rivage
河川水先案内人　branch pilot
火葬　cremation
仮装共犯者　feigned accomplice
仮装交換　dry exchange
仮装争点　feigned issue
仮装訴訟　feigned action; faint action; false action
仮装訴訟　fictitious action
仮想代表(訴訟)　virtual representation
仮想代表訴訟の法理　virtual-representation doctrine
仮想の借地人　hypothetical tenant
仮想の占有侵害者　casual ejector
仮想売却　simulated sale
仮装売買　wash sale
仮装不動産回復訴訟　feigned recovery
仮想問題(点)　moot question [point]
家族　family; familia
家族援助命令　family assistance order
家族関係法　family law
家族休暇　family leave
家族給付　family allowance
家族組合　family partnership
家族組合準則　family partnership rules
家族継承財産設定(証書)　family settlement
加速減価償却　accelerated depreciation
加速減価償却法　accelerated depreciation method
家族生活　family life
家族手当　family allowance
加速度原価回収制度　Accelerated Cost Recovery System
家族取決め　family arrangement
家族取決め(捺印)証書　deed of family arrangement
家族内性犯罪　familial sexual offenses
家族農業経営者　family farmer
家族の子　child of the family
家族の財産　family assets
家族の住居　family home
家族の生活費に関する法律　family expense statute

家族の長　head of (a) family
家族法　family law; domestic relations law
家族用自動車の準則　family purpose rule
家族用自動車の法理　family purpose doctrine; family automobile [car] doctrine
家族用出費法　family expense statute
ガソリン販売税　gasoline tax
化体　reification
過大額評決　excessive verdict
過大な額の保釈金　excessive bail
片親の子　half orphan
ガーター勲位尚書　Chancellor of (the Order of) the Garter
ガーター勲爵士　knight of the Garter
ガーター勲章　Order of the Garter; Garter
形　form
塊り　mass
カタログ記載価格　list price
価値　merit
価値　value
価値　worth
価値改良　valuable improvement
価値毀損　derogation
家畜　cattle
家畜　domestic animal
家畜　domesticated animal
家畜　livestock
家畜　stock
家畜追い道　driftway
家畜追い道使用料　driftland
家畜支払い　ceapgild
家畜商用無料パス　drover's pass
家畜泥棒　cattle lifting
家畜泥棒　cattle rustling
家畜による侵害　cattle trespass
家畜の群れ　drove
家畜有償飼育(契約)　agistment
価値減少法　diminution-in-value method
価値の移転　transfer of value
価値の減少　diminution in value
価値保存の原則　intact value principle
家長　paterfamilias
課徴金　surcharge
家長権　(patria) potestas
家長権免除　emancipatio
家長権力　mund
家長的保護統制主義　paternalism
閣下　Honor, Honour
学会　institute
画期的判決　landmark decision
画期的判例　landmark case
学校　school
学校委員会　school board
学校祈禱　school prayer
学校区　school district

学校区公立学校　district school
確固とした殺意　formed design
合算所得　aggregate income
合衆国外務職員局　United States Foreign Service
合衆国下級判事　United States magistrate judge
合衆国関税裁判所　United States Customs Court
合衆国官吏　officer of the United States; United States officer
合衆国銀行　Bank of the United States
合衆国軍事上訴裁判所　United States Court of Military Appeals
合衆国軍上訴裁判所　United States Court of Appeals for the Armed Forces
合衆国憲法　Federal Constitution
合衆国憲法権利章典起草者　Framer
合衆国憲法上の権利の州の行為への適用　absorption
合衆国憲法制定会議　constitutional convention
合衆国憲法第1修正　First Amendment
合衆国憲法第2修正　Second Amendment
合衆国憲法第3修正　Third Amendment
合衆国憲法第4修正　Fourth Amendment
合衆国憲法第5修正　Fifth Amendment; Fifth
合衆国憲法第6修正　Sixth Amendment
合衆国憲法第7修正　Seventh Amendment
合衆国憲法第8修正　Eighth Amendment
合衆国憲法第9修正　Ninth Amendment
合衆国憲法第10修正　Tenth Amendment
合衆国憲法第11修正　Eleventh Amendment
合衆国憲法第12修正　Twelfth Amendment
合衆国憲法第13修正　Thirteenth Amendment
合衆国憲法第14修正　Fourteenth Amendment
合衆国憲法第15修正　Fifteenth Amendment
合衆国憲法第16修正　Sixteenth Amendment
合衆国憲法第17修正　Seventeenth Amendment
合衆国憲法第18修正　Eighteenth Amendment
合衆国憲法第19修正　Nineteenth Amendment

合衆国憲法第20修正　Twentieth Amendment
合衆国憲法第21修正　Twenty-first Amendment
合衆国憲法第22修正　Twenty-second Amendment
合衆国憲法第23修正　Twenty-third Amendment
合衆国憲法第24修正　Twenty-fourth Amendment
合衆国憲法第25修正　Twenty-fifth Amendment
合衆国憲法第26修正　Twenty-sixth Amendment
合衆国憲法第27修正　Twenty-seventh Amendment
合衆国憲法第2編規定裁判官　Article II judge
合衆国憲法第3編規定裁判官　Article III judge
合衆国憲法第1編規定裁判所　Article I court
合衆国憲法第3編規定裁判所　Article III court
合衆国控訴裁判所　United States Court of Appeals; circuit court
『合衆国控訴審裁判所判例集』　Federal Reporter
合衆国国際通商委員会　United States International Trade Commission
合衆国国際通商裁判所　United States Court of International Trade
合衆国最高裁判所　Supreme Court of the United States; United States Supreme Court
合衆国最高裁判所首席裁判官　Chief Justice; Chief Justice of the United States
『合衆国最高裁判所判例集』　Supreme Court Reporter
合衆国裁判所　United States court
合衆国執行官　United States marshal
合衆国司法委員　United States Commissioner
合衆国司法会議　Judicial Conference of the United States
合衆国請求裁判所　United States Claims Court
『合衆国制定法全集』　Statutes at Large
合衆国政府の立場　position of the United States
合衆国租税裁判所　United States Tax Court
合衆国退役軍人上訴裁判所　United States Court of Veterans Appeals
合衆国退役軍人請求上訴裁判所　United States Court of Appeals for Veterans Claims

合衆国大統領 President of the United States
合衆国治安判事 United States magistrate
合衆国地方裁判所 United States District Court
『合衆国地方裁判所判例集』 Federal Supplement
合衆国貯蓄債券 savings bond
合衆国通商代表 United States Trade Representative
合衆国破産担当官 United States trustee
『合衆国判例集』 United States Reports
『合衆国法週報』 United States Law Week
『合衆国法律集』 United States Code
合衆国輸出入銀行 Export-Import Bank of the United States
合衆国利息計算法 United States rule
合衆国量刑基準委員会 United States Sentencing Commission
合衆国連邦巡回区控訴裁判所 United States Court of Appeals for the Federal Circuit
合衆国連邦請求裁判所 United States Court of Federal Claims
割譲 cession
合致審理 conformity hearing
ガット GATT; General Agreement on Tariffs and Trade
活動停止命令 stop notice
合筆による価値増加 plottage
割賦基準会計方法 installment accounting method
割賦購入 installment buying
割賦信用 installment credit
割賦手数料 finance charge
割賦払い installment, -stal-
割賦払い installment credit
割賦販売 installment sale
割賦販売 installment selling
割賦返済ローン installment loan
割賦法 installment plan
合併 amalgamation
合併 merger
合併当事会社 constituent corporation
合併と買収 mergers and acquisitions
かつら periwig
かつら wig
割礼 circumcision
カーディー qadi, cadi, kad(h)i
家庭 home
過程 course
過程 process
家庭医療機関 Family Health Services Authority
家庭裁判所 family court; court of domestic relations; domestic relations court
家庭事件 family proceedings
家庭定着物 domestic fixture
家庭内虐待 domestic abuse
家庭内権限 domestic authority
家庭内取決め domestic agreement
家庭内紛争 domestic dispute
家庭内暴力 domestic violence
家庭弁護士 family lawyer
家庭防御権 domestic authority
家庭用財産 domestic property
家庭用聖書 family Bible
カテゴリー category
カーテル(協定) cartel
カーテル船 cartel ship
(エクイティー上の権利を背後に包んだコモンロー上の権利の)カーテン curtain
カーテン規定 curtain provision
カーテン条項 curtain clause
カーテンの原則 curtain principle
カード card
寡頭制 oligarchy
可動定着物 movable fixture
過当取引 churning
稼得能力 earning capacity
カード投票 card vote [voting]
過度のかかわり合い excessive entanglement
過度の広範性の法理 overbreadth doctrine
過度の実力 excessive force
カトリック旧『教会法典』 Codex Juris Canonici
カトリック教徒解放法 Catholic Emancipation Act; Emancipation Act
カトリック新『教会法典』 Codex Juris Canonici
カナダ法 Canada Act
金物類 hardware
加入 accession
加入者の電話利用状況記録装置 pen register
加入者法人 membership corporation
金貸し moneylender
金貸し (money) scrivener
金貸し usurer
金貸し usury
金貸し業者 loan broker
可能性 possibility
カノン法 canon
カノン法 canon law
カノン砲射程の準則 cannon shot rule
カノン法上の婚姻障害 canonical impediment
カノン法上の婚姻能力の欠缺 canonical disability
カノン法上の雪冤宣誓 canonical purgation
カノン法法律家 canon lawyer
カバーのあるオプション covered option
過払い(金) overpayment
過半数 majority
過半数票 majority vote
加筆 interpolation
寡婦 relict
寡婦 widow
株価指数 stock index
株価指数オプション index option
株価収益率 price-earnings ratio; P/E ratio
寡婦給付(金) widow's benefit
寡婦給与 jointure
寡婦給与を有する婦人 jointress, jointuress
株金払い込み命令 balance order
株券 stock certificate; share certificate
寡婦産 dos
寡婦産 dower; dowry
寡婦産 maritagium
寡婦産回復権利令状 writ of right of dower; (de) recto de dote
寡婦産権 dowry
寡婦産権 (right of) dower
寡婦産権者 dowress
寡婦産権を有する寡婦 dowager
寡婦産更正 admeasurement of dower; dotis administratio
寡婦産更正令状 admeasurement of dower; de admensuratione dotis
寡婦産請求令状 (writ of) dower unde nihil habet
寡婦産の指定 assignment of dower
寡婦産の分与 indument
寡婦産復帰権保護令状 casu proviso; in casu proviso
寡婦産分与 endowment
寡婦産分与許可料 fine for endowment
株式 corporate stock
株式 stock; share
株式 stocks and shares
株式オプション stock option, share option
株式買受権 stock option, share option
株式買受権証券 warrant; stock warrant; subscription warrant
株式買受権制度 stock option plan
株式会社 company limited by shares
株式会社 stock corporation
株式額面額・表記額資本総額 capital stock
株式額面額・表記額資本総額 capitalization
株式帰属(手続き) attribution; stock attribution
株式銀行 joint-stock bank
株式公開会社 publicly held cor-

poration
株式公開買付け takeover bid; takeover offer; tender; tender offer
株式公開買付けの事前通知 warehousing
株式査定・買取り請求による救済 appraisal remedy
株式市場 stock market
株式市場株価評価額 stock market valuation
株式市場操作 rigging the market
株式市場操作 stock manipulation
株式資本 share capital
株式資本の変更 alteration of share capital
株式上場会社 quoted company
株式譲渡委任状 stock power
株式譲渡証書 share transfer; stock transfer
株式上のリーエン lien on shares
株式取引決済繰延べ金利 contango
株式取引決済繰延べ取引 contango
株式取引税 (stock) transfer tax
株式仲立(業) stockbroking, -brokerage
株式仲立人 stockbroker
株式の移転 transmission of shares
株式の買換え wash sale
株式の交換 exchange of stock
株式の時価総額 market capitalization
株式の失権 forfeiture of share
株式の種類に従ってそれに付属する権利 class rights
株式の償還 stock redemption
株式の譲渡 stock transfer
株式の譲渡 transfer of shares; share transfer
株式の白地譲渡証書 blank transfer
株式の清算 stock clearing
株式の登録 registration of stock
株式の引渡し surrender of share
株式のプレミアム share premium
株式の併合 reverse stock split
株式配当 scrip issue
株式配当 stock dividend
株式非公開会社 closely held corporation
株式評価益権 stock appreciation right
株式プレミアム勘定 share premium account
株式分割 split
株式分割 stock split; share split
株式保険会社 stock insurance company
株式保有 shareholding
株式保有 stockholding
株式名義書換え申込用紙 stock transfer form
株式申込書 letter of application

株式申し込み割当て棄権通知書 letter of renunciation
株式有限責任会社 public company limited by shares
株式有限責任私会社 private company limited by shares
株式割当証(書) allotment certificate; allotment letter; letter of allotment
株式割当報告書 return of the allotment
寡婦滞在権 quarantine
寡婦であること viduity
株主 shareholder; shareowner; stockholder
株主会社支配協定 shareholder control agreement
株主総会 general meeting; company meeting; shareholders' [stockholders'] meeting
株主代表訴訟 shareholders' representative action [suit]
株主代表訴訟 stockholders' representative action [suit]
株主の決議 shareholder resolution
株主の責任 shareholder's liability; stockholder's liability
株主派生訴訟 shareholder('s) derivative suit [action]
株主派生訴訟 stockholder('s) derivative suit [action]
株主名簿 register of members; register of shareholders; share register
株主持分 equity of shareholder [stockholder]
株主持分 shareholder's equity
株主持分 stockholder's equity
寡婦の選択(権) widow's election
寡婦無承諾譲渡不動産取戻し訴訟[令状] cui in vita
寡婦用の住宅 dower house
過振り overdraft
寡婦割当て分 widow's allowance
可分契約 severable contract; divisible contract; separable contract; several contract
可分債務 divisible obligation
可分条項 severability clause; separability clause
可分性のある制定法 severable statute
可分犯罪 divisible offense
貨幣 mintage
貨幣 money
貨幣資本 moneyed capital
貨幣地代 money rent; rent in money
貨幣鋳造 mintage
貨幣鋳造(権) coinage
貨幣鋳造条項 Coinage Clause
貨幣鋳造所 mint
貨幣の価値低下 debasement

貨幣の価値引下げ debasement
壁への退避(の原則) retreat to the wall
可変金利 variable rate
可変費用 variable cost
下方逸脱量刑 downward departure
下封地 tenemental land
カーボンコピー carbon copy
神 god
がみがみ女 scold
上座裁判所 Upper Bench
神とわが権利 Dieu et mon droit
上半期 first half(-year)
神への献金 god-gild
神への贖罪(金) god bote, godbote
神業 act of God
カムストック法 Comstock law [Act]
加盟国 Member State
加盟国間の取引 interstate trade
加盟国の市民権 state citizenship
加盟国家の責任 state liability
加盟条約 Treaty of Accession
家名・紋章に関する条項 name and arms clause
貨物 freight
貨物 freightage
貨物運送 freight
貨物運送 freightage
貨物運送状 waybill
貨物運送料 freightage
貨物運送料 freight rates
貨物エレベーター freight elevator
貨物置場 freight house
貨物船 freighter
貨物取扱業 freight forwarder; forwarder; forwarding agent
貨物引渡通知書 delivery note
貨物輸送機 freighter
貨物列車 freight; freight train; goods train
カラー collar
空売り going-short
空売り short sale; selling short
空信託 dry trust
ガラスの天井 glass ceiling
体 corpus
空手形 fictitious bill
空手形 fictitious paper
空取引 bucket shop
空取引 shorts
空取引店 bucket shop
空荷運賃 dead freight
空入札 by-bidding; puffery; puffing
空入札者 by-bidder; puffer
駆け集め逮捕 roundup
借入金による企業買収 leveraged buyout
借入限度額 loan value
借入資本 borrowed capital
借入資本 debt capital
借入資本 loan capital

借入資本提供者　loan creditor
借入資本の利用　leverage
借入資本利用　capital leverage
借入れ資本利用賃貸借　leveraged lease
借入れ資本利用の効果　leverage
借入れ被用者　loaned servant [employee]
借入れ被用者の法理　loaned servant [employee] doctrine
借受人　loanee
借換え　refinancing
借換え　refunding
借換い債　refunding bond
借方　debit
借方記入額　book debt
借方残高　debit balance
借方票　debit note
仮決定　decretal order
仮決定　rule nisi
仮差押え　attachment
仮差押similarのリーエン　attachment lien; lien of attachment
仮差押免除のための保証証書　attachment bond
仮釈放　parole; release on license
仮釈放（許可）　license
仮釈放許可証　ticket of leave
仮釈放者　parolee
仮釈放者　ticket-of-leave man
仮釈放審査委員会　parole board
仮釈放撤回　parole revocation
仮釈放撤回審理　revocation hearing
仮住所　commorancy
仮証券　scrip; scrip certificate
借りつなぎ　rollover
借主捜し　lease-up
仮の救済手段　provisional remedy
仮判決　decree nisi
仮判決　judgment nisi
『カリフォルニア・リポーター』　California Reporter
仮命令　order nisi
仮目論見書　preliminary prospectus
カリル対カーボリック・スモーク・ボール会社事件　Carill v. Carbolic Smoke Ball Co.
カルヴィン事件　Calvin's Case
カルヴォ条項　Calvo clause
カルケージ　carucage
カルケート　carucate
ガールシーア事件の審理　Garcia hearing
カルテル　cartel
カレッジ　college
為替　exchange
為替管理　exchange control
為替裁定取引　arbitration of exchange; exchange arbitrage
為替証書　money order
為替相場　exchange rate; rate of exchange
為替相場管理機構　Exchange Rate Mechanism
為替手形　bill
為替手形　draft, draught; bill of exchange; letter of exchange
為替手形の譲渡　negotiation of a bill
為替手形の特別引受け　special acceptance (of a bill of exchange)
為替手形の引受け　acceptance of a bill (of exchange)
為替仲立人　exchange broker
為替平価　par (of exchange)
為替平衡勘定　Exchange Equalization Account
為替平衡基金　exchange equalization fund
川の船着き場　levee
革ひも法　leash law
代わりの者　substitute
代わりの物　substitute
簡易吸収合併　short-form merger
簡易計画地域　simplified planning zone
簡易審理手続き　informal proceeding
簡易取立て手続き開始の通告　default summons
簡易被用者年金　simplified employee pension
灌漑　irrigation
灌漑地区　irrigation district
感化院　bridewell
感化院　house of correction
換価財産　distressed property
換価処分　tax sale
看過誤答による治癒　aider by pleading over
（裁判）管轄　jurisdictional limits
管轄区域　venue
管轄区域外移動禁止令状　ne exeat
管轄区域外当局への支払い　extra-authority [-borough, -district] payments
管轄権　competence
（裁判）管轄（権）　jurisdiction
管轄権基礎事実　jurisdictional fact
管轄権基礎事実の法理　jurisdictional fact doctrine
管轄権欠缺答弁　jurisdictional plea
管轄権欠缺の答弁　plea to the jurisdiction
管轄権条項　jurisdiction clause
管轄権喪失　ouster of jurisdiction
管轄権に合わせた請求縮減　remittitur for jurisdiction
管轄権の欠如　want of jurisdiction; lack of jurisdiction
管轄裁判所合意　consent to be sued
環境　environment
環境影響評価　environmental impact assessment
環境影響報告書　environmental impact statement [report]
環境汚染　environmental pollution
環境汚染改善通告　remediation notice
環境汚染税　pollution tax
環境汚染地　contaminated land
環境汚染特別地　special site
環境機関　Environment Agency
環境許可(証)　environmental permit
環境権　environmental right
環境・食糧・田園省　Department for Environment, Food and Rural Affairs
環境テロ　ecoterrorism; ecological terrorism
環境破壊型性的いやがらせ[セクシャルハラスメント]　hostile environment sexual harassment
環境破壊罪　environmental crime
環境破壊的いやがらせ　hostile environment harassment
環境破壊不法行為　environmental tort
環境への影響　environmental effect
環境法　Environment Act
環境法　environmental law
環境保健　environmental health
環境保健担当官　Environmental Health Officer
環境保護　environmental protection
環境保護法　Environment Protection Act
環境保全を求める訴訟　remedial action
環境保存地役権　conservation easement
環境劣化　environmental degradation
換金　liquidation
監禁　imprisonment
元金　corpus
元金回収　payback
管区　province
管区会議　convocation
関係　connection, -nexion
関係　privity
関係　relation
関係　respect
関係　relationship
関係事項申立書　praecipe, precipe
関係事項申立書　request
関係者　associated person
関係者　connected persons
関係者強姦　relationship rape

関係的権利 relative right
完結した契約書 integrated contract; integrated writing
完結した贈与 completed gift
完結性 integration
完結性の準則 integration rule
完結的契約書条項 integration clause
間欠的自由刑(の宣告) intermittent sentence
間欠的地役権 intermittent easement
乾舷 freeboard
慣行 practice, practise
慣行 usage
官公庁 public office
勧告 recommendation
監獄 jail, gaol; holding cell
監獄 prison; penitentiary
勧告的意見 advisory opinion
勧告的管轄権 advisory jurisdiction
監獄の法律家 jailhouse lawyer
監護(権) custody
(子の)監護(権) legal custody
監護権者 custodian
監護権を有しない親 noncustodial parent
監護権を有しない後見人 possessory conservator
監護権を有する後見人 managing conservator
監護者 custodian
監護親 parent with care
監護についての審理 custody hearing
管財人 manager
管財人の選任 appointment of manager
ガンサー症候群 Ganser('s) syndrome
監査証跡 audit trail
カンザス-ネブラスカ法 Kansas-Nebraska Act
監察 supervision
監察委員会 committee of inspection
監察用記録集 counter-rolls
監査人 inspector
監視 surveillance
監視 watch
監視 watch and ward
監視者 surveillant
監視団員 observer
患者 patient
患者医師間情報の秘匿特権 patient-physician privilege
かんしゃく玉の法理 torpedo doctrine
患者自己決定法 Patient Self-Determination Act
患者の権利章典 patient's bill of rights
看守 jailer, jailor, gaol-

看守 prison officer
看守 screw
看守 warder
慣習 consuetude
慣習 consuetudo
慣習 custom
慣習期間 usance
慣習説 conventionality thesis
慣習法 consuetude
慣習法 consuetudo
慣習法 custom
慣習法 customary law; consuetudinary law
慣習法書 customary; custumal
慣習法上の(法定)相続人 heir by custom
慣習法と慣行 custom and usage
慣習法による寡婦産(権) dower by custom
看守者過失逃走援助罪 negligent escape
感受性訓練 sensitivity training [session]
(内政)干渉 intervention
勘定 account
感情価値 sentimental value
(取引)勘定書の開示 stating an account
緩衝地帯 buffer zone
勘定調査命令 order for accounts and inquiries
感情的苦しみ emotional distress
感情的苦しみを過失で加えること negligent infliction of emotional distress
感情的苦しみを加えること infliction of emotional distress; infliction of mental distress
感情的苦しみを故意に加えること intentional infliction of emotional distress
勘定の年齢調べ aging of accounts
勘定役 teller
官職 office
官職 spoils
官職推挙権 patronage
官職売買 sale of offices
官職保有期満了後継続在任 holding over
関心(事) concern
完成 completion
完成 consummation
完成 perfection
関税 customs
関税 customs duty
関税 custuma
関税 duty
関税 impost
関税 tariff
関税及び貿易に関する一般協定 General Agreement on Tariffs and Trade; GATT
完成鰥夫産不動産権者 consum-

mate tenant by the curtesy
関税裁判所 Customs Court
姦生子 adulterine
関税・消費税委員会 Customs and Excise
完成信託 executed trust; completely constituted trust; perfect trust
関税同盟 customs union
関税・特許上訴裁判所 Court of Customs and Patent Appeals
関税の払い戻し drawback
完成日 completion date
完成費用分 cost of completion
完成品引渡し契約 turnkey contract
完成品引渡し事業契約 turnkey operation
完成和解譲渡 executed fine
岩石・砂採取税 aggregates levy
間接課税 indirect taxation
間接故意 oblique intention; indirect intention
間接証拠 indirect evidence; oblique evidence
間接税 indirect tax
間接占有 mediate possession
間接損害 consequential loss
間接損害賠償 consequential damages
間接的攻撃 collateral attack; indirect attack
間接的裁判所侮辱 indirect contempt
間接的自白 indirect confession
間接費 indirect cost
間接費 overhead
完全管理の答弁 plene administravit
完全権原 absolute title
完全権原 perfect title
完全合意条項 entire-agreement clause; entire-contract clause
幹線交通路 highway
完全子会社 wholly-owned subsidiary
完全雇用 full employment
感染症 infectious disease
完全証明 full proof
完全所有権 proprietas plena
完全審理 full hearing
完全相互的住宅供給協会 fully mutual housing association
完全通知条項 full reporting clause
幹線道路 highway
幹線道路(整備)法 highway act
完全な権原保証 full title guarantee
完全な権利 entire interest
完全な権利 full right
完全な裁判管轄権 complete jurisdiction

和英

| 完全な自白 plenary confession
| 完全な州籍相違 complete diversity
| 完全な正当自己防衛 perfect self-defense
| 完全な正当防衛 perfect defense
| 完全な絶対的(土地)所有権 dominium directum et utile; dominium plenum
| 完全な専占の法理 complete preemption doctrine
| 完全な占有剥奪 total eviction
| 完全な表題 full title
| 完全な法的権利 perfect right
| 完全な履行の提供 perfect tender
| 完全な履行の提供の準則 perfect tender rule
| 完全なる完結性 complete integration
| 完全に完結した契約書 completely integrated contract
| 完全に管理済み(訴答) fully administered
| 完全法律文書 perfect instrument
| 完全有効な(捺印)証書 good and sufficient deed
| 完全履行確証条項 perfect attestation clause
| 完全履行拒絶 total repudiation
| 完全立証 prove-up
| 完全料金 full rate
| 寛大基準 lenient test
| 寛大さ lenience, -cy
| 艦隊主任法務官 Judge Advocate of the Fleet
| 寛大な刑罰の準則 rule of lenity
| 寛大な処置 lenity
| カンタベリーアーチ裁判所 Arches Court (of Canterbury)
| カンタベリー裁判所 Court of Canterbury
| カンタベリー大主教[大司教]裁判所 commissary court
| カンタベリーのキリスト教会弁護士と法学博士との協会 Association of Doctors of Laws and Advocates of the Church of Christ at Canterbury
| 姦通(罪) adultery
| 姦通 avowtry
| 姦通 criminal conversation [connection]
| 姦通者 adulterer; avowter
| 姦通同棲 living in adultery
| 姦通を理由とする離婚訴訟の被告共同者の姦通相手 corespondent
| 鑑定 appraisement
| 鑑定 survey
| 鑑定士 surveyor
| 鑑定人 appraiser
| 監督 control
| 監督 supervision
| 監督官 inspector

監督管轄権 supervisory jurisdiction
監督機関 regulatory agency
監督者 superintendent
監督者 supervisor
監督代理者 vice-principal
監督統制 supervisory control
監督統制令状 writ of supervisory control
癌の恐怖に基づく権利主張 fear-of-cancer claim
看破 detection
看板理論 shingle theory
幹部 executive
還付 tax refund; tax rebate
鰥夫 widower
幹部会議 caucus
幹部議員席と平議員席間の通路 gangway
鰥夫産(権) curtesy
鰥夫産権の完成 consummation of the curtesy
鰥夫産不動産権 tenancy by the curtesy
鰥夫産不動産権の完成 consummation of tenancy by the curtesy
鰥夫割当て分 widower's allowance
間圃 dalus, dailus
官報 gazette
官報 official newspaper
官報 state paper
監房 cell
元本 principal
巻末の注 endnote
甘味剤 sweetener
勧誘 solicitation
勧誘 soliciting
寛容 toleration
寛容法 Toleration Act
管理 control
管理 management
管理会社 proprietary company
管理型投資会社 management company
管理権 right to manage
管理権会社 RTM company
管理サービス会社 managed service company
管理者 warden
管理上の行為 administrative act
管理職(者) management
管理処分権保持倒産債務者 debtor in possession
管理撤廃 decontrol
管理と処分 order and disposition
管理人 keeper
管理費用 administrative expense
管理船主 managing owner of ship
管理命令 management order
乾量 dry measure
官僚主義 bureaucracy
官僚制 bureaucracy

完了取引 closed transaction
慣例 convention
慣例主義 conventionalism
慣例的解釈 customary interpretation
関連ある事実 relative fact
関連移転 relevant transfer
関連会社 associate company
関連グループ affiliated group
関連財産信託 relevant property trust
関連市場 relevant market
関連自白 relative confession
関連する事実 relevant facts
関連性 relevance; relevancy
関連性欠如 irrelevance, -cy
関連性のある証拠 relevant evidence; competent evidence
関連性のない証拠 irrelevant evidence
関連づけの法理 connecting-up doctrine
関連手続き related proceeding
関連保険 allied line
関連要因 connecting factor

キ

議員 floor
議員 member
議員 parliamentarian
(立法府)議員 legislative officer
議院 house
議院運営委員会 steering committee
議院規則 standing order
議院決議 simple resolution
議院指導者会議 executive session
(庶民院)議員宣誓 Member's oath
議院全体での討議 floor debate
(党)議員総会 caucus
議員相互の馴合い投票 logrolling
議員提出法案 private member's Bill
議員定数是正 reapportionment
議員定数の配分 apportionment
議員定数変更 reapportionment
議員点呼 call of the House
議院内閣制 cabinet government; cabinet system
議員の個人特権 personal privilege; special privilege
議員の免責特権 legislative immunity
議院侮辱 contempt of the House
議院法学者 parliamentarian
議院報告書 parliamentary papers
議員法律顧問 legislative counsel
(庶民院)議員利害関係事項 Members' interests
義捐 alms
記憶 memory

| 記憶 recollection
| 記憶消失 amnesia
| 記憶の新鮮化 refreshing memory [recollection]
| キーオープラン Keogh plan
| 帰化 naturalization; nationalization
| 機会 chance
| 機会 occasion
| 危害 harm
| 危害 mischief
| 議会 parliament
| 議会遺言 parliamentary will
| 議会オンブズマン parliamentary ombudsman
| 議会開会の勅語 King's Speech; Queen's Speech; Speech from the Throne
| 議会議員 member of Congress
| 議会議員 Member of Parliament
| 議会議員免責特権 congressional immunity
| 議会行政監察官 Parliamentary Commissioner (for Administration); parliamentary ombudsman
| 議会記録集 Parliament Rolls; Rolls of Parliament
| 『議会記録集』 Rotuli Parliamentorum
| 機会均等 equal opportunity
| 機会均等委員会 Equal Opportunities Commission
| 機会均等雇用者 equal opportunity employer
| 機会原価 opportunity cost
| 議会高等裁判所 High Court of Parliament
| 議会私制定法 private Act of Parliament
| 帰化意思の表明 declaration of intention
| 議会主義 parliamentarism
| 議会主権 sovereignty of Parliament; parliamentary sovereignty
| 議会承認行政協定 congressional executive agreement
| 議会譲与金 supplies
| 議会譲与金委員会 Committee of Supply
| 議会制定法 legislative act
| 議会制定政治 parliamentary government
| 議会制定法 act
| 議会制定法 Act of Parliament
| 議会制定法 statute
| 議会制定法登録書 Inrollments of Acts of Parliament
| 議会制定法による離婚 divorce by Act of Parliament
| 議会選挙権 parliamentary franchise
| 機会喪失 loss of (a) chance

| 議会詰め記者 lobby correspondent
| (犯罪)機械的活動理論 routine activities theory
| 機械的複製権 mechanical (reproduction) rights
| 機械的法学 mechanical jurisprudence
| 議会討議資料 parliamentary papers
| 『議会討議資料』 Command Papers
| 議会特権侵害 breach of privilege
| 機械とプラント machinery and plant
| 議会における国王 King in Parliament
| 議会における女王 Queen in Parliament
| 議会日誌 Journals of (the Houses of) Parliament; Journals
| 議会日程表 Parliamentary calendar
| 議会による国政調査 legislative investigation
| 議会による地方公共団体事務調査 legislative investigation
| 議会の委員会 parliamentary committee
| 議会の拒否権 legislative veto
| 議会の至上性 supremacy of Parliament
| 議会の特権 parliamentary privilege
| 議会の万能(性) parliamentary omnipotence
| 議会の優位 parliamentary supremacy
| 機会の誘導 opening door
| 議会の両院議長 Speakers of the Houses of Parliament
| 議会派議員 Parliamentarian
| 機会費用 opportunity cost
| 議会侮辱 contempt of Parliament
| 議会法 Parliament Act
| 危害目的待伏せ lying in wait
| 議会離婚 parliamentary divorce
| 既改良地 improved land
| 帰化条項 Naturalization Clause
| 帰化により国籍を得た市民 naturalized citizen
| 期間 period
| 期間 term
| 期間 time
| (存続)期間 duration
| 機関 arm
| 機関 body
| 機関 institution
| 機関 instrumentality
| 機関 organization
| 期間延長 enlargement of time
| 期間確定信託 limited trust
| 機関筋の売り institutional selling

| 機関筋の買い institutional buying
| 期間付き生存年金 life annuity
| 機関投資家 institutional investor
| 機関当期支給年金 annuity due
| 機関内情報交換の障壁 Chinese wall
| 期間内請求保険(約款) claims-made policy
| 期間内発見事故保険(約款) discovery policy
| 期間内発生事件保険(約款) occurrence policy
| 期間の延長 extension of time
| 期間の経過 effluxion of time
| 期間の猶予 extension of time
| 期間保険 time insurance
| 期間保険(証券) time policy
| 棄却 dismissal
| 棄却 dismissal of action
| 棄却判決 judgment of dismissal
| 危急追徴課税額査定 jeopardy assessment
| 棄教 apostasy
| 企業 business
| 企業 concern
| 企業 enterprise
| 企業 firm
| 企業 undertaking
| 企業家減免 entrepreneurs' relief
| 企業幹部生命保険 key employee life insurance
| 企業幹部保険 key employee insurance; keyperson insurance; keyman insurance
| 企業グループ group
| 企業グループ財務諸表 group accounts
| 企業グループ税額軽減 group relief
| 企業刑事責任 enterprise liability
| 企業合同(体) syndicate
| 企業・刷新・技能省 Department for Business, Innovation and Skills
| 企業集中 concentration
| 企業総合責任保険 comprehensive general liability policy
| 企業組織法 business enterprises
| 企業内共謀 intraenterprise conspiracy
| 企業年金 occupational pension
| 企業年金制度 occupational pension scheme
| 企業の移転 transfer of undertakings
| 企業の継続 continuity of business enterprise
| 企業の単独所有 sole proprietorship
| 企業乗っ取り屋 corporate raider; raider
| 企業の天使 business angel
| 企業の別名 assumed name
| 企業買収 takeover

和英対照表

企業買収防衛(策) takeover defense
企業買収をはかる者 suitor
企業秘密 trade secret; secret of trade
企業分割売却 hiving down
企業分離 demerger
企業法 business law
企業名 firm name
企業連合 pool
基金 foundation
基金 fund
基金寄付者 founder
基金寄付者の近親者 founder's kin
基金病院 foundation hospital
既経過保険料 earned premium
奇形児 monster
議決協定 voting agreement
議決権 voting rights
議決権株式 voting stock [share]
議決権協定 pooling agreement
議決権種類別株主 voting group
議決権種類別株主分類 voting group
議決権信託 voting trust
議決権信託証書 voting trust certificate
既決事件 decided case
危険 adventure
危険 danger
危険 hazard
危険 jeopardy
危険 peril
危険 risk
危険移転(の時期) attachment of risk
危険運転 dangerous driving
危険運転致死(罪) causing death by dangerous driving
危険救助招来の法理 danger-invites-rescue doctrine
危険業務 dangerous occupation
期限切れ法一括継続法 Expiring Laws Continuance Acts
危険サイクリング dangerous cycling
危険裁定取引 risk arbitrage
危険資本 risk capital
危険種 dangerous species
期限・条件付き権利 terminable interest
期限・条件付き財産権 terminable property
危険性癖のテスト dangerous tendency test
危険責任創出の法理 danger creation doctrine
期限前弁済違約金 prepayment penalty
期限前弁済条項 prepayment clause
期限付き銀行券 time note; post note
期限付き被用者 fixed-term employee
危険手当 danger money
危険手当 hazard pay
危険動物 dangerous animals
危険な過失 hazardous negligence
危険な活動 dangerous activity
危険な機械 dangerous machinery [machine]
危険な凶器 dangerous weapon
危険な凶器を用いての暴行 assault with a deadly [dangerous] weapon
危険な行為 dangerous activity
危険な誤謬 harmful error
危険な状況 dangerous situation
危険な状態 dangerous condition
危険な性向 vicious propensity
危険な道具 dangerous instrumentality [instrument]
危険な土地・建物 dangerous premises
危険な場所 dangerous place
危険な犯罪者 dangerous criminal
危険にさらすこと endangerment
危険の移転 transfer of risk
危険の近接性テスト dangerous proximity test
危険の引受け assumption of (the) risk
危険の引受けの抗弁 assumption of (the) risk
危険犯罪者 dangerous offender
危険負担 risk of loss
危険物 dangerous chattels; dangerous goods
危険物 dangerous things
危険物の逸出 escape of dangerous things
期限前終了不能信託 indestructible trust
危険薬品 dangerous drug
危険・有用性テスト risk utility test
期限利益喪失条項 insecurity clause
危険領域 zone of danger
危険領域の準則 zone of danger rule
機構 organization
寄港および停泊 touch and stay
気候変化税 climate change levy
気候変動に関する国際連合枠組条約 United Nations Framework Convention on Climate Change
帰国権 jus postliminii; postliminium, postliminy
旗国法 law of the flag; law of ship's flag
既婚女性 matron
期差選任制(度) stagger system
期差選任制取締役会 staggered board of directors
期差任期 staggered terms
刻み注文 scale order
岸 shore; shore land
騎士 knight
議事 business
議事運営委員会 steering committee
議事運営規則委員会 rules committee
儀式 ceremony
議事規則 order
旗幟勲爵士 banneret; knight banneret
擬似契約 illusory contract
議事公開法 open-door law
擬似州外法人 pseudo-foreign corporation
擬似州外法人法 pseudo-foreign-corporation statute
議事進行上の問題 point of order
議事進行助言官 parliamentarian
期日 date
期日 day
期日支払いの答弁 solvit ad diem
器質性疾患 organic disease
議事手続き法 parliamentary law
議事堂 Houses of Parliament
騎士道高等裁判所 High Court of Chivalry
騎士道裁判所 Court of Chivalry
議事日程 agenda
議事日程 calendar
議事日程 order paper
議事日程委員会 business committee
議事日程上の水曜日 calendar Wednesday
騎士派 Cavaliers
岸辺 strand
議事妨害 filibuster
議事妨害者 filibuster; filibusterer
議事報告書 procès-verbal
騎士奉仕 knight service
騎士奉仕保有 chivalry
騎士奉仕保有 knight service; tenure by knight service
(共同)記者会見 press conference
希釈化 dilution
擬似約束 illusory promise
喜捨分 nonagium; nonage
記述 description
技術 art
技術移転 technology transfer
記述のことば descriptive word
技術的誤謬 technical error
記述的商標 descriptive trademark
記述の標章 descriptive mark
記述のラベル表示 descriptive labeling
基準 base
基準 basis
基準 criterion
基準 standard
基準 test
基準生存者 measuring life

基準点 benchmark	擬制窃盗(罪) constructive larceny	偽造証書使用(罪) uttering
基準日 record date; date of record	擬制占有 constructive possession	偽装信託 illusory trust
基準利率 base rate	擬制占有剥奪 constructive eviction	擬装信託 sham trust
基準労働時間 full time	規制対象収用 regulatory taking	擬装贈与 donation in disguise
偽証 false swearing	擬制的権限 constructive authority	擬装訴訟 sham action; sham lawsuit [litigation]
議場 floor	擬制的裁判所侮辱 constructive contempt	擬装訴追 sham prosecution
議事予定表 order book	擬制的実施化 constructive reduction to practice	偽造通貨 false token
議事録 minutes		擬装取引 sham transaction
議事録 minute book	擬制的敵対的占有 constructive adverse possession	擬装に基づく請願[申し立て] sham petitioning
議事録 protocol		
傷 hurt	擬制認識 constructive knowledge	擬装に基づく例外 sham exception
傷 wound	擬制認識 constructive notice	偽造品 fake
傷ついた感情 wounded feelings	規制廃棄物 controlled waste	偽造文書 false instrument
きずな knot	擬制配当 constructive dividend	偽造文書 forgery
帰すること attribution	規制犯 regulatory offense; regulatory crime	基礎学習教科書 hornbook
帰すること imputation		基礎学習教科書教育法 hornbook method
規制 control	擬制犯意 constructive malice	
規制 regulation	擬制反逆罪 constructive treason	規則 regulation; reg
偽誓 perjury; false oath	擬制犯罪 constructive crime	規則 rule
擬制 fiction	擬制引渡し constructive delivery	規則 statute
擬制遺棄 constructive desertion	擬制謀殺 constructive murder	貴族 nobility
擬制横領 constructive conversion	擬制暴力 constructive force	貴族 peer; lord
擬制横領行為 constructive taking	擬制命令 control order	規則 A Regulation A
擬制解雇 constructive discharge; constructive dismissal	規制薬物 controlled substance; controlled drug	規則 D Regulation D
		規則 J Regulation J
規制緩和 deregulation	規制薬物違法所持 unlawful possession of drugs	規則 Q Regulation Q
擬制寄託 constructive bailment		規則 T Regulation T
偽誓教唆 subornation	規制薬物の悪用 misuse of drugs	規則 U Regulation U
偽誓教唆(罪) subornation of perjury	規制薬物法 controlled substance act	規則 X Regulation X
		規則 Z Regulation Z
偽誓教唆者 suborner	季節的入会地 lammas land [meadow]	貴族院 House of Lords
擬制形態転換 constructive conversion		貴族院議員 Lord of Parliament
	季節的雇用 seasonal employment	貴族院議員宣誓 affidatio dominorum
擬制契約 constructive contract	基線 baseline, base line	
規制合意 regulated agreement	貴賤相婚 morganatic marriage	貴族院議長 Lord Speaker; Speaker of the House of Lords
擬制拘束 constructive custody	基礎 base	
擬制故殺 constructive manslaughter	基礎 basis	貴族院議長席 Woolsack
	基礎 gist	貴族院事務総長 Clerk of the Parliaments
偽誓罪 crimen falsi	起訴 accusation	
偽誓罪 perjury; false oath	起訴 accusatory pleading	貴族院指名委員会 House of Lords Appointments Commission
擬制詐欺 constructive fraud	起訴 rap	
擬制された意思 constructive intent	起草 drafting	
擬制された同意 constructive assent	偽造 counterfeit	貴族院特権審査委員会 committee for privileges; committee of privileges
擬制事項同意証書 consent-rule	偽造 counterfeiting	
擬制資産 fictitious asset	偽造アクセス装置コンピューター詐欺・濫用法 Counterfeit Access Device and Computer Fraud and Abuse Act	貴族院日誌 Journals of the House of the Lords
既成事実 fait accompli; accomplished fact		
		貴族院法 House of Lords Act
擬制支払い constructive payment		帰束確定日 vesting day
規制者 regulator	寄贈株 donated stock	羈束義務 ministerial duty
偽誓者 perjuror, perjurer	偽造貨幣使用(罪) uttering	羈束行為 ministerial act
規制借家権 regulated tenancy	偽装行為 simulation	(権利)帰属者未確定 abeyance
擬制出廷保証人 bail common; common bail; straw bail	擬装婚姻 sham marriage	帰属者未確定権原 dormant title
	擬装された贈与 disguised donation	帰属者未確定権原の売買 buying and selling dormant title
擬制受領 constructive receipt	擬制指名 illusory appointment	
擬制受領の法理 constructive receipt doctrine	起草者 draftsman; drafter	規則集 rulebook
	寄贈者 contributor	規則遵守のための捜索 regulatory search
擬制条件 constructive condition	偽造者 counterfeiter	
規制譲渡抵当 regulated mortgage	偽造者 forger	(就業)規則書 rulebook
規制消費者信用合意 restricted-use credit agreement	起草者意思説 original intent	貴族称号 dignity
	起草者の意思 original intent	帰属条項 clause of accrual [accruer]
規制信託 controlled trust		
擬制信託 constructive trust		

帰属所得 imputed income
貴族政治 aristocracy
規則正式制定(手続き) formal rule-making
貴族法 Peerage Act
帰属方式 imputation system
貴族身分 nobility
貴族身分 peerage
帰属利息 imputed interest
規則略式制定(手続き) informal rulemaking
起訴決定機関 accusatory body
起訴事実明細(書) specification
起訴者 accuser
起訴状 accusatory pleading
起訴状 charge sheet
起訴状 charging instrument
起訴状案 bill
基礎証拠 foundational evidence
起訴審査大陪審 screening grand jury
起訴すること preferment
基礎税 basic rate tax
起訴段階 accusatory stage
基礎的法原則 blackletter law
起訴取下げの判決 judgment of nolle prosequi
起訴内容取引 charge bargain
起訴(内容)の併合 joinder of charges
起訴の取下げ nolle prosequi; withdrawal of charges
(不動産)毀損 waste
既存義務 preexisting duty
既存義務の準則 preexisting duty rule
毀損禁止令状 de estrepamento; writ of estrepement
既存契約妨害 interfering with subsisting contract
毀損行為 strip
既存の金銭債務 antecedent debt
既存の請求 antecedent claim
(不動産)毀損の責任を問うこと impeachment of waste
既存(法的)義務の準則 preexisting (legal) duty rule
(不動産)毀損令状 de vasto
北アイルランド Northern Ireland
北アイルランド議会 Northern Ireland Assembly
北アイルランド基本法 Northern Ireland Constitution Act
期待 expectancy
期待 intendment
期待権 interest in expectancy
期待権不当取引 catching bargain
期待されるもの expectancy
期待相続人 expectant heir; heir expectant
期待値 expected value
期待利益 expectancy interest

期待利益損害賠償(金) expectation loss
寄託 bailment
寄託 special deposit
(無償の)寄託 deposit
(無償の)寄託 depositum
寄託者 bailor
寄託者 depositor
寄託による保有の抗弁 cognizance
既知損害不填補の法理 known-loss doctrine
キーチ対サンドフォード事件の準則 rule in Keech v. Sandford
既知の債権者 known creditor
帰着 incidence
議長 chairman
議長 chairperson; chair
議長 speaker
貴重品 valuable property
貴重品保管所 safe deposit
拮抗的エクイティー(上の権利) countervailing equity
切手 stamp
切手通貨 postal currency; postage currency
切符 ticket
規定 provision
規程 statute
規定限度 prescribed limit
規定者 regulator
議定書 protocol
規定対象領域 zone of interest(s)
ギデオン対ウェインライト事件 Gideon v. Wainwright
既転換ユース executed use
祈禱 prayer
既得権 vested right
既得権益 vested interest
既得権返還 giveback
ギニー guinea
記入 entry
記入用間仕切り booth
絹法服 silk gown; silk
記念物 memorial
記念物 monument
機能 function
機能的減価 functional depreciation
機能的疾患 functional disease
機能的陳腐化 functional obsolescence
機能不全の理論 malfunction theory
希薄化 attenuation
希薄化 dilution
希薄関係の法理 attenuation doctrine
既発行証券市場 secondary market
既発生損害 loss in cured
規範 norm
既判事項 res judicata; res adjudicata
既判事項による禁反言 estoppel per

rem judicatam
既判事項へ移行する(こと) Transit in rem judicatam.
既判力 res judicata; res adjudicata
忌避 challenge
忌避 recusal
忌避 recusation
忌避剤 repellent
忌避者 challenger
忌避の答弁 declination
帰謬法 reductio ad absurdum
寄付 contribution
寄付 dotation
寄付援助 gift aid
寄付援助申告書 gift aid declaration
寄付行為 endowment; indument
寄付財産 endowment; indument
寄付者 subscriber
器物損壊 mischief
規模 scale
希望(文書) hope
規模の経済 economy of scale
基本 basic
基本緯線 baseline, base line
基本型保険(証券) basic-form policy; limited policy
基本給 basic wage; basic pay; basic salary
基本権 fundamental right
基本証書 master deed
基本税率 basic rate
基本定款 articles of incorporation; articles of association; articles of organization; certificate of incorporation; corporate charter
基本定款 memorandum of association
基本的意思 basic intent
基本的違反 fundamental breach
基本的公正さ fundamental fairness
基本的公正さの法理 fundamental fairness doctrine
基本的誤謬 fundamental error
基本的自由 fundamental freedoms
基本的条項 fundamental term
基本的特許 basic patent
基本的な法 constitution
基本的利益 fundamental interest
基本農作物 basic crop
基本農産物 basic commodities
基本法 fundamental law
基本補償(額) basic award
気まぐれ caprice
期末配当 final dividend
キーマネー key money
欺瞞的行為 deceptive act
欺瞞的広告 deceptive advertising
欺瞞的保証 deceptive warranty

機密 secret	客観的基準 objective standard	吸収転換 merger
機密種別 classification	逆行分析 reverse engineering	吸収転換条項 merger clause
機密性個人情報 sensitive personal data	キャトルゲート cattle gate	救出損失 salvage loss
	ギャラガー式(示談)合意 Gallagher agreement	救助 rescue
機密調査部 secret service		求償(権) contribution
義務 duty	ギャランティ株 guaranty stock	求償(権) remedy over
義務 obligation	ギャング gang	求償権 exoneration
義務違反 breach of duty	ギャングの一員 gangster	求償通知 contribution notice
義務違反行為 misconduct	キャンベル卿法 Lord Campbell's Act	休職給 half-pay
義務遂行受任者 committee		求職者協定 jobseeker's agreement
義務急慢 dereliction of duty	キャンベル文書誹毀法 Campbell's Libel Acts	求職者手当 jobseeker's allowance
義務的報告供述 declaration in course of duty		求職申込書 letter of application
	キャンベル法 Campbell's Act	救助事件 rescue case
義務の免除 exoneration	級 degree	(海難)救助者 salvor
義務の免除 release	休暇 furlough	救助の法理 rescue doctrine
義務負担者 person of incidence	休暇 holiday	救助物売得金差引き填補 salvage loss
義務不履行 subtraction	休暇 leave	
義務不履行者 defaulter	休暇 leave of absence	(海難)救助料 salvage; salvage charges
義務分 legitim	休会 recess	
義務履行強制差押令状 distringas	休閑地 fallow land	給水区 water district
義務を負わせる事由 impositive fact	救急車追いかけ屋 ambulance chaser	休戦 truce; armistice
偽名 fictitious name		旧勅法彙纂 Codex Vetus
記名株券 certificate of stock [share]	究極事実 ultimate fact	休廷 adjournment
	究極的争点 deep issue	休廷 rising of court
記名式裏書 special endorsement; full endorsement	義勇軍 Home Guard	宮廷 court
	休憩 recess	(国王の)宮廷 curia
記名持参人払い式小切手 open check	急行便運送会社 express company	休廷期間 non terminus; nonterm
	救済 redress	休廷期間 vacation
記名被保険者 named insured	救済 relief	休廷期間中の開廷 vacation sitting
規約 covenant	救済 remedy	宮廷軍務卿 Marshal of the (King's [Queen's]) Household; marshal
客 guest	救済懇請 prayer for relief; prayer	
逆企業買収 reverse takeover	救済策 redress	
客殺し hospiticide	救済手段 remedy	宮廷裁判所 Court of the Marshalsea; Marshalsea
逆指値注文 stop order; stop; stop limit order; stop loss order	救済手段限定条項 limitation-of-remedies clause	
		宮廷執事卿 Lord Steward (of the (King's [Queen's]) Household)
逆詐称通用 reverse passing off; reverse palming off	救済手段行使順位決定(則) marshaling remedies	
		休廷日 nonjudicial day; dies non (juridicus); legal holiday; holiday
逆差別 reverse discrimination	救済手段行使順位決定の準則 rule of marshaling remedies	
逆収用 inverse condemnation		
逆収用訴訟 inverse condemnation	救済手段選択に伴う権利放棄 waiver by election of remedies	宮殿裁判所 Palace Court
		宮殿の特権 privilege of palace
逆譲渡抵当 reverse mortgage	救済手段としての擬制信託 remedial constructive trust	救難協定 consortship
逆進税 regressive tax		急迫した危険 imminent danger
客体 object	救済手段に関する相互主義 mutuality of remedy	急迫した危険 imminent peril
虐待 abuse		急迫した危険の法理 imminent peril doctrine
虐待 cruelty	救済手段に関する法 remedial law	
虐待による殺人 homicide by abuse	救済手段の選択 election of remedies	救貧官 guardian of the poor
虐待ゆえの免責 abuse excuse		救貧区 parish; civil parish
逆担保 counter-security	救済手段の併合 joinder of remedies	救貧税 poor rate
逆定時償還 negative amortization		救貧法 poor law
逆年金譲渡抵当 reverse annuity mortgage	救済手段を提供する制定法 remedial statute	救貧法委員 Poor Law Commissioner
客引き touting	救済的権利 remedial right	救貧法委員会 Poor Law Board
逆保証証書 counterbond	救済的訴訟 remedial action	救貧法教区連合 poor law union; union
逆立証責任 reverse burden of proof	救済の申し立て claim for relief	
	救済要求 demand for relief	給付 provision
キャスティングボート casting vote	救済要請 request for relief	給付(金) benefit
ギャストネット gastonette	休日 holiday	給付金 grant
却下 dismissal	休日賃金 holiday pay	給付金証書 benefit certificate
却下判決 judgment of dismissal	吸収 merger	給付金調整 coordination of benefits
却下命令 dismissal order; order of dismissal	急襲 raid	
	吸収合併 corporate merger; merger	急浮上利害抵触 thrust-upon conflict
客観的意味 objective meaning		

和英

和英対照表

窮乏　need
窮乏情況　necessitous circumstances
窮乏状態　necessitous condition
休眠会社　dormant company
休眠強制執行　dormant execution
休眠組合員　dormant partner
休眠判決　dormant judgment
糾問主義　inquisitorial system
糾問(主義)手続き　inquisitorial procedure
給与　salary
給与以外の利得　perquisite
給与組合員　salaried partner
給与源泉徴収税　payroll tax
給与差押え(令状)　attachment of earnings
給与支払い保証(金)　guarantee payment
給与支払い明細書　pay statement
給与税　payroll tax
給与台帳　payroll
給料　pay
給料支払い小切手　pay check
給料の半分　half-pay
給料日　pay day
旧暦　old style
キューティップ財産　QTIP; qualified terminable interest property
キューティップ信託　QTIP trust; qualified terminable interest property trust
御意にかなう間　durante bene placito
御意にかなう間の収容　detention during Her [His] Majesty's pleasure
御意にかなう間の収容患者　pleasure patient
凶悪重罪　atrocious felony
凶悪暴行　atrocious assault and battery
脅威　threat
教育委員会　board of education
教育改正法第9編　Title IX of the Educational Amendments of 1972
教育関係当局　education authority
教育経費　educational expense
教育省　Department for Education
教育省　Department of Education
教育に関する子供の保護管理命令　education supervision order
教育に対する権利　right to education
饗応　treating
饗応保有　convivium
協会　association
協会　college
協会　institute
協会　society
境界　abuttal

境界　bound; boundary; limit
境界　buttals
境界　divisa
境界　line
教会　church
教会　ecclesia
教会委員会　Ecclesiastical Commissioners
教会域内静謐攪乱罪　brawling
教会維持用地　fabric land
教会会議　synod
教会から連れ出された者の返還令状　restitutione extracti ab ecclesia
教会区　parish
教会区委員　churchwarden
教会区会　vestry
教会区教会　parish church; parochial church
教会区教会　rectory
教会区教会協議会　parochial church council
教会区教会登録簿　parish register
教会区校　parochial school
教会区主任司祭　curate
教会区主任司祭　parson
教会区主任司祭　rector
教会区主任代行司祭　vicar
教会区聖職禄　parsonage
教会区役人　parish officer
教会財産荒廃　dilapidation
教会裁判権　ecclesiastical jurisdiction
教会裁判所　ecclesiastical court; church court; court christian
教会裁判所裁判官　official principal
教会事項不可侵法　Circumspecte agatis
教会税　church rate
境界線　bound
教会総会　General Synod (of the Church of England); synod
教会総会議長　moderator
教会組織調査先決方法　polity approach
教会堂　ecclesia
教会動産執行令状　fieri facias de bonis ecclesiasticis
教会と国家の分離　separation of church and state
教会の許可証による婚姻　marriage by religious license
教会の建物　dominicum
教会の扉の所で(の)　in facie ecclesiae
教会の扉の所での婚姻　marriage in facie ecclesiae
教会の門戸で与えられた寡婦産　dower ad ostium ecclesiae
教会犯罪　ecclesiastical offense
教会評議会　ecclesiastical council
境界標(識)　landmark
境界標石　merestone

境界標と境界線による土地表示　metes and bounds; butts and bounds
境界標土地表示公有地譲渡証書　call patent
境界不分明な領域　twilight zone
教会法　ecclesiastical law
教会法　jus canonicum
教会法上の犯罪　ecclesiastical offense
教会法人　ecclesiastical corporation
教会法大全　Corpus Juris Canonici
教会留保事件裁判所　Court of Ecclesiastical Causes Reserved
教会領地　glebe
恐喝　demanding with menaces
恐喝(罪)　blackmail
行間記入　interlineation
行間挿入文言　interlineation
叫喚追跡　hue and cry; clamor
凶器　lethal weapon
凶器　offensive weapon
凶器　weapon
協議　conference
協議会　convention
狭義解釈　narrow construction
協議議会　convention
協議議会　Convention Parliament
狭義の譲渡抵当　technical mortgage
供給　supply
供給価格　supply price
供給者　supplier
競業禁止合意　noncompetition agreement
競業禁止約款　noncompetition covenant
競業制限約款　restrictive covenant
教区　parish; civil parish
教区委員　churchwarden
教区教会　parish church; parochial church
教区教会　rectory
教区教会協議会　parochial church council
教区教会登録簿　parish register
教区校　parochial school
教区裁判所　parish court
教区参事会　parish council
教区主任司祭　parson
教区主任司祭　rector
教区主任代行司祭　vicar
教区小吏　beadle
教区聖職禄　parsonage
教区総会　parish meeting
教区治安官　parish constable
教区内政治　parish pump politics
教区役人　parish officer
行刑学　penology
教権　spiritualities
教権後見人　custos spiritualium

1258

和英

教護後見人 guardian of the spiritualities
教護院 reform school
競合過失 concurrent negligence
競合管轄権 concurrent jurisdiction
強行規定 mandatory provision
強行規範 jus cogens; peremptory norm
教皇教令 decretal
競合権利者確定訴状 bill of interpleader
競合権利者確定訴状類似訴状 bill in the nature of interpleader
競合権利者確定手続き interpleader
競合権利者確定手続き召喚状 interpleader summons
競合権利者確定手続きをとる人 interpleader
競合権利者確定の訴え interplea
教皇公使 internuncio
強行しえない契約 unenforceable contract
強行しえない信託 unenforceable trust
教皇尊信罪 praemunire, pre-
教皇大使 nuncio
競合的救済手段 concurrent remedy
競合的権限 concurrent power
競合的リーエン concurrent lien
教皇による未空位聖職直任 provision
強行法規 mandatory statute
教唆 incitement
教唆 solicitation
共済会 friendly society
教材判例集 casebook
共済保険 fraternal insurance
教唆者 inciter
教唆・幇助(罪) aiding and abetting
業者割引 trade discount
享受 enjoyment
共住者 inmate
教授作成法 professor-made law
教授者 instructor
供述 declaration
供述 statement
供述 verbal
供述者 declarant
供述者の精神状態についての例外 state of mind exception
供述書 statement
拱手傍観 lying by
拱手傍観 standing by
拱手傍観による禁反言 estoppel by standing by
教書 Address
教書 message
協商 entente
行商 hawking; itinerant peddling
行商人 hawker; peddler, pedlar

共棲 living together
強制 coercion
強制 compulsion
強制 enforcement
強制 forcing
強請 exaction
矯正 correction
矯正 reform
矯正 reformation
行政 administration
行政 public administration
行政委員会 administrative board
強制移住者 displaced person
強制移転 involuntary alienation
矯正院 reformatory
行政解釈 administrative interpretation
行政過程 administrative process
行政官 administrative officer
行政官 executive
行政官 executive officer
行政官恩赦 executive clemency
行政官恩赦 executive pardon
強制管轄(権) compulsory jurisdiction
共生関係の基準 symbiotic relationship test
行政関係令状 administrative warrant
行政監察官 ombudsman
行政管理予算局 Office of Management and Budget
行政機関 administration
行政機関 (administrative) agency; public agency; regulatory agency
行政機関 executive agency
強制記載文言 mandatory copy
行政規則 administrative rule
行政規則 regulation
行政規則制定 administrative rule-making
矯正教育処分 corrective training
行政協定 executive agreement
矯正刑 reformative punishment
強制契約 compulsory contract
行政決定に対する司法審査 administrative review
行政権限 administrative power
共棲合意 living-together agreement
行政行為 administrative act
強制婚姻 forced marriage
行政裁決 administrative adjudication
行政裁判・行政審判会議会 Administrative Justice and Tribunals Council
行政裁判所 Administrative Court
行政裁判所局 Administrative Court Office
行政裁量 administrative discretion

行政裁量 executive discretion
矯正施設 correctional institution
強制執行 execution
強制執行 levy; levy of execution
強制執行先取特権 execution lien
強制執行の停止(命令) stay of execution
強制執行売却 execution sale
強制執行令状 execution
強制執行令状 levari facias
行政州 administrative county
強制集会 mandatory meeting
強制収容所 relocation center [camp]
強制収用予定地買上げ要求通知 blight notice
行政上の救済(手段) administrative remedy
行政上の救済(手段)を尽くすこと exhaustion of administrative remedies
行政上の検査 administrative inspection
行政上の捜索 administrative search
行政上の罰金付き召喚令状 administrative subpoena
行政上の免責 executive immunity
行政書簡 administrative letter
行政職員 administrative officer
行政審査 administrative review
行政審査手続き administrative process
行政審判官 administrative judge; trial examiner
行政審判所 administrative tribunal
行政審判所 tribunal
行政審判所審議会 Council on Tribunals
強制清算 compulsory winding-up; compulsory liquidation
強制清算命令 compulsory winding-up order
強制送還 reconduction; renvoi
強制措置 enforcement action
(国外)強制退去 deportation
強制退職 compulsory retirement
強制仲裁 compulsory arbitration
強制徴募 impressment
行政聴聞 administrative hearing
強制的応諾自白 coerced-compliant confession
強制的応諾に基づく虚偽自白 coerced-compliant false confession
強制的擬制信託 impressment
強制的救済 coercive relief
強制的拘禁 mandatory commitment
強制的出頭 compulsory appearance
強制的条件 compulsory condition

強制的反訴　compulsory counter-claim
強制的弁済猶予　forced respite
行政手続き　administrative procedure
行政手続き　administrative proceeding; evidentiary hearing; full hearing
行政手続き　administrative process
行政手続き法　Administrative Procedure Act
矯正独房　adjustment center
強制取立て金　exaction
強制による自白　coerced confession
強制妊娠中絶　forced abortion
強制認知　affiliation
共生年金　joint life annuity; joint annuity
強制売却　compulsory sale
強制売却　forced sale
強制破産(手続き)　involuntary bankruptcy
行政犯　administrative crime
行政府[部]　administration
行政府[部]　executive
行政府特権　executive privilege
行政府の長　chief executive
行政不服審査　administrative review
行政不服審判所　ministerial tribunal
行政法　administrative law
行政法審判官　administrative law judge
強制保険　compulsory insurance
行政命令　administrative order
行政命令　executive order
強制労働収容所　labor camp
強制猥褻(罪)　indecent assault
強制割当危険　assigned risk
強制割当危険保険方式　assigned risk plan
業績考課　merit rating
競争　competition
競争相手　competitor
競争委員会　Competition Commission
競争者クリック詐欺　competitor click fraud
鏡像準則　mirror image rule
競争制限行為　restrictive practices
競争政策　competition policy
競争選挙　contested election
競争阻害　competitive injury
競争入札　competitive bid
競争入札　competitive bidding
競争入札　competitive tender(ing)
競争の歪曲　distortion of competition
競争法　competition law
競争妨害協定禁止規定無違反宣言(手続き)　negative clearance
共存　coexistence

兄弟　frater
兄弟殺し　fratricide
兄弟であること　fraternity
供託　sequestration
供託金払い戻し　payment out of court
供託金没収　lost deposit
供託物保管者　sequester
協調組合国家　corporate state
協調組合主義　corporatism
協調的連邦主義　cooperative federalism
協調法　collaborative law
協調離婚　collaborative divorce
共通役務庁　General Services Administration
共通淵源の法理　common source doctrine
共通外交安全保障政策　Common Foreign and Security Policy
共通家系　common stock
共通関税　Common Customs Tariff
共通漁業政策　Common Fisheries Policy
共通項で一括されるグループ　bracket
共通災難条項　common disaster clause
共通司法試験　Common Professional Examination
共通性質の要件　common character requirement
共通性のテスト　commonality test
共通対外輸入関税　Common External Tariff
共通の誤り　common error
共通の意見　communis opinio
共通農業政策　Common Agricultural Policy
共通の災難　common disaster
共通の錯誤　common mistake; mutual mistake
共通の祖先　common ancestor
共通の敵の法理　common enemy doctrine
共通の場所ピケ(ティング)　common-situs picketing
共通の利害　community of interest
共通法　jus commune
共通法　lex communis
共通予算　Common Budget
共通利害関係の異議　common interest exception
共通利害関係の秘匿特権　common interest privilege
共通利害関係の法理　common interest doctrine
協定　agreement
協定　arrangement
協定　compact
協定　mise
協定規定紛争仲裁　interest arbitration

協定条項　Compact Clause
協定保険価額　agreed value
共同　partnership
共同遺言執行者　joint executor
共同受取人　joint payee
共同運賃　joint rate
共同運賃表　joint tariff
共同海損　general average
共同海損犠牲損害　general average loss
共同海損行為　general average act
共同海損清算書　general average statement
共同海損分担　extraordinary average
共同海損分担額　general average contribution
共同海損分担金支払い保証証書　average bond; general average bond
共同過失　joint negligence
共同活動　joint activity
共同監護(権)　joint custody; shared custody
共同企業体　consortium
共同記者会見　press conference
共同起訴(状)　joint indictment
共同銀行預金口座　joint bank account
協同組合　cooperative, co-operative
協同組合銀行　cooperative bank
協同組合方式による集合住宅　cooperative
共同君主制　dyarchy
共同計算(特約)　joint account
共同計算特約条項　joint account clause
共同決定手続き　codecision procedure
共同権限の準則　common-authority rule
共同原告　co-petitioner
共同原告　coplaintiff
共同行為による取引拒絶　group boycott
共同抗命　mutiny
共同抗命者　mutineer
共同抗命法　Mutiny Act
共同雇用の法理　common employment doctrine
共同財産権　co-property
共同債務者　codebtor
共同参加　joint participation
共同資金　pool
共同市場　common market
共同支配　co-imperium
共働者　fellow servant
共同社債　joint bond
共働者の準則　fellow servant rule
共同受遺者　colegatee; collegatary
共同重罪犯　co-felon
共同住宅改善助成金　housing

grant
共同主権 condominium
共同受託者 cotrustee; joint trustee
共同上訴人 co-petitioner
共同所有 concurrent ownership
共同所有(権) co-ownership
共同所有(権) ownership in common; common ownership
共同所有(権) part ownership
共同所有権者 co-proprietor
共同所有(権)者 co-owner
共同所有(権)者 particeps
共同所有(権)者 part owner
共同所有動産分割 partition of chattels
共同所有物分割 partition
共同所有物分割調整金 owelty of partition
共同所有不動産分割(捺印)証書 deed of partition
共同申告(書) joint return
共同信託基金 common trust fund
共同審理 joint trial
共同生残者受給の選択 joint and last survivorship option
共同生残者年金 joint and survivor [survivorship] annuity; joint and last survivor annuity; joint annuity; joint life and survivorship annuity
共同正犯 coprincipal
共同責任 collective responsibility
共同責任 joint liability
共同相続人 fellow heir; joint heir
共同訴訟 joint action
共同訴訟当事者 coparty
共同訴追者 coprosecutor
共同体 commonalty
共同体 community
共同体規模 community dimension
共同体裁判所 communal court
(欧州)共同体商標 Community Trade Mark
共同体の叫喚追跡 cry de pais, cry de pays, cri de pais
共同体の裁判権 communal jurisdiction
(欧州)共同体法 Community law; EC law
(欧州)共同体立法 Community legislation
共同地役権 common easement
共同知識の準則 collective knowledge rule
共同著作物 joint work
共同提出者 cosponsor
共同的権利 concurrent interest
共同的権利 general right
共同の不動産権 concurrent estate
共同で利用し合うグループ pool
共同当事者 coparty

共同統治(地) condominium
共同の本人 coprincipal
共同犯行 joint enterprise
共同販売機関 common selling agency
共同被告 corespondent
共同被告(人) codefendant
共同被上訴人 corespondent
共同被相続人相続人 joint heir
共同評決 joint verdict
共同福祉基金 joint welfare fund
共同不動産賃貸借契約 community lease
共同不法行為 joint enterprise
共同不法行為者 joint tortfeasors
共同不法行為者 particeps criminis
共同不法行為者の法理 particeps criminis
共同振出人 comaker, co-maker
共同弁護士 co-counsel
協同法 cooperative law
共同謀議 confederacy
共同謀議(罪) conspiracy; criminal conspiracy
共同防御の秘匿特権 joint defense privilege
共同法定相続人 fellow heir; joint heir
共同保険 coinsurance
協同保険 interinsurance
共同保険者 coinsurer
協同保険団体 interinsurance exchange
協同保険引受人 interinsurer
共同保証人 cosurety
共同保有 commonhold
(不動産)共同保有 cotenancy
共同保有区分財産権 commonhold unit
共同保有権 commonhold
(不動産)共同保有権 cotenancy
(不動産)共同保有(権)者 cotenant
共同保有社団 commonhold association
共同保有団体規則 Commonhold Community Statement
共同保有地 commonhold land
共同民事賠償責任者間求償(権) civil liability contribution
共同預金口座 joint account
共同利用調査官 pool clerk
共同連帯 correality
教派 denomination
競売 ⇒けいばい
強迫 duress
脅迫 intimidation
脅迫 threat
脅迫行為 threatening behavior
強迫者 duressor
強迫の条項 in terrorem clause
共犯 accessory, accessary
共犯 joint offense

共犯(関係) complicity
共犯者 accomplice
共犯者 complice
共犯者 particeps criminis
共犯者 secondary party
共犯者私訴 approvement
共犯者私訴人 approver
共犯者である証人 accomplice witness
共犯者の責任 accomplice liability
恐怖 fear
恐怖 fright
恐怖 terror
教父 godfather; godparent
恐怖に陥らせること putting in fear
恐怖の行列の異議 parade of horrors objection
教母 godmother; godparent
共謀 common design
共謀 conjuration
共謀 conspiracy
共謀行為の準則 concert-of-action rule
共謀者 coconspirator, co-
共謀者 confederate
共謀者 conspirator; conjurator
共謀者に関する準則 coconspirator's rule
共謀者に関する例外 coconspirator's exception
業務 occupation
業務 practice, practise
業務過誤 malpractice
業務過誤保険 malpractice insurance
業務執行取締役 managing director
業務傷害 industrial injury
業務上の危険 occupational hazard
業務上の記載 business entry
業務上の記載の準則 business entry rule
業務上の事故 occupational accident
業務上の疾病 occupational disease; industrial disease
業務上の必要経費 business expense
業務担当組合員 active partner
業務の執行 course of employment
業務用定着物 trade fixture
業務予算 operating budget
協約 agreement
享有 enjoyment
共有 common
共有 community
共有権者 commoner
共有財産権 common property
共有財産負担(金銭)債務 community debt
共有相続不動産(権) estate in coparcenary
共有地分割における各共有者の持分

	purparty, pourparty
共有物	res communis
共有物的財産権	common property
共有不動産権	tenancy in common
共有不動産権者	tenant in common
共有部分	common area; common property
強要された証言に伴う刑事免責	testimonial immunity
共用障壁	common wall
強要的信用取引	extortionate credit transaction [bargain]
強要による盗	theft by extortion
狂乱議会	Mad Parliament
橋梁・城壁・城塞維持負担金	brigbote
協力	cooperation
強力権能付与条項	strong-arm clause
協力行為	concerted practice
協力条項	cooperation clause
協力手続き	cooperation procedure
強力な推定	violent presumption
共和国	republic
共和制	commonwealth
共和政体	republican form of government
共和政体	republican government
共和党	Republican party
共和党員	Republican
許可	allocatur
許可	license, -ce
許可	permission; leave
許可	permit
許可活動	licensable activity
許可機関	licensing authority
寄与過失	contributory negligence
寄与過失の法理	contributory negligence doctrine
許可者	licensor
許可証	license, -ce
許可証	pass
許可証	permit
許可税	license tax
許可手数料	license fee
許可に基づく訴訟参加	permissive intervention
許可に基づく立入り被許可者	licensee by permission
許可の抗弁	leave and license
許可の下での使用	permissive use
許可保証証書	license bond; permit bond
許可料	fine
虚偽	falsehood
虚偽印象創出文書誹毀	false-implication libel
虚偽権利主張法	False Claims Act
虚偽広告	false advertising
虚偽広告規制法	Printer's Ink Statute
虚偽罪	crimen falsi
虚偽証拠	false evidence
虚偽申告	false return
虚偽訴訟	false action
虚偽訴答	sham pleading; false plea; sham plea
虚偽通報罪	false report
虚偽的商品表示	false trade description
虚偽答弁	false answer
虚偽の暗示	suggestio falsi
虚偽の表示	false pretense
虚偽の防御	sham defense
虚偽の約束	false promise
虚偽表示による詐取	cheating by false pretenses
虚偽報告	false return
虚偽報告令状	falso retorno brevium
漁業	fishery
漁業権	fishery; piscary
漁業水域	fishery limits
漁業専管水域	exclusive fishery zone
局	bureau
局	directorate
玉座	throne
極小国家	microstate
極端主義	extremism
極端に走らない暴力	moderate force
局地戦	limited war
局長	Deputy Secretary
局長	director
局長	undersecretary
(犯罪)極度緊張原因論	strain theory
極度に危険な活動[行為]	ultrahazardous activity
極度の虐待	extreme cruelty
局留め	general delivery
寄与原因	contributory cause
虚言癖	mendacity
挙国一致政府	national government
御璽	signet; privy signet
虚弱	infirmity
居住	abode
居住	commorancy
居住	habitation
居住	inhabitance
居住	inhabitancy
居住	occupancy
居住	residence; habitancy
居住	residency
居住	settlement
居住外国人	resident alien
居住環境改良地区	general improvement area
居住環境整備計画地区	housing action area
居住環境整備信託	housing action trust
居住権	right of abode
居住者	inhabitant
居住者	occupier
居住者	resident
居住者	residential occupier
居住者過密	overcrowding
居住者へのいやがらせ	harassment of occupier
居住代理人	resident agent
居住地	inhabitancy
居住地	settlement
居住地区高級化	gentrification
居住適合性	fitness for habitation
居住適性	habitability
居住適性についての黙示の保証	implied warranty of habitability
居住適性の保証	warranty of habitability
居住適性保証約款	covenant of habitability
居住に関する命令	occupation order
居住要求	residence requirement
居住要件	residency requirement
居住用財産審判所	Residential Property Tribunal
挙手採決	show of hands
拠出	contribution
拠出者	contributor
拠出年金	contributory pension
拠出年金制度	contributory pension plan [scheme]
居所	residence
漁場	fishery
寄与侵害	contributory infringement
寄与責任	contributory fault
拒絶	nonconsent
拒絶	protest
拒絶	refusal
拒絶	rejection
拒絶覚書	memorandum of protest
拒絶覚書	note of protest
拒絶覚書作成	noting
拒絶証書	certificate of protest
拒絶証書	protest
拒絶証書作成の通知	notice of protest
拒絶証書作成免除	waiver of protest
拒絶証書不要償還	retour sans protêt
拒絶通知	notice of protest
拒絶の通知	notice of dishonor
挙措	demeanor, -our
挙措証拠	demeanor evidence
巨大複合会社	conglomerate corporation
巨大複合企業	conglomerate
許諾	license, -ce
許諾状	license, -ce
居中調停	mediation
極刑	ultimum supplicium
虚に乗ずること	surprise
拒否	denial

拒否 disclaimer
拒否 disclamation
拒否 refusal
拒否権 veto; veto power
拒否権行使通告書 veto; veto message
拒否権乗り越え override
拒否の意を表明する文書 disclaimer
許容 tolerance
許容下知令状 quod permittat
許容(性) admissibility
許容性のある証拠 admissible evidence
許容的推定 permissive presumption
許容的推論 permissive inference
許容的制定法 permissive statute
許容ユース permissive use
漁労入会権 common of piscary; common of fishery
漁労入会権 piscary
切り株畑放牧入会権 common of shack
ギリク事件の能力 Gillick competence
既履行契約 executed contract
既履行売買契約 executed sale
既履行約因 executed consideration
キリスト降誕日 Christmas Day
規律 discipline
起立採決 rising vote; division vote; standing vote
既利用地 seated land
ギルド guild
ギルド会館 guildhall
ギルド裁判所 hallmote
ギルド地代 guild rent
ギルドホール guildhall
記録 anagraph
記録 note
記録 record
(正式訴訟)記録 record
記録閲覧権 inspection of records
記録閲覧権 inspection right
記録改竄(罪) falsifying a record
記録係 recorder
記録瑕疵ある不動産権原 defective record
記録記載事項証明 constat
記録強制提出の法理 required records doctrine
(正式訴訟)記録金銭債務 debt of record
記録契約 contract of record
記録権原 record title; title of record
記録裁判所 court of record
記録事項 matter of record
記録集 liber
記録上の瑕疵なき権原 good record title
記録上の権原 record title

記録上の所有(権)者 owner of record; record owner
記録上の弁護人 attorney of record
記録上の弁護人とみなされない弁護人 attorney not of record
記録長官 Master of the Rolls
記録長官法廷 Rolls Court
記録提出 monstrans de faits (records)
記録に留めること making record
記録による禁反言 estoppel by record; estoppel of record
記録による審理 trial by record
記録による通知 record notice
記録の許容性 admissibility of records
(有罪)記録の削除 expungement of record
(有罪)記録の消去 erasure of record
記録のための証拠提出 avowal
記録のための証拠の提出 offer of proof
記録の謄本 transcript
記録の密封 sealing of records
記録不存在の答弁 nul tiel record
記録不提出 failure of record
記録不備の主張 alleging diminution
記録保管官 recorder
ギロチン guillotine
議論 argument
議論を交えた宣誓供述書 argumentative affidavit
きわめて緩やかな審査 minimal scrutiny
均一条項 Uniformity Clause
均一適用準則 flat rule
近因 proximate cause; causa proxima
金塊 bullion
金価格債券 gold bond
金額の陳述 statement of value
金貨債券 gold bond
禁忌罪 abominable crime
緊急救済措置 bailout
緊急権 jus necessitatis
緊急事態 emergency
緊急事態 exigent circumstances; emergency circumstances
緊急事態雇用の法理 emergency employment doctrine
緊急事態捜索 exigent search
緊急事態の準則 exigent circumstances; emergency circumstances
緊急事態の法理 emergency doctrine
緊急事態の例外 emergency exception
緊急性 exigency
緊急捜索 emergency search
緊急追跡 hot pursuit

緊急追跡権 right of hot pursuit
緊急の必要 flagrant necessity
緊急必要品支払い exceptional needs payment
緊急避難 necessity; duress of circumstances
緊急保護命令 emergency protection order
金券 voucher
金権政治 timocracy
金庫 strongbox
均衡 proportionality
銀行 bank
銀行 banker
銀行受入れ証券 bankable paper
銀行為替手形 bank draft
銀行休日 bank holiday
銀行業 banking
銀行業務を営む会社 banking corporation
銀行業務を営む権能 banking powers
銀行業類似の業務を営む個人 private banker
銀行業を営む個人 individual banker
銀行券 bank note, banknote
銀行口座振替 credit transfer; transfer of fund
銀行小切手 bank check
銀行支店 branch bank
銀行準備金 bank reserve
銀行信用 bank credit
銀行出納係小切手 teller's check
均衡性 proportionality
均衡性再審査 proportionality review
銀行設立免許状 bank charter
銀行帳簿 banker's books
銀行通帳 passbook
銀行取引時間 banking day; banking hours
銀行取引日 banking day
均衡の原則 proportionality
銀行のリーエン banker's lien
銀行引受手形 banker's acceptance; bank acceptance
銀行秘密法 Bank Secrecy Act
銀行振出約束手形 goldsmiths' note
銀行法 Banking Act of 1933
銀行持株会社 bank holding company
銀行預金 bank deposit
銀行預金 general deposit
銀行預金勘定 bank account; banking account
銀行預金口座 bank account; account; banking account
銀行預金口座信託 bank account trust
銀行預金口座追跡命令 account monitoring order

銀行預金口座報告	bank statement; statement of account
銀行預金口座報告の準則	bank-statement rule
銀行預金残高	bank balance
銀行預金資金の引出し	disintermediation
銀行預金通帳	passbook; bankbook
均衡予算	balanced budget
銀行ローン	bank loan
銀行渡し	pay any bank
銀行割引料	bank discount
金庫株	treasury stock; treasury share
金庫証券	treasury security
金庫条項	iron-safe clause
キンゴール	cyngor
禁婚親等	prohibited degree; prohibited degree of relationship; forbidden degree
禁止	ban
禁止	debarment
禁止	forbiddance
禁止	interdict
禁止	interdiction
禁止	prohibition
禁止	proscription
禁止	restraint
禁止されている逸脱量刑	forbidden departure
禁止通告書	prohibition notice
近日討議のための動議	early day motion
禁止的差止め命令	prohibitory injunction
禁止的制定法	negative statute
禁止武器	prohibited weapon
禁止命令	prohibiting order
禁止命令	prohibition
禁止命令	prohibition order
禁止命令	restraining order
禁酒州	dry state
禁酒法	dry law
禁酒法	Prohibition
禁酒法実施法	Prohibition Enforcement Act
禁酒を定めた憲法第18修正	Prohibition Amendment
金兌券	gold certificate
銀証券	silver certificate
近所迷惑な家	disorderly house
禁止令	interdict
禁止令状	writ of prohibition; prohibition
禁止令状事件	Case of Prohibitions
近親関係	propinquity
近親婚	incest
近親者間の婚姻障害	relative impediment
近親者殺し	parricide
近親者喪失	bereavement
近親者喪失損害賠償(金)	damages for bereavement
近親相姦	incest
近親相姦から生まれた子	incestuosi
近親相姦的姦通	incestuous adultery
禁制品	contraband
金銭	money
金銭遺贈	pecuniary bequest
金銭遺贈	pecuniary legacy
金銭債務	debt
金銭債務証書	bill of debt
金銭債務証書	debt instrument
金銭債務承認書	due bill
金銭債務訴訟	action of debt; debt
金銭債務捺印証書	bill obligatory
金銭債務の原因	causa debendi
金銭債務令状	writ of debt; debt
金銭支払い証券	warrant
金銭上の利益	pecuniary advantage
金銭上の利益	pecuniary benefit
金銭上の利益	pecuniary gain
(詐欺による)金銭上の利益取得(罪)	obtaining pecuniary advantage (by deception)
金銭上の利害関係の開示	disclosure of interest
金銭出納係	teller
金銭請求	money claim
金銭請求訴因	money count
金銭的救済	pecuniary remedy
金銭的損害	pecuniary damages
金銭的損害	pecuniary loss; pecuniary injury
金銭的損害賠償	pecuniary damages
金銭的損害賠償	special damages
金銭による請求	money claim
金銭の取得	pecuniary gain
金銭賠償	pecuniary compensation
金銭判決	money judgment
金銭補償	pecuniary compensation
金銭約因	pecuniary consideration
禁治産宣告(手続き)	full interdiction; complete interdiction
禁治産宣告(手続き)	interdiction
巾着切り	cutpurse
謹聴	oyez, oyes
緊張緩和	détente
均等	equality
均等	owelty
均等物	equivalent
均等物の法理	doctrine of equivalents
銀の落下傘	silver parachute
禁反言	estoppel
禁反言証明書	estoppel certificate
禁反言に基づく権原	title by estoppel
禁反言に基づく不動産権	tenancy by estoppel
禁反言による会社	corporation by estoppel
禁反言による組合	partnership by estoppel
禁反言による権限	authority by estoppel
禁反言による代理	agency by estoppel
禁反言による地役権	easement by estoppel
禁反言による養子縁組	adoption by estoppel
禁反言の相互性	mutuality of estoppel
禁反言の答弁	plea in estoppel
金縁証券	gilt-edged securities
金本位制	gold standard
銀盆の法理	silver platter doctrine
緊密な連帯関係	representation
勤務	service
勤務期間	working time
勤務時間集計用紙	timesheet
金約款	gold clause
近友	next friend; friend; prochein ami [amy]; ami
金融	finance
金融会社	finance company
金融会社	moneyed corporation
金融機関	financial institution
金融機関	financing agency
金融機関改革再生強制法	Financial Institutions Reform, Recovery and Enforcement Act
金融業者	financier
金融サービス機関	Financial Services Authority
金融市場	financial market
金融政策委員会	Monetary Policy Committee
金融仲介	intermediation
金融仲介機関	financial intermediary
金融手形	finance bill
金融派生商品	derivative; derivative instrument
金融リース	finance lease
金融料	finance charge
金利	money rates
金利買い下げ	buydown
金利先渡し合意	forward rate agreement
禁漁期	closed season; close season
禁猟期	closed season; close season
近隣	neighborhood
近隣	vicinage
近隣住民	neighborhood
近隣住民からなる陪審	jury of the vicinage
近隣住民による警戒	neighborhood watch

近隣の無料法律相談所　neighborhood law center
近隣保有者入会権　vicinage
勤労家族税額控除　working families tax credit
勤労時間仮出所　work furlough
勤労者貸付け組合　loan society
勤労所得　earned income
勤労所得税控除　earned-income credit

ク

区　ward
グアンタナモ湾　Guantanamo Bay
杭刺しの刑　ganch
クイストクロウス信託　quistclose trust
クインラン事件　Quinlan, In re
空位期間　interregnum
空位時代　interregnum
空位聖職自由選定権　option
空気　air
空気流通権　right to air
空軍　air force
空軍軍務法　air-force law
偶然　chance
偶然の発見　inadvertent discovery
空中　air
空中権　air right
偶発事件　fortuitous event
偶発事故　accident
偶発事故　cas fortuit
偶発事故　contingency
偶発事故　misadventure
偶発事故による殺人　homicide by misadventure; homicide per infortunium
偶発事故による殺人　misadventure
偶発死亡事故　aventure
偶発性　contingency
偶発損益の壺　casualty pot
偶発損失　casualty loss
偶発的原因　accidental cause
偶発的争闘　chance-medley
偶発的致死　accidental killing
偶発利益　casualty gain
空文化した法律　dead letter
偶有性不法妨害　nuisance per accidens
苦役　servitude
クオーミヌス　quominus
（一）区画　lot
区画線　lot line
草の根　grass roots
くさびの原則　wedge principle
鎖の環の原則　link-in-chain (principle)
くじ　lot
くじ引き　drawing lots
苦情（の種）　grievance
苦情処理委員会　grievance committee

苦情処理仲裁　grievance arbitration
苦情（処理）手続き　grievance procedure
苦情の救済　redress of grievances
苦情申し立て　grievance
苦情申立人　grievant
くず物資産　junk asset
薬　drug
口止め料　hush money
苦痛　pain
苦痛　pain and suffering
苦痛に関する無宣誓供述　declaration of pain
苦痛をこうむること　suffering
グッドライト　Goodright
クーデター　coup (d'état)
国　country
国側の証拠　state's evidence
国の行為　state action
国の最高法規　supreme law of the land
虞犯少年　status offender
首絞め　garroting
首の一節　neck verse
区分　classification
区分　division
区分財産権　unit
区分財産権譲渡（捺印）証書　unit deed
区分財産権保有者　unit-holder
区分所有共同住宅　condominium
区分所有権　condominium; unit
区分所有権譲渡（捺印）証書　unit deed
区分所有権設定文書　declaration of condominium
区分所有権法　unit-ownership act
区分捜索　zone search
組合　association
組合　partnership; copartnership
組合員　copartner
組合員　partner
組合員資格維持（制）　maintenance of membership
組合員の選択（の法理）　delectus personae
組合員のリーエン　partner's lien
組合員持分　equity of partners
組合員優先事業所　preferential (union) shop
組合員優先取扱い事業所　preferential (union) shop
組合規定最低賃金基準　union rate
組合組合員集合体説　aggregate theory of partnership
組合契約　partnership agreement
組合財産　partnership property
組合財産持分負担賦課命令　charging order
組合資産　partnership assets
組合定款　articles of partnership
組合の解散　dissolution of partnership
（商事）組合の機会の法理　firm opportunity doctrine
組合の不動産権　estate in partnership
組合不動産権　tenancy in partnership
組合法修正法　Partnership Law Amendment Act
組合法主体説　entity theory of partnership
組合保障条項　union security clause
組合巻き上げ　partnership rollup
（商事）組合名　firm name
組合名組合員　name partner
組為替手形　bills in a set; set of bills; set of exchange
組込み　incorporation
組込み論　incorporation theory
組分け取締役会　classified board of directors
曇りのない権原　clear title
クラクソン事件の法理　Klaxon doctrine
ぐらぐら罪　wobbler
グラス‐スティーガル法　Glass-Steagall Act
『グラティアヌス教令集』　Decretum Gratiani
クラブ　club
クラフリン信託　Claflin trust
クラフリン信託の原則　Claflin trust principle
暗闇時間帯　hours of darkness
クラレンドン制定法　Constitutions of Clarendon
クラレンドン法　Assize of Clarendon
クリアフィールド信託の法理　Clearfield Trust doctrine
クーリア・レーギス　curia regis
繰返し　repetition
繰越し取得価額　carryover basis
繰越し取得価額　substituted basis
グリーザー法　Greaser Law
グリズウォルド対コネティカット事件　Griswold v. Connecticut
クリック詐欺　click fraud
繰延べ　deferment; deferral
繰延べ貸方項目　deferred credit
繰延べ勘定　deferred charge
繰延べ経費　deferred expense
繰延べ収益　deferred income
繰延べ請求　deferred claim
繰延べ措置　deferral
繰延べ払い　deferred payment
繰延べ費用　deferred charge
クーリーの法理　Cooley doctrine
クリフォード型信託　Clifford trust
グリーンカード　green card
グリーンカード所持者　green-carder
クーリングオフ期間　cooling-off period

グリーンフォーム green form
グリーンブック green book
グリーンマン対ユーバ電動工具製造会社事件 Greenman v. Yuba Power Products, Inc.
グリーンメール greenmail
グリーンリヴァー条例 Green River Ordinance
苦しみ distress
グループ贈与 class gift
グループ訴訟 group litigation
グループ訴訟命令 Group Litigation Order
グループに属する者への贈与 gift to a class
グレイズ・イン Gray's Inn
クレイトン反トラスト法 Clayton Anti-trust Act
クレイトン法 Clayton Act
クレジットカード credit card
クレジットカード押し込み credit-card cramming
クレジットカード犯罪 credit-card crime
クレジットによる購入 purchase on credit
クレジット売買 sale on credit
クレジット返済計画 credit plan
グレトナグリーン婚 Gretna Green marriage
クレメンス集 Clementines
グレーンジ結社 Grange
グレーンジ結社員 granger
グレーンジャー運動 Granger Movement
グレーンジャー事件 Granger Cases
愚弄 flout
グロスター法 Statute of Gloucester
クローズドエンド型投資会社 closed-end investment company
クローズドエンド信用 closed-end credit
クローズドショップ closed shop
クローズドショップ協定 closed shop agreement
黒地代 black rent; blackmail; reditus niger
クローニング cloning
黒帽 black cap
企て compassing
企て enterprise
軍 armed forces; armed services
郡 county
郡委員会 county board
軍医総監 Surgeon General
訓戒 caution
郡区 township
君公 prince
郡公領 principality
郡裁判官 county judge
郡裁判所 county court
軍使 parlementaire
軍事裁判 military justice

軍事裁判権 military jurisdiction
軍事裁判所 military court; military tribunal
軍事裁判法典 Code of Military Justice
軍事参謀委員会 Military Staff Committee
軍事上訴裁判所 Court of Military Appeals
軍事審問委員会 military commission
軍事占領 belligerent occupation
軍事調査委員会 military board
軍事的不動産保有者 military tenant
軍事的不動産保有(条件) military tenure
軍事の奉仕(義務) military service
勲爵士 knight
君主 monarch
君主制 monarchy
軍主任法務官 Judge Advocate General
軍主任法務官室 Judge Advocate General's Department
軍需品 munition; munitions of war
軍需品 ordnance
軍需品委員会 Board of Ordnance; Ordnance Office
軍人遺言 soldier's will; military testament; military will
軍人恩給不服審判所 pensions appeal tribunal
軍人予審裁判所 court of inquiry
軍政 military government
軍税 heregeld
郡税 county rate
郡政委員 county commissioner
郡政委員会 county commission
軍政下の法 martial law; law martial
郡政執行委員会 board of supervisors
軍政府長官 military governor
軍隊 army
軍隊的矯正施設 boot camp
郡庁所在地 county seat [site]; county town; shire town
群島航路帯通航権 right of archipelagic sea lanes passage
群島国 archipelagic state
(陸)軍備品 military stores
軍法 military law; law martial; martial law
軍法 Armed Forces Act
軍法会議 court-martial; martial court
軍法会議判例集 Court-Martial Reports
軍法刑事上訴裁判所 court of criminal appeals
軍法再審裁判所 Court of Military Review
軍法に関する授権書 commission of martial law
軍法務官 judge advocate
郡法務官 county attorney
郡民兵 posse comitatus; posse; power of the county
郡民兵法 Posse Comitatus Act
軍務関係者訴追機関 Service Prosecuting Authority
軍務関係者訴追機関長官 Director of Service Prosecutions
軍務関係調査委員会 service inquiry
軍務関係不服申し立て処理委員 Service Complaints Commissioner
軍務関係民間人裁判所 Service Civilian Court
軍務騎士 knight marshal(l)
軍務裁判所 service court
軍務伯 Earl Marshal (of England); marshal
軍務伯裁判所 Earl Marshal's Court
軍務法 service law
軍律 articles of war

ケ

ケアンズ法 Cairns'(s) Act
系 corollary
敬意 respect
経営委員会 executive committee
経営者 manager
経営者株 management stock [shares]
経営陣 management
経営責任者 executive officer
経営判断 business judgment
経営判断不介入の準則 business judgment rule
経過 elapse
経過 lapse
計画 design
計画 plan
計画 planning
計画 scheme
計画許可 planning permission
計画経済 planned economy
計画行動要求 program [programme] requirement
計画の遺産処分(法) estate planning
計画的一体開発 planned unit development
計画的殺人 deliberate homicide
計画的犯意 malice aforethought; malice prepense
軽過失 levis culpa
軽過失 slight negligence
警官 screw

警官隊	police force
刑期	term
景気後退	recession
刑期短縮特典	earned time
景気の谷	trough
軽騎兵	hobbler
経験	experience
軽減	extenuation
軽減	mitigation
軽減	relaxation
軽減事由	extenuating circumstance
経験的保険料率	experience rate
経験的保険料率算定	experience rating
経験法学	empirical studies of law
迎合	huggery
警告	admonition
警告	caution
警告	warning
警告義務	duty to warn
警告ストライキ	token strike
警告的説示	cautionary instruction
警告留意の推定	heeding presumption
経済	economy
軽罪	misdemeanor; trespass
軽罪故殺	misdemeanor manslaughter
軽罪故殺故殺化準則	misdemeanor manslaughter rule
軽罪裁判所	Court of Session
経済指標	economic indicator; indicator
経済社会理事会	Economic and Social Council
経済上の差別	economic discrimination
経済制裁	economic sanction
経済地代	economic rent
経済・通貨連合	Economic and Monetary Union
経済的強迫	economic duress
経済的実体的法の適正手続き	economic substantive due process
経済的実態テスト	economic realities test
経済的損失	economic loss
経済的損失の準則	economic loss rule
経済的耐用年数	economic life
経済的地代	economic rent
経済的陳腐化	economic obsolescence
経済的家賃	economic rent
軽罪犯	misdemeanant
経済復興税法	Economic Recovery Tax Act
経済要求によるストライキ	economic strike
警察	police
警察官	police officer; policeman
警察官職務執行妨害罪	obstruction of police; obstructing a police officer
警察記録	police register
警察国家	police state
警察裁判所	police court
警察裁判所裁判官	police judge
警察裁判所治安判事	police magistrate; police justice
警察時間空費(罪)	wasting police time
警察の無断立入り	no-knock
警察部長	police commissioner
警察不服審査機関	Police Complaints Authority
警察不服独立委員会	Independent Police Complaints Commission
警察本署	police headquarters
警察本部長	chief constable
警察本部長	police commissioner
計算	account
計算打切日	cutoff date
計算貨幣	money of account
計算強制勾引令状	capias ad computandum
計算上の履行	ringing up
計算書の脱漏	surcharge
計算書類	accounts
計算請求	accounting
計算訴訟	(action of) account
計算提出請求訴訟	account render
計算命令	order to account
計算約束付き受領証	accountable receipt
計算令状	writ of account
継子	stepchild
刑事	detective
刑事学	criminal science
刑事過失	criminal negligence; culpable negligence
刑事過程	criminal process
形式	form; forma
形式的当事者	formal party
形式不備	defect of form
形式法	formal law
形式法	adjective law
形式問題	matter of form
刑事控訴院	Court of Criminal Appeal
刑事裁判	criminal justice
刑事裁判	judicium publicum
刑事裁判権	criminal jurisdiction
刑事裁判権	penal jurisdiction
刑事裁判所	court of oyer and terminer; oyer and terminer
刑事裁判所	criminal court
刑事裁判制度	criminal justice system
刑事裁判長官	head of criminal justice
刑事事件	criminal case
刑事事件	Crown case; case for the Crown
刑事事件期日	Crown Paper days
刑事事件再審査委員会	Criminal Cases Review Commission
刑事事件表	Crown Paper
刑事事件弁護提供機関	Criminal Defense Service
刑事事後法	ex post facto law
刑事出廷令状	criminal process
刑事巡回裁判	oyer and terminer; oyer
刑事巡回裁判官	justice of oyer and terminer
刑事巡回裁判官任命書	oyer and terminer; commission of oyer and terminer
刑事巡回裁判所	oyer and terminer; court of oyer and terminer
刑事巡回裁判所	circuit court
刑事上訴裁判所	court of criminal appeals
刑事上の暴行	criminal assault
刑事制裁	criminal sanction
刑事政策	criminal policy
刑事制定法	criminal statute
刑事責任	criminal liability
刑事責任	criminal responsibility
刑事責任年齢	age of criminal responsibility
刑事責任能力	criminal responsibility
刑事責任能力にかかわる精神障害	criminal insanity
警視総監	police commissioner
刑事訴訟	criminal action
刑事訴訟	criminal procedure
刑事訴訟	criminal proceeding
刑事訴訟	penal action
刑事訴訟上の上訴	criminal appeal
刑事訴訟手続き	criminal procedure
刑事訴訟手続き	criminal proceeding
刑事訴訟手続き規則	act of adjournal
刑事訴訟手続き規則	Criminal Procedure Rules
刑事訴訟手続き規則	rules of criminal procedure
刑事訴訟手続き規則委員会	Criminal Procedure Rules Committee
刑事訴訟手続き法	Criminal Procedure Act
刑事訴追	criminal prosecution
刑事訴追	suit of the (King's) peace
刑事訴追事件	case for the Crown
刑事訴追主事	Master of the Crown Office
刑事訴追進行	binding over
刑事的(裁判所)侮辱	criminal contempt
刑事手続き	criminal procedure
刑事手続き過程	criminal process

刑の責任能力　criminal capacity
掲示板　notice board
刑事被告人　panel
刑事被告人　prisoner
刑事被告人自身による無担保保釈保証証書　personal bond
刑事部　Criminal Division
刑事部　Criminal Investigation Department
刑事部　Crown Office
刑事部裁判所補助官　associate of the Crown Office
刑事部門　Crown side
刑事弁護士　criminal lawyer
刑事法　criminal law
刑事法　Crown law
刑事法院　Crown Court
刑事法院　High Court
刑事法院規則　Crown Court rules
刑事法院の三層構造　three-tier system (of Crown Court)
刑事法院の捜索　search before Crown Court
刑事法院への簡略陪審審理付託　short committal
刑事法院への即時陪審審理付託　instant committal
刑事法院への陪審審理付託　committal for trial
刑事法改正委員会　Criminal Law Revision Committee
刑事法執行学　criminal justice; law enforcement
刑事法上の子供の責任能力　capacity of a child in criminal law
刑事法典　penal code; criminal code; penal law
刑事没収　criminal forfeiture
刑事免責権の放棄　waiver of immunity
傾斜返済方式譲渡抵当　graduated (payment) mortgage
継受　reception
芸術作品　artistic work
敬称　mode of address
継承財産移転承認書　vesting assent
継承財産再設定(証書)　resettlement
継承財産設定移転条項　shifting clause
継承財産設定財産　settled property
継承財産設定受託者　trustees of the settlement
継承財産設定(証書)　settlement
継承財産設定証書　deed of settlement
継承財産設定地　settled land
継承財産設定地収益金　capital money
継承財産設定地法上の受託者　Settled Land Act trustees
継承財産設定捺印証書　deed of settlement
継承財産設定不動産(権)　settled estate
継承財産設定保護者　protector of the [a] settlement
継承財産付与証書　vesting instrument
継承財産付与捺印証書　vesting deed
経常収支　current account
計上承認資産　admitted asset
計上非承認資産　nonadmitted asset
刑事留保事件　Crown cases reserved
刑事留保事件裁判所　Court for (Consideration of) Crown Cases Reserved
継親　stepparent
形勢観望(の原則)　wait and see
形勢観望の原則　wait-and-see principle
軽窃盗　petit larceny; petty larceny
係争事項　matter in controversy; matter in dispute
係争中の訴訟　pending action; lis pendens; pendens lis
(離婚)係争中扶養料　maintenance pending suit
継送積替え　interlining
係争物　subject matter
係争物の管理　lis pendens
係争物保全管理人　receiver pendente lite
係争物保有者　stakeholder
係争物保有者による競合権利者確定手続　stakeholder's interpleader
係争不動産差押付き召喚小令状　little cape
係争不動産差押付き召喚大令状　grand cape
係争不動産差押付き召喚令状　cape
係争封土外の抗弁　hors de son fee
継続　continuance
継続勘定　running account
継続勘定クレジット　running account credit
継続企業　going concern
継続企業価値　going concern value; going value
継続勤務引退裁判官　senior judge
継続合意　continuation agreement
継続行為犯罪　continuous crime
継続している権利侵害　continuing injury
継続審議[審理]　adjournment
継続占有関係　privity of possession
継続担保　continuing warranty
継続地役権　continuous easement
継続中の権利侵害　continuing wrong
継続治療の法理　continuous treatment doctrine
継続的管轄権　continuing jurisdiction
継続的管轄権の法理　continuing jurisdiction doctrine
継続的居住の要件　durational residency requirement
継続的契約違反　continuing breach
継続的権利主張　continual claim
継続的効力をもつ委任状　durable power of attorney
継続的効力をもつ委任状　enduring power of attorney
継続的雇用　continuous employment
継続的侵害　permanent trespass
継続的侵害主張　continuando
継続的存続　perpetual succession
継続的敵対的使用の原則　continuous adverse use principle
継続的犯罪　continuing offense
継続的不法妨害　continuing nuisance
継続的保釈　continuous bail
継続的保証　continuing guaranty
継続的申し込み　continuing offer
継続日数　running days
継続約款　continuation clause
形態転換　conversion
形態転換義務　duty to convert
系統的和解　structured settlement
軽度の注意　slight care
軽度有責関与者　minor participant
刑の再宣告(手続き)　resentencing
刑の執行一部猶予宣告　partially suspended sentence
刑の執行停止　respite
刑の執行停止(命令)　stay of execution
刑の執行猶予　suspension of sentence
刑の執行猶予宣告　suspended sentence
刑の執行猶予に伴う保護観察命令　suspended sentence supervision order
刑の宣告　sentence
刑の宣告(手続き)　sentencing
刑の宣告一体の準則　sentence-package rule
刑の宣告延期　delayed sentence
刑の宣告のための事件付託　committal for sentence
刑の宣告の猶予　deferment of sentence
刑の宣告猶予　deferred sentence; suspension of sentence
刑の宣告猶予後の宣告　deferred

sentence
刑の取引 sentence bargain
競売 auction; auction sale
競売 hammer
競売 licitation
競売 sale
競売条件 conditions of sale
競売同盟 auction ring; ring
競売による売買 sale by auction
競売人 auctioneer
刑罰 penalty
刑罰 poena
刑罰 punishment
刑罰加重因犯罪 predicate offense
刑罰軽減を求める答弁 plea in mitigation
刑罰制定法 penal statute; penal law
刑罰制定法に基づく略式起訴 information
刑罰付き通知(書) penal notice
刑罰としての拘束 penal custody
刑罰の軽減 mitigation of punishment
刑罰の対象となる違法行為 misprision
刑罰法 penal law
刑罰法体系 penal system
軽犯罪 petty offense
経費 expense
警備員 guard
警備員 security guard
経費充当収入 appropriations in aid
(賃貸人)経費全面負担不動産賃貸借 full service lease
軽微な注意 slight diligence
軽微な努力 slight diligence
経費プラス一定利益価額契約 cost-plus contract
景品 free gift
景品株 bonus stock; bonus share
継父 stepfather
軽蔑 disparagement
軽蔑的説示 disparaging instruction
継母 stepmother
刑法 criminal law
傾眠 somnolentia
刑務所 jail, gaol
刑務所 prison; correctional institution; penitentiary
刑務所局 Bureau of Prisons
刑務所規律 prison rule
刑務所査察委員会 board of visitors
刑務所長 warden; governor
刑務所内共同抗令 prison mutiny
刑務所友好訪問者 prison visitor
契約 agreement
契約 contract
契約意図表明状 letter of intent
契約違反 breach of contract

契約違反勧誘 procuring breach of contract; inducement of breach of contract; inducing breach of contract; procurement of breach of contract
契約違反の勧誘 inducement to break contract
契約運送人 contract carrier
契約覚書 contract note
契約外工事 extra work; additional work
契約解除 rescission of contract
契約解除条項 break clause
契約解除条項 cancellation clause
契約関係への不法行為的干渉 tortious interference with contractual relations
契約関係妨害 interference [interfering] with contractual relations
契約規定紛争仲裁 interest arbitration
契約客観説 objective theory of contract
契約婚 handfasting
契約婚 handfast marriage
契約者 contractant
契約者 covenantor
契約終了条項 termination clause
契約主観説 subjective theory of contract
契約書 contract
契約条項たる条件 condition
契約上の義務 contractual obligation
契約上の債権債務関係条項 Contracts Clause; Contract Clause; Obligation of Contracts Clause
契約上の債務 contractual obligation
契約上の不動産権 contractual tenancy
契約成立地裁判所 forum contractus
契約責任 contractual liability
契約責任の免責と限定 exclusion and restriction of contractual liability
契約前照会(状) precontract inquiries
契約訴訟 action ex contractu
契約ゾーニング contract zoning
契約地 locus contractus
契約締結地 place of contracting
契約締結地法 lex loci celebrationis
契約締結地法 lex loci contractus
契約当事者 contractor
契約内容補充規定 gap-filler; gap-filling [gap filler] provision
契約内容補充の準則 gap-filling rule
契約における履行時についての規定 time provision in (a) contract

契約についてのプロパー・ロー proper law of a contract
契約に適合しない物品 nonconforming goods
契約に基づく立入り許可 contractual license
契約による禁反言 estoppel by contract
契約能力 capacity to contract; contractual capacity
契約の解除 dissolution of contract
契約の解消 discharge of contract
契約の型に関する錯誤 error in negotio
契約の可分性 severability of contract
契約の自由 freedom of contract; freedom to contract; liberty of contract
契約の商事目的達成不能 commercial frustration
契約の譲渡 assignment of contract
契約の消滅 discharge of contract
契約の尊厳 sanctity of contract
契約の不可分性 entirety of contract
契約の分割 apportionment of contract
契約の本質的要素 essence of a [the] contract
契約の履行 performance of contract
契約非当事者無影響則 res inter alios acta
契約法 contract law; law of contract
契約方式の充足 solemnity of contract
契約法・不法行為法重複領域(上の権利侵害) contort
契約補償 contractual indemnity
契約目的の一時的達成不能 temporary frustration
契約目的の自己責任不達成 self-induced frustration
契約目的の達成不能 frustration (of contract)
契約目的の達成不能(の法理) frustration of purpose; frustration
契約履行保証証書 contract bond
契約利率 contract rate
警邏 watch and ward
係留 moorage
係留 mooring
係留所 mooring
係留設備 mooring
係留料 moorage
計量法学 jurimetrics
系列会社 affiliate
系列会社 affiliated corporation
系列会社 related company
経路 channel

和英対照表		
刑を受けないこと impunity	決済 clearance	血統主義 jus sanguinis
毛織物検査官 alnager	決済通貨 money of account	決闘審判 trial by battle; battle; duel; dueling; trial by combat; trial by wager of battle [battel]; wager of battle [battel]
汚れを帯びた株式 tainted stock	決済日 account day	
(違法性の)汚れを帯びた証拠 tainted evidence	決済日 settlement date	
	決済日 settling day	
汚れを帯びた証拠の審理 taint hearing ★ ⇨ よごれ	結社 association	
	結社の自由 freedom of association	血統に関する供述 declaration concerning pedigree
激情 passion	血讐 blood feud	
激情殺人 chaud-medley	欠如 failure	決闘の挑戦 challenge to fight
激情状態 heat of passion	欠如 privation	けつペイリフ bumbailiff
激情犯 crime of passion	結晶化 crystallization	欠乏 privation
激痛 anguish	血清試験 serological test; serological blood test; serologic test	結論 conclusion
劇的価格決定 drama-pricing		ケーブル法 Cable Act
激突 fit		ケベック法 Quebec Act
下向転換 downstream conversion	欠席者 defaulter	ゲーム game
下向保証 downstream guaranty	欠席判決 default judgment; judgment by [in] default	下落 drop
ゲシュタールトの要因 Gestalt factors		ゲリマンダー gerrymander, jer-
下知令状 praecipe, precipe	欠席被告 defaulting defendant	ゲリマンダー(選挙)区 gerrymander, jer-
下知令状被告 tenant to the praecipe	決選投票 second ballot	
	血族 blood relative	ゲリマンダー(選挙)区割り gerrymandering
下水(道) sewer	血族 cognation	
下水道への送達 sewer service	血族 consanguinity; cosinage, cosenage, cousinage	ゲリラ兵 guerrilla, guerilla
ケースメソッド casebook method; case method; case system		原案適正 true bill; billa vera
	血族 kin; kindred	原案否決 no bill; no true bill
懈怠 ⇨ かいたい	血族 relative; cognate; kin; kinsman	権威 authority
血液 blood		権威主義 authoritarianism
血液型検査 blood grouping test	血族関係 consanguinity; blood; blood relationship	原意主義 originalism
血液検査 blood test		権威主義者 authoritarian
血液試料 specimen of blood; blood sample; blood specimen	血族殺害贖罪金 kinbote	権威的先例 authoritative precedent
	血族でない人 stranger in blood	
血縁 cosinage, cosenage, cousinage	欠損 deficiency	権威の典籍 books of authority
	欠損 deficit	原因 cause; causa
血縁関係 kinship; kindred	欠損金の繰越し carryover; loss carryforward; loss carryover	幻影持株制度 phantom stock plan
血縁関係 privity of blood		検疫 quarantine
血縁的愛情対象外の人 stranger in blood	欠損金の繰戻し carryback; loss carryback	権益 concession
		現役(勤務) active duty
血縁による法定相続人 natural heir	血中アルコール濃度 blood alcohol content	検疫済み証 pratique
血縁(法定)相続人 heir of the blood		検疫停船期間 quarantine
	決定 act	検閲 censorship
結果 consequence; effect	決定 decision	嫌悪 odium
結果 event	決定 determination	原価 cost
結果 finding	決定 fixing	減価 depreciation
結果 issue	決定 joinder	限界基準 threshold criteria
結果 result	決定 rule	限界税率 marginal tax rate
結果永続的権利侵害 permanent injury	決定 ruling	限界線 line
	決定規則 final rule	限界費用 marginal cost
結果のテスト product test	決定記録 record of decision	原価回収 cost recovery
欠陥 defect; vice	決定通知 determination letter; ruling letter	減額 abatement
欠陥家屋敷 defective premises		厳格受戻し権喪失手続き strict foreclosure
欠陥資格ゆえの陪審員忌避 challenge propter defectum	決定通知(書) notice of order	
	決定的事実 dispositive fact	厳格受戻し権喪失手続きを命ずる判決 foreclosure decree
欠陥住居 defective dwelling	決定的事実の認定 special finding	
欠陥状態 defective condition	決定的証拠 critical evidence	厳格解釈 strict construction; strict interpretation
欠陥製品 defective product	決定的答弁 peremptory plea	
欠陥設備 defective equipment	決定的物証 smoking gun [pistol]	厳格解釈主義 strict constructionism; strict construction
欠陥評決 defective verdict	決定的要因 deciding factor	
決議 resolution	決定の通知 notice of order	厳格基準 strict test
欠勤 absence	決定票 casting vote [voice]	厳格継承財産設定(証書) strict settlement
結合 combination	決定要因 deciding factor	
月光族 moonlighter	欠点 failing	厳格審査 strict scrutiny
結合的否認 conjunctive denial	決闘 battle	厳格製造物責任 strict products liability
結合特許 combination patent	決闘 duel; dueling	
結合命令 combination order	血統 lineage	厳格責任 strict liability
	血統汚損 corruption of blood	厳格責任裁判所侮辱 strict liabil-

ity contempt
厳格責任の権利侵害 wrong of strict liability
減額訴権 actio quanti minoris
厳格法 blue law
厳格方式 solemn form
厳格方式による遺言検認 probate in solemn form
原価計算 cost accounting
喧嘩口論常習者 common scold
けんかことば fighting words
減価償却(費) depreciation
減価償却引当金 depreciation reserve
減価償却方法 depreciation method
減価償却累計額 accumulated depreciation; accrued depreciation
原価に対する加算högi markup
原価による正当化 cost justification
現下の忠誠(義務) actual allegiance
嫌疑 suspicion
建議 address
言及 mention
研究所 institute
研究ノート note
嫌疑を晴らすこと exoneration
現金 cash
現金 hard cash
現金 hard money
現金 ready money
現金化 realization
現金からなる担保財産 cash collateral
現金交付合併 cash merger
現金支出を伴わぬ費用 noncash charge
現金実価 true cash value
現金支払い費用 out-of-pocket expense
現金収支 cash flow, cashflow
現金収支計算書 cash flow statement
現金主義 cash basis; cash method
現金主義的会計方法 cash-basis accounting method
現金償還 cashout
現金同等物 cash equivalent
現金取引契約 spot contract
現金売買 cash sale
現金払いとクレジット払い価格の差額 time-price differential
現金払い選択権取引 cash-option transaction
現金返還保証 money-back guarantee
現金類似資産 near money
現金割引 cash discount
減刑 commutation
減刑 mercy
減刑勧告 recommendation of mercy
権原 title

権限 authority
権限 power
権限 remit
権限争い jurisdictional dispute
権限委譲 devolution
権原移転説 title theory
権原開示令状 quo warranto
権原確定のための侵害訴訟 trespass to try title
権原確認訴訟 action to quiet title; quiet-title action; suit to quiet title
権原確認訴状 bill to quiet possession and title
権原競合(地) lappage
権原購入 buying title
権原質疑(書) requisition on title
権原取得不成就 failure of title
権限授与状 warrant
権原授与状 warrant
権原証券 document of title; title document
権限証券 warrant
権原証券担保 transfer warranty
権原証券による売買 documentary sale
権原証券引換え即金払い売買 cash against documents sale
権原証書 indicia of title
権原証書 muniment of title
権原証書 title deed; title
権原証書寄託 deposit of title deeds
権原証書不寄託譲渡抵当(権) puisne mortgage
(土地)権原情報文書 title information document
権原証明 deducing title
権原証明書 certificate of title
権原宣言判決 declaration of title
権原担保者 warrantor, warranter
権原担保者の訴訟参加請求 avoucher
権原担保者の訴訟参加請求 voucher to warranty; voucher
権原担保者の訴訟参加請求 vouching-in
権原担保条項 covenant of warranty
権原担保(責任) warranty
権原担保捺印証書 warranty deed
権原担保人 advocatus
権原担保約款 covenant for title; covenant of title; title covenant
権原担保約款 covenant of warranty
権原調査 title search; search of title
権原登録索引 index to records of title
権原登録証書 certificate of title
権原登録(制度) title registration

loper
権限なしでの裏書 unauthorized endorsement
権限なしでの署名 unauthorized signature
権限なしでの法律実務 unauthorized practice of law
(不動産)権原についての意見 title opinion
権原についての証拠 evidence of title
権原についての中傷 disparagement of title; disparagement of property [goods]
権限認定証書 certificate of authority; verification
権限の委任 delegation of powers
権原の外観 color of title
権限の外観 color of authority
権原の基礎 root of title
権原の曇り cloud on title
権原の曇り除去訴状 bill to remove a cloud on title
権原の主張 claim of title
権原の種類および権利者の表示 proprietorship register
権原の生気 scintilla juris
権原の担保 warranty of title
権原の同一性 unity of title
権原の登録 registration of title
権限の範囲 scope of authority
権原の誹毀 defamation of title
顕現日開廷期 Epiphany term
権原誹毀 slander of title; jactitation
権原誹毀の性質をもつ文書誹毀 libel in the nature of slander of title
権原保険 title insurance
権原保持契約 bond for title
権原保証会社 title guaranty company
権原保証書 warrant
権原保留(条項) retention of title
(裁判所の)権限踰越 excess of jurisdiction
権限踰越行為 ultra vires act
権原要約書 abstract of title; brief
権原要約書証明書 reissue
権原要約書副本 epitome of title
原権利遡及回復 remitter
権原留保 title retention
権原留保(条項) reservation of title
権原連鎖 chain of title
権限を有する人 person in authority
言語 language
健康 health
健康安全委員会 Health and Safety Commission
健康安全委員会執行部 Health and Safety Executive
健康維持機構 health-maintenance organization
現行価格 going price

和英		
健康管理委員会 Healthcare Commission	検査 test	ages
健康管理機構 managed-care organization	現在価値 present worth; present value	現実的認識 actual knowledge
		現実的引渡し livery in deed
健康記録 health record	減債基金 sinking fund	現実的引渡し actual delivery
健康証明書 bill of health	減債基金付き社債 sinking-fund debenture	現実に占有しうる権利 possessory interest
健康証明書 health certificate		
『現行制定法集』 Statutes in Force	現在形のことばを用いての婚姻 marriage per verba de praesenti	現実の害意 actual malice
『現行制定法集』 revised statutes		現実の害意の準則 actual malice rule
健康増進委員会 Commission for Health Improvement	現在形のことばを用いての婚姻約束 sponsalia per verba de praesenti	
		現実の詐欺 actual fraud
現行盗 furtum manifestum	現在権 present interest	現実の市場価格 actual market value
現行盗 open theft	現在原価 current cost	
健康妊娠給付金 health in pregnancy grant	現在原価会計 current cost accounting	現実の実施化 actual reduction to practice
	現在住地 usual place of abode	現実の収用 physical taking; actual taking
現行法 existing law	現在する(法定)相続人 known heir	
健康保険 health insurance	顕在的誤謬 manifest error	現実の使用 actual use
健康保護機関 Health Protection Agency	顕在的誤謬あるいは明白な誤りの準則 manifest error or clearly-wrong rule	現実の所在 physical presence
		現実の占有 possession in fact; possession in deed
原告 actor		
原告 claimant, claimer	現在の義務 current obligation	現実の占有 actual possession
原告 declarant	現在の債務 current obligation	現実の占有剥奪 actual eviction
原告 demandant	現在の市場価格 current market value	現実の争訟 actual controversy
原告 orator		現実の訴訟と関係のない問題(点) moot question [point]
原告 petitioner	(会計)検査官 comptroller	
原告 plaintiff	検査官 inspector	現実の代理権 actual authority
原告完全敗訴判決 take-nothing judgment	検査官 surveyor	現実の立入り actual entry
	検索 discussion	現実の通知 actual notice
原告証人 secta	検索 excussion	現実の土地占有者 terre-tenant; land tenant
原告証人 suit	検索の抗弁の利益 benefit of discussion	
原告証人の提出 production of suit		現実の肉体的統御 actual physical control
原告所有物認諾 reddition	検査済み証 inspection stamp	
原告請求内容明示 particulars of claim	検察側 people	現実の認識 actual notice; express notice
	検察官 attorney	
原告請求内容明示訴答書 statement of claim; particulars	検察官 prosecuting attorney	現実の犯意 actual malice; malice in fact
	検察官 prosecutor	
原告第一訴答 declaration	(物品)検査法 inspection law	現実の明示代理権 actual express authority
原告第一訴答 narratio; tale	検査役 inspector	
原告第一訴答の冒頭部 commencement of a declaration	検屍 autopsy; postmortem examination; postmortem	現実の黙示代理権 actual implied authority
		検屍陪審 inquest jury
原告第一訴答への答弁 plea to the declaration	限嗣 tail	限嗣不動産権 entailed estate
	検屍医 medical examiner; examiner	限嗣封土権者 tenant in tail
原告第三訴答 surrejoinder		限嗣封土権 entail
原告第二訴答 replication; reply	限嗣権 entailed interest; interest in tail	限嗣封土権 fee tail; estate in fee tail; estate in tail; estate tail; tenancy in tail
原告第四訴答 surrebutter		
原告適格 standing to sue	限嗣権の廃除 barring of entailed interest	
原告による争点化の主張 offensive collateral estoppel		
	言辞自体で成立する名誉毀損 defamation per se	限嗣封土権廃除 barring of (the) entail; breaking of entail
原告の最初の訴答 complaint		
原告の訴訟無能力についての答弁 plea to the person of the plaintiff	原始取得 original acquisition	限嗣封土権廃除 disentailment; disentail
	検屍審問 inquest	
建国の父 founding father	限嗣相続人 heir in tail	限嗣封土権廃除(捺印)証書 disentailing deed
原告の賃貸人 lessor of the plaintiff	現実価格 actual value	
	現実寄託 actual bailment	限嗣封土権を有すべき直系卑属の可能性消滅後の限嗣封土権者 tenant in tail after possibility of issue extinct
原告の反対訴答 reply	現実全損 actual total loss	
原告呼上げ calling the plaintiff	現実占有 occupancy	
言語行為 verbal act	現実占有者 occupier	
言語行為の法理 verbal act doctrine	現実損害 actual loss	拳銃 handgun
	現実代理 actual agency	現住自由土地保有権者 resident freeholder
言語著作物 literary work	現実的詐欺 fraud in fact	
検査 examination	現実的政策 realpolitik	原住民 indigenous people
検査 inspection	現実的政治 realpolitik	厳粛な確言 asseveration
検査 survey	現実的損害賠償(金) actual dam-	厳粛な事態 solemn occasion

1272

| 憲章　charter
| 憲章　constitutio
| 検証　inspection
| 検証　view
| 原状　status quo ante
| 減少　diminution
| 現状　status quo
| 原状回復　restitutio in integrum
| 原状回復　restitution
| 原状回復利益　restitution [restitutionary] interest
| 原状回復令状　writ of restitution
| 献上金　benevolence
| 原証拠　original evidence
| 懸賞試合　prize fight [fighting]
| 現状承認の原則　uti possidetis
| 検証立会人　shower; shewer
| 懸賞付き商法　gift enterprise
| 検証による事実審理　trial by inspection
| 現状のまま条項　as is clause
| 現状のまま担保　as is warranty
| 現状のまま売却　sale as is
| 現職者　incumbent
| 原初原価　original cost
| 原初の権原　original title
| 原初不動産権　original estate
| 原初約束　original promise
| 原子力規制委員会　Nuclear Regulatory Commission
| 賢人　witan
| 賢人会議　witenagemot(e); witan
| 原審確定事実合意陳述書　agreed statement on appeal
| 原審裁判所　court below; lower court
| 原審事実認定は正しく覆しえぬという準則　ore tenus rule
| 原審手続き陳述　proceedings below
| ゲンス　gens
| 減水増地　dereliction
| 減水増地　derelict
| 減税期間　tax holiday
| 譴責　admonition
| 譴責　reprimand
| 譴責決議　vote of censure
| 建設　construction
| 建設譲渡抵当　construction mortgage
| 言説の真実(の防御)　truth
| 源泉課税　pay as you earn
| 源泉課税　tax deducted at source
| 源泉課税[徴収]　pay-as-you-go
| 健全健康証明書　clean bill of health
| 源泉徴収　withholding
| 源泉徴収額　withholding
| 源泉徴収税　withholding tax
| 源泉徴収用週番号　PAYE week number
| 建造船舶売買証書　grand bill of sale

| (法)原則　principle
| 原貸借　sandwich lease
| 言質　pledge
| 建築基準法規　building code
| 建築許可(証)　building permit
| 建築契約　construction contract; building contract
| 建築工事費用請求法　stop notice statute
| 建築制限制　building scheme
| 建築線　building line
| 建築費用リーエン　building lien
| 建築費ローン契約　building loan agreement
| (住宅)建築保証　construction warranty
| 建築用材木　timber
| 顕著な場所　conspicuous place
| 顕著な無視の法理　manifest disregard doctrine
| 原賃貸人　head lessor
| 限定　limit
| 限定　limitation
| 限定　restriction; qualification
| (不動産権の)限定　limitation
| 限定意見付き監査報告(書)　qualified opinion
| 限定意見付き監査報告書　qualified auditor's [audit] report
| 限定遺産管理(状)　ad colligendum [colligenda] bona (defuncti)
| 限定開放フォーラム　limited open forum
| 限定管轄裁判所　limited court
| 限定契約　restricted contract
| 限定契約家賃の登録　rent registration
| 限定公人　limited public figure
| 限定市場　limited market
| 限定修正　disclaimer
| 限定出訴期間　repose
| 限定承認　benefit of inventory
| 限定承認相続人　beneficiary heir; heir beneficiary
| 限定責任能力　diminished capacity; diminished responsibility
| 限定戦争　limited war
| 限定付き権原　qualified title
| 限定付き不動産　estate on limitation
| 限定的遺言執行者　limited executor
| 限定的遺産管理(手続き)　limited administration
| 限定的拒否権　qualified veto
| 限定的権利拒否　qualified disclaimer
| 限定的指名権　limited power of appointment
| 限定的出廷　special appearance
| 限定的出廷訴答　special appearance
| 限定的上訴　limited appeal

| 限定的所有権　qualified property
| 限定的発行　limited publication
| 限定的不法妨害　qualified nuisance
| 限定的保証　limited guaranty
| 限定的保証　limited warranty
| 限定的免責　qualified immunity
| 限定的免責(特権)　qualified privilege
| 限定配当住宅供給協会　limited-dividend housing association
| 限定パブリック・フォーラム　limited public forum
| 限定フォーラム　limited forum
| 限定目的公人　limited purpose public figure
| 限定文言　words of limitation
| 限度　limit
| 現に享有しうる権利　interest in possession
| 現に享有しうる権利付き信託　interest in possession trust
| (遺言)検認　probate
| (遺言)検認管轄権　probate jurisdiction
| (遺言)検認裁判官　ordinary
| 検認裁判官　probate judge; surrogate
| (遺言)検認裁判所　probate court; court of ordinary; ordinary's court; register's court; surrogate court; surrogate's court
| 検認裁判所　court of probate
| 検認裁判所　Court of Probate
| 検認裁判所　prerogative court
| (遺言)検認状　probate
| (遺言)検認争訟事務　contentious probate business
| (遺言)検認訴訟　probate action
| 検認撤回　revocation of probate
| (遺言)検認登録官　probate register
| (遺言)検認登録所　probate registry
| (遺言)検認法　probate law
| 検認法典　probate code
| 検認申立人　propounder; proponent
| 兼任役員　interlocking director
| 検認・離婚・海事部　Probate, Divorce and Admiralty Division
| 検認・離婚・海事部長裁判官　President of the Probate, Divorce and Admiralty
| 権能　power
| 権能　vires
| 権能　warrant
| 権能内で[の]　intra vires
| 現場監督　gangmaster
| 現場共在証拠　concomitant evidence
| 現場倉庫制　field warehousing
| 現場倉庫による倉庫証券　field warehouse receipt
| 現場での飲酒検知(法)　field sobrie-

現場での感覚的印象 present sense impression
現場の付帯状況 res gestae
現場付帯状況証人 res gestae witness
原判決の破棄 reversal of judgment
原物 original
現物 kind
現物給与禁止法 Truck Acts
現物給与制 truck system
現物地代 rent in kind
現物配布 distribution in kind
現物補填 reinstatement
現物利益 benefits in kind
現物渡し価格 spot price
原不動産譲渡 original conveyance
原不動産賃貸借[賃借権] head lease
原文 text
憲兵司令官 provost marshal
憲法 constitution; public law
憲法 constitutional law
憲法違反であるとの異議申し立て constitutional challenge
憲法会議 convention; constitutional convention
憲法改正 constitutional amendment
憲法上の害意 constitutional malice
憲法上の慣習 custom of the constitution
憲法上の官職 constitutional office
憲法上の強制執行免除家産 constitutional homestead
憲法上の顕在的誤謬 manifest constitutional error
憲法上の権利 constitutional right
憲法上の裁判所 constitutional court
憲法上の自由 constitutional freedom; constitutional liberty
憲法上の習律 constitutional convention; convention of the constitution
憲法上の制限規定 constitutional limitation
憲法上の免除[免責]特権 constitutional immunity
憲法制定権委嘱 patriation
原包装輸入品無課税の法理 original package doctrine
憲法的不法行為 constitutional tort
憲法典 constitution
憲法にかかわる事実 constitutional fact
憲法にかかわる事実の法理 constitutional fact doctrine
憲法問題 constitutional question
憲法問題省 Department for Constitutional Affairs
原保険 direct insurance
原本 original
原本 script
原本 single original
原本 top copy
原本対照謄本 examined copy; marked copy
原本提出の準則 original document rule
厳密な意味での競合権利者確定訴状 strict bill of interpleader
券面 face
券面額 face value
券面額変造小切手 raised check
減耗 shrinkage
減耗財産(権) wasting property
減耗資産 wasting asset
減耗償却(費) depletion
検問所 checkpoint
検問所での捜索 checkpoint search
現有 present enjoyment
現有権利者無占有不動産占有取得者 occupant
現有反対権利者無占有不動産の占有取得 occupancy
現有者不存在 abeyance
現有絶対単純封土権 fee simple absolute in possession; estate in fee simple absolute in possession
現有不動産権 estate in possession
権利 droit
権利 interest
権利 jus
権利 right
原理 principle
権利確定行為 confirmation
権利確認 declaration of right
権利確認 declaration of rights
権利帰属者 person of inherence
権利帰属者指名権 power of appointment; bare power; enabling power; mere power; power
権利帰属者指名権受贈者 donee (of power)
権利帰属者指名権により配分される資産 appointive asset
権利帰属者指名権の不正行使 fraud on a power
権利帰属者未確定 abeyance
権利義務設定文書 declaration
権利金 fine
権利金 foregift; forehand rent
権利金 premium
権利行使価格 strike price; exercise price; put price; striking price
権利主張 claim
権利主張懈怠 nonclaim
権利主張がないこと no-claim
権利主張期間制限法 nonclaim statute
権利主張禁止約款 covenant of nonclaim
権利主張者 claimant, claimer
権利主張者なき財産 unclaimed property
権利主張に対する時間的障害 time-bar
権利取得者指名権の不行使 default of appointment
権利授与事実 investitive fact; collative fact
権利承継者 successor in interest
権利証(書) muniment
権利証書 muniment deed
権利消尽 exhaustion of rights
権利上訴 appeal (by right); appeal as of right
権利章典 Bill of Rights
(合衆国憲法)権利章典起草者 Framer
権利消滅 defeasance, -zance
権利消滅条項 defeasance clause
権利消滅状態 public domain
権利侵害 infringement
権利侵害 injury; injuria
権利侵害 interference
権利侵害 wrong
権利侵害行為 wrongdoing
権利侵害者 wrongdoer
権利侵害発生日 date of injury
権利侵害を伴わぬ損害 damnum sine injuria; damnum absque injuria
権利請願 petition of right
権利請願 Petition of Right
権利請願法 Petition of Right Act
権利制限制定法 disabling statute
権利宣言 Declaration of Rights
権利喪失 divestment
権利喪失事実 divestitive fact; ablative fact; destitutive fact
権利対象地所在物に対する権利に付随する立入り権 license coupled with an interest
権利対象物に関する代理 agency coupled with an interest
権利対象物に対する権利付与を伴う権能 power coupled with an interest
権利としての相続分 forced share
権利としての訴訟参加 intervention of right
権利と自由のカナダ憲章 Canadian Charter of Rights and Freedoms
権利と結びついた可能性 possibility coupled with an interest
権利の客体 object of a right
権利の享有 possession of a right
権利の継続 continuity of interest
権利の主体 subject of a right
権利の主張 claim of right
権利の譲渡 assignment of rights
権利の対象 subject of a right
権利の不法侵害 encroachment

| 権利の放棄 expropriation
権利剥奪 divestment
権利表明請願 monstrans de droit
権利付与 admittance
権利付与準則 rule of right
権利変動の原因たる事実 dispositive fact; vestitive fact
権利放棄 quitclaim
権利放棄 release
権利放棄 surrender
権利放棄 waiver
権利放棄者 releasor, releaser
権利放棄証書 deed of release
権利放棄と権利付与 surrender and admittance
権利放棄捺印証書 quitclaim deed
権利放棄の答弁 plea of release
権利放棄を受けた人 releasee
権利問題処理仲裁 rights arbitration
源流 headstream; headwater
権力 potestas
権力争い power game
権力エリート power elite
権力政治 power politics
権力の配分 division of powers
権力分立 separation of powers
権利令状 writ of right; breve de recto; de recto
権利を基礎づける当然の権原 title of right
言論 speech
言論の自由 freedom of speech; liberty of speech
言論プラス speech-plus

コ

子 child
子 offspring
故意 intent
故意 intention
故意 scienter
故意 willfulness
故意故殺 voluntary manslaughter
故意ないし未必の故意による無謀な過失 willful and wanton negligence
故意ないし未必の故意の行為 willful and wanton act
故意ないし未必の故意の無謀違法行為 willful and wanton misconduct
故意による権利侵害 intentional wrong; willful wrong
故意による殺人 intended murder
故意による扶養の放棄 willful neglect to maintain
故意の違法行為 willful misconduct
故意の過失 willful negligence
故意の器物損壊(罪) malicious mischief
故意の義務違反 willfulness

故意の権利侵害 malicious injury
故意の財産損害 malicious damage
故意の殺人 willful homicide
語尾の説明 innuendo
故意の不作為 willful neglect
故意の不履行 willful default
公 duke
侯 marquess, -quis
港 ⇨みなと
項 sub-clause
項 subsection
号 chapter
考案(物) device
公安委員会 watch committee
公安委員会委員 police commissioner
考案の単純使用 double use
好意 favor, -vour
行為 act
行為 action
行為 actum
行為 behavior, -iour
行為 conduct
行為 deed
行為 factum
行為 feasance
合意 accord
合意 agreement
合意 bargain
合意 consensus
合意 conventio
合意 convention
合意 engagement
合意 pact; pactum
合意覚書 articles of agreement
合意解除 rescission
合意価格 agreed price
合意価額 agreed value
広域帰属訴訟 multidistrict litigation
合意事実記載書 case; agreed case; case agreed (on); case stated; stated case
合意事実陳述書 agreed statement of facts
行為自体で成立する過失 negligence per se
合意した境界の法理 agreed-boundary doctrine
行為者 actor
行為者 feasor
行為者が警戒せよ caveat actor
行為者が注意せよ caveat actor
後遺症 residual
合意政治 consensus politics
高位聖職者 dignitary
高位聖職者 prelate
合意損害損害賠償(金) loss of bargain damages
行為地裁判所 forum actus
行為地裁判所 forum rei gestae
行為地法 lex loci actus
行為提携 concert of action

好意的親の原則 friendly parent principle
好意的同乗者 guest
好意的同乗者法 guest statute; automobile guest statute
合意での決闘 mutual combat
好意としての承諾 accommodation acceptance
合意に基づく管轄権 consent jurisdiction
好意に基づく支払い ex gratia payment
行為による禁反言 estoppel by conduct
好意による貸借[融資] accommodation loan
好意による立入り被許可者 gratuitous licensee
行為能力 capacity
行為能力年齢 age of capacity
行為能力付与 emancipation
行為能力を付与された未成年者 emancipated minor
高位の司法官職 high judicial office
合意の損害 loss of bargain
合意の損害準則 loss of bargain rule
合意の利益 benefit of the bargain
合意の利益準則 benefit of (the) bargain rule
合意判決 agreed judgment
合意不動産権 conventional estate
行為無能力 disability
行為無能力期間の加算 tacking disabilities
合意命令 agreed order
行為免責 transactional immunity
合意利益損害賠償(金) benefit of the bargain damages
合意離婚 divorce by consent
公印 public seal
強引販売 hard sell
勾引令状 capias; writ of capias
耕耘 tillage
公営住宅 council housing
公営住宅 public housing
公益 public interest
公益関連企業 business affected with a public interest
公益機関 charitable institution
公益法人 charitable incorporated organization
公益残余権 charitable remainder
公益残余権信託 charitable remainder trust
公益私益併合信託 split interest trust
公益事業 public service
公益事業 public utility; utility
公益事業委員会 public service commission
公益事業全財産相当額 rate base

| 公益事業部門 public utility district
| 公益事業法人 public service corporation
| 公益事業免許証 certificate of convenience and necessity
| 交易指定都市 staple
| 公益信託 charitable trust
| 公益先行信託 charitable lead trust
| 公益団体 charitable organization
| 公益団体 charity
| 公益団体委員会 Charity Commission
| 公益団体寄付金控除 charitable deduction
| 公益団体審判所 Charity Tribunal
| 公益団体登録簿 register of charities
| 公益団体への遺贈 charitable bequest
| 公益団体への寄付 charitable contribution
| 公益団体への人的財産遺贈 charitable bequest
| 公益団体免責特権 charitable immunity
| 公益に基づく免責(特権) public interest immunity
| 公益のある事件についての例外 public interest exception
| 公益のための秘匿特権 public interest privilege
| 公益法 public interest law
| 交易法上の債務証書に基づく不動産権 estate by statute staple
| 交易法上の捺印金銭債務証書 statute staple
| 公益法人 benevolent corporation
| 公益法人 charitable corporation
| 公益法律家 public interest lawyer
| 公益目的 benevolent purpose
| 公益ユース charitable use
| 公園 park
| 講演 reading
| 効果 effect
| 硬貨 hard cash
| 硬貨 hard currency
| 硬貨 hard money
| 公海 high seas; main sea; open sea
| 更改 novation
| 更改 substitution
| 航海 voyage
| 公開会議 open session
| 公開会社 public company
| 公開会社 open corporation; public corporation
| 公開会社化 going public
| (万国)公会議 ecumenical council; general council
| 航海組合 societas navalis
| 航海士 mate

| 航海士受領書 mate's receipt
| 公開市場 market overt
| 公開集会 public assembly
| 公開集会 public meeting
| 公開集会妨害 disturbance of a public meeting
| 公海上の死に関する法律 Death on the High Seas Act
| 公開審理 public hearing
| 公開審理 public trial
| 公開審理を受ける権利 right to public trial
| 航海中船舶売買証書 grand bill of sale
| 公開聴聞 public hearing
| 公開聴聞 open hearing
| 公開手続き open procedure
| 公開取引持分組合 publicly traded partnership
| 公開取引持分有限責任組合 master limited partnership
| 航海日誌 logbook; journal
| 更改による新契約 substituted contract
| 公海の自由 freedom of the seas
| 航海付帯雑費 average; average accustomed
| 航海法 Navigation Acts
| 公開法廷 open court
| 公開法廷での評決 public verdict
| 航海保険 voyage insurance
| 航海保険(証券) voyage policy
| 公開有限責任会社 public limited company
| 航海傭船(契約) voyage charter
| 航海傭船契約 voyage charterparty
| 効果可分の離婚(判決) divisible divorce
| 高額所得特別付加税 supertax
| 狡猾訴答 artful pleading
| 効果的救済手段 effective remedy
| 効果的独立参入原因 efficient intervening cause
| 強姦 rape; sexual abuse; sexual assault
| 交換 commutation
| 交換 exchange
| 交換 permutation
| 交換 swap
| 公館 residency
| 交換価値 exchange value
| 交換契約 contract of exchange; commutative contract
| 交換合意 exchange agreement
| 交換公文 exchange of notes
| 強姦罪 rape offense
| 交換スタンプ trading stamp
| 交換貸借 loan for exchange
| 交換的契約 commutative contract
| 交換的正義 commutative justice
| 交換同意預託株 assented stock
| 交換取引 bargain

| 交換取引における売主 bargainor
| 交換取引における買主 bargainee
| 交換取引約因論 bargain theory of consideration
| 交換媒介物 medium of exchange
| 強姦被害者保護法 rape shield law; rape shield statute
| 交換利益 bargained-for exchange
| 抗議 protest
| 抗議 remonstrance
| 抗議(運動) job action
| 抗議ストライキ protest strike
| 合議制事実審 trial at bar
| 合議制法廷 bar
| 合議体 panel
| 合議体の法廷 full court
| 合議体法廷 court in banc [in bank, en banc, en bank, in banco]
| 後期注釈学派 Commentators; Postglossators
| 合議法廷 divisional court
| 高級裁判権 high justice
| 恒久的雇用 permanent employment
| 恒久的施設 permanent establishment
| 恒久的身分決定審理 permanency hearing
| 鉱業 mine
| 公教育 public education
| 公共医療実施機関 Health Authority
| 公共運送人 common carrier; public carrier
| 高教会派 High Church
| 公共企業体 public corporation
| 鉱業許可(権) mining license
| 公共漁場 common fishery
| 鉱業組合 mining partnership
| 鉱業計画当局 mineral planning authority
| 鉱業権 mineral interest; mineral right
| 鉱業権 ore-leave
| 鉱業権取得(地) location; mining location
| 鉱業権転貸契約 farmout agreement
| 鉱業権リース mining lease; mineral lease
| 鉱業権利地 mining claim
| 公共財 public good
| 公共事業機関 authority
| 公共支出 public expenditure; public spending
| 公共施設 public accommodation
| 鉱業所 mine
| 公共職業紹介センター jobcenter
| 工業所有権 industrial property
| 公共心 civism
| 公共心欠如 incivism
| 公共信託 public trust
| 公共信託受託者 public trustee

公共信託の法理 public trust doctrine
公共善 public good
公共組織 public body
公共損害査定人 public adjuster
公共団体 public corporation; political corporation
工業団地 industrial park; industrial estate; trading estate
公共地役権 public easement
公共的活動家 public advocate
公共的権利 public right
公共道徳 public morals
公共道徳違反(罪) corruption of public morals
公共ないし共同的権利に関する供述 declaration concerning public or general rights
公共の安全 public safety
公共の安全のための例外 public safety exception
公共のための慈善事業 public charity
公共の秩序 public order
公共の秩序に対する犯罪 offense against the public order; public order offense
公共の場所 public place
公共の場での進行 public procession
公共の場での酩酊 public intoxication
公共の福祉 public welfare
公共の用 public use
公共の利益 public benefit
公共部門 public sector
公共部門借入需要 public sector borrowing requirement
公共部門情報局 Office of Public Sector Information
公共輸送機関 public transportation; public transport
公共用地 community land
公許埠頭 sufferance wharves
公記録保存庁 paper office
拘禁 commitment; committal
拘禁 confinement
拘禁 detention
拘禁 detainer
拘禁 imprisonment; custody
拘禁 incarceration
公金横領 peculation
拘禁期間限度 custody time limit
拘禁訓練所 secure training center
拘禁訓練命令 secure training order
拘禁刑 custodial sentence
拘禁刑 imprisonment
拘禁子供収容施設 secure children home
拘禁債務者強制執行書 committitur piece
拘禁者 detainer

拘禁者に関する州際合意法 Interstate Agreement on Detainers Act
拘禁するための逮捕 custodial arrest
拘禁続行令状 detainer
拘禁による強迫 duress of imprisonment
拘禁命令 committal order; order of committal
高金利資金 dear money
拘禁理由審査令状 de odio et atia
拘禁令状 warrant of commitment; commitment warrant
航空 air navigation
航空運送状 airbill
航空貨物受取証 consignment note
航空貨物運送状 air waybill; air consignment note; consignment note
航空機海賊行為 air piracy; aircraft piracy
航空機不法奪取防止条約 Convention for the Suppression of Unlawful Seizure of Aircraft
航空協定 air services agreement; air transport agreement
航空交通 air
航空交通 air traffic
航空物品運送 carriage of goods by air
航空法 air law
航空保険 aviation insurance
合計 sum
攻撃 attack
攻撃者 aggressor
攻撃者 assailant
攻撃者の法理 aggressor doctrine
攻撃的商業行為 aggressive commercial practice
攻撃的利用のゆえの権利放棄 offensive-use waiver
攻撃の道具 weapon of offense
後見 tutelage
後見 wardship
公権 public right; jus publicum; publicum jus
公言 avowal
合憲化制定法 validating statute
後見(権) guardage
後見(権) guardianship
後見権 wardship
後見裁判権 wardship
後見裁判所 Court of Wards (and Liveries)
後見職 guardianship
合憲性 constitutionality
後見長官 Master of the Wards
後見人 conservator
後見人 guardian; managing conservator; tutor
後見人解任令状 custode removendo

後見人からの不動産占有引渡し ouster le main, ousterlemain
後見人選任令状 custode admittendo
後見人の地位 tutorship
後見人命令 guardianship order
合憲の法 constitutional law
後見命令 letters of guardianship
公権力による譲与 office grant
公権力による抑止 restraint of princes; restraint of princes and rulers [princes, rulers and [or] peoples]
航行 navigation
航行危険負担証書 bill of adventure
航行事故 accident of navigation
航行できないこと innavigability
航行不適水域 innavigability
航行妨害 obstruction to navigation; obstructing navigation
公告 publication
公告 public notice
公告送達 posting
公告送達 service by publication
公告による通知 notice by publication
広告板 hoarding
交互計算 current account
交互計算(勘定) book account
交互残余権 cross remainder
交互実施許諾 cross license
交互尋問 cross; cross-examination
交互保険 reciprocal insurance
交互保険団体 reciprocal exchange; reciprocal (inter)insurance exchange
膠沙 grounding
公債 public bond
公債 public fund
公債 public security
公債 stocks
公債証書保有者 loan holder
交差訴え cross-complaint
(不正)工作 fixing
工作員 agent provocateur
耕作適地 arable land
耕作物 emblements
耕作奉仕 grass hearth
交差上訴 cross-appeal
交差上訴人 cross-appellant
交差請求 cross-claim
交差請求原告 cross-plaintiff
交差請求人 cross-claimant
交差請求被告 cross-defendant
交差担保 cross-collateral
(銀行預金)口座追跡命令 account monitoring order
交差不履行条項 cross-default clause
交差保証 cross-stream guaranty

公使 envoy
公使 minister
行使 enjoyment
行使 exercise
行使 user
講師 reader
公示 innotescimus
公示 posting
公示 publicity
合資会社 société en commandite
(権利)行使価格 strike price; exercise price; put price; striking price
抗しがたい衝動 irresistible impulse
抗しがたい衝動のテスト irresistible impulse test
公使館 legation
工事完成保証証書 completion bond
公式ストライキ official strike
公式通知(書) official notice
公式判例集 official reports
公式判例集未掲載判例集 side reports
公私混合訴訟 qui tam action
公私混合法律案 hybrid bill
口実 pretext
口実 subterfuge
公示のための開封勅許状 innotescimus
降車 landing
公衆衛生 public health
公衆衛生委員会 Board of Health
公衆衛生委員会 board of health
公衆衛生総局 Public Health Service
公衆道徳 public morality
公衆への慈善的寄付の懇請 public charitable appeal
公衆への慈善的寄付の懇請者 collector
絞首刑 hanging
絞首刑執行人 hangman
絞首刑(の宣告) suspendatur per collum
絞首刑判決を多く出す裁判官 hanging judge
絞首台 scaffold
後出生子 after-born child
攻守同盟 offensive and defensive league
後順位 posteriority
後順位(化) subordination
後順位化の合意 subordination agreement
後順位債権 junior debt
後順位債権者 junior creditor
後順位執行 junior execution
後順位使用者 junior user
後順位譲渡抵当(権) junior mortgage
後順位の土地に対する負担 junior encumbrance

後順位リーエン junior lien
(所得)控除 exemption
控除 deduction
控除 exclusion
公証 notarization
公証(行為) notarial act
交渉 bargain
交渉 bargaining
交渉 negotiation
鉱床 mineral lode
工場 factory
交渉者 bargainer
交渉代表 bargaining agent; bargaining representative
交渉代表認証手続き certification proceeding
交渉代表の認証 union certification
交渉単位 bargaining unit; collective bargaining unit
交渉通告 notice to treat
交渉での立場 bargaining position
公証人 bargaining unit
公証人 notary (public)
公証人の印影 notary [notary's] seal; notarial seal
公証人の印鑑 notary [notary's] seal; notarial seal
工場法 factory act
交渉行詰まり impasse
工場立法 factory legislation
交渉力 bargaining power
控除(額) allowance
控除額 deduction
公職 public office
公職選挙の日 election day
好色的興味 prurient interest
公職の(就任)宣誓 official oath
公職の宣誓 oath of office
公職用保証書 official bond
控除経費 allowable expense
控除項目 exclusion
公序良俗 public policy
行進 procession
更新 republication
更新 renewal
公人 public figure
興信所 credit-reporting bureau
更新譲与 cessate grant
興信所報告 credit report
公人テスト public figure test
更新投資課税繰延べ rollover relief
更新約束手形 renewal note
洪水 flood
高水位線 high-water mark
洪水保険 flood insurance
公正 good faith
更生 rehabilitation
港税 harbor dues [fees]; port dues
構成員 member
(閉鎖会社)構成員 participator
構成員であること membership
公正開示 fair presentation

公正かつ衡平であるという要件 fair and equitable requirement
硬性規定 entrenched provision
公正競争 fair competition
更生決定 slip order
更生決定準則 slip rule
硬性憲法 entrenched constitution
公正公平な審理 fair and impartial trial
公正公平な陪審 fair and impartial jury
公正雇用 fair employment
公正雇用委員会 Fair Employment Board
公正債務取立法 Fair Debt Collection Practices Act
公正市場価格法 fair value law
公正住宅法 Fair Housing Act
公正使用 fair dealing
公正使用 fair use
硬性条項 entrenched clause
公正証書記録集 journal of notarial acts
公正証書の作成 notarial execution
公正使用の法理 fair use doctrine
公正信用支払い請求法 Fair Credit Billing Act
公正信用報告法 fair credit reporting act
公正代表義務 duty of fair representation
公正地代 fair rent
公正提示 fair presentation
合成的権限 resulting power
公正取引 fair trade
公正取引 fair trading; fair dealing
公正取引協定 fair-trade agreement
公正取引所 Office of Fair Trading
公正取引庁 Office of Fair Trading
公正取引庁長官 Director General of Fair Trading
公正取引法 fair trade law
公正取引法 Fair Trading Act
公正な扱い fair play
公正な扱いと公正な本案裁判 fair play and substantial justice
公正な警告 fair warning; fair notice
公正な現金価格 fair cash value
公正な現金市場価格 fair cash market value
公正な市場価格 fair market value; fair value
公正な縮図の要件 fair-cross-section requirement
公正な審理 fair hearing
公正な審理 fair trial
公正な代表 fair representation
公正な調整の理論 equitable-adjustment theory

公正な聴聞	fair hearing
公正な通知	fair notice
公正な本案裁判	substantial justice
公正な約因	fair consideration
公正批判	fair criticism
公正批評	fair comment
構成部分	component part
構成法	organic law
公正報告免責特権	fair-report privilege
公正包装および表示法	Fair Packaging and Labeling Act
公正家賃	fair rent
公正家賃登録	rent registration
公正労働基準法	Fair Labor Standards Act
公正を理由にした裁判所による清算	just and equitable winding-up
公設私道	private way
公然姦通罪	open and notorious adultery
交戦権	belligerent right
交戦国	belligerent
交戦資格	facultas bellandi; belligerency
公然使用	public use
交戦状態	belligerency
公然占有	notorious possession
公然たる是認	avowal
公然たる立入り	open entry
公然たる同棲	notorious cohabitation
交戦団体	belligerency
交戦団体	belligerent
交戦団体の承認	recognition of belligerency; recognition of belligerent communities
交戦地域住民集団	belligerent communities
公然の占有	open and notorious possession
公然猥褻	exposure of person
公然猥褻(罪)	indecent exposure
貢租	tribute
高租	tresail, tresaiel, tresayle
控訴院	Court of Appeal; Appeal Court
控訴院裁判官	Lord Justice (of Appeal)
構想	conception
構造	constitution
構造	construction
構造	structure
構造計画	structure plan
構造変更	structural alteration
公訴官	Crown prosecutor
公訴官	public prosecutor
公訴官服務規程	Code for Crown Prosecutors
公訴局	Crown Prosecution Service
公訴局長官	Director of Public Prosecutions; public prosecutor

拘束	custody
高速幹線道路	special road
拘束継続命令	hold order
拘束的説示	binding instruction
高速道路	special road
高速道路運転	motorway driving
拘束被疑者の取調べ	custodial interrogation
拘束力のある合意	binding agreement
拘束力をもつ先例	binding precedent; binding authority
後続令状	junior writ
控訴裁判所	court of appeal
控訴裁判所	Court of Appeals
公訴担当弁護士	Crown solicitor
公訴長官	Director of Public Prosecutions; public prosecutor
高祖不動産回復訴訟	cosinage, cosenage, cousinage; writ of cosinage
高祖不動産回復令状	writ of cosinage
交替勤務(制)	shiftwork
公貸権	public lending right
後退建築線	setback line
交替被告	substitute defendant
強奪	rapine
甲地	Blackacre
拘置	custody
拘置	detention
耕地	tillage
拘置・訓練命令	detention and training order
拘置室での違法物捜索	shakedown (search)
拘置所	jail, gaol; house of detention
拘置の決定審理	detention hearing
公知(の証拠)	official notice
拘置命令	detention order
高潮線超越地	fast land
拘置令状	warrant of detention
交通	intercourse
交通	traffic
交通違反	traffic offense
交通課	traffic police
交通監視員	traffic warden
交通規則	rule(s) of the road
交通規則	traffic regulation
交通裁判所	traffic court
交通事件反則金納付通告	fixed penalty notice
交通標識	traffic sign
交通標識無視	ignoring traffic signals
皇帝	emperor
肯定的証明	affirmative proof
肯定的表示	affirmative representation
肯定の意を含む否定	negative pregnant
肯定の決議	affirmative resolution

公定評価額	assessed valuation
公定歩合	bank rate
公定歩合	discount rate
公的遺産管理(手続き)	public administration
公的遺産管理人	public administrator
公的役権	public servitude
公的機関	public authority
公的機能基準	public function test
公的記録	official record
公的記録	public record
公的記録公開法	open-records act; open-public-records act
公的緊急避難	public necessity
公的契約	public contract
公的権限	public authority
公的譴責	public reprimand
公的権利侵害	public wrong
公的後見人	Public Guardian
公的財産	public property
公的債務	public debt
公的事実	public fact
公的使節	public minister
公的事務弁護士	Official Solicitor
公的受託官	public trustee
公的人物	public character
公的倉庫	public store
公的相互約束	civil commitment
公的調査	official search
公的調査	public examination
公的調達	public procurement
公的調停人	official mediator
公的破産申立人	Official Petitioner
公的不法行為	public tort
公的不法妨害	public nuisance; common nuisance
公的文書	public document
公的便益性および公的必要性の基準	public-convenience-and-necessity standard
公的報告書	official reports
公的法主体	public entity
公的迷惑(罪)	public mischief
公的目的	public purpose
公的利益	governmental interest
公的利益分析法	governmental interest analysis technique
公的論争	public controversy
好天荷役日	weather working day
公道	highway
公道	King's [Queen's] highway; via regia
強盗	robber
強盗	robbery
(銃を使用した)強盗	stickup
(銃を突きつけての)強盗	holdup
高等按察官	aedilis curulis
口頭遺言	nuncupative will; nuncupation; oral will
合同遺言(書)	joint will; conjoint will

公道維持税　highway rate
公道違法使用による侵害(訴訟)　obstruction of highway
高等教育法　Higher Education Act
行動計画命令　action plan order
口頭契約　parol contract; oral contract; verbal contract
合同契約　joint contract
口頭合意　parol agreement
合同債権者　joint creditor
合同債務　joint obligation
合同債務者　joint debtor
口頭質問に答えての証言録取書　oral deposition
口頭自白　oral confession
合同収益基金　pooled income fund
高等宗務官　High Commission
高等宗務官　high commissioner
高等宗務官裁判所　Court of High Commission; High Commission
口頭主義　orality
行動準則　code of conduct
強盗傷害　robbery with violence
口頭証言　oral evidence
口頭証拠　parol evidence
口頭証拠準則　parol evidence rule
公道使用地役権　highway easement
行動指令　whip
口頭信託　oral trust
行動制限命令　curfew order
行動制限要求　curfew requirement
合同相互遺言(書)　joint and mutual will; joint and reciprocal will
合同訴答　parol
合同調査委員会　joint commission of inquiry
口頭陳述　parol
口頭賃貸借(契約)　parol lease
口頭での合意　oral agreement
口頭による訴答不十分の抗弁　demurrer ore tenus
口頭による法律効果不発生訴答　demurrer ore tenus
公道犯罪　street offense
口頭誹毀　slander
口頭誹毀者　slanderer
口頭変更禁止条項　no-oral-modification clause; NOM clause
高等弁務官　High Commission
高等弁務官　high commissioner
高等弁務官事務所　High Commission
口頭弁論　oral argument
公道法　highway act
高等法院　High Court of Justice; High Court
高等法院執行官　High Court enforcement officer
高等法院大法官　Chancellor of the High Court
高等法院特許審判部　Patents Court of the High Court
公道妨害　obstruction of highway
高等法学研究所　Institute of Advanced Legal Studies
口頭命令による逮捕　parol arrest
合同約定　joint covenant
口頭遺言　verbal will
行動要求　activity requirement
後得財産　acquets
高度に危険な労働　hazardous employment
高度の主観的確実性　moral certainty
高度の注意　great care; high degree of care
港内危険保険　port-risk insurance
購入　purchase; emption
購入オプション　option to purchase
購入契約　subscription contract
購入者　purchaser
購入注文(書)　purchase order
購入の誘引　invitation to purchase
公認　authorization
後任遺言付き遺産管理(手続き)　administration de bonis non cum testamento annexo
後任遺言付き遺産管理人　administrator de bonis non cum testamento annexo
後任遺産管理状　letters of administration d.b.n.
後任遺産管理(手続き)　administration de bonis non
後任遺産管理人　administrator de bonis non (administratis)
公認外貨取扱人　authorized dealer
公認会計士　certified accountant
公認会計士　certified public accountant
公認会計士　public accountant
公任管財人　official receiver
公認結合関係　civil union
公認資産運用プランナー　certified financial planner
公認市場　recognized market
公認代表者　accredited representative
公認代理人　accredited representative
公認取消し　deselection
公認判例集　authorized reports
貢納金　rectitudo
公売　forced sale
公売　public sale
購買税　purchase tax
広範囲型保険　broad-form insurance
広範囲型保険(証券)　broad-form policy
公判前拘置　pretrial detention
公判中の被告人　prisoner at the bar
公妃　duchess
公費助成　grant-aid
公費選任弁護人　public defender
公費調査委員会　Public Accounts Committee
公表された文書誹毀　public libel
幸福　happiness
降伏　capitulation
降伏　surrender
幸福追求権　right to pursue happiness
幸福の追求　pursuit of happiness
交付送達　personal service
荒蕪地一時的囲込み地　intake
鉱物　mineral
鉱物採掘権　mineral entry
鉱物産地　mineral land
鉱物資源産出地域　mineral district
公文書　archives
公文書　public record
興奮状態　hot blood
興奮状態での発言　excited utterance
公文書館　archive
公文書館　Public Record Office
公文書の例外　public records exception
衡平　aequitas
衡平　equity
公平かつ均一な課税　equal and uniform taxation
公平原則　fairness doctrine
公平な専門家　impartial expert
公平な第三者　impartial chair
公平な第三者(である議長)　impartial chairman
公平な陪審　impartial jury
公平な論評答弁　rolled-up plea
衡平の比較　balancing the equities; balancing of equities
抗弁　defense, defence
抗弁　exceptio
合弁事業　joint venture; joint adventure; joint enterprise
合弁事業参加者　coventurer; venturer
公募　public offering
公法　public law; jus publicum; publicum jus
広報　public relations
公法学者　publicist
公法人　public corporation; political corporation
後方席　back bench
合法的官憲　lawful authorities
合法的殺人　lawful homicide
合法的逮捕　lawful arrest
合法的立入り　lawful entry
合法的手続き　legal process
合法的な力　lawful force
合法的な防御[防衛]　legal defense

合法的入国　lawful admission
合法的物品　lawful goods
公法律　public act; public statute
公法律案　public Bill
公僕　servant
候補者　candidate
(指名)候補者名簿　slate
(手)稿本　manuscript
鉱脈頂点準則　apex rule
鉱脈追求権　extralateral right
公務　public duties
公務　public service
公務員　official
公務員　public officer; public official
公務員　public service
公務員　public agent
公務員試験　civil service examination
公務員人事委員会　Civil Service Commission
公務員の義務違反行為　official misconduct; misbehavior in office
公務員の免責特権　official immunity
公務執行妨害(罪)　resisting an officer
公務上の免責特権　official privilege
公務における失当行為　misfeasance in (public) office
公務の準則　public duty rule
公務の法理　public duty doctrine
甲村　Dale
項目　count
項目　item
項目　line item
項目別給与支払い明細書　itemized pay statement
項目別拒否権　line-item veto; item veto
拷問　torture
肛門性交(罪)　pederasty
拷問台　rack
公有　social ownership
合有(権)　joint ownership
合有権者　joint owner
公有(制)　public ownership
公有地　public domain
公有地　public land
公有地先買権　preemption right
公有地先買権を得るための占有者　preemption claimant
公有地署　land office
公有地証券　land warrant
公有地譲渡証書　patent
公有地譲渡証書により譲渡された絶対単純封土権　fee patent
公有地侵害　purpresture, pourpresture
公有地定住者　squatter
公有地定住者の定住地権原取得権　squatter's right
公有地入植者　entryman

公有地払い下げ　land grant
公有地譲受権証明書　land certificate
公有著作物　public domain
公有発明　public domain
合有不動産権　joint tenancy; estate in joint tenancy
合有不動産権者　joint tenant
公用収用　condemnation
公用収用　expropriation; compulsory purchase
公用収用　taking
公用収用(権)　eminent domain
公用収用者　condemnor
公用収用条項　Eminent Domain Clause
公用収用手続き　condemnation
公用収用の申し渡し　condemnation
公用収用命令　compulsory purchase order
公用地供与　dedication
公用徴収　appropriation
公用徴収　expropriation
公理　axiom
高利　usury
小売り　retail
小売価格　retail price
高利貸し　loan shark
高利貸し　usurer
高利貸し　usury
功利主義　utilitarianism
功利主義的抑止刑論　utilitarian deterrence theory
小売商　retailer; retail dealer
合理(性)　reason
合理性の準則　rule of reason
合理性を基準とするテスト　rational basis test
効率　efficiency
高率および低率の手数料基準　higher and lower scales
公立学校　maintained school
公立学校　public school
公立学校維持用地　school land
公立学校での祈祷　school prayer
効率市場　efficient market
効率の契約違反　efficient breach
効率の契約違反理論　efficient breach theory
合理的疑い　reasonable doubt; rational doubt
合理的疑いの余地のない証明　proof beyond (a) reasonable doubt
合理的蓋然性　reasonable probability
合理的確信　reasonable belief
合理的かつ相当な根拠　reasonable and probable cause
合理的関係を規準とするテスト　rational relationship test
合理的期待の法理　reasonable expectation(s) doctrine
合理的嫌疑　reasonable suspicion

合理的根拠　rational basis
合理的根拠　reasonable cause
合理的推論の準則　reasonable inference rule
(犯罪)合理的選択の理論　rational choice theory
合理的同等の価値　reasonably equivalent value
合理的な行為　reasonable act
合理的配分利用権　correlative rights
合理的分別人　reasonably prudent person
合理的報酬　lodestar
合理的理由　reasonable excuse
合理的利用　reasonable use
小売店　retail shop [store]
小売店主　tradesman
勾留　custody
考慮　consideration
公領　duchy
綱領　platform
衡量テスト　balancing test
綱領の項目　plank
効力　effect
効力　force
効力に影響を及ぼす錯誤　operative mistake
効力発生日　effective date
効力発生文言　operative words
(法的)効力を生じない[生じさせない]こと　bar
子売り　baby selling
高利割引　shave
航路　fairway
口論　quarrel
講和　pacification
講和条約　peace treaty
港湾区域線　harbor line
港湾当局　port authority
港湾労働者　stevedore
声　voice
護衛　bodyguard
誤解　misinterpretation
小型ミランダ要件　mini-Miranda requirement
小型連邦取引委員会法　Baby FTC Act
股間触擊　groin grabbing
誤記　corrigendum
誤記　misprision
誤記　misdescription
五騎士事件　Five Knights' Case
呼気試料　specimen of breath; breath specimen
小切手　check; cheque
小切手　paper
小切手勘定　checking account; check account
顧客　business visitor; business guest; business invitee
顧客　customer
顧客・依頼人の勧誘　solicitation

顧客情報提供命令 customer information order
極印 mark
国王 crown
国王 king
国王 rex
国王 roy
国王衛士 Yeoman of the Guard
国王からの受贈者 donatory
国王側弁護士 counsel for the Crown
国王関係人訴状 bill of information; information
国王関係人訴状提出者 informer
国王旗 royal standard
国王裁判権 royal jurisdiction
国王裁判所 king's court
国王裁判所移送令状 accedas ad curiam
国王債務者勾引令状 capias extendi facias
国王債務の免除 quietus
国王至上性の宣誓 oath of supremacy
国王至上法 Act of Supremacy
国王収入官 Accountant to the Crown
国王収入管理官 remembrancer
国王収入の増加 augmentation
国王聖職禄保護令状 ad jura regis
国王占有財産引渡し令状 ouster le main, ousterlemain
国王訴訟手続き Crown proceedings
国王訴訟手続き法 Crown Proceedings Act
国王大権 prerogative; royal prerogative
国王大権状 royal proclamation
国王大権上の権限 prerogative powers
国王代訴人 King's Proctor
国王代理 viceroy
国王代理官 delegate
国王代理官高等裁判所 High Court of Delegates
国王代理官裁判所 Court of Delegates
国王代理官任命書 commission of delegates
国王代理人 HM Procurator General; Her [His] Majesty's Procurator General; Procurator General
国王直領地 royal demesne
国王付き国王収入管理官 King's Remembrancer
国王に由来する禁止令状事件 Prohibitions del Roy
国王による譲与 royal grant
国王の魚 royal fish
国王の内海 King's Chambers
国王の永続性 perpetuity of the king [queen]
国王の援助 aid of the king
国王の宮廷 curia; king's court
国王の漁業権 royal fishery
国王の金銭債権 Crown debts
国王の裁可 royal assent
国王の直領地 demesne land of the Crown
国王の証拠 King's evidence
国王の称号 royal title
国王の訴訟 plea of the Crown
国王の直領地 King's demesne
国王の闘士 King's Champion
国王の土地 Crown Lands; Crown property
国王の平和 King's peace; pax regis; peace of the king [queen]
(主君たる)国王の平和違反侵害(訴訟) trespass contra pacem (domini) regis
国王の崩御 demise (of the Crown)
国王の法務官 law officers of the Crown
国王の免除特権 Crown immunity
国王の良心の保持者 Keeper of the King's Conscience
国王被後見人免訴令状 writ de exoneratione sectae; (de) exoneratione sectae
国王評議会 concilium regis
国王評議会 King's Council
国王評議会の裁判所 conciliar court
国王布告 royal proclamation
国王への出仕(義務) secta regalis
国王弁護人 Crown Advocate
国王法律顧問 King's advocate
国外移住 expatriation
国外強制退去 deportation
国外在住 expatriation
国外在住者 expatriate
国外退去強制 deportation
国外退去命令 deportation order
国外退去命令 expulsion order
国外追放 deportation
国外追放 expatriation
国外に追放された人 expatriate
国債 national debt
国際アムネスティ Amnesty International
国際遺言書 international will
国際海峡 international strait
国際会計基準 International Accounting Standards
国際海底機構 International Seabed Authority
国際開発省 Department for International Development
国際河川 international river
国際環境法 international environment law
国際関係 international relations
国際関係論 international relations
国際慣習法 customary international law
国際機構 international organization
国際供給契約 international supply contract
国際軍事裁判所 International Military Tribunal
国際経済法 international economic law
国際警察 Interpol
国際刑事警察機構 International Criminal Police Organization
国際刑事裁判所 International Criminal Court
国際刑事法 international criminal law
国際公法 public international law
国際最低基準 international minimum standard
国際自動車運転免許証 international driving permit
国際私法 conflict of laws; international private law; private international law
国際司法裁判所 International Court of Justice; World Court
国際司法裁判所規程 Statute of the International Court of Justice
国際商業会議所 International Chamber of Commerce
国際審査 inquiry
国際人道法 international humanitarian law
国際政治 international relations
国際石油資本 major
国際著作権 international copyright
国際通貨 international currency
国際通貨基金 International Monetary Fund
国際通商裁判所 Court of International Trade; International Trade Court
国際的合意 international agreement
国際的児童誘拐の民事面に関するハーグ条約 Hague Convention on the Civil Aspects of International Child Abduction
国際的二重課税防止協定 double taxation agreement
国際的二重課税防止条約 double taxation treaty
国際的法共同体 international legal community
国際テロ international terrorism
国際特許分類 International Patent Classification
国際取引 interstate trade
国際犯罪 international crime; international offense

国際犯罪人引渡し international extradition
国際復興開発銀行 International Bank for Reconstruction and Development
国際物品売買契約に関する国連条約 United Nations Convention on Contracts for International Sale of Goods
国際物品複合運送に関する国連条約 United Nations Convention on International Multimodal Transport of Goods
国際紛争平和的処理条約 Convention for the Pacific Settlement of International Disputes
国際法 droit des gens
国際法 international law; interstate law; jus gentium; law of nations; public international law
国際法委員会 International Law Commission
国際法および国際秩序に対する犯罪 offense against international law and order
国際法学者 publicist
国際法学会 Institut de Droit International
国際法協会 International Law Association
国際法上の海賊行為 piracy jure gentium
国際法人格 international legal personality
国際法曹協会 International Bar Association
国際法律家委員会 International Commission of Jurists
国際輸送 international carriage
国際礼譲 international comity; comity; comity of nations; courtoisie internationale
国際連合 United Nations
国際連合憲章 Charter of the United Nations; United Nations Charter
国際連盟 League of Nations
国際連盟規約 Covenant of the League of Nations
国際労働機関 International Labor Organization
国際労働組合 international union
国際労働者同盟 International
告示 edictum
告示 edict
国璽 Great Seal; Broad Seal
国璽尚書 Keeper of the (Great) Seal; Lord Keeper (of the Great Seal)
国事犯 state criminal
国事犯裁判 state trial
『国事犯裁判判決集』 State Trials
黒杖(門衛)官 Black Rod; Gentleman Usher of the Black Rod
黒杖(門衛)官補佐 Yeoman Usher of the Black Rod
黒人法 black code
国勢調査員 enumerator
国籍 citizenship
国籍 nationality
国籍回復 repatriation
国籍取得者 denizen
国籍証明書 protection
国籍剥奪 denationalization
国籍付与 denization
国籍付与 endenization
国籍付与状 letter of denization
国籍法 Nationality Act
国籍離脱 expatriatism
国籍離脱 expatriation
国籍離脱者 expatriate
国選弁護人 assigned counsel
告訴 accusation
告訴人 accuser
告知 notice
告知 representation
小口貸付け法 small loan act
告知期間 period of notice
小口現金 petty cash
告知済み復命書 scire feci
告知令状 scire facias; writ of scire facias
国土 national domain
国土安全保障省 Department of Homeland Security
国内安全保障 internal security
国内安全保障委員会 Internal Security Committee
国内安全保障法 internal security act
国内運行(権) cabotage
国内開発 internal improvement
国内管轄権 domestic jurisdiction
国内管轄事項 domestic jurisdiction
国内総生産 gross domestic product
国内的救済(手段)を尽くすこと exhaustion of local remedies
国内での判決 domestic judgment
国内取引 inland trade
国内法 internal law
国内法 municipal law
国内法人化 domestication
国内法の域外適用 extraterritorial application of domestic law
告発 information
告発 presentment
国父 parens patriae
国法 law of the land
国防 national defense
国防会議 Defence Council
国法銀行 national bank
国防軍 national defense
国防省 Department of Defense; Defense Department
国防総省 Department of Defense; Defense Department
国民 citizen
国民 nation
国民 national
国民 people
国民医療制度 National Health Service; health service
国民医療制度オンブズマン Health Service Ombudsman
国民医療制度監察官 Health Service Commissioner
国民医療制度基金トラスト NHS Foundation Trust
国民医療制度行政監察官 Health Service Ombudsman
国民医療制度訴訟機関 NHS Litigation Authority
国民医療制度特別機関 Special Health Authority
国民医療制度トラスト National Health Service Trust; NHS Trust
国民医療制度トラスト病院 NHS trust hospital
国民軍召集 levy en [in] masse; lévee en masse
国民総生産 gross national product
国民貯蓄 National Savings
国民貯蓄銀行 National Savings Bank
国民貯蓄投資銀行 National Savings and Investments
国民投票 plebiscite, plebescite
国民の祝日 national holiday
国民扶助金 national assistance
国民扶助法 National Assistance Act
国民保険(制度) national insurance
国民保険審判所 national insurance tribunals
国民保険地方審判所 national insurance local tribunal
国民保険分担金 national insurance contributions
国務会議 council of state
国務省 Department of State; State Department
国務大臣 Secretary of State
国務長官 Secretary of State
穀物による農地使用料 grain rent
国有化 nationalization
国有化産業 nationalized industry
国有(制) state ownership
獄吏 jailer, jailor, gaol-
国立銀行 national bank
国立銀行 state bank
国立公園 national park
国連海洋法会議 United Nations Conference on the Law of the Sea

国連海洋法条約　United Nations Law of the Sea Treaty
国連教育科学文化機関　UNESCO, Unesco
国連国際商取引法委員会　United Nations Commission on International Trade Law
国連国際法委員会　United Nations International Law Commission
国連人権委員会　United Nations Commission on Human Rights; United Nations Human Rights Commission
国連人権高等弁務官　United Nations High Commissioner for Human Rights
国連人権理事会　United Nations Human Rights Council
国連難民高等弁務官　United Nations High Commissioner for Refugees
国連貿易開発会議　United Nations Conference on Trade and Development
互恵の遺言(書)　reciprocal will
互恵取引　reciprocal dealing
互恵貿易協定　reciprocal trade agreement
五港　cinque ports; quinque portus
五港個別裁判所　courts of the cinque ports
五港裁判所　Court of Shepway
五港市民　portman
五港長官　(Lord) Warden of the Cinque Ports
心付け　gratification
心付け　gratuity
心なき破壊者　vandal
故殺　culpable homicide
故殺　manslaughter
古参メンバー　ancients
孤児　orphan
乞食　beggar
乞食　tapper
孤児裁判所　orphan's court
子・障害被扶養者税額控除　child- and dependent-care tax credit
故障付き運送証券　unclean bill of lading
故障付き船荷[運送]証券　dirty bill of lading; foul bill of lading; unclean bill of lading
互助協会　benefit society
互助団体　beneficial association
個人　individual
誤審　error
個人営業　private practice
個人開業事務弁護士　sole solicitor
個人開業弁護士　sole practitioner; solo practitioner
個人課税所得控除(額)　personal allowances
個人株式投資プラン　personal equity plan
個人企業　sole proprietorship; proprietorship
個人企業出資金　proprietary capital
個人銀行　private bank
個人契約　personal contract
個人小切手　personal check
個人財産　personal property
誤審裁判所　court of error
個人産院　nursing home
個人事業(主)　sole trader
個人資産運用プランナー　financial planner
誤審修正令状　writ of false judgment; false judgment
個人譲渡抵当保険　private mortgage insurance
個人情報　personal data
個人情報開示獲得　procuring disclosure of personal data
個人情報主体　data subject
個人信託　personal trust
個人信用契約　personal credit agreement
個人信用合意　personal credit agreement
誤審審理開始命令　rule for concilium
誤審審理告知令状　scire facias ad audiendum errores
誤審審理被申立人　defendant in error
誤審審理申立人　plaintiff in error
誤審審理申し立て保証人　bail in error
個人生命保険年金信託　individual policy pension trust
個人専属助手　personal assistant
個人総資産　general estate
個人総所得　personal income
個人退職金積立て計画　retirement plan
個人退職積立て勘定　individual retirement account
子信託　sub-trust
個人貯蓄口座　Individual Savings Account
個人的役務提供契約　personal service contract
個人的権利に対する侵害　personal injury
個人的支出　personal expense
個人的知識　personal knowledge
個人的のれん　individual goodwill
個人的偏向　personal bias
個人道徳　private morality
個人年金制度　personal pension plan
個人年金制度　personal pension scheme
個人の安全　personal security
個人の自由　individual liberty
個人の自由　liberty of the individual
個人秘書　personal secretary
個人負担医療　private health
誤審申し立て理由の特定　assignment of error
誤審令状　writ of error; error
誤審令状審理のための追加期日　adjournment day in error
誤審令状手続きによる上位裁判所の判決　judgment in error
誤審令状特別棄却訴答　special plea in error
個人和議　individual voluntary arrangement
コースの定理　Coase theorem
沽聖　simony
古制定法　antiqua statuta; vetera statuta
午前零時の最終期限　midnight deadline
護送車隊　convoy
護送船(団)　convoy
子育て命令　parenting order
誤訴答　jeofail
誤訴答法　Statutes of Amendment and Jeofail
こそ泥　pilferage
誇大宣伝　sales puffery
答　answer
ごたまぜ　hodgepodge
ごたまぜ制定法　hodgepodge act
誇張表現　puffing
国家　nation
国家　state
国歌　national anthem
国家安全保障会議　National Security Council
国家安全保障状　national security letter
国家安全保障法　National Security Act
国家運輸安全委員会　National Transportation Safety Board
国家間の礼譲　comitas gentium
国家機密　governmental secret
国家機密　state secret
国家機密秘匿特権　governmental privilege
国家機密秘匿特権　state secrets privilege
骨格立法　skeletal legislation; barebones legislation; skeleton legislation
国家元首　chief magistrate
国家行為理論　act of state doctrine
国家公務員　Crown servant
国家財産領得　depeculation
国家支援テロ行為　state-sponsored terrorism
国家主義者　nationalist

国家承継　state succession
国家承認　recognition of state
国家責任　state responsibility
国家組織　civil polity
国家的住所　national domicile
国家テロ行為　state terrorism
国家に対する犯罪　offense against the state
(加盟)国家の責任　state liability
国家非常事態　national emergency
国家秘密情報　official secret
国家秘密情報法　Official Secrets Act
国家平等　Equality of States
国家平等の原則　Equality of States
国家文書　state paper
国家文書保管所　State Paper Office
国家保安局　Security Service
国家免責　state immunity
国家免責　state immunity
国家連合　confederation of states
国旗　flag
国旗敬礼事件　Flag Salute Cases
国旗冒瀆(罪)　flag desecration
国境　boundary
国教会委員会　Church Commissioners (for England)
国教忌避(者)　recusant
国教(禁止)条項　Establishment Clause
国教遵奉　conformity
国境線河川主要航行水路中央線の準則　rule of the thalweg
国境での捜索　border search
国教反対　dissent
国教反対者　dissenter
国教不遵奉　nonconformity
国庫　fisc, fisk
国庫金口座　exchequer
国庫金支払い令状　liberate
小槌　gavel
小包料金　parcel rate
固定　fixation
固定価格　fixed price
固定価格契約　fixed-price contract [agreement]
固定額信用　fixed-sum credit
固定型投資信託　fixed trust
固定期間　fixed term
固定給　stipend
固定(金銭)債務　fixed debt
固定鉱山地代　dead rent
固定資産　fixed asset; fixed capital
固定資産　fixed property
固定資本　fixed capital
固定収入　fixed income
固定訴訟費用　fixed costs
固定担保　fixed charge
固定賃率　flat rate
固定的保険(約款)　closed policy
固定費　fixed cost; fixed charge; fixed expense

固定負債　fixed liability
固定物　fixation
固定料金　fixed fee
固定料金　flat rate
固定利率　fixed rate
子との同居命令　residence order
ことば　word
ことばづかい　language
ことばづかい　wording
子供　child
子供委員　Children's Commissioner
子供および家族に関する裁判所助言・援助庁　Children and Family Court Advisory and Support Service
子供所得税　child's income tax
子供税　kiddie tax
子供たちの家　children's home
子供との性行為　sexual activity with a child
子供との同居(権)　physical custody
子供に対する警察の保護　police protection of children
子供に対する犯罪および性暴力犯罪者登録についてのジェイコブ・ウェタリング法　Jacob Wetterling Crimes Against Children and Sexually Violent Offender Registration Act
子供任意収容(施設)　voluntary accommodation
子供の遺棄・放任　child neglect
子供の後見人　children's guardian
子供の最善の利益　best interests of the child
子供のための協定書　statement of arrangement for children
子供のための州介入権審理　adjudication hearing; adjudicatory hearing
子供の保護観察命令　supervision order
子供の保護管理命令　supervision order
子供の保護計画　care plan
子供の保護命令　care order
子供の保護を地方自治体に委ねるための裁判手続き　care proceedings
子供の前で行なう性行為　engaging in sexual activity in the presence of a child
子供の誘惑　enticement of (a) child; enticement
子供を手元に置く権利　physical custody
古捺印証書　ancient deed
コネティカット基本法　Fundamental Orders of Connecticut
子の監護　custody of child [children]
子の監護(権)　child custody; legal custody
子の監護についての優先権　right of first refusal
子の扶養　child support
子の扶養監督官　child support officer
子の扶養監督庁　Child Support Agency
子の扶養・強制委員会　Child Maintenance and Enforcement Commission
子の扶養上訴担当官　child support commissioner
子の扶養不服審判所　Child Support Appeal Tribunal
好ましからざる外国人　undesirable alien
子の誘拐　child abduction
誤配　misdelivery
コピー　copy
誤謬　error
個品運送船　general ship
小袋局　Petty Bag (Office)
小袋局書記　Clerk of the Petty Bag
個別意見　separate opinion
個別財産　individual property
個別債務　several obligation
個別承継限嗣封土権　several tail
個別制定法　private statute
個別責任　several liability
個別訴訟　individual action
個別訴訟　separate action; several action
(内国歳入庁)個別通達　Revenue Ruling
個別的漁業権　several fishery
個別的事実認定　special finding
個別的のれん　separate goodwill
個別的否認訴答　specific traverse
個別的防御　special defense
個別否認訴答　special issue
個別不動産権　estate in severalty
個別法　private law
個別法定相続不動産　several inheritance
(不動産)個別保有　several tenancy
個別保有　severalty
個別約定　several covenant; separate covenant
個別約款捺印証書　deed of covenant
語法的解釈　grammatical interpretation
五法典　Five Codes
コーホート分析　cohort analysis
コーポラティズム　corporatism
五マイル法　Five Mile Act
ごみ埋立て税　landfill tax
小道　byway
小道　trail
コミュニティー税　community tax
コミューン　commune

ゴム印　rubber-stamp seal
ゴム印の印影　rubber-stamp seal
顧問　adviser, advisor
コモンウェルス裁判所　commonwealth court
古文書　ancient document; ancient writing
古文書学　diplomatics
コモンロー　common law; jus commune; lex communis
コモンロー寡婦産(権)　dower by the common law; common-law dower; dower ad communem legem
コモンロー婚姻　common-law marriage
コモンロー婚姻の夫　common-law husband
コモンロー婚姻の妻　common-law wife
コモンロー裁判権　common-law jurisdiction
コモンロー裁判所　court of law; common-law court; lawcourt
コモンロー裁判所主事　Master at Common Law
コモンロー裁判所主事　Masters of the Courts of Common Law
コモンロー州　common-law state
コモンロー準則　common-law rule; legal rule
コモンロー上存続している不動産権　estate subsisting at law
コモンロー上の害意　common-law malice
コモンロー上の救済手段　legal remedy
コモンロー上の禁反言　legal estoppel
コモンロー上の契約解除　legal rescision
コモンロー上の権原　legal title
コモンロー上の権利　legal right
コモンロー上の権利　legal interest
コモンロー上の権利主張　legal claim
コモンロー上の公用地供与　common-law dedication
コモンロー上の十分な救済手段　adequate remedy at law
コモンロー上の祝祭日　common-law holiday
コモンロー上の生涯不動産権者　legal life tenant
コモンロー上の譲渡　legal assignment
コモンウェルス上の譲渡抵当　legal mortgage; common-law mortgage
コモンロー上の譲渡抵当による担保権　charge by way of legal mortgage; legal charge
コモンロー上の商標　trademark at common law
コモンロー上の所有(権)者　legal owner
コモンロー上の訴訟　common-law action

コモンロー上の地役権　legal easement
コモンロー上の著作権　common-law copyright
コモンロー上の手続き　legal proceeding
コモンロー上の手続きに関する法律　Common Law Procedure Acts
コモンロー上の手続きに対する差止め命令　common injunction
コモンロー上の犯罪　common-law crime
コモンロー上の引当て資産[遺産]　legal asset
コモンロー上の不十分な救済手段　inadequate remedy at law
コモンロー上の不動産毀損　legal waste
コモンロー上の不動産権　legal estate
コモンロー上の不動産賃借権　legal lease
コモンロー上の不動産賃貸借　legal lease
コモンロー上の防御　legal defense
コモンロー上のリーエン　common-law lien
コモンロー訴答　common-law pleading
コモンローとエクイティーとの抵触　conflict of law and equity
コモンローとエクイティーとの融合　fusion of law and equity; merger of law and equity
コモンローとエクイティーの裁判所で実務を執っている紳士の協会　Society of Gentlemen Practisers (in the Courts of Law and Equity)
コモンロー・トラスト　common-law trust
コモンロー法域　common-law jurisdiction
コモンロー法律家　common lawyer; common-law lawyer
固有王領　ancient demesne
固有王領裁判所　court of ancient demesne
固有権能　inherent power
固有債権者優先の準則　jingle rule
固有代理権　inherent authority
固有特徴証拠　signature evidence
固有特徴犯罪　signature crime
固有の権利　inherent right
固有封　proper feud
雇用　contract of employment; contract of service
雇用　employment
雇用　hire
雇用　hiring
雇用　service
誤用　misuse
雇用関係　employer and employee; master and servant

雇用機会均等　equal employment opportunity
雇用機会均等委員会　Equal Employment Opportunity Commission
雇用機会均等法　Equal Employment Opportunity Act
御用組合　company union
雇用契約　contract of employment; contract of service
雇用契約　employment contract
雇用権利法　Employment Rights Act
雇用者　employer
雇用者協会　employers' association
雇用者識別番号　employer identification number
雇用者責任　employer's liability
雇用者責任法　employers' liability act
雇用者責任保険　employers' liability insurance
雇用周旋局　hiring hall
雇用柔軟・職安定性　flexicurity
雇用条件　conditions of employment; conditions of service
雇用条件明記書　written statement of terms of employment
雇用上訴審判所　Employment Appeal Tribunal
雇用・所得援助手当　employment and support allowance
雇用審判所　employment tribunal
雇用税　employment tax
雇用地　place of employment
雇用主　hirer
雇用の保証　security of employment
雇用付随危険　incident to employment
雇用領域　zone of employment
娯楽　entertainment
娯楽産業法　entertainment law
凝り固まった意見　fixed opinion
孤立　isolation
孤立主義　isolationism
顧慮　regard
御料林　royal forest; forest
御料林違法組入れ地　purlieu
御料林化　afforestation
御料林官　verderer, -or
コールダーバンク書状　Calderbank letter
コールダーバンク申し出　Calderbank offer
ゴールト事件　Gault, In re
コールマネー　call money
コルヤー事件の法理　Collyer doctrine
コールローン　call loan
殺すこと　destruction
ごろつき　hooligan

コロナー coroner
コロナー裁判所 coroner's court
コロナー審問 coroner's inquest
コロナー陪審 coroner's jury
コロラド河事件型の裁判権行使回避 Colorado River abstention
コロンビア特別区 District of Columbia
こわれやすい頭蓋の準則 eggshell skull rule [principle]; thin skull rule [principle]
婚姻 contract
婚姻 marriage
婚姻 matrimony
婚姻 marriage contract
婚姻 nuptiae
婚姻解消手続き matrimonial proceedings
婚姻外で生まれた子 child born out of wedlock
婚姻関係 matrimony
婚姻関係 matrimonial res
婚姻関係 wedlock
婚姻関係修復 reconciliation
婚姻関係に基づく特権 marital privilege
婚姻関係に基づく内密情報秘匿特権 marital communications privilege
婚姻許可(状) marriage license; license, -ce
(農奴)婚姻許可料 marchet, marcheta, merchet
婚姻挙行地法 lex loci celebrationis
婚姻禁止親等 Levitical degrees
婚姻継承財産設定(証書) marriage settlement
婚姻契約 betrothal; handfasting
婚姻権 conubium, connu-
婚姻権 maritagium; marriage
婚姻権相当額 valor maritagii
婚姻権相当額請求令状 valore maritagii
婚姻後継承財産設定(証書) postnuptial agreement [settlement]
婚姻後取得財産夫婦共有契約 société d'acquêts
婚姻後夫婦財産合意 postnuptial agreement [settlement]
婚姻財産 matrimonial res
婚姻詐称 jactitation of marriage
婚姻詐称差止め訴訟 jactitation of marriage
婚姻式のミサ nuptial mass
婚姻事件 matrimonial cause; matrimonial action
婚姻事件法 Matrimonial Causes Acts
婚姻終了後の扶助料 maintenance after termination of marriage
婚姻障害 impediment
婚姻障害 impediment to marriage

婚姻上の住所 matrimonial domicile
婚姻上の犯罪 matrimonial offense
婚姻証明書 marriage certificate
婚姻生活関係差止め命令 matrimonial injunctions
婚姻生活関係命令 matrimonial order
婚姻生活のための住居 matrimonial home
婚姻生活のための住居に対する権利 matrimonial home rights
婚姻制限 restraint of marriage
婚姻前遺言 prenuptial will; antenuptial will
婚姻前継承財産設定(証書) prenuptial settlement; antenuptial settlement
婚姻前贈与 prenuptial gift; antenuptial gift
婚姻前夫婦財産合意 prenuptial agreement; antenuptial agreement; antenuptial contract; antenuptial settlement; marriage contract; marriage settlement; premarital agreement; premarital contract; prenuptial settlement
婚姻前約定 marriage articles
婚姻仲介契約 marriage brokerage [brokage] contract
婚姻仲介契約[業] marriage brokerage [brokage]
婚姻中に取得した資産 marital asset
婚姻通知 notice of marriage
婚姻適齢 age of puberty; puberty
婚姻登録 registration of marriage; marriage registration
婚姻の解消 dissolution of marriage
婚姻の完行 consummation of marriage; consummation
婚姻の完行の故意による拒絶 willful refusal to consummate
婚姻の儀式 marriage ceremony
婚姻の絆からの離婚 divorce a vinculo matrimonii
婚姻の挙式 solemnization of marriage
婚姻の権利 right to marry
婚姻の証明 proof of marriage
婚姻の遡及的有効化 sanation; sanatio in radice
婚姻の破綻 marital breakdown; breakdown of marriage
婚姻の不完行 nonconsummation of marriage
婚姻の無効 nullity of marriage
婚姻の約因 marriage consideration
婚姻法 Marriage Act
婚姻方式 marriage ceremony
婚姻保護命令 marriage protection order

婚姻無効訴訟 nullity suit
婚姻無効判決 decree of nullity
婚姻約束 espousal
婚姻約束 sponsalia
婚姻約束違反 breach of marriage promise; breach of promise (of marriage)
婚姻予告 banns, bans; banns of matrimony marriage]; marriage banns
婚姻料 maritagium; marriage
コーンウォル公領 Duchy of Cornwall
コーンウォル・デヴォンの錫鉱裁判所 Court of Stannaries of Cornwall and Devon
懇願的信託 precatory trust
懇願的文言 precatory words
困窮家族一時的補助 Temporary Assistance for Needy Families
困窮者 indigent
根拠 cause
根拠 foundation
根拠 grounds
コングロマリット conglomerate
コングロマリット合併 conglomerate merger
混血 mixed blood
混血婚 mixed marriage
混合家族 blended family
混合型規則制定(手続き) hybrid rulemaking
混合基金 blended fund
混合通体 mixed fund
混合経済 mixed economy
混合契約 mixed contract
混合財産 mixed property; mixed subjects of property
混合指示条項 blending clause
混合集団訴訟 hybrid class action
混合十分の一税 mixed tithes
混合証券 hybrid security
混合信託 mixed trust
混合推定 mixed presumption
混合政体 mixed government
混合窃盗 mixed larceny
混合贈与 mixed gift
混合訴権 actio mixta
混合訴訟 mixed action; actio mixta
混合不法妨害 mixed nuisance
混合法 mixed law
混合保険会社 mixed insurance company
混合問題 mixed question
コンコルダート concordat
コンサルタント consultant
コンサルタント業 consultancy
懇請 appeal
懇請 prayer
(公衆への慈善的寄付の)懇請者 collector
混成的指名権 hybrid power

和英対照表

混成陪審　mixed jury
痕跡　trace
コンセッション　concession
『コンソラート・デル・マーレ』　Consolato del Mare
コンテンツ　content
混同　merger; confusion
コンドミニアム　condominium
困難　hardship
困難な事件　hard case
コンピューター　computer
コンピューターエラー　computer error
コンピューター関連法　computer law
コンピューター言語　computer language
コンピューター詐欺　computer fraud
コンピューター作成著作物　computer-made work
コンピューター書類　computer documents
コンピューター窃盗　cybertheft
コンピューターソフトウェア　computer software
コンピューターソフトウェア賃貸業務修正法　Computer Software Rental Amendment Act
コンピューターソフトウェア保護法　Computer Software Protection Act
コンピューター犯罪　computer crime
コンピューター犯罪者　computer criminal
コンピューターファイル　computer file
コンピューター不正使用　computer misuse
コンピュータープログラム　computer program
コンピューター法　computer law
コンフォート・レター　comfort letter
梱包品内容一覧表　packing list
婚約　affiance
婚約　contract
婚約　engagement; engagement to marry
婚約不履行を原因とする不動産占有回復令状[訴訟]　causa matrimonii praelocuti
混和　commixtio
混和　mingling
混和　mixtion
困惑防止命令　protective order

サ

'罪悪' 税　sin tax
最安価事故回避者　cheapest cost avoider
再委任立法　subdelegated legislation
再映画化権　remake rights
裁可　assent
再開　resitting

災害　casualty
災害　casus
災害救助法適用損失　disaster loss
災害原因調査委員会　court of inquiry
災害指定地域　disaster area
災害死亡給付金　accidental death benefit
在外者に対する差押え　foreign attachment
災害倍額支払い　double indemnity
再開発　redevelopment
再開発　renewal
再開発地区　renewal area
災害保険　casualty insurance
(被保険)財貨救出　salvage
再確認　reaffirmation
載貨重量　deadweight capacity
罪過なきかぎり　during good behavior; dum bene se gesserit; quamdiu bene se gesserint; quamdiu se bene gesserit
罪過のないこと　good behavior
再下封　arrière fee [fief]
再下封　subinfeudation
再下封関係　subinfeudation
再下封土　arrière fee [fief]
再下封封土　subinfeudation
再下封保有　subinfeudation
再下封保有者　subinfeudatory
再仮釈放　reparole
在監情報提供者　government agent
最近親　next of kin; nearest kin; nearest of blood
最近の実力行使　fresh force
最近の占有　recent possession
最近の不動産占有侵奪　fresh disseisin
最近の不動産占有侵奪に対する自力救済(権)　fresh disseisin
採掘　digging
採掘契約代理人　land agent
採掘料　override; overriding royalty
採掘料　royalty
採掘料としての分け前　royalty interest
最恵国　most favored nation
最恵国条項　most favored nation clause; favored nation clause
最恵国待遇　most favored nation treatment
最恵賃借人条項　most favored tenant clause
最軽度の過失　levissima culpa
罪刑法定主義　legality; principle of legality
採決　division
採決　vote
裁決過程　adjudicatory process
裁決機関による確知(の事実)　official notice

採決実施ベル　division bell
裁決のための聴聞　adjudication hearing; adjudicatory hearing
再建　reconstruction
再建　Reconstruction
再建　reproduction
債券　bond
債券　debenture
再現　reconstruction
財源　funds
債権買取り業者　debt factor
債権買取り業者　factor
債権(仮)差押え　foreign attachment
債権(仮)差押え　garnishment
債権(仮)差押通告　garnishment
債権(仮)差押通告手続き　garnishee proceeding
債権(仮)差押通告手続き申立人　garnisher, garnishor
債権(仮)差押命令　garnishee order
債権管理　debt administration
債権債務関係　obligation
債権債務関係の相互性　mutuality of obligation
(捺印金銭債務証書契約の)債権者　bond creditor
債権者　creditor; debtee
債権者　obligee
債権者会議　creditors' meeting; meeting of creditors
債権者受益者　creditor beneficiary
債権者取得物的財産　real estate owned
債権者全員への譲渡　general assignment
債権者訴訟　creditor's bill [suit]
債権者代表委員会　creditors' committee
債権者任意清算　creditor's voluntary winding-up
債権者のための譲渡　assignment for the benefit of creditors
債権者のための補充執行訴状　creditor's bill [suit]
債権者の利益のための換価　distress sale
債権者名簿　list of creditors
債権者を欺くための移転　transfer in fraud of creditors
債権譲渡　assignment of choses in action
再建設費用　reproduction cost; replacement cost
再建設費用による資産評価　reproduction cost
債権取立て　debt collecting [collection]
債権取立て業者　collection agency
債権取立て業者　debt factor
債権取立て業者　factor
債権の実現　reduction into possession

債券の償還	bond retirement
債権の証明	proof of debt
債券発行	bond issue
債券発行	debenture issue
債券発行金銭債務	bonded debt
債券発行契約歯型捺印証書	bond indenture
債券保持者	bondholder
財源豊かな企業[人物]	deep pocket
再考	reconsideration
最高経営者層	top management
最高経営責任者	chief executive officer
採光権	light
採光権	right of light
採鉱権	oredelf, -delfe
最高限度額地代	ceiling rent
最高限度額家賃	ceiling rent
採鉱地の再設定	relocation
採鉱・採石入会権	common in the soil
最高裁判所	high court
最高裁判所	Supreme Court
(連合王国)最高裁判所	Supreme Court (of the United Kingdom)
(連合王国)最高裁判所裁判官	Justices of the Supreme Court
最高裁判所抱き込み法案	Supreme Court packing bill
(連合王国)最高裁判所長官	President of the Supreme Court (of the United Kingdom)
(連合王国)最高裁判所副長官	Deputy President of the Supreme Court (of the United Kingdom)
再交渉	renegotiation
再交渉条項	reopening clause; reopener
最高上訴裁判所	Court of Appeals
最高司令官	commander in chief
最高司令官条項	Commander in Chief Clause
最高信義	utmost good faith; uberrima fides
最高信義契約	contract uberrimae fidei
最高速度違反	speeding
最高速度違反	speeding offense
採光地役権	easement of light
採光・通風地役権	light-and-air easement
最高度の注意	highest degree of care; utmost care
最高の法	summum jus
再抗弁	replicatio
最高法院	Supreme Court
最高法院	Supreme Court of Judicature
最高法院規則	Rules of the Supreme Court
最高法院規則制定委員会	Supreme Court Rule Committee
最高法院主事	Master of the Supreme Court
最高法院訴訟手続き	Supreme Court Practice
最高法院法	Supreme Court Act
最高法官	Chief Justicier; capitalis justiciarius; justiciar; justiciary
最高法規条項	Supremacy Clause
最高封主	lord paramount
最高立証価格	highest proved value
再勾留	remand
再勾留	remand in custody
再勾留囚人	remand prisoner; prisoner on remand
再勾留保釈	remand on bail
最高利率	legal rate
在庫管理	stock control
在庫商品担保融資	floor plan financing; floor planning
在庫蒸留酒税	floor tax
最後通牒	ultimatum
最後の貸手	lender of the last resort
最後の雇用者の準則	last employer rule
最後の審判の日	Judgment Day
最後の相続人	ultimus heres
最後の立場	end position
最後の直前行為のテスト	last proximate act test
最後の明白な損害回避機会	last clear chance
最後の明白な損害回避機会の法理	last clear chance doctrine
最後の連結環の法理	last-link doctrine
最後の和解	final concord
在庫評価	stock valuation
在庫品	inventory
在庫品	stock
在庫品	stock in trade
在庫品担保融資	inventory financing
在庫目録	inventory
再雇用命令	re-engagement order
さいころ賭博	hazard
再婚	digamy; deuterogamy
再々保険	retrocession
再作成の意思	animus restituendi
財産	bona
財産	estate
財産	goods
財産	property
財産	things
財産回復保証人	pledges to restore
財産回復(要求)	revendication
財産価値の低い動物	animal of a base nature
財産管理	administration
財産管理者	conservator
財産管理(手続き)	administration of estate
財産管理手続き	estate administration
財産管理人	administrator
財産管理人	curator bonis
財産管理人	custodian
財産管理命令	administration order
財産危害	mischief
財産危害罪	criminal mischief
財産帰属命令	vesting order
財産権	property
財産権	right of property
財産権移転能力の制限	disabling restraints
財産権的禁反言	proprietary estoppel
財産権的情報	proprietary information
財産権に対する犯罪	offense against property
財産権の移転	transfer of property
財産権の付与を伴う権能	proprietary power
財産権法	law of property
財産権法	Law of Property Act
財産衡平配分(則)	marshaling assets; marshaling; marshaling of assets;
財産衡平配分の準則	rule of marshaling assets
財産告知手続き	garnishment
財産差押え	levy of attachment
財産差押令状	extent
財産自由権	property interest
財産取得者	taker
財産状態陳述書	statement of (financial) affairs
財産上の権利	property right
財産処分権能条項	Disposing Clause
財産処分行為	realization
財産処分能力を有する精神	disposing mind
財産税	property tax
財産損壊(罪)	criminal damage
財産損壊罪	criminal damage to property
財産調整命令	property adjustment order
財産等引渡し令状	liberate
財産に対する故意の権利侵害	malicious injury to property
財産に対する罪	crimes against property
財産に対する不法行為	property tort
財産の共有	community of property
財産の検分	inspection of property
財産の衡平な分配	equitable distribution (of property)
財産の平和的享有	peaceful enjoyment of possessions

財産の持戻し　collatio bonorum
財産の有形被害　physical injury
財産評価審理　valuation hearing
財産評価令状　extent; extendi facias; writ of extent
財産不存在の復命　nulla bona
財産併合　hotchpot, hotchpotch
財産返還令状　amoveas manus
財産法　property law
財産防衛の防御　defense of property
財産保護命令　protection order
財産保全管理　receivership
財産保全管理人　receiver
財産保全管理人証書　receiver's certificate
財産保全管理費用　expenses of receivership
財産保全管理命令　receivership order
財産目録　inventory
財産目録の利益　benefit of inventory; beneficium inventarii
再自救的動産差押え　withernam; repetitum namium
祭日　Grand Day
細字部分　fine print
最終遺言(書)　last will
最終遺言書　last will and testament
最終運送人　terminal carrier
最終勘定　final account
最終機会の法理　last opportunity doctrine
最終議定書　final act
最終計算書　completion statement
最終使用者　end user
最終消費者　ultimate consumer
最終処分決定審理　disposition hearing
最終審　last resort
最終審裁判所　court of last resort
最終審裁判所　supreme court
最終生残者生命保険　last-survivor life insurance
最終生残者年金　last-survivor annuity
最終生残者保険　last-survivor insurance
最終選挙　general election
最終占有の抗弁　darrein seisin
最終陳述　allocution
最終陳述聴取の申し出　allocution; allocutus
最終的過失の法理　doctrine of ultimate negligence
最終的職務執行令状　peremptory mandamus
最終的争点　ultimate issue
最終的申し出択一仲裁　final offer arbitration
最終弁明の要請　calling upon a prisoner
最終弁論　closing argument; closing statement; final argument; final speech; summation; summing-up
最終弁論　concluding speech
最終報告　final report
最終法定相続人　last heir
最終葉　backsheet
最重要点　gravamen
再主尋問　redirect examination; redirect; reexamination
歳出権限　spending power
歳出予算　appropriation
歳出予算　Estimates
再召喚状　resummons
最上級審裁判所　highest court
最少限度の要　minimization requirement
最小限の州籍相違　minimal diversity
最小限の接触　minimum contacts; minimal contacts
再譲渡　reconveyance
罪状認否書記　clerk of arraigns
罪状認否手続き　arraignment
最少有責関与者　minimal participant
在職権　tenure
最初の財産取得者　first taker
最初の出廷　initial appearance
最初の訴答手続き終了後の新防御事実発生の答弁　plea puis darrein continuance
最初の訴答手続き終了前の新防御事実発生の答弁　further maintenance of the action
最初の訴答での主張　surmise
最初の立入りに戻っての侵害　trespass ab initio
最初の登録に対する予告登録　caution against first registration
最初の譲受人　first purchaser
再審　new trial
採薪権　lignagium
再審査　review
再審査裁判所　court of review
再審査訴状　bill of review
再審査のための記録移送令状　writ of review
再審査評議会　appeals council
再侵奪不動産占有回復令状　redisseisin
再審の申し立て　motion for new trial
『最新法律文献索引』　Current Law Index
再審申立書　bill for a new trial
再審問令状　ad melius inquirendum
再審理申立ての可能性　liberty to apply
採薪料　lignagium
再生　fresh start
財政　finance
財政　public finance
財政援助　financial assistance
財政家　financier
財政施策　fiscal measures
再制定　reenactment
再制定の準則　reenactment rule
財政的救済　financial relief
財政法案　finance bill
財政法案　money bill
財政法案のための議事日程　union calendar
再生(利用)　reclamation
再説示　further instruction
(刑の)再宣告(手続き)　resentencing
最先任裁判官　senior judge
最善の努力　best efforts
最善の利益　best interests
最前列議席の議員　front bencher
最前列の席　front bench
再訴答命令　repleader; judgment of repleader
再訴答命令申し立て　motion for a repleader
罪体　corpus delicti
罪体の準則　corpus delicti rule
再逮捕　rearrest
在宅勤務者　homeworker
再立入り(権)　regress
財団　foundation
最短刑期　minimum term
裁治権者　ordinary
再徴収　recapture
再徴収額　recapture
再調整　realignment
最低売り値　upset price
最低価格　floor
最低価格適格入札者　lowest responsible bidder
裁定額　award
最低額協定年金　conventional annuity
最低競売価格　reserve price; reserve
サイテイター　citator
最低賃金　minimum wage
裁定取引　arbitrage
裁定取引を行なう人　arbitrager
最低配当　minimum dividend
最低引受額　minimum subscription
裁定不確実損害賠償(金)　speculative damages
最低服役期間　minimum sentence
最低報酬基準　minimum fee schedule
再伝聞　double hearsay; multiple hearsay
再登記　reregistration
再動産差押え　withernam; repetitum namium
再投資　plowback
再投資　rollover

再答弁命令　respondeat ouster
再度の事実審理　retrial
再度の審理　rehearing
サイドバー　sidebar
サイドバー協議　sidebar conference; sidebar
サイドバー決定　sidebar rule
歳入　revenue
歳入・関税委員会　Revenue and Customs
歳入交付(制度)　revenue sharing
歳入事項にかかわる犯罪調査　criminal investigation in Revenue matters
歳入(制定)法　revenue statute
歳入法案　revenue bill
最年長国王奉公人　ancient serjeant
再売却　resale
再売却の権利　right of resale
サイバーストーキング　cyberstalking
再発行　republication
再発行特許(権)　reissue patent; reissue
再発行令状　sicut alias
再発表　republication
サイバー犯罪　cybercrime
サイバー法　cyberlaw
再犯　recommitment, recommittal
裁判　justice
裁判　trial
裁判外の意見　extrajudicial opinion
裁判外の救済(手段)　extrajudicial remedy
裁判外の自白　extrajudicial admission
裁判外の自白　extrajudicial confession
裁判官　bench
裁判官　brehon
裁判官　chancellor
裁判官　deemster
裁判官　doomster
裁判官　judge
裁判官　judicature
裁判官　justice
裁判官あさり　judge shopping
裁判官委任者　judicial officer; hearing officer
裁判官選び　panel-shopping
裁判官会議　council of judges
裁判官会議　judicial council
裁判管轄　jurisdictional limits
裁判管轄外への送達　service out of the jurisdiction
裁判管轄(権)　jurisdiction
裁判管轄権　cognizance
裁判管轄権に関する争い　jurisdictional dispute
裁判官規則　Judges' Rules
裁判官行動準則規程　Code of Judicial Conduct

裁判官作成法　judge-made law
裁判官室　camera
裁判官室　chamber
裁判官室　judge's chamber
裁判官室裁判官　judge in chambers
裁判官室で(の)　in camera
裁判官室での開廷　in camera sitting; sitting in camera
裁判官室での検証　in camera inspection
裁判官室での職務　chamber business
裁判官室での審理　hearing in camera
裁判官室での(訴訟)手続き　in camera proceeding
裁判官職杖持ち　porter
裁判官席　bench
裁判官席上の口頭決定　bench ruling
裁判官席での協議　bench conference
裁判官選任委員会　Judicial Appointments Commission
裁判官付き書記官　judge's clerk
裁判官付き調査官　law clerk
裁判官殿　Honor, -our
裁判官(と陪審)による検証　inspection by judge (and jury)
裁判官による保護観察　bench probation
『裁判官の鑑』　Mirror of Justices
裁判官の職　judgeship
裁判官の選任および行為監察官　Judicial Appointments and Conduct Ombudsman
裁判官のための継続的法学教育　continuing judicial education
裁判官の弾劾(裁判)　impeachment of a judge
裁判官の手控え　judge's notes [minutes]
裁判官の独立(性)　judicial independency
裁判官の任期　judgeship
裁判官の偏向　judicial bias
裁判官の面前での司法手続き　judicial proceeding
裁判官付託合意　case reserved
裁判官命令　judge's order
裁判官用メモ　bench memo
裁判官立法　bench legislation
裁判官立法　judicial legislation
裁判官倫理典範　Canons of Judicial Ethics
裁判官倫理典範　judicial ethics
裁判拒否　denial of justice
裁判記録の文面から明らかな法的誤謬　error of law on the face of the record
裁判記録用紙　judicature paper
裁判区　circuit

裁判区　district
裁判権　jurisdiction
裁判権　justice
裁判権行使回避　abstention
裁判権行使回避の法理　abstention doctrine
裁判権能　judicial power
裁判権剝奪条項　ouster clause
裁判権否認　declinatory exception
裁判権否認答弁　declinatory plea
裁判効率性の例外　judicial economy exception
裁判誤導(罪)　perverting the course of justice
再犯者　repeat offender; repeater
裁判集会　ding
裁判所　bench
裁判所　court; court of justice; court of law; lawcourt
裁判所　courthouse
裁判所　forum
裁判所　judicatory
裁判所意見草案　slip opinion
再反証　surrebuttal
裁判所の禁反言　judicial estoppel
裁判所の決闘　judicial combat; judicial duel
裁判上の債務認諾(書)　cognovit (actionem)
裁判上の債務認諾条項　cognovit clause
裁判上の自白　judicial confession
裁判上の証拠　judicial evidence
裁判上の別居　judicial separation
裁判上の別居命令　judicial separation order
裁判上の離婚　judicial divorce
裁判所運営協会　Institute for Court Management
裁判所外行為　act in pais
裁判所開廷期　law term; term of court
裁判所開廷期間　law sittings
裁判所家庭部　family court
裁判所規則　court rules; rules of court
裁判所規則　rule of court
裁判所規則制定委員会　rules committee
裁判所記録集　court roll
裁判所記録抄本　estreat
裁判所クリニック　court clinic
裁判所指名専門家証人　court expert
裁判所主事　master
裁判所主事報告書　master's report
裁判所主任事務官　Chief Clerk
裁判所書記　clerk of court
裁判所書記の誤記　clerical misprision
裁判所書体　court hand
裁判所成員　officer of the court
裁判所正式文書用用紙　engross-

ment paper
裁判所選任受託者 judicial trustee
裁判所抱き込み court packing
裁判所地方規則 local rule
裁判所長 presiding judge
裁判所提出書類 (court) papers; suit papers
裁判所での詐欺 fraud on the court
裁判所での審理の日(の通知を受ける権利) day in court
裁判所での同輩 pares curiae
裁判所電子記録パブリックアクセス Public Access to Court Electronic Records
裁判所における援助 help at court
裁判所における適切かつ完全な防御 legal defense
裁判所に対する書証提出の申し出 profert in curia; profert ad curia
裁判所による意見 per curiam (opinion)
裁判所による違憲審査(権) judicial review
裁判所による迂回 judicial bypass
裁判所による確認 conusance
裁判所による確知 judicial notice
裁判所による確知たる事実 judicially noticed fact
裁判所による強制清算 compulsory winding-up by the court
裁判所による清算 winding-up by the court
裁判所による認知 judicial cognizance
裁判所の意見 judicial dictum
裁判所の意見 memorandum opinion
裁判所の意見に従う評決 verdict subject to opinion of court
裁判所の許可 leave of (the) court
裁判所の権限踰越 excess of jurisdiction
裁判所の裁量 judicial discretion
裁判所の自己抑制 judicial self-restraint
裁判所の指示 direction
裁判所の譲歩 judicial deference
裁判所の友 amicus curiae; friend of the court
裁判所の認知 cognizance
裁判所の被後見人 ward of court
裁判所の面前 presence of the court
裁判所の面前での裁判所侮辱 contempt in the face of the court
裁判所の申し立て受理 going through the bar
裁判所の抑制 judicial restraint
裁判所の良心 conscience of the court
裁判所発行勾引状 bench warrant
裁判所費用支払い保証証書 cost bond

裁判所侮辱 contempt of court
裁判所侮辱的離廷 departure in despite of court
裁判所付託仲裁 judicial arbitration
裁判所への供託 deposit in court
裁判所への供託 payment into court
裁判所への先駆け競争 race to the courthouse
裁判所法 Courts Act
裁判所法 Judicature Acts
裁判所法 Judiciary Act
裁判所補佐人 assessor
裁判所補佐弁護士 staff attorney
裁判所無審理受容事実 judicial fact
裁判所命令 court order
裁判所命令による仲裁 court-ordered arbitration
裁判所令状 breve judiciale
裁判所令状 judicial writ
裁判制度 judicial system
裁判籍 locality of a lawsuit
再反対尋問 recross-examination
裁判地 venue
裁判地外執行令状 testatum (writ [bill])
裁判地決定事実 venue facts
裁判地決定前の答弁 plea before venue
裁判地執行令状 ground writ
裁判地の錯誤 mistake in venue
裁判地の変更 change of venue; transfer of venue
裁判地の申し出 laying (of) the venue
裁判地変更申し立て motion to transfer venue
裁判長 presiding judge
裁判手順の決定 setting down for trial
裁判手続き judicial process
裁判手続き記録 judicial record
裁判手続き上の宣誓 judicial oath
裁判手続き上の特権 judicial privilege
裁判手続きによらない譲渡抵当権実行手続き nonjudicial foreclosure
裁判手続きによらない離婚 extrajudicial divorce
裁判手続きによる救済(手段) judicial remedy
裁判手続きによる譲渡抵当受戻し権喪失手続き judicial foreclosure
裁判手続きによるリーエン judicial lien
裁判逃避者 fugitive from justice
裁判逃避者逮捕状 fugitive from justice warrant
裁判の誤り miscarriage of justice
裁判の効率性 judicial economy
裁判のための身柄提出令状 habeas

corpus ad deliberandum et recipiendum
再販売 resale
再販売価格維持 resale price maintenance
再販売価格維持協定 price maintenance agreement
裁判日 juridical day; judicial day
裁判への平等機会法 Equal Access to Justice Act
裁判への平等の機会 equal access to justice
裁判を受ける権利 right of access; right of access to courts
再引渡し redelivery
再引渡し令状 deliverance
再被保険者 cedent; reinsured
再封印遺言検認状 resealed probate
再付託 recommitment, recommittal
財物強迫 duress of goods [property]
財物強要(罪) extortion
再編成 restructuring
再弁論 reargument
差異報告書 gap report
再放送料 residual
採木入会権 (common of) estovers
採木権 estovers
再保険 reinsurance; reassurance
再保険者 reinsurer
催眠術 hypnotism
債務 indebtedness
債務 obligation
債務一部支払い compromise
債務一括調整 debt pooling; debt adjustment; debt consolidation
財務会計 financial accounting
財務会計基準委員会 Financial Accounting Standards Board
財務会計基準(書) Statement of Financial Accounting Standards
財務価値 financial worth
(財務府裁判所)財務官 cursitor baron (of the exchequer)
財務官 financier
債務関係 obligatio
債務元利返済額 debt service
債務強制方法 grab law
債務強制隷属労働 peonage
債務強制労働者 peon
債務減額合意 workout
債務限度 limitation on indebtedness
債務支払い延期 rollover
債務支払い保証 guaranty of payment
債務支払い保証人 guarantor of payment
債務者 debtor
債務者 obligor
債務者監獄 debtors' prison

債務者拘禁　imprisonment for debt
債務者・債権者間信用供与合意　debtor-creditor agreement
債務者・債権者・供給者間信用供与合意　debtor-creditor-supplier agreement
債務者の交替による更改　delegation
債務者へのいやがらせ　harassment of debtors
債務者用監獄　compter; counter
財務省　Department of the Treasury; Treasury (Department)
財務省インフレ防衛長期証券　TIPS; TIPS bond
債務償還　debt retirement
財務省規則　Treasury Regulation
財務省証券　debt security
財務省債務証書　treasury certificate
財務省証書　personal bond
財務省短期証券　Treasury bill; T-bill
財務省中期証券　Treasury note; T-note
財務省長期証券　Treasury bond; T-bond
財務省登録官　Register of the Treasury
財務承認証書　Lloyd's bond
財務省発行証券　treasury security
財務省消滅証書　acquittance; quittance
財務諸表　financial statements
債務整理　debt adjustment
債務整理計画　scheme of arrangement
債務・損害額の確定　liquidation
財務代理人　fiscal agent
債務超過　insolvency
債務超過限度　debt limitation
財務長官　Secretary of the Treasury; Treasury Secretary
財務てこ率　leverage
債務統合　debt consolidation
債務のある状態　indebtedness
債務の混同　confusion of debts
債務の履行調整　debt adjusting
債務引受け条項　assumption clause
財務府　Exchequer 「ber
財務府会議室　Exchequer Cham-
財務府会議室裁判所　Court of Exchequer Chamber; Exchequer Chamber
財務府からの罰金徴収命令抄本　estreat
財務府（裁判所）　scaccarium
財務府裁判所　Court of Exchequer; Exchequer; Exchequer Court
財務府裁判所裁判官　Baron of (the) Exchequer; baron
財務府裁判所財務官　cursitor baron (of the exchequer)

財務府裁判所首席裁判官　Chief Baron (of the Exchequer); capitalis baro
財務府裁判所首席裁判官　Lord Chief Baron
財務府証券　Exchequer bill
『財務府赤書』　Red Book of the Exchequer
債務不存在の答弁　nil debet
財務府大ロール　Great Roll (of the Exchequer)
債務負担支払引き受け訴訟　indebitatus assumpsit
『財務府についての対話』　Dialogus de Scaccario
財務府部　Exchequer (Division)
財務府部裁判官　Baron of (the) Exchequer; baron
財務府部首席裁判官　Chief Baron (of the Exchequer)
債務一部免除　composition
財務府ユダヤ人局　Exchequer of the Jews
債務不履行訴訟　default action
債務不履行の告知　default notice
債務返済についてのカウンセリング　debt counseling
債務法　law of obligations
財務報告　financial report [reporting]
財務報告基準（書）　Financial Reporting Standards
財務報告書　financial statement; financial report
債務保証契約に基づく労働　bonded labor
債務保証証書　surety bond
債務免除　acquittance
債務持分比率　debt-to-equity ratio
債務履行の委任　delegation of duties
債務を特定しない弁済　indefinite payment
罪名明示部分　accusatory part
災厄　misfortune
最優遇貸出し金利　prime rate; prime interest rate
再融資　refinancing
最優先リーエン　superlien
採用後加入協定　post-entry agreement
採用前加入協定　pre-entry agreement
在留許可（証）　residence permit
裁量　discretion
材料　material
材料供給者のリーエン　material-man's lien
再量刑　resentencing
裁量刑　arbitrary punishment
裁量権　arbitrary power
裁量権　discretion; discretionary power

裁量権の濫用　abuse of discretion
裁量行為　discretionary act
裁量行為に伴う免責　discretionary immunity
材料込みの労務契約　contract for work (done) and materials (supplied)
裁量懇請陳述書　discretion statement
最良最高限の利用　highest and best use
最良証拠　best evidence
最良証拠の準則　best evidence rule
裁量上訴（受理令状）　certiorari
裁量信託　discretionary trust
裁量の再審査　discretionary review
裁量的正義　discretionary justice
裁量的認定損害（賠償金）　discretionary damages
材料に関する錯誤　error in substantia
細類型化犯罪　graded offense
載録された判例　reported case
『サウス・イースタン・リポーター』　South Eastern Reporter
『サウス・ウエスタン・リポーター』　South Western Reporter
詐害行為の徴憑　badge of fraud
詐害訴答　faint pleader
詐害的財産譲渡　fraudulent conveyance
詐害的譲渡　fraudulent alienation
詐害的優先弁済　preference
詐害密約　covin
差額　spread
差額賠償準則　out-of-pocket rule; out-of-pocket-loss rule
酒場　public house
酒場責任　dram shop liability
酒場法　dram shop act
詐欺　deceit
詐欺　deception
詐欺　dolus
詐欺　fraud
詐欺　scam
先入れ先出し（法）　first in, first out
先買　forestalling, for-; forcheapum, fore-
先買　forestal(l)ment, for-
先買　preemption
先買権　preemption
先買権　refusal
先買権　right of preemption; first option to buy
先買人　forestaller, for-
詐欺罪　criminal fraud
詐欺訴訟　deceit
詐欺的営業　fraudulent trading
詐欺的競売　mock auction
詐欺的表示　fraudulent representation
詐欺的不実表示　fraudulent mis-

representation
詐欺的不正選挙行為 election fraud
詐欺的霊媒 fraudulent medium
詐欺取締班 Fraud Squad
先取特権 charging lien
先取特権 lien
先に選択する権利 preoption
詐欺による金銭上の利益取得(罪) obtaining pecuniary advantage (by deception)
詐欺による財産取得(罪) obtaining property by deception
先払い法的サービス prepaid legal services
先日付小切手 postdated check
詐欺防止法 statute of frauds
詐欺防止法改正法 Statute of Frauds Amendment Act
先物 future
先物オプション futures option
先物買付け forward buying; buying forward
先物価格 forward price
先物価格 future price
先物為替 forward exchange
先物為替合意 forward exchange agreement
先物為替相場 forward exchange rate
先物契約 futures contract; future; future contract
先物市場 futures market; forward market
先物相場 forward quotation
先物相場 forward rate
先物売買 forward sale
作業権 working interest; leasehold interest
作業検査 medical inspection
作業停止 work stoppage
作業場勤務時間法 Portal-to-Portal Pay Act
作業班 working party
先渡し forward delivery
先渡し契約 forward (contract)
先渡し合意 forward agreement
サク sac
作為 feasance
作為義務 duty to act
作為による(不動産)毀損 voluntary waste
作為命令的差止め命令 mandatory injunction
作為約款捺印証書 deed of covenant
索引 index
索引 table
索引図 index map
柵外法廷弁護士 outer bar; utter bar
柵外法廷弁護士 outer barrister; utter barrister

錯誤 error
錯誤 mistake
搾取 exploitation
搾取事業所 sweatshop
削除 deletion
(事前)削除 expurgation
作成 factum
作成・交付 execution
作成・交付せぬこと inexecution
作成者 maker
作成認証条項 execution clause
作成日 date of issue
(証書)作成否認の答弁 nient le fait
『ザクセンシュピーゲル』 Sachsenspiegel
柵内法廷弁護士 inner bar
柵内法廷弁護士 inner barrister
作品 opus
策略 device
酒浸り drunkenness
酒・薬物による酩酊状態での運転 driving while intoxicated
酒・薬物を用いたうえでの運転 driving under the influence; operating (a motor vehicle) under the influence
左舷 larboard
砂鉱床採鉱権 placer claim
査察官 visitor
『サザン・リポーター』 Southern Reporter
(仮)差押え attachment
差押え naam; namium
差押解除判決履行保証証書 discharging bond; dissolution bond
差押官 sequestrator
差押禁止財産 exempt property
差押禁止財産法 exemption law
差押財産管理者 sequestrator
差押動産 distress
差押動産濫用 abuse of distress
差押土地回復告知令状 scire facias ad rehabendam terram
差押え物再引渡し保証証書 replevin bond; redelivery bond; replevy bond
差押え物受寄者 receiptor
差押物引渡し保証証書 delivery bond
差押物保管保証証書 forthcoming bond
差押保証証書 attachment bond
差押令状 distress warrant
指図式証券 order paper
指図式船荷[運送]証券 order bill of lading
指図書 order
指図評決 instructed verdict
差し迫った社会的必要 pressing social need
差出人住所 return address
差止め命令 injunction
差止め命令に代わる損害賠償 damages in lieu of injunction
差止め命令による救済 injunctive relief
差止め命令保証証書 injunction bond
差戻し remand
差し戻し remit; remission
差し戻し remitter
差し戻し remittitur
差戻し申し立て motion to remand
差戻し令状 procedendo
詐取 cheat
詐取 cheating
詐取 deception
詐取 defrauding
詐取 false pretense
詐取 obreption
詐取 subreption
詐取 swindle
詐取 swindling
詐取(罪) obtaining by deception
詐取罪 false pretense
詐術を用いての窃盗 larceny by trick
詐術を用いての盗 theft by deception
査証 visa
詐称 impersonation; personation
詐称 jactitation
坐礁 stranding
詐称(罪) false impersonation; false personation
詐称者 impostor, -ter
詐称通用 passing off
殺意 intent to kill
殺害 killing
殺害者 killer
殺害賠償金 cenegild
サッカーフーリガン football hooligan
サッカーフーリガン禁足令 banning order
サッカーフーリガン行為 football hooliganism
サッコ-ヴァンゼッティ事件 Sacco-Vanzetti case
雑誌 journal
刷新 innovation
殺人 homicide
殺人罪私訴 appeal of death
殺人者の準則 slayer rule
殺人罰金 bloodwite
殺人罰金 murdrum; murder fine
殺人犯逮捕報奨金 blood money
雑費 incidental expense
査定 appraisal; appraisement
査定(額) assessment
査定官 appraiser
査定者 assessor
査定条項 appraisal clause
里親 fosterer
里親 foster father
里親 foster mother
里親 foster parent

里親	fostress
里子	foster
里子	foster child; fosterling
里子	foster daughter
里子	foster son
里子兄弟	foster brother
里子姉妹	foster sister
里子制度	fosterage
里子として預けること	foster-care placement
里子に出すこと	fosterage
里子の身分	fosterage
里子の養育	fosterage
里子の養育	foster care
里子の養育	fostering
里子の養育者	foster nurse
里子養育制度	foster care
里子養育費	fosterlean
里子を預かる家庭	foster home
サービス	service
サービス拒絶攻撃	denial of service attack
サービス契約	service contract
サービス職業税	service occupation tax
サービス提供の自由	freedom to provide services
サービスマーク	service mark; mark
詐病	malingering
サブプライムローン	subprime loan
差別	discrimination
差別解消積極措置	affirmative action
差別価格決定	differential pricing
差別待遇禁止通知	nondiscrimination notice
差別的効果	disparate impact
差別的待遇	disparate treatment
サマセット事件	Somersett's Case
サマータイム	summer time
サムの息子法	Son of Sam Law
鮫よけ	shark repellent
作用	action
左翼	left
さらし(刑)	pillory
さらし台	pillory
さらし台	stocks; cippi
さらすこと	exposure
更地価格	site value
サラディン十分の一税	Saladin tithe [tenth]
サリカ承継順位法	Salic law; Lex Salica
サリカ法典	Salic law; Lex Salica
『ザ・リポーツ』	The Reports
さるぐつわ	gag
参加	participation
3海里幅	three-mile limit
参加株	participation stock
3か月後のこの日に	this day three months
参加者	floor
参加的優先株	participating preferred stock; participating preference share
参加融資	loan participation
参加融資	participation loan
残虐非人道的な又は品位を傷つける取扱い	cruel, inhuman or degrading treatment
産業簡易生命保険	industrial life insurance industrial insurance; industrial assurance
産業共済組合	industrial and provident society
産業財産(権)	industrial property
産業助成金	bounty
産業振興地域	enterprise zone
産業審判所	industrial tribunal
産業スパイ	spy
産業スパイ行為	industrial espionage
産業復興法	Industrial Recovery Act
産業別労働組合	industrial union
産業別労働組合会議	Congress of Industrial Organizations
産業民主主義	industrial democracy
サンクション	sanction
サンクチュアリー	sanctuary
残酷かつ異常な刑罰	cruel and unusual punishment
残酷かつ非人間的扱い	cruel and inhumane treatment
参事会	borough council
参事会	capitula
参事会	council
参事会成員	councillor, -cilor
サンシャイン委員会	sunshine committee
サンシャイン法	sunshine law
三十九箇条	Thirty-nine Articles
三重婚	trigamy
30年準則	thirty-year rule
産出	output
産出	yield
産出税	output tax
三種の負担	trinoda necessitas
参照による組込み	incorporation by reference; adoption by reference
'三振アウト'法	three-strikes law; three-strikes-and-you're-out law
賛成	pro
賛成	second
参政権	suffrage
酸性試験比率	acid test ratio
賛成者	seconder
賛成投票	content
賛成投票(者)	aye
賛成投票(者)	yea
賛成投票者ロビー	Ayes lobby
酸性比率	acid test ratio
サンセット法	sunset law
(刑事法院の)三層構造	three-tier system (of Crown Court)
残存価額	salvage value
残存期間任官者	interim officer
残存期間任命	interim appointment
残存州(機能)	preserved county
残存受託者	survivor
残存定期不動産権	outstanding term
残存配偶者	relict
サンダーソン命令	Sanderson order
簒奪	usurpation
簒奪者	usurper
三段階審理	trifurcated trial
散弾銃訴答	shotgun pleading
三段論法	syllogism
残地損害賠償(金)	severance damages
サンディカリズム	syndicalism
算定基準	measure
暫定協定	modus vivendi
暫定支出決議	token vote
算定訴訟費用	taxed costs
暫定的遺産管理(手続き)	temporary administration
暫定的救済(手段)	interlocutory relief
暫定的拘留命令	interim committitur
暫定的財産管理人	interim curator
暫定的差止め命令	preliminary injunction; provisional injunction
暫定的支払い命令	interim payment
暫定的清算人	provisional liquidator
暫定的措置	interim measures
暫定的損害賠償金	provisional damages
暫定的賃料	interim rent
暫定的被後見人	temporary ward
暫定的命令	interim order
暫定的命令	provisional order
暫定臨時控訴裁判所	Temporary Emergency Court of Appeals
散点分析	scatter-point analysis
三年議会法	Triennial Act
三倍(額)損害賠償(金)	triple damages
三倍(額)賠償(金)	treble damages
三倍罰	treble penalty
散発的犯行犯罪者	episodic criminal
賛否	yeas and nays
三百代言	pettifogger
三百代言	shyster
3部からなる法	jus tripertitum
散布信託	sprinkling trust; spray trust
3本下線	three-line whip
三身分	three estates
残務機関	residuary body
三名合議法廷	three-judge court
残余	residual
残余	residue
残余遺産	residuary estate; residu-

al estate; residue; residuum
残余遺産遺贈　residuary devise
残余遺産遺贈　residuary gift
残余遺産遺贈条項　residuary clause
残余遺産管理(手続き)　caeterorum administration
残余遺産受遺者　residuary devisee
残余期間　unexpired term
残余刑期執行猶予(の宣告)　balance of sentence suspended
残余権　remainder
残余権者　remainderman
残余権利　remainder interest
残余(財産)　residuary
残余財産遺贈　residuary bequest
参与者　particeps
残余人的財産遺贈　residuary bequest
残余定期不動産権　attendant term
残余動産遺贈　residuary legacy; residuary
残余動産受遺者　residuary legatee
残余不動産遺贈　residuary devise
残余不動産権　estate in remainder
残余不動産受遺者　residuary devisee
残余部分準則　residuum rule

シ

子　viscount
市　city
死　death
シアック　SEAQ
弑逆　regicide
弑逆者　Regicides
恣意的拘禁からの自由　liberty and freedom from arbitrary detention
恣意的商標　arbitrary trademark
恣意的・選択的執行　selective enforcement
恣意的・選択的訴追　selective prosecution
恣意的な刑罰　arbitrary punishment
恣意的標章　arbitrary mark
四囲の情況　surrounding circumstances
仕入れ原価　prime cost
仕入れ注文(書)　purchase order
私印　private seal
シェアウェア　shareware
自営業者税　self-employment tax
私営クラブ　proprietary club
自衛(権)　self-defense, -defence
自営農地　homestead
自営農地法　Homestead Act
私益信託　private trust
自益的指名　beneficial power
シェクター養鶏会社対合衆国事件　Schechter Poultry Corp. v. United States
ジェーソン約款　Jason clause
『ジェネラル・ダイジェスト』　General Digest
『シェパーズ・サイテーションズ』　Shepard's Citations
ジェームズ事件審理　James hearing
シェリー事件の準則　rule in Shelley's Case
シェリー対クレイマー事件　Shelley v. Kraemer
シェリフ　high sheriff
シェリフ　sheriff
(ロンドン市)シェリフ裁判所　Sheriff's Court (in London)
シェリフ裁判所　sheriff('s) court
シェリフ巡回裁判　law day
シェリフ巡回裁判　sheriff's tourn; sheriff's rotation
シェリフ審問　Inquest of Sheriffs
シェリフ代理　deputy sheriff
シェリフによる競合権利者確定手続き　sheriff's interpleader
シェリフによる売却　sheriff's sale
シェリフ売却証書　sheriff's deed
シェリフ陪審　sheriff's jury
シェリフ補佐　undersheriff
シェリフ臨時代理　deputy sheriff
シェリフ令状　viscontiel writ
ジェンクス事件資料　Jencks material
シェンゲン協定　Schengen Agreement
支援サービス　support services
ジェンダー　gender
支援の債務　support obligation
ジェーン・ドウ　Jane Doe
ジェントリー　gentry
ジェントルマン　gentleman
ジェーン・ロウ　Jane Roe
塩関税　grainage
潮路　tideway
賜暇　furlough
時価　cash value
四海　four seas; quatuor maria
市会議員　alderman
私会社　private company
四海内の準則　quatuor maria rule
資格　capacity
資格　entitlement
資格　qualification
資格株　qualification share
資格株　qualifying share
資格喪失　disqualification
自覚的過失　advertent negligence
四角な広場　square
資格に瑕疵のあること　bad standing
資格剥奪　disqualification
資格剥奪　incapacitation
資格剥奪刑　death penalty
資格剥奪手続き　termination proceeding
資格付与　admission
資格付与　call
シカゴ・オプション取引所　Chicago Board Options Exchange
シカゴ商品取引所　Chicago Board of Trade
シカゴ・ボード・オプション取引所　Chicago Board Options Exchange
歯牙同定　dental identification
自家保険　self-insurance
自家保有者　householder
自家用直営地　bordland
時間　time
次官　secretary
時間差　gap period
時間的優先性　priority of time
時間動作研究　time and motion study
始期　dies a quo
市議会　city council
市議会　common council
市議会　council
市議会　town council
私企業　private enterprise
敷金　security deposit
四季裁判所　court of quarter sessions; quarter sessions
識字試験　literacy test
四季支払い中間日　half-quarter days
四季支払い日　quarter day
直臣　baron
仕着せ　livery
指揮責任　command responsibility
字義尊重の準則　literal rule
敷地　premises
敷地代　ground rent
敷地内責任　premises liability
敷地の返還　reverter of sites
次期発生不動産権　next eventual estate
識別性　distinctiveness
直物市場　spot market
弑逆　regicide
弑逆者　Regicides
自給自足　self-sufficiency
自給自足経済　autarky
自救的差押え不能地代　rent seck [sec]; dry rent; reditus siccus
自救的動産差押え　distress; distraint
自救的動産差押濫用　abuse of distress
至急便運送会社　express company
支給物　corody
司教　bishop
事業　business
事業　enterprise
事業　trade or business
事業会社による冒険資本投下計画　corporate venturing scheme
持凶器強盗　armed robbery
事業記録　business record
事業記録の例外　business records exception

司教区　bishopric; diocese, -cess	死刑執行令状　death warrant	easement
司教区尚書　(bishop's) chancellor	自警者　vigilante	時効取得不可能性　imprescriptibility
事業計画　business plan	死刑囚監房　condemned cell	
司教裁判所　bishop's court	死刑囚監房区　death row	時効によって取得された地役権　easement by prescription
司教裁判所　consistory court	死刑宣告　death sentence	
事業者団体　trade association	死刑判決　judgment of blood	時効により消滅させられない権利　imprescriptible right
事業者名簿　trade directory	死刑判決否認陪審員排除　death qualification	
事業所　business premises		施行日　appointed day
事業所　shop	死刑判決容認陪審　death-qualified jury	施行日　date of commencement
事業所委員会　shop committee		事後過失　subsequent negligence
司教尚書　(bishop's) chancellor	死刑を科しうる重罪　capital felony	事後過失の法理　doctrine of subsequent negligence; subsequent negligence doctrine
事業譲渡の法理　sale-of-business doctrine	死刑を科しうる犯罪　capital offense; capital crime	
事業上の責任　business liability	刺激剤　kicker	死後寄進　mortuary
司教職　bishopric	自決(権)　self-determination	事後救済手段　subsequent remedial measure
司教職　episcopacy	自決権　right of self-determination	
事業所兼用家産　business homestead	私権　private right; jus privatum	事後救済令状　audita querela
事業所用不動産権　business tenancy	事件　affair	事後共犯　accessory after the fact
	事件　event	事故記録簿　accident record book
事業信託　business trust	事件　occurrence	事故原因調査委員会　court of inquiry
事業税　business rate	事件あるいは争訟　case or controversy	
司教制度　episcopacy		自己建築協会　self-build society
司教団　episcopacy	事件あるいは争訟の要件　case-or-controversy requirement	事後行為　post-factum
事業認可会社　admitted corporation		死後硬直　rigor mortis
	事件および争訟　case and controversy	自己誤審令状　coram nobis; writ of error coram nobis; writ of coram nobis
事業年度　annual accounting period		
	試験管理委員会　examining board	
試供品　trial sample	事件記録移送　remittitur of record	事後債権者　subsequent creditor
事業への犯罪組織等の浸透取締法　Racketeer Influenced and Corrupt Organizations Act	自権者　sui juris	死後支払い捺印金銭債務証書　post-obit bond
	(民事)事件処理手続き　case management	自己資本金融　equity financing
事業免許税　franchise tax	(民事)事件処理手続き協議　case management conference	自己資本調達　equity financing
事業用資産一括譲渡　bulk sale		事後取得財産(権)　after-acquired property
時機を失した異議　tardy objection	事件審理再開　reopening (a) case	
時機を失した小切手　stale check	試験訴訟　test case	事後取得住所　after-acquired domicile
試金　assay	時限的制定法　temporary statute	
賜金　gratuity	試験的別居　trial separation	自己証明遺言(書)　self-proved will
資金集め事業　fund-raising business	事件についての法理論的整序　theory of (the) case	自己証明宣誓供述書　self-proving affidavit
資金給付　financial provision		死後審問　inquisitio post mortem; postmortem inquisition
資金給付命令　financial provision order	事件の移送　remover	
	事件の移送　removal of (a) case [(a) cause, (an) action]	死後審問補充令状　quae plura
資金洗浄　money laundering; money-washing		自己誓約書による保釈　bail in one's own recognizance
	事件の移送　transfer of (a) case; transfer of (a) cause [(an) action]	
資金調達　financing		自己誓約保釈　release on recognizance
資金調達率　coverage ratio	私権剥奪　attainder; attaintment	
資金の処分　intromission	私権剥奪法　act of attainder	自己設定信託　self-settled trust
資金ブローカー　money broker	私権剥奪法(案)　bill of attainder	死後存続訴訟　survival action
死刑　capital punishment; death penalty	事件付託　reference	自己中心的運転　inconsiderate driving
	事件簿　Cause Book	
私刑　lynch law	事件要点および法律上の論点の説示　summing-up	事後的担保　warranty ex post facto
私経済的機能　proprietary function		仕事　job
	事故　accident	仕事　work
私経済的義務　proprietary duty	自己宛銀行振出手形　banker's draft	仕事日　working day
私経済的行為　proprietary act		自己取引　self-dealing
私経済的資格　proprietary capacity	自己宛小切手　cashier's check	自己に不利益な証人　witness against oneself
	施行　enforcement	
市警察署長　marshal	事項　matter	事故による坐礁　accidental stranding
死刑事件　death case	時効　prescription	
死刑執行　execution	自己受け約束手形　myself note	自己に利益となる証拠　self-serving evidence
死刑執行人　executioner; deathsman	時効取得された権利　prescriptive right	
		自己に利益となる法廷外の供述　self-serving declaration
	時効取得された地役権　prescriptive	

和英対照表

自己認証 self-authentication
自己の責めによる受託者 trustee de son tort
自己の責めによる信託 trust de son tort
自己のために所有する者 beneficial owner; absolute owner
自己のための享受 beneficial enjoyment
自己破産(手続き) voluntary bankruptcy
自己破産の申し立て[申立書] voluntary petition
自己批判的分析結果の秘匿特権 self-critical-analysis privilege
自己評価 self-assessment
自己負罪 self-incrimination
自己負罪拒否権 right against self-incrimination
自己負罪拒否特権 privilege against self-incrimination
自己負罪条項 Self-Incrimination Clause
事後法 ex post facto law
自己防衛(の防御) son assault demesne
事後法条項 Ex Post Facto Clause
示唆 suggestion
市裁判官 recorder
市裁判所 city court
市裁判所裁判官 municipal judge
時際法 intertemporal law
施策 measure
自殺 suicide; felo-de-se; self-destruction
視察官 inspector
自殺関与(罪) assisted suicide
自殺者 felo-de-se
自殺条項 suicide clause
自殺未遂 attempted suicide
資産 assets
資産 worth
資産価値 asset value
資産減価償却範囲 asset depreciating range
死産児 stillborn child
資産譲渡税 capital transfer tax
資産担保証券 asset-backed security
資産凍結差止め命令 freezing injunction
資産凍結命令 freezing order
持参人 bearer
持参人払い小切手 negotiable check
持参人払い式 bearer form
持参人払い(式)小切手 bearer check
持参人払い(式)債券 bearer bond
持参人払い(式)証券 bearer paper; bearer document; bearer instrument
資産の共有 community of assets

資産の秘匿 concealment of assets
試算表 trial balance
資産報告書 statement of means
資産防護信託 asset protection trust
指示 direction
指示 directive
指示 instructions
支持 second
支持 support
私事 private fact
指示違反評決 perverse verdict
支持価格 support price
司式者 officiant
獅子組合 societas leonina; leonina societas
支持(権) support
支持権 right of support
支持自然権 right of support
指示書 rescript
指示信託 directory trust
指示信託 mandatory trust
四肢切断刑 dismemberment
事実 fact
事実 factum
事実 fait
事実記載書 case; case stated
事実質問書 fact interrogatory
資質者陪審 blue-ribbon jury [panel]
事実上の因果関係 causation in fact
事実上の会社 de facto corporation
事実上の合併 de facto merger
事実上の原因 cause in fact
事実上の公務員 officer de facto, de facto officer
事実上の婚姻 de facto marriage
事実上の裁判官 de facto judge
事実上の収用 de facto taking
事実上の受託者 de facto trustee
事実上の人種分離 de facto segregation
事実上の推定 presumption of fact; factual presumption
事実上の争点 issue of fact; fact issue
事実上の損害 injury in fact
事実上の売買契約 de facto contract of sale
事実上の不能 factual impossibility
事実上の保護者 de facto carer
事実上の役員 officer de facto, de facto officer
事実上の養子縁組 de facto adoption
事実上の論点 point of fact
事実審裁判官 trial judge
事実審裁判所 trial court
事実審専門弁護士 trial lawyer
事実審弁護士 litigator
事実審弁護士 trial counsel

事実審理 trial
事実審理準備命令 pretrial order
事実審理前協議 pretrial conference; pretrial
事実審理前審理 pretrial hearing
事実審理前審理 pretrial review
事実審理前の開示(手続き) pretrial discovery
事実推定則 res ipsa (loquitur)
事実推定テスト res ipsa loquitur test
事実占有 seisin in fact
事実調査 fact-finding
事実陳述書 statement of facts
事実と法律の混合問題 mixed question of fact and law
事実における無罪 acquittal in fact
事実に関する誤り申立書 memorandum in error
事実に関する錯誤 error in [of] fact
事実に基づく黙示約束 promise implied in fact
事実認定 fact-finding
事実認定 finding (of fact)
事実認定者 trier (of fact); fact-finder; finder (of fact)
事実の錯誤 mistake of fact
事実の主張 averment
事実の主張中の可分的部分 divisible averment
事実の説明(部) recital
事実の訴答 fact pleading; code pleading
事実の不告知 concealment
事実面からの無罪 actual innocence
事実(問題) fact
事実問題 matter of fact; matter in deed
事実問題 question of fact; fact question
事実問題に関する結論 conclusion of fact
(重要な)事実問題に関する真正な争点 genuine issue of material fact
事実要約書 case
指示的遺贈 demonstrative bequest
指示的人的財産遺贈 demonstrative bequest
指示的動産遺贈 demonstrative legacy
指示的土地表示 directory call
私事の一般開示 public disclosure of private facts
指示評決 directed verdict
指示評決の申し立て motion for directed verdict
時事評論家 publicist
使者 internuncio
使者 internuncius
支社 branch (office)
死者 decedent; deceased
自社株購入 purchase of its own

1298

shares
自社株賞与制度　stock bonus plan
死者成り済まし　ghosting
死者に関する控除(額)　deduction in respect of a decedent
死者に関する所得　income in respect of a decedent
死者分　dead man's part; dead's part
死者法　dead man's [person's] statute
死手　dead hand
侍従卿　Lord Chamberlain
市収入役　city treasurer
侍従武官長　Lord High Constable (of England); constable; high constable
自主管理制度　honor system
自主規制機関　self-regulatory organization
自粛協定　standstill agreement
死手(譲渡)　mortmain; dead hand
死手譲渡　amortization
自主申告　self-assessment
自主整理　readjustment
自主占有　hostile possession
支出　disbursement
支出　expenditure
支出　outgo
支出額　expenditure
支出官　expenditor
自主的行動(権)　free agency
自主的弁済猶予　voluntary respite
死手の支配　deadhand control
死手法　mortmain statute; mortmain act; statute of mortmain
自主法　autonomic law
自助　self-help
市場　market; market and [or] fair
市場開設権　market; market and [or] fair
市場介入　intervention
市場価格　full cash value; cash value
市場価格　market value; market price
市場価格基準法　market approach
市場価格条項　market value clause
市場参与者の法理　market participant doctrine
市場支配力　market power
市場性　marketability
至上性　supremacy
市場性のある証券　marketable security
市場占有率　market share; share
市場占有率に応じた責任　market share liability
市場操作　(market) manipulation
市場相場　market quotation
紙上損失　paper loss
市場テスト　market testing
市場取引契約　marketing contract

市場取引上の瑕疵　marketing defect
市場における詐欺の原則　fraud on the market principle
紙上の特許(権)　paper patent
至上の立法　supreme legislation
紙上封鎖　paper blockade
事情不変更原則　clausula rebus sic stantibus
事情不変更原則　principle of rebus sic stantibus
市場分割協定　market sharing agreement
事情変更の原則　clausula rebus sic stantibus
事情変更の原則　principle of rebus sic stantibus
市場妨害行為　forestalling the market
市消防署長　marshal
至上約款　paramount clause
市場濫用　market abuse
紙上利益　paper profit
市書記　city clerk
市書記　town clerk
自署証書　instrument under hand
辞書的定義　lexical definition
私書箱番号　box number
私人公有地譲渡証書　land patent
私人による捜索　private search
私人への公有地払い下げ　private land grant
始審令状　original process; original writ
指数　index
指数化方式　indexing
私生活　private life
史跡　landmark
使節　legation
施設　establishment
施設　institution
施設移動　transcarceration
施設外通勤　work release
施設外通勤制度　work-release program
私設顧問団　kitchen cabinet
私設財団　private foundation
施設収容　commitment; committal
(外交)使節団　mission
使節の派遣　legation
施設立特許状　municipal charter
自然　nature
事前協議証明書　certificate of conference
事前協議破産　pre-packaged bankruptcy
事前共犯　accessory before the fact
事前供用財産の法理　prior use doctrine
(治療拒否の)事前決定　advance decision (to refuse treatment)

自然権　natural right
自然減　natural wastage
自然債務　natural obligation
事前削除　expurgation
自然死　natural death
慈善事業　charity
慈善事業監督委員会　Charity Commissioners
慈善事業財産公的保管受託者　official custodian for charities
事前指示　advance directive
自然支持地役権　easement of natural support
事前指定証拠　preappointed evidence
自然死法　natural death act
自然状態　state of nature
事前情報　advance information
自然人　natural person
自然人による承継　natural succession
慈善スープ的訴追依嘱　soup
(土地の)自然増加　accretion
慈善団体　charity
事前通知　priority notice
自然的愛情　natural affection
自然的役権　natural servitude
自然的蓋然的結果　natural and probable consequence
自然的蓋然的結果からの推定　presumption of natural and probable consequences
慈善の寄付の懇請　charitable appeal
自然的境界　natural boundary; natural object
自然的結果　natural consequence
自然的支持　natural support
自然的自由　natural liberty
自然的正義　natural justice
自然的損耗(による価値の低下)　natural wear and tear
事前認知　precognition
自然の後見人　guardian by nature; natural guardian
自然犯　malum in se
自然美顕著地域　area of outstanding natural beauty
(土地の)自然分離　avulsion
自然法　natural law; jus naturale; jus naturae; law of nature
慈善法人　eleemosynary corporation
事前綿密身元調査　positive vetting
慈善目的　charitable purpose
事前抑制　prior restraint
自然力　element
私訴　appeal
思想の自由市場(論)　marketplace of ideas; free marketplace of ideas
思想・良心・信教の自由　freedom of

thought, conscience, and religion	質物保管者　pledgeholder	執行済み　fieri feci
(自給)自足　self-sufficiency	質屋　montes pietatis	実効性　teeth
持続的虐待　persistent cruelty	質屋　pawnbroker	失効請求権　stale claim; stale demand
持続的の効力をもつ委任状　lasting power of attorney	市長　Lord Mayor	実効税率　effective tax rate
	市長　Lord Provost	執行停止　reprieve
持続的譲渡抵当　standing mortgage	市長　mayor	執行停止保証証書　supersedeas bond; supersedeas
持続的侵害　continuing trespass	市長裁判所　mayor's court	
持続的不動産賃借権　durable lease	市長就任式　mayor-making	執行停止命令　cesset executio
持続的不動産賃貸借　durable lease	自治領　Dominion	実効的譲渡　effective assignment
私訴状　bill of appeal	質　quality	実効的封鎖　effective blockade
私訴人　appellor; appellant	実演　performance	執行手数料　poundage fee; poundage
子孫　posterity	実演家　performer	
子孫　progeny	実演家の権利　performer's right	失効動産遺贈　lapsed legacy; failed legacy
子孫可能性消滅　possibility of issue extinct	実演権　performing right	
	実演権審判所　Performing Right Tribunal	執行にかかわる競合権利者確定手続き　interpleader under execution
子孫可能性消滅後の限嗣封土権　estate tail after possibility of issue extinct		
	実価　true value	執行のための売却　ministerial sale
	実害　special damage	実行の要件を具備したリーエン　choate lien
事態　circumstance	実害が伴えば成立する口頭誹毀　slander per quod	
辞退　recusal		執行部　executive
辞退　recusation	実害(の証明)なしに成立する口頭誹毀　slander per se	失効不動産遺贈　lapsed devise
地代　⇨ちだい		執行不能(の復命)　nihil habet
死体仮安置場　mortuary	実害(の証明)なしに成立する名誉毀損　defamation per se	執行不能(の復命)　nihil est
辞退書　declination		実行方法指定動産遺贈　modal legacy
死体発掘　exhumation	失格事由　disqualification	
肢体不自由者介護手当　invalid care allowance	実価準則　true-value rule	失効保険(証券)　lapsed policy
	疾患　disease	失効旅券　lapsed passport
死体保管所　morgue	質疑応答　question-and-answer	実効利率　effective rate
死体を解剖用に売るための殺人　burking	失業　unemployment	実際現金価格　actual cash value
	実業学校　business college	実際上の占有　seisin in deed
下請け　devil(l)ing	失業給付(金)　unemployment benefit	実際的解釈　practical construction
下請け・関連事業者一覧リスト　sworn statement		実際の原因　actual cause
	実業専門学校　business college	執事　deacon
下請け契約　subcontract	失業手当　unemployment compensation	執事　steward
下請け契約人　subcontractor		実子　natural child; biological child
下請け人　subcontractor	失業保険　unemployment insurance	
下請け弁護士　devil		実施　implementation
自宅監禁　house arrest	失業保険税　unemployment tax	実施　invocation
自宅放火　houseburning	失業補償(金)　compensation for loss of earnings	実施化　reduction to practice
下取り　part-exchange		実施規程　code of practice
下取り品　trade-in	実現　enforcement	(宮廷)執事卿　Lord Steward (of the (King's [Queen's]) Household)
示談(金)　composition	実現金額　amount realized	
示談による紛争解決者　compounder	実現した損失　realized loss	
自治　autonomy	実現した利得　realized gain	実施許諾　license, -ce
自治　self-government; self-rule	執行　enforcement	実施拒否　nullification
質　pledge	執行　execution	実施拒否権主張者　nullifier
(動産)質権者　pledgee	失効　lapse	実施権限　enforcement power
自治憲章　home rule charter	実行　commission	実施権者　licensee, -cencee
自治憲章市　chartered city	執行委員会　executive committee	実施助言委員会方式　comitology
自治体弁護士　corporation counsel	失効遺贈　lapsed devise	実質金利　real rate; real rate of interest
質店　pawnshop	実行可能性　feasibility	
自治都市　borough	実行可能性基準　feasibility standard	実質所得　real income
自治都市市民　burgess		実質賃金　real wages
自治都市自由市民権　freedom of a borough [city]	執行官　marshal	実質的原因テスト　substantial cause test
	執行権能　executive power	
自治都市収入役　borough treasurer	執行の裁量　executive discretion	実質的権利　substantial right
	実行困難性　impracticability	実質的遵守　substantial compliance
自治都市代表　burgess	実行困難性の法理　impracticability	
七年議会法　Septennial Act	執行債権者　execution creditor	実質的遵守の準則　substantial compliance rule
七年不在の準則　seven-years'-absence rule	執行財産回復告知令状　scire facias quare restitutionem non	
		実質的証拠　substantial evidence
質物　pawn	執行者　sergeant, serjeant	実質的証拠の準則　substantial ev-

idence rule
実質的訴訟原因 meritorious cause of action
実質的損害賠償(金) substantial damages
実質的な変造 material alteration
実質的能力 substantial capacity
実質的能力テスト substantial capacity test
実質的踏み出しのテスト substantial step test
実質的要因 substantial factor
実質的要因テスト substantial factor test
実質的利益当事者 real party in interest
実質的履行 substantial performance
実質的履行の法理 substantial performance doctrine
実質年率 annual percentage rate
実質法 local law
実質問題 matter of substance
実証主義 positivism
実証主義法学 positivist jurisprudence
実証的証言 positive testimony
実証的証拠 positive evidence
実情と提案 state of facts and proposal
失政 maladministration
執政官 consul
実績基準料率算定方式 merit rating
失踪債務者 absconding debtor
失踪者 disappeared person
実体 substance
実体上の非良心性 substantive unconscionability
実体上の防御 meritorious defense
実体上の防御宣誓供述書 affidavit of defense
実体的規則 substantive rule
実体的権利 substantive right
実体的効果を伴う訴えの棄却 dismissal with prejudice
実体的効果を伴わぬ訴えの却下 dismissal without prejudice
実体的動議 substantive motion
実体的法の適正手続き substantive due process
実体に関する証拠 substantive evidence
実体不十分の抗弁 demurrer to substance
実体不備 defect of substance
実体法 substantive law; substance
実体 merit
実定契約 certain contract
実定的正義 positive justice
実定道徳 positive morality
実定法 positive law

実定法解説法学 expository jurisprudence
失当行為 misfeasance
失当行為 malconduct
失当行為者 misfeasor
失当行為に関する召喚 misfeasance summons
失当評決 excessive verdict
室内勲爵士 knight of the chamber
実の親 natural parent
失敗 failure
ジッパー条項 zipper clause
十把一絡げ逮捕 wholesale arrest
実費 actual cost
実父 biological father; natural father
実物証拠 real evidence; demonstrative evidence
十分間規則 Ten Minute(s) Rule
疾病 disease
疾病給付(金) sickness benefit
疾病給付金 sick pay
実母 biological mother; natural mother
執務時間 business hours; office hours
実務修習(期間) articles
実務声明 practice statement
(コモンローとエクイティーの裁判所で)実務を執っている紳士の協会 Society of Gentleman Practisers (in the Courts of Law and Equity)
質問 interrogation
質問 question
質問 questioning
質問時間 question time
質問者 interrogator
質問(書) interrogatory
質問への回答付き一般評決 general verdict with interrogatories
実力 force
実力 actual force
失礼 disrespect
シティー City of London
指定建造物 listed building
指定航空企業 designated air carrier
シティーコード city code
指定裁判所 nominated court
指定時注文 time order
指定受遺者 instituted legatee
指定相続人 instituted heir; institute
指定地域 scheduled territories
指定パブリック・フォーラム designated public forum
指定日 date certain
私的運送人 private carrier
私的緊急避難 private necessity
私的刑務所 private prison
私的譴責 private reprimand
私的権利 private power

私的権利侵害 private wrong
私的公道利用権 right of access
私的財 private goods
私的財産公用収用法 Declaration of Taking Act
私的裁判権 private jurisdiction
私的裁判所 private court
私的司法長官 private attorney general
私的司法長官の法理 private attorney general doctrine
私的審判 private judging; rent-a-judging
私的訴追 private prosecution
私的訴追者 private prosecutor
私的訴追人 complainant
私的ゾーニング private zoning
私的拿捕 privateering
私的取決め private treaty
私的な裁判 private justice
私的な秘匿特権 private privilege
私的不法侵害 private nuisance
私的防衛 private defense
私的養育子 privately fostered child
私的養子縁組 private adoption; private-placement adoption
私的養子縁組 private placement
支店 branch (office)
自転車道 cycle track
支店長 branch manager
(設定)時点の同一性 unity of time
私道 private road
私道 private way
児童 child
児童預かり人 childminder
児童安全対策命令 child safety order
自動化取引 automated transaction
児童虐待 child abuse; abuse of children; cruelty to (a) child
自動更新契約 evergreen contract
自動更新借家権 periodic tenancy
自動更新定期不動産権 periodic tenancy; periodic estate
自動車 motor car
自動車 motor vehicle; vehicle
自動車運転に伴う法律違反 motoring offenses
自動車殺人 vehicular homicide
自動車道 carriageway
自動車登録証 certificate of title
自動車道路交通事故 road traffic accident
自動車についての例外 automobile exception
自動車の構造および維持 vehicle construction and maintenance
自動車乗っ取り carjacking
自動車保険 automobile insurance
自動車保険 car insurance
自動車保険 motor insurance

自動車保険	vehicle insurance
自動車保険事務所	Motor Insurers' Bureau
自動車無権限使用	unauthorized use of a vehicle
自動車無断使用罪	joyriding
自動症	automatism
自動症で無意識行動をしている人	automaton
児童税額控除	child tax credit
児童生活環境査定命令	child assessment order
児童手当	child benefit
自動的停止	automatic stay
指導的判例	leading case
指導的判例に従った判例系列	progeny
自動的留保	automatic reservation
自動発効条約	self-executing treaty
児童福祉	welfare of the child; child's welfare
児童扶養家族援助	Aid to Families with Dependent Children
自動振替依頼	standing order
児童暴行	child molestation
児童保護会議	Child Protection Conference
児童ポルノ(グラフィー)	child pornography
児童誘拐	child abduction
児童養護上訴審判所	Care Standard Appeals Tribunal
児童養護職適格性	suitability for work with children
児童養護職不適者名簿	PoCA list; list of those unsuitable to work with children
児童を危険にさらすこと	child endangerment
シートベルト	seat belt
死に質	vadium mortuum; dead pledge; mortuum vadium
ジニー・メイ	Ginnie Mae
自認	confession
辞任	resignation
死ぬ権利	right to die
地主	landlord
死の落とし穴	death trap
死の直前に	in extremis
市の内部事項	municipal affairs
死の予期	contemplation of death
支配	control
支配	dominion
支配	rule
支配株式	control stock [shares]
支配株主	controlling shareholder [stockholder]
支配グループ	control group
支配グループのテスト	control group test
支配権	dominion
支配権をもつ人	master
支配者	ruler
支配的地位	dominant position
支配的地位の濫用	abuse of a dominant position
支配的持分	controlling interest
支配取締役	governing director
支配人	business agent
支配人	manager
支配人	managing agent
支配持分	controlling interest
自白	admission
自白	confession
自白要求(書)	request for admission; request to admit
自白要求通知書	notice to admit
自発的安楽死	voluntary euthanasia
自発的意思	mere motion
自発的寄付金	nazeranna
自発的行為者	volunteer
自発的譲渡	voluntary assignment
自発的宣誓	voluntary oath
自発的宣誓供述書	voluntary affidavit
自発的不知	voluntary ignorance
支払い	pay
支払い	payment
支払い委託	mandate
支払い額と市場価格との差額	out-of-pocket loss
支払い可能	solvency
支払い可能宣言	declaration of solvency
支払い勘定	account payable; bill payable
支払い期限付き契約	prompt
支払い期日	law day
支払い期日	prompt
支払い期日延期契約書	letter of license
支払い拒絶証書作成後の参加支払い(宣言)	act of honor
支払金額	sum payable
支払い銀行	payor bank; drawee bank
支払い繰延べ報酬	deferred compensation
支払い手段	item
支払い準備金	loss reserve
支払い済み小切手	canceled check
支払い済み損害	loss paid
支払い停止指図	stop order; stop payment (order)
支払い手形	bill payable
支払人	drawee
支払人	payer; payor
支払い能力のある債務者	solvent debtor
支払いのための呈示	presentment for payment
(現金)支払い費用	out-of-pocket expense
支払い不能	insolvency
支払い不能行為	act of insolvency
支払い不能・倒産関係犯罪	insolvency offense
支払い不能予期	contemplation of insolvency
支払い保証	payment guaranteed
(給与)支払い保証(金)	guarantee payment
支払い保証小切手	certified check
支払い保証代理人	del credere agent
支払い保証付き委託(料)	commission del credere; del credere commission
支払い命令	order to pay
支払い猶予	indulgence
支払い猶予	moratorium
支払い猶予期間	credit
支払い猶予期間	days of grace
師範学校	normal school
四半期	quarter
慈悲殺	mercy killing
自筆	autograph
自筆遺言	holographic will; olographic will
自筆証書	holograph; olograph
慈悲の準則	mercy rule
指標	index
耳標	earmark
指標犯罪	index offense; index crime
支部	branch (office)
私服	plain clothes
ジプシー	Gypsy; Gipsy; Egyptian
事物管轄権	subject matter jurisdiction; jurisdiction of the subject matter
事物裁判権	subject matter jurisdiction
事物所在地裁判所	forum rei sitae
紙幣	bill
紙幣	note
紙幣	paper money; paper currency; paper
市弁護士	city attorney; city counsel [counselor]
私募	private offering; private placement
司法	administration of justice
司法	judicatory
司法	judicature
司法	justice
私法	private law; jus privatum
司法会議	judicial conference
司法会計官	Accountant-General
司法官	judicial officer
司法官職	judicial office
死亡給付金	death benefit
死亡給付金	death grant
死亡給付金[年金]	death in service
死亡記録	bill of mortality
死亡記録対象地区	bill of mortality

司法権能　judicial power
司法権の優越　judicial supremacy
司法行為　judicial act
司法裁判所　court of justice
司法裁判所　judicature
死亡在留外国人所有財産没収権　droit d'aubaine
司法次官　Deputy Attorney General
死亡事故　fatal accident
死亡事故法　Fatal Accidents Act
司法事実　adjudicative fact
死亡時払い口座　pay-on-death account
死亡時払い戻し金付き年金　refund annuity
死亡順位の推定　presumption of survivorship
司法省　Department of Justice; Justice Department
司法省　Ministry of Justice
司法承認　judicial comity; comity
司法上の取引　bargain
司法上の売却　judicial sale
死亡証明書　death certificate
司法職員　officer of justice
私法人　private corporation
司法審査(権)　judicial review
司法審査手続き　judicial review
司法積極主義　(judicial) activism
司法長官　attorney general
司法長官の意見　Attorney General's opinion
司法的自制の法理　equitable abstention doctrine
司法的免除　judicial immunity
司法手続き　judicial proceeding
司法手続き上の免責特権　judicial proceeding privilege
司法手続きによらない宣誓　extrajudicial oath; nonjudicial oath
死亡登録　registration of death
死亡登録証明書　death certificate
司法に対する犯罪　offense against public justice and authority
司法の運営　administration of justice
司法の作業所　officina justitiae
死亡の推定　presumption of death
死亡の推定と婚姻の解消　presumption of death and dissolution of marriage
司法判断　adjudication
司法判断適合性　justiciability
死亡表　mortality table
司法部　judicial branch
司法部　judiciary; judicature
司法部編　Judicial Article
死亡法　death statute
司法妨害　obstruction of justice
市法務官　city solicitor
市法主事　director of law
司法問題　judicial question

死亡予期贈与　gift causa mortis; causa mortis donatio; donatio mortis causa; donation mortis causa; gift in contemplation of death
私法律　private act; private statute
私法律案　private bill
私法律案助言者　parliamentary agent
私法律案担当審判議員　referee
資本　capital
資本化　capitalization
資本回収　capital recovery
資本課税　capital levy
資本還元　capitalization
資本拠出　capital contribution
資本(金)　stock
資本組入れ　capitalization
資本組入れ株式配当　capitalization issue
資本減少　reduction of capital
資本構成　capital structure
資本構成　capitalization
資本財　capital goods
資本再構成　recapitalization
資本参加　equity participation
資本資産　capital asset
資本市場　capital market
資本集約的な　capital-intensive
資本償還収益　capital return
資本償還準備金　capital redemption reserve
資本剰余金　capital surplus
資本損失　capital loss
資本的支出　capital expenditure; capital expense; capital outlay
資本的支出控除　capital allowance
資本的出費　capital outlay
資本の欠損　capital deficit
資本利益率　return on investment; return on capital (employed)
資本利得　capital gain
資本利得税　capital gains tax
姉妹会社　sister corporation
姉妹殺し　fratricide
姉妹都市提携　twinning
市民　citizen
市民権　citizenship
市民権　civil right
市民権事件　Civil Rights Cases
市民権事件の移送　civil rights removal
市民憲章　Citizens' Charter
市民権条項　Citizenship Clause
市民権の喪失　loss of citizenship
市民権法　civil rights act
市民権法第7編　Title VII of the Civil Rights Act
市民情報提供者　citizen informant
市民助言局　Citizens Advice (Bureau)
市民訴訟　citizen suit

市民逮捕　citizen's arrest
市民的自由　civil liberty; civil right
市民的不服従　civil disobedience
市民としての登録　registration as citizen
市民としての能力の欠如　civil disability
(ローマ)市民法　jus civile; civil law
市民法上の占有　civil possession; possessio civilis
市民保護(対策)　civil protection
市民または臣民としての登録　registration as citizen or subject
事務　business
事務管理　negotiorum gestio
ジム・クロウ法　Jim Crow law
事務次官　Permanent Secretary
事務執行受託者　managing trustee
(弁護士)事務所　chamber
事務所　office
事務所業務　office practice
事務所業務弁護士　office practitioner; chamber counselor; office lawyer; transactional lawyer
事務総長　secretary-general
事務長　purser
事務的信託　ministerial trust
事務的な官職　ministerial office
事務的な役人　ministerial officer
事務弁護士　law agent; writer
事務弁護士　solicitor
事務弁護士　Writer to the Signet
事務弁護士監督所　Office for the Supervision of Solicitors
事務弁護士規制機関　Solicitors Regulation Authority
事務弁護士協会　Law Society; Incorporated Law Society
事務弁護士協会損失補償基金　compensation fund
事務弁護士協会評議会　Council of the Law Society
事務弁護士業務規則　Solicitors Practice Rules
事務弁護士苦情処理部　Solicitors' Complaints Bureau
事務弁護士行動準則　Solicitors' Code of Conduct
事務弁護士実務訓練生　trainee solicitor; trainee
事務弁護士実務修習生　articled clerk
事務弁護士懲戒審判所　Solicitors Disciplinary Tribunal
事務弁護士と依頼人間の訴訟費用査定基礎　solicitor and own client basis of costs
事務弁護士のリーエン　solicitor's lien
事務弁護士費用回収　recovery of costs
事務弁護士費用明細書　bill of

costs	社会政策実現の準則 social policy rule	弱殺傷力武器 less-lethal
事務弁護士弁護人 solicitor advocate	社会政策の章 Social Chapter	ジャクソニアン・デモクラシー Jacksonian Democracy
事務弁護士法学院 College of Law	社会秩序破壊共謀 outraging public decency	ジャクソン事件の規準 Jackson standard
事務弁護士免許証 practising certificate	社会治療命令 Community Treatment Order	ジャクソン対デノ事件審理 Jackson-Denno hearing
指名 appointment	社会治療命令患者 community patient	借地 firma
指名 nomination	社会的親 social parent	借地期間終了後の収穫農作物 away-going crop; way-going crop
指名議員退出手続き naming a member	社会的害悪 social harm	借地借家人協会 tenants association
指名権者 appointor	社会的事実説 social fact thesis	借地借家人憲章 tenants' charter
指名権信託 power of appointment trust	社会的住宅供給 social housing	借地農 fermer
指名権不履行の場合の財産取得者 taker in default	社会的費用 social cost	借地料 ground rent
	社会的不動産貸主 social landlord	弱年労働者 adolescent worker
指名候補者名簿 slate	(犯罪)社会統制力欠如論 control theory	弱年労働者 young worker
氏名誤記 misnomer	社外取締役 outside director	釈放 delivery
指名された人 nominee	社会の敵 public enemy	釈放 discharge
指名対象者 permissible appointee; object of a power; object of the power (of appointment)	社会病質者 psychopath; sociopath	釈放 release
	社会福祉事業 social service	借家権 tenancy
指名代表 named representative	社会復帰 rehabilitation	借家の買取りないしは賃借期間の延長 enfranchisement of tenancy
締め出された少数株主 freezee	社会復帰援助離婚[別居]扶助料 rehabilitative alimony	借用 borrowing
締め出し合意 lockout agreement		借用者 borrower
指紋 fingerprint; dabs	社会復帰期間 rehabilitation period	借用証 IOU, I.O.U.
諮問 consultation		借用法律 borrowed statute
指紋学 dactylography	社会復帰訓練センター day training center	借用法律の法理 borrowed statutes doctrine
指紋採取 fingerprinting		
社員任意清算 members' voluntary winding-up	社会復帰法 Rehabilitation Act	借用文言 IOU, I.O.U.
	社会復帰命令 community rehabilitation order	車検 MOT test
社会 society		社交客 social guest
社会一般の健康・安全・安楽・道徳に対する犯罪 offense against the public health, safety, comfort, and morals	社会奉仕 community service	射倖契約 aleatory contract
	社会奉仕命令 community service order	社交上の主人(役) social host
		射倖約束 aleatory promise
社会学的法学 sociological jurisprudence	社会保険 social insurance	社債 bond
	社会保障 social security	社債 corporate bond; corporate
社外株(式) outstanding stock; capital stock; shares outstanding	社会保障委員 Social Security Commissioner	社債 debenture
		社債 loan stock
社会基金 social fund	社会保障給付(金) social security benefits	謝罪 apologies
社会基金委員 Social Fund Commissioner		社債権者登録簿 register of debentures; debenture register
	社会保障給付にかかわる犯罪 benefit offense	
社会刑罰の宣告 community sentence		社債証書保有者 loan holder
	社会保障上訴審判所 Social Security Appeal Tribunal	社債信託証書 debenture trust deed
社会刑罰命令 community order		
社会契約 social contract	社会保障審判所 social security tribunals	社債信託証書 trust indenture; indenture of trust
社会契約 Social Contract		
社会憲章 Social Charter	社会保障制度 social security system	社債信託証書受託者 indenture trustee
社会工学 social engineering		
社会事業従事者 social care worker	社会保障庁 Social Security Administration	社債担保譲渡抵当証書 bond indenture
社会処罰・復帰命令 community punishment and rehabilitation order	社会保障手当 social security	
	社会保障番号 social security number	社債発行 debenture issue
		社債保持者 debenture holder
社会処罰命令 community punishment order	社会保障負担金 social security contributions	奢侈禁止法 sumptuary law
		奢侈税 luxury tax
社会生活維持ルール違反罪 public welfare offense; regulatory offense	社会保障法 Social Security Act	社章 house mark
	社会民主主義 social democracy	写真証拠 photographic evidence
	社会利益会社 community interest company	社宅 company housing
社会生活調査報告書 social inquiry report		社団 association
	社会立法 social legislation	借金返済の督促(状) dun
社会正義 social justice	謝金 gersum	射程 gunshot
社会政策議定書 Social Protocol	爵位 honorary feud	車道 carriageway
		社内弁護士 house counsel; in-

house counsel
社内弁護士　staff attorney
ジャーナリストの特権　journalist's privilege
シャバにいられる間　street time
シャボン玉破裂の理論　bursting-bubble theory
シャーマン‐ソレルズの法理　Sherman-Sorrells doctrine
シャーマン反トラスト法　Sherman Antitrust Act
シャーマン法　Sherman Act
赦免　absolution
車両信託　car trust
車両損壊(罪)　interfering with vehicles; vehicle interference
車両登録証　registration document
車輪状共同謀議　wheel conspiracy
謝礼　honorarium
ジャンク債　junk bond
種　species
首位権　primacy
首位(者)　head
(不動産)受遺者　devisee
受遺者　legatee; legatary
主因　efficient cause
事由　circumstance
自由　freedom
自由　libertas
自由　liberty
州　county; comitatus
州　shire; scyra, schira, scira
州　state
銃　gun
従位的立法　subordinate legislation
自由移動　free movement
収益　income
収益　proceeds
収益　profit
収益　return
収益基準方法　income basis method
収益資本還元基準法　income capitalization approach
収益社債　income bond
収益受益者　income beneficiary
収益性　profitability
収益増加裁判所　Court of Augmentations; augmentation (court)
収益的支出　revenue expenditure
収益の資本還元　capitalization of income
自由海　mare liberum; open sea
集会　assembly
州外遺産管理(手続き)　foreign administration
州外遺産管理人　foreign administrator
州外為替手形　foreign bill of exchange; foreign draft

州会計検査長　state auditor
州外港　foreign port
州外手形　foreign bill; foreign draft
集会の権利　right of assembly
集会の自由　freedom of assembly; freedom of meeting
州外法人　alien corporation; foreign corporation
州外法人の内部関係　internal affairs of a foreign corporation
州外保険会社　foreign carrier
自由海(論)　open sea
就学委員会　school attendance committee
就学手続き　school attendance procedures
収穫物による農地使用料　crop rent
就学命令　school attendance order
重過失　gross negligence
重過失　lata culpa
重過失　magna culpa
重過失故殺　gross negligence manslaughter
従価税　ad valorem duty
従価税　ad valorem tax
自由貨幣鋳造　free coinage
収監　commitment; committal
収監　committitur
獣姦　bestiality; buggery
収監されるための出頭　surrender to custody
収監者自由行動許可地域　jail liberties [limits]
習慣性薬物　addictive drug
習慣の証拠　habit evidence
収監令状　committal warrant
収監令状　mittimus
周期　cycle
終期　dies ad quem
州議会　general assembly
州議会　General Court
州議会議事堂　statehouse
銃器規制法　gun control law
自由企業(制)　free enterprise
銃器携帯者　gunman
自由寄進(保有)　frankalmoi(g)n; free alms
自由寄進保有　frankalmoi(g)n tenure; tenure by frankalmoi(g)n [free alms]
重毀損　extirpation
秋期報告書　Autumn Statement
収去　asportation; carrying away
住居　dwelling
住居　dwelling house
住居　residence
宗教　religion
従業員集団企業所有　collective ownership
従業員立替金　out-of-pocket expense
宗教改革　Reformation

宗教改革議会　Reformation Parliament
宗教活動の自由条項　Free Exercise Clause
就業規則書　rulebook
宗教婚方式　ecclesiastical form of marriage
宗教裁判所　spiritual court
宗教条項　Religion Clause
宗教上のいやがらせ　religious harassment
宗教上の差別　religious discrimination
自由競争　free competition
宗教的加重犯罪　religiously aggravated offense
宗教的不動産保有(条件)　spiritual tenure
宗教的ユース　religious use
宗教的類縁者詐欺　religious affinity fraud
宗教の自由　religious liberty
宗教の自由条項　Religion Clause
就業不能給付(金)　disablement benefit
就業不能条項　disability clause
就業不能所得補償保険　disability insurance
就業不能への補償　disability compensation
宗教法　law spiritual
宗教法人　religious corporation
終局性　finality
終局性準則　finality rule
終局性条項　finality clause
終局性の法理　finality doctrine
終局的差止め命令　final injunction
終局的指示　peremptory instruction
終局判決　decreet
終局判決　definitive sentence
終局判決　final decree
終局判決　final judgment; final decision
終局判決準則　final judgment rule; final decision rule
終局命令　final order
終局令状　final process
住居侵入　housebreaking
住居侵入　husbrice, husbrece
住居に対する権利　home rights
住居に対する犯罪　offense against the habitation
住居防衛　dwelling defense
住居防衛の防御　defense of habitation
住居用屋形船　house boat
自由刑　imprisonment
自由経済　free economy
重軽罪　gross misdemeanor
州警察　state police
自由刑の宣告　rap
州刑務所　state prison

和英対照表

- 終結　closure
- 終結　termination
- 自由権　liberty interest
- 州権　states' rights; state rights
- 自由兼一般鋤奉仕保有　free and common socage
- 自由権規約人権委員会　Human Rights Committee
- 州検察官　state's attorney; state attorney
- 州憲法　state constitution
- 州権論　states' rights; state rights
- 自由港　free port
- 銃口　gunpoint
- 集合著作物　collective work
- 集合法人　corporation aggregate; aggregate corporation
- 十五分の一税　fifteenth
- 重婚　bigamy
- 自由婚姻保有　frankmarriage
- 重罪　felony
- 重罪隠匿　misprision of felony
- 州際協定　interstate compact
- 州際合意　interstate agreement
- 州最高裁判所　Supreme Judicial Court
- 私有財産　private property
- 私有財産公用収用条項　Takings Clause
- 重罪私訴　appeal of felony
- 州際私法　conflict of laws
- 州際所得天引き命令　interstate income-withholding order
- 重罪私和　compounding a felony
- 重罪たる殺人　felonious homicide
- 重罪たる束縛　felonious restraint
- 重罪たる暴行　felonious assault
- 州際通商　interstate commerce
- 州際通商委員会　Interstate Commerce Commission
- 州際通商裁判所　Commerce Court
- 州際通商条項　interstate commerce clause
- 州際逃亡者引渡し　interstate rendition
- 州際取引　interstate trade
- 重罪犯　felon
- 重罪犯意　felonious intent
- 州際犯罪人引渡し　interstate extradition
- 州裁判所　county; county court; comitatus
- 州裁判所　state court
- 州裁判所移送令状　tolt
- 州裁判所規則　County Court Rules
- 州裁判所記録移送令状　recordari facias loquelam
- 州裁判所訴訟手続き　County Court Practice
- 州裁判所ベイリフ　high bailiff
- 重罪犯の烙印　F
- 州際法　interstate law
- 重罪謀殺　felony murder
- 重罪謀殺殺化準則　felony murder rule
- 銃殺執行隊　firing squad [party]
- 州参事会　county council
- 集産主義　collectivism
- 州璽　great seal; state seal
- 修士　licentiate
- 州四季裁判所　county sessions
- 自由市場　open market; free market
- 州自治権　state sovereignty
- 自由市民　freeman
- 自由市民権　freedom
- 自由州　free state
- 収縮包装開封による使用許諾(書)　shrink-wrap license
- 住所　domicile; habitancy
- 住所　place of abode
- 住所　residence
- 重傷害　mayhem, maihem
- 自由条項　Liberty Clause
- 重症精神病患者を入れる部屋　strong room
- 州上訴裁判所への上訴　state appeal
- 州書記　shire clerk
- 住所記述　endorsement of address
- 住所設定者　domiciliary
- 住所地裁判所　domestic court
- 住所地裁判所　forum domicilii
- 住所のある地での遺産管理(手続き)　domiciliary administration
- 住所のある地の法　lex domicilii
- 住所不確定者　transient person
- 自由所有権　udal
- 自由所有地　allodium
- 囚人　prisoner
- 重心　center of gravity
- 終身刑　life imprisonment
- 終身刑(の宣告)　life sentence
- 終身刑判決消極陪審　life-qualified jury
- 囚人護送車　Black Maria
- 終身受益者　life beneficiary
- 終身生命保険　straight life insurance
- 終身定額年金　straight life annuity
- 終身年金　life annuity
- 重心の法理　center-of-gravity doctrine
- 終身保険　whole life insurance
- 終身養護契約　life-care contract
- 自由鋤奉仕保有　free socage
- 州税　county rate
- 州税　state tax
- 修正　amendment
- 修正　modification
- 集成　corpus
- 修正加速度原価回収制度　Modified Accelerated Cost Recovery System
- 修正権　power of modification
- 修正された訴え　amended complaint
- 修正された訴答　amended pleading
- 修正・謝罪文公表の申し出　offer of amends
- 修正条項　amendment
- 修正条項　articles of amendment
- 修正的制定法　remedial statute
- 修正納税申告(書)　amended return
- 修正比較過失の法理　modified comparative negligence doctrine
- 修正法　remedial law
- 修正法案　clean bill
- 収税吏　collector; tax collector
- 集積　congeries
- 州籍相違　diversity (of citizenship)
- 州籍相違事件　diversity case
- 州籍相違に基づく裁判権　diversity jurisdiction
- 重窃盗(罪)　grand larceny
- 自由船　free ship
- 周旋　good offices
- 周旋　procuring cause
- 修繕　repair
- 修繕義務懈怠　dilapidation
- 自由選挙　free election
- 修繕者のリーエン　repairer's lien
- 州選弁護人　assigned counsel
- 修繕約款　covenant to repair
- 従属会社　subsidiary; subsidiary corporation [company]
- 従属国　dependent state
- 州代官　shire-reeve
- 重大詐欺局　Serious Fraud Office
- 重大性　consequence
- 重大組織犯罪機関　Serious Organised Crime Agency
- 重大段階　critical stage
- 重大な軽罪　serious misdemeanor
- 重大な契約違反　material breach
- 重大な困苦　grave hardship
- 重大な疾病　serious illness
- 重大な重罪　serious felony
- 重大な証拠　material evidence
- 重大な身体傷害　great bodily harm; grievous bodily harm
- 重大な身体傷害　serious bodily harm
- 重大な犯罪　high crime
- 重大な犯罪および軽罪　high crimes and misdemeanors
- 重大な不実表示　material misrepresentation
- 重大な用途変更　material change of use
- 重大犯罪　notifiable offense
- 重大犯罪予防命令　serious crime prevention order
- 州代表　agent-general
- 重大猥褻(行為)　gross indecency
- 住宅　housing
- 住宅　tenement
- 住宅オンブズマン　Housing Ombudsman

住宅瑕疵担保保証(制度) Home Owners [Owners'] Warranty
住宅基準法規 housing code
住宅給付(金) housing benefit
住宅供給 housing
住宅供給協会 housing association
住宅供給協会住宅借家権 housing association tenancy
住宅給信託 housing trust
住宅行政監察官 Housing Ombudsman
住宅金融組合 building society
住宅金融組合定期預け入れ金 term share
住宅建築による改良目的で購入された土地 accommodation land
住宅建築保証 construction warranty
住宅公社 Housing Corporation
住宅裁判所 housing court
住宅資金貸付組合 building and loan association
住宅取得用譲渡抵当利息控除 mortgage interest relief
住宅状況報告書 home condition report
住宅情報書 home information pack
住宅助成金 housing subsidy
住宅所有者総合保険 homeowner's insurance
住宅所有者総合保険(証券) homeowner's policy
住宅所有者団体 homeowners' association
住宅喪失補償 home loss payment
住宅担保転換譲渡抵当 home equity conversion mortgage
住宅担保与信限度(額) home equity loan; equity loan
住宅・地域社会機関 Homes and Communities Agency
住宅当局 housing authority
住宅都市開発省 Department of Housing and Urban Development
住宅都市開発省第1号書式不動産売買最終手続き書 HUD-1 settlement statement
住宅の健康・安全度評価制度 housing health and safety rating system
住宅付属庭地 curtilage
住宅法 Housing Acts
従たる契約 collateral contract
従たる契約の法理 collateral contract doctrine
従たる引受け collateral undertaking
従たる約束 collateral promise
従たる用途 accessory use
集団 class
集団 group

集団安全保障 collective security
週単位不動産賃借(権) weekly tenancy
集団構成員の多数さ numerosity
集団行動 group action
集団殺害 genocide
集団侵害(罪) collective trespass
集団訴訟 class action; class suit
集団訴訟で和解をした集団 settlement class
集団代表 class representative
集団脱獄 jail delivery
集団的安全保障 collective security
集団的自由土地保有権化 collective enfranchisement
集団的処罰 collective punishment
集団の人員整理 collective redundancy
集団文書誹毀 group libel
自由地帯 free zone
私有地通行料 toll traverse
周知のこと common knowledge
周知のことについての例外 common knowledge exception
周知の事実 notorious fact
集中排除命令 divestiture
州庁所在地 county town
自由通航権 right of free passage
充当 application
修道院 monastery
修道院の解散 dissolution of the monasteries
修道士 monk
自由投票 free vote
拾得 finding
拾得者 finder
拾得者報奨金 finder's fee
拾得動産横領 trover
拾得動産横領訴訟 trover; action of trover; trover and conversion
拾得物 finding
重度障害 severe impairment
重度精神障害 severe mental impairment
自由土地保有(権) frank tenement
自由土地保有(権) freehold
自由土地保有(権) freehold tenure
自由土地保有権 freehold estate
自由土地保有権 liberum tenementum
自由土地保有権者 freeholder
自由土地保有権者の体面 contenement
自由土地保有権者の土地 contenement
自由土地保有権占有付与令状 habere facias seisinam
自由土地保有権占有返還令状 rehabere facias seisinam
自由土地保有権にあらざる不動産権 estate not of freehold

自由土地保有権に基づいて保有している[されている]土地 frank fee; frank tenement; freehold; freehold land
自由土地保有権の不法先占 abatement of freehold
自由土地保有権より劣る権利 interest less than freehold
自由土地保有権より劣る不動産権 estate less than freehold
自由土地保有権化 enfranchisement
自由土地保有地協会 freehold land society
自由土地保有の答弁 liberum tenementum
重度廃疾手当 severe disablement allowance
州内営業許可書 certificate of authority
州内営業資格付与書 certificate of qualification
州内(為替)手形 domestic bill (of exchange)
州内(為替)手形 inland bill (of exchange)
州内管轄事項 domestic jurisdiction
州内全動産差押え grand distress
州内通商 intrastate commerce; internal commerce
州内的裁判権 domestic jurisdiction
州内での判決 domestic judgment
州内の治安福祉維持権能 internal police
州内法人 domestic corporation
州内法人化 domestication
州内保険会社 domestic carrier
州内募集の適用除外 intrastate exemption
州内的救済(手段)を尽すこと exhaustion of state remedies
自由な解釈 liberal construction; liberal interpretation; loose construction
自由な言論 free speech
自由な出版 free press
自由な出版物 free press
自由な団体交渉 free collective bargaining
自由な表現 free expression
(雇用)柔軟・(職)安定性 flexicurity
12海里幅 twelve-mile limit
十二日準則 twelve-day rule
十二法表 Twelve Tables; Lex Duodecim Tabularum
収入 income
収入 means
収入 revenue
収入 incomings
収入印紙 fiscal stamp; revenue stamp

収入調達方法 ways and means
収入調達方法委員会 Committee of [on] Ways and Means; ways and means committee
収入調達方法委員会委員長 Chairman of Ways and Means
収入の喪失 loss of earnings
収入役 receiver
収入役 receiver general
収入役 treasurer
就任 induction
就任拒否撤回 retractation
十人組 frankpledge; frithborgh
十人組 tithing
十人組金 tithing-penny
十人組組員 pledge
十人組検査 view of frankpledge
十人組検査権 frithsoken
十人組長 borsholder; boroughhead; boroughholder; borrowhead; headborough; tithingman
就任(式) inauguration
就任宣誓 Test
州の機関 arm of the state
州の騎士 knight of the shire
州の強制の基準 state compulsion test
州の行為 state action
州の行為の法理 state action doctrine
州の市民権 state citizenship
自由の大令状 great writ of liberty
州の被後見人 ward of the state
州の福祉権能 state police power
十陪審員候補者追加 decem tales
重犯罪 serious offense
州版ワグナー法 mini Wagner Act; Baby Wagner Act
修復しがたい婚姻破綻 irretrievable breakdown (of the marriage)
修復的差止め命令 reparative injunction
修復的司法 restorative justice
修復命令 rehabilitation order
従物 appurtenance
従物 res accessoria
自由不動産保有(権) free tenure
自由不動産保有者 free tenant
自由不動産保有者裁判所 court baron
醜聞 scandal
十分(性) sufficiency
十分な警告 adequate warning
十分な根拠 sufficient cause
十分な州法上の根拠を有する判決の法理 adequate-state-grounds doctrine
十分な証拠 sufficient evidence; satisfactory evidence; satisfactory proof
十分な信頼と信用 full faith and credit
十分な信頼と信用条項 Full Faith and Credit Clause
十分な注意 adequate care
十分な挑発 adequate provocation
十分な通知 adequate notice
十分な保護 adequate protection
十分な約因 sufficient consideration; due consideration
十分な理由 adequate cause
十分に緊密な連帯関係 adequate representation
十分認識していること notice or knowledge
十分の一税 decimation
十分の一税 decimae
十分の一税 tenth
十分の一税 tithe
十分の一税 tithing
州兵 militia
州兵 militiaman
州兵 National Guard
周辺的権利 peripheral right
州法 local law
州法 state law
自由貿易 free trade
自由貿易地帯 free trade zone
州法銀行 state bank
自由奉仕 free services; liberum servitium; servitium liberum
銃砲所持許可証 firearm certificate
州法曹協会 state bar association
自由法典 Body of Liberties
自由放任主義 laissez-faire
州法犯罪者 state criminal
自由民 freeman
自由民 liber homo
州民会 shire-moot, shire-mote
州民会欠席罰金 scyra, schira, scira
住民団体 homeowners' association
住民投票 plebiscite, plebescite
州民兵 posse comitatus; posse; power of the county
州務長官 Secretary of State
州免除 state immunity
州免責 state immunity
(公用)収用 taking
収容 civil commitment
収容 poundage
収用 expropriation
重要契約条項 material term
重要事実 material fact
収容者 committee
重要証人 material witness
(動物)収容所破り pound-breach; breach of pound
収容設備 accommodation
重要でない主張 immaterial averment
重要でない証拠 immaterial evidence
重要でない争点 immaterial issue
重要でない齟齬 immaterial variance
重要な事実問題に関する真正な争点 genuine issue of material fact
重要な主張 material allegation
重要な争点 material issue
重要表示 material representation
重要文書 valuable papers
収用補償金 condemnation money
収容命令 reception order
習律 convention
州立大学評議会 board of regents
終了 termination
(不動産権の)終了権 right of entry
終了権 power of termination
従量税 specific duty; specific tariff; specific tax
終了前聴聞 pretermination hearing
自由礼拝堂 free chapel
就労拒否 lockout
重労働 hard labor
就労不能 incapacity
就労不能給付(金) incapacity benefit
銃を使用した強盗 stickup
銃を突きつけての強盗 holdup
守衛官 sergeant(-)at(-)arms; serjeant at arms
受益期間 beneficial term
受益者 beneficiary
受益者指示権限付き信託 nominee trust
受益者としての利用(権) beneficial use
受益者の原則 beneficiary principle
受益的権利 beneficial interest
受益的所有権 beneficial ownership
受益的所有者 beneficial owner
受益的占有者 beneficial occupier
受益的不動産権 beneficial estate
ジューエル事件の説示 Jewell instruction
主観的意味 subjective meaning
主観的基準 subjective standard
主観的に未必の故意ないし認識ある過失による故殺 subjective recklessness manslaughter
(犯罪の)主観的要素 mens rea
酒気帯び運転 driving over the prescribed limit
酒気検査 breath test
酒気検知器 Breathalyzer
受寄者 bailee
受寄者のリーエン bailee's lien
受寄物 deposit
受給資格期間 qualifying period
受給資格継続事件 qualifying event
受給資格者対象事業 entitlement program

| 主教 bishop
| 主教院 House of Bishops
| 主教区 bishopric; diocese, -cess
| 主教区 see
| 主教区裁判所 diocesan court
| 主教区尚書 bishop's chancellor; chancellor
| 主教裁判所 bishop's court
| 主教裁判所 consistory court
| 主教座聖堂 cathedral
| 主教座聖堂参事会 cathedral chapter
| 主教座聖堂参事会員 canon
| 主教座都市 city; civitas
| 主教尚書 bishop's chancellor; chancellor
| 主教職 bishopric; episcopacy
| 主教制 episcopacy
| 主教選出許可 conge d'elire [d'eslire]
| 主教代行 coadjutor
| 主教代理 commissary
| 主教代理裁判所 commissary court
| 主教団 episcopacy
| 宿疾の精神障害 settled insanity
| 宿舎割当て quartering
| 縮図審理 minitrial
| 宿泊施設 hostel
| 宿泊設備 accommodation
| 宿泊人 lodger
| 熟慮期間 term for deliberating
| 主君 dominus
| 主君 liege
| 主君 lord
| 主君たる国王の平和違反侵害(訴訟) trespass contra pacem (domini) regis
| 受刑施設 penal institution
| 主権 sovereign authority
| 主権 sovereign power
| 主権 sovereignty
| 手権 manus
| 授権 authorization
| 授権 commission
| 授権株式 authorized stock [shares]; authorized stock issue; capital stock
| 授権株式数 capitalization
| 主権国家 sovereign state
| 授権資本 authorized capital
| 主権者 sovereign
| 主権者たる国民 sovereign people
| 授権状 commission
| 授権条項 enabling clause
| 授権証喪失(の法理) lost modern grant
| 授権制限の法理 delegation doctrine; nondelegation doctrine
| 授権制定法 enabling statute; enabling act
| 主権の権利 sovereign right
| 主権的行為 act of state

| 主権的行為の法理 sovereign acts doctrine
| 授権投資 authorized investment
| 授権投資証券 authorized securities
| 主権法 lex regia
| 授権保証合意 authorized guarantee agreement
| 主権免除[免責](特に) sovereign immunity
| 授権立法 enabling legislation
| 手稿本 manuscript
| 主殺し dominicide
| 取材源守秘義法 shield law
| 取材(範囲) news coverage
| 取材(範囲) press coverage
| 主債務 primary obligation
| 首座司教 primate
| 趣旨 tenor
| 主事実 primary fact
| 主事中央局 Central Office (of the Supreme Court)
| 主質問 direct question
| 首相 premier
| 主証拠 case in chief
| 主証拠 evidence in chief
| 主証拠提出 case in chief
| 首相代理 Deputy Prime Minister
| 呪食(神判) corsned, -naed; cursed morsel; morsel
| 呪食神判 ordeal of the (cursed) morsel
| 受信人払い通話 collect call; reverse charge call
| 主尋問 direct (examination); examination in chief
| 主尋問質問 question in chief
| 取水 abstraction of water
| 受誓約者 recognizee, -see
| 首席大蔵省付き弁護士 First Treasury Counsel
| 首席公訴官 Chief Crown Prosecutor
| 首席裁判官 chief judge
| 首席裁判官 chief justice; capitalis justiciarius
| 首席司祭 dean
| 首席主教 primate
| 首席書記 prothonotary, protonotary
| 呪詛 malediction
| 受贈者 donee
| 受贈者受益者 donee beneficiary
| 主体 subject
| 主題 subject
| 主題 subject matter
| 受胎告知 Annunciation
| 受胎審査陪審 jury of matrons
| 受胎審査令状 de ventre inspiciendo; ad ventrem inspiciendum
| 主題によるテスト subject matter test
| 受託者 consignee
| 受託者 depositary

| 受託者 trustee
| 受託者手当条項 charging clause
| 受託者による債務者財産の差押え(手続き) trustee process
| 受託者による投資 trustee investment
| 受託者の辞任証書 deed of discharge
| 受託者の終了 termination of trusteeship
| 受託者の責任解除 discharge of trustees
| 受託者の退任 retirement of trustees
| 受託者保有指名権 trust power
| 受託所 depository
| 主たる営業地 principal place of business
| 主たる義務 primary obligation
| 主たる居住地 main residence
| 主たる契約 principal contract
| 主たる権能 primary powers
| 主たる債務者 principal; principal debtor
| 主たる主張 primary allegation
| 主たる責任を負う証券作成者 prime maker
| 主たる責任を負う振出人 prime maker
| 主たる地役権 primary easement
| 主たる壺 main pot
| 手段 means
| 手中盗品 mainour, manner, manour, meinour
| 主張 allegation
| 主張 case
| 主張 surmise
| 首長 chief magistrate
| 主張された形での侵奪否認(の答弁) Non cepit modo et forma
| 主張事実 allegatum
| 主張事実 case
| 主張事実の複合 duplicity (in pleading)
| 主張収入融資 stated-income loan
| 主張書 statement of case
| 主張責任 burden of allegation
| (事実の)主張中の可分的部分 divisible averment
| 主張直接支持文書 hot document
| 主張と証拠との齟齬 variance
| 主張内容詳細 particulars
| 主張の利益 standing
| 主張排除(命令) striking out
| 出願 application
| 出願者 applicant
| (特許)出願終結 disposal
| 出願書類 file wrapper
| 出勤者最低保証賃金 reporting pay
| 術語 term
| 出港禁止(令) embargo
| 出向裁判官 visiting judge

出国許可(証)	exit permit
出国査証	exit visa
出産	childbirth
出産	procreation
出産休暇	maternity leave
出産給付(金)	maternity benefit
出産についての文言	words of procreation
出産に伴う諸権利	maternity rights
出自	origin
出仕(義務)	suit of court; secta curiae; suit
出資義務者	contributory
出資金勘定	share account
出資金払い戻し指図書	share draft
出資金払い戻し指図書勘定	share draft account
出仕者	suitor
出資者	contributory
出生	birth
出生・死亡・婚姻登録本署	General Register Office of Births, Deaths and Marriages
出生・死亡・婚姻登録本署長官	Registrar-General (of Births, Deaths and Marriages)
出生住所	domicile of origin
出生証明書	birth certificate
出生資料	birth records
出生相続人	haeres natus
出生地	origin
出生登録	registration of birth
出生届け出	notification of birth
出生により国籍を得た市民	natural-born citizen
出生により国籍を得た市民条項	Natural Born Citizen Clause
出生による忠誠(義務)	natural allegiance
出生の証明	proof of birth
出生の秘匿	concealment of birth
出身民族	national origin
出席	attendance
出席	presence
出訴期間	limitation
出訴期間	limitation of action
出訴期間	statute of limitations; statute of limitation
出訴期間限定法	statute of repose
出訴期間進行停止合意	tolling agreement
出訴期間進行停止(法)	tolling statute
出訴期間法	statute of limitations; statute of limitation
出訴期間法のエクイティー上の期間進行停止	equitable tolling
出廷	appearance
出廷	entry of appearance
出廷期日	quarto die post
出廷強制差押令状	distringas
出廷通告書	notice to appear
出廷定例日	common return days
出廷保証	mainprise, -prize
出廷保証証書	appearance bond
出廷保証手続き	attachment
出廷保証人	bail below; bail to the sheriff
出廷保証人	mainpernor
出廷保証令状	attachment; warrant of attachment; writ of attachment
出廷保証令状	mainprise, -prize
出廷保証令状	pone
出廷明示	entry of appearance
出廷命令	citation
出廷命令告示	edict
出廷要録	appearance docket
出廷令状	venire facias; writ of venire facias
出頭	appearance
出頭	surrender
出頭保証人	safe-pledge
出入国管理	immigration
出発点	terminus a quo
出発点に位置する人	propositus
出版(業)者	publisher
出版の自由	freedom of the press; liberty of the press
出版物	press
出版法	press law
出費	out-of-pocket expense
主邸宅	principal mansion house
受動受託者	bare trustee
受動信託	bare trust; passive trust
受動的企業活動	passive activity
受動的義務	passive duty
受動的収入	passive income
主導目的の準則	leading object rule
受動ユース	passive use
取得	acquisition
取得	conquest
取得価額	basis
取得原価	acquisition cost
取得原価	cost basis
取得財産	acquet
取得詐欺	acquisition fraud
取得時効	acquisitive prescription; positive prescription
取得時効	adverse possession
取得時効権原	possessory title
取得時効採光(地役)権	ancient lights
取得時効に基づく権原	title by prescription
取得した権利	acquired right
取得剰余金	acquired surplus
受認義務保証書	official bond
受任事件再委任弁護士	forwarder
受任事件再委任料	forwarding fee
(教(会)区)主任司祭	rector
受任者	bailiff
受任者	mandatary
受認者	fiduciary
受認者義務保証書	fiduciary
bond	
受認者脱落条項	fiduciary-out clause
受認者としての資格	fiduciary capacity
受認者の盾の法理	fiduciary shield doctrine
受認者保証証書	fiduciary bond
主任書記官	Chief Clerk
主任でない弁護士	junior counsel
主任でない法廷弁護士	junior barrister
主任弁護士	first chair
主任弁護士	lead counsel; leader; leading counsel; senior counsel
受任報告者	mandated reporter
主任法務職員	solicitor
ジュネーヴ諸条約	Geneva Conventions
首脳会談	summit
首脳会談	summitry
守秘義務違反	breach of confidence; disclosure of information
守秘義務関係	confidentiality
守秘義務関係破壊	breach of confidentiality
守秘義務合意	confidentiality agreement
守秘義務条項	confidentiality clause
(エクイティー訴状)主部	stating part
授封	infeudation
シューマー表	Schumer box
趣味的活動による損失	hobby loss
寿命	natural life
受命裁判官	commissioner
主目的実現解釈の準則	main purpose rule
主目的の準則	main purpose rule
主目的の準則	main objects' rule
主目的の法理	main purpose doctrine
樹木保存命令	tree preservation order
受約者	promisee
受約者側の法的不利益	detriment to a promisee
授与	bestowal
授与	investiture
需要	demand
需要寡占	oligopsony
需要の交差弾力性	cross-elasticity of demand
主要費用	prime cost; first cost
狩猟	hunt
受領	receipt
受領	tot
狩猟鑑札	game license
受領拒絶	rejection
受領拒否	nonacceptance
狩猟権	chase
受領証	receipt
受領責任	liability for receipt

狩猟鳥獣　game
狩猟鳥獣管理人　gamekeeper
狩猟鳥獣販売免許　game license
受領の確認　acknowledgment of service
受領否認訴答　ne baila pas
狩猟法　game law
種類　class
種類　genus
種類　nature
酒類犯罪　liquor offense
酒類販売許可治安判事　licensing magistrate; licensing justice
酒類販売許可店　licensed premises
酒類販売許可法　licensing laws
酒類販売免許会議　brewster sessions
種類別議決　class voting
酒類密造　bootlegging
酒類密造者　bootlegger
准尉　warrant officer
順位　gradus
準遺棄船舶　quasi derelict
純遺産　net estate
順位付き優先記投票　preferential voting
順位の繰下げ　postponement
順位の利益　beneficium ordinis
準疑わしい区分　quasi-suspect classification
純売上収入　net proceeds
純営業損失　net operating loss
純益　net profit
巡回　iter
巡回　itinerancy
巡回区　circuit
巡回区担当最高裁判所裁判官　circuit justice
巡回裁判　circuit
巡回裁判　itinerant justice
巡回裁判官　circuit judge
巡回裁判官　circuit justice
巡回裁判官　itinerant judge
巡回裁判官　itinerant justice
巡回裁判官付き書記　Judge's marshal; marshal
巡回裁判区　circuit
巡回裁判区管理官　circuit administrator
巡回裁判区裁判所　circuit court
巡回裁判区制度　circuit system
巡回裁判区統轄裁判官　presiding judge
巡回裁判所　circuit court
巡回(裁判)制度　itinerancy
巡回裁判制度　circuit system
『巡回裁判判決録』　liber assisarum
巡回陪審裁判　nisi prius
巡回陪審裁判官任命録　commission of nisi prius
巡回陪審裁判用記録　nisi prius record
循還信用状　circular letter of cred-

it; circular note
純給与　net salary
準拠法　applicable law; governing law
準拠法　lex causae
準拠法選択条項　choice of law clause
準拠法の選択　choice of law
準禁治産宣告(手続き)　partial interdiction; limited interdiction
準禁反言　quasi estoppel
準組合員　quasi partner
順繰り意見　seriatim opinion
準契約　quasi contract
準限嗣封土権　quasi entail
峻厳審査の法理　hard-look doctrine
準公的独立事業体　quango
巡査　constable; police constable
準裁判上の証拠　extrajudicial evidence
巡察　eyre
巡察裁判官　justice in eyre
(大)巡察審問条項　articles of the eyre
(大)巡察録　eyre roll
巡査部長　police sergeant
巡視　patrol
純資産　net worth; net assets
純資産価値　net asset value
純資産方式　net worth method
準自白　quasi admission
準司法的権限　quasi-judicial power
準司法的行為　quasi-judicial act
遵守　compliance
遵守　keeping
遵守　observance
遵守　obedience
準州　Territory
準州裁判所　territorial court
準受託者　quasi trustee
純所得(額)　net income; net earnings
準人的財産(権)　quasi personality
純粋危険　pure risk
純粋動産　chattel personal; personal chattel
純粋動産　chose
純粋答弁　pure plea
純粋な言論　pure speech
純粋年金　pure annuity
純粋比較過失の法理　pure comparative negligence doctrine
純粋法学　pure theory (of law)
純粋隷農保有　pure villeinage
準正　legitimation
純正食品・薬品法　Pure Food and Drug Acts
準制定法的命令　quasi statute
準政府機関　quasi-governmental agency
準議議席数　net gain

(法)準則　rule
準則適用前提事実　predicate fact
準訴訟復活訴状　bill in the nature of a bill of revivor
準対物管轄権　quasi in rem jurisdiction; jurisdiction quasi in rem
準対物訴訟　action quasi in rem
準対物判決　judgment quasi in rem
準男爵　baronet
準地役権　quasi easement
準仲裁人　quasi arbitrator
順番　rank
準犯罪　quasi crime
準犯罪者　quasi criminal
準備金　reserve
準備銀行　reserve bank
準備通貨　reserve currency
準備積立て基金　reserve fund
順風航行　free course
準物的財産(権)　quasi realty
準不法行為　quasi tort
純分認証極印　assay mark
純分認証極印　hallmark
準法人　quasi corporation
準法定相続可能不動産権　estate quasi of inheritance
順法闘争　work-to-rule
準保険者　quasi insurer
純保険料　net premium; net valuation premium; pure premium
準用不法行為　prima facie tort
準立法的権限　quasi-legislative power
純利得　net gain
署　station
ジョイント・ストック・アソシエイション　joint-stock association
ジョイント・ストック・カンパニー　joint-stock company
使用　use
試用　probation
省　department
省　government department
省　ministry
章　chapter
賞　prize
…証　letter
条　order
条　section
…状　letter
小アサイズ　petty assize
小委員会　subcommittee
上位裁判所　superior court
上位裁判所裁判官全員会議　in banc sitting; en banc sitting; sitting in [en] banc
上位裁判所裁判官全員会議で(の)　in banc
小遺産検認　small estate probate
上位者　superior
上位者責任　respondeat superior
上位代理人　superior agent

上位代理人の準則 superior agent rule
上位の知識 superior knowledge
小違背 detour
上位被用者の準則 superior servant rule
上院 select council
上院 Senate
上院 upper chamber; upper house
上院 the other place; another place
上院外交委員会 Foreign Relations Committee
上院議員 senator
上院議長 President of the Senate
上院休会中の任命 recess appointment
上院儀礼 senatorial courtesy
上院事務総長 Secretary to the Senate
上院審議中法案 senate bill
承役地 servient estate; servient tenement
荘園 manor
荘園記録集 manor roll
上演権 playright
荘園裁判所 manorial court; manor court
荘園裁判所記録集 court roll
荘園土地保有権付随条件 manorial incident
荘園内入会権 common appendant
荘園法裁判所 court customary; customary court (baron)
荘園法自由土地保有(権) customary freehold
荘園法不動産権 customary estate
荘園法不動産権 customary tenure
荘園法不動産権者 customary tenant
荘園領主 lord of a manor
小王権 minora regalia
紹介 introduction
紹介 referral
傷害 bodily harm
傷害 harm
傷害 injury
傷害 wounding
障害 disorder
障害 disability
障害 impairment
障害 impediment
生涯 life
障害アメリカ人法 Americans with Disabilities Act
生涯権 life interest
障害児 handicapped child
(心身)障害者 disabled person
障害者 handicapped person
障害者勤労手当 disability working allowance
障害者権利委員会 Disability Rights Commission
障害者差別 disability discrimination
障害者税額控除 disabled person's tax credit
障害者生活手当 disability living allowance
生涯受領額・確定期間保証年金 life-income period-certain annuity
紹介状 letter of introduction
小海損 petty average
傷害に対する贖罪(金) dolg-bote
照会認識 inquiry notice
紹介販売契約 referral sales contract [agreement]
生涯不動産権 life estate; estate for life; life tenancy; tenancy for life
生涯不動産権者 life tenant; tenant for life
生涯不動産権者 termor
生涯不動産権処分権 power of sale
傷害保険 accident insurance
傷害保険(証券) accident policy
消化管内隠匿密輸 alimentary-canal smuggling
小火器 firearm
少額合意 small agreement
少額固定地代 chief rent; reditus capitalis
小額債券 baby bond
少額債権裁判所 court of requests; court of conscience
少額裁判所 civil bill court
少額事件裁判所 small debts court
少額請求 small claim
少額不法行為損害賠償請求訴訟 slip-and-fall case
商科大学 commercial college
使用価値 use value
上下両院 Houses of Parliament
召喚 citation
召喚 conventio
召喚 manning
召喚 summons
償還 redemption
償還 retirement
償還価格 redemption price
償還価値 redemption value
償還株式 redeemable stock [share]; callable stock [share]
償還金額 debt service
上官強姦 command rape
商慣習法 law merchant; consuetudo mercatorum; custom of merchants; lex mercatoria
召喚(状) monition
召喚状 summons
召喚状作成センター Summons Production Centre
償還請求 recourse
上官の命令という答弁 superior orders
償還優先株 redeemable preference share
償還優先株式 callable preferred stock
召喚令状 summons; writ of summons
召喚令状裏書き endorsement of writ
償還をしてもらう手段がないこと no recourse
商機 business opportunity
焼燬 burning
試用期間 probation
試用期間 trial period
小規模会社 small business corporation
小規模会社 small company
小規模企業 small business; small business concern
小規模企業庁 Small Business Administration
小規模専門特化法律事務所 boutique
消却 retirement
乗客 passenger
乗客名簿 manifest
上級管理者 senior manager; senior executive
上級組合員 senior partner
上級裁判官 senior judge
上級者 senior
上級法院 Senior Court
上級法院主事 Master of the Senior Court
上級封主 lord paramount
上級法廷弁護士 serjeant-at-law
上級法廷弁護士組合 order of the coif; order of serjeants-at-law
上級法廷弁護士のイン Serjeants' Inn
上級法廷弁護士の身分 order of the coif
上級法廷弁護士用頭巾 coif
消去 erasure
商業 commerce
商業 trade
情況 circumstance
商業会議所 chamber of commerce [trade]
商業貸出し commercial loan
状況規定の犯罪者 situational offender
商業銀行 commercial bank
商業組合 trading partnership; commercial partnership
商業行為 commercial practice
商業証券 commercial paper; mercantile paper
商業証券仲立人 note broker
情況証拠 circumstantial evidence
商業上の実行困難性 commercial impracticability

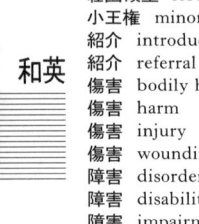

和英対照表

商業上の住所 commercial domicile
商業上の中傷 commercial disparagement
商業上の不法行為責任請求 commercial tort claim
商業信用状 commercial letter of credit
商業信用状に基づく債権 credit
状況全体によるテスト totality-of-the-circumstances test
商業総合責任保険 commercial general liability policy
商業中心地 emporium
商業手形 trade bill
商業的活動 commercial activity
商業的活動の例外 commercial activity exception
状況に基づく不法妨害 nuisance in fact
情況の変化 change in circumstances
商業犯罪 commercial crime
商業目的賃貸借 commercial lease
消極的違法行為 negative misprision
消極的外部性 negative externality
消極的義務 negative duty
消極的証言 negative testimony
消極的条件 negative condition
消極的証拠 negative evidence
消極的証明 negative proof
消極的地役権 negative easement
消極的答弁 negative plea
消極的秘匿 passive concealment
常居所 habitual residence
使用許諾(書) license, -ce
常軌を逸した行動 unreasonable conduct
常勤 full time
常勤者 full-timer
常勤取締役 executive director
常勤取締役 service director
上空 airspace
小区画地 plot
承継 devolution
承継 succession
承継者 successor
承継受託者 successor trustee
承継財産 succession
承継による制定法上の借家権 statutory tenancy by succession
承継人 successor
承継人不法妨害令状 questus est nobis
承継の期待 spes successionis
使用権 right of use
証券 certificate
証券 document
証券 instrument
証券 paper
証券 security
証言 testimony

条件 condition
条件 term
上限 cap
証言依頼予定専門家 testifying expert
上限下限の合意 high-low agreement
証券化されていない証券 uncertificated security
証券規制 securities regulation
証券偽装売買 bondwashing
証券業務代行人 transfer agent
証言拒否特権 testimonial privilege
証言記録者 court reporter
証言記録者 reporter
証券作成者 maker
証券市場 securities market
証言指導 horseshedding; woodshedding
使用権者 licensee, -cencee
証言準備書 proof
証言証拠 testimonial evidence
証言弾劾 formal impeachment
条件付き遺言 conditional will
条件付き遺贈 conditional bequest
条件付き遺贈 conditional devise
条件付き裏書 conditional endorsement
条件付き裏書 qualified endorsement
条件付き恩赦 conditional pardon
条件付き義務免除 conditional release
条件付き供与 qualified dedication
条件付き刑の宣告 conditional sentence
条件付き限定 conditional limitation
条件付き権利 conditional interest
条件付き故意 conditional purpose
条件付き合意 conditional agreement
条件付き公益残余権信託 qualified charitable remainder trust
条件付き公有地供与 qualified dedication
条件付き債務 conditional obligation
条件付き債務免除 conditional release
条件付き支払い conditional payment
条件付き釈放 conditional discharge
条件付き釈放 conditional release
条件付き証言聴取訴状 bill to take testimony de bene esse
条件付き証拠の許容(性) conditional admissibility
条件付き承諾 conditional acceptance
条件付き商品回収条項 recapture

clause
条件付き証明 conditional proof
条件付き人的財産遺贈 conditional bequest
条件付き推定 conditional presumption
条件付き戦時禁制品 conditional contraband
条件付き贈与法 De Donis (Conditionalibus); Statute de Donis (Conditionalibus)
条件付きゾーニング conditional zoning
条件付き第三者預託 escrow ⌐ing
条件付き第三者預託金口座 escrow (account)
条件付き第三者預託契約 escrow contract
条件付き第三者預託指示 escrow agreement
条件付き第三者預託証書[預託物]受託人 escrow (agent)
条件付き単純封土権 fee simple conditional
条件付き手形引受け conditional acceptance
条件付き動産遺贈 conditional legacy
条件付き動産売買証書 conditional bill of sale
条件付き土地利用 conditional use
条件付き捺印金銭債務証書 double bond; conditional bond
条件付きの権利 qualified right
条件付きの証言 testimony de bene esse
条件付きの証言録取書 deposition de bene esse
条件付き売買 conditional sale
条件付き売買合意 conditional sale agreement
条件付き判決 conditional judgment
条件付き引渡し conditional delivery
条件付き不動産遺贈 conditional devise
条件付き不動産権 estate on [upon] condition
条件付き暴行 conditional assault
条件付き封土権 conditional fee; fee conditional
条件付き保証 conditional guaranty
条件付き免責(特権) conditional privilege
条件付き免責特権情報 conditionally privileged communication
条件付き約束 conditional promise
条件付き約款 conditional covenant
証券ディーラー securities dealer
証券投資委員会 Securities and Investments Board (Limited)

証券投資者保護法　Securities Investor Protection Act
証券投資信託　investment trust
証券投資の戸別勧誘　sharepushing
証券登録説明書　registration statement
証券取引委員会　Securities and Exchange Commission
証券取引業者　securities trader
証券取引決済会社　Depository Trust Corporation
証券取引所　stock exchange; securities exchange
証券取引所上場　Stock Exchange listing
証券取引所電子取引システム　Stock Exchange Electronic Trading System
証券取引所法　Securities Exchange Act; Exchange Act
証券取引代理店　clearing agency
証券取引代理人　clearing agent
証券のある証券　certificated security
証言能力欠如　testimonial incapacity
証言能力のある証人　competent witness
証券の消却　retirement of securities
証言の証拠保全　perpetuation of testimony
証言の証拠保全訴状　bill to perpetuate testimony
証言のための身柄提出令状　habeas corpus ad testificandum
証券の登録　registration of securities
証券の引受け　underwriting
証券の文面　face of instrument
証券の募集・分売　securities-offering distribution
証券発行市場　primary market
証券販売員　customer's man [person]
証券引受契約　underwriting contract
証券引受合意　underwriting agreement
証券引受団体　syndicate
証券引受人　underwriter
証券ブローカー　securities broker
証券変造　raising an instrument
証券法　Securities Act
証券法　securities acts
証言録　bill of evidence
証言録取　deposition
証言録取書　deposition
証言録取書による証言者　deponent
証言を強制できる証人　compellable witness
証拠　evidence
証拠　material

証拠　proof
証拠漁り　fishing trip; fishing expedition
証拠隠蔽　withholding of evidence
証拠隠滅　spoliation
商号　trade name, tradename; brand name; business name
将校　officer
照合　collation
称号　style
条項　clause
条項　term
商工人名録　commercial directory
上向転換　upstream conversion
上向保証　upstream guaranty
証拠開示(手続き)　discovery
証拠価値　probative value
証拠金　margin
証拠金勘定　margin account
証拠金取引　margin transaction
証拠金取引可能株式　margin stock
証拠金取引可能証券　marginable security
証拠金取引で買うこと　buying on margin
証拠採用自白　adoptive admission
証拠採用自白の準則　adoptive admissions rule
証拠事実　fact in evidence
証拠事実　factum probans
証拠書類提示　documentation
証拠書類の合一　joinder of documents
証拠書類無提示融資　no-doc loan
証拠資料　documentation
証拠審理　evidentiary hearing
証拠弾劾　impeachment
証拠提出　introduction of evidence
証拠提出　producing evidence
証拠提出拒否　suppression of evidence
証拠提出後の訴答実体不十分の抗弁　demurrer to evidence
証拠提出責任　burden of production; burden of adducing evidence; burden of coming forward with (the) evidence; burden of evidence; burden of going forward (with (the) evidence); burden of producing evidence; evidential burden; production burden
証拠的事実　evidential fact
証拠としての評判　reputation evidence; reputational evidence
証拠となる事実　evidentiary fact
証拠についての助言　advice on evidence
証拠についての論評　comment on the evidence
証拠能力なき証拠　incompetent evidence

証拠能力のある証拠　competent evidence
証拠の重さ　weight of (the) evidence
証拠の許容性　admissibility of evidence
証拠の限定的許容(性)　limited admissibility
証拠の細片　scintilla of evidence
証拠の細片準則　scintilla(-of-evidence) rule
証拠の十分性　sufficiency of evidence
証拠の十分性のテスト　sufficiency of (the) evidence test
証拠の整理　marshaling the evidence
証拠の遠さ　remoteness of evidence
証拠の留め置き　suppression of evidence
証拠の排除(決定)　suppression of evidence
証拠の破毀　suppression of evidence
証拠の優越　preponderance of (the) evidence; preponderance of proof
証拠排除準則　exclusionary rule
証拠排除の申し立て　motion to suppress
証拠排除の申し立てに対する審理　suppression hearing
証拠不十分　insufficiency of evidence
証拠不十分評決　not proven [proved]; Scotch verdict
証拠物　exhibit
証拠物整理表　exhibit list
証拠文書不開示国王特権　Crown privilege
証拠法　evidence
証拠法　law of evidence
証拠法　Evidence Act
証拠法準則　rules of evidence
証拠法典　evidence code
証拠量の準則　quantitative rule
城塞　castle
城塞勤務保有　castle-guard, castle-ward
(訴訟費用の)詳細査定(手続き)　detailed assessment (of costs)
詳細情報要求　request for further and better particulars
城塞の法理　castle doctrine
商事会社　trading corporation
正直　honesty
商事組合　firm
商事組合　mercantile partnership
商事組合の機会の法理　firm opportunity doctrine
商事組合名　firm name
小事件裁判所　people's court
商事裁判所　business court; Com-

mercial Court
商事信用調査機関　mercantile agency
商事贈収賄　commercial bribery
商事訴権　mercantile claim
商事代理人　mercantile agent
商事的言論　commercial speech
商事取引　commercial transaction
情状罰金　lairwite
常時兵役　actual military service
商事法　commercial law; mercantile law
商事法廷　Commercial Court
商事法典　commercial code
使用者　user
使用者側　management
勝者独占方式　winner-take(s)-all
使用者の癖の証拠　evidence of user
城守　constable
召集　muster
召集　summons
常習加重刑　cumulative punishment
常習権原担保者　common vouchee
常習行為　practice, practise
召集状　summons
常習的違反　serial violation
常習的飲酒者　drunkard; habitual drunkard
常習的大酒　habitual intemperance
常習的薬物使用者　drunkard
常習犯　career offender [criminal]; habitual criminal; habitual offender; persistent offender
常習犯加重刑法　habitual criminal law
小十分の一税　privy tithe; small tithe
召集令状　writ of summons; writ
使用取得　usucapion
仕様書　specifications
証書　deed
証書　indenture
上場　listing
上場　quotation
上場会社　listed company
上場会社明細目論見書　listing particulars
上場株一覧表　list
上場市場　Listed Market
上場証券　listed security
上場廃止　delisting
症状発現的犯罪者　episodic criminal
証書外事項　matter in pais
証書外認識　notice in pais
証書権原　paper title
証書再作成　reexecution
証書作成交付上の詐欺　fraud in the factum
証書作成否認の答弁　nient le fait
証書作成否認の答弁　non est factum

証書事項　matter in deed
証書上に瑕疵の存する権原　title defective in form
証書上の権原　paper title
証書の公開の法廷における朗読　oyer
証書配当　scrip dividend
証書否認の答弁　non est factum
証書用印紙　documentary stamp
証書用印紙税　documentary stamp tax
証書朗読の申し立て　oyer
昇進　preferment
消尽の法理　first sale doctrine
少数　minority
乗数　multiplier
少数意見　minority opinion
少数意見者　dissent
少数意見(表明)者　dissenter
少数株主追い出し　squeezeout
少数株主締め出し　freezeout
少数代表制　minority representation
少数党の院内総務　minority leader
少数派　minority
少数派株主　minority shareholder [stockholder]
少数株主に対する不正行為　fraud on (the) minority
少数派保護　minority protection
少数民族　minority; ethnic minority
少数民族系企業　minority business enterprise
少数民族条項　minority clauses
少数持分　minority interest
状勢　position
状勢の変化　change of position
常設国際司法裁判所　Permanent Court of International Justice
常設在外民間人裁判所　standing civilian court
常設仲裁裁判所　Permanent Court of Arbitration
小窃盗　petty theft; petit theft
小窃盗犯　nimmer
常設ポスト　established post
商船　merchant marine; mercantile marine
商船　merchantman; merchant ship; merchant vessel
小前提　minor premise
商船登録　merchant shipping registration; registration of merchant ships
乗船料　passage money
上訴　appeal
上訴委員会　Appellate Committee
小争議　minor dispute
尚早の承認　premature recognition
少訴額事件裁判所　small claims court
少訴額手順　small claims track

上訴管轄権　appellate jurisdiction
上訴管轄(権)法　Appellate Jurisdiction Act
上訴規則　appellate rules
上訴規則に定める要件に適っていない事実審記録　defective record
上訴許可　leave to appeal
上訴許可申請　application for leave to appeal
上訴許可申し立て　motion for leave to appeal
上訴係属中の事件　case on appeal
上訴権　right of appeal
上訴裁判所　appellate court; appeal(s) court; court of appeal
上訴裁判所　court above; higher court; upper court
上訴趣意書　appellate brief; appeal brief
上訴趣意書　brief
上訴趣意書　case
上訴準備書面　proof brief
上訴状　petition
上訴審による再審査　appellate review
上訴審判所　Appeal Tribunal
上訴審判所　Upper Tribunal
上訴審弁護士　appellate counsel
上訴通知　notice of appeal
勝訴当事者　prevailing party
上訴人　appellant; appellor
上訴人　petitioner
上訴人　plaintiff in error
上訴人　promoter
上訴人回答摘要書　reply brief
上訴の対象となりうる判決　appealable decision
上訴の対象となりうる命令　appealable order
上訴部　appellate division
上訴保証金証書　appeal bond
上訴無意味書面　no-merit brief
上訴用記録　record on appeal
小村　hamlet
焼損　burning
状態　condition
状態　state
使用貸借　commodatum
使用貸借　loan for use
状態犯罪　status crime; status offense
承諾　acceptance
承諾　consent
承諾権　power of acceptance
承諾者　acceptor
小治安官　petty constable
小治安裁判所　petty sessions; court of petty sessions; petty sessional court
常置委員会　standing committee
常駐代表委員会　Committee of Permanent Representatives
象徴　emblem

象徴的言論 symbolic speech
象徴による引渡し symbolic delivery
譲渡 assignment
譲渡 conveyance; bond for deed
衝動 impulse
情動精神障害 emotional insanity
譲渡可能定期預金証書 certificate of deposit
譲渡可能払い戻し指図書 negotiable order of withdrawal
譲渡可能不動産賃借権 assignable lease
譲渡権担保約款 covenant of (good) right to convey
譲渡後取得権原(の法理) after-acquired title
譲渡後取得権原の法理 after-acquired-title doctrine
譲渡条項 assignee clause
譲渡証書 deed of assignment
譲渡制限株式 restricted stock
譲渡制限証券 restricted security
(船舶)衝突 allision
衝突 collision
衝突 conflict
衝突条項 collision clause
衝突顛末書 preliminary act
衝突顛末陳述書 collision statement of case
衝突に耐えうる性能の法理 crashworthiness doctrine
衝突保険 collision insurance
衝突約款 running-down clause
譲渡抵当 wadset
譲渡抵当受戻し権喪失仮命令 foreclosure order nisi
譲渡抵当受戻し権喪失手続き foreclosure; mortgage foreclosure
譲渡抵当受戻し権喪失手続き上の売却 foreclosure sale
譲渡抵当受戻し権喪失手続き上の売却命令判決 foreclosure decree
譲渡抵当受戻し権喪失手続き代替不動産譲渡(捺印)証書 deed in lieu of foreclosure
譲渡抵当金融銀行 mortgage banker; mortgage company; mortgage corporation
譲渡抵当(権) mortgage
譲渡抵当権実行手続き foreclosure
譲渡抵当権者 mortgagee
譲渡抵当権者特約条項 mortgagee clause
譲渡抵当権者の権利 mortgagee's rights
譲渡抵当権者の制定法上の抵当物件売却権 mortgagee's statutory right of sale
譲渡抵当権者保険 mortgage guarantee insurance
譲渡抵当権条項 mortgage clause
譲渡抵当権証書 mortgage
譲渡抵当権設定者 mortgagor, -gager
譲渡抵当権設定者の権利 mortgagor's rights
譲渡抵当権設定者の地位の引受け assumption of mortgage
譲渡抵当権設定者の地位の引受け禁止条項 assumption clause
譲渡抵当権設定証書 mortgage deed
譲渡抵当権訴訟 mortgage action
譲渡抵当権登録証明書 charge certificate
譲渡抵当権部分所有証明書 mortgage certificate
譲渡抵当実行告知令状 scire facias sur mortgage
譲渡抵当条件条項 mortgage contingency clause
譲渡抵当証書 mortgage
譲渡抵当消滅(証書) satisfaction of mortgage
譲渡抵当消滅証書 release of mortgage
譲渡抵当設定者残有権 equity of redemption
譲渡抵当訴権 mortgage claim
譲渡抵当担保債券 collateralized mortgage obligation
譲渡抵当担保社債 collateralized mortgage obligation
譲渡抵当担保付き証券 mortgage-backed security
譲渡抵当付き貸付け mortgage loan
譲渡抵当付き貸付け合意書 mortgage commitment
譲渡抵当付き債券 mortgage bond
譲渡抵当付き債券 mortgage debenture
譲渡抵当付き債務弁済義務則 direct order of alienation
譲渡抵当付き社債 mortgage bond
譲渡抵当天引額 mortgage discount
譲渡抵当となりうる動産 mortgageable chattels
譲渡抵当に関する禁反言証明書 estoppel certificate
譲渡抵当の順位 priority of mortgages
譲渡抵当払戻金 mortgage payment [repayment]
譲渡抵当併合(の原則) consolidation of mortgages
譲渡抵当保険 mortgage insurance
譲渡抵当保有 warehousing
譲渡抵当無条件受戻し権喪失命令 foreclosure order absolute
譲渡抵当利率 mortgage rate
譲渡についての保証 warranty of assignment
譲渡人 assignor
譲渡人 negotiator
譲渡人の禁反言 assignor estoppel
譲渡の順位 priority of assignment
譲渡の先順位(性) priority of assignment
焦土防衛作戦 scorched-earth defense
商取引代理人 commercial agent
商取引法 commercial transaction
小児 infant
小児(性)愛 pedophilia
小児(性)愛者 pedophile, paedophile
商人 merchant
商人 trader
承認 acknowledgment
承認 admission
承認 approval
承認 confession
承認 confirmation
承認 ratification
承認 recognition
証人 witness; testis
常任委員会 permanent committee
商人間の例外 merchant exception
商人間紛争調停人 mediator of questions
商人ギルド gilda mercatoria
証人刑事免責特権利用者 immunity bath
承認権付き売買 sale on approval; approval sale
商人裁判所 merchant court
常任裁判所主事 standing master
承認されざるタレッジについての制定法 de tallagio non concedendo
証人指定書類[指定物件]携帯召喚令状 duces tecum
証人出廷命令 witness order
証人出頭強制手続き compulsory process
証人出頭強制手続き条項 Compulsory Process Clause
証人出頭強制命令 compulsory
承認書 assent
証人召喚状 witness summons
常任上訴裁判官 Lord of Appeal (in Ordinary)
証人申請側に不利な証言を行なう証人 unfavorable witness
証人尋問異議(理由) demurrer to interrogatories
証人尋問官 examiner
証人尋問嘱託(書) commission to examine witnesses
承認済み和議 approved voluntary arrangement
証人席 hot seat
証人席 witness stand; witness box; stand
証人逮捕出廷令状 witness warrant
証人立会い要請 rogatio testimum
証人弾劾 impeachment
証人陳述書 witness statement
証人付き譲渡書 breve testatum

| 承認と異議 confession and avoidance
| 証人匿名命令 witness anonymity order
| 承認と引受け acknowledgment and undertaking
| 証人に対する司法的免除 judicial immunity of witness
| 承認に基づく判決 judgment by confession
| 証人による遺言検認 probate per testes
| 証人の隔離 separation of witnesses
| 証人の再召喚 recall of witness
| 証人の宣誓 witness's oath
| 承認のための審理 confirmation hearing
| 証人の弾劾 impeachment of witness
| 証人の秘匿特権 privilege of witness
| 商人の防御 merchant's defense
| 証人の免責特権 privilege of witness
| 証人の旅費 conduct money; witness fee
| 承認判決 decree pro confesso
| 証人への不当圧力 witness tampering; tampering with witnesses
| 商人法 Statute de Mercatoribus; De Mercatoribus
| 証人妨害(罪) interfering with witness
| 商人法上の捺印金銭債務証書 statute merchant
| 証人保護計画 witness-protection program
| 証人保証行為 vouching
| 証人磨き sandpapering
| 証人用椅子 witness chair
| 商人利息計算法 mercantile rule
| 少年 juvenile
| 少年 youth
| 少年院 borstal
| 少年拘置所 remand home
| 少年裁判所 juvenile court
| 少年裁判所補導官 juvenile officer
| 少年事件委員会 children's panel
| 少年事件法廷 juvenile court
| 少年社会刑罰命令 youth community order
| 少年犯罪者 juvenile offender
| 少年犯罪者処遇審査 intake
| 少年犯罪者処遇審査官団 intake
| 少年犯罪者の仮釈放 aftercare; juvenile parole
| 少年非行 delinquency
| 少年非行事件の審理 adjudication hearing; adjudicatory hearing
| 少年非行申し立て[申立書] juvenile petition
| 少年法廷 youth court

少年法廷裁判官候補者名簿 youth court panel
上納金 aid
上納金 auxilium
上納金 gavel; gabel
商売 trade and commerce
小陪審 petit jury; common jury; petty jury
小陪審員 petit juror
小破産 small bankruptcy
乗馬道 bridleway, bridle path [road, trail]
小反逆罪 petit treason; petty treason
使用火 friendly fire
消費 consumption
消費寄託 general deposit
消費財 consumable
消費財 consumer goods; consumer items
消費者 consumer
消費者安全法 Consumer Safety Act
消費者委員会 Consumer Panel
消費者協議会 consumer council
消費者金銭債務 consumer debt
消費者苦情処理部門 Consumer Complaints Service
消費者債務 consumer debt
消費者信用 consumer credit
消費者信用企業 consumer credit business
消費者信用企業登録 consumer credit register
消費者信用業 consumer credit business
消費者信用業登録 consumer credit register
消費者信用組合 credit union
消費者信用契約 consumer credit agreement
消費者信用合意 consumer credit agreement
消費者信用上訴審判所 Consumer Credit Appeals Tribunal
消費者信用取引 consumer credit transaction
消費者信用法 Consumer Credit Act
消費者信用保護法 Consumer Credit Protection Act
消費者製品 consumer product
消費者製品安全委員会 Consumer Product Safety Commission
消費者製品安全法 Consumer Product Safety Act
消費者賃貸借 consumer lease
消費者賃貸借業[企業] consumer hire business
消費者賃貸借合意[契約] consumer hire agreement
消費者に対する不正行為 unfair consumer practices

消費者によるボイコット consumer boycott
消費者の混同 consumer confusion
消費者破産 consumer bankruptcy
消費者物価指数 consumer price index
消費者物品 consumer goods
消費者物品供給・サービス提供 consumer trade practice
消費者物品取引 consumer goods transaction
消費者法 consumer law
消費者保護 consumer protection
消費者保護助言委員会 Consumer Protection Advisory Committee
消費者保護法 Consumer Protection Act
消費者保護法 consumer protection law
消費者保護立法 consumer legislation
消費者予想テスト consumer contemplation test
消費者ローン consumer loan
消費税 consumption tax
消費税 excise; excise duty; excise tax
消費税収税吏 exciseman
消費貸借 loan for consumption
消費貸借 mutuum
商標 trademark, trade mark; brand; brand name; mark
傷病給付(金) invalidity benefit
傷病最終発症の準則 last injurious exposure rule
傷病者運搬車トラスト Ambulance Trust
商標登録代理人 trade mark agent
傷病補償 maintenance and cure
商品 commodity
商品 goods
商品 goods, wares, and merchandise
商品 merchandise
商品先物 commodity futures
商品先物取引委員会 Commodity Futures Trading Commission
商品性 merchantable quality
商品適性 merchantability
商品適性についての保証 warranty of merchantability
商品適性についての黙示の保証 implied warranty of merchantability
商品取り置き layaway
商品取引業者 commodity trader
商品取引所 commodity exchange; commodity market
商品箱上面による使用許諾(書) box-top license
商品誹毀 slander of goods
商品標記 merchandise mark
商品表示 trade description

商品表示法 Trade Descriptions
条文見出し heading ⌊Act
条文見出し headnote
障壁 barrier
譲歩 concession
情報 communication
情報 data
情報 information
上方逸脱量刑 upward departure
情報・協議についての命令 Information and Consultation Directive
情報公開委員 Information Commissioner
消防士への注意義務軽減準則 fireman's rule
小奉仕保有 petit serjeanty [sergeanty]; petty serjeanty
情報自由法 Freedom of Information Act
情報熟知裁判所 hot court
情報宣伝ピケ(ティング) informational picketing
情報通信事務所 Office of Communications
情報提供者 informant; informer
情報提供者 nark
情報提供者 twist
情報提供者秘匿特権 informant's privilege; informer's privilege
情報提供状 information letter
情報提供報奨金 moiety
情報提供報奨法 moiety act
情報伝達 communication
情報の開示 disclosure of information
情報の自由 freedom of information
情報秘匿合意 secrecy agreement
情報不開示合意 nondisclosure agreement
情報プライバシー informational privacy
情報報告書 information return
抄本 excerpta; extract
章末の注 endnote
正味 net, nett
正味帳簿価格 net book value
正味賃料 net rent
正味当座資金 net quick assets
正味の日数 clear days
商務委員会 board of trade
商務省 Department of Commerce
常務取締役 managing director
常務取締役 managing director
証明 certification
証明 proof
証明されたもの probatum
証明失敗 failure of proof
証明失敗の防御 failure-of-proof defense
証明手段 instrument of evidence
証明書 certificate
証明書 papers

証明書 voucher
証明商標 certification trademark
証明書と許可証による婚姻 marriage by certificate and license
証明書による婚姻 marriage by certificate
証明責任 onus of proof; onus (probandi)
証明度 degree of proof
証明による審理 trial by certificate
証明の基準 standard of proof
証明標章 certification mark
証明文言 testimonium (clause)
証明力ある事実 probative fact
証明力ある証拠 probative evidence
証明力の削減・否定 neutralization
証明力のない証拠 no evidence
消滅 determination
消滅 discharge
消滅 extinction
消滅 extinguishment
消滅会社 defunct corporation [company]
消滅時効 extinctive prescription; negative prescription
消滅時効 prescription of nonuse
消滅条件付き権原 defeasible title
消滅条件付き残余権 defeasible remainder
消滅条件付き単純封土権 fee simple defeasible
消滅条件付きでない確定残余権 indefeasible remainder
消滅条件付きでない確定的権利 indefeasible right
消滅条件付きの defeasible
消滅条件付き不動産権 defeasible estate
消滅条件付き封土権 defeasible fee
消滅に伴う遺贈撤回 ademption by extinction
消滅物 res extincta
使用免責 use immunity
掌紋 palm print
条約 convention
条約 treaty
条約該当事由 casus foederis
条約加入合意(書) accession agreement
条約準備作業(資料) travaux préparatoires
条約条項 Treaty Clause
条約署名 signature of treaty
条約締結権 treaty power
条約締結当事者 high contracting parties
条約の登録 registration of treaties
条約法に関するウィーン条約 Vienna Convention on the Law of Treaties
譲与 concession
譲与 grant

(麻薬)常用者 addict
商用訪問者 business visitor
常用保管 live storage
譲与瑕疵担保文言 defendemus
剰余(金) surplus
譲与者 grantor
譲与者信託 grantor trust
譲与者のリーエン grantor's lien
譲与と条項 granting clause
譲与証書 deed of grant
譲与捺印証書 deed of grant
譲与人・被譲与人別索引 grantor-grantee index
剰余利益 surplus earnings
将来 future
招来因 procuring cause
将来貸付け future advance
将来貸付け条項 future advance clause
将来権 future interest
(人的財産)将来権遺贈 executory bequest
将来限嗣封土権 fee expectant
将来権の確定が遠い将来であることの禁止の準則 rule against remoteness of future vesting
将来権の限定 executory limitation
将来権の限定のある単純封土権 fee simple subject to an executory limitation
将来権の無遺言相続可能性 descendibility of future interests
将来財産権 future property
将来賃借権 reversionary lease
将来的定期不動産権 interesse termini
将来の得べかりし収入 future earnings
将来の権利の放棄 prospective waiver
将来の損害に対する賠償(金) future damages
将来の担保 executory warranty
将来の分配文言についての解釈準則 divide and pay over rule
将来の弁護禁止条項 no-further-representation clause
将来の約因 future consideration
将来の利益に対する不法行為的干渉 tortious interference with prospective advantage
将来の履行 future performance
将来不動産権 future estate; estate in expectancy
将来不動産賃貸借[賃借権] future lease
小吏 beadle
条理 reason
上陸 landing
上陸証明書 landing card
上陸地 landing
上流 headwater
蒸留酒 spirit

使用料 royalty
使用料 toll
使用料徴収権 toll
条令 ordinance
条令 provision
条例 bylaw, by-law, byelaw
条例 municipal bylaw
条例 municipal law
条例 municipal ordinance
条例 ordinance
奨励給制 incentive pay plan
女王 regina
女王アン下賜金 Queen Anne's Bounty
女王監獄 Queen's Prison
女王規則 Queen's Regulations
女王座裁判所 Court of Queen's Bench; Queen's Bench
女王座裁判所監獄 Queen's Bench Prison
女王座裁判所首席裁判官 Chief Justice of the Queen's Bench
女王座裁判所典獄 Marshal of the Queen's Bench
女王座部 Queen's Bench; Queen's Bench Division
女王座部主事 Queen's Bench Master
女王座部首席裁判官 Chief Justice of the Queen's Bench
女王座部部長裁判官 President of the Queen's Bench Division
女王代訴人 Queen's Proctor
女王付き国王収入管理官 Queen's Remembrancer
女王の証拠 Queen's evidence
女王の闘士 Queen's Champion
女王の内海 Queen's Chambers
女王の夫君 prince consort
女王の平和 Queen's peace
除外 debarment
除外 exception
除外 saving
除外危険 excepted peril
除外議事日程 exempted business
除外規定 exception
除外規定 saving(s) clause
除外条項 exclusion clause
除外条項 let-out clause
書簡郵便料金 letter rate
書記 clerk
書記(官) secretary
初期借家(権) introductory tenancy
書記謝礼 damage-cleer, -cleere
(裁判所)書記の誤記 clerical misprision
除去 clearance
除去 elimination
(自力)除去 abatement
(自力)除去者 abator
除去すべき害悪の準則 mischief rule
除去地区 clearance area

職員 official
職業 line
職業 mystery, mis-
職業 occupation
職業 trade
職業 vocation
職業安全衛生局 Occupational Safety and Health Administration
職業安全衛生法 Occupational Safety and Health Act
職業安定所 employment exchange
職業安定所 employment office
職業安定所 labor exchange
職業訓練税 training levy
職業訓練包括法 Comprehensive Employment and Training Act
職業紹介 placement
職業紹介機関 employment agency; employment bureau
職業上のストレス occupational stress
職業上の必要道具 tools of trade
職業税 occupation tax; occupational tax
職業的略式起訴者 informer
職業倫理 ethics
職業倫理 professional ethics
職業倫理上の障壁 ethical wall
贖罪 emendation
贖罪(金) bote
贖罪刑 penance
贖罪物 deodand
食ï¿½強制 forcible feeding
職種別労働組合 craft union
職杖 mace
嘱託書 letter of request; letter rogatory
職人 tradesman
職人のリーエン mechanic's lien; artisan's lien
職場代表 (shop) steward
職場における安全性 safety at work
食品 food
食品医薬品化粧品法 Food, Drug, and Cosmetic Act
食品切符事業 food stamp program
植物 plant
植物性人的財産 chattel vegetable
植物特許 plant patent
職分 function
植民(地) plantation
植民地 colony
植民地会議 Colonial Conference
植民地海事裁判所 vice-admiralty court
植民地議会 General Court
職務活動成果 work product
職務活動成果の準則 work product rule
職務活動成果の法理 work product

doctrine
職務執行停止命令[令状] inhibition
職務執行命令 mandatory order
職務執行令状 writ of mandamus
職務執行令状[命令] mandamus; mandate
職務上当然に[の] ex officio
職務上当然の公務 ex officio service
職務上当然の裁判官構成員 ex officio justice
職務上当然の治安判事 ex officio magistrate; ex officio justice of the peace
職務上の審問 inquest of office; office
職務怠慢 dereliction of duty
職務著作物 work made for hire; work for hire
職務付きユース official use
職務の外観 color of office
職務範囲 scope of employment
諸経費賃借人負担型(不動産)賃貸借 net lease
諸経費賃貸人負担型賃貸借 gross lease
助言 advice
助言 advisement
助言 counsel
助言者 adviser, advisor
所見陳述の機会 opportunity for comment
助言的陪審 advisory jury
助言と承認 advice and consent
助言と承認 counsel and consent
諸権利の束 bundle of rights
女公 duchess
諸国民の法 jus gentium
諸国民の法 law of nations
所在 presence
所在地 abode
所在地 residence
所在地 situs
所在地の具体化 reification
所在地法 lex situs
所在不明復命 non est inventus; non inventus
助産婦 midwife
書式 form
書式間の抵触 battle of the forms
書式集 formbook
女子限嗣(権) tail female
所持人 holder
女児性的傷害 abuse of female child
処女アサイズ(裁判) maiden assize
書証 documentary evidence
書証 literal proof
書証原本提出の準則 documentary originals rule
書証提出の申し出 profert
処女演説 maiden speech

和英対照表

初審訴状　original bill
初審訴状類似訴状　bill in the nature of an original bill
助成　subsidy; grant
女性　feme
女性外性器切除　female circumcision
女性外性器切除(罪)　female genital mutilation
女性解放運動　women's liberation movement
女性解放運動家　women's liberationist
女性下院議員　congresswoman
女性貴族　peeress
助成金　subsidy; grant
助成金　grant in aid
女性警(察)官　policewoman
女性殺害者　femicide
女性市長　Lady Mayor
女性に対する暴力法　Violence Against Women Act
女性の遺言者　testatrix
女性の権利　woman's [women's] rights
女性の婚姻適齢　anni nubiles
女性陪審員　jurywoman
女性被用者　woman employee
除斥　disqualification
書籍商　stationer
所属の弁護士を酷使する法律事務所　sweatshop
除隊　discharge
処置　procedure
ショック　shock
ショック療法的拘禁　shock incarceration
ショック療法的保護観察　shock probation
職権に基づいて行なう訴訟指揮　mere motion
職権に基づく略式起訴(状)　ex officio information
職権により[よる]　ex officio
職権による宣誓　oath ex officio
職権による宣誓　ex officio oath
職権濫用(罪)　oppression
ジョッバー　jobber; stockjobber
初等学校委員会　school board
初等中等教育法　Elementary and Secondary Education Act
所得　income
所得移動　income shifting
所得援助　income support
所得源別税率表　schedular system
所得控除　exemption
所得控除　relief
所得控除　tax relief
所得控除(額)　allowances against tax; tax allowances
所得査定官　inspector of taxes; tax inspector
所得収入　earnings

所得譲渡の法理　assignment of income doctrine
所得税　income tax
所得税申告書　income tax return
所得税審判官　Income Tax Commissioner
所得税特別審判官　Special Commissioner of Income Tax
所得税特別付加税　surtax
所得税普通審判官　General Commissioner of Income Tax
所得税率表　Schedule
所得天引き命令　income-withholding order
所得に基づく計画　income-based plan
所得の合算分割　income splitting
所得の譲渡　assignment of income
所得比例給付　earnings-related supplement [benefit]
所得比例公的年金制度　SERPS, Serps; State Earnings-Related Pension Scheme
所得比例年金　earnings-related pension
所得平均法　income averaging
所得補助金　income maintenance
所得明白反映基準　clear reflection of income standard
叙任　investment
初年度収益　annates
初年度収益　first fruits
初年度収益国王収入管理官　Remembrancer of the First Fruits
処罰　punishment
処罰か引渡しか(の法理)　aut punire aut dedere
初犯　first offense
初犯者　first offender
処分　disposition
処分　disposal
処分決定　disposition
処分決定審理　disposition hearing
処分権　jus disponendi
処分権　power of disposition
(生涯不動産権)処分権　power of sale
処分権留保条項　overreaching clause
処分取消し命令　avoidance of disposition order
庶民　commonalty
庶民　commoner
庶民　commons
庶民院　Commons(') House; House of Commons; Commons
庶民院議員　commons
庶民院議員　Member of Parliament
庶民院議員招待者用傍聴席　member's gallery
庶民院議員宣誓　Member's oath
庶民院議員利害関係事項　Mem-

bers' interests
庶民院議長　Speaker of the House of Commons
庶民院事務総長　Clerk of the House of Commons
庶民院職員監督委員会　House of Commons Commission
庶民院日誌　Journals of the House of Commons
庶務委員会　general purposes committee
署名　signature
署名　subscription
署名カード　signature card
署名がなされた契約(書)　executed contract
署名契約書の取交わし　exchange of contracts
署名者　signatory
署名者　subscriber
署名者が注意せよ　caveat subscriptor
署名証人　subscribing witness
署名捺印のうえ交付済み　signed, sealed, and delivered
署名の意思　animus signandi
署名の代わりに×印で済ます文字の書けない人　marksman
署名の真正性証明(書)　proof of acknowledgment; certificate of proof
署名の保証　guaranty of the signature
書面　writing
書面回答　letter ruling
書面化された証言　written testimony
書面契約　written contract
書面決議　written resolution
書面に付された日付　bearing date
所有　ownership
所有　proprietorship
所有権　dominion
所有権　dominium
所有権　ownership
所有権　proprietary
所有権　proprietas
所有権　proprietorship
所有権者　dominus
所有権者　owner
所有権者　proprietary
所有権者　proprietor
所有権者不存在相続財産　haereditas jacens
所有権訴訟　proprietary action
所有権の権利　proprietary right
所有権の賃借権　proprietary lease
所有権に基づく権利　proprietary interest
所有権の主張　claim of ownership
所有権の不分割　indivision
所有者　lord
所有者　owner

所有者危険負担 owner's risk
所有者協会 owners' association
所有者の持分 owner's equity; book value; net book value
所有物 proprietary
処理 management
所領 honor, -our
所領裁判所 court of honor
助力 aid
書類 filing
書類 paper
(証拠)書類の合一 joinder of documents
ジョーンズ法 Jones Act
ジョン・ドウ John Doe
ジョン・ドウ召喚状 John Doe summons
ジョン・ドウ逮捕状 John Doe warrant
自力救済 self-help; self-redress
自力救済(手段) self-help remedy
自力執行できる判決 self-executing judgment
自力除去 abatement
自力除去可能不法妨害 abatable nuisance
自力除去許容令状 quod permittat prosternere
自力除去者 abator
自力取戻し recaption
私立学校 private school
私立探偵 private investigator; private detective
自立度テスト control test
知りながらの受領 knowing receipt
私掠船 privateer
支流 tributary
試料 sample
試料 specimen
資料 file
資料 material
飼料 feed
思慮分別 prudence
思慮を欠いた行動 aberrant behavior
知る権利法 right-to-know act
しるし indicia
しるし indicium
しるし mark
しるし signal
しるし token
知るべき根拠 reason to know
指令 rescript
指令集 directory
司令部 headquarters
知れわたること publicity
素人 laity
素人 lay people
素人 layman
素人 layperson
素人裁判官 lay judge
素人裁判所 lay court

素人治安判事 lay justice
素人の意見に基づく証言 lay opinion testimony
白地株式 blank stock; blank share
白地(式)裏書 blank endorsement; endorsement in blank; general endorsement
白地式小切手 blank check
白地式の blank
(株式の)白地譲渡証書 blank transfer
白地捜索(差押)令状 blanket search warrant
白地手形 skeleton bill
白地引受け blank acceptance
白地文書 carte blanche
白地代 white rent; alba firma; blanche firme; reditus albus
白手袋 white gloves
白旗 flag of truce
白帽警団の脅迫 whitecapping
試論的意見 breaking a case
仕訳帳 journal
死をもたらしうる凶器 deadly weapon
死をもたらしうる凶器を用いての暴行 assault with a deadly [dangerous] weapon
真意 intendment
真意解釈 intendment
真意説明 innuendo
人員削減 downsizing
人員整理 redundancy
人員整理退職手当 redundancy payment
人役権 personal servitude
臣下 homo
臣下 liege
臣下 man
侵害 breach
侵害 damnification
侵害 disturbance
侵害 hurt
侵害 invasion
侵害 prejudice
侵害 trespass; transgressio
(権利)侵害 infringement
侵害行為 damnification
侵害者 trespasser
侵害訴訟 trespass
侵害地明示要求抗弁 common bar; blank bar; bar at large
深海底地域 deep seabed area
侵害的影響 injurious affection
侵害的虚偽表現 injurious falsehood
侵害的集会 trespassory assembly
人格代表者 lawful representative; personal representative
人格代表者管理遺産 probate estate
人格代表者の連鎖 chain of representation
人格代表者への遺産管理権の付与

(状) grant of representation
人格の一体性 unitas personarum
人格を傷つける虐待 indignity
陣笠議員 lobby-fodder
新価値 new value
臣下たち homage; homagium
臣下陪審 homage jury
新株引受権 preemptive right; preemption right; stock right
新株引受権証書 subscription right; stock right
信義 faith
信義 fides
審議 deliberation
審議 discussion
信義違反 breach of faith
審議依頼状 letters of business
審議過程不開示特権 deliberative process privilege
新企業育成計画 Business Expansion Scheme
新企業投資促進計画 Enterprise Investment Scheme
新規事項 new matter
新規性 novelty
信義誠実 good faith
審議の優先順位 parliamentary privilege
新規発行証券 new issue
審級 instance
新旧交換差益(控除) new-for-old
新旧交換差益補填保険契約 new-for-old policy
信教 religion
信教の自由 freedom of religion
新協約争議 new contract dispute
新決定 new ruling
親権 parental rights
人権 human rights
人権委員会 Commission on Human Rights
親権終結審理 termination of parental rights hearing
人権条約上の権利 Convention right
神権政治 theocracy
人権宣言 bill of rights
親権の終結 termination of parental rights
人権法 Human Rights Act
新権利者の承認 attornment
新権利者の承認による擬制的引渡し attornment
信仰 faith
信仰箇条 Articles of Faith; Articles of Religion
人口急増地区 impacted area
信仰自由宣言 Declaration of Indulgence
人工授精 artificial insemination
人工的栄養物・水分摂取 artificial nutrition and hydration
人口統計 vital statistics

人口動態統計 vital statistics
信仰の自由 indulgence
信仰の自由宣言 Declaration of Indulgence
進行のない未決事件 inactive case
信仰の擁護者 Defender of the Faith; Fidei Defensor
申告 declaration
申告 entry
申告価額 declared value
新国際経済秩序 New International Economic Order
申告者 declarant
申告書 declaration
申告書類 entry
審査 examination
審査 review
審査 scrutiny
(国際)審査 inquiry
(適格)審査 screening
人材引き抜き raid
新債務者 new debtor
審査員団 panel
審査制度 screen
審査宣誓 test oath
診察 examination
診察 medical examination
審査法 Test Act
(公務員)人事委員会 Civil Service Commission
人事異動による再編成 turnover
紳士協定 gentleman's [gentlemen's] agreement
シンジケート syndicate
新事項 res nova
人事庁 Office of Personnel Management
真実 truth
真実確言 verification
真実確言供述書 affidavit of verification; verification
真実確言取り下げ relicta verificatione
真実権利主張宣誓 oath of calumny
真実(性) veracity
真実性 truth
真実性についての未必の故意ないし認識ある過失による無視 reckless disregard of [for] the truth
真実性の言明 statement of truth
真実性の保証 warranty
真実性の保証違反 breach of warranty
真実訴因文言 ac etiam
真実の隠蔽 suppressio veri
真実の防御 defense of truth
真実の防御 true defense
真実を語ること veracity
人種 race
心中の合意 suicide pact
臣従(の誓い) homage; homagium
臣従の誓受理下知令状 praecipe

quod recipiat homagium
臣従の誓いの破棄 homagium reddere
神授王権 divine right (of kings); jus divinum
人種間機会均等化 race norming
人種関係委員会 Race Relations Board
人種関係法 Race Relations Act
伸縮条項 escalator clause; escalation clause
人種グループ racial group
人種差別 racial discrimination; racism
人種差別撤廃 desegregation
人種主義 racism
人種上のいやがらせ racial harassment
人種上の攻撃 racist abuse
人種的加重事由 racial aggravation
人種的加重犯罪 racially aggravated offense
人種的憎悪 racial hatred
人種的憎悪罪 racial hatred offense
人種的憎悪煽動 incitement to racial hatred
人種的融合 integration
人種平等委員会 Commission for Racial Equality
人種分離 segregation
人種分離主義者 segregationist
人種命令 Race Directive
人種割当て(制度) racial quota
新準則の原則 new rule principle
親署 sign manual
信条 belief
信条と行為の区別 belief-action distinction
新植民地主義 neocolonialism
新シリーズ new series
信じること belief
心身障害者 disabled person
心神喪失 lunacy
心神喪失者 lunatic
心神喪失審問 inquest in lunacy; inquisition in lunacy
心神喪失問題主事 Master in Lunacy
新侵奪不動産占有回復訴訟[令状] assize of novel disseisin
人身の自由 personal liberty
人身売買 human trafficking
人身被害 physical injury
人身保護命令 personal protection order
人身保護令状 habeas corpus ad subjiciendum
人税 personal tax
真正解釈 authentic interpretation
神聖賭金 sacramentum
人生享受 enjoyment of life

人生享受の期待 expectation of life
新生児殺し neonaticide
新生児殺し prolicide
新制定法 nova statuta
申請手数料 filing fee
真正な結合 genuine link
真正な商業上の理由 genuine commercial reason
真正な職業要件(の抗弁) bona fide occupational qualification
真正な争点 genuine issue
新設合併 consolidation
新先例 original precedent
親族 kinsman; relative
親族関係 relation
親族関係 relationship
迅速行政手続き rocket docket
迅速裁判区 rocket docket
迅速裁判所 rocket docket
迅速裁判法 Speedy Trial Act
迅速処理手続き fast tracking
親族重用主義 nepotism
迅速手順 fast track
迅速な救済(手段) speedy remedy
迅速な裁判 speedy trial
迅速な通知 immediate notice
新訴訟原因 new cause of action
『新訴答集』 Novae Narrationes
身体 body
身体刑 corporal punishment
身体検査 medical inspection
甚大災害 casus major
身体傷害 actual bodily harm
身体傷害 mayhem, maihem
身体障害 handicap
身体捜検 frisk
人体組織 human tissue
人体組織機関 Human Tissue Authority
身体的虐待 physical cruelty
身体的打撃 physical shock
身体的能力欠缺 physical disability
身体への権利侵害 personal injury
信託 trust
信託遺贈 fideicommissum
信託遺贈上の補充 substitution
信託違反 breach of trust
信託裏書 trust endorsement
信託会社 trust company; trust corporation
信託勘定 trust account
信託元本 corpus
信託基金 trust fund
信託基金の法理 trust fund doctrine
信託基金の理論 trust fund theory
信託義務違反 breach of trust
信託合意書 trust agreement
信託財産 trust estate
信託財産 trust property
信託財産 trust res
信託財産追求(権) following trust

property
信託財産取戻し(権)　tracing trust property
信託財産取戻し訴訟　tracing action
信託財産の本体　principal
信託財産の前渡し権　power of advancement
信託財産付与宣言　vesting declaration
信託財産保存　salvage of trust property
信託受益者　cestui que trust
信託条項外配分　distributive deviation
信託証書　declaration of trust; deed of trust; trust deed; trust instrument
(社債)信託証書　indenture of trust
(社債)信託証書受託者　indenture trustee
信託所有権　trust ownership
信託設定者　trustor
信託宣言　declaration of trust
信託宣言者に対する訴訟　declarator of trust
信託付き贈与　gift in trust
信託的指名権　trust power; power in trust
信託統治　trusteeship
信託統治国　trustee
信託統治地域　trust territory; trusteeship
信託の失効　failure of trust
信託の性質を帯びた指名権　power in the nature of a trust
信託の設定　creation of trust
信託の不成立　failure of trust
信託の変更　variation of trust
信託文書　trust document
信託法人　trust corporation
(不動産占有)侵奪者　disseisor, -zor
侵奪動産占有回復訴訟　replevin in cepit
侵奪否認の答弁　non cepit
診断(結果)　diagnosis
薪炭採取権　calefagium
診断書　medical certificate
診断のための拘禁　diagnostic commitment
新勅法　Novellae; Novels
人の入会権　common in gross; common at large
人的役権　servitude in gross
人的権利　personal right
人的権利　right in gross
人的控除　personal exemption
人的抗弁　personal defense
人的財産　chattel
人的財産　effects
人的財産　goods and chattels
人的財産　personal estate; things personal
人的財産遺贈　bequest

人的財産契約　personal contract
人的財産(権)　personal property; personalty
人的財産将来権遺贈　executory bequest
人的財産相続　distribution
人的資源　manpower
人的十分の一税　personal tithe
人的取得時効　prescription in gross
人的証拠　personal evidence
人的聖職推挙権　advowson in gross
人的責任　personal liability
人的訴訟　personal action
人的担保　personal security
人的地役権　easement in gross; personal easement
人的特別議会制定法　personal act
人的土地財産権　chattel interest
人的のれん　personal goodwill
人的判決　personal judgment
人的不法行為　personal tort
人的奉仕(義務)　personal service
人的保証　personal warranty
人的約款　covenant in gross
人的約款　personal covenant
人的領主　lord in gross
親等　degree; degree of kin; degree of relationship
親等　degree of kinship
親等　gradus
人頭税　capitation (tax); head money; head tax; per capita tax; personal tax; poll tax
人道的法理　humanitarian doctrine
人道に対する罪　crime against humanity
人道のための干渉　humanitarian intervention
人道法　humanitarian law
侵入　breaking
侵入　intrusion
侵入家畜居座り(時間)　levant and [et] couchant
侵入警報機　burglar alarm
侵入者　intruder
信任　confidence
信任ある官職　office of trust
信頼関係　fiduciary relationship
信認義務　fiduciary duty
信認契約　fiduciary contract
信任状　letter [letters] of credence; credential; letters credential; lettre de créance
信任状(付与)　accreditation
信任答状　recredential
信任投票　vote of confidence
真の意思に基づかない支払い　involuntary payment
真の脅迫　true threat

真の所有者　ultimate owner
真の評決　true verdict
新陪審員召集令状　venire facias de novo; venire de novo
新発行証券募集　primary offering
神判　ordeal; dei judicium; judicium Dei; trial by ordeal
審判官　examiner
(特許)審判官　examiner
(行政)審判所　tribunal
審判所および審問に関する法律　Tribunals and Inquiries Act
審判所総長　Senior President of Tribunals
審判所庁　Tribunals Service
審判人　auditor
審判人　judex
審判人　umpire
審判人裁決　umpirage
シンプソン-ロディノ法　Simpson-Rodino Act
人物　figure
新聞記者席　press gallery
新聞記者の(取材源)秘匿特権　newsman's privilege
新聞苦情(調査)委員会　Press Complaints Commission
新聞発行業者　publisher
新聞発表　press release; news release
神法　divine law; jus divinum
新法の選択的見越し適用　selective prospectivity
臣民　subject
人民　people
人民憲章　People's Charter
人民裁判　people's court
人民裁判所　popular court
人民主義者　populist
人民訴訟　common plea
人民訴訟裁判所　Court of Common Pleas; (Common) Bench
人民訴訟裁判所首席裁判官　Chief Justice of the Common Pleas
人民訴訟裁判所録　De Banco roll
人民訴訟部　Common Pleas Division
人民訴訟部首席裁判官　Chief Justice of the Common Pleas
人民代表法　Representation of the People Act
臣民の自由　liberty of the subject
人命金　blood money; wer(e)gild, -geld, weregildum; wer, were
人命軽視謀殺　depraved-heart murder
人命贖罪金　manbote
人名付き判例集　named reports
人名に関する錯誤　error (in) nomine
人名録　directory
審問　hearing
審問　inquest; inquisition

審問 inquiry
審問 investigation
尋問 examination
尋問 question
(証人)尋問官 examiner
審問阻止(の申し立て) arrest of inquest
審問担当官 inquisitor
審問報告書 inquisition
信用 credit
信用格付け credit rating
信用貸し credit
信用貸し signature loan
信用機会平等法 Equal Credit Opportunity Act
信用機関 credit agency
信用機関 credit institution
信用状 letter of credit; bill of credit; credit
信用照会業 credit reference agency
信用状開設通知 advice of credit
信用証券 bill of credit
信用状発行銀行 issuing bank
信用性 credibility
信用性 credit
信用性回復 rehabilitation
信用性のある証拠 credible evidence
信用性を有する証人 credible witness
信用調査機関 credit bureau
信用調査機関報告 credit report
信用調査所 credit agency
信用手数料 service charge
信用等級 credit rating
信用凍結(期間) credit freeze
信用仲立 credit brokerage
信用仲立人 credit broker
信用販売合意 credit sale agreement
信用保険 credit insurance
信用保険(証券) solvency policy
信頼 reliance
信頼 trust
信頼違背損害賠償(金) reliance-loss damages
信頼違背に基づく損害 reliance loss
信頼関係 confidential relationship
信頼される地位の濫用(罪) abuse of (a) position of trust
信頼性 reliability
信頼に基づく開示 confidential disclosure
信頼に基づく開示合意 confidential disclosure agreement
信頼に基づく損害賠償(金) reliance damages
信頼利益 reliance interest; reliance
審 hearing
審理 trial

審理委任令状 writ of trial
審理延期訴訟事件 remanet
審理官 official referee
審理規則 standing order
審理後の申し立て posttrial motion
審理事件表 trial calendar
審理室 hearing room
審理準備指示のための召喚状 summons for directions
審理人 referee
審理前協議 prehearing conference
審理前事件処理 pretrial intervention
審理前訴訟費用負担決定 prehearing assessment
審理摘要書 trial brief
審理なき処分決定 disposition without a trial
審理のための移送 sending for trial
審理陪審 traverse jury; trial jury
審理日通知(書) notice of trial
審理方法決定手続き mode of trial proceedings
審理前に知れわたること pretrial publicity
侵略 aggression
侵略戦争 war of aggression
審理要請通知 notice of trial
審理用訴訟記録 bundle
審理予定期日 paper days
審理予定事件日報 Daily Cause List
審理予定事件予告目録 warned list
審理予定事件リスト cause list
審理予定表 list
審理予定表への記載 listing for trial
心裡留保 mental reservation
心理療法医患者間情報の秘匿特権 psychotherapist-patient privilege
審理を受ける機会 opportunity to be heard
森林 forest
森林係 forester
森林憲章 Charter of the Forest; Carta de Foresta; Charta de Foresta
森林裁判所 forest court
森林査察 regard
森林主管 gruarii
森林侵害 rape of the forest
森林大巡察 Eyre of the Forest
森林法 forest law
森林法適用解除 disafforestation; disafforestment
人類の共同の遺産原則 common heritage of mankind principle
新暦 new style
進路 course

ス

水域 water
水位減退による土地の増大 reliction
随意条件 potestative condition
水位線 watermark
随意任用 pleasure appointment; at-pleasure appointment
推挙聖職者承認禁止令状 ne admittas
遂行 discharge
遂行 perpetration
水質汚染 water pollution
水質基準 water quality standards
水質目標 water quality objectives
水車設置特権 mill privilege
水車利用義務 thirlage
推進者 promoter
推薦 recommendation
推測 conjecture
推測的選択の準則 rule of conjectural choice
垂直支持(権) subjacent support; vertical support
垂直的価格協定 vertical price-fixing; vertical price-fixing contract
垂直的合併 vertical merger
垂直的関係 vertical privity
垂直的競争 vertical competition
垂直的協定 vertical agreement
垂直的効果 vertical effect
垂直的統合 vertical integration
垂直的取引制限 vertical restraint
垂直的な直接的契約関係の欠如 vertical nonprivity
垂直的労働組合 vertical union
推定 implication
推定 presumption
推定基礎事実 predicate fact
推定権原 presumptive title
推定現実的認識 implied actual knowledge
推定効果を有する証拠 presumptive evidence
推定される偏向 presumed bias
推定事実 presumed fact
推定死亡 presumptive death
推定証拠 presumptive evidence
推定上の実父 putative father
推定上の父 presumed father
推定信託 presumptive trust
推定相続人 heir presumptive; presumptive heir
推定認識 implied notice
推定犯意 implied malice
推定量刑 presumptive sentence
出納係 cashier
出納長官 Paymaster General
酔度測定器 drunkometer
水兵 mariner; seaman

水平支持(権) lateral support
水平注視眼振テスト horizontal gaze nystagmus test; HGN test
水平的価格協定 horizontal price-fixing
水平的合併 horizontal merger
水平的関係 horizontal privity
水平的競争 horizontal competition
水平的協定 horizontal agreement
水平的効果 horizontal effect
水平的統合 horizontal integration
水平的取引制限 horizontal restraint
水平的な直接的契約関係の欠如 horizontal nonprivity
水平的労働組合 horizontal union
水法 water law
睡眠組合員 sleeping partner
水浴権 bathing
水利権裁判所 Water Court
水流 watercourse; waterway
推量 approximation
推量 surmise
水路 watercourse; waterway
水路変更 diversion
水路変更 diversion of water
推論 deduction
推論 illation
推論 inference
推論 ratiocination
推論 reasoning
推論事実 inferential fact
推論積み重ね禁止の準則 rule against pyramiding inference
推論的説示 argumentative instruction
推論的否認 argumentative denial
スウィフト対タイソン事件 Swift v. Tyson
数学的証拠 mathematical evidence
数次査証 multiple entry visa
枢密院 Privy Council
枢密院会議 council board
枢密院議長 Lord President of the Council
枢密院司法委員会 Judicial Committee of the Privy Council
枢密院書記官 Clerk of the Council (in Ordinary)
枢密院における国王 King in Council
枢密院における女王 Queen in Council
枢密院による命令 Order of Council
枢密院令 Order in Council
枢密顧問官 Privy Councillor; lord of the (Privy) Council
数量割引 volume discount
据置き年金 deferred annuity
据置き払い金 deferred pay

鋤奉仕保有 socage; socage tenure
鋤奉仕保有者 socman; socager; sokeman
スキューテッジ scutage
犂material採木権 ploughbote, plowbote
スクループス・イン Scrope's [Scroop's] Inn
スクワイアー squire
スケジュール命令 scheduling order
スコッツボロ事件 Scottsboro case
スコット対サンフォード事件 Scott v. San(d)ford Case
スコット明細書 Scott Schedule
スコットランド議会 Scottish Parliament
スコットランド貴族 Scottish peers
スコットランド刑事法院 High Court of Justiciary; Court of Justiciary
スコットランド(刑事法院)次席裁判官 Lord Justice Clerk; Justice Clerk
スコットランド(刑事法院)首席裁判官 Lord Justice General
スコットランド控訴院 Court of Session
スコットランド控訴院外院 Outer House
スコットランド控訴院裁判官 Lord of Council and Session; Lord of Session
スコットランド控訴院裁判官 Lord Ordinary
スコットランド控訴院訴状部 Bill Chamber
スコットランド控訴院第一審担当裁判官 Lord Ordinary
スコットランド控訴院長 Lord President (of the Court of Session)
スコットランド控訴院内院 Inner House
スコットランド式婚姻 Scotch marriage
スコットランド次席裁判官 Justice Clerk
スコットランド大委員会, ウェールズ大委員会および北アイルランド大委員会 Grand Committees, Scottish, Welsh and Northern Ireland
スコットランド大法官 Chancellor of Scotland
スコットランド担当法務長官 advocate general
スコットランド勅選弁護人 King's advocate
スコットランドとの連合法 Union with Scotland Act
スコットランド法 Scots law
スコットランド法務長官 Lord Advocate
スコットランド民事最高法院 College of Justice
スコットランド民事最高法院裁判官 Senator of the College of Justice
スコットランド・ヤード Scotland Yard

筋違いの返答 unresponsive answer
錫(す)鉱区 stannaries
錫鉱裁判所 stannary court
錫鉱裁判所裁判官 vice-warden of the Stannaries
スタイルズのジョン John-a-Stiles, -Styles
スターページ star page
スタンドバイ信用状 standby letter of credit
ステイプル staple
ステイプル裁判所 court of the staple; staple court
ステイプル都市 staple town
ステイプル法 law of the staple
捨て子 foundling
捨て子養育院 foundling hospital [home]
すでに生まれた(子) natus
ストーカー stalker
ストーキング stalking
ストックパーキング parking
スト手当 strike pay; strike benefit
スト破り blackleg
スト破り strikebreaker; blackleg; scab
スト破り監視員 picket
ストライキ strike; walkout
ストライキ基金 strike fund
ストライキ禁止条項 no-strike clause
ストライキ権 right to strike
ストラドル straddle
ストリップ債 STRIP
ストロング対バード事件の準則 rule in Strong v. Bird
すのこそり hurdle
スーパー301条 Super 301
スパイ spy
スパイ行為 espionage; spying
スパイ行為処罰法 Espionage Act
スピールバーグ事件の法理 Spielberg doctrine
スピンオフ spin-off
スプリットアップ split-up
スプリットオフ split-off
スプレッド spread
スペシャル301条 Special 301
すべての瑕疵 all faults
すべての法 whole law
すべりやすい坂道の原則 slippery-slope principle
すべること slip
スポークスパーソン spokesperson
スポークスマン spokesman
スミス法 Smith Act
図面 plan
スモーク・ボール事件 Smoke Ball Case
スラミング slamming
スラム街住宅の悪徳家主 slumlord
スラム街撤去(政策) slum clearance
すり pickpocket
すり取り役 picker

スレード事件 Slade's Case
スワップ swap
スワッティング swatting
すわり込み sit-in
すわり込みスト(ライキ) sit-in; sit-down (strike)
スワン対シャーロット・メクレンバーグ教育委員会事件 Swann v. Charlotte-Mecklenburg Board of Education (1970)

セ

セアの推定 Thayer presumption
姓 surname; family name
性 sex
税 due
税 duty
税 geld; gild
税 lot; scot; scot and lot
税 tax
聖域 sanctuary
生育可能(性) viability
成員 member
正価 net price
正貨 hard money
性格 character
税額軽減[減免] relief
税額控除 tax credit; credit
税額控除信託 credit shelter trust
正確さ veracity
性格証拠 character evidence
性格証人 character witness
税額相当分の加算 gross-up
正確な写し true copy
性格についての証拠 evidence of character
性格の不一致 incompatibility
生活 life
生活の快適さの喪失 loss of amenity
生活必需品 necessaries
生活必需品の法理 doctrine of necessaries
請願 petition
税関 customhouse, customs-
税関 customs
性関係強請(罪) importuning
請願権 right to petition; right of petition
請願裁判所 Court of Requests
請願裁判所裁判官 Master of Requests
請願者 petitioner
請願受理禁止決議 gag resolution
正義 justice; justitia
生気 scintilla
正規株式取引員 authorized clerk
正規軍 regular forces
正規性の推定 presumption of regularity
正規の開廷期 regular term

正規の手続き formalities
正規の手続きを踏まずに始められた戦争 unsolemn war
正規の手続きを踏んで始められた戦争 solemn war
正規の被告召喚令状 regular process
正規の方式 solemnity
正義付与命令[文言] fiat justitia
請求 claim; clamor
請求 demand
請求額減殺 recoupment
請求額減殺請求権 recoupment
請求額減殺の抗弁 recoupment
請求棄却 aller sans jour; eat (inde) sine die
請求棄却 dismissal for want of equity
請求権 demand
請求原因の再陳述 new assignment; novel assignment
請求原因の陳述 statement of claim
請求権に基づく現実受領の法理 claim of right doctrine
請求権の証明(書) proof of claim
請求権の擁護 espousal of claim
請求権の略式証明(書) informal proof of claim
請求権・防御の放棄(約款) waiver of claims and defenses
請求裁判所 Court of Claims; Claims Court
請求実体摘要書 brief on the merits; merits brief
請求遮断効 claim preclusion
請求集合の法理 aggregation doctrine
請求書 letter of demand
請求書 note of costs
請求伝票 chit
請求認諾書 statement of confession
請求の記載 endorsement of claim; special endorsement
請求の実体についての棄却 dismissal on the merits
請求の認諾に基づく判決登録 confession of judgment
請求否認訴答 onerari non (debet)
請求文書 demand letter
請求明細書 bill of particulars
制御不能の衝動 uncontrollable impulse
税金 tax
税金滞納に伴う差押え物件の取戻し tax redemption
生計の道 subsistence
生計費 cost of living
生計費指数 cost-of-living index
生計費増加調整手当 cost-of-living increase
生計費調整手当 cost-of-living al-

lowance
生計費調整手当条項 cost-of-living clause
制限 limit
制限 qualification
制限 restraint
制限 restriction
政権 ministry
政権 political power
制限王政 limited monarchy
制限付き権原保有者 limited owner
制限付き権原保有者の 物上負担 limited owner's charge
制限付き承諾 qualified acceptance
制限付き封土権 qualified fee
制限の裏書 restrictive [restricted] endorsement
制限的管轄権 limited jurisdiction
制限的管轄裁判所 court of limited jurisdiction
制限的権利 limited interest
制限的行為能力付与 limited emancipation
制限的財産権 qualified property
制限的差止め命令 restrictive injunction
制限的主権免除論 restrictive theory of sovereign immunity
制限的所有(権) qualified ownership
制限的能力付与 limited emancipation
制限的否認 qualified general denial
制限的不動産権譲渡権 special power
制限的不動産約款 restrictive covenant; equitable easement; equitable servitude
制限的保険(証券) limited policy
制限的離婚 limited divorce
制限的離婚判決 limited divorce
制限文書 declaration of restrictions
制限封土権 base fee; fee-base
性交 sexual intercourse; intercourse
性交 sexual relations
性向 disposition
成功賞与 success fee
整合性のある自白 interlocking confessions
性向についての証拠 evidence of disposition
成功報酬 conditional fee; contingency; contingency fee
成功報酬取決め conditional fee agreement
性交を伴った未来形のことばを用いての婚姻 marriage per verba de futuro cum copula
正誤表 errata sheet [page]

制裁　sanction
制裁規定部分　vindicatory part
制裁金　penalty
制裁金請求民事訴訟　penal action
制裁金訴訟　penal action
制裁条項　penalty clause
制裁(措置)　sanction
制裁付き命令　unless order
制裁的損害賠償(金)　vindictive damages
政策　policy
性差別　sex discrimination; gender discrimination; gender-based discrimination; sexual discrimination
性差別法　Sex Discrimination Act
清算　adjustment
清算　clearing
清算　liquidation
清算　settlement
清算　winding-up
生産　production
清算委員会　liquidation committee
清算価値　liquidation value
清算監査人証書　deed of inspectorship; inspectorship deed
生残組合員　surviving partner
生産財　producer goods
清算裁判所　liquidation court
生残者　survivor
生産者価格指数　producer price index
生残者収益福利制度　survivor-income benefit plan
生残者条項　survivorship clause
生産者直送　drop shipment
生産者直送による引渡し　drop shipment delivery
生残者年金　reversionary annuity
生残者への権利帰属　survivorship
生残者への権利帰属権　right of survivorship; jus accrescendi
清算出資者　contributory
清算信託　liquidating trust; liquidation trust
清算済み勘定(書)　settled account
生産性向上分賃金割増制　gain-sharing
生産高　output
清算担当組合員　liquidating partner
生産地　country of origin
生産地　origin
生産地呼称　appellation of origin
生産地呼称制度　origin system
生産地証明書　certificate of origin
清算人　liquidator
生残年金　reversionary annuity
生残配偶者　surviving spouse
清算配当　liquidation dividend; liquidating dividend
生産物一括売買契約　output contract

生産妨害　sabotage
清算命令　winding-up order
清算約束付き受領証　accountable receipt
政治　politics
政治家　politician
政治家　statesman
政治学　politics; political science
政治活動委員会　political action committee
正式起訴(状)　indictment
正式起訴状　true bill; billa vera
正式起訴状案　bill of indictment
正式起訴状棄却訴答　demurrer to indictment
正式起訴状の修正　amendment of indictment
正式起訴で起訴された被起訴者　indictee
正式起訴で訴追される犯罪　indictable offense
正式起訴で訴追される要のない犯罪　nonindictable offense
正式起訴に対する法律問題に基づく異議　objection to indictment
正式起訴に基づく審理　trial on indictment
正式起訴の修正　amendment of indictment
正式起訴のみで審理される犯罪　offense triable only on indictment
正式起訴のみで審理される犯罪　indictable-only offense
正式起訴犯罪　indictable offense
正式起訴または略式起訴に基づく逮捕状　warrant upon indictment or information
政治基金　political fund
正式婚　ceremonial marriage
正式書面外事実　act in pais
正式審理　full trial
正式訴訟記録　record
正式訴訟記録金銭債務　debt of record
正式手続きにのっとった弾劾　formal impeachment
正式謄本　office [official] copy
正式土地区分　legal subdivision
正式の要求　requisition
正式に法文化すること　engrossing, ingrossing; engrossment
正式法文化法案　engrossed bill
正式名　legal name
(法律の)正式名称　long title
政治経済学　political economy
政治権力　political power
政治権力と王権による支配　dominium politicum et regale
政治資金　political fund
政治囚　political prisoner
政治組織　polity

政治体　body politic
星室　Star Chamber
誠実　faith; fidelity
誠実　fealty; feodality
誠実　good faith; bona fides
誠実　honesty
誠実かつ公正な取扱い　good faith and fair dealing
誠実かつ公正な取扱いについての黙示の約定　implied covenant of good faith and fair dealing
星室裁判所　Court of Star Chamber; Star Chamber
星室裁判所法　Star Chamber Act
誠実条項　honesty clause
星室における国王評議会　Star Chamber
誠実の誓い　fealty; feodality
誠実の誓違反者　infidel
誠実保証保険　fidelity and guaranty insurance, fidelity guaranty insurance
政治的駆引き　horse trading
政治的官職　political office
政治的権利　political right
政治的公正　political correctness
政治的自由　political liberty
政治的審理　political trial
政治的庇護　political asylum
政治犯罪　political crime; political offense
政治犯審理　political trial
政治ブローカー　influence peddler
脆弱受益者　vulnerable beneficiary
脆弱的信託　destructible trust
正邪テスト　right-wrong test
正邪のテスト　right and wrong test
税収源　tax base
成熟　maturity
成熟性　ripeness
成熟性の法理　ripeness doctrine
成熟未成年者の法理　mature-minor doctrine
正常かつ財産処分能力を有する精神と記憶力　sound and disposing mind and memory
正常な家庭環境に恵まれていない子　deprived child
正常な健康状態　sound health
正常な精神　normal mind
正常な精神　sound mind
青少年　young person
青少年　youth
青少年義務不履行命令　youth default order
青少年矯正本部法　Youth Correction Authority Act
青少年拘置　youth custody
青少年拘置収容施設　youth detention accommodation
青少年拘置所　detention centre
青少年拘置命令　youth custody

order
青少年裁判制度 youth justice system
青少年裁判制度委員会 Youth Justice Board
青少年社会復帰命令 youth rehabilitation order
青少年犯行チーム youth offending team
青少年犯罪者 youthful offender; young offender; youth offender
青少年犯罪者拘禁所 young offender institution
青少年犯罪者拘禁所拘置 detention in a young offender institution
生殖 reproduction
聖職 holy orders
聖職委嘱 institution
聖職貴族 first estate
聖職貴族 lord spiritual; spiritual lord; spiritual peer
聖職機能についてのテスト ministerial function test
聖職給 prebend
聖職給受給(有資格)者 prebendary
生殖クローニング reproductive cloning
聖職者 clergy
聖職者 clergyman; ecclesiastic
聖職者 cleric; clerk
聖職者 minister
聖職者遺族特別給 ann, annat
聖職者院 House of Clergy
聖職者会議 convocation
聖職者会議下院議長 prolocutor
聖職者会議裁判所 Court of Convocation
聖職者悔悛者間情報の秘匿特権 priest-penitent privilege
聖職者任命令状 de admittendo clerico; admittendo clerico
聖職者の特権 benefit of clergy; clergy
聖職者の要求条項 Articles of the Clergy; Articuli Cleri
聖職者法 Articles of the Clergy; Articuli Cleri
聖職者法人 spiritual corporation
聖職者身分 clerical estate
聖職者臨時税 clerical subsidy
聖職叙任 installation
聖職叙任 investiture
聖職叙任 provision
聖職叙品欠格 irregularity
聖職推挙権 advowson; jus patronatus; patronage
聖職推挙権纂奪 usurpation; usurpation of advowson
聖職推挙権者 advocatus; advowee; avowee; patron
聖職推挙権者決定手続き jus patronatus

聖職推挙権妨害 disturbance of patronage
聖職推挙権妨害者 impeditor; disturber
聖職推挙権妨害排除令状[訴訟] quare impedit
聖職推薦(権) presentment
聖職推薦権 presentation
聖職推薦権回復訴訟[令状] assize of darrein presentment; darrein presentment
聖燭節 Candlemas (Day)
聖職退任 relinquishment
聖職停止 suspension
生殖に関する不法行為 prenatal tort
聖職売買 simony
聖職剥奪 degradation
聖職被推薦者 presentee
聖職禄 benefice; beneficium
聖職禄委託保有 commendam
聖職禄横領 intrusion
聖職禄回復令状[訴訟] juris utrum
聖職禄空位 avoidance
聖職禄叙任 provision
聖職禄創設 appropriation
聖職禄俗人移転 impropriation
聖職禄俗人保有者 lay impropriator; impropriator
聖職禄剥奪 deprivation
聖職禄評価(額) valor beneficiorum
聖職禄保有者 incumbent
聖所侵犯 sacrilege
聖書に手を置いたうえでの宣誓 corporal oath
政治倫理法 Ethics In Government Act
精神 mind; mens
精神 spirit
成人 adult
成人 coming-of-age
精神医学的権利侵害 psychiatric injury
精神医学的診察 psychiatric examination
精神科医による診察 mental examination
精神鑑定医 alienist
精神鑑定授権状 commission of lunacy
成人矯正施設 adult correctional institution
精神健康再審査審判所 Mental Health Review Tribunal
精神健康トラスト Mental Health Trust
精神健康認可専門家 approved mental health professional
精神健康法 Mental Health Acts
精神健康法実施監視委員会 Mental Health (Act) Commission
精神障害 insanity
精神障害 mental disorder; mental impairment

精神障害 mental defect
精神障害 mental handicap; handicap
精神障害 unsound mind
精神障害自動症 insane automatism
精神障害者 insane person
精神障害者 moral defective
精神障害者用施設 mental institution
精神障害的妄想 insane delusion
精神障害の防御 insanity (defense); defense of insanity
精神障害ゆえの責任なし not guilty by reason of insanity
精神障害ゆえの無罪 not guilty by reason of insanity
精神状態 state of mind
精神状態審理 sanity hearing
精神状態についての無宣誓供述 declaration of state of mind
(供述者の)精神状態についての例外 state of mind exception
精神遅滞 mental retardation
精神的撹乱 mental disturbance
精神的虐待 mental cruelty
精神的苦痛 mental suffering
精神的苦悶 mental anguish
精神的苦しみ mental distress
精神的健康のための治療要求 mental health treatment requirement
精神的健常の推定 presumption of sanity
精神的疾患 mental disease
精神的衝撃 nervous shock
精神的打撃 mental shock
精神的発育不全 arrested development
精神的無能力 mental incapacity [incompetency]
精神に障害のある犯罪者 criminal lunatic
成人認定少年 certified juvenile
成人年齢 age of majority
精神薄弱 mental deficiency
成人犯罪者 adult offender
精神病 mental illness
精神病患者 mental patient
精神病質者 psychopath
精神病質障害 psychopathic disorder
正戦 just war
生前贈与 advancement
生前贈与 lifetime gift
生前贈与の推定 presumption of advancement
生前贈与持戻し collation
製造 production
製造業者 maker
製造産業全体に対する製造物責任 enterprise liability
製造者責任 manufacturer's liabil-

製造上の欠陥 manufacturing defect
製造物 product
製造物責任 products liability; product liability
製造物責任保険 products liability insurance
製造物の欠陥 product defect
生存者 vivos
生存者間移転 inter vivos transfer
生存者間信託 inter vivos trust; live trust; living trust; trust inter vivos
生存者間贈与 gift inter vivos; donatio inter vivos; donation inter vivos; inter vivos gift
生存者間に[の] inter vivos
生存者記憶 living memory
生存の推定 presumption of survivorship
生存配偶者給付(金) bereavement benefit; bereavement payment
生存表 experience table
政体 government
生体認証情報 biometric information
生地主義 jus soli
成長会社 growth company
成長型投資信託 growth fund
成長株 growth shares
成長株 growth stock
成長管理 growth management
成長産業 growth industry
成長市場 growth market
政府所在地 seat of government
制定 enactment
制定法 constitutio; constitution
制定法 enactment
制定法 statutory law; statute; statute law
制定法委員会 Statute Law Committee
制定法市 statute fair
制定法学 legisprudence
制定法が除去しようとした害悪 mischief of the statute
『制定法記録集』 Statute Roll
制定法上の生きている人 statutory lives in being
制定法上の義務 statutory duty
制定法上の義務 statutory obligation
制定法上の義務の違反 breach of statutory duty
制定法上の吸収合併 statutory merger
制定法上の権原担保捺印証書 statutory deed
制定法上の強姦 statutory rape
制定法上の公用地供与 statutory dedication
制定法上の雇用者 statutory employer
制定法上の債務支払い請求方式 statutory demand
制定法上の債務証書 statutory bond
制定法上の自動更新借家権 statutory periodic tenancy
制定法上の借家権 statutory tenancy
制定法上の借家権者 statutory tenant
制定法上の出産手当 statutory maternity pay
制定法上の譲渡抵当権簡易実行手続き statutory foreclosure
制定法上の所有者 statutory owner
制定法上の信託 statutory trust
制定法上の推定 statutory presumption
制定法上の性犯罪 statutory offense
制定法上の父親の育児休暇手当 statutory paternity pay
制定法上の動産遺贈 statutory legacy
制定法上の派生訴訟 statutory derivative action
制定法上の犯罪 statutory crime; statutory offense
制定法上の被用者 statutory employee
制定法上の不法妨害 statutory nuisance
制定法上の無宣誓供述(書) statutory declaration
制定法上の養子縁組休暇手当 statutory adoption pay
制定法上のリーエン statutory lien
制定法による離婚 divorce by statute
制定法上の例外規定 statutory exception
制定法整備 statute law revision
制定法設立会社 statutory company
制定法設立法人 statutory corporation
制定法全書 statute book
『制定法大巻』 Magnus Rotulus Statutorum
制定法的文書 statutory instrument
制定法適用除外の特約 contracting out
制定法で定められた代理人 statutory agent
制定法で保護された不動産賃借権 statutorily protected tenancy
制定法にのっとった債券 statutory bond
制定法に基づく受戻し延長(権) statutory redemption
制定法に基づく受戻し延長権 statutory right of redemption; statutory right to redeem
制定法に基づく刑罰 statutory penalty
制定法に基づく指定後見人 statutory guardian; guardian by statute
制定法に基づく制裁金 statutory penalty
制定法に基づく被保険者追加条項 statutory omnibus clause
制定法による解釈 statutory exposition
制定法による相続分 statutory share
制定法による特定解釈 statutory exposition
制定法の解釈 interpretation of statutes; statutory interpretation
制定法の解釈 statutory construction
制定法の衡平 equity of a statute
制定法の衡平準則 equity of the statute rule
制定法の創造物 creature of statute
制定法の目的 equity of a statute
制定法の目的 object of statute
制定法の目的条項 statutory objective
制定法廃止法 Statute Law Repeal Act
制定法方式による債権譲渡 statutory assignment
制定文言 enacting clause; enacting words
性的いやがらせ sexual harassment
性的害悪危険命令 risk of sexual harm orders
性的虐待 sexual abuse
性的搾取 sexual exploitation
性的志向 sexual orientation
性的志向いやがらせ sexual orientation harassment
性的志向差別 sexual orientation discrimination
性的仕込み sexual grooming
性的肉体的接触 sexual relations
性的不能 impotence, -cy
性的暴行 sexual assault
性的暴行 sexual battery
性転換 sex change
性転換願望者 transsexual
性転換者 transsexual
性転換証 gender recognition certificate
性転換審査委員団 Gender Recognition Panel
制度 establishment
制度 regime
政党 political party
性同一性障害 gender dysphoria
正当化 justification
正当化事由 justification
正当殺人 justifiable homicide

聖堂参事会 chapter
聖堂参事会会長 dean
正当自己防衛 self-defense, self-defence
政党支部幹部グループ caucus
正当事由 justification
正当事由解雇 dismissal for cause
正当所持人 holder in due course; bona fide holder for value without notice; due course holder
正統性 legitimacy
正当性の防御 justification defense
正当な影響(力) due influence
正当な権原 just title
正当な根拠 just cause
正当な支払い payment in due course
正当な占有回復の抗弁 avowry
正当な被裏書人 endorsee in due course
正当な補償 just compensation
正当な満足 just satisfaction
正当防衛 defense, defence
正当防衛意思の法理 appearance doctrine
正当防衛殺人 homicide se defendendo
正統法定相続人 right heir
政党名簿式比例代表制 party list system
正当目的 legitimate aim
制度化された擬制信託 institutional constructive trust
生徒出席担当 attendance officer
生徒出席担当係 truancy officer
性に関する犯罪 sexual offense
性に関する犯罪予防命令 sexual offenses prevention order
性による選択 sex selection
成年 full age; majority
青年犯罪者 young adult offender
税の帰着 incidence of tax
税の特別控除 tax concession
正犯 principal
性犯罪者 sex offender
性犯罪者登録簿 sex offender registry
性犯罪被害者保護法 shield law
整備債 improvement bond
靜謐攪乱 brawl
性病 venereal disease
製品 product
正品価額 sound value
製品市場 product market
製品の表装 trade dress
製品販売独占権 exclusive right to market a product; exclusivity
政府 government
政府 ministry
政府印刷局 Government Printing Office
(地方)税賦課 rating
政府会議公開法 Government in the Sunshine Act
政府回覧文書 government circular
政府関係法人 government corporation
政府刊行物出版局 Her [His] Majesty's Stationery Office
政府刊行物出版所 Stationery Office
政府刊行物著作権 Crown copyright
政府刊行文書 paper
政府間免除 intergovernmental immunity
政府間免除の法理 intergovernmental immunity doctrine
政府機関 government agency; governmental body
政府機関 governmental instrumentality
政府機関租税賦課免除の法理 government instrumentality doctrine
政府機密暴露をほのめかす脅迫 graymail
征服 conquest
征服 debellatio; subjugation
制服特権組合 livery (company)
制服特権組合員 liveryman
正・副保証人制 subsuretyship
政府契約 government contract
政府契約対象者 government contractor
政府行為 governmental act
政府債券 government bond
政府産休手当 state maternity allowance; maternity allowance
政府事業 governmental enterprise
西部巡回裁判区 Western Circuit
政府証券 government security
政府職員 government agent; agent; governmental agent
政府助成金付き計画 grant-aided scheme
政府全国譲渡抵当協会 Government National Mortgage Association
税負担義務地 gildable
西部地方評議会 Council of the West
生物化学兵器 biochemical weapons
生物学上の父 biological father
生物学上の母 biological mother
生物テロ bioterrorism; biological terrorism
政府提出法案 government bill
政府提出法案起草官 parliamentary draftsman
政府提出法案起草弁護士 parliamentary counsel (to the Treasury)
政府転覆(計画) subversion
政府統制法人 government-controlled corporation
政府土地測量制度 government survey system
政府年金 government annuity
政府の財源 public fund
政府の不法行為 government tort
政府の役職人選担当官 Patronage Secretary
政府平等省 Government Equalities Office
政府補助(金) state aid
政府免除(特権) government immunity; governmental immunity
製粉所 mill
製粉所利用義務 mill-suit; suit
成文法 leges scriptae
成文法 written law; jus scriptum; lex scripta
聖別 consecration
性別再判定 gender reassignment
生母 birth mother
税法 tax law
聖マルティヌスの祭日 Martinmas
政務官 magistrate
税務官 revenue officer
聖務禁止 interdiction
聖務禁止(令) interdict
税務計量官 gauger
税務顧問 tax adviser
税務コンサルタント tax consultant
政務次官 parliamentary secretary (of State)
政務次官 parliamentary undersecretary (of State)
税務上の取得価額 basis of tax
税務上の和解 compromise of taxes
聖務を伴わない聖職禄 sinecure
生命 life
生命 vie
生命維持処置 life-sustaining procedure
生命期間者 cestui que vie
生命に対する権利 right to life
姓名の変更 change of name
生命表 life table
生命保険 life insurance; life assurance
生命保険加入者 life assured; life insured
生命保険契約 life policy
生命保険証券 life policy
生命保険証券所有に基づく付随的権利 incident of ownership
生命保険信託 life insurance trust
生命保護法案 Human Life Bill
声紋 voiceprint
声紋の同一性識別 voiceprint identification
誓約 pledge
制約解釈 restrictive interpretation; limited interpretation; restricted interpretation

誓約者　recognizor, -sor
誓約(書)　recognizance, -sance
成約証拠(金)　earnest
誓約保証金　recognizance, -sance
税優遇項目　tax preference item
生来の臣民　natural-born subject
税率　tax rate
成立時解釈　contemporanea expositio
成立時解釈　contemporaneous construction
成立時解釈の法理　contemporaneous construction doctrine
税率等級　tax bracket
税率等級漸進　bracket creep
税率表　tax schedule
税率明細表　tax rate schedule
整理筐局　Hanaper Office
政略結婚　mariage de convenance
勢力範囲　sphere of influence
世界銀行　World Bank
世界中航行自由　liberty of the globe
世界人権宣言　Universal Declaration of Human Rights
世界知的所有権機関　World Intellectual Property Organization
世界貿易機関　World Trade Organization
世界連邦主義　world federalism
世界連邦主義者　world federalist
堰　floodgate
堰　garth
責任　burden
責任　liability
責任　onus
責任　responsibility
責任解除　exoneretur
責任加重事由　aggravator; aggravating circumstance
責任加重すべき情状　aggravating circumstance
責任軽減事由　mitigating circumstance
責任軽減要因　mitigating factor
責任限定　limitation of liability
責任終了条項　cesser clause
(有限)責任条項　liability clause
責任政府　responsible government
責任当事者　party to be charged
責任なし　not guilty
責任なしとの答弁　plea of not guilty
(刑事)責任年齢　age of criminal responsibility
責任能力　capacity
責任能力　responsibility
責任能力年齢　age of reason
責任の国家帰属　imputability
責任の是認　acceptance of responsibility
責任のない道具　innocent agent
責任の配分　apportionment of liability

責任保険　liability (insurance)
責任臨床医療従事者　responsible clinician
責任を問われるべき(不動産)毀損　impeachable waste
石油収益税　petroleum revenue tax
石油・天然ガス採掘権リース　oil-and-gas lease
石油・天然ガス採取権濫用禁止の法理　correlative rights doctrine
石油・天然ガス自由採取の準則　rule of capture
石油輸出国機構　OPEC
セクシャルハラスメント　sexual harassment
セクション　section
世間一般への申し込み　offer to all the world
世襲貴族　hereditary peer
施錠閉鎖法　padlock law
是正通知　enforcement notice
世俗貴族　lord temporal; lay peer; temporal lord; temporal peer
世俗裁判権　civil jurisdiction
世俗裁判所　lay court
世俗裁判所　temporal court
世俗的活動　secular business
世俗的雪冤　vulgar purgation
世俗的不動産保有(条件)　lay tenure
世俗的封土税　lay fee
世俗法　civil law
世俗法上の婚姻能力の欠缺　civil disability
世俗法人　lay corporation
世俗保有地・自由寄進保有地確定訴訟　assize utrum
世帯　household
世代　generation
世帯所得補足手当　family income supplement
世代飛越し移転　generation-skipping transfer
世代飛越し移転信託　generation-skipping trust
世代飛越し移転税　generation-skipping transfer tax; generation-skipping tax; transfer tax
世代飛越しをされていない者　nonskip person
世帯主　head of household
世帯主　householder
世代を飛び越された受益者　skip person
節　subchapter
雪冤　purgation
雪冤宣誓　compurgation; ley; ley gager; wager of law
雪冤宣誓者　compurgator; manus
雪冤宣誓による審理　trial by wager of law
積極行動　affirmative action

(司法)積極主義　activism
積極的違法行為　positive misprision
積極的違法行為　positive wrong
積極的外部性　positive externality
積極的毀損　commissive waste
積極的義務　positive duty; active duty
積極的義務違反行為　affirmative misconduct
積極的詐欺　positive fraud
積極的差止め命令　affirmative injunction
積極的条件　positive condition
積極的証明　positive proof
積極的地役権　affirmative easement; positive easement
積極的な行為に基づく過失　active negligence
積極的秘匿　active concealment
積極的不動産毀損　commissive waste
積極的防御　affirmative defense
積極的優遇　positive discrimination
セックスの相手を求めて歩道沿いにゆっくり車を走らせること　kerb-crawling; gutter-crawling
設計　design
設計上の欠陥　design defect
接合先任権　dovetail seniority
窃視　voyeurism
窃視者　voyeur
(陪審に対する)説示　jury instruction; charge; direction; instruction; jury charge
説示についての協議　charge conference
窃取の意思　animus furandi; furandi animus
摂政　Regent
説示要求(書)　request for instructions
摂政時代　regency
摂政職　regency
接触　contact
接触　touching
接触許可命令　contact order
接触権　contact
接触による暴行　assault by contact
接触の準則　impact rule
節税対策　tax shelter; shelter
接続水域　contiguous zone
接待　entertainment
絶対王政　absolute monarchy
絶対主義　absolutism
絶対責任　absolute liability
絶対単純封土権　fee simple absolute
絶対単純封土権譲渡証書　fee patent
絶対定期不動産権　term of years absolute; estate for years absolute

和英対照表

絶対的義務 absolute duty
絶対的義務 absolute obligation
絶対的拒否権 absolute veto
絶対的権原 absolute title
絶対的権利 absolute interest
絶対的権利 absolute right
絶対的抗弁 absolute defense
絶対的婚姻障害 diriment impediment
絶対的婚姻障害 absolute impediment
絶対的主権免除論 absolute theory of sovereign immunity
絶対的証拠 mathematical evidence
絶対的譲渡 absolute assignment
絶対的所有権 absolute ownership
絶対的所有(権)者 absolute owner
絶対的推定 absolute presumption
絶対的戦時禁制品 absolute contraband
絶対的贈与 absolute gift
絶対的動産売買証書 absolute bill of sale
絶対的土地所有権 domain
絶対的売却 absolute sale
絶対的引渡し absolute delivery
絶対的必要性 fine force
絶対的不均衡割合 absolute disparity
絶対的不動産権 absolute estate
絶対的不動産賃借権 absolute leasehold title
絶対的不法妨害 absolute nuisance
絶対的法定刑(の宣告) mandatory sentence; fixed sentence
絶対的封土権 absolute fee
絶対的保証書 bail absolute
絶対的免責 absolute immunity
絶対的免責(特権) absolute privilege
絶対的免責特権によって免責された情報 absolutely privileged communication
絶対的免責特権の放棄 waiver of privilege
絶対的優先権の準則 absolute priority rule
絶対的離婚 absolute divorce
絶対的理由付き(陪審員)忌避 principal challenge
絶対独占(権) absolute monopoly
接待費 entertainment expense
絶対法 absolute law
絶対無効 absolute nullity
切断 mutilation
接着剤吸引 glue sniffing
設定 setting
設定意思推量の法理 doctrine of approximation
設定時点の同一性 unity of time
設定者 settlor, settler; donor; founder; grantor
窃盗 furtum
窃盗 mainovre, mainoe(u)vre
窃盗(罪) larceny; theft
窃盗常習犯 common thief
窃盗犯 thief
窃盗犯意 larcenous intent
窃盗犯の烙印 T
窃盗宥恕 theft-bote
説得 persuasion
説得されてなした自白 persuaded confession
説得責任 burden of persuasion; legal burden (of proof); persuasion burden; persuasive burden
説得責任者 proponent
説得的先例 persuasive precedent
説得的法源 persuasive authority
セットバック setback
設備 equipment
設備信託 equipment trust
説明 description
説明 exposition
説明 instructions
説明書 description
説明付き販売 sale by description
説明的制定法 expository statute
説明的命令 speaking order
説明に基づく承諾 informed consent
絶滅危機種 endangered species
絶滅危惧候補種 candidate species
絶滅危惧候補リスト記載種 listed species
絶滅危惧種 threatened species
節約 economy
設立 establishment
設立 foundation
設立会議 organizational meeting
設立経費 organizational expense
設立者 founder
責められるべき不注意 culpable neglect
施物係の職 eleemosynaria
施物官 almoner
施物室 eleemosynaria
セラー-キーフォーヴァー法 Celler-Kefauver Act
セランディーブの法理 serendipity doctrine
競り上げ bidding up
セルデン協会 Selden Society
セレックス CELEX
世論 public opinion
世話をする人 minder
善悪弁別不能精神障害 moral insanity
善意 good faith; bona fides
善意者保護型不動産取引証書登録法 notice statute
善意所持人 holder in good faith; bona fide holder
善意登録者保護型不動産取引証書
登録法 race-notice statute; notice-race statute
善意の商業上の理由 bona fide commercial reason
善意の占有 bona fide possession
善意の占有者 possessor bona fide
善意の当事者 innocent party
善意の配偶者 innocent spouse
善意の約因 good consideration
善意の流布 innocent dissemination
善意の例外 good faith exception
善意不実表示 innocent misrepresentation
善意有償の所持人 bona fide holder for value
善意有償の譲受人 purchaser for value without notice
善意譲受人 bona fide purchaser; good faith purchaser; innocent purchaser
船員 seaman; mariner
全院委員会 Committee of the Whole [Whole House]
船員遺言 sailor's will; seaman's will
船員給料受取先指図書 allotment note
全イングランドの首位聖職 Primate of All England
船員リーエン mariner's lien; seaman's lien
船益帰属者 exercitor; exercitor maris
遷延性植物状態 persistent vegetative state
遷延的異議 dilatory exception
遷延的動議 dilatory motion
遷延的答弁 dilatory plea
遷延的防御 dilatory defense
遷延的申し立て dilatory motion
旋回式コンベヤー詐欺 carousel fraud
全額支払い payoff
全額譲渡抵当融資購入 mortgaging out
全額地代 rack rent
全額払い込み株式 full-paid stock
全額払い込み済み株式 paid-up stock
全額家賃 rack rent
全か無かの準則 all-or-nothing rule
全危険担保 all risks
全危険担保保険 all-risk insurance
前記不動産 premise
全給与 compensation package
選挙 election
選挙 electoral process
選挙委員会 Electoral Commission
選挙異議申し立て審判所 election petition court; election court
選挙運動 canvas, -vass

| 選挙運動者 electioneer
| 選挙運動主宰者 election agent; agent
| 選挙学 psephology
| 選挙管理委員会 board of election; election board
| 選挙管理官 returning officer
| 選挙区 constituency
| 選挙区 election district; district; voting district
| 選挙区画定委員会 Boundary Commission
| 選挙区(自治)都市 borough
| 選挙区選挙対策委員長 committeeperson
| 選挙区包み込み区割り packing
| 選挙区積み重ね区割り stacking
| 選挙区分割区割り cracking
| 選挙区割りの改定 redistribution of seats
| 選挙区割変更 redistricting
| 選挙結果確定日 return day [date]
| 選挙権 franchise; elective franchise; electoral franchise
| 選挙権 suffrage
| 選挙権者 constituent
| 選挙権者 elector
| 選挙権取得年齢 voting age
| 選挙権の希釈化 vote dilution; dilution
| 選挙実施令状 writ of election
| 選挙争訟 election contest
| 選挙に関する異議申し立て election petition
| 選挙人 constituent
| 選挙人 elector
| 選挙人 electorate
| 選挙人 voter
| 選挙人会議 electoral college
| 選挙人資格 electorship
| 選挙人団 constituency
| 選挙人登録 registration of voters
| 選挙人名簿 pollbook
| 選挙人名簿 register of electors; electoral roll [register]
| 選挙の手順 electoral process
| 選挙不正行為 corrupt and illegal practices
| 選挙法改正法 Reform Act
| 選挙報告 election returns
| 前掲書 op. cit.
| 扇形理論 sector theory
| 全血(血族関係) full blood; whole blood
| 先決裁定 preliminary ruling
| 先決すべき争点 preliminary issue
| 先決すべき法律上の論点 preliminary point of law
| 先決動議 previous motion
| 先決問題 previous question
| 先決予定順未決訴訟事件表 preferred docket
| 宣言 declaration

| 全権委員 plenipotentiary
| 全権委任状 full powers
| 先言権 preaudience
| 全権公使 minister plenipotentiary
| 宣言者 declarant
| 宣言的救済 declaratory relief
| 宣言的効果説 declaratory theory
| 宣言的制定法 declaratory statute
| 宣言的先例 declaratory precedent
| 宣言的判決 declaratory judgment; declaration of rights; declaratory decree
| 宣言的判決法 declaratory judgment act
| 宣言判決 declaration
| 宣言文書 declaration
| 前権利者 predecessor in interest
| 先行 precedence; antecedence
| 善行 good behavior; bona gestura
| 全合意事項包含条項 entire-agreement clause; entire-contract clause
| 先行技術 prior art
| 全港警戒体制 all-ports warning system
| 善行刑期短縮特典 good time
| 善行刑期短縮特典法 good-time law [statute]
| 先行経済指標 leading economic indicator
| 全港警報 port alert
| 先行する権原 paramount title
| 先行設定参照付き継承財産設定(証書) referential settlement
| 先行贈与不動産消滅後の不動産贈与(文言) gift over
| 先行提起訴訟の準則 first-to-file rule
| 先行の権原 elder title
| 先行不動産消滅後の不動産限定 limitation over
| (刑の)宣告 sentence
| 宣告 adjudication
| 全国医学協議会 General Medical Council
| 全国化 nationalization
| 全国環境政策法 National Environmental Policy Act
| 全国議員候補者指名の演壇 husting
| 全国矯正研究所 National Institute of Corrections
| 全国広域犯罪対策本部 National Crime Squad
| 全国最低賃金 national minimum wage
| 全国産業復興法 National Industrial Recovery Act
| (有罪)宣告者 condemnor
| 全国消費者協議会 National Consumer Council
| 全国宝くじ National Lottery

| 全国調停委員会 National Mediation Board
| 全国犯罪者管理庁 National Offender Management Service
| 全国犯罪情報部 National Criminal Intelligence Service
| 全国標準土地売却条件 National Conditions of Sale
| 全国復興庁 National Recovery Administration
| 全国法曹協会 National Bar Association
| 全国法律家ギルド National Lawyers Guild
| 全国労働関係委員会 National Labor Relations Board
| 全国労働関係委員会対ジョーンズアンドラフリン鉄鋼株式会社事件 NLRB v. Jones & Laughlin Steel Co.
| 全国労働関係法 National Labor Relations Act
| 全国労働組合 national union
| 潜在的意味不明確 latent ambiguity
| 潜在的相続税非課税移転 potentially exempt transfer
| 潜在的存在 potential existence
| 潜在的有責当事者 potentially responsible party
| 全債務繰上げ支払要求条項 demand clause
| 戦時禁制品 contraband of war; contraband
| 戦時権限 war power
| 戦時国際法 international law of war
| 全資産拠出組合 universal partnership
| 全事実陳述要請質問書 state-all-facts interrogatory
| 全事実の基準 all events test
| 戦時侵奪不動産占有回復令状 occupavit
| 戦時徴用権 angary; angaria
| 漸次的土地喪失 deliction
| 戦時内閣 war cabinet
| 戦時賠償 reparation
| 戦時封鎖 blockade
| 戦時捕獲船[機] prize; prize of war
| 戦時捕獲物 prize; prize of war
| 戦時捕獲報奨金 prize bounty; droits of the Crown
| 戦時捕獲猶予期間 days of grace
| 先住民 aborigine
| 先住民 native
| 先住民の権原 aboriginal title
| 船主責任相互保険組合 protection and indemnity association [club]
| 戦術的投票 tactical voting
| 先取特権 ⇨ さきどりとっけん
| 選手保有条項 reserve clause
| 先順位 priority

先順位債権 senior debt
先順位債権者 senior creditor
先順位譲渡抵当(権) senior mortgage
先順位抵当債務巻きつけ譲渡抵当(権) wrap-around mortgage
先順位登録者単純保護型不動産取引証書登録法 pure race statute
先順位登録者保護型不動産取引証書登録法 race statute
先順位リーエン prior lien; priority lien
先順位リーエン senior lien
洗浄 laundering
船上横領 plunderage
全障害児教育法 Education for All Handicapped Children Act
全障害準則 hell or [and] high water rule
全障害条項 hell or high water clause
戦場軍法会議 drumhead court-martial
前証拠参照許容の準則 inclusionary approach rule
戦場将官軍法会議 field general court-martial
全証人退廷則 rule
宣誓 dejeration, -ju-
宣誓 affidatio
宣誓 manus
宣誓 oath; sacramentum
専制 despotism
宣誓供述管理官 commissioner for oaths
宣誓供述者 affiant
宣誓供述書 affidavit
宣誓供述書言及証拠物 exhibit
宣誓供述書による遺産受取り collection by affidavit
宣誓拒否者 nonjuror
専制君主 despot
専制君主 tyrant
専制君主制 despotic monarchy
宣誓証言間の対決 swearing match; swearing contest
専制政治 despotism
専制政治 tyranny
先制的自衛 anticipatory self-defense
宣誓認証記載 jurat
宣誓のうえでの供述 sworn statement
宣誓のうえでの平和保証請求 swearing the peace
宣誓補助者 oath helper
宣誓または確約条項 Oath or Affirmation Clause
船籍 registry
船籍港 home port
船籍港 port of registry; registry port
船籍港主義 home port doctrine

船籍国 flag state
船籍国の管轄権 flag state jurisdiction
専占 preemption
先占 occupancy
先占(権) primer seisin
宣戦布告 declaration of war
先祖 ancestry
戦争 war
戦争危険 war risk
戦争権限決議 War Powers Resolution
戦争権限条項 War Powers Clause
戦争行為 act of war
戦争条項 War Clause
戦争による損害 war injuries
戦争犯罪 war crime
戦争犯罪裁判所 War crimes tribunal
戦争犯罪人 war criminal
戦争法 law of war
戦争保険 war risk insurance
専属管轄権 exclusive jurisdiction
前訴判決 former adjudication
全損 total loss
センター center, -tre
全体主義 totalitarianism
全体証拠の準則 rule of completeness
全体証拠の法理 doctrine of completeness
全体論争の法理 entire-controversy doctrine
選択 election
(配偶者の)選択権 right of election
選択権 election
選択権 option
選択(権)者 elector
選択債務 alternative obligation
選択債務契約 alternative contract
選択住所 domicile of choice
選択条項 optional clause
選択的開示 selective disclosure
選択的寡婦産(権) election dower
選択的救済(手段) alternative relief; alternative remedy
選択的組込み selective incorporation
選択的組込み論 selective incorporation doctrine
選択的刑の宣告 alternative sentence
選択的決議 elective resolution
選択的最低額税 alternative minimum tax
選択的職務執行令状 alternative mandamus
選択的審判方法の犯罪 offense triable either way; either-way offense; hybrid offense
選択的責任 alternative liability
選択的全体証拠提示の準則 rule of optional completeness

選択的相続分 elective share
選択的訴答 pleading in the alternative; alternative pleading
選択的動産遺贈 alternate legacy
選択的方法の法理 alternative means doctrine
選択的約束 alternative promise
選択的令状 optional writ
選択投票法 alternative vote
選択の原則 election
選択の自由 freedom of choice
選択の法理 doctrine of election
選択分離税 alternative tax
選択を妨げる精神障害 mental disorder impeding choice
洗脱 eluviation
潜脱 evasion
善玉保証 good-guy guaranty
専断的権力 arbitrary power
『センチュリー・ダイジェスト』 Century Digest
船長 master
船長謝礼金 primage
船長・船員への謝礼 hat money
船長の権限 exercitorial power
前提 premise
前提事実の立証 laying (a) foundation
前提条件 precondition
前提条件が欠けていることによる免責(事由) excuse by failure of presupposed conditions
先天的能力の欠如 congenital disability
煽動 sedition
煽動共同謀議(罪) seditious conspiracy
戦闘行動免責 combat immunity
煽動的言論 seditious speech
煽動防止法 Sedition Act
セントラル・ロンドン・プロパティ・トラスト会社対ハイ・トゥリーズ・ハウス会社事件 Central London Property Trust, Ltd. v. High Trees House, Ltd.
選任 appointment
先任権 seniority
選任(権)者 appointer
先任権制(度) seniority system
(最)先任裁判官 senior judge
先任者 senior
前任者 predecessor
先任順位制 seniority system
選任通知(書) letter of appointment
専売薬 proprietary drug
船舶 marine
船舶 ship
船舶 shipping
船舶 vessel
船舶貨物運送費 naulage
船舶管理人 managing owner of ship

| 船舶管理人 ship's husband
| 船舶検査裁判所 court of survey
| 船舶衝突 allision
| 船舶書類 ship's papers
| 船舶書類の備え付け documentation
| 船舶捜索官 water bailiff
| 船舶捜索権 search of ship
| 船舶担保冒険貸借 bottomry
| 船舶担保冒険貸借証書 bottomry bond
| 船舶賃貸借 demise charter
| 船舶登記 enrollment of vessels
| 船舶登録証書 certificate of registry
| 船舶登録簿 register of ships
| 船舶仲立人 ship broker
| 船舶の検査 inspection of vessels
| 船舶の差押え arrest of ship
| 船舶保険 hull insurance
| 船舶用品積み込み許可書 bill of store
| 船舶旅客運送費 naulage
| 選抜 drafting
| 選抜委員会 select committee
| 選抜徴兵局 Selective Service System
| 全般的設計構想 common design
| 全般的否認答弁 general plea
| 全般的弁護士 general counsel
| 全般的法律事務所 general counsel
| 全般統括者 general manager
| 線引き小切手 crossed check [cheque]
| 全費用込み料金 all-in rate
| 全部 entirety
| 全部原価 full costs
| 全部担保 full coverage
| 全不動産権条項 all the estate clause
| 前文 preamble
| 全米証券業協会 National Association of Securities Dealers
| 全米トラック運転手組合員 teamster
| 選別陪審 struck jury
| 全面成功報酬(制) contingent fee
| 全面的組込み total incorporation
| 全面的組込み論 total incorporation doctrine
| 全面的契約違反 total breach; total breach of contract
| 全面的の争点 general issue
| 全面的否認訴答 general issue; mise
| 全面的弁護業務援助 full representation
| 全面的の防御 complete defense
| 全面的保証 full warranty
| 全面的無遺言 total intestacy
| 全面的労働能力喪失 total disability
| 譫妄 delirium
| 全目的条項 all-purpose clause
| 専門家 expert

専門家証人 expert witness; skilled witness
専門家的のれん professional goodwill
専門家による証拠 expert evidence
専門家の意見 opinion
専門家の意見 expert opinion
専門家の証言 expert testimony
専門家評価機構 peer-review organization
専門家評価済み論文掲載誌 peer-reviewed journal
専門家を詐称する者 charlatan
専門機関 Specialized Agency
専門的事項 technicality
専門的職業 profession
専門的職業人協同事業(所) professional association
専門的職業人としてのサービス professional service
専門的職業人としての責任 professional responsibility
専門的職業人としての不適格行為 professional misconduct
専門的職業人の職能団体 professional association
専門的職業人倫理違反行為 unprofessional conduct
専門的職業人倫理適合行為 professional conduct
専門的職業法人 professional corporation
専門的助言者 consulting expert
専門的助言集 Technical Advice Memorandum
専門弁護士委員会 board of legal specialization
専門用語 term of art; word of art
専門用語則 term-of-art canon
先約 precontract
先約 preengagement
(不法)占有 detainer
占有 occupation
占有 occupancy
占有 possessio
占有 possession
占有 seisin, -zin
専有 appropriation
占有回復 resumption
占有回復訴訟 possessive action
占有回復動産所在不明(復命)elongata
占有回復保証証書 replevin bond; replevy bond
占有回復命令 possession order
占有回復令状 possessory warrant
占有権 right of possession
占有権原行使前の侵害 trespass by relation
占有行為 act of possession
占有混同 unity of possession
占有混同 unity of seisin
(不法)占有者 detainer

| 占有者 occupant
| 占有者 occupier
| 占有者 possessor
| 占有者 seizor, -sor
| 占有者専用道路 occupation road
| 占有者の責任 occupier's liability
| 占有侵害 ejection
| 占有侵害 ejectment
| 占有侵害者 ejector
| (不動産)占有侵奪 disseisin, -zin
| 占有訴訟 possessory assize
| 占有訴訟 possessory action
| 占有奪取 dispossession
| 占有付き不動産権 possessory estate
| 占有に基づく利益 possessory interest
| 占有の系譜 chain of custody
| 占有の現有者不存在 abeyance of seisin
| 占有の同一性 unity of possession
| 占有の連鎖 chain of possession
| 占有剥奪 eviction
| 占有剥奪 ouster
| 占有剥奪者 evictor
| 占有剥奪命令 eviction order
| 占有引渡し livery
| 占有引渡し livery of seisin
| 占有引渡し約款 covenant for possession
| 占有引渡しを伴う封の譲渡 feoffment with livery of seisin
| 占有被剥奪者 evictee
| 占有不動産改良費償還請求者 occupying claimant
| 占有付与 investiture; investment
| 占有リーエン possessory lien
| 専用席 pew
| 先履行型責任保険 indemnity insurance
| 先履行型責任保険(証券) indemnity policy
| 先履行的(捺印)契約[約款] dependent covenant
| 戦利品 booty; spoils of war
| 戦利品 spoil
| 戦略 stratagem
| 戦略的医療実施機関 Strategic Health Authority
| 戦略の提携 strategic alliance
| 占領 occupation
| 占領地軍事裁判所 provost court
| 先例 precedent
| 先例拘束性の原則 stare decisis
| 先例拘束性の法理 doctrine of precedent
| 全令状法 All Writs Act
| 先例に反する法 bench law
| 先例のないこと first impression
| 前歴 antecedents

ソ

粗悪化　adulteration
粗悪品　adulteration
粗悪品製造者　adulterator
訴因　count
訴因一般的陳述　general count
訴因特別陳述　special count
草案　draft, draught; projet
創案された約因　invented consideration
相違　diversity
相違　variance
総遺産　gross estate
総遺産管理(手続き)　general administration
総遺産管理人　general administrator
総員名簿　muster roll
憎悪　hatred
憎悪犯罪　hate crime
騒音　noise
騒音公害　noise pollution
騒音除去　noise abatement
増加　augmentation
増加　increment
総会　general assembly
総会　general meeting
増遺産　augmented estate
窓外放出　defenestration
総額　amount
増額取得価額　stepped-up basis
総賭け金賭け競馬[賭け事]　sweepstakes
総括送運料　lump sum freight
総加入条項　general participation clause
相関的権利　correlative right
争議　dispute
臓器　human organ
争議行為　industrial action
早期実現残余権　accelerated remainder
臓器取引　organ trafficking
葬儀費用　funeral expense
操業休止　shutdown
総局　Directorate General
送金　remittance
送金受取人　remittee
送金銀行　remitting bank
送金者　remitter
送金通知　remittance advice
総建築請負業者　general contractor
総建築請負業者債務支払い保証証書　payment bond
倉庫　store
倉庫　warehouse
倉庫預り証　warehouse receipt
相互遺棄　mutual desertion
相互遺言(書)　mutual will; double will; mutual testament
総合基本計画　master plan
走行税　mileage tax
総合責任保険　comprehensive general liability insurance
走行中の交通違反　moving violation
総合保険　comprehensive insurance
総合利回り　rate of return
相互援助　lend-lease, lease-lend
相互援助法　Lend-Lease Act
相互会社　mutual company
相互貸付け組合　loan association
相互棄権協定　pairing-off
相互共済会　mutual benefit society
相互共済組合　mutual benefit association
相互共済保険　mutual benefit insurance
倉庫業者　warehouser, warehouseman
倉庫業者のリーエン　warehouser's [warehouseman's] lien
相互組合　mutual society
相互組合の公開会社化　demutualization
相互計算　mutual account
相互継承財産設定(証書)　mutual settlement
相互合意計画　mutual-agreement program
相互合意離婚　divorce by mutual consent
相互債務　mutual debts
相互主義　reciprocity
倉庫証券　warehouse receipt; warehouse warrant
相互条件　dependent condition
相互条件　mutual conditions
相互信託　reciprocal trust
相互性　mutuality
相互貸借　mutual credits
倉庫台帳　warehouse book
相互貯蓄銀行　mutual savings bank
相互的合意　mutual assent
相互的錯誤　mutual mistake
相互的消極的地役権　reciprocal negative easement
造語的商標　fanciful trademark
相互的請求　mutual demands
造語的標章　fanciful mark
相互的約定　mutual covenants
相互取引　mutual dealings
相互内国民待遇基準　national treatment standard
相互扶助協会　benevolent society
相互扶助団体　benevolent association
倉庫保管　warehousing
相互保険　mutual insurance
相互保険会社　mutual insurance company
相互保険会社の株式会社化　demutualization
相互約束　mutual promises
相互利益寄託　bailment for mutual benefit
捜査　investigation
相殺　compensation
相殺　offset
相殺　setoff, set-off; stoppage
相殺関税　countervailing duty
相殺請求　setoff, set-off
捜索　search
捜索押収　search and seizure
捜索押収令状　search and seizure warrant
捜索許可命令　search order
捜索権能　power of search
捜索差押令状　search warrant
捜索差押令状宣誓供述書　search warrant affidavit
捜索抑留　search and seizure
捜索令状　search warrant
捜索令状宣誓供述書　search warrant affidavit
相次運送　successive carriage
総収入　gross earnings
総収入額　gross receipts
総収入額税　gross receipts tax
総重量　gross weight
贈収賄　bribery
宗主国　suzerain state
争訟　controversy
騒擾　riot
争訟教唆罪　barratry, -re-
争訟事務　contentious business
騒擾者　rioter
争訟性欠如の法理　mootness doctrine
争訟性を欠くこと　mootness
争訟性を喪失している訴訟　moot case
騒擾鎮圧用小型銃　riot gun
騒擾の集会　riotous assembly
騒擾の請願　tumultuous petitioning
争訟に関する管轄権　contentious jurisdiction
騒擾法　Riot Act
装飾用定着物　ornamental fixture
総所得(額)　gross income
総所得額税　gross income tax
創設の効果説　constitutive theory
総選挙　general election
相続　hereditas
相続　succession
(法定)相続　heirship
(法定)相続　inheritance
相続外獲得財産　perquisite
相続外家産(権)　probate homestead
相続外財産　perquisite

相続可能血族関係 inheritable blood; heritable blood
相続可能債務 inheritable obligation; heritable obligation
(法定)相続可能性 heritability
相続可能不動産権 fee
相続可能不動産権 feodum
相続可能文言 words of inheritance
相続拒否の利益 beneficium abstinendi
(法定)相続権 heirship
(法定)相続権 inheritance
相続権原優先 worthier title
相続権原優先の法理 worthier title doctrine [rule]; doctrine of worthier title
相続権剥奪 disinheritance; disinherison
相続財産共有(権) coparcenary; parcenary
相続財産共有者 coparcener; parcener
相続財産共有保護令状 nuper obiit
相続住所 domicile of succession
相続上納金 farleu
相続上納金 heriot; heregeat
相続税 death duty
相続税 death tax
相続税 inheritance tax; succession tax [duty]
相続に伴う(定期)不動産保有権 tenancy attendant on the [an] inheritance
相続人 heir
相続人 heres, hae-
相続人捜索業者 heir hunter
(法定)相続人たること heirship
相続人の有する著作権 reversionary right
相続人廃除 disherison
相続人不存在(相続財産) vacant succession
相続人不存在相続財産 haereditas jacens
相続不動産 heritage
相続不動産占有回復訴訟[令状] assize of mort d'ancestor [d'auncester]
相続不動産不法先占 abatement
相続分 share
相続料 relief
曾祖父不動産占有回復訴訟 besail
相対多数 plurality
相対多数意見 plurality opinion
相対的便宜の法理 relative convenience doctrine
相対的方正 comparative rectitude
相対的無効 relative nullity
総代理(権) universal agency
総代理店 general agent
総代理人 universal agent

送達 service
送達者 server
送達受領代理人 process agent
送達証明書 certificate of service; proof of service; return of service
送達済みの記載 endorsement of service
送達宣誓供述書 affidavit of service
送達の受理 acceptance of service
送達のための宛先 address for service
相談 consultation
総賃貸料乗数 gross rent multiplier
争点 issue
争点 mise
争点一掃の法理 clean-up [clean-up] doctrine
争点形成 raising an issue
争点形成訴答手続き issue pleading
争点決定 litis contestatio
争点決定可能延期 issuable terms
争点決定の訴答 joinder of [in] issue
争点効 collateral estoppel
争点事ял fact in issue
争点遮断効 issue preclusion
争点承認 similiter
争点についての禁反言 issue estoppel
争点の決定 exitus
(訴答不十分の抗弁[法律効果不発生訴答]による)争点の決定 joinder in demurrer
争点の決定合意 joinder of issue
争点の提出 tender of issue
争点ゆえの権利放棄 at-issue waiver
争闘 medley
騒動 civil disorder
騒動 disorder
相当額遺産 bona notabilia
相当な価額 fair value
相当な期間 reasonable time
相当な措置 reasonable accommodation
相当な補償 due compensation
相当の確実性 reasonable certainty
相当の根拠 probable cause
相当の根拠についての審問 probable cause hearing
相当の根拠についての審理 probable cause hearing
相当の資金給付 reasonable financial provision
相当の実力 reasonable force
相当の注意 reasonable care; due care
相当の注意[努力] reasonable diligence; due diligence
相当の取り分 reasonable part
相当の予期 reasonable contempla-

tion
総督 governor-general; governor
草土と小枝 turf and twig
遭難 distress
遭難信号 distress signal
挿入による暴行 assault by penetration
相場 market
相場 market price; market value
相場 quotation
相場あやつり師 manipulator
相場操作 manipulation
相場の平均より上げあしの速い銘柄 highflier, -flyer
相反利益 adverse interest
総罷業 general strike
総評議会 general council
贓物関与行為 handling
贓物関与罪 handling stolen goods
贓物収受 receiving
贓物収受(罪) receiving stolen property [goods]
贓物収受者 fence
造幣局 mint
造幣費 mintage
双方過失衝突 both-to-blame
双方過失衝突条項 both-to-blame (collision) clause
双方可罰の原則 double criminality
双方姦通 double adultery
双方行為 bilateral act
双方的契約 bilateral contract
双方的契約解消[消滅] bilateral discharge
総務 leader
双務契約 bilateral contract; mutual contract; reciprocal contract; synallagmatic contract
総務担当重役 company secretary
双務的合意 bilateral agreement
贈与 donation; donatio
贈与 gift
贈与者 donator
贈与者 donor
贈与税 gift tax
贈与税年間基礎控除額 annual exclusion; annual gift-tax exclusion
贈与の信託 donative trust
贈与(捺印)証書 deed of gift
贈与(捺印)証書 gift deed
贈与捺印証書不動産回復訴訟 action of formedon; formedon
贈与捺印証書不動産回復令状 writ of formedon; formedon
贈与の意思 animus dedicandi
贈与の意思 animus donandi
贈与の意思 donative intent
騒乱 civil commotion
総利息 gross interest
総理大臣 prime minister
創立成員 founder member
総領事 consul general

和英対照表

添え状 transmittal letter; covering letter [note]; cover letter
疎遠関係にある損害賠償(金) remote damages
訴額 amount in controversy; matter in controversy
遡及 relation
遡及 relation back
遡及 retroaction
遡求 recourse
遡及刑罰 retrospective penalty
遡及制定法 retrospective statute
遡及占有に基づく侵害訴訟 trespass by relation
遡及賃金 backpay
遡及賃金裁定 backpay
遡及賃金(支払い)裁定 backpay award
遡及賃金(支払い)命令 backpay order
遡及的証拠 retrospectant evidence
遡及的に nunc pro tunc
遡求なし(で) sans recours
遡及法 retrospective law; retroactive law
遡及立法 retrospective legislation; retroactive legislation
即死 instantaneous death; immediate death
阻止 preclusion
即時解雇 summary dismissal
即時開始年金 immediate annuity
即死状態での死亡 immediate death
即時追跡 fresh suit
即時追跡(権) fresh pursuit; hot pursuit
即日放免 aller sans jour
即日放免 eat (inde) sine die
続審 rehearing
俗人 laicus
俗人 laity
俗人 layman; layperson
俗人 lay people
属人制定法 personal statute
俗人である教(会)区主任司祭 lay rector; (lay) impropriator
属人的領主権 seigniory in gross
属人的隷農 villein in gross
属人法 personal law
即席弁護 dock defence
即席弁護(依頼) dock brief
即席弁護依頼 soup
速達郵便(物) special delivery; express delivery
属地主義 territorial principle; territorialism
属地性 territoriality
測地測量土地表示法 geodetic survey system
属地的訴訟 local action
属地的忠誠(義務) local allegiance
属地法 territorial law

属地法主義 territorialism
続発過失 supervening negligence
続発過失の法理 supervening negligence doctrine
続発原因 supervening cause
側方逸脱量刑 lateral departure
(判例)速報版 advance sheets
側面的評言 sidebar comment; sidebar; sidebar remark
ソクラテスの問答教授法 Socratic method
測量 survey
属領 dependency
属領 dependent territory
属領関係法 ordinance
測量曲線 meander line
訴権 actio
訴権 action
訴権 claim
訴権 right of action
訴権喪失金銭債務 statute-barred debt
訴権喪失債務 statute-barred debt
訴権存続法 survival statute; survival act
訴権の死後存続 survival of cause of action (on death)
底引き網条項 dragnet clause
底引き網逮捕 dragnet arrest
組織 organization
組織工作 salting
組織総体 universitas
組織体 body
組織的非合法活動 rackets
組織的非合法活動 racketeering
組織犯罪 organized crime
組織犯罪者団 organized crime
組織暴力連合 syndicate
組織労働者 organized labor
ソーシャルワーカー social worker
訴訟 action
訴訟 cause; causa
訴訟 court action; court case
訴訟 lawsuit; suit
訴訟 lis
訴訟 litigation
訴訟 placitum
訴訟 proceeding
訴訟 secta
訴訟 writ
訴状 bill; bill of complaint
訴状 claim form; claim
訴状 petition
訴訟維持保証人 pledge
訴訟依頼者 clientele
訴訟依頼人信託勘定 client trust account; trust account
訴訟依頼人保証基金 client security fund
訴訟開始権 right to begin
訴訟開始召喚状 originating summons

訴状開始訴訟での原告完全敗訴判決 judgment nil capiat per billa
訴訟開始手続き(上の令状) originating process
訴訟開始申立状 originating application
訴訟開始令状 original writ; breve originale
訴訟関連情報秘匿特権 litigation privilege
訴訟関連情報免責特権 litigation privilege; judicial privilege
訴訟却下 dismissal and nonsuit
訴訟却下 dismissal of action
訴状却下判決 judgment quod billa cassetur
訴訟休止令状 supersedeas
訴訟協議 consultation
訴訟記録 record
訴訟記録集 plea roll
訴訟記録送致令状 mittimus
訴訟記録付き身柄提出(大法官府裁判所)令状 habeas corpus cum causa; corpus cum causa
訴訟記録付き身柄提出令状 habeas corpus ad faciendum et recipiendum
訴訟係属 pendency
訴訟係属地の法 local law; internal law
訴訟係属中の遺産管理(手続き) administration pendente lite; administration pending suit
訴訟係属中の遺産管理人 administrator pendente lite; administrator pending suit
訴訟係属中の抗弁 lis alibi pendens
訴訟係属中の準則 sub judice rule
訴訟係属の公示 lis pendens; notice of lis pendens; notice of pendency
訴訟係属の抗弁 autre action pendant
訴訟結果を決定するか否かのテスト outcome-determinative test
訴訟原因 cause of action
訴訟原因 count
訴訟原因の発生 accrual of cause of action
訴訟原因の分割 splitting a cause of action
訴訟原因の併合 joinder of causes of action
訴訟告知 vouching-in
訴訟根拠 ground of action
訴状作成センター Claim Production Centre
訴訟差止め令状 writ of prevention
訴訟参加 intervention
訴訟参加人 intervener
訴訟参加を求められた権原担保者 vouchee

訴訟事件　brief	tice and Procedure	訴訟費用　expensae litis
訴訟事件　case	訴訟手続き事後登録　postea	訴訟費用　legal charges
訴訟事件　cause	訴訟手続き書　practice book	訴訟費用　legal costs
訴訟事件　court action; court case	訴訟手続き上の損害補償保証証書　judicial bond	訴訟費用　legal expense
訴訟事件　placitum	訴訟手続き上の令状　process	訴訟費用共通基金負担方式　common fund basis
訴訟事件　secta	訴訟手続き上の令状懇請　prayer of process	訴訟費用査定(手続き)　assessment of costs
訴訟事件事務　judicial business	訴訟手続き上の令状の送達　service of process	訴訟費用査定官　costs officer
訴訟事件審理日程決定　calendar call; call of the list	訴訟手続き停止　stet processus	訴訟費用査定裁判官　costs judge
訴訟事件陳述　statement of the case	訴訟手続き停止登録　stet processus	訴訟費用査定書　allocatur
訴訟事件摘要書　brief; memorandum	訴訟手続きの停止(命令)　stay of proceedings	訴訟費用算定　taxation of costs; taxation
訴訟事件摘要書作成　brief-writing; brief-making	訴訟手続き法廷　Practice Court	訴訟費用算定主事　taxing master
訴訟事件表　court calendar	訴訟手続き濫用　abuse of (legal) process; malicious abuse of (legal) process	訴訟費用支払い命令　costs order
訴訟事件冒頭摘要書　opening brief		訴訟費用書　bill of costs
訴訟事件冒頭本案摘要書　opening brief on the merits	訴訟当事者　litigant	訴訟費用当事者負担方式　party and party basis (of taxation)
訴訟実務　practice, practise	訴訟当事者　party	訴訟費用の詳細査定　detailed assessment of costs
訴訟実務指示　Practice Directions	訴訟当事者が患者である場合の例外　patient-litigant exception	訴訟費用の詳細査定手続き　detailed assessment of costs
訴訟実務主事　practice master	訴訟当事者供託金勘定　Suitors' Deposit Account	訴訟費用の担保　security for costs
訴訟受益原告　use plaintiff	訴訟当事者死亡の訴答　suggestion of death	訴訟費用の略式査定(手続き)　summary assessment (of costs)
訴訟受益者　usee	訴訟当事者の交替　substitution	訴訟費用保険　legal expenses insurance
訴状主部　premises	訴訟当事者の交替　substitution of parties	訴訟費用見積もり人　costs draftsman
訴訟循環　circuity of action	訴訟当事者不足　defect of parties	訴訟不追行　non prosequitur
訴訟上の合意　stipulation	訴訟にかかる費用　mise	訴訟不追行　want of prosecution; lack of prosecution
訴訟資料保管内部命令状　internal litigation-hold letter	訴訟による実現可能財産　right of action; thing in action	訴訟復活訴状　bill of revivor
訴訟資料保管命令　litigation hold	訴訟の移送　transfer of proceedings	訴訟復活・補充訴状　bill of revivor and supplement
訴訟資料保管命令状　litigation-hold letter	訴訟の価額　jurisdictional amount	訴訟物の価額　jurisdictional amount
訴訟好き　litigiousness	訴訟の基礎　gist of (an) action	訴訟不提起契約　covenant not to sue; contract not to sue
訴訟スポーツ観　sporting theory	訴訟の基礎事実　sue facts	訴訟不要意見書　no-action letter
訴訟前協議書　pre-action protocols; protocols	訴訟の禁反言　action estoppel	訴訟方式　form of action
訴訟阻止の申し立て　motion in bar	訴訟の主　dominus litis	訴訟方式　writ
訴訟注視依頼(書)　watching brief	訴訟の状態　state of the case	訴訟幇助　maintenance
訴訟中扶助料　alimony pendente lite; alimony pending suit	訴状の送達　service of claim	訴訟幇助者　maintainor
訴訟中扶養手当　allowance pendente lite	訴訟のための遺産管理人　administrator ad litem	訴訟幇助と利益分配特約付き訴訟援助　maintenance and champerty
訴訟追行　prosecution	訴訟のための近友　litigation friend	訴訟保証人　bail above; bail to the action; special bail
訴訟追行権剥奪制裁　death-penalty sanction	訴訟のための後見人　guardian ad litem	
訴訟追行のための遺産管理人　administrator ad prosequendum	訴訟のための受託者　trustee ad litem	訴訟保証人法廷　Bail Court
訴状提出裁判所記載　direction	訴訟の中断　abatement of action; abatement of suit	訴訟無関係質問書　fishing interrogatory
訴状提出裁判所の記載　address	訴訟の重複　multiplicity of actions [suits, proceedings]	訴訟免除　immunity from suit
訴訟手続き　adjourned		訴訟申し立て受理書　plaint note
訟訴手続き　procedure	訴訟の流れ　caseflow	訴訟申立書　plaint
訴訟手続き　proceeding	訴訟の分離　severance of actions; severance	租税　tax
訴訟手続き　process		租税回避行為　tax avoidance
訴訟手続き延期続行　continuance	訴訟の併合　consolidation of actions; consolidation	租税回避行為防止規定　anti-avoidance provisions
訴訟手続き延期続行記録　continuance	訴訟の併合　joinder of actions	租税回避国[地]　tax haven; tax shelter
訴訟手続き議会制定法　practice act	訴訟の和解　settlement of action	租税軽減計画　tax planning
訴訟手続き記録　minute book	訴状破棄　cassetur billa	租税コード　tax code
訴訟手続き記録係　court recorder	訴訟引延ばし戦術　dilatory tactics	租税裁判所　Tax Court
訴訟手続き記録者　reporter		
訴訟手続き検討常置委員会　Standing Committee on Rules of Practice	訴訟費用　costs	

租税裁判所メモランダム判決　T.C. memo
租税支払い地　tax home
租税収入法　revenue law
租税滞納者財産強制売却処分　tax foreclosure
租税の抜け穴　tax loophole
租税の賦課徴収　tax levy
租税負担減少分の総所得算入準則　tax benefit rule
租税不服審判所　Board of Tax Appeals
蘇生法不要指示　Do Not Attempt Resuscitation order; DNAR order; DNR order
租税優遇措置　tax incentive
租税優先弁済権　tax lien; lien for taxes
注ぎ込み遺言(書)　pourover will
注ぎ込み(条項)　pourover
注ぎ込み信託　pourover trust
措置　démarche, de-
措置　means
措置　measure
措置決定審理　disposition hearing
措置入院前審理　sanity hearing
訴追回避　fleeing from justice
訴追からの逃避　flight from prosecution
訴追側　government
訴追側証人　crown witness
訴追側弁護士　prosecution counsel; counsel for the prosecution
訴追軍法務官　trial judge advocate
訴追者　inspactor
訴追者　prosecutor
訴追者側　prosecution
訴追者の違法行為　prosecutorial misconduct
訴追者の裁量権　prosecutorial discretion
訴追請求　information
訴追請求(状)　complaint
訴追請求(状)の提出　laying (an) information
訴追通告書　notice of intended prosecution
訴追人　trial counsel
訴追の決め手となる証人　prosecuting witness
訴追のための身柄提出令状　habeas corpus ad prosequendum
訴追の握りつぶし　stifling of a prosecution
訴追猶予　deferred prosecution
速記者　stenographer, -phist; shorthand typist [writer]
速記法　shorthand
即金　cash
即金支払い　denumeration
側近調査官　elbow clerk
速決公用収用(手続き)　quick condemnation

速決離婚　quickie (divorce)
俗権　temporalities
俗権後見者　custos temporalium
俗権後見人　guardian of the temporalities
俗権の正式授与(式)　induction
俗権返還令状　restitutione temporalium
率先　initiative
率直開示義務　duty of candor
袖の下　manche-present
訴答　plea
訴答　pleading
訴答　special pleading
(口頭)訴答　parol
訴答逸脱　departure
訴答開始文言　inciptur
訴答作成専門弁護士　special pleader
訴答実体不十分の抗弁　general demurrer
訴答責任　burden of pleading
訴答での法律構成拘束の法理　theory-of-pleading doctrine
訴答に加えられた余計な事項　redundancy
訴答に基づく判決　judgment on the pleadings
訴答に基づく判決の申し立て　motion for judgment on the pleadings
訴答人　pleader
訴答の誤り　miskenning
訴答の終結　close of pleadings
訴答不十分の抗弁　demurrer
訴答不十分の抗弁　demurrer upon pleading
訴答不十分の抗弁者　demurrer
訴答不十分の抗弁争点記録　demurrer book
訴答不十分の抗弁に基づく判決　judgment on demurrer
訴答不十分の抗弁による争点の決定　joinder in demurrer
訴答不十分の抗弁をする[した]訴訟当事者　demurrant
『訴答方式集』　Brevia Placitata
訴答方式不十分の抗弁　special demurrer
訴答末尾　conclusion
訴答無能力　unfitness to plead
訴答要求通告　notice to plead
訴答をなすこと　special pleading
外濠税　fossage; fossagium
ゾーニング　zoning
ゾーニング条例　zoning ordinance
その事件における法　law of the case
その事実自体で　ipso facto
その審理における法　law of the trial
その他の収入　other income
その他の無法なこと　alia enormia
その他の約因　other consideration
その文言自体で誹毀(罪)として訴えることができる中傷的なこと　words ac-

tionable in themselves
祖父条項　grandfather clause
ソフトウェア　software
ソフト・ロー　soft law
ソフトローン　soft loan
祖父不動産回復訴訟　aiel, aile, ayle
祖父不動産回復令状　writ of aiel
粗暴犯罪　violent crime; crime of violence
ソルフォード・ハンドレッド記録裁判所　Salford Hundred Court of Record
それ自体で死をもたらしうる凶器　deadly weapon per se
それぞれの州の法　laws of the several states
損益　profit and loss
損益計算書　income statement; statement of income
損益計算書　profit-and-loss account [statement]
損害　damage
損害　damnum
損害　harm
損害　injury; lesion
損害　loss
損害　vexation
損害額　amount of loss
損害額(決定)　quantum damnificatus
損害額縮減決定　remittitur
損害軽減義務　duty to mitigate the loss
損害軽減の法理　mitigation-of-damages (doctrine)
損害査定人　adjuster, adjustor
損害査定人　loss adjuster
損害証明書　proof of loss
損害責任折半分担　rusticum judicium
損害責任分担　rusticum judicium
損害填補　indemnity
損害填補基準　indemnity basis
損害填補基準の原則　indemnity principle
損害填補の原則　indemnity principle
損害填補賠償(金)　compensatories
損害填補賠償(金)　compensatory damages
損害填補保証契約　indemnity contract
損害填補保証条項　indemnity clause
損害填補保証(証書)　indemnity bond
損害の軽減　mitigation of damages
損害の疎遠性　remoteness of damage
損害の分散　loss spreading
損害賠償　damages
損害賠償　recovery

損害賠償額　recovery
損害賠償額限定条項　limitation-of-damages clause
損害賠償額表　tariff
損害賠償(金)　compensation for damage
損害賠償金　condemnation money
損害賠償金　damages
損害賠償金利息　moratory interest
損害賠償算定基準　measure of damages
損害賠償請求　ad damnum
損害賠償請求訴訟　action for damages
損害賠償請求訴訟　damage action
損害賠償請求文言　ad damnum (clause)
損害賠償責任制限法　limitation-of-liability act
損害賠償責任の肩代わり(契約)　indemnity against liability
損害賠償即時訴求可能契約違反　immediate breach
損害発生の通知　notice of loss
損害不存在の答弁　non damnificatus
損害平分負担の準則　divided damages rule
損害防止約款　sue-and-labor clause; rescue clause; suing and laboring clause
損害保険　indemnity insurance
損害保険(証券)　indemnity policy
損害率　loss ratio
損害を伴わぬ権利侵害　injuria absque damno
尊厳死遺言　living will
尊厳死希望宣言書　declaration of a desire for a natural death
存在　existence
損失　loss
損失の繰戻しによる納付税還付　tax-loss carryback
損失分担補償　restitution
損失補償(額)　compensatory award
損失補償証書　back bond; back letter
損失補償方式　compensation plan
損傷　disfigurement
損傷(物)品　perished goods
存続会社　surviving corporation
存続期間　duration
存続的異議　continuing objection
存続の法理　continuity of life doctrine
尊属法定相続　ascent
ソーンダーズ対ヴォーティエ事件の準則　rule in Saunders v. Vautier
尊重　respect
村落共同体　township
存立可能性　viability

タ

隊　force
(合衆国憲法)第5修正　Fifth
第5修正の援用　taking the Fifth; pleading the Fifth (Amendment)
第7章　chapter 7
第8条命令　section 8 orders
第9章　chapter 9
第9編の担保権　Article Nine security interest
第11章(更生手続き)　chapter 11
第12章　chapter 12
第13章　chapter 13
第28条　Clause 28
第30条命令　section 30 order
第37条調査　section 37 investigation
第47条審問　section 47 enquiry
大アサイズ　grand assize
大アサイズ選出令状　magna assisa eligenda
大アサイズの陪審員　assizer
退位　abdication
代位　subrogation
代位者　subrogee
第一印象　first impression
第一請負業者　prime contractor
第一記名当事者　party of the first part
第一許諾　head license
第一先買権　right of first refusal; preemptive right
第一次責任　primary liability
第一次賃貸借期間　primary term
第一次的管轄権　primary jurisdiction
第一次的管轄権の法理　primary jurisdiction doctrine
第一次的権利　primary right
第一次的ストライキ　primary strike
第一四半期　first quarter
第一次保険　primary insurance
第一次保険担保範囲　primary insurance coverage
第一次募集　initial public offering
第一順位譲渡抵当(権)　first mortgage
第一順位保険金受取人　primary beneficiary
第一使用者　senior user
第一庶民　First Commoner
第一書類　first papers
第一段階侵害　primary-line injury
第一読会　first reading
第一身分　first estate
第一優先権　first option
第一リーエン　first lien
代位通知　imputed notice
第一級　first class
第一級　first degree
第一級軽罪犯　first-class misdemeanant
第一級権原　first-class title
第一級性的行為　first-degree sexual conduct
第一級正犯　principal in the first degree
第一級謀殺　first-degree murder; murder in [of] the first degree; murder one
第一種被保険者　class-one insured
第一審　first instance
第一審管轄権　original jurisdiction
第一審管轄権裁判所　court of original jurisdiction
第一審裁判所　court of first instance; instance court
第一層審判所　First-tier Tribunal
代位認識　imputed knowledge
代位認識　imputed notice
大違背　frolic
大違背と小違背　frolic and detour
大法官　Lord Speaker
退院制限命令　restriction order
大英帝国勲位　Order of the British Empire
退役軍人省　Department of Veterans Affairs
退役軍人省　Veterans Administration
大王権　majora regalia
対応原則　matching principle
対価　quid pro quo
対外援助　foreign aid
対外援助法　Foreign Assistance Act
体外受精　in vitro fertilization; external fertilization; IVF
大海損　gross average
対価型性的いやがらせ　quid pro quo sexual harassment
大学　university
大学裁判所　university court
大学執事卿　High Steward
大学審査法　University Tests Act
耐火材料　fireproofing
対価受領　value received
耐火性化　fireproofing
退化文言　vestigial words
戴冠式　coronation
戴冠式事件　Coronation Cases
戴冠式宣誓　coronation oath
待機　standing by
待機　wait
代議員　delegate
代議員　proctor
大気汚染　air pollution; atmospheric pollution
待機期間　waiting period; waiting time
大気清浄度　air quality
大気清浄法　Clean Air Act

大気保全基準　air quality standards
大気保全取締り地域　air quality management area
大気保全目標　air quality objectives
大規模不法行為　mass tort
大逆罪　lese [leze, lèse] majesty; lhigh treason; aesa majestas
耐久消費財　durable goods; durables; hard goods
怠業　go-slow
怠業　slowdown
怠業ストライキ　slowdown strike
(国外)退去強制　deportation
代金受領後支払い条項　pay-when-paid clause
代金受領条件支払い条項　pay-if-paid clause
代金引換え渡し　cash on delivery; collect on delivery
代金不払いの逃亡　making off without payment
代金未受領の売主　unpaid seller
大軽罪　high misdemeanor
大権裁判所　prerogative court
大憲章　Magna Carta [Charta]; Great Charter
大権命令　prerogative order
大権令状　prerogative writ
太后　queen dowager
大抗議文　Grand Remonstrance
代行権委任令状　dedimus potestatem
対抗手段　countermeasure
耐航性検査　survey
耐航性検査官　surveyor
対抗宣誓供述書　counteraffidavit
代行判断　substituted judgment
代行判断の法理　substituted judgment doctrine
対抗要件を満たさない文書　inchoate instrument
対抗力具備担保権　perfected security interest
対抗力の具備　perfection
対抗力不具備担保権　unperfected security interest
第五級　fifth degree
退国宣誓　abjuration; abjuration of the realm
滞在外国軍隊　visiting forces
対策　countermeasure
第三級　third degree
第三級謀殺　third-degree murder; murder in [of] the third degree; murder three
第三抗弁　triplicatio
第三債務者　garnishee
第三市場　third market
第三四半期　third quarter
第三者　stranger
第三者　third party; third person

第三者が預かる係争物　stake
第三者記録保持者　third-party recordkeeper
第三者再審査訴状　bill in the nature of a bill of review
第三者占有財産仮差押え　foreign attachment
第三者占有財産差押え　arrestment
第三者に対する債務支払い命令　Third Party Debt Order
第三者に対する訴訟手続き　third-party proceedings
第三者に対する訴訟手続きでの指示　third-party directions
第三者による債務者財産の差押え(手続き)　factorizing process
第三者による請求　third-party claim
第三者の権原　outstanding title
第三者の権利　outstanding interest
第三者の権利(の抗弁)　jus tertii
第三者の権利の法理　jus tertii
第三者の訴訟担当適格　third-party standing
第三者の訴訟への引込み　impleader; third-party practice; third-party procedure; vouching-in
第三者のための権利　jus quaesitum tertio
第三者の同意　third-party consent
第三者の念書　letter of comfort
第三者引込みの訴えをした被告　third-party plaintiff
第三者被告　third-party defendant
第三者被告に対する請求　third-party claim
第三者被告引込みの訴え　third-party complaint
第三者への裏書小切手　third-party check
第三者への訴訟　third-party action
第三者への通知　third-party notice
第三者防衛の防御　defense of others
第三者保険　third-party insurance
(条件付き)第三者預託　escrow
(条件付き)第三者預託金口座　escrow (account)
(条件付き)第三者預託契約　escrow contract
(条件付き)第三者預託指示　escrow agreement
(条件付き)第三者預託証書[預託物]受託人　escrow (agent)
第三者預託のための引渡し　delivery in escrow
第三受益者　third-party beneficiary
第三受益者のための契約　third-party beneficiary contract
第三占有者　third possessor
第三読会　third reading
第三身分　third estate

第三令状　pluries writ; pluries
大使　ambassador
胎児　fetus, foe-
胎児　unborn child [person]
大使館　embassy
大司教　archbishop
大司教裁判所管轄要請状　letter of request
大使公邸　embassy
胎児殺し　feticide, foe-
胎児殺し　prolicide
胎児殺害(罪)　child destruction
大使職　embassy
大執事　archdeacon
大執事管区　archdeaconry
大執事裁判所　court of archdeacon; archdeacon's court; archidiaconal court
大執事裁判所裁判官　official
大使の任務　embassage
胎児への不法行為　prenatal tort
対市民参加戦略的訴訟　SLAPP; SLAPP suit
大赦　amnesty; general pardon
貸借　loan
貸借金　loan
貸借対照　rest
貸借対照表　balance sheet; statement of condition
大赦法　act of oblivion
代襲相続　representation
代襲相続人　heir per stirpes
大修道院　abbey
大修道院長　abbot
大修道院領地　abbey land
大十分の一税　great tithe
大主教　archbishop
大主教　metropolitan
大主教裁判所　provincial court
大主教裁判所管轄要請状　letter of request
退出　withdrawal
大巡察　general eyre; eyre
大巡察審問条項　articles of the eyre
大巡察録　eyre roll
退場　walkout
代償　recompense
大小過失の準則　major and minor fault rule, major-minor fault rule
代償的資格喪失　vicarious disqualification
退職　retirement; retiral
退職金　retirement allowance
退職所得保険　retirement-income insurance
退職年金　retirement annuity
退職年金　retirement pension
退職年金保証公社　Pension Benefit Guaranty Corporation
退職年齢　retiring age; retirement age
対処的制定法　temporary statute

代書人　scrivener
代書人的業務の除外　scrivener's exception
大臣　minister; Minister of the Crown
大臣　secretary
対人管轄権　personal jurisdiction; jurisdiction in personam; in personam jurisdiction; jurisdiction of [over] the person
対人権　right in personam; jus in personam
大臣私設秘書議員　Parliamentary Private Secretary
大臣席　Treasury Bench
対人訴権　actio in personam
対人訴訟　action in personam; actio in personam
対人的権利　personal right
対人的通知　personal notice
大臣の責任　ministerial responsibility
対人判決　judgment in personam; in personam judgment; judgment inter partes
大審問　Grand Inquest; Great Inquest
体制　establishment
対世的義務　erga omnes obligation; obligation erga omnes
大聖堂　collegiate church
大西洋憲章　Atlantic Charter
堆積増地　alluvion
大窃盗　grand theft
滞納　delinquency
大選挙区制選挙　election at large
対戦国間交渉　commercia belli
大前提　major premise
滞船料　demurrage
大争議　major dispute
代訴人　attorney
代訴人　proctor
代訴人　procurator
代訴人　responsalis
代替可能物　res fungibiles; fungibles; fungible goods
代替救済(手段)　substitutional remedy
代替居住家屋　alternative accommodation
代替刑の宣告　alternative sentence
代替残余権　alternative remainder
代替受遺者遺贈　substitute gift; substitutional gift
代替取得価額　substituted basis
代替送達　substituted service
代替地　indemnity land
代替の証拠　substitutionary evidence
代替的紛争解決策　alternative dispute resolution
代替動産遺贈　substitutional legacy; substitutional gift

代替投資市場　Alternative Investment Market
代替評価　alternate valuation
代替評価日　alternate valuation date
代替評決　alternative verdict
代替履行　substituted performance
怠惰な治安[風紀]紊乱者　idle and disorderly person
代置　substitution
台帳　graffium, grafium
大勅書　bulla; bull
大邸宅　mansion
大邸宅　mansion house
対敵諜報活動　counterintelligence
対等　parage
対等資格の法理　equal-footing doctrine
対等保有　parage
大統領　president
大統領教書　Presidential message; State of the Union
大統領執務室　Oval Office
大統領制　presidential government
大統領の官吏選任権条項　Appointments Clause
大統領の権能　presidential power
大統領令　executive order
大都市圏州　metropolitan county
大都市圏州参事会　metropolitan council
大都市圏地区　metropolitan district
大都市圏地区参事会　metropolitan district council
第二記名当事者　party of the second part
第二級　second degree
第二級正犯　principal in the second degree
第二級謀殺　second-degree murder; murder in [of] the second degree; murder two
第二強制執行令状　alias execution
第二検認状　double probate
第二公的年金(制度)　State Second Pension
第二財産差押令状　reextent
第二財産評価令状　reextent
第二次差押え　recaption
第二次自救の差押え　recaption
第二次自救的動産差押え　second distress
第二次譲渡抵当市場　secondary market
第二次責任　secondary liability
第二次的権利　secondary right
第二次動産差押え　second distress
第二四半期　second quarter
第二次分売　secondary distribution

第二次募集　secondary offering
第二種被保険者　class-two insured
第二順位受益者　contingent beneficiary
第二順位譲渡抵当(権)　second mortgage
第二順位保険金受取人　contingent beneficiary; secondary beneficiary
第二召喚状　alias summons
第二譲渡抵当権　surcharge
第二書類　second papers
第二段階侵害　secondary-line injury
第二動産引渡し令状　second deliverance
第二読会　second reading
第二罰金付き召喚令状　alias subpoena
第二身分　second estate
第二リーエン　second lien
第二令状　alias (writ)
代人　stand-in
滞納　delinquency
滞納処分地条件付き売却決定書　tax certificate; tax sale certificate
滞納税金　back tax
滞納賃料　back rent
大陪審　grand jury; grand inquest
大陪審員　grand juror
大陪審条項　Grand Jury Clause
大陪審での証人　grand jury witness
大陪審による取調べ　grand jury investigation
大パイプ・ロール　Great Roll (of the Pipe)
ダイバージョン・プログラム　diversion program; pretrial diversion
ダイバージョン・プログラム実行被告人　divertee
ダイバージョン・プログラムへの組み込み　diversion
大反乱　Great Rebellion
退避　retreat
退避の準則　retreat rule
退避不能の準則　no-retreat rule
代表　delegate
代表　representation
代表訴え　representative claim
(王国)大評議会　magnum concilium (regni); concilium magnum (regni); Great Council (of the Realm)
代表(者)　representative
代表者　delegate
代表者としての資格　representative capacity
代表制　representation
代表訴訟　representative action; representative suit
代表団　delegation
代品入手　cover
対物管轄権　in rem jurisdiction;

jurisdiction in rem; jurisdiction of the res
対物権 right in rem; jus in re; jus in rem; real right
対物訴権 actio in rem
対物訴訟 action in rem; actio in rem
対物判決 judgment in rem; in rem judgment
代物弁済 accord and satisfaction
代物弁済 dation en paiement; giving in payment
代物弁済の合意 accord executory; accord; executory accord
大ブリテン島 Great Britain
大ブリテン島とアイルランドの連合王国 United Kingdom of Great Britain and Ireland
大ブリテン島と北アイルランドの連合王国 United Kingdom of Great Britain and Northern Ireland
代弁人 narrator; counter
逮捕 arrest; apprehension; arrestment; caption; seizure
逮捕あるいは犯罪訴追の妨害(罪) impeding apprehension or prosecution
大法官 Chancellor of England; Chancellor; Lord (High) Chancellor
大法官府 Chancery
大法官府控訴裁判所 Court of Appeal in Chancery
大法官府国璽部 Crown Office in Chancery
大法官府裁判所 Court of Chancery; Chancery Court; Chancery
大法官府裁判所改正法 Chancery Amendment Act 1858
大法官府裁判所書記官 Clerk of Records and Writs
大法官府裁判所訴状 bill in chancery
大法官府裁判所訴訟当事者手数料基金 Suitors' Fee Fund
大法官府裁判所申し立て審理日 seal day
大法官府主事 Master in Chancery; Master of the Chancery
大法官府主事作成令状 breve magistrale
大法官府宣誓書記 sworn clerks in Chancery
大法官府の被後見人 ward in [of] chancery
大法官府部 Chancery Division; Chancery
大法官府部主事 Chancery Master; Master of the Chancery Division
大法官府部専門法廷弁護士 Chancery Bar
大奉仕保有 grand serjeanty [serjeanty]

大法廷 full court; court in banc [in bank, en banc, en bank, in banco]; full bench
大法廷 in banc sitting; en banc sitting; sitting in [en] banc
大法廷で(の) in banc
大法廷に対する申し立て motion in banc
逮捕記録(簿) arrest record; blotter; log; police blotter
逮捕権能 power of arrest
逮捕者収監前の身体捜査 inventory search
逮捕状 arrest warrant; warrant of arrest
逮捕状がなくては逮捕できない犯罪 nonarrestable offense
逮捕状がなくても逮捕できる犯罪 arrestable offense
逮捕する人 arrester
逮捕抵抗(罪) resisting arrest; resisting lawful arrest
逮捕歴記録 arrest record; bench blotter; blotter; log; police blotter
タイムシェアリング time-sharing; timeshare
タイムシェアリング不動産賃貸借[賃借権] timeshare lease
対面 confrontation
対面条項 Confrontation Clause
ダイヤー法 Dyer Act
貸し lending
太陽日 solar day
耐用年数 service life
耐用年数 useful life
第四級 fourth degree
第四四半期 fourth quarter
第四身分 fourth estate
代理 agency
代理 deputy
代理 proxy
代理 representation
代理 surrogate
代理 vicar
代理遺言執行者 substituted executor
代理委任状 letter of attorney
代理業派遣労働者 agency worker
大陸会議 Continental Congress
大陸棚 continental shelf
大陸法 continental law; civil law
大陸法系 civil law system
大陸法法律家 civil lawyer
代理結婚式 proxy marriage
代理決定 proxy decision
代理権 agency
代理権 authority
代理権 praepositura
代理権 procuration
代理権者 proxy holder
代理権授与者 constituent

代理権授与証書 procuracy
代理権の撤回 revocation of agency
代理公使 chargé d'affaires
代理署名 proxy signature
代理責任 vicarious liability; vicarious responsibility
対立仮決定 cross rules
対立利害 adverse interest
代理店 agency
代理による助言 ABWOR
代理(人) locum tenens
代理人 agent; representative
代理人 attorney
代理人 attorney-in-fact; private attorney
代理人 delegate
代理人 procurator
代理人 proxy
代理人としての資格 representative capacity
代理人による出頭 appearance by attorney
代理母 surrogate mother [parent]; surrogate
代理母合意 surrogate-parenting agreement
代理母取決め surrogacy arrangement
代理母をつとめること surrogacy
大量 bulk
大量株式取得規則 SARs; Substantial Acquisition Rules
大量殺人 mass murder
大量取引障害 blockage
大量取引障害準則 blockade rule
大量破壊兵器 weapon of mass destruction
代理履行 vicarious performance
(自由の)大令状 great writ (of liberty)
(財務府)大ロール Great Roll (of the Exchequer)
大ロンドン Greater London
大ロンドン参事会 Greater London Council
大ロンドン政府 Greater London Authority
ダウジョーンズ平均株価 Dow-Jones average
タウン town
タウンシップ township
タウン書記 town clerk
タウンゼンド諸法 Townshend Acts
タウンハウス town house; townhome
タウン弁護士 town counsel
タウンホール town hall; townhouse
タウン・ミーティング town meeting
耐えがたい虐待 intolerable cruelty
唾液検査 saliva test
タカ派 hawk
宝くじ lottery

抱き合わされるサービス	tied service
抱き合わされる製品	tied product
抱合わせサービス	tying service
抱合わせ製品	tying product
抱合わせ提案	logrolling
抱合わせ取決め	tying arrangement; tie-in arrangement
抱合わせ法案	omnibus bill
薪採取権	firebote
抱き込み	packing
妥協	compromise
妥協による評決	compromise verdict
択一的救済(手段)	alternative relief; alternative remedy
択一的主張	disjunctive allegation
択一的条件	disjunctive condition
択一的訴因	alternative count
択一的注文	alternative order
択一的否認	disjunctive denial
卓床離婚	divorce a mensa et thoro; separation a mensa et thoro; separation from bed and board
托身	commendation
諾成契約	consensual contract
託送	consignation
託送	consignment
託送人	freighter
宅地外捜索の準則	open fields rule
宅地外捜索の法理	open fields doctrine
托鉢修道士	friar
たくらみ	trick
他権者	alieni juris
多元的証拠	multiple evidence
多元的証拠の許容(性)	multiple admissibility
多国間開発銀行	multilateral development bank
他国銀行口座振替	bank transfer
多国籍企業	multinational corporation; transnational corporation
他裁判所宛誤審令状	coram vobis; writ of coram vobis
出し抜くこと	circumvention
他車運転条項	drive other cars clause
他者の権利	autre droit
多重起訴	multiplicity
他州裁判所	foreign jurisdiction
他州証書認証官	commissioner of deeds
多州籍企業	multistate corporation
多重訴追	multiplicity of actions [suits, proceedings]
多重手順	multi-track
他州での作成文書	foreign document
他州での離婚	foreign divorce
他州の裁判所	foreign court
他州判決	foreign judgment
他州判決執行	enforcement of foreign judgment
他州判決執行法	Enforcement of Foreign Judgments Act
他州法	foreign law
多種危険担保保険(証券)	multiperil policy
他主占有	derivative possession
多種目保険	multiple-line insurance
他生涯不動産権	estate pur autre vie; life estate pur autre vie; tenancy pur autre vie
他生涯不動産権者	tenant pur autre vie
他証拠の準則	aliunde rule
多職能組合	multicraft union
多数	masses
多数意見	majority opinion
多数決	majority decision
多数決(原理)	majority rule
多数決投票制	majority voting
多数説	majority rule
多数党の院内総務	majority leader
多数派	majority
多数派株主	majority shareholder [stockholder]
多数評決	majority verdict
多数持分	majority interest
助かる機会の法理	chance-of-survival doctrine
堕胎(罪)	illegal abortion
戦い	fight
戦いを起こすこと	levying war
但し書	proviso
正しさ	rectitude
ただ乗り	free ride
ただ乗り(行為)	free riding
立会い	session
立会場	floor
立会人	watcher
立入り	entry
立入許可	bare license
立入禁止区域	exclusion zone
立入禁止命令	exclusion order
立入権	entry; right of entry
立入権	license, -ce
立入権原	title of entry
立入権者	licensee, -cencee
立入被許可者	bare licensee; licensee, -cencee; mere licensee; naked licensee
立木	⇨りゅうぼく
立ち去らずにいること	loitering
立場	position
ダチョウの誇示	ostrich instruction
ダチョウの防御	ostrich defense
奪還	rescue
脱獄	escape
脱獄	jailbreak; breach of prison; jail breaking
脱獄	prison breach; prison breaking
脱獄を常習的に試みる囚人名リスト	E list
奪取	spoliation
脱税	evasion
脱税	tax evasion; evasion; tax fraud
脱走	desertion
脱走兵	deserter
脱退組合員	retiring partner
脱漏	lacuna
脱漏法定相続人	pretermitted heir
脱漏法定相続人法	pretermitted heir statute
楯金	scutage; escuage; king-geld
建具	fixture
建具類	fitting
楯奉仕保有	escuage
建物使用許可証	certificate of occupancy
建物所有者兼占有者	owner-occupier
建物保存通知(書)	building preservation notice
建物用土地賃貸借	building lease
ダーデン事件の審理	Darden hearing
ダートマス大学事件	Dartmouth College case
ダートマス大学対ウッドワード事件	Dartmouth College v. Woodward
棚上げ会社	shelf company; shelf corporation
棚上げ証券	shelf security
棚上げ証券発行	shelf issue
ダナウェイ事件の審理	Dunaway hearing
棚卸し資産	inventory
たなぼた利益税	windfall-profits tax
他人資本調達	debt financing
多人数強盗	conjoint robbery
他人の財産に対する権利	jus in re aliena
他人の生涯	autre vie
他人の生涯の間	per autre vie
他人の土地から便益を得る土地	dominant estate; dominant tenement
ダーネル事件	Darnel's Case
他の救済(手段)を尽くすこと	exhaustion of remedies
楽しいこと	pleasure
ダーバート事件のテスト	Daubert test
度重なる暴力をうけた子	battered child
度重なる暴力行為をうけた妻	battered wife
旅立とうとする証人	going witness
タブ	tabs
タフト-ハートリー基金	Taft-Hartley fund
タフト-ハートリー法	Taft-Hartley Act
『タブラ・アマルフィタナ』	Tabula Amalfitana, -phi-
ダブル化	double-breasting

他法組込み制定法　reference statute
他保険条項　other insurance clause
だまして売りつけること　palming off
ダミー　dummy
ダミー会社　dummy corporation
タームローン　term loan
たらい回し　daisy chain
たらい回し横領金埋め合わせ　lapping
堕落　corruption
ダーラム事件の準則　Durham rule
ダラム大法官　Chancellor of (the County Palatine of) Durham
ダラム・パラティニット州大法官府裁判所　Chancery Court of the County Palatine of Durham
たれ襟　bands
誰か別人がやったという防御　SODDI defense
タレッジ　tallage; tailage
男　baron
(一)単位　lot
単位　unit
単位価格表示　unit pricing
単位型投資信託　unit investment trust
単位語数　folio
単一欧州議定書　Single European Act
単一監査(権)　sole custody
単一行政文書　single administrative document
単一組合協約　single-union agreement
単一行為犯罪　instantaneous crime
単一行為法　single-act statute
単一国家　unitary state
単一式公益残余権信託　charitable remainder unitrust
単一式信託　unitrust
単一市場　Single Market
単一窃盗罪の法理　single-larceny doctrine
単一引当て財産債権者　single creditor
単位名　denomination
弾劾　impeachment
弾劾可能な犯罪　impeachable offense
弾劾告発書　articles of impeachment
弾劾裁判所　court (for the trial) of impeachments; impeachment court
弾劾主義　accusatorial system
弾劾(主義)手続き　accusatorial procedure
弾劾証拠　impeachment evidence
段階税　graduated tax
段階的取引の法理　step transaction doctrine

弾劾手続き　grand inquest
弾劾手続き担当議員　manager
嘆願者　suppliant
短期安全運用　parking
短期委譲投票　single transferable vote
短期貸付け　short-term loan
短期借入金　call money
短期間　short term
短期間賃貸借　operating lease
短期金融市場　money market
短期厳格ショック療法的処分　short sharp shock
短期債券　shorts
短期債務　short-term debt
短期資本利得　short-term capital gain
短期借家(権)　shorthold tenancy
短期召喚状　short summons; short notice
短期証券　short-term security
短期滞在外国人　transient alien [foreigner]
短期賃借権　short lease
短期賃貸借　short lease
短期通知　short notice
短期手形　short bill
短期売買差益　short-swing profit
短期不動産賃借権　short lease
短期不動産賃貸借　short lease
短期保護借家(権)　protected shorthold tenancy
短期保証借家(権)　assured shorthold tenancy
探求　hunt
短期融資　call loan
短期料率　short rate; short term
断言　affirmation
談合　knockout
談合協定　knock-out agreement
探鉱契約　grubstake contract
堪航能力　seaworthiness
堪航能力のある船舶　seaworthy vessel
探索請負い業　skiptracing agency
探索(業)　skiptracing
短時間審理事件　short cause
短時間審理事件表　short cause calendar
短時間審理事件リスト　short cause list
断食日　fast day
単式簿記　single entry; single-entry bookkeeping
男子限嗣(権)　tail male
男子限嗣封土権　estate tail mail
男子直系卑属　male issue
短縮　remission
短縮されない刑期　flat time
単純過失　simple negligence
単純契約　simple contract
単純合意　simple agreement
単純強盗　simple robbery

単純債務　single obligation
単純債務証書　bill single; single bill
単純譲渡抵当権条項　open mortgage clause; simple mortgage clause
単純信託　simple trust
単純窃盗　simple larceny
単純捺印金銭債務証書　single bond
単純引受け　general acceptance
単純不動産権より劣る不動産権の設定　limitation
単純暴行　simple assault
単純暴行　simple battery
単純封土権　fee simple; estate in fee simple
単純封土権者　tenant in fee
単純封土権譲渡捺印証書　deed in fee
単純封土権地代　fee farm rent
単純封土権表示文言　and his heirs
単純保険金受取人条項　simple loss payable clause
単純明白な区分線　bright line
単純明白な区分線の準則　bright line rule
単純誘拐(罪)　simple kidnapping
単純傭船(契約)　simple charter
男色　buggery
男女同一賃金　equal pay
男女平等憲法修正案　Equal Rights Amendment
団体　association
団体　college
団体　organization
団体規約　articles of association; articles of organization
団体交渉　collective bargaining; bargaining
団体交渉代表　collective bargaining agent
団体交渉担当者　business agent
団体行動　concerted activity
団体商標　collective trademark
団体信用生命保険　group credit (or) insurance
団体生命保険　group life insurance
団体年金　group annuity
団体標章　collective mark
団体保険　group insurance
探知　detection
段違い制定法　split level statute
探偵　detective
担当事件数　caseload
担当事件割当て日　intake day
担当弁護士間の報酬の配分　fee splitting
単独海損　particular average; partial average; simple average
単独海損犠牲損害　particular average loss

単独権原 singular title
単独行為 unilateral act
単独仕入れ合意 solus agreement
単独署名 private signature
単独所有者 sole owner; sole proprietor
単独治安判事裁判所 justice court; J.P. court; justice of the peace court; justice's court
単独的指名権 collateral power
単独の結びつき solus tie
単独法人 corporation sole; sole corporation
単独保有 entire tenancy
単独保有者 sole tenant
単なる言明 simplex dictum
単なる権利 mere right
単なる証拠の準則 mere evidence rule
単なる名義人 nominee
ダンピング dumping
ダンピング法 Dumping Act
ダンプカー弁護士 dump truck lawyer
(副)担保 collateral
担保 charge
担保 cover
担保 coverage
担保 guarantee
担保 pledge; gage
担保 security
担保 wad
担保 warranty
担保 wed
担保違反 breach of warranty
担保勘定 assigned account
担保継続条項 held covered clause
担保権 security interest
担保権行使順位決定(則) marshaling (of) securities
担保権行使順位決定の準則 rule of marshaling securities
担保権者 chargee
担保権者 secured party
担保権説 lien theory
担保権の目的物 collateral security
担保債権者 secured creditor
担保財産 collateral
担保差額 margin
(権原)担保条項 covenant of warranty
担保責任拡張 further assurance
担保責任拡張約款 covenant for further assurance
担保責任の排除 disclaimer of warranty
担保設定後取得財産(権) future acquired property
担保設定命令 charging order
担保付き貸付け secured loan
担保付き債券 secured bond
担保付き債務 secured debt
担保付き取引 secured transaction

担保付き約束手形 secured note; collateral note
担保付き約束手形保証約束手形 hand note
担保提供制限条項 negative-pledge clause
担保に関する合意(書) security agreement
担保荷物貸渡し trust receipt
担保荷物保管証 trust receipt
担保のための信託証書 deed of trust; trust deed; trust indenture
担保範囲 coverage; protection
担保不足金回復請求訴訟 deficiency suit
担保不足金判決 deficiency judgment
担保物 guarantee
担保物復帰条項 defeasance clause
担保不動産権 estate in gage; estate in vadio
担保約束違反 breach of warranty
(権原)担保約款 covenant of warranty
単利 simple interest
弾力化労働 flexible working
弾力条項 Elastic Clause
暖炉税 hearth money; chimney money

チ

血 blood
治安 peace
治安維持官 conservator of the peace; keeper of the peace
治安維持官 custodes pacis
治安維持担当官 conservator of the peace
治安官 constable
治安官管轄区域 constablewick
治安裁判所 sessions of the peace; sessions
治安裁判所判事 justices of the sessions
治安書記 clerk of the peace; justices' clerk
治安担当官 peace officer
治安に対する犯罪 offense against the public order [peace]
治安の維持 keeping the peace
治安判事 commission of the peace
治安判事 justice of the peace; beak; justice; magistrate; magistrate judge
治安判事管轄区 magisterial precinct
治安判事記録保管者 custos rotulorum; Keeper of the Rolls
治安判事裁判所 magistrate's[magistrates'] court; magistrate court
治安判事裁判所委員会 magistrates' courts committee
治安判事裁判所管轄区域 petty-sessions area; petty sessional division
治安判事裁判所首席判事 chairman of the bench [justices, magistrates]
治安判事裁判所地方裁判官 district judge (magistrates' court)
治安判事四季会議 quarter sessions
治安判事主任管理官 justices' chief executive
治安判事小会議 petty sessions
治安判事書記 clerk to the justices; justices' clerk; magistrates' clerk
治安判事任命書 commission of the peace
治安判事任命地域 commission area
治安判事発行逮捕状 justice's warrant; peace warrant
治安紊乱 disorder
治安紊乱行為 disorderly conduct
治安紊乱者 disorderly person; disorderly
治安紊乱的ピケ(ティング) disorderly picketing
地位 position
地位 post
地域 region
地域委員会 Committee of the Regions
地域援護収容センター residential community treatment center
地域開発機関 regional development agency
地域開発計画 Regional Development Plan
地域改良 local improvement
地域矯正センター community correctional center
地域共同体 community
地域共同体・地方行政省 Department for Communities and Local Government
地域空間戦略 regional spatial strategy
地域計画機関 regional planning body
地域公共医療実施機関 Regional Health Authorities
地域交渉 area bargaining
地域サービス局 Community Service Administration
地域児童保護委員会 Area Child Protection Committee
地域社会 community
地域社会信託 community trust
地域社会による監督 community control
地域ゾーニング委員会 community

和英対照表

zoning board
地域地区規制 zoning
地域地区規制条例 zoning ordinance
地域的基準 local standard
地域的私法律 local act
地域的・人的特別立法 local and special legislation
地域的特別法 local law; special law
地域的土地評価裁判所 local valuation court
地域的負担金 local assessment
地域的負担金リーエン local assessment lien
地域法的助言 Community Legal Advice
地域防犯(体制) community policing
地域法律扶助提供 Community Legal Service
地位・財産などが目当ての婚姻 marriage of convenience
小さな土地 membrum
チェオルル ceorl
地役権 easement; hesia
地役権的放牧入会権 herbage
チェックカード check card; bank card
遅延 delay
遅延損害金 delinquency charge
誓い vow
近いこと proximity
地階裁判所 basement court
治外法権 extraterritoriality
地下運搬通行料 haulage royalty
知覚 perception
知覚証人 percipient witness
地下経済 underground economy
地下権 subsurface interest
地下市場 black market
地下水合理的配分利用権の法理 correlative rights doctrine
力 arm
力 vis
地下牢 dungeon
地区 district
地区 park
地区 precinct
地区 tract
地区 zone
地区軍法会議 district court-martial
地区警察本署管区 police precinct
地区検察官 district attorney; DA
地区検事 public prosecutor
地区公共医療実施機関 District Health Authority
地区参事会 district council
逐次執行の刑の宣告 consecutive sentences
逐次不法行為者 consecutive tortfeasors

蓄積 accumulation
蓄積信託 accumulation trust
蓄積・扶養継承財産設定 accumulation and maintenance settlement
地区代理店 local agent
地区別索引 tract index
笞刑 whipping
知事 governor
致死的暴力 deadly force
致死的暴力の脅威 nondeadly force
地上権 superficies
地上物 superficies
知人強姦 acquaintance rape
治世 reign
治世年 regnal year
地積リーグ land league
地代 firma
地代 gavel; gabel
地代 render
地代 rent, reditus
遅滞 delay
地代支払い義務付き封土権(授与) perpetual lease
地代支払い保有 feu, few
地代徴収権移転確認令状 quem redditum reddit
地代付き封土権 fee farm; feodi firma; firma feodi
地代付き封土権者 tenant farmer; farmer
地代定期支払い gale
地代負担 rentcharge
地代奉仕(義務) rent service
遅達との復命 tarde venit
父 father
父親の育児休暇 paternity leave
父親の死後に生まれた子 posthumous child
父殺し patricide
父の決定 filiation
父の決定手続き filiation proceeding
蛍居 keeping house
秩序 order
秩序ある自由 ordered liberty
チップ tip
知的工業所有権保護国際事務局 International Bureau for the Protection of Intellectual Property
知的財産 intellectual property
知的財産局 Intellectual Property Office
知的財産権 intellectual property
知的所有権 intellectual property
知的所有権の貿易関連の側面に関する協定 Agreement on Trade Related Aspects of Intellectual Property Rights
血に染まった手 red hands
血のアサイズ(裁判) Bloody Assizes
血の復讐 vendetta

地表 surface
地表運輸 surface
地表運輸委員会 Surface Transportation Board
地表延長区域内鉱業権 intraliminal right
地表権 surface interest
地表生育植物 vesture; vesture of land
地方会計検査官 district auditor
地方開発命令 local development order
地方慣行 local usage
地方慣習 local custom
地方慣習法 local custom
地方慣習法の鋤奉仕保有 customary socage
地方規制活動効率化事務所 Local Better Regulation Office
地方行政 local government
地方行政監察官 Local Government Ombudsman
地方行政境界委員会 local government boundary commissions
地方行政区域 local government area
地方行政苦情委員 Local Government Commissioner
地方行政苦情委員会 Commission for Local Administration in England
地方行政費用負担金 community charge
地方拒否権 local veto
地方計画当局 local planning authority
地方警察当局 police authority
地方警察本署 police station
地方検察官 procurator fiscal
地方公企業 local concern
地方公共団体 local government
地方公共団体 municipal corporation; Corporation
地方公共団体 public corporation; political corporation
地方交付税 grant in aid
地方債 municipal bond; municipal
地方債証券 municipal security
地方裁判官 district judge
地方裁判所 district court
地方裁判所裁判官 district judge
地方裁判所治安判事 district-court magistrate
地方参事会 cyngor
地方自治(規定) home rule
地方自治体 local authority
地方自治体 municipality
地方自治体公益事業部門 municipal utility district
地方自治体里親 local authority foster parents
地方自治体参事会 local authority

地方自治体参事会税　council tax
地方自治体住宅家賃割引き　rent rebate
地方自治体譲渡抵当　local authority mortgage
地方自治体認定宝くじ　local lottery
地方自治体の会計検査委員会　Audit Commission
地方自治体の役人　corporate authority
地方自治体保護児童　child being looked after by a local authority
地方児童保護委員会　Local Safeguarding Children Board
地方支部　local
地方住宅当局　local housing authority
地方住民　country
地方住民による裁判　trial per pais
地方住民による審理　trial by (the) country
地方宿泊設備供与当局　local housing authority
地方首席行政官　chief executive
地方税　local tax
地方税　rate
地方税徴収命令執行機関　precepting body
地方税徴収命令当局　precepting authority
地方税納付者　ratepayer
地方政府　local government
地方税賦課　rating
地方選択権　local option
地方治安判事割当て地域　local justice area
地方的規則　local rule
地方的物上負担　local land charge
地方的物上負担登録簿　local land charges register
地方的偏見　local prejudice
地方当局　local authority
地方統治　local government
地方統治委員会　Local Government Board
地方統治区分　political subdivision
地方登録所　district registry
地方の裁判所　local court
地方補助裁判官　district registrar
チームワーク　teamwork
地名誤記　misnomer
致命的瑕疵　fatal defect
致命的誤謬　fatal error
致命的齟齬　fatal variance
着手金　retainer
嫡出　mulierty
嫡出化　legitimation
嫡出子　legitimate child
嫡出子　mulier
嫡出(性)　legitimacy
嫡出宣言　declaration of legitimacy

嫡出の次男　mulier puisne; mulier younger
嫡出の推定　presumption of legitimacy
嫡出の直系卑属　lawful issue
着床前遺伝子診断　preimplantation genetic diagnosis
着船　arrived ship
着陸　landing
チャーター機　charter plane
チャーター便　charter flight
チャーティスト運動　Chartism
茶法　Tea Act
チャンネル諸島　Channel Islands
治癒　cure
注　note
注意　admonition
注意　care
注意　diligence
注意　disclaimer
注意　lookout
注意義務　duty of care; duty; duty to take care
注意の程度　degree of care
注意の標準　standard of care
注意分散の法理　distraction doctrine
中央卸市場　emporium
中央銀行　central bank
中央刑事裁判所　Central Criminal Court
中央情報局　Central Intelligence Agency
中央政府　national government
中央仲裁委員会　Central Arbitration Committee
仲介　mediation
仲介　intermediation
仲介契約　finder's fee contract
仲介事実　mediate fact
仲介者　finder
仲介者　middleman; middleperson
仲介証拠　mediate evidence
仲介代理人　internuncio; internuncius
仲介手数料　finder's fee
仲介人　intermediary
鋳貨局長　Master of the Mint
中核手続き　core proceeding
中間管理職(者)層　middle management
中間銀行　intermediary bank
昼間勤務者　dayworker
中間決定　interlocutory decision
中間裁判所　intermediate court
中間差止め命令　interim injunction
中間施設　halfway house
中間者　intermediary
中間上訴　interim appeal; interlocutory appeal
中間上訴裁判所　intermediate

court of appeal; intermediate appellate court
中間上訴法　Interlocutory Appeals Act
中間譲渡　mesne assignment
中間訴訟手続き　interim proceedings; interlocutory proceedings
中間的差止め命令　interlocutory injunction
中間手続き訴訟費用分離支払い(命令)　costs in any event
中間手続き訴訟費用併合支払い(命令)　costs in the case
中間手続き訴訟費用留保(命令)　costs reserved
中間配当　interim dividend
中間判決　interim judgment
中間判決　interlocutory decision
中間判決　interlocutory decree
中間判決　interlocutory judgment
中間不動産譲渡　mesne conveyance
中間平静期　lucid interval
中間没取　intercept
中間命令　interlocutory order
中間約定　intermediate terms
中間利得　mesne profits
中間領主　mesne lord; mesne
中間領主からの不動産保有　mesne tenure
中間領主権　mesnalty, -nality
中間領主領　mesnalty, -nality
中間令状　mesne process
仲裁　arbitration
仲裁　laudum
仲裁契約　compromis d'arbitrage
仲裁合意　arbitration agreement
仲裁裁定　award
仲裁裁定　laudum
仲裁裁定人　umpire
駐在使節　resident
仲裁条項　arbitration clause
仲裁による判断　arbitration award
仲裁人　stickler
仲裁人　amicable compounder
仲裁人　arbitrator; arbiter; daysman, deiesman
仲裁人団　arbitration board; arbitration tribunal
仲裁人の判断　arbitrator's award
仲裁判断　arbitrium
仲裁判断　arbitrament; award
仲裁判断済みの抗弁　arbitration and award
仲裁判断の抗弁　arbitrament and award
仲裁判断不存在の答弁　no award; nul agard
仲裁付託契約　compromis d'arbitrage
仲裁付託合意　submission
仲裁付託合意不存在の答弁　non submissit

和英対照表

仲裁法 arbitration act
忠実 loyalty
忠実義務 duty of loyalty
駐車 parking
駐車違反 parking offenses
注釈 annotation
注釈 comment
注釈 gloss
注釈学派 Glossators
『注釈合衆国法律集』 United States Code Annotated
注釈付き判例集 annotated law reports
注釈付き法律集 annotated statutes
駐車場 park
中傷 disparagement
中小企業 SMEs
中傷禁止条項 nondisparagement clause
中傷の陳述 scandalous statement
中傷の申し立て scandalous matter; scandal
抽象的な問題 academic question
中心部分 body
忠誠 allegiance; ligeance, liegeance
忠誠 loyalty
忠誠義務違反 felony
中性子放射化分析 neutron activation analysis
忠誠宣誓 oath of allegiance; loyalty oath
忠誠の義務 allegiance
忠誠の放棄 abjuration of allegiance
沖積層低地 bottomland
抽選式分配商法 gift enterprise
鋳造貨幣検査 trial of the pyx
中断 abatement
中断原因 superseding cause
中程度の緊急性 mild exigency
中程度の厳格審査 intermediate scrutiny
駐屯地 station
注文 order
注文していない物品・役務 unsolicited goods and services
注文していない物 unsolicited goods
中立 neutrality
中立化 neutralization
中立公平な調停者 honest broker
中立国 neutral
中立国船舶[中立船]証明書 sea letter; passport
中立国船舶証明書 sea letter
中立主義 neutralism
中立遵守法 neutrality law
中立船証明書 sea letter
中立的原則 neutral principles
中立法 Neutrality Acts
中立法規 neutrality law
治癒機会喪失の法理 loss of chance doctrine
治癒的証拠許容の法理 curative admissibility doctrine
治癒的証拠の許容(性) curative admissibility
治癒的説示 curative instruction
丁 folio
長 president
懲役(刑) penal servitude
懲戒規程 disciplinary rule
懲戒証拠開示議員 manager
懲戒的裁判権 correctional jurisdiction
懲戒手続き disciplinary proceeding [procedure]
懲戒罰 censure
超過額 excess
超過額保険 excess insurance
超過勤務(時間) overtime
超過勤務手当 overtime
超過支出 deficit spending
超過した量 excess
超過収用地 superfluous lands
超過数家畜放牧 surcharge
超過地代押耗救済令状 onerando pro rata portionis
超過賠償 double recovery
超過発行 overissue
超過保険 overinsurance
超過利得 excess profits
長官 director
長官 president
長官 secretary
超記憶的慣行 immemorial usage
超記憶的存在 immemorial existence
長期貸付け long-term loan
長期議会 Long Parliament
長期休廷期間 long vacation
長期固定期間不動産賃借権 long tenancy
長期債券 longs
長期債券 long-term bond
長期債務 long-term debt
長期資本損失 long-term capital loss
長期資本利得 long-term capital gain
長期賃貸借 long lease
長期賃貸借[賃借権] long-term lease
長期手形 long-dated bill [paper]
長期手形 long-term note
長期手形 long bill
長期土地賃貸借 ground lease; ground rent lease; land lease
長期土地賃貸借賃貸人 ground landlord
長期負債 long-term liabilities
長期不動産賃貸借 long lease
長期不動産賃貸借[賃借権] long-term lease
長期保険(証券) term policy
長期無利用保管 dead storage
長距離電話料 toll
調査 canvas, -vass
調査 examination
調査 inquiry
調査 investigation
調査 search
調査 survey
調査委員会 board of inquiry
調査官 clerk
調査官職 clerkship
調査質問 investigatory interrogation
調査受命者 viewer
調査審問員団 inquiry panel
調査審問機関 tribunal of inquiry
調査宣誓供述書 affidavit of inquiry
調査のための援助 investigative help
長姉権 esnecy; aesnecia
長子相続権 right of primogeniture
長子相続(制) primogeniture
長姉分 enitia
聴取 audience
聴衆 audience
弔鐘の法理 death knell doctrine
弔鐘の例外 death knell exception
潮水 tidewater
調整 adjustment
調整 reconciliation
調整金 owelty
調整債券 adjustment bond
町政執行者 supervisor
調整取得価額 adjusted basis
調整取得原価 adjusted cost basis
調整証券 adjustment security
調整総遺産額 adjusted gross estate
調整総所得額 adjusted gross income
調整報告書 reconciliation statement
徴税予約束手形 tax anticipation note
超先例 superprecedent
超多数 supermajority
調達 procurement
調達規則 procurement regulations
調達契約 procurement contract
調停 conciliation; facilitation
調停 mediation
調停委員会 conciliation committee
調停員 conciliation officer
調停・仲裁機関 Advisory, Conciliation and Arbitration Service; ACAS, Acas; Conciliation Service
調停・仲裁機関制 ACAS Arbitration Scheme
調停による和解契約 mediated set-

tlement agreement
調停人 mediator
超年度未徴収額記録集 exannual roll
徴発 embargo
徴発 requisition
挑発 provocation
懲罰 chastisement
徴発(権) purveyance
懲罰的隔離 punitive segregation
懲罰的金銭債務証書 penal bond
懲罰的訴追 vindictive prosecution
懲罰的損害賠償(金) punitive damages; exemplary damages; presumptive damages; speculative damages
懲罰的損害賠償金 smart money
懲罰的捺印金銭債務証書 penal bond
重複 duplication
重複課税 duplicate taxation
重複証言 cumulative testimony
重複証拠 cumulative evidence
重複的救済手段 cumulative remedy
重複の刑の宣告 cumulative sentences
重複賠償 double recovery
重複罰 cumulative penalty
重複犯罪 duplicated offenses
重複不確定事実禁止の準則 rule against double possibility
重複保険 double insurance
重複未確定事実依存不確定権 remote possibility
重複令状 concurrent writ
徴兵 draft, draught; conscription
徴兵 induction
徴兵(予備)登録 draft registration
眺望権 view
諜報部員 secret agent
帳簿価格 book value; carrying value
帳簿からの抹消 write-off
帳簿記入 booking
徴募前払い金 imprest money
聴聞 hearing
聴聞会 hearing
聴聞官 Hearing Officer
聴聞裁判所 Court of Audience; Audience Court
聴聞職員 hearing officer
聴聞審判官 hearing examiner
跳躍台の法理 springboard doctrine
徴利 defeneration
長老参事会員 alderman
調和 harmonization
調和 harmony
直営現業機構 Direct Labour Organization
直営地 court lands

勅語奉答 address
直接因 producing cause
直接家族 immediate family
直接結果説 direct consequence doctrine
直接原因 causa causans
直接原因 direct cause
直接効果 direct effect
直接効果を有する法 directly effective law
直接支配区域 immediate control
直接支払い direct payment
直接受益者 direct beneficiary
直接証拠 direct evidence; original evidence
直接上訴 direct appeal
直接税 direct tax
直接請求訴訟 direct action
直接制御 immediate control
直接占有 immediate possession
直接争点事実 matter in issue
直接訴訟 direct action
直接損害 direct loss
直接損害賠償 direct damages
直接損害賠償(金) proximate damages
直接的意図 immediate intent
直接的禁反言 direct estoppel
直接的契約関係 privity of contract
直接的契約関係の欠如 nonprivity
直接的結果 proximate consequence
直接的権利侵害 direct injury
直接的攻撃 direct attack
直接的攻撃による上訴 direct appeal
直接的再審査 direct review
直接的裁判所侮辱 direct contempt
直接的自白 direct confession
直接的信託 direct trust
直接的世代飛越し移転 direct skip
直接適用される法 directly applicable law
直接的養子縁組 direct placement
直接的利害関係 direct interest
直接当事者 immediate parties
直接の通知 direct notice
直接発案 initiative
直接費 direct cost
直接引渡し船荷[運送]証券 straight bill of lading
直接振り当て direct placement
勅選上級法廷弁護士 King's Serjeant
勅選代訴人 King's Attorney
直前の先行語句の準則 rule of the last antecedent; last antecedent rule
直前の先行語句の法理 doctrine of the last antecedent; last antecedent doctrine

勅選弁護士 King's Counsel; lead counsel; leader; leading counsel; Queen's Counsel; senior counsel; silk; silk gown
直送卸商 drop shipper
直属受封者 tenant in chief; tenant in capite
直属受封者下知令状 praecipe in capite
(不動産)直属保有 tenure in capite
直属領主と直属保有者 very lord and very tenant
勅認会計士 chartered accountant
直聞証人 earwitness
勅法 constitutio
勅法 constitution
直領地 demesne
直領地 dominicum
直領地としての占有 seisin in demesne
直領地としての保有者 tenant in demesne
勅令 capitularies; capitula
著作 authorship
著作権 copyright
著作権・意匠・特許法 Copyright, Designs and Patents Act
著作権条項 Copyright Clause
著作権所有者 copyright owner
著作権侵害 copyright infringement; infringement of copyright
著作権侵害 piracy
著作権侵害者 pirate
著作権審判所 Copyright Tribunal
著作権代理業 literary agency
著作権代理人 literary agent
著作権の可分性 divisibility of copyright
著作権の強制許諾 compulsory license (of copyright)
著作権の公有 dedication
著作権表示 copyright notice; notice of copyright
著作権法 Copyright Act
著作権法 copyright law
著作権保護物使用許可 bare license
著作権保護物使用被許可者 bare licensee
著作権保有者 copyright holder
著作者 author
著作者人格権 moral right
著作物 work
著作物性 copyrightability
著作物の複製物の納入 deposit of copy
著作隣接権 neighboring rights
貯蔵所 repository
貯蓄 savings
貯蓄貸付け銀行 savings and loan bank
貯蓄貸付け組合 savings and loan

association; thrift	賃借人へのサービス実施機関　Tenant Services Authority	od
貯蓄銀行　savings bank	賃借人　hirer	賃貸料帳　rent book
貯蓄預金　savings account	賃借人　lessee	陳腐化　obsolescence
直轄植民地　royal colony	賃借人　renter, rentor	沈黙　silence
直近原因　immediate cause	賃借人　tenant	沈黙による禁反言　estoppel by silence
直近の危険　immediate danger	賃借人および社会的不動産貸主のための事務所　Office for Tenants and Social Landlords	
直系　direct line		沈黙による自白　admission by silence
直系血族　lineal consanguinity		
直系血族である法定相続人　lineal heir	賃借人が注意せよ　caveat lessee	賃約　locatio conductio
	賃借人の利益　lessee's interest	賃料　hire
直系血族による無遺言不動産相続　lineal descent	賃借物買取り選択権付与契約[条項]　lease option	賃料　rent
		賃料　rental
直系尊属　ascendant, -ent; lineal ascendant	賃借物件定着物　tenant's fixture	賃料支払い文言　yielding and paying
	賃借不動産占有侵害(訴訟)　trespass de ejectione firmae	
直系卑属　descendant, -dent; exitus; issue; lineal (descendant)		賃料・収穫・収益　rents, issues, and profits
	賃借不動産占有侵害訴訟[令状]　(de) ejectione firmae	
直系卑属たる法定相続人　heir of the body; bodily heir		賃料条項　reddendum
	賃借不動産占有侵害令状[訴訟]　writ de ejectione firmae	賃料ストライキ　rent strike
直系卑属なしでの死亡　dying without issue		賃料の見直し　rent review
	陳述　assignment	賃料変動の賃貸借　graduated lease
直系卑属不存在　failure of issue	陳述　speech	賃料免除条項　abatement clause
地理的市場　geographic market	陳述　statement	
治療拒否の事前決定　advance decision (to refuse treatment)	陳述書　statement	
	陳情書　gravamen	ツ
治療クローニング　therapeutic cloning	賃貸　locatio	追加　addition
	賃貸　letting out	追加開廷期　additional term
治療上の特権　therapeutic privilege	賃貸価値　rental value	追加拡張担保(特約)　additional extended coverage
	賃貸借　demise	
治療的救済　therapeutic relief	賃貸借　lease	追加期日　adjournment day
治療的流産　therapeutic abortion	(動産)賃貸借　lease	追加記入　postentry
治療のための拘禁　detention for treatment	賃貸借期間中に奪われた土地の回復のための令状　quare ejecit infra terminum	追加工事　additional work
		追加歳出予算　deficiencies
チルターンハンドレッズ　Chiltern Hundreds		追加歳出予算案　deficiency bill
	(不動産)賃貸借契約　lease contract	追加謝礼　refresher
賃上げ要求　pay claim	賃貸借契約　lease	追加集　Extravagantes
沈下　subsidence	(不動産)賃貸借契約上の利益　leasehold interest	追加説示　additional instruction
賃貸し　hire; letting		追加の担保貸付け　further advance; further charge
賃借り　hire	賃貸借契約付き売却　leaseback; sale and leaseback	
賃金　pay		追加的動産遺贈　additional legacy
賃金　wage	賃貸借された不動産　demised premises	追加的被保険者　additional insured
賃金　active income		
賃金仮差押え　wage garnishment	賃貸借終了警告付き滞納賃料請求通告　notice to quit	追加任命国王代理官　adjunct
賃金交渉　pay negotiations; pay talks		追加陪審員候補者　talesman
	賃貸借終了予告　notice to quit	追加標準控除額　additional standard deduction
賃金債権譲渡　wage assignment	賃貸借付き売買合意　lease-purchase agreement; hire purchase agreement	
賃金差押え　wage garnishment		追加物　addition
賃金差押え(令状)　attachment of wages		追求　pursuit
	賃貸借による傭船　charter by demise	追及権　droit de suite
賃金取得者更生計画　wage-earner's plan		追行　pursuit
	賃貸借の更新　reconduction	追行者　pursuer
賃金の譲渡　assignment of wages	賃貸人　lessor	追跡　pursuit; suit
賃金評議会　wages council	賃貸人　renter, rentor	追徴可能株式　assessable stock
賃金物価凍結(期間)　wage-and-price freeze	賃貸人経費全面負担不動産賃貸借　full service lease	追徴金　surcharge
		追徴不能株式　nonassessable stock
賃金抑制　wage restraint; pay restraint	賃貸人による賃貸不動産占有回復訴訟　justice ejectment	追認　confirmation
		追認　ratification
賃金・労働時間法　Wage and Hour Law	賃貸人の利益　lessor's interest	追放　banishment
	賃貸不動産占有回復略式手続き　dispossess proceeding	追放　elimination
賃借　hiring		追放　exile
賃借期間　tenancy	賃貸不動産占有回復令状　ad terminum qui pr(a)eteriit	追放　expulsion
賃借寄託　bailment for hire		追放　purge
賃借権者　tenant; occupying tenant	賃貸料支払い単位期間　rental peri-	追放・送還　refoulement

追放・送還の禁止 nonrefoulement
通貨 currency
通貨 token
通過 passage; transit
通貨供給量 money supply
通過通航(権) transit passage
通過通航権 right of transit passage
通関 clearance; clearing
通関証明書 clearance certificate
通関地 port of entry
通勤途上準則 going and coming rule
通航 passage
通行 access
通行 passage
通行券 protection
通行権 access; access right
通行権 passage
通行権 right of way; private way
通航権 passage
通行地役権 access easement; easement of access
通行地役権妨害 disturbance of ways
通行人が注意せよ caveat viator
通行妨害 forestalling, for-; forestallment, -stal-, for-
通行料 toll
通行料金 toll thorough
通告 warning
通告(書) notice
通商 commerce
通常会 regular meeting
通常開廷期 general term
通常規制権限 commerce power
通常業務 course of business
通常業務 ordinary course (of business); regular course (of business)
通常決議 ordinary resolution
通常裁判所 regular court
通商条項 Commerce Clause
通商条約 commercial treaty
通常所得 ordinary income
通常人 reasonable person; reasonable man
通常選挙 general election; regular election
通常定款 articles of association; bylaw, by-law, byelaw
通常停止(令) embargo
通常年金 ordinary annuity
通常の意味 ordinary meaning
通常の意味の準則 ordinary meaning rule
通常の営業時間 usual business hours
通常の裁判所 ordinary court
通常の訴訟費用 dives costs
通常の損失 ordinary loss
通常の注意 ordinary care
通常の注意[努力] ordinary diligence
通商の流れの理論 stream of commerce theory
通常の必要経費 ordinary and necessary expense; ordinary and necessary business expense
通常の不注意 ordinary negligence
通常の物品 ordinary goods
通常否認訴答 common traverse
通常分別人 ordinarily prudent person
通商法 trade act
通常法 civil law
通常方式 common form
通常方式による遺言検認 probate in common form
通称名一覧表 popular name table
通称名の法律 popular name law
通常約款 usual covenants
通常利得 ordinary gain
通信 message
通信員 correspondent
通信教育カレッジ correspondence college
通信勤務 teleworking
通信による税務調査 correspondence audit
通信販売離婚 mail-order divoce
通信傍受 interception of communications; tapping; wiretap; wiretapping
通信傍受装置 wiretap
通達 ruling
通知 advice
通知 notification
通知 notice
通知銀行 advising bank
通知書 letter of advice
通知書 note
通知書なしの申し立て without notice application; application without notice
通知訴答 notice pleading
通知の承諾 consent to notice
通知の法理 notice doctrine; doctrine of notice
通知預金 deposit account
通知預金 time deposit; term deposit
通報 laying (an) information
通謀 collusion
通訳者 interpreter
通訳すること interpretation
通訳を介しての証言 interpreted testimony
通例条件 usual terms
使い捨て容器 nonreturnable container
次入れ先出し(法) next in, first out
月極め不動産(賃借)権 tenancy from month to month
付添い attendance
付添い手当 attendance allowance

償い amends
作られた相続人 haeres factus
作り上げられた州籍相違 manufactured diversity
つなぎ銀行 bridge bank
つなぎ融資 bridge loan; bridging loan; bridge financing; swing loan
妻 married woman
妻 uxor; feme
妻殺し uxoricide
妻財産法 Married Women's Property Acts
妻の勤労所得控除(額) wife's earned income allowance
妻のこづかい銭 pin money
妻のサービス services of wife
妻のためのエクイティー上の権利 wife's equity
妻のための継承財産設定 wife's settlement
妻のための継承財産設定(請求権) equity to a settlement
妻のための特有ユース separate use
妻の特有財産 separate estate
妻の特有調度品 paraphernalia; paraphernal property
妻の特有ユース entire use
妻の扶助料 alimony
妻の奉仕 wife's services
妻の身分 coverture
つまみ革の法理 bootstrap doctrine
罪 sin
積み替え tran(s)shipment
積み重ね給付 stacking
積み込み loading
積立て剰余金 accumulated surplus
積付け stowage
積付け料 houseage
積荷 cargo; bulk
積荷 load
積荷 shipment
積荷書類 shipping documents
積荷担保冒険貸借 respondentia
積荷担保冒険貸借証券 respondentia bond
積荷担保冒険貸借証書 respondentia bond
積荷目録 manifest
罪の相殺 compensatio criminis [criminum]
爪車の理論 ratchet theory
強い商標 strong trademark
強い標章 strong mark
強気市場 bull market
強気筋 bull
強く興味をそそるもの allurement
釣銭詐欺 ringing the changes
剣金 dagger-money
連添い事件 companion case

テ

手当 allowance
手当 pay
提案 proposition
庭園休暇(条項) garden leave clause
帝王的大統領制 imperial presidency
低価基準法 lower-of-cost-or-market method
低価株 penny stock
定額減価償却 straight-line depreciation
定額減価償却法 straight-line depreciation method
定額交付金 block grant
低額資本会社 thin corporation
低額資本出資 thin capitalization
定額受給の選択 fixed amount option
定額地代 rents of assise [assize]; assize rents
定額地代永久不動産賃借権 feu, few
定額賃金 flat rate
定額年金 straight annuity
定額分割受給の選択 installments-for-a-fixed-amount option
定額弁護士費用 docket fee
定額料金 flat rate
低価入札探し bid-shopping
定款 memorandum
定義 definition
提議 proposal
定期市 fair
定期開廷期 stated term
定期刑(の宣告) determinate sentence; definite sentence; definitive sentence; fixed sentence; flat sentence; straight sentence
定義された用語 defined term
提議者 proponent
定期収入 rente
定期使用契約 time charter
定期生命保険 term life insurance; term insurance; term policy
定期生命保険証券 term policy
定期賃借権者 fermer
定期的支払い periodic(al) payments
定期取引 time bargain
定期払い地代 gale
定期払い離婚[別居]扶助料 periodic alimony
定期便 flight
定期不動産権 tenancy for a term; estate for years; tenancy for years; term; term for [of] years
定期不動産権者 tenant for years; termor

定期不動産賃借権 lease for years
定期不動産賃借権 leasehold; leasehold estate; leasehold interest
定期不動産賃借権 leasehold ownership
定期不動産賃借権者 leaseholder
定期不動産賃借権譲渡抵当 leasehold mortgage
定期不動産賃借権に基づく土地支配権 leasehold ownership
定期不動産賃借権の価値 leasehold value
定期不動産賃借権の自由土地保有権化 leasehold enfranchisement
定期不動産賃借権評価審判所 leasehold valuation tribunal
定期不動産賃借権保険 leasehold insurance
定期不動産賃貸借 lease for years
定期保険 term insurance; term policy
定期保険証券 term policy
低級裁判権 low justice
提供 offer
提供役務相当金額(の請求) quantum meruit
低教会 Low Church
提供者 donor
定期傭船契約 time charterparty
提供物相当金額(の請求) quantum valebant
定期預金 deposit account
定期預金 time deposit; term deposit
提携医療機関機構 preferred-provider organization
提携行為 concerted action
提携雇用者 associated employers
定型的説示 pattern jury charge, pattern (jury) instruction
定型的文言 boilerplate
定型文言 formula
定型令状 breve formatum
提言 suggestion
逓減減免 taper relief
逓減定期生命保険 decreasing term life insurance
逓減定期保険 decreasing term insurance
抵抗権 right of resistance
帝国 empire
帝国会議 Imperial Conference
帝国議会 imperial parliament
帝国協会 Imperial Institute
帝国主義 imperialism
帝国主義者 imperialist
帝国内特恵関税 imperial preference
停止 stay
停止 stop
停止 suspense
停止 suspension

呈示 presentation; presentment
提示 presentation
定時会 stated meeting
定式的説示 formula instruction
呈示銀行 presenting bank
呈示時の保証 presentment warranty
呈示者 presenter
定時償還 amortization
定時償還貸付け amortized loan
停止条件 condition precedent; precedent condition
停止条件 suspensive condition
定時総会 stated meeting
停止・捜検 stop and frisk; stop and search
停止・捜検法 stop and frisk statute
提示値段 asking price
停止の答弁 plea in suspension
停止法 stay law
停止命令 restraining order
停止命令 stay
停止命令解除の申し立て motion to lift the stay
定住国 habitual residence
定住地 habitual residence
定収入 regular income
提出 filing
提出 introduction
提出 presentment
提出 production
提出 proffer
提出勘定書 account rendered
提出計算書 bill rendered
提出されるべきであった証拠の準則 missing evidence rule
提出されるべきであった証人の準則 missing witness rule
提出証拠 proffered evidence
提出・登録 entry
提出(物) submission
提出法案箱 hopper
提出保証書 forthcoming bond
提出料金の法理 filed-rate doctrine
定常針路 steady course
抵触 interference
抵触審査 interference
抵触する特許権 interfering patent
抵触法 conflict of laws; conflicts
低所得者対象の無料[低額]法律サービス judicare
低所得世帯給付金 family credit
低水位線 low-water mark
ディスカウント・ブローカー discount broker
ディスク disk
ディスクロージャー disclosure
ディスケット diskette
ディズニーランド親 Disneyland parent
ディスプレー装置 visual display unit
ディズレーリ法 Disraeli's Act
訂正済みコピー fair copy

貞節なるかぎり	dum casta vixerit
定足数	quorum
定足数点検	count-out
定足数不足による散会	count1
提訴権	locus standi
提訴前最終請求書状	letter before action
泥炭採掘入会権	common of turbary
泥炭採掘権	turbary
(沖積層)低地	bottomland
定着	annexation
定着物	fixture
定着物登録	fixture filing
低潮線より海側の海面下にある領海内の地	tideland
抵当権	hypothec, -ek
抵当権実行権付与状	letter of hypothecation
抵当権設定	hypothecation
抵当物件占有譲渡抵当権者	mortgagee in possession
デイトン裁判	Dayton trial
停泊期間	lay days; laytime; lying days
停泊税	groundage
低費用住宅所有居住施設	low cost home ownership accommodation
低費用賃貸居住施設	low cost rental accommodation
ディープロック事件の原則	Deep Rock doctrine
ディベンチャーストック	debenture stock
低報酬委員会	Low Pay Commission
低木生垣の列	hedgerow
ティボドー事件型の裁判管轄権行使回避	Thibodaux abstention
ティーム	team
提要	institutes
ディーラー	dealer; jobber; stock-jobber
廷吏	bailiff
廷吏	crier, cryer; court crier
廷吏	tipstaff
廷吏	usher
低利資金	cheap money
定率減価償却法	declining-balance depreciation method
定率税	flat tax
手入れ	raid
定例会	regular session
ディロンの準則	Dillon's rule
デーヴィス・ベーコン法	Davis-Bacon Act
手打ち	licking of thumbs
テオドシウス法典	Codex Theodosianus
手掛かり	lead
手書き	script
手形	bills and notes
手形	paper
手形買取り銀行	negotiating bank
手形勘定帳簿	bill book
手形期間	tenor
手形拒絶覚書作成	noting a bill
手形交換	clearance
手形交換	clearing
手形交換会社	clearing corporation
手形交換所	clearinghouse, clearing house
手形交換のための裏書	endorsement for clearing house purpose only
手形小切手	bills and notes
手形支払い場所	domicile
手形ディーラー	cambist
(為替)手形の引受け	acceptance of a bill (of exchange)
手形の引受け	acceptance
手形割引	discount
手形割引業者	discount broker
手形割引歩合	discount rate
手紙	letter
敵	enemy
敵意をもつ証人	hostile witness
敵貨	enemy's property
滴下	drop
適格	eligibility
適格住宅資金利息	qualified residence interest
適格証拠	proper evidence
適格審査	screening
適格性	competency
適格性	eligibility
適格当事者	proper party
適格な家事関係にあることについての命令	qualified domestic relations order
適格な権利拒否	qualified disclaimer
適格な証拠	legal evidence
適格利益配当	qualifying distribution
滴下権	stillicide; drip rights
適合性	fitness
(特定目的への)適合性についての保証	warranty of fitness
敵国	public enemy
敵産	enemy's property
敵性	hostility
適正解雇	fair dismissal
敵性外国人	alien enemy; enemy alien
適正価格	fair price
敵性感染	infection
適正現金価格	actual cash value
適正作成の推定	presumption of due execution
適正収益率	fair rate of return
敵性証人	adverse witness
敵性船舶抑留	hostile embargo
適正損耗(による価値の低下)	fair wear and tear
(法の)適正手続き	due process
適正な公示	due posting
適正な修繕	good repair
適正な手続き	due course
適切な根拠	good cause
適切な注意	proper care
適切な注意	proper lookout
適切な通知	due notice
適切な約因	adequate consideration
敵対行為	hostility
敵対的企業買収	hostile takeover
敵対的権原	adverse title
敵対的行使	adverse enjoyment
敵対的使用に基づく公用地供与	dedication by adverse user
敵対的占拠	adverse occupation
敵対的占有	adverse possession
敵対的法源	adverse authority
敵対火	hostile fire
出来高	bargains done
出来高払い仕事	piecework
適法(性)	legality
適法貨物	lawful merchandise
適法性確認令状	quale jus
適法性に対する異議申し立て	challenge
適法性の推定	presumption of legality
適法な囲い	lawful fence; legal fence
適法な公務員	officer de jure, de jure officer
適法な根拠	lawful cause
適法な立入り	lawful entry
適法な通知	legal notice
適法な人	legal man
適法な防御[防衛]	legal defense
適法な役員	officer de jure, de jure officer
適法な約因	legal consideration
適法な利息	legal interest
適法に任命された政府職員	constituted authority
(登録)摘要	memorial
適用除外	variance
適用除外制定法	saving(s) statute
適用対象事項	casus
適用段階での違憲の主張	as-applied challenge
適用免除	dispensation
手管	artifice
手口	modus operandi
出口	exit
出口調査	exit poll [survey]
デザイナードラッグ	designer drug
手仕事	mainovre, mainoe(u)vre
手仕事	manual labor
デジタル署名	digital signature
手順	track
手順配分	track allocation; allocation (to tracks)
手順配分用質問書	allocation questionnaire

和英対照表

手錠　handcuff
手職　trade
(信用)手数料　service charge
手数料　commission
手数料　fee
手数料　override; override commission
手数料　service charge
手数料正味差額制の仲介契約　net sale contract
手数料正味差額制の不動産仲介(契約)　net listing
手数料なしで売りに出されるミューチュアルファンド　no-load
テスト　test
テストケース　test case
テスト訴訟　test action
『デセニアル・ダイジェスト』Decennial Digest
手相占い　palmistry
データ　data
データ処理　data processing
データバンク　data bank
データベース　database
データベース権　database right
データ保護　data protection
データ保護審判所　Data Protection Tribunal
データ保護法　Data Protection Act
撤回　retraction
撤回　revocation
撤回　withdrawal
撤回可能信託　revocable trust
撤回可能保証　revocable guaranty
撤回権　power of revocation
撤回権の制限された申し込み　irrevocable offer
撤回する意思　animus revocandi
撤回不能信託　irrevocable trust
撤回不能信用状　irrevocable letter of credit
撤回不能の委任状　irrevocable power of attorney
撤回不能の代理権　irrevocable agency
撤回不能保証　irrevocable guaranty
手付け(金)　earnest money; earnest; caution money; hand money
手付け金　airle-penny
手付け金　God's penny
テッサ　Tessa; Tax Exempt Special Savings Account
撤収　withdrawal
でっちあげ　hoax
(正規の)手続き　formalities
手続き　procedure
手続き　proceeding
手続き違背　irregularity
手続き規則　act of sederunt
(訴訟)手続き事後登録　postea
手続き上瑕疵ある被告召喚令状　irregular process
手続き上の懈怠　procedural default
手続き上の懈怠の法理　procedural default doctrine
手続き上の瑕疵ある判決　irregular judgment
手続き上の非良心性　procedural unconscionability
(内国歳入庁)手続き通達　Revenue Procedure
手続き停止命令　stop notice
手続き停止令状　supersedeas
手続き的権利　procedural right
手続き的法の適正手続き　procedural due process
手続き法　procedural law
鉄道　railroad; railway
デート強姦　date rape
出所　source
手取り給料　take-home pay
手に負いきれない子供　incorrigible child
手に負えないこと　incorrigibility
テネシー川流域開発公社　Tennessee Valley Authority
手始め借家権　starter tenancy
手張り会員　floor trader
デビットカード　debit card
手袋金　glove money; glove silver
デプリツィオウ事件の法理　Deprizio doctrine
デフレ　deflation
デュレン事件のテスト　Duren test
テラソン法　Thellusson Act
テリー事件の停止　Terry stop
出ること　egress
テロ　terror
テロ行為　terrorism
テロによる脅威　terroristic threat
テロ防止法　Prevention of Terrorism Act
テロ保険　terrorism insurance
テロリスト　terrorist
手渡し　manual delivery
点　regard
殿下　Highness
点火物　firer
転換　conversion
転換　execution
転換　transmutation
転換可能保険　convertible insurance
転換株式　convertible stock
転換借家権　converted tenancy
転換社債　convertible bond; convertible debenture; convertible loan stock
転換証券　convertible security
転換譲渡抵当　convertible mortgage
転換離婚　conversion divorce; convertible divorce
転換劣後債(券)　convertible subordinated debenture
転記　posting
電気　electricity
電気椅子　electric chair; hot seat
電気椅子死刑　electrocution
電気窃盗(罪)　abstracting electricity
典拠　authority
典拠索引　index of authorities; table of cases
典拠の対立　conflict of authority
典拠判例　ruling case
デーンゲルト　danegeld, -gelt, -gold
(議員)点呼　call of the House
点呼投票　roll call
天使　angel
展示　autoptic proference
電磁環境互換性　electromagnetic compatibility
電子機器による盗聴　bugging
電子機器を用いた監視　electronic surveillance
電子銀行取引　electronic banking
展示権　display right
電子小切手　e-check; electronic check
電子資金移動　electronic funds transfer
展示証拠　demonstrative evidence; autoptic evidence; illustrative evidence; real evidence
電子商取引　e-commerce
電子署名　electronic signature
電子的通信手段を用いた詐欺　wire fraud
電子データ交換　electronic data interchange; EDI
電子データ交換合意　EDI agreement
電子取引　electronic transaction
天使の投資家　angel investor
電子媒体による動産抵当証券　electronic chattel paper
電子不動産譲渡　electronic conveyancing
電子メール　e-mail; electronic mail; mail
転借人　subtenant; undertenant
転車台の法理　turntable doctrine
伝承　tradition
伝承証拠　traditionary evidence
転譲渡抵当　submortgage
転譲渡抵当権者　submortgagee
転譲渡抵当権設定者　submortgagor
電信盗聴　tapping; wiretapping
電話盗聴(装置)　wiretap
点(数)　point
点数制　point system
転送手数料　forwarding fee
転貸　re-lease
伝達証拠　communicative evidence

テンターデン法 Tenterden's Act
伝統 tradition
転倒事故による損害賠償請求訴訟 slip-and-fall case
店頭市場 over-the-counter market
伝統的パブリック・フォーラム traditional public forum
店内飲酒酒類販売許可 on-sale [on-premises] license
店内飲酒不許可条件付きの酒類販売許可(の店) off-license
店内酒類販売許可 licensing of premises
店内酒類販売許可(の店) on-license
天然果実 fructus naturales
天然資源 natural resource
伝票 slip
添付書類 appendix
テンプル Temple
テンプル騎士 Templar; Knight Templar
テンプル法曹 Templar
伝聞 hearsay
伝聞証拠 hearsay; hearsay evidence; secondhand evidence
伝聞証拠として許容される被害者陳述 victim's statement as hearsay evidence
伝聞証拠排除則 hearsay rule
伝聞の中の伝聞 hearsay within hearsay
填補 cover
填補的保証(証書) blanket bond
デンマン(卿)法 (Lord) Denman's Act
デンマン(氏)法 (Mr.) Denman's Act
伝令使 poursuivant
デーンロー danelaw
電話詐欺 telescam
電話盗聴 (telephone) tapping; wiretapping
電話盗聴(装置) wiretap
電話傍受 (telephone) tapping
電話猥褻罪 obscene telephone calls

ト

ドイジ事件 Doige's Case
問屋 factor; commission merchant
問屋業 factorage; factoring
問屋手数料 factorage
問屋のリーエン factor's lien
盗 stealing
盗 theft
同意 assent
同意 concurrence
同意 connivance
同意 consensus
同意 consent

統一 uniformity
同一遺言の再作成 reexecution of will
統一遺産管理法典 Uniform Probate Code
『統一引用方法』 Uniform System of Citation
同一価格決定 common pricing
統一元本収益法 Uniform Principal and Income Act
統一規制薬物法 Uniform Controlled Substances Act
統一欺瞞的取引方法法 Uniform Deceptive Trade Practices Act
統一組合法 Uniform Partnership Act
統一軍事裁判法典 Uniform Code of Military Justice
統一拘禁者義務的処置法 Uniform Mandatory Disposition of Detainers Act
統一子監護事件裁判管轄・執行法 Uniform Child Custody Jurisdiction and Enforcement Act
統一子監護事件裁判管轄法 Uniform Child Custody Jurisdiction Act
統一詐害的移転法 Uniform Fraudulent Transfer Act
統一詐害的財産譲渡法 Uniform Fraudulent Conveyances Act
統一事業用財産税 Uniform Business Rate
同一事項解釈則 in pari materia
統一州間家族扶養法 Uniform Interstate Family Support Act
統一州法(案) uniform state law
統一州法委員全国会議 National Conference of Commissioners on Uniform State Laws
同一証拠テスト same-evidence test
統一商事法典 Uniform Commercial Code
統一消費者信用法典 Uniform Consumer Credit Code
同一証明付き写し conformed copy
同一性 identity
同一性確認証拠 evidence of identity
同一性窃盗 identity theft
統一制定法(案) uniform statute
同一性の要件 unity
統一他州判決執行法 Uniform Enforcement of Foreign Judgments Act
同一賃金法 Equal Pay Act
同一であることの証明 identification
同一であることの証明 proof of identification
統一同時死亡法 Uniform Simultaneous Death Act
同一の取引または事件のテスト transaction-or-occurrence test

統一売却法 Uniform Sales Act
同一発明 same invention
同一犯罪 same offense
統一犯罪報告 Uniform Crime Reports
同一日付 even date
統一不動産移転税 unified transfer tax
統一不動産贈与税 unified estate and gift tax
統一不動産贈与税額控除 unified estate and gift tax credit; unified credit
同一不動産保有関係 privity of estate
統一扶養判決相互執行法 Uniform Reciprocal Enforcement of Support Act
統一法 uniform law
統一法案 uniform law
統一法曹協会 unified bar
統一法律(案) uniform act
統一離婚承認法 Uniform Divorce Recognition Act
同意手続き assent procedure
同意に基づく捜索 consent search
同意に基づく判決 judgment by consent
同意に基づく非公式審理事件表 consent calendar
同意年齢 age of consent
同意能力なき患者 incompetent patient
同意能力のある患者 competent patient; patient with capacity
同意能力を欠いた患者 incapacitated patient
同意能力を欠く患者 patient lacking capacity
同意の抗弁 connivance
同意判決 consent decree
同意判決 consent judgment; judgment by consent
同位保険 concurrent insurance; concurrent policy
同意命令 consent order
トウィンキーの防御 Twinkie defense
党員集会 caucus
同音の法理 idem sonans
当該者 propositus
当該書証外の証拠 evidence aliunde
同害報復法 lex talionis; jus talionis; talio, talion
同化犯罪法 Assimilative Crimes Act
統監 Lord Lieutenant
導管 conduit
導管概念 conduit concept
登記 enrol(l)ment, in-
登記 registration
登記 registry
投機 agiotage

和英対照表

- 投機 speculation
- 討議 debate; discussion
- 動機 motive
- 動議 motion
- 党議員総会 caucus
- 登記会社 registered company
- 登記官 registrar
- 登記所 registry
- 登記上の事務所 registered office
- 登記証明書 certificate of registration; registration certificate
- 動議提出者 mover
- 動議提出者 movant, movent
- 投機の危険 speculative risk
- 投機的証券 speculative security
- 道義的約因 meritorious consideration
- 討議のための議事日程 debate calendar
- 動議のやりなおし renewal of (a) motion
- 登記簿 registry
- 登記抹消 striking off
- 登記名 registered name
- 道義や自然の愛情に基づく遺言 officious testament [will]
- 道義や自然の愛情を無視した遺言 inofficious testament [will]
- 等級 class
- 等級 grade
- 等級 rank
- 等級表 scale
- 同業組合 mystery, mis-
- 東京裁判 Tokyo Trials
- 同業者 trade
- 同業者団体 faculty
- 当局 authority
- 同居請求訴訟 restitution of conjugal rights
- 同居免除命令 noncohabitation order
- 道具 implement
- 道具 instrument
- 道具 instrumentality
- 道具 tool
- 道具主義 instrumentalism
- 道具の準則 instrumentality rule
- 同君連合 personal union
- 統計 statistics
- 統計的決定論 statistical decision theory
- 凍結 freeze
- 凍結 freezing
- 凍結勘定 frozen account
- 凍結期間 freeze
- 凍結資産 frozen asset
- 同権 isonomy
- 統合 integration
- 統合企業 unitary business
- 統合企業合算課税 unitary tax
- 統合基金 Consolidated Fund
- 統合銀行年金 consolidated bank annuities

- 統合刑事法廷実務指示 Consolidated Criminal Practice Direction
- 統合債券 consolidated bond
- 統合証券 consolidated security
- 統合上訴 consolidated appeal
- 統合的議会制定法 consolidating act; consolidation act
- 統合的制定法 consolidated statutes; consolidating statute
- 統合的法律 consolidated laws
- 統合鉄道抵当債券 consolidated bond
- 党公認候補者名簿 ticket
- 統合年金 consolidated annuities; consols
- 統合包括予算調整法 Consolidated Omnibus Budget Reconciliation Act
- 統合法曹協会 integrated bar
- 統合融資 consolidation loan
- 投獄 imprisonment
- 踏査 perambulation
- 当座貸越し(額) overdraft
- 当座勘定 book account
- 当座資産 liquid asset; quick asset
- 当座比率 quick ratio; quick asset ratio
- 当座預金 current account
- 倒産 insolvency
- 動産 biens
- 動産 bona
- 動産 catallum
- 動産 goods
- 動産 goods and chattels
- 動産 movable estate; movable property; movables
- 動産遺言 testament
- 動産遺言能力 testamentary capacity
- 動産遺贈 legacy
- 動産移動禁止令状 bonis non amovendis
- 動産回復訴訟 claim and delivery
- 動産権利侵害 wrongful interference with goods; interference with goods
- 倒産行為 act of insolvency
- 動産財産税 personal property tax; personal tax
- 倒産債務者 debtor
- 倒産債務者の全財産 debtor's estate
- (自救的)動産差押え distraint
- (自救的)動産差押濫用 abuse of distress
- 動産差押令状 warrant of distress
- 動産詐取(罪) obtaining property by false pretenses
- 倒産士 insolvency practitioner
- 動産質 pawn; pledge; vadium
- 動産質入れ者 pawner, pawnor; pledger, pledg(e)or

- 動産質権者 pawnee; pledgee
- 動産執行令状 fieri facias
- 倒産状態 failing circumstances
- 動産譲渡抵当 chattel mortgage
- 動産所有権 property in goods
- 動産占有回復訴訟 replevin
- 動産占有回復訴訟原告 replevisor
- 動産占有回復令状 replevin
- 動産占有侵害 trespass to chattels [goods]
- 動産賃貸借 lease
- 動産抵当証券 chattel paper
- 動産的資産 personal asset
- 動産の移動 detraction
- 動産の不法留置 forcible detainer
- 動産売却 sale of goods
- 動産売却法 Sale of Goods Act
- 動産売買 sale of goods
- 動産売買証書 bill of sale
- 動産引渡し令状 writ of delivery
- 動産不法収去侵害 trespass de bonis (asportatis)
- 動産不法収去侵害(訴訟) de bonis asportatis
- 動産不法収去侵害訴訟 trespass de bonis (asportatis)
- 動産返還請求訴訟[令状] detinue
- 動産返還請求令状 writ of detinue
- 倒産法 Insolvency Act
- 倒産法 insolvency law
- 倒産法 insolvency statute
- 倒産法上の否認権 avoiding power
- 投資 investment
- 闘士 champion
- 投資家 investor
- 投資会社 investment company
- 同時期社会の基準 contemporary community standards
- 投資業 investment business
- 投資銀行 investment bank; investment banker
- 投資契約 investment contract
- 投資控除制度 investment credit
- 投資顧問 investment adviser [advisor]
- 同時執行の刑の宣告 concurrent sentences
- 同時死亡 simultaneous death
- 同時死亡者 commorientes
- 同時死亡条項 simultaneous-death clause
- 同時死亡法 simultaneous-death act
- 投資者 investor
- (訴訟)当事者 party
- 当事者 party
- 当事者一方出廷の離婚 ex parte divorce
- 当事者関係 privity
- 当事者関係人 privy
- 当事者間のみの正義 personal justice
- 当事者相互性の法理 mutuality

1358

doctrine
当事者双方出廷の離婚 bilateral divorce
当事者対抗主義 adversary system
当事者対抗(主義)手続き adversary procedure
当事者対抗手続き adversary proceeding [process]
当事者適格 locus standi
当事者適格 standing
当事者にかかわる付随的管轄権 pendent party jurisdiction
当事者の誤った併合 misjoinder of parties
当事者の意思によらないリーエン involuntary lien
当事者の強制的併合 compulsory joinder
当事者の同一性 identity of parties
当事者の任意的併合 permissive joinder
当事者の併合 joinder of parties
当事者引き継ぎ transference
当事者不併合 nonjoinder
投資証券 investment security
同時条件 concurrent condition; condition concurrent
投資所得 investment income
投資所得加重税 investment income surcharge
投資信託発行者 investment trust
投資税額控除 investment tax credit
当日決済取引 cash sale
投資手形 investment bill
同時的異議申し立て準則 contemporaneous objection rule
投資適格格付け investment grade rating
同時的不法行為者 concurrent tortfeasors
同時的約因 concurrent consideration
投資の対象 investment
投資の引き揚げ disinvestment; divestment
投資目的確認書付き株式 letter stock
投資目的確認書付き社債 letter bond
投資目的確認付き証券 letter security
党首 leader
同種財産 like-kind property
同種財産交換 like-kind exchange
同種の証券の空売り short sale against the box; selling against the box
同種の犯罪 same offense
同種犯罪 cognate offense
答書 rescript
頭書 caption
頭書 premises

同情スト(ライキ) sympathy strike
当初からの担保 warranty ab initio
島嶼裁判所 insular court
当初訴状効力保持の申し立て stet billa
島嶼領土 insular possession
同時履行 simultaneous performance
同時履行条件の(捺印)契約 concurrent covenant
同時履行的約束 concurrent promises
答申 finding
同親等 equal degree
導水管 waterscape
統制 control
同棲 cohabitation
同性愛行為 homosexual conduct
同性愛者の権利 gay rights; homosexual rights
同棲関係 domestic partnership
統制経済 controlled economy
同棲合意 cohabitation agreement
同性婚 same-sex marriage
同棲(罪) illicit cohabitation
同棲者 cohabitant
統制借家権 controlled tenancy
同棲者の準則 cohabitation rule
同性による性的いやがらせ same-sex (sexual) harassment
同棲法 cohabitation law
同責者の法理 in pari delicto doctrine
当然違法準則 per se rule
当然適用準則 per se rule
当然の受取人 natural object
当然のこと matter of course
当然の推定 natural presumption
当然の不法妨害 nuisance at law
当然の報い just deserts; deserts
当然払うべき注意 due care
当然払うべき注意[努力] due diligence
当然命令 order of course
当然令状 writ of course; breve de cursu; breve de recto; writ de cursu; writ of right
当然令状作成官 cursitor
逃走 escapium
逃走 escape
逃亡 flight
闘争 affray
闘争 conflict
逃走援助罪 escape
逃走者 escapee
闘争者 affrayer
逃走者逮捕状 escape warrant
逃走に関する罪 escape
同族会社 family company
同族会社 family corporation
同族会社内部留保課税 holding company tax
同族持株会社 personal holding

到達水準 state of the art
到達地発行船荷[運送]証券 destination bill (of lading)
到達地渡し契約 destination contract
到達点 terminus ad quem
統治 government
統治機能 governmental function
統治機能理論 governmental function theory
統治基本法 Constitution Act
統治義務 governmental duty
統治権 lordship
統治権 sovereign right
統治行為 political question
統治行為 act of state
統治行為論 political question doctrine
統治章典 Instrument of Government
統治制度 regime
統治組織に関する議会制定法 organic act
統治組織に関する制定法 organic statute
統治的活動 governmental activity
統治的行為 governmental act
統治目的 governmental purpose
到着 arrival
到着払い payment on arrival
到着払い為替手形 on arrival draft
頭注 headnote; syllabus; synopsis
頭注法律家 headnote lawyer
同者 idem
(電話[電信])盗聴 tapping
盗聴 eavesdropping
盗聴器 bugging device
盗聴・傍受による情報取得 aural acquisition
当直(時間) watch
当直番 watch
同著に ibidem
同定 identification
同等価値(の法理) comparable worth
同等時間 equal time
同等時間法 Equal Time Act
同等者 peer
同等待遇 equal treatment
同等待遇命令 Equal Treatment Directive
同等出入りの準則 equal-access rule
同等の効果を有する課徴金 charges having equivalent effect
同等物 equivalent
道徳 morals
道徳 morality
道徳違反行為 moral wrong
道徳違反行為の法理 moral wrong doctrine
道徳上の義務 moral duty; moral

obligation	動物 animal	ドゥーム doom; dome
道徳上の債務 moral obligation	動物虐待 cruelty to animals	ドゥーム書 doombook; dome book
道徳的危険 moral hazard	動物収容所 pound	ドゥームズデイ審問 Domesday Inquest
道徳的強迫 moral duress	動物収容所破り pound-breach; breach of pound	ドゥームズデイ調査 Domesday Survey
道徳的緊急避難 moral necessity	動物分類 classification of animals	『ドゥームズデイ・ブック』 Domesday Book
道徳的債務 natural obligation	等分所得 split income	
道徳的詐欺 moral fraud	同文2通の遺言書 duplicate will	同盟 alliance
道徳的約因 moral consideration	盗癖 kleptomania, clepto-	同盟 union
道徳律 moral law	答弁 answer	同盟国 ally
投入税 input tax	答弁 defense, defence	透明性 transparency
党派 faction	答弁 plea	盗用 appropriation
同輩 pares	答弁および刑事事件処理手続き審理 plea and case management hearing	盗用工具所持(罪) going equipped for stealing
同輩 peer		同僚法執行官の準則 fellow-officer rule
同輩裁判人 trier; trior		
同輩中の第一人者 primus inter pares	答弁期間付与 imparlance	同類解釈則 ejusdem generis (rule)
同輩による裁判 judgment by [of] the peers; parium judicium	答弁期限日 answer day	道路 road
	答弁後欠席判決 post-answer default judgment	登録 book entry
同輩の裁判 judicium parium		登録 enrol(l)ment, in-
盗犯 thief	答弁書 defense, defence	登録 entering
当番事務弁護士 duty solicitor	答弁書 statement of defense	登録 entry
投票 ballot	答弁撤回の申し立て motion to withdraw	登録 recordation; recordal
投票 poll		登録 register
投票 suffrage	答弁取引 plea bargaining; bargain; bargaining for plea	登録 registration
投票 vote		登録 registry
投票 voting	答弁取引による合意(事項) plea bargain	登録意匠 registered design
投票機 voting machine		登録会社 registered corporation
投票強要規定 force-the-vote provision	答弁取引のための有罪答弁 bargain plea	登録可能処分 registrable disposition
投票区 election district; election precinct; voting district	答弁についての合意 plea agreement	登録株式 inscriptions
	答弁不十分の抗弁 demurrer to plea	登録株式 inscribed stock
投票結果決定票 swing vote		登録株主 stockholder of record
投票権 right to vote	答弁不要の申し立て no case to answer	登録官 registrar; register
投票権 vote		登録監督吏 superintendent registrar
投票権 voting rights	答弁を拒む被告人 mute	
投票権のない人 nonvoter	逃亡 fuer in [en] fait	登録金銭債務証書 registered bond
投票権法 Voting Rights Act	逃亡者 fugitive	
投票者 voter	同房者 cellmate	登録債券 book-entry bond
投票集計係 teller	逃亡者逮捕令状 latitat	登録債券 registered bond
投票立会人 poll watcher	逃亡重罪人法 Fugitive Felon Act	登録式債券 registered bond
投票の点検 canvas, -vass	逃亡少年 runaway	登録者 registrant
投票箱 ballot box	逃亡奴隷法 fugitive slave law	登録所 register office; registry office
投票日 polling day	逃亡奴隷法 Fugitive Slave Acts	
投票日前投票 early voting	逃亡犯 fugitive criminal	登録所 registry
投票不正操作 ballot-rigging	逃亡犯罪人 fugitive offender	登録証 registration book
投票法 Ballot Act	逃亡犯罪人逮捕状 fugitive warrant	登録上の所有権者 registered proprietor
投票用紙 ballot		
投票用紙 ballot paper	逃亡犯罪人引渡し令状 rendition warrant	登録商標 registered trademark
投票用紙 voting paper		登録証明書 certificate of registration; registration certificate
投票用紙記入所 polling booth; voting booth	逃亡犯人 fugitive criminal	
	(認証)謄本 exemplified copy; exemplification	登録書記卿 Lord Clerk Register
投錨料 anchorage		登録済み株式 registered stock
投票ロビー lobby; division lobby; voting lobby	謄本 copy	登録済み証券 registered security
	謄本保有寡婦産権 free bench	登録済み処分 registered disposition
盗品 res furtivae	謄本保有(権) copyhold	
盗品 stolen property	謄本保有権移転料 gressume; gersum; grassum	登録済みの土地 registered land
盗品売買者[所] fence		登録図面 filed plan
盗品返還命令 restitution order	謄本保有権者 copyholder	登録船 registered ship
盗品譲り受け receiving	謄本保有権の自由土地保有権化 enfranchisement of copyhold	登録選挙人 registered voter
盗品譲り受け(罪) receiving stolen property [goods]		登録代理人 registered representative
	謄本保有権の消滅 extinguishment of copyhold	
盗品譲り受け者 fence		
同封の物 enclosure	謄本保有地の没収 seizure	

登録代理人 registered agent
登録摘要 memorial
登録なくして対抗しうる土地に対する権利 overriding interests
登録のみによる発行 inscription
登録番号 registration number; registration mark
登録番号標 identification plate
登録簿 register; register book
登録簿 registry
登録法案 enrolled bill
登録法案の準則 enrolled bill rule
登録保管事務をしている所 register office
(出生・死亡・婚姻)登録本署 General Register Office (of Births, Deaths and Marriages)
(出生・死亡・婚姻)登録本署長官 Registrar-General (of Births, Deaths and Marriages)
登録本署長官の許可証による婚姻 marriage by Registrar-General's license
(弁護士名簿からの)登録抹消 striking off (the roll)
登録抹消 striking off
道路交通規範集 Highway Code
道路交通に関する違反 offense relating to road traffic
道路税 highway tax
道路封鎖(物) roadblock
道路利用税 road tax
討論時間制限 guillotine
討論終結 closure
討論終結 cloture
討論終結規則 closed rule
遠い可能性 remote possibility
遠い将来の特定事実の発生を条件とする不確定権禁止の準則 rule against remote possibilities
通し運送証券 through bill of lading; through bill
通し運賃 through rate
通し番号 serial number
通し船荷証券 through bill of lading; through bill
通り抜け課税 pass-through taxation
通り抜け可能地 through lot
時 occasion
時 time
時・場所・態様の制約 time, place, or [and] manner restriction
徳義 honor, -our
徳義条項 honor clause
徳義的信託 honorary trust
徳義的信託受託者 honorary trustee
独裁 dictatorship
独裁君主 autocrat
独裁権 autarchy
独裁者 dictator
独裁政治 autocracy

特示命令 interdict
特殊資産 specialty; specialty property
特殊主張侵害訴訟 trespass on the case; case1
特殊主張訴訟 action on the case
毒樹の果実(の法理) fruit of the poisonous tree (doctrine)
毒樹の(果実の)法理 poisonous tree doctrine
特殊病院 special hospital
瀆職 corruption
瀆職 malversation
瀆職評決 corrupt verdict
瀆神 blasphemy
独身女性 feme sole
特設道路 accommodation road
独占・合併委員会 Monopolies and Mergers Commission
独占契約 exclusive agreement
独占(権) monopoly
独占(行為) monopolization
独占の権利 exclusive right
独占の実施権 exclusive license
独占販売権 distributorship
独創性 originality
ドクターズ・コモンズ Doctors' Commons
特定 identification
特定意思 specific intent
特定意思欠如の防御 specific intent defense
特定遺贈 particular legacy
特定遺贈 specific legacy; special legacy
特定寄託 special deposit
特定救済懇請 special prayer
特定権限 special power; particular power
特定限嗣(権) tail special; special tail
特定行為禁止命令 prohibited steps order
特定行動禁止要求 prohibited activity requirement
特定候補者名抹消 scratching the ticket
特定個人処罰法 act of pains and penalties
特定個人処罰法(案) bill of pains and penalties
特定財源債 revenue bond
特定財産遺言執行者 special executor
特定財産遺贈 specific bequest
特定財産譲渡抵当 special mortgage
特定財産に対する強制執行 special execution
特定債務弁済目的融資の法理 earmarking doctrine
特定事件限定の弁護士の資格付与 admission pro hac vice

特定事件弁護士委任契約 special retainer
特定事件弁護士委任契約報酬 special retainer
特定事項委任状 special power of attorney
特定指示 specific directions
特定時直系卑属不存在 definite failure of issue
特定指名権 special power of appointment; particular power; special power
特定受遺者 specific legatee
特定取得権原 particular title
特定承継人 particular successor
特定人的財産遺贈 specific bequest
特定人特別処罰法(案) bill of attainder
特定線引き crossed specially; special crossing
特定争点 special issue
特定代理 special agency
特定代理人 special agent
特定多数決(投票数) qualified majority voting
特定地域慣習 particular custom
特定地域慣習法 particular custom
特定の異議 specific objection
特定的管轄権 specific jurisdiction
特定的権原担保(責任) special warranty
特定的権原担保捺印証書 special warranty deed
特定的実現 specific enforcement
特定的対人管轄権 specific personal jurisdiction
特定的代理権 special authority
特定的否認 specific denial
特定的法律効果不発生訴答 special demurrer
特定的身元保証(証書) schedule bond
特定的リーエン particular lien; special lien
特定動産遺贈 specific legacy; special legacy
特定動産受遺者 specific legatee
特定人に対する役権 private servitude
特定人保証 special guaranty
特定の法理 doctrine of specialty; specialty (doctrine)
特定陪審員忌避 challenge to the poll
特定陪審員候補者の削除 strike
特定犯意 particular malice
特定判決の申し出 offer of judgment
特定物 specific goods
特定物遺贈 specific devise
特定物引渡し specific delivery

特定物引渡し令状	writ of specific delivery
特定物リーエン	specific lien
特定不動産遺贈	specific devise
特定文書開示	specific disclosure
特定法域法学	particular jurisprudence
特定保証	specific guaranty
特定目的支出計上	appropriation
特定目的支出計上対象期間	biennium
特定目的支出計上法案	appropriations bill
特定目的証券	divisional security
特定目的適合性	fitness for a particular purpose
特定目的適合性についての黙示の品質保証	implied warranty of fitness for a particular purpose
特定目的への適合性についての保証	warranty of fitness
特定問題仲裁	ad hoc arbitration
特定問題命令	specific issue order
特定要請質問書	identification interrogatory
特定履行	specific implement
特定履行	specific performance
特定履行による救済	specific remedy
毒物	toxicant
毒物	toxin
毒物投与	administration of poison
特別委員会	select committee
特別委員会	special committee
特別異議	special exception
特別遺言執行状の授与	cessate grant
特別遺産管理(手続き)	special administration
特別遺産管理人	special administrator
特別会	special meeting
特別会期	special session
特別開廷期	special term
特別管轄権	special jurisdiction
特別管轄裁判所	court of special jurisdiction
特別関係の法理	special relationship doctrine
特別管財人	special manager
特別議会制定法	special act
特別議会手続き	special parliamentary procedure
特別棄却訴答	special plea
特別棄却訴答(をなすこと)	special pleading
特別危険準則	special hazard rule
特別議事	special business
特別機動隊	flying squad
特別機動部隊	flying squadron
特別義務の法理	special duty doctrine
特別義務の例外	special duty exception
特別救済	extraordinary relief
特別救済手段	extraordinary remedy
特別教区	peculiar
特別教区裁判所	Court of Peculiars
特別許可	faculty
特別許可	special permit
特別許可裁判所	Court of Faculties
特別許可主事	Master of the Faculties
特別組合	special partnership
特別組合員	special partner
特別軍法会議	special court-martial
特別警護をされている人	protected person
特別警察官	special constable
特別契約	special contract
特別契約に基づく債務	special contract debt
特別決議	special resolution
特別検察官	special prosecutor; special counsel
特別限嗣封土権	fee tail special
(不動産権の)特別限定	special limitation
特別後見人	special guardian
特別後見命令	special guardian order; special guardianship order
特別抗弁	special defense
特別雇用者	special employer
特別婚姻許可(状)	special license (for marriage)
特別財産権	special property
特別裁判官	special judge
特別裁判所	court of special session
特別裁判所主事	special master
特別差止め命令	special injunction
特別市	county borough
特別事件付託	special reference
特別事実記載書	special case
特別事実の準則	special facts rule [doctrine]
特別事態	special circumstances
特別事態の準則	special circumstances
特別質問(書)	special interrogatory; special issue
特別使命の法理	special errand doctrine
特別使命の例外	special mission exception
特別修繕	extraordinary repair
特別受益分の持戻し	hotchpot, hotchpotch
特別授権に基づかない正規の教会裁判所	court of ordinary
特別授権に基づかない正規の教会裁判所	ordinary court
特別取得役権	acquired servitude
特別順位議事日程	special-order calendar
特別準則	special rule
特別小治安裁判所	special petty sessions
特別所有者	special owner
特別人格代表者	special personal representative
特別信託	special trust
特別審判令状	justicies; writ of justicies
特別審理事件表	special calendar
特別審理人	special referee
特別税	special tax
特別制定法	special statute
特別説示	special instruction; special charge
特別設定	special setting
特別選挙	special election
特別占有者	special occupant
特別増額訴訟費用	costs de incremento
特別捜査官	special agent
特別捜査室	incident room
特別相続人	heir special
特別訴訟手続き	special proceeding
特別措置	special measures
特別損益	extraordinary gain or loss
特別損害賠償	special damages
特別損失	extraordinary loss
特別大陪審	special grand jury
(環境汚染)特別地	special site
特別治安裁判所	special sessions
特別地区	special district
特別通知	special notice
(離婚訴訟における)特別手続き	special procedure (for divorce)
特別手続きによる離婚事件簿	special procedure list
特別手続き命令	special procedure order
特別特権	special franchise
特別な関係	special relationship; special relation
特別な引渡し	extraordinary rendition
特別な必要の分析	special needs analysis
特別の事情の立証により成立する文書誹毀	libel per quod
特別の事情の立証により成立する名誉毀損	defamation per quod
特別の注意	extraordinary care
特別の注意	extraordinary diligence
特別の努力	extraordinary diligence
特別陪審	special jury
特別配当	extraordinary dividend

特別配当金 bonus
特別犯罪人引渡し協定 special extradition arrangements
(為替手形の)特別引受け special acceptance (of a bill of exchange)
特別引受け訴訟 special assumpsit
特別非嫡出子 special bastard
特別否認問答 special traverse
特別評決 special verdict
特別被用者 special employee
特別歩合 overrider; overriding commission
特別負担金 special assessment
特別法 local law; special law
特別法曹協会 specialty bar
特別法務官 special counsel
特別保証書 special bond
特別保留地 reservation; reserve
特別申し立て special motion
特別問題 special matter
特別利益 special benefit; peculiar benefit
特別利得 extraordinary gain
特別利用許可 special use permit
特別令状 extraordinary writ
匿名(者) incognito
匿名受益者信託 nominee trust
匿名信託 nominee trust
特免 dispensation
特約 covenant
毒薬 poison
特約再保険 treaty reinsurance
毒薬錠 poison pill
特約条項付き保険証券 manuscript policy
特約付き婚姻 covenant marriage
特約のない契約 open contract
特有財産 separate estate
特有財産 separate property
特有な危険の法理 peculiar risk doctrine
独立 independence
独立規制委員会 independent regulatory commission
独立記念日 Independence Day
独立行政機関 independent agency
独立参入原因 intervening cause; independent intervening cause
独立参入行為 intervening act
独立参入主体 intervening agency
独立参入力 intervening force
独立した意味の法理 independent significance doctrine
独立した約束 independent promise
独立した約款 independent covenant
独立自治市 county corporate
独立住宅行政監察官 Independent Housing Ombudsman
独立私立学校 independent school
独立診療所協会 independent

practice association
独立精神能力擁護者 Independent Mental Capacity Advocate
独立宣言 Declaration of Independence
独立損害査定人 independent adjuster
独立退職積立て勘定 independent retirement account
独立定期不動産権 term in gross
独立的遺言執行者 independent executor
独立の遺産管理人 independent administrator
独立の契約 independent contract
独立の源泉 independent source
独立の源泉審理 independent source hearing
独立の源泉の準則 independent source rule
独立的条件 independent condition
独立の助言 independent advice
独立の代理人 independent agent
独立当事者間取引 arm's-length transaction
独立当事者間の価格 arm's-length price
独立の会計監査 independent audit
独立犯罪 substantive offense; substantive crime
独立婦人 feme sole
独立婦人商人 feme sole merchant [trader]
独立不動産権 tenancy in gross
独立扶養料 maintenance in gross
独立弁護士 independent counsel
独立労働組合 independent trade union
特例的許容 special exception
屠殺場 slaughterhouse
屠殺場事件 Slaughter-House Cases
都市 city
都市 town
都市開発地区 urban development area
都市区 urban district
都市計画 town planning
都市荒廃部 urban blight
都市再開発 urban renewal
都市財政基金 borough fund
都市再生地区 urban regeneration area
都市裁判所 borough court
都市裁判所 municipal court
都市参事会 municipal council
都市四季裁判所 borough sessions
都市自治権 freedom of a borough [city]
都市市民権 freedom of a borough [city]

都市収入徴収請負い firma burgi
(自治)都市収入役 borough treasurer
都市所在土地新侵奪占有回復訴訟 assize of fresh force
都市的役権 urban servitude
都市田園計画 town and country planning
都市田園計画法 Town and Country Planning Act
都市土地保有 burgage (tenure)
都市土地保有権者 boroughholder
都市の自由 freedom of a borough [city]
都市法人 municipal corporation
都市法人たる自治都市 municipal borough
土壌汚染 soil pollution
土壌銀行 soil bank
渡船営業権 ferry
土地 estate
土地 ground; land
土地会社 proprietary company
土地改良 reclamation
土地改良利益評価税リーエン assessment lien
土地・家屋への一般的注意義務 common duty of care
土地からの収益 esplees
土地管轄 territory of a judge
土地管轄の答弁 plea of privilege
土地管理人 land agent
土地関連権能 relative power
土地境界(線) land boundary
土地強制管理令状 elegit
土地銀行 land bank
土地緊縛農 glebae ascriptitii
土地緊縛隷農 villein regardant
土地区分 subdivision
土地権原情報文書 title information document
土地権原にかかわる取引 title transaction
土地興業会社 proprietary company
土地公売証明書 tax deed
土地ころがし land flip
土地裁判所 land court
土地再分化地図 subdivision map
土地先買権法 Preemption Act
土地産出物 esplees
土地自然権 natural right
土地自然状態保存合意 land conservation agreement
土地自然状態保存地役権 land conservation easement; land preservation easement
土地収益権 profit à prendre; profit
土地収益取得者 pernor
土地収益の取得 pernancy
土地周旋業者 land agent
土地収奪業者 land-grabber

土地上納金　land gabel
土地譲与　land grant
土地条令　Land Ordinance
土地処分一時差止め命令(の登録)　inhibition
土地所有者　landowner
土地所有者兼占有者　owner-occupier
土地所有者地下水取得権の準則　rule of capture
土地信託　land trust
土地信託　trust of land
土地信託および受託者指名法　Trusts of Land and Appointment of Trustees Act 1996
土地信託受託者　trustees of land
土地図　plat
土地図　plat map
土地税　land tax
土地占有回復令状　writ of possession
土地占有侵害　trespass to land
(漸次的)土地喪失　deliction
土地賃借権者　farmer
土地点検令状　habere facias visum
土地凍結　land freeze
土地登録　registration of land
土地登録局　Land Charges Department
土地登録証明書　land certificate
土地登録(制度)　land registration
土地登録庁　Land Registry
土地登録庁オンラインサービス　Land Registry online
土地登録庁裁決官　Adjudicator to HM Land Registry
土地登録簿　land register
土地とともに移転する約款　covenant running with the land
土地取引印紙税　stamp duty land tax
土地取引覚書　memorandum in writing
土地に対する権利　landed interest
土地に対する権利　interest in land
土地に対する負担　encumbrance
土地に対する負担の権利者　encumbrancer
土地に対する負担の登録　registration of encumbrances
土地の果実　issues and profits; issue
土地の減少　erosion
土地の自然増加　accretion
土地の自然分離　avulsion
土地の年価値　annual value of land
土地の年度評価額　annual value of land
土地の年々の諸経費　reprise
土地の売却　sale of land
土地の表示　property register
土地の不分割持分権　undivided share (in land)

土地売却条件についての制定法上の標準方式　Statutory Form of Conditions of Sale
土地売却代金未受領売主のリーエン　unpaid vendor's lien
土地売買契約　contract for sale of land
土地売買契約　land contract
土地表示　legal description; (land) description
土地付随入会権　common appurtenant
土地付随役権　servitude appurtenant; predial servitude
土地付随権の取得時効　prescription in a que estate
土地付随約款　covenant appurtenant
土地付着人的財産　local chattel
土地不動産権　estate in land
土地不動産権　landed estate [property]
土地不法侵害　breach of close; breaking a close
土地分譲信託　subdivision trust
土地への永続的権利侵害　permanent injury
土地への立入り(権)　ingress
土地への出入り(の権利)　ingress, egress, and regress
土地法　land law
土地保全銀行　land bank
土地保有　holding
土地保有(権)　land tenure
土地保有権移転納付金　landcheap
土地保有者　landholder
土地・保有不動産・法定相続産　lands, tenements, and hereditaments
土地問題審判所　Lands Tribunal
途中勘定　account current; current account
土地用途保持のための地代負担　estate rentcharge
土地利用規制　land-use regulation
土地利用規制適用除外　use variance
土地利用計画　land-use planning
土地利用(計画)図面　plot plan
読会　reading
特許医薬品　patent medicine
特許会社　chartered company
特許協力条約　Patent Cooperation Treaty
特許許可証　letters patent
特許局　patent office
特許(権)　patent
特許権　patent right
特許権および著作権条項　Patent and Copyright Clause
特許権裁判所　Patents Court
特許権者　patentee; patent holder
特許権州裁判所　Patents County Court
特許権集中　patent pooling
特許権出願過程の禁反言　prosecution history estoppel
特許権出願書類についての禁反言　file wrapper estoppel
特許権取得番号　patent number
特許権授与者　patentor
特許権侵害　infringement of patent; patent infringement
特許権侵害　piracy
特許権侵害者　pirate
特許権の強制実施許諾　compulsory license (of patent)
特許権の譲与　grant of patent
特許権を受ける資格のある発明　patentable invention
独居拘禁　solitary confinement
特許私有地　charter-land
特許私有地保有者　charterer
特許出願終結　disposal
特許出願中　patent pending
特許出願(手続き)　prosecution
特許取得番号　patent number
特許状　charter
特許状失効　forfeiture of charter
特許状の結部　eschatocol
特許状の返還　surrender of charter
特許・商標局　Patent and Trademark Office
『特許商標公報』　Official Gazette
特許植民地　chartered colony
特許審判　patent appeal
特許審判官　examiner
特許審判長室　Examiners-in-Chief
特許審判・抵触部　Board of Patent Appeals and Interferences
特許請求項　patent claim; claim of patent
特許登録簿　register of patents
特許に関する一部放棄書　memorandum of alteration
特許の出願　patent application
ドック　dock
ドック使用料　dockage; dock dues
特恵　preference
特恵関税　preferential tariff; preferential duty
特権　franchise
特権　libertas
特権　liberties
特権　privilege
特権　special privilege
特権および免除条項　Privileges and Immunities Clause
特権確認訴訟　claim of liberty
特権行使許可地区　franchise
特権行使の主張　claim of privilege
特権裁判所　franchise court
特権遵守令状　writ of privilege
特権侵害　disturbance of franchise
(貴族院)特権審査委員会　commit-

tee for privileges; committee of privileges
特権審査委員会 Committee of Privileges
特権的遺言 privileged will
特権的専属管轄権の主張 claim of cognizance
特権的謄本保有(権) privileged copyhold
特権的隷農保有 privileged villeinage
特権の主張 claim of privilege
特権または免除条項 Privileges or Immunities Clause
特権領 franchise
特権領 liberties
特権領ベイリフ命令交付令 mandavi ballivo
特権を有している特定裁判所への特権による召喚手続き attachment of privilege
『ドッズ議会必携』 Dods Parliamentary Companion
突然の危険の法理 sudden peril doctrine
突然の緊急事態の法理 sudden emergency doctrine
突然の激情 sudden heat (of passion)
突然の激怒 sudden anger
突然発症の準則 sudden onset rule
取って代わること supersedure; supersession
トッテン信託 Totten trust
突発ストライキ quickie strike
土手 levee
徒弟 apprentice
徒党 ring
滞り arrearage
滞り arrears
留まる意思 animus manendi
留まる意思 animus morandi
ドナヒュー対スティーヴンスン事件 Donoghue v. Stevenson
賭博 gamble; game
賭博 gambling; gaming
賭博委員会 Gambling Commission
賭博契約 bet
賭博契約 gambling contract; gaming contract
賭博行為 betting
賭博場 gaming house; gambling house [hall, hell, den]
賭博場開設許可(証) gaming license
賭博場許可 operating license
賭博上訴審判所 Gambling Appeals Tribunal
賭博税 gaming duty
賭博保険(証券) gambling policy
賭博保険証券 wager policy; wagering policy

トバール主義 Tobar doctrine
跳び越し開発 leapfrog development
跳び越し上訴 leapfrog appeal
跳び越し手続き leapfrog procedure
飛び地 enclave
飛び領土 exclave
飛ぶこと flight
土木工事標準契約書式 ICE contract
ドムブロフスキー事件の法理 Dombrowski doctrine
トムリン命令 Tomlin order
ドメイン名 domain name
ドメイン名先占 cybersquatting
ドメイン名先占者 cybersquatter
留め置きリーエン retaining lien
止めること stoppage
止めること suppression
友 friend
ドラゴーの理論 Drago doctrine
トラスト trust
トラスト病院 trust hospital
トラック・ショップ truck shop [store]
囚われの聴衆 captive audience
囚われの聴衆の法理 captive-audience doctrine
トランシュ tranche
トランスナショナル・ロー transnational law
取上げ expropriation
取替え replacement
取替原価 replacement cost
取替原価会計 replacement-cost accounting
取替原価保険 replacement insurance
取決め agreement
取決め arrangement
取決め compact
取決め deal
取消し annulment
取消し avoidance
取消し disaffirmance, disaffirmation
取消し recall
取消し rescission
取消し retraction
取消し vacation
取り消しうる移転 voidable transfer
取り消しうる契約 voidable contract
取り消しうる婚姻 voidable marriage
取り消しうる信託 voidable trust
取り消しうる偏頗行為 voidable preference
取消し決定 vacatur
取消し権 power of revocation
取消し事由となる誤謬 reversible error
取消し不能な権利侵害 transitory wrong
取消し命令 setting aside

取り壊し命令 demolition order
(訴えの)取下げ discontinuance
取下げ dismissal of action; dismissal
取締役 director
取締役会 board of directors; directorate
取締役早期退任補償(金) compensation for loss of office
取締役の組分け classification of directors
取締役報告書 directors' report
取調べ interrogation
取調べ investigation
取調官 interrogator
取調官 investigator
取調官 investigating magistrate
取調べ大陪審 investigative grand jury
取調べ中の拘置 investigative detention
取調べのための停止 investigatory [investigative] stop
取立て collection
取立て exaction
取立て委任のための裏書 endorsement for account of
取立て可能性保証人 guarantor of collectibility
取立て銀行 collecting bank
取立て受任銀行 depositary bank
取立ての執行(命令) estreat
取立て費用 costs of collection
取立て保証 guaranty of collection
トーリー党 Tories
トリニティ(開廷)期 Trinity term
トリニティ開廷期間 Trinity sittings
取引 bargain
取引 bargaining
取引 deal
取引 dealing
取引 mercature
取引 trade
取引 trading
取引 traffic
取引 transaction
取引移転理論 diversion theory
取引覚書 binder
取引過程 course of dealing
取引慣行 trade usage; usage of trade
取引慣習 trade custom
取引勘定書 statement of account
取引勘定書の開示 stating an account
取引業者 trader
取引業務弁護士 transactional lawyer
取引拒絶 boycott
取引公認証券一覧 official list
取引所 change; exchange
(不動産)取引譲渡(捺印)証書 bargain-and-sale deed

和英

和英対照表

取引証票　voucher
取引所得　trading income
取引制限　restraint of trade
取引制限行為　restrictive trade practices
取引制限裁判所　Restrictive Practices Court
取引制限の共謀　conspiracy in restraint of trade
取引制限の結合　combination in restraint of trade
取引制限の特約　contract in restraint of trade
取引高　turnover
取引単位　commercial unit
取引単位　even lot; round lot
取引単位　unit
取引適合権原　marketable title; clear title; good title; merchantable title
取引適合権原法　marketable title act
取引答弁　negotiated plea
取引日記帳　daybook
取引の傾向　course of trade
取引の徴憑　badges of trade
取引の誘引　invitation to negotiate
取引費用　transaction cost
取引物誹毀　trade libel
取引不適合権原　unmarketable title
トリブス　tribe
取戻し　reclamation
取戻し　redemption
取戻し　repossession
取戻し　resumption
取戻し(権)　tracing
取り戻し動議　discharge
取戻しの意思　animus recuperandi
取戻し命令　recovery order
取り戻すこと　recovery
度量衡　measure
度量衡　weights and measures
度量衡検査官　inspector of weights and measures
度量衡法　Assize of Measures
努力　diligence
トルジー裁判所　Tolzey Court
奴隷　bondman; bondsman
奴隷解放　emancipation
奴隷解放　manumission
奴隷解放布告　Emancipation Proclamation
奴隷州　slave state
奴隷制度　slavery
奴隷制の痕跡　badge of slavery
奴隷の身分　bondage
奴隷法　slave code
ドレッド・スコット事件　Dred Scott Case
ドレッド・スコット判決　Dred Scott decision
トレーラーハウス　caravan; trailer

トレンズ式登録土地権原　Torrens title
トレンズ式(土地)権原登録制　Torrens system
トレンズ式土地権利証書　Torrens certificate
泥棒　tapper
トン当たり賃料　tonnage-rent
頓死規定　drop-dead provision
トン数　tonnage
トン税　tonnage; duty of tonnage; tonnage duty [tax]
遁走　fugue
トンチン年金(制度)　tontine
トンチン保険(契約)　tontine; tontine insurance; tontine policy

ナ

名　name
名宛人　beneficiary
内縁　concubinage
内閣　cabinet
内閣委員会　Cabinet Committees
内閣官房　Cabinet Office
内閣の責任　ministerial responsibility
内勤の従業員　inside worker
内国(為替)手形　domestic bill (of exchange)
内国(為替)手形　inland bill (of exchange)
内国歳入庁　Internal Revenue Service
内国歳入庁個別通達　Revenue Ruling
内国歳入庁手続き通達　Revenue Procedure
内国歳入法典　Internal Revenue Code; tax law
内国税　internal revenue tax
内国税収入　internal revenue
内国税収入委員会　Board of Inland Revenue; Commissioners of Inland Revenue; Inland Revenue
内国税収入委員会規則35　IR35
内国法人　domestic corporation
内国民待遇　national treatment
内妻　concubine
内在的瑕疵　inherent defect
内在的欠陥　inherent vice
内在的詐欺　intrinsic fraud
内赦院　penitentiary
内情に明るい人　insider
内水　internal waters; inland waters
内水航行　inland navigation
内政干渉　intervention
ナイト　knight
内帑金　privy purse
ナイフ　knife
内部監査　internal audit

内部告発　whistle-blowing
内部告発者　whistleblower
内部告発者保護法　whistleblower act
内部者　insider
内部者取引　insider trading; insider dealing
内部者取引者　insider trader
内部者への偏頗行為　insider preference
内部者持株報告書　insider report
内部証拠　intrinsic evidence
内部情報　inside information; insider information
内部情報　tip
内部情報受領者　tippee
内部情報漏洩者　tipper
内部の司法機関　domestic tribunal
内部の者の犯罪　inside job
内部利益率　internal rate of return
内部留保　undistributed profit
内部留保税　undistributed earnings tax
内紛　civil strife
内報評決　privy verdict
内務　interior
内務省　Department of the Interior; Interior Department
内務省　Home Office
内務省認可学校　approved school
内務省秘密検察局　Secret Service
内務省病理医　Home Office pathologist
内務大臣　Home Secretary
内面的行為　internal act
内容　content
内容に基づく規制　content-based restriction
内容未知　contents unknown
内乱　civil war
内陸国　landlocked state
内部留保税　accumulated earnings tax
ナウロ座　now [NOW] account
名親　godfather
仲立　brokerage
仲立人　broker
仲立人作成結約覚書　bought and sold notes
仲立人作成売買契約覚書　sale note
仲立人名義　street name
仲立料　brokerage
中継　transit
中庭　garth
仲間　fellow
仲間　mate
なかりせばテスト　but-for test
なかりせば不発生の原因　but-for cause
投げ売り　distress sale
投げ売り商品　distressed goods
投げ返しの準則　throwback rule

投げ荷　jetsam
投げ荷行為　jettison
なしうる限りの抵抗　utmost resistance
なしくずし償却　amortization
ナショナリズム　nationalism
ナショナルトラスト　National Trust
『ナショナル・リポーター・システム』　National Reporter System
なすこと　feasant
ナスダック　NASDAQ; National Association of Securities Dealers Automated Quotations
謎の消失　mysterious disappearance
捺印箇所　locus sigilli
捺印官　sealer
捺印金銭債務証書　bond; obligation
捺印金銭債務証書契約の債権者　bond creditor
捺印金銭債務証書の債権者　obligee
捺印金銭債務証書の債務者　obligor
捺印契約　covenant
捺印契約　specialty contract
捺印契約訴訟　action of covenant; covenant
捺印契約令状　writ of covenant
捺印債務証書　specialty
捺印債務証書に基づく債務　specialty debt
捺印債務証書に基づく債務の責任を負うべき無遺言不動産相続遺産　assets by descent
捺印者　sealer
捺印証書　charter
捺印証書　deed
捺印証書　factum
捺印証書　fait
捺印証書契約　specialty; specialty contract
捺印証書によらない契約　parol contract
捺印証書による禁反言　estoppel by deed
捺印証書の引渡し　delivery of deed [a deed]
捺印証書文頭文言　lien of a covenant
捺印文書　sealed instrument
ナポレオン法典　Code Napoléon; Napoleonic Code
成り行きと移動　fate and transport
馴合い　collusion
馴合い協約　sweetheart deal [agreement, contract]
馴合い訴訟　collusive action
馴合いの当事者の併合　collusive joinder
馴合い不動産回復訴訟　common recovery; recovery

馴合い不動産回復訴訟の容認　suffering a recovery
馴合い不動産回復訴訟目的物相当分の補償　recompense of recovery in value
縄張争い　jurisdictional dispute
縄張争いストライキ　jurisdictional strike
軟貨　soft currency
難解な法律用語　legalese
南海泡沫会社事件　South Sea Bubble
南東部巡回裁判区　South-Eastern Circuit
難破　shipwreck; wreck
難破船　shipwreck
難破船処理官　receiver of wrecks
難破船の厚板　tabula in naufragio
難破調査委員　wreck commissioner
難破物　wreck
南北戦争　War between the States
南北戦争(憲法)修正条項　Civil War Amendments
難民　refugee
難民キャンプ　displaced-persons camp

二

二悪択一　choice of evils
二悪択一の防御　choice-of-evils defense
荷揚げ　unloading
荷揚げ許可証　landing order
荷揚げ指図書　landing order
荷揚げ地　landing
荷揚げ場　landing
荷揚げ費用　landing charge
荷受人　consignee
荷送り人　consignor
荷送り人　shipper
荷為替　documentary draft; documentary bill
荷為替信用状　documentary credit
荷為替手形　documentary draft; documentary bill
二級市民　second-class citizen
憎しみの言論　hate speech
ニクソン・テープ判決　Nixon Tapes Decision
肉体の診察　physical examination
肉体への偶発的権利侵害　accidental injury
肉体への権利侵害　bodily injury
肉体への重大な権利侵害　serious bodily injury; great bodily injury
逃げ役　runner
二憲章　Charters of Liberties; Cartae Libertatum; Chartae Libertatum
二憲章に関する条項　Articuli super

C(h)artas
二憲章の確認　Confirmatio C(h)artarum
二元的裁判所制度　dual court system
二元的販売業者　dual distributor
二元論　dualism
二国語陪審　jury de medietate linguae; bilinguis; party jury
荷敷　dunnage
二次限度　sublimit
二次債務　secondary obligation
二次市場　secondary market
二次の意義　secondary meaning
二次の義務　secondary obligation
二次の義務者　secondary party
二次の証拠　secondary evidence
二次的ストライキ　secondary strike
二次的請求権　recourse
二次的請求権付き貸借　recourse loan
二次的請求権付き約束手形　recourse note
二次的請求権なしの貸借　nonrecourse loan
二次的請求権なしの約束手形　nonrecourse note
二次的争議行為　secondary action
二次的著作物　derivative work; derivative
二次的引渡し　second delivery
二次的ピケ(ティング)　secondary picketing
二次的不動産譲渡　secondary conveyance
二次的ボイコット　secondary boycott
二次的法源　secondary authority
二次的ユース　secondary use
二重課税　double taxation
二重課税控除　double taxation relief
(国際的)二重課税防止協定　double taxation agreement
(国際的)二重課税防止条約　double taxation treaty
二重基準　double standard
二重契約　dual contract
二重効果の法理　doctrine of double effect
二重国籍　dual nationality
二重資格の法理　dual capacity doctrine
二重事業所化　dual-shop operation
二重市民権　dual citizenship
二重主権の法理　dual sovereignty doctrine
二重上訴　duplicitous appeal
二重人格の法理　dual persona doctrine
二重推論の準則　inference on inference rule

和英	英語
二重選択権	double option
二重訴追の準則	dual prosecution rule
二重訴答	double pleading
二重訴答禁止の準則	rule against double pleading
二重答弁	double plea
二重特許	double patenting
二重取り	double dipping
二重の訴え	duplex querela; double complaint; double quarrel
二重の危険	double jeopardy
二重の危険(禁止)条項	Double Jeopardy Clause
二重の毀損	double waste
二重の権原担保者の訴訟参加請求	double voucher
二重の権原担保者の訴訟参加請求による不動産回復訴訟	recovery by [with] double voucher
二重の権利	droit droit; jus duplicatum
二重の証明	double proof
二重の不動産毀損	double waste
二重の分与産	double portions
二重のユース	use upon a use; double use
二重引当て財産債権者	double creditor
二重分与産禁止の準則	rule against double portions
二重保証人	supplemental surety
二重未確定事実依存不確定権	possibility on (a) possibility
二重目的の法理	dual purpose doctrine
二重優先権の準則	dual priorities rule
二次ライセンス	sublicense
ニース条約	Treaty of Nice
にせ金	dud
にせもの	sham
二段階審理	bifurcated trial; two stage trial
日時固定召喚状	fixed-date summons
日曜安息法	Sabbath law
日曜安息法違反	Sabbathbreaking
日曜営業	Sunday trading
日曜休業法	blue law; Sunday (closing) law
日曜法	Sunday (closing) law
日系米国人収容賠償法	Japanese-American Reparation Act
日照地役権	solar easement
日程についての申し立て	calendar motion
日当	per diem
荷積み	lading
荷積み料	stowage
二党制	two party system
二度の棄却の準則	two dismissal rule
2年間の懈怠を原因とする土地明渡し令状	cessavit per biennium
二倍(額)賠償(金)	double damages
二倍額罰(金)	double value
二倍の婚姻料	duplex valor maritagii
二方面計画	concurrent planning
2本下線	two-line whip
荷役業者	stevedore
入院命令	admission order
入会	induction
入金あてこみ小切手振出し	check-kiting; kiting; kiting checks
入金取消し	charge-back
入港禁止(令)	embargo
入港税	light money
入国	entry
入国	immigration
(出)入国管理	immigration
入国管理官	immigration officer
入国管理不服審判所	Board of Immigration Appeals; Immigration Appeals Board
入国許可(証)	entry permit
入国拒否	exclusion
入国権	right of entry
入国資格のない外国人	excludable alien
入国審査官	immigration officer
入国税	head money; head tax
入札	bid
入札者	bidder
入札談合	bid rigging
入札による請負い契約の締結	letting out
入札保証証書	bid bond
入出構時基準計算賃金	portal to portal pay
入出構時基準計算賃金法	Portal-to-Portal Pay Act
入植者	settler
入牢金	garnish
ニューサンス	nuisance; nocumentum
ニューディール	New Deal
『ニューヨーク・サップルメント』	New York Supplement
ニューヨーク式利息	New York interest
ニューヨーク準則	New York rule
ニューヨーク証券取引所	New York Stock Exchange
ニューヨークタイムズ事件の準則	New York Times rule
ニューヨークタイムズ対サリヴァン事件	New York Times v. Sullivan
尿検査	urine test
尿試料	specimen of urine; urine specimen
二律背反	antinomy
荷渡し指図書	delivery order
任意解散	voluntary dissolution
任意加入制法曹協会	voluntary bar
任意寄託	voluntary deposit
任意規定	directory provision
任意供述	voluntary statement
任意繰上げ償還可能社債	redeemable bond; callable bond
任意採択法	adoptive act
任意再保険	facultative reinsurance
任意清算	voluntary winding-up; voluntary liquidation
任意性のある自白	voluntary confession
任意捜索	voluntary search
任意代理	agency in fact
任意団体	voluntary association
任意仲裁	voluntary arbitration
任意追加納付金	additional voluntary contribution
任意的出頭	voluntary appearance
任意的正式起訴状	voluntary indictment
任意的正式起訴状案手続き	voluntary bill procedure
任意的陳述	gratis dictum
任意的反訴	permissive counterclaim
任意的要請	directory requirement
任意に解散しうる組合	partnership at will
任意認知	acknowledgment
任意の坐礁	voluntary stranding
任意の親切行為	voluntary courtesy
任意不動産権	tenancy at will; estate at will
任意不動産権者	tenant at will
任意法規	directory statute
認可	approval
認可権限	enabling power
認可証	certificate of approval
認可状	exequatur
認可投資銘柄	approved list
認可法科大学院	approved law school
認可臨床医療従事者	approved clinician
任期	term of office; tenure
人気新銘柄	hot issue; hot stock
認識	cognition
認識	knowledge
認識	notice
認識	scienter
認識ある過失による無視	reckless disregard
認識則	scienter rule
認識テスト	cognitive test
認識のある過失	willful negligence
認識の欠如	lack of knowledge
認識票	identification tag; identification disc; identity disc
認証	attestation; testation

認証 authentication
認証 certification
認証 verification
認証者欄 teste
認証人 attesting witness
認証謄本 authentic act
認証謄本 certified copy; attested copy; exemplified copy; exemplification; verified copy
認証文言 attestation clause; witnessing part
妊娠 conception
妊娠 pregnancy; gestation
妊娠中絶 abortion; miscarriage
認諾 confession
認諾 conusance
認諾委任状 warrant of attorney
認諾の上での沈黙の法理 assenting silence doctrine
認諾文言記載約束手形 cognovit note; judgment note
認知非嫡出子 natural child
(アサイズ裁判陪審員による)認定 recognition
認定的犯意 malice in law
認定者 recognitor
認定投資家 accredited investor
認定法科大学院 accredited law school
認定利得 recognized gain
任務終了 discharge
任務注文契約 task order (contract)
任命 commission
任命書 commission

ヌ

抜け穴 loophole
抜け目のない行動 sharp practice
盗み steal
布地の長さの公的検査 alnage
沼地および冠水地 swamp and overflowed land

ネ

値上げ markup
猫かぶり行為 sandbagging
猫とねずみ法 Cat and Mouse Act
値下げ markdown
熱心な証人 zealous witness
捏造事実 simulated fact
捏造証拠 fabricated evidence
熱鉄裁判 judgment of the hot iron
熱鉄神判 hot-iron ordeal; ordeal by [of] hot iron
熱湯神判 hot-water ordeal; ordeal by [of] (hot) water
値開き spread

ネーム name
眠れる州際通商条項 Dormant Commerce Clause
眠れる請求権 dormant claim
眠れる通商条項 Dormant Commerce Clause
年 year
年間実質年収 annual value
年間賃貸収入 annual value
年季契約書 articles of indenture
年季契約奉公人 indentured servant
年季奉公 articles
年季奉公契約証文 indenture
年極め不動産(賃借)権 tenancy from year to year; estate from year to year; year-to-year tenancy
年極め不動産賃借権者 tenant from year to year
年金 annuity
年金 pension
年金(額) pension entitlement
年金基金 pension fund
年金基金分担金 pension contributions
年金債券 annuity bond
年金式公益残余権信託 charitable remainder annuity trust
年金式信託 annuity trust
年金受給権 annuity
年金受給権 pension entitlement
年金受給(権)者 annuitant
年金受給者 pensioner
年金受給年齢 pensionable age
年金信託 pension trust
年金制度 pension plan; pension scheme
年金の配分指定 pension earmarking
年金分割決定 pension sharing order
年金保険証券 annuity policy
年次営業報告書 annual report
年次株主総会 annual meeting; annual general meeting; regular meeting
年次計算書類 annual accounts
年次減価 annual depreciation
年次社員総会 annual general meeting
年次総会 annual meeting; annual general meeting; regular meeting
年次報告書 annual return
年次報告書 annual statement
年書 Year Books
年少者労働 child labor
年少者労働規制法 child labor law
年少被用者 child employee
年単位定期不動産(賃借)権 yearly tenancy
年度評価額 annual value
(実質)年率 annual percentage rate
年齢 age

年齢(による)差別 age discrimination
年齢差別雇用禁止法 Age Discrimination in Employment Act
年齢の証明 proof of age

ノ

ノアー・ペニントンの法理 Noerr-Pennington doctrine
農業 agriculture; farming
農業経営者 farmer
農業経営者住宅局 Farmers' Home Administration
農業経営地賃借保有 farm business tenancy
農業調整局 Agricultural Adjustment Administration
農業調整法 Agricultural Adjustment Act
農業用財産相続税軽減 agricultural property relief
農業用住居助言委員会 agricultural dwelling house advisory committee
農業用土地保有 agricultural holding
農業リーエン agricultural lien
農業労働者保証居住(権) assured agricultural occupancy
農漁業委員会 Board of Agriculture and Fisheries
農耕奉仕(義務) benerth
野ウサギ hare
農作物 crop
農作物収穫権 emblements
農作物保険 crop insurance
脳死 brain death
農事十分の一税 predial tithe
農場 farm
納税印紙 tax stamp
納税者 taxpayer
納税者訴訟 taxpayer's action
納税者当事者適格の法理 taxpayer standing doctrine
納税者の権利章典 taxpayers' bill of rights
納税者への書面回答 private letter ruling
納税申告(書) tax return; tax declaration
納税申告書 return
納税済み所得 franked income
農地 agricultural land
農地銀行 land bank
農地審判所 agricultural land tribunal
農奴 bondman; bondsman
農奴 serf; nativus
能動信託 active trust; live trust; living trust
能動ユース active use

農奴婚姻許可料 marchet, marchetta, merchet, merchetum
農奴の身分 bondage
納入 proffer
ノウハウ know-how
納本 copyright deposit
納本図書館 copyright (deposit) library
農務省 Department of Agriculture
能力 ability
能力 capacity
能力 faculty
能力(あること) competence
能力欠缺 disability
能力主義(任用制) merit system
能力主義任用制保護委員会 Merit Systems Protection Board
能力喪失 disability
能力についての防御 capacity defense
能力の欠缺 disability; legal disability
能力判定手続き competency proceeding
(行為)能力付与 emancipation
(行為)能力を付与された未成年者 emancipated minor
のがれがたい危険 inescapable peril
ノークスのジョン John-a-Nokes, -Noakes
残り rest
ノーサムプトン法 Assize of Northampton
野宿 sleeping rough
『ノース・イースタン・リポーター』 North Eastern Reporter
『ノース・ウェスタン・リポーター』 North Western Reporter
ノーススデッド荘園 Manor of Northstead
後になされた判決 junior judgment
後の婚姻による準正 legitimatio per subsequens matrimonium
ノックオフ knockoff
ノックと告知の準則 knock and announce rule
ノックフォアノック協定 knock for knock (agreement)
乗っ取り主義 entryism
(企業)乗っ取り屋 raider
ノーブランド generic brand
ノーブランド商品 generic goods
呑み込ませ cramdown
ノーミング norming
…の名称で営業中 d/b/a, dba
…の申し立てによる ex parte
乗合い条項 omnibus clause
乗合い訴状 omnibus bill
乗り換え募集 twisting
乗組員名簿 muster roll
乗り越えられた拒否権 overridden veto

ノーリス・ラガーディア法 Norris-La Guardia Act
ノルマン人の征服 Norman Conquest; Conquest
『ノルマンディー大慣習法書』 Grand Coustumier du Pays et Duché de Normandie
ノルマンフランス語 Norman French
のれん goodwill, good will
ノンバンク・バンク nonbank bank
ノン・ルフルマン nonrefoulement

ハ

歯 tooth
灰色市場 gray market
媒介事実 mediate datum
媒介的証言 mediate testimony
媒介物 medium
倍額 double value
倍額賃料 double rent
二倍額罰(金) double value
売価の吊上げ(による契約締結拘束の撤回) gazumping
廃棄物 refuse
廃棄物 waste
廃棄物処理 refuse disposal
廃棄物処理 waste disposal
廃棄物無許可処理 unlicensed disposal of waste
売却 sale
売却権 power of sale
売却され引渡し済みの動産 goods sold and delivered
売却条件 conditions of sale
売却証明書 certificate of sale
売却信託 trust for sale
売却するという合意 agreement to sell
売却代金転換 overreaching
売却代金転換の原則 overreaching
売却による期限到来条項 due-on-sale clause
売却の合意 agreement of sale
売却の合意 sales agreement
売却物件明細書 particulars of sale
売却令状 venditioni exponas
配偶者 conjoint
配偶者 consort
配偶者 spouse
配偶者虐待 spousal abuse
配偶者権 consortium
配偶者権 society
配偶者権侵害(訴訟) trespass per quod consortium (et servitium) amisit; per quod consortium (et servitium) amisit
配偶者権の喪失 loss of consortium
配偶者強姦 marital rape
配偶者控除(額) marital deduction
配偶者控除信託 marital deduction trust
配偶者殺し mariticide
配偶者信託 marital trust
配偶者専用除外遺産 exempt property
配偶者であった死者による扶養取決め maintenance agreement by deceased person
配偶者による証拠 evidence of spouses
配偶者による選択(権) election by spouse
配偶者の権利 marital rights
配偶者の権利 spousal rights
配偶者の選択権 right of election
配偶者の訪問 conjugal visit
配偶者分 marital portion
配偶者割当て分 spousal allowance
背景 background
陪餐停止 excommunication
廃止 abolition
廃止 repeal
廃止条項 repealing clause
胚子選択 embryo selection
廃疾 disability
廃止法 repealer
ハイジャック hijack, high-jack, highjack
買収 buyout
買収・合併規制委員会 Panel on Takeovers and Mergers
買収対象会社 target company
排出物 effluent
売春 prostitution
売春・買春勧誘 solicitation
売春勧誘(罪) procurement
売春強要 white slavery
売春周旋(罪) pandering
売春周旋者 pander
売春周旋屋 procurer
売春仲介者 pimp
売春婦 prostitute
売春婦が客を求めて公道をうろつくこと loitering with intent
売春婦周旋(罪) procuration
売春婦輸送 white slave traffic
売春婦輸送法 White Slave Traffic Act
売春宿 bawdy house; brothel
売春宿 house of assignation
売春宿経営罪 keeping a disorderly house [a house of ill fame]
売春をさせること patronizing a prostitute
排除 exclusion
賠償 gree
賠償 indemnity
賠償 reparation
(戦時)賠償 reparation
(損害)賠償 recovery
賠償額審問令状 writ of inquiry; inquiry
賠償額増額(決定) additur

| 賠償金の提供　tender of amends
| 賠償資力責任条項　financial responsibility clause
| 賠償資力責任制定法　financial responsibility act
| 賠償資力責任法　financial responsibility law
| 賠償責任法　civil damage act
| 賠償責任保障条項　protection and indemnity clause
| 賠償責任免除条項　hold-harmless clause; save-harmless clause
| 賠償責任免除特約　hold-harmless agreement; save-harmless agreement
| 排除・削除申し立て　motion to strike (out)
| 排除命令　cease-and-desist order
| 排除要求事項　exclusion requirement
| 背信　betray
| 陪審　jury; country; jurata
| 陪審　jury panel
| 陪臣　arrière vassal
| 陪審員　array
| 陪審員　juror; juryman
| 陪審員　lay people
| 陪審員　layperson
| 陪審員忌避　challenge to juror; challenge of juror
| 陪審員忌避　challenge to jury
| 陪審員忌避判定人　trier; trior
| 陪審員候補者　veniremember; venireman; venireperson
| 陪審員候補者指名委員　jury commissioner
| 陪審員候補者指名委員会　jury commission
| 陪審員候補者指名委員長　jury commissioner
| 陪審員候補者全員に対する忌避　challenge to (the) array [(the) panel]
| 陪審員候補者選定留保　standing aside a juror
| 陪審員候補者団　panel
| 陪審員候補者追加　tales
| 陪審員候補者名簿　jury panel; array; jury pool; panel
| 陪審員資格審査　jury vetting
| 陪審員室　jury room
| 陪審員召喚状　jury process
| 陪審員召喚手続き　jury process
| 陪審員召集令状　venire facias juratores; venire; venire facias; writ of venire facias
| 陪審員席　jury box
| 陪審員選定を細工すること　jury-packing
| 陪審員退出　withdrawing a juror
| 陪審員団　panel
| 陪審員抽選器　jury wheel; jury box

| 陪審員長　presiding juror
| 陪審員としてつとめぬ人　nonjuror
| 陪審員としての義務違反行為　juror misconduct
| 陪審員としてのつとめ　jury duty; jury service
| 陪審員の召集　array
| 陪審員の選定を細工すること　packing a jury
| 陪審員の退出　withdrawal of a juror
| 陪審員控室　jury room
| 陪審員への不当圧力　tampering with jury
| 陪審員身柄提出令状　habeas corpora juratorum
| 陪審員名の呼出し　calling the jury
| 陪審員有資格者名簿　jury list
| 陪審からの争点の取戻し　withdrawal of issue from jury
| 背信（行為）　infidelity
| 陪審候補者名簿　poll
| 陪審懇請訴答末尾　conclusion to the country
| 背信詐欺　confidence game; confidence trick; con
| 背信詐欺（師）　confidence man; confidence trickster
| 背信詐欺師　trickster
| 陪審査問　attaint
| 陪審査問令状　writ of attaint; attaint
| 陪審召集地　vicinage
| 陪審審理　jury trial; trial by jury
| 陪審審理付託決定手続き　committal proceedings
| 陪審審理要請　going to the country
| 陪審審理リスト　jury list
| 陪審抱込み罪　embracery
| 陪審抱込み犯　embraceor, embracer
| 陪審長　foreman; foreperson
| 陪審手数料　jury fee
| 陪審特別選定人　elisor
| 陪審に対する指示　jury direction
| 陪審に対する説示　jury instruction; jury charge; jury direction
| 陪審による恩赦　jury pardon
| 陪審による説示無視　jury nullification
| 陪審の解散　separation of jury
| 陪審の隔離　sequestration of jury
| 陪審の検証　view of an inquest
| 陪審の事実認定　finding of a jury
| 陪審の選定　striking a jury
| 陪審の退än　retirement of jury
| 陪審の判断に委ねる必要なしとすること　taking case from jury
| 陪審不正工作　jury-fixing
| 陪審への指示［説示］　direction to jury
| 陪審への説示　instruction to jury

| 陪審への付託　submission to the jury
| 陪審問題　jury question
| 排水　drainage
| 排水権　drainage right
| 排水事業地区　drainage district
| 排水承諾　water discharge consent
| 背誓（罪）　forswearing
| 排斥　preclusion
| 陪席裁判官　associate judge; puisne judge
| 陪席裁判官　associate justice
| 排斥命令　exclusion order
| 排斥命令　preclusion order
| 媒体　medium
| 排他行為　exclusionary practice
| 排他条件付き取引合意　exclusive dealing agreement
| 配達　delivery
| 配達証明郵便　certified mail
| 排他的管理　exclusive control
| 排他的漁業権　free fishery
| 排他的経済水域　exclusive economic zone
| 排他的使用　exclusive use
| 排他的証拠　exclusive evidence
| 排他的占有　exclusive possession
| 排他的ゾーニング　exclusionary zoning
| 排他的地役権　exclusive easement
| 排他的取引協定　exclusive dealing (arrangement)
| 排他的取引契約　exclusive contract
| 排他的不動産仲介（契約）　exclusive agency listing
| 売店設置権(料)　stallage
| ハイド　hide
| 配当　distribution
| 配当（金）　dividend
| 配当額　dividend
| 配当金再投資制度　dividend reinvestment plan
| 配当しぼり出し　dividend stripping
| 配当所得　dividend income
| 配当性向　dividend payout ratio
| 配当宣言　declaration of dividend
| 配当付き保険　participating insurance
| 配当倍率　dividend cover
| 配当剥離　dividend stripping
| 配当保証株　guaranteed stock
| ハイ・トゥリーズ事件　High Trees Case
| 配当利回り　dividend yield
| 背徳的行為　moral turpitude
| ハイド税　hidage, hydage
| ハイドラフローの基準　Hydraflow test
| 背任　misappropriation
| 売買　sale
| 売買　emptio (et) venditio
| 売買業者　dealer
| 売買契約　bargain

売買契約　contract for sale; sales contract; contract of sale
売買契約　purchase agreement
売買契約と売却　bargain and sale
売買契約と売却における売主　bargainor
売買契約と売却における買主　bargainee
売買契約を結び売却された動産　goods bargained and sold
売買公記録　act of sale
売買条件　conditions of sale
売買代金　purchase money
売買代金担保権　purchase money security interest
売買代金担保譲渡抵当　purchase money mortgage
売買代金復帰信託　purchase money resulting trust
売買による譲渡抵当権実行権　power of sale
売買による譲渡抵当権実行権条項　power-of-sale clause
売買による譲渡抵当権実行手続き　power-of-sale foreclosure
売買の合意　sales agreement
売買妨害　chilling a sale
売買または交換　sale or exchange
廃物価値　scrap value
パイプ・ロール　Pipe Roll
配分　apportionment
配分条項　distributive clause
配分的正義　distributive justice
陪保有(権)　subtenancy; under-tenancy
陪保有者　subtenant; undertenant
倍率残高逓減減価償却法　double-declining depreciation method
パイロット　pilot
ハウ対ダートマスの事件準則　rule in Howe v. Dartmouth
破壊　break
破壊　breaking
破壊　despoliation
破壊　destruction
破壊(行為)　vandalism
破壊活動　sabotage
破壊活動　subversive activity
破壊活動分子　subversive
『博士と学徒』　Doctor and Student
歯型公債証書　indent
歯型捺印証書　indenture; deed indented; dividenda; indent
端株　odd lot
端株券　scrip; scrip certificate
端株注文　odd-lot order
破棄　cassation
破棄　destruction
破棄　discharge
破棄　reversal
破棄事由となる誤謬　reversible error
はぎ取り開封による使用許諾(書)　tear-me-open license
破棄の申し立て　motion to quash
破棄命令　quashing order
伯　earl
博愛目的　philanthropic purpose
迫害　persecution
ハーグ国際私法会議　Hague Conference on Private International Law
ハーグ国際法アカデミー　Hague Academy of International Law
ハーグ裁判所　Hague Court
白書　albus liber
白書　White Paper
ハーグ条約　Hague Convention
白色人種　Caucasian
ハーグ諸条約　Hague Conventions
剝奪　divestiture
剝奪　privation
剝奪命令　divestiture
爆弾的説示　dynamite charge; dynamite instruction
ハーグ仲裁裁判所　Hague Tribunal
白馬先例　whitehorse case
爆発　explosion
爆発物　explosive
白馬の騎士　white knight
ハーグ平和会議　Hague Peace Conference
ハーグルールズ　Hague Rules
ハゲワシ投資会社　vulture fund
覇権　hegemony
覇権主義　hegemonism
派遣被用者　borrowed employee
箱　box
破産　bankruptcy
破産からの復権者　certificated bankrupt
破産管財人　bankruptcy trustee; trustee (in bankruptcy)
破産管財人　syndic
破産監査官　comptroller in bankruptcy
破産関連犯罪　criminal bankruptcy
破産結果条項　ipso facto clause
破産行為　act of bankruptcy
破産行動計画　bankruptcy plan; plan
破産行動計画承認審理　confirmation hearing
破産告知　bankruptcy notice
破産財産保全管理命令　receiving order
破産財団　bankruptcy estate
破産裁判官　bankruptcy judge
破産裁判所　court of bankruptcy; bankruptcy court
破産詐欺　bankruptcy fraud
破産者　bankrupt
破産者財産差押令状　warrant in bankruptcy
破産者債務負担(罪)　obtaining credit
破産条項　bankruptcy clause
破産審理人　referee in bankruptcy
破産宣言　declaration of bankruptcy
破産宣告　adjudication order; adjudication in [of] bankruptcy
破産宣告日　date of bankruptcy
破産手続き　bankruptcy proceeding
破産手続き　liquidation
破産に伴う行為制限命令　bankruptcy restriction order
破産犯罪　bankruptcy crime
『破産判例集』　Bankruptcy Reporter
破産法　Bankruptcy Act
破産法　bankruptcy law
破産法典　Bankruptcy Code
破産法典章サーフィン　chapter surfing
破産命令　bankruptcy order
破産免責　discharge (in bankruptcy)
破産免責決定　order of discharge
破産免責されない金銭債務　nondischargeable debt
破産免責審理　discharge hearing
破産申し立て　bankruptcy petition
破産申し立て　petition in bankruptcy
破産申立債権者　petitioning creditor
破産申立て前金銭債務返済合意　reaffirmation
破産申立て前金銭債務返済合意審理　reaffirmation hearing
破産申立て中との訴答　suggestion of bankruptcy
破産申立人　petitioner
破産予期　contemplation of bankruptcy
艀(はし)船頭　lighterman
はしけ荷役　lighterage
はしけ料　lighterage
『パシフィック・リポーター』　Pacific Reporter
始値　opening price
場所　place; locus
場所の法　law of the place
場所の法　lex loci
柱　post
バシリカ　Basilica
バシリカ法典　Basilica
端数株　fractional share
パススルー証券　pass-through security [certificate]
バス通学　busing, bussing
ハスティングズ裁判所　Court of Hustings; husting
派生訴え　derivative claim
派生取得　derivative acquisition
派生証拠　derivative evidence

派生信託　derivative trust
派生訴訟　derivative action; derivative suit
派生的管轄権の法理　derivative-jurisdiction doctrine
派生的禁制品　derivative contraband
派生的権原　derivative title
派生的権原の原則　derivative title
派生的責任　derivative liability
派生的(捺印)証書　derivative deed
派生的不動産譲渡　derivative conveyance
派生的防御　derivative defense
派生物　derivative
派生不動産　derivative estate
破損　breakage
破損高　breakage
旗　flag
裸権限　naked power
裸信託　naked trust
裸捜索　skin search
裸のオプション　naked option
裸の可能性　naked possibility; bare possibility
裸の契約　nude contract; naked contract
裸の合意　nudum pactum; naked agreement; nude pact
裸の自白　naked confession
裸の所有権　proprietas nuda
裸の占有　naked possession
裸の代理権　naked authority
裸の所有権者　naked owner
裸の土地信託　naked land trust
裸の約束　naked promise
裸傭船(契約)　bareboat charter
ハーター法　Harter Act
八時間労働法　eight-hour law
80歳代受胎可能の準則　fertile octogenarian rule
八陪審員候補者追加　octo tales
(刑)罰　poena
罰　pain
発意　motion
発育　development
発育障害　failure to thrive
発議権　initiative
バッキ事件　Bakke Case
発給　issue
罰金　fine; money penalty; mulct
罰金　wite, wit, wyte
ハッキング　hacking
罰金付き召喚令状　subpoena, subpena
罰金付き証人指定書類[指定物件]携帯召喚令状　subpoena duces tecum
罰金付き証人召喚令状　subpoena ad testificandum
罰金未納者勾引令状　capias pro fine
発掘　disinterment

発言　utterance
発言義務　duty to speak
発言権　floor
発言権　voice
発見された危険　discovered peril
発見された危険の法理　discovered peril doctrine; doctrine of discovered peril
発見時起算準則　discovery rule
発言制限(的)規則　gag law; gag rule
発見物　trove
発言または討議の条項　Speech or [and] Debate Clause
発行　exit
発行　issuance
発行　issue
発行　publication
発行一括登録　shelf registration
発行価格　issue price
発行差額　gross spread
発行受託会社　issuing house
発行受託銀行　issuing bank
発行済み株式　issued share [stock]
発行済み株式資本　issued share capital
発行済み株式の消却　cancellation of stock [shares]
発行済み資本　issued capital
発行日取引証券　when-issued security
発射された弾丸　gunshot
発生　occurrence
発生(率)　incidence
発声採決　voice vote
発生時起算準則　occurrence rule
発生主義　accrual basis; accrual method
発生主義的会計方法　accrual accounting method
発生ユース　springing use
発送　shipment
発送通知書　advice note
発達障害　developmental disability
ハッチ法　Hatch Act
発展　development
初判例事件　case of first impression
発表　publication
発表者　publisher
発砲者　firer
発明　invention
発明の構想　conception of invention
発明の先順位性　priority of invention
発明の表示　description of invention
発明の優先性　priority of invention
発明品　invention
発明明細書　specification

ハードウィク卿法　Lord Hardwicke's Act
ハードウェア　hardware
罵倒行為　abusive behavior
ハードコア・ポルノグラフィー　hard-core pornography
ハードコピー　hard copy
バトソン事件の異議　Batson objection
バトソン事件の忌避違憲の主張　Batson challenge
パートタイマー　part-timer
ハードディスク　hard disk
ハードディスク装置　hard disk drive
パートナー　partner
パートナーシップ・アソシエイション　partnership association
パートナーシップ保険　partnership insurance
ハト派　dove
ハドリ対バクスンデイル事件　Hadley v. Baxendale
ハード・ロー　hard law
パトロールカー　squad car; cruise car; patrol car; prowl car
ハードローン　hard loan
話　talk
母　mother
母親優先の法理　tender years doctrine
母殺し　matricide
母の胎内に[の]　in utero matris
母の胎内に(ある)　en ventre sa mère
バブ　pub
バーフォード事件型の裁判権行使回避　Burford abstention
バプテスマのヨハネの祭日　Midsummer Day, Midsummer's Day
パブリシティー　publicity
パブリシティーの権利　right of publicity
パブリックスクール　public school
パブリックドメイン・ソフトウェア　public-domain software
パブリック・フォーラム　public forum
パブリック・フォーラムではない公有地　nonpublic forum
パブリック・フォーラム利用権　right to public forum
破門　excommunication
早出料　dispatch (money)
払い込み基金　paid-in fund
払い込み催告　assessment; call
払い込み資本　paid-in capital; paid-up capital
払い込み資本　equity capital
払い込み剰余金　paid-in surplus; capital surplus
払い込み未催告株式資本　uncalled capital
払い下げ公有地　land grant
払い下げ公有地占有権　possessory claim

払い済み保険　paid-up insurance
払い戻し　payback
払い戻し　refund; refunding
バラスト　ballast
バラスト料金　ballastage
パラット・ハドソン事件の法理　Parratt-Hudson doctrine
パラティニット裁判所　palatine court
パラティニット州　county palatine
ばら荷　bulk
梁　fishgarth
パリ条約　Paris Treaty; Treaty of Paris
罵詈雑言　abusive language
パレート最適　Pareto optimality
破廉恥罪　infamous crime; infamous offense
破廉恥罪の刑　infamous punishment
パレンテール　parentela
パレンテール方式　parentelic method [system]
バロン戦争　Barons' War
バロンの要求条項　Articles of the Barons
バロン領　barony
犯意　criminal intent
犯意　malice; guilty mind; mens rea
範囲　ambit
範囲　bound
範囲　scope
犯意ある殺人　malicious killing
犯意傷害　malicious wounding
犯意訴追　malicious prosecution
犯意の例外　malice exception
半影的権利　penumbra
半影部理論　penumbra doctrine
ハンガーストライキ　hunger strike
半期　half-year
反逆罪　treason
反逆罪隠匿　misprision of treason
反逆罪的軽罪　treasonable misdemeanor
反逆罪的重罪　treason felony
反逆犯　traitor
反競争的行為　anticompetitive practice
バンクカード　bank card
判決　adjudg(e)ment
判決　adjudication
判決　arrêt
判決　decision; judicial decision
判決　decree
判決　doom
判決　judgment, judgement
半血　demi-sang, -sangue, demy-
半血　half blood
判決言い渡しのための勾引令状　capias ad audiendum judicium
判決一覧表　judgment docket
判決回避　non liquet
判決が満足されること　satisfaction of judgment
判決からの救済を求める申し立て　motion for relief from the judgment
半血兄弟　half brother
判決記録　judgment record
判決記録集　judgment roll
判決記録補正　nunc pro tunc judgment
半血族関係　half blood
判決後の開示(手続き)　postjudgment discovery
判決債権者　judgment creditor
判決債権の相殺　setoff of judgments; judgment setoff
判決債務　judgment debt
判決債務者　judgment debtor
判決債務者召喚状　judgment summons
判決先取特権　judgment lien
判決執行済み証書　satisfaction of judgment
判決執行訴状　bill to carry a decree into execution
判決執行のための債権差押え　attachment execution
判決執行令状　writ of execution; warrant of execution
半血姉妹　half sister
判決証明書　certificate of judgment
判決前利息　prejudgment interest
判決促進令状　procedendo ad judicium; procedendo
判決速報　slip opinion; slipsheet
判決阻止(の申し立て)　arrest of judgment
判決阻止申し立て　motion in arrest of judgment
判決通知　notice of judgment
判決通知書　notice of judgment
判決停止訴状　bill to suspend a decree
判決撤回の申し立て　motion to set aside judgment
判決手続きで解決されている請求についての仲裁　adjudicative claims arbitration
判決登録　entering judgment; entry of judgment
判決登録なしの保護観察(処分)　probation without judgment
判決登録前の保護観察(処分)　probation before judgment
判決における誤り　mistake in judgment
判決に対する成年到達時の異議申し立ての機会　day to show cause
判決に基づく債権者　judgment creditor
判決に基づく債務　judgment debt
判決に基づく債務者　judgment debtor
判決による禁反言　estoppel by judgment
判決認容額　face of judgment
判決の言い渡し　rendition of judgment
判決の事前自認(書)　confession of judgment
判決の執行　enforcement of judgment
判決の通知　notice of judgment
判決の変更または修正を求める申し立て　motion to alter or amend the judgment
判決発見人　domesman; doomsman
判決日　Judgment Day
判決復活令状　writ of revivor
判決への混同　merger in judgment
判決報告者　reporter of decisions; court reporter; reporter
判決要旨　abstract of judgment
判決理由　ratio decidendi
判決を求める申し立て　motion for judgment
番犬　guard dog
番犬機関　watchdog body
蛮行　vandalism
犯行を示す情況　incriminating circumstance
万国公会議　ecumenical council
万国著作権条約　Universal Copyright Convention
犯罪　crime
犯罪　malefaction
犯罪　malum
犯罪　offense, offence
犯罪　public offense
犯罪隠匿　misprision
犯罪化　criminalization
犯罪科学捜査学　criminalistics
犯罪科学捜査学の専門家　criminalist
犯罪学　criminology
犯罪完遂近接度テスト　physical proximity test
犯罪機械的活動理論　routine activities theory
犯罪競合　multiple offense
犯罪極度緊張原因論　strain theory
犯罪行為　criminal conduct
犯罪行為　overt act
犯罪行為道具性の準則　criminal instrumentality rule
犯罪構成行為　predicate act
反再抗弁　duplicatio
犯罪合理的選択の理論　rational choice theory
犯罪・詐欺の例外　crime-fraud exception
犯罪時共犯　accessory at the fact
犯罪事実　fact
犯罪事実明細書　bill of particulars
犯罪実行者　perpetrator
犯罪者　criminal

犯罪者　culprit; offender
犯罪者　malefactor
犯罪者化　criminalization
犯罪社会統制力欠如論　control theory
犯罪者社会復帰法　Rehabilitation of Offenders Act
犯罪者の社会復帰　rehabilitation of offenders
犯罪者破産　criminal bankruptcy
犯罪者破産命令　criminal bankruptcy order
犯罪取得物　fruit of (a) crime
犯罪私和　compounding an offense; compounding a crime
犯罪私和者　compounder
犯罪性　criminality
犯罪訴追(手続き)　prosecution
犯罪地　locus criminis
犯罪地　locus delicti
犯罪的遺棄　criminal desertion
犯罪的サンディカリスム　criminal syndicalism
犯罪的誹毀行為　criminal libel
犯罪としての侵害　criminal trespass
犯罪となる殺人　criminal homicide
犯罪となる無政府主義　criminal anarchy
犯罪人引渡し　extradition
犯罪人引渡し条項　Extradition Clause
犯罪人引渡し条約　extradition treaty
犯罪人引渡し令状　extradition warrant
犯罪の一般予防　general deterrence
犯罪能力　criminal capacity
犯罪の吸収　merger of offenses; merger of crimes
犯罪の故意の無視　willful blindness
犯罪の故意の無視の説示　willful-blindness instruction
犯罪の主観的要素　mens rea
犯罪のでっち上げ　frame-up
犯罪の等級　degree of crime
犯罪の等級付け　grading
犯罪の道具　criminal instrument
犯罪の特別予防　special deterrence
犯罪の併合　joinder of offenses
犯罪の要素　elements of crime
犯罪被害　criminal injury
犯罪被害補償査定委員会　Criminal Injuries Compensation Board
犯罪被害補償制度　Criminal Injuries Compensation Scheme
犯罪評点　crime score
犯罪抑止の刑(の宣告)　deterrent sentence
犯罪抑止的刑罰　deterrent punishment
犯罪歴　criminal record

犯罪歴局　Criminal Records Bureau
犯罪を構成する事実の認識　guilty knowledge
ハンザ海法　Hanseatic Laws of the Sea
反差止め命令法　Anti-Injunction Act
ハンサード議会議事録　Hansard
半璽　half-seal
判示(事項)　holding
反自然の性交(罪)　sodomy
反自然の破廉恥罪　infamous crime (against nature); infamous offense
反自然の犯罪　unnatural offense; crime against nature
反失効法　antilapse statute
反社会の行為禁止命令　antisocial behavior order
半主権国家　semisovereign state
反証　disproof
反証　rebuttal
反証　rebuttal evidence; evidence in rebuttal; rebutting evidence
反証証人　rebuttal witness
半証明　half-proof
反消滅可能性法　anti-destructibility statute
反証を許さない推定　irrebuttable presumption
反証を許さない法律上の推定　presumption juris et de jure
反証を許す推定　rebuttable presumption
反証を許す法律上の推定　presumption juris tantum
反政府運動者　insurgent
半截約束手形　half-note; halved note
反訴　counter-complaint
反訴　counterclaim; countersuit
反訴　reconvention
反訴請求　reconventional demand
反訴提起者　counterclaimant
反対　non placet
反対　opposition
反対意見　contra
反対意見　dissenting opinion; dissent
反対意見者　dissent
反対意見(表明)者　dissenter
反対株主の権利　dissenter's right
反対告訴　recrimination
反対誤審申し立て　cross-error
反対質問　cross-question
反対質問(書)　cross-interrogatory
反対証書　counterletter
反対上訴　counterappeal
反対尋問　cross-examination; cross
反対請求　counterclaim
反対請求　cross-demand

反対請求者　counterclaimant
反対訴訟　cross-action
反対訴状　cross bill
反対党候補者への投票　scratching the ticket
反対投票　not-content
反対投票(者)　no; nay
反対投票者ロビー　Noes lobby
(付随的)反対答弁　counterplea
反対の側　contra
反対のない訴訟　unopposed proceedings
反対の申し立て　cross-motion
反対判断　dissenting judgment
反対分子　insurgent
反対申し込み　counteroffer
反対申し込み　cross-offer
反対申立書　notice of opposition
反対約束　counterpromise
判断　discretion
判断　judgment, judgement
判断能力　discretion
判断の基礎になる準則　rule of decision
判断の裁量領域　discretionary area of judgment
反ダンピング関税　antidumping duty; antidumping tariff
反ダンピング法　antidumping law; antidumping act
判断留保事実記載書　case reserved; special case
判断力　reason
判断力の行使　exercise of judgment
反致　renvoi
範疇　category
範疇的質問　categorical question
半導体チップ・トポグラフィー　semiconductor topography
反独立派　Tory
半年　half-year
半年間　half a year
ハンドの定式　Hand formula
反トラストのための訴訟追行　trust-busting
反トラスト部　Antitrust Division
反トラスト法　antitrust act; antitrust law
反トラスト法違反取締官　trust-buster
ハンドレッド　hundred
ハンドレッド裁判所　hundred court
ハンドレッド裁判所裁判権保有者　hundredor
ハンドレッド裁判所に出仕すべきハンドレッドの自由土地保有権者　hundredor
ハンドレッド裁判所陪審員候補者　hundredor
ハンドレッド治安官　high constable; chief constable
ハンドレッド長　hundredary

ハンドレッドのベイリフ hundredor
ハンドレッド・ベイリフ hundred bailiff
ハンドレッド民会 hundred-moot, hundred-mote
ハンドレッド民大会 great hundred
半日制学童 half-timer
半日労働者 half-timer
犯人蔵匿 harboring
犯人庇護者 criminal protector
販売 selling
販売金融会社 sales finance company
販売手数料 load; sales load
販売文書 sales literature
半秘密信託 half-secret trust
半秘密信託 semi-secret trust
パン・ビール法 Assize of Bread and Ale
反復犯罪 cumulative offense
頒布権 distribution right
ハンブルク・ルールズ Hamburg Rules
半分 half
半分隠れた本人 partially disclosed principal
半分真実 half-truth
万民法 law of nations; jus gentium
ハンムラビ法典 Code of Hammurabi
反乱 insurrection
反乱 rebellion
氾濫原 floodplain
反乱状態 insurgency
バンリュ banlieu(e); banleuca
判例 case
判例 judicial precedent; precedent
判例集 law reports; reports
判例集 reporter
判例速報版 advance sheets
判例評釈 commentary
判例法 case law, caselaw; decisional law
判例名 style
判例要旨集 digest
判例要旨注意書 scope note
判例要約 case note; brief
判例要約報告書 case statement
反連邦主義者 anti-Federalist
反連邦党 Anti-Federal party
反連邦党党員 anti-Federalist
反論提出資格 locus standi

ヒ

火 fire
日 day
ピー・アイ・クラブ P & I club; protection and indemnity association [club]
ピー・アイ条項 P & I clause; protection and indemnity clause

被移転者 alienee
被移転人 transferee
被移転人の納税責任 transferee liability
非意図的行為 unintentional act
非意図的謀殺 unintentional murder
非意図的名誉毀損 unintentional defamation
被委任者 delegatee
被委付者 abandonee
ビヴァンズ訴訟 Bivens action
被裏書人 endorsee
非営利組織 nonprofit organization
非営利団体 nonprofit association; association not for profit
非営利的合弁事業 joint enterprise
非営利法人 nonprofit corporation; not-for-profit corporation
被害 harm
被害者 aggrieved party; party aggrieved
被害者 victim
被害者学 victimology
被害者(側) injured party
非解釈主義 noninterpretivism
被害者なき犯罪 victimless crime
被害者の個人的陳述書 victim personal statement
被害者への影響についての陳述 victim impact statement
被害直後の訴え fresh complaint
被害直後の訴えの準則 fresh complaint rule
被害直後の訴えの法理 fresh complaint doctrine
被害の直近原因 immediate cause of injury
被害の補償 restitution
控え counterfoil
比較解釈 comparative interpretation
比較過誤 comparative fault
比較過失 comparative negligence
比較過失の法理 comparative negligence doctrine
比較基準物 comparable
非確言的行為 nonassertive conduct
比較損傷のテスト comparative impairment test
比較的大きな分地 larger parcel
比較的不均衡割合 comparative disparity
比較法 comparative law
比較法学 comparative law; comparative jurisprudence
東インド会社 East India Company
非課税所得 exempt income
非課税措置 tax exemption
非課税特別貯蓄預金 Tax Exempt Special Savings Account

非課税品 tax-exempt
干潟 tideland; tideway
非株式法人 nonstock corporation
非貨幣項目 nonmonetary item
非関税障壁 nontariff barriers
美観保存地役権 scenic easement
非関連事業収入 unrelated business income
非関連事業収入税 unrelated business income tax
誹毀 slander
引合いに出すこと invocation
(手形の)引受け acceptance
引受け assumpsit
引受け assumption
引受け subscription
引受け undertaking
引受け解除条項 marketout clause
引受け拒絶 dishonor, -honour
引受け拒絶 nonacceptance
引受け拒絶証書作成後の参加引受け acceptance for honor; acceptance supra protest
引受け拒絶証書作成後の参加引受け (宣言) act of honor
引受け契約 subscription contract
引受権付き発行 rights offering; rights issue
引受け訴訟 assumpsit
引受人 subscriber
引受人 undertaker
引受けのための呈示 presentment for acceptance
被疑・検挙記録 police record
非危険種 nondangerous species
(口頭)誹毀者 slanderer
被疑者 accused
被疑者 suspect; suspected person
被疑者に対する質問 questioning of suspects
被疑者の権利 rights of the accused
非起訴共謀者 unindicted coconspirator; unindicted conspirator
(正式起訴で起訴された)被起訴者 indictee
引出し drawing
引出し withdrawal
引出金勘定 drawing account
引出し不能株 guarantee stock
誹毀的文書 famosus libellus
引取手数料 poundage
ひき逃げ hit and run
ひき逃げ・当て逃げ禁止法 hit-and-run statute
引延ばし処分期間 perpetuity period
(訴訟)引延ばし戦術 dilatory tactics
曳船 towage
曳船料 towage
非基本的の条項 nonfundamental term
引きまわしのうえ四つ裂き(刑) draw-

ing and quartering
被虐待児症候群　battered child syndrome
被虐待妻症候群　battered woman('s) syndrome
被虐待同棲者　battered cohabitant
被虐待配偶者　battered spouse
被許可者　licensee, -cencee
非居住外国人　nonresident alien
非居住者　nonresident
非居住親　nonresidential parent
非居住聖職禄権者　nonresidence
非拠出年金制度　noncontributory pension plan [scheme]
非記録裁判所　base court
非記録裁判所記録移送令状　recordari facias loquelam
引渡し　delivery
引渡し　deliverance
引渡し　rendition
引渡し　surrender
引渡し　tradition
引渡し下知令状　praecipe quod reddat
引渡し地　place of delivery
引渡しの提供　tender (of delivery)
引渡しのないこと　nondelivery
引渡し不成就　failure to make delivery
引渡し命令　turnover order
引渡し要求　requisition
(動産)引渡し令状　writ of delivery
非金銭的損害賠償　general damages
非組合員　scab
非組合員優先事業所　preferential nonunion shop
非組合員優先取扱い事業所　preferential nonunion shop
非組合員労働者　free rider
非形式的機関活動　informal agency action
非継続的地役権　noncontinuous easement
被契約者　covenantee
否決　rejection
ピケ(ティング)　picketing; labor picketing
ピケ(ライン)　picket line
非言語証言　nonverbal testimony
庇護　asylum
庇護　shelter
非故意殺(罪)　involuntary manslaughter
庇護・移民審判所　Asylum and Immigration Tribunal
非行為無能力者法　normal law
非公益目的信託　non-charitable purpose trust
非公開会議　closed session
(株)非公開会社　closely held corporation
非公開会社化　going private

非公開会社化措置　going private transaction
非公開最低価格付き競売　dumb bidding
非拘禁刑(の宣告)　noncustodial sentence
非拘禁者　detainee
被後見人　ward
非公式刑事免責　pocket immunity
非公式ストライキ　unofficial strike
非公式判例集　side reports
非行少年　delinquent
非行少年　delinquent child
非拘束被疑者の取調べ　noncustodial interrogation
非公表意見　unpublished opinion
非合法活動組織の一員　racketeer
非合法スト(ライキ)　outlaw strike
非合法組織　proscribed organization
非行未成年者　juvenile delinquent; youthful offender
非合有不動産権文言　words of severance
被公用収用者　condemnee
庇護許与請求者　asylum seeker
被告　defendant
被告　defender
被告　respondent
被告　reus, rea
被告　tenant
被告側　defense, defence
被告側弁護士　defense attorney; counsel for the defense; defense counsel; defense lawyer
被告側弁護人　defender
被告住所地裁判所　forum rei
被告出廷日　dies amoris; dies datus
被告出廷日　return day [date]
被告召喚(令)状　judicial process; process
被告第一訴答　plea
被告第三訴答　rebutter
被告第二訴答　rejoinder
被告答弁提出日　return day [date]
被告に与えられる救済　affirmative relief
被告による原告請求の認諾(書)　cognovit (actionem)
被告による原告請求の認諾に基づく判決　cognovit judgment
被告による争点効の主張　defensive collateral estoppel
被告人　accused
被告人　culprit
被告人　defendant
被告人　defender
被告人側弁護士　defense attorney; counsel for the defense; defense counsel; defense lawyer
被告人欠席のままでの刑の宣告　sentence in absentia

被告人事件表　calendar of prisoners; calendar
被告人出席の準則　presence of defendant rule
被告人出廷令状　venire facias ad respondendum
被告人席　bar
被告人席　dock
被告人の権利　rights of the accused
被告人の併合　joinder of defendants
被告人の利益　defendant's gain
被告人評点　defendant score
被告の回答　acknowledgment of service
被告の訴訟無能力についての答弁　plea to the person of defendant
非国有化　denationalization
庇護権　right of asylum
庇護国　asylum state
庇護審理　shelter hearing; detention hearing
非国教徒　nonconformist
非国教徒　nonconformity
非国教徒罪　crime of nonconformity
庇護の許与請求　claim for asylum
庇護の法理　shelter doctrine
ビザ　visa
非財政法案のための議事日程　house calendar
非裁量的信託　nondiscretionary trust
非差押禁止財産　nonexempt property
被差別者　discriminatee
非差別住宅制　open housing; open occupancy
非参加的優先株　nonparticipating preferred stock [share]
非自覚的過失　inadvertent negligence
非死刑対象犯罪　noncapital crime; noncapital offense
非死刑対象謀殺　noncapital murder
被私権剝奪者　attaint
被私権剝奪者であることを根拠とする起訴棄却の申し立て　autrefois attaint
非自署　allograph
被私訴人　appellee
被質問者　interrogee
被支配外国会社　controlled foreign company
被支配会社　controlled company
被支配会社グループ　controlled group
非自筆の文書　allograph
非市民　noncitizen
被指名者　appointee
被釈放者　releasee
非自由土地保有(権)　unfree tenure

被収容者　inmate
非主権国家　nonsovereign state
批准　ratification
批准承認文書　executive document
秘書　secretary
非商業組合　nontrading partnership; noncommercial partnership
非常勤裁判官　recorder
非常勤取締役　nonexecutive director
非常決議　extraordinary resolution
非商事契約　noncommercial agreement
非訟事件事務　administrative business
非常事態　emergency
非常事態　state of emergency
非常事態対処権限　emergency powers
費消信託　wasting trust
非常線　cordon
被上訴人　appellee
被上訴人　defendant in error
被上訴人　respondent
非消費財　nonconsumable
被譲与者　grantee
被譲与者所有者信託　nongrantor-owner trust
被譲与人・譲与人別索引　grantee-grantor index
非初審訴状　bill not original
非初審訴状　nonoriginal bill
美人コンテスト　beauty contest
(不動産占有)被侵奪者　disseisee, -seiz-
非人道的取扱いもしくは刑罰　inhuman treatment or punishment
非人道的もしくは品位を傷つける取扱い　inhuman or degrading treatment
火神判　ordeal by fire; fire ordeal
ビーストゲート　beast gate
非正規婚姻　irregular marriage
非精神障害性自動症　non-insane automatism
非制定法　unenacted law
非政府組織　nongovernmental organization
(有罪)被宣告者　condemnee
非宣誓証言　unsworn evidence
非宣誓陳述　unsworn statement
非専属的不動産仲介(契約)　open listing
非選択的令状　peremptory writ
非戦闘員　noncombatant
非専門家証人　lay witness
非占有者　nonoccupier
非占有者である訪問者　nonoccupant visitor
非争訟事務　noncontentious business
被相続人　ancestor

被相続人死亡後に生まれた法定相続人　after-born heir
秘かな横領　substraction
非即時言い渡し判決　curia advisari vult; c.a.v., CAV
非属地的訴訟　transitory action
非訟事件管轄権　voluntary jurisdiction
被代位者　subrogor
非耐久消費財　soft goods
被逮捕者　arrestee
左手親指への烙印　burning in the hand
非致死的暴力　nondeadly force
非嫡出　illegitimacy; bastardy
非嫡出子　bastard
非嫡出子　illegitimate
非嫡出子　illegitimate child
非嫡出子　manser
非嫡出子　natural child
非嫡出子との認定　illegitimation
非嫡出子認知・扶養料支払い手続き　affiliation proceeding
非嫡出子認知・扶養払い命令　affiliation order
非嫡出子の父の決定　filiation order; order of filiation
非嫡出子扶養手続き　bastardy proceeding; bastardy process
非嫡出子扶養料支払い命令　bastardy order
非嫡出の長男　bastard eigne [eisne]
非中核手続き　noncore proceeding
非長男子相続権　junior right
直接的の損害　indirect loss
非直接的の損害賠償　indirect damages
非勅選弁護士　stuff gown
非勅選法廷弁護士　junior barrister; junior counsel
日付　date
羊放牧強制権　foldage
必需契約　contract for necessaries
必需品契約　contract for necessaries
必須条件　sine qua non
筆跡　handwriting
筆跡鑑定人　handwriting expert
筆跡の証明　proof of handwriting
筆跡標本　handwriting exemplar
必然的含意　necessary implication
必然的推論　necessary inference
必然的発見　inevitable discovery
必然的発見の準則　inevitable discovery (rule)
必然的包含犯罪　necessarily included offense
ひったくり　purse snatching
ヒット　hit
筆頭代表　head steward
必要　need
必要員　quorum; justice of the quorum

必要改良　necessary improvement
必要かつ適切条項　Necessary and Proper Clause
必要寄託　necessary deposit
必要(性)　necessity
必要性基準　standard of need
必要性の準則　rule of necessity
必要地役権　easement by [of] necessity
必要的代理　agency of [by] necessity
必要的通行地役権　way of necessity
必要的当事者　necessary party
必要な改良　necessary repair
必要な支出　outgoings
必要な変更を加えて　mutatis mutandis
必要な補修　tenantable repair
必要物　bote
必要物採取権　bote
必要量全量購入契約　requirements contract
否定　contradiction
否定事実の主張　negative averment
非定着物　movables, moveables
否定の意を含む肯定　affirmative pregnant
否定の決議　negative resolution
ビデオによる証拠　video evidence
ビデオ面通し(の列)　VIPER parade
ビデオ録画　video recording
非適合宣言　declaration of incompatibility
非適合土地利用　nonconforming use
人　man
人　person
人　persona
非道　outrage
非登記会社　unregistered company
非同居親　nonresident parent
非同居親の子の扶養費分担(額)　child support maintenance
非同居親の子の扶養費分担対象子　qualifying child
非道な行為　outrage
非道な行為　outrageous conduct
非同盟国　nonaligned state
非登録地　unregistered land
人形　effigy
1株当たりの利益　earnings per share
一噛み準則　one-bite rule
人からの窃盗　larceny from the person
秘匿　concealment
秘匿遺言(書)　mystic will; mystic testament; secret testament; secret will
秘匿資産　hidden asset

非独占的特許実施許諾	bare patent license
非特定的異議	general exception
秘匿特権	privilege
秘匿特権対象陳述の不当開示	excess of privilege
秘匿特権付き情報	privileged communication
秘匿特権で守られている証拠	privileged evidence
秘匿特権保護情報	confidence
秘密の準則	concealment rule
人質	hostage
人受精胎生監視機関	Human Fertilization and Embryology Authority
ひとそろい条項	pair-or-set clause
人違いの申し立て	diversity of person
ひと月	month
一つ鎖につながれた囚人たち	chain gang
一つのまとまりをなすもの	block
人に関する錯誤	error in persona; error personae
人に対する故意の権利侵害	malicious injury to the person
人に対する侵害	trespass to the person
人に対する罪	crimes against persons
人に対する犯罪	offense against the person
人の選択(の法理)	delectus personae
人の属性の説明	descriptio personae
人の同一性についての錯誤	mistaken identity
人の法	law of persons
人びと	people
一人一票(原則)	one person, one vote; one man, one vote
被取調べ人	interrogee
一人の陪審員に関する説示	single-juror instruction
一人の陪審員の反対意見に関する説示	single-juror instruction
人罠	man trap
人を誤らせるような価格	misleading price
人を誤らせるような行為	misleading action
人を誤らせるような広告	misleading advertising
人を誤らせるような省略	misleading omission
人を危険に陥らせんとする精神状態	person-endangering state of mind
人を特定する文言	designatio personae
ひな型	boilerplate
非難	blame
非難	imputation
避難所	harbor, -bour
避難所	shelter
避難民	evacuee
否認	denial
否認	disaffirmance, disaffirmation
否認	disclamation
否認	disclaimer
否認	traverse
非任意解散	involuntary dissolution
非任意寄託	involuntary bailment; involuntary deposit
非任意の破産申し立て[申立書]	involuntary petition
非任意転換	involuntary conversion
非人間的扱い	inhuman treatment
否認訴答	traverse
否認訴答者	traverser
非認定規定	nonrecognition provision
否認部分	absque hoc
非陪審審理	bench trial; trial before the court
非排他的地役権	nonexclusive easement
非排他的不動産仲介(契約)	nonexclusive listing
被破門者逮捕令状	writ de excommunicato capiendo; excommunicato capiendo
非破廉恥罪	noninfamous crime
非犯罪化	decriminalization
批判的人種論	critical race theory
批判的法学	critical legal studies
批判的法学支持者	crit; CLSer
非引受け答弁	non assumpsit
批評	comment
被表示者	representee
非付随的指名権	power in gross
皮膚の印象	skin impression
被扶養関係	dependency
被扶養権者	legal dependent
被扶養者	dependent
非米活動委員会	Un-American Activities Committee
誹謗	calumny
被包含犯罪	lesser included offense; included offense; predicate offense
被包含犯罪行為	predicate act
誹謗者	calumniator
誹謗者	famacide
非法典訴訟州	noncode state
非法律家貴族	lay lord
被保険財貨救出	salvage
被保険財産	insurable property
被保険者	assured
被保険者	insurant
被保険者	insured
被保険者	subject
被保険者追加条項	omnibus clause
被保険利益	insurable interest
被保険利益不問保険証券	policy proof of interest
被保護国	protected state
被保障者	indemnitee
被補償者	indemnitee
被保証人	guarantee
被保証人	warrantee
非本案答弁	nonissuable plea
非本質部分の錯誤	unessential mistake
秘密	secret
秘密外交	quiet diplomacy; secret diplomacy
秘密組合	secret partnership
秘密組合員	secret partner
秘密拘禁	secret detention
秘密工作	covert action; covert operation
秘密殺人	moerda
秘密情報	confidential information
秘密情報源	confidential source
秘密情報提供者	mole
秘密信託	secret trust
秘密立入り令状	surreptitious entry warrant
秘密探偵社	detective agency
秘密投票	secret ballot
秘密の製法	secret process
秘密被拘禁者	secret detainee
秘密利益	secret profits
秘密リーエン	secret lien
秘密礼拝集会	conventicle
非明白地役権	nonapparent easement
非明白的役権	nonapparent servitude
被申立人	libelee, -bellee
緋文字刑	scarlet-letter punishment
百貨店	emporium
日雇	operarius
日雇い仕事	daywork
日雇い労働者	dayworker
被誘引者	invitee; business invitee
非友好的企業買収	unfriendly takeover
被融通者	accommodated party
非ユークリッドゾーニング	non-Euclidean zoning
費用	charge
費用	cost
費用	expense
票	vote
表	schedule
表	table
病院	hospital
病院トラスト	Acute Trust
病院評価機関	peer-review organization
病院への収容	detention in hospital
評価	appraisal; appraisement

和英対照表

| 評価 assessment
評価 estimate
評価 evaluation
評価 extent
評価 valuation
費用価格 cost price
評価額 valuation
評価切り下げ write-down
評価事実 evaluative fact
評価者 valuer
評価済み保険(証券) valued policy
評価済み保険法 valued policy law
評価人 appraiser
評価のための拘禁 detention for assessment
評価日 valuation date
評価引き上げ write-up
評議員席 bench
評議会 concilium
評議会 council
表記価格 stated value
病気休暇 sick leave
評議継続の評決 verdict of non licet
費用基準法 cost approach
病気不出頭の旨の報告 languidus
評決 deliverance
評決 finding
評決 verdict
評決確認手続き polling jury
評決攻撃 impeachment of verdict
評決に基づく判決 judgment on the verdict
評決による禁反言 estoppel by verdict
評決による治癒 aider [aid] by verdict; cure by verdict
票決のための議事日程 action calendar
評決不能陪審 hung jury; deadlocked jury
評決無視判決 judgment notwithstanding the verdict; judgment non obstante veredicto
評決無視判決の申し立て motion for judgment notwithstanding the verdict
表見 color
表現 representation
評言 comment
表見上の権限 apparent authority
表見上の荘園 reputed manor
表見代理 apparent agency; ostensible agency
表見代理人 apparent agent; ostensible agent
表見の組合員 ostensible partner
表見的権原 apparent title
表見的権限 ostensible authority
表見的所有 reputed ownership
表見的所有権 ostensible ownership
表見的所有者 reputed owner

表現の自由 freedom of expression
表示 representation
表示資本 stated capital
表示者 representor
表示すること holding out
表示による禁反言 estoppel by representation
被用者 employee
被用者安全委員会 safety committee
被用者安全代表 safety representative
被用者給与天引き寄付制 payroll deduction [giving] scheme
被用者源泉徴収控除票 Employee's Withholding Allowance Certificate
被用者退職所得保障法 Employee Retirement Income Security Act; ERISA
被用者による故意の違法行為 willful misconduct of an employee
被用者による工場管理 work-in
被用者年金雇用者負担金 employer's contribution
被用者の代理人 subservant
被用者の発明(品) employees' inventions
被用者発明雇用者実施権の法理 shop-right doctrine
被用者発明の雇用者実施権 shop right
被用者福利制度 employee benefit plan; plan
被用者持株制度 employee share ownership plan; ESOP
被用者持株制度 employee stock ownership plan; ESOP
被用者利益配分制度 employees' share scheme
標準下体保険 substandard insurance
標準控除(額) standard deduction
標準時 standard time
標準譲渡抵当権条項 standard mortgage clause; union mortgage clause
標準書式契約 standard form contract
標準訴訟費用算定方式 standard basis of taxation
標準他保険条項 standard other insurance clause
標準的査定基準 standard basis
標準的説示 standard instruction
標準的投資基準 standard investment criteria
標準的文書開示 standard disclosure
標準土地売却条件 Standard Conditions of Sale
標準罰金等級 standard scale
標準保険契約証書 jacket

| 標準保険証券 standard policy
標章 emblem
標章 mark
剽窃 plagiarism
表題 rubric
表題 title
表題および目的条項 title-object clause
錨地 anchorage
費用帳簿鉱業会社 cost book mining company
標的会社 target
標的証人 target witness
標的犯罪 target offense
標的被告 target defendant
平等 equality
平等条項 equality clause
平等・人権委員会 Equality and Human Rights Commission
平等保護条項 Equal Protection Clause
病人身柄提出令状 duces tecum licet languidus
非容認理由 inadmissible reason
評判 reputation
評判についての証言 reputation testimony
費用負担限度(条項) expense stop
費用便益分析 cost benefit analysis
標本 exemplar
表面的な争点 surface issue
表面的には明白な同意 apparent assent
病理学的異常反応酩酊 pathological intoxication
漂流物 waveson
被抑留者 internee
平型捺印証書 deed poll
平議員 back-bencher, backbench MP
平騎士 bas chevaliers
平信徒 laity
平弁護士 associate
ピラミッド型持株会社 pyramid
ピラミッド販売 pyramiding; pyramid selling
ピラミッド販売方式 pyramid scheme; pyramid
ヒラリー(開廷)期 Hilary term
ヒラリー開廷期間 Hilary sittings
ヒラリー訴訟規則 Hilary Rules
非流通証券 nonnegotiable instrument
微量 scintilla
非良心性 unconscionability
非良心的契約 unconscionable contract
非良心的合意 unconscionable agreement
非良心的取引 catching bargain; unconscionable bargain; unconscionable transaction
非両立的未確定残余権 contingen-

cy with a double aspect; remainders on a contingency with a double aspect
非累積株　noncumulative stock [share]
非累積的優先株　noncumulative preferred stock [share]
非累積投票(制)　noncumulative voting
ビール店　beerhouse
ビール販売店　beershop
昼間　artificial day; civil day
昼間　solar day
昼間の仕事　daywork
比例税　proportional tax
比例代表制　proportional representation
比例填補条項　average clause
比例填補条項　coinsurance clause
比例填補条項　pro rata clause; pro rata liability [distribution] clause
比例填補保険　coinsurance
比例填補保険条項　coinsurance clause
比例配当　ratable distribution
ビレトルム　birretum
火渡り　fire walking
品位　dignity
品位品質の低下　debasement
品位を傷つけること　degradation
品位を傷つける取扱いもしくは刑罰　degrading treatment or punishment
ピンカトン事件の準則　Pinkerton rule
品級　holy orders
貧窮　indigency
貧困　poverty
貧困債務者の宣誓　poor debtor's oath
貧困者　pauper
貧困者救済　poor relief
貧困線　poverty line [level]
貧困な被告人　indigent defendant
貧困の宣誓供述書　poverty affidavit
貧困被告代理人　panel attorney
品質証明　hallmark
品質に関する錯誤　error in qualitate
品質不良との中傷　disparagement of property [goods]
貧者　pauper
貧者の資格　forma pauperis
貧者の資格で(の)　in forma pauperis
貧者の資格での上訴　appeal in forma pauperis
貧者の資格に関する宣誓供述書　in forma pauperis affidavit
貧者の宣誓　pauper's oath
貧者の宣誓供述書　pauper's affidavit
貧者の訴訟費用　pauper costs
品性　moral character

瓶の中のカタツムリ事件　Snail in the Bottle Case
貧民　poor
貧民監督官　overseer of the poor
貧民救済法　Poor Relief Act
貧民救恤宿泊施設　almshouse

フ

部　division
歩合　override
ファクシミリ通信文書への署名　facsimile signature
ファクター　factor
ファクター業　factorage
ファクター業　factoring
ファクターの手数料　factorage
ファクターのリーエン　factor's lien
ファクター法　factor's act
ファシズム　fascism
ファースト・パーティー保険　first-party insurance; indemnity insurance
ファースト・パーティー保険(証券)　indemnity policy
ファックス　fax
ファティコウ事件の審理　Fatico hearing
ファーデル　fardel of land
ファニー・メイ　Fannie Mae
ファリンドン(ズ)・イン　Faryndon('s) Inn
ファルキディウス分　Falcidian portion
ファルキディウス法　Falcidian law
不安定な権利　precarious right
不意討ち　surprise
不一致　discrepancy
不一致　variance
不意の激情　sudden passion
フィラデルフィアの法律家　Philadelphia lawyer
フィールド法典　Field Code
フィールド法典の訴答手続き　code pleading
封印　seal
封印容器の準則　sealed-container rule
封緘権利令状　writ of right close
封緘勅許状　letters close
封緘勅許状録　clause rolls; close rolls
封緘令状　close writ
風紀　public decency
風紀紊乱　disorder
風紀紊乱行為　disorderly conduct
風紀紊乱者　disorderly person; disorderly
風紀紊乱所　disorderly house
封鎖　blockade
封鎖勘定　blocked account
封鎖通貨　blocked currency
諷刺的言説　innuendo
風船式貸付け　balloon loan

風船式支払い　balloon payment
風船式支払い譲渡抵当　balloon payment mortgage; balloon mortgage
風船式支払い約束手形　balloon note
風俗犯罪　vice crime
夫婦　baron and feme
夫婦　husband and wife
夫婦　married couple
夫婦一体(の原則)　unity of personality [person]
夫婦間合意　marital agreement
夫婦間財産処理合意　marriage settlement; property settlement
夫婦間財産分割完結合意　integrated property settlement
夫婦間財産分割合意　property settlement
夫婦間における不法行為訴訟　husband wife tort action
夫婦間における不法行為免責　husband-wife immunity; interspousal immunity
夫婦間の特権　husband-wife privilege
夫婦共有財産　hotchpot, hotchpotch
夫婦共有財産(制)　community property
夫婦共有財産制採用州　community-property state
夫婦共有財産に対する詐欺　fraud on the community
夫婦合有(不動産)権　jointure
夫婦個別申告(書)　separate return
夫婦財産　marital property
夫婦財産処分判決　property settlement
夫婦取得財産の性質決定　characterization
夫婦全部保有　entirety
夫婦全部保有(不動産権)　tenancy by (the) entirety [entireties]
夫婦全部保有不動産権　estate by (the) entirety [entireties]
夫婦全部保有不動産権者　tenant by (the) entirety
夫婦の権利　conjugal rights
フェザーベッディング　featherbedding
フェーデ　feud; feod
フェーデ代償金　feudbote
「ザ・フェデラリスト」　The Federalist
フェデラリスト協会　Federalist Society
フェミニズム法学　feminist jurisprudence
フェラチオ　fellatio
フェリス事件の法理　Feres doctrine
フェルド　fyrd
フォークランド　folkland
フォックス文書誹毀法　Fox's Libel Act

和英対照表

フォードニ-マッカンバー関税法 Fordney-McCumber Tariff Act
フォーマリズム法学 legal formalism
フォーラム forum
フォリオ版 folio
不穏集会 rout
フォーントゥルロイ事件の法理 Fauntleroy doctrine
不穏な占有 scrambling possession
賦課 imposition
賦課 levy
不快感 annoyance
不開示 nondisclosure
不快な言辞 offensive language
不介入遺言(書) nonintervention will
不介入合意(書) hands-off agreement
付加価値税 value-added tax; VAT
付加価値税課税対象(商品) taxable supply
付加価値税申告(書) VAT declaration
付加価値税申告書 VAT return
付加価値税徴収義務者 taxable person
付加価値税非課税商品 exempt supply
付加価値税免税(商品) zero rating
付加価値税免税商品 zero-rated supply
付加給付 fringe benefit
賦課金 assessment
賦課金 imposition
賦課金 impost
賦課金 levy
賦課金事件 Case of Impositions
不確実性 uncertainty
不確定経費 contingent expenses
不確定権 possibility
不確定権利主張 contingent claim
不確定所有権 contingent ownership
不確定性 contingency
不確定責任 contingent liability
不確定損害(賠償金) indeterminate damages
不確定的条件付き釈放 indeterminate conditional release
不確定保証 contingent guaranty
不可欠当事者 indispensable party
不可欠な原因 causa sine qua non
不可欠な証拠 indispensable evidence
不可欠な政府利益 compelling state interest
不可欠な政府利益のテスト compelling state interest test
不可欠な要素のテスト indispensable element test
不可抗力 act of God; act of providence

不可抗力 Dieu son acte
不可抗力 force majeure; superior force; vis major
不可抗力 irresistible force
不可抗力条項 force majeure clause
不可抗力による損害 vis major
賦課式契約 assessment contract
賦課式保険 assessment insurance
賦課式保険会社 assessment company
付加条項 rider
不可譲の権利 inalienable right
不可譲の利益 inalienable interest
不可侵 nonaggression
不可侵条約 nonaggression pact
付加税 supertax
付加税 surtax
付加税免除 surtax exemption
不可争条項 incontestability clause; noncontestability clause
不可争条項付き保険証券 incontestable policy
賦課徴収 levy
付加的の役権 additional servitude
付加的損害賠償(金) damages ultra
不可避の危険 unavoidable danger
不可避の偶発事故 unavoidable accident; inevitable accident
不可避の偶発事故の法理 unavoidable accident doctrine; inevitable accident doctrine
不可避の原因 unavoidable cause
不可避の災害 unavoidable casualty
付加物 annex
付加物 appendage
付加物 boot
不可分契約 indivisible contract; entire contract
不可分の制定法 indivisible statute
付加保険料 additional premium
付加保険料 loading
不完全 deficiency
不完全 imperfection
不完全権原 imperfect title
不完全債務 imperfect obligation
不完全信託 imperfect trust
不完全制定法 imperfect statute
不完全戦争 imperfect war
不完全贈与 imperfect gift
不完全な正当化(事由) imperfect justification
不完全な正当自己防衛 imperfect self-defense
不完全な正当防衛 imperfect defense
不完全な法的権利 imperfect right
不完全文書 incomplete instrument
不完全流通証券 incomplete instrument
不完了移転 incomplete transfer

不義 illicit intercourse
武器 arm
武器 weapon
武器隠匿所持 carrying concealed weapon
不起訴 no bill
不規則裏書 irregular endorsement; full endorsement
武器の平等 equality of arms
武器保持権 right to bear arms
不況 depression
不許可 nonadmission
不均衡 disparity
服役刑期満了(の宣告) sentenced to time served
副議長 Deputy Speaker
副業 moonlighting
不具刑 mutilation
(巨大)複合会社 conglomerate corporation
(巨大)複合企業 conglomerate
複合継承財産設定 compound settlement
複合信託 complex trust
複合窃盗 compound larceny
複合訴因 multiple counts
複合著作物 composite work
複合的因果関係 multiple causation
複合的起訴 duplicity; duplicity in indictment [information]
複合的合意 multiple agreement
複合的正式起訴状 duplicitous indictment
複婚 polygamy; plural marriage
副財産保全管理人 ancillary receiver
複雑な勘定 long account
福祉 police
福祉 welfare
複式簿記 double entry; double-entry bookkeeping
副次組合 subpartnership
福祉権能 police power
福祉国家 welfare state
福祉条項 Welfare Clause
福祉手当代償勤労制度 workfare
副次的遺言検認状 ancillary probate
副次的遺言検認状の発給 ancillary grant
副次的遺産管理(手続き) ancillary administration
副次的遺産管理人 ancillary administrator
副次的過失 collateral negligence
副次的過失の法理 collateral negligence doctrine
副次的給付金 collateral benefits
副次的給付非控除準則 collateral source rule
副次的権利 subsidiary rights
副次的地役権 secondary ease-

副次的動議	subsidiary motion
副次的命令の法理	collateral order doctrine
福祉の原則	welfare principle
福祉法	welfare law
複写	facsimile copy
複写署名	facsimile signature
複写物	facsimile copy
復讐	revenge
服従	obedience
服従	submission
副主任弁護士	second chair
副署	countersignature
復職	reinstatement
復職命令	reinstatement order
覆審	rehearing
覆審	trial de novo
副申書	rider
覆審的司法審査	de novo judicial review
覆審的審理	hearing de novo
覆審的聴聞	hearing de novo
複数救済手段の準則	several-remedies rule
複数刑の宣告	multiple sentences
複数者共同保有不動産権	joint estate
複数者所有(権)	multiple ownership
複数世帯居住家屋	house in multiple occupation
複数選出区	multimember district
複数専属的不動産仲介(契約)	multiple listing
複数男性関係の抗弁	multiple access
複数の関連犯罪行為	pattern of racketeering activity
複数の犯罪を実行する意思	common design
複数倍(額)損害賠償(金)	multiple damages
服すべきこと	subjection
複製	duplication
複製	facsimile
複製	reproduction
複製遺言状付き検認(状)	facsimile probate
複製権	reproduction right
複製物	copy
複製物	facsimile
副総督	lieutenant governor
副大臣	Minister of State
副大統領	vice president
副大法官	vice-chancellor
復代理人	subagent; underagent
副担保	collateral
副担保	collateral security
副知事	lieutenant governor
副部長裁判官	vice president
副保証人	subsurety
副本	counterpart
副本	duplicate
服務規程	code of practice
復命	return
復命提出期	return
復命提出日	return day [date]
復命日	return day [date]; return
複利	compound interest
複利	interest upon interest
副領事	vice-consul
袋小路	pent road
父系	paternal line
父系血族	agnate
不継続地役権	discontinuous easement
不継続不動産賃借権[賃貸借]	discontinuous lease
夫権	jus mariti
父権	paternal power
附合	accessio
附合	accession
附合	adjunction
附合契約	adhesion contract; contract of adhesion; contrat d'adhésion
不行使	nonuse
不行使	nonuser
不更新	nonrenewal
不公正	inequity
不公正解雇	unfair dismissal
不公正慣行	unfair practice
不公正契約条項	unfair contract term
不公正審理	unfair hearing
不公正な競争方法	unfair method of competition
不公正な権利侵害	unfair prejudice
不公正な説得	unfair persuasion
不公正な取引行為	unfair trade practice
不公正な不意討ち	unfair surprise
不抗争条項	no contest clause
不抗争の答弁	no contest; nolo contendere; non vult (contendere)
不抗争の答弁	plea of nolo contendere
不合理(性)	irrationality
不合理な決定	unreasonable decision
不合理な推認	non sequitur
不合理な捜索	unreasonable search
布告	declaration
布告	proclamation
布告書	proclamation
(事実の)不告知	concealment
負債	liability
不在	absence
不裁可	dissent
不在会社	absentee corporation
負債金融	debt financing
負債限度	debt limitation
不在地主	absentee landlord
負債者	debtor
不在者	absentee
不在者投票	absentee voting; absentee ballot
不在所有主	absentee owner
不在親	absent parent
負罪の質問	incriminating question
不在投票	absentee voting; absentee ballot
不在投票者	absent voter; absentee voter
不在の間の遺産管理(手続き)	administration durante absentia
負債比率	debt ratio
不在家主	absentee landlord
不作為	forbearance
不作為	neglect
不作為	negative act; act of omission
不作為	nonfeasance
不作為	omission
不作為特約	negative covenant
不作為に基づく過誤	fault of omission
不作為に基づく過失	passive negligence
不作為による毀損	permissive waste
不作為による不動産毀損	permissive waste
不作為犯	crime of omission
不作為約款	restrictive covenant
房状住宅団地	residential cluster
房状ゾーニング	cluster zoning
父子関係確定検査	paternity test
父子関係確定訴訟	paternity suit; paternity action
不自然な遺言(書)	unnatural will
不執行	inexecution
不実証言	false testimony
不実陳述	false statement
不実表示	misrepresentation; false misrepresentation; false representation
不実表示法	Misrepresentation Act
無事戻し	no-claim(s) bonus
富者	dives
附従契約	adhesion contract; contract of adhesion; contrat d'adhésion
付従債務	accessory obligation
不自由不動産権	base estate
不自由不動産保有(権)	base tenure
不自由不動産保有者	base tenant
不十分な財産管理	improvidence
不十分な証拠	insufficient evidence
不出廷	nonappearance
不出頭	failure to appear
不出頭許容者	essoinee
不出頭理由	essoin, essoign
不出頭理由申し立て	essoin, es-

soign
不出頭理由申し立て受理日　essoin day
不出頭理由申立人　essoiner
不純同棲(罪)　lascivious cohabitation
不使用　desuetude
不使用法[条約]終了(の法理)　desuetude
不正直　dishonesty
不成就　failure
不承諾　nonacceptance
不承認　disapproval
不承認　nonadmission
侮辱　contempt
侮辱　despite
侮辱　indignity
侮辱　insult
侮辱罪を犯した者　contemner, -temnor
侮辱審理手続き　contempt proceeding
侮辱制裁権　contempt power
侮辱的言動　insulting behavior
婦女誘拐　abduction
婦女誘惑　seduction
(妻の)扶助料　alimony
扶助料信託　alimentary trust
婦人参政権　woman [women's] suffrage
婦人参政権論者　woman-suffragist
不審者　suspicious character
不審者逮捕法　sus law; suss law
不信心　infidelity
不信心者　infidel
不真正集団訴訟　spurious class action
不信任投票　no-confidence vote; nonconfidence vote; vote of no confidence
婦人の友　lady's friend
付随義務　accessory obligation
付随権能　mediate powers
付随事項　incident
付随条件　incident
付随の意見　dictum
付随の意見　obiter dictum
付随の仮差押え　ancillary attachment
付随的管轄権　pendent jurisdiction
付随の救済　ancillary relief
付随の契約　accessory contract
付随的権限　incidental authority
付随的権原担保(責任)　collateral warranty
付随的権能　incident power
付随的合意　collateral agreement
付随的詐欺　collateral fraud
付随的事項　collateral matter
付随の事実　collateral fact
付随的指名権　power appendant [appurtenant]; appendant power

付随的受益者　incidental beneficiary
付随的の条項　warranty
付随的譲渡抵当　collateral mortgage
付随的信用事業　ancillary credit business
付随の制限　ancillary restraint
付随的聖職推挙権　advowson appendant
付随的訴訟　ancillary suit; ancillary action;
付随的訴状　ancillary bill
付随的訴訟手続き　ancillary proceeding; ancillary process
付随的損害　incidental damages
付随的損害賠償(金)　incidental damages
付随的土地利用　incidental use
付随的反対答弁　counterplea
付随的利益　collateral advantage
付随的利用　incidental use
不正　injustice
父性　paternity
不正規任命シェリフ　pocket sheriff
不正競争　unfair competition; unfair practice
不正競争防止法　unfair competition
不正行為　misbehavior
不正工作　fixing
不誠実　bad faith; mala fides
不誠実　dishonesty
不正取得物返還　disgorgement
不正使用　misapplication
不正選挙調査委員　election commissioner
不正操作　rigging
不正動機の法理　corrupt motive doctrine
不正取引　traffic
不正取引　trafficking
不正な行為　injustice
父性の推定　presumption of paternity
不正分銅　false weight
不正幇助　dishonest assistance
不正目的資金　slush fund
不正目的使用　misappropriation
不正利得　graft
不正利得行為　racket
(委託金)不正流用　defalcation
敷設権　right of way
不節制　intemperance
不送達　nonservice
不相当な取引制限　unreasonable restraint of trade
不相当な約因　inadequate consideration
武装法　Assize of Arms
不遡及的制定法　prospective statute
不遡及的判例変更　prospective

overruling; sunbursting
付則　schedule
部族　tribe
不足額　deficiency
部族裁判所　tribal court
不測事態対応計画　contingency plan
不測出費準備金　contingent fund; contingency fund; contingency reserve
付属書類　appendix
付属建物　outbuilding
付属地役権　appurtenant easement
付属地役権　easement appurtenant
不足引渡し　short delivery
不訴訟条項　no-action clause
付帯　tacking
付帯状況　attendant circumstance
付帯的管轄権　ancillary jurisdiction
付帯的合意　collateral agreement
付帯的請求　ancillary claim
付帯的手続き　collateral proceeding
付帯法案　tack
不逮捕特権　privilege from arrest
付託　commitment; committal
付託　reference
付託　referral
付託　submission
付託合意　compromis
付託事項　terms of reference
二つの争点の準則　two issue rule
豚肉保存樽立法　pork-barrel legislation
二目の法理　second-look doctrine
二人の証人の準則　two witness rule
二人法廷弁護士制(の準則)　two counsel rule
負担　burden
負担　consuetudo
負担金　consuetudo
不単純引受け　qualified acceptance
負担税額　tax liability
負担損失の準則　at-risk rule
負担付き権原であることの認識　notice of title
負担付き贈与　onerous gift
負担による期限到来条項　due-on-encumbrance clause
負担の表示　charges register
負担不存在　freedom from encumbrance [incumbrance]
負担不存在一般保証約款　general covenant against encumbrances
負担不存在特別保証約款　special covenant against encumbrances
負担不存在保証約款　covenant against encumbrances [incumbrances]; covenant for freedom from encumbrances

負担部分 contribution
負担を負う土地 servient estate; servient tenement
不知 ignoramus
不知 ignorance
不注意 carelessness
不注意 inadvertence
不注意 neglect
不注意あるいは自己中心的運転 careless or inconsiderate driving
不注意あるいは自己中心的運転致死(罪) causing death by careless or inconsiderate driving
不注意運転 careless driving
不注意発言 careless statement
不注意預託 negligent entrustment
部長官 head of division
部長裁判官 president
不追行ゆえの訴えの却下 dismissal for want [lack] of prosecution
不追行ゆえの訴えの却下予定未決訴訟事件表 DWOP docket
普通貸付け conventional loan
普通株 common (stock); capital stock; common; ordinary share
普通裁判官 puisne judge
普通譲渡確証証書 common assurance
普通譲渡抵当 conventional mortgage
普通税 general tax
普通生命保険 ordinary (life) insurance
普通選挙権 universal suffrage; universal franchise
普通陪審 common jury
普通法 common law; jus commune; lex communis
普通暴行 ordinary assault
普通名称 generic name
物価指数控除 indexation allowance
復活 revival
復活制定法 revival statute
復活手続き revivor
復活の意思 animus republicandi
復帰可能性 possibility of reverter; reverter
復帰権 escheatage
復帰権 reversion
復帰権毀損 estrepement
復帰権者 reversioner
復帰権者不動産占有回復令状[訴訟] ad communem legem; entry ad communem legem
復帰権的権利 reversionary interest
復帰権の賃借権 reversionary lease
復帰信託 resulting trust
復帰不動産 escheat
復帰不動産 estate in reversion

復仇 marque
復仇 reprisal
復旧 postliminium, postliminy; jus postliminii
復帰ユース resulting use
ブックランド bookland
不都合回避の準則 rule of inconvenience
ブッシェル事件 Bushel's case
物質 substance
物上負担 charge
物上負担 land charge
物証保管の継続性 chain of custody
物上連合 real union
物税 tax on goods and possessions
物的抗弁 real defense
物的財産 real things; things real
物的財産 real estate
物的財産(権) realty; reality; real property
物的財産権利侵害 real wrong
物的財産上の担保 real security
物的財産法 real law
物的訴訟 real action
物的代表者 real representative
物的担保 real security
物的不動産 real estate
物的約款 real covenant
物品 article
物品 goods
物品権原証書 document of title to goods
物品検査権 inspection right
物品検査法 inspection law
物品税 gabelle; gabel
物品税 gavel
物品到達通知書 advice note
物品の混和 confusion of goods; confusion
物品の受領 acceptance of goods
物品の特定 identification of goods
物々交換 barter
不釣合いな婚姻 disparagement
物理的危険 physical hazard
物理的緊急避難 physical necessity
物理的事実 physical fact
物理的事実に関する準則 physical facts rule
物理的証拠 physical evidence
物理的損害 physical harm
物理的な力 physical force
不貞 infidelity
不貞 unchastity
不定額面株式 stock
不定期刑(の宣告) indeterminate sentence; indefinite sentence
不定期刑の宣告 indeterminate sentencing
不定期利得 perquisite
不呈示特約小切手 memorandum check

不貞の非難 imputation of unchastity
不適格 ineligibility
不適格状態での運転 driving while unfit
不適切航行 improper navigation
不適切指示 nondirection
不適切説示 nondirection
不適切治療 maltreatment
不適切・無能力の非難 imputation of unfitness or incompetence
不適法に得られた証拠 evidence obtained improperly
太い白線の縞模様で示した横断歩道 zebra crossing
埠頭 dock
埠頭 wharf
不当圧力 tampering
不当圧力 undue influence
不同意 dissent
不同意 disagreement
不当威圧 undue influence
不当解雇 wrongful discharge
不当解雇訴訟 wrongful discharge action
浮動株数 float
埠頭管理人 wharfinger
埠頭管理人証券 wharfinger's warrant
不当強制執行 malicious execution
不当強制執行 wrongful levy
埠頭建設権 right of wharfing out
不当行為 malicious act
不当差別 invidious discrimination
不当差別 victimization
不動産 immovable
不動産 immovable property
不動産 landed estate [property]
不動産遺言 will
不動産遺言法 Statute of Wills
不動産遺贈 devise
不動産遺贈者 devisor
不動産遺贈将来権 executory devise
不動産移転法 Quia Emptores
不動産開発権 development rights
不動産回復 recovery
不動産回復訴訟 ejectment
不動産回復令状 writ of ejectment
不動産改良費償還法 betterment act; occupying claimant act
不動産果実 profit
不動産貸主 landlord
不動産貸主差押令状 landlord's warrant
不動産貸主と借主(の関係) landlord and tenant
不動産貸主と借主の関係 landlord-tenant relationship
不動産貸主のリーエン landlord's lien

不動産割賦購入契約 contract for deed; installment land contract; land contract; land installment contract; land sales contract
不動産毀損 waste
不動産毀損の責任を問うこと impeachment of waste
不動産毀損令状 de vasto
不動産業 estate agency
不動産業者 estate agent
不動産共同投資団 real estate syndicate
不動産共同保有(権) cotenancy
不動産共同保有権者 cotenant
不動産共同保有者 cotenant
不動産銀行 land bank
不動産権 estate
不動産権 immovable property
不動産権 land
不動産権 tenancy
不動産権一部留保 exception
不動産権契約 estate contract
不動産権原調査保険会社 title company
不動産権原についての意見 title opinion
不動産権原の基準 title standards
不動産権行使停止 discontinuance of (an) estate
不動産権所有者 estate owner
不動産権設定証書 deed
不動産権設定文書 demise
不動産権存続期間 tenancy
不動産権の移転 demise
不動産権の限定 limitation
不動産権の限定 limitation of estate
不動産権の混同 merger of estates
不動産権の質 quality (of estate)
不動産権の終了権 right of entry
不動産権の設定 demise
不動産権の存続期間 quantity (of estate)
不動産権の同一性 unity of interest
不動産権の特別限定 special limitation
不動産権の内容の同一性 unity of interest
不動産権保有担保約款 covenant of seisin
不動産権個別保有 several tenancy
不動産資産 real asset
不動産受遺者 devisee
不動産受遺者 heir by devise
不動産証書登録官 register of deeds
不動産譲渡 conveyance
不動産譲渡顧問弁護士 conveyancing counsel
不動産譲渡証書 assurance
不動産譲渡証書 conveyance
不動産譲渡証書 deed

不動産譲渡信託 conveyancing trust
不動産譲渡専門弁護士 conveyancer
不動産譲渡抵当投資信託 real estate mortgage trust
不動産譲渡抵当投資導管 real estate mortgage investment conduit
不動産譲渡手続き conveyancing
不動産譲渡取扱い免許業者 licensed conveyancer
不動産譲渡捺印証書 charter
不動産譲渡捺印証書 deed
不動産譲渡捺印証書の結部 escatocol
不動産譲渡捺印証書保持契約 bond for deed
不動産譲渡人 conveyer
不動産譲渡の完了 completion of a conveyance
不動産譲与(捺印)証書 grant deed
不動産将来権遺贈 executory devise
不動産税 real estate tax
不動産占有回復 recovery of premises
不動産占有回復 reentry
不動産占有回復権 right of entry
不動産占有回復権 right of reentry
不動産占有回復執行妨害 obstruction of recovery of premises
不動産占有回復訴訟 ejectment bill
不動産占有回復略式訴訟 forcible detainer
不動産占有回復略式訴訟 forcible entry and detainer
不動産占有回復令状[訴訟] writ of entry; de ingressu; entry
不動産占有再侵奪 redisseisin
不動産占有侵害訴訟 trespass to try title
不動産占有侵奪 disseisin, -zin
不動産占有侵奪者 disseisor, -zor
不動産占有奪取令状 dispossessory warrant
不動産占有被侵奪者 disseisee, -seiz-
不動産占有付与令状 habere facias possessionem
不動産相続(権) inheritance
不動産仲介業者 listing agent
不動産仲介(契約) listing
不動産仲介契約 listing agreement
不動産仲介物件排他的売却権 exclusive right to sell listing
不動産仲介物件(表) listing
不動産直属保有 tenure in capite
不動産賃借権 lease
不動産賃借権 tack
不動産賃借権 tenancy
不動産賃借権 tenure

不動産賃借権設定文書 demise
不動産賃借権の安定 security of tenure
不動産賃借権の権利放棄 surrender of tenancy
不動産賃借権の再設定 redemise
不動産賃借権の譲渡 assignment of lease
不動産賃借権の設定 demise
不動産賃借権の設定と再設定 demise and redemise
不動産賃借権没収 forfeiture of lease
不動産賃借権没収からの救済 relief from forfeiture
不動産賃借権没収権の放棄 waiver of forfeiture
不動産賃借人 tacksman
不動産賃貸 lease
不動産賃貸借契約 lease contract
不動産賃貸借契約上の利益 leasehold interest
不動産賃貸借契約締結合意 agreement for lease
不動産賃貸借契約の更新 renewal of lease
不動産賃貸借と復帰権放棄 lease and release
不動産的動産 chattel real; real chattel
不動産転借人 sublessee
不動産転貸 subletting
不動産転貸借 sublease; subtenancy
不動産転貸借 sublet
不動産転貸人 sublessor
不動産投資信託 real estate investment trust
不動産取引最終経費内訳書 closing statement
不動産取引証書登録法 recording act [law, statute]
不動産取引譲渡(捺印)証書 bargain-and-sale deed
不動産取引制限(登録) restriction
不動産の誤記 misdescription of property
不動産の不法占有 deforcement
不動産売買契約代金支払い捺印証書 bargain-and-sale deed
不動産売買最終手続き closing; settlement
不動産売買最終手続き日 settlement date
不動産販売代理業者 selling agent
不動産被譲渡人 conveyee
不動産表示(文言) parcel
不動産復帰 escheat
不動産復帰令状 writ of escheat
不動産不法侵害 clausum fregit
不動産不法侵害(訴訟) trespass quare clausum (fregit)
不動産不法占有者 deforceor

不動産不法占有者	deforciant	不当利得返還金	restitution damages	付表	Table
不動産への立入り(権)	entry into possession	不当利得返還権	restitution [restitutionary] interest	付表A	Table A
不動産(法定)相続(権)	inheritance	不当利得法	restitution	付表B	Table B
不動産法定相続順位則	canons of inheritance	不当留保税	excess profits tax	付表C	Table C
不動産保有	tenure	不当労働行為	unfair labor practice	付表D	Table D
不動産保有権妨害	disturbance of tenure	不当労働行為ストライキ	unfair labor practice strike	付表E	Table E
不動産保有条件	tenure	不当割戻し金	kickback	付表F	Table F
不動産保有条件に伴う付随条件	incident of tenure	不特定遺産遺贈	general devise	付表G	Table G
不動産保有態様	tenure	不特定時直系卑属不存在	indefinite failure of issue	浮標付き投げ荷	lagan, lagon, logan
不当取得	arrogation	不特定(人的)財産遺贈	general bequest	不服従	disobedience
埠頭使用料	wharfage	不特定動産遺贈	general legacy	不服従	insubordination
不当請求	arrogation	不特定物	unascertained goods	不服従	nonacquiescence
浮動性投票者	floating voter	不特定不動産遺贈	general devise	不服当事者	aggrieved party; party aggrieved
埠頭倉庫預り証	dock receipt	不特定養親との養子縁組同意	freeing for adoption	不服申し立て	complaint
埠頭倉庫証券	dock warrant	船底穿孔	scuttling	不服申し立て許可状	note of allowance
浮動ゾーニング	floating zoning	船積み	shipment	不服申立書	letter of complaint
不当逮捕	malicious arrest	船積み	shipping	不服申し立て(手続き)	complaints procedure
浮動担保	floating charge; floating security	船積指図書	shipping order	部分	part
浮動担保管理人	administrative receiver	船積書類	shipping documents	不分割共有	ownership in indivision
浮動的特定土地利用地区用地積	floating zone	船積書類による売買	documentary sale	不分割共有物	indivisum
不道徳	immorality	船積地渡し契約	shipment contract	不分割保有持分	undivided interest
不道徳契約	immoral contract	船積荷	shipment	(土地の)不分割持分権	undivided share (in land)
不道徳所得生活罪	living on immoral earnings	船積船荷証券	shipped bill (of lading)	不文憲法	unwritten constitution; customary constitution
不道徳な稼ぎ	immoral earnings	船荷	lading	部分取得意思の準則	aliquot part rule
不道徳の原因	turpis causa	船荷証券	bill of lading	部分ゾーニング	spot zoning
不道徳約因	immoral consideration	船乗りの遺言	mariner's will	部分的恩赦	partial pardon
不当な高額報酬	unreasonable compensation	不入権	immunity	部分的完結性	partial integration
		不任意の自白	involuntary confession	部分的契約違反	partial breach
不当な債権仮差押え(通告)	wrongful garnishment	不認可	disallowance	部分的権利放棄	partial release
不当な債権差押え(通告)	wrongful garnishment	不妊手術	sterilization	部分的行為能力付与	partial emancipation
不当な選挙区割り	malapportionment	不能犯	impossibility	部分的精神障害	partial insanity
不当な負担テスト	undue burden test	負の投資	disinvestment	部分的責任能力	partial responsibility
不当な偏見	undue prejudice	腐敗行為	corrupt practices	部分的に完結した契約書	partially integrated contract
不当な偏頗行為	undue preference	腐敗行為法	corrupt practices act	部分的に陸に囲まれ潮の影響のある水	fauces terrae
不当引受け拒絶	wrongful dishonor	腐敗性物品	perishable goods; bona peritura	部分的能力付与	partial emancipation
浮動票	floating vote	腐敗選挙区自治都市	rotten borough	部分的防御	partial defense
不当評決	false verdict	腐敗選挙区都市	rotten borough	部分的無遺言	partial intestacy
浮動票層	floating vote	不払い	nonpayment	部分的略式判決(手続き)	partial summary judgment
不答弁	standing mute	不引受け	non acceptavit	部分的労働能力喪失	partial disability
不答弁による判決	nil dicit default judgment; nihil dicit; nihil dicit (default) judgment; nil dicit; no-answer default judgment	不備指摘文書	letter of comment	部分不動産権	particular estate
		不備信託	incompletely constituted trust	部分不動産権者	particular tenant
不当防御	malicious defense	不必要な危険に自発的に身をさらすこと	voluntary exposure to unnecessary danger	不文律	unwritten lawj; us non scriptum; leges non scriptae; lex non scripta
浮動リーエン	floating lien				
不当利得	unjust enrichment	不必要な困難	unnecessary hardship	侮蔑的損害賠償金	contemptuous damages
不当利得金	money had and received	不必要な情報提出異議	speaking objection	不便宜裁判所(の法理)	forum non conveniens; inconvenient forum
不当利得の返還	restitution	不評	disrepute		

和英		
不法監禁 false imprisonment	不法土地占有国王関係人訴状 information of intrusion	扶養義務 liability to maintain
不放棄合意(書) nonwaiver agreement	不法土地占有者 intruder	扶養義務不履行 nonsupport
不法行為 tort	不法な行為 wrongful conduct; wrongful act	扶養義務不履行罪 criminal nonsupport
不法行為死亡 wrongful death	不法な事業継続 wrongful trading	扶養控除 dependency exemption
不法行為死亡訴訟 wrongful death action; death case	不法な実力 strong hand	扶養控除(額) dependency deduction
不法行為死亡法 wrongful death statute	不法な身体接触 battery	付庸国 vassal state
不法行為者 tortfeasor	不法な力 unlawful force	不要式契約 informal contract
不法行為出生 wrongful birth	不法な約因 illegal consideration	扶養信託 support trust
不法行為出生訴訟 wrongful birth action	不法入国 unlawful entry	扶養地 fosterland
不法行為信託 ex delicto trust	不法入国者 undocumented alien	不要陳述 prolixity
不法行為生命 wrongful life	不法入国者蔵匿 harboring an illegal alien	扶養手当 family allowance
不法行為生命訴訟 wrongful life action	不法妨害 nuisance; nocumentum	扶養取決め maintenance agreement
不法行為責任 tortious liability	不法妨害除去令状 de nocumento amovendo	扶養の不履行 failure to maintain
不法行為訴権の放棄 waiver of tort	不法妨害の(自力)除去 abatement of nuisance	扶養(料) maintenance
不法行為訴訟 action ex delicto	不法妨害排除令状 assize of nuisance	扶養料支払い命令 maintenance order
不法行為訴訟 action in tort	不法妨害隣人 nuisance neighbor	扶養料支払い命令 support order
不法行為地 locus delicti	不法目的侵入 breaking and entering [entry]; break and entry	扶養割当て分 family allowance
不法行為地法 lex loci delicti	不法目的侵入 burglary	無頼 rogue
不法行為となる作為・不作為 tortious conduct	不法目的侵入者 burglar	ブライアン条約 Bryan Treaties
不法行為による信託 trust ex delicto	不法目的侵入用の道具 burglary tool	フライ事件の準則 Frye rule
不法行為妊娠 wrongful pregnancy; wrongful conception	不法留置 detainer	フライ事件のテスト Frye test
不法行為妊娠訴訟 wrongful pregnancy action; wrongful conception action	不法留置 detinue	無頼陪審 rogue jury
	不法留置 unlawful detainer	プライバシー privacy
	不法留置者 detainer	プライバシー権 right of privacy; right to privacy
不法行為法改正 tort reform	不法留置否認訴答 non detinet	プライバシー権の(保護)範囲 zone of privacy
不法差押え namium vetitum	不没収選択(権) nonforfeiture option	プライバシー自由権 privacy interest
不法差押え報復留置令状 capias in withernam	不保有の答弁 nontenure	プライバシーの期待 expectation of privacy
不法集会(罪) unlawful assembly	ふまじめな告訴[告発] frivolous complaint	プライバシーの侵害 invasion of privacy
不法手段を用いての損害惹起 causing loss by unlawful means	ふまじめな上訴 frivolous appeal	プライバシー法 privacy act
不法取得 abstraction	ふまじめな請求 frivolous claim	プライバシー法 privacy law
不法使用 usurpation	ふまじめな訴訟 frivolous suit; frivolous action	ブラウン対(トピーカ)教育委員会事件 Brown v. Board of Education (of Topeka)
不法使用者 usurper	ふまじめな訴答 frivolous pleading	ブラウン判決 Brown decision
不法所持 criminal possession	ふまじめな防御 frivolous defense	プラグマティズム pragmatism
不法侵入 breaking and entering [entry]; break and entry	踏切 grade crossing	フラースト対コーエン事件 Flast v. Cohen (1968)
不法侵入 unlawful entry	踏み倒し welshing	ブラックリスト blacklist
不法占拠者 squatter	不明確 ambiguity	フラット flat
不法占拠者の権原 squatter's title	不名誉 dishonor	-honour	フラワー・ボンド flower bond
不法占拠者の占拠地権原取得権 squatter's right	不名誉 infamy	フランクス事件の審理 Franks hearing
不法先占者 abator	不名誉刑 infamous punishment	フランクス報告書 Franks Report
不法占有 detainer	不名誉制裁 shame sanction	フランス民法典 Civil Code
不法占有 unlawful detainer	不名誉な行為 infamous conduct	ブランダイス式上告趣意書 Brandeis brief
不法占有回復訴訟手続き unlawful detainer proceeding	部門 branch	フランチャイズ franchise
	部門 department	フランチャイズ契約 franchise agreement
不法占有者 detainer	部門 section	
不法占有者 intruder	部門 sector	フランチャイズ保険 franchise
不法占有不動産無遺言相続 descent cast	部門 service	フランチャイズ料 franchise fee
	部門 side	フランチャイズを受けた業者 franchised dealer
不法逮捕 unlawful arrest	フューダリー feudary, feodary	
不法逮捕抵抗 resisting unlawful arrest	扶養 support	プランテーション plantation
不法土地占有 intrusion	扶養家族 dependent	ブランド brand
	扶養家族休暇 dependents' leave	
	扶養義務 duty of support	

ブラント	plant
ブランド品	brand name
ブランド不正表示	misbranding
振り当て	placing
不利益	detriment
不利益的信頼	detrimental reliance
不利益な承継物	damnosa h(a)ereditas
ブリキの落下傘	tin parachute
不履行	default
不履行	delinquency
不履行	failure
不履行	nonperformance
ブリストル・トルジー裁判所	Bristol Tolzey Court
『フリータ』	Fleta
振出し	drawing
(約束手形)振出人	maker
振出人	drawer
フリップ型譲渡抵当	flip mortgage
フリート監獄	Fleet Prison; Fleet
フリート婚	Fleet marriage
不利となる推論	adverse inference
『ブリトン』	Britton
不利な証言を行なう証人	adverse witness
不利な証人の準則	adverse-interest rule
ブリーハン法	brehon law
ブリーフケース	briefcase
ブリュッセル条約	Brussels Convention
不良権原	bad title
不良行為	status offense
不良小切手	bogus check
不良債権	bad debt
不良債権資産	troubled asset
武力	force
武力外交	power politics
武力行使	use of force
不慮の死	accidental death
プリンス・オヴ・ウェールズ	Prince of Wales
古家屋敷	ancient messuages
古家屋	ancient house
ブルジョアジー	bourgeoisie
ブルートン誤審の準則	Bruton error
ブルーブック	blue book
ブルーブック	Bluebook
ブルーブック	Blue Book
フルブライト法	Fulbright Act
プルマン事件型の裁判権行使回避	Pullman abstention
ブレイディー事件資料	Brady material
ブレイディー事件の申し立て	Brady motion
プレッシー対ファーガソン事件	Plessy v. Ferguson
フレディー・マック	Freddie Mac
プレミアム	premium
プレミアム付き債権	premium bond
浮浪児	waif
浮浪児群	waifs and strays
不労所得	unearned income
不労所得生活者	rentier
浮浪人	rogue
浮浪人	vagabond
ブローカー	broker
ブローカーとり捜査	take-back sting
ブローカー・ディーラー	broker-dealer
付録	appendix
プログラム言語	program [programming] language
ブロック	bloc
ブロック	block
ブロック投票	block vote
ブロック破壊商法	blockbusting
ブロック命令	Bullock order
フロート	float
フロート期間	float
ブロードムア施設	Broadmoor (institution)
ブロードムア施設患者	Broadmoor patient
プロパー・ロー	proper law
フロントペイ	frontpay
不渡り小切手	bad check; bounced check; cold check; dry check; hot check; rubber check
分益小作	sharecropping
文化遺産	heritage property
文化関連防御	cultural defense
分割	apportionment
分割	division
分割	partition
分割	severance
分割科刑(の宣告)	split sentence
分割可能の土地	partible land
分割監護(権)	divided custody
分割基金計画	split-funded plan
分割給付契約	installment contract
分割審理(手続き)	split trial (procedure)
分割贈与	split gift; gift splitting
分割注文	split order
分割適用	depecage, dépeçage
分割できること	partibility
分割の利益	benefit of division
分割売却不動産担保権行使(順位別)	marshaling liens
分割売却不動産担保権行使順位の準則	rule of marshaling liens
分割発行債券	series bond
分割払い約束手形	installment note; serial note
分割評決	split verdict
分割命令	split order
文化・メディア・スポーツ省	Culture, Media and Sport
文官	civil office
文官	civil officer
文官	civil servant
文官	Civil Service
文官勤務	civil service
文官職	civil office
分業	division of labor
焚刑	burning (to death)
焚刑用の薪束	faggot
分権化	decentralization
紛失遺言書	lost will
文書	document
文書	instrument
文書	monument
文書	written instrument
文書偽造	forgery
文書毀損	mutilation
粉飾	window-dressing
文書契約	letter contract
文書検証要求(書)	demand for document inspection
文書原本提出の準則	original writing rule
文書・口頭による名誉毀損	libel and slander
文書作成否認の答弁	non fecit
文書整理係	file clerk; filing clerk
文書煽動罪	seditious libel
文書全面の準則	four corners rule
文書足跡	paper trail
文書提出要求通告(書)	request for production; notice to produce
文書訂正	reformation
文書的財産	literary property
文書的財産権	literary property
文書によらない証拠	unwritten evidence
文書による質問に答えての証言録取書	deposition on written question
文書による証言者	deponent
文書の一部分を封じておくこと	sealing up
文書の閲覧	inspection of documents
文書の開示	disclosure of documents; discovery of documents
文書の開示と閲覧	disclosure and inspection of documents; discovery and inspection of documents
文書の記述自体で成立する文書誹毀	libel per se
文書の全面	four corners
文書の提出	production of documents
文書の編集	redaction
文書の変造	spoliation
文書破毀・隠蔽(罪)	suppression of documents
文書誹毀(罪)	libel
文書誹毀罪	criminal libel
文書誹毀者	libeler, -beller
文書誹毀訴訟	libel action; action for libel
文書変造	alteration of instrument
分身	alter ego
分身の準則	alter ego rule

分身の法理 alter ego doctrine
分数保有権 fractional interest
分析法学 analytical jurisprudence
紛争 dispute
紛争解決策 dispute resolution
紛争事実具申訴訟 submission of controversy
紛争の迅速解決手続き rocket docket
分損 partial loss
分損約款 average clause
分担金 contribution
分担条項 contribution clause
分配 distribution
分売 distribution
分配金からの純所得 distributable net income
分配金受益権者 distributee
分配者 distributor
分配不能積立金 undistributable reserves
分配分 distributive share
分筆 subdivision
分別ある投資家の準則 prudent investor rule
分別人 prudent person
分別人準則 prudent person [man] rule
分娩 delivery
文房具商 stationer
文脈 context
文脈の準則 context rule
文民 civilian
文面 face
文面上明らかな無効判決 brutum fulmen
文面上違憲の主張 facial challenge
文面上の攻撃 facial attack
(寡婦産)分与 endowment
(寡婦産)の分与 indument
分与産 portion
分離 secession
文理解釈 literal construction [interpretation]
分離可能論 separability thesis
分離資源税 severance tax
分離主義 separatism
分離主義者 separatist
分離審理 separate trial
「分離すれども平等」の法理 separate-but-equal doctrine
分離できる法的紛争 separable controversy
分離・凍結・差押えされた口座 sequestered account
分類 classification
分裂監護(権) split custody

へ

ベアボーン議会 Barebone's Parliament

平易用語運動 plain language movement
平易用語法 plain language law
兵役 military service
平穏享有 quiet enjoyment
平穏享有担保約款 covenant for [of] quiet enjoyment
平穏占有 quiet possession
平穏な占有 peaceable possession
弊害 mischief
閉会 prorogation
兵器 hardware
併記引用 parallel citation
平均化 averaging
平均額評決 quotient verdict
平均税率 average tax rate
平均余命 life expectancy; expectancy (of life); expectation of life
平均余命の喪失 loss of expectation of life
平均余命表 actuarial table
併合 absorption
併合 annexation
併合 joinder
併合 mediatization
併合解消 disjoinder
併合地 annexation
併合的刑の宣告 aggregate sentence
並行輸入 parallel import
米国下院事務総長 Clerk of the House
閉鎖 closure
閉鎖海 mare clausum; closed sea
閉鎖会社 close company
閉鎖会社 close corporation
閉鎖会社構成員 participator
閉鎖海論 closed sea
閉鎖期間使用料 shut-in royalty
閉鎖組合 closed union
閉鎖式譲渡抵当 closed-end mortgage
閉鎖式譲渡抵当付き社債 closed-end mortgage bond
閉鎖式担保付き社債信託証書 closed-end indenture
閉鎖市場 closed market
閉鎖線 closing line
閉鎖投資持株会社 close investment holding company
閉鎖命令 closing order
兵士 man
平時占領 peaceful occupation
平時封鎖 pacific blockade
平準化 averaging
兵籍編入 enlistment
併存原因 concurrent cause; concurring cause
併存使用 concurrent use
併存的不動産賃借権 concurrent lease
併存的不動産賃貸借 concurrent lease

閉廷 rising of court
閉店命令 closure order
ベイト事件 Bate's case
ヘイドン事件の準則 rule in Heydon's Case
平民 plebs
平民会議決 plebiscitum
ベイリー bailie
ベイリフ bailiff
ベイルアウト bailout
ベイルアウト株式 bailout stock
平和 frith
平和 mund
平和 peace
平和攪乱(罪) disturbance of the peace
平和共存 (peaceful) coexistence
平和主義 pacifism
平和主義者 pacifist
平和的外交交渉 quiet diplomacy
平和的集会 peaceful assembly
平和的集会の自由 freedom of peaceful assembly
平和的ピケ(ティング) peaceful picketing
平和に対する罪 crime against peace
平和のための結集決議 Uniting for Peace Resolution
平和破壊 frithbreach
平和破壊 mundbryce, -breche
平和破壊(罪) breach of (the) peace
平和部隊 Peace Corps
平和保証 surety of the peace
平和保証証書 peace bond
平和保証申立書 articles of the peace
ベーカー対カー事件 Baker v. Carr
ベスト・ヴァリュー best value
別居 living apart
別居 separation; separation from bed and board
別居合意 separation agreement
別居資金一括給付 lump sum provision
別居捺印証書 deed of separation
別居扶助料 alimony
別居扶助料信託 alimony trust
別居扶助料不払い者 alimony shirker
別居扶養料 separate maintenance
別居命令 separation order
別件 holding charge
別件口実逮捕 subterfuge arrest
別件先約覚書 engagement slip
別件逮捕 pretextual arrest; pretext arrest
別個主権者の準則 separate sovereigns rule
別個訴因 separate count
別個の犯罪 extraneous offense
別個の問題 extraneous question
別罪 separate offense

別罪犯意暴行 assault with intent
ヘッジファンド hedge fund
ヘッジング hedging
別訴因での刑の宣告の法理 concurrent sentence doctrine
ヘッドショップ head shop
別の男性による妊娠 pregnancy per alium
別の人の権利で in autre droit
別の法主体推定 entity assumption
別名 assumed name
ペティットに関する事件の準則 rule in Re Pettit
ペテン bunco
ベドウ命令 Beddoe order
ベトディーン beth din
ベネフィキウム beneficium; benefice
ペノイヤー事件の準則 Pennoyer rule
ペーパーカンパニー shell corporation; shell company
ペーパーレス取引 paperless trading
ベビーM Baby M
ヘプバーン法 Hepburn Act
ヘムロック協会 Hemlock Society
ベリー事件の準則 Berry rule
ペルソナ・グラータ persona grata
ペルソナ・ノン・グラータ persona non grata
ベルヌ条約 Berne Convention
ヘルムズ・バートン法 Helms-Burton Act
編 title
偏愛 favoritism
変化 change
変額生命保険 variable life insurance
変額年金 variable annuity
勉学のための釈放 study release
変額ユニバーサル生命保険 variable universal life insurance
返還 recession
返還 restitution
返還 retrocession
返還 return
返還権付き売買 sale or return
返還保証付き売買 sales guaranteed
返還保証書 refunding bond
便宜 accommodation
便宜 convenience
便宜地裁判所 forum conveniens
便宜置籍 flag of convenience
便宜置籍国の国旗 flag of convenience
便宜的な宛先 accommodation address
便宜の準則 rule of convenience
便宜のための工作物 accommodation works
便宜のための土地 accommodation land
返却 payback
返却可能容器 returnable container

返却期間 payback period
返却期間条項 payback clause
辺境所領領主 lord marcher
辺境地方 Marches
変型 transformation
変型理論 doctrine of transformation
偏見 prejudice
偏見防止の申し立て motion in limine
偏見ゆえの陪審員忌避 challenge propter affectum
偏見をいだかせるマスメディアの注目 prejudicial publicity
偏向 bias
変更 alteration
変更 change
変更 mutation
変更可能遺言 ambulatory will
変更禁止 ne varietur
偏向禁止の準則 rule against bias
変更制限条項 derogatory clause
変更不能期日 peremptory day
弁護過誤 legal malpractice
弁護勧誘者 runner
弁護士 attorney; attorney-at-law; public attorney
弁護士 counsel; counselor-at-law
弁護士 counselor, -sellor
弁護士 lawyer
弁護士意見書 legal opinion; opinion letter
弁護士委任契約 retainer
弁護士依頼権 access to counsel
弁護士依頼者間の秘匿特権 attorney-client privilege
弁護士依頼料 retainer
弁護士および裁判所の費用 suit money
弁護士界 bar
弁護士業務 law practice
弁護士行動準則模範規程 Model Rules of Professional Conduct
(法廷)弁護士資格付与 call to the bar; calling to the bar
弁護士資格付与 bar admission
弁護士資格を有する法務部長 general counsel
弁護士事務所 chamber
弁護士生涯教育計画 continuing legal education
弁護士紹介サービス lawyer referral service
弁護士紹介・情報提供サービス lawyer referral and information service
弁護士証人の準則 lawyer-witness rule
弁護士信託勘定利息 Interest on Lawyers' Trust Accounts
弁護士信託勘定利息活用制度 Interest on Lawyers' Trust Ac-

counts
弁護士責任模範法典 Model Code of Professional Responsibility; Code of Professional Responsibility
弁護士撤収の申し立て motion to withdraw
弁護士と依頼人との直接的接触を妨げるために介入する素人 lay intermediary
弁護士二分主義 divisional bar
弁護士による出廷 appearance by counsel
弁護士の援助 assistance of counsel
弁護士の援助を受ける権利 right to counsel; right to assistance of counsel
弁護士の効果的な援助 effective assistance of counsel
弁護士の助言 advice of counsel
弁護士の団体的利用 group legal services
弁護士の撤収 withdrawal of counsel
弁護士の非効果的な援助 ineffective assistance of counsel
弁護士の不相当な援助 inadequate assistance of counsel
弁護士のリーエン retaining lien
弁護士報酬 attorney's fees
弁護士補助職員 paralegal; legal assistant
弁護士名簿からの登録抹消 striking off (the roll)
弁護者 proponent
弁護士倫理典範 Canons of Professional Ethics
弁護人 advocate
弁護人 counsel
弁護人依頼権の放棄 waiver of counsel
弁護人会 Faculty of Advocates
弁護人会会長 Dean of Faculty
弁護人協会 College of Advocates
弁護人資格 advocacy qualification
弁護人団 counsel
弁護人の職 advocacy
弁護引受け訴答 notice of appearance
返済 reimbursement
遍在 ubiquity
弁済 liquidation
弁済 payment
弁済 satisfaction
弁済 solution
弁済覚書 memorandum of satisfaction
弁済期日繰上げ条項 acceleration clause
弁済期の先後による優先権の準則 earlier maturity rule

弁済証書 satisfaction piece; satisfaction
弁済提供用意完了の抗弁 uncore prist
弁済に伴う遺贈撤回 ademption by satisfaction
弁済に基づくリーエンの消滅(証書) satisfaction of lien
弁済による債務消滅の答弁 plea in discharge
弁済の充当 appropriation of payments
弁済の充当 imputation of payment
弁済の代位 subrogation
弁済のための勾引令状 capias ad satisfaciendum
弁済のための身柄提出令状 habeas corpus ad satisfaciendum
弁済の猶予 respite
編纂制定法集 compilation
変死 violent death
編者 reporter
ベンジャミン命令 Benjamin order
編集過程秘匿特権 editorial privilege
偏執(狂)者 monomaniac
編集者 editor
編集著作物 compilation
弁償的別居扶助料 reimbursement alimony
弁償的離婚扶助料 reimbursement alimony
弁証法 dialectic
ペンシルヴェニア準則 Pennsylvania rule
ペンシルヴェニア方式 Pennsylvania system
変造 alteration
変造 falsification
返送運送費 back freight
変則訴答 anomalous pleading
変則的裏書 anomalous endorsement
変則的裁判権 anomalous jurisdiction
変則的裁判権の準則 anomalous jurisdiction rule
変則的承継 irregular succession
変則答弁 anomalous plea
変則封 improper feud [fee]
ベンチャーキャピタル venture capital
ベンチャーキャピタル・トラスト venture capital trust
変動 variation
変動為替相場制 float
変動危険 shifting risk
変動金利 floating rate
変動自由土地保有(権) movable freehold
変動条項 fluctuating clause
変動する商品の在庫 shifting stock of merchandise

変動(捺印)証書 deed of variation
変動配当率優先株 adjustable-rate preferred stock
変動利付き債 floating rate note; floater
ペンドゥルトン法 Pendleton Act
編入 incorporation
編入理論 doctrine of incorporation
偏頗行為 fraudulent preference; preference
偏頗的移転 preferential transfer
偏頗的譲渡 preferential assignment
返品可能な売買 sale and return
弁別 appreciation
弁別 discretion
弁別年齢 years of discretion; age of discretion
弁別のテスト appreciation test
弁別余地 margin of appreciation
返報 retaliation
片務契約 unilateral contract
『ヘンリー 1 世の法』 Leges Henrici (Primi)
弁理公使 minister resident; resident
弁理士 patent agent
弁論 advocacy
弁論 argument
弁論 speech
弁論 submission
弁論権 right of audience; audience
弁論骨子 skeleton argument
弁論術 forensics
弁論審理予定表 special paper

ホ

補遺 addendum
補遺 pocket part
ボイコット boycott
ホイッグ党 Whigs
ホイッグ党員 Whig
ボイラールーム boiler room [shop]
ボイラールーム取引 boiler-room transaction
ポイント・クリックによる使用許諾合意 point-and-click agreement
封 beneficium; benefice
封 feoffment; enfeoffment, investiture
封 feud; fee; feod; feodum; fief
法 doom
法 droit
法 law; jus; lex
法 ley
棒 festuca
法案 bill
法案 bill in Parliament
法案 parliamentary papers
法案起草委員会 Lords of the Articles
法案審議責任者 floor manager
法案提出議員 sponsor
法案の最終的仕上げ markup
法案番号 bill number
法案要約 breviate
法医学 forensic medicine; legal medicine; medical jurisprudence
法医学的証拠 forensic evidence
法域 jurisdiction
法違反者 lawbreaker
暴飲 intemperance
(正当)防衛殺人 homicide se defendendo
防衛省 Ministry of Defence
貿易 trade
貿易赤字 trade deficit
貿易協定 trade agreement
貿易産業省 Department of Trade and Industry
貿易上の紛争 trade dispute
貿易用語の解釈のための国際規則 International Rules for the Interpretation of Trade Terms
放火 arson
放火 fire-raising
妨害 disturbance
妨害 interference
妨害 let
妨害 obstruction
妨害 prevention
崩壊家屋があった土地 toft
法改革委員会 law commission
房外活動の全面的禁止 lockdown
妨害者 disturber
法解釈説 interpretive theory of law
法改正 law reform
法改正委員会 Law Reform Committee
法改定委員会 Law Revision Committee
妨害的行為 disruptive conduct
法外な利益 highway robbery
妨害の法理 prevention doctrine
妨害否認抗答 ne disturba pas; non impedivit
法化学 forensic chemistry; legal chemistry
法科学 forensic science
法科学鑑定 forensics
法科学的証拠 forensic evidence
法学 jurisprudence; jurisprudentia; law
法学 legal science
法学教育評議会 Council of Legal Education
法学教育・法曹の行動についての大法官諮問委員会 Lord Chancellor's Advisory Committee on Legal Education and Conduct
法格言 brocard
法格言 maxim; legal maxim

法学士 bachelor of laws
法学者 jurisconsult
法学修士 master of laws
法学提要 Institutes
法学博士 doctor of juridical science; doctor of jurisprudence; doctor of the science of law
法学博士 doctor of law; doctor of laws
放火者 fire-raiser
法科大学院 law school
法科大学院入学共通テスト Law School Admissions Test
防火対策設備建築物証明書 fire certificate
法価値論 ethical jurisprudence
包括遺贈 universal legacy
包括仕入れ注文 blanket purchase order
包括取得権原 universal title
包括承継 universal succession
包括承継者 universal successor
包括訴因 omnibus count
包括捜索(差押)令状 blanket search warrant
包括損害塡補保証(証書) blanket bond
包括代理(権) general agency
包括代理権 general authority
包括代理人 general agent
包括注文 blanket order
包括通商・競争力強化法 Omnibus Trade and Competitiveness Act
包括的委任状 general power of attorney
包括的環境対策・補償・責任法 Comprehensive Environmental Response, Compensation, and Liability Act
包括的拒否 blanket refusal
包括的刑の宣告 general sentence
包括的刑の宣告をなすこと lumping
包括的合意 blanket agreement
包括的困惑防止命令 blanket order
包括的財産保険(証券) open-perils policy
包括的裁判所命令 blanket order
包括的事件付託 general reference
包括的実施契約 package licensing
包括的準備確認審理 omnibus hearing
包括的譲渡抵当 package mortgage
包括的地域地区規制計画 comprehensive zoning plan
包括的否認訴答 general traverse
包括的弁護士委任契約 general retainer
包括的弁護士委任契約報酬 general retainer
包括的申し立て omnibus motion
包括的リーエン general lien

包括的労働協約 blanket agreement
包括売買契約 blanket purchase agreement
包括法案 omnibus bill
包括保険 blanket insurance
包括保険契約 blanket insurance policy
包括保険(証券) blanket policy
包括保険(証券) floater; floater policy; floating policy
包括保険証券 blanket insurance policy
包括保証 open guaranty
包括文言 general words
包括予定保険(証券) open policy
防火扉 fire door
法が認知する精神障害 legal insanity
放火犯 firer
放火犯(人) arsonist; incendiary
放下物 ejectum
放火魔 firebug
法が認めていない行為 unlawful act
放火免責条項 arson clause
萌芽理論 incipiency doctrine
砲艦外交 gunboat diplomacy
法官貴族 Law Lord
放棄 abandonment; nonuse
放棄 abjuration
放棄 dedition
放棄 relinquishment
放棄 renunciation
放棄 surrender
法規集 code
放棄宣誓 abjuration
放棄宣誓 oath of abjuration
法起草技術 nomography
法起草者 nomographer
放棄物 abandum
防御 defense, defence
防御意思の通知 notice of intention to defend
防御側法書 defense bar
防御許可 leave to defend
防御事実の主張 defensive allegation
防御指示なしの申し立てに基づく原告勝訴 non sum informatus
防御者 defender
防御陳述書 defense statement
防御の懈怠 withdrawal of defense
防御の承認 confession of defense
防御のない訴訟 undefended cause
防御放棄 waiver of defenses
防空識別圏 air defense identification zone
傍系 collateral line
傍系血族 collateral consanguinity
傍系血族である法定相続人 collateral heir
傍系血族による無遺言不動産相続 collateral descent

傍系親 collateral
傍系親族 collateral relative
傍系争点 collateral issue
傍系尊属 collateral ascendant; collateral ancestor
傍系(法定)相続人 heir collateral
法源 binding authority; authority
法源 source of (the) law
暴言 verbal abuse
冒険契約 hazardous contract
封建契約上間接負担奉仕義務 forinsec service; foreign service; forinsecum servitium
封建契約上直接負担奉仕義務 intrinsec service
法言語 legal language
法言語学 forensic linguistics
封建裁判所 feudal court
冒険資本 venture capital; risk capital
封建社会 feudal society
法研修生 apprentice; apprentice at [of the] law
封建制 feudalism; feudal system
封建制社会 feudal society
封建制度 feudal system
法原則 principle; legal principle
冒険貸借 gross adventure
冒険貸借 hypothecation
冒険貸借証書 hypothecation bond
封建的裁判権 feudal jurisdiction
冒険的事業 adventure; venture
冒険的事業家 venturer
封建的占有 feudal possession
封建的賦課金 feudal dues
封建的付随条件 feudal incident
封建的不動産保有条件 feudal tenure
封建的不動産保有者 feudary, feodary
封建的不動産保有者 feudatory
封建法 feudal law
暴行 assault
暴行 assault and battery
暴行 battery
暴行 molestation
法行為 jural act
法行為者 jural agent
暴行・いやがらせ molestation
法工学 forensic engineering
彷徨地役権 jus spatiandi et manendi
奉公人 servant
暴行排除命令 nonmolestation order
暴行未遂 attempted assault
暴行をなす者 assailant
報告および決算条項 Statement and Account Clause
(議事)報告書 procès-verbal
報告(書) report
報告(書) return

| 報告書 statement
| 報告のための議事日程 report calendar
| 法コモンロー law
| 謀殺 murder
| 謀殺教唆 soliciting to murder
| 謀殺(死刑廃止)法 Murder (Abolition of Death Penalty) Act
| 謀殺説得罪 persuading to murder
| 謀殺犯 murderer
| 謀殺犯の烙印 M
| 謀殺未遂 attempted murder
| 奉仕 service
| 帽子 hat
| 防止 prevention
| 方式 form
| 方式 forma
| 方式 modus
| 方式 plan
| 方式書 formula
| 奉仕(義務) servitium
| 奉仕義務 service
| 法執行援助局 Law Enforcement Assistance Administration
| 法執行官 government agent
| 法執行官 law enforcement officer; law enforcer
| 法執行者 lawman
| 法実習生 intern, interne
| 法実証主義 legal positivism
| 法実務 law-craft
| 法実務 practice, practise
| 法実務家 practitioner
| 防止的差止命令 preventive injunction
| 奉仕の形での占有 seisin in service
| 奉仕の形での保有者 tenant in service
| 奉仕日 boon day
| 奉仕保有 sergeanty, -jeanty
| 奉仕保有権者 sergeant, serjeant
| 奉仕保有者 sergeant, serjeant
| 法社会学 sociology of law
| 封主 lord
| 封主 landlord
| 傍受 interception
| 報酬 emolument
| 報酬 fee
| 報酬 remuneration
| 報酬 reward
| 報酬金 subsidy
| 法修習生 clerk
| 法修習生の職 clerkship
| 報酬条項 Emoluments Clause
| 報酬請求権のためのリーエン charging lien; special lien
| 報酬請求対象外時間 nonbillable time
| 報酬請求対象時間 billable time
| 報酬請求対象時間単位 billable hour
| 報酬請求対象時間の水増し padding

報酬付き寄託 compensated bailment
報酬の割戻し fee splitting
報酬配分 division of fees
報酬ゆすり feemail
法主体 entity
放出 emission
放出 release
放出物質 emission
法準則 rule
法準則 rule of law
法書 lawbook
幇助 assistance
報償金 bounty
報奨的自社株買受権 incentive stock option
封譲渡証書 enfeoffment, in-; feoffment
封譲渡人 feoffor
法上の占有 seisin in law
幇助責任 accessory liability (in breach of trust)
封臣 feudatory
封臣 vassal
法人 artificial person; fictitious person; juridical person; juristic person; legal person; moral person
法人 corporation; body corporate; corporate body
法人印 common seal
法人印 corporate seal
法人化 incorporation
法人格 corporate entity
法人格 corporate personality
法人格 legal personality; personality
法人格なき社団 association
法人格のない社団 unincorporated association
法人格のない団体 unincorporated body
法人格の否認(の法理) disregarding (the) corporate entity
法人格付与 incorporation
法人格付与のヴェール veil of incorporation
法人記録 corporate books
法人構成員 corporator
法人受託者 corporate trustee
法人税 corporation tax
法人清算配当 liquidating distribution; distribution in liquidation
法人税前払い企業配当所得 franked investment income
法人責任 corporate liability
法人設立 incorporation
法人設立者 corporator; incorporator
法人設立証明書 certificate of incorporation
法人としての市民権 corporate cit-

izenship
法人による故殺 corporate manslaughter
法人の解散 dissolution of corporation
法人の言論 corporate speech
法人の代理人 corporate agent
法人犯罪 corporate crime
法人不存在の答弁 nul tiel corporation
法人法 Corporation Act
法人名 corporate name
法人名の変更 change of name
法人役員 corporate officer
法人役員の権限 corporate authority
法人役員の免責 corporate immunity
法人類学 forensic anthropology
法制 jurisprudence
暴政 tyranny
法精神医学 forensic psychiatry
法宣明説 declaratory theory
法専門家顧問 reporter
包装 container
放送 broadcasting
法曹 bar
法曹 law
法曹 legal profession
法曹 profession
法曹 robe
法曹協会 bar association; bar
放送権 franchise
法曹資格試験 bar examination
法曹資格試験委員会 board of bar examiners
法曹資格試験委員全国協議会 National Conference of Bar Examiners
法曹資格試験官 bar examiner
法曹資格のない治安判事 lay magistrate
法喪失者 outlaw; bandit; banni; exlex; lawless man; utlagatus, utlagh, utlagus
法喪失者勾引令状 capias utlagatum
法喪失宣告 outlawry
法喪失付き勾引手続き exaction
法喪失付き勾引令状 exigent; exigi facias
包装真実法 Truth-in-Packaging Act
法曹制度オンブズマン Legal Services Ombudsman
法曹制度監察官 Legal Services Ombudsman
法創造者 lawmaker
法曹道義 legal etiquette; etiquette of the profession
法曹としてのサービス professional service
法曹としての責任 professional re-

sponsibility
放送による名誉毀損 defamacast
法曹秘匿特権 legal professional privilege
法曹不適格行為 professional misconduct
法曹名簿 law list
法曹倫理 legal ethics
法曹倫理 professional ethics
法曹倫理違反行為 unethical conduct
法曹倫理違反行為 unprofessional conduct
法曹倫理適合行為 professional conduct
法則 law
法大全 corpus juris
法秩序 legal order
放置による拒否権行使 pocket veto
放置有害物質除去基金 Superfund
傍聴席 gallery
傍聴席 public gallery
傍聴人からの陪審員候補者追加 tales de circumstantibus
防潮壁維持金 agistment of sea-banks
法廷 bar
法廷 courtroom
法廷あさり forum shopping
法廷外宣誓 nonjudicial oath
法廷外の陳述 extrajudicial statement
法廷外の和解 out-of-court settlement
法定果実 fructus civiles; artificial fruit; civil fruit
法定企業 statutory undertaker
法定義務 obediential obligation
法定休日 legal holiday; statutory holiday
法廷業務担当表 Seal Paper
法定刑の最高刑(の宣告) maximum sentence
法定刑の最低刑(の宣告) minimum sentence
法定契約 implied in law contract; contract implied in law; implied contract
法定詐欺 legal fraud
法定疾病給付金 statutory sick pay
法廷実務指示 Practice Directions
法定紙幣 treasury note
法定資本 legal capital
法定住所 domicile by operation of law
法定準備金 legal reserve
法定承継 legal succession
法定条件 condition implied by [in] law
法定推定相続人 heir apparent; apparent heir
法定推定量刑 presumptive sentencing

法定相続 hereditary succession
法定相続 heredity
法定相続(権) heirship
法定相続(権) inheritance
法定相続可能財産 heritable
法定相続可能性 heritability
法定相続可能不動産権 estate of inheritance
法定相続産 hereditament
法定相続動産 heirloom; principal
法定相続人 heir; heir at law; heir general; heritor; inheritor; lawful heir; lawful representative; legal heir
法定相続人 heir legal
法定相続人 next of kin
法定相続人およびその承継者 heirs and assigns
法定相続人脱漏 pretermission
法定相続人たること heirship
法定相続不動産 inheritance
法定相続不動産譲渡捺印金銭債務証書 heritable bond
法定相続不能不動産権 estate not of inheritance
法定代位 legal subrogation
法廷地 forum
法廷地あさり forum shopping
法廷地条項 forum selection clause
法廷地法 lex fori; law of the forum
法定帳簿 statutory books
法定通貨 legal currency
法定通貨 legal tender; lawful money
法定通貨 national currency
法廷での自白 judicial admission
法廷での審理の機会 day in court
法廷での適正な審理の機会 day in court
法定投資銘柄 legal list; legals
法定投資銘柄準則 legal list rule
法廷内での帽子着用(権) hats in court
法廷内の発言席 floor of the court
法定任期 fixed tenure
法定認識 legal notice
法定年齢 legal age; lawful age
法定犯 malum prohibitum
法定悪意 legal malice
法定被扶養者 lawful dependent
法廷弁護士 barrister; barrister-at-law; counsel
法廷弁護士委員会 Bar Committee
法廷弁護士基準委員会 Bar Standards Board
法廷弁護士業 bar
法廷弁護士資格付与 call to the bar; calling to the bar
法廷弁護士総評議会 General Council of the Bar (of England and Wales); Council of the Bar

法廷弁護士の意見 counsel's opinion
法廷弁護士評議会 Bar Council
法廷弁護士報酬 barrister's fees
法廷弁護士見習い inner barrister
法廷弁護士見習い期間 pupil(l)age
法定利息 interest as damages
法定利率 legal rate
法的役権 legal servitude
法的援助 legal help
法的確実性 certainty of law; legal certainty
法的確実性のテスト legal certainty test; legal certainty rule [standard]
法的確信 opinio juris (sive necessitatis)
法的家長的保護統制主義 legal paternalism
法的眼識の法理 legal-acumen doctrine
法的関連(性) juridical link
法的記憶 legal memory
法的記憶の及ばね時代 time immemorial; time out of memory [mind]
法的記憶の及ぶ時代 time of (legal) memory
法的危険 legal jeopardy
法的擬制 legal fiction; fiction of law
法的義務 legal duty
法的虐待 legal cruelty
法的共同生活 civil partnership
法的共同生活解消命令 dissolution order
法的共同生活者 civil partner
法的業務をなしうる日 lawful day
法的苦情処理所 Office for Legal Complaints
法的苦情処理部門 Legal Complaints Service
法的原因 legal cause
法的権利 legal right
法的権利侵害 legal injury
法的権利侵害 legal prejudice
法的権利侵害 legal wrong
法的権利侵害の準則 legal-injury rule
法的拘禁 legal custody
法的構成要素テスト legal-elements test
法的効力 force and effect
法的効力を生じない[生じさせない]こと bar
法的誤謬 error in [of] law
法的混成型住宅 legal hybrid
法的事実 legal fact
法的実在 legal entity
法的実体 ens legis
法的主体 legal entity
法的助言者 legal adviser
法的助言秘匿特権 legal advice

和英対照表

privilege
法的所有(権)者 legal owner
法的人格 juristic person
法的責任 legal liability
法的占有 legal seisin
法的占有 possession in law
法的占有者 legal possessor
法的相関物 legal correlative
法的手続き legal proceeding
法的手続き外の行為による禁反言 estoppel in pais
法的逃亡 fuer in [en] ley
法的な意味での死亡 legal death
法的な結論 legal conclusion
法的な権利主張 legal claim
法的な不能 legal impossibility
法的に十分な形で訴答された訴え well-pleaded complaint
法的に十分な形で訴答された訴えの準則 well-pleaded complaint rule
法的に重要な事実 operative fact
法的に重要な事実共通核テスト common-nucleus-of-operative-fact test
法的に推定される損害賠償(金) presumed damages
法的に正当化された不法妨害 legalized nuisance
法的に矛盾する評決 legally inconsistent verdict
法的に無能力となった者 legally incapacitated person
法的能力の欠缺 civil disability
法的能力剥奪 civil death
法的引渡し livery in law
法的不利益 legal detriment; detriment
法的文書起草 legal drafting
法的別居 legal separation
法的無(能)力 disablement
法的無能力者 person under disability
法適用特別免除許可 non obstante
法哲学 philosophy of law; legal philosophy
法典 code
法典 tables
法典化 codification
法典化議会制定法 codifying act
法典化制定法 codifying statute
法典拠要約書 textbook digest
法典訴訟州 code state
封土 feud; fee; feod; feodum; fief
暴徒 insurgent
暴徒 mob
放蕩 debauchery
報道 press coverage
報道 report
報道 reportage
暴動 insurgence
報道機関 press
報道記者の取材源秘匿特権 newsman's privilege

報道記者の秘匿特権 newsman's privilege
報道規制 reporting restrictions
報道禁令 gag order
報道担当(官) press secretary
冒頭陳述 opening statement; opening argument; opening speech
冒頭手続 initial appearance
冒頭当然開示 initial disclosure
法道徳主義 legal moralism
報道(範囲) news coverage
報道(範囲) press coverage
冒頭文節 introductory clause; commencement; exordium
法と経済学 law and economics
封土権 estate in fee
封土権 feud; fee; feod; feodum; fief
(単純)封土権譲渡捺印証書 deed in fee
封土権訴訟 feudal action
封土権保有者 fief-tenant
封として直領地としての占有 seisin in demesne as of fee
法と秩序 law and order
封土引渡し請求(令状) livery
法と文学 law and literature
法にかなった人 lawful man; lageman; legalis homo
法に関する錯誤 error in [of] law
法に基づく黙示約束 promise implied in law
法による解釈 legal interpretation
法による人種隔離 de jure segregation
法による担保(権) legal mortgage
法による統治 government of laws
法による謀殺 judicial murder
法認定詐欺 fraud in law
法の網 mesh
法の一般原則 general principle of law; general legal principle
法のお気に入り favorite of the law
法の外観 color of law
法の研究 legal research
法の根拠 ratio legis
法の再述 Restatement (of the Law)
法の再述の著者 restater
法の再述の編者 restater
法の錯誤 mistake of law
法の作用 act of (the) law
法の作用 operation of law
法の作用としての放棄 surrender by operation of law
法の作用による信託 oral trust
法の作用による代理 agency by operation of law
法の作用による担保(権) tacit mortgage
法の作用による無罪 acquittal in law
法の執行 law enforcement

法の支配 rule of law
封の譲渡 enfeoffment, in-; feoffment
法の調べ方 legal research
『法の精神』 Spirit of Laws
法の精神 spirit of the law
法の調和 harmonization of laws
法の直接適用性 direct applicability of (European Union) law
法の停止権能 suspending power
法の適正手続き due process (of law); due course of law
法の適正手続き条項 Due Process Clause
法の適正手続きにより保障されている諸権利 due process rights
法の適用免除権能 dispensing power
法の適用を誤った判決 erroneous judgment
法の手続き legal process
法の発見 finding of law
法の平等な保護 equal protection (of the laws)
法の不知 ignorance of the law; ignorantia juris
法の文面 letter of the law
法の平準化 approximation of laws
法の保管 custodia legis; custody of the law
法の保護の外に置くこと utlagation
法の保護の下に復帰させること inlagation
法の保護への復帰 inlawry
法の前の平等 equality before the law
法の眼 eye of the law
法の明示的廃止 express repeal
法の黙示的廃止 implied repeal
法備忘録 commonplace book
法病理学 forensic pathology
法服 gown
法服 robe
報復 retortion
報復 retribution
報復解雇 retaliatory discharge
報復関税 retaliatory duties
報復関税 retaliatory tariff
報復制定法 retaliatory statute
報復的危険 retributive danger
報復的占有剥奪 retaliatory eviction
報復法 retaliatory law
方法 process
方法 way
方法および形式において modo et forma
方法特許 process patent
放牧 grazing
放牧入会権 common of pasture
放牧入会権頭数査定令状 admeasurement of pasture
放牧権 eatage

放牧権　pannage
放牧権　pasture
放牧料　pannage
封保有者　tenant in fee
泡沫法　Bubble Act
法民族学　ethnodicy
法務委員会　Legal Services Board
法務官　advocate general
法務官　Crown solicitor
法務官　law officer
法務官　praetor, pretor
法務官法　jus praetorium
法務士官　legal officer
法務次官　solicitor general
法務室　legal section
法務室長　general counsel
法務諮問委員会　Legal Services Consultative Panel
法務長官　Attorney General
(スコットランド)法務長官　Lord Advocate
法務長官の下請け弁護士　Attorney General's devil
法務博士　juris doctor; doctor of jurisprudence
法務部　legal department
亡命政府　government in exile
法命令説　imperative theory of law; command theory of law
放免金　bar fee
訪問　visit
訪問(権)　access
訪問権　right of access
訪問権　visitation right
訪問(による訪問)　visitation
訪問者　visitor
訪問についての命令　visitation order
訪問販売　door-to-door sale
封譲受人　feoffee
法要録　abridgment, abridge-
法予言説　predictive theory of law
ボウラム事件のテスト　Bolam test
法理　doctrine
法理学　jurisprudence
暴利行為　defeneration
法律　lex
法律委員会　law commission
法律家　jurist
法律家　lawyer
法律家　long robe
法律家ではない裁判所補佐人　lay assessor
法律家特有の言い回し　law-talk
法律家用書類商兼代書人　law stationer
法律関係の性質決定　classification; characterization; interpretation; qualification
法律起草者　framer
法律語　law term
法律行為　act in the law; juristic act; legal act
法律行為　transaction

法律行為表示部　operative part
法律効果不発生訴答　demurrer
法律効果不発生訴答者　demurrer
法律効果不発生訴答争点記録　demurrer book
法律効果不発生訴答に基づく判決　judgment on demurrer
法律効果不発生訴答による争点の決定　joinder in demurrer
法律効果不発生訴答をする[した]訴訟当事者　demurrant
法律雑誌　law journal
法律雑誌　law review
法律実務　practice of law
法律実務教育協会　Practicing Law Institute
法律事務所　law firm
法律事務所書記　managing clerk
法律事務所の機会　firm opportunity
法律事務所秘書　legal secretary; legal assistant
法律借用法　borrowing statute
法律上推定された強制　legal compulsion
法律上当然に　ipso jure
法律上当然の過失　legal negligence
法律上の会社　de jure corporation
法律上の死亡　civil death
法律上の住所　legal residence
法律上の人格代表者　legal personal representative
法律上の推定　presumption of law; artificial presumption; legal presumption
法律上の争点　issue of law; legal issue
法律上の代表者　legal representative
法律上の代理人　lawful representative
法律上の父　legal father
法律上の利益　legal interest
法律上の留保論点　reserved point of law
法律上の論点　point of law
法律資料検索書　search book
法律専務職員　legal executive
法律専務職員協会　Institute of Legal Executives
法律専門家　jurisprudent
法律専門家　legal expert
法律専門著述家　law writer
法律専門用語　law-talk
法律忠実執行条項　Faithfully Executed Clause
法律注釈書　commentary
法律的文書　article
法律と事実の混合問題　mixed question (of law and fact)
法律によって創設された裁判所　legislative court
法律年　legal year

法律の解釈に関する法律　Interpretation Act
法律の正式名称　long title
法律の宣言的部分　declaratory part of a law [statute]
法律の抵触　conflict of laws; conflict
法律の統合化　consolidation
法律の略称　short title
法律扶助　legal aid
法律扶助委員会　Legal Aid Board
法律扶助協会　Legal Aid Society
法律扶助制度　legal aid scheme
法律扶助センター　Legal Aid Centre
法律扶助提供委員会　Legal Services Commission
法律扶助提供機構　Legal Services Corporation
法律扶助提供弁護士　legal services lawyer
法律扶助弁護士　poverty lawyer
法律扶助命令　legal aid order
法律扶助を受けている人　assisted person
法律文献引用方法(学)　legal citology
法律文書　legal instrument
法律文書作成法　symboleography, -lae-
法律文書体　law-hand
法律面からの無罪　legal innocence
法律問題　matter of law
法律問題　question of law; law question
法律問題に関する結論　conclusion of law
法律問題についての異議　objection in point of law
法律問題判決　judgment as a matter of law
法律問題判決の申し立て　motion for judgment as a matter of law
法律問題論評家　legal writer
法律用語　law term
(難解な)法律用語　legalese
法律用紙　legal cap
法律用箋　legal pad
法律ラテン語　law Latin
包領　enclave
暴力　force
暴力　violence
暴力重罪　violent felony
暴力侵害(訴訟)　trespass vi et armis
暴力団員　hoodlum
暴力団員　mobster
暴力治安紊乱罪　violent disorder
暴力的侵入　effraction
暴力的侵入者　effractor
暴力的不動産不法占有　forcible detainer
暴力による侵奪不動産占有回復訴訟　forcible entry

暴力による不動産占有侵奪　forcible entry
暴力による不動産占有侵奪　forcible entry and detainer
暴力犯罪　violent offense
暴力犯罪者命令　violent offender order
法理論　theory of law
暴利をむさぼる者　profiteer
法類纂　digest
法令遵守責任者　compliance officer
法令速報　slip law
放浪　vagrancy
放浪会社　tramp corporation
放浪者　vagrant
傍論　gratis dictum
傍論　(obiter) dictum
法をばかにし無視する者　scofflaw
捕獲してもよい鳥獣　fair game
捕獲審検所　prize court
捕獲等確認判決　condemnation
捕獲特許状　marque
捕獲物取戻し　recapture
捕獲法　law of marque
捕獲免許状　letters [letter] of marque (and reprisal)
保管　keeping
保管銀行　custodian bank
補完原則　(principle of) subsidiarity
保管者　custos
保管受託者　custodian trustee
保管書類収蔵所　Rolls
補完的捺印証書　supplemental deed
保管費用　carrying cost
保管物品捜査　inventory search
簿記　bookkeeping
補強証拠　corroborating evidence; corroborative evidence
補強証拠(の提出)　corroboration
補強証人　corroborating witness
牧師　minister
北西部条令　Northwest Ordinance
牧草　grass
北東部巡回裁判区　North-Eastern Circuit
僕婢保有　bordage
僕婢保有者　bordar
僕婢保有地　bordland
北部巡回裁判区　Northern Circuit
北部地方評議会　Council of the North
北米自由貿易協定　North American Free Trade Agreement
母系　maternal line
補欠選挙　by-election, bye-
ポケット自治都市　pocket borough
保険　assurance
保険　insurance (policy); policy of insurance [assurance]
保険　policy

保険印紙　insurance stamp
保健衛生官　health officer
保健衛生法　health law
保険会社　insurance company
保険会社仮保険証書　binder; binding receipt [slip]
保険解約　surrender
保険価額　insurable value
保険監督委員　insurance commissioner
保険勧誘員　special agent; local agent; solicitor
保険給付計画　insured plan
保険金　indemnity
保険金受取人　insurance beneficiary
保険金受取人　loss payee
保険金受取人条項　loss payable clause
保険金受取り方法の選択　settlement option
保険金(額)　insurance
保険金額　amount covered
保険金減額条項　deductible (clause)
保険金減額条項基準額　deductible
保険金減額条項特定基準額　straight deductible
保険金査定人　insurance assessor
保険金生涯受領選択権　life income option
保険金信託　insurance trust
保険金請求用紙　claim form
保険金調整者　insurance adjuster
保険金便宜支払条項　facility of payment clause
保険契約　insurance policy; policy of insurance [assurance]
保険契約　policy
保険契約者　insurant
保険計理人　actuary
保険裁判所　Court of Policies of Insurance [Assurance]
保険下引受担当者　subunderwriter
保険下引受人　subunderwriter
保険者　insurance carrier
保険者　insurer; assurer; carrier
保険者間の分担金　contribution
保険者の代位　subrogation
保険準備金　policy reserve
保健省　Department of Health
保険証券　insurance policy; policy of insurance [assurance]
保険証券　policy
保険証券所持人　policyholder; policyowner
保険証明書　certificate of insurance
保健所長　Medical Officer of Health
保険代理人　insurance agent
保険代理人仮保険証書　cover note

保険仲立人　insurance broker
保険の引受け　underwriting
保険の累積　pyramiding
保険引受け合意　insuring agreement
保険引受証　insurance certificate
保険引受担当者　(insurance) underwriter
保険引受人　(insurance) underwriter
保険引受け約款　insuring clause
保健福祉省　Department of Health and Human Services
保険ブローカー　insurance broker
保険料　insurance premium
保険料　premium
保険料　written premium
保険料支払い約束手形　premium note
保険料税　insurance premium tax
保険料払い込み免除約款　waiver-of-premium clause
保険料払い済みの保険　paid-up insurance
保険料評価　insurance rating
保険料率　insurance rate
保険料率算定　rating
保険連合　insurance pool
保護　care
保護　conservation
保護　protection
歩行困難者手当　mobility allowance
歩行者用公道　footpath
保護階層　protected class
保護確保令状　non molestando
保護貨幣　protected coin
保護関係　protectorate
保護観察　supervision
保護観察官　probation officer
保護観察終了　probation termination
保護観察宿泊施設　probation hostel
保護観察(処分)　probation
保護観察処分に付された者　probationer
保護観察処分判決　deferred judgment; deferred adjudication (probation)
保護観察・治療命令　supervision and treatment order
保護観察に付された者　probationer
保護観察命令　probation order
保護観察要求　supervision requirement
保護関税　protective tariff
保護監督(権)の移動　placement
保護管理地区　conservation
保護居住(権)　protected occupancy
保護国　protecting state; protector
保護裁定　protective award

| 保護児童 child in care
| 保護児童収容施設 community home
| 保護者 protector
| 保護者卿 Lord Protector
| 保護者卿 Protector
| 保護者卿政治[体制, 時代] Protectorate
| 保護借家(権) protected tenancy
| 保護主義 protective principle
| 保護信託 protective trust
| 保護接触制限命令 care contact order
| 保護対象商品 protected goods
| 保護のための捜索 protective search
| 保護のための見渡し捜査 protective sweep
| 保護貿易主義 protectionism
| 保護貿易制度 protection
| 保護法廷 Court of Protection
| 保護法廷主事 Master of the Court of Protection
| 保護民 protected person
| 保護命令 protection order; protective order
| 保護命令を求める申し立て motion for protective order
| 保護用地 protected site
| 埃足裁判所 court of piepoudre; piepoudre [piepowder] court
| 保護留置 protective custody
| 保護領 protectorate
| 保護令状 (writ of) protection
| 補佐主教 suffragan
| 保佐人 curator
| 保持 holding
| 保持者 holder
| 星の間 Camera Stellata
| 保釈 bail
| 保釈可能点数表 bail-point scale
| 保釈金 bail
| 保釈金 cash bail
| 保釈されうる犯罪 bailable offense
| 保釈者所在不明(復命) elongatus
| 保釈出獄者宿泊施設 bail hostel
| 保釈書 bailpiece
| 保釈中逃亡 bail-jumping
| 保釈の取消し bail revocation
| 保釈被告人の不出頭 absconding by person released on bail
| 保釈保証書 bail bond
| 保釈保証証書 bail bond
| 保釈保証人 bail
| 保釈保証人 bailer; bail bondsman
| 保釈保証人適格証明 perfecting bail
| 保釈保証人による引渡し surrender by bail
| 保釈保証人による被告人引渡し surrender by bail
| 保釈保証人被告逮捕状 bailpiece, bail piece
| 保釈保証人補償合意 bail-bonding

保釈命令裏書付き逮捕状 warrant backed for bail; warrant endorsed for bail
補充 supplement
募集 flotation; offering
募集 placement
(契約内容)補充規定 gap-filler; gap-filling [gap filler] provision
補充指定 substitution
補充指定相続人 substitute
補充訴状 supplemental bill
補充訴状類似訴状 bill in the nature of a supplemental bill
補充的訴え supplemental complaint
(契約内容)補充的準則 gap-filling rule
補充的請求 supplemental claim
補充的宣誓 suppletory oath; oath suppletory
補充的訴答 supplemental pleading
補充的特定目的追加支出計上 supplemental appropriations
補修の必要 want of repair
保守党 Conservative Party
保証 assurance
保証 guarantee
保証 guaranty
保証 pledge
保証 plevin
保証 security
保証 sponsion
保証 surety
保証 suretyship; pledgery
保証 warrant
保証 warranty; warrandice
保障 indemnification
保障 indemnity
補償 compensation
補償 indemnification
補償 indemnity
補償 recompense
保証裏書付き約束手形 approved endorsed note
保証会社 compensated surety
保証会社 surety company; guaranty company
補償可能権利侵害 reparable injury
保証基金 guaranty fund
補償給付額等級化傷害 scheduled injury
保証金 deposit
保証金 security deposit
補償金 compensation
補償金 indemnification
補償金支払い命令 compensation order
保証金要求宣誓供述書 affidavit to hold to bail
保障されている行為 protected activity

保障者 indemnitor
補償者 indemnitor
保証借家(権) assured tenancy
保証社債 guaranteed bond
保証(書) warranty
保証書 bail
保証書 guarantee
保証書 written warranty
保証条項 guarantee clause
保障条項 Guarantee Clause
保障条項 safeguard
保証証書 bond
保証証書 guaranty bond
保証信用状 guaranty letter of credit
保証付き投資契約 guaranteed investment contract
保証として与えられている権能 power given as security
保証人 bondsman
保証人 guarantee
保証人 guarantor
保証人 pledge
保証人 sponsor
保証人 surety
保証人から主たる債務者への履行請求 exoneration
保証能力証明 justification
補償文化 compensation culture
保証ベイリフ bound bailiff
保証保険 guaranty insurance
保証命令 binding over
保証命令 bindover order
保証有限責任会社 company limited by guarantee; guarantee company
保証有限責任公開会社 public company limited by guarantee
保証有限責任私会社 private company limited by guarantee
補助裁判官 registrar
補助的裁判権 auxiliary jurisdiction
補助的証拠 adminicular evidence; adminicle
補助的立法 ancillary legislation
ボス boss
ボストン式利息 Boston interest
補正 rectification
母性 maternity
保税貨物 bonded goods
保税倉庫 bonded warehouse
補箋 allonge
保全地区 conservation area
保全令状 extirpatione
舗装自動車道路 made-up carriageway
補足 supplement
補足意見 concurring opinion; concurrence
補足給付(金) supplementary benefits
補足給付上訴審判所 supplemen-

tary benefit appeal tribunal
補足質問 supplementary questions; supplementaries
補足的管轄権 supplemental jurisdiction
補足的陳述 pendant
補足的保障所得 Supplemental Security Income
補足手続き supplementary proceeding
保存 preservation
保存命令 preservation order
墓地保険 graveyard insurance
発起人 founder
発起人 promoter
発起人株 founders' shares
発作 fit
没収 confiscation
没収 forfeit
没収 forfeiture
没収 seizure
没収供託金 lost deposit
没収条項 forfeit clause
没収条項 forfeiture clause
没収の執行(命令) estreat
没収物 forfeit
没収物 forfeiture
没収命令 confiscation order
ホットカーゴ hot cargo
ホットカーゴ協定 hot cargo agreement
ホットマネー hot money
ホテル hotel
ホテル離婚 hotel divorce
歩道 footway
補導 aftercare
施し almoign
ポートフォリオ portfolio
ポートフォリオ所得 portfolio income
ボーナス bonus
ボナム博士事件 (Dr.) Bonham's Case
ホームレス homeless person
保有 hold
保有 holding
保有 tenancy
保有(額) retention
保有家畜限度数 levant and [et] couchant
保有期間 holding period
保有期間満了後保有 holding over; holdover
保有期間満了後保有 holdover tenancy
保有期間満了後保有者 holdover tenant
保有(権) tenure
保有権 tenancy
保有財産 holding
保有財産 tenement
保有財産条項 habendum clause; to-have-and-to-hold clause
保有者 holder

保有者 tenant
保有条件条項 tenendum
保有地 holding
保有不動産 tenement
ポリグラフ polygraph
保留 retention
保留 saving
保留 suspense
保留空き地 open space
保留権 retainer
保留地 reserved land
保留注文 open order
保留付き確定残余権 remainder subject to open; remainder vested subject to open
保留的拒否権 suspensory veto; suspensive veto
保留物 set-aside
保留命令 stop order
捕虜 prisoner of war; captive
ホール集会 hallmote
ポールズグラフ対ロングアイランド鉄道会社事件 Palsgraf v. Long Island Railroad
ポールズグラフの準則 Palsgraf rule
ホルテンシウス法 lex Hortensia
ポルノ(グラフィー) pornography
ポレミス号事件 Polemis, In re
ホワイトカラーの犯罪 white-collar crime
ホワイトハウス White House
ホワイトブック White Book
ホワイトホール Whitehall
本案 merit
本案 merits of (the) case
翻案 adaptation
翻案権 adaptation right
本案抗弁 issuable defense
本案的差止め命令 permanent injunction; perpetual injunction
本案答弁 issuable plea
本案についての審理 trial on the merits
本案判決 judgment on the merits; decision on the merits
本案防御の宣誓供述書 affidavit of merits
本位 standard
本位貨幣 standard money
本会議 plenary session
本件 case at bar [bench]; instant case; present case
本権訴訟 petitory action; petitory suit
本国 country of origin
本国帰還 repatriation
本国法 lex patriae
ポンジー式詐欺 Ponzi scheme
本質 essence
本質的禁制品 contraband per se
本質的不法妨害 nuisance per se
本質的要素 essential element
本質テスト essence test

本質部分の錯誤 essential mistake
本社 head office; main office
本社 home office
本性 nature
本船渡し契約 free on board contract; f.o.b. contract
本訴訟 plenary action; plenary suit
本店 head office; main office
ポンド pound
ポンド税 poundage
ポンド地域 sterling area
本人 principal
本人出頭 personal appearance
本人訴訟 pro se
本人訴訟当事者 self-represented litigant
本人訴訟の訴訟当事者 litigant in person
本人・代理人同視の法理 sole actor doctrine
本人の誓約(による解釈) personal recognizance
本人身柄引渡し reddidit se
本部 general office
本部 head office; main office
本部 headquarters
本文 purview
本文 testatum; witnessing part
本文 text
翻訳 translation
本来的(不動産)賃貸借 true lease

マ

埋葬 burial
埋蔵物 treasure trove
マイナスの純資産額 negative equity
マイノリティー minority
マイノリティー差別撤廃運動 minority movement
埋没原価 sunk cost
埋没費用 sunk cost
前受け収益 prepaid income
前受け所得 unearned income
前受け利息 unearned interest
前付け要約 preliminary statement
前の危険 former jeopardy
前浜 foreshore
前払い advance payment; advance; prepayment
前払い(金) advancement
前払い地代 forehand rent
前払い手数料詐欺 advance fee fraud
前払い費用 prepaid expense
前払い法人税 advance corporation tax
前払い保険料 advance premium
前払い利息 prepaid interest
まがい小切手 false check; flash check

マカロック対メリーランド事件　McCulloch v. Maryland
巻き上げ　rollup
薪束投票　faggot vote
マークス事件の準則　Marks rule
間口　frontage
間口基準負担金　frontage assessment
間口フィート　front foot
間口フィート準則　front foot rule
マグナカルタ　Magna Carta [Charta]; Great Charter
マグナソン-モス担保法　Magnuson-Moss Warranty Act
マクナブ-マロリー事件の準則　McNabb-Mallory rule
マクノートン事件の準則　McNaghten [McNaughten, M'Naghten] test
マクノートンテスト　McNaghten [McNaughten, M'Naghten] test
マーケットメーカー　market maker
マサイア事件の準則　Massiah rule
マサチューセッツ準則　Massachusetts rule
マサチューセッツ法典　Laws and Liberties of Massachusetts
マサツューセッツ・トラスト　Massachusetts trust
マザーハバード条項　Mother Hubbard clause
まじめで拘束力のある合意　solemn and binding agreement
マーシャル裁判所　Marshall Court
マーシャルシー監獄　Marshalsea Prison
マーシャルシー監獄典獄　marshal
マシューズ対エルドリッジ事件のテスト　Mathews v. Eldridge test
マーシュ対アラバマ事件　Marsh v. Alabama
麻酔分析　narcoanalysis
マスキー法　Muskie Act
マスクワーク　mask work
マスクワーク権　mask right
マーストリヒト条約　Maastricht Treaty
町　town
間違った日付　misdate
待伏せ　ambush
マーチャント・バンク　merchant bank
マッカラン-ウォルター法　McCarran-Walter Act
マッカラン国内安全保障法　McCarran Internal Security Act
マッカラン法　McCarran Act
末期換金　viatical settlement
末期換金者　viator
マッキンリー関税　MacKinley Tariff
マックファースン対ビューイック自動車会社事件　MacPherson v. Buick Motor Co.
マッケンジー事件の友　McKenzie friend
抹殺　rasure

全くの事故　pure accident
全くの損失　dead loss
末男相続(制)　ultimogeniture; borough English; postremogeniture
末男相続保有　borough English
マップ審理　Mapp hearing
マーティン対ハンターの賃借人事件　Martin v. Hunter's Lessee
窓税　window tax
まとめ予約　block booking
マートン法　Statute of Merton
マヌ法典　Code of Manu; Laws of Manu
マネジメント・バイアウト　management buyout
マネーローンダリング　money laundering
マフィア　Mafia, Maffia
マーベリー対マディソン事件　Marbury v. Madison
魔法　witchcraft
魔法(罪)　conjuration
麻薬　drug
麻薬　narcotic
麻薬違法取引　drug trafficking
麻薬禁止地帯　drug-free zone
麻薬更生要求　drug rehabilitation requirement
麻薬常用者　addict
麻薬常用癖　addiction
麻薬担当係　Drug Squad
麻薬中毒患者　narcotic
麻薬中毒者　drug addict
麻薬治療検査命令　drug treatment and testing order
麻薬道具　paraphernalia; drug paraphernalia
麻薬取締局　Drug Enforcement Administration
真夜中の裁判官　midnight judge
マルテンス条項　Martens clause
マレヴァ型差止め命令　Mareva injunction
万一の際の呈示先　referee in case of need
万一の際の呈示先指定　reference in case of need
満期　maturity; expiration; expiry
満期後裏書　endorsement after maturity
満期日　date of maturity; maturity date
満期日　expiration date
満期前裏書　endorsement before due
満載喫水線　load line
マンスフィールド卿の準則　Lord Mansfield's rule
マンスフィールド準則　Mansfield rule
満足　satisfaction
満足感条件付き契約　satisfaction

contract; contract to satisfaction
満足できる品質　satisfactory quality
マン島　Isle of Man
マン島議会　Tynwald
マント婚　pallio cooperire
万引き　shoplifter
万引き　shoplifting
マン法　Mann Act
満了　expiration; expiry
満了日　effective date of termination

ミ

見えない取引業者関与の共同体内詐欺　missing trader intra-community fraud
未解決の問題(点)　moot question [point]
未回収地　irredenta
未回収品　uncollected goods
未回収品の処分　disposal of uncollected goods
未開地　unimproved land
見返り貿易　countertrade
未確定遺言　contingent will
未確定遺言受益者　testamentary class
未確定額請求　unliquidated claim
未確定寡婦産(権)　inchoate dower
未確定寡婦の準則　unborn widow rule
未確定関税　unascertained duty
未確定鰥夫産(権)　inchoate curtesy
未確定権利　contingent interest
未確定残余権　contingent remainder; executory remainder
未確定残余権の消滅可能性　destructibility of contingent remainders
未確定残余権保護受託者　honorary trustee
未確定条件付き保険(約款)　contingent policy
未確定信託　contingent trust
未確定性　contingency
未確定損害賠償(金)　unliquidated damages
未確定動産遺贈　contingent legacy
未確定な権利　inchoate interest
未確定年金　contingent annuity
未確定品　future goods
未確定不動産権　contingent estate
未確定保険　contingency insurance
未確定ユース　contingent use
みかじめ料　protection money; protection
未課税物件探索請負業者　tax ferret
身柄拘束　physical custody

身柄拘束(令状) body execution
身柄提出令状 habeas corpus; habeas; habeas corpus ad subjiciendum; writ of habeas corpus
身柄提出令状法 Habeas Corpus Act
身柄提出令状濫用の法理 abuse-of-the-writ doctrine
身柄提出令状連続申し立ての法理 successive writ doctrine
身柄取戻し訴訟 personal replevin
身柄取戻し令状 de homine replegiando; homine replegiando
未完成権利 inchoate right
未完成信託 executory trust
未完成売買契約 executory sale
未完成犯罪 inchoate offense; inchoate crime
未許容提出証拠 proffered evidence
ミクルマス開廷期 Michaelmas term
ミクルマス開廷期間 Michaelmas sittings
ミクルマス期 Michaelmas term
未経過保険料 unearned premium
未経過保険料準備金 unearned premium reserve
未決 dependence, dependance
未決監釈放 jail delivery
未決監釈放裁判 jail delivery
未決監釈放裁判官 justice of jail [gaol] delivery
未決監釈放裁判官任命書 jail delivery; commission of jail [gaol] delivery
未決勾留 temporary detention
未決勾留期間 jail credit
未決済勘定 open account
未決事件 active case
未決訴訟事件現状報告期日 docket call
未決訴訟事件表 docket; trial docket
未決訴訟事件表上の番号 docket number
未決定事項 res integra
未決の類似の犯罪 outstanding offenses
見越し資産 accrued asset
未婚者淫行(罪) fornication
未婚女性姦通 fornication
未婚男子 bachelor
未婚婦人 spinster
未婚両親の子 child of unmarried parents
ミサ mass
未済貸付け nonperforming loan
未載裁判例 unreported case
未実現の受取勘定 unrealized receivable
未実現の損失 unrealized loss
未実現利益 unrealized profit
未執行判決 executory judgment

未収収益 accrued income
未熟分娩 premature delivery
未主張事項提出による応答不十分の抗弁 speaking demurrer
未主張事項提出申し立て speaking motion
未取得相続財産 haereditas jacens
未生子 unborn child [person]
未処分利益 undivided profit
水 water
未遂 attempt; criminal attempt
未遂行為の未遂 attempt to attempt
未遂罪 attempt
みずからが代理人であることを明らかにしていない代理人 undercover agent
みずからの意思に基づかない安楽死 involuntary euthanasia
みずからの意思に基づかない酩酊 involuntary intoxication
みずからの意思に基づく酩酊 voluntary intoxication
みずからの財産に対する権利 jus in re propria
みずからの物 res sua
水裁判 judgment of water
水先案内 pilotage
水先案内協会 Trinity House
水先案内協会長老会 Elder Brethren
水先(案内)人 loadman, loadsman, lodeman, lodesman
水先案内人 pilot
水先案内料 loadmanage, lodemanage
水先案内料 pilotage
水先委員会 Pilotage Commission
水神判 ordeal by [of] water; water ordeal
水責め椅子 ducking stool
水責め具 trebucket
ミズーリ妥協 Missouri Compromise
ミズーリ方式 Missouri Plan
水利用金 watergavel
水利用権 aquatic right
水枠組欧州連合命令 Water Framework Directive
水割り株 watered stock
店 store; shop
未成熟性 prematurity
未成年 meindre age
未成年 minority; infancy
未成年 nonage
未成年騎士奉仕保有権者の後見人 guardian in chivalry
未成年時代譲渡封土回復令状 dum fuit infra aetatem
未成年者 minor; child; infant
未成年者拘置所 remand center
未成年者証人 child witness
未成年者性的道義侵害(罪) impairing the morals of a minor

未成年者堕落(罪) corruption of a minor; corrupting
未成年者締結契約 minors' contracts
未成年者非行寄与(罪) contributing to the delinquency of a minor
未成年者への財産移転に関する統一法 Uniform Transfers to Minors Act
未成年者への贈与に関する統一法 Uniform Gifts to Minors Act
未成年者誘拐(罪) child kidnapping; child stealing
未成年者鋤奉仕保有権者の後見人 guardian in socage
未成年だという理由での弁解 baby act
未成年の間の遺産管理(手続き) administration durante minore aetate
未成年の子の監護 care and control
未成年の子の監護 care or control
未成年の子の監護権 care and control
未成年の子の監護の必要あるいは不能 care or control
未成年非行 juvenile delinquency
見せかけ pretense, pretence
見世物裁判 show trial
溝への退避(の原則) retreat to the ditch
見出し head
道案内料 guidage
みつぎ物 tribute
密航者 stowaway
密告者 grass
密使 emissary
密造酒 bootleg
三つの確定性 three certainties
密偵 agent provocateur
密封入札 sealed bid
密封評決 sealed verdict
見積もり quotation
見積もり(額) estimate
見積もり送り状 pro forma; pro forma invoice
密輸 smuggling
密漁 poaching
密猟 poaching
密漁見張人 water bailiff
未定数量契約 open-end contract
未定着リーエン inchoate lien
未転換ユース executory use
未登録持参人払い(式)証券 bearer security
未登録証券 unregistered security
見通しの原則 look-through principle
実と木の法理 fruit and the tree doctrine
未特定の物品 unidentified goods
緑色かばん green bag
ミドルセックス訴状 bill of Middle-

sex
ミドルセックス登録所 Middlesex Registry
ミドルテンプル Middle Temple
みなし conclusive presumption
みなし移転 constructive transfer
みなし移転者 deemed transferor
みなし住所 deemed domicile
みなし全損 constructive total loss
みなし占有 possession in law
みなし送達 constructive service
みなし損害 constructive loss
港 harbor, -bour
港 port
港の平穏の法理 port tranquillity doctrine
未納租税徴収・差押令状 tax warrant
未納付税額 delinquent tax
身代金 ransom
身代金目的誘拐(罪) kidnapping for ransom
身のまわりのもの一切 expediment
身のまわり品 personal effects
見計らい注文 open order
未発行株式 unissued stock
未発生将来権 executory interest
未払い金 arrear; arrearage
未払い経費 accrued expense
未払い込み株式勘定 subscribed stock
未払い債務 accrued liability
未払い損害 loss outstanding
未払い賃料確保のための自救的動産差押え distress for rent
未払いの税金 accrued tax
未払い配当 accrued dividend
未払い報酬 accrued compensation
未払い利息 accrued interest
未払い利息 back interest
見張り guard
未必の故意的無謀 wantonness
未必の故意ないし認識ある過失 reckless knowledge
未必の故意ないし認識ある過失 recklessness
未必の故意ないし認識ある過失による殺人 reckless homicide
未必の故意ないしは認識ある過失による生命・身体危険罪 reckless endangerment
未必の故意による無視 reckless disregard
未必の故意による無謀違法行為 wanton misconduct; wanton and reckless misconduct
未評価保険(証券) unvalued policy; open policy
未復権破産者 undischarged bankrupt
身分 estate
身分 status
身分証明 proof of identification

身分証明書 identity card; identification card; ID card
身分証明書 warrant card
身分法 law of status
未分離の農作物 growing crop
見本 sample; specimen
見本売買 sale by sample; sample sale
ミムズ事件の命令 Mimms order
身元報告書 antecedents report
身元保証(証書) fidelity bond
身元保証人 referee
身元保証保険 fidelity insurance
ミューチュアルファンド mutual fund
未来形のことばを用いての婚姻約束 sponsalia per verba de futuro
ミランダカード Miranda card
ミランダ警告 Miranda warnings
ミランダ権利 Miranda rights
ミランダ準則 Miranda rule
ミランダ審理 Miranda hearing
ミランダ対アリゾナ事件 Miranda v. Arizona
未履行契約 executory contract
未履行逮捕状 outstanding warrant
未履行動産遺贈 accumulated legacy
未履行の一方的意思表示 executory unilateral accord
未履行約因 executory consideration
未利用地 unimproved land
魅力株 glamour stock
ミルバンク監獄 Millbank Prison [Penitentiary]
身をさらすこと exposure
民営化 privatization
民会 folcgemot, folcmote; folkmote, folkmoot
民会 moot; gemot, gemote; mote
民家宿舎割当て billeting
民間航空委員会 Civil Aeronautics Board
民間航空局 Civil Aviation Authority
民間部門 private sector
民間防護 civil defense
民事化 civilization
民事婚 civil marriage
民事婚方式 civil form of marriage
民事裁判 civil justice
民事裁判権 civil jurisdiction
民事裁判所 civil court
民事裁判長官 head of civil justice
民事詐欺 civil fraud
民事死 civil death
民事事件 civil case; civil matter
民事事件処理手続き case management
民事事件処理手続き協議 case management conference
民事実審裁判所 nisi prius;

court of nisi prius
民事上訴裁判所 Court of Civil Appeals
民事上の訴え civil action
民事上の救済手段 civil remedy
民事上の共同謀議 civil conspiracy
民事上の権利侵害 civil injury
民事上の権利侵害 civil wrong
民事上の暴行 civil assault
民事上の保釈金 civil bail
民事上の保釈保証書 civil bail
民事責任 civil liability; civil responsibility
民事責任法 civil liability act
民事訴訟 civil action
民事訴訟 civil litigation
民事訴訟 civil suit
民事訴訟手続き civil procedure
民事訴訟手続き civil proceeding
民事訴訟手続き規則 Civil Procedure Rules
民事訴訟手続き規則 rules of civil procedure
民事訴訟手続き規則第8部の訴状書式 Part 8 claim form
民事訴訟手続き規則第20部の訴権 Part 20 claim
民事訴訟手続き規則第20部の被告 Part 20 defendant
民事訴訟手続き規則第36部の申し出と供託 Part 36 offers and payment
民事訴訟手続きにおける拘禁 committal in civil proceedings
民事訴訟手続きの一致に関する法律 Conformity Act [Statute]
民事訴訟手続き法 Civil Procedure Act 1997
民事訴訟手続き濫用 malicious use of process
民事訴訟被告の逮捕 civil arrest
民事調査請求 civil investigative demand
民事的違反 civil offense
民事的(裁判所)侮辱 civil contempt
民事罰 civil penalty
民事部 Civil Division
民事部門 civil side; plea side
民法 civil law
民事法法律家 civil lawyer
民事没収 civil forfeiture
民事又は商事に関する裁判上及び裁判外の文書の外国における送達及び告知に関するハーグ条約 Hague Convention on the Service Abroad of Judicial and Extrajudicial Documents
民事又は商事に関する裁判に関する証拠の外国における収集に関するハーグ条約 Hague Convention on the Taking of Evidence Abroad in Civil or Commercial Matters

民衆煽動家 demagogue, -gog
民衆訴訟 popular action
民衆的正義 popular justice
民衆の子 filius populi
民主共和党 Democratic-Republican party; Republican party
民主主義 democracy
民主主義国 democracy
民主主義者 democrat
民主党 Democratic party
民主党員 democrat
民政 civil polity
民族 nation
民族 people
民族 ethnic group
民族国家 nation state
民族主義者 nationalist
民族浄化 ethnic cleansing
民兵 militia
民兵 militiaman
民兵条項 Militia Clause
民兵召集官 commissioner of array
民兵召集官任命書 commission of array
民兵召集(権) array
民法 civil law
民法典 Civil Code; Code Civil

ム

無 nihil; nil
無遺言 intestacy
無遺言死亡者 intestate; inordinatus
無遺言死亡者の遺産 intestacy
無遺言相続 descent and distribution
無遺言相続 intestate succession; intestacy
無遺言相続法 intestate law
無遺言不動産間接相続 mediate descent
無遺言不動産相続 descent
無遺言不動産相続順位則 canons of descent; rules of descent
無遺言不動産相続に基づく権原 title by descent
無遺言不動産相続不動産権 ancestral estate
無遺言不動産直接相続 immediate descent
無遺言法定相続人 heir ab intestato
無意識的言明 spontaneous declaration
無意識的叫び spontaneous exclamation
無意識的発言 spontaneous utterance
無意思の安楽死 nonvoluntary euthanasia

無意思の略式入院患者 nonvoluntary informal patient
無害通航 innocent passage
無害通航権 right of innocent passage; innocent passage
無害的不動産譲渡 innocent conveyance
無害な誤謬 harmless error
無額面株式 no-par stock; no par; no-par-value stock
無額面株式 nonpar value stock [share]
無過失 no-fault
無過失事故障害補償 no-fault compensation
無過失責任 liability without fault
無過失責任自動車保険 no-fault auto insurance
昔ながらの流水路 ancient watercourse
無価値小切手 worthless check
無価値資産 dead asset
無活動による禁反言 estoppel by inaction
無関係事項 impertinent matter
無関係の訴答 disclaimer
無関連事項 res inter alios acta
無関連証拠(排除則) res inter alios acta
無関連な犯罪 unrelated offense
無期延期 adjournment sine die
無議決権株 nonvoting stock [share]
無記載記録 silent record
無義務 no-duty
無義務の準則 no-duty rule
無義務の法理 no-duty doctrine
無記名株券 share warrant (to bearer)
無記名株式 bearer share
無記名社債券 bearer debenture
無許可営業者 interloper
無許可外出 absence without leave
無許可キャンプ(罪) unauthorized camping
無許可ギルド adulterine guild
無許可離隊 absence without leave
無許可離隊者 AWOL
報い payment
無形財産 intangible property; intangible
無形財産取引税 intangible tax
無形資産 intangible asset
無権遺産管理者 executor de son tort
無限責任 unlimited liability
無限責任会社 unlimited company
無限責任組合 general partnership
無限責任組合員 general partner
無限定裏書 unrestrictive [unrestricted] endorsement
無限定差押え distress infinite
無権利 no-right

無権利の答弁 nil habuit in tenementis
無効 annulment
無効 nullification
無効 invalidity; nullity
無効化 nullification
無効信託 void trust
無効審理 mistrial
無交接 nonaccess
無拘束金塊 free gold
無効投票紙 spoilt ballot paper
無効な契約 void contract
無効な婚姻 void marriage
無効な動産遺贈 void legacy
無効にすること voidance
無効にできる判決 voidable judgment
無効の遺言 inoperative will
無効の遺言書 invalid will
無効の不動産譲渡(捺印)証書 inoperative deed
無効判決 void judgment
無国籍 statelessness
無国籍者 stateless person
無故障運送証券 clean bill of lading
無故障船荷証券 clean bill of lading
無言組合員 silent partner
無言証人の理論 silent witness theory
無罪 acquittal
無罪 innocence
無罪 not guilty; non culpabilis
無罪指示評決 directed verdict of acquittal
無罪証明証拠 exculpatory evidence
無罪説示 affirmative instruction; affirmative charge
無罪答弁 not-guilty plea
無罪の確定判決を根拠とする一事不再理の申し立て autrefois acquit
無罪の証明 exculpation
無罪の推定 presumption of innocence
無罪の答弁 plea of not guilty; not-guilty plea
無罪判決 judgment of acquittal
無罪判決の申し立て motion for judgment of acquittal
無罪弁明のための否認発言の法理 exculpatory no doctrine
無罪放免 acquittal
無罪放免者 acquittee
無罪放免判決 judgment of acquittal
無罪放免判決の申し立て motion for judgment of acquittal
無債務の答弁 plea of never indebted; nunquam indebitatus
無柵の入会地 inbound common
無差別的犯意 universal malice

無視	disregard
無式婚姻	clandestine marriage
無主財産	bona vacantia; vacantia bona
無主地	terra nullius
無出油井条項	dry-hole clause
無主物	res nullius
無主物先占	occupation
無主物先占者	occupant
矛盾	contradiction
矛盾	repugnancy, -nance
矛盾するエクイティー上の権利	contravening equity
矛盾する過去の陳述	prior inconsistent statement
矛盾する証拠	conflicting evidence
矛盾する推定	conflicting presumption
矛盾評決	repugnant verdict
無償株	bonus stock; bonus share
無償還債券	irredeemable bond; irredemable
無償還年金	nonrefund annuity
無償寄託	gratuitous bailment
無償継承財産設定(証書)	voluntary settlement
無償契約	gratuitous contract
無条件裏書	unqualified endorsement
無条件裏書	unrestrictive [unrestricted] endorsement
無条件恩赦	absolute pardon
無条件降伏	unconditional surrender
無条件債権譲渡	absolute assignment
無条件債務	simple obligation
無条件支払い	direct payment
無条件指名の遺言執行者	instituted executor
無条件釈放	unconditional release; absolute discharge; unconditional discharge
無条件譲渡捺印証書	absolute deed; deed absolute
無条件相続人	unconditional heir; heir unconditional
無条件的免責	unconditional discharge
無条件的約束	unconditional promise
無条件捺印金銭債務証書	simple bond
無条件引渡し	unconditional delivery
無条件保証	absolute guaranty
無条件約款	absolute covenant
無証拠	no evidence
無償交付	bonus issue
無償譲与(捺印)証書	gratuitous deed
無償の寄託	deposit; depositum
無償の約因	gratuitous consideration
無償の約束	gratuitous promise
無償労働要求	unpaid work requirement
無所属議員席	crossbench
無思慮	heedlessness
結びつき	nexus
結びつきの基準	nexus test
無生気ユース	dead use
無制限防御	absolute defense
無政府主義	anarchism; anarchy
無政府状態	anarchy
無制約解釈	unrestrictive interpretation
無制約な権限	plenary power
無税輸入申告	free entry
無責離婚	no-fault divorce
無宣誓証言	declaration
無線(引き)小切手	uncrossed check [cheque]
無占有	vacant possession
無訴権の防御	peremptory defense
無体財産(権)	incorporeal property
無体人的財産	chattel incorporeal; incorporeal chattel
無体動産	chose in action
無体物	incorporeal thing
無体物の所有(権)	incorporeal ownership
無体物の占有	incorporeal possession
無体法定相続産	incorporeal hereditament
無体法定相続産回復	recontinuance
むだ時間	dead time
無断欠席	truancy
無断欠席の生徒	truant
無断婚姻による二倍婚姻料没収	forfeiture of marriage
無断立入り捜索	no-knock search
無断立入り捜索(差押)令状	no-knock search warrant
無担保裏書	qualified endorsement
無担保貸付け	unsecured loan
無担保債券	debenture
無担保債権者	unsecured creditor
無担保債務	unsecured debt
無担保債務証書	debenture indenture
無担保債務証書	naked debenture
無担保社債	debenture bond
無担保社債	unsecured loan stock
むち打ち症	whiplash injury
無提携労働組合	independent union
無抵抗	nonresistance
無点検売り	blind selling
無答弁	nihil dicit
無登録薬品	generic drug
無登録薬品法	generic drug law
ムニキピウム	municipium
無任所大臣	minister without portfolio
無能役付けの防御	empty-suit defense
(法的)無能力	disablement
無能力	incapability
無能力	incapacitation
無能力	incapacity
無能力	incompetence, -cy
無能力	nonability
無能力自己証明	self-stultification
(法的)無能力者	person under disability
無能力者	incapable
無能力者のための遺産管理状発給	grant for the use and benefit
無能力となった者	incapacitated person
無能力にすること	incapacitation
無陪審審理リスト	nonjury list
無費用償還	retour sans frais
無謀	recklessness
無謀運転	reckless driving
無謀運転致死(罪)	causing death by reckless driving
無防守都市	undefended city
無謀な過失	wanton negligence
無保険運転	driving without insurance
無保険自動車運転者保険	uninsured motorist coverage; uninsured motorist insurance
無保険者自動車事故被害者救済基金	unsatisfied judgment fund
謀反	rebellion
謀反人	rebel
謀反人逮捕状	commission of rebellion
無名義務	innominate obligations
無名契約	innominate contract
無名約定	innominate terms
無免許運転	driving without a license
夢遊(症)	somnambulism
夢遊症	sleepwalking
無用な挙動不要の例外	useless gesture exception
村	vill
村	village
無利息金銭債務	passive debt
無利息債務	passive debt
無利息捺印金銭債務証書	passive bond
無利息の信用貸し	interest-free loan [credit]
無留保競売	auction without reserve
無料送達特権	franking privilege
無料送達の特典	frank
無料配達	free delivery
無料法律相談所	law center
(法的)無力	disablement

無力訴訟　feigned action; faint action
メアリ・カーター式(示談)合意　Mary Carter agreement
メアリー・メイジャー　Mary Major
姪　niece
明確陳述を求める申し立て　motion for more definite statement
(単なる)名義人　nominee
名義人株主　nominee shareholder
名義人勘定　nominee account
明細控除(額)　itemized deduction
明細雑控除(額)　miscellaneous itemized deduction
明細書　specifications
明細書付配当金支払い小切手　dividend warrant
明細表記載財産　scheduled property
明視　plain view
明示契約　express contract
明示されている本人　disclosed principal
明示条件　express condition
明示条項　express term
明示信託　express trust
(遺言の)明示的更新　express republication
明示的授与権限　enumerated power
明示的条件付き不動産権　estate on condition expressed
明示的廃止　express abrogation
(法の)明示的廃止　express repeal
明示の権利放棄　express waiver
明示の公用地供与　express dedication
明視の準則　plain sight rule
明示の代理(権)　express agency
明示の代理権　express authority; expressed authority
明示の担保(責任)　express warranty
明示の通知　express notice
明示の同意　express assent
明示の同意　express consent
明示の品質保証　express warranty
明示の法　lex apparens; lex manifesta
明視の法理　plain view doctrine; clear view doctrine
明示の約款　express covenant
迷信ユース　superstitious use
迷走譲渡証書　wild deed
酩酊　drunkenness
酩酊　intoxication
酩酊運転　driving while intoxicated; operating (a motor vehicle) while intoxicated

酩酊状態での故殺　intoxication manslaughter
酩酊状態での暴行　intoxication assault
明白かつ確信をいだかせるに足る証拠　clear and convincing evidence
明白かつ確信をいだかせるに足る証明　clear and convincing proof
明白かつ現在の危険　clear and present danger
明白かつ現在の危険テスト　clear and present danger test
明白かつ間違えようのない誤り　clear and unmistakable error
明白でないゆえの判決回避　non liquet
明白な悪意　express malice
明白な誤り　clear error
明白な誤りの基準　clearly erroneous standard
明白な意図　manifest intent
明白な意味　plain meaning
明白な意味の準則　plain meaning rule
明白な役権　apparent servitude
明白な瑕疵　patent defect; apparent defect
明白な感触の法理　plain feel doctrine
明白な危険　apparent danger
明白な行為　acte clair
明白な行為　overt act
明白な誤謬　plain error
明白な誤謬の準則　plain error rule
明白な証拠の重さ　manifest weight of the evidence
明白な地役権　apparent easement
明白な必要性　manifest necessity
明白な不正　manifest injustice
明白なる意味不明確　patent ambiguity
メイフラワー・コンパクト　Mayflower Compact
名簿　list
命名　denomination
名目価格　nominal value
名目貨幣　fiat money; flat money
名目金利　nominal rate
名目資本　nominal capital
名目上の株主　dummy shareholder [stockholder]
名目上の所有(権)者　paper owner
名目賃金　nominal wages
名目的組合員　nominal partner
名目的刑(の宣告)　nominal sentence
名目的信託　nominal trust
名目的損害賠償(金)　nominal damages
名目的地代　peppercorn rent; peppercorn
名目的賃料　token rent
名目的当事者　nominal party

名目的取締役　dummy director
名目的約因　nominal consideration; peppercorn
名誉　honor, -our
名誉革命　Glorious Revolution
名誉毀損(罪)　defamation
名誉毀損となる言説　actionable word
名誉毀損の主張　colloquium
名誉毀損免責特権　defamation privilege
名誉裁判所　Court of Honour
名誉殺害　honor killing
名誉市民　freeman
名誉市民権[身分]　freedom of a borough [city]
名誉職　office of honor
名誉除隊　honorable discharge
名誉剝奪　infamy
名誉犯罪　honor crime
名誉不法行為　dignitary tort; dignatory tort
名誉法　jus honorarium
名誉奉仕義務　honorary services
名誉法廷　court of honor
名誉保険証券　honor policy; policy proof of interest
名誉領事　honorary consul
名誉を考慮しての異議　challenge propter honoris respectum
命令　command
命令　decree
命令　decree-law
命令　deliverance
命令　directive
命令　fiat
命令　mandate
命令　monition
命令　order
命令　ordinance
命令　precept
命令　statutory instrument
命令案　minutes (of order)
命令権　imperium
命令者　mandator
『命令集』　Statutory Instruments
命令書　precept
命令的推定　mandatory presumption
命令的制定法　affirmative statute
命令的説示　mandatory instruction
命令取消し懇請の動議　prayer
命令の準則　mandate rule
命令不服従　contumacy
迷惑手紙　distressing letter
迷惑手紙送付(罪)　sending distressing letters
妾の抗弁　concubinage
メガン法　Megan's Law
メキシコ離婚　Mexican divorce

目こぼし料 protection money; protection
目先の利く投資金 smart money
目じるし付きの金 marked money
メーソン-ディクソン線 Mason-Dixon line
メタ法 metalaw
目玉商品 loss leader; leader
メーデー May Day
メディケア Medicare
メディケード Medicaid
メディケード受給資格取得信託 Medicaid-qualifying trust
目につきやすい犯罪 visible crime
メモランダム貨物 memorandum articles
メモランダム条項 memorandum (clause)
メモランダム判決 memorandum (decision)
目盛り scale
(電子)メール e-mail; electronic mail; mail
メルコスール Mercosur
免役地代 quit rent; quietus redditus; reditus quietus
面会(権) access
面会権 right of access
免許 licensure
免許状 license, -ce
免許状保持者 licentiate
免許税 license tax
免許手数料 license fee
免許の効力停止中の運転 driving while disqualified
免許保持者 licentiate
免許料 franchise fee
免除 absolution
免除 excusal
免除 exemption
(義務の)免除 exoneration
免除 quittance
免除 remission
免償 indulgence
免除運輸会社 exempt carrier
免除家産の宣言 declaration of homestead
免除(権) exemption
免除証券 exempted security; exempt security
免除条項 exception clause
免除特権 immunity
免除被用者 exempt employee
免税期間 tax holiday
免税交換 tax-free exchange
免税品目表 free list
免責 discharge
免責 exclusion
免責 excuse
免責 exemption
免責 immunity
免責 indemnification
免責 indemnity

免責金額 franchise
免責金額条項 franchise clause
免責されない不注意 inexcusable neglect
免責される殺人 excusable homicide
免責される不注意 excusable neglect
免責される暴行 excusable assault
免責事由 excuse
免責事由 exonerative fact
免責条項 escape clause
免責条項 exclusion clause
免責条項 exculpatory clause
免責条項 exemption clause
免責訴答 bill of indemnity
免責特権 immunity
免責特権情報 privileged communication
免責歩合 franchise
免責歩合条項 franchise clause
免責法 act of indemnity; indemnity act
免責法(案) bill of indemnity
免責放棄(約款) waiver of exemption
免責約款 exclusion
面前 presence
免租措置 exemption from tax [taxation]
面通し showup
面通し(の列) lineup; identification parade; identity parade
綿密な審査 vetting

モ

申し入れ(書) démarche, de-
申し込み application
申し込み offer
申し込み proposal
申込者 applicant
申込者 offeror
申し込み値段 offer
申し込みの相手方 offeree
申し込みの拒絶 rejection of offer
申し込みの失効 lapse of offer
申し込みの承諾 acceptance of offer
申し込みの撤回 revocation of offer
申込用紙 proposal form
申し立て application
申し立て fact
申し立て motion
申し立て petition
申立書 article
申立書 libel
申立書 moving papers
申立書 notice of motion
申立書 petition
申し立て通知書 application notice
申し立て通知書 notice of motion
申立人 applicant

申立人 libelant, -bellant
申立人 movant, movent
申立人 mover
申立人 petitioner
申し立てをなした当事者でない方の訴訟当事者 nonmovant
申し出 offer
妄想 delusion
盲目刑 blinding
盲目信託 blind trust
盲目的有罪答弁 blind plea
モーガンの推定 Morgan presumption
模擬裁判 moot
模擬審理 mock trial
模擬投票 straw vote; straw poll
模擬陪審(員) mock jurors
模擬法廷 moot court; practice court
目撃者 witness
目撃証人 eyewitness
目撃証人による人定 eyewitness identification
目撃証人不存在の場合の準則 no-eyewitness rule
黙示 implication
黙示契約 implied in fact contract; contract implied in fact; implied contract
黙示条件 implied condition
黙示信託 implied trust
黙示的契約補償 implied contractual indemnity
黙示的権限 implied power
黙示的条件付き不動産権 estate on condition implied
黙示的条項 implied term
黙示的譲与 implied grant
黙示的地役権 implied easement; easement by implication
黙示的同意 implied consent
(法の)黙示的廃止 implied repeal
黙示的不動産賃借権 implied tenancy
黙示的約因 implied consideration
黙示的留保 implied reservation
黙示の意思 implied intent
黙示の組合 implied partnership
黙示の権利放棄 implied waiver
黙示の公用地供与 implied dedication
黙示の自白 implied admission
黙示の自白 implied confession
黙示の先例 precedent sub silentio
黙示の代理(権) implied agency
黙示の代理権 implied authority
黙示の担保(責任) implied warranty
黙示の同意 implied assent
黙示の同意 implied consent
黙示の引受け implied assumption
黙示の品質保証 implied warranty
黙示の不作為特約 implied nega-

tive covenant
黙示の偏向 implied bias
黙示の補償 implied indemnity
黙示の無罪(評決) implied acquittal
黙示の約定 implied covenant
黙示のユース implied use
黙示約束 implied promise
目的 object
目的 objective
目的 purpose
目的条項 objects clause
目的信託 purpose trust
目的達成定期不動産権 satisfied term
目的適合性 fitness for purpose
目的犯罪 object offense
目的物に関する錯誤 error in corpore
黙認 acquiescence
黙認 connivance
黙秘 silence
黙秘権 right of silence
目標 objective
目標設定経営 management by objectives
沐浴勲爵士 knight of the Bath
(在庫)目録 inventory
目論見書 prospectus
文字 letter
文字どおりの意味 letter
文字抹消 obliteration
モーセの律法 Mosaic law
模範爆発物放置 bomb hoax
模造品 imitation
モーターヴォーター motor voter
持帰り許可条件付き酒類販売許可 off-sale [off-premises] license
持株会社 holding company
持株会社ピラミッド pyramiding
持株買取り取決め buy-sell agreement; buy and sell agreement
持越し減免 holdover relief
持ち越し召喚状 adjourned summons
持ち込み訴訟 imported litigation
持ち去り eloignment
持ち高 position
持分 share
持分証券 equity security
最も押しつけでない救済手段の法理 least-intrusive-remedy doctrine
最も押しつけでない手段の法理 least-intrusive-means doctrine
最も好意的な見方 light most favorable; most favorable light
最も制限の少ない手段 least restrictive means
最も制限の少ない手段のテスト least-restrictive-means test
最も制限の少ない他の手段 least restrictive alternative(s)
最も近い関係者 nearest relative

最も有意義な関係 most significant relationship [contact]
最も有意義な関係テスト most significant relationship [contact] test
最も有意義な関係の理論 most significant relationship [contact] theory
モップ市 mop; mop fair
持てる国 have
もと source
元請け業者 original contractor
戻し為替(金額) reexchange
戻し税 kickback of duty
戻し特許(条項) grantback provision
元帳 ledger
戻り為替手形 redraft
戻り手形 cross bill
戻る意思 animus revertendi
モーニングアワー morning hour
物 chose
物 object
物 res
物 thing
物の法 law of things
物への権利 jus ad rem
モノマーク monomark
模範議会 Model Parliament
模範刑事法典 Model Penal Code
模範刑事法典テスト Model Penal Code test
模範刑法典テスト MPC test
模範囚 trusty
模範州法 model law
模範州労働施設 prison camp
模範制定法 model statute
模範説示 model jury instruction; model jury charge
模範法典 code
模範法典 model code
模範法律 model act
模倣 imitation
銛の証拠 evidentiary harpoon
モリル法 Morrill Act
漏れ leak
漏れ leakage
門衛 usher
モンキー裁判 Monkey trial
門戸開放 open door
門戸閉鎖法 door-closing statute
文言 word
紋章 armorial bearings
紋章 arms
紋章院 Heralds' College; College of Arms
紋章院長 King of Arms
紋章官 herald
問題 matter
問題 problem
問題 question
問題解決裁判所 problem-solving court
問題解決指向型警察政策 prob-

lem-oriented policing
問題点 point
問題点と典拠摘要書 points and authorities brief
モンタージュ作製セット Identi-Kit
問答契約 stipulatio
問答契約 stipulation
モントリオール条約 Montreal Convention
モンロー主義 Monroe Doctrine

ヤ

夜間 nighttime
夜間うろつく者 nightwalker
夜間業務 nightwork
夜間勤務者 nightworker
夜間集団狂騒音楽会 rave
夜間割引料金 night rate
約因 consideration
役員会 board meeting
約因の完全滅失 total failure of consideration
約因の欠如 want of consideration
約因の不相当性 inadequacy of consideration
約因の滅失 failure of consideration
役員名簿 register of directors
薬剤 medicine
薬剤・健康管理製品規制機関 Medicines and Healthcare products Regulatory Agency
役所 office
約定 convention
約定 covenant
約定 paction
約定 stipulation
約定 terms
約定違反 breach of covenant
約定義務 conventional obligation
約定上の慣習法 conventional custom
約定上の定義 stipulative definition
約定代理権 stipulated authority
約定による相続人 heir conventional
約定法 conventional law
約定保険金額条項 agreed-amount clause
約定利息 conventional interest
約束 engagement
約束 pact
約束 promise
約束違反 breach of promise
約束者 promisor; promiser
約束上の詐欺 promissory fraud
約束宣誓 promissory oath
約束手形 note
約束手形 promissory note; note of hand

約束手形振出人 maker
約束的禁反言 promissory estoppel
約束的表示 promissory representation
約束に対する信頼 reliance on promise
役得 spoils
役人 officer
薬物 substance
薬物注射 lethal injection
薬物濫用 drug abuse
薬物濫用評価治療プログラム substance-abuse evaluation and treatment
夜警 night watch
夜警国家 nightwatchman state
養い親 foster parent
養い子 foster child
養い子 fosterling
養い子として預けること foster-care placement
養い子の養育 fosterage
養い子の養育 foster care
養い子の養育 fostering
養い子養育制度 foster care
安アパート tenement house
野生鳥獣飼育地保持特権 free warren
野生鳥獣飼育特許地 warren
野生動物 animal ferae naturae
野生動物 ferae naturae
野生動物 wild animal
野生動物捕獲者所有の準則 rule of capture
野生の生き物の盗 theft of wild creatures
やせぎす起訴状 barebones indictment
家賃 rent
家賃安定制 rent-stabilization
家賃査定委員会 rent assessment committee
家賃査定官 rent officer
家賃支払い帳 rent book
家賃審判所 rent tribunal
家賃統制 rent control; rent restriction
家賃法 Rent Act
家賃補助 rent allowance
約款 covenant
約款独立の準則 independent covenant rule
宿 hospitium
雇い人 man
雇い人 servant
雇い人用貸家 tied cottage
雇い人用借家権 service tenancy
雇い主 master
雇い主と雇い人 master and servant
夜盗 burglar
夜盗 burglary
野党 Her [His] Majesty's Opposition
野党 opposition
野党第一党党首 Leader of HM Opposition
夜盗用の道具 burglary tool
宿主殺し hospiticide
宿屋 public house
ヤードランド yardland
雇われ証人 hired gun
雇われ人 hireling
梁 fishgarth; garth
梁 weir, wear
家主 landlord
ヤマアラシ規定 porcupine provision
山猫スト(ライキ) wildcat strike
闇市場 black market
闇市養子縁組 black-market adoption
闇商人 black marketeer [marketer]
闇の経済 black economy
やり手弁護士 legal eagle
ヤンガー事件型の裁判権行使回避 Younger abstention

ユ

ユアーレックス eur-lex, EUR-Lex
唯一の原因 sole cause
唯一無条件的所有者 sole and unconditional owner
遺言 ⇨いごん
友愛会 fraternal society
友愛共済会 fraternal benefit association [society]; fraternity
優位 precedence
優位管轄権の原則 dominant jurisdiction principle
有意義な関係 significant relationship [contact]
有意義な関係の理論 significant relationship [contact] theory
優位付与開封勅許状 patent of precedence
誘引 inducement
誘引 inducement
誘引 invitation
誘引者 inviter, invitor
誘因上の詐欺 fraud in the inducement
誘引的不法妨害 attractive nuisance
誘引的不法妨害の法理 attractive nuisance doctrine
誘引に基づく立入り被許可者 licensee by invitation
有益な賃借地改良 leasehold improvement
有益な利用 beneficial use
優越する権原 paramount title
優越的なエクイティー上の権利 paramount equity
誘拐 abduction
誘拐(罪) kidnapping
有害な誤謬 prejudicial error
有害廃棄物 hazardous waste
有害物質 hazardous substance
有価証券 paper money
有価証券秘匿 concealment of securities
有価約因 valuable consideration
有価約因なしの譲渡 voluntary conveyance
有価約因なしの土地処分 voluntary disposition
有価約因なしの不動産譲渡 voluntary conveyance
有価約因なしの(不動産)譲受人 volunteer
有期追放 relegation
友誼的訴訟 amicable suit; amicable action; friendly suit; test case
有疑評決 open verdict
有給治安判事 stipendiary magistrate
有給の官職 office of profit (under the Crown)
有給の職業活動 gainful employment
遊興税 amusement tax
優遇監察 courtesy supervision
有形財産 tangible property
有形資産 tangible asset; real asset
有形人的財産 tangible personal property
有形的占有 natural possession
有形の媒体による動産抵当証券 tangible chattel paper
有形物証拠 tangible evidence
有限責任 limited liability
有限責任会社 limited company; limited liability company; limited liability corporation
有限責任組合 limited liability partnership
有限責任組合 limited partnership; partnership in commendam
有限責任組合員 limited partner; partner in commendam
有限責任組合巻き上げ行為 limited partnership rollup transaction
有限責任私会社 private limited company
有限責任条項 liability clause
有限責任譲渡抵当 dry mortgage
有払い込み生命保険 limited payment life insurance
融合 fusion
融合 merger
有効かつ商品性のある権原についての要約書 good merchantable abstract of title
友好関係樹立[回復] rapproch(e)ment
友好国国民 alien friend; alien ami

和英対照表

[amy]

有効婚姻の推定　presumption of marriage (validity)
有効性　validity
有効性　vigor, vigour
有効性確認済み不動産賃借権　good leasehold title
友好的企業買収　friendly takeover
友好的な罰金付き召喚令状　friendly subpoena
有効と推定されてなした婚姻　putative marriage
有効な約因　good consideration
有効約因　value
有罪記録の削除　expungement of record
有罪記録の消去　erasure of record
有罪決定　conviction
有罪決定記録　police record
有罪決定者　taint
有罪決定証明書　criminal conviction certificate
有罪決定段階　guilt phase
有罪決定に対する非常救済訴訟　PCR action
有罪決定に対する非常救済手続き　postconviction relief [remedy] proceeding
有罪決定の消滅　spent conviction
有罪決定率　conviction rate
有罪決定録　record of conviction
有罪しかし精神病（という評決）　guilty but mentally ill
有罪拠拠　incriminating evidence
有罪証明陳述　incriminating statement
有罪性　guilt
有罪宣告　condemnation
有罪宣告者　condemnor
有罪と決定された者　convict
有罪認定事実の承認　submission to a finding
有罪の確定判決を根拠とする一事不再理の申し立て　autrefois convict
有罪の再決定　re-conviction
有罪(の)答弁　guilty plea; guilty
有罪の答弁　plea of guilty
有罪判決　judgment of conviction
有罪被宣告者　condemnee
有罪評決　guilty verdict; guilty
有産者　have
融資　loan
融資会社　money-lending company
有資格者　eligible
有資格証人　qualified witness
有資格船員　able(-bodied) seaman
融資金　loan
融資限度(額)　lending limit
融資限度額　loan value
融資条件再交渉　rollover
融資説明書　financing statement

融資取決め　credit agreement
有爵未亡人　dowager
宥恕　condonation
有償寄託　bailment for reward
有償契約　onerous contract
(家畜)有償飼育(契約)　agistment
有償所持人　holder for value
有償で取得された権原　onerous title
有色人種地位向上全国協会　National Association for the Advancement of Colored People
友人皆無者　friendless man
融通裏書　accommodation endorsement
融通裏書人　accommodation endorser
融通証券　accommodation paper; accommodation
融通署名者　accommodation party
融通手形　accommodation bill; accommodation note
融通手形の引受け　accommodation acceptance
融通手形振出人　accommodation maker
優生法　eugenics law
有責証拠　inculpatory evidence
有責性　culpability
有責性　guilt
有責性　responsibility
有責性なき殺人　innocent homicide
有責酩酊　culpable intoxication
有責離婚　fault divorce
優先株　preferred stock; preference share; preferred share
優先株中心の資本再構成　freeze
優先近隣住宅地整備地区　priority neighborhood
優先権　precedence
優先権　preference
優先権　priority
優先権　refusal
優先権基準日　priority date
優先権付き債務　privileged debt
優先債権　preferential debt; preferred debt
優先債権者　preferred creditor; preferential creditor
優先主義約款　American clause
優先順位　privilege
優先順位取得　tack
優先順位取得　tacking
優先証拠則　preferential rule
優先通行権　right of way
優先発走差止命令　head start injunction
優先弁済権　lien
優先申し立て弁護士　postman
郵送による有罪の認諾　pleading guilty by post
有体財産　corporeal property
有体財産権　corporeal property
有体人的財産　chattel corporeal;

corporeal chattel
有体動産　chose in possession
有体物　corporeal thing
有体物の現実所有(権)　corporeal ownership
有体物の占有　corporeal possession
有体法定相続産　corporeal hereditament
誘致誤審　invited error
(機会の)誘導　opening door
誘導質問　suggestive interrogation
誘導尋問　leader
誘導尋問　leading question; categorical question; suggestive question
有毒資産　toxic asset
有毒廃棄物　toxic waste
有毒物質　toxic
有毒物質　toxic substance
有毒物質不法行為　toxic tort
誘発流産　induced abortion
郵便　mail
郵便　post
郵便為替　postal order
郵便送達　service by mail [post]
郵便に付すること　posting
郵便による支払い　payment by post
郵便番号　zip code; postcode
郵便物封筒表示事項提供　mail cover
郵便妨害(罪)　interfering with mail
郵便ポストの準則　mailbox rule
郵便料金メーター　postage meter
郵便を使っての詐欺　mail fraud; using mails to defraud
有夫の婦　covert-baron
遊歩権　right to roam
有名契約　nominate contract
有名訴訟　actiones nominatae
有名な裁判事件　cause célèbre
猶予　extension
猶予　forbearance
猶予　grace
有用性　utility
有用発明特許　utility patent
猶予期間　deferral period
猶予期間　extension
猶予期間　grace period
猶予日　days of grace
猶予命令　time order
優良株　blue chip; blue-chip stock
優良危険　preferred risk
有料橋　toll bridge
優良権原　good title
優良権原　sound title
優良証券投資　blue-chip investment
有料道路　turnpike
優良(捺印)証書　good deed
優良陪審　good jury
幽霊被拘禁者　ghost detainee
誘惑　allurement

誘惑　enticement
誘惑訴訟　action of enticement; enticement
床面積率　floor area ratio
行き詰まり　deadlock
行方探知(業)　tracing
行方不明者　missing person
ユークリッドゾーニング　Euclidean [Euclid] zoning
輸出　export
輸出管理法　Export Administration Act
輸出許可(証)　export permit
輸出禁止行為　export ban
輸出組合　export trade association
輸出商社　export trading company
輸出申告書　export declaration
輸出入貨物明細申告書　bill of entry
(合衆国)輸出入銀行　Export-Import Bank (of the United States)
輸出法　Export Trade Act
輸出保証　export guarantee
輸出割当て(制)　export quota
ユース　use
ユース受益者　cestui que use
ユース宣言(書)　declaration of use
ユース付き権利放棄　release to uses
ユース付き占有継続捺印契約　covenant to stand seised (to uses)
ユース付き不動産譲与　grant to uses
ユース付き封譲渡人　feoffor to uses
ユース付き封の譲渡　feoffment to uses
ユース付き封譲受人　feoffee to uses
ユスティニアヌスの勅法彙纂　Justinian Code; Codex Justinianus; Code of Justinian
『ユスティニアヌス法学提要』　Institutes of Justinian
ユスティニアヌス法典　Justinian Code; Code of Justinian
ユース法　Statute of Uses
ゆすり　racketeer
ゆすり　racketeering
譲り受け　purchase
譲受人　assignee; assign
譲受人　concessionaire
譲受人　purchaser
譲受人の禁反言　assignee estoppel
譲受人表示文言　words of purchase
譲り渡し　relinquishment
輸送　transport
輸送　transportation
輸送機関　transportation; transport
ユニオンショップ　union shop
ユニット信託　unit trust
ユニバーサル生命保険　universal life insurance
ユニバーサル変額生命保険　universal variable life insurance

輸入　import
輸入　importation
輸入課徴金　import surcharge
輸入貨物明細申告書　bill of entry
輸入許可(証)　import permit
輸入者　importer
輸入税　import duty; duty on import
輸入品検査官　surveyor of the port
輸入品点検申請書　bill of sight
輸入品輸出品条項　Import-Export Clause
輸入品廉価購入特権　prisage
輸入賦課金　import levy
輸入割当て(制)　import quota
ユネスコ　UNESCO, Unesco
ユーラトム　Euratom, EURATOM
許しがたい身体接触　offensive contact [touching]
ユーロ　euro
ユーロカレンシー　Eurocurrency
ユーロ銀行　Eurobank
ユーロ債　Eurobond
ユーロジャスト　Eurojust
ユーロダラー　Eurodollar
ユーロポール　Europol
ユーロマネー　Euromoney

ヨ

良い性格　good character
養育　nurture
(里子[養い子]の)養育　fosterage
(里子の)養育者　foster nurse
養育のための後見人　guardian by nurture; guardian for nurture
養育費　family allowance
要因　factor
用益権　usufruct; usus fructus
用益権者　usufructuary
要役地　dominant estate; dominant tenement
要覚書信用状　notation credit
容仮占有　precarious possession
容器　container
要求　enjoinder
要求　request
要求　requirement
要求払い手形　demand bill
要求払い預金　demand deposit
養魚池　vivary
養魚池　viver
要件　requirement
要件完備宣言　declaration of compliance
擁護　espousal
養護権者　custodian
養護権者決定命令　custodianship order
養護児童　child in need
養護ホーム　nursing home
溶剤濫用　solvent abuse

要旨　sum
養子　adopted child; adoptive child
養子縁組　adoption
養子縁組斡旋　adoption service
養子縁組斡旋機関　adoption agency
養子縁組斡旋部門　adoption service
養子縁組関係　adoptive relationship
養子縁組休暇　adoption leave
養子縁組協会　adoption society
養子縁組支援　adoption support services
養子縁組による親族　adoptive relative
養子縁組による(法定)相続人　heir by adoption
様式10-K　Form 10-K
要式契約　formal contract
要式合意　formal agreement
養子決定手続き　adoption proceedings
養子決定命令　adoption order [decree]
要指示薬　ethical drug
養子接触登録簿　Adoption Contact Register
(判例)要旨注意書　scope note
幼児伝聞証拠排除則の例外　tender years (hearsay) exception
養子妊娠　adoptive pregnancy
要証事実　factum probandum
養親　adoptive parent
用水権　water right
用水使用権　water privilege
要請　request
傭船　freight
傭船契約　charterparty; charter
傭船契約者　demise charterer
傭船者　charterer
傭船者　freighter
傭船船舶　freighter
傭船船舶の利用を委ねること　grant and to freight let
傭船料　freight
要素　element
用地計画　site plan
要登録土地負担　charge
要登録土地負担　land charge
用途区分　use class
要特別手続き資料　special procedure material
容認　sufferance
容認　tolerance
容認された[されそうな]防御　meritorious defense
容認ゼロ　zero tolerance
容認ゼロ方針　zero-tolerance policy
容認不動産権　tenancy at [by] sufferance; estate at [by] sufferance

容認不動産権者　tenant at [by] sufferance
幼年　tender years
羊皮紙　parchment
養父　adoptive father
要物契約　contract re
要物契約　real contract
要物法律行為　transaction re
傭兵　mercenary
養母　adoptive mother
要保護の子　protected child
要約　abstraction
要約(書)　abstract
要約財務報告書　summary financial statement
養老保険　endowment insurance [assurance]
養老保険(証券)　endowment policy
養老保険担保付き譲渡抵当　endowment mortgage
要録　docket
余暇活動振興公益信託　recreational charity
良きかつ適法な囲い　good and lawful fence
良きかつ法にかなった人　good and lawful man
よきサマリア人的行為　Good Samaritan action
よきサマリア人的訴訟　Good Samaritan action
よきサマリア人の法理　Good Samaritan doctrine
よきサマリア人法　Good Samaritan law
予期される不法妨害　anticipatory nuisance
予期証拠　prospectant evidence
善き性格　good moral character
予期捜索(差押)令状　anticipatory search warrant; anticipatory warrant
良き古き法　good old law
良きふるまい　good behavior
良きふるまいについての保証　surety of good behavior
預金　deposit
預金移動小切手　depository-transfer check
預金残高不足　not sufficient funds; insufficient funds; nonsufficient funds
預金残高不足小切手　NSF check
預金者　depositor
預金証書　certificate of deposit
預金証書　deposit receipt
預金通帳　deposit book
預金保険　deposit insurance
預金保護委員会　Deposit Protection Board
預金保証書　depository bond
ヨーク・アントワープ規則　York-Antwerp rules
よく考えること　consideration
抑止　deterrence
ヨークシア捺印証書登録所　Yorkshire Deed Registry
抑止可能損害の法理　avoidable consequences doctrine
抑止するもの　deterrent
抑止の危険　deterrent danger
(犯罪)抑止的刑(の宣告)　deterrent sentence
(犯罪)抑止的刑罰　deterrent punishment
抑止の効果　deterrent effect
抑止的懲罰　deterrent punishment
ヨーク尚書裁判所　Chancery Court of York
抑制　restraint
抑制と均衡　checks and balances
浴槽共謀　bathtub conspiracy
抑留　embargo
抑留　internment
余計な言及　surplusage
予見　foresight
予見可能性　foreseeability
予見可能性テスト　foreseeability test
予見性　anticipation
予言説　prediction theory
予告・意見聴取に基づく規則制定(手続)　notice-and-comment rule-making
予告記載　caveat
予告記載者　caveator
予告記載対象者　caveatee
予告記載に基づく通告　warning of caveat
予告登録　caution
予告登録簿　cautions register
予告なしに行なわれる株式の公開買付け　Saturday night special
汚れた手(の法理)　unclean hands
汚れた手の法理　unclean hands doctrine
汚れのない手(の法理)　clean hands
汚れのない手の法理　clean hands doctrine　★⇒けがれ
予算　budget
(歳出)予算　Estimates
予算案　budget bill
予算作成　budgeting
予算不執行　impoundment
余剰人員　redundancy
与信　credit
与信限度(額)　line of credit; credit limit; credit line
与信限度額　overdraft
与信売買勘定　open account
予審事　examining justice [magistrate]
寄せ集め　aggregation; juxtaposition
寄せ集め　hotchpot, hotchpotch
予想収益基準法　income approach
予想損害に対する損害賠償(金)　prospective damages
預託　entrustment
預託金領収証　deposit receipt
予断　bias
予断の蓋然性　likelihood of bias
預貯金勘定　thrift account
預貯金信託　savings account trust; savings bank trust
四日間決定　four-day order
四つ裂き刑　quartering
4つの自由　four freedoms
4つの同一性の要件　four unities
予定使用の法理　intended-use doctrine
予定納税　estimated tax
予定納税書　declaration of estimated tax
予定(表)　schedule
予定表登録事件弁論審理期日　special paper days
予定法定相続人　prospective heir; expectant heir; heir expectant; heir prospective
予定保険証券　floating policy
予備　preparation
予備軍　reserve forces
予備軍上訴審裁判所　Reserve Forces Appeal Tribunal
予備支払人記載(欄)　au besoin
予備審査　preliminary examination
予備審問　preliminary hearing; preliminary examination
予備審問　preliminary investigation; preliminary inquiry
予備尋問　voir [voire] dire
予備審問官　committing magistrate
予備審問裁判所　examining court
予備審問手続き　court of inquiry
予備審問のための出廷令状　preliminary warrant
予備審理　preparatory hearing
予備選挙　primary election; primary
呼出し状　ticket
予備的会計報告　partial account
予備的照会(状)　preliminary inquiries
予備的証拠　preliminary evidence
予備的訴追請求(状)　preliminary complaint
予備的陳述　inducement
予備的理由開示命令を含む令状　alternative writ
予備取締役　alternate director
呼び戻された現在の記憶　present recollection refreshed; present recollection revived
余分の金額　overage
余分の量　overage

予謀　malitia praecogitata
予謀　premeditation
予防　deterrence
予防　prevention
予防拘禁　preventive detention
予防拘束　preventive custody
予謀殺　premeditated killing [murder]
予防司法　preventive justice
予防的救済権　quia timet
予防的救済の法理　quia timet
予防的刑罰　preventive punishment
予防的差止め命令　quia timet injunction
予防的訴訟　quia timet action
予防的訴訟訴状　bill quia timet
予防のための準則　prophylactic rule
予防法学　preventive law
ヨーマン　yeoman
ヨーマン　yeomanry
読み書きのできる人　literate
余命　life expectancy; expectancy (of life); expectation of life
（平均）余命の喪失　loss of expectation of life
より詳細な情報　further information
より詳細な情報要求（書）　request for further information
より詳細な情報要求命令　order for further information
より制限の少ない手段　less restrictive means
より制限の少ない他の手段　less restrictive alternative(s)
より小さな害悪選択の防御　lesser evils defense
寄付き　opening
夜　night
喜び　pleasure
世論　public opinion
世論調査　canvas, -vass
弱い商標　weak trademark
弱い標章　weak mark
弱気市場　bear market
弱気筋　bear
弱める仮説　infirmative hypothesis
弱める事実　infirmative fact
弱める理由　infirmative consideration
四か月準則　four-month rule
4名賛成の準則　rule of four

ラ

ライアン紋章官　Lord Lyon King of Arms
ライセンス契約　licensing agreement
ライディング　riding
来訪者　visitor
ライランズ対フレッチャー事件の準則　rule in Rylands v. Fletcher
ライン　line
ライン管理(部門)　line management
烙印　brand
烙印　branding
烙印　burning
烙印刑　branding
落第者参加拒否則　no pass, no play rule
ラクナライズする　Lochnerize
ラシャ法服　stuff gown
裸体捜索　strip search
ラテン語　Latin
ラテン語部門　Latin side
ラナム法　Lanham Act
ラベル　label
ラベル表示　labeling
ラリソン事件の準則　Larrison rule
欄外記事　marginal note
ランカスター公領　Duchy of Lancaster
ランカスター公領裁判所　Duchy Court of Lancaster; Court of the Duchy Chamber of Lancaster
ランカスター公領大法官　Chancellor of the Duchy of Lancaster
ランカスター大法官府裁判所　Chancery Court of (the County Palatine of) Lancaster
濫訴　vexatious action; vexatious lawsuit; vexatious litigation; vexatious proceeding
濫訴者　vexatious litigant
濫訴防止訴状　bill of peace
ランドラム-グリフィン法　Landrum-Griffin Act
ランベス学位　Lambeth degree
ランボー弁護士　Rambo lawyer
濫用　abuse; misuser
濫用　misuse
濫用的訴訟　vexatious suit

リ

リアリズム法学　legal realism
リアリズム法学　realism
リーヴ　reeve
リヴァプール市通過商品裁判所　Court of Passage
リヴォルヴィング売り掛け勘定　revolving charge account
リヴォルヴィング貸付　revolving credit
リヴォルヴィング基金　revolving fund
リヴォルヴィング信用状　revolving credit
リヴォルヴィング融資　revolving loan
利益　advantage
利益　benefit
利益　earnings
利益　gain; profit
利益　interest
利益　return
利益享受の準則　acceptance-of-the-benefits rule
利益衡量　balancing of interests
利益差　spread
利益参加(制)　profit sharing
利益剰余金　earned surplus
利益付き寄託　lucrative bailment
利益に反する供述　declaration against interest
利益に反する自白　admission against interest
利益の資本組入れ　capitalization of profit
利益配当金　dividend
利益配当金受取方法選択権　dividend option
利益分析法　interest-analysis technique
利益分配特約付きの訴訟援助　champerty, -par-
利益分配特約付きの訴訟援助者　champertor
利益分配特約付きの訴訟援助令状　champerty, -par-
利益返還命令　restitution order
利益率　rate of return
利益を侵害された者　person aggrieved; aggrieved person
利益を伴う代理権　authority coupled with an interest
リーエン　lien
リーエン義務者　lienee
リーエン権者　lienholder; lienee; lienor
リーエン債権者　lien creditor
離縁状　get, gett, ghet
リーエンの消滅　extinguishment of lien
リオ条約　Rio Treaty
理解　understanding
利害関係　interest
利害関係株主　interested shareholder [stockholder]
利害関係グループ訴訟当事者　institutional litigant
利害関係者　interested party
利害関係者　stakeholder
利害関係者証人　interested witness
利害関係当事者　party in interest
利害関係なき証人　disinterested witness
利害関係人　interested person
利害関係人　party interested; party concerned
利害関係人　relator
利害対立当事者　opposite party
利害抵触　conflict of interest
利害の同一性　identity of interests
リーガリズム　legalism
リーガルマインド　legal mind
罹患嫌疑証明書　touched bill (of

health); suspected bill of health
罹患証明書 foul bill (of health)
離教 schism
離教者 schismatic
リーグ league
陸揚げ landing
利食い新株買い stag
陸軍 army
陸軍軍務法 military law
陸軍備品 military stores
陸軍法 army act
履行 discharge
履行 implement
履行 performance
履行過程 course of performance
履行期限の延長 giving time
履行期日 due date
履行期前の契約違反 anticipatory breach
履行期前の履行拒絶 anticipatory repudiation
履行義務軽減事由 mitigating circumstance
履行拒絶 repudiation
履行拒絶者 repudiator
履行後代金一括支払い契約 lump sum contract
履行済みの仕事 work done
履行請求訴訟 suit for exoneration
履行地 place of performance
履行地法 lex loci solutionis
履行提供の答弁 plea of tender
履行提供の答弁 semper paratus
履行の委任 delegation of performance
履行能力の保証 offer of performance
履行の提供 offer of performance
履行の提供 tender (of performance)
履行不能 impossibility (of performance)
履行不能契約 impossible contract
履行不能の法理 impossibility of performance doctrine
履行保証証書 performance bond
履行未完了契約 inchoate contract
履行猶予の合意 extension agreement
履行利益 expectation interest
履行利益の賠償(額) expectation damages
履行を拒絶された契約当事者 repudiatee
離国禁止令状 ne exeat regno [republica]
利己的利用 dissipation
リコール recall
離婚 get, gett, ghet
離婚 divorce
離婚確定判決 decree absolute
離婚仮判決 decree nisi
離婚係争中扶養料 maintenance pending suit
離婚・婚姻訴訟裁判所 Court for Divorce and Matrimonial Causes; Divorce Court
離婚裁判所 divorce court
離婚資金一括給付 lump sum provision
離婚事件上訴申立書 instrument of appeal
離婚時の子の保護 child protection in divorce
離婚私法律案 private divorce bill
離婚女性無承諾譲渡不動産取戻し訴訟[令状] cui ante divortium
離婚訴訟における特別手続き special procedure (for divorce)
離婚代訴人 divorce proctor
離婚登録所 Divorce Registry
離婚扶助料 alimony
離婚扶助料信託 alimony trust
離婚扶助料不払い者 alimony shirker
離婚申し立て petition for divorce
離婚申立人 petitioner
利鞘 scalp
利鞘稼ぎ scalping
利鞘稼ぎをする人 scalper
理事 director
理事 selectman
理事会 directorate
利子平衡税 interest equalization tax
リース lease
リース leasing
理性 reason
利息 interest; usury
利息対象一日残高 daily balance
利息対象平均一日残高 average daily balance
利息付き(金銭)債務 active debt
利息付き金銭消費貸借 feneration
利息付き捺印金銭債務証書 active bond
利息の先取り discount
利息のみ支払い譲渡抵当 interest-only mortgage
利息のみ支払いローン interest-only loan
利息のみの受給方法の選択 interest-only option
利息累積債券 accrual bond
リチャード・ロウ Richard Roe
利付き債 coupon bond
立憲君主制 constitutional monarchy
立候補 candidacy
立証 deraignment
立証 proof
立証 showing
立証資格のある債権 provable debt
立証資格を欠く債権 nonprovable debt
立証責任 burden of proof
立証責任者 proponent
立証責任の転換 shifting the burden of proof
立法 legislation; lawmaking; statute-making
立法意図 legislative intent
立法会議 legislative assembly
立法会議 legislative session
立法・改廃同一手続きの法理 legislative-equivalency doctrine
立法機関 legislative body
立法経過 legislative history
立法権能 legislative power
立法事実 legislative fact
立法者 lawgiver
立法者 legislator
立法準備作業(資料) travaux préparatoires
立法資料 legislative history
立法審議会 legislative council
立法代理人 legislative agent
立法的規則 legislative rule
立法手続き審査官 examiner
立法による離婚 legislative divorce
立法府 house of assembly
立法府 legislative
立法府 legislative assembly
立法府 legislature
立法部 legislative branch
立法府管轄事項 legislative jurisdiction
立法府議員 legislative officer
立法府議員 legislator
立法府議員定数是正[変更] legislative reapportionment
立法府議員定数の配分 legislative apportionment
立法府再組織法 Legislative Reorganization Acts
立法府選挙区 legislative district
立法府選挙区割 legislative districting
立法府の特権 legislative privilege
立法府侮辱 contempt of legislature
率を定めた表 scale
利敵行為 treachery
利得 enrichment
利得 gain; profit
利得計算請求 account of profits
利得の意思 lucri causa
利得返還計算請求訴訟 accounting for profits
リート裁判所 court leet; leet
リート裁判所 law day
利乗せ pyramiding; pyramid
利払い延期債(券) deferred interest bond
利払い・税引き前利益 earnings before interest and taxes
離反使嗾罪 seduction
利札 bond coupon
利札 coupon

利札付き債券　coupon bond
利札付き証券　coupon security
利札なし債券　ex coupon bond
リポーターの秘匿特権　reporter's privilege
『ザ・リポーツ』　The Reports
利回り　rate of return
利回り　yield
略式異議趣意書　skeleton bill of exceptions
略式遺産分配　summary distribution
略式起訴　information
略式起訴者　informer
略式起訴状　criminal information
略式起訴状　(bill of) information
略式起訴状提出者　informant
略式起訴(状)の提出　laying (an) information
略式起訴で訴追される犯罪　summary offense
略式起訴のみで審理される犯罪　offense triable only summarily
略式軍法会議　summary court-martial
略式検認　informal probate
略式告発　relation
略式裁判　summary justice
略式裁判権　summary jurisdiction
略式裁判所　court of summary jurisdiction
(訴訟費用の)略式査定(手続き)　summary assessment (of costs)
略式上訴裁判所　Summary Appeal Court
略式信託　informal trust
略式占有剥奪手続き　summary eviction
略式逮捕　summary arrest
略式手続き　summary proceeding
略式手続きによる事実審理　summary trial
略式手続きによる審理　summary trial
略式手続きによる有罪決定　summary conviction
略式入院患者　informal patient
略式の訴訟手続き　summary process
略式の手続き　summary procedure
略式の陪審審理　summary jury trial
略式の申し立て　summary
略式判決(手続き)　summary judgment
略式判決を求める申し立て　motion for summary judgment
略式不動産回復手続き　summary process
(法律の)略称　short title
略式規定条項　citation clause
略奪　depredation

略奪　despoliation
略奪　loot, lieut
略奪　looting
略奪　plunder; pillage
略奪　spoliation
略奪的意図　predatory intent
略奪的価格決定　predatory pricing; predation
略奪品　loot, lieut
略奪品　plunder
略奪宥恕金　blackmail
理由　reason; occasion
理由開示型令状　ostensurus quare (form)
理由開示決定　rule to show cause
理由開示決定手続き　rule to show cause
理由開示の申し立て　show-cause motion
理由開示命令　show-cause order; order to show cause
理由開示命令手続き　show-cause proceeding
理由開示令状　ostensurus quare (form)
流産　miscarriage
流水権　right of water; watercourse
流水合理的利用の理論　reasonable use theory
流水自然権　right of water
流水先行私的利用者優先の法理　prior appropriation doctrine
流水平等私的利用権の法理　riparian rights doctrine
流水路　channel
留置　retention
(不法)留置　detainer
留置記録　custody record
(不法)留置者　detainer
留置場　bull pen
留置場　lockup
留置担当警察職員　custody officer
留置動産占有回復訴訟　replevin in detinet
留置録　charge sheet
流通　circulation
流通　negotiation
流通証券　negotiable instrument; negotiable paper
流通性　negotiability
流通性のある運送証券　negotiable bill of lading
流通性のある金銭債務証書　negotiable bond
流通性のある船荷証券　negotiable bill of lading
流通性のある約束手形　negotiable note
流通性のある利札　negotiable coupon
流通性のない船荷[運送]証券　non-negotiable bill of lading

流通文言　negotiable words
理由付き(陪審員)忌避　challenge for cause
流動資金　floating capital; circulating capital
流動資産　current asset; liquid asset; quick asset
流動資本　floating capital; circulating capital
流動性　liquidity
流動負債　current liability
流動負債　floating debt
理由と不利益の準則　cause and prejudice rule
理由なしでの(陪審員)忌避　challenge without cause
理由不要の(陪審員)忌避　peremptory challenge; peremptory strike
留保　reservation
立木　timber
立木伐採権　stumpage
立木伐採権　timber right
立木伐採地役権　timber easement
立木伐採のための土地賃借権[賃貸借]　timber lease
立木伐採料　stumpage
留保権限　reserved power
留保資本　reserve capital
留保収益　retained income
留保条項　derogatory clause
留保条項　exception
留保条項　salvo
留保条項　saving(s) clause
留保付き答弁　protestation
留保歩合金　retainage
留保利益　retained earnings
留保利益控除(額)　accumulated earnings credit
留保論点　point reserved
流民　displaced person
流用　diversion
量　quantity; quantum
領域　territorial limits
領域　territory
領域主権　territorial sovereignty
領域的(裁判)管轄権　territorial jurisdiction; jurisdiction
(上下)両院　Houses of Parliament
両院委員会　joint committee
(議会の)両院議長　Speakers of the Houses of Parliament
両院協議会　conference committee
両院協議会委員　manager
両院共同決議　concurrent resolution
両院合同会議　joint session; joint meeting
両院合同決議　joint resolution
了解　understanding
領海　closed sea
領海　marine waters
領海　territorial seas; marine belt;

maritime belt
了解覚書 memorandum of understanding
領海外船舶取調べ法 hovering act
領外逮捕盗犯処罰権 outfangthief, -thef; utfangthief, utfangenethe-of, -thef
領海の幅 breadth of the territorial seas
両替業 agiotage
猟官制 spoils system
利用機会喪失保険 loss of use insurance
料金 charge
料金 due
料金 rate
料金受取人払い freepost
料金決定 rate making [fixing]
領空飛行 overflight
量刑 sentencing
量刑委員会 sentencing board
量刑改善法 Sentencing Reform Act
量刑較差 sentencing disparity
量刑基準 sentencing guidelines
量刑基準評議会 Sentencing Guidelines Council
量刑協議会 sentencing council
量刑助言委員会 Sentencing Advisory Panel
量刑審理手続き sentencing hearing
量刑前審理手続き presentence hearing
量刑前調査 presentence investigation
量刑前調査報告書 presentence investigation report
量刑前報告書 presentence report
量刑表 Sentencing Table
量刑表 tariff
(イングランドおよびウェールズ)量刑評議会 Sentencing Council (for England and Wales)
良好な健康状態 good health
領事 consul
利用しうる市場 available market
領事婚 consular marriage
領事裁判所 consular court
領事代理 consular agent
領事の職 consulate
利用者負担金 user fee
領主 lord; dominus
領主 proprietor
領主権 lordship
領主裁 seign(i)ory
領主裁判権 seign(i)oral [seigniorial] jurisdiction
領主植民地 proprietary colony
領主的統治 proprietary government
良心 conscience
良心裁判所 court of conscience

良心条項 conscience clause
良心的兵役忌避 conscientious objection
良心的兵役忌避者 conscientious objector
良心の権利法 right-of-conscience law
良心の自由 freedom of conscience; liberty of conscience
良心の囚人 prisoner of conscience
領水 territorial waters
利用税 use tax
利用占有(訴訟) use and occupation
良俗の守護者 custos morum
両建て cross
領地 domain
領地 possession
領土 domain
領土 dominion
両道計画 twin-track planning
両当事者訴訟不追行 neither party
領土外裁判権 foreign jurisdiction
領得 taking
領得罪 acquisitive offense
領土的庇護 territorial asylum
領内逮捕盗犯処罰権 infangthief
量に関する錯誤 error in quantitate
猟場 chase
猟場管理者 game warden
利用不可能性 unavailability
領邦 principality
両法博士 doctor of both laws
両法博士 juris utriusque doctor
両面訴訟 hybrid action
領有権の主張 territorial claim
旅館 inn
旅館主 innkeeper
緑書 Green Paper
緑地帯 greenbelt land
緑蝋命令抄本 green wax
旅券 passport
旅行 travel
旅行事故保険 travel-accident insurance
旅行(者)小切手 traveler(')s check
旅行(者)信用状 traveler's letter of credit
旅行地 traveled place
旅行中の特権 viatorial privilege
旅行法 Travel Act
旅費 travel expense
利率 interest rate; rate; rate of interest
利率変動[調整]型譲渡抵当 adjustable rate mortgage
履歴(書) curriculum vitae
離路 deviation
離路自由条項 liberty clause
理論的解釈 doctrinal interpretation
リンカンズ・イン Lincoln's Inn
臨検 visitation; view; visit

臨検(·捜索) visitation and search; visit and search
臨検権 right of visit [visitation]
臨検 visitation right
臨検·捜索権 right of search; right of visit [visitation] (and search)
臨時遺言執行者 acting executor
臨時会(期) extraordinary session
臨時株主総会 extraordinary general meeting
臨時項目 extraordinary item
臨時項目 nonrecurring item
臨時雇用 casual employmentper
臨時裁判官 temporary judge
臨時裁判所 provisional court
臨時酒類販売許可 occasional license
臨時上訴裁判所 Emergency Court of Appeals
臨時税 subsidy; grant in aid
臨時摂政 Counsellors of State
臨時総会 extraordinary general meeting
臨時配当 nonrecurring dividend
臨時費 extraordinary expense
臨時被救済者 casual pauper
臨終に in articulo mortis
臨終の供述 dying declaration; deathbed declaration
臨床的法学学習 clinical legal studies
隣人 neighbor, -bour
隣人原則 neighbor principle
隣接 abutment
隣接地 front
隣接地入会権 common because of vicinage; common causa vicinagii; common pur cause de vicinage
隣接地所有者 abutter
隣接地所有者 adjoining owner
林地入会権付き土地保有 venville
林地開拓 assart
リンドバーグ法 Lindbergh Act
倫理 ethics
倫理規制令 sumptuary law
倫理上の配慮 ethical consideration

ル

類縁者詐欺 affinity fraud
(法)類纂 digest
類似事件(令状) casu consimili; consimili casu
類似事実の証拠 similar-fact evidence
類似(性) similarity
類似のできごと similar happenings
類似犯罪 allied offense
累進課税 progressive taxation
累進税 progressive tax
累進年金 graduated pension

類推 analogy
累積 accumulation
累積株 cumulative stock [share]
累積効果の法理 cumulative effects doctrine
累積担保化条項 add-on clause
累積的刑の宣告 accumulative sentences
累積的動産遺贈 cumulative legacy
累積的優先株 cumulative preferred stock [share]; cumulative preference share
累積的利益配当 cumulative dividend
累積投票(制) cumulative voting
累積配当金 accumulated dividend
累積判決 accumulative judgment
累積否認応答 cumulative traverse
累犯 recidivism
累犯者 recidivist
流刑 transportation
流刑囚 transport
ルコンプトン憲法 Lecompton Constitution
流布 circulation
流布 dissemination
ループ化 loopification
ルーラル・ディーン rural dean
ルール 10b-5 Rule 10b-5
ルール 11 rule 11
ルール区域 rules
ルール区域内の自由 liberty of the rules

レ

例 instance
レイオフ layoff
例外 exception
例外 forprise
例外的項目 exceptional item
例外的特権を認める許可証 special license
例外法 jus singulare
礼儀作法 etiquette
冷却期間 cooling-off period
冷却時間 cooling time
冷血 cold blood
レイシオ・デシデンダイ ratio decidendi
レイシー法 Lacey Act
令状 warrant
令状 writ; breve
礼譲 comity
令状開始訴訟での原告完全敗訴判決 judgment nil capiat per breve
令状係事務官 filacer
令状却下判決 judgment quod breve cassetur
令状・記録保管官 custos brevium et recordorum
令状再交付期間 journeys [journey's] account
令状条項 Warrant Clause
礼譲条項 Comity Clause
令状送達者 process server
令状体系 writ system
令状登録簿 registrum brevium
令状なしの捜索 warrantless search
令状なしの逮捕 warrantless arrest
令状なしの立入り entry without warrant
令状にかかわる答弁 plea to the writ
令状による捜索 warranted search
令状による逮捕 warranted arrest
令状の写し counterpart writ
令状の裏書 backing a warrant
令状の復命 return of writs
令状の有効期間 life of a writ
令状破棄判決 cassetur breve
令状復命権 return of writs; liberty of return of writs
令状復命日 day in banc [bank]
令状方式集 registrum brevium
令状方式書 register of writs
令状保管官 custos brevium
『令状論』 Natura Brevium
冷水神判 ordeal by [of] (cold) water
冷静 cool blood
冷静状態 cool state of blood
隷農 bondman; bondsman
隷農 villein
隷農的鋤奉仕保有 villein socage
隷農的判決 villenous judgment; villainous judgment
隷農の身分 bondage
隷農保有 villeinage, villenage; tenure in villeinage [villenage]
隷農保有者 villein tenant
隷農身分 villeinage, villenage
霊媒 medium
礼拝形式統一法 Uniformity Act; Act of Uniformity
礼拝(式) worship
礼拝集会妨害 disturbance of public worship
礼拝奉仕 divine service
礼拝奉仕保有 tenure by divine service
レイプ rape
レイムダック lame duck
レイムダック会期 lame-duck session
レイムダック修正 Lame Duck Amendment
レイムダック大統領 lame-duck president
レイムダック法 Lame Duck Act
レインランド loanland, laenland
暦月 calendar month
歴史学派 historical school
暦日 civil day
歴史的原価 historical [historic] cost
歴史的原価会計 historical [historic] cost accounting
歴史的権原 historical title
歴史的建造物 historic building
歴史的水域 historic waters
歴史的湾 historic [historical] bay
歴史法学 historical jurisprudence
歴史法学派 historical school
暦年 calendar year
『レクシス』 LEXIS
レコード放送時間 needle time
レジからの窃盗 till-tapping
レジスター小切手 registered check; register check
レーゾン・デタ raison d'état
レターヘッド letterhead
列 rank
劣位の権利 minor interests
劣位の譲渡抵当権 puisne mortgage
劣化 degradation
劣後株 deferred stock [share]
劣後債(券) junior bond; subordinated bond
劣後債(券) subordinate(d) debenture
劣後債権 subordinate debt
劣後的破産債権 deferred debt
劣後的破産債権者 deferred creditor
列車 train
劣情にこびた宣伝をした上での猥褻物頒布(罪) pandering
レッドボックス red box
レノルズ対シムズ事件 Reynolds v. Sims
レバレッジ売買契約 leverage contract
レファレンダム referendum
レミック REMIC
レモンテスト Lemon test
レモン法 lemon law
連結財務諸表 consolidated (financial) statements
連結集中の理論 grouping-of-contacts theory
連結所得税申告書 consolidated income tax return
連結操作 associated operations
連結貸借対照表 consolidated balance sheet
連結取引 linked transaction
連結納税申告(書) consolidated return
連合 coalition
連合 confederacy
連合 confederation
連合 union
連合王国 United Kingdom
連合王国海外国籍 British Overseas citizenship
連合王国海外国民 British National (Overseas)
連合王国海外国民 British Over-

seas citizen
連合王国海外領　British Overseas Territories
連合王国海外領国籍　British Overseas Territories citizenship
連合王国海外領国民　British Overseas Territories citizen
連合王国国籍　British citizenship
連合王国国籍　British nationality
連合王国国民　British citizen
連合王国最高裁判所　Supreme Court (of the United Kingdom)
連合王国最高裁判所裁判官　Justices of the Supreme Court
連合王国最高裁判所長官　President of the Supreme Court (of the United Kingdom)
連合王国最高裁判所副長官　Deputy President of the Supreme Court of the United Kingdom
連合王国属領国籍　British Dependent Territories citizenship
連合王国属領国民　British Dependent Territories citizen
連合王国ならびに旧大英帝国領国籍　citizenship of the UK and Colonies
連合王国保護民　British protected person
連合王国保護領　British protectorate
連合会議　Congress
連合箇条　Articles of Union
連合規約　Articles of Confederation; Confederate Articles
連合協定　association agreement
連合国　United Nations
連合した13のアメリカの邦一致の宣言　Unanimous Declaration of the Thirteen United States of America
連合法　Act of Union
連坐　guilt by association
連鎖型共同謀議　chain conspiracy
連鎖式紹介販売　chain referral scheme
連鎖真正性証明方法　chain-certificate method
連署　cosign
連署人　cosignatory; cosigner
連生生命保険　joint life insurance
連生生命保険(証券)　joint life policy
連続航海　continuous voyage
連続殺人　serial murder
連続償還債券　serial bond
連続的移転権利　successive interests
連続的不法行為者　successive tortfeasors
連続的申し込み　standing offer
連帯債務　solidary obligation
連帯責任　joint and several liability

連帯責任　solidarity
連帯責任　solidary liability; liability in solido
憐憫罰　amercement
連邦　federal state
連邦　federation
連邦　nation
連邦一般コモンロー　general federal common law
連邦エクイティー訴訟手続き規則　Federal Equity Rules
連邦エネルギー規制委員会　Federal Energy Regulatory Commission
連邦化　federation
連邦会計検査院　General Accountability Office
連邦会計検査院長　Comptroller General
連邦海事委員会　Federal Maritime Commission
『連邦下級裁判所判例集』　Federal Cases
連邦環境保護庁　Environmental Protection Agency
連邦幹線道路法　Federal(-Aid) Highway Acts
連邦議会　Congress
連邦議会議事堂　Capitol
連邦議会議事録　Congressional Record
連邦議会制定法　act of Congress
連邦議会制定法　federal act
連邦議会侮辱　contempt of Congress
連邦機関証券　government security
『連邦行政命令集』　Code of Federal Regulations
『連邦行政命令集』　Federal Register
連邦緊急救済局　Federal Emergency Relief Administration
連邦銀行持株会社法　Bank Holding Company Act of 1956
連邦刑事訴訟手続き規則　Federal Rules of Criminal Procedure
連邦検察官　United States attorney
連邦航空宇宙法　National Aeronautics and Space Act
連邦航空規則　Federal Aviation Regulation
連邦航空局　Federal Aviation Administration
連邦航空法　Federal Aviation Act
連邦控訴裁判所裁判官会議　Judicial Council of the Circuit
連邦国家　federal state
連邦コモンロー　federal common law
連邦雇用者識別番号　federal employer identification number
連邦雇用者責任法　Federal Em-

ployers' Liability Act
連邦裁判所　federal court
連邦裁判所の裁判権　federal jurisdiction
連邦裁判所法律集　Federal Judicial Code
連邦シークレット・サービス　Secret Service
連邦市民　federal citizen
連邦市民権　federal citizenship; national citizenship
連邦住宅貸付け銀行　Federal Home Loan Bank
連邦住宅貸付け銀行委員会　Federal Home Loan Bank Board
連邦住宅貸付け譲渡抵当公社　Federal Home Loan Mortgage Corporation
連邦住宅局　Federal Housing Administration
連邦住宅金融委員会　Federal Housing Finance Board
連邦主義　federalism
連邦主義者　federalist
連邦巡回区　Federal Circuit
連邦巡回区控訴裁判所　Federal Circuit
連邦巡回控訴裁判所　circuit court of appeals
連邦巡回控訴裁判所の法　law of the circuit
連邦巡回裁判所　circuit court
連邦準備銀行　Federal Reserve Bank
連邦準備(銀行)券　federal reserve note
連邦準備制度　Federal Reserve System
連邦準備制度加盟銀行　member bank
連邦準備制度理事会　Federal Reserve Board (of Governors)
連邦準備法　Federal Reserve Act
連邦証券法　Federal Securities Act
連邦証拠規則　Federal Rules of Evidence
連邦上訴裁判所への上訴　federal appeal
連邦上訴手続き規則　Federal Rules of Appellate Procedure
連邦食品薬品局　Food and Drug Administration
連邦税　federal tax
連邦制定法　federal statute
連邦政府　Federal Government
連邦政府　national government
連邦政府行政機関　federal agency
連邦政府調達規則　Federal Acquisition Regulation
連邦選挙委員会　Federal Election Commission
連邦選挙運動法　Federal Election

Campaign Act
連邦全国譲渡抵当協会 Federal National Mortgage Association
連邦捜査局 FBI; Federal Bureau of Investigation
連邦訴訟手続き規則授権法 Federal Rules Enabling Act
『連邦訴訟手続き規則判例集』 Federal Rules Decisions
連邦大事業 major federal action
連邦地方裁判所 federal district court
連邦地方裁判所の移送(権) federal transfer
連邦中期信用銀行 federal intermediate credit bank
連邦仲裁法 Federal Arbitration Act
連邦調停庁 Federal Mediation and Conciliation Service
連邦貯蓄貸付け保険公社 Federal Savings and Loan Insurance Corporation
連邦通貨監督官 Comptroller of the Currency
連邦通信委員会 Federal Communications Commission
連邦党 Federalist party
連邦党員 Federalist
連邦動力委員会 Federal Power Commission
連邦土地銀行 federal land bank
連邦取引委員会 Federal Trade Commission
連邦農業信用銀行 federal farm credit bank
連邦破産手続き規則 Federal Rules of Bankruptcy Procedure
連邦不法行為請求法 Federal Tort Claims Act
連邦法 federal law
連邦法上の犯罪 federal crime
連邦法人 federal corporation
連邦法による専占 federal preemption
連邦法無効宣言 Ordinance of Nullification
連邦保険拠出金法 Federal Insurance Contributions Act
連邦民事訴訟手続き規則 Federal Rules of Civil Procedure
連邦民事訴訟手続き規則第30条b(6)項の証言録取書 30(b)(6) deposition
連邦問題 federal question; federal case
連邦問題に対する裁判権 federal question jurisdiction
連邦誘拐法 Federal Kidnapping Act
連邦預金保険公社 Federal Deposit Insurance Corporation
連邦領有地 national domain

連邦礼譲の法理 federal comity doctrine
連邦労働関係機関 Federal Labor Relations Authority
連邦労働組合 federal labor union
連立 coalition

ロ

ロイズ Lloyd's (of London)
ロイズ海難救助契約標準書式 Lloyd's Open Form
ロイズ船級協会 Lloyd's Register
ロイズ船名録 Lloyd's Register
ロイズ保険 Lloyd's insurance
ロイズ保険業者 Lloyd's underwriter
ロイズ保険市場 Lloyd's of London
ロイズ・リスト Lloyd's List
『ロイズ・ロー・リポーツ』 Lloyd's Law Reports
ロイヤルティ royalty
漏洩 leak
漏洩 leakage
労役所 workhouse
労役場 workhouse
老化 senility
老朽・損耗による価値の低下 wear and tear
牢獄船 hulk
労災死亡給付(金) industrial death benefit
労災就業不能給付(金) industrial injuries disablement benefit
労災保険給付(金) industrial injuries benefit; injury benefit
労災補償 workers' compensation
労使関係 industrial relations
労使関係 labor-management relations
労使関係法 Labor-Management Relations Act
労使間合意 labor agreement
労使交渉委員会 negotiating committee
労使合同委員会 joint board
労使合同討議 joint discussions
漏損 leakage
ロウ対ウェード事件 Roe v. Wade
労働 labor, -bour
労働 work
郎党 retainer
労働果実 fructus industriales
労働関係 labor relations
労働関係法 labor relations act
労働強化 stretch-out
労働協約 collective bargaining agreement; collective agreement; collective labor agreement; trade agreement; union agreement; union contract
労働許可(証) work permit
労働組合 labor union

労働組合 trade union; trades union
労働組合 union
労働組合員権利保護官 Commissioner for the Rights of Trade Union Members
労働組合員資格 union membership
労働組合員資格協定 union membership agreement
労働組合会議 Trades Union Congress
労働組合承認紛争 recognition issue
労働組合承認要求スト(ライキ) recognition strike; organizational strike
労働組合承認要求ピケ(ティング) organizational picketing
労働組合職員 trade union official
労働組合脱退許容期間(条項) escape period
労働組合地方支部 local union
労働組合入会費 entrance fee
労働組合認定官 Certification Officer
労働組合の政治基金への不拠出の選択 contracting out
労働組合の団体交渉権承認手続き recognition procedure
労働組合の団体交渉権否認 derecognition
労働組合費の控除 checkoff
労働契約 labor contract
労働権 right to work
労働健康安全法 Health and Safety at Work Act
労働権法 right-to-work law
労働災害 industrial accident
労働災害・健康保険 industrial insurance
労働時間 hours of labor [service, work], hours worked; working hours
労働時間 working time
労働市場 labor market
労働者 laborer, labourer
労働者 worker
労働者規制法 Statutes of Labourers
労働者災害補償 workers' compensation
労働者災害補償対象死 compensable death
労働者災害補償対象傷害 compensable injury
労働者災害補償法 workers' compensation law; workers' compensation act
労働者災害補償法 workmen's compensation acts
労働者災害補償保険 workers' compensation insurance; indus-

trial insurance
労働者税額控除　working tax credit
労働者の基本的社会権に関する共同体憲章　Community Charter of Fundamental Social Rights of Workers
労働者の日　Labor Day
労働者の目減り　wastage
労働者の優先弁済権　laborer's lien
労働者判事　justice of laborers [labourers]
労働省　Department of Labor
労働条件仲裁裁定　industrial award
労働争議　trade dispute; industrial dispute; labor dispute
労働争議行為差止め命令　labor injunction
労働争議仲裁審判所　industrial arbitration tribunal
労働争議の調停　conciliation
労働団体　labor organization
労働党　Labour Party
労働党議員委員会　Parliamentary Labour Party
労働による増加純資産　sweat equity
労働・年金省　Department for Work and Pensions
労働能力の一部欠損　partial incapacity
労働法　labor law; industrial law
労働奉仕保有者　operarius
労働立法　labor legislation
老年(期)　old age
老年者虐待　abuse of the elderly
老年者法　elder law
浪費された訴訟費用支払い命令　wasted costs order
浪費者　spendthrift
浪費者信託　spendthrift trust
浪費訴訟費用　costs thrown away
労務奉仕　servage
老齢(期)　old age
老齢・生残者・廃疾・健康保険　Old Age, Survivors, Disability and Health Insurance
老齢・生残者保険　Old-Age and Survivors' Insurance
老齢年金　pension; old-age pension
老齢年金受給者　old-age pensioner
録音　recording
録音　sound recording
録音物　phonorecord
録画　recording
六箇条法　Act of Six Articles
六十書記　Sixty Clerks
六十日前通告　sixty-day notice
六書記　Six Clerks
ロー・クラーク　law clerk; clerk
露出行為　exhibitionism
路上犯罪　street crime

ロス型個人退職積立て勘定　Roth IRA
ロスコンスタント　loss constant
6か月後のこの日に　this day six months
ロックアウト　lockout
ロックアップ・オプション　lockup option
ロードス海法　Rhodian law
『ロバート式議事手続き規則』　Robert's Rules of Order
ロビー　lobby
ロビイスト　lobbyist
ロビー活動　lobbying
ロビー活動　lobbyism
ロビー活動規制法　lobbying act
ロビーで議員に請願[陳情]運動を行なう人びと　lobby
ロビンソン・パットマン法　Robinson-Patman Act
ローフレンチ　law French
ローマ教皇特使　legate
ローマ市民法　jus civile; civil law
ローマ市民法欽定講座教授　Regius Professor (of Civil Law)
ローマ条約　Treaty of Rome; Rome Treaty
ローマ法　jus civile; civil law; Roman law
ローマ法学者　civilian
ローマ法学者　Romanist
ローマ法欽定講座教授　Regius Professor (of Civil Law)
ローマ法系　civil law system
ローマ法系国王法律顧問　advocate general
ローマ法裁判所　civilian court
ローマ法裁判所　civilian jurisdiction
ローマ法大全　Corpus Juris Civilis
ローマ法による裁判管轄権　civilian jurisdiction
ローマ法判例集　civilian reports
ローマ法法律家　civil lawyer
ローマ法法律家　civilian
ローマ法法律家　legist
ロマルパ条項　Romalpa clause
路面鉄道　tramway
『ロー・リポーツ』　Law Reports
ローン　loan
ロングアーム法　long-arm statute
論証のない主張　ipse dixit
論説　editorial
論争　controversy
ロンドン開発機関　London Development Agency
ロンドンガゼット　London Gazette
ロンドン金相場での金価格(決定)　London Gold Fix(ing)
ロンドン警視庁　London Metropolitan Police; Metropolitan Police
ロンドン警視庁　Metropolitan Police Force

ロンドン警視庁　New Scotland Yard
ロンドン警視庁維持機関　Metropolitan Police Authority
ロンドン警視庁総監　Metropolitan Police Commissioner
ロンドン参事会議　London Assembly
ロンドン参事会議構成地域代表　Constituency Members
ロンドン参事会議大ロンドン全体代表　London Members
ロンドン市裁判所　City of London Court
ロンドン市シェリフ裁判所　Sheriff's Court (in London)
ロンドン自治区　London borough
ロンドン自治区参事会　London Borough Council
ロンドン市長　Mayor of London
ロンドン市長裁判所　Lord Mayor's Court (in London)
ロンドン市長・市裁判所　Mayor's and City of London Court
ロンドン市備忘官　Remembrancer (of the City of London); City Remembrancer
ロンドン市法務官　Common Serjeant (of London)
ロンドン周辺州　Home Counties
ロンドン証券取引所　London Stock Exchange
ロンドン中心の巡回裁判区　Home Circuit
ロンドン手形交換所加盟銀行　clearing bank
ロンドン法廷　Guildhall sittings; London sittings
ロンドン有給治安判事　metropolitan stipendiary magistrate
論評　comment
論文　article
論文　treatise
論理解釈　logical interpretation
論理実証主義　logical positivism
論理的関係の基準　logical-relationship standard
論理的原因の法理　logical-cause doctrine

ワ

猥褻　indecency
猥褻　lewdness
猥褻　obscenity
猥褻行為　indecency
猥褻行為　lascivious carriage (and behavior)
猥褻出版物　obscene publication
猥褻なこと　obscenity
猥褻な不埒行為　indecent liberties
猥褻文書　pornography
ワイルド事件の準則　rule in Wild's Case

賄賂　bribe
賄賂　payoff
賄賂瀆職(罪)　bribery and corruption
和解　compromise
和解　concord
和解　reconciliation
和解　settlement
和解　transaction
和解契約　settlement agreement
和解しがたい不和　irreconcilable differences
和解譲渡　fine
和解譲渡および馴合い不動産回復訴訟(廃止)法　Fines and Recoveries Act
和解譲渡終結証書　foot of the [a] fine; chirograph
和解譲渡手続き摘要書　note of a fine
和解譲渡人　deforciant
和解料酌　settlement credit
和解第一方式　settlement-first method
和解の許可　licentia concordandi
和解のための集会期日　love day
和解の申し出　offer of compromise
和解申し出供託　payment into court
分かち合うこと　sharing
別れた同棲相手に与える金・財産　palimony
和議　arrangement
和議　composition
和議　voluntary arrangement
和議証書　deed of arrangement
和議手続き　liquidation
ワークシェアリング　worksharing
ワクチン障害に対する損害賠償金支払い　vaccine damage payment
ワグナー法　Wagner Act
分け前　share
ワゴン・マウンド号事件　Wagon Mound Cases
鷲の紋章　eagle
和親協商　entente cordiale
わずかな証拠　slight evidence
わずかな証拠の準則　slight-evidence rule
渡し船　ferry
割賦　⇨かっぷ
わな　entrapment
わな　mesh
罠としての偽証罪の法理　perjury trap doctrine
ワペンティク　wapentake
笑う(法定)相続人　laughing heir
わら人形　straw man; man of straw
わら人形の議論　straw-man argument; straw man
わら人形の保証証書　straw bond
ワラント　warrant; stock warrant; subscription warrant

割合　rate
割合減耗償却　percentage depletion
割合担保約款　average clause
割合賃料による(不動産)賃貸借　percentage lease
割当て　allotment
割当て　allowance
割当て　assignment
割当て　dole
割当て　quota
割当て　stint
(株式)割当証(書)　allotment certificate; allotment letter; letter of allotment
割当て制度　quota system
割当地制度　allotment system
割当て分　allowance
(株式)割当報告書　return of the allotment
割当て放牧権　cattle gate; beast gate; cattle stint
割印証書　chirograph; syngraph
割引　discount
割引　rebate
割引株　cheap stock
割引株　discount stock [share]
割引債　discount bond
割引債　zero-coupon bond
割引料金　reduced rate
割符　tally
割増金拒否条項　no-bonus clause
割戻し金　kickback
悪い立法　dysnomy
ワルソー条約　Warsaw Convention
我らが連邦主義　our federalism
湾　bay

英数字

1 ペニー貯蓄銀行　penny bank
4 名賛成の準則　rule of four
10-K　10-K
12 海里幅　twelve-mile limit
13 歳未満の子供に対する性的暴行　sexual assault of a child under 13
13 歳未満の子供の強姦　rape of a child under 13
18 歳から 25 歳未満信託　18–25 trust
30 日レター　thirty-day [30-day] letter
50 パーセントの準則　50-percent rule
80 歳代受胎可能の準則　fertile octogenarian rule
90 日レター　ninety-day [90-day] letter
234 条付託　Article 234 Reference
401 条 k 項計画　401(k) plan
419 条詐欺　419 fraud
1031 条款交換　1031 exchange
1922 年委員会　1922 Committee
A 型会社組織変更　A reorganization
A 株式　'A' shares
A 級囚人　category 'A' prisoner
A・B リスト　A and B Lists
ALWD 引用手引　ALWD Citation Manual
A 表　Schedule A
B 型会社組織変更　B reorganization
B 級囚人　category 'B' prisoner
B 株式　'B' shares
B 表　Schedule B
C 型会社組織変更　C reorganization
C 級囚人　category 'C' prisoner
C 節会社　C corporation; subchapter C corporation
C 表　Schedule C
D 型会社組織変更　D reorganization
D 級囚人　category 'D' prisoner
DNA 鑑定法　DNA fingerprinting; DNA identification
DNA 鑑定法　fingerprinting
DNA 個人識別法　DNA identification
DNA 指紋　DNA fingerprint
DNA 指紋法　DNA fingerprinting
DNA 指紋法　fingerprinting
DNA 試料　DNA sample
DNA データベース　DNA Database
DNA 紋　DNA print
DNA　DNA
D 表　Schedule D
E 型会社組織変更　E reorganization
E 表　Schedule E
e マネー　e-money
E メール　e-mail; (electronic) mail
EC 法　Community law
EC 法　EC law; European Community law
ERISA についての勧告的意見　advisory opinion
EU 法　EU law
F 類物上負担　Class F charge
F 型会社組織変更　F reorganization
F 表　Schedule F
G 型会社組織変更　G reorganization
HLA 検査　HLA test
L 項請求に基づく手続き　L-Claim proceeding
PER　price-earnings ratio
S 節会社　S corporation; subchapter S corporation
T の縫い文字　T
W-2 書式　W-2 form
W-4 書式　W-4 form
XYY 染色体防御　XYY-chromosome defense
Z 債券　Z-bond

──── 編著者紹介 ────

小山　貞夫（こやま　さだお）
1936年横浜生まれ．東北大学法学部卒，法学博士（東北大学）；東北大学法学部教授等を経て，現在東北大学名誉教授，日本学士院会員．
専攻: 西洋法制史．

【著書】
1. 『中世イギリスの地方行政』創文社，1968（増補版 1994）
2. 『イングランド法の形成と近代的変容』創文社，1983
3. 『絶対王政期イングランド法制史抄説』創文社，1992

【翻訳書】
1. メイトランド著『イギリスの初期議会』創文社，1969
2. ベイカー著『イングランド法制史概説』創文社，1975
3. メイトランド他著『イングランド法とルネサンス』創文社，1977
4. メイトランド著『イングランド憲法史』創文社，1981
5. クライムズ著『中世イングランド行政史概説』創文社，1985
6. ヴァン・カネヘム著『裁判官・立法者・大学教授—比較西洋法制史論—』ミネルヴァ書房，1990
・その他，論文多数

──── 協力者名一覧 ────

【研究社辞書編集部】
池上勝之　　長島伸行　　濱倉直子　　鈴木康之　　松原　悟
川田秀樹　　三谷　裕　　市川しのぶ　望月羔子

【校正・原稿整理】
飯塚佐恵子　今井保夫　　大野美樹　　黒坂智子　　河野美也子
永田則子　　西山広記　　野口真弥子　山田和子　　山本弘明

【制作】
加藤益己　　鈴木隆志

【組版】
橋本一郎　　宮原直也　　濱田眞男　　沼尾麻里子

英米法律語辞典（えいべいほうりつごじてん）
Koyama's Dictionary of Anglo-American Legal Terminology

2011年7月1日　初版発行
2022年5月1日　3刷発行

著　者　小山貞夫（こやま　さだお）
発行者　吉田尚志
発行所　株式会社 研究社
　　　　〒102-8152　東京都千代田区富士見 2-11-3
　　　　電話　編集　03-3288-7711
　　　　　　　営業　03-3288-7777
　　　　振替　00150-9-26710
　　　　https://www.kenkyusha.co.jp
印刷所　研究社印刷株式会社

ISBN 978-4-7674-9107-3 C3532
Printed in Japan
装幀　Malpu Design（清水良洋）